Hümmerich/Boecken/Düwell

AnwaltKommentar Arbeitsrecht

AnwaltKommentar

Arbeitsrecht
Band 1

2. Auflage 2010

Herausgegeben von

Rechtsanwalt und Fachanwalt
für Arbeitsrecht und Verwaltungsrecht
Prof. Dr. Klaus Hümmerich (†), Bonn

Prof. Dr. Winfried Boecken, LL.M. (EHI), Konstanz

Vorsitzender Richter am BAG
Franz Josef Düwell, Erfurt

Zitiervorschlag:
AnwK-ArbR/*Bearbeiter*, § 611 BGB Rn 1

Copyright 2010 by Deutscher Anwaltverlag, Bonn
Satz: Reemers Publishing Services GmbH, Krefeld
Druck: Kösel GmbH & Co. KG, Krugzell
Umschlaggestaltung: gentura, Holger Neumann, Bochum
ISBN 978-3-8240-1009-7

Bibliografische Information der Deutschen Bibliothek
Die Deutsche Bibliothek verzeichnet diese Publikation in der Deutschen Nationalbibliografie; detaillierte bibliografische Daten sind im Internet über http://dnb.ddb.de abrufbar.

Vorwort zur zweiten Auflage

Knapp zwei Jahre nach dem Erscheinen der ersten Auflage des AnwaltKommentars Arbeitsrecht ist es an der Zeit, die zweite Auflage dieses Großkommentars zum Arbeitsrecht vorzulegen, der in Praxis und Wissenschaft eine erfolgreiche und freundliche Aufnahme gefunden hat. Mit der Neuauflage werden zum einen die 2008 und 2009 eingetretenen Gesetzesänderungen berücksichtigt. Hierzu gehören unter anderem die Neufassungen bzw. Änderungen des Arbeitsgerichtsgesetzes, des Arbeitnehmer-Entsendegesetzes, des Arbeitsplatzschutzgesetzes, des Bundesdatenschutzgesetzes, des Einkommensteuergesetzes wie auch die arbeitsrechtlich relevanten Neuregelungen des SGB IV betreffend Wertguthabenvereinbarungen, die als sog. „Flexi II-Gesetzgebung" die zum Ende 2009 auslaufende Altersteilzeit ersetzen soll. Zum anderen haben die Herausgeber die zweite Auflage zum Anlass genommen, die Erläuterung weiterer arbeitsrechtlich bedeutsamer, zum Teil auch neuer Gesetze ganz oder auszugsweise in den Kommentar aufzunehmen. Dazu zählen im Wesentlichen das Gesetz über Arbeitnehmererfindungen (ArbNErfG), das Gesetz zur Ausführung der Verordnung (EG) Nr. 1435/2003 des Rates vom 22. Juli 2003 über das Statut der Europäischen Genossenschaft (SCE) (SCEAG), das Gesetz über die Beteiligung der Arbeitnehmer und Arbeitnehmerinnen in einer Europäischen Genossenschaft (SCEBG), das Gesetz über die Festsetzung von Mindestarbeitsbedingungen (MiArbG), das Gesetz über die Mitbestimmung der Arbeitnehmer bei einer grenzüberschreitenden Verschmelzung (MgVG), das Gesetz über die Pflegezeit (PflegeZG) sowie das Urheberrechtsgesetz (UrhG). Ein besonderes Augenmerk legt die Neuauflage auf die praxisgerechte Darstellung der Fortentwicklung der Rechtsprechung. Die für die beratende und forensische Praxis besonders wichtigen Entscheidungen zur AGB-Kontrolle, zum Schutz vor Diskriminierungen und zur Tarifeinheit werden erläutert. Die durch Vorabentscheidungen des Europäischen Gerichtshofs bedingte Neujustierung des Urlaubsrechts im Hinblick auf Verfall und Abgeltung bei Arbeitsunfähigkeit wird anwendergerecht dargestellt.

Der Anwaltkommentar Arbeitsrecht bleibt auch in der zweiten Auflage seiner Konzeption treu, eine Kommentierung aller praxisrelevanten arbeitsrechtlichen Gesetze und Vorschriften unter Einbeziehung der für den Arbeitsrechtler bedeutsamen sozialversicherungsrechtlichen und steuerrechtlichen Regelungen zu bieten. Dem nach Ratifizierung des Lissabon-Vertrags steigenden Bedarf des Rechtsanwenders an aufbereiteter Vermittlung der einschlägigen EG-rechtlichen Vorgaben wird Rechnung getragen. Die wachsende Bedeutung der Rechtsprechung des Europäischen Gerichtshofs ist berücksichtigt.

Die Herausgeber danken allen Autoren, die mit großem Engagement dazu beigetragen haben, das zeitnahe Erscheinen der zweiten Auflage zu ermöglichen. Darüber hinaus gilt unser besonderer Dank dem Verlag und insbesondere dem zuständigen Lektorat für Arbeitsrecht für die hervorragende organisatorische und logistische Unterstützung. Der Kommentar ist auf dem Gesetzgebungs- und Rechtsprechungsstand September 2009.

Konstanz und Erfurt, im Oktober 2009

Winfried Boecken
Franz Josef Düwell

Vorwort zur ersten Auflage

Der AnwaltKommentar Arbeitsrecht wendet sich in erster Linie an die Arbeitsrechtspraxis. Er soll den auf diesem zersplitterten Rechtsgebiet tätigen Praktikern zur Erfüllung ihrer täglichen forensischen, gestalterischen und beratenden Aufgaben ein zuverlässiges Nachschlagewerk sein. Konzeption der Herausgeber ist es, in der für den Praktiker gebotenen Schnelle Auskunft über die vielfältigen gesetzlichen Regelungen und deren Ausformung durch die Rechtsprechung sowie Hilfestellung zur Problemlösung auch in Detailfragen zu geben. Die Herausgeber orientieren sich dabei vor allem an den Bedürfnissen der Anwaltschaft. Der Nutzwert des Kommentars ist jedoch nicht auf diese Zielgruppe beschränkt. Die Perspektive derer, die in Unternehmen und Verwaltung Personalverantwortung tragen, ist stets mit einbezogen. Der umfangreiche prozessrechtliche Teil berücksichtigt auch aus richterlicher Sicht die Erfolg versprechende Prozessführung.

Dieser Konzeption nach enthält der AnwaltKommentar Arbeitsrecht eine Kommentierung aller praxisrelevanten arbeitsrechtlichen Gesetze und Vorschriften; er bezieht die für den Arbeitsrechtler bedeutsamen sozialversicherungsrechtlichen und steuerrechtlichen Regelungen mit ein. Angesichts der steigenden Bedeutung des Europäischen Rechts werden auch die EG-rechtlichen Vorgaben dargestellt.

Im Mittelpunkt der Erläuterungen der jeweiligen Gesetze bzw. Gesetzesausschnitte steht die höchstrichterliche Rechtsprechung. Soweit noch keine gefestigte Rechtsprechungslinie erkennbar ist, werden auch instanzgerichtliche Entscheidungen und die sogenannte herrschende Meinung dargestellt. Die auf dieser Grundlage erstellten Erläuterungen können als Leitlinien für den auf schnelle und zuverlässige Information angewiesenen Praktiker dienen. Die Handhabbarkeit des Kommentars und der Zugang zu den Einzelkommentierungen werden durch eine streng alphabetische Reihung der erläuterten Gesetze und ein aufwendiges Stichwortverzeichnis erleichtert. Darüber hinaus soll eine die Kommentierung einer jeden Vorschrift kennzeichnende Struktur in Gestalt eines sogenannten Vierer-Schritts – Allgemeines (A), Regelungsgehalt (B), Verbindung zu anderen Rechtsgebieten und zum Prozessrecht (C) und Beraterhinweise (D) – die Nutzung erleichtern. Nur dort, wo die zu kommentierende Materie zwingend eine andere Strukturierung vorgibt, wurde von dem Vierer-Schritt abgewichen. Inhaltlich ist es unter dem Gesichtspunkt der Sicherstellung eines hohen praktischen Nutzens ein wesentliches Charakteristikum des AnwaltKommentars, statt einer bloßen Aneinanderreihung von Rechtsprechung und Literaturhinweisen eine systematisch nachvollziehbare und verständliche Erläuterung des jeweiligen Gesetzesinhalts mit weiterführenden Hinweisen auf einschlägige Rechtsprechung, Literatur und Gesetzesmaterialien zu gewährleisten.

Im Hinblick auf die primäre Zielsetzung des AnwaltKommentars Arbeitsrecht, den auf dem Gebiet des Arbeitsrechts tätigen Praktikern für ihre tägliche Arbeit eine umfassende und verlässliche Informationsquelle und Arbeitshilfe an die Hand zu geben, war es ein ganz wesentliches Anliegen von Herausgebern und Verlag, für die Kommentierung der jeweiligen Einzelgesetze erfahrene und anerkannte Autoren vor allem aus der Anwaltschaft und der Gerichtsbarkeit zu gewinnen. Damit zeichnet sich der Kommentar als ein von der Praxis für die Praxis geschriebenes Werk aus.

Im Zeitpunkt seines Erscheinens ist der AnwaltKommentar auf dem Stand von August 2007. Bis zu diesem Zeitpunkt veröffentlichte Rechtsprechung ist eingearbeitet. Berücksichtigung gefunden hat auch die bis zu diesem Zeitpunkt in Kraft getretene arbeitsrechtliche Gesetzgebung. Aus dem letzten Jahr vor dem Erscheinen seien hervorgehoben das Allgemeine Gleichbehandlungsgesetz (AGG) als Artikel 1 des Gesetzes zur Umsetzung europäischer Richtlinien zur Verwirklichung des Grundsatzes der Gleichbehandlung, das Erste Gesetz zur Änderung des Arbeitnehmer-Entsendegesetzes, das Gesetz zur Änderung des Betriebsrentengesetzes und anderer Gesetze, das Gesetz zum Elterngeld und zur Elternzeit (Bundeselterngeld- und Elternzeitgesetz – BEEG), das Gesetz zur Anpassung der Regelaltersgrenze an die demografische Entwicklung und zur Stärkung der Finanzierungsgrundlagen der gesetzlichen Rentenversicherung (RV-Altersgrenzenanpassungsgesetz), das Steueränderungsgesetz 2007 (StÄndG 2007) und das Gesetz über befristete Arbeitsverträge in der Wissenschaft (Wissenschaftszeitvertragsgesetz – WissZeitVG).

Der AnwaltKommentar Arbeitsrecht ist maßgeblich von Prof. Dr. Klaus Hümmerich, Fachanwalt für Arbeitsrecht und Verwaltungsrecht in Bonn, initiiert worden. Gewissermaßen als Motor widmete er in den letzten Jahren einen großen Teil seiner Arbeitskraft diesem Projekt. Kurz vor Redaktionsschluss ist er im Juni 2007 verstorben. Herausgeber und Verlag erfüllt es mit Trauer und Schmerz, dass Professor Hümmerich die Veröffentlichung des AnwaltKommentars Arbeitsrecht nicht mehr miterleben kann. Sie haben ihn als aufrichtigen Menschen und stets zuverlässigen Partner kennen und schätzen gelernt und gedenken seiner in Hochachtung.

Zu danken ist allen Autoren, die mit großer Anstrengung zum Gelingen des Kommentars beigetragen haben. Besonderer Dank gilt darüber hinaus dem Verlag und insoweit insbesondere dem zuständigen Lektorat für Arbeitsrecht, das trotz vieler Widrigkeiten mit unermüdlichem Einsatz die Fertigstellung des Werkes vorangetrieben hat. Schließlich danken die Herausgeber Frau Rechtsanwältin Dr. Antje Ebeling und Herrn Rechtsanwalt Dr. Peter Kühn für die aufwendige Erstellung des Stichwortverzeichnisses.

Konstanz und Erfurt, im September 2007

Winfried Boecken
Franz Josef Düwell

Inhaltsübersicht

Seite

Band 1

Autorenverzeichnis		XI
Bearbeiterverzeichnis		XV
Abkürzungsverzeichnis		XXV
Allgemeines Literaturverzeichnis		LIII

AEntG	Gesetz über zwingende Arbeitsbedingungen bei grenzüberschreitenden Dienstleistungen (Arbeitnehmer-Entsendegesetz)	1
AGG	Allgemeines Gleichbehandlungsgesetz (Auszug) §§ 1–18, 22, 23, 25–30, 31–33	75
AktienG	Aktiengesetz (Auszug) §§ 84, 87, 88, 93	135
AltersteilzeitG	Altersteilzeitgesetz	179
ArbGG	Arbeitsgerichtsgesetz (Auszug)	219
ArbnErfG	Gesetz über Arbeitnehmererfindungen	759
ArbPlSchG	Gesetz über den Schutz des Arbeitsplatzes bei Einberufung zum Wehrdienst (Arbeitsplatzschutzgesetz)	804
ArbSchG	Gesetz über die Durchführung von Maßnahmen des Arbeitsschutzes zur Verbesserung der Sicherheit und des Gesundheitsschutzes der Beschäftigten bei der Arbeit (Arbeitsschutzgesetz)	822
ArbZG	Arbeitszeitgesetz	864
ASiG	Gesetz über Betriebsärzte, Sicherheitsingenieure und andere Fachkräfte für Arbeitssicherheit (Arbeitssicherheitsgesetz)	977
AÜG	Gesetz zur Regelung der gewerbsmäßigen Arbeitnehmerüberlassung (Arbeitnehmerüberlassungsgesetz)	1018
BBiG	Berufsbildungsgesetz (Auszug) §§ 1–3, 10–23, 53–63	1110
BDSG	Bundesdatenschutzgesetz (Auszug) §§ 1–12, 27–29, 31, 33–35, 38, 38a, 41, 43, 44	1145
BEEG	Gesetz zum Elterngeld und zur Elternzeit (Bundeselterngeld- und Elternzeitgesetz) (Auszug) §§ 15–21	1227
BetrAVG	Gesetz zur Verbesserung der betrieblichen Altersversorgung (Betriebsrentengesetz) (Auszug) §§ 1–18a, 26–32	1261
BetrVG	Betriebsverfassungsgesetz	1450
BGB	Bürgerliches Gesetzbuch (Auszug) §§ 13, 14, 104–115, 125–127, 194–218, 288, 305–310, 312, 313, 315, 317–319, 339–345, 611–630	2064

Inhaltsübersicht

Band 2

BPersVG	Bundespersonalvertretungsgesetz (Auszug) §§ 6, 7, 12, 32, 53, 55, 69, 72, 77, 79, 82, 108	2709
BUrlG	Mindesturlaubsgesetz für Arbeitnehmer (Bundesurlaubsgesetz)	2731
DrittelbG	Gesetz über die Drittelbeteiligung der Arbeitnehmer im Aufsichtsrat (Drittelbeteiligungsgesetz)	2867
DrittelbGWO	Wahlordnung zum Gesetz über die Drittelbeteiligung der Arbeitnehmer im Aufsichtsrat (Drittelbeteiligungsgesetz)	2879
EBRG	Gesetz über Europäische Betriebsräte	2903
EFZG	Gesetz über die Zahlung des Arbeitsentgelts an Feiertagen und im Krankheitsfall (Entgeltfortzahlungsgesetz)	2930
EGBGB	Einführungsgesetz zum Bürgerlichen Gesetzbuche (Auszug) Art. 6, 27, 30, 34, Länderberichte	3019
EG-Recht	EG-rechtlich bedeutsame Vorschriften für das Arbeitsrecht (Auszug), Art. 39, 141 EGV, diverse Richtlinien	3102
EStG	Einkommensteuergesetz (Auszug) §§ 3, 8, 19, 24, 34, 37b, 38–39c, 40–42f	3178
GewO	Gewerbeordnung (Auszug) §§ 6, 105–110	3272
GG	Grundgesetz für die Bundesrepublik Deutschland (Auszug) Art. 1, 2, 3, 9, 12	3343
GKG/RVG	Gerichtskostengesetz/Gesetz über die Vergütung der Rechtsanwältinnen und Rechtsanwälte (Rechtsanwaltsvergütungsgesetz) (Auszug Gesetzestext)	3406
GmbHG	Gesetz betreffend die Gesellschaften mit beschränkter Haftung (Auszug) §§ 38, 43	3408
HGB	Handelsgesetzbuch (Auszug) §§ 48, 54, 59–65, 74–75h, 82a–92c	3429
InsO	Insolvenzordnung (Auszug) §§ 38, 55, 108, 113, 114, 120–128	3508
JArbSchG	Gesetz zum Schutz der arbeitenden Jugend (Jugendarbeitsschutzgesetz)	3580
KSchG	Kündigungsschutzgesetz	3643
MgVG	Gesetz über die Mitbestimmung der Arbeitnehmer bei einer grenzüberschreitenden Verschmelzung	3991
MiArbG	Gesetz über die Festsetzung von Mindestarbeitsbedingungen (Mindestarbeitsbedingungsgesetz)	4024
MitbestG	Gesetz über die Mitbestimmung der Arbeitnehmer (Mitbestimmungsgesetz)	4041
MontanMitbestG	Gesetz über die Mitbestimmung der Arbeitnehmer in den Aufsichtsräten und Vorständen der Unternehmen des Bergbaus und der Eisen und Stahl erzeugenden Industrie	4104
MontanMitbestErgG	Gesetz zur Ergänzung des Gesetzes über die Mitbestimmung der Arbeitnehmer in den Aufsichtsräten und Vorständen der Unternehmen des Bergbaus und der Eisen und Stahl erzeugenden Industrie	4120
MuSchG	Gesetz zum Schutz der erwerbstätigen Mutter (Mutterschutzgesetz)	4134
NachwG	Gesetz über den Nachweis der für ein Arbeitsverhältnis geltenden wesentlichen Bedingungen (Nachweisgesetz)	4247
PflegezeitG	Gesetz über die Pflegezeit (Pflegezeitgesetz)	4273

SCEAG	Gesetz zur Ausführung der Verordnung (EG) Nr. 1435/2003 des Rates vom 22. Juli 2003 über das Statut der Europäischen Genossenschaft (SCE) (SCE-Ausführungsgesetz)	4289
SCEBG	Gesetz über die Beteiligung über die Beteiligung der Arbeitnehmer und Arbeitnehmerinnen in einer Europäischen Genossenschaft (SCE-Beteiligungsgesetz)	4300
SEAG	Gesetz zur Ausführung der Verordnung (EG) Nr. 2157/2001 des Rates vom 8. Oktober 2001 über das Statut der Europäischen Gesellschaft (SE)	4319
SEBG	Gesetz über die Beteiligung der Arbeitnehmer in einer Europäischen Gesellschaft	4342
SGB III	Sozialgesetzbuch Drittes Buch – Arbeitsförderung (Auszug) §§ 38, 143, 143a, 144, 183–189a	4371
SGB IV	Sozialgesetzbuch Viertes Buch – Gemeinsame Vorschriften für die Sozialversicherung (Auszug) §§ 7, 8, 8a, 14–17, 26–28, 28a, 28d–h, 28o, 28p	4437
SGB V	Sozialgesetzbuch Fünftes Buch – Gesetzliche Krankenversicherung (Auszug) §§ 44, 45, 49	4519
SGB VI	Sozialgesetzbuch Sechstes Buch – Gesetzliche Rentenversicherung (Auszug) §§ 2, 3, 34, 96a	4531
SGB VII	Sozialgesetzbuch Siebtes Buch – Gesetzliche Unfallversicherung (Auszug) §§ 104–113	4552
SGB IX	Sozialgesetzbuch Neuntes Buch – Rehabilitation und Teilhabe behinderter Menschen (Auszug) §§ 68, 69, 71–77, 81, 82, 84–92, 124, 125	4596
SGB X	Sozialgesetzbuch Zehntes Buch – Sozialverwaltungsverfahren und Sozialdatenschutz (Auszug) §§ 39–42, 44–48, 50, 52, 63, 98, 115, 116	4633
SGG	Sozialgerichtsgesetz (Auszug) §§ 86a, 86b	4663
SprAuG	Gesetz über Sprecherausschüsse der leitenden Angestellten (Sprecherausschußgesetz)	4670
TVG	Tarifvertragsgesetz	4693
TzBfG	Gesetz über Teilzeitarbeit und befristete Arbeitsverträge (Teilzeit- und Befristungsgesetz)	4783
UmwG	Umwandlungsgesetz (Auszug) §§ 322–325	4898
UrhG	Gesetz über Urheberrecht und verwandte Schutzrechte (Urheberrechtsgesetz) (Auszug) §§ 31, 32, 32a, 40, 43, 69b	4924
ZPO	Zivilprozessordnung (Auszug) §§ 850–850k	4951
Stichwortverzeichnis		4965

Autorenverzeichnis

Anke Berger
Richterin am Bundesarbeitsgericht, Erfurt

Dr. Christoph Bergwitz
Rechtsanwalt, Fachanwalt für Arbeitsrecht, Kliemt & Vollstädt, Düsseldorf

Dr. Nicolai Besgen
Rechtsanwalt, Fachanwalt für Arbeitsrecht, MEYER-KÖRING Rechtsanwälte Steuerberater, Bonn

Marcus Bodem, M.A.
Rechtsanwalt, Wirtschaftsmediator, Fachanwalt für Arbeitsrecht, Ecovis – Steuerberater Rechtsanwälte Wirtschafsprüfer, Kanzlei Berlin

Prof. Dr. Winfried Boecken, LL.M. (EHI)
Lehrstuhl für Bürgerliches Recht, Arbeitsrecht und Recht der Sozialen Sicherheit, Universität Konstanz, Richter am Oberlandesgericht Karlsruhe a.D.

Dr. Annett Böhm
Rechtsanwältin, Fachanwältin für Arbeitsrecht, Naegele – Kanzlei für Arbeitsrecht, Stuttgart

Dr. Wolfgang Breidenbach
Rechtsanwalt, Rechtsanwälte Flöther Wissing, Halle (Saale)

Axel Breinlinger
Richter am Bundesarbeitsgericht, Erfurt

Dr. Anja Breitfeld
Rechtsanwältin, Fachanwältin für Arbeitsrecht, Allen & Overy LLP, Frankfurt am Main

Thomas Bristle
Wissenschaftlicher Mitarbeiter am Lehrstuhl für Bürgerliches Recht, Arbeitsrecht und Recht der sozialen Sicherheit, Universität Konstanz

Dr. Knut Bröhl
Richter am Bundesarbeitsgericht a.D., Lehrbeauftragter an der Universität Erfurt

Prof. Dr. Christiane Brors
Lehrstuhl für Arbeitsrecht und Bürgerliches Recht, Carl von Ossietzky Universität Oldenburg, Richterin a.D.

Prof. Dr. Stephan Dietrich
Hochschule für Technik und Wirtschaft, Kanzlei von Kenne, Berlin

Daniel Dreher
Vorsitzender Richter am Landesarbeitsgericht Niedersachsen, Hannover

Franz Josef Düwell
Vorsitzender Richter am Bundesarbeitsgericht, Erfurt

Dr. Antje Ebeling
Rechtsanwältin, Kliemt & Vollstädt, Frankfurt am Main

Dr. Dirk Elz
Richter am Arbeitsgericht, Wuppertal

Susanne Engel
Richterin am Arbeitsgericht, Erfurt

Dr. Anja Euler
Rechtsanwältin, Fachanwältin für Arbeitsrecht, Hemmler und Dr. Euler Rechtsanwaltspartnerschaft, Ludwigsburg

Dr. Mario Eylert
Richter am Bundesarbeitsgericht, Erfurt

Prof. Dr. Hans-Wolf Friedrich
Richter am Bundesarbeitsgericht a.D., Kassel, Honorarprofessor an der Technischen Universität Clausthal

Dr. Thomas Fuchs
Rechtsanwalt, Fachanwalt für Bau- und Architektenrecht, Schulze-Hagen & Horschitz Rechtsanwälte, Mannheim

Prof. Peter Gola
Königswinter

Kai Golücke
Rechtsanwalt, Lovells LLP, Hamburg

Friedrich Hauck
Vorsitzender Richter am Bundesarbeitsgericht, Erfurt

Dr. Martin Heither
Rechtsanwalt, Fachanwalt für Arbeitsrecht, Heither & von Morgen, Partnerschaft von Rechtsanwälten, Berlin

Dr. Joachim Holthausen
Rechtsanwalt, Fachanwalt für Arbeitsrecht, Holthausen & Partner Rechtsanwälte, Köln

Rainer Huke
Rechtsanwalt, Berlin

Thomas Kloppenburg
Vorsitzender Richter am Landesarbeitsgericht, Berlin

Ulrich Kortmann
Rechtsanwalt, Mütze Korsch Rechtsanwaltsgesellschaft mbH, Köln

Horst-Dieter Krasshöfer
Richter am Bundesarbeitsgericht, Erfurt

Autorenverzeichnis

Anna Krönig
Vorsitzende Richterin am Landesarbeitsgericht Niedersachsen, Hannover

Dr. Peter Kühn
Rechtsanwalt, Vischer Anwälte und Notare, Zürich

Dr. Mathias Kühnreich
Rechtsanwalt, Fachanwalt für Arbeitsrecht, Buse Heberer Fromm Rechtsanwälte Partnergesellschaft, Düsseldorf

Prof. Dr. Heinrich Lang
Lehrstuhl für Öffentliches Recht, Sozial- und Gesundheitsrecht
Universität Greifswald

Angelika Lehmacher
Assessorin, Hennef

Dr. Oliver Lücke
Rechtsanwalt, Fachanwalt für Arbeitsrecht, SPITZWEG Partnerschaft, München

Prof. Dr. Stefan Lunk
Rechtsanwalt, Fachanwalt für Arbeitsrecht, Latham & Watkins LLP, Hamburg
Honorarprofessor an der Christian-Albrechts-Universität zu Kiel

Dr. Cornelia Marquardt
Rechtsanwältin, Fachanwältin für Arbeitsrecht, Norton Rose LLP, München

Dr. Reinhold Mauer
Rechtsanwalt, Fachanwalt für Arbeitsrecht, Hümmerich legal, Rechtsanwälte in Partnerschaft, Bonn

Wilhelm Mestwerdt
Richter am Bundesarbeitsgericht, Erfurt

Dr. Marcus Michels
Rechtsanwalt, Fachanwalt für Arbeitsrecht, Mütze Korsch Rechtsanwaltsgesellschaft mbH, Köln

Dr. Wolfgang Mohr
Rechtsanwalt, Fachanwalt für Arbeitsrecht, Köln

Carl-Christian von Morgen, M.A.
Rechtsanwalt, Fachanwalt für Arbeitsrecht, Fachanwalt für Handels- und Gesellschaftsrecht
Heither & von Morgen, Partnerschaft von Rechtsanwälten, Berlin

Prof. Dr. Laurenz Mülheims
Fachbereich Sozialversicherung, Hochschule Bonn-Rhein-Sieg, Standort Hennef

Dr. Stefan Müller
Rechtsanwalt, Fachanwalt für Arbeitsrecht, Leipzig

Dr. Ivo Natzel
Rechtsanwalt, Wiesbaden

Peter Nübold
Vorsitzender Richter am Landesarbeitsgericht, Düsseldorf

Dr. Stephan Osnabrügge
Rechtsanwalt, Fachanwalt für Arbeitsrecht, Pauly & Partner, Bonn

Franz Xaver Ostermayer
Wirtschaftsprüfer, Steuerberater, SPITZWEG Partnerschaft, München

Dr. Alexander Otto
Rechtsanwalt, Fachanwalt für Arbeitsrecht, Buse Heberer Fromm Rechtsanwälte Partnergesellschaft, Düsseldorf

Dr. Stephan Pauly
Rechtsanwalt, Fachanwalt für Arbeitsrecht, Pauly & Partner, Bonn

Anke Podewin
Rechtsanwältin, Münster

Dr. Mathias Preuss
Rechtsanwalt, Fachanwalt für Arbeitsrecht, Hamburg

Thomas Prinz
Rechtsanwalt, Berlin

Dr. Tobias Pusch, LL.M. (Harvard)
Rechtsanwalt, Fachanwalt für Arbeitsrecht, Pusch Wahlig Legal, Berlin

Thomas Regh
Rechtsanwalt, Fachanwalt für Arbeitsrecht, Hümmerich legal, Rechtsanwälte in Partnerschaft, Bonn

Dr. Barbara Reinhard
Rechtsanwältin, BEITEN BURKHARDT Rechtsanwaltsgesellschaft mbH, Frankfurt am Main

Ralf Roesner
Rechtsanwalt, Fachanwalt für Arbeitsrecht, Fachanwalt für Sozialrecht, BEITEN BURKHARDT Rechtsanwaltsgesellschaft mbH, Frankfurt am Main

Dr. Nuria Schaub
Rechtsanwältin, Wilms & Schaub, Friedrichshafen

Dr. Anja Schlewing
Richterin am Bundesarbeitsgericht, Erfurt

Julia Schmidt
Referentin im Bundesministerium für Arbeit und Soziales, Bonn

Autorenverzeichnis

Kristina Schmidt
Richterin am Bundesarbeitsgericht, Erfurt

Dr. Volker Schneider
Rechtsanwalt, Fachanwalt für Arbeitsrecht,
Luther Rechtsanwaltsgesellschaft mbH, Hamburg

Steffen Schöne
Rechtsanwalt, Kübler Rechtsanwälte, Dresden

René Schoob
Richter, Detmold

Bernhard Schwarzkopf
Rechtsanwalt, Berlin

Dr. Jochen Sievers
Richter am Arbeitsgericht, Köln

Nicole Spieß
Rechtsanwältin, Stuttgart

Dr. Matthias Spirolke
Rechtsanwalt, Fachanwalt für Arbeitsrecht, Hümmerich legal, Rechtsanwälte in Partnerschaft, Bonn

Dr. Bernadette Spreer
Rechtsanwältin, Fachanwältin für Arbeitsrecht, Hümmerich legal, Rechtsanwälte in Partnerschaft, Bonn

Dr. Robert von Steinau-Steinrück
Rechtsanwalt, Fachanwalt für Arbeitsrecht,
Luther Rechtsanwaltsgesellschaft mbH, Berlin

Prof. Dr. Markus Stoffels
Lehrstuhl für Bürgerliches Recht, Arbeitsrecht, Handels- und Gesellschaftsrecht,
Universität Osnabrück

Dr. Norma Studt
Rechtsanwältin, Fachanwältin für Arbeitsrecht,
Latham & Watkins LLP, Hamburg

Dr. Ursula Theiss, M.E.S.
Rechtsanwältin, Stuttgart

Hans-Walter Theiss
Rechtsanwalt, Fachanwalt für Arbeitsrecht,
Pauly & Partner, Bonn

Dr. Katrin Thiel-Koch
Oberregierungsrätin, Thüringer Justizministerium, Erfurt

Franz Thür
Rechtsanwalt, Fachanwalt für Arbeitsrecht, Thür Werner Sontag Rechtsanwälte Kanzlei für Arbeitsrecht, Köln

Dr. Jürgen Treber
Richter am Bundesarbeitsgericht, Erfurt

Dr. Bernhard Ulrici
Rechtsanwalt, ULRICI Rechtsanwaltsgesellschaft mbH, Leipzig, Wissenschaftlicher Assistent am Lehrstuhl für Bürgerliches Recht, Arbeits- und Sozialrecht, Universität Leipzig

Ulrich Vienken
Rechtsanwalt, Leverkusen

Dr. Axel Welslau
Rechtsanwalt, Fachanwalt für Arbeitsrecht, Rechtsanwälte Welslau & Kollegen, Leinfelden-Echterdingen

Dr. Joachim Wichert
Rechtsanwalt, Fachanwalt für Arbeitsrecht,
Arnecke Siebold Rechtsanwälte Partnergesellschaft, Frankfurt am Main

Prof. Dr. Heinrich Wilms
Lehrstuhl für Öffentliches Recht, Medienrecht und Rechtsphilosophie, Zeppelin University, Friedrichshafen

Roland Wolf
Geschäftsführer, Bundesvereinigung der Deutschen Arbeitgeberverbände, Berlin

Dr. Martin Wolmerath
Rechtsanwalt, Hamm

Prof. Dr. Michael Worzalla
Rechtsanwalt, Schiefer Rechtsanwälte, Düsseldorf

Bearbeiterverzeichnis
(alphabetisch nach Autoren sortiert)

Berger, Anke
§ 4 KSchG

Bergwitz, Christoph Dr.
§§ 21, 21a, 21b BetrVG

Besgen, Nicolai Dr.
§§ 26–41, 78–82, 84–86a BetrVG
§§ 4–13 TVG

Bodem, Marcus
§§ 42–75 BetrVG

Boecken, Winfried Prof. Dr.
§§ 612, 612a, 614–617, 619–622, 624, 625, 630 BGB
§§ 6, 105, 106, 109, 110 GewO
§§ 9–11, 13–17 MuSchG
§§ 7b–7g, 23b, 116 SGB IV
UmwG (Auszug)

Böhm, Annett Dr.
§§ 11–19 nF AÜG
§§ 1, 4, 5, 22, 23 TzBfG

Breidenbach, Wolfgang Dr.
SGB X (Auszug)
SGG (Auszug)

Breinlinger, Axel
§§ 64–69, 87–91 ArbGG

Breitfeld, Anja Dr.
EBRG

Bristle, Thomas
§§ 7, 7a, 8, 8a, 14–17, 26–28, 28a, 28d–28h, 28o, 28p
SGB IV

Bröhl, Knut Dr.
§ 15 KSchG
§ 626 BGB

Brors, Christiane Prof. Dr.
§§ 13, 14, 288, 313, 339–345, 611 (Teile) BGB

Dietrich, Stephan Prof. Dr.
GmbHG (Auszug)

Dreher, Daniel
§§ 6–8, 13, 17–22 KSchG

Düwell, Franz Josef
§§ 72–77, 92–96a ArbGG
§ 629 BGB
BUrlG

Ebeling, Antje Dr.
(Vor) §§ 305–310, 312 BGB

Elz, Dirk Dr.
§§ 315, 317–319 BGB

Engel, Susanne
JArbSchG (mit KArbSchV)

Euler, Anja Dr.
§§ 15–16 AGG
PflegeZG
SGB IX (Auszug)

Eylert, Mario Dr.
§§ 89–98 BetrVG
§§ 9–12, 14, 23–26, KSchG

Friedrich, Hans-Wolf Prof. Dr.
§§ 1–3 TVG

Fuchs, Thomas Dr.
UrhG (Auszug)

Gola, Peter Prof.
BDSG (Auszug)
§ 83 BetrVG

Golücke, Kai
§§ 1, 1a, 1b, 6–8 AÜG

Hauck, Friedrich
§§ 613, 613a BGB

Heither, Martin Dr.
MgVG
MitbestG, MontanMitbestG, MontanMitbestErgG

Holthausen, Joachim Dr.
§§ 1, 1a, 16 KSchG

Huke, Rainer
ArbPlSchG

Kloppenburg, Thomas
§§ 1–5, 22–25 BetrVG
§§ 3, 5 KSchG
Vor §§ 46–46e, §§ 46–46e, 47, 49–61b, 63 ArbGG

Kortmann, Ulrich
§§ 2, 6–11 TzBfG
ZPO (Auszug)

Krasshöfer, Horst-Dieter
§§ 2–5, 48 ArbGG (Auszug)

Bearbeiterverzeichnis

Krönig, Anna
§§ 8, 12, 12a, 13, 13a, 62 ArbGG

Kühn, Peter Dr.
AEntG
MiArbG

Kühnreich, Mathias Dr.
§§ 76, 76a, 102–105 BetrVG

Lang, Heinrich Prof. Dr.
SGB V (Auszug)
SGB VI (Auszug)

Lehmacher, Angelika
§ 623 BGB
SGB VII (Auszug)

Lücke, Oliver Dr.
EStG (Auszug)

Lunk, Stefan Prof. Dr.
§§ 114–118 BetrVG

Marquardt, Cornelia Dr.
§§ 627, 628 BGB
§§ 120–122, 125–128 InsO

Mauer, Reinhold Dr.
EGBGB (Auszug)

Mestwerdt, Wilhelm
§§ 104–115, 125–127, 611 (Teile) BGB

Michels, Marcus Dr.
§§ 2, 6–11 TzBfG
ZPO (Auszug)

Mohr, Wolfgang Dr.
§§ 3–5, 7–16, 18a, 30, 30b, 30c, 30g, 30i, 31, 32 BetrAVG

von Morgen, Carl-Christian
MgVG
MitbestG, MontanMitbestG, MontanMitbestErgG

Mülheims, Laurenz Prof. Dr.
SGB VII (Auszug)

Müller, Stefan Dr.
§§ 13–17, 21–27 ArbNErfG

Natzel, Ivo Dr.
BBiG (Auszug)

Nübold, Peter
§ 2 KSchG

Osnabrügge, Stephan Dr.
§§ 17–19 BEEG

Ostermayer, Franz Xaver
EStG (Auszug)

Otto, Alexander Dr.
ArbSchG
§ 618 BGB

Pauly, Stephan Dr.
§§ 20, 21 BEEG

Podewin, Anke
§§ 7–20 BetrVG (inkl. WahlO)

Preuss, Mathias Dr.
§§ 99–101 BetrVG

Prinz, Thomas
§§ 119–132 BetrVG
DrittelbG, DrittelbG WO
SCEAG, SCEBG
SEAG, SEBG

Pusch, Tobias Dr.
AktienG (Auszug)
Länderberichte

Regh, Thomas
§§ 38, 55, 108 InsO
§§ 183–189a SGB III

Reinhard, Barbara Dr.
§§ 74–75h, 82a–92c HGB

Roesner, Ralf
§§ 113, 114, 123, 124 InsO

Schaub, Nuria Dr.
NachwG

Schlewing, Anja Dr.
§§ 1b, 2, 6 BetrAVG

Schmidt, Julia
ASiG

Schmidt, Kristina
§§ 89–98 BetrVG

Schneider, Volker Dr.
§§ 1–14, 17–33 AGG

Schöne, Steffen
§ 611 BGB (Teile)
§§ 107, 108 GewO

Schoob, René
§§ 9, 10, 12 ArbNErfG

Schwarzkopf, Bernhard
§§ 1–8, 9–16 AltersteilzeitG

Sievers, Jochen Dr.
EFZG

Spieß, Nicole
§§ 38, 143 ff. SGB III

Spirolke, Matthias Dr.
§§ 106–113 BetrVG

Spreer, Bernadette Dr.
BPersVG (Auszug)

v. Steinau-Steinrück, Robert Dr.
§§ 1–14, 17–33 AGG
SprAuG

Stoffels, Markus Prof. Dr.
§§ 21, 21a, 21b BetrVG

Studt, Norma Dr.
§§ 3, 14 TzBfG

Theiss, Hans-Walter
§§ 15, 16 BEEG

Theiss, Ursula Dr.
EG-Recht

Thiel-Koch, Katrin Dr.
§§ 48, 54, 59–65 HGB

Thür, Franz
§§ 1–8, 18–21, 24 MuSchG

Treber, Jürgen Dr.
§§ 1, 6, 6a, 7, 9, 10, 14, 17, 41, 78–85, 97, 98, 111 ArbGG
(Vor) §§ 194–218 BGB

Ulrici, Bernhard Dr.
§§ 1–8, 18–20, 28–39 ArbNErfG
§§ 2–5, 9, 10 AÜG

Vienken, Ulrich
§§ 1, 1a, 17, 18, 26–29, 30a, 30d–30f, 30h BetrAVG

Welslau, Axel Dr.
§§ 77, 87, 88 BetrVG

Wichert, Joachim Dr.
ArbZG

Wilms, Heinrich Prof. Dr.
GG (Auszug)

Wolf, Roland
§ 8a AltersteilzeitG

Wolmerath, Martin Dr.
§§ 11, 11a, 16, 20–31, 37–39, 43, 44 ArbGG

Worzalla, Michael Prof. Dr.
§§ 12, 13, 15–21 TzBfG

Bearbeiterverzeichnis
(alphabetisch nach Gesetzen sortiert)

AEntG
Dr. Peter Kühn

AGG
§§ 1–14, 17–33
Dr. Robert von Steinau-Steinrück/Dr. Volker Schneider

§§ 15, 16
Dr. Anja Euler

AktienG (Auszug)
Dr. Tobias Pusch, LL.M. (Harvard)

AltersteilzeitG
§§ 1–8, 9–16
Bernhard Schwarzkopf

§ 8a
Roland Wolf

ArbGG (Auszug)
§ 1
Dr. Jürgen Treber

§§ 2–5
Horst-Dieter Krasshöfer

§§ 6, 6a, 7
Dr. Jürgen Treber

§ 8
Anna Krönig

§§ 9, 10
Dr. Jürgen Treber

§§ 11, 11a
Dr. Martin Wolmerath

§§ 12, 12a, 13, 13a
Anna Krönig

§ 14
Dr. Jürgen Treber

§ 16
Dr. Martin Wolmerath

§ 17
Dr. Jürgen Treber

§§ 20–31
Dr. Martin Wolmerath

§§ 37–39
Dr. Martin Wolmerath

§ 41
Dr. Jürgen Treber

§§ 43, 44
Dr. Martin Wolmerath

§§ 46–46e, Vor §§ 46c–e, 47
Thomas Kloppenburg

§ 48
Horst-Dieter Krasshöfer

§§ 49–61b
Thomas Kloppenburg

§ 62
Anna Krönig

§ 63
Thomas Kloppenburg

§§ 64–69
Axel Breinlinger

§§ 72–77
Franz Josef Düwell

§ 78, Anh. zu § 78, §§ 78a–85
Dr. Jürgen Treber

§§ 87–91
Axel Breinlinger

§§ 92–96a
Franz Josef Düwell

§§ 97, 98, 111
Dr. Jürgen Treber

ArbNErfG
§§ 1–8
Dr. Bernhard Ulrici

§§ 9, 10, 12
René Schoob

§§ 13–17
Dr. Stefan Müller

§§ 18–20
Dr. Bernhard Ulrici

§§ 21–27
Dr. Stefan Müller

§§ 28–39
Dr. Bernhard Ulrici

Bearbeiterverzeichnis

ArbPlSchG
Rainer Huke

ArbSchG
Dr. Alexander Otto

ArbZG
Dr. Joachim Wichert

ASiG
Julia Schmidt

AÜG
§§ 1, 1a, 1b
Kai Golücke

§§ 2–5
Dr. Bernhard Ulrici

§§ 6–8
Kai Golücke

§§ 9, 10
Bernhard Ulrici

§§ 11–19
Dr. Annett Böhm

BBiG (Auszug)
Dr. Ivo Natzel

BDSG (Auszug)
Prof. Peter Gola

BEEG (Auszug)
§§ 15, 16
Hans-Walter Theiss

§§ 17–19
Dr. Stephan Osnabrügge

§§ 20, 21
Dr. Stephan Pauly

BetrAVG
§§ 1, 1a
Ulrich Vienken

§§ 1b, 2
Dr. Anja Schlewing

§§ 3–5
Dr. Wolfgang Mohr

§ 6
Dr. Anja Schlewing

§§ 7–16
Dr. Wolfgang Mohr

§§ 17, 18
Ulrich Vienken

§ 18a
Dr. Wolfgang Mohr

§§ 26–29
Ulrich Vienken

§ 30
Dr. Wolfgang Mohr

§ 30a
Ulrich Vienken

§§ 30b, c
Dr. Wolfgang Mohr

§§ 30d–f
Ulrich Vienken

§ 30g
Dr. Wolfgang Mohr

§ 30h
Ulrich Vienken

§§ 30i, 31, 32
Dr. Wolfgang Mohr

BetrVG
§§ 1–5
Thomas Kloppenburg

§§ 7–20 (einschl. WahlO)
Anke Podewin

§§ 21, 21a, 21b
Prof. Dr. Markus Stoffels/Dr. Christoph Bergwitz

§§ 22–25
Thomas Kloppenburg

§§ 26–41
Dr. Nicolai Besgen

§§ 42–75
Marcus Bodem, M.A.

§§ 76, 76a
Dr. Mathias Kühnreich

§ 77
Dr. Axel Welslau

§§ 78–82
Dr. Nicolai Besgen

§ 83
Prof. Peter Gola

§§ 84–86a
Dr. Nicolai Besgen

§§ 87, 88
Dr. Axel Welslau

§§ 89–98
Dr. Mario Eylert/Kristina Schmidt

§§ 99–101
Dr. Mathias Preuss

§§ 102–105
Dr. Mathias Kühnreich

§§ 106–113
Dr. Matthias Spirolke

§§ 114–118
Prof. Dr. Stefan Lunk

§§ 119–132
Thomas Prinz

BGB (Auszug)
§§ 13, 14
Prof. Dr. Klaus Hümmerich/Prof. Dr. Christiane Brors

§§ 104–115
Wilhelm Mestwerdt

§§ 125–127
Wilhelm Mestwerdt

§§ 194–218 inkl. Vorb
Dr. Jürgen Treber

§ 288
Prof. Dr. Christiane Brors

Vor §§ 305–310, §§ 305–310, § 312
Dr. Antje Ebeling

§ 313
Prof. Dr. Christiane Brors

§§ 315, 317–319
Dr. Dirk Elz

§§ 339–345
Prof. Dr. Christiane Brors

§ 611 (Teil 1: Grundlagen)
Steffen Schöne

§ 611 (Teil 2: Begründung des Arbeitsverhältnisses)
Wilhelm Mestwerdt

§ 611 (Teile 3–5: Inhalt des Arbeitsverhältnisses, Leistungsstörungen im Arbeitsverhältnis, Besonderheiten der Haftung im Arbeitsverhältnis)
Prof. Dr. Christiane Brors

§ 611 (Teil 6: Beendigung des Arbeitsverhältnisses)
Steffen Schöne

§§ 612, 612a
Prof. Dr. Winfried Boecken, LL.M. (EHI)

§§ 613, 613a
Friedrich Hauck

§§ 614–617
Prof. Dr. Winfried Boecken, LL.M. (EHI)

§ 618
Dr. Alexander Otto

§§ 619, 619a, 620–622
Prof. Dr. Winfried Boecken, LL.M. (EHI)

§ 623
Angelika Lehmacher

§§ 624, 625
Prof. Dr. Winfried Boecken, LL.M. (EHI)

§ 626
Dr. Knut Bröhl

§§ 627, 628
Dr. Cornelia Marquardt

§ 629
Franz Josef Düwell

§ 630
Prof. Dr. Winfried Boecken, LL.M. (EHI)

BPersVG (Auszug)
Dr. Bernadette Spreer

BUrlG
Franz Josef Düwell

DrittelbG (inkl. DrittelbG WO)
Thomas Prinz

EBRG
Dr. Anja Breitfeld

EFZG
Dr. Jochen Sievers

EGBGB (Auszug)
Art. 6, 27, 30, 34
Dr. Reinhold Mauer

Länderberichte
Dr. Tobias Pusch, LL.M. (Harvard)

Bearbeiterverzeichnis

EG-Recht (Auszug)
Dr. Ursula Theiss, M.E.S.

EStG (Auszug)
Franz Xaver Ostermayer/Dr. Oliver Lücke

GewO (Auszug)
§§ 6, 105, 106
Prof. Dr. Winfried Boecken, LL.M. (EHI)

§§ 107, 108
Steffen Schöne

§§ 109, 110
Prof. Dr. Winfried Boecken, LL.M. (EHI)

GG (Auszug)
Prof. Dr. Heinrich Wilms

GmbHG (Auszug)
Prof. Dr. Stephan Dietrich

HGB (Auszug)
§§ 48, 54, 59–65
Dr. Katrin Thiel-Koch

§§ 74–75h, 82a–92c
Dr. Barbara Reinhard

InsO (Auszug)
§§ 38, 55, 108
Thomas Regh

§§ 113, 114
Ralf Roesner

§§ 120–122
Dr. Cornelia Marquardt

§§ 123, 124
Ralf Roesner

§§ 125–128
Dr. Cornelia Marquardt

JArbSchG (einschl. Auszug KArbSchV)
Susanne Engel

KSchG
§§ 1, 1a
Dr. Joachim Holthausen

§ 2
Peter Nübold

§ 3
Thomas Kloppenburg

§ 4
Anke Berger

§ 5
Thomas Kloppenburg

§§ 6–8
Daniel Dreher

§§ 9–12
Dr. Mario Eylert

§ 13
Daniel Dreher

§ 14
Dr. Mario Eylert

§ 15
Dr. Knut Bröhl

§ 16
Dr. Joachim Holthausen

§§ 17–22
Daniel Dreher

§§ 23–26
Dr. Mario Eylert

MgVG
Dr. Martin Heither/Carl-Christian von Morgen, M.A.

MiArbG
Dr. Peter Kühn

MitbestG
Dr. Martin Heither/Carl-Christian von Morgen, M.A.

MontanMitbestG
Dr. Martin Heither/Carl-Christian von Morgen, M.A.

MontanMitbestErgG
Dr. Martin Heither/Carl-Christian von Morgen, M.A.

MuSchG
§§ 1–8
Franz Thür

§§ 9–11, 13–17
Prof. Dr. Winfried Boecken, LL.M. (EHI)

§§ 18–21, 24
Franz Thür

NachwG
Dr. Nuria Schaub

PflegeZG
Dr. Anja Euler

SCEAG
Thomas Prinz

SCEBG
Thomas Prinz

SEAG
Thomas Prinz

SEBG
Thomas Prinz

SGB III (Auszug)
§§ 38, 143 ff.
Nicole Spieß

§§ 183–189a
Thomas Regh

SGB IV (Auszug)
§§ 7, 7a, 8, 8a, 14–17, 26–28, 28a, 28d–28h, 28o, 28p
Thomas Bristle

§§ 7b–7g, 23b, 116
Prof. Dr. Winfried Boecken, LL.M.

SGB V (Auszug)
Prof. Dr. Heinrich Lang

SGB VI (Auszug)
Prof. Dr. Heinrich Lang

SGB VII (Auszug)
Angelika Lehmacher/Prof. Dr. Laurenz Mülheims

SGB IX (Auszug)
Dr. Anja Euler

SGB X (Auszug)
Dr. Wolfgang Breidenbach

SGG (Auszug)
Dr. Wolfgang Breidenbach

SprAuG
Dr. Robert von Steinau-Steinrück

TVG
§§ 1–3
Prof. Dr. Hans-Wolf Friedrich

§§ 4–13
Dr. Nicolai Besgen

TzBfG
§ 1
Dr. Annett Böhm

§ 2
Dr. Marcus Michels/Ulrich Kortmann

§ 3
Dr. Norma Studt

§§ 4, 5
Dr. Annett Böhm

§§ 6–11
Dr. Marcus Michels/Ulrich Kortmann

§§ 12, 13
Prof. Dr. Michael Worzalla

§ 14
Dr. Norma Studt

§§ 15–21
Prof. Dr. Michael Worzalla

§§ 22, 23
Dr. Annett Böhm

UmwG (Auszug)
Prof. Dr. Winfried Boecken, LL.M. (EHI)

UrhG (Auszug)
Dr. Thomas Fuchs

ZPO (Auszug)
Dr. Marcus Michels/Ulrich Kortmann

Abkürzungsverzeichnis

1. RBerGAV	Verordnung zur Ausführung des Rechtsberatungsgesetzes
2. RBerGAV	Zweite Verordnung zur Ausführung des Rechtsberatungsgesetzes
5. VermBG	Fünftes Gesetz zur Förderung der Vermögensbildung der Arbeitnehmer
7. StBÄndG	Gesetz zur Änderung von Vorschriften über die Tätigkeit der Steuerberater
II. BV	Zweite Verordnung über wohnungswirtschaftliche Berechnungen
II. WoBauG	Zweites Wohnungsbaugesetz
a.A.	anderer Auffassung
AA	Agentur für Arbeit/Arbeitsamt/Auswärtiges Amt/Arbeitsrecht aktiv (Zeitschr.)
a.a.O.	am angegebenen Ort
a.E.	am Ende
a.F.	alte Fassung
a.M.	anderer Meinung
ÄArbVtrG	Gesetz über befristete Arbeitsverträge mit Ärzten in der Weiterbildung
AbfG	Gesetz über die Vermeidung und Entsorgung von Abfällen
ABG	Ausbildungsbeiträgegesetz
abgedr.	abgedruckt
AbgG	Gesetz über die Rechtsverhältnisse der Mitglieder des Deutschen Bundestages
ABl	Amtsblatt
abl.	ablehnend
ABlEG	Amtsblatt der Europäischen Gemeinschaften
Abs.	Absatz
Abschn.	Abschnitt
Abt.	Abteilung
abw.	abweichend
AbzG	Gesetz betreffend Abzahlungsgeschäfte
AcP	Archiv für die civilistische Praxis (Zeitschr.)
ADAC	Allgemeiner Deutscher Automobil-Club e.V.
ADG	Antidiskriminierungsgesetz
ADSp	Allgemeine Deutsche Spediteur-Bedingungen
AE	Arbeitsrechtliche Entscheidungen (Zeitschr.)/Arbeitserlaubnis
AEA	Vereinigung Europäischer Fluggesellschaften
AEnt	Arbeitnehmerentsendung
AEntG	Gesetz über zwingende Arbeitsbedingungen bei grenzüberschreitenden Dienstleistungen
AERB	Allgemeine Bedingungen für die Einbruchdiebstahl- und Raubversicherung
AETR	Europäisches Übereinkommen über die Arbeit des im internationalen Straßenverkehr beschäftigten Fahrpersonals
AEVO	Arbeitserlaubnisverordnung
AfA	Absetzung bzw. Abschreibung für Abnutzung
AFB	Allgemeine Feuerversicherungs-Bedingungen
AFBG	Aufstiegsfortbildungsförderungsgesetz
AFG	Arbeitsförderungsgesetz
AfP	Archiv für Presserecht (Zeitschr.)
AFRG	Arbeitsförderungs-Reformgesetz
AG	Die Aktiengesellschaft (Zeitschr.)/Aktiengesellschaft/Amtsgericht/Arbeitgeber/Auftraggeber/Ausführungsgesetz
AGB	Allgemeine Geschäftsbedingungen
AGBE	Entscheidungssammlung zum AGB-Gesetz
AGBG	Gesetz zur Regelung des Rechts der Allgemeinen Geschäftsbedingungen
AGGVG	Gesetz zur Ausführung des Gerichtsverfassungsgesetzes
AGH	Anwaltsgerichtshof
AGNB	Allgemeine Beförderungsbedingungen für den gewerblichen Güternahverkehr mit Kraftfahrzeugen
AgrarR	Agrarrecht (Zeitschr.)
AGS	Anwaltsgebühren Spezial (Zeitschr.)
AGV-T	Arbeitgeberverband Telekom

Abkürzungsverzeichnis

AHB	Allgemeine Bedingungen für die Haftpflicht-Versicherung	ARB	Allgemeine Bedingungen für die Rechtschutzversicherung/Allgemeine Reisebedingungen
AiB	Arbeitsrecht im Betrieb (Zeitschr.)	Arb	Arbeiter/in
AIG	Auslandsinvestitionsgesetz	Arbeitnehmer-EntsendeG	Arbeitnehmer-Entsendegesetz
AKB	Allgemeine Bedingungen für die Kraftfahrtversicherung	ArbeitsREGAnpG	Gesetz über die Gleichbehandlung von Männern und Frauen am Arbeitsplatz und über die Erhaltung von Ansprüchen bei Betriebsübergang
AktG	Aktiengesetz		
AktStR	Aktuelles Steuerrecht (Zeitschr.)		
AktuellAR	Aktuelles Arbeitsrecht (Zeitschr.)		
		ArbG	Arbeitsgericht
Alg	Arbeitslosengeld	ArbGBeschlG	Gesetz zur Vereinfachung und Beschleunigung des arbeitsgerichtlichen Verfahrens
allg.	allgemein		
allg.M.	allgemeine Meinung		
AllGO	Allgemeine Gebührenordnung		
		ArbGG	Arbeitsgerichtsgesetz
ALR	Allgemeines Landrecht für die preußischen Staaten von 1794	ArbKG	Arbeitskammergesetz
		ArbKrankhG	Gesetz zur Verbesserung der wirtschaftlichen Sicherung der Arbeitnehmer im Krankheitsfall
Alt.	Alternative		
AltEinkG	Alterseinkünftegesetz		
AltersteilzeitG	Altersteilzeitgesetz	AR-Blattei	Arbeitsrechts-Blattei
AltZertG	Gesetz über die Zertifizierung von Altersvorsorgeverträgen	ArblV	Arbeitslosenversicherung
		ArbNErfG	Gesetz über Arbeitnehmererfindungen
ALVB	Allgemeine Lebensversicherungs-Bedingungen	ArbPlSchG	Arbeitsplatzschutzgesetz
		ArbRB	Der Arbeitsrechtsberater (Zeitschr.)
AMG	Arzneimittelgesetz		
AMS	Arbeitsschutzmanagementsysteme	ArbRBeschFG	Arbeitsrechtliches Beschäftigungsförderungsgesetz
Amtl. Anz.	Amtlicher Anzeiger	ArbRGegW	Das Arbeitsrecht in der Gegenwart
AN	Arbeitnehmer/in		
ÄndG	Änderungsgesetz	ArbSchG	Arbeitsschutzgesetz
AnfG	Anfechtungsgesetz	ArbStättV	Arbeitsstättenverordnung
Ang	Angestellte/r	ArbuR	Arbeit und Recht (Zeitschr.)
AngKSchG	Gesetz über die Fristen für die Kündigung von Angestellten	Arbverh	Arbeitsverhältnis
		ArbZG	Arbeitszeitgesetz
		ArbZRG	Arbeitszeitrechtsgesetz
Anh.	Anhang	ArchBürgR	Archiv für Bürgerliches Recht
Anm.	Anmerkung		
AnwBl	Anwaltsblatt (Zeitschr.)	ArchÖffR	Archiv für Öffentliches Recht
AnwG	Anwaltsgericht		
AnwGH	Anwaltsgerichtshof	ArchPR	Archiv für Presserecht
AO 1977	Abgabenordnung	ArchVR	Archiv für Völkerrecht
AOG	Gesetz zur Ordnung der nationalen Arbeit	ArEV	Verordnung über die Bestimmung des Arbeitsentgelts in der Sozialversicherung
AöR	Archiv des öffentlichen Rechts (Zeitschr.)		
AP	Arbeitsrechtliche Praxis (Entscheidungssammlung)	arg.	argumentum
		ARGE	Arbeitsgemeinschaft
ApothWG	Gesetz über das Apothekenwesen	ArGV	Verordnung über die Arbeitsgenehmigung für ausländische Arbeitnehmer
AR	Aufsichtsrat		
		ARS	Asylrechtssammlung

ARST	Arbeitsrecht in Stichworten (Zeitschr.)	AuslInvestmG	Gesetz über den Vertrieb ausländischer Investmentanteile und über die Besteuerung der Erträge aus ausländischen Investmentanteilen
Art.	Artikel		
ArztR	Arztrecht (Zeitschr.)		
ASAV	Verordnung über Ausnahmeregelungen für Erteilung einer Arbeitserlaubnis an neueinreisende ausländische Arbeitnehmer		
		AuslInvStG	Gesetz über steuerliche Maßnahmen bei Auslandsinvestitionen der deutschen Wirtschaft
ASiG	Gesetz über Betriebsärzte, Sicherheitsingenieure und andere Fachkräfte für Arbeitssicherheit (Arbeitssicherheitsgesetz)	AußenStG	Gesetz über die Besteuerung bei Auslandsbeziehungen
		AV	Ausführungsverordnung
		AVAG	Gesetz zur Ausführung zwischenstaatlicher Anerkennungs- und Vollstreckungsverträge in Zivil- und Handelssachen
AsylbLG	Asylbewerberleistungsgesetz		
AsylVfG	Asylverfahrensgesetz		
AT	Allgemeiner Teil	AVB	Allgemeine Versicherungsbedingungen, Allgemeine Versorgungsbedingungen
ATG	Altersteilzeitgesetz		
AtG	Atomgesesetz		
AtomG	Atomgesetz		
AÜ	Arbeitnehmerüberlassung	AVBEltV	Verordnung über Allgemeine Bedingungen für die Elektrizitätsversorgung von Tarifkunden
AuA	Arbeit und Arbeitsrecht (Zeitschr.)		
AuAS	Schnelldienst Ausländer- und Asylrecht (Zeitschr.)	AVBGasV	Verordnung über Allgemeine Bedingungen für die Gasversorgung von Tarifkunden
AUB	Allgemeine Unfallversicherungsbedingungen		
AuB	Arbeit und Beruf (Zeitschr.)	AVBl	Amts- und Verordnungsblatt
AufenthG/EWG	Gesetz über Einreise und Aufenthalt von Staatsangehörigen der Mitgliedstaaten der Europäischen Wirtschaftsgemeinschaft	AVBR	Allgemeine Bedingungen für die Versicherung von Reisegepäck
		AVE	Allgemeinverbindlicherklärung
Aufl.	Auflage	AVG	Angestelltenversicherungsgesetz
AÜG	Arbeitnehmerüberlassungsgesetz		
AuR	Arbeit und Recht (Zeitschr.)	AVmG	Altersvermögensgesetz
AU-RL	Arbeitsunfähigkeits-Richtlinien	AVO-PStG	Verordnung zur Ausführung des Personenstandsgesetzes
ausdr.	ausdrücklich	AVR	Archiv des Völkerrechts/Arbeitsvertragsrichtlinien
AusfG HZÜ/HBÜ	Gesetz über die Ausführung des Haager Übereinkommens vom 15. November 1965 über die Zustellung gerichtlicher und außergerichtlicher Schriftstücke im Ausland in Zivil- oder Handelssachen		
		AVV	Abfallverzeichnis-Verordnung
		AWbG NW	Arbeitnehmerweiterbildungsgesetz Nordrhein-Westfalen
		AWG	Außenwirtschaftsgesetz
		AW-Prax	Außenwirtschaftliche Praxis (Zeitschr.)
AuslDatV	Verordnung über die Führung von Ausländerdateien durch die Ausländerbehörden und die Auslandsvertretungen	Az.	Aktenzeichen
		AZO	Arbeitszeitordnung
		AZV	Arbeitszeitverordnung
		AZV-Tag	Arbeitszeitverkürzungstag
AuslDÜV	Verordnung über Datenübermittlungen an die Ausländerbehörden		
		BA	Betriebsausgaben/Blutalkohol/Bundesagentur für Arbeit/Bundesanstalt für Arbeit
AuslG	Ausländergesetz		

XXVII

Abkürzungsverzeichnis

BAA	Bundesausgleichsamt	BayObLGZ	Entscheidungen des Bayerischen Obersten Landesgerichts in Zivilsachen
BÄO	Bundesärzteordnung		
BAföG	Bundesausbildungsförderungsgesetz		
		BayVBl	Bayerische Verwaltungsblätter
BAG	Bundesarbeitsgericht		
BAGE	Entscheidungen des Bundesarbeitsgerichts (Entscheidungssammlung)	BayVerf	Bayerische Landesverfassung
		BayVerfGH	Bayerischer Verfassungsgerichtshof
BAK	Blutalkoholkonzentration		
BAnz	Bundesanzeiger	BayVGH	Bayerischer Verwaltungsgerichtshof
BArbBl	Bundesarbeitsblatt		
BAT	Bundes-Angestelltentarifvertrag	BazBV	Basiszinssatz-Bezugsgrößen-Verordnung
BAT-KF	Bundesangestelltentarifvertrag-Kirchliche Fassung	BB	Der Betriebs-Berater (Zeitschr.)
BauArbbV	Fünfte Verordnung über zwingende Arbeitsbedingungen im Baugewerbe	BBankG	Gesetz über die Deutsche Bundesbank
		BBauBl	Bundesbaublatt
BauBetrVO	Verordnung über die Betriebe des Baugewerbes, in denen die ganzjährige Beschäftigung zu fördern ist	BBergG	Bundesberggesetz
		BBesG	Bundesbesoldungsgesetz
		BBG	Bundesbeamtengesetz/ Beitragsbemessungsgrenze
BauFdgG	Gesetz über die Sicherung der Bauforderungen	Bbg.	Brandenburg
		BBiG	Berufsbildungsgesetz
BauGB	Baugesetzbuch	BBodSchG	Gesetz zum Schutz vor schädlichen Bodenveränderungen und zur Sanierung von Altlasten
BauGBMaßnG	Maßnahmengesetz zum Baugesetzbuch		
BauNVO	Verordnung über die bauliche Nutzung der Grundstücke		
		BBodSchV	Bundes-Bodenschutz- und Altlastenverordnung
BauO	Bauordnung		
BauR	Zeitschrift für das gesamte öffentliche und private Baurecht	BC	Bilanzbuchhalter und Controller (Zeitschr.)
		Bd.	Band
		BDG	Bundesdisziplinargesetz
BauRTV	Bundesrahmentarifvertrag für das Baugewerbe	BDH	Bundesdisziplinarhof
		BDI	Bundesverband der Deutschen Industrie
BausparkassenG	Gesetz über Bausparkassen		
BaustellV	Verordnung über Sicherheit und Gesundheitsschutz auf Baustellen	BdiG	Bundesdisziplinargericht
		BDSG	Gesetz zum Schutz vor Missbrauch personenbezogener Daten bei der Datenverarbeitung (Bundesdatenschutzgesetz)
BAV	Bundesaufsichtsamt für das Versicherungswesen; Betriebliche Altersversorgung		
		BeamtVG	Gesetz über die Versorgung der Beamten und Richter in Bund und Ländern
BAVBVO	Berufsausbildungsvorbereitungs-Bescheinigungsverordnung		
		BeckRS	Beck-Rechtsprechung
		beE	betriebsorganisatorisch eigenständige Einheit
BaWü	Baden-Württemberg		
BayBO	Bayerische Bauordnung		
BayFwG	Bayerisches Feuerwehrgesetz	BEEG	Gesetz zum Elterngeld und zur Elternzeit
BayGO	Bayerische Gemeindeordnung	BegrRE	Begründung Regierungsentwurf
BayJMBl	Justizministerialblatt für Bayern	Beil	Beilage
		Bekl	Beklagter
BayObLG	Bayerisches Oberstes Landesgericht	BerHG	Beratungshilfegesetz
		BerlinFG 1990	Gesetz zur Förderung der Berliner Wirtschaft

BerlVerfGH	Berliner Verfassungsgerichtshof	BGB-InfoV	Verordnung über Informations- und Nachweispflichten nach bürgerlichem Recht (BGB-Informationspflichten-Verordnung)
BerRehaG	Gesetz über den Ausgleich beruflicher Benachteiligungen für Opfer politischer Verfolgung im Beitrittsgebiet		
		BGB-KE	BGB; Entwurf der Schuldrechtskommision des BMJ
BerufsO	Berufsordnung	BGBl I, II, III	Bundesgesetzblatt, mit oder ohne Ziffer = Teil I; mit II = Teil II; mit III = Teil III
BErzGG	Gesetz über die Gewährung von Erziehungsgeld und Erziehungsurlaub (Bundeserziehungsgeldgesetz)		
		BGG	Gesetz zur Gleichstellung behinderter Menschen
BeschFG	Beschäftigungsförderungsgesetz	BGH	Bundesgerichtshof
		BGH VGrS	Bundesgerichtshof, Vereinigter Großer Senat
Beschl	Beschluss		
BeschSchutzG	Gesetz zum Schutz der Beschäftigten vor sexueller Belästigung am Arbeitsplatz (Beschäftigtenschutzgesetz)	BGHR	BGH-Rechtsprechung
		BGHSt	Entscheidungen des Bundesgerichtshofes in Strafsachen
bestr.	bestritten	BGHZ	Entscheidungen des Bundesgerichtshofs in Zivilsachen
BetrAV	Betriebliche Altersversorgung (Zeitschr.)		
BetrAVG	Gesetz zur Verbesserung der betrieblichen Altersversorgung	BGleiG	Gesetz zur Gleichstellung von Frauen und Männern in der Bundesverwaltung und in den Gerichten des Bundes
BetrR	Der Betriebsrat (Zeitschr.)		
BetrSichV	Verordnung zur rechtsvereinfachung im Bereich der Sicherheit und des Gesundheitsschutzes bei der Bereitstellung von Arbeitsmitteln und deren Benutzung bei der Arbeit, der Sicherheit beim Betrieb überwachungsbedürftiger Anlagen und der organisation des betrieblichen Arbeitsschutzes	BGS	Bundesgrenzschutz
		BGSG	Gesetz für den Bundesgrenzschutz
		BGV	Berufsgenossenschaftliche Vorschriften für Sicherheit und Gesundheit bei der Arbeit
		BHO	Bundeshaushaltsordnung
		BildscharbV	Verordnung über Sicherheit und Gesundheitsschutz bei der Arbeit an Bildschirmgeräten
BetrVG	Betriebsverfassungsgesetz		
BeurkG	Beurkundungsgesetz	BImSchG	Bundes-Immissionsschutzgesetz
BewG	Bewertungsgesetz		
BezG	Bezirksgericht	BImSchV	Bundes-Immisionsschutzverordnung
BfA	Bundesversicherungsanstalt für Angestellte		
		BinSchG	Gesetz betreffend die privatrechtlichen Verhältnisse der Binnenschifffahrt
BfD	Bundesbeauftragter für den Datenschutz		
BFH	Bundesfinanzhof	BioStoffV	Verordnung über Sicherheit und Gesundheitsschutz bei Tätigkeit mit biologischen Arbeitsstoffen
BFH/NV	Sammlung amtlich nicht veröffentlichter Entscheidungen des Bundesfinanzhofes		
		BIP	Bruttoinlandsprodukt
BFHE	Entscheidungen des Bundesfinanzhofs	BiRiLiG	Bilanzrichtliniengesetz
		BJagdG	Bundesjagdgesetz
BG	Die Berufsgenossenschaft, Zeitschrift für Arbeitssicherheit, Gesundheitsschutz und Unfallversicherung/Berufsgenossenschaft	BKA	Bundeskriminalamt
		BKAG	Gesetz über das Bundeskriminalamt und die Zusammenarbeit des Bundes und der Länder in kriminalpolizeilichen Angelegenheiten
BGB	Bürgerliches Gesetzbuch		

BKartA	Bundeskartellamt	BRAK-Mitt	Mitteilung der Bundesrechtsanwaltskammer
BKatV	Bußgeldkatalogverordnung		
BKGG	Bundeskindergeldgesetz	BRAO	Bundesrechtsanwaltsordnung
BKK	Die Betriebskrankenkasse (Zeitschr.)	BR-Drucks	Bundesrats-Drucksache
BKV	Berufskrankheiten-Verordnung	BReg	Bundesregierung
		Breith.	Breithaupt (Entscheidungssammlung)
Bl	Blatt		
Bln. DSB	Berliner Datenschutzbeauftragter	BRH	Bundesrechnungshof
		BRKG	Gesetz über die Reisekostenvergütung für die Bundesbeamten, Richter im Bundesdienst und Soldaten
BlStSozArbR	Blätter für Steuerrecht, Sozialversicherung und Arbeitsrecht (Zeitschr.)		
BMAS	Bundesministerium für Arbeit und Soziales	BRRG	Rahmengesetz zur Vereinheitlichung des Beamtenrechts
BMF	Bundesministerium der Finanzen		
		BRTV-Bau	Bundesrahmentarifvertrag Bau
BMI	Bundesministerium des Innern		
		BSchwAusbauG	Gesetz über den Ausbau der Schienenwege des Bundes
BMinG	Gesetz über die Rechtsverhältnisse der Mitglieder der Bundesregierung		
		BSeuchG	Bundesseuchengesetz
		BSG	Bundessozialgericht
BMJ	Bundesministerium der Justiz	BSGE	Amtliche Sammlung der Entscheidungen des Bundessozialgerichts
BMT-G	Bundes-Manteltarifvertrag für Arbeiter gemeindlicher Verwaltungen und Betriebe		
		BSHG	Bundessozialhilfegesetz
		bspw.	beispielsweise
BMTV	Bundesmontagetarifvertrag der Eisen-, Metall- und Elektroindustrie	BStBl	Bundessteuerblatt
		BSWAG	Bundesschienenwegeausbaugesetz
BNatSchG	Bundesnaturschutzgesetz	BT	Besonderer Teil/Bundestag
BND	Bundesnachrichtendienst	BtBG	Gesetz über die Wahrnehmung behördlicher Aufgaben bei der Betreuung Volljähriger
BNotO	Bundesnotarordnung		
BNVO	Bundesnebentätigkeitsverordnung		
		BT-Drucks	Bundestags-Drucksache
BORA	Berufsordnung für Rechtsanwälte	BtG	Betreuungsgesetz
		BtGB	Betreuungsbehördengesetz
BörsenG	Börsengesetz	BtMG	Betäubungsmittelgesetz
BOStB	Berufsordnung für Steuerberater	BtMVV	Verordnung über das Verschreiben, die Abgabe und den Nachweis des Verbleibs von Betäubungsmitteln
BPatG	Bundespatentgericht		
BPersVG	Bundespersonalvertretungsgesetz		
BPflV	Verordnung zur Regelung der Krankenhauspflegesätze	BtPrax	Zeitschrift für soziale Arbeit, gutachterliche Tätigkeit und Rechtsanwendung in der Betreuung
BpO	Betriebsprüfungsordnung		
BpO 2000	Allgemeine Verwaltungsvorschrift für die Betriebsprüfung		
		BTÜ	Bedienstete der Technischen Überwachung
BPolBG	Bundespolizeibeamtengesetz	BuchPrSichG	Gesetz zur Sicherung der nationalen Buchpreisbindung
BPR	Bezirkspersonalrat		
br	Behindertenrecht (Zeitschr.)	BUKG	Gesetz über die Umzugskostenvergütung für die Bundesbeamten, Richter im Bundesdienst und Soldaten
BR	Betriebsrat/Bundesrat		
BRAGO	Bundesrechtsanwaltsgebührenordnung		
		BundesbergG	Bundesberggesetz
BRAK	Bundesrechtsanwaltskammer	BUrlG	Bundesurlaubsgesetz

BÜVO	Beitragsübermittlungsverordnung		CMLR	Common Market Law Review
BuW	Betrieb und Wirtschaft (Zeitschr.)		CMR	Convention relative au Contrat de transport international de marchandise par route
BV	Betriebsvereinbarung/Bestandsverzeichnis		CR	Computer und Recht (Zeitschr.)
BVerfG	Bundesverfassungsgericht		CWÜAG	Ausführungsgesetz zu dem Übereinkommen vom 13. Januar 1993 über das Verbot der Entwicklung, Herstellung, Lagerung und des Einsatzes chemischer Waffen und über die Vernichtung solcher Waffen
BVerfGE	Entscheidungen des Bundesverfassungsgerichts			
BVerfGG	Gesetz über das Bundesverfassungsgericht			
BVerwG	Bundesverwaltungsgericht			
BVerwGE	Entscheidungen des Bundesverwaltungsgerichts			
BVFG	Bundesvertriebenengesetz			
bVG	besonderes Verhandlungsgremium		d.h.	das heißt
			DA	Dienstanweisungen der Bundesagentur für Arbeit
BVG	Gesetz über die Versorgung der Opfer des Krieges			
BVSG NW	Bergmannsversorgungsscheingesetz Nordrhein-Westfalen		DA AÜG	Durchführungsanweisung AÜG
			DÄBl.	Deutsches Ärzteblatt (Zeitschr.)
BW	Baden-Württemberg			
BWaldG	Gesetz zur Erhaltung des Waldes und zur Förderung der Forstwirtschaft		DAngVers	Die Angestelltenversicherung (Zeitschr.)
			DAR	Deutsches Autorecht (Zeitschr.)
BWG	Bundeswahlgesetz			
BWNotZ	Zeitschrift für das Notariat in Baden-Württemberg		DArbR	Deutsches Arbeitsrecht (Zeitschr.)
			DAV	Deutscher Anwaltverein
BWO	Bundeswahlordnung		DAVorm	Der Amtsvormund (Zeitschr.)
BZ	Bauzuschlag			
BZA	Bundesverband Zeitarbeit Personaldienstleistungen e.V.		DB	Der Betrieb (Zeitschr.)
			dB	Dezibel
bzgl.	bezüglich		DBA	Doppelbesteuerungsabkommen
BZRG	Bundeszentralregistergesetz			
bzw.	beziehungsweise		DBGrG	Deutsche Bahn Gründungsgesetz
c.i.c.	culpa in contrahendo		DBW	Die Betriebswirtschaft (Zeitschr.)
ca.	circa			
CC	code civil		DDR	Deutsche Demokratische Republik
CEEP	Europäischer Zentralverband der öffentlichen Wirtschaft			
			DepotG	Depotgesetz
			ders.	derselbe
CGZP	Christliche Gewerkschaft für Zeitarbeit und Personalserviceagenturen		DEÜV	Verordnung über die Erfassung und Übermittlung von Daten für die Träger der Sozialversicherung
ChemG	Gesetz zum Schutz vor gefährlichen Stoffen			
			DFB	Deutscher Fußballbund
ChemVerbotsV	Verordnung über Verbote und Beschränkungen des Inverkehrbringens gefährlicher Stoffe, Zubereitungen und Erzeugnisse nach dem Chemikaliengesetz		DFG	Zeitschrift für Deutsche Freiwillige Gerichtsbarkeit
			DGB	Deutscher Gewerkschaftsbund
			DGVZ	Deutsche Gerichtsvollzieherzeitung
CISG	Convention on Contracts for the International Sale of Goods			

DienstAnwBek	Bekanntmachung der Dienstbezüge und Anwärterbezüge nach § 2 Abs. 1 und § 3 Abs. 2 der Zweiten Besoldungs-Übergangsverordnung	DRZ	Deutsche Rechtszeitschrift (ab 1946)
		DSB	Datenschutzbeauftragte(r), Datenschutz-Berater (Zeitschr.)
DIN	Deutsches Institut für Normung	DSR	Deutscher Standardisierungsrat
		DStK	Dienststrafkammer
DIS	Deutsche Institution für Schiedsgerichtsbarkeit e.V.	DStR	Deutsches Steuerrecht (Zeitschr.)
DiskE	Diskussionsentwurf	DStRE	DStR-Entscheidungsdienst
Diss.	Dissertation	DStZ	Deutsche Steuer-Zeitung, Ausgabe A und B
DiszH	Disziplinarhof		
DJ	Deutsche Justiz (Zeitschr.)	DSWR	Datenverarbeitung Steuer, Wirtschaft, Recht
DJT	Deutscher Juristentag		
DJZ	Deutsche Juristen-Zeitung	DtZ	Deutsch-deutsche Rechts-Zeitschrift
DKG	Deutsche Krankenhausgesellschaft		
		DuD	Datenschutz und Datensicherheit (Zeitschr.)
DMBilG 1949	Gesetz über die Eröffnungsbilanz in Deutscher Mark und die Kapitalneufestsetzung	DÜG	Diskontsatzüberleitungsgesetz
		Düss	Düsseldorf
DNAIdentG	DNA-Identitätsfeststellungsgesetz	DV	Durchführungsverordnung/ Datenverarbeitung/Dienstvereinbarung/Direktversicherung
DNotI	Deutsches Notarinstitut		
DNotI-Report	Informationsdienst des Deutschen Notarinstituts	DVAuslG	Verordnung zur Durchführung des Ausländergesetzes
DNotV	Zeitschrift des Deutschen Notarvereins (ab 1933: Deutsche Notar-Zeitschrift)	DVBl	Deutsches Verwaltungsblatt (Zeitschr.)
		DVEV	Deutsche Vereinigung für Erbrecht und Vermögensnachfolge e.V.
DNotZ	Deutsche Notarzeitschrift		
DöD	Der öffentliche Dienst (Zeitschr.)		
DÖV	Die Öffentliche Verwaltung (Zeitschr.)	DWW	Deutsche Wohnungswirtschaft (Zeitschr.)
		DZWIR	Deutsche Zeitschrift für Wirtschafts- und Insolvenzrecht
DOK	Die Ortskrankenkasse (Zeitschr.)		
DONot	Dienstordnung für Notare		
DPA	Deutsches Patentamt		
DR	Deutsches Recht (Zeitschr.)	e.G.	eingetragene Genossenschaft
DRB	Deutscher Richterbund		
DRdA	Das Recht der Arbeit (Zeitschr.)	e.V.	eingetragener Verein
		EA	Vertrag über die Gründung der Europäischen Atomgemeinschaft
DRiG	Deutsches Richtergesetz		
DrittelbG	Drittelbeteiligungsgesetz		
DRiZ	Deutsche Richterzeitung	EAG	Europäische Atom-Gemeinschaft
DRpfl	Deutsche Rechtspflege (Zeitschr.)		
		ebd.	ebenda
DRS	Deutscher Rechnungslegungsstandard	EBITA	Earnings Before Interest, Taxes and Amortization
DRspr	Deutsche Rechtsprechung, Entscheidungssammlung und Aufsatzhinweise	EBR	Europäischer Betriebsrat
		EBRG	Gesetz über Europäisches Betriebsräte
DruckLV	Druckluftverordnung	EBV	Eigenbetriebsverordnung
Drucks	Drucksache	ECA	European Cockpit Association
DRV	Deutsche Rentenversicherung		
		ECRL	E-Commerce-Richtlinie

ECSA	European Community Shipowner's Association	EGZVG	Einführungsgesetz zu dem Gesetz über die Zwangsversteigerung und die Zwangsverwaltung
EFG	Entscheidungen der Finanzgerichte		
EFQM	European Foundation for Quality Management	EheG	Ehegesetz
		EhfG	Entwicklungshelfer-Gesetz
EFTA	European Free Trade Association	EhrRiEG	Gesetz über die Entschädigung der ehrenamtlichen Richter
EFZG	Gesetz über die Zahlung des Arbeitsentgelts an Feiertagen und im Krankheitsfall (Entgeltfortzahlungsgesetz)	EigZulG	Eigenheimzulagengesetz
		Einf.	Einführung
		eingetr.	eingetragen
EG	Europäische Gemeinschaft/ Einführungsgesetz	EinigungsV	Einigungsstellenverordnung/Einigungsvertrag
EGAktG	Einführungsgesetz zum Aktiengesetz	Einl.	Einleitung
		Einl. ALR	Einleitung zum Preußischen Allgemeinen Landrecht
EGAmtshilfeG	Gesetz zur Durchführung der EG-Richtlinie über die gegenseitige Amtshilfe im Bereich der direkten und indirekten Steuern	einschl.	einschließlich
		EKG	Einheitliches Gesetz über den internationalen Kauf beweglicher Sachen
EGAO 1977	Einführungsgesetz zur Abgabenordnung	EKMR	Europäische Kommission für Menschenrechte
EGB	Europäischer Gewerkschaftsbund	EltZ-SoldV	Verordnung über die Elternzeit von Soldatinnen und Soldaten
EGBGB	Einführungsgesetz zum Bürgerlichen Gesetzbuch	EMRK	Europäische Menschenrechtskonvention
EGFamGB	Einführungsgesetz zum Familiengesetzbuch der DDR	EMRKG	Gesetz über die Konvention zum Schutze der Menschenrechte und Grundfreiheiten
EGGVG	Einführungsgesetz zum Gerichtsverfassungsgesetz	EMVG	Gesetz über die elektromagnetische Verträglichkeit von Geräten
EGH	Ehrengerichtshof der Rechtsanwaltskammer		
EGHGB	Einführungsgesetz zum Handelsgesetzbuch	ENA	Europäisches Niederlassungsabkommen
EGInsO	Einführungsgesetz zur Insolvenzordnung	EnEG	Gesetz zur Einsparung von Energie in Gebäuden
EGKS	Europäische Gemeinschaft für Kohle und Stahl	EnergieSichG	Gesetz zur Sicherung der Energieversorgung bei Gefährdung oder Störung der Einfuhren von Erdöl, Erdölerzeugnissen oder Erdgas
EGKSV	Vertrag zur Gründung einer Europäischen Gemeinschaft für Kohle und Stahl		
EGMR	Europäischer Gerichtshof für Menschenrechte	Entsch.	Entscheidung
		Entschl.	Entschluss
EGScheckG	Einführungsgesetz zum Scheckgesetz	entspr.	entsprechend
		Entw.	Entwurf
EGStGB	Einführungsgesetz zum Strafgesetzbuch	EntwLStG	Gesetz über steuerliche Maßnahmen zur Förderung von privaten Kapitalanlagen in Entwicklungsländern
EGStPO	Einführungsgesetz zur Strafprozessordnung		
EGV	Vertrag zur Gründung der Europäischen Gemeinschaft	EnWG	Energiewirtschaftsgesetz
		EPA	Europäisches Patentamt
EGWechselG	Einführungsgesetz zum Wechselgesetz	EPÜ	Europäisches Patentübereinkommen
EGWStG	Einführungsgesetz zum Wehrstrafgesetz	ERA	Entgeltrahmenabkommen
EGZPO	Einführungsgesetz zur Zivilprozessordnung	ERAA	European Regions Airline Association

Abkürzungsverzeichnis

ErbbauV	Verordnung über das Erbbaurecht	EuGHG	Gesetz betreffend die Anrufung des Gerichtshofes der Europäischen Gemeinschaften im Weg des Vorabentscheidungsverfahrens auf dem Gebiet der polizeilichen Zusammenarbeit und der justitiellen Zusammenarbeit in Strafsachen nach Artikel 35 des EU-Vertrags
ErbGleichG	Erbrechtsgleichstellungsgesetz		
ErbStDV	Erbschaftsteuer-Durchführungsverordnung		
ErbStG	Erbschaft- und Schenkungsteuergesetz		
ErgAnzV	Verordnung über die Ergänzungsanzeige von Finanzdienstleistungsinstituten und Wertpapierhandelsbanken nach dem Gesetz über das Kreditwesen		
		EuGHMR	Europäischer Gerichtshof für Menschenrechte
		EuGRZ	Europäische Grundrechte-Zeitschrift
		EuGVÜ	Europäisches Übereinkommen über die gerichtliche Zuständigkeit und die Vollstreckung gerichtlicher Entscheidungen in Zivil- und Handelssachen
ErgBd	Ergänzungsband		
Erkl.	Erklärung		
Erl.	Erlass/Erläuterung		
ErstAnzV	Verordnung über die Erstanzeige von Finanzdienstleistungsinstituten und Wertpapierhandelsbanken nach dem Gesetz über das Kreditwesen		
		EuGVÜ	Übereinkommen der Europäischen Gemeinschaft über die gerichtliche Zuständigkeit und die Vollstreckung gerichtlicher Entscheidungen in Zivil- und Handelssachen
ES	Entscheidungssammlung		
ESC	Europäische Sozialrechtscharta		
ESF	Europäischer Sozialfonds	EuR	Europarecht
ESt	Einkommensteuer	EUR	Euro
EStB	Der Ertrag-Steuer-Berater (Zeitschr.)	EuRAG	Gesetz über die Tätigkeit europäischer Rechtsanwälte in Deutschland
EstDV	Einkommensteuer-Durchführungsverordnung	EURIBOR	EURO Interbank Offered Rate
EStG	Einkommensteuergesetz	EuroAs	Europäisches Arbeits- und Sozialrecht (Zeitschr.)
EStH	Einkommensteuerhinweise		
EStR	Einkommensteuer-Richtlinien	EuroEG	Gesetz zur Einführung des Euro
etc.	et cetera	EuroSchuldUmstG	Gesetz zur Umstellung von Schuldverschreibungen auf Euro
ETF	Europäischen Transportarbeiter-Föderation		
EU	Europäische Union	EUV	Vertrag über die Europäische Union
EU-DatSchRl	Datenschutzrichtlinie der Europäischen Union		
EÜG	Gesetz über den Einfluss von Eignungsübungen der Streitkräfte auf Vertragsverhältnisse der Arbeitnehmer und Handelsvertreter sowie auf Beamtenverhältnisse	EuWO	Europawahlordnung
		EuZW	Europäische Zeitschrift für Wirtschaftsrecht
		EV	Eidesstattliche Versicherung
		EVO	Eisenbahn-Verkehrsordnung
		evtl.	eventuell
EuG	Europäisches Gericht Erster Instanz	EVÜ	Europäisches Schuldvertragsübereinkommen
EuGH	Europäischer Gerichtshof	EWG	Europäische Wirtschaftsgemeinschaft
EuGH Slg.	Entscheidungssammlung des Europäischen Gerichtshofs		
EuGH VfO	Verfahrensordnung des Europäischen Gerichtshofs	EWGV	Vertrag zur Gründung der Europäischen Wirtschaftsgemeinschaft

Abkürzungsverzeichnis

EWiR	Entscheidungen zum Wirtschaftsrecht	FG	Finanzgericht/Freiwillige Gerichtsbarkeit
EWIV	Europäische Wirtschaftliche Interessenvereinigung	FGO	Finanzgerichtsordnung
EWIVAG	Gesetz zur Ausführung der EWG-Verordnung über die Europäische wirtschaftliche Interessenvereinigung	FGPrax	Praxis der Freiwilligen Gerichtsbarkeit (Zeitschr.)
		FIBOR	Frankfurter Interbank Offered Rate
		FIBOR-VO	Frankfurter Interbank Offered Rate-Überleitungs-Verordnung
EWR	Europäischer Wirtschaftsraum		
EWS	Europäisches Wirtschafts- und Steuerrecht (Zeitschr.)	FinBeh	Finanzbehörde
		FinMin	Finanzministerium
EzA	Entscheidungssammlung zum Arbeitsrecht	FinVerw	Finanzverwaltung
		FKS	Finanzkontrolle Schwarzarbeit
EZAR	Entscheidungssammlung zum Ausländer- und Asylrecht	FLF	Finanzierung, Leasing, Factoring (Zeitschr.)
EzA-SD	Entscheidungssammlung zum Arbeitsrecht-Schnelldienst	FluglärmG	Gesetz zum Schutz gegen Fluglärm
		FlurbG	Flurbereinigungsgesetz
EzB	Entscheidungssammlung zum Berufsbildungsrecht	Fn	Fußnote
		FördergebietsG	Gesetz über Sonderabschreibungen und Abzugsbeträge im Fördergebiet
EZB	Europäische Zentralbank		
EZulV	Verordnung über die Gewährung von Erschwerniszulagen	FormVAnpG	Gesetz zur Anpassung der Formvorschriften des Privatrechts und anderer Vorschriften
f.; ff.	folgende; fortfolgende	FPersG	Fahrpersonalgesetz
FA	Fachanwalt Arbeitsrecht (Zeitschr.)/Finanzamt	FR	Die Finanz-Rundschau (Zeitschr.)
Fa.	Firma	FreiÖkoJG	Gesetz zur Förderung eines freiwilligen ökologischen Jahres
FamG	Familiengericht		
FamNamRG	Gesetz zur Neuordnung des Familiennamensrechts	FreiSozJG	Gesetz zur Förderung eines freiwilligen sozialen Jahres
FamRÄndG	Familienrechtsänderungsgesetz	FreizügG/EU	Freizügigkeitsgesetz der EU
FamRZ	Zeitschrift für das gesamte Familienrecht	FS	Festschrift
		FST	Federation of Transport Workers' Unions in the European Union
FAO	Fachanwaltsordnung		
FARL	Fernabsatzrichtlinie	FStrAbG	Fernstraßenausbaugesetz
FAZ	Frankfurter Allgemeine Zeitung	FStrG	Bundesfernstraßengesetz
FernAbsG	Fernabsatzgesetz	FTP	File Transfer Protocol (Dateiübertragungsprotokoll)
FernUSG	Gesetz zum Schutz der Teilnehmer am Fernunterricht	FuR	Film und Recht (Zeitschr.)
FeV	Fahrerlaubnis-Verordnung	FwG BW	Feuerwehrgesetz Baden-Württemberg
FEVS	Fürsorgerechtliche Entscheidungen der Verwaltungs- und Sozialgerichte		
FF	Forum Familienrecht (Zeitschr.)	G	Gericht/Gesetz/Gesellschaft
		G 10	Gesetz zur Beschränkung des Brief-, Post- und Fernmeldegeheimnisses
FFG	Gesetz zur Förderung von Frauen und der Vereinbarkeit von Familie und Beruf in der Bundesverwaltung und den Gerichten des Bundes	GA	Goltdammer's Archiv für Strafrecht (Zeitschr.)/Generalanwalt
FFH-RL	Flora-Fauna-Habitat-Richtlinie	GAAP	Generally Accepted Accounting Principles

Abkürzungsverzeichnis

GAD	Gesetz über den Auswärtigen Dienst	GFRG	Gesetz zur Neuordnung der Gemeindefinanzen
GastG	Gaststättengesetz	GFZ	Geschossflächenzahl
GATT	General Agreement on Tariffs and Trade	GG	Grundgesetz
		GGBefG	Gesetz über die Beförderung gefährlicher Güter
GBA	Grundbuchamt	ggf.	gegebenenfalls
GBBerG	Grundbuchbereinigungsgesetz	GGO	Gemeinsame Geschäftsordnung der Bundesministerien
GBl	Gesetzblatt	GI	Gerling Informationen für wirtschaftsprüfende, rechts- und steuerberatende Berufe (Zeitschr.)
GBO	Grundbuchordnung		
GbR	Gesellschaft des bürgerlichen Rechts		
GBR	Gesamtbetriebsrat	GKG	Gerichtskostengesetz
GBV	Gesamtbetriebsvereinbarung	GKV	gesetzliche Krankenversicherung
GdB	Grad der Behinderung	Gl.	Gläubiger
GDD	Gesellschaft für Datenschutz und Datensicherung e.V.	GleichberG	Gesetz über die Gleichberechtigung von Mann und Frau auf dem Gebiet des bürgerlichen Rechts
GdF	Gewerkschaft der Flugsicherung e.V.		
GdL	Gewerkschaft der Lokomotivführer	GmbH	Gesellschaft mit beschränkter Haftung
GDV	Gesamtverband der Deutschen Versicherungswirtschaft e.V.	GmbHG	GmbH-Gesetz
		GmbHR	GmbHRundschau (Zeitschr.)
geänd.	geändert	GmbH-StB	Der GmbH-Steuer-Berater (Zeitschr.)
GebO	Gebührenordnung		
GebrMG	Gebrauchsmustergesetz	GMBl	Gemeinsames Ministerialblatt der Bundesministerien des Innern, für Wohnungsbau, für gesamtdeutsche Fragen, für Angelegenheiten des Bundesrats
GefStoffV	Gefahrstoffverordnung		
gem.	gemäß		
GenBeschlG	Genehmigungsverfahrensbeschleunigungsgesetz		
GenG	Genossenschaftsgesetz		
GenRegV	Verordnung über das Genossenschaftsregister	GmS-OGB	Gemeinsamer Senat der Obersten Gerichtshöfe des Bundes
GenSta.A.nw	Generalstaatsanwalt		
GenTG	Gesetz zur Regelung der Gentechnik	GO	Gemeindeordnung
		GOA	Gebührenordnung für Architekten
GenTSV	Gentechnik-Sicherheitsverordnung	GoA	Geschäftsführung ohne Auftrag
Ges.-Bgr.	Gesetzesbegründung	GOÄ	Gebührenordnung für Ärzte
GesBergV	Gesundheitsschutz-Bergverordnung	GoB	Grundsätze ordnungsgemäßer Buchführung
GeschmMG	Geschmacksmustergesetz		
GesO	Gesamtvollstreckungsordnung	GOZ	Gebührenordnung für Zahnärzte
GewArch	Gewerbearchiv (Zeitschr.)	GPR	Gesamtpersonalrat
GewO	Gewerbeordnung	GPSG	Gesetz über technische Arbeitsmittel und Verbraucherprodukte
GewSchG	Gesetz zum zivilrechtlichen Schutz vor Gewalttaten und Nachstellungen		
		GPÜ	Gemeinschaftspatentübereinkommen
GewStDV	Gewerbesteuer-Durchführungsverordnung	grds.	grundsätzlich
		GrdstVG	Grundstückverkehrsgesetz
GewStG	Gewerbesteuergesetz	GrEStG	Grunderwerbsteuergesetz
GewStR	Gewerbesteuerrichtlinien	GrStG	Grundsteuergesetz
GF	Geschäftsführer/Grundfläche	GRStS	Großer Senat in Strafsachen

GrundbuchG	Grundbuchgesetz	Hess.	Hessische/er/es
GRUR	Gewerblicher Rechtsschutz und Urheberrecht (Zeitschr.)	Hess. DSB	Hessischer Datenschutzbeauftragter
GRURInt	GRUR Internationaler Teil	HessStGH	Hessischer Staatsgerichtshof
GRZ	Grundflächenzahl	HFR	Höchstrichterliche Finanzrechtsprechung (Zeitschr.)
GRZS	Großer Senat in Zivilsachen		
GS	Großer Senat/Gedächtnisschrift	HGB	Handelsgesetzbuch
		HGrG	Gesetz über die Grundsätze des Haushaltsrechts des Bundes und der Länder
GSB	Gesetz über die Sicherung von Bauforderungen		
GSBV	Gesamtschwerbehindertenvertretung	HintO	Hinterlegungsordnung
		Hinw.	Hinweis/e
GSG	Gesetz über technische Arbeitsmittel	HIV	Human Immunodeficiency Virus
GTL	Gesamttarifstundenlohn	Hj	Halbjahr
GüKG	Güterkraftverkehrsgesetz	HKÜ	Haager Übereinkommen über die zivilrechtlichen Aspekte internationaler Kindesentführung
GUV	gesetzliche Unfallversicherung		
gV	grenzüberschreitende Verschmelzung		
		HOAI	Honorarordnung für Architekten und Ingenieure
GV	Gebührenverzeichnis		
GV NW	Gesetz- und Verordnungsblatt für das Land Nordrhein-Westfalen	HöfeO	Höfeordnung
		HöfeVfO	Verfahrensordnung für Höfesachen
GVBl	Gesetz- und Verordnungsblatt	HpflG	Haftpflichtgesetz
		HPR	Hauptpersonalrat
GVG	Gerichtsverfassungsgesetz	HReg	Handelsregister
GVGA	Geschäftsanweisung für Gerichtsvollzieher	HRG	Hochschulrahmengesetz
		HRR	Höchstrichterliche Rechtsprechung (Zeitschr.)
GvKostG	Gerichtsvollzieherkostengesetz		
		Hrsg.	Herausgeber/in
GWB	Gesetz gegen Wettbewerbsbeschränkungen	hrsg.	herausgegeben
		HRV	Handelsregisterverfügung
GwG	Gesetz über das Aufspüren von Gewinnen aus schweren Straftaten	Hs.	Halbsatz
		HTML	Hypertext markup language
		HTWG	Haustürwiderrufsgesetz
		HVBG-Info/HVInfo	Aktueller Informationsdienst für die berufsgenossenschaftliche Sachbearbeitung
h.L.	herrschende Lehre		
h.M.	herrschende Meinung		
HaftpflG	Haftpflichtgesetz		
HAG	Heimarbeitsgesetz	HWiG	Gesetz über den Widerruf von Haustürgeschäften
HalblSchG	Halbleiterschutzgesetz		
Halbs.	Halbsatz	HwO	Gesetz zur Ordnung des Handwerks
Hamb. DSB	Hamburger Datenschutzbeauftragter		
		HWS	Halswirbelsäule
HAuslG	Gesetz über die Rechtsstellung heimatloser Ausländer im Bundesgebiet	HypBG	Hypothekenbankgesetz
		HzA	Handbuch zum Arbeitsrecht
		HZPÜ	Haager Übereinkommen vom 1.3.1954 über den Zivilprozess
HausratV	Hausratsverordnung		
HBÜ	Haager Übereinkommen über die Beweisaufnahme im Ausland in Zivil- und Handelssachen		
		HZÜ	Haager Übereinkommen vom 15.11.1965 über die Zustellung gerichtlicher und außergerichtlicher Schriftstücke im Ausland in Zivil- und Handelssachen
HdwO	Handwerksordnung		
HeimarbG	Heimarbeitsgesetz		
HeimG	Heimgesetz		
HeizkostenV	Heizkostenverordnung		

HZvNG	Hüttenknappschaftliches Zusatzversicherungsneuregelungsgesetz	IntPatÜbk	Vertrag über die internationale Zusammenarbeit auf dem Gebiet des Patentwesens
i.A.	im Auftrag	InVo	Insolvenz und Vollstreckung (Zeitschr.)
i.d.F.	in der Fassung		
i.d.R.	in der Regel	InvZulG 1999	Investitionszulagengesetz 1999
i.d.S.	in diesem Sinne		
i.E.	im Ergebnis	IP	Internetprotokoll
i.e.S.	im engeren Sinne	IPR	Internationales Privatrecht
i.G.	in Gründung	IPRax	Praxis des Internationalen Privat- und Verfahrensrechts (Zeitschr.)
i.H.v.	in Höhe von		
i.L.	in Liquidation		
i.S.d.	im Sinne des	IPRG	Gesetz zur Neuregelung des Internationalen Privatrechts
i.S.v.	im Sinne von		
i.Ü.	im Übrigen	IPRspr.	Die deutsche Rechtsprechung auf dem Gebiet des Internationalen Privatrechts (Zeitschr.)
i.V.	in Vertretung		
i.V.m.	in Verbindung mit		
i. Vorb.	in Vorbereitung		
i.W.	in Worten	IRG	Gesetz über die internationale Rechtshilfe in Strafsachen
i.w.S.	im weiteren Sinne		
IACA	International Air Carrier Association		
		IRO	International Refugee Organization
IAO	Internationale Arbeitsorganisation		
		IRPA	Internationale Strahlenschutzassoziation
IAS	International Accounting Standards		
		ISO	Internationale Organisation für Normung
IBR	Immobilien & Baurecht (Zeitschr.)		
		IStR	Internationales Steuerrecht, Zeitschrift für europäische und internationale Steuer- und Wirtschaftsberatung
ICC	International Chamber of Commerce		
IfSG	Infektionsschutzgesetz		
IGH	Internationaler Gerichtshof	IT-ArGV	Verordnung über die Arbeitsgenehmigung für hoch qualifizierte ausländische Fachkräfte der Informations- und Kommunikationstechnologie
IHK	Industrie- und Handelskammer		
IHKG	Gesetz über die Industrie- und Handelskammern		
		IT-AV	Verordnung über Aufenthaltserlaubnisse für hoch qualifizierte ausländische Fachkräfte der Informations- und Kommunikationstechnologie
ILO	International Labour Organization		
INF	Die Information über Steuer und Wirtschaft (Zeitschr.)		
InfAuslR	Informationsbrief Ausländerrecht (Zeitschr.)		
		IWB	Internationale Wirtschafts-Briefe (Zeitschr.)
info also	Informationen zum Arbeitslosen- und Sozialhilferecht (Zeitschr.)		
		JA	Juristische Arbeitsblätter (Zeitschr.)/Jugend- und Auszubildendenversammlung
inkl.	inklusive		
insb.	insbesondere		
insg.	insgesamt		
InsO	Insolvenzordnung		
InsVV	Insolvenzrechtliche Vergütungsverordnung	JAO	Juristenausbildungsordnung
		JArbSchG	Jugendarbeitsschutzgesetz
IntKfzV	Internationale Kfz-Verordnung	JArbSchUV	Jugendarbeitsschutzuntersuchungsverordnung
		JArbSchV	Jugendarbeitsschutzverordnung

JAV	Jugend- und Auszubildendenvertretung	KfH	Kammer für Handelssachen
JAVollzO	Verordnung über den Vollzug des Jugendarrestes	Kfz	Kraftfahrzeug
		KfzPflVV	Verordnung über den Versicherungsschutz in der Kraftfahrzeug-Haftpflichtversicherung
Jb.FAStR	Jahrbuch der Fachanwälte für Steuerrecht		
Jb.J.ZivRWiss	Jahrbuch Junger Zivilrechtswissenschaftler	KG	Kommanditgesellschaft/ Kammergericht
JBeitrO	Justizbeitreibungsordnung	KGaA	Kommanditgesellschaft auf Aktien
JBl	Justizblatt		
JFG	Jahrbuch der Freiwilligen Gerichtsbarkeit	KG-Rp	Rechtsprechungsreport des Kammergerichts Berlin
JG	Jugendgericht	KindArbSchV	Kinderarbeitsschutzverordnung
Jg.	Jahrgang		
JGG	Jugendgerichtsgesetz	Kind-Prax	Kindschaftsrechtliche Praxis (Zeitschr.)
JÖSchG	Gesetz zum Schutz der Jugend in der Öffentlichkeit	KindUG	Gesetz zur Vereinheitlichung des Unterhaltsrechts minderjähriger Kinder
JR	Juristische Rundschau (Zeitschr.)		
JuMiG	Justizmitteilungsgesetz	KiSt	Kirchensteuer
Jura	Juristische Ausbildung (Zeitschr.)	KJ	Kritische Justiz (Zeitschr.)
		Kj	Kalenderjahr
JurBüro	Juristisches Büro (Zeitschr.)	KJHG	Gesetz zur Neuordnung des Kinder- und Jugendhilferechts
jurisPR-ArbR	juris PraxisReport Arbeitsrecht		
JuS	Juristische Schulung (Zeitschr.)	KLG	Kindererziehungsleistungsgesetz
JuSchG	Jugendschutzgesetz	KMU	Kleine und mittlere Unternehmen
Justiz	Die Justiz (Zeitschr.)		
JVA	Justizvollzugsanstalt	KO	Konkursordnung
JVBl	Justizverwaltungsblatt	KOM	Kommission
JVEG	Justizvergütungs- und Entschädigungsgesetz	KonsG	Konsulargesetz
		KonTraG	Gesetz zur Kontrolle und Transparenz im Unternehmensbereich
JVKostO	Gesetz über Kosten im Bereich der Justizverwaltung		
		KÖSDI	Kölner Steuerdialog (Zeitschr.)
JW	Juristische Wochenschrift (Zeitschr.)		
		KostenRÄndG	Gesetz zur Änderung und Ergänzung kostenrechtlicher Vorschriften
JZ	Juristenzeitung (Zeitschr.)		
K & R	Kommunikation & Recht (Zeitschr.)	KostO	Kostenordnung
		KostRMoG	Kostenrechtsmodernisierungsgesetz
KAG	Kommunalabgabengesetz		
KAGG	Gesetz über Kapitalanlagegesellschaften	KriegswKontrG	Ausführungsgesetz zu Artikel 26 Abs. 2 des Grundgesetzes
Kap.	Kapitel		
KapErhStG	Gesetz über steuerrechtliche Maßnahmen bei Erhöhung des Nennkapitals aus Gesellschaftsmitteln	krit.	kritisch
		KritV	Kritische Vierteljahresschrift für Gesetzgebung und Rechtswissenschaft (Zeitschr.)
KAPOVAZ	kapazitätsorientierte variable Arbeitszeit		
Kauf-RL	Richtlinie zu bestimmten Aspekten des Verbrauchsgüterkaufs und der Garantien für Verbrauchsgüter	KronzeugenG	Gesetz zur Änderung des Strafgesetzbuches, der Strafprozessordnung und des Versammlungsgesetzes und zur Einführung einer Kronzeugenregelung bei terroristischen Straftaten
KAUG	Konkursausfallgeld		
KBR	Konzernbetriebsrat		

Abkürzungsverzeichnis

KrW-/AbfG	Gesetz zur Förderung der Kreislaufwirtschaft und Sicherung der umweltverträglichen Beseitigung von Abfällen	li. Sp.	linke Spalte
		lit.	litera (Buchstabe)
		Lit.	Literatur
		Lj	Lebensjahr
KS	Vertrag über die Gründung der Europäischen Gemeinschaften für Kohle und Stahl	LKA	Landeskriminalamt
		LKatSG BW	Landeskatastrophenschutzgesetz Baden-Württemberg
KSBV	Konzernschwerbehindertenvertretung	LM	Lindenmaier/Möhrig u.a., Loseblatt, Nachschlagewerk des BGH
KSchG	Kündigungsschutzgesetz	LMBG	Lebensmittel- und Bedarfsgegenständegesetz
KStDV	Körperschaftsteuer-Durchführungsverordnung		
KStG	Körperschaftsteuergesetz	LombardV	Lombardsatz-Überleitungs-Verordnung
KStR	Körperschaftsteuer-Richtlinien	LPachtVG	Gesetz über die Anzeige und Beanstandung von Landpachtverträgen
KSVG	Künstlersozialversicherungsgesetz		
		LPartG	Landespartnerschaftsgesetz
KTS	Konkurs-, Treuhand- und Schiedsgerichtswesen (ab 1998 Zeitschrift für Insolvenzrecht/vorher Konkurs- und Treuhandwesen)	LPG	Landespressegesetz
		LPVG	Landespersonalvertretungsgesetz
		LReg	Landesregierung
		LRG	Landesrundfunkgesetz
Künd	Kündigung	LRG-Satz	Zinssatz für längerfristige Refinanzierungsgeschäfte der Europäischen Zentralbank
KündFG	Kündigungsfristengesetz		
KunstUrhRG	Gesetz betreffend das Urheberrecht an Werken der bildenden Künste und der Photographie		
		LRH	Landesrechnungshof
		LRiG	Landesrichtergesetz
KV	Kassenärztliche Vereinigung/Kostenverzeichnis/Krankenversicherung	LS	Leitsatz
		LSchlG	Ladenschlussgesetz
		LSG	Landessozialgericht
KVO	Kraftverkehrsordnung	LSt	Lohnsteuer
KWG	Kreditwesengesetz	LStDV	Lohnsteuer-Durchführungsverordnung
LAG	Landesarbeitsgericht/Lastenausgleichsgesetz		
		LStH	Lohnsteuerhinweise
Landeplatz-LärmschutzV	Landeplatz-Lärmschutz-Verordnung	LStR	Lohnsteuer-Richtlinien
		LT-Drucks	Landtags-Drucksachen
LandPVerkG	Landpachtverkehrsgesetz	LuF	Land- und Forstwirtschaft
LASI	Länderausschuß für Arbeitsschutz und Sicherheitstechnik	LuftfzRG	Gesetz über Rechte an Luftfahrzeugen
		LuftVG	Luftverkehrsgesetz
LasthandhabV	Verordnung über Sicherheit und Gesundheitsschutz bei der manuellen Handhabung von Lasten bei der Arbeit	LuftVZO	Luftverkehrs-Zulassungs-Ordnung
		LugÜ	Lugano-Übereinkommen über die gerichtliche Zuständigkeit und die Vollstreckung gerichtlicher Entscheidungen in Zivil- und Handelssachen
LBO	Landesbauordnung		
LCIA	London Court of International Arbitration		
		LV	Lebensversicherung
lfd.	laufend	LVA	Landesversicherungsanstalt
LFGG	Landesgesetz über die freiwillige Gerichtsbarkeit	LWG	Landwirtschaftsgericht
LFZG	Lohnfortzahlungsgesetz	LwVfG	Gesetz über das gerichtliche Verfahren in Landwirtschaftssachen
LG	Landgericht		
LHO	Landeshaushaltsordnung/Leistungs- und Honorarordnung		

LZ	Leipziger Zeitschrift für Rechtsphilosophie	MitbestG	Gesetz über die Mitbestimmung der Arbeitnehmer
m. Anm.	mit Anmerkung	Mitt.	Mitteilungen
m.E.	meines Erachtens	MittAB	Mitteilungen aus der Arbeitsmarkt- und Berufsforschung
M.M.	Mindermeinung		
m.V.a.	mit Verweis auf	MittBayNot	Mitteilungen des Bayerischen Notarvereins, der Notarkasse und der Landesnotarkasse Bayern
m.w.H.	mit weiteren Hinweisen		
m.w.N.	mit weiteren Nachweisen		
m.W.v.	mit Wirkung vom		
MaBV	Makler- und Bauträgerverordnung	MittRhNotK	Mitteilungen der Rheinischen Notarkammer
MarkenG	Markengesetz	MMR	MultiMedia und Recht (Zeitschr.)
MaschinenV	Maschinenverordnung		
MBPlG	Magnetschwebebahnplanungsgesetz	MOE-Länder	Länder in Mittel- und Osteuropa
		MontanMitbestErgG	Gesetz zur Ergänzung des Montanmitbestimmungsgesetzes
MdE	Minderung der Erwerbsfähigkeit		
MDK	Medizinischer Dienst der Krankenversicherung	MontanMitbestG	Gesetz über die Mitbestimmung der Arbeitnehmer in den Aufsichtsräten und Vorständen der Unternehmen des Bergbaus und der Eisen und Stahl erzeugenden Industrie
MDP	Mitteilungen der deutschen Patentanwälte (Zeitschr.)		
MDR	Monatsschrift für Deutsches Recht (Zeitschr.)		
MDStV	Mediendienste-Staatsvertrag		
		MPG	Gesetz über Medizinprodukte
MedR	Medizinrecht		
Meso	Medizin im Sozialrecht (Zeitschr.)	MPU	medizinisch-psychologische Untersuchung
MfS	Ministerium für Staatssicherheit	MRP	Manteltarifvertrag für die holz- und kunststoffverarbeitende Industrie Rheinland-Pfalz
MhbeG	Minderjährigenhaftungsbeschränkungsgesetz		
MHRG	Gesetz zur Regelung der Miethöhe	MRVerbG	Gesetz zur Verbesserung des Mietrechts und zur Begrenzung des Mietanstiegs sowie zur Regelung von Ingenieur- und Architektenleistungen
MiArbG/ MindArbBedG	Gesetz über die Festsetzung von Mindestarbeitsbedingungen		
MietRÄndG	Mietrechtsänderungsgesetz	MSchG	Mieterschutzgesetz
MinBl	Ministerialblatt	MT-Arb	Manteltarifvertrag für Arbeiter und Arbeiterinnen des Bundes
mind.	mindestens		
Mio.	Million		
MiStra	Mitteilungen in Strafsachen	MTB II	Manteltarifvertrag für Arbeiter des Bundes
MitbestBeiG	Gesetz zur Beibehaltung der Mitbestimmung beim Austausch von Anteilen und der Einbringung von Unternehmensteilen, die Gesellschaften verschiedener Mitgliedstaaten der EU betreffen	MTL II	Manteltarifvertrag für Arbeiter der Länder
		MTV	Manteltarifvertrag
		MuSchG	Gesetz zum Schutze der erwerbstätigen Mutter (Mutterschutzgesetz)
MitbestErgG	Gesetz zur Ergänzung des Gesetzes über die Mitbestimmung der Arbeitnehmer in den Aufsichtsräten und Vorständen der Unternehmen des Bergbaus und der Eisen und Stahl erzeugenden Industrie	MuSchRiV	Verordnung zum Schutze der Mütter am Arbeitsplatz (Mutterschutzrichtlinienverordnung)
		MuSchV	Verordnung über den Mutterschutz für Beamtinnen

MusterSchG	Gesetz betreffend den Schutz von Mustern auf Ausstellungen	NJW-RR	NJW-Rechtsprechungs-Report
MuW	Markenschutz und Wettbewerb (Zeitschr.)	NMV 1970	Verordnung über die Ermittlung der zulässigen Miete für preisgebundene Wohnungen
MVergV	Verordnung über die Gewährung von Mehrarbeitsvergütung für Beamte	NotBZ	Zeitschrift für die notarielle Beratungs- und Beurkundungspraxis
MwSt	Mehrwertsteuer	Nr.	Nummer
n.F.	neue Fassung	NSEntG	Gesetz über Entschädigungen für Opfer des Nationalsozialismus im Beitrittsgebiet
n.r.	nicht rechtskräftig		
n.v.	nicht veröffentlicht		
NachlG	Nachlassgericht		
NachwG	Gesetz über den Nachweis der für ein Arbeitsverhältnis geltenden wesentlichen Bedingungen	NSpielbG	Niedersächsisches Spielbankengesetz
		NStE	Neue Entscheidungssammlung für Strafrecht
NamÄndG	Gesetz über die Änderung von Familiennamen und Vornamen	NStZ	Neue Zeitschrift für Strafrecht
		NStZ-RR	Neue Zeitschrift für Strafrecht – Rechtsprechungs-Report
NamensänderungsDV	Erste Verordnung zur Durchführung des Gesetzes über die Änderung von Familiennamen und Vornamen	NVersZ	Neue Zeitschrift für Versicherung und Recht
		NVwZ	Neue Zeitschrift für Verwaltungsrecht
NATO	North Atlantic Treaty Organisation	NVwZ-RR	NVwZ-Rechtsprechungs-Report
NdsBrandSchG	Niedersächsisches Brandschutzgesetz	NW	Nordrhein-Westfalen
NdsRpfl	Niedersächsische Rechtspflege (Zeitschr.)	NWB	Neue Wirtschaftsbriefe (Zeitschr.)
NdsVBl	Niedersächsische Verwaltungsblätter (Zeitschr.)	NWVBl	Nordrhein-Westfälische Verwaltungsblätter
NDV	Nachrichtendienst des Deutschen Vereins für öffentliche und private Fürsorge	NWVerf	Nordrhein-Westfälische Landesverfassung
		NZA	Neue Zeitschrift für Arbeitsrecht
ne.	nichtehelich		
NEhelG	Gesetz über die rechtliche Stellung der nichtehelichen Kinder	NZA-RR	NZA-Rechtsprechungs-Report
		NZBau	Neue Zeitschrift für Baurecht und Vergaberecht
NEK	Nordelbische-Lutherische-Kirche	NZG	Neue Zeitschrift für Gesellschaftsrecht
NJ	Neue Justiz (Zeitschr.)	NZI	Neue Zeitschrift für Insolvenz und Sanierung
NJOZ	Neue Juristische Online-Zeitschrift		
NJW	Neue Juristische Wochenschrift (Zeitschr.)	NZM	Neue Zeitschrift für Miet- und Wohnungsrecht
NJW-COR	NJW-Computerreport	NZS	Neue Zeitschrift für Sozialrecht
NJWE	NJW-Entscheidungsdienst		
NJWE-FER	NJW-Entscheidungsdienst – Familien- und Erbrecht	NZV	Neue Zeitschrift für Verkehrsrecht
NJWE-MietR	NJW-Entscheidungsdienst – Miet- und Wohnungsrecht		
NJWE-VHR	NJW-Entscheidungsdienst – Versicherungs- und Haftungsrecht	o.a.	oben angegeben/angeführt
		o.Ä.	oder Ähnliches
		o.g.	oben genannt
NJWE-WettbR	NJW-Entscheidungsdienst – Wettbewerbsrecht		

OECD	Organization for Economic Cooperation and Development	PersR	Der Personalrat (Zeitschr.)
		PersV	Die Personalvertretung (Zeitschr.)
OEG	Gesetz über die Entschädigung für Opfer von Gewalttaten	PersVG	Personalvertretungsgesetz
		PfandbSchuldvG	Gesetz über die Pfandbriefe und verwandte Schuldverschreibungen öffentlich-rechtlicher Kreditanstalten
OFD	Oberfinanzdirektion		
OFH	Oberfinanzhof		
öGOG	Österreichisches Gerichtsorganisationsgesetz	PflegeV	Pflegeversicherung
		PflegeVG	Pflege-Versicherungsgesetz
OHG	Offene Handelsgesellschaft	PflR	Pflegerecht (Zeitschr.)
OLG	Oberlandesgericht	PflSchG	Gesetz zum Schutz der Kulturpflanzen
OLGE	Entscheidungssammlung der Oberlandesgerichte		
		PflVG	Pflichtversicherungsgesetz
OLGR	OLG-Report	pFV	positive Forderungsverletzung
OLGSt	Entscheidungen der Oberlandesgerichte zum Straf- und Strafverfahrensrecht		
		PGH	Produktionsgenossenschaften des Handwerks
OLGZ	Entscheidungen der Oberlandesgerichte in Zivilsachen	PHI	Produkt- und Umwelthaftpflicht international
		PKH	Prozesskostenhilfe
OpferschG	Erstes Gesetz zur Verbesserung der Stellung des Verletzten im Strafverfahren	PKV	Prozesskostenvorschuss
		Pkw	Personenkraftwagen
		PM	Pressemitteilung
		PolG	Polizeigesetz
ÖPNV	öffentlicher Personennahverkehr	PostG	Postgesetz
		PostPersRG	Gesetz zum Personalrecht der Beschäftigten der früheren deutschen Bundespost
OrgKG	Gesetz zur Bekämpfung des illegalen Rauschgifthandels und anderer Erscheinungsformen der organisierten Kriminalität		
		PR	Personalrat
		PrKV	Preisklauselverordnung
		ProdHaftG	Produkthaftungsgesetz
OVG	Oberverwaltungsgericht	ProdSG	Gesetz zur Regelung der Sicherheitsanforderungen an Produkte und zum Schutz der CE-Kennzeichnung
OWi	Ordnungswidrigkeit		
OWiG	Ordnungswidrigkeitengesetz		
		Prot.	Protokoll
p.a.	pro anno	PRV	Partnerschaftsregisterverordnung
PachtKrG	Pachtkreditgesetz		
PAG	Polizeiaufgabengesetz	PSA-V	Persönliche Schutzausrüstungsbenutzungs-Verordnung
PAISY	Personalabrechnungs- und Informationssysteme		
		PStG	Personenstandsgesetz
PAngG	Preisangaben- und Preisklauselgesetz	PSV	Pensionssicherungsverein
		PSVaG	Pensionssicherungsverein auf Gegenseitigkeit
PAngV	Preisangabenverordnung		
PartG	Parteiengesetz	PublG	Publizitätsgesetz
PartGG	Partnerschaftsgesellschaftsgesetz	pVV	positive Vertragsverletzung
PassG	Passgesetz		
PatAO	Patentanwaltsordnung	r+s	Recht und Schaden (Zeitschr.)
PatG	Patentgesetz		
PAuswG	Gesetz über Personalausweise	RA	Rechtsanwalt
		RabelsZ	Rabels Zeitschrift für ausländisches und internationales Privatrecht
PBefG	Personenbeförderungsgesetz		
PdR	Praxis des Rechnungswesens (Zeitschr.)	RabG	Gesetz über Preisnachlässe

RabGDV	Verordnung zur Durchführung des Gesetzes über Preisnachlässe		RennwG	Rennwett- und Lotteriegesetz
RABl	Reichsamtsblatt		RFH	Reichsfinanzhof
RAG	Reichsarbeitsgesetz/Reichsarbeitsgericht		RG	Reichsgericht
			RGBl	Reichsgesetzblatt
RAM	Reichsarbeitsministerium		RGSt	Entscheidungen des Reichsgerichts in Strafsachen
Ratio-BV	Rationalisierungs-Betriebsvereinbarung		RGZ	Entscheidungen des Reichsgerichts in Zivilsachen
RatSchTV Ang	Tarifvertrag über den Rationalisierungsschutz für Angestellte des Bundes und der Länder		Ri	Richter
			RiA	Das Recht im Amt (Zeitschr.)
			RiAG	Richter am Amtsgericht
RatSchTV Arb	Tarifvertrag über den Rationalisierungsschutz für Arbeiter des Bundes und der Länder		RiLi	Richtlinie
			RiStBV	Richtlinien für das Strafverfahren und das Bußgeldverfahren
RAuN	Rechtsanwalt und Notar			
RBBau	Richtlinien für die Durchführung von Bauaufgaben des Bundes im Zuständigkeitsbereich der Finanzbauverwaltungen		RIW	Recht der Internationalen Wirtschaft (Zeitschr.)
			RL	Richtlinie
			Rn	Randnummer
			RöV	Röntgenverordnung
			ROG	Raumordnungsgesetz
RBerG	Rechtsberatungsgesetz		RoV	Verordnung zu § 6a Abs. 2 des Raumordnungsgesetzes
RdA	Recht der Arbeit (Zeitschr.)			
RdErl	Runderlass		ROW	Zeitschrift für Ostrecht und Rechtsvergleichung
RDGEG	Einführungsgesetz zum RDG			
			RPflAnpG	Rechtspflegeanpassungsgesetz
RdJB	Recht der Jugend und des Bildungswesens (Zeitschr.)			
			Rpfleger	Der Deutsche Rechtspfleger (Zeitschr.)
RdL	Recht der Landwirtschaft (Zeitschr.)			
			RPflG	Rechtspflegergesetz
RDM-Rspr.	Ring Deutscher Makler-Sammlung von Rechtsprechung zum Makler- und Immobilienrecht		RR	Rechtsprechungsreport
			RRa	Reiserecht aktuell (Zeitschr.)
			RRG	Rentenreformgesetz
RdSchr	Rundschreiben		Rs.	Rechtssache
RDV	Recht der Datenverarbeitung (Zeitschr.)		Rspr.	Rechtsprechung
			RsprEinhG	Gesetz zur Wahrung der Einheitlichkeit der Rechtsprechung der obersten Gerichtshöfe des Bundes
re. Sp.	rechte Spalte			
Recht	Das Recht (Zeitschr.)			
rechtskr.	rechtskräftig			
RechtsVO	Rechtsverordnung			
Red.	Redaktion		RStBl	Reichssteuerblatt
REFA	Verband für Arbeitsgestaltung, Betriebsorganisation und Unternehmensentwicklung		RTV	Rahmentarifvertrag
			RÜ	Rechtsprechungsübersicht
			rückw.	rückwirkend
			RuP	Recht und Politik (Zeitschr.)
Reg.	Regierung/Register		RuStAG	Reichs- und Staatsangehörigkeitsgesetz
REGAM-Studie	Studie zur Regulierung des Arbeitsmarkts			
			RV	Rentenversicherung
RegBl	Regierungsblatt		RVA	Reichsversicherungsamt
RegelbetrVO	Regelbetrag-Verordnung		RVO	Reichsversicherungsordnung
RegelsatzVO	Verordnung zur Durchführung des § 22 des Bundessozialhilfegesetzes			
			RWS	Kommunkationsforum Recht-Wirtschaft-Steuern
RegEntw	Regierungsentwurf		RzK	Rechtsprechung zum Kündigungsrecht

S.	Satz/Seite	SEEG	Gesetz zur Einführung der Europäischen Gesellschaft
s.	siehe		
s.a.	siehe auch	SeemG	Seemannsgesetz
s.o.	siehe oben	SG	Sozialgericht/Soldatengesetz
s.u.	siehe unten		
SachBezV	Verordnung über den Wert der Sachbezüge in der Sozialversicherung	SGb	Die Sozialgerichtsbarkeit (Zeitschr.)
		SGB I	Sozialgesetzbuch – Allgemeiner Teil
SächsKatSG	Sächsisches Katastrophenschutzgesetz	SGB III	Sozialgesetzbuch Drittes Buch – Arbeitsförderung
SachundGrundbÄndG	Gesetz zur Änderung sachenrechtlicher, grundbuchrechtlicher und anderer Vorschriften	SGB IV	Sozialgesetzbuch Viertes Buch – Sozialversicherung
		SGB V	Sozialgesetzbuch Fünftes Buch – Gesetzliche Krankenversicherung
SAE	Sammlung Arbeitsrechtlicher Entscheidungen (Zeitschr.)	SGB VI	Sozialgesetzbuch Sechstes Buch – Gesetzliche Rentenversicherung
SB	Sonderbeilage		
SBG	Soldatenbeteiligungsgesetz	SGB VII	Sozialgesetzbuch Siebtes Buch – Gesetzliche Unfallversicherung
SBV	Schwerbehindertenvertretung		
SCE	Societas Cooperative Europaea/Europäische Genossenschaft	SGB VIII	Sozialgesetzbuch Achtes Buch – Kinder- und Jugendhilfe
SCEAG	SCE Ausführungsgesetz	SGB IX	Sozialgesetzbuch Neuntes Buch – Rehabilitation und Teilhabe behinderter Menschen
SCEBG	SCE Beteiligungsgesetz		
ScheckG	Scheckgesetz		
SchiedsVfG	Gesetz zur Neuregelung des Schiedsverfahrensrechts		
SchlichtVerfVO	Verordnung über das Verfahren der Schlichtungsstellen für Überweisungen	SGB X	Sozialgesetzbuch Zehntes Buch – Sozialverwaltungsverfahren und Sozialdatenschutz
SchuldRAnpG	Gesetz zur Anpassung schuldrechtlicher Nutzungsverhältnisse an Grundstücken im Beitrittsgebiet	SGB XI	Sozialgesetzbuch Elftes Buch – Soziale Pflegeversicherung
		SGG	Sozialgerichtsgesetz
SchuldRModG	Schuldrechtsmodernisierungsgesetz	SGOBau	Schiedsgerichtsordnung für das Bauwesen
SchuVVO	Verordnung über das Schuldnerverzeichnis	SiGeKo	Sicherheits- und Gesundheitskoordinator
SchwarzArbG	Gesetz zur Bekämpfung der Schwarzarbeit	SigG	Signaturgesetz
		Slg.	Sammlung
SchwbAwV	Schwerbehindertenausweisverordnung	SLV	Verordnung über die Laufbahnen der Soldatinnen und Soldaten
SchwbG	Schwerbehindertengesetz		
SchwbWV	Werkstättenverordnung Schwerbehindertengesetz	sog.	so genannte/r/s
		SoKa Berlin	Sozialkasse des Berliner Baugewerbes
SDÜ	Übereinkommen zur Durchführung des Übereinkommens von Schengen	SOKA-BAU	Sozialkasse des Baugewerbes
SE	Societas Europaea/Europäische Gesellschaft	SoldUrlVO	Soldatenurlaubsverordnung
		SolZ	Solidaritätszuschlag
SEAG	Societas Europaea-Ausführungsgesetz	SolZG	Solidaritätszuschlaggesetz
SEBG	Societas Europaea-Beteiligungsgesetz		
SeeaufgG	Seeaufgabengesetz		

Abkürzungsverzeichnis

SorgRÜbkAG	Ausführungsgesetz zum Europäischen Übereinkommen über die Anerkennung und Vollstreckung von Entscheidungen über das Sorgerecht für Kinder und die Wiederherstellung des Sorgerechtsverhältnisses	StrlSchV	Verordnung über den Schutz vor Schäden durch ionisierende Strahlen
		StromStG	Stromsteuergesetz
		StrVollzG	Strafvollzugsgesetz
		StSenkG	Gesetz zur Senkung der Steuersätze und zur Reform der Unternehmensbesteuerung
SortSchG	Sortenschutzgesetz		
SozSich	Soziale Sicherheit (Zeitschr.)	StuB	Steuern und Bilanzen (Zeitschr.)
SozVers	Die Sozialversicherung (Zeitschr.)/Sozialversicherung	StückAG	Stückaktiengesetz
		StUKostV	Verordnung über Kosten beim Bundesbeauftragten für die Unterlagen des Staatssicherheitsdienstes der ehemaligen Deutschen Demokratischen Republik
SP	Schaden-Praxis (Zeitschr.)		
SPA	Schnellbrief für Personalwirtschaft und Arbeitsrecht (Zeitschr.)		
SpielzeugV	Spielzeugverordnung	StuW	Steuer und Wirtschaft (Zeitschr.)
SprAuG	Sprecherausschussgesetz		
SpuRt	Zeitschrift für Sport und Recht	StV	Der Strafverteidiger (Zeitschr.)/Strafverteidiger
SRF-Zinssatz	Zinssatz der Spitzenrefinanzierungsfazilität der Europäischen Zentralbank	StVG	Straßenverkehrsgesetz
		StVO	Straßenverkehrsordnung
		StVollzG	Gesetz über den Vollzug der Freiheitsstrafe und der freiheitsentziehenden Maßregeln der Besserung und Sicherung
st. Rspr.	ständige Rechtsprechung		
StA	Staatsanwaltschaft		
StAG	Staatsangehörigkeitsgesetz		
StAnz	Staatsanzeiger		
StB	Der Steuerberater (Zeitschr.)/Steuerberater	StVZO	Straßenverkehrs-Zulassungs-Ordnung
		SÜ	Sicherheitsübereignung
StBerG	Steuerberatungsgesetz	SubvG	Gesetz gegen missbräuchliche Inanspruchnahme von Subventionen
Stbg	Die Steuerberatung (Zeitschr.)		
Stbg.	Steuerberatung		
StBGebV	Steuerberatergebührenverordnung	SuP	Sozialrecht + Praxis (Zeitschr.)
		SV	Sachverständige/r
StBp	Die steuerliche Betriebsprüfung (Zeitschr.)	SvEV	Sozialversicherungsentgeltverordnung
StE	Steuer-Eildienst		
stfr	steuerfrei	SVG	Gesetz über die Versorgung für die ehemaligen Soldaten der Bundeswehr und ihre Hinterbliebenen
StGB	Strafgesetzbuch		
StGH	Staatsgerichtshof		
StiftFördG	Gesetz zur weiteren steuerlichen Förderung von Stiftungen		
		SVS	Speditionsversicherungsschein
StiftungsG	Stiftungsgesetz	SZ	Süddeutsche Zeitung
Stkl	Steuerklasse	SZR	Sonderziehungsrechte
stl	steuerlich		
Stpfl	Steuerpflichtige/r	TALärm	Technische Anleitung zum Schutz gegen Lärm
StPO	Strafprozessordnung		
StR	Steuerrecht/Strafrecht	TALuft	Technische Anleitung zur Reinhaltung der Luft
str.	streitig		
StraFo	Strafverteidiger Forum (Zeitschr.)	TARGET	Transeuropean Automatic Realtime Gross Settlement Express Transfer
StrEG	Gesetz über die Entschädigung für Strafverfolgungsmaßnahmen		

TARIC	Gebrauchszolltarif (Integrated Tariff of the European Communities)	TzWrG	Gesetz über die Veräußerung von Teilzeitnutzungsrechten an Wohngebäuden
TDDSG	Gesetz über den Datenschutz bei Telediensten (Teledienstdatenschutzgesetz)	u.a.	unter anderem
		u.Ä.	und Ähnliches
TDG	Gesetz über die Nutzung von Telediensten (Teledienstegesetz)	u.E.	unseres Erachtens
		u.U.	unter Umständen
TDSV	Telekommunikations-Datenschutzverordnung	UAG-ErwV	Verordnung nach dem Umweltauditgesetz über die Erweiterung des Gemeinschaftssystems für das Umweltmanagement und die Umweltbetriebsprüfung auf weitere Bereiche
TGV	Verordnung über das Trennungsgeld bei Versetzungen und Abordnungen im Inland		
TKG	Telekommunikationsgesetz		
TKO	Telekommunikationsordnung	UÄndG	Unterhaltsänderungsgesetz
		UBGG	Gesetz über Unternehmensbeteiligungsgesellschaften
TKV	Telekommunikations-Kundenschutzverordnung	Übw-RL	Richtlinie über grenzüberschreitende Überweisungen
TL	Tariflohn		
TollwutVO	Verordnung zum Schutz gegen die Tollwut	ÜhVorschG	Gesetz zur Sicherung des Unterhalts von Kindern alleinstehender Mütter und Väter durch Unterhaltsvorschüsse oder -ausfallleistungen
TPG	Gesetz über die Spende, Entnahme und Übertragung von Organen		
TQM	Total Quality Management		
TranspR	Transportrecht (Zeitschr.)	UEAPME	Europäische Union des Handwerks und der Klein- und Mittelbetriebe
TRIPS-Abkommen	Übereinkommen über handelsbezogene Aspekte der Rechte des geistigen Eigentums		
		UFITA	Archiv für Urheber-, Film-, Funk- und Theaterrecht
TSG	Transsexuellengesetz	UFO	Unabhängige Flugbegleiter Organisation
TÜV	Technischer Überwachungsverein		
		UIG	Umweltinformationsgesetz
TV	Tarifvertrag	UKB	Gemeinnützige Urlaubskasse des Bayerischen Baugewerbes e.V.
TV AL II	Tarifvertrag für die Arbeitnehmer bei den Stationierungsstreitkräften im Gebiet der Bundesrepublik Deutschland		
		UKlaG	Gesetz über Unterlassensklagen bei Verbraucherrechts- und anderen Verstößen
TV ATZ	Tarifvertrag zur Regelung der Altersteilzeit		
		ULAK	Urlaubs- und Lohnausgleichskasse der Bauwirtschaft
TV ratio	Haustarifvertrag Rationalisierungsschutz und Beschäftigungssicherung		
		umstr.	umstritten
TVAngAusland GI	Tarifvertrag zur Regelung der Arbeitsbedingungen der im Ausland beschäftigten deutschen nicht entsandten Angestellten des Goethe-Instituts	UmwBerG	Gesetz zur Bereinigung des Umwandlungsgesetzes
		UmweltHG	Umwelthaftungsgesetz
		UmwG	Umwandlungsgesetz
		UmwStG	Umwandlungssteuergesetz
		UNCITRAL	United Nations Commission on International Trade Law
TVG	Tarifvertragsgesetz		
TVK	Tarifvertrag für die Musiker in Kulturorchestern	UNICE	Vereinigung der Industrie- und Arbeitgeberverbände in Europa
TVO	Tarifvertragsordnung		
TzBfG	Gesetz über Teilzeitarbeit und befristete Arbeitsverträge	Univ.	Universität
		UNO	United Nations Organization
		unstr.	unstreitig

unv.	unveröffentlicht	VdKMitt	Verband der Kriegsbeschädigten, Kriegshinterbliebenen und Sozialrentner Deutschlands-Mitteilungen
UPR	Umwelt- und Planungsrecht (Zeitschr.)		
UR	Umsatzsteuer-Rundschau (Zeitschr.)/Urkundenrolle	VdR	Verband deutscher Rentenversicherungsträger
UrhG	Urheberrechtsgesetz		
UrhStG	Gesetz zur Stärkung der vertraglichen Stellung von Urhebern und ausübenden Künstlern	VEK	Vereinigung Europäischer Kunststoffverarbeiter
		VerbrKrG	Verbraucherkreditgesetz
		VerbrKr-RL	Richtlinie zur Angleichung der Rechts- und Verwaltungsvorschriften der Mitgliedstaaten über den Verbraucherkredit
URL	Uniform Resource Locators		
urspr.	ursprünglich		
Urt.	Urteil		
USK	Urteilssammlung für die gesetzliche Krankenversicherung		
		VereinsG	Gesetz zur Regelung des öffentlichen Vereinsrechts
USt	Umsatzsteuer	verf.	verfasst
UStDV	Umsatzsteuer-Durchführungsverordnung	Verf.	Verfassung/Verfasser
		VerfGH	Verfassungsgerichtshof
UStG	Umsatzsteuergesetz	VerfGHG	Gesetz über den Verfassungsgerichtshof
UStR	Umsatzsteuer-Richtlinien		
usw.	und so weiter	VerfO	Verfahrensordnung
UVG	Unterhaltsvorschussgesetz	VerglO	Vergleichsordnung
UvollzO	Untersuchungshaftvollzugsordnung	VerkProspG	Wertpapier-Verkaufsprospektgesetz
UVPG	Gesetz über die Umweltverträglichkeitsprüfung	VerkProspVO	Verordnung über Wertpapier-Verkaufsprospekte
UVR	Umsatz- und Verkehrsteuer-Recht (Zeitschr.)	VerkwPlBeschlG	Gesetz zur Beschleunigung der Planungen für Verkehrswege in den neuen Ländern sowie im Land Berlin
UVV	Vorschriften über die Unfallverhütung		
UWG	Gesetz gegen den unlauteren Wettbewerb	VerlG	Verlagsgesetz
		VermBG	Gesetz zur Vermögensbildung der Arbeitnehmer
UZwG	Gesetz über den unmittelbaren Zwang bei Ausübung öffentlicher Gewalt durch Vollzugsbeamte des Bundes	Veröff.	Veröffentlichung
		VerschÄndG	Gesetz zur Änderung von Vorschriften des Verschollenheitsrechts
		VerschollenheitsG	Verschollenheitsgesetz
v.	vom/von	VersG	Gesetz über Versammlungen und Aufzüge
v.H.	vom Hundert		
VA	Verwaltungsakt	VersPrax	Versicherungspraxis (Zeitschr.)
VAG	Versicherungsaufsichtsgesetz		
		VersR	Zeitschrift für Versicherungsrecht
VAHRG	Gesetz zur Regelung von Härten im Versorgungsausgleich		
		Verz.	Verzeichnis
		Verzug-RL	Richtlinie zur Bekämpfung von Zahlungsverzug im Geschäftsverkehr
VBL	Versorgungsanstalt des Bundes und der Länder		
VBl BW	Verwaltungsblätter Baden-Württemberg	Vfg.	Verfügung
		VG	Verwaltungsgericht/Verwertungsgesellschaft
VC	Vereinigung Cockpit		
VDE	Verband deutscher Elektrotechniker	VGB	Verband der Gewerkschaftsbeschäftigten
VDI	Verein Deutscher Ingenieure	VGB 1	Unfallvorschrift „Allgemeine Vorschriften" der gewerblichen Berufsgenossenschaft

VGH	Verwaltungsgerichtshof	VwRehaG	Gesetz über die Aufhebung rechtsstaatswidriger Verwaltungsentscheidungen im Beitrittsgebiet und die daran anknüpfenden Folgeansprüche
vgl.	vergleiche		
VGrS	Vereinigter Großer Senat		
VGT	Verkehrsgerichtstag		
VgV	Vergabeverordnung		
VHB	Allgemeine Hausratsversicherungsbedingungen		
VHS	Volkshochschule	VwVfG	Verwaltungsverfahrensgesetz
ViehHMV	Verordnung betreffend die Hauptmängel und Gewährfristen beim Viehhandel	VwVG	Verwaltungsvollstreckungsgesetz
		VwZG	Verwaltungszustellungsgesetz
ViehVerkVO	Verordnung zum Schutz gegen die Verschleppung von Tierseuchen im Viehverkehr	VwZVG	Verwaltungszustellungs- und Vollstreckungsgesetz
		VZ	Veranlagungszeitraum
VIZ	Zeitschrift für Vermögens- und Investitionsrecht	VZOG	Gesetz über die Feststellung der Zuordnung von ehemals volkseigenem Vermögen
VO	Verordnung		
VOB	Verdingungsordnung für Bauleistungen		
VOBl	Verordnungsblatt	WA	Westdeutsche Arbeitsrechtsprechung (Zeitschr.)/Warschauer Abkommen
VOL	Verdingungsordnung für Leistungen, ausgenommen Bauleistungen		
		WährG	Währungsgesetz
Vor	Vorbemerkung	WaffG	Waffengesetz
vorl.	vorläufig	WahlO 1972	Erste Verordnung zur Durchführung des Betriebsverfassungsgesetzes
VormG	Vormundschaftsgericht		
Vorst.	Vorstehendem		
VpöA	Verordnung über Preise bei öffentlichen Aufträgen	WahlprüfG	Wahlprüfungsgesetz
		WahlvereinfG	Gesetz zur Vereinfachung der Wahl der Arbeitnehmervertreter in den Aufsichtsrat
VRG	Vorruhestandsgesetz		
VRS	Verkehrsrechts-Sammlung (Zeitschr.)		
		WahrnG	Gesetz über die Wahrnehmung von Urheberrechten und verwandten Schutzrechten
VSG	Vorschriften für Sicherheit und Gesundheitsschutz der landwirtschaftlichen Berufsgenossenschaften		
		WechselG	Wechselgesetz
		WEG	Wohnungseigentumsgesetz/Wohnungseigentümergemeinschaft
VSSR	Vierteljahresschrift für Sozialrecht (Zeitschr.)		
VStG	Vermögensteuergesetz	WertErmVO	Wertermittlungsverordnung
VStR	Vermögensteuer-Richtlinien	WEZ	Zeitschrift für Wohnungseigentumsrecht
VTV	Tarifvertrag über das Sozialkassenverfahren im Baugewerbe		
		WG	Wechselgesetz
		WGG	Wohnungsgemeinnützigkeitsgesetz/Wegfall der Geschäftsgrundlage
VuR	Verbraucher und Recht (Zeitschr.)		
VV	Vergütungsverzeichnis		
VVaG	Versicherungsverein auf Gegenseitigkeit	WHG	Wasserhaushaltsgesetz
		WiB	Wirtschaftsrechtliche Beratung (Zeitschr.)
VVDStRL	Veröffentlichungen der Vereinigung der Deutschen Staatsrechtslehrer	WiR	Wirtschaftsrecht (Zeitschr.)
		WissZeitVG	Gesetz über befristete Arbeitsverträge in der Wissenschaft
VVG	Versicherungsvertragsgesetz		
VW	Zeitschrift für die gesamte Versicherungswirtschaft	WiStG	Wirtschaftsstrafgesetz
		wistra	Zeitschrift für Wirtschaft, Steuer, Strafrecht
VwGO	Verwaltungsgerichtsordnung	Wj	Wirtschaftsjahr
VwKostG	Verwaltungskostengesetz	WK	Werbungskosten

XLIX

Abkürzungsverzeichnis

WM	Wertpapier-Mitteilungen (Zeitschr.)	ZDG	Zivildienstgesetz
WO	Wahlordnung	ZDK	Zentralverband des Deutschen Kraftfahrzeuggewerbes
WoBindG	Wohnungsbindungsgesetz		
WoFG	Gesetz über die soziale Wohnraumförderung	Zeitschr.	Zeitschrift
		ZESAR	Zeitschrift für europäisches Sozial- und Arbeitsrecht
WoGG	Wohngeldgesetz		
WoGV	Wohngeldverordnung	ZEuP	Zeitschrift für Europäisches Privatrecht
WoPDV	Verordnung zur Durchführung des Wohnungsbau-Prämiengesetzes		
		ZEuS	Zeitschrift für Europarechtliche Studien
WoPG	Wohnungsbau-Prämiengesetz	ZEV	Zeitschrift für Erbrecht und Vermögensnachfolge
WoVermG	Gesetz zur Regelung der Wohnungsvermittlung	ZfA	Zeitschrift für Arbeitsrecht
		ZfBR	Zeitschrift für deutsches und internationales Baurecht
WP	Wirtschaftsprüfer		
WpflG	Wehrpflichtgesetz	ZfgG	Zeitschrift für das gesamte Genossenschaftswesen
WpG	Die Wirtschaftsprüfung (Zeitschr.)		
		ZFIR	Zeitschrift für Immobilienrecht
WpHG	Wertpapierhandelsgesetz		
WPK	Wirtschaftsprüferkammer-Mitteilungen	ZfJ	Zentralblatt für Jugendrecht
		ZfPR	Zeitschrift für Personalvertretungsrecht
WPO	Wirtschaftsprüferordnung		
WpÜG	Wertpapiererwerbs- und Übernahmegesetz	zfs	Zeitschrift für Schadensrecht
		ZfSH	Zeitschrift für Sozialhilfe
WRP	Wettbewerb in Recht und Praxis (Zeitschr.)	ZfSH/SGB	Zeitschrift für Sozialhilfe und Sozialgesetzbuch
WRV	Weimarer Reichsverfassung	ZfV	Zeitschrift für Versicherungswesen
WSG	Gesetz über die Geld- und Sachbezüge und die Heilfürsorge der Soldaten, die auf Grund der Wehrpflicht Wehrdienst leisten		
		ZGB	Zivilgesetzbuch
		ZGR	Zeitschrift für Unternehmens- und Gesellschaftsrecht
WStG	Wehrstrafgesetz	ZGS	Zeitschrift für das gesamte Schuldrecht
WuB	Entscheidungssammlung zum Wirtschafts- und Bankenrecht		
		ZHR	Zeitschrift für das gesamte Handels- und Wirtschaftsrecht
WuM	Wohnungswirtschaft und Mietrecht (Zeitschr.)		
WuW	Zeitschrift für deutsches und europäisches Wettbewerbsrecht	ZIAS	Zeitschrift für ausländisches und internationales Arbeits- und Sozialrecht
		Ziff.	Ziffer
WuW/E	Wirtschaft und Wettbewerb/Entscheidungssammlung zum Kartellrecht	ZInsO	Zeitschrift für das gesamte Insolvenzrecht
		ZIP	Zeitschrift für Wirtschaftsrecht und Insolvenzpraxis
WZG	Warenzeichengesetz	zit.	zitiert
z.B.	zum Beispiel	ZM	Zahnärztliche Mitteilungen
z.T.	zum Teil	ZMR	Zeitschrift für Miet- und Raumrecht
ZAP	Zeitschrift für die Anwaltspraxis		
		ZNotP	Zeitschrift für die Notarpraxis
ZAR	Zeitschrift für Ausländerrecht und Asylpolitik		
		ZPO	Zivilprozessordnung
ZBB	Zeitschrift für Bankrecht und Bankwirtschaft	ZRFG	Gesetz zur Förderung des Zonenrandgebietes
ZBVR	Zeitschrift für Betriebsverfassungsrecht	ZRHO	Rechtshilfeordnung für Zivilsachen
		ZRP	Zeitschrift für Rechtspolitik

ZSEG	Zeugen- und Sachverständigenentschädigungsgesetz	zust.	zustimmend
ZSR	Zeitschrift für Sozialreform	ZustVBau	Zuständigkeitsverordnung im Bauwesen
ZSt	Zeitschrift zum Stiftungswesen	ZVG	Zwangsversteigerungsgesetz
ZStW	Zeitschrift für die gesamte Strafrechtswissenschaft	ZVglRWiss	Zeitschrift für Vergleichende Rechtswissenschaft
ZTR	Zeitschrift für Tarifrecht	ZVK	Zusatzversorgungskassen
ZugabeVO	Verordnung des Reichspräsidenten zum Schutz der Wirtschaft – Erster Teil – Zugabewesen	ZVv	Zentrale Vergabeverordnung
		zzgl.	zuzüglich
ZUM	Zeitschrift für Urheber- und Medienrecht	ZZP	Zeitschrift für Zivilprozeß
		zzt.	zurzeit
ZuSEG	Gesetz über die Entschädigung von Zeugen und Sachverständigen		

Allgemeines Literaturverzeichnis

Es handelt sich um übergreifende Literatur; weitere spezielle Literatur findet sich bei den jeweiligen Einzelvorschriften

Ahrend/Förster/Rößler	Steuerrecht der betrieblichen Altersversorgung, Loseblatt, Stand: Mai 2008
Altes	Grenzüberschreitende Arbeitnehmerüberlassung, Diss. 1995
Altvater u.a.	*Altvater/Hamer/Kröll*, BPersVG, Kommentar, 6. Aufl. 2008
Andresen u.a.	*Andresen/Förster/Rößler* (Hrsg.), Arbeitsrecht der betrieblichen Altersversorgung, Loseblatt, Stand: November 2007
Andresen/*Bearbeiter*	Andresen (Hrsg.), Frühpensionierung und Altersteilzeit, 3. Aufl. 2002
Annuß/Thüsing	*Annuß/Thüsing* (Hrsg.), Teilzeit- und Befristungsgesetz, Kommentar, 2. Aufl. 2006
AnwK-BGB/*Bearbeiter*	AnwaltKommentar BGB, hrsg. v. *Dauner-Lieb/Heidel/Ring*, 2005
Anzinger/Koberski	Kommentar zum Arbeitszeitgesetz, 3. Aufl. 2009
APS/*Bearbeiter*	*Ascheid/Preis/Schmidt* (Hrsg.), Kündigungsrecht, Großkommentar, 3. Aufl. 2007
Arens/Düwell/Wichert	Handbuch Umstrukturierung und Arbeitsrecht, 2007
Arnold/Ackermann/Rambach u.a	*Arnold/Ackermann/Rambach/Steuerer/Thiel-Koch/Tillmanns/Zimmermann*, Bundesurlaubsgesetz, Kommentar, 2. Aufl. 2009
Arnold/Gräfl/Hemke/*Bearbeiter*	Teilzeit- und Befristungsgesetz, Kommentar, 2. Aufl. 2007
Backmeister/Trittin/Mayer	Kündigungsschutzgesetz mit Nebengesetzen, Kommentar, 4. Aufl. 2009
Bader/Bram/Dörner	*Bader/Bram/Dörner/Kriebel* (Hrsg.), Kündigungsschutzgesetz, Kommentar, Loseblatt, Stand: Juli 2009
Bader/Creutzfeldt/Friedrich	siehe BCF
Bader/Hohmann/Klein	Die ehrenamtlichen Richterinnen und Richter in der Arbeits- und Sozialgerichtsbarkeit, 12. Aufl. 2006
Badura	Rundfunkfreiheit und Finanzautonomie, 1986
Baeck/Deutsch	Arbeitszeitgesetz, Kommentar, 2. Aufl. 2004
Balz/Landfermann	Die neuen Insolvenzgesetze, 2. Aufl. 1999
Bamberger/Roth	*Bamberger/Roth* (Hrsg.), Bürgerliches Gesetzbuch, Kommentar, Bd. 1, 2. Aufl. 2007
Bartenbach/Volz	Arbeitnehmererfindergesetz, Kommentar, 5. Aufl. 2009
Bauer u.a.	*Bauer/Lingemann/Diller/Haußmann*, Anwalts-Formularbuch Arbeitsrecht, 3. Aufl. 2008
Bauer	Arbeitsrechtliche Aufhebungsverträge, 8. Aufl. 2007
Bauer/Diller	Wettbewerbsverbote, 5. Aufl. 2009
Bauer/Röder/Lingemann	Krankheit im Arbeitsverhältnis, 3. Aufl. 2006
Baumbach/Hopt	Handelsgesetzbuch, Kommentar, 34. Aufl. 2009
Baumbach/Hueck	GmbH-Gesetz, Kommentar, 19. Aufl. 2010
Baumgärtel/Laumen	*Baumgärtel/Laumen/Prütting,* Handbuch der Beweislast, Bd. 1: 3. Aufl. 2009, Bd. 2: 3. Aufl. 2007
Baums	Der Geschäftsleitervertrag, 1987
BCF	*Bader/Creutzfeldt/Friedrich*, ArbGG, Kommentar, 5. Aufl. 2008
Beck	Die Erklärung von Kündigung und Abmahnung durch den Arbeitgeber, Diss. 1996
Becker	Zulässigkeit und Wirksamkeit von Konkurrenzklauseln zwischen Rechtsanwälten, 1990
Beck'sches Formularbuch	Beck'sches Formularbuch Bürgerliches, Handels- und Wirtschaftsrecht, hrsg. v. *Hoffmann-Becking/Rawert*, 10. Aufl. 2010 (zit.: *Bearbeiter,* in Beck'sches Formularbuch)
Beck'sches Personalhandbuch	Beck'sches Personalhandbuch, hrsg. v. *Spiegelhalter/Knur/Schlather*, Loseblatt, Stand: Bd. I: April 2009, Bd. II: Juli 2009 (zit.: *Bearbeiter,* in Beck'sches Personalhandbuch)

Literaturverzeichnis

Beck'sches Rechtsanwalts-Handbuch	Beck'sches Rechtsanwalts-Handbuch, hrsg. v. *Büchting/Heussen*, 9. Aufl. 2007 (zit.: *Bearbeiter*, in Beck'sches Rechtsanwaltshandbuch)
Bemm/Lindemann	Seemannsgesetz und Manteltarifvertrag für die deutsche Seeschifffahrt, Kommentar, 6. Aufl. 2007
Bengelsdorf	Aufhebungsvertrag und Abfindungsvereinbarungen, 4. Aufl. 2004
Bennemann	Fiktionen und Beweislastregelungen in Allgemeinen Geschäftsbedingungen, Diss. 1987
Bepler	Fehler bei der Kündigung von Arbeitnehmern, 1993
Bereiter-Hahn/Mehrtens	Gesetzliche Unfallversicherung, Handkommentar, Loseblatt, Stand: September 2009
Berg u.a.	*Berg/Platow/Schoof/Unterhinninghofen*, Tarifvertragsgesetz und Arbeitskampfrecht, Basiskommentar, 2. Aufl. 2008
Berkowsky	Die betriebsbedingte Kündigung, 6. Aufl. 2008
Berscheid/Kunz/Brand/Bearbeiter	*Berscheid/Kunz/Brand/Nebeling* (Hrsg.), Fachanwaltshandbuch Arbeitsrecht, 3. Aufl. 2009
Beseler/Düwell/Göttling	Arbeitsrechtliche Probleme bei Betriebsübergang, -änderung und Unternehmensumwandlung, 3. Aufl. inklusive Ergänzungsband März 2009
Beuthien	Genossenschaftsgesetz, Kommentar, 14. Aufl. mit Aktualisierungsband 2007
Biebl	Das neue Kündigungs- und Befristungsrecht, 2004
Biermann	Die Gleichbehandlung von Teilzeitbeschäftigten bei entgeltlichen Ansprüchen, Diss. 2000
B/L/A/H	*Baumbach/Lauterbach/Albers/Hartmann* (Hrsg.), Zivilprozessordnung, Kommentar, 68. Aufl. 2009
Bley/Kreikebohm/Marschner	Sozialrecht, 9. Aufl. 2007
Blomeyer/Rolfs/Otto	Betriebsrentengesetz, Kommentar, 4. Aufl. 2006
Blümich/Heuermann (Hrsg.)	EStG/KStG/GewStG, Kommentar, Loseblatt, Stand: Mai 2009
Boecken/Spieß	Vom Erwerbsleben in den Ruhestand, 2000
Boemke (Hrsg.)	Boemke/*Bearbeiter* Gewerbeordnung, Kommentar, 2003
Boemke/Föhr	Arbeitsformen der Zukunft, 1999
Boemke/Kaufmann	Der Telearbeitsvertrag, 2000
Boemke/Lembke	Arbeitnehmerüberlassungsgesetz, Kommentar, 3. Aufl. 2009
Boewer	Teilzeit- und Befristungsgesetz, Kommentar, 2. Aufl. 2003
Bossmann	Die Auswirkungen des Betriebsübergangs nach § 613a BGB auf die Wettbewerbsverbote der Arbeitnehmer, Diss. 1993
Böttcher/Graue	Eltern- und Mutterschutzrecht, Basiskommentar, 1999
Brachert	Organmitgliedschaft und Arbeitnehmerstatus, Diss. 1991
Brackmann	*Brackmann* (Begr.), Handbuch der Sozialversicherung, Loseblatt, Stand: Juli 2009
Braun/Bearbeiter	*Braun* (Hrsg.), Insolvenzordnung, Kommentar, 3. Aufl. 2007
Breidenbach	Mediation, 1995
Breisig	Entlohnen und Führen mit Zielvereinbarungen, 3. Aufl. 2007
Breves	Die Abgrenzung des Arbeitnehmers vom freien Mitarbeiter, Diss. 1998
Brieske	Die anwaltliche Honorarvereinbarung, 1997
Brox/Rüthers/Henssler	Arbeitsrecht, 17. Aufl. 2007
Brox/Walker	Zwangsvollstreckungsrecht, 8. Aufl. 2008
Bruckner	Nachvertragliche Wettbewerbsverbote zwischen Rechtsanwälten, Diss. 1987
Bruse	*Bruse/Görg/Hamer*, BAT und BAT-Ost, Kommentar, 2. Aufl. 1993
Buchner/Becker	Mutterschutzgesetz und Bundeselterngeld- und Elternzeitgesetz, Kommentar, 8. Aufl. 2008
Buschmann/Dieball/Stevens-Bartol	Das Recht der Teilzeitarbeit, Kommentar, 2. Aufl. 2001
Buschmann/Ulber	Arbeitszeitgesetz, Kommentar, 6. Aufl. 2009

Literaturverzeichnis

Calliess/Ruffert	*Calliess/Ruffert* (Hrsg.), EUV/EGV, Kommentar, 3. Aufl. 2007
Cecior/Vallendar/Lechtermann/ Klein	Personalvertretungsrecht in Nordrhein-Westfalen, Kommentar, Loseblatt, Stand: Juni 2007
Chemnitz/Johnigk	Rechtsberatungsgesetz, Kommentar, 11. Aufl. 2003
Clemens/Scheuring/Steingen/ *Bearbeiter*	*Clemens/Scheuring/Steingen* (Begr.), Kommentar zum Bundes-Angestelltentarifvertrag, Loseblatt, Stand: Juni 2006
Collardin	Aktuelle Fragen der Telearbeit, Diss. 1995
Dachrodt	Zeugnisse lesen und verstehen, 7. Aufl. 2003
Däubler	Arbeitsrecht, 7. Aufl. 2008
Däubler/*Bearbeiter*, TVG	*Däubler* (Hrsg.), Tarifvertragsgesetz, Kommentar, 2. Aufl. 2006
Däubler/Dorndorf/Bonin/ Deinert	AGB-Kontrolle im Arbeitsrecht, 2. Aufl. 2008
Däubler/Kittner/Lörcher	Internationale Arbeits- und Sozialordnung, 2. Aufl. 1994
Diller	Gesellschafter und Gesellschaftsorgane als Arbeitnehmer, Diss. 1994
DKK/*Bearbeiter*	*Däubler/Kittner/Klebe* (Hrsg.), Betriebsverfassungsgesetz, Kommentar, 11. Aufl. 2008
Dornbusch/Wolff/*Bearbeiter*	KSchG: Kommentar zum Kündigungsschutzgesetz und zu den wesentlichen Nebengesetzen, hrsg. v. *Dornbusch, Wolff*, 2. Aufl. 2008
Dorndorf	Freie Arbeitsplatzwahl und Recht am Arbeitsergebnis, 1979
Dörner/Luczak/Wildschütz	Handbuch des Fachanwalts Arbeitsrecht, 8. Aufl. 2009
Dunkl u.a.	*Dunkl/Moeller/Baur/Feldmeier*, Handbuch des vorläufigen Rechtsschutzes, 3. Aufl. 1999
Dunkl	Der Begriff und die Arten der Beteiligten im arbeitsgerichtlichen Beschlussverfahren, Diss. 1979
Düwell/Lipke/*Bearbeiter*	*Düwell/Lipke* (Hrsg.), Arbeitsgerichtsgesetz, Kommentar, 2. Aufl. 2005
Düwell/Weyand	Hartz und die Folgen: Das neue Arbeits- und Sozialrecht, 2003
Ebenroth/Boujong/Joost	*Ebenroth/Boujong/Joost/Strohn* (Hrsg.), HGB, Kommentar, 2009
Eberstein	Der Handelsvertreter-Vertrag, 9. Aufl. 2008
Eicher/Haase/Rauschenbach	*Eicher/Haase/Rauschenbach/Michaelis* (Hrsg.), Die Rentenversicherung im SGB, Kommentar, Loseblatt, Stand: März 2009
Eickelpasch	Auswirkungen des Erziehungsurlaubs auf das Arbeitsverhältnis, Diss. 1997
Engel	Konventionalstrafen im Arbeitsvertrag, Diss. 1990
Ennemann/Griese	Taktik im Arbeitsgerichtsprozess, 2. Aufl. 2003
ErfK/*Bearbeiter*	Erfurter Kommentar zum Arbeitsrecht, hrsg. v. /*Müller-Glöge/Preis/Schmidt*, 9. Aufl. 2009
Erlenkämper/Fichte	Sozialrecht, 6. Aufl. 2008
Erman/*Bearbeiter*	*Westermann* (Hrsg.), BGB, Handkommentar, 12. Aufl. 2008
Eser	Das Arbeitsverhältnis im multinationalen Unternehmen, 2. Aufl. 2003
Etzel	Betriebsverfassungsrecht, 8. Aufl. 2002
Eyermann	*Eyermann/Fröhler* (Begr.), Verwaltungsgerichtsordnung, Kommentar, 12. Aufl. 2006
Fehn	Schwarzarbeitsbekämpfungsgesetz, Handkommentar, 2006
Feichtinger/Malkmus	Entgeltfortzahlungsgesetz, Kommentar, 2003
Feldes/Kamm/Peiseler	Schwerbehindertenrecht, Basiskommentar zum SGB IX, 9. Aufl. 2007
Fenski	Außerbetriebliche Arbeitsverhältnisse, 2. Aufl. 2000
Feuerich/Weyland	Bundesrechtsanwaltsordnung, Kommentar, 7. Aufl. 2008
Fischer	Vertragsstrafe und vertragliche Schadenspauschalierung, Diss. 1981
Fitting u.a.	*Fitting/Engels/Schmidt/Trebinger/Linsenmaier*, Betriebsverfassungsgesetz mit Wahlordnung, Handkommentar, 24. Aufl. 2008
FK-InsO/*Bearbeiter*	Frankfurter Kommentar zur Insolvenzordnung, hrsg. v. *Wimmer*, 5. Aufl. 2009
Förster/Rühmann/Cisch	Betriebsrentengesetz, Kommentar, 12. Aufl. 2009
Franke	Der außertarifliche Angestellte, 1991

Literaturverzeichnis

Frey	Flexible Arbeitszeit – Zeitgemäße Vertragsformen bei wechselndem betrieblichem Personalbedarf, 1985
Friedrich	Zeugnisse im Beruf, 16. Aufl. 2006
Friese	Urlaubsrecht, 2003
Fromm	Die arbeitnehmerbedingten Kündigungsgründe, Diss. 1995
Fuchs/Preis	Sozialversicherungsrecht, 2. Aufl. 2009
Gagel	Sozialgesetzbuch III – Arbeitsförderung, Kommentar, Loseblatt, Stand: Juli 2009
Gamillscheg, Internationales Arbeitsrecht	Internationales Arbeitsrecht, 1959
Gamillscheg, Kollektives Arbeitsrecht I	Kollektives Arbeitsrecht, Bd. I, 1997
Gaul/Gajewski	Die Betriebsänderung, 1993
Gerauer	Gerauer (Hrsg.), Auslandseinsatz von Arbeitnehmern, 2000
Germelmann u.a.	Germelmann/Matthes/Prütting/Müller-Glöge, Arbeitsgerichtsgesetz, Kommentar, 7. Aufl. 2009
Gerold/Schmidt/v. Eicken/ Madert/Müller/Rabe	Rechtsanwaltsvergütungsgesetz, Kommentar, 18. Aufl. 2008
Geyer/Knorr/Krasney	Entgeltfortzahlung – Krankengeld – Mutterschaftsgeld, Kommentar, Loseblatt, Stand: August 2009
Gift/Baur	Das Urteilsverfahren vor den Gerichten für Arbeitssachen, 1993
GK-ArbGG/*Bearbeiter*	Gemeinschaftskommentar zum Arbeitsgerichtsgesetz, hrsg. v. *Bader/Dörner/ Mikosch/Schleusener/Schütz/Vossen/Wenzel*, Loseblatt, Stand: Juli 2009
GK-BetrVG/*Bearbeiter*	Gemeinschaftskommentar zum Betriebsverfassungsgesetz, hrsg. v. *Kraft/Wiese/Kreutz/Oetker/Raab/Weber/Franzen*, 9. Aufl. 2010
GK-HGB/*Bearbeiter*	Gemeinschaftskommentar zum Handelsgesetzbuch: HGB, hrsg. v. *Ensthaler*, 7. Aufl. 2007
GK-SGB VI/*Bearbeiter*	Gemeinschaftskommentar zum SGB VI, hrsg. v. *Ruland/Försterling*, Loseblatt, Stand: September 2009
GK-SGB IX/*Bearbeiter*	Gemeinschaftskommentar zum SGB IX, hrsg. v. *Großmann/Schimanski*, Loseblatt, Stand: August 2009
Glöckner	Nebentätigkeitsverbote im Individualarbeitsrecht, Diss. 1993
Gnann/Gerauer	Arbeitsvertrag bei Auslandsentsendung, 2. Aufl. 2002
Gola/Schomerus	Bundesdatenschutzgesetz, Kommentar, 9. Aufl. 2007
Gola/Wronka	Handbuch zum Arbeitnehmerdatenschutz, 5. Aufl. 2009
Gotthardt	Arbeitsrecht nach der Schuldrechtsreform, 2. Aufl. 2003
Gottwald	Insolvenzrechts-Handbuch, 3. Aufl. 2006
Grabendorff/Ilbertz/Widmaier	Bundespersonalvertretungsgesetz, begr. v. *Grabendorff/Windscheid*, 11. Aufl. 2008
Grönert	Erziehungsgeld, Mutterschutz, Elternzeit, 2005
Gross u.a.	*Gross/Thon/Ahmad/Woitaschek*, BetrVG, Kommentar, 2. Aufl. 2008
Großkomm-AktG/*Bearbeiter*	Aktiengesetz, Großkommentar, hrsg. von *Hopt/Wiedmann*, 4. Aufl. 2005
Grunsky, ArbGG	Arbeitsgerichtsgesetz, Kommentar, 7. Aufl. 1995
Guß	Entgeltfortzahlungsgesetz, 19. Aufl. 2004
H-BetrAV/*Bearbeiter*	aba – Arbeitsgemeinschaft für betriebliche Altersversorgung e.V., Heidelberg (Hrsg.), Handbuch der betrieblichen Altersversorgung – H-BetrAV, Teil I: Grundlagen und Praxis, Loseblatt, Stand: Mai 2009
Haft	Verhandeln und Mediation, 2. Aufl. 2000
Hailbronner/Wilms	Recht der Europäischen Union, Kommentar, Loseblatt, Stand: Januar 2009
HaKo-ArbR/*Bearbeiter*	Arbeitsrecht, Handkommentar, hrsg. v. *Däubler/Hjort/Hummel/Wolmerath*, 2008
HaKo-ArbSchG/*Bearbeiter*	Arbeitsschutzgesetz, Handkommentar, hrsg. v. *Heilmann/Aufhauser*, 2. Aufl. 2005
HaKo-BetrVG/*Bearbeiter*	Betriebsverfassungsgesetz, Handkommentar, hrsg. v. *Düwell*, 3. Aufl. 2009

HaKo-BGB/*Bearbeiter*	Bürgerliches Gesetzbuch, Handkommentar, hrsg. v. *Schulze/Dörner/Ebert u.a.*, 6. Aufl. 2009
HaKo-KSchR/*Bearbeiter*	Kündigungsschutzrecht, Handkommentar, hrsg. v. *Fiebig/Gallner/Nägele*, 3. Aufl. 2007
Hanau/Steinmeyer/Wank	Handbuch des Europäischen Arbeits- und Sozialrechts, 2002
Hanau/Ulmer	Mitbestimmungsrecht, begr. v. *Hanau/Ulmer*, Kommentar, 2. Aufl. 2006
Harbauer	Rechtsschutzversicherung, 7. Aufl. 2004
Harrer	Mitarbeiterbeteiligungen und Stock-Option-Pläne, 2. Aufl. 2004
Hartmann	Kostengesetze, Kommentar, 39. Aufl. 2009
Hartz/Meeßen/Wolf	ABC-Führer Lohnsteuer, Loseblatt, Stand: Mai 2009
Hauck/Helml	Arbeitsgerichtsgesetz, Kommentar, 3. Aufl. 2006
Hauck/Noftz/*Bearbeiter*	*Hauck/Noftz* (Hrsg.), Sozialgesetzbuch II, Kommentar, Loseblatt, Stand: Juli 2009
Hauck/Noftz/Voelzke/*Bearbeiter*	*Hauck/Noftz* (Hrsg.), Sozialgesetzbuch III, Kommentar, Loseblatt, Stand: Juli 2009
Hauck/Noftz/*Bearbeiter*	*Hauck/Noftz* (Hrsg.), Sozialgesetzbuch IV, Kommentar, Loseblatt, Stand: September 2009
Hauck/Noftz/*Bearbeiter*	*Hauck/Noftz* (Hrsg.), Sozialgesetzbuch VI, Kommentar, Loseblatt, Stand: Juli 2009
Hauck/Noftz/*Bearbeiter*	*Hauck/Noftz* (Hrsg.), Sozialgesetzbuch VII, Kommentar, Loseblatt, Stand: September 2009
Hauck/Noftz/*Bearbeiter*	*Hauck/Noftz* (Hrsg.), Sozialgesetzbuch IX, Kommentar, Loseblatt, Stand: April 2009
Hecker/Tschöpe	Der Arbeitsgerichtsprozess, 1989
Heidel	Aktienrecht, Kommentar, 2. Aufl. 2007
Heidel/Pauly/Amend	AnwaltFormulare, 6. Aufl. 2009
Heilmann	Urlaubsrecht, Basiskommentar, 2. Aufl. 2004
Heither	*Heither/Heither/Heither/Heither* (Hrsg.), Arbeitsgerichtsgesetz, Kommentar, Loseblatt, Stand: März 2009
Helwich/Frankenberg	Pfändung des Arbeitseinkommens und Verbraucherinsolvenz, 5. Aufl. 2007
Henssler/Koch	Mediation in der Anwaltspraxis, 2. Aufl. 2004
Henssler/von Westphalen (Hrsg.)	Praxis der Schuldrechtsreform, 2. Aufl. 2003
Herkert	Berufsbildungsgesetz, Kommentar, Loseblatt, Stand: September 2009
Hess u.a./*Bearbeiter*	*Hess/Schlochauer/Worzalla/Glock/Nicolai/Rose* (Hrsg.), Betriebsverfassungsgesetz, Kommentar, 7. Aufl. 2008
Heymann/*Bearbeiter*	Handelsgesetzbuch, Kommentar, 2. Aufl. 1995 ff.
HHR/*Bearbeiter*	*Herrmann/Heuer/Raupach* (Hrsg.), Einkommensteuer- und Körperschaftsteuergesetz mit Nebengesetzen, Kommentar, Loseblatt, Stand: Juli 2009
HK-AktG/*Bearbeiter*	Heidelberger Kommentar zum Aktiengesetz, hrsg. v. *Bürgers/Körber*, 2008
HK-HGB/*Bearbeiter*	Heidelberger Kommentar zum Handelsgesetzbuch, verf. v. *Glanegger/Kirnberger/Kusterer u.a.*, 7. Aufl. 2007
HK-InsO/*Bearbeiter*	Heidelberger Kommentar zur Insolvenzordnung, verf. v. *Eickmann/Flessner/Irschlinger u.a.*, 5. Aufl. 2008
HK-KSchG/*Bearbeiter*	Heidelberger Kommentar zum Kündigungsschutzgesetz, verf. v. *Dorndorf/Weller/Hauck/Höland/Kriebel/Neef*, 4. Aufl. 2001
HK-SGB IX/*Bearbeiter*	Handkommentar zum Sozialgesetzbuch IX, hrsg. v. *Lachwitz/Schellhorn/Welti*, 3. Aufl. 2009
HK-SGG/Bearbeiter	Handkommentar zum Sozialgerichtsgesetz, hrsg. v. *Lüdtke*, 3. Aufl. 2008
HK-TzBfG/Bearbeiter	Handkommentar zum Teilzeit- und Befristungsgesetz, verf. v. *Boecken/Joussen*, 2007
HK-UmwG/Bearbeiter	*Heidelberger* Kommentar zum Umwandlungsgesetz, verf. v. *Maulbetsch/Klumpp/Rose*, 2009

Literaturverzeichnis

Höfer	Gesetz zur Verbesserung der Betrieblichen Altersversorgung, Bd. 1: Arbeitsrecht, Kommentar, Loseblatt, Stand: Mai 2008
Hohmeister/Goretzki/ Oppermann	Handkommentar zum Bundesurlaubsgesetz, 2. Aufl. 2008
Holthausen	Betriebliche Personalpolitik und „freie" Unternehmerentscheidung, Diss. 2003
Hopt	Handelsvertreterrecht, 4. Aufl. 2009
v. Hoyningen-Huene	Betriebsverfassungsrecht, 6. Aufl. 2007
v. Hoyningen-Huene/Linck	Kündigungsschutzgesetz, Kommentar, 14. Aufl. 2007
Hromadka/Maschmann, ArbeitsR II	Arbeitsrecht Bd. 2, 4. Aufl. 2007
H/S/*Bearbeiter*	*Hümmerich/Spirolke* (Hrsg.), Das arbeitsrechtliche Mandat, 5. Aufl. 2009
Huber/Müller	Das Arbeitszeugnis in Recht und Praxis, 12. Aufl. 2009
Hueck/Windbichler	Gesellschaftsrecht, 21. Aufl. 2008
Hüffer	Aktiengesetz, Kommentar, 8. Aufl. 2008
Hümmerich, Aufhebungsvertrag	Aufhebungsvertrag und Abwicklungsvertrag, 2. Aufl. 2003
Hümmerich, Arbeitsrecht	Arbeitsrecht – Vertragsgestaltung/Prozessführung, 6. Aufl. 2007
Hümmerich, Gestaltung von Arbeitsverträgen	Gestaltung von Arbeitsverträgen, 2006
HWK/*Bearbeiter*	*Henssler/Willemsen/Kalb* (Hrsg.), Arbeitsrecht, Kommentar, 3. Aufl. 2008
HzA/*Bearbeiter*	Handbuch zum Arbeitsrecht, hrsg. v. *Leinemann*, Loseblatt, Stand: September 2009
Ignor/Rixen	Handbuch Arbeitsstrafrecht, 2. Aufl. 2008
Ilbertz	Personalvertretungsrecht des Bundes und der Länder, 14. Aufl. 2007
Ipsen	Staatsrecht II – Grundrechte, 11. Aufl. 2008
Isensee/Kirchhof/Bearbeiter, HdStR Bd. V	*Isensee/Kirchhof* (Hrsg.), Handbuch des Staatsrechts, Bd. V, 3. Aufl. 2007
Isensee/Kirchhof/Bearbeiter, HdStR Bd. VI	*Isensee/Kirchhof* (Hrsg.), Handbuch des Staatsrechts, Bd. VI, 3. Aufl. 2009
Jaeger	Der Anstellungsvertrag des GmbH-Geschäftsführers, 5. Aufl. 2009
Jaeger/Röder/Heckelmann/ Bearbeiter	*Jaeger/Röder/Heckelmann* (Hrsg.), Praxishandbuch Betriebsverfassungsrecht, 2003
Jarass/Pieroth	Grundgesetz für die Bundesrepublik Deutschland, Kommentar, 10. Aufl. 2009
Jauernig/Bearbeiter	*Jauernig* (Hrsg.), Bürgerliches Gesetzbuch, Kommentar, 13. Aufl. 2009
Junker, GK ArbeitsR	Grundkurs Arbeitsrecht, 8. Aufl. 2009
Junker, Internationales Arbeitsrecht	Internationales Arbeitsrecht im Konzern, 1992
Kaiser u.a./*Bearbeiter*	*Kaiser/Dunkl/Hold/Kleinsorge* (Hrsg.), Entgeltfortzahlungsgesetz, Kommentar, 5. Aufl. 2000
Kaiser	Handbuch zum Mutterschutzgesetz, 17. Aufl. 2005
Kallmeyer	Umwandlungsgesetz, Kommentar, 4. Aufl. 2009
KassArbR/*Bearbeiter*	Kasseler Handbuch zum Arbeitsrecht, hrsg. v. *Leinemann*, 2. Aufl. 2000
KassKomm/*Bearbeiter*	Kasseler Kommentar zum Sozialversicherungsrecht, Loseblatt, Stand: Juli 2009
KDZ/*Bearbeiter*	*Kittner/Däubler/Zwanziger* (Hrsg.), Kündigungsschutzrecht, Kommentar, 7. Aufl. 2008
Keller/Kren/Kostkiewicz	*Girsberger/Heini/Keller/Kren/Kostkiewicz/Siehr/Vischer/Volken* (Hrsg.), Zürcher Kommentar IPRG, 2. Aufl. 2004
Kempen/Zachert	Tarifvertragsgesetz, Kommentar, 4. Aufl. 2006
Kemper u.a.	*Kemper/Kisters-Kölkes/Berenz/Bode/Pühler*, BetrAVG – Kommentar zum Betriebsrentengesetz, 3. Aufl. 2008
Kirchhof	EStG, KompaktKommentar, 8. Aufl. 2008
Kissel/Mayer	Gerichtsverfassungsgesetz, Kommentar, 5. Aufl. 2008
Kittner/Pieper	Arbeitsschutzgesetz, Kommentar, 4. Aufl. 2007

Kittner/Zwanziger/*Bearbeiter*, Arbeitsrecht Handbuch	*Kittner/Zwanziger* (Hrsg.), Arbeitsrecht, 5. Aufl. 2009
Kittner/Zwanziger/*Bearbeiter*, Formulare zum Arbeitsrecht	*Kittner/Zwanziger* (Hrsg.), Formulare zum Arbeitsrecht, 2. Aufl. 2005
Knopp/Kraegeloh	Berufsbildungsgesetz, 5. Aufl. 2005
Koberski/Asshoff/Hold	Arbeitnehmer-Entsendegesetz, Kommentar, 2. Aufl. 2002
Kollmer	Arbeitsstättenverordnung, Kommentar, 3. Aufl. 2009
Kollmer/*Bearbeiter*	*Kollmer* (Hrsg.), Arbeitsschutzgesetz und -verordnungen, Kommentar, 3. Aufl. 2008
KölnKomm-AktG/*Bearbeiter*	Kölner Kommentar zum Aktiengesetz, hrsg. v. *Zöllner*, 3. Aufl. 2004
Kölner Schrift zur Insolvenzordnung	Kölner Schrift zur Insolvenzordnung, hrsg. v. Kölner Arbeitskreis für Insolvenz- und Schiedsgerichtswesen, 3. Aufl. 2009 (zit.: *Bearbeiter,* in Kölner Schrift zur Insolvenzordnung)
Kopp/Schenke	Verwaltungsgerichtsordnung, Kommentar, 16. Aufl. 2009
KR/*Bearbeiter*	Gemeinschaftskommentar zum Kündigungsschutzgesetz und zu sonstigen kündigungsschutzrechtlichen Vorschriften, hrsg. v. *Etzel*, 9. Aufl. 2009
Kramer	Kündigung im Arbeitsrecht, 11. Aufl. 2008
Krauskopf	Soziale Krankenversicherung, Pflegeversicherung, Kommentar, Loseblatt, Stand: Mai 2009
Kreikebohm	Sozialgesetzbuch VI, Kommentar, 3. Aufl. 2008
Krimphove	Europäisches Arbeitsrecht, 2. Aufl. 2001
Kroiß	Klauselbuch Schuldrecht, 2003
Kropholler	Internationales Privatrecht, 6. Aufl. 2006
Kübler/Assmann	Gesellschaftsrecht, 6. Aufl. 2006
Kübler/Prütting/*Bearbeiter*	*Kübler/Prütting* (Hrsg.), Kommentar zur Insolvenzordnung, Loseblatt, Stand: September 2009
Kummer	Das sozialgerichtliche Verfahren, 2. Aufl. 2004
Kunz/Wedde	Entgeltfortzahlungsrecht, Kommentar, 2. Aufl. 2005
Küstner	Das neue Recht des Handelsvertreters, 4. Aufl. 2003
Küstner/Thume	Handbuch des gesamten Außendienstrechts, Bd. I: 3. Aufl. 2000, Bd. II:8. Aufl. 2007, Bd. III: 3. Aufl. 2009
Küttner/*Bearbeiter*	*Küttner* (Hrsg.), Personalbuch 2009, 16. Aufl. 2009
Lackmann	Zwangsvollstreckungsrecht, 8. Aufl. 2007
Landmann/Rohmer	Gewerbeordnung und ergänzende Vorschriften, Kommentar, Loseblatt, Stand: Mai 2009
Lang/Weidmüller	Genossenschaftsgesetz, Kommentar, 36. Aufl. 2008
Langmaack	Teilzeitarbeit und Arbeitszeitflexibilisierung, 2. Aufl. 2001
Langohr-Plato	Betriebliche Altersversorgung, 4. Aufl. 2007
Lappe	Gebührentipps für Rechtsanwälte, 3. Aufl. 2000
Larenz	Lehrbuch des Schuldrechts, Bd. I: Allgemeiner Teil, 14. Aufl. 1987
Leinemann/Linck	Urlaubsrecht, Kommentar, 2. Aufl. 2001
Leinemann/Taubert	Berufsbildungsgesetz, Kommentar, 2. Aufl. 2008
Lepke	Kündigung bei Krankheit, 13. Aufl. 2009
Lieb	Arbeitsrecht, 8. Aufl. 2003
Lieb/Jacobs	Arbeitsrecht, 9. Aufl. 2006
Linnenkohl/Rauschenberg	Arbeitszeitgesetz, Kommentar, 2. Aufl. 2004
Lorenz	Schuldrechtsmodernisierungen – Erfahrungen seit dem 1. Januar 2002, Karlsruher Forum 2005, 2006
Lorenz/Riehm	Lehrbuch zum Neuen Schuldrecht, 2002
Löwisch/Kaiser	Betriebsverfassungsgesetz, Kommentar, 6. Aufl. 2009
Löwisch/Rieble	Tarifvertragsgesetz, Kommentar, 2. Aufl. 2004

Literaturverzeichnis

Löwisch/Spinner/*Bearbeiter*, KSchG	*Löwisch/Spinner* (Hrsg.), Kommentar zum Kündigungsschutzgesetz, 9. Aufl. 2004
LPK-SGB IX/*Bearbeiter*	Lehr- und Praxiskommentar SGB IX, hrsg. v. *Dau/Düwell/Haines*, 2. Aufl. 2009
LPK-SGB VII/*Bearbeiter*	Lehr- und Praxiskommentar SGB VII, hrsg. v. *Franke/Molkentin*, 2. Aufl. 2007
Lutter/Hommelhoff	GmbH-Gesetz, Kommentar, 17. Aufl. 2009
Lutter/Krieger	Rechte und Pflichten des Aufsichtsrats, 5. Aufl. 2009
Lutter/Winter	Umwandlungsgesetz, Bd. 2, 4. Aufl. 2009
Madert/Schons	Die Vergütungsvereinbarung des Rechtsanwalts, 3. Aufl. 2006
v. *Mangoldt/Klein/Starck*	Kommentar zum Grundgesetz, Bd. 1, 5. Aufl. 2005
Martinek/Semler/Habermeier	Handbuch des Vertriebsrechts, 2. Aufl. 2003
Mäschle	Lexikon der Kündigungsgründe, 2. Aufl. 1996
Mauer, Dienstwagen	Dienstwagenüberlassung an Arbeitnehmer, 2004
Mauer, Personaleinsatz	Personaleinsatz im Ausland, 2003
Maunz/Dürig/*Bearbeiter*	*Herzog/Herdegen/Klein/Scholz/Badura/Depenheuer/Di Fabio/Gröpl/Grzeszick/ Korioth/Lerche/Möstl/Nettesheim/Papier/Randelzhofer/Schmidt-Assmann/Uhle* (Hrsg.), Grundgesetz, Kommentar, Loseblatt, Stand: Mai 2009
Maurer	Allgemeines Verwaltungsrecht, 17. Aufl. 2009
v. *Maydell/Ruland*	von *Maydell/Ruland/Becker* (Hrsg.), Sozialrechtshandbuch, 4. Aufl. 2008
Meier	Streitwerte im Arbeitsrecht, 2. Aufl. 2000
Meinel/Heyn/Herms	Teilzeit- und Befristungsgesetz, Kommentar, 3. Aufl. 2009
Meisel/Sowka	Mutterschutz und Erziehungsurlaub, Kommentar, 5. Aufl. 1999
Meyer	Gerichtskostengesetz, Kommentar, 10. Aufl. 2008
Meyer-Ladewig u.a.	*Meyer-Ladewig/Keller/Leitherer*, Sozialgerichtsgesetz, Kommentar, 9. Aufl. 2008
Moll/*Bearbeiter*, Münchener Anwaltshandbuch	*Moll* (Hrsg.), Münchener Anwaltshandbuch Arbeitsrecht, 2. Aufl. 2009
Mues u.a./*Bearbeiter*, Hdb. z. KüR	*Mues/Eisenbeis/Legerlotz/Laber* (Hrsg.), Handbuch zum Kündigungsrecht, 2005
MüKo-AktG/*Bearbeiter*	Münchener Kommentar zum AktG, Bd. 3, hrsg. v. *Kropff/Semler*, 2. Aufl. 2004
MüKo-BGB/*Bearbeiter*	Münchener Kommentar zum BGB, hrsg. v. *Rebmann/Säcker/Rixecker*, 5. Aufl. 2009
MüKo-HGB/*Bearbeiter*	Münchener Kommentar zum HGB, hrsg. v. *K.Schmidt*, Bd. 1, 2. Aufl. 2005
MüKo-InsO/*Bearbeiter*	Münchener Kommentar zur InsO, hrsg. v. *Kirchhof/Lwowski/Stürner*, 2. Aufl. 2008
MüKo-ZPO/*Bearbeiter*	Münchener Kommentar zur ZPO, hrsg. v. *Lüke/Wax*, 3. Aufl. 2007
Münchener Prozessformularbuch Arbeitsrecht	Münchener Prozessformularbuch Arbeitsrecht, hrsg. v. *Zirnbauer*, 3. Aufl. 2009 (zit.: *Bearbeiter,* in Münchener Prozessformularbuch)
Münchener Vertragshandbuch	Münchener Vertragshandbuch, hrsg. v. *Langenfeld*, 6. Aufl. 2009 (zit.: *Bearbeiter,* in Münchener Vertragshandbuch)
Müller	Kommentar zum Gesetz betreffend die Erwerbs- und Wirtschaftsgenossenschaften, Bd. 2, 2. Aufl. 1996
Müller-Wenner/Schorn	Sozialgesetzbuch IX, Teil 2, Kommentar, 2003
v. *Münch/Kunig*	Grundgesetz-Kommentar, Bd. 1, 6. Aufl. 2009
MünchArb/*Bearbeiter*	Münchener Handbuch zum Arbeitsrecht, hrsg. v. *Richardi/Wlotzke*, 3. Aufl. 2009
MünchGesR/*Bearbeiter*	Münchener Handbuch des Gesellschaftsrechts, Bd. 4, hrsg. v. *Hoffmann-Becking*, 3. Aufl. 2007
Musielak/*Bearbeiter*	*Musielak* (Hrsg.), Zivilprozessordnung, Kommentar, 7. Aufl. 2009
Nägele	Der Dienstwagen, 2. Aufl. 2008
Nerlich/Römermann	Insolvenzordnung, Kommentar, Loseblatt, Stand: März 2009
Neumann	Urlaubsrecht, 12. Aufl. 2000
Neumann/Biebl	Arbeitszeitgesetz, Kommentar, 15. Aufl. 2008
Neumann/Fenski	Bundesurlaubsgesetz, Kommentar, 9. Aufl. 2003

Neumann/Pahlen/ Majerksi-Pahlen	Sozialgesetzbuch IX, Kommentar, 11. Aufl. 2005
Niebler/Biebl/Ulrich	Arbeitnehmerüberlassungsgesetz, 2. Aufl. 2003
Niebler/Meier/Dubber	Arbeitnehmer oder freier Mitarbeiter?, 3. Aufl. 2009
Niesel/Herold-Tews	Der Sozialgerichtsprozess, 5. Aufl. 2009
Niesel/*Bearbeiter*	*Niesel* (Hrsg.), Sozialgesetzbuch Arbeitsförderung: SGB III, Kommentar, 4. Aufl. 2007
Nirk/Ziemons/Binnewies	Handbuch der Aktiengesellschaft, Loseblatt, Stand: August 2009
Obermüller/Hess	Insolvenzordnung, 4. Aufl. 2003
Oetker/Preis	Europäisches Arbeits- und Sozialrecht, Loseblatt, Stand: August 2009
Ostrowicz/Künzl/Schäfer	Handbuch des arbeitsgerichtlichen Verfahrens, 3. Aufl. 2006
Otto	Arbeitsrecht, 4. Aufl. 2008
Palandt/*Bearbeiter*	Kommentar zum Bürgerlichen Gesetzbuch, 68. Aufl. 2009
Paulsdorff	Kommentar zur Insolvenzsicherung der betrieblichen Altersversorgung, 2. Aufl. 1996
Pauly/Osnabrügge, Handbuch Kündigungsrecht	Handbuch Kündigungsrecht, 2. Aufl. 2006
Pauly/Osnabrügge, Teilzeitarbeit	Teilzeitarbeit und geringfügige Beschäftigung, 2. Aufl. 2007
Pickel/Marschner	SGB X, Kommentar zum Sozialgesetzbuch Zehntes Buch, Loseblatt, Stand: August 2009
Pieroth/Schlink	Grundrechte, Staatsrecht II, 25. Aufl. 2009
PK – SGB III/*Bearb.*	Sozialgesetzbuch III Arbeitsförderung, Großkommentar hrsg. v. *Mutschler/Bartz/Schmidt-De Caluwe*, 3. Aufl. 2008
Preis, Kollektivarbeitsrecht	Arbeitsrecht, Praxis-Lehrbuch zum Kollektivarbeitsrecht, 2. Aufl. 2009
Preis, Vertragsgestaltung	Grundfragen der Vertragsgestaltung im Arbeitsrecht, 1993
Preis/*Bearbeiter*, Der Arbeitsvertrag	*Preis* (Hrsg.), Der Arbeitsvertrag, 3. Aufl. 2009
Preis/Kliemt/Ulrich	Aushilfs- und Probearbeitsverhältnis, 2. Aufl. 2003
Prölss/Martin	Versicherungsvertragsgesetz, Kommentar, 27. Aufl. 2004
PWW/*Bearbeiter*	BGB Kommentar, hrsg. v. *Prütting/Wegen/Weinreich*, 4. Aufl. 2009
Raiser	Mitbestimmungsgesetz, Kommentar, 5. Aufl. 2009
Redeker/v. Oertzen	Verwaltungsgerichtsordnung, Kommentar, 14. Aufl. 2005
Rehberg/Xanke	Rechtsanwaltsvergütungsgesetz, 3. Aufl. 2008
Rehbinder	Urheberrecht, 15. Aufl. 2008
Rehn/Cronauge/v. Lennep	Gemeindeordnung für das Land Nordrhein-Westfalen, Kommentar, Loseblatt, Stand: Februar 2009
Reich	Hochschulrahmengesetz, Kommentar, 10. Aufl. 2007
Reichel	Die arbeitsvertragliche Bezugnahme auf den Tarifvertrag, Diss. 2001
Reimer/Schade/Schippel	ArbEG, Gesetz über Arbeitnehmererfindungen und deren Vergütungsrichtlinien, Kommentar, 8. Aufl. 2007
Reinhardt	Sozialgesetzbuch VI, Kommentar, 2006
Reiserer/Freckmann/Träumer	Scheinselbständigkeit, geringfügige Beschäftigung, 2002
Reiserer/Heß-Emmerich/Peters	Der GmbH-Geschäftsführer, 3. Aufl. 2008
Rennen/Caliebe/Sabel	Rechtsberatungsgesetz, 4. Aufl. 2009
RGKU/*Bearbeiter*	Arbeitsrecht, Kommentar, hrsg. v. *Rolfs/Giesen/Kreikebohm/Udsching*, 2008
RGRK/*Bearbeiter*	Das Bürgerliche Gesetzbuch, hrsg. v. Reichsgerichtsräten und Bundesrichtern, Kommentar, 12. Aufl. 1975–1999
Richardi/*Bearbeiter*	*Richardi* (Hrsg.), Betriebsverfassungsgesetz mit Wahlordnung, Kommentar, 11. Aufl. 2008
Richenhagen/Prümper/Wagner	Handbuch der Bildschirmarbeit, 3. Aufl. 2002
Riedel/Sußbauer	Rechtsanwaltsvergütungsgesetz, Kommentar, 9. Aufl. 2005

Rittweger/Petri/Schweikert	Altersteilzeit, Kommentar, 2. Aufl. 2002
Röder/Baeck	Interessenausgleich und Sozialplan, 4. Aufl. 2009
Röhricht/v. Westphalen	Handelsgesetzbuch, Kommentar, 3. Aufl. 2008
Rolfs	Teilzeit- und Befristungsgesetz, Kommentar, 2002
Rosenberg/Gaul/Schilken	Zwangsvollstreckungsrecht, 11. Aufl. 1997
Rosenberg/Schwab	Zivilprozessrecht, 16. Aufl. 2004
Rowedder/Schmidt-Leithoff	*Rowedder* (Begr.), *Schmidt-Leithoff* (Hrsg.), Gesetz betreffend die Gesellschaften mit beschränkter Haftung, Kommentar, 4. Aufl. 2002
Sachs, Grundrechte	Verfassungsrecht II, Grundrechte, 2. Aufl. 2003
Sachs/*Bearbeiter*, GG	*Sachs* (Hrsg.), Grundgesetz, Kommentar, 5. Aufl. 2009
Sagasser/Bula/Brünger	Umwandlungen, 3. Aufl. 2002
Schäder	Streitwert-Lexikon Arbeitsrecht, 2000
Schaefer	Das Nachweisgesetz – Auswirkungen auf den Arbeitsvertrag, 2000
Schäfer	Der einstweilige Rechtsschutz im Arbeitsrecht, 1996
Schaffland/Wiltfang	Bundesdatenschutzgesetz, Kommentar, Loseblatt, Stand: Oktober 2009
Schaub, Formularsammlung	*Schaub/Neef/Schrader*, Arbeitsrechtliche Formularsammlung, 9. Aufl. 2008
Schaub/*Bearbeiter*	*Schaub* (Hrsg.), Arbeitsrechts-Handbuch, 11. Aufl. 2005
Schaub/Schindele	Kurzarbeit, Massenentlassung, Sozialplan, 2. Aufl. 2005
Schiefer/Müller	Teilzeitarbeit, Düsseldorfer Schriftenreihe, 2. Auflage 2005
Schiefer/Worzalla	Das arbeitsrechtliche Beschäftigungsförderungsgesetz und seine Auswirkungen für die betriebliche Praxis, 1996
Schleßmann	Das Arbeitszeugnis, 18. Aufl. 2007
Schliemann	Arbeitszeitgesetz, Kommentar, Loseblatt, Stand: Dezember 2007
Schliemann, Arbeitsrecht im BGB	Das Arbeitsrecht im BGB, 2. Aufl. 2002
Schliemann/Meyer	Arbeitszeitrecht, Kommentar, 2. Aufl. 2002
Schmidbauer/Schmidbauer	Die neu geregelte Altersteilzeit, 5. Aufl. 2004
Schmidt	Einkommenssteuergesetz, Kommentar, 28. Aufl. 2009
Schmidt	Handelsrecht, 6. Aufl. 2006
Schmidt/Koberski/Tiemann/ Wascher	Heimarbeitsgesetz, Kommentar, 4. Aufl. 1998
Schmidt/Lutter	Aktiengesetz, Kommentar, 2008
Schmidt/Schwerdtner	Scheinselbstständigkeit, 2. Aufl. 2000
Schmitt	Entgeltfortzahlungsgesetz und Arbeitnehmeraufwendungsgesetz, Kommentar, 6. Aufl. 2007
Schneider	Die Klage im Zivilprozess, 3. Aufl. 2007
Schneider/Herget	Streitwertkommentar, 12. Aufl. 2007
Schoch/Schmidt-Aßmann/ Pietzner	Verwaltungsgerichtsordnung, Kommentar, Loseblatt, Stand: Oktober 2008
Schoden	BetrAVG Betriebliche Altersversorgung, Kommentar, 2. Aufl. 2003
Schoden, JArbSchG	Jugendarbeitsschutzgesetz, Kommentar, 5. Aufl. 2004
Scholz/*Bearbeiter*, GmbHG	*Scholz* (Begr.), Kommentar zum GmbH-Gesetz, 10. Aufl. 2006
Schönfeld	Lexikon für das Lohnbüro, 51. Aufl. 2009
Schrader	Rechtsfallen in Arbeitsverträgen, 2001
Schricker/*Bearbeiter*, UrhG	*Schricker* (Hrsg.), Urheberrecht, Kommentar, 3. Aufl. 2006
Schroth	Die Insolvenzsicherung von Arbeitszeitguthaben, 1999
Schulin	Sozialrecht, 7. Aufl. 2002
Schulin/*Bearbeiter*, Handbuch Sozialversicherungsrecht	*Schulin* (Hrsg.), Handbuch des Sozialversicherungsrechts, Bd. 3, 1999
Schulin/Igl/Welti	Sozialrecht, 8. Aufl. 2007
Schulz	Alles über Arbeitszeugnisse, 8. Aufl. 2009

Schüren/*Bearbeiter*	Schüren (Hrsg.), Arbeitnehmerüberlassungsgesetz, Kommentar, 3. Aufl. 2007
Schütt/Schulte	Schütt/Schulte/Podewin (Hrsg.), Arbeitszeitgesetz, Kommentar, 2005
Schütz/Hauck	Gesetzliches und tarifliches Urlaubsrecht, 1996
Schwab	Schwab/Walter, Schiedsgerichtsbarkeit, Kommentar, 7. Aufl. 2005
Schwab/Weth/*Bearbeiter*	Schwab/Weth (Hrsg.), Arbeitsgerichtsgesetz, Kommentar, 2. Aufl. 2008
Schwarze	EU-Kommentar, 2. Aufl. 2008
Semler/v. Schenk/*Bearbeiter*, AR-Hdb	Semler/von Schenk (Hrsg.), Arbeitshandbuch für Aufsichtsratsmitglieder, 3. Aufl. 2009
Semler/Stengel/*Bearbeiter*	Semler/Stengel (Hrsg.), Umwandlungsgesetz, Kommentar, 2. Aufl. 2007
Sievers	Teilzeit- und Befristungsgesetz, Kommentar, 2. Aufl. 2007
Siewert	Arbeitszeugnisse, 8. Aufl. 2000
Simitis	Bundesdatenschutz, Kommentar, 6. Aufl. 2006
Smid	Insolvenzordnung, Kommentar, 2. Aufl. 2001
Soergel/*Bearbeiter*	Soergel/Siebert (Hrsg.), Bürgerliches Gesetzbuch mit Einführungsgesetz und Nebengesetzen, Kommentar, 13. Aufl. 1999 ff.
Söllner/Reinert	Personalvertretungsgesetz, Kommentar, 2. Aufl. 1993
Söllner/Waltermann	Arbeitsrecht, 15. Aufl. 2009
Sowka	Handbuch zum Erziehungsurlaub, 2000
Spellbrink/Eicher/*Bearbeiter*	Spellbrink/Eicher (Hrsg.), Kasseler Handbuch des Arbeitsförderungsrechts, 2003
Spirolke	Der Betriebsübergang nach § 613a BGB im neuen Umwandlungsgesetz, Diss. 1998
Spirolke/Regh	Die Änderungskündigung, 2004
Stahlhacke/Preis/Vossen	Kündigung und Kündigungsschutz im Arbeitsverhältnis, 9. Aufl. 2005
Staub/*Bearbeiter*	Staub (Hrsg.), Handelsgesetzbuch, Kommentar, 4. Aufl. 1983
Staudinger/*Bearbeiter*	von Staudinger (Hrsg.), Kommentar zum Bürgerlichen Gesetzbuch, 13. Aufl. 1993 ff.
Stege/Weinspach/Schiefer	Betriebsverfassungsgesetz, Kommentar, 9. Aufl. 2002
Stein/Jonas/*Bearbeiter*	Stein/Jonas (Hrsg.), Kommentar zur Zivilprozessordnung, 22. Aufl. 2002 ff.
Steindorf/Regh	Beck'sches Mandatshandbuch Arbeitsrecht in der Insolvenz, 2002
Steinmeyer	Betriebliche Altersversorgung und Arbeitsverhältnis, 1991
Stelkens/Bonk/Sachs/*Bearbeiter*	Stelkens/Bonk/Sachs (Hrsg.), Verwaltungsverfahrensgesetz, Kommentar, 7. Aufl. 2008
Stevens-Bartol	Bundeserziehungsgeldgesetz, Kommentar, 2. Aufl. 1989
Stöber	Forderungspfändung, 14. Aufl. 2005
Stoffels	AGB-Recht, 2. Aufl. 2009
Stoffels, Vertragsbruch	Der Vertragsbruch des Arbeitnehmers, Diss. 1994
Stötter	Das Recht der Handelsvertreter, 6. Aufl. 2007
Stumpf	Internationales Handelsvertreterrecht, Teil 1: 6. Aufl. 1987, Teil 2: 4. Aufl. 1986
Teske	Schriftformklauseln in allgemeinen Geschäftsbedingungen, Diss. 1990
Tettinger/Wank	Gewerbeordnung, Kommentar, 7. Aufl. 2004
Thieler	Sozialrecht, 2. Aufl. 1987
Thomas/Putzo	Zivilprozessordnung, Kommentar, 30. Aufl. 2009
Thüsing/*Bearbeiter*	Thüsing (Hrsg.), Arbeitnehmerüberlassungsgesetz, Kommentar, 2. Aufl. 2008
Thüsing/Laux/Lembke	Kündigungsschutzgesetz, Kommentar 2007
Tillmann/Mohr	GmbH-Geschäftsführer, 9. Aufl. 2009
Trappe/Scheele	ABC-Führer Sozialversicherung, Loseblatt, Stand: Februar 2008
Treber	EFZG – Entgeltfortzahlungsgesetz, Kommentar, 2. Aufl. 2007
Tremml/Karger	Verträge mit freien Mitarbeitern, 6. Aufl. 1996
Tschöpe/*Bearbeiter*, Arbeitsrecht	Tschöpe (Hrsg.), Anwalts-Handbuch Arbeitsrecht, 6. Aufl. 2009
Uhlenbruck	Insolvenzordnung, Kommentar, 12. Aufl. 2009

Literaturverzeichnis

Ulber	AÜG – Arbeitnehmerüberlassungsgesetz, Kommentar, 2008
Ulber	Arbeitnehmerentsendegesetz, Kommentar, 2009
Ulmer/Brandner/Hensen	AGB-Recht, Kommentar, 10. Aufl. 2006
Ulmer/Habersack/Henssler	Mitbestimmungsrecht, Kommentar, 2. Aufl. 2006
Ulmer/Habersack/Winter	GmbHG – Gesetz betreffend die Gesellschaften mit beschränkter Haftung, Kommentar, 2008
v. Venrooy	Das Dienstzeugnis, 1984
Vogelsang	Entgeltfortzahlung, 2003
Vollkommer	*Vollkommer/Heinemann*, Anwaltshaftungsrecht, 3. Aufl. 2009
von der Groeben/Schwarze/ Bearbeiter	*von der Groeben/Schwarze* (Hrsg.), Kommentar zum Vertrag über die Europäische Union und zur Gründung der Europäischen Gemeinschaft, 6. Aufl. 2003
Vorwerk	Prozessformularbuch, 8. Aufl. 2005
Vossen	Entgeltfortzahlung bei Krankheit und an Feiertagen, 1997
Wackerbarth	Entgelt für Betriebstreue, Diss. 1996
Wagner	Kapitalbeteiligungen von Mitarbeitern und Führungskräften, 2. Aufl. 2008
Walker	Der einstweilige Rechtsschutz im Zivilprozess und im arbeitsgerichtlichen Verfahren, 1993
Waltermann	Sozialrecht, 8. Aufl. 2009
Wank	Arbeitnehmer und Selbständige, 1988
Wannagat/*Bearbeiter*	*Wannagat* (Hrsg.), Sozialgesetzbuch, Kommentar, Loseblatt, Stand: Mai 2009
Weber u.a.	*Weber/Ehrich/Hörchens/Oberthür*, Handbuch zum Betriebsverfassungsrecht, 2. Aufl. 2003
Weber, BBiG	Berufsbildungsgesetz und Berufsbildungsförderungsgesetz, Kommentar, 13. Aufl. 1999
Weber, MuSchG	Mutterschutzgesetz, Kommentar, 23. Aufl. 2002
Weber/Burmester	Der Anstellungsvertrag des Managers, 3. Aufl. 2001
Weber/Dahlbender	Verträge für GmbH-Geschäftsführer und Vorstände, 2. Aufl. 2000
Weber/Ehrich/Burmester	Handbuch der arbeitsrechtlichen Aufhebungsverträge, 4. Aufl. 2004
Wedde	Telearbeit, 3. Aufl. 2002
Wedde/Kunz	Entgeltfortzahlungsgesetz, Basiskommentar, 3. Aufl. 2003
Welslau	Altersteilzeit in der betrieblichen Praxis, 2000
Welte	Die Anwesenheitsprämie, Diss. 1994
Wertheimer	Nachvertragliche Wettbewerbsverbote bei Arbeitsverhältnissen, 1998
Westphal	Handelsvertretervertrag, 2. Aufl. 2000
v. Westphalen	Vertragsrecht und AGB-Klauselwerke, Loseblatt, Stand: März 2009
Weth	Das arbeitsgerichtliche Beschlussverfahren, 1995
Weuster/Scheer	Arbeitszeugnisse in Textbausteinen, 11. Aufl. 2007
Weyand	Die tarifvertraglichen Ausschlussfristen in Arbeitsrechtstreitigkeiten, 3. Aufl. 2005
v. Weyhe	Die Entsendung von Mitarbeitern ins Ausland, Diss. 1997
Widmann/Mayer	Umwandlungsgesetz, Kommentar, Loseblatt, Stand: September 2009
Wieczorek/Rössler	Zivilprozessordnung, hrsg. v. *Schütze*, Kommentar, 3. Aufl. 1994 ff.
Wiedemann/*Bearbeiter*	*Wiedemann* (Hrsg.), Tarifvertragsgesetz, Kommentar, 7. Aufl. 2007
Wieser	Arbeitsgerichtsverfahren, 1994
Willemsen u.a.	*Willemsen/Hohenstatt/Schweibert/Seibt*, Umstrukturierung und Übertragung von Unternehmen – Arbeitsrechtliches Handbuch, 3. Aufl. 2008
Willikonsky	Mutterschutzgesetz, Kommentar, 2. Aufl. 2007
Windbichler	Arbeitsrecht im Konzern, 1989
Wissing u.a./*Bearbeiter*	*Wissing/Mutschler/Bartz/Schmidt-DeCaluwe* (Hrsg.), Sozialgesetzbuch III, Kommentar, 3. Aufl. 2008
Wohlgemuth u.a./*Bearbeiter*	*Wohlgemuth/Lakies/Malottke/Pieper/Proyer* (Hrsg.), Berufsbildungsgesetz, Kommentar, 3. Aufl. 2006

Wohlgemuth	Datenschutz für Arbeitnehmer, 2. Aufl. 1988
Wolf/Lindacher/Pfeiffer	AGB-Recht, Kommentar, 5. Aufl. 2009
Wolmerath	Der ehrenamtliche Richter in der Arbeitsgerichtsbarkeit, 2003
Worzalla	Arbeitsverhältnis – Selbständigkeit, Scheinselbständigkeit, 2000
Worzalla/Süllwald	Entgeltfortzahlung, Kommentar, 2. Aufl. 1999
WP/*Bearbeiter*	*Wlotzke/Preis* (Hrsg.), Betriebsverfassungsgesetz, Kommentar, 4. Aufl. 2009
Wurm	Prokura und Handlungsvollmacht, 1988
Wussow/*Bearbeiter*	*Wussow* (Hrsg.), Unfallhaftpflichtrecht, 15. Aufl. 2002
ZAP-Ratgeber Prozessrecht	Die Klage im Zivilprozess, verf. v. *Schneider*, 3. Aufl. 2007
Ziepke	Anrechung und Widerruf, Anrechnung von Tariferhöhungen und Widerruf übertariflicher Entgeltbestandteile, 2. Aufl. 2000
Zmarzlik/Anziger/*Bearbeiter*, JArbSchG	*Zmarzlik/Anziger (Hrsg.)*, Jugendarbeitsschutzgesetz, Kommentar, 5. Aufl. 1998
Zöller/*Bearbeiter*	*Zöller* (Hrsg.), Kommentar zur Zivilprozessordnung, 27. Aufl. 2009
Zöllner/Loritz	Arbeitsrecht, 6. Aufl. 2008
Zwanziger	Das Arbeitsrecht der Insolvenzordnung, Kommentar, 3. Aufl. 2006
Zweng/Scheerer/Buschmann/ Dörr	Handbuch der Rentenversicherung, Teil I und II, Loseblatt, Stand: 2009
ZZVV	*Zmarzlik/Zipperer/Viethen/Vieß*, Mutterschutzgesetz, Mutterschaftsleistungen, Kommentar, 9. Aufl. 2005

Gesetz über zwingende Arbeitsbedingungen für grenzüberschreitend entsandte und für regelmäßig im Inland beschäftigte Arbeitnehmer und Arbeitnehmerinnen (Arbeitnehmer-Entsendegesetz – AEntG)

Vom 20.4.2009, BGBl I S. 799, BGBl III 810-20

Abschnitt 1: Zielsetzung

§ 1 Zielsetzung

[1]Ziele des Gesetzes sind die Schaffung und Durchsetzung angemessener Mindestarbeitsbedingungen für grenzüberschreitend entsandte und für regelmäßig im Inland beschäftigte Arbeitnehmer und Arbeitnehmerinnen sowie die Gewährleistung fairer und funktionierender Wettbewerbsbedingungen. [2]Dadurch sollen zugleich sozialversicherungspflichtige Beschäftigung erhalten und die Ordnungs- und Befriedungsfunktion der Tarifautonomie gewahrt werden.

Literatur: *Bayreuther*, Die Novellen des Arbeitnehmerentsende- und des Mindestarbeitsbedingungengesetzes, DB 2009, 678; *Gastell*, Wie funktioniert der Mindestlohn?, AuA 2008, 471; *Gerster*, Missbrauch des Entsendegesetzes, AuA 2008, 257; *Göhner*, Mindestlohn – Bundesarbeitsminister plant Ermächtigung zum Lohndiktat, BB 2008, M1; *Hoppe/Menzenbach*, Mindestlohn: Gesetzgebungskompetenz der Länder?, NZA 2008, 1110; *Klebeck*, Grenzen staatlicher Mindestlohntariferstreckung, NZA 2008, 446; *Sansone/Ulber*, Neue Bewegung in der Mindestlohndebatte, AuR 2008, 125; *Schmitt-Rolfes*, Brennpunkt – Flächendeckende Mindestlöhne, AuA 2008, 199; *Schulten*, WSI-Mindestlohnbericht 2009, WSI-Mitteilungen 2009, 150; *Sittard*, Neue Mindestlohngesetze in Deutschland, NZA 2009, 346

A. Allgemeines	1	I. Sozialrecht	6
I. Normzweck	1	II. Gesetz über die Festsetzung von Mindestarbeitsbedingungen	7
II. Konkurrierende Gesetzgebungskompetenz	2		
III. Entstehungsgeschichte	3	III. Allgemeinverbindlicherklärung	8
B. Regelungsgehalt	4	IV. Ausländerbeschäftigung	9
C. Verbindung zu anderen Rechtsgebieten und zum Prozessrecht	6	D. Beraterhinweise	10

A. Allgemeines

I. Normzweck

Das AEntG 2009 bietet einen Rechtsrahmen, um die besonders wettbewerbsrelevanten **tarifvertraglichen Mindestarbeitsbedingungen** Mindestlohn und Urlaub, für alle AN einer erfassten Branche verbindlich zu machen, unabhängig davon, ob der AG seinen Sitz im In- oder Ausland hat (§§ 3 ff.). Die TV-Parteien können hierzu die Erstreckung der von ihnen geschlossenen TV durch AVE (§ 5 TVG) oder durch VO (§ 7) beantragen.[1] Während das AEntG 1996 zunächst auf die Baubranche zugeschnitten war, sind derzeit bereits neun Branchen erfasst (§ 4 Nr. 1 bis 8, §§ 10 ff.).[2] Zudem wird branchenunabhängig ein **„harter Kern"** gesetzlicher Mindestarbeitsbedingungen bei Entsendefällen für zwingend anwendbar erklärt (§ 2). Das AEntG 2009 zielt – wie schon das AEntG 1996 – gleichermaßen auf die Regelung innerstaatlicher[3] wie grenzüberschreitender Sachverhalte,[4] was nunmehr auch im neuen Gesetzestitel zum Ausdruck kommt.[5] **1**

In § 1 enthält das neue AEntG erstmals eine ausdrückliche **Gesetzeszielbestimmung** (siehe Rn 4).

II. Konkurrierende Gesetzgebungskompetenz

Der Bundesgesetzgeber hat mit dem AEntG und dem MiArbG von seiner konkurrierenden Gesetzgebungskompetenz gem. Art. 74 Abs. 1 Nr. 12 GG[6] zur Festsetzung von Mindestlöhnen erschöpfend Gebrauch gemacht; Art. 72 Abs. 1 GG lässt keinen Raum für landesrechtliche Mindestlohngesetze.[7] **2**

---

1 BT-Drucks 16/10486, S. 12.
2 BT-Drucks 16/10486, S. 12, 14.
3 Siehe schon § 1 Abs. 1 S. 3, Abs. 3 S. 3 und Abs. 3a S. 4 a.F.
4 BT-Drucks 16/10486, S. 13.
5 *Sansone/Ulber*, AuR 2008, 125.
6 BT-Drucks 16/10486, S. 13; BT-Drucks 16/10485, S. 8; BT-Drucks 16/6735, S. 6.
7 BayVGH 3.2.2009 – Vf. 111-IX-08 – NZA 2009, 443; *Hoppe/Menzenbach*, NZA 2008, 1110.

III. Entstehungsgeschichte

3 Die auch auf europäischer Ebene angestrebte Lösung der „Entsende-Problematik"[8] wurde erst durch die **Entsende-RL 96/71/EG v. 16.12.1996**[9] (siehe Richtlinien EG-Recht Rn 42 ff.) erreicht. Angesichts des im Inland bestehenden dringenden Handlungsbedarfs[10] trat bereits zum 1.3.1996 – nach umstr. Gesetzgebungsverfahren[11] – das **AEntG v. 26.2.1996**[12] in Kraft.[13] Mit der Neufassung des **AEntG v. 20.4.2009**[14] wurde das Gesetz mit Wirkung v. 24.4.2009 auf weitere Branchen ausgedehnt (§ 4), übersichtlicher gestaltet und es sollte die Gesetzesanwendung vereinfacht werden.[15] Neu wurden Abschnitte eingefügt und insb. die tarifvertraglichen Regelungen (§ 1 a.F.) in mehrere Vorschriften aufgegliedert (§§ 3 bis 9 n.F.).

B. Regelungsgehalt

4 Die Ziele des Gesetzes sind nach § 1 S. 1 die Schaffung und Durchsetzung angemessener Mindestarbeitsbedingungen für grenzüberschreitend entsandte und für regelmäßig im Inland beschäftigte AN sowie die Gewährleistung „fairer"[16] und funktionierender Wettbewerbsbedingungen. Damit werden Erwägungen und Motive aufgegriffen, die schon dem AEntG 1996[17] und der Entsende-RL 96/71/EG[18] zugrunde lagen.

Die Verwirklichung dieser Ziele von Verfassungsrang soll nach § 1 S. 2 zugleich dem Erhalt sozialversicherungspflichtiger Beschäftigung (und damit auch der Gewährleistung der finanziellen Stabilität des Systems der sozialen Sicherung) sowie der Wahrung der Ordnungs- und Befriedigungsfunktion der Tarifautonomie dienen.[19] Neben dem neuen Gesetzestitel wird auch durch § 1 S. 2 die Geltung des AEntG für rein innerstaatliche Sachverhalte unterstrichen (siehe § 8 Abs. 1 S. 1 n.F.).[20]

5 Das AEntG 1996 diente vor allem der Verhinderung von Lohn- und Sozialdumping in Fällen grenzüberschreitender AEnt ins Inland.[21] Es sollten gespaltene Arbeitsmärkte, die aus ihnen resultierenden sozialen Spannungen sowie Gefährdungen der Tarifautonomie und eine weitere Verschlechterung der wirtschaftlichen Situation von KMU der deutschen Bauwirtschaft vermieden werden.[22]

C. Verbindung zu anderen Rechtsgebieten und zum Prozessrecht

I. Sozialrecht

6 Das AEntG hat nach allg.M. grds. keine sozialrechtlichen Auswirkungen auf die ins Inland entsandten ausländischen sog. **Wander-AN**, die zunächst in ihrer heimischen SozVers verbleiben (Art. 14 ff. EWG-VO Nr. 1408/71,[23] § 5 SGB IV).[24]

II. Gesetz über die Festsetzung von Mindestarbeitsbedingungen

7 Das **MiArbG 1952**,[25] nach dem gesetzliche Mindestarbeitsbedingungen hätten festgesetzt werden können, war vor seiner „Aktualisierung" zum 28.4.2009 in Übereinstimmung mit Gewerkschaften und AG-Verbänden noch nie an-

---

8 BT-Drucks 13/2414, S. 6.
9 RL 96/71/EG des Europäischen Parlaments und des Rates über die Entsendung von AN im Rahmen der Erbringung von Dienstleistungen v. 16.12.1996 (ABl EG L 18 1997, S. 1).
10 BR-Drucks 523/95, S. 6; siehe bereits BR-Drucks 372/94.
11 RegEntw BR-Drucks 523/95 und BT-Drucks 13/2414; ferner BT-Drucks 13/2839; BT-Drucks 13/3155; zum Vermittlungsausschuss siehe BT-Drucks 13/3364 und BT-Drucks 13/3663.
12 Gesetz über zwingende Bedingungen bei grenzüberschreitenden Dienstleistungen (AN-EntsendeG – AEntG) v. 26.2.1996 (BGBl I S. 227).
13 Näher Däubler/*Lakies*, TVG, § 5 Anh. 2, § 1 AEntG Rn 6 ff.; *Kehrmann/Spirolke*, AiB 1995, 621.
14 Gesetz über zwingende Arbeitsbedingungen für grenzüberschreitend entsandte und für regelmäßig im Inland beschäftigte AN (AN-EntsendeG – AEntG) v. 20.4.2009 (BGBl I S. 799).
15 BT-Drucks 16/10486, S. 12.
16 Kritisch zu diesem Begriff *Caspers*, in: BT-Prot. 16/99, S. 1299 (SV-Anhörung).
17 Siehe die Gesetzesbegründung zum AEntG 1996 in BT-Drucks 13/2414, S. 7.
18 Erwägungsgründe 5, 13 und 14 Entsende-RL 96/71/EG.
19 BT-Drucks 16/10486, S. 12 f., 15, unter Hinweis auf BVerfG 20.3.2007 – 1 BvR 1047/05 – EzAÜG GG Nr. 9 = NZA 2007, 609, 610 f. und BVerfGE 3.4.2001 – 1 BvL 32/97 – BVerfGE 103, 293, 304 ff. = NZA 2001, 777, 778 f.; siehe auch BVerfG 24.5.1977 – 2 BvL 11/74 – BVerfGE 44, 322, 338 ff. = NJW 1977, 2255 ff.
20 *Sansone/Ulber*, AuR 2008, 125.
21 Näher zu Hintergrund und Zweck des AEntG 1996 1. Aufl. § 1 Rn 1.
22 BR-Drucks 523/95, S. 6; BT-Drucks 13/2414, S. 1, 7.
23 VO (EWG) Nr. 1408/71 des Rates v. 14.6.1971 zur Anwendung der Systeme der sozialen Sicherheit auf AN und Selbstständige sowie deren Familienangehörige, die innerhalb der Gemeinschaft zu- und abwandern (ABl EG L 149 S. 2).
24 Erwägungsgrund 21 Entsende-RL 96/71/EG; *Görres*, S. 76 ff.; *Cornelissen*, RdA 1996, 329.
25 Gesetz über die Festsetzung von Mindestarbeitsbedingungen (MiArbG) v. 11.1.1952 (BGBl I S. 17).

gewandt worden.[26] Auf der Grundlage des **MiArbG 2009**[27] kann der nun dauerhaft eingerichtete Hauptausschuss für Branchen mit einer **Tarifbindung von unter 50 v.H.** bzw. für tariflose Bereiche („weiße Flecken") Mindestarbeitsentgelte gesetzlich festsetzen (§ 1 Abs. 2 MiArbG, siehe im Einzelnen die Kommentierung dort). Die beide im Jahre 2009 novellierten Mindestlohngesetze AEntG und MiArbG zur Festsetzung von branchenspezifischen Mindestarbeitsbedingungen verhalten sich nach der gesetzgeberischen Konzeption[28] insoweit komplementär („kommunizierende Röhren"),[29] als deren jeweilige Anwendbarkeit allein davon abhängt, ob in der betreffenden Branche bzw. dem entsprechenden Wirtschaftszweig eine Tarifbindung von mehr als 50 v.H. besteht (dann kann die Aufnahme in das AEntG beantragt werden) oder weniger als 50 v.H. (dann kommt ein Vorgehen über das MiArbG in Betracht).[30] Die Begriffe „Branche" i.S.d. AEntG und „Wirtschaftszweig" i.S.d. MiArbG werden synonym verwendet;[31] erfasst sind Gewerbe und Tätigkeiten (siehe § 4 Rn 2). AEntG und MiArbG regeln dieselbe Materie.[32] Ist ein Mindestarbeitsentgelt per VO nach § 4 Abs. 3 MiArbG in einem Wirtschaftszweig mit geringer Tarifbindung wirksam festgesetzt worden und steigt danach die Tarifbindung über 50 v.H., so bleibt dieses Mindestarbeitsentgelt unverändert bestehen; neue Mindestarbeitsentgelte können nicht mehr festgelegt werden (§ 1 Abs. 2 MiArbG).[33] Der nachträgliche Wegfall der für die Aufnahme einer Branche in das AEntG politisch geforderten 50 v.H.-Tarifbindung ist mangels gesetzlicher Normierung für die bereits aufgenommenen Branchen unerheblich.[34]

III. Allgemeinverbindlicherklärung

Die AVE von TV nach § 5 TVG besteht neben den Möglichkeiten zum Erlass einer VO nach § 7 AEntG (siehe § 7 Rn 1, 8, 12)[35] und § 4 Abs. 3 MiArbG.[36]

IV. Ausländerbeschäftigung

Die BA kann der Erteilung einer Aufenthaltserlaubnis zur Ausübung einer Ausländerbeschäftigung von Drittstaatlern (nicht EU-, EWR-Staaten) bei Vorliegen der weiteren Voraussetzungen nach § 39 Abs. 2 S. 1 Nr. 1 und 2 AufenthG nur dann zustimmen, wenn der Ausländer nicht zu ungünstigeren Arbeitsbedingungen als vergleichbare deutsche AN beschäftigt wird (§ 39 Abs. 2 S. 1 AufenthG). Allerdings wird hierdurch kein subjektiver Anspruch des AN auf Zahlung der gleichen Vergütung begründet (siehe § 3 Rn 1).[37]

D. Beraterhinweise

Während das AEntG 1996 vor allem Lohn- und Sozialdumping in Entsendefällen verhindern sollte (siehe Rn 5) – und insoweit mitunter als „protektionistische Maßnahme"[38] kritisiert wurde –, ist die Diskussion um das AEntG in jüngerer Zeit zunehmend in die sozialpolitische Mindestlohndebatte eingebettet. Im Gegensatz zu anderen (europäischen) Ländern[39] besteht in Deutschland nach wie vor kein **allg. gesetzlicher Mindestlohn**,[40] was nach der BT-Wahl 2009 zunächst auch so bleiben wird. Dafür hat das AEntG eine erhebliche Bereichsausdehnung auf nunmehr neun Branchen erfahren und das MiArbG wurde aktualisiert (siehe Rn 7). Zusammen mit der AVE von TV (siehe Rn 8), dem Sonderweg für die Pflegebranche nach §§ 10 ff., der Rspr. zum Lohnwucher (siehe § 2 Rn 4), den Entgeltregelungen nach §§ 19 ff. HAG (siehe §§ 1–10 MiArbG Rn 66) und evtl. einer künftigen Mindestlohnregelung für die AÜ (siehe § 4 Rn 22) besteht ein immer unüberschaubarer werdender **"Mindestlohnfleckenteppich"**.[41] Die weitere Entwicklung bleibt abzuwarten.

---

26 Däubler/Lakies, TVG, § 5 Anh. 1, Rn 11 f.; Ulber, § 1 AEntG Rn 67 f.; Möschel, BB 2005, 1164, 1166.
27 Gesetz über die Festsetzung von Mindestarbeitsbedingungen (MindestarbeitsbedingungenG – MiArbG) i.d.F. v. 22.4.2009 (BGBl I S. 818).
28 BT-Drucks 16/10485, S. 8; BT-Drucks 16/11669, S. 15.
29 BT-Drucks 16/10703, S. 1, 4; BMAS, „Faire Löhne – Gute Arbeitsbedingungen" – Warum Deutschland Mindestlöhne braucht –, Oktober 2008.
30 Schmitt-Rolfes, AuA 2008, 199; Kossens, AuA 2009, 236; differenzierter Sansone/Ulber, AuR 2008, 125, 126.
31 BAG 24.3.2004 – 5 AZR 303/03 – AP § 138 BGB Nr. 59 = NZA 2004, 971, 973.
32 BT-Drucks 16/10485, S. 14.
33 Sansone/Ulber, AuR 2008, 125, 126.
34 Sansone/Ulber, AuR 2008, 125, 126.

35 BT-Drucks 16/10703, S. 4.
36 BT-Drucks 14/45, S. 25; OVG Berlin-Brandenburg 10.3.2004 – 1 B 2.02 – AuR 2004, 351, 353 f. m. Anm. Bordt.
37 BAG 25.6.2002 – 9 AZR 439/01 – BAGE 102, 1, 6 = AP § 1 AEntG Nr. 15 m.w.N.
38 Selmayr, ZfA 1996, 615, 645.
39 Schulten, WSI-Mitteilungen 2009, 150.
40 Zur Mindestlohndebatte siehe nur das Jahresgutachten 2008/09 des Sachverständigenrates zur Begutachtung der gesamtwirtschaftlichen Lage, in: BT-Drucks 16/10985, S. 334 ff.; Funk/Lesch, Sozialer Fortschritt 2006, 83; Rieble/Klebeck, ZIP 2006, 829; Strybny, in: FS für Leinemann, S. 795.
41 Kossens, AuA 2009, 236, 239.

Abschnitt 2: Allgemeine Arbeitsbedingungen

§ 2 Allgemeine Arbeitsbedingungen

Die in Rechts- oder Verwaltungsvorschriften enthaltenen Regelungen über
1. die Mindestentgeltsätze einschließlich der Überstundensätze,
2. den bezahlten Mindestjahresurlaub,
3. die Höchstarbeitszeiten und Mindestruhezeiten,
4. die Bedingungen für die Überlassung von Arbeitskräften, insbesondere durch Leiharbeitsunternehmen,
5. die Sicherheit, den Gesundheitsschutz und die Hygiene am Arbeitsplatz,
6. die Schutzmaßnahmen im Zusammenhang mit den Arbeits- und Beschäftigungsbedingungen von Schwangeren und Wöchnerinnen, Kindern und Jugendlichen und
7. die Gleichbehandlung von Männern und Frauen sowie andere Nichtdiskriminierungsbestimmungen

finden auch auf Arbeitsverhältnisse zwischen einem im Ausland ansässigen Arbeitgeber und seinen im Inland beschäftigten Arbeitnehmern und Arbeitnehmerinnen zwingend Anwendung.

Literatur: *Kossens*, Die Baustellenverordnung – Ein Meilenstein zur Gewährleistung der Sicherheit auf Baustellen, AiB 1998, 550; *Löw*, Lohnwucher – Unangemessene Entgeltvereinbarungen und ihre Folgen, MDR 2004, 734; *Pieper*, Die neue Baustellenverordnung, AuR 1999, 88

A. Allgemeines	1	III. Rechtsfolgen	12
B. Regelungsgehalt	2	**C. Verbindung zu anderen Rechtsgebieten und zum Prozessrecht**	**13**
I. Anwendungsbereich	2		
II. Tatbestandsvoraussetzungen	3	I. Kontrolle der Arbeitsbedingungen, Sanktionierung von Verstößen	13
1. Regelungen in Rechts- oder Verwaltungsvorschriften	3	II. Prozessuales	14
2. Tarifliche Mindestarbeitsbedingungen	11		

A. Allgemeines

1 Der neue Abschnitt 2 des AEntG beinhaltet in § 2 einen im Wesentlichen Art. 3 Abs. 1a bis g Entsende-RL 96/71/EG entsprechenden Katalog (**„harten Kern"**)[1] von in Rechts- oder Verwaltungsvorschriften enthaltenen **allg. Arbeitsbedingungen**, die ohne Beschränkung auf die vom AEntG erfassten Branchen (§ 4 Nr. 1–8), d.h. in allen Wirtschaftszweigen, auch auf ein Arbverh zwischen einem ausländischen AG und seinem im Inland beschäftigten AN zwingend anzuwenden sind.[2] § 2 n.F.[3] entspricht § 7 Abs. 1 a.F.[4] Durch Verwendung des Begriffes „zwingend" wird klargestellt, dass die von § 2 in Bezug genommenen Regelungen in Rechts- oder Verwaltungsvorschriften **Eingriffsnormen** i.S.v. Art. 34 EGBGB darstellen, die nach den Grundsätzen des IPR auch dann einzuhalten sind, wenn das Arbverh eines entsandten AN i.Ü. dem Recht eines anderen Staates, z.B. des Herkunftsstaates, unterliegt (siehe Rn 12).[5] Gleiches gilt nach § 3 für tarifliche geregelte Mindestarbeitsbedingungen (siehe § 3 Rn 1).

B. Regelungsgehalt

I. Anwendungsbereich

2 Von § 2 sind „auch" alle grenzüberschreitenden Arbverh zwischen einem AG mit Sitz im Ausland und seinem im Inland tatsächlich beschäftigten AN (siehe § 1 Rn 1) erfasst. Auf die Wirksamkeit des zugrunde liegenden (Arbeits-)Vertrages kommt es ebenso wenig an wie auf Staatsangehörigkeit oder Wohnsitz von AG oder AN.[6] Auch muss die Beschäftigung nicht aufgrund einer AEnt erfolgen, wenngleich dies i.d.R. der Fall ist. Erfasst sind auch im Inland angeworbene sog. Ortskräfte.[7] Da auch inländische AG die durch § 2 in Bezug genommenen (AN-Schutz-)Vorschriften zwingend zu beachten haben, liegt keine unzulässige Ungleichbehandlung vor.[8]

---

1 Vgl. Erwägungsgrund Nr. 14 der Entsende-RL 96/71/EG.
2 BT-Drucks 14/45, S. 27; *Birk*, RdA 1999, 13, 17; *Däubler*, EuZW 1997, 613 ff.; *Deinert*, RdA 1996, 339, 342 ff.; kritisch *Krebber*, IPRax 2001, 22, 24 ff.
3 BGBl I 2009 S. 799.
4 BT-Drucks 16/10486, S. 13; zur Entstehungsgeschichte der Vorläuferregelung siehe Voraufl. § 7 Rn 2.
5 BT-Drucks 16/10486, S. 13; *Stoll*, S. 176 ff.
6 *Däubler/Lakies*, TVG, § 5 Anh. 2, § 7 AEntG Rn 3.
7 HWK/*Strick*, § 7 AEntG Rn 3.
8 *Ulber*, § 7 AEntG Rn 3.

II. Tatbestandsvoraussetzungen

1. Regelungen in Rechts- oder Verwaltungsvorschriften.
„Rechts- und Verwaltungsvorschriften" i.S.v. § 2 sind alle Gesetze, VO und sonstigen ihrem Regelungsgegenstand nach einschlägigen Vorschriften wie z.B. die VA der Aufsichtsbehörden und Runderlasse der BA, nicht aber TV – welche ggf. von §§ 8 Abs. 1, 5 Nr. 4 i.V.m. § 2 Nr. 3 bis 7 erfasst werden (siehe § 8 Rn 5) – und BV.[9]

Mindestentgeltsätze einschließlich der Überstundensätze (§ 2 Nr. 1) können durch VO aufgrund des zum 28.4.2009 revidierten MiArbG[10] festgelegt werden,[11] das zuvor seit seinem Inkrafttreten 1952 in der Praxis noch nie angewandt worden war (siehe § 1 Rn 7). Es bleibt abzuwarten, inwieweit das aktualisierte MiArbG nun Praxisrelevanz erlangen wird. Für die Zeitarbeitsbranche ist die Einführung einer gesetzlichen Lohnuntergrenze im AÜG geplant (siehe § 4 Rn 22). Zu beachten sind des Weiteren die allg. gesetzlichen Vorschriften und die Rspr. zum Lohnwucher (§§ 134, 138 BGB, § 291 Abs. 1 Nr. 3 StGB).[12] Ein mehr als ein Drittel unter dem branchenüblichen Tariflohn liegender Lohn ist danach regelmäßig sittenwidrig. Die neue schwarz-gelbe BReg plant, die geltenden Maßstäbe ausdrücklich gesetzlich festzuschreiben. Bei Auszubildenden ist § 17 BBiG einschlägig.

Vorschriften über bezahlten Mindestjahresurlaub (§ 2 Nr. 2) enthält das BUrlG. Schwerbehinderte Menschen haben nach § 125 Abs. 1 S. 1 Hs. 1 SGB IX oder aufgrund landesgesetzlicher Regelungen grds. Anspruch auf einen bezahlten zusätzlichen Urlaub von fünf Arbeitstagen im Urlaubsjahr.

Regelungen über Höchstarbeitszeiten und Mindestruhezeiten (§ 2 Nr. 3) sind insb. im ArbZG, FPersG und SeemG enthalten.

Bedingungen für die Überlassung von Arbeitskräften, insb. durch Leiharbeitsunternehmen (§ 2 Nr. 4) enthält das AÜG. § 2 Nr. 4 ist nicht auf die gewerbsmäßige AÜ beschränkt.[13]

Die bereits vor Inkrafttreten des AEntG a.F. im Jahr 1996 allg. als international-privatrechtlich zwingend angesehenen arbeitsschutzrechtlichen Regelungen im Zusammenhang mit Sicherheit, Gesundheitsschutz und Hygiene am Arbeitsplatz (§ 2 Nr. 5) finden sich insb. im ArbSchG, ASiG, AtG, BaustellV,[14] BBergG, BImSchG, BinSchG, ChemG, EMVG, GenTG, GewO, GPSG, HAG, MPG, SeeAufgG, SGB VII sowie SprengG.[15]

Regelungen über Schutzmaßnahmen im Zusammenhang mit den Arbeits- und Beschäftigungsbedingungen von Schwangeren und Wöchnerinnen, Kindern und Jugendlichen (§ 2 Nr. 6) enthalten das JArbSchG, die KindArbSchV, das MuSchG und das SeemG.

Vorschriften über die Gleichbehandlung von Männern und Frauen sowie andere Nichtdiskriminierungsbestimmungen (§ 2 Nr. 7) finden sich insb. in Art. 141 EGV, Art. 3 GG, § 7 AGG, § 81 Abs. 2 SGB IX und § 75 Abs. 1 BetrVG.

2. Tarifliche Mindestarbeitsbedingungen.
Die in § 7 Abs. 2 a.F. bzw. § 1 Abs. 1, Abs. 3 a.F. enthaltene Anordnung der international-privatrechtlich zwingenden Geltung tarifvertraglicher Mindestarbeitsbedingungen findet sich nunmehr einheitlich in § 3 i.V.m. § 5 Nr. 1 bis 4 (siehe § 3 Rn 1).

III. Rechtsfolgen

Die von § 2 erfassten inländischen Regelungen finden als **Eingriffsnormen** (Art. 34 EGBGB) auf das betreffende Arbverh international-privatrechtlich zwingend Anwendung. Somit wird die Anwendbarkeit ausländischen Rechts eingeschränkt und das betroffene Arbverh einem **„Mischrecht"** unterstellt.[16] Im Hinblick auf den Schutzzweck des Gesetzes spricht viel dafür, im Ausland verbrachte „Vordienstzeiten" (Wartefristen) für das Entstehen von Ansprüchen anzurechnen, etwa für den erstmaligen Erwerb des vollen gesetzlichen Anspruchs auf Erholungsurlaub nach sechsmonatigem Bestehen des Arbverh (§ 4 BUrlG).[17]

C. Verbindung zu anderen Rechtsgebieten und zum Prozessrecht

I. Kontrolle der Arbeitsbedingungen, Sanktionierung von Verstößen

Sofern die von § 2 erfassten Arbeitsbedingungen in Rechts- oder Verwaltungsvorschriften enthalten sind, erfolgt die staatliche Kontrolle ihrer Einhaltung sowie die Sanktionierung von Verstößen aufgrund der jeweiligen **spezialgesetzlichen Rechtsgrundlagen** durch die danach zuständigen (Aufsichts-)Behörden. Das AEntG respektiert die anderweitig bestehenden Strukturen und beschränkt sich in § 2 allein auf die Klarstellung der international-privatrechtlich zwingenden Wirkung der in Bezug genommenen Normen. Das Kontroll- und Sanktionssystem des AEntG

---

9 Däubler/Lakies, TVG, § 5 Anh. 2, § 7 AEntG Rn 5.
10 BGBl I 2009 S. 818.
11 BT-Drucks 16/10485, S. 10 f.
12 BAG 22.4.2009 – 5 AZR 436/08 – EzA-SD 2009, Nr. 9, 3 f. = AuR 2009, 211; BAG 26.4.2006 – 5 AZR 549/05 – BAGE 118, 66, 71 ff. = NZA 2006, 1354 ff.; BAG 24.3.2004 – 5 AZR 303/03 – AP § 138 BGB Nr. 59 = NZA 2004, 971, 972 ff.; Löw, MDR 2004, 734.
13 Ulber, § 1 AEntG Rn 42 ff., § 7 AEntG Rn 16 ff.; Riebel/Lessner, ZfA 2002, 29, 33 f.
14 Dazu Kossens, AiB 1998, 550; Pieper, AuR 1999, 88.
15 Gesetz über explosionsgefährliche Stoffe (SprengstoffG – SprengG) v. 13.9.1976 (BGBl I S. 2737).
16 Koberski/Asshoff/Hold, § 8 Rn 5.
17 Däubler, RIW 2000, 255, 259 f.

(§§ 16 ff.) greift hingegen nur bei tarifvertraglich geregelten Arbeitsbedingungen nach § 8 i.V.m. §§ 3 ff. (siehe § 16 Rn 1).[18] Gleichwohl prüfen die Behörden der Zollverwaltung auf der Grundlage des **SchwarzArbG** umfassend, ob Arbeitsbedingungen nach Maßgabe des AEntG eingehalten werden oder wurden (§ 2 Abs. 1 S. 1 Nr. 5 SchwarzArbG) und unterrichten die jeweils zuständigen Stellen, wenn sich Anhaltspunkte für Verstöße gegen das AEntG ergeben (§ 6 Abs. 3 S. 1 Nr. 9 SchwarzArbG).

II. Prozessuales

14 Ein AN kann gem. § 15 S. 1 eine auf den Zeitraum der AEnt bezogene Klage auf Gewährung der Arbeitsbedingungen nach §§ 2, 8 oder 14 auch vor einem **deutschen ArbG** erheben (siehe § 15 Rn 3 f.).

Abschnitt 3: Tarifvertragliche Arbeitsbedingungen

§ 3 Tarifvertragliche Arbeitsbedingungen

[1]Die Rechtsnormen eines bundesweiten Tarifvertrages finden unter den Voraussetzungen der §§ 4 bis 6 auch auf Arbeitsverhältnisse zwischen einem Arbeitgeber mit Sitz im Ausland und seinen im räumlichen Geltungsbereich dieses Tarifvertrages beschäftigten Arbeitnehmern und Arbeitnehmerinnen zwingend Anwendung, wenn der Tarifvertrag für allgemeinverbindlich erklärt ist oder eine Rechtsverordnung nach § 7 vorliegt. [2]Eines bundesweiten Tarifvertrages bedarf es nicht, soweit Arbeitsbedingungen im Sinne des § 5 Nr. 2 oder 3 Gegenstand tarifvertraglicher Regelungen sind, die zusammengefasst räumlich den gesamten Geltungsbereich dieses Gesetzes abdecken.

Literatur: *Aulmann*, Verstöße gegen das Arbeitnehmerentsendegesetz als unlauterer Wettbewerb im Sinne von § 4 Nr. 11 UWG – Ein zusätzlicher Ansatz zur Bekämpfung von Lohndumping im Baugewerbe, BB 2007, 826; *Badura*, Verfassungsfragen der Entsendung ausländischer Arbeitnehmer nach Deutschland, in: Europas universale rechtsordnungspolitische Aufgabe im Recht des dritten Jahrtausends, FS für Söllner, 2000, S. 111; *Bieback*, Die Wirkung von Mindestentgelttarifverträgen gegenüber konkurrierenden Tarifverträgen, AuR 2008, 234; *ders.*, Rechtliche Probleme von Mindestlöhnen, insbesondere nach dem Arbeitnehmer-Entsendegesetz, RdA 2000, 207; *Birk*, Arbeitsrecht und internationales Privatrecht, RdA 1999, 13; *Blanke*, Die Neufassung des Arbeitnehmer-Entsendegesetzes: Arbeitsmarktregulierung im Spannungsverhältnis von Dienstleistungsfreiheit, Arbeitnehmerschutz und Tarifautonomie, AuR 1999, 417; *Boecken/Theiss*, Vereinbarkeit der Arbeitnehmerüberlassung im Baugewerbe mit EG-Vertrag – Dienstleistungsfreiheit – Niederlassungsfreiheit, Anm. zu EuGH 25.10.2001 – Rs. C-493/99, SAE 2002, 232, 236; *Böhm*, Arbeitnehmer-Entsendegesetz als „Ermächtigungsgesetz"?, NZA 1999, 128; *Borgmann*, Die Entsendung von Arbeitnehmern in der Europäischen Gemeinschaft – Wechselwirkungen zwischen Kollisionsrecht, Grundfreiheiten und Spezialgesetzen, Diss. 2001; *Büdenbender*, Die Erklärung der Allgemeinverbindlichkeit nach dem Arbeitnehmer-Entsendegesetz, RdA 2000, 193; *Cornelissen*, Die Entsendung von Arbeitnehmern innerhalb der Europäischen Gemeinschaft und die soziale Sicherheit, RdA 1996, 329; *Däubler*, Neue Akzente im Arbeitskollisionsrecht, RIW 2000, 255; *ders.*, Das Gesetz zu Korrekturen in der Sozialversicherung und zur Sicherung der Arbeitnehmerrechte – Ein Kurswechsel im Arbeitsrecht, NJW 1999, 601; *ders.*, Die Entsende-Richtlinie und ihre Umsetzung in das deutsche Recht, EuZW 1997, 613; *ders.*, Ein Antidumping-Gesetz für die Bauwirtschaft, DB 1995, 726; *v. Danwitz*, Die Rechtsprechung des EuGH zum Entsenderecht – Bausteine für eine Wirtschafts- und Sozialverfassung der EU, EuZW 2002, 237; *ders.*, Das neugefaßte Arbeitnehmer-Entsendegesetz auf dem Prüfstand: Europa- und verfassungsrechtliche Schranken einer Neuorientierung im Arbeitsrecht, RdA 1999, 322; *Deinert*, Arbeitnehmerentsendung im Rahmen der Erbringung von Dienstleistungen innerhalb der Europäischen Union – Rechtsprobleme der Sonderanknüpfung eines „harten Kerns" arbeitsrechtlicher Vorschriften des Arbeitsortes, RdA 1996, 339; *Eichenhofer*, Arbeitsbedingungen bei Entsendung von Arbeitnehmern, ZIAS 1996, 55; *Franzen*, Arbeitskollisionsrecht und sekundäres Gemeinschaftsrecht: Die EG-Entsende-Richtlinie, ZEuP 1997, 1055; *ders.*, „Gleicher Lohn für gleiche Arbeit am gleichen Ort"? – Die Entsendung von Arbeitnehmern aus EU-Staaten nach Deutschland –, DZWir 1996, 89; *Fritzsche*, Die Vereinbarkeit des Arbeitnehmer-Entsendegesetzes sowie der erfassten Tarifverträge mit höherrangigem Recht, Diss. 2001; *Funk/Lesch*, Mindestlohnbestimmungen in ausgewählten EU-Ländern, Sozialer Fortschritt 2006, 83; *Gaul*, Neues im Arbeitsförderungsrecht nach dem Ersten SGB III-Änderungsgesetz, NJW 1998, 644; *Gerauer*, Rechtliche Situation bei Fehlen einer Rechtswahl beim Auslandseinsatz, BB 1999, 2083; *Gerken/Löwisch/Rieble*, Der Entwurf eines Arbeitnehmer-Entsendegesetzes in ökonomischer und rechtlicher Sicht, BB 1995, 2370; *Görres*, Grenzüberschreitende Arbeitnehmerentsendung in der EU – Die Umsetzung der europäischen Entsenderichtlinie in deutsches Recht, Diss. 2003; *Greiner*, Das VG Berlin und der Post-Mindestlohn, BB 2008, 840; *Hohenstatt/Schramm*, Tarifliche Mindestlöhne: Ihre Wirkungsweise und ihre Vermeidung am Beispiel des Tarifvertrags zum Post-Mindestlohn, NZA 2008, 433; *Gronert*, Die Entsendung von Arbeitnehmern im Rahmen der grenzüberschreitenden Erbringung von Dienstleistungen – Nationale Steuerungsinstrumente vor dem Hintergrund der EU-Dienstleistungsfreiheit, Diss. 2001; *Hammacher*, Die Auswirkungen des Arbeitnehmer-Entsendegesetzes auf inländische Arbeitgeber in der Metallindustrie, BB 1996, 1554; *Hanau*, Die Anwendung des Arbeitnehmer-Entsendegesetzes auf inländische Arbeitgeber, NZA 1998, 1249; *ders.*, Das Arbeitnehmer-Entsendegesetz, NJW 1996, 1369; *ders.*, Lohnunterbietung („Sozialdumping") durch Europarecht,

---

18 BT-Drucks 16/10486, S. 13.

in: FS für Everling, Bd. I, 1995, S. 415; *Hauck*, Die Sozialkassentarifverträge des Baugewerbes in der aktuellen Rechtsprechung des Bundesarbeitsgerichts, in: Schlachter/Ascheid/Friedrich (Hrsg.), Tarifautonomie für ein neues Jahrhundert, FS für Schaub, 1998, S. 263; *Hickl*, Auswirkungen und Probleme des Entsendegesetzes, NZA 1997, 513; *Hold*, Das Arbeitnehmer-Entsendegesetz gegen Lohndumping und illegale Beschäftigung im Baugewerbe, AuA 1996, 113; *Ignor/Rixen*, Handbuch Arbeitsstrafrecht – Die Tatbestände der einschlägigen Gesetze –, 2002; *Junker*, Grundfreiheiten und „kollektive Maßnahmen" – Die Urteile des EuGH in Sachen Viking Line und Laval, SAE 2008, 209; *Junker/Wichmann*, Das Arbeitnehmer-Entsendegesetz – Doch ein Verstoß gegen Europäisches Recht?, NZA 1996, 505; *Kehrmann/Spirolke*, Entwurf eines Arbeitnehmer-Entsendegesetzes für die Bauwirtschaft, AiB 1995, 621; *Klebeck/Weninger*, Mindestlohn-Rechtsverordnung nach AEntG, SAE 2009, 159; *Kocher*, Mindestlöhne und Tarifautonomie – Festlegung allgemeiner Mindestentgelte durch Verbindlicherklärung nach AEntG?, NZA 2007, 600; *Koenigs*, Zum Verhältnis Dienstleistungsfreiheit – sozialer Schutz der Arbeitnehmer, DB 2002, 1270; *ders.*, Rechtsfragen des Arbeitnehmer-Entsendegesetzes und der EG-Entsenderichtlinie, DB 1997, 225; *Kossens*, Die nächste Etappe! – Branchen-Mindestlohn, AuA 2009, 236; *Kort*, Die Bedeutung der europarechtlichen Grundfreiheiten für die Arbeitnehmerentsendung und die Arbeitnehmerüberlassung, NZA 2002, 1248; *Krebber*, Die Bedeutung von Entsenderichtlinie und Arbeitnehmer-Entsendegesetz für das Arbeitskollisionsrecht, IPRax 2001, 22; *Löwisch*, Der Entwurf einer Entsende-Richtlinie der EU in rechtlicher Sicht, in: FS für Zeuner, 1994, S. 91; *Lorenz*, EU-Dienstleistungsrichtlinie und gesetzlicher Mindestlohn – rechtliche Bewertungen und mögliche Schlussfolgerungen, AuR 2006, 91; *Maier*, Neue Tarife in der Gebäudereinigung, NZA 2008, 1170 (Online-Aufsatz); *ders.*, Postmindestlohn: Wer verdrängt hier wen? – Ein Zwischenruf zur angeblichen Verdrängung konkurrierender Tarifverträge in AEntG-Fällen, AuR 2008, 387; *ders.*, Verletzt die Tariferstreckung kraft Rechtsverordnung (§ 1 IIIa 1 AEntG) die positive Koalitionsfreiheit (Art. 9 III GG) anderweitig Tarifgebundener?, NVwZ 2008, 746; *ders.*, Unterbietung des Mindestlohns durch Tarifverträge, NZA 2009, 351; *Marschall*, Ergebnisse der Novellierung des Arbeitnehmer-Entsendegesetzes (AEntG), NZA 1998, 633; *Metzger*, Arbeitnehmerentsendegesetz: Armierungsarbeiten als Bauleistung?, Anm. zu OLG Hamm 30.1.2002 – 2 Ss OWi 1175/01 –, IBR 2002, 226; *Meyer*, Gesetzliche Neuregelungen im Renten- und Arbeitsförderungsrecht einschließlich des Arbeitnehmer-Entsendegesetzes, NZA 1999, 121; *ders.*, Arbeitnehmer-Entsendegesetz – Mehr Schlagkraft gegen Lohn- und Sozialdumping, AuA 1999, 113; *Möschel*, BB-Forum: Lohndumping und Entsendegesetz, BB 2005, 1164; *Nagel*, Europäische Marktfreiheiten, Koalitionsfreiheit und Sozialstaatsprinzip, AuR 2009, 155; *Opolony*, Die Zusatzversorgungskasse des Baugewerbes – Tarifrecht, AuA 1999, 403; *Ossenbühl/Cornils*, Tarifautonomie und staatliche Gesetzgebung – Verfassungsmäßigkeit von § 1 Abs. 3a der Arbeitnehmer-Entsendegesetzes, Rechtsgutachten erstattet dem Bundesministerium für Arbeit und Sozialordnung, Forschungsbericht Sozialforschung 280, 2000; *Peter*, Arbeitnehmerentsendegesetz: Urlaubskassenverfahren der Bauwirtschaft ist zwingend!, Anm. zu BAG 13.5.2004 – 10 AS 6/04 –, IBR 2004, 462; *Pohl*, Grenzüberschreitender Einsatz von Personal und Führungskräften, NZA 1998, 735; *Raab*, Europäische und nationale Entwicklungen im Recht der Arbeitnehmerüberlassung, ZfA 2003, 389; *Rebhahn*, Entsendung von Arbeitnehmern in der EU – arbeitsrechtliche Fragen zum Gemeinschaftsrecht, Wien 1999, 173; *Rieble*, Handwerksmindestlohn als Rechtsproblem, DB 2009, 789; *Rieble/Klebeck*, Gesetzlicher Mindestlohn?, ZIP 2006, 829; *Ritgen*, Entschließungs- und Inhaltsfreiheit des Verordnungsgebers bei Rechtsverordnungen nach § 1 IIIa AEntG, NZA 2005, 673; *Sahl/Stang*, Aktuelles zum Mindestlohn nach dem Arbeitnehmer-Entsendegesetz, AiB 1997, 9; *dies.*, Das Arbeitnehmer-Entsendegesetz und die Europäische Entsenderichtlinie, AiB 1996, 652; *Schlachter*, Grenzüberschreitende Dienstleistungen: Die Arbeitnehmerentsendung zwischen Dienstleistungsfreiheit und Verdrängungswettbewerb, NZA 2002, 1242; *Schmitt*, Das neue Arbeitnehmer-Entsendegesetz, WiB 1996, 769; *Scholz*, Rechtsverordnungsermächtigung des Arbeitnehmerentsendegesetzes – Nichtannahme einer Verfassungsbeschwerde, Anm. zu BVerfG 18.7.2000 – 1 BvR 948/00 –, SAE 2000, 265, 266; *Schwab*, Baugewerbe III, AEntG, AR-Blattei 370.3, 137. Aktualisierung Februar 2005; *ders.*, Das Arbeitnehmer-Entsendegesetz – Eine Zwischenbilanz, NZA-RR 2004, 1; *Selmayr*, Die gemeinschaftsrechtliche Entsendungsfreiheit und das deutsche Entsendegesetz, ZfA 1996, 615; *Sittard*, Deutscher Mindestlohn: Zur Ausdehnung des Arbeitnehmer-Entsendegesetzes und zur Fluchtmöglichkeit für Arbeitgeber, ZIP 2007, 1444; *ders.*, Staatliche Außenseiterbindung zum Konkurrenzschutz? – Zur Rechtmäßigkeit der geplanten Tarifnormerstreckung in der Postbranche, NZA 2007, 1090; *Sodan/Zimmermann*, Die Beseitigung des Tarifvorrangs gegenüber staatlich festgelegten Mindestarbeitsentgelten auf dem Prüfstand der Koalitionsfreiheit – Zu den in Regierungsentwürfen vom Juli 2008 vorgesehenen Änderungen des Gesetzes über die Festsetzung von Mindestarbeitsbedingungen und des Arbeitnehmer-Entsendegesetzes –, ZfA 2008, 526; *Steck*, Geplante Entsende-Richtlinie nach Maastricht ohne Rechtsgrundlage?, EuZW 1994, 140; *Stoll*, Eingriffsnormen im internationalen Privatrecht – Dargestellt am Beispiel des Arbeitsrecht, Diss. 2002; *Strick/Crämer*, Das neue Arbeitnehmer-Entsendegesetz (AEntG), Anwendbarkeit der Entscheidung OLG Düsseldorf, BauR 1999, 186, BauR 1999, 713; *Strohmaier*, Die Verfassungswidrigkeit des Arbeitnehmerentsendegesetzes, RdA 1998, 339; *Strybny*, Mindestlohn und Entsendegesetz in Deutschland – unter Berücksichtigung europarechtlicher Entwicklungen, in: Düwell/Stückemann/Wagner (Hrsg.), Bewegtes Arbeitsrecht, FS für Leinemann, 2006, S. 795; *Temming*, EU-Osterweiterung: Wie beschränkt ist die Dienstleistungsfreiheit?, RdA 2005, 186; *Thüsing*, Mindestlohn im Spannungsverhältnis staatlicher und privatautonomer Regelungen – Zur notwendigen Tarifdispositivität eines gesetzlichen Mindestlohns, zur Dispositivität durch ausländische Tarifverträge und zur Auswahl des Tarifvertrags zur Branchenerstreckung bei konkurrierenden Regelungen nach einem neu gefassten AEntG, ZfA 2008, 590; *Waas*, Neues zur Gemeinschaftsrechtskonformität des Arbeitnehmer-Entsendegesetzes – Urteil des EuGH vom 18.7.2007 – Kommission/Bundesrepublik Deutschland, EuZA 2008, 367; *Wank/Börgmann*, Die Einbeziehung ausländischer Arbeitnehmer in das deutsche Urlaubskassenverfahren, NZA 2001, 177; *Weber*, Die Reichweite des Arbeitnehmerentsendegesetzes, DZWir 1999, 499; *Webers*, Das Arbeitnehmer-Entsendegesetz, DB 1996, 574; *Willemsen/Sagan*, Mindestlohn und Grundgesetz – Staatliche Lohnfestsetzung versus Tarifautonomie, NZA 2008, 1216; *Wimmer*, Neuere Entwicklungen im internationalen Arbeitsrecht – Überlegungen zur Politik des Arbeitskollisionsrechts, IPRax 1995, 207; *Winkler*, Entscheidung der Bundesregierung über die weitere Inanspruchnahme der Übergangsbestimmungen des Beitrittsvertrags zur Arbeitnehmerfreizügigkeit ab dem 1.5.2006, EuroAS 2006, 116; *Zipperling*, BB-Forum: Zum Post-Mindestlohn – Anmerkungen zu Greiner, BB 2008, 840 –, BB 2008, 1790

A. Allgemeines	1	II. Übersicht über die wichtigsten für das AEntG relevanten Tarifverträge	12
I. Normzweck	1	1. Baugewerbe	12
II. Rechtmäßigkeit des AEntG und der Entsende-RL 96/71/EG	3	2. Gebäudereinigung	17
1. Europa- und Völkerrechtskonformität	3	3. Briefdienstleistungen	18
2. Vereinbarkeit mit Verfassungs- und sonstigem nationalen Recht	5	4. Sicherheitsdienstleistungen	19
B. Regelungsgehalt	6	5. Bergbauspezialarbeiten	20
I. Anwendungsbereich	6	6. Wäschereidienstleistungen	21
1. Persönlicher Anwendungsbereich	6	7. Abfallwirtschaft	22
2. Räumlicher Geltungsbereich	9	8. Berufliche Weiterbildung	23
3. Sachlicher Anwendungsbereich	11	C. Beraterhinweise	24

A. Allgemeines

I. Normzweck

1 Der neue Abschn. 3 des AEntG (§§ 3 bis 9) regelt die zwingende Geltung bestimmter **tarifvertraglicher Mindestarbeitsbedingungen**. § 3 sieht eine gesetzlich angeordnete Ausweitung des Adressatenkreises bestimmter tarifvertraglicher Rechtsnormen, die entweder kraft AVE (§ 5 TVG)[1] oder VO (§ 7) für inländische AG und Verleiher zwingend gelten, auf ausländische AG bzw. Verleiher (§ 8 Abs. 3) und ihre ins Inland entsandten bzw. entliehenen AN vor.[2] Derart erstreckten tarifvertraglichen Mindestarbeitsbedingungen (insb. Mindestlohn und Urlaub) wird der Charakter zwingend geltender Vorschriften – sog. **Eingriffsnormen** i.S.d. IPR (Art. 34 EGBGB)[3] – beigemessen.[4] Ohne eine derartige gesetzliche Normerstreckung[5] wäre die kollisionsrechtliche Geltung inländischer für allgemeinverbindlich erklärter TV bei ausländischen AG und ihren ins Inland entsandten AN auch im Hinblick auf Art. 30 EGBGB jedenfalls nach der Rspr. des BAG grds. ausgeschlossen.[6] Auch § 285 Abs. 1 S. 1 Nr. 3 SGB III a.F. bzw. § 39 Abs. 2 S. 1 AufenthG kann dem ausländischen AN keinen Vergütungsanspruch verschaffen (siehe § 1 Rn 9).[7] Abgesehen von den zwingend geltenden Mindestarbeitsbedingungen richtet sich das Arbvergh i.Ü. nach den Bestimmungen des Entsendestaates.[8] § 3 stellt die Parallelvorschrift zu § 2 für den Bereich der in TV geregelten Arbeitsbedingungen dar und setzt Art. 3 Abs. 1, 2. Spiegelstrich Entsende-RL 96/71/EG um.[9]

2 Der Regelungsgehalt des § 3 als der neuen Grundnorm für tarifvertragliche Vorschriften war bislang Bestandteil des auf die Besonderheiten der Baubranche zugeschnittenen § 1 a.F. Diese inzwischen unübersichtlich gewordene Vorschrift wurde mit der Neufassung des AEntG 2009 zur besseren Lesbarkeit thematisch in mehrere §§ aufgeteilt: § 3 Grundnorm, § 4 einbezogene Branchen, § 5 Arten von Arbeitsbedingungen, § 6 Besondere Regelungen, § 7 VO, § 8 Pflichten des AG zur Gewährung der Arbeitsbedingungen.[10]

II. Rechtmäßigkeit des AEntG und der Entsende-RL 96/71/EG

3 **1. Europa- und Völkerrechtskonformität.** Sowohl die Vereinbarkeit der Entsende-RL 96/71/EG– die nach Ansicht der RL-Geber „insb." auf Art. 47 Abs. 2 i.V.m. Art. 55 EGV beruht und daraufhin vor allem wegen angeblich mangelnder Rechtsgrundlage kritisiert wird – als auch des AEntG (1996) mit der **Dienstleistungsfreiheit** nach Art. 49, 50 EGV wird in der Lit. z.T. bezweifelt,[11] i.E. aber zu Recht überwiegend bejaht (siehe Richtlinien EG-Recht

---

1 BVerfG 24.5.1977 – 2 BvL 11/74 – BVerfGE 44, 322, 338 ff. = NJW 1977, 2255 ff.
2 BT-Drucks 13/2414, S. 4, 8.
3 *Fritzsche*, S. 62 ff., 130 ff.; *Stoll*, S. 176 ff.; *Wimmer*, IPRax 1995, 207, 210 ff.
4 BT-Drucks 13/2414, S. 6, 8; BAG 25.1.2005 – 9 AZR 620/03 – EzA § 1 AEntG Nr. 7 = NZA 2005, 1376; BAG 25.6.2002 – 9 AZR 405/00 – BAGE 101, 357, 359 f. = NZA 2003, 275, 279.
5 BAG 25.1.2005 – 9 AZR 146/04 – AP § 1 AEntG Nr. 21 = DB 2005, 1635; BAG 25.1.2005 – 9 AZR 258/04 – AP § 1 AEntG Nr. 20 = NZA 2005, 1130, 1131.
6 BAG 9.7.2003 – 10 AZR 593/02 – AP § 1 TVG Tarifverträge Bau Nr. 261 = RdA 2004, 175, 179 ff. m. Anm. *Schlachter*; BAG 17.7.1997 – 8 AZR 328/95 – AP § 38 ZPO Internationale Zuständigkeit Nr. 13 = NZA 1997, 1182, 1183; BAG 4.5.1977 – 4 AZR 10/76 – BAGE 29, 138, 143 ff. = BB 1977, 1303; *Däubler/Lakies*, TVG, § 5 Anh. 2, § 1 AEntG Rn 19 ff.; *Ulber*, § 1 AEntG Rn 5; *Schlachter*, NZA 2002, 1242, 1243 ff.; a.A. *Deinert*, RdA 1996, 339, 344 f.; *Franzen*, DZWir 1996, 89, 91; *Hanau*, in: FS für Everling, S. 415, 427 f.
7 BAG 25.6.2002 – 9 AZR 439/01 – BAGE 102, 1, 6 = AP § 1 AEntG Nr. 15 m.w.N.
8 BR-Drucks 523/95, S. 6; *Ulber*, § 1 AEntG Rn 8.
9 BT-Drucks 16/10486, S. 13 f.
10 BT-Drucks 16/10486, S. 13 f.
11 *Borgmann*, S. 156 ff.; *Fritzsche*, S. 85 ff., 134 ff., 136 ff.; *Gronert*, S. 96 ff., 173 ff.; *Löwisch*, in: FS für Zeuner, S. 91, 92; *Büdenbender*, RdA 2000, 193, 205 f.; *Gerken/Löwisch/Rieble*, BB 1995, 2370, 2373 f.; *Franzen*, ZEuP 1997, 1055, 1062 f.; *Junker/Wichmann*, NZA 1996, 505, 507 ff.; *Rieble/Lessner*, ZfA 2002, 29, 42 ff.; *Selmayr*, ZfA 1996, 615, 627 ff., 646 ff.; *Steck*, EuZW 1994, 140, 141 f.

Rn 48),[12] auch unter neuem Recht.[13] Nach st. EuGH-Rspr. gehört zu den anerkannten zwingenden Gründen des Allgemeininteresses, durch die eine Beschränkung der Dienstleistungsfreiheit grds. gerechtfertigt werden kann, auch der mit dem AEntG bezweckte **AN-Schutz**[14] sowie die Herstellung eines **fairen Wettbewerbs** zwischen den Unternehmen.[15] Im Einzelfall ist zu prüfen, ob eine gleichmäßige und verhältnismäßige Anwendung der zum AN-Schutz erforderlichen und objektiv geeigneten Regelungen vorliegt und ob nicht bereits die Vorschriften des Entsendestaates zumindest ein gleich hohes Schutz-Niveau bewirken (**Günstigkeitsvergleich**).[16] Das AEntG kommt nicht zur Anwendung, wenn die entsandten AN nach den Regeln des Entsendestaates besser gestellt sind als vergleichbare deutsche AN nach Maßgabe der allgemeinverbindlichen TV.[17] Im Rahmen der **Verhältnismäßigkeitsprüfung** finden sowohl die im Entsendestaat als auch die im inländischen Mitgliedstaat anfallenden (Mindest-)Entgelte einschl. SozVers-Abgaben und Steuern Berücksichtigung, so dass es auf die Gesamtbelastung des AG durch beide Rechtsordnungen ankommt.[18] Es stellt eine nicht gerechtfertigte Beschränkung der Dienstleistungsfreiheit dar, wenn ein inländischer AG den in einem für allgemeinverbindlich erklärten TV festgesetzten Mindestlohn durch den Abschluss eines Firmen-TV (Haus-TV) unterschreiten kann, während dies einem AG, der in einem anderen Mitgliedstaat ansässig ist, nicht möglich ist.[19] Gegen die nach § 5 Nr. 1 n.F. nunmehr ausdrücklich zulässige Differenzierung der Mindestentgeltsätze (siehe § 5 Rn 2) bestehen auch nach der jüngeren Rspr. des EuGH[20] keine europarechtlichen Bedenken.[21] Mit Blick auf die bisherige Rspr. des EuGH zur **Wettbewerbsfreiheit**[22] verstößt das AEntG auch nicht gegen Art. 81 ff. EGV.[23] Die Regelungen des AEntG beinhalten nach h.L. bereits i.d.R. mangels Dauerhaftigkeit der Niederlassung des entsandten AN keinen Eingriff in die **AN-Freizügigkeit** nach Art. 39 EGV.[24] Das AEntG steht seinerseits im Einklang mit der **Entsende-RL 96/71/EG**.[25] Es liegt kein Verstoß gegen die **Assoziationsabkommen** der EG mit anderen Staaten,[26] z.B. Polen,[27] vor.

---

12 *Stoll*, S. 74 ff., 123 ff.; *Schwab*, AR-Blattei 370.3, Rn 10 ff.; *Däubler/Lakies*, TVG, § 5 Anh. 2, § 1 AEntG Rn 34; *Ulber*, § 1 AEntG Rn 8; *Hanau*, in: FS für Everling, S. 415, 417 f.; *Bieback*, RdA 2000, 207, 212 f.; *Blanke*, AuR 1999, 417, 422 ff.; *Däubler*, EuZW 1997, 613, 614 ff.; *Deinert*, RdA 1996, 339, 349 ff.; *Eichenhofer*, ZIAS 1996, 55, 74 ff.; *Franzen*, DZWiR 1996, 89, 93 ff.; *Hanau*, NJW 1996, 1369, 1371 ff.; *Hickl*, NZA 1997, 513, 514 f.; *Koenigs*, DB 2002, 1270, 1272 f.; *Rebhahn*, DRdA 1999, 173, 180 ff.; *Schmitt*, WiB 1996, 769, 770; *Schwab*, NZA-RR 2004, 1, 2; *Temming*, RdA 2005, 186, 190 f.; *v. Danwitz*, RdA 1999, 322, 323 f.; *Waas*, EuZA 2008, 367; *Wank/Börgmann*, NZA 2001, 177, 179 ff.; *Webers*, DB 1996, 574, 577.

13 BT-Drucks 16/10485, S. 12 f.; *Maier*, NZA 2009, 351; siehe auch *Kocher*, NZA 2007, 600, 604 ff.

14 EuGH 24.1.2002 – C-164/99 – Portugaia Construções Lda – EuGH Slg. I 2002, 787 = NZA 2002, 207, 208 f.; EuGH 25.10.2001 – C-49/98 u.a. – Finalarte u.a. – EuGH Slg. I 2001, 7831 = NZA 2001, 1377, 1380; EuGH 15.3.2001 – C-165/98 – André Mazzoleni und Inter Surveillance Assistance SARL – EuGH Slg. I 2001, 2189 = NZA 2001, 554 ff.; EuGH 23.11.1999 – C-369/96 – Arblade und C-376/96 – Leloup – EuGH Slg. I 1999, 8453 = NZA 2000, 85, 86 ff.

15 EuGH 12.10.2004 – C-60/03 – Wolff & Müller GmbH & Co. KG ./. José Filipe Pereira Félix – AP Art. 49 EG Nr. 9 = NZA 2004, 1211.

16 *Görres*, S. 157 ff.; *v. Danwitz*, EuZW 2002, 237, 241 ff.

17 BAG 3.5.2006 – 10 AZR 344/05 – AP § 1 AEntG Nr. 25 = DB 2006, 2015; BAG 20.7.2004 – 9 AZR 343/03 – AP § 1 AEntG Nr. 18 = NZA 2005, 114, 116 m.w.N.

18 EuGH 15.3.2001 – C-165/98 – André Mazzoleni und Inter Surveillance Assistance SARL – EuGH Slg. I 2001, 2189 = NZA 2001, 554, 555 f.

19 EuGH 24.1.2002 – C-164/99 – Portugaia Construções Lda – EuGH Slg. I 2002, 787 = NZA 2002, 207, 208 f.

20 EuGH 19.6.2008 – C-319/06 – Kommission ./. Luxemburg – ABl EU C 209, S. 4 = NZA 2008, 865 ff.; EuGH 3.4.2008 – C-346/06 – Dirk Rüffert – AP Art. 49 EG Nr. 16 = NZA 2008, 537 ff.; EuGH 18.12.2007 – C-341/05 – Laval un Partneri Ltd – EuGH Slg. I 2007, 11767 = NZA 2008, 159 ff.; EuGH 11.12.2007 – C-438/05 – Viking Line – EuGH Slg. I 2007, 10779 = NZA 2008, 124 ff.

21 *Bayreuther*, DB 2009, 678, 679 m.w.N.; näher zum Ganzen *Nagel*, AuR 2009, 155; zu Rüffert siehe *Kocher*, DB 2008, 1042; *Thüsing/Granetzny*, NZA 2009, 183; zu Viking Line und Laval siehe *Junker*, SAE 2008, 209 ff., 218 ff., 227 ff.

22 EuGH 21.9.1999 – C-219/97 – Maatschappij Drijvende Bokken BV ./. Stichting Pensioenfonds voor de Vervoeren Havenbedrijven – EuGH Slg. I 1999, 6121 = ABl EG C 366, S. 8 f.; EuGH 21.9.1999 – C-115/97 bis 117/97 – Brentjens' Handelsonderneming BV ./. Stichting Bedrijfspensioenfonds voor de Handel in Bouwmaterialien – AP Art. 85 EG-Vertrag Nr. 2 = NZA 2000, 201, 202 ff.; EuGH 21.9.1999 – C-67/96 – Albany – EuGH Slg. I 1999, 5863 = DB 2000, 826 ff.

23 *Schwab*, AR-Blattei 370.3, Rn 12; *Eichenhofer*, ZIAS 1996, 55, 62 ff.

24 *Däubler/Lakies*, TVG, § 5 Anh. 2, § 1 AEntG Rn 36 f.; *Deinert*, RdA 1996, 339, 350; *Eichenhofer*, ZIAS 1996, 55, 60 f., 64; *Franzen*, DZWir 1996, 89, 96; *Kort*, NZA 2002, 1248, 1250; *Selmayr*, ZfA 1996, 615, 631 ff.; *Webers*, DB 1996, 574, 577; a.A. *Gronert*, S. 252 ff.; *Gerken/Löwisch/Rieble*, BB 1995, 2370, 2372 f.; *Koenigs*, DB 1997, 225, 230.

25 *Schwab*, AR-Blattei 370.3, Rn 11 ff.

26 HWK/*Strick*, vor AEntG Rn 13 m.w.N.

27 BAG 28.9.2005 – 10 AZR 28/05 – EzA § 1 AEntG Nr. 9 = NZA 2006, 369, 380; BAG 25.6.2002 – 9 AZR 405/00 – BAGE 101, 357, 371 = NZA 2003, 275, 280.

4 Die Einbeziehung ausländischer AG in das deutsche **Urlaubskassenverfahren** widerspricht im Grundsatz weder Völker- noch Europarecht.[28] Es stellte jedoch eine nicht gerechtfertigte Beschränkung der Dienstleistungsfreiheit (Art. 49 EGV) dar, dass alle ausländischen „Mischbetriebe",[29] in welchen die Tätigkeit des AN im Bausektor nicht den zeitlich überwiegenden Anteil an der Arbeitsleistung darstellt, gem. § 1 Abs. 4 a.F. in das Urlaubskassenverfahren einbezogen waren, nicht aber auch alle inländischen Mischbetriebe.[30]

5 **2. Vereinbarkeit mit Verfassungs- und sonstigem nationalen Recht.** Nach zum AEntG 1996 (§ 1 a.F.) überwiegend vertretener und zutreffender Ansicht ist das AEntG als verfassungskonform anzusehen.[31] Die Einbeziehung ausländischer AG in das tarifvertragliche Sozialkassenverfahren ist im Hinblick auf **Art. 3 Abs. 1, 9 Abs. 3 GG** jedenfalls nach Ansicht der Rspr. verfassungsgemäß[32] und auch i.Ü. (§ 4 BDSG, § 13 Abs. 2 BUrlG, § 285 SGB III a.F.) rechtmäßig.[33]

Das AEntG 1996 hat sich nach alldem weitgehend als rechtsprechungsfest erwiesen. Mit der Neufassung des AEntG 2009 ist insb. die verfassungsrechtliche Diskussion zu Art. 9 Abs. 3 GG neu entfacht worden.[34]

B. Regelungsgehalt

I. Anwendungsbereich

6 **1. Persönlicher Anwendungsbereich.** Das AEntG 2009 gilt für **„AG mit Sitz im In- oder Ausland"** (§ 8 Abs. 1 S. 1). Bereits unter dem AEntG 1996 war von der h.M. anerkannt, dass auch alle inländischen AG (§ 1 Abs. 1 S. 3 a.F.) unter das AEntG fallen.[35] Erfasst sind auch AG aus Nicht-EG- und Nicht-EWR-Mitgliedstaaten.[36]

7 Zudem sind **in- wie ausländische Verleiher** zur Gewährung der tariflichen Mindestarbeitsbedingungen verpflichtet (§ 8 Abs. 3).[37] Dies gilt auch für gemeinnützige (siehe § 52 AO) Verleiher, die mangels Gewerbsmäßigkeit der AÜ nicht unter die Erlaubnispflicht nach § 1 AÜG bzw. das Verbot nach § 1b AÜG fallen.[38] Die Regelungen des AEntG gehen dem AÜG als speziellere Regelungen vor.[39]

8 Das AEntG erfasst gem. Art. 2 Abs. 2 Entsende-RL 96/71/EG alle **AN i.S.d. deutschen Arbeitsrechts** (siehe § 611 BGB Rn 50 ff.), also auch sog. Scheinselbstständige[40] – wie ggf. den „Ein-Mann-Unternehmer" –,[41] die in einem in sachlicher Hinsicht unter das AEntG fallenden Betrieb im Inland beschäftigt werden. Dies gilt unabhängig von Staatsangehörigkeit, Wohnsitz sowie der vertraglichen Grundlage der Beschäftigung bzw. AEnt.[42] Das AEntG

---

28 EuGH 18.7.2007 – C-490/04 – Kommission der EG ./. Bundesrepublik Deutschland – NZA 2007, 917, 919 f.; EuGH 25.10.2001 – C-49/98 u.a. – Finalarte u.a. – EuGH Slg. I 2001, 7831 = NZA 2001, 1377, 1378 ff.; BAG 1.4.2009 – 10 AZR 134/08 – juris; BAG 25.6.2002 – 9 AZR 439/01 – BAGE 102, 1, 15 ff. = AP § 1 AEntG Nr. 15; BAG 25.6.2002 – 9 AZR 405/00 – BAGE 101, 357, 370 ff. = NZA 2003, 275, 280.

29 Dazu BAG 24.8.1994 – 10 AZR 980/93 – AP § 1 TVG Tarifverträge Bau Nr. 181 = NZA 1995, 1116, 1117; BAG 12.12.1988 – 4 AZN 613/88 – AP § 1 TVG Tarifverträge Bau Nr. 106 = DB 1989, 1980; *Hammacher*, BB 1996, 1554.

30 EuGH 25.10.2001 – C-49/98 u.a. – Finalarte u.a. – EuGH Slg. I 2001, 7831 = NZA 2001, 1377, 1381 f.; BAG 25.1.2005 – 9 AZR 44/04 – AP § 1 AEntG Nr. 22 = NZA 2005, 1365, 1370 f.

31 *Däubler/Lakies*, TVG, § 5 Anh. 2, § 1 AEntG Rn 54 ff.; *Schwab*, AR-Blattei 370.3, Rn 9; *Ulber*, § 1 AEntG Rn 2, 5; *Borgmann*, S. 162 f.; *Gronert*, S. 257 ff.; *Bieback*, RdA 2000, 207, 213 ff.; *Kocher*, NZA 2007, 600, 601 ff.; *Schwab*, NZA-RR 2004, 1, 2; *Wank/Börgmann*, NZA 2001, 177, 183 f.; a.A. *Fritzsche*, S. 251 ff.; *Löwisch*, in: FS für Zeuner, S. 91, 96 ff.; *Hammacher*, BB 1996, 1554, 1556.

32 BAG 20.7.2004 – 9 AZR 345/03 – AP § 1 AEntG Nr. 19 = ArbRB 2005, 104 m. Anm. *Kappelhoff*; BAG 25.6.2002 – 9 AZR 439/01 – BAGE 102, 1, 12 ff. = AP § 1 AEntG Nr. 15; BAG 25.6.2002 – 9 AZR 405/00 – BAGE 101, 357, 372 ff. = NZA 2003, 275, 278 ff.

33 *Blanke*, AuR 1999, 417, 422 ff.; *Kreiling*, NZA 2000, 1118, 1119 f.; *Schwab*, NZA-RR 2004, 1, 5; *Wank/Börgmann*, NZA 2001, 177, 183 f.; a.A. *Böhm*, NZA 1999, 128, 130.

34 Verfassungswidrigkeit nehmen an *Willemsen/Sagan*, NZA 2008, 1216; *Thüsing*, ZfA 2008, 590; a.A. *Maier*, NZA 2009, 351; *Sansone/Ulber*, AuR 2008, 125, 129 ff.; *Sodan/Zimmermann*, ZfA 2008, 526; für eine verfassungskonforme, restriktive Auslegung plädiert *Sittard*, NZA 2009, 346.

35 BT-Drucks 14/45, S. 12, 17, 25; BGH 21.3.2000 – 4 StR 287/99 – BGHSt 46, 17, 18 ff. = NZA 2000, 558, 560; *Däubler/Lakies*, TVG, § 5 Anh. 2, § 1 AEntG Rn 2, 66; *Schwab*, AR-Blattei 370.3, Rn 3 f.; *Hanau*, NZA 1998, 1249; *Schwab*, NZA-RR 2004, 1, 6; *Strick/Crämer*, BauR 1999, 713, 714; *Webers*, DB 1996, 574 f.; a.A. OLG Düsseldorf 3.7.1998 – 5 Ss (OWi) 225/98 – NZA 1998, 1286 f.; *Böhm*, NZA 1999, 128; *Weber*, DZWir 1999, 499, 501.

36 *Ulber*, § 1 AEntG Rn 9; zur Schweiz siehe BAG 3.5.2006 – 10 AZR 344/05 – AP § 1 AEntG Nr. 25 = DB 2006, 2015.

37 *Ulber*, § 1 AEntG Rn 38, 46; *Raab*, ZfA 2003, 389, 392 ff.

38 BA, DA AÜG, PP11–7160.4 (1), Stand Oktober 2004, S. 14.

39 10. AÜG-Erfahrungsbericht der BReg, in: BT-Drucks 15/6008, S. 21.

40 *Schwab*, AR-Blattei 370.3, Rn 28; MünchArb/*Birk*, Bd. 1, § 23 Rn 35; *Däubler*, EuZW 1997, 613, 618.

41 *Däubler/Lakies*, TVG, § 5 Anh. 2, § 1 AEntG Rn 68; *Schwab*, NZA-RR 2004, 1, 4.

42 HWK/*Strick*, § 1 AEntG Rn 6; *Ulber*, § 1 AEntG Rn 10 f.

gilt auch für auch „**Werkvertrags-AN**" aus den sog. MOE-Staaten,[43] insb. Polen,[44] der Tschechischen Republik,[45] Ungarn,[46] der Slowakischen Republik,[47] Rumänien,[48] Bulgarien, Kroatien,[49] Slowenien, Bosnien-Herzegowina, Mazedonien, Lettland sowie aus der Türkei.[50] Hinsichtlich der osteuropäischen Beitrittsstaaten gelten Übergangsvorschriften im AN-Freizügigkeits- bzw. Dienstleistungsbereich bis zu sieben Jahren (längstens bis 31.2.2010).[51] Gem. § 8 Abs. 3 (§ 1 Abs. 2 a.F.) sind auch **Leih-AN** erfasst,[52] wobei sich die stark eingeschränkte Zulässigkeit gewerbsmäßiger AÜ in Betrieben des Baugewerbes nach § 1b AÜG (siehe § 1b AÜG Rn 1 ff.) richtet.[53]

2. Räumlicher Geltungsbereich. Die Anordnung der zwingenden Wirkung der tarifvertraglichen Mindestarbeitsbedingungen bezieht sich gem. § 3 auf den räumlichen Geltungsbereich des TV. Anknüpfungspunkt für die Erstreckung tarifvertraglicher Arbeitsbedingungen sind grds. die Rechtsnormen eines **bundesweiten TV** (§ 3 S. 1). Damit wird die bisherige Praxis fortgeschrieben.[54]

Eines bundesweiten TV bedarf es gem. § 3 S. 2 nur dann nicht, soweit Arbeitsbedingungen i.S.v. § 5 Nr. 2 oder 3 Gegenstand tarifvertraglicher Regelungen sind, die zusammengefasst räumlich den gesamten Geltungsbereich dieses Gesetzes abdecken und die ihrerseits für allgemeinverbindlich erklärt oder kraft VO nach § 7 erstreckt worden sind.[55] Bereits unter dem AEntG 1996 genügte es für eine Erstreckung, dass **mehrere regionale TV** vorliegen, die zusammen genommen das gesamte Bundesgebiet abdeckten. Auf dieser Grundlage war insb. die ULAK in den Schutz des AEntG einbezogen worden. Das Urlaubskassenverfahren erfordert jedoch wegen einer regionalen Besonderheit in Bayern[56] die kombinierte Anwendung mehrerer TV. Auch für Berlin gelten tarifliche Besonderheiten.[57] Auf Anregung des BR[58] wurde daher die Ausnahmeregelung in § 3 S. 2 in das AEntG 2009 aufgenommen, von einigen kritisiert als „Entmachtung der Länder".[59]

3. Sachlicher Anwendungsbereich. Der 3. Abschn. des AEntG (§§ 3 ff.) widmet sich **den tarifvertraglichen Arbeitsbedingungen**. Mit Blick auf Art. 3 Abs. 8 Entsende-RL 96/71/EG und wegen des gemeinschaftsrechtlichen Verbots der Diskriminierung von Dienstleistungserbringern mit Sitz in einem anderen EU- oder EWR-Staat darf von einem dort ansässigen AG, der AN nach Deutschland entsendet, die Einhaltung tarifvertraglicher Arbeitsbedingungen nur verlangt werden, wenn auch alle entsprechenden inländischen AG der Branche, d.h. seine potentiellen hiesigen Konkurrenten, diese Bedingungen zwingend einhalten müssen. Diese Gleichbehandlung lässt sich nur dann erreichen, wenn die Einhaltung der entsprechenden TV sowohl im Fall einer AVE (§ 5 TVG) als auch im Fall einer VO nach § 7 für alle inländischen AG der betreffenden Branchen (§ 4 Nr. 1 bis 8) zwingend vorgeschrieben wird.[60] § 3 i.V.m. § 5 Nr. 1 bis 4 nimmt die betreffenden tarifvertraglichen Arbeitsbedingungen in Bezug (siehe § 5 Rn 2 ff.).

II. Übersicht über die wichtigsten für das AEntG relevanten Tarifverträge

1. Baugewerbe. Besonders relevant für das Bauhauptgewerbe sind die durch die BauArbbV 7[61] erstreckten Rechtsnormen des **TV Mindestlohn**[62] v. 23.5.2009 sowie in Bezug auf Urlaubsansprüche die für allgemeinverbindlich erklärten Vorschriften des (§ 8) **BRTV-Bau**[63] i.d.F. v. 20.8.2007 und des dazugehörigen **VTV**[64] i.d.F.v. 5.12.2007.

---

43 Zur Rechtslage vor dem 1.1.1999 bzgl. „Doppelstaatlern" siehe LAG Hessen 22.11.2004 – 16 Sa 143/04 – juris.
44 BAG 28.9.2005 – 10 AZR 28/05 – EzA § 1 AEntG Nr. 9 = NZA 2006, 379 ff.; BAG 25.1.2005 – 9 AZR 258/04 – AP § 1 AEntG Nr. 20 = NZA 2005, 1130, 1131 f.; BAG 25.1.2005 – 9 AZR 146/04 – AP § 1 AEntG Nr. 21 = DB 2005, 1635, 1635 f.; BAG 25.6.2002 – 9 AZR 106/01 – AuR 2002, 306; BAG 25.6.2002 – 9 AZR 405/00 – BAGE 101, 357, 359 ff. = NZA 2003, 275, 276 ff.
45 BAG 25.1.2005 – 9 AZR 620/03 – EzA § 1 AEntG Nr. 7 = NZA 2005, 1376; BAG 25.1.2005 – 9 AZR 621/03 – NZA 2005, 1376.
46 Hessisches LAG 9.8.2004 – 16/10 Sa 705/03 – EzAÜG § 1 AEntG Nr. 22; Hessisches LAG 9.8.2004 – 16/10 Sa 1434/01 – juris; Hessisches LAG 17.5.2004 – 16/10 Sa 786/03 – LAGReport 2005, 94; LAG Hessen 17.5.2004 – 16/10 Sa 2019/99 – EzAÜG § 1 AEntG Nr. 25.
47 BAG 25.6.2002 – 9 AZR 440/01 – AuR 2002, 306; BAG 25.6.2002 – 9 AZR 439/01 – BAGE 102, 1, 4 ff. = AP § 1 AEntG Nr. 15.
48 BAG 25.6.2002 – 9 AZR 406/00 – DB 2003, 2287.
49 BAG 20.7.2004 – 9 AZR 345/03 – AP § 1 AEntG Nr. 19 = ArbRB 2005, 104 m. Anm. *Kappelhoff*.
50 LAG Berlin 9.7.2004 – 8 Sa 804/04 – EzAÜG § 1a AEntG Nr. 4 = IBR 2004, 658 m. Anm. *Peter*; BayObLG 27.11.2002 – 3 ObOWi 93/2002 – AP § 1 AEntG Nr. 13 = NStZ 2003, 556 f.
51 *Winkler*, EuroAS 2006, 116; *Möschel*, BB 2005, 1164; *Temming*, RdA 2005, 186, 187 ff.
52 BSG 6.3.2003 – B 11 AL 27/02 R – SozR 4–7822 § 3 Nr. 1 = SGb 2004, 121, 127 f. m. Anm. *Kingreen*.
53 *Schwab*, AR-Blattei 370.3, Rn 29 ff.; 10. AÜG-Erfahrungsbericht der BReg, in: BT-Drucks 15/6008, S. 21.
54 BT-Drucks 16/10486, S. 14.
55 *Bayreuther*, DB 2009, 678.
56 Urlaubsregelung für die gewerblichen AN des Baugewerbes in Bayern (Urlaubsregelung Bayern).
57 TV über zusätzliche Angaben im arbeitnehmerbezogenen Meldeverfahren im Berliner Baugewerbe (TV ZABB) v. 19.5.2006; TV über Sozialaufwandserstattung im Berliner Baugewerbe – gewerbliche AN – v. 17.12.2002.
58 BT-Drucks 16/10486, Anlage 3 Nr. 6.
59 *Göhner*, BB 2008, M1.
60 BT-Drucks 16/10486, S. 14.
61 BAnz 2009 Nr. 128, S. 2996, tritt am 30.11.2011 außer Kraft.
62 BAnz 2009 Nr. 128, S. 2997.
63 Einschl. Einstellungsbogen (gewerbliche AN) als Anh. zum BRTV-Bau.
64 Zur Verfassungsmäßigkeit siehe BVerfG 22.12.2000 – 1 BvR 2043/00 – NZA 2001, 491 f.

13 Der **Mindestentgelt-TV Elektrohandwerk**[65] v. 24.1.2007 wurde per 1.9.2007 für allgemeinverbindlich erklärt.[66]

14 Der **TV Mindestlohn Dachdecker**[67] v. 13.7.2006 wurde durch die DachdArbV 4[68] auf die gesamte Branche ausgedehnt.[69]

15 Auf der Grundlage der am 30.6.2009 außer Kraft getretenen MalerArbV 4[70] war der **TV Mindestlohn Maler**[71] v. 9.9.2007 erstreckt worden.[72] Der Entwurf der MalerArbV 5 v. 11.9.2009 ist im BAnz veröffentlicht worden.[73]

16 Bis zum 31.8.2008 war der **TV Mindestlohn Abbruch**[74] v. 30.8.2007 durch die AbbruchArbbV 3[75] erstreckt worden.

17 2. **Gebäudereinigung.** Die Rechtsnormen des **TV Mindestlohn Gebäudereinigung**[76] v. 9.10.2007 waren durch die am 30.9.2009 außer Kraft getretene GebäudeArbbV[77] erstreckt worden.[78] Der **BRTV-Gebäudereinigung**[79] v. 4.10.2003 ist seit 1.4.2004 allgemeinverbindlich.[80]

18 3. **Briefdienstleistungen.** Die BriefArbbV,[81] durch die der **TV Mindestlohn Brief**[82] v. 29.11.2007 erstreckt wurde, ist vom VG Berlin[83] und vom OVG Berlin-Brandenburg[84] (n.r.) für rechtswidrig erklärt worden (siehe § 7 Rn 7).

19 4. **Sicherheitsdienstleistungen.** Der Tarifausschuss hat am 31.8.2009 der Erstreckung des bundesweiten **TV Mindestlohn Sicherheitsdienstleistungen** v. 17.4.2009[85] nicht mehrheitlich zugestimmt (3:3), so dass eine VO nur durch die neue schwarz-gelbe BReg erlassen werden kann (§ 7 Abs. 5 S. 3), was abzuwarten bleibt.

20 5. **Bergbauspezialarbeiten.** Der **TV Mindestlohn Bergbauspezialarbeiten** v. 15.11.2008[86] kann nach der Zustimmung (4:2) des Tarifausschusses am 31.8.2009 (§ 7 Abs. 5 S. 2) per VO durch das neue BMAS erstreckt werden, was abzuwarten bleibt. Die betroffenen AN und AG konnten zu dem im BAnz am 18.9.2009 veröffentlichten VO-Entwurf binnen drei Wochen Stellung nehmen.[87]

21 6. **Wäschereidienstleistungen.** Der vom Tarifausschuss am 31.8.2009 einhellig gebilligte **TV Mindestlohn Wäschereidienstleistungen** v. 18.5.2009[88] kann nach dem Ablauf der dreiwöchigen Stellungnahmefrist am 9.10.2009 (und der anschließenden Auswertung der Stellungnahmen) ebenfalls per VO durch das BMAS erstreckt werden.[89]

22 7. **Abfallwirtschaft.** Nach der Entscheidung des Tarifausschusses v. 31.8.2009 kann auch der – entsprechend geänderte[90] – **TV Mindestlohn Abfallwirtschaft** v. 7.1.2009 durch das neue BMAS per VO erstreckt werden.

---

65 TV über ein Mindestentgelt in den Elektrohandwerken.
66 BAnz 2007 Nr. 179 S. 7603; befristet bis 31.12.2010; siehe *Kossens*, AuA 2009, 236, 237.
67 TV zur Regelung eines Mindestlohnes im Dachdeckerhandwerk – Dach-, Wand- und Abdichtungstechnik – im Gebiet der Bundesrepublik Deutschland.
68 Vierte VO über zwingende Arbeitsbedingungen im Dachdeckerhandwerk v. 21.12.2006 (BAnz Nr. 245 S. 7461); tritt am 31.12.2009 außer Kraft.
69 *Kossens*, AuA 2009, 236, 237.
70 Vierte VO über zwingende Arbeitsbedingungen im Maler- und Lackiererhandwerk v. 20.3.2008 (BAnz Nr. 48 S. 1104).
71 TV zur Regelung eines Mindestlohnes für gewerbliche Arbeitnehmer im Maler- und Lackiererhandwerk.
72 *Kossens*, AuA 2009, 236, 237.
73 Bekanntmachung über einen Antrag auf AVE eines TV für das Maler- und Lackiererhandwerk und den Entwurf einer VO über zwingende Arbeitsbedingungen im Maler- und Lackiererhandwerk (BAnz 2009 Nr. 139, S. 3296).
74 TV zur Regelung der Mindestlöhne im Abbruch- und Abwrackgewerbe für das Gebiet der Bundesrepublik Deutschland.
75 Dritte VO über zwingende Arbeitsbedingungen im Abbruch- und Abwrackgewerbe v. 20.3.2008 (BAnz Nr. 48 S. 1103).
76 TV zur Regelung der Mindestlöhne für gewerbliche AN in der Gebäudereinigung im Gebiet der Bundesrepublik Deutschland.
77 VO über zwingende Arbeitsbedingungen im Gebäudereinigerhandwerk v. 27.2.2008 (BAnz Nr. 34 S. 762).
78 Näher zu den TV der Gebäudereinigung *Kossens*, AuA 2009, 236, 237 f.; *Maier*, NZA 2008, 1170 (Online-Aufsatz); *Rieble*, DB 2009, 789.
79 RTV für gewerbliche AN und Auszubildende des Gebäudereinigerhandwerks.
80 BAnz 2004 Nr. 66 S. 7093.
81 VO über zwingende Arbeitsbedingungen für die Branche Briefdienstleistungen v. 28.12.2007 (BAnz Nr. 242 S. 8410); Laufzeit bis 30.4.2010.
82 TV über Mindestlöhne für die Branche Briefdienstleistungen; dazu *Kossens*, AuA 2009, 236, 238.
83 VG Berlin 7.3.2008 – 4 A 439.07 – LAGE Art. 9 GG Nr. 16 = NZA 2008, 482 ff.
84 OVG Berlin-Brandenburg 18.12.2008 – 1 B 13.08 – SAE 2009, 167 ff., 159 ff. m. Anm. *Klebeck/Weninger* (n.r.).
85 TV über Mindestlöhne für Sicherheitsdienstleistungen, abgeschlossen zwischen dem Bundesverband Deutscher Wach- und Sicherheitsunternehmen e.V. (BDWS) und der Gewerkschaft Öffentlicher Dienst und Dienstleistungen (GÖD), Bundesverband.
86 TV zur Regelung der Mindestbedingungen für die AN der Bergbau-Spezialgesellschaften im deutschen Steinkohlenbergbau (BAnz 2009 Nr. 93, S. 2244).
87 Bekanntmachung über den Entwurf einer VO über zwingende Arbeitsbedingungen für Wäschereidienstleistungen im Objektkundengeschäft v. 11.9.2009 (BAnz Nr. 140, S. 3308).
88 BAnz 2009 Nr. 108, S. 2529, Nr. 110, S. 2597, Nr. 140, S. 3311.
89 Bekanntmachung über den Entwurf einer VO über zwingende Arbeitsbedingungen für Wäschereidienstleistungen im Objektkundengeschäft v. 11.9.2009 (BAnz Nr. 140 S. 3310), befristet bis 31.3.2013.
90 Bekanntmachung über die Änderung eines Antrags auf AVE eines Mindestlohn-TV aus der Branche der Abfallwirtschaft einschl. Straßenreinigung und Winterdienst v. 3.9.2009 (BAnz Nr. 134, S. 3188).

8. Berufliche Weiterbildung. Am 31.8.2009 hat der Tarifausschuss der Erstreckung des **TV Mindestlohn Weiterbildung** v. 12.5.2009[91] nicht mehrheitlich zugestimmt (3:3). Eine VO kann daher nur durch die neue BReg erlassen werden, was abzuwarten bleibt.

C. Beraterhinweise

Vor dem Hintergrund der tariflichen Entwicklungen ist genau zu prüfen, ob und falls ja, welche Mindestlohn-TV kraft AVE oder VO (§ 7) in der betreffenden Branche für den relevanten Zeitraum verbindlich anwendbar sind bzw. waren. Hinsichtlich der für allgemeinverbindlich erklärten TV können Auskünfte aus dem beim BMAS geführten **Tarifregister** (§ 6 TVG) verlangt werden (§ 16 TVGDV). Das BMAS (Referat IIIa3) veröffentlicht zudem quartalsweise ein entsprechendes Verzeichnis. Weitere Angaben auch mit Angaben zur aktuellen Höhe der tariflichen Mindestlöhne nach dem AEntG finden sich im **WSI-Tarifarchiv** der Hans Böckler Stiftung.[92]

§ 4 Einbezogene Branchen

§ 3 gilt für Tarifverträge
1. des Bauhauptgewerbes oder des Baunebengewerbes im Sinne der Baubetriebe-Verordnung vom 28. Oktober 1980 (BGBl. I S. 2033), zuletzt geändert durch die Verordnung vom 26. April 2006 (BGBl. I S. 1085), in der jeweils geltenden Fassung einschließlich der Erbringung von Montageleistungen auf Baustellen außerhalb des Betriebssitzes,
2. der Gebäudereinigung,
3. für Briefdienstleistungen,
4. für Sicherheitsdienstleistungen,
5. für Bergbauspezialarbeiten auf Steinkohlebergwerken,
6. für Wäschereidienstleistungen im Objektkundengeschäft,
7. der Abfallwirtschaft einschließlich Straßenreinigung und Winterdienst und
8. für Aus- und Weiterbildungsdienstleistungen nach dem Zweiten oder Dritten Buch Sozialgesetzbuch.

Literatur: *Düwell*, Erstes Gesetz zur Änderung des Arbeitnehmer-Entsendegesetzes, FA 2007, 135; *ders.*, Weitere Rechtsgrundlage für Mindestlohn: Das Erste Gesetz zur Änderung des Arbeitnehmer-Entsendegesetzes, jurisPR-ArbR 18/2007, Anm. 7; *Düwell/Dahl*, Aktuelle Gesetzes- und Tariflage in der Arbeitnehmerüberlassung, DB 2009, 1070; *Hunnekuhl/zu Dohna-Jaeger*, Ausweitung des Arbeitnehmer-Entsendegesetzes auf die Zeitarbeitsbranche – Im Einklang mit der Verfassung?, NZA 2007, 954; *Thüsing/Lembke*, Zeitarbeit im Spannungsverhältnis von Dienstleistungsfreiheit und Tarifautonomie – Zum Vorschlag der Ausdehnung des AEntG auf die Zeitarbeitsbranche –, ZfA 2007, 87

A. Allgemeines	1	VI. Wäschereidienstleistungen im Objektkundengeschäft	11
I. Normzweck	1	VII. Abfallwirtschaft einschließlich Straßenreinigung und Winterdienst	12
II. Entstehungsgeschichte	3	VIII. Aus- und Weiterbildungsdienstleistungen nach SGB II oder SGB III	13
B. Regelungsgehalt	4	IX. Pflegebranche	14
I. Baugewerbe	4	**C. Verbindung zu anderen Rechtsgebieten und zum Prozessrecht**	15
II. Gebäudereinigung	7	**D. Beraterhinweise**	17
III. Briefdienstleistungen	8		
IV. Sicherheitsdienstleistungen	9		
V. Bergbauspezialarbeiten auf Steinkohlebergwerken	10		

A. Allgemeines

I. Normzweck

§ 4 zählt die einzelnen Branchen auf, in denen TV geschlossen werden können, die für eine Erstreckung nach § 3 in Betracht kommen. Besondere branchenbezogene Voraussetzungen für die Anwendung des AEntG enthält § 6. Für die Pflegebranche gelten die Sondervorschriften der §§ 10 ff. Die Nr. 1 bis 3 des Branchenkatalogs in § 4 benennen die bereits bisher im AEntG a.F. enthaltenen Branchen (Baugewerbe, Gebäudereinigung, Briefdienstleistungen) mit

---

91 Bekanntmachung über einen Antrag auf AVE eines Mindestlohn-TV aus der Branche der Aus- und Weiterbildungsdienstleistungen nach dem SGB II und III v. 9.6.2009 (BAnz Nr. 87, S. 2129).
92 http://www.boeckler.de/pdf/ta_mindestloehne_aentg.pdf.

ca. 1,8 Mio. Beschäftigten. Die auf die gemeinsamen Anträge der TV-Parteien neu in das AEntG 2009 eingefügten Branchen nach § 4 Nr. 4 bis 8 mit ca. 1 Mio. AN sind durchgängig dem Dienstleistungsbereich zuzuordnen, durch einen hohen Personalkostenanteil gekennzeichnet und weisen stark durch TV geprägte Arbeitsbedingungen auf.[1]

2 Die TV-Parteien anderer **Branchen mit einer Tarifbindung von mind. 50 v.H.**[2] können gemeinsam „beantragen", in das AEntG aufgenommen zu werden. Mit diesem vom Koalitionsausschuss am 18.6.2007 beschlossenen „Angebot" wurde kein streng formalisiertes Verfahren für die Entscheidung über die Branchenaufnahme eingeführt. Der BT muss die Aufnahme der Branche im Wege der Gesetzesänderung beschließen. Für Branchen mit einer niedrigeren Tarifbindung als 50 v.H. kommt gem. § 1 Abs. 2 MiArbG eine Festsetzung von Mindestarbeitsentgelten auf der Grundlage des novellierten MiArbG in Betracht (siehe § 1 Rn 7). Durch das Angebot zur Aufnahme in das AEntG wird von der in Art. 3 Abs. 10 Entsende-RL 96/71/EG enthaltenen Option Gebrauch gemacht, die nationale Entsendegesetzgebung im Bereich der tarifvertraglich geregelten Arbeitsbedingungen, insb. der Mindestlöhne, über den Baubereich hinaus auf andere Branchen auszuweiten. Der Branchenbegriff umfasst in Anlehnung an Art. 3 Abs. 8 Entsende-RL 96/71/EG sowohl Gewerbe als auch Tätigkeiten und ist damit weit zu verstehen.[3] Für neu einzubeziehende Branchen, die erstmals eine Erstreckung ihres TV beantragen, soll zunächst der Tarifausschuss (§ 5 TVG, §§ 1 ff. TVGDV) mit dem Antrag befasst werden (siehe auch § 7 Abs. 5).[4] Eine Tarifbindung von mind. 50 v.H. ist gegeben, wenn die an TV (einschl. Firmen-TV)[5] für diese Branche gebundenen AG mind. 50 v.H. der unter den Geltungsbereich dieser TV fallenden AN beschäftigen (siehe § 1 Rn 7).[6]

II. Entstehungsgeschichte

3 Mit der Neufassung des AEntG 2009[7] wurden aus Gründen der Übersichtlichkeit die in das AEntG aufgenommenen Branchen in einer eigenständigen Norm geregelt.

B. Regelungsgehalt

I. Baugewerbe

4 § 4 Nr. 1 (§ 1 Abs. 1 S. 1 a.F.) erfasst mit dem Baugewerbe den klassischen Bereich der deutschen wie europäischen Entsendegesetzgebung.[8] Die unter das **Bauhauptgewerbe** fallenden Arbeiten werden in § 1 BauBetrVO aufgelistet, das **Baunebengewerbe** umfasst die in § 2 BauBetrVO genannten Arbeiten. In der deutschen Baubranche sind derzeit ca. 700.000 AN beschäftigt (zu den maßgeblichen Bau-TV siehe § 3 Rn 12).

5 Neben den Bauleistungen (siehe § 6 Rn 3) fällt gem. § 4 Nr. 1 (§ 1 Abs. 1 S. 4 a.F.) die Erbringung von **„Montageleistungen auf Baustellen außerhalb des Betriebssitzes"** nach wie vor unter das AEntG.[9] Dies betrifft insb. Unternehmen der Eisen-, Metall-, Elektroindustrie bzw. des Handwerks, z.B. Heizungs-, Installations-, Elektrobetriebe sowie den Kälteanlagenbau.[10]

6 Nicht erfasst sind gem. § 6 Abs. 1 kurzfristige Entsendungen bei Erstmontage- oder Einbauarbeiten im Rahmen eines Liefervertrages (siehe § 6 Rn 2).

II. Gebäudereinigung

7 Seit der Bereichsausweitung des AEntG a.F. zum 1.7.2007 ist das Gebäudereinigerhandwerk mit derzeit rund 860.000 bei inländischen AG beschäftigten AN einbezogen (§ 4 Nr. 2 n.F., § 1 Abs. 1 S. 4 Alt. 2 a.F.).[11] Mit der terminologische Neufassung des AEntG 2009 („Gebäudereinigung" statt „Gebäudereinigerhandwerk") waren keine inhaltlichen Änderungen beabsichtigt.[12] Das Gewerbe der Gebäudereiniger ist seit 2004 ein zulassungsfreies Handwerk (Anlage B I Nr. 33 zu § 18 Abs. 2 HwO) Zu den maßgeblichen TV der Gebäudereinigungsbranche siehe § 3 Rn 17.

III. Briefdienstleistungen

8 Vor dem Hintergrund des auf nationaler Ebene bereits zum 1.1.2008[13] auslaufenden Postmonopols auch für Briefe unter 50 Gramm (§ 51 PostG) wurde zum 28.12.2007 die Branche der Briefdienstleistungen in das AEntG aufgenommen (§ 4 Nr. 3 n.F., § 1 Abs. 1 S. 4 Alt. 3 a.F.).[14] Erfasst ist nur die gewerbs- oder geschäftsmäßige Beförderung von

---

1 BT-Drucks 16/10486, S. 14; BT-Drucks 16/11669, S. 21.
2 Vgl. § 5 Abs. 1 S. 1 Nr. 1 TVG, § 7.
3 BT-Drucks 16/8758, S. 8.
4 BT-Drucks 16/10486, S. 12.
5 *Göhner*, DB 2008, M1.
6 BT-Drucks 16/10486, S. 14.
7 BGBl I 2009 S. 799.
8 § 1 Abs. 1 S. 1 a.F.; Anh. (Nr. 1 bis 13) zur Entsende-RL 96/71/EG.
9 *Webers*, DB 1996, 574, 575.
10 *Ulber*, § 1 AEntG Rn 3, 20, 40; *Hammacher*, BB 1996, 1554 ff.
11 Erstes Gesetz zur Änderung des AEntG v. 25.4.2007 (BGBl I S. 576); BT-Drucks 16/3064, S. 7 f.; siehe dazu näher *Düwell*, FA 2007, 135; *ders.*, jurisPR-ArbR 18/2007, Anm. 7.
12 Näher *Rieble*, DB 2009, 789.
13 Andere EU-Mitgliedstaaten liberalisieren ihre Postmärkte erst 2011 oder 2013.
14 Zweites Gesetz zur Änderung des AEntG v. 21.12.2007 (BGBl I S. 3140).

Briefsendungen für Dritte (§ 6 Abs. 4). „Befördern" ist das Einsammeln, Weiterleiten oder Ausliefern von Briefsendungen an den Empfänger; es umfasst die gesamte Wertschöpfungskette vom Absender bis zum Empfänger.[15] Daher sind Zeitungszusteller, Speditionen, Paket-, Express- und Kurierdienste sowie Taxiunternehmen nicht erfasst, wenn und weil sie keine Briefe austragen.[16] In der Briefdienstleistungsbranche sind ca. 200.000 AN im Inland beschäftigt, rund drei Viertel davon bei der Deutschen Post AG. Die BriefArbbV ist vom VG Berlin und vom OVG Berlin-Brandenburg (n.r.) für rechtswidrig erklärt worden (siehe § 3 Rn 18).

IV. Sicherheitsdienstleistungen

Die Branche der Sicherheitsdienstleistungen i.S.v. §§ 4 Nr. 4, 6 Abs. 5 beschränkt sich nicht auf das traditionelle Bewachungsgewerbe (§ 34a GewO), sondern umfasst neben dem Bewachen von Leben, Gesundheit und Eigentum fremder Personen auch den Objekt- und Wachschutz einschl. Geld- und Wertdiensten, den Schutz von kerntechnischen Anlagen, Schutz- und Sicherheitsaufgaben in Verkehrsflughäfen, City-Streifen, Bewachung militärischer Liegenschaften, Überwachung des öffentlichen Personenverkehrs, Personenschutz, Pfortenempfangs-, Kontroll- und Ordnungsdienste, Revier- und Interventionsdienste, Sicherungsposten bei Gleisarbeiten, Notruf- und Service-Leitstellen, in Übereinstimmung mit Landesrecht ausgegliederte Werkfeuerwehren sowie sonstige sicherheitsrelevante Serviceaufgaben.[17] Derzeit sind ca. 177.000 Menschen im Wach- und Sicherheitsgewerbe in Deutschland beschäftigt.

V. Bergbauspezialarbeiten auf Steinkohlebergwerken

Bergbauspezialarbeiten i.S.v. §§ 4 Nr. 5, 6 Abs. 6 sind von Drittfirmen erbrachte untertägige Serviceleistungen im deutschen Steinkohlebergbau, die im Auftrag eines Unternehmens dessen Rohstoffgewinnung unterstützen, etwa durch die Erstellung von Grubenräumen, einschl. Schacht- und Streckenbauarbeiten und der sonst erforderlichen Infrastruktur im Untertage- und Tunnelbau, wie z.B. Lüftungsanlagen.[18] In der Branche sind ca. 2.500 AN im Inland beschäftigt, größtes Unternehmen ist die Thyssen Schachtbau GmbH, Mühlheim an der Ruhr.

VI. Wäschereidienstleistungen im Objektkundengeschäft

Die ca. 35.000 AN der Großwäschereien im Objektkundengeschäft (§§ 4 Nr. 6, 6 Abs. 7) reinigen waschbare Textilien für gewerbliche Kunden (z.B. Hotels) sowie für öffentlich-rechtliche oder kirchliche Einrichtungen (z.B. Krankenhäuser, Alten- und Pflegeheime) und bereiten sie wieder auf. Es kommt nicht darauf an, ob die Wäsche im Eigentum der Wäscherei oder des Kunden steht (§ 6 Abs. 7 S. 1). Zum Dienstleistungsangebot der Großwäschereien gehört neben dem Waschen der Wäsche auch die Abholung beim Kunden, die Aufbereitung der Wäsche und der Rücktransport zum Kunden sowie das Einräumen der Wäsche in die Schränke des Kunden und das Beziehen von Betten z.B. in Krankenhäusern.[19] Die Branche grenzt sich von der chemischen Reinigung (Textilreinigungen, Waschsalons) ab, bei der nichtwaschbare Textilien i.d.R. von kleineren Firmen für Privatkunden gereinigt werden.[20] Nicht erfasst sind Wäschereiabteilungen, die für die eigene Organisationseinheit Wäsche waschen (z.B. Krankenhauswäschereien) sowie Wäschereidienstleistungen, die von Werkstätten für behinderte Menschen i.S.v. § 136 SGB IX erbracht werden (§ 6 Abs. 7 S. 2).[21] Bei gemischten Betrieben ist darauf abzustellen, ob das Objektkundengeschäft prägend ist, was nach dem maßgeblichen TV Mindestlohn Wäschereidienstleistungen (§ 3 Rn 21) der Fall ist, wenn der Anteil an Privatkunden weniger als 20 v.H. beträgt.

VII. Abfallwirtschaft einschließlich Straßenreinigung und Winterdienst

Abfallwirtschaft i.S.v. §§ 4 Nr. 7, 6 Abs. 8 umfasst als Branche das Sammeln, Befördern (bzw. Transportieren), Verarbeiten (insb. Sortieren, Verwerten), Beseitigen (vor allem durch Verbrennen) und Lagern (bzw. Deponieren) von Abfällen und das Wiedergewinnen von Rohstoffen aus Abfall (z.B. Papier, Metalle, Kunststoffe). Des Weiteren sind das Kehren und Reinigen von öffentlichen Verkehrsflächen (Straßen und Plätzen) und das Beseitigen von Schnee und Eis auf solchen Straßen und Plätzen erfasst, einschl. des Einsatzes von Streugut.[22] Abfälle i.S.v. § 3 Abs. 1 S. 1 KrW-/AbfG sind alle beweglichen Sachen, die unter die Abfallgruppen Q 1 bis Q 16 in Anh. I zum KrW-/AbfG fallen und deren sich ihr Besitzer entledigt, entledigen will oder entledigen muss. In der deutschen Abfall- bzw. Entsorgungswirtschaft sind ca. 138.000 AN beschäftigt.

VIII. Aus- und Weiterbildungsdienstleistungen nach SGB II oder SGB III

Aus- und Weiterbildungsmaßnahmen (§ 4 Nr. 8) umfassen alle Qualifizierungsmaßnahmen, die nach dem SGB II und SGB III durchgeführt werden, z.B. berufsvorbereitende Bildungsmaßnahmen (§§ 61 ff. SGB III) und Trainings-

---

15 BT-Drucks 16/6735, S. 6; *Kossens*, AuA 2009, 236, 238.
16 BeckOK-AEntG/*Gussen*, Stand: 1.6.2009, § 1 Rn 2a; *Gerster*, AuA 2008, 257.
17 BT-Drucks 16/11669, S. 21.
18 BT-Drucks 16/11669, S. 21.
19 BT-Prot. 16/99, S. 1289.
20 Näher *Wettengl*, in: BT-Prot. 16/99, S. 1289 (SV-Anhörung).
21 BT-Drucks 16/11669, S. 21.
22 BT-Drucks 16/11669, S. 21.

maßnahmen.[23] Ausgenommen sind Einrichtungen der beruflichen Rehabilitation i.S.v. § 35 Abs. 1 S. 1 SGB IX (§ 6 Abs. 9), also Berufsbildungswerke, Berufsförderungswerke und vergleichbare Einrichtungen der beruflichen Rehabilitation. In der Weiterbildungsbranche in Deutschland sind ca. 23.000 AN beschäftigt.

IX. Pflegebranche

14 Um den Besonderheiten der z.T. kirchlich bzw. karitativ geprägten Arbverh und dem Fehlen eines bundesweiten TV Rechnung zu tragen, wurde der Pflegebranche bzw. den ca. 565.000 Beschäftigten eigens der 4. Abschn. des AEntG 2009 mit entsprechenden Sonderregelungen gewidmet (siehe die Kommentierung zu §§ 10 bis 13).

C. Verbindung zu anderen Rechtsgebieten und zum Prozessrecht

15 Vor allem die **Zeitarbeitsbranche** (AÜG) mit ca. 700.000 in Deutschland beschäftigten Leih-AN war immer wieder in der Diskussion um eine Aufnahme in das AEntG.[24] Dies trotz der nahezu vollständigen Tarifbindung der Branche, die sich freilich auch mit Blick auf § 9 Nr. 2 Hs. 3 AÜG erklärt.[25] Ein entsprechender Mindestlohn-TV lag ebenso vor wie der erforderliche Antrag der Tarifpartner, welcher aber nicht die erforderliche politische Mehrheit fand. Anstelle dessen soll nun im AÜG die Möglichkeit der Festsetzung einer Lohnuntergrenze durch VO der BReg festgeschrieben werden. Eine zeitnahe Umsetzung ist unwahrscheinlich.

Somit fallen Leih-AN nur in den vom AEntG erfassten Branchen (siehe Rn 4 ff.) gem. § 8 Abs. 3 unter den Schutz der tariflichen Mindestarbeitsbedingungen.

16 Ebenfalls ist im Zuge der Neufassung des AEntG 2009 die Aufnahme der Branche der **privaten Forstwirtschaftsdienstleistungen** mit nur ca. 10.000 in Deutschland beschäftigten AN gescheitert.

D. Beraterhinweise

17 Aus Beratersicht ist genau zu prüfen, ob ein Sachverhalt im betreffenden Zeitraum unter eine vom AEntG erfasste Branche fällt. Dies gilt umso mehr mit Blick auf das Überwiegensprinzip (siehe § 6 Rn 5 ff.). Zudem bleiben „Anträge" weiterer Branchen auf Aufnahme in den Geltungsbereich des AEntG auch künftig möglich.[26] Hinsichtlich der Begriffsbestimmung der neu in das AEntG 2009 aufgenommenen Branchen wollte der Gesetzgeber an die satzungs- und tarifautonom definierten Organisations- und Tarifstrukturen anknüpfen und auf vorhandene Definitionen in branchentypischen gesetzlichen Vorschriften zurückgreifen.[27] Erst die künftig zu erwartende Judikatur wird in Grenzfällen weitere Klarheit zur Eingrenzung der Branchen schaffen.

§ 5 Arbeitsbedingungen

Gegenstand eines Tarifvertrages nach § 3 können sein
1. Mindestentgeltsätze, die nach Art der Tätigkeit, Qualifikation der Arbeitnehmer und Arbeitnehmerinnen und Regionen differieren können, einschließlich der Überstundensätze,
2. die Dauer des Erholungsurlaubs, das Urlaubsentgelt oder ein zusätzliches Urlaubsgeld,
3. die Einziehung von Beiträgen und die Gewährung von Leistungen im Zusammenhang mit Urlaubsansprüchen nach Nummer 2 durch eine gemeinsame Einrichtung der Tarifvertragsparteien, wenn sichergestellt ist, dass der ausländische Arbeitgeber nicht gleichzeitig zu Beiträgen zu der gemeinsamen Einrichtung der Tarifvertragsparteien und zu einer vergleichbaren Einrichtung im Staat seines Sitzes herangezogen wird und das Verfahren der gemeinsamen Einrichtung der Tarifvertragsparteien eine Anrechnung derjenigen Leistungen vorsieht, die der ausländische Arbeitgeber zur Erfüllung des gesetzlichen, tarifvertraglichen oder einzelvertraglichen Urlaubsanspruchs seines Arbeitnehmers oder seiner Arbeitnehmerin bereits erbracht hat, und
4. Arbeitsbedingungen im Sinne des § 2 Nr. 3 bis 7.

---

23 BT-Drucks 16/11669, S. 21.
24 *Düwell/Dahl*, DB 2009, 1070, 1073; *Hunnekuhl/zu Dohna-Jaeger*, NZA 2007, 954; *Kossens*, AuA 2009, 236; *Thüsing/Lembke*, ZfA 2007, 87.
25 *Dombre*, in: BT-Prot. 16/99, S. 1287 (SV-Anhörung).
26 BT-Drucks 16/10486, S. 14.
27 BT-Drucks 16/11669, S. 21.

A. Allgemeines	1	1. Allgemeines	5
B. Regelungsgehalt	2	2. Urlaubskassen	6
I. (Differenzierte) Mindestentgeltsätze einschließlich der Überstundensätze	2	3. Doppelbelastungsverbot	7
		4. Rückzahlungsansprüche infolge Überzahlung	8
II. Dauer des Erholungsurlaubs, Urlaubsentgelt, zusätzliches Urlaubsgeld	4	IV. Weitere tarifliche Arbeitsbedingungen	9
III. Einbeziehung in das inländische Sozialkassenverfahren	5	C. Verbindungen zu anderen Rechtsgebieten und zum Prozessrecht	11
		D. Beraterhinweise	13

A. Allgemeines

§ 5 nimmt einheitlich diejenigen **tarifvertraglichen Arbeitsbedingungen** in Bezug, die Gegenstand eines nach dem AEntG erstreckten TV sein können. Dabei werden § 1 Abs. 1 und 3 a.F. (Mindestentgeltsätze und Urlaubsvorschriften einschl. Urlaubskassenverfahren) und § 7 Abs. 2 a.F. (Sonstige Arbeitsbedingungen) zusammengefasst.[1] Die von § 5 erfassten inländischen TV-Regelungen finden als **Eingriffsnormen** (Art. 34 EGBGB) auf das betreffende Arbverh international-privatrechtlich zwingend Anwendung (siehe § 3 Rn 1).
§ 5 Nr. 1 knüpft an § 1 Abs. 1 S. 1 Nr. 1 a.F. an (siehe Rn 2). § 5 Nr. 2 ist wortgleich mit § 1 Abs. 1 S. 1 Nr. 2 a.F. § 5 Nr. 3 strafft den bisherigen § 1 Abs. 3 a.F. (Urlaubskassenverfahren) in Wortlaut und Gliederung, ohne inhaltliche Änderungen vorzunehmen.[2] § 5 Nr. 4 i.V.m. § 2 Nr. 3 bis 7 entspricht § 7 Abs. 2 a.F.

B. Regelungsgehalt

I. (Differenzierte) Mindestentgeltsätze einschließlich der Überstundensätze

§ 5 Nr. 1 erfasst zunächst „**Mindestentgeltsätze**". Die früher in § 1 Abs. 1 S. 1 Nr. 1 a.F. enthaltene Beschränkung auf die unterste tarifliche Lohngruppe war bereits mit dem KorrekturG 1998[3] zugunsten eines größeren Gestaltungsspielraums der TV-Parteien entfallen, so dass die TV-Parteien mehr als nur eine Lohngruppe vorsehen können.[4] § 5 Nr. 1 n.F. normiert erstmals ausdrücklich die **Differenzierungsmöglichkeiten** bei Mindestentgeltsätzen, die sich in der bisherigen Praxis bewährt haben. Auf diese Weise können die TV-Parteien unterschiedliche Entgeltsätze in Bezug auf die ausgeübte Tätigkeit (z.B. Innen- und Unterhaltsreinigung/Glas- und Fassadenreinigung; Dachdecker/Maler und Lackierer), das Qualifikationsniveau (z.B. gelernt/ungelernt) oder regionale Besonderheiten vereinbaren. Die Erstreckung eines gesamten **Lohngitters** ist nicht möglich.[5] Unzulässig wäre etwa eine Differenzierung nach der Seniorität der jeweiligen AN.[6] Auch eine generelle automatische Anpassung an die Entwicklung der Lebenshaltungskosten lässt die Entsende-RL 96/71/EG nicht zu.[7] Die Eingruppierung der AN in die zutreffende Lohnklasse unterliegt der Kontrolle durch die Prüfbehörden im Rahmen der Ermittlung des Mindestlohns (siehe § 17 Rn 3). Die Mindestentgeltsätze müssen für den Geltungsbereich des AEntG gesondert vereinbart werden.[8] § 8 Abs. 1 S. 2 stellt klar, dass die verschiedenen Lohngruppen „in dem TV" vorgeschrieben sein müssen, wie dies etwa in § 2 Abs. 2 S. 1 TV Mindestlohn der Fall ist.
In der Baubranche setzt sich bspw. der Gesamttarifstundenlohn (GTL) gem. § 5 Nr. 4.1. BRTV-Bau i.V.m. § 2 Abs. 1 S. 1 TV Mindestlohn aus dem Tarifstundenlohn (TL) und dem Bauzuschlag (BZ) zusammen. Es handelt sich um einen Brutto-Lohn.[9] Alle gesetzlichen Abgaben, die der AG alleine zu tragen hat (AG-Anteil zur SozVers), sind auch nicht anteilig Teil des Bruttolohns.[10] Bei der Berechnung des Mindestlohns sind ungeachtet ihrer Bezeichnung alle Zahlungen des AG an den AN zu berücksichtigen, die nicht Aufwandsentschädigung, sondern einen Teil der Arbeitsvergütung darstellen.[11] Die **Entsendungszulagen** gelten gem. Art. 3 Abs. 7 S. 2 Entsende-RL 96/71/EG als Bestandteile des Mindestlohns, soweit sie nicht als Erstattung für infolge der Entsendung tatsächlich entstandenen Kosten, wie z.B. Reise-, Unterbringungs- und Verpflegungskosten gezahlt werden. Im Zweifel sind danach Zahlungen des AG als Lohnbestandteil anzusehen.[12] Im Hinblick auf Art. 3 Entsende-RL 96/71/EG sind neben dem BZ auch solche **Zulagen und Zuschläge** als Bestandteile des Mindestlohns zu berücksichtigen, die nicht das Verhältnis zwischen der

---

1 BT-Drucks 16/10486, S. 14.
2 BT-Drucks 16/10486, S. 14.
3 Gesetz zu Korrekturen in der SozVers und zur Sicherung der AN-Rechte v. 19.12.1998 (BGBl I S. 3843).
4 BT-Drucks 14/45, S. 25.
5 BT-Drucks 16/10486, S. 14.
6 *Bayreuther*, DB 2009, 678, 679.
7 EuGH 19.6.2008 – Rs. C-319/06 – Kommission ./. Luxemburg – ABl EU C 209, S. 4 = NZA 2008, 865.
8 Däubler/*Lakies*, TVG, § 5 – Anh. 2, § 1 AEntG Rn 84 m.w.N.
9 EuGH 14.4.2005 – C-341/02 – Kommission der EG ./. Bundesrepublik Deutschland – ABl C 143, S. 6 = NZA 2005, 573, 574.
10 BayObLG 25.9.2000 – 3 ObOWi 78/00 – OLGSt § 1 AEntG Nr. 1 = NStZ-RR 2001, 52, 53.
11 BAG 8.10.2008 – 5 AZR 8/08 – EzA § 4 TVG Tarifkonkurrenz Nr. 22 = NZA 2009, 98, 101 m.w.N.
12 AG Essen 20.7.1998 – 56 Owi 300 Js 676/97–56 (585/97) – NZA-RR 2000, 72, 73 f.

Leistung des AN und der von ihm erhaltenen Gegenleistung verändern.[13] Eine als Differenzausgleich zwischen dem Heimatlohn und dem Mindestlohn erfolgte Zahlung ist zu berücksichtigen.[14] Gleiches gilt für tarifvertraglich vorgesehenes Verpflegungsgeld.[15] Gewährt der AG zusätzlich zum Lohn **Sachleistungen**, so ist deren Geldwert nicht als Lohnbestandteil zu berücksichtigen.[16] Bei flexibler Arbeitszeit mit diskontinuierlichem Arbeitsanfall sind, wenn das Entgelt in monatlich gleich bleibender Höhe gezahlt wird, die tatsächlich geleisteten Stundenlöhne in der Weise zu ermitteln, dass das jeweils in einer Planperiode geleistete Entgelt durch die in diesem Zeitraum erbrachte Stundenzahl dividiert wird.[17] Bei der Berechnung des Mindestentgelts sind alle tatsächlich geleisteten Arbeitsstunden des AN zu berücksichtigen, selbst solche, die unter Verstoß gegen das ArbZG erbracht wurden.[18]

3 **Überstunden** liegen vor, wenn vom AN mehr als die vertraglich vorgesehene oder am Arbeitsort übliche regelmäßige tägliche/wöchentliche Arbeitszeit geleistet wird (siehe § 611 BGB Rn 732). Die Überstundensätze müssen nicht in demselben TV geregelt sein, in dem die Mindestentgeltsätze vereinbart sind.[19]

II. Dauer des Erholungsurlaubs, Urlaubsentgelt, zusätzliches Urlaubsgeld

4 Die tariflichen Urlaubsregelungen nach § 5 Nr. 2 (§ 1 Abs. 1 S. 1 Nr. 2 a.F.) können sich auf den **Urlaubsanspruch** – d.h. insb. die Dauer des Erholungsurlaubs (§§ 3 ff. BUrlG) –, das **Urlaubsentgelt** (§ 11 BUrlG) sowie auf ein zusätzliches **Urlaubsgeld** beziehen.[20] Art. 49, 50 EGV stehen der Ausdehnung der Regelung eines Mitgliedstaats, die eine Urlaubslänge vorsieht, die über die in der Arbeitszeit-RL 2003/88/EG[21] vorgesehene hinausgeht, auf die von in anderen Mitgliedstaaten ansässigen Dienstleistenden in diesen Mitgliedstaat entsandten AN für die Dauer der AEnt nicht entgegen.[22]

III. Einbeziehung in das inländische Sozialkassenverfahren

5 **1. Allgemeines.** Unter den Voraussetzungen der §§ 3, 5 Nr. 3, 8 Abs. 1 (§ 1 Abs. 3 a.F.) kommt eine Einbeziehung ausländischer AG und ihrer im räumlichen Geltungsbereich des TV beschäftigten AN in das inländische Sozialkassenverfahren in Betracht, mit der Folge entsprechender **Auskunfts-, Melde- und Beitragspflichten**.[23] Die Einbeziehung ausländischer AG in das deutsche Sozialkassenverfahren (Urlaubskassenverfahren) dient der Durchsetzung der – im Wege des gebotenen **Günstigkeitsvergleichs** (siehe § 3 Rn 3) ermittelten – materiell-rechtlichen Urlaubsansprüche der AN gem. § 5 Nr. 2 (siehe Rn 4).[24] § 8 Abs. 1 (§ 1 Abs. 3 S. 3 a.F.) stellt klar, dass auch inländische AG zur Zahlung von Sozialkassenbeiträgen verpflichtet sind.[25] Im Hinblick auf die Öffnungsklausel des § 13 Abs. 2 S. 1 BUrlG haben etwa die TV-Parteien des Bauhauptgewerbes durch die für allgemeinverbindlich erklärten Vorschriften des § 8 BRTV-Bau und des dazugehörigen VTV ein eigenes Urlaubsverfahren geschaffen, welches durch gemeinsame Einrichtungen der TV-Parteien i.S.v. § 4 Abs. 2 TVG abgewickelt wird (siehe Rn 6).[26] Die fristgerechte Abgabe der Beitragsmeldungen in der tariflich festgelegten Art und Weise dient der Berechnung und dem rechtzeitigen Einzug der Beiträge durch die Sozialkasse.[27] Die Höhe des Urlaubskassenbeitrags richtet sich nach der vom AG geschuldeten und nicht nach der tatsächlich gezahlten Bruttolohnsumme.[28] Im Fall der Insolvenzeröffnung über das Vermögen des AG besteht ein Anspruch der Sozialkasse gegen die Insolvenzmasse (§ 55 Abs. 1 Nr. 2 Alt. 2 InsO) auf Zahlung der Sozialkassenbeiträge nach Maßgabe des VTV bis zur rechtlichen Beendigung der einzelnen Arbverh auch dann, wenn der Insolvenzverwalter den Geschäftsbetrieb einstellt und allen AN kündigt (Freigabe des Betriebs).[29]

---

13 EuGH 14.4.2005 – C-341/02 – Kommission der EG ./. Bundesrepublik Deutschland – ABl C 143, S. 6 = NZA 2005, 573, 574 f.; a.A. BayObLG 27.11.2002 – 3 ObOWi 93/02 – AP § 1 AEntG Nr. 13 = NStZ 2003, 556 f.; BayObLG 28.5.2002 – 3 ObOWi 29/02 – AP § 1 AEntG Nr. 10 = NStZ-RR 2002, 279 f.; KG Berlin 28.9.2001 – 2 Ss 437/98, 5 Ws (B) 132/99 – wistra 2002, 227, 228 f.

14 EuGH 14.4.2005 – C-341/02 – Kommission der EG ./. Bundesrepublik Deutschland – ABl C 143, S. 6 = NZA 2005, 573, 574.

15 OLG Hamm 30.1.2002 – 2 Ss OWi 1175/01 – EzAÜG § 5 AÜG Nr. 4 = IBR 2002, 226 m. Anm. *Metzger*.

16 *Koberski/Asshoff/Hold*, § 1 Rn 209.

17 OLG Karlsruhe 5.2.2002 – 2 Ss 162/00 – EzAÜG § 1 AEntG Nr. 6 = NStZ-RR 2002, 277, 278 f.

18 *Däubler/Lakies*, TVG, § 5 Anh. 2, § 2 AEntG Rn 29.

19 BAG 19.5.2004 – 5 AZR 449/03 – AP § 1 AEntG Nr. 16 = NZA 2004, 1170 ff.

20 Näher *Däubler/Lakies*, TVG, § 5 Anh. 2, § 1 AEntG Rn 86 ff.; *Schwab*, AR-Blattei 370.3, Rn 36 ff.

21 RL 2003/88/EG des Europäischen Parlaments und des Rates v. 4.11.2003 über bestimmte Aspekte der Arbeitszeitgestaltung (ABl L 299, S. 9).

22 EuGH 25.10.2001 – Rs. C-49/98 u.a. – Finalarte u.a. – EuGH Slg. I 2001, 7831 = NZA 2001, 1377, 1380 f.

23 BAG 25.1.2005 – 9 AZR 621/03 – NZA 2005, 1376; BAG 25.6.2002 – 9 AZR 439/01 – BAGE 102, 1, 17 = AP § 1 AEntG Nr. 15; BAG 25.6.2002 – 9 AZR 106/01 – AuR 2002, 306; BAG 25.6.2002 – 9 AZR 405/00 – BAGE 101, 357, 359 ff. = NZA 2003, 275, 276 ff.

24 BT-Drucks 13/2414, S. 9; *Pohl*, NZA 1998, 735, 736; *Wank/Börgmann*, NZA 2001, 177.

25 *Ulber*, § 1 AEntG Rn 54; *Webers*, DB 1996, 574, 575.

26 *Hauck*, in: FS für Schaub, S. 263; u.a. zum Dachdeckerhandwerk siehe *Däubler/Lakies*, TVG, § 5 Anh. 2, § 1 AEntG Rn 88.

27 BAG 21.11.2007 – 10 AZR 481/06 – AP § 1 TVG Tarifverträge Bau Nr. 296 = BB 2008, 273.

28 BAG 14.2.2007 – 10 AZR 63/06 – EzA-SD 2007, Nr. 9, 14 = NZA-RR 2007, 300, 303 m.w.N.

29 BAG 5.2.2009 – 6 AZR 110/08 – EBE/BAG 2009, 82 = ZIP 2009, 984.

2. Urlaubskassen. Die SOKA-Bau Urlaubs- und Lohnausgleichskasse der Deutschen Bauwirtschaft mit Sitz in Wiesbaden – **ULAK** (§ 8 Nr. 15.1 S. 1 BRTV-Bau) –,[30] die Sozialkasse des Berliner Baugewerbes (Verein kraft staatlicher Verleihung) mit Sitz in Berlin – **Soka-Berlin** (§ 8 Nr. 15.1 S. 2 BRTV-Bau) – und die Gemeinnützige Urlaubskasse des Bayerischen Baugewerbes e.V. mit Sitz in München – **UKB** (§ 3 Abs. 1 S. 2 VTV) – sind gemeinsame Einrichtungen der TV-Parteien i.S.v. § 5 Nr. 3 (§ 1 Abs. 3 S. 1 a.F.).[31] Ein Direktanspruch des ausländischen AN auf Urlaubsvergütung gegen die Kasse ist gemeinschaftsrechtlich nicht zu beanstanden.[32] Die Verpflichtung eines AG zur Teilnahme am Urlaubskassenverfahren besteht auch dann, wenn mögliche Ansprüche der AN gegen die Urlaubskasse verfallen sind.[33] Die Behauptung des AG, dass Urlaubsansprüche der AN bereits vollständig abgewickelt worden sind, ist unerheblich, denn die erstreckten TV übertragen der Urlaubskasse und nicht dem AG die Sicherung der Urlaubsansprüche.[34] Die Urlaubskasse ist verpflichtet, die bei ihr Ansprüche geltend machenden AN über das von ihnen einzuhaltende Verfahren und die Fristen aufzuklären.[35] Verfällt der Anspruch der AN auf Entschädigung für entgangene Urlaubsabgeltung, so kommt ein Anspruch gegen die Urlaubskasse aus §§ 282, 241 Abs. 2, 280 Abs. 1, 249 Abs. 1 BGB gegen die Urlaubskasse in Betracht, wenn diese ihre Nebenpflicht zur sachgerechten Information und Beratung (Aufklärungs- und Hinweispflichten) verletzt hat.[36]

3. Doppelbelastungsverbot. Die Heranziehung ausländischer AG zur Beitragszahlung im Rahmen eines inländischen Sozialkassenverfahrens darf nicht zu einer gemeinschaftsrechtswidrigen Doppelbelastung für den AG führen.[37] Daher muss gem. § 5 Nr. 3 in den betreffenden TV (z.B. § 8 Nr. 13 BRTV-Bau) oder auf sonstige Weise sichergestellt sein, dass der ausländische AG nicht gleichzeitig zu Beiträgen der inländischen Sozialkasse und zu Beiträgen einer vergleichbaren Einrichtung im Staat seines Sitzes herangezogen wird (**Ausnahmevorschriften**, § 1 Abs. 3 S. 1 Nr. 1 a.F.). „Vergleichbare" Einrichtungen bestehen derzeit[38] etwa in Frankreich,[39] Österreich,[40] Belgien,[41] Dänemark[42] und Italien.[43] Insoweit wurden bilaterale Abkommen – Rahmen- und Ausführungsvereinbarungen – geschlossen, die eine Freistellung der betreffenden ausländischen AG bewirken.

Zudem muss sichergestellt sein, dass das Verfahren der gemeinsamen Einrichtung der TV-Parteien eine Anrechnung derjenigen Leistungen vorsieht, die der ausländische AG zur Erfüllung des Urlaubsanspruchs seines AN bereits erbracht hat (**Anrechnungsvorschriften**, § 5 Nr. 3, § 1 Abs. 3 S. 1 Nr. 2 a.F.). Ein Erstattungsanspruch des AG besteht nur dann, wenn sein Beitragskonto kein Debetsaldo ausweist. Der tarifliche Ausschluss einer Aufrechnung mit Erstattungsansprüchen gegen Beitragsforderungen führt nicht zu einer unzulässigen Doppelbelastung des AG mit Sitz im Ausland.[44]

4. Rückzahlungsansprüche infolge Überzahlung. Zahlt ein ausländischer AG, der AN nach Deutschland entsendet, unter dem Vorbehalt des Bestehens einer entsprechenden Verpflichtung Urlaubskassenbeiträge an die ULAK und stellt sich heraus, dass Beitragspflichten mangels überwiegender Durchführung baulicher Tätigkeiten (§ 6 Abs. 2) tatsächlich nicht bestanden haben, so kann die ULAK dem Rückzahlungsanspruch des AG aus § 812 BGB nicht erfolgreich einen Wegfall der Bereicherung (§ 818 Abs. 3 BGB) wegen Zahlung von Urlaubsabgeltungsbeträgen an die entsandten AN in Höhe der unter Vorbehalt erfolgten Zahlungen entgegenhalten.[45] Im Fall der Zahlung des AG an eine unzuständige Sozialkasse, welche diese Beträge dann an die zuständige Sozialkasse weitergeleitet hat (§ 667 BGB), erfolgt die bereicherungsrechtliche Rückabwicklung wegen des Vorrangs der Leistungskondiktion (§ 812 Abs. 1 S. 1 Alt. 1 BGB) „über's Eck".[46]

IV. Weitere tarifliche Arbeitsbedingungen

In Übereinstimmung mit Art. 3 Abs. 1, Abs. 10 Entsende-RL 96/71/EG sind in Fällen grenzüberschreitender inländischer Beschäftigung auch die sonstigen tarifvertraglichen Mindestarbeitsbedingungen nach § 2 Nr. 3 bis 7 (siehe § 2 Rn 3) zwingend zu gewähren (§ 8 Abs. 1 i.V.m. §§ 3, 5 Nr. 4; vormals § 7 Abs. 2 a.F.). Die zentralen Mindest-

---

30 Verein kraft staatlicher Verleihung (§ 22 BGB). SOKA-Bau ist der gemeinsame Name von ULAK und der Zusatzversorgungskasse des Baugewerbes AG (ZVK) mit Sitz in Wiesbaden; siehe *Opolony*, AuA 1999, 403.
31 *Däubler/Lakies*, TVG, § 5 Anh. 2, § 1 AEntG Rn 94.
32 EuGH 25.10.2001 – C-49/98 u.a. – Finalarte u.a. – EuGH Slg. I 2001, 7831 = NZA 2001, 1377, 1380 f.
33 BAG 25.1.2005 – 9 AZR 620/03 – EzA § 1 AEntG Nr. 7 = NZA 2005, 1376.
34 BAG 25.1.2005 – 9 AZR 621/03 – NZA 2005, 1376.
35 BAG 20.8.1996 – 9 AZR 222/95 – AP § 11 BUrlG Urlaubskasse Nr. 1 = NZA 1997, 211 f.
36 BAG 14.8.2007 – 9 AZR 167/07 – NZA 2008, 236, 237 ff.
37 BT-Drucks 13/2414, S. 9; *Ulber*, § 1 AEntG Rn 49 ff.
38 Ferner bis 31.12.2008 z.T. auch in den Niederlanden (Stichting Vakantiefonds voor de Bouwnijverheid und Stichting Vakantiefonds voor de Landbouw); bis 31.12.2007 auch in der Schweiz; zu Luxemburg siehe abl. LAG Hessen 19.3.2007 – 16 Sa 1297/06 – juris.
39 Caisse Nationale de Surcompensation du Bâtiment et des Travaux Publics de France.
40 Bauarbeiter-Urlaubs- und Abfertigungskasse.
41 Office Nationale de Sécurité Sociale.
42 Arbejdsmarkedets Feriefond.
43 Commissione Nazionale Paritetica per le Casse Edili.
44 BAG 21.11.2007 – 10 AZR 782/06 – AP § 1 TVG Tarifverträge Bau Nr. 297 = NZA-RR 2008, 253, 258 f.
45 LAG Hessen 16.8.2004 – 16 Sa 198/04 – EzAÜG § 812 BGB Nr. 1 = DB 2004, 2645.
46 BAG 23.4.2008 – 10 AZR 108/07 – AP § 1 TVG Tarifverträge Bau Nr. 300 = NZA-RR 2009, 201, 202 f.; BAG 23.4.2008 – 10 AZR 1057/06 – juris.

10 AEntG § 6

10 arbeitsbedingungen „Mindestlohn" und „Mindesturlaub" (§ 2 Nr. 1 und 2) werden bereits durch § 5 Nr. 1 und 2 (§ 1 Abs. 1 und 3 a.F.) geregelt.[47]

10 Zwar sind Ausschlussfristen in § 5 Nr. 1 nicht explizit erwähnt. Nach der ausdrücklichen gesetzlichen Anordnung in § 9 S. 3 können Ausschlussfristen von mind. sechs Monaten aber in dem TV vereinbart werden. Diese erlangen dann auch Gültigkeit für i.Ü. ausländischem Recht unterliegende Arbverh. Die st. Rspr. des BAG, dass die tarifliche Ausschlussfrist in § 15 BRTV-Bau[48] keine Eingriffsnorm i.S.v. Art. 34 EGBGB darstellt,[49] steht dem nicht entgegen,[50] da der RTV gerade nicht von § 9 S. 3 erfasst wird. Die Ausschlussfrist muss „in dem" Mindestlohn-TV selbst geregelt sein (siehe § 9 Rn 5).

C. Verbindungen zu anderen Rechtsgebieten und zum Prozessrecht

11 Will der ausländische AG im Hinblick auf das Doppelbelastungsverbot nach § 5 Nr. 3 (§ 1 Abs. 3 S. 1 Nr. 1, 2 a.F.) die Beitragszahlung an die inländische Urlaubskasse verweigern, so trägt er die **Darlegungs- und Beweislast** dafür, dass eine Beitragsverpflichtung gegenüber der ausländischen Urlaubskasse besteht und dass er die danach geschuldeten Beiträge tatsächlich gezahlt hat.[51]

12 Kommt der AG seiner Auskunftsverpflichtung nach dem VTV nicht binnen einer bestimmten Frist nach, so ist er auf Antrag der ZVK nach § 61 Abs. 2 ArbGG zur Zahlung einer vom Gericht nach freiem Ermessen (§ 287 ZPO) festzusetzenden **Entschädigung** zu verurteilen.[52]

D. Beraterhinweise

13 Die im Hinblick auf die Freistellung vom Urlaubskassenverfahren (§ 5 Nr. 3) bedeutsamen bilateralen Rahmen- und Ausführungsvereinbarungen können bei der **Europaabteilung der ULAK** angefordert werden.[53]

§ 6 Besondere Regelungen

(1) ¹Dieser Abschnitt findet keine Anwendung auf Erstmontage- oder Einbauarbeiten, die Bestandteil eines Liefervertrages sind, für die Inbetriebnahme der gelieferten Güter unerlässlich sind und von Facharbeitern oder Facharbeiterinnen oder angelernten Arbeitern oder Arbeiterinnen des Lieferunternehmens ausgeführt werden, wenn die Dauer der Entsendung acht Tage nicht übersteigt. ²Satz 1 gilt nicht für Bauleistungen im Sinne des § 175 Abs. 2 des Dritten Buches Sozialgesetzbuch und nicht für Arbeitsbedingungen nach § 5 Nr. 4.
(2) Im Falle eines Tarifvertrages nach § 4 Nr. 1 findet dieser Abschnitt Anwendung, wenn der Betrieb oder die selbstständige Betriebsabteilung im Sinne des fachlichen Geltungsbereichs des Tarifvertrages überwiegend Bauleistungen gemäß § 175 Abs. 2 des Dritten Buches Sozialgesetzbuch erbringt.
(3) Im Falle eines Tarifvertrages nach § 4 Nummer 2 findet dieser Abschnitt Anwendung, wenn der Betrieb oder die selbstständige Betriebsabteilung überwiegend Gebäudereinigungsleistungen erbringt.
(4) Im Falle eines Tarifvertrages nach § 4 Nr. 3 findet dieser Abschnitt Anwendung, wenn der Betrieb oder die selbstständige Betriebsabteilung überwiegend gewerbs- oder geschäftsmäßig Briefsendungen für Dritte befördert.
(5) Im Falle eines Tarifvertrages nach § 4 Nr. 4 findet dieser Abschnitt Anwendung, wenn der Betrieb oder die selbstständige Betriebsabteilung überwiegend Dienstleistungen des Bewachungs- und Sicherheitsgewerbes oder Kontroll- und Ordnungsdienste erbringt, die dem Schutz von Rechtsgütern aller Art, insbesondere von Leben, Gesundheit oder Eigentum dienen.
(6) Im Falle eines Tarifvertrages nach § 4 Nr. 5 findet dieser Abschnitt Anwendung, wenn der Betrieb oder die selbstständige Betriebsabteilung im Auftrag eines Dritten überwiegend auf inländischen Steinkohlebergwerken Grubenräume erstellt oder sonstige untertägige bergbauliche Spezialarbeiten ausführt.
(7) ¹Im Falle eines Tarifvertrages nach § 4 Nr. 6 findet dieser Abschnitt Anwendung, wenn der Betrieb oder die selbstständige Betriebsabteilung gewerbsmäßig überwiegend Textilien für gewerbliche Kunden sowie öffent-

---

[47] BT-Drucks 14/45, S. 27.
[48] BundesRTV für das Baugewerbe v. 4.7.2002 i.d.F. v. 20.8.2007 (BAnz 2008 Nr. 104 S. 2540).
[49] BAG 19.5.2004 – 5 AZR 449/03 – AP § 1 AEntG Nr. 16 = NZA 2004, 1170, 1172; BAG 12.1.2005 – 5 AZR 617/01 – AP § 1a AEntG Nr. 2 m. Anm. *Franzen* = NZA 2005, 627, 629, jeweils m.w.N.
[50] Anders *Bayreuther*, DB 2009, 678, 681.
[51] EuGH 23.11.1999 – C-369/96 – Arblade und C-376/96 – Leloup – EuGH Slg. I 1999, 8453 = NZA 2000, 85, 89; *Ulber*, § 1 AEntG Rn 53.
[52] BAG 28.7.2004 – 10 AZR 580/03 – BAGE 111, 302, 311 ff. = NZA 2005, 1188 m.w.N.
[53] SOKA-BAU, Urlaubs- und Lohnausgleichskasse der Bauwirtschaft (ULAK), Hauptabteilung Europa, Wettinerstraße 7, D-65179 Wiesbaden, E-Mail: europaabteilung@soka-bau.de.

lich-rechtliche oder kirchliche Einrichtungen wäscht, unabhängig davon, ob die Wäsche im Eigentum der Wäscherei oder des Kunden steht. ²Dieser Abschnitt findet keine Anwendung auf Wäschereidienstleistungen, die von Werkstätten für behinderte Menschen im Sinne des § 136 des Neunten Buches Sozialgesetzbuch erbracht werden.

(8) Im Falle eines Tarifvertrages nach § 4 Nr. 7 findet dieser Abschnitt Anwendung, wenn der Betrieb oder die selbstständige Betriebsabteilung überwiegend Abfälle im Sinne des § 3 Abs. 1 Satz 1 des Kreislaufwirtschafts- und Abfallgesetzes sammelt, befördert, lagert, beseitigt oder verwertet oder Dienstleistungen des Kehrens und Reinigens öffentlicher Verkehrsflächen und Schnee- und Eisbeseitigung von öffentlichen Verkehrsflächen einschließlich Streudienste erbringt.

(9) ¹Im Falle eines Tarifvertrages nach § 4 Nr. 8 findet dieser Abschnitt Anwendung, wenn der Betrieb oder die selbstständige Betriebsabteilung überwiegend Aus- und Weiterbildungsmaßnahmen nach dem Zweiten oder Dritten Buch Sozialgesetzbuch durchführt. ²Ausgenommen sind Einrichtungen der beruflichen Rehabilitation im Sinne des § 35 Abs. 1 Satz 1 des Neunten Buches Sozialgesetzbuch.

A. Allgemeines	1	4. Überwiegensprinzip	5
B. Regelungsgehalt	2	II. Sonstige Branchen	7
I. Baubranche	2	C. Verbindungen zu anderen Rechtsgebieten und zum Prozessrecht	8
1. Erstmontage- oder Einbauarbeiten	2		
2. Bauleistungen	3	D. Beraterhinweise	9
3. Betrieb oder selbstständige Betriebsabteilung	4		

A. Allgemeines

§ 6 n.F.¹ regelt in Ergänzung zum allg. Branchenkatalog des § 4 die auf die Besonderheiten der einzelnen Branchen zugeschnittenen notwendigen Abgrenzungen und Anwendungsausnahmen und fasst diese aus Gründen der besseren Übersichtlichkeit in einer einheitlichen Norm zusammen. Hierzu zählt auch die branchenspezifisch formulierte Festschreibung des sog. Überwiegensprinzips in Übereinstimmung mit der jeweiligen tarifvertraglichen und verordnungsrechtlichen Praxis.²

B. Regelungsgehalt

I. Baubranche

1. Erstmontage- oder Einbauarbeiten. Unter den Voraussetzungen von § 6 Abs. 1 S. 1 (§ 1 Abs. 4 a.F.) wird das AEntG bei **kurzzeitigen Entsendungen** bis max. acht Tagen nicht angewendet, wenn es sich um die Durchführung von Erstmontage- oder Einbauarbeiten im Rahmen von Lieferverträgen handelt, die nicht dem Baubereich zuzurechnen sind. Die Arbeiten müssen für die Inbetriebnahme der gelieferten Güter unerlässlich sein und von Fach-Arb und/oder angelernten Arb des Lieferunternehmens ausgeführt werden. § 6 Abs. 1 setzt Art. 3 Abs. 2 der Entsende-RL 96/71/EG um. Von der Ausnahmebestimmung sind gem. § 6 Abs. 1 S. 2 (§ 7 Abs. 2 a.F.) nur die tarifvertraglichen Arbeitsbedingungen Mindestlohn und Urlaub erfasst.³

2. Bauleistungen. § 6 Abs. 2 beschränkt die Anwendung des Gesetzes für tarifvertragliche Arbeitsbedingungen des Baugewerbes (§ 4 Nr. 1) auf den Fall, dass der Betrieb oder die nach der Definition des einschlägigen TV zu beurteilende selbstständige Betriebsabteilung (siehe Rn 4) überwiegend (siehe Rn 5 f.) Bauleistungen i.S.d. Legaldefinition des **§ 175 Abs. 2 (S. 2) SGB III** (bis 1997 § 75 AFG) erbringt. Dies entspricht einem bisher in § 1 Abs. 1 S. 1 a.F. enthaltenen Satzteil.⁴

Bauleistungen sind danach alle „Leistungen, die der Herstellung, Instandsetzung, Instandhaltung, Änderung oder Beseitigung von **Bauwerken** dienen"⁵ bzw. bei denen mit den Werkstoffen, Arbeitsmitteln und Arbeitsmethoden des **Baugewerbes** gearbeitet wird.⁶ Zur Erstellung eines Bauwerkes zählen alle Arbeiten, die irgendwie – wenn auch nur auf einem kleinen und speziellen Gebiet – der Errichtung und Vollendung von Bauwerken zu dienen bestimmt sind,⁷

---

1 BGBl I 2009 S. 799.
2 BT-Drucks 16/11669, S. 21; BT-Drucks 16/10486, S. 14 f.
3 BT-Drucks 16/10486, S. 15; BT-Drucks 16/3064, S. 8; näher *Sittard*, ZIP 2007, 1444, 1446.
4 BT-Drucks 16/10486, S. 15.
5 BAG 25.1.2005 – 9 AZR 146/04 – AP § 1 AEntG Nr. 21 = DB 2005, 1635; BAG 25.1.2005 – 9 AZR 258/04 – AP § 1 AEntG Nr. 20 = NZA 2005, 1130, 1131; siehe BAG 23.11.1988 – 4 AZR 395/88 – AP § 1 TVG Tarifverträge Bau Nr. 103 = DB 1989, 1296, zur Errichtung von Zäunen.
6 BAG 25.2.1987 – 4 AZR 230/86 – BAGE 55, 67, 76 = AP § 1 TVG Tarifverträge Bau Nr. 79 m.w.N.
7 BAG 14.1.2004 – 10 AZR 182/03 – AP § 1 TVG Tarifverträge Bau Nr. 263 = FA 2004, 252; BAG 18.1.1984 – 4 AZR 13/82 – AP § 1 TVG Tarifverträge Bau Nr. 59 = NZA 1984, 299.

also nicht nur der reine Rohbau,[8] sondern auch der gesamte Ausbau.[9] Darunter fallen z.B. Brückenbau-, Schachtbau- und Tunnelbauarbeiten,[10] Rohbau-, Sanierungs-, Armierungs-,[11] Maurer-, Bewehrungs- und Stahlbetonarbeiten,[12] Gleisbauarbeiten (Weichenmontage)[13] sowie das Biegen und Flechten von Baustahl, der anschließend in die Verschalung des vorgesehenen Betonbettes eingebracht wird.[14] Im tariflichen Sinn stellt auch ein Gewächshaus[15] sowie eine Fertiggarage[16] ein Bauwerk dar. Nach neuerer Rspr. ist das Anbringen und die Reparatur von Leitplanken an Straßen eine bauliche Tätigkeit.[17] Allein die Herstellung von Baumaterial und/oder der Handel damit stellen keine baulichen Tätigkeiten dar.[18] Im Einklang mit dem allg. **Gewerbebegriff** sind Betriebe der Urproduktion (z.B. Bergbau,[19] Landwirtschaft,[20] Forstwirtschaft) sowie öffentlicher Dienst und freie Berufe nicht erfasst.[21] Bodenbohrungen, die der Errichtung von Wärmequellanlagen dienen, sind nicht der Urproduktion, sondern der gewerblichen Tätigkeit zuzuordnen.[22] Den baugewerblichen Tätigkeiten sind nicht nur die eigentlichen Kerntätigkeiten, sondern außerdem diejenigen **Hilfs- oder Nebenarbeiten** zuzuordnen, die zu einer sach- und fachgerechten Ausführung der baulichen Leistung notwendig sind und deshalb mit ihnen im Zusammenhang stehen.[23] Die Einweisung, Überwachung und Kontrolle von AN eines Nachunternehmers ist eigene baugewerbliche Tätigkeit des Auftraggebers.[24]

3. Betrieb oder selbstständige Betriebsabteilung. Ein **Betrieb** ist nach allg.M. eine organisatorische Einheit, innerhalb derer der Unternehmer allein oder zusammen mit seinen AN mit Hilfe sächlicher oder immaterieller Mittel bestimmte arbeitstechnische Zwecke fortgesetzt verfolgt, die sich nicht in der Befriedigung von Eigenbedarf erschöpfen (siehe § 1 BetrVG Rn 4 ff.).

Ob eine „selbstständige (§ 6 Abs. 2 n.F., § 1 Abs. 1 S. 1) Betriebsabteilung i.S.d. fachlichen Geltungsbereichs des TV" vorliegt, bestimmt sich wie bei § 211 Abs. 1 S. 4 SGB III a.F. nach arbeitsrechtlichen Kriterien.[25] Eine **Betriebsabteilung** ist – in Anlehnung an den „Betriebsteil" i.S.v. § 613a Abs. 1 S. 1 BGB (siehe § 613a BGB Rn 60 ff.) – ein räumlich, personell und organisatorisch vom Gesamtbetrieb abgegrenzter Betriebsteil, der mit eigenen technischen Betriebsmitteln einen eigenen Betriebszweck verfolgt, der auch nur ein Hilfszweck sein kann.[26] „Selbstständigkeit" erfordert eine auch für Außenstehende wahrnehmbare räumliche und organisatorische Abgrenzung sowie einen besonders ausgeprägten spezifischen arbeitstechnischen Zweck; eine bloße betriebsinterne Spezialisierung genügt nicht.[27]

Keine organisatorisch abgegrenzten Betriebsteile sind **Baustellen** eines Bauunternehmens, auch wenn auf jeder ein fester AN-Stamm tätig ist, der zwischen den verschiedenen Baustellen jedenfalls für deren Dauer nicht ausgetauscht wird.[28] Denn eine Baustelle wird in § 7 Nr. 1 BRTV-Bau lediglich als Arbeitsstelle bezeichnet und nicht als Betriebsabteilung.[29]

4. Überwiegensprinzip. Das sog. Überwiegensprinzip nach § 6 Abs. 2 (§ 1 Abs. 1 S. 1 a.F.), § 175 Abs. 2 S. 1 SGB III und Abschn. VI S. 1 des VTV ist bezogen auf die Baubranche bei **„Mischbetrieben"** dann erfüllt, wenn

---

8 BAG 28.9.2005 – 10 AZR 28/05 – EzA § 1 AEntG Nr. 9 = NZA 2006, 379, 382.
9 Zum Ausbaugewerbe siehe BAG 5.9.1990 – 4 AZR 82/90 – AP § 1 TGV Tarifverträge Bau Nr. 135 = NZA 1991, 241; BAG 7.7.1999 – 10 AZR 582/98 – AP § 1 TVG Tarifverträge Bau Nr. 221 = NZA 2000, 43 f.
10 BAG 26.9.2007 – 10 AZR 415/06 – NZA 2007, 1442 ff.; LAG Hessen 2.2.2004 – 16 Sa 47/03 – DB 2005, 112.
11 OLG Hamm 30.1.2002 – 2 Ss OWi 1175/01 – EzAÜG § 5 AÜG Nr. 4 = IBR 2002, 226 m. Anm. *Metzger*.
12 LAG Hessen 16.8.2004 – 16/10 Sa 69/03 – juris.
13 BAG 1.4.2009 – 10 AZR 594/08 – juris; BAG 1.4.2009 – 10 AZR 593/08 – juris.
14 BAG 16.3.1994 – 10 AZR 277/93 – AP § 1 TVG Tarifverträge Bau Nr. 172.
15 BAG 28.5.2008 – 10 AZR 358/07 – AP § 1 TVG Tarifverträge Bau Nr. 301 = NZA-RR 2008, 639, 641 m.w.N.
16 BAG 2.7.2008 – 10 AZR 305/07 – IBR 2008, 691.
17 BAG 15.11.2006 – 10 AZR 698/05 – BAGE 120, 197, 199 ff. = NZA 2007, 701 f. m.w.N., unter Aufgabe von BAG 8.5.1985 – 4 AZR 516/83 – AP § 1 TVG Tarifverträge Bau Nr. 66.
18 LAG Hessen 16.8.2004 – 16 Sa 198/04 – EzAÜG § 812 BGB Nr. 1 = DB 2004, 2645.
19 BAG 26.9.2007 – 10 AZR 415/06 – NZA 2007, 1442 ff.; LAG Hessen 23.8.2004 – 16/10 Sa 510/03 – juris.
20 BAG 28.5.2008 – 10 AZR 358/07 – AP § 1 TVG Tarifverträge Bau Nr. 301 = NZA-RR 2008, 639, 642.
21 BAG 28.7.2004 – 10 AZR 580/03 – BAGE 111, 302, 310 = NZA 2005, 1188; BeckOK-AEntG/*Gussen*, Stand: 1.6.2009, § 1 Rn 11a, jeweils m.w.N.
22 BAG 21.1.2009 – 10 AZR 67/08 – juris.
23 BAG 12.12.2007 – 10 AZR 995/06 – AP § 1 TVG Tarifverträge Bau Nr. 299 = NZA-RR 2009, 56; BSG 15.2.2000 – B 11 AL 41/99 R – SozR 3–4100 § 75 Nr. 3 = AuB 2000, 246, 248 m. Anm. *Hase*.
24 BAG 11.6.1997 – 10 AZR 525/96 – AP § 1 TVG Tarifverträge Bau Nr. 200 = NZA 1997, 1353, 1354 f.; BAG 26.5.1993 – 10 AZR 310/92 – juris.
25 BAG 25.6.2002 – 9 AZR 405/00 – BAGE 101, 357, 374 = NZA 2003, 275, 281; BAG 8.10.1975 – 4 AZR 432/74 – AP § 1 TVG Tarifverträge Bau Nr. 25 m. Anm. *Ottow*.
26 St. Rspr. BAG 21.11.2007 – 10 AZR 782/06 – AP § 1 TVG Tarifverträge Bau Nr. 297 = NZA-RR 2008, 253, 257; BAG 13.5.2003 – 10 AZR 120/03 – AP § 1 TVG Tarifverträge Bau Nr. 265 = NZA 2004, 1120; BAG 11.9.1991 – 4 AZR 40/91 – AP § 1 TVG Tarifverträge Bau Nr. 145 = NZA 1992, 422; BSG 20.1.1982 – 10/8b RAr 9/80 – SozR 4100 § 75 Nr. 9 = SozSich 1982, 328.
27 BAG 21.11.2007 – 10 AZR 782/06 – AP § 1 TVG Tarifverträge Bau Nr. 297 = NZA-RR 2008, 253, 257 m.w.N.
28 BAG 21.11.2007 – 10 AZR 782/06 – AP § 1 TVG Tarifverträge Bau Nr. 297 = NZA-RR 2008, 253, 257.
29 BAG 26.9.2007 – 10 AZR 415/06 – NZA 2007, 1442, 1444.

sich anhand der Gesamtarbeitszeit aller im Betrieb Beschäftigten im jeweilig betroffenen Kalenderjahr ergibt, dass überwiegend – d.h. mehr als 50 v.H. – Bauleistungen erbracht werden.[30] Nicht maßgeblich sind der mengen- oder wertmäßige Umsatz oder Verdienst sowie handels- oder gewerberechtliche Kriterien,[31] etwa die Eintragung im HReg.[32] Diese Grundsätze gelten gleichermaßen auch für Subunternehmer.[33]

Für in einem Betrieb überwiegend angewandte Tätigkeiten, die sowohl Bauleistungen i.S.d. betrieblichen Geltungsbereichs des VTV darstellen als auch anderen Berufsbildern zuzurechnen sind, – sog. **„Sowohl-als-auch-Tätigkeiten"** – hat das BAG zu Abgrenzungszwecken mehrere Kriterien entwickelt und in st. Rspr. angewandt und weiterentwickelt.[34]

Auch im Rahmen der Erbringung von „**Montageleistungen** auf Baustellen außerhalb des Betriebssitzes" (§ 4 Nr. 1) müssen überwiegend Bauleistungen i.S.v. § 175 Abs. 2 SGB III erbracht werden.[35] Unklar ist im Einzelfall, ob dies auf **Fertigbauarbeiten** zutrifft.[36]

6

II. Sonstige Branchen

Soweit in § 6 Abs. 3 bis 9 Besonderheiten anderer Branchen als der Baubranche (siehe Rn 2 ff.) normiert sind, werden diese im Rahmen des allg. Branchenkatalogs in § 4 dargestellt (siehe § 4 Rn 7 ff.). Auch für diese Branchen gilt das **Überwiegensprinzip**. In Anlehnung an die umfangreiche Rspr. zur Baubranche (siehe Rn 5) müssen – gemessen an der Gesamtarbeitszeit aller im Betrieb Beschäftigten im betroffenen Kalenderjahr – tatsächlich mehr als 50 v.H. der betreffenden Leistungen erbracht werden.

7

Für die im 4. Abschn. gesondert geregelte Pflegebranche findet sich das Überwiegensprinzip in § 10 S. 2 (siehe § 10 Rn 7).

C. Verbindungen zu anderen Rechtsgebieten und zum Prozessrecht

Die **Darlegungs- und Beweislast** für das Vorliegen einer überwiegenden baulichen Tätigkeit im Betrieb des AG gem. § 6 Abs. 2 bzw. § 175 Abs. 1 S. 2 SGB III (siehe Rn 5 f.) liegt beim klagenden AN bzw. der Urlaubskasse.[37] Nimmt die Urlaubskasse einen AG auf Zahlung von Beiträgen mit der Behauptung in Anspruch, dieser unterhalte eine **selbstständige (Bau-)Betriebsabteilung** gem. § 6 Abs. 2 (siehe Rn 4), so trägt sie die Darlegungs- und Beweislast für die hierfür erforderlichen Tatsachen.[38] In Entsendefällen besteht keine Vermutung dafür, dass ein Bau-AG mit Sitz im Ausland zur Ausführung von Bauarbeiten in Deutschland dort eine selbstständige Betriebsabteilung unterhält.[39] Unterhält ein ausländischer AG, der im Inland durch entsandte AN überwiegend bauliche Tätigkeiten und in seinem Heimatland überwiegend andere als bauliche Tätigkeiten ausführt, in Deutschland eine ins HReg eingetragene Zweigniederlassung,[40] so indiziert dies die Annahme, dass in Deutschland eine selbstständige bauliche Betriebsabteilung unterhalten wird (§ 15 Abs. 3 HGB).[41] Die bloße Beschäftigung eines Montageleiters in Deutschland reicht für sich genommen nicht aus, um eine Ausgliederung aus der organisatorischen Gesamtheit des Betriebs anzunehmen, wenn der Montageleiter vor allem Anweisungen der Geschäftsführung weiterzuleiten hatte und auch die Projektplanung vom Ausland aus erfolgte.[42] Die von der Subunternehmerin auf ihren Briefköpfen verwendeten Bezeichnungen „Niederlassung Deutschland" und „Betriebsstätte Deutschland" belegen noch nicht die Existenz einer

8

---

30 St. Rspr. BAG 25.1.2005 – 9 AZR 146/04 – AP § 1 AEntG Nr. 21 = DB 2005, 1635; BAG 24.8.1994 – 10 AZR 980/93 – AP § 1 TVG Tarifverträge Bau Nr. 181 = NZA 1995, 1116, 1117; BAG 12.12.1988 – 4 AZN 613/88 – AP § 1 TVG Tarifverträge Bau Nr. 106 = DB 1989, 1980; BAG 22.4.1987 – 4 AZR 496/86 – BAGE 55, 223, 225 f. = AP § 1 TVG Tarifverträge Bau Nr. 82; BAG 18.4.1973 – 4 AZR 297/72 – BAGE 25, 188, 190 ff. = AP § 1 TVG Tarifverträge Bau Nr. 13 m. Anm. *Monjau*.

31 St. Rspr. BAG 2.7.2008 – 10 AZR 305/07 – IBR 2008, 691; BAG 1.8.2007 – 10 AZR 369/06 – AP § 1 TVG Tarifverträge Maler Nr. 13 = NZA 2008, 320; BAG 20.6.2007 – 10 AZR 302/06 – AP § 1 TVG Tarifverträge Holz Nr. 26 = NZA-RR 2008, 24, 26; BAG 25.2.1987 – 4 AZR 230/86 – BAGE 55, 67, 71 = AP § 1 TVG Tarifverträge Bau Nr. 79; BSG 15.2.2000 – B 11 AL 41/99 R – SozR 3–4100 § 75 Nr. 3 = AuB 2000, 246, 248 m. Anm. *Hase*.

32 St. Rspr. BAG 25.4.2007 – 10 AZR 246/06 – NZA-RR 2007, 528, 529 m.w.N.

33 BAG 19.11.2008 – 10 AZR 864/07 – EzA-SD 2009, Nr. 4, 12 = ArbRB 2009, 131 m. Anm. *Braun* m.w.N.; BAG 14.1.2004 – 10 AZR 182/03 – AP § 1 TVG Tarifverträge Bau Nr. 263 = FA 2004, 252.

34 BAG 15.11.2006 – 10 AZR 665/06 – BAGE 120, 182, 188 ff. = NZA 2007, 448 m.w.N.

35 *Däubler/Lakies*, TVG, § 5 Anh. 2, § 1 AEntG Rn 77 m.w.N.

36 LAG Hessen 18.8.2003 – 16 Sa 1888/02 – EzAÜG § 1 AEntG Nr. 16.

37 St. Rspr. BAG 25.1.2005 – 9 AZR 258/04 – AP § 1 AEntG Nr. 20 = NZA 2005, 1130, 1131; BAG 28.4.2004 – 10 AZR 370/03 – AP § 1 TVG Tarifverträge Bau Nr. 264 = NZA-RR 2004, 587, 588 ff.; BAG 28.3.1990 – AP § 1 TVG Tarifverträge Bau Nr. 130 = NZA 1990, 628.

38 BAG 25.1.2005 – 9 AZR 146/04 – AP § 1 AEntG Nr. 21 = DB 2005, 1635 f.

39 BAG 19.11.2008 – 10 AZR 864/07 – EzA-SD 2009, Nr. 4, 12 = ArbRB 2009, 131 m. zust. Anm. *Braun*.

40 BAG 25.6.2002 – 9 AZR 322/01 – EzA-SD 2002, Nr. 14, 3 = NZA 2003, 519.

41 BAG 25.1.2005 – 9 AZR 44/04 – AP § 1 AEntG Nr. 22 = NZA 2005, 1365, 1369 f.

42 BAG 25.1.2005 – 9 AZR 154/04 – AiB 2005, 697, 698 ff. m. Anm. *Unterhinninghofen*.

selbstständigen Betriebsabteilung der Subunternehmerin in Deutschland.[43] Hat die ULAK eine selbstständigen Baubetriebsabteilung behauptet und dargelegt, dass ein ausländischer AG mit nach Deutschland entsandten AN Bauleistungen erbracht und dazu einen räumlich, personell und organisatorisch vom Gesamtbetrieb abgegrenzten Betriebsteil mit eigenständiger Leitungsebene unterhalten hat, hat sich der in Anspruch genommene AG hierzu nach § 138 Abs. 2 ZPO konkret zu äußern. Die pauschale Behauptung, alle Leitungsaufgaben hätte ihr GF vom Betriebssitz im Ausland aus wahrgenommen, genügt nicht.[44] Eine Erklärung des AG mit Nichtwissen ist nach § 138 Abs. 4 ZPO in einem solchen Fall grds. nicht zulässig. Anderes kann im Fall der Inanspruchnahme des selbstschuldnerisch haftenden Bürgen gelten (siehe § 14 Rn 12). Die Zahlung von Urlaubskassenbeiträgen unter Vorbehalt mit dem Hinweis des AG, die Frage der Beitragsschuld gerichtlich klären zu lassen, bewirkt, dass es im Rückzahlungsrechtsstreit der ULAK obliegt, ihren Beitragsanspruch zu beweisen.[45] Die Darlegungs- und Beweislast für die Tatsachen, die zur Einschränkung der AVE eines TV führen, trägt der von der Sozialkasse in Anspruch genommene AG.[46]

D. Beraterhinweise

9 Unklarheiten darüber, ob ein Betrieb zur Herstellung eines Bauwerks zählende Arbeiten i.S.v. § 175 Abs. 2 S. 2 SGB III (siehe Rn 3) ausführt, lassen sich ggf. durch Einholung von Gutachten und Auskünften bei Bausachverständigen, Handwerkskammern und insb. bei Handwerksinnungen (§ 54 Abs. 1 S. 2 Nr. 8 HandwO) des Bauhaupt- und -nebengewerbes klären.[47]

10 Insb. das Überwiegensprinzip (siehe Rn 5 ff.) bietet Möglichkeiten für AG, die Anwendbarkeit der Mindestlohn-TV auf so wenige AN wie möglich zu beschränken oder ganz zu vermeiden, indem z.B. in einer betrieblichen Einheit verschiedene Berufsgruppen beschäftigt werden oder AN weitere Tätigkeiten übertragen werden, die nicht unter den betrieblich-fachlichen Geltungsbereich des TV fallen.[48]

§ 7 Rechtsverordnung

(1) [1]Ist für einen Tarifvertrag im Sinne dieses Abschnitts ein gemeinsamer Antrag der Parteien dieses Tarifvertrages auf Allgemeinverbindlicherklärung gestellt, kann das Bundesministerium für Arbeit und Soziales durch Rechtsverordnung ohne Zustimmung des Bundesrates bestimmen, dass die Rechtsnormen dieses Tarifvertrages auf alle unter seinen Geltungsbereich fallenden und nicht an ihn gebundenen Arbeitgeber sowie Arbeitnehmer und Arbeitnehmerinnen Anwendung finden. [2]§ 5 Abs. 1 Satz 1 Nr. 2 des Tarifvertragsgesetzes findet entsprechend Anwendung. [3]Satz 1 gilt nicht für tarifvertragliche Arbeitsbedingungen nach § 5 Nr. 4.
(2) [1]Kommen in einer Branche mehrere Tarifverträge mit zumindest teilweise demselben fachlichen Geltungsbereich zur Anwendung, hat der Verordnungsgeber bei seiner Entscheidung nach Absatz 1 im Rahmen einer Gesamtabwägung ergänzend zu den in § 1 genannten Gesetzeszielen die Repräsentativität der jeweiligen Tarifverträge zu berücksichtigen. [2]Bei der Feststellung der Repräsentativität ist vorrangig abzustellen auf
1. die Zahl der von den jeweils tarifgebundenen Arbeitgebern beschäftigten unter den Geltungsbereich des Tarifvertrages fallenden Arbeitnehmer und Arbeitnehmerinnen,
2. die Zahl der jeweils unter den Geltungsbereich des Tarifvertrages fallenden Mitglieder der Gewerkschaft, die den Tarifvertrag geschlossen hat.
(3) Liegen für mehrere Tarifverträge Anträge auf Allgemeinverbindlicherklärung vor, hat der Verordnungsgeber mit besonderer Sorgfalt die von einer Auswahlentscheidung betroffenen Güter von Verfassungsrang abzuwägen und die widerstreitenden Grundrechtsinteressen zu einem schonenden Ausgleich zu bringen.
(4) Vor Erlass der Rechtsverordnung gibt das Bundesministerium für Arbeit und Soziales den in den Geltungsbereich der Rechtsverordnung fallenden Arbeitgebern sowie Arbeitnehmern und Arbeitnehmerinnen, den Parteien des Tarifvertrages sowie in den Fällen des Absatzes 2 den Parteien anderer Tarifverträge Gelegenheit zur schriftlichen Stellungnahme innerhalb von drei Wochen ab dem Tag der Bekanntmachung des Entwurfs der Rechtsverordnung.
(5) [1]Wird erstmals ein Antrag nach Absatz 1 gestellt, wird der Antrag im Bundesanzeiger veröffentlicht und mit ihm der Ausschuss nach § 5 Abs. 1 Satz 1 des Tarifvertragsgesetzes (Tarifausschuss) befasst. [2]Stimmen mindes-

---

43 BAG 19.11.2008 – 10 AZR 864/07 – EzA-SD 2009, Nr. 4, 12 = ArbRB 2009, 131 m. Anm. *Braun*.
44 St. Rspr. BAG 21.11.2007 – 10 AZR 782/06 – AP § 1 TVG Tarifverträge Bau Nr. 297 = NZA-RR 2008, 253, 258; BAG 28.9.2005 – 10 AZR 28/05 – EzA § 1 AEntG Nr. 9 = NZA 2006, 379, 382.
45 BAG 14.2.2007 – 10 AZR 63/06 – EzA-SD 2007, Nr. 9, 14 = NZA-RR 2007, 300, 302.
46 BAG 2.7.2008 – 10 AZR 386/07 – NZA-RR 2009, 145, 146 f. m.w.N.
47 *Ignor/Rixen*, Rn 533.
48 Näher zu „Vermeidungsstrategien" *Hohenstatt/Schramm*, NZA 2008, 433, 435 ff.; *Gastell*, AuA 2008, 471, 472.

tens vier Ausschussmitglieder für den Antrag oder gibt der Tarifausschuss innerhalb von drei Monaten keine Stellungnahme ab, kann eine Rechtsverordnung nach Absatz 1 erlassen werden. ³Stimmen zwei oder drei Ausschussmitglieder für den Antrag, kann eine Rechtsverordnung nur von der Bundesregierung erlassen werden. ⁴Die Sätze 1 bis 3 gelten nicht für Tarifverträge nach § 4 Nr. 1 bis 3.

A. Allgemeines	1		b) Tarifliche Mindestarbeitsbedingungen	9
I. Normzweck	1		c) Normsetzungs-Ermessen	10
II. Entstehungsgeschichte	2	2.	Formelle Voraussetzungen/Verfahren	12
III. Rechtmäßigkeit	4		a) Gemeinsamer Antrag der Tarifvertragsparteien auf Allgemeinverbindlicherklärung	12
1. EG-Recht	4			
2. Verfassungsrecht	5		b) Schriftliche Stellungnahme	13
3. Sonderfall: Post-Mindestlohn (BriefArbbV)	7		c) Verfahren bei der Einbeziehung neuer Branchen	17
B. Regelungsgehalt	8	II.	Rechtsfolgen	19
I. Tatbestandsvoraussetzungen	8	1.	Zwingende Normerstreckung	19
1. Materielle Voraussetzungen für den Erlass der Rechtsverordnung	8	2.	Inkrafttreten und Außerkrafttreten der Rechtsverordnung	21
a) Öffentliches Interesse	8			

A. Allgemeines

I. Normzweck

Das Verfahren zum Erlass von VO nach § 7 n.F. ist eines der beiden in § 8 erwähnten Verfahren, die zwingende Voraussetzung für die Erstreckung inländischer TV auch auf ausländische AG im Fall der AEnt nach Deutschland sind.[1] Die VO-Ermächtigung nach § 7 ist als **„Rechtsnormerstreckungsalternative"** zur Möglichkeit der Erstreckung der tariflichen Mindestarbeitsbedingungen gem. §§ 3 ff. (kraft AVE gem. § 5 TVG) konzipiert.[2] Die Bezeichnung als „selbstständiges Verfahren der AVE"[3] ist missverständlich, da es auf die Voraussetzungen von § 5 TVG gerade nicht ankommt (siehe Rn 8, 12).

1

Für die Pflegebranche gelten anstelle von § 7 die Sondervorschriften der §§ 10 ff.

II. Entstehungsgeschichte

Mit der Neufassung des AEntG 2009[4] wurde das bisher in § 1 Abs. 3a a.F. geregelte Verfahren weiterentwickelt.[5] Insb. wurden aus Gründen der Rechtssicherheit Kriterien für die Sachentscheidung des VO-Gebers in das Gesetz aufgenommen (§ 7 Abs. 2, 3).[6]

2

Von der VO-Ermächtigung nach § 1 Abs. 3a a.F. wurde erstmals mit Wirkung v. 1.9.1999 durch die BauArbbV v. 25.8.1999[7] in Bezug auf den TV Mindestlohn i.d.F. v. 26.5.1999[8] Gebrauch gemacht. Bezogen auf den Baubereich wurde zuletzt die BauArbbV 7[9] erlassen, welche die Rechtsnormen des TV Mindestlohn 2009[10] erstreckt (zu weiteren VO siehe § 3 Rn 12 ff.).

3

III. Rechtmäßigkeit

1. EG-Recht. Die VO-Ermächtigung verstößt nicht gegen die gemeinschaftsrechtliche Garantie der **Dienstleistungsfreiheit** (Art. 49, 50 EGV).[11]

4

2. Verfassungsrecht. Die Verfassungsbeschwerde gegen die VO-Ermächtigung nach § 1 Abs. 3a a.F. wegen angeblichen Verstoßes gegen **Art. 9 Abs. 3, 80 Abs. 1 S. 2 GG**[12] wurde vom BVerfG mangels Erfolgsaussicht nicht zur Entscheidung angenommen.[13]

5

Auch unter dem neuen AEntG 2009 ist die Erstreckung tariflicher Mindestarbeitsbedingungen bei gleichzeitiger Verdrängung niedriger dotierter TV gem. § 7 (bzw. §§ 11, 13) verfassungsrechtlich zulässig, wenngleich hierin mit-

6

---

1 BT-Drucks 16/10486, S. 15.
2 BT-Drucks 16/10703, S. 4; *Badura*, in: FS für Söllner, S. 111, 116 ff.
3 BayVGH 3.2.2009 – Vf. 111-IX-08 – NZA 2009, 443.
4 BGBl I 2009 S. 799.
5 BT-Drucks 16/10486, S. 15.
6 BT-Drucks 16/10486, S. 12.
7 VO über zwingende Arbeitsbedingungen im Baugewerbe (BGBl I 1999 S. 1894), befristet bis zum 30.8.2000.
8 TV zur Regelung eines Mindestlohnes im Baugewerbe im Gebiet der Bundesrepublik Deutschland (BGBl I 1999 S. 1896).
9 BAnz 2009 Nr. 128, S. 2996.
10 BAnz 2009 Nr. 128, S. 2997.
11 H.L. zu § 1 Abs. 3a a.F., *Badura*, in: FS für Söllner, S. 111, 120 ff.; *Blanke*, AuR 1999, 417, 422 ff.
12 Zu Art. 103 Abs. 2, Art. 20 Abs. 1, 2, 3, Art. 82 Abs. 1 S. 1 GG siehe *Strohmaier*, RdA 1998, 339, 340 ff.; zu Art. 12 Abs. 1, 2 Abs. 1 GG siehe *Badura*, in: FS für Söllner, S. 111, 119 f.
13 BVerfG 18.7.2000 – 1 BvR 948/00 – AP § 1 AEntG Nr. 4 = SAE 2000, 265, 266 ff. m. Anm. *Scholz*; zur Verfassungsmäßigkeit siehe auch OVG Berlin-Brandenburg 10.3.2004 – 1 B 2.02 – AuR 2004, 351, 353 f. m. Anm. *Bordt*; *Ossenbühl/Cornils*, S. 61 ff., 82 ff., 175 ff., 182 ff.

unter ein „staatliches Lohndiktat" bzw. eine „staatliche Tarifzensur"[14] gesehen wird. Der damit verbundene Eingriff in **Art. 9 Abs. 3 GG** (Tarifautonomie/Koalitionsfreiheit) ist durch hinreichend gewichtige Gemeinwohlbelange von Verfassungsrang gerechtfertigt, die insb. in der Gesetzeszielbestimmung nach § 1 niedergelegt sind (siehe § 1 Rn 4). Durch das Abstellen auf die Repräsentativität eines TV auf AG-Seite wie AN-Seite gem. § 7 Nr. 1 und 2 (siehe Rn 10) wird gleichzeitig die Ordnungs- und Befriedungsfunktion des Koalitions- und Tarifwesens gestützt.[15] Der Gesetzgeber macht damit von seinem Einschätzungs- und Prognosevorrang Gebrauch, der ihm im Rahmen der Beurteilung der Verhältnismäßigkeit zukommt. Es ist vornehmlich seine Sache, auf der Grundlage seiner wirtschafts-, arbeitsmarkt- und sozialpolitischen Vorstellungen und Ziele unter Beachtung der Gesetzlichkeiten des betreffenden Sachgebiets zu entscheiden, welche Maßnahmen er im Interesse des Gemeinwohls ergreifen will.[16]

7 **3. Sonderfall: Post-Mindestlohn (BriefArbbV).** Während sich somit die Ermächtigungsgrundlage des § 1 Abs. 3a a.F. (§ 7 n.F.) selbst als rechtsprechungsfest erwiesen hat, kann auch eine daraufhin erlassene VO ihrerseits gerichtlich überprüft werden und sich aus anderen Gründen als rechtswidrig erweisen. So ist die BriefArbbV[17] v. 28.12.2007, durch die der TV Mindestlohn Brief[18] erstreckt wurde, vom VG Berlin[19] und zweitinstanzlich vom OVG Berlin-Brandenburg[20] (n.r.) wegen angeblicher Nichtvereinbarkeit mit **Art. 80 Abs. 1 S. 1 GG** für rechtswidrig erklärt worden. Die BriefArbbV sei nicht von der Ermächtigungsgrundlage (§ 1 Abs. 3a a.F.) gedeckt, da diese in verfassungskonformer Auslegung nur eine Regelung für sog. Außenseiter ermögliche, dass also die Rechtsnormen des TV ausschließlich auf alle nicht oder nicht anderweitig tarifgebundenen AG und AN Anwendung finden. Darüber hinausgehend erstreckte die BriefArbbV den TV Mindestlohn Brief aber auf alle „anders an ihn" gebundenen AG und AN. Dadurch seien die Rechte der anderweitig tarifgebundenen Kläger (u.a. PIN Mail, TNT) aus Art. 9 Abs. 3, 12 Abs. 1 GG verletzt. Es sei auch nicht entscheidungserheblich, ob die konkurrierenden TV wirksam sind und dass der daran beteiligten Gewerkschaft der Neuen Brief- und Zustelldienste e.V. (GNBZ) die Tariffähigkeit abgesprochen[21] worden war.[22]

Diese Entscheidung ist sehr kontrovers aufgenommen worden.[23] Kritisiert wird neben prozessualen Aspekten insb., dass sich das Ergebnis des VG Berlin, tariflich anders Gebundene von der Rechtsnormerstreckung nach § 1 Abs. 3a a.F. auszunehmen, weder dem Gesetzeswortlaut[24] noch den Gesetzesmaterialien[25] entnehmen lässt, und dass es der st. Rspr. des BAG (siehe Rn 19 f.) und europarechtlichen Vorgaben widerspricht. Mit der Neufassung des AEntG 2009 werden dem Gesetzgeber ausdrücklich Kriterien für den Fall der Tarifkonkurrenz an die Hand gegeben (siehe Rn 10 f.), so dass im Hinblick auf Art. 80 Abs. 1 S. 1 GG oder den Parlamentsvorbehalt keine Bedenken mehr bestehen.[26]

B. Regelungsgehalt

I. Tatbestandsvoraussetzungen

8 **1. Materielle Voraussetzungen für den Erlass der Rechtsverordnung. a) Öffentliches Interesse.** Der Erlass einer VO nach § 7 (§ 1 Abs. 3a a.F.) ist nicht an die gleichen Voraussetzungen wie der Erlass einer AVE nach § 5 TVG geknüpft.[27] Nach zutreffender h.M. ist weder das in § 5 TVG, §§ 4 ff. TVGDV vorgesehene Verfahren zu be-

---

14 *Göhner*, BB 2008, M1; Bundesvereinigung der Deutschen Arbeitgeberverbände (BDA), BDA kompakt „AEntG" v. März 2009.
15 BT-Drucks 16/10486, S. 15 f.
16 BT-Drucks 16/10486, S. 16; st. Rspr. BVerfG 20.3.2007 – 1 BvR 1047/05 – EzAÜG GG Nr. 9 = NZA 2007, 609, 611; BVerfG 17.11.1992 – 1 BvR 168, 1509/89 und 638, 639/90 – Sonntagsbackverbot – BVerfGE 87, 363, 383 = NVwZ 1993, 878; BVerfG 6.10.1987 – 1 BvR 1086, 1468 und 1632/82 – AÜ – BVerfGE 77, 84, 106 f. = NJW 1988, 1195.
17 VO über zwingende Arbeitsbedingungen für die Branche Briefdienstleistungen (BAnz 2007 Nr. 242 S. 8410).
18 TV über Mindestlöhne für die Branche Briefdienstleistungen v. 29.11.2007.
19 VG Berlin 7.3.2008 – 4 A 439.07 – LAGE Art. 9 GG Nr. 16 = NZA 2008, 482; nachdem einstweiliger Rechtsschutz noch abgelehnt worden war, VG Berlin 11.2.2008 – 4 A 15.08 – juris.
20 OVG Berlin-Brandenburg 18.12.2008 – 1 B 13.08 – SAE 2009, 167, 159 m. Anm. *Klebeck/Weninger* (n.r.).
21 ArbG Köln 30.10.2008 – 14 BV 324/08 – AuR 2009, 100, 101 f.; LAG Köln 20.5.2009 – 9 TaBV 105/08 – juris.
22 VG Berlin 7.3.2008 – 4 A 439.07 – LAGE Art. 9 GG Nr. 16 = NZA 2008, 482, 488.
23 *Gerster*, AuA 2008, 257; *Hohenstatt/Schramm*, NZA 2008, 433, 437; *Klebeck*, NZA 2008, 446; *Sittard*, NZA 2007, 1090; BeckOK-AEntG/*Gussen*, Stand: 1.6.2009, § 1 Rn 16a f.; kritisch ErfK/*Schlachter*, § 1 AEntG Rn 7; *Bieback*, AuR 2008, 234; *Maier*, AuR 2008, 387; *ders.*, NVwZ 2008, 746.; *Greiner*, BB 2008, 840; dagegen wiederum *Zipperling*, BB 2008, 1790.
24 § 1 Abs. 3a S. 3 a.F.
25 Nach BT-Drucks 14/45, S. 26 soll die VO nur dann nicht gelten, wenn sich die Verbindlichkeit der einzuhaltenden Arbeitsbedingungen bereits aus der beiderseitigen Tarifbindung nach § 4 Abs. 1 S. 1 TVG ergibt.
26 *Sittard*, NZA 2009, 346, 349; *Gastell*, AuA 2008, 471, 472.
27 BT-Drucks 16/11669, S. 21.

achten noch sind die materiell-rechtlichen Voraussetzungen für die AVE eines TV erforderlich.[28] Mit der Neufassung des AEntG 2009 wird der VO-Geber nunmehr verpflichtet zu prüfen, ob der Erlass einer VO im öffentlichen Interesse liegt. Rechtstechnisch erfolgt dies durch einen Verweis auf § 5 Abs. 1 S. 1 Nr. 2 TVG.[29] Das öffentliche Interesse ist bereits dann gegeben, wenn ohne die Tariferstreckung einer nicht unerheblichen Anzahl von AN Nachteile drohen würden (siehe § 5 TVG Rn 18).[30]

§ 5 Abs. 1 S. 1 Nr. 1 TVG wird nicht in Bezug genommen, so dass der per VO nach § 7 zu erstreckende Mindestlohn-TV nicht zwingend bereits für mind. 50 v.H. der AN der betreffenden Branche gelten muss.[31] In der Konsequenz kann damit auch ein in einer Branche überwiegend angewendeter TV verdrängt werden (zur Tarifkonkurrenz siehe Rn 10).

Zu § 1 Abs. 3a a.F. wurde die Auffassung vertreten, dass die Erfüllung der 50 v.H.-Klausel nach § 5 Abs. 1 S. 1 Nr. 1 TVG sowie das Vorliegen des öffentlichen Interesses nach § 5 Abs. 1 S. 1 Nr. 2 TVG die Ermessensentscheidung des BMAS binden können.[32]

b) Tarifliche Mindestarbeitsbedingungen. Nach § 7 Abs. 1 S. 3 ist der Umfang der VO-Ermächtigung wie bisher auf bestimmte tarifliche Mindestarbeitsbedingungen beschränkt: Mindestentgeltsätze (§ 5 Nr. 1), Urlaub (§ 5 Nr. 2) sowie Urlaubskassenverfahren (§ 5 Nr. 3).[33] Die in § 5 Nr. 4 i.V.m. § 2 Nr. 3 bis 7 genannten Arbeitsbedingungen können nicht per VO nach § 7 festgesetzt werden, sondern gelten zwingend nur bei AVE des TV (§ 8 Abs. 1). Soweit der räumliche Geltungsbereich des erstreckten Urlaubs-(Kassen-)TV regional begrenzt ist (§§ 3 S. 2, 5 Nr. 2 oder Nr. 3), ist dies auch die VO nach § 7.[34]

c) Normsetzungs-Ermessen. Dem VO-Geber (BMAS gem. § 7 Abs. 1 S. 1 bzw. BReg gem. § 7 Abs. 5 S. 3) kommt im Rahmen seiner Gesamtabwägung ein Einschätzungs- und Prognosespielraum[35] zu („kann"). Allerdings besteht kein Inhalts-Ermessen; weder darf der Inhalt des TV geändert noch dürfen nur einzelne Tarifnormen übernommen werden.[36]

Für den Fall von **Tarifkonkurrenz** ist ergänzend zu den in § 1 enthaltenen Gesetzeszielbestimmungen das Kriterium der **Repräsentativität** nach § 7 Abs. 2 zu berücksichtigen. Unter Repräsentativität ist wie im gewöhnlichen Sprachgebrauch die Darstellung der Interessen einer Gesamtheit durch einzelne oder eine Gruppe von Personen zu verstehen. Die Repräsentativität eines TV ist ein Indiz für die Akzeptanz des Inhaltes und die erwünschte höhere **Richtigkeitsgewähr** des TV.[37]

Repräsentativität i.S.v. § 7 Abs. 2 wird „vorrangig" vermittelt durch die zahlenmässige Bedeutung des tarifschließenden AG-Verbandes (Nr. 1) und der tarifschließenden Gewerkschaft (Nr. 2).[38] § 7 Abs. 2 S. 2 Nr. 2 erfasst alle unter den Geltungsbereich des TV fallende Gewerkschaftsmitglieder, auch wenn diese bei nicht oder anders tarifgebundenen AG beschäftigt werden. Auf die absolute Zahl der an den jeweiligen TV nicht tarifgebundenen Arbverh kommt es nicht an.[39] Die zahlenmäßig vermittelte Tarifbindung ist ein gewichtiges, aber im Einzelfall aufgrund konkreter Anhaltspunkte widerlegbares Indiz für die Repräsentativität eines TV. Daher ist nicht ausgeschlossen, dass z.B. eine größere Repräsentantengruppe weniger repräsentativ sein kann.[40] Unklar bleibt, welche Anhaltspunkte der Gesetzgeber insoweit im Auge hatte. Das im RefEntw enthaltene „fiskalische Interesse, dass in Vollzeit beschäftigte AN für ihren eigenen Lebensunterhalt regelmäßig nicht ergänzend auf Leistungen der Grundsicherung für Arbeitsuchende angewiesen sind", ist gerade nicht Gesetz geworden, aber teilweise in § 1 S. 2 enthalten und damit nach § 7 Abs. 2 S. 1 zu berücksichtigen. Es ist zu vermuten, dass sich i.d.R. der „teurere TV der größeren Gewerkschaft"[41] durchsetzen wird. In den meisten Branchen wurden Tarifkonkurrenzen im Rahmen der Verhandlungen um die Mindestlohn-TV ausgeräumt.[42]

§ 7 Abs. 3 regelt die besondere Situation, wenn in einer Branche mehrere TV-Parteien ein Interesse an der Erstreckung ihres jeweiligen TV bekundet haben. Kommen die TV-Parteien in diesen Fällen zu keiner einheitlichen Lösung oder nimmt der VO-Geber mit Blick auf die Gesetzesziele insg. Abstand von einer Erstreckung, hat er eine **Auswahlentscheidung** zu treffen. Er trifft diese anhand der von § 7 vorgegebenen Ziele und Kriterien und hat dabei im Rahmen seiner Gesamtabwägung mit besonderer Sorgfalt die widerstreitenden Grundrechtsinteressen zu einem

---

28 OVG Berlin-Brandenburg 10.3.2004 – 1 B 2.02 – AuR 2004, 351, 353 f. m. Anm. *Bordt*; Däubler/*Lakies*, TVG, § 5 Anh. 2, § 1 AEntG Rn 101 f.; HWK/*Strick*, § 1 AEntG Rn 14; *Ulber*, § 1 AEntG Rn 61; *Bayreuther*, DB 2009, 678, 679; *Sansone/Ulber*, AuR 2008, 125, 126 f.; a.A. *Blanke*, AuR 1999, 417, 426; *Büdenbender*, RdA 2000, 193, 196 ff.; *Sittard*, NZA 2007, 1090, 1091.
29 BT-Drucks 16/10486, S. 15.
30 *Bayreuther*, DB 2009, 678, 679.
31 *Sansone/Ulber*, AuR 2008, 125, 127.
32 *Büdenbender*, RdA 2000, 193, 196 ff.
33 BT-Drucks 16/10486, S. 15.
34 *Sansone/Ulber*, AuR 2008, 125, 128.
35 Zur Inhalts- und Entschließungsfreiheit des VO-Gebers siehe *Ritgen*, NZA 2005, 673.
36 ErfK/*Schlachter*, § 1 AEntG Rn 13.
37 BT-Drucks 16/10486, S. 15 f.
38 BT-Drucks 16/10486, S. 15.
39 *Bayreuther*, DB 2009, 678, 680.
40 BT-Drucks 16/10486, S. 15.
41 *Schmitt-Rolfes*, AuA 2008, 199.
42 BDA kompakt „AEntG" v. März 2009.

schonenden Ausgleich zu bringen.[43] Dabei ist auch der Verdrängungseffekt eines erstreckten TV zu berücksichtigen.[44] Diese Regelung ist wohl deshalb in das AEntG 2009 aufgenommen worden, um eine Benachteiligung insb. der christlichen Gewerkschaften zu verhindern.[45]

Wie diese Vorgaben des Gesetzgebers in der künftigen Praxis des BMAS umgesetzt werden, bleibt abzuwarten. Fraglich ist vor allem, wie der mit „besonderer Sorgfalt" anzustrebende „schonende Ausgleich" im Sinne einer praktischen Konkordanz[46] konkret erreicht werden soll, wenn im Zuge einer Entweder-Oder-Entscheidung ein TV erstreckt, der andere verdrängt wird. Zweifelhaft ist, ob neben der Repräsentativität nach § 7 Abs. 2 (siehe Rn 10) materielle Kriterien wie das AN-Schutzniveau berücksichtigt werden sollen, und wenn ja, ob der TV mit dem geringsten oder der mit dem höchsten AN-Schutzniveau erstreckt werden soll.[47] Soll ein insg. höher dotierter TV verdrängt werden, wiegt der Eingriff in die Tarifautonomie – wenn man einen solchen überhaupt annehmen will[48] – weit weniger schwer, da die Anwendung von für den AN insg. objektiv günstigeren Regelungen trotz Erlass einer VO nach § 7 stets möglich bleibt (siehe § 8 Rn 7). Bei konkurrierenden TV, die jeweils eine Mehrzahl von Mindestarbeitsbedingungen i.S.v. § 5 Nr. 1 bis 3 beinhalten, können zur Ermittlung, welcher TV insg. „höher dotiert" und damit für den AN günstiger ist, die Grundsätze des Günstigkeitsprinzips (siehe § 4 TVG Rn 15 ff.) herangezogen werden.

12 **2. Formelle Voraussetzungen/Verfahren. a) Gemeinsamer Antrag der Tarifvertragsparteien auf Allgemeinverbindlicherklärung.** § 7 Abs. 1 S. 1 n.F. entspricht im Wesentlichen § 1 Abs. 3a S. 1 a.F.,[49] wobei nunmehr ein gemeinsamer Antrag der TV-Parteien erforderlich ist. Nach dem AEntG 1996 war lediglich erforderlich, dass „ein Antrag auf AVE eines TV" (von mind. einer TV-Partei) gestellt wurde. Die Neufassung durch das AEntG 2009 trägt dem Umstand Rechnung, dass der TV branchenbezogen erstreckt wird und eine Branche durch TV-Parteien auf AG- und AN-Seite repräsentiert wird.[50] Ein Antrag auf Erlass einer VO nach § 7 (§ 1 Abs. 3a a.F.) genügt nicht,[51] selbst wenn es den TV-Parteien häufig einzig darum und nicht um die AVE geht.[52] Ein Tätigwerden des zum Erlass der VO zuständigen BMAS von Amts wegen kommt nicht in Betracht.[53]

Anders als im Verfahren nach § 5 TVG ist kein Einvernehmen des BMAS mit beiden TV-Parteien erforderlich. Der Erlass einer VO setzt nicht voraus, dass ein Verfahren auf AVE des TV erfolglos geblieben ist.[54]

13 **b) Schriftliche Stellungnahme.** Vor Erlass der VO gibt das BMAS gem. § 7 Abs. 4 (§ 1 Abs. 3a S. 2 a.F.) den in ihren Geltungsbereich fallenden AG und AN sowie den TV-Parteien Gelegenheit zur schriftlichen Stellungnahme. In der Neufassung des AEntG 2009 ist zudem vorgesehen, dass der VO-Geber im Fall konkurrierender TV auch diesen TV-Parteien Gelegenheit zur Stellungnahme zu geben hat. Beginn der dreiwöchigen Frist zur Stellungnahme ist der Tag der Bekanntmachung des Entwurfs der VO im BAnz.[55]

Um die Auswirkungen einer VO nach § 7 auf den Wettbewerb (siehe auch § 1 S. 1) auf den betreffenden Produktmärkten besser beurteilen zu können, wurde ein Anhörungsrecht des BKartA im Laufe des Gesetzgebungsverfahrens zum AEntG 2009 vorgeschlagen, aber nicht umgesetzt.[56]

14 I.Ü. erhalten die Bundesländer und die Verbände insb. im Rahmen des nach §§ 41, 47 GGO[57] vorgeschriebenen Anhörungsverfahrens Gelegenheit zur Stellungnahme.[58]

15 Aus Gründen der Verfahrensbeschleunigung ergeht die VO ohne Zustimmung des BR.[59]

16 Für die Pflegebranche besteht gem. § 11 Abs. 3 ein erweiterter Kreis der Stellungnahmeberechtigten, der auch die Seiten der Dienstnehmer und Dienstgeber der kirchlichen Organisationen einbezieht.

17 **c) Verfahren bei der Einbeziehung neuer Branchen.** § 7 Abs. 5 regelt das spezielle Verfahren zur Befassung des Tarifausschusses für neu in das AEntG einbezogene Branchen.[60] Auf Anregung des BR[61] wurde klargestellt, dass es sich bei dem in § 7 Abs. 5 S. 1 genannten Ausschuss nicht um ein neues Gremium, sondern um den bereits bestehenden **Tarifausschuss nach § 5 Abs. 1 S. 1 TVG**, §§ 1 ff. TVGDV (siehe § 5 TVG Rn 14) handelt.[62] Der Tarifausschuss besteht aus je drei Vertretern der Spitzenorganisationen der AG und der AN, insg. also sechs Mitgliedern,

---

43 Kritisch *Bayreuther*, DB 2009, 678, 680.
44 BT-Drucks 16/10486, S. 16.
45 *Sittard*, NZA 2009, 346, 348.
46 *Sittard*, NZA 2009, 346, 348 m.w.N.
47 *Sittard*, NZA 2009, 346, 348 m.w.N.
48 Dagegen offenbar *Bayreuther*, DB 2009, 678, 681.
49 BT-Drucks 16/10486, S. 15.
50 BT-Drucks 16/11669, S. 21.
51 *Däubler/Lakies*, TVG, § 5 Anh. 2, § 1 AEntG Rn 99; *Büdenbender*, RdA 2000, 193, 197.
52 Kritisch *Bayreuther*, DB 2009, 678, 679: „Etikettentausch".
53 *Büdenbender*, RdA 2000, 193, 195.
54 BT-Drucks 14/45, S. 25; OVG Berlin-Brandenburg 10.3.2004 – 1 B 2.02 – AuR 2004, 351, 353 f. m. Anm. *Bordt*; *Sansone/Ulber*, AuR 2008, 125, 126 f.; *Schwab*, NZA-RR 2004, 1, 5.
55 BT-Drucks 16/10486, S. 16.
56 BT-Prot. 16/99, S. 12854 f.
57 Gemeinsame Geschäftsordnung der Bundesministerien v. 26.7.2000.
58 BT-Drucks 14/45, S. 26; *Ulber*, § 1 AEntG Rn 62.
59 BT-Drucks 14/45, S. 26; *Ulber*, § 1 AEntG Rn 59.
60 BT-Drucks 16/10486, S. 16.
61 BT-Drucks 16/10486, Anlage 3 Nr. 7.
62 BT-Drucks 16/11669, S. 21.

die für die Dauer von vier Jahren vom BMAS aufgrund von Vorschlägen dieser Organisationen bestellt werden (§ 5 Abs. 1 S. 1 TVG, § 1 TVGDV).

Wird in einer nach dem 31.3.2008 neu in den Geltungsbereich des AEntG einbezogenen Branche „erstmals" ein Antrag nach § 7 Abs. 1 gestellt, ist zunächst der Tarifausschuss mit diesem Antrag zu „befassen"; seine Zustimmung ist nicht erforderlich (siehe Rn 18). Der Tarifausschuss kann innerhalb von drei Monaten nach Veröffentlichung des Antrags im BAnz zu dem Antrag Stellung nehmen und über die Branche hinausgehende gesamtwirtschaftliche Erwägungen in den Entscheidungsprozess einbringen.[63] Spätere Befassungen des Tarifausschusses mit Anträgen von TV-Parteien aus dieser Branche sieht das Gesetz nicht vor, was kritisiert wird.[64]

Der Tarifausschuss ist nur bei Anwesenheit aller sechs Mitglieder beschlussfähig (§ 2 Abs. 2 TVGDV). Das BMAS bzw. der die Verhandlungen und Beratungen des Tarifausschusses leitende Beauftragte des BMAS hat kein Stimmrecht (§ 3 Abs. 1 S. 2 TVGDV). Gibt der Tarifausschuss keine Stellungnahme ab oder stimmen mind. vier der sechs Mitglieder für den Antrag, kann eine VO durch das **BMAS** erlassen werden. Stimmen drei Ausschussmitglieder für und drei gegen den Antrag, oder stimmen zwei Mitglieder für und vier Mitglieder gegen den Antrag, kann eine VO nur durch die **BReg** erlassen werden.[65] Nur dann, wenn weniger als ein Drittel der Mitglieder des Tarifausschusses dem Antrag zustimmen (höchstens eine Ja-Stimme), kann überhaupt keine VO erlassen werden.[66] Die Verhandlungen des Tarifausschusses sind öffentlich, die Beratungen nicht öffentlich (§ 2 Abs. 1 S. 2 TVGDV).

Am 31.8.2009 hat der Tarifausschuss den beantragten Mindestlöhnen für die neuen Branchen Bergbauspezialarbeiten, Wäschereidienstleistungen und Abfallwirtschaft (mit Änderungen) mehrheitlich zugestimmt. In den Branchen Sicherheitsdienstleistungen und Berufliche Weiterbildung konnte dagegen keine Einigung erzielt werden, so dass eine VO nur durch die neue schwarz-gelbe BReg erlassen werden kann (siehe § 3 Rn 19 ff.).

II. Rechtsfolgen

1. Zwingende Normerstreckung. Die Rechtsfolge einer nach § 7 erlassenen VO besteht in der Normerstreckung auf in- und ausländische AG.[67] Gem. § 3 S. 1 finden die Rechtsnormen des per VO erstreckten TV auch auf ein Arbverh zwischen einem AG mit Sitz im Ausland und seinem im Geltungsbereich des TV beschäftigten AN zwingend Anwendung. Gem. § 8 Abs. 1 S. 1 sind unter den Geltungsbereich einer VO nach § 7 fallende AG mit Sitz im In- und Ausland verpflichtet, ihren AN mind. die im TV vorgeschriebenen Arbeitsbedingungen zu gewähren sowie einer gemeinsamen Einrichtung der TV-Parteien die ihr nach § 5 Nr. 3 zustehenden Beiträge zu leisten; dies gilt unabhängig davon, ob die entsprechende Verpflichtung kraft Tarifbindung (§§ 3, 4 TVG), AVE (§ 5 TVG) oder aufgrund der VO nach § 7 besteht.

Für die Pflegebranche ergibt sich die zwingende Wirkung der VO nach § 11 aus § 13.

Umstr. war in diesem Zusammenhang, ob und ggf. wie inhaltlich abweichende Rechtsnormen anderer anwendbarer inländischer TV zu berücksichtigen sind. Nach einer zu § 1 Abs. 3a a.F. z.T. in der Lit. vertretenen Ansicht hat eine aufgrund Tarifbindung gem. §§ 3, 4 TVG geltende Tarifnorm, die von den durch die VO in Bezug genommenen TV inhaltlich abweichende tarifliche Vorschriften enthält, in ihrem Geltungsbereich Vorrang vor der VO.[68] Gleiches soll bereits mit Blick auf die Regeln der Tarifkonkurrenz (Tarifeinheit, Tarifspezialität) gelten, wenn der inländische AG an einen – gegenüber dem allg. geltenden oder für allgemeinverbindlich erklärten TV spezielleren – **Firmen-TV** gebunden ist.[69]

Diese Ansichten sind auch und gerade nach der Neufassung des AEntG 2009 abzulehnen. Die per VO erstreckten Tarifnormen finden ausdrücklich nicht mehr nur auf alle „nicht tarifgebundenen" AG und AN Anwendung (§ 1 Abs. 3a S. 1 a.F.), sondern gem. § 7 Abs. 1 S. 1 n.F. auf alle „nicht an ihn" gebundenen AG und AN und damit insb. auch im Fall bestehender konkurrierender (niedriger dotierter) TV.[70] § 8 Abs. 2 stellt klar, dass ein TV nach den §§ 4 bis 6, der kraft AVE oder VO nach § 7 auf „nicht an ihn" gebundene AG und AN erstreckt wird, von einem AG auch dann einzuhalten ist, wenn er nach §§ 3, 4 TVG oder kraft AVE nach § 5 TVG an einen anderen TV gebunden ist (siehe § 8 Rn 8). Ausländische AG würden dann nicht von der VO erfasst werden, wenn nicht auch alle inländischen AG kraft AVE oder VO die in Bezug genommenen tariflichen Arbeitsbedingungen gewähren müssen.[71] Nach der Rspr. des **EuGH** stellt es eine nicht gerechtfertigte Beschränkung der Dienstleistungsfreiheit (Art. 49, 50 EGV) dar, wenn ein inländischer AG den in einem für allgemeinverbindlich erklärten TV festgesetzten Mindestlohn durch den Abschluss eines Firmen-TV unterschreiten kann, während dies einem ausländischen AG nicht möglich ist.[72]

---

63 BT-Drucks 16/10486, S. 16.
64 *Bayreuther*, DB 2009, 67, 679; *Göhner*, BB 2008, M1.
65 BT-Drucks 16/10486, S. 16.
66 BT-Drucks 16/10486, S. 16.
67 *Ulber*, § 1 AEntG Rn 63 f.
68 Dazu *Ossenbühl/Cornlis*, S. 63 ff. m.w.N.
69 *Däubler/Lakies*, TVG, § 5 Anh. 2, § 1 AEntG Rn 104 ff.; *Junker/Wichmann*, NZA 1996, 505, 509 f. m.w.N.; a.A. *Wank/Börgmann*, NZA 2001, 177, 181 f.
70 BT-Drucks 16/10486, S. 15 f.; *Sittard*, NZA 2009, 346, 348 f.
71 *Däubler/Lakies*, TVG, § 5 Anh. 2, § 1 AEntG Rn 106 ff. m.w.N.
72 EuGH 24.1.2002 – C-164/99 – Portugaia Construções Lda – EuGH Slg. I 2002, 787 = NZA 2002, 207, 208 f.

Zwar steht auch einem ausländischen AG der Abschluss eines Haus-TV oder der Koalitionsbeitritt im Rechtssinne frei (§§ 2 Abs. 1, 3, 4 TVG).[73] Gleichwohl bestehen für ausländische AG mitunter praktische Schwierigkeiten und tatsächliche Hindernisse insb. bei der Aufnahme oder im Rahmen von Tarifverhandlungen mit einigen Gewerkschaften.[74] Nach der st. Rspr. des **BAG** ist es sowohl deutschen als auch ausländischen AG (des Baugewerbes) verwehrt (Sanierungs-)[75] TV abzuschließen, die darauf gerichtet sind, die Wirkung der Erstreckungen von TV nach dem AEntG auszuschließen.[76] Im Geltungsbereich des AEntG kann der Grundsatz der Tarifeinheit (Spezialitätsgrundsatz) aufgrund europarechtlicher Vorgaben durchbrochen sein.[77]

21 **2. Inkrafttreten und Außerkrafttreten der Rechtsverordnung.** Die auszufertigende und im BGBl zu verkündende VO soll den Tag ihres Inkrafttretens bestimmen (Art. 82 GG). Die VO gilt bis zu dem in der VO genannten Zeitpunkt des Außerkrafttretens oder bis zu ihrer förmlichen Aufhebung fort; sie ist rechtlich nicht vom Fortbestand des ihr zugrunde liegenden TV abhängig. Jedoch werden inhaltliche Änderungen des TV oder sein Außerkrafttreten bereits im Hinblick auf das gemeinschaftsrechtliche Verbot der Ausländerdiskriminierung zu einer zeitnahen Anpassung bzw. Aufhebung der VO von Amts wegen Anlass geben.[78]

§ 8 Pflichten des Arbeitgebers zur Gewährung von Arbeitsbedingungen

(1) [1]Arbeitgeber mit Sitz im In- oder Ausland, die unter den Geltungsbereich eines für allgemeinverbindlich erklärten Tarifvertrages nach den §§ 4 bis 6 oder einer Rechtsverordnung nach § 7 fallen, sind verpflichtet, ihren Arbeitnehmern und Arbeitnehmerinnen mindestens die in dem Tarifvertrag für den Beschäftigungsort vorgeschriebenen Arbeitsbedingungen zu gewähren sowie einer gemeinsamen Einrichtung der Tarifvertragsparteien die ihr nach § 5 Nr. 3 zustehenden Beiträge zu leisten. [2]Satz 1 gilt unabhängig davon, ob die entsprechende Verpflichtung kraft Tarifbindung nach § 3 des Tarifvertragsgesetzes oder kraft Allgemeinverbindlicherklärung nach § 5 des Tarifvertragsgesetzes oder aufgrund einer Rechtsverordnung nach § 7 besteht.

(2) Ein Tarifvertrag nach den §§ 4 bis 6, der durch Allgemeinverbindlicherklärung oder Rechtsverordnung nach § 7 auf nicht an ihn gebundene Arbeitgeber sowie Arbeitnehmer und Arbeitnehmerinnen erstreckt wird, ist von einem Arbeitgeber auch dann einzuhalten, wenn er nach § 3 des Tarifvertragsgesetzes oder kraft Allgemeinverbindlicherklärung nach § 5 des Tarifvertragsgesetzes an einen anderen Tarifvertrag gebunden ist.

(3) Wird ein Leiharbeitnehmer oder eine Leiharbeitnehmerin vom Entleiher mit Tätigkeiten beschäftigt, die in den Geltungsbereich eines für allgemeinverbindlich erklärten Tarifvertrages nach den §§ 4, 5 Nr. 1 bis 3 und § 6 oder einer Rechtsverordnung nach § 7 fallen, hat der Verleiher zumindest die in diesem Tarifvertrag oder in dieser Rechtsverordnung vorgeschriebenen Arbeitsbedingungen zu gewähren sowie die der gemeinsamen Einrichtung nach diesem Tarifvertrag zustehenden Beiträge zu leisten.

A. Allgemeines 1	5. Mindest-Arbeitsbedingungen 7
B. Regelungsgehalt 3	6. Anderweitige Tarifbindung 8
I. Pflichten des Arbeitgebers zur Gewährung tarifvertraglicher Mindestarbeitsbedingungen 3	II. Pflichten des Verleihers 9
1. Mindestlohn und Urlaub 3	C. Verbindung zu anderen Rechtsgebieten und zum Prozessrecht 10
2. Zahlung von Sozialkassenbeiträgen 4	I. Wettbewerbsrecht 10
3. Sonstige Arbeitsbedingungen 5	II. Prozessuales 11
4. Arbeitsortprinzip 6	D. Beraterhinweise 12

A. Allgemeines

1 § 8 Abs. 1 regelt die Grundpflichten der im In- oder Ausland ansässigen AG zur Gewährung der nach §§ 3 ff. maßgeblichen **tarifvertraglichen Arbeitsbedingungen**. Er entspricht den bisherigen Regelungen des § 1 Abs. 1 S. 3, S. 4 und Abs. 3a S. 4, S. 5 a.F.[1]

---

73 *Klebeck/Weninger*, SAE 2009, 159, 165; *Willemsen/Sagan*, NZA 2008, 1216, 1218.
74 *Junker/Wichmann*, NZA 1996, 505, 511 f.
75 *Schmitt-Rolfes*, AuA 2008, 199.
76 BAG 13.5.2004 – 10 AS 6/04 – IBR 2004, 462 m. Anm. *Peter*; BAG 9.9.2003 – 9 AZR 478/02 (A) – juris; BAG 25.6.2002 – 9 AZR 405/00 – BAGE 101, 357, 372 f. = NZA 2003, 275, 281; BAG 25.6.2002 – 9 AZR 439/01 – BAGE 102, 1, 17 f. = AP § 1 AEntG Nr. 15; a.A. OLG Stuttgart 5.9.2002 – 5 Ss 358/2001 – EzAÜG § 1 AEntG Nr. 12 = IBR 2003, 512 m. Anm. *Maurer*.
77 St. Rspr. BAG 18.10.2006 – 10 AZR 576/05 – BAGE 120, 1, 15 ff. = NZA 2007, 1111, 1115 f.; BAG 20.7.2004 – 9 AZR 343/03 – AP § 1 AEntG Nr. 18 = NZA 2005, 114, 116 f.
78 BT-Drucks 14/45, S. 26; *Ulber*, § 1 AEntG Rn 66.
1 BT-Drucks 16/10486, S. 16.

Mit der Neuregelung in § 8 Abs. 2 wird klargestellt, dass die tarifvertraglichen Arbeitsbedingungen nach dem AEntG auch für inländische AG ausnahmslos einer eventuellen anderweitigen Tarifbindung vorgehen (siehe Rn 8).[2]

§ 8 Abs. 3 formuliert den Vorrang des erstreckten Fach-TV vor Regelungen für Leih-AN und entspricht § 1 Abs. 2 a.F.[3]

Die dem AG und dem Verleiher durch die Gebotsnormen des § 8 auferlegten Rechtspflichten bilden den rechtstechnisch erforderlichen Anknüpfungspunkt für die in § 23 Abs. 1 Nr. 1, Abs. 2 enthaltene Bußgeldbewehrung (siehe § 23 Rn 1).[4] Die zuständigen Behörden der Zollverwaltung kontrollieren die Einhaltung der Pflichten nach § 8 (siehe § 16 Rn 2 ff.).

B. Regelungsgehalt

I. Pflichten des Arbeitgebers zur Gewährung tarifvertraglicher Mindestarbeitsbedingungen

1. Mindestlohn und Urlaub. In- wie ausländische AG, die unter den Geltungsbereich eines allgemeinverbindlichen oder kraft VO erstreckten TV fallen, müssen ihren im Inland beschäftigten AN gem. § 8 Abs. 1 S. 1 den tariflichen Mindestlohn einschl. Überstunden sowie Urlaub (siehe § 5 Rn 2 ff.) gewähren.

2. Zahlung von Sozialkassenbeiträgen. In- wie ausländische AG müssen gem. § 8 Abs. 1 S. 1 die der Urlaubskasse nach § 5 Nr. 3 zustehenden Urlaubskassenbeiträge leisten (siehe § 5 Rn 5 ff.). Für allgemeinverbindliche TV ergibt sich dies der Sache nach zwar bereits aus § 5 TVG, allerdings ohne die Kontroll- und Sanktionsnormen der §§ 14 ff., insb. ohne Bußgeldbewehrung (§ 23).[5]

3. Sonstige Arbeitsbedingungen. Gem. § 8 Abs. 1 muss der AG auch die sonstigen Mindestarbeitsbedingungen i.S.v. § 5 Nr. 4 i.V.m. § 2 Nr. 3 bis 7 gewähren, wenn der erstreckte TV diesbezüglich Regelungen enthält (siehe § 2 Rn 3).

4. Arbeitsortprinzip. Durch die Inbezugnahme des **Beschäftigungsortes** in § 8 Abs. 1 S. 1 wird das sog. Arbeitsortprinzip[6] ausdrücklich gesetzlich normiert.[7] Die Regelung im bisherigen § 1 Abs. 1 S. 1 a.E., S. 2 war weniger klar, das Arbeitsortprinzip i.E. gleichwohl anerkannt. Gem. § 8 Abs. 1 S. 1 müssen auch inländische AG ihren im Geltungsbereich des TV beschäftigten AN mind. die am Beschäftigungsort geltenden tarifvertraglichen Arbeitsbedingungen gewähren. Diese Verpflichtung gilt gem. § 8 Abs. 1 S. 2 unabhängig davon, auf welche Weise der AG an den Mindestlohn-TV gebunden ist, sei es angesichts Tarifbindung nach §§ 3, 4 TVG, kraft AVE nach § 5 TVG oder aufgrund einer VO nach § 7.[8] § 8 Abs. 1 S. 2 (§ 1 Abs. 1 S. 3 a.F.) stellt sicher, dass auch AG, die bereits nach dem TVG an den TV gebunden sind, den Kontroll- und Sanktionsnormen nach §§ 14 f., 16 ff. unterliegen.[9] Das Arbeitsortprinzip dient der Verhinderung einer europarechtlich unzulässigen Diskriminierung ausländischer AG (siehe Rn 8).

5. Mindest-Arbeitsbedingungen. Durch die Verwendung des Begriffs „mindestens" in § 8 Abs. 1 S. 1 (bzw. „zumindest" in § 8 Abs. 3) wird klargestellt, dass es sich bei den genannten Arbeitsbedingungen um Mindest-Arbeitsbedingungen handelt. Für die AN insg. objektiv günstigere Arbeitsbedingungen sind im Hinblick auf das arbeitsrechtliche **Günstigkeitsprinzip**[10] stets zulässig.[11]

6. Anderweitige Tarifbindung. § 8 Abs. 2 ordnet ausdrücklich an, dass die erstreckten tarifvertraglichen Mindestarbeitsbedingungen nach dem AEntG in jedem Fall einer eventuellen anderweitigen Tarifbindung vorgehen (siehe § 7 Rn 20). Dieses vom EuGH[12] aufgestellte Erfordernis für die Europarechtskonformität der Erstreckung der tarifvertraglichen Arbeitsbedingungen nach dem AEntG 1996 war auch in der st. BAG-Rspr.[13] anerkannt. Ein inländischer AG hat somit keine Möglichkeit, von einem TV nach dem AEntG durch **Firmen-TV** zum Nachteil der AN abzuweichen. In europarechtskonformer Auslegung des AEntG besteht eine ausnahmslose Verpflichtung zur Ge-

---

2 BT-Drucks 16/10486, S. 16 f.
3 BT-Drucks 16/10486, S. 17.
4 BT-Drucks 13/2414, S. 9; *Schwab*, AR-Blattei 370.3, Rn 6; *Hold*, AuA 1996, 113, 116; *Marschall*, NZA 1998, 633; *Schmitt*, WiB 1996, 766, 771; *Weber*, AuB 1997, 161; *Webers*, DB 1996, 574, 575.
5 BT-Drucks 13/2414, S. 9.
6 Siehe auch § 5 Nr. 5 BRTV-Bau, § 3 TV Mindestlohn, § 7 Nr. 9 BRTV-Gebäudereiniger.
7 BT-Drucks 16/10486, S. 16.
8 BT-Drucks 14/45, S. 25; *Ulber*, § 1 AEntG Rn 22, 28; *Sahl/Stang*, AiB 1997, 9, 10; *Sahl/Stang*, AiB 1996, 652, 655 f.; *Webers*, DB 1996, 574 f.
9 *Bayreuther*, DB 2009, 678, 680.

10 Erwägungsgrund Nr. 17 und Art. 3 Abs. 7 Entsende-RL 96/71/EG; § 2 Abs. 2 S. 2 TV Mindestlohn 2008, § 4 Abs. 3 TVG, § 13 Abs. 2 S. 2 i.V.m. Abs. 1 S. 2 BUrlG.
11 BT-Drucks 16/10486, S. 17; BT-Drucks 14/45, S. 25; BAG 3.5.2006 – 10 AZR 344/05 – AP § 1 AEntG Nr. 25 = DB 2006, 2015.
12 EuGH 24.1.2002 – C-164/99 – Portugaia Construções Lda – EuGH Slg. I 2002, 787 = NZA 2002, 207, 208 f.
13 BAG 18.10.2006 – 10 AZR 576/05 – BAGE 120, 1, 14 ff. = NZA 2007, 1111, 1115 f.; BAG 13.5.2004 – 10 AS 6/04 – IBR 2004, 462 m. Anm. *Peter*; BAG 9.9.2003 – 9 AZR 478/02 (A) – juris; BAG 26.6.2002 – 9 AZR 405/00 – BAGE 101, 357, 372 ff. = NZA 2003, 275, 281.

währung der Arbeitsbedingungen nach dem AEntG, und zwar auch dann, wenn der AG an einen **Einzel-TV** gebunden ist.[14]

Auf diese Weise wird sichergestellt, dass es sich um „für allgemein verbindlich erklärte TV" i.S.v. Art. 3 Abs. 8 der Entsende-RL 96/71/EG handelt, „die von allen in den jeweiligen geographischen Bereich fallenden und die betreffende Tätigkeit oder das betreffende Gewerbe ausübenden Unternehmen einzuhalten sind".[15]

II. Pflichten des Verleihers

9 Den Verleiher treffen gem. § 8 Abs. 3 die Pflichten zur Gewährung tariflicher Mindestlöhne und Urlaub sowie Zahlung der Urlaubskassenbeiträge (§ 5 Nr. 1 bis 3). Die sonstigen tariflichen Arbeitsbedingungen nach § 5 Nr. 4 i.V.m. § 2 Nr. 3 bis 7 werden anders als bei den Pflichten des AG nach § 8 Abs. 1 (siehe Rn 5) nicht in Bezug genommen.

C. Verbindung zu anderen Rechtsgebieten und zum Prozessrecht

I. Wettbewerbsrecht

10 Umstr. ist, ob eine **Tariflohnunterschreitung** oder ein Verstoß gegen (wettbewerbsschützende) Vorschriften des AEntG zugleich generell einen Verstoß gegen das Verbot unlauteren Wettbewerbs nach § 3 (bzw. § 4 Nr. 11) UWG darstellt.[16]

II. Prozessuales

11 Ein AN kann gem. § 15 S. 1 eine auf den Zeitraum der AEnt bezogene Klage auf Gewährung der Arbeitsbedingungen nach §§ 2, 8 oder 14 auch vor einem **deutschen ArbG** erheben (siehe § 15 Rn 3 f.). Diese Klagemöglichkeit besteht gem. § 15 S. 2 auch für die Sozialkassen nach § 5 Nr. 3 in Bezug auf die ihr zustehenden Beiträge. I.Ü. sind die tarifvertraglichen Gerichtsstandsregelungen (§ 48 Abs. 2 S. 1 Nr. 1 ArbGG) nach § 27 VTV zu beachten (siehe § 15 Rn 5).

D. Beraterhinweise

12 Die bis zum 28.12.2009 umzusetzende **Dienstleistungs-RL 2006/123/EG**[17] „sollte" ausweislich ihres 86. Erwägungsgrundes nicht die Arbeits- und Beschäftigungsbedingungen nach der Entsende-RL 96/71/EG berühren;[18] letztere geht gem. Art. 3 Abs. 1 S. 2a Dienstleistungs-RL 2006/123/EG jedenfalls vor.

§ 9 Verzicht, Verwirkung

¹Ein Verzicht auf das Mindestentgelt nach § 8 ist nur durch gerichtlichen Vergleich zulässig. ²Die Verwirkung des Anspruchs der Arbeitnehmer und Arbeitnehmerinnen auf das Mindestentgelt nach § 8 ist ausgeschlossen. ³Ausschlussfristen für die Geltendmachung des Anspruchs können ausschließlich in dem für allgemeinverbindlich erklärten Tarifvertrag nach den §§ 4 bis 6 oder dem der Rechtsverordnung nach § 7 zugrunde liegenden Tarifvertrag geregelt werden; die Frist muss mindestens sechs Monate betragen.

A. Allgemeines 1	II. Verwirkung (§ 9 S. 2) 4
I. Normzweck 1	III. Ausschlussfristen (§ 9 S. 3) 5
II. Entstehungsgeschichte 2	C. Verbindung zu anderen Rechtsgebieten und zum
B. Regelungsgehalt 3	Prozessrecht 6
I. Verzicht (§ 9 S. 1) 3	

A. Allgemeines

I. Normzweck

1 Die hinsichtlich Aufbau und Inhalt an § 4 Abs. 4 TVG angelehnte Vorschrift des § 9 dient der Sicherung des Anspruchs der AN nach § 8 auf das Mindestentgelt.[1] Der Zweck tarifvertraglicher Mindestentgelte würde unterlaufen werden, wenn der Anspruch ohne Weiteres durch Verzicht, Verwirkung oder den Ablauf von Ausschlussfristen un-

---

14 BT-Drucks 16/10486, S. 16 f.
15 BT-Drucks 16/10486, S. 17.
16 Abl. BGH 3.12.1992 – I ZR 276/90 – BGHZ 120, 320, 322 ff. = NJW 1993, 1010, 1011 ff.; OLG Frankfurt 7.7.1998 – 6 U 116/87 – BB 1988, 1838; OLG Stuttgart 8.5.1987 – 2 U 168/86 – NJW-RR 1988, 103 f.; bejahend RG 12.4.1927 – II 425/26 – RGZ 117, 16, 17 ff.; OLG Hamburg 27.11.1986 – 3 U 42/86 – NJW 1987, 1651 f.; *Aulmann*, BB 2007, 826.
17 RL 2006/123/EG des Europäischen Parlaments und des Rates v. 12.12.2006, ABl L 376, S. 36.
18 Näher zur Dienstleistungs-RL 2006/123/EG *Körner*, NZA 2007, 233; *Lorenz*, AuR 2006, 91.
1 BT-Drucks 16/10486, S. 17.

tergehen könnte. Während die **Verwirkung** des Mindestlohnanspruchs durch § 9 S. 2 generell ausgeschlossen wird (siehe Rn 4), kommt ein Anspruchsuntergang durch Verzicht oder den Ablauf von Ausschlussfristen unter bestimmten Voraussetzungen in Betracht. Der **Verzicht** durch einen gerichtlichen Vergleich wird in § 9 S. 1 ausdrücklich zugelassen, da durch diesen ein hinreichender Schutz des AN sichergestellt ist (siehe Rn 3).[2] Entgegen dem Reg-Entw, der **Ausschlussfristen** bzgl. des tarifvertraglichen Mindestentgelts nach § 5 Nr. 1 noch generell als unzulässig ansah,[3] können gem. der Gesetz gewordenen Fassung des § 9 S. 3 die TV-Parteien in einer Branche nach § 4 tarifvertragliche Ausschlussfristen für die Geltendmachung des Mindestentgelts von mind. sechs Monaten vereinbaren (siehe Rn 5).[4]

II. Entstehungsgeschichte

Das AEntG 1996 enthielt keine § 9 n.F.[5] vergleichbare Regelung.

B. Regelungsgehalt

I. Verzicht (§ 9 S. 1)

Der Verzicht (§ 397 Abs. 1 BGB) des AN auf den Mindestlohnanspruch ist gem. § 9 S. 1 nur durch **gerichtlichen Vergleich** zulässig. Nach Ansicht des Gesetzgebers ist der AN (nur) hierdurch hinreichend geschützt.[6] Ein gerichtlicher Vergleich kann bereits im Rahmen der Güteverhandlung (§ 54 Abs. 3 ArbGG) oder später im Laufe des Verfahrens geschlossen werden, auch dadurch, dass die Parteien dem Gericht einen schriftlichen Vergleichsvorschlag unterbreiten oder einen schriftlichen Vergleichsvorschlag des Gerichts durch Schriftsatz gegenüber dem Gericht annehmen (§ 46 Abs. 2 S. 1 ArbGG i.V.m. §§ 495 Abs. 1, 278 Abs. 6 S. 1 ZPO). Angesichts des klaren Wortlauts von § 9 S. 1 sind der Vergleich vor einer Gütestelle (§ 794 Abs. 1 Nr. 1 ZPO) oder der Anwaltsvergleich (§ 796a ZPO) nicht ausreichend. Zu beachten sind die materiell-rechtlichen wie prozessualen Wirksamkeitsvoraussetzungen eines gerichtlichen Vergleichs (§ 779 Abs. 1 BGB, § 794 Abs. 1 Nr. 1 ZPO).[7]

§ 9 S. 1 erfordert im Unterschied zu § 4 Abs. 4 S. 1 TVG nicht die Billigung des Vergleichs durch die TV-Parteien.[8]

II. Verwirkung (§ 9 S. 2)

Die Verwirkung des Mindestlohnanspruchs ist gem. § 9 S. 2 schlechthin ausgeschlossen. Gleiches ergibt sich bezogen auf tarifliche Rechte aus § 4 Abs. 4 S. 2 TVG.

III. Ausschlussfristen (§ 9 S. 3)

Sehen die TV-Parteien in einer Branche nach § 4 eine Ausschlussfrist als angemessen an, können sie diese zum Bestandteil des Mindestentgelt-TV machen.[9] Der Mindestlohnanspruch des AN nach § 8 ist dann gem. § 9 S. 3 von der tariflichen Ausschlussfrist erfasst. Auch eine von der Kommission in der Pflegebranche nach § 12 Abs. 4 S. 2 empfohlene Ausschlussfrist muss den Anforderungen von § 9 S. 3 entsprechen. Die Sonderregelung in § 9 S. 3 steht nicht nur im Einklang mit der allg. Vorschrift des § 4 Abs. 4 S. 3 TVG, wonach Ausschlussfristen für die Geltendmachung tariflicher Rechte nur „im TV" vereinbart werden können, sondern ist vor dem Hintergrund der Tarifautonomie auch sachgerecht, da die TV-Parteien in dem Mindestentgelt-TV eine Gesamtlösung erzielt haben („Gesamtpaket"). Die Ausschlussfrist muss nach § 9 S. 3 „in dem (...) TV" geregelt sein. Diese Formulierung legt es nahe, dass eine Vereinbarung der Ausschlussfrist im RTV nicht genügen soll, anders als bei § 4 Abs. 4 S. 3 TVG (siehe § 4 Rn 28 ff.).[10] Zum Schutz des AN muss die Dauer der Ausschlussfrist allerdings mind. sechs Monate betragen (§ 9 S. 3 Hs. 2). Die Ausschlussfrist muss an die Fälligkeit des Anspruchs anknüpfen.[11] Die Neufassung von § 9 S. 3 knüpft an bestehende tarifliche Regelungen, z.B. im Bauhauptgewerbe oder im Maler- und Lackiererhandwerk, an.[12] Gem. § 2 Abs. 5 TV Mindestlohn 2008[13] verfallen Mindestlohn-Ansprüche von AN in den Lohngruppen 1 und 2 abweichend von § 15 BRTV-Bau[14] sechs Monate nach ihrer Fälligkeit. Gem. § 4 Nr. 4a TV Mindestlohn Maler 4[15] verfallen Mindestlohn-Ansprüche abweichend von den Ausschlussfristen nach §§ 49 f. RTV-Maler[16] zwölf Monate nach ihrer

---

2 BT-Drucks 16/10486, S. 17.
3 BT-Drucks 16/10486, S. 17.
4 BT-Drucks 16/11669, S. 21. Vergessen wurde, auch die Ausschlussfristen in der amtlichen Überschrift des § 9 zu erwähnen.
5 BGBl I 2009 S. 799.
6 BT-Drucks 16/10486, S. 17.
7 Näher dazu Palandt/*Sprau*, § 779 BGB Rn 29 ff. m.w.N.
8 Dies übersieht offenbar *Bayreuther*, DB 2009, 678, 681.
9 Im RegEntw war urspr. die Unzulässigkeit von Ausschlussfristen vorgesehen, BR-Drucks 542/08, S. 5, 19.
10 *Bayreuther*, DB 2009, 678, 681.
11 *Bayreuther*, DB 2009, 678, 681 m.w.N.

12 BT-Drucks 16/11669, S. 21.
13 TV zur Regelung der Mindestlöhne im Baugewerbe im Gebiet der Bundesrepublik Deutschland v. 4.7.2008 (BAnz Nr. 131 S. 3146).
14 BundesRTV für das Baugewerbe v. 4.7.2002 i.d.F. v. 20.8.2007 (BAnz 2008 Nr. 104 S. 2540).
15 TV zur Regelung eines Mindestlohns für gewerbliche AN im Maler- und Lackiererhandwerk v. 9.9.2007 (BAnz 2008 Nr. 48 S. 1104).
16 RTV für gewerbliche AN im Maler- und Lackiererhandwerk v. 30.3.1992 i.d.F. v. 6.2.2004 (BAnz Nr. 113 S. 12961).

Fälligkeit. Diese von der Gesetzesbegründung[17] in Bezug genommenen Tarifnormen beinhalten einstufige Ausschlussfristen. Zweistufige tarifliche „Ausschlussfristen für die Geltendmachung des Anspruchs" auf das Mindestentgelt sind weder nach dem Gesetzeswortlaut (Plural) noch nach der Gesetzesbegründung ausgeschlossen und können damit in dem Mindestlohn-TV vereinbart werden.[18]

C. Verbindung zu anderen Rechtsgebieten und zum Prozessrecht

6 Nach allg. Grundsätzen kommt i.S.v. § 9 S. 3 grds. auch ein konkludenter oder stillschweigender Verzicht des AN auf den Mindestlohnanspruch in Betracht, etwa mittels einer Abgeltungs- bzw. Ausgleichsklausel im Rahmen eines gerichtlichen Vergleichs. Voraussetzung hierfür ist ein rechtsgeschäftlich erheblicher Verzichtswille des AN, der im Bestreitensfall vom AG zu beweisen ist.

7 Unberührt von § 9 bleiben die auf den Mindestlohnanspruch anwendbaren individualvertraglichen, tariflichen oder gesetzlichen **Verjährungsvorschriften**, z.B. § 4 Nr. 4b TV Mindestlohn Maler 4, §§ 195, 199 Abs. 1 BGB. Im Ref-Entw zum neuen AEntG war in § 9 S. 4 noch eine zwingende dreijährige Verjährungsfrist ab dem Ende des Jahres der Beendigung des Arbverh vorgesehen.

8 § 9 betrifft die Mindestentgeltansprüche des AN gegen den AG. Weder sind Ansprüche des AG noch Ansprüche der Urlaubskassen gegen den AG erfasst. Gem. § 25 Abs. 1 S. 1 VTV[19] beträgt die Verfallfrist für Ansprüche der Urlaubskasse gegen den AG vier Jahre nach Fälligkeit; ebenso wie gem. § 25 Abs. 4 S. 1 VTV die Verjährungsfrist.

Abschnitt 4: Arbeitsbedingungen in der Pflegebranche

§ 10   Anwendungsbereich

¹Dieser Abschnitt findet Anwendung auf die Pflegebranche. ²Diese umfasst Betriebe und selbstständige Betriebsabteilungen, die überwiegend ambulante, teilstationäre oder stationäre Pflegeleistungen oder ambulante Krankenpflegeleistungen für Pflegebedürftige erbringen (Pflegebetriebe). ³Pflegebedürftig ist, wer wegen einer körperlichen, geistigen oder seelischen Krankheit oder Behinderung für die gewöhnlichen und regelmäßig wiederkehrenden Verrichtungen im Ablauf des täglichen Lebens vorübergehend oder auf Dauer der Hilfe bedarf. ⁴Keine Pflegebetriebe im Sinne des Satzes 2 sind Einrichtungen, in denen die Leistungen zur medizinischen Vorsorge, zur medizinischen Rehabilitation, zur Teilhabe am Arbeitsleben oder am Leben in der Gemeinschaft, die schulische Ausbildung oder die Erziehung kranker oder behinderter Menschen im Vordergrund des Zweckes der Einrichtung stehen, sowie Krankenhäuser.

A. Allgemeines	1	1. Pflegedienste, Pflegeheime	7
B. Regelungsgehalt	4	2. Überwiegensprinzip	9
I. Pflegebranche	4	3. Ausgenommene Einrichtungen	10
II. Pflegebetriebe	7	III. Pflegebedürftigkeit	13

A. Allgemeines

1 Neben den in § 4 genannten Branchen wurde auch die Pflegebranche neu in das AEntG 2009 aufgenommen. Auch die Pflegebranche ist durch einen hohen Personalkostenanteil gekennzeichnet und es herrschen teilweise unerträgliche Lohnsituationen.[1] Charakteristisches Merkmal der Pflegebranche ist eine starke Prägung der Arbeitsbedingungen durch kollektiv ausgehandelte Regelungen.[2] Daher wurde eine Lösung der Mindestlohnproblematik über das ebenfalls novellierte MiArbG, das in gering oder gar nicht tariflich geprägten Bereichen Anwendung findet (siehe § 1 Rn 7), als nicht sachgerecht empfunden.[3]

2 Anders als bei den in § 4 genannten Branchen beruht die kollektiv-rechtliche Prägung der Arbeitsbedingungen in der Pflegebranche aber nicht nur auf TV, sondern auch auf spezifischen kirchenrechtlichen Regelungen im **„Dritten Weg"**.[4] Wegen der Besonderheiten des kirchlichen Bereichs der Pflegebranche (siehe Rn 5) und wohl auch vor dem Hintergrund, dass derzeit in der Pflegebranche kein für allgemeinverbindlich erklärbarer Flächen-TV besteht,

---

17 BT-Drucks 16/11669, S. 21.
18 Anders *Bayreuther*, DB 2009, 678, 681.
19 TV über das Sozialkassenverfahren im Baugewerbe v. 20.12.1999 i.d.F. v. 5.12.2007 (BAnz 2008 Nr. 104 S. 2540).

1 BT-Drucks 16/11669, S. 19, 21.
2 BT-Drucks 16/11669, S. 21.
3 Kritisch dazu *Sittard*, NZA 2009, 346, 349.
4 BT-Drucks 16/11669, S. 21 f.

wurde mit der **Kommissionslösung** in §§ 10 ff. eine Sonderregelung des VO-Verfahrens für die Pflegebranche statuiert. Abschn. 4 ermöglicht die Schaffung und Durchsetzung von Mindestarbeitsbedingungen in der Pflegebranche durch VO auf der Grundlage einer Kommissionsempfehlung.[5]

§ 10 definiert die aufeinander aufbauenden Begriffe der Pflegebranche, des Pflegebetriebes und der Pflegebedürftigkeit.

B. Regelungsgehalt

I. Pflegebranche

Die Pflegebranche i.S.v. § 10 umfasst die näher definierten Pflegebetriebe (siehe Rn 7 ff.), mithin bestimmte Einrichtungen zur Versorgung von Menschen, die pflegebedürftig i.S.v. § 10 S. 3 (siehe Rn 13 ff.) sind.[6] Zur Versorgung der Pflegebedürftigen gehören insb. die **Grund- und Behandlungspflege** sowie die damit verbundenen **hauswirtschaftlichen Dienstleistungen**[7] (§ 14 Abs. 4 Nr. 4 SGB XI, § 61 Abs. 5 Nr. 4 SGB XII: Einkaufen, Kochen, Reinigen der Wohnung, Spülen, Wechseln und Waschen der Wäsche und Kleidung und das Beheizen). Pflege kann **stationär** (bzw. vollstationär i.S.v. § 43 SGB XI), **teilstationär** (§ 41 SGB XI) und **ambulant** (außerhalb von Einrichtungen, z.B. häusliche Pflege i.S.v. §§ 36 ff. SGB XI, § 63 SGB XII) erbracht werden (§§ 13 Abs. 1, 61 Abs. 2 SGB XII).[8]

In der Pflegebranche stehen zwei unterschiedliche, verfassungsrechtlich gleichrangig geschützte Instrumentarien zur Gestaltung von Arbeitsbedingungen nebeneinander.[9] Zum einen werden Pflegedienste von kirchlich getragenen Pflegeeinrichtungen erbracht, die sich auf das kirchliche Selbstbestimmungsrecht nach Art. 140 GG i.V.m. Art. 137 Abs. 3 WRV (Selbstordnungs- und Selbstverwaltungsgarantie) berufen können, wenn sie nach kirchlichem Selbstverständnis ihrem Zweck oder ihrer Aufgabe entsprechend berufen sind, ein Stück des Auftrags der Kirche wahrzunehmen und zu erfüllen.[10] Unter den Begriff Kirche fallen alle Religionsgemeinschaften i.S.v. Art. 140 GG i.V.m. Art. 137 Abs. 3 WRV ohne Rücksicht auf ihre Rechtsform.[11] Diese karitativen und Wohlfahrtseinrichtungen (insb. Paritätischer Wohlfahrtsverband, Deutscher Caritas Verband, Deutsches Rotes Kreuz, Arbeiterwohlfahrt, Diakonisches Werk der Evangelischen Kirche) haben von der ihnen zustehenden Möglichkeit zur Arbeitsvertragsgestaltung im „**Dritten Weg**" ganz überwiegend Gebrauch gemacht. Das Lohngefüge der Pflegebranche wird daher erheblich durch von paritätisch besetzten Kommissionen der Dienstgeberseite (AG) und der Dienstnehmerseite (AN)[12] ausgehandelte Arbeitsbedingungen (insb. AVR) geprägt (siehe § 12 Rn 3).[13]

Zum anderen werden Pflegedienste von öffentlich- und privat-rechtlichen Trägern erbracht, die die Arbeitsbedingungen für ihren Bereich durch TV (z.B. BAT-KF, TVöD-B)[14] gestaltet haben.[15] Die Kommissionslösung in §§ 10 ff. trägt diesen Besonderheiten der Pflegebranche Rechnung.

II. Pflegebetriebe

1. Pflegedienste, Pflegeheime. Pflegebetriebe i.S.v. § 10 S. 2 sind Betriebe und selbstständige Betriebsabteilungen, die überwiegend ambulante, teilstationäre oder stationäre Pflegeleistungen oder ambulante Krankenpflegeleistungen für Pflegebedürftige erbringen. Erfasst sind damit insb. ambulante Pflegeeinrichtungen (Pflegedienste) i.S.v. § 71 Abs. 1 SGB XI und stationäre Pflegeeinrichtungen (Pflegeheime) i.S.v. § 71 Abs. 2 SGB XI, worunter auch vollstationäre Einrichtungen i.S.v. § 43 SGB XI fallen.

Das Rechtsverhältnis zwischen dem Pflegebetrieb und dem Pflegebedürftigen ist für den Begriff des Pflegebetriebes i.S.v. § 10 S. 2 unerheblich. Es kommt nicht darauf an, ob der Pflegedienstleister mit Trägern der SozVers abrechnet oder vom Leistungsempfänger selbst oder – zu dessen Gunsten – von einem Dritten beauftragt wird.[16] Daher können nicht nur durch Versorgungsvertrag zugelassene Pflegeeinrichtungen i.S.v. § 72 SGB XI Pflegebetriebe i.S.v. § 10 S. 2 sein.

---

5 BT-Drucks 16/11669, S. 22.
6 BT-Drucks 16/11669, S. 22.
7 BT-Drucks 16/11669, S. 22.
8 BT-Drucks 16/11669, S. 22.
9 BT-Drucks 16/11669, S. 22.
10 BVerfG 4.6.1985 – 2 BvR 1703, 1718/83 und 856/84 – Loyalitätspflicht – BVerfGE 70, 138, 162 ff. = NJW 1986, 367 ff.; BVerfG 25.3.1980 – 2 BvR 208/76 – BVerfGE 53, 366, 391 ff. = NJW 1980, 1895 ff.; BVerfG 11.10.1977 – 2 BvR 209/76 – BVerfGE 46, 73, 85 ff. = NJW 1978, 581 ff., jeweils m.w.N.
11 BT-Drucks 16/11669, S. 23; BVerfG 4.6.1985 – 2 BvR 1703, 1718/83 und 856/84 – Loyalitätspflicht – BVerfGE 70, 138, 162 = NJW 1986, 367.
12 Z.B. Arbeitsrechtliche Kommission des Deutschen Caritasverbandes (AK), Zentrale Kommission zur Ordnung des Arbeitsvertragsrechtes im kirchlichen Dienst (Zentral-KODA).
13 BT-Drucks 16/11669, S. 22.
14 TVöD für den Dienstleistungsbereich Pflege- und Betreuungseinrichtungen im Bereich der Vereinigung der kommunalen AG-Verbände (VKA) v. 1.8.2006.
15 BT-Drucks 16/11669, S. 22.
16 BT-Drucks 16/11669, S. 22.

2. Überwiegensprinzip.

9 § 10 S. 2 schreibt das sich auf die Pflegebranche beziehende Überwiegensprinzip fest,[17] das für die anderen Branchen in § 6 niedergelegt ist. In dem Pflegebetrieb müssen überwiegend Pflegeleistungen für Pflegebedürftige erbracht werden, d.h., bezogen auf die Gesamtarbeitszeit aller in der Einrichtung Beschäftigten, mehr als 50 v.H. Pflegeleistungen für Pflegebedürftige erbracht werden (siehe § 6 Rn 7).

10 **3. Ausgenommene Einrichtungen.** Ausgenommen vom Begriff des Pflegebetriebes bleiben die in § 10 S. 4 genannten Einrichtungen. Die Vorschrift ist angelehnt an § 71 Abs. 4 SGB XII, wonach diese Eichrichtungen keine Pflegeeinrichtungen i.S.d. SGB XII sind.

11 Nicht erfasst werden insb. Betriebe und selbstständige Betriebsabteilungen, die überwiegend stationäre Krankenpflege in **Krankenhäusern** (§ 107 Abs. 1 SGB V) erbringen.[18] Hingegen können z.B. Einrichtungen, die Leistungen der häuslichen Krankenpflege i.s.v. § 37 SGB V anbieten, medizinische Versorgungszentren (§ 95 SGB V), Einrichtungen des Betriebsgesundheitswesens i.S.v. § 311 Abs. 2 S. 1 SGB V (Polikliniken, Ambulatorien, Arztpraxen) und Einrichtungen, in denen die gesetzlich Krankenversicherten durch Zusammenarbeit mehrerer Vertragsärzte ambulant und stationär versorgt werden (Praxiskliniken i.s.v. § 115 Abs. 2 S. 1 Nr. 1 SGB V) grds. unter den Begriff des Pflegebetriebes i.S.v. § 10 S. 2 fallen, da insoweit keine Leistungen in „Krankenhäusern" erbracht werden. Zu prüfen ist jeweils, ob überwiegend Leistungen für Pflegebedürftige erbracht werden.

12 Keine Pflegebetriebe i.S. des AEntG sind gem. § 10 S. 4 zudem Einrichtungen, in denen die Leistungen zur medizinischen **Vorsorge**, zur medizinischen **Rehabilitation**, zur **Teilhabe** am Arbeitsleben oder am Leben in der Gemeinschaft, die schulische **Ausbildung** oder die **Erziehung** kranker oder behinderter Menschen im Vordergrund des Zweckes der Einrichtung stehen. Ausgeschlossen sind damit etwa

- Rehabilitationseinrichtungen nach § 19 SGB IX,
- Berufsbildungswerke, Berufsförderungswerke und vergleichbare Einrichtungen der beruflichen Rehabilitation (§ 35 SGB IX),
- Werkstätten für behinderte Menschen i.S.v. §§ 136 ff. SGB IX,
- Blindenwerkstätten (§ 143 SGB IX, § 5 Abs. 1 Nr. 1 BliwaG a.F.),[19]
- vollstationäre Einrichtungen der Hilfe für behinderte Menschen i.S.v. § 43a SGB XI,
- Vorsorgeeinrichtungen der gesetzlichen Krankenversicherung (§ 23 SGB V),
- Rehabilitationseinrichtungen der gesetzlichen Krankenversicherung (§ 40 SGB V),
- Einrichtungen des Müttergenesungswerks und gleichartige Einrichtungen (§§ 24, 41 SGB V),
- Einrichtungen zur Vornahme von Schwangerschaftsabbrüchen (§ 13 SchKG),[20]
- Einrichtungen der Behindertenhilfe (§ 119a SGB V),
- stationäre Pflegeeinrichtungen (§ 119b SGB V) sowie
- von Hebammen geleitete Einrichtungen (§ 134a SGB V).

III. Pflegebedürftigkeit

13 Pflegebedürftig ist gem. § 10 S. 3, wer wegen einer körperlichen, geistigen oder seelischen Krankheit oder Behinderung für die gewöhnlichen und regelmäßig wiederkehrenden Verrichtungen im Ablauf des täglichen Lebens vorübergehend oder auf Dauer der Hilfe bedarf. Damit wird an die Definitionen des § 14 Abs. 1 SGB XI und § 61 Abs. 1 S. 1 SGB XII angeknüpft.

14 **Krankheiten** oder **Behinderungen** i.S.v. § 10 S. 3 sind in Anlehnung an § 14 Abs. 2 SGB XI und § 61 Abs. 3 SGB XII Verluste, Lähmungen oder andere Funktionsstörungen am Stütz- und Bewegungsapparat (Nr. 1), Funktionsstörungen der inneren Organe oder der Sinnesorgane (Nr. 2), Störungen des Zentralnervensystems wie Antriebs-, Gedächtnis- oder Orientierungsstörungen sowie endogene Psychosen, Neurosen oder geistige Behinderungen (Nr. 3), und andere Krankheiten oder Behinderungen, infolge derer Personen pflegebedürftig i.s.v. § 10 S. 3 sind (Nr. 4).

15 Es kommt nicht darauf an, ob die Voraussetzungen für eine der drei **Pflegestufen** des § 15 Abs. 1 SGB XI gegeben sind.[21] Damit ist zum einen das Maß der Pflegebedürftigkeit unerheblich.

16 Zum anderen knüpft § 10 S. 3 nicht (wie § 14 Abs. 1 SGB XI und § 61 Abs. 1 SGB XII) an eine voraussichtliche Dauer der Pflegebedürftigkeit von mind. sechs Monaten an. Auch bei der Erbringung von Pflegeleistungen in von vornherein absehbar kurzfristigen Pflegefällen müssen daher die Mindestarbeitsbedingungen nach dem AEntG eingehalten werden.

---

17 BT-Drucks 16/11669, S. 22.
18 BT-Drucks 16/11669, S. 22.
19 BlindenwarenvertriebsG v. 9.4.1965, aufgehoben durch Zweites Gesetz zum Abbau bürokratischer Hemmnisse insb. in der mittelständischen Wirtschaft v. 7.9.2007 (BGBl I S. 2246).
20 Gesetz zur Vermeidung und Bewältigung von Schwangerschaftskonflikten (SchwangerschaftskonfliktG) v. 27.7.1992.
21 BT-Drucks 16/11669, S. 22.

§ 11 Rechtsverordnung

(1) Das Bundesministerium für Arbeit und Soziales kann durch Rechtsverordnung ohne Zustimmung des Bundesrates bestimmen, dass die von einer nach § 12 errichteten Kommission vorgeschlagenen Arbeitsbedingungen nach § 5 Nr. 1 und 2 auf alle Arbeitgeber sowie Arbeitnehmer und Arbeitnehmerinnen, die unter den Geltungsbereich einer Empfehlung nach § 12 Abs. 4 fallen, Anwendung finden.

(2) Das Bundesministerium für Arbeit und Soziales hat bei seiner Entscheidung nach Absatz 1 neben den in § 1 genannten Gesetzeszielen die Sicherstellung der Qualität der Pflegeleistung sowie den Auftrag kirchlicher und sonstiger Träger der freien Wohlfahrtspflege nach § 11 Abs. 2 des Elften Buches Sozialgesetzbuch zu berücksichtigen.

(3) Vor Erlass einer Rechtsverordnung gibt das Bundesministerium für Arbeit und Soziales den in den Geltungsbereich der Rechtsverordnung fallenden Arbeitgebern und Arbeitnehmern und Arbeitnehmerinnen sowie den Parteien von Tarifverträgen, die zumindest teilweise in den fachlichen Geltungsbereich der Rechtsverordnung fallen, und paritätisch besetzten Kommissionen, die auf der Grundlage kirchlichen Rechts Arbeitsbedingungen für den Bereich kirchlicher Arbeitgeber in der Pflegebranche festlegen, Gelegenheit zur schriftlichen Stellungnahme innerhalb von drei Wochen ab dem Tag der Bekanntmachung des Entwurfs der Rechtsverordnung.

A. Allgemeines	1	2. Normsetzungs-Ermessen	5
I. Normzweck	1	3. Formelle Voraussetzungen/Verfahren	9
II. Verfassungsmäßigkeit	2	II. Rechtsfolgen	11
B. Regelungsgehalt	3	C. Verbindung zu anderen Rechtsgebieten und zum Prozessrecht	12
I. Tatbestandsvoraussetzungen	3		
1. Mindestlohn, Urlaub	3		

A. Allgemeines

I. Normzweck

§ 11 regelt das spezielle VO-Verfahren für die Pflegebranche. Die allg. Vorschrift des § 7 ist daneben nicht anwendbar. **1**

II. Verfassungsmäßigkeit

Die verfassungsrechtliche Rechtfertigung des Eingriffs in die Tarifautonomie folgt der Argumentation zu § 7 (siehe § 7 Rn 5 ff.) unter Beachtung branchenspezifischer Besonderheiten (siehe Rn 5 ff.). **2**

B. Regelungsgehalt

I. Tatbestandsvoraussetzungen

1. Mindestlohn, Urlaub. § 11 Abs. 1 enthält die Parallelvorschrift (lex specialis) zu § 7 Abs. 1. Der Erlass einer VO in Bezug auf Arbeitsbedingungen nach § 5 Nr. 3 und Nr. 4 i.V.m. § 2 Nr. 3 bis 7 kommt nicht in Betracht, da nur § 5 Nr. 1 (Mindestlohn) und Nr. 2 (Urlaub) in Bezug genommen werden.[1] **3**

Die VO nimmt die **Kommissionsempfehlungen** zur Festsetzung von Arbeitsbedingungen nach § 12 Abs. 4 einschl. ihres Geltungsbereiches in Bezug. Ein Gestaltungsermessen des BMAS lässt sich dem Gesetz nicht entnehmen und stünde im Widerspruch zu § 11 Abs. 1. Die Empfehlung der Pflegekommission kann daher nur unverändert in die VO übernommen werden; es besteht keine Möglichkeit zur inhaltlichen Abweichung durch das BMAS.[2] **4**

2. Normsetzungs-Ermessen. Wie auch im Rahmen von § 7 (siehe § 7 Rn 10 f.) „kann" das BMAS gem. § 11 Abs. 1 die VO erlassen. Das Normsetzungs-Ermessen des BMAS wird durch die Vorgaben in § 11 Abs. 2 geleitet. Diese Vorschrift stellt zum einen sicher, dass der VO-Geber vor Erlass einer VO die dem AEntG zugrunde liegenden **Gesetzesziele** (siehe § 1 Rn 4) beachtet. Darüber hinaus hat der Gesetzgeber branchenspezifische Besonderheiten berücksichtigt.[3] **5**

Seit der Einführung der Pflegeversicherung Anfang 1995 ist die Sicherstellung der **Qualität der Pflegeleistung** verstärkt in das Bewusstsein der breiten Öffentlichkeit gerückt.[4] Für die pflegebedürftigen Menschen kommt es wesent- **6**

---

[1] BT-Drucks 16/11669, S. 22.
[2] BT-Drucks 16/11669, S. 23.
[3] BT-Drucks 16/11669, S. 22.
[4] BT-Drucks 14/5395, S. 17.

lich auf die Qualität der pflegerischen Versorgung an. Angemessene Mindestarbeitsbedingungen bilden einen Baustein, um die Qualität der pflegerischen Versorgung weiter zu verbessern.[5]

7 Entsprechend § 11 Abs. 2 SGB XI ist der VO-Geber verpflichtet, die historisch gewachsene Situation des Nebeneinanders von öffentlichen, freigemeinnützigen und privaten Pflegeheimen und Pflegediensten zu berücksichtigen.[6]

8 Der VO-Geber hat die Empfehlung der Pflegekommission vor Erlass der VO auf ihre **Verhältnismäßigkeit** zu überprüfen und hat dabei seinerseits einen Einschätzungs- und Prognosespielraum.[7]

9 **3. Formelle Voraussetzungen/Verfahren.** § 11 Abs. 3 enthält die Parallelvorschrift (lex specialis) zu § 7 Abs. 4 betreffend die schriftliche Stellungnahme (siehe § 7 Rn 13 ff.),[8] wobei dem größeren Beteiligtenkreis der Pflegebranche Rechnung getragen wird.

10 Die VO ergeht gem. § 11 Abs. 1 wie im Rahmen von § 7 Abs. 1 ohne Zustimmung des BR.

II. Rechtsfolgen

11 Eine nach § 11 erlassene VO gilt in dem sich auf § 13 ergebenden Umfang für alle der ca. 565.000 in Deutschland beschäftigten AN der Pflegebranche. Sie ist gleichermaßen von AG mit Sitz im Inland als auch von ausländischen AG im Fall einer Arbeitsentsendung nach Deutschland zu beachten.[9]

C. Verbindung zu anderen Rechtsgebieten und zum Prozessrecht

12 Nach der Gesetzesbegründung bleibt die **Refinanzierung von Pflegeleistungen** durch den Erlass einer VO nach § 11 unberührt. Auch für die AN günstigere Entgelte können Gegenstand der Vergütungsverhandlungen zwischen Pflegeeinrichtungen und den betroffenen Kostenträgern sein.[10] Gem. § 72 Abs. 3 S. 1 Nr. 2 SGB XI ist der Abschluss eines Versorgungsvertrages mit einer Pflegeeinrichtung (u.a.) nur von der Zahlung der „ortsüblichen" Vergütung an deren Beschäftigte abhängig. Angesichts des steigenden Kostendrucks in der Pflegeversicherung wurde insb. von Seiten der Wohlfahrtsverbände befürchtet, dass allein die nach dem AEntG verbindlichen Mindestlöhne von den Kostenträgern in den Vergütungsverhandlungen zur Richtgröße für die Bemessung der Pflegesätze (§§ 84 ff. SGB XI) gemacht werden. Der BR hat daraufhin in seiner Entschließung v. 13.2.2009 eine Klarstellung im SGB XI (§§ 72 Abs. 3, 84 Abs. 2 SGB XI) dahingehend gefordert, dass die Refinanzierung von Pflegeleistungen im Rahmen der Pflegesatzverhandlungen durch den Erlass einer VO nach § 11 nicht berührt wird.[11]

§ 12   Kommission

(1) [1]Das Bundesministerium für Arbeit und Soziales errichtet eine Kommission zur Erarbeitung von Arbeitsbedingungen oder deren Änderung. [2]Die Errichtung erfolgt im Einzelfall auf Antrag einer Tarifvertragspartei aus der Pflegebranche oder der Dienstgeberseite oder der Dienstnehmerseite von paritätisch besetzten Kommissionen, die auf der Grundlage kirchlichen Rechts Arbeitsbedingungen für den Bereich kirchlicher Arbeitgeber in der Pflegebranche festlegen.

(2) [1]Die Kommission besteht aus acht Mitgliedern. [2]Das Bundesministerium für Arbeit und Soziales benennt je zwei geeignete Personen sowie jeweils einen Stellvertreter aufgrund von Vorschlägen
1. der Gewerkschaften, die in der Pflegebranche tarifzuständig sind,
2. der Vereinigungen der Arbeitgeber in der Pflegebranche,
3. der Dienstnehmerseite der in Absatz 1 genannten paritätisch besetzten Kommissionen sowie
4. der Dienstgeberseite der in Absatz 1 genannten paritätisch besetzten Kommissionen.

(3) [1]Die Sitzungen der Kommission werden von einem oder einer nicht stimmberechtigten Beauftragten des Bundesministeriums für Arbeit und Soziales geleitet. [2]Die Kommission kann sich eine Geschäftsordnung geben.

(4) [1]Die Kommission beschließt unter Berücksichtigung der in den §§ 1 und 11 Abs. 2 genannten Ziele Empfehlungen zur Festsetzung von Arbeitsbedingungen nach § 5 Nummer 1 und 2. [2]Sie kann eine Ausschlussfrist empfehlen, die den Anforderungen des § 9 Satz 3 entspricht. [3]Empfehlungen sind schriftlich zu begründen.

(5) [1]Die Kommission ist beschlussfähig, wenn alle Mitglieder anwesend oder vertreten sind. [2]Ein Beschluss der Kommission bedarf jeweils einer Mehrheit von drei Vierteln der Mitglieder

---

5 BT-Drucks 16/11669, S. 22.
6 BT-Drucks 16/11669, S. 23.
7 BT-Drucks 16/11669, S. 22.
8 BT-Drucks 16/11669, S. 23.

9 BT-Drucks 16/11669, S. 22.
10 BT-Drucks 16/11669, S. 22.
11 BR-Drucks 52/09 (Beschl.).

§ 12 AEntG 10

A. Allgemeines
B. Regelungsgehalt
1. Errichtung der Pflegekommission
2. Zusammensetzung der Pflegekommission
3. Beschlussfassung der Pflegekommission
   I. Leitung
   2. Beschlussfähigkeit
   3. Verfahren/Abstimmung
   4. Geschäftsordnung
   IV. Kommissionsempfehlung
   V. Auflösung der Pflegekommission

A. Allgemeines	1
B. Regelungsgehalt	2
1. Errichtung der Pflegekommission	2
2. Zusammensetzung der Pflegekommission	4
3. Beschlussfassung der Pflegekommission	9
I. Leitung	9
2. Beschlussfähigkeit	10
3. Verfahren/Abstimmung	11
4. Geschäftsordnung	14
IV. Kommissionsempfehlung	15
V. Auflösung der Pflegekommission	17

A. Allgemeines

§ 12 regelt die Errichtung, Zusammensetzung, Beschlussfassung und Auflösung der Pflegekommission. Durch die Einbeziehung einer Kommissionsempfehlung in das VO-Verfahren und die Besetzung der Kommission wird den unterschiedlichen Brancheninteressen der z.T. kirchlich geprägten Pflegebranche umfassend Rechnung getragen (siehe § 10 Rn 5 f.).[1] Andere kritisieren dies „Low-pay-commission"[2] als unserer Rechtsordnung fremdes Instrument, das im Widerspruch zur Tarifautonomie stehe.[3]

(6) Mit Beschlussfassung über Empfehlungen nach Absatz 4 wird die Kommission aufgelöst. [1]

B. Regelungsgehalt

I. Errichtung der Pflegekommission

§ 12 Abs. 1 regelt die Errichtung einer Kommission zur Erarbeitung oder Änderung von Arbeitsbedingungen in der Pflegebranche („Pflegekommission"). Die Pflegekommission wird vom BMAS im Einzelfall auf Antrag errichtet. Antragsberechtigt sind gem. § 12 Abs. 1 S. 2 einerseits die Gewerkschaften oder die AG-Verbände der Pflegebranche und andererseits die Dienstgeber- oder die Dienstnehmerseite einer nach dem „Dritten Weg" für die kollektive Festlegung von Arbeitsbedingungen zuständigen kirchlichen Kommission.[4] Dadurch wird den kollektiven Beschäftigungsbedingungen von Religionsgemeinschaften Rechnung getragen, die durch paritätisch aus Vertretern des kirchlichen AG und der Dienstnehmer besetzte und dem Prinzip der Dienstgemeinschaft verpflichtete arbeitsrechtliche Kommissionen beschlossen werden.[5]

Am 27.4.2009 wurde erstmals gem. § 12 Abs. 1 S. 2 ein Antrag auf Errichtung einer Pflegekommission gestellt.[6] [2]

II. Zusammensetzung der Pflegekommission

§ 12 Abs. 2 regelt die Zusammensetzung der Pflegekommission. Die acht Mitglieder und acht Stellvertreter werden vom BMAS benannt. Die Vorschlagsberechtigung für die Einreichung von Personalvorschlägen gem. § 12 Abs. 2 S. 2 Nr. 1 bis 4 entspricht der Antragsberechtigung nach § 12 Abs. 1 S. 2 (siehe Rn 2).[7] [3]

Personalvorschläge sind fristgerecht (siehe Rn 7) schriftlich einzureichen. Die vorschlagende Stelle soll eine Begründung ihrer Vorschlagsberechtigung und der Eignung der vorgeschlagenen Personen abgeben, ggf. zusätzliche Unterlagen beizufügen.[8] [4]

Gem. § 4 BGremBG[9] ist für ein Mitglied oder ein stellvertretendes Mitglied grds. jeweils eine weibliche und eine männliche Person vorzuschlagen. Sofern eine solche Doppelbenennung nicht möglich ist, sind die Gründe dafür schriftlich darzulegen.[10] [5]

Die sechswöchige Ausschlussfrist für die Abgabe von Personalvorschlägen für die erstmalige Errichtung der Pflegekommission begann mit der Bekanntmachung im BAnz v. 19.5.2009[11] zu laufen und sollte urspr. am 30.6.2009 en- [6]

---

1 BT-Drucks 16/11669, S. 22.
2 In Anlehnung an die Low Pay Commission (LPC) aus dem Vereinigten Königreich.
3 BDA kompakt „AEntG" v. März 2009.
4 BT-Drucks 16/11669, S. 23.
5 BT-Drucks 16/11669, S. 23.
6 BAnz 2009 Nr. 74 S. 1745.
7 BT-Drucks 16/11669, S. 23.
8 BAnz 2009 Nr. 89 S. 2161; BAnz 2009 Nr. 74 S. 1745.
9 Gesetz über die Berufung und Entsendung von Frauen und Männern in Gremien im Einflußbereich des Bundes (BundesgremienbesetzungsG) v. 24.6.1994 (BGBl I S. 1406, 1413).
10 BAnz 2009 Nr. 89 S. 2161; BAnz 2009 Nr. 74 S. 1745.
11 Bekanntmachung über das Vorschlagsrecht zur Benennung von Mitgliedern und stellvertretenden Mitgliedern der Kommission nach § 12 AEntG v. 13.5.2009 (BAnz Nr. 74 S. 1745).

8   den; sie wurde bis einschl. 15.7.2009 verlängert.[12] Am 11.9.2009 hat das BMAS den Vorsitzenden (Rainer Brückers) sowie die Mitglieder und Stellvertreter der ersten Pflegekommission benannt.[13] Die konstituierende Sitzung der ersten Pflegekommission fand am 21.9.2009 statt.

    Sollten fristgerecht mehr Vorschläge eingehen als zu besetzende Positionen vorhanden sind, trifft das BMAS eine **Auswahlentscheidung**.[14] Über die Kriterien und das Verfahren für eine solche Auswahlentscheidung entscheidet das BMAS nach pflichtgemäßem Ermessen. Ein Anspruch der beteiligten Organisationen oder der vorgeschlagenen Personen auf Benennung besteht nicht.

III. Beschlussfassung der Pflegekommission

9   **1. Leitung.** Die Beratungen und Verhandlungen der Pflegekommission werden gem. § 12 Abs. 3 S. 1 von einem oder einer nicht stimmberechtigten **Beauftragten des BMAS** geleitet.[15] Insoweit bestehen Parallelen zum Tarifausschuss (§§ 2 Abs. 1 S. 1, 3 Abs. 1 S. 2 TVGDV). Vorsitzender der ersten Pflegekommission ist Rainer Brückers.

10 **2. Beschlussfähigkeit.** Die Pflegekommission ist nur beschlussfähig, wenn alle Mitglieder anwesend oder vertreten sind (§ 12 Abs. 5 S. 1). Gleiches gilt für den Tarifausschuss (§ 2 Abs. 2 TVGDV).

11 **3. Verfahren/Abstimmung.** Der in § 12 Abs. 5 S. 2 vorgeschriebene besondere Abstimmungsmodus sichert ein Höchstmaß an Berücksichtigung der in der Pflegekommission vertretenen unterschiedlichen Gruppeninteressen bei gleichzeitiger Gewährleistung der Handlungsfähigkeit des Gremiums.[16] Es muss in jedem Fall eine Mehrheit von **mind. drei Vierteln** aller Kommissionsmitglieder erreicht werden. Um eine Majorisierung einzelner in der Pflegekommission vertretener Gruppen auszuschließen, wird das Quorum im Gesetzestext aber nicht an die Pflegekommission insg. angeknüpft. Bezugspunkt für das Quorum sind **Einzelgruppen**, die sich aus den in § 12 Abs. 5 S. 2 Nr. 1 bis 4 genannten Mitgliedern (AG-Vertreter, AN-Vertreter, Vertreter aus dem Bereich der Kirchen und Vertreter der TV-Parteien der Pflegebranche) zusammensetzen. I.E. erfordert ein Kommissionsbeschluss somit das Erreichen einer Mehrheit von mind. drei Vierteln in jeder der vier Einzelgruppen und damit in der Pflegekommission insg.[17] Es müssen jedoch nicht vier separate Abstimmungen erfolgen, an denen jeweils unterschiedliche Kommissionsmitglieder teilnehmen; eine gemeinsame Abstimmung genügt.

12 Bei Gleichberechtigung aller nach § 12 Abs. 2 S. 2 vorschlagsberechtigten Stellen wird damit u.a. auch sichergestellt, dass ein Kommissionsbeschluss nur dann zustande kommt, wenn er mind. von drei Vierteln der Vertreter aus dem Bereich der **Kirchen** (kirchliche AG und kirchliche AN) mitgetragen wird.[18]

13 Im Gegensatz zu § 2 Abs. 1 S. 2 TVGDV ist in § 12 nicht normiert, ob die Verhandlungen der Pflegekommission öffentlich und nur die Beratungen nicht öffentlich sind.

14 **4. Geschäftsordnung.** Zur näheren Regelung einzelner Verfahrensfragen kann sich die Pflegekommission gem. § 12 Abs. 3 S. 2 eine Geschäftsordnung geben.[19]

IV. Kommissionsempfehlung

15 § 12 Abs. 4 S. 1 verpflichtet die Pflegekommission, bei der Erarbeitung der Frist zur Abgabe der Vorschläge schriftlich zu begründenden (§ 12 Abs. 4 S. 3) Empfehlung die in § 1 (siehe § 1 Rn 4) und § 11 Abs. 2 (siehe § 11 Rn 5 ff.) genannten Ziele zu berücksichtigen.[20] Wird eine Ausschlussfrist empfohlen, sind die Vorgaben von § 9 S. 3 zu beachten (siehe § 9 Rn 5).

16 Die Empfehlung der Pflegekommission kann nur unverändert in die VO übernommen werden; es besteht keine Möglichkeit zur inhaltlichen Abweichung durch das BMAS.[21]

V. Auflösung der Pflegekommission

17 § 12 Abs. 6 bestimmt, dass durch einen Beschl. nach Maßgabe des § 12 Abs. 5 die Pflegekommission gleichzeitig aufgelöst wird.[22]

---

[12] Bekanntmachung über die Verlängerung der Frist zur Abgabe von Personalvorschlägen zur Benennung von Mitgliedern und stellvertretenden Mitgliedern der Kommission nach § 12 AEntG v. 19.6.2009 (BAnz Nr. 89 S. 2161).
[13] Auf Vorschlag der Gewerkschaft(en): Ellen Paschke (Stellvertreterin: Gabriele Gröschl-Bahr) und Jürgen Wörner (Oliver Dilcher), auf Vorschlag der AG-Seite: Dr. Annette Dassau (Manfred Rompf) und Thomas Greiner (Jörg Braesecke), auf Vorschlag der Dienstnehmer: Thomas Schwendele (Helmut Kohmann) und Manfred Freyermuth (Beate Eishauer) sowie auf Vorschlag der Dienstgeber: Rolf Lodde (Dr. Rainer Brockhoff und Karsten Gebhard (Karin Wandt).
[14] BAnz 2009 Nr. 74 S. 1745.
[15] BT-Drucks 16/11669, S. 23.
[16] BT-Drucks 16/11669, S. 23.
[17] BT-Drucks 16/11669, S. 23.
[18] BT-Drucks 16/11669, S. 23.
[19] BT-Drucks 16/11669, S. 23.
[20] BT-Drucks 16/11669, S. 23.
[21] BT-Drucks 16/11669, S. 23.
[22] BT-Drucks 16/11669, S. 23.

§ 13 Rechtsfolgen

Eine Rechtsverordnung nach § 11 steht für die Anwendung der §§ 8 und 9 sowie der Abschnitte 5 und 6 einer Rechtsverordnung nach § 7 gleich.

Gem. § 13 steht eine VO nach § 11 (**lex specialis**) einer VO nach § 7 in ihrer Wirkung gleich.[1] Somit finden die Vorschriften über die Pflichten des AG zur Gewährung von Arbeitsbedingungen (§ 8) und über Verzicht, Verwirkung (§ 9 S. 1 und 2), Ausschlussfristen (§ 12 Abs. 4 S. 2 i.V.m. § 9 S. 3) sowie die Vorschriften betreffend die zivilrechtliche Durchsetzung (§§ 14 f.) und die Kontrolle und Durchsetzung durch staatliche Behörden (§§ 16 ff.) auch auf die festgesetzten Mindestarbeitsbedingungen in der Pflegebranche Anwendung.

1

Abschnitt 5: Zivilrechtliche Durchsetzung

§ 14 Haftung des Auftraggebers

[1]Ein Unternehmer, der einen anderen Unternehmer mit der Erbringung von Werk- oder Dienstleistungen beauftragt, haftet für die Verpflichtungen dieses Unternehmers, eines Nachunternehmers oder eines von dem Unternehmer oder einem Nachunternehmer beauftragten Verleihers zur Zahlung des Mindestentgelts an Arbeitnehmer oder Arbeitnehmerinnen oder zur Zahlung von Beiträgen an eine gemeinsame Einrichtung der Tarifvertragsparteien nach § 8 wie ein Bürge, der auf die Einrede der Vorausklage verzichtet hat. [2]Das Mindestentgelt im Sinne des Satzes 1 umfasst nur den Betrag, der nach Abzug der Steuern und der Beiträge zur Sozialversicherung und zur Arbeitsförderung oder entsprechender Aufwendungen zur sozialen Sicherung an Arbeitnehmer oder Arbeitnehmerinnen auszuzahlen ist (Nettoentgelt).

Literatur: *Braun*, Bürgenhaftung nach dem AEntG, Anm. zu BAG 19.11.2008 – 10 AZR 864/07 –, ArbRB 2009, 131; *Deckers*, Der Mindestentgeltbegriff in § 1a AEntG, NZA 2008, 321; *Dörfler*, Die Nettolohnhaftung nach dem Arbeitnehmer-Entsendegesetz – Möglichkeit ihrer dogmatischen Einordnung, Prüfung ihrer Vereinbarkeit mit Europäischem Recht, Diss. 2002; *Franzen*, Nettolohnhaftung nach § 1a AEntG, Anm. zu BAG 6.11.2002 – 5 AZR 617/01 (A) –, SAE 2003, 181, 190; *Harbrecht*, Die Auswirkungen der Einführung des § 1a Arbeitnehmer-Entsendegesetzes (AEntG), BauR 1999, 1376; *Kraus*, Gestaltung von Nachunternehmerverträgen, NJW 1997, 223; *Lütke*, Das Arbeitnehmerentsendegesetz, wistra 2000, 84; *Opolony*, Der Schutz des Arbeitnehmers durch das Gesetz über die Sicherung der Bauforderungen, AuR 2001, 206; *Peter*, Urlaubskassenbeiträge: Bürgenhaftung des Bauunternehmers auch für türkische Subunternehmer!, Anm. zu LAG Berlin 9.7.2004 – 8 Sa 804/04 –, IBR 2004, 658; *Ramackers*, Kommentierung des BMF-Schreibens vom 1.11.2001 zum Steuerabzug von Vergütungen für im Inland erbrachte Bauleistungen (§ 48 ff. EStG), BB Beil. 2/2002, 1; *Riebel/Lessner*, Arbeitnehmer-Entsendegesetz, Nettolohnhaftung und EG-Vertrag, ZfA 2002, 29; *Rixen*, Die Generalunternehmerhaftung für Sozialversicherungsbeiträge – (§ 28e Abs. 3a–3f SGB IV n.F. und § 150 Abs. 3 SGB VII n.F.) – SGb 2002, 536; *Sasse/Kiel*, Unternehmerhaftung nach § 28e SGB IV, NZBau 2003, 366; *Schmid*, Das Gesetz über die Sicherung von Bauforderungen – Mehr als ein Strohhalm, aber kein Wundermittel, BauRB 2003, 93; *Schmidt*, Ansprüche des Auftragnehmers aus dem Gesetz über die Sicherung der Bauforderungen, BauR 2001, 150; *Stammkötter*, Das Gesetz über die Sicherung der Bauforderungen – eine schlafende Chance, BauR 1998, 954; *Steck*, Entwurf eines Gesetzes zur Erleichterung der Bekämpfung von illegaler Beschäftigung und Schwarzarbeit, DB 2002, 426; *Stickan/Martin*, Die neue Bauabzugsbesteuerung – Anwendungsprobleme und Kritikpunkte an der Neuregelung, DB 2001, 1441; *Vogel*, Absicherung der gewerblichen Unternehmerhaftung gem. § 1a AEntG – Anmerkung zu OLG Stuttgart, Urteil vom 28.9.2001 – 2 U 218/00 –, BauR 2002, 1013; *Veiga*, Mindestlohnverpflichtung des Subunternehmers nach dem AEntG – Haftung des Bauunternehmers, NZA 2005, 208; *Weise*, Bürgschaftslösungen zu § 1a AEntG, NZBau 2000, 229; *Werner*, Die gewerbliche Unternehmerhaftung nach § 1a AEntG – Ihre Auswirkungen auf die Baupraxis, NZBau 2000, 225

A. Allgemeines	1	1. Allgemeines		7
I. Normzweck	1	2. Haftungsgegenstand		8
II. Entstehungsgeschichte	2	3. Selbstschuldnerische Bürgen-Haftung		9
III. Europarechts- und Verfassungskonformität	3	4. Verjährung/Verfall der Hauptforderung		10
B. Regelungsgehalt	4	5. Forderungsübergang und Bürgen-Regress		11
I. Anwendungsbereich	4	C. Verbindung zu anderen Rechtsgebieten und zum Prozessrecht		12
1. „Unternehmer" als Adressat der Haftung	4	I. Beweislast		12
2. Haftungsbegünstigte	5	II. Ordnungswidrigkeit		13
II. Tatbestandsvoraussetzungen	6	III. Gesetz über die Sicherung der Bauforderungen		14
III. Rechtsfolgen	7			

---

1 BT-Drucks 16/11669, S. 23.

IV. Sozialversicherungsrechtliche Hauptunternehmer-Haftung 15
V. Bauabzugsbesteuerungsverfahren 16
VI. Prozessuales 17
D. Beraterhinweise 18
I. Möglichkeiten zur Reduzierung des Haftungsrisikos 18
II. Bürgenfrühwarnsystem 19

A. Allgemeines

I. Normzweck

1 Nach Art. 5 Abs. 1 i.V.m. Erwägungsgrund Nr. 23 S. 2 Entsende-RL 96/71/EG sehen die Mitgliedstaaten geeignete Maßnahmen für den Fall der Nichteinhaltung der RL vor. § 14 normiert eine verschuldensunabhängige gesamtschuldnerische **Durchgriffshaftung** eines Unternehmers – des **General- bzw. Hauptunternehmers** – für die von ihm beauftragten „anderen Unternehmer" („Subunternehmer") und von diesem beauftragte Nachunternehmer („Sub-Subunternehmer") sowie für vom Sub- oder Nachunternehmer beauftragte Verleiher, im Hinblick auf die Zahlung der Netto-Mindestlöhne an die AN und der Urlaubskassenbeiträge an die Urlaubskasse.[1] Sub- und Nachunternehmer werden insoweit wie Erfüllungsgehilfen (§ 278 BGB) des Generalunternehmers behandelt.[2] Der Generalunternehmer haftet nach § 14 in Anlehnung an § 349 HGB wie ein **selbstschuldnerisch haftender Bürge** (§§ 765, 771, 773 Abs. 1 Nr. 1 BGB).[3] Er soll im eigenen Interesse verstärkt darauf achten, dass seine Subunternehmer die nach dem AEntG zwingenden Arbeitsbedingungen einhalten.[4] Somit wird für den Generalunternehmer ein Anreiz geschaffen, lediglich mit korrekt handelnden „tariftreuen" Subunternehmern zusammenzuarbeiten,[5] wodurch Schmutzkonkurrenz verhindert und die „Selbstreinigungskräfte des Marktes" gestärkt werden sollen.[6] § 14 dient der wirksamen Durchsetzung der Mindestlohnvorschriften nach dem AEntG.[7] Die fast uferlose Weite der verschuldensunabhängigen „Gefährdungshaftung"[8] des Generalunternehmers ruft in der Praxis insb. Fragen nach einer Reduzierung des Haftungsrisikos hervor (siehe Rn 18).

II. Entstehungsgeschichte

2 Diese bislang in § 1a a.F.[9] enthaltene Bestimmung wurde mit der Neufassung des AEntG zum 24.4.2009[10] als § 14 n.F. inhaltlich unverändert in den Zusammenhang der Normen über die zivilrechtlichen Instrumente zur Durchsetzung des Gesetzes übernommen.[11]

III. Europarechts- und Verfassungskonformität

3 Die Bürgenhaftung nach dem AEntG verstößt nach allg. Meinung weder gegen Art. 3 Abs. 1, 12 Abs. 1 GG[12] noch Art. 5 Entsende-RL 96/71/EG oder die Dienstleistungsfreiheit nach Art. 49 EGV.[13]

B. Regelungsgehalt

I. Anwendungsbereich

4 **1. „Unternehmer" als Adressat der Haftung.** Nach § 14 haften nicht nur Baubetriebe, die Bauleistungen (siehe Rn 6) an Dritte in Auftrag geben, sondern alle **(General-/Haupt-)"Unternehmer"** im Rahmen ihrer gewerblichen Geschäftstätigkeit.[14] Auf die Rechtsform des Unternehmens kommt es ebenso wenig an[15] wie darauf, ob das Sub- oder Nachunternehmen seinen Sitz im In- oder Ausland hat.[16] Auch eine Bau-ARGE ist Unternehmer.[17] Der Begriff „Unternehmer" i.S.v. § 14 ist unter Einschränkung der Legaldefinition des § 14 Abs. 1 BGB dahingehend auszulegen,

---

1 *Koberski/Asshoff/Hold*, § 1a Rn 1 ff.; *Däubler/Lakies*, TVG, § 5 Anh. 2, § 1a AEntG Rn 1 ff.; *Schwab*, AR-Blattei 370.3, Rn 24; *Ulber*, § 1a AEntG Rn 1; HWK/*Strick*, § 1a AEntG Rn 1.
2 *Däubler*, NJW 1999, 601, 607.
3 BT-Drucks 14/45, S. 26.
4 BT-Drucks 14/45, S. 17 f.; BAG 28.3.2007 – 10 AZR 76/06 – NZA 2007, 613; BAG 2.8.2006 – 10 AZR 348/05 – IBR 2006, 645 m. Anm. *Peter*.
5 *Blanke*, AuR 1999, 417, 422; *Rieble/Lessner*, ZfA 2002, 29, 32.
6 9. AÜG-Erfahrungsbericht der BReg v. 4.10.2000, in: BT-Drucks 14/4220, S. 48.
7 BAG 2.8.2006 – 10 AZR 348/05 – IBR 2006, 645 m. Anm. *Peter*.
8 Kritisch *Meyer*, AuA 1999, 113, 114.
9 Zu dessen Entstehungsgeschichte siehe Voraufl. § 1a Rn 2.
10 BGBl I 2009 S. 799.
11 BT-Drucks 16/10486, S. 17.
12 BVerfG 20.3.2007 – 1 BvR 1047/05 – EzAÜG GG Nr. 9 = NZA 2007, 609; BAG 20.7.2004 – 9 AZR 345/03 – AP § 1 AEntG Nr. 19 = ArbRB 2005, 104 m. Anm. *Kappelhoff*; *Seifert*, SAE 2007, 386.
13 EuGH 12.10.2004 – C-60/03 – Wolff & Müller GmbH & Co. KG /./. José Filipe Pereira Félix – AP Art. 49 EG Nr. 9 = NZA 2004, 1211, 1212 f.; BAG 12.1.2005 – 5 AZR 617/01 – AP § 1a AEntG Nr. 2 m. Anm. *Franzen* = NZA 2005, 627, 634; *Däubler/Lakies*, TVG, § 5 Anh. 2, § 1a AEntG Rn 5; *Veiga*, NZA 2005, 208; a.A. *Dörfler*, 1 ff.; *Rieble/Lessner*, ZfA 2002, 29, 44 ff., 83 ff.; *Lütke*, wistra 2000, 84.
14 *Schwab*, AR-Blattei 370.3, Rn 25.
15 *Koberski/Asshoff/Hold*, § 1a Rn 11.
16 *Ulber*, § 1a AEntG Rn 2.
17 *Ulber*, § 1a AEntG Rn 2 m.w.N.

dass nur Bauunternehmer, nicht jedoch Privatpersonen bzw. Bauherren erfasst sind.[18] Ein Bauherr wird auch dann nicht erfasst, wenn er selbst ein Bauunternehmer ist.[19] Unternehmen der öffentlichen Hand handeln nicht „im Rahmen ihrer gewerblichen Tätigkeit" und fallen nach h.M. selbst dann nicht unter § 14, wenn sie wie ein Unternehmen am Markt auftreten.[20] § 14 erfasst in- wie ausländische Unternehmer.[21] Von der Haftung des Generalunternehmers nach § 14 sind nicht nur die Ansprüche der AN oder Urlaubskasse gegen den Subunternehmer, sondern auch gegen dessen Nachunternehmer (Sub-Subunternehmer) oder beauftragte Verleiher und somit die gesamte **„Nachunternehmerkette"** erfasst.[22]

Neben dem Generalunternehmer haftet auch ein **Subunternehmer** selbst für Verbindlichkeiten des von ihm beauftragten Nachunternehmers oder Verleihers, da sich § 14 weder nach Wortlaut noch Zweck eine Beschränkung auf die Haftung nur des in der Unternehmerkette ersten (General-)Unternehmers entnehmen lässt.[23]

2. Haftungsbegünstigte. § 14 entfaltet nicht nur Wirkung zugunsten der aus dem Ausland entsandten AN, sondern bzgl. aller **AN** des jeweiligen Sub- oder Nachunternehmers.[24] Der Generalunternehmer haftet nach § 14 S. 1 auch der gemeinsamen Einrichtung der TV-Parteien,[25] insb. der **ULAK**.[26] Gem. § 187 S. 1 SGB III gehen Ansprüche auf Arbeitsentgelt, die einen Anspruch auf Insolvenzgeld (§§ 183 ff. SGB III) begründen, mit dem Antrag auf Insolvenzgeld auf die **BA** über. Zugleich geht gem. §§ 401, 412 BGB der Anspruch gegen den bürgengleich haftenden Generalunternehmer über.[27] Daher kann die BA einen Generalunternehmer auf Erstattung des Insolvenzgelds in Anspruch nehmen, das die BA an die AN eines insolventen Nachunternehmers gezahlt hat.[28]

II. Tatbestandsvoraussetzungen

Der zur Haftung herangezogene Unternehmer muss gem. § 14 S. 1 einen anderen Unternehmer mit der Erbringung von „Werk- oder Dienstleistungen" beauftragt haben. Die Legaldefinition des engeren Begriffs der „Bauleistungen" gem. § 175 Abs. 2 S. 2 SGB III (siehe § 6 Rn 3) ist damit nicht mehr maßgeblich.[29] Der Grund für die Nichtleistung des Sub- oder Nachunternehmers oder Verleihers ist im Rahmen der Haftung nach § 14 unerheblich. Der Generalunternehmer haftet insb. auch im Fall insolvenzbedingter Nichtleistung.[30]

III. Rechtsfolgen

1. Allgemeines. Der Generalunternehmer haftet wie ein selbstschuldnerischer Bürge (siehe Rn 9) für bestimmte Verbindlichkeiten (siehe Rn 8) seines Sub- oder dessen Nachunternehmers oder Verleihers – **„Kettenhaftung"**[31] – gegenüber den AN „oder"/und[32] der Urlaubskasse. Auf ein Verschulden des Generalunternehmers, also darauf, ob er die Nichtleistung durch den Sub- oder Nachunternehmer hätte erkennen oder verhindern können, kommt es nicht an.[33]

2. Haftungsgegenstand. Der Generalunternehmer haftet dem AN gem. § 14 S. 1 auf dessen Anspruch gegen seinen AG auf Zahlung des Mindestentgelts nach §§ 5 Nr. 1, 8 (siehe § 17 Rn 3),[34] auch wenn dem AN ein höherer Lohnanspruch zusteht.[35] Erfasst ist gem. § 14 S. 2 nur der Betrag, der nach Abzug der Steuern und der Beiträge zur SozVers und zur Arbeitsförderung oder entsprechender Aufwendungen zur sozialen Sicherung an den AN auszuzahlen ist (**Nettoentgelt**).[36] Ansprüche aus § 2 fallen nicht unter § 14.[37] Die in § 14 nicht erwähnten Überstundenzuschläge und sonstige Zuschläge – außer Entsendungszulagen – sind nicht erfasst.[38] Der Haftung nach § 14 unterliegt nur der Anspruch des AN auf Arbeitsentgelt für tatsächlich geleistete Arbeit. Nach der Rspr. werden Ansprüche auf Annahmeverzugslohn (§ 611 BGB i.V.m. § 615 BGB)[39] sowie Verzugszinsen (§§ 286, 288 BGB) wegen verspäteter

---

18 BT-Drucks 14/45, S. 17 f., 26; BAG 12.1.2005 – 5 AZR 279/01 – EzAÜG § 1a AEntG Nr. 7 = NZA 2005, 656; *Meyer*, NZA 1999, 121, 127.
19 BAG 28.3.2007 – 10 AZR 76/06 – NZA 2007, 613.
20 Däubler/*Lakies*, TVG, § 5 Anh. 2, § 1a AEntG Rn 8; HWK/*Strick*, § 1a AEntG Rn 3; *Koberski/Asshoff/Hold*, § 1a Rn 12; *Meyer*, AuA 1999, 113, 114; a.A. *Ulber*, § 1a AEntG Rn 2; *Harbrecht*, BauR 1999, 1376, 1377; *Werner*, NZBau 2000, 225, 226.
21 *Harbrecht*, AuR 1999, 1376, 1377.
22 *Schwab*, NZA-RR 2004, 1, 3.
23 H.L., *Koberski/Asshoff/Hold*, § 1a AEntG Rn 11; *Ulber*, § 1a AEntG Rn 4; *Harbrecht*, BauR 1999, 1376, 1377.
24 Däubler/*Lakies*, TVG, § 5 Anh. 2, § 1a AEntG Rn 3.
25 § 5 Nr. 3, § 8 Abs. 1 S. 1, Abs. 3.
26 *Koberski/Asshoff/Hold*, § 1a Rn 17, 27.
27 Däubler/*Lakies*, TVG, § 5 Anh. 2, § 1a AEntG Rn 14.

28 ArbG Stuttgart 20.2.2009 – 28 Ca 10029/07 – ArbRB 2009, 62.
29 *Koberski/Asshoff/Hold*, § 1a Rn 13, § 1 Rn 24 ff.
30 *Harbrecht*, BauR 1999, 1376, 1377 f.
31 Statt vieler: *Strick/Crämer*, BauR 1999, 713, 714.
32 *Koberski/Asshoff/Hold*, § 1a Rn 14.
33 BT-Drucks 14/45, S. 17; BAG 6.11.2002 – 5 AZR 617/01 (A) – BAGE 103, 240, 256 = SAE 2003, 181, 190 ff. m. Anm. *Franzen*.
34 Näher zum Mindestentgeltbegriff in § 1a a.F. *Deckers*, NZA 2008, 321.
35 Däubler/*Lakies*, TVG, § 5 Anh. 2, § 1a AEntG Rn 15 m.w.N.
36 *Koberski/Asshoff/Hold*, § 1a Rn 16.
37 *Ulber*, § 1a AEntG Rn 5.
38 *Deckers*, NZA 2008, 321, 323.
39 Insoweit a.A. Däubler/*Lakies*, TVG, § 5 Anh. 2, § 1a AEntG Rn 13 m.w.N.

Lohnzahlung nicht erfasst.[40] Gleiches gilt für Entgeltfortzahlungsansprüche (§§ 2, 3 EFZG).[41] Der Generalunternehmer haftet der Urlaubskasse nach § 14 S. 1 auf Zahlung der ihr vom Sub- oder Nachunternehmer – nach Maßgabe der §§ 18 ff. VTV – zu entrichtenden **Urlaubskassenbeiträge** in voller Höhe.[42]

3. Selbstschuldnerische Bürgen-Haftung. Der Generalunternehmer haftet – in Anlehnung an § 349 HGB – wie ein Bürge (§ 765 BGB), der auf die Einrede der Vorausklage (§ 771 BGB) verzichtet hat (§ 773 Abs. 1 Nr. 1 BGB).[43] Erforderlich ist das Bestehen einer i.Ü. einredefreien (§ 768 BGB) akzessorischen Hauptschuld (§ 767 Abs. 1 S. 1 BGB) sowie deren rechtzeitige Geltendmachung innerhalb tariflicher Ausschluss- sowie Verjährungsfristen (siehe Rn 10).[44] Der Generalunternehmer kann bspw. die Einreden der Anfechtbarkeit und der Aufrechenbarkeit (§ 770 BGB) geltend machen.[45] Im Einzelfall kann ferner die Einrede der unzulässigen Rechtsausübung (§ 242 BGB) erhoben werden.[46]

4. Verjährung/Verfall der Hauptforderung. Eine Haftung nach § 14 kommt nur dann in Betracht, wenn die zugrunde liegende Hauptforderung noch nicht verjährt oder verfallen ist (§ 768 Abs. 1 S. 1 BGB).[47] Gem. § 2 Abs. 5 TV Mindestlohn 2008 verfallen Mindestlohn-Ansprüche von AN in den Lohngruppen 1 und 2 abweichend von § 15 BRTV-Bau sechs Monate nach Fälligkeit. Gem. § 25 Abs. 1 S. 1 VTV beträgt die Verfallfrist für Ansprüche der Urlaubskasse gegen den AG vier Jahre nach Fälligkeit; ebenso wie gem. § 25 Abs. 4 S. 1 VTV die Verjährungsfrist.

5. Forderungsübergang und Bürgen-Regress. Soweit Subunternehmer neben dem Generalunternehmer für Verbindlichkeiten eines Nachunternehmers haften, findet eine anteilige gesamtschuldnerische Haftung wie beim Mitbürgenausgleich statt (§§ 769, 774 Abs. 2, 426 BGB).[48] AN und Urlaubskasse haben ein Wahlrecht, wen sie in Anspruch nehmen.[49] Im Innenverhältnis hat gem. § 426 Abs. 1 S. 1 Hs. 2 BGB letztlich allein derjenige einzustehen, den das Auswahlverschulden hinsichtlich des nicht zahlenden Nachunternehmers trifft.[50] Kann der Ausgleichsanspruch gegen den danach haftenden Unternehmer nicht realisiert werden, so erfolgt der Ausgleich gem. § 426 Abs. 1 S. 2 BGB in einer „nach oben" weisenden Reihenfolge innerhalb der Nachunternehmerkette.[51] Soweit der gem. § 14 in Anspruch genommene Unternehmer den Gläubiger – also den AN oder die Urlaubskasse – befriedigt, geht deren Forderung gegen den Hauptschuldner – also den Subunternehmer – im Wege der cessio legis auf ihn über (§ 774 Abs. 1 S. 1 BGB). Nimmt ein zum Bezug von Insolvenzgeld (§§ 183 ff. SGB III) berechtigter AN einen Unternehmer nach § 14 in Anspruch, so geht sein Anspruch gegen die BA auf Zahlung von Insolvenzgeld gem. § 188 SGB III i.V.m. § 774 Abs. 1 S. 1 BGB auf den zahlenden Unternehmer über.[52]

C. Verbindung zu anderen Rechtsgebieten und zum Prozessrecht

I. Beweislast

Der nach § 14 in Anspruch genommene Unternehmer hat nach allg. Grundsätzen diejenigen Tatsachen darzulegen und ggf. zu beweisen, aus denen sich das Bestehen von Einwendungen und Einreden gegen die Hauptforderung (§ 768 BGB) ergibt.[53] Bei Vorliegen der Voraussetzungen des § 138 Abs. 4 ZPO ist eine Erklärung des Bürgen mit Nichtwissen über die Zahl und die Einsatzzeiten der vom Subunternehmer eingesetzten Arbeitskräfte möglich.[54] Besteht zwischen der ULAK und dem Bürgen Streit über die Höhe des Urlaubskassenbeitrags, kommt eine Schätzung gem. § 287 Abs. 2 ZPO in Betracht.[55]

II. Ordnungswidrigkeit

Gem. § 23 Abs. 2 handelt ordnungswidrig, wer Werk- oder Dienstleistungen in erheblichem Umfang ausführen lässt, indem er als Unternehmer einen anderen Unternehmer beauftragt, von dem er weiß oder fahrlässig nicht weiß, dass dieser bei der Erfüllung dieses Auftrags entgegen § 8 eine tarifliche Arbeitsbedingung nicht gewährt oder einen Beitrag nicht leistet (Nr. 1) oder einen Nachunternehmer einsetzt oder zulässt, dass ein Nachunternehmer tätig wird, der eine tarifliche Arbeitsbedingung nicht gewährt oder einen Beitrag nicht leistet (Nr. 2). Die OWi kann gem. § 23 Abs. 3 mit einer Geldbuße bis zu 500.000 EUR geahndet werden (siehe § 23 Rn 15).[56]

---

40 BAG 12.1.2005 – 5 AZR 617/01 – AP § 1a AEntG Nr. 2 m. Anm. *Franzen* = NZA 2005, 627, 634; BAG 12.1.2005 – 5 AZR 279/01 – EzAÜG § 1a AEntG Nr. 7 = NZA 2005, 656.
41 *Deckers*, NZA 2008, 321, 324.
42 Däubler/*Lakies*, TVG, § 5 Anh. 2, § 1a AEntG Rn 16.
43 BT-Drucks 14/45, S. 26.
44 ErfK/*Schlachter*, § 1a AEntG Rn 4.
45 Däubler/*Lakies*, TVG, § 5 Anh. 2, § 1a AEntG Rn 13.
46 *Koberski/Asshoff/Hold*, § 1a Rn 34.
47 *Koberski/Asshoff/Hold*, § 1a Rn 32 f.
48 HWK/*Strick*, § 1a AEntG Rn 3; *Ulber*, § 1a AEntG Rn 4, 8.
49 *Koberski/Asshoff/Hold*, § 1a Rn 24.
50 *Ulber*, § 1a AEntG Rn 8.
51 *Ulber*, § 1a AEntG Rn 8.
52 Däubler/*Lakies*, TVG, § 5 Anh. 2, § 1a AEntG Rn 14.
53 *Koberski/Asshoff/Hold*, § 1a Rn 34.
54 St. Rspr. BAG 19.11.2008 – 10 AZR 864/07 – EzA-SD 2009, Nr. 4, 12 = ArbRB 2009, 131 m. Anm. *Braun*; BAG 2.8.2006 – 10 AZR 348/05 – IBR 2006, 645 m. Anm. *Peter*; BAG 2.8.2006 – 10 AZR 688/05 – BAGE 119, 170, 176 ff. = NZA-RR 2007, 646.
55 BAG 2.8.2006 – 10 AZR 688/05 – BAGE 119, 170, 178 = NZA-RR 2007, 646.
56 *Koberski/Asshoff/Hold*, § 1a Rn 1 m.w.N.

III. Gesetz über die Sicherung der Bauforderungen

14 Das BauFordSiG[57] – welches im Hinblick auf die sanktionsbewehrten Vorschriften zur Verwendung von Baugeld (§§ 1, 2 GSB) auch dem Schutz der AN dient – ist insb. im Rahmen von Schadensersatzansprüchen wegen Verletzung eines Schutzgesetzes i.S.v. § 823 Abs. 2 BGB neben § 14 anwendbar.[58]

IV. Sozialversicherungsrechtliche Hauptunternehmer-Haftung

15 Die Hauptunternehmer-Haftung nach § 28e Abs. 3a bis f SGB IV gegenüber dem SozVers-Träger für vom Nachunternehmer geschuldete SozVers-Beiträge (und Unfallversicherungsbeiträge)[59] bewirkt neben der nach § 14 angeordneten Nettolohnhaftung eine partielle **Bruttolohnhaftung** des Hauptunternehmers.[60] Diese Haftung entfällt, wenn der Unternehmer nachweist, dass er ohne eigenes Verschulden davon ausgehen konnte, dass der Nachunternehmer oder ein von ihm beauftragter Verleiher seine Zahlungspflicht erfüllt (§ 28e Abs. 3b SGB IV). Nach dem Gesetzesentwurf der BReg v. 20.2.2009 soll zum 1.10.2009 eine Neuregelung der Generalunternehmerhaftung für die Bauwirtschaft erfolgen.[61] Den Generalunternehmern soll eine einfache und unbürokratische Überprüfung der Nachunternehmer mittels eines bestehenden Zertifizierungsverfahrens nach § 8 VOB/A als **Präqualifikation** ermöglicht werden. Anhand einer allg. zugänglichen Internetliste[62] wird bundesweit der Nachweis der Eignung per Ausdruck ermöglicht. Die bisher in der Praxis übliche Einholung einer Unbedenklichkeitsbescheinigung bei der für den Nachunternehmer zuständigen Einzugsstelle als Entlastungsnachweis wird daneben weiterhin möglich bleiben.

V. Bauabzugsbesteuerungsverfahren

16 Der Sicherung von Steueransprüchen bei Bauleistungen dienen die Regelungen der §§ 48 bis 48d EStG.[63] Unternehmer („Leistungsempfänger"), die Bauleistungen im Inland in Auftrag geben, sind gem. § 48 Abs. 1 S. 1 EStG im Grundsatz verpflichtet, von der Gegenleistung einen Steuerabzug i.H.v. 15 v.H. für Rechnung des Leistungserbringers („Leistenden") vorzunehmen. Der Leistende kann nach § 48b EStG eine Freistellungsbescheinigung beantragen.

VI. Prozessuales

17 Ein AN kann gem. § 15 S. 1 eine auf den Zeitraum der AEnt bezogene Klage auf Gewährung der Arbeitsbedingungen nach §§ 2, 8 und 14 auch vor einem **deutschen ArbG** erheben. Gleiches gilt nach § 15 S. 2 zugunsten der ULAK in Bezug auf die ihr zustehenden Beiträge. Hiervon wird auch die Inanspruchnahme des Generalunternehmers nach § 14 erfasst (siehe § 15 Rn 1, 5).

D. Beraterhinweise

I. Möglichkeiten zur Reduzierung des Haftungsrisikos

18 Dem Generalunternehmer steht regelmäßig keine Weisungsbefugnis hinsichtlich des Verhaltens seines Subunternehmers zu.[64] Dies gilt im Hinblick auf die Vertragsfreiheit umso mehr bzgl. der vom Subunternehmer beauftragten Nachunternehmer.[65] Die Kontrolle des vom Subunternehmer durchzuführenden Urlaubskassenverfahrens durch den Generalunternehmer ist jedenfalls i.d.R. sehr aufwändig.[66] Zu beachten ist weiter, dass es für den Generalunternehmer insb. bzgl. ausländischer Sub- oder Nachunternehmer vielfach praktisch schwierig sein wird, deren Korrektheit und Solvenz zutreffend zu beurteilen, was die Attraktivität ihrer Beauftragung verringert. Statt auf Billigstanbieter zurückzugreifen, sollte bei der Auftragsvergabe verstärkt seriösen Anbietern der Zuschlag gegeben werden.[67] In Fällen einer potenziellen Inanspruchnahme empfiehlt sich bspw. die Einholung einer **Unbedenklichkeitsbescheinigung** bei der für den Subunternehmer zuständigen Urlaubskasse.[68] Ein vollständiger und genereller Haftungsausschluss innerhalb der Unter-

---

57 Gesetz über die Sicherung der Bauforderungen (BauforderungensicherungsG – BauFordSiG) v. 1.6.1909 (RGBl S. 449).
58 Zum GSB siehe BGH 13.12.2001 – VII ZR 305/99 – LM BGB § 823 (Bf) Nr. 115 (9/2002) = NJW-RR 2002, 740; BGH 15.6.2000 – VII ZR 84/99 – LM GSB Nr. 18 (1/2001) = NJW-RR 2000, 1261 f.; BGH 16.12.1999 – VII ZR 39/99 – BGHZ 143, 301, 302 ff. = NJW 2000, 956; *Opolony*, AuR 2001, 206; *Schmid*, BauRB 2003, 93; *Schmidt*, BauR 2001, 150; *Stammkötter*, BauR 1998, 954.
59 BSG 27.5.2008 – B 2 U 11/07 R – SozR 4–2700 § 150 Nr. 3; BSG 27.5.2008 – B 2 U 21/07 R – SGb 2008, 404 f.; *Langner/Hübsch*, BB 2008, 2127.
60 *Rieble/Lessner*, ZfA 2002, 29, 35; *Rixen*, SGb 2002, 536; *Sasse/Kiel*, NZBau 2003, 366; *Steck*, DB 2002, 426 f.
61 BR-Drucks 166/09.
62 Der Verein für die Präqualifikation von Bauunternehmen e.V., Bonn, führt gem. § 8 Nr. 3 Abs. 2 VOB/A ein Präqualifikationsverzeichnis, http://www.pq-verein.de/pq_liste/index.html.
63 *Ramackers*, BB Beil. 2/2002, 1, 2 ff.; *Stickan/Martin*, DB 2001, 1441.
64 *Harbrecht*, BauR 1999, 1376, 1377; *Werner*, NZBau 2000, 225, 227.
65 *Werner*, NZBau 2000, 225, 227; *Kraus*, NJW 1997, 223.
66 LAG Düsseldorf 10.7.2002 – 12 Sa 132/02 – EzAÜG § 1a AEntG Nr. 2 = NZA-RR 2003, 10, 12.
67 *Koberski/Asshoff/Hold*, § 1a Rn 35.
68 *Peter*, Anm. zu LAG Berlin 9.7.2004 – 8 Sa 804/04 – IBR 2004, 658.

nehmerkette ist unzulässig, da es sich um einen Vertrag zu Lasten Dritter (AN, Urlaubskasse) handeln würde.[69] Die Erklärung eines Verzichts der AN auf ihre Rechte aus § 14 ist angesichts des zwingenden Normcharakters sowie im Hinblick auf § 4 Abs. 3, 4 TVG nicht wirksam,[70] jedenfalls nicht außerhalb eines gerichtlichen Vergleichs (arg. § 9 S. 1). Dem Generalunternehmer ist daher anzuraten, sich wegen möglicher Forderungen nach § 14 zunächst durch **Einbehaltung von Entgeltbestandteilen (Werklohn)** bis zur Vorlage der Erfüllungsnachweise vertraglich abzusichern.[71] Diesem Zweck können auch vom Subunternehmer beizubringende **Ausfallgarantien**[72] oder **Bankbürgschaften**[73] dienen.[74] Als weitere Möglichkeiten zur Reduzierung des Haftungsrisikos des Generalunternehmers kommen eine **Verpflichtungserklärung** des Subunternehmers bzgl. der Einhaltung der Mindestarbeitsbedingungen, eine **Haftungs-Freistellungserklärung** des Subunternehmers, ferner ein **Zustimmungsvorbehalt** für die Beauftragung von Nachunternehmern sowie die Erweiterung von **Sicherheitsleistungen** in Betracht.[75]

II. Bürgenfrühwarnsystem

19 Die SOKA-BAU hat gemeinsam mit den TV-Parteien im Jahr 2005 ein „Frühwarnsystem" für Hauptunternehmer eingerichtet mit dem Ziel, diese vor einer Haftung für Beitragsrückstände der Nachunternehmer nach § 14 zu schützen. Das Frühwarnsystem setzt eine einmalige Bevollmächtigung von SOKA-BAU zur Auskunftserteilung gegenüber dem Hauptunternehmer voraus.[76] Liegt die **Auskunftsvollmacht** vor, erhält der Hauptunternehmer monatlich eine Bescheinigung, aus der sich die vom Nachunternehmer gemeldeten AN, bezogen auf den angegebenen Zeitraum bzw. die genannte Baustelle, ergeben. Zudem wird bescheinigt, ob die damit verbundenen Beiträge gezahlt sind oder noch Beitragsrückstände bestehen. Der Hauptunternehmer wird zeitnah informiert und kann so schnell reagieren. Damit minimiert sich sein Risiko, für Beitragsrückstände des Nachunternehmers nach § 14 haftbar gemacht zu werden.

§ 15 Gerichtsstand

¹Arbeitnehmer und Arbeitnehmerinnen, die in den Geltungsbereich dieses Gesetzes entsandt sind oder waren, können eine auf den Zeitraum der Entsendung bezogene Klage auf Erfüllung der Verpflichtungen nach den §§ 2, 8 oder 14 auch vor einem deutschen Gericht für Arbeitssachen erheben. ²Diese Klagemöglichkeit besteht auch für eine gemeinsame Einrichtung der Tarifvertragsparteien nach § 5 Nr. 3 in Bezug auf die ihr zustehenden Beiträge.

Literatur: *Jayme/Kohler*, Europäisches Kollisionsrecht 1996 – Anpassung und Transformation nationaler Rechte, IPRax 1996, 377; *Kappelhoff*, Zuständigkeit der Gerichte für Arbeitssachen, Anm. zu BAG 11.9.2002 – 5 AZB 3/02 –, ArbRB 2002, 364; *Leipold*, Rechtsweg – Arbeitnehmerentsendung – Bürgenhaftung, Anm. zu BAG 11.9.2002 – 5 AZB 3/02 –, SAE 2003, 146, 147

A. Allgemeines ... 1	C. Verbindung zu anderen Rechtsgebieten und zum Prozessrecht ... 4
B. Regelungsgehalt ... 2	I. Arbeitsvertragliche Gerichtsstandsvereinbarungen ... 4
I. Internationale Zuständigkeit deutscher Gerichte .. 2	II. Tarifvertragliche Gerichtsstandsregelungen ... 5
II. Sachliche Zuständigkeit der Arbeitsgerichte 3	

A. Allgemeines

1 Die international-privatrechtlich zwingenden Vorschriften des AEntG (§§ 2, 3) würden vielfach leer laufen, wenn die entsandten AN nur vor den Gerichten ihres Heimatstaates gegen ihren ausländischen AG auf Gewährung der Arbeitsbedingungen klagen könnten. Denn ausländische Gerichte sind nicht an die kollisionsrechtlichen Eingriffsbefehle des deutschen Rechts (Art. 34 EGBGB) und damit an die Anwendung der Vorschriften des AEntG gebunden. Die in der Praxis bedeutsame Vorschrift des § 15 spannt daher – in Umsetzung von Art. 6 Entsende-RL 96/71/EG – den Bogen vom Kollisions- zum Prozessrecht und gewährt den entsandten AN zur effektiven und einheitlichen Durchsetzung ihrer Rechte aus §§ 2, 8, 14 (§ 15 S. 1) ebenso wie den gemeinsamen Einrichtungen der TV-Parteien nach § 5 Nr. 3 (Sozialkassen) in Bezug auf die ihr zustehenden Beiträge (§ 15 S. 2) eine **Klagemöglichkeit „auch"**

---

69 *Koberski/Asshoff/Hold*, § 1a Rn 36.
70 *Koberski/Asshoff/Hold*, § 1a Rn 37 m.w.N.
71 LAG Düsseldorf 10.7.2002 – 12 Sa 132/02 – EzAÜG § 1a AEntG Nr. 2 = NZA-RR 2003, 10, 12.
72 LAG Düsseldorf 10.7.2002 – 12 Sa 132/02 – EzAÜG § 1a AEntG Nr. 2 = NZA-RR 2003, 10, 12.
73 OLG Stuttgart 28.9.2001 – 2 U 218/00 – BauR 2002, 1093 ff., 1013 ff. m. Anm. *Vogel*.
74 Zu Bürgschaftslösungen siehe *Vogel*, BauR 2002, 1013, 1015 ff.; *Weise*, NZBau 2000, 229.
75 BAG 6.11.2002 – 5 AZR 617/01 (A) – BAGE 103, 240, 257 f. = SAE 2003, 181, 190 ff. m. Anm. *Franzen*.
76 Das Vollmachtformular ist unter http://www.soka-bau.de/export2/sites/default/soka_bau/downloads/europa_buergenhaftung_vollmacht.pdf erhältlich.

vor den deutschen ArbG.[1] Diese Regelung war erforderlich, da die Vorschriften des Art. 19 EuGVVO[2] sowie Art. 5 LugÜ[3] – die i.Ü. durch § 15 nicht berührt werden (Art. 6 Hs. 2 Entsende-RL 96/71/EG, Art. 67 EuGVVO, Art. 54b Abs. 1 LugÜ)[4] – nach h.M. nur einen Gerichtsstand am „gewöhnlichen" Arbeitsort des entsandten AN begründen, welcher i.d.R. im Entsendestaat verbleibt.[5] Die Gerichtsstandsregelung in § 15 n.F.[6] entspricht § 8 a.F.[7]

B. Regelungsgehalt

I. Internationale Zuständigkeit deutscher Gerichte

Ein AN (siehe § 3 Rn 8), der ins Inland entsandt ist oder war, kann gem. § 15 S. 1 eine auf den Zeitraum der AEnt bezogene Klage auf Gewährung der Arbeitsbedingungen nach §§ 2, 8 oder 14 „auch" vor einem deutschen ArbG erheben.[8] Durch die Vorschrift wird kein ausschließlicher internationaler Gerichtsstand begründet.[9] Dem entsandten AN steht ein **Wahlrecht** zu, so dass er auch vor den sachlich zuständigen Gerichten des Entsendestaates klagen kann.[10] Die Klagemöglichkeit nach § 15 S. 1 besteht gem. § 15 S. 2 auch für die Sozialkassen in Bezug auf die ihr zustehenden Beiträge. Erfasst sind Leistungsklagen (Zahlungsklagen auf Arbeitsentgelt und Beitragsklagen) wie Auskunftsklagen.[11] Die Vorschrift hält sich im Rahmen von Art. 3 Abs. 1b, Art. 6 Entsende-RL 96/71/EG i.V.m. § 8 BRTV-Bau, VTV.[12] Der Gerichtsstand für die Geltendmachung anderer als der aus §§ 2, 8 oder 14 resultierenden Ansprüche ergibt sich aus den allg. Zuständigkeitsregelungen.[13]

II. Sachliche Zuständigkeit der Arbeitsgerichte

§ 15 (§ 8 a.F.) begründet nach Ansicht der Rspr. bei grenzüberschreitender AEnt nicht nur die internationale Zuständigkeit deutscher Gerichte,[14] sondern – unbeschadet des § 2 ArbGG – auch die sachliche Zuständigkeit der ArbG.[15] Dies gilt nicht nur für Klagen gegen ausländische AG, sondern ebenso für die Inanspruchnahme eines Generalunternehmers nach § 14 (§ 1a a.F.).[16]

C. Verbindung zu anderen Rechtsgebieten und zum Prozessrecht

I. Arbeitsvertragliche Gerichtsstandsvereinbarungen

Nach zutreffender Ansicht ist eine (ausschließliche) Gerichtsstandsvereinbarung zwischen den Arbeitsvertragsparteien (Art. 21 EuGVVO), welche die **internationale Zuständigkeit** der deutschen Gerichte abbedingt, in Ansehung des Normzwecks von § 15 – effektive Durchsetzung der Mindestarbeitsbedingungen (Art. 6 Entsende-RL 96/71/EG) – unwirksam.[17]

II. Tarifvertragliche Gerichtsstandsregelungen

Für Ansprüche der Sozialkassen sind die gem. § 48 Abs. 2 S. 1 Nr. 2 ArbGG zulässigen tarifvertraglichen Gerichtsstandsregelungen nach § 27 VTV zu beachten.[18] Gem. § 15 i.V.m. § 27 Abs. 1 S. 1 VTV (§ 8 Nr. 16.1 BRTV-Bau) ist grds. das **ArbG Wiesbaden** international und örtlich zuständig für Klagen der ULAK gegen ausländische AG auf Zahlung von Sozialkassen-Beiträgen.[19] Gleiches gilt für auf § 14 gestützte Klagen der ULAK.[20] Für Ansprüche,

---

1 BT-Drucks 13/8994, S. 72; *Stoll*, S. 180; *Däubler*, EuZW 1997, 613, 617; *Jayme/Kohler*, IPRax 1996, 377, 382 f.
2 VO (EG) Nr. 44/2001 des Rates v. 22.12.2000 über die gerichtliche Zuständigkeit und die Anerkennung und Vollstreckung von Entscheidungen in Zivil- und Handelssachen (ABl L 12 2001, S. 1).
3 „Luganer" Übereinkommen über die gerichtliche Zuständigkeit und die Vollstreckung gerichtlicher Entscheidungen in Zivil- und Handelssachen v. 16.9.1988 (ABl L 319, S. 9).
4 BT-Drucks 13/8994, S. 72; ArbG Wiesbaden 10.11.1999 – 3 Ca 1157/97 – NZA-RR 2000, 321, 322 ff.; ArbG Wiesbaden 15.4.1998 – 3 Ca 1970/97 – NZA-RR 1998, 412 ff.
5 ArbG Wiesbaden 7.10.1997 – 8 Ca 1172/97 – AP Art. 5 Brüsseler Abkommen Nr. 3 = DB 1997, 2284, 2292 m. Anm. Urlaubs- und Lohnausgleichskasse der Bauwirtschaft, Wiesbaden; *Däubler/Lakies*, TVG, § 5 Anh. 2, § 8 Rn 2; *Gerauer*, BB 1999, 2083 f.; a.A. *Koberski/Asshoff/Hold*, § 8 Rn 5 ff. m.w.N.
6 BGBl I 2009 S. 799.
7 BT-Drucks 16/10486, S. 17; zur Entstehungsgeschichte von § 8 a.F. siehe Vorauf. § 8 Rn 2.
8 BT-Drucks 14/45, S. 27.
9 MünchArb/*Birk*, Bd. 1, § 23 Rn 37.
10 *Gaul*, NJW 1998, 644, 648.
11 *Däubler/Lakies*, TVG, § 5 Anh. 2, § 8 Rn 6, 9.
12 *Koberski/Asshoff/Hold*, § 8 Rn 8 m.w.N.
13 *Ulber*, § 8 AEntG Rn 2.
14 BAG 2.7.2008 – 10 AZR 355/07 – AP VO Nr. 44/2001/EG Nr. 1 = NZA 2008, 1084, 1085; LAG Hessen 17.8.1998 – 16 Sa 2329/97 – AuR 1999, 146.
15 BAG 19.5.2004 – 5 AZR 449/03 – AP § 1 AEntG Nr. 16 = NZA 2004, 1170, auch zu § 2 Abs. 1 Nr. 3a ArbGG; BAG 11.9.2002 – 5 AZB 3/02 – BAGE 102, 343 ff. = SAE 2003, 146, 147 f. m. Anm. *Leipold* = ArbRB 2002, 364 m. Anm. *Kappelhoff*, auch zu § 2 Abs. 1 Nr. 6, Abs. 3 ArbGG (sog. Zusammenhangsklage).
16 BAG 11.9.2002 – 5 AZB 3/02 – BAGE 102, 343, 344 = SAE 2003, 146, 147 f. m. Anm. *Leipold* = ArbRB 2002, 364 m. Anm. *Kappelhoff*.
17 MünchArb/*Birk*, Bd. 1, § 23 Rn 37, 40 ff.
18 *Däubler/Lakies*, TVG, § 5 Anh. 2, § 8 Rn 7; *Schwab*, AR-Blattei 370.3, Rn 62; *Schwab*, NZA-RR 2004, 1, 6.
19 LAG Hessen 17.8.1998 – 16 Sa 2329/97 – AuR 1999, 146; ArbG Wiesbaden 15.4.1998 – 3 Ca 1970/97 – NZA-RR 1998, 412 ff., zu § 57 VTV a.F.
20 ArbG Hannover 17.9.2003 – 12 Ca 472/03 – EzAÜG § 1a AEntG Nr. 3.

die von und gegen AG mit Sitz in den fünf neuen Bundesländern oder Berlin erhoben werden, ist gem. § 27 Abs. 2, 3 VTV (§ 8 Nr. 16.2 BRTV-Bau) **Berlin** Gerichtsstand.

Abschnitt 6: Kontrolle und Durchsetzung durch staatliche Behörden

§ 16 Zuständigkeit

Für die Prüfung der Einhaltung der Pflichten eines Arbeitgebers nach § 8 sind die Behörden der Zollverwaltung zuständig.

Literatur: *Weber*, Die Kontrollaufgaben der Bundesanstalt für Arbeit im Rahmen des Arbeitnehmer-Entsendegesetzes und ihre praktische Umsetzung, AuB 1997, 161

A. Allgemeines 1	I. Zuständigkeit der Behörden der Zollverwaltung . 2
B. Regelungsgehalt 2	II. Umfang des Prüfauftrags 3

A. Allgemeines

1 Die – privatrechtlichen – Vorschriften der §§ 3 ff., 8 werden nach näherer Maßgabe der §§ 16 ff. von einem **öffentlich-rechtlichen Kontroll- und Sanktionssystem** flankiert.[1] Denn unabhängig von der Regelungstechnik ist jede Regelung nur soviel wert, wie ihre Einhaltung kontrolliert werden kann.[2] In erster Linie wird damit der Schutz des (ausländischen) AN bezweckt, da befürchtet wurde, dass dieser seine Rechte nach dem AEntG und deren evtl. Missachtung durch den AG oftmals weder erkennen noch geltend machen werde.[3] § 16 regelt die Zuständigkeit der Behörden der Zollverwaltung für die Prüfung der **tarifvertraglichen Arbeitsbedingungen** nach § 8 i.V.m. §§ 3 ff. (siehe Rn 3).[4] Die Kontrolle der Einhaltung der allg. Arbeitsbedingungen i.S.v. § 2 erfolgt hingegen durch die nach der jeweiligen spezialgesetzlichen Rechtsgrundlage zuständige Behörde (siehe § 2 Rn 7).[5] Mit der Neufassung des AEntG wurde auch der Regelungsbereich der §§ 2 bis 6 a.F. im jetzigen Abschn. 6 „Kontrolle und Durchsetzung durch staatliche Behörden" übersichtlicher gestaltet (§§ 16 bis 23 n.F.). Nach dem Willen des Gesetzgebers sind mit der Neufassung in § 16[6] trotz abweichenden Wortlauts keine inhaltlichen Änderungen gegenüber § 2 Abs. 1 a.F. verbunden.[7] Regelungen betreffend das Prüfungsverfahren sowie die Befugnisnormen finden sich nunmehr in § 17 (siehe § 17 Rn 2 ff.).

B. Regelungsgehalt

I. Zuständigkeit der Behörden der Zollverwaltung

2 Gem. § 16 sind – auch nach Aufhebung der Baubereichsbeschränkung – die Behörden der Zollverwaltung zur Prüfung der Arbeitsbedingungen nach § 8 zuständig.[8] Seit der Auflösung der Bundesabteilung bei der Oberfinanzdirektion Köln zum 1.1.2008 ist die **Bundesfinanzdirektion West** zuständig.[9]

Die Kontrollen werden durch die **FKS** durchgeführt, die mit ca. 6.500 Beschäftigten bundesweit flächendeckend an 113 Standorten vertreten ist.

II. Umfang des Prüfauftrags

3 Soweit nicht (auch) eine andere Zuständigkeit begründet ist – etwa gem. § 2 Abs. 1 S. 1 Nr. 5 SchwarzArbG –, sind die nach § 16 zuständigen Behörden ausschließlich zur Kontrolle der Einhaltung der Pflichten eines AG zur Gewährung der besonders missbrauchsanfälligen **tarifvertraglichen Mindestarbeitsbedingungen** nach § 8 i.V.m. §§ 3 ff. (siehe § 5 Rn 2 ff.) befugt.[10] Die Einhaltung der in Rechts- oder Verwaltungsvorschriften enthaltenen allg. Arbeitsbedingungen nach § 2 ist nicht erfasst (siehe § 2 Rn 7).[11] Der Prüfauftrag umfasst weder die Frage, ob – oberhalb der

---

1 Däubler/*Lakies*, TVG, § 5 Anh. 2, § 2 AEntG Rn 1.
2 *Hickl*, NZA 1997, 513, 516.
3 HWK/*Strick*, § 2 AEntG Rn 1.
4 BT-Drucks 16/10486, S. 17.
5 Siehe auch § 2 Abs. 1 S. 1 Nr. 5 SchwarzArbG.
6 BGBl I 2009 S. 799.
7 BT-Drucks 16/10486, S. 17; zur Entstehungsgeschichte der Vorläuferregelung siehe Vorauf. § 2 Rn 2.
8 Art. 4 Abs. 1 Entsende-RL 96/71/EG.
9 Zweites Gesetz zur Änderung des Finanzverwaltungsgesetzes und anderer Gesetze v. 13.12.2007 (BGBl I S. 2897).
10 HWK/*Strick*, § 2 AEntG Rn 2; *Weber*, AuB 1997, 161.
11 ErfK/*Schlachter*, § 2 AEntG Rn 2.

Grenze des Mindestlohns – sonstige vom AG zu beachtende tarifvertragliche Regelungen eingehalten werden, noch die Unterstützung der AN bei der Durchsetzung ihrer arbeitsrechtlichen Ansprüche gegen den AG.[12]

§ 17 Befugnisse der Behörden der Zollverwaltung und anderer Behörden

Die §§ 2 bis 6, 14, 15, 20, 22 und 23 des Schwarzarbeitsbekämpfungsgesetzes sind entsprechend anzuwenden mit der Maßgabe, dass
1. die dort genannten Behörden auch Einsicht in Arbeitsverträge, Niederschriften nach § 2 des Nachweisegesetzes und andere Geschäftsunterlagen nehmen können, die mittelbar oder unmittelbar Auskunft über die Einhaltung der Arbeitsbedingungen nach § 8 geben, und
2. die nach § 5 Abs. 1 des Schwarzarbeitsbekämpfungsgesetzes zur Mitwirkung Verpflichteten diese Unterlagen vorzulegen haben.

[2]Die §§ 16 bis 19 des Schwarzarbeitsbekämpfungsgesetzes finden Anwendung. [3]§ 6 Abs. 3 des Schwarzarbeitsbekämpfungsgesetzes findet entsprechende Anwendung. [4]Für die Datenverarbeitung, die dem in § 16 genannten Zweck oder der Zusammenarbeit mit den Behörden des Europäischen Wirtschaftsraums nach § 20 Abs. 2 dient, findet § 67 Abs. 2 Nr. 4 des Zehnten Buches Sozialgesetzbuch keine Anwendung.

Literatur: *Thym*, Umfang nationaler Kontrollmöglichkeiten bei der Arbeitnehmerentsendung, NZA 2006, 713

A. Allgemeines 1	4. Duldungs- und Mitwirkungspflichten 7
B. Regelungsgehalt 2	C. Verbindung zu anderen Rechtsgebieten und zum
I. Prüfungsverfahren, Allgemeines 2	Prozessrecht 8
II. Ermittlung des Mindestlohns 3	I. Datenverarbeitung und Datenschutz 8
III. Befugnisse der Prüfbehörden 4	II. Unterrichtung und Zusammenarbeit von Behörden 9
1. Allgemeines 4	III. Ordnungswidrigkeit 10
2. Betretensrechte, Prüfung von Personen 5	IV. Prozessuales 11
3. Prüfung von Geschäftsunterlagen 6	D. Beraterhinweise 12

A. Allgemeines

§ 17 erklärt die Kontrollbefugnisse nach §§ 2 bis 6, 14 bis 20, 22, 23 SchwarzArbG (siehe Rn 8 ff.) auch für den Fall für (entsprechend) anwendbar, dass die Zollbehörden die Einhaltung der Arbeitsbedingungen nach dem AEntG prüfen. Die Vorschrift dient dem Schutz der (ausländischen) AN.[1] Besonders gravierende Fälle in der Prüfpraxis waren Stundenlöhne von ca. 3 DM und monatliche Arbeitszeiten von 270 bis 300 Stunden.[2] § 17 n.F.[3] wurde zwecks besserer Übersichtlichkeit gegliedert und entspricht inhaltlich dem überwiegenden Teil des § 2 Abs. 2 AEntG a.F.[4] Sonstige Kontrollbefugnisse der nach anderen Gesetzen zuständigen Behörden bleiben von § 17 unberührt.[5]

1

B. Regelungsgehalt

I. Prüfungsverfahren, Allgemeines

Die Prüfungen werden überwiegend als **Außenprüfungen** „vor Ort" durchgeführt und sind deshalb sehr zeit- und personalintensiv.[6] Die Prüfungen erfolgen i.d.R. überraschend, ohne vorherige Ankündigung.[7] Sie können auch ohne einen Anfangsverdacht durchgeführt werden, was allerdings in der Praxis eher die Ausnahme ist.[8] Einige Male im Jahr werden sog. **Schwerpunktprüfungen** zeitgleich im gesamten Bundesgebiet durchgeführt.[9] Die den Behörden der Zollverwaltung gem. § 18 vorzulegende Anmeldung (siehe § 18 Rn 6 ff.) dient der gezielten Vorbereitung einer Prüfung.[10] Der von der zuständigen Behörde zu ermittelnde Mindestlohn bzw. „Mindestentgeltsatz" nach § 5 Nr. 1 ist mit den tatsächlich gezahlten Löhnen zu vergleichen (siehe Rn 7). Der Rahmen der behördlichen Befugnisse bestimmt sich nach § 17 S. 1 i.V.m. §§ 2 bis 6, 14 SchwarzArbG (siehe Rn 4 ff.). Die Prüfbehörden entscheiden über Art und Weise ihres Vorgehens in eigener Verantwortung.[11]

2

---

12 *Weber*, AuB 1997, 161.
1 *HWK/Strick*, § 2 AEntG Rn 1.
2 *Blanke*, AuR 1999, 417, 419; *Weber*, AuB 1997, 161, 162.
3 BGBl I 2009 S. 799.
4 BT-Drucks 16/10486, S. 17; zur Entstehungsgeschichte dieser Vorläuferregelung siehe Voraufl. § 2 Rn 2.
5 *Ulber*, § 2 AEntG Rn 3.

6 *Däubler/Lakies*, TVG, § 5 Anh. 2, § 2 AEntG Rn 1.
7 *Koberski/Asshoff/Hold*, § 2 Rn 17.
8 *Weber*, AuB 1997, 161.
9 U.a. am 19./21.4.2008 im Baugewerbe und v. 10. bis 15.11.2008 in der Gebäudereinigung.
10 *Koberski/Asshoff/Hold*, § 2 Rn 17.
11 *ErfK/Schlachter*, § 2 AEntG Rn 4.

II. Ermittlung des Mindestlohns

3 Die Prüfbehörden haben zunächst den gem. § 5 Nr. 1 zu zahlenden Mindestlohn (siehe § 5 Rn 2) zu ermitteln, ausgehend von einer zutreffenden Eingruppierung des AN in das tarifliche Lohngefüge. In einem zweiten Schritt ist der so ermittelte Mindestlohn mit den tatsächlich gezahlten Löhnen aufgrund der vom AG vorgenommenen Eingruppierung des AN zu vergleichen.

III. Befugnisse der Prüfbehörden

4 **1. Allgemeines.** Gem. § 17 S. 1 sind die weitgehenden Befugnisnormen der §§ 2 bis 6, 14 SchwarzArbG entsprechend anzuwenden mit der Maßgabe, dass die dort genannten Behörden auch Einsicht in Arbeitsverträge, Niederschriften nach § 2 NachwG und andere Geschäftsunterlagen nehmen können, die mittelbar oder unmittelbar Auskunft über die Einhaltung der Arbeitsbedingungen nach § 8 geben (§ 17 S. 1 Nr. 1) und die nach § 5 Abs. 1 SchwarzArbG zur Mitwirkung Verpflichteten diese Unterlagen vorzulegen haben (§ 17 S. 1 Nr. 2). Die Behörden der Zollverwaltung werden von den in § 2 Abs. 2 S. 1 Nr. 1 bis 11 SchwarzArbG genannten Behörden bei den Prüfungen unterstützt.[12] Sie haben gem. § 14 Abs. 1 S. 1 SchwarzArbG bei der Verfolgung von Straftaten und OWi, die mit einem der Prüfungsgegenstände nach § 2 Abs. 1 SchwarzArbG unmittelbar zusammenhängen, die gleichen Befugnisse wie die Polizeivollzugsbehörden nach der StPO und dem OWiG. Ihre Beamten sind insoweit Ermittlungspersonen der StA (§ 14 Abs. 1 S. 2 SchwarzArbG i.V.m. § 152 GVG). Sie treffen alle zur Aufklärung von Straftaten (§ 163 StPO) und OWi erforderlichen Maßnahmen, insb. erste Vernehmungen (§ 163a StPO), Identitätsfeststellungen (§§ 163b, 163c StPO), Sicherstellung und Beschlagnahme von Beweismitteln (§§ 94 ff. StPO), Durchsuchungen (§§ 102 ff. StPO), Anordnung von Sicherheitsleistung (§ 132 StPO) sowie vorläufige Festnahme bei Straftaten (§§ 127 ff. StPO).[13] Z.T. wird trotz geänderter Zuständigkeit eine Ausstrahlungswirkung von der BA im **Dienstblatt-Runderlass 50/97**[14] festgelegten Vorgehensweise bei Prüfung und Kontrolle angenommen.[15] I.d.R. wird zunächst eine Personalbefragung durchgeführt, anschließend erfolgt die Prüfung der Geschäftsunterlagen.[16]

5 **2. Betretensrechte, Prüfung von Personen.** Die zuständigen Behörden sind grds. befugt, Geschäftsräume und Grundstücke des AG oder des Auftraggebers während der Arbeitszeit der dort tätigen Personen zu betreten und dabei von diesen Auskünfte hinsichtlich ihrer Beschäftigungsverhältnisse oder ihrer Tätigkeiten einzuholen (§ 17 S. 1 i.V.m. § 3 Abs. 1 Nr. 1, Abs. 2 SchwarzArbG) sowie Einsicht in mitgeführte Unterlagen zu nehmen, aus denen anzunehmen ist, dass aus ihnen Umfang, Art oder Dauer ihrer Beschäftigungsverhältnisse oder Tätigkeiten hervorgehen oder abgeleitet werden können (§ 3 Abs. 1 Nr. 2, Abs. 2 SchwarzArbG).[17] Als Geschäftsraum gilt gem. § 22 auch der im Inland gelegene Ort der Werk- oder Dienstleistung sowie das vom AG eingesetzte Fahrzeug (siehe § 22 Rn 4). Im Rahmen der Personalbefragung ist insb. zu klären, welche Zahlungen der AN erhalten hat, wie viele Arbeitsstunden im Abrechnungszeitraum gearbeitet wurden und welche Auszahlungsmodalitäten (z.B. Fälligkeit,[18] Abschlags-, Restzahlungen) vereinbart wurden.[19] Wird das Abführen von SozVers-Abgaben und Steuern (in einer bestimmten Höhe) behauptet, aber nicht durch geeignete Unterlagen nachgewiesen, so kann ggf. der Nettolohn als Berechnungsgrundlage für den Mindestlohn zugrunde gelegt werden.[20] Gem. § 3 Abs. 3 SchwarzArbG können die Personalien der dort tätigen Personen überprüft werden, etwa durch Anhalten und Befragen der Personen sowie das Verlangen, mitgeführte Ausweispapiere zur Prüfung auszuhändigen. Zum 1.1.2009 ist die Pflicht zur Mitführung des SozVers-Ausweises nach § 18h Abs. 6 S. 1 Nr. 1, Nr. 6 a.F. SGB IV weggefallen; gleichzeitig sind die im Bau- und im Gebäudereinigungsgewerbe tätigen Personen[21] nunmehr gem. § 2a Abs. 1 Nr. 1, Nr. 7 n.F. SchwarzArbG[22] unter Bußgeldandrohung[23] verpflichtet, bei der Erbringung von Werk- oder Dienstleistungen ihren Personalausweis, Pass, Passersatz oder Ausweisersatz mitzuführen und den Behörden der Zollverwaltung auf Verlangen vorzulegen. Der AG muss die AN auf diese Pflichten hinweisen (siehe Rn 16). Ausländer sind ferner zur Vorlage ihres Aufenthaltstitels verpflichtet (§ 5 Abs. 1 S. 3 SchwarzArbG). Die Behörden dürfen gem. § 3 Abs. 5 SchwarzArbG Beförderungsmittel anhalten und betreten.

6 **3. Prüfung von Geschäftsunterlagen.** An die Personalbefragung schließt sich i.d.R. die Prüfung der Geschäftsunterlagen an. Insoweit sind die im Rahmen der Personalbefragung erlangten Informationen zu überprüfen und fehlende Angaben zur Feststellung des Bruttolohns zu ermitteln.[24] Der Umfang der Befugnisse der zuständigen Behör-

---

12 Z.B. Finanzbehörden, BA, Einzugsstellen gem. § 28i SGB IV (Krankenkassen), Renten- sowie Unfallversicherungsträger, Träger der Sozialhilfe, Ausländerbehörden, für den Arbeitsschutz zuständige Landesbehörden.
13 Fehn/Wamers, § 14 Rn 12 ff.
14 BA, Durchführungsanweisungen zum AEntG (DA AEntG) i.d.F. v. 1.1.1999; siehe Däubler/Lakies, TVG, § 5 Anh. 2, § 2 AEntG Rn 25 ff. m.w.N.
15 ErfK/Schlachter, § 2 AEntG Rn 5 ff., § 5 AEntG Rn 1.
16 Weber, AuB 1997, 161.
17 Fehn/Wamers, § 3 Rn 1 ff.
18 § 5 Nr. 7.2. BRTV-Bau, § 2 Abs. 4 TV Mindestlohn.
19 Däubler/Lakies, TVG, § 5 Anh. 2, § 2 AEntG Rn 28.
20 Däubler/Lakies, TVG, § 5 Anh. 2, § 2 AEntG Rn 28.
21 Nicht mehr nur Ausländer gem. § 5 Abs. 1 S. 3 SchwarzArbG.
22 I.d.F. des Zweiten Gesetzes zur Änderung des SGB IV und anderer Gesetze v. 21.12.2008 (BGBl I S. 2933, 2934).
23 § 8 Abs. 2 Nr. 1, Abs. 3 SchwarzArbG n.F.: Geldbuße bis 5.000 EUR.
24 Weber, AuB 1997, 161, 162.

den ergibt sich aus § 17 S. 1 i.V.m. § 4 SchwarzArbG.[25] Danach sind die zuständigen Behörden befugt, Geschäftsräume und Grundstücke des AG oder des Auftraggebers während der Geschäftszeit zu betreten und dort Einsicht in die Lohn- und Meldeunterlagen, Bücher und andere Geschäftsunterlagen zu nehmen, aus denen Umfang, Art oder Dauer von Beschäftigungsverhältnissen hervorgehen oder abgeleitet werden können (§ 4 Abs. 1 SchwarzArbG). Dieses Einsichts- und Prüfungsrecht betrifft z.B. Niederschriften nach § 11 Abs. 1 AÜG, Lohnlisten, Lohnabrechnungen, Meldeunterlagen zur SozVers, Kontrolllisten, Urlaubspläne, Arbeits-, Werk- und Dienstverträge, Niederschriften nach § 2 NachwG, Arbeitszeitnachweise (§ 19) sowie Überweisungsbelege bzgl. Sozialkassenbeiträgen.[26] Des Weiteren sind Unterlagen erfasst, aus denen die Vergütung von in Auftrag gegebenen Werk- oder Dienstleistungen hervorgeht (§ 4 Abs. 2 SchwarzArbG). Das Einsichtsrecht erstreckt sich auch auf solche Unterlagen, die vom AG nicht in Erfüllung einer Rechtspflicht, sondern freiwillig erstellt wurden. Die Behörden sind gem. § 4 Abs. 3 SchwarzArbG befugt, bei dem Auftraggeber, der nicht Unternehmer i.S.v. § 2 UStG ist, Einsicht in Rechnungen, Zahlungsbelege oder andere beweiskräftige Unterlagen zu nehmen.

4. Duldungs- und Mitwirkungspflichten. § 17 S. 1 i.V.m. § 5 SchwarzArbG enthält einen an AG, AN, Auftraggeber und Dritte gerichteten umfassenden Katalog von Duldungs- und Mitwirkungspflichten.[27] Sie haben insb. das Betreten der Grundstücke und Geschäftsräume zu dulden (§ 5 Abs. 1 S. 2 SchwarzArbG) und für die Prüfung erhebliche Auskünfte zu erteilen sowie die in §§ 3, 4 SchwarzArbG (siehe Rn 5 f.) genannten Unterlagen vorzulegen (§ 5 Abs. 1 S. 1, Abs. 2 SchwarzArbG). § 5 Abs. 1 S. 3 SchwarzArbG enthält ein **Auskunftsverweigerungsrecht**.[28] Danach können Auskünfte, die die verpflichtete Person oder eine ihr nahe stehende Person (§ 383 Abs. 1 Nr. 1 bis 3 ZPO) der Gefahr aussetzen, wegen einer Straftat oder OWi verfolgt zu werden, verweigert werden. Zur Mitwirkung an einer Prüfung gem. § 3 Abs. 1 SchwarzArbG verpflichtete AN haben weder einen Anspruch auf Vorankündigung der Prüfung und der zu beantwortenden Fragen noch auf Zuziehung eines Zeugenbeistands.[29] Nach § 17 S. 1 i.V.m. § 20 SchwarzArbG erhalten von den Behörden der Zollverwaltung herangezogene Zeugen und SV auf Antrag in entsprechender Anwendung des JVEG eine Entschädigung oder Vergütung.[30] Ausländer sind nach näherer Maßgabe von § 5 Abs. 1 S. 4 bis 8 SchwarzArbG zur Vorlage und ggf. Überlassung von Pass, Passersatz oder Ausweisersatz sowie Aufenthaltstitel, Duldung oder Aufenthaltsgestattung verpflichtet. Gem. § 5 Abs. 3 SchwarzArbG haben AG und Auftraggeber in Datenverarbeitungsanlagen gespeicherte Daten grds. auszusondern und den Behörden zu übermitteln.[31] § 17 S. 1 i.V.m. § 22 SchwarzArbG verweist für das Verwaltungsverfahren ergänzend auf die AO.[32]

C. Verbindung zu anderen Rechtsgebieten und zum Prozessrecht

I. Datenverarbeitung und Datenschutz

Nach § 17 S. 1, 2 finden die datenschutzrechtlichen Bestimmungen der §§ 15 bis 19 SchwarzArbG (entsprechende) Anwendung.[33] In der zentralen Prüfungs- und Ermittlungsdatenbank sind die in § 16 Abs. 2 Nr. 1 bis 4 SchwarzArbG aufgeführten Angaben zu speichern, wenn sich tatsächliche Anhaltspunkte für das Vorliegen von illegaler Beschäftigung bzw. von OWi i.S.v. § 23 Abs. 1 Nr. 1, Abs. 2 ergeben. Für die Datenverarbeitung, die dem in § 16 genannten Zweck oder der Zusammenarbeit mit den Behörden des EWR nach § 20 Abs. 2 dient, findet § 67 Abs. 2 Nr. 4 SGB X[34] betr. den Schutz der Sozialdaten gem. § 17 S. 4 keine Anwendung.[35]

II. Unterrichtung und Zusammenarbeit von Behörden

Die Unterrichtung und Zusammenarbeit der Prüfbehörden untereinander sowie mit Strafverfolgungs- und Polizeivollzugsbehörden regelt § 17 S. 1 i.V.m. § 6 Abs. 1 SchwarzArbG.[36] Gem. § 17 S. 3 i.V.m. § 6 Abs. 3 SchwarzArbG sind die jeweils zuständigen Stellen über sich im Rahmen der Prüfung ergebende Anhaltspunkte für Verstöße gegen die dort genannten Gesetze zu unterrichten (Unterrichtungspflicht).[37] Bei Straftatverdacht wird die Sache an die StA abgegeben (§ 41 OWiG).[38] Gem. § 20 Abs. 2 (§ 2 Abs. 2 S. 3 a.F.) dürfen die Behörden der Zollverwaltung nach Maßgabe der datenschutzrechtlichen Vorschriften mit entsprechenden Behörden anderer EWR-Staaten zusammenarbeiten (siehe §°20 Rn 3).[39]

---

25 Fehn/*Wamers*, § 4 Rn 1 ff.
26 *Schwab*, AR-Blattei 370.3, Rn 49; *Webers*, DB 1996, 574, 575.
27 Fehn/*Wamers*, § 5 Rn 1 ff.
28 Däubler/*Lakies*, TVG, § 5 Anh. 2, § 2 AEntG Rn 12.
29 BayObLG 22.5.2002 – 3 ObOwi 22/02 – AP § 304 SGB III Nr. 1 = NStZ-RR 2002, 252 ff.
30 Fehn/*Fehn*, § 20 Rn 1 ff.
31 Däubler/*Lakies*, TVG, § 5 Anh. 2, § 2 AEntG Rn 14.
32 Fehn/*Fehn*, §§ 22, 23 Rn 1 ff.
33 Fehn/*Lenz*, § 15 Rn 1 ff.
34 I.V.m. § 15 S. 1, 2 SchwarzArbG, § 35 Abs. 1 S. 4 SGB I.
35 Däubler/*Lakies*, TVG, § 5 Anh. 2, § 2 AEntG Rn 18 m.w.N.
36 Fehn/*Wamers*, § 6 Rn 1 ff.
37 Fehn/*Wamers*, § 6 Rn 22 f.
38 *Weber*, AuB 1997, 161, 164.
39 Siehe auch Art. 4 Abs. 2 Entsende-RL 96/71/EG.

III. Ordnungswidrigkeit

10 Verstöße gegen die Mitwirkungs- und Duldungspflichten nach § 17 S. 1 i.V.m. § 5 SchwarzArbG stellen gem. § 23 Abs. 1 Nr. 2 bis 4, Abs. 3 eine OWi dar, die mit einer Geldbuße bis zu 30.000 EUR geahndet werden kann (siehe § 23 Rn 7, 9, 16). Andere OWi-Tatbestände bleiben unberührt (siehe § 23 Rn 31).

IV. Prozessuales

11 Gem. § 17 S. 1 i.V.m. § 23 SchwarzArbG ist in öffentlich-rechtlichen Streitigkeiten über Verwaltungshandeln der Behörden der Zollverwaltung der **Finanzrechtsweg** gegeben.[40]

D. Beraterhinweise

12 Es ist mit Blick auf die Bereichsausdehnungen des AEntG zu erwarten, dass auch in den neu aufgenommenen Branchen künftig umfassende bundesweite Schwerpunktprüfungen der Einhaltung der Mindestarbeitsbedingungen stattfinden werden.

13 Prüfungen durch die Zollbehörden können mitunter dadurch beschleunigt werden, dass der AG ergänzende Unterlagen bereithält, z.B. der Haupt-/Generalunternehmer eine aktuelle Liste der Nachunternehmer, ein Verzeichnis der Ansprechpartner, Werkverträge mit Leistungsverzeichnissen, Bautagebücher und Betonlieferscheine. In diesem Sinne sollten ausländische AN auch nach dem Wegfall der Mitführungspflicht (§ 18h Abs. 8 a.F. SGB IV) ihren Aufenthaltstitel oder die Bescheinigung E 101 (§ 150 Abs. 3 SGB VI) wenigstens in Kopie mit sich führen. Die FKS hat ein Merkblatt zu den Prüfungen herausgegeben.[41]

14 Angesichts der komplizierten Fragestellungen ist insb. bei ausländischen AN im Rahmen der von den Prüfbehörden durchgeführten Personalbefragungen (siehe Rn 5, 7) oftmals die Hinzuziehung eines **Dolmetschers** erforderlich.[42]

15 § 13 BRTV-Bau vermittelt ein – gegenüber § 2 Abs. 2 BetrVG eigenständiges – **Zugangsrecht von Gewerkschaftsvertretern** zu Unterkünften und Sozialräumen auf Baustellen zur Wahrnehmung koalitionspolitischer Aufgaben.[43]

16 Der AG hat gem. § 2a Abs. 2 SchwarzArbG jeden AN nachweislich und schriftlich auf die Mitführungs- und Vorlagepflicht von Ausweispapieren nach § 2a Abs. 1 SchwarzArbG (siehe Rn 5) hinzuweisen, diesen Hinweis für die Dauer der Erbringung der Dienst- oder Werkleistungen aufzubewahren und auf Verlangen bei den Prüfungen nach § 2 Abs. 1 SchwarzArbG vorzulegen. Diese Pflichten des AG sind mit einer Geldbuße bis 1.000 EUR bewehrt (§ 8 Abs. 2 Nr. 2, Abs. 3 SchwarzArb).

§ 18 Meldepflicht

(1) ¹Soweit die Rechtsnormen eines für allgemeinverbindlich erklärten Tarifvertrages nach den §§ 4, 5 Nr. 1 bis 3 und § 6 oder einer Rechtsverordnung nach § 7 auf das Arbeitsverhältnis Anwendung finden, ist ein Arbeitgeber mit Sitz im Ausland, der einen Arbeitnehmer oder eine Arbeitnehmerin oder mehrere Arbeitnehmer oder Arbeitnehmerinnen innerhalb des Geltungsbereichs dieses Gesetzes beschäftigt, verpflichtet, vor Beginn jeder Werk- oder Dienstleistung eine schriftliche Anmeldung in deutscher Sprache bei der zuständigen Behörde der Zollverwaltung vorzulegen, die die für die Prüfung wesentlichen Angaben enthält. ²Wesentlich sind die Angaben über

1. Familienname, Vornamen und Geburtsdatum der von ihm im Geltungsbereich dieses Gesetzes beschäftigten Arbeitnehmer und Arbeitnehmerinnen,
2. Beginn und voraussichtliche Dauer der Beschäftigung,
3. Ort der Beschäftigung, bei Bauleistungen die Baustelle,
4. Ort im Inland, an dem die nach § 19 erforderlichen Unterlagen bereitgehalten werden,
5. Familienname, Vornamen, Geburtsdatum und Anschrift in Deutschland des oder der verantwortlich Handelnden,
6. Branche, in die die Arbeitnehmer und Arbeitnehmerinnen entsandt werden sollen, und
7. Familienname, Vornamen und Anschrift in Deutschland eines oder einer Zustellungsbevollmächtigten, soweit dieser oder diese nicht mit dem oder der in Nummer 5 genannten verantwortlich Handelnden identisch ist.

Änderungen bezüglich dieser Angaben hat der Arbeitgeber im Sinne des Satzes 1 unverzüglich zu melden.

---

40 Fehn/*Fehn*, §§ 22, 23 Rn 15 f.
41 http://www.zoll.de/e0_downloads/f0_dont_show/merkblatt_aktionsbuendnis.pdf
42 *Weber*, AuB 1997, 161, 162.
43 ArbG Frankfurt/Main 3.11.2004 – 9 Ga 287/04 – AiB 2005, 118, 120 f. m. Anm. *Ulrich*.

(2) Der Arbeitgeber hat der Anmeldung eine Versicherung beizufügen, dass er seine Verpflichtungen nach § 8 einhält.

(3) Überlässt ein Verleiher mit Sitz im Ausland einen Arbeitnehmer oder eine Arbeitnehmerin oder mehrere Arbeitnehmer oder Arbeitnehmerinnen zur Arbeitsleistung einem Entleiher, hat der Entleiher unter den Voraussetzungen des Absatzes 1 Satz 1 vor Beginn jeder Werk- oder Dienstleistung der zuständigen Behörde der Zollverwaltung eine schriftliche Anmeldung in deutscher Sprache mit folgenden Angaben zuzuleiten:
1. Familienname, Vornamen und Geburtsdatum der überlassenen Arbeitnehmer und Arbeitnehmerinnen,
2. Beginn und Dauer der Überlassung,
3. Ort der Beschäftigung, bei Bauleistungen die Baustelle,
4. Ort im Inland, an dem die nach § 19 erforderlichen Unterlagen bereitgehalten werden,
5. Familienname, Vornamen und Anschrift in Deutschland eines oder einer Zustellungsbevollmächtigten des Verleihers,
6. Branche, in die die Arbeitnehmer und Arbeitnehmerinnen entsandt werden sollen, und
7. Familienname, Vornamen oder Firma sowie Anschrift des Verleihers.

Absatz 1 Satz 3 gilt entsprechend.

(4) Der Entleiher hat der Anmeldung eine Versicherung des Verleihers beizufügen, dass dieser seine Verpflichtungen nach § 8 einhält.

(5) Das Bundesministerium der Finanzen kann durch Rechtsverordnung im Einvernehmen mit dem Bundesministerium für Arbeit und Soziales ohne Zustimmung des Bundesrates bestimmen,
1. dass, auf welche Weise und unter welchen technischen und organisatorischen Voraussetzungen eine Anmeldung, Änderungsmeldung und Versicherung abweichend von Absatz 1 Satz 1 und 3, Absatz 2 und 3 Satz 1 und 2 und Absatz 4 elektronisch übermittelt werden kann,
2. unter welchen Voraussetzungen eine Änderungsmeldung ausnahmsweise entfallen kann, und
3. wie das Meldeverfahren vereinfacht oder abgewandelt werden kann, sofern die entsandten Arbeitnehmer und Arbeitnehmerinnen im Rahmen einer regelmäßig wiederkehrenden Werk- oder Dienstleistung eingesetzt werden oder sonstige Besonderheiten der zu erbringenden Werk- oder Dienstleistungen dies erfordern.

(6) Das Bundesministerium der Finanzen kann durch Rechtsverordnung ohne Zustimmung des Bundesrates die zuständige Behörde nach Absatz 1 Satz 1 und Absatz 3 Satz 1 bestimmen.

Literatur: *Kingreen*, Anm. zu BSG 6.3.2003 – B 11 AL 27/02 R –, SGb 2004, 121; *Mattoug/Nitzsche*, Umfang und (Europa-)Rechtswidrigkeit der Meldepflicht ausländischer Arbeitnehmerüberlassungsunternehmen nach § 3 Abs. 2 AEntG, FA 2003, 196

A. Allgemeines	1	1. Allgemeines	8
I. Normzweck	1	2. Wesentliche Angaben	9
II. Entstehungsgeschichte	2	V. Objektbezogene Einsatzplanung im Gebäude-	
III. Europarechtskonformität	3	reinigerhandwerk	10
B. Regelungsgehalt	4	VI. Versicherung des Arbeitgebers und des Entleihers	11
I. Anwendungsbereich	4	VII. Ordnungswidrigkeit	12
II. Meldestelle	5	VIII. Unterrichtung der zuständigen Finanzämter	13
III. Meldepflichten des Arbeitgebers	6	C. Verbindung zu anderen Rechtsgebieten und zum	
1. Allgemeines	6	Prozessrecht	14
2. Wesentliche Angaben	7	D. Beraterhinweise	15
IV. Meldepflichten des Entleihers	8		

A. Allgemeines

I. Normzweck

Für den Fall, dass ein im Ausland ansässiger AG oder Verleiher unter den Geltungsbereich eines TV nach dem AEntG fällt, ist der AG oder der Entleiher gem. § 18 verpflichtet, vor dem Einsatz von AN im Inland der zuständigen Behörde der Zollverwaltung die entsprechenden Informationen mitzuteilen.[1] Angesichts der oftmals nur kurzen Einsatzdauer von AN im Rahmen der Erbringung grenzüberschreitender Werk- oder Dienstleistungen sollen die Meldepflichten nach § 18 zur zuständigen Bundesfinanzdirektion West (siehe Rn 5) die Prüfung und Überwachung (§§ 16 ff.) der Einhaltung der Mindestarbeitsbedingungen (§ 8 i.V.m. §§ 3 ff.) ermöglichen bzw. erleichtern.[2] Die nach § 18 Abs. 2 bzw. Abs. 4 abzugebende Versicherung dient dem Zweck, AG und Entleiher die materiell-rechtlichen Pflich-

---

[1] BT-Drucks 16/10486, S. 17. [2] Däubler/*Lakies*, TVG, § 5 Anh. 2, § 3 AEntG Rn 2 ff.

ten zur Gewährung der in § 8 vorgeschriebenen Mindestarbeitsbedingungen nochmals deutlich vor Augen führen.[3] Diese Versicherung kann insb. im Rahmen eines OWi-Verfahrens nach § 23 Bedeutung erlangen, da sich der AG oder Entleiher nach ihrer Abgabe nicht mehr auf fehlendes Verschulden bei der Nichtgewährung der Mindestarbeitsbedingungen berufen kann (siehe § 23 Rn 6).[4] Gem. § 20 Abs. 1 (§ 3 Abs. 4 a.F.) unterrichten die nach § 16 zuständigen Behörde der Zollverwaltung die zuständigen Finanzämter über Meldungen nach § 18 Abs. 1 und 3, welche damit in die Lage versetzt werden, die notwendigen steuerrechtlichen Folgerungen daraus zu ziehen, dass AG mit Sitz im Ausland Bauleistungen im Inland erbringen.[5] VO zur Meldepflicht und zum (elektronischen) Meldeverfahren kann gem. § 18 Abs. 5 (§ 3 Abs. 3 a.F.) künftig das BMF im Einvernehmen mit dem BMAS erlassen.[6] Bislang ist nur hinsichtlich des Gebäudereinigerhandwerks und bezogen auf die Angaben nach § 18 Abs. 5 Nr. 2 und 3 (§ 3 Abs. 3 Nr. 2 und 3 a.F.) die **AEntGMeldV**[7] erlassen worden (siehe Rn 10).[8]

II. Entstehungsgeschichte

2 § 18 n.F.[9] entspricht inhaltlich § 3 Abs. 1 bis 3 a.F.[10]

III. Europarechtskonformität

3 Im Hinblick darauf, dass von den Meldepflichten nur AG mit Sitz im Ausland betroffen sind (siehe Rn 4), stellt sich die Frage der Vereinbarkeit mit der **Dienstleistungsfreiheit** (Art. 49 EGV). Die Meldepflicht nach § 18 (Abs. 1, 2) verstößt grds. nicht gegen Europarecht.[11] Die Verpflichtung, dem Mitgliedstaat besondere Unterlagen vorzulegen, kann jedoch im Einzelfall dann nicht gerechtfertigt sein, wenn dieser die erforderlichen Kontrollen auf der Grundlage von Unterlagen vornehmen kann, die gem. der Regelung des Niederlassungsmitgliedstaats geführt werden.[12] Der durch § 18 Abs. 3, 4 bewirkte Eingriff in die Dienstleistungsfreiheit ist nicht gerechtfertigt, soweit die Meldepflicht auch (Leih-)AN betreffen soll, die objektiv nicht gem. § 8 (Abs. 3) von den Bestimmungen eines Mindestlohn oder andere Mindestarbeitsbedingungen vorsehenden TV erfasst werden.[13] Zudem verstößt auch die Verpflichtung ausländischer Zeitarbeitsunternehmen, nicht nur die Überlassung eines AN an einen Entleiher in Deutschland, sondern auch jede Änderung seines Einsatzortes anmelden zu müssen, gegen Art. 49 EGV.[14]

B. Regelungsgehalt

I. Anwendungsbereich

4 Die Meldepflicht nach § 18 Abs. 1 trifft **AG mit Sitz im Ausland**.[15] Inländische AG unterliegen den gewerbe- und handwerksrechtlichen Meldepflichten.[16] Die Meldepflicht nach § 18 Abs. 3 betrifft den **Entleiher**, nicht (mehr) den ausländischen Verleiher.[17] Gleichgültig ist, ob sich der Sitz des Entleihers im In- oder Ausland befindet.[18] Die Meldepflichten beziehen sich auf alle acht Branchen des § 4 sowie die Pflegebranche (§ 13).

II. Meldestelle

5 Zuständige Behörde der Zollverwaltung i.S.v. § 18 Abs. 1 S. 1, Abs. 3 S. 1 (§ 3 Abs. 1 S. 1, Abs. 2 a.F.) ist gem. § 1 AEntGMeldstellV[19] die **Bundesfinanzdirektion West**, nachdem die Bundesabteilung bei der Oberfinanzdirektion Köln zum 1.1.2008 aufgelöst worden war.[20]

---

3 HWK/*Strick*, § 3 AEntG Rn 1.
4 Däubler/*Lakies*, TVG, § 5 Anh. 2, § 3 AEntG Rn 14.
5 BT-Drucks 13/8653, S. 30.
6 BT-Drucks 16/10486, S. 17. Nach § 3 Abs. 3 a.F. war umgekehrt das BMAS im Einvernehmen mit dem BMF zuständig.
7 VO über Meldepflichten nach dem AEntG v. 16.7.2007 (BGBl I S. 1401).
8 *Düwell*, FA 2007, 135, 137; *ders.*, jurisPR-ArbR 18/2007, Anm. 7.
9 BGBl I 2009 S. 799.
10 BT-Drucks 16/10486, S. 17. Zur Entstehungsgeschichte der Vorgängerregelung siehe Voraufl. § 3 Rn 2.
11 OLG Karlsruhe 25.7.2001 – 3 Ss 159/00 – EzAÜG § 3 AÜG Grenzüberschreitende AÜ Nr. 4 = wistra 2001, 477; OLG Düsseldorf 16.3.2000 – 2b Ss (OWi) 2/00 – (OWi) 9/00 I – AP § 3 AEntG Nr. 1 = NZA-RR 2001, 461; *Görres*, S. 294 ff.

12 EuGH 25.10.2001 – C-49/98 u.a. – Finalarte u.a. – EuGH Slg. I 2001, 7831 = NZA 2001, 1377, 1381; EuGH 23.11.1999 – C-369/96 – Arblade und C-376/96 – Leloup – EuGH Slg. I 1999, 8453 = NZA 2000, 85, 89.
13 BSG 6.3.2003 – B 11 AL 27/02 R – SozR 4–7822 § 3 Nr. 1 = SGb 2004, 121, 127 m. Anm. *Kingreen*; OLG Karlsruhe 25.7.2001 – 3 Ss 159/00 – EzAÜG § 3 AÜG Grenzüberschreitende AÜ Nr. 4 = wistra 2001, 477, 478.
14 EuGH 18.7.2007 – C-490/04 – Kommission der EG ./. Bundesrepublik Deutschland – NZA 2007, 917, 922.
15 Däubler/*Lakies*, TVG, § 5 Anh. 2, § 3 AEntG Rn 3, 7 ff.
16 *Ulber*, § 3 AEntG Rn 2; *Webers*, DB 1996, 574, 576.
17 *Mattoug/Nitzsche*, FA 2003, 196, 197 ff.
18 BT-Drucks 13/8994, S. 71.
19 VO zur Bestimmung der zuständigen Behörde nach § 3 Abs. 5 des AEntG v. 3.3.2009 (BGBl I S. 480).
20 Zweites Gesetz zur Änderung des Finanzverwaltungsgesetzes und anderer Gesetze v. 13.12.2007 (BGBl I S. 2897).

III. Meldepflichten des Arbeitgebers

1. Allgemeines. § 18 Abs. 1 beinhaltet ein Anmeldeerfordernis bzgl. jedes einzelnen im Inland beschäftigten AN. Jeder AN, der (auch) auf einer anderen als der gemeldeten Baustelle eingesetzt wird, muss gem. § 18 Abs. 1 S. 3 unverzüglich (auch) für die neue Baustelle gesondert angemeldet werden (**Änderungs- bzw. Nachmeldung**).[21] Besonderheiten gelten insoweit im Gebäudereinigerhandwerk (siehe Rn 10). Unzulässig sind die in der Praxis gelegentlich vorkommenden sog. **Doppel- oder Mehrfachmeldungen** dergestalt, dass AG, die auf mehreren Baustellen gleichzeitig tätig sind und dieselben AN auf den Baustellen wechselnd einsetzen, diese AN für alle Baustellen und für denselben Zeitraum melden.[22] Die schriftliche Anmeldung in deutscher Sprache ist vor Beginn jeder Bauleistung bei der Bundesfinanzdirektion West vorzulegen.[23] „Vor Beginn" einer Bauleistung i.S.v. § 18 Abs. 1 S. 1 bedeutet nach Ansicht der Rspr., dass die Meldung spätestens einen Werk- bzw. Arbeitstag vor Baubeginn vorzuliegen hat.[24] Eine Pflicht zur Abmeldung von AN sieht § 18 nicht vor.[25]

2. Wesentliche Angaben. Welche Angaben zu den „wesentlichen" i.S.v. § 18 Abs. 1 S. 1 zählen, bestimmt sich nach der abschließenden[26] Aufzählung in § 18 Abs. 1 S. 2 Nr. 1 bis 7.[27]

Die Familiennamen, Vornamen und Geburtsdaten der vom AG im Geltungsbereich des AEntG beschäftigten AN (§ 18 Abs. 1 S. 2 Nr. 1) müssen vollständig und richtig angegeben werden.[28] Zu den „beschäftigten" AN zählen nicht nur die von Anfang an auf der Baustelle beschäftigten AN, sondern auch diejenigen AN, die erst später auf einer bereits bestehenden Baustelle eingesetzt werden.[29]

Der nach § 18 Abs. 1 S. 2 Nr. 2 anzugebende Beginn der Beschäftigung muss datumsmäßig eindeutig bestimmt sein, während der Angabe der voraussichtlichen Dauer der Beschäftigung auch eine vorläufige – möglichst präzise – Prognose genügt. Ergeben sich insoweit nachträgliche Änderungen, so ist gem. § 18 Abs. 1 S. 3 unverzüglich eine sog. Berichtigungs- bzw. Änderungsmeldung erforderlich.[30]

Ort der Beschäftigung i.S.v. § 18 Abs. 1 S. 2 Nr. 3 ist bei Bauleistungen die Baustelle, auf welcher der AN eingesetzt wird. Erforderlich ist eine so hinreichend bestimmte Angabe (Postleitzahl, Ort, Strasse, Hausnummer), dass die Behörde in die Lage versetzt wird, die Baustelle zu Prüfzwecken aufzusuchen.[31] Im Gebäudereinigerhandwerk gelten bzgl. der Angaben nach § 18 Abs. 1 S. 2 Nr. 2 und 3 Besonderheiten (siehe Rn 10).

Die Angabe des Ortes im Inland, an dem die nach § 19 (§ 2 Abs. 3 a.F.) erforderlichen Unterlagen bereitgehalten werden (§ 18 Abs. 1 S. 2 Nr. 4) – sog. Bereithaltungsort – sowie von Name, Vorname, Geburtsdatum und Anschrift in Deutschland des verantwortlich Handelnden (§ 18 Abs. 1 S. 2 Nr. 5) – z.B. des Bauleiters, Vorarbeiters oder des mit der Ausübung des Weisungsrechts des AG Beauftragten – dienen der Vorbereitung und der Effizienz der Durchführung von Außenprüfungen durch die zuständigen Prüfbehörden (siehe § 17 Rn 2). Des Weiteren wird die wirksame Zustellung aller zustellungsbedürftigen Schriftstücke – z.B. von Bußgeldbescheiden – ermöglicht (siehe § 22 Rn 4).[32]

Gem. § 18 Abs. 1 S. 2 Nr. 6 ist die Branche anzugeben, in die die AEnt erfolgt.

Die Angabe von Name, Vorname und Anschrift in Deutschland eines Zustellungsbevollmächtigten ist entbehrlich, wenn dieser mit dem in § 18 Abs. 1 S. 2 Nr. 5 genannten verantwortlich Handelnden identisch ist (§ 18 Abs. 1 S. 2 Nr. 7).[33]

IV. Meldepflichten des Entleihers

1. Allgemeines. Durch § 18 Abs. 3 wird die Regelung des § 8 Abs. 3 melderechtlich nachvollzogen. Eine Meldepflicht für Entleiher besteht nur dann, wenn die ins Inland überlassenen AN von den Bestimmungen eines Mindestlohn oder andere Mindestarbeitsbedingungen vorsehenden TV erfasst werden, sei es aufgrund AVE des TV oder kraft VO nach § 7.[34] Kommt der Entleiher nach eigener Prüfung „mit Recht" zum Ergebnis, dass keine Mindestarbeitsbedingungen bei AEnt in den Geltungsbereich des AEntG einzuhalten sind, so soll eine Meldepflicht nicht bestehen.[35] Die schriftliche Anmeldung in deutscher Sprache ist vor Beginn jeder Bauleistung (siehe Rn 6) der Bundesfinanzdirektion West zuzuleiten.[36] Gem. § 18 Abs. 3 S. 2 i.V.m. Abs. 1 S. 3 sind Änderungen zu den gemachten

---

21 *Koberski/Asshoff/Hold*, § 3 Rn 10.
22 *Weber*, AuB 1997, 161, 162.
23 *Koberski/Asshoff/Hold*, § 3 Rn 14 f., 16 m.w.N.
24 OLG Hamm 8.10.1999 – 2 Ss OWi 892/99 – NStZ-RR 2000, 55, 56.
25 *Koberski/Asshoff/Hold*, § 3 Rn 10.
26 A.A. *Ulber*, § 3 AEntG Rn 4.
27 *Däubler/Lakies*, TVG, § 5 Anh. 2, § 3 AEntG Rn 7 ff.
28 *Däubler/Lakies*, TVG, § 5 Anh. 2, § 3 AEntG Rn 10.
29 *Däubler/Lakies*, TVG, § 5 Anh. 2, § 3 AEntG Rn 8.
30 *Däubler/Lakies*, TVG, § 5 Anh. 2, § 3 AEntG Rn 9.
31 *Däubler/Lakies*, TVG, § 5 Anh. 2, § 3 AEntG Rn 10.
32 BT-Drucks 13/8994, S. 71.
33 *Koberski/Asshoff/Hold*, § 3 Rn 10.
34 *Schwab*, AR-Blattei 370.3, Rn 52 m.w.N.
35 OLG Karlsruhe 25.7.2001 – 3 Ss 159/00 – EzAÜG § 3 AÜG Grenzüberschreitende AÜ Nr. 4 = wistra 2001, 477, 478; kritisch zu Recht HWK/*Strick*, § 3 AEntG Rn 2, jeweils noch zur früheren Meldepflicht des Verleihers.
36 *Koberski/Asshoff/Hold*, § 3 Rn 14 f., 16 m.w.N.

Angaben ebenfalls zu melden. Das grds. Verbot der gewerbsmäßigen AÜ in Betriebe des Baugewerbes nach § 1b AÜG wird durch die Meldepflichten nicht berührt.[37]

2. Wesentliche Angaben. Die Meldepflicht bezieht sich auf die in § 18 Abs. 3 S. 1 Nr. 1 bis 7 abschließend aufgezählten Angaben, die im Wesentlichen mit den nach § 18 Abs. 1 S. 2 Nr. 1 bis 7 erforderlichen Angaben (siehe Rn 7) übereinstimmen.[38] Abweichend wird lediglich auf „Beginn und Dauer der Überlassung" abgestellt (§ 18 Abs. 3 S. 1 Nr. 2). Zudem ist die Angabe eines Zustellungsbevollmächtigten (§ 18 Abs. 3 S. 1 Nr. 5) sowie von Name und Anschrift des Verleihers (§ 18 Abs. 2 S. 1 Nr. 7) stets erforderlich. Der ausländische Verleiher verfügt über keinen „in Deutschland verantwortlich Handelnden" (§ 18 Abs. 1 S. 2 Nr. 5).[39]

V. Objektbezogene Einsatzplanung im Gebäudereinigerhandwerk

Gem. § 1 AEntGMeldV werden im Gebäudereinigerhandwerk die Angaben des AG nach § 18 Abs. 1 S. 2 Nr. 2, 3 (siehe Rn 7) bzw. des Entleihers nach § 18 Abs. 3 S. 1 Nr. 2, 3 durch eine objektbezogene Einsatzplanung gemacht. Diese bezeichnet das zu reinigende Gebäude und gibt für einen Zeitraum von bis zu drei Monaten an, an welchen Tagen und zu welchen Uhrzeiten welche AN dort eingesetzt werden sollen (§ 1 Abs. 1 S. 2 AEntGMeldV). Änderungen gegenüber einer objektbezogenen Einsatzplanung brauchen nicht gemeldet zu werden, wenn der Einsatz an einem bestimmten Ort der Beschäftigung um weniger als eine Stunde verschoben wird (§ 2 Nr. 1 AEntGMeldV) oder sich nach Abgabe einer objektbezogenen Einsatzplanung die personelle Zusammensetzung der eingesetzten Gruppe ändert, sofern die Anzahl der in der Gruppe befindlichen AN um nicht mehr als zwei von der Einsatzplanung abweicht und alle eingesetzten entsandten AN im Rahmen einer anderen aktuellen objektbezogenen Einsatzplanung gemeldet wurden (§ 2 Nr. 2 AEntGMeldV).

VI. Versicherung des Arbeitgebers und des Entleihers

Gem. § 18 Abs. 2 hat der AG der Anmeldung eine (einfache) Versicherung beizufügen, dass er seine Verpflichtungen nach § 8 einhält. Gem. § 18 Abs. 4 hat der Entleiher der Anmeldung eine Versicherung des Verleihers beizufügen, dass dieser seine Verpflichtungen nach § 8 einhält. Weder handelt es sich dabei um eine eidesstattliche Versicherung, noch kann eine solche auf der Grundlage von § 18 verlangt werden.[40] Die Pflicht zur Abgabe einer Versicherung bezieht sich nur auf die Einhaltung der Verpflichtungen nach § 8, insb. auf die Gewährung der danach vorgeschriebenen Mindestarbeitsbedingungen. § 18 begründet keine Pflicht zur Abgabe einer sog. Tariftreueerklärung (siehe § 21 Rn 11).[41] Die Versicherung ist der Anmeldung „beizufügen", d.h. wie die Anmeldung selbst schriftlich und in deutscher Sprache abzufassen.[42]

VII. Ordnungswidrigkeit

Wer vorsätzlich oder fahrlässig entgegen § 18 Abs. 1 S. 1 oder Abs. 3 S. 1 eine Anmeldung nicht, nicht richtig, nicht vollständig, nicht in der vorgeschriebenen Weise oder nicht rechtzeitig vorlegt oder zuleitet (§ 23 Abs. 1 Nr. 5), entgegen § 18 Abs. 1 S. 3, auch i.V.m. Abs. 3 S. 2, eine Änderungsmeldung nicht, nicht richtig, nicht vollständig, nicht in der vorgeschriebenen Weise oder nicht rechtzeitig macht (§ 23 Abs. 1 Nr. 6), oder entgegen § 18 Abs. 2 oder 4 eine Versicherung nicht beifügt (§ 23 Abs. 1 Nr. 7), handelt ordnungswidrig, was gem. § 23 Abs. 3 mit einer Geldbuße von nunmehr bis zu 30.000 EUR[43] geahndet werden kann (siehe § 23 Rn 7, 16).[44]

VIII. Unterrichtung der zuständigen Finanzämter

Gem. § 20 Abs. 1 (§ 3 Abs. 4 a.F.) unterrichtet die zuständige Behörde der Zollverwaltung (Bundesfinanzdirektion West, siehe Rn 5) die zuständigen Finanzämter über Meldungen nach § 18 Abs. 1 und 3.[45]

Unberührt bleiben die sonstigen Pflichten zur Unterrichtung und Zusammenarbeit der (Prüf-)Behörden untereinander.[46]

C. Verbindung zu anderen Rechtsgebieten und zum Prozessrecht

Die Pflichten des Verleihers zur Erstattung halbjährlicher **statistischer Meldungen** an die Erlaubnisbehörde nach § 8 AÜG bleiben von § 18 Abs. 3 unberührt.[47]

---

37 BT-Drucks 13/8994, S. 71.
38 Däubler/*Lakies*, TVG, § 5 Anh. 2, § 3 AEntG Rn 13.
39 *Koberski/Asshoff/Hold*, § 3 Rn 13 m.w.N.
40 *Ulber*, § 3 AEntG Rn 7.
41 *Koberski/Asshoff/Hold*, § 3 Rn 19 f. m.w.N.
42 *Koberski/Asshoff/Hold*, § 3 Rn 21.
43 Nach § 5 Abs. 3 a.F. betrug die Höhe der Geldbuße max. 25.000 EUR.
44 Däubler/*Lakies*, TVG, § 5 Anh. 2, § 3 AEntG Rn 17.
45 Däubler/*Lakies*, TVG, § 5 Anh. 2, § 3 AEntG Rn 16.
46 *Ulber*, § 3 AEntG Rn 8.
47 *Ulber*, § 3 AEntG Rn 5; HWK/*Strick*, § 3 AEntG Rn 2.

Meldepflichten des AG zur Mitteilung bestimmter (**Stamm-**)**Daten** an die zuständige Kasse im Rahmen des Urlaubskassenverfahrens enthalten die §§ 5 ff. VTV (siehe § 5 Rn 5 ff.).[48]

D. Beraterhinweise

Die Bundesfinanzdirektion West[49] stellt amtliche Vordrucke[50] zur Anmeldung nach § 18 (§ 3 a.F.) bereit und erteilt Auskünfte[51] zur Durchführung des AEntG.   15

---

§ 19   Erstellen und Bereithalten von Dokumenten

(1) [1]Soweit die Rechtsnormen eines für allgemeinverbindlich erklärten Tarifvertrages nach den §§ 4, 5 Nr. 1 bis 3 und § 6 oder einer entsprechenden Rechtsverordnung nach § 7 über die Zahlung eines Mindestentgelts oder die Einziehung von Beiträgen und die Gewährung von Leistungen im Zusammenhang mit Urlaubsansprüchen auf das Arbeitsverhältnis Anwendung finden, ist der Arbeitgeber verpflichtet, Beginn, Ende und Dauer der täglichen Arbeitszeit der Arbeitnehmer und Arbeitnehmerinnen aufzuzeichnen und diese Aufzeichnungen mindestens zwei Jahre aufzubewahren. [2]Satz 1 gilt entsprechend für einen Entleiher, dem ein Verleiher einen Arbeitnehmer oder eine Arbeitnehmerin oder mehrere Arbeitnehmer oder Arbeitnehmerinnen zur Arbeitsleistung überlässt.

(2) [1]Jeder Arbeitgeber ist verpflichtet, die für die Kontrolle der Einhaltung eines für allgemeinverbindlich erklärten Tarifvertrages nach den §§ 4, 5 Nr. 1 bis 3 und § 6 oder einer Rechtsverordnung nach § 7 erforderlichen Unterlagen im Inland für die gesamte Dauer der tatsächlichen Beschäftigung der Arbeitnehmer und Arbeitnehmerinnen im Geltungsbereich dieses Gesetzes, mindestens für die Dauer der gesamten Werk- oder Dienstleistung, insgesamt jedoch nicht länger als zwei Jahre in deutscher Sprache bereitzuhalten. [2]Auf Verlangen der Prüfbehörde sind die Unterlagen auch am Ort der Beschäftigung bereitzuhalten, bei Bauleistungen auf der Baustelle.

A. Allgemeines ... 1	I. Aufzeichnung der Arbeitszeit, Aufbewahrung der Aufzeichnungen ... 4
I. Normzweck ... 1	II. Bereithaltung von Unterlagen ... 5
II. Entstehungsgeschichte ... 2	C. Verbindung zu anderen Rechtsgebieten und zum Prozessrecht ... 6
III. Europarechtskonformität ... 3	
B. Regelungsgehalt ... 4	D. Beraterhinweise ... 8

A. Allgemeines

I. Normzweck

Finden in einer gem. §§ 4, 6 erfassten Branche tarifvertragliche Rechtsnormen mit Regelungen nach § 5 Nr. 1 bis 3 (Mindestlohn, Urlaub, Sozialkassenbeiträge) auf das Arbverh Anwendung – sei es kraft AVE gem. § 5 TVG oder VO gem. § 7 – ist der AG sowie neu der Entleiher gem. § 19 Abs. 1 (§ 2 Abs. 2a a.F.) verpflichtet, Beginn, Ende und Dauer der täglichen Arbeitszeit des AN aufzuzeichnen (**Aufzeichnungspflicht**) und diese Aufzeichnungen – in Anlehnung an § 16 Abs. 2 S. 2 ArbZG – mind. zwei Jahre aufzubewahren (**Aufbewahrungspflicht**).[1] In der Praxis hatte sich herausgestellt, dass es zwar häufig möglich war, den gezahlten Lohn festzustellen, nicht aber die Dauer der Arbeitszeit, für die der Lohn gezahlt wurde (siehe § 23 Rn 7).[2] Die Aufzeichnungspflichten nach dem ArbZG (siehe Rn 6) erwiesen sich insoweit als ungenügend.[3] § 19 Abs. 2 (§ 2 Abs. 3 a.F.) regelt die Verpflichtung in- wie ausländischer AG, die für eine Kontrolle tarifvertraglicher Arbeitsbedingungen erforderlichen Dokumente in deutscher Sprache am inländischen Beschäftigungsort bereitzuhalten (**Bereithaltungspflicht**).[4]   1

---

48 BAG 25.6.2002 – 9 AZR 405/00 – BAGE 101, 357, 359 ff. = NZA 2003, 275, 277 f.; BAG 25.6.2002 – 9 AZR 406/00 – DB 2003, 2287.
49 Bundesfinanzdirektion West, Wörthstraße 1–3, D-50668 Köln, Fax: +49 (0)221/964870.
50 https://www.formulare-bfinv.de.
51 Tel.: +49 (0)221/37993–100, Fax: +49 (0)221/37993–701 und -702, E-Mail: poststelle@abt-fks.bfinv.de.
1 BT-Drucks 16/10486, S. 18; BT-Drucks 13/8994, S. 71.
2 *Marschall*, NZA 1998, 633, 635.
3 *Koberski/Asshoff/Hold*, § 2 Rn 27; *Däubler/Lakies*, TVG, § 5 Anh. 2, § 2 AEntG Rn 21; *Gaul*, NJW 1998, 644, 648.
4 BT-Drucks 16/10486, S. 18.

II. Entstehungsgeschichte

2 § 19 Abs. 1, Abs. 2 n.F.[5] entspricht im Wesentlichen den bisherigen Abs. 2a und 3 von § 2 a.F.,[6] wobei bei AÜ nunmehr den Entleiher die Aufzeichnungs- und Aufbewahrungspflichten treffen (§ 19 Abs. 1 S. 2).

III. Europarechtskonformität

3 Art. 49, 50 EGV schließen es grds. nicht aus, dass ein ausländischer AG während des Zeitraums der AEnt in das Hoheitsgebiet eines anderen Mitgliedsstaates verpflichtet ist, Personal- und Arbeitsunterlagen auf der Baustelle oder an einem anderen zugänglichen und klar bezeichneten Ort zur Durchführung einer erforderlichen und geeigneten Kontrolle bereitzuhalten.[7] Die Verpflichtung zur Übersetzung der Unterlagen stellt zwar eine Beschränkung der Dienstleistungsfreiheit dar, diese ist jedoch gerechtfertigt.[8] Insb. im Hinblick auf die angemessene zeitliche Begrenzung ist § 19 Abs. 2 (§ 2 Abs. 3 a.F.) europarechtskonform.[9] I.Ü. ist die Vorschrift im Hinblick auf das Doppelbelastungsverbot und den Verhältnismäßigkeitsgrundsatz europarechtskonform auszulegen (siehe Rn 5).[10]

B. Regelungsgehalt

I. Aufzeichnung der Arbeitszeit, Aufbewahrung der Aufzeichnungen

4 Der AG ist gem. § 19 Abs. 1 S. 1 verpflichtet, Beginn, Ende und Dauer der täglichen Arbeitszeit des AN aufzuzeichnen und diese Aufzeichnungen mind. zwei Jahre aufzubewahren. Die Zwei-Jahres-Frist berechnet sich nach §§ 187 Abs. 1, 188 Abs. 2 BGB. Dass der AG selbst keine eigenen Aufzeichnungen angefertigt hat, begründet nicht per se einen Verstoß gegen die Aufzeichnungspflicht. Insoweit handelt es sich um keine höchstpersönliche Pflicht des AG. Vielmehr ist – wie auch im Rahmen der Aufzeichnungspflicht des AG nach § 16 Abs. 2 ArbZG (siehe § 16 ArbZG Rn 9) – eine Übertragung der Erfüllung dieser Pflicht auf Dritte, auch auf die AN, grds. zulässig.[11] Bei Leiharbeitsverhältnissen trifft die Pflicht zur Aufzeichnung und Aufbewahrung gem. § 19 Abs. 1 S. 2 n.F. nunmehr den Entleiher, da dieser – anders als der Verleiher – jederzeit den Überblick über die tatsächliche Arbeitszeit der überlassenen AN hat.[12]

II. Bereithaltung von Unterlagen

5 Jeder AG ist gem. § 19 Abs. 2 verpflichtet, die für die Kontrolle der Einhaltung eines für allgemeinverbindlich erklärten TV nach den §§ 4, 5 Nr. 1 bis 3 und § 6 oder einer VO nach § 7 erforderlichen Unterlagen im Inland (§ 18 Abs. 1 S. 2 Nr. 4)[13] für die gesamte Dauer der tatsächlichen Beschäftigung des AN im Geltungsbereich des AEntG, mind. für die Dauer der gesamten Werk- oder Dienstleistung, insg. jedoch nicht länger als zwei Jahre in deutscher Sprache, auf Verlangen der Prüfbehörde auch am Beschäftigungsort (§ 18 Abs. 1 S. 2 Nr. 3), bereitzuhalten.[14] Damit wird eine in der Praxis vorkommende Umgehung, indem die Unterlagen weit entfernt von der Baustelle aufbewahrt wurden, verhindert.[15] Das Abstellen auf die „gesamte Dauer der tatsächlichen Beschäftigung" erfasst auch den Fall der Anschlussbeschäftigung des AN im Rahmen einer anderen Werk- oder Dienstleistung.[16] Die für die Prüfung „erforderlichen Unterlagen" sind insb. der Arbeitsvertrag, Lohnabrechnungen, Lohnzahlungsnachweise sowie Arbeitszeitnachweise. Ist eine Arbeitszeitflexibilisierung nach § 3 Nr. 1.4 BRTV-Bau erfolgt, so müssen zusätzlich die schriftliche Vereinbarung über die Arbeitszeitflexibilisierung, für jeden AN das Ausgleichskonto, ggf. getrennte Stundenaufzeichnungen (neue/alte Bundesländer) sowie ein Nachweis über die Absicherung des Ausgleichskontos (z.B. mittels Bankbürgschaft, Sperrkonto, Hinterlegung bei der ULAK) bereitgehalten werden. Von § 19 Abs. 2 sind auch solche Unterlagen erfasst, die eine Beitragszahlung an eine Urlaubskasse – ggf. auch im Heimatland des AG – belegen.[17] Sofern die im ausländischen Niederlassungsstaat vom AG zu führenden Unterlagen dem Ziel des AN-Schutzes genügen, ist § 19 Abs. 2 europarechtskonform dahingehend auszulegen, dass deutsche Behörden nicht weitere Unterlagen verlangen können.[18] Auf die Anordnung der Vorlage von Urkunden gerade in deutscher Sprache ist zu verzichten, wenn innerhalb der Prüfbehörde hinreichend sprach-

---

5 BGBl I 2009 S. 799.
6 BT-Drucks 16/10486, S. 18; zur Entstehungsgeschichte der Vorläuferregelungen siehe Voraufl. § 2 Rn 2.
7 EuGH 23.11.1999 – C-369/96 – Arblade and C-376/96 – Leloup – EuGH Slg. I 1999, 8453 = NZA 2000, 85, 86 ff.; *Koberski/Asshoff/Hold*, § 2 Rn 1 ff.
8 EuGH 18.7.2007 – C-490/04 – Kommission der EG ./. Bundesrepublik Deutschland – NZA 2007, 917, 920 ff.
9 EuGH 23.11.1999 – C-369/96 – Arblade and C-376/96 – Leloup – EuGH Slg. I 1999, 8453 = NZA 2000, 85, 90; *HWK/Strick*, vor AEntG Rn 21.
10 EuGH 25.10.2001 – C-49/98 u.a. – Finalarte u.a. – EuGH Slg. I 2001, 7831 = NZA 2001, 1377, 1381.
11 OLG Jena 3.5.2005 – 1 Ss 115/05 – NStZ-RR 2005, 278, 279 = wistra 2005, 393 f.
12 BT-Drucks 16/10486, S. 18; BT-Drucks 13/8994, S. 71.
13 *Ulber*, § 2 AEntG Rn 11.
14 BT-Drucks 13/8994, S. 71; BT-Drucks 16/10486, S. 18.
15 *Marschall*, NZA 1998, 633, 635.
16 BT-Drucks 13/8994, S. 71.
17 *Däubler/Lakies*, TVG, § 5 Anh. 2, § 2 AEntG Rn 22.
18 EuGH 25.10.2001 – C-49/98 u.a. – Finalarte u.a. – EuGH Slg. I 2001, 7831 = NZA 2001, 1377, 1381; EuGH 23.11.1999 – C-369/96 – Arblade und C-376/96 – Leloup – EuGH Slg. I 1999, 8453 = NZA 2000, 85, 89.

kundige Mitarbeiter vorhanden sind.[19] Im Rahmen des Verhältnismäßigkeitsgrundsatzes kann es zulässig sein, von ausländischen AG zusätzliche Auskünfte zu verlangen.[20]

C. Verbindung zu anderen Rechtsgebieten und zum Prozessrecht

Die Aufzeichnungs- und Aufbewahrungspflichten des AG nach § 16 Abs. 2 ArbZG (siehe § 16 ArbZG Rn 6 ff.) bleiben von § 19 Abs. 1 unberührt.

Der AG hat gem. § 2a Abs. 2 SchwarzArbG[21] jeden AN nachweislich und schriftlich auf die Mitführungs- und Vorlagepflicht von Ausweispapieren nach § 2a Abs. 1 SchwarzArbG (siehe § 17 Rn 5) hinzuweisen, diesen Hinweis für die Dauer der Erbringung der Dienst- oder Werkleistungen aufzubewahren und auf Verlangen bei den Prüfungen nach (§ 17 S. 1 i.V.m.) § 2 Abs. 1 SchwarzArbG vorzulegen.

D. Beraterhinweise

Über die Modalitäten und die Form der Arbeitszeitaufzeichnungen entscheidet der AG. Insb. sind auch **elektronische Aufzeichnungen** grds. zulässig.

§ 20 Zusammenarbeit der in- und ausländischen Behörden

(1) Die Behörden der Zollverwaltung unterrichten die zuständigen Finanzämter über Meldungen nach § 18 Abs. 1 und 3.

(2) ¹Die Behörden der Zollverwaltung und die übrigen in § 2 des Schwarzarbeitsbekämpfungsgesetzes genannten Behörden dürfen nach Maßgabe der datenschutzrechtlichen Vorschriften auch mit Behörden anderer Vertragsstaaten des Abkommens über den Europäischen Wirtschaftsraum zusammenarbeiten, die diesem Gesetz entsprechende Aufgaben durchführen oder für die Bekämpfung illegaler Beschäftigung zuständig sind oder Auskünfte geben können, ob ein Arbeitgeber seine Verpflichtungen nach § 8 erfüllt. ²Die Regelungen über die internationale Rechtshilfe in Strafsachen bleiben hiervon unberührt.

(3) Die Behörden der Zollverwaltung unterrichten das Gewerbezentralregister über rechtskräftige Bußgeldentscheidungen nach § 23 Abs. 1 bis 3, sofern die Geldbuße mehr als zweihundert Euro beträgt.

(4) ¹Gerichte und Staatsanwaltschaften sollen den nach diesem Gesetz zuständigen Behörden Erkenntnisse übermitteln, die aus ihrer Sicht zur Verfolgung von Ordnungswidrigkeiten nach § 23 Abs. 1 und 2 erforderlich sind, soweit dadurch nicht überwiegende schutzwürdige Interessen des Betroffenen oder anderer Verfahrensbeteiligter erkennbar beeinträchtigt werden. ²Dabei ist zu berücksichtigen, wie gesichert die zu übermittelnden Erkenntnisse sind.

A. Allgemeines	1	III. Unterrichtung des Gewerbezentralregisters	4
B. Regelungsgehalt	2	IV. Übermittlung von Erkenntnissen an die Zollbehörden	5
I. Unterrichtung der zuständigen Finanzämter	2		
II. Zusammenarbeit mit Behörden anderer EWR-Staaten	3	C. Verbindung zu anderen Rechtsgebieten und zum Prozessrecht	6

A. Allgemeines

Die Vorschrift regelt die Zusammenarbeit verschiedener in- wie ausländischer Behörden.[1]

§ 20 Abs. 1 über die Unterrichtung der **Finanzämter** entspricht § 3 Abs. 4 a.F.[2]

§ 20 Abs. 2 (§ 2 Abs. 2 S. 3 a.F.) enthält eine Spezialregelung über die Zusammenarbeit von inländischen mit ausländischen Behörden, wie sie auch durch Art. 4 der Entsende-RL 96/71/EG den Mitgliedstaaten aufgegeben ist.[3] Dadurch werden die Behörden der Zollverwaltung und die in § 2 SchwarzArbG genannten Behörden ermächtigt, mit **Behörden aus EWR-Staaten** zusammen zu arbeiten und insb. Informationen auszutauschen.

§ 20 Abs. 3 über die Zusammenarbeit mit dem **Gewerbezentralregister** entspricht § 5 Abs. 6 a.F.[4]

---

19 HWK/*Strick*, § 2 AEntG Rn 5 m.w.N.
20 EuGH 25.10.2001 – C-49/98 u.a. – Finalarte u.a. – EuGH Slg. I 2001, 7831 = NZA 2001, 1377, 1381.
21 I.d.F. des Zweiten Gesetzes zur Änderung des SGB IV und anderer Gesetze v. 21.12.2008 (BGBl I S. 2933, 2934).

1 BT-Drucks 16/10486, S. 18.
2 BT-Drucks 16/10486, S. 18.
3 BT-Drucks 16/10486, S. 18.
4 BT-Drucks 16/10486, S. 18.

§ 20 Abs. 4 regelt die Weiterleitung sachdienlicher Hinweise durch Gerichte und StA an die **Zollbehörden**, die für die Verfolgung der OWi nach dem AEntG zuständig sind; die Vorschrift entspricht § 5 Abs. 7 a.F.[5]

B. Regelungsgehalt

I. Unterrichtung der zuständigen Finanzämter

2 Die Behörden der Zollverwaltung unterrichten gem. § 20 Abs. 1 die zuständigen Finanzämter.[6] Infolge der Auflösung der Bundesabteilung bei der Oberfinanzdirektion Köln[7] ist als Behörde der Zollverwaltung i.S.v. § 20 Abs. 1 (§ 3 Abs. 4 a.F.) nunmehr die **Bundesfinanzdirektion West** zuständig.[8] Die Zuständigkeit der Finanzämter ergibt sich aus den einschlägigen Steuergesetzen, z.B. §§ 16 ff. AO, FVG.

II. Zusammenarbeit mit Behörden anderer EWR-Staaten

3 Gem. § 20 Abs. 2 S. 1 dürfen die Behörden der Zollverwaltung (siehe Rn 2) und die übrigen in § 2 SchwarzArbG genannten Behörden nach Maßgabe der datenschutzrechtlichen Bestimmungen (z.B. BDSG) mit entsprechenden Behörden anderer EWR-Staaten zusammenarbeiten (siehe auch Art. 4 Abs. 2 Entsende-RL 96/71/EG). Die inländischen Behörden können insb. auch Informationen und Auskünfte darüber einholen, ob ein AG seine Verpflichtungen zur Gewährung tariflicher Arbeitsbedingungen nach § 8 erfüllt. Zudem stellt § 20 Abs. 2 S. 2 sicher, dass die Vorschriften des **Rechtshilferechts**, insb. das IRG sowie bi- und multilaterale Vereinbarungen, beachtet werden.[9]

III. Unterrichtung des Gewerbezentralregisters

4 Die Behörden der Zollverwaltung (siehe Rn 2) unterrichten gem. § 20 Abs. 3 das Gewerbezentralregister (§§ 149 ff. GewO) über **rechtskräftige Bußgeldentscheidungen** nach § 23 Abs. 1 bis 3, sofern die Geldbuße mehr als 200 EUR beträgt. Die Höhe der Eintragungsgrenze entspricht § 149 Abs. 2 Nr. 3 GewO.[10] Daneben besteht ggf. die Unterrichtungspflicht nach § 405 Abs. 5 SGB III.[11] § 20 Abs. 3 dient – bereits im Hinblick auf § 71 Abs. 1 S. 1 Nr. 7 SGB X – lediglich der Klarstellung, dass der Sozialdatenschutz (§§ 67 ff. SGB X) der Datenübermittlung an die Registerbehörde nicht entgegensteht.[12] Durch die Unterrichtungspflicht soll sichergestellt werden, dass das Gewerbezentralregister die bei Verstößen gegen das AEntG ggf. erforderlichen Maßnahmen ergreifen kann.[13] Aufgrund der Eintragung in das Gewerbezentralregister können öffentliche Auftraggeber (§ 98 GWB) Kenntnis von Verstößen erlangen, die zum Ausschluss bei der Auftragsvergabe nach § 21 führen können. Die Vergabestelle kann dazu gem. § 21 Abs. 3 S. 1 Alt. 1 im Rahmen ihrer Tätigkeit beim Gewerbezentralregister Auskünfte über rechtskräftige Bußgeldentscheidungen wegen einer OWi nach § 23 Abs. 1 oder 2 anfordern (siehe § 21 Rn 9).

IV. Übermittlung von Erkenntnissen an die Zollbehörden

5 Gerichte und StA „sollen" gem. § 20 Abs. 4 S. 1 den nach dem AEntG zuständigen Behörden Erkenntnisse übermitteln, die aus ihrer Sicht zur Verfolgung von OWi nach § 23 Abs. 1 oder 2 erforderlich sind, soweit nicht im Rahmen einer **Güterabwägung** erkennbar ist, dass schutzwürdige Interessen des Betroffenen oder anderer Verfahrensbeteiligter an dem Ausschluss der Übermittlung überwiegen. Dabei ist nach § 20 Abs. 4 S. 2 zu berücksichtigen, wie gesichert die zu übermittelnden Erkenntnisse sind.[14] Die nach § 23 zuständigen Behörden dürfen gem. § 20 Abs. 2 den Vergabestellen und Stellen, die von öffentlichen Auftraggebern zugelassene Präqualifikationsverzeichnisse oder Unternehmer- und Lieferantenverzeichnisse führen, auf Verlangen die erforderlichen Auskünfte darüber geben, ob die Voraussetzungen für einen Ausschluss vom Wettbewerb nach § 21 Abs. 1 erfüllt sind (siehe § 21 Rn 1).

C. Verbindung zu anderen Rechtsgebieten und zum Prozessrecht

6 Unberührt bleiben die sonstigen Pflichten zur Unterrichtung und Zusammenarbeit der (Prüf-)Behörden untereinander (siehe § 17 Rn 9).[15]

---

5 BT-Drucks 16/10486, S. 18.
6 Däubler/*Lakies*, TVG, § 5 Anh. 2, § 3 AEntG Rn 16.
7 Zweites Gesetz zur Änderung des Finanzverwaltungsgesetzes und anderer Gesetze v. 13.12.2007 (BGBl I S. 2897).
8 VO zur Bestimmung der zuständigen Behörde nach § 3 Abs. 5 des AEntG (AEntGMeldstellV) v. 3.3.2009 (BGBl I S. 480).
9 BT-Drucks 16/11669, S. 23.
10 Näher Landmann/Rohmer/*Kahl*, § 149 Rn 11 ff. m.w.N.
11 *Ulber*, § 5 AEntG Rn 19.
12 *Koberski/Asshoff/Hold*, § 5 Rn 35.
13 Däubler/*Lakies*, TVG, § 5 Anh. 2, § 5 AEntG Rn 25 m.w.N.
14 *Ulber*, § 5 AEntG Rn 20 f.
15 *Koberski/Asshoff/Hold*, § 3 Rn 24.

| § 21 | Ausschluss von der Vergabe öffentlicher Aufträge |

(1) ¹Von der Teilnahme an einem Wettbewerb um einen Liefer-, Bau- oder Dienstleistungsauftrag der in § 98 des Gesetzes gegen Wettbewerbsbeschränkungen genannten Auftraggeber sollen Bewerber oder Bewerberinnen für eine angemessene Zeit bis zur nachgewiesenen Wiederherstellung ihrer Zuverlässigkeit ausgeschlossen werden, die wegen eines Verstoßes nach § 23 mit einer Geldbuße von wenigstens zweitausendfünfhundert Euro belegt worden sind. ²Das Gleiche gilt auch schon vor Durchführung eines Bußgeldverfahrens, wenn im Einzelfall angesichts der Beweislage kein vernünftiger Zweifel an einer schwerwiegenden Verfehlung im Sinne des Satzes 1 besteht.
(2) Die für die Verfolgung oder Ahndung der Ordnungswidrigkeiten nach § 23 zuständigen Behörden dürfen öffentlichen Auftraggebern nach § 98 Nr. 1 bis 3 und 5 des Gesetzes gegen Wettbewerbsbeschränkungen und solchen Stellen, die von öffentlichen Auftraggebern zugelassene Präqualifikationsverzeichnisse oder Unternehmer- und Lieferantenverzeichnisse führen, auf Verlangen die erforderlichen Auskünfte geben.
(3) ¹Öffentliche Auftraggeber nach Absatz 2 fordern im Rahmen ihrer Tätigkeit beim Gewerbezentralregister Auskünfte über rechtskräftige Bußgeldentscheidungen wegen einer Ordnungswidrigkeit nach § 23 Abs. 1 oder 2 an oder verlangen von Bewerbern oder Bewerberinnen eine Erklärung, dass die Voraussetzungen für einen Ausschluss nach Absatz 1 nicht vorliegen. ²Im Falle einer Erklärung des Bewerbers oder der Bewerberin können öffentliche Auftraggeber nach Absatz 2 jederzeit zusätzlich Auskünfte des Gewerbezentralregisters nach § 150a der Gewerbeordnung anfordern.
(4) Bei Aufträgen ab einer Höhe von 30 000 Euro fordert der öffentliche Auftraggeber nach Absatz 2 für den Bewerber oder die Bewerberin, der oder die den Zuschlag erhalten soll, vor der Zuschlagserteilung eine Auskunft aus dem Gewerbezentralregister nach § 150a der Gewerbeordnung an.
(5) Vor der Entscheidung über den Ausschluss ist der Bewerber oder die Bewerberin zu hören.

Literatur: *Bayreuther*, Tariftreue vor dem Aus – Konsequenzen der Rüffert-Entscheidung des EuGH für die Tariflandschaft, NZA 2008, 626; *Byok*, Das neue Vergaberecht, NJW 1998, 2774; *Hanau*, Tariftreue nicht überall vor dem Aus, NZA 2008, 751; *Kling*, Tariftreue und Dienstleistungsfreiheit – Zur primärrechtlichen Beurteilung des § 3 Tariftreuegesetz des Bundes i.d.F. des Gesetzesentwurfs der Bundesregierung v. 12.12.2001, EuZW 2002, 229; *Kocher*, Die Tariftreueerklärung vor dem EuGH, DB 2008, 1042; *Koberski/Schierle*, Balance zwischen Dienstleistungsfreiheit und Arbeitnehmerschutz gewahrt? – Zugleich Besprechung zum Urteil des EuGH v. 3.4.2008 – Rs. C-346/06 – Rüffert, RdA 2008, 233; *Löwisch*, Landesrechtliche Tariftreue als Voraussetzung der Vergabe von Bau- und Verkehrsleistungen, DB 2004, 814; *Preis/Ulber*, Tariftreue als Verfassungsproblem, NJW 2007, 465; *Rieble*, Tariftreue vor dem BVerfG, NZA 2007, 1; *Seifert*, Bürgenhaftung des Hauptunternehmers gemäß § 1a AEntG, SAE 2007, 386; *Siegburg*, Zur strafbewehrten Tariftreueerklärung zugunsten des Bundes, BauR 2004, 421; *Thüsing/Granetzny*, Noch einmal: Was folgt aus Rüffert?, NZA 2009, 183; *Tietje*, Die Verfassungsmäßigkeit eines Tariftreueverlangens bei Bauauftragsvergabe, NZBau 2007, 23; *Wolter*, Tariftreue vor dem Bundesverfassungsgericht, AuR 2006, 137

A. Allgemeines	1	1. Ausschluss vom Wettbewerb	6
I. Normzweck	1	a) Befristung	7
II. Entstehungsgeschichte	2	b) Nachweis der Wiederherstellung der Zuverlässigkeit	8
III. Rechtmäßigkeit	3		
B. Regelungsgehalt	4	2. Auskünfte	9
I. Anwendungsbereich	4	**C. Verbindung zu anderen Rechtsgebieten und zum Prozessrecht**	10
II. Tatbestandsvoraussetzungen	5		
III. Rechtsfolgen	6	**D. Beraterhinweise**	11

A. Allgemeines

I. Normzweck

§ 21 bietet die Grundlage für den Ausschluss von Unternehmen von der Vergabe öffentlicher Aufträge, soweit diese Unternehmen wegen einer OWi nach dem AEntG (§ 23) mit einem Bußgeld von mind. 2.500 EUR belegt worden sind.[1] Bei derart schwerwiegenden Verstößen besteht – ähnlich wie bei § 21 SchwarzArbG[2] – die Möglichkeit, entsprechende Bewerber (Auftragnehmer) für eine „angemessene Zeit" bis zur „nachgewiesenen Wiederherstellung ihrer Zuverlässigkeit" von der Vergabe öffentlicher Aufträge auszuschließen (**Vergabesperre**).[3] Das Gleiche gilt gem. § 21 Abs. 1 S. 2 auch schon vor Durchführung eines Bußgeldverfahrens, wenn im Einzelfall angesichts der Beweislage kein vernünftiger Zweifel an einer schwerwiegenden Verfehlung i.S.v. § 21 Abs. 1 S. 1 besteht (siehe Rn 5).

1

---

1 BT-Drucks 16/10486, S. 18.
2 *Schwab*, AR-Blattei 370.3, Rn 58; *Schwab*, NZA-RR 2004, 1, 6.
3 Zu Vergabesperren siehe Ignor/Rixen/*Rixen*, Rn 1071 ff.

Neben die ordnungswidrigkeitsrechtlichen Sanktionen des § 23 (Geldbuße, Nebenfolgen) treten somit – als ebenfalls „geeignete Maßnahmen" i.S.v. Art. 5 S. 1 Entsende-RL 96/71/EG[4] – wirtschafts-, wettbewerbs- bzw. vergaberechtliche Sanktionen.[5] Des Weiteren dient die Vorschrift auch der Vermeidung von Wettbewerbsverzerrungen.[6] Durch § 21 wird der allg. vergaberechtliche Grundsatz des § 97 Abs. 5 GWB durchbrochen, wonach der Zuschlag auf das wirtschaftlichste Angebot erteilt wird.[7] Nach § 97 Abs. 4 Hs. 1 GWB werden Aufträge an fachkundige, leistungsfähige und „zuverlässige" Unternehmen vergeben. Bewerber i.S.v. § 21 sind grds. als unzuverlässig im vergaberechtlichen Sinn anzusehen und daher von der Auftragsvergabe auszuschließen (siehe Rn 6 ff.).[8] Der Ausschluss unzuverlässiger Bewerber vom Wettbewerb aufgrund anderer Rechtsgrundlagen – z.B. § 21 SchwarzArbG,[9] VOB,[10] VOL,[11] Gemeinsame Regelung für den Ausschluss von Unternehmen von der Vergabe öffentlicher Aufträge bei illegaler Beschäftigung von Arbeitskräften v. 22.3.1994[12] oder Nichtabgabe einer Tariftreueerklärung (siehe Rn 11) – bleibt unberührt.[13]

II. Entstehungsgeschichte

2 § 21 n.F.[14] entspricht inhaltlich im Wesentlichen dem bisherigen § 6 a.F.[15]

III. Rechtmäßigkeit

3 § 21 steht im Einklang mit Art. 5 S. 1 Entsende-RL 96/71/EG, Art. 24 Baukoordinierungs-RL 93/37/EWG,[16] Art. 49 EGV und bei der gebotenen restriktiven Auslegung auch mit dem Rechtsstaatsprinzip, insb. der Unschuldsvermutung (siehe Rn 5).[17]

B. Regelungsgehalt

I. Anwendungsbereich

4 § 21 findet Anwendung bei der Vergabe von Liefer-, Bau- oder Dienstleistungsaufträgen (§ 99 GWB).[18] Zum Ausschluss berechtigt sind öffentliche Auftraggeber i.S.d. abschließenden Aufzählung des § 98 GWB, d.h. die klassischen öffentlichen Auftraggeber und sog. Sektorenauftraggeber[19] sowie Mischunternehmen, die teils öffentliche, teils andere Zwecke erfüllen.[20]

II. Tatbestandsvoraussetzungen

5 Es muss sich gem. § 21 Abs. 1 S. 1 um einen Verstoß nach § 23 handeln, der „mit einer Geldbuße von wenigstens 2.500 EUR belegt" worden ist. Ausreichend ist bereits die nicht rechtskräftige Festsetzung einer Geldbuße durch die nach § 23 zuständige Behörde.[21] Sogar ein präventiver Ausschluss vom Wettbewerb bereits vor (vollständiger) Durchführung eines Bußgeldverfahrens kommt unter den Voraussetzungen des § 21 Abs. 1 S. 2 in Betracht, wenn im Einzelfall angesichts der Beweislage „kein vernünftiger Zweifel" an einer schwerwiegenden Verfehlung i.S.v. § 21 Abs. 1 S. 1 besteht.[22] Die hierin liegende Durchbrechung der auch im OWi- bzw. Verwaltungsrecht geltenden Unschuldsvermutung[23] ist unter Zugrundelegung einer engen Auslegung durch den Normzweck (siehe Rn 1) gerechtfertigt und nicht unverhältnismäßig.[24] Der Verstoß i.S.v. § 21 Abs. 1 S. 1 muss bereits vor Durchführung des Bußgeldverfahrens offensichtlich und evident vorliegen,[25] insb. auch in subjektiver Hinsicht (Verschulden).[26] Bloße Verdachtsmomente genügen nicht.[27] Erforderlich ist zumindest ein dringender Anfangsverdacht mit gesicherter Beweislage bzw. Entscheidungsreife.[28]

III. Rechtsfolgen

6 **1. Ausschluss vom Wettbewerb.** Die betreffenden Bewerber sollen gem. § 21 Abs. 1 S. 1, 2 für eine „angemessene Zeit bis zur nachgewiesenen Wiederherstellung ihrer Zuverlässigkeit" vom Wettbewerb ausgeschlossen wer-

---

4 *Ulber*, § 6 AEntG Rn 1.
5 *Däubler/Lakies*, TVG, § 5 Anh. 2, § 6 AEntG Rn 2.
6 *Webers*, DB 1996, 574, 577.
7 *Ulber*, § 6 AEntG Rn 2; HWK/*Strick*, § 6 AEntG Rn 1.
8 *Ignor/Rixen/Rixen*, Rn 1079 ff.
9 *Fehn/Berwanger*, § 21 Rn 1 ff.
10 §§ 2 Nr. 1 S. 1, 8 Nr. 5 Abs. 1c, 25 Nr. 1 Abs. 2 VOB/A.
11 §§ 2 Nr. 3, 7 Nr. 5c, 25 Nr. 1 Abs. 2b VOL.
12 BT-Drucks 12/7199; BAnz 1994 Nr. 78 S. 4480.
13 *Koberski/Asshoff/Hold*, § 6 Rn 3, 5, 9.
14 BGBl I 2009 S. 799.
15 BT-Drucks 16/10486, S. 18; zur Entstehungsgeschichte von § 6 a.F. siehe Voraufl. Rn 2.
16 RL 93/37/EWG des Rates v. 14.6.1993 zur Koordinierung der Verfahren zur Vergabe öffentlicher Bauaufträge (ABl L 199, S. 54).

17 *Ulber*, § 6 AEntG Rn 1, 9 ff.
18 *Däubler/Lakies*, TVG, § 5 Anh. 2, § 6 AEntG Rn 5.
19 *Byok*, NJW 1998, 2774, 2777.
20 EuGH 15.1.1998 – C-44/96 – Österreichische Staatsdruckerei – EuGH Slg. I 1998, 73 = NJW 1998, 3261, 3262 f.
21 *Däubler/Lakies*, TVG, § 5 Anh. 2, § 6 AEntG Rn 7.
22 *Ulber*, § 6 AEntG Rn 9 f.
23 Art. 6 Abs. 2 EMRK, Rechtsstaatsprinzip.
24 *Ulber*, § 6 AEntG Rn 9; *Koberski/Asshoff/Hold*, § 6 Rn 12; a.A. ErfK/*Schlachter*, § 6 AEntG Rn 1.
25 *Däubler/Lakies*, TVG, § 5 Anh. 2, § 6 AEntG Rn 7.
26 *Ulber*, § 6 AEntG Rn 10.
27 *Ignor/Rixen/Rixen*, Rn 1085 m.w.N.
28 *Koberski/Asshoff/Hold*, § 6 Rn 12.

den. Da die Vergabe öffentlicher Aufträge privatrechtliches Handeln darstellt, stellt der Ausschluss nach h.L. keinen VA dar.[29] Gleichwohl ist der Bewerber vor der Entscheidung über den Ausschluss zu hören (§ 21 Abs. 5). Der Vergabestelle steht ein **Beurteilungs- und Ermessensspielraum** zu, ob und wie lange der Bewerber ausgeschlossen wird.[30] Da es sich um eine Sollvorschrift handelt, stellt der Ausschluss vom Wettbewerb den Regelfall dar.[31] Der Ausschluss beschränkt sich nicht auf den Betrieb oder Geschäftsbereich des Bewerbers, in dem der Verstoß begangen wurde, sondern betrifft das gesamte Unternehmen.[32] Da Bauaufträge gem. § 99 Abs. 3 GWB auch Bauleistungen durch vom Auftraggeber eingeschaltete Dritte umfassen, sind auch Subunternehmer des ausgeschlossenen Unternehmens von der Teilnahme ausgeschlossen. Hierdurch wird die Einschaltung von „Strohmännern" verhindert.[33] Nach § 13 VgV informiert der Auftraggeber die Bieter, deren Angebote nicht berücksichtigt werden sollen, in Textform (§ 126b BGB) spätestens 14 Kalendertage vor dem Vertragsabschluss über den Namen des Bieters, dessen Angebot angenommen werden soll und über den Grund der vorgesehenen Nichtberücksichtigung ihres Angebotes.

a) Befristung. Der unbestimmte Rechtsbegriff „angemessene Zeit" in § 21 Abs. 1 S. 1 ist in Anlehnung an die Parallelvorschrift des § 21 Abs. 1 S. 1 SchwarzArbG dahingehend auszulegen, dass ein Ausschluss bis zu einer Höchstdauer von **drei Jahren** – beginnend mit dem Zugang (§ 130 BGB) des Ausschluss-Schriftstücks – zulässig ist.[34] Da der Ausschlusszeitraum bis zur nachgewiesenen Wiederherstellung der Zuverlässigkeit des Bewerbers dauert, wird eine pauschale Höchstgrenze z.T. für entbehrlich gehalten.[35] Ist der Bewerber auch nach Ablauf der nach § 21 Abs. 1 S. 1 „angemessenen Zeit" noch nicht wieder „zuverlässig" im vergaberechtlichen Sinne, so ist er gem. § 97 Abs. 4 Hs. 1 GWB bei der Vergabe auch weiterhin nicht zu berücksichtigen.[36]

b) Nachweis der Wiederherstellung der Zuverlässigkeit. Der gem. § 21 Abs. 1 S. 1 geforderte Nachweis ist in geeigneter Form vom Bewerber zu erbringen, z.B. durch **Gewerbezentralregisterauszüge (§ 150 GewO)**.[37] Möglich ist auch der Nachweis, dass der Bewerber etwa bei rein privatwirtschaftlichen Aufträgen seine Verpflichtungen nach dem AEntG stets erfüllt hat.[38] Verstößt der Bewerber erneut gegen das AEntG, so besteht seine (vergaberechtliche) Unzuverlässigkeit selbst dann fort, wenn die verhängten Geldbußen die Grenze von 2.500 EUR nicht erreichen.[39]

2. Auskünfte. Gem. § 21 Abs. 2 „dürfen" die für die Verfolgung oder Ahndung der OWi nach § 23 zuständigen Behörden den öffentlichen Auftraggebern nach § 98 Nr. 1 bis 3 und 5 GWB und solchen Stellen, die öffentlichen Auftraggebern zugelassene Präqualifikationsverzeichnisse oder Unternehmer- und Lieferantenverzeichnisse führen, „auf Verlangen" – d.h. nicht von sich aus – die „erforderlichen" Auskünfte geben.[40] Hierdurch wird die datenschutzrechtliche Zulässigkeit der Übermittlung von Informationen aus laufenden Ermittlungs- und Bußgeldverfahren durch die zuständige Verfolgungsbehörde begründet.[41] Der auskunftsfähigen Behörde steht ein **Ermessen** hinsichtlich Erteilung, Inhalt und Art der Auskunft zu,[42] das sich nach Eintritt der Rechtskraft eines Bußgeldbescheides i.d.R. auf Null reduziert.[43] Eine Auskunftsverweigerung kommt in Fällen des § 21 Abs. 1 S. 2 im Hinblick auf die Unschuldsvermutung sowie dann in Betracht, wenn die Ermittlungen gefährdet würden.[44] Mit der Erweiterung des Kreises der Informationsberechtigten um diejenigen Stellen, die von öffentlichen Auftraggebern zugelassene **Präqualifikationsverzeichnisse oder Unternehmer- und Lieferantenverzeichnisse** führen,[45] wird deren zunehmender Bedeutung im Bereich der öffentlichen Auftragsvergabe Rechnung getragen.[46] Damit die Vergabestelle überhaupt von einer verhängten Geldbuße Kenntnis erlangen und die notwendigen vergaberechtlichen Konsequenzen ziehen kann,[47] fordert sie beim Gewerbezentralregister – das seinerseits gem. § 20 Abs. 3 von den Zollbehörden unterrichtet wurde (siehe § 20 Rn 4) – nach näherer Maßgabe von § 21 Abs. 3 S. 1, § 150a Abs. 1 S. 1 Nr. 1b, S. 2 GewO Auskünfte über rechtskräftige Bußgeldentscheidungen an oder verlangen von Bewerbern die Vorlage entsprechender Auskünfte (§ 150 Abs. 1, 5 GewO), die nicht älter als drei Monate sein dürfen (**„Unbedenklichkeitsbescheinigung"**). Letzterenfalls können öffentliche Auftraggeber gem. § 21 Abs. 3 S. 2 jederzeit zusätzlich Auskünfte des Gewerbezentralregisters nach § 150a GewO anfordern. Bei Aufträgen ab einer Höhe von 30.000 EUR ist vor der Zuschlagserteilung zwingend eine Auskunft für den betreffenden Bewerber aus dem Gewerbezentralregister anzufordern (§ 21 Abs. 4).

---

29 Däubler/*Lakies*, TVG, § 5 Anh. 2, § 6 AEntG Rn 9; Ignor/Rixen/*Rixen*, Rn 1098 f. m.w.N., auch zur a.A.
30 Ignor/Rixen/*Rixen*, Rn 1091 ff., 1094.
31 Däubler/*Lakies*, TVG, § 5 Anh. 2, § 6 AEntG Rn 8.
32 *Hammacher*, BB 1996, 1554, 1556.
33 *Ulber*, § 6 AEntG Rn 5.
34 ErfK/*Schlachter*, § 6 AEntG Rn 1; HWK/*Strick*, § 6 AEntG Rn 2.
35 Däubler/*Lakies*, TVG, § 5 Anh. 2, § 6 AEntG Rn 8.
36 *Ulber*, § 6 AEntG Rn 8.
37 Koberski/Asshoff/*Hold*, § 6 Rn 21.
38 *Ulber*, § 6 AEntG Rn 8.
39 Däubler/*Lakies*, TVG, § 5 Anh. 2, § 6 AEntG Rn 8.
40 Koberski/Asshoff/*Hold*, § 6 Rn 22.
41 ErfK/*Schlachter*, § 6 AEntG Rn 1.
42 Koberski/Asshoff/*Hold*, § 6 Rn 22.
43 *Ulber*, § 6 AEntG Rn 11.
44 *Ulber*, § 6 AEntG Rn 11.
45 Der Verein für die Präqualifikation von Bauunternehmen e.V., Bonn, führt gem. § 8 Nr. 3 Abs. 2 VOB/A ein Präqualifikationsverzeichnis, http://www.pq-verein.de/pq_liste/index.html.
46 BT-Drucks 16/11669, S. 23 f.; BT-Drucks 16/10486, Anlage 3 Nr. 9.
47 *Weber*, AuB 1997, 161, 163.

C. Verbindung zu anderen Rechtsgebieten und zum Prozessrecht

10 Nach näherer Maßgabe der §§ 102 ff. GWB kann ein gem. § 21 von der Teilnahme am Wettbewerb ausgeschlossener Bewerber im **Vergabe-Nachprüfungsverfahren** vor der zuständigen Vergabekammer um Rechtsschutz ersuchen.[48] Der Bewerber muss darlegen und nachweisen, dass er trotz des Verstoßes gegen das AEntG dennoch vergaberechtlich „zuverlässig" i.S.v. § 97 Abs. 4 GWB ist.[49] Die Zuständigkeit der ordentlichen Gerichte für die Geltendmachung von Schadensersatzansprüchen bleibt gem. § 104 Abs. 2 S. 2 GWB unberührt.

D. Beraterhinweise

11 In der Vergabepraxis einiger Bundesländer[50] spiel(t)en seitens der öffentlichen Auftraggeber geforderte sog. **Tariftreueerklärungen** – Verpflichtungserklärungen bzgl. der Einhaltung bestimmter regionaler Mindestlohn-TV – eine wichtige Rolle.[51] Der BGH hält ebenso wie das BKartA gesetzliche Verpflichtungen zur Abgabe von Tariftreueerklärungen mit Blick auf Art. 74 Abs. 1 Nr. 12 GG, Art. 31 GG i.V.m. § 5 TVG und § 20 Abs. 1 GWB sowie Art. 9 Abs. 3 GG für verfassungswidrig und hat gem. Art. 100 Abs. 1 GG, § 80 BVerfGG bezogen auf das Berliner VergabeG das BVerfG angerufen,[52] das jedoch in viel kritisierter Weise gegenteilig beschloss.[53] Die Frage der europarechtlichen Zulässigkeit von Tariftreueerklärungen ist nunmehr bezogen auf das niedersächsische Landesvergabe G vom EuGH verneint worden.[54]

§ 22 Zustellung

Für die Anwendung dieses Gesetzes gilt der im Inland gelegene Ort der Werk- oder Dienstleistung sowie das vom Arbeitgeber eingesetzte Fahrzeug als Geschäftsraum im Sinne des § 5 Abs. 2 des Verwaltungszustellungsgesetzes in Verbindung mit § 178 Abs. 1 Nr. 2 der Zivilprozessordnung.

Literatur: *Heidrich*, Amts- und Parteizustellungen im internationalen Rahmen: Status quo und Reformbedarf, EuZW 2005, 743

A. Allgemeines 1	B. Regelungsgehalt 3
I. Normzweck 1	I. Anwendungsbereich 3
II. Entstehungsgeschichte 2	II. Fiktion des Geschäftsraums 4

A. Allgemeines

I. Normzweck

1 § 22 enthält eine Sonderregelung über die Möglichkeit der Zustellung am Ort der Erbringung der Werk- oder Dienstleistung sowie in dem vom AG eingesetzten Fahrzeug.[1] AG mit Sitz im Ausland unterhalten im Inland oftmals weder ein Firmen- oder Repräsentanzbüro noch sonstige Verwaltungs- oder Geschäftsräume, leitende Ang sind meist nicht anzutreffen.[2] Daher stößt zum einen die Kontrolle eines AG mit Sitz im Ausland in der Praxis auf erhebliche Schwierigkeiten (siehe § 16 Rn 1). Gleiches gilt für die Zustellung von Schriftstücken, die für deren Zugang und den Beginn des Laufs von Fristen bedeutsam ist. Zwar kann das Schriftstück der Person, der zugestellt werden soll, gem. § 5 Abs. 2 S. 1 VwZG i.V.m. § 177 ZPO an jedem Ort übergeben werden, an dem sie angetroffen wird. Doch ist der AG mit Sitz im Ausland oftmals gerade nicht im Inland anzutreffen.[3] Die Zustellung durch Niederlegung nach § 5 Abs. 2 S. 1 VwZG i.V.m. § 179 ZPO infolge unberechtigter Annahmeverweigerung scheiterte i.d.R. am Fehlen eines Geschäftsraums im Inland (§ 179 S. 2 ZPO).[4] Die Zustellung im Ausland gem. § 9 VwZG – sowie im Anwen-

---

48 Ignor/Rixen/*Rixen*, Rn 1100 f.; *Ulber*, § 6 AEntG Rn 12.
49 Däubler/*Lakies*, TVG, § 5 Anh. 2, § 6 AEntG Rn 9.
50 Zur Vorstößen auf Bundesebene siehe *Kling*, EuZW 2002, 229; *Siegburg*, BauR 2004, 421.
51 Siehe nur OLG Brandenburg 2.3.2000 – 8 U 77/99 – OLGR Brandenburg 2000, 192 = NZBau 2001, 44, 45; *Löwisch*, DB 2004, 814.
52 BGH 18.1.2000 – KVR 23/98 (Tariftreueerklärung II) – AP § 20 GWB Nr. 1 = NZA 2000, 327, 328 ff.
53 BVerfG 11.7.2006 – 1 BvL 4/00 – Berliner VergabeG, Tariftreueregelung, Lohndumping – AP Art. 9 GG Nr. 129 = NJW 2007, 51 ff.; siehe dazu nur *Preis*/*Ulber*, NJW 2007,

465; *Rieble*, NZA 2007, 1; *Tietje*, NZBau 2007, 23; *Wolter*, AuR 2006, 137.
54 EuGH 3.4.2008 – C-346/06 – Dirk Rüffert – AP Art. 49 EG Nr. 16 = NJW 2008, 3485 ff.; siehe dazu nur *Bayreuther*, NZA 2008, 626; *Hanau*, NZA 2008, 751; *Koberski*/*Schierle*, RdA 2008, 233; *Kocher*, DB 2008, 1042; *Thüsing*/*Granetzny*, NZA 2009, 183.

1 BT-Drucks 16/10486, S. 18.
2 *Koberski*/*Asshoff*/*Hold*, § 4 Rn 4; *Hickl*, NZA 1997, 513, 516.
3 *Koberski*/*Asshoff*/*Hold*, § 4 Rn 5 m.w.N.
4 *Koberski*/*Asshoff*/*Hold*, § 4 Rn 5; Musielak/*Wolst*, ZPO, § 179 Rn 2.

dungsbereich der Zustellungs-VO 1348/2000/EG[5] i.V.m. §§ 1067 ff. ZPO[6] – begegnet zahlreichen Schwierigkeiten.[7] § 22 schafft insoweit Abhilfe durch die **Fiktion des Geschäftsraums** (siehe Rn 4). Unberührt bleibt die Möglichkeit der Zustellung an den vom AG oder Entleiher im Rahmen der Meldepflicht anzugebenden **Zustellungsbevollmächtigten** (§ 18 Abs. 1 S. 2 Nr. 7, Abs. 3 S. 1 Nr. 5). Die Fiktion nach § 22 erlangt insb. dann Bedeutung, wenn eine Anmeldung des verantwortlich Handelnden bzw. des Zustellungsbevollmächtigten (siehe § 18 Rn 7, 9) nicht oder nicht korrekt erfolgt ist.[8]

II. Entstehungsgeschichte

Die Zustellung nach § 22 n.F.[9] war bisher in § 4 a.F. geregelt.[10] Mit der Aufnahme der Briefdienstleistungen in das AEntG[11] war eine Gleichstellung des vom AG eingesetzten Fahrzeuges mit dem Ort der Erbringung der Werk- oder Dienstleistung erforderlich, um mobilen Dienstleistungen bzw. Arbeitsplätzen Rechnung zu tragen.[12] Die in § 4 a.F. enthaltene Fiktion des „mit dem Weisungsrecht des AG Beauftragten" als „dort beschäftigte Person i.S.v. § 5 Abs. 2 VwZG i.V.m. § 178 Abs. 1 Nr. 2 ZPO" wurde in § 22 nicht übernommen.

B. Regelungsgehalt

I. Anwendungsbereich

Gem. § 22 ist der inländische Ort der Dienst- oder Werkleistung oder das vom AG eingesetzte Fahrzeug maßgebend. Erfasst sind nur Zustellungen im Anwendungsbereich des (§ 1) VwZG, nicht solche nach den Vorschriften der (§§ 166 ff.) ZPO, etwa Klagen zum ArbG (§ 15).[13]

II. Fiktion des Geschäftsraums

Wird die Person, der zugestellt werden soll, in ihrer Wohnung, in dem Geschäftsraum oder in einer Gemeinschaftseinrichtung, in der sie wohnt, nicht angetroffen, kann das Schriftstück gem. § 5 Abs. 2 S. 1, S. 2 Nr. 1 VwZG i.V.m. § 178 Abs. 1 Nr. 2 ZPO „in Geschäftsräumen einer dort beschäftigten Person" zugestellt werden (**Ersatzzustellung**). Nach § 22 gilt der im Inland gelegene Ort der Werk- oder Dienstleistung sowie das vom AG eingesetzte Fahrzeug als Geschäftsraum i.S.v. § 5 Abs. 2 VwZG i.V.m. § 178 Abs. 1 Nr. 2 ZPO. In dem so fingierten Geschäftsraum kann das zuzustellende Schriftstück an jede dort beschäftigte Person übergeben werden, etwa an den mit der Ausübung des Weisungsrechts (§ 106 GewO) des AG Beauftragten,[14] z.B. den Kolonnenführer oder den Polier.[15] Diese Fiktion erlangt zum einen Bedeutung im Rahmen der Befugnisse der Prüfbehörden zum Betreten der „Geschäftsräume" gem. § 2 Abs. 1 S. 1 i.V.m. §§ 3 ff. SchwarzArbG (siehe § 17 Rn 5, 7).[16] Zum anderen wird insoweit eine zustellungsfähige inländische Adresse geschaffen, was die Zustellung von Bußgeld- und anderen Bescheiden (bspw. nach §§ 21, 23) an den AG erleichtert.[17]

§ 23   Bußgeldvorschriften

(1) Ordnungswidrig handelt, wer vorsätzlich oder fahrlässig
1. entgegen § 8 Abs. 1 Satz 1 oder Abs. 3, jeweils in Verbindung mit einem Tarifvertrag nach den §§ 4 bis 6, der nach § 5 des Tarifvertragsgesetzes für allgemeinverbindlich erklärt oder durch Rechtsverordnung nach § 7 Abs. 1 erstreckt worden ist, eine dort genannte Arbeitsbedingung nicht gewährt oder einen Beitrag nicht leistet,
2. entgegen § 17 Satz 1 in Verbindung mit § 5 Abs. 1 Satz 1 des Schwarzarbeitsbekämpfungsgesetzes eine Prüfung nicht duldet oder bei einer Prüfung nicht mitwirkt,
3. entgegen § 17 Satz 1 in Verbindung mit § 5 Abs. 1 Satz 2 des Schwarzarbeitsbekämpfungsgesetzes das Betreten eines Grundstücks oder Geschäftsraums nicht duldet,

---

5 VO (EG) Nr. 1348/2000 des Rates v. 29.5.2000 über die Zustellung gerichtlicher und außergerichtlicher Schriftstücke in Zivil- oder Handelssachen in den Mitgliedstaaten (ABl EG L 160, S. 37).
6 *Heidrich*, EuZW 2005, 743.
7 *Koberski/Asshoff/Hold*, § 4 Rn 6 f. m.w.N.
8 BT-Drucks 13/8994, S. 71, zu § 4 a.F.
9 BGBl I 2009 S. 799.
10 BT-Drucks 16/10486, S. 18; zur Entstehungsgeschichte von § 4 a.F. siehe Vorauſl. § 4 Rn 2.
11 § 1 Abs. 1 S. 4 a.F. i.d.F. des Zweiten Gesetzes zur Änderung des AEntG v. 27.12.2007 (BGBl I S. 3140).
12 BT-Drucks 16/10486, S. 18.
13 *Däubler/Lakies*, TVG, § 5 Anh. 2, § 4 AEntG Rn 2.
14 So noch ausdrücklich § 4 a.F.
15 *Ulber*, § 4 AEntG.
16 *Schwab*, AR-Blattei 370.3, Rn 53.
17 BT-Drucks 13/8994, S. 71; *Koberski/Asshoff/Hold*, § 3 Rn 10, § 4 Rn 4 ff., 12; *Webers*, DB 1996, 574, 576.

4. entgegen § 17 Satz 1 in Verbindung mit § 5 Abs. 3 Satz 1 des Schwarzarbeitsbekämpfungsgesetzes Daten nicht, nicht richtig, nicht vollständig, nicht in der vorgeschriebenen Weise oder nicht rechtzeitig übermittelt,
5. entgegen § 18 Abs. 1 Satz 1 oder Abs. 3 Satz 1 eine Anmeldung nicht, nicht richtig, nicht vollständig, nicht in der vorgeschriebenen Weise oder nicht rechtzeitig vorlegt oder nicht, nicht richtig, nicht vollständig, nicht in der vorgeschriebenen Weise oder nicht rechtzeitig zuleitet,
6. entgegen § 18 Abs. 1 Satz 3, auch in Verbindung mit Absatz 3 Satz 2, eine Änderungsmeldung nicht, nicht richtig, nicht vollständig, nicht in der vorgeschriebenen Weise oder nicht rechtzeitig macht,
7. entgegen § 18 Abs. 2 oder 4 eine Versicherung nicht beifügt,
8. entgegen § 19 Abs. 1 eine Aufzeichnung nicht, nicht richtig oder nicht vollständig erstellt oder nicht mindestens zwei Jahre aufbewahrt oder
9. entgegen § 19 Abs. 2 eine Unterlage nicht, nicht richtig, nicht vollständig oder nicht in der vorgeschriebenen Weise bereithält.

(2) Ordnungswidrig handelt, wer Werk- oder Dienstleistungen in erheblichem Umfang ausführen lässt, indem er als Unternehmer einen anderen Unternehmer beauftragt, von dem er weiß oder fahrlässig nicht weiß, dass dieser bei der Erfüllung dieses Auftrags

1. entgegen § 8 Abs. 1 Satz 1 oder Abs. 3, jeweils in Verbindung mit einem Tarifvertrag nach den §§ 4 bis 6, der nach § 5 des Tarifvertragsgesetzes für allgemeinverbindlich erklärt oder durch Rechtsverordnung nach § 7 Abs. 1 erstreckt worden ist, eine dort genannte Arbeitsbedingung nicht gewährt oder einen Beitrag nicht leistet oder
2. einen Nachunternehmer einsetzt oder zulässt, dass ein Nachunternehmer tätig wird, der entgegen § 8 Abs. 1 Satz 1 oder Abs. 3, jeweils in Verbindung mit einem Tarifvertrag nach den §§ 4 bis 6, der nach § 5 des Tarifvertragsgesetzes für allgemeinverbindlich erklärt oder durch Rechtsverordnung nach § 7 Abs. 1 erstreckt worden ist, eine dort genannte Arbeitsbedingung nicht gewährt oder einen Beitrag nicht leistet.

(3) Die Ordnungswidrigkeit kann in den Fällen des Absatzes 1 Nummer 1 und des Absatzes 2 mit einer Geldbuße bis zu fünfhunderttausend Euro, in den übrigen Fällen mit einer Geldbuße bis zu dreißigtausend Euro geahndet werden.

(4) Verwaltungsbehörden im Sinne des § 36 Abs. 1 Nr. 1 des Gesetzes über Ordnungswidrigkeiten sind die in § 16 genannten Behörden jeweils für ihren Geschäftsbereich.

(5) ¹Die Geldbußen fließen in die Kasse der Verwaltungsbehörde, die den Bußgeldbescheid erlassen hat. ²Für die Vollstreckung zugunsten der Behörden des Bundes und der unmittelbaren Körperschaften und Anstalten des öffentlichen Rechts sowie für die Vollziehung des dinglichen Arrestes nach § 111d der Strafprozessordnung in Verbindung mit § 46 des Gesetzes über Ordnungswidrigkeiten gilt die in § 16 genannten Behörden des Verwaltungs-Vollstreckungsgesetz. ³Die nach Satz 1 zuständige Kasse trägt abweichend von § 105 Absatz 2 des Gesetzes über Ordnungswidrigkeiten die notwendigen Auslagen; sie ist auch ersatzpflichtig im Sinne des § 110 Abs. 4 des Gesetzes über Ordnungswidrigkeiten.

Literatur: *Greeve*, Mindestlohnvorschriften: Unkenntnis schützt nicht vor Bußgeld!, Anm. zu OLG Brandenburg 3.4.2003 – 2 Ss (OWi) 158 B/02 –, IBR 2003, 510; *Maurer*, Billiglohn kann auch für polnischen Bauunternehmer teuer werden!, Anm. zu OLG Stuttgart 5.9.2002 – 5 Ss 358/01 –, IBR 2003, 512; *Oberhauser*, Die ordnungswidrigkeitsrechtliche Haftung des Generalunternehmers nach § 5 Abs. 2 AEntG – eine zivilrechtliche Betrachtung, BauR 2008, 2

A. Allgemeines 1	3. Zuständigkeit 12
I. Normzweck 1	4. Bußgeldverfahren 13
II. Entstehungsgeschichte 2	a) Einleitung und Durchführung des Verfahrens 13
III. Europarechtskonformität, Verfassungsmäßigkeit . 3	b) Abschluss des Verfahrens 14
B. Regelungsgehalt 4	c) Sonstiges 15
I. Anwendungsbereich (Tauglicher Täter) 4	IV. Rechtsfolgen 16
II. Grundsätze des Ordnungswidrigkeitenrechts 5	1. Verhängung und Zumessung der Geldbuße ... 16
1. Allgemeines 5	a) Allgemeines 16
2. Vorwerfbarkeit (Schuld) 6	b) Wirtschaftlicher Vorteil 17
III. Tatbestandsvoraussetzungen 7	aa) Allgemeines 17
1. Verstöße des Arbeitgebers, Verleihers, Entleihers und sonstiger Verpflichteter 7	bb) Unmittelbarer (Unternehmer-) Gewinn 18
a) In- und ausländische Arbeitgeber 7	cc) Marktvorteil 20
b) Verleiher 8	c) Zumessung der Geldbuße des Generalunternehmers 21
c) Entleiher 9	
d) Sonstige Verpflichtete bei Prüfungen 10	
2. Verstöße des Generalunternehmers 11	d) Tateinheit und Tatmehrheit 22

e) Zahlungserleichterungen	23	I. Verjährung	28
2. Anordnung von Nebenfolgen	24	II. Rechtsmittel	29
a) Sicherheitsleistung, Zustellungsbevollmächtigter	24	1. Antrag auf gerichtliche Entscheidung, Beschwerde	29
b) Verfall	25	2. Einspruch gegen den Bußgeldbescheid	30
c) Dinglicher Arrest	26	III. Vollstreckung der Bußgeldbescheide	31
3. Ausschluss von der Vergabe öffentlicher Aufträge	27	IV. Sonstige Ordnungswidrigkeiten-, Straf- und Sanktionstatbestände	32
C. Verbindung zu anderen Rechtsgebieten und zum Prozessrecht	28	V. Schadensersatzansprüche des Arbeitnehmers	33
		D. Beraterhinweise	34

A. Allgemeines

I. Normzweck

§ 23 enthält – in Umsetzung von Art. 5 S. 1 Entsende-RL 96/71/EG – einen umfangreichen Katalog von OWi-Tatbeständen bei Verstößen gegen die Vorschriften der §§ 8, 17 bis 19. Nicht erfasst sind Verstöße gegen die Pflichten aus § 2 (siehe § 2 Rn 6).[1] Die Bußgeldbewehrung ist vor dem Hintergrund zu sehen, dass insb. die dem AG gem. § 8 auferlegten Mindestarbeitsbedingungen (Mindestlohn, Urlaubskassenbeiträge) in der Praxis vielfach nicht respektiert werden.[2] Des Weiteren bestand die berechtigte Befürchtung, dass nicht jeder ausländische AN seinen AG auf Einhaltung der Mindestarbeitsbedingungen im Wege der Klage in Anspruch nehmen würde.[3] In Ergänzung der privatrechtlichen Ansprüche der AN auf Einhaltung der Mindestarbeitsbedingungen sowie der sonstigen Pflichten nach dem AEntG schuf der Gesetzgeber in §§ 16 ff. ein **öffentlich-rechtliches Kontroll- und Sanktionssystem**.[4] § 23 stuft die Verstöße gegen das AEntG ausschließlich als OWi-Tatbestände ein – welche abschließend in § 23 Abs. 1, 2 normiert sind (siehe Rn 7 ff.) und deren Rechtsfolge die Verhängung einer Geldbuße ist (siehe Rn 16 ff.) –, nicht dagegen als Straftatbestände.[5] Der Bußgeldrahmen (§ 23 Abs. 3) wurde an die in neueren Gesetzen übliche Staffelung von Bußgelddrohungen angepasst.[6] Die **Bußgeldbewehrung tarifvertraglicher Rechtsnormen** ist eine branchenspezifische Besonderheit des AEntG.[7] Bereits der Nachweis von Verstößen gegen das AEntG ist – angesichts verschiedenster Manipulationen und Umgehungsmethoden – in der Praxis mitunter schwierig zu führen. Daher betreiben die Prüfbehörden einen arbeits- und zeitintensiven Kontroll- und Prüfungsaufwand. Im Jahr 2006 fanden bspw. 28.443 Kontrollen durch die Zollverwaltung statt.[8] Die nahezu stetig anwachsende Anzahl von Verstößen gegen das AEntG führte etwa im Jahr 2003 zur Verhängung von Geldbußen und Verwarnungsgeldern von mehr als 67 Mio. EUR.[9] Auch im Einzelfall kann dies gravierende Folgen haben. Z.B. wurden gegen zwei Gesellschafter und einen Prokuristen zweier Firmen wegen mehrfacher vorsätzlicher Verstöße gegen das AEntG Geldbußen i.H.v. insg. 1,74 Mio. EUR festgesetzt.[10] Schwierigkeiten bereitet die oftmals erforderliche Vollstreckung der Bußgeldbescheide im Ausland (siehe Rn 31).

II. Entstehungsgeschichte

§ 23 n.F.[11] entspricht im Wesentlichen § 5 Abs. 1 bis 5 a.F.[12] § 5 Abs. 6 a.F. (Unterrichtung des Gewerbezentralregisters) und § 5 Abs. 7 a.F. (Übermittlung von Erkenntnissen an die Zollbehörden) finden sich inhaltlich unverändert nunmehr in § 20 Abs. 3 und 4 n.F. (siehe § 20 Rn 4, 5).

III. Europarechtskonformität, Verfassungsmäßigkeit

Da § 23 Abs. 1 Nr. 1, 2 auch Verstöße inländischer AG erfasst, liegt keine nach **Art. 49 EGV** unzulässige Diskriminierung ausländischer AG vor.[13] Die verfassungsrechtlichen Voraussetzungen des auch für Bußgeldtatbestände geltenden Bestimmtheitsgebots nach **Art. 103 Abs. 2 GG**[14] werden von § 23 – jedenfalls im Wege verfassungskonformer Auslegung – nach zutreffender Ansicht eingehalten.[15]

---

1 BT-Drucks 16/10486, S. 13; BT-Drucks 14/45, S. 27.
2 Däubler/*Lakies*, TVG, § 5 Anh. 2, § 1 AEntG Rn 64.
3 *Böhm*, NZA 1999, 128, 129.
4 Däubler/*Lakies*, TVG, § 5 Anh. 2, § 1 AEntG Rn 65.
5 Kritisch Sahl/*Stang*, AiB 1996, 652, 656; Kehrmann/*Spirolke*, AiB 1995, 621, 624.
6 BT-Drucks 16/10486, S. 18.
7 Ignor/Rixen/*Rixen*, Rn 512; Strick/*Crämer*, BauR 1999, 713, 715: „TV-Polizei"; *Rieble*, DB 2009, 789, 793: „Bundesarbeitspolizei".
8 Siehe die Antwort der BReg auf eine Kleine Anfrage betr. FKS, in: BT-Drucks 16/8156, S. 3 f.; 9. AÜG-Erfahrungsbericht der BReg, in: BT-Drucks 14/4220, S. 46, 48 ff.
9 Pressemitteilung der BA Nr. 14 v. 4.3.2003.
10 Pressemitteilung des Hauptzollamts Berlin v. 25.9.2008.
11 BGBl I 2009 S. 799.
12 BT-Drucks 16/10486, S. 18; zur Entstehungsgeschichte der Vorläuferregelung siehe Vorauﬂ. § 5 Rn 2.
13 ErfK/*Schlachter*, § 5 AEntG Rn 1.
14 St. Rspr. BVerfG 4.9.1995 – 2 BvR 1106/94 – NStZ 1996, 192, 193; BVerfG 17.11.1992 – 1 BvR 168, 1509/89 und 638, 639/90 – Sonntagsbackverbot – BVerfGE 87, 363, 391 = NVwZ 1993, 878, 880 m.w.N.
15 *Ulber*, § 5 AEntG Rn 8; *Bieback*, RdA 2000, 207, 216; a.A. *Strohmaier*, RdA 1998, 339, 340 ff.

B. Regelungsgehalt
I. Anwendungsbereich (Tauglicher Täter)

4   Täter einer OWi nach § 23 ist immer eine **natürliche Person**. § 23 Abs. 1 betrifft OWi des in- bzw. ausländischen AG (siehe Rn 7) oder Verleihers (siehe Rn 8) bzw. Entleihers (siehe Rn 9) und sonstiger nach Maßgabe des – von § 17 in Bezug genommenen – SchwarzArbG Auskunfts-, Mitwirkungs- oder Duldungspflichtiger (siehe Rn 10), was im Einzelfall auch AN oder BR-Mitglieder betreffen kann (siehe § 17 Rn 5 ff.).[16] § 23 Abs. 2 beinhaltet einen an den Generalunternehmer (Hauptunternehmer) gerichteten OWi-Tatbestand (siehe Rn 11). Gem. § 9 Abs. 1 OWiG kann auch ein vertretungsberechtigtes Organ einer juristischen Person oder ein Mitglied eines solchen Organs (§ 9 Abs. 1 Nr. 1 OWiG) oder ein vertretungsberechtigter Gesellschafter einer rechtsfähigen Personengesellschaft (§ 9 Abs. 1 Nr. 2 OWiG) oder der gesetzliche Vertreter eines anderen (§ 9 Abs. 1 Nr. 3 OWiG), auch der Prokurist (§§ 48 ff. HGB), Täter sein.[17] Auch der vom Betriebsinhaber (§ 130 OWiG) oder einem sonst dazu Befugten mit der Leitung des Betriebs(-teils) oder der eigenverantwortlichen Wahrnehmung von dem Betriebsinhaber obliegenden Aufgaben Beauftragte ist gem. § 9 Abs. 2, 3 OWiG tauglicher Täter.[18] Nach näherer Maßgabe von § 30 OWiG kann gegen eine **juristische Person** oder **Personenvereinigungen** eine Geldbuße festgesetzt werden (§ 88 OWiG).[19]

II. Grundsätze des Ordnungswidrigkeitenrechts

5   **1. Allgemeines.** Eine OWi ist gem. § 1 Abs. 1 OWiG eine rechtswidrige und vorwerfbare Handlung, die den Tatbestand eines Gesetzes verwirklicht, das die Ahndung mit einer Geldbuße zulässt. Wie bei Straftatbeständen müssen **Tatbestandsmäßigkeit**, **Rechtswidrigkeit** und **Schuld** (siehe Rn 6) vorliegen.[20] Der Versuch einer OWi kann nur geahndet werden, wenn das Gesetz es ausdrücklich bestimmt (§ 13 Abs. 2 OWiG). Dies ist in § 23 nicht der Fall. Somit ist der Versuch einer OWi nach § 23 nicht bußgeldbewehrt.[21] Beteiligen sich mehrere an einer OWi – als Mittäter, mittelbare Täter, Anstifter oder Gehilfen –, so handelt gem. § 14 (Abs. 1) OWiG grds. jeder von ihnen ordnungswidrig.[22] Rechtfertigungsgründe (§§ 15, 16 OWiG) werden i.d.R. nicht vorliegen.[23] Wird ein – nach § 23 sanktionsbewehrte Pflichten für den AG enthaltender – TV rückwirkend in Kraft gesetzt, so ist dies zwar arbeits- bzw. tarifvertragsrechtlich grds. zulässig, angesichts des Rückwirkungsverbots des § 4 Abs. 1 OWiG nicht jedoch im OWi-Recht.[24]

6   **2. Vorwerfbarkeit (Schuld).** Der Täter muss schuldhaft gehandelt haben. Als OWi kann gem. § 10 OWiG nur vorsätzliches Handeln geahndet werden, außer wenn das Gesetz fahrlässiges Handeln ausdrücklich mit Geldbuße bedroht. Letzteres ist gem. § 23 Abs. 1, 2 der Fall. Schuldform und Umfang des Verschuldens erlangen gem. § 17 Abs. 3 S. 1 OWiG besondere Bedeutung im Rahmen der Zumessung der Geldbuße (§ 23 Abs. 3) bei den Fragen, welcher Bußgeldrahmen anzuwenden ist und welcher persönliche Vorwurf den Täter trifft (siehe Rn 16). Vorsätzliches Handeln liegt vor, wenn der Täter in Kenntnis aller Tatumstände die Tatbestandsverwirklichung will (Kurzformel: „**Wissen und Wollen**").[25] Fahrlässig handelt nach der Legaldefinition des § 276 Abs. 2 BGB, „wer die im Verkehr erforderliche Sorgfalt außer Acht lässt." Bewusste Fahrlässigkeit liegt – in Abgrenzung zum Eventualvorsatz (bedingten Vorsatz, dolus eventualis) – dann vor, wenn der Täter mit der als möglich erkannten Tatbestandsverwirklichung nicht einverstanden ist und ernsthaft – nicht nur vage – darauf vertraut, der tatbestandliche Erfolg werde nicht eintreten.[26] Unbewusst fahrlässig handelt, wer eine objektive Pflichtwidrigkeit begeht, sofern er diese nach seinen subjektiven Kenntnissen und Fähigkeiten vermeiden konnte, und wenn gerade die Pflichtwidrigkeit objektiv und subjektiv vorhersehbar den Erfolg herbeigeführt hat.[27] Der OWi-Täter kann ggf. einem **Tatbestandsirrtum** erlegen sein. Wer bei Begehung einer Handlung einen Umstand nicht kennt, der zum gesetzlichen Tatbestand gehört, handelt gem. § 11 Abs. 1 S. 1 OWiG nicht vorsätzlich. Die Möglichkeit der Ahndung wegen fahrlässigen Handelns bleibt unberührt (§ 11 Abs. 1 S. 2 OWiG). Auch die Regelung des § 11 Abs. 2 OWiG über den **Verbotsirrtum** findet im Rahmen von § 23 Anwendung. Fehlt dem Täter bei Begehung der Handlung die Einsicht, etwas Unerlaubtes zu tun, namentlich weil er das Bestehen oder die Anwendbarkeit einer Rechtsvorschrift nicht kennt, so handelt er nicht vorwerfbar, wenn er diesen Irrtum nicht vermeiden konnte. Die Unvermeidbarkeit des Irrtums ist bei Verstößen

---

16 *Koberski/Asshoff/Hold*, § 5 Rn 8, 10 f., 15, 20.
17 *Koberski/Asshoff/Hold*, § 5 Rn 15.
18 *Koberski/Asshoff/Hold*, § 5 Rn 17 f. m.w.N.
19 OLG Celle 30.11.2001 – 322 Ss 217/01 (OWi) – EzAÜG § 1 AEntG Nr. 4 = wistra 2002, 230 f.; OLG Hamm 5.7.2000 – 2 Ss Owi 462/00 – wistra 2000, 433 f.; OLG Hamm 28.6.2000 – 2 Ss OWi 604/1999 – wistra 2000, 393, 394 f.; Ignor/Rixen/*Rixen*, Rn 1039 ff.
20 *Koberski/Asshoff/Hold*, § 5 Rn 6 m.w.N.
21 Däubler/*Lakies*, TVG, § 5 Anh. 2, § 5 AEntG Rn 3.
22 *Koberski/Asshoff/Hold*, § 5 Rn 19 f. m.w.N.
23 *Koberski/Asshoff/Hold*, § 5 Rn 12.
24 OLG Jena 3.5.2005 – 1 Ss 115/05 – NStZ-RR 2005, 278, 279 = wistra 2005, 393 f.
25 *Koberski/Asshoff/Hold*, § 5 Rn 13 m.w.N.
26 BGH 8.5.2001 – 1 StR 137/01 – BGHR § 212 Abs. 1 StGB Vorsatz, bedingter Nr. 52 = NStZ 2001, 475, 476.
27 BGH 26.5.2004 – 2 StR 505/03 – BGHSt 49, 166, 174 = NJW 2004, 2458, 2460; BGH 17.11.1994 – 4 StR 441/94 – BGHSt 40, 341, 348 = NJW 1995, 795, 796.

gegen §§ 8, 17 bis 19 i.d.R. zu verneinen, insb. wegen des Bestehens einer Erkundigungspflicht bei den zuständigen Fachbehörden, die auch Inhaber kleinerer Unternehmen trifft.[28]

III. Tatbestandsvoraussetzungen

1. Verstöße des Arbeitgebers, Verleihers, Entleihers und sonstiger Verpflichteter. a) In- und ausländische Arbeitgeber. Ordnungswidrig handelt als AG, wer entgegen § 8 Abs. 1 S. 1 i.V.m. einem TV nach den §§ 4 Abs. 6, der nach § 5 TVG für allgemeinverbindlich erklärt oder durch VO nach § 7 Abs. 1 erstreckt worden ist, zum Fälligkeitszeitpunkt „eine",[29] dort genannte Arbeitsbedingung nicht oder durch VO nach § 7 Abs. 1 erstreckt worden (vollständig) leistet (§ 23 Abs. 1 Nr. 1). Die Nichtzahlung des geschuldeten Mindestlohns wird in der Praxis gelegentlich dadurch zu verschleiern versucht, dass wesentlich weniger als die tatsächlich geleistete Arbeitszeit dokumentiert und abgerechnet wird,[31] ggf. greift dann auch § 23 Abs. 1 Nr. 8 ein. Weder eine Geringfügigkeit der Differenz zwischen gezahltem Lohn und geschuldetem Mindestlohn noch spätere Nachzahlungen von Lohn oder Urlaubskassenbeiträgen stehen der Verwirklichung des Tatbestands entgegen.[32] Diese Umstände können – ebenso wie die Anzahl der betroffenen AN – nach § 17 Abs. 3 S. 1 OWiG bei der Zumessung der Geldbuße (§ 23 Abs. 3) Berücksichtigung finden (siehe Rn 20). Als AG handelt zudem ordnungswidrig, wer entgegen § 18 Abs. 1 S. 1 die Anmeldepflichten (§ 23 Abs. 1 Nr. 5) oder entgegen § 18 Abs. 1 S. 3 die Änderungsmeldepflichten verletzt (§ 23 Abs. 1 Nr. 6), entgegen § 18 Abs. 4 eine Versicherung nicht beifügt (§ 23 Abs. 1 Nr. 7) oder entgegen § 19 Abs. 1 S. 2 i.V.m. § 18 Abs. 2 eine Versicherung nicht beifügt (§ 23 Abs. 1 Nr. 7) oder entgegen § 19 Abs. 2 die Pflicht zur Bereitstellung von Unterlagen verletzt (§ 23 Abs. 1 Nr. 9). Der AG, der entgegen § 19 Abs. 1 S. 1 seine Pflicht zur Anfertigung von Aufzeichnungen der Arbeitszeit der AN oder – soweit die Aufzeichnungspflicht erfüllt wurde – seine Aufbewahrungspflicht verletzt, begeht eine OWi nach § 23 Abs. 1 Nr. 8.[33]

b) Verleiher. Ordnungswidrig handelt als Verleiher, wer entgegen § 8 Abs. 3 i.V.m. dem einschlägigen TV eine dort genannte Mindestarbeitsbedingung oder einen Urlaubskassenbeitrag zum Fälligkeitszeitpunkt nicht gewährt (§ 23 Abs. 1 Nr. 1, siehe oben Rn 7).

c) Entleiher. Der Entleiher begeht eine OWi, wenn er entgegen § 18 Abs. 3 S. 1 die Anmeldepflichten (§ 23 Abs. 1 Nr. 5) oder entgegen § 18 Abs. 3 i.V.m. Abs. 1 S. 3 die Änderungsmeldepflichten verletzt (§ 23 Abs. 1 Nr. 6), entgegen § 18 Abs. 4 eine Versicherung nicht beifügt (§ 23 Abs. 1 Nr. 7) oder entgegen § 19 Abs. 1 S. 2 i.V.m. S. 1 seine nunmehr bestehenden Aufzeichnungs- oder Aufbewahrungspflichten[34] verletzt (§ 23 Abs. 1 Nr. 8).

d) Sonstige Verpflichtete bei Prüfungen. Ordnungswidrig handelt, wer entgegen § 17 S. 1 i.V.m. § 5 Abs. 1 S. 1 SchwarzArbG seine Duldungs-, der Mitwirkungspflichten bei Prüfungen verletzt[35] (§ 23 Abs. 1 Nr. 4). § 17 S. 1 i.V.m. § 5 Abs. 1 S. 2 SchwarzArbG das Betreten eines Grundstücks oder Geschäftsraums nicht duldet (§ 23 Abs. 1 Nr. 3) und wer als AG oder Auftraggeber entgegen § 17 S. 1 i.V.m. § 5 Abs. 3 S. 1 SchwarzArbG seine Pflicht zur Datenübermittlung verletzt (§ 23 Abs. 1 Nr. 4).

2. Verstöße des Generalunternehmers. § 23 Abs. 2 (§ 5 Abs. 2 a.F.) beinhaltet einen OWi-Tatbestand im Hinblick auf den Haupt-/Generalunternehmer, welcher Werk- oder Dienstleistungen, z.B. Bauleistungen (siehe § 6 Rn 3), in „erheblichem Umfang" von einem beauftragten „anderen Unternehmer" – einem Subunternehmer (siehe § 14 Rn 1, 4) oder Verleiher – ausführen lässt, von dem er „weiß oder fahrlässig nicht weiß", dass dieser bei der Erfüllung dieses Auftrags entgegen § 8 Abs. 1 S. 1 oder § 8 Abs. 3 i.V.m. einem TV nach den §§ 4 bis 6, der nach § 5 TVG für allgemeinverbindlich erklärt oder durch VO nach § 7 Abs. 1 erstreckt worden ist, eine Mindestarbeitsbedingung oder einen Urlaubskassenbeitrag zum Fälligkeitszeitpunkt nicht gewährt (§ 23 Abs. 2 Nr. 1) oder einen Nachunternehmer einsetzt oder „zulässt",[36] d.h. nicht unterbindet,[37] dass ein Nachunternehmer tätig wird, der in dieser Weise gegen § 8 Abs. 1 S. 1 oder Abs. 3 verstößt (§ 23 Abs. 2 Nr. 2). § 23 Abs. 2 ist § 8 Abs. 1 Nr. 2 SchwarzArbG nachgebildet.[38] Von einem „erheblichen Umfang" i.S.v. § 23 Abs. 2 ist in Anlehnung an die Ansicht der vormals zuständigen BA dann auszugehen, wenn das – auf einen Auftraggeber und einen Auftragnehmer bezogene – Auftragsvolumen mind. 10.000 EUR beträgt.[39] Der Generalunternehmer handelt nur dann nach § 23 Abs. 2 ordnungswidrig, wenn er von den Zuwiderhandlungen des Sub- oder Nachunternehmers „weiß oder fahrlässig nicht weiß". Der Generalunternehmer ist zu besonderer Sorgfalt bei der Auswahl und Überprüfung der von ihm beauftragten Subunternehmer verpflichtet.

---

28 OLG Brandenburg 3.4.2003 – 2 Ss (OWi) 158 B/02 – IBR 2003, 510 m. Anm. *Greeve*; HWK/*Strick*, § 5 AEntG Rn 2; a.A. BayObLG 13.10.1999 – 3 ObOWi 88/99 – NSZ 2000, 148.
29 KG Berlin 28.9.2001 – 5 Ws (B) 132/99 – wistra 2002, 227, 229; *Hanau*, NJW 1996, 1369, 1370.
30 *Däubler/Lakies*, TVG, § 5 Anh. 2 § 5 AEntG Rn 9.
31 *Marschall*, NZA 1998, 633, 635.
32 *Koberski/Asshoff/Hold*, § 5 Rn 7.
33 OLG Jena 3.5.2005 – 1 Ss 115/05 – NStZ-RR 2005, 278 f. = wistra 2005, 393 f.
34 Diese Pflichten des Entleihers waren in Art. 2 Abs. 2 a a.F. nicht enthalten.
35 Dies kann AG, AN, Auftraggeber und Dritte betreffen.
36 *Ulber*, § 5 AEntG Rn 12.
37 *Koberski/Asshoff/Hold*, § 5 la Rn 11; *Hannacher*, BB 1996, 1554, 1556; *Schmitt*, WiB 1996, 766, 771 f.; *Oberhauser*, BauR 2008, 2.
38 *Ulber*, § 5 AEntG Rn 12; *Webers*, DB 1996, 574, 576, zu § 2 Abs. 1 Nr. 2b SchwarzArbG a.F.
39 *Fehn/Fehn*, §§ 8, 9 Rn 10.

12 Beim Abschluss des Vertrages wird der Generalunternehmer seiner Sorgfaltspflicht i.d.R. dann nachkommen, wenn er sich von seinem Vertragspartner schriftlich zusichern lassen, dass dieser die Arbeitsbedingungen nach § 8 einhält und dies auch von evtl. Nachunternehmern verlangen wird. Bei oder nach Vertragsschluss auftretenden objektiven Anhaltspunkten für Verstöße des Vertragspartners oder der von diesem eingesetzten Nachunternehmer – etwa aufgrund entsprechender Preiskalkulationen oder sonstiger Auftragsbedingungen[40] – muss der Hauptunternehmer im Rahmen seiner rechtlichen Möglichkeiten mit vertretbarem organisatorischem und bürokratischem Aufwand nachgehen. Er muss insb. seinen Vertragspartner auffordern, dass dieser den bestehenden Verdacht ausräumt und die Einhaltung der Arbeitsbedingungen nachweist.[41] Der Generalunternehmer kann sich widrigenfalls auch nicht auf einen Tatbestandsirrtum (siehe Rn 6) berufen.[42]

12 **3. Zuständigkeit.** Sachlich zuständige Verwaltungsbehörden (§ 35 OWiG) i.S.v. § 36 Abs. 1 Nr. 1 OWiG sind gem. § 23 Abs. 4 die in § 16 genannten Behörden der Zollverwaltung, d.h. die **Bundesfinanzdirektion West** (siehe § 16 Rn 2).

13 **4. Bußgeldverfahren. a) Einleitung und Durchführung des Verfahrens.** Soweit § 23 keine (abschließenden) Vorschriften enthält, findet das OWiG Anwendung.[43] Die OWi-Verfolgung liegt gem. § 47 Abs. 1 S. 1 OWiG im pflichtgemäßen Ermessen der Verfolgungsbehörde (**Opportunitätsprinzip**).[44] Für das Bußgeldverfahren gelten gem. § 46 Abs. 1 OWiG ergänzend auch die Vorschriften der StPO sinngemäß. Die Verfolgungsbehörde hat gem. § 46 Abs. 2 OWiG im Bußgeldverfahren grds. dieselben Rechte und Pflichten wie die StA bei der Strafverfolgung. Gem. §§ 53 ff. OWiG findet zunächst ein **Vorverfahren** statt. Die früher zuständige BA hatte im Dienstblatt-Runderlass 50/97 (siehe § 17 Rn 4) die Durchführung der Bestimmungen des AEntG einschl. der Sanktionsbestimmungen standardisiert, naturgemäß ohne Verbindlichkeit gegenüber den Gerichten.[45]

14 **b) Abschluss des Verfahrens.** Solange das Bußgeldverfahren bei der Verfolgungsbehörde anhängig ist, kann sie es aus Opportunitätsgründen einstellen (§ 47 Abs. 1 S. 2 OWiG), nicht aber gegen Zahlung eines Geldbetrages (§ 47 Abs. 3 OWiG). Bei geringfügigen OWi kann die Verwaltungsbehörde den Betroffenen im **Verwarnungsverfahren** nach Maßgabe der §§ 56 ff. OWiG verwarnen und ggf. ein Verwarnungsgeld von fünf bis 35 EUR erheben. Andernfalls wird das Verfahren durch Erlass eines **Bußgeldbescheides** (§ 65 OWiG) mit oder nach § 66 OWiG vorgegebenen Inhalt abgeschlossen. Hiergegen ist als Rechtsmittel der Einspruch gem. §§ 67 ff. OWiG (siehe Rn 30) gegeben.

15 **c) Sonstiges.** Die Geldbußen fließen gem. § 23 Abs. 5 S. 1 in die Kasse der Verwaltungsbehörde, die den Bußgeldbescheid erlassen hat. Diese trägt gem. § 23 Abs. 5 S. 3 abweichend von § 105 Abs. 2 OWiG die notwendigen Auslagen. Sie ist ggf. auch für einen durch eine Verfolgungsmaßnahme verursachten Vermögensschaden ersatzpflichtig i.S.v. § 110 Abs. 4 OWiG.[46]

IV. Rechtsfolgen

16 **1. Verhängung und Zumessung der Geldbuße. a) Allgemeines.** Rechtsfolge der Verwirklichung eines OWi-Tatbestandes ist i.d.R. die Verhängung einer Geldbuße (§§ 65 ff. OWiG). Alternativ kommt ferner der Ausspruch einer Verwarnung (§§ 56 ff. OWiG) in Betracht, ggf. i.V.m. der Erhebung eines Verwarnungsgeldes (siehe Rn 14). Der Bußgeldrahmen in § 23 Abs. 3 wurde an die in neueren Gesetzen üblichen Staffelung von Bußgeldrohungen angepasst.[47] Eine vorsätzlich begangene OWi kann gem. § 23 Abs. 3 n.F., in den Fällen des § 23 Abs. 1 Nr. 1 und Abs. 2 mit einer Geldbuße bis zu **500.000 EUR**[48] geahndet werden. Ergänzend sind die allg. Vorschriften des § 17 OWiG zu beachten.[49] Hinsichtlich des Höchstmaßes der Geldbuße ist i.S.v. § 17 Abs. 1 OWiG, wonach die Geldbuße grds. höchstens 1.000 EUR beträgt, durch § 23 Abs. 3 etwas „anderes bestimmt". Das nicht praxisrelevante Mindestmaß der Geldbuße androht, ohne im Höchstmaß zu unterscheiden, „andernfalls", (§ 17 Abs. 2 OWiG). Von der angenommenen Schuldform (siehe Rn 6) hängt demnach (auch) ab, welcher **Bußgeldrahmen** im Höchstmaß in den Fällen des § 23 Abs. 1 Nr. 1 und Abs. 2 sonst auf 250.000 EUR, in den übrigen Fällen (§ 23 Abs. 1 Nr. 2 bis 9) auf 15.000 EUR.[51] Grundlage für die Zumessung der Geldbuße sind gem. § 17 Abs. 3 S. 1 OWiG die Bedeutung der OWi und der persönliche Vor-

---

[40] Weber, AuB 1997, 161, 163.
[41] BT-Drucks 13/8994, S. 72.
[42] HWK/Strick, § 5 AEntG Rn 2.
[43] Däubler/Lakies, TVG, § 5 Anh. 2, § 5 AEntG Rn 3.
[44] Koberski/Asshoff/Hold, § 5 Rn 28.
[45] ErfK/Schlachter, § 2 AEntG Rn 5, § 5 AEntG Rn 1.
[46] Ulber, § 5 AEntG Rn 18.
[47] BT-Drucks 16/10486, S. 18.
[48] Der Bußgeldrahmen nach § 5 Abs. 3 a.F. betrug 25.000 EUR.
[49] Ignor/Rixen/Rixen, Rn 1014 ff.
[50] OLG Hamm 28.6.2000 – 2 Ss OWi 604/1999 – wistra 2000, 393, 394.
[51] Koberski/Asshoff/Hold, § 5 Rn 25.

wurf, der den Täter trifft.[52] Auch die wirtschaftlichen Verhältnisse des Täters kommen in Betracht (siehe oben Rn 4);[53] bei geringfügigen OWi bleiben sie jedoch i.d.R. unberücksichtigt (§ 17 Abs. 3 S. 2 OWiG).[54] Der den Täter treffende Vorwurf ist insb. von Schuldform (siehe Rn 6) und -umfang abhängig.[55] Erforderlich ist die Betrachtung des konkreten Einzelfalls.[56]

b) Wirtschaftlicher Vorteil. aa) Allgemeines. Nach § 17 Abs. 4 S. 1 OWiG soll die Geldbuße den wirtschaftlichen Vorteil, den der Täter aus der OWi gezogen hat, übersteigen.[57] In Anlehnung an Ziffer 7.3.1 Dienstblatt-Runderlass 50/97 der früher zuständigen BA (siehe Rn 13) umfasst der nach dieser Sollvorschrift i.d.R. abzuschöpfende wirtschaftliche Vorteil den aufgrund der Lohndifferenz zwischen dem tatsächlich gezahlten Lohn und dem nach § 8 i.V.m. dem einschlägigen TV geschuldeten Mindestentgelt unmittelbar erzielten **Unternehmer-Gewinn** (siehe Rn 18), des Weiteren den **Marktvorteil**, den der Unternehmer erlangt hat (siehe Rn 20) sowie eine individuelle **täterbezogene Geldbuße**.[58] Reicht das gesetzliche Höchstmaß nicht zur Abschöpfung des wirtschaftlichen Vorteils aus, so kann es überschritten werden (§ 17 Abs. 4 S. 2 OWiG).[59]

bb) Unmittelbarer (Unternehmer-)Gewinn. Die Berechnung der „ersparten" Lohndifferenz erfolgt durch Multiplikation folgender Faktoren:
- Anzahl der von der Lohnunterschreitung betroffenen AN,
- Anzahl der unter Nichtgewährung des Mindestlohns geleisteten Arbeitsstunden pro AN,
- Höhe der Mindestlohnunterschreitung pro Arbeitsstunde.[60]

Bsp.: 100 AN × 500 Stunden/AN × EUR 1,50/Stunde = EUR 75.000 „Unternehmergewinn".

Hat der Täter nachweislich keinen (unmittelbaren) Gewinn erzielt, etwa aufgrund von Lohnnachzahlungen, so setzt sich die Gesamtgeldbuße lediglich aus dem Marktvorteil (siehe Rn 20) und der täterbezogenen Geldbuße zusammen.[61]

cc) Marktvorteil. Der Marktvorteil ist derjenige Vorteil, der dem Unternehmer dadurch zukommt, dass er gerade wegen der – aufgrund der Nichtgewährung der Mindestarbeitsbedingungen – im Vergleich zu Mitanbietern „günstigeren" Bedingungen den Auftrag erhalten hat. I.d.R. ist eine am Unternehmergewinn orientierte Schätzung vorzunehmen. In Anlehnung an die Ansicht der früher zuständigen BA ist eine Orientierung an 20 v.H. des Unternehmergewinns zulässig.[62]

c) Zumessung der Geldbuße des Generalunternehmers. In den Fällen des § 23 Abs. 2 (§ 5 Abs. 2 a.F.) hielt die vormals zuständige BA gem. Ziffer 7.3.2 Dienstblatt-Runderlass 50/97 (siehe Rn 13) bei einem Auftragsvolumen von 10.000 bis 25.000 EUR eine Geldbuße i.H.v. 40 v.H. des Auftragsvolumens als Richtwert für angemessen, bei höheren Auftragsvolumina nicht mehr als 30 v.H.[63]

d) Tateinheit und Tatmehrheit. Verletzt „dieselbe Handlung" mehrere Gesetze, nach denen sie als OWi geahndet werden kann, oder ein solches Gesetz mehrmals, so liegt Tateinheit (§ 19 OWiG) vor und es wird nur eine einzige Geldbuße festgesetzt, welche sich nach dem Gesetz bestimmt, das die höchste Geldbuße androht. Tateinheit wird i.d.R. dann angenommen, wenn die Verstöße im Rahmen einer Werk- oder Dienstleistung „i.S.d. Anmeldung nach dem AEntG" erfolgen.[64] Wird mehreren AN der Mindestlohn nicht gezahlt, so liegen mehrere Verstöße gegen § 23 Abs. 1 Nr. 1 vor (siehe Rn 7), die bei engem, insb. zeitlichem Zusammenhang selbst dann als „eine Tat" (§ 19 Abs. 1 OWiG) anzusehen sind, wenn einzelne Arb zwei Monate lang zu wenig Lohn erhalten haben.[65] Tatmehrheit (§ 20 OWiG) ist i.d.R. dann gegeben, wenn unterschiedliche Verstöße gegen verschiedene Verpflichtungen aus §§ 8, 17 bis 19 vorliegen.[66] Sind mehrere Geldbußen verwirkt, wird jede gesondert festgesetzt.

e) Zahlungserleichterungen. Ist dem Betroffenen nach seinen wirtschaftlichen Verhältnissen nicht zuzumuten, die Geldbuße sofort zu zahlen, so wird ihm nach § 18 S. 1 OWiG eine Zahlungsfrist bewilligt oder gestattet, die Geldbuße in bestimmten Teilbeträgen zu zahlen. Dabei kann gem. § 18 S. 2 OWiG angeordnet werden, dass die Vergünstigung, die Geldbuße in bestimmten Teilbeträgen zu zahlen, entfällt, wenn der Betroffene einen Teilbetrag nicht

---

52 Ignor/Rixen/*Rixen*, Rn 1018 ff.
53 Auch bei juristischen Personen (§ 30 OWiG).
54 Ignor/Rixen/*Rixen*, Rn 1024 ff.
55 Däubler/*Lakies*, TVG, § 5 Anh. 2, § 5 AEntG Rn 6.
56 HWK/*Strick*, § 5 AEntG Rn 6 f.
57 OLG Hamm 28.6.2000 – 2 Ss OWi 604/1999 – wistra 2000, 393, 395; LG Duisburg 29.1.1999 – 91 Qs (OWi) 5/99 – NStZ-RR 1999, 221.
58 *Weber*, AuB 1997, 161, 162 f.
59 *Koberski/Asshoff/Hold*, § 5 Rn 26.
60 Däubler/*Lakies*, TVG, § 5 Anh. 2, § 5 AEntG Rn 4.
61 ErfK/*Schlachter*, § 5 AEntG Rn 4.
62 HWK/*Strick*, § 5 AEntG Rn 7.
63 Däubler/*Lakies*, TVG, § 5 Anh. 2, § 5 AEntG Rn 20.
64 *Ulber*, § 5 AEntG Rn 4, bezogen auf „Bauleistungen".
65 BayObLG 25.9.2000 – 3 ObOWi 78/2000 – OLGSt § 1 AEntG Nr. 1 = NStZ-RR 2001, 52, 53 f.; BayObLG 29.6.1999 – 3 ObOWi 50/99 – EzAÜG § 16 AÜG Nr. 12 = wistra 1999, 476 f.
66 KG Berlin 28.9.2001 – 5 Ws (B) 132/99 – wistra 2002, 227, 229 f.

rechtzeitig zahlt. Nach Rechtskraft der Bußgeldentscheidung entscheidet die Vollstreckungsbehörde (siehe Rn 31) gem. § 93 OWiG über die Bewilligung, Änderung und Aufhebung von Zahlungserleichterungen.

24 **2. Anordnung von Nebenfolgen. a) Sicherheitsleistung, Zustellungsbevollmächtigter.** Um die effektive Durchführung des Bußgeldverfahrens (siehe Rn 13) sicherzustellen und im Hinblick auf die Schwierigkeiten bei der Auslands-Vollstreckung der Bußgeldbescheide (siehe Rn 31), kann gem. § 132 Abs. 1 S. 1 Nr. 1, 2 StPO i.V.m. § 46 Abs. 1 OWiG zum einen der Leistung einer angemessenen Sicherheit (entsprechend § 116a StPO) für die zu erwartende Geldbuße und die Kosten des Verfahrens (§§ 105 ff. OWiG), zum anderen die Bestimmung eines Zustellungsbevollmächtigten angeordnet werden.[67] Diese Anordnung dürfen gem. § 132 Abs. 2 StPO nur der Richter, bei Gefahr im Verzuge auch die StA – d.h. dann auch die Verfolgungsbehörde (§ 46 Abs. 2 OWiG) – und ihre Ermittlungspersonen (§ 152 GVG) treffen. Befolgt der Betroffene die Anordnung nicht, so können gem. § 132 Abs. 3 StPO Beförderungsmittel und andere Sachen, die der Betroffene mit sich führt und die ihm gehören, nach Maßgabe der §§ 94, 98 StPO beschlagnahmt werden, unter den Voraussetzungen des § 33 Abs. 4 StPO i.V.m. § 46 Abs. 1 OWiG auch ohne Anhörung.

25 **b) Verfall.** Hat der Täter für eine mit Geldbuße bedrohte Handlung oder aus ihr „etwas" erlangt und wird gegen ihn wegen der Handlung eine Geldbuße nicht festgesetzt, so kann gegen ihn gem. § 29a Abs. 1 OWiG durch Verfallsanordnung der Verfall eines Geldbetrages bis zu der Höhe angeordnet werden, die dem Wert des Erlangten entspricht.[68] Die Vorschrift zielt insb. auf die Fälle, in denen der Täter tatbestandsmäßig und rechtswidrig, aber nicht schuldhaft handelte.[69] Wurde der Vermögensvorteil von einem Dritten („Hintermann") erlangt, der nicht Täter war, so kann gem. § 29a Abs. 2 OWiG gegen diesen der Verfall angeordnet werden. Der Umfang des Erlangten und dessen Wert können durch Schätzung ermittelt werden; die Zahlungserleichterungen nach § 18 OWiG (siehe Rn 24) gelten entsprechend (§ 29a Abs. 3 OWiG, siehe auch § 99 Abs. 2 OWiG). Maßgeblich für die Höhe des Verfallbetrages ist das sog. Bruttoprinzip.[70] Wird gegen den Täter ein Bußgeldverfahren nicht eingeleitet oder wird es eingestellt, so kann gem. § 29a Abs. 4 OWiG der selbstständige Verfall angeordnet werden.

26 **c) Dinglicher Arrest.** Gem. § 111d StPO i.V.m. § 46 Abs. 1 OWiG kann unter sinngemäßer Anwendung der §§ 917, 920 Abs. 1, 923, 928, 930 bis 932, 934 Abs. 1 ZPO zur Sicherstellung eines nach § 29a OWiG evtl. anzuordnenden – nicht geringfügigen[71] – Verfallbetrages (siehe Rn 25) ein dinglicher Arrest in das bewegliche und unbewegliche Vermögen des Unternehmens angeordnet, seine Vollziehung zugelassen und zugleich eine Sache (§§ 808 ff. ZPO) oder eine angebliche Forderung des Unternehmens auf Werklohn gegen die Bauherren gepfändet (§§ 829 ff. ZPO), Zahlungen an das Unternehmen untersagt und den Werklohnschuldnern die Verfügung über die Forderung untersagt werden.[72] Hauptanwendungsfall ist die Pfändung der Werklohnforderung des ausländischen Subunternehmers gegen den Hauptunternehmer.[73] Zuständig ist nach näherer Maßgabe von § 111e StPO i.V.m. § 46 Abs. 1 OWiG grds. nur der Richter, bei Gefahr im Verzuge auch die StA – d.h. dann auch die Verfolgungsbehörde (§ 46 Abs. 2 OWiG). Im Fall der Gefährdung des Untersuchungszwecks ist gem. § 33 Abs. 4 StPO i.V.m. § 46 Abs. 1 OWiG eine Anhörung entbehrlich.[74] Für die **Arrestvollziehung** durch die in § 16 genannten Behörden (siehe § 16 Rn 2) gilt gem. § 23 Abs. 5 S. 2 das VwVG.[75]

27 **3. Ausschluss von der Vergabe öffentlicher Aufträge.** Beträgt die verhängte Geldbuße wenigstens 2.500 EUR, so soll gem. § 21 ein Bewerber, ggf. auch schon vor Durchführung eines Bußgeldverfahrens, von der Teilnahme an einem öffentlichen Wettbewerb ausgeschlossen werden (siehe § 21 Rn 6 ff.). Der Ausschluss vom Wettbewerb nach § 21 Abs. 1 S. 2 bedeutet nicht den Verzicht auf das Bußgeldverfahren.[76]

C. Verbindung zu anderen Rechtsgebieten und zum Prozessrecht

I. Verjährung

28 Durch die Verfolgungsverjährung (§ 31 OWiG) werden – unbeschadet des Ruhens (§ 32 OWiG) und der Unterbrechung (§ 33 OWiG) – die Verfolgung von OWi und die Anordnung von Nebenfolgen ausgeschlossen. Die Verjährung beginnt, sobald die Handlung beendet ist (§ 31 Abs. 3 S. 1 OWiG), was bei Mindestlohnverstößen (§ 23 Abs. 1 Nr. 1) grds. erst mit dem Wegfall der Pflicht zur Zahlung des Mindestlohns der Fall ist.[77] Nach Ablauf von **drei Jahren** tritt die Verjährung ein (§ 31 Abs. 2 Nr. 1 OWiG). Die Frist der Vollstreckungsverjährung (§ 34 OWiG) beträgt **fünf Jahre**.

---

67 *Weber*, AuB 1997, 161, 163.
68 Ignor/Rixen/*Rixen*, Rn 1051 ff.
69 *Koberski/Asshoff/Hold*, § 5 Rn 33.
70 OLG Stuttgart 5.9.2002 – 5 Ss 358/2001 – EzAÜG § 1 AEntG Nr. 12 = IBR 2003, 512 m. Anm. *Maurer*; BayObLG 27.4.2000 – 3 ObOWi 16/2000 – OLGSt § 29a OWiG Nr. 3 = NStZ 2000, 537.
71 *Koberski/Asshoff/Hold*, § 5 Rn 33, mind. 100 EUR.

72 LG Berlin 25.8.1997 – 537 Qs 78/97 – DBIR 4405, SonstVerfR/§ 29a OWiG; LG Duisburg 29.1.1999 – 91 Qs (OWi) 5/99 – NStZ-RR 1999, 221.
73 *Weber*, AuB 1997, 161, 163.
74 *Koberski/Asshoff/Hold*, § 5 Rn 33.
75 *Ulber*, § 5 AEntG Rn 18.
76 *Koberski/Asshoff/Hold*, § 6 Rn 12.
77 OLG Jena 2.2.2006 – 1 Ss 97/05 – GewArch 2006, 210 f.

II. Rechtsmittel

1. Antrag auf gerichtliche Entscheidung, Beschwerde. Gegen Anordnungen (insb. von Sicherheitsleistung, Arrest), Verfügungen und sonstige nicht bloß vorbereitende oder unselbstständige Maßnahmen, die von der Verwaltungsbehörde im Bußgeldverfahren getroffen werden, können der Betroffene und andere Personen, gegen die sich die Maßnahme richtet, einen Antrag auf gerichtliche Entscheidung an das nach § 68 OWiG zuständige Gericht stellen (§ 62 OWiG). Gegen dessen Entscheidung ist die Beschwerde statthaft (§ 304 StPO i.V.m. § 46 Abs. 1 OWiG).[78]

29

2. Einspruch gegen den Bußgeldbescheid. Gegen den Bußgeldbescheid kann nach näherer Maßgabe der §§ 67 ff. OWiG Einspruch eingelegt werden. Der Einspruch ist gem. § 67 OWiG innerhalb von zwei Wochen schriftlich oder zur Niederschrift bei der Verfolgungsbehörde einzulegen, er kann auf bestimmte Beschwerdepunkte beschränkt werden. Zur Entscheidung zuständig ist gem. § 68 Abs. 1 OWiG der Einzelrichter am AG, in dessen Bezirk die Verwaltungsbehörde ihren Sitz hat. Ist der Einspruch nicht rechtzeitig, nicht in der vorgeschriebenen Form oder sonst nicht wirksam eingelegt, so verwirft ihn die Verwaltungsbehörde im Zwischenverfahren gem. § 69 Abs. 1 OWiG als unzulässig. Gegen diesen Bescheid ist innerhalb von zwei Wochen nach Zustellung der **Antrag auf gerichtliche Entscheidung** nach § 62 OWiG zulässig (siehe Rn 29). Sind die Vorschriften über die Einlegung des Einspruchs nicht beachtet, so verwirft das Gericht den Einspruch durch Beschl. als unzulässig, wogegen die sofortige Beschwerde zulässig ist (§ 70 OWiG). Anderenfalls erfolgt eine Entscheidung im Hauptverfahren nach näherer Maßgabe der §§ 71 ff. OWiG. Sofern die Beteiligten nicht widersprechen, findet gem. § 72 OWiG keine mündliche Verhandlung statt. Die Entscheidung ergeht dann durch Beschl., gegen den die **Rechtsbeschwerde** unter den Voraussetzungen der §§ 79 ff. OWiG statthaft ist. Dies ist z.B. der Fall, wenn gegen den Betroffenen eine Geldbuße von mehr als 250 EUR festgesetzt worden ist (§ 79 Abs. 1 S. 1 Nr. 1 OWiG), bestimmte Nebenfolgen angeordnet worden sind (§ 79 Abs. 1 S. 1 Nr. 2 OWiG) oder wenn die Rechtsbeschwerde zugelassen wird (§§ 79 Abs. 1 S. 2, 80 OWiG).

30

III. Vollstreckung der Bußgeldbescheide

Rechtskräftige (§ 84 OWiG) Bußgeldentscheidungen sind nach näherer Maßgabe der §§ 89 ff. OWiG durch die zuständige **Vollstreckungsbehörde** vollstreckbar. Für die Vollstreckung gilt gem. § 23 Abs. 5 S. 2 das VwVG. Die oftmals erforderliche **Auslandsvollstreckung** von Bußgeldbescheiden stößt vielfach auf rechtliche wie tatsächliche Schwierigkeiten.[79] Für das Verhältnis zu Österreich ist Art. 9 des deutsch-österreichischen Vertrags über Amts- und Rechtshilfe in Verwaltungssachen v. 31.5.1988[80] maßgeblich. In den übrigen EU-Mitgliedstaaten ist die Vollstreckung rechtskräftiger Bußgeldbescheiden nur nach Maßgabe des Übereinkommens v. 13.11.1991 zwischen den Mitgliedstaaten der EG über die Vollstreckung ausländischer strafrechtlicher Verurteilungen[81] möglich. Nicht vertraglich gewährleistet ist die Vollstreckung in Nichtmitgliedstaaten.[82] Gerade vor diesem Hintergrund kommt der Anordnung von Nebenfolgen besondere Bedeutung zu (siehe Rn 24 ff.).[83]

31

IV. Sonstige Ordnungswidrigkeiten-, Straf- und Sanktionstatbestände

Von § 23 unberührt bleiben sonstige OWi-Tatbestände, etwa nach § 404 Abs. 1, Abs. 2 Nr. 3 bis 5 SGB III und § 8 SchwarzArbG[84] sowie die Straftatbestände nach §§ 406, 407 SGB III in Fällen der Beschäftigung von ausländischen AN ohne Genehmigung (Arbeitserlaubnis) sowie bei sonstigen Verstößen gegen § 284 SGB III.[85] In Fällen besonders krasser Unterschreitung des Mindestlohns kann strafbarer (§ 291 Abs. 1 Nr. 3 StGB) Lohnwucher vorliegen (siehe § 307 BGB Rn 20 ff., § 611 BGB Rn 404 f., 413 f., 613 ff., § 612 BGB Rn 10 ff.).[86]

32

Die Lizenz zur gewerbsmäßigen Beförderung von Briefsendungen für Dritte ist gem. § 6 Abs. 3 S. 1 Nr. 3 PostG zu versagen, wenn Tatsachen die Annahme rechtfertigen, dass der Antragsteller die wesentlichen Arbeitsbedingungen, die im lizenzierten Bereich üblich sind, nicht unerheblich unterschreitet.

V. Schadensersatzansprüche des Arbeitnehmers

§ 23 Abs. 2 ist als Schutzgesetz i.S.v. § 823 Abs. 2 BGB zugunsten des AN anzusehen mit der Folge, dass dieser vom Generalunternehmer Schadensersatz in Höhe der Differenz zwischen dem von seinem gegen § 8 Abs. 1 i.V.m. dem einschlägigen Mindestlohn-TV verstoßenden AG – dem Sub- bzw. Nachunternehmer – tatsächlich gezahlten Lohn und dem geschuldeten Mindestlohn dann (subsidiär) verlangen kann, wenn er seinen AG nicht erfolgreich in Anspruch nehmen kann.[87] Zahlt der GF der AG-Firma die Beiträge zur Urlaubskasse nur z.T., hat der AN keinen Anspruch nach § 823 Abs. 2 S. 1 BGB i.V.m. § 266a Abs. 1, 2 StGB (i.V.m. § 14 Abs. 1 Nr. 1 StGB) auf Erstattung des

33

---

78 *Koberski/Asshoff/Hold*, § 5 Rn 33.
79 *Weber*, AuB 1997, 161, 163.
80 BGBl II 1990 S. 357, 358 f., 1334.
81 BGBl II 1997 S. 1350, 1351 f.
82 *Koberski/Asshoff/Hold*, § 5 Rn 30.
83 *Weber*, AuB 1997, 161, 163.
84 I.d.F. des Zweiten Gesetzes zur Änderung des SGB IV und anderer Gesetze v. 21.12.2008 (BGBl I S. 2933, 2934 f.).
85 *Fehn/Fehn*, §§ 8, 9 Rn 1.
86 BAG 24.3.2004 – 5 AZR 303/03 – AP § 138 BGB Nr. 59 = NZA 2004, 971, 972 ff.; BGH 22.4.1997 – 1 StR 701/96 – AP § 138 BGB Nr. 52 = NZA 1997, 1167 f.
87 H.L., *Ulber*, § 5 AEntG Rn 11; *Blanke*, AuR 1999, 417, 422; *Däubler*, DB 1995, 726, 730; *Schwab*, NZA-RR 2004, 1, 6; offen gelassen von *Hanau*, NJW 1996, 1369, 1370 f.; a.A. *Hickl*, NZA 1997, 513, 517.

Differenzbetrages zwischen dem beitragsgedeckten und dem tatsächlich entstandenen Urlaubsabgeltungsanspruch, da die Sozialkassenbeiträge nicht unter § 266a StGB fallen.[88]

D. Beraterhinweise

34 Unkenntnis über die gesetzlichen Voraussetzungen und Pflichten nach §§ 8, 17 bis 19 oder über bestehende tarifliche Mindestarbeitsbedingungen schützt grds. nicht vor der Verhängung einer Geldbuße gem. § 23, sofern nicht ausnahmsweise ein beachtlicher Irrtum vorliegt (siehe Rn 6). Es ist i.d.R. erforderlich, dass Auskünfte und im Zweifelsfall fachkundiger, insb. anwaltlicher Rat eingeholt werden. Dies gilt selbst für Inhaber kleinerer Unternehmen (siehe Rn 6).[89] Fahrlässig handelt bspw. ein AG, der sich nicht sorgfältig vergewissert, ob sein Betrieb unter die BauArbbV 6 fällt, oder der ohne genaue Prüfung und Rücksprache bei der zuständigen Sozialkasse annimmt, die Voraussetzungen der bilateralen Rahmen- und Ausführungsvereinbarungen bzgl. der Freistellung vom Urlaubskassenverfahren (§ 5 Nr. 3 n.F., § 1 Abs. 3 S. 1 Nr. 1 a.F.) seien einschlägig.[90]

Abschnitt 7: Schlussvorschriften

§ 24 Evaluation

Die nach § 7 festgesetzten Mindestentgeltsätze sind im Hinblick auf ihre Beschäftigungswirkungen, insbesondere auf sozialversicherungspflichtige Beschäftigung sowie die Schaffung angemessener Mindestarbeitsbedingungen, fünf Jahre nach Inkrafttreten des Gesetzes zu überprüfen.

1 Gem. § 24 sind die im Wege der VO nach § 7 festgesetzten tariflichen Mindestentgeltsätze i.S.v. § 5 Nr. 1 im Hinblick auf ihre **Beschäftigungswirkungen** einer Evaluation zu unterziehen. Dabei sind „insb." die Auswirkungen der Mindestentgeltsätze auf die sozialversicherungspflichtige Beschäftigung sowie die Schaffung angemessener Mindestarbeitsbedingungen zu überprüfen. Der gewählte Untersuchungszeitraum von fünf Jahren nach Inkrafttreten des AEntG, mithin bis zum **24.4.2014**, erlaubt zum einen die Analyse der Wirkungen von Mindestarbeitsentgelten unter wechselnden ökonomischen Rahmenbedingungen und ist erforderlich, um die Verfügbarkeit einer breiten Datenbasis sicherzustellen.[1]

Die neue CDU/CSU-FDP-BReg plant, die Wirkungen der Mindestlöhne auf Arbeitsmarkt und Wettbewerb bereits nach zwei Jahren zu untersuchen.

Das AEntG in seiner bisherigen Fassung enthielt keine Rechtsgrundlage für eine Evaluation wie § 24 n.F.[2]

2 Das MiArbG 2009 enthält in § 19 eine gleich lautende Evaluationsvorschrift, so dass sich eine gemeinsame Untersuchung der Auswirkungen der beiden einander hinsichtlich ihrer Anwendbarkeit ergänzenden Mindestlohngesetze (siehe § 1 Rn 7) anbietet.

§ 25 Inkrafttreten, Außerkrafttreten

[1]Dieses Gesetz tritt am Tag nach der Verkündung in Kraft. [2]Gleichzeitig tritt das Arbeitnehmer-Entsendegesetz vom 26. Februar 1996 (BGBl. I S. 227), zuletzt geändert durch das Gesetz vom 21. Dezember 2007 (BGBl. I S. 3140), außer Kraft.

1 Die Vorschrift regelt das Inkrafttreten der Neufassung des AEntG zum 24.4.2009[1] (§ 25 S. 1) und das gleichzeitige Außerkrafttreten des AEntG 1996 (§ 25 S. 2).

---

88 BAG 18.8.2005 – 8 AZR 542/04 – AR-Blattei ES 1400 Nr. 73 = NZA 2005, 1235 f., auch zu § 263 StGB.
89 OLG Brandenburg 3.4.2003 – 2 Ss (OWi) 158 B/02 – IBR 2003, 510 m. Anm. *Greeve*.
90 Ignor/Rixen/*Rixen*, Rn 547.
1 BT-Drucks 16/10486, S. 18 f.
2 BGBl I 2009 S. 799.
1 BGBl I 2009 Nr. 20 v. 23.4.2009, S. 799.

Allgemeines Gleichbehandlungsgesetz (AGG)

Vom 14.8.2006, BGBl I S. 1897, BGBl III 402-40

Zuletzt geändert durch Gesetz zur Neuordnung und Modernisierung des Bundesdienstrechts (Dienstrechtsneuordnungsgesetz – DNeuG) vom 5.2.2009, BGBl I S. 160, 267

Abschnitt 1: Allgemeiner Teil

§ 1 Ziel des Gesetzes

Ziel des Gesetzes ist, Benachteiligungen aus Gründen der Rasse oder wegen der ethnischen Herkunft, des Geschlechts, der Religion oder Weltanschauung, einer Behinderung, des Alters oder der sexuellen Identität zu verhindern oder zu beseitigen.

Literatur: *Adomeit/Mohr*, Kommentar zum Allgemeinen Gleichbehandlungsgesetz, 2007; *dies.*, Verantwortung von Unternehmen für diskriminierende Stellenanzeigen durch Dritte, NJW 2007, 2522; *dies.*, Benachteiligung von Bewerbern (Beschäftigten) nach dem AGG als Anspruchsgrundlage für Entschädigung und Schadensersatz, NZA 2007, 179; *Annuß*, Das Allgemeine Gleichbehandlungsgesetz im Arbeitsrecht, BB 2006, 1629; *Bauer/Evers*, Schadensersatz und Entschädigung bei Diskriminierung – Ein Fass ohne Boden?, NZA 2006, 893; *Bauer/Göpfert/Krieger*, Allgemeines Gleichbehandlungsgesetz, Kommentar, 2. Aufl. 2008; *Bauer/Krieger*, Das Orakel von Luxemburg: Altersgrenzen für Arbeitsverhältnisse zulässig – oder doch nicht?, NJW 2007, 3672; *Bauer/Thüsing/Schunder*, Das Allgemeine Gleichbehandlungsgesetz – Alter Wein in neuen Schläuchen?, NZA 2006, 774; *dies.*, Entwurf eines Gesetzes zur Umsetzung europäischer Antidiskriminierungsrichtlinien, NZA 2005, 32; *Bauschke*, AGG Kommentar, 2007; *Bayreuther*, Kündigungsschutz im Spannungsfeld zwischen Gleichbehandlung und europäischem Antidiskriminierungsrecht, DB 2006, 1842; *Besgen/Roloff*, Grobe Verstöße des Arbeitgebers gegen das AGG – Rechte des Betriebsrats und der Gewerkschaft, NZA 2007, 670; *Biester*, Auswirkungen des Allgemeinen Gleichbehandlungsgesetzes auf die betriebliche Praxis, juris Praxisreport Arbeitsrecht 2006 Nr. 35, 36 und 37; *Colneric*, Antidiskriminierung – qvo vadis? – Europäisches Recht, NZA 2008 Beil. zu Heft 2, 66; *Däubler/Kittner/Klebe* (Hrsg.), Betriebsverfassungsgesetz, Kommentar für die Praxis, 11. Aufl. 2008; *Dill*, Die Antidiskriminierungs-Richtlinien der EU und das deutsche Staatskirchenrecht, ZRP 2003, 318; *Diller*, AGG-Hopping durch Schwerbehinderte, NZA 2007, 1321; *ders.*, Einstellungsdiskriminierung durch Dritte – Im Irrgarten von Entschädigung, Auskunft, einstweiliger Verfügung, Ausschlussfrist und Rechtsweg, NZA 2007, 649; *ders.*, BB-Forum: „AGG-Hopping" – und was man dagegen tun kann!, BB 2006, 1968; *Diller/Krieger/Arnold*, Kündigungsschutzgesetz plus Allgemeines Gleichbehandlungsgesetz – Sind Arbeitnehmer in Zukunft doppelt vor Kündigungen geschützt?, NZA 2006, 887; *Düwell*, Die Neuregelung des Verbots der Benachteiligung wegen Behinderung im AGG, BB 2006, 1741; *ders.*, AGG an versteckter Stelle geändert, juris Praxisreport Arbeitsrecht 2006 Nr. 47, Anm. 6; *Flohr/Ring*, Das neue Gleichbehandlungsgesetz, 2006; *Gach/Julis*, Beschwerdestelle und -verfahren nach § 13 Allgemeines Gleichbehandlungsgesetz, BB 2007, 773; *Göpfert/Siegrist*, Stalking – Nach Inkrafttreten des Allgemeinen Gleichbehandlungsgesetzes auch ein Problem für den Arbeitgeber?, NZA 2007, 473; *Grobys*, Die Beweislast im Anti-Diskriminierungsprozess, NZA 2006, 898; *ders.*, Organisationsmaßnahmen des Arbeitgebers nach dem neuen Allgemeinen Gleichbehandlungsgesetz, NJW 2006, 2950; *Hamacher*, Die Kündigung von Arbeitsverhältnissen nach Inkrafttreten des AGG, NZA 2007, 657; *Hanau*, Das Allgemeine Gleichbehandlungsgesetz (arbeitsrechtlicher Teil) zwischen Bagatellisierung und Dramatisierung, ZIP 2006, 2189; *Hoch*, Wer nicht schult, zahlt? – Schulungen nach dem allgemeinen Gleichbehandlungsgesetz, BB 2007, 1732; *Husmann*, Auswirkungen des neuen Anti-Diskriminierungsrechts auf das Sozialrecht, NZA 2008, Beilage zu Heft 2, 94; *Joussen*, § 9 AGG und die europäischen Grenzen für das kirchliche Arbeitsrecht, NZA 2008, 675; *ders*, Die Folgen der europäischen Diskriminierungsverbote für die kirchliche Arbeitsrecht, RdA 2003, 32; *Kamanabrou*, Vertragsgestaltung und Antidiskriminierung, NZA-Beilage 3/2006, 136; *Klumpp*, § 23 BetrVG als Diskriminierungssanktion?, NZA 2006, 904; *Körner*, Diskriminierung von älteren Arbeitnehmern – Abhilfe durch das AGG?, NZA 2008, 497; *Kolmhuber/Schreiner*, Antidiskriminierung und Arbeitsrecht, 2006; *Lembke*, Sind an die Ehe anknüpfende Leistungen des Arbeitgebers auch an Lebenspartner zu gewähren?, NJW 2008, 1631; *Leuchten*, Der Einfluss der EG-Richtlinien zur Gleichbehandlung auf das deutsche Arbeitsrecht, NZA 2002, 1254; *Lingemann/Gotham*, AGG – Benachteiligungen wegen des Alters in kollektivrechtlichen Regelungen, NZA 2007, 663; *Löwisch*, AGG-Kollektivverträge und Allgemeines Gleichbehandlungsgesetz, DB 2006, 1729; *Lutter*, Anwendbarkeit der Altersbestimmungen des AGG auf Organmitglieder, BB 2007, 725; *Meinel/Heyn/Herms*, Allgemeines Gleichbehandlungsgesetz, 2007; *Nicolai*, Das Allgemeine Gleichbehandlungsgesetz in der anwaltlichen Praxis, 2006; *Nollert-Borasio/Perreng*, Allgemeines Gleichbehandlungsgesetz, 2. Aufl. 2008; *Oelkers*, Altersdiskriminierung bei Sozialplänen – Viel Lärm um nichts, NJW 2008, 614; *Oetker*, Ausgewählte Probleme zum Beschwerderecht des Beschäftigten nach § 13 AGG, NZA 2008, 265; *Pallasch*, Diskriminierungsverbot wegen Schwangerschaft bei der Einstellung, AuR 2008, 306; *Philipp*, Ein verfassungsrechtliches Monstrum – Die „Antidiskriminierungsstelle des Bundes", NVwZ 2006, 1235; *Preis/Bender*, Recht und Zwang zur Lüge – Zwischen List, Tücke und Wohlwollen im Arbeitsrecht, NZA 2005, 1321; *Richardi*, Neues und Altes – ein Ariadnefaden durch das Labyrinth des Allgemeinen Gleichbehandlungsgesetzes, NZA 2006, 881; *Rolfs*, „Für die betriebliche Altersversorgung gilt das Betriebsrentengesetz" – Über das schwierige Verhältnis von AGG und BetrAVG, NZA 2008, 553; *ders.*, Begründung und Beendigung des Arbeitsverhältnisses mit älteren Arbeitnehmern, NZA 2008, Sonderbeilage zu Heft 7, 8; *Schiek*, AGG – Ein Kommentar aus europäischer Perspektive, 2007; *dies.*, Gleichbehandlungsrichtlinien der EU – Umsetzung im deutschen Arbeitsrecht, NZA 2004, 873; *Schimmer*, Das AGG bringt neues Haftungspotential für den Rechtsanwalt, AnwBl 2006,

846; *Schleusener/Suckow/Voigt*, Kommentar zum Allgemeinen Gleichbehandlungsgesetz, 2. Aufl. 2008; *Schneider/Sittard*, Ethikrichtlinien als Präventivmaßnahme i.S.d. § 12 AGG?, NZA 2007, 654; *Schrader/Straube*, Ist das AGG international zwingendes (Arbeits-)Recht?, NZA 2007, 184; *Schwab*, Diskriminierende Stellenanzeigen durch Personalvermittler, NZA 2007, 178; *Simon/Greßlin*, AGG: Haftung des Arbeitgebers bei Benachteiligungen durch Beschäftigte und Dritte, BB 2007, 1782; *v. Steinau-Steinrück/Schneider/Wagner*, Der Entwurf eines Antidiskriminierungsgesetzes: Ein Beitrag zur Kultur der Antidiskriminierung?, NZA 2005, 28; *Thüsing*, Arbeitsrechtlicher Diskriminierungsschutz, 2007; *ders.*, Das Arbeitsrecht der Zukunft? – Die deutsche Umsetzung der Anti-Diskriminierungsrichtlinien im internationalen Vergleich, NZA 2004, Sonderbeilage zu Heft 22, 3; *ders.*, Religion und Kirche in einem neuen Anti-Diskriminierungsrecht, JZ 2004, 172; *ders.*, Das Arbeitsrecht der Kirche – Ein Nachtrag der aktuellen Entwicklungen, NZA 2002, 306; *Thüsing/Grosse-Brockhoff*, Zum Begriff der Behinderung in der EGRL 78/2000, EWiR 2006, 473; *Waltermann*, Verbot der Altersdiskriminierung – Richtlinie und Umsetzung, NZA 2005, 1265; *Wank*, Diskriminierung in Europa – Die Umsetzung der europäischen Antidiskriminierungsrichtlinien aus deutscher Sicht, NZA 2004, Sonderbeilage zu Heft 22, 16; *Wendeling-Schröder*, Der Prüfungsmaßstab bei Altersdiskriminierungen, NZA 2007, 1399; *Westhauser/Sedig*, Mitbestimmungsrechtliche Aspekte des Beschwerderechts nach § 13 AGG, NZA 2008, 78; *Wiedemann*, Tarifvertrag und Diskriminierungsschutz – Rechtsfolgen einer gegen Benachteiligungsverbote verstoßenden Kollektivvereinbarung, NZA 2007, 950; *Wiedemann/Thüsing*, Der Schutz älterer Arbeitnehmer und die Umsetzung der Richtlinie 2000/78/EG, NZA 2002, 1234; *Willemsen/Schweibert*, Schutz der Beschäftigten im Allgemeinen Gleichbehandlungsgesetz, NJW 2006, 2583; *Wisskirchen*, Der Umgang mit dem Allgemeinen Gleichbehandlungsgesetz – Ein „Kochrezept" für Arbeitgeber, DB 2006, 1491; *Wisskirchen/Bissels*, Das Fragerecht des Arbeitgebers bei Einstellung unter Berücksichtigung des AGG, NZA 2007, 169.

A. Allgemeines 1	3. Geschlecht 12
B. Regelungsgehalt 4	4. Behinderung 13
I. Verhinderung oder Beseitigung von Benachteiligungen 4	5. Alter 15
II. Relevante Merkmale 6	6. Sexuelle Identität 16
1. Rasse oder ethnische Herkunft 7	C. Verbindung zu anderen Rechtsgebieten 18
2. Religion oder Weltanschauung 9	D. Beraterhinweise 20

A. Allgemeines

1 Das AGG dient der Umsetzung folgender EU-RL:

- RL 2000/43/EG des Rates vom 29.6.2000 zur Anwendung des Gleichbehandlungsgrundsatzes ohne Unterschied der Rasse oder der ethnischen Herkunft (Antirassismusrichtlinie),[1]
- RL 2000/78/EG des Rates vom 27.11.2000 zur Festlegung eines allgemeinen Rahmens für die Verwirklichung der Gleichbehandlung in Beschäftigung und Beruf (Rahmen-RL Beschäftigung),[2]
- RL 2002/73/EG des Europäischen Parlaments und des Rates vom 23.9.2002 zur Änderung der RL 76/207/EWG des Rates zur Verwirklichung des Grundsatzes der Gleichbehandlung von Männern und Frauen hinsichtlich des Zugangs zur Beschäftigung, zur Berufsbildung und zum beruflichen Aufstieg sowie in Bezug auf die Arbeitsbedingungen (Gender-RL),[3]
- RL 2004/113/EG des Rates vom 12.12.2004 zur Verwirklichung des Grundsatzes der Gleichbehandlung von Männern und Frauen beim Zugang zu und bei der Versorgung mit Gütern und Dienstleistungen (Gleichbehandlungs-RL wegen des Geschlechts außerhalb der Arbeitswelt).[4]

2 Die Kurzbezeichnungen entstammen der Gesetzesbegründung.[5] Die RL 76/207/EWG wurde mit Wirkung zum 15.8.2009 aufgehoben und durch die RL 2006/54/EG des Europäischen Parlaments und des Rates vom 5.7.2006 zur Verwirklichung des Grundsatzes der Chancengleichheit und Gleichbehandlung von Männern und Frauen in Arbeits- und Beschäftigungsfragen (Neufassung)[6] ersetzt. Die Europäische Kommission hat am 2.7.2008 den Vorschlag für eine RL zur Anwendung des Grundsatzes der Gleichbehandlung ungeachtet der Religion oder der Weltanschauung, einer Behinderung, des Alters oder der sexuellen Ausrichtung vorgelegt,[7] die sich auf den Bereich außerhalb von Beschäftigung und Beruf erstrecken soll.

3 Das AGG ist am 18.8.2006 als Art. 1 des Gesetzes zur Umsetzung europäischer RL zur Verwirklichung des Grundsatzes der Gleichbehandlung in Kraft getreten.[8] Änderungen bei § 10 (Streichung zweier Regelbeispiele zu Künd) und § 20 (Streichung des Merkmals der Weltanschauung) sind am 12.12.2006 als Art. 8 des Gesetzes zur Änderung des Betriebsrentengesetzes und anderer Gesetze in Kraft getreten.[9]

---

1 ABl EG L 180, S. 22.
2 ABl EG L 303, S. 16.
3 ABl EG L 269, S. 15.
4 ABl EG L 373, S. 37.
5 BT-Drucks 16/1780, S. 21.
6 ABl EG L 204, S. 23.
7 KOM (2008) 426.
8 BGBl I S. 1897.
9 BGBl I S. 2742.

B. Regelungsgehalt

I. Verhinderung oder Beseitigung von Benachteiligungen

Das Gesetz hat die Zielsetzung, Benachteiligungen wegen der in § 1 genannten Gründe in seinem in § 2 Abs. 1 näher bestimmten Anwendungsbereich zu verhindern oder zu beseitigen. Das Gesetz spricht von „Benachteiligung" und nicht von „Diskriminierung", um deutlich zu machen, dass nicht jede unterschiedliche Behandlung, die mit der Zufügung eines Nachteils verbunden ist, diskriminierenden Charakter hat.[10] Die Benachteiligung wird zur Diskriminierung, wenn sie nicht gerechtfertigt ist. Der Begriff der Benachteiligung in seinen vier Varianten ist in § 3 definiert.

Das Gesetz zielt in zwei Richtungen. Benachteiligungen sind zu verhindern. Hierzu dienen die Organisationspflichten des AG zur diskriminierungsfreien Stellenausschreibung (§ 11) und zur Ergreifung der erforderlichen Maßnahmen zum Schutz vor Benachteiligungen (§ 12 Abs. 1, 2, 5). Der Beseitigung bestehender Benachteiligungen dienen die Handlungspflichten des AG nach § 12 Abs. 3, 4 (siehe § 12 Rn 6, 7). Das betriebliche Beschwerdemanagement (§ 13) dient sowohl der Verhinderung als auch der Beseitigung von Benachteiligungen.

II. Relevante Merkmale

Das Gesetz nennt die AGG-relevanten Merkmale, ohne sie zu definieren. Auch die Gesetzesbegründung[11] beschränkt sich auf wenige Erläuterungen und weist darauf hin, dass sich die Bedeutung der Merkmale „weithin ohne besondere Erläuterung" erschließe. Dennoch sind einzelne Merkmale, insb. die der „Rasse" oder „ethnischen Herkunft" sowie die „Religion oder Weltanschauung" konkretisierungsbedürftig.

1. Rasse oder ethnische Herkunft. Die Verwendung des Begriffs der „Rasse" soll nicht bedeuten, es gäbe verschiedene menschliche Rassen.[12] Dies ist auch im Erwägungsgrund Nr. 6 der Antirassismus-RL festgehalten. Der Begriff der „Rasse" wird verwandt, da er den sprachlichen Anknüpfungspunkt zu dem zu bekämpfenden Begriff des „Rassismus" bildet.[13] Dennoch bleibt die Verwendung des Begriffs der Rasse in einem deutschen Gesetz vor dem Hintergrund der deutschen NS-Vergangenheit problematisch. Eine Definition ist erforderlich, wenn vor Diskriminierungen aus Gründen der Rasse geschützt werden soll. Der Begriff der Rasse mag daher verstanden werden im Sinn gruppenspezifisch tatsächlich oder nur behaupteter biologisch vererbbarer Merkmale.[14] Anknüpfungspunkt für eine solche Diskriminierung werden die Hautfarbe oder andere körperliche Merkmale sein, die mit einer bestimmten „Rasse" in Verbindung gebracht werden.[15]

Das nach dem Willen des Gesetzgebers[16] in einem weiten Sinne zu verstehende Merkmal der „ethnischen Herkunft" bezeichnet eine Gruppe, die nicht durch vererbliche Merkmale, sondern durch sprachliche Merkmale miteinander verbunden ist.[17] Kriterien zur Bestimmung der ethnischen Herkunft sind die Sprache, Abstammung, Geschichte, Territorium, kulturelle Werte und Bräuche sowie die Wahrnehmung als einheitliche Gruppe.[18] Auch die Religion ist ein wesentliches, die ethnische Herkunft prägendes Merkmal. Es kann daher zu Überschneidungen mit dem ebenfalls geschützten Merkmal der Religion (siehe Rn 9) kommen.[19] Eine Ungleichbehandlung aus Gründen der Staatsangehörigkeit fällt hingegen nicht unter das Merkmal der ethnischen Herkunft. Dies ist europarechtskonform, da die Antirassismus-RL die unterschiedliche Behandlung aus Gründen der Staatsangehörigkeit ausdrücklich von ihrem Geltungsbereich ausgenommen hat (Art. 3 Abs. 2 Antirassismus-RL). Erfolgt eine Ungleichbehandlung aufgrund einer unterschiedlichen Staatsangehörigkeit, kann es sich allerdings um eine mittelbare Benachteiligung aufgrund einer ethnischen Herkunft handeln (siehe § 3 Rn 7 ff.).[20] Zur Feststellung, ob eine (unproblematische) Ungleichbehandlung aus Gründen der Staatsangehörigkeit oder eine mittelbare Benachteiligung aufgrund der ethnischen Herkunft vorliegt, ist zu untersuchen, ob eine Einbürgerung des Betroffenen etwas an der Benachteiligung geändert hätte.[21]

2. Religion oder Weltanschauung. Unter Religion oder Weltanschauung ist eine mit der Person des Menschen verbundene Gewissheit über bestimmte Aussagen zum Weltganzen sowie zur Herkunft und zum Ziel des menschlichen Lebens zu verstehen; dabei legt die Religion eine den Menschen überschreitende und umgreifende „transzendente" Wirklichkeit zugrunde, während sich die Weltanschauung auf innerweltliche „immanente" Bezüge beschränkt.[22] Eine Abgrenzung zwischen den Begriffen Religion und Weltanschauung ist nicht erforderlich, da beide Begriffe gleichwertig nebeneinander verwendet werden. Ebenso wie bei Art. 4 GG (Schutz der Religions- und Weltanschauungsfreiheit) bedarf auch das AGG-relevante Merkmal der Religion oder Weltanschauung einer

---

10 BT-Drucks 16/1780, S. 30.
11 BT-Drucks 16/1780, S. 30.
12 BT-Drucks 16/1780, S. 31.
13 BT-Drucks 16/1780, S. 31.
14 Sachs/*Osterloh*, GG, Art. 3 Rn 293.
15 *Thüsing*, NZA 2004, Sonderbeil. zu Heft 22, 9.
16 BT-Drucks 16/1780, S. 31.
17 Vgl. *Annuß*, BB 2006, 1630.
18 *Biester*, juris Praxisreport, 2006, Sonderausgabe zum AGG.
19 Vgl. *Thüsing*, Arbeitsrechtlicher Diskriminierungsschutz, Rn 180.
20 MüKo-BGB/*Thüsing*, § 1 AGG Rn 100.
21 *Flohr/Ring*, Rn 61.
22 BVerwG 27.3.1992 – 7 C 21/90 – NJW 1991, 2496.

Auslegung, die nicht allein auf das Selbstverständnis der Betroffenen abstellt, sondern sich auch an dem geistigen Gehalt und äußeren Erscheinungsbild orientiert.[23]

10 Zur Auslegung ist auch die Rahmen-RL Beschäftigung heranzuziehen. Diese enthält das Begriffspaar „religion or belief" (Art. 1). Das Wort „belief" kann auch mit dem Begriff „Glaube" übersetzt werden. Die in Art. 4 GG geschützte Glaubensfreiheit bezieht sich auf den religiösen Glauben.[24] Die Anforderungen an eine Weltanschauung sind daher in Anlehnung an die Anforderungen des Merkmals der Religion – ohne transzendenten Bezug – zu bestimmen. Die Weltanschauung ist nicht Religion zu billigeren Preisen; sie muss sich am gleichen umfassenden Anspruch wie die religiöse Überzeugung messen lassen.[25]

11 Praktisch relevant ist die Frage, ob Vereinigungen wie Scientology, Sekten, politische Gruppierungen und Tendenzunternehmen i.S.v. § 118 Abs. 1 BetrVG als Weltanschauung gelten können. Ob die „Scientology Kirche" eine Weltanschauungs- oder Religionsgemeinschaft ist, wird uneinheitlich beantwortet. Während das BAG dies verneint, da die religiösen oder weltanschaulichen Lehren nur als Vorwand für die Verfolgung wirtschaftlicher Ziele dienen würden,[26] haben das BVerfG und das BVerwG dies bisher offen gelassen.[27] Das BVerwG differenziert zwischen den Mitgliedern der „Scientology Kirche" einerseits und der „Scientology Kirche" andererseits. Die scientologische Lehre erfülle den Begriff des Glaubens oder der Weltanschauung. Selbst wenn die „Scientology Kirche" mit den von ihr propagierten ideellen Zielen in Wahrheit ausschließlich wirtschaftliche Interessen verfolge, nehme dies dem Mitglied der Kirche, das an die Lehre glaube, nicht den Grundrechtsschutz. Das einzelne Mitglied der „Scientology Kirche" wird sich daher auf das Merkmal der Weltanschauung berufen können.[28] Ob politische Anschauungen dem Merkmal der Weltanschauung unterfallen, ist umstr. Der Rechtsausschuss des deutschen Bundestages verneint dies;[29] auf seine Empfehlung hin wurde gleichwohl das Merkmal der Weltanschauung aus dem zivilrechtlichen Schutzbereich des AGG (§ 19 Abs. 1) herausgenommen, damit z.B. Anhänger radikaler politischer Gruppen sich nicht auf dieses Merkmal berufen können. Bei einer eng am Begriff der Religion orientierten Auslegung unterfällt die politische Anschauung nicht dem Merkmal der Weltanschauung.[30] Dem ist zuzustimmen, da die Politik lediglich einen Teilbereich des Weltganzen darstellt und die Frage nach der Herkunft und dem Ziel des menschlichen Lebens nicht zum Gegenstand hat.

12 **3. Geschlecht.** Der Begriff des Geschlechts erfasst die Erscheinungsform menschlicher Organismen als weiblich oder männlich, wie sie durch die Geschlechtschromosomen bestimmt wird,[31] auch intersexuelle (Hermaphroditen)[32] und transsexuelle Formen.[33]

13 **4. Behinderung.** Der Begriff der „Behinderung" wird vom EuGH so verstanden, dass er Einschränkungen erfasst, die insbesondere auf physische, geistige oder psychische Beeinträchtigungen zurückzuführen sind, ein Hindernis für die Teilhabe am Berufsleben bilden und wahrscheinlich von langer Dauer sind.[34] Geschützt werden nicht nur Schwerbehinderte und Gleichgestellte i.S.v. § 2 Abs. 2 und 3 SGB IX.[35] Vielmehr kann auf die gesetzliche Definition in § 2 Abs. 1 S. 1 SGB IX abgestellt werden.[36] Hiernach sind Menschen behindert, „wenn ihre körperliche Funktion, geistige Fähigkeit oder seelische Gesundheit mit hoher Wahrscheinlichkeit länger als sechs Monate von dem für das Lebensalter typischen Zustand abweichen und daher ihre Teilhabe am Leben in der Gesellschaft beeinträchtigt ist." Schwerbehinderte Beschäftigte genießen sowohl den Schutz des AGG als auch den Schutz des § 81 Abs. 2 S. 1 SGB IX, der auf das AGG verweist.[37]

14 Da es für das Merkmal der Behinderung nicht auf das Überschreiten eines bestimmten Schwellenwerts (Grad der Behinderung) ankommt, hat die Abgrenzung zur Krankheit, die nur vorübergehender Natur ist, eine erhebliche Bedeutung. Die Krankheit ist kein von der Rahmen-RL Beschäftigung geschütztes Merkmal.[38] Allerdings kann eine Krankheit zugleich eine Behinderung sein, wenn sie mit hoher Wahrscheinlichkeit länger als sechs Monate andauert (vgl. § 2 Abs. 1 S. 1 SGB IX).[39]

15 **5. Alter.** Der Begriff „Alter" meint das Lebensalter, schützt also gegen ungerechtfertigte unterschiedliche Behandlungen, die an das konkrete Lebensalter anknüpfen.[40] Die Besonderheit dieses Merkmals liegt darin, dass jeder AN

---

23 Vgl. ErfK/*Dieterich*, Art. 4 GG Rn 6.
24 Sachs/*Kokott*, GG, Art. 4 Rn 18.
25 *Thüsing*, NZA 2004, Sonderbeil. zu Heft 22, 11.
26 BAG 22.3.1995 – 5 AZB 21/94 – NZA 1995, 823.
27 BVerfG 28.3.2002 – 2 BvR 307/01 – NJW 2002, 2227; BVerwG 15.12.2005 – 7 C 20/04 – NJW 2006, 1303; ebenso OVG Münster 12.2.2008 – 5 A 130/05 – BeckRS 2008, 33834; OVG Berlin-Brandenburg 9.7.2009 – 5 S 5/09 – BeckRS 2009, 35850.
28 A.A. *Schleusener/Suckow/Voigt*, § 1 Rn 51.
29 BT-Drucks 16/2022, S. 28.
30 *Thüsing*, NZA 2004, Sonderbeil. zu Heft 22, 11.
31 MüKo-BGB/*Thüsing*, § 1 AGG Rn 56.
32 MüKo-BGB/*Thüsing*, § 1 AGG Rn 56.
33 EuGH 30.4.1996 – C-13/94 – P/S und Cornwell County Council – NZA 1996, 695; MüKo-BGB/*Thüsing*, § 1 AGG Rn 56.
34 EuGH 11.7.2006 – C-13/05 – Sonia Chacón Navas – NZA 2006, 839.
35 BAG 3.4.2007 – 9 AZR 823/06 – NZA 2007, 1098.
36 BT-Drucks 16/1780, S. 31.
37 Vgl. *Düwell*, BB 2006, 1741.
38 EuGH 11.7.2006 – C-13/05 – Sonia Chacón Navas – NZA 2006, 839.
39 *Thüsing/Grosse-Brockhoff*, EWiR 2006, 473.
40 BT-Drucks 16/1780, S. 31.

im Laufe seines Lebens die verschiedenen Altersgruppen wechselt. Geschützt werden nicht nur Ältere vor einer Benachteiligung gegenüber den Jüngeren, sondern auch Jüngere vor einer Benachteiligung gegenüber den Älteren.[41] Im Arbeitsleben gibt es zahlreiche typische Konstellationen, in denen jüngere AN benachteiligt werden (z.B. Sozialauswahl, Entgeltgruppen, Urlaubsanspruch) oder ältere AN benachteiligt werden (Höchstalter bei Einstellungen, Altersgrenze bei Erreichen des Rentenalters).

6. Sexuelle Identität. Die Rahmen-RL Beschäftigung verwendet den Begriff „sexuelle Ausrichtung" (Art. 1). Es ist nicht erkennbar, dass die hiervon abweichende Formulierung im AGG eine inhaltliche Bedeutung hat.[42] Erfasst werden nach der Gesetzesbegründung homosexuelle Männer und Frauen ebenso wie bisexuelle, transsexuelle und zwischengeschlechtliche Menschen.[43] Der EuGH ordnet transsexuelle oder zwischengeschlechtliche Menschen hingegen dem Merkmal des „Geschlechts" zu (siehe Rn 12). Die sexuelle Identität erfasst aber auch heterosexuelle Männer und Frauen, die in einer homosexuell geprägten Arbeitsumwelt geschützt sind.[44]

Erfasst ist nach dem Wortlaut jede sexuelle Identität. Auch die Gesetzesbegründung enthält keine Einschränkung. In der Lit. wird daher problematisiert, ob auch eine sexuelle Identität, die strafbare Ausdrucksformen findet, unter das AGG fällt.[45] Zumindest die strafbare Ausdrucksform wird durch das AGG nicht geschützt.[46]

C. Verbindung zu anderen Rechtsgebieten

Das Gesetz zur Umsetzung europäischer RL zur Verwirklichung des Grundsatzes der Gleichbehandlung vom 14.8.2006[47] enthält neben dem AGG (Art. 1) auch das Gesetz über die Gleichbehandlung der Soldatinnen und Soldaten (Art. 2). Dieses Gesetz weist viele Parallelen zum AGG auf, erfasst allerdings nur die Merkmale der Rasse, ethnischen Herkunft, Religion, Weltanschauung und sexuellen Identität.

Das Arbeitsrecht enthält neben dem AGG weitere Antidiskriminierungsregelungen, die weiterhin in Kraft sind. Zu nennen sind § 81 Abs. 2 SGB IX (Pflichten des AG und Rechte schwer behinderter Menschen), § 4 Abs. 1 und 2 TzBfG (Verbote der Diskriminierung wegen Teilzeitarbeit und wegen Befristung), § 75 Abs. 1 BetrVG (Grundsätze für die Behandlung der Betriebsangehörigen), § 3 Abs. 1 Nr. 3 AÜG (Versagung der Erlaubnis zur AÜ), Art. 9 Abs. 3 GG (Verbot der Benachteiligung wegen Gewerkschaftsmitgliedschaft) und Art. 3 GG (Gleichheit vor dem Gesetz). Auch der allg. arbeitsrechtliche Gleichbehandlungsgrundsatz gilt fort. Neu ist das Verbot von Benachteiligungen im Arbeitsleben aufgrund genetischer Eigenschaften, bei dessen Verletzung die Rechte nach § 15 AGG geltend gemacht werden können (§ 21 GenDG).

D. Beraterhinweise

In der Praxis ist zu beachten, dass nur solche Ungleichbehandlungen AGG-relevant sind, die aus Gründen erfolgen, die unmittelbar oder mittelbar an eines der in § 1 genannten Merkmale anknüpfen. Alle Ungleichbehandlungen, die nicht daran anknüpfen, mögen aus anderen rechtlichen Gründen (z.B. Sittenwidrigkeit, Verstoß gegen Treu und Glauben, Verstoß gegen die Fürsorgepflicht des AG, Verstoß gegen Normen des Strafrechts) unzulässig sein, unterliegen jedoch nicht dem AGG.

§ 2 Anwendungsbereich

(1) Benachteiligungen aus einem in § 1 genannten Grund sind nach Maßgabe dieses Gesetzes unzulässig in Bezug auf:
1. die Bedingungen, einschließlich Auswahlkriterien und Einstellungsbedingungen, für den Zugang zu unselbstständiger und selbstständiger Erwerbstätigkeit, unabhängig von Tätigkeitsfeld und beruflicher Position, sowie für den beruflichen Aufstieg,
2. die Beschäftigungs- und Arbeitsbedingungen einschließlich Arbeitsentgelt und Entlassungsbedingungen, insbesondere in individual- und kollektivrechtlichen Vereinbarungen und Maßnahmen bei der Durchführung und Beendigung eines Beschäftigungsverhältnisses sowie beim beruflichen Aufstieg,
3. den Zugang zu allen Formen und allen Ebenen der Berufsberatung, der Berufsbildung einschließlich der Berufsausbildung, der beruflichen Weiterbildung und der Umschulung sowie der praktischen Berufserfahrung,

---

41 ErfK/*Schlachter*, § 1 AGG Rn 11.
42 MüKo-BGB/*Thüsing*, § 1 AGG Rn 89.
43 BT-Drucks 16/1780, S. 31.
44 MüKo-BGB/*Thüsing*, § 1 AGG Rn 89.
45 MüKo-BGB/*Thüsing*, § 1 AGG Rn 88.
46 *Schleusener/Suckow/Voigt*, § 1 Rn 74; *Bauer/Göpfert/Krieger*, § 1 Rn 52.
47 BGBl I 2006, 1897.

4. die Mitgliedschaft und Mitwirkung in einer Beschäftigten- oder Arbeitgebervereinigung oder einer Vereinigung, deren Mitglieder einer bestimmten Berufsgruppe angehören, einschließlich der Inanspruchnahme der Leistungen solcher Vereinigungen,
5. den Sozialschutz, einschließlich der sozialen Sicherheit und der Gesundheitsdienste,
6. die sozialen Vergünstigungen,
7. die Bildung,
8. den Zugang zu und die Versorgung mit Gütern und Dienstleistungen, die der Öffentlichkeit zur Verfügung stehen, einschließlich von Wohnraum.

(2) ¹Für Leistungen nach dem Sozialgesetzbuch gelten § 33c des Ersten Buches Sozialgesetzbuch und § 19a des Vierten Buches Sozialgesetzbuch. ²Für die betriebliche Altersvorsorge gilt das Betriebsrentengesetz.

(3) ¹Die Geltung sonstiger Benachteiligungsverbote oder Gebote der Gleichbehandlung wird durch dieses Gesetz nicht berührt. ²Dies gilt auch für öffentlich-rechtliche Vorschriften, die dem Schutz bestimmter Personengruppen dienen.

(4) Für Kündigungen gelten ausschließlich die Bestimmungen zum allgemeinen und besonderen Kündigungsschutz.

A. Allgemeines 1	5. Sozialschutz, soziale Vergünstigungen, Bildung und Versorgung mit Gütern und Dienstleistungen (Nr. 5 bis 8) 11
B. Regelungsgehalt 2	
I. Sachlicher Anwendungsbereich (Abs. 1) 2	II. Leistungen nach dem Sozialgesetzbuch und betriebliche Altersvorsorge (Abs. 2) 12
1. Zugangsbedingungen zu Erwerbstätigkeit und beruflichem Aufstieg (Nr. 1) 3	1. Leistungen nach dem Sozialgesetzbuch (S. 1) .. 13
2. Beschäftigungs- und Arbeitsbedingungen, Durchführung und Beendigung eines Beschäftigungsverhältnisses sowie beruflicher Aufstieg (Nr. 2) 4	2. Betriebliche Altersversorgung (S. 2) 14
	III. Verhältnis zu sonstigen Gleichbehandlungsverboten oder Gleichbehandlungsgeboten (Abs. 3) 18
3. Zugang zu beruflicher Bildung (Nr. 3) 9	IV. Kündigungen (Abs. 4) 19
4. Mitgliedschaft und Mitwirkung in einer Beschäftigten- oder Arbeitgebervereinigung (Nr. 4) 10	C. Verbindung zu anderen Rechtsgebieten 23
	D. Beraterhinweise 24

A. Allgemeines

1 § 2 bestimmt den sachlichen Anwendungsbereich des AGG. Der persönliche Anwendungsbereich ist in § 6 geregelt. Abs. 1 Nr. 1 bis 4 entsprechen weitgehend jeweils den Art. 3 Abs. 1 Buchst. a bis d der Antirassismus-RL, der Rahmen-RL Beschäftigung und der Gender-RL. Abs. 1 Nr. 5 bis 8 entsprechen wortgleich Art. 3 Abs. 1 Buchst. e bis h der Antirassismus-RL.

B. Regelungsgehalt

I. Sachlicher Anwendungsbereich (Abs. 1)

2 Der in den Nr. 1 bis 4 definierte Anwendungsbereich bezieht sich auf das Arbeitsleben. Die Nr. 5 bis 8 betreffen Sachverhalte außerhalb des Arbeitslebens.

3 **1. Zugangsbedingungen zu Erwerbstätigkeit und beruflichem Aufstieg (Nr. 1).** Der Zugang zur Erwerbstätigkeit erfasst das gesamte Anbahnungsverhältnis beginnend mit der Stellenausschreibung bis hin zur Bewerberauswahl sowie die Bedingungen, zu denen eine Einstellung erfolgt. Dies erfasst auch die Frage, ob befristete oder unbefristete Verträge abgeschlossen und zu welchen Konditionen Vertragsangebote unterbreitet werden. Dabei kommt es nicht darauf an, für welche Tätigkeit und berufliche Position die Einstellung erfolgt. Auch ist es unerheblich, ob eine selbstständige oder unselbstständige Erwerbstätigkeit ausgeübt werden soll. Dies entspricht der Erweiterung des persönlichen Anwendungsbereiches auf arbeitnehmerähnliche Personen, Selbstständige und Organmitglieder in § 6 Abs. 1 Nr. 3, Abs. 3.

Der berufliche Aufstieg erfasst die Beförderung, d.h. die Übertragung einer nach der Verkehrsanschauung höherwertigen Tätigkeit.[1]

4 **2. Beschäftigungs- und Arbeitsbedingungen, Durchführung und Beendigung eines Beschäftigungsverhältnisses sowie beruflicher Aufstieg (Nr. 2).** Nr. 2 weicht in zwei Punkten von der Formulierung des Geltungsbereichs in den RL ab. Zum einen werden ausdrücklich individual- und kollektivrechtliche Vereinbarungen in Bezug genommen. Zum anderen werden ausdrücklich Maßnahmen bei der Durchführung und Beendigung eines Beschäf-

---

1 *Bauer/Göpfert/Krieger*, § 2 Rn 17.

tigungsverhältnisses sowie beim beruflichen Aufstieg genannt. Eine inhaltliche Erweiterung gegenüber den Vorgaben der RL ist hierdurch nicht beabsichtigt; es soll lediglich der Begriff der Beschäftigungs- und Arbeitsbedingungen konkretisiert werden.[2]

Zu den Beschäftigungs- und Arbeitsbedingungen einschl. des Arbeitsentgelts zählen auch geldwerte Vorteile, Sonderzahlungen und andere Vergünstigungen, die der AG einem einzelnen AN oder AN-Gruppen gewährt. Maßnahmen bei der Durchführung des Arbverh sind z.B. Weisungen, Versetzungen oder Umsetzungen.[3]

Zu den Entlassungsbedingungen zählt auch die Frage, wer entlassen wird. So hat der EuGH die Frage, ob im Rahmen einer Sozialauswahl teil- und vollzeitbeschäftigte AN generell vergleichbar sind, am Maßstab der Gender-RL in ihrer ursprünglichen Fassung als RL 76/207/EWG,[4] die sich ebenfalls auf Entlassungsbedingungen bezog, geprüft. Auch für die Rahmen-RL Beschäftigung geht der EuGH selbstverständlich davon aus, dass die Künd von AN dem Geltungsbereich der RL unterfällt.[5] Die Künd eines Arbverh unterfällt somit bei europarechtlicher Auslegung des Begriffes der Entlassungsbedingungen dem Anwendungsbereich des § 2 Abs. 1 Nr. 2 (siehe Rn 19).

Der Begriff der Vereinbarung ist weit zu verstehen. Er erfasst die individualvertraglichen Vereinbarungen zwischen AG und Beschäftigten ebenso wie die kollektivrechtlichen Vereinbarungen mit AN-Vertretungen, TV und vergleichbare kollektive Regelungen.[6] Die Erstreckung auf kollektivrechtliche Vereinbarungen entspricht sowohl der Rspr. des EuGH[7] als auch der Rspr. des BAG,[8] die beide TV am Maßstab europäischer Rechtsvorschriften überprüfen.[9] Die Gesetzesbegründung lässt nicht erkennen, ob auch betriebliche Übungen oder Gesamtzusagen dem Anwendungsbereich des AGG unterfallen. Beides wird zu bejahen sein, da der Begriff der „Vereinbarung" weit zu verstehen ist[10] und nach der Rspr. des BAG sowohl die Gesamtzusage[11] als auch die betriebliche Übung[12] einen vertraglichen Anspruch begründen.

In der Lit. wird vereinzelt problematisiert, ob Nr. 2 sich nur auf die unselbstständige Erwerbstätigkeit bezieht. Dies wird unter Hinweis auf die unterschiedlichen Formulierungen in Nr. 1 („Zugang zu unselbstständiger und selbstständiger Erwerbstätigkeit") und Nr. 2 („Beschäftigungs- und Arbeitsbedingungen") sowie die Beschränkung des persönlichen Anwendungsbereiches bei Selbstständigen und Organmitgliedern auf Nr. 1 (§ 6 Abs. 3) bejaht (siehe § 6 Rn 7 ff.).[13]

3. Zugang zu beruflicher Bildung (Nr. 3). Erfasst sind alle Arten und Formen der beruflichen Bildung, unabhängig von deren Rechtsgrundlage und vom Träger der Bildungsmaßnahme.[14] Da auch der Zugang zur praktischen Berufserfahrung erfasst ist, unterfällt auch die Vergabe von Praktika dem Anwendungsbereich des AGG.[15] Soweit es um Leistungen nach dem Sozialgesetzbuch geht, gelten ausschließlich die Regelungen in § 33c SGB I und § 19a SGB IV (siehe Rn 13). I.Ü. verbleibt es bei der Anwendung des AGG.

4. Mitgliedschaft und Mitwirkung in einer Beschäftigten- oder Arbeitgebervereinigung (Nr. 4). Erfasst ist die Auswahl von Mitgliedern, insb. in Gewerkschaften und AG-Vereinigungen, aber auch in berufsbezogenen Interessenvereinigungen. Versorgungswerke der Angehörigen freier Berufe sollen mangels Gesetzgebungskompetenz des Bundes hiervon ausgenommen sein.[16] Allen Interessierten soll gleicher Zugang zu den Vereinigungen gewährleistet werden. Mitwirkungsrechte und -pflichten dürften nicht zu Lasten einer bestimmten Person oder Personengruppe verteilt werden.[17]

5. Sozialschutz, soziale Vergünstigungen, Bildung und Versorgung mit Gütern und Dienstleistungen (Nr. 5 bis 8). Dieser Anwendungsbereich bezieht sich auf öffentlich-rechtliche oder zivilrechtliche Sachverhalte außerhalb von Beschäftigung und Beruf.[18]

II. Leistungen nach dem Sozialgesetzbuch und betriebliche Altersvorsorge (Abs. 2)

Abs. 2 nimmt zwei Bereiche aus dem Anwendungsbereich des AGG heraus.

1. Leistungen nach dem Sozialgesetzbuch (S. 1). Für Leistungen nach dem Sozialgesetzbuch wird auf § 33c SGB I und auf § 19a SGB IV verwiesen (siehe Rn 9). § 33c SGB I enthält den allg. Grundsatz des Benachteiligungsverbots wegen der Merkmale Behinderung, Rasse und ethnische Herkunft und gilt für alle Sozialleistungsbereiche der Sozialgesetzbücher und der in § 68 SGB I aufgezählten besonderen Teile, die sich noch außerhalb des SGB be-

---

2 BT-Drucks 16/1780, S. 31.
3 BT-Drucks 16/1780, S. 31.
4 ABl EG L 39, S. 40.
5 EuGH 11.7.2006 – Sonia Chacón Navas – C-13/05 – NZA 2006, 839.
6 BT-Drucks 16/1780, S. 31.
7 EuGH 27.10.1993 – C 127/92 – Dr. Pamela Mary Enderby – NZA 1994, 797.
8 BAG 17.10.1995 – 3 AZR 882/94 – NZA 1996, 656.
9 Vgl. *Nicolai*, § 2 Rn 190.
10 BT-Drucks 16/1780, S. 31.
11 BAG 22.1.2003 – 10 AZR 395/02 – AP § 611 BGB Gratifikation Nr. 247.
12 BAG 18.3.2003 – 3 AZR 101/02 – NZA 2004, 1099.
13 *Bauer/Göpfert/Krieger*, § 2 Rn 30.
14 *Bauer/Göpfert/Krieger*, § 2 Rn 32.
15 *Flohr/Ring*, Rn 80.
16 BVerwG 25.7.2007 – 6 C 27/06 – NJW 2008, 246.
17 *Flohr/Ring*, Rn 81.
18 BT-Drucks 16/1780, S. 31.

finden. § 19a SGB IV enthält ein bezüglich der geschützten Merkmale weitergehendes, bezüglich des Anwendungsbereiches (Berufsberatung, Berufsbildung, berufliche Weiterbildung und Umschulung) aber beschränktes, besonderes Benachteiligungsverbot. Soweit es um Leistungen nach dem Sozialgesetzbuch geht, findet das AGG keine Anwendung. Es gelten ausschließlich die Regelungen in § 33c SGB I und § 19a SGB IV.[19] Im Übrigen erfasst der in Abs. 1 definierte Anwendungsbereich des AGG auch das Sozialrecht (Nr. 1 bezogen auf das Leistungserbringungsrecht, Nr. 3, Nr. 5, Nr. 6 und Nr. 8). Soweit die §§ 8 bis 10 für sozialrechtliche Sachverhalte nicht unmittelbar anwendbar sind, ist eine analoge Anwendung zu prüfen.[20]

14 **2. Betriebliche Altersversorgung (S. 2).** Die Bedeutung des Verweises auf das Betriebsrentengesetz für die betriebliche Altersvorsorge ist nach dem Wortlaut unklar. S. 2 lässt nicht erkennen, ob ausschließlich oder parallel das Betriebsrentengesetz gelten soll.[21] Anders als bei Abs. 4 (Bereichsausnahme für Künd) fehlt das Wort „ausschließlich". Das BAG betrachtet S. 2 als Kollisionsregelung. Es wendet daher das AGG mit der Einschränkung auf die betriebliche Altersversorgung an, dass Regelungen des Betriebsrentengesetzes über Unterscheidungen, die Bezug zu AGG-Merkmalen haben, vom AGG nicht berührt werden.[22] Die Regelungen des Betriebsrentengesetzes zur Unverfallbarkeit (§ 1b BetrAVG) und zu Altersgrenzen (§ 2 Abs. 1 BetrAVG), die beide an das Merkmal Alter anknüpfen, sind somit Sonderregelungen, die dem AGG vorgehen.[23]

15 Für die Auslegung des BAG spricht, dass in § 10 S. 3 Nr. 4 ein Regelbeispiel zur Rechtfertigung einer Ungleichbehandlung wegen des Alters im Bereich der betrieblichen Alters- und Invaliditätsvorsorge enthalten ist (siehe § 10 Rn 24). Eine derartige Regelung wäre entbehrlich, wenn die betriebliche Altersvorsorge nicht unter das AGG fallen würde. Zudem wäre eine Bereichsausnahme für die betriebliche Altersversorgung nicht europarechtskonform.[24]

16 Umstritten ist, ob **eingetragene Lebenspartner** in der Hinterbliebenenversorgung Ehegatten gleichzustellen sind. Es wird die Auffassung vertreten, zwar dürfe der Staat zwischen Ehe und Lebenspartnerschaft differenzieren, nicht aber Private.[25] Dagegen steht die Auffassung, eine etwaige Ungleichbehandlung sei durch die Privilegierung, die die Ehe in Art. 6 Abs. 1 GG erfährt, gerechtfertigt.[26] Das BAG hat zunächst die Auffassung vertreten, es sei zulässig, Leistungen nur verheirateten AN zu gewähren, da die Unterscheidung an den Familienstand anknüpft, sodass alle unverheirateten AN ausgeschlossen sind, unabhängig von ihrer sexuellen Orientierung.[27] Der EuGH hat demgegenüber entschieden, dass eine Versorgungsordnung, die nur Ehegatten, nicht auch Lebenspartnern eine Hinterbliebenenversorgung gewährt, eine unmittelbare Diskriminierung wegen der sexuellen Identität darstelle, wenn sich nach nationalem Recht beide Gruppen in einer vergleichbaren Versorgungssituation befinden.[28] Da der EuGH sogar eine unmittelbare Benachteiligung annimmt, scheidet eine Rechtfertigung nahezu aus. Richtigerweise kommt allenfalls eine mittelbare Benachteiligung in Betracht, da die Ungleichbehandlung an den Familienstand anknüpft, nicht die sexuelle Identität.[29] Das BAG ist dem EuGH gefolgt und hat entschieden, dass eingetragene Lebenspartner hinsichtlich der Hinterbliebenenversorgung gleichzustellen sind, soweit am 1.1.2005 (Zeitpunkt des Inkrafttretens des LPartG) zwischen dem Versorgungsberechtigten und dem Versorgungsschuldner noch ein Rechtsverhältnis bestand.[30] Auch das BVerfG sieht in der Ungleichbehandlung von Ehe und eingetragener Lebenspartnerschaft im Bereich der betrieblichen Hinterbliebenenrente (der VBL) einen Verstoß gegen Art. 3 Abs. 1 GG.[31]

17 Da die betriebliche Altersvorsorge grds. dem Anwendungsbereich des AGG unterfällt, sind auch mittelbar oder unmittelbar an das Alter anknüpfende Wartezeitregelungen, Mindest- und Höchstaltersgrenzen, Altersabstandsklauseln und Späteheklauseln auf ihre Rechtfertigung zu prüfen (siehe § 10 Rn 24).

III. Verhältnis zu sonstigen Gleichbehandlungsverboten oder Gleichbehandlungsgeboten (Abs. 3)

18 Abs. 3 stellt klar, dass das Gesetz lediglich der Umsetzung der vier europäischen RL dient und keine vollständige und abschließende Regelung des Schutzes vor Benachteiligungen darstellt. Alle Benachteiligungsverbote oder Gleichbehandlungsgebote, die auf anderen Rechtsvorschriften beruhen (siehe § 1 Rn 19), bleiben unberührt.[32]

IV. Kündigungen (Abs. 4)

19 Erhebliche praktische Bedeutung kommt der Bereichsausnahme für Künd zu. Diese Ausnahme ist erst auf der „Zielgeraden" des Gesetzgebungsverfahrens aufgrund einer Anregung des Bundesrats[33] und der darauf aufbauenden Be-

---

19 BT-Drucks 16/1780, S. 32.
20 *Husmann*, NZA 2008, Beil. zu Heft 2, 94.
21 *Willemsen/Schweibert*, NJW 2006, 2583.
22 BAG 11.12.2007 – 3 AZR 249/06 – NZA 2008, 532.
23 BAG 11.12.2007 – 3 AZR 249/06 – NZA 2008, 532.
24 *Schleusener/Suckow/Voigt*, § 2 Rn 19.
25 *Rolfs*, NZA 2008, 553.
26 *Bauer/Göpfertz/Krieger*, § 2 Rn 49; *Thüsing*, Arbeitsrechtlicher Diskriminierungsschutz, Rn 354.
27 BAG 26.10.2006 – 6 AZR 307/06 – NZA 2007, 1179; ebenso BGH 14.2.2007 – IV ZR 267/04 – NJW-RR 2007, 1441.
28 EuGH 1.4.2008 – C-267/06 – Tadao Maruko – NZA 2008, 459.
29 *Lembke*, NJW 2008, 1631.
30 BAG 14.1.2009 – 3 AZR 20/07 – BeckRS 2009, 59716.
31 BVerfG 7.7.2009 – 1 BvR 1164/07 – BeckRS 2009, 39822.
32 BT-Drucks 16/1780, S. 32.
33 BT-Drucks 16/1852, S. 2.

schlussempfehlung des Rechtsausschusses[34] in das Gesetz gelangt. Ein doppelter Künd-Schutz soll vermieden werden.[35] Die Europarechtskonformität dieser Bereichsausnahme ist umstr. Teilweise wird eine Europarechtswidrigkeit angenommen,[36] teilweise wird eine Europarechtskonformität bejaht[37] und teilweise wird eine richtlinienkonforme Auslegung des Abs. 4 für erforderlich und möglich erachtet.[38] Die Frage nach der Europarechtskonformität stellt sich, da zum sachlichen Anwendungsbereich des AGG auch die Beendigung eines Beschäftigungsverhältnisses (siehe Rn 6) gehört. Da sich das AGG und das KSchG in Prüfungsmaßstab, Beweislast und Sanktion unterscheiden,[39] kommt der Frage erhebliche Bedeutung zu.

Das vom EuGH entwickelte Gebot einer richtlinienkonformen Auslegung nationaler Rechtsvorschriften[40] erfordert, den Diskriminierungsschutz, den die RL fordern, innerhalb der Bestimmungen zum allg. und besonderen Künd-Schutz zu verwirklichen. Dies sind insb. die §§ 1 und 15 KSchG, § 9 MuSchG, § 18 BEEG, §§ 85 ff., 96 SGB III, § 2 ArbPlSchG und § 626 BGB, aber auch die zivilrechtlichen Generalklauseln der §§ 138 und 242 BGB, die ebenfalls einen Künd-Schutz bei diskriminierenden Künd vermitteln.[41] Eine Künd, die ausschließlich aus diskriminierenden Gründen erfolgt, wird schon nach diesen Künd-Schutzbestimmungen unwirksam sein. Erfolgt die Künd hingegen aus Gründen, die eine Künd nach den Künd-Schutzbestimmungen rechtfertigen können, kommt jedoch ein diskriminierendes Motiv hinzu (sog. Motivbündel), so stellt sich die Frage, ob das diskriminierende Motiv zur Unwirksamkeit der ansonsten wirksamen Künd führt. In diesen Fällen erlangt das AGG im Bereich des Künd-Schutzes eine eigenständige Bedeutung.[42]

Zur Lösung wird in der Lit. vorgeschlagen, Abs. 4 als spezielle Beweisregelung auszulegen, die die allg. Beweislastregelung des § 22 für Künd-Sachverhalte konkretisiert.[43] Andere Stimmen in der Lit. halten eine richtlinienkonforme Auslegung des Abs. 4 für geboten, wonach zwar die Frage nach der Wirksamkeit einer Künd ausschließlich nach den Künd-Schutzbestimmungen beurteilt wird, bei einer zwar wirksamen, aber dennoch diskriminierenden Künd der Entschädigungsanspruch gem. § 15 Abs. 2 jedoch nicht ausgeschlossen ist.[44] Es wird also zwischen der Sanktionierung der diskriminierenden Motive durch Entschädigung und der kündigungsrechtlichen Frage der Wirksamkeit der Beendigung des Arbverh differenziert. Ein anderer Teil der Lit. hält eine richtlinienkonforme Auslegung für nicht möglich; Abs. 4 müsse unangewendet bleiben, bis der Gesetzgeber eine gemeinschaftskonforme Regelung vornehme.[45] Jede Künd wegen eines AGG-Merkmals sei nach § 134 BGB i.V.m. § 7 Abs. 1 unwirksam.[46] Richtig erscheint Folgendes: Der eindeutige Wortlaut des Abs. 4 erlaubt keine Auslegung in der vorgenannten Weise. Die Lösung ist daher innerhalb der bestehenden kündigungsschutzrechtlichen Bestimmungen zu suchen. Diese sind ebenfalls richtlinienkonform auszulegen. Eine Künd, die ausschließlich durch ein diskriminierendes Motiv bestimmt wird, ist nach §§ 138, 242 BGB unwirksam. Dies gilt auch für Künd in der Wartezeit und in Kleinbetrieben. Bei Künd, denen ein Motivbündel zugrundeliegt, ist zu fragen, ob das diskriminierende Motiv das rechtfertigende Motiv verdrängt. Dies richtet sich danach, ob ohne das diskriminierende Motiv die Künd ebenfalls ausgesprochen worden wäre. Dabei ist aufgrund einer dem Rechtsgedanken des § 22 entsprechenden Beweislastverteilung zu vermuten, dass das diskriminierende Motiv ausschlaggebend war. Die Vermutung kann vom AG widerlegt werden. Zweifel gehen zu seinen Lasten.

Das BAG hat sich für eine europarechtskonforme Auslegung des Abs. 4 entschieden.[47] Hiernach sind die Diskriminierungsverbote des AGG einschließlich der Rechtfertigungsgründe im Rahmen der Prüfung der Sozialwidrigkeit von Künd zu beachten. Die Diskriminierungsverbote sind jedoch keine eigenen Unwirksamkeitsnormen. Das AGG solle nicht als „zweites Kündigungsschutzrecht" neben das bisherige treten. Ausdrücklich offen gelassen hat das BAG, ob und inwieweit die sich aus §§ 13 bis 16 ergebenden Rechte von durch Künd diskriminierten Beschäftigten ausgeschlossen sind.[48]

Es ist davon auszugehen, dass die Europarechtskonformität des Abs. 4 in absehbarer Zeit vom EuGH überprüft wird. Die Europäische Kommission hat in ihrem Aufforderungsschreiben an die BReg vom 31.1.2008 gerügt, dass Abs. 4 der korrekten Umsetzung der Rahmen-RL Beschäftigung entgegen stehe[49] und inzwischen mit einer mit Gründen versehenen Stellungnahme gemäß Art. 226 EGV ein Vertragsverletzungsverfahren eingeleitet.[50] Aufgrund der bis-

---

34 BT-Drucks 16/2022, S. 8.
35 *Bauer/Göpfert/Krieger*, § 2 Rn 57.
36 *Düwell*, jurisPraxisreport Arbeitsrecht 47/2006, Anm. 6; *Körner*, NZA 2008, 497; *Schleusener/Suckow/Voigt*, § 2 Rn 28 ff.; *Wisskirchen*, DB 2006, 1491; *Thüsing*, Arbeitsrechtlicher Diskriminierungsschutz, Rn 106.
37 *Willemsen/Schweibert*, NJW 2006, 2583.
38 *Diller/Krieger/Arnold*, NZA 2006, 887.
39 *Thüsing*, Arbeitsrechtlicher Diskriminierungsschutz, Rn 107 ff.
40 EuGH 5.10.2004 – C-397/01 bis C 403/01 – Bernhard Pfeiffer u.a. – NZA 2004, 1145.
41 BAG 25.4.2001 – 5 AZR 360/99 – NZA 2002, 87.
42 *Bayreuther*, DB 2006, 1842.
43 *Bayreuther*, DB 2006, 1842.
44 *Bauer/Göpfert/Krieger*, § 2 Rn 68; *Diller/Krieger/Arnold*, NZA 2006, 887.
45 *Düwell*, jurisPraxisreport Arbeitsrecht 47/2006, Anm. 6.
46 *Düwell*, jurisPraxisreport Arbeitsrecht 47/2006, Anm. 6.
47 BAG 6.11.2008 – 2 AZR 523/07 – NZA 2009, 361.
48 BAG 6.11.2008 – 2 AZR 523/07 – NZA 2009, 361.
49 Aufforderungsschreiben der Europäischen Kommission vom 31.1.2008 – K (2008) 0103 – zum Vertragsverletzungsverfahren Nr. 2007/2362.
50 IP/09/1447 vom 8.10.2009.

herigen Rspr. des EuGH[51] scheint nicht unwahrscheinlich, dass die nationalen Gerichte Abs. 4 nicht anwenden dürfen, was zu einer Prüfung von Künd anhand des AGG führen würde. Die Konsequenz wäre nicht allein die Zahlung einer Entschädigung gem. § 15 Abs. 2, sondern auch die Gewährung von Schadensersatz (§ 15 Abs. 1) im Wege der Naturalrestitution, d.h. die Fortsetzung des Arbverh. Entscheidend dürfte daher sein, ob es der Rspr. gelingt, einen den RL entspr. Schutz vor diskriminierenden Künd im Rahmen der bestehenden Künd-Schutzbestimmungen zu verwirklichen.

C. Verbindung zu anderen Rechtsgebieten

23 Ungeachtet der Regelungen in Abs. 2 S. 2, Abs. 3 und 4 zur Abgrenzung, insb. vom Künd-Schutzrecht und Betriebsrentengesetz, ist davon auszugehen, dass auch in diesen Bereichen die Wertungen des AGG und auch die § 22 zugrunde liegenden Wertungen zur Beweislast bei der Anwendung des Betriebsrentengesetzes sowie der Künd-Schutzbestimmungen im Rahmen einer europarechtskonformen Auslegung Berücksichtigung finden werden. Das BAG berücksichtigt die Diskriminierungsverbote des AGG im Rahmen der Prüfung der sozialen Rechtfertigung einer Künd. Auf die betriebliche Altersversorgung wendet das BAG das AGG mit der Einschränkung an, dass Regelungen des Betriebsrentengesetzes über Unterscheidungen, die Bezug zu AGG-Merkmalen haben, vom AGG unberührt bleiben.

D. Beraterhinweise

24 In Künd-Schutzverfahren, speziell außerhalb des allg. Künd-Schutzes oder bei einer sozial gerechtfertigten Künd, werden Fragen des Diskriminierungsschutzes in ihrer Bedeutung steigen. Bei arbeitsrechtlichen Mandaten auf AN-Seite ist zu beachten, dass die Klagefrist des § 4 KSchG auch den Unwirksamkeitsgrund einer diskriminierenden Künd erfasst, selbst wenn das Beschäftigungsverhältnis nicht dem Geltungsbereich des KSchG unterfällt. Die Zwei-Monats-Frist des § 15 Abs. 4 gilt nur für Ansprüche auf Entschädigung und Schadensersatz.[52]

§ 3 Begriffsbestimmungen

(1) ¹Eine unmittelbare Benachteiligung liegt vor, wenn eine Person wegen eines in § 1 genannten Grundes eine weniger günstige Behandlung erfährt, als eine andere Person in einer vergleichbaren Situation erfährt, erfahren hat oder erfahren würde. ²Eine unmittelbare Benachteiligung wegen des Geschlechts liegt in Bezug auf § 2 Abs. 1 Nr. 1 bis 4 auch im Falle einer ungünstigeren Behandlung einer Frau wegen Schwangerschaft oder Mutterschaft vor.

(2) Eine mittelbare Benachteiligung liegt vor, wenn dem Anschein nach neutrale Vorschriften, Kriterien oder Verfahren Personen wegen eines in § 1 genannten Grundes gegenüber anderen Personen in besonderer Weise benachteiligen können, es sei denn, die betreffenden Vorschriften, Kriterien oder Verfahren sind durch ein rechtmäßiges Ziel sachlich gerechtfertigt und die Mittel sind zur Erreichung dieses Ziels angemessen und erforderlich.

(3) Eine Belästigung ist eine Benachteiligung, wenn unerwünschte Verhaltensweisen, die mit einem in § 1 genannten Grund in Zusammenhang stehen, bezwecken oder bewirken, dass die Würde der betreffenden Person verletzt und ein von Einschüchterungen, Anfeindungen, Erniedrigungen, Entwürdigungen oder Beleidigungen gekennzeichnetes Umfeld geschaffen wird.

(4) Eine sexuelle Belästigung ist eine Benachteiligung in Bezug auf § 2 Abs. 1 Nr. 1 bis 4, wenn ein unerwünschtes, sexuell bestimmtes Verhalten, wozu auch unerwünschte sexuelle Handlungen und Aufforderungen zu diesen, sexuell bestimmte körperliche Berührungen, Bemerkungen sexuellen Inhalts sowie unerwünschtes Zeigen und sichtbares Anbringen von pornographischen Darstellungen gehören, bezweckt oder bewirkt, dass die Würde der betreffenden Person verletzt wird, insbesondere wenn ein von Einschüchterungen, Anfeindungen, Erniedrigungen, Entwürdigungen oder Beleidigungen gekennzeichnetes Umfeld geschaffen wird.

(5) ¹Die Anweisung zur Benachteiligung einer Person aus einem in § 1 genannten Grund gilt als Benachteiligung. ²Eine solche Anweisung liegt in Bezug auf § 2 Abs. 1 Nr. 1 bis 4 insbesondere vor, wenn jemand eine Person zu einem Verhalten bestimmt, das einen Beschäftigten oder eine Beschäftigte wegen eines in § 1 genannten Grundes benachteiligt oder benachteiligen kann.

---

51 EuGH 22.11.2005 – C-144/04 – Mangold – NZA 2005, 1345.

52 *Nicolai*, Rn 200; a.A. *Bauer/Göpfert/Krieger*, § 15 Rn 49.

A. Allgemeines	1	III. Belästigung (Abs. 3)	14
B. Regelungsgehalt	2	IV. Sexuelle Belästigung (Abs. 4)	20
I. Unmittelbare Benachteiligung (Abs. 1)	3	V. Anweisung zur Benachteiligung (Abs. 5)	22
II. Mittelbare Benachteiligung (Abs. 2)	7		

A. Allgemeines

§ 3 definiert in den Abs. 1 bis 4 die vier Varianten einer Benachteiligung. Dabei werden die Begriffsbestimmungen der RL (Art. 2 bis 4 Antirassismus-RL, Art. 2 Abs. 2 bis 4 Rahmen-RL Beschäftigung sowie Art. 2 Abs. 2 bis 4 Gender-RL) weitgehend wortgleich umgesetzt. Zudem wird in Abs. 5 die ebenfalls in den RL (jeweils Abs. 4) enthaltene Fiktion, wonach eine Anweisung zur Benachteiligung als Benachteiligung gilt, übernommen.

B. Regelungsgehalt

Der Begriff der „Benachteiligung" kennt zwei Hauptvarianten (Ungleichbehandlung und Belästigung) mit jeweils zwei Untervarianten (unmittelbare und mittelbare Ungleichbehandlung sowie sexuelle und allg. Belästigung). Der Begriff der „Diskriminierung" wird dabei – anders als in den RL – vermieden. Das Gesetz spricht bewusst von „Benachteiligungen", um deutlich zu machen, dass nicht jede unterschiedliche Behandlung, die mit der Hinzufügung eines Nachteils verbunden ist, diskriminierenden Charakter hat. Unter Diskriminierung wird nur die rechtswidrige, sozial verwerfliche Ungleichbehandlung verstanden.[1] Eine Diskriminierung ist somit eine nicht gerechtfertigte Benachteiligung. Dabei ist die Unterscheidung zwischen einer unmittelbaren und einer mittelbaren Benachteiligung insb. wegen der unterschiedlich ausgestalteten Möglichkeit zur Rechtfertigung von Bedeutung (siehe Rn 7, 13).

I. Unmittelbare Benachteiligung (Abs. 1)

Eine unmittelbare Benachteiligung liegt vor, wenn eine Person **wegen eines in § 1 genannten Grundes** eine weniger günstige Behandlung erfährt, als eine andere Person in einer vergleichbaren Situation erfährt, erfahren hat oder erfahren würde. Grund muss somit eines der in § 1 genannten Merkmale sein. Ungleichbehandlungen aus anderen Gründen, z.B. wegen fehlender sog. Soft Skills, wegen unterschiedlicher fachlicher Eignung oder wegen persönlicher Abneigungen, die in keinem Zusammenhang mit einem der Merkmale stehen, sind daher weiterhin zulässig. Auch die Ungleichbehandlung eines AN wegen schlechter Umgangsformen oder wegen Rauchens ist – solange es sich ausnahmsweise nicht um eine Rauchersucht in der Qualität einer Behinderung handelt – unproblematisch. Das AGG untersagt nicht jede Ungleichbehandlung, sondern allein Ungleichbehandlungen wegen eines der in § 1 genannten AGG-relevanten Merkmale.

Die Benachteiligung muss **wegen** eines Merkmals erfolgen. Es ist somit eine Kausalität zwischen der Benachteiligung und dem Merkmal erforderlich. Das Merkmal muss dabei weder das maßgebliche, noch das einzige Motiv des AG gewesen sein, vielmehr reicht es aus, wenn das Merkmal im Rahmen eines breiten Motivbündels vom AG bei seiner Entscheidung mitberücksichtigt wurde.[2] In subjektiver Hinsicht ist **weder** ein **Verschulden** des AG, **noch** eine **Benachteiligungsabsicht** erforderlich.[3] Ausreichend, aber auch erforderlich ist jedoch eine Kausalität zwischen einem verpönten Merkmal und der Benachteiligung,[4] wobei bei einem Motivbündel ausreicht, wenn darin eines der verpönten Merkmale enthalten ist.[5] Ob eine **weniger günstige Behandlung** vorliegt, ist objektiv zu bestimmen. Es muss eine Zurücksetzung des Benachteiligten vorliegen.[6] Es ist nicht erforderlich, dass der benachteiligte Beschäftigte in seiner eigenen Person über das verpönte Merkmal verfügt. Es kann ausreichen, wenn ein Angehöriger oder eine auf andere Weise eng verbundene Person über das Merkmal verfügt (sog. **Drittdiskriminierung**). Dies hat der EuGH im Fall entschieden, in dem ein nicht behinderter AN wegen seines behinderten Kindes benachteiligt wurde.[7] Ebenso dürfte der Fall eines männlichen AN zu entscheiden sein, der (auch) aufgrund der Schwangerschaft seiner Ehefrau eine Absage seiner Bewerbung erhält oder gekündigt wird.

Eine unmittelbare Benachteiligung kann nicht nur durch eine **Handlung**, sondern auch durch ein **Unterlassen** hervorgerufen werden,[8] wobei ein Unterlassen nur dann schädlich sein kann, wenn eine Pflicht zum Handeln besteht.[9] Unklar ist, ob die bloße Gefahr einer Ungleichbehandlung ausreicht. Bereits nach dem Wortlaut ist eindeutig, dass aktuelle Benachteiligungen ebenso erfasst werden wie vergangene Benachteiligungen. Die Formulierung „erfahren würde" soll nach der Gesetzesbegründung bedeuten, dass eine hinreichend konkrete Gefahr, dass eine solche Benachteiligung zukünftig eintritt, ausreicht. Hierbei müsste es sich um eine Wiederholungsgefahr oder eine ernsthafte

---

1 BT-Drucks 16/1780, S. 30.
2 BVerfG 16.11.1993 – 1 BvR 258/86 – BVerfGE 89, 276 = NJW 1994, 647; BAG 5.2.2004 – 8 AZR 112/03 – NZA 2004, 540.
3 MüKo-BGB/*Thüsing*, § 3 AGG Rn 7.
4 *Schleusener/Suckow/Voigt*, § 3 Rn 11; *Wank*, NZA 2004, Sonderbeil. zu Heft 22, 16.
5 Müko-BGB/*Thüsing*, § 3 AGG Rn 7.
6 *Biester*, jurisPraxisreport Arbeitsrecht 35/2006 Anm. 6.
7 EuGH 17.7.2008 – C-303/06 – Coleman – NZA 2008, 932.
8 *Flohr/Ring*, Rn 102; *Bauer/Göpfert/Krieger*, § 3 Rn 9.
9 *Biester*, jurisPraxisreport Arbeitsrecht 35/206 Anm. 6.

Erstbegehungsgefahr handeln.[10] Dies ist nicht überzeugend. Die Formulierung „erfahren würde" bedeutet, dass auch eine **hypothetische Vergleichsperson** ausreicht. Bewerben sich z.B. eine ausreichend qualifizierte Frau und ein nicht qualifizierter Mann auf eine Stelle, für die ein Mann gesucht wird, so mag i.E. keiner der beiden Bewerber eine Zusage erhalten. In diesem Fall liegt gleichwohl eine unmittelbare Benachteiligung vor, da die Bewerberin, wenn sie über das männliche Geschlecht verfügt hätte, die Stelle erhalten hätte. Hier ist die Benachteiligung bereits eingetreten, da die Bewerberin keine Zusage erhalten hat. Die Gefahr einer Benachteiligung reicht somit nicht aus; vielmehr muss die Benachteiligung bereits eingetreten sein, um die Rechtsfolgen des AGG auslösen zu können.[11] Nach Auff. des EuGH setzt eine unmittelbare Benachteiligung nicht voraus, dass eine beschwerte Person, die behauptet, Opfer einer Diskriminierung geworden zu sein, identifizierbar ist.[12] Schließlich muss eine **Vergleichsperson oder Vergleichsgruppe** vorhanden sein. Die Vergleichsperson muss sich nicht in einer identischen, sondern lediglich einer vergleichbaren Situation befinden. Es gilt ein Rangverhältnis: Vorrangig wird auf aktuelle Vergleichspersonen abgestellt, nachrangig auf früher beschäftigte Vergleichspersonen und zuletzt auf hypothetische Vergleichspersonen.[13]

6 Abs. 1 S. 2 stellt in Umsetzung der Rspr. des EuGH[14] klar, dass eine unmittelbare Benachteiligung wegen des Geschlechts auch im Fall einer ungünstigeren Behandlung einer Frau wegen Schwangerschaft oder Mutterschaft vorliegt. Jede Benachteiligung, die an eine Schwangerschaft oder Mutterschaft anknüpft, ist daher nicht (lediglich) eine möglicherweise mittelbare Benachteiligung, sondern eine unmittelbare Benachteiligung, die der Rechtfertigung bedarf. Der EuGH hat in seinen Entscheidungen den Grundsatz aufgestellt, dass eine Diskriminierung nicht mit finanziellen Nachteilen gerechtfertigt werden kann[15] und die Anwendung der Vorschriften zum Schutz der werdenden Mutter keine Nachteile beim Zugang zur Beschäftigung mit sich bringen dürfen.[16] Auch ist es mit der Gender-RL unvereinbar, eine Schwangere nicht auf eine unbefristete Stelle einzustellen, wenn sie für die Dauer der Schwangerschaft wegen eines Beschäftigungsverbots nicht beschäftigt werden kann.[17] Der EuGH hält eine schwangerschaftsbedingte **Künd** einer AN sogar dann für unzulässig, wenn diese nur für kurze Zeit **befristet** eingestellt wird und während des wesentlichen Teils der Vertragslaufzeit Beschäftigungsverboten unterliegt.[18] Angesichts dieser Rspr. ist davon auszugehen, dass eine auf die Falschbeantwortung einer Frage nach der Schwangerschaft gestützte Anfechtung **ausnahmslos** nicht mehr in Betracht kommt.[19] Bei **Künd** von Schwangeren ist das Benachteiligungsverbot wegen § 9 MuSchG weniger relevant. Das Benachteiligungsverbot erlangt allerdings dann Bedeutung, wenn die beabsichtigte Beendigung des Arbverh nicht auf einer Künd beruht. So kann auch die Vereinbarung einer **Befristung** als Benachteiligung wegen des Geschlechts unwirksam sein, wenn damit die Unzulässigkeit der Frage nach einer Schwangerschaft kompensiert wird.[20] Eine unmittelbare Benachteiligung ist auch darin zu sehen, wenn der AG ein befristetes Arbverh wegen der Schwangerschaft nicht verlängert.[21] Die Berücksichtigung von schwangerschaftsbedingten Fehlzeiten bei einer Künd wegen Krankheit ist nur zulässig, wenn sie nach der Niederkunft und Beendigung des Mutterschutzurlaubes eingetreten sind.[22]

II. Mittelbare Benachteiligung (Abs. 2)

7 Eine mittelbare Benachteiligung liegt vor, wenn dem Anschein nach neutrale Vorschriften, Kriterien oder Verfahren Personen wegen eines in § 1 genannten Grundes gegenüber anderen Personen in besonderer Weise benachteiligen können, es sei denn, die betreffenden Vorschriften, Kriterien oder Verfahren sind durch ein rechtmäßiges Ziel sachlich gerechtfertigt und die Mittel sind zur Erreichung dieses Zieles angemessen und erforderlich. Das **Fehlen von Rechtfertigungsgründen** ist somit bereits **Tatbestandsvoraussetzung**. Das Verbot einer mittelbaren Benachteiligung ist ein Hilfsinstrument zur Durchsetzung des eigentlichen Verbots unmittelbarer Diskriminierung. Es soll verhindert werden, dass Vorwände gesucht werden, nach scheinbar neutralen Kriterien zu unterscheiden, um letztlich dann doch die verbotene Entscheidung zu realisieren.[23]

8 Ob eine mittelbare Benachteiligung vorliegt, ist in mehreren Schritten zu prüfen:

---

10 BT-Drucks 16/1780, S. 32.
11 ErfK/*Schlachter*, § 3 AGG Rn 3; *Thüsing*, Arbeitsrechtlicher Diskriminierungsschutz, Rn 237 ff.; *Annuß*, BB 2006, 1631.
12 EuGH 10.7.2008 – C-54/07 – Firma Feryn NV – NZA 2008, 929.
13 *Bauer/Göpfert/Krieger*, § 3 Rn 17; ErfK/*Schlachter*, § 3 AGG Rn 3.
14 EuGH 8.11.1990 – C-177/88 – Dekker – NJW 1991, 628.
15 EuGH 8.11.1990 – C-177/88 – Dekker – NJW 1991, 628.
16 EuGH 30.4.1998 – C-136/95 – Thibault – DVBl 1998, 632; EuGH 3.2.2000 – C-207/98 – Mahlburg – NZA 2000, 255.
17 EuGH 3.2.2000 – C-207/98 – Mahlburg – NZA 2000, 255; BAG 6.2.2003 – 2 AZR 621/01 – NZA 2003, 848.
18 EuGH 4.10.2001 – C-109/00 – Tele Danmark – NJW 2002, 123.
19 HWK/*Thüsing*, § 611a BGB Rn 23; ErfK/*Schlachter*, § 611a BGB Rn 13; *Preis/Bender*, NZA 2005, 1321.
20 LAG Köln 26.5.1994 – 10 Ca 244/94 – NZA 1995, 1105.
21 EuGH 4.10.2001 – C-438/99 – Melgar – EuZW 2001, 719; ArbG Bochum 12.7.1991 – 2 Ca 2552/90 – BB 1992, 68.
22 EuGH 30.6.1998 – C-394/96 – Brown – NZA 1998, 871; EuGH 8.11.1990 – C-179/88 – Hertz – NJW 1991, 629.
23 *Thüsing*, NZA 2004, Sonderbeil. zu Heft 22, 6.

Erstens muss eine neutrale, d.h. nicht an eines der Merkmale des § 1 anknüpfende, Vorschrift, ein entsprechendes Kriterium oder Verfahren vorliegen. Als Beispiele sind Anforderungen an die Berufserfahrung, eine Kleiderordnung oder Unterhaltsverpflichtungen gegenüber Kindern zu nennen.

9

Zweitens müssen Angehörige einer bestimmten Gruppe, die ein bestimmtes in § 1 genanntes Merkmal erfüllen, hierdurch gegenüber anderen Personen, die dieses Merkmal nicht erfüllen, in **besonderer** Weise benachteiligt werden. Der Feststellung einer mittelbaren Benachteiligung muss zunächst die Bildung von **Vergleichsgruppen** vorausgehen. Der Vergleich wird durchgeführt zwischen der einen Gruppe, deren Mitglieder das Differenzierungskriterium erfüllen und der anderen, die es nicht erfüllen.[24] Bei Maßnahmen des AG sind alle Personen einzubeziehen, die von der Maßnahme erfasst werden,[25] bei einem TV ist auf den räumlichen und personellen Anwendungsbereich[26] und bei einem Gesetz auf alle Adressaten[27] abzustellen. Es reicht nicht aus, dass unter den von einer Regelung nachteilig Betroffenen erheblich mehr Angehörige eines Geschlechts sind. Hinzukommen muss, dass auch das zahlenmäßige Verhältnis der Geschlechter unter den von dieser Regelung Begünstigten wesentlich anders ist.[28] Daraus folgt, dass es bereits an einer unterschiedlichen Behandlung fehlt, wenn z.B. der Anteil der Frauen unter den von einer Vorschrift begünstigten AN ebenso groß ist, wie unter den von dieser Norm benachteiligten AN.[29] Es ist umstr., ob Abs. 2 ebenso wie früher § 611a BGB[30] einen **statistischen** Vergleich der durch die Regelung betroffenen Personengruppen erfordert. Die Rspr. des EuGH war hierzu bisher geteilt. So waren im Recht der Geschlechterdiskriminierung Verfahren an unzureichenden Statistiken gescheitert.[31] Ein Teil der Lit. hält einen statistischen Nachweis der Benachteiligung für nicht (mehr) erforderlich;[32] ausreichend sei es, auf andere Weise plausibel zu machen, dass eine bestimmte Personengruppe benachteiligt betroffen sein kann.[33] Nahe liegender erscheint, schon wegen des ansonsten ausufernden Anwendungsbereichs der mittelbaren Diskriminierung, auch weiterhin eine **prozentual** wesentlich stärkere Belastung einer Gruppe als Voraussetzung einer mittelbaren Diskriminierung zu verlangen.[34] Dafür spricht auch, dass die Beweislast-RL vom 15.12.1997 bei Diskriminierung aufgrund des Geschlechts[35] unverändert die Benachteiligung eines „wesentlich höheren Anteil der Angehörigen eines Geschlecht" als Voraussetzung einer mittelbaren Diskriminierung definiert (Art. 2 Abs. 2). Gelingt der statistische Nachweis, kann dies im Bereich der Geschlechterdiskriminierung ein Indiz sowohl für die mittelbare als auch für die unmittelbare Ungleichbehandlung sein.[36]

10

Weitere Voraussetzung ist eine konkrete Betroffenheit des Benachteiligten, wobei eine hinreichend konkrete Gefahr erforderlich ist, nicht jedoch eine bloß abstrakte Gefährdungslage.[37]

11

Drittens bedarf der sehr umfängliche Anwendungsbereich der mittelbaren Benachteiligung einer Begrenzung. Eine mittelbare Benachteiligung liegt dann **nicht vor**, wenn sie durch ein **rechtmäßiges Ziel sachlich** gerechtfertigt ist und die Mittel zur Erreichung dieses Ziels **angemessen und erforderlich** sind (Art. 2 Abs. 2 der Gender-RL). Hieraus folgt, dass der Verhältnismäßigkeitsgrundsatz zu beachten ist, d.h. es ist eine umfassende Abwägung zwischen den durch die Ungleichbehandlung begründeten Nachteilen im Verhältnis zu den angestrebten Zielen vorzunehmen; das schließt freilich auch die Notwendigkeit ein, dass keine anderen vergleichbaren milderen Mittel zur Verfügung stehen.

12

Die Feststellung des Fehlens einer Rechtfertigung ist ein negatives Tatbestandsmerkmal. Liegt ein Rechtfertigungsgrund vor, so ist eine mittelbare Benachteiligung schon nicht gegeben.[38] Dies hat Folgen für die **Beweislast**. Auf die weiteren speziellen Rechtfertigungsgründe der §§ 5, 8 bis 10 (sowie 20) kommt es i.d.R. nicht mehr an.[39] Die §§ 5, 8 bis 10 können bei jeder unterschiedlichen Behandlung Anwendung finden und schließen daher auch die Rechtfertigung einer mittelbaren Benachteiligung nicht aus. Allerdings sind die Anforderungen an eine Rechtfertigung nach § 8 höher und die an eine Rechtfertigung nach § 10 gleich – zumindest aber nicht niedriger – einzuschätzen als die Anforderungen an einen Rechtfertigungsgrund i.S.v. Abs. 2 (siehe § 8 Rn 2 ff. und § 10 Rn 4 ff.). Der **Anspruchssteller** ist auch für das Fehlen eines Rechtfertigungsgrundes darlegungs- und beweispflichtig.[40] Wegen

13

---

24 EuGH 13.5.1986 – Rs. 170/84 – Bilka – NJW 1986, 3020.
25 BAG 2.12.1992 – 4 AZR 152/92 – NZA 1993, 367; EuGH 17.9.2002 – C-320/00 – Lawrence – DB 2002, 2599 m. Anm. *Thüsing*.
26 EuGH 9.9.1999 – C-281/97 – Krüger – NZA 2000, 405 m. Anm. *Lelley*; HWK/*Thüsing*, § 611a Rn 39.
27 EuGH 13.7.1989 – Rs. 171/88 – Rinner-Kühn – NJW 1989, 3087.
28 BAG 2.12.1992 – 4 AZR 152/92 – BB 1993, 503; BAG 18.2.2003 – 9 AZR 272/01 – DB 2003, 1961; EuGH 12.10.2004 – C-313/02 – Wippel – NZA 2004, 1325.
29 BAG 2.12.1992 – 4 AZR 152/92 – BB 1993, 503.
30 BAG 18.2.2003 – 9 AZR 272/01 – DB 2003, 1961; EuGH 27.10.1993 – C-127/92 – Enderby – NZA 1994, 797; BAG 10.12.1997 – 4 AZR 264/96 – NZA 1998, 599.

31 EuGH 30.11.1993 – C 189/91 – Kirsammer-Hack – AP § 23 KschG 1969 Nr. 13.
32 ErfK/*Schlachter*, § 3 AGG Rn 8; *Colneric*, NZA 2008, Beil. zu Heft 2, 66; *Schleusener/Suckow/Voigt*, § 3 Rn 67.
33 *Schiek*, NZA 2004, 873.
34 *Thüsing*, Arbeitsrechtlicher Diskriminierungsschutz, Rn 257; *Bauer/Göpfert/Krieger*, § 3 Rn 25.
35 ABl EG L 14, S. 6, geändert durch RL 98/52/EG vom 13.7.1998, ABl EG L 205, S. 66.
36 LAG Berlin-Brandenburg 26.11.2008 – 15 Sa 517/08 – BeckRS 2008, 58214.
37 BT-Drucks 16/1780, S. 33; *Flohr/Ring*, Rn 111.
38 BT-Drucks 16/1780, S. 33.
39 BT-Drucks 16/1780, S. 33.
40 BT-Drucks 16/1780, S. 33.

des sehr weiten Anwendungsbereichs der mittelbaren Benachteiligung kommt den Anforderungen an einen den Tatbestand ausschließenden Rechtfertigungsgrund erhebliche praktische Bedeutung zu.

III. Belästigung (Abs. 3)

14 Auch die Belästigung mit Bezug zu einem der AGG-Merkmale ist untersagt. Dabei wird die Belästigung nach der Systematik des Gesetzes als Variante der Benachteiligung behandelt. Anders als bei den Tatbeständen nach Abs. 1 und 2, bei denen für die Feststellung der Ungleichbehandlung die Existenz einer (konkreten oder hypothetischen) Vergleichsperson erforderlich ist (siehe Rn 5 und 10), bedarf die Feststellung einer Belästigung keines Vergleichs zu anderen Personen; die Belästigung stellt für sich gesehen die Benachteiligung i.S.d. Gesetzes dar.

15 Nach der Begriffsbestimmung des Gesetzes ist von einer Belästigung auszugehen, wenn unerwünschte Verhaltensweisen mit Bezug zu einem der nach § 1 verpönten Differenzierungsmerkmale dazu führen oder zumindest dazu führen sollen, dass die Würde des Betroffenen verletzt **und** ein feindliches Arbeitsumfeld geschaffen wird.

16 Nur **unerwünschte Verhaltensweisen**, die im **Zusammenhang** mit den in § 1 genannten Merkmalen stehen, können zu einer tatbestandlichen Belästigung führen. Den weiten Begriff „Verhaltensweisen" hat der Gesetzgeber dabei bewusst gewählt, um zum Ausdruck zu bringen, dass nicht nur das gesprochene Wort, sondern auch nonverbales Verhalten erfasst wird.[41] Für die Frage, ob die Verhaltensweise **unerwünscht** ist, soll es nach dem Willen des Gesetzgebers auf die Sicht eines objektiven Beobachters ankommen[42] und aus dieser Perspektive zu bemessen sein, ob der Handelnde anhand der konkreten Umstände des Einzelfalls davon ausgehen musste, dass sein Verhalten vom Betroffenen weder erwünscht sei noch akzeptiert werde. Nicht erforderlich ist, dass der Betroffene zuvor ausdrücklich die Unerwünschtheit der entspr. Verhaltensweise geäußert hat.[43]

17 Um eine Belästigung handelt es sich, wenn die **Würde des Betroffenen verletzt wird** und ein **feindliches Arbeitsumfeld** geschaffen wird. Ein lediglich geringfügiger Eingriff, der im Zusammenhang mit den Merkmalen des § 1 steht, ist aufgrund des Erfordernisses einer **Würdeverletzung** nicht geeignet, tatbestandlich eine Belästigung darzustellen.[44] Geringfügige Vorfälle mit bloßem Lästigkeitswert können, jedenfalls für sich alleine genommen, nicht den Tatbestand einer Benachteiligung i.S.d. Abs. 3 erfüllen.[45] Unklar bleibt jedoch, ab welcher Intensität von einem relevanten Eingriff auszugehen ist. Die Gesetzesbegründung schweigt zu dieser Frage und weist lediglich darauf hin, dass jedenfalls nicht die Schwere einer Verletzung der Menschenwürde i.S.d. Art. 1 Abs. 1 S. 1 GG zu fordern ist.[46]

18 Auch die Schaffung eines **feindlichen Arbeitsumfeldes** ist geeignet, zu einer Belästigung zu führen. Die Gesetzesbegründung nennt in diesem Zusammenhang ein von Einschüchterungen, Anfeindungen, Erniedrigungen, Entwürdigungen und Beleidigungen **gekennzeichnetes** Umfeld.[47] Gemeint ist damit die Schaffung eines in der Gesamtschau als Belästigung zu wertenden **Verhaltensmusters**.[48] Nach dem Wortlaut der Gesetzesfassung müssen Würdeverletzung und Schaffung des feindlichen Arbeitsumfeldes **kumulativ** vorliegen, um zu einer Belästigung zu führen („und"). Das entspricht zwar nicht der Gesetzesbegründung,[49] ergibt sich jedoch auch aus einer systematischen Betrachtung des Gesetzes. In Abs. 4 wird die Schaffung eines feindlichen Umfeldes nur beispielhaft für die Definition der sexuellen Belästigung („insbesondere") angeführt. Auch die Gesetzeshistorie spricht für eine Kumulation der Voraussetzungen. Der Entwurf eines Antidiskriminierungsgesetzes (ADG) verknüpfte zunächst die Voraussetzungen mit „insbesondere".[50] Auf Drängen der Opposition („Job-Gipfel" vom 18.3.2005) wurde dann die Formulierung „und" gewählt. In der Konsequenz sind damit Würdeverletzungen, die einmalig bleiben, i.d.R. nicht als Belästigung i.S.d. Abs. 3 anzusehen, da es an einem **systematischen** Vorgehen fehlen wird.[51] Nur bei besonders schweren Übergriffen kann bereits bei erstmaligem Auftreten ein feindliches Arbeitsumfeld entstehen.[52] Ebenso sind systematische Vorgehensweisen, die aus einer Vielzahl von für sich und gemeinsam betrachtet nicht zur Würdeverletzung geeigneter Petitessen bestehen, nicht erfasst.

19 Den Tatbestand der Belästigung erfüllt nicht nur der **tatsächliche Eintritt** der Würdeverletzung oder die tatsächliche Schaffung des feindlichen Arbeitsumfeldes, sondern auch ein Verhalten, welches einen solchen **Erfolg lediglich bezweckt** hat.[53] Ist der Belästigungserfolg herbeigeführt, so kommt es auf das Vorliegen eines Vorsatzes in der Person des Belästigenden nicht an.[54] Ist eine Würdeverletzung vom Belästigenden bezweckt, so ist es unerheblich, wenn der tatsächliche Erfolg nicht eintritt. Daher ist auch der Versuch bei entspr. Verletzungsvorsatz vom Tatbestand der Belästigung erfasst.[55]

---

41 Vgl. BT-Drucks 16/1780, S. 33.
42 BT-Drucks 16/1780, S. 33.
43 MüKo/*Thüsing*, § 3 AGG Rn 56.
44 BT-Drucks 16/1780, S. 33.
45 ErfK/*Schlachter*, § 3 AGG Rn 12; vgl. *Bauer/Göpfert/Krieger*, § 3 Rn 43.
46 BT-Drucks 16/1780, S. 33.
47 BT-Drucks 16/1780, S. 33.
48 Vgl. *Thüsing*, Arbeitsrechtlicher Diskriminierungsschutz, Rn 286.
49 BT-Drucks 16/1780, S. 33.
50 BT-Drucks 15/4538, S. 5.
51 *Bauer/Göpfert/Krieger*, § 3 Rn 45.
52 ErfK/*Schlachter*, § 3 AGG Rn 15.
53 MüKo/*Thüsing*, § 3 AGG Rn 56.
54 BT-Drucks 16/1780, S. 33; ErfK/*Schlachter*, § 3 AGG Rn 14.
55 *Bauer/Göpfert/Krieger*, § 3 Rn 44.

IV. Sexuelle Belästigung (Abs. 4)

Die sexuelle Belästigung stellt eine Untervariante der in Abs. 3 geregelten „einfachen" Belästigung dar. Anders als die Belästigung nach Abs. 3 ist die sexuelle Belästigung beschränkt auf die in § 2 Abs. 1 Nr. 1 bis 4 genannten Konstellationen. Daraus ergibt sich das Erfordernis eines **Zusammenhangs zum Beschäftigungsverhältnis**.[56] Auch zu einer sexuellen Belästigung kann nur ein **unerwünschtes** Verhalten führen, wobei auch in diesem Zusammenhang die Unerwünschtheit des Verhaltens aus der Perspektive eines **objektiven Beobachters** zu beurteilen ist.[57] Hinzutreten muss die **sexuelle Bestimmung** des Verhaltens. Das Gesetz zählt beispielhaft typische Konstellationen auf und knüpft insofern an die Regelung in § 2 Abs. 2 S. 2 BeschSchutzG an. Erfasst werden danach insb. aber nicht nur strafrechtlich relevante Handlungen.[58] Ausreichend ist auch für die sexuelle Belästigung, dass der Handelnde den **Erfolg** der Würdeverletzung **lediglich bezweckt** hat. Ist der Verletzungserfolg herbeigeführt, kommt es auf einen entspr. Vorsatz ebenso wie bei Abs. 3 nicht an.

Anders als bei der Belästigung nach Abs. 3 ist die Schaffung eines **feindlichen Arbeitsumfeldes** nicht notwendige Voraussetzung einer sexuellen Belästigung.[59] Die Aufzählung ist hier lediglich beispielhaft („insbesondere"), so dass ein einmaliger Vorfall ausreicht. Die Belästigung muss in einem Zusammenhang zum Arbverh stehen. Dies kann problematisch sein, wenn die sexuelle Belästigung außerhalb der Arbeitszeit und außerhalb betrieblicher Veranstaltungen erfolgt.[60] Findet die Belästigung im rein privaten Bereich statt, so treffen den AG zwar nicht die Reaktionspflichten des § 12 Abs. 3 und 4, aber die Präventionspflichten des § 12 Abs. 1 (siehe § 12 Rn 4, 6, 7).

V. Anweisung zur Benachteiligung (Abs. 5)

Die Anweisung zur Benachteiligung i.S.v. Abs. 1 bis 4 wird in Abs. 5 der Benachteiligung gleichgestellt. Eine Anweisung setzt voraus, dass zwischen Anweisendem und Angewiesenem eine Anweisungsbefugnis besteht.[61] Erforderlich ist, dass die Anweisung selbst vorsätzlich erfolgt.[62] Nicht gefordert ist dagegen, dass der Anweisende im Bewusstsein der Verbotswidrigkeit handelt.[63] Ähnlich wie in den Fällen der Belästigung nach Abs. 3 und 4 ist es auch bei der Anweisung zur Benachteiligung nicht erforderlich, dass der Angewiesene die Benachteiligung tatsächlich herbeiführt. Es ist auch die versuchte Anstiftung zur Benachteiligung tatbestandsgemäß und kann einen wenngleich geringen Entschädigungsanspruch nach § 15 Abs. 2 begründen.[64]

§ 4 Unterschiedliche Behandlung wegen mehrerer Gründe

Erfolgt eine unterschiedliche Behandlung wegen mehrerer der in § 1 genannten Gründe, so kann diese unterschiedliche Behandlung nach den §§ 8 bis 10 und 20 nur gerechtfertigt werden, wenn sich die Rechtfertigung auf alle diese Gründe erstreckt, derentwegen die unterschiedliche Behandlung erfolgt.

A. Allgemeines

§ 4 regelt das Verhältnis der Rechtfertigungsgründe (§§ 5, 8 bis 10, 20) beim Zusammentreffen mehrerer der in § 1 genannten Benachteiligungsgründe. Die europäischen RL enthalten hierzu keine ausdrückliche Regelung.

B. Regelungsgehalt

Weist eine Ungleichbehandlung Bezug zu mehreren der in § 1 genannten Merkmale auf, so kann die Maßnahme nur zulässig sein, wenn **jedes einzelne Merkmal** für sich gesehen eine **eigene Rechtfertigung** findet. Dies ist, nicht zuletzt, da das Gesetz an die unterschiedlichen Merkmale verschiedenartige Rechtfertigungsmöglichkeiten anknüpft, eine Selbstverständlichkeit. Der Gesetzgeber wollte dem Umstand Rechnung tragen, dass bestimmte Personengruppen typischerweise der Gefahr einer Mehrfachdiskriminierung ausgesetzt sind und hierfür kein vermindertes Schutzniveau gelten kann.[1] So ist die Rechtfertigung einer Ungleichbehandlung wegen der Merkmale Religion/Weltanschauung (§ 9) und Alter (§ 10) gegenüber der allg. Rechtfertigung nach § 8 erleichtert (siehe § 8 Rn 1, 2 ff., § 9 Rn 7 ff. und § 10 Rn 2). Würde die Rechtfertigung wegen eines der Merkmale ausreichen, wäre z.B. leichter, eine Ungleichbehandlung zu rechtfertigen, die wegen des Geschlechts und des Alters erfolgt als eine Ungleichbehandlung, die (nur) wegen des Geschlechts erfolgt. Dies verhindert § 4.

---

56 *Bauer/Göpfert/Krieger*, § 3 Rn 50.
57 Vgl. *Thüsing*, Arbeitsrechtlicher Diskriminierungsschutz, Rn 290.
58 BT-Drucks 16/1780, S. 33.
59 *Nollert-Borasio/Perreng*, § 3 Rn 38.
60 *Göpfert/Siegrist*, NZA 2007, 473.
61 *Schleusener/Suckow/Voigt*, § 3 Rn 139; ErfK/*Schlachter*, § 3 AGG Rn 19.
62 BT-Drucks 16/1780, S. 33.
63 ErfK/*Schlachter*, § 3 AGG Rn 19.
64 MüKo-BGB/*Thüsing*, § 3 AGG Rn 82; *Bauer/Göpfert/Krieger*, § 3 Rn 68.
1 BT-Drucks 16/1780, S. 33.

3 § 4 nennt nur die **Rechtfertigungsmöglichkeiten** nach §§ 8 bis 10, 20. Da eine Rechtfertigung ebenso nach § 5 möglich ist (siehe § 5 Rn 1), muss die Aufzählung der Rechtfertigungsmöglichkeit um § 5 ergänzt wegen.[2] Das Fehlen von § 5 dürfte ein Redaktionsversehen sein.[3]

4 Aus dem Wortlaut und dem Zweck des § 4 ergibt sich, dass eine Benachteiligung, die wegen mehrerer Gründe erfolgt, gleichwohl nur **eine Benachteiligung** ist. Dies hat Auswirkungen auf der Rechtsfolgenseite. Der Anspruch auf Entschädigung kann nur einmal geltend gemacht werden. Allerdings werden Ungleichbehandlungen wegen mehrerer nicht zu rechtfertigender AGG-Merkmale (sog. **Mehrfachdiskriminierungen**) zu einer höheren Entschädigungen führen können.[4]

C. Verhältnis zu anderen Rechtsgebieten

5 § 4 bezieht sich nur auf das Verhältnis der AGG-Rechtfertigungsgründe zueinander. Verstößt eine Ungleichbehandlung gegen eine Vorschrift außerhalb des AGG, so richtet sich das Verhältnis nach § 2 Abs. 3 (siehe § 2 Rn 18).

§ 5 Positive Maßnahmen

Ungeachtet der in den §§ 8 bis 10 sowie in § 20 benannten Gründe ist eine unterschiedliche Behandlung auch zulässig, wenn durch geeignete und angemessene Maßnahmen bestehende Nachteile wegen eines in § 1 genannten Grundes verhindert oder ausgeglichen werden sollen.

A. Allgemeines

1 § 5 stellt einen eigenständigen Rechtfertigungsgrund dar, der neben §§ 8 bis 10, 20 steht.[1] Grundlage sind die Regelungen in Art. 7 Rahmen-RL Beschäftigung, Art. 5 Antirassismus-RL, Art. 2 Abs. 8 Gender-RL i.V.m. Art. 141 Abs. 4 EGV sowie Art. 6 Gleichbehandlungs-RL wegen des Geschlechts außerhalb der Arbeitswelt. Allerdings ermächtigen die RL allein den Gesetzgeber, positive Maßnahmen zu beschließen, während § 5 diese Ermächtigung auch an AG und die Tarif- und Betriebsparteien weitergibt.[2] Die europarechtliche Zulässigkeit dieser Erweiterung wird von Teilen der Lit. in Zweifel gezogen.[3]

B. Regelungsgehalt

2 Unterschiedliche Behandlungen, die gezielt darauf gerichtet sind, AGG-bezogene Diskriminierungsnachteile zu verhindern oder zu beseitigen, können nach § 5 gerechtfertigt sein. In solchen Fällen der „umgekehrten Diskriminierung" werden bislang benachteiligte Gruppen bis hin zu einer Gleichstellung bevorzugt. Die Schwierigkeit bei solchen nachteilsausgleichenden Maßnahmen besteht darin, dass die Bevorzugung in Ansehung der einen Merkmals regelmäßig mit der Benachteiligung der Mitglieder einer Gruppe einhergeht, die nicht Träger dieses Merkmals sind. Diese Problematik hat sich bereits bei der Frauenförderung im Zusammenhang mit § 611a BGB gestellt. Sie wird nunmehr auf der Ebene des ausgeweiteten Diskriminierungsschutzes nach dem AGG auch bezüglich der Förderung behinderter und älterer Beschäftigter sowie der Förderung religiöser Gruppen durch Rücksichtnahme auf deren religiöse Pflichten aktuell.[4]

3 § 5 setzt voraus, dass durch geeignete und angemessene Maßnahmen bestehende Nachteile wegen eines in § 1 genannten Grundes verhindert oder ausgeglichen werden sollen. Gefordert ist zunächst, dass diskriminierungsrelevante Nachteile wegen eines der AGG-Merkmale tatsächlich bestehen („beseitigen") oder aber, da von der Norm auch präventive Maßnahmen erfasst werden sollen („verhindern"),[5] zu befürchten sind. Eine noch nicht eingetretene, sondern lediglich konkret bestehende Gefahr eines Nachteils reicht daher aus.[6]

4 Erforderlich ist weiterhin, dass die ausgleichende Maßnahme bei objektiver Betrachtung geeignet und angemessen ist, Nachteile zu beseitigen oder zu verhindern. Auch sind im konkreten Fall die Rechtspositionen der negativ Betroffenen im Rahmen einer Abwägung zu berücksichtigen.[7] Die zu § 611a BGB ergangene Rspr. kann zur Orientierung herangezogen werden.[8] Quotenregelungen zur Begünstigung von Frauen bei der Einstellung sind danach nur in

---

2 *Schleusener/Suckow/Voigt*, § 4 Rn 3; ErfK/*Schlachter*, § 4 AGG Rn 1.
3 Vgl. *Bauer/Göpfert/Krieger*, § 4 Rn 4.
4 *Bauer/Göpfert/Krieger*, § 4 Rn 7.
1 Vgl. BT-Drucks 16/1780, S. 33.
2 Vgl. BT-Drucks 16/1780, S. 34.
3 ErfK/*Schlachter*, § 5 AGG Rn 2; MüKo-BGB/*Thüsing*, § 5 AGG Rn 2; a.A. *Bauer/Göpfert/Krieger*, § 5 Rn 3.
4 Vgl. *Thüsing*, Arbeitsrechtlicher Diskriminierungsschutz, Rn 404 ff.
5 BT-Drucks 16/1780, S. 34.
6 *Bauer/Göpfert/Krieger*, § 5 Rn 11.
7 BT-Drucks 16/1780, S. 34.
8 ErfK/*Schlachter*, § 3 AGG Rn 3.

Bereichen zulässig, in denen weniger Frauen als Männer beschäftigt sind und wenn Frauen nur bei gleicher Eignung bevorzugt werden und zudem gegenläufige Gesichtspunkte Berücksichtigung finden.[9] Da es sich um Ausnahmeregelungen zum Benachteiligungsverbot handelt, müssen diese Vorschriften eng ausgelegt werden, so dass eine Quotenregelung, die den bislang benachteiligten Bewerbern automatisch den Vorrang einräumt, gegen europäisches Gemeinschaftsrecht verstößt.[10] Daher sind diese Regelungen nur dann zulässig, wenn sie eine „Öffnungsklausel" enthalten, nach der die bislang Benachteiligten nicht vorrangig behandelt werden, sofern in der Person des potenziell negativ betroffenen Mitbewerbers liegende Gründe überwiegen.[11] Der Hinweis in einer Stellenausschreibung auf das besondere Interesse an der Bewerbung von Frauen soll den von § 5 eröffnete Spielraum wahren.[12] Schließlich ist zu prüfen, ob die zu berücksichtigenden Merkmale sich im Einzelfall nicht ihrerseits faktisch diskriminierend auswirken, z.B. das Dienstalter, der Familienstand und Unterhaltsverpflichtungen.[13] Eine Quotenregelung für Ausbildungsplätze, für die kein staatliches Monopol besteht, kann gerechtfertigt sein, da sie die geringeren Zugangschancen zum Arbeitsmarkt beseitigen.[14] Zulässig ist auch die Bereitstellung von Kinderbetreuungsplätzen an weibliche AN, wenn allein erziehenden männlichen AN der Zugang zu dem Betreuungssystem zu gleichen Bedingungen eröffnet wird.[15] Führt die positive Maßnahme nicht nur zur Benachteiligung wegen des zu fördernden Merkmals (z.B. des Geschlechts), sondern auch wegen anderer Merkmale (z.B. des Alters), da bspw. bevorzugt junge Frauen eingestellt werden, soll dies zulässig sein, da sich die Förderung auf eine Teilgruppe der unterrepräsentierten Gruppe beschränken dürfe.[16]

C. Verbindung zu anderen Rechtsgebieten

Im öffentlichen Recht sind die Sonderregelungen etwa des Bundesgleichstellungsgesetzes (BGleiG) und des Gesetzes zur Gleichstellung behinderter Menschen (BGG) sowie die einzelnen landesgesetzlichen Regelungen zu beachten. 5

D. Beraterhinweise

AG sollten diese Norm vorsichtig nutzen. Dies gilt nicht nur, weil die europarechtliche Zulässigkeit umstr. ist, sondern auch, weil jede Fördermaßnahme die Möglichkeit einer Abweichung im Einzelfall beinhalten muss und weil das eingesetzte Mittel verhältnismäßig sein muss. Außerdem sind die Mitbestimmungsrechte des BR zu beachten, die sich z.B. aus §§ 92, 95, 96 und 98 BetrVG ergeben können.[17] 6

Abschnitt 2: Schutz der Beschäftigten vor Benachteiligung

Unterabschnitt 1: Verbot der Benachteiligung

§ 6 Persönlicher Anwendungsbereich

(1) Beschäftigte im Sinne dieses Gesetzes sind
1. Arbeitnehmerinnen und Arbeitnehmer,
2. die zu ihrer Berufsbildung Beschäftigten,
3. Personen, die wegen ihrer wirtschaftlichen Unselbstständigkeit als arbeitnehmerähnliche Personen anzusehen sind; zu diesen gehören auch die in Heimarbeit Beschäftigten und die ihnen Gleichgestellten.

Als Beschäftigte gelten auch die Bewerberinnen und Bewerber für ein Beschäftigungsverhältnis sowie die Personen, deren Beschäftigungsverhältnis beendet ist.

(2) ¹Arbeitgeber (Arbeitgeber und Arbeitgeberinnen) im Sinne dieses Abschnitts sind natürliche und juristische Personen sowie rechtsfähige Personengesellschaften, die Personen nach Absatz 1 beschäftigen. ²Werden Beschäftigte einem Dritten zur Arbeitsleistung überlassen, so gilt auch dieser als Arbeitgeber im Sinne dieses Ab-

---

9 EuGH 17.10.1995 – C-450/93 – Kalanke – NJW 1995, 3109.
10 EuGH 17.10.1995 – C-450/93 – Kalanke – NJW 1995, 3109. So ausdrücklich auch die Gesetzesbegründung: BT-Drucks 16/1780, S. 34.
11 EuGH 11.11.1997 – C-409/95 – Marschall – NJW 1997, 3429; BAG 21.1.2003 – 9 AZR 307/02 – NZA 2003, 1036.
12 LAG Düsseldorf 12.11.2008 – 12 Sa 1102/08 – BeckRS 2009, 50334.
13 BAG 21.1.2003 – 9 AZR 307/02 – NZA 2003, 1036.
14 EuGH 28.3.2000 – C-158/97 – Badeck – NJW 2000, 1549.
15 EuGH 19.3.2002 – C-476/99 – Lommers – NJW 2002, 1859.
16 MüKo-BGB/*Thüsing*, § 5 AGG Rn 14.
17 Vgl. *Bauer/Göpfert/Krieger*, § 5 Rn 16.

schnitts. ³Für die in Heimarbeit Beschäftigten und die ihnen Gleichgestellten tritt an die Stelle des Arbeitgebers der Auftraggeber oder Zwischenmeister.

(3) Soweit es die Bedingungen für den Zugang zur Erwerbstätigkeit sowie den beruflichen Aufstieg betrifft, gelten die Vorschriften dieses Abschnitts für Selbstständige und Organmitglieder, insbesondere Geschäftsführer oder Geschäftsführerinnen und Vorstände, entsprechend.

A. Allgemeines 1	III. Selbstständige und Organmitglieder (Abs. 3) 7
B. Regelungsgehalt 2	C. Verbindung zu anderen Rechtsgebieten 10
I. Begriff des Beschäftigten (Abs. 1) 2	D. Beraterhinweise 11
II. Begriff des Arbeitgebers (Abs. 2) 6	

A. Allgemeines

1 Mit § 6 beginnt der auf den Schutz von **Beschäftigten** bezogene 2. Abschnitt des AGG. § 6 bestimmt den persönlichen Anwendungsbereich auf Seiten der Geschützen (Abs. 1 und 3) und auf Seiten der zum Schutz Verpflichteten (Abs. 2).

B. Regelungsgehalt

I. Begriff des Beschäftigten (Abs. 1)

2 Abs. 1 definiert den Begriff des Beschäftigten i.S.d. AGG und geht dabei in zeitlicher und qualitativer Hinsicht weit über den Begriff des **AN** – und auch den des Beschäftigten i.S.d. SGB IV – **hinaus**. Erfasst werden alle Beschäftigten in der Privatwirtschaft und im Öffentlichen Dienst.[1] Beamte und Richter sind keine Beschäftigten i.S.d. AGG; für sie gilt das AGG nur eingeschränkt über die Verweisung in § 24. Für Soldaten gilt das Soldatinnen- und Soldaten-Gleichbehandlungsgesetz (SoldGG). Das AGG schützt Soldaten nur, soweit deren Teilnahme am Zivilrechtsverkehr betroffen ist.[2]

3 Als Beschäftigte gelten **AN** (S. 1 Nr. 1) und die zu ihrer Berufbildung Beschäftigten (S. 1 Nr. 2), also **Auszubildende** ebenso wie **Praktikanten** und Volontäre i.S.v. § 26 BBiG. Auch **arbeitnehmerähnliche Personen** gelten als Beschäftigte (S. 1 Nr. 3). Ausdrücklich genannt sind die zur Heimarbeit Beschäftigten und die ihnen Gleichgestellten (vgl. § 1 HAG). I.Ü. ist unklar, wer sonst noch als „arbeitnehmerähnliche Person" gilt. Die Gesetzesbegründung nennt nur die in Behindertenwerkstätten Beschäftigten und Rehabilitanden.[3] Wegen des § 5 Abs. 1 S. 2 Hs. 2 ArbGG entspr. Formulierung ist davon auszugehen, dass auch arbeitnehmerähnliche Personen i.S.d. § 5 Abs. 1 ArbGG erfasst sind. Auch § 12a TVG wird heranzuziehen sein. Auf § 2 S. 1 Nr. 9 SGB VI ist hingehen nicht abzustellen, da die Definition des „arbeitnehmerähnlichen Selbstständigen" ohne Einfluss auf den arbeitsrechtlichen Begriff der arbeitnehmerähnlichen Person ist.[4] Auch Leih-AN sind Beschäftigte i.S.d. AGG. Dies ergibt sich aus Abs. 2 S. 2.

4 Auch Personen, die sich für ein Beschäftigungsverhältnis **bewerben** oder deren Beschäftigungsverhältnis **bereits beendet** ist, gelten als Beschäftigte (S. 2). Es ist davon auszugehen, dass es sich um ein Beschäftigungsverhältnis i.S.d. AGG handeln muss, die Person also Beschäftigter i.S.d. S. 1 war oder zukünftig werden will. Als Anwendungsbeispiel für ausgeschiedene Beschäftigte nennt die Gesetzesbegründung die betriebliche Altersversorgung[5] (siehe § 2 Rn 14). Auch Ansprüche aus Sozialplänen und aufgrund eines Interessenausgleichs sind zu nennen.

5 Nach der bereits zu § 611a BGB entwickelten Rspr. des BAG kann nur derjenige benachteiligt werden, der sich subjektiv ernsthaft beworben hat und objektiv für die zu besetzende Stelle in Betracht kommt.[6] Wer die zu besetzende Position nicht ernsthaft anstrebt, ist schon **kein Bewerber**.[7] Nach a.A. ist in solchen Fällen (lediglich) der Einwand des Rechtsmissbrauchs möglich.[8] Beweisbelastet für die fehlende Ernsthaftigkeit ist der AG.[9] Indizien sind eine ungewöhnliche Form der Bewerbung (z.B. Fehlen eines Lebenslaufs, „Sechszeilen"-Bewerbung),[10] das musterhafte Vorgehen des „Bewerbers" in einer Vielzahl von Fällen[11] oder ein anderweitig bestehendes ungekündigtes Arbvh mit höherer Vergütung.[12] Auch ein ungewöhnlich auffälliger Hinweis auf diskriminierungsrelevante Eigenschaften kann ein Indiz für eine fehlende Ernsthaftigkeit sein.[13] Die fehlende objektive Eignung ist ebenfalls ein Indiz für eine

---

1 BT-Drucks 16/1780, S. 34.
2 BT-Drucks 16/1780, S. 27.
3 BT-Drucks 16/1780, S. 34.
4 ErfK/*Rolfs*, § 2 SGB VI Rn 1.
5 BT-Drucks 16/1780, S. 34.
6 BAG 12.11.1998 – 8 AZR 365/97 – NZA 1999, 371; BAG 27.4.2000 – 8 AZR 295/99 – juris.
7 ErfK/*Schlachter*, § 6 AGG Rn 3.
8 LAG Hamm 22.11.1996 – 10 Sa 1069/96 – NZA-RR 1997, 203 = AP § 611a BGB Nr. 15.
9 ErfK/*Schlachter*, § 611a BGB Rn 39; *Diller*, BB 2006, 1968.
10 BAG 12.11.1998 – 8 AZR 365/97 – NZA 1999, 371.
11 LAG Berlin 14.7.2004 – 15 Sa 417/04 – NZA-RR 2005, 124.
12 ErfK/*Schlachter*, § 611a BGB Rn 39.
13 *Diller*, BB 2006, 1968.

nicht ernsthaft gemeinte Bewerbung.[14] Sie wird festgestellt durch einen Vergleich zwischen dem Stellenprofil und den Kenntnissen und Fähigkeiten des Bewerbers.[15] Nach der Rspr. ist die objektive Eignung sogar Tatbestandsvoraussetzung.[16] Nach einem Teil der Lit. soll dies zumindest bei offensichtlichem Fehlen der Eignung gelten.[17] Dem ist nicht zu folgen, da auch der ungeeignete Bewerber benachteiligt werden kann, wie sich aus § 15 Abs. 2 S. 2 ergibt. Richtigerweise scheitert bei fehlender objektiver Eignung der Entschädigungsanspruch am Einwand des Rechtsmissbrauchs.

II. Begriff des Arbeitgebers (Abs. 2)

Der AG-Begriff wird in Abhängigkeit vom Beschäftigtenbegriff des Abs. 1 definiert. Die dortigen zeitlichen und qualitativen Erweiterungen (siehe Rn 2) führen daher zu einer entspr. Erweiterung des AG-Begriffs. Auch wer ausschließlich arbeitnehmerähnliche Personen, Selbstständige oder Organmitglieder (siehe Rn 3, 7) beschäftigt, ist AG i.S.d. AGG. AG bleibt auch, wer in der Vergangenheit AN beschäftigt hat, solange noch nachwirkende Rechtsbeziehungen (z.B. betriebliche Altersversorgung) bestehen. Sogar wer erstmalig AN einstellen möchte, ist bereits AG i.S.d. AGG, da auch der Bewerber Beschäftigter nach Abs. 1 ist.

Der Leih-AN hat zwei AG i.S.d. AGG, den Verleiher und den Entleiher (vgl. Abs. 2 S. 2). Erfasst werden die echte und die unechte AÜ.[18]

AG kann jede natürliche und juristische Person sowie rechtsfähige Personengesellschaft sein. Erfasst werden somit auch die GbR und die Vor-GmbH.[19]

III. Selbstständige und Organmitglieder (Abs. 3)

Der Entwurf eines ADG[20] sah die uneingeschränkte Anwendung der Regelungen zum Schutz von Beschäftigten auf Selbstständige und Organmitglieder vor.[21] Abs. 3 beschränkt hingegen den Schutzbereich für Selbstständige und Organmitglieder auf den Zugang zur Erwerbstätigkeit und den beruflichen Aufstieg. Die Beendigung von Beschäftigungsverhältnissen wird nicht erfasst.[22] Bei Organmitgliedern kann dies in **Widerspruch** zum sachlichen Anwendungsbereich stehen, der bei **Beschäftigungsverhältnissen** auch die Beschäftigungsbedingungen einschl. der Entlassungsbedingungen erfasst (§ 2 Abs. 1 Nr. 2). § 2 Abs. 1 Nr. 2 setzt die entspr. Vorgaben der Art. 3 Abs. 1c Antirassismus-RL, der Rahmen-RL Beschäftigung sowie der Gleichbehandlungs-RL (jeweils Art. 3 Abs. 1 Buchst. c) um. Der Widerspruch ergibt sich, wenn ein Organmitglied in einem Beschäftigungsverhältnis i.S.d. § 2 Abs. 1 Nr. 2 steht. Zumindest bei Fremd-Geschäftsführern ist dies denkbar. In derartigen Fällen ist fraglich, ob die Begrenzung auf den Zugang und beruflichen Aufstieg einer europarechtlichen Auslegung des AGG standhält.[23]

Der Begriff des Organmitgliedes erfasst **GmbH-Geschäftsführer** und **AG-Vorstände**. Der berufliche Aufstieg ist die Beförderung zum Sprecher der Geschäftsführung bzw. Vorsitzenden des Vorstands.[24]

Der Begriff des Selbstständigen ist nicht eingegrenzt. Es fallen daher alle Selbstständigen unter diesen Begriff, z.B. **Subunternehmer, Franchisenehmer, Freiberufler, freie Handelsvertreter** und **freie Mitarbeiter**. Doch nicht jeder Dienst- und Werkvertrag, der mit einem Selbstständigen geschlossen wird, betrifft dessen Zugang zur Erwerbstätigkeit. Erfasst werden nur solche Verträge, die den Rahmen und die Basisgrundlage für die Tätigkeit als Selbstständiger bieten, nicht jedoch Verträge, die in Ausübung einer selbstständigen Erwerbstätigkeit geschlossen werden.[25] Ein einzelner Dienstvertrag oder Werkvertrag schafft nicht die Bedingungen für den Zugang zu selbstständiger Erwerbstätigkeit, sondern ist Teil der praktizierten selbstständigen Erwerbstätigkeit.[26]

C. Verbindung zu anderen Rechtsgebieten

Die Erweiterungen des Beschäftigten- und des AG-Begriffs betreffen ausschließlich die Rechte und Pflichten aus dem AGG. Die Definitionen in anderen Rechtsgebieten, insb. dem Arbeits- und Sozialversicherungsrecht, bleiben unberührt.

---

14 HWK/*Thüsing*, § 611a BGB Rn 64.
15 *Bauer/Göpfert/Krieger*, § 6 Rn 10.
16 BAG 12.11.1998 – 8 AZR 365/97 – AP § 611a BGB Nr. 16; LAG Hamburg 29.10.2008 – 3 Sa 15/08 – BeckRS 2008, 58348; LAG Rheinland-Pfalz 11.1.2008 – 6 Sa 522/07 – NZA-RR 2008, 343.
17 ErfK/*Schlachter*, § 6 AGG Rn 3.
18 *Nicolai*, Rn 186.
19 *Nicolai*, Rn 182.
20 BT-Drucks 15/4538.

21 *V. Steinau-Steinrück/Schneider/Wagner*, NZA 2005, 28.
22 *Bauer/Göpfert/Krieger*, § 6 Rn 31; *Lutter*, BB 2007, 725; *Willemsen/Schweibert*, NJW 2006, 2583; a.A. *Thüsing*, Arbeitsrechtlicher Diskriminierungsschutz, Rn 96.
23 Vgl. *Bauer/Göpfert/Krieger*, § 6 Rn 33 ff.; vgl. *Thüsing*, Arbeitsrechtlicher Diskriminierungsschutz, Rn 96 f.
24 *Bauer/Göpfert/Krieger*, § 6 Rn 32.
25 *Bauer/Thüsing/Schunder*, NZA 2005, 32.
26 *Thüsing*, Arbeitsrechtlicher Diskriminierungsschutz, Rn 94.

D. Beraterhinweise

11 Bei der Künd eines Fremdgeschäftsführers ist ungeachtet der Beschränkung in Abs. 3 die Möglichkeit einer Überprüfung am Maßstab des AGG in Betracht zu ziehen.

Die Zuständigkeit für Klagen auf Ansprüche aus dem AGG richtet sich weiterhin nach den allg. Regeln. Bei Klagen von Selbstständigen oder Organvertretern sind die Zivilgerichte und nicht das ArbG zuständig. Bei arbeitnehmerähnlichen Personen sind unter den Voraussetzungen des § 5 Abs. 1 S. 2 ArbGG die ArbG zuständig.

§ 7 Benachteiligungsverbot

(1) Beschäftigte dürfen nicht wegen eines in § 1 genannten Grundes benachteiligt werden; dies gilt auch, wenn die Person, die die Benachteiligung begeht, das Vorliegen eines in § 1 genannten Grundes bei der Benachteiligung nur annimmt.
(2) Bestimmungen in Vereinbarungen, die gegen das Benachteiligungsverbot des Absatzes 1 verstoßen, sind unwirksam.
(3) Eine Benachteiligung nach Absatz 1 durch Arbeitgeber oder Beschäftigte ist eine Verletzung vertraglicher Pflichten.

A. Allgemeines	1	III. Vertragsverletzung (Abs. 3)	9
B. Regelungsgehalt	2	C. Verbindung zu anderen Rechtsgebieten	10
I. Verbot einer Benachteiligung (Abs. 1)	2	D. Beraterhinweise	11
II. Unwirksamkeit benachteiligender Bestimmungen (Abs. 2)	6		

A. Allgemeines

1 § 7 enthält als zentrale Norm der Regelungen zum Schutz der Beschäftigten vor Benachteiligung das grundsätzliche Benachteiligungsverbot (Abs. 1), die Anordnung der Unwirksamkeit benachteiligender Bestimmungen in Vereinbarungen (Abs. 2) sowie die Qualifizierung von Benachteiligungen als Vertragsverletzung (Abs. 3). Kein Verstoß gegen das Benachteiligungsverbot liegt vor, wenn eine Rechtfertigung nach den §§ 8 bis 10 oder § 5 gegeben ist.

B. Regelungsgehalt

I. Verbot einer Benachteiligung (Abs. 1)

2 Adressat des Benachteiligungsverbots sind der **AG**, der seine AN unmittelbar und mittelbar benachteiligen und durch Vorgesetzte auch belästigen kann, die **AN**, die einander belästigen können und **Dritte** (Kunden, Lieferanten, Geschäftspartner), die die AN belästigen können.

3 Unzulässig ist eine Benachteiligung **wegen** eines **in § 1 genannten** Grundes, also wegen eines der AGG-Merkmale. Eine Benachteiligung aus anderen Gründen verstößt nicht gegen das Benachteiligungsverbot des § 7. Entscheidend ist nicht der vorgebliche, sondern der tatsächliche Grund. So ist eine Benachteiligung wegen der Staatsangehörigkeit unproblematisch, da die Staatsangehörigkeit nicht unter § 1 fällt und die Antirassismus-RL[1] eine unterschiedliche Behandlung aus Gründen der Staatsangehörigkeit ausdrücklich nicht erfasst (Art. 3 Abs. 2). Handelt es sich aber nur um einen Vorwand und ist tatsächlich die ethnische Herkunft Grund der Benachteiligung, so greift das Benachteiligungsverbot.[2]

4 Der Begriff „wegen" lässt alle möglichen **Auslegungsvarianten** zu, von der Absicht bis zu einem unter mehreren Motiven.[3] Nach der zu § 611a BGB entwickelten Rspr. des BVerfG ist es ausreichend, wenn in dem Motivbündel, das die Entscheidung beeinflusst hat, das Merkmal enthalten ist.[4] Es kommt nicht darauf an, ob daneben auch andere Gründe maßgeblich waren (siehe § 3 Rn 4).[5] Wenn auch keine Benachteiligungsabsicht erforderlich ist, so bedarf es bei der unmittelbaren Benachteiligung zumindest einer vorsätzlichen Verknüpfung zwischen einem AGG-Merkmal und der benachteiligenden Maßnahme.[6] Bei der mittelbaren Benachteiligung sollen zumindest ein Zurechnungszusammenhang und eine Vorwerfbarkeit zwischen der Benachteiligung und dem Verhalten des AG erforderlich sein.[7] Bei der Belästigung soll es genügen, dass ein Zusammenhang zwischen dem Merkmal und der unerwünschten Verhaltensweise besteht.[8]

---

1 ABl EG L 180, S. 22.
2 BT-Drucks 16/1780, S. 34.
3 *Wank*, NZA 2004, Sonderbeil. zu Heft 22, S. 21.
4 BVerfG 16.11.1993 – 1 BvR 258/86 – NZA 1994, 745.
5 BVerfG 16.11.1993 – 1 BvR 258/86 – NZA 1994, 745.
6 *Wank*, NZA 2004, Sonderbeil. zu Heft 22, S. 21.
7 Vgl. *Wank*, NZA 2004, Sonderbeil. zu Heft 22, S. 21.
8 Vgl. *Wank*, NZA 2004, Sonderbeil. zu Heft 22, S. 21.

Das Benachteiligungsverbot gilt auch dann, wenn die benachteiligende Person das Vorliegen eines AGG-Merkmals beim Benachteiligten nur **annimmt**. Ob das Merkmal tatsächlich vorliegt, ist nicht entscheidend.[9] Es bleibt dem Benachteiligten daher erspart, im gerichtlichen Verfahren darlegen zu müssen, ob er tatsächlich das Merkmal aufweist.

II. Unwirksamkeit benachteiligender Bestimmungen (Abs. 2)

Ein Verstoß gegen das Benachteiligungsverbot des Abs. 1 führt zur **Unwirksamkeit** der entspr. Klausel in Individual- oder Kollektivvereinbarungen.[10] Abs. 2 hat lediglich deklaratorischen Charakter,[11] da sich die Unwirksamkeit bereits aus § 134 BGB ergibt.[12] Abs. 1 stellt ein Verbotsgesetz i.S.v. § 134 BGB dar.[13] Sonstige Unwirksamkeits- oder Nichtigkeitsgründe werden durch Abs. 2 nicht berührt.[14]

Die Rechtsfolge der Unwirksamkeit trifft auch Vereinbarungen, die vor Inkrafttreten des AGG geschlossen wurden.[15] Dies soll auch bei TV gelten.[16] In bereits abgewickelte Rechtsverhältnisse kann aus Gründen des Vertrauensschutzes nicht mehr eingegriffen werden.[17]

Abs. 2 regelt nicht, was anstelle der unwirksamen Regelung gelten soll. Da nur die Unwirksamkeit der benachteiligenden Bestimmung angeordnet ist, wird nicht der gesamte Arbeitsvertrag erfasst (§ 139 Hs. 2 BGB).[18] Zum **Ausfüllen der Lücke** ist zu differenzieren: Bei einer unwirksamen individualvertraglichen Klausel erfolgt eine Angleichung „nach oben", d.h. eine Gleichstellung mit den übrigen, nicht benachteiligten Beschäftigten.[19] Bei einer unwirksamen Klausel in einer BV oder einem TV sind sowohl eine Anpassung nach oben als auch eine Anpassung der Gesamtregelung denkbar. Der EuGH entscheidet sich für eine Gleichbehandlung mit den übrigen Beschäftigten auch für die Zukunft, bis eine diskriminierungsfreie Neuregelung getroffen ist.[20] Eine vorherige Beseitigung der benachteiligenden Regelung durch Tarifverhandlungen oder auf anderem Wege müsse nicht abgewartet werden.[21] Das BAG geht ebenfalls von einer Anpassung nach oben aus, solange nur einzelne AN benachteiligt werden und die Mehrbelastung des AG durch die Korrektur im Verhältnis zum Gesamtvolumen nicht ins Gewicht fällt[22] bzw. eine Überforderung des AG nicht ersichtlich ist.[23] Für die Zukunft könne jedoch aus einer nichtigen Norm eines TV kein Recht hergeleitet werden, da es den Gerichten aufgrund der Tarifautonomie verwehrt sei, die nichtige Norm durch eine andere zu ersetzen.[24] Das BAG behandelt die Anpassung nach oben somit restriktiver als der EuGH. In der Instanzenrspr. wird eine Anpassung nach oben vorgenommen.[25] In der Lit. werden bei Kollektivregelungen u.a. eine strikte Anpassung nach oben,[26] ein Rückgriff auf § 612 BGB bei individualvertraglicher Bezugnahme auf TV[27] und differenzierte Rechtsfolgenregelungen empfohlen,[28] z.B. eine diskriminierungsfreie Neuverteilung unter Beibehaltung des vereinbarten Volumens[29] oder eine Anpassung nach oben stets für die Vergangenheit, für die Zukunft aber nur, wenn ein entsprechender Parteiwille angenommen werden kann.[30]

III. Vertragsverletzung (Abs. 3)

Abs. 3 regelt, dass AG und Beschäftigte, die gegen das Benachteiligungsverbot des Abs. 1 verstoßen, ihre vertraglichen Pflichten verletzen. Geht die Benachteiligung von einem Dritten aus, der nicht in einem arbeitsrechtlichen Vertragsverhältnis zum AG steht, ist Abs. 3 nicht einschlägig.[31] Bei Benachteiligungen durch AN kann der AG die üblichen **arbeitsrechtlichen Sanktionen** (Abmahnung, Künd etc.) ergreifen, wozu er nach § 12 Abs. 3 auch verpflichtet ist.

Der AN kann dem AG zum Schadensersatz verpflichtet sein (§§ 280 Abs. 1, 241 Abs. 2 BGB), wenn dieser dem von der Benachteiligung Betroffenen Entschädigung und Schadensersatz leisten muss.[32]

---

9 BT-Drucks 16/1780, S. 34.
10 BT-Drucks 16/1780, S. 34.
11 BT-Drucks 16/1780, S. 34.
12 *Bauer/Thüsing/Schunder*, NZA 2005, 32.
13 *Flohr/Ring*, Rn 174.
14 BT-Drucks 16/1780, S. 34.
15 *Schleusener/Suckow/Voigt*, § 7 Rn 39; *Löwisch*, DB 2006, 1729.
16 Hess. LAG 22.4.2009 – 2 Sa 1689/08 – NZA 2009, 799; LAG Berlin-Brandenburg 11.9.2008 – 20 Sa 2244/07 – NZA-RR 2009, 378.
17 *Bauer/Göpfert/Krieger*, § 7 Rn 22.
18 ErfK/*Schlachter*, § 7 AGG Rn 3.
19 *Willemsen/Schweibert*, NJW 2006, 2583.
20 EuGH 27.6.1990 – C 33/89 – NZA 1990, 771.
21 EuGH 7.2.1991 – Rs C 184/89 – Nimz/Hamburg – NJW 1991, 2207.
22 BAG 12.11.2002 – 1 AZR 58/02 – NZA 2003, 1287.
23 BAG 7.3.1995 – 3 AZR 282/94 – NZA 1996, 48; ähnlich ArbG Berlin 22.8.2007 – 86 Ca 1696/07 – BeckRS 2007, 49026 = BB 2008, 161.
24 BAG 13.11.1985 – 4 AZR 234/84 – NZA 1986, 321.
25 Hess. LAG 22.4.2009 – 2 Sa 1689/08 – NZA 2009, 799; LAG Berlin-Brandenburg 11.9.2008 – 20 Sa 2244/07 – NZA-RR 2009, 378.
26 MüKo-BGB/*Thüsing*,. § 7 AGG Rn 16.
27 ErfK/*Schlachter*, § 7 AGG Rn 4.
28 *Bauer/Thüsing/Schunder*, NZA 2005, 32; *Lingemann/Gotham*, NZA 2007, 663.
29 *V. Steinau-Steinrück/Schneider/Wagner*, NZA 2005, 28.
30 *Nollert-Borasio/Perreng*, § 7 Rn 38.
31 ErfK/*Schlachter*, § 7 AGG Rn 6.
32 Vgl. ErfK/*Schlachter*, § 7 AGG Rn 6.

C. Verbindung zu anderen Rechtsgebieten

10 Bei Benachteiligungen durch den AG stehen dem AN neben den Rechten aus §§ 13, 14 und 15 auch Ansprüche aus Rechtsvorschriften außerhalb des AGG zu. Dies ergibt sich aus § 15 Abs. 5 (siehe §§ 15, 16 Rn 18).

D. Beraterhinweise

11 Wegen der Unsicherheit, wie die Lücke einer unwirksamen Bestimmung in einer Kollektivvereinbarung gefüllt wird, empfiehlt es sich, beim Abschluss von Kollektivvereinbarungen den Willen der Vertragsparteien niederzulegen, ein begrenztes finanzielles Volumen verteilen zu wollen.

Während das AGG auf den ersten Blick den AN allein Rechte zu gewähren scheint, zeigt sich in Abs. 3, dass AN auch Pflichten aus dem AGG unterliegen. Dem AG gibt § 7 Abs. 3 die Handhabe, gegen diskriminierende AN vorzugehen, wozu er nach § 12 Abs. 3 auch verpflichtet ist.

§ 8 Zulässige unterschiedliche Behandlung wegen beruflicher Anforderungen

(1) Eine unterschiedliche Behandlung wegen eines in § 1 genannten Grundes ist zulässig, wenn dieser Grund wegen der Art der auszuübenden Tätigkeit oder der Bedingungen ihrer Ausübung eine wesentliche und entscheidende berufliche Anforderung darstellt, sofern der Zweck rechtmäßig und die Anforderung angemessen ist.

(2) Die Vereinbarung einer geringeren Vergütung für gleiche oder gleichwertige Arbeit wegen eines in § 1 genannten Grundes wird nicht dadurch gerechtfertigt, dass wegen eines in § 1 genannten Grundes besondere Schutzvorschriften gelten.

A. Allgemeines	1	II. Entgeltgleichheit (Abs. 2)	13
B. Regelungsgehalt	2	C. Beraterhinweise	14
I. Rechtfertigung wegen beruflicher Anforderungen (Abs. 1)	2		

A. Allgemeines

1 § 8 erlaubt als Generalklausel der Rechtfertigungsregelungen des AGG in Umsetzung von Art. 4 Abs. 1 der Antirassismus-RL und der Rahmen-RL Beschäftigung sowie Art. 2 Abs. 6 der Gender-RL eine Ungleichbehandlung wegen allg. beruflicher Anforderungen. Bei einer Ungleichbehandlung wegen des Alters ist eine Rechtfertigung auch nach der speziellen Regelung des § 10 möglich. Bei einer Ungleichbehandlung durch eine Religionsgemeinschaft oder Weltanschauungsgemeinschaft wegen des Merkmals der Religion oder Weltanschauung kommt zusätzlich eine Rechtfertigung nach der speziellen Regelung des § 9 in Betracht. § 8 steht neben diesen beiden Spezialregelungen, wird aber in der Praxis regelmäßig nicht mehr einschlägig sein, wenn die weiter gefassten Rechtfertigungstatbestände der §§ 9 und 10 nicht erfüllt sind.

B. Regelungsgehalt

I. Rechtfertigung wegen beruflicher Anforderungen (Abs. 1)

2 Hauptanwendungsfall des Abs. 1 wird die **unmittelbare** Benachteiligung (§ 3 Abs. 1) sein.[1] Bei der **Belästigung** (§ 3 Abs. 3 und 4) scheidet eine Rechtfertigung aus. Dies gilt nicht nur regelmäßig,[2] sondern stets,[3] was sich aus dem Wortlaut, der die „unterschiedliche Behandlung" anstelle des weiteren Begriffs der Benachteiligung nennt,[4] und aus dem Unwertgehalt einer Belästigung (siehe § 3 Rn 14 ff.) ergibt. Eine Rechtfertigung einer **mittelbaren** Benachteiligung (§ 3 Abs. 2) ist zwar nicht ausgeschlossen, wird aber i.d.R. nicht in Betracht kommen, da das Fehlen einer Rechtfertigung bereits Tatbestandsvoraussetzung ist und die Anforderungen an eine „Rechtfertigung" nach § 3 Abs. 2 deutlich geringer sind als an eine Rechtfertigung nach § 8 (siehe § 3 Rn 13). Ob eine **Anweisung** zur Benachteiligung gerechtfertigt ist, hängt davon ab, ob die angewiesene Differenzierung auf eine Rechtfertigungsregelung gestützt werden kann.[5]

---

1 BT-Drucks 16/1780, S. 35.
2 BT-Drucks 16/1780, S. 35.
3 MüKo-BGB/*Thüsing*, § 8 AGG Rn 1; ErfK/*Schlachter*, § 8 AGG Rn 2; *Annuß*, BB 2006, 1629.
4 ErfK/*Schlachter*, § 8 AGG Rn 2; *Annuß*, BB 2006, 1629.
5 ErfK/*Schlachter*, § 8 AGG Rn 2.

Nach § 8 ist eine unterschiedliche Behandlung wegen eines AGG-Merkmals gerechtfertigt, wenn
- wegen der **Art** der auszuübenden Tätigkeit oder der Bedingungen ihrer Ausübung das Merkmal eine **wesentliche** und **entscheidende** berufliche Anforderung darstellt,
- der verfolgte Zweck rechtmäßig ist und
- die Anforderung **angemessen** ist.

Der AG kann somit nur solche Gründe anführen, die sich auf die **Art der Tätigkeit** bzw. die Bedingungen ihrer Ausübung beziehen. Die benachteiligende Maßnahme muss der Begründung oder Konkretisierung einer Leistungspflicht des AN dienen.[6] Anders als bei § 3 Abs. 2 und § 10 genügt nicht die Verfolgung irgendeines legitimen Ziels. Das Interesse des AG an einer ausgewogenen Personalstruktur, die durch § 1 Abs. 3 S. 2 KSchG und § 125 Abs. 1 S. 1 Nr. 2 InsO als legitimes Ziel anerkannt ist, kann daher eine Ungleichbehandlung zwar bezüglich des Altersaufbaus rechtfertigen (§ 10), nicht aber bezüglich einer ausgewogenen ethnischen Zusammensetzung oder Verteilung der Geschlechter.

Wesentlich ist eine berufliche Anforderung, wenn ein hinreichend großer Teil der Gesamtanforderungen des Arbeitsplatzes betroffen ist.[7] Ausgangspunkt sind das vom AG festgelegte Anforderungsprofil und berufliche Anforderungen aufgrund von Rechtsvorschriften.[8] **Entscheidend** ist eine berufliche Anforderung, wenn sie für die vertragsgemäße Erfüllung der Arbeitsleistung erforderlich ist.[9] Dies ist der Fall, wenn ohne die Anforderung die Tätigkeit nicht oder nicht ordnungsgemäß ausgeübt werden kann.[10] Unklar ist, ob die Anforderung **unverzichtbar** sein muss i.S.d. früheren § 611a BGB. Die Gesetzesbegründung geht, anders als noch die Begründung zum Entwurf eines Antidiskriminierungsgesetzes (ADG),[11] davon aus, dass die Formulierung „wesentlich und entscheidend" keine Absenkung des Schutzstandards hinsichtlich des Merkmals Geschlecht bedeutet, der bei § 611a BGB durch die Formulierung „unverzichtbar" gewährleistet wurde.[12] Ein Teil der Lit. folgt dieser Auff.,[13] ein anderer Teil sieht hingegen aufgrund des abweichenden Wortlauts einen qualitativen Unterschied.[14] Wenn die Anforderungen des § 8 hinter denen des § 611a BGB zurückbleiben, wäre dies bezüglich des Merkmals Geschlecht eine nach Art. 8e Abs. 2 der Gender-RL unzulässige Absenkung des Schutzniveaus. Bezüglich des Merkmals Geschlecht ist daher unverändert auf die zu § 611a BGB ergangene Rspr. abzustellen.[15] Das BAG hat zu § 611a BGB zwischen einer Unverzichtbarkeit im engeren und im weiteren Sinn differenziert. Unverzichtbarkeit im engeren Sinn liegt vor, wenn einem AN die Erfüllung der geschlechtsneutral formulierten Arbeitsaufgabe tatsächlich oder rechtlich unmöglich ist. Unverzichtbarkeit im weiteren Sinn liegt vor, wenn ein bestimmtes Geschlecht die Arbeitsleistung zwar erbringen kann, jedoch aus biologischen Gründen schlechter als das andere Geschlecht.[16] Dieser Maßstab kann auf Abs. 1 übertragen werden.[17]

Dem Tatbestandsmerkmal der Verfolgung eines **rechtmäßigen Zwecks** kommt keine eigenständige Bedeutung zu, da die Erfüllung einer wesentlichen beruflichen Anforderung stets einen rechtmäßigen Zweck darstellt.[18] Eine Anforderung ist **angemessen**, wenn der Grundsatz der Verhältnismäßigkeit zwischen beruflichem Zweck und Schutz vor Benachteiligung gewahrt ist.[19]

Für eine Ungleichbehandlung wegen des **Geschlechts** gilt, dass das Geschlecht nur dann unverzichtbar ist, wenn ein Angehöriger des jeweils **anderen** Geschlechts die vertragsgemäße Leistung **nicht erbringen könnte** und dieses Unvermögen auf Gründen beruht, die ihrerseits der gesetzlichen Wertentscheidung der Gleichberechtigung beider Geschlechter genügt.[20] Die tatsächliche Unverzichtbarkeit kann **biologisch** oder **rechtlich** begründet sein. Die Ausnahmen können immer nur **spezifische Tätigkeiten** betreffen und dürfen nicht über das hinausgehen, was zur Erreichung des Ziels **angemessen** und **erforderlich** ist. Vor diesem Hintergrund kann das Geschlecht z.B. für den Beruf des Sozialpädagogen in einem Mädcheninternat,[21] des Aufsehers in Haftanstalten,[22] oder für den Dienst in speziellen Kampfeinheiten eine unabdingbare Voraussetzung sein.[23]

Unproblematisch ist die Unverzichtbarkeit eines bestimmten **Geschlechts** regelmäßig dann, wenn die **Art der Tätigkeit** nur ein Geschlecht zulässt, z.B. der Beruf der Amme, männliche Schauspielerrolle oder Mannequin. Schwieriger zu beurteilen sind Fälle, bei denen ein bestimmtes Geschlecht zwar nicht biologisch zwingend notwendig, allerdings aus anderen Gründen, z.B. aus pädagogischen oder sittlichen Gründen, **besser geeignet** ist. So kann im Pflegebereich, wo die Scham relevant ist, eine Unterscheidung zulässig sein, z.B. weibliche Pflegekräfte in einer kleinen

---

6 ErfK/*Schlachter*, § 8 AGG Rn 1.
7 ErfK/*Schlachter*, § 8 AGG Rn 4.
8 Schleusener/Suckow/Voigt, § 8 Rn 7 f.
9 ErfK/*Schlachter*, § 8 AGG Rn 4.
10 MüKo-BGB/*Thüsing*, § 8 AGG Rn 9.
11 BT-Drucks 15/4538, S. 32.
12 Vgl. BT-Drucks 16/1780, S. 35.
13 Bauer/Göpfert/Krieger, § 8 Rn 8; *Thüsing*, NZA 2004, Sonderbeil zu Heft 22, 3; *Annuß*, BB 2006, 1629.
14 V. Steinau-Steinrück/Schneider/Wagner, NZA 2005, 28.
15 *Pallasch*, NZA 2007, 306.
16 BAG 14.8.2007 – 9 AZR 943/06 – NZA 2008, 99.
17 MüKo-BGB/*Thüsing*, § 8 AGG Rn 11.
18 ErfK/*Schlachter*, § 8 AGG Rn 4.
19 BT-Drucks 16/1780, S. 35.
20 BAG 12.11.1998 – 8 AZR 365/97 – NZA 1999, 371.
21 BAG 28.5.2009 – 8 AZR 536/08 – NZA 2009, 1016.
22 EuGH 30.6.1988 – C 318/86 – Kommission/Frankreich – Slg. 1988, 3559.
23 EuGH 26.10.1999 – C 273/97 – Sidar – NZA 2000, 25.

Belegarztklinik, in der überwiegend gynäkologische Operationen durchgeführt werden, einzusetzen[24] oder Arzthelferinnen in einer Durchgangspraxis mit einem hohen Anteil moslemischer Patienten.[25] Voraussetzung ist, dass der Einsatz männlicher Pflegekräfte ganz überwiegend von den Patienten abgelehnt wird.[26] Als Ausnahme wurden in der Instanz-Rspr. auch Stellen akzeptiert, bei denen die Förderung oder Vertretung eines bestimmten Geschlechts im Vordergrund steht, z.B. Geschäftsführerin in einem Frauenverbund,[27] oder die Stelle einer Frauenreferentin.[28] Das BAG sieht hingegen das weibliche Geschlecht nicht als unverzichtbare Voraussetzung für einen Gleichstellungsbeauftragten an.[29]

9 Eine Ungleichbehandlung wegen einer **Behinderung** ist zulässig, soweit eine Vereinbarung oder Maßnahme die Art der von dem behinderten Beschäftigten auszuübenden Tätigkeit zum Gegenstand hat und eine bestimmte körperliche Funktion, geistige Fähigkeit oder seelische Gesundheit wesentliche und entscheidende berufliche Anforderung für diese Tätigkeit ist. Dies ist anhand einer arbeitsplatzbezogenen Beurteilung der Behinderungsauswirkungen festzustellen. Eine Ausnahme wird jedenfalls dann nicht vorliegen, wenn durch eine behindertengerechte Einrichtung des Arbeitsplatzes die Leistungsdefizite kompensiert werden können und der AG, unter Berücksichtigung der staatlichen Förderungen, nicht unverhältnismäßig belastet wird (vgl. § 81 Abs. 4 S. 1 Nr. 4, S. 3 SGB IX).[30] Funktionsbeeinträchtigungen, die der Ausübung der Tätigkeit nur geringfügig entgegenstehen und nur einen Teil des Gesamtspektrums ausmachen, erlauben keine Ausnahme vom Benachteiligungsverbot. Eine Ausnahme ist damit nur dann anzunehmen, wenn die Behinderung die Ausübung des Berufes unmöglich macht oder ernsthaft beeinträchtigt, z.B. bei festgestellter Fluguntauglichkeit eines Flugkapitäns.[31]

10 Von erheblicher praktischer Bedeutung ist die Frage, ob ein **unternehmerisches Konzept**, das die Befriedigung der **Kundenerwartung** bezweckt, eine Ungleichbehandlung rechtfertigen kann. Das BAG hat die Befriedigung der Kundenerwartung in der Vergangenheit im Rahmen der durch Art. 12 Abs. 1 GG geschützten Unternehmerfreiheit anerkannt, zugleich aber gefordert, dass vom AG konkrete betriebliche Störungen oder wirtschaftliche Einbußen vorgetragen werden.[32] Es müsse eine reale Gefährdung konkret vorliegen, der bloße Verdacht reiche nicht aus. Ein pädagogisches Konzept soll nach Auffassung des BAG eine Ungleichbehandlung wegen des Geschlechts nicht rechtfertigen.[33] Der EuGH hat in der Ankündigung eines AG, keine Monteure fremder Herkunft einzustellen, da seine Kunden Bedenken hätten, diesen Zutritt zu gewähren, eine Diskriminierung gesehen, es sei denn, der AG könne nachweisen, dass seine tatsächliche Einstellungspraxis dem nicht entspreche.[34] In der Lit. wird die Kundenerwartung als Rechtfertigungsgrund z.T. abgelehnt,[35] z.T. mit Einschränkungen anerkannt.[36] Erforderlich sei, dass eine Missachtung der Kundenerwartung auf mittlere Sicht die Fortführung der unternehmerischen Tätigkeit gefährde, wobei dem AG eine Einschätzungsprärogative zukomme,[37] bzw. dass nachweislich erhebliche Einbußen eintreten.[38] Richtigerweise sollte die begründete Prognose drohender erheblicher Einbußen ausreichen. Der Grad der Erheblichkeit hängt von den Umständen des Einzelfalles ab, da die Angemessenheit einer Anforderung auch nur im Einzelfall bestimmt werden kann.

11 Auch **öffentlich-rechtliche Anforderungen** (z.B. Aufenthaltsgesetz, Arbeitsschutzbestimmungen, „Kopftuchverbot" in Schulgesetzen)[39] können eine Ungleichbehandlung rechtfertigen. Allerdings dürfen öffentlich-rechtliche Vorschriften, die dem Schutz des Beschäftigten dienen, nicht zur Rechtfertigung herangezogen werden.[40]

12 Unzulässig ist eine Ungleichbehandlung wegen eines Merkmals, nicht jedoch die **Verweigerung** einer **Begünstigung** wegen eines Merkmals.[41] Es stellt daher keine Ungleichbehandlung dar, wenn ein AG auf die **religiösen Belange** von Beschäftigten (z.B. Speisevorschriften, Gebetszeiten, religiöse Feiertage) keine Rücksicht nimmt, solange dies gegenüber Angehörigen sämtlicher Religionsgemeinschaften gilt. Nimmt er hingegen auf Angehöriger bestimmter Religionsgemeinschaften Rücksicht, so kann es eine Ungleichbehandlung darstellen, wenn er eine entspr. Rücksichtnahme Angehörigen anderer Religionsgemeinschaften verweigert. Eine Rechtfertigung kann sich dann aus § 5 oder aus den Bedingungen der Ausübung der Tätigkeit ergeben, so z.B. wenn feste Arbeitszeiten mit festen Gebetszeiten kollidieren (z.B. Akkordarbeit).

---

24 ArbG Hamburg 10.4.2001 – 20 Ca 188/00 – juris.
25 BAG 21.2.1991 – 2 AZR 449/90 – NZA 1991, 719.
26 ArbG Bonn 31.3.2001 – 5 Ca 2781/00 – juris.
27 ArbG München 14.2.2001 – 38 Ca 8663/00 – NZA-RR 2001, 365.
28 LAG Berlin 14.1.1998 – 8 Sa 118/97 – NJW 1998, 1429.
29 BAG 12.11.1998 – 8 AZR 365/97 – NZA 1999, 371.
30 *Wisskirchen*, DB 2006, 1491.
31 BAG 22.11.2005 – 1 ABR 49/04 – NZA 2006, 389.
32 BAG 10.10.2002 – 2 AZR 472/01 – NZA 2003, 483.
33 .BAG 14.8.2007 – 9 AZR 943/06 – NZA 2008, 99.
34 EuGH 10.7.2008 – C-54/07 – Firma Feryn NV – NZA 2008, 929.
35 *Wisskirchen*, DB 2006, 1491.
36 ErfK/*Schlachter*, § 8 AGG Rn 3; MüKo-BGB/*Thüsing*, § 8 AGG Rn 19 f.; *Schleusener/Suckow/Voigt*, § 8 Rn 9 f., 15; *Annuß*, BB 2006, 1629.
37 *Annuß*, BB 2006, 1629.
38 ErfK/*Schlachter*, § 8 AGG Rn 3.
39 BAG 20.8.2009 – 2 AZR 499/08 – FD-ArbR 2009, 287455; Vorinstanz LAG Düsseldorf 10.4.2008 – 5 Sa 1836/07 – BB 2008, 889.
40 EuGH 3.2.2000 – C-207/98 – Mahlburg – NZA 2000, 255.
41 Vgl. *Wisskirchen*, DB 2006, 1491.

II. Entgeltgleichheit (Abs. 2)

Abs. 2 soll den bisherigen § 612 Abs. 3 BGB über das Merkmal des Geschlechts hinaus auf alle in § 1 genannten AGG-Merkmale erstrecken.[42] Dies ist nur unvollständig gelungen, da zwar das Verbot, eine ungleiche Entlohnung mit Schutzvorschriften zu rechtfertigen (§ 612 Abs. 3 S. 2 BGB), übernommen wurde, nicht aber das **Gebot der gleichen Entlohnung** (§ 612 Abs. 3 S. 1 BGB). Abs. 2 enthält keine eigene Anspruchsgrundlage.[43] Dieses Gebot ergibt sich nunmehr aus § 7 Abs. 1 i.V.m. § 2 Abs. 1 Nr. 2. Eine ungleiche Entlohnung, die wegen eines der AGG-Merkmale erfolgt, bedarf der Rechtfertigung nach Abs. 1 mit der sich aus Abs. 2 ergebenden Beschränkung. Die Lage auf dem Arbeitsmarkt kann eine unterschiedliche Entlohnung sachlich rechtfertigen,[44] wobei richtigerweise i.d.R. schon keine Ungleichbehandlung wegen eines AGG-Merkmals vorliegen wird.

C. Beraterhinweise

AG können sich gegenüber abgelehnten Bewerbern zur Rechtfertigung grds. nur auf solche Anforderungen berufen, die bereits in der Ausschreibung oder im Auswahlverfahren formuliert waren. Das Nachschieben von Auswahlkriterien bedarf besonderer Umstände, aus denen sich ergibt, dass der Ablehnungsgrund nicht lediglich vorgeschoben ist. Dies gilt zumindest bei einer Ungleichbehandlung wegen eines von Art. 3 Abs. 2 und 3 GG erfassten Merkmals.[45]

---

§ 9 **Zulässige unterschiedliche Behandlung wegen der Religion oder Weltanschauung**

(1) Ungeachtet des § 8 ist eine unterschiedliche Behandlung wegen der Religion oder der Weltanschauung bei der Beschäftigung durch Religionsgemeinschaften, die ihnen zugeordneten Einrichtungen ohne Rücksicht auf ihre Rechtsform oder durch Vereinigungen, die sich die gemeinschaftliche Pflege einer Religion oder Weltanschauung zur Aufgabe machen, auch zulässig, wenn eine bestimmte Religion oder Weltanschauung unter Beachtung des Selbstverständnisses der jeweiligen Religionsgemeinschaft oder Vereinigung im Hinblick auf ihr Selbstbestimmungsrecht oder nach der Art der Tätigkeit eine gerechtfertigte berufliche Anforderung darstellt.

(2) Das Verbot unterschiedlicher Behandlung wegen der Religion oder der Weltanschauung berührt nicht das Recht der in Absatz 1 genannten Religionsgemeinschaften, der ihnen zugeordneten Einrichtungen ohne Rücksicht auf ihre Rechtsform oder der Vereinigungen, die sich die gemeinschaftliche Pflege einer Religion oder Weltanschauung zur Aufgabe machen, von ihren Beschäftigten ein loyales und aufrichtiges Verhalten im Sinne ihres jeweiligen Selbstverständnisses verlangen zu können.

A. Allgemeines	1	1. Zugehörigkeit zur Religion oder Weltanschauung (Abs. 1)	8
B. Regelungsgehalt	3	2. Loyalitätspflichten (Abs. 2)	9
I. Normadressaten	3	C. Beraterhinweise	12
II. Rechtfertigung	7		

A. Allgemeines

Die Vorschrift verfolgt das **Ziel**, den Besonderheiten des kirchlichen Arbeitsrechts Rechnung zu tragen. § 9 ermöglicht eine gegenüber § 8 erleichterte Rechtfertigung einer Ungleichbehandlung. Ihre Grundlage findet die Regelung in Art. 4 Abs. 2 der Rahmen-RL Beschäftigung. Diese Ausnahmeregelung geht zurück auf die Anerkennung des hergebrachten rechtlichen Status der Religions- und Weltanschauungsgemeinschaften in den Mitgliedstaaten durch die EU (vgl. Erwägungsgrund Nr. 24 der Rahmen-RL Beschäftigung).[1] Durch § 9 soll im Wesentlichen die bisherige Rechtslage **aufrechterhalten** bleiben.[2]

In Deutschland ist das **kirchliche Arbeitsrecht** durch die Besonderheit gekennzeichnet, dass zwar im Grundsatz das allg. Arbeitsrecht Anwendung findet, zugleich aber die Religionsgesellschaften ermächtigt sind, „ihre Angelegenheiten selbstständig innerhalb der Schranken des für alle geltenden Gesetzes" zu regeln (Art. 140 GG i.V.m. Art. 137 WRV). Auch wenn bis heute nicht abschließend geklärt ist, wo genau die Grenzlinie des den Kirchen erlaubten Handelns insb. im grundrechtsrelevanten Bereich verläuft,[3] so kann doch festgehalten werden, dass kirchlichen AG bislang das Recht zugekommen ist, die Art der Behandlung ihrer AN unmittelbar von deren Religionszugehörig-

---

42 BT-Drucks 16/1780, S. 35.
43 *Bauer/Göpfert/Krieger*, § 8 Rn 43; a.A. LAG Berlin-Brandenburg 11.9.2008 – 20 Sa 2244/07 – NZA-RR 2009, 378.
44 EuGH 27.10.1993 – C 127/92 – Dr. Pamela Mary Enderby – NZA 1994, 797; vgl. *Bauer/Göpfert/Krieger*, § 8 Rn 44.
45 BVerfG 16.11.1993 – 1 BvR 258/86 – NZA 1994, 745.

1 Vgl. *Thüsing*, JZ 2004, 172.
2 *Bauer/Göpfert/Krieger*, § 9 Rn 4; *Joussen*, NZA 2008, 675.
3 Vgl. ErfK/*Dieterich*, Art. 4 GG Rn 42 ff.; *Thüsing*, NZA 2002, 306.

keit abhängig zu machen, also z.B. nur Kirchenmitglieder einzustellen und aus der Kirche ausgetretenen AN zu kündigen. Darüber hinaus kann nach der bisherigen Rechtslage von den kirchlichen AN, auch im außerdienstlichen Bereich, verlangt werden, sich loyal und aufrichtig im Hinblick auf das Selbstverständnis der Kirche zu verhalten.[4]

B. Regelungsgehalt

I. Normadressaten

3 Beide Absätze des § 9 richten sich ausschließlich an **Religionsgemeinschaften**, die **diesen zugeordneten Einrichtungen** und weitere **Vereinigungen**, deren Aufgabe die gemeinschaftliche Pflege einer Religion oder Weltanschauung ist. Andere AG können sich nicht auf § 9 berufen.

Unter dem im AGG nicht definierten Begriff der **Religionsgemeinschaft** wird der aus dem deutschen Staatskirchenrecht bekannte Begriff der Religionsgesellschaft i.S.d. Art. 137 WRV zu verstehen sein.[5]

4 Erfasst sind daneben die den Religionsgemeinschaften „**zugeordneten Einrichtungen** ohne Rücksicht auf ihre Rechtsform". Damit ist klargestellt, dass die Privilegierung nach § 9 nicht auf die Kirche i.e.S. begrenzt ist, sondern auch Geltung für die Arbvh verbundener Einrichtungen entfalten kann. Zu denken ist an Stellen bei der Diakonie oder der Caritas, aber auch an den angestellten Arzt in einem konfessionellen Krankenhaus.[6]

5 Unklar ist, welcher **Grad der Verbundenheit** zwischen einer zugeordneten Einrichtung und der jeweiligen Religionsgemeinschaft erforderlich ist. Dies ist v.a. im Hinblick auf Einrichtungen erheblich, die in gemeinsamer Trägerschaft kirchlicher und privater oder öffentlicher Teilhaber betrieben werden. Im Zusammenhang mit dem Religionsprivileg des § 118 Abs. 2 BetrVG ergeben sich ähnliche Fragestellungen. Dort wird für die Zuordnung zur kirchlichen Sphäre für erforderlich gehalten, dass die Kirche einen ordnenden und verwaltenden Einfluss innehat.[7] Dieser muss jedoch nicht aus einer kirchlichen Eigentümerstellung oder satzungsmäßigen Absicherung kirchlicher Entscheidungsrechte herrühren.[8] Ausreichend ist vielmehr, dass die Kirche eine wie auch immer geartete Einflussmöglichkeit besitzt, „um (…) einen etwaigen Dissens in religiösen Angelegenheiten zwischen ihr und der Einrichtung zu unterbinden."[9] Indizwirkung kann die Besetzung der Kuratorien oder anderer zentraler Posten mit Geistlichen oder auch eine Vermögensaufsicht durch die Kirche haben.[10] Es ist darauf abzustellen, ob nach dem Selbstverständnis der Kirche und dem der Einrichtung selbst Zwecke und Aufgaben verfolgt werden, die zu einem gewissen Teil den Auftrag der Kirche wahrnehmen und erfüllen.[11] Diese Erwägungen können auch einen für § 9 nutzbaren Orientierungsmaßstab geben.

6 Ebenfalls erfasst sind die „**Vereinigungen,** die sich die gemeinschaftliche Pflege einer Religion oder Weltanschauung zur Aufgabe machen". Dies entspricht der Gleichstellung von Weltanschauungsvereinigungen mit Religionsgesellschaften in Art. 137 Abs. 7 WRV (zum Begriff der Weltanschauung siehe § 1 Rn 9).

II. Rechtfertigung

7 § 9 unterscheidet für die Möglichkeit der Rechtfertigung danach, ob eine Ungleichbehandlung unmittelbar an die Zugehörigkeit zu einer Religion oder Weltanschauung anknüpft (Abs. 1) oder ob die Ungleichbehandlung auf das jeweilige Selbstverständnis der Religion oder Weltanschauung bezogen ist (Abs. 2).

8 **1. Zugehörigkeit zur Religion oder Weltanschauung (Abs. 1).** Eine Ungleichbehandlung wegen der Religion oder Weltanschauung ist zulässig, wenn diese „unter Beachtung des **Selbstverständnisses** der jeweiligen Religionsgemeinschaft oder Vereinigung im Hinblick auf ihr **Selbstbestimmungsrecht** oder nach der **Art der Tätigkeit** eine gerechtfertigte berufliche Anforderung darstellt". Zur Rechtfertigung der Ungleichbehandlung genügt es, anders als bei § 8, dass die Zugehörigkeit nicht wesentliche und entscheidende, sondern lediglich eine **gerechtfertigte** berufliche Anforderung ist. In Übereinstimmung mit der bisherigen Rechtslage ist es den Normadressaten erlaubt, mit Rücksicht auf ihr Selbstverständnis, und damit weitgehend autonom, festzulegen, in welchem Maße die Religions- oder Weltanschauungszugehörigkeit als Anknüpfungspunkt einer unterschiedlichen Behandlung dienen soll.[12] Dazu gehört auch das Recht, in eigener Verantwortung zu bestimmen, für welche Arten der Tätigkeit welcher Grad der religiösen oder weltanschaulichen Verbindung bestehen muss. Eine Differenzierung zwischen sog. **verkündigungsnahen** und **verkündungsfernen** Tätigkeiten, die z.T. in der Rspr[13] und der Lit.[14] gefordert wird, findet keine Grundlage in § 9 und greift in das den Normadressaten zustehende Recht, anhand ihres Selbstverständnisses das Erfordernis

---

4 Vgl. HWK/*Thüsing*, vor § 611 BGB Rn 129; ErfK/*Dieterich*, Art. 4 GG Rn 43 ff.
5 *Richardi*, NZA 2006, 881; *Bauer/Göpfert/Krieger*, § 9 Rn 4.
6 Vgl. BVerfG 4.6.1985 – 2 BvR 1703/83 – NJW 1986, 367.
7 Vgl. Richardi/*Thüsing*, § 118 Rn 200 ff.
8 BAG 14.4.1988 – 6 ABR 36/86 – NJW 1988, 3283.
9 BAG 31.7.2002 – 7 ABR 12/01 – NZA 2002, 1409.
10 Vgl. Richardi/*Thüsing*, § 118 Rn 201.
11 Vgl. BVerfG 4.6.1985 – 2 BvR 1703/83 – NJW 1986, 367.
12 Vgl. MünchArb/*Richardi*, Bd. 2, § 193 Rn 7 f.
13 ArbG Hamburg 4.12.2007 – 20 Ca 105/07 – BeckRS 2008, 52272 (abgeändert durch LAG Hamburg 29.10.2008 – 3 Sa 15/08 – BeckRS 2008, 58348 n.r.).
14 *Bauer/Göpfert/Krieger*, § 9 Rn 14 f.; ErfK/*Schlachter*, § 9 AGG Rn 1; a.A. MüKo-BGB/*Thüsing*, § 9 AGG Rn 13; *Joussen*, NZA 2008, 675.

der Verbundenheit zu bestimmen, unzulässig ein. Die Gemeinschaft selbst kann bestimmen, für welche Tätigkeiten sie die Religionszugehörigkeit als Zugangsvoraussetzung erhebt.[15]

2. Loyalitätspflichten (Abs. 2). Der Formulierung nach ist Abs. 2 kein Rechtfertigungsgrund, sondern eine **Bereichsausnahme**, die es ermöglicht, bestimmte Verhaltensanforderungen nach Maßgabe des jeweiligen Selbstverständnisses der Gemeinschaft oder Vereinigung von den Beschäftigten einzufordern. Dies gilt unabhängig von der konkret ausgeübten Beschäftigung.[16]

Nach der bisherigen Rechtslage fielen in die Kategorie der Forderung nach einem loyalen und aufrichtigen Verhalten der AN insb. Fragen der Einhaltung des kirchlichen Eherechts,[17] Fragen der öffentlichen Abweichung von dezidierten Glaubensgrundsätzen der Kirche,[18] der Kirchenaustritt[19] und auch die Frage nach der Vereinbarkeit einer kirchlichen Tätigkeit mit der im außerdienstlichen Bereich ausgeübten homosexuellen Praxis.[20] Die Berechtigung der Kirchen, entspr. Anforderungen an ihre AN zu stellen, ist dabei als Ausfluss des nach Art. 140 GG i.V.m Art. 137 Abs. 3 WRV garantierten **Selbstbestimmungsrechts** angesehen worden, nach dem die Kirche befugt ist, „den ihr angehörigen Arbeitnehmern die Beachtung jedenfalls der tragenden Grundsätze der kirchlichen Glaubens- und Sittenlehre aufzuerlegen".[21] Auch obliegt es danach den Kirchen selbst, zu definieren, welches diese wesentlichen Grundsätze sind. Die äußeren Grenzen dieser Autonomie bilden dabei die Grundprinzipien der Rechtsordnung (allg. Willkürverbot, Begriff der „guten Sitten" und der ordre public); ansonsten ist die Arbeitsgerichtsbarkeit an die kirchlichen Vorgaben gebunden.[22]

Durch die Regelung des Abs. 2 wird an die bisherige Rechtslage angeknüpft.[23] Allerdings enthält die Gesetzesbegründung auch den Hinweis, dass im Falle von **Mehrfachdiskriminierungen** § 4 zu beachten ist, mithin eine eigenständige Rechtfertigung im Hinblick auf jeden AGG-relevanten Aspekt der Ungleichbehandlung zu fordern ist.[24] Auch in Zukunft ist die Heranziehung der hergebrachten kirchlichen Loyalitätspflichten im Hinblick auf die Behandlung von Verstößen gegen das kirchliche Eherecht, den Kirchenaustritt und die öffentlich geäußerte Abweichung kirchlicher Glaubensgrundsätze unproblematisch. Denn diese Loyalitätspflichten berühren kein weiteres AGG-Merkmal. Ungleichbehandlungen mit Bezug zu anderen AGG-Merkmalen bedürfen hingegen einer Rechtfertigung nach § 8. Bei der Bestimmung, was eine wesentliche und entscheidende berufliche Anforderung i.S.v. § 8 ist, ist dabei ebenfalls auf das Selbstverständnis der Gemeinschaft abzustellen.[25] Dies ergibt sich aus einer das Selbstbestimmungsrecht der Religionsgemeinschaften beachtenden **verfassungskonformen Auslegung** des § 8 und wird durch die Rahmen-RL Beschäftigung erlaubt (vgl. Art. 4 Abs. 2 Unterabs. 2).[26] Eine Ungleichbehandlung wegen der sexuellen Identität z.B. wegen einer mit dem Selbstverständnis der Gemeinschaft unvereinbaren praktizierten Homosexualität oder **Verpartnerung** nach dem LPartG kann daher gerechtfertigt sein.[27]

C. Beraterhinweise

§ 9 privilegiert nur Religionsgemeinschaften, die diesen zugeordneten Einrichtungen und Weltanschauungsvereinigungen und dies auch nur soweit eine Ungleichbehandlung wegen der Merkmale Religion oder Weltanschauung erfolgt. Andere AG können sich nicht auf § 9 berufen.

§ 10   Zulässige unterschiedliche Behandlung wegen des Alters

¹Ungeachtet des § 8 ist eine unterschiedliche Behandlung wegen des Alters auch zulässig, wenn sie objektiv und angemessen und durch ein legitimes Ziel gerechtfertigt ist. ²Die Mittel zur Erreichung dieses Ziels müssen angemessen und erforderlich sein. ³Derartige unterschiedliche Behandlungen können insbesondere Folgendes einschließen:

---

15 BVerfG 4.6.1985 – 2 BvR 1703/83 – NJW 1986, 367; MüKo-BGB/*Thüsing*, § 9 AGG Rn 13.
16 *Joussen*, NZA 2008, 675.
17 BVerfG 5.6.1981 – 2 BvR 288/81 – NJW 1983, 2570; BAG 2 AZR 447/03 – AP § 611 BGB Kirchendienst Nr. 44 (Künd nach Ehescheidung und Wiederheirat).
18 BVerfG 4.6.1985 – 2 BvR 1703/83 – NJW 1986, 367 (öffentliche Befürwortung der Abtreibung).
19 BAG 12.12.1984 – 7 AZR 418/83 – NJW 1985, 2718 (Kirchenaustritt als Künd-Grund); LAG Rheinland-Pfalz 2.7.2008 – 7 Sa 250/08 – BeckRS 2008, 55651.
20 BAG 30.6.1983 – 2 AZR 524/81 – NJW 1984, 1917 (homosexuelle Praxis eines Psychologen des Diakonischen Werkes).
21 BVerfG 4.6.1985 – 2 BvR 1703/83 – NJW 1986, 367.
22 BVerfG 4.6.1985 – 2 BvR 1703/83 – NJW 1986, 367.
23 BT-Drucks 16/1780, S. 35.
24 Dies übersehen *Joussen*, RdA 2003, 32, 37 f. und auch *Thüsing*, JZ 2004, 172.
25 *Thüsing*, Arbeitsrechtlicher Diskriminierungsschutz, Rn 490.
26 Vgl. *Thüsing*, Arbeitsrechtlicher Diskriminierungsschutz, Rn 488 ff.
27 Vgl. MüKo-BGB/*Thüsing*, § 9 AGG Rn 24.

1. die Festlegung besonderer Bedingungen für den Zugang zur Beschäftigung und zur beruflichen Bildung sowie besonderer Beschäftigungs- und Arbeitsbedingungen, einschließlich der Bedingungen für Entlohnung und Beendigung des Beschäftigungsverhältnisses, um die berufliche Eingliederung von Jugendlichen, älteren Beschäftigten und Personen mit Fürsorgepflichten zu fördern oder ihren Schutz sicherzustellen,
2. die Festlegung von Mindestanforderungen an das Alter, die Berufserfahrung oder das Dienstalter für den Zugang zur Beschäftigung oder für bestimmte mit der Beschäftigung verbundene Vorteile,
3. die Festsetzung eines Höchstalters für die Einstellung auf Grund der spezifischen Ausbildungsanforderungen eines bestimmten Arbeitsplatzes oder auf Grund der Notwendigkeit einer angemessenen Beschäftigungszeit vor dem Eintritt in den Ruhestand,
4. die Festsetzung von Altersgrenzen bei den betrieblichen Systemen der sozialen Sicherheit als Voraussetzung für die Mitgliedschaft oder den Bezug von Altersrente oder von Leistungen bei Invalidität einschließlich der Festsetzung unterschiedlicher Altersgrenzen im Rahmen dieser Systeme für bestimmte Beschäftigte oder Gruppen von Beschäftigten und die Verwendung von Alterskriterien im Rahmen dieser Systeme für versicherungsmathematische Berechnungen,
5. eine Vereinbarung, die die Beendigung des Beschäftigungsverhältnisses ohne Kündigung zu einem Zeitpunkt vorsieht, zu dem der oder die Beschäftigte eine Rente wegen Alters beantragen kann; § 41 des Sechsten Buches Sozialgesetzbuch bleibt unberührt,
6. Differenzierungen von Leistungen in Sozialplänen im Sinne des Betriebsverfassungsgesetzes, wenn die Parteien eine nach Alter oder Betriebszugehörigkeit gestaffelte Abfindungsregelung geschaffen haben, in der die wesentlich vom Alter abhängenden Chancen auf dem Arbeitsmarkt durch eine verhältnismäßig starke Betonung des Lebensalters erkennbar berücksichtigt worden sind, oder Beschäftigte von den Leistungen des Sozialplans ausgeschlossen haben, die wirtschaftlich abgesichert sind, weil sie, gegebenenfalls nach Bezug von Arbeitslosengeld, rentenberechtigt sind.

A. Allgemeines	1
B. Regelungsgehalt	3
I. Allgemeine Rechtfertigungsanforderungen (S. 1 und 2)	4
II. Regelbeispiele (S. 3)	10
1. Zugangs-, Beschäftigungs- und Beendigungsbedingungen (Nr. 1)	11
2. Mindestanforderungen an das Alter (Nr. 2)	17
3. Höchstgrenze für die Einstellung (Nr. 3)	20
4. Betriebliche Systeme der sozialen Sicherheit (Nr. 4)	24
5. Altersgrenzen (Nr. 5)	27
6. Sozialplanleistungen (Nr. 6)	31
a) Staffelung nach Alter oder Betriebszugehörigkeit (Alt. 1)	33
b) Ausschluss von abgesicherten Beschäftigten (Alt. 2)	35
C. Verbindung zu anderen Rechtsgebieten	36
D. Beraterhinweise	37

A. Allgemeines

1 Mit § 10 nutzt der deutsche Gesetzgeber den von der Rahmen-RL Beschäftigung[1] in Art. 6 und 7 sowie im Erwägungsgrund 25 gewährten Freiraum zur Schaffung eines Rechtfertigungstatbestandes bei einer Ungleichbehandlung wegen des Alters.

2 Der spezielle Rechtfertigungstatbestand des § 10 steht neben dem allg. Rechtfertigungstatbestand des § 8. Eine Ungleichbehandlung, die nach § 8 nicht gerechtfertigt ist, kann dennoch nach § 10 gerechtfertigt sein. Dies wird in der Praxis häufig der Fall sein, da die Anforderungen an eine Rechtfertigung nach § 10 deutlich niedriger sind als die des § 8. Ist eine Rechtfertigung hingegen schon nach § 8 gerechtfertigt, bedarf es keiner weiteren Rechtfertigung auch nach § 10.[2] Bei einer mittelbaren Benachteiligung wegen des Alters ist für eine Rechtfertigung nach § 10 kein Raum. Da die Anforderungen an eine den Tatbestand ausschließende Rechtfertigung einer mittelbaren Benachteiligung (§ 3 Abs. 2) denen des § 10 entsprechen[3] oder zumindest nicht höher sind,[4] fehlt es bei Vorliegen der Rechtfertigungsvoraussetzungen bereits an einer mittelbaren Benachteiligung.

Geschützt ist jedes Lebensalter.[5] Betroffen werden v.a. besonders junge und ältere AN sein.[6] Gleichwohl gibt es keine ungeschützten Lebensaltersphasen.

---

1 ABl EG L 303, S. 16.
2 *Bauer/Göpfert/Krieger*, § 10 Rn 13.
3 *Thüsing*, Rn 420.
4 Vgl. *Bauer/Göpfert/Krieger*, § 3 Rn 32.
5 BT-Drucks 16/1780, S. 31.
6 BT-Drucks 16/1780, S. 36.

B. Regelungsgehalt

§ 10 regelt in S. 1 und 2 als Generalklausel[7] die allg. Rechtfertigungsanforderungen an eine Ungleichbehandlung wegen des Alters. S. 3 konkretisiert diese Anforderungen durch sechs Regelbeispiele. Ursprünglich enthielt § 10 acht Regelbeispiele. Mit dem Gesetz zur Änderung des Betriebsrentengesetzes und anderer Gesetze vom 2.12.2006,[8] in Kraft getreten am 12.12.2006, wurden die Regelbeispiele Nr. 6 und Nr. 7 aufgehoben. Die alte Nr. 8 wurde zur neuen Nr. 6. Die alten Nr. 6 und 7 betrafen die Berücksichtigung des Alters bei der Sozialauswahl sowie Unkündbarkeitsklauseln in Individual- und Kollektivvereinbarungen. Die beiden Regelbeispiele wurden gestrichen, weil sie in Widerspruch zu § 2 Abs. 4 standen. Wenn Künd nicht am AGG zu messen sind, bedarf es auch keines Rechtfertigungstatbestandes für den Fall einer Künd. Es handelte sich daher um eine redaktionelle Anpassung an § 2 Abs. 4.[9]

I. Allgemeine Rechtfertigungsanforderungen (S. 1 und 2)

Eine Ungleichbehandlung wegen des Alters ist zulässig, wenn sie **objektiv** und **angemessen** und durch ein **legitimes Ziel** gerechtfertigt ist (S. 1). Die **Mittel** zur Zielerreichung müssen **angemessen** und **erforderlich** sein (S. 2). Diese Anforderungen, die als unbestimmte Rechtsbegriffe formuliert sind, entsprechen der Vorgabe des Art. 6 Abs. 1 S. 1 der Rahmen-RL Beschäftigung.[10]

Unklar ist, welche Bedeutung den Begriffen „objektiv" und „angemessen" zukommt, die der Gesetzgeber unverändert aus Art. 6 der Rahmen-RL Beschäftigung übernommen hat. Die Gesetzesbegründung enthält hierzu keinen Hinweis. Sie befasst sich lediglich mit dem legitimen Ziel.[11] Der Begriff „**angemessen**" wird daher für eine bloße Worthülse ohne auslegungsrelevanten Inhalt gehalten.[12] Dem ist zuzustimmen, da die Angemessenheit bereits bei der Prüfung des eingesetzten Mittels (S. 2) zu berücksichtigen ist. Der Begriff „**objektiv**" zeigt, dass für die Prüfung einer Rechtfertigung nicht auf subjektive Vorstellungen des Rechtsanwenders, sondern auf objektiv belegbare Umstände abzustellen ist.[13]

In einem **ersten Schritt** ist das **legitime Ziel**, das mit der Ungleichbehandlung verfolgt wird, zu bestimmen. Umstr. ist, ob ausschließlich Interessen der Allgemeinheit oder auch Interessen des Unternehmens oder der Tarif- oder Betriebsparteien ein legitimes Ziel begründen können. Die Rahmenrichtlinie Beschäftigung nennt im Erwägungsgrund 25 und in Art. 6 „insbesondere" Ziele im Bereich der Beschäftigungspolitik, des Arbeitsmarktes und der beruflichen Bildung. Dies sind **Ziele der Allgemeinheit**. Die Gesetzesbegründung erwähnt, dass „auch" Ziele, die über die Situation des einzelnen Unternehmens oder einer Branche hinausgehen und von allg. Interesse sind, wie etwa Beschäftigungspolitik, Arbeitsmarkt oder berufliche Bildung, ein legitimes Ziel sein können.[14] Dass **Unternehmerinteressen** ein legitimes Ziel sein können, wird demnach unterstellt. Es ist aber umstr., ob die RL überhaupt ein Abstellen auf Ziele des Unternehmens erlaubt. In der Lit. wird dies z.T. verneint.[15] Aufgrund der Verpflichtung zur richtlinienkonformen Auslegung nationaler Gesetze dürften nur Interessen der Allgemeinheit herangezogen werden. Richtigerweise ist aber davon auszugehen, dass nicht nur öffentliche Interessen, sondern auch Interessen des Unternehmens oder der **Tarif- und Betriebsparteien** ein legitimes Ziel begründen können. Der Wortlaut des Art. 6 der Rahmen-RL Beschäftigung („insbesondere") erlaubt es, über die dort genannten Regelbeispiele hinaus weitere legitime Ziele zu definieren.

Legitime Ziele sind daher neben Allgemeininteressen wie der Beschäftigungspolitik, die in den Regelbeispielen S. 3 Nr. 1 und Nr. 5 zum Ausdruck kommt, und der Sozialpolitik, die zu den Regelbeispielen S. 3 Nr. 4 und Nr. 6 herangezogen werden kann, auch Unternehmerinteressen (siehe S. 3 Nr. 2, 3 und auch 5). Beispielhaft zu nennen sind das Interesse an einer qualifizierten Belegschaft (vgl. S. 3 Nr. 3), das Interesse an einem ausgewogenen **Altersaufbau** (vgl. S. 3 Nr. 5 sowie § 1 Abs. 3 S. 2 KSchG, § 125 Abs. 1 S. Nr. 2 InsO) und das Interesse an der Förderung der **Betriebstreue** (vgl. S. 3 Nr. 2).[16] Eine Sozialauswahl gestaffelt nach Altersgruppen kann daher gerechtfertigt sein.[17]

Sowohl **einzelvertragliche** als auch **kollektivrechtliche** Vereinbarungen können durch § 10 gerechtfertigt werden.[18] Es sind daher nicht nur die legitimen Ziele des Unternehmens, sondern auch die der Tarifparteien und der Betriebsparteien geeignet, eine Ungleichbehandlung zu rechtfertigen.

In einem **zweiten Schritt** ist das zur Zielerreichung eingesetzte **Mittel** auf seine **Angemessenheit** und **Erforderlichkeit** zu prüfen. Hier gelten die allg. Grundsätze einer Verhältnismäßigkeitsprüfung.[19] Das Mittel muss zunächst geeignet sein, um das Ziel erreichen zu können. Sodann muss von allen geeigneten Mitteln das mildeste gewählt werden, da nur dieses erforderlich ist. Schließlich dürfen im Rahmen einer Gesamtabwägung das Gewicht und die

---

7 BT-Drucks 16/1780, S. 36.
8 BGBl I S. 2742.
9 BT-Drucks 16/3007, S. 20.
10 ABl EG L 303, S. 16.
11 Vgl. BT-Drucks 16/1780, S. 36.
12 *Bauer/Göpfert/Krieger*, § 10 Rn 21.
13 *Bauer/Göpfert/Krieger*, § 10 Rn 21.
14 BT-Drucks 16/1780, S. 36.
15 *Wiedemann/Thüsing*, NZA 2002, 1234.
16 *Bauer/Göpfert/Krieger*, § 10 Rn 30.
17 BAG 12.3.2009 – 2 AZR 418/07 – NZA 2009, 1023; BAG 6.11.2008 – 2 AZR 523/07 – NZA 2009, 361.
18 BT-Drucks 16/1780, S. 36.
19 *Bauer/Göpfert/Krieger*, § 10 Rn 22.

Dringlichkeit der Zielerreichung nicht außer Verhältnis zu den Nachteilen stehen, die sich für die benachteiligten Personen aus der Ungleichbehandlung ergeben. Sonst liegt keine Angemessenheit vor.

II. Regelbeispiele (S. 3)

10 Nr. 1 bis 4 entsprechen nahezu wortgleich den Beispielen aus der Rahmen-RL Beschäftigung (Art. 6 Abs. 1 S. 2, Abs. 2). Nr. 5 und 6 sind Hinzufügungen des deutschen Gesetzgebers. Es handelt sich um Regelbeispiele,[20] was durch die Formulierung in der Einleitung des S. 3 deutlich wird („können" und „insbesondere"). Die Erfüllung eines Regelbeispiels indiziert die Rechtfertigung, macht eine Verhältnismäßigkeitsprüfung aber nicht überflüssig.[21] Ist ein Regelbeispiel nicht erfüllt, bleibt die Möglichkeit der Rechtfertigung nach der Generalklausel (S. 1 und 2). Dabei kommt den Regelbeispielen die Bedeutung einer „Wegweisung" zu.[22] Je näher ein Sachverhalt an ein Regelbeispiel angelehnt ist, um so eher kann eine Rechtfertigung vorliegen. Dies gilt v.a. auch für die mit den Regelbeispielen anerkannten legitimen Ziele.

11 **1. Zugangs-, Beschäftigungs- und Beendigungsbedingungen (Nr. 1).** Nach Nr. 1 können „die Festlegung besonderer Bedingungen für den Zugang zur Beschäftigung und zur beruflichen Bildung sowie besonderer Beschäftigungs- und Arbeitsbedingungen" gerechtfertigt sein (zu den Begriffen siehe § 2 Rn 3 ff.). Hierzu zählen auch die „Bedingungen für Entlohnung und Beendigung des Beschäftigungsverhältnisses". Das zu verfolgende **legitime Ziel** ist ausdrücklich festgeschrieben. Bezweckt werden müssen die Förderung der beruflichen Eingliederung von Jugendlichen, älteren Beschäftigten und Personen mit Fürsorgepflichten oder die Sicherstellung des Schutzes dieser Gruppen. Wird ein anderer Zweck verfolgt, ist Nr. 1 nicht einschlägig. Eine Rechtfertigung kommt dann nur nach der Generalklausel (S. 1 und 2) in Betracht.

12 Unklar ist, welche **Personengruppen** erfasst sind. „**Jugendlich**" ist nach § 2 Abs. 2 JArbSchG, älter als 14, aber noch nicht 18 Jahre alt ist. Ein Jugendlicher i.S.d. JArbSchG sucht aber i.d.R. noch keinen Zugang zur Beschäftigung, da er sich noch in der Berufsausbildung befindet. Die Gesetzesbegründung nennt als Beispiel den 20-jährigen Berufsanfänger nach Abschluss der Berufsausbildung.[23] Dieser ist aber kein Jugendlicher i.S.d. JArbSchG. Der Anwendungsbereich muss daher auch junge Menschen, die bereits volljährig sind, erfassen. Anderenfalls bliebe Nr. 1 insoweit inhaltsleer. Richtig erscheint es deshalb, auf **junge Menschen** abzustellen, die ggf. nach einer abgeschlossenen Berufsausbildung, erstmalig auf den Arbeitsmarkt stoßen. Dies wird zumindest Heranwachsende (mindestens 18, aber noch nicht 21 Jahre alt, vgl. § 1 Abs. 2 JGG) einschließen, ist aber Berufsanfänger mit einem abgeschlossenen Hochschulstudium. Der Begriff des „**älteren Beschäftigten**" ist gesetzlich nicht definiert. Die Gesetzesbegründung nennt den 55jährigen als Beispiel.[24] Da die Altersgruppen geschützt werden sollen, die altersbedingt der besonderen Gefahr der Verdrängung aus dem Arbeitsmarkt unterliegen,[25] kann die Grenze nicht starr bestimmt werden. Sie wird Veränderungen je nach Branche und Lage auf dem Arbeitsmarkt unterliegen. Als Orientierung können die Altersgrenzen öffentlicher Förderprogramme oder auch gesetzliche Regelungen wie z.B. § 14 Abs. 3 S. 1 TzBfG und § 1 Abs. 2 AltersteilzeitG dienen. **Personen mit Fürsorgepflichten** sind z.B. Eltern, die sich um die Erziehung von Kindern kümmern und Personen, die Angehörige pflegen.[26]

Der **Zugang zur Beschäftigung** ist z.B. betroffen, wenn ein jugendlicher Bewerber einem anderen Bewerber vorgezogen wird, um ihm die Eingliederung in den Arbeitsmarkt zu ermöglichen.

13 Altersabhängige besondere **Beschäftigungsbedingungen** sind z.B. kürzere Wochenarbeitszeiten,[27] längere Pausenzeiten und höhere Urlaubsansprüche[28] für ältere AN. Dies wird gerechtfertigt sein, wenn dadurch ein altersbedingt erhöhtes Erholungsbedürfnis ausgeglichen werden soll. Auch Entgeltsicherungsklauseln, die trotz altersbedingten Leistungsabfalls ein konstantes Entgelt sichern, dienen dem Schutz älterer Beschäftigter.[29] Eine nach Lebensalter gestaffelte Vergütung wird hingegen, wenn überhaupt, nach Nr. 2 gerechtfertigt sein können (siehe Rn 19), da der Zweck i.d.R. nicht im Schutz älterer Beschäftigter liegt.

14 Fraglich ist, ob auch **nachteiligere Beschäftigungsbedingungen**, z.B. eine niedrigere Vergütung oder die Befristung eines Arbeitsvertrages, gerechtfertigt sein können, wenn anderenfalls der Jugendliche oder der ältere Beschäftigte gar keinen Arbeitsvertrag erhalten hätte. Der Wortlaut der Nr. 1 lässt dies zu, da wertungsneutral von „besonderen Bedingungen" die Rede ist. Wenn daher der AG, der für den Rechtfertigungstatbestand beweisbelastet ist, nachweisen kann, dass ohne die besonderen Bedingungen eine Einstellung unterblieben wäre, ist richtigerweise von einer Rechtfertigung auszugehen. Anders verhält es sich mit nachteiligeren Beschäftigungsbedingungen, die mit der Erfüllung von Schutzpflichten z.B. gegenüber Jugendlichen begründet werden. Der Schutz darf zwar zur

---

20 BT-Drucks 16/1780, S. 36.
21 *Bauer/Göpfert/Krieger*, § 10 Rn 25; ErfK/*Schlachter*, § 10 AGG Rn 2.
22 *Löwisch*, DB 2006, 1729.
23 BT-Drucks 16/1780, S. 36.
24 BT-Drucks 16/1780, S. 36.
25 Vgl. BT-Drucks 16/1780, S. 36.
26 *Waltermann*, NZA 2005, 1265.
27 *Bauer/Göpfert/Krieger*, § 10 Rn 28.
28 *Nicolai*, Rn 319.
29 *Nicolai*, Rn 319.

Rechtfertigung einer Benachteiligung Dritter herangezogen werden, nicht aber zu Nachteilen des geschützten AN führen.[30]

Auch unterschiedliche **Entlassungsbedingungen** können nach Nr. 1 gerechtfertigt sind. Dem Schutz Jugendlicher dient der Ausschluss der ordentlichen Künd nach § 22 Abs. 2 Nr. 1 BBiG. Es handelt sich daher um eine gerechtfertigte Ungleichbehandlung.[31] Auch Altersteilzeitverträge unterfallen Nr. 1.[32] Sie beinhalten besondere Beschäftigungs- und Entlassungsbedingungen und dienen dem Schutz älterer Beschäftigter, in dem sie den Übergang in den Ruhestand erleichtern. Umstr. ist die Rechtfertigung von § 622 Abs. 2 S. 2 BGB. Nach dieser Vorschrift bleiben Beschäftigungszeiträume, die vor der Vollendung des 25. Lebensjahres liegen, bei der Berechnung der verlängerten Künd-Frist unberücksichtigt. Diese Regelung wird für europarechtswidrig gehalten, da sie nicht dem Schutz oder der Förderung der Eingliederung jüngerer oder älterer AN diene.[33] Folge wäre die Nichtanwendung dieser Norm.[34] Nach a.A. ist § 622 Abs. 2 BGB zulässig, da diese Vorschrift das höheres Künd-Risiko älterer Beschäftigter und deren geringere Chancen auf dem Arbeitsmarkt ausgleiche.[35] Die Instanzenrspr. ist uneinheitlich. Die Europarechtskonformität wird z.T. bejaht[36] und z.T. verneint.[37] Der Generalanwalt beim EuGH hat in einem Vorabentscheidungsverfahren die Europarechtskonformität verneint.[38] Richtig ist, dass die Verlängerung der Künd-Frist gem. § 622 Abs. 2 BGB dem Schutz langjährig Beschäftigten und damit auch dem Schutz älterer Beschäftigter dient. Die Nichtberücksichtigung von Jahren vor Vollendung des 25. Lebensjahres benachteiligt jedoch AN, die vor Vollendung des 25. Lebensjahr eingetreten sind bis zur Vollendung des 45. Lebensjahres, ohne dass ältere Beschäftigte dadurch geschützt würden. Eine Rechtfertigung nach Nr. 1 scheidet daher aus.

Besondere Aufmerksamkeit hat die Zulässigkeit von sachgrundlos **befristeten Arbeitsverträgen** mit älteren Beschäftigten erfahren. Der EuGH hat entschieden, dass § 14 Abs. 3 S. 4 TzBfG a.F. wegen Verstoßes gegen Art. 6 Abs. 1 der Rahmen-RL Beschäftigung sowie gegen den allg. gemeinschaftsrechtlichen Grundsatz des Verbots der Diskriminierung wegen Alters unangewendet bleiben müsse.[39] Die Vorschrift sei unverhältnismäßig, da allein auf das Alter und nicht auch auf andere Erwägungen wie die Struktur des jeweiligen Arbeitsmarktes und die persönliche Situation des Betroffenen abgestellt werde. Das BAG hat sich dieser Rspr. angeschlossen.[40] Sowohl § 14 Abs. 3 S. 1 TzBfG a.F. als auch dessen am 1.5.2007 in Kraft getretene Neuregelung zur erleichterten Befristung werden am Maßstab dieser Rspr. zu messen sein (siehe Rn 28). Für Beschäftigungs- und Entlassungsbedingungen, die ältere Beschäftigte benachteiligen, um dadurch ihre Eingliederung in den Arbeitsmarkt zu fördern, bedeutet dies, dass **nachweislich** die Festlegung einer Altersgrenze als solche zur Zielerreichung erforderlich und angemessen sein muss. Je höher die Altersgrenze ist, umso leichter wird dies zu bejahen sein, da mit höherem Alter die Förderungsbedürftigkeit steigt und die zeitliche Auswirkung auf die älteren Beschäftigten sinkt. Dies spricht für eine Vereinbarkeit des § 14 Abs. 3 S. 1 TzBfG a.F. und n.F. mit dem Gemeinschaftsrecht.

2. Mindestanforderungen an das Alter (Nr. 2). Nr. 2 enthält zwei Alternativen, den Zugang zur Beschäftigung und den Zugang zu mit der Beschäftigung verbundenen Vorteilen. Zulässig sind Mindestanforderungen an das Alter, die Berufserfahrung oder das Dienstalter. Während das **Alter** ein unmittelbar geschütztes Merkmal ist, können die **Berufserfahrung** und das **Dienstalter** zu einer mittelbaren Benachteiligung führen.[41] Das Dienstalter ist gleichbedeutend mit der Betriebszugehörigkeit. Die Berufserfahrung wird auch in Vorbeschäftigungen erworben.

Legitimes Ziel zur Rechtfertigung eines Mindestalters beim **Zugang zur Beschäftigung** kann der Wunsch nach einer mit dem Lebensalter typischerweise einhergehenden Lebenserfahrung sein, wenn diese für die konkrete Berufsausübung nützlich oder vorteilhaft und belegbar ist.[42] Der AG wird darlegen müssen, welche Lebenserfahrung er mit dem Mindestalter in Verbindung bringt und wozu die Lebenserfahrung erforderlich ist. I.d.R. wird, da es um den Zugang zur Beschäftigung geht, auf die auszuübende Tätigkeit abzustellen sein. Bei einer Führungskraft kann auch das Alter der zu führenden Mitarbeiter eine Rolle spielen. Ein Mindestalter von mehr als 40 Jahren wird nur schwer zu rechtfertigen sein, wie sich aus Art. 54 Abs. 1 S. 2 GG ergibt. Wenn die Reife für das Amt des Bundespräsidenten reicht, wird sie i.d.R. auch für das Amt eines Abteilungsleiters oder Geschäftsführers ausreichen. Weitere legitime Ziele können z.B. der Erhalt oder die Schaffung einer ausgewogenen Altersstruktur (siehe Rn 7) oder auch die Kundenerwartung (siehe § 8 Rn 10) sein.[43]

---

30 *Thüsing*, Rn 425.
31 Vgl. *Bauer/Göpfert/Krieger*, § 10 Rn 26.
32 *Bauer/Göpfert/Krieger*, § 10 Rn 26.
33 *Bauer/Göpfert/Krieger*, § 10 Rn 27.
34 LAG Berlin-Brandenburg 24.7.2007 – 7 Sa 561/07 – NZA-RR 2008, 17.
35 *Thüsing*, Rn 451.
36 ArbG Paderborn 12.9.2007 – 3 Ca 439/07 – AE 2008, 41.
37 LAG Berlin-Brandenburg 24.7.2007 – 7 Sa 561/07 – NZA-RR 2008, 17; ArbG Osnabrück 5.2.2007 – 3 Ca 724/06 – NZA 2007, 626.
38 Schlussanträge des Generalanwalts 7.7.2009 – C-555/07 – BeckRS 2009, 70777.
39 EuGH 22.11.2005 – C 144/04 – Mangold – NZA 2005, 1345.
40 BAG 26.4.2006 – 7 AZR 500/04 – NZA 2006, 1162.
41 Vgl. *Bauer/Göpfert/Krieger*, § 10 Rn 18.
42 Hess. LAG 22.4.2009 – 2 Sa 1689/08 – NZA 2009, 799.
43 *Nicolai*, Rn 306, 308.

19 Beim **Zugang** zu mit der Beschäftigung verbundenen **Vorteilen** lassen sich wie schon bei Nr. 1 als Bespiele kürzere Wochenarbeitszeiten, längere Pausenzeiten und höhere Urlaubsansprüche anführen (siehe Rn 13). Wird auf ein **Mindestalter** abgestellt, wird als legitimes Ziel nur eine erhöhte altersbedingte Schutzbedürftigkeit in Frage kommen. Aus Sicht des AG ist es hingegen einfacher, nicht ein Mindestalter, sondern eine **Mindestbetriebszugehörigkeit** zu verlangen. Legitimes Ziel ist die Förderung der Betriebstreue. Auch Sonderzahlungen, die an eine Betriebszugehörigkeit anknüpfen, und Zusagen der betrieblichen Altersversorgung können gerechtfertigt sein. Zu einer Vergütungsordnung, bei der das **Dienstalter** ein entgeltbestimmender Faktor war, hat der EuGH entschieden, dass „das Kriterium des Dienstalters i.d.R. zur Erreichung des legitimen Zieles geeignet ist, die Berufserfahrung zu honorieren, die den AN befähigt, seine Arbeit besser zu verrichten"; der AG brauche die Geeignetheit des Mittels zur Zielerreichung i.d.R. nicht besonders darzulegen.[44] Eine Staffelung der Vergütung nach dem **Lebensalter**, wie sie z.B. der BAT vorsieht, wird in der Instanzenrspr. als eine nicht zu rechtfertigende Altersdiskriminierung erachtet.[45]

20 **3. Höchstgrenze für die Einstellung (Nr. 3).** Nr. 3 nennt zwei Fallgruppen, in denen ein Höchstalter gerechtfertigt sein kann: spezifische Ausbildungsanforderungen eines bestimmten Arbeitsplatzes oder die Notwendigkeit einer angemessenen Beschäftigungszeit vor dem Eintritt in den Ruhestand. Weitere Beispiele sind denkbar; sie unterfallen dann aber nicht Nr. 3, sondern der Generalklausel (S. 1 und 2).

21 Spezifische **Ausbildungsanforderungen** können sich aus körperlichen Anforderungen ergeben. Dies kommt bei Berufen in Betracht, die eine besondere psychische und/oder physische Leistungskraft erfordern.[46] Häufig genannte Bespiele sind Piloten und Feuerwehrleute. Aber auch die Art der Ausbildung kann ein Höchstalter begründen. Zwar wird es i.d.R. nicht möglich sein, einen Bewerber um einen Ausbildungsplatz wegen seines „hohen" Alters abzulehnen. Eine Ausnahme besteht aber, wenn die Ausbildung zur Förderung des **Führungskräftenachwuchses** dient. Maßgeblich ist dann, in welcher Zeit nach den regelmäßigen Karriereschritten im Unternehmen die angestrebte Führungsposition erreicht wird und ob dieses Alter dann noch angemessen ist, um diese Position im Unternehmen auszuüben zu können.[47]

22 Die Notwendigkeit einer **angemessenen Beschäftigungszeit vor dem Eintritt in den Ruhestand** ergibt sich daraus, dass bei älteren Beschäftigten, deren Rentenalter bereits absehbar ist, einer aufwendigen Einarbeitung am Arbeitsplatz auch eine betriebswirtschaftlich sinnvolle Mindestdauer an produktiver Arbeitsleistung gegenüberstehen soll.[48] Als Maßstab soll auf die bisherige Rspr. zur Rückzahlung von Fort- und Ausbildungskosten abgestellt werden.[49] Hieraus ergibt sich in Abhängigkeit von der Länge der Ausbildungszeit die zulässige Bindungsdauer. Über diesen Mindestrahmen könne hinausgegangen werden, wobei eine Dauer von mehr als fünf Jahren problematisch sei.[50] Nach einer weiten Auff. soll das Dreifache der gesamten Ausbildungs- und Einarbeitungszeit stets angemessen sein.[51] Bei Beamten im höheren Dienst soll sogar eine verbleibende Dienstzeit von 20 Jahren angemessen sein.[52]

23 Höchstgrenzen können außerhalb der Nr. 3 nach der Generalklausel (S. 1 und 2) gerechtfertigt sein, z.B. durch das Ziel des Erhalts oder der Schaffung einer ausgewogenen Personalstruktur (siehe Rn 7, 18), durch Kundenerwartungen (siehe § 8 Rn 10) sowie zur Wahrung der Sicherheit Dritter.[53] Im letzten Fall wird die Ungleichbehandlung i.d.R. auch schon nach § 8 gerechtfertigt sein.

24 **4. Betriebliche Systeme der sozialen Sicherheit (Nr. 4).** Wenngleich die Festsetzung von Altersgrenzen in der betrieblichen Alters- und Invaliditätsversorgung unverzichtbar ist, bedarf sie im Einzelfall einer Rechtfertigung. Nr. 4 erlaubt die Festsetzung von Altersgrenzen einschl. unterschiedlicher Altersgrenzen für bestimmte Beschäftigte oder Gruppen von Beschäftigten. Ebenfalls zulässig ist die Verwendung von Alterskriterien im Rahmen dieser Systeme für versicherungsmathematische Berechnungen. Allerdings dürfen unterschiedliche Altersgrenzen nicht zu einer Benachteiligung wegen des Geschlechts führen (vgl. Art. 6 Abs. 2 Rahmen-RL Beschäftigung und § 4).[54]

25 **Unverfallbarkeitsregeln** und die ratierliche Kürzung bei vorzeitigem Ausscheiden sind durch das legitime Ziel der Förderung der Betriebstreue gerechtfertigt, soweit sie sich im Rahmen der §§ 1b, 2 BetrAVG halten.[55] Längere Wartezeiten können ebenfalls gerechtfertigt sein.[56] **Altersabstandsklauseln** knüpfen mittelbar an das Alter an, können aber durch das Ziel, die betriebliche Altersversorgung vor der Belastung durch Versorgungsehen zu schützen und durch die Möglichkeit jüngerer Hinterbliebener, eine eigene Altersversorgung aufzubauen, gerechtfertigt sein.[57] Gleiches gilt für **Spätehenklauseln**.[58] Das BAG hatte die Frage nach der Zulässigkeit von Altersabstandklauseln

---

44 EuGH 3.10.2006 – C-17/05 – Cadman – NZA 2006, 1205.
45 Hess. LAG 22.4.2009 – 2 Sa 1689/08 – NZA 2009, 799; LAG Berlin-Brandenburg 11.9.2008 – 20 Sa 2244/07 – ArbuR 2009, 59.
46 *Nicolai*, Rn 349 f.
47 *Thüsing*, Rn 432.
48 BT-Drucks 16/1780, S. 36.
49 *Thüsing*, Rn 429 ff.; *Bauer/Göpfert/Krieger*, § 10 Rn 34.
50 *Thüsing*, Rn 431.
51 *Bauer/Göpfert/Krieger*, § 10 Rn 34.
52 VG Gelsenkirchen 26.6.2009 – 1 L 474/09 – BeckRS 2009, 34973.
53 *Thüsing*, Rn 426, 442.
54 BT-Drucks 16/1780, S. 36.
55 Vgl. *Thüsing*, Rn 465 f.; *Bauer/Göpfert/Krieger*, § 10 Rn 37.
56 Vgl. BAG 18.10.2005 – 3 AZR 469/04 – AP § 1 BetrAVG Betriebsveräußerung Nr. 19.
57 *Thüsing*, Rn 467.
58 *Rolfs*, NZA 2008, 553.

dem EuGH vorgelegt.[59] Der EuGH hat einen Gemeinschaftsrechtsbezug und damit eine Europarechtswidrigkeit bei Eintritt des Versorgungsfalls vor Inkrafttreten des AGG verneint.[60] Die Frage, was bei Eintritt des Versorgungsfalls nach dem 17.8.2006 gilt, hat der EuGH nicht beantwortet. Die Generalanwältin hielt zwar eine Kürzung der Hinterbliebenenleistung, nicht aber einen vollständigen Ausschluss für zulässig.[61]

Keine Frage des Alters, sondern der sexuellen Identität ist die Zulässigkeit einer **Hinterbliebenenversorgung**, die sich auf Witwen und Witwer beschränkt und gleichgeschlechtliche Lebenspartner nicht berücksichtigt (siehe § 2 Rn 16).

5. Altersgrenzen (Nr. 5). Vereinbarungen, die die Beendigung des Beschäftigungsverhältnisses ohne Künd zu einem Zeitpunkt vorsehen, zu dem der Beschäftigte eine Altersrente beanspruchen kann, können gerechtfertigt sein (Nr. 5). Nach der Gesetzesbegründung handelt es sich hierbei um eine Klarstellung. Das Alter soll „auch weiterhin" bei der Beendigung von Arbverh berücksichtigt werden können.[62] Die in Individual- und Kollektivvereinbarungen weit verbreiteten Altersklauseln sollen auch unter Geltung des AGG möglich bleiben. Auf die **bisher ergangene Rspr.** zur Zulässigkeit von Altersgrenzen[63] ist daher weiterhin abzustellen.

In Nr. 5 ist ausdrücklich bestimmt, dass § 41 SGB VI unberührt bleibt. Die dortigen Grenzen für eine Altersbefristung sind unverändert zu beachten.[64]

Die Rechtfertigung nach Nr. 5 bezieht sich ausschließlich auf Altersgrenzen, zu denen der Beschäftigte „eine **Rente wegen Alters**" beantragen kann. Legitimes Ziel ist die Bewegung auf dem Arbeitsmarkt, die ein Ausscheiden älterer AN erfordert, damit jüngere AN nachrücken können[65] und der AG eine sachgerechte und berechenbare Personal- und Nachwuchsplanung betreiben kann.[66] Unklar ist, ob nur der Bezug einer **ungekürzten** oder auch der Bezug einer **gekürzten vorzeitigen Altersrente** ausreicht. Der Wortlaut der Nr. 5 lässt beide Auslegungen zu. Für eine Beschränkung auf die ungekürzte Altersrente spricht die bessere wirtschaftliche Absicherung des Beschäftigten.[67] Richtigerweise gelten die bisherigen Anforderungen an eine wirksame Altersgrenze vor Vollendung des Regelrentenalters unverändert fort. Alle nicht an das Rentenalter anknüpfenden Altersgrenzen, z.B. wegen öffentlicher Schutzinteressen, bedürfen der Rechtfertigung nach der Generalklausel (S. 1 und 2) oder § 8. Das BAG hat z.B. die Zulässigkeit einer auf Vollendung des 60. Lebensjahres bezogenen tarifvertraglichen Altersgrenze für Piloten auch am Maßstab der Rahmen-RL Beschäftigung bejaht,[68] eine entsprechende Altersgrenze für Kabinenpersonal aber für nicht sachlich gerechtfertigt i.S.d. § 14 Abs. 1 TzBfG erachtet und dem EuGH die Frage vorgelegt, ob § 14 Abs. 3 S. 1 TzBfG a.F. europarechtskonform war.[69] Die Frage, ob tarifliche Altersgrenzen für Piloten europarechtskonform sind, wurde vom BAG dem EuGH zur Vorabentscheidung vorgelegt.[70]

Der EuGH hat die **Europarechtskonformität** von Altersgrenzen bestätigt.[71] Zwar liege eine unmittelbare Benachteiligung wegen des Alters vor; diese sei aber gerechtfertigt, wenn die Altersgrenze dem Ziel der Beschäftigungsförderung diene, nicht unverhältnismäßig sei, die im nationalen Recht maßgebliche Altersgrenze für den Eintritt in den Ruhestand erreicht ist und die sozialversicherungsrechtlichen Voraussetzungen für den Bezug einer beitragsbezogenen Altersrente erfüllt sind.

Der EuGH hatte über eine gesetzliche Altersgrenze sowie über eine Altersgrenze in einem TV zu entscheiden, die ein Gesetz für gültig erklärte. Fraglich bleibt, ob auch einzelvertragliche Altersgrenzen europarechtskonform sind. Dies ist zu bejahen,[72] da die vom EuGH genannten Bedingungen ebenso durch eine einzelvertragliche wie durch eine tarifvertragliche oder gesetzliche Altersgrenze erfüllt werden können. Dem steht nicht entgegen, dass AG i.d.R. Unternehmens- und nicht Allgemeininteressen vertreten, da auch Unternehmensinteressen legitime Ziele sein und sich zudem mit Allgemeininteressen decken können (siehe Rn 5).[73]

6. Sozialplanleistungen (Nr. 6). Nr. 6 erlaubt eine Differenzierung von Leistungen in **Sozialplänen** i.S.d. **BetrVG** in zwei verschiedenen Weisen. Zum einen darf auf das Alter oder die Betriebszugehörigkeit abgestellt werden, wenn die wesentlich **vom Alter** abhängenden Chancen auf dem Arbeitsmarkt durch eine verhältnismäßig starke Betonung des Lebensalters erkennbar berücksichtigt werden (Alt. 1). Zum anderen dürfen Beschäftigte von den Leistungen ausgeschlossen werden, die wirtschaftlich abgesichert sind, weil sie, ggf. nach Bezug von Alg, rentenberechtigt sind (Alt. 2).

---

59 BAG 27.6.2006 – 3 AZR 352/05 – NZA 2006, 1276.
60 EuGH 23.9.2008 – C-427/06 – Bartsch – BB 2008, 2353.
61 Rechtssache – C-427/06 – Bartsch – Nr. 119 ff. der Schlussanträge – BeckRS 2008, 70585.
62 BT-Drucks 16/1780, S. 36.
63 Vgl. *Thüsing*, Rn 435 ff.
64 *Flohr/Ring u.a.*, Rn 241.
65 *Bauer/Göpfert/Krieger*, § 10 Rn 39.
66 BAG 27.7.2005 – 7 AZR 443/04 – NZA 2006, 37.
67 *Nicolai*, Rn 323; vgl. *Thüsing*, Rn 439.

68 BAG 21.7.2004 – 7 AZR 589/03 – NZA 2004, 1352; ebenso Hess. LAG 15.10.2007 – 17 Sa 809/07 – juris.
69 BAG 16.10.2008 – 7 AZR 253/07 (A) – NZA 2009, 378.
70 BAG 17.6.2009 – 7 AZR 112/08 (A) – becklink 283684.
71 EuGH 16.10.2007 – C-411/05 – Palacios – NZA 2007, 1219; nachfolgend EuGH 5.3.2009 – C-388/07 – Age Concern England – NZA 2009, 305.
72 *Bauer/Krieger*, NJW 2007, 3672.
73 A.A. MüKo-BGB/*Thüsing*, § 10 AGG Rn 12, 35.

32 Freiwillige Sozialpläne sind ebenfalls solche nach dem BetrVG und unterfallen daher Nr. 6.[74] Sog. **Tarifsozialpläne** bzw. **Tarifsozialverträge** unterfallen ebenso wie Sozialpläne für leitende Ang nach dem SprAuG und Sozialpläne im Bereich des öffentlichen Dienstes nicht Nr. 6; sie können aber nach der Generalklausel (S. 1 und 2) gerechtfertigt sein, wenn die Voraussetzungen der Nr. 6 sinngemäß eingehalten sind.[75]

Falls unterschiedliche Leistungen in Sozialplänen nicht gerechtfertigt sind, richten sich die Rechtsfolgen nach § 7 Abs. 2 (siehe § 7 Rn 6).

33 **a) Staffelung nach Alter oder Betriebszugehörigkeit (Alt. 1).** „Leistungen" im Sinne der Alt. 1 meint nach dem Wortlaut allein **Abfindungen**,[76] während die Alt. 2 sich allg. auf Sozialplanleistungen bezieht. Unterschiedliche Leistungen außerhalb einer Abfindung können aber nach der Generalklausel der S. 1 und 2 gerechtfertigt sein, wenn hierdurch die wesentlich vom Alter abhängigen Chancen auf dem Arbeitsmarkt berücksichtigt werden.

34 Nach dem Wortlaut sind nur Abfindungsregelungen erfasst, die nach **Alter** „oder" **Betriebszugehörigkeit** gestaffelt sind. Eine kumulative Berücksichtigung („und") muss ebenfalls ausreichend sein,[77] da hierbei auch das Alter, das für die altersbedingten Vermittlungschancen besonders relevant ist, berücksichtigt wird. Außerdem sollen nach der Gesetzesbegründung die Regelbeispiele lediglich „klarstellen", dass das Alter auch „weiterhin" Berücksichtigung finden kann. Abfindungsregelungen, die nicht auf das Alter, sondern nur auf die Betriebszugehörigkeit (ggf. neben anderen Faktoren) abstellen,[78] sind zulässig.[79]

Höchstbetragsklauseln, die sich für ältere Mitarbeiter nachteilig auswirken, sollen nach umstr. Auffassung weiterhin in unverändertem Maß zulässig sein.[80]

35 **b) Ausschluss von abgesicherten Beschäftigten (Alt. 2).** Der Ausschluss von Beschäftigten, die wirtschaftlich abgesichert sind, rechtfertigt sich aus der Überbrückungsfunktion eines in seiner finanziellen Ausstattung begrenzten Sozialplans.[81] Der Rentenberechtigung kann der Bezug von **Alg** vorgelagert sein, wobei Alg I gemeint ist; Alg II reicht nicht aus.[82] Gegen die Berücksichtigung auch **vorzeitiger Altersrenten** werden Bedenken erhoben.[83] Dies betrifft unterschiedliche Altersgrenzen für Frauen oder Schwerbehinderte. Rentenrechtliche Besserstellungen von Frauen und Schwerbehinderten sollten auch im Rahmen von Sozialplänen berücksichtigt werden können.[84] Auch die vorzeitige Altersrente stellt eine, wenngleich geringere, wirtschaftliche Absicherung dar. Auch das BAG hält die Möglichkeit der vorzeitigen Inanspruchnahme einer Altersrente für ausreichend.[85]

C. Verbindung zu anderen Rechtsgebieten

36 § 10 hat Auswirkungen auf alle Normen, in denen das Alter zum Anknüpfungspunkt gemacht wird. Dies betrifft z.B. die Sozialauswahl nach § 1 Abs. 3 bis 5 KSchG, die Überprüfung von Altersgrenzen nach § 14 Abs. 1 TzBfG, die sachgrundlose Befristung nach § 14 Abs. 3 S. 1 TzBfG und die Regelung zu Altersgrenzen in § 41 SGB IV. Nationale Vorschriften sind im Lichte des Gemeinschaftsrechts auszulegen und anzuwenden.[86] Soweit dies nicht möglich ist, kann dies die Unanwendbarkeit nationaler Vorschriften zur Folge haben.[87]

D. Beraterhinweise

37 Wenn es zur Überprüfung der Rechtfertigung einer Ungleichbehandlung wegen des Alters kommt, sollte das **legitime Ziel** so herausgearbeitet werden, dass es zu den eingesetzten Mitteln passt. Hierzu kann es von Vorteil sein, nicht unmittelbar auf das Alter, sondern auf die damit einhergehenden „mittelbaren" Merkmale (Berufserfahrung, Betriebszugehörigkeit) abzustellen.

38 Besondere Vorsicht verdient die Berücksichtigung des Alters bei **Sozialplänen**. Hier ist eine Altersdifferenzierung nur noch soweit zulässig, wie die wesentlich vom Alter abhängigen Chancen auf dem Arbeitsmarkt erkennbar berücksichtigt werden. Die Erkennbarkeit sollte im Sozialplan selbst zum Ausdruck kommen. Eine Erhöhung der Abfindung sollte erst bei den Altersstufen einsetzen, die erfahrungsgemäß schlechtere Chancen auf dem Arbeitsmarkt haben.

---

74 *Bauer/Göpfert/Krieger*, § 10 Rn 51.
75 *Löwisch*, DB 2006, 1729.
76 A.A. *Nicolai*, Rn 340.
77 *Oelkers*, NJW 2008, 614; *Bauer/Göpfert/Krieger*, § 10 Rn 52; *Nicolai*, Rn 342.
78 *Löwisch*, DB 2006, 1729; a.A. *Bauer/Göpfert/Krieger*, § 10 Rn 52.
79 BAG 26.5.2009 – 1 AZR 198/09 – NZA 2009, 849.
80 *Thüsing*, Rn 448; *Bauer/Göpfert/Krieger*, § 10 Rn 54; *Rolfs*, NZA 2008, Sonderbeilage zu Heft 7, 8.
81 BAG 26.5.2009 – 1 AZR 198/08 – NZA 2009, 849.
82 *Thüsing*, Rn 446.
83 *Leuchten*, NZA 2002, 1254; a.A. LAG Köln 4.6.2007 – 14 Sa 201/07 – BB 2007, 2572.
84 *Bauer/Göpfert/Krieger*, § 10 Rn 55.
85 BAG 11.11.2008 – 1 AZR 475/07 – NZA 2009, 210; BAG, 30.9.2008 – 1 AZR 684/07 – NZA 2009, 386.
86 EuGH 10.4.1984 – Rs 14/83 – von Colson und Kamann – NZA 1984, 157.
87 EuGH 22.11.2005 – C 144/04 – Mangold – NZA 2005, 1345.

Die im Rahmen der am 12.12.2006 in Kraft getretenen Novellierung des AGG gestrichenen Regelbeispiele Nr. 6 (alt) und Nr. 7 sollten gleichwohl bei einer **Sozialauswahl** und bei **Unkündbarkeitsklauseln** berücksichtigt werden, da **Künd** ungeachtet der Regelung in § 2 Abs. 4 vom BAG im Rahmen der sozialen Rechtfertigung auch die Diskriminierungsverbote des AGG geprüft werden. Unkündbarkeitsklauseln in TV sollten nicht nur an das Lebensalter, sondern auch an die Betriebszugehörigkeit anknüpfen, da dies im Hinblick auf die Förderung der Betriebstreue und die Schwierigkeiten, sich nach vielen Jahren bei einem AG beruflich neu zu orientieren, eher zu rechtfertigen ist.[88] Bei der Sozialauswahl ist eine lineare Berücksichtigung des Lebensalters weiterhin zulässig.[89]

Unterabschnitt 2: Organisationspflichten des Arbeitgebers

§ 11 Ausschreibung

Ein Arbeitsplatz darf nicht unter Verstoß gegen § 7 Abs. 1 ausgeschrieben werden.

§ 12 Maßnahmen und Pflichten des Arbeitgebers

(1) ¹Der Arbeitgeber ist verpflichtet, die erforderlichen Maßnahmen zum Schutz vor Benachteiligungen wegen eines in § 1 genannten Grundes zu treffen. ²Dieser Schutz umfasst auch vorbeugende Maßnahmen.
(2) ¹Der Arbeitgeber soll in geeigneter Art und Weise, insbesondere im Rahmen der beruflichen Aus- und Fortbildung, auf die Unzulässigkeit solcher Benachteiligungen hinweisen und darauf hinwirken, dass diese unterbleiben. ²Hat der Arbeitgeber seine Beschäftigten in geeigneter Weise zum Zwecke der Verhinderung von Benachteiligung geschult, gilt dies als Erfüllung seiner Pflichten nach Absatz 1.
(3) Verstoßen Beschäftigte gegen das Benachteiligungsverbot des § 7 Abs. 1, so hat der Arbeitgeber die im Einzelfall geeigneten, erforderlichen und angemessenen Maßnahmen zur Unterbindung der Benachteiligung wie Abmahnung, Umsetzung, Versetzung oder Kündigung zu ergreifen.
(4) Werden Beschäftigte bei der Ausübung ihrer Tätigkeit durch Dritte nach § 7 Abs. 1 benachteiligt, so hat der Arbeitgeber die im Einzelfall geeigneten, erforderlichen und angemessenen Maßnahmen zum Schutz der Beschäftigten zu ergreifen.
(5) ¹Dieses Gesetz und § 61b des Arbeitsgerichtsgesetzes sowie Informationen über die für die Behandlung von Beschwerden nach § 13 zuständigen Stellen sind im Betrieb oder in der Dienststelle bekannt zu machen. ²Die Bekanntmachung kann durch Aushang oder Auslegung an geeigneter Stelle oder den Einsatz der im Betrieb oder der Dienststelle üblichen Informations- und Kommunikationstechnik erfolgen.

A. Allgemeines 1	V. Schutz der Beschäftigten bei Benachteiligungen durch Dritte (§ 12 Abs. 4) 7
B. Regelungsgehalt 2	VI. Bekanntmachungsverpflichtungen (§ 12 Abs. 5) . 8
I. Ausschreibungen (§ 11) 2	C. Verbindung zu anderen Rechtsgebieten 9
II. Erforderliche Maßnahmen (§ 12 Abs. 1) 4	D. Beraterhinweise 11
III. Hinweispflichten des Arbeitgebers (§ 12 Abs. 2) . 5	
IV. Reaktionsverpflichtungen des Arbeitgebers bei Verstößen der Beschäftigten (§ 12 Abs. 3) 6	

A. Allgemeines

Zweck von § 11 ist es, Benachteiligungen bereits bei der Ausschreibung von Stellen (im Vorfeld der Begründung von Arbverh) zu unterbinden. Im Vergleich zur früheren Regelung in § 611b BGB[1] und zu § 7 Abs. 1 TzBfG ist § 11 sprachlich gestrafft worden, indem auf die Formulierung „weder öffentlich noch innerhalb des Betriebs" verzichtet wurde. Eine inhaltliche Änderung ist nach der Gesetzesbegründung damit nicht verbunden.[2] Die möglichen Gründe der Benachteiligung der Beschäftigten wurden wesentlich erweitert.

§ 12 konkretisiert die allgemeine Fürsorgepflicht des AG gegenüber dem AN.[3]

---

[88] Vgl. *Lingemann/Gotham*, NZA 2007, 663.
[89] BAG 6.11.2008 – 2 AZR 523/07 – NZA 2009, 361; BAG 19.6.2007 – 2 AZR 304/06 – NZA 2008, 103.

[1] Aufgehoben mit Wirkung zum 18.8.2006 durch Gesetz vom 14.8.2006 (BGBl I S. 1897).
[2] BT-Drucks 16/1780, S. 36.
[3] BAG 25.10.2007 – 8 AZR 593/06 – NZA 2008, 223, 226.

Die Norm sieht Maßnahmen und Pflichten des AG vor, die den Schutz seiner Beschäftigten vor Benachteiligungen bezwecken. Dazu zählen auch vorbeugende Schutzmaßnahmen.

B. Regelungsgehalt

I. Ausschreibungen (§ 11)

2 Ein Arbeitsplatz darf nicht unter Verstoß gegen § 7 Abs. 1 ausgeschrieben werden. Bei der Formulierung einer Ausschreibung müssen also die in § 1 genannten Diskriminierungsmerkmale beachtet werden. Unerheblich ist, ob die Ausschreibung durch den AG selbst erfolgt oder ob er dafür Dritte einsetzt (z.B. AA, Personalberatungsunternehmen).[4] Denn im Fall der Fremdausschreibung trifft den AG die **Sorgfaltspflicht,** die Ordnungsmäßigkeit der Ausschreibung zu überwachen.

3 Eine Ungleichbehandlung kann jedoch nach den §§ 8 bis 10 gerechtfertigt sein. Ein **Verstoß** gegen die Pflicht zur neutralen Stellenausschreibung begründet keine unmittelbaren Sanktionen, führt aber zur **Vermutung einer Benachteiligung.** Folge ist nach § 22 eine **Beweislastumkehr**. Eine Entlastung wird dann häufig nicht gelingen,[5] es sei denn, der AG kann darlegen, dass mit der Ausschreibung eine **positive Maßnahme** nach § 5 umgesetzt werden sollte (siehe § 5 Rn 2).

II. Erforderliche Maßnahmen (§ 12 Abs. 1)

4 Die Generalklausel des Abs. 1 verpflichtet (in Anlehnung an § 2 Abs. 1 S. 1 und 2 BeschSchutzG) den AG, die **erforderlichen Maßnahmen** zum Schutz vor Benachteiligungen wegen eines in § 1 genannten Grundes zu treffen. Dieser Schutz umfasst nach S. 2 auch **vorbeugende** Maßnahmen. Die Erforderlichkeit ist nach objektiven Gesichtspunkten zu beurteilen, auf die subjektive Einschätzung von AG oder AN kommt es nicht an.[6] Welche Maßnahmen im Einzelfall geboten sind, richtet sich nach der Größe des Betriebes und den rechtlichen und tatsächlichen Möglichkeiten des AG. Als denkbare Präventivmaßnahme erscheint bspw. die Einführung von Ethikrichtlinien.[7]

III. Hinweispflichten des Arbeitgebers (§ 12 Abs. 2)

5 Gem. Abs. 2 S. 1 soll der AG in geeigneter Art und Weise, insb. im Rahmen der beruflichen Aus- und Fortbildung, auf die Unzulässigkeit von Benachteiligungen hinweisen und darauf hinwirken, dass diese unterbleiben. Nach S. 2 gilt die **Schulung** der Beschäftigten **in geeigneter Weise** zum Zweck der Verhinderung von Benachteiligungen als **Erfüllung der Pflicht** des AG nach S. 1. Eine Schulungspflicht des AG wird dadurch nicht begründet.[8]

IV. Reaktionsverpflichtungen des Arbeitgebers bei Verstößen der Beschäftigten (§ 12 Abs. 3)

6 Abs. 3 regelt den Fall des Verstoßes gegen das Benachteiligungsverbot des § 7 Abs. 1 **durch andere Beschäftigte**. Liegt ein solcher Verstoß **objektiv** vor, ist der AG verpflichtet, die im Einzelfall geeigneten, erforderlichen und angemessenen Maßnahmen zur Unterbindung der Benachteiligung zu ergreifen. Dem AG verbleibt damit ein Ermessensspielraum bei der Auswahl einer Maßnahme.[9] Das Gesetz nennt als mögliche Sanktionen die Abmahnung, Umsetzung, Versetzung oder Künd. Diese Aufzählung ist jedoch nicht abschließend.[10]

V. Schutz der Beschäftigten bei Benachteiligungen durch Dritte (§ 12 Abs. 4)

7 Abs. 4 verpflichtet den AG dazu, seine Beschäftigten auch gegen Benachteiligungen durch **Dritte** (z.B. Kunden, nicht aber Mitglied des BR[11]) zu schützen. Eine Reaktionspflicht besteht wie bei Abs. 3 nur dann, wenn ein Beschäftigter tatsächlich benachteiligt wurde. Auch hier hat der AG die im Einzelfall geeigneten, erforderlichen und angemessenen Maßnahmen zum Schutz der Beschäftigten zu ergreifen. Beispiele nennt das Gesetz nicht. Die Einwirkungsmöglichkeiten des Unternehmers im Verhältnis zu betriebsfremden Dritten sind jedoch wesentlich geringer.

VI. Bekanntmachungsverpflichtungen (§ 12 Abs. 5)

8 Abs. 5 setzt Art. 10 der RL 2000/43/EG, Art. 12 der RL 2000/78/EG und Art. 30 der RL 2006/54/EG um. Danach ist der AG zur **Bekanntmachung** der gesetzlichen Vorschriften einschließlich der maßgeblichen Klagefrist in § 61b ArbGG verpflichtet. Um den Betroffenen die Wahrnehmung ihrer Rechte zu erleichtern, muss er auch über die für die Behandlung von Beschwerden nach § 13 Abs. 1 zuständigen Stellen informieren.[12] Die Bekanntgabe kann durch Aushang, Auslegung an geeigneter Stelle im Betrieb oder auch durch Nutzung der vorhandenen Informations- und Kommunikationstechnik (z.B. Intranet) erfolgen.

---

4 BAG 5.2.2004 – 8 AZR 112/03 – NZA 2004, 540 zu § 611a BGB.
5 *Bauer/Göpfert/Krieger*, § 11 Rn 8.
6 BT-Drucks 16/1780, S. 37.
7 *Schneider/Sittard*, NZA 2007, 654.
8 *Hoch*, BB 2007, 1732, 1733.
9 BAG 25.10.2007 – 8 AZR 593/06 – NZA 2008, 223, 226.
10 BT-Drucks 16/1780, S. 37.
11 *Oetker*, NZA 2008, 264, 266 zu § 13 Abs. 1 S. 1 AGG.
12 BT-Drucks 16/1780, S. 37.

C. Verbindung zu anderen Rechtsgebieten

Im Unterschied zum aufgehobenen § 611b BGB bleibt § 7 TzBfG in Kraft und ist bei der Ausschreibung eines Teilzeitarbeitsplatzes neben § 11 anwendbar.

§ 12 Abs. 3 ist nach der Gesetzesbegründung[13] an § 4 Abs. 1 BeschSchutzG angelehnt. Allerdings sind in § 12 Abs. 3 die Rechte des BR und des PR nicht genannt. Dennoch ist davon auszugehen, dass die Beteiligungsrechte unberührt bleiben, so z.B. das Mitbestimmungsrecht des BR nach § 102 BetrVG bei einer verhaltensbedingten Künd des benachteiligenden Beschäftigten.

D. Beraterhinweise

Stellenausschreibungen müssen in Bezug auf die Diskriminierungsmerkmale **neutral** formuliert werden. Es kommt dabei sowohl auf die Überschrift der Ausschreibung als auch auf deren Inhalt an. Die Berufsbezeichnung muss in männlicher und weiblicher Form angeführt sein. Vom Neutralitätsgebot kann abgewichen werden, wenn eine **positive Maßnahme** i.S.v. § 5 gewollt ist (z.B. möchte der AG gezielt Frauen fördern). Wo hier die **Grenzen der Zulässigkeit** verlaufen, ist allerdings noch **ungeklärt**. Ferner ist eine Differenzierung zulässig, soweit sich aus der ausgeschriebenen Tätigkeit selbst vom Gesetz zugelassene Ausnahmen (§§ 8 bis 10) ergeben. Es ist ratsam, alle geforderten Fähigkeiten und Eigenschaften auch im Hinblick auf die Merkmale der mittelbaren Diskriminierung zu prüfen. Auf inhaltliche Anforderungen, die nicht für die Tätigkeit erforderlich sind (z.B. gute EDV-Kenntnisse für Busfahrer) sollte verzichtet werden. Es ist weiter ratsam, auch „**weiche**" **Anforderungen** (z.B. „Teamfähigkeit") in das Anforderungsprofil aufzunehmen. Auf diese Weise kann sich der AG einen zulässigen Ermessensspielraum bewahren. Da der Arbeitgeber bis zum Ablauf des Bewerbungsverfahrens an das ursprünglich bei der veröffentlichten Stellenausschreibung festgelegte Anforderungsprofil gebunden bleibt,[14] sollte sorgfältig geprüft werden, ob sich bereits bei der Ausschreibung statt einer allgemeinen Umschreibung der Anforderungen (z.B. „besondere Kenntnisse im Verwaltungsrecht") konkrete *Mindest*angaben (z.B. „Examensnote mindestens befriedigend") festsetzen lassen.[15]

Um ihre Organisationspflichten nach § 12 erfüllen zu können, sollten AG eine **umfassende Bestandsaufnahme der betrieblichen Abläufe** durchführen. So kann festgestellt werden, ob gegen das AGG verstoßende Sachverhalte existieren. Geeignete **Schulungen** für die Mitarbeiter sind von besonderer Bedeutung, da in diesem Fall die **Pflichterfüllung** nach Abs. 1 **fingiert** wird. Auch neu eintretende Mitarbeiter fallen unter diese Regelung. Wann eine Schulung geeignet ist, ist unklar. Die bloße Verteilung von Merkblättern wird kaum ausreichen. Typisch für eine Schulung sind Erläuterungen anhand von Beispielsfällen und ein Abfragen des Verständnisses der Teilnehmer. Allerdings wird es in größeren Betrieben nicht praktikabel sein, sämtliche Mitarbeiter umfassend zu schulen. Eine ausführliche Schulung wird jedoch für Mitarbeiter mit Weisungsbefugnis empfohlen. Begehen diese eine verbotene Benachteiligung, kommt es im Rahmen eines Schadensersatzprozesses zu einer Zurechnung des Verschuldens nach § 278 BGB (siehe §§ 15, 16 Rn 5).

Bei Benachteiligungen durch Beschäftigte des AG (§ 12 Abs. 3) kann dieser alle arbeitsrechtlichen Sanktionsmittel einsetzen, soweit diese zulässig und zur Beseitigung der Benachteiligung geeignet sind. Zu beachten sind dabei die Mitwirkungsrechte des BR.

Für den AG wesentlich schwieriger ist das Einschreiten gegen betriebsfremde Dritte (§ 12 Abs. 4). Dabei wird es sich zumeist um Belästigungen handeln, da sonstige Benachteiligungen nach § 3 durch Dritte kaum begangen werden können. Bei Benachteiligungen durch Vertragspartner ist eine Mitteilung, verbunden mit einer Unterlassungsaufforderung, möglich. In schwerwiegenden Fällen einer Belästigung durch Kunden kommt die Erteilung eines Hausverbots in Betracht (z.B. im Geschäft mit Laufkundschaft). Grenze der Verpflichtung zur Abhilfe ist die **Zumutbarkeit** für den AG. Denn es gehört zur **unternehmerischen Freiheit** des AG zu entscheiden, mit wem er Geschäfte macht. Der Abbruch einer Geschäftsbeziehung wird regelmäßig unverhältnismäßig in diese Freiheit eingreifen.[16]

---

13 BT-Drucks 16/1780, S. 37.
14 Vgl. BVerfG 28.2.2007 – 2 BvR 2494/06 – NJW 2007, 3631; BAG 21.7.2009 – 9 AZR 431/08 – NZA 2009, 1087.
15 Zu einem vergleichbaren Fall siehe BAG 21.7.2009 – 9 AZR 431/08 – NZA 2009, 1087.
16 ErfK/*Schlachter*, § 12 AGG Rn 4.

Unterabschnitt 3: Rechte der Beschäftigten

§ 13 Beschwerderecht

(1) ¹Die Beschäftigten haben das Recht, sich bei den zuständigen Stellen des Betriebs, des Unternehmens oder der Dienststelle zu beschweren, wenn sie sich im Zusammenhang mit ihrem Beschäftigungsverhältnis vom Arbeitgeber, von Vorgesetzten, anderen Beschäftigten oder Dritten wegen eines in § 1 genannten Grundes benachteiligt fühlen. ²Die Beschwerde ist zu prüfen und das Ergebnis der oder dem beschwerdeführenden Beschäftigten mitzuteilen.

(2) Die Rechte der Arbeitnehmervertretungen bleiben unberührt.

§ 14 Leistungsverweigerungsrecht

¹Ergreift der Arbeitgeber keine oder offensichtlich ungeeignete Maßnahmen zur Unterbindung einer Belästigung oder sexuellen Belästigung am Arbeitsplatz, sind die betroffenen Beschäftigten berechtigt, ihre Tätigkeit ohne Verlust des Arbeitsentgelts einzustellen, soweit dies zu ihrem Schutz erforderlich ist. ²§ 273 des Bürgerlichen Gesetzbuchs bleibt unberührt.

A. Allgemeines 1	III. Leistungsverweigerungsrecht (§ 14) 9
B. Regelungsgehalt 3	C. Verbindung zu anderen Rechtsgebieten und zum
I. Beschwerderecht (§ 13 Abs. 1) 3	Prozessrecht 14
II. Rechte der Arbeitnehmervertretung (§ 13 Abs. 2) 8	D. Beraterhinweise 17

A. Allgemeines

1 § 13 enthält eine Klarstellung des **Beschwerderechts** der Beschäftigten bei einer tatsächlichen oder subjektiv empfundenen Benachteiligung. Entsprechende Beschwerdemöglichkeiten bestehen bereits nach § 84 BetrVG und § 3 BeschSchutzG.

2 § 14 ist § 4 BeschSchutzG nachgebildet und gewährt im Fall der **Belästigung** oder **sexuellen Belästigung** am Arbeitsplatz dem betroffenen Beschäftigten ein **Recht zur Verweigerung der Arbeitsleistung**. Beide Regelungen haben kein Vorbild in den EG-Antidiskriminierungs-RL. Nimmt ein AN seine Rechte nach den §§ 13, 14 wahr, darf dies gem. § 16 nicht zu einer Benachteiligung durch den AG führen.

B. Regelungsgehalt

I. Beschwerderecht (§ 13 Abs. 1)

3 Nach Abs. 1 kann sich der AN bei den zuständigen Stellen **beschweren**, wenn er sich im Zusammenhang mit seinem Beschäftigungsverhältnis vom AG, von Vorgesetzten, anderen Beschäftigten oder Dritten aus einem der in § 1 genannten Gründe **benachteiligt fühlt**. Nach dem Willen des Gesetzgebers ist der Begriff der zuständigen Stelle umfassend zu verstehen. Als Beispiele werden in der Begründung des Gesetzesentwurfs ein Vorgesetzter, eine Gleichstellungsbeauftragte oder eine betriebliche Beschwerdestelle genannt. Der AG hat kraft seiner **Organisationshoheit** einen weiten Spielraum zur Bestimmung der zuständigen Stelle. Es kann eine Stelle eigens zur Entgegennahme von Beschwerden wegen Benachteiligungen eingerichtet werden. Dies ist jedoch nicht zwingend.[1] Daher ist die Übertragung der Aufgabe an eine bereits vorhandene Stelle im Unternehmen möglich. Auch der BR oder ein einzelnes BR-Mitglied kann als Beschwerdestelle benannt werden, sofern eine vertrauensvolle Zusammenarbeit mit dem AG stattfindet.

4 Für das Beschwerderecht ist nach dem Wortlaut ausreichend, dass sich der Beschäftigte benachteiligt fühlt. Ob der Vorfall tatsächlich objektiv eine Benachteiligung darstellt, ist erst das Ergebnis der Prüfung der Beschwerde durch den AG.

5 § 13 enthält keine Formvorschrift für die Einlegung der Beschwerde, so dass sich AN formlos, z.B. mündlich, beschweren können. Auch eine Fristenregelung existiert nicht. Nach Abs. 1 S. 2 darf eine eingegangene Beschwerde nicht unbearbeitet bleiben. Der AG muss die **Beschwerde inhaltlich prüfen** und das **Ergebnis** dem Beschwerdefüh-

---

[1] *Bauer/Göpfert/Krieger*, § 13 Rn 5.

rer **mitteilen**. Der Gesetzgeber hat betont, dass es insb. im Fall des Verzichts auf konkrete Abhilfemaßnahmen für die Betroffenen wichtig ist, die Gründe dafür zu erfahren.[2]

Abs. 1 S. 2 entspricht der Regelung des § 84 Abs. 2 BetrVG. Der AN kann deshalb auf eine Bescheidung klagen.[3] Eine Grenze der „Bescheidungspflicht" wird dort zu ziehen sein, wo AN das Beschwerderecht rechtsmissbräuchlich nutzen.[4]

Die Mitteilung des Ergebnisses der Prüfung kann formlos erfolgen. Die Schriftform ist jedoch zu empfehlen, um die Entscheidung zu dokumentieren und die Akzeptanz beim Beschäftigten zu erhöhen.[5]

Möchte der Beschäftigte Schadensersatz- und Entschädigungsansprüche nach § 15 Abs. 1 und 2 geltend machen, muss er nicht zwingend vorher das Beschwerdeverfahren durchführen.[6] Er kann also auch unmittelbar gerichtlich seine Ansprüche geltend machen, dem AG bleibt eine Einrede wegen der unterbliebenen Beschwerde verwehrt.[7]

II. Rechte der Arbeitnehmervertretung (§ 13 Abs. 2)

Nach Abs. 2 bleiben die **Rechte der AN-Vertretungen unberührt**. Die Gesetzesbegründung benennt beispielhaft das kollektive Beschwerdeverfahren nach § 85 BetrVG.[8] Damit bleibt der BR Anlaufstelle für Benachteiligungen im Betrieb auch dann, wenn er nicht als Beschwerdestelle nach Abs. 1 bestimmt wurde. Der sich benachteiligt fühlende Beschäftigte kann deshalb anstelle oder parallel zum Beschwerdeverfahren nach Abs. 1 das kollektive Beschwerdeverfahren durch den BR nach § 85 BetrVG durchführen lassen. Zu denken ist auch an das Recht des BR, nach § 17 Abs. 2 i.V.m. § 23 Abs. 3 BetrVG die Unterlassung eines groben Verstoßes gegen das Benachteiligungsverbot zu verlangen (siehe § 17 Rn 4).

Zur praktisch bedeutsamen und zugleich lebhaft umstrittenen Frage, ob und inwieweit dem BR bei Einrichtung, Festlegung oder Ausgestaltung der zuständigen Beschwerdestelle Mitbestimmungsrechte nach § 87 Abs. 1 Nr. 1 BetrVG (Fragen der Ordnung des Betriebs) zustehen, hat das BAG jüngst in seinem Urteil vom 21.7.2009[9] Stellung bezogen Danach ist sowohl die Entscheidung des AG, wo er die Beschwerdestelle verortet (va. Betriebs- oder Gesamtbetriebsrat), als auch die personelle Besetzung mitbestimmungsfrei, da sie nicht die Ordnung des Betriebs i.S.d. § 87 Abs. 1 Nr. 1 BetrVG, sondern dessen Organisation betrifft.[10] Der BR kann sich aber u.U. auf die (schwächeren) Beteiligungsrechte der §§ 90, 91 BetrVG berufen. Hat der AG eine Beschwerdestelle nach § 13 Abs. 1 S. 1 BetrVG eingerichtet, so muss er den BR jedenfalls an der Einrichtung und Ausgestaltung des Beschwerde*verfahrens* beteiligen. Dem BR steht hierfür auch ein Initiativrecht zu, soweit die Beschwerdestelle im Betrieb selbst und nicht überbetrieblich eingerichtet ist. Damit ist das BAG der ganz überwiegenden Literaturmeinung gefolgt, die ein Mitbestimmungsrecht hinsichtlich Einrichtung und Auswahl der Beschwerdestelle ablehnt.[11] Für das Personalvertretungsrecht hatte bereits der VGH Kassel entschieden, dass die Bestimmung der Beschwerdestelle nach § 13 AGG nicht der Mitbestimmung des PR unterliegt.[12]

III. Leistungsverweigerungsrecht (§ 14)

Ergreift der AG keine oder offensichtlich ungeeignete Maßnahmen zur Unterbindung einer Belästigung oder sexuellen Belästigung am Arbeitsplatz, steht dem betroffenen Beschäftigten nach S. 1 das Recht zur Verweigerung der Arbeitsleistung zu. Der Anspruch auf das Arbeitsentgelt bleibt jedoch bestehen. Das Leistungsverweigerungsrecht besteht ausdrücklich **nur** für die Fälle der Benachteiligung, die eine **Belästigung oder sexuelle Belästigung** darstellen. Die Begriffe sind in § 3 Abs. 3 und 4 definiert (siehe § 3 Rn 14 ff.). In allen sonstigen Fällen der Benachteiligung besteht kein Recht auf Leistungsverweigerung. Anders als beim Beschwerderecht nach § 13 Abs. 1 reicht es nicht aus, dass der Beschäftigte sich subjektiv benachteiligt fühlt. Es ist auf **objektive Umstände** abzustellen.

Das Recht auf Arbeitseinstellung besteht **nur**, soweit es **zum Schutz** des betroffenen Beschäftigten **erforderlich** ist. Existiert ein milderes Mittel, das geeignet ist, weitere Belästigungen oder sexuelle Belästigungen zu verhindern, ist auf dieses zurückzugreifen. Zu denken ist an den Einsatz des betroffenen AN an einem anderen Arbeitsplatz im Betrieb oder Unternehmen. Auch die Einlegung der Beschwerde nach § 13 Abs. 1 ist ein milderes Mittel, das dem AG Kenntnis von der Belästigung und die Möglichkeit zur Abhilfe verschafft.

Ist eine Verweigerung der Arbeitsleistung erforderlich, trifft den AN aufgrund seiner Treuepflicht grds. die Pflicht zur Mitteilung gegenüber dem AG. Diese Pflicht kann entfallen, wenn der AG selbst Täter der Belästigung ist.[13]

---

2 BT-Drucks 16/1780, S. 37.
3 Vgl. nur ErfK/*Kania*, § 84 BetrVG Rn 1, 9; DKK/*Buschmann*, § 84 Rn 15. § 3 Abs. 2 BeschSchutzG spricht hingegen allein von einer Prüfungspflicht.
4 Vgl. ErfK/*Kania*, § 84 BetrVG Rn 7.
5 *Bauer/Göpfert/Krieger*, § 13 Rn 11.
6 BT-Drucks 16/1780, S. 37.
7 *Nicolai*, Rn 573 f.
8 BT-Drucks 16/1780, S. 37.

9 9 AZR 431/08 – zur Veröff. in BAGE vorgesehen.
10 So schon LAG Nürnberg 19.2.2008 – 6 TaBV 80/07 – juris; LAG Berlin-Brandenburg 28.2.2008 – 5 TaBV 2476/07 – juris.
11 Vgl. die Nachweise bei *Westhauser/Sedig*, NZA 2008, 78 und bei *Gach/Julis*, BB 2007, 773.
12 Hessischer VGH 20.3.2008 – 22 TL 2257/07 – NZA-RR 2008, 554.
13 *Bauer/Göpfert/Krieger*, § 14 Rn 12.

11 Nach der Gesetzesbegründung zu § 4 Abs. 2 BeschSchutzG muss das **Leistungsverweigerungsrecht** des Beschäftigten ausnahmsweise **zurückstehen**, wenn **dringliche** öffentliche oder private **Aufgaben** erfüllt werden müssen,[14] so dass die Art der Benachteiligung die Konsequenz der Arbeitsverweigerung nicht rechtfertigen kann. Dies kann z.B. beim Einsatz von Polizei, Feuerwehr und im Krankenhaus der Fall sein. Voraussetzung ist, dass der Beschäftigte für die konkrete Aufgabenerfüllung unverzichtbar ist. Unseres Erachtens muss in einem solchen Dringlichkeitsfall wegen der notwendigen Rechtsgüterabwägung auch das Recht auf Leistungsverweigerung nach § 14 zurücktreten.

12 Verweigert der Beschäftigte zu Unrecht seine Leistung, verstößt er gegen seine vertraglichen Verpflichtungen mit der Folge, dass der AG ihn abmahnen kann.[15] In der Abmahnung ist auf den Irrtum hinzuweisen. Bleibt der abgemahnte Beschäftigte bei der Leistungsverweigerung, kommt eine verhaltensbedingte Künd in Betracht. Der **Beschäftigte** trägt somit das **Risiko** einer **unberechtigten Leistungsverweigerung**.

13 S. 2 verweist auf das Zurückbehaltungsrecht nach § 273 BGB, das neben dem Leistungsverweigerungsrecht nach S. 1 besteht. Es kann nur zur Erfüllung einer vertraglichen Verbindlichkeit geltend gemacht werden. In Betracht kommen alle in § 3 genannten Formen der Benachteiligung, die eine Verletzung vertraglicher Pflichten darstellen (§ 7 Abs. 3).

C. Verbindung zu anderen Rechtsgebieten und zum Prozessrecht

14 Die einzelnen Beschwerderechte und -verfahren nach § 13 AGG, § 84 BetrVG und § 3 BeschSchutzG bestehen nebeneinander.

15 Neben dem Leistungsverweigerungsrecht nach § 14 bleibt § 273 BGB anwendbar. Der Grund dafür ist nach der Gesetzesbegründung, dass die Vorschriften unterschiedliche Ziele verfolgen.[16] Während § 273 BGB einen **Zwang zur Erfüllung einer Verbindlichkeit** ausüben soll, dient § 14 dem **Schutz der Beschäftigten** vor weiteren Belästigungen oder sexuellen Belästigungen. Das Leistungsverweigerungsrecht nach § 273 BGB ist im Vergleich zu § 14 weiter gefasst. Von § 273 BGB sind auch solche Benachteiligungen i.S.v. § 3 erfasst, die keine Belästigung oder sexuelle Belästigung darstellen. Zudem setzt § 273 BGB nicht voraus, dass die Leistungsverweigerung zum Schutz vor weiteren Benachteiligungen erforderlich ist. Die Geltendmachung des Zurückbehaltungsrechts nach § 273 BGB kommt z.B. bei Ansprüchen des Beschäftigten auf Schutzmaßnahmen nach § 12 oder auf Entschädigung oder Schadensersatz nach § 15 Abs. 1 und 2 in Betracht.

16 Da jeglicher Verstoß gegen das Verbot der Benachteiligung durch AG oder Beschäftigte nach § 7 Abs. 3 eine Verletzung vertraglicher Pflichten darstellt, bedeutet die mögliche Geltendmachung des Rechts auf Leistungsverweigerung nach § 273 BGB für den AG ein erhebliches Risiko. Jedoch kann vom AN verlangt werden, dass er vor Ausübung des Leistungsverweigerungsrechts die Absicht hierzu unter Angabe des Grundes dem AG mitteilt, damit dieser noch reagieren kann, um die Arbeitsverweigerung abzuwenden.[17] Die Ausübung des Rechts auf Zurückbehaltung der Arbeitsleistung ist außerdem durch § 242 BGB begrenzt.[18]

D. Beraterhinweise

17 Die unterbliebene gesetzliche Definition des Begriffs der zuständigen Beschwerdestellen wird in der Praxis Fragen aufwerfen. Unklar ist bspw., ob es **innerhalb** eines **Konzerns** genügt, eine **zentrale Beschwerdestelle** einzurichten.[19] Anders als bei § 84 BetrVG muss die Beschwerdestelle nach § 13 keine betriebliche Stelle sein. Es kann sich auch um eine Stelle handeln, die dem Unternehmen zuzuordnen ist. Maßstab muss sein, dass die AN ihr Beschwerderecht sinnvoll ausüben können. Die ständige Erreichbarkeit der Beschwerdestelle ist vom AG sicherzustellen. Der AG muss die bei seiner Beschwerdestelle eingehende Beschwerde sinnvoll prüfen können. Solange das der Fall ist, spricht einiges dafür, dass für solche Unternehmen, die einen Konzern nach § 18 AktG bilden, eine konzernweite Beschwerdestelle eingerichtet werden kann.

18 Eine generelle Empfehlung einer Verfahrensweise für das Beschwerdeverfahren ist kaum möglich. Das Vorgehen hängt in erster Linie von den Besonderheiten des Betriebes ab. Empfehlenswert ist, als **Ansprechpartner Personen beider Geschlechter** zu benennen. Dies kann insb. im Fall einer sexuellen Belästigung die Betroffenen zur Wahrnehmung ihrer Rechte ermutigen.

19 Bei **anonymen** Beschwerden kann das Ergebnis der Prüfung dem Beschwerdeführer nicht mitgeteilt werden. Deshalb besteht keine Verpflichtung des AG, solchen anonymen Beschwerden nachzugehen. Jedoch sollte der AG dies im eigenen Interesse tun, da solche Beschwerden auf bereits bestehende Benachteiligungen hinweisen können, die eine Beseitigungspflicht des AG nach § 12 auslösen.

---

14 BT-Drucks 12/5468, S. 48.
15 Siehe v. *Steinau-Steinrück/Schneider/Wagner*, NZA 2005, 28, 30.
16 BT-Drucks 16/1780, S. 37.
17 Hessisches LAG 13.9.1984 – 12 Sa 676/84 – NZA 1985, 431.
18 ErfK/*Preis*, § 611 BGB Rn 690.
19 Ausdrücklich offen gelassen von BAG 21.7.2009 – 1 ABR 42/08 – zur Veröff. in BAGE vorgesehen.

Ein **Mitbestimmungsrecht** des BR nach § 87 Abs. 1 Nr. 1 BetrVG bei der Einrichtung der Beschwerdestelle besteht nicht, da die Maßnahme lediglich den Vollzug des Gesetzes (§ 12 Abs. 5) betrifft.[20] Die Ordnung des Betriebs im kollektivrechtlichen Sinne ist dann nicht betroffen. Anderes gilt beim geplanten Erlass von RL für die Durchführung des Beschwerdeverfahrens.[21]

Im Fall der Leistungsverweigerung nach § 14 durch den **Beschäftigten** trägt dieser auch das **Risiko** des Irrtums über die Berechtigung der Verweigerung. Mögliche negative Folgen sind eine Abmahnung oder sogar die ordentliche oder außerordentliche Künd. Wegen dieses Risikos ist die Geltendmachung des Leistungsverweigerungsrechts sorgfältig abzuwägen.

§ 15 Entschädigung und Schadensersatz

(1) ¹Bei einem Verstoß gegen das Benachteiligungsverbot ist der Arbeitgeber verpflichtet, den hier durch entstandenen Schaden zu ersetzen. ²Dies gilt nicht, wenn der Arbeitgeber die Pflichtverletzung nicht zu vertreten hat.

(2) ¹Wegen eines Schadens, der nicht Vermögensschaden ist, kann der oder die Beschäftigte eine angemessene Entschädigung in Geld verlangen. ²Die Entschädigung darf bei einer Nichteinstellung drei Monatsgehälter nicht übersteigen, wenn der oder die Beschäftigte auch bei benachteiligungsfreier Auswahl nicht eingestellt worden wäre.

(3) Der Arbeitgeber ist bei der Anwendung kollektivrechtlicher Vereinbarungen nur dann zur Entschädigung verpflichtet, wenn er vorsätzlich oder grob fahrlässig handelt.

(4) ¹Ein Anspruch nach Absatz 1 oder 2 muss innerhalb einer Frist von zwei Monaten schriftlich geltend gemacht werden, es sei denn, die Tarifvertragsparteien haben etwas anderes vereinbart. ²Die Frist beginnt im Falle einer Bewerbung oder eines beruflichen Aufstiegs mit dem Zugang der Ablehnung und in den sonstigen Fällen zu dem Zeitpunkt, in dem der oder die Beschäftigte von der Benachteiligung Kenntnis erlangt.

(5) Im Übrigen bleiben Ansprüche gegen den Arbeitgeber, die sich aus anderen Rechtsvorschriften ergeben, unberührt.

(6) Ein Verstoß des Arbeitgebers gegen das Benachteiligungsverbot des § 7 Abs. 1 begründet keinen Anspruch auf Begründung eines Beschäftigungsverhältnisses, Berufsausbildungsverhältnisses oder einen beruflichen Aufstieg, es sei denn, ein solcher ergibt sich aus einem anderen Rechtsgrund.

§ 16 Maßregelungsverbot

(1) ¹Der Arbeitgeber darf Beschäftigte nicht wegen der Inanspruchnahme von Rechten nach diesem Abschnitt oder wegen der Weigerung, eine gegen diesen Abschnitt verstoßende Anweisung auszuführen, benachteiligen. ²Gleiches gilt für Personen, die den Beschäftigten hierbei unterstützen oder als Zeuginnen oder Zeugen aussagen.

(2) ¹Die Zurückweisung oder Duldung benachteiligender Verhaltensweisen durch betroffene Beschäftigte darf nicht als Grundlage für eine Entscheidung herangezogen werden, die diese Beschäftigten berührt. ²Absatz 1 Satz 2 gilt entsprechend.

(3) § 22 gilt entsprechend.

A. Allgemeines 1	VI. Kein Einstellungs- oder Beförderungsanspruch (§ 15 Abs. 6) 19
B. Regelungsgehalt 3	VII. Maßregelungsverbot (§ 16 Abs. 1) 20
I. Schadensersatz (§ 15 Abs. 1) 3	VIII. Verbot der Viktimisierung (§ 16 Abs. 2) 22
II. Entschädigung (§ 15 Abs. 2) 7	IX. Beweislast (§ 16 Abs. 3) 23
III. Schadensersatz bei Anwendung kollektivrechtlicher Vereinbarungen (§ 15 Abs. 3) 11	C. Verbindung zu anderen Rechtsgebieten und zum Prozessrecht 24
IV. Frist zur Geltendmachung eines Schadensersatzanspruches (§ 15 Abs. 4) 14	D. Beraterhinweise 26
V. Ansprüche auf der Grundlage anderer Vorschriften (§ 15 Abs. 5) 18	

---

[20] *Grobys*, NJW 2006, 2950, 2952.
[21] *Wisskirchen*, DB 2006, 1491, 1497.

A. Allgemeines

1 Die RL[1] überlassen es den Mitgliedstaaten, Art und Inhalt der Rechtsfolgen eines Verstoßes gegen das Benachteiligungsverbot festzulegen. Der deutsche Gesetzgeber hat sich neben der Unwirksamkeit benachteiligender Maßnahmen gem. § 7 Abs. 1, 2 für einen verschuldensabhängigen Anspruch gegen den AG auf Ersatz des materiellen Schadens gem. § 15 Abs. 1 und einen verschuldensunabhängigen Entschädigungsanspruch bei immateriellen Schäden gem. § 15 Abs. 2 entschieden.

2 § 16 setzt Art. 9 der RL 2000/43/EG, Art. 11 der RL 2000/78/EG und Art. 7 der RL 76/207/EWG um.[2] Die Vorschrift enthält ähnlich den Regelungen in § 612a BGB und § 5 TzBfG ein Verbot der Maßregelung für Beschäftigte, die ihre Rechte aus diesem Gesetz wahrnehmen. Der geschützte Personenkreis wird zudem auf solche Beschäftigte erweitert, die andere Beschäftigte bei der Wahrnehmung ihrer Rechte unterstützen oder als Zeugen aussagen.

B. Regelungsgehalt

I. Schadensersatz (§ 15 Abs. 1)

3 Abs. 1 regelt den Ersatz materieller Schäden bei einem Verstoß gegen das Benachteiligungsverbot. Der Anspruch auf Schadensersatz ist ein vertraglicher Anspruch. Das ergibt sich aus dem Zusammenhang mit § 7 Abs. 3, wonach eine Benachteiligung des AG wegen eines in § 1 genannten Merkmals eine Verletzung vertraglichen Pflichten darstellt.

4 Als materieller Schaden ist der Nachteil nach den allg. Grundsätzen des § 249 BGB auszugleichen und erfasst insb. den Schaden der dem Bewerber bzw. dem AN dadurch entsteht, dass er den begehrten Arbeitsplatz nicht erhält. D.h. bei dem nicht eingestellten Bewerber ist der wirtschaftliche Wert zu ermitteln, den der Abschluss des Arbverh für den Bewerber gehabt hätte. Ein solcher Anspruch kommt nur für denjenigen Bewerber in Betracht, der die Stelle bei fehlender Benachteiligung erhalten hätte (sog. bestqualifizierter Bewerber). Bei den übrigen Bewerbern fehlt es bereits an der Kausalität.[3] Überwiegend wird zu Recht unter Bezugnahme auf die Rspr. des BAG[4] zu § 628 BGB angenommen, dass im Regelfall der materielle Schaden auf den Zeitraum der fiktiven Künd-Frist beschränkt wird.[5] Maßstab ist das Einkommen, gemessen in Monatsverdiensten, dass der Bewerber hätte erzielen können, wobei anderweitiger Verdienst unter Zugrundelegung des Grundsatzes der Schadensminderung nach § 254 BGB anzurechnen ist.

Bei dem benachteiligten Aufstiegsbewerber ist die Entgeltdifferenz zwischen dem bisherigem und dem angestrebten Arbeitsplatz und nicht nur der Vertrauensschaden zu ersetzen.[6] Umstr. ist dabei, ob auch hier der Schadensersatz richtigerweise auf den Zeitpunkt einer hypothetischen Änderungs-Künd zu begrenzen[7] oder zeitlich unbegrenzt zu gewähren ist.[8]

5 Damit ein Schadensersatzanspruch begründet ist, muss der AG nach Abs. 1 S. 2 die Pflichtverletzung zu **vertreten** haben. Die verschuldensabhängige Haftung des AG gem. Abs. 1 ist im Hinblick auf die Rspr. des EuGH[9] problematisch, wonach eine das Benachteiligungsverbot sanktionierende Norm unabhängig vom Vorliegen eines Verschuldens, die volle Haftung auslösen und für sich geeignet sein muss, eine abschreckende Wirkung zu haben. Zu Recht ist daher von einer Nachbesserungspflicht des deutschen Gesetzgebers auszugehen.[10]

Zur Bestimmung des Vertretenmüssens gelten die §§ 276 bis 278 BGB.[11] Der AG hat neben seinem eigenen vorsätzlichen oder fahrlässigen Verhalten auch das **Verschulden** seiner **Erfüllungsgehilfen** zu vertreten, sofern ihm dies **zugerechnet** werden kann.[12] Erfüllungsgehilfe des AG ist, wer für diesen mit dessen Willen Vertragspflichten gegenüber dem Beschäftigten ausübt. Daher hat der AG für schuldhaft begangene Benachteiligungen durch Vorgesetzte Schadensersatz zu leisten. Notwendig ist dazu, dass der Vorgesetzte „in Erfüllung" handelt, die Benachteiligung also im inneren Zusammenhang zum Tätigwerden im Pflichtenkreis des AG steht.

6 Nicht von der Zurechnung nach § 278 BGB erfasst ist das Verhalten zwischen gleichgeordneten Kollegen sowie das Verhalten von Kunden.[13] Allerdings kann es in diesen Fällen zu einer AG-Haftung für eigenes **Organisationsverschulden** nach Abs. 1 i.V.m. § 12 kommen (siehe § 12 Rn 6, 7). Handelt es sich beim AG um eine juristische Person, kommt es zudem zu einer Zurechnung der Handlungen und Unterlassungen der vertretungsberechtigten Organmitglieder gem. § 31 BGB.

---

1 Art. 15 RL 2000/43/EG, Art 17 RL 2000/78/EG und Art. 6, 8d RL 2002/73 EG, Art 14 RL 2004/113/EG.
2 BT-Drucks 16/1780, S. 38.
3 Schleusener/Suckow/Voigt, § 15 Rn 17.
4 BAG 22.4.2004 – 8 AZR 268/03 – DB 2004, 1784.
5 HWK/Annuß/Rupp, § 15 AGG Rn 2; Palandt/Weidenkaff, § 15 AGG Rn 5.
6 Palandt/Weidenkaff, § 15 AGG Rn 5; ErfK/Schlachter, § 15 AGG Rn 3; a.A Schleusener/Suckow/Voigt, § 15 Rn 18.
7 Palandt/Weidenkaff, § 15 AGG Rn 5; Bauer/Evers, NZA 2006, 893.
8 LAG Brandenburg 26.11.2008 – 15 Sa 517/08 – DB 2008, 2707.
9 EuGH 22.4.1997 – C-180/95 – Draehmpaehl – NZA 1997, 645.
10 ErfK/Schlachter, § 15 AGG Rn 1; HWK/Annuß/Rupp, § 15 AGG Rn 3; a.A. Bauer/Evers, NZA 2006,893.
11 BT-Drucks 16/1780, S. 38.
12 Bauer/Göpfert/Krieger, § 15 Rn 18 ff.
13 Annuß, BB 2006, 1629; Bauer/Evers, NZA 2006, 893.

Das **Vertretenmüssen** wird wie bei § 280 BGB **vermutet**, so dass der AG die Beweislast für das fehlende Verschulden trägt.[14]

II. Entschädigung (§ 15 Abs. 2)

Abs. 2 gewährt einen Anspruch auf Entschädigung für den durch die Benachteiligung erlittenen **immateriellen Schaden**. Im Gegensatz zum Schadensersatzanspruch nach Abs. 1 wird auf ein Verschulden des AG als Anspruchsvoraussetzung verzichtet.[15]

Die Höhe der Entschädigung nach Abs. 2 muss angemessen sein. Kriterien für die Bemessung des Entschädigungsanspruchs sind dem Gesetz nicht zu entnehmen. Der Gesetzgeber hat aber bezüglich der angemessenen Höhe auf die Regelung des Schmerzensgeldes in § 253 BGB verwiesen. Die angemessene Entschädigung ist nach § 46 Abs. 2 ArbGG, § 287 Abs. 1 S. 1 ZPO unter Würdigung aller Umstände des Einzelfalls festzusetzen. Kriterien für die Bemessung des immateriellen Schadens sind in erster Linie das Ausmaß des Verschuldens, Art und Schwere der Beeinträchtigung, Nachhaltigkeit und Fortdauer der Interessenschädigung und Anlass und Beweggründe des AG.[16] Schließlich können besondere Umstände, insb. ein geringes Maß an subjektiver Vorwerfbarkeit auf Seiten des AG, bei der Höhe der Entschädigung Berücksichtigung finden. Genauso kann eine geringere Entschädigung in einem Kleinbetrieb im Einzelfall gerechtfertigt sein.

Die Rspr. ist bislang bei der Festsetzung der Höhe der Entschädigungssummen zurückhaltend und gewährt i.d.R. bei Bewerbern, die auch bei benachteiligungsfreier Auswahl nicht eingestellt worden wären, Beträge zwischen einem und zwei Monatsgehältern.[17] Abs. 2 S. 2 legt eine Obergrenze von drei Monatsgehältern fest, wenn der Bewerber auch bei benachteiligungsfreier Auswahl nicht eingestellt worden wäre. Diese Obergrenze ist europarechtlich nicht zu beanstanden und wurde vom EuGH[18] im Zusammenhang mit dem Verbot der Diskriminierung wegen des Geschlechts nicht beanstandet.

Nach der Rspr. des BAG ist eine Entschädigung bei Rechtsmissbrauch ausgeschlossen.[19] Einem Bewerber kann ein Entschädigungsanspruch nur dann zustehen, wenn er sich subjektiv ernsthaft beworben hat und objektiv für die zu besetzende Stelle in Betracht kommt (siehe § 6 Rn 5).

III. Schadensersatz bei Anwendung kollektivrechtlicher Vereinbarungen (§ 15 Abs. 3)

Bei der Anwendung **kollektivrechtlicher Vereinbarungen** ist der Haftungsmaßstab abgesenkt und auf vorsätzliches und fahrlässiges Verhalten des AG beschränkt.

Kollektivrechtliche Vereinbarungen sind **TV, BV** oder **Dienstvereinbarungen**. Grund für die Haftungsprivilegierung ist nach der Gesetzesbegründung die vermutete „höhere Richtigkeitsgewähr" kollektivvertraglicher Regelungen.[20] Diese Richtigkeitsgewähr soll nach den Vorstellungen des Gesetzgebers auch bei einzelvertraglichen Bezugnahmen oder bei allgemeinverbindlichen TV gelten.[21] In der Lit. wird z.T. eine Einschränkung dahingehend gefordert, dass sich das Arbverh im Anwendungsbereich des TV befindet und auf den TV insgesamt verwiesen wird.[22] Das Haftungsprivileg ist nach dem Wortlaut auf Entschädigungen i.S.d. Abs. 2 beschränkt.

Das Verschulden muss sich dabei darauf beziehen, dass der AG in Anwendung einer benachteiligenden Vorschrift einen Beschäftigten benachteiligt, obwohl ihm die benachteiligende Wirkung bekannt oder infolge grober Fahrlässigkeit nicht bekannt ist.[23] Die Benachteiligung bleibt demnach für den AG folgenlos, wenn ihm nur einfache Fahrlässigkeit zur Last gelegt werden kann. Abs. 3 verstößt damit gegen Europarecht, da die verschuldensabhängige Haftung nicht den Vorgaben des EuGH[24] entspricht, wonach eine Benachteiligungsverbot sanktionierende Norm unabhängig vom Vorliegen eines Verschuldens die volle Haftung auslösen muss.[25]

IV. Frist zur Geltendmachung eines Schadensersatzanspruches (§ 15 Abs. 4)

Abs. 4 S. 1 bestimmt, dass die Ansprüche nach Abs. 1 und 2 innerhalb einer **Frist** von **zwei Monaten** schriftlich i.S.d. §§ 126, 126a BGB geltend zu machen sind. Eine tarifvertraglich vereinbarte Ausschlussfrist hat Vorrang gegenüber der gesetzlichen Ausschlussfrist. Da es sich um eine **materielle Ausschlussfrist** handelt, führt das Versäumen der Frist zum Erlöschen des Anspruchs, wobei eine Wiedereinsetzung in den vorherigen Stand nicht möglich ist.

---

14 Erman/*Belling*, § 15 AGG Rn 5.
15 BT-Drucks 16/1780, S. 38.
16 LAG Brandenburg 5.12.2007 – 24 Sa 1684/07 – juris; HWK/*Annus/Rupp*, § 15 AGG Rn 8; ErfK/*Schlachter*, § 15 AGG Rn 8; *Bauer/Göpfert/Krieger*, § 15 Rn 36.
17 BAG 16.9.2008 – 9 AZR 791/07 – NJW Spezial 2009, 50; LAG Hamm 7.8.2008 – 11 Sa 284/08 – EzA-SD 2008, Nr. 22; ArbG Düsseldorf 10.6.2008 – 11 Ca 754/08 – NZA-RR 2008, 511.
18 EuGH 22.4.1997 – C-180/95 – Draehmpaehl – NZA 1997, 645.
19 BAG 12.11.1998 – 8 AZR 365/97 – NZA 1999, 371 zu § 611a BGB.
20 BT-Drucks 16/1780, S. 38.
21 BT-Drucks 16/1780, S. 38.
22 ErfK/*Schlachter*, § 15 AGG Rn 10.
23 ErfK/*Schlachter*, § 15 AGG Rn 11; HWK/*Annus/Rupp*, § 15 AGG Rn 11.
24 EuGH 22.4.1997 – C-180/95 – Draehmpaehl – NZA 1997, 645.
25 *Walker*, NZA 2009, 5; ErfK/*Schlachter*, § 15 AGG Rn 11; HWK/*Annus/Rupp*, § 15 AGG Rn 11.

15 Der Lauf der Frist **beginnt** im Falle einer Bewerbung oder des beruflichen Aufstiegs nach dem Wortlaut des Gesetzes mit **Zugang** der Ablehnung, unabhängig davon, ob der Bewerber Kenntnis von der Benachteiligung hat oder nicht. Der kenntnisunabhängige Fristbeginn wird z.T. als **europarechtswidrig** angesehen, da nach der Rspr.[26] tarifvertragliche Ausschlussfristen erst mit Kenntnis zu laufen beginnen.[27] Eine richtlinienkonforme Auslegung erfordert demnach zusätzlich die Kenntnis des Beschäftigten von der Benachteiligung.[28]

16 Für die Rechtzeitigkeit kommt es auf den vom AN zu beweisenden Zugang an, wobei der Anspruch **nicht beziffert** werden muss.[29] Bei Vorliegen eines **Dauertatbestandes**, so bei einer fortdauernden Belästigung, kann die Ausschlussfrist erst zu laufen beginnen, wenn die Belästigung eingestellt wird[30]

17 Als weitere Frist zur Geltendmachung der Ansprüche des Abs. 1 und Abs. 2 ist die Klageerhebungsfrist des § 61b Abs. 1 ArbGG zu beachten (siehe § 61b ArbGG). Da die Ausschlussfrist nach § 61b ArbGG als zweite Stufe der Frist nach Abs. 4 anzusehen ist, liegt es nahe, dass der Benachteiligte auch unter Verzicht auf die Geltendmachung beim AG sofort Klage erheben kann. In diesem Fall muss bereits die Klage die Zwei-Monats-Frist wahren. Die Berechnung der Klagefrist richtet sich nach § 222 ZPO i.V.m. §§ 187, 188 BGB.

V. Ansprüche auf der Grundlage anderer Vorschriften (§ 15 Abs. 5)

18 Gem. Abs. 5 bleiben Ansprüche gegen den AG, die sich aus anderen Rechtsvorschriften ergeben, unberührt. Nach der Gesetzesbegründung kommen dabei insb. Ansprüche auf Unterlassung nach § 1004 BGB oder auf Ersatz des materiellen Schadens nach §§ 252, 823 BGB in Betracht.[31] Ansprüchen aus §§ 280 Abs. 1, 311 Abs. 2 BGB gegenüber ist Abs. 1 als Spezialregelung vorrangig.[32] In der Lit. wird z.T aus der Formulierung im „übrigen" gefolgert, dass die Einschränkungen des Abs. 3 und Abs. 4 auch für alle sonstigen Ansprüche gelten sollen.[33] Dem steht allerdings der eindeutige Wortlaut der §§ 15 Abs. 4, 61b ArbGG entgegen.[34]

VI. Kein Einstellungs- oder Beförderungsanspruch (§ 15 Abs. 6)

19 Abs. 6 stellt klar, dass bei einem Verstoß gegen das Benachteiligungsverbot des § 7 Abs. 1 kein Kontrahierungszwang besteht. Ausnahmsweise kann sich ein solcher Anspruch aus anderen Gründen ergeben. Ein Beispiel ist der tarifliche Bewährungsaufstieg.[35]

VII. Maßregelungsverbot (§ 16 Abs. 1)

20 Nach Abs. 1 darf der AG Beschäftigte nicht wegen der Inanspruchnahme von Rechten nach dem AGG oder wegen der Weigerung, eine gegen das AGG verstoßende Anweisung auszuführen, benachteiligen. Verbotsadressat ist damit der AG und alle Personen, die AG-Funktionen wahrnehmen. Geschützt werden neben der unmittelbar betroffenen Person nach Abs. 1 S. 2 auch die Personen, die Beschäftigte bei der Inanspruchnahme von Rechten unterstützen oder als Zeugen in einem Rechtsstreit aussagen. Der Begriff der Benachteiligung ist nicht bedeutungsgleich mit dem Begriff in § 3. Erfasst ist jede ungünstigere Behandlung als diejenige, die dem Betroffenen ohne Inanspruchnahme seiner Rechte zuteil geworden wäre.[36] Dazu zählt auch der dem Beschäftigten vorenthaltene Vorteil.[37]

21 Verstößt eine Sanktion (z.B. Abmahnung, Künd) gegen das Benachteiligungsverbot, ist sie unwirksam. Besteht der verbotswidrige Nachteil in der Vorenthaltung von Vergünstigungen kommt ein Anspruch auf Gleichbehandlung in Betracht. Für einen entstandenen Vermögensschaden, z.B. bei vorenthaltener Sonderzuwendung, haftet der AG nach §§ 280 Abs. 1 oder 823 Abs. 2 BGB i.V.m. § 16.

VIII. Verbot der Viktimisierung (§ 16 Abs. 2)

22 Abs. 2 ergänzt das Benachteiligungsverbot, indem der AG keine Folgen daraus ableiten darf, dass der Benachteiligte die Benachteiligung geduldet oder zurückgewiesen hat. Gleiches gilt nach S. 2 gegenüber Personen, die Beschäftigte unterstützen oder als Zeugen aussagen.

IX. Beweislast (§ 16 Abs. 3)

23 Für die Beweislast gilt nach Abs. 3 die Regelung der Beweislastverteilung des § 22. Es genügt demnach, wenn der Beschäftigte Indizien beweist, die eine Maßregelung vermuten lassen. Der AG hat dann den Gegenbeweis zu erbringen.

---

26 BAG 17.10.1974 – 3 AZR 4/74 – DB 1975, 455; BAG 21.1.1999 – 8 AZR 217/98 – juris.
27 ErfK/*Schlachter*, § 15 AGG Rn 12; PersR/*Busch*, 2008, 284.
28 ErfK/*Schlachter*, § 15 AGG Rn 12; *Walker*, NZA 2009, 5; Erman/*Belling*, § 15 AGG Rn 12.
29 BAG 16.9.2008 – 9 AZR 791/07 – NZA 2009, 79; BAG 15.2.2005 – 9 AZR 635/03 – NZA 2005, 870; BAG 12.9.2006 – 9 AZR 807/05 – AP § 81 SGB IX Nr. 13.
30 *Kolmhuber/Schreiner*, Rn 240.
31 BT-Drucks 16/1780, S. 38.
32 ErfK/*Schlachter*, § 15 AGG Rn 13; HWK/*Annuß/Rupp*, § 15 AGG Rn 14.
33 *Bauer/Göpfert/Krieger*, § 15 Rn 67.
34 HWK/*Annuß/Rupp*, § 15 AGG Rn 14.
35 BT-Drucks 16/1780, S. 38.
36 ErfK/*Schlachter*, § 15 AGG Rn 2.
37 *Bauer/Göpfert/Krieger*, § 16 Rn 15.

C. Verbindung zu anderen Rechtsgebieten und zum Prozessrecht

Zu beachten ist, dass im Falle der Häufung mehrer Entschädigungsklagen gegen einen AG die Möglichkeit besteht, auf entsprechenden Antrag die ausschließliche **örtliche Zuständigkeit** des ArbG zu begründen, bei dem die erste Klage erhoben wurde (siehe § 61b ArbGG Rn 9). Hierdurch sollen divergierende Entscheidungen insb. über den bestqualifizierten Bewerber vermieden werden. Die übrigen Rechtsstreite sind dann gem. § 61b Abs. 2 S. 2 ArbGG von Amts wegen an das zuständige ArbG zu verweisen und dort zur gleichzeitigen Verhandlung und Entscheidung zu verbinden. Für Entschädigungsansprüche gem. § 15 Abs. 2 ist der Rechtsweg zu den ArbG gem. § 2 Abs. 1 Nr. 3c ArbGG eröffnet, wenn sich die Klage gegen den potentiellen AG richtet.[38] Schaltet der potentielle AG einen Dritten ein, sind die ArbG nicht zuständig.[39]

24

Verstöße gegen das Benachteiligungsverbot werden neben der Pflicht zum Schadensersatz und zur Entschädigung auch dadurch sanktioniert, dass der **BR** das Recht hat, gem. § 99 Abs. 2 Nr. 1, 5 BetrVG die **Zustimmung zur Einstellung** zu verweigern. Zu beachten ist schließlich, dass der AG nach der Rspr. des BAG[40] verpflichtet ist, im Rahmen der Unterrichtungs- und Vorlagepflicht des § 99 Abs. 1 S. 1 BetrVG neben den Bewerbungsunterlagen auch selbst erstellte Unterlagen vorzulegen, damit der BR prüfen kann, ob Anhaltspunkte für eine Benachteiligung vorliegen.

25

D. Beraterhinweise

Bei Schadensersatzklagen nach § 15 Abs. 1 sind die allg. Anforderungen an eine Leistungsklage einzuhalten. Bei einer Klage auf Entschädigung nach Abs. 2 muss der **Klageantrag** nicht beziffert werden; d.h. es kann auch beantragt werden, eine in das Ermessen des Gerichts gestellte Entschädigung zu bezahlen, wenn eine ungefähre Größenordnung angegeben wird.[41] Das Gericht ist nicht gehindert, bei unbezifferten Anträgen über den angegebenen Betrag – ohne Verstoß gegen § 308 Abs. 1 S. 1 ZPO – auf einen höheren als den angegeben Mindestbetrag zu bekennen.[42] Diese Möglichkeit besteht indessen nicht, wenn eine Obergrenze angegeben wird bzw. der benachteiligte Bewerber von vornherein die betragsmäßige Begrenzung des Abs. 3 S. 1 aufgreift.

26

Unterabschnitt 4: Ergänzende Vorschriften

§ 17 Soziale Verantwortung der Beteiligten

(1) Tarifvertragsparteien, Arbeitgeber, Beschäftigte und deren Vertretungen sind aufgefordert, im Rahmen ihrer Aufgaben und Handlungsmöglichkeiten an der Verwirklichung des in § 1 genannten Ziels mitzuwirken.

(2) ¹In Betrieben, in denen die Voraussetzungen des § 1 Abs. 1 Satz 1 des Betriebsverfassungsgesetzes vorliegen, können bei einem groben Verstoß des Arbeitgebers gegen Vorschriften aus diesem Abschnitt der Betriebsrat oder eine im Betrieb vertretene Gewerkschaft unter der Voraussetzung des § 23 Abs. 3 Satz 1 des Betriebsverfassungsgesetzes die dort genannten Rechte gerichtlich geltend machen; § 23 Abs. 3 Satz 2 bis 5 des Betriebsverfassungsgesetzes gilt entsprechend. ²Mit dem Antrag dürfen nicht Ansprüche des Benachteiligten geltend gemacht werden.

§ 18 Mitgliedschaft in Vereinigungen

(1) Die Vorschriften dieses Abschnitts gelten entsprechend für die Mitgliedschaft oder die Mitwirkung in einer
1. Tarifvertragspartei,
2. Vereinigung, deren Mitglieder einer bestimmten Berufsgruppe angehören oder die eine überragende Machtstellung im wirtschaftlichen oder sozialen Bereich innehat, wenn ein grundlegendes Interesse am Erwerb der Mitgliedschaft besteht,

sowie deren jeweiligen Zusammenschlüssen.

---

38 BAG 27.8.2008 – 5 AZB 71/08 – NZA 2008, 1259.
39 BAG 27.8.2008 – 5 AZB 71/08 – NZA 2008, 1259.
40 BAG 28.6.2005 – 1 ABR 26/04 – NZA 2006, 111.
41 BAG 16.9.2008 – 9 AZR 791/07 – NZA 2009, 79; BAG 15.2.2005 – 9 AZR 635/03 – NZA 2005, 870 zu § 81 SGB IX.
42 BGH 30.4.1996 – VI 55/95 – BGHZ 132, 341 = NJW 1996, 2425; ArbG Berlin 13.7.05 – 86 Ca 24618/04 – NZA-RR 2005, 608.

(2) Wenn die Ablehnung einen Verstoß gegen das Benachteiligungsverbot des § 7 Abs. 1 darstellt, besteht ein Anspruch auf Mitgliedschaft oder Mitwirkung in den in Absatz 1 genannten Vereinigungen.

A. Allgemeines 1	IV. Anspruch auf Mitgliedschaft und Mitwirkung in Vereinigungen (§ 18 Abs. 2) 7
B. Regelungsgehalt 2	C. Verbindung zu anderen Rechtsgebieten und zum Prozessrecht 9
I. Soziale Verantwortung (§ 17 Abs. 1) 2	
II. Rechte des Betriebsrates und einer im Betrieb vertretenen Gewerkschaft (§ 17 Abs. 2) 3	D. Beraterhinweise 12
III. Mitgliedschaft und Mitwirkung in Vereinigungen (§ 18 Abs. 1) 6	

A. Allgemeines

1 § 17 Abs. 1 appelliert an die TV-Parteien, AG, Beschäftigten und deren Vertretungen, ihren Beitrag zur Verwirklichung des gesetzlichen Ziels der Verhinderung oder Beseitigung von Benachteiligungen zu leisten. Die Vorschrift dient der Umsetzung der RL-Bestimmungen zum sozialen Dialog: Art. 11 Abs. 2 der RL 2000/43/EG, Art. 13 Abs. 2 der RL 2000/78/EG und Art. 2 Abs. 5, Art. 8b Abs. 2 und 3 der RL 76/207/EWG.[1] Zweck des Antrags nach § 17 Abs. 2 i.V.m. § 23 Abs. 3 S. 1 BetrVG ist, dass derjenige AG, der grob gegen die Vorschriften im zweiten Abschnitt des AGG verstoßen hat, sich zukünftig gesetzeskonform verhält. Für Abs. 2 gibt es kein Vorbild in den EG-RL, es handelt sich um eine sog. überschießende Umsetzung.

§ 18 setzt Art. 3 Abs. 1 Buchst. d der RL 2000/43/EG, 2000/78/EG und 76/207/EWG um. § 18 Abs. 2 ist eine spezialgesetzliche Regelung zu § 20 Abs. 2 GWB.

B. Regelungsgehalt

I. Soziale Verantwortung (§ 17 Abs. 1)

2 Nach Abs. 1 sind TV-Parteien, AG, Beschäftigte und deren Vertretungen aufgefordert, im Rahmen ihrer Aufgaben und Handlungsmöglichkeiten an der Verwirklichung des Gesetzesziels nach § 1 mitzuwirken. Nach dem Willen des Gesetzgebers bietet das AGG einen Anlass für die Überprüfung und ggf. Neudefinition von Personalprozessen in Unternehmen und Betrieben unter dem Gesichtspunkt des Benachteiligungsschutzes.[2] Angeregt wird auch die Vereinbarung von Verhaltenskodizes. Bei Abs. 1 handelt es sich jedoch lediglich um einen **Programmsatz**. Eigenständige Rechte und Pflichten der Betroffenen sind aus der Vorschrift nicht herzuleiten.

II. Rechte des Betriebsrates und einer im Betrieb vertretenen Gewerkschaft (§ 17 Abs. 2)

3 Nach Abs. 2 S. 1 können in betriebsratsfähigen Betrieben der BR oder eine im Betrieb vertretene Gewerkschaft einen Antrag nach § 23 Abs. 3 S. 1 BetrVG beim ArbG stellen, wenn der AG grob gegen Vorschriften aus dem zweiten Abschn. des AGG verstößt. Ein Betrieb ist nach § 1 Abs. 1 S. 1 BetrVG **betriebsratsfähig**, wenn mind. fünf ständige und betriebsverfassungsrechtlich wahlberechtigte AN beschäftigt werden, von den mind. drei betriebsverfassungsrechtlich wählbar sind. Da es nur auf die BR-Fähigkeit und nicht auf die tatsächliche Existenz eines BR ankommt, ist auch in betriebsratsfähigen Betrieben ohne BR die im Betrieb vertretene **Gewerkschaft** antragsberechtigt. Eine Gewerkschaft ist im Betrieb vertreten, wenn ihr mind. ein AN i.S.d. § 5 Abs. 1 BetrVG des Betriebs angehört.[3]

In **Kleinbetrieben**, wo weniger als fünf ständig wahlberechtigte AN tätig sind, ist ein **Antrag** nach § 23 Abs. 3 S. 1 BetrVG **ausgeschlossen**.

4 Nur grobe Verstöße des AG führen dazu, dass der BR und die Gewerkschaft die erforderliche **Handlung, Duldung oder Unterlassung** zur Unterbindung der Benachteiligung verlangen können. Das Merkmal der Grobheit des Verstoßes wurde im Laufe des Gesetzgebungsverfahrens zur Klarstellung eingefügt, dass nur solche Verstöße erfasst sind, die eine gewisse Schwere erreichen.[4] Regelmäßig wird ein grober Verstoß erst gegeben sein, wenn der AG **wiederholt und schwerwiegend** gegen seine Pflichten verstößt. Im Ausnahmefall kann aber auch ein **einmaliger Verstoß** bei objektiver Erheblichkeit grob sein.[5] So hat das LAG Hessen eine erstmalige Stellenausschreibung des AG mit der Angabe „Tarifgruppe A/1. Berufsjahr" als einen groben Verstoß gegen das Verbot der Altersdiskriminierung gewertet.[6] Auf ein Verschulden des AG kommt es dabei nicht an.

5 An einer groben Pflichtverletzung fehlt es, wenn der AG in einer schwierigen und **ungeklärten Rechtsfrage** eine bestimmte Rechtsansicht vertritt, die sich später als unzutreffend herausstellt.[7] Diese Einschränkung der Antrags-

---

1 BT-Drucks 16/1780, S. 39.
2 BT-Drucks 16/1780, S. 39.
3 Richardi/*Richardi*, § 2 Rn 69.
4 BT-Drucks 16/2022, S. 12.
5 *Thüsing*, Arbeitsrechtlicher Diskriminierungsschutz, Rn 616.
6 LAG Hessen 6.3.2008 – 9 TaBV 251/07 – BeckRS 2008, 54494.
7 So BAG 8.8.1989 – 1 ABR 63/88 – NZA 1990, 198, 200; BAG 26.7.2005 – 1 ABR 29/04 – NZA 2005, 1372, 1374 zu § 23 Abs. 3 BetrVG.

berechtigung ist wichtig, da beim AGG viele Rechtsfragen noch ungeklärt sind. Überwiegend wird für den von § 17 Abs. 2 AGG geforderten Verstoß wie bei § 23 Abs. 3 BetrVG ein kollektivrechtlicher Bezug vorausgesetzt.[8]

Mit dem Antrag beim ArbG dürfen gem. Abs. 2 S. 2 **keinerlei Ansprüche des Benachteiligten,** insb. auch kein Anspruch auf Schadensersatz geltend gemacht werden.

III. Mitgliedschaft und Mitwirkung in Vereinigungen (§ 18 Abs. 1)

Abs. 1 erweitert den Anwendungsbereich der Regelungen der §§ 11 bis 17 auf die **Mitgliedschaft und Mitwirkung** in bestimmten Vereinigungen. Betroffen sind TV-Parteien und solche Vereinigungen, deren Mitglieder einer bestimmten Berufsgruppe angehören oder die eine überragende Machtstellung im wirtschaftlichen oder sozialen Bereich innehaben, wenn ein grundlegendes Interesse am Erwerb der Mitgliedschaft besteht. Erfasst sind auch Zusammenschlüsse solcher Vereinigungen. Für sonstige Vereine ohne erhebliche wirtschaftliche oder soziale Bedeutung für die Betroffenen gilt Abs. 1 nicht. Hier wird der Vereinigungsfreiheit nach Art. 9 Abs. 1 GG der Vorrang eingeräumt.

IV. Anspruch auf Mitgliedschaft und Mitwirkung in Vereinigungen (§ 18 Abs. 2)

Nach Abs. 2 besteht ein Anspruch auf Mitgliedschaft oder Mitwirkung in den in Abs. 1 genannten Vereinigungen, wenn die Ablehnung einen Verstoß gegen das Benachteiligungsverbot des § 7 Abs. 1 darstellt. In Abweichung zum Grundrecht auf Vereinigungsfreiheit aus Art. 9 Abs. 1 GG wird ein **Kontrahierungszwang** normiert.

Nach Ansicht des Gesetzgebers folgt dies aus der **monopolartigen Stellung** der Berufsvereinigungen bei der **Wahrnehmung beruflicher Interessen.**[9] Eine Benachteiligung kann dann regelmäßig nur in der Weise behoben werden, dass dem Benachteiligten ein Anspruch auf Aufnahme bzw. auf Inanspruchnahme der satzungsmäßigen Leistungen zugebilligt wird. Notwendig ist, dass die übrigen vereinsrechtlichen und satzungsmäßigen Voraussetzungen erfüllt werden.

C. Verbindung zu anderen Rechtsgebieten und zum Prozessrecht

Die Benachteiligungsmerkmale in § 75 Abs. 1 BetrVG, § 67 Abs. 1 BPersVG und § 27 Abs. 1 SprAuG wurden an die Terminologie der EG-Gleichbehandlungs-RL angepasst. Für den BR bestand bereits bisher die Möglichkeit des Vorgehens nach § 75 Abs. 1 BetrVG i.V.m. § 23 Abs. 3 BetrVG bei Verletzung der Grundsätze der Behandlung der Betriebsangehörigen. Die Rechte des BR wurden daher nicht erheblich erweitert. Jedoch können nach § 17 Abs. 2 nun zusätzlich Verstöße gegen das Benachteiligungsverbot bei Stellenausschreibungen (§ 11) Gegenstand eines Antrags nach § 23 Abs. 3 BetrVG sein.

Für den Fall des Zuwiderhandelns des AG gegen eine rechtskräftige Entscheidung des ArbG verweist § 17 Abs. 2 S. 1 auf § 23 Abs. 3 S. 2 bis 4 BetrVG, so dass auch die gerichtliche Festsetzung eines Ordnungs- oder Zwangsgeldes möglich ist.

Der Anspruch auf Aufnahme in eine Vereinigung i.S.v. § 18 Abs. 1 kann klageweise durch Erhebung einer Leistungsklage durchgesetzt werden. Nach § 22 genügt der Indizienbeweis einer Benachteiligung. Wird der Klage des abgelehnten Bewerbers stattgegeben, gilt die Aufnahmeerklärung der Vereinigung nach § 894 Abs. 1 ZPO mit Rechtskraft des Urteils als abgegeben.

D. Beraterhinweise

Zur Wahrnehmung der sozialen Verantwortung nach § 17 Abs. 1 können bspw. BV über benachteiligungsfreies Verhalten im Betrieb geschlossen werden. Solche Vereinbarungen existieren bereits in der Praxis.[10] Sie können gleichzeitig zur Erfüllung der Organisationspflichten nach § 12 dienen.

§ 17 Abs. 2 wurde mit der Regelung in § 23 Abs. 3 BetrVG verknüpft, die Verstöße gegen die Betriebsverfassung behandelt. Durch diese Verknüpfung ist eine Systematik angelegt, der zufolge Verstöße gegen das Benachteiligungsverbot die **„gute Ordnung" des Betriebes** beeinträchtigen können.[11] Nur unter der Voraussetzung ist ein eigenes Klagerecht von BR und im Betrieb vertretener Gewerkschaft erforderlich. § 17 Abs. 2 muss also teleologisch reduziert werden auf Fälle grober Verstöße gegen das Benachteiligungsverbot, die einen **kollektiven Bezug** aufweisen (z.B. Benachteiligung einer Beschäftigtengruppe).[12] Die isolierte Benachteiligung eines einzelnen Beschäftigten löst hingegen kein Antragsrecht aus, so dass der Beschäftigte selbst seine Rechte verfolgen muss.[13]

Der Anspruch auf Mitgliedschaft und Mitwirkung in einer Vereinigung nach § 18 besteht zwar nur, wenn die jeweiligen Satzungsregelungen erfüllt werden. Das gilt jedoch nur insoweit, als diese Regelungen nicht selbst benachtei-

---

8 Schleusener/Suckow/*Voigt*, § 17 Rn 17 m.w.N.
9 BT-Drucks 16/1780, S. 39.
10 Beispiele finden sich bei *Kamanabrou*, NZA-Beilage 3/2006, 136.
11 BT-Drucks 16/2022, S. 12.
12 *Klumpp*, NZA 2006, 904, 906.
13 Ein Muster eines Antrags nach § 17 Abs. 2 findet sich bei *Kolmhuber/Schreiner*, Rn 314.

ligend sind. Eine nicht durch die §§ 8 bis 10 gerechtfertigte Ungleichbehandlung in der Satzung der Vereinigung führt nach § 18 Abs. 2 zu einem Aufnahmeanspruch des abgelehnten Bewerbers. Deshalb sollten auch die Satzungsregelungen an die Vorgaben des AGG angepasst werden.

Abschnitt 3: Schutz vor Benachteiligung im Zivilrechtsverkehr

§ 19 Zivilrechtliches Benachteiligungsverbot

(1) Eine Benachteiligung aus Gründen der Rasse oder wegen der ethnischen Herkunft, wegen des Geschlechts, der Religion, einer Behinderung, des Alters oder der sexuellen Identität bei der Begründung, Durchführung und Beendigung zivilrechtlicher Schuldverhältnisse, die
1. typischerweise ohne Ansehen der Person zu vergleichbaren Bedingungen in einer Vielzahl von Fällen zustande kommen (Massengeschäfte) oder bei denen das Ansehen der Person nach der Art des Schuldverhältnisses eine nachrangige Bedeutung hat und die zu vergleichbaren Bedingungen in einer Vielzahl von Fällen zustande kommen oder
2. eine privatrechtliche Versicherung zum Gegenstand haben,

ist unzulässig.

(2) Eine Benachteiligung aus Gründen der Rasse oder wegen der ethnischen Herkunft ist darüber hinaus auch bei der Begründung, Durchführung und Beendigung sonstiger zivilrechtlicher Schuldverhältnisse im Sinne des § 2 Abs. 1 Nr. 5 bis 8 unzulässig.

(3) Bei der Vermietung von Wohnraum ist eine unterschiedliche Behandlung im Hinblick auf die Schaffung und Erhaltung sozial stabiler Bewohnerstrukturen und ausgewogener Siedlungsstrukturen sowie ausgeglichener wirtschaftlicher, sozialer und kultureller Verhältnisse zulässig.

(4) Die Vorschriften dieses Abschnitts finden keine Anwendung auf familien- und erbrechtliche Schuldverhältnisse.

(5) [1]Die Vorschriften dieses Abschnitts finden keine Anwendung auf zivilrechtliche Schuldverhältnisse, bei denen ein besonderes Nähe- oder Vertrauensverhältnis der Parteien oder ihrer Angehörigen begründet wird. [2]Bei Mietverhältnissen kann dies insbesondere der Fall sein, wenn die Parteien oder ihre Angehörigen Wohnraum auf demselben Grundstück nutzen. [3]Die Vermietung von Wohnraum zum nicht nur vorübergehenden Gebrauch ist in der Regel kein Geschäft im Sinne des Absatzes 1 Nummer 1, wenn der Vermieter insgesamt nicht mehr als 50 Wohnungen vermietet.

§ 20 Zulässige unterschiedliche Behandlung

(1) [1]Eine Verletzung des Benachteiligungsverbots ist nicht gegeben, wenn für eine unterschiedliche Behandlung wegen der Religion, einer Behinderung, des Alters, der sexuellen Identität oder des Geschlechts ein sachlicher Grund vorliegt. [2]Das kann insbesondere der Fall sein, wenn die unterschiedliche Behandlung
1. der Vermeidung von Gefahren, der Verhütung von Schäden oder anderen Zwecken vergleichbarer Art dient,
2. dem Bedürfnis nach Schutz der Intimsphäre oder der persönlichen Sicherheit Rechnung trägt,
3. besondere Vorteile gewährt und ein Interesse an der Durchsetzung der Gleichbehandlung fehlt,
4. an die Religion eines Menschen anknüpft und im Hinblick auf die Ausübung der Religionsfreiheit oder auf das Selbstbestimmungsrecht der Religionsgemeinschaften, der ihnen zugeordneten Einrichtungen ohne Rücksicht auf ihre Rechtsform sowie der Vereinigungen, die sich die gemeinschaftliche Pflege einer Religion zur Aufgabe machen, unter Beachtung des jeweiligen Selbstverständnisses gerechtfertigt ist.

(2) [1]Eine unterschiedliche Behandlung wegen des Geschlechts ist im Falle des § 19 Abs. 1 Nr. 2 bei den Prämien oder Leistungen nur zulässig, wenn dessen Berücksichtigung bei einer auf relevanten und genauen versicherungsmathematischen und statistischen Daten beruhenden Risikobewertung ein bestimmender Faktor ist. [2]Kosten im Zusammenhang mit Schwangerschaft und Mutterschaft dürfen auf keinen Fall zu unterschiedlichen Prämien oder Leistungen führen. [3]Eine unterschiedliche Behandlung wegen der Religion, einer Behinderung, des Alters oder der sexuellen Identität ist im Falle des § 19 Abs. 1 Nr. 2 nur zulässig, wenn diese auf anerkannten Prinzipien risikoadäquater Kalkulation beruht, insbesondere auf einer versicherungsmathematisch ermittelten Risikobewertung unter Heranziehung statistischer Erhebungen.

§ 21 Ansprüche

(1) ¹Der Benachteiligte kann bei einem Verstoß gegen das Benachteiligungsverbot unbeschadet weiterer Ansprüche die Beseitigung der Beeinträchtigung verlangen. ²Sind weitere Beeinträchtigungen zu besorgen, so kann er auf Unterlassung klagen.
(2) ¹Bei einer Verletzung des Benachteiligungsverbots ist der Benachteiligende verpflichtet, den hier durch entstandenen Schaden zu ersetzen. ²Dies gilt nicht, wenn der Benachteiligende die Pflichtverletzung nicht zu vertreten hat. ³Wegen eines Schadens, der nicht Vermögensschaden ist, kann der Benachteiligte eine angemessene Entschädigung in Geld verlangen.
(3) Ansprüche aus unerlaubter Handlung bleiben unberührt.
(4) Auf eine Vereinbarung, die von dem Benachteiligungsverbot abweicht, kann sich der Benachteiligte nicht berufen.
(5) ¹Ein Anspruch nach den Absätzen 1 und 2 muss innerhalb einer Frist von zwei Monaten geltend gemacht werden. ²Nach Ablauf der Frist kann der Anspruch nur geltend gemacht werden, wenn der Benachteiligte ohne Verschulden an der Einhaltung der Frist verhindert war.

Abschnitt 4: Rechtsschutz

§ 22 Beweislast

Wenn im Streitfall die eine Partei Indizien beweist, die eine Benachteiligung wegen eines in § 1 genannten Grundes vermuten lassen, trägt die andere Partei die Beweislast dafür, dass kein Verstoß gegen die Bestimmungen zum Schutz vor Benachteiligung vorgelegen hat.

§ 23 Unterstützung durch Antidiskriminierungsverbände

(1) ¹Antidiskriminierungsverbände sind Personenzusammenschlüsse, die nicht gewerbsmäßig und nicht nur vorübergehend entsprechend ihrer Satzung die besonderen Interessen von benachteiligten Personen oder Personengruppen nach Maßgabe von § 1 wahrnehmen. ²Die Befugnisse nach den Absätzen 2 bis 4 stehen ihnen zu, wenn sie mindestens 75 Mitglieder haben oder einen Zusammenschluss aus mindestens sieben Verbänden bilden.
(2) ¹Antidiskriminierungsverbände sind befugt, im Rahmen ihres Satzungszwecks in gerichtlichen Verfahren als Beistände Benachteiligter in der Verhandlung aufzutreten. ²Im Übrigen bleiben die Vorschriften der Verfahrensordnungen, insbesondere diejenigen, nach denen Beiständen weiterer Vortrag untersagt werden kann, unberührt.
(3) Antidiskriminierungsverbänden ist im Rahmen ihres Satzungszwecks die Besorgung von Rechtsangelegenheiten Benachteiligter gestattet.
(4) Besondere Klagerechte und Vertretungsbefugnisse von Verbänden zu Gunsten von behinderten Menschen bleiben unberührt.

A. Allgemeines 1	III. Antidiskriminierungsverbände als Beistände (§ 23 Abs. 2) 16
B. Regelungsgehalt 3	IV. Besorgung von Rechtsangelegenheiten durch Antidiskriminierungsverbände (§ 23 Abs. 3) 19
I. Beweislast (§ 22) 3	
1. Überblick 3	
2. Beweis durch den Arbeitnehmer 5	V. Klagerechte und Vertretungsbefugnisse aufgrund anderer Regelungen (§ 23 Abs. 4) 20
3. Gegenbeweis durch den Arbeitgeber 10	
II. Antidiskriminierungsverbände (§ 23 Abs. 1) 13	**C. Verbindung zu anderen Rechtsgebieten** 21
	D. Beraterhinweise 22

A. Allgemeines

Die Regelung zur Beweislastverteilung in § 22 dient der Umsetzung der Vorgaben des Art. 4 der Beweislast-RL 97/80/EG, die auch in Art. 8 der RL 2000/43/EG, Art. 10 der RL 2000/78/EG und Art. 9 der RL 2004/113/EG enthalten sind. Die Vorschrift ist angelehnt an § 611a Abs. 1 S. 3 BGB a.F. und wurde noch im Gesetzgebungsverfahren geändert.[1] An Stelle einer „Glaubhaftmachung" von „Tatsachen" soll nun der Beweis von Indizien erfolgen, die eine Benachteiligung vermuten lassen. Mit der Änderung wird klargestellt, dass kein Bezug auf § 294 ZPO gewollt war, der die eidesstattliche Versicherung als Beweismittel zulässt.

2 § 23 sieht die **Mitwirkung von Verbänden** zur Unterstützung benachteiligter Personen bei der Durchsetzung ihrer Rechte vor.

Umgesetzt werden damit die Art. 7 Abs. 2 der RL 2000/43/EG, Art. 9 Abs. 2 der RL 2000/78/EG, Art. 6 Abs. 3 der RL 2002/73/EG und Art. 8 Abs. 3 der RL 2004/113/EG.

B. Regelungsgehalt

I. Beweislast (§ 22)

3 **1. Überblick.** § 22 regelt, welche Partei welche Tatsachen in einem Rechtsstreit vortragen muss, in dem der zugrunde liegende Sachverhalt ganz oder z.T. nach dem AGG zu beurteilen ist.

4 Die Beweislast ist abgestuft, d.h. der Beschäftigte muss zunächst im Streitfall solche Tatsachen darlegen und beweisen, die eine Benachteiligung wegen eines in § 1 genannten Grundes vermuten lassen. Gelingt ihm dies, hat der AG darzulegen und zu beweisen, dass sein Handeln rechtlich zulässig ist. Nach dem Wortlaut ist von der Beweisregelung sowohl die unmittelbare als auch die mittelbare Benachteiligung erfasst.

5 **2. Beweis durch den Arbeitnehmer.** Dem AN obliegt zunächst der Vollbeweis dafür, dass er gegenüber einer anderen Person ungünstig behandelt worden ist.[2] Die Beweislasterleichterung des § 22 bezieht sich allein auf das Vorliegen eines diskriminierenden Motivs und dessen Kausalität für die Ungleichbehandlung. Der dazu erforderliche Nachweis von Indizien bedeutet mehr als ein Behaupten und weniger als ein volles Beweisen.[3] Es genügt, wenn das Gericht die Überzeugung gewinnt, dass die **Kausalität** zwischen dem Diskriminierungsmerkmal (z.B. Geschlecht) und dem Nachteil **überwiegend wahrscheinlich** ist.[4] Solche Vermutungstatsachen können in Äußerungen des AG oder anderen Verfahrenshandlungen begründet sein, die die Annahme einer Benachteiligung nahe legen (Beispiel: geschlechtsspezifische Stellenausschreibung, öffentliche Äußerung des AG, die Einstellung ausländischer Mitarbeiter entspreche nicht dem Kundenwunsch).[5] Eine Ungleichbehandlung schwerbehinderter Personen kann durch einen Gesetzesverstoß des AG indiziert sein, der es unterlässt, einen Bewerber entgegen § 82 SGB IX zu einem Vorstellungsgespräch einzuladen.[6] In diesem Fall entfällt die Indizwirkung jedoch, sobald der Gesetzesverstoß geheilt ist. Eine eidesstattliche Versicherung „ins Blaue hinein", mit der der Beschäftigte versichert, er sei diskriminiert worden, reicht nicht aus.[7] Es kommt auch nicht darauf an, wie eine der Parteien eine bestimmte Handlung empfindet. Entscheidend ist vielmehr, ob für einen **verständigen Dritten** tatsächlich ein plausibler, für jedermann ohne weiteres erkennbarer Zusammenhang zwischen den vorgetragenen Hilfstatsachen und der behaupteten Motivlage erkennbar ist.

6 Bei unmittelbarer Benachteiligung des Beschäftigten i.S.v. § 3 Abs. 1 muss der Vortrag des Beschäftigten den Schluss auf eine entsprechende Motivlage des AG zulassen.[8] Mittelbare Benachteiligungen dagegen müssen den Schluss auf die „besondere Betroffenheit" des Benachteiligten zulassen. Beim Nachweis mittelbarer Benachteiligungen gelten zudem besondere Regeln (siehe § 3 Abs. 2 Rn 13).

Ist die Aussagekraft von Hilfstatsachen erschüttert und kann der AN ihre Richtigkeit nicht beweisen, geht dies zu seinen Lasten.

7 Auch die Vorlage von Statistiken zum Beweis einer Benachteiligung ist möglich. Solche **Statistiken** müssen jedoch „**aussagekräftig**" sein.[9] Es reicht nicht aus, wenn Statistiken Auskünfte über bestimmte allg. Verhältnisse im Arbeitsleben geben, denn diese können auch durch allg. gesellschaftliche Missstände begründet sein, auf die der AG keinen Einfluss hat.[10] Ein ausreichender statistischer Nachweis kann aber etwa darin liegen, dass der AG bei gleicher Arbeit eine überproportionale Anzahl von Männern übertariflich entlohnt. Das gilt jedoch nicht, wenn die Vergütung teilweise erfolgsbezogen ausgezahlt wird.

---

1 Beschlussempfehlung und Bericht des Rechtsausschusses, BT-Drucks 16/2022, S. 13.
2 BT-Drucks 16/1780, S. 47.
3 *Grobys*, NZA 2006, 898, 900.
4 Vgl. BAG 15.2.2005 – 9 AZR 635/03 – NZA 2005, 870, 872 zu § 81 Abs. 2 Nr. 1 SGB IX; BAG 5.2.2004 – 8 AZR 112/03 – NZA 2004, 540 zu § 611a Abs. 1 S. 3 BGB.
5 Vgl. EuGH 10.7.2008 – C-54/07 – Freyn – EuZW 2008, 500.
6 LAG Köln 29.1.2009 – 7 Sa 980/08 – BeckRS 2009, 67329. Keine solche Indizwirkung kommt hingegen mangels Außenwirkung einem Verstoß gegen § 81 Abs. 1 S. 1 SGB IX zu. Vgl. LAG Baden-Württemberg – 26.3.2009 – BeckRS 2009, 67049 (Revision anhängig unter 8 AZR 370/09).
7 *Bauer/Göpfert/Krieger*, § 22 Rn 11; LAG Hamburg 9.11.2007 – H 3 Sa 102/07 – BeckRS 2008, 54040.
8 *Grobys*, NZA 2006, 898, 900.
9 EuGH 27.10.1993 – C-127/92 – Enderby – NZA 1994, 797 (Ls. 1); LAG Berlin-Brandenburg 12.2.2009 – 2 Sa 2070/08, NZA-RR 2009, 357.
10 *Grobys*, NZA 2006, 898, 902.

Umstritten ist, ob eine Statistik über die Geschlechtsverteilung in der Führungsebene eines Unternehmens bereits ein hinreichendes Indiz für eine (**unmittelbar**) geschlechtsspezifische Benachteiligung bei der Bewerbung um eine Führungsposition in diesem Unternehmen darstellen kann. Davon geht jedenfalls die 15. Kammer des LAG Berlin-Brandenburg und, ihm folgend, ein Teil der Lit. aus.[11] Dem wird vor allem entgegengehalten, dass die (in der Vergangenheit liegende) Geschlechtsverteilung im Unternehmen allein noch keinerlei Aufschluss gibt über das konkrete Bewerbungsverfahren, insb. die Anzahl weiblicher Bewerber, und damit über die Kausalität der behaupteten Handlung des AG für eine Diskriminierung.[12] Vielmehr komme es auf das Verhältnis zwischen männlichen und weiblichen Bewerbern und der Berücksichtigung des jeweiligen Geschlechts bei der tatsächlichen Einstellung an. Dem ist zuzustimmen, da sich nur auf diese Weise mit hinreichender Sicherheit ermitteln lässt, ob die Diskriminierung allein auf das Geschlecht der Bewerberin zurückzuführen ist (bei überproportionaler Berücksichtigung von Männern wahrscheinlich) oder etwa durch den zulässigen Einwand der mangelnden fachlichen Eignung der Bewerberin begründet ist. Sollte die Entscheidung der 15. Kammer des LAG Berlin-Brandenburg rechtskräftig werden, ginge mit ihr zudem eine erhebliche Rechtsunsicherheit einher, da völlig offen bleibt, wie viel männliche Beteiligung an der Führungsebene für eine Diskriminierung von Bewerberinnen genügen soll.[13] Es bleibt abzuwarten, wie das BAG, das mit der Revision des Beklagten in der Entscheidung der 15. Kammer des LAG befasst ist, entscheiden wird.[14]

Eine Statistik reicht auch dann nicht aus, wenn ein abgelehnter Bewerber mit typischen Diskriminierungsmerkmalen behauptet, dass gerade „seine" Personengruppe im Betrieb oder in einer bestimmten Abteilung unterrepräsentiert ist. Der Beweis einer Benachteiligung ist unproblematisch, falls bereits die im Streit befindliche Regelung selbst eine bestimmte „Benachteiligungstendenz" erkennen lässt. So ist es etwa bei bestimmten mittelbaren Benachteiligungen, z.B. bei generellem Kopftuchverbot. Auch in Fällen, in denen der AG Maßnahmen ausdrücklich mit dem Hinweis auf ein bestimmtes Diskriminierungsmerkmal begründet, z.B. die Ablehnung eines Bewerbers wegen einer Behinderung, sind keine weitere Benachteiligungsbeweise nötig.[15]

Sofern man darauf abstellen will, dass der AG bereits in der Vergangenheit in verbotener Weise „diskriminiert" habe, muss das entsprechende Verhalten jedenfalls nach Art und Tragweite einen Zusammenhang zu dem konkreten Streitfall und dem in Rede stehenden Diskriminierungsmerkmal erkennen lassen. So können z.B. rassistische Vorfälle kein Indiz für geschlechtsbedingte Benachteiligungen abgeben.

Zum Nachweis einer Diskriminierungsvermutung gehört nicht, dass der Betroffene darlegt, die Benachteiligung sei **ausschließlich** aus einem der in § 1 genannten Gründe erfolgt. Bereits der Nachweis, dass das Verhalten des AGs jedenfalls auch durch einen entsprechenden Grund motiviert wurde, also **Teil eines** „**Motivbündels**" war, ist ausreichend.

3. Gegenbeweis durch den Arbeitgeber. Bei einer vermuteten unmittelbaren Benachteiligung (§ 3 Abs. 1) kann der AG nachweisen, dass die angegriffene Maßnahme in keinerlei Zusammenhang mit einem Diskriminierungsmerkmal des § 1 steht und dass sie aufgrund beruflicher Anforderungen gem. § 8 oder durch einen anderen Grund nach §§ 9, 10 (Religions- oder Altersgründe) gerechtfertigt ist. Auch eine positive Maßnahme i.S.v. § 5 kann eine Rechtfertigung bewirken. Belästigungen und sexuelle Belästigungen nach § 3 Abs. 3, 4 werden regelmäßig nicht zu rechtfertigen sein.[16] Der AG kann sich zur Rechtfertigung einer Diskriminierung auch auf abstrakte Kriterien berufen (z.B. eine mit steigendem Alter einhergehende Minderung der Leistungsfähigkeit zur Rechtfertigung einer Altersgrenze für Flugpiloten). Ein empirischer Nachweis ist daher nicht erforderlich, wenn ein abstraktes Kriterium zur Erreichung des legitimen Ziels geeignet ist.[17]

Nach einer Entscheidung des BVerfG zu § 611a Abs. 1 S. 3 BGB besteht ein verfassungsrechtliches Gebot, wonach der AG eine Auswahlentscheidung nicht mit Anforderungen rechtfertigen dürfe, die „weder in der Ausschreibung noch während des Auswahlverfahrens formuliert" worden sind.[18] Der AG ist zwar nicht verpflichtet, vor jeder Ausübung seines Direktionsrechts alle potenziellen Gründe für dessen Ausübung gegenüber dem oder den Betroffenen offen zu legen. Ein nachträgliches **künstliches „Suchen"** von Gründen, die die Entscheidung überhaupt nicht getragen haben, stellt aber einen **Rechtsmissbrauch** dar. So ist ein **Vortrag** von Differenzierungs- und Rechtfertigungsgründen **nur zulässig, soweit** der AG seine **Entscheidung** tatsächlich **darauf gestützt** hat. Es ist entscheidend, dass tatsächlich keine verbotenen Motive für die Handlung ausschlaggebend waren. Nach der Rspr. des BVerfG müssen bei nachträglich vorgetragenen Gründen aber besondere Umstände dafür **erkennbar** sein, dass diese **nicht nur vorgeschoben** sind.[19]

---

11 LAG Berlin-Brandenburg 26.11.2008 – 15 Sa 517/08 – ArbuR 2009, 134; *Maier*, ArbuR 2009, 136; *Tolmein*, jurisPR-ArbR 15/2009 Anm. 1.

12 So die zweite Kammer des LAG Berlin-Brandenburg 12.2.2009 – 2 Sa 2070/80 – NZA-RR 2009, 357. A.A. auch LAG München 7.8.2008 – 3 Sa 112/07 – juris; LAG Köln 13.6.2006 – 9 Sa 1508/05 – BeckRS 2006, 43992; *Heyn/Meinel*, NZA 2009, 20, 21.

13 Zu diesem Einwand siehe auch *Heyn/Meinel*, NZA 2009, 20, 21

14 Die Verfahren sind beim BAG unter den Az 8 AZR 1012/08 sowie 8 AZR 436/09 anhängig.

15 Dazu ArbG Berlin 13.7.2005 – 86 Ca 24618/04 – NZA-RR 2005, 608.

16 *Grobys*, NZA 2006, 898, 901.

17 LAG Hessen 15.10.2007 – 17 Sa 809/07 – juris.

18 BVerfG 16.11.1993 – 1 BvR 258/86 – NZA 1994, 745.

19 BVerfG 16.11.1993 – 1 BvR 258/86 – NZA 1994, 745, 746.

12 Keine Prozesspartei ist verpflichtet, zum eigenen Nachteil an der Vorbereitung und Durchsetzung einer gegen sie gerichteten Klage mitzuwirken und der anderen Seite entsprechende Informationen zu verschaffen. Daher existiert **keine** ausdrückliche **Pflicht** des **AG**, dem AN auf Anfrage **Auskunft über** mögliche **Differenzierungsgründe** zu erteilen.[20] Auch der EuGH hat einen allg. Auskunftsanspruch bislang nicht gefordert. Ein gesetzlich geregelter Sonderfall eines Unterrichtungsanspruchs über die Ablehnungsgründe bei Bewerbungen von Schwerbehinderten ist § 81 Abs. 1 S. 9 SGB IX.

II. Antidiskriminierungsverbände (§ 23 Abs. 1)

13 In Abs. 1 S. 1 wird der Begriff des **Antidiskriminierungsverbands** definiert. Darunter ist ein Personenzusammenschluss zu verstehen, der **nicht gewerbsmäßig** und **nicht nur vorübergehend** entsprechend seiner Satzung die besonderen Interessen von benachteiligten Personen oder Personengruppen nach Maßgabe von § 1 wahrnimmt.

14 Nach der Gesetzesbegründung können dies etwa **Vereine** sein, die sich um die besonderen Interessen von Migranten kümmern.[21] Es kann sich auch um **Verbände** handeln, die sich spezifisch für die Rechte von Frauen oder Männern, für die besonderen Interessen älterer Menschen, für Menschen mit Behinderungen oder für gleichgeschlechtliche Lebensweisen engagieren.

15 Abs. 1 S. 2 stellt die Anforderungen an den Verband auf, damit diesem die Rechte nach den Abs. 2 bis 4 zustehen. Notwendig ist danach, dass der Verband **mind. 75 Mitglieder** hat oder einen **Zusammenschluss aus mind. sieben Verbänden** bildet. Wegen der großen Heterogenität der in Betracht kommenden Verbände wurde vom Gesetzgeber darauf verzichtet, ein zentrales Anerkennungsverfahren zu regeln, wie dies z.B. im Bereich des Verbraucherschutzes mit dem Listenverfahren nach § 4 UKlaG oder mit dem Anerkennungsverfahren nach § 13 Abs. 3 des Gesetzes zur Gleichstellung behinderter Menschen geschehen ist. Das Vorliegen der Voraussetzungen nach Abs. 1 ist daher von dem Gericht zu prüfen, das über den Rechtsstreit entscheidet, an dem sich der Verband beteiligen möchte.[22]

III. Antidiskriminierungsverbände als Beistände (§ 23 Abs. 2)

16 Nach Abs. 2 S. 1 sind Antidiskriminierungsverbände befugt, im Rahmen ihres Satzungszwecks in gerichtlichen Verfahren, in denen eine Vertretung durch RA nicht gesetzlich vorgeschrieben ist, als Bevollmächtigte und Beistände Benachteiligter in der Verhandlung aufzutreten. Kein Anwaltszwang und somit eine Möglichkeit für den Verband zum Auftreten als Beistand besteht vor dem AG (arg. § 78 Abs. 1 ZPO) und vor dem ArbG (§ 11 Abs. 1 S. 1 ArbGG).

17 Ursprünglich war für die Antidiskriminierungsverbände sogar die Möglichkeit der Prozessvertretung vorgesehen. Diese Möglichkeit wurde innerhalb des Gesetzgebungsverfahrens gestrichen, das ArbGG jedoch zunächst nicht angepasst. Dieser Widerspruch ist inzwischen durch die Streichung des § 11 Abs. 1 S. 6 ArbGG beseitigt.[23] Auch die entsprechende Regelung in § 73 Abs. 6 S. 5 SGG wurde gestrichen.

18 Nach Abs. 2 S. 2 bleiben die Vorschriften der Verfahrensordnungen unberührt. Notwendig ist, dass die jeweilige Verfahrensordnung den Auftritt des Beistands für statthaft erklärt. Derzeit ist in allen Verfahren und Instanzen ohne Anwaltszwang, in denen eine verbotene Benachteiligung geltend gemacht werden kann, der Auftritt von Rechtsbeistand statthaft (§ 90 ZPO, ggf. i.V.m. § 46 ArbGG, § 67 Abs. 2 VwGO, § 73 Abs. 5 SGG).[24]

IV. Besorgung von Rechtsangelegenheiten durch Antidiskriminierungsverbände (§ 23 Abs. 3)

19 Nach Abs. 3 ist Antidiskriminierungsverbänden im Rahmen ihres Satzungszwecks die Besorgung von Rechtsangelegenheiten Benachteiligter gestattet.
Sie sind vom Verbot der außergerichtlichen und gerichtlichen Rechtsberatung (§ 1 RBerG) freigestellt.[25]

V. Klagerechte und Vertretungsbefugnisse aufgrund anderer Regelungen (§ 23 Abs. 4)

20 Abs. 4 stellt klar, dass die besonderen Klagerechte und Vertretungsbefugnisse von Verbänden zugunsten behinderter Menschen unberührt bleiben. Gemeint ist damit v.a. die in § 63 SGB IX geregelte Prozessstandschaft.[26]

C. Verbindung zu anderen Rechtsgebieten

21 Bei der Auslegung der Tatbestandsmerkmale „nicht gewerbsmäßig" und „nicht nur vorübergehend" in § 23 Abs. 1 kann auf § 4 Abs. 2 des Unterlassungsklagengesetzes (UKlaG) zurückgegriffen werden.

---

20 So auch das LAG Hamburg 9.11.1997 – H 3 Sa 102/07 – BeckRS 2008, 54040; *Grobys*, NZA 2006, 898, 903.
21 BT-Drucks 16/1780, S. 48.
22 ErfK/*Schlachter*, § 23 AGG Rn 2.
23 BT-Drucks 16/3007, S. 8.
24 *Bauer/Göpfert/Krieger*, § 23 Rn 13.
25 BT-Drucks 16/1780, S. 48.
26 BT-Drucks 16/1780, S. 48.

D. Beraterhinweise

Der Betroffene hat im Streitfall aufgrund der Beweislasterleichterung nach § 22 nur den Indizienbeweis dafür zu erbringen, dass ein Diskriminierungsmerkmal ursächlich für eine Ungleichbehandlung war. Deshalb sollte der AG bei Stellenausschreibungen darauf achten, dass die Einstellungsvoraussetzungen bereits in der Ausschreibung umfassend enthalten sind. Die Benachteiligungsverbote haben auch Auswirkungen auf das Fragerecht im Bewerbungsgespräch. Wo eine Unterscheidung nicht gerechtfertigt wäre, dürfen die dafür nötigen Informationen nicht erfragt werden. Die Auswahlentscheidung sollte unter Einschluss der maßgeblichen Sachgründe zur Beweissicherung dokumentiert werden.

Die Beweislage in Fällen von Belästigung oder sexueller Belästigung ist trotz der Beweisregelung des § 22 schwierig. Denn für die Tatsache, dass die behauptete Belästigung tatsächlich stattgefunden hat, ist der volle Beweis zu erbringen. In diesen Fällen wird es jedoch oft an Zeugen fehlen. Diese Situation wird in vielen Fällen zu einer Beweisnot des Belästigten führen.[27] Zudem ist bei einer sexuellen Belästigung § 22 entbehrlich, da bereits der Tatbestand der sexuellen Belästigung die Kausalität zwischen dem Merkmal des Geschlechts und der Belästigung beinhaltet.

Welche Bedeutung Antidiskriminierungsverbände in der arbeitsgerichtlichen Praxis haben werden, ist noch nicht abzusehen. Die Abtretbarkeit von Ansprüchen nach dem AGG ist nicht vorgesehen, so dass die Verbände entsprechende Ansprüche Benachteiligter nicht in eigenem Namen geltend machen können. Eine etwaige Abtretbarkeit von Ansprüchen auf Schadensersatz und Entschädigung aus sonstigen Rechtsnormen bleibt jedoch unberührt.

Abschnitt 5: Sonderregelungen für öffentlich-rechtliche Dienstverhältnisse

§ 24 Sonderregelung für öffentlich-rechtliche Dienstverhältnisse

Die Vorschriften dieses Gesetzes gelten unter Berücksichtigung ihrer besonderen Rechtsstellung entsprechend für
1. Beamtinnen und Beamte des Bundes, der Länder, der Gemeinden, der Gemeindeverbände sowie der sonstigen der Aufsicht des Bundes oder eines Landes unterstehenden Körperschaften, Anstalten und Stiftungen des öffentlichen Rechts,
2. Richterinnen und Richter des Bundes und der Länder,
3. Zivildienstleistende sowie anerkannte Kriegsdienstverweigerer, soweit ihre Heranziehung zum Zivildienst betroffen ist.

Abschnitt 6: Antidiskriminierungsstelle

§ 25 Antidiskriminierungsstelle des Bundes

(1) Beim Bundesministerium für Familie, Senioren, Frauen und Jugend wird unbeschadet der Zuständigkeit der Beauftragten des Deutschen Bundestages oder der Bundesregierung die Stelle des Bundes zum Schutz vor Benachteiligungen wegen eines in § 1 genannten Grundes (Antidiskriminierungsstelle des Bundes) errichtet.

(2) [1]Der Antidiskriminierungsstelle des Bundes ist die für die Erfüllung ihrer Aufgaben notwendige Personal- und Sachausstattung zur Verfügung zu stellen. [2]Sie ist im Einzelplan des Bundesministeriums für Familie, Senioren, Frauen und Jugend in einem eigenen Kapitel auszuweisen.

§ 26 Rechtsstellung der Leitung der Antidiskriminierungsstelle des Bundes

(1) [1]Die Bundesministerin oder der Bundesminister für Familie, Senioren, Frauen und Jugend ernennt auf Vorschlag der Bundesregierung eine Person zur Leitung der Antidiskriminierungsstelle des Bundes. [2]Sie steht nach Maßgabe dieses Gesetzes in einem öffentlichrechtlichen Amtsverhältnis zum Bund. [3]Sie ist in Ausübung ihres Amtes unabhängig und nur dem Gesetz unterworfen.

---

27 *Schleusener/Suckow/Voigt*, § 22 Rn 23.

(2) Das Amtsverhältnis beginnt mit der Aushändigung der Urkunde über die Ernennung durch die Bundesministerin oder den Bundesminister für Familie, Senioren, Frauen und Jugend.
(3) Das Amtsverhältnis endet außer durch Tod
1. mit dem Zusammentreten eines neuen Bundestages,
2. durch Ablauf der Amtszeit mit Erreichen der Altersgrenze nach § 51 Abs. 1 und 2 des Bundesbeamtengesetzes,
3. mit der Entlassung.

²Die Bundesministerin oder der Bundesminister für Familie, Senioren, Frauen und Jugend entlässt die Leiterin oder den Leiter der Antidiskriminierungsstelle des Bundes auf deren Verlangen oder wenn Gründe vorliegen, die bei einer Richterin oder einem Richter auf Lebenszeit die Entlassung aus dem Dienst rechtfertigen. ³Im Falle der Beendigung des Amtsverhältnisses erhält die Leiterin oder der Leiter der Antidiskriminierungsstelle des Bundes eine von der Bundesministerin oder dem Bundesminister für Familie, Senioren, Frauen und Jugend vollzogene Urkunde. ⁴Die Entlassung wird mit der Aushändigung der Urkunde wirksam.

(4) ¹Das Rechtsverhältnis der Leitung der Antidiskriminierungsstelle des Bundes gegenüber dem Bund wird durch Vertrag mit dem Bundesministerium für Familie, Senioren, Frauen und Jugend geregelt. ²Der Vertrag bedarf der Zustimmung der Bundesregierung.

(5) ¹Wird eine Bundesbeamtin oder ein Bundesbeamter zur Leitung der Antidiskriminierungsstelle des Bundes bestellt, scheidet er oder sie mit Beginn des Amtsverhältnisses aus dem bisherigen Amt aus. ²Für die Dauer des Amtsverhältnisses ruhen die aus dem Beamtenverhältnis begründeten Rechte und Pflichten mit Ausnahme der Pflicht zur Amtsverschwiegenheit und des Verbots der Annahme von Belohnungen oder Geschenken. ³Bei unfallverletzten Beamtinnen oder Beamten bleiben die gesetzlichen Ansprüche auf das Heilverfahren und einen Unfallausgleich unberührt.

§ 27 Aufgaben

(1) Wer der Ansicht ist, wegen eines in § 1 genannten Grundes benachteiligt worden zu sein, kann sich an die Antidiskriminierungsstelle des Bundes wenden.

(2) ¹Die Antidiskriminierungsstelle des Bundes unterstützt auf unabhängige Weise Personen, die sich nach Absatz 1 an sie wenden, bei der Durchsetzung ihrer Rechte zum Schutz vor Benachteiligungen. ²Hierbei kann sie insbesondere
1. über Ansprüche und die Möglichkeiten des rechtlichen Vorgehens im Rahmen gesetzlicher Regelungen zum Schutz vor Benachteiligungen informieren,
2. Beratung durch andere Stellen vermitteln,
3. eine gütliche Beilegung zwischen den Beteiligten anstreben.

Soweit Beauftragte des Deutschen Bundestages oder der Bundesregierung zuständig sind, leitet die Antidiskriminierungsstelle des Bundes die Anliegen der in Absatz 1 genannten Personen mit deren Einverständnis unverzüglich an diese weiter.

(3) Die Antidiskriminierungsstelle des Bundes nimmt auf unabhängige Weise folgende Aufgaben wahr, soweit nicht die Zuständigkeit der Beauftragten der Bundesregierung oder des Deutschen Bundestages berührt ist:
1. Öffentlichkeitsarbeit,
2. Maßnahmen zur Verhinderung von Benachteiligungen aus den in § 1 genannten Gründen,
3. Durchführung wissenschaftlicher Untersuchungen zu diesen Benachteiligungen.

(4) ¹Die Antidiskriminierungsstelle des Bundes und die in ihrem Zuständigkeitsbereich betroffenen Beauftragten der Bundesregierung und des Deutschen Bundestages legen gemeinsam dem Deutschen Bundestag alle vier Jahre Berichte über Benachteiligungen aus den in § 1 genannten Gründen vor und geben Empfehlungen zur Beseitigung und Vermeidung dieser Benachteiligungen. ²Sie können gemeinsam wissenschaftliche Untersuchungen zu Benachteiligungen durchführen.

(5) Die Antidiskriminierungsstelle des Bundes und die in ihrem Zuständigkeitsbereich betroffenen Beauftragten der Bundesregierung und des Deutschen Bundestages sollen bei Benachteiligungen aus mehreren der in § 1 genannten Gründe zusammenarbeiten.

§ 28 Befugnisse

(1) Die Antidiskriminierungsstelle des Bundes kann in Fällen des § 27 Abs. 2 Satz 2 Nr. 3 Beteiligte um Stellungnahmen ersuchen, soweit die Person, die sich nach § 27 Abs. 1 an sie gewandt hat, hierzu ihr Einverständnis erklärt.

(2) [1]Alle Bundesbehörden und sonstigen öffentlichen Stellen im Bereich des Bundes sind verpflichtet, die Antidiskriminierungsstelle des Bundes bei der Erfüllung ihrer Aufgaben zu unterstützen, insbesondere die erforderlichen Auskünfte zu erteilen. [2]Die Bestimmungen zum Schutz personenbezogener Daten bleiben unberührt.

§ 29 Zusammenarbeit mit Nichtregierungsorganisationen und anderen Einrichtungen

Die Antidiskriminierungsstelle des Bundes soll bei ihrer Tätigkeit Nichtregierungsorganisationen sowie Einrichtungen, die auf europäischer, Bundes-, Landes- oder regionaler Ebene zum Schutz vor Benachteiligungen wegen eines in § 1 genannten Grundes tätig sind, in geeigneter Form einbeziehen.

§ 30 Beirat

(1) [1]Zur Förderung des Dialogs mit gesellschaftlichen Gruppen und Organisationen, die sich den Schutz vor Benachteiligungen wegen eines in § 1 genannten Grundes zum Ziel gesetzt haben, wird der Antidiskriminierungsstelle des Bundes ein Beirat beigeordnet. [2]Der Beirat berät die Antidiskriminierungsstelle des Bundes bei der Vorlage von Berichten und Empfehlungen an den Deutschen Bundestag nach § 27 Abs. 4 und kann hierzu sowie zu wissenschaftlichen Untersuchungen nach § 27 Abs. 3 Nr. 3 eigene Vorschläge unterbreiten.

(2) [1]Das Bundesministerium für Familie, Senioren, Frauen und Jugend beruft im Einvernehmen mit der Leitung der Antidiskriminierungsstelle des Bundes sowie den entsprechend zuständigen Beauftragten der Bundesregierung oder des Deutschen Bundestages die Mitglieder dieses Beirats und für jedes Mitglied eine Stellvertretung. [2]In den Beirat sollen Vertreterinnen und Vertreter gesellschaftlicher Gruppen und Organisationen sowie Expertinnen und Experten in Benachteiligungsfragen berufen werden. [3]Die Gesamtzahl der Mitglieder des Beirats soll 16 Personen nicht überschreiten. [4]Der Beirat soll zu gleichen Teilen mit Frauen und Männern besetzt sein.

(3) Der Beirat gibt sich eine Geschäftsordnung, die der Zustimmung des Bundesministeriums für Familie, Senioren, Frauen und Jugend bedarf.

(4) [1]Die Mitglieder des Beirats üben die Tätigkeit nach diesem Gesetz ehrenamtlich aus. [2]Sie haben Anspruch auf Aufwandsentschädigung sowie Reisekostenvergütung, Tagegelder und Übernachtungsgelder. [3]Näheres regelt die Geschäftsordnung.

A. Allgemeines 1	IX. Unterstützung durch Antidiskriminierungsstelle (§ 27 Abs. 2) 11
B. Regelungsgehalt 2	X. Weitere Aufgaben der Antidiskriminierungsstelle (§ 27 Abs. 3) 13
I. Antidiskriminierungsstelle (§ 25 Abs. 1) 2	
II. Ausstattung der Antidiskriminierungsstelle (§ 25 Abs. 2) 3	XI. Berichtspflicht (§ 27 Abs. 4) 14
III. Leitung der Antidiskriminierungsstelle (§ 26 Abs. 1) 4	XII. Zusammenarbeit mit Beauftragten von Bundesregierung und Bundestag (§ 27 Abs. 5) 15
IV. Beginn des Amtsverhältnisses (§ 26 Abs. 2) 5	XIII. Befugnisse der Antidiskriminierungsstelle (§ 28) 16
V. Beendigung des Amtsverhältnisses (§ 26 Abs. 3) . 6	XIV. Zusammenarbeit mit weiteren Organisationen und Einrichtungen (§ 29) 18
VI. Ausgestaltung des Amtsverhältnisses (§ 26 Abs. 4) 8	
VII. Auswirkung der Bestellung auf bisheriges Amt (§ 26 Abs. 5) 9	XV. Beirat (§ 30 Abs. 1) 19
	XVI. Bestellung der Mitglieder des Beirates (§ 30 Abs. 2) 20
VIII. Anrufung der Antidiskriminierungsstelle (§ 27 Abs. 1) 10	XVII. Geschäftsordnung des Beirates (§ 30 Abs. 3 und 4) 21

A. Allgemeines

Die §§ 25 bis 30 regeln die Errichtung, Organisation, Rechtsstellung, Aufgaben und Befugnisse der sog. **Antidiskriminierungsstelle des Bundes**. Die Zuständigkeit der Bundesbehörde umfasst den Geltungsbereich der vier EU-Antidiskriminierungs-RL 2000/43/EG, 2000/78/EG, 2006/54/EG und 2004/113/EG und erstreckt sich auf die Diskriminierungsmerkmale Rasse oder ethnische Herkunft, Geschlecht, Religion oder Weltanschauung, Behinderung, Alter und sexuelle Identität.[1]

B. Regelungsgehalt

I. Antidiskriminierungsstelle (§ 25 Abs. 1)

2 Nach Abs. 1 wird eine **Antidiskriminierungsstelle des Bundes** beim Bundesministerium für Familie, Senioren, Frauen und Jugend errichtet. Sie dient dem **Schutz vor Benachteiligungen.** Im Mittelpunkt der Beratung stehen nach den Gesetzesmaterialien die Aufklärung von Betroffenen über ihre neuen Rechte und die Unterstützung bei der Verfolgung dieser Rechte.[2]

II. Ausstattung der Antidiskriminierungsstelle (§ 25 Abs. 2)

3 Die Antidiskriminierungsstelle des Bundes erhält nach Abs. 2 die für die Erfüllung ihrer Aufgaben notwendige **Personal- und Sachausstattung.** Das eigene Budget trägt zur Unabhängigkeit der Stelle bei.

III. Leitung der Antidiskriminierungsstelle (§ 26 Abs. 1)

4 Nach Abs. 1 S. 1 wird eine Person zur **Leitung** der Antidiskriminierungsstelle des Bundes durch die Bundesministerin oder den Bundesminister für Familie, Senioren, Frauen und Jugend auf Vorschlag der Bundesregierung ernannt. Diese Person steht in einem öffentlich-rechtlichen Amtsverhältnis zum Bund und ist in Ausübung ihres Amtes **unabhängig** und nur dem Gesetz unterworfen. Durch diese Unabhängigkeit soll nach der Gesetzesbegründung eine hohe Akzeptanz der Antidiskriminierungsstelle des Bundes bei den von einer Diskriminierung Betroffenen ermöglicht werden.[3]

IV. Beginn des Amtsverhältnisses (§ 26 Abs. 2)

5 Abs. 2 legt als **Beginn** des Amtsverhältnisses des Leiters der Antidiskriminierungsstelle den Zeitpunkt der Aushändigung der Ernennungsurkunde durch den Bundesminister für Familie, Senioren, Frauen und Jugend fest.

V. Beendigung des Amtsverhältnisses (§ 26 Abs. 3)

6 Abs. 3 benennt die Fälle der **Beendigung** des Amtsverhältnisses:
- Tod,
- Zusammentreten eines neuen Bundestages,
- Erreichen der Altersgrenze nach § 41 Abs. 1 BBG,
- Entlassung.

7 Eine Entlassung erfolgt nach S. 2 auf Verlangen oder in den Fällen, die bei einer Richterin oder einem Richter auf Lebenszeit eine Entlassung rechtfertigen.[4]

Der Leiter der Antidiskriminierungsstelle des Bundes erhält nach S. 3 und 4 im Falle der Beendigung des Amtsverhältnisses eine vom Bundesminister für Familie, Senioren, Frauen und Jugend vollzogene Urkunde, mit deren Aushändigung die Entlassung wirksam wird.

VI. Ausgestaltung des Amtsverhältnisses (§ 26 Abs. 4)

8 Nach Abs. 4 wird das Rechtsverhältnis der Leitung der Antidiskriminierungsstelle des Bundes gegenüber dem Bund durch **Vertrag** mit dem Bundesministerium für Familie, Senioren, Frauen und Jugend geregelt, der der Zustimmung der Bundesregierung bedarf.

Inhalt des Vertrags werden neben Regelungen zur Bezahlung und Versorgung nach den Gesetzesmaterialien insb. solche betreffend Nebentätigkeiten, Annahme von Belohnungen und Geschenken, Amtsverschwiegenheit, Aussagegenehmigung, Vertretungsfragen und Fragen der Dienst- und Rechtsaufsicht sein.[5]

VII. Auswirkung der Bestellung auf bisheriges Amt (§ 26 Abs. 5)

9 Im Fall der Bestellung eines Bundesbeamten zum Leiter der Antidiskriminierungsstelle des Bundes scheidet dieser nach Abs. 5 S. 1 mit Beginn des Amtsverhältnisses aus dem bisherigen Amt aus.

Gem. Abs. 5 S. 2 ruhen für die Dauer des Amtsverhältnisses die aus dem Beamtenverhältnis begründeten Rechte und Pflichten mit Ausnahme der Pflicht zur Amtsverschwiegenheit und des Verbots der Annahme von Belohnungen oder Geschenken.

---

1 BT-Drucks 16/1780, S. 49.
2 BT-Drucks 16/1780, S. 49.
3 BT-Drucks 16/1780, S. 49.
4 BT-Drucks 16/1780, S. 50.
5 BT-Drucks 16/1780, S. 50.

VIII. Anrufung der Antidiskriminierungsstelle (§ 27 Abs. 1)

Fühlt sich jemand wegen eines in § 1 genannten Grundes benachteiligt, kann er sich gem. § 27 Abs. 1 an die Antidiskriminierungsstelle des Bundes wenden. Die Anrufung kann nach der Gesetzesbegründung **formlos** erfolgen und ist an **keine Frist** gebunden.[6] Auch muss nicht nachgewiesen werden, dass tatsächlich eine Benachteiligung vorliegt; bereits das subjektive Empfinden genügt. Diese geringen Voraussetzungen hat der Gesetzgeber gewählt, um es Betroffenen so einfach wie möglich zu machen, die Unterstützung der Antidiskriminierungsstelle in Anspruch zu nehmen.[7]

10

IX. Unterstützung durch Antidiskriminierungsstelle (§ 27 Abs. 2)

Abs. 2 legt die **Aufgaben** der Antidiskriminierungsstelle gegenüber Personen fest, die sich an sie wenden. Die Antidiskriminierungsstelle kann insb.
– über Ansprüche und die Möglichkeiten des rechtlichen Vorgehens im Rahmen gesetzlicher Regelungen zum Schutz vor Benachteiligungen informieren,
– Beratung durch andere Stellen vermitteln,
– eine gütliche Beilegung zwischen den Beteiligten anstreben.

11

Die Antidiskriminierungsstelle ist zwar unabhängig, wird gleichzeitig jedoch nur für die Person tätig, die sich wegen eines in § 1 genannten Grundes benachteiligt fühlt.[8] Kommt es zu keiner Einigung zwischen den Beteiligten, kann die Antidiskriminierungsstelle nicht als Schiedsrichter auftreten.[9] Nach S. 3 besteht jedoch die Möglichkeit, das Anliegen mit Einverständnis des Betroffenen an die zuständige Beauftragte des Deutschen Bundestages oder der Bundesregierung weiterzuleiten. Das können der Beauftragte der Bundesregierung für Migration, Flüchtlinge und Integration oder für Aussiedlerfragen und nationale Minderheiten oder für die Belange behinderter Menschen sein.[10]

12

X. Weitere Aufgaben der Antidiskriminierungsstelle (§ 27 Abs. 3)

In Abs. 3 sind die Aufgaben aufgeführt, die die Antidiskriminierungsstelle gegenüber der Allgemeinheit wahrnimmt. Dazu gehört, dass (besonders in der Anfangsphase) eine aktive Öffentlichkeitsarbeit betrieben wird. Die Angebote und Tätigkeiten sollen der Öffentlichkeit bekannt gemacht werden. Fortdauernd müssen von einer Benachteiligung Betroffene über ihre Rechte und deren Geltendmachung informiert werden. Maßnahmen zur Prävention von Benachteiligungen sind zu ergreifen. Außerdem ist die Durchführung wissenschaftlicher Untersuchungen zu Benachteiligungen vorgesehen. Diese Untersuchungen muss die Antidiskriminierungsstelle jedoch nicht notwendig selbst durchführen, sondern kann sie bei einer wissenschaftlichen Einrichtung in Auftrag geben.

13

XI. Berichtspflicht (§ 27 Abs. 4)

Abs. 4 normiert eine **Berichtspflicht** der Antidiskriminierungsstelle und der in ihrem Zuständigkeitsbereich betroffenen Beauftragten der Bundesregierung und des Bundestages gegenüber dem Bundestag. Die Berichte über Benachteiligungen müssen **alle vier Jahre** von den Stellen **gemeinsam** vorgelegt werden und Empfehlungen zur Beseitigung und Vermeidung von Benachteiligungen enthalten. Die zum Bericht verpflichteten Stellen können nach S. 2 gemeinsame wissenschaftliche Untersuchungen durchführen. Die Ergebnisse verschiedener Untersuchungen über Benachteiligungen sollen zusammengeführt werden. Die Gesetzesbegründung nennt beispielhaft den Bericht der Beauftragten der Bundesregierung für Migration, Flüchtlinge und Integration nach § 94 Abs. 2 des Aufenthaltsgesetzes.[11] Dieser ist in den Bericht nach Abs. 4 einzubeziehen, soweit er Aussagen zu den wegen ihrer Rasse oder ethnischen Herkunft benachteiligten Ausländern enthält.

14

XII. Zusammenarbeit mit Beauftragten von Bundesregierung und Bundestag (§ 27 Abs. 5)

Nach Abs. 5 sollen die Antidiskriminierungsstelle und die in ihrem Zuständigkeitsbereich betroffenen Beauftragten der Bundesregierung und des Deutschen Bundestages in solchen Fällen zusammenarbeiten, in denen Benachteiligungen aus mehreren der in § 1 genannten Gründe begangen wurden.

15

XIII. Befugnisse der Antidiskriminierungsstelle (§ 28)

Abs. 1 räumt der Antidiskriminierungsstelle die Möglichkeit ein, in Fällen angestrebter gütlicher Einigung nach § 27 Abs. 2 S. 2 Nr. 3 die Beteiligten um Stellungnahme zu bitten. Voraussetzung für das Ersuchen ist, dass derjenige zustimmt, der sich wegen einer Benachteiligung an die Stelle gewandt hat. Eine Verpflichtung zur Stellungnahme besteht jedoch nicht.

16

Abs. 2 S. 1 legt die Pflicht aller Bundesbehörden und sonstigen öffentlichen Stellen fest, die Antidiskriminierungsstelle bei der Erfüllung ihrer Aufgaben zu unterstützen. Insb. sollen notwendige Auskünfte erteilt werden. S. 2 stellt klar, dass die Bestimmungen zum Schutz personenbezogener Daten unberührt bleiben.

17

---

6 BT-Drucks 16/1780, S. 50.
7 BT-Drucks 16/1780, S. 50.
8 Kritisch dazu *Philipp*, NVwZ 2006, 1235.
9 *Bauer/Göpfert/Krieger*, §§ 25–30 Rn 13.
10 BT-Drucks 16/1780, S. 51.
11 BT-Drucks 16/1780, S. 51.

XIV. Zusammenarbeit mit weiteren Organisationen und Einrichtungen (§ 29)

18 Nach § 29 soll die Antidiskriminierungsstelle bei ihrer Tätigkeit Nichtregierungsorganisationen sowie Einrichtungen, die auf europäischer, Bundes-, Landes- oder regionaler Ebene zum Schutz vor Benachteiligungen tätig sind, in geeigneter Form einbeziehen. Die Vorschrift eröffnet die Möglichkeit zur Kooperation und Vernetzung. Zweck ist der Erfahrungs- und Kenntnisaustausch, um Diskriminierungen wirksam bekämpfen zu können. Auch bei der Einzelfallbearbeitung bietet sich die Zusammenarbeit an. Ein Anspruch der Nichtregierungsorganisationen auf Einbeziehung durch die Antidiskriminierungsstelle besteht jedoch nicht.[12]

XV. Beirat (§ 30 Abs. 1)

19 Nach Abs. 1 wird der Antidiskriminierungsstelle ein Beirat beigeordnet. Damit soll der Dialog mit Gruppen und Organisationen gefördert werden, die als Ziel den Schutz von Personen vor Benachteiligungen verfolgen. Der Beirat übernimmt eine Beraterfunktion bei der Vorlage von Berichten und Empfehlungen nach § 27 Abs. 4. Hierzu sowie zu wissenschaftlichen Untersuchungen nach § 27 Abs. 3 Nr. 3 besteht ein eigenes Vorschlagsrecht des Gremiums.

XVI. Bestellung der Mitglieder des Beirates (§ 30 Abs. 2)

20 Abs. 2 regelt die Besetzung und Berufung des Beirats. Für die Berufung ist das Bundesministerium für Familie, Senioren, Frauen und Jugend im Einvernehmen mit dem Leiter der Antidiskriminierungsstelle und den Beauftragten der Bundesregierung und des Bundestages zuständig, das höchstens 16 Personen in den Beirat berufen kann. Nach der Gesetzesbegründung soll die Besetzung des Beirats nach den Vorgaben des Bundesgremienbildungsgesetzes erfolgen.[13] Zu Mitgliedern des Beirats sollen Vertreter gesellschaftlicher Gruppen und Organisationen sowie Experten in Benachteiligungsfragen berufen werden. Männer und Frauen müssen zu gleichen Teilen vertreten sein.

XVII. Geschäftsordnung des Beirates (§ 30 Abs. 3 und 4)

21 Abs. 3 sieht vor, dass der Beirat sich eine Geschäftsordnung gibt, die der Zustimmung des Bundesministeriums für Familie, Senioren, Frauen und Jugend bedarf. Nach Abs. 4 wird die Tätigkeit im Beirat ehrenamtlich ausgeübt, so dass den Mitgliedern keine Vergütung gezahlt wird. Es besteht aber ein Anspruch auf Aufwandsentschädigung, Reisekostenvergütung, Tagegelder und Übernachtungsgelder. Näheres regelt die Geschäftsordnung.

Abschnitt 7: Schlussvorschriften

§ 31 Unabdingbarkeit

Von den Vorschriften dieses Gesetzes kann nicht zu Ungunsten der geschützten Personen abgewichen werden.

§ 32 Schlussbestimmung

Soweit in diesem Gesetz nicht Abweichendes bestimmt ist, gelten die allgemeinen Bestimmungen.

§ 33 Übergangsbestimmungen

(1) Bei Benachteiligungen nach den §§ 611a, 611b und 612 Abs. 3 des Bürgerlichen Gesetzbuchs oder sexuellen Belästigungen nach dem Beschäftigtenschutzgesetz ist das vor dem 18. August 2006 maßgebliche Recht anzuwenden.

(2) [1]Bei Benachteiligungen aus Gründen der Rasse oder wegen der ethnischen Herkunft sind die §§ 19 bis 21 nicht auf Schuldverhältnisse anzuwenden, die vor dem 18. August 2006 begründet worden sind. [2]Satz 1 gilt nicht für spätere Änderungen von Dauerschuldverhältnissen.

(3) [1]Bei Benachteiligungen wegen des Geschlechts, der Religion, einer Behinderung, des Alters oder der sexuellen Identität sind die §§ 19 bis 21 nicht auf Schuldverhältnisse anzuwenden, die vor dem 1. Dezember 2006 begründet worden sind. [2]Satz 1 gilt nicht für spätere Änderungen von Dauerschuldverhältnissen.

---

[12] *Bauer/Göpfert/Krieger*, §§ 25–30 Rn 21.   [13] BT-Drucks 16/1780, S. 52.

(4) ¹Auf Schuldverhältnisse, die eine privatrechtliche Versicherung zum Gegenstand haben, ist § 19 Abs. 1 nicht anzuwenden, wenn diese vor dem 22. Dezember 2007 begründet worden sind. ²Satz 1 gilt nicht für spätere Änderungen solcher Schuldverhältnisse.

A. Allgemeines	1	III. Übergangsbestimmungen (§ 33)	6
B. Regelungsgehalt	2	C. Verbindung zu anderen Rechtsgebieten	10
I. Unabdingbarkeit (§ 31)	2	D. Beraterhinweise	11
II. Schlussbestimmung (§ 32)	5		

A. Allgemeines

In den Schlussvorschriften sind im Sinne einer Klarstellung das Verhältnis zu anderen Gesetzen (§ 32) sowie die Anwendbarkeit der bei Inkrafttreten des AGG aufgehobenen Antidiskriminierungsvorschriften auf alte Benachteiligungen (§ 33) geregelt. Übergangsvorschriften oder Vertrauensschutzregelungen sind für den arbeitsrechtlichen Teil nicht vorgesehen. Die zwingende Geltung des AGG zugunsten der geschützten Personen wird angeordnet (§ 31).

B. Regelungsgehalt

I. Unabdingbarkeit (§ 31)

Nach § 31 kann von den Vorschriften des AGG nicht zuungunsten der geschützten Personen abgewichen werden. § 31 bezieht sich auf sämtliche Vorschriften des AGG, nicht jedoch auf Vorschriften außerhalb des AGG, auch nicht auf solche, die ebenfalls dem Schutz vor Diskriminierung dienen.

Unzulässig ist nur ein Abweichen zuungunsten, nicht aber zugunsten der geschützten Personen. Welcher Personenkreis im Bereich des Arbeitsrechts durch das AGG geschützt ist, ergibt sich aus § 6.

Bei grenzüberschreitendem Einsatz von Beschäftigten stellt sich die Frage, ob durch die Wahl ausländischen Rechts die Anwendung des AGG ausgeschlossen werden kann. Dies ist zu bejahen, da das AGG nicht als Eingriffsrecht i.S.v. Art. 34 EGBGB zu qualifizieren ist.¹

§ 31 erwähnt nicht, wodurch nicht vom AGG abgewichen werden darf. Die Gesetzesbegründung erwähnt beispielhaft den Arbeitsvertrag und kollektive Vereinbarungen.² Ein Beschäftigter kann somit nicht in seinem Arbeits- oder Dienstvertrag im Voraus auf Rechte aus dem AGG verzichten.³ Aber auch alle anderen Arten von Vereinbarungen, die Auswirkungen auf den gem. § 6 geschützten Personenkreis haben können, sind erfasst. Praktisch bedeutsam ist die Abweichung vom AGG in den Regelungen einer Aufhebungs- oder Abwicklungsvereinbarung. Hier ist zu fragen, ob nachträglich auf bereits entstandene Rechte aus dem AGG, insb. auf Entschädigung und Schadensersatz verzichtet werden kann. Richtigerweise ist dies zu bejahen.⁴ Dafür spricht § 27 Abs. 2 S. 2 Nr. 3.⁵ Danach ist es u.a. Aufgabe der Antidiskriminierungsstelle, eine gütliche Beilegung zwischen den Beteiligten anzustreben, wenn Beschäftigte Unterstützung bei der Durchsetzung ihrer Rechte suchen. Eine Variante der gütlichen Einigung ist der Verzicht auf tatsächlich bestehende oder umstr. Ansprüche.

Eine Öffnungsklausel für eine Abweichung zuungunsten der geschützten Personen enthält § 15 Abs. 4 S. 1 Hs. 2. Danach können die Fristen zur Geltendmachung von Ansprüchen auf Entschädigung und Schadensersatz durch TV verändert und somit auch verkürzt werden.

Rechtsfolge einer unzulässigen Abweichung ist die Nichtigkeit der Regelung gem. § 134 BGB. Es verbleibt dann unverändert bei der Anwendbarkeit der Vorschriften des AGG.

II. Schlussbestimmung (§ 32)

Die Schlussbestimmung soll deutlich machen, dass die allg. für das jeweilige Beschäftigungsverhältnis geltenden Gesetze unberührt bleiben.⁶ Die Gesetzesbegründung nennt beispielhaft das BGB, das KSchG, die GewO, das HGB, das BetrVG und die Personalvertretungsgesetze.⁷ Weitere Regelungen des AGG, die das Verhältnis zu anderen Gesetzen ansprechen, sind §§ 2 Abs. 2 bis 4 (siehe § 2 Rn 12 ff.), 13 Abs. 2, 14 S. 2, 15 Abs. 5 und im zivilrechtlichen Teil § 21 Abs. 3.

III. Übergangsbestimmungen (§ 33)

Abs. 1 enthält eine Übergangsbestimmung für Beschäftigungsverhältnisse. Abs. 2 bis 4 beziehen sich auf den zivilrechtlichen Teil des AGG (§§ 19 bis 21).

---

1 *Schrader/Straube*, NZA 2007, 184.
2 BT-Drucks 16/1780, S. 53.
3 *Bauer/Göpfert/Krieger*, § 31 Rn 12.
4 Vgl. *Bauer/Göpfert/Krieger*, § 31 Rn 13 ff.
5 *Bauer/Göpfert/Krieger*, § 31 Rn 15.
6 BT-Drucks 16/1780, S. 53.
7 BT-Drucks 16/1780, S. 53.

7 Das AGG ist in seinem arbeitsrechtlichen Teil ohne Übergangsfrist am 18.8.2006 in Kraft getreten (vgl. Art. 3 Abs. 14, Abs. 10 Nr. 2, Art. 4 des Gesetzes zur Umsetzung europäischer RL zur Verwirklichung des Grundsatzes der Gleichbehandlung).[8] Abs. 1 stellt klar, dass auf Benachteiligungen nach den bei Inkrafttreten des AGG außer Kraft getretenen §§ 611a, 611b, 612a Abs. 3 BGB (und auch § 81 Abs. 2 SGB IX a.F.)[9] sowie nach dem Besch-SchutzG die alte Rechtslage weiterhin Anwendung findet. Für alle seit dem 18.8.2006 entstandenen Benachteiligungen gilt indes das AGG.

Abzustellen ist auf den Zeitpunkt der benachteiligenden Handlung. Bei der Absage eines Bewerbers ist dies der Entschluss zur Absage.[10] Der Zugang der Absage ist nicht die Benachteiligung, sondern die Bekanntgabe der bereits erfolgten Benachteiligung.[11]

8 Bei Sachverhalten, die vor dem 18.8.2006 begonnen und über den 17.8.2006 hinaus angedauert haben, ist zu differenzieren. Bei Dauerverstößen (z.B. Belästigung) gilt ab dem 18.8.2006 das AGG, selbst wenn die Maßnahme unter der alten Rechtslage zulässig war. Dies ist Folge des Fehlens einer Übergangsfrist. Bei Benachteiligungen, die sich aus Vereinbarungen ergeben, die vor Inkrafttreten des AGG geschlossen wurden, nach dem 17.8.2006 aber erst zur Anwendung gelangen (z.B. diskriminierende BV), gilt ebenfalls das AGG. Auch dies ist Folge des Fehlens einer Übergangsfrist oder einer Vertrauensschutzregelung. Für zivilrechtliche Sachverhalte ist hingegen eine solche Vertrauensschutzregelung in Abs. 2 bis 4 enthalten.

9 Wenn eine Benachteiligung erst nach dem 17.8.2006 eintritt, stellt sich stets die Frage, ob der Beschäftigte zur Erfüllung der ihm gem. § 22 obliegenden Beweislast sich auf Indizien stützen kann, die vor Inkrafttreten des AGG entstanden sind. Z.T. wird dies verneint, wenn die indizierende Handlung nach damaligem Recht zulässig war.[12] Richtigerweise kann es darauf nicht ankommen, da ein Indiz sich nicht nur aus einer unzulässigen Handlung ergeben kann. Die Äußerung eines AG, die Abteilung, in der eine Stelle zu besetzen ist, sei überaltert, indiziert, dass die Absage eines älteren Bewerbers wegen des Alters erfolgt. Die Aussage ist indes nicht unzulässig, sondern möglicherweise die Absage. Es können daher sämtliche Indizien, die vor dem 18.8.2006 entstanden sind, herangezogen werden. Allerdings können Verhaltensweisen, die unter der Geltung des AGG und des seit Inkrafttreten geschärften Problembewusstseins erfolgen, eine stärkere Indizwirkung entfalten.

C. Verbindung zu anderen Rechtsgebieten

10 § 32 ordnet ausdrücklich die Geltung der allg. Bestimmungen an, soweit das AGG nicht Abweichendes bestimmt.

D. Beraterhinweise

11 Bei Erledigungsklauseln, mit denen auch Ansprüche nach dem AGG, insb. auf Schadensersatz und Entschädigung erledigt werden sollen, ist Vorsicht geboten. Es ist unklar, ob § 31 einem nachträglichen Verzicht auf Ansprüche aus dem AGG entgegensteht. Vorzugswürdig sind ein Tatsachenvergleich, wenn der Sachverhalt in Frage steht, oder eine Abgeltungsklausel, wonach z.B. eine Abfindungszahlung die Abgeltung von Ansprüchen nach dem AGG beinhaltet.[13]

Da das AGG in seinem arbeitsrechtlichen Teil weder eine Übergangsfrist noch eine Vertrauensschutzregelung enthält, sollten auch Arbeitsverträge und Kollektivvereinbarungen, die bei Inkrafttreten des AGG bereits abgeschlossen waren, einer Prüfung nach den Anforderungen des AGG unterzogen und ggf. geändert werden.

---

8 BGBl I 2006 S. 1897.
9 Vgl. BT-Drucks 16/1780, S. 53; *Bauer/Göpfert/Krieger*, § 33 Rn 7.
10 BAG 14.8.2007 – 9 AZR 943/06 – NZA 2008, 99; *Schleusener/Suckow/Voigt*, § 33 Rn 3.
11 Vgl. *Bauer/Göpfert/Krieger*, § 33 Rn 8.
12 *Bauer/Göpfert/Krieger*, § 33 Rn 11.
13 Vgl. *Bauer/Göpfert/Krieger*, § 31 Rn 17 f.

Aktiengesetz

Vom 6.9.1965, BGBl I S. 1089, BGBl III 4121-1

Zuletzt geändert durch Gesetz zur Angemessenheit der Vorstandsvergütung (VorstAG) vom 31.7.2009, BGBl I S. 2509

– Auszug –

§ 84 Bestellung und Abberufung des Vorstands

(1) [1]Vorstandsmitglieder bestellt der Aufsichtsrat auf höchstens fünf Jahre. [2]Eine wiederholte Bestellung oder Verlängerung der Amtszeit, jeweils für höchstens fünf Jahre, ist zulässig. [3]Sie bedarf eines erneuten Aufsichtsratsbeschlusses, der frühestens ein Jahr vor Ablauf der bisherigen Amtszeit gefaßt werden kann. [4]Nur bei einer Bestellung auf weniger als fünf Jahre kann eine Verlängerung der Amtszeit ohne neuen Aufsichtsratsbeschluß vorgesehen werden, sofern dadurch die gesamte Amtszeit nicht mehr als fünf Jahre beträgt. [5]Dies gilt sinngemäß für den Anstellungsvertrag; er kann jedoch vorsehen, daß er für den Fall einer Verlängerung der Amtszeit bis zu deren Ablauf weitergilt.

(2) Werden mehrere Personen zu Vorstandsmitgliedern bestellt, so kann der Aufsichtsrat ein Mitglied zum Vorsitzenden des Vorstands ernennen.

(3) [1]Der Aufsichtsrat kann die Bestellung zum Vorstandsmitglied und die Ernennung zum Vorsitzenden des Vorstands widerrufen, wenn ein wichtiger Grund vorliegt. [2]Ein solcher Grund ist namentlich grobe Pflichtverletzung, Unfähigkeit zur ordnungsmäßigen Geschäftsführung oder Vertrauensentzug durch die Hauptversammlung, es sei denn, daß das Vertrauen aus offenbar unsachlichen Gründen entzogen worden ist. [3]Dies gilt auch für den vom ersten Aufsichtsrat bestellten Vorstand. [4]Der Widerruf ist wirksam, bis seine Unwirksamkeit rechtskräftig festgestellt ist. [5]Für die Ansprüche aus dem Anstellungsvertrag gelten die allgemeinen Vorschriften.

(4) Die Vorschriften des Gesetzes über die Mitbestimmung der Arbeitnehmer in den Aufsichtsräten und Vorständen der Unternehmen des Bergbaus und der Eisen und Stahl erzeugenden Industrie vom 21. Mai 1951 (BGBl. I S. 347) – Montan-Mitbestimmungsgesetz – über die besonderen Mehrheitserfordernisse für einen Aufsichtsratsbeschluß über die Bestellung eines Arbeitsdirektors oder den Widerruf seiner Bestellung bleiben unberührt.

Literatur: *Bauer/Krets*, Gesellschaftsrechtliche Sonderregeln bei der Beendigung von Vorstands- und Geschäftsführerverträgen, DB 2003, 811; *Bauer/Arnold*, Der „richtige Zeitpunkt" für die Erstbestellung von Vorstandsmitgliedern, DB 2007, 1571; *Götz*, Die vorzeitige Wiederwahl von Vorständen, AG 2002, 305; *Grobys*, AGB-Kontrolle von Arbeits- und Dienstverträgen nach dem Schuldrechtsmodernisierungsgesetz, DStR 2002, 1002; *ders.*, Rechtskontrolle von Arbeits- und Dienstverträgen nach dem Schuldrechtsmodernisierungsgesetz, GmbHR 2002, R29; *Grumann/Gillmann*, Abberufung von Vorstandsmitgliedern einer Aktiengesellschaft, DB 2003, 770; *Janzen*, Vorzeitige Beendigung von Vorstandsamt und -vertrag, NZG 2003, 468; *Klühs/Habermehl*, Grenzen der Rechtsprechung über fehlerhafte Anstellungsverträge, BB 2007, 2342; *Köhler*, Fehlerhafte Vorstandsverträge, NZG 2008, 161; *Mertens*, Verfahrensfragen bei Personalentscheidungen des mitbestimmten Aufsichtsrats, ZGR 1983, 189; *Reiser/Peters*, Die anwaltliche Vertretung von Geschäftsführern und Vorständen bei Abberufung und Kündigung, DB 2008, 167; *Seibert*, Das VorstAG – Regelungen zur Angemessenheit der Vorstandsvergütung und zum Aufsichtsrat, WM 2009, 1489; *Weber/Dahlbänder*, Verträge für GmbH-Geschäftsführer und Vorstände, 2. Aufl. 2000; *Willemer*, Die Neubestellung von Vorstandsmitgliedern vor Ablauf der Amtsperiode, AG 1977, 130

A. Allgemeines	1
B. Bestellung und Widerruf der Bestellung	2
I. Bestellung von Vorständen	2
1. Beschluss des Aufsichtsrats	3
2. Mitteilung	4
3. Einverständniserklärung	5
4. Dauer der Bestellung	6
5. Einzelfragen	7
II. Widerruf der Bestellung zum Vorstand/Vorsitzenden des Vorstands	13
1. Bedeutung	13
2. Zuständigkeit und Verfahren	14
3. Folgen des Widerrufs	15
4. Materielle Voraussetzungen des Widerrufs	16
5. Einzelne Widerrufsgründe	21
6. Rechtsschutz	25
7. Suspendierung	29
III. Verbindung zu anderen Rechtsgebieten	30
C. Begründung des Dienstvertrages und Inhalt	31
I. Allgemeines	31
II. Regelungsgehalt	35
1. Dauer des Anstellungsvertrages	37
2. Drittanstellung	38
3. Fehlerhafter Anstellungsvertrag	39
III. Verbindung zu anderen Rechtsgebieten/Beraterhinweis	41
D. Beendigung des Dienstvertrages	43
I. Allgemeines	43
II. Regelungsgehalt	44
1. Verhältnis von Widerruf und Kündigung	45

2. Außerordentliche Kündigung	46	5. Frist des § 626 Abs. 2 BGB	52
3. Formelle Voraussetzungen	47	III. Beraterhinweis	54
4. Wichtiger Grund	50		

A. Allgemeines

1 Die Vorschrift regelt primär die Begründung und Beendigung der organschaftlichen Verbindung zwischen AG und Vorstand (Bestellung und Abberufung). In geringerem Umfang enthält sie Regeln für die Ausgestaltung des Dienstvertrages zwischen AG und Vorstand. Durch wirksame Bestellung wird der Bestellte Vorstandsmitglied. Bereits aus der Organstellung – und nicht erst aus dem Anstellungsvertrag – folgen daher die Pflicht und das Recht, die AG zu leiten (§ 76), deren Geschäfte zu führen (§ 77) sowie die AG organschaftlich zu vertreten (§ 78).

B. Bestellung und Widerruf der Bestellung

I. Bestellung von Vorständen

2 Eine wirksame Bestellung zum Vorstandsmitglied setzt
  – einen wirksamen Bestellungsbeschluss des AR gem. § 108,
  – dessen Kundgabe gegenüber dem künftigen Vorstandsmitglied
  – sowie die Einverständniserklärung des künftigen Vorstandsmitglieds voraus.

3 **1. Beschluss des Aufsichtsrats.** Nur der Gesamt-AR kann die Bestellung zum Vorstandsmitglied beschließen. Eine Übertragung der Entscheidung – etwa auf den Präsidialausschuss – ist unzulässig, § 107 Abs. 3 S. 2. Eine **konkludente Beschlussfassung** durch den AR ist ausgeschlossen (Duldung der Vorstandstätigkeit genügt nicht).[1] Sind mehrere Vorstandsposten zu besetzen, muss gesondert für jeden einzelnen Vorstandsposten abgestimmt werden.[2] Die Entschließungsfreiheit des AR darf nicht eingeschränkt werden, entgegenstehende Rechtsgeschäfte sind gem. § 134 BGB nichtig. Höchst umstr. ist, ob ein AR-Mitglied, das Vorstandsmitglied werden soll, bei der Beschlussfassung über seine eigene Bestellung mitwirken kann. Eine ausdrückliche Regelung enthält das Gesetz diesbezüglich nicht. Angesichts der bestehenden Interessenkollisionen wird man jedoch einer analogen Anwendung des § 34 BGB zustimmen müssen, so dass eine Mitwirkung des betroffenen AR-Mitglieds an der Beschlussfassung zu unterbleiben hat.[3] Der Bestellungsbeschluss erfordert die einfache Mehrheit der an der Abstimmung teilnehmenden AR-Mitglieder, die Beschlussfähigkeit des AR ist zu gewährleisten (§ 108). Besondere Regelungen für die Bestellung von Vorstandsmitgliedern sind in § 31 Abs. 2 bis 4 MitbestG enthalten.[4]

4 **2. Mitteilung.** Die Kundgabe des AR-Beschlusses gegenüber dem zukünftigen Vorstandsmitglied ist zwingende Voraussetzung für eine wirksame Bestellung.

5 **3. Einverständniserklärung.** Die für eine wirksame Bestellung erforderliche Einverständniserklärung des Vorstandes kann – im Gegensatz zur Beschlussfassung über die Bestellung – auch konkludent erfolgen. Ein in der Praxis häufiger Fall der konkludenten Einverständniserklärung ist die Tätigkeitsaufnahme durch das Vorstandsmitglied bzw. die Unterzeichnung des Vorstandsdienstvertrages.[5]
Die Bestellung zum Vorstandsmitglied ist gem. § 81 Abs. 1 Alt. 1 in das Handelsregister einzutragen. Die fehlende Eintragung berührt die Wirksamkeit der Bestellung jedoch nicht.

6 **4. Dauer der Bestellung.** Gem. Abs. 1 S. 1 bis 4 ist das Ermessen des AR bei der Dauer der Bestellung des Vorstandsmitglieds begrenzt. Der AR bestellt den Vorstand auf **höchstens fünf Jahre**, wobei „Jahre" Kalender- und nicht Geschäftsjahre meint.[6] Nach dem Telos der Norm soll der AR spätestens alle fünf Jahre in voller Verantwortung über die Weiterbeschäftigung des Vorstandes entscheiden. Regelungen, die dem zuwiderlaufen, sind gem. § 134 BGB nichtig.[7] **Unzulässig** sind bspw. Regelungen, nach denen die Amtszeit sich automatisch über die Fünf-Jahres-Grenze verlängert. Der praktisch häufigste Fall sind Klauseln, nach denen der Vorstand als für weitere fünf Jahre bestellt gilt, sofern der AR keinen abweichenden Beschluss fällt. Mit dem Gesetz vereinbar sind dagegen Regelungen zur automatischen Verlängerung der Amtszeit ohne neuen AR-Beschluss, sofern dadurch die gesamte Amtszeit nicht

---

1 BGH 2.4.1964 – BGHZ 41, 281; 286, OLG Dresden 31.8.1999 – AG 2000, 43, 44.
2 MüKo-AktG/*Spindler*, § 84 Rn 18; *Nirk/Reuter/Bächle*, HdbAG Rn 625; *Semler/v. Schenck/Fonk*, AR-Hdb, § 9 Rn 44; Schmidt/Lutter/*Seibt*, AktG, § 84 Rn 9.
3 So *Hüffer*, AktieG, § 108 Rn 9; MüKo-AktG/*Spindler*, § 84 Rn 18; Schmidt/Lutter/*Seibt*, AktG, § 84 Rn 10; MünchGesR/*Wiesner*, § 20 Rn 20; *Baumbach/Hueck/Zöller*, GmbHG, § 52 Rn 52; a.A. mit Hinweis auf den Gesetzeswortlaut KölnKomm-AktG/*Mertens*, § 108 Rn 50; *Mertens*, ZGR 1983, 189, 203 ff.; *Lutter/Krieger*, Rechte und Pflichten, Rn 343; *Nirk/Reuter/Bächle*, HdbAG Rn 625.
4 Schmidt/Lutter/*Seibt*, AktG, § 84 Rn 10.
5 MüKo-AktG/*Spindler*, § 84 Rn 22.
6 Schmidt/Lutter/*Seibt*, AktG, § 84 Rn 13.
7 BGH 11.7.1953 – BGHZ 10, 187, 194 f.

mehr als fünf Jahre beträgt, Abs. 1 S. 4. Dies gilt bspw. für eine Regelung, nach der sich die zunächst auf drei Jahre befristete Amtszeit um weitere zwei Jahre verlängert, sofern der AR nicht sechs Monate vor Ablauf der Bestellung einen entgegenstehenden Beschluss fasst.

5. Einzelfragen. Fristbeginn: Die **Fünf-Jahres-Frist** läuft ab **Beginn** der Amtszeit. Dies wird im Regelfall identisch mit dem Tag der Bestellung sein. Bedenken gegen ein Auseinanderfallen zwischen der Bestellung zum Vorstand und dem Beginn der Amtszeit bestehen grds. nicht. In der Praxis werden häufig Bestellungsbeschlüsse deutlich vor dem Beginn der Amtszeit und dem Tätigkeitsbeginn des Vorstandes gefasst, insb. wenn das Vorstandsmitglied seine Tätigkeit nicht sofort antreten kann. Auch bei diesen Gestaltungen ist zu beachten, dass der AR nicht auf unangemessen lange Zeit an die Entscheidung über die Bestellung eines Vorstandsmitglieds gebunden sein darf. Nach zutreffender Ansicht dürfte entsprechend des Rechtsgedankens des Abs. 1 S. 3 zwischen Bestellung und Beginn der Amtszeit kein Zeitraum von länger als einem Jahr liegen.[8]

Sofern der Bestellungsbeschluss keine ausdrückliche Erklärung über die Dauer der Bestellung enthält, ist im Wege der **Auslegung** nach § 157 BGB im Regelfall von einer fünfjährigen Amtszeit auszugehen.[9]

Eine **Mindestbefristungsdauer** ist im Gesetz ausdrücklich nicht vorgesehen. Die unabhängige und eigenverantwortliche Leitung der AG durch den Vorstand wäre jedoch unzulässig beeinträchtigt, wenn der AR durch eine willkürlich kurze Bestellung den Vorstand faktisch „in der Hand" hätte. Als Richtwert dürfte eine Bestellungsdauer von einem Jahr nicht als unangemessen kurz anzusehen sein.[10] Eine abweichende Beurteilung kann jedoch vorzunehmen sein, wenn der Vorstand nur als „Übergangsvorstand" bestellt wird, und konkrete Anhaltspunkte dafür bestehen, dass in absehbarer Zeit eine Neubesetzung erfolgen wird. Eine zu kurze Befristung ist wirksam, jedoch verletzt der AR seine Sorgfaltspflicht.[11]

Die Fünf-Jahres-Frist ist **nicht satzungsdispositiv**. Die Satzung kann dagegen eine erneute Bestellung eines Vorstandes untersagen.[12] Der AR-Beschluss über die Wiederbestellung eines Vorstandsmitglieds darf frühestens ein Jahr vor Ablauf der bisherigen Amtszeit gefasst werden. Dies soll die nötige Zeitnähe zwischen AR-Entscheidung und Beginn der Amtszeit des Vorstands gewährleisten (Abs. 1 S. 3).

Problematisch ist die Konstellation, in der die Amtszeit eines zunächst auf fünf Jahre bestellten Vorstandsmitglieds nach Ablauf eines Teils der ursprünglichen Bestellung beendet und im unmittelbaren Anschluss erneut begründet wird. Diese Vorgehensweise ist nur dann zweifelsfrei möglich, wenn die Gesamtdauer der beiden Bestellungen nicht zu einer Überschreitung des Fünf-Jahres-Zeitraums führt. Kommt es zu einer Überschreitung des Fünf-Jahres-Zeitraums, ist mit der wohl h.M. von der Unzulässigkeit dieser Vorgehensweise auszugehen.[13] Zwar ist die Fallgestaltung nicht von Abs. 1 S. 3 umfasst, da in der Fallgestaltung die bisherige Amtszeit nicht „abläuft", sondern einvernehmlich beendet wird. Um eine Umgehung des Schutzzwecks der Norm zu vermeiden, ist der h.M. jedoch zuzustimmen.

Sofern die **Bestellung** zum Vorstandsmitglied **fehlerhaft** ist (etwa Bestellung durch AR-Ausschuss, Fortsetzung der Tätigkeit des Vorstandsmitglieds mit Billigung des AR über die Frist des Abs. 1 S. 3 hinaus), ist von einer vorläufig wirksamen Organstellung auszugehen. Die fehlerhafte Organstellung kann ex nunc sowohl durch Widerruf des AR als auch durch Amtsniederlegung des Vorstandsmitglieds beendet werden. Bis zu diesem Zeitpunkt gelten für das Vorstandsmitglied die auch bei fehlerfreier Organstellung anwendbaren Rechte und Pflichten. Nach zutreffender Ansicht ist, wie bei einer Abberufung aus wichtigem Grund, anzunehmen, dass der AR die **Beschlussfassung** über den Widerruf einer fehlerhaften Bestellung nicht einem Ausschuss überlassen kann.[14] Nach der Rspr. des BGH, die allerdings noch zum Aktiengesetz 1937 erging, endet die Organstellung eines fehlerhaft bestellten Vorstandsmitglieds jedoch bereits durch dessen Nichtweiterbeschäftigung. Die Entscheidung betraf ein ehemaliges Vorstandsmitglied, das nach Ablauf der Bestellung faktisch weiterhin Vorstandsfunktionen wahrgenommen hatte.

II. Widerruf der Bestellung zum Vorstand/Vorsitzenden des Vorstands

1. Bedeutung. Der Widerruf der Bestellung zum Vorstandsmitglied und der Ernennung zum Vorstandsvorsitzenden ist in Abs. 3 S. 1 bis 4 geregelt. Der Widerruf der Bestellung zum Vorstandsmitglied beendet die korporationsrechtliche Organstellung. Strikt zu trennen ist auch hier zwischen dem rechtlichen Schicksal der Organstellung und des der Vorstandstätigkeit zugrunde liegenden Dienstvertrages (**Trennungstheorie**). Für die Praxis bedeutsam ist, dass nicht nur die vollständige Beendigung der Organstellung des Vorstands als Widerruf angesehen wird. Verbreitet

---

8 HK-AktG/*Bürgers/Israel*, § 84 Rn 4; kritisch zur h.M. *Bauer/Arnold*, DB 2007, 1571 ff.
9 ÖstOGH 25.5.1999 – AG 2001, 102; *Hüffer*, AktienG, § 84 Rn 7; KölnKomm-AktG/*Mertens*, § 84 Rn 16; Schmidt/Lutter/*Seibt*, AktG, § 84 Rn 14; *Grumann/Gillmann*, DB 2003, 770.
10 MüKo-AktG/*Spindler*, § 84 Rn 37.
11 Vgl. etwa OLG Karlsruhe 10.7.1972 – AG 1973, 310, 311.
12 A.A.: MüKo-AktG/*Spindler*, § 84 Rn 38, 40.
13 *Hüffer*, AktienG, § 84 Rn 6; KölnKomm-AktG/*Mertens*, § 84 Rn 18; mit anderer Begründung auch *Götz*, AG 2002, 305, 306; *Semler*, § 116 Rn 312; a.A. *Bauer/Krets*, DB 2003, 811, 817; *Willemer*, AG 1977, 130 ff.
14 KölnKomm-AktG/*Mertens*, § 84 Rn 30; MüKo-AktG/*Spindler*, § 84 Rn 233.

wird auch ein AR-Beschluss, nach dem ein Vorstandsmitglied, das bisher Einzelvertretungsbefugnis hatte, zukünftig mit einem anderen Vorstandsmitglied zusammen Gesamtvertretungsbefugnis haben soll, als „teilweiser Widerruf" der Bestellung zum Vorstand eingeordnet.[15] Daher ist für die Praxis bei entsprechenden Veränderungen der Vertretungsbefugnisse dringend anzuraten, die formellen und materiellen Voraussetzungen des Widerrufs der Bestellung zum Vorstand zu berücksichtigen.

14 **2. Zuständigkeit und Verfahren.** Gem. Abs. 3 S. 1 ist der **AR** für den Widerruf der Bestellung zum Vorstandsmitglied **zuständig**.[16] Die Vorschrift ist zwingend. Erforderlich ist ein Beschluss des Gesamt-AR, eine Verlagerung der Entscheidung auf ein AR-Ausschuss ist nicht zulässig, § 107 Abs. 3 S. 2.

Der Widerruf der Bestellung setzt weiterhin die Erklärung des Widerrufs und den Zugang der Erklärung beim Vorstandsmitglied voraus, § 130 Abs. 1 S. 1 BGB. In der Praxis wird regelmäßig der AR-Vorsitzende im Widerrufsbeschluss ermächtigt, den Widerruf der Bestellung gegenüber dem Vorstandsmitglied zu erklären. Der Widerruf der Ernennung zum Vorsitzenden des Vorstandes ist nicht gleichzusetzen mit dem Widerruf der Bestellung zum Vorstandsmitglied. Sofern beides gewollt ist, ist dies eindeutig zu erklären.

Im Rahmen des MitbestG ist das Verfahren nach § 31 MitbestG durchzuführen, § 31 Abs. 5 MitbestG.

15 **3. Folgen des Widerrufs.** Der Widerruf beendet die Organstellung des Vorstandsmitglieds. Bis zur Eintragung und Bekanntmachung der Änderung des Vorstandes im Handelsregister sind Dritte gem. § 15 Abs. 1 HGB geschützt.

16 **4. Materielle Voraussetzungen des Widerrufs.** Abs. 3 S. 1 setzt in materieller Hinsicht für die Wirksamkeit des Widerrufs voraus, dass ein „**wichtiger Grund**" vorliegt. Durch das Erfordernis eines „wichtigen Grundes" soll die Unabhängigkeit der Vorstandsmitglieder gesichert werden, um deren Position bei der eigenverantwortlichen Leitung der AG (§ 76 Abs. 1) zu stärken.

Regelungen in der Satzung oder im Anstellungsvertrag können nicht mit bindender Wirkung für das Gericht bestimmen, was als wichtiger Grund i.S.d. Gesetzes anzusehen ist und damit den Widerruf der Bestellung rechtfertigt.[17] Ebenso kann das Widerrufsrecht nicht im Voraus auf in Satzung oder Anstellungsvertrag festgelegte wichtige Gründe beschränkt werden.[18] Auch kann sich der AR gegenüber dem Vorstand nicht durch Vereinbarung verpflichten, keinen unberechtigten Widerruf vorzunehmen.[19] Der Widerruf der Bestellung setzt eine freie Entscheidung des AR voraus.

17 Ob ein wichtiger Grund vorlag, ist in vollem Umfang gerichtlich überprüfbar. Ein **Beurteilungsspielraum** steht dem AR nicht zu.[20] Demgegenüber steht dem AR Ermessen bei der Beurteilung der Frage zu, ob er das Vorstandsmitglied bei vorhandenem wichtigem Grund abberuft.

Ein wichtiger Grund ist gegeben, wenn die Fortsetzung des Organverhältnisses bis zum Ende der Amtsperiode des Vorstandsmitglieds für die AG unzumutbar ist. Dies ist unstr.[21] Umstr. ist dagegen, ob der h.M. folgend bei der Beurteilung der Unzumutbarkeit die Interessen der AG und des Vorstandes gegeneinander abzuwägen sind[22] oder ob der M.M. beizutreten ist, nach der **nur die Interessen der AG** berücksichtigt werden dürfen.[23]

Der M.M. ist zuzustimmen. Eine Berücksichtigung der Interessen des Vorstands ist bei dem Widerruf der Bestellung nicht erforderlich. Dies folgt bereits bei systematischer Betrachtung aus dem Vergleich der Regelungen des § 626 Abs. 1 BGB und des Abs. 3 S. 1. Während in § 626 Abs. 1 BGB die Berücksichtigung der Interessen beider Vertragsparteien ausdrücklich vorgesehen ist, fehlt eine entsprechende Regelung in Abs. 3. Zudem sind die Interessen des betroffenen Vorstandes durch die dienstvertragsrechtliche Ebene ausreichend geschützt.

18 Da der AG die Fortsetzung des Organverhältnisses zum Ende der Amtszeit unzumutbar sein muss, sind an den Widerrufsgrund besonders hohe Anforderungen zu stellen, wenn das Ende der Amtszeit unmittelbar bevorsteht. Ein **Verschulden** des Vorstandsmitglieds ist nicht erforderlich.[24]

19 Ob die **Gründe**, auf die der AR die Abberufung des Vorstandsmitglieds stützt, in dem Abberufungsbeschluss **genannt** sein müssen,[25] oder ob in Anlehnung an § 626 Abs. 2 S. 3 BGB ausreichend ist, dass der AR dem Vorstands-

---

15 Vgl. BayObLG 24.12.1927 – JW 1928, 666.
16 Vgl. auch LG Düsseldorf 6.6.2006 – 32 O 31/06 – AG 2006, 892 (Unzuständigkeit der Hauptversammlung und eines einzelnen Aktionärs).
17 MüKo-AktG/*Spindler*, § 84 Rn 114.
18 BGH 28.1.1953 – BGHZ 8, 348, 361; BGH 11.7.1955 – WM 1955, 1222.
19 MüKo-AktG/*Spindler*, § 84 Rn 105.
20 So die ganz h.M., vgl. *Hüffer*, AktienG, § 84 Rn 26; Köln-Komm-AktG/*Mertens*, § 84 Rn 1004; MüKo-AktG/*Spindler*, § 84 Rn 115; MünchGesR/*Wiesner*, § 20 Rn 50; Schmidt/Lutter/*Seibt*, AktG, § 84 Rn 49.

21 Vgl. BGH 23.10.2006 – NZG 2007, 189.
22 So etwa KG 3.5.2007 – AG 2007, 745; *Hüffer*, AktienG, § 84 Rn 26; HK-AktG/*Bürgers/Israel*, § 84 Rn 28; *Janzen*, NZG 2003, 468, 470.
23 So etwa MüKo-AktG/*Spindler*, § 84 AktG Rn 117; Schmidt/Lutter/*Seibt*, AktG, § 84 Rn 49; *Lutter/Krieger*, Rechte und Pflichten, Rn 365.
24 BGH 24.2.1992 – ZIP 1992, 760, 761; BGH 3.7.1975 – AG 1975, 242, 244; BGH 11.7.1955 – WM 1955, 1222; OLG Stuttgart 13.3.2002 – AG 2003, 211, 212; *Janzen*, NZG 2003, 468, 470.
25 So ÖstOGH 25.5.1999 – AG 2001, 100 ff.

mitglied die Gründe für die Entscheidung auf Verlangen unverzüglich mitteilt,[26] ist nicht abschließend geklärt. Der letztgenannten Ansicht ist zuzustimmen. Der Wortlaut des Gesetzes enthält keine diesbezügliche Regelung. Das Vorstandsmitglied hat jedoch bei einer Abberufung, wie auch bei einer außerordentlichen Künd, ein berechtigtes Interesse daran zu erfahren, auf welche Gründe die Maßnahme gestützt wird, woraus sich eine **analoge Anwendung** des § 626 Abs. 2 S. 3 BGB auch für die Frage der Begründung einer Abberufung rechtfertigt. Gründe, die gerade im Fall der Abberufung eines Vorstandsmitglieds, anders als im Fall seiner Künd, dafür sprechen, sofort eine umfassende Begründung der Abberufung zu verlangen, sind nicht ersichtlich.

5. Einzelne Widerrufsgründe. Lediglich beispielhaft (Abs. 3 S. 2 „namentlich") nennt das Gesetz als Widerrufsgründe die grobe Pflichtverletzung, die Unfähigkeit zur ordnungsgemäßen Geschäftsführung oder den Vertrauensentzug durch die Hauptversammlung. Da diese Regelbeispiele den unbestimmten Rechtsbegriff des wichtigen Grundes ausfüllen, ist jeweils eine umfassende Würdigung des Einzelfalls erforderlich. Die nachfolgend aufgeführten Rechtsprechungsbeispiele sind daher in jedem Fall auf ihre Vergleichbarkeit mit dem konkret zu beurteilenden Sachverhalt zu prüfen:

Grobe Pflichtverletzung: Mangelnde Offenheit gegenüber dem AR,[30] Aneignung von Gesellschaftsvermögen,[31] Spekulationsgeschäfte, mit denen der gute Ruf der Gesellschaft geschädigt wird,[32] Teilnahme an strafbaren Handlungen, auch im privaten Bereich, sogar ein diesbezüglich starker Verdacht kann ausreichen,[33] Bestechlichkeit des Vorstandsmitglieds,[34] tätliche oder verbale Angriffe gegen Gesellschafter, insb. wenn diese in Gegenwart von Betriebsangehörigen stattgefunden haben,[35] alleinige Aufstellung des Jahresabschlusses und dessen Einreichung zum Handelsregister ohne Feststellung des Abschlusses durch den AR.[36]

Unfähigkeit: Keine ausreichenden Kenntnisse,[37] hohe Verschuldung des Vorstandsmitglieds,[38] Ausnutzung der Stellung für persönliche Vorteile, selbst wenn dies die Interessen der Gesellschaft nicht beeinträchtigt,[39] lang dauernde Krankheit.[40]

Vertrauensentzug: In der Praxis von besonderer Bedeutung ist der in Abs. 3 S. 2 dritte Alternative als wichtiger Grund anerkannte Vertrauensentzug durch die Hauptversammlung, es sei denn, dieser beruht auf offenbar unsachlichen Gründen. Die Machtbefugnisse des Organs entbinden einer innerlichen Rechtfertigung, wenn der Vorstand das Vertrauen der Anteilseigner nicht mehr besitzt. Eine **besondere Begründung** des Vertrauensentzugs oder gar ein objektiv vorwerfbarer Pflichtverstoß ist nicht erforderlich. Selbst wenn der Grund für den Vertrauensentzug sich im Nachhinein als unzutreffend erweist (etwa Vorstandsmitglied ist mit dem zum Anlass für den Vertrauensentzug genommenen Entscheidung im Recht), genügt dies für den Vertrauensentzug.[41]

Unsachlichkeit der Entscheidung liegt vor, wenn der Vertrauensentzug nur als Vorwand dient, willkürlich oder wegen des damit verfolgten Zwecks rechtswidrig ist, insb. gegen Treu und Glauben verstößt.[42] Rechtsmissbräuchlich, und damit nicht zur Begründung des Widerrufs der Bestellung geeignet, ist bspw. eine Entscheidung der Hauptversammlung, dem Vorstandsmitglied das Vertrauen aus Gründen zu entziehen, in deren Kenntnis dem Vorstand zuvor Entlastung erteilt wurde.[43]

---

26 KölnKomm/*Mertens*, § 84 AktG Rn 94, 96.
27 BGH 13.7.1998, NZG 1998, 726, 727; ebenso OLG Stuttgart 13.3.2002, NZG 2002, 971, 974.
28 *Hüffer*, AktienG, § 84 Rn 34; MüKo-AktG/*Spindler*, § 84 AktG Rn 134; a.A. ÖstOGH 25.5.1999 – AG 2001, 100, 102.
29 So ÖstOGH 25.5.1999 – BGHZ 13, 188, 194 f.
30 BGH 26.3.1956 – AG 2001, 100, 102.
31 BGH 17.10.1983 – WM 1984, 29 f.; OLG Stuttgart 13.3.2002 – AG 2003, 211, 213.
32 BGH 2.5.1956 – WM 1956, 865.
33 BGH 9.1.1967 – WM 1967, 251.
34 BGH 8.5.1967 – WM 1967, 679.
35 BGH 19.9.1994 – DStR 1994, 1746 (für die GmbH).
36 OLG Hamm 29.6.1992 – GmbHR 1992, 805, 806 f.
37 OLG Stuttgart GmbHR 1957, 69.
38 OLG Hamburg BB 1954, 978.
39 BGH 8.5.1967 – WM 1967, 679.
40 BAG 19.8.1976 – NJW 1968, 1693.
41 BGH 29.5.1989 – NJW 1989, 2683.
42 BGH 28.4.1954 – BGHZ 13, 188, 193; KG 3.12.2002 – ZIP 2003, 1042, 1046 f.
43 BGH 3.12.1973 – WM 1974, 131, 132.

Der Vertrauensentzug setzt nach h.M. grds. einen **Beschluss der Hauptversammlung** voraus.[44] Der Beschluss der Hauptversammlung muss vor dem Widerruf vorliegen, kann also nicht als Genehmigung erteilt werden.[45] Von der h.M. als ausreichend erachtet wird die Abhaltung einer Vollversammlung gem. § 121 Abs. 6.[46] Das betroffene Vorstandsmitglied, das zugleich Aktionär ist, kann mit abstimmen. § 136 greift nicht ein, da Beschlussgegenstand nicht die Entlastung des Vorstandes ist. Wie auch bei Vorliegen anderer wichtiger Gründe ist der AR nicht verpflichtet bei Vertrauensentzug durch die Hauptversammlung die Bestellung des Vorstandes zu widerrufen.

Des Weiteren ist darauf hinzuweisen, dass daneben wichtige Gründe die Abberufung rechtfertigen können, die nicht in der Person des Vorstandsmitglieds liegen.[47]

25 6. Rechtsschutz. Nach dem Gesetzeswortlaut ist der **Widerruf wirksam**, bis seine Unwirksamkeit rechtskräftig festgestellt ist. Die Regelung soll sicherstellen, dass die Besetzung des Vorstandes des AG jederzeit möglichst rechtssicher festgestellt werden kann. Das abberufene Vorstandsmitglied muss demgemäß im Rahmen einer Gestaltungsklage die Wiederherstellung der Organstellung beantragen.[48]

Der Gesetzgeber wollte insb. verhindern, dass infolge komplexer Streitigkeiten über das Vorliegen eines wichtigen Grundes unklar ist, durch wen die AG vertreten wird. Angesichts dieses gesetzgeberischen Ziels entspricht es der ganz h.M., die Norm teleologisch restriktiv dahingehend auszulegen, dass sie nur hinsichtlich des Streits über das Vorliegen eines wichtigen Grundes Anwendung findet.[49] Liegt dagegen kein AR-Beschluss vor oder leidet der Widerruf der Bestellung zum Vorstand an sonstigen formellen Mängeln (etwa Entscheidung durch einen AR-Ausschuss, kein Zugang des Widerrufs), so ist der Widerruf der Bestellung auch vor **rechtskräftiger Entscheidung** unwirksam.

26 Umstr. ist, ob als „rechtskräftige Entscheidung" i.S.d. Abs. 3 S. 4 nur ein Endurteil im **Hauptsacheverfahren** anzuerkennen ist oder ob sich die Norm auch auf rechtskräftige Beschlüsse im einstweiligen Verfügungsverfahren bezieht. Mit der h.M. ist davon auszugehen, dass die Regelung nur einen rechtskräftige **Entscheidung im Hauptsacheverfahren** erfasst. Dies folgt aus einer teleologischen Auslegung der Norm. Dem AR soll – bis zur Rechtskraft der Entscheidung – eine Entscheidungsprärogative über den Widerruf der Bestellung des Vorstandes eingeräumt werden. Dem AR sind alle Argumente, die dem Widerruf der Bestellung zugrunde liegen, bekannt. Im Verfahren des vorläufigen Rechtsschutzes wird lediglich eine summarische Prüfung vorgenommen, so dass bei einer Eilentscheidung im Gegensatz zu einer Hauptsacheentscheidung gerade keine umfassende Aufklärung und Beurteilung des Sachverhaltes vorliegt. Nur eine rechtskräftige Hauptsacheentscheidung kann daher im Interesse der materiellen Gerechtigkeit geeignet sein, das Interesse des Rechtsverkehrs an einer rechtssicheren Beurteilung der Zusammensetzung des Vorstandes zu überwiegen.[50]

27 Das Rechtsschutz suchende Vorstandsmitglied muss **Klage** erheben **gegen die AG, vertreten** durch den **AR** (§ 112). Ist die Klage gegen die Gesellschaft vertreten durch den AR bei Fehlen eines wichtigen Grundes, liegt eine Gestaltungsklage vor, da die ursprüngliche Rechtslage rückwirkend durch das rechtskräftige Urteil wieder hergestellt wird.[51] Rügt das Vorstandsmitglied dagegen sonstige – formelle – Mängel, handelt es sich um eine Feststellungsklage. Bestehen Zweifel an der formellen Wirksamkeit des Widerrufsbeschlusses, so ist dringend anzuraten, durch einen ordnungsgemäßen Beschluss **während des Prozesses** diesen **Mangel zu beheben**. Da die Zwei-Wochen-Frist des § 626 Abs. 2 BGB auf den Widerruf der Bestellung zum Vorstand keine Anwendung findet, kann dies – in den Grenzen der Verwirkung – unproblematisch erfolgen.

28 Der Widerruf der Bestellung kann nur auf Gründe gestützt werden, die zum Zeitpunkt des Zugangs des Widerrufserklärung bereits vorlagen. Soweit diese Gründe dem AR bei Erklärung des Widerrufs nicht bekannt waren, können diese nachgeschoben werden. Hierfür ist ein erneuter AR-Beschluss erforderlich. Sofern der AR die nachgeschobenen Gründe bereits bei der ursprünglichen Beschlussfassung kannte, ist das Widerrufsrecht im Regelfall **verwirkt**.[53]

29 7. Suspendierung. Die Suspendierung, also die vorübergehende Freistellung des Vorstandes von seinen Rechten und Pflichten als Vorstandsmitglied, ist gesetzlich nicht geregelt. Eine **einseitige Suspendierung** lehnt die h.M. ab. Wäre die Suspendierung nur unter den gleichen Voraussetzungen zulässig, wie in einem echter Widerruf der Organstellung, so hätte die Suspendierung praktisch keinen eigenständigen Anwendungsbereich. Würde man dagegen eine

---

44 BGH 7.6.1962 – WM 1962, 811; *Hüffer*, AktienG, § 84 Rn 30 m.w.N.
45 *Hüffer*, AktienG, § 84 Rn 30.
46 *Hüffer*, AktienG, § 84 Rn 30.
47 BGH 23.10.2006 – NZG 2007, 189; Forderung der Hausbank bei bestehender Insolvenzreife, ohne Abberufung eines bestimmten Vorstandsmitgliedes Kreditlinie nicht zu verlängern, zustimmend *Krüger/Achsnick*, EWiR 2007, 171.
48 *Reiserer/Peters*, DB 2008, 167.
49 Vgl. statt vieler OLG Stuttgart AG 1985, 193.
50 Vgl. für die h.M. OLG Stuttgart AG 1985, 193; *Hüffer*, AktienG, § 84 Rn 32; *Scholz/Schneider*, GmbHG, § 38 Rn 74 d. Der BGH hat diese Rechtsfrage noch nicht entschieden.
51 BGH 22.4.1991 – AG 1991, 269 f.
52 OLG Stuttgart 13.3.2002 – AG 2003, 211, 212.
53 BGH 28.4.1954 – BGHZ 13, 188, 194 f.; BGH 16.11.1961 – WM 1962, 109, 111.

Entbindung des Vorstandsmitglieds von den organschaftlichen Rechten und Pflichten unter geringeren Voraussetzungen als den in Abs. 3 S. 1, 2 genannten Voraussetzungen zulassen, so wäre die Unabhängigkeit des Vorstandes gefährdet. Der AR könnte den Vorstand faktisch an der Amtsausübung hindern, ohne den Voraussetzungen des Abs. 3 genügen zu müssen.[54] Selbst wenn man eine Suspendierung des Vorstandsmitglieds für zulässig erachten sollte, wäre angesichts der Wirkungen, die weitgehend den Wirkungen des Widerrufs der Bestellung zum Vorstandsmitglied entsprechen, für die Suspendierung der Gesamt-AR zuständig.[55]

III. Verbindung zu anderen Rechtsgebieten

Sonderregelungen für Bestellung und Widerruf der Bestellung des Vorstandes enthält das **MitbestG**. In mitbestimmten Gesellschaften ist gem. § 31 Abs. 5 MitbestG das Verfahren über die Beteiligung der AN-Vertreter gem. § 31 Abs. 2 bis 4 MitbestG einzuhalten. 30

C. Begründung des Dienstvertrages und Inhalt

I. Allgemeines

Neben dem Organverhältnis besteht zwischen dem Vorstandsmitglied und der AG regelmäßig eine schuldrechtliche Verbindung in Gestalt eines Dienstvertrages, §§ 611, 675 BGB. Nach allg. Ansicht üben die Vorstände aufgrund ihrer Organstellung AG-Funktionen aus. Der Dienstvertrag ist daher **nicht** als **ArbVerh** zu qualifizieren. Die Diskussion über die mögliche AN-Stellung von Fremdgeschäftsführern einer GmbH lässt sich nicht auf die AG übertragen. Der Begriff des AN setzt die persönliche Abhängigkeit des Dienstverpflichteten voraus. Die Vorstände leiten die AG unter eigener Verantwortung, weder die Hauptversammlung noch der AR können ihnen Weisungen erteilen. Hierin liegt ein wesentlicher Unterschied zur grds. weisungsgebundenen Tätigkeit des GmbH-Geschäftsführers gem. § 37 GmbHG. 31

Arbeitsrechtliche Schutzvorschriften sind grds. nicht anwendbar. So finden bspw. auf das Vorstandsdienstverhältnis das KSchG, das BUrlG, die Regelungen zum Schutz von Schwerbehinderten nach dem SGB IX, das ArbZG und das AErfG keine Anwendung. Ebenso wenig ist die Haftungsbeschränkung bei gefahrgeneigter Arbeit für den Vorstand anwendbar.[56] Die Anwendung des § 625 BGB auf den Vorstandsdienstvertrag scheidet aus. Die gesetzliche Fiktion, nach der bei Weiterbeschäftigung eines Dienstverpflichteten über den Zeitpunkt der vereinbarten Beendigung des befristeten Dienstverhältnisses hinaus ein unbefristetes Dienstverhältnis fortbesteht, würde zu einer unzulässigen Beschränkung der Entscheidungsbefugnisse des AR über die Dauer der Tätigkeit des Vorstandsmitglieds führen. Dies ist mit dem Grundgedanken von Abs. 1 nicht zu vereinbaren.[57] Das Dienstverhältnis eines Vorstandsmitglieds geht auch nicht gem. § 613a BGB auf einen Betriebserwerber über.[58] Ein Übergang des Dienstverhältnisses auf einen anderen Rechtsträger kommt jedoch nach den Vorschriften des UmwG in Betracht.[59] 32

Da auch Vorstände jedoch von ihrem Dienstgeber regelmäßig wirtschaftlich abhängig sind, wird in der Rspr. die **partielle Anwendung von AN-Schutzvorschriften** bejaht. So ist durch die Rspr. anerkannt, dass für die Künd des Dienstverhältnisses eines Geschäftsführers nicht § 621 BGB (Künd von Dienstverhältnissen) sondern in **analoger Anwendung § 622 BGB** (Künd von ArbVerh) heranzuziehen ist.[60] Mit der h.M. ist die Pflicht der Gesellschaft zu bejahen, dem Vorstand ein **Zeugnis** zu erteilen, § 630 BGB.[61] Der BGH hat zudem anerkannt, dass Vorstandsmitglieder in den Geltungsbereich einer **betrieblichen Übung** fallen können.[62] In dem vom BGH entschiedenen Fall ging es um die Auslegung einer Ruhegehaltsvereinbarung. Diese Ansicht ist abzulehnen. Die ausschließliche Zuständigkeit für die Regelung der Arbeitsbedingungen des Vorstandes liegt beim AR. Eine betriebliche Übung entsteht hingegen aufgrund eines Verhaltens des AG gegenüber den AN, regelmäßig also durch das Verhalten des Vorstandes oder sonstiger vertretungsberechtigter Personen. Würden auch Vorstände von einer solchen betrieblichen Übung erfasst, so käme es zu einer unzulässigen Kompetenzverlagerung zwischen den Organen der AG. 33

Ob der Vorstandsdienstvertrag der **AGB-Kontrolle** nach §§ 305 ff. BGB unterliegt, ist noch nicht abschließend geklärt. Da der Anstellungsvertrag gerade kein Arbeitsvertrag ist, ist § 310 Abs. 4 S. 2 BGB (angemessene Berücksichtigung der im Arbeitsrecht geltenden Besonderheiten) jedenfalls nicht anwendbar, womit die Anwendbarkeit des AGB-Rechts weiter reichende Konsequenzen für formularmäßige Vorstandsdienstverträge als für Arbeitsverträge hätte. Bisher haben Gerichte eine Rechtskontrolle zwar nur am Maßstab des Gesetzes- und Sittenwidrigkeit, 34

---

54 Vgl. zur h.M. etwa *Hüffer*, AktG, § 84 Rn 35 m.w.N.; zur Gegenansicht vgl. KölnKomm-AktG/*Mertens*, § 84 Rn 152; vgl. auch Schmidt/Lutter/*Seibt*, AktG, § 84 Rn 59; MüKo-AktG/*Spindler*, § 84 AktG Rn 143 ff.
55 KG 8.7.1983 – DB 1983, 2026.
56 BGH 27.2.1975 – VersR 1975, 612 (für Genossenschaftsvorstandsmitglied).
57 Ähnlich OLG Karlsruhe 3.10.1995 – AG 1996, 224, 227; wie hier etwa *Hüffer*, AktienG, § 84 Rn 17 m.w.N.; Schmidt/Lutter/*Seibt*, AktG, § 84 Rn 28.
58 BAG 13.2.2003 – ZIP 2003, 1010, 1012 ff. m.w.N. (zum GmbH-Geschäftsführer).
59 OLG Hamm 18.6.1990 – GmbHR 1991, 466.
60 BGH 26.3.1984 – BGHZ 91, 217, 219 f. für die GmbH.
61 BGH 9.11.1967 – NJW 1968, 396 (für Geschäftsführer); *Hüffer*, AktienG, § 84 Rn 17; Schmidt/Lutter/*Seibt*, AktG, § 84 Rn 28.
62 BGH 19.12.1994 – AG 1995, 188 f.

§§ 134, 138 BGB, nicht aber anhand des AGBG bzw. den §§ 305 ff. BGB vorgenommen.[63] Der BGH scheint einer AGB-Kontrolle aber nicht grds. ablehnend gegenüber zu stehen.[64] In der Lit. wird vereinzelt eine Anwendbarkeit zumindest der Klauselverbote nach §§ 308 und 309 BGB mit der Begründung abgelehnt, das Organmitglied sei Unternehmer i.S.d. § 14 BGB. Nach § 310 Abs. 1 BGB sind §§ 308 und 309 auf AGB nicht anwendbar, die gegenüber einem Unternehmer verwendet werden.[65] Dies widerspricht allerdings der BGH-Rspr. zu § 1 Abs. 1 VerbrKrG, wonach die Tätigkeit eines GmbH-Geschäftsführers im Hinblick auf seinen Anstellungsvertrag keine selbstständige Tätigkeit ist.[66]

II. Regelungsgehalt

35 **Abschluss und Zustandekommen**: gem. Abs. 1 S. 5 gelten die Regelungen des Abs. 1 S. 1 bis 4 sinngemäß auch für den Anstellungsvertrag, dieser kann jedoch vorsehen, dass er für den Fall einer Verlängerung der Amtszeit bis zu deren Ablauf weiter gilt.

Die **Abschlusszuständigkeit** für den Anstellungsvertrag liegt also beim AR, der gem. § 112 als Vertreter der AG handelt. Die dem Abschluss vorgelagerte Entscheidung des Gremiums erfolgt durch Beschluss, § 108 Abs. 1. Die Zuständigkeit des AR umfasst nicht nur den Abschluss und die Beendigung des Anstellungsvertrages, sondern auch die Änderung des Vertrages. Der von einem unzuständigen Organ der AG abgeschlossene Anstellungsvertrag ist gem. § 134 BGB nichtig.

36 Die **Übertragung der Entscheidung** über den Anstellungsvertrag auf einen AR-Ausschuss ist mit Ausnahme der Vergütungsvereinbarung nach allg. Ansicht zulässig.[67] Abs. 1 S. 5 ist in § 107 Abs. 3 S. 2 nicht erwähnt. Die Festsetzung der **Vergütung sowie der Versorgungsbezüge** (§ 87 Abs. 1 und 2) ist nach der Neufassung des § 107 Abs. 3 S. 2 durch das am 5.8.2009 in Kraft getretene VorstAG[68] hingegen ausdr. dem AR-Plenum vorbehalten, so dass eine Delegation dieser Aufgabe an den Ausschuss nicht möglich ist. Dieser kann lediglich eine vorbereitende Funktion hinsichtlich der Details der festzusetzenden Vergütung übernehmen.[69]

Der Ausschuss muss mit mind. drei Mitgliedern besetzt sein, um eine Umgehung des § 103 Abs. 2 S. 3 auszuschließen. Daher ist es unzulässig, die Entscheidung über den Anstellungsvertrag einem Ausschuss zu übertragen, der nur aus dem AR-Vorsitzenden und seinem Stellvertreter besteht.[70] Die Entscheidung des Ausschusses über den Anstellungsvertrag darf die Entscheidung des Gesamt-AR über die Bestellung nicht präjudizieren.[71] Auch darf der Ausschuss die Entscheidung des Gesamtgremiums über die Geschäfts- oder Ressortverteilung durch eine Regelung im Anstellungsvertrag nicht präjudizieren.

37 **1. Dauer des Anstellungsvertrages.** Durch die gesetzliche Regelung zur Dauer des Anstellungsvertrages in Abs. 1 S. 5 soll sichergestellt werden, dass der AR nicht durch bestehende dienstvertragesrechtliche Vereinbarungen in der Ausübung seines Ermessens über die Neubestellung des Vorstands eingeschränkt wird. Die maximale Dauer des Anstellungsvertrages beträgt demzufolge ebenfalls **fünf Jahre**. Angesichts des Telos der Norm bestehen rechtliche Bedenken gegen eine automatische Verlängerung des Anstellungsvertrages für den Zeitraum einer Widerbestellung nicht. Fehlt eine Regelung zur automatischen Verlängerung des Anstellungsvertrages, so darf selbiger frühestens ein Jahr vor Ablauf der bisherigen Amtszeit verlängert werden, Abs. 1 S. 5 i.V.m. Abs. 1 S. 3.

Eine Vereinbarung im Anstellungsvertrag, wonach für den Fall der Beendigung der Organstellung das Anstellungsverhältnis unverändert als Arbverh weitergeführt wird, ist nach einer in der Rspr. vertretenen Auffassung wegen der Umgehung des Sinns und Zweckes des Abs. 1 unwirksam, jedenfalls wenn zuvor kein Arbverh bestand.[72]

38 **2. Drittanstellung.** Umstr. und höchstrichterlich nicht geklärt ist, ob eine Drittanstellung des Vorstandsmitglieds, also die Bestellung des Vorstands bei der AG und der Abschluss des Dienstvertrages mit einer anderen Gesellschaft, zulässig ist.[73]

Während bei der GmbH angesichts der Weisungsgebundenheit des Geschäftsführers nach allg. Ansicht davon ausgegangen wird, dass eine Drittanstellung zulässig ist, wird diese Gestaltung bei Vorstandsdienstverträgen grds. abzulehnen sein. Organschaftliche Bestellung und dienstvertragsrechtliche Anstellung sind zwar rechtlich voneinander zu trennen. Gleichwohl ist es offensichtlich, dass sich der Vorstand in einem Bündel aus organschaftlichen und anstellungsvertraglichen Rechten und Pflichten bewegt. Die **eigenverantwortliche Leitung** der AG (§ 76) wäre ge-

---

63 BGH 26.3.1984 – BGHZ 91, 1, 5; BGH 3.7.2000 – NZG 2000, 983, 984.
64 Vgl. BGH 29.5.1989 – BB 1989, 1865, 1866 vorletzter Absatz.
65 *Grobys*, DStR 2002, 1002, 1004; *ders.*, GmbHR 2002, R29.
66 BGH 5.6.1996 – BGHZ 133, 71, 78.
67 Schmidt/Lutter/*Seibt*, AktG, § 84 Rn 25 m.w.N.
68 BGBl I, 2509 ff.
69 Vgl. auch Seibert, WM 2009, 1489, 1491.
70 BGHZ 27.5.1991 – ZIP 1991, 869.
71 Vgl. etwa *Hüffer*, AktienG, § 84 Rn 12; MüKo-AktG/ *Spindler*, § 84 Rn 60 (zulässig ist aber eine aufschiebende Bedingung der nachfolgenden Bestellung im Anstellungsvertrag).
72 LAG Berlin-Brandenburg 23.4.2008 – BB 2008, 1449 (n.r.).
73 Schmidt/Lutter/*Seibt*, AktG, § 84 Rn 26 m.w.N.; MüKo-AktG/*Spindler*, § 84 Rn 66.

fährdet, wenn der Vorstand aufgrund dienstvertragsrechtlicher Pflichten gegenüber einer anderen Gesellschaft gebunden wäre, seine Tätigkeit in einer bestimmten Art und Weise zu erbringen. Auch bestünde das Risiko, dass die Anstellungsgesellschaft bspw. über eine Künd des Dienstvertrages, Druck auf den Vorstand ausübt und damit die Unabhängigkeit seiner Amtsführung beeinträchtigt. Nach der Gegenansicht[74] ist die Anstellung bei einer Drittgesellschaft unter der Voraussetzung möglich, dass die Drittgesellschaft kein Recht hat, dem Vorstand Weisung zu erteilen. Zudem müsse auch die Befugnis, den Anstellungsvertrag zu beenden oder zu ändern der Gesellschaft – d.h. dem AR – vorbehalten bleiben. Für die Praxis wird angesichts der ungeklärten Rechtslage von einer Drittanstellung abzuraten sein. Liegt eine Drittanstellung vor, so entstehen für den Vorstand, der Weisungen der Anstellungsgesellschaft folgt, **Haftungsrisiken** nach § 93.

Zuzustimmen ist der h.M., soweit sie annimmt, bei Vorliegen eines Beherrschungsvertrags und einer Eingliederung sei eine Drittanstellung zulässig.[75]

3. Fehlerhafter Anstellungsvertrag. Wie jedes zweiseitige Rechtsgeschäft kann auch der Anstellungsvertrag fehlerbehaftet sein. Denkbar sind auch Fallkonstellationen, in denen zwar der Anstellungsvertrag wirksam abgeschlossen wurde, nicht jedoch darauf aufbauende Nachtragsvereinbarungen.[76] Sofern der Vertrag durch den Beginn der Tätigkeit bereits **in Vollzug gesetzt** wurde, gilt das Sonderrecht des fehlerhaften Anstellungsvertrages. Danach soll der Vertrag jederzeit durch Künd beendet werden können.[77] Die Ansicht stößt jedoch auf **Wertungswidersprüche** beim Vorstandsdienstvertrag, sofern die Bestellung zum Vorstandsmitglied rechtsfehlerfrei zustande gekommen ist und lediglich der Abschluss des Anstellungsvertrages an rechtlichen Mängeln leidet. Könnte hier der Anstellungsvertrag durch bloße einseitige Erklärung der Gesellschaft beendet werden, liefe dies auf eine **Aushöhlung der eigenverantwortlichen Leitungsmacht** des Vorstandes (§ 76) hinaus, die durch das Erfordernis eines wichtigen Grundes zur Abberufung des Vorstandes gem. Abs. 3 eine besondere Ausprägung erfahren hat. Nach *Mertens*[78] ist für den Fall der wirksamen Bestellung des Vorstandsmitglieds und des rechtsfehlerhaften Anstellungsvertrages davon auszugehen, dass sich die Parteien bereits mit der wirksamen Bestellung auch dem Grunde nach auf einen Anstellungsvertrag verständigt haben, der somit als zustande gekommen gilt. Der AR bliebe im Rahmen des mit dem Vorstand bestehenden Dienstverhältnisses in der Pflicht, angemessene Anstellungsbedingungen anstelle der rechtsfehlerhaft vereinbarten Anstellungsbedingungen anzubieten. Diese Auff. ist dogmatisch in ihrer Allgemeinheit nicht haltbar. Ein Vertragsabschluss erfordert eine Einigung über die essentialia negotii. Soweit diese, etwa die Bestellung zum Vorstand vor Abschluss und endgültiger Verhandlung des Dienstvertrages, nicht vorliegt, ist unter allg. vertragsrechtlichen Grundsätzen nicht nachvollziehbar, wie ein Vertrag „dem Grunde nach" zustande kommen soll. Eine höchstrichterliche Klärung dieser Fragestellung ist noch nicht erfolgt.

Da ebenso wie beim GmbH-Geschäftsführer die weit überwiegende Anzahl der Arbeitsgesetze keine Anwendung auf das Dienstverhältnis des Vorstands finden, muss der Anstellungsvertrag die **Rechte und Pflichten** der Parteien **umfassend regeln**. Üblich sind sowohl Regelungen zur Vertragsdauer und dessen Verlängerung (vgl. Rn 37), zu den Bezügen (vgl. Kommentierung zu § 87), Urlaubsregelungen, Dienstwagenregelungen, Leistungen im Krankheitsfall, D & O-Versicherungen, Diensterfindungen und Bestimmungen zur betrieblichen Altersversorgungen sowie Bestimmungen zu Wettbewerbsverboten (vgl. dazu die Kommentierung zu § 88) und nachvertraglichen Wettbewerbsverboten (siehe § 88 Rn 17 ff.).[79] Neben den zwischen den Parteien ausdrücklich geregelten vertraglichen Pflichten existieren zwischen einem Vorstandsmitglied und der Gesellschaft **gegenseitige Treuepflichten**.[80] Die Treuepflicht gebietet dem Vorstand etwa, bei der Wahrnehmung der ihm übertragenen Aufgaben das Wohl des Unternehmens und nicht seinen eigenen wirtschaftlichen Nutzen zu verfolgen. Unzulässig ist es daher bspw., wenn ein Geschäftsleiter ein Grundstück, das die Gesellschaft benötigt, selbst zu günstigen Konditionen erwirbt und an die Gesellschaft vermietet, anstatt das Grünstück direkt für die Gesellschaft zu erwerben.[81] Die Treuepflicht verbietet dem Vorstand weiter, Ressourcen der Gesellschaft ohne entsprechende Gegenleistung im eigenen privaten Interesse zu nutzen.[82]

III. Verbindung zu anderen Rechtsgebieten/Beraterhinweis

Vorstandsmitglieder unterliegen im Rahmen ihrer Tätigkeit für die AG, die sie leiten, nicht der **Sozialversicherungspflicht**, § 27 Abs. 1 Nr. 5 SGB III. Dies gilt, wie sich aus § 1 S. 4 SGB VI ergibt, nicht nur für die Vorstandstätigkeit, sondern für alle Tätigkeiten des Vorstandsmitglieds in dem Unternehmen, dessen Vorstand es angehört. Das Gesetz knüpft damit bei der Frage der Sozialversicherungspflicht allein an die Rechtsform der Gesellschaft an. Dies macht

---

74 *Luther/Krieger*, Rechte und Pflichten, Rn 411.
75 *Hüffer*, AktienG, § 84 Rn 14; MünchGesR/*Wiesner*, § 21 Rn 3.
76 Vgl. hierzu LG Zweibrücken 18.5.2007 – BB 2007, 2350 mit ausführlicher Besprechung von *Klühs/Habermehl*, BB 2007, 2342.
77 Vgl. *Hüffer*, AktienG, § 84 Rn 19 unter Bezugnahme auf BGH NJW 2000, 2983 f.; ausführlich hierzu jüngst *Köhler*, NZG 2008, 161, 164 ff.
78 KölnKomm-AktG/*Mertens*, § 84 Rn 53.
79 Ein Vertragsmuster findet sich etwa bei *Weber/Dahlbänder*, Verträge für GmbH-Geschäftsführer und Vorstände.
80 MüKo-AktG/*Spindler*, § 84 Rn 96 m.w.N.
81 So BGH 10.2.1977 – WM 1977, 361, 362 (für die GmbH).
82 OLG Naumburg 30.11.1998 – NZG 1999, 353 ff. (für die GmbH): Ausstattung eines privaten Arbeitsplatzes und Umbaumaßnahmen am privaten Wohnsitz auf Kosten der Gesellschaft.

die Rechtsanwendung einfach, sicher und gleichmäßig.[83] Zu beachten ist aber, dass die Sozialversicherungsfreiheit seit dem 1.1.2004 nur noch für die Beschäftigung in dem Unternehmen gilt, das der **Vorstand leitet**. Selbstständige Tätigkeiten für die AG und Konzernunternehmen werden von der Versicherungsfreiheit nicht mehr erfasst. Mit der Neuregelung wurde Missbrauchsfällen begegnet, in denen AG allein zu dem Zweck gegründet wurden, den Vorstandsmitgliedern die Möglichkeit zu eröffnen, in weiteren Tätigkeiten nicht der Sozialversicherungspflicht zu unterliegen.[84]

42 Da die Entscheidung eines AR-Ausschusses über den Vorstandsdienstvertrag die Entscheidung des Gesamt-AR über die Bestellung zum Vorstand nicht präjudizieren darf, ist zu empfehlen, den vor Bestellung des Vorstandsmitglieds abgeschlossenen Anstellungsvertrag unter die **aufschiebende Bedingung** der Bestellung zum Vorstand zu stellen. Bei der Einsetzung des Ausschusses ist diesem zweckmäßigerweise auch ausdrücklich die Befugnis zur Vertretung der AG gem. § 112 zum Abschluss des Anstellungsvertrages zu übertragen, wobei diese Befugnis jedoch nicht die Vergütungsvereinbarung betreffen darf (vgl. § 107 Abs. 3 S. 2 n.F.).

D. Beendigung des Dienstvertrages
I. Allgemeines

43 Als Ausfluss der **Trennungstheorie** ist allg. anerkannt, dass die Organstellung und der Anstellungsvertrag einem unterschiedlichen rechtlichen Schicksal folgen können. Für das Vorstandsmitglied sind regelmäßig die Auswirkungen der Beendigung der Zusammenarbeit auf den Anstellungsvertrag von besonderer Bedeutung.

II. Regelungsgehalt

44 Abs. 3 regelt den Widerruf der Bestellung zum Vorstand. Gem. Abs. 3 S. 5 gelten für die Ansprüche aus dem Anstellungsvertrag die **allg. Vorschriften**.

Damit bringt das Gesetz zum Ausdruck, dass der Widerruf der Organstellung nicht zwingend mit der Künd des Anstellungsverhältnisses gleichzusetzen ist. Der Dienstvertrag muss daher gesondert, etwa durch fristlose Künd, Aufhebungsvertrag oder Zeitablauf beendet werden. Die Voraussetzungen einer fristlosen Künd ergeben sich dabei nicht aus Abs. 2, sondern aus § 626 BGB.

45 **1. Verhältnis von Widerruf und Kündigung.** Der Widerruf der Organstellung muss nicht mit der Künd des Anstellungsverhältnisses zusammenfallen. Gleichwohl kann in der Beschlussfassung über den Widerruf der Organstellung regelmäßig auch die Beschlussfassung über die Künd des zwischen dem Vorstandsmitglied und der AG bestehenden Dienstvertrages gesehen werden.[85] Sofern die vorstehenden Entscheidungen in der Lit. dahingehend zitiert werden, dass im Widerruf auch die schlüssige **Erklärung** der außerordentlichen Künd gesehen werden kann, wird die Rspr. des BGH unzutreffend wiedergegeben.[86] Zu empfehlen ist eine Regelung im Dienstvertrag, nach der der Widerruf der Bestellung zum Vorstandsmitglied zugleich als außerordentliche fristlose Künd des Vorstandsdienstvertrages gilt, sofern im Widerruf nicht ausdrücklich eine andere Regelung vorgesehen ist. Auch bei einer solchen Koppelungsklausel endet das Dienstverhältnis nur dann, wenn ein wichtiger Grund i.S.d. § 626 BGB für dessen Beendigung vorliegt.

46 **2. Außerordentliche Kündigung.** Nach zutreffender h.M. kann das befristet abgeschlossene Dienstverhältnis nicht voraussetzungslos ordentlich gekündigt werden. Die Vereinbarung eines voraussetzungslosen **ordentlichen Künd-Rechts** im Dienstvertrag ist unzulässig. Zwar ist es im Arbeitsrecht und im allg. Dienstvertragsrecht anerkannt, dass auch bei befristeten Verträgen die Möglichkeit einer ordentlichen Künd privatautonom vereinbart werden kann. Ließe man jedoch diese Ausgestaltung des Vorstandsdienstvertrages zu, so wäre die eigenverantwortliche Leitung der AG durch den Vorstand nicht gewährleistet, da der AR de facto durch die Künd des Vorstandsdienstvertrages die Tätigkeit des Vorstandes für die AG unter Umgehung der Voraussetzungen des Abs. 3 unmöglich machen könnte. Jede einseitige Beendigung des Anstellungsvertrages durch die AG muss sich daher materiell wenigstens am Maßstab des Abs. 3 messen lassen. Haben die Parteien keine anderen Regelungen vereinbart, ist **lediglich** eine **außerordentliche Künd** gem. § 626 BGB zulässig.

47 **3. Formelle Voraussetzungen.** Formell setzt die außerordentliche Künd des Anstellungsvertrages einen Beschluss des AR, die Abgabe der Künd-Erklärung durch den AR und den Zugang der Künd-Erklärung voraus. Das Schriftformerfordernis des § 623 BGB findet auf den Dienstvertrag des Vorstandes keine Anwendung, da der Vertrag kein Arbeitsvertrag ist.

48 Der erforderliche **AR-Beschluss** (§ 108) kann unstreitig einem Ausschuss übertragen werden, Abs. 3 S. 5 ist in § 107 Abs. 3 S. 2 nicht genannt. Die Entscheidung des AR-Ausschusses darf jedoch die Entscheidung des Gesamts-AR über

---

83 BSG 19.6.2001 – NZS 2002, 199, 201.
84 Im Einzelnen s. BT-Drucks 15/1893, S. 12.

85 BGH 24.2.1954 – BGHZ 12, 337, 340; BGH 26.10.1955 – BGHZ 18, 334.
86 Vgl. etwa *Hüffer*, AktienG, § 84 Rn 24.

den Widerruf der Bestellung nicht vorwegnehmen. Demzufolge ist anzuraten, dass der AR-Ausschuss beschließt, die Künd zu erklären, sofern der Widerruf der Bestellung durch den Gesamt-AR beschlossen wird. Die Künd-Erklärung kann von einem ordnungsgemäß bevollmächtigten Vertreter des AR abgegeben werden.

Für die Vertretung gegenüber **ausgeschiedenen Vorstandsmitgliedern** ist gewöhnlich nicht mehr der AR, sondern der Vorstand zuständig, § 78. Problematisch ist die Zuständigkeit in den Fällen, in denen über die Beendigung der Organstellung Streit besteht. So hat der BGH neben dem Vorstand auch den AR als Vertreter der Gesellschaft beim Abschluss eines Vertrages angesehen, mit dem einem Bestellungswiderruf, über dessen Wirksamkeit gerichtlich gestritten wurde, endgültiger Bestand verliehen werden sollte.[87] Die Parallelproblematik stellt sich bei der Zuständigkeit für die einvernehmliche Beendigung des Anstellungsvertrages, sofern strittig ist, ob eine ausgesprochene fristlose Künd wirksam ist. Rspr. zu dieser Fallgestaltung liegt bislang nicht vor. Aus Gründen anwaltlicher Vorsicht ist zu raten, in diesen Fällen die AG bei Abschluss des Aufhebungsvertrages sowohl durch den Vorstand als auch durch den AR vertreten zu lassen.

4. Wichtiger Grund. Ein wichtiger Grund für die außerordentlich fristlose Künd des Anstellungsvertrages liegt vor, wenn nach Abwägung der Interessen des Vorstandes und der Gesellschaft eine Fortsetzung des Dienstverhältnisses bis zur Beendigung des Anstellungsvertrages durch Zeitablauf der AG nicht zuzumuten ist (allg. M.). Das Vorliegen der Voraussetzung eines wichtigen Grundes ist ausschließlich am **Maßstab des § 626 Abs. 1 BGB** zu messen. Gründe, die als wichtige Gründe den Widerruf der Bestellung rechtfertigen können, müssen aber nicht geeignet sein, einen wichtigen Grund gem. § 626 Abs. 1 BGB abzugeben.[88] Der Vertrauensentzug durch die Hauptversammlung kann als solcher eine außerordentliche Künd des Anstellungsvertrages nie rechtfertigen. Die Unfähigkeit des Vorstandes oder dessen grobe Pflichtverletzung kommen dagegen grds. als wichtiger Grund in Betracht. Nach h.M. ist die unberechtigte Amtsniederlegung stets als wichtiger Grund im Sinne einer gröblichen Pflichtverletzung anzusehen.[89] Bei der **Interessenabwägung** zu berücksichtigen sind aufseiten des Vorstandes insb. dessen Beschäftigungszeit bei der AG und seine sozialen Belange, wie etwa sein Alter und Unterhaltsverpflichtungen. Aufseiten der Gesellschaft ist insb. die Schwere eines etwaigen Pflichtverstoßes, die Höhe des Schadens für die Gesellschaft sowie das Maß der Vorwerfbarkeit des Pflichtverstoßes zu berücksichtigen. Auch Beeinträchtigungen der Reputation der Gesellschaft können als berechtigtes Interesse der AG anzuerkennen sein.

Eine Anhörung des Vorstandsmitglieds vor Ausspruch der außerordentlich fristlosen Künd ist grds. nicht erforderlich. Dies gilt nach einer Ansicht in der Lit. und der unterinstanzlichen Rspr. selbst dann, wenn sie gem. dem Anstellungsvertrag erforderlich wäre.[90] Sie ist jedoch im Falle einer sog. Verdachts-Künd unverzichtbar.[91] Eine **Abmahnung** ist vor Ausspruch der Künd – wie bei GmbH-Geschäftsführern – entbehrlich.[92]

Sofern im Folgenden auf **Einzelfälle** hingewiesen wird, ist angesichts der im Rahmen des § 626 Abs. 1 BGB stets durchzuführenden umfassenden Interessenabwägung darauf hinzuweisen, dass es sich um Einzelfallentscheidungen handelt. Die nachfolgenden Beispiele dienen lediglich der Orientierung. **Nicht** geeignet ist die Äußerung von Bedenken des Vorstandes gegen die Berufung des Mehrheitsaktionärs in den Vorstand,[93] soweit die Äußerungen des Vorstandes nicht schuldhaft unrichtig oder bereits aufgrund ihrer Form herabsetzend sind. Ebenfalls **nicht** geeignet für die fristlose Künd sind Meinungsverschiedenheiten über die Erstattungsfähigkeit offen ausgewiesener Spesen im Rahmen von Benzin-, Reisekosten- und Spesenabrechnungen.[94] Sind dagegen Spesenabrechnungen erwiesenermaßen manipuliert, d.h. versucht das Vorstandsmitglied seine Position auszunutzen, um die Gesellschaft zum Ausgleich privat veranlasster Ausgaben zu veranlassen, dürfte regelmäßig ein strafbares Verhalten (Untreue/Betrug) vorliegen, das eine außerordentliche fristlose Künd rechtfertigen kann. In der Rspr. ist auch anerkannt, dass ein Grund für eine fristlose Künd vorliegen kann, wenn ein Vorstandsmitglied seine Stellung ausnutzt, um ein vorteilhaftes Geschäft, das ihm nur mit Rücksicht auf seine Stellung angeboten wird, ohne Unterrichtung der anderen Vorstandsmitglieder für eigene Rechnung abzuschließen. In diesem Fall ist ein wichtiger Grund selbst dann gegeben, wenn das Geschäft die Interessen der Gesellschaft nicht beeinträchtigt hat. Denn das Vertrauensverhältnis zum Vorstand ist dadurch erheblich gestört.[95] Nach einem Urteil des OLG Köln kann auch eine Vermögensoffenbarung (eidesstattliche Versicherung) des Vorstandsmitgliedes ein wichtiger Grund für die fristlose Künd seines Anstellungsvertrages sein, da diese eine fehlende Kompetenz zur Regelung seiner privaten Verbindlichkeiten dokumentiert und regelmäßig zu einer Beschädigung seines Ansehens und seiner Akzeptanz führt, so dass sein weiterer Verbleib im Vorstand für die Gesellschaft unzumutbar ist.[96]

---

87 BGH 17.4.1967 – BGHZ 47, 341, 344.
88 Vgl. BGH 23.10.1955 – WM 1995, 2064, 2065.
89 Vgl. nur BGH 14.7.1980 – BGHZ 78, 82, 85 (für die GmbH).
90 *Reiserer/Peters*, DB 2008, 167, 170..
91 BGH 26.2.1996 – NJW 1996, 1403, 1404; Schmidt/Lutter/ *Seibt*, AktG, § 84 Rn 66.

92 BGH 10.1.2000 – NJW 2000, 1864, 1865 f.
93 BGH 20.10.1954 – BGHZ 15, 71, 78.
94 BH 28.10.2002 – ZIP 2002, 2254, 2255 f. (GmbH-Geschäftsführer).
95 BGH 8.5.1967 – JZ 1967, 497 (GmbH-Geschäftsführer).
96 OLG Köln 20.9.2007 – juris.

52 **5. Frist des § 626 Abs. 2 BGB.** Nach § 626 Abs. 2 BGB kann die fristlose Künd aus wichtigem Grund nur innerhalb von zwei Wochen erfolgen. Die Frist beginnt mit dem Zeitpunkt, in dem der Künd-Berechtigte von den für die Künd maßgebenden Tatsachen Kenntnis erlangt. Eine nach Ablauf der Zwei-Wochen-Frist erklärte Künd ist unwirksam. **Kündigungsbefugt** ist für die AG der AR als Kollegialorgan. Umstr. ist, ob die Kenntnis aller Mitglieder des AR notwendig ist, oder ob die Frist des § 626 Abs. 2 S. 1 BGB bereits ab Kenntnis eines Mitglieds des AR beginnt, bzw. jedenfalls die Kenntnis des AR-Vorsitzenden genügt. Nach wohl h.M. ist grsd. auf die **Kenntnis des** für die Künd zuständigen **Kollegialorgans** abzustellen.[97] Nach einer neueren Entscheidung des BGH zur Künd des Geschäftsführers einer GmbH beginnt die Ausschlussfrist erst dann, wenn der Sachverhalt der Gesellschafterversammlung unterbreitet wird, es sei denn deren Einberufung wurde unangemessen verzögert.[98] Die Rspr. des BGH zur GmbH ist auf die AG zu übertragen. Dem für die Künd zuständigen Kollegialorgan soll eine angemessene Überlegungsfrist zur Verfügung stehen, um nach Kenntnis vom Sachverhalt über die fristlose Künd zu entscheiden. Eine Ausnahme ist nur dann zu machen, wenn die Einberufung der AR-Sitzung unangemessen verzögert wird. Dies kann etwa dann der Fall sein, wenn lediglich eine ordentliche AR-Sitzung mit entsprechend langen Ladungsfristen einberufen wird, obwohl eine außerordentliche AR-Sitzung hätte einberufen werden können. Die Künd muss innerhalb der Zwei-Wochen-Frist zugehen.

53 Bei **Dauertatbeständen** (etwa Selbstbeurlaubung durch den Vorstand) beginnt die Frist mit der Beendigung des Dauertatbestandes (etwa Rückkehr aus dem nicht genehmigten Urlaub). Bei komplexeren Künd-Sachverhalten setzt der Fristbeginn voraus, dass Kenntnis von allen für die Beurteilung der Künd maßgeblichen Sachverhaltselementen vorliegt. Andererseits darf die Sachverhaltsaufklärung nicht unangemessen verzögert werden. Sofern die Anhörung des Vorstands für die Aufklärung des Künd-Sachverhalts erforderlich ist, beginnt demzufolge der Lauf der Ausschlussfrist frühestens nach Anhörung des Vorstandsmitglieds.[99] Sofern das Vorstandsmitglied den AR bittet, zunächst auf den Ausspruch einer Künd zu verzichten, um Einigungsmöglichkeiten auszuloten, verhält sich das Vorstandsmitglied treuwidrig, wenn es sich auf § 626 Abs. 2 BGB beruft.[100]

Bei mitbestimmten Gesellschaften ist nach zutreffender h.M. die Frist des § 626 Abs. 2 BGB bis zum Abschluss des mehrstufigen Widerspruchverfahrens nach § 31 Abs. 3, 5 MitbestG **gehemmt**.[101]

III. Beraterhinweis

54 Für die Praxis ist dringend anzuraten, eindeutig sowohl im Beschluss des AR als auch in der Erklärung gegenüber dem Vorstand zu regeln, ob lediglich die Organstellung oder zugleich auch der Anstellungsvertrag beendet werden soll.

55 Zulässig ist ebenfalls die Vereinbarung einer **auflösenden Bedingung**, nach der das Anstellungsverhältnis unter der auflösenden Bedingung eines wirksamen Widerrufs der Organstellung steht. Bei der Beratung der Gesellschaft ist die Empfehlung einer solchen Klausel anzuraten. Der Widerruf beendet in diesem Fall die Organstellung mit Zugang der Widerrufserklärung, das Anstellungsverhältnis endet jedoch erst mit Ablauf der sich aus der analogen Anwendung des § 622 Abs. 1 S. 2 ergebenden Frist.[102]

56 Ebenso ist anerkannt, dass die Vertragsparteien vereinbaren können, dass alle Gründe, die den Widerruf der Bestellung rechtfertigen, als **wichtige Gründe** i.S.d. § 626 BGB anzuerkennen sind.[103] Aus Gründen der Transparenz (§ 307 Abs. 1 S. 2 BGB) sollte klargestellt werden, dass die Künd-Frist des § 622 BGB Anwendung findet, sofern die Gründe für den Widerruf der Bestellung nicht die Voraussetzungen der Gründe des § 626 Abs. 1 BGB erfüllen.

---

§ 87 Grundsätze für die Bezüge der Vorstandsmitglieder

(1) ¹Der Aufsichtsrat hat bei der Festsetzung der Gesamtbezüge des einzelnen Vorstandsmitglieds (Gehalt, Gewinnbeteiligungen, Aufwandsentschädigungen, Versicherungsentgelte, Provisionen, anreizorientierte Vergütungszusagen wie zum Beispiel Aktienbezugsrechte und Nebenleistungen jeder Art) dafür zu sorgen, dass diese in einem angemessenen Verhältnis zu den Aufgaben und Leistungen des Vorstandsmitglieds sowie zur Lage der Gesellschaft stehen und die übliche Vergütung nicht ohne besondere Gründe übersteigen. ²Die Vergütungsstruktur ist bei börsennotierten Gesellschaften auf eine nachhaltige Unternehmensentwicklung auszurichten. ³Variable Vergütungsbestandteile sollen daher eine mehrjährige Bemessungsgrundlage haben; für

---

97 Vgl. BGH 19.5.1980 – AG 1981, 47, 48; BAG 5.5.1977 – NJW 1978, 723; Schmidt/Lutter/*Seibt*, AktG, § 84 Rn 64; dagegen BGH 6.4.1964 – BGHZ 41, 282, 287.
98 BGH 10.9.2001 – NZG 2002, 46, 47 f.
99 BGH 14.10.1991 – ZIP 1992, 32, 34 (GmbH-Geschäftsführer).
100 BGH 5.6.1975 – NJW 1975, 1698 (GmbH-Geschäftsführer).
101 Wie hier *Hüffer*, AktienG, § 84 Rn 41, 25; *Krieger*, Personalentscheidungen des Aufsichtsrats, S. 180.
102 BGH 29.5.1989 – NJW 1989, 2683 f.
103 BGH 11.5.1981 – NJW 1981, 2748, 2749.

außerordentliche Entwicklungen soll der Aufsichtsrat eine Begrenzungsmöglichkeit vereinbaren. ⁴Satz 1 gilt sinngemäß für Ruhegehalt, Hinterbliebenenbezüge und Leistungen verwandter Art.

(2) ¹Verschlechtert sich die Lage der Gesellschaft nach der Festsetzung so, dass die Weitergewährung der Bezüge nach Absatz 1 unbillig für die Gesellschaft wäre, so soll der Aufsichtsrat oder im Falle des § 85 Absatz 3 das Gericht auf Antrag des Aufsichtsrats die Bezüge auf die angemessene Höhe herabsetzen. ²Ruhegehalt, Hinterbliebenenbezüge und Leistungen verwandter Art können nur in den ersten drei Jahren nach Ausscheiden aus der Gesellschaft nach Satz 1 herabgesetzt werden. ³Durch eine Herabsetzung wird der Anstellungsvertrag im übrigen nicht berührt. ⁴Das Vorstandsmitglied kann jedoch seinen Anstellungsvertrag für den Schluß des nächsten Kalendervierteljahrs mit einer Kündigungsfrist von sechs Wochen kündigen.

(3) Wird über das Vermögen der Gesellschaft das Insolvenzverfahren eröffnet und kündigt der Insolvenzverwalter den Anstellungsvertrag eines Vorstandsmitglieds, so kann es Ersatz für den Schaden, der ihm durch die Aufhebung des Dienstverhältnisses entsteht, nur für zwei Jahre seit dem Ablauf des Dienstverhältnisses verlangen.

Literatur: *Birkholz*, Gesetzesvorschlag zu Vorstandsvergütungen, Deutscher AnwaltSpiegel, Ausgabe 01 vom 7.5.2009, 3; *Bosse*, Das Gesetz zur Angemessenheit der Vorstandsvergütung (VorstAG) – Überblick und Handlungsbedarf, BB 2009, 1650; *Gaul/Janz*, Wahlkampfgetöse im Aktienrecht: Gesetzliche Begrenzung der Vorstandsvergütung und Änderungen der Aufsichtsratstätigkeit, NZA 2009, 809; *Hanau*, Der (sehr vorsichtige) Entwurf eines Gesetzes zur Angemessenheit der Vorstandsvergütung, NJW 2009, 1652; *Hohaus/Weber*, Die Angemessenheit der Vorstandsvergütung gem. § 87 AktG nach dem VorstAG; *Hohenstatt*, Das Gesetz zur Angemessenheit der Vorstandsvergütung, ZIP 2009, 1349; *Lingemann*, Angemessenheit der Vorstandsvergütung – Das VorstAG ist in Kraft, BB 2009, 1918; *Nikolay*, Die Neuen Vorschriften zur Vorstandsvergütung – Detaillierte Regelungen und offene Fragen, NJW 2009, 2640; *Olbrich/Kassing*, Der Selbstbehalt in der D&O Versicherung: Gesetzliche Neuregelung lässt viele Fragen offen, BB 2009, 1659; *Overlack*, Der Einfluß der Gesellschafter auf die Geschäftsführung in der mitbestimmten GmbH, ZHR 141 (1977), 125; *Seibert*, Das VorstAG – Regelungen zur Angemessenheit der Vorstandsvergütung und zum Aufsichtsrat, WM 2009, 1489; *Thüsing*, Das Gesetz zur Angemessenheit der Vorstandsvergütung, AG 2009, 517; *van Kann/Keiluweit*, Das neue Gesetz zur Angemessenheit der Vorstandsvergütung – Wichtige Reform oder viel Lärm um nichts?, DStR 2009, 1587.

A. Allgemeines	1	4.	Begrenzungsmöglichkeit bei außerordentlicher Entwicklung, Abs. 1 S. 3 Hs. 2	22
B. Regelungsgehalt	3	5.	Rechtsfolgen	24
I. Abs. 1	3	6.	Zeitlicher Geltungsbereich	25
1. Beurteilungsmaßstab: Angemessenheit, Abs. 1 S. 1	8	II. Abs. 2		26
a) Aufgaben des Vorstandes	9	1.	Herabsetzung von laufenden Vorstandsbezügen	26
b) Leistungsbezug	10	2.	Herabsetzung von Versorgungsbezügen	32
c) Lage der Gesellschaft	11	3.	Rechtsfolgen	35
2. Üblichkeit der Vergütung	12	4.	Zeitlicher Geltungsbereich	38
3. Langfristige Verhaltensanreize zur nachhaltigen Unternehmensentwicklung, Abs. 1 S. 2, 3	16	III. Abs. 3		39

A. Allgemeines

§ 87 regelt zum Schutz der Gesellschafter, der Beschäftigen und sonstiger Gläubiger der AG
- den Grundsatz der angemessenen Vergütung von Vorstandsmitgliedern (Abs. 1),
- die einseitige Befugnis der AG, die Bezüge des Vorstands bei einer nachträglichen Verschlechterung der Lage der Gesellschaft auf eine angemessene Höhe zu reduzieren (Abs. 2) und
- die Rechtsfolgen einer insolvenzbedingten Künd des Vorstandsmitglieds gem. § 113 Abs. 1 InsO.

Die vor Einführung der Norm fehlende gesetzliche Regelung hatte „dazu geführt, dass Riesengehälter und Gewinnanteile ohne Rücksicht auf die Aufgaben und die Leistungsfähigkeiten der Vorstandsmitglieder und sogar dann noch geleistet wurden, wenn die wirtschaftliche Lage der Gesellschaft hoffnungslos war".[1]
Im Zuge der Finanzkrise in den Jahren 2008/2009, die dieses „Problem" zumindest in der Öffentlichkeit wieder in das Bewusstsein rückte, sah sich der Gesetzgeber gezwungen, § 87 neu zu gestalten, um so bei der Festsetzung der Vergütung von Vorständen Anreize für eine nachhaltige und langfristig wertsteigernde Unternehmensführung zu setzen. Deshalb verabschiedete er das VorstAG,[2] welches am 5.8.2009 in Kraft trat. Neben der Neufassung des § 87 sollte gleichzeitig die Verantwortlichkeit des AR für die konkrete Ausgestaltung der Vorstandsvergütung konkretisiert werden (vgl. § 116 n.F.). Schließlich strebt der Gesetzgeber mit dem VorstAG die Verbesserung der Transparenz der Vorstandsvergütung gegenüber Aktionären und der Öffentlichkeit an (vgl. §§ 285, 314 HGB n.F.).

---

[1] *Schlegelberger/Quassowski*, AktG 1937, § 78 Rn 1.   [2] (BGBl I S. 2509 ff.)

2 Entsprechend der Gesetzesbegründung soll § 87 n.F. nichtentsprechend auf die **GmbH** anzuwenden sein. Dies soll auch für die mitbestimmte GmbH gelten,[3] obwohl bei dieser durch Verweisung auf § 116 n.F. (vgl. § 52 Abs. 1 GmbHG, § 25 MitbestG und § 1 DrittelbG) der geänderte § 87 mittelbar gelten würde.

B. Regelungsgehalt
I. Abs. 1

3 Der AR hat bei der Festsetzung der Gesamtbezüge des einzelnen Vorstandsmitglieds dafür Sorge zu tragen, dass die Gesamtbezüge und die weiteren Leistungen der Gesellschaft an den Vorstand in einem angemessenen Verhältnis zu den Aufgaben und Leistungen des Vorstandsmitglieds sowie zur Lage der Gesellschaft stehen und die übliche Vergütung nicht ohne besondere Gründe übersteigen.

4 Die Angemessenheit der Gesamtbezüge ist zum **Zeitpunkt der Vereinbarung** der Vergütung zu beurteilen. Eine einseitige nachträgliche Veränderung der Gesamtbezüge durch den AR ist – soweit sich die Vertragsparteien keine andere Regelung vertraglich vorbehalten haben – kraft Gesetzes nur unter den Voraussetzungen des Abs. 2 möglich. Streitig und noch nicht durch die Rspr. geklärt ist, inwieweit Satzungsregelungen bzgl. einer erfolgsbezogenen Vergütung für den AR bindend sind.[4]

5 Der Begriff der „Gesamtbezüge" umfasst sämtliche Gegenleistungen, die das Vorstandsmitglied für seine Tätigkeit erhält, nicht dagegen sind von Abs. 1 sog. Fürsorgeaufwendungen umfasst. Die Aufzählung der Gesamtbezüge in Abs. 1 S. 1 ist nicht abschließend. So sind als Nebenleistungen insb. die Überlassung eines Dienstwagens oder die Einräumung von Vorzugspreisen beim Warenbezug zu nennen. Erfasst sind auch Abfindungen im Rahmen der Beendigung des Dienstvertrages,[5] Zahlungen aufgrund von **Change of Control Klauseln** und „Anerkennungsprämien".[6] Nach der Neufassung des § 93 Abs. 2 S. 3, welcher im Rahmen einer **D&O-Versicherung** die Pflicht zur Vereinbarung eines Selbstbehalts begründet, ist es nicht mehr mit dem damit verfolgten Gesetzeszweck vereinbar, Aufwendungen einer persönlichen Versicherungen des Vorstandes für die Abdeckung des Selbstbehalts als Bestandteil der Vergütung zu erfassen.[7]

6 Nach Abs. 1 S. 4 fallen auch Versorgungsbezüge wie Ruhegehälter, Hinterbliebenenbezüge und Leistungen verwandter Art unter das Angemessenheitsgebot, also alle Versorgungsleistungen, die an ehemalige Vorstandsmitglieder oder nach deren Tod an ihre Angehörigen geleistet werden.

7 Die Festsetzung der Vergütung sowie der Versorgungsbezüge ist dem AR-Plenum vorbehalten (§ 107 Abs. 3 n.F.), eine Delegation dieser Aufgabe an den Personalausschuss ist nicht (mehr) möglich. Dieser kann lediglich eine vorbereitende Funktion hinsichtlich der Details der festzusetzenden Vorstandsvergütung[8] übernehmen. Ziel dieser Neuregelung ist die transparentere Handhabung der Vergütungsfestsetzung.[9] Es ist somit darauf zu achten, dass ggf. die Geschäftsordnung des AR anzupassen ist.

8 **1. Beurteilungsmaßstab: Angemessenheit, Abs. 1 S. 1.** Das Gesetz schreibt – nach wie vor – keine Höchstvergütung vor. Einen „gerechten Preis" für die Dienstleistung des Vorstandes kann das Recht nicht festlegen. Auch vor der Änderung des § 87 durch das VorstAG hatte der AR aber bei der Festsetzung der Gesamtbezüge des einzelnen Vorstandsmitglieds dafür Sorge zu tragen, dass die Gesamtbezüge in einem angemessenen Verhältnis zu den Aufgaben und der Lage der Gesellschaft standen. Jedoch wurde der Begriff der „Angemessenheit" durch die Gesetzesänderung weiter konkretisiert.

9 **a) Aufgaben des Vorstandes.** In die Angemessenheitsprüfung sind die Aufgaben des Vorstandsmitglieds einzustellen. Maßgeblich sind dabei insb. die Art der Aufgaben, die das Vorstandsmitglied übernehmen soll sowie deren Bedeutung für die Gesellschaft.

10 **b) Leistungsbezug.** Durch die Neufassung des Abs. 1 müssen die Gesamtbezüge des Vorstandsmitglieds nicht nur zu seinen Aufgaben, sondern auch zu seinen **Leistungen** in einem angemessenen Verhältnis stehen. Die Leistungen des Vorstandsmitglieds sind jedoch auch vor dem Inkrafttreten des VorstAG als (ungeschriebenes) zusätzliches

---

3 Beschlussempfehlung, BT-Drucks 16/13433, S. 16.
4 Bejahend etwa *Overlack*, ZHR 141 [1977], 125, 134, für die Entscheidungsfreiheit des AR bspw. Schmidt/Lutter/ Seibt, AktG, § 87 Rn 6; MüKo-AktG/Spindler, § 87 Rn 26 befürwortet die Änderung der Gesetzeslage dahingehend, dass die Festlegung von Grenzen und Berechnungsgrundlagen in der Satzung ermöglicht wird.
5 Vgl. *Thüsing*, AG 2009, 518, 520, der die Auffassung vertritt, dass das nach neuer Gesetzeslage zu beachtende Kriterium der Nachhaltigkeit dem nicht entgegensteht; zweifelnd dagegen *Hanau*, NJW 2009, 1652, 1653.
6 A.A. nunmehr *Hohaus/Weber*, DB 2009, 1515, 1516.
7 *Van Kann/Keiluweit*, DStR 2009, 1587, 1589; *Hohenstatt*, ZIP 1349, 1354; *Lingemann*, DB 2009, 1918, 1922.
8 Der Anstellungsvertrag i.Ü. kann weiterhin von einem Ausschuss geschlossen werden, da § 107 n.F. nur auf § 87 Abs. 1 und 2 verweist, vgl. auch *Seibert*, WM 2009, 1489, 1491.
9 Begr. RegE, BT-Drucks 16/12278, S. 6.

Kriterium in die Angemessenheitsprüfung eingeflossen, so dass mit dieser Neuregelung keine inhaltliche Änderung der Rechtslage verbunden ist.

Bei **Neuanstellungen** kann sich die Leistungsbeurteilung bspw. aus früheren Anstellungsverhältnissen in vergleichbaren Positionen ergeben.[10] Sollten entsprechende Informationen nicht vorhanden sein, ist aus dem Kriterium der Leistungsbezogenheit zu schlussfolgern, dass ein nicht unerheblicher Teil der Vergütung variabel auszugestalten und insb. an die künftige persönliche Leistung des Vorstandsmitglieds zu koppeln ist.[11] Bei **Vertragsverlängerungen** hingegen können auch bei der Festsetzung des Festgehalts die bisherigen Leistungen herangezogen werden.[12]

c) Lage der Gesellschaft. Das Kriterium der „Lage der Gesellschaft" beschreibt die wirtschaftlichen Verhältnisse des Unternehmens, insb. neben der eigentlichen Vermögenslage auch die Ertragslage und die zukünftige Entwicklung der Gesellschaft.[13] Wenn eine AG sich in wirtschaftlichen Schwierigkeiten befindet, kann sie aber gleichwohl einem für die Sanierung gewonnenen Vorstand angesichts der Bedeutung der Sanierungsaufgabe eine besonders hohe Vergütung gewähren, ohne dass ein Verstoß gegen Abs. 1 vorliegt.

2. Üblichkeit der Vergütung. Nach der Neufassung des Abs. 1 S. 1 hat der AR dafür Sorge zu tragen, dass die Gesamtbezüge des Vorstandsmitglieds die „übliche Vergütung nicht ohne besondere Gründe" übersteigen. Entsprechend der Gesetzesbegründung soll sich die „Üblichkeit" sowohl aus einem horizontalen Vergleich („Branchen-, Größen- und Landesüblichkeit") als auch aus dem Lohn- und Gehaltsgefüge im Unternehmen ergeben (Vertikalität).[14]

In den **horizontalen Vergleich** sollen Unternehmen derselben Branche, ähnlicher Größe und Komplexität als Vergleichsgrundlage herangezogen werden.[15] Dies entspricht der vorherigen Rechtslage, so dass sich diesbezüglich nichts ändert. Problematisch ist in diesem Zusammenhang jedoch das Kriterium der „**Landesüblichkeit**", das durch die Bezugnahme auf den Geltungsbereich des AktG[16] dazu führt, dass internationale Vergütungsstrukturen und -höhen ausweislich der Gesetzesbegründung grundsätzlich außer Betracht zu bleiben haben.[17] Dieses Kriterium findet im Gesetzeswortlaut keinen Niederschlag. Es verkennt, dass die konkret betroffene Gesellschaft sich ggf. im internationalen Wettbewerb befindet und dies nicht nur ein Wettbewerb um Kunden und Marktanteile, sondern auch ein Wettbewerb um beste Führungskräfte ist. Man wird internationale Vergütungsstrukturen insb. dann zu berücksichtigen haben, wenn sonst die Vorstandsposition angesichts internationaler Konkurrenzangebote für den konkreten Kandidaten nicht angemessen besetzt werden kann.[18] Zur haftungsrechtlichen Absicherung ist dem AR im Hinblick auf § 116 n.F. zu empfehlen, seine Vergütungsentscheidung näher zu begründen und umfassend zu dokumentieren.

Selbst wenn man anhand dieser Kriterien im horizontalen und vertikalen Vergleich zu einer „Üblichkeit" der Vergütung kommen sollte, soll dies jedoch nicht ohne Weiteres den Schluss auf eine zugleich vorliegende Angemessenheit der Vergütung zulassen.[19] So wird vertreten, dass die Unüblichkeit der Vergütung im horizontalen und vertikalen Vergleich vielmehr zugleich deren Unangemessenheit indiziere, solange es nicht rechtfertigende Gründe hierfür gibt.[20] Dies lässt sich weder aus dem Wortlaut, noch aus der Systematik des Gesetzes herleiten. Auch kann weder dem Gesetz noch seinen Materialien entnommen werden, was unter „besondere Gründe", die die Unüblichkeit der Vergütung rechtfertigen können, zu verstehen ist, so dass hier eine bedenkliche Rechtsunsicherheit besteht.

Selbst wenn man dieser Auffassung folgen würde, ist jedoch von der Angemessenheit auszugehen, wenn die übrigen Angemessenheitskriterien, wie Aufgaben und Leistungen des Vorstandsmitglieds, Lage der Gesellschaft und nachhaltige Unternehmensentwicklung erfüllt sind.[21] Denkbar wäre es bspw., die besonderen Leistungen des Vorstandsmitglieds oder die besonders hohen Anforderungen, die an ihn gestellt werden müssen (z.B. schwierige Sanierungsaufgaben), als rechtfertigenden Grund in Betracht zu ziehen.[22]

3. Langfristige Verhaltensanreize zur nachhaltigen Unternehmensentwicklung, Abs. 1 S. 2, 3. Der AR in einer **börsennotierten AG**[23] ist nunmehr verpflichtet, bei Vergütungsentscheidungen die variablen Vergütungsbestandteile auf den nachhaltigen Unternehmenserfolg auszurichten. Entgegen des insoweit nicht eindeutigen Wortlauts der S. 2 und 3 kommen als Mittel zur Erreichung dieses Ziels nicht nur langfristige, sondern auch kurzfristige Verhaltensanreize in Betracht. Dies folgt zum einen aus S. 1, nach dem auch Provisionen, also klassische kurzfristige

---

10 *Nikolay*, NJW 2009, 2640, 2641.
11 *Hohenstatt*, ZIP 2009, 1349, 1350.
12 Begr. RegE, BT-Drucks 16/12278, S. 6.
13 Vgl. auch DCGK vom 18.6.2009, Nr. 4.2.2.
14 Begr. RegE, BT-Drucks 16/12278, S. 6; krit. hierzu *Hohenstatt*, ZIP 1349, 1351.
15 Beschlussempfehlung, BT-Drucks 16/13433, S. 15.
16 Beschlussempfehlung, BT-Drucks 16/13433, S. 15.
17 Vgl. auch *Hohenstatt*, ZIP 2009, 1349, 1351; *Nikolay*, NJW 2009, 2640, 2641 f.
18 Ähnlich *Lingemann*, BB 2009, 1918, 1919.
19 *Thüsing*, AG 2009, 517, 518; *Seibert*, WM 2009, 1489, 1490.
20 *Thüsing*, AG 2009, 517, 518; *Hohaus/Weber*, DB 2009, 1515, 1516; *Seibert*, WM 2009, 1489, 1490.
21 *Hohaus/Weber*, DB 2009, 1515, 1516.
22 *Hohenstatt*, ZIP 2009, 1349, 1350.
23 Selbst wenn § 87 Abs. 1 S. 2 n.F. dem Wortlaut nach nur auf börsennotierte AG anwendbar ist, soll der Nachhaltigkeitsgedanke nach dem Willen des Gesetzgebers grundsätzlich auch von nichtbörsennotierten Gesellschaften berücksichtigt werden, vgl. Beschlussempfehlung, BT-Drucks 16/13433, S. 16.

Anreize, weiterhin als Vergütungsbestandteil vereinbart werden können. Zum anderen ergibt sich dies aus der Gesetzesbegründung, nach der eine Mischung aus kurzfristigen und längerfristigen Anreizen möglich sein soll, wenn im Ergebnis ein langfristiger Verhaltensanreiz geschaffen wird.[24] Lediglich die Gesamtbetrachtung des gesamten Vergütungssystems muss also der nachhaltigen Entwicklung dienen.[25]

17 Die Festlegung dessen, was langfristig Ziel der Unternehmensentwicklung sein soll, bleibt dabei dem AR vorbehalten. So muss nicht zwingend die Steigerung des Unternehmenswerts das Ziel sein. In Betracht kommt auch eine Ertrags- oder Umsatzsteigerung, die Steigerung der Innovationsfähigkeit des Unternehmens usw.[26]

18 Was unter „**langfristig**" in diesem Zusammenhang zu verstehen ist, soll sich nach der Vorstellung des Gesetzgebers zumindest mittelbar aus dem Gesetz ergeben. So sei die Verlängerung der Mindestausübungsfrist für Aktienoptionen auf vier Jahre (vgl. § 193 Abs. 2 Nr. 4 n.F.) als „Auslegungshilfe" für die Formulierung langfristiger Verhaltensanreize i.S.d. Abs. 1 heranzuziehen, da beide Normen denselben Zweck verfolgen, nämlich dem Begünstigten einen stärkeren Anreiz für ein langfristiges Handeln zum Wohle der Gesellschaft zu geben.[27] Jedoch macht diese Vier-Jahres-Frist als Indiz für die Langfristigkeit der gesetzten Verhaltensanreize nur dann Sinn, wenn das jeweilige Ziel überhaupt mit einem derart langen Bezugszeitraum verknüpft werden kann,[28] was bspw. bei (zulässigen, vgl. Rn 16) Erfolgsprovisionen für kurzfristige Geschäfte oder Projekte nicht der Fall ist.

19 Zur Umsetzung des Ziels der nachhaltigen Unternehmensentwicklung sollen variable Vergütungsbestandteile nach Abs. 1 S. 3 Hs. 1 eine **mehrjährige Bemessungsgrundlage** haben. Ein Verbot der Festvergütung folgt daraus nicht. Das Kriterium der Nachhaltigkeit gilt für variable Vergütungsbestandteile, *soweit* solche gewährt werden.[29]

Jedoch ist die Vereinbarung einer **reinen Festvergütung** mit Abs. 1 S. 2 **nicht vereinbar**,[30] da die Ausrichtung der Vergütungsstruktur auf eine nachhaltige Unternehmensentwicklung voraussetzt, dass Anreize hierfür geschaffen werden. Dies ist durch eine reine Festvergütung nicht zu erzielen, da diese unabhängig von den Leistungen oder dem Erfolg des Vorstandsmitglieds gezahlt wird. Um dem gesetzlichen Erfordernis der Ausrichtung der Vergütung auf eine nachhaltige Unternehmensentwicklung gerecht zu werden, ist der AR somit verpflichtet, (zumindest auch) variable Vergütungsbestandteile festzusetzen.

20 Die Erforderlichkeit einer „mehrjährigen Bemessungsgrundlage" bedeutet, dass nicht nur der Auszahlungszeitpunkt hinausgeschoben werden soll, sondern dass die variablen Vergütungsbestandteile auch an etwaigen negativen Entwicklungen gemessen werden müssen.[31] Damit soll Fällen entgegengewirkt werden, in denen der Vorstand durch Aufblähung des Auftragsvolumens oder Erzeugung außerordentlicher Gewinne (z.B. durch Beteiligungsverkäufe) die Bemessungsgrundlage für Boni zu einem bestimmten Stichtag erhöht.[32]

21 Wie die erforderliche mehrjährige Bemessungsgrundlage ausgestaltet wird, überlässt der Gesetzgeber dem AR: Lediglich beispielhaft benennt er in seiner Begründung Bonus-Malus-Systeme oder eine Performancebetrachtung über die Gesamtlaufzeit.[33] Als weitere Modelle kommen eine Bonusbank[34] oder die Vereinbarung einer Rückzahlungsklausel für Fälle, in denen sich im Nachhinein die Fehlerhaftigkeit der Auszahlung zugrunde liegenden Daten herausstellt,[35] in Betracht.

22 **4. Begrenzungsmöglichkeit bei außerordentlicher Entwicklung, Abs. 1 S. 3 Hs. 2.** Das Erfordernis einer Begrenzungsmöglichkeit der variablen Vergütungsbestandteile bei außergewöhnlichen Entwicklungen, welches wiederum nur für börsennotierte Gesellschaften gilt,[36] ist an die Empfehlung in Nr. 4.2.3 DCGK angelehnt. So soll dieses Erfordernis nach dem Willen des Gesetzgebers insb. bei Unternehmensübernahmen, Veräußerung von Unternehmensteilen, Hebung stiller Reserven oder bei anderen externen Einflüssen gelten, die nicht auf die Leistung des Vorstandes zurückzuführen sind. Eine „außerordentliche" Entwicklung ist daher vor allem eine Entwicklung, die zu einem erheblichen Anstieg der Vergütung des Vorstandsmitglieds führt, aber erkennbar nicht mit seiner Leistung im Zusammenhang steht, sondern andere Ursachen hat.[37] In solchen Fällen sollen Vorstandsmitglieder, deren Vergütungsbestandteile an externe Parameter wie etwa Kursentwicklung geknüpft sind, nicht unbeschränkt profitieren.[38]

Der vorstehend dargelegte Gesetzeszweck spricht dafür, dass bei konkret absehbaren Geschäftsvorgängen, an denen der Vorstand beteiligt ist, die Gewährung einer variablen Vergütung ohne Obergrenze (cap) zulässig ist (etwa bei der Beauftragung eines Vorstandes, eine seit langem renditeschwache Sparte des Unternehmens zu veräußern).

---

24 Beschlussempfehlung, BT-Drucks 16/13433, S. 16.
25 *Thüsing*, AG 2009, 518, 520.
26 *Thüsing*, AG 2009, 518, 520.
27 Begr RegE, BT-Drucks 16/12278, S. 5.
28 *Gaul/Janz*, NZA 2009, 809, 810.
29 Hohenstatt, ZIP 2009, 1349, 1351.
30 Ähnlich schon *Birkholz*, Deutscher AnwaltSpiegel vom 7.5.2009, 3; a.A. *Thüsing*, AG 2009, 518, 520.
31 Beschlussempfehlung, BT-Drucks 16/13433, S. 16.

32 *Gaul/Janz*, NZA 2009, 809, 810; *Lingemann*, BB 2009, 1918, 1919.
33 Beschlussempfehlung, BT-Drucks 16/13433, S. 16.
34 Dazu *Lingemann*, BB 2009, 1918, 1919.
35 So die Empfehlung der EU-Kommission zur Vorstandsvergütung, KOM 2009/385/EG, Erwägungsgrund 6.
36 *Hohenstatt*, ZIP 2009, 1349, 1352.
37 *Thüsing*, AG 2009, 518, 522.
38 Beschlussempfehlung, BT-Drucks 166/13433, S. 16; vgl. auch *van Kann/Keiluweit*, DStR 2009, 1587, 1588.

Die konkrete Ausgestaltung der Begrenzungsmöglichkeit wird dem AR überlassen. Möglich ist so auch die Vereinbarung einer cap oder eines degressiv ansteigenden Bonus.

5. Rechtsfolgen. Nach der (lediglich klarstellenden) Neufassung des § 116 ist der AR **schadensersatzpflichtig**, wenn er eine unangemessene Vergütung nach Abs. 1 festsetzt. Diese Schadensersatzpflicht des AR bestand bei schuldhafter Pflichtverletzung auch schon nach alter Gesetzeslage (§§ 116, 93 Abs. 2). Durch diese nunmehr ausdrückliche Sanktionierung mit persönlicher Haftung soll nach dem Willen des Gesetzgebers deutlich gemacht werden, dass die angemessene Vergütungsfestsetzung zu den wichtigsten Aufgaben des AR gehört.[39] Im Hinblick darauf, dass insb. das Kriterium der „üblichen Vergütung" mit einer gewissen Unschärfe behaftet ist, ist dem AR zu empfehlen, externe Gutachten und umfassende Informationen einzuholen sowie den Abwägungs- und Entscheidungsprozess im Plenum hinreichend zu dokumentieren, um das Schadensersatzrisiko zu minimieren.

Bei vorsätzlichem Handeln kommt eine strafrechtliche Verantwortlichkeit (Untreue, § 266 StGB) in Betracht. Nach allg. Ansicht führt ein Verstoß gegen Abs. 1 nicht zur Nichtigkeit des Dienstvertrages oder der Vergütungsvereinbarung.

6. Zeitlicher Geltungsbereich. Abs. 1 gilt in seiner neuen Fassung für Verträge, die ab dem Inkrafttreten des VorstAG am 5.8.2009 abgeschlossen werden. Weiterhin gilt er auch für **Vertragsverlängerungen** ab diesem Zeitpunkt, so dass der AR insb. bei der (Neu-)Festlegung von variablen Vergütungsbestandteilen die nunmehr konkretisierten Angemessenheitskriterien im Rahmen seiner Ermessensausübung zu beachten hat.[40]

II. Abs. 2
1. Herabsetzung von laufenden Vorstandsbezügen. Mit Inkrafttreten des VorstAG wurde auch Abs. 2 geändert. Nunmehr „**soll**" (a.F.: „kann") der AR eine nachträgliche Herabsetzung der Bezüge vornehmen, wenn die Voraussetzungen dafür vorliegen.[41] Mit der Ausgestaltung des Abs. 2 als Soll-Vorschrift liegt die Frage hinsichtlich des „Ob" einer Herabsetzung im Ermessen des AR.[42] In klaren Fällen kann aber auch von einer Ermessensreduzierung auf Null ausgegangen werden.[43]

Das **Anpassungsrecht** des AR kann weder durch Satzung noch durch eine Vereinbarung mit dem Vorstand ausgeschlossen oder beschränkt werden. Teilweise wird empfohlen, dass das Herabsetzungsrecht ausdrücklich vertraglich geregelt werden sollte,[44] weil zweifelhaft sei, ob der geänderte Wortlaut (a.F.: „ist der AR ... zu einer angemessenen Herabsetzung berechtigt"; n.F.: „so soll der AR ... herabsetzen") das Recht zu einer einseitigen Herabsetzung (noch) zulasse. Eine solche vertragliche Regelung ist nicht erforderlich. Sowohl in der Alt- als auch in der Neu-Fassung erwähnt das Gesetz die Herabsetzungsmöglichkeit durch den AR oder das Gericht ohne weitere Differenzierung. Aus der Systematik folgt somit, dass die Herabsetzung der Vorstandsbezüge durch einen **einseitigen Gestaltungsakt** erfolgen kann. Sofern die Voraussetzungen des Herabsetzungsrechts erfüllt sind, wird mit Zugang der Erklärung des AR der Anstellungsvertrag unmittelbar geändert. I.Ü. gelten die Regelungen des Anstellungsvertrages fort, dem Vorstandsmitglied steht jedoch ein Sonderkündigungsrecht zu, Abs. 2 S. 3, 4.

Voraussetzung der Herabsetzung der Bezüge ist eine (1.) **nachträgliche**, (2.) **Verschlechterung** der Lage der AG, bei der (3.) die Weitergewährung der Bezüge für die Gesellschaft eine **Unbilligkeit** bedeuten würde.

Die nach vorheriger Gesetzeslage erforderliche „wesentliche" Verschlechterung der Verhältnisse der Gesellschaft ist ebenso wenig erforderlich, wie die „schwere" Unbilligkeit der Weitergewährung der Bezüge.[45] Dementsprechend soll eine Insolvenz oder unmittelbare Krise der Gesellschaft die Voraussetzungen stets erfüllen, aber nicht (mehr) notwendig sein. Es genügt nach dem Willen des Gesetzgebers vielmehr, wenn die AG Entlassungen oder Lohnkürzungen vornehmen muss und keine Gewinne mehr ausschütten kann.[46] Eine pflichtgemäße Entscheidung des Vorstandes zur Thesaurierung[47] von Gewinnen genügt somit nicht.[48] Ebenso kann es wohl nicht genügen, wenn allein von der Entlassung von Mitarbeitern auf eine wirtschaftlich schlechte Lage der Gesellschaft geschlossen wird, da Personalabbaumaßnahmen oft auch schon im Vorfeld ergriffen werden, um genau diese gar nicht erst entstehen zu lassen. Deshalb ist zu fordern, dass zu den Entlassungen kumulativ auch die fehlende Gewinnausschüttung hinzukommen muss, um von einer verschlechterten Lage ausgehen zu können.[49] I.Ü. bleibt es trotz der Neufassung des Abs. 2 und den Verzicht auf eine „wesentliche" Verschlechterung bei dem Grundsatz, dass lediglich geringfügige

---

39 BT-Drucks 16/12278, S. 6.
40 Vgl. auch *Bosse*, BB 2009, 1650, 1651; *Hohenstatt*, ZIP 2009, 1349, 1357.
41 Der Gesetzgeber hat sich bewusst gegen eine Ausgestaltung als Muss-Vorschrift entschieden, um eine gewisse Flexibilität im Einzelfall zu gewährleisten, vgl. Beschlussempfehlung, BT-Drucks 16/13433, S. 16.
42 *Bosse*, BB 2009, 1650, 1651.
43 *Seibert*, WM 2009, 1489, 1491.
44 *Bosse*, BB 2009, 1650, 1651.
45 Zu den verfassungsrechtlichen Bedenken bzgl. dieser Entschärfung der Voraussetzungen vgl. *Hohenstatt*, ZIP 2009, 1349, 1352.
46 Begr. RegE, BT-Drucks 16/12278, S. 6.
47 Erwirtschaftete Gewinne werden nicht ausgegeben oder ausgeschüttet, sondern verbleiben in der Gesellschaft.
48 *Lingemann*, BB 2009, 1918, 1920.
49 So auch *Gaul/Janz*, NZA 2009, 809, 811 f.

wirtschaftliche Schwierigkeiten für sich allein die Herabsetzung der vertraglich festgesetzten Vorstandsbezüge nicht rechtfertigen können.

29 Eine Weiterzahlung der Bezüge ist nach der Gesetzesbegründung dann als **„unbillig"** zu bezeichnen, wenn das Vorstandsmitglied pflichtwidrig gehandelt hat oder die Verschlechterung der Lage der AG in die Zeit seiner Vorstandsverantwortung fällt und ihm zurechenbar ist.[50] Dabei kommt es auf die Unbilligkeit „für die Gesellschaft" an.[51] Jedoch sind im Rahmen der „Billigkeitsabwägung" auch die Interessen des Vorstandes an der Einhaltung seiner ursprünglichen Vereinbarung zu berücksichtigen, so dass eine nur zeitlich begrenzte Herabsenkung seiner Bezüge in Betracht zu ziehen ist, wenn von Vornherein absehbar ist, dass die Verschlechterung der wirtschaftlichen Lage nur vorübergehend ist.[52]

30 Die Herabsetzung der Bezüge erfolgt auf das Niveau, welches nach Abs. 1 S. 1 in dieser Situation angemessen wäre. Von der Herabsetzung der Bezüge darf der AR nach der Gesetzesbegründung nur aufgrund besonderer Umstände absehen.[53] Wann der Gesetzgeber aber von einem Vorliegen „besonderer Umstände" ausgeht, kann den Gesetzesmaterialien wiederum nicht entnommen werden, so dass auch diesbezüglich eine Rechtsunsicherheit besteht. Bei der Ausübung seines Ermessens und seiner Entscheidung gegen eine Herabsetzung der Vorstandsbezüge kann der AR insb. auch das Sonderkündigungsrecht des Vorstandes nach Abs. 2 S. 4 berücksichtigen. Hierbei sind zwei Kriterien maßgeblich, nämlich zum einen die Wahrscheinlichkeit der Ausübung des Sonderkündrechts und zum anderen die Bedeutung der weiteren Tätigkeit des Vorstandes für die Gesellschaft. Bei letzterem ist insb. zu berücksichtigen, ob und in welcher Zeitspanne Ersatz gefunden werden kann, der die in der Krise konkret zu bewältigenden Aufgaben in wenigstens ähnlich guter Weise erfüllen kann, wie der betroffene Vorstand.

Im Hinblick auf die Haftung des AR (siehe Rn 36) hat dieser seine Entscheidung ausführlich zu begründen und seinen Entscheidungsprozess zu dokumentieren.

31 Auch nach der neuen Gesetzeslage ist eine rückwirkende Herabsetzung bereits entstandener Vergütungsansprüche nicht möglich; zulässig ist nur die Herabsetzung der dem Vorstandsmitglied zukünftig zustehenden Bezüge.[54] Soweit ein „verfehlter", aber nach Abs. 1 rechtmäßig festgesetzter Bonus einmal erworben und ausgezahlt wurde, kann er nicht mehr herabgesetzt werden.[55]

32 **2. Herabsetzung von Versorgungsbezügen.** Entgegen der bisherigen Gesetzeslage besteht nunmehr ein Herabsetzungsrecht des AR auch im Hinblick auf Ruhegehälter, Hinterbliebenenbezüge und Leistungen verwandter Art (Abs. 2 S. 2). Dies soll „nur in den ersten drei Jahren nach Ausscheiden aus der Gesellschaft" möglich sein, da es erforderlich ist, dass dem ausgeschiedenen Vorstandsmitglied die Verschlechterung der wirtschaftlichen Lage zugerechnet werden kann. Die Zurechnung kann aber nicht zeitlich unbegrenzt erfolgen.[56]

33 Diese durch das VorstAG eingeführte Regelung ist eine der problematischsten. Dies gilt nicht nur im Hinblick auf den missglückten Wortlaut, da die Herabsetzung der Versorgungsleistungen nicht nur für einen Zeitraum von drei Jahren nach Ausscheiden möglich sein soll, sondern lediglich die Entscheidung zu einer – u.U. unbefristeten – Kürzung innerhalb des Zeitraums getroffen werden muss.[57] Es bestehen insb. **verfassungsrechtliche Bedenken** gegen diese Norm, da durch sie in den Bestands- und Vertrauensschutz des Versorgungsempfängers in besonderer Weise eingegriffen wird: Die Altersversorgung stellt eine Gegenleistung für bereits erbrachte Dienstleistungen dar. Eingriffe in bereits erdiente Anwartschaften sind nach dem im Arbeitsrecht geltenden sog. „Drei-Stufen-Theorie" nur zulässig, wenn dies durch „zwingende" Gründe gerechtfertigt ist, da diese Anwartschaften eine Rechtsposition gewähren, die bereits „eigentumsrechtlich verfestigt" ist.[58] Selbst wenn man das BetrAVG von Abs. 2 als lex specialis verdrängt ansehen würde,[59] so sind doch zumindest dessen Schutzprinzipien im Rahmen der Verhältnismäßigkeit der Herabsetzungsentscheidung nach Abs. 2 heranzuziehen[60] und die gesetzlichen Voraussetzungen deutlich strenger auszulegen, als bei der Reduzierung von Bezügen noch aktiver Vorstandsmitglieder.[61]

Erschwerend kommt hinzu, dass das in Abs. 2 S. 3 vorgesehene Sonderkündigungsrecht für ein ausgeschiedenes Vorstandsmitglied nicht in Betracht kommt, er auf die Herabsenkung seiner Bezüge somit nicht in entsprechender Weise reagieren kann.[62]

---

50 Begr. RegE, BT-Drucks 16/12278, S. 6; krit. hierzu *Hohaus/Weber*, DB 2009, 1515, 1519 die für die Zurechenbarkeit über die bloße Kausalität hinaus einen normzweckorientierten Zurechnungszusammenhang verlangen wollen.
51 Nach der Begr. RegE sollte es nicht allein auf die Unbilligkeit für die Gesellschaft ankommen, so dass wohl auch das öffentliche Meinungsbild hätte maßgeblich sein können.
52 *Gaul/Janz*, NZA 2009, 809, 812.
53 Beschlussempfehlung, BT-Drucks 16/13433, S. 16.
54 Vgl. Stellungnahme des DAV Nr. 32/2009, Rn 21; krit. auch *Hanau*, NJW 2009, 1652, 1653.
55 *Thüsing*, AG 2009, 518, 522.
56 Beschlussempfehlung, BT-Drucks 16/13433, S. 16.
57 *Hohenstatt*, ZIP 2009, 1349, 1353.
58 Vgl. BAG 11.12.2001 – NZA 2003, 1407; vgl. auch *Hohenstatt*, ZIP 2009, 1349, 1353; *Gaul/Janz*, NZA 2009, 809, 812.
59 So *Lingemann*, BB 2009, 1918, 1921.
60 *Lingemann*, BB 2009, 1918, 1921.
61 *Nikolay*, NJW 2009, 2640, 2643.
62 Vgl. auch *van Kann/Keiluweit*, DStR 2009, 1587, 1590; *Nikolay*, NJW 2009, 2640, 2643.

Eine für die Praxis besonders relevante Frage ist, ob die **Drei-Jahres-Frist** mit der Abberufung oder mit der Beendigung des Anstellungsvertrages **beginnt**. In der Lit. wird teilweise auf die Beendigung des Anstellungsvertrages abgestellt.[63] Der Wortlaut des Gesetzes („drei Jahre nach Ausscheiden aus der Gesellschaft") ist nicht eindeutig. Die Systematik des Gesetzes spricht dafür, auf die **Beendigung der Organstellung** abzustellen, denn in Abs. 3, der ebenfalls eine Fristenregelung enthält, stellt der Gesetzgeber ausdrücklich auf das Ende des Anstellungsvertrages ab („zwei Jahre seit dem Ablauf des Dienstverhältnisses"). Es hätte nahe gelegen, die identische Formulierung in Abs. 2 zu verwenden, wenn der gleiche Zeitpunkt beabsichtigt wäre. Schließlich spricht auch die teleologische Auslegung für eine Anknüpfung an die Abberufung als Organ. Wie oben ausgeführt (siehe Rn 32), möchte der Gesetzgeber mit der Drei-Jahres-Frist über ein zeitliches Anknüpfungskriterium sicherstellen, dass die Verschlechterung der Lage der Gesellschaft dem ausgeschiedenen Vorstandsmitglied noch zugerechnet werden kann. Einfluss auf die Lage der Gesellschaft hat der Vorstand aber nur bis zum Zeitpunkt der Abberufung als Organ und nicht bis zum Ablauf des Anstellungsvertrags (Trennungstheorie). Typischerweise sind Vorstandsdienstverträge auf mehrere Jahre befristet. Auf die Zufälligkeit abzustellen, wie lange der Anstellungsvertrag nach der Abberufung als Organ noch fortbesteht, wäre mit dem zuvor skizzierten Gesetzeszweck nicht vereinbar.

3. Rechtsfolgen. Die einseitige Vertragsänderung durch den AR berechtigt das Vorstandsmitglied unabhängig von bestehenden vertraglichen Regelungen zur Künd des Anstellungsvertrages für den Schluss des nächsten Kalendervierteljahres mit einer Künd-Frist von sechs Wochen. Bei nicht rechtzeitiger Ausübung des Künd-Rechts erlischt dieses. Sofern das Vorstandsmitglied vor Ablauf der Künd-Befugnis Klage gegen die Herabsetzung der Gesamtbezüge erhoben hat, ist nach zutreffender Ansicht Fristbeginn für die Ausübung des Künd-Rechts die rechtskräftige Feststellung der wirksamen Herabsetzung der Vorstandsbezüge.

Ein Verstoß gegen Abs. 2 wird – anders als ein Verstoß gegen Abs. 1 – vom Wortlaut des neu gefassten § 116 Abs. 1 zwar nicht erfasst. Jedoch greift auch bei einem Verstoß gegen Abs. 2 die Haftung des AR: Da der AR bei der Verschlechterung der Lage der AG die Vorstandsvergütung herabsetzen „soll", muss eine pflichtwidrig unterlassene Herabsetzung der Bezüge nach Abs. 2 nach den allgemeinen Regeln (§ 116 Abs. 1 S. 1 i.V.m. § 93) eine Schadensersatzpflicht auslösen, wenn das Ermessen deutlich überschritten wurde.[64]

Der Vorstand kann Rechtsschutz durch Erhebung einer Leistungsklage suchen, in deren Rahmen incidenter die Rechtmäßigkeit der Herabsetzung der Gesamtbezüge gerichtlich überprüft wird.

4. Zeitlicher Geltungsbereich. Die neue Fassung des Abs. 2 gilt ab Inkrafttreten des VorstAG am 5.8.2009 für sämtliche Vorstandsverträge unabhängig vom Zeitpunkt ihres Abschlusses und somit auch für bestehende Verträge oder bereits ausgeschiedene Vorstandsmitglieder.[65]

III. Abs. 3

Abs. 3 wurde durch das VorstAG nicht geändert.

Nach Eröffnung des **Insolvenzverfahrens** über das Vermögen der Gesellschaft kann der Vorstandsdienstvertrag gem. § 113 InsO unter Einhaltung der gesetzlichen Frist gekündigt werden. Sollte der Insolvenzverwalter von diesem Recht Gebrauch machen, stehen dem Vorstandsmitglied gem. § 113 Abs. 2 InsO Schadensersatzansprüche zu. Der Vorstand ist einfacher Insolvenzgläubiger. Zum Schutz der Insolvenzmasse beschränkt Abs. 3 den Schadensersatzanspruch des Vorstandes materiell auf einen Zeitraum von zwei Jahren nach Beendigung des Vorstandsdienstvertrages. Nach h.M. findet Abs. 3 auf Ruhegehälter keine Anwendung.[66]

---

§ 88 Wettbewerbsverbot

(1) ¹Die Vorstandsmitglieder dürfen ohne Einwilligung des Aufsichtsrats weder ein Handelsgewerbe betreiben noch im Geschäftszweig der Gesellschaft für eigene oder fremde Rechnung Geschäfte machen. ²Sie dürfen ohne Einwilligung auch nicht Mitglied des Vorstands oder Geschäftsführer oder persönlich haftender Gesellschafter einer anderen Handelsgesellschaft sein. ³Die Einwilligung des Aufsichtsrats kann nur für bestimmte Handelsgewerbe oder Handelsgesellschaften oder für bestimmte Arten von Geschäften erteilt werden.

(2) ¹Verstößt ein Vorstandsmitglied gegen dieses Verbot, so kann die Gesellschaft Schadensersatz fordern. ²Sie kann statt dessen von dem Mitglied verlangen, daß es die für eigene Rechnung gemachten Geschäfte als für Rechnung der Gesellschaft eingegangen gelten läßt und die aus Geschäften für fremde Rechnung bezogene Vergütung herausgibt oder seinen Anspruch auf die Vergütung abtritt.

---

63 *Lingemann*, BB 2009, 1918, 1921.
64 So auch *van Kann/Keiluweit*, DStR 2009, 1587,1591; *Gaul/Janz*, NZA 2009, 809, 814.
65 *Bosse*, BB 2009, 1650, 1651.
66 *Hüffer*, AktienG, § 87 Rn 13; MüKo-AktG/*Spindler*, § 87 AktG Rn 119.

(3) ¹Die Ansprüche der Gesellschaft verjähren in drei Monaten seit dem Zeitpunkt, in dem die übrigen Vorstandsmitglieder und die Aufsichtsratsmitglieder von der zum Schadensersatz verpflichtenden Handlung Kenntnis erlangen oder ohne grobe Fahrlässigkeit erlangen müssten. ²Sie verjähren ohne Rücksicht auf diese Kenntnis oder grob fahrlässige Unkenntnis in fünf Jahren von ihrer Entstehung an.

Literatur: *Armbrüster*, Wettbewerbsverbote im Kapitalgesellschaftsrecht, ZIP 1997, 1269; *ders.*, Grundlagen und Reichweite von Wettbewerbsverboten im Personengesellschaftsrecht, ZIP 1997, 261; *Bauer/Diller*, Karenzentschädigung und bedingte Wettbewerbsverbote bei Organmitgliedern, BB 1995, 1134, 1137; *Fleischer*, Gelöste und ungelöste Probleme der gesellschaftsrechtlichen Geschäftschancenlehre, NZG 2003, 985; *Gaul*, Neues zum nachvertraglichen Wettbewerbsverbot, DB 1995, 874; *Golling*, Sorgfaltspflicht und Verantwortlichkeit der Vorstandsmitglieder für ihre Geschäftsführung innerhalb der nicht konzerngebundenen Aktiengesellschaft, 1969; *Jäger*, Das nachvertragliche Wettbewerbsverbot und die Karenzentschädigung für Organmitglieder juristischer Personen, DStR 1995, 724; *Kort*, Interessenkonflikte bei Organmitgliedern der AG, ZIP 2008, 717; *Leuering/Rubner*, Doppelmandate von Vorstandsmitgliedern und Geschäftsführern, NJW-Spezial 2008, 495; *Meyer*, Das „Eintrittsrecht" der Aktiengesellschaft gemäß § 88 Abs. 2 S. 2 Aktiengesetz, AG 1988, 259; *Sina*, Zum nachvertraglichen Wettbewerbsverbot für Vorstandsmitglieder und GmbH-Geschäftsführer, DB 1985, 902; *Thüsing*, Nachorganschaftliche Wettbewerbsverbote bei Vorständen und Geschäftsführern, NZG 2004, 9

A. Allgemeines 1	4. Einwilligung des Aufsichtsrates, Abs. 1 S. 3 . 10
B. Regelungsgehalt 2	III. Rechtsfolgen 13
I. Persönlicher und zeitlicher Geltungsbereich 3	1. Schadensersatz, Abs. 2 S. 1 13
II. Umfang 5	2. Eintrittsrecht, Abs. 2 S. 2 14
1. Handelsgewerbe, Abs. 1 S. 1 Alt. 1 5	3. Verjährung, Abs. 3 16
2. Geschäftemachen im Geschäftszweig der Aktiengesellschaft, Abs. 1 S. 1 Alt. 2 6	IV. Vertragliches und nachvertragliches Wettbewerbsverbot 17
3. Tätigkeit als Vorstand, Geschäftsführer oder persönlich haftender Gesellschafter einer Handelsgesellschaft, Abs. 1 S. 2 9	C. **Verbindung zu anderen Rechtsgebieten und zum Prozessrecht** 22

A. Allgemeines

1 Nach § 88 unterliegen Vorstandsmitglieder für die Dauer ihrer Amtszeit einem Wettbewerbsverbot. Dies folgt zum einen aus der Stellung des Vorstandmitgliedes als Teil des leitungsverantwortlichen Organs, die den Einsatz der ganzen **Arbeitskraft** für die AG verlangt.[1] Die AG muss vor „Vernachlässigung" durch anderweitigen Arbeitskrafteinsatz eines Vorstandsmitgliedes geschützt werden.[2] Zum anderen ist das Wettbewerbsverbot Folge der **Treuepflicht** des Vorstandmitgliedes gegenüber der AG[3] und soll diese vor Wettbewerbshandlungen schützen.[4] Welcher Schutzzweck im Vordergrund steht, richtet sich nach der jeweils verbotenen Tätigkeit: Während das Verbot des Geschäftemachens im Geschäftszweig der Gesellschaft vorwiegend vor Wettbewerb schützen soll, betrifft das Verbot des Betreibens eines Handelsgewerbes ebenso wie das Verbot der Tätigkeit als Vorstand, Geschäftsführer oder persönlich haftender Gesellschafter eher den Schutz der Arbeitskraft.[5] § 88 verbietet die dem Wettbewerbsverbot unterfallende Betätigung jedoch nicht schlechthin, sondern macht sie von der Einwilligung des Aufsichtsrats abhängig. Dieser kann und muss im Einzelfall beurteilen, ob für die AG ein Nachteil durch die konkrete Tätigkeit zu befürchten ist oder nicht. Eine generelle Einwilligung, auch im Anstellungsvertrag, ist durch Abs. 1 S. 3 ausgeschlossen.[6] Die Vorschrift ist jedoch **nicht zwingend**. Im Rahmen des Anstellungsvertrages können daher auch Verschärfungen oder Erleichterungen vereinbart werden. Bei Verschärfungen muss allerdings darauf geachtet werden, dass der Bereich der unternehmerischen und beruflichen Freiheit des Vorstandsmitgliedes nicht unverhältnismäßig eingeschränkt wird.[7] Das Wettbewerbsverbot ist als umfassendes Verbot in Ziff. 4.3.1 des Deutschen Corporate Governance Kodex übernommen worden und in Ziff. 4.3.5 auf jede Form der Nebentätigkeit, insb. auf AR-Mandate, ausgeweitet worden.

B. Regelungsgehalt

2 § 88 verbietet Vorstandsmitgliedern für die Dauer ihrer Amtszeit den Betrieb eines Handelsgewerbes, das Geschäftemachen im Geschäftszweig der AG (Abs. 1 S. 1) sowie die Tätigkeit als Vorstandsmitglied, Geschäftsführer oder persönlich haftender Gesellschafter einer anderen Handelsgesellschaft – AG, GmbH, OHG oder KG – (Abs. 1 S. 2),

---

1 BGH 2.4.2001 – NJW 2001, 2476, 2476; BGH 17.2.1997 – NJW 1997, 2055, 2056; KölnKomm-AktG/*Mertens*, § 88 Rn 2; MüKo-AktG/*Spindler*, § 88 Rn 1.
2 *Hüffer*, AktienG, § 88 Rn 1; KölnKomm-AktG/*Mertens*, § 88 Rn 2.
3 OLG Frankfurt 5.11.1999 – AG 2000, 518, 519; MüKo-AktG/*Spindler*, § 88 Rn 1; Schmidt/Lutter/*Seibt*, AktG, § 88 Rn 1.
4 *Hüffer*, AktienG, § 88 Rn 1.
5 *Meyer*, AG 1988, 259, 259.
6 *Hüffer*, AktienG, § 88 Rn 5; MüKo-AktG/*Spindler*, § 88 Rn 3; *Armbrüster*, ZIP 1997, 1269, 1270.
7 MüKo-AktG/*Spindler*, § 88 Rn 5.

es sei denn, es liegt eine Einwilligung des AR vor. In Abs. 1 S. 2 ist der mögliche Umfang einer solchen Einwilligung des AR geregelt. Abs. 2 bestimmt, dass im Falle des Verstoßes gegen dieses Verbot der Gesellschaft ein Schadensersatzanspruch zusteht (S. 1) und welchen Inhalt dieser haben kann (S. 2). Letztlich wird in S. 3 geregelt, wann Ansprüche der Gesellschaft gegen das Vorstandsmitglied wegen Verstößen gegen das Wettbewerbsverbot verjähren.

I. Persönlicher und zeitlicher Geltungsbereich

Persönlich bindet das Wettbewerbsverbot alle aktiven Vorstandsmitglieder und, über § 94, auch ihre Stellvertreter, nicht jedoch AR-Mitglieder, die nach § 105 Abs. 2 in den Vorstand entsandt sind, § 105 Abs. 2 S. 4, oder Abwickler, § 268 Abs. 3, selbst wenn sie Vorstandsmitglieder sind.[8] Dies schließt die Vereinbarung eines Wettbewerbsverbotes für Abwickler in der Satzung oder im Dienstvertrag allerdings nicht aus.[9]

Zeitlich gilt das Wettbewerbsverbot von der Bestellung zum Vorstandsmitglied (§ 84) bis zur **Beendigung des Amtes**, unabhängig davon, aus welchen Gründen diese eintritt und ob das Vorstandsmitglied sie akzeptiert oder sich dagegen gerichtlich wehrt (z.B. gem. § 84 Abs. 3 S. 4 gegen die Wirksamkeit eines Widerrufs).[10] Umstr. ist, ob das Wettbewerbsverbot auch dann mit der Abberufung endet, wenn der **Anstellungsvertrag nicht gekündigt** wird.[11] Die Frage ist schon aus Gründen der Rechtssicherheit zu bejahen. Das gesetzliche und das vertraglich vereinbarte Wettbewerbsverbot müssen strikt voneinander getrennt werden. Während letzteres an den Anstellungsvertrag anknüpft, ist das gesetzliche Verbot Ausdruck der besonderen Treuepflicht, die mit der organschaftlichen Stellung einhergeht. Dem Sinn und Zweck nach endet das gesetzliche Wettbewerbsverbot folglich mit Abberufung des Vorstandsmitgliedes.[12] Anders liegt der Fall, wenn ein Vorstandsmitglied sein Amt von sich aus niederlegt. In diesem Fall hängt der Fortbestand des Wettbewerbsverbotes davon ab, ob die Amtsniederlegung berechtigt war oder nicht:[13] War die Niederlegung berechtigt, endet das Wettbewerbsverbot, war sie unberechtigt und widerspricht die AG, bleibt das Wettbewerbsverbot bestehen.[14]

II. Umfang

1. Handelsgewerbe, Abs. 1 S. 1 Alt. 1. Nach Abs. 1 S. 1 Alt. 1 ist der Betrieb eines Handelsgewerbes verboten. Der Begriff des Handelsgewerbes richtet sich nach §§ 1 ff. HGB. Das Verbot gilt dabei unabhängig davon, ob das Handelsgewerbe mit der AG in Konkurrenz treten würde. Zielrichtung des Verbots ist insoweit der Erhalt der Arbeitskraft des Vorstandsmitglieds, nicht das Verhindern von Wettbewerb. Teilweise wird mit der Begründung, die Norm regele nur einen Aspekt der umfassenden Treuepflicht des Vorstandsmitgliedes, eine **analoge Anwendung** der Vorschrift auch auf gewerbliche oder freiberufliche Tätigkeiten, die nicht unter §§ 1 ff. HGB fallen, angenommen.[15] Dem wird ein dann kaum noch bestimmbarer Verbotsumfang entgegengehalten.[16] Um den mit dem Verbot verfolgten Zweck, nämlich die Erhaltung der Arbeitskraft des Vorstandsmitgliedes für die AG, zu erreichen, ist eine analoge Anwendung jedoch in engen Grenzen, bspw. bei freiberuflicher Tätigkeiten oder geschäftsführender Tätigkeit in einer BGB-Gesellschaft,[17] trotzdem geboten. Da das Wettbewerbsverbot im Deutschen Corporate Governance Kodex in Ziff. 4.3.5 auf jede Form der Nebentätigkeit, insbesondere auf AR-Mandate, ausgeweitet worden ist, erübrigt sich der Streit um eine **analoge Anwendung** der Norm in Fällen, in denen sich die AG dem Kodex unterworfen hat und das Vorstandsmitglied kein Handelsgewerbe im rechtstechnischen Sinne betreibt.[18] Aus dem Zweck des Verbotes folgt zudem, dass es unabhängig vom Geschäftskreis der AG ist.[19]

2. Geschäftemachen im Geschäftszweig der Aktiengesellschaft, Abs. 1 S. 1 Alt. 2. Geschäftemachen ist die, wenn auch nur spekulative, auf Gewinnerzielung gerichtete Teilnahme am geschäftlichen Verkehr, die nicht ausschließlich persönlichen Charakter hat (wie z.B. die Anlage eigenen Vermögens).[20] Dies werden in aller Regel Handelsgeschäfte i.S.d. § 343 HGB sein. Da dieses Verbot die AG vor Konkurrenz schützen soll, beschränkt es sich auf den Geschäftszweig der Gesellschaft. Dieser wird zunächst durch den in der Satzung nach § 23 Abs. 3 Nr. 2 festgelegten

---

8 KölnKomm-AktG/*Mertens*, § 88 Rn 4; MüKo-AktG/*Spindler*, § 88 Rn 7.
9 *Hüffer*, AktienG, § 268 Rn 7; MüKo-AktG/*Spindler*, § 88 Rn 7; differenzierend KölnKomm-AktG/*Kraft*, § 268 Rn 25.
10 MüKo-AktG/*Spindler*, § 88 Rn 9.
11 So z.B. KölnKomm-AktG/*Mertens*, § 88 Rn 5; Großkomm-AktG/*Meyer-Landrut*, Anm. 1; a.A. MüKo-AktG/*Spindler*, § 88 Rn 9, der die Fortgeltung allerdings davon abhängig macht, dass die Gesellschaft auch weiterhin die Bezüge an das Vorstandsmitglied zahlt.
12 *Hüffer*, AktienG, § 88 Rn 2.
13 *Hüffer*, AktienG, § 88 Rn 2; MüKo-AktG/*Spindler*, § 88 Rn 9; a.A. KölnKomm-AktG/*Mertens*, § 88 Rn 5, der allein darauf abstellt, ob die Amtsniederlegung rechtsmissbräuchlich war.
14 HK-AktG/*Bürgers/Israel*, § 88 Rn 3.
15 KölnKomm-AktG/*Mertens*, § 88 Rn 3; OLG Frankfurt a.M. 5.11.1999 – AG 2000, 518, 519.
16 *Hüffer*, AktienG, § 88 Rn 3.
17 Vgl. KölnKomm-AktG/*Mertens*, § 88 Rn 3; Schmidt/Lutter/*Seibt*, AktG, § 88 Rn 6 befürwortet die Ausweitung des Tätigkeitsverbotes ohne jede Einschränkung.
18 Für Ausweitung: KölnKomm-AktG/*Mertens*, § 88 Rn 3; OLG Frankfurt 5.11.1999 – AG 2000, 518, 519; dagegen: *Hüffer*, AktienG, § 88 Rn 3.
19 *Hüffer*, AktienG, § 88 Rn 3; MüKo-AktG/*Spindler*, § 88 Rn 11; KölnKomm-AktG/*Mertens*, § 88 Rn 8; *Armbrüster*, ZIP 1997, 1269, 1269 f.
20 BGH 17.2.1997 – NJW 1997, 2055, 2056; *Hüffer*, AktienG, § 88 Rn 3; MüKo-AktG/*Spindler*, § 88 Rn 12.

Unternehmensgegenstand bestimmt; ist der tatsächliche **Geschäftszweig** enger oder weiter, sind die **tatsächlichen** Gegebenheiten maßgebend.[21] Das Verbot gilt aufgrund des doppelten Schutzzwecks (vorwiegend Schutz vor Konkurrenz, aber auch Erhalt der Arbeitskraft) unabhängig davon, ob das Vorstandsmitglied mit seinem Geschäft tatsächlich in Konkurrenz zur AG tritt oder diese schädigt.[22] Die Anlage eigenen Vermögens in Werte, mit denen auch die AG handelt, ebenso wie der Handel mit Aktien der AG selbst stellen für sich genommen noch kein Geschäftemachen dar.[23] Erlangt das Vorstandsmitglied dadurch jedoch einen **beherrschenden Einfluss auf eine andere Gesellschaft** und missbraucht es diesen, um durch die Gesellschaft Tätigkeiten auszuüben, die ihm persönlich verboten sind, so muss auch hier das Wettbewerbsverbot gelten.[24] In einer solchen Beteiligung an einer im Geschäftszweig der AG tätigen Gesellschaft ist folglich ein Geschäftemachen i.S.d. Abs. 1 S. 1 Alt. 2 zu sehen, wenn nicht schon von dem Betrieb eines Handelsgewerbes durch das Vorstandsmitglied nach Abs. 1 S. 1 Alt. 2 auszugehen ist.

7 Um **Umgehung** zu vermeiden, verbietet Abs. 1 S. 1 Alt. 2 das Geschäftemachen sowohl für eigene als auch für fremde Rechnung. Es ist folglich gleich, ob das Vorstandsmitglied selbst oder als Prokurist, Kommissionär, Handelsvertreter oder Handelsmakler Geschäfte macht.[25] Ebenso ist der Einsatz eines Strohmannes oder das Vermitteln von Geschäften im Geschäftsbereich der AG verboten.[26]

8 Schließlich ist Abs. 1 S. 1 Alt. 2 analog anzuwenden, wenn das Vorstandsmitglied für sich selbst **Geschäftschancen** wahrnimmt, die der AG zustehen.[27] Dies ist dann der Fall, wenn die AG bereits einen Vertrag abgeschlossen hat[28] oder der Vertragsschluss nur noch Formsache ist,[29] aber auch wenn dem Vorstandsmitglied ein Angebot nur aufgrund seiner Stellung in der AG unterbreitet wurde.[30] In diesem Fall hat das Vorstandsmitglied zunächst darauf hinzuwirken, die Geschäftschance für die AG wahrzunehmen. Erst wenn diese sich eindeutig und ohne Beachtung der Interessen des Vorstandsmitgliedes gegen die Wahrnehmung der Geschäftschance entschieden hat, darf das Vorstandsmitglied das Geschäft selbst tätigen,[31] sofern es sich dabei nicht um ein unzulässiges Konkurrenzgeschäft handelt.

Die Geschäftschancenlehre gilt auch noch für einen gewissen Zeitraum nach Ausscheiden des Vorstandsmitglieds, so dass es dem Vorstandsmitglied untersagt ist, eine neue Existenz auf der Mitnahme einer Chance der AG aufzubauen.[32]

9 **3. Tätigkeit als Vorstand, Geschäftsführer oder persönlich haftender Gesellschafter einer Handelsgesellschaft, Abs. 1 S. 2.** Schließlich verbietet Abs. 1 S. 2 die Tätigkeit als Vorstandsmitglied, Geschäftsführer oder persönlich haftender Gesellschafter einer anderen Handelsgesellschaft, also von OHG, KG, GmbH oder AG. Wie Abs. 1 S. 1 Alt. 1 soll hiermit der AG die **volle Arbeitskraft** des Vorstandsmitgliedes gesichert werden. Folglich ist auch dieses Verbot unabhängig vom Geschäftskreis der AG. Auch hier ist umstr., ob eine analoge Anwendung, bspw. auf den geschäftsführenden Kommanditisten, in Betracht kommt,[33] und auch hier ist eine analoge Anwendung in engen Grenzen geboten, um den von der Norm verfolgten Zweck nicht zu gefährden.

Nicht verboten sind Beteiligungen an einer Gesellschaft als GmbH-Gesellschafter, nicht geschäftsführender Kommanditist oder Aktionär, sofern sie nicht unter das Verbot nach Abs. 1 S. 1 Alt. 2 fallen (vgl. Rn 6 f.), sowie die Tätigkeit im AR eines anderen Unternehmens.[34] Ebenso unterliegen die Vorstandsmitglieder einer Komplementär-AG keinem Wettbewerbsverbot zugunsten der KG.[35]

10 **4. Einwilligung des Aufsichtsrates, Abs. 1 S. 3.** Das gesetzliche Wettbewerbsverbot besteht nicht schlechthin, sondern nur soweit der AR nicht in die Tätigkeit des Vorstandsmitgliedes eingewilligt hat. Einwilligung ist die **vorherige Zustimmung**, § 183 BGB. Eine (nachträgliche) Genehmigung reicht folglich nicht aus. Sie hätte überdies auch keinen Einfluss auf Ersatzansprüche der AG gegen das Vorstandsmitglied nach Abs. 2, da diese mit Verstoß gegen das Wettbewerbsverbot entstehen und die Ersatzpflicht durch eine Billigung der Handlung durch den AR nach § 93 Abs. 4 S. 2 nicht ausgeschlossen wird.[36] Dass der AR sich entschließt, einen bestehenden Ersatzanspruch

---

21 BGH 5.12.1983 – BGHZ 89, 162; BGH 21.2.1978 – BGHZ 70, 331 (zu § 112 HGB); *Hüffer*, AktienG, § 88 Rn 3; KölnKomm-AktG/*Mertens*, § 88 Rn 9; Schmidt/Lutter/*Seibt*, AktG, § 88 Rn 7; *Armbrüster*, ZIP 1997, 1269, 1270; differenzierend MüKo-AktG/*Spindler*, § 88 Rn 15: bei nur vorübergehender Einschränkung des Geschäftszweiges ist allein der satzungsmäßige Geschäftszweig maßgeblich.

22 KölnKomm-AktG/*Mertens*, § 88 Rn 8; MüKo-AktG/*Spindler*, § 88 Rn 12.

23 BGH 17.2.1997 – NJW 1997, 2055, 2056; MüKo-AktG/*Spindler*, § 88 Rn 12.

24 Heidel/*Oltmanns*, § 88 AktG Rn 4; MüKo-AktG/*Spindler*, § 88 Rn 19.

25 MüKo-AktG/*Spindler*, § 88 Rn 13.

26 Schmidt/Lutter-*Seibt*, AktG, § 88 Rn 7.

27 *Hüffer*, AktienG, § 88 Rn 3; Schmidt/Lutter/*Seibt*, AktG, § 88 Rn 7; ausführlich MüKo-AktG/*Spindler*, § 88 Rn 56 ff.

28 BGH 11.10.1976 – WM 1977, 194, 195.

29 BAG 11.12.1967 – BB 1968, 504.

30 BGH 8.5.1967 – WM 1967, 679.

31 *Fleischer*, NZG 2003, 985, 986; HK-AktG/*Bürgers*/*Israel*, § 88 Rn 8.

32 *Kort*, ZIP 2008, 717, 719 unter Verweis auf BGH 23.9.1985 – NJW 1986, 585, 586.

33 Dafür: *Hüffer*, AktienG, § 88 Rn 4; *Armbrüster*, ZIP 1997, 1269, 1270; dagegen: MüKo-AktG/*Spindler*, § 88 Rn 16; Schmidt/Lutter/*Seibt*, AktG, § 88 Rn 8; HdbVorstR/*Thüsing*, § 4 Rn 91.

34 *Hüffer*, AktienG, § 88 Rn 4; KölnKomm-AktG/*Mertens*, § 88 Rn 2.

35 OLG Hamburg 29.6.2007 – NZG 2008, 224, mit Bespr. v. *Altmeppen*, ZIP 2008, 437, *Hellgardt*, ZIP 2007, 2248, *Werner*, GmbHR 2007, 988.

36 KölnKomm-AktG/*Mertens*, § 88 Rn 12.

nicht geltend zu machen, ist hingegen zwar möglich, vor dem Hintergrund seiner eigenen Haftung nach §§ 116, 93 aber nur wenig ratsam.[37] Die Einwilligung kann widerruflich oder unwiderruflich erteilt werden.

Wie jede AR-Entscheidung kommt die Einwilligung durch Beschluss nach § 108 Abs. 1 zustande. Eine **konkludente** Einwilligung durch Duldung ist also ausgeschlossen.[38] Jedoch muss die Einwilligung nicht unbedingt ausdrücklich in dem Beschluss erklärt werden, sofern sie sich durch Auslegung ermitteln lässt.[39] So enthält die Bestellung eines Vorstandsmitgliedes, das bereits ein eigenes Handelsgewerbe betreibt und sich auch für den Fall einer Bestellung vorbehalten hat, dieses weiterhin zu betreiben, wohl die Einwilligung in den Betrieb dieses Gewerbes.[40] Die Erteilung einer **Blankoeinwilligung** ist unzulässig, Abs. 1 S. 3. Der AR kann nur in einzelne und bestimmte, ihm bekannte Handelsgewerbe, Geschäfte und Geschäftszweige oder in die Übernahme einer Organstellung bei einer bestimmten Handelsgesellschaft einwilligen.[41] Daraus folgt, dass auch eine umfassende Aufhebung des Wettbewerbsverbots im Anstellungsvertrag verboten ist.[42] Umstr. ist allerdings, ob das Wettbewerbsverbot **durch** die **Satzung** eingeschränkt oder ganz aufgehoben werden kann.[43] Zwar dient das Wettbewerbsverbot ausschließlich dem Schutz der AG und stellt für diese daher kein zwingendes Recht dar.[44] Der satzungsmäßige Verzicht auf das Wettbewerbsverbot könnte aber das empfindliche Kräftegleichgewicht zwischen Vorstand und AR gefährden.[45] Eine pauschale Eingrenzung oder Aufhebung des Wettbewerbsverbots in der Satzung ist daher unzulässig. Eine Ausweitung bleibt dagegen auch durch Satzung möglich.

Die Einwilligungsmöglichkeit des AR stößt schließlich dort an ihre **Grenzen**, wo durch die anderweitige Tätigkeit des Vorstandsmitgliedes dessen Pflicht zur ordentlichen und gewissenhaften Geschäftsführung tangiert ist (zur Pflicht des Vorstandsmitgliedes zur ordentlichen und gewissenhaften Geschäftsführung vgl. § 93 Rn 10 ff.).[46] In eine Verletzung dieser Pflicht kann der AR nicht wirksam einwilligen.

III. Rechtsfolgen

1. Schadensersatz, Abs. 2 S. 1. Bei Verstoß gegen das Wettbewerbsverbot steht der AG ein Schadensersatzanspruch zu, Abs. 2 S. 1, der sowohl durch den AR, § 112, als auch, unter den Voraussetzungen des entsprechend anzuwendenden § 93 Abs. 5, von den Gläubigern der Gesellschaft geltend gemacht werden kann.[47] Auch § 93 Abs. 4 S. 3 ist analog anwendbar.[48] Ein **Verschulden** des Vorstandsmitgliedes ist, auch wenn dies nicht ausdrücklich erwähnt wird, schon aufgrund des allg. zivilrechtlichen Schuldprinzips erforderlich.[49] Da der Verstoß gegen das Wettbewerbsverbot gleichzeitig auch stets eine allg. Pflichtverletzung i.S.d. § 93 darstellt, liegt es nahe, § 93 Abs. 2 S. 2 analog anzuwenden und dem Vorstandsmitglied im Streitfall die Beweislast für die Einhaltung des Wettbewerbsverbotes oder ein mangelndes Verschulden aufzuerlegen.[50] Dagegen trägt die AG die Beweislast für den Eintritt eines Schadens und dessen **Umfang**.[51] Dieser richtet sich nach den allg. Vorschriften, §§ 249 ff. BGB.

2. Eintrittsrecht, Abs. 2 S. 2. Alternativ zum Schadensersatz steht der AG ein Eintrittsrecht zu. Dabei ist das Verhältnis zwischen Schadensersatz und Eintrittsrecht umstr. Nach h.M. verdrängt die Ausübung des Schadensersatzrechts das Eintrittsrecht endgültig.[52] Zwar setzt auch das Eintrittsrecht **Verschulden** voraus. Vorteil des Eintrittsrechtes ist jedoch, dass der AG kein Schaden entstanden sein muss, den sie beweisen müsste. Die AG kann verlangen, dass das Vorstandsmitglied auf eigene Rechnung gemachten, verbotswidrigen Geschäfte als für Rechnung der AG gemacht gelten lässt und die Vergütung (zum Umfang des Eintrittsrechts bzgl. der Vergütung für Tätigkeit als Vorstand oder Geschäftsführer vgl. Rn 15), die es für auf fremde Rechnung verbotswidrig gemachte Ge-

---

37 KölnKomm-AktG/*Mertens*, § 88 Rn 11.
38 *Hüffer*, AktienG, § 88 Rn 5; KölnKomm-AktG/*Mertens*, § 88 Rn 11; MüKo-AktG/*Spindler*, § 88 Rn 23; *Armbrüster*, ZIP 1997, 1269, 1270.
39 KölnKomm-AktG/*Mertens*, § 88 Rn 11; MüKo-AktG/*Spindler*, § 88 Rn 23; Schmidt/Lutter/*Seibt*, AktG, § 88 Rn 9.
40 KölnKomm-AktG/*Mertens*, § 88 Rn 11; Schmidt/Lutter/*Seibt*, AktG, § 88 Rn 9.
41 *Hüffer*, AktienG, § 88 Rn 5; MüKo-AktG/*Spindler*, § 88 Rn 24; *Armbrüster*, ZIP 1997, 1269, 1270.
42 KölnKomm-AktG/*Mertens*, § 88 Rn 6; *Armbrüster*, ZIP 1997, 1269, 1270; a.A. *Meyer-Landrut*, AktG, § 88 Rn 5.
43 Dafür: MüKo-AktG/*Spindler*, § 88 Rn 26; *Armbrüster*, ZIP 1997, 1269, 1270; vgl. hierzu auch *Kort*, ZIP 2008, 717; dagegen: KölnKomm-AktG/*Mertens*, § 88 Rn 6; Heidel/*Oltmanns*, § 88 AktG Rn 6.
44 MüKo-AktG/*Spindler*, § 88 Rn 26.
45 KölnKomm-AktG/*Mertens*, § 88 Rn 6/Vorb. § 76 Rn 17.
46 KölnKomm-AktG/*Mertens*, § 88 Rn 6; Heidel/*Oltmanns*, § 88 AktG Rn 6.

47 KölnKomm-AktG/*Mertens*, § 88 Rn 14; MüKo-AktG/*Spindler*, § 88 Rn 28; *Golling*, S. 44 ff.
48 KölnKomm-AktG/*Mertens*, § 88 Rn 14; MüKo-AktG/*Spindler*, § 88 Rn 28; *Golling*, S. 44 ff.
49 *Hüffer*, AktienG, § 88 Rn 6; MüKo-AktG/*Spindler*, § 88 Rn 28.
50 *Hüffer*, AktienG, § 88 Rn 6; KölnKomm-AktG/*Mertens*, § 88 Rn 14; MüKo-AktG/*Spindler*, § 88 Rn 28; a.A. *Golling*, S. 43 f.
51 *Hüffer*, AktienG, § 88 Rn 6; Schmidt/Lutter/*Seibt*, AktG, § 88 Rn 12.
52 Heidel/*Oltmanns*, § 88 AktG Rn 8; Großkomm-AktG/*Meyer-Landrut*, Anm. 6; KölnKomm-AktG/*Mertens*, § 88 Rn 16; a.A. *Hüffer*, AktienG, § 88 Rn 7; HK-AktG/*Bürgers*/*Israel*, § 88 Rn 11; Schmidt/Lutter/*Seibt*, AktG, § 88 Rn 12; MüKo-AktG/*Spindler*, § 88 Rn 29., die von einer selektiven Konkurrenz ausgehen, wonach die AG jederzeit von einem Anspruch auf den anderen übergehen und eine Bindung der AG sich nur aus Vertrauensgesichtspunkten ergeben kann.

schäfte erhält, herausgibt oder den diesbezüglichen Anspruch abtritt. Da das Eintrittsrecht statt des Schadensersatzes gewählt werden kann, ist es gerechtfertigt, auch hier § 93 Abs. 2 S. 2 (Beweislast) sowie § 93 Abs. 4 S. 3 und Abs. 5 analog anzuwenden.[53] Der Eintritt der AG hat jedoch **keine Außenwirkung**.[54] Das Vorstandsmitglied bleibt Vertragspartner, muss aber die Ergebnisse des Geschäfts, insb. also den Gewinn, herausgeben.[55] Das Eintrittsrecht beschränkt sich allerdings auf solche Geschäfte, die auch die AG hätte tätigen dürfen. Hätte sie dadurch gegen ein gesetzliches Verbot verstoßen oder wäre das Geschäft aus anderen Gründen unwirksam gewesen (z.B. Sittenwidrigkeit), so darf sie auch den daraus erzielten Gewinn nicht fordern.[56]

15 Übt die AG ihr Eintrittsrecht aus, so übernimmt sie **Vor- und Nachteile** des Geschäftes oder, wenn mehrere Geschäfte eine wirtschaftliche Einheit bilden, der **Gesamtheit** dieser Geschäfte.[57] Dass die AG sich aus einer Einheit nur die günstigsten Einzelgeschäfte „herauspickt", ist nicht zulässig.

Das Eintrittsrecht gilt für „gemachte Geschäfte", beschränkt sich folglich auf Verstöße gegen Abs. 1 S. 1 Alt. 2, also auf **Konkurrenzgeschäfte**. Die Vorteile, insb. die Vergütung, die ein Vorstandsmitglied für seine gegen Abs. 1 S. 2 verstoßende Tätigkeit als persönlich haftender Gesellschafter oder Organmitglied unter anderen Gesellschaft erlangt, können daher nur Gegenstand des Eintrittsrechts sein, wenn in der Tätigkeit zugleich ein nach Abs. 1 S. 1 Alt. 2 verbotenes Konkurrenzgeschäft zu sehen ist und sie als Gewinnbeteiligung an diesem Geschäft anzusehen sind.[58] Sofern unter Hinweis auf die Rspr. des BGH, wonach im Falle des Wettbewerbsverbots des OHG-Gesellschafters nach §§ 112, 113 HGB für alle Gewinne aus der Beteiligung an einer anderen Handelsgesellschaft ein Eintrittsrecht bestehe,[59] vertreten wird, dies müsse auch für Verstöße gegen Abs. 1 gelten,[60] wird dabei verkannt, dass auch § 112 HGB insg. nur für Konkurrenzgeschäfte gilt.[61]

16 3. **Verjährung, Abs. 3.** Nach Abs. 3 unterliegen die Ansprüche der AG aus Abs. 2 einer **doppelten Verjährung**. Sie verjähren drei Monate nach Kenntniserlangung oder grob fahrlässiger Unkenntnis aller Vorstands- und AR-Mitglieder (einschließlich der stellvertretenden Vorstandsmitglieder, § 94). Haben einzelne AR-Mitglieder Kenntnis und versuchen sie, die kurze Verjährung zu umgehen, indem sie ihre Kollegen absichtlich nicht informieren, so ist dies rechtsmissbräuchlich und hindert den Lauf der Verjährung nicht.[62] Unabhängig von Kenntnis oder grob fahrlässiger Unkenntnis verjähren die Ansprüche jedenfalls nach fünf Jahren. Die **Drei-Monats-Frist** beginnt demnach mit Kenntnis (oder grob fahrlässiger Unkenntnis) von Vorstand und AR. Die **Fünf-Jahres-Frist** beginnt dagegen mit der verbotenen Handlung zu laufen. Bei den Dauertatbeständen (Betrieb eines Handelsgewerbes, Mitgliedschaft in einem Organ oder Gesellschaft) beginnt die Frist immer wieder neu, da der Betrieb bzw. die Mitgliedschaft selbst, und nicht nur deren Beginn, verboten sind.[63] Teilweise wird vorgeschlagen, Abs. 3 dann nicht anzuwenden, wenn der AR in die verbotene Handlung nicht oder pflichtwidrig eingewilligt hat, weil diese nicht einwilligungsfähig ist (vgl. Rn 12).[64] In diesem Fall würden die Ansprüche der fünfjährigen Verjährungsfrist nach § 93 Abs. 6 unterfallen.

IV. Vertragliches und nachvertragliches Wettbewerbsverbot

17 § 88 regelt das Wettbewerbsverbot für Vorstandsmitglieder während ihrer Amtszeit. Vertraglich können aber sowohl inhaltliche Ergänzungen, wie bspw. die Erstreckung auch auf die Tätigkeit im AR eines anderen Unternehmens, als auch ein Wettbewerbsverbot für die Zeit nach Ausscheiden aus dem Vorstand vereinbart werden. Dabei sind die Regelungen der §§ 74 ff. HGB weder direkt noch analog anwendbar, da Gesellschaftsorgane wesentlich größere Möglichkeiten haben, Wettbewerb zu betreiben als Ang und nicht in gleichem Maße schutzbedürftig sind.[65] Die §§ 74 ff. HGB können aber sowohl im Vertrag als maßgebend vereinbart werden, als auch durch die in ihnen normierten Wertmaßstäbe mittelbar an Bedeutung gewinnen.[66]

---

53 KölnKomm-AktG/*Mertens*, § 88 Rn 14; MüKo-AktG/*Spindler*, § 88 Rn 30 f.; *Golling*, S. 44 ff.
54 BGH 6.12.1962 – BGHZ 38, 306, 310; BGH 5.12.1983 – BGHZ 89, 162, 171; KölnKomm-AktG/*Mertens*, § 88 Rn 21; MüKo-AktG/*Spindler*, § 88 Rn 32.
55 BGH 6.12.1962 – BGHZ 38, 306, 310; BGH 5.12.1983 – BGHZ 89, 162, 171; KölnKomm-AktG/*Mertens*, § 88 Rn 21; MüKo-AktG/*Spindler*, § 88 Rn 32.
56 *Hüffer*, AktienG, § 88 Rn 7; KölnKomm-AktG/*Mertens*, § 88 Rn 15.
57 Heidel/*Oltmanns*, § 88 AktG Rn 8; Großkomm-AktG/*Meyer-Landrut*, Anm. 7.
58 *Hüffer*, AktienG, § 88 Rn 8; KölnKomm-AktG/*Mertens*, § 88 Rn 17; *Meyer*, AG 1988, 259, 260 f.
59 BGH 6.12.1962 – BGHZ 38, 306, 309; BGH 5.12.1983 – BGHZ 89, 162, 171; Großkomm-HGB/*Ulmer*, § 113 Rn 21.
60 So Großkomm-AktG/*Meyer-Landrut*, Anm. 7; Heidel/*Oltmanns*, § 88 AktG Rn 8.
61 MüKo-HGB/*Langhein*, § 112 Rn 17; *Armbrüster*, ZIP 1997, 261, 262.
62 Heidel/*Oltmanns*, § 88 AktG Rn 11; KölnKomm-AktG/*Mertens*, § 88 Rn 24.
63 KölnKomm-AktG/*Mertens*, § 88 Rn 25. Die endgültige Frist beginnt daher erst mit Aufgabe des Handelsgewerbes oder der Mitgliedschaft zu laufen, Heidel/*Oltmanns*, § 88 AktG Rn 11; KölnKomm-AktG/*Mertens*, § 88 Rn 25; MüKo-AktG/*Spindler*, § 88 Rn 40.
64 *Hüffer*, AktienG, § 88 Rn 9; KölnKomm-AktG/*Mertens*, § 88 Rn 23.
65 BGH 26.3.1983 – BGHZ 91, 1, 3 ff.; BGH 4.3.2002 – NZG 2002, 475, 576; OLG Düsseldorf 22.8.1996 – BB 1996, 2377, 2378; Schmidt/Lutter/*Seibt*, AktG, § 88 Rn 16; *Sina*, DB 1985, 902; *Thüsing*, NZG 2004, 9.
66 BGH 26.3.1983 – BGHZ 91, 1, 5; *Kort*, ZIP 2008, 717.

Die Vereinbarung eines nachvertraglichen Wettbewerbsverbots ist zudem an § 138 BGB sowie an § 1 GWB zu messen, sofern es die selbstständige geschäftliche Tätigkeit des Vorstandes erfasst.[67] Demnach wird für die Zulässigkeit eines nachvertraglichen Wettbewerbsverbotes verlangt, dass die Gesellschaft ein **schutzwürdiges Interesse** an der Wettbewerbsbeschränkung hat[68] und das Verbot das ausgeschiedene Vorstandsmitglied nicht **sachlich, räumlich oder zeitlich unangemessen belastet**.[69] Bei der Beurteilung der Belastung des ehemaligen Vorstandsmitgliedes ist eine Gesamtbetrachtung vorzunehmen, bei der bspw. eine erhebliche zeitliche Länge durch eine sachliche oder örtliche Fokussierung aufgewogen werden kann. Eine isolierte Betrachtung der einzelnen Kriterien ist unzulässig.[70] Die Interessen der Gesellschaft sind gegen die Interessen des ausgeschiedenen Vorstands an einer angemessenen beruflichen Tätigkeit abzuwägen. Die Gesellschaft hat insb. ein **berechtigtes Interesse** am Ausschluss solchen Wettbewerbs, zu dem das Organmitglied seine bisherige Stellung nutzen kann, indem es die geschäftlichen Kenntnisse und Beziehungen nach seinem Ausscheiden im Geschäftszweig der Gesellschaft für sich oder Dritte verwertet, z.B. indem es in die Geschäftsbeziehungen der Gesellschaft mit deren Kunden und Lieferanten einbricht. Demnach sind **Kundenschutzklauseln** zulässig, während allg. **Konkurrenzschutzklauseln** mit langer Laufzeit unzulässig sein können.[71] Jedenfalls besteht ein schutzwürdiges Interesse der Gesellschaft am Schutz von Betriebs- und Geschäftsgeheimnissen.

In **sachlicher** Hinsicht ist eine Orientierung an dem vorherigen Aufgabenkreis des Vorstandsmitgliedes geboten.[72] **Räumlich** kann der Wettbewerb nur in dem Gebiet untersagt werden, in welchem die Gesellschaft tatsächlich ihre Geschäftstätigkeit in nicht unerheblicher Weise ausübt. Formulierungen wie „europaweit" oder „weltweit" werden regelmäßig unwirksam sein, sofern die Gesellschaft nicht in allen (europäischen) Ländern tätig ist.[73] Als Richtschnur für die **Dauer** des Wettbewerbsverbots kann die Zwei-Jahres-Frist des § 74a Abs. 1 S. 3 HGB dienen.[74] Sie ist jedoch keine starre Grenze. Eine längere Dauer ist nicht grds. ausgeschlossen, erfordert aber ein gesteigertes Interesse der Gesellschaft und/oder einen Ausgleich (bspw. durch Fokussierung in sachlicher oder räumlicher Hinsicht, erhöhte Karenzentschädigung etc.).

Beim nachvertraglichen Wettbewerbsverbot ist eine **Karenzentschädigung** jedenfalls dann zwingend vorzusehen, wenn das Verbot über eine bloße Kundenschutzklausel hinausgeht.[75] Reine Kunden- oder Mandantenschutzklauseln können auch ohne Entschädigung zulässig sein.[76] In welcher **Höhe** eine Karenzentschädigung zu zahlen ist, richtet sich nach dem Schutzinteresse des ausgeschiedenen Organmitgliedes. Ausreichend ist jedenfalls eine an die Festvergütung angelehnte Entschädigung entsprechend § 74 Abs. 2 HGB. Übergangs- oder Ruhegelder sowie Abfindungen ersetzen grds. keine Karenzentschädigung.[77] Es kann aber vereinbart werden, dass anderweitiger Verdienst auf die Entschädigung anzurechnen ist.[78]

Eine Vereinbarung, die diesen Maßstäben nicht genügt, ist grds. **nach § 138 BGB nichtig**. Eine geltungserhaltende Reduktion findet, außer in Ausnahmefällen, nicht statt.[79] So ist sie z.B. möglich bei Überschreiten der zeitlichen Grenzen. Ein auf unangemessen lange Zeit vereinbartes Wettbewerbsverbot gilt dann nur für die zulässige Höchstdauer.[80] Umstr. ist, ob das ausgeschiedene Vorstandsmitglied bei einer zu niedrig bemessenen Karenzentschädigung die Vereinbarung trotzdem als wirksam ansehen und die angemessene Entschädigung einfordern kann.[81] Gegen ein solches Wahlrecht spricht aber, dass § 138 BGB ein Wahlrecht nicht kennt.[82] Ist eine Vereinbarung nichtig, ist sie so zu behandeln, als habe sie nie existiert. Ist aber ein Wettbewerbsverbot nie vereinbart worden, so besteht keine Rechtsgrundlage für den Anspruch auf eine Karenzentschädigung.

---

67 Heidel/*Oltmanns*, § 88 AktG Rn 12; *Hüffer*, AktienG, § 88 Rn 10; MüKo-AktG/*Spindler*, § 88 Rn 46 ff., 50; *Jäger*, DStR 1995, 724, 725.
68 BGH 26.3.1983 – BGHZ 91, 1, 5; OLG Celle 13.9.2000 – NZG 2001, 131, 132.
69 BGH 8.5.2000 – NJW 2000, 2584; OLG Köln 5.10.2000 – NZG 2001, 165, 167; MüKo-AktG/*Spindler*, § 88 Rn 46 ff.
70 *Thüsing*, NZG 2004, 9, 10.
71 OLG Düsseldorf 3.12.1998 – BB 2001, 956.
72 *Hüffer*, AktienG, § 88 Rn 10; MüKo-AktG/*Spindler*, § 88 Rn 48.
73 *Hüffer*, AktienG, § 88 Rn 10; MüKo-AktG/*Spindler*, § 88 Rn 48.
74 BGH 19.10.1993 – NJW 1994, 384, 385; OLG Düsseldorf 10.3.2000 – NZG 2000, 737; *Hüffer*, AktienG, § 88 Rn 10; HK-AktG/*Bürgers/Israel*, § 88 Rn 15.
75 OLG Düsseldorf 18.5.1989 – DB 1990, 1960; Köln-Komm-AktG/*Mertens*, § 88 Rn 27; *Thüsing*, NZG 2004, 9, 11 f.
76 BGH 26.3.1983 – BGHZ 91, 1 ff.; OLG Hamm 11.1.1988 – ZIP 1988, 1254: dreijährige Mandantenschutzklausel ohne Entschädigung zulässig.
77 BAG 3.5.1994 – DB 1985, 50; LAG Bremen 25.2.1994 – DB 1994, 2630; *Gaul*, DB 1995, 874.
78 MüKo-AktG/*Spindler*, § 88 Rn 54; vgl. hierzu auch jüngst BGH 28.4.2008 – GmbHR 2008, 560 zur Unanwendbarkeit des § 74c HGB i.R.e. Anspruchs eines GmbH-GF auf Karenzentschädigung.
79 BAG 13.9.1969 – AP § 611 BGB Konkurrenzklauseln Nr. 24; BGH 15.3.1989 – DB 1989, 1620, 1621; MüKo-AktG/*Spindler*, § 88 Rn 47.
80 BGH 14.7.1997 – NJW 1997, 3089, 3090; OLG Stuttgart 1.8.2001 – NJW 2002, 1431, 1432; OLG Saarbrücken 8.11.2000 – ZIP 2001, 164, 165; *Hüffer*, AktienG, § 88 Rn 10; KölnKomm-AktG/*Mertens*, § 88 Rn 28.
81 Dafür: OLG Stuttgart 18.5.1979 – BB 1980, 527; MüKo-AktG/*Spindler*, § 88 Rn 47; MünchAktG/*Wiesner*, § 21 Rn 67; *Kort*, ZIP 2008, 717, 718 f., der in diesem Fall von einer Unverbindlichkeit der Wettbewerbsabrede ausgeht; dagegen: *Bauer/Diller*, BB 1995, 1134, 1137; *Gaul*, DB 1995, 874; *Jäger*, DStR 1995, 724, 727 f.
82 *Bauer/Diller*, BB 1995, 1134, 1137.

C. Verbindung zu anderen Rechtsgebieten und zum Prozessrecht

22 Auch für Handlungsgehilfen (§§ 60 f. HGB) und persönlich haftende Gesellschafter einer Personenhandelsgesellschaft (§§ 112 f. HGB für OHG und über § 161 Abs. 2 HGB auch für KG) bestehen gesetzliche Wettbewerbsverbote. Insb. § 112 HGB unterscheidet sich jedoch in wesentlichen Punkten von § 88. So soll das Wettbewerbsverbot für persönlich haftende Gesellschafter als Ausprägung der besonderen gesellschafterlichen Treuepflicht nur vor Konkurrenz schützen, nicht aber dazu dienen, der Gesellschaft die Arbeitskraft der Gesellschafter zu sichern.[83] Es greift daher nur im Falle von Konkurrenztätigkeiten.[84] Außerdem bleibt es hinter § 88 auch dadurch zurück, dass es den Betrieb eines Handelsgewerbes nicht untersagt.

§ 93 Sorgfaltspflicht und Verantwortlichkeit der Vorstandsmitglieder

(1) ¹Die Vorstandsmitglieder haben bei ihrer Geschäftsführung die Sorgfalt eines ordentlichen und gewissenhaften Geschäftsleiters anzuwenden. ²Eine Pflichtverletzung liegt nicht vor, wenn das Vorstandsmitglied bei einer unternehmerischen Entscheidung vernünftigerweise annehmen durfte, auf der Grundlage angemessener Information zum Wohle der Gesellschaft zu handeln. ³Über vertrauliche Angaben und Geheimnisse der Gesellschaft, namentlich Betriebs- oder Geschäftsgeheimnisse, die den Vorstandsmitgliedern durch ihre Tätigkeit im Vorstand bekanntgeworden sind, haben sie Stillschweigen zu bewahren. ⁴Die Pflicht des Satzes 2 gilt nicht gegenüber einer nach § 342b des Handelsgesetzbuchs anerkannten Prüfstelle im Rahmen einer von dieser durchgeführten Prüfung.

(2) ¹Vorstandsmitglieder, die ihre Pflichten verletzen, sind der Gesellschaft zum Ersatz des daraus entstehenden Schadens als Gesamtschuldner verpflichtet. ²Ist streitig, ob sie die Sorgfalt eines ordentlichen und gewissenhaften Geschäftsleiters angewandt haben, so trifft sie die Beweislast. ³Schließt die Gesellschaft eine Versicherung zur Absicherung eines Vorstandsmitglieds gegen Risiken aus dessen beruflicher Tätigkeit für die Gesellschaft ab, ist ein Selbstbehalt von mindestens 10 Prozent des Schadens bis mindestens zur Höhe des Eineinhalbfachen der festen jährlichen Vergütung des Vorstandsmitglieds vorzusehen.

(3) Die Vorstandsmitglieder sind namentlich zum Ersatz verpflichtet, wenn entgegen diesem Gesetz
1. Einlagen an die Aktionäre zurückgewährt werden,
2. den Aktionären Zinsen oder Gewinnanteile gezahlt werden,
3. eigene Aktien der Gesellschaft oder einer anderen Gesellschaft gezeichnet, erworben, als Pfand genommen oder eingezogen werden,
4. Aktien vor der vollen Leistung des Ausgabebetrags ausgegeben werden,
5. Gesellschaftsvermögen verteilt wird,
6. Zahlungen geleistet werden, nachdem die Zahlungsunfähigkeit der Gesellschaft eingetreten ist oder sich ihre Überschuldung ergeben hat,
7. Vergütungen an Aufsichtsratsmitglieder gewährt werden,
8. Kredit gewährt wird,
9. bei der bedingten Kapitalerhöhung außerhalb des festgesetzten Zwecks oder vor der vollen Leistung des Gegenwerts Bezugsaktien ausgegeben werden.

(4) ¹Der Gesellschaft gegenüber tritt die Ersatzpflicht nicht ein, wenn die Handlung auf einem gesetzmäßigen Beschluß der Hauptversammlung beruht. ²Dadurch, daß der Aufsichtsrat die Handlung gebilligt hat, wird die Ersatzpflicht nicht ausgeschlossen. ³Die Gesellschaft kann erst drei Jahre nach der Entstehung des Anspruchs und nur dann auf Ersatzansprüche verzichten oder sich über sie vergleichen, wenn die Hauptversammlung zustimmt und nicht eine Minderheit, deren Anteile zusammen den zehnten Teil des Grundkapitals erreichen, zur Niederschrift Widerspruch erhebt. ⁴Die zeitliche Beschränkung gilt nicht, wenn der Ersatzpflichtige zahlungsunfähig ist und sich zur Abwendung des Insolvenzverfahrens mit seinen Gläubigern vergleicht oder wenn die Ersatzpflicht in einem Insolvenzplan geregelt wird.

(5) ¹Der Ersatzanspruch der Gesellschaft kann auch von den Gläubigern der Gesellschaft geltend gemacht werden, soweit sie von dieser keine Befriedigung erlangen können. ²Dies gilt jedoch in anderen Fällen als denen des Absatzes 3 nur dann, wenn die Vorstandsmitglieder die Sorgfalt eines ordentlichen und gewissenhaften Geschäftsleiters gröblich verletzt haben; Absatz 2 Satz 2 gilt sinngemäß. ³Den Gläubigern gegenüber wird die Ersatzpflicht weder durch einen Verzicht oder Vergleich der Gesellschaft noch dadurch aufgehoben, daß die Handlung auf einem Beschluß der Hauptversammlung beruht. ⁴Ist über das Vermögen der Gesellschaft das

---

83 MüKo-AktG/*Spindler*, § 88 Rn 2; *Armbrüster*, ZIP 1997, 1269, 1270.

84 MüKo-HGB/*Langhein*, § 112 Rn 17.

Insolvenzverfahren eröffnet, so übt während dessen Dauer der Insolvenzverwalter oder der Sachwalter das Recht der Gläubiger gegen die Vorstandsmitglieder aus.
(6) Die Ansprüche aus diesen Vorschriften verjähren in fünf Jahren.

Literatur: *Altmeppen*, Haftung der Geschäftsleiter einer Kapitalgesellschaft für Verletzung von Verkehrssicherungspflichten, ZIP 1995, 881; *Bauer/Krets*, Gesellschaftsrechtliche Sonderregeln bei der Beendigung von Vorstands- und Geschäftsführerverträgen, DB 2003, 811; *Bork*, Aktuelle Probleme des Aktienrechts, ZIP 1990, 1037; *Brüggemeier*, Organisationshaftung – Deliktsrechtliche Aspekte innerorganisatorischer Funktionsdifferenzierung –, AcP 191, 33; *Buchta*, Die Haftung des Vorstands einer Aktiengesellschaft – aktuelle Entwicklungen in Gesetzgebung und Rechtsprechung, Teil I DStR 2003, 694; Teil II DStR 2003, 740; *Deutsch*, Das „sonstige Recht" des Sportlers aus der Vereinsmitgliedschaft, VersR 1991, 837; *Ebenroth/Lange*, Sorgfaltspflichten und Haftung des Geschäftsführers einer GmbH nach § 43 GmbHG, GmbHR 1992, 69; *Fleischer*, Vorstandsverantwortlichkeit und Fehlverhalten von Unternehmensangehörigen – Von der Einzelüberwachung zur Errichtung einer Compliance-Organisation, AG 2003, 291; *ders.*, Die „Business Judgement Rule": Vom Richterrecht zur Kodifizierung, ZIP 2004, 685; *ders.*, Haftung des herrschenden Unternehmens im faktischen Konzern und unternehmerisches Ermessen (§§ 317 Abs. 2, 93 Abs. 1 AktG) – Das UMTS-Urteil des BGH, NZG 2008, 371; *Gaul/Janz*, Wahlkampfgetöse im Aktienrecht: Gesetzliche Begrenzung der Vorstandsvergütung und Änderungen der Aufsichtsratstätigkeit, NZA 2009, 809; *Gehb/Heckelmann*, Haftungsfreistellung von Vorständen, ZRP 2005, 145; *Geißler*, Grenzlinien der Ersatzpflicht des Vorstandes wegen verbotener Zahlungen in der Krise der AG, NZG 2007, 645; *Goette*, Zur Verteilung der Darlegungs- und Beweislast der objektiven Pflichtwidrigkeit bei der Organhaftung, ZGR 1995, 648; *Götz*, Die Pflicht des Aufsichtsrats zur Haftbarmachung von Vorstandsmitgliedern, NJW 1997, 3275; *Götz/Götz*, Die Haftung des Vereins gegenüber dem Mitglied, JuS 1995, 106; *Göz/Holzborn*, Die Aktienrechtsreform durch das Gesetz für Unternehmensintegrität und Modernisierung des Anfechtungsrechts – UMAG, WM 2006, 157; *Grunewald*, Die Haftung von Organmitgliedern nach Deliktsrecht, ZHR 157, 451; *Hauschka*, Grundsätze pflichtgemäßer Unternehmensführung, ZRP 2004, 65; *ders.*, Ermessensentscheidungen bei der Unternehmensführung, GmbHR 2007, 11; *Henze*, Prüfungs- und Kontrollaufgaben des Aufsichtsrates in der Aktiengesellschaft – Die Entscheidungspraxis des Bundesgerichtshofes –, Kongressvortrag und Entscheidungsbesprechung, NJW 1998, 3309; *Kessler*, Die deliktische Eigenhaftung des GmbH-Geschäftsführers, GmbHR 1994, 429; *Kindler*, Grundzüge des neuen Kapitalgesellschaftsrechts – Das Gesetz zur Modernisierung des GmbH-Rechts und zur Bekämpfung von Missbräuchen (MoMiG), NJW 2008, 3249; *Knapp*, Auswirkungen des MoMiG auf Aktiengesellschaften und ihre Organmitglieder, DStR 2008, 2371; *Kock/Dinkel*, Die zivilrechtliche Haftung von Vorständen für unternehmerische Entscheidungen, NZG 2004, 441; *Lange*, Zur Selbstbehaltsvereinbarungspflicht in der D&O-Versicherung, VW 2009, 918; *Lingemann*, Angemessenheit der Vorstandsvergütung – Das VorstAG ist in Kraft, BB 2009, 1918; *Lutter*, Die Buisiness Judgment Rule und ihre praktische Anwendung, ZIP 2007, 841; *Merkt*, US-amerikanische Gesellschaftsrecht, 1. Aufl., 1991; *Mertens*, Die Information des Erwerbers einer wesentlichen Unternehmensbeteiligung an einer Aktiengesellschaft durch deren Vorstand, AG 1997, 541; *ders.*, Die gesetzlichen Einschränkungen der Disposition über Ersatzansprüche der Gesellschaft durch Verzicht und Vergleich in der aktien- und konzernrechtlichen Organhaftung, in: FS Fleck, 1988, S. 209; *ders.*, Der Begriff des Vermögensschadens im Bürgerlichen Recht, 1967; *Müller*, Zur Haftung des Gesellschafter-Geschäftsführers aus culpa in contrahendo und aus § 64 Abs. 1 GmbHG, ZIP 1993, 1531; *Nagel*, Die Verlagerung der Konflikte um die Unternehmensmitbestimmung auf das Informationsproblem, BB 1979, 1799; *Nikolay*, Die Vorschriften zur Vorstandsvergütung – Detaillierte Regelungen und offene Fragen, NJW 2009, 2640; *Olbrich/Kassing*, Der Selbstbehalt in der D&O Versicherung: Gesetzliche Neuregelung lässt viele Fragen offen, BB 2009, 1659; *Paefgen*, Dogmatische Grundlagen, Anwendungsbereich und Formulierung einer Business Judgement Rule im künftigen UMAG, AG 2004, 245; *Passarge*, Vorstands-Doppelmandate – ein nach wie vor aktuelles Thema!, NZG 2007, 441; *Reuter*, Die Vereinsmitgliedschaft als sonstiges Recht im Sinne des § 823 Abs. 1 BGB, in: FS Lange, 1992, 707; *Roschmann/Frey*, Geheimhaltungsverpflichtung der Vorstandsmitglieder bei Aktiengesellschaften bei Unternehmenskäufen, AG 1996, 449; *Schaefer/Missling*, Haftung von Vorstand und Aufsichtsrat, NZG 1998, 441; *Schäfer*, Die Binnenhaftung von Vorstand und Aufsichtsrat nach der Renovierung durch das UMAG, ZIP 2005, 1253; *Scheffler*, Zur Problematik der Konzernleitung, in: FS Goerdeler, 1987, S. 469; *Schmitt-Rolfes/Bergwitz*, Beginn der Verjährung nach § 93 Abs. 6 AktG, § 43 Abs. 4 GmbHG und § 43 Abs. 6 GenG, NZG 2006, 535; *Schneider*, Gesellschaftsrechtliche und öffentlich-rechtliche Anforderungen an eine ordnungsgemäße Unternehmensorganisation, DB 1993, 1909; *ders.*, „Unternehmerische Entscheidungen" als Anwendungsvoraussetzung für die Business Judgement Rule, DB 2005, 707; *Schroeder*, Darf der Vorstand der Aktiengesellschaft dem Aktienkäufer eine Due Diligence gestatten?, DB 1997, 2161; *Schwintowski*, Verschwiegenheitspflicht für politisch legitimierte Mitglieder des Aufsichtsrats, NJW 1990, 1009; *Spieker*, Die Verschwiegenheitspflicht der Aufsichtsratsmitglieder, NJW 1965, 1937; *Thümmel*, Organhaftung nach dem Referentenentwurf des Gesetzes zur Unternehmensintegrität und Modernisierung des Anfechtungsrechts (UMAG) – Neue Risiken für Manager?, DB 2004, 471; *Thüsing*, Das Gesetz zur Angemessenheit der Vorstandsvergütung, AG 2009, 517; *Ulmer*, Volle Haftung des Gesellschafters/Geschäftsführers einer GmbH für Gläubigerschäden aus fahrlässiger Konkursverschleppung?, NJW 1983, 1577; *Wicke*, Der CEO im Spannungsverhältnis zum Kollegialprinzip – Gestaltungsüberlegungen zur Leitungsstruktur der AG, NJW 2007, 3755; *Wiedemann*, Zur Haftung des Kommanditisten aus culpa in contrahendo bei Vertretung der KG, NJW 1984, 2286; *Winter*, Mitgliedschaftliche Treubindung im GmbH-Recht, 1988; *Zöllner*, Die sogenannten Gesellschafterklagen im Kapitalgesellschaftsrecht, ZGR 1988, 392

A. Allgemeines 1	d) Gebote der Rücksichtnahme, Offenheit und Kontrollierbarkeit 9
B. Regelungsgehalt 2	2. Pflicht zur sorgfältigen Wahrnehmung der Organfunktion, Abs. 1 S. 1 10
I. Pflichten des Vorstandes 3	a) Sorgfaltsmaßstab 10
1. Treuepflicht 4	b) Organfunktionen 11
a) Loyalitätspflicht 5	aa) Unternehmensleitung 12
b) Verbot, Geschäftschancen der Gesellschaft an sich zu ziehen/Verbot eigennütziger Ausnutzung der Organstellung 6	bb) Unternehmensorganisation 13
c) Beachtung der Grundsätze der Wirtschaftlichkeit und Sparsamkeit 8	cc) Rechtmäßiges Verhalten der Aktiengesellschaft 14

dd) Unternehmensfinanzierung	15	4. Selbstbehalt bei einer D&O-Versicherung, Abs. 2 S. 3 n.F.	41a
ee) Zusammenarbeit im Vorstand	16	III. Sondertatbestände, Abs. 3	42
3. Ausschluss einer Pflichtverletzung, Abs. 1 S. 2	17	IV. Haftungsausschluss, Abs. 4	44
a) Allgemeines	17	1. Beschluss der Hauptversammlung, Abs. 4 S. 1	45
b) Voraussetzungen von § 93 Abs. 1 S. 2 im Einzelnen	19	2. Kein Haftungsausschluss bei Billigung durch Aufsichtsrat, Abs. 4 S. 2	47
aa) Unternehmerische Entscheidung	20	3. Verzicht/Vergleich, Abs. 4 S. 3 und 4	48
bb) Handeln zum Wohle der Gesellschaft	22	a) Drei-Jahres-Frist	49
cc) Handeln ohne Sonderinteressen und sachfremde Einflüsse	24	b) Zustimmung der Hauptversammlung	50
dd) Handeln auf der Grundlage angemessener Information	25	c) Kein Widerspruch einer Minderheit	51
ee) Gutgläubigkeit	26	4. Keine zeitliche Beschränkung bei Vergleich zur Abwendung eines Insolvenzverfahrens, Abs. 4 S. 4	52
4. Verschwiegenheitspflicht, Abs. 1 S. 3	27	V. Geltendmachung durch Gläubiger, Abs. 5	53
II. Schadensersatzansprüche, Abs. 2	32	VI. Verjährung, Abs. 6	56
1. Voraussetzungen	33	VII. Haftung gegenüber Aktionären und Dritten	57
a) Pflichtverletzung	33	1. Haftung gegenüber Aktionären	57
b) Verschulden, S. 2	34	2. Haftung gegenüber Dritten	60
c) Schaden	35	**C. Verbindung zum Prozessrecht**	64
2. Beweislastverteilung, Abs. 2 S. 2	39		
3. Gesamtschuldnerische Haftung	41		

A. Allgemeines

1 § 93, der über die Verweisung in § 116 sinngemäß auch auf AR-Mitglieder Anwendung findet, legt die allg. Sorgfaltspflichten der Vorstandsmitglieder bei der Führung der Geschäfte der AG fest und regelt deren Haftung gegenüber der Gesellschaft.

Die Norm, die im Wesentlichen der Regelung des § 87 AktG 1937 entspricht, legt die **allg. Sorgfaltspflichten** der Vorstandsmitglieder bei der Führung der Geschäfte der AG fest und regelt die Haftung der Vorstandsmitglieder gegenüber der Gesellschaft und Dritten. Die Vorschrift dient damit vorrangig dem Schutz der AG, mittelbar jedoch auch dem der Aktionäre sowie außen stehender Gläubiger, die nach Abs. 5 Ersatzansprüche der Gesellschaft unter bestimmten Voraussetzungen bis zur Höhe ihrer eigenen Forderung gegen die AG gegenüber Vorstandsmitgliedern geltend machen können. Ersatzansprüche stehen nach Abs. 2 bis 4 jedoch grds. nur der Gesellschaft zu, die diese nach § 147 geltend macht, wenn es die Hauptversammlung mit einfacher Stimmmehrheit beschließt oder eine Minderheit verlangt, deren Anteile zusammen 10 % des Grundkapitals erreichen. Dieses Haftungssystem wurde auf der Grundlage von Vorschlägen der Regierungskommission „Corporate Governance – Unternehmensführung – Unternehmenskontrolle – Modernisierung des Aktiengesetzes" durch das **UMAG** mit Wirkung ab dem 1. November 2005 geändert, da berechtigte Ansprüche nur selten geltend gemacht wurden. Die Vertretung der Gesellschaft liegt derzeit bei Vorstand und AR. Bei diesen besteht jedoch die aus dem typischen principal-agent-conflict resultierende Gefahr, dass sie das Gesellschaftsinteresse hinter ihre eigenen Interessen zurücktreten lassen. Durch das UMAG, das schwerpunktmäßig neben dem Anfechtungsrecht die Haftung der Organe (Vorstand und AR, auf den sinngemäß über die Verweisung in § 116 auch § 93 Anwendung findet) regelt, wird das Recht zur Geltendmachung von Ersatzansprüchen nun unmittelbar auch einer **Aktionärsminderheit** übertragen, die diese Ansprüche aufgrund von Änderungen des § 148 im eigenen Namen für die Gesellschaft geltend machen kann. Mit Blick auf dieses verschärfte Verfolgungsrecht der Aktionäre wurde mit der Kodifizierung des wesentlichen Gedankens der Business Judgement Rule in § 93 Abs. 1 S. 2 klargestellt, dass eine Erfolgshaftung der Organmitglieder gegenüber der Gesellschaft ausscheidet.[1]

B. Regelungsgehalt

2 Nach § 76 Abs. 1 hat der Vorstand die AG **unter eigener Verantwortung** zu leiten. Dabei unterliegt er zwar keinerlei Weisungen, weder seitens des AR, noch seitens der Anteilseigner.[2] Er unterliegt aber selbstverständlich den einschlägigen Rechtsnormen, die er selbst einhalten und über deren Einhaltung in der AG er wachen muss.[3] Außerdem wird die eigenverantwortliche Geschäftsleitung durch die Treuepflicht der Vorstandsmitglieder gegenüber der AG mitbestimmt, wonach der Vorstand sein Handeln vorrangig am Interesse der AG ausrichten muss. § 93 gibt den objektiven Verhaltensmaßstab des Vorstands bei der Leitung der Geschäfte vor und normiert und **konkretisiert** die allg. Sorgfaltspflicht, die der Vorstand bei seiner Amtsführung zu erfüllen hat. Dabei geben Abs. 1 S. 1 und 2 den allg. Haftungsmaß-

---

1 Zu Einzelheiten der geplanten Änderungen s. Gesetzesentwurf der Bundesregierung vom 14.3.2005, BT-Drucks 15/5092, sowie *Thümmel*, DB 2004, 471 f.

2 *Schaefer/Missling*, NZG 1998, 441, 442.

3 Heidel/*Landwehrmann*, Kap. 1 § 93 AktG Rn 7.

stab vor, Abs. 1 S. 3 normiert die Verschwiegenheitspflicht des Vorstandes. Abs. 2 und 3 begründen Schadensersatzansprüche der AG bei Verletzung der Sorgfaltspflichten, deren Modalitäten in Abs. 4 bis 6 geregelt sind.[4]

Die Haftung beginnt mit dem Vorstandsamt; auf den Abschluss des Anstellungsvertrages kommt es nicht an.[5] Die Haftung endet mit wirksamer Beendigung des Vorstandsamtes, sei es durch Zeitablauf, Aufhebung, Abberufung oder Amtsniederlegung.[6]

Die Norm ist **zwingend** und kann weder vertraglich noch durch die Satzung der AG eingeschränkt oder ausgeweitet werden. Ebenso wenig ist eine Beschränkung[7] oder eine Verschärfung[8] der Vorstandshaftung möglich.

I. Pflichten des Vorstandes

Die Pflichten der Vorstandsmitglieder lassen sich einteilen in die Pflicht zur sorgfältigen Wahrnehmung der Organfunktion, die Pflicht zur Treue gegenüber der Gesellschaft und, als deren Konkretisierung, die Verschwiegenheitspflicht, die in Abs. 1 S. 3 ausdrücklich festgelegt ist.

1. Treuepflicht. Das Vorstandsmitglied verwaltet ihm anvertrautes Vermögen und den ihm anvertrauten Geschäftsbereich der AG als Treuhänder. Aus dieser besonderen Stellung folgt eine besondere, organschaftliche Treuepflicht,[9] die sich bspw. im Wettbewerbsverbot des § 88 konkretisiert.[10] Außerhalb der gesetzlichen Konkretisierung haben sich die folgenden Einzelpflichten herausgebildet:

a) Loyalitätspflicht. Das Vorstandsmitglied ist zur absoluten Loyalität gegenüber der AG verpflichtet.[11] Es muss Arbeitskraft, Kenntnisse und Fähigkeiten in den (vorbehaltlich einer abweichenden Nebentätigkeitsvereinbarung) ausschließlichen Dienst der AG stellen,[12] was u.U. auch einen besonderen Einsatz, bspw. den Verzicht auf geplanten Urlaub, bedeuten kann.[13] Für alle Entscheidungen des Vorstandsmitgliedes bedeutet die Loyalitätspflicht, dass sie ausschließlich am Wohl der AG auszurichten sind. Dies erfasst auch den nicht unmittelbar dienstlichen Bereich: Missbilligende oder **herabsetzende Äußerungen** über die AG, einzelne Mitarbeiter oder Mitarbeitergruppen, Vorstandskollegen etc. haben grds. zu unterbleiben.[14] Die Loyalitätspflicht ist in ihrem Kern **unabdingbar**. Abweichende Vereinbarungen, etwa eine Nebentätigkeitsvereinbarung, bedürfen der Zustimmung des AR (z.B. durch Vereinbarung im Anstellungsvertrag) und sind nur zulässig, wenn die Interessen der AG nicht gefährdet werden.[15]

b) Verbot, Geschäftschancen der Gesellschaft an sich zu ziehen/Verbot eigennütziger Ausnutzung der Organstellung. Durch die Tätigkeit für die AG erhält das Vorstandsmitglied Zugriff auf eine Vielzahl von Informationen und Geschäftschancen, die auch für seine persönlichen geschäftlichen Tätigkeiten von Interesse sein können. Aus der organschaftlichen Treuepflicht folgt, das das Vorstandsmitglied zunächst keine **Geschäftschancen (corporate opportunities)** der AG an sich ziehen darf, bspw. ein Grundstück, das die AG benötigt, nicht selbst erwerben darf, möglicherweise sogar noch, um es an die AG zu vermieten.[16] Auch dürfen Geschäftschancen nicht nahe stehenden Dritten überlassen werden.[17] Allg. liegt eine Geschäftschance jedenfalls dann vor, wenn der Geschäftsabschluss von der AG bereits beschlossen wurde oder die AG in Vertragsverhandlungen eingetreten ist, sie schon Interesse an dem Geschäft geäußert hat oder ihr das Geschäft angeboten wurde.[18]

Darüber hinaus darf das Vorstandsmitglied seine Organstellung auch nicht zu anderweitigem persönlichen Nutzen einsetzen. **Zahlungen und Sachleistungen** (Fahrzeug, Handy, aber auch die Nutzung von Personal oder Sachmitteln der AG für private Zwecke) **an das Vorstandsmitglied** sind nur auf Grundlage der vertraglichen Vereinbarung oder gegen ein entsprechendes Entgelt zulässig.[19] Ebenso verbietet die Treuepflicht auch die Entgegennahme von Zu-

---

4 *Hüffer*, AktienG, § 93 Rn 1; Großkomm-AktG/*Hopt*, § 93 Rn 18 f.
5 Schmidt/Lutter/*Krieger/Sailer*, AktienG, § 93 Rn 2.
6 Schmidt/Lutter/*Krieger/Sailer*, AktienG, § 93 Rn 2; zu fehlerhaft bestellten Vorstandsmitgliedern vgl. MüKo-AktG/*Spindler*, § 93 Rn 14 ff.
7 LG Mannheim 21.9.1954 – WM 1955, 116; Großkomm-AktG/*Hopt*, § 93 Rn 23 ff.; *Hüffer*, AktienG, § 93 Rn 1; MüKo-AktG/*Spindler*, § 93 Rn 26.
8 BGH 5.6.1975 – BGHZ 64, 325, 326 f.; Großkomm-AktG/*Hopt*, § 93 Rn 23 ff.; *Hüffer*, AktienG, § 93 Rn 1; MüKo-AktG/*Spindler*, § 93 Rn 27.
9 BGH 28.4.1954 – BGHZ 13, 188, 192; BGH 26.3.1956 – BGHZ 20, 239, 246; BGH 9.11.1967 – BGHZ 49, 30, 31; KölnKomm-AktG/*Mertens*, § 93 Rn 57, § 84 Rn 9; AnwK-AktienR/*Landwehrmann*, § 93 Rn 20; Großkomm-AktG/*Hopt*, § 93 Rn 144.
10 HK-AktG/*Bürgers/Israel*, § 93 Rn 6.
11 Heidel/*Landwehrmann*, § 93 AktG Rn 20.
12 Heidel/*Landwehrmann*, § 93 AktG Rn 20; Großkomm-AktG/*Hopt*, § 93 Rn 156; KölnKomm-AktG/*Mertens*, § 93 Rn 58.
13 Großkomm-AktG/*Hopt*, § 93 Rn 156; KölnKomm-AktG/*Mertens*, § 93 Rn 58.
14 Heidel/*Landwehrmann*, § 93 AktG Rn 21; Großkomm-AktG/*Hopt*, § 93 Rn 157; KölnKomm-AktG/*Mertens*, § 93 Rn 60.
15 Großkomm-AktG/*Hopt*, § 93 Rn 158; KölnKomm-AktG/*Mertens*, § 93 Rn 54.
16 So im Fall einer GmbH BGH 10.2.1977 – GmbHR 1977, 129, 131.
17 Schmidt/Lutter/*Krieger/Sailer*, AktienG, § 93 Rn 16.
18 BGH 8.5.1989 – WM 1989, 1216, 1217 f.; Großkomm-AktG/*Hopt*, § 93 Rn 169.
19 BGH 24.11.1975 – WM 1976, 77 ff.; Heidel/*Landwehrmann*, § 93 AktG Rn 26 ff.; Großkomm-AktG/*Hopt*, § 93 Rn 177 ff.

wendungen Dritter im Zusammenhang mit Geschäften der AG[20] sowie die Veranlassung von **Zuwendungen an Dritte**, insb. Freunde und Familienangehörige des Vorstandsmitglieds, bspw. in Form der Weitergabe von Waren oder Leistungen zum Selbstkostenpreis[21] oder der Gewährung eines zinslosen Darlehens.[22]

8 **c) Beachtung der Grundsätze der Wirtschaftlichkeit und Sparsamkeit.** Aus der Treuepflicht folgt weiter auch, dass jedes Vorstandsmitglied in seinem Geschäftsbereich die **Grundsätze der Wirtschaftlichkeit und Sparsamkeit** zu beachten hat, insb. also keine Gesellschaftsmittel verschwenden darf.[23] Dies erfordert insb. im Rahmen von Repräsentationskosten, beim Sponsoring und bei gemeinnützigen Spenden eine besondere Berücksichtigung der Gesellschaftsinteressen.[24]

9 **d) Gebote der Rücksichtnahme, Offenheit und Kontrollierbarkeit.** Schließlich verbietet die Treuepflicht es dem Vorstandsmitglied, seine eigenen **Interessen** gegenüber der AG ohne Rücksicht auf das Wohl der AG zu verfolgen und **durchzusetzen**.[25] Dies kann selbstverständlich nicht bedeuten, dass das Vorstandsmitglied auf ihm zustehende Ansprüche gegen die AG zu verzichten hat. Bei der Begründung solcher Ansprüche, also bspw. der Verhandlung über die Vorstandsvergütung, Aktienoptionspläne etc., hat das Vorstandsmitglied aber die Verhältnisse der AG, ihre Leistungsfähigkeit und seine eigene Leistung angemessen zu berücksichtigen.[26] Den AR hat das Vorstandsmitglied hierzu umfassend zu informieren. Allgemein folgt aus der Treuepflicht auch, dass jedes Vorstandsmitglied gegenüber Kollegen und AR zur **Offenheit** verpflichtet ist, Informationen vollständig weiterzuleiten hat und der AG, insb. dem AR eine vollständige **Kontrolle** seiner Tätigkeit zu **ermöglichen** hat.[27] Hierzu gehört insb. die unverzügliche Offenlegung von Interessenkonflikten.[28]

10 **2. Pflicht zur sorgfältigen Wahrnehmung der Organfunktion, Abs. 1 S. 1. a) Sorgfaltsmaßstab.** Nach Abs. 1 S. 1 haben die Vorstandsmitglieder bei ihrer Geschäftsführung die Sorgfalt eines ordentlichen und gewissenhaften Geschäftsleiters anzuwenden. Dies verlangt Handeln wie ein **pflichtbewusster, selbstständig tätiger Leiter** eines Unternehmens der konkreten Art, der nicht mit eigenen Mitteln wirtschaftet, sondern ähnlich wie ein Treuhänder fremden Vermögensinteressen verpflichtet ist.[29] Der Vorstand soll nicht für wirtschaftliche Fehlentscheidungen haften; vielmehr steht ihm ein weiter **Ermessensspielraum** bei unternehmerischen Entscheidungen zu, ohne diesen ist eine unternehmerische Tätigkeit schlechterdings undenkbar.[30] Erst wenn der Vorstand diesen Ermessensspielraum schuldhaft überschreitet, kann von einer Sorgfaltspflichtverletzung ausgegangen werden.[31] Ob dies der Fall ist, muss in jedem Einzelfall beurteilt werden. Anhaltspunkte kann die „business judgement rule" des angloamerikanischen Rechts geben. Danach haftet ein Vorstandsmitglied nicht, wenn es

– kein eigenes relevantes Interesse an der Entscheidung hatte,
– sich vor der Entscheidung alle wesentlichen, vernünftigerweise verfügbaren Informationen eingeholt hat und
– nachvollziehbar nach seiner eigenen Überzeugung im besten Interesse des Unternehmens gehandelt hat.[32]

Auch wenn diese Grundsätze nicht unmittelbar in das deutsche Recht übernommen werden können, können sie doch bei der Beurteilung der Frage, ob ein Vorstandsmitglied seine Pflichten schuldhaft verletzt hat, hilfreich sein. Der BGH verlangt vom Vorstand ein „von Verantwortungsbewusstsein getragenes, ausschließlich am Unternehmenswohl orientiertes, auf sorgfältiger Ermittlung der Entscheidungsgrundlagen beruhendes unternehmerisches Handeln".[33]

11 **b) Organfunktionen.** Die einzelnen Pflichten des Vorstands als Organ der Gesellschaft sind vielfältig. Sie umfassen im Wesentlichen, aber nicht abschließend folgende Pflichten:

---

20 Vgl. BGH 26.3.1962 – WM 1962, 578; BGH 8.5.1967 – GmbHR 1968, 141, 142; Großkomm-AktG/*Hopt*, § 93 Rn 181.
21 BGH 20.2.1995 – NJW-RR 1995, 669, 671.
22 OLG Hamm 29.6.1992 – ZIP 1993, 119, 123.
23 Heidel/*Landwehrmann*, § 93 AktG Rn 28 f.; Großkomm-AktG/*Hopt*, § 93 Rn 111; Schmidt/Lutter/*Krieger/Sailer*, AktienG, § 93 Rn 8.
24 Heidel/*Landwehrmann*, § 93 AktG Rn 28; Großkomm-AktG/*Hopt*, § 93 Rn 120; Schmidt/Lutter/*Krieger/Sailer*, AktienG, § 93 Rn 8.
25 Heidel/*Landwehrmann*, § 93 AktG Rn 30.
26 Heidel/*Landwehrmann*, § 93 AktG Rn 301 ff.; Köln-Komm-AktG/*Mertens*, § 93 Rn 69.
27 OLG Karlsruhe 3.10.1961 – GmbHR 1962, 135; Köln-Komm-AktG/*Mertens*, § 93 Rn 72; Großkomm-AktG/*Hopt*, § 93 Rn 185.
28 BGH 26.3.1956 – BGHZ 20, 239, 246; Großkomm-AktG/*Hopt*, § 93 Rn 185; HK-AktG/*Bürgers/Israel*, § 93 Rn 6; s. auch Ziff. 4.3.4 des Deutschen Corporate Governance Kodex.
29 BGH 20.2.1995 – BGHZ 129, 30, 34; OLG Koblenz 10.6.1991 – ZIP 1991, 870, 871; *Hüffer*, AktienG, § 93 Rn 4; KölnKomm-AktG/*Mertens*, § 93 Rn 6; Schmidt/Lutter/*Krieger/Sailer*, AktienG, § 93 Rn 5; HK-AktG/*Bürgers/Israel*, § 93 Rn 3.
30 BGH 21.4.1997 – BGHZ 135, 244 ff.; Großkomm-AktG/*Hopt*, § 93 Rn 81; MüKo-AktG/*Spindler*, § 93 Rn 50 ff.; HK-AktG/*Bürgers/Israel*, § 93 Rn 2; *Schaefer/Missling*, NZG 1998, 441, 444.
31 *Schaefer/Missling*, NZG 1998, 441, 444.
32 Vgl. *American Law Institute*, Principles of Corporate Governance, Band I (1994), § 4.01 (c); *Merkt*, US-amerikanisches Gesellschaftsrecht, 1991, Rn 682 ff.; Großkomm-AktG/*Hopt*, § 93 Rn 83; MüKo-AktG/*Spindler*, § 93 Rn 36 m.w.N.
33 BGH 21.4.1997 – BGHZ 135, 244, 253 f.

aa) Unternehmensleitung. Zunächst müssen die Vorstandsmitglieder die Leitung der AG tatsächlich wahrnehmen. Sie müssen durch Organisation und Kontrolle das tägliche Geschäft der AG betreiben, gleichzeitig die finanzielle und wirtschaftliche Situation der AG im Blick behalten und für die Verfolgung der vorgegebenen, auch wirtschaftlichen Ziele sorgen. Hierzu hat jedes Vorstandsmitglied in seinem Geschäftsbereich funktionierende Leitungsstrukturen und ein zuverlässiges Controlling einzurichten bzw. zu beaufsichtigen.[34] § 91 Abs. 2 konkretisiert diese Kontrollpflicht dahingehend, dass der Vorstand ein Überwachungssystem zur Sicherung des Fortbestandes der Gesellschaft einzurichten hat. Da die Vorstandsmitglieder als **Gesamtschuldner** haften (siehe Rn 37), ist diese Kontrollpflicht nicht auf den eigenen **Geschäftsbereich** beschränkt. Allerdings kann in einem Vorstand mit abgegrenzten Geschäftsbereichen auch nicht von jedem Vorstandsmitglied verlangt werden, dass es den Bereich seiner Kollegen wie seinen eigenen kontrolliert. Die Pflicht zur Geschäftsführung wandelt sich daher in diesem Fall in eine **Überwachungspflicht** um.[35] Dabei genügt es allerdings, wenn sich jedes Vorstandsmitglied regelmäßig einen Überblick darüber verschafft, dass auch die anderen Geschäftsbereiche ordnungsgemäß geleitet werden und eingreift, sobald sich dort Hinweise auf die Verletzung der Sorgfaltspflicht ergeben.[36] Hierzu reicht es jedoch nicht, wenn sich die Vorstandsmitglieder auf den Eindruck verlassen, den sie bei Vorstandssitzungen von der Arbeit der anderen Mitglieder erhalten.[37]

bb) Unternehmensorganisation. Der Vorstand ist für die Organisation und die organisatorischen Abläufe in der AG verantwortlich. Er hat dafür zu sorgen, dass die **Organisation** und die **Entscheidungsprozesse** in der AG gesetzmäßig sind und mit der Satzung im Einklang stehen.[38] Dies betrifft sowohl die Zusammensetzung von Vorstand und AR[39] als auch die ordnungsgemäße Einberufung der Hauptversammlung nach §§ 121 ff., zu der der Vorstand schon nach § 212 Abs. 2 verpflichtet ist; außerdem die **Verteilung der Aufgaben** in der AG und innerhalb des Vorstandes, die weder zu einem Machtverlust des Vorstandes in grundsätzlichen Fragen noch zu einer Verschiebung des Machtverhältnisses zwischen den Organen oder zu einer Störung des Gesamtverantwortungsprinzip des Vorstandes führen darf.[40] Weiter hat der Vorstand die Beschlüsse des AR zu befolgen, soweit sie rechtmäßig sind, muss aber gegen nichtige oder anfechtbare Beschlüsse von AR und Hauptversammlung, ggf. auch gerichtlich, vorgehen,[41] soweit diese die Interessen der AG beeinträchtigen.[42]

cc) Rechtmäßiges Verhalten der Aktiengesellschaft. Der Vorstand trägt die Verantwortung für das rechtmäßige Verhalten der AG. Jedes Vorstandsmitglied hat insb. (aber nicht ausschließlich, vgl. Rn 12) in seinem Geschäftsbereich darauf zu achten, dass nicht gegen **gesetzliche Vorschriften** verstoßen wird. Welche Vorschriften es für die AG zu berücksichtigen gilt, hängt entscheidend von der **Art des Unternehmens** ab.[43] In Betracht kommen jedenfalls arbeits-, sozial- und steuerrechtliche Normen, Regeln des Handels- und Gesellschaftsrecht, aber auch öffentlich-rechtliche Vorschriften z.B. des Umweltrechts. Soweit das Handeln der AG ausländischem Recht unterliegt, hat sie selbstverständlich auch dieses zu beachten.[44] Besonders schwierig kann die Kontrolle auf rechtmäßiges Verhalten sein, soweit es die §§ 138, 242 BGB betrifft. Während der Verstoß gegen eine dieser Normen eine Pflichtverletzung darstellt, aus der Ersatzansprüche der AG gegen das verantwortliche Vorstandsmitglied, bspw. wegen Ersatzansprüchen Dritter, folgen können, ist bloß unmoralisches Vorgehen, die Nichtbeachtung von Handelsbräuchen oder freiwilligen Richtlinien zwar verwerflich, aber aus sich heraus nicht pflichtwidrig.[45] Erst wenn das Verhalten dem Interesse der AG schadet, was rasch der Fall sein kann, wenn unmoralisches Verhalten öffentlich wird,[46] liegt hierin ein Verstoß gegen § 93 Abs. 1.

dd) Unternehmensfinanzierung. Der Vorstand hat auch für eine solide Unternehmensfinanzierung zu sorgen. Er hat zunächst darüber zu wachen, dass die Regeln über die Kapitalisierung befolgt werden,[47] aber auch für die Sicherung einer ausreichenden Kapitaldecke zu sorgen,[48] um der AG die Verfolgung ihrer Ziele zu ermöglichen.[49]

---

34 Großkomm-AktG/*Hopt*, § 93 Rn 106 ff.; KölnKomm-AktG/*Mertens*, § 93 Rn 45 ff.
35 OLG Köln 31.8.2000 – AG 2001, 263, 364; *Hüffer*, AktienG, § 93 Rn 13 a (Aufsichtspflicht); *Buchta*, DStR 2003, 694, 698.
36 BGH 8.7.1985 – NJW 1986, 54, 55; BGH 26.6.1995 – NJW 1995, 2850, 2851; BGH 15.10.1996 – BGHZ 133, 370, 377 f.; *Hüffer*, AktienG, § 93 Rn 13 a; KölnKomm-AktG/*Mertens*, § 93 Rn 54; HK-AktG/*Bürgers/Israel*, § 93 Rn 21.
37 *Hüffer*, AktienG, § 93 Rn 13 a; a.A. aber MüKo-AktG/*Spindler*, § 93 Rn 142 m.w.N.; HK-AktG/*Bürgers/Israel*, § 93 Rn 21.
38 Großkomm-AktG/*Hopt*, § 93 Rn 89; KölnKomm-AktG/*Mertens*, § 93 Rn 30.
39 Großkomm-AktG/*Hopt*, § 93 Rn 90; KölnKomm-AktG/*Mertens*, § 93 Rn 33.
40 Großkomm-AktG/*Hopt*, § 93 Rn 91; KölnKomm-AktG/*Mertens*, § 93 Rn 30; hierzu jüngst auch *Wicke*, NJW 2007, 3755, 3756.
41 Großkomm-AktG/*Hopt*, § 93 Rn 92.
42 KölnKomm-AktG/*Mertens*, § 93 Rn 30.
43 Vgl. *Schneider*, DB 1909, 1911.
44 KölnKomm-AktG/*Mertens*, § 93 Rn 36.
45 Anders offenbar KölnKomm-AktG/*Mertens*, § 93 Rn 34, der den Vorstand auch verpflichtet sieht, für die Einhaltung der anerkannten Grundsätze der Geschäftsmoral zu sorgen.
46 Großkomm-AktG/*Hopt*, § 93 Rn 101.
47 Großkomm-AktG/*Hopt*, § 93 Rn 96; KölnKomm-AktG/*Mertens*, § 93 Rn 30.
48 Vgl. BGH 4.7.1977 – BGHZ 69, 207, 213/215.
49 Vgl. *Scheffler*, in: FS Goerdeler, S. 469, 472.

16 ee) Zusammenarbeit im Vorstand. Innerhalb des Vorstandes ist jedes Mitglied zur **kollegialen Zusammenarbeit** verpflichtet.[50] Es hat die Interessen der AG über persönliche Differenzen zu stellen und Streitigkeiten mit anderen Vorstandsmitgliedern nach Möglichkeit beizulegen.[51] Kollegiales Verhalten bedeutet auch, den gesamten Vorstand über die Vorgänge im eigenen Geschäftsbereich, aber auch über jede andere Information, die für die AG von entsprechender Bedeutung sein könnte, zu informieren. Dies gilt insb., bevor ein Vorstandsmitglied einen Kollegen bei einer Aufsichtsbehörde einer Pflichtverletzung bezichtigt oder gar eine Untersuchung gegen die AG in die Wege leitet.[52] Trotzdem ist es auch Aufgabe einer kollegialen Zusammenarbeit, einzuschreiten und den AR zu informieren, wenn ein Vorstandsmitglied seine Pflichten verletzt, gleich aus welchem Grund.[53]

17 3. Ausschluss einer Pflichtverletzung, Abs. 1 S. 2. a) Allgemeines. Eine Pflichtverletzung liegt gem. § 93 Abs. 1 S. 2 nicht vor, wenn das Vorstandsmitglied eine unternehmerische Entscheidung trifft und dabei angenommen hat, auf der Grundlage von angemessener Information zum Wohle der Gesellschaft zu handeln und dies auch vernünftigerweise annehmen durfte. Bereits in der ARAG/Garmenbeck-Entscheidung hat der BGH eine Orientierung an der **Business-Judgement-Rule** zum Ausdruck gebracht.[54] Der Gesetzgeber hat diese Orientierung nun explizit in § 93 Abs. 1 S. 2 eingeführt. Dieser Kodifizierung kommt jedoch nur ein klarstellender Charakter zu; sie ist keine Abwendung von bisherigen Grundsätzen.[55] Die Vorschrift soll den Bereich unternehmerischen Handelns aus dem Tatbestand der Sorgfaltspflichtverletzung der S. 1 herausnehmen.[56] Somit greift die Regelung des § 93 Abs. 1 S. 2 bereits bei der **objektiven Sorgfaltspflichtverletzung** ein und nicht erst beim Verschuldensmaßstab. Die gesetzliche Anerkennung eines Freiraums bei unternehmerischen Entscheidungen („safe harbour") wäre mit einer bloßen Exkulpation nicht gelungen.[57] Bei bloßer Schuldlosigkeit könnte von einem sicheren Hafen nicht die Rede sein, da in diesem Fall weiterhin § 84 Abs. 3 S. 2 anwendbar bliebe und das Vorstandsmitglied sich der Gefahr eines Widerrufs der Bestellung aus wichtigem Grund ausgesetzt sähe.[58]

18 Schließlich handelt es sich bei der Vorschrift des § 93 Abs. 1 S. 2 nicht um eine bloße Beweislastregel wie in § 93 Abs. 2 S. 2. Im dogmatischen Verständnis enthält § 93 Abs. 1 S. 2 eine **unwiderlegbare Rechtsvermutung** eines objektiv pflichtkonformen Verhaltens. Sind die Erfordernisse der Business Judgement Rule eingehalten, so ist die Abwesenheit einer objektiven Pflichtverletzung die notwendige, jede weitere Prüfung ausschließende Folge.[59] Damit diese Vermutung eingreifen kann, müssen fünf – teils ungeschriebene – Merkmale erfüllt sein:
- unternehmerische Entscheidung,
- Handeln zum Wohle der Gesellschaft,
- Handeln ohne Sonderinteressen und sachfremde Einflüsse,
- Handeln auf der Grundlage angemessener Information und
- gutgläubiges Handeln.[60]

Dies entspricht Vorbildern der Business Judgement Rule aus dem angloamerikanischen Rechtskreis.[61] Ebenso finden sich Parallelen in der höchstrichterlichen Rspr. des BGH.[62]

19 b) Voraussetzungen von § 93 Abs. 1 S. 2 im Einzelnen. Der Haftungsfreiraum des S. 2 ist als Ausnahme und Einschränkung gegenüber S. 1 formuliert. Insoweit liegt die **Darlegungs- und Beweislast** für das Vorliegen der Tatbestandsmerkmale beim betroffenen Organ.[63]

20 aa) Unternehmerische Entscheidung. Das Haftungsprivileg des § 93 Abs. 1 S. 2 soll nur in den Fällen eröffnet sein, in denen der Vorstand eine unternehmerische Entscheidung fällt. In der Lit. herrscht Uneinigkeit über die Definition einer unternehmerischen Entscheidung.[64] Nach der Regierungsbegründung sind unternehmerische Entscheidungen solche, die „infolge ihrer Zukunftsbezogenheit durch Prognosen und nicht justiziable Einschätzungen geprägt" sind.[65] Diese gilt es von der Beachtung gesetzlicher, satzungsmäßiger oder anstellungsvertraglicher Pflichten ohne tatbestandlichen Beurteilungsspielraum abzugrenzen.[66] Die unternehmerische Entscheidung ist also immer von der Eingehung eines Risikos geprägt, dessen Ausmaß zum Zeitpunkt der Entscheidung noch nicht vollständig

---

50 BGH 13.7.1998 – AG 1998, 519; Großkomm-AktG/*Hopt*, § 93 Rn 132; KölnKomm-AktG/*Mertens*, § 93 Rn 43.
51 Vgl. zur GmbH-Geschäftsführung *Ebenroth/Lange*, GmbHR 1992, 69, 74.
52 BGH 14.7.1966 – WM 1966, 968.
53 KölnKomm-AktG/*Mertens*, § 93 Rn 43.
54 BGH 21.4.1997 – NJW 1997, 1926.
55 *Göz/Holzborn*, WM 2006, 157; *Schneider*, DB 2005, 707.
56 BT-Drucks 15/5092, S. 11.
57 *Hüffer*, AktienG, § 93 Rn 4 c; *Schäfer*, ZIP 2005, 1253, 1255; *Fleischer*, ZIP 2004, 685, 688.
58 *Fleischer*, ZIP 2004, 685, 688.
59 *Hüffer*, AktienG, § 93 Rn 4 c, d.
60 BT-Drucks 15/5092, S. 11; *Hauschka*, ZRP 2004, 65, 66 f.; *Gehb/Heckelmann*, ZRP 2005, 145 ff.; *Göz/Holzborn*, WM 2006, 157 f.
61 BT-Drucks 15/5092, S. 11; *Paefgen*, AG 2004, 245, 246; *Hauschka*, ZRP 2004, 65, 66; ausf. hierzu *Lutter*, ZIP 2007, 841 ff.
62 BGH 21.4.1997 – NJW 1997, 1926.
63 BT-Drucks 15/5092, S. 11.
64 Ein Überblick über die vertretenen Ansichten findet sich bei *Schneider*, DB 2005, 707, 708.
65 BT-Drucks 15/5092, S. 11.
66 BT-Drucks 15/5092, S. 11.

ersichtlich ist.[67] Insofern kommt eine unternehmerische Entscheidung nicht in Betracht, wenn das Vorstandsmitglied lediglich in Wahrnehmung der Pflichtaufgaben, die Vorstandsmitglieder zu erfüllen haben, handelt; vgl. §§ 83, 90, 91 Abs. 1 und Abs. 2, 110 Abs. 1, 118 Abs. 2, 121 Abs. 2, 124 Abs. 3, 131, 161, 170 Abs. 1, 245 Nr. 4, 293a, 312, 319 Abs. 3 S. 1 Nr. 3, 320 Abs. 4 S. 2; § 8 UmwG; § 34 Abs. 1 AO; § 24 Abs. 3 KWG.[68] Soweit sich der Vorstand nicht im Bereich seiner Pflichtaufgaben bewegt, kommt die Annahme einer unternehmerischen Entscheidung in Betracht, ist aber nicht ohne weiteres geboten. Es darf vielmehr im Einzelfall nicht die Verpflichtung zu einem bestimmten Tun oder Unterlassen bestehen, weil es insoweit den vorausgesetzten Ermessensspielraum nicht gibt.[69] Weiterhin muss es sich um eine Entscheidung unter Unsicherheit handeln, da ansonsten das von § 93 Abs. 1 S. 2 geschützte Leitungsermessen nicht betätigt wird. Auf dieses **Leitungsermessen** kommt es insb. bei Prognoseentscheidungen an, deren ökonomischer Sinn von künftigen Entwicklungen und ihrer Beurteilungen abhängt.[70]

Abschließend lässt sich der Begriff der unternehmerischen Entscheidung in folgender **Definition** zusammenfassen: Eine unternehmerische Entscheidung ist die bewusste Auswahl eines Organs der Gesellschaft aus mehreren tatsächlich möglichen und rechtlich zulässigen Verhaltensalternativen, wobei zum Zeitpunkt der Entscheidungsfindung wegen unvorhersehbarer Sachverhaltsentwicklung noch nicht absehbar ist, welche der zur Verfügung stehenden Alternativen sich als die im Nachhinein für die Gesellschaft wirtschaftlich vorteilhafteste herausstellen wird und deshalb die Gefahr besteht, dass die getroffene Wahl im Nachhinein von Dritten als von Anfang an erkennbar falsch angesehen wird.[71] 21

Gelangt man zu dem Ergebnis, dass eine unternehmerische Entscheidung nicht vorliegt, so führt dies nicht zwangsläufig zum Vorliegen einer Pflichtverletzung. In diesem Fall ist vielmehr die **Einzelfallprüfung** nach § 93 Abs. 1 S. 1 eröffnet.[72]

bb) Handeln zum Wohle der Gesellschaft. Bei seiner Entscheidung muss das Vorstandsmitglied annehmen, zum Wohle der Gesellschaft zu handeln.[73] Der Begriff „handeln" ist dabei **weit zu verstehen** und umfasst sowohl die Entscheidung selbst als auch die Umsetzung der unternehmerischen Entscheidung, unabhängig davon, ob dies durch Rechtsgeschäft oder tatsächliche Handlung oder durch Unterlassen geschieht.[74] Ein Handeln zum Wohle der Gesellschaft liegt dann vor, wenn die langfristige Ertragssteigerung und Wettbewerbsfähigkeit des Unternehmens und seiner Produkte oder Dienstleistungen gefördert werden.[75] 22

Das Merkmal der Annahme zwingt zu einem Perspektivwechsel bei der Beurteilung der Voraussetzungen der Entscheidungsfindung. Diese sind aus der Sicht des betreffenden Organs **ex-ante** zu beurteilen.[76] Diese Sichtweise wird wiederum durch das „annehmen dürfen" begrenzt und objektiviert.[77] Als Maßstab der Überprüfung, ob die Annahme des Vorstands nicht zu beanstanden ist, dient das Merkmal „vernünftigerweise". Das Vorliegen dieses Merkmals wäre z.B. dann zu verneinen, wenn das mit der unternehmerischen Entscheidung verbundene Risiko in völlig unverantwortlicher Weise falsch beurteilt worden ist[78] oder der Vorstand in Wirklichkeit der Gesellschaft schaden will.[79] 23

cc) Handeln ohne Sonderinteressen und sachfremde Einflüsse. Dieses Merkmal dient der Sicherstellung der sachlichen Unbefangenheit und Unabhängigkeit des Vorstandsmitglieds. Die Unbefangenheit muss dann verneint werden, wenn **Einflüsse außerhalb des Unternehmens** vorliegen, bspw. bei einem Handeln zum eigenen Nutzen oder zum Nutzen von dem Vorstandsmitglied nahe stehenden Personen oder Gesellschaften.[80] Andererseits ist das Vorstandsmitglied nicht schon deswegen befangen, weil es durch die Entscheidung mittelbar einen Vorteil erlangt.[81] Die Freiheit von sachfremden Einflüssen bedarf nach der Regierungsbegründung deshalb keiner Erwähnung im Gesetzestext, weil nur derjenige annehmen darf zum Wohle der Gesellschaft zu handeln, der sich bei der Entscheidung frei von solchen Einflüssen weiß.[82] 24

dd) Handeln auf der Grundlage angemessener Information. Das Vorstandmitglied muss auf der Basis angemessener Information handeln.[83] Hierdurch soll verhindert werden, dass Maßnahmen mit einem hohen Risikopoten- 25

---

67 *Schneider*, DB 2005, 707, 709 f; HK-AktG/*Bürgers/Israel*, § 93 Rn 11; a.A. *Hauschka*, GmbHR 2007, 11, 13, der meint, dass das Vorliegen eines Risiko im Entscheidungszeitpunkt keine Voraussetzung sei.
68 *Hüffer*, AktienG, § 93 Rn 4 f; Schmidt/Lutter/*Krieger/Sailer*, AktienG § 93 Rn 12.
69 *Schneider*, DB 2005, 707, 709 f.
70 *Hüffer*, AktienG, § 93 Rn 4 f.
71 *Schneider*, DB 2005, 707, 711.
72 *Schäfer*, ZIP 2005, 1253, 1255.
73 Zur Problematik bei einem Vorstands-Doppelmandat: *Passarge*, NZG 2007, 441 ff.
74 BT-Drucks 15/5092, S. 11; HK-AktG/*Bürgers/Israel*, § 93 Rn 15.
75 *Göz/Holzborn*, WM 2006, 157, 158; *Fleischer*, ZIP 2004, 685, 690; *Kock/Dinkel*, NZG 2004, 441, 443.
76 BT-Drucks 15/5092, S. 11; HK-AktG/*Bürgers/Israel*, § 93 Rn 15; *Schäfer*, ZIP 2005, 1253, 1257; *Göz/Holzborn*, WM 2006, 157, 158.
77 A.A. *Paefgen*, AG 2004, 245, 252, der für einen strikt subjektiven Beurteilungsmaßstab eintritt, da man nur auf diese Weise der Ratio der Business Judgement Rule gerecht werden könne.
78 Vgl. BGH 21.4.1997 – NJW 1997, 1926; BT-Drucks 15/5092, S. 11; Schmidt/Lutter/*Krieger/Sailer*, AktienG, § 93 Rn 13; *Lutter*, ZIP 2007, 841, 845.
79 *Lutter*, ZIP 2007, 841, 844.
80 Ausf. hierzu *Hauschka*, GmbHR 2007, 11, 14.
81 *Gehb/Heckelmann*, ZRP 2005, 145, 147.
82 BT-Drucks 15/5092, S. 11; *Fleischer*, ZIP 2004, 685, 691.
83 Ausf. hierzu *Hauschka*, GmbHR 2007, 11, 16.

zial ohne die gebotene Entscheidungsvorbereitung leichtfertig getroffen werden.[84] Hierbei ist die **Perspektive des Entscheiders** maßgeblich (ex ante), sofern die Beurteilung bei nachträglicher Überprüfung nachvollziehbar erscheint. Die Anforderungen hieran richten sich nach der **Art** der getroffenen Entscheidung; bei strategischen Entscheidungen sind die Anforderungen höher als bei Maßnahmen des Tagesgeschäfts.[85] Zu berücksichtigen ist, dass unternehmerische Entscheidungen teilweise auch unter einem hohen und nicht selbst erzeugten **Zeitdruck** getroffen werden müssen. Hierauf nimmt das Merkmal „angemessen" Rücksicht. In einem solchen Fall ist die Anforderung an die Pflicht zur Einholung der entsprechenden Information eingeschränkt.[86] Die Regierungsbegründung betont ausdrücklich, dass nicht darauf abgezielt wird, durch routinemäßiges Einholen von SV-Gutachten, Beratervoten oder externen Marktanalysen eine rein formale Absicherung anzustreben. Instinkt, Erfahrung, Fantasie, Gespür für künftige Entwicklungen und Gefühl für die Märkte und die Reaktion der Abnehmer und Konkurrenten sollen bei der Entscheidungsfindung durch die Vorstandsmitglieder nicht ausgeblendet werden.[87] Trotz der Relativierung in der Begründung empfiehlt es sich, dass Vorstandsmitglieder den Entscheidungsfindungsprozess **nachvollziehbar dokumentieren**,[88] z.B. durch Sitzungsprotokolle oder Beschlussvorlagen.

26 **ee) Gutgläubigkeit.** Das ungeschriebene Merkmal der Gutgläubigkeit ist nicht als „guter Glaube" i.S.d. BGB zu verstehen, sondern als „**Good Faith Test**" der Business Judgement Rule.[89] Hierbei kommt es in den Grenzen der objektiven Nachvollziehbarkeit auf die ex ante Sicht des in Unsicherheit handelnden Vorstandsmitgliedes an.[90] Glaubt der Handelnde selbst nicht an die Richtigkeit der Entscheidung, so verdient er keinen Schutz.[91]

27 **4. Verschwiegenheitspflicht, Abs. 1 S. 3.** Abs. 1 S. 3 präzisiert mit der Verschwiegenheitspflicht die Sorgfalts- und Treuepflicht[92] der Vorstandsmitglieder und konkretisiert sie dahingehend, dass das Vorstandsmitglied über vertrauliche Angaben und Geheimnisse der Gesellschaft Stillschweigen zu bewahren hat.[93] Ein Verstoß hiergegen kann, neben den Schadensersatzpflichten nach Abs. 2, auch strafrechtlich verfolgt werden, § 404. Eine Verletzung der Verschwiegenheitspflicht kann zudem ein wichtiger Grund zur Abberufung des Vorstandsmitglieds (§ 84 Abs. 3 S. 1) und zur Künd des seines Anstellungsvertrages (§ 626 BGB) darstellen.[94] Daneben kann bei börsennotierten AG eine Strafbarkeit wegen unzulässiger Offenbarung einer Insidertatsache in Betracht kommen (§§ 38 Abs. 1 Nr. 2a, 14 Abs. 1 Nr. 2 WpHG).[95]

Die **Dauer** der Verschwiegenheitspflicht wird nicht durch die Amtszeit oder die Dauer des Anstellungsvertrages begrenzt. Vielmehr bleibt sie auch darüber hinaus bestehen.[96] Nur so können die Interessen der AG effektiv geschützt werden.

28 Die Verschwiegenheitspflicht umfasst vertrauliche Angaben und Geheimnisse der Gesellschaft. **Geheimnisse** sind nicht offenkundige, also nur einem begrenzten Personenkreis bekannte Tatsachen, die nach dem Willen der Gesellschaft geheim gehalten werden sollen und an deren Geheimhaltung ein berechtigtes Interesse besteht.[97] **Vertrauliche Angaben** sind solche Informationen, deren öffentliche Erörterung Nachteile für die AG mit sich bringen kann, auch wenn sie keine Geheimnisse mehr sind.[98] Eine Kennzeichnung der Angabe als „vertraulich" ist nicht erforderlich.[99] Dies kann der schon bekannt gewordene Streit zwischen Vorstandsmitgliedern sein,[100] aber auch Meinungsäußerungen und Stimmgaben im Organ fallen hierunter.[101] Denn auch wenn solche Informationen den engen Kreis der AG bereits verlassen haben, also kein Geheimnis mehr sind, kann es für die AG doch schädlich sein, wenn ein Vorstandsmitglied sich hierzu in der Öffentlichkeit äußert.

---

84 *Göz/Holzborn*, WM 2006, 157.
85 *Hüffer*, AktienG, § 93 Rn 4 g.
86 BT-Drucks 15/5092, S. 11; *Göz/Holzborn*, WM 2006, 157, 158.
87 BT-Drucks 15/5092, S. 11.
88 Schmidt/Lutter/*Krieger/Sailer*, AktienG, § 93 Rn 31; HK-AktG/*Bürgers/Israel*, § 93 Rn 13; *Lutter*, ZIP 2007, 841, 845.
89 *Hauschka*, ZRP 2004, 65, 66; *Fleischer*, ZIP 2004, 685, 691.
90 *Hüffer*, AktienG, § 93 Rn 4 g.
91 HK-AktG/*Bürgers/Israel*, § 93 Rn 16; *Fleischer*, ZIP 2004, 685, 691.
92 BGH 5.6.1975 – BGHZ 64, 325, 327; *Hüffer*, AktienG, § 93 Rn 6 (hält die Zuordnung zur Sorgfaltspflicht für möglich, aber entbehrlich); KölnKomm-AktG/*Mertens*, § 93 Rn 75; HK-AktG/*Bürgers/Israel*, § 93 Rn 47; a.A. *Spieker*, NJW 1965, 1937 (nur Sorgfaltspflicht); *Meyer-Landrut*, AG 1964, 325, 326; *Golling*, S. 36; *Schwintowski*, NJW 1990, 1009, 1011 (nur Treuepflicht).

93 Zur Gefahr des Verstoßes gegen die Verschwiegenheitspflicht bei Vorstands-Doppelmandanten, *Passarge*, NZG 2007, 441 ff.
94 Schmidt/Lutter/*Krieger/Sailer*, AktienG, § 93 Rn 24.
95 Schmidt/Lutter/*Krieger/Sailer*, AktienG, § 93 Rn 24.
96 *Hüffer*, AktienG, § 93 Rn 7; MüKo-AktG/*Spindler*, § 93 Rn 115; KölnKomm-AktG/*Mertens*, § 93 Rn 84; Schmidt/Lutter/*Krieger/Sailer*, AktienG, § 93 Rn 17; *Spieker*, NJW 1965, 1937, 1939.
97 BGH 5.6.1975 – BGHZ 64, 325, 329; BGH 6.3.1997 – NJW 1997, 1985, 1987; *Meincke*, WM 1998, 149, 150; *Nagel*, BB 1979, 1799, 1802; MüKo-AktG/*Spindler*, § 93 Rn 100.
98 *Hüffer*, AktienG, § 93 Rn 7; Großkomm-AktG/*Hopt*, § 93 Rn 196; MüKo-AktG/*Spindler*, § 93 Rn 103.
99 Schmidt/Lutter/*Krieger/Sailer*, AktienG, § 93 Rn 19.
100 Großkomm-AktG/*Hopt*, § 93 Rn 196.
101 BGH 5.6.1975 – BGHZ 64, 325, 332; *Hüffer*, AktienG, § 93 Rn 7.

Geschützt sind Geheimnisse und vertrauliche Angaben, sofern diese den Vorstandsmitgliedern durch ihre Vorstandstätigkeit bekannt geworden sind. Dabei ist nicht erforderlich, dass die Angelegenheit im Vorstand behandelt wurde, sondern es genügt, dass die Vorstandsmitgliedschaft für die Informationserteilung ursächlich war.[102] Aus der Treuepflicht kann zudem die weitergehende Verpflichtung abgeleitet werden, auch privat erlangte Informationen vertraulich zu behandeln, soweit das Interesse der Gesellschaft dies verlangt.[103]

Die Verschwiegenheitspflicht bindet alle Vorstandsmitglieder, auch die nach § 104 gerichtlich bestellten, ihre Stellvertreter (§ 94), auch wenn diese nach § 105 Abs. 2 vom AR bestellt sind, und über § 116 auch die Mitglieder des AR. Der Schutz von Geheimnissen und vertraulichen Angaben ist daher auch für diese Organmitglieder gewährleistet, so dass die Verschwiegenheitspflicht des einzelnen **nicht gegenüber anderen Vorstandsmitgliedern** und auch **nicht gegenüber dem AR** gilt.[104] Ausnahmen hiervon sind denkbar, wenn die betreffenden Informationen einen Rechtsstreit zwischen einem Organmitglied und der AG betreffen[105] oder in Fällen offenkundigen Missbrauchs.[106] Auch gegenüber dem Abschlussprüfer besteht die Verschwiegenheitspflicht zumindest insoweit nicht, wie diesem ein Informationsrecht nach § 320 Abs. 2 HGB zusteht.[107] Schließlich endet die Verschwiegenheitspflicht auch dort, wo ein Schweigen nicht mehr im Interesse der AG ist, die Weitergabe von Geheimnissen oder vertraulichen Angaben dem Unternehmensinteresse also entspricht. Dies kann der Fall sein gegenüber externen Beratern, die selbst einer gesetzlichen oder vertraglichen Verschwiegenheitspflicht unterliegen,[108] aber auch gegenüber einem Großaktionär.[109] In Einzelfällen kann die Einhaltung der Verschwiegenheitspflicht für ein Vorstandsmitglied auch unzumutbar sein.[110] Inwieweit die Verschwiegenheitspflicht im Rahmen einer **Due-Diligence-Prüfung** zurücktritt, welche Informationen also dem Erwerber gegenüber gegeben werden dürfen, ist umstr.[111] Auch hier wird man sich am Unternehmensinteresse zu orientieren haben: Ist die Informationserteilung zwingend erforderlich, um einen adäquaten Abschluss zu ermöglichen, und sind die Geheimnisse und vertraulichen Angaben durch eine umfassende Vertraulichkeitsvereinbarung soweit wie möglich geschützt, ist die Freigabe der Informationen zulässig, möglicherweise sogar geboten.[112]

Die Verschwiegenheitspflicht begründet kein **Zeugnisverweigerungsrecht** im Strafprozess.[113] Im Zivilprozess steht ausgeschiedenen Vorstandsmitgliedern dagegen ein Zeugnisverweigerungsrecht nach §§ 383 Abs. 1 Nr. 6, 384 Nr. 3 ZPO zu, soweit Geheimnisse oder vertrauliche Angaben der Gesellschaft betroffen sind.[114] Noch amtierende Vorstandsmitglieder können im Prozess nur als Partei vernommen werden[115] und daher ihre Vernehmung nach § 446 ZPO ablehnen.

II. Schadensersatzansprüche, Abs. 2

Verstößt ein Vorstandsmitglied gegen die ihm obliegenden Pflichten, so folgt daraus unter bestimmten Voraussetzungen ein Schadensersatzanspruch der AG. Abs. 2 ist eine **eigene Anspruchsgrundlage** und begründet eine gesetzliche Organhaftung.[116] Daneben können sich auch Ansprüche wegen der Verletzung der vertraglichen Pflichten aus dem Anstellungsvertrag aus § 280 BGB ergeben, die aber im Wege der Anspruchskonkurrenz hinter § 93 Abs. 2 zurücktreten.[117]

1. Voraussetzungen. a) Pflichtverletzung. Ein Schadensersatzanspruch der AG setzt zunächst voraus, dass eine Pflichtverletzung durch ein Vorstandsmitglied vorliegt. Dabei kommen nach Abs. 2 nicht nur die Verletzungen von Pflichten aus Abs. 1, sondern alle Pflichten des Vorstandsmitgliedes aus dem Gesetz (z.B. §§ 80, 81, 83, 88, 90, 92), Satzung, Geschäftsordnung oder Vertrag in Betracht,[118] wobei allerdings die organschaftliche Treuepflicht (vgl.

---

102 Schmidt/Lutter/*Krieger/Sailer*, AktienG, § 93 Rn 20.
103 Schmidt/Lutter/*Krieger/Sailer*, AktienG, § 93 Rn 20.
104 BGH 26.3.1956 – BGHZ 20, 239, 246; BGH 6.3.1997 – BGHZ 135, 48, 56; *Hüffer*, AktienG, § 93 Rn 8; KölnKomm-AktG/*Mertens*, § 93 Rn 78; MüKo-AktG/*Spindler*, § 93 Rn 111; Großkomm-AktG/*Hopt*, § 93 Rn 202 ff.; Schmidt/Lutter/*Krieger/Sailer*, AktienG, § 93 Rn 21.
105 Großkomm-AktG/*Hopt*, § 93 Rn 202; KölnKomm-AktG/*Mertens*, § 93 Rn 80.
106 Beispiel bei KölnKomm-AktG/*Mertens*, § 93 Rn 79; Großkomm-AktG/*Hopt*, § 93 Rn 204.
107 Großkomm-AktG/*Hopt*, § 93 Rn 207; *Hüffer*, AktienG, § 93 Rn 8; MünchGesR/*Wiesner*, § 25 Rn 38.
108 Schmidt/Lutter/*Krieger/Sailer*, AktienG, § 93 Rn 22.
109 *Hüffer*, AktienG, § 93 Rn 8; MüKo-AktG/*Spindler*, § 93 Rn 108.; KölnKomm-AktG/*Mertens*, § 93 Rn 82; MünchGesR/*Wiesner*, § 25 Rn 38.
110 KölnKomm-AktG/*Mertens*, § 93 Rn 82; *Golling*, S. 36 ff.; *Meyer-Landrut*, AG 1964, 325, 326 f.
111 Vgl. Großkomm-AktG/*Hopt*, § 93 Rn 213 m.w.N.
112 Vgl. *Hüffer*, AktienG, § 93 Rn 8; Großkomm-AktG/*Hopt*, § 93 Rn 213; ausführlich hierzu MüKo-AktG/ *Spindler*, § 93 Rn 102 ff.; *Roschmann/Frey*, AG 1996, 449 ff.; *Mertens*, AG 1997, 541 ff.; *Schroeder*, DB 1997, 2161 ff.
113 *Hüffer*, AktienG, § 93 Rn 9; KölnKomm-AktG/*Mertens*, § 93 Rn 85; HK-AktG/*Bürgers/Israel*, § 93 Rn 53.
114 OLG Koblenz 5.3.1987 – AG 1987, 184 f.; *Hüffer*, AktienG, § 93 Rn 9; MünchGesR/*Wiesner*, § 25 Rn 44; Schmidt/Lutter/*Krieger/Sailer*, AktienG, § 93 Rn 23.
115 OLG Koblenz 5.3.1987 – AG 1987, 184 f.; *Hüffer*, AktienG, § 93 Rn 9.
116 *Hüffer*, AktienG, § 93 Rn 11; Großkomm-AktG/*Hopt*, § 93 Rn 20; *Sonnenberger*, GmbHR 1973, 25, 26 f.; a.A. *Baums*, Der Geschäftsleitervertrag, S. 211 ff., der in § 93 einen Fall der Haftung für Vertragsverletzung sieht; KölnKomm-AktG/*Mertens*, § 93 Rn 3, der von einer Kombination von Organhaftung und Haftung für Vertragsverletzung ausgeht.
117 *Hüffer*, AktienG, § 93 Rn 11.
118 *Hüffer*, AktienG, § 93 Rn 13; Großkomm-AktG/*Hopt*, § 93 Rn 3; MüKo-AktG/*Spindler*, § 93 Rn 128.

Rn 4 ff.) und die allg. Sorgfaltspflicht nach Abs. 1 S. 1 als die bedeutendsten Pflichten benannt werden können.[119] Oftmals ist hier die **Abgrenzung zwischen Sorgfaltspflichtverletzung und bloßen (wirtschaftlichen) Fehlschlägen** schwierig. Letztere stellen die Realisierung des unternehmerischen Risikos dar, das die Gesellschafter zu tragen haben (vgl. Rn 10). Von einer Pflichtverletzung ist jedenfalls dann auszugehen, wenn ein **schlechthin unvertretbares** Vorstandshandeln vorliegt.[120] Dies setzt nicht nur einen objektiven Fehler in der Unternehmensführung voraus, sondern auch dessen Offensichtlichkeit aus der Perspektive eines objektiven Dritten. Auch nicht offensichtliche Fehler, die sich dem konkreten Vorstandsmitglied aber aus anderen Gründen aufdrängen müssen, stellen eine Pflichtverletzung dar, so z.B. wenn ein Finanzvorstand Millionenbeträge an ein Anlageunternehmen ausbezahlt, ohne dafür eine Sicherheit zu vereinbaren.[121]

34 **b) Verschulden, S. 2.** Die Haftung nach Abs. 2 setzt zudem ein Verschulden des Vorstandsmitgliedes voraus. Das Vorstandsmitglied muss **vorsätzlich** oder zumindest **fahrlässig** seine Sorgfaltspflicht bei der Erfüllung seiner Organfunktion verletzt haben. Verlangt wird demnach nicht nur objektiv, sondern auch subjektiv die Sorgfalt eines ordentlichen und gewissenhaften Geschäftsleiters. In der Regel werden aber kaum Fälle denkbar sein, in denen eine objektive Pflichtverletzung am Verschulden scheitert.[122] Der objektive Verschuldensmaßstab ergibt sich aus Abs. 1 und ist typisiert,[123] wird also weder durch individuelle Unfähigkeit[124] noch durch die Regeln des innerbetrieblichen Schadensausgleichs oder Vereinbarung in Satzung oder Vertrag modifiziert.[125] Das Vorstandsmitglied haftet nur für **eigenes Verschulden**, eine Zurechnung nach § 278 BGB findet nicht statt, denn die Mitarbeiter jedes Vorstandsmitgliedes sind Erfüllungsgehilfen der AG, nicht des Vorstandsmitgliedes.[126] Aus dem gleichen Grund haftet das Vorstandsmitglied auch nicht nach § 831 BGB für das schuldhafte Verhalten von Verrichtungsgehilfen,[127] außerdem auch nicht, wenn es bei der pflichtwidrigen Handlung durch einen Prokuristen vertreten wurde.[128] Ist das pflichtwidrige, schuldhafte Verhalten eines Mitarbeiters allerdings Folge fehlerhafter Organisation oder unzureichender Kontrolle, kann hierin eine Sorgfaltspflichtverletzung des zuständigen Vorstandsmitgliedes selbst liegen.[129]

35 **c) Schaden.** Der AG muss **kausal** durch die Pflichtverletzung des Vorstandsmitgliedes ein Schaden entstanden sein. Dies richtet sich nach den allg. schadensersatzrechtlichen Regelungen der §§ 249 ff. BGB.[130] Zu bewerten ist also im Vergleich das Vermögen der AG mit und ohne Pflichtverletzung. Ein Schaden liegt vor, wenn eine kompensationslose Vermögenseinbuße festzustellen ist.

36 Anders muss jedoch bei kompetenzwidrigen Geschäftsführungsmaßnahmen, etwa beim Erwerb von Vermögensgegenständen ohne die erforderliche Zustimmung des AR, entschieden werden; in solchen Fällen haben die verantwortlichen Vorstandmitglieder die Gesellschaft so zu stellen, wie sie ohne die pflichtwidrige Maßnahme stehen würde, auch wenn eine Minderung des Vermögenswertes nicht eingetreten ist (Beispiel: Erwerb einer werthaltigen Beteiligung ohne die erforderliche Zustimmung des AR).[131]

37 Auch für die Fälle der Sozialaufwendungen, Parteispenden und des Sponsorings wird eine **Einschränkung** des Schadensbegriffs verlangt: Danach sollen nur solche kompensationslosen Vermögensminderungen einen Schaden darstellen, die den Zwecken der AG nicht entsprechen.[132] Begründet wird diese Ansicht v.a. mit der Beweislastumkehr des Abs. 2 S. 2 (siehe Rn 35), wonach ansonsten bei jeder Maßnahme, für die keine Gegenleistung gegenübersteht, die Vermutung pflichtwidrigen Verhaltens des Vorstandsmitgliedes eingreifen würde.[133] Dieses Argument überzeugt jedoch nicht. Ob gegenleistungs- und kompensationslose Ausgaben den Interessen der AG zuwiderlaufen, ist eine Frage der Pflichtverletzung. Darüber hinaus ist der Begriff des Unternehmenszweckes zu unscharf, um davon das Vorliegen eines Schadens abhängig machen zu können.[134] Letztlich ist das Vorstandsmitglied auch durch die Einräumung eines weiten unternehmerischen Ermessens (vgl. Rn 10 f.) hinreichend geschützt.[135] Befürchtete Benach-

---

119 MüKo-AktG/*Spindler*, § 93 Rn 129.
120 BGH 21.4.1997 – BGHZ 135, 244, 253; OLG Düsseldorf 28.11.1996 – AG 1997, 231, 234; *Henze*, NJW 1998, 3309, 3311; teilw. krit. *Götz*, NJW 1997, 3275, 3276.
121 OLG Düsseldorf 28.11.1996 – AG 1997, 231 ff.
122 MüKo-AktG/*Spindler*, § 93 Rn 158; KölnKomm-AktG/*Mertens*, § 93 Rn 98.
123 RG 28.2.1940 – RGZ 163, 200, 208; *Hüffer*, AktienG, § 93 Rn 14; MüKo-AktG/*Spindler*, § 93 Rn 158.
124 Schmidt/Lutter/*Krieger/Sailer*, AktienG, § 93 Rn 29: in Angelegenheiten, für die das eigene Fachwissen nicht ausreicht, ist entsprechender Rat einzuholen.
125 RG 28.2.1940 – RGZ 163, 200, 208; *Hüffer*, AktienG, § 93 Rn 14; MüKo-AktG/*Spindler*, § 93 Rn 159.
126 *Hüffer*, AktienG, § 93 Rn 14; KölnKomm-AktG/*Mertens*, § 93 Rn 18.
127 BGH 14.5.1974 – NJW 1974, 1371; KölnKomm-AktG/*Mertens*, § 93 Rn 18; MüKo-AktG/*Spindler*, § 93 Rn 161.
128 BGH 31.3.1954 – BGHZ 13, 61, 65; BGH 14.2.1974 – BGHZ 62, 166, 171 f.
129 *Hüffer*, AktienG, § 93 Rn 14; MüKo-AktG/*Spindler*, § 93 Rn 154; *Fleischer*, AG 2003, 291, 292 ff.
130 OLG Düsseldorf 28.11.1996 – AG 1997, 231, 237; *Hüffer*, AktienG, § 93 Rn 15; KölnKomm-AktG/*Mertens*, § 93 Rn 23; Großkomm-AktG/*Hopt*, § 93 Rn 261; MüKo-AktG/*Spindler*, § 93 Rn 154.
131 Schmidt/Lutter/*Krieger/Sailer*, AktienG, § 93 Rn 30; so auch OLG Dresden 6.9.2006 – WM 2007, 1029 selbst für den Fall des wirtschaftlichen Vorteils.
132 *Mertens*, Der Begriff des Vermögensschadens im Bürgerlichen Recht, S. 128 ff., S. 165 ff.; KölnKomm-AktG/*Mertens*, § 93 Rn 23; MünchGesR/*Wiesner*, § 26 Rn 6.
133 KölnKomm-AktG/*Mertens*, § 93 Rn 23.
134 *Hüffer*, AktienG, § 93 Rn 15.
135 *Hüffer*, AktienG, § 93 Rn 15; Großkomm-AktG/*Hopt*, § 93 Rn 262 f.

teiligungen eines ausgeschiedenen Vorstandsmitgliedes durch Abs. 2 S. 2 können zudem durch eine einschränkende Auslegung der Beweislastregeln vermieden werden.[136] Ob dies überhaupt erforderlich ist, ist allerdings fraglich.[137]

Die Pflichtwidrigkeit muss den Schaden adäquat kausal herbeigeführt haben. Die Haftung entfällt, wenn der Schaden auch bei rechtmäßigen Verhalten eingetreten wäre, wobei hierfür das Vorstandsmitglied beweispflichtig ist.[138] Der Einwand des rechtmäßigen Alternativverhaltens kommt jedoch dann nicht in Betracht, wenn es um die Verletzung von Organisations-, Kompetenz- oder Verfahrensregeln geht, da diese gerade der Abstimmung und Herbeiführung von gemeinsamen Beschlüssen und Verfahrensweisen im Vorstand dienen und ansonsten der Schutzzweck und eine Sanktionierung über die Schadensersatzpflicht weitgehend leer laufen würde.[139]

2. Beweislastverteilung, Abs. 2 S. 2. Entsprechend des Grundsatzes der Beweisnähe verteilt Abs. 2 S. 2 die Beweislast zwischen AG und Vorstandsmitglied derart, dass die AG grds. den Eintritt eines Schadens, dessen Höhe, das schadensverursachende Verhalten des Vorstandsmitgliedes und die Kausalität zwischen Verhalten und Schaden darlegen und beweisen muss, während das Vorstandsmitglied die Beweislast für das Nichtvorliegen von Pflichtwidrigkeit und Verschulden trifft.[140] Die Vermutungsregel des Abs. 2 S. 2, die aus der Beweislastumkehr folgt, ist jedoch nur **anwendbar**, sofern der AG der Schadensnachweis gelingt.[141] Erst bei erwiesenem Vorliegen eines Schadens muss sich das Vorstandsmitglied gegen den Vorwurf einer Pflichtverletzung wehren.[142] Allerdings sind, um dem Grundsatz der Beweisnähe gerecht zu werden, auch **Ausnahmen** denkbar, in denen die Darlegungs- und Beweislast für das Nichtvorliegen eines schadenverursachenden Verhaltens das Vorstandsmitglied trifft. Dies kann etwa dann der Fall sein, wenn der eingetretene Schaden typischerweise auf einem Verhalten beruht, das in den Verantwortungsbereich eines Vorstandsmitgliedes fällt und aufgrund der Beweisnähe ein Nachweis durch die AG nur schwer oder kaum möglich ist.[143] In diesen Fällen ergibt sich aus der Art des Schadens die **tatsächliche Vermutung**, dass der Schaden Folge eines Fehlverhaltens des betreffenden Vorstandsmitgliedes ist.[144]

Die Beweislastumkehr gilt auch für bereits ausgeschiedene Vorstandsmitglieder. Um ihnen den Gegenbeweis zu ermöglichen, haben sie aus § 810 BGB ein, in seinem Umfang durch Treu und Glauben begrenztes,[145] Recht auf Einsichtnahme in die relevanten Unterlagen.[146] Im Unternehmensinteresse kann dabei eine Begrenzung dahingehend erfolgen, dass die Einsichtnahme nur durch einen zur Verschwiegenheit verpflichteten SV zugelassen wird.[147] Solange die Gesellschaft die Einsicht verweigert, kann sie sich entsprechend den Regeln über die Beweisvereitelung auf die Beweislastumkehr nicht berufen.[148]

3. Gesamtschuldnerische Haftung. Die pflichtwidrig handelnden Vorstandsmitglieder haften als Gesamtschuldner nach §§ 421 ff. BGB. Die AG kann also, wenn mehrere Vorstandsmitglieder gemeinsam einen Schaden verursacht haben, von jedem von ihnen den gesamten Schaden ersetzt verlangen. Dies kann bspw. dann der Fall sein, wenn ein Vorstandsmitglied seine Sorgfaltspflichten verletzt und den anderen Vorstandsmitgliedern vorzuwerfen ist, ihrer Aufsichts- und Kontrollpflicht nicht ausreichend nachgekommen zu sein.[149] Die gesamtschuldnerische Haftung gilt erst Recht zwischen Vorstands- und AR-Mitglieder, wenn sie gemeinsam einen Schaden verursacht haben.[150] **Der Grad der jeweiligen Beteiligung** spielt dabei keine Rolle. Ein Ausgleich erfolgt im Wege des Regresses zwischen den Gesamtschuldnern gem. § 426 BGB,[151] wobei ein unterschiedliches Maß an Verursachung oder Verschulden analog § 254 BGB berücksichtigt wird.[152] Das ressortzuständige Vorstandsmitglied kann stärker heranzuziehen sein als andere Vorstandsmitglieder, die nicht unmittelbar zuständig waren; der Vorstandsvorsitzende haftet unter Umständen stärker als einfache Vorstandsmitglieder.[153]

---

136 So *Hüffer*, AktienG, § 93 Rn 17.
137 Großkomm-AktG/*Hopt*, § 93 Rn 263.
138 Schmidt/Lutter/*Krieger*/*Sailer*, AktienG, § 93 Rn 30.
139 MüKo-AktG/*Spindler*, § 93 Rn 156.
140 BGH 15.10.1962 – NJW 1963, 46; OLG Hamm 10.5.1995 – AG 1995, 512, 513; LG Bochum 27.6.1989 – ZIP 1989, 1557, 1559; LG Dortmund 1.8.2001 – AG 2002, 97, 98; *Hüffer*, AktienG, § 93 Rn 16; Großkomm-AktG/*Hopt*, § 93 Rn 285 f.; KölnKomm-AktG/*Mertens*, § 93 Rn 102; MünchGesR/*Wiesner*, § 26 Rn 9.
141 Großkomm-AktG/*Hopt*, § 93 Rn 278.
142 Zum Zusammenspiel von Abs. 2 S. 2 und § 287 ZPO s. Großkomm-AktG/*Hopt*, § 93 Rn 278.
143 BGH 9.6.1980 – BB 1980, 1344, 1345 (zur GmbH); *Hüffer*, AktienG, § 93 Rn 17; Großkomm-AktG/*Hopt*, § 93 Rn 284; KölnKomm-AktG/*Mertens*, § 93 Rn 104; *Goette*, ZGR 1995, 648, 674.
144 *Hüffer*, AktienG, § 93 Rn 17.
145 Großkomm-AktG/*Hopt*, § 93 Rn 297; KölnKomm-AktG/*Mertens*, § 93 Rn 109; Schmidt/Lutter/*Krieger*/*Sailer*, AktienG, § 93 Rn 34; HK-AktG/*Bürgers*/*Israel*, § 93 Rn 29.
146 Großkomm-AktG/*Hopt*, § 93 Rn 297.
147 Großkomm-AktG/*Hopt*, § 93 Rn 297.
148 Schmidt/Lutter/*Krieger*/*Sailer*, AktienG, § 93 Rn 34.
149 Großkomm-AktG/*Hopt*, § 93 Rn 299.
150 Großkomm-AktG/*Hopt*, § 93 Rn 298.
151 *Hüffer*, AktienG, § 93 Rn 18; KölnKomm-AktG/*Mertens*, § 93 Rn 21; ausf. hierzu Großkomm-AktG/*Hopt*, § 93 Rn 299 ff.
152 BGH 13.5.1955 – BGHZ 17, 214, 222; BGH 8.1.1958 – BGHZ 26, 217, 222; BGH 19.12.1968 – BGHZ 51, 275, 279; KölnKomm-AktG/*Mertens*, § 93 Rn 21; *Hüffer*, AktienG, § 93 Rn 18; HK-AktG/*Bürgers*/*Israel*, § 93 Rn 30; ausf. zum Regress Großkomm-AktG/*Hopt*, § 93 Rn 300 ff.
153 Schmidt/Lutter/*Krieger*/*Sailer*, AktienG, § 93 Rn 25.

41a **4. Selbstbehalt bei einer D&O-Versicherung, Abs. 2 S. 3 n.F.** Die durch das VorstAG[154] vorgenommene Neufassung des Abs. 2[155] sieht nunmehr zwingend einen Selbstbehalt vor, wenn die Gesellschaft zugunsten der Vorstände eine sog. Directors & Officers-Versicherung abschließt. Dieser Selbstbehalt ist im Versicherungsvertrag zu regeln.[156] Eine Pflicht zum Abschluss einer D&O-Versicherung wird durch diese Regelung aber nicht begründet.[157]

Die Höhe der Werte für den Selbstbehalt gibt das Gesetz nicht abschließend vor, geregelt wird lediglich, wie hoch die Werte mindestens sein müssen. So hat sich das Vorstandsmitglied bei jedem Schadensfall mit einem vertraglich festzulegenden Prozentsatz an dem Schaden zu beteiligen, der mindestens 10 Prozent betragen muss. Absolute Obergrenze ist ein Betrag, der mindestens dem Eineinhalbfachen der jährlichen Festvergütung entsprechen muss. Je nach Änderung der Festvergütung ist die Versicherung jährlich anzupassen. Das Bezugsjahr für den anzuwendenden Selbstbehalt ist das Jahr des Pflichtverstoßes.[158]

Die Pflicht zum Selbstbehalt und die damit einhergehende drohende persönliche Haftung für etwaige Schäden sollen Pflichtverletzungen von Vorständen präventiv entgegenwirken und deren persönliche Verantwortung stärker betonen.[159] Da Abs. 2 S. 3 nur die Versicherung der Gesellschaft regelt, steht dem einzelnen Vorstandsmitglied das Recht zu, sich im Hinblick auf den Selbstbehalt wiederum persönlich zu versichern.[160]

Ist die AG gegenüber dem Vorstandsmitglied aus einer vor dem Inkrafttreten des VorstAG am 5.8.2009 geschlossenen Vereinbarung zur Gewährung einer D&O-Versicherung ohne Selbstbehalt verpflichtet, so darf sie diese Verpflichtung bis zum Ablauf des Vorstandsvertrages noch erfüllen (vgl. § 23 Abs. 1 S. 2 EGAktG n.F.). Jedoch sollen nach der Gesetzesbegründung Verlängerungen des Vorstandsvertrages hierbei außer Betracht bleiben.[161] Wenn die D&O-Versicherung ohne entsprechende Grundlage im Vorstandsvertrag gewährt wird, so ist dieser Versicherungsvertrag ab dem 1.7.2010 auf die neue Gesetzeslage umzustellen und um den Selbstbehalt zu ergänzen, selbst wenn er vor dem 5.8.2009 geschlossen wurde (vgl. § 23 Abs. 1 S. 1 EGAktG n.F.).[162] Versicherungsverträge, die nach dem 5.8.2009 abgeschlossen werden, müssen zwingend den entsprechenden Selbstbehalt vorsehen.

Was Rechtsfolge eines **Verstoßes** gegen die Pflicht zur Vereinbarung eines Selbstbehalts nach Abs. 2 S. 3 n.F. ist, ergibt sich weder ausdrücklich aus dem Gesetz noch der Gesetzesbegründung.

In der Lit. wird teilweise vertreten, dass ein Verstoß gegen Abs. 2 S. 3 n.F. wegen Verstoßes gegen ein Verbotsgesetz gem. § 134 BGB zur (Teil-)Nichtigkeit des D&O-Versicherungsvertrages führt.[163] Dies wird u.a. mit einem Verweis auf die Gesetzgebungsmaterialien begründet,[164] ein Hinweis auf einen dahingehenden gesetzgeberischen Willen kann den Materialien zur Gesetzgebung jedoch nicht entnommen werden.

Die Norm ist nach richtiger Ansicht auch nicht als Verbotsgesetz i.S.d. § 134 BGB zu qualifizieren. Der Wortlaut lässt nicht auf deren Verbotscharakter schließen. Ebenso lässt sich dieser nicht mit der Systematik des Gesetzes begründen, da weder § 93 insgesamt noch die Sondertatbestände des Abs. 3 als Verbotsgesetze i.S.d. § 134 BGB zu qualifizieren sind, sondern eine Schadensersatzpflicht des Vorstandes normieren. Auch eine teleologische Auslegung des Abs. 2 S. 3 n.F. führt nicht zur Qualifikation als Verbotsnorm i.S.d. § 134 BGB. Zweck der Einführung eines Selbstbehalts und damit einhergehender Haftung mit dem Privatvermögen ist es, Pflichtverletzungen von Vorstandsmitgliedern präventiv entgegenzuwirken. Die Erreichung dieses Ziels könnte durch die Nichtigkeit des gesamten D&O-Versicherungsvertrages zwar gefördert werden, da dies zur (vollständigen) Haftung des Vorstandes führen und er so zu besonders sorgfältigem Handeln gezwungen würde. Allerdings bezweckt der Gesetzgeber schlussendlich den Schutz der Aktionäre. Daher beschränkt er, sofern eine D&O-Versicherung besteht, den Selbstbehalt der Vorstände und damit das Ausfallrisiko der Gesellschaft betragsmäßig durch die vorgesehene Maximalhöhe des Selbstbehalts.[165] Die Gesamtnichtigkeit des D&O-Versicherungsvertrages würde dieser Intention zuwiderlaufen.

Sofern der AR eine D&O-Versicherung ohne den gesetzlich vorgesehenen Selbstbehalt mit dem Vorstand vereinbart, ergibt sich seine Haftung aus §§ 116, 93; bei Handeln des Vorstandes folgt die Schadensersatzpflicht aus § 93. Problematisch wird jedoch sein, einen kausalen Schaden nachzuweisen. Als Schaden kommt im Einzelfall die Differenz zwischen den einzelnen Versicherungsbeiträgen in Betracht, da der Versicherungsbeitrag für eine Versicherung mit Selbstbehalt günstiger ist, als der Versicherungsbeitrag für eine volle Schadensabdeckung. Für etwaige andere Schäden müsste der Nachweis gelingen, dass der Vorstand sich nicht oder nicht so pflichtwidrig verhalten hätte, wenn die D&O-Versicherung den erforderlichen Selbstbehalt vorgesehen und sein Verhalten wegen seiner Haftung mit dem Privatvermögen dementsprechend beeinflusst hätte. Dieser Beweis dürfte in der Praxis kaum zu führen sein.

---

154 BGBl I S. 2509 ff.
155 Ausführlich hierzu z.B. *Lingemann*, BB 2009, 1918, 1922; *Olbrich/Kassing*, BB 2009, 1659 ff.
156 *Lingemann*, BB 2009, 1918, 1922.
157 *Nikolay*, NJW 2009, 2640, 2644.
158 Beschlussempfehlung, BT-Drucks 16/13433, S. 17.
159 Beschlussempfehlung, BT-Drucks 16/13433, S. 17.
160 *Lingemann*, BB 2009, 1918, 1922; krit. hierzu *Thüsing*, AG 2009, 517, 527, der darin die Umgehung des eigentlichen Zwecks des Selbstbehalts sieht.
161 Beschlussempfehlung, BT-Drucks 16/13433, S. 19.
162 Verfassungsrechtliche Bedenken zu dieser Regelung erheben *Gaul/Janz*, NZA 2009, 809, 813 wobei aber nicht deutlich wird, ob diese Bedenken nur gegen § 23 EGAktG n.F. oder § 93 Abs. 2 S. 3 n.F. insgesamt erhoben werden.
163 *Olbrich/Kassing*, BB 2009, 1659, 1661; *Lange*, VW 2009, 918, 919.
164 *Lange*, VW 2009, 918, 919.
165 Vgl. Beschlussempfehlung, BT-Drucks 16/13433, S. 17.

III. Sondertatbestände, Abs. 3

Als Spezialtatbestände enthält Abs. 3 eine Reihe von Schadensersatzansprüchen, welche die AG vor unzulässigen Kapitalabfluss schützen sollen.[166] Die Norm **konkretisiert** Abs. 2 S. 1. Damit ist auch ein Anspruch aus Abs. 3 zunächst von den dargestellten Voraussetzungen abhängig; insb. Pflichtverletzung, Verschulden und Schaden müssen gegeben sein. Liegt ein Fall des Abs. 3 vor, so steht zum einen die Pflichtwidrigkeit fest. Liegt einer der neun ausdrücklich genannten Fälle vor, wird zum anderen ein **Schaden** der AG in Höhe des ausgezahlten Betrages **vermutet**.[167] Eine vergleichende Gesamtvermögensbetrachtung zur Ermittlung des Schadens bleibt aus. Der vermutete Schaden kann allerdings widerlegt werden, bspw. durch Nachweis der Rückführung des abgeflossenen Betrages.[168] Übersteigt der tatsächliche Schaden der AG den abgeflossenen Betrag, so ist die Beweislast geteilt: Bezüglich des entzogenen Betrages bleibt es bei der Vermutungsregel des Abs. 3. Der darüber hinaus gehende Teil des Schadens muss vom Anspruchsteller nachgewiesen werden.[169]

Im Einzelnen geregelt sind die folgenden Verstöße gegen aktienrechtliche Vorschriften: Nr. 1: Einlagenrückgewährung entgegen §§ 57[170] und 230; Nr. 2: Zahlung von Gewinnanteilen oder Zinsen entgegen §§ 57 Abs. 2 oder 3, 58 Abs. 4 oder 233; Nr. 3: Erwerb, Zeichnung, Einziehung oder Annahme als Pfand von Aktien der AG oder einer anderen AG entgegen §§ 56, 71 bis 71e, 237 bis 239; Nr. 4: Ausgabe von Aktien vor voller Leistung des Ausgabebetrages entgegen §§ 9, 10 Abs. 2; Nr. 5: Verteilung von Gesellschaftsvermögen entgegen §§ 57 Abs. 3, 225 Abs. 2, 230, 233, 237 Abs. 2, 271, 272; Nr. 6: Leistung von Zahlungen entgegen § 92 Abs. 2 (Zahlungen nach Eintritt der Zahlungsunfähigkeit oder Überschuldung, also nach Insolvenzreife);[171] Nr. 7: Vergütung von AR-Tätigkeit entgegen §§ 113, 114; Nr. 8: Kreditgewährung entgegen §§ 89 (Kredit an Vorstandsmitglied) oder 115 (Kredit an AR-Mitglied); Nr. 9: Im Fall der bedingten Kapitalerhöhung Ausgabe von Bezugsaktien vor vollständiger Leistung des Gegenwerts oder außerhalb des festgesetzten Zwecks entgegen § 199.

IV. Haftungsausschluss, Abs. 4

Abs. 4 regelt zum einen die Umstände, unter denen ein Schadensersatzanspruch der AG gegen das Vorstandsmitglied trotz Vorliegen der Haftungsvoraussetzungen nicht eintritt, zum anderen unter welchen Voraussetzungen die AG auf ihren Anspruch verzichten oder sich darüber vergleichen kann.

1. Beschluss der Hauptversammlung, Abs. 4 S. 1.

Nach § 83 Abs. 2 ist der Vorstand verpflichtet, Hauptversammlungsbeschlüsse umzusetzen. Muss er dabei zwangsläufig gegen andere Pflichten verstoßen, entsteht ein Konflikt, den Abs. 4 S. 1 löst. Soweit das Vorstandsmitglied zu dem schadenverursachenden Handeln aufgrund eines Hauptversammlungsbeschlusses verpflichtet war, scheidet Schadensersatzanspruch gegen ihn aus. Allerdings muss der Hauptversammlungsbeschluss – ausdrücklich oder zumindest konkludent – eine **Handlungspflicht des Vorstandes** enthalten, die bloße Ermächtigung, Empfehlung oder Meinungsäußerung zu einem bestimmten Handeln reicht nicht aus.[172] Dies ergibt sich aus dem Sinn und Zweck der Norm, eben einen Konflikt zwischen der Pflicht aus § 83 Abs. 2 und anderen Pflichten zu lösen. Geht man davon aus, dass im Falle der Ausführung eines Hauptversammlungsbeschlusses schon kein pflichtwidriges Verhalten zu sehen ist, so hat Abs. 4 S. 1 zumindest klarstellende Bedeutung und regelt die näheren Voraussetzungen der Haftungsbefreiung. Denmach muss der Hauptversammlungsbeschluss **gesetzmäßig** gewesen sein. Das ist der Fall, wenn der Beschluss weder nichtig noch anfechtbar ist.[173] Die Nichtigkeit des Beschlusses kann sich aus §§ 192 Abs. 4, 212 S. 2, 217 Abs. 2, 228 Abs. 2 S. 1, 234 Abs. 3 S. 1, 235 Abs. 2 S. 1 und insb. aus § 241 ergeben. Nichtig sind auch Beschlüsse, die die Hauptversammlung außerhalb ihrer Kompetenzen fällt, so bspw. ein Beschluss in Geschäftsführungsangelegenheiten, den der Vorstand nicht verlangt hat.[174] Auch **nichtige Beschlüsse**, deren Nichtigkeit nach § 242 nicht mehr geltend gemacht werden kann (Ablauf der Drei-Jahres-Frist seit Eintragung des Beschlusses im Handelsregister), befreien das Vorstandsmitglied von der Haftung.[175] Denn da es

---

166 GroßKomm-AktG/*Hopt*, § 93 Rn. 234.
167 *Hüffer*, AktienG, § 93 Rn 22; GroßKomm-AktG/*Hopt*, § 93 Rn 235; KölnKomm-AktG/*Mertens*, § 93 Rn 87; *Schmidt/Lutter/Krieger/Sailer*, AktienG, § 93 Rn 37.
168 *Hüffer*, AktienG, § 93 Rn 22.
169 *Hüffer*, AktienG, § 93 Rn 22; KölnKomm-AktG/*Mertens*, § 93 Rn 96.
170 Auführlich zu den Änderungen des § 57 AktG durch das MoMiG bspw. *Knapp*, DStR 2008, 2371
171 Geändert zum 1.11.2008 durch das MoMiG, vgl. dazu und zu den Änderungen in § 92 AktG bspw. *Knapp*, DStR 2008, 2371, 2373; *Kindler*, NJW 2008, 3249 ff; ebenso BGH 14.5.2007 – NZG 2007, 477: keine Verletzung der Massesicherungspflicht bei Abführung von Arbeitnehmeranteilen der Sozialversicherungspflicht bei Lohnsteuer im Zeitpunkt der Insolvenzreife; *Geißler*, NZG 2007, 645 ff.
172 GroßKomm-AktG/*Hopt*, § 93 Rn 307; KölnKomm-AktG/*Mertens*, § 93 Rn 114; MüKo-AktG/*Spindler*, § 93 Rn 212; HK-AktG/*Bürgers/Israel*, § 93 Rn 32.
173 *Hüffer*, AktienG, § 93 Rn 25; GroßKomm-AktG/*Hopt*, § 93 Rn 316 ff.; KölnKomm-AktG/*Mertens*, § 93 Rn 117 ff.; MüKo-AktG/*Spindler*, § 93 Rn 208.
174 *Hüffer*, AktienG, § 93 Rn 25; § 241 Rn 20; KölnKomm-AktG/*Mertens*, § 93 Rn 117.
175 Str.; ebenso *Hüffer*, AktienG, § 93 Rn 25; *Spindler*, § 93 Rn 209; GroßKomm-AktG/*Hopt*, § 93 Rn 318 ff.; GroßKomm-AktG/*Schmidt*, § 242 Rn 13; MünchGesR/*Wiesner*, § 26 Rn 13; vgl. auch BGH 6.10.1960 – BGHZ 33, 175, 176 ff.; insb 178 f.; a.A KölnKomm-AktG/*Mertens*, § 93 Rn 117; *Mestmäcker*, BB 1961, 945, 947 f.

gegen den Beschluss nicht mehr vorgehen kann, muss es ihn gegebenenfalls ausführen.[176] Eine Haftung kann sich allerdings dann trotzdem ergeben, wenn das Vorstandsmitglied pflichtwidrig unterlassen hat, gegen den Beschluss – etwa im Wege der Nichtigkeitsklage nach § 249 – vorzugehen (vgl. Rn 13).[177] Ähnlich verhält es sich mit **anfechtbaren** Beschlüssen. Auch sie binden das Vorstandsmitglied, wenn die Frist zur Erhebung der Anfechtungsklage (§ 246) abgelaufen ist, und befreien dann trotz ursprünglicher Anfechtbarkeit von der Haftung.[178] Auch hier haftet das Vorstandsmitglied, wenn es selbst zur Anfechtung verpflichtet gewesen wäre (vgl. Rn 13).[179] Eine solche Verpflichtung erwächst dem Vorstand jedoch nicht schon aus der Anfechtbarkeit des Beschlusses; sie besteht vielmehr nur dann, wenn ein Anfechtungsgrund gegeben ist und nach Lage des Falles damit zu rechnen ist, dass die Ausführungen des Beschlusses zu einer Schädigung der Gesellschaft führt.[180]

46 Der Beschluss der Hauptversammlung muss der Handlung des Vorstandes **vorausgehen**, da diese auf dem Beschluss beruhen muss; eine nachträgliche Billigung des Verhaltens durch Beschluss reicht folglich nicht aus.[181] **Ausnahmsweise** schließt auch ein gesetzmäßiger Hauptversammlungsbeschluss die Haftung des Vorstandsmitgliedes nicht aus, nämlich dann, wenn der Beschluss seinerseits auf ein pflichtwidriges Verhalten des Vorstandsmitgliedes zurückzuführen ist,[182] bspw. bei unvollständiger oder unrichtiger Information der Hauptversammlung der Fall sein.[183] Das Gleiche gilt, wenn sich die Sachlage, auf der der Beschluss beruht, nachträglich so erheblich verändert, dass nicht mehr sicher ist, ob die Hauptversammlung den Beschluss aufrechterhalten will. In diesem Fall kann sich das Vorstandsmitglied nicht auf den Beschluss berufen, sondern muss unverzüglich eine Entscheidung der Hauptversammlung über das Schicksal des Beschlusses herbeiführen.[184]

47 2. Kein Haftungsausschluss bei Billigung durch Aufsichtsrat, Abs. 4 S. 2. Ein billigender Beschluss des AR hat für die Haftung des Vorstandsmitgliedes keine Bedeutung. Die Aufgabe des AR liegt in der Kontrolle und Überwachung des Vorstandes, nicht aber in der aktiven Gestaltung der Geschäfte der AG, vgl. § 111. Insofern kann er Handlungen des Vorstandes missbilligen; den Vorstand zu einem bestimmten Handeln zu ermächtigen, liegt dagegen nicht in seinem Aufgabenbereich.

48 3. Verzicht/Vergleich, Abs. 4 S. 3 und 4. Um Absprachen zwischen dem AR (§ 112) und einem Vorstandsmitglied zu verhindern, der AG also ihre Ansprüche zu sichern, ist ein Verzicht auf oder ein Vergleich über Ansprüche nach Abs. 2 oder 3 nicht ohne weiteres möglich.

49 a) Drei-Jahres-Frist. Ein Verzicht oder ein Vergleich ist frühestens drei Jahre nach Entstehung des Anspruches möglich.[185] Damit soll verhindert werden, dass die AG vorschnell auf Ansprüche verzichtet, deren Bestehen oder zumindest deren genauen Umfang sie noch nicht kennt.[186] Die Frist ist fest. Sie verkürzt sich nicht dadurch, dass die AG von den bestehenden Ansprüchen weiß und bewusst darauf verzichten will. Sie wird aber auch nicht verlängert, wenn der Schaden nach drei Jahren noch nicht überblickt werden kann.[187] Rechtsgeschäfte, die vor Ablauf der Frist abgeschlossen werden und einen Verzicht oder Vergleich zum Gegenstand haben, sind nach §§ 134, 139 BGB insg. nichtig.[188] Davon erfasst sind der Erlassvertrag (§ 397 Abs. 2 BGB) und gerichtliche sowie außergerichtliche Vergleiche (§ 779 BGB), einschließlich des Prozessvergleichs (§§ 794 Abs. 1 Nr. 1, 1053 ZPO) und des Anwaltsvergleichs (§§ 769a ff. ZPO).[189] Auch betroffen sind **Aufhebungsverträge**, in denen regelmäßig eine Ausgleichsklausel enthalten ist. Allerdings kann dem mit einer wirksamen salvatorischen Klausel begegnet werden.[190]

50 b) Zustimmung der Hauptversammlung. Ein wirksamer Verzicht oder Vergleich setzt die Zustimmung der Hauptversammlung durch Beschluss voraus. Die Zustimmung eines Mehrheitsaktionärs reicht nicht aus.[191] Sofern die Satzung nichts anderes bestimmt, kommt die Zustimmung durch **einfache Mehrheit** der abgegebenen Stimmen zustande, § 133. Durch das Zustimmungserfordernis soll verhindert werden, dass AR und Vorstand sich gegenseitig zum Nachteil der AG von Haftungsansprüchen befreien. Ist das Vorstandsmitglied, über dessen Verpflichtung abge-

---

176 *Hüffer*, AktienG, § 93 Rn 25; Großkomm-AktG/*Hopt*, § 93 Rn 318.
177 Großkomm-AktG/*Hopt*, § 93 Rn 321; MüKo-AktG/*Spindler*, § 93 Rn 209.
178 H.M. *Hüffer*, AktienG, § 93 Rn 25; Großkomm-AktG/*Hopt*, § 93 Rn 322 f.; KölnKomm-AktG/*Mertens*, § 93 Rn 119; MüKo-AktG/*Spindler*, § 93 Rn 208; Schmidt/Lutter/*Krieger/Sailer*, AktienG, § 93 Rn 50; a.A. *Golling*, S. 81 ff.; *Geßler*, JW 1937, 497, 501.
179 Großkomm-AktG/*Hopt*, § 93 Rn 322 f.; KölnKomm-AktG/*Mertens*, § 93 Rn 119; MüKo-AktG/*Spindler*, § 93 Rn 208; Schmidt/Lutter/*Krieger/Sailer*, AktienG, § 93 Rn 50.
180 MüKo-AktG/*Spindler*, § 93 Rn 208 m.w.N.
181 *Hüffer*, AktienG, § 93 Rn 25; Schmidt/Lutter/*Krieger/Sailer*, AktienG, § 93 Rn 48.
182 *Hüffer*, AktienG, § 93 Rn 26; Großkomm-AktG/*Hopt*, § 93 Rn 325; KölnKomm-AktG/*Mertens*, § 93 Rn 214.
183 *Hüffer*, AktienG, § 93 Rn 26; Großkomm-AktG/*Hopt*, § 93 Rn 325; Schmidt/Lutter/*Krieger/Sailer*, AktienG, § 93 Rn 51.
184 Großkomm-AktG/*Hopt*, § 93 Rn 327 ff.; MüKo-AktG/*Spindler*, § 93 Rn 215; Schmidt/Lutter/*Krieger/Sailer*, AktienG, § 93 Rn 51.
185 *Hüffer*, AktienG, § 93 Rn 28.
186 Großkomm-AktG/*Hopt*, § 93 Rn 366.
187 Großkomm-AktG/*Hopt*, § 93 Rn 367.
188 *Hüffer*, AktienG, § 93 Rn 28.
189 Schmidt/Lutter/*Krieger/Sailer*, AktienG, § 93 Rn 53.
190 *Bauer/Krets*, DB 2003, 811.
191 Großkomm-AktG/*Hopt*, § 93 Rn 359.

stimmt werden soll, selbst Aktionär und damit Mitglied der Hauptversammlung, ist es **nicht stimmberechtigt**, § 136 Abs. 1. Dies gilt auch für Vorstandsmitglieder, die als potenzielle Gesamtschuldner für den betreffenden Anspruch in Frage kommen, wenn das betreffende Schuldverhältnis insg. beseitigt werden soll.[192] Umstr. ist, inwieweit Vorstandsmitglieder ihr Stimmrecht verlieren, weil sie wegen einer möglichen Beeinträchtigung ihrer Regressansprüche ein persönliches Interesse an dem Beschluss haben.[193] Dies kann der Fall sein, wenn nicht über den Wegfall eines Anspruchs insg., sondern nur im Verhältnis zu einem oder einzelnen Vorstandsmitgliedern abgestimmt wird. Der Wortlaut des § 136 Abs. 1 ist jedoch eindeutig und schließt nur Aktionäre aus, die durch den Beschluss von einer Verbindlichkeit befreit werden oder über deren Inanspruchnahme durch die AG beschlossen werden soll. Beides wäre bei einem Verzicht, der lediglich gegenüber einzelnen Vorstandsmitglieder erfolgt, für die anderen Vorstandsmitglieder, die Gesamtschuldner sind, nicht der Fall. Ein Stimmrechtsausschluss findet nicht statt.[194] Jedoch muss das Stimmrecht der Gesamtschuldner dann ausgeschlossen sein, wenn statt eines Verzichts auf den gesamten Anspruch durch einen Beschluss durch nacheinander erfolgende **Einzelabstimmungen jedem** Vorstandsmitglied einzeln die Schuld erlassen wird, obwohl es sich tatsächlich um einen einheitlichen Anspruch handelt. Würde man in dieser Konstellation ein Stimmrecht der Vorstände bejahen, so läge eine treuwidrige Umgehung des § 136 Abs. 1 vor, die nicht zum wirksamen Verzicht führt.[195]

c) Kein Widerspruch einer Minderheit. Dem von der Mehrheit der Hauptversammlung gefassten Beschluss darf überdies nicht von einer Minderheit, die mind. **10 % des Grundkapitals** hält, widersprochen werden. Dieses Minderheitenrecht ist verbunden mit dem Recht auf Geltendmachung von Ersatzansprüchen durch eine Minderheit nach § 147 und soll verhindern, dass dieses Recht durch Verzicht oder Vergleich unterlaufen wird.[196] Der Prozentsatz richtet sich nach dem **Nennbetrag** des insg. vorhandenen, nicht bloß des auf der Hauptversammlung vertretenen Kapitals.[197] Wie viele Aktionäre widersprechen, ist unerheblich. Hält ein einzelner 10 %, so kann er auch alleine Widerspruch einlegen. Dabei ist es unerheblich, ob die widersprechenden Aktionäre auf der Hauptversammlung vertreten waren, ob sie überhaupt ein Stimmrecht haben und wie hoch ihre Einzahlung tatsächlich war.[198] Allein die Stimmabgabe gegen einen Verzicht oder Vergleich bzw. die Enthaltung in der Hauptversammlung genügt zur Erhebung des Widerspruchs nicht. Er muss vielmehr **zur Niederschrift des Notars** erklärt werden (§ 130).[199]

4. Keine zeitliche Beschränkung bei Vergleich zur Abwendung eines Insolvenzverfahrens, Abs. 4 S. 4. Die Drei-Jahres-Frist gilt nicht, wenn sich ein zahlungsunfähiges Vorstandsmitglied zur Abwendung des Insolvenzverfahrens nach § 17 Abs. 2 InsO vergleicht oder die Ersatzpflicht in einem Insolvenzplan geregelt werden soll. S. 4 schließt jedoch **nur die zeitliche Begrenzung**, nicht aber das Erfordernis eines Hauptversammlungsbeschlusses und des Unterbleibens eines Minderheitenwiderspruchs aus. Der Vergleich kann gerichtlich oder außergerichtlich geschlossen werden.[200] Dabei reicht es schon aus, wenn der Vergleich mit nur einem Gläubiger geschlossen wird.[201] Es genügt auch ein Vergleich, der die Einstellung des Insolvenzverfahrens (§§ 213 ff. InsO) bezweckt.[202]

V. Geltendmachung durch Gläubiger, Abs. 5

Nach Abs. 5 kann auch ein Gläubiger der AG den Ersatzanspruch der Gesellschaft gegen das Vorstandsmitglied geltend machen. Hierbei handelt es sich nicht um einen Fall der Prozessstandschaft, sondern um eine Anspruchsvervielfältigung eigener Art.[203] Der Gläubiger macht nicht einen Anspruch der AG geltend, dem das Vorstandsmitglied einen Verzicht der AG entgegenhalten könnte, sondern kann und muss Leistung an sich selbst und unabhängig von den genannten Einwendungen verlangen.[204] Abs. 5 soll Gesellschaftsgläubigern einen leichteren Zugriff auf Forderungen der AG gegen Vorstandsmitglieder ermöglichen, wenn die AG nicht zahlen kann. **Voraussetzung** ist zunächst ein **fälliger Anspruch** des Gläubigers gegen die AG, der auf Geldleistung gerichtet ist oder zumindest in eine Geldforderung übergehen kann.[205] Die Höhe dieses Anspruchs **begrenzt** den Anspruch gegen das Vorstandsmitglied, unabhängig von der tatsächlichen Höhe des Schadensersatzanspruchs der AG.[206] Außerdem darf der Gläubiger von der AG keine Befriedigung erlangen können. Dies setzt eine **objektive Zahlungsunfähigkeit** der AG voraus. Um diese

---

192 Großkomm-AktG/*Hopt*, § 93 Rn 355; KölnKomm-AktG/ *Mertens*, § 93 Rn 125.
193 Für Verlust des Stimmrechtes: KölnKomm-AktG/*Mertens*, § 93 Rn 125; *Mertens*, FS Fleck, 1988, 209, 215; dagegen: Großkomm-AktG/*Hopt*, § 93 Rn 356.
194 Großkomm-AktG/*Hopt*, § 93 Rn 356.
195 Großkomm-AktG/*Hopt*, § 93 Rn 357; KölnKomm-AktG/ *Mertens*, § 93 Rn 125; MüKo-AktG/*Spindler*, § 93 Rn 222.
196 Vgl. Großkomm-AktG/*Hopt*, § 93 Rn 362.
197 Großkomm-AktG/*Hopt*, § 93 Rn 363; MüKo-AktG/ *Spindler*, § 93 Rn 223.
198 Großkomm-AktG/*Hopt*, § 93 Rn 364; MüKo-AktG/ *Spindler*, § 93 Rn 223.
199 Großkomm-AktG/*Hopt*, § 93 Rn 364; MüKo-AktG/ *Spindler*, § 93 Rn 223.
200 *Hüffer*, AktienG, § 93 Rn 30.
201 Großkomm-AktG/*Hopt*, § 93 Rn 387; *Hüffer*, AktienG, § 93 Rn 30; Schmidt/Lutter/*Krieger/Sailer*, AktienG, § 93 Rn 55.
202 Schmidt/Lutter/*Krieger/Sailer*, AktienG, § 93 Rn 55.
203 *Hüffer*, AktienG, § 93 Rn 32; KölnKomm-AktG/*Mertens*, § 93 Rn 142, 145; MüKo-AktG/*Spindler*, § 93 Rn 234.
204 *Hüffer*, AktienG, § 93 Rn 33, 34.
205 MüKo-AktG/*Spindler*, § 93 Rn 235.
206 MüKo-AktG/*Spindler*, § 93 Rn 234.

nachzuweisen, ist der Gläubiger aber nicht gezwungen, einen erfolglosen Vollstreckungsversuch zu unternehmen.[207] Eine beharrliche Zahlungsverweigerung der AG trotz Zahlungsfähigkeit reicht jedoch nicht aus.[208] Weiter muss die AG einen Schadensersatzanspruch gegen das Vorstandsmitglied aus der Verletzung seiner organschaftlichen Pflichten, also aus Abs. 2 oder 3 oder aus positiver Vertragsverletzung (pVV) haben.[209] Die Quelle dieses Anspruchs bestimmt auch das Verschuldenserfordernis: Rührt der Anspruch der Gesellschaft aus einer der schweren Pflichtverletzungen des Abs. 3 her, werden keine besonderen Anforderungen an das Verschulden gestellt. Stammt der Schadensersatzanspruch dagegen aus Abs. 2 (oder aus pVV), so muss dem Vorstandsmitglied nach dem eindeutigen Wortlaut des Abs. 5 eine gröbliche Verletzung der Sorgfalt eines ordentlichen und gewissenhaften Geschäftsleiters vorzuwerfen sein. Dies setzt zumindest grobe Fahrlässigkeit voraus.[210] Allerdings trifft hier das Vorstandsmitglied die Beweislast, Abs. 5 S. 2 i.V.m. Abs. 2 S. 2. Während der Gläubiger sich vom Vorstandsmitglied grds. alle **Einwendungen und Einreden** entgegenhalten lassen muss, die diesem gegenüber der Gesellschaft zustehen, bestimmt Abs. 5 S. 3, dass ein Vergleich, Verzicht und der Beschluss der Hauptversammlung für den Anspruch des Gläubigers unbeachtlich sind. Wenn ein rechtmäßiger Beschluss der Hauptversammlung vorliegt, entfällt jedoch in aller Regel bereits die Pflichtwidrigkeit des Vorstandshandelns.[211] Zudem gilt Abs. 5 S. 3 nicht für den Vergleich, der gem. Abs. 4 S. 4, also ohne Beachtung der Drei-Jahres-Frist zur Abwendung der Insolvenz des Vorstandsmitgliedes geschlossen wurde, da ansonsten nicht nur das Ziel eines Zwangsvergleichs gefährdet, sondern außerdem die Gläubiger der AG bevorzugt würden.[212]

54 Auch nach Klageerhebung durch den Gläubiger kann das Vorstandsmitglied durch Leistung an die AG von seiner Schadensersatzpflicht frei werden. Diese Leistung wirkt auch gegenüber dem Gläubiger. Die Leistung an den Gläubiger hat gegenüber der AG nur dann befreiende Wirkung, wenn der Gläubiger die Leistung an sich verlangt hatte.[213] Mit Erfüllung seines Anspruchs gegen das Vorstandsmitglied erlischt auch der Anspruch des Gläubigers gegen die AG.[214] Mangels Gleichstufigkeit der Forderungen besteht zwischen AG und Vorstandsmitglied **kein Gesamtschuldverhältnis**, ebenso **kein Gesamtgläubigerverhältnis** zwischen AG und Gläubiger.[215]

55 Besonderheiten gelten im Fall der **Insolvenz**. Nach Abs. 5 S. 4 übt während der Dauer des Insolvenzverfahrens der Insolvenzverwalter, im Falle der Eigenverwaltung der Sachwalter,[216] das Recht der Gläubiger gegenüber der AG aus. Der Gläubiger kann seinen Ersatzanspruch aus Abs. 5 folglich nicht mehr selbst geltend machen. Ein bereits laufendes Gerichtsverfahren wird durch die Eröffnung des Insolvenzverfahrens nach § 240 ZPO unterbrochen.[217] Der Insolvenzverwalter kann in den Prozess eintreten und wird Rechtsnachfolger des Gläubigers mit der Wirkung des § 325 ZPO. Dadurch, dass er die Rechte der Gläubiger ausübt, kann auch dem Insolvenzverwalter weder ein Hauptversammlungsbeschluss noch ein Vergleich oder Verzicht entgegengehalten werden.[218] Allerdings gelten die Beschränkungen des Abs. 4 S. 3 nicht für einen Verzicht oder Vergleich durch den Insolvenzverwalter.[219] Ein Verzicht durch den Insolvenzverwalter ist nur wirksam, wenn er damit nicht dem Insolvenzzweck zuwider handelt.[220] Die vom Insolvenzverwalter eingeklagten Beträge fallen in die Masse.

VI. Verjährung, Abs. 6

56 Alle Schadensersatzansprüche aus Abs. 1 bis 5 verjähren einheitlich in **fünf Jahren**. Diese Frist kann weder durch Vertrag noch durch Satzung verlängert oder verkürzt werden.[221] Der Fristbeginn richtet sich nach den allg. Vorschriften des BGB, beginnt gem. § 200 BGB mit Entstehung des Anspruchs und unabhängig von der Kenntniserlangung.[222] Da die Anspruchsentstehung auch einen Schaden voraussetzt, muss auch dieser bereits entstanden sein. Dabei ist es nicht erforderlich, dass der Schaden und damit der darauf beruhende Anspruch bereits beziffert werden und Gegenstand einer Leistungsklage sein kann. Um die Verjährungsfrist in Gang setzen zu können, genügt vielmehr die

---

207 MüKo-AktG/*Spindler*, § 93 Rn 238; Schmidt/Lutter/*Krieger/Sailer*, AktienG, § 93 Rn 58.
208 Großkomm-AktG/*Hopt*, § 93 Rn 407; *Hüffer*, AktienG, § 93 Rn 33; KölnKomm-AktG/*Mertens*, § 93 Rn 144; HK-AktG/*Bürgers/Israel*, § 93 Rn 44.
209 Großkomm-AktG/*Hopt*, § 93 Rn 401.
210 *Hüffer*, AktienG, § 93 Rn 33; KölnKomm-AktG/*Mertens*, § 93 Rn 144; MüKo-AktG/*Spindler*, § 93 Rn 236.
211 Schmidt/Lutter/*Krieger/Sailer*, AktienG, § 93 Rn 60.
212 KölnKomm-AktG/*Mertens*, § 93 Rn 147; MüKo-AktG/*Spindler*, § 93 Rn 248.
213 *Hüffer*, AktienG, § 93 Rn 34; KölnKomm-AktG/*Mertens*, § 93 Rn 146; MüKo-AktG/*Spindler*, § 93 Rn 240.
214 Großkomm-AktG/*Hopt*, § 93 Rn 416; KölnKomm-AktG/*Mertens*, § 93 Rn 416.
215 Großkomm-AktG/*Hopt*, § 93 Rn 414 f.; MüKo-AktG/*Spindler*, § 93 Rn 242.
216 Vgl. *Hüffer*, AktienG, § 93 Rn 35; MüKo-AktG/*Spindler*, § 93 Rn 251.
217 Großkomm-AktG/*Hopt*, § 93 Rn 422; KölnKomm-AktG/*Mertens*, § 93 Rn 152; MüKo-AktG/*Spindler*, § 93 Rn 250; Schmidt/Lutter/*Krieger/Sailer*, AktienG, § 93 Rn 62 (§ 240 ZPO analog).
218 *Hüffer*, AktienG, § 93 Rn 35; KölnKomm-AktG/*Mertens*, § 93 Rn 153; HK-AktG/*Bürgers/Israel*, § 93 Rn 46.
219 RG 17.12.1910 – RGZ 74, 428, 430; Großkomm-AktG/*Hopt*, § 93 Rn 421; KölnKomm-AktG/*Mertens*, § 93 Rn 154; MüKo-AktG/*Spindler*, § 93 Rn 251.
220 BGH 3.2.1971 – NJW 1971, 701, 703.
221 KölnKomm-AktG/*Mertens*, § 93 Rn 160; MüKo-AktG/*Spindler*, § 93 Rn 254; anders im GmbH-Recht, vgl. BGH 16.9.2002 – WM 2002, 2332, 2333.
222 BT-Drucks 15/3653, S. 12; MüKo-AktG/*Spindler*, § 93 Rn 255; Schmidt/Lutter/*Krieger/Sailer*, AktienG, § 93 Rn 63; *Hüffer*, AktienG, § 93 Rn 37; ausführlich hierzu *Schmitt-Rolfes/Bergwitz*, NZG 2006, 535 ff.

Möglichkeit, eine die Verjährung unterbrechende Feststellungsklage zu erheben.[223] Die **Fristberechnung** folgt den §§ 187 Abs. 1, 188 Abs. 2 BGB. Umstr. ist, ob die Fünf-Jahres-Frist auch für Ersatzansprüche der AG aus anderen Normen, bspw. § 280 BGB (pVV) oder § 823 BGB (unerlaubte Handlung), anwendbar ist.[224] Dieser Streit hat seine Bedeutung mit Inkrafttreten der Schuldrechtsreform im Wesentlichen verloren, da nun für die Verjährung aller Ansprüche die Kenntnis oder das Kennenmüssen als subjektives Element zu berücksichtigen sind.[225] Im Zuge des zweiten Schrittes der Schuldrechtsmodernisierung ist damit zu rechnen, dass neben anderen speziellen Verjährungsvorschriften auch Abs. 6 durch § 195 BGB ersetzt wird.[226] Bis dahin gilt Abs. 6, angesichts des eindeutigen Wortlautes, ausschließlich für die Ansprüche aus Abs. 1 bis 5, während andere Ansprüche nach den für sie geltenden Vorschriften, also regelmäßig nach den §§ 194 ff. BGB, verjähren.[227] Bzgl. der **Hemmung** der Verjährung (§ 203 ff. BGB) ist zu unterscheiden: Die Hemmung durch die AG wirkt auch zugunsten der Gläubiger, während die Hemmung durch den Gläubiger allein zwischen Vorstandsmitglied und Gläubiger wirkt.[228]

VII. Haftung gegenüber Aktionären und Dritten

1. Haftung gegenüber Aktionären. Die Aktionäre können die Schadensersatzansprüche nach § 93 nicht geltend machen. Gleichwohl sind oftmals sie letztlich die Geschädigten. Für den Ersatz ihres Schadens sind sie auf deliktsrechtliche Regelungen angewiesen. Ansprüche aus pVV scheiden aus, da hierfür der Anstellungsvertrag ein Vertrag mit Schutzwirkung für Dritte, nämlich für die Aktionäre, sein müsste, was nicht der Fall ist.[229] Denkbar sind aber Ansprüche aus den §§ 823 und 826 BGB. 57

Als sonstiges, absolutes Recht i.S.d. **§ 823 Abs. 1 BGB** kann das **Beteiligungsrecht** der Aktionäre an der AG verletzt sein,[230] wenn ihnen nämlich dieses Mitgliedschaftsrecht bspw. durch unberechtigte Verwertung eines Gesellschaftsanteils ganz oder teilweise entzogen wird.[231] Aber auch bei weniger weit reichenden Fällen ist eine zum Schadensersatz verpflichtende Verletzung des Beteiligungsrechts möglich. Dabei muss es sich aber in jedem Fall um die Verletzung von Rechten handeln, die ausschließlich der Mitgliedschaft entspringen. Es muss also ein mitgliedschaftsbezogener Eingriff vorliegen,[232] der darüber hinaus einer gesonderten Rechtswidrigkeitsprüfung zu unterziehen ist.[233] 58

Als **Schutzgesetze** i.S.d. **§ 823 Abs. 2 BGB** kommen die strafrechtlichen Vorschriften, also insb. § 266 StGB[234] sowie die §§ 399[235] und 400[236] in Betracht. § 93 stellt dagegen kein Schutzgesetz in diesem Sinne dar, da die Norm vorrangig die AG, nicht aber die Aktionäre schützen soll.[237] Ebenso wenig ist § 92 als Schutzgesetz zugunsten der Aktionäre anzusehen.[238] Ob eine Norm ein Schutzgesetz i.S.d. § 823 Abs. 2 BGB darstellt, ist danach zu beurteilen, ob sie ein bestimmtes Ge- oder Verbot enthält, das die Gruppe, der der Geschädigte angehört, vor gerade den eingetretenen Schäden schützen soll.[239] Als weitere deliktsrechtliche Anspruchsgrundlage kommt **§ 826** in Betracht, etwa bei Mitwirkung des Vorstandsmitgliedes an sittenwidrigen Handlungen von Mehrheitsaktionären[240] oder bei Verleitung zum Aktienerwerb durch bewusst unrichtige Ad-hoc-Mitteilung.[241] Problematisch ist der Fall, dass der Schaden des Aktionärs in einer Wertminderung seiner Aktien aufgrund des durch das Verhalten des Vorstandsmitgliedes verursachten Schadens der AG besteht (sog. **Doppelschaden**).[242] In diesem Fall kann der Aktionär Schadensersatz nur an die AG, nicht aber an sich selbst verlangen. Sein Schaden wird so durch Beseitigung des Schadens im Gesellschaftsvermögen wieder gutgemacht.[243] Etwas anderes gilt allerdings, wenn der Aktionär den Schaden der 59

---

223 BGH 17.3.1987 – BGHZ 100, 228, 231; BGH 28.10.1993 – BGHZ 124, 27, 29 f.; *Hüffer*, AktienG, § 93 Rn 37; Schmidt/Lutter/*Krieger/Sailer*, AktienG, § 93 Rn 63.
224 Vgl. BGH 17.3.1987 – BGHZ 100, 190, 200 ff.; Köln-Komm-AktG/*Mertens*, § 93 Rn 156.
225 Heidel/*Landwehrmann*, § 93 AktG Rn 192.
226 Vgl. BT-Drucks 14/6857, S. 42; AnwK-BGB/*Mansel*, § 195 Rn 2.
227 *Hüffer*, AktienG, § 93 Rn 36.
228 H.M, vgl. Großkomm-AktG/*Hopt*, § 93 Rn 448; *Hüffer*, AktienG, § 93 Rn 37; KölnKomm-AktG/*Mertens*, § 93 Rn 166; MüKo-AktG/*Spindler*, § 93 Rn 258; Schmidt/Lutter/*Krieger/Sailer*, AktienG, § 93 Rn 63.
229 Schmidt/Lutter/*Krieger/Sailer*, AktienG, § 93 Rn 64.
230 Vgl. BGH 12.3.1990 – BGHZ 110, 323, 327, 334 für eingetragenen Verein; für GmbH RG 26.11.1920 – RGZ 100, 274, 278; OLG München 2.4.1990 – ZIP 1990, 1552, 1553; MüKo-BGB/*Mertens*, § 823 Rn 152; MüKo-AktG/*Spindler*, § 93 Rn 267 ff.
231 MüKo-AktG/*Spindler*, § 93 Rn 267; Zöllner, ZGR 1988, 392, 429 f.; *Winter*, Mitgliedschaftliche Treubindung im GmbH-Recht, 1988, S. 54 f.
232 MüKo-BGB/*Mertens*, § 823 Rn 152; MüKo-AktG/*Spindler*, § 93 Rn 269; *Reuter*, in: FS Lange, S. 707, 713 ff.;
Bork, ZIP 1990, 1037, 1042; *Deutsch*, VersR 1991, 837, 841; *Götz/Götz*, JuS 1995, 106, 109.
233 Ausführlich zum Anspruch wegen Verletzung des Mitgliedschaftsrechtes MüKo-AktG/*Spindler*, § 93 Rn 267 ff.
234 A.A. MüKo-AktG/*Spindler*, § 93 Rn 276.
235 BGH 11.7.1988 – BGHZ 105, 121, 124 f.
236 RG 5.3.1938 – RGZ 157, 213, 216.
237 BGH 19.2.1990 – BGHZ 110, 342, 360; BGH 9.7.1979 – WM 1979, 853, 854; RG 23.5.1906 – RGZ 63, 324, 327; *Hüffer*, AktienG, § 93 Rn 19; MüKo-AktG/*Spindler*, § 93 Rn 273; HK-AktG/*Bürgers/Israel*, § 93 Rn 55.
238 BGH 9.7.1979 – NJW 1979, 1829, 1831; *Hüffer*, AktienG, § 92 Rn 15; KölnKomm-AktG/*Mertens*, § 92 Rn 24.
239 BGH 23.11.1955 – BGHZ 19, 114, 126; MüKo-AktG/*Spindler*, § 93 Rn 274.
240 BGH 11.11.1985 – BGHZ 96, 231, 243: Beschluss einer Kapitalerhöhung, um Insolvenz zu verschleppen.
241 BGH 26.6.2006 – NZG 2007, 269 ff.
242 Auch Reflexschaden, mittelbarer Schaden.
243 BGH 22.10.1984 – NJW 1985, 1900; BGH 10.11.1986 – NJW 1987, 1077, 1079 f.; BGH 29.6.1987 – NJW 1988, 413, 415; BGH 20.3.1995 – BGHZ 129, 136, 165; BGH 21.10.2002 – NZG 2003, 85.

AG selbst ausgeglichen hat, so bspw. wenn eine AG den in ihrer 100 %igen Tochtergesellschaft entstandenen Schaden ausgleicht. Hier kann die (Mutter-)AG den Schadensersatz als eigenen Schaden geltend machen.[244]

60 **2. Haftung gegenüber Dritten.** Schließlich ist eine Haftung des Vorstandsmitgliedes gegenüber Dritten, bspw. Gläubigern oder Vertragspartnern der AG, möglich. Eine Haftung ist zunächst aus **§ 280 Abs. 1 BGB i.V.m. § 311 Abs. 3 BGB (c.i.c.)** denkbar. Dies setzt voraus, dass das Vorstandsmitglied das Vertrauen eines potenziellen Vertragspartners in seine eigene Person gebraucht, um einen Vertragsschluss mit der AG zu erreichen.[245] Dies ist von den Gerichten früher schon dann anerkannt worden, wenn das Vorstandsmitglied erkennbar aufgrund seiner Beteiligung an der AG ein besonders hohes wirtschaftliches Eigeninteresse an dem in Aussicht stehenden Geschäft hat.[246] Diese Rspr. ist jedoch überholt. Allein das Eigeninteresse des Vorstandsmitgliedes rechtfertigt für sich genommen noch nicht die Annahme eines besonderen Vertrauensverhältnisses zwischen Vertragspartner und Vorstandsmitglied.[247] Ein gesteigertes persönliches Vertrauen muss in jedem Fall gesondert festgestellt werden.[248]

61 Darüber hinaus greift auch hier die deliktische Haftung. Ansprüche aus **§ 823 Abs. 1 BGB** sind v.a. wegen der **Verletzung von Verkehrspflichten** möglich. Dass das Delikt möglicherweise über § 31 BGB der AG zugerechnet wird, lässt nicht automatisch die Haftung des Vorstandsmitgliedes entfallen.[249] Wie weit die deliktische Haftung des Vorstandsmitgliedes geht, ist allerdings umstr.[250] Eine Ansicht, die dem Vorstandsmitglied eine „mit den Geschäftsführungsaufgaben verbundene Garantenstellung zum Schutz Außenstehender" zumuten will,[251] ist wohl als zu weitgehend abzulehnen. Die h.M.[252] will das Vorstandsmitglied für die Verletzung von Verkehrspflichten vielmehr nur dann haften lassen, wenn die verletzte Pflicht ihm persönlich, und nicht lediglich der AG, oblag.[253]

62 Eine Haftung nach **§ 823 Abs. 2 BGB** ist i.V.m. den bereits unter Rn 55 benannten Strafvorschriften möglich. Besondere Bedeutung kann hierbei § 263 StGB erlangen.[254] Darüber hinaus kommt gegenüber Gläubigern, anders als gegenüber Aktionären, auch § 92 Abs. 2 als Schutzgesetz in Betracht.[255] Als Schutzgesetz anerkannt ist auch § 266a StGB zugunsten der Sozialversicherungsträger für den Fall der pflichtwidrigen Nichtabführung von Sozialversicherungsbeiträgen.[256] § 69 AO begründet eine persönliche Haftung der Vorstandsmitglieder für Steuerausfälle, die aufgrund vorsätzlicher oder grob fahrlässiger Verletzung steuerlicher Pflichten entstehen.[257]

63 Schließlich sind auch hier Ansprüche aus **§ 826 BGB** denkbar, wenn das Verhalten des Vorstandsmitgliedes in einer gegen die guten Sitten verstoßenden Weise einen Dritten vorsätzlich schädigt.

C. Verbindung zum Prozessrecht

64 Im Prozess wird die AG durch den AR vertreten, § 112.

Der Gerichtsstand für Ansprüche aus § 93 richtet sich zunächst nach §§ 13 ff. ZPO. Darüber hinaus ist auch nach § 29 ZPO der Gerichtsstand des Erfüllungsortes gegeben.[258] Sachlich sind die ordentlichen Gerichte zuständig, da das Vorstandsmitglied nach § 5 Abs. 1 S. 3 ArbGG kein AN ist, die ArbG somit nicht zuständig sind. Zuständig ist die Kammer für Handelssachen nach §§ 93, 95 Abs. 1 Nr. 4a GVG. Für Klagen aus §§ 823 ff. BGB richtet sich der Gerichtsstand nach dem Tatort, § 32 ZPO.[259]

---

244 BGH 30.4.2001 – ZIP 2001, 1005, 1006; OLG Düsseldorf 28.11.1996 – AG 1997, 231, 236 f.; Großkomm-AktG/*Hopt*, § 93 Rn 490; *Hüffer*, AktienG, § 93 Rn 19; KölnKomm-AktG/*Mertens*, § 93 Rn 176.
245 *Hüffer*, AktienG, § 93 Rn 21.
246 BGH 5.4.1971 – BGHZ 56, 81, 83; BGH 4.5.1981 – NJW 1981, 2810; BGH 17.12.1984 – AG 1985, 141, 142; BGH 23.10.1985 – NJW 1986, 586, 587.
247 BGH 6.6.1994 – BGHZ 126, 181, 183 ff.; BGH 7.11.1994 – WM 1995, 108 f.; BGH 7.11.1994 – ZIP 1995, 124 f.; BGH 7.11.1994 – ZIP 1995, 211, 212.
248 KölnKomm-AktG/*Mertens*, § 93 Rn 180; MüKo-AktG/*Spindler*, § 93 Rn 285; *Müller*, ZIP 1993, 1531, 1533 f.; *Ulmer*, NJW 1983, 1577, 1579; *Wiedemann*, NJW 1984, 2286.
249 BGH 5.12.1989 – BGHZ 109, 297, 302; BGH 12.3.1996 – NJW 1996, 1535, 1536; MüKo-AktG/*Spindler*, § 93 Rn 287.
250 Vgl. Großkomm-AktG/*Hopt*, § 93 Rn 502 ff.; *Hüffer*, AktienG, § 93 Rn 20 a.
251 BGH 5.12.1989 – BGHZ 109, 297, 302 ff. und dem folgend *Altmeppen*, ZIP 1995, 881, 885; *Brüggemeier*, AcP 191, 33, 63 ff.; *Grunewald*, ZHR 157, 451, 456 ff.; *Kessler*, GmbHR 1994, 429, 434 ff.
252 Vgl. nur Großkomm-AktG/*Hopt*, § 93 Rn 504 m.w.N.
253 Großkomm-AktG/*Hopt*, § 93 Rn 504.
254 Vgl. BGH 9.7.1979 – BGHZ 75, 96, 115.
255 BGH 16.12.1958 – BGHZ 29, 100, 103; BGH 9.7.1979 – BGHZ 75, 96, 106; BGH 3.2.1987 – BGHZ 100, 19, 21; ausf. hierzu Schmidt/Lutter/*Krieger/Sailer*, AktienG, § 93 Rn 68 und MüKo-AktG/*Spindler*, § 93 Rn 291 f.
256 BGH 15.10.1996 – BGHZ 133, 370, 37; BGH 21.1.1997 – BGHZ 134, 304; BGH 15.9.1997 – BGHZ 136, 332, 333; BGH 21.1.1997 – NJW 1997, 1237; BGH 11.12.2001 – NJW 2002, 1122; kritisch hierzu MüKo-AktG/*Spindler*, § 93 Rn 292.
257 Schmidt/Lutter/*Krieger/Sailer*, AktienG, § 93 Rn 69.
258 Großkomm-AktG/*Hopt*, § 93 Rn 452; *Hüffer*, AktG, § 93 Rn 18; KölnKomm-AktG/*Mertens*, § 93 Rn 5.
259 MüKo-AktG/*Spindler*, § 93 Rn 298.

Altersteilzeitgesetz

Vom 23.7.1996, BGBl I S. 1078, BGBl III 810-36

Zuletzt geändert durch Gesetz über das Verfahren des elektronischen Entgeltnachweises (ELENA-Verfahrensgesetz)vom 28.3.2009, BGBl I S. 634, 641

§ 1 Grundsatz

(1) Durch Altersteilzeitarbeit soll älteren Arbeitnehmern ein gleitender Übergang vom Erwerbsleben in die Altersrente ermöglicht werden.

(2) Die Bundesagentur für Arbeit (Bundesagentur) fördert durch Leistungen nach diesem Gesetz die Teilzeitarbeit älterer Arbeitnehmer, die ihre Arbeitszeit ab Vollendung des 55. Lebensjahres spätestens ab 31. Dezember 2009 vermindern und damit die Einstellung eines sonst arbeitslosen Arbeitnehmers ermöglichen.

(3) [1]Altersteilzeit im Sinne dieses Gesetzes liegt unabhängig von einer Förderung durch die Bundesagentur auch vor bei einer Teilzeitarbeit älterer Arbeitnehmer, die ihre Arbeitszeit ab Vollendung des 55. Lebensjahres nach dem 31. Dezember 2009 vermindern. [2]Für die Anwendung des § 3 Nr. 28 des Einkommensteuergesetzes kommt es nicht darauf an, dass die Altersteilzeit vor dem 1. Januar 2010 begonnen wurde und durch die Bundesagentur nach § 4 gefördert wird.

Literatur: *Hanau,* Neue Altersteilzeit, NZA 2009, 225; *Kallhoff,* Umbau des Altersteilzeitgesetzes im Rahmen von „Hartz III", NZA 2004, 692; *Weiland/Ludwig,* Alternatives Modell vor dem Aus?, AuA 2004, 8

A. Allgemeines	1	I. Privilegierungen von Altersteilzeit außerhalb des Altersteilzeitgesetzes	3
B. Regelungsgehalt des Altersteilzeitgesetzes	2	II. Unterschiedliches Recht für Alt- und Neufälle	6

A. Allgemeines

Im Rahmen der Altersteilzeit können AN, die das 55. Lebensjahr vollendet haben, ihre bisherige wöchentliche Arbeitszeit unmittelbar vor Eintritt in die Altersrente halbieren. Obwohl die älteren AN nur die Hälfte ihrer Arbeitszeit arbeiten, erhalten sie mehr als die Hälfte ihres bisherigen Arbeitsentgelts. Der AG stockt das halbierte Arbeitsentgelt auf und leistet zusätzliche Beiträge zur Rentenversicherung (§ 3 Abs. 1 Nr. 1). Altersteilzeit ist damit eine besondere Form der Teilzeitarbeit für ältere AN.

B. Regelungsgehalt des Altersteilzeitgesetzes

Das AltersteilzeitG regelt, unter welchen Voraussetzungen der AG diese Zusatzleistungen für die Dauer von bis zu sechs Jahren in bestimmter Höhe erstattet bekommen kann (§ 4). Mit Ausnahme der §§ 8 und 8 a regelt das Gesetz dabei nur das Rechtsverhältnis zwischen AG und BA. Eine Erstattung kann danach immer nur erfolgen, soweit der AG den durch Altersteilzeit freiwerdenden Arbeitsplatz mit bestimmten Personen wiederbesetzt (§ 3 Abs. 1 Nr. 2). Diese Möglichkeit der Erstattung besteht nur noch dann, wenn mit der Altersteilzeit spätestens **bis zum 31.12.2009 begonnen** wurde (§§ 1, 16).

I. Privilegierungen von Altersteilzeit außerhalb des Altersteilzeitgesetzes

Liegt „Altersteilzeit i.S.v. § 2 und § 3 Abs. 1 Nr. 1" vor, sind Aufstockungsbeträge und zusätzliche Beiträge zur Rentenversicherung steuerfrei (§ 3 Nr. 28 EStG). Die Aufstockungsleistungen gehören nicht zum Arbeitsentgelt (§ 1 ArbeitsentgeltVO) und sind damit sozialversicherungsfrei. Dies gilt unabhängig von einer etwaigen Erstattung. Abs. 3 stellt nunmehr klar, dass die **Steuer- und Beitragsbefreiung** der Aufstockungsleistungen nicht davon abhängt, wann die Altersteilzeit begonnen wurde und ob eine Förderung durch die BA erfolgt oder nicht. Sie bleibt damit auch bestehen, wenn mit der Altersteilzeit nach dem 31.12.2009 begonnen wurde.

Darüber hinaus haben AN, die vor dem 1.1.1952 geboren wurden und mindestens 24 Kalendermonate Altersteilzeit i.S.v. § 2 und § 3 Abs. 1 Nr. 1 geleistet haben, die Möglichkeit eines besonderen Rentenzugangs zu einer **„Altersrente nach Altersteilzeitarbeit"** (§ 237 SGB VI). Wird diese Altersrente vor Vollendung des 65. Lebensjahres in Anspruch genommen, muss der AN allerdings Rentenabschläge in Kauf nehmen.

5 Sämtliche Fördermöglichkeiten der Altersteilzeit bestehen nur, wenn die Mindestbedingungen des AltersteilzeitG eingehalten sind. § 2 regelt dabei diejenigen Anforderungen, die auf AN-Seite zwingend zu erfüllen sind. Die Voraussetzungen auf AG-Seite sind Gegenstand von § 3.

II. Unterschiedliches Recht für Alt- und Neufälle

6 Das AltersteilzeitG wurde zum **1.7.2004** durch Art. 95 des Dritten Gesetzes für Moderne Dienstleistungen am Arbeitsmarkt (Hartz III)[1] umfassend geändert.[2] Zum einen reduziert sich das Fördervolumen der BA. Berechnungsbasis für erforderliche Zusatzleistungen des AG ist seit dem 1.7.2004 das „Regelarbeitsentgelt" (§ 6 Abs. 1 n.F.), das der Höhe nach auf die Beitragsbemessungsgrenze begrenzt ist. Die Höhe der Erstattungsleistungen wird nunmehr zu Beginn der Erstattungsphase einmalig festgeschrieben. Entgelterhöhungen während der Freistellungsphase im Blockmodell können damit nicht mehr zu einer Erhöhung der Erstattungsbeträge führen. Zum anderen besteht für Arbeitszeitguthaben im Blockmodell eine gesonderte und für den AG kostenintensive Insolvenzsicherungspflicht (§ 8a).

7 Für Altersteilzeitfälle, die **vor dem 1.7.2004** begonnen haben, bleibt es bei dem bis dahin geltendem Recht (§ 15g). Altes und neues Recht sind daher für einen langen Zeitraum parallel anzuwenden.

---

§ 2   Begünstigter Personenkreis

(1) Leistungen werden für Arbeitnehmer gewährt, die
1. das 55. Lebensjahr vollendet haben,
2. nach dem 14. Februar 1996 auf Grund einer Vereinbarung mit ihrem Arbeitgeber, die sich zumindest auf die Zeit erstrecken muß, bis eine Rente wegen Alters beansprucht werden kann, ihre Arbeitszeit auf die Hälfte der bisherigen wöchentlichen Arbeitszeit vermindert haben, und versicherungspflichtig beschäftigt im Sinne des Dritten Buches Sozialgesetzbuch sind (Altersteilzeitarbeit) und
3. innerhalb der letzten fünf Jahre vor Beginn der Altersteilzeitarbeit mindestens 1 080 Kalendertage in einer versicherungspflichtigen Beschäftigung nach dem Dritten Buch Sozialgesetzbuch oder nach den Vorschriften eines Mitgliedstaates, in dem die Verordnung (EWG) Nr. 1408/71 des Rates der Europäischen Union Anwendung findet, gestanden haben. Zeiten mit Anspruch auf Arbeitslosengeld oder Arbeitslosenhilfe, Zeiten des Bezuges von Arbeitslosengeld II sowie Zeiten, in denen Versicherungspflicht nach § 26 Abs. 2 des Dritten Buches Sozialgesetzbuch bestand, stehen der versicherungspflichtigen Beschäftigung gleich. § 427 Abs. 3 des Dritten Buches Sozialgesetzbuch gilt entsprechend.

(2) Sieht die Vereinbarung über die Altersteilzeitarbeit unterschiedliche wöchentliche Arbeitszeiten oder eine unterschiedliche Verteilung der wöchentlichen Arbeitszeit vor, ist die Voraussetzung nach Absatz 1 Nr. 2 auch erfüllt, wenn
1. die wöchentliche Arbeitszeit im Durchschnitt eines Zeitraums von bis zu drei Jahren oder bei Regelung in einem Tarifvertrag, auf Grund eines Tarifvertrages in einer Betriebsvereinbarung oder in einer Regelung der Kirchen und der öffentlich-rechtlichen Religionsgesellschaften im Durchschnitt eines Zeitraums von bis zu sechs Jahren die Hälfte der bisherigen wöchentlichen Arbeitszeit nicht überschreitet und der Arbeitnehmer versicherungspflichtig beschäftigt im Sinne des Dritten Buches Sozialgesetzbuch ist und
2. das Arbeitsentgelt für die Altersteilzeitarbeit sowie der Aufstockungsbetrag nach § 3 Abs. 1 Nr. 1 Buchstabe a fortlaufend gezahlt werden.

[1]Im Geltungsbereich eines Tarifvertrages nach Satz 1 Nummer 1 kann die tarifvertragliche Regelung im Betrieb eines nicht tarifgebundenen Arbeitgebers durch Betriebsvereinbarung oder, wenn ein Betriebsrat nicht besteht, durch schriftliche Vereinbarung zwischen dem Arbeitgeber und dem Arbeitnehmer übernommen werden. [2]Können auf Grund eines solchen Tarifvertrages abweichende Regelungen in einer Betriebsvereinbarung getroffen werden, kann auch in Betrieben eines nicht tarifgebundenen Arbeitgebers davon Gebrauch gemacht werden. [3]Satz 1 Nr. 1, 2. Alternative gilt entsprechend. [4]In einem Bereich, in dem tarifvertragliche Regelungen zur Verteilung der Arbeitszeit nicht getroffen sind oder üblicherweise nicht getroffen werden, kann eine Regelung im Sinne des Satzes 1 Nr. 1, 2. Alternative auch durch Betriebsvereinbarung oder, wenn ein Betriebsrat nicht besteht, durch schriftliche Vereinbarung zwischen Arbeitgeber und Arbeitnehmer getroffen werden.

(3) [1]Sieht die Vereinbarung über die Altersteilzeitarbeit unterschiedliche wöchentliche Arbeitszeiten oder eine unterschiedliche Verteilung der wöchentlichen Arbeitszeit über einen Zeitraum von mehr als sechs Jahren vor, ist die Voraussetzung nach Absatz 1 Nr. 2 auch erfüllt, wenn die wöchentliche Arbeitszeit im Durchschnitt eines Zeitraums von sechs Jahren, der innerhalb des Gesamtzeitraums der vereinbarten Altersteilzeitarbeit liegt, die

---

1 Gesetz v. 23.12.2003, BGBl I S. 2848, 2910.   2 Vgl. *Kallhoff*, NZA 2004, 692; *Weiland/Ludwig*, AuA 2004, 8.

§ 2 AltersteilzeitG 40

Hälfte der bisherigen wöchentlichen Arbeitszeit nicht überschreitet, der Arbeitnehmer versicherungspflichtig beschäftigt im Sinne des Dritten Buches Sozialgesetzbuch ist und die weiteren Voraussetzungen des Absatzes 2 vorliegen.² Die Leistungen nach § 3 Abs. 1 Nr. 1 sind nur in dem in Satz 1 genannten Zeitraum von fünf Jahren zu erbringen.

Literatur: *Abeln/Gaudernack*, Keine Altersrente nach Altersteilzeitarbeit bei völliger Freistellung schon während der Arbeitsphase im so genannten Blockmodell, BB 2005, 43; *Engesser Means/Clauss*, Eintritt in Altersteilzeitvertrag bei Arbeitgeberwechsel, NZA 2006, 293; *Koch*, Risiken bei endgültiger Freistellung des Arbeitnehmers während der Altersteilzeit, ArbRB 2005, 275; *Laber/ Goetzmann*, Neue Spielregeln bei der Freistellung, ArbRB 2006, 122; *Langenbrinck*, Neuere Entwicklungen in der Altersteilzeit, ZTR 2004, 222; *Lindemann/Simon*, Die Freistellung von der Arbeitspflicht – neue Risiken und Nebenwirkungen, BB 2005, 2462; *Nimscholz/Oppermann/Ostrowicz*, Altersteilzeit, 5. Aufl. 2006; *Oberthür*, Die vollständige Freistellung in der Altersteilzeit – ein riskantes Trennungsmodell, NZA 2005, 377; *Rittweger*, Arbeits- und Beschäftigungsverhältnis – Kein Sozialversicherungsschutz bei endgültiger Freistellungen, NZA 2004, 590; *Wolf*, Die beiden Gesetze zur Fortentwicklung der Altersteilzeit, NZA 2000, 637

	Rn.
A. Allgemeines	1
B. Regelungsgehalt	
1. Personenbezogene Voraussetzungen (Abs. 1)	3
1. Arbeitnehmer	3
2. Altersgrenze 55 (Abs. 1 Nr. 1)	4
3. Vorbeschäftigungszeit (Abs. 1 Nr. 3)	5
II. Vereinbarung von Altersteilzeitarbeit (Abs. 1 Nr. 2)	9
III. Inhalt der Vereinbarung	14
1. Nahtlose Rentenzugangsmöglichkeit nach Altersteilzeit (Abs. 1 Nr. 2)	14
a) Allgemeine Voraussetzungen	14
b) Altersrente nach Altersteilzeit (§ 237 SGB VI)	16
2. Halbierung der bisherigen wöchentlichen Arbeitszeit (Abs. 1 Nr. 1)	19
a) Verteilung der Arbeitszeit	20
b) Zulässiger Verteilzeitraum	24
aa) Tarifvorbehalt bei Verblockung von mehr als drei Jahren	26
bb) Tarifübernahme	28
cc) Ausnahmen vom Tarifvorbehalt	30
3. Nebentätigkeit und Mehrarbeit	31
IV. Weiterhin Versicherungspflicht nach dem SGB III (Abs. 1 Nr. 2)	33
1. Beschäftigungsverhältnis	34
a) Arbeitsphase	35
b) Freistellungsphase	37
aa) Nacharbeit in vollem Umfang	39
bb) Nacharbeit zur Hälfte	40
cc) Nacharbeit nicht erforderlich	41
2. Versicherungspflicht nach dem SGB III	42
C. Verbindung zu anderen Rechtsgebieten	44
I. Weitere Privilegierungen von Altersteilzeit	44
II. Krankenversicherungsbeiträge während der Freistellungsphase	45
D. Beraterhinweise	46

A. Allgemeines

Die Vorschrift regelt, welche Bedingungen auf AN-Seite zwingend erfüllt sein müssen, damit Altersteilzeit im Sinne des Gesetzes vorliegt. Sind diese Voraussetzungen nicht erfüllt, sind die gesamten Privilegierungen der Altersteilzeit gefährdet. Dies gilt nicht nur für die Voraussetzungen der BA, sondern auch für die Steuer- und Beitragsbefreiung der Aufstockungsleistungen und den besonderen Rentenzugang nach Altersteilzeit.

Um zum begünstigten Personenkreis für Altersteilzeit zu gehören, müssen nach § 2 folgende Voraussetzungen erfüllt sein: (I.) Der AN muss das 55. Lebensjahr vollendet haben und innerhalb der letzten fünf Jahre vor Beginn der Altersteilzeit mindestens 1.080 Kalendertage versicherungspflichtig i.S.d. SGB III gewesen sein. (II.) Altersteilzeit muss vor ihrem Beginn schriftlich vereinbart werden. (III.) Gegenstand der Vereinbarung, die mindestens bis zu einem möglichen Rentenzugang laufen muss, ist die Halbierung der bisherigen wöchentlichen Arbeitszeit. (IV.) Auch während der Altersteilzeit muss weiterhin Versicherungspflicht nach dem SGB III bestehen.

B. Regelungsgehalt

I. Personenbezogene Voraussetzungen (Abs. 1)

1. Arbeitnehmer. Nach Abs. 1 gehören nur AN zum begünstigten Personenkreis. Da nach dem AltersteilzeitG vor und während der Altersteilzeit eine versicherungspflichtige Beschäftigung i.S.d. SGB III bestehen muss, sind diejenigen Personen als AN anzusehen, die in der Arbeitslosenversicherung versicherungspflichtig sind. Unter dieser Voraussetzung können daher Rechtsanwälte und Geschäftsführer ebenso AN sein, wie AT-Angestellte. Keine AN sind hingegen versicherungsfrei Beschäftigte, wie etwa Vorstandsmitglieder einer Aktiengesellschaft (§ 27 Abs. 1 Nr. 5 SGB III) oder Selbständige.

2. Altersgrenze 55 (Abs. 1 Nr. 1). Der AN muss am Tag des Beginns der Altersteilzeitarbeit mindestens das 55. Lebensjahr vollendet haben. Vereinbart werden kann Altersteilzeit hingegen schon zu einem früheren Zeitpunkt. Der Vertragsschluss kann gegebenenfalls auch mehrere Jahre im Voraus liegen. Aus § 16 ergibt sich, dass die BA Erstattungsleistungen nur noch gegenüber AG leistet, wenn der AN bis zum 31.12.2009 das 55. Lebensjahr vollendet hat. Möchte der AN daher vor dem 1.1.1955 geboren sein.

Schwarzkopf 181

40 AltersteilzeitG § 2

5 **3. Vorbeschäftigungszeit (Abs. 1 Nr. 3).** Der AN muss innerhalb der letzten fünf Jahre vor Beginn der Altersteilzeit mindestens 1080 Kalendertage (knapp drei Jahre) in einer versicherungspflichtigen Beschäftigung nach dem SGB III gestanden haben. Hierdurch soll verhindert werden, dass nur kurzfristig geschaffene Arbeitsverhältnisse durch die BA gefördert werden. Die Vorbeschäftigungszeit muss nicht zwingend bei demselben AG zurückgelegt werden. Bei nahtlosem AG-Wechsel ist es sogar möglich, ein Altersteilzeitverhältnis von Anfang an mit einem neuen AG zu begründen. Dies gilt jedoch nur, wenn bei dem neuen AG eine entsprechende Beschäftigungsmöglichkeit mit höherem Arbeitszeitvolumen besteht und die Arbeitszeit infolge der Altersteilzeit halbiert wird.[1] Vorbeschäftigungszeiten, die in Ländern zurückgelegt wurden, in denen die Verordnung (EWG) 1408/71 gilt, sind ebenfalls anzuerkennen. Damit sind seit dem 1.5.2004 neben den bisherigen EU-Mitgliedstaaten sowie Island, Norwegen, Liechtenstein und der Schweiz auch die neuen Beitrittsstaaten erfasst.

6 Um versicherungspflichtig i.S.d. SGB III beschäftigt gewesen zu sein, muss der AN zum Personenkreis der §§ 24 bis 26 SGB III gehören, ohne dass ein Befreiungstatbestand nach §§ 27, 28 greift. Insbesondere muss er eine **mehr als geringfügige Beschäftigung** (§ 27 Abs. 2 S. 1 SGB III, § 8 Abs. 1 Nr. 1 SGB IV) ausgeübt haben. Nach der seit 1.4.2003 geltenden Fassung des § 8 Abs. 1 Nr. SGB IV liegt eine geringfügige Beschäftigung nur vor, wenn das Arbeitsentgelt aus der Beschäftigung regelmäßig 400 EUR im Monat nicht übersteigt. Die bis dahin bestehende Begrenzung auf wöchentlich 15 Stunden ist zugleich entfallen. In der Zeit vom 1.4.1999 bis zum 31.3.2003 lag die Geringfügigkeitsgrenze bei 630 DM bzw. 325 EUR. AN, die am 31.3.2003 versicherungspflichtig waren und (nur) aufgrund der Anhebung der Geringfügigkeitsgrenze nicht mehr in einer versicherungspflichtigen Beschäftigung stehen würden, bleiben nach § 15f auch weiterhin versicherungspflichtig, soweit sie nicht auf Antrag (§ 434i SGB III) von ihrer Versicherungspflicht befreit wurden.

7 Nach S. 2 stehen einer versicherungspflichtigen Beschäftigung Zeiten gleich, in denen der AN einen Anspruch auf Arbeitslosengeld/-hilfe hat. Gleiches gilt für Zeiten des Bezugs von Entgeltersatzleistungen i.S.v. § 26 Abs. 2 SGB III (Mutterschaftsgeld, Krankengeld, Versorgungskrankengeld, Verletztengeld oder Übergangsgeld). Zeiten ohne Anspruch auf Arbeitsentgelt unterbrechen das Beschäftigungsverhältnis, sobald ein Kalendermonat überschritten wird (§ 7 Abs. 3 SGB IV). Zeiten einer unbezahlten Freistellung (unbezahlter Urlaub, sabbatical), die länger als einen Monat dauern, können daher nicht angerechnet werden.

8 Die in S. 3 angeordnete entsprechende Anwendung des § 427 Abs. 3 SGB III spielt wegen Zeitablaufs keine Rolle mehr. Nach der Vorschrift können Zeiten, die nach dem Arbeitsförderungsgesetz bis zum 31.12.1997 einer Beschäftigung gleichstanden, auch weiterhin im Rahmen des SGB III berücksichtigt werden.

II. Vereinbarung von Altersteilzeitarbeit (Abs. 1 Nr. 2)

9 Altersteilzeitarbeit ist zwischen AG und AN einzelvertraglich zu vereinbaren. Der Abschluss der Vereinbarung ist grundsätzlich **freiwillig**. Das Gesetz kennt keinen Anspruch auf Altersteilzeit. Der AG kann den AN nicht zum Abschluss eines Altersteilzeitverhältnisses zwingen. Ein Anspruch auf Altersteilzeitarbeit kann vom Arbeitgeber nicht mit der Begründung abgelehnt werden, eine mögliche Inanspruchnahme aller in seinem Unternehmen Altersteilzeitberechtigten würde ihn überfordern.[4] Allerdings sei die Ablehnung eines Antrages auf Abschluss eines Altersteilzeitvertrages zweck- sowie zugleich nicht zugleich auf Altersteilzeitarbeit.[2] Dies muss entsprechend auch für einen Anspruch nach § 8 TzBfG gelten.

10 Ein Anspruch des AN kann sich nur aus Tarifvertrag, freiwilliger Betriebsvereinbarung oder einzelvertraglicher Zusage ergeben. Es stellt keine unzulässige mittelbare Diskriminierung schwer behinderter Menschen dar, wenn ein TV einen Anspruch auf den Abschluss nur solcher Altersteilzeit-AV einräumt, die mit Erfüllung der Anspruchsvoraussetzungen für eine ungeminderte Altersrente enden (hier: Altersrente wegen Schwerbehinderung nach § 236a SGB VI).[3]

11 Ein tariflicher Anspruch auf Abschluss eines Altersteilzeitvertrages kann vom Arbeitgeber nicht mit der Begründung abgelehnt werden, eine mögliche Inanspruchnahme aller in seinem Unternehmen Altersteilzeitberechtigten würde ihn überfordern.[4] Allerdings sei die Ablehnung eines Antrages auf Abschluss eines Altersteilzeitvertrages zwecks billig i.S.d. § 315 BGB, wenn der AG auch bei Bewilligung den in der Präambel des Tarifvertrages genannten Zweck der vorrangigen Beschäftigung von Auszubildenden und Arbeitslosen tatsächlich nicht verwirklichen kann und deshalb keine Erstattungsleistungen erhalten kann.[5]

12 Als befristeter Vertrag (§ 8 Abs. 3) bedarf die Vereinbarung zu ihrer Wirksamkeit der **Schriftform**. Dies ergibt sich aus § 14 Abs. 4 TzBfG.

---

1 DA der BA v. 1.1.2008, § 2 Ziff. 2.2 Abs. 1, im Internet abrufbar unter www.arbeitsagentur.de und hier unter Unternehmen/Finanzielle Hilfen/Beschäftigung Älterer/Altersteilzeitgesetz.

2 BAG 26.6.2001 – 9 AZR 244/00 – NZA 2002, 44 = DB 2002, 98.

3 BAG 18.11.2003 – 9 AZR 122/03 – NZA 2004, 545 = DB 2004, 1106.

4 ArbG Frankfurt 17.10.2005 – 1 Ca 5187/05 – DB 2005, 2643.

5 LAG Berlin 13.1.2005 – 16 Sa 1630/04 – NZA-RR 2005, 328 = ZTR 2005, 254.

Altersteilzeitarbeit kann immer nur für die Zukunft vereinbart werden. Eine **Rückdatierung** des Beginns der Altersteilzeit ist unzulässig. Bereits geleistete Arbeitszeiten können daher nicht nachträglich in Altersteilzeit umgewidmet werden.[6] Davon zu unterscheiden ist die Möglichkeit, bereits vor der Altersteilzeit erwirtschaftete Wertguthaben im Blockmodell zur Verkürzung der Arbeitsphase einzubringen. Wird ein solches Wertguthaben übertragen, muss für den betreffenden Monat der Arbeitsphase auszuzahlendes Arbeitsentgelt und anzusparendes Wertguthaben in voller Höhe abgedeckt werden. Aufgrund der Neuregelung des § 7c SGB IV ist nunmehr auch eine nur anteilige Übertragung des vor der Altersteilzeit erbrachten Wertguthabens zur Erhöhung der Einnahmen des AN möglich.[7] Im Einzelfall sollen die Übertragung des Wertguthabens und die Fortführung eines laufenden Altersteilzeitarbeitsverhältnisses bei einem anderen Arbeitgeber zulässig sein.[8] Hat der AN seinen bestehenden Anspruch rechtzeitig vor Beginn der Altersteilzeit geltend gemacht, so kann der AG gerichtlich verurteilt werden, dem Antrag auf Vertragsschluss auch rückwirkend zuzustimmen.[9]

III. Inhalt der Vereinbarung

1. Nahtlose Rentenzugangsmöglichkeit nach Altersteilzeit (Abs. 1 Nr. 2). a) Allgemeine Voraussetzungen. Die Altersteilzeitvereinbarung muss sich mindestens auf einen Zeitpunkt erstrecken, bis zu dem der AN Anspruch auf „eine Rente wegen Alters" hat. Liegt der vereinbarte Beendigungszeitraum vor diesem Termin, liegt keine Altersteilzeit im gesetzlichen Sinne vor. Sämtliche Förderungsmöglichkeiten wären ausgeschlossen. Nicht erforderlich ist, dass die Rente tatsächlich bezogen wird. Entscheidend ist allein die Möglichkeit eines Rentenzugangs. Eine geminderte Rentenzugangsmöglichkeit mit Abschlägen ist dabei ausreichend. Wurde die Altersteilzeit wegen der Befristung der Förderfähigkeit noch während des Monats Dezember 2009 begonnen, ist es unschädlich, wenn die Zahlung der Rente erst ab dem 1. des Folgemonats erfolgt.[10] Als mögliche Rentenarten können neben der Regelaltersrente (§ 35 SGB VI) auch besondere Rentenzugangsarten wie etwa eine Altersrente für langjährig Versicherte (§ 36 SGB VI), für schwer behinderte Menschen (§ 236a SGB VI) oder für Frauen (§ 237a SGB VI) in Betracht kommen.

Die Regelaltersgrenze wird aufgrund des zum 1.1.2008 in Kraft getretenen RV-Altersgrenzenanpassungsgesetzes bis 2029 stufenweise vom 65. auf das 67. Lebensjahr angehoben, und zwar beginnend 2012 mit dem Jahrgang 1947.[11] Die Regelaltersgrenzen für die jeweiligen Jahrgänge ergeben sich aus §§ 235 Abs. 2 i.V.m. 35 SGB VI. Damit wird die gesetzliche Voraussetzung des Mindestalters von 55 Jahren (§ 2 Abs. 1 Nr. 1) in der Praxis weiter an Bedeutung verlieren.

Für Versicherte, die bereits vor dem 1.1.2007 Altersteilzeit i.S.d. AltersteilzeitG vereinbart haben und die vor dem 1.1.1955 geboren wurden, bleibt die bisherige Regelaltersgrenze bestehen (§ 235 Abs. 2 SGB VI). Langjährige Versicherte (§ 236 SGB VI) und schwerbehinderte Menschen (§ 236a SGB VI) genießen einen vergleichbaren Vertrauensschutz.

b) Altersrente nach Altersteilzeitarbeit (§ 237 SGB VI). Der im Rahmen der Altersteilzeit wichtigste Rentenzugang ist die Altersrente nach Altersteilzeitarbeit (§ 237 SGB VI). Diesen besonderen Rentenzugang können nur noch vor dem 1.1.1952 geborene AN beanspruchen, wenn sie mindestens 24 Kalendermonate Altersteilzeit i.S.d. AltersteilzeitG geleistet haben und die übrigen Voraussetzungen erfüllen. Zeiten der Arbeitslosigkeit, die nach § 237 Abs. 1 Nr. 3a SGB VI ebenfalls einen Rentenzugang eröffnen, können mit der Altersteilzeit nicht kombiniert werden. Arbeitslosigkeit und Altersteilzeitarbeit sind alternative, einander ausschließende Anspruchsvoraussetzungen.[12] Die Altersgrenze für eine ungeminderte Altersrente nach Altersteilzeitarbeit wurde, soweit Vertrauenstatbestände nicht greifen, stufenweise auf das 65. Lebensjahr heraufgesetzt. Der Rentenzugang nach § 237 SGB VI ist daher nur noch für eine vorzeitige Inanspruchnahme mit Abschlägen von Bedeutung. Die Höhe der dauerhaften Abschläge beträgt für jeden Monat, den die Altersrente vor Erreichen der individuellen Altersgrenze für einen ungeminderten Rentenzugang in Anspruch genommen wird, 0,3 Prozentpunkte (§ 77 Abs. 2 Nr. 2a SGB VI).

Eine vorzeitige Inanspruchnahme einer Altersrente nach Altersteilzeitarbeit war bislang bereits ab Vollendung des 60. Lebensjahres möglich. Aufgrund des Rentenversicherungsnachhaltigkeitsgesetzes[13] wurde diese Altersgrenze in Monatsschritten stufenweise auf das 63. Lebensjahr angehoben. Erstmals betroffen sind Versicherte, die im Januar 1946 geboren sind. Diese haben erst mit 60 Jahren und einem Monat einen Zugang auf geminderte Altersrente. Die

---

6 LAG Hamm 23.3.2001 – 5 Sa 1424/00 – DB 2001, 1890. Revision eingelegt unter Az 9 AZR 349/01.
7 Anders noch das Gemeinsame Rundschreiben der Sozialversicherungsträger v. 9.3.2004, S. 30, dessen Aktualisierung bei Redaktionsschluss noch nicht abgeschlossen war; im Internet abrufbar z.B. unter www.bkk.de/Arbeitgeber/Rundschreiben und Verlautbarungen der Spitzenorganisationen.
8 *Engesser Means/Clauss*, a.a.O.
9 BAG 23.1.2007 – 9 AZR 393/06 – AP § 2 ATG Nr. 8.
10 DA der BA v.1.1.2008, § 16 Ziff.1.
11 Art. 1 des Gesetzes zur Anpassung der Regelaltersgrenze an die demographische Entwicklung und zur Stärkung der Finanzierungsgrundlagen der gesetzlichen Rentenversicherung v. 30.4.2007, BGBl I S. 554.
12 LSG NRW – 2.12.2005 – L 4 RA 62/04 – juris; BSG – 17.4.2007 – B 5 R 16/06 R – juris.
13 Art. 1 Nr. 45 des Gesetzes zur Sicherung der nachhaltigen Finanzierungsgrundlagen der gesetzlichen Rentenversicherung (RV-Nachhaltigkeitsgesetz) v. 21.7.2004, BGBl I S. 1791.

volle Anhebung des Rentenzugangsalters greift erstmals für Versicherte, die im Dezember 1948 geboren sind. Die Altersgrenzen im Einzelnen ergeben sich aus Anlage 19 zum SGB VI.

18 Für Versicherte, die vor dem 1.1.2004 Altersteilzeit im Sinne des AltersteilzeitG „vereinbart haben", gilt weiterhin die Altersgrenze von 60 Jahren (Vertrauensschutz nach § 237 Abs. 5 Nr. 4 SGB VI). Eine Vereinbarung im Sinne dieser Vorschrift liegt auch dann vor, wenn der Altersteilzeitvertrag eine Rücktrittsklausel oder einen Widerrufsvorbehalt enthält. Das Gesetz verlangt keine unwiderrufliche Vereinbarung. Unerheblich ist, ob die vereinbarte Altersteilzeit später auch angetreten und vollständig durchgeführt wird.

19 **2. Halbierung der bisherigen wöchentlichen Arbeitszeit (Abs. 1 Nr. 2).** Während der Altersteilzeit muss der AN seine bisherige wöchentliche Arbeitszeit (vgl. zur Berechnung: § 6 Abs. 2) auf die Hälfte reduzieren. Auch teilzeitbeschäftigte AN können in Altersteilzeit überwechseln, wenn sie nach Arbeitszeithalbierung weiterhin versicherungspflichtig beschäftigt i.S.d. SGB III sind, also eine mehr als geringfügige Beschäftigung ausüben. Richtet sich die Dauer der bisherigen Arbeitszeit nach der regelmäßigen tariflichen Arbeitszeit eines Vollzeitbeschäftigten, ist ausschließlich die bei Abschluss des Altersteilzeitarbeitsvertrages geltende Stundenzahl für die Gesamtdauer der Altersteilzeit maßgebend.[14] Tarifliche oder betriebliche Arbeitszeitverlängerungen dürfen bezogen auf die gesamte Arbeitszeit in der Arbeitsphase der Altersteilzeit (Blockmodell) nicht zu mehr Arbeit führen. Eine Änderung der halbierten Arbeitszeit im Verlauf der Altersteilzeitarbeit hat der Gesetzgeber nicht zugelassen. Gegebenenfalls muss nach Erreichen des ursprünglich vereinbarten Stundenvolumens die Arbeitszeit in der Arbeitsphase abweichend verteilt werden.[15] Zusätzlich geleistete Arbeitsstunden, die nicht bis zum Ende der Arbeitsphase ausgeglichen werden, dürften als Mehrarbeit (vgl. Rn 32) zu bewerten sein.

20 **a) Verteilung der Arbeitszeit.** Bei der Verteilung der Arbeitszeit sind die Vertragsparteien frei. Das Gesetz enthält keine Vorgaben. Eine klassische Teilzeitbeschäftigung ist ebenso möglich wie ein täglicher, wöchentlicher oder auch monatlicher Wechsel zwischen Arbeit und Freistellung. Die Arbeitszeit kann auch stufenweise abgesenkt werden. Entscheidend ist, dass insgesamt die bisherige Arbeitszeit halbiert wird.

21 In der Praxis wird fast ausschließlich das so genannte **Blockmodell** vereinbart. Dabei wird die halbierte Arbeitszeit in zwei Hälften (Blöcke) aufgeteilt. In der ersten Hälfte arbeitet der AN im Umfang seiner bisherigen Arbeitszeit weiterhin so, als hätte es keine Veränderung gegeben. In der anschließenden zweiten Hälfte arbeitet der AN überhaupt nicht mehr.[16]

22 Zur Sicherung der wirtschaftlichen Existenz des AN muss nach Abs. 2 Nr. 2 auch bei einer solchen ungleichmäßigen Verteilung der Arbeitszeit gewährleistet sein, dass Altersteilzeitarbeitsentgelt und Aufstockungsbeträge fortlaufend gezahlt werden. Für die zusätzlichen Beiträge zur Rentenversicherung ist das nicht zwingend, da sie nicht unmittelbar dem Vermögen des AN zufließen.

23 Für die Bemessung der **Altersteilzeitvergütung** während der Freistellungsphase ist grundsätzlich spiegelbildlich dieselbe tarifliche Vergütungsgruppe zugrunde zu legen, nach der während der Arbeitsphase die Vergütung bemessen worden war.[17] Nach umstrittener Rechtsprechung des BAG ist eine bereits vor Beginn der Freistellungsphase widerrufene Vorhandwerkerzulage während der Freistellungsphase spiegelbildlich zur Arbeitsphase in hälftiger Höhe zu leisten.[18] Es verstößt gegen den arbeitsrechtlichen Gleichbehandlungsgrundsatz, wenn ein AG zwar seinen voll- und teilzeitbeschäftigten AN aufgrund einer Gesamtzusage eine jährliche Leistungsprämie gewährt, Altersteilzeit-AN hiervon aber ohne billigenswerte Gründe ausschließt. Unerheblich ist, dass der AG in seiner Gesamtzusage auf die Freiwilligkeit der Leistung hinweist.[19]

24 **b) Zulässiger Verteilzeitraum.** Altersteilzeit konnte bislang längstens für zehn Jahre vereinbart werden. Dies ergab sich daraus, dass AN bei Beginn der Altersteilzeit mindestens das 55. Lebensjahr vollendet haben müssen (§ 2 Abs. 1) und das Ende der Altersteilzeit in § 5 Abs. 1 bislang mittelbar auf den Kalendermonat festgelegt war, in dem der AN das 65. Lebensjahr vollendet hat. Mit der Anhebung der Regelaltersgrenze für einen Rentenzugang (siehe Rn 15) und der Neufassung des § 5 Abs. 1 verlängert sich die zulässige Dauer einer Altersteilzeitvereinbarung für gesetzlich rentenversicherte AN entsprechend. Aufstockungsbeträge und zusätzliche Rentenversicherungsbeiträge bleiben während der gesamten Laufzeit steuer- und sozialversicherungsfrei. Von der Laufzeit der Altersteilzeitvereinbarung zu unterscheiden ist der Erstattungszeitraum. Eine Erstattung durch die BA (§ 4) kommt längstens für sechs Jahre in Betracht.

25 Beim **Blockmodell** ist die zulässige Dauer des Verteilzeitraums vom Bestehen einer tarifvertraglichen Grundlage abhängig. Ohne Altersteilzeit-Tarifvertrag ist eine Blockbildung nur für längstens drei Jahre zulässig (Abs. 2 Nr. 1 Alt. 1). Möglich ist daher eine Arbeits- und Freistellungsphase von jeweils nur 1 ½ Jahren. Innerhalb des Ge-

---

14 BAG 11.4.2006 – 9 AZR 369/05 – ZTR 2006, 307 = FA 2006, 183.
15 DA der BA v. 1.1.2008, § 2 Ziff. 2.2 Abs. 18; a.A.: LAG Köln 9.11.2005 – 7 (3) Sa 96/05 – juris.
16 *Wolf*, NZA 2000, 637.
17 BAG 4.10.2005 – 9 AZR 449/04 – NZA 2006, 509 = DB 2006, 1167.
18 BAG 23.3.2003 – 9 AZR 353/02 – DB 2004, 258 = FA 2004, 119. Abl. *Langenbrinck*, ZTR 2004, 222.
19 BAG 24.10.2006 – 9 AZR 681/05 – AP § 1 ATG Nr. 3.

samtzeitraums darf die durchschnittliche wöchentliche Arbeitszeit die Hälfte der bisherigen wöchentlichen Arbeitszeit nicht überschreiten.

aa) Tarifvorbehalt bei Verblockung von mehr als drei Jahren. Im Blockmodell ist ein Verteilzeitraum von **mehr als drei Jahren** nur aufgrund eines Altersteilzeit-TV oder einer entsprechenden kirchenrechtlichen Regelung zulässig (**Abs. 2 Nr. 1**). Dieser Tarifvorbehalt sollte ursprünglich der Absicherung der AN dienen, die während der Arbeitsphase in Vorleistung treten und im Falle der Insolvenz des AG nicht schutzlos stehen sollen. Der Gesetzgeber traute nur den Kollektivpartnern eine angemessene Berücksichtigung der bestehenden Risiken zu.[20] Nachdem das Gesetz in § 7d SGB IV und für Neufälle ab dem 1.7.2004 in § 8a nunmehr selbst eine ausdrückliche Pflicht zur Insolvenzsicherung vorsieht, kann der Tarifvorbehalt diesen Zweck nicht mehr erfüllen. Angesichts des unveränderten Wortlauts des Abs. 2 ist jedoch auch weiterhin von der Geltung des Tarifvorbehalts auszugehen. Aus Sicht der Arbeitsverwaltung ist ein bereits gekündigter und nur noch nachwirkender Altersteilzeit-TV ausreichend.[21]

26

Altersteilzeit in Form des Blockmodells kann aufgrund eines Altersteilzeit-TV auch für einen **längeren Zeitraum als sechs Jahre** vereinbart werden (**Abs. 3**). Auch in diesem Fall kann die BA dem AG bei rechtswirksamer Wiederbesetzung (§ 3 Abs. 1 Nr. 2) nur für längstens sechs Jahre geleistete Aufstockungsleistungen erstatten (§ 4 Abs. 1). Eine solche Förderung setzt nach Abs. 3 voraus, dass innerhalb der Gesamtlaufzeit der längeren Altersteilzeit ein Zeitraum von sechs Jahren liegt, in dem die Hälfte der bisherigen wöchentlichen Arbeitszeit im Durchschnitt nicht überschritten wird. Die Lage des Förderzeitraums können die Vertragsparteien frei bestimmen. Darüber hinaus müssen auf AN-Seite die gesetzlichen Voraussetzungen der Altersteilzeit insgesamt auch für den Gesamtzeitraum der Laufzeit der Altersteilzeit erfüllt sein. Nach S. 2 reicht es aus, dass der AG die Aufstockungsleistungen nur in dem Zeitraum von sechs Jahren erbringt.

27

bb) Tarifübernahme. Im Geltungsbereich eines Altersteilzeit-TV können nichttarifgebundene AG die Regelungen des Tarifvertrages durch Betriebsvereinbarung übernehmen. Lässt der TV Abweichungen durch BV zu, können auch nichttarifgebundene AG von diesen Öffnungsklauseln Gebrauch machen. Nur wenn kein BR besteht, dürfen die tariflichen Regelungen auch einzelvertraglich übernommen werden.

28

Eine Übernahme ist nur insoweit möglich, als der Geltungsbereich des in Bezug genommenen TV dies zulässt. Mit Blick auf die geltende Insolvenzsicherung in § 8a ist es aus Sicht der Arbeitsverwaltung nunmehr ausreichend, dass die Parteien grds. vom fachlichen und zeitlichen Geltungsbereich erfasst würden, wenn sie tarifgebunden wären. Es ist daher nicht möglich, einen branchenfremden Tarifvertrag zu übernehmen. Vom Altersteilzeit-TV müssen alle Regelungen übernommen werden, die die „Altersteilzeit ihrem Wesen nach unmittelbar gestalten." Regelungsbereiche, die zur Altersteilzeitregelung keinerlei Berührungspunkte aufweisen (z.B. reine Entgeltfragen), müssen hingegen nicht in Gänze übernommen werden.[22]

29

cc) Ausnahmen vom Tarifvorbehalt. Der Tarifvorbehalt gilt nicht für Bereiche, in denen tarifvertragliche Regelungen zur Verteilung der Arbeitszeit (nicht: Altersteilzeit) nicht getroffen sind oder üblicherweise nicht getroffen werden. In diesen Bereichen ist nach Abs. 2 S. 5 allein aufgrund einer BV oder bei fehlendem BR durch Einzelvertrag eine Verblockung von bislang bis zu zehn Jahren möglich. Dies gilt u.a. für Rechtsanwälte und Notare, Steuerberater, Wirtschaftsprüfer, Unternehmensberater, AG- und Unternehmensverbände, Gewerkschaften, Industrie- und Handelskammern sowie AT-Angestellte sowie leitende Angestellte.[23]

30

3. Nebentätigkeit und Mehrarbeit. Eine **Nebentätigkeit** während der Altersteilzeit, die die Geringfügigkeitsgrenze des § 8 Abs. 1 Nr. 1 SGB IV überschreitet, bringt nur den Anspruch auf Förderung zum Ruhen (§ 5 Abs. 3). An der sozialversicherungsrechtlichen und steuerlichen Beurteilung der Altersteilzeit ändert sich nichts. Dies gilt unabhängig davon, ob die Nebentätigkeit als AN bei einem anderen AG oder als Selbstständiger erbracht wird.[24]

31

Gleiches gilt für die Zulässigkeit einer mehr als geringfügigen **Mehrarbeit** während einer kontinuierlichen Arbeitszeitverteilung sowie während der Arbeitsphase im Blockmodell. Es ruht lediglich der Förderanspruch (§ 5 Abs. 4). Gegebenenfalls ist aber das Altersteilzeitverhältnis entsprechend zu verlängern. In der **Freistellungsphase des Blockmodells** ist Mehrarbeit allerdings nur in geringfügigem Umfang und auch nur vorübergehend zulässig, soweit der Charakter der Altersteilzeit nicht verändert wird. Andernfalls liegt keine Altersteilzeit im sozialversicherungsrechtlichen Sinne vor. Die Prüfung hat dabei jeweils im Einzelfall zu erfolgen, entscheidend ist ein betriebsbedingter wesentlicher Anlass.[25]

32

---

20 BT-Drucks 13/4877, S. 29.
21 DA der BA v. 1.1.2008, Ziff. 2.3 Abs. 2.
22 DA der BA v. 1.1.2008, § 2 Ziff. 2.3 Abs. 4.
23 DA der BA v. 1.1.2008, § 2 Ziff. 2.3 Abs. 5.
24 Gemeinsames Rundschreiben der Sozialversicherungsträger v. 9.3.2004, S. 28, Aktualisierung bei Redaktionsschluss noch nicht abgeschlossen; *Nimscholz/Oppermann/Ostrowicz*, Kapitel VIII Ziff. 11.4. (S. 378).
25 Gemeinsames Rundschreiben der Sozialversicherungsträger v. 9.3.2004, S. 28, Aktualisierung bei Redaktionsschluss noch nicht abgeschlossen.

IV. Weiterhin Versicherungspflicht nach dem SGB III (Abs. 1 Nr. 2)

33 Während der Altersteilzeit muss der AN weiterhin versicherungspflichtig beschäftigt i.S.d. SGB III sein. Damit soll sichergestellt werden, dass der AN im Falle vorzeitiger Beendigung des Altersteilzeitverhältnisses Ansprüche in der Arbeitslosenversicherung erwirbt.

34 **1. Beschäftigungsverhältnis.** Grundlage für die Sozialversicherungspflicht ist das Bestehen eines Beschäftigungsverhältnisses. Fehlt dieses, kann auch keine Altersteilzeit vorliegen.

35 **a) Arbeitsphase.** Nach § 7 Abs. 1 SGB IV liegt ein Beschäftigungsverhältnis vor, wenn jemand nichtselbstständige Arbeit leistet, insbesondere in einem Arbverh. Bei kontinuierlicher Arbeitszeitverteilung und während der Arbeitsphase im Blockmodell bestehen insoweit keine Besonderheiten.

36 Eine einvernehmliche und unwiderrufliche Freistellung während der Arbeitsphase steht dem Fortbestand einer sozialversicherungspflichtigen Beschäftigung – entgegen der bisherigen Auffassung der Sozialversicherungsträger – zwar nicht entgegen.[26] In solchen Fällen dürfte allerdings regelmäßig auch keine Altersteilzeit mehr vorliegen, weil die dafür zwingende Voraussetzung der Halbierung der bisherigen Arbeitszeit (§ 2 Abs. 2 Nr. 1) nicht mehr erfüllt ist.

37 **b) Freistellungsphase.** In der Freistellungsphase des Blockmodells liegt nur unter den Voraussetzungen des § 7 Abs. 1a SGB IV ein Beschäftigungsverhältnis vor. Das setzt u.a. voraus, dass für die Zeit einer Freistellung ein Arbeitsentgelt fällig ist, das mit einer vor oder nach der Freistellungsphase erbrachten Arbeitsleistung erzielt wird (Wertguthaben).

38 Wird in der Arbeitsphase kein Wertguthaben angespart, wird auch in der Freistellungsphase kein Arbeitsentgelt fällig, so dass in der Freistellungsphase insoweit kein Beschäftigungsverhältnis vorliegt. Dieses Risiko besteht vor allem bei **Langzeiterkrankungen in der Arbeitsphase**, wenn der AN nach Ablauf des sechswöchigen Entgeltfortzahlungszeitraums nur noch Entgeltersatzleistungen (z.B. Krankengeld, Versorgungskrankengeld) bzw. von einem privaten Krankenversicherer Krankentagegeld bezieht. In diesem Fall besteht regelmäßig kein Anspruch auf weitere Aufstockungsleistungen.[27] Dies gilt auch bei einer vollständigen Freistellung von der Arbeitsleistung in der Arbeitsphase nach § 3 Abs. 1 PflegeZG. Um eine vorzeitige Beendigung des Beschäftigungsverhältnisses und damit des Versicherungsschutzes in der Freistellungsphase zu vermeiden, kann der AG mit dem AN vereinbaren, dass die in der Arbeitsphase ausgefallene Arbeitszeit nachgearbeitet wird. Das Gemeinsame Rundschreiben der Spitzenverbände der Sozialversicherungsträger vom 9.3.2004[28] enthält hierzu ausführliche Beispiele. Im Wesentlichen sind drei Konstellationen zu unterscheiden:

39 **aa) Nacharbeit in vollem Umfang.** Zahlt der AG während des Krankengeldbezugs keine Aufstockungsbeträge und keine zusätzlichen Rentenversicherungsbeiträge (§ 3 Abs. 1 Nr. 1), muss die volle Zeit des Krankengeldbezugs nachgearbeitet werden. Der vereinbarte Beginn der Freistellungsphase verschiebt sich nach hinten, die Altersteilzeit muss entsprechend verlängert werden. Während des Krankengeldbezugs in der Arbeitsphase besteht zwar ein Beschäftigungsverhältnis. Aufgrund der fehlenden Zusatzleistungen des AG liegt für diese Zeit jedoch keine Altersteilzeit im gesetzlichen Sinne vor. Es kann daher auch keine Vorarbeit für die Freistellungsphase erbracht werden.

40 **bb) Nacharbeit zur Hälfte.** Leistet der AG dagegen neben dem Krankengeldbezug auch weiterhin Aufstockungsbeträge und zusätzliche Rentenversicherungsbeiträge, ist eine Nacharbeit nur für die Hälfte der während des Krankengeldbezugs ausgefallenen Arbeitszeit erforderlich. Der AN wird in diesem Fall so gestellt, als hätte er in der Arbeitsphase (nur) noch nicht das Wertguthaben angespart, das in der Freistellungsphase fällig werden soll. Die Freistellungsphase verkürzt sich entsprechend um die Nacharbeit.

41 **cc) Nacharbeit nicht erforderlich.** Der AG kann das Wertguthaben, das in den Monaten des Krankengeldbezugs nicht angespart werden konnte, auch auf freiwilliger Basis aufbauen. In diesem Fall ist keine Nacharbeit erforderlich. Bei einer **Langzeiterkrankung ausschließlich in der Freistellungsphase** besteht das Beschäftigungsverhältnis nach § 7 Abs. 1a SGB IV fort. Der Vergütungsanspruch besteht unabhängig von einer aktuellen Arbeitsleistung in der Freistellungsphase. Der Anspruch auf Krankengeld ruht während der gesamten Freistellungsphase (§ 49 Abs. 1 Nr. 6 SGB V).

42 **2. Versicherungspflicht nach dem SGB III.** Um versicherungspflichtig beschäftigt zu sein, muss der AN auch nach Halbierung seiner bisherigen Arbeitszeit mehr als geringfügig beschäftigt sein (Einzelheiten vgl. Rn 6). Das

---

26 BSG 24.9.2008 – B 12 KR 22/07 R – BB 2009, 782 = NZA-RR 2009, 272..

27 BAG 15.8.2006 – 9 AZR 639/05 – AP § 1 TVG Altersteilzeit Nr. 32 = NZA-RR 2007, 168.

28 Gemeinsames Rundschreiben der Sozialversicherungsträger v. 9.3.2004, S. 79, Aktualisierung bei Redaktionsschluss noch nicht abgeschlossen; abrufbar im Internet z.B. unter www.bkk.de/Arbeitgeber/Rundschreiben und Verlautbarungen der Spitzenorganisationen.

laufende Altersteilzeitarbeitsentgelt muss daher ohne Aufstockungsbeträge 400 EUR im Monat übersteigen. AN, die bereits vor dem 1.4.2003 ihre Vereinbarung abgeschlossen haben und ein Altersteilzeitentgelt von mehr als 325 EUR bis zu 400 EUR beanspruchen können, gelten aufgrund der Übergangsvorschrift des § 15f auch weiterhin als versicherungspflichtig beschäftigt.

Bei einer Altersteilzeitbeschäftigung von wöchentlich weniger als 15 Stunden ist zu beachten, dass trotz Überschreitung der Geringfügigkeitsgrenze Versicherungsfreiheit bestehen kann. Nach § 27 Abs. 5 SGB III ist das der Fall, wenn der AN neben der Altersteilzeit Arbeitslosengeld bezieht. Nach § 118 Abs. 2 SGB III schließt die Ausübung einer weniger als 15 Stunden wöchentlich umfassenden Beschäftigung einen Arbeitslosengeldanspruch nicht aus. Für den Fall einer Arbeitslosmeldung durch den AN sollte sich daher der AG einen entsprechenden Schadensersatzanspruch vorbehalten. 43

C. Verbindung zu anderen Rechtsgebieten
I. Weitere Privilegierungen von Altersteilzeit

Das Vorliegen von Altersteilzeit i.S.v. § 2 und § 3 Abs. 1 Nr. 1 ist auch Voraussetzung dafür, dass während der gesamten Laufzeit der Altersteilzeit Aufstockungsbeträge und zusätzlichen Rentenversicherungsbeiträge steuerfrei (§ 3 Nr. 28 EStG) und sozialversicherungsfrei (§ 1 ArbeitsentgeltVO) sind und eine Zugangsmöglichkeit für eine Altersrente nach Altersteilzeit (§ 237 SGB VI) besteht. 44

II. Krankenversicherungsbeiträge während der Freistellungsphase

Während der Freistellungsphase im Blockmodell müssen Beiträge zur gesetzlichen Krankenversicherung nur auf Basis des ermäßigten Beitragssatzes (vgl. § 243 Abs. 1 SGB V) abgeführt werden, da etwaige Krankengeldansprüche in diesem Zeitraum ruhen und die Krankenkassen insoweit von vornherein von jeglichem Leistungsrisiko befreit sind.[29] Die BA wendet den ermäßigten Beitragssatz im Rahmen des Erstattungsverfahrens seit dem 1.1.2005 an. 45

D. Beraterhinweise

Schlägt der AG den Abschluss einer Altersteilzeitvereinbarung vor, die auf einen besonderen Rentenzugang nach Altersteilzeitarbeit i.S.d. § 237 SGB VI angelegt ist (vgl. Rn 16 ff.), macht sich der AG schadensersatzpflichtig, wenn dieser Rentenzugang wegen der vom AG vorgenommenen Ausgestaltung des Altersteilzeitvertrages nicht besteht. Ein solcher Schadensersatzanspruch kann bestehen, wenn der AG den AN für die gesamte Arbeitsphase im Blockmodell freistellt und damit die bisherige Arbeitszeit auf weniger als die Hälfte reduziert.[30] 46

Auf die Einhaltung der Voraussetzung der „Halbierung der bisherigen wöchentlichen Arbeitszeit" sollten die Vertragsparteien peinlich genau achten. Eine falsche Halbierung gefährdet nicht nur eine etwaige Förderung durch die BA, sondern auch die Steuer- und Abgabenbefreiung der AG-Aufstockungsleistungen sowie die Rentenzugangsmöglichkeit nach Altersteilzeit. Zweifelsfälle sollten in jedem Falle vorab mit der BA und mit dem zuständigen Rentenversicherungsträger abgestimmt werden. 47

Vor Abschluss jeder Altersteilzeitvereinbarung sollte auch der Zeitpunkt des frühestmöglichen Rentenzugangs durch eine Bescheinigung des zuständigen Rentenversicherungsträgers nachgewiesen werden. Diese Rentenauskunft sollte auch Angaben über den frühestmöglichen Rentenbeginn ohne Abschläge enthalten, da nach diesem Zeitpunkt eine Förderung durch die BA nicht mehr möglich ist (§ 5 Abs. 1 Nr. 2). 48

Soll der AN verpflichtet werden, in Abweichung von der ursprünglich vereinbarten Vertragslaufzeit bei etwaiger Erfüllung dazu erforderlichen Zugangsvoraussetzungen eine vorzeitige Altersrente in Anspruch zu nehmen, ist er darauf ausdrücklich hinzuweisen. Die bloße Verwendung einer vorformulierten Vertragsklausel, nach der das Altersteilzeitarbverh mit Ablauf des Kalendermonats endet, in dem die frühestmögliche gesetzliche Altersrente in Anspruch genommen werden kann, reicht hierzu im Zweifel nicht.[31] 49

§ 3 Anspruchsvoraussetzungen

(1) Der Anspruch auf die Leistungen nach § 4 setzt voraus, daß
1. der Arbeitgeber auf Grund eines Tarifvertrages, einer Regelung der Kirchen und der öffentlich-rechtlichen Religionsgesellschaften, einer Betriebsvereinbarung oder einer Vereinbarung mit dem Arbeitnehmer

---

29 BSG 25.8.2004 – B 12 KR 22/02 R – NZA 2005, 212 = ZTR 2005, 114.
30 BAG 10.2.2004 – 9 AZR 401/02 – AP § 119 BGB Nr. 15 = NZA 2004, 606 = DB 2004 1046.
31 BAG 8.8.2007 – 7 AZR 605/06 – DB 2008, 133.

a) das Regelarbeitsentgelt für die Altersteilzeitarbeit um mindestens 20 vom Hundert aufgestockt hat, wobei die Aufstockung auch weitere Entgeltbestandteile umfassen kann, und

bei Beginn der Altersteilzeit bis 1.7.2004:

a) *das Arbeitsentgelt für die Altersteilzeitarbeit um mindestens 20 vom Hundert dieses Arbeitsentgelts, jedoch auf mindestens 70 vom Hundert des um die gesetzlichen Abzüge, die bei Arbeitnehmern gewöhnlich anfallen, verminderten bisherigen Arbeitsentgelts im Sinne des § 6 Abs. 1 (Mindestnettobetrag), aufgestockt hat*

b) für den Arbeitnehmer zusätzlich Beiträge zur gesetzlichen Rentenversicherung mindestens in Höhe des Beitrags entrichtet hat, der auf 80 vom Hundert des Regelarbeitsentgelts für die Altersteilzeitarbeit, begrenzt auf den Unterschiedsbetrag zwischen 90 vom Hundert der monatlichen Beitragsbemessungsgrenze und dem Regelarbeitsentgelt, entfällt, höchstens bis zur Beitragsbemessungsgrenze, sowie

bei Beginn der Altersteilzeit bis 1.7.2004:

b) *für den Arbeitnehmer Beiträge zur gesetzlichen Rentenversicherung mindestens in Höhe des Beitrags entrichtet hat, der auf den Unterschiedsbetrag zwischen 90 vom Hundert des bisherigen Arbeitsentgelts im Sinne des § 6 Abs. 1 und dem Arbeitsentgelt für die Altersteilzeitarbeit entfällt, höchstens bis zur Beitragsbemessungsgrenze,*

2. der Arbeitgeber aus Anlass des Übergangs des Arbeitnehmers in die Altersteilzeitarbeit

   a) einen bei einer Agentur für Arbeit arbeitslos gemeldeten Arbeitnehmer, einen Bezieher von Arbeitslosengeld II oder einen Arbeitnehmer nach Abschluss der Ausbildung auf dem freigemachten oder auf einem in diesem Zusammenhang durch Umsetzung frei gewordenen Arbeitsplatz versicherungspflichtig im Sinne des Dritten Buches Sozialgesetzbuch beschäftigt; bei Arbeitgebern, die in der Regel nicht mehr als 50 Arbeitnehmer beschäftigen, wird unwiderleglich vermutet, dass der Arbeitnehmer auf dem freigemachten oder auf einem in diesem Zusammenhang durch Umsetzung frei gewordenen Arbeitsplatz beschäftigt wird, oder

   b) einen Auszubildenden versicherungspflichtig im Sinne des Dritten Buches Sozialgesetzbuch beschäftigt, wenn der Arbeitgeber in der Regel nicht mehr als 50 Arbeitnehmer beschäftigt und

3. die freie Entscheidung des Arbeitgebers bei einer über fünf vom Hundert der Arbeitnehmer des Betriebs hinausgehenden Inanspruchnahme sichergestellt ist oder eine Ausgleichskasse der Arbeitgeber oder eine gemeinsame Einrichtung der Tarifvertragsparteien besteht, wobei beide Voraussetzungen in Tarifverträgen verbunden werden können.

(1a) Die Voraussetzungen des Absatzes 1 Nr. 1 Buchstabe a sind auch erfüllt, wenn Bestandteile des Arbeitsentgelts, die für den Zeitraum der vereinbarten Altersteilzeitarbeit nicht vermindert worden sind, bei der Aufstockung außer Betracht bleiben.

(2) Für die Zahlung der Beiträge nach Absatz 1 Nr. 1 Buchstabe b gelten die Bestimmungen des Sechsten Buches Sozialgesetzbuch über die Beitragszahlung aus dem Arbeitsentgelt.

(3) Hat der in Altersteilzeitarbeit beschäftigte Arbeitnehmer die Arbeitsleistung oder Teile der Arbeitsleistung im voraus erbracht, so ist die Voraussetzung nach Absatz 1 Nr. 2 bei Arbeitszeiten nach § 2 Abs. 2 und 3 erfüllt, wenn die Beschäftigung eines bei einer Agentur für Arbeit arbeitslos gemeldeten Arbeitnehmers oder eines Arbeitnehmers nach Abschluß der Ausbildung auf dem freigemachten oder durch Umsetzung freigewordenen Arbeitsplatz erst nach Erbringung der Arbeitsleistung erfolgt.

Literatur: *Kovács/Koch*, Neue Berechnungsmethode zur Ermittlung der Aufstockungsbeträge nach dem Altersteilzeitgesetz ab 1.7.2004, NZA 2004, 585

A. Allgemeines	1
B. Regelungsgehalt	3
I. Aufstockungsleistungen des Arbeitgebers	3
1. Aufstockung des Arbeitsentgelts (Abs. 1 Nr. 1a)	4
a) Beginn der Altersteilzeit ab dem 1.7.2004	4
b) Beginn der Altersteilzeit vor dem 1.7.2004	5
aa) Aufstockung des Teilzeitentgelts um mindestens 20 Prozent	5
bb) Aufstockung auf mindestens 70 Prozent des bisherigen Nettoentgelts	9
2. Zusätzliche Rentenbeiträge (Abs. 1 Nr. 1b)	13
a) Beginn der Altersteilzeit ab dem 1.7.2004	14
b) Beginn der Altersteilzeit vor dem 1.7.2004	15
II. Rechtswirksame Wiederbesetzung (Abs. 1 S. 1 Nr. 2)	16
1. Wiederbesetzung aus Anlass der Altersteilzeit (Kausalität)	17
a) Sachliche Kausalität	18
aa) Kleinunternehmensregelung (§ 3 Abs. 1 Nr. 2a Hs. 2)	19
bb) Übertragung der Kleinunternehmensregelung auf größere Unternehmen	20
b) Zeitliche Kausalität	22
2. Person des Wiederbesetzers (Abs. 1 S. 1 Nr. 2)	24
a) Arbeitslos gemeldete Arbeitnehmer (Abs. 1 S. 1 Nr. 2a Alt. 1)	24
b) Ausgebildete (Abs. 1 S. 1 Nr. 2a Alt. 2)	25
c) Nur bei Kleinunternehmen: Auszubildende (Nr. 2b)	26
3. Umfang der Wiederbesetzung	27
III. Überforderungsschutz (Abs. 1 S. 1 Nr. 3)	29

IV. Besonderheiten bei der Aufstockung des Arbeitsentgelts (Abs. 1a) 30
V. Abführung der zusätzlichen Rentenbeiträge nach
dem SGB VI (Abs. 2) 32
VI. Wiederbesetzung im Blockmodell (Abs. 3) 33

C. Verbindung zu anderen Rechtsgebieten 34
I. Steuerliche Behandlung der Aufstockungsleistungen
(§ 3 Nr. 28 EStG) 34
II. Progressionsvorbehalt (§ 32b EStG) 35
D. Beraterhinweise 36

A. Allgemeines

§ 3 legt die **Voraussetzungen auf AG-Seite** für eine gesetzliche und damit förderfähige Altersteilzeit fest. Hierzu muss der AG das Arbeitsentgelt für die Altersteilzeit aufstocken und zusätzliche Beiträge zur RV erbringen (Abs. 1 Nr. 1). Die Aufstockungsleistungen muss der AG nur so lange erbringen, wie er auch Erstattungsleistungen von der BA erlangen könnte (§ 2 Abs. 3 S. 2). Eine Förderung durch die BA ist längstens für sechs Jahre möglich (§ 4 Abs. 1). Erstreckt sich die Altersteilzeit also auf einen Zeitraum von bis zu zehn Jahren (vgl. § 2 Rn 24) ist der AG nur für längstens sechs Jahre gesetzlich zur Erbringung der Zusatzleistungen verpflichtet. Aus TV, BV oder Einzelvertrag können sich aber weitergehende Verpflichtungen ergeben. **1**

Will der AG die geleisteten Aufstockungsleistungen von der BA in gesetzlichem Umfang erstattet bekommen, muss er den infolge der Altersteilzeit freiwerdenden Arbeitsplatz mit bestimmten Personen wiederbesetzen (Abs. 1 Nr. 2). Eine Wiederbesetzung ist nur für die Erstattung der Aufstockungsleistungen (§ 4) durch die BA erforderlich. Die Steuer- und Sozialversicherungsfreiheit der Aufstockungsleistungen sowie der Rentenzugang nach Altersteilzeitarbeit (§ 237 SGB VI) sind von einer Wiederbesetzung unabhängig. **2**

B. Regelungsgehalt

I. Aufstockungsleistungen des Arbeitgebers

Die Bemessungsgrundlage für die Aufstockungsleistungen sowie deren Umfang ist davon abhängig, ob das Altersteilzeitverhältnis vor dem 1.7.2004 oder danach begonnen hat. Auf den Zeitpunkt der Vereinbarung der Altersteilzeit kommt es insoweit nicht an. **3**

1. Aufstockung des Arbeitsentgelts (Abs. 1 Nr. 1a). a) Beginn der Altersteilzeit ab dem 1.7.2004. Der AG muss das **Regelarbeitsentgelt** (vgl. § 6 Abs. 1) um mindestens 20 Prozent aufstocken. Altersteilzeit-Tarifverträge oder Betriebsvereinbarungen sehen oft höhere Leistungen vor. Der AG kann weitere Entgeltbestandteile (z.B. Einmalzahlungen) in die Aufstockung einbeziehen oder einen höheren Prozentsatz zugrunde legen.[1] Eine Erstattung durch die BA ist jedoch nur im gesetzlichen Pflichtumfang möglich (§ 4). **4**

b) Beginn der Altersteilzeit vor dem 1.7.2004. aa) Aufstockung des Teilzeitentgelts um mindestens 20 Prozent. Bei sog. Altfällen ist Berechnungsgrundlage für die 20-Prozent-Aufstockung das im jeweiligen Abrechnungszeitraum erzielte **Altersteilzeit-Bruttoentgelt**. Die Beitragsbemessungsgrenze (Arbeitslosen-/RV) ist grundsätzlich nicht zu berücksichtigen. Das heißt, dass ein laufendes Altersteilzeit-Bruttoentgelt auch dann in vollem Umfang in die 20-Prozent-Aufstockung einzubeziehen ist, wenn es die Beitragsbemessungsgrenze überschreitet. **5**

Neben dem laufenden Arbeitsentgelt, sind bei der Berechnung der 20-Prozent-Aufstockung alle dem Grunde nach **steuer- und beitragspflichtigen Einnahmen** einzubeziehen. Dazu gehören u.a. vermögenswirksame Leistungen, Leistungs- und Erschwerniszulagen, steuer- und versicherungspflichtige Prämien und Zulagen (z.B. für Sonntags-, Feiertags- und Nachtarbeit), Sachbezüge oder sonstige geldwerte Vorteile (z.B. Jahreswagenrabatte, Kraftfahrzeugüberlassung zum privaten Gebrauch des AN). **6**

Auch **Einmalzahlungen** sind entsprechend aufzustocken. Wird allerdings wegen der Gewährung der Einmalzahlung die Beitragsbemessungsgrenze überschritten, ist der übersteigende Betrag bei der Berechnungsbasis für die 20-Prozent-Aufstockung nicht zu berücksichtigen (§ 3 Abs. 1a S. 1 a.F.). Dies ist der einzige Fall, bei dem die Beitragsbemessungsgrenze im Rahmen der 20-Prozent-Aufstockung eine Rolle spielt. Die Einmalzahlung kann jedoch gezwölftelt werden und damit zu einer laufenden Leistung gemacht werden. In diesem Falle ist eine Aufstockung sowie eine spätere Erstattung des auf dieser Basis ermittelten Aufstockungsbetrages möglich, ohne dass die Beitragsbemessungsgrenze zu beachten ist. **7**

Nicht steuer- und beitragspflichtige Entgeltbestandteile bleiben im Rahmen der 20-Prozent-Aufstockung außen vor. Nicht hinzuzurechnen sind z.B. im Rahmen der betrieblichen Altersversorgung Zuwendungen an eine Pensionskasse oder einen Pensionsfonds in Höhe von bis zu vier Prozent der Beitragsbemessungsgrenze (West) zur RV. Sie sind nach § 3 Nr. 63 EStG steuerfrei und waren, soweit diese Zuwendungen aus einer Entgeltumwandlung stammten, bis zum 31.12.2008 beitragsfrei (vgl. § 2 Nr. 5 ArbeitsentgeltVO). Geleistete Vergütungen für **Mehrarbeit** sind zur **8**

---

1 *Kovácz/Koch*, NZA 2004, 585.

Berechnung des Aufstockungsbetrages ebenfalls nicht heranzuziehen, da sie für Stunden außerhalb der Altersteilzeitarbeit geleistet wurden.

9 **bb) Aufstockung auf mindestens 70 Prozent des bisherigen Nettoentgelts.** Die Aufstockung muss so hoch sein, dass der AN mindestens 70 Prozent seines „bisherigen" pauschalierten Nettoentgelts erhält, das er im konkreten Abrechnungsmonat ohne Halbierung seiner Arbeitszeit erhalten hätte (sog. **Mindestnettobetrag**). Das Nettoentgelt richtet sich nach dem „bisherigen Arbeitsentgelt" i.S.d. § 6 Abs. 1 a.F. (vgl. § 6 Rn 7).

10 Die Höhe der erforderlichen Mindestaufstockung ist im Wege einer Vergleichsberechnung zu bestimmen. Zunächst ist das laufende Altersteilzeit-Bruttoentgelt um 20 Prozent aufzustocken. Anschließend ist zu ermitteln, ob das daraus errechnete Altersteilzeit-Nettoentgelt zusammen mit dem 20-Prozent-Betrag den erforderlichen pauschalen Mindestnettobetrag erreicht. Ist das der Fall, ist keine weitere Aufstockung erforderlich. Wird aufgrund der 20-Prozent-Aufstockung der pauschalierte Mindestnettobetrag noch nicht erreicht, ist für die verbleibende Differenz eine weitere Aufstockung erforderlich. Der Aufstockungsbetrag setzt sich dann zusammen aus der 20-Prozent-Aufstockung und der erforderlichen weiteren Aufstockung.

11 Der Mindestnettobetrag wird zur Verwaltungsvereinfachung nicht individuell bestimmt. Vielmehr hat das bisherige BMAS diese Beträge bislang für jedes Kalenderjahr durch Rechtsverordnung (vgl. § 15) in einer **Mindestnetto-Tabelle** festgelegt.[2] In dieser Tabelle wird dem auf einen durch fünf teilbaren gerundeten Bruttowert des „bisherigen Arbeitsentgelts" für jede Steuerklasse ein pauschaliertes 70-Prozent-Nettoentgelt zugeordnet. Bei den Abzügen war in der Tabelle bis zum 31.12.2004 (vgl. § 15 Rn 1) auch der Kirchensteuerhebesatz berücksichtigt, so dass auch für Nichtkirchenmitglieder nur ein um die Kirchensteuer reduzierter Betrag im Rahmen der Mindestaufstockung abzusichern war. Diese Regelung ist mit höherrangigem Verfassungsrecht vereinbar.[3]

12 Maßgebliche **Lohnsteuerklasse des AN** ist die auf der Lohnsteuerkarte eingetragene. Ein Steuerklassenwechsel im Zusammenhang mit der Altersteilzeit ist möglich. Allerdings ist der Wechsel unbeachtlich, wenn er rechtsmissbräuchlich nur mit dem Ziel erfolgt, den AG zu erhöhten Zahlungen zu verpflichten, obwohl die gewählte Lohnsteuerkombination für den AN steuerlich offensichtlich nachteilig ist.[4] Allerdings muss sich der Arbeitgeber zurechnen lassen, wenn er die Altersteilzeit in Kenntnis des Wechsels der Steuerklasse vereinbart. Die Wahl der Lohnsteuerklassenkombination IV/IV ist regelmäßig nicht rechtsmissbräuchlich.[5]

13 **2. Zusätzliche Rentenbeiträge (Abs. 1 Nr. 1b).** Da der AN für die Dauer der Altersteilzeit nur auf Basis des geringeren Arbeitsentgelts Beiträge zur RV abführt, würde er nur geringere Rentenanwartschaften erwerben. Um diese Einbuße auszugleichen, muss der AG zusätzliche Beiträge zur gesetzlichen RV abführen. Soweit AN von der RV-Pflicht befreit sind, sind entsprechende Zuschüsse zu einer Altersversorgung zu gewähren, wie etwa zum Versorgungswerk für Rechtsanwälte (vgl. § 4 Abs. 2). Unter dem Gesichtspunkt der Gleichbehandlung ist es nicht zu beanstanden, wenn der AG sich dabei nicht am höheren Beitragssatz einer an sich maßgebenden knappschaftlichen RV, sondern an dem Beitrag orientiert, der bei Versicherung in der allgemeinen gesetzlichen RV zu zahlen wäre.[6] Die zusätzlichen RV-Beiträge sind vom AG allein zu tragen (§ 168 Abs. 1 Nr. 7 SGB VI). Auch hier richtet sich die Berechnung danach, ob die Altersteilzeit vor dem 1.7.2004 oder danach begonnen hat.

14 **a) Beginn der Altersteilzeit ab dem 1.7.2004.** Um den gesetzlichen Pflichtanforderungen zu genügen, muss der AG zusätzliche Beiträge zur RV mindestens für einen Betrag abführen, der **80 % des Regelarbeitsentgelts** (§ 6 Abs. 1) entspricht. Altersteilzeit-TV oder BV sehen oft höhere Leistungen vor. Für Entgeltbestandteile, die nicht zum Regelarbeitsentgelt gehören (z.B. Einmalzahlungen) dürfen keine zusätzlichen Beiträge abgeführt werden. Es ist aber möglich, Einmalzahlungen zu zwölfteln und dadurch zum Bestandteil des Regelarbeitsentgelts zu machen. Ebenso kann die Einmalzahlung in einen entsprechenden höheren Prozentsatz des Regelarbeitsentgelts (z.B. 87 %) umgerechnet werden.[7] Zusätzliche Beiträge müssen höchstens für den Differenzbetrag zwischen 90 % der Beitragsbemessungsgrenze und dem Regelarbeitsentgelt abgeführt werden. Auf freiwilliger Basis kann der AG weitere Beiträge zahlen, allerdings höchstens bis zur Beitragsbemessungsgrenze. Eine Erstattung dieser Höherleistung durch die BA ist aber nicht möglich (vgl. § 4 Rn 8)

15 **b) Beginn der Altersteilzeit vor dem 1.7.2004.** Bei sog. Altfällen müssen zusätzliche Beiträge zur RV mindestens für einen Betrag entrichtet werden, der der Differenz zwischen 90 % des „bisherigen Arbeitsentgelts" (vgl. § 6 a.F.) und dem tatsächlich erzielten Altersteilzeit-Bruttoentgelt entspricht. Zum laufenden Altersteilzeit-Bruttoent-

---

2 Zuletzt: Mindestnettobetrags-Verordnung 2008 v. 19.12.2007, BGBl I S. 3040.
3 BAG 29.7.2003 – 9 AZR 450/02 – AP Nr. 8 zu § Altersteilzeitg = NZA 2005, 308 = DB 2004, 382 = BB 2004, 1116.
4 BAG 9.9.2003 – 9 AZR 554/02 – AP Nr. 2 zu § 4 Altersteilzeitg = DB 2004, 821.

5 BAG 13.6.2006 – 9 AZR 423/05 – NZA 2007, 275 = DB 2006, 2470.
6 BAG 23.1.2007 – 3 AZR 398/05 – NZA 2007, 621.
7 Gemeinsames Rundschreiben der Sozialversicherungsträger v. 9.3.2004, S. 41, Aktualisierung bei Redaktionsschluss noch nicht abgeschlossen, im Internet abrufbar z.B. unter www.bkk.de/Arbeitgeber/Rundschreiben und Verlautbarungen der Spitzenorganisationen.

gelt gehören auch solche sozialversicherungspflichtigen Entgeltbestandteile, die nicht aufgestockt werden müssen. Entgeltbestandteile, die nicht halbiert, sondern auch während der Altersteilzeit weiterhin in voller Höhe ausgezahlt werden (ungeminderte Entgeltbestandteile i.S.v. § 3 Abs. 1a S. 2 a.F.) verringern entsprechend den Differenzbetrag, für den zusätzliche RV-Beiträge abzuführen sind.[8]

II. Rechtswirksame Wiederbesetzung (Abs. 1 S. 1 Nr. 2)

Der AG kann die Erstattung geleisteter Aufstockungsbeträge und zusätzlicher RV-Beiträge von der BA nur verlangen, wenn und solange er den durch die Altersteilzeit freigemachten Arbeitsplatz rechtswirksam wiederbesetzt. Die Wiederbesetzung ist insoweit die Initialzündung für die Erstattungsleistungen. Voraussetzung dafür ist, dass die Altersteilzeit für die Wiederbesetzung ursächlich war (1.), auf dem freigewordenen Arbeitsplatz des älteren AN nur bestimmte Personen (2.) beschäftigt werden und dadurch das Arbeitszeitvolumen im Wesentlichen erhalten bleibt (3.).

1. Wiederbesetzung aus Anlass der Altersteilzeit (Kausalität). Die Wiederbesetzung muss stets „aus Anlass" des Übergangs des älteren AN in Altersteilzeit erfolgen (§ 3 Abs. 1 Nr. 2). Damit ist erforderlich, dass die Neueinstellung im Zusammenhang mit der Arbeitszeithalbierung des älteren AN steht. Die BA fordert insoweit eine sachliche und zeitliche Kausalität zwischen der Neueinstellung und dem Freiwerden des Arbeitsplatzes.

a) Sachliche Kausalität. Ein sachlicher Zusammenhang besteht, wenn der Wiederbesetzer den konkreten Arbeitsplatz des älteren AN einnimmt. Derartige **unmittelbare Wiederbesetzungen** sind in der betrieblichen Praxis jedoch kaum anzutreffen. Nach dem Gesetz ist es daher ausreichend, dass der neu eingestellte AN auf einem anderen Arbeitsplatz beschäftigt wird, wenn dieser Arbeitsplatz im Zusammenhang mit der Altersteilzeit infolge **innerbetrieblicher Umsetzungen** freigeworden ist (§ 3 Abs. 1 Nr. 2a). Der AG muss in diesem Fall aber nachweisen, dass durch die Neueinstellung ein oder mehrere interne AN nachrücken, so dass letztlich der Arbeitsplatz des älteren AN mit einem internen Nachrücker wiederbesetzt ist. Der lückenlose **Nachweis der Umsetzungskette**, bei der alle beteiligten Nachrücker einzeln aufgelistet werden müssten, ist mit hohem Aufwand und mit Unsicherheiten verbunden.

aa) Kleinunternehmensregelung (§ 3 Abs. 1 Nr. 2a Hs. 2). Bei AG mit in der Regel nicht mehr als 50 AN (vgl. zur Berechnung der Unternehmensgröße § 7) verzichtet das Gesetz deshalb auf einen lückenlosen Kausalitätsnachweis. Bei sog. Kleinunternehmen wird unwiderleglich vermutet, dass es sich um eine Wiederbesetzung aus Anlass der Altersteilzeit handelt (§ 3 Abs. 1 Nr. 2a Hs. 2). Eine rechtswirksame Wiederbesetzung kann danach bereits vorliegen, wenn die Neueinstellung bzw. die Übernahme eines Auszubildenden im zeitlichen Zusammenhang mit dem Freiwerden des Altersteilzeitarbeitsplatzes erfolgt. Der AG muss nicht nachweisen, dass der konkrete Arbeitsplatz des älteren AN mit dem Wiederbesetzer oder einem Nachrücker besetzt wird.

bb) Übertragung der Kleinunternehmensregelung auf größere Unternehmen. Die BA wendet die Grundsätze der Kleinunternehmensregelung (§ 3 Abs. 1 Nr. 2a Hs. 2) auch auf eigenständige Organisationseinheiten mit nicht mehr als 50 AN innerhalb von größeren Betrieben und auf Funktionsbereiche größerer Unternehmen entsprechend an. Von einer **eigenständigen Organisationseinheit** geht die BA in der Regel aus, wenn die Organisationseinheit nach ihrem Zweck einen in sich geschlossenen, deutlich abgrenzbaren Aufgabenbereich verfolgt und dabei über eine eigene Leitung verfügt. Beispielhaft genannt werden die Lackiererei eines Kraftfahrzeugherstellers, eine Rechtsabteilung oder etwa die Fahrbereitschaft. Hilfsweise soll bei der Beurteilung auch auf den Begriff der „Betriebsabteilung" im Rahmen der Durchführungsanweisungen zum Kurzarbeitgeld (§ 171 SGB III) zurückgegriffen werden können. Das Vorliegen von eigenständigen Organisationseinheiten kann der AG durch konkrete Organisationspläne bzw. Organigramme glaubhaft machen.[9]

Der Nachweis einer Einzelkette ist nach Auffassung der BA auch dann nicht erforderlich, wenn sowohl der Altersteilzeit-AN als auch der neu eingestellte AN („Wiederbesetzer") **demselben Funktionsbereich** angehören. In diesem Fall gilt der Nachweis bereits dann als erbracht, wenn der freigewordene Altersteilzeitarbeitsplatz funktionsadäquat nachbesetzt wird und ein Wiederbesetzer in den Funktionsbereich einmündet. Die Funktionsbereiche sind vom AG gemeinsam mit der Arbeitsverwaltung im Voraus festzulegen. Die Bildung von Funktionsbereichen orientiert sich am internen Betriebszweck, wie etwa der Produktion, Forschung oder Verwaltung. Funktionsbereiche können auch weiter untergliedert werden. So kann der Funktionsbereich Verwaltung untergliedert werden in Einkauf, Verkauf, Personal und Liegenschaften. Möglich ist auch die Bildung betriebsstättenübergreifender Funktionsbereiche. Zulässig ist auch eine **funktionsbereichsübergreifende Wiederbesetzung**, wenn etwa für einen Altersteilzeit-AN im Funktionsbereich Forschung ein AN im Funktionsbereich Verwaltung neu eingestellt werden soll. In diesem Fall ist jedoch zusätzlich nachzuweisen, dass ein Mitarbeiter zwischen den beiden betroffenen Funktionsbereichen wechselt.[10]

---

8 Nur für Altfälle: DA der BA v. Juni 2003, Ziff. 3.1.2 Abs. 2.

9 DA der BA v. 1.1.2008, § 3 Ziff. 3.1.7 Abs. 10; im Internet abrufbar unter www.arbeitsagentur.de und hier unter Unternehmen/Finanzielle Hilfen/Beschäftigung Älterer/Altersteilzeitgesetz.

10 DA der BA v. 1.1.2008, § 3 Ziff. 3.1.7 Abs. 5.

22 **b) Zeitliche Kausalität.** Beginn der Altersteilzeit und Neueinstellung des Wiederbesetzers müssen nicht zwingend zeitgleich erfolgen. Bei **kontinuierlicher Arbeitszeitverteilung** kann der arbeitslos gemeldete AN bzw. der Ausgebildete zur „notwendigen" Einarbeitung auch bis zu zwölf Monaten vor Beginn der Altersteilzeit eingestellt werden.[11] Erstattungsleistungen sind jedoch erst ab Beginn der Altersteilzeit möglich.

23 Beim **Blockmodell** ist die rechtswirksame Wiederbesetzung grundsätzlich erst mit Beginn der Freistellungsphase möglich (§ 3 Abs. 3). Zur „notwendigen" Einarbeitung kann eine Einstellung aber auch schon zu Beginn der Altersteilzeit mit Beginn der Arbeitsphase erfolgen.[12] Zu beachten ist, dass die Anforderungen an den Nachweis der Kausalität umso höher sind, desto weiter Neueinstellung des Wiederbesetzers und Beginn der Altersteilzeit auseinander fallen. Werden zur Verkürzung der Arbeitsphase Arbeitszeitguthaben eingebracht (vgl. § 2 Rn 13), kann bei Vorliegen der übrigen Voraussetzungen die Wiederbesetzung auch bereits mit Ablauf des letzten aktiven Arbeitstages des Altersteilzeit-AN erfolgen.[13]

24 **2. Person des Wiederbesetzers (Abs. 1 S. 1 Nr. 2). a) Arbeitslos gemeldete Arbeitnehmer (Abs. 1 S. 1 Nr. 2a Alt. 1).** Als Person für eine Wiederbesetzung kommen zunächst arbeitslos gemeldete AN in Betracht (Abs. 1 S. 1 Nr. 2a Alt. 1). Nicht erforderlich ist, dass die Arbeitslosigkeit auch tatsächlich eingetreten ist. Da eine Arbeitslosmeldung bereits möglich ist, wenn der Eintritt der Arbeitslosigkeit innerhalb der nächsten drei Monate zu erwarten ist (vgl. § 122 Abs. 1 SGB III) können auch Personen „Wiederbesetzer" sein, die unmittelbar zuvor in einem Arbeitsverhältnis gestanden haben. Bei unbefristeten Arbeitsverträgen scheidet eine solche Übernahme allerdings aus, wenn das Arbeitsverhältnis gerade im Hinblick auf eine anschließende Wiederbesetzung beendet wird.[14] Hat sich der AN arbeitslos gemeldet, wirkt die Arbeitslosmeldung in bestimmten Fällen auch dann fort, wenn die Arbeitslosigkeit unterbrochen wird. Dies gilt etwa für Zeiten einer Beschäftigung in einer Personal-Service-Agentur (§ 37c SGB III), Zeiten der krankheitsbedingten Arbeitsunfähigkeit sowie für Zeiten des Wehr- und Ersatzdienstes.[15] **Bezieher von Arbeitslosengeld II** sind seit dem 1.1.2008 den arbeitslos gemeldeten AN gleichgestellt. Damit entfällt die bislang erforderliche Kostenzusage des zuständigen Trägers der Grundsicherung nach SGB II. Darüber hinaus kommen als Wiederbesetzer auch AN in Betracht, die nur arbeitsuchend (§ 37b SGB III) gemeldet sind.[16]

25 **b) Ausgebildete (Abs. 1 S. 1 Nr. 2a Alt. 2).** Die Wiederbesetzung kann auch mit einem „AN nach Abschluss der Ausbildung" erfolgen. Als Ausgebildete im Sinne dieser Vorschrift gelten Absolventen eines Ausbildungs- oder Studienberufes, wenn die Ausbildung mindestens 24 Monate angedauert hat. Grundsätzlich unerheblich ist, ob die Ausbildung im In- oder Ausland erworben wurde. Bei Ausbildungsberufen ist zu beachten, dass die Ausbildung im Rahmen des AltersteilzeitG auch dann als abgeschlossen gilt, wenn die Prüfung endgültig nicht bestanden und der Ausbildungsvertrag ausgelaufen ist. Als Wiederbesetzer können auch Ausgebildete mit einer zugesicherten Übernahmegarantie berücksichtigt werden. Eine Suchzeit von bis zu einem Jahr nach Ausbildungsabschluss ist in der Regel ebenso unschädlich wie befristete ausbildungsadäquate Zwischenbeschäftigungen innerhalb dieses Zeitraumes. Gegebenenfalls kann sich die Suchzeit u.a. um Zeiten einer Elternzeit oder Zeiten des Wehr- und Ersatzdienstes aufgrund der Wehrpflicht verlängern.[17]

26 **c) Nur bei Kleinunternehmen: Auszubildende (Nr. 2b).** (Nur) bei AG mit in der Regel nicht mehr als 50 AN (vgl. zur Berechnung der Unternehmensgröße § 7) können auch Auszubildende als „Wiederbesetzer" anerkannt werden. Der Auszubildende muss dabei nicht auf dem Arbeitsplatz des älteren AN zur Berufsausbildung beschäftigt werden. Eine Einstellung ist nach der Weisungslage der A.A. bis zu zwölf Monate vor oder nach Beginn der Altersteilzeit möglich. Allerdings ist bei einem über sechs Monate hinausgehenden Zeitraum der ursächliche Zusammenhang zwischen der Einstellung des Auszubildenden und dem Übergang des älteren AN in Altersteilzeit besonders darzulegen und zu begründen.[18] Um die Erstattungsleistungen der BA in vollem Umfang zu erhalten, muss der Auszubildende aber bereits zu Beginn der Altersteilzeit, d.h. im Blockmodell zu Beginn der Arbeitsphase, eingestellt werden.

27 **3. Umfang der Wiederbesetzung.** Der Wiederbesetzer muss **versicherungspflichtig** im Sinne des SGB III beschäftigt werden (vgl. § 2 Rn 6). Darüber hinaus muss das **Gesamtvolumen der bisherigen Arbeitszeit** des älteren AN erhalten bleiben. Der Wiederbesetzer muss daher grundsätzlich im selben zeitlichen Umfang arbeiten wie der ältere AN vor Halbierung seiner Arbeitszeit. Geringfügige Abweichungen von bis zu 10 % sind nach Auffassung der BA dabei unschädlich.[19] Unerheblich ist, ob der Wiederbesetzer nur ein oder auch mehrere freiwerdende Arbeitszeitvolumina übernimmt. So ist es bei degressiver Arbeitszeitverteilung zulässig, dass die Arbeitszeit von 5 Altersteilzeitlern, die ihre Arbeitszeit degressiv zunächst um 20 % vermindert haben, für einen einzigen Wiederbesetzer bereit gestellt wird. Dies gilt nicht für Kleinbetriebe, die einen Auszubildenden als Wiederbesetzer einstellen. Ein Auszubildender kann unabhängig vom konkreten Arbeitszeitvolumen jeweils immer nur für einen Altersteilzeit-Fall

---

11 DA der BA v. 1.1.2008, § 3 Ziff. 3.1.7 Abs. 17.
12 DA der BA v. 1.1.2008, § 3 Ziff. 3.1.7 Abs. 17.
13 DA der BA v. 1.1.2008, § 3 Ziff. 3.1.7 Abs. 15.
14 DA der BA v. 1.1.2008, § 3 Ziff. 3.1.7.1 Abs. 1.
15 DA der BA v. 1.1.2008, § 3 Ziff. 3.1.7.1 Abs. 3.
16 SG Lüneburg 28.6.2006 – S 18 AL 311/04 – juris.
17 DA der BA v. 1.1.2008, § 3 Ziff. 3.1.7.2 Abs. 2.
18 DA der BA v. 1.1.2008, § 3 Ziff. 3.1.7.3 Abs. 2.
19 DA der BA v. 1.1.2008, § 3 Ziff. 3.1.7 Abs. 13.

berücksichtigt werden. Zeiten, in denen der Wiederbesetzer aufgrund von Beschäftigungsverboten (z.B. MuSchG), Ableistung von Wehr- oder Zivildienst oder Elternzeit nicht beschäftigt ist, berühren die Wirksamkeit der Wiederbesetzung selbst dann nicht, wenn sie direkt zu Beginn der Wiederbesetzung liegen.[20]

Entscheidend sind die Wiederbesetzung des freigewordenen Arbeitsplatzes und die Erhaltung des bisherigen Arbeitszeitvolumens. Nicht erforderlich ist, dass der Arbeitsplatz während der gesamten Zeit nur mit ein und derselben Person wiederbesetzt wird. Vielmehr ist auch ein **Wechsel der Person des Wiederbesetzers** zulässig. Der Wiederbesetzer muss auch nicht zwingend in einem unbefristeten Arbeitsverhältnis stehen. Hat der AG für mindestens vier Jahre (im Blockmodell: zwei Jahre) Erstattungsleistungen von der BA erhalten, bleibt sein Erstattungsanspruch auch dann noch bestehen, wenn er die Wiederbesetzung nicht aufrechterhalten kann (vgl. § 5 Abs. 2 S. 2). 28

III. Überforderungsschutz (Abs. 1 S. 1 Nr. 3)

Die Regelung will die wirtschaftliche Überforderung von AG mit überdurchschnittlich vielen älteren AN verhindern. Soweit der AG aufgrund TV, BV oder kirchenrechtlicher Regelung zum Abschluss von Altersteilzeitvereinbarungen verpflichtet ist, darf diese Verpflichtung höchstens für fünf Prozent der AN eines Betriebes (nicht Unternehmens) gelten, (zur Berechnung vgl. § 7 Rn 2). Bei der Quotenberechnung sind bereits beendete Altersteilzeitverhältnisse nicht zu berücksichtigen, die Quote muss vielmehr durch das „neue" Altersteilzeitverhältnis überschritten werden.[21] Beachten die Tarifpartner diese **Fünf-Prozent-Klausel** nicht, darf die BA keine Erstattungsleistungen erbringen, weil insoweit die Anspruchsvoraussetzungen auf AG-Seite nicht vorliegen. Der Fünf-Prozent-Klausel bedarf es nicht, wenn eine Ausgleichskasse der AG oder eine gemeinsame Einrichtung der Tarifparteien die AG-Leistungen übernimmt.[22] Trifft der AG freiwillig mit über fünf Prozent der Belegschaft Altersteilzeitvereinbarungen, ist er an den arbeitsrechtlichen Gleichbehandlungsgrundsatz gebunden.[23] 29

IV. Besonderheiten bei der Aufstockung des Arbeitsentgelts (Abs. 1a)

Nicht halbierte Entgeltbestandteile, die auch während der gesamten Altersteilzeit weiterhin in voller Höhe gewährt werden, kann der AG von der Aufstockung nach Abs. 1 S. 1 Nr. 1a ausnehmen, um eine ungerechtfertigte Besserstellung von Altersteilzeitbeschäftigten gegenüber sonstigen Vollzeitbeschäftigten zu vermeiden. Überlässt etwa der AG dem AN sowohl in der Arbeits- als auch in der Freistellungsphase einen Dienstwagen, so kann der AG diesen geldwerten Vorteil bei der Aufstockung berücksichtigen, er muss es aber nicht. Entscheidet sich der AG zu einer Aufstockung dieser sog. **100 %-Leistung**, sind auch darauf entrichtete Aufstockungsbeträge erstattungsfähig.[24] 30

Nur für Altfälle: Bei Altersteilzeitvereinbarungen, die vor dem 1.7.2004 begonnen haben (Altfälle), ist bei der Berechnung der 20 %-Aufstockung auch weiterhin auf das im jeweiligen Lohnabrechnungszeitraum erzielte Altersteilzeit-Bruttoentgelt abzustellen. Die Beitragsbemessungsgrenze spielt dabei keine Rolle, so dass auch Altersteilzeit-Bruttoentgelt oberhalb der Beitragsbemessungsgrenze aufzustocken ist. Wird die Beitragsbemessungsgrenze jedoch wegen einer Einmalzahlung überschritten, ist der übersteigende Betrag bei der Berechnungsbasis für die 20 %-Aufstockung nicht zu berücksichtigen (§ 3 Abs. 1a AltersteilzeitG a.F. wurde ersatzlos gestrichen, vgl. auch Rn 7). 31

V. Abführung der zusätzlichen Rentenbeiträge nach dem SGB VI (Abs. 2)

Die Vorschrift stellt klar, dass auch für die Abführung der zusätzlichen Beiträge zur RV die allgemeinen rentenrechtlichen Bestimmungen (u.a. §§ 163 Abs. 5; 168 Abs. 1 Ziff. 6 und 7 SGB VI) Anwendung finden. 32

VI. Wiederbesetzung im Blockmodell (Abs. 3)

Die Reglung bestimmt klarstellend, dass die Wiederbesetzung im Blockmodell erst mit Beginn der Freistellungsphase wirksam werden kann (vgl. Rn 23). Dies gilt nicht für Auszubildende als Wiederbesetzer in Kleinunternehmen, die auch im Blockmodell bereits zu Beginn der Arbeitsphase eingestellt werden müssen (vgl. Rn 26). 33

C. Verbindung zu anderen Rechtsgebieten

I. Steuerliche Behandlung der Aufstockungsleistungen (§ 3 Nr. 28 EStG)

Nach § 3 Nr. 28 EStG sind Aufstockungsbeträge und zusätzliche Beiträge zur RV i.S.d. § 3 Abs. 1 Nr. 1 sowie Aufwendungen i.S.d. § 4 Abs. 2 **steuerfrei**, wenn die Voraussetzungen des § 2 vorliegen.[25] Die Steuerfreiheit ist nicht an eine Wiederbesetzung gekoppelt. Aufstockungsbeträge und zusätzliche Beiträge sind auch dann steuerfrei, wenn sie über die im AltersteilzeitG genannten Mindestbeträge hinausgehen. Dies gilt allerdings nur bis zur Höhe des Netto- 34

---

20 DA der BA v. 1.1.2008, § 3 Ziff. 3.1.7 Abs. 2.
21 BAG 23.1.2007 – 9 AZR 393/06 – DB 2007, 1476 = ZTR 2007, 184.
22 BT-Drucks 13/4336, S. 18.
23 BAG 15.4.2008 – 9 AZR 111/07 – NZA-RR 2008, 547 = BB 2008, 945.
24 DA der BA v. 1.1.2008, § 4 Ziff. 4.1 Abs. 4.
25 FG Nds 14.6.2007 – 11 K 541/06 – juris.

Arbeitsentgelts, dass der AN ohne Altersteilzeit im jeweiligen Abrechnungszeitraum üblicherweise erhalten hätte.[26] Die Aufstockungsleistungen sind gem. § 1 ArbeitsentgeltVO dem Arbeitsentgelt nicht hinzuzurechnen und damit auch **sozialversicherungsfrei**.

II. Progressionsvorbehalt (§ 32b EStG)

35 Auch wenn die Aufstockungsbeträge selbst steuerfrei bleiben, ist zu beachten, dass im Rahmen der jährlichen Einkommensteuerveranlagung bei Ermittlung des auf den AN anzuwendenden Steuersatzes die Aufstockungsbeträge dem steuerpflichtigen Einkommen hinzugerechnet werden (Progressionsvorbehalt gem. § 32b EStG). Durch Erhöhung des Steuersatzes für das zu versteuernde Einkommen können also für den AN trotz Steuerfreiheit steuerliche Mehrbelastungen entstehen. Der AG ist nicht zum Ausgleich dieser Mehrbelastungen verpflichtet.[27]

D. Beraterhinweise

36 Zur Vermeidung etwaiger Schadensersatzansprüche sollte der AG den AN im Altersteilzeit-AV vorsorglich auf den Progressionsvorbehalt (Rn 36) hinweisen. Das BAG[28] hat insoweit folgende Vertragsklausel als ausreichend angesehen: „Der Aufstockungsbetrag ist zwar steuerfrei; er unterliegt aber dem sog. ‚Progressionsvorbehalt'."

§ 4 Leistungen

(1) Die Bundesagentur erstattet dem Arbeitgeber für längstens sechs Jahre
1. den Aufstockungsbetrag nach § 3 Abs. 1 Nr. 1 Buchstabe a in Höhe von 20 vom Hundert des für die Altersteilzeitarbeit gezahlten Regelarbeitsentgelts und

Bei Beginn der Altersteilzeit vor dem 1.7.2004:
1. *den Aufstockungsbetrag nach § 3 Abs. 1 Nr. 1 Buchstabe a in Höhe von 20 vom Hundert des für die Altersteilzeitarbeit gezahlten Arbeitsentgelts, jedoch mindestens den Betrag zwischen dem für die Altersteilzeitarbeit gezahlten Arbeitsentgelt und dem Mindestnettobetrag,*

2. den Betrag, der nach § 3 Abs. 1 Nr. 1 Buchstabe b in Höhe des Beitrags geleistet worden ist, der auf den Betrag entfällt, der sich aus 80 vom Hundert des Regelarbeitsentgelts für die Altersteilzeitarbeit ergibt, jedoch höchstens des auf den Unterschiedsbetrag zwischen 90 vom Hundert der monatlichen Beitragsbemessungsgrenze und dem Regelarbeitsentgelt entfallenden Beitrags.

Bei Beginn der Altersteilzeit vor dem 1.7.2004:
2. *den Betrag, der nach § 3 Abs. 1 Nr. 1 Buchstabe b in Höhe des Beitrags geleistet worden ist, der auf den Unterschiedsbetrag zwischen 90 vom Hundert des bisherigen Arbeitsentgelts im Sinne des § 6 Abs. 1 und dem Arbeitsentgelt für die Altersteilzeitarbeit entfällt.*

(2) ¹Bei Arbeitnehmern, die nach § 6 Abs. 1 Satz 1 Nr. 1 oder § 231 Abs. 1 und 2 des Sechsten Buches Sozialgesetzbuch von der Versicherungspflicht befreit sind, werden Leistungen nach Absatz 1 auch erbracht, wenn die Voraussetzung des § 3 Abs. 1 Nr. 1 Buchstabe b nicht erfüllt ist. ²Dem Betrag nach Absatz 1 Nr. 2 stehen in diesem Fall vergleichbare Aufwendungen des Arbeitgebers bis zur Höhe des Beitrags gleich, den die Bundesagentur nach Absatz 1 Nr. 2 zu tragen hätte, wenn der Arbeitnehmer nicht von der Versicherungspflicht befreit wäre.

A. Allgemeines	1	1. Aufstockungsbeträge (Abs. 1 Nr. 1)	7
B. Regelungsgehalt	3	2. Zusätzliche Rentenbeiträge (Abs. 1 Nr. 2)	8
I. Förderdauer (Abs. 1 Einleitungssatz)	3	IV. Von der Rentenversicherungspflicht befreite Arbeitnehmer (Abs. 2)	9
II. Festsetzung der monatlichen Erstattungsleistungen	4		
III. Höhe der monatlichen Erstattungsleistungen	6		

A. Allgemeines

1 Die Vorschrift bestimmt, in welchem Umfang der AG bei Vorliegen der Voraussetzungen des § 4 tatsächlich geleistete Aufstockungsleistungen von der BA erstattet bekommen kann. Ein Erstattungsanspruch besteht nur, soweit der AG den durch Altersteilzeit freigewordenen Arbeitsplatz rechtswirksam wiederbesetzt (§ 3 Abs. 1 S. 1 Nr. 2, Abs. 3). Der Anspruch kann daher erst mit Beginn der Altersteilzeit bzw. im Blockmodell erst mit Beginn der Freistellungs-

---

26 R 18 Abs. 2 und 3 LStR 2005 zu § 3 Nr. 28 EStG.
27 BAG 18.3.2003 – 9 AZR 61/02 – NZA 2003, 1112 = ZTR 2003, 451.
28 BAG 18.3.2003 – 9 AZR 61/02 – NZA 2003, 1112 = ZTR 2003, 451.

phase entstehen. Auch wenn der Wiederbesetzer in zulässiger Weise (siehe § 3 Rn 22) vorher eingestellt wurde, kann eine Förderung frühestens ab diesem Zeitpunkt erfolgen.

Die Förderung durch die BA ist nur noch für Altersteilzeitverhältnisse möglich, die **bis zum 31.12.2009** begonnen haben (§ 16). Im Blockmodell ist es dabei ausreichend, dass die Arbeitsphase zu diesem Zeitpunkt beginnt. Die Neufassung des § 16 stellt insoweit nur noch auf das Vorliegen der arbeitnehmerseitigen Voraussetzungen ab (§ 2). Die Freistellungsphase im Blockmodell kann daher auch erst zu einem späteren Zeitpunkt beginnen.

B. Regelungsgehalt

I. Förderdauer (Abs. 1 Einleitungssatz)

Förderleistungen für denselben Arbeitsplatz werden längstens für **sechs Jahre** erbracht. Da im Blockmodell die Zuschuss begründende Wiederbesetzung erst mit Beginn der Freistellungsphase möglich ist, kommt eine Erstattung im Blockmodell für längstens drei Jahre in Betracht, dafür dann allerdings grundsätzlich in doppelter Höhe.

II. Festsetzung der monatlichen Erstattungsleistungen

Die Höhe der monatlichen Erstattungsleistungen wird für die gesamte Förderdauer einmalig zu Beginn des Erstattungsverfahrens festgeschrieben (§ 12 Abs. 2 S. 1). Das Erstattungsverfahren beginnt mit dem Wirksamwerden der Wiederbesetzung, d.h. im Blockmodell frühestens mit Beginn der Freistellungsphase.

Wurde mit der Altersteilzeit vor dem 1.7.2004 begonnen (sog. **Altfälle**), ist dagegen eine monatliche Neuberechnung der Erstattungsbeträge möglich (vgl. § 12 Rn 6), so dass u.a. auch Entgelterhöhungen während der Freistellungsphase Berücksichtigung finden können.

III. Höhe der monatlichen Erstattungsleistungen

Die BA erstattet erbrachte Aufstockungsleistungen immer **nur in gesetzlicher Höhe**, d.h. nur im nach § 3 erforderlichen Mindestumfang. Dies gilt auch, wenn der AG aufgrund von TV, BV oder Einzelvertrag zu höheren Aufstockungsleistungen verpflichtet war. Eine Erstattung von Leistungen, die den gesetzlichen Mindestumfang übersteigen, ist nicht möglich. Wurden aufgrund vertraglicher Vereinbarung so genannte 100-%-Leistungen aufgestockt, sind auch diese Aufstockungsanteile im gesetzlichen Mindestumfang erstattungsfähig.[1]

1. Aufstockungsbeträge (Abs. 1 Nr. 1). Nach geltendem Recht werden tatsächlich geleistete Aufstockungsbeträge in Höhe von 20 % des Regelarbeitsentgelts (§ 6 Abs. 1) erstattet. Dies gilt unabhängig davon, ob ein Mindestnettobetrag erreicht wird oder nicht. Wurde mit der Altersteilzeit vor dem 1.7.2004 begonnen (sog. Altfälle), werden tatsächlich geleistete Aufstockungsbeträge in Höhe von 20 % des Altersteilzeit-Bruttoentgelts bis zur Höhe des Mindestnettobetrages (vgl. § 3 Rn 7) erstattet.

2. Zusätzliche Rentenbeiträge (Abs. 1 Nr. 2). Nach geltendem Recht werden Beiträge zur Rentenversicherung erstattet, die zusätzlich für einen Betrag entrichtet wurden, der 80 % des Regelarbeitsentgelts entspricht. Übersteigt dieser 80 %-Betrag zusammen mit dem Regelarbeitsentgelt die Grenze von 90 % der Beitragsbemessungsgrenze, sind die für den übersteigenden Betrag abgeführten Rentenbeiträge nicht erstattungsfähig (Abs. 1 Nr. 2). Wurde mit der Altersteilzeit vor dem 1.7.2004 begonnen (**Altfälle**), werden Beiträge zur Rentenversicherung erstattet, die zusätzlich für einen Betrag entrichtet wurden, der sich aus der Differenz zwischen 90 % des „bisherigen Arbeitsentgelts" i.S.v. § 6 Abs. 1 a.F. und dem laufenden Altersteilzeit-Bruttoentgelt ergibt. Übersteigt dieser Differenzbetrag zusammen mit dem laufenden Altersteilzeit-Bruttoentgelt die Grenze von 90 % der Beitragsbemessungsgrenze, sind die für den übersteigenden Betrag abgeführten Rentenbeiträge nicht erstattungsfähig (Abs. 1 Nr. 2 a.F.).

IV. Von der Rentenversicherungspflicht befreite Arbeitnehmer (Abs. 2)

Die Regelung bezieht auch AN, die von der gesetzlichen Rentenversicherungspflicht befreit sind, in die Förderung ein. Danach kann der AG auch geleistete Beitragszuschüsse zu einer Altersversorgung des AN (z.B. Versorgungswerk der Rechtsanwälte) im gesetzlichen Mindestumfang erstattet bekommen.

---

1 DA der BA v. 1.1.2008, § 4 Ziff. 4.1 Abs. 4; im Internet abrufbar unter www.arbeitsagentur.de und hier unter Unternehmen/Finanzielle Hilfen/Beschäftigung Älterer/Altersteilzeitgesetz.

§ 5 Erlöschen und Ruhen des Anspruchs

(1) Der Anspruch auf die Leistungen nach § 4 erlischt
1. mit Ablauf des Kalendermonats, in dem der Arbeitnehmer die Altersteilzeitarbeit beendet hat,
2. mit Ablauf des Kalendermonats vor dem Kalendermonat, für den der Arbeitnehmer eine Rente wegen Alters oder, wenn er von der Versicherungspflicht in der gesetzlichen Rentenversicherung befreit ist, das 65. Lebensjahr vollendet hat oder eine der Rente vergleichbare Leistung einer Versicherungs- oder Versorgungseinrichtung oder eines Versicherungsunternehmens beanspruchen kann; dies gilt nicht für Renten, die vor dem für den Versicherten maßgebenden Rentenalter in Anspruch genommen werden können oder
3. mit Beginn des Kalendermonats, für den der Arbeitnehmer eine Rente wegen Alters, eine Knappschaftsausgleichsleistung, eine ähnliche Leistung öffentlich-rechtlicher Art oder, wenn er von der Versicherungspflicht in der gesetzlichen Rentenversicherung befreit ist, eine vergleichbare Leistung einer Versicherungs- oder Versorgungseinrichtung oder eines Versicherungsunternehmens bezieht.

(2) ¹Der Anspruch auf die Leistungen besteht nicht, solange der Arbeitgeber auf dem freigemachten oder durch Umsetzung freigewordenen Arbeitsplatz keinen Arbeitnehmer mehr beschäftigt, der bei Beginn der Beschäftigung die Voraussetzungen des § 3 Abs. 1 Nr. 2 erfüllt hat. ²Dies gilt nicht, wenn der Arbeitsplatz mit einem Arbeitnehmer, der diese Voraussetzungen erfüllt, innerhalb von drei Monaten erneut wiederbesetzt wird oder der Arbeitgeber insgesamt für vier Jahre die Leistungen erhalten hat.

(3) ¹Der Anspruch auf die Leistungen ruht während der Zeit, in der der Arbeitnehmer neben seiner Altersteilzeitarbeit Beschäftigungen oder selbständige Tätigkeiten ausübt, die die Geringfügigkeitsgrenze des § 8 des Vierten Buches Sozialgesetzbuch überschreiten oder auf Grund solcher Beschäftigungen eine Entgeltersatzleistung erhält. ²Der Anspruch auf die Leistungen erlischt, wenn er mindestens 150 Kalendertage geruht hat. ³Mehrere Ruhenszeiträume sind zusammenzurechnen. ⁴Beschäftigungen oder selbständige Tätigkeiten bleiben unberücksichtigt, soweit der altersteilzeitarbeitende Arbeitnehmer sie bereits innerhalb der letzten fünf Jahre vor Beginn der Altersteilzeitarbeit ständig ausgeübt hat.

(4) ¹Der Anspruch auf die Leistungen ruht während der Zeit, in der der Arbeitnehmer über die Altersteilzeitarbeit hinaus Mehrarbeit leistet, die den Umfang der Geringfügigkeitsgrenze des § 8 des Vierten Buches Sozialgesetzbuch überschreitet. ²Absatz 3 Satz 2 und 3 gilt entsprechend.

(5) § 48 Abs. 1 Nr. 3 des Zehnten Buches Sozialgesetzbuch findet keine Anwendung.

Literatur: *Nimscholz/Oppermann/Ostrowicz*, Altersteilzeit, 5. Aufl. 2006

A. Allgemeines 1	III. Nebenbeschäftigung (Abs. 3) 4
B. Regelungsgehalt 2	IV. Mehrarbeit (Abs. 4) 6
I. Erlöschen des Erstattungsanspruchs (Abs. 1) 2	V. Nebenbeschäftigung ohne Kenntnis des Arbeit-
II. Fehlgeschlagene Wiederbesetzung (Abs. 2) 3	gebers (Abs. 5) 7

A. Allgemeines

1 Die Vorschrift bestimmt, unter welchen Voraussetzungen der Erstattungsanspruch des AG entfällt oder nicht geltend gemacht werden kann. Sie findet damit nur noch für Altersteilzeitverhältnisse Anwendung, die bis zum 31.12.2009 begonnen wurden (siehe § 1 Rn 2).

B. Regelungsgehalt

I. Erlöschen des Erstattungsanspruchs (Abs. 1)

2 Der Anspruch auf Erstattungsleistungen erlischt, wenn der AN die Altersteilzeitarbeit beendet (Nr. 1), einen Anspruch auf ungeminderte Altersrente ohne Abschläge bzw. eine vergleichbare Leistung erlangt (Nr. 2 Fall 1), bei bestehender Befreiung von der gesetzlichen Rentenversicherungspflicht das 65. Lebensjahr vollendet (Nr. 2 Fall 2) oder tatsächlich eine Altersrente – mit oder ohne Abschläge – bzw. eine vergleichbare Leistung bezieht (Nr. 3). Siehe aber die Übergangsvorschriften der §§ 15b und e.

II. Fehlgeschlagene Wiederbesetzung (Abs. 2)

3 S. 1 stellt in Ergänzung zu § 3 Abs. 2 zunächst klar, dass das Bestehen des Erstattungsanspruchs im Grundsatz immer von einer aktuell wirksamen Wiederbesetzung (siehe § 3 Rn 16) abhängt. Davon abweichend lässt das Gesetz zwei Ausnahmen zu. Die Förderung der BA wird nicht unterbrochen, wenn der AG im Falle einer fehlgeschlagenen Wiederbesetzung den Arbeitsplatz innerhalb von drei Monaten erneut wiederbesetzt (S. 2 Alt. 1). Davon unabhängig hat

das endgültige Ausscheiden des Wiederbesetzers auf den Erstattungsanspruch keine Auswirkungen mehr, wenn der AG bereits für mindestens vier Jahre bzw. im Blockmodell zwei Jahre Erstattungsleistungen von der BA erhalten hat (S. 2 Alt. 2).

III. Nebenbeschäftigung (Abs. 3)

Eine Nebentätigkeit des älteren AN bei einem anderen AG bringt den Förderanspruch nur dann zum Ruhen, wenn sie die Geringfügigkeitsgrenze des § 8 SGB IV überschreitet (S. 1), mithin das Arbeitsentgelt aus dieser Beschäftigung im Monat regelmäßig 400 EUR übersteigt. Der Förderanspruch ruht dann für die Tage, an denen die Nebentätigkeit geleistet wurde.[1] Zu beachten ist, dass der Förderanspruch ganz erlischt, wenn er insgesamt 150 Kalendertage geruht hat (S. 2). Mehrere Ruhenszeiträume sind dabei zusammenzurechnen (S. 3). Nebentätigkeiten, die der ältere AN bereits fünf Jahre vor Beginn der Altersteilzeitarbeit ständig ausgeübt hatte, haben auf den Förderanspruch keine Auswirkungen (S. 4).

Eine mehr als geringfügige Nebentätigkeit bringt nur den Anspruch auf Förderleistungen zum Ruhen. Im Hinblick auf die Steuer- und Sozialversicherungsfreiheit der Aufstockungsbeträge und zusätzlichen Rentenversicherungsbeiträge sowie im Hinblick auf die Möglichkeit eines zu einer Altersrente nach Altersteilzeitarbeit ändert sich grds. nichts (vgl. § 2 Rn 44).

IV. Mehrarbeit (Abs. 4)

Die Ausführungen zur Nebentätigkeit gelten entsprechend für die Mehrarbeit. Der Anspruch auf Erstattungsleistungen ruht nicht, wenn die für die zusätzlich vom AN geleistete Mehrarbeit gezahlte Vergütung 400 EUR im Monat nicht übersteigt.[2] Allerdings ist Mehrarbeit in der **Freistellungsphase des Blockmodells** allenfalls in geringfügigem Umfang und das auch nur vorübergehend zulässig, soweit dadurch der Charakter der Altersteilzeit nicht verändert wird. Andernfalls sind sowohl die Steuer- und Abgabenfreiheit der Aufstockungsleistungen als auch die Altersrente nach Altersteilzeitarbeit gefährdet. Die Prüfung hat dabei jeweils im Einzelfall zu erfolgen, entscheidend ist ein betriebsbedingter wesentlicher Anlass.[3]

V. Nebenbeschäftigung ohne Kenntnis des Arbeitgebers (Abs. 5)

Die Vorschrift schützt den AG vor Rückzahlungsansprüchen der BA für den Fall, dass der AN neben der Altersteilzeit eine mehr als geringfügige Beschäftigung ausübt (Einkommen i.S.d. § 48 Abs. 1 Nr. 3 SGB X), ohne dies gegenüber dem AG angegeben zu haben.[4] Die Möglichkeit der Aufhebung des Erstattungsbescheids aus anderen Gründen (z.B. fahrlässige Unkenntnis des AG i.S.v. § 48 Abs. 1 Nr. 4 SGB X) bleibt davon unberührt.

§ 6 Begriffsbestimmungen

(1) ¹Das Regelarbeitsentgelt für die Altersteilzeitarbeit im Sinne dieses Gesetzes ist das auf einen Monat entfallende vom Arbeitgeber regelmäßig zu zahlende sozialversicherungspflichtige Arbeitsentgelt, soweit es die Beitragsbemessungsgrenze des Dritten Buches Sozialgesetzbuch nicht überschreitet. ²Entgeltbestandteile, die nicht laufend gezahlt werden, sind nicht berücksichtigungsfähig.

(2) ¹Als bisherige wöchentliche Arbeitszeit ist die wöchentliche Arbeitszeit zugrunde zu legen, die mit dem Arbeitnehmer vor dem Übergang in die Altersteilzeitarbeit vereinbart war. ²Zugrunde zu legen ist höchstens die Arbeitszeit, die im Durchschnitt der letzten 24 Monate vor dem Übergang in die Altersteilzeit vereinbart war. ³Die ermittelte durchschnittliche Arbeitszeit kann auf die nächste volle Stunde gerundet werden.

(3) (aufgehoben)

Bei Beginn der Altersteilzeit vor dem 1.7.2004:

(1) ¹Bisheriges Arbeitsentgelt im Sinne dieses Gesetzes ist das Arbeitsentgelt, das der in Altersteilzeitarbeit beschäftigte Arbeitnehmer für eine Arbeitsleistung bei bisheriger wöchentlicher Arbeitszeit zu beanspruchen hätte, soweit es die Beitragsbemessungsgrenze des Dritten Buches Sozialgesetzbuch nicht überschreitet. ²§ 134 Abs. 2 Nr. 1 des Dritten Buches Sozialgesetzbuch gilt entsprechend.

---

1 DA der BA v. 1.1.2008, Ziff. 5.2 Abs. 10; im Internet abrufbar unter www.arbeitsagentur.de und hier unter Unternehmen/Finanzielle Hilfen/Beschäftigung Älterer/Altersteilzeitgesetz.
2 FG Nds 14.6.2007 – 11 K 541/06 – juris.
3 Gemeinsames Rundschreiben der Sozialversicherungsträger v. 9.3.2004, S. 28, Aktualisierung bei Redaktionsschluss noch nicht abgeschlossen, im Internet abrufbar z.B. unter www.bkk.de/Arbeitgeber/Rundschreiben und Verlautbarungen der Spitzenorganisationen; *Nimscholz/Oppermann/Ostrowicz*, Kapitel VIII, Ziff. 11.1.2 (S. 375).
4 BT-Drucks 13/4336, S. 19.

(2) ¹*Als bisherige wöchentliche Arbeitszeit ist die wöchentliche Arbeitszeit zugrunde zu legen, die mit dem Arbeitnehmer vor dem Übergang in die Altersteilzeitarbeit vereinbart war.* ²*Zugrunde zu legen ist höchstens die Arbeitszeit, die im Durchschnitt der letzten 24 Monate vor dem Übergang in die Altersteilzeit vereinbart war.* ³*Bei der Ermittlung der durchschnittlichen Arbeitszeit nach Satz 2 bleiben Arbeitszeiten, die die tarifliche regelmäßige wöchentliche Arbeitszeit überschritten haben, außer Betracht.* ⁴*Die ermittelte durchschnittliche Arbeitszeit kann auf die nächste volle Stunde gerundet werden.*

(3) Als tarifliche regelmäßige wöchentliche Arbeitszeit ist zugrunde zu legen,

1. wenn ein Tarifvertrag eine wöchentliche Arbeitszeit nicht oder für Teile eines Jahres eine unterschiedliche wöchentliche Arbeitszeit vorsieht, die Arbeitszeit, die sich im Jahresdurchschnitt wöchentlich ergibt; wenn ein Tarifvertrag Ober- und Untergrenzen für die Arbeitszeit vorsieht, die Arbeitszeit, die sich für den Arbeitnehmer im Jahresdurchschnitt wöchentlich ergibt,

2. wenn eine tarifliche Arbeitszeit nicht besteht, die tarifliche Arbeitszeit für gleiche oder ähnliche Beschäftigungen, oder falls eine solche tarifliche Regelung nicht besteht, die für gleiche oder ähnliche Beschäftigungen übliche Arbeitszeit.

A. Allgemeines 1	c) Begrenzung auf die Beitragsbemessungsgrenze des SGB III 6
B. Regelungsgehalt 3	2. Beginn der Altersteilzeit vor dem 1.7.2004 (sog. Altfälle) 7
I. Berechnungsgrundlage/Bezugsgröße für die Aufstockungsleistungen (Abs. 1) 3	a) „Bisheriges Arbeitsentgelt" als fiktive Bezugsgröße 7
1. Beginn der Altersteilzeit ab dem 1.7.2004 3	b) Einzubeziehende Entgeltbestandteile 8
a) Regelarbeitsentgelt als Berechnungsgrundlage 3	II. Bisherige wöchentliche Arbeitszeit (Abs. 2) 9
b) Monatliche Auszahlung 4	

A. Allgemeines

1 Die Vorschrift definiert für die Berechnung der Aufstockungs- und Erstattungsleistungen maßgebliche Größen sowie die Arbeitszeit, die bei der im Rahmen der Altersteilzeit erforderliche Halbierung zugrunde zu legen ist. Welche Definitionen einschlägig sind, hängt davon ab, ob die Altersteilzeit vor dem 1.7.2004 oder danach begonnen hat. Abs. 1 wurde zum 1.7.2004 grundlegend geändert. In seiner jetzigen Fassung definiert Abs. 1 die neue Berechnungsgrundlage für die 20-Prozent-Aufstockung. Das Gesetz führt hierzu als völlig neuen Entgeltbegriff das sog. Regelarbeitsentgelt ein.

2 Für sog. Altfälle ist eine gesonderte Definition der Berechnungsgrundlage für die Aufstockungsleistungen nicht erforderlich. Zugrunde zu legen ist schlicht das für die Altersteilzeit gezahlte sozialversicherungspflichtige Arbeitsentgelt. In der bis zum 30.6.2004 geltenden Fassung definiert Abs. 1 mit dem „bisherigen Arbeitsentgelt" stattdessen den Betrag, den der Altersteilzeit-AN nach der Aufstockung des Altersteilzeit-Arbeitsentgelts während der Altersteilzeit mindestens erhalten muss. Dieses Korrektiv einer Mindestsicherung spielt in der Praxis vielfach nur noch eine untergeordnete Rolle, da eine ausreichende Einkommenssicherung des Altersteilzeit-AN regelmäßig bereits aufgrund höherer betrieblicher Aufstockungsleistungen gewährleistet ist.[1] Abs. 2 bestimmt in der seit dem 1.7.2004 geltenden Fassung, dass bei Ermittlung der bisherigen Arbeitszeit auch Arbeitszeiten berücksichtigt werden können, die oberhalb einer tariflichen Arbeitszeit liegen. Damit kann bei Neufällen auch auf die tatsächlich vereinbarte oder gelebte Arbeitszeit abgestellt werden. Bei Altfällen ist unabhängig von einer bestehenden Tarifbindung jeweils nur die tariflich zulässige Arbeitszeit in Ansatz zu bringen.

B. Regelungsgehalt

I. Berechnungsgrundlage/Bezugsgröße für die Aufstockungsleistungen (Abs. 1)

3 **1. Beginn der Altersteilzeit ab dem 1.7.2004. a) Regelarbeitsentgelt als Berechnungsgrundlage.** Berechnungsgrundlage für die Aufstockungsbeträge und die zusätzlichen Beiträge zur Rentenversicherung nach § 3 Abs. 1 ist das Regelarbeitsentgelt. Das Gesetz definiert das Regelarbeitsentgelt als das auf einen Monat entfallende sozialversicherungspflichtige Arbeitsentgelt, das der AG im Rahmen des Altersteilzeitverhältnisses regelmäßig zu erbringen hat. Zum Regelarbeitsentgelt können daher neben dem laufenden Arbeitsentgelt alle **sozialversicherungspflichtigen** Einnahmen gehören, wie z.B. auch Sachbezüge und sonstige geldwerte Vorteile (Kfz-Überlassung zum privaten Gebrauch).

4 **b) Monatliche Auszahlung.** Nach dem Gesetzeswortlaut sind nur solche Entgeltbestandteile zu berücksichtigen, die dem Grunde nach regelmäßig, d.h. **monatlich ausgezahlt** werden. Leistungen, die der AN erst ab einem bestimmten

---

[1] BT-Drucks 15/1515, S. 133.

Zeitpunkt während der Altersteilzeit regelmäßig beanspruchen kann, erhöhen das Regelarbeitsentgelt ab diesem Zeitpunkt. Zum Regelarbeitsentgelt gehören auch Zulagen für Tätigkeiten, die nach dem Arbeitsvertrag monatlich zu erbringen sind. Dabei ist es unschädlich, wenn entsprechende Tätigkeiten in einzelnen Monaten nicht anfallen.[2]
Entgeltbestandteile, die nicht laufend gezahlt werden, sind beim Regelarbeitsentgelt nicht berücksichtigungsfähig (S. 2). **Einmalzahlungen** (z.B. Urlaubsgeld, Jahressonderzahlung) können beim Regelarbeitsentgelt daher nur dann einbezogen werden, wenn sie in monatliche Leistungen gesplittet werden. Zulagen, deren Anfall zu Beginn der Altersteilzeit noch nicht feststand (sog. unständige Zulagen), sind im Abrechnungsmonat beim Regelarbeitsentgelt zu berücksichtigen, soweit sie bereits in den zurückliegenden drei Monaten ohne Unterbrechung gewährt wurden. Sie gehören dann – nur – im (vierten) Abrechnungsmonat zum Regelarbeitsentgelt. In diesem Fall ist jeden Monat erneut zu prüfen, ob die Zulage zum Regelarbeitsentgelt gehört.[3]

5

c) Begrenzung auf die Beitragsbemessungsgrenze des SGB III. Der Höhe nach ist das Regelarbeitsentgelt begrenzt auf die Beitragsbemessungsgrenze des SGB III (S. 1 a.E.). Dies ist eine der zentralen Änderungen gegenüber Altersteilzeitverhältnissen, die vor dem 1.7.2004 begonnen haben. Bei **Altfällen** spielte die Beitragsbemessungsgrenze im Rahmen der 20 %-Aufstockung als Obergrenze nur dann eine Rolle, wenn sie durch Einmalzahlungen überschritten wurde (vgl. § 3 Abs. 1a S. 1 a.F.).

6

2. Beginn der Altersteilzeit vor dem 1.7.2004 (sog. Altfälle). a) „Bisheriges Arbeitsentgelt" als fiktive Bezugsgröße. Als „bisheriges Arbeitsentgelt" definiert das Gesetz dasjenige Arbeitsentgelt, dass der Altersteilzeit-AN für eine Arbeitsleistung bei „bisheriger wöchentlicher Arbeitszeit" (vgl. Abs. 2 und 3 a.F.) erzielt hätte. Im Unterschied zum Regelarbeitsentgelt ist das „bisherige Arbeitsentgelt" keine Berechnungsgrundlage für Aufstockungsleistungen, sondern nur eine **fiktive Bezugsgröße** für die Frage, ob die 20 %-Aufstockung für die vom Gesetzgeber geforderte Mindestsicherung des Altersteilzeit-AN ausreicht. Bei Altfällen muss der AG nach § 3 Abs. 1 a.F. sicherstellen, dass der Altersteilzeit-AN während der Altersteilzeit mindestens 70 % des Netto-Arbeitsentgelts erhält, das er im jeweiligen laufenden Abrechnungsmonat ohne Halbierung seiner Arbeitszeit erhalten hätte (sog. Mindestnettobetrag, vgl. § 3 Rn 9 ff.). Das „bisherige Arbeitsentgelt" ist deshalb auch nicht mit dem Arbeitsentgelt identisch, das der Altersteilzeit-AN vor Beginn der Altersteilzeit tatsächlich erzielt hatte.

7

b) Einzubeziehende Entgeltbestandteile. Bei der fiktiven Bezugsgröße (nicht bei der Bemessungsgrundlage für die Aufstockungsleistungen) des „bisherigen Arbeitsentgelts" sind nur Entgeltbestandteile bis zur Beitragsbemessungsgrenze des SGB III zu berücksichtigen (S. 1 a.F.). Für den Altersteilzeit-TV des Öffentlichen Dienstes hat das BSG entschieden, dass beim „bisherigen Arbeitsentgelt" in der Freistellungsphase auch solche Entgeltbestandteile (Erschwerniszulagen, Entgelte für Rufbereitschaft) berücksichtigt werden müssen, die der Altersteilzeit-AN aufgrund tarifvertraglicher Regelung ausschließlich während der Arbeitsphase beanspruchen kann.[4] Gleichwohl berücksichtigen die BA und die Sozialversicherungsträger außerhalb des Anwendungsbereiches des Altersteilzeit-TV des Öffentlichen Dienstes beim „bisherigen Arbeitsentgelt" zunächst auch weiterhin nur solche Entgeltbestandteile, die im konkreten Monat der Freistellungsphase dem Grunde nach tatsächlich beansprucht werden können (sog. **konkrete Betrachtungsweise**).[5]

8

II. Bisherige wöchentliche Arbeitszeit (Abs. 2)

Als bisherige wöchentliche Arbeitszeit ist die wöchentliche Arbeitszeit zugrunde zu legen, die unmittelbar **vor Übergang in Altersteilzeit** vereinbart war. Die vereinbarte Arbeitszeit darf dabei nur bis zu einer Höchstgrenze berücksichtigt werden, die dem Durchschnitt der letzten 24 Monate entspricht. Durch diese Beschränkung soll eine Anhebung der Arbeitszeit unmittelbar vor Beginn der Altersteilzeit ausgeschlossen werden. Grds. sind auch Zeiten ohne Arbeitsleistung (z.B. Arbeitsunfähigkeit, Urlaub) zu berücksichtigen. Dies gilt nicht für Zeiten eines unbezahlten Sonderurlaubs, der insoweit keine Arbeitszeitregelung ist,[6] unbezahlte Freistellungen nach dem Pflegezeitgesetz (§ 3 Abs. 1 PflegeZG) oder Zeiten des Bezugs von Arbeitslosengeld. Eine Verlängerung des Referenzzeitraumes von 24 Monaten ist in diesen Fällen ausgeschlossen. Im Interesse einer betrieblich umsetzbaren Arbeitszeit kann die ermittelte durchschnittliche Arbeitszeit auf die nächste volle Stunde – nach unten oder oben – gerundet werden.

9

Wurde mit der Altersteilzeit vor dem 1.7.2004 begonnen (sog. **Altfälle**), dürfen Arbeitszeiten, die eine tarifliche regelmäßige wöchentliche Arbeitszeit überschreiten, nicht berücksichtigt werden (S. 3 a.F.). Dies gilt unabhängig von einer tatsächlich bestehenden Tarifbindung. Bei fehlender Tarifbindung ist auf tarifliche Arbeitszeiten abzustellen, die für die einschlägige Branche für gleiche und ähnliche Beschäftigungen üblich sind (Abs. 3 a.F.).

10

---

2 DA der BA v.1.1.2008, § 3 Ziff. 3.1.1 Abs. 5; im Internet abrufbar unter www.arbeitsagentur.de und hier unter Unternehmen/Finanzielle Hilfen/Beschäftigung Älterer/Altersteilzeitgesetz.
3 DA der BA v. 1.11.2008, § 3 Ziff. 3.1.1 Abs. 6.
4 BSG 10.2.2004 – B 7 AL 54/03 R – AuB 2004, 215 = FA 2004, 317.
5 Geschäftsanweisung 09/2004 der BA (PP 21–7317.3/ 7317.6) v. 23.8.2004.
6 BAG 1.10.2002 – 9 AZR 278/02 – NZA 2003, 1341 = DB 2003, 1683 = BB 2003, 1123.

§ 7 Berechnungsvorschriften

(1) ¹Ein Arbeitgeber beschäftigt in der Regel nicht mehr als 50 Arbeitnehmer, wenn er in dem Kalenderjahr, das demjenigen, für das die Feststellung zu treffen ist, vorausgegangen ist, für einen Zeitraum von mindestens acht Kalendermonaten nicht mehr als 50 Arbeitnehmer beschäftigt hat. ²Hat das Unternehmen nicht während des ganzen nach Satz 1 maßgebenden Kalenderjahrs bestanden, so beschäftigt der Arbeitgeber in der Regel nicht mehr als 50 Arbeitnehmer, wenn er während des Zeitraums des Bestehens des Unternehmens in der überwiegenden Zahl der Kalendermonate nicht mehr als 50 Arbeitnehmer beschäftigt hat. ³Ist das Unternehmen im Laufe des Kalenderjahrs errichtet worden, in dem die Feststellung nach Satz 1 zu treffen ist, so beschäftigt der Arbeitgeber in der Regel nicht mehr als 50 Arbeitnehmer, wenn nach der Art des Unternehmens anzunehmen ist, dass die Zahl der beschäftigten Arbeitnehmer während der überwiegenden Kalendermonate dieses Kalenderjahrs 50 nicht überschreiten wird.

(2) ¹Für die Berechnung der Zahl der Arbeitnehmer nach § 3 Abs. 1 Nummer 3 ist der Durchschnitt der letzten zwölf Kalendermonate vor dem Beginn der Altersteilzeitarbeit des Arbeitnehmers maßgebend. ²Hat ein Betrieb noch nicht zwölf Monate bestanden, ist der Durchschnitt der Kalendermonate während des Zeitraums des Bestehens des Betriebs maßgebend.

(3) ¹Bei der Feststellung der Zahl der beschäftigten Arbeitnehmer nach Absatz 1 und 2 bleiben schwerbehinderte Menschen und Gleichgestellte im Sinne des Neunten Buches Sozialgesetzbuch sowie Auszubildende außer Ansatz. ²Teilzeitbeschäftigte Arbeitnehmer mit einer regelmäßigen wöchentlichen Arbeitszeit von nicht mehr als 20 Stunden sind mit 0,5 und mit einer regelmäßigen wöchentlichen Arbeitszeit von nicht mehr als 30 Stunden mit 0,75 zu berücksichtigen.

(4) Bei der Ermittlung der Zahl der in Altersteilzeitarbeit beschäftigten Arbeitnehmer nach § 3 Abs. 1 Nr. 3 sind schwerbehinderte Menschen und Gleichgestellte im Sinne des Neunten Buches Sozialgesetzbuch zu berücksichtigen.

1 Abs. 1 enthält Vorgaben zur Berechnung der Unternehmensgröße im Zusammenhang mit der Privilegierung von **Kleinunternehmen** durch erleichterten Kausalitätsnachweis bei der Wiederbesetzung (§ 3 Abs. 1 Nr. 2 Hs. 2) bzw. durch die Möglichkeit der Ersatzeinstellung eines Auszubildenden. Abs. 2 bestimmt, wie die Zahl der AN im Rahmen des **Überforderungsschutzes** zu bestimmen ist.

2 Bei der Feststellung der Beschäftigtenzahl sind grundsätzlich alle AN des Betriebes, unabhängig von ihrer Tarifbindung, zu berücksichtigen.[1] Nach Abs. 3 zählen aber schwerbehinderte Menschen und Gleichgestellte i.S.d. SGB IX sowie Auszubildende nicht mit. Teilzeitbeschäftigte werden anteilig berücksichtigt. Soweit beim Überforderungsschutz auf die **in Altersteilzeit beschäftigten AN** abgestellt wird, stellt Abs. 4 nunmehr klar, dass in diesem Rahmen (bei der Quote im Zähler) auch schwer behinderte Menschen und Gleichgestellte zu berücksichtigen sind.

§ 8 Arbeitsrechtliche Regelungen

(1) Die Möglichkeit eines Arbeitnehmers zur Inanspruchnahme von Altersteilzeitarbeit gilt nicht als eine die Kündigung des Arbeitsverhältnisses durch den Arbeitgeber begründende Tatsache im Sinne des § 1 Abs. 2 Satz 1 des Kündigungsschutzgesetzes; sie kann auch nicht bei der sozialen Auswahl nach § 1 Abs. 3 Satz 1 des Kündigungsschutzgesetzes zum Nachteil des Arbeitnehmers berücksichtigt werden.

(2) ¹Die Verpflichtung des Arbeitgebers zur Zahlung von Leistungen nach § 3 Abs. 1 Nr. 1 kann nicht für den Fall ausgeschlossen werden, daß der Anspruch des Arbeitgebers auf die Leistungen nach § 4 nicht besteht, weil die Voraussetzung des § 3 Abs. 1 Nr. 2 nicht vorliegt. ²Das gleiche gilt für den Fall, daß der Arbeitgeber die Leistungen nur deshalb nicht erhält, weil er den Antrag nach § 12 nicht, nicht richtig, nicht vollständig oder nicht rechtzeitig gestellt hat oder seinen Mitwirkungspflichten nicht nachgekommen ist, ohne daß dafür eine Verletzung der Mitwirkungspflichten des Arbeitnehmers ursächlich war.

(3) Eine Vereinbarung zwischen Arbeitnehmer und Arbeitgeber über die Altersteilzeitarbeit, die die Beendigung des Arbeitsverhältnisses ohne Kündigung zu einem Zeitpunkt vorsieht, in dem der Arbeitnehmer Anspruch auf eine Rente wegen Alters hat, ist zulässig.

Literatur: *Bauer*, Rechtliche und taktische Probleme der Altersteilzeit, NZA 1997, 401; *Boecken*, Das Altersteilzeitgesetz 1996, NJW 1996, 3386; *Gussone/Voelzke*, Altersteilzeitrecht, 2000; *Nicolai*, Zum Zählen und Wählen bei Betriebsratswahlen, DB 2003,

---

1 BAG 30.9.2003 – 9 AZR 590/02 – DB 2004, 935.

2599; *Nimscholz/Oppermann/Ostrowicz*, Altersteilzeit, 5. Aufl. 2006; *Reichling/Wolf*, Mustervertrag zum Altersteilzeitgesetz, NZA 1997, 422; *Schweig/Eisenreich*, Ist die betriebsbedingte Kündigung eines Arbeitnehmers in Altersteilzeit während der Freistellungsphase möglich?, BB 2003, 1434

A. Allgemeines	1	II. Betriebsübergang	10a
B. Regelungsgehalt	2	III. Betriebsverfassungsrecht	11
I. Kündigungsschutz (Abs. 1)	2	IV. Vorzeitige Beendigung der Altersteilzeit im Blockmodell	12
1. Kündigungsschutz vor der Altersteilzeit	2		
2. Kündigungsschutz während der Altersteilzeit	3	1. Mögliche Störfälle	13
II. Koppelungsverbot (Abs. 2)	7	2. Ausgleichsanspruch des AN	14
III. Befristung (Abs. 3)	9	3. Weiterhin Steuerfreiheit der bis zum Störfall erbrachten Aufstockungsleistungen	16
C. Verbindung zu anderen Rechtsgebieten	10		
I. Urlaubsrecht	10		

A. Allgemeines

Das AltersteilzeitG regelt grundsätzlich nur das Rechtsverhältnis zwischen AG und BA, das auf das Arbeitsverhältnis zwischen AG und AN nur mittelbaren Einfluss hat. Als Ausnahme hierzu enthält § 8 einige vereinzelte arbeitsrechtliche Bestimmungen. **1**

B. Regelungsgehalt

I. Kündigungsschutz (Abs. 1)

1. Kündigungsschutz vor der Altersteilzeit. Die Möglichkeit der Vereinbarung von Altersteilzeit ist kein Künd- **2** Grund und darf auch nicht bei der Sozialauswahl im Rahmen des KSchG zum Nachteil des AN berücksichtigt werden. Ausgeschlossen sind neben Beendigungs-Künd auch Änderungs-Künd nach § 2 KSchG. Dies folgt aus der Verwendung des allgemeinen Begriffs der Künd sowie aus der Tatsache, dass auch Änderungs-Künd sozial gerechtfertigt sein müssen.[1] Die Regelung schützt den AN damit davor, durch Änderungs-Künd zum Abschluss einer Altersteilzeitvereinbarung gedrängt zu werden.

2. Kündigungsschutz während der Altersteilzeit. Zur kündigungsschutzrechtlichen Stellung des AN während **3** der Altersteilzeit trifft Abs. 1 keine Aussagen, so dass die allgemeinen Grundsätze gelten. Eine fristlose Künd aus wichtigem Grund (§ 626 BGB) ist auch während der Altersteilzeit möglich. Durch Abschluss des Altersteilzeitvertrages wird das unbefristete Vollzeit-Arbeitsverhältnis in ein befristetes (Alters-)Teilzeit-Arbeitsverhältnis umgewandelt (Abs. 3). Eine ordentliche Künd ist nach § 15 Abs. 3 TzBfG daher nur dann zulässig, wenn sie in der Altersteilzeitvereinbarung für beide Seiten ausdrücklich vereinbart wurde. Dies gilt allerdings nur, soweit die Künd nicht durch TV (z.B. tarifliche Unkündbarkeit älterer AN), BV oder Gesetz (z.B. § 15 KSchG) ausgeschlossen ist.

Für eine **Kündigung während der Freistellungsphase** im Blockmodell ergeben sich Besonderheiten, weil der AN **4** hier bereits seine volle, vertraglich geschuldete Arbeitsleistung erbracht hat und sich die vom AG zu erbringende Leistung nur noch darauf beschränkt, die vom AN bereits erarbeitete, aber noch nicht ausgezahlte Hälfte des Arbeitsentgelts zusammen mit den Aufstockungsleistungen (§ 3 Abs. 1) auszuzahlen. Angesichts dieser Situation ist umstritten, ob und inwieweit einem Altersteilzeit-AN auch noch in der Freistellungsphase gekündigt werden kann. Teilweise wird angenommen, eine Künd in der Freistellungsphase sei nur noch aus wichtigem Grund (§ 626 BGB)[2] zulässig bzw. wegen Verstoßes gegen Treu und Glauben ganz ausgeschlossen.[3]

Eine betriebsbedingte Künd zu einem in der Freistellungsphase der Altersteilzeit liegenden Zeitpunkt wegen beabsichtigter Betriebsstilllegung ist nach der Rechtsprechung nicht sozial gerechtfertigt (§ 1 Abs. 1 KSchG), da der Wegfall der Beschäftigungsmöglichkeit am ursprünglichen Arbeitsplatz im Hinblick auf die bereits vollständig erbrachte Arbeitsleistung keine Bedeutung mehr hat. Dies gelte auch für eine Kündigung durch den Insolvenzverwalter, da auch diese ein dringendes betriebliches Erfordernis voraussetze.[4] Dagegen kann eine Betriebsstilllegung wegen Insolvenz eine betriebsbedingte Kündigung während der Arbeitsphase auch dann rechtfertigen, wenn nach Ablauf der Kündigungsfrist nur eine kurze Zeit (ein Monat) bis zum Eintritt in die Freistellungsphase zu überbrücken wäre.[5] Noch nicht höchstrichterlich entschieden ist, inwieweit diese Grundsätze auch auf Fälle außerhalb der Insolvenz übertragen werden können. **5**

Eine verhaltensbedingte Künd kann allenfalls auf schwerwiegende Verletzungen von Nebenpflichten gestützt werden, **6** die auch während der Freistellungsphase fortbestehen (z.B. Verstoß gegen Konkurrenz- oder Wettbewerbsverbot, ge-

---

1 *Gussone/Voelzke*, § 8 Rn 3; *Rittweger*, § 8 Rn 4.
2 ErfK/*Rolfs*, § 8 Rn 3; *Rittweger*, § 8 Rn 23.
3 *Reichling/Wolf*, NZA 1997, 422.
4 BAG 5.12.2002 – 2 AZR 571/01 – NZA 2003, 789 = DB 2003, 1334 = RdA 2003, 228 mit Anm. *Hanau*; abl. *Schweig/Eisenreich*, BB 2003, 1434.
5 BAG 16.6.2005 – 6 AZR 476/04 – NZA 2006, 270 = BB 2005, 2357 = NJW 2006,1087.

schäftsschädigendes Verhalten, Verrat von Betriebs- und Geschäftsgeheimnissen).[6] Allerdings ist auch hier im Rahmen der Interessenabwägung zu berücksichtigen, dass das Altersteilzeit-AV in absehbarer Zeit ohnehin ausläuft.[7]

II. Koppelungsverbot (Abs. 2)

7 Der AN behält seinen Anspruch gegen den AG auf Aufstockungsleistungen auch dann, wenn der AG nur deshalb keine Erstattungsleistungen erhält, weil die Wiederbesetzung nicht wirksam wird (zu den Voraussetzungen vgl. § 3 Rn 16) oder Versäumnisse bei der Antragstellung (Verstöße gegen §§ 12, 13, § 20 Abs. 1 SGB X, §§ 60 ff. SGB I) allein dem AG zuzurechnen sind. Gegen Abs. 2 verstoßende Vereinbarungen sind nach § 134 BGB nichtig.

8 Im Umkehrschluss dazu wird gefolgert, dass andere als in Abs. 2 genannten Risiken dem AN vertraglich durchaus zugewiesen werden können.[8] So kann der AN zur Rückzahlung bereits geleisteter Aufstockungsleistungen verpflichtet werden, wenn der AG seinen Anspruch auf Erstattungsleistungen nach § 5 Abs. 3 deshalb ganz oder teilweise verliert, weil der AN eine mehr als geringfügige Nebenbeschäftigung ausübt.[9] Die Verknüpfung der Aufstockungsleistungen mit dem Verbot einer Nebenbeschäftigung wird im Hinblick auf die Berufsausübungsfreiheit (Art. 12 Abs. 1 GG) teilweise kritisch gesehen.[10] Das BAG hatte unter diesem Gesichtspunkt eine Vertragsklausel für unwirksam erklärt, die einem geringfügig Beschäftigten die Aufnahme einer weiteren geringfügigen Beschäftigung untersagte, dem AG aber einen entsprechenden Schadensersatzanspruch zuerkannt.[11] Diese Rechtsprechung dürfte indes nicht ohne weiteres auf das Altersteilzeitarbeitsverhältnis übertragen werden können. Denn dem AN steht es frei, das Altersteilzeitarbeitsverhältnis als normales Teilzeitarbeitsverhältnis ohne zusätzliche Aufstockungsleistungen des AG durchzuführen.

III. Befristung (Abs. 3)

9 Die Vorschrift schließt als lex specialis die Anwendbarkeit des § 41 S. 2 SGB VI für den Bereich der Altersteilzeit aus.[12] Ansonsten wäre eine auf den Zeitpunkt der Inanspruchnahme einer Altersrente vor Vollendung des Regelalters bezogene Zweckbefristung nur erlaubt, wenn sie innerhalb der letzten drei Jahre vor diesem Zeitpunkt vereinbart oder vom AN bestätigt wurde. Abs. 3 erlaubt es, die Beendigung des Altersteilzeitarbeitsverhältnisses für den Zeitpunkt zu vereinbaren, zu dem der AN eine „Rente wegen Alters" (vgl. § 2 Rn 16) mit oder ohne Abschläge beanspruchen kann. Es handelt sich dabei um einen **gesetzlichen Befristungsgrund**. Der bisherige Gesetzeswortlaut bezog sich ausdrücklich zwar nur auf den besonderen Rentenzugang nach § 237 SGB VI. Das schloss aber schon bisher nicht Altersteilzeitvereinbarungen auf einen Beendigungszeitpunkt aus, bei denen der AN wirtschaftlich besser gestellt ist, als bei einem Bezug einer Altersrente wegen Altersteilzeit. Wegen der vergleichbaren Interessenlage ist deshalb eine **entsprechende Anwendung** von Abs. 3 auch auf einen Rentenzugang wegen Schwerbehinderung (§ 236a SGB VI) möglich.[13] Ebenso ist die Befristung eines Altersteilzeitarbeitsverhältnisses mit einem von der gesetzlichen Rentenversicherungspflicht befreiten AN sachlich gerechtfertigt, wenn ein Beendigungszeitpunkt vereinbart wird, der nach der Auszahlung der befreienden Lebensversicherung liegt.[14] Befristungen nach § 14 Abs. 2 bis 3 TzBfG sind regelmäßig ausgeschlossen.

Eine AGB-Klausel, nach der das Altersteilzeitarbeitsverhältnis mit Ablauf des Kalendermonats endet, in dem der AN die frühestmögliche gesetzliche Altersrente in Anspruch nehmen kann, kann überraschenden Charakter i.S.d. § 305c Abs. 1 BGB haben. Dies gilt insb. dann, wenn der AN bei nachträglicher Erfüllung der Zugangsvoraussetzungen für einen vorgezogenen Rentenzugang aufgrund der vorangegangenen Vertragsverhandlungen mit der vorzeitigen Beendigung des Altersteilzeitarbeitsverhältnisses vernünftigerweise nicht (mehr) zu rechnen braucht. Eine solche vorzeitige Beendigungsmöglichkeit ist im Vertragstext deutlich erkennbar hervorzuheben.[15]

C. Verbindung zu anderen Rechtsgebieten

I. Urlaubsrecht

10 Bei unverblockter Altersteilzeit und während der Arbeitsphase im Blockmodell bestehen urlaubsrechtlich keine Besonderheiten, es gelten die allgemeinen Grundsätze. Mit **Beginn der Freistellungsphase** hat der AN jedoch keinen Urlaubsanspruch mehr, da er insoweit nicht mehr von seiner Arbeitspflicht freigestellt werden kann. Der AG ist gesetzlich nicht verpflichtet, Resturlaub des AN im Altersteilzeitarbeitsverhältnis (Blockmodell) bei Beginn der Frei-

---

6 ErfK/*Rolfs*, § 8 Rn 3; *Nimscholz/Oppermann/Ostrowicz*, Kapitel I, Ziff. 6.5.3 (S. 89); *Gussone/Voelzke*, § 8 Rn 8; *Stück*, NZA 2000, 749.
7 BAG 5.4.2001 – 2 AZR 217/00 – NZA 2001, 837 = DB 2001, 2062.
8 *Bauer*, NZA 1997, 401, 405.
9 *Reichling/Wolf*, NZA 1997, 422; *Boecken*, NJW 1996, 3386.
10 ErfK/*Rolfs*, § 8 Rn 6.
11 BAG 18.11.1988 – 8 AZR 12/86 – NZA 1989, 389 = DB 1989, 781.
12 BT-Drucks 13/4877, S. 29 (zur Vorgängervorschrift des § 41 Abs. 4 S. 3 SGB VI).
13 BAG 27.4.2004 – 9 AZR 18/03 – DB 2004, 2534 = AP Nr. 1 zu § 8 AltersteilzeitG.
14 BAG 16.11.2005 – 7 AZR 86/05 – NZA 2006, 535 = DB 2006, 1119.
15 BAG 8.8.2007 – 7 AZR 605/06 – DB 2008, 133.

stellungsphase abzugelten. Die Beendigung der Arbeitsphase ist keine „Beendigung des Arbeitsverhältnisses" i.S.d. § 7 Abs. 4 BUrlG.[16]

II. Betriebsübergang

Ein bestehendes Altersteilzeitarbeitsverhältnis geht bei einem Betriebsübergang nach § 613a BGB auf den neuen Betriebsinhaber über, wenn der Altersteilzeit-AN dem übergegangenen Betriebsteil zuzuordnen ist. Dies gilt auch dann, wenn sich der AN bereits in der Freistellungsphase der Altersteilzeit befindet. Die Zuordnung von Arbeitsverhältnissen, bei denen keine Beschäftigungspflicht (mehr) besteht, erfolgt nach dem zuletzt innegehabten Arbeitsplatz.[17]

10a

III. Betriebsverfassungsrecht

Mit Eintritt in die **Freistellungsphase** verliert der Altersteilzeit-AN in betriebsverfassungsrechtlicher Hinsicht seine Eigenschaft als AN des Betriebes. Da eine Rückkehr in den Betrieb nicht mehr vorgesehen ist und der Altersteilzeit-AN endgültig aus dem Betrieb ausscheidet, unterscheidet er sich insoweit von anderen AN, deren AV ruhen (z.b. Elternzeit, Wehrdienst). Altersteilzeit-AN sind daher mit Beginn der Freistellungsphase bei der für die Anzahl der BR-Mitglieder maßgeblichen Belegschaftsstärke nach § 9 BetrVG nicht zu berücksichtigen.[18] Sie verlieren ihr aktives und passives Wahlrecht. Eine bestehende Mitgliedschaft im BR erlischt gem. § 24 Nr. 4 BetrVG automatisch, ein Rücktritt ist nicht erforderlich. Entsprechendes gilt für Mitglieder eines PR[19] sowie für AN-Vertreter in einem nach dem BetrVG mitbestimmten Aufsichtsrat.[20] Offen ist, ob diese Grundsätze auch dann gelten, wenn der Altersteilzeit-AN kurze Zeit nach der BR-Wahl in die Freistellungsphase wechselt und der AG den freigewordenen Arbeitsplatz nicht wiederbesetzt.[21]

11

IV. Vorzeitige Beendigung der Altersteilzeit im Blockmodell

Endet eine Altersteilzeit im Blockmodell vor Ablauf der vertraglich vereinbarten Zeit (sog. **Störfall**), so ist die vom AN erbrachte Vorleistung auszugleichen. Zu den arbeitsrechtlichen Folgen einer vorzeitigen Beendigung enthält das AltersteilzeitG selbst keine Bestimmungen.

12

1. Mögliche Störfälle. Mögliche Störfälle sind u.a. der Tod des AN, Beendigung der Altersteilzeit durch Rückkehr ins Vollzeit-Arbeitsverhältnis oder Beendigung des Arbeitsverhältnisses durch Künd. Der Eintritt der Insolvenz des AG ist nicht automatisch als Störfall anzusehen, da die Insolvenz des AG das Altersteilzeit-AV nicht automatisch beendet. So ist eine betriebsbedingte Künd wegen Betriebsstilllegung während der Freistellungsphase unwirksam, da der AN bereits während der Arbeitsphase seine volle Arbeitsleistung erbracht hat und eine fehlende Beschäftigungsmöglichkeit insoweit unerheblich ist (vgl. § 8 Rn 5).[22]

13

2. Ausgleichsanspruch des AN. Im Störfall hat der AN einen Anspruch auf den Teil des Arbeitsentgelts, den er bereits erarbeitet hat, der aber noch nicht zur Auszahlung gelangt ist. Für das auszugleichende Arbeitsentgelt sind Beiträge zur Sozialversicherung abzuführen. Bei Störfällen gelten für die Beitragsermittlung besondere Kriterien (vgl. § 10 Abs. 5).

14

Von dem verbleibenden (Netto-) Betrag können bis zum Eintritt des Störfalles geleistete **Aufstockungsbeträge** abgezogen werden, soweit dies im TV oder im Altersteilzeit-AV für den Fall der vorzeitigen Beendigung der Altersteilzeit ausdrücklich vorgesehen ist.[23] Eine Anrechnung der vom AG geleisteten zusätzlichen **Beiträge zur Rentenversicherung** ist demgegenüber allenfalls **zur Hälfte** denkbar. Die Beitragslast für die während der Altersteilzeit zu erbringenden zusätzlichen Beiträge zur Rentenversicherung (AG- und AN-Anteil) liegt nach § 168 Abs. 1 Nr. 6 SGB VI allein beim AG. Nach dem Grundsatz des § 28g S. 1 SGB IV kann der AG gegen den AN nur einen Anspruch auf Abzug desjenigen Anteils am Gesamtsozialversicherungsbeitrag haben, der ohne das Vorliegen von Altersteilzeit vom AN zu tragen gewesen wäre.[24] Der Gesetzgeber scheint jedenfalls von der Zulässigkeit eines solchen Abzugs im Innenverhältnis zwischen AG und AN ausgegangen zu sein. Nach dem Wortlaut des § 12 Abs. 3 S. 2 kann der AG bei vorzeitiger Beendigung der Altersteilzeit und wirksamer Wiederbesetzung seinen Erstattungsanspruch nur behalten, wenn ihm „Aufwendungen für Aufstockungsleistungen nach § 3 Abs. 1 Nr. 1 ... verblieben sind." Der Anspruch setzt damit voraus, dass der AG bereits geleistete Aufstockungsleistungen nicht mit fälligen Entgeltansprü-

15

---

16 BAG 10.5.2005 – 9 AZR 196/04 – NZA 2005, 1432 = DB 2005, 2698; BAG 15.3.2005 – 9 AZR 143/04 – NZA 2005, 994 = DB 2005, 1858.
17 BAG 31.1.2008 – 8 AZR 27/07 – NZA 2008, 705 = DB 2008,1438.
18 BAG 16.4.2003 – 7 ABR 53/02 – NZA 2003, 1345 = DB 2003, 2128 = RdA 2004, 181.
19 BVerwG 15.5.2002 – 6 P 18/01 – ZTR 2002, 551.
20 BAG 25.10.2000 – 7 ABR 18/00 – NZA 2001, 461 = DB 2001, 706.

21 *Nicolai*, DB 2003, 2599.
22 BAG 5.12.2002 – 2 AZR 571/01 – DB 2003,1334 = BB 2003, 1339; abl.: *Schweig/Eisenreich*, BB 2003, 1434.
23 BAG 14.10.2003 – 9 AZR 146/03 – NZA 2004, 860 = DB 2004, 1320 = ZTR 2004, 411. Besprechung von *Rolfs* in RdA 2004, 370; Besprechung von *Schwarze* in SAE 2005, 93.
24 BAG 18.11.2003 – 9 AZR 270/03 – NZA 2004, 1223 = DB 2004, 1322; vorgehend LAG Baden-Württemberg 13.3.2003 – 3 Sa 30/02 – LAGReport 2003, 257.

chen des AN verrechnen kann.[25] Zu den Aufstockungsleistungen gehören gem. § 3 Abs. 1 Nr. 1b auch die zusätzlichen Beiträge zur Rentenversicherung.

16 **3. Weiterhin Steuerfreiheit der bis zum Störfall erbrachten Aufstockungsleistungen.** Die Steuerfreiheit der bis zum Störfall erbrachten Aufstockungsleistungen (vgl. § 3 Rn 3) bleibt erhalten. Der Charakter der bis dahin erbrachten Aufstockungsleistungen bleibt bestehen, da das AltersteilzeitG insoweit keine Rückzahlung vorsieht.[26] Daher bleibt auch die Beitragsfreiheit der Aufstockungsleistungen nach § 1 ArbeitsentgeltVO für die Vergangenheit erhalten.

§ 8a Insolvenzsicherung

(1) ¹Führt eine Vereinbarung über die Altersteilzeitarbeit im Sinne von § 2 Abs. 2 zum Aufbau eines Wertguthabens, das den Betrag des Dreifachen des Regelarbeitsentgelts nach § 6 Abs. 1 einschließlich des darauf entfallenden Arbeitgeberanteils am Gesamtsozialversicherungsbeitrag übersteigt, ist der Arbeitgeber verpflichtet, das Wertguthaben einschließlich des darauf entfallenden Arbeitgeberanteils am Gesamtsozialversicherungsbeitrag mit der ersten Gutschrift in geeigneter Weise gegen das Risiko seiner Zahlungsunfähigkeit abzusichern; § 7e des Vierten Buches Sozialgesetzbuch findet keine Anwendung. ²Bilanzielle Rückstellungen sowie zwischen Konzernunternehmen (§ 18 des Aktiengesetzes) begründete Einstandspflichten, insbesondere Bürgschaften, Patronatserklärungen oder Schuldbeitritte, gelten nicht als geeignete Sicherungsmittel im Sinne des Satzes 1.
(2) Bei der Ermittlung der Höhe des zu sichernden Wertguthabens ist eine Anrechnung der Leistungen nach § 3 Abs. 1 Nr. 1 Buchstabe a und b und § 4 Abs. 2 sowie der Zahlungen des Arbeitgebers zur Übernahme der Beiträge im Sinne des § 187a des Sechsten Buches Sozialgesetzbuch unzulässig.
(3) ¹Der Arbeitgeber hat dem Arbeitnehmer die zur Sicherung des Wertguthabens ergriffenen Maßnahmen mit der ersten Gutschrift und danach alle sechs Monate in Textform nachzuweisen. ²Die Betriebsparteien können eine andere gleichwertige Art und Form des Nachweises vereinbaren; Absatz 4 bleibt hiervon unberührt.
(4) ¹Kommt der Arbeitgeber seiner Verpflichtung nach Absatz 3 nicht nach oder sind die nachgewiesenen Maßnahmen nicht geeignet und weist er auf schriftliche Aufforderung des Arbeitnehmers nicht innerhalb eines Monats eine geeignete Insolvenzsicherung des bestehenden Wertguthabens in Textform nach, kann der Arbeitnehmer verlangen, dass Sicherheit in Höhe des bestehenden Wertguthabens geleistet wird. ²Die Sicherheitsleistung kann nur erfolgen durch Stellung eines tauglichen Bürgen oder Hinterlegung von Geld oder solchen Wertpapieren, die nach § 234 Abs. 1 und 3 des Bürgerlichen Gesetzbuchs zur Sicherheitsleistung geeignet sind. ³Die Vorschriften der §§ 233, 234 Abs. 2, §§ 235 und 239 des Bürgerlichen Gesetzbuchs sind entsprechend anzuwenden.
(5) Vereinbarungen über den Insolvenzschutz, die zum Nachteil des in Altersteilzeitarbeit beschäftigten Arbeitnehmers von den Bestimmungen dieser Vorschrift abweichen, sind unwirksam.
(6) Die Absätze 1 bis 5 finden keine Anwendung gegenüber dem Bund, den Ländern, den Gemeinden, Körperschaften, Stiftungen und Anstalten des öffentlichen Rechts, über deren Vermögen die Eröffnung eines Insolvenzverfahrens nicht zulässig ist, sowie solchen juristischen Personen des öffentlichen Rechts, bei denen der Bund, ein Land oder eine Gemeinde kraft Gesetzes die Zahlungsfähigkeit sichert.

A. Geltungsbeginn der Neuregelung 1	I. Arten der Sicherung 15
B. Inhalt der Vorschrift 3	II. Die Nachweispflicht 17
I. Beginn der Sicherungspflicht 3	III. Sicherheitsleistung qua Gesetz 20
II. Begriff des Wertguthabens 5	IV. Abweichende Vereinbarungen 23
C. Höhe des Wertguthabens 9	E. Unanwendbarkeit gegenüber nicht
D. Die arbeitsrechtliche Bedeutung der Vorschrift	insolvenzfähigen juristischen Personen 24
für das Wertguthaben 12	F. Beraterhinweis 25

A. Geltungsbeginn der Neuregelung

1 § 8a ist in das AltersteilzeitG eingefügt mit Wirkung vom 1.1.2004. Für das Altersteilzeitrecht ist er aufgrund der Übergangsvorschrift des § 15g für Altersteilzeitverhältnisse wirksam seit dem 1.7.2004. Neben dem Regelarbeitsentgelt, das die neue Rechnungsgrundlage für Altersteilzeit darstellt, gehört § 8a zu den umstrittensten Vorschriften

---

[25] Vgl. BT-Drucks 14/1831 S. 9.   [26] R 18 Abs. 2 S. 2 und 3 LStR 2008 zu § 3 Nr. 28 EStG

des neu justierten Altersteilzeitrechts. Seine Sinnhaftigkeit war umstritten, gab es doch mit § 7d SGB IV[1] bereits eine Insolvenzsicherungspflicht für Arbeitszeitguthaben. Diese Vorschrift, das ist unstreitig, galt nicht nur für **Wertguthaben** aufgrund sonstiger (also jenseits der Altersteilzeit abgeschlossener) Vereinbarungen über flexible Arbeitszeiten, sie galt ebenso für Altersteilzeitarbverh und sie gilt für Altersteilzeitarbverh fort, die vor dem 1.7.2004 begonnen haben.[2] Der AG wird allerdings – freiwillig – eine Sicherung des Wertguthabens auch für Arbverh, die vor dem 1.7.2004 begonnen worden sind, auf der Grundlage von § 8a durchführen können. Zwar regelt § 15g ausdrücklich nur den Fall, dass der AG vor dem 1.7.2004 begonnene Altersteilzeitverhältnisse abrechnungstechnisch und damit im Hinblick auf die Leistungen der BA umstellt. Die Umstellung der Sicherung des Wertguthabens auf den Weg der Sicherung des § 8a dürfte aber für den AN nach überwiegender Auffassung günstiger sein im Sinne von § 4 Abs. 3 TVG. Etwas anderes gilt nur dort, wo, der TV als solcher eine günstigere Klausel als die Vorschrift des § 8a oder des § 7e SGB IV erhält.

Vor dem Hintergrund der Neuregelungen im SGB IV mit Stand vom 1.1.2009 (vgl. hierzu im einzelnen die Kommentierung zu den §§ 7b ff. SGB IV) hat der Gesetzgeber nochmals angeordnet, dass § 8a lex specialis der Insolvenzsicherung bei der Altersteilzeit ist. Aufgrund der Neufassung der einschlägigen Vorschriften im SGB IV stellt sich seit dem 1.1.2009 dennoch die Frage, wie Altersteilzeit-Arbverh zu sichern sind, die vor dem 1.7.2004 begonnen worden sind. Hierzu können verschiedene Positionen eingenommen werden; sicher ist nur, dass § 8a AltersteilzeitG auch in diesen Fällen keine Anwendung findet. Da für Art. 2 des Gesetzes zur Verbesserung der Rahmenbedingungen für flexible Arbeitszeitregelungen (im folgenden **Flexi II**) aber keine weitere Übergangsregelung getroffen wurde, ließe sich vertreten, dass insoweit der neue § 7e SGB IV nachträglich volle Wirkung entfaltet hätte. Aus der ratio der Neuregelung in Art. 2 des Flexi II G und dem verfassungsrechtlich zwingend zu gewährenden Vertrauensschutz kann dies jedoch nicht sein. Die länger zurückliegenden Vereinbarungen würden dann schärfer als jüngere Vereinbarungen behandelt. Die Sozialversicherung wird daher in ihrem Anwendungsschreiben klarstellen, dass § 7e SGB IV n.F. auf diese Altersteilzeit-Arbverh nicht anzuwenden ist. Ob dann trotz fehlender Anordnung seiner Weitergeltung § 7b SGB IV in seiner Fassung vor dem 1.1.2009 Anwendung findet, lässt sich nicht abschließend beurteilen. Da § 7e vom Sinn und Zweck nicht anzuwenden ist, ließe sich die Anwendung des § 7b SGB IV in der Fassung vor dem 1.1.2009 für einen schmalen Übergangszeitraum rechtfertigen.[3]

Begonnen ist das Arbverh als Altersteilzeitarbeitsverhältnis zu dem Zeitpunkt, zu dem der AN Altersteilzeitarbeit leistet; § 15g und damit § 8a stellen mithin nicht auf den Vertragsschluss, sondern auf den tatsächlichen Beginn der Altersteilzeitarbeit ab,[4] auch wenn diese, wie beim erweiterten Blockmodell üblich, in eine Vollarbeitszeitphase und eine Arbeitszeitphase Null geteilt wird.

B. Inhalt der Vorschrift

I. Beginn der Sicherungspflicht

Nach § 8a Abs. 1 beginnt die Insolvenzsicherungspflicht, wenn die Vereinbarung über die Altersteilzeit zu dem Aufbau eines Wertguthabens führt, das den Betrag des Dreifachen des Regelarbeitsentgelts überschreitet, wie es in § 6 Abs. 1 legal definiert wird.

Damit dürfte auf die Vereinbarung eines bestimmten Zeitraums abgestellt sein. Es kommt demnach nicht auf das tatsächliche Erreichen der Wertguthabensgrenze an.[5] Die Annahme, erst das Überschreiten der genannten Wertgrenze löse die Insolvenzsicherungspflicht aus, lässt sich zwar mit dem Wortlaut der Regelung vereinbaren. Sie findet aber in der Gesetzesbegründung keine Stütze. Auch hierin besteht eine Abweichung gegenüber dem Regelungsgehalt des § 7e SGB IV. Die Sicherungspflicht ist dort daran geknüpft, dass das Wertguthaben den in jener Vorschrift genannten Betrag oder die dort genannten Zeiträume tatsächlich überschreitet.

II. Begriff des Wertguthabens

Der Begriff des Wertguthabens ist im AltersteilzeitG nicht legal definiert. Wie schon bisher der ehemalige § 7 Abs. 1a SGB IV insoweit maßgeblich war, gilt dies entsprechend seit dem 1.1.2009 für die §§ 7b, 7 Abs. 1a SGB IV. Da sowohl § 8a wie §§ 7b, 7 Abs. 1a SGB IV von vergleichbaren, wenn auch nicht identischen Lebenssachverhalten ausgehen, kann die Legaldefinition des Wertguthabens i.S.d. SGB IV auch für das AltersteilzeitG herangezogen werden.[6]

---

1 Ursprünglich § 7a SGB IV, zum Zeitpunkt der Einführung von § 8a AltersteilzeitG § 7d, dann § 7b, heute dessen § 7e. Der entsprechende Vorschriftenkanon im SGB IV wurde vollständig angepasst.
2 *Kolmhuber*, ArbRB 2004, 354.
3 Aufgrund der zumeist viel weitergehenden Vorschriften in TV in der insoweit maßgeblichen Fassung wird sich die Frage der Weitergeltung des § 7b SGB IV in der Fassung vor dem 1.1.2009 ohnehin eher als akademisches Problem darstellen. Die Beantwortung dieser Frage dürfte in erster Linie bilanz- und steuerrechtliche Folgeprobleme nach sich ziehen. Es spricht manches für den Hinweis, Rückstellungen jedenfalls nicht aufzulösen.
4 So auch *Gaul/Süßbrich*, ArbRB 2004, 149, 150; *Podewin*, FA 2004, 107, 108.
5 *Podewin*, FA 2004, 107, 108.
6 *Rolfs*, NZS 2004, 561, 563.

40 AltersteilzeitG § 8a

6 Danach ist ein Wertguthaben dadurch charakterisiert, dass Arbeitsentgelt für Zeiten einer Freistellung von der Arbeitsleistung fällig wird und dieses zu einem Zeitpunkt vor oder nach der Freistellung durch Arbeitsleistung erzielt worden ist. Aufgrund der Vorgabe in § 2 Abs. 1 Nr. 2, nach der das Arbverh auf einen Zeitpunkt befristet werden muss, zu dem eine Rente wegen Alters erreicht werden kann, dürften die Voraussetzungen des § 7b SGB IV ebenso wie der Freistellungszeitraum von mehr als einem Monat nach § 7 Abs. 1a bei Altersteilzeitvereinbarungen vorliegen.
Lässt man einmal den eher hypothetischen Fall außer acht, dass der Anspruch auf Entgelt in der Zeit nach der Freistellung erzielt wird, trifft dies exakt die meisten Altersteilzeitvereinbarungen.[7] Der AN arbeitet im ersten Teil der geblockten Altersteilzeit voll wie bisher weiter und wird auf der Grundlage dieser Vorarbeit im Anschluss so freigestellt, dass das Arbeitszeitkonto am Ende der zu betrachtenden Gesamtphase Null beträgt, also ausgeglichen ist.

7 Nach § 7d SGB IV müssen Wertguthabensvereinbarungen in **Geld** und dürfen nicht in **Zeit geführt** werden. Diese Norm wird voraussichtlich auch als für Altersteilzeitverhältnisse maßgeblich angesehen werden. Wo diese aber tariflich begründet sind – was bei Altersteilzeitvereinbarungen regelmäßig der Fall sein wird –, greift auch § 116 Abs. 1 SGB IV. Vereinbarungen auf der Grundlage von TV und Betriebsvereinbarungen, die ihrerseits vor dem 1.1.2009 abgeschlossen worden sind, können daher in Zeit weitergeführt werden.
Ohne dass es in einem direkten Zusammenhang zur Insolvenzsicherung steht, sei in diesem Zusammenhang darauf hingewiesen, dass die **Anlagebeschränkung** des § 7d Abs. 3 SGB IV für Altersteilzeitvereinbarungen auch künftig keine Rolle spielen wird, da Altersteilzeitvereinbarungen qua Definition und Sonderregelung in § 8 immer auf die Möglichkeit des Rentenzugangs befristet werden können. Die **Werterhaltungsgarantie** kann demgegenüber für Neuanlagen ab dem 1.1.2009 greifen. Dies allerdings ist für Altersteilzeitvereinbarungen ebenfalls unproblematisch, weil der Altersteilzeitvertrag ohnehin erfüllt werden muss, um den Übergang in die Rente zu ermöglichen.

8 Der Begriff des Wertguthabens in § 8a scheint demgegenüber ausschließlich von einem entgeltlichen Guthabensbegriff auszugehen, stellt er doch allein auf das Regelarbeitsentgelt und den darauf entfallenden Gesamtsozialversicherungsbeitrag ab. Hinzuzurechnen ist noch der auf das Wertguthaben entfallende AG-anteil am Gesamtsozialversicherungsbeitrag. Dieser Anteil am Versicherungsbeitrag gehört aber – auch nach der Neufassung der §§ 7d f. SGB IV – nicht zum Vermögen des AN, auch wenn er dem Wertguthaben zugeschlagen sein soll. Ebenso gehören, wie sich auch aus Abs. 2 ergibt, nicht zum Wertguthaben Leistungen des AG nach § 3 Abs. 1 Nr. 1a und b sowie nach § 4 Abs. 2 und schließlich Zahlungen des AG nach § 187a SGB VI. Solche **zusätzlichen AG-Leistungen** bleiben, weil sie vom AN nicht durch Arbeitsleistung erzielt werden, außer Betracht.

C. Höhe des Wertguthabens

9 Zu sichern ist das durch Vorleistung zu beanspruchende Regelarbeitsentgelt einschließlich des Gesamtsozialversicherungsbeitrags für die Phase der Freistellung. Vielfach sehen TV – und dem folgend die arbeitsvertragliche Umsetzung – eine bei Altersteilzeit typische, aber auch altersteilzeitspezifische „Kürzung" des Wertguthabens vor. Kann das Altersteilzeitverhältnis nicht vereinbarungsgemäß abgewickelt werden, erhält der AN das Wertguthaben abzüglich des bereits gewährten Aufstockungsbetrags ausgezahlt.

10 Der dem zugrunde liegende Gedanke ist sachlich begründet. Er geht weniger von der Insolvenz des AG als vielmehr von solchen Störungen aus, die aus der Sphäre des in Altersteilzeit befindlichen AN herrühren und die Abwicklung des Altersteilzeitverhältnisses unmöglich machen. Das Gesetz umschreibt dies in § 23b SGB IV als **Störfall** (vgl. Kommentierung zu § 23b SGB IV):[8] Das Guthaben aus der vorgeleisteten Arbeit und dem darauf entfallenden Gesamtsozialversicherungsbeitrag des AG kann nicht durch Freizeit ausgeglichen werden. In diesem Fall muss das Sozialversicherungsrecht, solange es dem Entstehungs- und nicht dem Zuflussprinzip folgt, eine abrechnungstechnische Lösung vorsehen, soweit dem AN noch Entgelt für Arbeitsleistung aus zurückliegenden Zeiträumen zusteht, aber nicht mehr bestimmungsgemäß verwendet werden kann. Diese Aufgabe kommt § 23b SGB IV zu. Danach werden – vereinfacht – zurückliegende Zeiträume mit Arbeitsentgelt und dem daraus berechneten Sozialversicherungsbeitrag von AG und AN belegt.[9] Zur Abrechnung solcher Störfälle bietet sich vor allem das sog. **Summenfelder Modell** an. So kann sichergestellt werden, dass der AG für den AN die Summe der noch ausstehenden Beiträge für alle Zweige der Sozialversicherung erbringt. Dies gilt mit Einschränkungen für den im Rahmen der Altersteilzeit bereits aufgestockten Rentenversicherungsbeitrages gem. § 10 Abs. 5 auch für das Altersteilzeitarbeitsverhältnis.

11 Sozialversicherungsrechtlich stellt § 8a klar, dass die dem AN gewährten **Aufstockungsbeträge** nicht bei der Ermittlung der vom AG an die Sozialversicherung zu entrichtenden Beiträge abgezogen werden dürfen. Grundlage der Ermittlung des Sozialversicherungsbeitrags ist also das Arbeitszeitguthaben, das sich auch dann ergeben würde, wenn der AN nicht Altersteilzeit gearbeitet haben würde, sondern ein entsprechendes Langzeitarbeitskonto aufgebaut hätte. Diese Klarstellung soll sicherstellen, dass auch dann, wenn das Wertguthaben keinen Anspruch auf Arbeitsentgelt

---

7 *Langenbrink*, ZTR 2004, 222, 223.
8 *Nimscholz/Oppermann/Ostrowicz*, Altersteilzeit, 4. Auflage, S. 191.

9 *Nimscholz/Oppermann/Ostrowicz*, Altersteilzeit, 4. Auflage, S. 191; *Kallhoff*, NZA 2004, 692 (694).

mehr ausweist, es noch sozialversicherungspflichtige virtuelle Entgeltbestandteile umfasst und der darauf entfallende Sozialversicherungsbeitrag zu sichern ist.

D. Die arbeitsrechtliche Bedeutung der Vorschrift für das Wertguthaben

Mit der sozialversicherungsrechtlichen Betrachtung ist aber keine abschließende Antwort auf die Frage gefunden, was für die arbeitsvertragliche Austauschbeziehung gilt. Auch nach der Einfügung von § 8a ist mit der wohl herrschenden Meinung davon auszugehen, dass arbeitsrechtlich zwischen dem Altersteilzeitarbeitnehmer und demjenigen AN, der nicht in Altersteilzeit tätig ist, eine Unterscheidung beim Entgelt (nicht bei der Aufstockung) aus dem Sinn des AltersteilzeitG gerechtfertigt werden kann.[10] Der AG ist insoweit berechtigt, die Altersteilzeitaufstockungsbeträge auf das Arbeitsentgelt vom Wertguthaben abzuziehen. Dies reduziert den zu sichernden Betrag. AG und AN bleiben also frei (zumeist auf der Grundlage eines TV) zu vereinbaren, dass das an Arbeitsentgelt geschuldete Wertguthaben abzüglich der erhaltenen Aufstockungsbeträge auf das Arbeitsentgelt definiert wird.[11] Durch eine solche Vereinbarung ist auch die sicherungspflichtige Höhe des Wertguthabens hinlänglich beschrieben: Worauf im Störfall kein Leistungsanspruch besteht, das muss auch nicht gesichert werden.[12] Andernfalls käme es zu einer gesetzlich nicht verlangten Übersicherung. Die abweichende Auffassung des LAG Hamm[13] vermag nicht zu überzeugen. Dies liegt schon darin begründet, dass das G den Begriff des Arbeitsentgelts zu weit fasst. Die Aufstockungsbeträge sind keine Abgeltung erbrachter Arbeit, sondern sie dienen der sozialen Absicherung des AN. Der Entgeltausfall soll minimiert werden. Das allein ist auch der Grund dafür, dass die BA die Aufstockung im Förderfall erstattet.

Ob auch der rentenrechtliche Unterschiedsbetrag nach § 3 Abs. 1 Nr. 1 Buchst. b als Abzugsposten nicht in Betracht kommt, ist danach offen, da nach herrschender und vom BAG geteilter Auffassung dieser Unterschiedsbetrag nicht dem Vermögen des AN zufließt; wenn er auch seinem Vermögen zuzurechnen ist, ist seine Eignung als Verrechnungsposten zumindest ungeeignet.[14]

Die Bedeutung der spezifischen auf das Altersteilzeitvertragsverhältnis bezogenen Regelung der Insolvenzsicherung beschränkt sich nach all dem auf die Absicherung des sozialversicherungsrechtlichen Wertguthabens. Bezogen auf dieses war schon bisher herrschende Meinung, dass ein Abzug der erbrachten **Aufstockungsbeträge** grundsätzlich unzulässig ist. Eine Ausnahme galt nur für den Unterschiedsbetrag zur Rentenversicherung Dies ergab sich bereits aus § 10 Abs. 5, nach dem der noch ausstehende **Rentenversicherungsbetrag** um den erhöhten Rentenversicherungsbeitrag des Altersteilzeitarbeitnehmers reduziert wird.

I. Arten der Sicherung

Die Sicherung muss dem Sicherungszweck angemessen sein. Rückstellungen sowie zwischen Konzernunternehmen im Sinne des § 19 AktG begründete Einstandspflichten wie beispielhaft im Gesetz genannte **Bürgschaften, Patronatserklärungen oder ein Schuldbeitritt** scheiden aus.

Dass **bilanzielle Rückstellungen** keine geeignete Sicherheit sind, war schon zu § 7d SGB IV unbestritten. Insoweit beinhaltet die Regelung nichts Neues. Anders sieht dies für konzerninterne Regelungen aus. Diese wurden weitgehend als adäquates Sicherungsmittel anerkannt. Für Altersteilzeiteintritte ab dem 1.7.2004 ist dies nun nicht mehr der Fall. Die Einschränkung gilt allerdings – auch dies dürfte selbstverständlich sein – nicht, soweit Konzerntöchter anderen Töchtern oder die Konzernmutter eigene marktgängige Produkte zur Sicherung anbieten.[15] Ein Versicherungskonzern kann demnach auch oder gerade künftig sein Portfolio an Angeboten, wie z.B. eine Kautionsversicherung, dem Konzern verbundenen Unternehmen andienen.

II. Die Nachweispflicht

Den AG trifft eine **Nachweispflicht** über die Art der zur Sicherung des Wertguthabens ergriffenen Maßnahmen nach Abs. 3. Dem AN sind die zur Sicherung ergriffenen Maßnahmen mit der **ersten Gutschrift** und danach alle sechs Monate in **Textform** nachzuweisen. AG und AN können eine andere gleichwertige Form und Art des Nachweises vereinbaren.

Der Begriff der Textform ist in § 126b BGB legal definiert. Danach reicht eine Erklärung, die zur dauerhaften Wiedergabe in Schriftzeichen geeigneter Weise erkennbar gemacht werden kann. Diese Voraussetzung erfüllt auch eine ausdruckfähige E-Mail.

---

10 *Kallhoff*, NZA 2004, 692 (696); im Ergebnis ebenso BAG 14.10.2003 – 9 AZR 146/03 – DB 2004, 13270; wohl auch *Rolfs*, NZS 2004, 561 (563).

11 So wohl auch: BAG 18.11.2003 – 9 AZR 270/03 – NZA 2004, 1223 = DB 2004, 1322; vorgehend LAG Baden-Württemberg 13.3.2003 – 3 Sa 30/02 – LAGReport 2003, 257.

12 A.A.: *Rolfs*, NZS 2004, 561 (564); *Kallhoff*, NZA 2004, 692 (696).

13 LAG Hamm 12.12.2007 – 3 Sa 1468/07– juris.

14 BAG 18.11.2003 – 9 AZR 270/03 – DB 2004, 1322.

15 *Podewin*, FA 2004, 107.

19 Darüber hinaus kann in einer BV eine andere gleichwertige Form und Art des Nachweises geregelt werden. Dies gilt – der Gesetzestext enthält insoweit keine abweichenden Anhaltspunkte – sowohl für die Art und Weise des Nachweises, wie auch für die Zeitachse. In einer BV kann demnach auch ein längerer Abstand zwischen den Nachweisen oder sogar nur der einmalige Nachweis, ebenso wie der Nachweis allein gegenüber dem BR, vereinbart werden.[16]

III. Sicherheitsleistung qua Gesetz

20 Erfüllt der AG die Nachweispflicht oder seine Pflicht zur Insolvenzsicherung nicht, hat der AN Anspruch darauf, dass Sicherheit in Höhe des bestehenden Wertguthabens geleistet wird. Die **Sicherheitsleistung** kann in diesem Fall durch Stellung eines tauglichen **Bürgen** oder **Hinterlegung** von Geld oder solchen Wertpapieren geleistet werden, die als mündelsicher gelten. Auf die gesetzliche Sicherungsleistung finden die §§ 233 ff. BGB entsprechende Anwendung.

21 Umstritten ist die Frage, ob ein Verstoß gegen die Pflicht zur Insolvenzsicherung über diesen Anspruch hinausgehende Konsequenzen für **Organvertreter** hat.[17] Dies wird richtigerweise zu verneinen sein. Der Gesetzgeber hat bisher trotz gegenteiliger Stimmen in der Literatur[18] davon Abstand genommen, die Infizierung des Altersteilzeitvertrags durch das Fehlen einer Insolvenzsicherung anzuordnen. Der Umstand, dass eine Sicherheitsleistung eingeklagt werden kann, genügt dem Sicherungsinteresse des AN. Das Fehlen einer Insolvenzsicherung hat demnach keine Auswirkungen auf den Bestand des Altersteilzeitvertrags als solchen.[19] Entsprechendes wird man für eine zivilrechtliche Haftung nach § 823 Abs. 2 BGB mit § 8a und eine **strafrechtliche Sanktionierung** nach § 266a StGB anzunehmen haben. Die genannten Tatbestände würden in bedenklicher Weise überdehnt, wenn schon die fehlende Sicherung entsprechende Konsequenzen nach sich ziehen sollte.[20]

Das BAG bestätigt diese richtige Rechtsauffassung grds. in zwei Entscheidungen aus dem Jahre 2007.[21] Allerdings kann eine **persönliche** Haftung dann in Betracht kommen, wenn der GF in besonderer Weise Vertrauen in Anspruch nimmt oder in betrügerischer Weise eine Insolvenzsicherung vorspiegelt.[22] Diese Voraussetzungen werden im Regelfall nicht vorliegen.

Die Entscheidung des BAG vom 21.11.2006[23] führt zu keinem anderen Ergebnis. Allerdings besteht das Risiko, dass das BAG bei Anwendung des § 8a eher geneigt ist, eine persönliche Haftung der Geschäftsführung oder des Vorstands herzuleiten. Die Urteilsbegründung kann als Hinweis hierzu verstanden werden. Denn die Rspr. hat nur zu der nach altem Recht zu beurteilenden Insolvenzsicherungspflicht nach § 7d SGB IV entschieden. Fälle, auf die der durch Art. 95 Nr. 7 des Gesetzes v. 23.12.2003[24] zum 1.7.2004 in Kraft getretene verschärfte Insolvenzschutz aus § 8a anzuwenden war, hat das BAG bisher noch nicht entschieden.

Im Unterschied zur Regelung der Sicherung des Wertguthabens in § 7b SGB IV in der Fassung vor dem 1.1.2009 sind in § 8a dem AG konkrete Handlungspflichten aufgegeben. Daher bestand bis zum Inkrafttreten des § 7e SGB IV die Möglichkeit, dass das BAG der in § 8a näher ausgestalteten Insolvenzsicherungspflicht den Charakter eines **Schutzgesetzes** i.S.d. § 823 Abs. 2 BGB hätte beimessen können. Nachdem mit Wirkung vom 1.1.2009 an aber der Gesetzgeber für die Insolvenzsicherung von Wertguthaben außerhalb der Altersteilzeit ausdrücklich eine **„Durchgriffshaftung"** gegenüber den Organen einer juristischen Person in § 7e Abs. 7 normiert hat, scheint die Frage abschließend beantwortet: Eine Haftung des Organs aus § 8a ist weder wirtschaftlich notwendig, noch rechtlich herleitbar.

22 Im Übrigen finden (vgl. Rn 2) die Vorschriften des § 7e SGB IV nF. auf Altersteilzeit-Arbverh keine Anwendung; weder kann also der AN noch die deutsche Rentenversicherung Bund die **Auflösung des Wertguthabens** nach den Abs. 5 oder 6 erzwingen.

IV. Abweichende Vereinbarungen

23 Zu Lasten des AN kann von den Vorschriften zur Insolvenzsicherung nicht abgewichen werden. Dies gilt sowohl für Abweichungen durch arbeitsvertragliche Bestimmungen wie auch für solche Abweichungen, die in TV vereinbart werden. Die Vorschrift ist insoweit besonders fragwürdig. Der weitaus überwiegende Teil aller Altersteilzeitarbeitsverträge wird im Blockmodell und daher – aufgrund der Gesetzeslage bis zum 1.1.2000 – auf der Grundlage von TV geschlossen. Diese TV sind quasi über Nacht zum 1.7.2004 insoweit entwertet worden. Eine Begründung hierfür findet sich im Gesetz nicht. Da die Sicherung aber auf das um den Aufstockungsbetrag verminderte Wertguthaben beschränkt werden kann und zwingend nur für den Sozialversicherungsbeitrag vorgesehen ist, dürfte sich der Gesetz-

---

16 So wohl auch *Rolfs*, NZS 2004, 561 (566); a.A.: *Gaul/Süßbrich*, ArbRB 2004, 149, 151.
17 Vgl. Küttner/*Schlegel*, Personalhandbuch 2006, Wertguthaben/Zeitguthaben, Rn 17; *Hanau*, ZIP 2002, 2028, 2032; *Diller*, NZA 1998, 792, 795.
18 Überblick bei *Leisbrock*, Altersteilzeitarbeit, S. 335.
19 *Leisbrock*, Altersteilzeitarbeit, S. 335; so für § 7d SGB IV zuletzt auch BAG 21.11.2006 – 9 AZR 206/06 – n.v.
20 Dies gilt auch in Ansehung der Rspr. des BGH zu § 266a StGB vom 21.1.1997 – VI ZR 338/95 – NJW 1997, 1237. So zu Recht auch LAG Düsseldorf 16.11.2007 – 9 (6) Sa 96/04 – juris und LAG München 30.7.2008 – 9 Sa 271/08 – juris.
21 BAG 13.2.2007 – 9 AZR 106/06 und 9 AZR 207/06.
22 BAG 13.2.2007 – 9 AZR 207/06, Rn 15, 24 ff.
23 9 AZR 206/06, Rn 43.
24 BGBl I 2848.

geber gerade noch in dem durch Art. 9 Abs. 3 GG vorgegebenen Rahmen gehalten haben. Er überschreitet seine Regelungsbefugnis aufgrund dieses engen Anwendungsbereiches nicht. Im Umkehrschluss lässt sich damit auch aus Abs. 5 ableiten, dass das Wertguthaben nach dem Anrechnungsverbot in Abs. 2 nur den sozialversicherungsrechtlichen Anteil und nicht den Arbeitsentgeltanteil meinen kann.[25]

E. Unanwendbarkeit gegenüber nicht insolvenzfähigen juristischen Personen

Mit Abs. 6 hat der Gesetzgeber für sich selbst und für alle nicht insolvenzfähigen juristischen Personen eine Ausnahmevorschrift geschaffen. Für sie bleibt es auch künftig bei der Insolvenzsicherungsfreiheit. Auch die Vorschrift des § 7e SGB IV findet auf diese keine Anwendung.

24

F. Beraterhinweis

Bei Altersteilzeitvereinbarungen sollte – um Verunsicherungen und Rechtsunsicherheit zu vermeiden – auf klare Regelungen zur Insolvenzsicherung geachtet werden. Die Pflicht zur Insolvenzsicherung kann ausdrücklich Gegenstand des Arbeitsvertrags sein. Dies bietet sich an, um Haftungsfragen gar nicht erst aufkommen zu lassen. Gegenstand einer solchen Vereinbarung kann dabei auch die Frage sein, ob aus der Altersteilzeitvereinbarung weitere – die Abwicklung der Altersteilzeit nicht konterkarierende – Freistellungsmöglichkeiten sind. Eine solche Vereinbarung kann sich vor dem Hintergrund von § 7c SGB IV empfehlen, wenn man die Altersteilzeit öffnen will. Vom Gesetzeszweck findet § 7c SGB I unmittelbar keine Anwendung auf Altersteilzeitvereinbarungen. Das AltersteilzeitG ist auch insoweit lex specialis.

25

§ 9   Ausgleichskassen, gemeinsame Einrichtungen

(1) Werden die Leistungen nach § 3 Abs. 1 Nr. 1 auf Grund eines Tarifvertrages von einer Ausgleichskasse der Arbeitgeber erbracht oder dem Arbeitgeber erstattet, gewährt die Bundesagentur auf Antrag der Tarifvertragsparteien die Leistungen nach § 4 der Ausgleichskasse.
(2) Für gemeinsame Einrichtungen der Tarifvertragsparteien gilt Absatz 1 entsprechend.

§ 10   Soziale Sicherung des Arbeitnehmers

(1) [1]Beansprucht ein Arbeitnehmer, der Altersteilzeitarbeit (§ 2) geleistet hat und für den der Arbeitgeber Leistungen nach § 3 Abs. 1 Nr. 1 erbracht hat, Arbeitslosengeld oder Arbeitslosenhilfe, erhöht sich das Bemessungsentgelt, das sich nach den Vorschriften des Dritten Buches Sozialgesetzbuch ergibt, bis zu dem Betrag, der als Bemessungsentgelt zugrunde zu legen wäre, wenn der Arbeitnehmer seine Arbeitszeit nicht im Rahmen der Altersteilzeit vermindert hätte. [2]Kann der Arbeitnehmer eine Rente wegen Alters in Anspruch nehmen, ist von dem Tag an, an dem die Rente erstmals beansprucht werden kann, das Bemessungsentgelt maßgebend, das ohne die Erhöhung nach Satz 1 zugrunde zu legen gewesen wäre. [3]Änderungsbescheide werden mit dem Tag wirksam, an dem die Altersrente erstmals beansprucht werden konnte.
Bei Beginn der Altersteilzeit vor dem 1.7.2004:
(1) [1]Beansprucht ein Arbeitnehmer, der Altersteilzeitarbeit (§ 2) geleistet hat und für den der Arbeitgeber Leistungen nach § 3 Abs. 1 Nr. 1 erbracht hat, Arbeitslosengeld, Arbeitslosenhilfe oder Unterhaltsgeld, erhöht sich das Bemessungsentgelt, das sich nach den Vorschriften des Dritten Buches Sozialgesetzbuch ergibt, bis zu dem Betrag, der als Bemessungsentgelt zugrunde zu legen wäre, wenn der Arbeitnehmer seine Arbeitszeit nicht im Rahmen der Altersteilzeit vermindert hätte. [2]Kann der Arbeitnehmer eine Rente wegen Alters in Anspruch nehmen, ist von dem Tag an, an dem die Rente erstmals beansprucht werden kann, das Bemessungsentgelt maßgebend, das ohne die Erhöhung nach Satz 1 zugrunde zu legen gewesen wäre. [3]Änderungsbescheide werden mit dem Tag wirksam, an dem die Altersrente erstmals beansprucht werden konnte.
(2) [1]Bezieht ein Arbeitnehmer, für den die Bundesagentur Leistungen nach § 4 erbracht hat, Krankengeld, Versorgungskrankengeld, Verletztengeld oder Übergangsgeld und liegt der Bemessung dieser Leistungen ausschließlich die Altersteilzeit zugrunde oder bezieht der Arbeitnehmer Krankentagegeld von einem privaten Krankenversicherungsunternehmen, erbringt die Bundesagentur anstelle des Arbeitgebers die Leistungen

---

25 So im Ergebnis auch *Rolfs*, NZS 2004, 561, 566 f.; zweifelnd auch von *Ahsen/Noelle*, DB 2003, 1384, 1386; so auch überzeugend *Kallhoff*, NZA 2004, 692, 696.

nach § 3 Abs. 1 Nr. 1 in Höhe der Erstattungsleistungen nach § 4. ²Satz 1 gilt soweit und solange nicht, als Leistungen nach § 3 Abs. 1 Nr. 1 vom Arbeitgeber erbracht werden. ³Durch die Leistungen darf der Höchstförderzeitraum nach § 4 Abs. 1 nicht überschritten werden. ⁴§ 5 Abs. 1 gilt entsprechend.

Bei Beginn der Altersteilzeit vor dem 1.7.2004:

(2) *¹Bezieht ein Arbeitnehmer, für den die Bundesanstalt Leistungen nach § 4 erbracht hat, Krankengeld, Versorgungskrankengeld, Verletztengeld oder Übergangsgeld und liegt der Bemessung dieser Leistungen ausschließlich die Altersteilzeit zugrunde oder bezieht der Arbeitnehmer Krankentagegeld von einem privaten Krankenversicherungsunternehmen, erbringt die Bundesanstalt anstelle des Arbeitgebers die Leistungen nach § 3 Abs. 1 Nr. 1 in Höhe der Erstattungsleistungen nach § 4. ²Durch die Leistungen darf der Höchstförderzeitraum nach § 4 Abs. 1 nicht überschritten werden. ³§ 5 Abs. 1 gilt entsprechend.*

(3) Absatz 2 gilt entsprechend für Arbeitnehmer, die nur wegen Inanspruchnahme der Altersteilzeit nach § 2 Abs. 1 Nummer 1 und 2 des Zweiten Gesetzes über die Krankenversicherung der Landwirte versicherungspflichtig in der Krankenversicherung der Landwirte sind, soweit und solange ihnen Krankengeld gezahlt worden wäre, falls sie nicht Mitglied einer landwirtschaftlichen Krankenkasse geworden wären.

(4) Bezieht der Arbeitnehmer Kurzarbeitergeld, gilt für die Berechnung der Leistungen des § 3 Abs. 1 Nr. 1 und des § 4 das Entgelt für die vereinbarte Arbeitszeit als Arbeitsentgelt für die Altersteilzeitarbeit.

(5) ¹Sind für den Arbeitnehmer Aufstockungsleistungen nach § 3 Absatz 1 Nr. 1 Buchstabe a und b gezahlt worden, gilt in den Fällen der nicht zweckentsprechenden Verwendung von Wertguthaben für die Berechnung der Beiträge zur gesetzlichen Rentenversicherung der Unterschiedsbetrag zwischen dem Betrag, den der Arbeitgeber der Berechnung der Beiträge nach § 3 Abs. 1 Nr. 1 Buchstabe b zugrunde gelegt hat, und dem Doppelten des Regelarbeitsentgelts bis zum Zeitpunkt der nicht zweckentsprechenden Verwendung, höchstens bis zur Beitragsbemessungsgrenze, als beitragspflichtige Einnahme aus dem Wertguthaben; für die Beiträge zur Krankenversicherung, Pflegeversicherung oder nach dem Recht der Arbeitsförderung gilt § 23b Abs. 2 bis 3 des Vierten Buches Sozialgesetzbuch. ²Im Falle der Zahlungsunfähigkeit des Arbeitgebers gilt Satz 1 entsprechend, soweit Beiträge gezahlt werden.

Bei Beginn der Altersteilzeit vor 1.7.2004:

(5) *¹Sind für den Arbeitnehmer Aufstockungsbeträge zum Arbeitsentgelt und Beiträge zur gesetzlichen Rentenversicherung für den Unterschiedsbetrag zwischen dem Arbeitsentgelt für die Altersteilzeitarbeit und mindestens 90 vom Hundert des bisherigen Arbeitsentgelts nach § 3 Abs. 1 gezahlt worden, gilt in den Fällen der nicht zweckentsprechenden Verwendung von Wertguthaben für die Berechnung der Beiträge zur gesetzlichen Rentenversicherung der Unterschiedsbetrag zwischen dem Betrag, den der Arbeitgeber der Berechnung der Beiträge nach § 3 Abs. 1 Nr. 1 Buchstabe b zugrunde gelegt hat, und 100 vom Hundert des bis zu dem Zeitpunkt der nicht zweckentsprechenden Verwendung erzielten bisherigen Arbeitsentgelts als beitragspflichtige Einnahme aus dem Wertguthaben; für die Beiträge zur Krankenversicherung, Pflegeversicherung oder nach dem Recht der Arbeitsförderung gilt § 23b Abs. 2 und 3 des Vierten Buches Sozialgesetzbuch. ²Im Falle der Zahlungsunfähigkeit des Arbeitgebers gilt Satz 1 entsprechend, soweit Beiträge gezahlt werden.*

A. Allgemeines 1	III. Bezug von Kurzarbeitergeld oder Winterausfallgeld (Abs. 4) 6
B. Regelungsgehalt 2	IV. Sozialversicherungsbeiträge bei vorzeitiger Beendigung (Abs. 5) 7
I. Arbeitslosengeldanspruch bei vorzeitiger Beendigung der Altersteilzeit (Abs. 1) 2	
II. Aufstockungsleistungen durch die BA bei Langzeiterkrankungen (Abs. 2 und 3) 3	

A. Allgemeines

1 Die Vorschrift schützt den Altersteilzeit-AN vor Nachteilen, die er erleiden würde, wenn bei Bemessung seines Arbeitslosengeld- bzw. Krankengeldanspruches nur das halbierte Altersteilzeitarbeitsentgelt ohne Aufstockungsbeträge zugrunde gelegt wird. Da im Rahmen des Blockmodells die Abführung der Sozialversicherungsbeiträge ausnahmsweise nicht an den Zeitpunkt der Entstehung des Arbeitsentgeltanspruchs, sondern an den Zeitpunkt der Auszahlung des Arbeitsentgelts anknüpft (vgl. § 7 Abs. 1a SGB IV), bestimmt Abs. 5 für den Fall der vorzeitigen Beendigung der Altersteilzeit im Blockmodell ein besonderes Verfahren zur Berechnung der ausstehenden Rentenversicherungsbeiträge.

B. Regelungsgehalt

I. Arbeitslosengeldanspruch bei vorzeitiger Beendigung der Altersteilzeit (Abs. 1)

2 Abs. 1 legt fest, auf welcher Basis das Arbeitslosengeld zu berechnen ist, wenn die Altersteilzeit z.B. wegen Insolvenz des AG vorzeitig beendet wurde. Für den Zeitraum bis zum Erreichen eines möglichen Rentenzugangs richtet

sich die Bemessungsgrundlage für das Arbeitslosengeld dann ausnahmsweise nicht nach dem halbierten (Altersteilzeit-)Arbeitsentgelt, sondern nach dem fiktiven vollen Arbeitsentgelt, das der Altersteilzeit-AN ohne Halbierung seiner Arbeitszeit erhalten hätte. Diese Privilegierung gilt nur so lange, bis der Arbeitslose eine (geminderte) Altersrente beanspruchen kann.[1] Soweit die Arbeitslosigkeit bereits während der Arbeitsphase im Blockmodell eingetreten ist, legt die BA das höhere Bemessungsentgelt allerdings auch nach Entstehen des Anspruchs auf Rentenzugang weiterhin zugrunde.[2]

II. Aufstockungsleistungen durch die BA bei Langzeiterkrankungen (Abs. 2 und 3)

Die Vorschrift bestimmt, unter welchen Voraussetzungen die BA nach Ablauf des gesetzlichen Entgeltfortzahlungsanspruchs anstelle des AG den Aufstockungsbetrag und den zusätzlichen RV-Beitrag zahlt. Da die Aufstockungsleistungen des AG bei der Bemessung des Krankengeldes außen vor bleiben, fällt das Krankengeld in der Regel sehr niedrig aus. Liegt der Bemessung des Krankengeldes bzw. der sonstigen in S. 1 genannten Entgeltersatzleistungen ausschließlich die Altersteilzeit zugrunde, übernimmt die BA zur Sicherung des AN die Zahlung der Aufstockungsleistungen, allerdings nur im gesetzlichen Mindestumfang (vgl. § 3 Abs. 1). Die BA tritt darüber hinaus nur ein, wenn sie für den AN bereits einmal Erstattungsleistungen (§ 4) erbracht hat. Das setzt u.a. voraus, dass der AG den freigewordenen Arbeitsplatz wiederbesetzt hat. Die Aufstockungsleistungen werden von der BA auch dann weiterhin erbracht, wenn während der Zeit des Bezugs der Entgeltersatzleistung die Wiederbesetzung nicht mehr aufrechterhalten werden kann.[3] Da die Wiederbesetzung im Blockmodell erst mit Beginn der Freistellungsphase wirksam wird, zahlt die BA bei einem Krankengeldbezug in der Arbeitsphase die Aufstockungsleistungen erst zeitlich versetzt mit Beginn der Freistellungsphase.

Nach dem zum 1.7.2004 neu eingefügten S. 2[4] hat der Altersteilzeit-AN nur noch dann einen eigenen Anspruch gegen die BA, wenn der AG während des Krankengeldbezugs keine Aufstockungsleistungen erbracht hat. Im Falle der Leistung durch den AG hat dieser nunmehr einen eigenen (Erstattungs-) Anspruch gegen die BA. Die Leistungen werden jeweils auf Antrag monatlich nachträglich ausgezahlt (§ 12 Abs. 2 S. 4). Bei Altersteilzeitarbeitsverhältnissen, die nach dem 30.6.2004 begonnen haben, besteht daher keine Notwendigkeit mehr, dass sich der AG zur Vereinfachung des Auszahlungsverfahrens den Anspruch des AN gegen die BA abtreten lässt. Die S. 3 und 4 stellen klar, dass mit der Übernahme der Aufstockungsleistungen durch die BA keine weiteren Besserstellungen verbunden sind. Insbesondere darf der Höchstförderzeitraum von sechs Jahren nicht überschritten werden.

Nach **Abs. 3** ist eine Übernahme der Aufstockungsleistungen durch die BA grundsätzlich auch bei Altersteilzeit-AN möglich, die nur deshalb kein Krankengeld erhalten, weil sie in der Krankenversicherung der Landwirte versicherungspflichtig sind.

III. Bezug von Kurzarbeitergeld oder Winterausfallgeld (Abs. 4)

Für die Höhe der Aufstockungsleistungen des AG und die Erstattungsleistungen der BA ist es unerheblich, ob der AN während der Altersteilzeit Kurzarbeitergeld oder Winterausfallgeld bezieht. Auch in diesen Fällen ist weiterhin das (Regel-)Arbeitsentgelt für die vereinbarte halbierte Arbeitszeit zugrunde zu legen.

IV. Sozialversicherungsbeiträge bei vorzeitiger Beendigung (Abs. 5)

Wird Altersteilzeit im Blockmodell vorzeitig beendet und kann deshalb das bereits erwirtschaftete Wertguthaben nicht mehr für Freistellungsphase „zweckentsprechend" verwendet werden (sog. **Störfall**), gilt für das noch nicht ausgezahlte Wertguthaben eine besondere Beitragsberechnung. Abs. 5 regelt die beitragsrechtliche Behandlung für den Bereich der Rentenversicherung. Für die anderen Sozialversicherungszweige verweist das Gesetz auf die Vorschriften des § 23b Abs. 2 bis 3 SGB IV. Die unterschiedliche Behandlung der einzelnen Versicherungszweige ist erforderlich, weil der AG für die Rentenversicherung im Unterschied zu den anderen Sozialversicherungszweigen bereits von Anfang an zusätzliche Beiträge abgeführt hat.

Generell müssen bei Eintritt eines Störfalles Sozialversicherungsbeiträge abgeführt werden, die bei ordnungsgemäßer Fortführung der Altersteilzeit wegen § 23b Abs. 1 SGB IV erst zu einem späteren Zeitpunkt fällig gewesen wären. Berechnungsgrundlage für die im Störfall zu entrichtenden Beiträge ist das bereits erarbeitete, aber noch nicht zur Auszahlung gelangte Arbeitsentgelt. Die Berechnungsgrundlage wird begrenzt auf die verbleibende positive (Gesamt-) Differenz zwischen dem bereits ausgezahlten Arbeitsentgelt und der Beitragsbemessungsgrenze des jeweiligen Versicherungszweiges. Insoweit ist zu ermitteln, inwieweit für die Abführung von weiteren Sozialversiche-

---

1 BSG 15.12.2005 – B 7a AL 30/05 R – juris.
2 DA der BA v. 1.11.2008, § 10 Ziff. 10.1, im Internet abrufbar unter www.arbeitsagentur.de und hier unter Unternehmen/Finanzielle Hilfen/Beschäftigung Älterer/Altersteilzeitgesetz.
3 DA der BA v. 1.11.2008, § 10 Ziff. 10.2.1 Abs. 5.
4 Art. 95 des Dritten Gesetzes für Modernisierungen am Arbeitsmarkt v. 27.12.2003, BGBl I 2833.

rungsbeiträgen noch „Luft" besteht (SV-Luft).[5] Bei der Berechnung der Beiträge zur Rentenversicherung ist die Differenz zwischen dem Doppelten des Regelarbeitsentgelts und dem Betrag zugrunde zu legen, für den bereits Beiträge abgeführt wurden (Regelarbeitsentgelt plus 80 % vom Regelarbeitsentgelt).

9 Wurde mit der Altersteilzeit vor dem 1.7.2004 begonnen (sog. **Altfall**), ist aufgrund der alten Gesetzeslage auf die Differenz zwischen dem Arbeitsentgelt, für das bereits Beiträge abgeführt wurden, und dem Betrag abzustellen, der einem Betrag von 90 Prozent des „bisherigen Arbeitsentgelts" (§ 6 Abs. 1 a.F.) entspricht. Die Feststellung der Gesamtdifferenz erfolgt jeweils für die Zeit vom Beginn der Altersteilzeit bis zum Eintritt des Störfalles und berücksichtigt – anders als in den übrigen Sozialversicherungszweigen – somit auch die Zeit der Freistellungsphase.[6]

§ 11 Mitwirkungspflichten des Arbeitnehmers

(1) ¹Der Arbeitnehmer hat Änderungen der ihn betreffenden Verhältnisse, die für die Leistungen nach § 4 erheblich sind, dem Arbeitgeber unverzüglich mitzuteilen. ²Werden im Fall des § 9 die Leistungen von der Ausgleichskasse der Arbeitgeber oder der gemeinsamen Einrichtung der Tarifvertragsparteien erbracht, hat der Arbeitnehmer Änderungen nach Satz 1 diesen gegenüber unverzüglich mitzuteilen.

(2) Der Arbeitnehmer hat der Bundesagentur die dem Arbeitgeber zu Unrecht gezahlten Leistungen zu erstatten, wenn der Arbeitnehmer die unrechtmäßige Zahlung dadurch bewirkt hat, daß er vorsätzlich oder grob fahrlässig
1. Angaben gemacht hat, die unrichtig oder unvollständig sind, oder
2. der Mitteilungspflicht nach Absatz 1 nicht nachgekommen ist.

²Die zu erstattende Leistung ist durch schriftlichen Verwaltungsakt festzusetzen. ³Eine Erstattung durch den Arbeitgeber kommt insoweit nicht in Betracht.

A. Regelungsinhalt

1 Der AN hat alle Änderungen, die die Dauer und die Höhe des Erstattungsanspruchs des AG beeinflussen können, dem **AG unverzüglich mitzuteilen**. Erhebliche Änderungen sind etwa ein bestehender Anspruch auf eine ungeminderte Altersrente (§ 5 Abs. 1 Nr. 2) oder die Aufnahme einer mehr als geringfügigen Nebenbeschäftigung (§ 5 Abs. 3). Der AG hat den AN auf diese Mitteilungspflicht hinzuweisen und bestätigt dies im Anerkennungsantrag (§ 12 Abs. 1). Hat der AN durch falsche Angaben oder durch Unterlassung einer Mitteilung bewirkt, dass der AG zu Unrecht Erstattungsleistungen von der BA erhalten hat, muss der AN selbst die Erstattungsleistungen an die BA zurückzahlen. Dies gilt nicht bei leicht fahrlässiger Verletzung der Mitteilungspflicht. Alleiniger Schuldner des Rückzahlungsanspruchs der BA ist der AN. Eine Inanspruchnahme des AG etwa bei Zahlungsunfähigkeit des AN schließt das Gesetz ausdrücklich aus. Beruhen unrechtmäßige Erstattungsleistungen der BA auf Verschulden des AG, findet nicht § 11 Abs. 2, sondern die allgemeinen Vorschriften über die Rücknahme und den Widerruf von Verwaltungsakten (§§ 45, 48, 50 SGB X) Anwendung.

B. Beraterhinweis

2 Der Erstattungsanspruch der BA gegen den AN lässt die Verpflichtung des AG zur Zahlung des Arbeitsentgelts und der Aufstockungsverpflichtungen unberührt. Der AG sollte sich daher im Altersteilzeitvertrag unter Berücksichtigung des § 8 Abs. 2 entsprechende Erstattungs- und Schadensersatzansprüche vorbehalten.

§ 12 Verfahren

(1) ¹Die Agentur für Arbeit entscheidet auf schriftlichen Antrag des Arbeitgebers, ob die Voraussetzungen für die Erbringung von Leistungen nach § 4 vorliegen. ²Der Antrag wirkt vom Zeitpunkt des Vorliegens der Anspruchsvoraussetzungen, wenn er innerhalb von drei Monaten nach deren Vorliegen gestellt wird, andernfalls wirkt er vom Beginn des Monats der Antragstellung. ³In den Fällen des § 3 Abs. 3 kann die Agentur für Arbeit

---

5 Gemeinsames Rundschreiben der Sozialversicherungsträger v. 9.3.2004, S. 56, Aktualisierung bei Redaktionsschluss noch nicht abgeschlossen, im Internet abrufbar z.B. unter www.bkk.de/Arbeitgeber/Rundschreiben und Verlautbarungen der Spitzenorganisationen.

6 Gemeinsames Rundschreiben der Sozialversicherungsträger v. 9.3.2004, S. 56, Aktualisierung bei Redaktionsschluss noch nicht abgeschlossen, im Internet abrufbar z.B. unter www.bkk.de/Arbeitgeber/Rundschreiben und Verlautbarungen der Spitzenorganisationen.

auch vorab entscheiden, ob die Voraussetzungen des § 2 vorliegen. ⁴Mit dem Antrag sind die Namen, Anschriften und Versicherungsnummern der Arbeitnehmer mitzuteilen, für die Leistungen beantragt werden. ⁵Zuständig ist die Agentur für Arbeit, in deren Bezirk der Betrieb liegt, in dem der Arbeitnehmer beschäftigt ist. ⁶Die Bundesagentur erklärt eine andere Agentur für Arbeit für zuständig, wenn der Arbeitgeber dafür ein berechtigtes Interesse glaubhaft macht.

(2) ¹Die Höhe der Leistungen nach § 4 wird zu Beginn des Erstattungsverfahrens in monatlichen Festbeträgen für die gesamte Förderdauer festgelegt. ²Die monatlichen Festbeträge werden nur angepasst, wenn sich das berücksichtigungsfähige Regelarbeitsentgelt um mindestens 10 Euro verringert. ³Leistungen nach § 4 werden auf Antrag erbracht und nachträglich jeweils für den Kalendermonat ausgezahlt, in dem die Anspruchsvoraussetzungen vorgelegen haben. ⁴Leistungen nach § 10 Abs. 2 werden auf Antrag des Arbeitnehmers oder, im Falle einer Leistungserbringung des Arbeitgebers an den Arbeitnehmer gemäß § 10 Abs. 2 Satz 2, auf Antrag des Arbeitgebers monatlich nachträglich ausgezahlt.

Bei Beginn der Altersteilzeit vor dem 1.7.2004:
(2) ¹Leistungen nach § 4 werden nachträglich jeweils für den Kalendermonat ausgezahlt, in dem die Anspruchsvoraussetzungen vorgelegen haben, wenn sie innerhalb von sechs Monaten nach Ablauf dieses Kalendermonats beantragt werden. ²Leistungen nach § 10 Abs. 2 werden auf Antrag des Arbeitnehmers monatlich nachträglich ausgezahlt.

(3) ¹In den Fällen des § 3 Abs. 3 werden dem Arbeitgeber die Leistungen nach Absatz 1 erst von dem Zeitpunkt an ausgezahlt, in dem der Arbeitgeber auf dem freigemachten oder durch Umsetzung freigewordenen Arbeitsplatz einen Arbeitnehmer beschäftigt, der bei Beginn der Beschäftigung die Voraussetzungen des § 3 Abs. 1 Nr. 2 erfüllt hat. ²Endet die Altersteilzeitarbeit in den Fällen des § 3 Abs. 3 vorzeitig, erbringt die Agentur für Arbeit dem Arbeitgeber die Leistungen für zurückliegende Zeiträume nach Satz 3, solange die Voraussetzungen des § 3 Abs. 1 Nr. 2 erfüllt sind und soweit dem Arbeitgeber entsprechende Aufwendungen für Aufstockungsleistungen nach § 3 Abs. 1 Nr. 1 und § 4 Abs. 2 verblieben sind. ³Die Leistungen für zurückliegende Zeiten werden zusammen mit den laufenden Leistungen jeweils in monatlichen Teilbeträgen ausgezahlt. ⁴Die Höhe der Leistungen für zurückliegende Zeiten bestimmt sich nach der Höhe der laufenden Leistungen.

(4) ¹Über die Erbringung von Leistungen kann die Agentur für Arbeit vorläufig entscheiden, wenn die Voraussetzungen für den Anspruch mit hinreichender Wahrscheinlichkeit vorliegen und zu ihrer Feststellung voraussichtlich längere Zeit erforderlich ist. ²Aufgrund der vorläufigen Entscheidung erbrachte Leistungen sind auf die zustehende Leistung anzurechnen. ³Sie sind zu erstatten, soweit mit der abschließenden Entscheidung ein Anspruch nicht oder nur in geringerer Höhe zuerkannt wird.

A. Allgemeines 1	2. Altersteilzeitbeginn vor dem 1.7.2004 4
B. Regelungsgehalt 2	III. Besonderheiten im Blockmodell (Abs. 3) 5
I. Anerkennungsantrag (Abs. 1) 2	IV. Vorläufiger Erstattungsbescheid (Abs. 4) 7
II. Auszahlung der Erstattungsleistungen (Abs. 2) ... 3	**C. Beraterhinweis** 8
1. Altersteilzeitbeginn ab 1.7.2004 3	

A. Allgemeines

Die AA gewährt Erstattungsleistungen nach § 4 nur auf Antrag. Das Verfahren ist zweistufig aufgebaut. Auf Antrag des AG (Anerkennungsantrag nach Abs. 1) entscheidet die AA zunächst, ob die Voraussetzungen für die Erbringung von Förderleistungen dem Grunde nach vorliegen. Liegt eine dem Grunde nach förderfähige Altersteilzeit vor und hat der AG entsprechende Aufstockungsleistungen erbracht, werden ihm die Leistungen nach § 4 auf seinen Antrag (Erstattungsantrag nach Abs. 2) nachträglich erstattet.   1

B. Regelungsgehalt

I. Anerkennungsantrag (Abs. 1)

Der schriftliche **Anerkennungsantrag** muss alle wesentlichen Angaben zum AG, zum Altersteilzeit-AN und zur Wiederbesetzung enthalten. Nach S. 2 ist der Antrag innerhalb von drei Monaten nach erstmaligem Vorliegen der Wiederbesetzung zu stellen. Andernfalls wirkt der Antrag erst vom Beginn des Monats der Antragstellung. Da eine rechtswirksame Wiederbesetzung im Blockmodell erst mit Beginn der Freistellungsphase erfolgt, kann der AG nach S. 2 auch schon vorab klären lassen, ob der ältere AN zum begünstigten Personenkreis nach § 2 gehört (sog. **Vorabentscheidung**). Örtlich zuständig ist die für den Beschäftigungsbetrieb zuständige AA. Bei Glaubhaftmachung eines berechtig-   2 ten Interesses des AG erklärt die BA eine andere AA für zuständig (S. 6). Ein solches Interesse liegt in der Regel vor, wenn das Unternehmen bundesweit tätig ist und die Anträge zentral bei einer AA gestellt werden sollen.[1]

II. Auszahlung der Erstattungsleistungen (Abs. 2)

3 1. **Altersteilzeitbeginn ab 1.7.2004.** Grundlage für die eigentliche Auszahlung der **Förderleistungen nach § 4** ist der Erstattungsantrag (S. 3). Der Antrag wirkt für die gesamte Förderdauer. Er ist an keine Frist gebunden, allerdings verjährt der Erstattungsanspruch innerhalb von vier Jahren nach Ablauf des Kalenderjahres seiner Entstehung (§ 45 SGB I). Nach der Weisungslage der Arbeitsverwaltung sollte der Antrag zweckmäßigerweise bei der AA gestellt werden, in deren Bezirk die für den AG zuständige Lohnabrechnungsstelle liegt.[2] Die Leistungen nach § 4 werden nachträglich für jeden Monat ausgezahlt, in dem die Anspruchsvoraussetzungen vorlagen. Die Höhe der monatlichen Erstattungsleistungen wird einmalig zu Beginn des Erstattungsverfahrens festgeschrieben (**Basismonat**), und zwar für die gesamte Förderdauer (S. 1). Basismonat ist im kontinuierlichen Modell der erste Monat der Arbeitsphase, im Blockmodell der erste Monat der Freistellungsphase. Lohnerhöhungen während der Freistellungsphase führen damit nicht zur Erhöhung der Erstattungsbeträge. Anpassungen sind nur möglich, soweit sich das berücksichtigungsfähige Arbeitsentgelt auf vertraglicher Grundlage um mindestens zehn EUR verringert (S. 2). Die Auszahlung der **Aufstockungsleistungen zum Krankengeld** bzw. den anderen in § 10 Abs. 2 genannten Entgeltersatzleistungen ist vom AG zu beantragen, soweit er diese Leistungen selbst erbracht hat.

4 2. **Altersteilzeitbeginn vor dem 1.7.2004.** Soweit der AG nicht nach § 15 S. 2 die Anwendung des neuen Erstattungsrechts beantragt hat, gilt für sog. **Altfälle** folgendes: Der nicht fristgebundene Erstattungsantrag wirkt höchstens für die Förderdauer von sechs Monaten. Der AG kann wählen, ob er die Aufstockungsleistungen monatlich oder für einen zusammengefassten Abrechnungszeitraum von höchstens sechs Monaten abrechnet. Die Höhe der monatlichen Erstattungsleistungen kann damit für jeden Fördermonat erneut berechnet werden. Entgelterhöhungen während der Freistellungsphase können sich auch auf die Höhe der Erstattungsleistungen auswirken. Die Auszahlung der **Aufstockungsleistungen zum Krankengeld** bzw. den anderen in § 10 Abs. 2 genannten Entgeltersatzleistungen ist auch dann vom AN zu beantragen, wenn der AG die Aufstockungsleistungen – gegen Abtretung der Ansprüche des AN – für die BA verauslagt hat. Der AN kann den AG aber zur Antragstellung bevollmächtigen.

III. Besonderheiten im Blockmodell (Abs. 3)

5 Da die Wiederbesetzung im Blockmodell erst mit Beginn der Freistellungsphase wirksam wird, werden Erstattungsleistungen erst ab diesem Zeitpunkt ausgezahlt (S. 1). Der Erstattungsanspruch des AG bleibt auch bei **vorzeitiger Beendigung** der Altersteilzeit bestehen, solange die Wiederbesetzung wirksam bleibt und dem AG entsprechende Aufwendungen tatsächlich verblieben sind (S. 2). Dem Grunde nach erfasst die Erstattung neben der im jeweiligen Monat der Freistellungsphase erbrachten Aufstockungsleistung nach S. 3 zugleich auch diejenigen im ältesten Monat der Arbeitsphase.[3] Wie hoch die Leistungen während der Arbeitsphase tatsächlich waren, spielt dabei keine Rolle. Vielmehr wird der für den jeweiligen Monat der Freistellungsphase zu ermittelnde Erstattungsbetrag pauschal verdoppelt (S. 4).

6 Begann die Altersteilzeit vor dem 1.7.2004 (**Altfall**) und kommt es während der Freistellungsphase zu einer Lohnerhöhung, wirkt sich dies bei den Erstattungsbeträgen in doppelter Höhe aus. Arbeitsentgeltbestandteile, die der Altersteilzeit-AN vertraglich ausschließlich in der Arbeitsphase des Blockmodells beanspruchen kann (Erschwerniszuschläge, Entgelte für Rufbereitschaft), sind nach Auffassung des BSG auch bei der Höhe der Erstattungsleistungen zu berücksichtigen.[4] Soweit der dem BSG-Urteil zugrunde liegende Altersteilzeit-Tarifvertrag des Öffentlichen Dienstes keine Anwendung findet, stellen die BA und die Sozialversicherungsträger im Rahmen der Ermittlung der Erstattungsbeträge jedoch auch weiterhin ausschließlich auf diejenigen Entgeltbestandteile ab, auf die der AN in der Freistellungsphase einen Anspruch hat.[5]

IV. Vorläufiger Erstattungsbescheid (Abs. 4)

7 Die Vorschrift erlaubt der AA in Abweichung vom Grundsatz der vollständigen Sachverhaltsaufklärung Erstattungsleistungen ausnahmsweise schon vorab – unter Vorbehalt – zu erbringen.

C. Beraterhinweis

8 Da bei Altersteilzeitarbeitsverhältnissen, die nach dem 1.7.2004 beginnen, die Höhe der monatlichen Erstattungsleistungen nur noch einmalig zu Beginn der Freistellungsphase festgesetzt wird, ist es förderungsrechtlich günstig, wenn

---

1 DA der BA v. 1.1.2008, § 12 Ziff. 12.1 Abs. 3; im Internet abrufbar unter www.arbeitsagentur.de und hier unter Unternehmen/Finanzielle Hilfen/Beschäftigung Älterer/Altersteilzeitgesetz.
2 DA der BA v. 1.11.2008, § 12 Ziff. 12.2 Abs. 1.
3 DA der BA v. 1.12.2006, § 12 Ziff. 12.3 Abs. 1.
4 BSG 10.2.2004 – AL 54/03 R – E 92, 139 = AuB 2004, 215.
5 Geschäftsanweisung 09/2004 (PP 21–7317.3/7317.6) der BA v. 23.8.2004.

§ 15 AltersteilzeitG 40

die Aufstockungsleistungen vor allem im Basismonat (vgl. § 12 Rn 3) hoch ausfallen. Wurde mit der Altersteilzeit vor dem 1.7.2004 begonnen (Altfälle), sollten sämtliche Entgeltbestandteile jeweils zur Hälfte in der Arbeits- und in der Freistellungsphase ausgezahlt werden. Ansonsten können ausschließlich in der Arbeitsphase gewährte Entgeltbestandteile bei der Erstattung nicht berücksichtigt werden.

§ 13 Auskünfte und Prüfung (gültig bis 31.12.2011)

[1]Die §§ 315 und 319 des Dritten Buches und das Zweite Kapitel des Zehnten Buches Sozialgesetzbuch gelten entsprechend. [2]§ 2 Abs. 1 Nr. 3 des Schwarzarbeitsbekämpfungsgesetzes bleibt unberührt.

§ 13 Auskünfte und Prüfung (gültig ab 1.1.2012)

[1]Die §§ 315, 319 und 320a des Dritten Buches und das Zweite Kapitel des Zehnten Buches Sozialgesetzbuch gelten entsprechend. [2]§ 2 Abs. 1 Nr. 3 des Schwarzarbeitsbekämpfungsgesetzes bleibt unberührt.

Im Rahmen der Bekämpfung des Leistungsmissbrauchs sind die Vorschriften des SGB III über Betretens- und Prüfungsbefugnisse der Kontrollbehörden sowie über Duldungs-, Mitwirkungs- und Auskunftspflichten des AG und AN entsprechend anzuwenden. Durch Anwendung des zweiten Kapitels des SGB X wird dem erforderlichen Schutz der Sozialdaten Rechnung getragen.

§ 14 Bußgeldvorschriften

(1) Ordnungswidrig handelt, wer vorsätzlich oder fahrlässig
1. entgegen § 11 Abs. 1 oder als Arbeitgeber entgegen § 60 Abs. 1 Nr. 2 des Ersten Buches Sozialgesetzbuch eine Mitteilung nicht, nicht richtig, nicht vollständig oder nicht rechtzeitig macht,
2. entgegen § 13 Satz 1 in Verbindung mit § 315 Abs. 1, 2 Satz 1, Abs. 3 oder 5 Satz 1 des Dritten Buches Sozialgesetzbuch eine Auskunft nicht, nicht richtig, nicht vollständig oder nicht rechtzeitig erteilt,
3. entgegen § 13 Satz 1 in Verbindung mit § 319 Abs. 1 Satz 1 des Dritten Buches Sozialgesetzbuch Einsicht oder Zutritt nicht gewährt oder
4. entgegen § 13 Satz 1 in Verbindung mit § 319 Abs. 2 Satz 1 des Dritten Buches Sozialgesetzbuch Daten nicht, nicht richtig, nicht vollständig, nicht in der vorgeschriebenen Weise oder nicht rechtzeitig zur Verfügung stellt.

(2) Die Ordnungswidrigkeit kann in den Fällen des Absatzes 1 Nr. 4 mit einer Geldbuße bis zu dreißigtausend Euro, in den übrigen Fällen mit einer Geldbuße bis zu tausend Euro geahndet werden.
(3) Verwaltungsbehörden im Sinne des § 36 Abs. 1 Nr. 1 des Gesetzes über Ordnungswidrigkeiten sind die Agenturen für Arbeit.
(4) [1]Die Geldbußen fließen in die Kasse der Bundesagentur. [2]§ 66 des Zehnten Buches Sozialgesetzbuch gilt entsprechend.
(5) Die notwendigen Auslagen trägt abweichend von § 105 Abs. 2 des Gesetzes über Ordnungswidrigkeiten die Bundesagentur; diese ist auch ersatzpflichtig im Sinne des § 110 Abs. 4 des Gesetzes über Ordnungswidrigkeiten.

§ 15 Verordnungsermächtigung

[1]Das Bundesministerium für Arbeit und Soziales kann durch Rechtsverordnung die Mindestnettobeträge nach § 3 Abs. 1 Nr. 1 Buchstabe a in der bis zum 30. Juni 2004 gültigen Fassung bestimmen. [2]Die Vorschriften zum Leistungsentgelt des Dritten Buches Sozialgesetzbuch gelten entsprechend. [3]Das bisherige Arbeitsentgelt im Sinne des § 6 Abs. 1 in der bis zum 30. Juni 2004 gültigen Fassung ist auf den nächsten durch fünf teilbaren Euro-Betrag zu runden. [4]Der Kalendermonat ist mit 30 Tagen anzusetzen.

Wurde mit der Altersteilzeit vor dem 1.7.2004 begonnen (sog. **Altfall**), muss der Aufstockungsbetrag des AG bis zum Auslaufen der Altersteilzeit so hoch sein, dass der Mindestnettobetrag (vgl. § 3 Rn 9 ff.) erreicht wird. § 15 stellt sicher, dass die Werte der pauschalierten Mindestnettobeträge auch weiterhin durch Rechtsverordnung bestimmt wer-

Schwarzkopf 215

den können.[1] Allerdings entfällt die bislang bestehende Verpflichtung zum kalenderjährlichen Erlass der Mindestnettobetragsverordnung.

2 Darüber hinaus ändert sich die **Berechnung der pauschalen Abzüge**. Maßgebend sind insoweit die Vorschriften zum Leistungsentgelt, das seit dem 1.1.2005 in § 133 SGB III neu geregelt ist. Das Gesetz definiert das Leistungsentgelt als das um pauschalierte Abzüge verminderte Bemessungsentgelt. Das Leistungsentgelt ist damit derjenige Betrag, der netto tatsächlich zur Auszahlung gelangt. Aufgrund der Neuregelung sind als Abzüge nur noch eine Sozialversicherungs-Pauschale, die Lohnsteuer und der Solidaritätszuschlag zu berücksichtigen. Bis zum 31.12.2004 war aufgrund der Vorgängervorschrift des § 136 SGB III a.F. darüber hinaus u.a. auch noch die Kirchensteuer zu berücksichtigen. Aus Vereinfachungsgründen kann die Berechnungsbasis für den Mindestnettobetrag, das „bisherige Arbeitsentgelt" auch weiterhin auf den nächsten durch fünf teilbaren Euro-Betrag gerundet werden. Der Kalendermonat ist mit 30 Tagen anzusetzen.

§ 15a Übergangsregelung nach dem Gesetz zur Reform der Arbeitsförderung

Haben die Voraussetzungen für die Erbringung von Leistungen nach § 4 vor dem 1. April 1997 vorgelegen, erbringt die Bundesagentur die Leistungen nach § 4 auch dann, wenn die Voraussetzungen des § 2 Abs. 1 Nr. 2 und Abs. 2 Nr. 1 in der bis zum 31. März 1997 geltenden Fassung vorliegen.

§ 15b Übergangsregelung nach dem Gesetz zur Reform der gesetzlichen Rentenversicherung

Abweichend von § 5 Abs. 1 Nr. 2 erlischt der der Anspruch auf die Leistungen nach § 4 nicht, wenn mit der Altersteilzeit vor dem 1. Juli 1998 begonnen worden ist und Anspruch auf eine ungeminderte Rente wegen Alters besteht, weil 45 Jahre mit Pflichtbeiträgen für eine versicherte Beschäftigung oder Tätigkeit vorliegen.

1 AN, die 45 Jahre mit Pflichtbeiträgen für eine versicherte Beschäftigung haben, können bei Vorliegen der gesetzlichen Voraussetzungen bereits vor Vollendung des 65. Lebensjahres einen Anspruch auf ungeminderte Altersrente haben. In Betracht kommen insoweit eine Altersrente für schwer behinderte Menschen (§ 236a S. 5 Nr. 2 SGB VI), wegen Arbeitslosigkeit oder nach Altersteilzeitarbeit (§ 237 Abs. 4 Nr. 3 SGB VI) oder für Frauen (§ 237a Abs. 3 SGB VI) in Betracht. Die Übergangsvorschrift des § 15b bestimmt, dass das Bestehen einer abschlagsfreien Rentenzugangsmöglichkeit in Ausnahme zu § 5 Abs. 1 Nr. 2 nicht zum Erlöschen des Erstattungsanspruchs führt, soweit mit der Altersteilzeit vor dem 1.7.1998 begonnen wurde.

§ 15c Übergangsregelung nach dem Gesetz zur Fortentwicklung der Altersteilzeit

Ist eine Vereinbarung über Altersteilzeitarbeit vor dem 1. Januar 2000 abgeschlossen worden, erbringt die Bundesagentur die Leistungen nach § 4 auch dann, wenn die Voraussetzungen des § 2 Abs. 1 Nummer 2 und 3 in der bis zum 1. Januar 2000 geltenden Fassung vorliegen.

1 Nachdem der Zugang zur Altersteilzeit zunächst auf Vollzeitbeschäftigte beschränkt war, können seit dem 1.1.2000 auch Teilzeitbeschäftigte zum begünstigten Personenkreis des § 2 gehören.[1] Nach der Gesetzesbegründung soll die Übergangsvorschrift sicherstellen, dass Altersteilzeitverträge, die zum Zeitpunkt des Inkrafttretens der Neuregelung bereits abgeschlossen waren, nicht infolge der zur Einbeziehung der von Teilzeitbeschäftigten erfolgten Änderungen, geändert werden müssen.[2]

§ 15d Übergangsregelung zum Zweiten Gesetz zur Fortentwicklung der Altersteilzeit

[1]Ist eine Vereinbarung über Altersteilzeitarbeit vor dem 1. Juli 2000 abgeschlossen worden, gelten § 5 Abs. 2 Satz 2 und § 6 Abs. 2 Satz 2 in der bis zum 1. Juli 2000 geltenden Fassung. [2]Sollen bei einer Vereinbarung

---

1 Zuletzt: Mindestnettobetrags-Verordnung 2008 v. 19.12.2007, BGBl I S. 3040.

1 Gesetz zur Fortentwicklung der Altersteilzeit v. 20.12.1999 BGBl I S. 2494.
2 BT-Drucks 14/1831, S. 9; *Wolf*, NZA 2000, 637.

nach Satz 1 Leistungen nach § 4 für einen Zeitraum von länger als fünf Jahren beansprucht werden, gilt § 5 Abs. 2 Satz 2 in der ab dem 1. Juli 2000 geltenden Fassung.

Der 24-monatige Referenzzeitraum für die Höchstbegrenzung der bisherigen wöchentlichen Arbeitszeit (§ 6 Abs. 2 S. 2) sowie Mindestnachbesetzungsdauer von vier Jahren (§ 5 Abs. 2 S. 2 Alt. 2) wurden erst zum 1.7.2000 in das Gesetz aufgenommen.[1] Die Übergangsvorschrift des § 15d bestimmt, dass diese Neuregelungen nur auf Altersteilzeitverhältnisse anzuwenden sind, die ab dem 1.7.2000 vereinbart werden. Davon abweichend kann die verlängerte Nachbesetzungsdauer auch für Altfälle gelten, wenn bei diesen bereits von der auf bis zu sechs Jahren erweiterten Förderdauer Gebrauch gemacht wird.

§ 15e Übergangsregelung nach dem Gesetz zur Reform der Renten wegen verminderter Erwerbsfähigkeit

Abweichend von § 5 Abs. 1 Nr. 2 erlischt der Anspruch auf die Leistungen nach § 4 nicht, wenn mit der Altersteilzeit vor dem 17. November 2000 begonnen worden ist und Anspruch auf eine ungeminderte Rente wegen Alters besteht, weil die Voraussetzungen nach § 236a Satz 5 Nr. 1 des Sechsten Buches Sozialgesetzbuch vorliegen.

Nach § 236a S. 5 Nr. 1 SGB VI[1] können schwer behinderte Menschen bereits mit Vollendung des 60. Lebensjahres einen Anspruch auf ungeminderte Altersrente haben. Voraussetzung ist, dass sie bis zum 16.11.1950 geboren wurden, am 16.11.2000 (Tag des Kabinettsbeschlusses) schwer behindert, berufs- oder erwerbsunfähig waren und die Wartezeit von 35 Jahren erfüllt haben. Die Übergangsvorschrift des § 15d regelt, dass das Bestehen dieser Rentenzugangsmöglichkeit in Ausnahme zu § 5 Abs. 1 Nr. 2 nicht zum Erlöschen des Erstattungsanspruchs führt, soweit mit der Altersteilzeit bis zum 16.11.2000 begonnen wurde.

§ 15f Übergangsregelung nach dem Zweiten Gesetz für moderne Dienstleistungen am Arbeitsmarkt

Wurde mit der Altersteilzeit vor dem 1. April 2003 begonnen, gelten Arbeitnehmer, die bis zu diesem Zeitpunkt in einer versicherungspflichtigen Beschäftigung nach dem Dritten Buch Sozialgesetzbuch gestanden haben, auch nach dem 1. April 2003 als versicherungspflichtig beschäftigt, wenn sie die bis zum 31. März 2003 geltenden Voraussetzungen für das Vorliegen einer versicherungspflichtigen Beschäftigung weiterhin erfüllen.

Mit Wirkung zum 1.4.2003 hat das zweite Gesetz für Moderne Dienstleistungen am Arbeitsmarkt[1] die Geringfügigkeitsgrenze des § 8 SGB IV von 325 EUR auf 400 EUR angehoben. Wurde mit der Altersteilzeit vor dem 31.3.2003 begonnen, ist bei der Prüfung des Vorliegens einer **versicherungspflichtigen Beschäftigung** i.S.d. § 2 Abs. 1 Nr. 2 auch weiterhin die bis zu diesem Zeitpunkt geltende Geringfügigkeitsgrenze abzustellen.

§ 15g Übergangsregelung zum Dritten Gesetz für moderne Dienstleistungen am Arbeitsmarkt

[1]Wurde mit der Altersteilzeitarbeit vor dem 1. Juli 2004 begonnen, sind die Vorschriften in der bis zum 30. Juni 2004 geltenden Fassung mit Ausnahme des § 15 weiterhin anzuwenden. [2]Auf Antrag des Arbeitgebers erbringt die Bundesagentur abweichend von Satz 1 Leistungen nach § 4 in der ab dem 1. Juli 2004 geltenden Fassung, wenn die hierfür ab dem 1. Juli 2004 maßgebenden Voraussetzungen erfüllt sind.

Die Vorschrift stellt sicher, dass Altersteilzeitverhältnisse, die bis zum 30.6.2004 begonnen haben (sog. Altfälle), weiterhin nach dem bis zu diesem Tag geltenden Recht abgewickelt werden können. Der AG kann aber nach S. 2 beantragen, dass die ab 1.7.2004 geltenden neuen Erstattungsvorschriften auch auf laufende Altfälle Anwendung finden.

---

1 Zweites Gesetz zur Fortentwicklung der Altersteilzeit v. 27.6.2000, BGBl I S. 910; *Wolf*, NZA 2000, 637.

1 Geändert durch das Gesetz zur Reform der Renten wegen verminderter Erwerbsfähigkeit v. 20.12.2000, BGBl I S. 1827.

1 Zweites Gesetz für moderne Dienstleistungen am Arbeitsmarkt v. 23.12.2002, BGBl I S. 4621.

§ 16 Befristung der Förderungsfähigkeit

Für die Zeit ab dem 1. Januar 2010 sind Leistungen nach § 4 nur noch zu erbringen, wenn die Voraussetzungen des § 2 erstmals vor diesem Zeitpunkt vorgelegen haben.

1 Die Vorschrift stellt in Ergänzung zu § 1 Abs. 2 klar, dass die BA Erstattungsleistungen nur noch für Altersteilzeitvereinbarung erbringt, die spätestens bis zum 31.12.2009 begonnen haben. Der Abschluss einer Altersteilzeitvereinbarung allein genügt nicht. Die Voraussetzungen des § 2, auf den in der Vorschrift Bezug genommen wird, liegen nur vor, wenn der AN seine Arbeitszeit aufgrund der Vereinbarung auch tatsächlich halbiert hat. Bei Altersteilzeit im Blockmodell ist es ausreichend, dass die Arbeitsphase bis zu diesem Zeitpunkt begonnen hat. Das Gesetz stellt insoweit nicht (mehr) auf den Zeitpunkt der Wiederbesetzung (§ 3 Abs. 1 Nr. 2) ab.

2 Zeitlich befristet wird nur die die Möglichkeit der Erstattung von Aufstockungsleistungen. Die Steuer- und Beitragsfreiheit von Aufstockungsleistungen (§ 3 Nr. 28 EStG, § 1 ArbeitsentgeltVO), die der AG für nach dem 31.12.2009 beginnende Altersteilzeitverhältnisse erbringt, werden von § 16 nicht berührt.

Arbeitsgerichtsgesetz

Vom 3.9.1953, BGBl I S. 1267, BGBl III 320-1

In der Fassung der Bekanntmachung vom 2.7.1979, BGBl I S. 853, 1036
Zuletzt geändert durch Gesetz zur Modernisierung von Verfahren im anwaltlichen und notariellen Berufsrecht, zur Errichtung einer Schlichtungsstelle der Rechtsanwaltschaft sowie zur Änderung sonstiger Vorschriften vom 30.7.2009, BGBl I S. 2449, 2473

– Auszug –

Erster Teil: Allgemeine Vorschriften

§ 1 Gerichte für Arbeitssachen

Die Gerichtsbarkeit in Arbeitssachen – §§ 2 bis 3 – wird ausgeübt durch die Arbeitsgerichte – §§ 14 bis 31 –, die Landesarbeitsgerichte – §§ 33 bis 39 – und das Bundesarbeitsgericht – §§ 40 bis 45 – (Gerichte für Arbeitssachen).

A. Allgemeines 1	1. Grundsatz der örtlichen Zuständigkeit nach den Regelungen der ZPO 7
B. Regelungsgehalt 2	2. Vorrangige Zuständigkeitsregelungen 9
I. Aufbau 2	IV. Verfassungsbeschwerde und Vorabentscheidungsverfahren 12
II. Deutsche Gerichtsbarkeit 4	
III. Internationale Zuständigkeit 7	

A. Allgemeines

Die Vorschrift bestimmt die **ausschließliche Zuständigkeit** der Gerichtsbarkeit in Arbeitssachen für die in §§ 2, 2a, 3 näher bestimmten Rechtssachen und den Rechtszug. Ausgeübt wird die Gerichtsbarkeit durch die Gerichte für Arbeitssachen. Es handelt sich um einen **eigenständigen Rechtsweg** (siehe § 48 Rn 1).[1] Schiedsgerichte sind i.R.d. §§ 101 ff. möglich.   **1**

B. Regelungsgehalt

I. Aufbau

Die **Arbeitsgerichtsbarkeit ist dreistufig aufgebaut.** Die ersten zwei Rechtszüge (ArbG und LAG) sind – anders als im Zivilprozess ab 1.1.2002[2] – weiterhin Tatsacheninstanzen. Ohne Rücksicht auf den Streitwert und die Verfahrensart ist im ersten Rechtszug das ArbG nach § 8 Abs. 1 zuständig. Rechtsmittelgericht ist das LAG. Es entscheidet über Berufungen und Beschwerden gegen Urteile und Beschlüsse des ArbG sowie über Beschwerden gegen Entscheidungen i.S.d. § 78 (siehe § 78 Rn 4 ff.). Im dritten Rechtszug entscheidet das BAG über Revisionen im Urteilsverfahren (§ 72 Abs. 1), Rechtsbeschwerden im Beschlussverfahren (§ 92) und im Beschwerdeverfahren nach § 78.   **2**

Ausnahmen bestehen zum einen bei der Sprungrevision (§ 76) oder Sprungrechtsbeschwerde (§ 95a). Zum anderen sind nach §§ 122 Abs. 3, 126 Abs. 2 S. 2 InsO Rechtsmittel zum BAG nur dann statthaft, wenn die Rechtsbeschwerde zugelassen wurde (siehe § 122 InsO Rn 14). In erster und letzter Instanz ist das BAG in Streitigkeiten nach dem SGB IX gem. § 158 Nr. 5 SGB IX zuständig, soweit diese den Geschäftsbereich des Bundesnachrichtendienstes betreffen. Das LAG wird in Fällen der §§ 21 Abs. 5, 27 und 28 ausnahmsweise erstinstanzlich tätig.   **3**

II. Deutsche Gerichtsbarkeit

Die ArbG haben – auch noch in der Revisionsinstanz – **von Amts wegen zu prüfen**, ob die deutsche Gerichtsbarkeit gegeben und sie im Rahmen der internationalen Zuständigkeit zur Entscheidung befugt sind.[3] Anderenfalls ist die Klage als unzulässig abzuweisen. Mit Ausnahme der in §§ 18 bis 20 GVG genannten **Exterritorialen** unterliegen alle sich im Geltungsbereich des Grundgesetzes aufhaltenden natürlichen und juristischen Personen der deutschen   **4**

---

1 BAG 26.3.1992 – 2 AZR 443/01 – AP § 48 ArbGG 1979 Nr. 7 = NZA 1992, 954.
2 ZPO-RG vom 27.7.2001, BGBl I S. 1887.
3 BAG 23.11.2000 – 2 AZR 490/99 – AP § 20 GVG Nr. 2 = NZA 2001, 683; BAG 15.2.2005 – 9 AZR 116/04 – NZA 2005, 1117 = ZTR 2005, 657; BAG 13.11.2007 – 9 AZR 134/07 – NZA 2008, 761 = AP EGBGB n.F. Art. 27 Nr. 8, m. Anm. *Knöfel*.

Gerichtsbarkeit. Ausländische Staaten sind von ihr ausgenommen, soweit sie auf deutschem Territorium hoheitlich tätig werden.[4] Die Abgrenzung zu nichthoheitlicher Tätigkeit richtet sich nach der Natur des streitigen Rechtsverhältnisses, also etwa danach, ob ein Konsulatsangestellter hoheitliche Aufgaben wahrzunehmen hat oder nicht.[5] Fehlt es an der deutschen Gerichtsbarkeit, darf kein Termin anberaumt werden. Auf die Immunität kann verzichtet werden, was konkludent durch Klageerhebung des Exterritorialen der Fall sein kann.[6]

5 Streitigkeiten zwischen den zivilen Arbeitskräften bei den in Deutschland stationierten **Truppen** der Vertragsstaaten des **Nordatlantikvertrags** sind in Urteils- und Beschlussverfahren[7] gegen die Bundesrepublik Deutschland als Prozessstandschafterin zu richten (**Art. 56 Abs. 8 ZA-NATO-Truppenstatut**).[8] Demgegenüber unterliegen die Mitglieder des zivilen Gefolges (Art. 1 Abs. 1b ZA-NATO-Truppenstatut) dem Recht und der Gerichtsbarkeit des Entsendestaates.[9]

6 Die verfassungsrechtlich in **Art. 140 GG i.V.m. Art. 137 Abs. 3 WRV** verbürgte Glaubensfreiheit gesteht den **Kirchen und Religionsgemeinschaften** das Recht zu, innerhalb der Schranken des für alle geltenden Gesetzes ihre Angelegenheiten selbstständig zu ordnen und zu verwalten. Daraus ergibt sich die Befugnis, eine eigene Gerichtsbarkeit zu errichten, für die kirchlichen Beamten, Geistlichen und Ordensangehörigen zu errichten, deren dienst- und arbeitsrechtlichen Streitigkeiten der Zuständigkeit staatlicher Gerichte entzogen sind.[10] Die ArbG sind ebenfalls nicht befugt, über Streitigkeiten zu befinden, die ausschließlich die Rechte und Pflichten der **kirchlichen Mitarbeitervertretung** betreffen.[11] Sie sind aber im Rahmen ihrer Zuständigkeit befugt, das kirchliche Recht anzuwenden, wenn die Entscheidung des Rechtsstreits davon abhängt, es sei denn, die Kirchen haben sich insoweit die Vorfragenkompetenz vorbehalten.[12]

Stehen die Mitarbeiter in einem privatrechtlichen Arbverh zur Kirche, ist für sie der Rechtsweg zu den Gerichten für Arbeitssachen eröffnet.[13] Kirchliche Schlichtungsausschüsse können dem arbeitsgerichtlichen Verfahren jedoch vorgeschaltet werden.[14]

III. Internationale Zuständigkeit

7 **1. Grundsatz der örtlichen Zuständigkeit nach den Regelungen der ZPO.** Ist die deutsche Gerichtsbarkeit gegeben, bleibt von Amts wegen zu prüfen, ob als notwendige Prozessvoraussetzung das angerufene ArbG international zuständig ist. Die **internationale Zuständigkeit** ergibt sich – soweit sie nicht vorrangig durch ein internationales Abkommen oder einen bilateralen Vertrag geregelt ist (siehe Rn 9 ff.) – wie bei den ordentlichen Gerichten grds. aus den Vorschriften der ZPO über die **örtliche Zuständigkeit** (§§ 12 ff. ZPO).[15] Der nach § 29 ZPO maßgebliche Erfüllungsort bestimmt sich nach dem materiellen Recht, welches nach deutschem internationalen Privatrecht anzuwenden ist.[16]

8 Die Arbeitsvertragsparteien können in den Grenzen der **§§ 38 bis 40 ZPO** die internationale **Zuständigkeit** eines deutschen Gerichts **vereinbaren**. Das ist unzulässig, wenn die Rechtsverfolgung vor dem vereinbarten Gericht aus tatsächlichen oder rechtlichen Gründen unmöglich ist und einer Rechtsverweigerung gleichkommt.[17] Die

---

4 BVerfG 30.4.1963 – 2 BvM 1/62 – BVerfGE 16, 27, 62 = NJW 1962, 1732; BAG 15.2.2005 – 9 AZR 116/04 – AP § 612a BGB Nr. 15 = EzA § 612a BGB 2002 Nr. 2; BAG 20.11.1997 – 2 AZR 631/96 – AP § 18 GVG Nr. 1 = NZA 1998, 813.
5 Instruktiv BAG 15.2.2005 – 9 AZR 116/04 – AP § 612a BGB Nr. 15 = EzA § 612a BGB Nr. 2; BAG 16.5.2002 – 2 AZR 688/00 – AP § 20 GVG Nr. 3; weiterhin BAG 25.10.2001 – 2 AZR 501/00 – BB 2002, 787.
6 BAG 30.11.1984 – 7 AZR 499/93 – AP Art. 56 ZA-NATO-Truppenstatut Nr. 6.
7 S. dazu BAG 28.5.2001 – 1 ABR 36/01 – AP Art. 56 ZA-NATO-Truppenstatut Nr. 23 = NZA 2003, 1101.
8 BGBl 1961 II S. 1190, 1208; vgl. etwa BAG 15.5.1991 – 5 AZR 115/90 – AP § 611 BGB Persönlichkeitsrecht Nr. 23 = NZA 1992, 43.
9 BAG 28.5.2002 – 21 ABR 35/01 – AP Art. 56 ZA-NATO-Truppenstatut Nr. 23 = NZA 2003, 1101; BAG 12.2.1985 – 1 ABR 3/83 – AP Art. 1 Nato-Truppenstatut Nr. 1.
10 BAG 7.2.1990 – 5 AZR 84/89 – AP Art. 140 GG Nr. 37 = NJW 1990, 2082; BAG 11.3.1986 – 1 ABR 12/84 – AP § 87 BetrVG Überwachung Nr. 12 = NZA 1986, 526.
11 BAG 9.9.1992 – 5 AZR 456/91 – AP Art. 140 GG Nr. 40 = NZA 1993, 597; Kirchlicher Arbeitsgerichtshof 25.4.2008 – M 02/08 – ZMV 2008, 198, m. Anm. *Thiel*; BAG 11.11.2008 – 1 AZR 646/07 – AP § 611 BGB Kirchendienst Nr. 51 = EzA § 4 TzBfG Nr. 19; *Richardi*, Arbeitsrecht in der Kirche, 4. Aufl. S. 365; näher *Schliemann*, NZA 2000, 1311 ff.
12 BAG 11.11.2008 – 1 AZR 646/07 – AP § 611 BGB Kirchendienst Nr. 51 = EzA § 4 TzBfG Nr. 19; *Richardi*, Arbeitsrecht in der Kirche, 4. Aufl. S. 365; *Germelmann u.a.*, Einleitung Rn 105 ff.
13 BAG 16.9.2000 – 2 AZR 712/98 – AP Art. 4 GrO kath. Kirche Nr. 1 = NZA 2000, 218; zum Rechtsschutz für kirchliche Bedienstete *Dütz*, NZA 2006, 65 ff.
14 BAG 18.5.1999 – 9 AZR 682/98 – AP § 4 ArbGG 1979 Nr. 1 = NZA 1999, 1350; *Germelmann u.a.*, Einleitung Rn 109.; s. auch *Schliemann*, NZA 2001, 1311.
15 BAG 19.3.1996 – 9 AZR 656/94 – AP § 38 ZPO Nr. 2 = NZA 1997, 334; BAG 9.10.2002 – 5 AZR 307/01 – AP § 38 ZPO Internationale Zuständigkeit Nr. 18 = NZA 2003, 339; BAG 20.4.2005 – 7 ABR 20/04 – NZA 2005, 1006 = DB 2005, 1855; BAG 18.4.2007 – 7 ABR 30/06 – AP § 18 EBRG Nr. 1 = EzA § 82 ArbGG 1979 Nr. 2.
16 BAG 20.4.2004 – 3 AZR 301/03 – AP § 38 ZPO Internationale Zuständigkeit Nr. 21 = NZA 2005, 297; BAG 9.10.2002 – 5 AZR 307/01 – AP § 38 ZPO Internationale Zuständigkeit Nr. 18 = NZA 2003, 339; näher dazu *Junker*, NZA 2005, 199; sowie *Knöfel*, ZfA 2006, 397, 428.
17 BAG 29.6.1978 – 2 AZR 973/77 – AP § 38 ZPO Internationale Zuständigkeit Nr. 8 = NJW 1979, 1119.

Rechtswahl der Parteien darf bei Arbeitsverträgen und Arbverh nicht dazu führen, dass dem AN der Schutz entzogen wird, der ihm durch zwingende Bestimmungen des Rechts zukommt, das ohne die Rechtswahl anzuwenden wäre (Art. 30 EGBGB[18]).[19]

Die internationale Zuständigkeit eines deutschen Gerichts kann nach Belehrung gem. § 504 ZPO auch durch **rügelose Einlassung** nach § 39 ZPO begründet werden.[20] In der Rüge der örtlichen Zuständigkeit kann zugleich diejenigen der internationalen liegen, was durch Auslegung zu ermitteln ist.[21] In der Berufungs- und Revisionsinstanz gelten jedoch die Rügebeschränkungen nach §§ 65, 73 Abs. 2 nicht.[22]

2. Vorrangige Zuständigkeitsregelungen. Die internationale Zuständigkeit bestimmt sich abweichend von den Regelungen der ZPO nach dem **Übereinkommen der Europäischen Gemeinschaft** über die gerichtliche Zuständigkeit und die Vollstreckung gerichtlicher Entscheidungen in Zivil- und Handelssachen (**EuGVÜ**).[23] Die vorrangigen Regelungen gelten auch für arbeitsrechtliche Streitigkeiten.[24]

Ab dem 1.3.2002 ist für Personen, die ihren Wohnsitz in einem Staat der Europäischen Gemeinschaft haben, die **Verordnung (EG) Nr. 44/2001** über die gerichtliche Zuständigkeit, Anerkennung und Vollstreckung von Entscheidungen in Zivil- und Handelssachen (sog. **Brüssel-I-Verordnung** = EuGVVO),[25] die dem EuGVÜ vorgeht (Art. 66, 68),[26] ebenso zu beachten wie die nach Art. 23 EuGVVO möglichen Gerichtsstandsvereinbarungen.[27]

Im Verhältnis zu den Vertragsstaaten, die **nicht Mitglied der EU** sind, aber dem **Luganer Übereinkommen** über die gerichtliche Zuständigkeit und Vollstreckung gerichtlicher Entscheidungen in Zivil- und Handelssachen vom 16.9.1988 (LGVÜ) beigetreten sind (Island, Norwegen und Schweiz), ist das Übereinkommen zu beachten.[28] Danach begründet auch der Ort der Zuständigkeit, den der AN als tatsächlichen Mittelpunkt seiner Berufstätigkeit gewählt hat oder von dem aus er den wesentlichen Teil seiner Verpflichtungen gegenüber seinem AG tatsächlich erfüllt.[29] Fehlt die internationale Zuständigkeit, ist die Klage als unzulässig abzuweisen.[30] Das kann durch Zwischenurteil festgestellt werden (§ 280 ZPO).[31] Eine Verweisung kommt nicht in Betracht.

IV. Verfassungsbeschwerde und Vorabentscheidungsverfahren

Bestehen Zweifel an der Beachtung der Grundrechte, kann nach Erschöpfung des Rechtswegs die beschwerte Partei **Verfassungsbeschwerde** nach Art. 93 Abs. 1 Nr. 4a GG, §§ 13 Nr. 8a, 90 ff. BVerfGG zum BVerfG einlegen. Daneben kommt eine Vorlage nach Art. 100 Abs. 1 GG durch die Gerichte für Arbeitssachen in Betracht. Hier sind die besonderen Anforderungen an die Zulässigkeit einer Vorlage zu beachten.[32]

Die Gerichte haben bei ihrer Rechtsfindung das Recht der Europäischen Union zu beachten. Ergeben sich bei dessen Anwendung Auslegungszweifel, können die Gerichte für Arbeitssachen nach **Art. 234 EG-Vertrag** im **Vorabentscheidungsverfahren** den EuGH anrufen.[33] Dieser allein legt verbindlich die Auslegung einer Norm des europäischen Rechts fest. Als letztinstanzliches Gericht ist das BAG in solchen Fällen zur Anrufung des Gerichtshofs verpflichtet, die Gerichte der ersten und zweiten Instanz sind dagegen nur vorlageberechtigt. Ein Verstoß gegen die Vorlagepflicht führt zu einer Verletzung des Grundrechts auf den gesetzlichen Richter.[34] Maßgebend für die verfassungsrechtliche Handhabung der Vorlagepflicht ist dabei ausschließlich die Einschätzung der (Gemeinschafts-)Rechtslage zur Zeit der Entscheidung.[35]

---

18 Abgedruckt bei ArbGG/*Lipke*, § 1 Rn 17.
19 BAG 24.8.1989 – 2 AZR 3/89 – AP Internationales Privatrecht, Arbeitsrecht Nr. 30 = NZA 1990, 841.; BAG 12.12.2001 – 5 AZR 255/00 – AP Art. 30 EGBGB n.F. Nr. 10 = NZA 2002, 734.
20 BAG 2.7.2008 – 10 AZR 355/07 – AP Verordnung Nr. 44/2001/EG Nr. 1 = EzA Verordnung 44/2001 EG-Vertrag 1999 Nr. 3.
21 BGH 1.6.2005 – VIII 256/04 – NJW-RR 2005, 1518 = WM 2005, 1892; abl. *Leible/Sommer*, IPrax 2006, 568.
22 *Germelmann u.a.*, § 1 Rn 31.
23 Vom 27.9.1968, BGBl 1972 II S. 774, Ausf.-Gesetz vom 29.7.1972, BGBl I 1328, BGBl 1973 I S. 26.
24 EuGH 13.11.1979 – 25/79 – EuGHE 1979, 3423 = NJW 1980, 1218.
25 Art. 19 bis 21 abgedr. bei ArbGG/*Lipke*, § 1 Rn 13.
26 S. etwa BAG 23.1.2008 – 5 AZR 60/07 – NJW 2008, 2797 = DB 2008, 1444.
27 S. dazu BAG 2.7.2008 – 10 AZR 355/07 – NZA 2008, 1084; sowie *Mankowski*, NZA 2009, 584.
28 Dazu ArbG Ulm 29.7.2009 – 2 Ca 571/08 – juris.
29 BAG 29.5.2002 – 5 AZR 141/01 – AP § 38 ZPO Internationale Zuständigkeit Nr. 17 = NZA 2002, 1108.
30 BAG 2.7.2008 – 10 AZR 355/07 – AP Verordnung Nr. 44/2001/EG Nr. 1 = EzA Verordnung 44/2001 EG-Vertrag 1999 Nr. 3.; BAG 23.11.2000 – 2 AZR 490/99 – AP § 20 GVG Nr. 2 = NZA 2001, 683.
31 *Hauck/Helml*, § 1 Rn 11.
32 S. etwa jüngst BVerfG 22.7.2009 – 2 BvL 3/09 – juris; BVerfG 13.5.2009 – 2 BvL 19/08; BVerfG 7.1.2009 – 1 BvL 2/05 – NJW 2009, 1803; ausf. auch BVerfG 12.5.1992 – 1 BvL 7/89 – BVerfGE 86, 71.
33 Aus. ErfK/*Wissmann*, Art. 234 EG Rn 18 ff., 23 ff.; Schwab/Weth/*Kerwer*, Arbeitsrechtliche Verfahren vor dem BVerfG und dem EuGH, Rn 97 ff.); *Germelmann u.a.*, Einleitung Rn 88 ff.
34 BVerfG 5.8.1998 – 1 BvR 264/98 – AP Art. 101 GG Nr. 56 = NZA 1998, 1245.
35 BVerfG 6.5.2008 – 2 BvR 1830/06 – NJW 2008, 2325 = ZTR 2008, 405; BVerfG 16.12.1993 – 2 BvR 1725/88 – NJW 1994, 2017.

§ 2 Zuständigkeit im Urteilsverfahren

(1) Die Gerichte für Arbeitssachen sind ausschließlich zuständig für
1. bürgerliche Rechtsstreitigkeiten zwischen Tarifvertragsparteien oder zwischen diesen und Dritten aus Tarifverträgen oder über das Bestehen oder Nichtbestehen von Tarifverträgen;
2. bürgerliche Rechtsstreitigkeiten zwischen tariffähigen Parteien oder zwischen diesen und Dritten aus unerlaubten Handlungen, soweit es sich um Maßnahmen zum Zweck des Arbeitskampfs oder um Fragen der Vereinigungsfreiheit einschließlich des hiermit im Zusammenhang stehenden Betätigungsrechts der Vereinigungen handelt;
3. bürgerliche Rechtsstreitigkeiten zwischen Arbeitnehmern und Arbeitgebern
   a) aus dem Arbeitsverhältnis;
   b) über das Bestehen oder Nichtbestehen eines Arbeitsverhältnisses;
   c) aus Verhandlungen über die Eingehung eines Arbeitsverhältnisses und aus dessen Nachwirkungen;
   d) aus unerlaubten Handlungen, soweit diese mit dem Arbeitsverhältnis im Zusammenhang stehen;
   e) über Arbeitspapiere;
4. bürgerliche Rechtsstreitigkeiten zwischen Arbeitnehmern oder ihren Hinterbliebenen und
   a) Arbeitgebern über Ansprüche, die mit dem Arbeitsverhältnis in rechtlichem oder unmittelbar wirtschaftlichem Zusammenhang stehen;
   b) gemeinsamen Einrichtungen der Tarifvertragsparteien oder Sozialeinrichtungen des privaten Rechts über Ansprüche aus dem Arbeitsverhältnis oder Ansprüche, die mit dem Arbeitsverhältnis in rechtlichem oder unmittelbar wirtschaftlichem Zusammenhang stehen,
   soweit nicht die ausschließliche Zuständigkeit eines anderen Gerichts gegeben ist;
5. bürgerliche Rechtsstreitigkeiten zwischen Arbeitnehmern oder ihren Hinterbliebenen und dem Träger der Insolvenzsicherung über Ansprüche auf Leistungen der Insolvenzsicherung nach dem Vierten Abschnitt des Ersten Teils des Gesetzes zur Verbesserung der betrieblichen Altersversorgung;
6. bürgerliche Rechtsstreitigkeiten zwischen Arbeitgebern und Einrichtungen nach Nummer 4 Buchstabe b und Nummer 5 sowie zwischen diesen Einrichtungen, soweit nicht die ausschließliche Zuständigkeit eines anderen Gerichts gegeben ist;
7. bürgerliche Rechtsstreitigkeiten zwischen Entwicklungshelfern und Trägern des Entwicklungsdienstes nach dem Entwicklungshelfergesetz;
8. bürgerliche Rechtsstreitigkeiten zwischen den Trägern des freiwilligen sozialen oder ökologischen Jahres oder den Einsatzstellen und Freiwilligen nach dem Jugendfreiwilligendienstegesetz;
9. bürgerliche Rechtsstreitigkeiten zwischen Arbeitnehmern aus gemeinsamer Arbeit und aus unerlaubten Handlungen, soweit diese mit dem Arbeitsverhältnis im Zusammenhang stehen;
10. bürgerliche Rechtsstreitigkeiten zwischen behinderten Menschen im Arbeitsbereich von Werkstätten für behinderte Menschen und den Trägern der Werkstätten aus den in § 138 des Neunten Buches Sozialgesetzbuch geregelten arbeitnehmerähnlichen Rechtsverhältnissen.

(2) Die Gerichte für Arbeitssachen sind auch zuständig für bürgerliche Rechtsstreitigkeiten zwischen Arbeitnehmern und Arbeitgebern,
a) die ausschließlich Ansprüche auf Leistung einer festgestellten oder festgesetzten Vergütung für eine Arbeitnehmererfindung oder für einen technischen Verbesserungsvorschlag nach § 20 Abs. 1 des Gesetzes über Arbeitnehmererfindungen zum Gegenstand haben;
b) die als Urheberrechtsstreitsachen aus Arbeitsverhältnissen ausschließlich Ansprüche auf Leistung einer vereinbarten Vergütung zum Gegenstand haben.

(3) Vor die Gerichte für Arbeitssachen können auch nicht unter die Absätze 1 und 2 fallende Rechtsstreitigkeiten gebracht werden, wenn der Anspruch mit einer bei einem Arbeitsgericht anhängigen oder gleichzeitig anhängig werdenden bürgerlichen Rechtsstreitigkeit der in den Absätzen 1 und 2 bezeichneten Art in rechtlichem oder unmittelbar wirtschaftlichem Zusammenhang steht und für seine Geltendmachung nicht die ausschließliche Zuständigkeit eines anderen Gerichts gegeben ist.

(4) Auf Grund einer Vereinbarung können auch bürgerliche Rechtsstreitigkeiten zwischen juristischen Personen des Privatrechts und Personen, die kraft Gesetzes allein oder als Mitglieder des Vertretungsorgans der juristischen Person zu deren Vertretung berufen sind, vor die Gerichte für Arbeitssachen gebracht werden.

(5) In Rechtsstreitigkeiten nach diesen Vorschriften findet das Urteilsverfahren statt.

A. Allgemeines	1
B. Enumerative Aufzählung für den Rechtsweg	2
I. Bürgerliche Rechtsstreitigkeit	3
II. Tarifrechtliche Streitigkeiten	4
III. Arbeitskampfstreitigkeit und Fragen der Vereinigungsfreiheit	6
IV. Individualrechtliche Streitigkeiten zwischen Arbeitnehmern und Arbeitgebern	7
1. Streitigkeiten aus dem Arbeitsverhältnis	9
2. Streitigkeiten über das Bestehen oder Nichtbestehen eines Arbeitsverhältnisses	10
3. Streitigkeiten über Eingehung und Nachwirkung des Arbeitsverhältnisses	14
V. Einzelfälle	16
1. Anspruchsgrundlagenkonkurrenz	17
2. Arbeitnehmer-Entsendegesetz	21
3. Arbeitnehmervertreter im Aufsichtsrat	22
4. Aufrechnung	23
5. Arbeitspapiere	25
6. Arbeitskampf	27
7. Behindertenwerkstätten	28
8. Darlehen	29
9. Ein-EURO-Job	30
10. Einrichtungen der Tarifvertragsparteien oder Sozialeinrichtungen des privaten Rechts	31
11. Erfinder- und Urheberstreitigkeiten	32
12. Freie Mitarbeiter	34
13. Gemischte Verträge	35
14. Haupt- und Hilfsantrag	36
15. Insolvenz	37
16. Kurzarbeitergeld (§ 169 SGB III)	38
17. Leiharbeitsverhältnis	39
18. Mutterschafts- und Erziehungsgeld	40
19. Pachtvertrag	41
20. Pensionssicherungsverein	42
21. Rechtsstreitigkeiten zwischen Arbeitnehmern	43
22. Schadensersatz und Entschädigung nach § 15 AGG	45
23. Sozial-, Kranken- und Pflegeversicherung	46
24. Sportler, Trainer	50
25. Sozialversicherung	51
26. Unerlaubte Handlung	52
27. Urkundsprozess	53
28. Werkmiet- und Werkdienstwohnungen	54
29. Wettbewerbsverbote	56
30. Widerklage	57
31. Zusammenhangsklage	58
32. Zusatzversorgungseinrichtung	61
C. Verfahren für die Rechtswegentscheidung	62
I. Prüfung von Amts wegen	63
II. Vorabentscheidung bei Zulässigkeit des Rechtswegs	64
III. Vorabentscheidung bei Unzulässigkeit des Rechtswegs	65
IV. Verfahrensablauf der Entscheidung	66
V. Anfechtbarkeit der Entscheidung	68
VI. Bindungswirkung der Entscheidung	71
VII. Kosten	75
D. Örtliche Zuständigkeit	76
I. Allgemeine Grundsätze	77
II. Einzelfälle	78
1. Arbeitsort	79
2. Entschädigung nach § 15 AGG	83
3. Erfüllungsort	84
4. Fiskus und Behörde	89
5. Insolvenz	90
6. Niederlassung	91
7. Prorogation	92
8. Rügelose Einlassung	95
9. Sitz der juristischen Person	96
10. Unerlaubte Handlung	97
11. Wahlrecht nach § 35 ZPO	98
12. Widerklage	99
13. Wohnsitz oder Aufenthalt bei natürlichen Personen	100
E. Verfahren für die Entscheidung über die örtliche Zuständigkeit	101

A. Allgemeines

Nach § 46 Abs. 1 ist der Rechtsweg zu den Gerichten für Arbeitssachen in den in Abs. 1 bis 4 bezeichneten bürgerlichen Rechtsstreitigkeiten gegeben. Die Bestimmungen des Urteilsverfahrens – ein Verfahren das nach Antrag aufgrund der Dispositionsmaxime mit dem Urteil endet – sind zwingend. Die Parteien können keine andere Verfahrensart wählen. § 2 bestimmt eine ausschließliche Zuständigkeit. Nach § 40 Abs. 2 ZPO kann der Rechtsweg eines anderen Gerichts weder durch Gerichtsstandsvereinbarung nach § 38 ZPO (in vermögensrechtlichen Streitigkeiten) noch durch rügelose Einlassung gem. § 39 ZPO begründet werden. Damit kommt die Rechtswegzuständigkeit eines unzuständigen Gerichts regelmäßig nur bei fehlerhafter aber nicht offensichtlicher gesetzeswidriger Verweisung durch ein anderes Gericht in Betracht.

B. Enumerative Aufzählung für den Rechtsweg

§ 2 bestimmt die Zuständigkeit der ArbG nicht durch eine Generalklausel, sondern durch eine enumerative Aufzählung. Allerdings kann nach Abs. 4 für bürgerliche Rechtsstreitigkeiten zwischen juristischen Personen und ihren gesetzlichen oder satzungsgemäßen Vertretern (§ 5 Abs. 1 S. 3) die Zuständigkeit der ArbG vereinbart werden.

I. Bürgerliche Rechtsstreitigkeit

Sämtliche zuständigkeitsbegründenden Tatbestände des § 2 setzen eine bürgerliche Rechtsstreitigkeit voraus. Diese ist gegeben, wenn die Parteien über Rechtsfolgen oder Rechtsverhältnisse streiten, die dem Privatrecht angehören. Der Streitgegenstand muss eine unmittelbare Rechtsfolge des Zivilrechts sein. Die bürgerliche Rechtsstreitigkeit ist zu einem Streit abzugrenzen, der dem öffentlichen Recht angehört. Ob eine Streitigkeit öffentlich- oder bürgerlich-rechtlich ist, muss nach der Natur des Rechtsverhältnisses, welche aus dem Klageanspruch hergeleitet wird, beurteilt werden.¹ Welcher Rechtsnatur die Rechtsstreitigkeit ist, richtet sich nach der Rechtsnatur der materiell-rechtlichen Normen, nach denen das Klagebegehren zu beurteilen ist.² Maßgeblich ist der Streitgegenstand. Entscheidend ist dabei die Art des Klagebegehrens nach dem zugrunde liegenden Sachverhalt. Dieser kann durch Rechtssätze des bürgerlichen oder des öffentlichen Rechts geprägt sein. Wehrt sich ein Kläger gegen die Überleitung seines Arbverh durch Übergabeverfügung gem. § 2 Abs. 3 S. 1 SächsPÜG auf einen neuen AG, handelt es sich um eine öffentlich-rechtliche Streitigkeit, wenn er die Aufhebung der Übergabeverfügung begehrt. Dagegen sind die ArbG zuständig, wenn er das Fortbestehen seines Arbverh ungeachtet der Übergabeverfügung begehrt.³ Eine öffentlich-rechtliche Streitigkeit nach § 40 Abs. 1 S. 1 VwGO ist gegeben, wenn dem Rechtsverhältnis kein privatrechtlicher Vertrag, sondern ein öffentlich-rechtlicher Vertrag oder ein Verwaltungsakt zugrunde liegt. Es kommt auch darauf an, ob die an dem Rechtsstreit Beteiligten zueinander in einem hoheitlichen Verhältnis der Über- und Unterordnung stehen, ob sich der Träger hoheitlicher Gewalt besonderer, ihm zugeordneten Rechtssätze des öffentlichen Rechts bedient oder ob er sich den zivilrechtlichen Regeln unterstellt.⁴ Es kommt nicht auf die Natur der Vorfragen an, da Entscheidungen hierüber nicht in Rechtskraft erwachsen.⁵ Die öffentlich-rechtliche Natur einer Streitigkeit ergibt sich auch aus der gewählten Handlungsform. Bei Klagen auf oder gegen VA einer Behörde handelt es sich deshalb um eine öffentlich-rechtliche Streitigkeit.⁶ Ebenso bei der Klage eines angestellten Lehrers auf Zulassung zur berufsbegleitenden Weiterbildung für Förderschulen mit dem Ziel der unbefristeten Lehrerlaubnis für das Lehramt an Förderschulen.⁷ Selbst wenn der Rechtsstreit einen privat-rechtlichen Vertrag betrifft, folgt hieraus nicht ohne Weiteres eine bürgerlich-rechtliche Streitigkeit. Hierzu ist weiter erforderlich, dass der konkrete Streitgegenstand eine Rechtsfolge des Privatrechts betrifft. Das ist z.B. zu verneinen bei Streitigkeiten über die öffentlich-rechtlichen Abgabenpflichten. Streiten die Parteien etwa über die Verpflichtung des AG zur ordnungsgemäßen Ausfüllung der Lohnsteuerbescheinigung, sind die Finanzgerichte zuständig.⁸

II. Tarifrechtliche Streitigkeiten

4 Nach Abs. 1 Nr. 1 sind die ArbG ausschließlich zuständig für bürgerliche Rechtsstreitigkeiten zwischen TV-Parteien oder zwischen diesen und Dritten aus TV oder über das Bestehen oder Nichtbestehen von TV. Sind die TV-Parteien Parteien des Rechtsstreits, fehlt es am Über- und Unterordnungsverhältnis. Betrifft der Streit den obligatorischen Teil des TV, handelt es sich um einen bürgerlichen Rechtsstreit zwischen TV-Parteien aus dem TV. Das können Ansprüche auf Durchführung des TV durch die andere TV-Partei sein. Eine TV-Partei kann aber auch auf die Einwirkung auf Verbandsmitglieder zur Einhaltung des TV verklagt werden. Zu den tarifrechtlichen Streitigkeiten gehören auch die Wahrung der Friedenspflicht, Anträge auf Unterlassung von Arbeitskampfmaßnahmen oder auf Führung von TV-Verhandlungen. Aus dem TV kann sich zudem das Recht von Gewerkschaften zum Zutritt des Betriebes ergeben. Die ArbG sind auch für Streitigkeiten über die Auslegung des normativen Teils des TV oder einzelner Vorschriften zuständig.⁹

5 Die Streitigkeiten über das Bestehen oder Nichtbestehen von TV betreffen die Fragen des wirksamen Abschlusses eines TV, seiner Gültigkeit, seines räumlichen oder fachlichen oder betrieblichen Geltungsbereichs sowie die Wirksamkeit einer Künd.¹⁰ Ebenso gehört hierzu der Streit über Umfang und Wirksamkeit einer Allgemeinverbindlichkeitserklärung soweit nicht die zuständige Behörde, sondern die TV-Parteien Parteien des Rechtsstreites sind. Parteien des Rechtsstreits können allerdings nicht nur die TV-Parteien selbst sein. Die ausschließliche Zuständigkeit nach Abs. 1 Nr. 1 erfasst auch Streitigkeiten zwischen TV-Parteien und Dritten. Dritter ist dabei jeder, der nicht selbst Partei des TV ist, so z.B. Mitglieder eines Tarifverbandes. Es kann sich auch um Außenseiter handeln.

III. Arbeitskampfstreitigkeit und Fragen der Vereinigungsfreiheit

6 Nach Abs. 1 Nr. 2 wird die ausschließliche Zuständigkeit der Gerichte für Arbeitssachen für bürgerliche Rechtsstreitigkeiten zwischen tariffähigen Parteien oder zwischen diesen und Dritten aus unerlaubten Handlungen zum Zwecke des Arbeitskampfes oder um Fragen der Vereinigungsfreiheit sowie der Betätigungsfreiheit der Vereinigungen begründet. Dabei muss es sich um bürgerliche Rechtsstreitigkeiten handeln. Ausgeschlossen sind daher Streitigkeiten mit Behörden wegen hoheitlichen Handelns anlässlich von Arbeitskampfmaßnahmen. Eine bürgerliche Streitigkeit ist gegeben, wenn die öffentlich-rechtliche Körperschaft als AG Beamte auf bestreikten Arbeitsplätzen einsetzt, da auch dieser Streit im Arbeitskampfrecht und damit im Privatrecht seine wesentliche Grundlage hat.¹¹ Der Begriff der unerlaubten Handlung i.S.d. Abs. 1 Nr. 2 ist weit auszulegen. Es sollen alle Rechtsstreitigkeiten aus der Beteiligung der Koalition am Arbeitskampf und aus ihrer Betätigung im Arbeitsleben erfasst werden, deren Zulässigkeit und Rechtmäßigkeit umstr. ist. Er beschränkt sich daher nicht nur auf die unter § 823 BGB zu subsumierenden Verhaltensweisen.¹² Für Amtshaftungsansprüche gem. § 839 BGB aus dem Einsatz hoheitlicher Gewalt anlässlich von Ar-

---

1 GmS-OGB 4.6.1974 – 2/73.
2 Sächsiches OVG 20.5.2009 – 2 E 53/09.
3 Sächsiches OVG 20.5.2009 – 2 E 53/09.
4 BAG 27.3.1990 – 3 AZR 188/89.
5 *Germelmann u.a.*, § 2 Rn 143.
6 BAG 7.12.2000 – 2 AZR 459/99.
7 BAG 22.9.1999 – 5 AZB 27/99.
8 BAG 11.6.2003 – 5 AZB 1/03.
9 BAG 25.9.1987 – 7 AZR 315/86.
10 BAG 26.9.1984 – 4 AZR 343/83.
11 BAG 10.9.1985 – 1 AZR 262/84.
12 BAG 14.2.1978 – 1 AZR 280/77.

beitskämpfen sind die ordentlichen Gerichte zuständig.[13] Der Begriff des Arbeitskampfes ist weit auszulegen. Hierzu zählen z.B. jede Form des Streikes oder der Aussperrung, Protestdemonstrationen, Werksbesetzungen, Behinderungen von Arbeitswilligen und weitere Kampfmaßnahmen. Jeder Dritte, auch der einzelne AN, kann Partei dieses Rechtsstreits sein. Ist der BR beteiligt, ergibt sich die Zuständigkeit im Beschlussverfahren nach § 2a. Bei Streitigkeiten zwischen AN anlässlich eines Arbeitskampfes, z.B. wegen Beleidigungen oder Körperverletzungen, folgt die Zuständigkeit der ArbG aus Abs. 1 Nr. 9.

IV. Individualrechtliche Streitigkeiten zwischen Arbeitnehmern und Arbeitgebern

Voraussetzung für diese Zuständigkeitsbestimmung ist, dass an dem Streit AN und AG beteiligt sind. Die Begriffsbestimmung des AN ergibt sich aus § 5. Danach sind AN Arb und Ang sowie die zu ihrer Berufsausbildung Beschäftigten. Als AN gelten auch die in Heimarbeit Beschäftigten, die ihnen gleichgestellten sowie die arbeitnehmerähnlichen Personen. 7

AN ist, wer aufgrund eines privatrechtlichen Vertrages eine persönlich abhängige Arbeitstätigkeit leisten muss. Die persönliche Abhängigkeit muss nach ihrem Grad größer sein als es bei einem Selbstständigen üblich ist. Dabei ist v.a. die Eigenart der jeweiligen Tätigkeit zu berücksichtigen. Über die Zuordnung der Vertragsgestaltung entscheidet der Wille der Parteien. Dieser kann sich aus den ausdrücklichen Erklärungen oder auch aus der praktischen Handhabung der Vertragsbeziehungen ergeben. Beim Auseinanderfallen von Vertragsgestaltung und praktischer Handhabung ist dabei die praktische Handhabung maßgebend für die Einordnung des Vertragsverhältnisses. Es kommt nicht darauf an, wie die Parteien ihr Rechtsverhältnis benannt haben, sondern wie sie es nach objektiven Maßstäben praktiziert haben.[14] Der Dienstleistende muss seine Dienstleistungen im Rahmen einer vom Dritten bestimmten Arbeitsorganisation erbringen. § 84 Abs. 1 S. 2 HGB enthält insoweit ein typisches Abgrenzungsmerkmal. Danach ist selbstständig und nicht AN, wer im Wesentlichen frei seine Tätigkeit gestalten und seine Arbeitszeit bestimmen kann. Persönlich abhängig und unselbstständig ist dagegen der Mitarbeiter, der in die fremde Arbeitsorganisation eingegliedert ist, indem er einem Weisungsrecht hinsichtlich Inhalt, Durchführung, Zeit, Dauer und Ort der Tätigkeit unterliegt.[15] 8

AG ist jeder, der einen AN i.S.v. § 5 beschäftigt. Dies gilt auch für den mittelbaren AG. Ein mittelbares Arbverh ist gegeben, wenn ein Mittelsmann, der selbst AN eines Dritten ist, im eigenen Namen Hilfskräfte einstellt, die mit Wissen des Dritten unmittelbar für diesen Arbeit leisten.[16] Der AN einer juristischen Person soll deren GF in entsprechender Anwendung des Abs. 1 Nr. 3d wegen unerlaubter Handlung beim ArbG verklagen können.[17]

1. Streitigkeiten aus dem Arbeitsverhältnis. Der Rechtsstreit muss sich aus dem Arbverh ergeben. Hierzu reicht es aus, dass das Arbverh besteht, bestanden hat oder begründet werden sollte. Es kann sich dabei auch um ein nichtiges faktisches Arbverh handeln. Betroffen ist auch gem. § 5 das Berufsausbildungsverhältnis und das Heim-Arbverh. Der Anspruch muss nicht aus dem Arbeitsvertrag unmittelbar resultieren. Er kann sich auch aus Gesetzen, TV und BV ergeben. Es kann sich um Ansprüche des AN aber auch um Ansprüche des AG, wie z.B. Schadensersatzansprüche oder Rückzahlungsansprüche handeln. Nach Abs. 1 Nr. 4 Buchst. a reichte es aus, dass die geltend gemachten Ansprüche mit dem Arbverh in rechtlichem oder unmittelbar wirtschaftlichem Zusammenhang stehen. Ein unmittelbar wirtschaftlicher Zusammenhang ist anzunehmen, wenn der Anspruch auf demselben wirtschaftlichen Verhältnis beruht oder wirtschaftliche Folge desselben Tatbestandes ist. Die Ansprüche müssen innerlich eng zusammengehören, also einem einheitlichen Lebenssachverhalt entspringen.[18] Der Zusammenhang kommt besonders dann deutlich zum Ausdruck, wenn die Leistung auch eine Bindung des AN an den Betrieb bezweckt. Das ist bspw. gegeben, wenn ein angestellter Arzt eine vom AG genehmigte Nebentätigkeit unter Nutzung von Personal und Sachmittel des AG ausübt und die Parteien über die hierdurch entstandenen Kostenerstattungsansprüche des AG streiten.[19] 9

2. Streitigkeiten über das Bestehen oder Nichtbestehen eines Arbeitsverhältnisses. Hierunter fallen zunächst reine Statusklagen. Bei ihnen begehrt der Kläger ausschließlich die Feststellung des Bestehens eines Arbverh. Da anspruchs- und zuständigkeitsbegründende Tatsachen zusammenfallen, kommt es nicht darauf an, ob das zwischen den Parteien des Rechtsstreits bestehende Vertragsverhältnis tatsächlich ein Arbverh gewesen ist. Liegt kein Arbverh vor, erfolgt keine Rechtswegverweisung. Die Klage ist materiell durch Endurteil abzuweisen.[20] Dies gilt auch für die Künd-Schutzklage. Kann diese nur Erfolg haben, wenn der Kläger AN ist (sic-non-Fall), ist der Rechtsweg zu den Gerichten für Arbeitssachen auch dann gegeben, wenn der Kläger nicht AN, sondern nur freier Mitarbeiter ist. 10

Beispiel: Der Kläger beantragt festzustellen, dass der Aufhebungsvertrag und die fristlose Künd des Beklagten unwirksam sind und nicht zu einer Beendigung des **Arbverh** der Parteien geführt haben. 11

---

13 *Kissel/Mayer*, § 13 Rn 102.
14 BAG 16.3.1994 – 5 AZR 447/92.
15 BAG 13.11.1991 – 7 AZR 31/91.
16 BAG 8.8.1958 – 4 AZR 173/55.

17 LAG Rheinland-Pfalz 16.1.2008 – 9 Ta 288/07.
18 BAG 11.9.2002 – 5 AZB 3/02.
19 BAG 24.9.2004 – 5 AZB 46/04.
20 BAG 28.10.1993 – 2 AZB 12/93.

12 Hier handelt es sich um einen sic-non-Fall im Sinne der Rspr. Zwar können Aufhebungsvertrag und fristlose Künd auch ohne AN-Status des Klägers unwirksam sein. Streitgegenstand der Klage ist aber nicht nur die Frage, ob das Vertragsverhältnis zwischen den Parteien durch Aufhebungsvertrag oder Künd beendet worden ist, sondern auch, ob dieses Vertragsverhältnis ein Arbverh ist. Die Unwirksamkeit von Aufhebungsvertrag und Künd soll nicht unabhängig vom Status des Vertragsverhältnisses festgestellt werden, sondern nur verbunden mit der weiteren Feststellung, dass es sich bei dem fortbestehenden Rechtsverhältnis um ein Arbverh handelt. Das setzt voraus, dass im Zeitpunkt des Aufhebungsvertrages bzw. der Künd ein Arbverh zwischen den Parteien bestanden hat. Andernfalls wären die Anträge schon deshalb unbegründet.[21] Der Klageerfolg hängt bei dieser Antragstellung folglich auch von Tatsachen ab, die zugleich für die Bestimmung des Rechtswegs entscheidend sind. Wegen dieser Doppelrelevanz sind die Gerichte für Arbeitssachen zur Entscheidung solcher Anträge zuständig, ohne dass es dazu eines Rückgriffs auf Abs. 3 bedürfte.[22] Die Klage ist, falls sich im Verlaufe des Rechtsstreits herausstellt, dass der Kläger kein AN gewesen ist, als unbegründet abzuweisen.[23]

13 Neben Künd-Schutzklagen gehören zu den Streitigkeiten über das Bestehen eines Arbverh insb. Befristungskontrollklagen (Klage gegen die Wirksamkeit einer Befristungsabrede), Klagen über die Anfechtung des Arbeitsvertragsabschlusses oder die Wirksamkeit einer Aufhebungsvereinbarung. Die Zuständigkeit der ArbG ist auch für die begehrte Feststellung auf Bestehen eines fiktiven Arbverh zwischen Entleiher und Leih-AN nach Art. 1 § 10 AÜG gegeben. Dasselbe gilt für die Klagen eines Auszubildenden nach § 78a BetrVG oder § 9 BPersVG, der als Mitglied eines betriebsverfassungsrechtlichen oder personalvertretungsrechtlichen Organs das gesetzliche Zustandekommen eines Arbverh nach Abschluss der Ausbildung geltend macht. Der dagegen gerichtete Antrag des AG z.B. nach § 78a Abs. 4 BetrVG auf Feststellung der Nichtbegründung eines Arbverh oder der Auflösung eines begründeten Arbverh mit einem betriebsverfassungsrechtlichen Organ ist hingegen im Beschlussverfahren geltend zu machen.

14 **3. Streitigkeiten über Eingehung und Nachwirkung des Arbeitsverhältnisses.** Hierdurch wird die Zuständigkeit der ArbG für mögliche Ansprüche vor Abschluss des Arbverh oder nach Beendigung des Arbverh begründet. Dazu zählen z.B. Klagen auf Erstattung von Vorstellungskosten, Schadensersatz wegen Pflichtverletzungen bei Verhandlungen über den Vertragsschluss, Herausgabe von Bewerbungsunterlagen und Löschung gespeicherter Daten. Es kommt nicht darauf an, ob es zu einem Arbeitsvertragsschluss kommt.

15 Streitigkeiten aus Nachwirkungen des Arbverh betreffen v.a. Ansprüche auf Unterlassung von Wettbewerb, Zahlung einer Karenzentschädigung, eines betrieblichen Ruhegeldes, Herausgabe der Arbeitspapiere, Erteilung eines Zeugnisses, Streitigkeiten um Vorruhestandsleistungen und Schadensersatzansprüche des AN wegen rufschädigender Auskünfte des AG gegenüber einem möglichen neuen AG.

V. Einzelfälle

16 Abgrenzungsprobleme für die Rechtswegzuständigkeit der Gerichte für Arbeitssachen ergeben sich insb. in folgenden Fällen:

17 **1. Anspruchsgrundlagenkonkurrenz.** Kann ein einheitlicher Anspruch sowohl auf eine arbeitsrechtliche als auch auf eine nicht arbeitsrechtliche Anspruchsgrundlage gestützt werden (et-et-Fall), muss das angerufene Gericht, das wenigstens für eine Anspruchsgrundlage zuständig ist, gem. § 17 Abs. 2 S. 1 GVG den Rechtsstreit unter allen in Betracht kommenden rechtlichen Gesichtspunkten prüfen. Dies umfasst auch die Prüfungs- und Entscheidungskompetenz für Anspruchsgrundlagen, die an sich nicht in seine Zuständigkeit fallen. Wegen einzelner Anspruchsgrundlagen darf nicht an ein anderes Gericht verwiesen werden.[24] Allerdings haben nach dem vorgetragenen Sachverhalt offenkundig nicht gegebene Anspruchsgrundlagen außer Betracht zu bleiben.[25]

18 Kommt nur eine arbeitsrechtliche Anspruchsgrundlage in Betracht und sind lediglich deren Voraussetzungen streitig (sic-non-Fall), darf keine Verweisung an eine andere Gerichtsbarkeit erfolgen, wenn der Anspruch vom Vorliegen eines Arbverh abhängt.[26] Zur Begründung der Zuständigkeit ist dann noch nicht einmal die schlüssige Behauptung des Vorliegens eines Arbverh erforderlich. Dieses gilt aber nur für die Fälle, bei denen der geltend gemachte Anspruch von dem Vorliegen eines Arbverh abhängt (zuständigkeitsbegründende und anspruchsbegründende Anforderungen decken sich).

19 Kann ein Anspruch entweder auf eine arbeitsrechtliche oder auf eine nicht arbeitsrechtliche bürgerlich-rechtliche Anspruchsgrundlage gestützt werden und schließen sich die beiden Anspruchsgrundlagen gegenseitig aus (aut-aut-Fall), ist die Rechtswegzuständigkeit der Gerichte für Arbeitssachen nur gegeben, wenn das ArbG nach Prüfung von Amts wegen, ggf. nach Beweisaufnahme, vom Vorliegen eines Arbverh ausgehen kann. Nach § 17 Abs. 2 GVG hat das Gericht dann über alle in Betracht kommenden rechtlichen Gesichtspunkte zu entscheiden. Die Rechtsweg-

---

21 BAG 20.9.2000 – 5 AZR 271/99; BAG 26.5.1999 – 5 AZR 664/98.
22 BAG 19.12.2000 – 5 AZB 16/00.
23 BAG 18.12.1996 – 5 AZB 25/96.
24 *Germelmann u.a.*, § 2 Rn 197.
25 BAG 21.5.1999 – 5 AZB 31/98.
26 BAG 18.12.1996 – 5 AZB 25/96.

zuständigkeit beschränkt sich nicht auf die arbeitsgerichtliche Anspruchsgrundlage. Stellt sich heraus, dass es sich tatsächlich nicht um ein Arbverh gehandelt hat, ist der Rechtsstreit an das für den Rechtsweg zuständige Gericht zu verweisen.

Sind mehrere Ansprüche zwischen den Parteien str., die in verschiedenen Rechtswegen geltend zu machen sind, kann allerdings eine Zusammenhangsklage nach Abs. 3 vorliegen. Allerdings kann ein sic-non-Antrag für Zusammenhangsklagen nicht die Zuständigkeit der ArbG begründen. Abs. 3 findet keine Anwendung, wenn die Zuständigkeit für die Zusammenhangsklage allein aus der Verbindung mit einem sic-non-Antrag folgen kann. Ansonsten besteht die Gefahr einer Manipulation bei der Auswahl des zuständigen Gerichts.[27]

2. Arbeitnehmer-Entsendegesetz. Gem. § 8 S. 1 AEntG sind für Klagen aus dem AEntG die ArbG zuständig. Die Vorschrift regelt nicht nur Fragen der internationalen Zuständigkeit.[28]

3. Arbeitnehmervertreter im Aufsichtsrat. Für Streitigkeiten aus dem Amt der AN-Vertreter im AR sind die ordentlichen Gerichte zuständig.[29] Dies gilt für alle Streitigkeiten im Zusammenhang mit der besonderen Stellung als AR-Mitglied. Bei Streitigkeiten aus einem gleichzeitig bestehenden Arbverh verbleibt es bei der Zuständigkeitsanordnung nach § 2.

4. Aufrechnung. Ist für die Hauptforderung das ArbG und für die zur Aufrechnung gestellte Gegenforderung ein ordentliches Gericht zuständig, wird teilweise angenommen, das ArbG sei auch für die zur Aufrechnung gestellte Forderung zuständig. Dies ergebe sich aus § 17 Abs. 2 GVG, wonach das Gericht den Rechtsstreit unter allen in Betracht kommenden rechtlichen Gesichtspunkten zu entscheiden habe.[30] Dem stehen allerdings die eindeutigen Rechtswegzuständigkeitsregelungen entgegen. Allein durch die Erklärung der Aufrechnung kann keine Zuständigkeit eines an sich unzuständigen Gerichts begründet werden.[31] Andererseits darf der Partei nicht die Möglichkeit der Aufrechnung genommen werden. Das ArbG ist nicht verpflichtet, das Verfahren nach § 148 ZPO auszusetzen. Es kann nach § 302 ZPO über die Hauptforderung durch Vorbehaltsurteil entscheiden. Hinsichtlich der Gegenforderung bleibt der Rechtsstreit anhängig. Insoweit hat gem. § 17a Abs. 2 GVG eine Verweisung an das zuständige Gericht zu erfolgen. Dieses muss dann das Nachverfahren nach § 302 Abs. 4 S. 2 durchführen.[32] Dieser etwas umständliche Weg ist jedoch nicht erforderlich, falls das Bestehen der Gegenforderung zwischen den Parteien unstr. ist und sie allein zur Disposition über die Gegenforderung befugt sind. Sonst müssten die Parteien bei dem für die Gegenforderung zuständigen Gericht einen Prozess führen, obwohl sie diesbezüglich nicht streiten.[33]

Ist für die zur Aufrechnung gestellte Gegenforderung ein ausländisches Gericht international zuständig oder ergibt sich die Zuständigkeit eines Schiedsgerichts, muss ebenfalls Vorbehaltsurteil ergehen. Eine Verweisung kommt nicht in Betracht. Das Verfahren ist daher auszusetzen bis der Beklagte eine Entscheidung des ausländischen Gerichts oder des Schiedsgerichts über das Bestehen der Gegenforderung beigebracht hat.[34]

5. Arbeitspapiere. Die Zuständigkeit ergibt sich aus Abs. 1 Nr. 3e. Arbeitspapiere sind sämtliche Papiere und Bescheinigungen, an deren Ausfüllung, Herausgabe und Berichtigung ein berechtigtes Interesse besteht. Hierzu zählen Lohnsteuerkarten, Versicherungsnachweis, Bescheinigungen gem. § 6 BUrlG, § 9 HAG, Verdienstbelege, Zeugnisse, Lohnnachweiskarten im Baugewerbe sowie Arbeitsbescheinigungen nach § 312 SGB III. Die Erteilungspflicht des AG folgt z.T. aus öffentlichem Recht, welches etwa bei der Arbeitsbescheinigung gem. § 312 SGB III gegenüber der BA und bei der Lohnsteuerbescheinigung gegenüber dem Finanzamt besteht. Daneben ist aber eine entsprechende privatrechtliche Fürsorgepflicht des AN gegeben.[35] Deshalb sind für die Ansprüche auf Erteilung (Ausfüllung und Herausgabe der Arbeitspapiere) die ArbG zuständig.[36] Das folgt aus der umfassenden Zuständigkeitsregelung des Abs. 1 Nr. 3e. Nach Wortlaut und Entstehungsgeschichte werden sämtliche Streitigkeiten über Arbeitspapiere erfasst. In der Begründung des Ausschusses über Arbeits- und Sozialordnung vom 17.1.1979[37] heißt es, dass über den Anspruch auf Herausgabe der Arbeitspapiere hinaus, die Einbeziehung von Ansprüchen auf deren ordnungsgemäße, insbesondere vollständige Ausfüllung und ggf. auf Ergänzung oder Berichtigung wegen des engen Sachzusammenhangs und im Hinblick auf die schutzwürdigen Interessen des AN geboten sei.

Die Berichtigung von Fehlern beim Lohnsteuerabzug kann nach Abschluss des Lohnsteuerabzugs gem. § 42b Abs. 3 S. 1 EStG durch den AG nur noch im Rahmen der Einkommensteuerveranlagung des AN durchgeführt werden. Die ArbG sind für die Berichtigung der Lohnsteuerbescheinigung damit nicht zuständig, da es sich prägend nur um eine lohnsteuerrechtliche Verpflichtung handelt.[38] Schadensersatzansprüche im Zusammenhang mit unterbliebener oder

---

27 BVerfG 31.8.1999 – 1 BvR 1389/97; BAG 15.2.2005 – 5 AZB 13/04.
28 BAG 11.9.2002 – 5 AZB 3/02.
29 OLG München 13.7.1955 – 7 U 950/55.
30 *Drygala*, NZA 1992, 294.
31 BAG 23.8.2001 – 5 AZB 3/01.
32 BAG 28.11.2007 – 5 AZB 44/07.
33 *Krasshöfer-Pidde/Molkenbur*, NZA 1991, 623, 624.
34 *Germelmann u.a.*, § 2 Rn 154.
35 BAG 13.5.1970 – 5 AZR 385/69.
36 BAG 30.8.2000 – 5 AZB 12/00; *Grunsky*, ArbGG, § 2 Rn 104.
37 BT-Drucks 8/2535, S. 34.
38 BAG 11.6.2003 – 5 AZB 1/03.

fehlerhafter Ausfüllung der Arbeitspapiere fallen allerdings nicht unter Abs. 1 Nr. 3e, sind jedoch Streitigkeiten aus dem Arbverh i.S.v. Abs. 1 Nr. 3a.

27 **6. Arbeitskampf.** Für Streitigkeiten anlässlich eines Arbeitskampfes von AN (z.B. Streik) oder AG (z.B. Aussperrung) ergibt sich die Zuständigkeit aus Abs. 1 Nr. 2.

28 **7. Behindertenwerkstätten.** Nach Abs. 1 Nr. 10 ergibt sich die Zuständigkeit auch für bürgerliche Rechtsstreitigkeiten zwischen behinderten Menschen im Arbeitsbereich von Werkstätten für behinderte Menschen und den Trägern der Werkstätten nach § 138 SGB IX. Dies gilt dann, wenn behinderte Menschen im Arbeitsbereich anerkannter Werkstätten als AN beschäftigt werden. Gem. § 138 Abs. 1 SGB IX gelten sie, falls die AN-Eigenschaft nicht besteht, in jedem Fall als arbeitnehmerähnliche Person, soweit sich aus dem sozialen Leistungsverhältnis nichts anderes ergibt. I.S.d. ArbGG ergibt sich daher die AN-Eigenschaft nach § 5.

29 **8. Darlehen.** Gewähren AG und AN einander anlässlich des Arbverh Darlehen, kann sich die Zuständigkeit aus Abs. 1 Nr. 3a und aus Abs. 1 Nr. 4a ergeben. Unter Abs. 1 Nr. 3a fallen jedoch nicht Ansprüche, die nur gelegentlich des Arbverh begründet werden. Bei marktüblichen Darlehen ohne jede Vergünstigung fehlt es an der notwendigen Verknüpfung zum Arbverh. Für die Zuständigkeit nach Abs. 1 Nr. 4a ist es erforderlich, dass das Darlehen mit dem Arbverh in einem inneren Zusammenhang steht.[39] Ansatzpunkte für diesen Zusammenhang ergeben sich wiederum aus dem Verzicht auf marktübliche Sicherheiten, Abwicklung der Tilgung und des Zinsendienstes durch Lohnabzug, Verzicht auf Gebühren und Fälligkeit der Darlehensrückzahlung mit Beendigung des Arbverh.[40] Die Zuständigkeit der Zinsen und Gebühren folgt der Hauptforderung.

30 **9. Ein-EURO-Job.** Für Rechtsstreitigkeiten zwischen dem erwerbsfähigen Hilfebedürftigen und einer privaten Einrichtung als Leistungserbringerin aus dem Rechtsverhältnis der im öffentlichen Interesse liegenden, zusätzlichen Arbeiten nach § 16 Abs. 3 S. 2 SGB II sind die SozG zuständig, § 51 Abs. 4 Nr. 4a SGG.[41]

31 **10. Einrichtungen der Tarifvertragsparteien oder Sozialeinrichtungen des privaten Rechts.** Abs. 1 Nr. 4b betrifft bürgerliche Rechtsstreitigkeiten zwischen AN und gemeinsamen Einrichtungen der TV-Parteien bzw. sozialen Einrichtungen des privaten Rechts. Es handelt sich dabei um alle rechtlich selbstständigen Einrichtungen, die dem AN im Zusammenhang mit dem Arbverh Leistungen erbringen oder zusagen. Die gemeinsame Einrichtung der TV-Parteien kann auch in öffentlich-rechtlicher Rechtsform betrieben sein. Alle Einrichtungen müssen allerdings rechtlich selbstständig, zumindest aber passiv parteifähig sein.[42] Sozialeinrichtungen sind z.B. Ruhegeld-Unterstützungskassen, Betriebsküchen und -kantinen, betriebliche Wohnungs- und Baugesellschaften, die Lohnausgleichskasse und die Urlaubskasse des Baugewerbes und des Dachdeckerhandwerks, Zusatzversorgungs- und Unterstützungskassen, Ausgleichskassen für Vorruhestandsleistungen und Altersteilzeit, Gesamthafenbetrieb und Betriebskindergärten.

32 **11. Erfinder- und Urheberstreitigkeiten.** Abs. 2 begründet die Zuständigkeit der ArbG ausschließlich für Vergütungsansprüche über eine AN-Erfindung, einen technischen Verbesserungsvorschlag oder im Rahmen einen Urheberrechtsstreits. Die Zuständigkeit der ArbG gilt nur für die Vergütungsansprüche, wobei die Ansprüche anlässlich einer AN-Erfindung, der Feststellung oder Festsetzung der Vergütung bereits nach § 12 ArbNErfG erfolgt sein muss. Die Zuständigkeit erfasst auch Vorbereitungsrechtsstreite für die Vergütungsklage, wie etwa Klage auf Auskunft oder Rechnungslegung. Ist unstreitig eine Vergütung für die vom AN angeblich erbrachte Sonderleistung nicht vereinbart, ist für den Anspruch aus dem UrhG gem. § 104 S. 1 UrhG der Rechtsweg zu den ordentlichen Gerichten gegeben.[43] Verlangt der AN von seinem früheren AG die Unterlassung der Vermarktung sowie die Anmeldung zum Patent, ist hierfür ausschließlich das für Patentstreitsachen zuständige LG zuständig.[44] Abs. 2 begründet keine ausschließliche Zuständigkeit der ArbG. Die Parteien des Rechtsstreits können daher auch die Zuständigkeit der ordentlichen Gerichte vereinbaren.

33 Für Kennzeichenstreitsachen sind die LG nach § 140 Abs. 1 MarkenG ausschließlich zuständig. Das erfasst alle Streitigkeiten aus vertraglichen Vereinbarungen, deren Gegenstand die Inhaberschaft oder die Rechte aus einem Kennzeichenrecht bilden.[45] Das BAG hat es dahinstehen lassen, ob die Zuständigkeit nach § 140 Abs. 1 MarkenG der ausschließlichen Zuständigkeit der ArbG nach Abs. 1 Nr. 3a vorgeht.[46]

34 **12. Freie Mitarbeiter.** Für Streitigkeiten aus freien Mitarbeiterverhältnissen sind die ArbG nicht zuständig, abgesehen von den Ausnahmen in § 5 Abs. 1 S. 2 (arbeitnehmerähnliche Person) und Abs. 2 (Einfirmenvertreter mit geringer Vergütung). Freie Mitarbeiter sind wie AN zur Dienstleistung verpflichtet, mangels persönlicher Abhängigkeit aber keine AN i.S.d. § 2. Für reine Statusklagen auf Feststellung eines Arbverh sind die ArbG zuständig. Hier

---

39 *Kania*, S. 18.
40 LAG München 2.1.2007 – 4 Ta 361/06.
41 BAG 8.11.2006 – 5 AZB 36/06.
42 *Grunsky*, ArbGG, § 2 Rn 115.
43 LAG Hamm 30.6.2008 – 2 Ta 871/07.
44 BAG 11.7.1997 – 9 AZB 14/97.
45 BGH 4.3.2004 – IZR 50/03.
46 BAG 7.9.2004 – 9 AZR 545/03.

begehrt der Kläger ausschließlich die Feststellung des Bestehens eines Arbverh. Anspruch- und zuständigkeitsbegründende Tatsachen fallen daher zusammen.[47] Hat eine Klage nur Erfolg, wenn der Kläger AN ist, reicht die bloße Rechtsbehauptung des Klägers, er sei AN, zur Begründung der arbeitsgerichtlichen Zuständigkeit (sic-non-Fall).[48] Eine Verweisung des Rechtsstreites in einen anderen Rechtsweg, bei Verneinung der AN-Eigenschaft, ist sinnlos. Die Klage kann ohne weiteres abgewiesen werden.[49] Reicht ein freier Mitarbeiter daher eine Kündigungsschutzklage nach dem Kündigungsschutzgesetz ein und stellt sich heraus, dass er mangels persönlicher Abhängigkeit nicht AN, sondern freier Mitarbeiter ist, hat das ArbG die Künd-Schutzklage durch Urteil abzuweisen. Die Auff. des BAG führt in der Praxis zu erheblichen Problemen. Zwar beruft sich der Kläger einer Künd-Schutzklage i.d.R. auf das Kündigungsschutzgesetz und/oder die fehlende/fehlerhafte BR-Anhörung. Der Beendigungszeitpunkt steht aber nicht fest. Auch im freien Mitarbeiterverhältnis sind Künd-Fristen zu beachten, deren Länge zwischen den Parteien str. sein kann. Zudem kann die Künd auch aus anderen, nicht spezifisch arbeitsrechtlichen Gründen unwirksam sein (fehlende Vollmacht des Erklärenden, Formmängel usw.). Die ArbG würden auch bei Beurteilung dieser Rechtsmängel in die Rechtswegzuständigkeit der ordentlichen Gerichte eingreifen. Ein die Zuständigkeit der ArbG begründender sic-non-Fall soll auch vorliegen, wenn der Kläger die Feststellung beantragt, das (vermeintliche) Arbverh sei nicht durch eine fristlose Kündigung beendet worden.[50]

13. Gemischte Verträge. Bei gemischten Verträgen werden Bestandteile verschiedener Vertragstypen derart verbunden, dass sie nur in ihrer Gesamtheit ein sinnvolles Ganzes ergeben. Eine Aufspaltung ist nicht möglich. Im Gegensatz dazu werden beim zusammengesetzten Vertrag mehrere Verträge lediglich zu einem trennbaren Gesamtvertrag dergestalt verbunden, dass sie für die rechtliche Beurteilung eine Einheit bilden.[51] Ist nicht das gesamte Vertragsverhältnis str., kommt es bei beiden Vertragstypen auf das jeweils einschlägige Element an (Kombinationsgrundsatz). Dieses muss nach Vertragszweck, Parteiwille und Interessenlage arbeitsrechtlicher Natur sein.[52] Steht der Bestand des Gesamtvertrages in Streit, kommt es darauf an, welche Elemente eine sinnvolle Auflösung ermöglichen und das wirtschaftliche Schwergewicht bilden.[53] Die nicht so stark ausgeprägten Bestimmungen werden verdrängt.[54]

14. Haupt- und Hilfsantrag. Haupt- und Hilfsantrag können hinsichtlich der Zuständigkeit voneinander unterschieden werden. Dabei ist zunächst über den Hauptantrag zu entscheiden. Ist insoweit der Rechtsweg nicht zulässig, hat gem. § 17a Abs. 2 GVG eine Verweisung von Amts wegen zu erfolgen. Der Hilfsantrag wird hiervon nicht automatisch erfasst.[55] Ist der Rechtsweg zu den ArbG für den Hilfsantrag nicht gegeben, kommt eine Verweisung insoweit nur in Betracht, wenn der Hauptantrag als unbegründet abgewiesen wurde.

15. Insolvenz. Die Zuständigkeit der ArbG wird nicht durch die Einleitung und Eröffnung eines Insolvenzverfahrens geändert. Der vorläufige und der endgültige Insolvenzverwalter gem. §§ 22 und 56 ff. InsO sind kraft Gesetzes befugt, anstelle des sachlich Berechtigten (i.d.R. AG), den Rechtsstreit zu führen. Das gilt sowohl bei Rechtsstreitigkeiten um Masseschulden nach § 55 Abs. 1 Nr. 1 und 2 InsO als auch bei Insolvenzforderungen.[56] Das gilt auch für den Streit über den Rang der Insolvenzforderung, wenn über die Forderung bereits ein Rechtsstreit beim ArbG anhängig war (§ 180 Abs. 2 InsO). Für Masseschulden nach § 55 Abs. 1 Nr. 2 InsO und für betriebsverfassungsrechtliche Streitigkeiten ist der Insolvenzverwalter AG gem. §§ 2 oder 83 Abs. 3. Die Zuständigkeit folgt damit unmittelbar aus §§ 2 oder 2a. Fordert der Insolvenzverwalter vom AN Rückzahlung der vom Schuldner vor Insolvenzeröffnung geleisteten Vergütung wegen Anfechtbarkeit der Erfüllungshandlung gem. §§ 129 ff. InsO, sind ebenso die ArbG zuständig.[57]

Bei Ansprüchen aus persönlicher Haftung des Insolvenzverwalters gem. § 61 InsO für von ihm begründete arbeitsrechtliche Ansprüche ergibt sich die Zuständigkeit der ArbG aus § 3.[58]

16. Kurzarbeitergeld (§ 169 SGB III). Für diese Ansprüche des AN gegenüber dem AG ist der Rechtsweg zu den ArbG gegeben, wenn die A.A. bereits an den AG gezahlt hat.

17. Leiharbeitsverhältnis. Die Arbeitgeberfunktion ist beim Leih-Arbverh zwischen dem Verleiher und Entleiher aufgeteilt. Es können sich daher arbeitsrechtliche Ansprüche des Leih-AN gegenüber dem Verleiher und auch gegenüber dem Leih-AN ergeben. Für beide ist damit die Zuständigkeit der ArbG gegeben.

---

47 BAG 28.10.1993 – 2 AZB 12/93.
48 BAG 19.12.200 – 5 AZB 16/00.
49 BAG 24.4.1996 – 5 AZB 25/95.
50 LAG Hamm 26.3.2008 – 2 Ta 830/07.
51 BAG 24.8.1972 – 2 AZR 437/71.
52 BAG 15.8.1975 – 5 AZR 217/75.
53 BAG 6.2.1969 – 2 AZR 236/86.
54 BAG 19.4.1956 – 2 AZR 416/54.
55 *Kissel/Mayer*, § 17 Rn 49.
56 BAG 17.4.1985 – 5 AZR 74/84.
57 BAG 27.2.2008 – 5 AZB 42/07; BAG 15.7.2009 – GMS-OBG 1/09.
58 BAG 9.7.2003 – 5 AZB 34/03; BGH 16.11.2006 – IX ZB 57/06.

40 **18. Mutterschafts- und Erziehungsgeld.** Für Ansprüche auf Mutterschaftsgeld gem. § 13 MuSchG und Elterngeld nach dem BEEG sind die SozG zuständig.[59] Es handelt sich um öffentlich-rechtliche Streitigkeiten. Für das Elterngeld ergibt sich dies unmittelbar aus § 13 Abs. 1 BEEG. Der vom AG zu zahlende Zuschuss zum Mutterschaftsgeld gem. § 14 MuSchG ist dagegen vor den ArbG geltend zu machen.

41 **19. Pachtvertrag.** Für Streitigkeiten aus einem Pachtvertrag gem. §§ 581 ff. BGB sind die ArbG nicht zuständig. Es handelt sich nicht um ein Arbverh. Macht die Pächterin im Rahmen einer Klage gegen die Künd des Vertragsverhältnisses geltend, dass zwischen den Parteien ein Arbverh fortbestehe, handelt es sich um einen sic-non-Fall. Der Fortbestehensantrag setzt nämlich die Feststellung voraus, dass im Zeitpunkt der Künd ein Arbverh bestanden hat. Wegen dieser Doppelrelevanz sind die ArbG zuständig.[60]

42 **20. Pensionssicherungsverein.** Für Ansprüche von AN, ehemaligen AN oder deren Hinterbliebenen auf Leistung der Insolvenzsicherungen nach den §§ 7 bis 9 Abs. 1 BetrAVG ergibt sich die ausschließliche Zuständigkeit der ArbG nach Abs. 1 Nr. 5. Es muss sich allerdings auch um bürgerliche Streitigkeiten handeln. Dies liegt vor, wenn ohne den Sicherungsfall nach § 7 BetrAVG eine Zuständigkeit der ArbG nach Abs. 1 Nr. 4 gegeben wäre. Rechtsstreitigkeiten zwischen dem Träger der Insolvenzsicherung und den einzelnen AG sind öffentlich-rechtlicher Natur gem. § 10 Abs. 1 BetrAVG und gehören in die Zuständigkeit der Verwaltungsgerichte.

43 **21. Rechtsstreitigkeiten zwischen Arbeitnehmern.** Hierfür sind die ArbG gem. Abs. 1 Nr. 9 zuständig, wenn es sich um Ansprüche aus gemeinsamer Arbeit oder aus unerlaubter Handlung handelt. Eine gemeinsame Arbeit in diesem Sinne liegt immer vor, wenn die AN in einer Gruppe zusammenarbeiten. Es reicht aber auch eine innere Beziehung zum Arbverh. Hierfür reicht es nicht aus, dass sich eine tätliche Auseinandersetzung auf dem Weg von der Arbeitsstätte zu der Wohnung der Beteiligten ereignet hat.[61]

44 In Betracht kommen Streitigkeiten über die Verteilung des gemeinsam erarbeiteten Lohns, Schadensersatzansprüche innerhalb der Gruppe oder Streitigkeiten im Rahmen einer Fahrgemeinschaft. Die Zuständigkeitsanordnung aus unerlaubter Handlung kommt nur in Betracht, wenn die unerlaubte Handlung mit dem Arbverh im Zusammenhang steht. Hierzu muss sie in der besonderen Eigenart des Arbverh und dem ihm eigentümlichen Reibungen und Berührungspunkten wurzeln.[62]

45 **22. Schadensersatz und Entschädigung nach § 15 AGG.** Für Ansprüche auf Entschädigung und Schadensersatz nach § 15 AGG aus Verhandlungen über die Eingehung eines Arbverh zwischen AN und AG sind die ArbG zuständig, Abs. 1 Nr. 3c. Die arbeitsvertraglichen Beziehungen müssen zwischen den Streitparteien begründet werden. Das ist nicht der Fall, wenn die Verhandlungen zwischen dem potentiellen AN und einem außenstehenden Vermittler des AG (z.B. Wirtschaftsverband) stattfinden.[63]

46 **23. Sozial-, Kranken- und Pflegeversicherung.** Die AN-Anteile zur Sozialversicherung sind Teil des vom AG vertraglich geschuldeten Bruttolohnes. Daher sind die ArbG auch zuständig, wenn der AN die Abführung der AN-Anteile zur Sozialversicherung an die Einzugsstelle verlangt. Er ist Gläubiger der Forderung, so dass er für die richtige Abführung sorgen kann.[64] Dabei hat das ArbG im Rahmen der Gehaltsklage auch über die Vorfrage der Versicherungspflicht zu entscheiden.[65] Die ArbG sind auch zuständig für Klagen des AN auf Abführung der AG-Anteile zur Sozialversicherung. Nach § 28e SGB IV handelt es sich dabei zwar u.a. auch um eine öffentlich-rechtliche Verpflichtung. Daneben besteht jedoch ein bürgerlich-rechtlicher Anspruch des AN. Bedenklich kann nur sein, ob der AN ein entsprechendes Rechtsschutzinteresse hat, da seine Rechte auch ohne eine solche Klage öffentlich-rechtlich gewahrt werden.

Legt der AG bei einer Lohnklage des AN nachvollziehbar dar, dass er bestimmte Abzüge für Steuern oder Sozialversicherungsbeiträge einbehalten und abgeführt hat, kann der AN die nach seiner Auffassung unberechtigt einbehaltenen Beträge nicht mit einer Vergütungsklage geltend machen. Er ist auf die steuer- und sozialrechtlichen Rechtsbehelfe beschränkt.[66]

47 Für Erstattungsansprüche des AG gegenüber seinem ausgeschiedenen AN hinsichtlich der AN-Anteile zur Sozialversicherung entsprechend § 670 BGB sind die ArbG ebenfalls zuständig. § 28g S. 4 SGB IV erweitert lediglich das Rückgriffsrecht des AG, ohne dessen bürgerlich-rechtliche Ansprüche auszuschließen, z.B. aus § 826 BGB. Letztendlich streiten die Parteien dann nur um die privatrechtliche Verpflichtung, wer die AN-Anteile zu tragen hat.[67] Macht der AN im Rahmen einer Feststellungsklage gegenüber dem AG geltend, dass die Einbehaltung von Lohnanteilen hinsichtlich der AN-Beitragsanteile rechtswidrig gewesen ist, ergibt sich keine Zuständigkeit der ArbG. Die Anwendung der öffentlich-rechtlichen Vorschriften ist hier nicht nur Vor-, sondern Hauptfrage.[68] Ver-

---

59 BSG 9.9.1971 – 3 RK 30/71.
60 BAG 17.1.2001 – 5 AZB 18/00.
61 BAG 11.7.1995 – 5 AS 13/95.
62 BGH 7.2.1958 – VI ZR 49/57.
63 BAG 27.8.2008 – 5 AZB 71/08.

64 *Müller*, DB 1985 Beilage 5, S. 5.
65 BAG 20.3.1957 – 4 AZR 526/54.
66 BAG 30.4.2008 – 5 AZR 725/07.
67 BAG 14.1.1988 – 8 AZR 238/85.
68 BSG 7.6.1979 – 12 RK 13/78.

langt der AN dagegen eine höhere Nettovergütung, weil der AG wegen des Nachholverbots nach § 28g SGB IV zu hohe Abzüge vorgenommen hat, ist der Rechtsweg zu den ArbG gegeben.[69] Es handelt sich um einen bürgerlich-rechtlichen Lohnanspruch. Dagegen ist der Anspruch auf den AG-Zuschuss gem. § 257 SGB V öffentlich-rechtlicher Natur. Er hat seine Grundlage im Recht der Sozialversicherung. Dasselbe gilt für den Anspruch auf Zuschuss zur Pflegeversicherung gem. § 61 Abs. 1 SGB XI.[70]

Verlangt der AN vom AG, ihn für einen bestimmten Zeitraum bei der zuständigen Krankenkasse anzumelden oder nachzuversichern, sind die SozG zuständig.[71] **48**

Für Klagen auf Zahlung des AG-Zuschusses zur Kranken- und Pflegeversicherung sind die ArbG nicht zuständig. Das gilt auch, wenn die Parteien darüber streiten, ob für geleistete Zuschüsse die Voraussetzungen des § 257 SGB V vorlagen.[72] **49**

24. Sportler, Trainer. Rechtsstreitigkeiten zwischen Lizenzspielern und Vereinen aus dem Spielervertrag gehören als Streitigkeit zwischen Arbeitsvertragsparteien vor die ArbG. Dies gilt auch für Amateursportler und Trainer, wenn diese in einem Arbverh zum Verein stehen. Entscheidend ist dabei allein der Grad der persönlichen Abhängigkeit und nicht der zeitliche Umfang der Tätigkeit. **50**

25. Sozialversicherung. Die Feststellung der Sozialversicherungspflichtigkeit ist allein den Sozialgerichten zugewiesen. Es handelt sich um öffentlich-rechtliche Streitigkeiten in Angelegenheiten der Sozialversicherungen nach § 51 Abs. 1 SGG.[73] Das gilt auch, wenn der AN vom AG verlangt, ihn für einen bestimmten Zeitraum bei der zuständigen Krankenkasse anzumelden.[74] Hängt der geltend gemachte bürgerlich-rechtliche Anspruch vom Bestehen bzw. Nichtbestehen einer Angestelltenversicherungspflicht des AN ab, sind die ArbG auch für die Entscheidung dieser sozialversicherungsrechtlichen Vorfrage zuständig. **51**

26. Unerlaubte Handlung. Für die Zuständigkeit der ArbG nach Abs. 1 Nr. 3d muss es sich um Streitigkeiten (unerlaubte Handlungen) zwischen AN und solchen zwischen AG und AN, die mit dem Arbverh zusammenhängen, handeln. Schädigt der AN im Zusammenhang mit dem Arbverh einen Dritten, ist für dessen Rechtsstreit gegen den AN der Rechtsweg zu den ordentlichen Gerichten gegeben. Das gilt auch, wenn der Schaden an Betriebsmitteln entsteht, die im Eigentum des Dritten stehen und vom AG bei diesem geleast worden sind.[75] Der Begriff der unerlaubten Handlung ist weit auszulegen. Ein entsprechender Zusammenhang besteht, wenn zugleich arbeitsvertragliche Pflichten verletzt werden, die Schadensersatzansprüche nach § 280 Abs. 1 BGB begründen können. Er besteht nicht, wenn das Arbverh hinweggedacht werden kann, ohne dass hierdurch der Rechtsstreit auch nur im Geringsten beeinflusst wird. Ausreichend ist es aber, wenn der Streit auf der besonderen Eigenart des Arbverh und den diesen eigentümlichen Reibungen und Berührungspunkten beruht.[76] Für Klagen eines AN gegen das Organ der juristischen Person des AG ist Abs. 1 Nr. 3d entsprechend anzuwenden. Die juristische Person kann zwar nicht selbst Täter einer unerlaubten Handlung sein, sondern nur das für sie handelnde Organ. Diese ausfüllungsbedürftige und -fähige Lücke im Gesetz ist durch die entsprechende Anwendung auf diese Fälle zu schließen.[77] **52**

27. Urkundsprozess. Nach § 46 Abs. 2 finden die Vorschriften über den Urkunden- und Wechselprozess (§§ 592 bis 605a ZPO) auf das arbeitsgerichtliche Verfahren keine Anwendung. Dies führt aber nicht zum Ausschluss der Arbeitsgerichtsbarkeit hinsichtlich der Scheck- oder Wechselübergabe zugrunde liegenden Forderung. Handelt es sich um eine Forderung, für die nach allg. Grundsätzen die Zuständigkeit der ArbG gegeben ist, verbleibt es insoweit bei deren Zuständigkeit. § 46 Abs. 2 schließt lediglich den Scheck- oder sonstigen Urkundenprozess als Prozessart vor den Gerichten für Arbeitssachen aus.[78] **53**

28. Werkmiet- und Werkdienstwohnungen. Die Zuständigkeit der ArbG kann sich aus Abs. 1 Nr. 4 ergeben. Dazu muss die Überlassung der Wohnung mit dem Arbverh in rechtlichem oder unmittelbar wirtschaftlichem Zusammenhang stehen und es darf nicht die ausschließliche Zuständigkeit eines anderen Gerichts gegeben sein. **54**

Für Werkmietwohnungen sind die ArbG nicht zuständig. Gem. § 576 BGB sind dies Wohnungen, die mit Rücksicht auf das Bestehen eines Arbverh vermietet werden. Das Mietverhältnis besteht dabei rechtlich unabhängig vom Arbverh. Gem. § 23 Nr. 2a GVG sind für Rechtsstreitigkeiten aus Werkmietwohnungen die ordentlichen Gerichte zuständig. § 29a ZPO regelt nur die örtliche Zuständigkeit für Werkmietwohnungen. **55**

Nur bei Werkdienstwohnungen nach § 576b BGB ergibt sich die Zuständigkeit der ArbG. Bei ihnen besteht kein eigenständiges Mietverhältnis. Der Arbeitsvertrag ist alleinige Grundlage für die Nutzung des Wohnraums.[79]

---

69 BAG 21.3.1984 – 5 AZR 320/82.
70 BAG 19.8.2008 – 5 AZB 75/08.
71 BAG 5.10.2005 – 5 AZB 27/05; LAG Rheinland-Pfalz 27.3.2008 – 3 Ta 43/08.
72 BAG 19.8.2008 – 5 AZB 75/08.
73 BAG 11.7.1975 – 5 AZR 546/74.
74 BAG 5.10.2005 – 5 AZB 27/05.
75 BAG 7.7.2009 – 5 AZB 8/09.
76 Germelmann u.a., § 2 Rn 75.
77 BAG 24.6.1996 – 5 AZB 35/95.
78 BAG 7.11.1996 – 5 AZB 19/96.
79 BAG 2.11.1999 – 5 AZB 18/99.

56 **29. Wettbewerbsverbote.** Bei Streitigkeiten über das gesetzliche Wettbewerbsverbot gem. § 60 HGB handelt es sich um eine Streitigkeit nach Abs. 1 Nr. 3a, c, wenn ein AN beteiligt ist. Dasselbe gilt für Streitigkeiten im Zusammenhang mit einem vertraglichen Wettbewerbsverbot gem. § 74 HGB, selbst dann, wenn das Arbverh bereits beendet ist.[80]

57 **30. Widerklage.** Für die Widerklage gilt keine andere Zuständigkeitsanordnung, als wenn sie als eigenständige Klage erhoben worden wäre. Der Rechtsweg ist daher von Amts wegen gem. § 17a Abs. 2 GVG bei fehlender Rechtswegzuständigkeit in den richtigen Rechtsweg zu verweisen. Es können allerdings die Voraussetzungen einer Zusammenhangsklage nach Abs. 3 vorliegen.

58 **31. Zusammenhangsklage.** Nach Abs. 3 sind die ArbG auch für Rechtsstreitigkeiten, die an sich nicht unter den Zuständigkeitskatalog fallen, zuständig, wenn der bürgerlich-rechtliche Anspruch mit einer anhängigen oder gleichzeitig anhängig werdenden arbeitsrechtlichen Streitigkeit in rechtlichem oder unmittelbar wirtschaftlichem Zusammenhang steht und für seine Geltendmachung nicht die ausschließliche Zuständigkeit eines anderen Gerichts gegeben ist. Ein solcher Zusammenhang liegt i.d.R. vor, wenn die Ansprüche auf demselben wirtschaftlichen Verhältnis beruhen oder wirtschaftliche Folgen desselben Tatbestands sind. Die Ansprüche müssen einem einheitlichen Lebenssachverhalt entspringen.[81] Wegen einzelner Anspruchsgrundlagen soll nicht an ein anderes Gericht verwiesen werden. Umgekehrt ist aber das angerufene ordentliche Gericht nicht für den arbeitsrechtlichen Anspruch zuständig. Bei objektiver oder subjektiver Klagehäufung ist die Zuständigkeit für jeden Anspruch gesondert zu prüfen. Fehlt diese, kann gleichwohl ein Zusammenhang i.S.v. Abs. 3 bestehen. Nach der Ansicht des BAG entfällt die arbeitsgerichtliche Zuständigkeit für die Zusammenhangsklage nachträglich, wenn der Kläger die arbeitsrechtliche Hauptklage zurücknimmt, bevor der Beklagte zur Hauptsache verhandelt hat.[82] Anderenfalls könne die Hauptklage nur erhoben worden sein, um die Zuständigkeit der ArbG für die Zusammenhangsklage endgültig zu begründen. Ab Antragstellung könne der Beklagte die Rücknahme der Hauptklage verhindern, indem er darin nicht gem. § 269 Abs. 1 ZPO einwillige. Nichts anderes gilt danach, wenn die Anhängigkeit der Hauptklage anderweitig endet, z.B. durch Teilvergleich, Teilurteil oder Erledigungserklärung.

59 Ein sic-non-Antrag kann für Zusammenhangsklagen nicht die Zuständigkeit der ArbG begründen. Abs. 3 findet keine Anwendung, wenn die Zuständigkeit für die Zusammenhangsklage allein aus der Verbindung mit einem sic-non-Antrag folgen kann.[83] Ansonsten besteht die Gefahr einer Manipulation bei der Auswahl des zuständigen Gerichts.[84]

60 Eine Zuständigkeit kraft Zusammenhangs im Verhältnis zu den Verwaltungs-, Sozial- und Finanzgerichten scheidet mangels bürgerlicher Streitigkeit aus.

61 **32. Zusatzversorgungseinrichtung.** Für Klagen eines AN gegen eine Zusatzversorgungseinrichtung sind die ArbG nicht zuständig. Die Zusatzversorgungskasse ist nicht AG i.S.v. Abs. 1. Die Ansprüche stehen auch nicht in einem rechtlichen oder unmittelbar wirtschaftlichen Zusammenhang zum Arbverh nach Abs. 1 Nr. 4a. Die Zusatzversorgungskasse ist auch nicht Rechtsnachfolger des AG nach § 3. Es besteht eine eigenständige Verpflichtung. Sie ist nur eine gemeinsame Einrichtung der TV-Partei i.S.v. Abs. 1 Nr. 4b, wenn die TV-Parteien ein unmittelbares Kontroll- und Weisungsrecht haben.[85]

C. Verfahren für die Rechtswegentscheidung

62 Die Zulässigkeit des Rechtsweges ist Prozessvoraussetzung und muss von Amts wegen geprüft werden. Auf eine Rüge der Parteien kommt es nicht an. Das angerufene Gericht 1. Instanz hat daher von Amts wegen den Rechtsweg zu prüfen und darüber zu entscheiden. Das Gesetz schreibt keine Reihenfolge der Prüfung von Rechtsweg und örtlicher Zuständigkeit vor. Das spricht für ein Wahlrecht der Gerichte. In der Regel ist der Rechtsweg vor der örtlichen Zuständigkeit zu prüfen. § 17a GVG bezweckt, dass über den Rechtsweg möglichst früh entschieden wird.[86]

I. Prüfung von Amts wegen

63 Maßgeblich für die Prüfung der Zulässigkeit des Rechtswegs ist die Rechtsnatur des erhobenen Anspruchs. Das Gericht geht dabei vom tatsächlichen Vorbringen des Klägers aus (Schlüssigkeitstheorie). Eine Beweiserhebung soll nur erfolgen, wenn zulässigkeitsbegründende Tatsachen str. sind und diese nicht zugleich auch für die Begründetheit der Klage relevant sind.[87] Dem steht entgegen, dass die Parteien es nicht durch ihren Sachvortrag in der Hand haben können, die Zulässigkeit eines Rechtswegs zu begründen. Die Schlüssigkeitstheorie widerspricht auch der Verpflich-

---

80 BAG 9.3.1999 – 5 AZB 19/98.
81 BAG 23.8.2001 – 5 AZB 20/01.
82 BAG 29.11.2006 – 5 AZB 47/06.
83 BAG 15.2.2005 – 5 AZB 13/04.
84 BVerfG 31.8.1999 – 1 BvR 1389/97.

85 BAG 10.8.2004 – 5 AZB 26/04.
86 BAG 17.7.1996 – 5 AS 30/95; LAG München 28.10.2008 – 1 SHa 27/08.
87 Vgl. die Nachweise für die h.M. bei *Kissel/Mayer*, § 17 Rn 17.

tung der Gerichte den beschrittenen Rechtsweg von Amts wegen zu prüfen. Es ist daher von einer generellen Beweiserhebungspflicht in der Zulässigkeitsprüfung auszugehen.[88]

II. Vorabentscheidung bei Zulässigkeit des Rechtswegs

Das Gericht kann nach § 17a Abs. 3 GVG die Zulässigkeit des beschrittenen Rechtswegs vorab aussprechen. Es ist hierzu verpflichtet, wenn eine Partei die Zulässigkeit des Rechtswegs rügt. Hierdurch wird dem Rechnung getragen, dass die Parteien das später erlassene Urteil nicht mit der Begründung anfechten können, der Rechtsweg sei nicht zulässig.[89] Bei Unterbleiben der Rüge kann das Gericht in den Gründen des Endurteils Ausführungen zu der Zulässigkeit des beschrittenen Rechtsweges machen. In den höheren Instanzen kommt dann nach § 17a Abs. 5 GVG eine Überprüfung der Zulässigkeit des Rechtsweges nicht mehr in Betracht.[90] Auch eine Beschwerdemöglichkeit gegen die Inzidententscheidung besteht nicht. Im Vorabentscheidungsverfahren ist zu allen Streitgegenständen eine Rechtswegentscheidung herbeizuführen. Das betrifft auch Hilfsanträge, wenn diese im Kammertermin für den Fall einer erfolglosen Aufrechnung gestellt wurden.[91]

64

III. Vorabentscheidung bei Unzulässigkeit des Rechtswegs

Das Gericht hat nach § 17a Abs. 2 GVG die Parteien von Amts wegen anzuhören, wenn es den beschrittenen Rechtsweg für unzulässig hält. Die rechtswegverweisende Entscheidung des Gerichts ergeht durch Beschluss. Der Beschluss erfolgt gem. § 17a Abs. 4 S. 1 GVG nach Anhörung der Parteien und ist nach § 17a Abs. 4 S. 2 GVG mit Gründen zu versehen und nach § 329 Abs. 3 ZPO zuzustellen. Bei unterbliebener Zustellung läuft die Beschwerdefrist erst mit Ablauf von fünf Monaten nach der Verkündung oder der formlosen Mitteilung des Verweisungsbeschlusses.[92] Der wegen fehlender Anfechtung rechtskräftig gewordene Beschluss bindet alle anderen Gerichte gem. § 17a Abs. 1 GVG.

65

IV. Verfahrensablauf der Entscheidung

Der Beschluss über die Zulässigkeit oder Unzulässigkeit des Rechtsweges kann nach § 17a Abs. 4 S. 1 GVG ohne mündliche Verhandlung ergehen. In Abweichung von § 53 Abs. 1 S. 1 hat der Beschluss gem. § 48 Abs. 1 Nr. 2 auch außerhalb der mündlichen Verhandlung stets durch die Kammer zu erfolgen. Es liegt keine verfahrensbeendende Entscheidung i.S.v. § 55 Abs. 3 vor, da das Verfahren nicht insg., sondern nur für das ArbG beendet wird.

66

Im Verfahren des einstweiligen Rechtsschutzes enthält § 944 ZPO eine speziellere Regelung. Es ist eine Entscheidung des Vorsitzenden allein möglich, wenn dieser nach eigenem Ermessen eine Vorabendscheidung wegen der besonderen Eilbedürftigkeit für notwendig hält.

67

V. Anfechtbarkeit der Entscheidung

Gegen die Beschlüsse nach § 17a Abs. 1 und 2 GVG ist die sofortige Beschwerde an das LAG möglich. Dies gilt allerdings nicht für die Entscheidung über die örtliche Zuständigkeit. Nach § 48 Abs. 1 Nr. 1 sind Beschlüsse über die örtliche Zuständigkeit gem. § 17a Abs. 2 und 3 GVG unanfechtbar.

68

Die Frist zur Einlegung der Beschwerde beträgt zwei Wochen und beginnt mit Zustellung des Verweisungsbeschlusses. Das Hauptverfahren ist gem. § 148 ZPO bis zur rechtskräftigen Erledigung der Beschwerde auszusetzen. Entscheidet das Gericht trotz Rüge einer der Parteien nicht nach § 17a Abs. 3 GVG im Wege des Vorabverfahrens durch Beschluss, sondern durch Urteil, hat der Beklagte nach dem Grundsatz der Meistbegünstigung sowohl das Rechtsmittel der sofortigen Beschwerde als auch das der Berufung. Der Vorsitzende der Beschwerdekammer entscheidet über die Berechtigung der Beschwerde ohne mündliche Verhandlung allein.[93] § 64 Abs. 7 verweist nur auf § 53, nicht aber auf § 48. Das LAG darf bei Aufhebung des Beschlusses des ArbG im Beschwerdeverfahren den Rechtsstreit nicht an das ArbG zurückverweisen. Trotz Anwendbarkeit des § 572 Abs. 3 ZPO steht dem der Beschleunigungsgrundsatz gem. § 9 Abs. 1 entgegen.[94]

69

Gegen den Beschluss des LAG über die eingelegte Beschwerde ist eine weitere Beschwerde nach § 17a Abs. 4 S. 3 GVG nur gegeben, wenn sie im Beschluss des LAG zugelassen worden ist. Sie ist zuzulassen, wenn die Rechtsfrage grundsätzliche Bedeutung hat oder wenn das Gericht von der Entscheidung eines Obersten Gerichtshof des Bundes oder des gemeinsamen Senats der Obersten Gerichtshöfe des Bundes abweicht. Der Oberste Gerichtshof ist dann an die Zulassung der Beschwerde gebunden. Eine Nichtzulassungsbeschwerde ist nicht möglich.[95] Lässt das LAG keine Beschwerde zu, ist eine außerordentliche Beschwerde an das BAG nicht statthaft. Sie ist im Gesetz nicht vorgesehen. Lediglich bei krass rechtswidrigen Verweisungsbeschlüssen kommt in entsprechender Anwendung von § 36 Abs. 1 Nr. 6 ZPO die Bestimmung des zuständigen Gerichts durch das BAG in Betracht. Das setzt voraus, dass der angegriffene Beschluss Ausdruck einer nicht mehr hinnehmbaren willkürlichen Rechtsfindung ist und eine Entscheidung

70

---

88 BAG 26.6.1967 – 3 AZR 341/66.
89 BT-Drucks 11/7030, S. 37.
90 BAG 9.7.1996 – 5 AZB 6/96.
91 Sächsisches LAG 13.4.2000 – 4 Ta 25/00.

92 BAG 1.7.1992 – 5 AS 4/92.
93 BAG 10.12.1992 – 8 AZB 6/92.
94 BAG 11.6.2003 – 5 AZB 37/02.
95 BAG 27.8.2003 – 5 AZB 45/03.

des BAG zur Wahrung einer funktionierenden Rechtspflege notwendig ist, etwa weil keines der in Frage kommenden Gerichte bereit ist, die Sache zu bearbeiten.[96] Das BAG entscheidet über die weitere sofortige Beschwerde ohne Hinzuziehung der ehrenamtlichen Richter jedenfalls dann, wenn die Entscheidung ohne mündliche Verhandlung ergeht. Dies wird aus einer entsprechenden Anwendung von § 72 Abs. 6 i.V.m. § 53 Abs. 1 S. 1 hergeleitet.[97] Bei der nach § 17a Abs. 4 S. 4 GVG vom LAG zugelassenen Beschwerde handelt es sich um eine Rechtsbeschwerde i.S.d. §§ 574 ff. ZPO. Sie ist deshalb gem. § 575 Abs. 1 ZPO innerhalb einer Notfrist von einem Monat nach Zustellung des Beschlusses einzulegen und zu begründen. Entspricht die Rechtsmittelbelehrung des LAG nicht dieser seit dem Inkrafttreten des Gesetzes zur Reform des Zivilprozesses vom 27.7.2001[98] geänderten Rechtslage, beträgt die Beschwerdefrist gem. § 9 Abs. 5 S. 4 ein Jahr seit Zustellung der Entscheidung.[99]

VI. Bindungswirkung der Entscheidung

71 Der Rechtsstreit wird mit Rechtskraft des Verweisungsbeschlusses bei Eingang der Akte bei dem im Beschluss bezeichneten Gericht anhängig.[100] Der Beschluss ist für das Gericht, an das verwiesen worden ist, gem. § 48 Abs. 1, § 17a Abs. 2 S. 3 GVG bindend.[101] Er hat aufdrängende Wirkung. Eine Weiterverweisung in einen anderen Rechtsweg ist damit unzulässig. Nur eine offensichtlich gesetzwidrige Verweisung[102] entfaltet keine Bindungswirkung.[103]

72 Eine solche offensichtliche Gesetzwidrigkeit liegt insb. in folgenden Fällen vor:
– wenn der Beschluss dazu führt, dass sich die Verweisung bei Auslegung und Anwendung der maßgeblichen Norm in nicht mehr hinnehmbarer, willkürlicher Weise vom verfassungsrechtlichen Grundsatz des gesetzlichen Richters entfernt,[104]
– wenn der Beschluss auf der Versagung rechtlichen Gehörs gegenüber den Verfahrensbeteiligten oder einem von ihnen beruht,[105]
– wenn der Beschluss unter Berücksichtigung elementarer rechtsstaatlicher Grundsätze nicht mehr verständlich erscheint und offensichtlich unhaltbar ist.[106] Das ist der Fall, wenn das AG den Rechtsstreit mit einer nach § 35 GmbHG kraft Gesetz zur Vertretung der juristischen Person berufenen GF an das ArbG verweist[107] oder der Rechtsstreit vor Rechtshängigkeit der Klage verwiesen wird.[108]

73 An ein Gericht desselben Rechtswegs, bspw. vom LG an das AG, darf jedoch verwiesen werden. Darüber hinaus ist eine Weiterverweisung wegen örtlicher Unzuständigkeit des Gerichts, an das wegen Rechtswegzuständigkeit verwiesen wurde, ebenso zulässig.[109] Die bindende Wirkung der Verweisungsbeschlüsse ist auch im Bestimmungsverfahren nach § 36 Abs. 1 Nr. 3 ZPO zu beachten. Damit ist als zuständiges Gericht das Gericht zu bestimmen, an das die Sache durch den ersten Verweisungsbeschluss gelangt ist, es sei denn, der Verweisungsbeschluss ist ausnahmsweise nicht bindend.[110] Erforderlich ist, dass es innerhalb eines Verfahrens zu Zweifeln über die Bindungswirkung eines rechtskräftigen Verweisungsbeschlusses kommt und keines der in Frage kommenden Gerichte bereit ist, die Sache zu bearbeiten, oder die Verfahrensweise eines Gerichts die Annahme rechtfertigt, der Rechtsstreit werde von diesem nicht prozessordnungsgemäß betrieben, obwohl dieser gem. § 17b Abs. 1 GVG vor ihm anhängig ist.[111]

74 Bei negativen Kompetenzkonflikten zwischen Gerichten der ordentlichen Gerichtsbarkeit und Gerichten für Arbeitssachen hat die Bestimmung des zuständigen Gerichts in entsprechender Anwendung von § 36 Abs. 1 Nr. 6 ZPO zu erfolgen. Zuständig für die Zuständigkeitsbestimmung ist derjenige Gerichtshof des Bundes, der zuerst darum angegangen wird.[112]

VII. Kosten

75 Verweist das unzuständig angerufene LG den Rechtsstreit an das ArbG, hat der Kläger dem Beklagten die diesem durch die Anrufung des LG entstandenen Anwaltskosten zu ersetzen. Das Kostenprivileg nach § 12a Abs. 1 S. 3 gilt für diese Kosten nicht. Dazu gehören die Rechtsanwaltskosten auch dann, wenn sich der obsiegende Beklagte nach der Verweisung von demselben Rechtsanwalt vertreten lässt.[113]

D. Örtliche Zuständigkeit

76 Die örtliche Zuständigkeit der ArbG im Urteilsverfahren richtet sich über § 46 Abs. 2 nach den Gerichtsständen der ZPO. Gem. § 12 ZPO kann eine Person an ihrem allg. Gerichtsstand verklagt werden, sofern nicht ein ausschließ-

---

96 BAG 8.8.2005 – 5 AZB 31/05.
97 BAG 10.12.1992 – 8 AZB 6/92.
98 BGBl I S. 1887.
99 BAG 26.9.2002 – 5 AZB 15/02.
100 *Schaub*, BB 1993, 1666, 1668.
101 BAG 22.7.1998 – 5 AS 17/987.
102 „Krasse Rechtsverletzung" so BAG 19.3.2003 – 5 AS 1/03.
103 BAG 14.1.1994 – 5 AS 22/93.
104 BGH 13.11.2001 – X ARZ 266/01.
105 BAG 19.3.2003 – 5 AS 1/03.
106 BGH 9.4.2002 – X ARZ 24/02.
107 BAG 12.7.2006 – 5 AS 7/06.
108 BAG 9.2.2006 – 5 AS 1/06.
109 BAG 14.1.1994 – 5 AS 22/93.
110 BAG 3.11.1993 – 5 AS 20/93; BAG 13.11.1996 – 5 AS 11/96.
111 BAG 17.6.2004 – 5 AS 3/04.
112 BAG 19.3.2003 – 5 AS 1/03.
113 BAG 1.11.2004 – 3 AZB 10/04.

licher Gerichtsstand gegeben ist. §§ 20f. ZPO bestimmen den besonderen Gerichtsstand, der nur für bestimmte Klagen maßgeblich ist, z.B. den Gerichtsstand der gewerblichen Niederlassung gem. § 21 ZPO oder den Gerichtsstand des Erfüllungsorts nach § 29 ZPO. Die ausschließlichen Gerichtsstände verdrängen danach den allg. Gerichtsstand nach § 12 ZPO.

I. Allgemeine Grundsätze

Trotz der grundsätzlichen Anwendbarkeit der Gerichtsstände der ZPO über § 46 Abs. 2 ergeben sich für arbeitsrechtliche Streitigkeiten Besonderheiten.

II. Einzelfälle

Im arbeitsgerichtlichen Verfahren sind der Gerichtstand des Erfüllungsorts und der allg. Gerichtsstand von besonderer praktischer Bedeutung. Bei mehreren Gerichtsständen hat der Kläger nach § 35 ZPO ein Wahlrecht, falls keine ausschließliche Zuständigkeit eines Gerichts gegeben ist. Die wichtigsten Gerichtsstände sind:

1. Arbeitsort. Nach § 48 Abs. 1a S. 1 ist für Streitigkeiten aus einem Arbverh auch das ArbG zuständig, in dessen Bezirk der AN seine Arbeit gewöhnlich verrichtet oder zuletzt gewöhnlich verrichtet hat. Ist ein Arbeitsort in diesem Sinne nicht feststellbar, ist nach § 48 Abs. 1a S. 2 das ArbG örtlich zuständig, von dessen Bezirk aus der AN gewöhnlich seine Arbeit verrichtet oder zuletzt verrichtet hat. Nach der Gesetzesbegründung soll durch diese Regelung AN durch Gewährleistung eines nahe liegenden Gerichtsstands die Prozessführung erleichtert werden, die wie Außendienstmitarbeiter ihre Arbeitsleistung fern vom Sitz des AG oder dem Ort einer Niederlassung des AG erbringen.[114] Da es sich nicht um einen ausschließlichen, sondern einen besonderen Gerichtsstand handelt, besteht für die klagende Partei ein Wahlrecht nach § 35 ZPO auch an anderen Gerichtsständen klagen zu können.

§ 46 Abs. 1a S. 1 knüpft die Zuständigkeit an den Bezirk an, in dem der AN gewöhnlich seine Arbeit verrichtet. Der gewöhnliche Arbeitsort ist der Ort, an dem der AN seine Tätigkeiten (zeitlich) schwerpunktmäßig verrichtet. Bei mehreren Orten ist deshalb der Ort festzustellen, an dem der AN zeitlich überwiegend tätig war. Maßgebend ist der tatsächliche Mittelpunkt der Tätigkeit des AN. Unerheblich ist deshalb, ob sich dort auch eine Niederlassung, Betriebsstätte oder andere verfestigte Betriebsstruktur des AG befindet.[115] Ebenso kommt es nicht darauf an, von welchem Ort aus Arbeitsanweisungen erteilt werden oder aber die Zahlung der Vergütung veranlasst wird.[116] Hat der Arbeitsort gewechselt, ist der zum Zeitpunkt der Klageerhebung gewöhnliche Arbeitsort maßgebend.[117] Das gilt allerdings nicht, wenn der Arbeitsort wegen der Eigenart des Arbverh ständig wechselt. Dann ist § 48 Abs. 1a S. 2 anzuwenden. Hiervon zu unterscheiden ist die nur vorübergehende (zeitlich befristete) Tätigkeit an einem anderen Ort. Diese verändert nicht den gewöhnlichen Ort der Arbeitsleistung. Da das Gesetz an den Ort der tatsächlichen Arbeitsleistung anknüpft, sind davon abweichende vertragliche Vereinbarungen bedeutungslos. Die Vereinbarung eines Arbeitsorts im Arbeitsvertrag allein hat deshalb keine gerichtsstandsbegründende Wirkung. Eine analoge Anwendung von § 29 Abs. 2 ZPO ist deshalb nicht notwendig. Ebenso wenig kommt es darauf an, ob der AG die Tätigkeit an diesem Ort nach § 106 S. 1 GewO zuweisen durfte.

Lässt sich ein zeitlich überwiegender Arbeitsort nicht feststellen, ist das ArbG örtlich zuständig, von dessen Bezirk aus der AN gewöhnlich seine Arbeit verrichtet. Auf den zeitlichen Anteil dieses Ausgangsarbeitsorts kommt es nicht an. Dementsprechend ist der Wohnort eines Außendienstmitarbeiters jedenfalls dann der Ort, von dem aus er i.S.v. § 48 Abs. 1a S. 2 gewöhnlich seine Arbeit verrichtet, wenn er dort in gewissem Umfang Arbeitsleistungen erbringt. So genügt es, wenn Außendienstmitarbeiter in einem Home-Office ihre Geschäftsreisen vor- oder nachbereiten oder Berichte über diese verfassen. Einen bestimmten Mindestumfang muss die am Wohnort verrichtete Tätigkeit nicht haben.[118] Die Wohnung ist allerdings dann nicht mehr Anknüpfungspunkt für die Zuständigkeit, wenn der AN dort keinerlei Arbeitsleistungen erbringt und von dort aus nur den Weg zur Arbeit antritt.[119]

Beispiel: Ein Montagearbeiter fährt zunächst zum Betriebssitz, um dort die Arbeitsanweisungen und das notwendige Material entgegen zu nehmen. Erst dann fährt er zu den verschiedenen Arbeitsorten.
Hier ist nur der Betriebssitz Anknüpfungspunkt für § 48 Abs. 1a S. 2.

2. Entschädigung nach § 15 AGG. Macht der AG im Hinblick auf seine Entschädigungspflicht bei geschlechtsbedingter Benachteiligung die Höchstbegrenzung der Gesamtentschädigung bei mehreren Anspruchsberechtigten geltend, hat eine Konzentration sämtlicher Klagen bei einem Gericht zu erfolgen. Mit § 61b Abs. 2 wird danach für alle Klagen eine ausschließliche Zuständigkeit des Gerichts begründet, bei dem die erste Klage erhoben worden ist. Alle anderen Gerichte haben die bei ihnen anhängigen Klagen von Amts wegen dorthin zu verweisen. Die Verfahren sind dann bei demselben Gericht zur gemeinsamen Verhandlung und Entscheidung zu verbinden.

---

114 BR-Drucks 820/07, S. 13 f.
115 BR-Drucks 820/07, S. 31 f.
116 BR-Drucks 820/07, S. 32.
117 BR-Drucks 820/07, S. 32.
118 Hessisches LAG 26.8.2008 – 4 Ta 308/08.
119 BR-Drucks 820/07, S. 32.

84 **3. Erfüllungsort.** § 29 Abs. 1 ZPO bestimmt für Ansprüche aus einem Vertragsverhältnis und über dessen Bestehen die Zuständigkeit des Gerichtsortes, an dem die streitige Verpflichtung zu erfüllen ist. Der Ort der Vertragserfüllung bestimmt sich dabei nach materiellem Recht. Für zivilrechtliche Verträge und damit auch für den Arbeitsvertrag ergibt sich dies aus § 269 Abs. 1 BGB. Zwar stellt § 269 Abs. 1 BGB nicht auf den Erfüllungsort, sondern auf den Ort der Leistung ab. Beide Begriffe sind jedoch identisch.[120] Gemeint ist in beiden Fällen der Ort der Leistungshandlung. Hier hat der Schuldner die Leistungshandlung vorzunehmen. Der Gläubiger hat die geschuldete Leistung dort anzunehmen. Bei Holschulden liegt dieser Ort beim Schuldner und bei Bringschulden beim Gläubiger. Für Schickschulden gelten die §§ 270, 447 BGB. Der Gesetzgeber hat hier dem Umstand Rechnung getragen, dass der Erfolg nicht immer auch am Leistungs- und damit am Erfüllungsort eintritt. Er sah sich deshalb zur Schaffung der Gefahrtragungsregeln veranlasst. Maßgeblicher Erfüllungsort i.S.d. § 29 Abs. 1 ZPO ist damit stets der Leistungsort i.S.d. § 269 Abs. 1 BGB. Die Bestimmung eines Leistungsortes gem. § 269 Abs. 1 BGB im Sinne einer das Gericht bindenden vertraglichen Vereinbarung ist für das arbeitsgerichtliche Verfahren unmaßgeblich. Nach § 29 Abs. 2 ZPO können materiell nicht ernst gemeinte Vereinbarungen mit gerichtsstandsbegründender Wirkung nur zwischen Vollkaufleuten getroffen werden. Anderenfalls könnte das Verbot der Gerichtsstandsvereinbarung gem. § 38 ZPO durch eine Erfüllungsortsvereinbarung umgangen werden. Zulässig sind allerdings materiell-rechtliche Vereinbarungen, ebenso wie die Direktionsrechtsweisung, welche dem AN einen bestimmten Arbeitsort zuweisen, damit der AN dort seine geschuldete Arbeitsleistung auch tatsächlich zu erbringen hat. Der Verbotsumfang erstreckt sich auf die positive und auf die negative Prorogation.[121] Das Verbot der negativen Prorogation (Derogation) verhindert die Sperrwirkung des bei einem nicht vereinbarten anderen Gericht bzw. Erfüllungsort gegebenen Gerichtsstand des gesetzlichen Erfüllungsorts.

85 Zur Bestimmung des gesetzlichen Erfüllungsorts ist auf den tatsächlichen Ort der Leistungen abzustellen, sofern er vertraglich geschuldet ist. Es kommt dabei auf die Umstände, insb. die Natur des Schuldverhältnisses an. Zu berücksichtigen sind unter Beachtung des Prinzips von Treu und Glauben alle Umstände des Einzelfalls, v.a. jedoch die Verkehrssitte und die Art der Leistungen sowie die vertragsspezifischen Merkmale. Dabei ist der Leistungsort auch beim gegenseitigen Vertrag regelmäßig für die einzelnen Verpflichtungen gesondert zu bestimmen, da § 29 Abs. 1 ZPO auf die streitige Verpflichtung und § 269 Abs. 1 BGB auf die Leistung abstellt.

86 Beim Arbeitsvertrag wird hinsichtlich des Erfüllungsorts für alle beiderseitigen Leistungsverpflichtungen einheitlich auf den Ort der Arbeitsleistung abgestellt.[122] Dieser sei wirtschaftlicher und technischer Mittelpunkt des Arbverh.[123] Unproblematisch ist die Feststellung des einheitlichen Erfüllungsorts nach der h.L., wenn Ort der Arbeitsleistung und Betriebssitz identisch sind. Dieser Ort ist dann der alleinige Erfüllungsort für sämtliche beiderseitigen Vertragspflichten. Ist die Arbeitsleistung am Ort der Niederlassung zu erfüllen, bestimmt sich auch hiernach der Erfüllungsort. Problematisch sind die Fälle, in denen der Ort der Arbeitsleistung ein anderer ist als der Ort des Betriebes oder der Niederlassung. Bei einem dauernden Einsatz an einem gleichbleibenden auswärtigen Arbeitsort ist ausgehend von der Erbringung der Arbeitsleistung dieser auswärtige Arbeitsort Erfüllungsort i.S.d. § 29 Abs. 1 ZPO. Sämtliche Klagen können dort anhängig gemacht werden. Dies gilt auch für Geldschulden. Beim Einsatz von AN an ständig wechselnden Beschäftigungsorten ohne festen Bezirk (z.B. Arbeiter und Monteure auf wechselnden Baustellen, Lkw- und Omnibusfahrer sowie alle sonstigen AN im überörtlichen Straßen-, Schienen-, Schifffahrts- und Luftverkehr) wird im Allgemeinen auf den steuernden Betriebsort als einheitlichen Erfüllungsort abgestellt.[124] Einer solchen Anwendung des § 29 Abs. 1 ZPO steht entgegen, dass dieser eine gewisse Identität und Dauerhaftigkeit des Erfüllungsorts voraussetzt. Für diese AN-Gruppe kann es daher unter Ausschluss der Anwendung des § 29 Abs. 1 ZPO für den Anknüpfungspunkt Ort der Arbeitsleistung nur bei den Gerichtsständen der §§ 17 und 21 ZPO verbleiben. Praktisch relevant dürft dabei der Arbeitsort gem. § 48 Abs. 1a S. 1 sein.

87 Dieselben Grundsätze gelten für die von ihrem Wohnsitz aus tätigen Außendienstmitarbeiter (z.B. Vertreter, Reisende und Kundendienstmonteure). Bei diesen wird angenommen, einheitlicher Erfüllungsort sei der Wohnsitz des AN, wenn diesem ein bestimmter Bezirk zugewiesen sei, in dem er von seinem Wohnsitz aus tätig wurde und an den er – nicht notwendig täglich – immer wieder zurückkehre.[125] Es ist schwer vorstellbar, dass Anknüpfungspunkt für den Schwerpunkt der Tätigkeit eines Außendienstmitarbeiters sein Wohnort sein soll. Das zeitliche Hauptgewicht der Arbeitsleistung dürfte im Außendienst und nicht an seinem Wohnsitz liegen. Überschreitet der zu betreuende Bezirk des Außendienstmitarbeiters damit den Zuständigkeitsbereich eines Gerichtsbezirks, findet § 29 Abs. 1 ZPO als Anknüpfungspunkt für den einheitlichen Erfüllungsort keine Anwendung. Es verbleibt dann bei den sonstigen Gerichtsständen. Nur wenn der Außendienstmitarbeiter auch im Außendienst innerhalb des Zuständigkeitsbereichs eines Gerichts tätig ist, ergibt § 29 ZPO die Zuständigkeit dieses Gerichts als einheitlichen Erfüllungsort

---

120 *Süße*, AuR 1970, 47.
121 ArbG Berlin 3.3.1985 – 30 Ca 346/83.
122 *Grunsky*, ArbGG, § 2 Rn 39.
123 *Zöller/Vollkommer*, § 29 Rn 25; a.A. *Krasshöfer-Pidde/Molkenbur*, NZA 1988, 236, 237.
124 LAG Bremen 25.10.1960 – 2 Sa 41/60.
125 BAG 3.1.1993 – 5 AS 20/93; ArbG Solingen 24.3.1993 – 3 Ca 2356/92; *Schulz*, NZA 1994, 644 ff.; dagegen *Krasshöfer-Pidde/Molkenbur*, NZA 1988, 236, 238; *Ostrup/Zumkeller*, NZA 1995, 16 f.; ArbG Leipzig 14.2.2002 – 17 Ca 52/02.

der Arbeitsleistung. Trotz der entgegenstehenden Auff. des BAG ist die Verweisung eines Rechtsstreits unter Bezugnahme auf die hier vertretene Rechtsauff. bindend, da sie nach Auff. des BAG aus vertretbaren Gründen erfolgt.[126] Allerdings ergeben sich Besonderheiten nach dem neu eingeführten Gerichtsstand des Arbeitsorts nach § 46 Abs. 1a.

Der Gerichtsstand des einheitlichen Erfüllungsorts (Ort der Arbeitsleistung) wird nicht durch die Beendigung des Arbverh berührt. Dies gilt jedenfalls für alle Ansprüche, die in der Zeit vor der Beendigung fällig gewesen sind. Schuldet der AN allerdings keine Arbeitsleistung mehr, etwa bei Ansprüchen in der Freistellungsphase eines Altersteilzeit-Arbverh, ist der Ort der Arbeitsleistung nicht mehr i.S.d. § 29 Abs. 1 ZPO zuständigkeitsbegründend.[127] Dasselbe dürfte für den Gerichtsstand des Arbeitsorts nach § 48 Abs. 1a S. 1 gelten. **88**

4. Fiskus und Behörde. Der allg. Gerichtsstand des Fiskus wird durch den Sitz der Behörde bestimmt, die berufen ist, ihn in dem Rechtsstreit zu vertreten (§ 18 ZPO). Fiskus ist dabei der Bund oder ein Land in der Eigenschaft als Vermögensträger. § 18 ZPO knüpft an die gesetzliche Vertretung an, welche sich nach öffentlich-rechtlichen Organisationsnormen richtet. Behörden haben ihren allg. Gerichtsstand nach § 17 Abs. 2 S. 2 ZPO bei dem Gericht ihres Amtssitzes, wenn sie als solche verklagt werden können, also ausnahmsweise parteifähig sind. Daneben gelten die besonderen Gerichtsstände, insb. der Gerichtsstand des Erfüllungsorts gem. § 29 ZPO. Bei Zahlungen aus öffentlichen Kassen ergibt sich hieraus der Sitz der auszahlenden Kasse, da dort die Zahlungspflicht erfüllt wird. **89**

5. Insolvenz. Allg. Gerichtsstand des Insolvenzverwalters ist gem. § 19a ZPO für Klagen, die sich auf die Insolvenzmasse beziehen, der Sitz des Insolvenzgerichts. Da es sich nicht um einen ausschließlichen Gerichtsstand handelt, kann sich daneben die örtliche Zuständigkeit eines anderen Gerichts aus den §§ 12 ff. ZPO ergeben. **90**

6. Niederlassung. Bei Klagen gegen den AG kommt der Gerichtsstand der Niederlassung gem. § 21 ZPO in Betracht. Erfasst werden Haupt- und Zweigniederlassungen, in denen für eine gewisse – nicht notwendig unbestimmte – Dauer eine geschäftliche Tätigkeit von nicht nur untergeordneter Bedeutung entfaltet wird. Die Niederlassung muss somit zum selbstständigen Geschäftsabschluss und -handeln berechtigt sein. Darüber hinaus muss die Klage eine Zweckbeziehung zum Geschäftsbetrieb der Niederlassung haben. Hierzu reicht es nicht aus, dass der Arbeitsvertrag am Ort der Niederlassung geschlossen wurde.[128] Er muss vielmehr mit Rücksicht auf den Ort der Niederlassung – etwa wegen der dort zu erbringenden Arbeitsleistung – mit dem klagenden AN abgeschlossen worden sein. **91**

7. Prorogation. Nach § 38 Abs. 1 ZPO ist eine Gerichtsstandsvereinbarung nur zwischen Kaufleuten, juristischen Personen des öffentlichen Rechts oder öffentlich-rechtlichen Sondervermögen zulässig. Für Streitigkeiten aus dem Arbverh kommt dies nicht in Betracht. Gem. § 38 Abs. 2 ZPO kann eine Gerichtsstandsvereinbarung getroffen werden, wenn eine der Parteien im Inland keinen allg. Gerichtsstand hat. Die Vereinbarung muss schriftlich abgeschlossen oder schriftlich bestätigt werden. Weiterhin ist gem. § 38 Abs. 3 ZPO eine Gerichtsstandsvereinbarung nur zulässig, wenn sie ausdrücklich und schriftlich nach dem Entstehen der Streitigkeit oder für den Fall geschlossen wird, dass die im Klageweg in Anspruch zu nehmende Partei nach Vertragsschluss ihren Wohnsitz oder gewöhnlichen Aufenthaltsort aus dem Geltungsbereich dieses Gesetzes verlegt hat oder ihr Wohnsitz oder gewöhnlicher Aufenthalt im Zeitpunkt der Klageerhebung nicht bekannt ist. Diese Prorogationsmöglichkeiten gelten auch im arbeitsgerichtlichen Verfahren und begründen die ausschließliche Zuständigkeit des vereinbarten Gerichts. **92**

Nach § 48 Abs. 2 kann die örtliche Zuständigkeit eines an sich unzuständigen ArbG ohne die Beschränkungen des § 38 ZPO durch Vereinbarung der TV-Parteien begründet werden. Diese Prorogationsmöglichkeit gilt für bürgerliche Rechtsstreitigkeiten zwischen AN und AG aus einem Arbverh (Abs. 1 Nr. 3a) und aus Verhandlungen über die Eingehung eines Arbverh (z.T. Abs. 1 Nr. 3c).Wegen des eindeutigen Wortlauts gilt dies nicht für die anderen in § 2 genannten Streitigkeiten, insb. nicht für Streitigkeiten aus unerlaubter Handlung, Streitigkeiten über das Bestehen oder Nichtbestehen eines Arbverh oder Streitigkeiten aus der Nachwirkung des Arbverh. Ebenso findet die Prorogationsmöglichkeit nicht für die Rechtsnachfolge gem. § 3 und für das Beschlussverfahren gem. § 2a Anwendung. **93**

Gem. § 48 Abs. 2 Nr. 2 kann die örtliche Zuständigkeit tariflich auch für bürgerliche Rechtsstreitigkeiten aus dem Verhältnis einer gemeinsamen Einrichtung der TV-Parteien zu den AN oder AG festgelegt werden. Voraussetzung ist stets eine Tarifbindung der Parteien des Rechtsstreits, während im Rahmen von § 48 Abs. 2 Nr. 1 die Vereinbarungen der Anwendung des gesamten TV zwischen nichttarifgebundenen Parteien ausreicht. Da § 38 ZPO keine Anwendung findet, begründet die tarifvertragliche Prorogation nicht ohne Weiteres die ausschließliche Zuständigkeit eines Gerichts. Es ist vielmehr durch Auslegung zu ermitteln, ob die ausschließliche Zuständigkeit oder nur die weitere Zuständigkeit eines Gerichts begründet werden sollte. **94**

8. Rügelose Einlassung. Mit Ausnahme von nichtvermögensrechtlichen Streitigkeiten oder Streitigkeiten, bei denen ein ausschließlicher Gerichtsstand begründet ist (§ 40 Abs. 2 S. 2 ZPO) kann die Zuständigkeit eines an sich örtlich nicht zuständigen Gerichtes dadurch begründet werden, dass sich der Beklagte auf die vor dem an **95**

---

126 BAG 4.1.1995 – 5 AS 1/95.
127 ArbG Dortmund 21.5.2002 – 9 Ca 2490/02.
128 So aber *Grunsky*, ArbGG, § 2 Rn 38.

sich unzuständigen Gericht erhobenen Klage in der Verhandlung zur Hauptsache einlässt, ohne die Unzuständigkeit zu rügen. Voraussetzung ist aber, dass er nach § 504 ZPO über die Unzuständigkeit und die Bedeutung der rügelosen Einlassung belehrt worden ist. Eine rügelose Verhandlung im Gütetermin begründet keine rügelose Einlassung. Gem. § 54 Abs. 2 S. 3 gilt § 39 Abs. 1 ZPO nicht in der Güteverhandlung.[129]

96 **9. Sitz der juristischen Person.** Eine juristische Person kann nach § 17 ZPO an ihrem Sitz – i.d.R. der Ort der Verwaltung – verklagt werden. Dasselbe gilt für die in § 17 Abs. 1 S. 1 ZPO genannten Personenvereinigungen und sonstigen Vermögensmassen. Durch die Umwandlungspflicht der bergrechtlichen Gewerkschaften in AG oder GmbH ist der Ort der Belegenheit des Bergwerkes überflüssig geworden.[130]

97 **10. Unerlaubte Handlung.** Für Klagen aus unerlaubten Handlungen ist das Gericht zuständig, in dessen Bezirk die unerlaubte Handlung begangen wurde (§ 32 ZPO). Sowohl Handlungs- als auch Erfolgsort können Begehungsort (Tatort) sein. Begangen wird die Tat dort, wo eines der wesentlichen Tatbestandsmerkmale verwirklicht wurde.[131] Regelmäßig wird mit der unerlaubten Handlung auch eine arbeitsvertragliche Pflicht verletzt werden. Auch hierfür richtet sich dann der Gerichtsstand nach § 32 ZPO.

98 **11. Wahlrecht nach § 35 ZPO.** Der Kläger hat unter mehreren zuständigen Gerichtsständen gem. § 35 ZPO die Wahl. Dies gilt nicht im Verhältnis von ausschließlichen zu allg. oder besonderen Gerichtsständen. Nur bei mehreren ausschließlichen Gerichtsständen besteht insoweit zwischen ihnen ein Wahlrecht. Die Ausübung der Wahl erfolgt durch Klageerhebung. Sie ist unwiderruflich und bindend.[132] Ein zuständiges Gericht darf nach Klageerhebung den Rechtsstreit daher nicht auch nicht auf Antrag des Klägers an ein anderes auch zuständiges Gericht verweisen. Bei Anrufung eines unzuständigen Gerichts kann der Kläger sein Wahlrecht noch durch den Verweisungsantrag gem. § 281 Abs. 1 S. 2 ZPO ausüben.

99 **12. Widerklage.** Die Widerklage allein begründet nach § 33 Abs. 1 ZPO nur die Zuständigkeit des an sich für den Widerklageanspruch unzuständigen Gerichts, wenn der Widerklageanspruch mit dem Klageanspruch oder mit den gegen ihn vorgebrachten Verteidigungsmitteln im Zusammenhang steht. Ansonsten ist die örtliche Zuständigkeit für die Widerklage gesondert zu prüfen.

100 **13. Wohnsitz oder Aufenthalt bei natürlichen Personen.** Für Klagen gegen sämtliche natürliche Personen ist das Gericht örtlich zuständig, bei dem diese Personen ihren allg. – durch den Wohnsitz bestimmten – Gerichtsstand haben (§§ 12, 13 ZPO). Bei wohnsitzlosen Personen ist der Aufenthaltsort und – wenn dieser unbekannt ist – der letzte Wohnsitz maßgeblich (§ 16 ZPO).

E. Verfahren für die Entscheidung über die örtliche Zuständigkeit

101 Auch für die örtliche Zuständigkeit gelten gem. § 48 Abs. 1 die §§ 17 bis 17b GVG und nicht mehr § 281 ZPO. Die Verweisung hat ebenso von Amts wegen ohne Antrag zu erfolgen. Bei Rüge des Beklagten hinsichtlich der örtlichen Zuständigkeit hat das ArbG nach § 17a Abs. 2 S. 2 GVG vorab zu entscheiden. Der Beschluss ist nach § 17a Abs. 4 S. 2 GVG zu begründen, wobei formelhafte Wendungen, wie die, es sei weder ein allg. noch ein besonderer Gerichtsstand gegeben, keine Begründung darstellen. Eine solche nur formelhafte Begründung führt zur offensichtlichen Gesetzeswidrigkeit und damit zur fehlenden Bindungswirkung des Verweisungsbeschlusses, es sei denn, die Begründung ergibt sich aus der Akte.[133]

102 Eine ausschließlich mit der örtlichen Unzuständigkeit begründete Verweisung an ein anderes ArbG, hat keine Bindungswirkung für den Rechtsweg.[134] § 36 ZPO regelt die Festlegung des örtlich zuständigen Gerichts durch ein Bestimmungsverfahren. Die Vorschrift wird für andere Zuständigkeitsstreitigkeiten (Rechtswegzuständigkeit) entsprechend angewandt. Nach § 36 Abs. 1 Nr. 6 ZPO erfolgt die gerichtliche Bestimmung des zuständigen Gerichts, wenn sich zwei ArbG für unzuständig halten. Das zunächst angerufene Gericht verweist den Rechtsstreit an das von ihm für zuständig gehaltene Gericht, welches bei einem solchen negativen Kompetenzkonflikt die Vorlage an das nächsthöhere Gericht gem. § 36 Nr. 6 ZPO zu beschließen hat. Nächsthöheres Gericht ist bei einem Kompetenzstreit innerhalb eines LAG-Bezirks das zuständige LAG, bei bezirksüberschreitendem Konflikt das BAG. Eine Zurückverweisung ist nicht zulässig.[135]

103 Ein Anwendungsfall der Gerichtsstandsbestimmung i.S.v. § 36 Nr. 3 ZPO ergibt sich v.a. dann, wenn im Rahmen eines Betriebsübergangs Betriebsveräußerer und Betriebserwerber verschiedene allgemeine Gerichtsstände haben. Werden sie in demselben Rechtsstreit als AG verklagt, sind sie Streitgenossen. Dabei genügt die einfache Streitge-

---

129 LAG Hamburg 26.4.2000 – 1 S Ha 1/00.
130 Zöller/*Vollkommer*, § 17 Rn 11.
131 Zöller/*Vollkommer*, § 32 Rn 16.
132 Zöller/*Vollkommer*, § 35 Rn 2.
133 BAG 3.11.1993 – 5 AS 20/93.
134 LAG Nürnberg 21.5.2001 – 7 Ta 95/01.
135 LAG Nürnberg 25.2.1995 – 1 Sa 1/95.

nossenschaft.[136] Im Bestimmungsverfahren ist jedoch zu beachten, dass die Verweisung des zuerst angerufenen Gerichts in der Regel bindend ist.[137]

§ 2a Zuständigkeit im Beschlußverfahren

(1) Die Gerichte für Arbeitssachen sind ferner ausschließlich zuständig für
1. Angelegenheiten aus dem Betriebsverfassungsgesetz, soweit nicht für Maßnahmen nach seinen §§ 119 bis 121 die Zuständigkeit eines anderen Gerichts gegeben ist;
2. Angelegenheiten aus dem Sprecherausschußgesetz, soweit nicht für Maßnahmen nach seinen §§ 34 bis 36 die Zuständigkeit eines anderen Gerichts gegeben ist;
3. Angelegenheiten aus dem Mitbestimmungsgesetz, dem Mitbestimmungsergänzungsgesetz und dem Drittelbeteiligungsgesetz, soweit über die Wahl von Vertretern der Arbeitnehmer in den Aufsichtsrat und über ihre Abberufung mit Ausnahme der Abberufung nach § 103 Abs. 3 des Aktiengesetzes zu entscheiden ist;
3a. Angelegenheiten aus den §§ 94, 95, 139 des Neunten Buches Sozialgesetzbuch,
3b. Angelegenheiten aus dem Gesetz über Europäische Betriebsräte, soweit nicht für Maßnahmen nach seinen §§ 43 bis 45 die Zuständigkeit eines anderen Gerichts gegeben ist;
3c. Angelegenheiten aus § 51 des Berufsbildungsgesetzes;
3d. Angelegenheiten aus dem SE-Beteiligungsgesetz vom 22. Dezember 2004 (BGBl. I S. 3675, 3686) mit Ausnahme der §§ 45 und 46 und nach den §§ 34 bis 39 nur insoweit, als über die Wahl von Vertretern der Arbeitnehmer in das Aufsichts- oder Verwaltungsorgan sowie deren Abberufung mit Ausnahme der Abberufung nach § 103 Abs. 3 des Aktiengesetzes zu entscheiden ist;
3e. Angelegenheiten aus dem SCE-Beteiligungsgesetz vom 14. August 2006 (BGBl. I S. 1911, 1917) mit Ausnahme der §§ 47 und 48 und nach den §§ 34 bis 39 nur insoweit, als über die Wahl von Vertretern der Arbeitnehmer in das Aufsichts- oder Verwaltungsorgan sowie deren Abberufung zu entscheiden ist;
3f. Angelegenheiten aus dem Gesetz über die Mitbestimmung der Arbeitnehmer bei einer grenzüberschreitenden Verschmelzung vom 21. Dezember 2006 (BGBl. I S. 3332) mit Ausnahme der §§ 34 und 35 und nach den §§ 23 bis 28 nur insoweit, als über die Wahl von Vertretern der Arbeitnehmer in das Aufsichts- oder Verwaltungsorgan sowie deren Abberufung mit Ausnahme der Abberufung nach § 103 Abs. 3 des Aktiengesetzes zu entscheiden ist;
4. die Entscheidung über die Tariffähigkeit und die Tarifzuständigkeit einer Vereinigung.

(2) In Streitigkeiten nach diesen Vorschriften findet das Beschlußverfahren statt.

A. Allgemeines 1	VIII. Europäische Gesellschaft (Gesetz über die Beteiligung der AN in einer Europäischen Gesellschaft) 13
B. Einzelfälle 2	IX. Gewerkschaften und Arbeitgeberverbände 14
I. Betriebsverfassungsrechtliche Vorfragen 3	X. Jugend- und Auszubildendenvertretung 15
II. Betriebsverfassungsrechtsverhältnis 4	XI. Kosten der Betriebsratstätigkeit 16
III. Streitigkeiten zwischen AG und AN aus dem Individualrechtsverhältnis 5	XII. Mitarbeitervertretung 17
IV. Streitigkeiten zwischen Mitgliedern von Betriebsverfassungsorganen und dem AG 7	XIII. Mitbestimmungsgesetze 18
	XIV. NATO-Truppenstatut 19
1. Urteilsverfahren 8	XV. Personalvertretung 20
2. Beschlussverfahren 9	XVI. Schwerbehindertenvertretung 21
V. Betriebsvereinbarung 10	XVII. Sprecherausschuss 23
VI. Einigungsstelle 11	XVIII. Straf- und Bußgeldverfahren 25
VII. Errichtung von Betriebsverfassungsorganen 12	XIX. Tariffähigkeit- und Tarifzuständigkeit 26
	XX. Werkstattrat der behinderten Menschen 27

A. Allgemeines

Die ausschließliche Zuständigkeit der Gerichte für Arbeitssachen im Beschlussverfahren richtet sich nach Abs. 1. Danach sind die ArbG für alle Angelegenheiten aus dem BetrVG zuständig. Nur für die Verfahren nach §§ 119 bis 121 BetrVG sind die ordentlichen Gerichte zuständig. Die ArbG sind nicht zuständig. § 2a enthält bis auf die Nr. 2 bis 4 in Abs. 1 keine enumerative Aufzählung der Zuständigkeitstatbestände wie § 2. Entscheidend ist daher im Wesentlichen, ob es sich um eine Angelegenheit aus dem BetrVG handelt. Damit sind personalvertretungsrechtliche Streitig-

1

136 BAG 25.4.1996 – 5 AS 1/96. 137 BAG 3.11.1993 – 5 AS 20/93.

keiten von der Zuständigkeit der ArbG ausgenommen, es sei denn, das personalvertretungsrechtliche Problem ist nur Vorfrage einer arbeitsgerichtlichen Rechtsstreitigkeit. Ansonsten sind die Verwaltungsgerichte zuständig.

B. Einzelfälle

2 Folgende Fälle führen in der Praxis häufig zu Problemen:

I. Betriebsverfassungsrechtliche Vorfragen

3 Die Zuständigkeit im Beschlussverfahren ist nur gegeben, wenn die Angelegenheit aus dem BetrVG selbst Gegenstand der Streitigkeit ist. Es verbleibt daher beim Urteilsverfahren, wenn der betriebsverfassungsrechtliche Streit nur Vorfrage einer bürgerlichen Rechtsstreitigkeit nach § 2 ist (z.B. Wirksamkeit einer BR-Anhörung bei str. Künd eines AN). Mit der Vorschrift des Abs. 1 Nr. 1 hat der Gesetzgeber das Beschlussverfahren für alle Streitigkeiten eröffnen wollen, die aus dem Betriebsverfassungsrecht entstehen können. Immer dann, wenn die durch das Betriebsverfassungsrecht geregelte Ordnung des Betriebes und die gegenseitigen Rechte und Pflichten der Betriebspartner als Träger dieser Ordnung im Streit sind, soll darüber im Beschlussverfahren als der dafür geschaffenen und besonders geeigneten Verfahrensart entschieden werden. Das gilt selbst dann, wenn Rechte des BR im Streit sind, die sich nicht direkt aus dem BetrVG selbst ergeben.[1]

II. Betriebsverfassungsrechtsverhältnis

4 Die Zuordnung einer arbeitsgerichtlichen Tätigkeit zum Urteils- oder Beschlussverfahren richtet sich nach dem Streitgegenstand. Eine Angelegenheit aus dem Betriebsverfassungsrecht liegt demnach nur vor, wenn der geltend gemachte Anspruch oder die begehrte Feststellung ihre Rechtsgrundlagen im BR-Amt oder einem Betriebsverfassungsrechtsverhältnis haben. Streitigkeiten zwischen dem BR und dem AG begründen sich danach immer aus dem Betriebsverfassungsrechtsverhältnis und sind im Beschlussverfahren auszutragen. Über eine Angelegenheit aus dem BetrVG wird auch gestritten, wenn eine Erweiterung oder Verstärkung der Beteiligungsrechte des BR durch einen TV im Streit steht.[2] Streitigkeiten zwischen BR-Mitgliedern und dem AG können ihre Grundlage aber auch im Arbverh haben (Entgeltansprüche des BR-Mitglieds für die durch die Amtstätigkeit versäumte Arbeitszeit nach §§ 20 Abs. 3, 37 Abs. 2, 3, 6 und 7 BetrVG). Darüber hinaus finden sich im BetrVG Anspruchsgrundlagen für Ansprüche zwischen AG und AN, die ebenfalls nicht aus einem Betriebsverfassungsrechtsverhältnis resultieren und letztendlich ihre Grundlage im Arbverh finden. Auch diese Streitigkeiten sind im Urteilsverfahren auszutragen (z.B. Ansprüche von AN aus einem Sozialplan).

III. Streitigkeiten zwischen AG und AN aus dem Individualrechtsverhältnis

5 Streitigkeiten zwischen AN und AG sind i.d.R. im Urteilsverfahren zu behandeln. Zwischen ihnen besteht kein Betriebsverfassungsrechtsverhältnis. Die Streitigkeiten resultieren regelmäßig aus dem Individualrechtsverhältnis, selbst wenn sich die Anspruchsgrundlagen im BetrVG befinden. Hierzu gehören bspw.:

6 Arbeitsentgelt für die Zeit der Teilnahme an einer Betriebsversammlung,[3] Unterrichtungs-, Anhörungs- und Erörterungsrechte der AN nach den §§ 81 ff. BetrVG, Ansprüche auf Nachteilsausgleich gem. § 113 Abs. 3 BetrVG, Ansprüche auf Weiterbeschäftigung nach § 102 Abs. 5 BetrVG sowie der gegenteilige Anspruch des AG auf Entbindung von der Weiterbeschäftigungspflicht.

IV. Streitigkeiten zwischen Mitgliedern von Betriebsverfassungsorganen und dem AG

7 Hier ist zu unterscheiden, ob die Streitigkeit Ansprüche betrifft, die aus der Amtstätigkeit herrühren oder ob nur arbeitsvertragliche Ansprüche aus Anlass einer Amtstätigkeit geltend gemacht werden.

8 **1. Urteilsverfahren.** Lohnansprüche von Betriebsverfassungsorganen für die durch die Amtstätigkeit versäumte Arbeitszeit sind regelmäßig im Urteilsverfahren geltend zu machen.[4] Die betriebsverfassungsrechtliche Vorfrage, ob die Arbeitsversäumnis, z.B. wegen Teilnahme an einer Schulung gem. § 37 Abs. 6 BetrVG erforderlich war, ist dann auch im Urteilsverfahren mit zu entscheiden.[5] Etwas anderes gilt nur, wenn die Notwendigkeit der Freistellung für die BR-Tätigkeit oder den Besuch einer Schulungsveranstaltung allein Streitgegenstand der gerichtlichen Auseinandersetzung ist. In diesem Fall findet das Beschlussverfahren statt.[6] Im Urteilsverfahren sind demnach bspw. geltend zu machen: Künd-Schutzklagen von BR-Mitgliedern, Schadensersatzansprüche des AG gegen BR-Mitglieder wegen Verletzung von Amtspflichten,[7] Ansprüche auf bezahlte Freistellung oder Abgeltung von BR-Tätigkeit außerhalb der Arbeitszeit nach § 37 Abs. 3 BetrVG,[8] Streitigkeiten über beruflichen Aufstieg oder Gehaltserhöhungen.[9]

---

1 BAG 16.7.1985 – 1 ABR 9/83.
2 ArbG Stuttgart 28. Juni 2007 – 9 BV 2/07.
3 BAG 1.10.1974 – 1 AZR 394/73.
4 BAG 30.1.1973 – 1 ABR 22/72.
5 BAG 9.9.1992 – 7 AZR 492/91.
6 BAG 6.5.1975 – 1 ABR 135/73.
7 *Grunsky*, ArbGG, § 2 Rn 91.
8 BAG 26.2.1992 – 7 AZR 201/91.
9 BAG 15.1.1992 – 7 AZR 194/91.

2. Beschlussverfahren. Das Beschlussverfahren ist die richtige Verfahrensart, wenn die Streitigkeit die Rechte und Pflichten der Betriebspartner aus der betriebsverfassungsrechtlichen Ordnung betrifft.[10] Das ist auch der Fall, wenn die Betriebsparteien darüber streiten, ob ein Mitbestimmungsrecht des BR gem. § 99 Abs. 1 BetrVG hinsichtlich der dem Betrieb zugeordneten Beamten besteht.[11]

Die Beendigung des Betriebsverfassungsrechtsverhältnisses beseitigt nicht ohne Weiteres die Zuständigkeit im Beschlussverfahren. Es reicht aus, wenn der Streit auch nach Beendigung des Betriebsverfassungsrechtsverhältnisses diesem noch entspringt.

V. Betriebsvereinbarung

Streitigkeiten über die Wirksamkeit und Auslegung von BV sind betriebsverfassungsrechtliche Angelegenheiten und gehören ins Beschlussverfahren.

VI. Einigungsstelle

Hierzu gehören alle Streitigkeiten im Zusammenhang mit der Einigungsstelle, wie die Bestellung des Vorsitzenden, die Bestimmung der Zahl der Beisitzer, die Errichtung der Einigungsstelle nach § 98, Streitigkeiten über die Zuständigkeit der Einigungsstelle im Feststellungsverfahren, die Anfechtung eines Spruchs der Einigungsstelle sowie Streitigkeiten über die Kosten der Einigungsstelle wie den Honoraranspruch des Vorsitzenden und der Beisitzer.[12]

VII. Errichtung von Betriebsverfassungsorganen

Dies betrifft Streitigkeiten über die Errichtung von BR, GBR, KBR, der JAV, dem Sprecherausschuss für leitende Ang und dem Wirtschaftsausschuss. Hierzu gehören auch Streitigkeiten über die Bildung von Ausschüssen, ihre Zusammensetzung oder die Wahl oder die Bestellung des Vorsitzenden und seines Stellvertreters. Diese Zuständigkeit erfasst auch alle Streitigkeiten im Zusammenhang mit der Errichtung der Betriebsverfassungsorgane, etwa wegen der BR-Größe, die Frage der Zuordnung von Betrieben oder Betriebsteilen, der AN-Eigenschaft i.S.d. § 5 BetrVG oder die Qualifizierung eines AN als leitender Ang i.S.d. § 5 Abs. 3 BetrVG. Dasselbe gilt für alle Streitigkeiten im Zusammenhang mit einer Wahl von Betriebsverfassungsorganen, etwa der Anfechtung der BR-Wahl,[13] der Nichtigkeit einer Wahl, falls sie selbst Streitgegenstand ist, sowie Streitigkeiten über rechtlich selbstständige Teilakte des Wahlverfahrens wie Maßnahmen des Wahlvorstandes.

VIII. Europäische Gesellschaft (Gesetz über die Beteiligung der AN in einer Europäischen Gesellschaft)

Nach Abs. 1 Nr. 3d ist die Zuständigkeit der ArbG in Angelegenheiten aus dem Gesetz über die Beteiligung der AN in einer Europäischen Gesellschaft (SE-Beteiligungsgesetz) bestimmt. Für alle Streitigkeiten über die Wahl der AN-Vertreter in das Aufsichts- oder Verwaltungsorgan ist damit das arbeitsgerichtliche Beschlussverfahren gegeben. Das gilt nicht für Streitigkeiten über Beschlüsse der Hauptversammlung sowie Abberufungsgründe nach § 103 AktG. Insoweit verbleibt es bei der Zuständigkeit der ordentlichen Gerichte. Für die Straf- und Ordnungswidrigkeiten nach §§ 45 und 46 SE-Beteiligungsgesetz sind die ArbG ebenfalls unzuständig.

IX. Gewerkschaften und Arbeitgeberverbände

Streitigkeiten über die betriebsverfassungsrechtlichen Befugnisse dieser Verbände sind im Beschlussverfahren zu entscheiden. Hierzu gehören v.a. Zutrittsrechte zum Betrieb,[14] Teilnahme an einer Betriebsversammlung, an einer Sitzung des Wirtschaftsausschusses, des Wahlvorstandes oder Besichtigung eines Arbeitsplatzes auf Ersuchen des Betriebsrates zur Überprüfung einer Eingruppierung.

X. Jugend- und Auszubildendenvertretung

Für die JAV gelten dieselben Grundsätze wie bei der Zuständigkeit bei Streitigkeiten mit dem BR. Die Anträge des AG nach § 78a Abs. 4 S. 1 BetrVG bzw. nach § 78a Abs. 2 und 3 BetrVG sind im arbeitsgerichtlichen Beschlussverfahren zu entscheiden.[16] Der Antrag des Auszubildenden auf Feststellung des Bestehens eines Arbverh ist dagegen eine individualrechtliche Streitigkeit, für die das Urteilsverfahren zur Anwendung kommt. Dasselbe gilt für den Feststellungsantrag des AG, ein Arbverh sei wegen des Fehlens der Voraussetzungen des § 78a Abs. 2 oder 3 BetrVG nicht zustande gekommen.[17]

---

10 BAG 16.7.1985 – 1 ABR 9/83.
11 LAG Nürnberg 19.4.2005 – 9 Ta 34/05.
12 BAG 5.12.1978 – 6 ABR 64/77.
13 BAG 12.10.1976 – 1 ABR 14/76.
14 BAG 26.6.1973 – 1 ABR 24/72.
15 BAG 17.1.1989 – 1 AZR 805/87.
16 BAG 5.4.1984 – 6 AZR 70/83.
17 BAG 29.11.1989 – 7 ABR 67/88.

XI. Kosten der Betriebsratstätigkeit

16 Streitigkeiten über die für die BR-Tätigkeit erforderlichen Kosten gem. § 40 Abs. 1 BetrVG sowie den erforderlichen Sachaufwand gem. § 40 Abs. 2 BetrVG sind im Beschlussverfahren geltend zu machen.[18] Dasselbe gilt für entsprechende Ansprüche der anderen Betriebsverfassungsorgane. Kostenerstattungsansprüche von einzelnen Organmitgliedern, z.B. BR-Mitgliedern, gehören ebenso ins Beschlussverfahren.[19] Entscheidend ist, dass es sich hier insg. um Ansprüche handelt, die aus § 40 oder § 37 Abs. 6 BetrVG resultieren. Tritt ein BR-Mitglied seinen Kostenerstattungsanspruch an den Schulungsträger ab, verbleibt es bei der Zuständigkeit im Beschlussverfahren. Der Schulungsträger ist lediglich i.S.v. § 3 Rechtsnachfolger, wodurch eine Zuständigkeitsänderung nicht bewirkt wird.

XII. Mitarbeitervertretung

17 Für Streitigkeiten der Mitarbeitervertretungen aus den Mitarbeitervertretungsordnungen der Religionsgemeinschaften und ihrer karitativen und erzieherischen Einrichtungen ist die Zuständigkeit der ArbG nicht gegeben.[20] Etwas anderes gilt nur für die Zuständigkeit im Urteilsverfahren, wenn es sich um Streitigkeiten aus dem Arbverh handelt und die Anwendung der Mitarbeitervertretungsordnung nur Vorfrage ist.

XIII. Mitbestimmungsgesetze

18 Abs. 1 Nr. 3 bestimmt die Zuständigkeit im Beschlussverfahren über die Wahl von Vertretern der AN in den AR und über die Abberufung mit Ausnahme der Abberufung nach § 103 Abs. 3 AktG für die Mitbestimmungsorgane aus dem Mitbestimmungsgesetz, dem Mitbestimmungsergänzungsgesetz und dem BetrVG 1952. Es handelt sich hier um die Vertretung der AN nach den jeweiligen gesetzlichen Regelungen. Da die Wahl der AN-Vertreter im AR nach dem Montan-Mitbestimmungsgesetz nicht genannt ist, sind insofern die ordentlichen Gerichte zuständig.[21] I.Ü. ergibt sich die Zuständigkeit im Beschlussverfahren für sämtliche Wahlstreitigkeiten der AN-Vertreter im AR wie Anfechtung und Nichtigkeit der Wahl, Streitigkeiten die sich anlässlich der Wahl von AN-Vertretung zum AR im Verlaufe des Wahlverfahrens ergeben können.[22] Die Zuständigkeit erfasst auch die Vorfragenkompetenz über gesellschaftsrechtliche Fragen. Ist im Rahmen einer Wahlanfechtung oder eines Wahlverfahrens str., ob AN eines abhängigen Konzernunternehmens oder einer KG nach den §§ 4, 5 MitbestG für die Wahl der AN-Vertreter zum AR des herrschenden Unternehmens oder des persönlich haftenden Gesellschafters wahlberechtigt sind, verbleibt es auch bei der Zuständigkeit der ArbG. Zwar ist für das Statusverfahren nach den §§ 96 Abs. 2, 97, 98 AktG die ordentliche Gerichtsbarkeit zuständig. Es handelt sich hier jedoch nicht um ein entsprechendes Statusverfahren, sondern um Streitigkeiten im Zusammenhang mit der Wahl der AN-Vertreter im AR. Die Einbeziehung der AN darf jedoch nicht zu einer Veränderung der Größe des AR führen, da dies nur im Statusverfahren, für das die ordentlichen Gerichte zuständig sind, festgelegt werden kann.[23] Die Zuständigkeit der ArbG im Beschlussverfahren ist auch gegeben für Streitigkeiten über die Abberufung der AN-Vertreter sowie den Widerruf der Bestellung zum AR nach § 76 Abs. 5 BetrVG 1952. Die gerichtliche Überprüfung beschränkt sich dabei allerdings auf die Einhaltung der Verfahrensvorschriften. Für die Abberufung von AR-Mitgliedern nach § 103 Abs. 3 AktG aus wichtigem Grund sind die ordentlichen Gerichte zuständig. Dies gilt ebenso für alle Streitigkeiten, die nicht mit der Wahl oder Abberufung der AN-Vertreter im Zusammenhang stehen. Soweit aus Anlass der AR-Tätigkeit von AN arbeitsrechtliche Ansprüche im Streit sind, sind die ArbG im Urteilsverfahren zuständig. Hier gelten dieselben Grundsätze wie bei BR-Mitgliedern.

XIV. NATO-Truppenstatut

19 Für Streitigkeiten aus der Betriebsvertretung der bei den Stationierungsstreitkräften beschäftigten zivilen Arbeitskräfte ist das Beschlussverfahren bei den ArbG die zutreffende Verfahrensart.[24] Dies ergibt sich aus Abs. 10 des Unterzeichnungsprotokolls zu Art. 56 Abs. 9 des Zusatzabkommens zum NATO-Truppenstatut. Nach Art. 56 Abs. 9 des Zusatzabkommens richtet sich das Vertretungsrecht grds. nach dem BPersVG und nicht nach dem BetrVG. Dennoch bleibt es bei der Zuständigkeit der ArbG.[25]

XV. Personalvertretung

20 Streitigkeiten aus dem BPersVG und den Landespersonalvertretungsgesetzen sind im Beschlussverfahren von den Verwaltungsgerichten zu entscheiden (§ 83 Abs. 2 BPersVG, § 106 BPersVG und § 187 Abs. 2 VwGO).

---

18 BAG 19.4.1989 – 7 ABR 6/88.
19 BAG 28.8.1991 – 7 ABR 46/90.
20 BAG 9.9.1992 – 5 AZR 456/91.
21 BAG 24.5.1957 – 1 ABR 3/56.
22 LAG Hamburg 31.1.1979 – 5 TaBV 8/78.
23 *Germelmann u.a.*, § 2a Rn 58 m.w.N.
24 BAG 21.8.1979 – 6 ABR 77/77.
25 BAG 12.2.1985 – 1 ABR 3/83.

XVI. Schwerbehindertenvertretung

Die ArbG sind für sämtliche organschaftlichen Streitigkeiten der Schwerbehindertenvertretung zuständig. Dies gilt auch, wenn sich die Rechtsgrundlage nicht aus den in Abs. 1 Nr. 3a ausdr. aufgeführten §§ 94, 95 SGB IX ergibt, sondern aus § 96 SGB IX.[26]

Ist die SBV allerdings im Bereich einer Dienststelle errichtet, für die ein Personalvertretungsgesetz gilt, ergibt sich die Zuständigkeit der Verwaltungsgerichte.[27] Da der Vertrauensmann der schwerbehinderten Menschen nach § 96 SGB IX im Wesentlichen den anderen Organmitgliedern der Betriebsverfassung gleichgestellt ist, gelten insoweit hinsichtlich der Zuständigkeit dieselben Grundsätze wie bei den anderen Betriebsverfassungsorganen. Dennoch hat die Rspr. für Streitigkeiten zwischen Vertrauensmann der schwerbehinderten Menschen und dem AG aus ihrer Tätigkeit teilweise das Urteilsverfahren als zutreffende Verfahrensart angesehen.[28] Nach einer anderen Entscheidung sollen Ansprüche auf Erstattung von Reisekosten für die Teilnahme eines Schwerbehindertenvertreters an einem Seminar nach § 96 Abs. 4 S. 3, Abs. 8 SGB IX im arbeitsgerichtlichen Beschlussverfahren geltend zu machen sein.[29]

Rechtsstreitigkeiten über Rechte und Pflichten der SBV gegenüber dem AG/Dienststellenleiter oder dem BR/PR sind im Beschlussverfahren zu entscheiden. Ist die SBV allerdings in einer Dienststelle errichtet, für die ein Personalvertretungsgesetz gilt, so sind für diese Rechtsstreitigkeiten die Verwaltungsgerichte zuständig.[30] Für Angelegenheiten aus den §§ 94, 95, 139 SGB IX sind nach Abs. 1 Nr. 3a die ArbG auch im Bereich des Öffentlichen Dienstes ausschließlich zuständig. Das gilt auch für das Verfahren über die Anfechtung der Wahl der SBV.[31]

Soweit vergleichbare Streitigkeiten von BR-Mitgliedern im Beschlussverfahren zu entscheiden sind, kann dies auch für die Vertrauensleute der Schwerbehinderten gelten.[32] Das ist allerdings noch nicht höchstrichterlich geklärt. Abs. 1 Nr. 3a verweist nur auf die §§ 94, 95, 139 SGB IX, nicht aber auf § 96 SGB IX (Rechte und Pflichten der Vertrauenspersonen der schwerbehinderten Menschen).

XVII. Sprecherausschuss

Für Angelegenheiten aus dem SprAuG bestimmt Abs. 1 Nr. 2 die Zuständigkeit im Beschlussverfahren. Dies gilt nur nicht, wenn die §§ 34 bis 36 SprAuG die Zuständigkeit eines anderen Gerichtes anordnen. Hierbei handelt es sich, vergleichbar mit den §§ 119 bis 121 BetrVG, um Bußgeld- und Strafvorschriften.

Angelegenheiten aus dem SprAuG sind insb. Streitigkeiten über die Bildung der Sprecherausschüsse, Rechtstellung ihrer Mitglieder, Anfechtung und Nichtigkeit der Wahl, Erstattung der Kosten gem. § 14 Abs. 2 SprAuG, Errichtung von Ausschüssen nach den §§ 36 f. SprAuG. Statusverfahren über die Rechtsstellung eines AN als leitenden Ang i.S.v. § 5 Abs. 3 BetrVG 1972 sind betriebsverfassungsrechtliche Angelegenheiten und ebenfalls dem Beschlussverfahren zuzuordnen.

XVIII. Straf- und Bußgeldverfahren

Abs. 1 Nr. 1 sowie § 2 Abs. 1 Nr. 2 nehmen die Straf- und Bußgeldvorschriften für den Sprecherausschuss nach dem SprAuG und für das BetrVG aus der Zuständigkeit der ArbG heraus. Für diese sind nach § 13 GVG und §§ 68f. OWiG die ordentlichen Gerichte zuständig.

XIX. Tariffähigkeit- und Tarifzuständigkeit

Für Entscheidungen über die Tariffähigkeit und Tarifzuständigkeit einer Vereinigung sind nach Abs. 1 Nr. 4 die ArbG ausschließlich zuständig. Der Streit betrifft die Frage, ob die Fähigkeit gegeben ist, Partei eines TV nach § 2 TVG zu sein. Dies erfasst auch den Fall, dass über die Tariffähigkeit eines einzelnen AG, z.B. wegen seiner Mitgliedschaft in einem AG-Verband Streit besteht.[33] Die Tarifzuständigkeit einer tariffähigen Vereinigung begründet ihr Recht, für einen bestimmten Geltungsbereich TV abzuschließen. Maßgeblich ist dabei die Satzung der Vereinigung.

XX. Werkstattrat der behinderten Menschen

Abs. 1 Nr. 3a begründet die Zuständigkeit der ArbG im Beschlussverfahren für die Angelegenheiten aus § 139 SGB IX. Danach können behinderte Menschen im Arbeitsbereich anerkannter Werkstätten (§ 138 SGB IX) unabhängig von ihrer Geschäftsfähigkeit einen Werkstattrat wählen. Streitigkeiten im Zusammenhang mit der Errichtung und den Mitbestimmungsbefugnissen des Werkstattrates sind daher im Beschlussverfahren vor den ArbG auszutragen.

---

26 LAG Nürnberg 22.10.2007 – 6 Ta 155/07.
27 BAG 21.9.1989 – 1 AZR 465/88.
28 BAG 16.8.1977 – 1 ABR 49/76 – 1AZR 465/88.
29 LAG Niedersachsen 7.8.2008 – 7 TaBV 148/07.
30 BAG 21.9.1989 – 1 AZR 465/88.
31 BAG 11.11.2003 – 7 AZB 40/03.
32 LAG Köln 5.7.2001 – 6 TaBV 34/01.
33 *Grunsky*, ArbGG, § 2a Rn 33.

§ 3   Zuständigkeit in sonstigen Fällen

Die in den §§ 2 und 2a begründete Zuständigkeit besteht auch in den Fällen, in denen der Rechtsstreit durch einen Rechtsnachfolger oder durch eine Person geführt wird, die kraft Gesetzes an Stelle des sachlich Berechtigten oder Verpflichteten hierzu befugt ist.

A. Allgemeines	1	IV. Erstattungsansprüche der Bundesagentur für Arbeit	8
B. Einzelfälle	2	V. Hinterbliebene	9
I. Abtretung	3	VI. Rückgriffsansprüche eines Sozialversicherungsträgers	10
II. Drittschuldnerklage	4		
III. Durchgriffshaftung	6	VII. Zwangsvollstreckung	11

A. Allgemeines

1 § 3 begründet die Zuständigkeit der ArbG auch für Rechtsstreitigkeiten gegen Dritte, die nicht Partei des Arbverh gewesen sind, sondern nur aufgrund Rechtsnachfolge Gläubiger oder Schuldner des arbeitsrechtlichen Anspruchs geworden sind. Das gilt nicht nur bei einer Forderungsabtretung oder einer Schuldübernahme, sondern auch bei einem Schuldbeitritt, bei einer Pfändung oder Verpfändung von Ansprüchen, bei der Verfolgung von Ansprüchen aus Verträgen zugunsten Dritter oder mit Schutzwirkung zugunsten Dritter. Für die erweiterte Zuständigkeit spielt es keine Rolle, ob der Schuldner einer arbeitsrechtlichen Verpflichtung wechselt oder ein Dritter als Schuldner derselben Verpflichtung neben den AG tritt.[1] § 3 ist daneben anzuwenden auf die Gesamtrechtsnachfolge (Erbfall gem. § 1922 BGB, Umwandlung einer Kapitalgesellschaft, § 1 UmwG), die Einzelrechtsnachfolge (gesetzlicher Forderungsübergang nach §§ 426 Abs. 2 und 774 BGB, § 6 EFZG, § 9 Abs. 2 BetrAVG), Rechtsnachfolge kraft Rechtsgeschäfts (Abtretung einer Forderung, Schuldübernahme nach §§ 414 f. BGB, Schuldbeitritt, Pfändung oder Verpfändung von Ansprüchen, Verfolgung von Ansprüchen aus Verträgen zugunsten Dritter oder mit Schutzwirkung zugunsten Dritter, Firmenfortführungen nach den §§ 25 und 28 HGB). Auch der vollmachtslose Vertreter des AG ist Rechtsnachfolger i.S.d. § 3.[2]

B. Einzelfälle

2 § 3 findet auf die Rechtsnachfolge kraft Rechtsgeschäftes und kraft Gesetzes Anwendung. Für die Praxis sind die folgenden Fallgruppen von Bedeutung.

I. Abtretung

3 Ansprüche aus eigenem und aus abgetretenem Recht sind aufteilbar. Die Streitgegenstände sind nicht identisch. Es muss daher für jeden Anspruch die Zuständigkeit geprüft werden.[3] Die bloße Rechtsbehauptung einer Rechtsnachfolge begründet bereits die Zuständigkeit. Zuständigkeits- und anspruchsbegründende Tatsachen fallen zusammen. Die Klage ist abzuweisen, falls keine Rechtsnachfolge gegeben ist.[4]

II. Drittschuldnerklage

4 Der Pfändungsgläubiger ist Rechtsnachfolger des Schuldners gem. § 3.[5] Handelt es sich bei der gepfändeten Forderung daher um eine arbeitsrechtliche Forderung, ergibt sich die Zuständigkeit der ArbG aus § 2 i.V.m. § 3. Dies gilt auch für den gem. § 850h Abs. 2 ZPO fingierten Anspruch. Der Gläubiger der Drittschuldnerklage macht gegenüber dem Drittschuldner die dem Schuldner aus dem Arbverh mit dem Drittschuldner zustehende Arbeitsvergütung als Rechtsnachfolger geltend. Im Gegensatz dazu handelt es sich bei den Ansprüchen auf Auskunft nach § 840 Abs. 1 ZPO und Schadensersatz nach § 840 Abs. 2 S. 2 ZPO nicht um arbeitsrechtliche Ansprüche des Schuldners gegenüber dem Drittschuldner, sondern um einen eigenständigen gesetzlichen Anspruch des Pfändungsgläubigers gegenüber dem Drittschuldner aus dem durch die Pfändung begründeten gesetzlichen Schuldverhältnis.[6] Für diese Ansprüche sind daher die ordentlichen Gerichte zuständig. Wird dagegen beim ArbG zunächst Erfüllungsklage erhoben, anschließend Auskunft erteilt und deshalb im Wege der Klageänderung oder hilfsweise Schadensersatz geltend gemacht, verbleibt es bei der arbeitsgerichtlichen Zuständigkeit.[7] Die weitergehende Auff. des BAG,[8] wonach die Zuständigkeit der ArbG auch für die selbstständige Geltendmachung des Anspruchs gem. § 840 Abs. 2 S. 2 ZPO

---

1 LAG München 19.1.2008 – 11 Ta 356/07.
2 BAG 7.4.2003 – 5 AZB 2/03.
3 BAG 13.1.2003 – 5 AS 7/02.
4 BAG 29.3.2000 – 5 AZB 69/99; BAG 15.3.2000 – 5 AZB 70/99.
5 BGH 23.2.1977 – VIII ZR 222/75.
6 BAG 31.10.1984 – 4 AZR 535/82.
7 BAG 31.10.1984 – 4 AZR 535/82.
8 BAG 23.9.1960 – 5 AZR 258/59.

gegeben sein soll, vermag nicht zu überzeugen. Eine Sachnähe zum Arbverh besteht nicht. Allein der Drittschuldner verletzt Pfändungsvorschriften.

Für eine Zusammenrechnung mehrerer Einkommen des Drittschuldners gem. § 850e Nr. 2 und 2a ZPO bei der Berechnung des pfändbaren Einkommens gem. § 850c ZPO sind nicht die ArbG, sondern nach dem eindeutigen Wortlaut des § 850e ZPO die Vollstreckungsgerichte zuständig. Ebenso ist den Vollstreckungsgerichten die Entscheidung über die Berücksichtigung oder Nichtberücksichtigung unterhaltsberechtigter Personen ausschließlich zugewiesen.[9] Da gilt auch für die Berechnung der abtretbaren Vergütung gem. § 400 BGB.[10]

III. Durchgriffshaftung

Macht ein AN gegen einen persönlich nicht haftenden Gesellschafter Ansprüche geltend, kommt eine Zuständigkeit der ArbG gem. § 2 Abs. 1 Nr. 3 i.d.R. nicht in Betracht. Das Arbverh besteht mit der Gesellschaft und nicht mit dem persönlich haftenden Gesellschafter. Etwas anderes gilt nur, wenn bereits die handels- und haftungsrechtliche Stellung wie etwa die des persönlich haftenden Gesellschafters einer Handelsgesellschaft die Gleichstellung mit dem AG begründet.[11] Daneben kommt eine Zuständigkeit der ArbG in entsprechender Anwendung des § 2 Abs. 1 Nr. 3d in Betracht, wenn der AN einer juristischen Person deren Geschäftsführer wegen einer unerlaubten Handlung, die mit dem Arbverh in Zusammenhang steht, in Anspruch nimmt. Die als Organ der juristischen Person handelnde natürliche Person steht dann dem AG gleich.[12]

Schwieriger sind die Fälle zu beurteilen, in denen der AN einen arbeitsgerichtlichen Anspruch gegen einen persönlich nicht haftenden Gesellschafter geltend macht, z.B. weil die Gesellschaft vermögenslos geworden ist. Es handelt sich dann um einen Fall der Durchgriffshaftung. Eine materielle Rechtsnachfolge gem. § 3 ist nicht gegeben. Der Gesellschafter tritt als zusätzlicher Schuldner neben und nicht an die Stelle der Gesellschaft. Das BAG nimmt eine prozessuale Rechtsnachfolge i.S.v. § 3 an.[13] Danach sei Rechtsnachfolge im weitesten Sinne zu verstehen und erfasst auch die Sachverhalte, in denen ein Dritter aufgrund seiner gesellschaftsrechtlichen Stellung als Inhaber des AG in Anspruch genommen wird.[14] Dem ist zuzustimmen, zumal § 3 sicherstellen will, dass nicht verschiedene Gerichtsbarkeiten über denselben Anspruch entscheiden müssen. Es genügt, dass ein Dritter den Rechtsstreit anstelle der in den §§ 2, 2a genannten Prozessparteien führt, etwa weil er dem AN die Erfüllung arbeitsrechtlicher Ansprüche zusätzlich schuldet.[15]

IV. Erstattungsansprüche der Bundesagentur für Arbeit

Soweit Erstattungsansprüche der BA auf gesetzliche Zession der entsprechenden AN-Ansprüche beruhen, ist ebenfalls der Rechtsweg zu den ArbG gegeben. Dies gilt auch für eine Klage der BA gegen den AN auf Zustimmung zur Auszahlung des vom AG hinterlegten Abfindungsbetrages wegen behaupteten Anspruchsübergangs.[16] Zahlt die BA den AN einer GmbH nach Eröffnung des Insolvenzverfahrens Insolvenzgeld und macht sie hiergegen deren Geschäftsführer Schadensersatzansprüche wegen Insolvenzverschleppung geltend, sind hierfür die ordentlichen Gerichte zuständig. Der Schadensersatzanspruch ist nicht mit den ausgefallenen Vergütungsansprüchen der AN identisch, so dass keine Rechtsnachfolge gem. § 3 vorliegt.[17]

V. Hinterbliebene

Soweit Hinterbliebene als Erben Rechtsnachfolger des AN sind, ergibt sich die arbeitsgerichtliche Zuständigkeit aus § 3. Daneben kann die Zuständigkeit der ArbG für Ansprüche der Hinterbliebenen aus den §§ 844, 845 BGB begründet sein (Ersatzansprüche wegen entgangener Dienste oder Dritter bei Tötung). Erforderlich ist aber ein Sachzusammenhang zum Arbverh.

VI. Rückgriffsansprüche eines Sozialversicherungsträgers

Für Rückgriffsansprüche des Sozialversicherungsträgers nach § 115 SGB X ist der Rechtsweg zu den ArbG gegeben, falls die übergegangenen Ansprüche im Zusammenhang mit dem Arbverh stehen. Gesetzlich übergegangene Ansprüche (z.B. gem. § 116 SGB X) gegen schädigende Dritte ohne einen sachlichen Zusammenhang zum Arbverh gehören dagegen vor die ordentlichen Gerichte.

VII. Zwangsvollstreckung

Soweit für die Zwangsvollstreckung die Aufgaben dem Prozessgericht zugewiesen sind, folgt die Zuständigkeit der Zuständigkeit des Hauptverfahrens. Die ArbG sind demnach insoweit auch für die Vollstreckung der von ihnen erlassenen Titel zuständig. Weist die ZPO die Vollstreckung dem Vollstreckungsgericht zu, verbleibt es bei der Zu-

---

9 LAG Berlin 15.6.2001 – 6 Sa 707/01.
10 BAG 24.4.2002 – 10 AZR 42/01.
11 BAG 6.5.1986 – 1 AZR 553/84.
12 BAG 24.6.1996 – 5 AZB 35/95.
13 BAG 11.11.1986 – 3 AZR 186/85.
14 BAG 13.6.1997 – 9 AZB 38/96.
15 BAG 9.7.2003 – 5 AZB 34/03.
16 BAG 12.6.1997 – 9 AZB 5/97.
17 BAG 20.3.2002 – 5 AZB 25/01.

ständigkeit des Amtsgerichts nach § 764 ZPO. Für die Zwangsvollstreckung wegen Geldforderungen nach §§ 803 bis 882a ZPO sind daher die Amtsgerichte als Vollstreckungsgericht zuständig. Die Erwirkung von Handlungen nach §§ 887, 888 ZPO erfolgt durch das ArbG als Prozessgericht. Bei einer Zwangsvollstreckungsgegenklage nach § 767 ZPO gegen ein Urteil oder gegen eine notarielle Urkunde über arbeitsrechtliche Ansprüche handelt es sich um eine Rechtsstreitigkeit aus dem Arbverh.[18]

§ 4   Ausschluß der Arbeitsgerichtsbarkeit

In den Fällen des § 2 Abs. 1 und 2 kann die Arbeitsgerichtsbarkeit nach Maßgabe der §§ 101 bis 110 ausgeschlossen werden.

1 Die Vorschrift erlaubt es für Streitigkeiten gem. § 2 Abs. 1 und Abs. 2 in den engen Grenzen der §§ 101 bis 110 den ArbG einen ihrer ausschließlichen Rechtswegzuständigkeit unterfallenden Rechtsstreit endgültig zu entziehen. Im Umkehrschluss verbietet die Regelung damit für alle anderen Fälle eine Durchbrechung der ausschließlichen Zuständigkeit. Damit ist im Beschlussverfahren gem. § 2a jede schiedsgerichtliche Abrede, die den Rechtsweg zu den ArbG ausschließt, unzulässig. Wegen der Einzelheiten wird auf die Kommentierung zu den §§ 101 bis 110 verwiesen.

§ 5   Begriff des Arbeitnehmers

(1) ¹Arbeitnehmer im Sinne dieses Gesetzes sind Arbeiter und Angestellte sowie die zu ihrer Berufsausbildung Beschäftigten. ²Als Arbeitnehmer gelten auch die in Heimarbeit Beschäftigten und die ihnen Gleichgestellten (§ 1 des Heimarbeitsgesetzes vom 14. März 1951 – BGBl. I S. 191 -) sowie sonstige Personen, die wegen ihrer wirtschaftlichen Unselbständigkeit als arbeitnehmerähnliche Personen anzusehen sind. ³Als Arbeitnehmer gelten nicht in Betrieben einer juristischen Person oder einer Personengesamtheit Personen, die kraft Gesetzes, Satzung oder Gesellschaftsvertrags allein oder als Mitglieder des Vertretungsorgans zur Vertretung der juristischen Person oder der Personengesamtheit berufen sind.

(2) Beamte sind als solche keine Arbeitnehmer.

(3) ¹Handelsvertreter gelten nur dann als Arbeitnehmer im Sinne dieses Gesetzes, wenn sie zu dem Personenkreis gehören, für den nach § 92a des Handelsgesetzbuchs die untere Grenze der vertraglichen Leistungen des Unternehmers festgesetzt werden kann, und wenn sie während der letzten sechs Monate des Vertragsverhältnisses, bei kürzerer Vertragsdauer während dieser, im Durchschnitt monatlich nicht mehr als 1 000 Euro auf Grund des Vertragsverhältnisses an Vergütung einschließlich Provision und Ersatz für im regelmäßigen Geschäftsbetrieb entstandene Aufwendungen bezogen haben. ²Das Bundesministerium für Arbeit und Soziales und das Bundesministerium der Justiz können im Einvernehmen mit dem Bundesministerium für Wirtschaft und Technologie die in Satz 1 bestimmte Vergütungsgrenze durch Rechtsverordnung, die nicht der Zustimmung des Bundesrats bedarf, den jeweiligen Lohn- und Preisverhältnissen anpassen.

A. Allgemeines	1	V. Handels- und Versicherungsvertreter	12
B. Einzelfälle	2	VI. Heimarbeitsverhältnis	15
I. Arbeitnehmer	2	VII. Organmitglieder	16
II. Arbeitnehmerähnliche Personen	4	VIII. Praktikanten	18
III. Auszubildende	6	IX. Umschulungsverhältnis	19
IV. Beamte	10		

A. Allgemeines

1 Abs. 1 definiert den AN-Begriff i.S.d. ArbGG und schließt Beamte aus dem Geltungsbereich aus (Abs. 2). Für Handelsvertreter trifft Abs. 3 eine Sonderregelung.

B. Einzelfälle

I. Arbeitnehmer

2 AN unterscheiden sich von freien Dienstnehmern durch den stärkeren Grad ihrer persönlichen Abhängigkeit. Der AN ist in die Arbeitsorganisation des AG eingegliedert. Dies zeigt sich insb. darin, dass er dem Weisungsrecht des AG

---

18 OLG Frankfurt 22.10.1984 – 17 W 46/84.

unterliegt (§ 106 GewO). Das Weisungsrecht betrifft Inhalt, Durchführung, Zeit, Dauer und Ort der Tätigkeit. Der AN kann seine Tätigkeit nicht im Wesentlichen frei gestalten (vgl. § 84 Abs. 1 S. 2, Abs. 2 HGB). Für die Abgrenzung von Bedeutung sind in erster Linie die Umstände, unter denen die Dienstleistung zu erbringen ist, nicht aber allein die Bezeichnung der Parteien oder die von ihnen gewünschten Rechtsfolgen.[1] Die tatsächliche Durchführung des Vertragsverhältnisses ist nur maßgeblich, wenn die Parteien ihr Vertragsverhältnis nicht als Arbverh, sondern z.B. als freies Dienstverhältnis bezeichnen, der Beschäftigte jedoch tatsächlich weisungsgebundene Tätigkeiten verrichtet. Es soll verhindert werden, dass ein Arbverh nur durch falsche Bezeichnung dem zwingenden AN-Schutz entzogen wird. Damit wird ein Rechtsverhältnis, das als Arbverh vereinbart wurde, nicht durch bloße Nichtausübung des Weisungsrechts zu einem freien Dienstverhältnis.[2]

Die AN-Eigenschaft ist auch dann anzunehmen, wenn ein AG erklärt, ein Mitarbeiter, der materiell-rechtlich kein AN ist, sei bei ihm „angestellt". Mit dieser Äußerung erklärt er, dass er den Mitarbeiter wie einen AN behandeln will, ihm also den AN-Status zuerkennen möchte und damit für Rechtsstreitigkeiten die Gerichte für Arbeitssachen zuständig sein sollen.[3]

II. Arbeitnehmerähnliche Personen

Gem. Abs. 1 S. 2 gelten solche Personen als AN, die wegen ihrer wirtschaftlichen Unselbstständigkeit als arbeitnehmerähnlich anzusehen sind. Für bürgerliche Rechtsstreitigkeiten dieser Personen sind die ArbG deshalb gem. § 2 Abs. 1 Nr. 3a, b zuständig. Es handelt sich um Selbstständige, die nicht persönlich (wie der AN), sondern nur wirtschaftlich abhängig sind. Daneben müssen sie aufgrund ihrer sozialen Stellung und Schutzbedürftigkeit dem AN soziologisch vergleichbar sein.[4] Als Kriterien für die Prüfung der wirtschaftlichen Abhängigkeit können der Umfang der eingesetzten sächlichen Betriebsmittel, eigener Einsatz von AN, Zahl der Vertragspartner sowie die einem AN der Höhe nach vergleichbare Vergütung herangezogen werden.[5] Hat die Person im Wesentlichen AG-Funktionen inne und Anspruch auf eine Vergütung, die derjenigen der Geschäftsführer der Höhe nach vergleichbar ist, spricht dies gegen eine Arbeitnehmerähnlichkeit. Ein Gesellschafter einer von ihm mit seinem ehemaligen AG gegründeten Gesellschaft bürgerlichen Rechts kann nach den Umständen des Einzelfalls ebenfalls arbeitnehmerähnliche Person sein.[6]

Steht fest, dass es sich entweder um einen AN oder um eine arbeitnehmerähnliche Person handelt, ist eine Wahlfeststellung zulässig. Das Gericht kann dann hinsichtlich des Rechtsweges die Abgrenzung dahinstehen lassen und die Zuständigkeit der Gerichte für Arbeitssachen annehmen.[7]

III. Auszubildende

Gem. Abs. 1 S. 1 sind AN i.S.d. ArbGG auch alle zu ihrer Berufsausbildung beschäftigten Personen. Hierzu zählen alle Bereiche der Berufsbildung nach § 1 Abs. 1 BBiG. Zu den zu ihrer Ausbildung Beschäftigten gehören neben den Auszubildenden gem. § 1 Abs. 3 BBiG deshalb auch Umschüler gem. § 1 Abs. 5 BBiG und Teilnehmer an berufsvorbereitenden Maßnahmen gem. § 1 Abs. 2 BBiG.[8] Die Berufsbildung kann nach § 2 BBiG in Betrieben der Wirtschaft, in vergleichbaren Einrichtungen außerhalb der Wirtschaft, in berufsbildenden Schulen und in sonstigen Berufsbildungseinrichtungen außerhalb der schulischen und betrieblichen Berufsbildung stattfinden, z.B. Lehrwerkstätten oder Ausbildungszentren.[9]

Abs. 1 setzt eine „Beschäftigung" zur Berufsbildung voraus. Das ist jedenfalls gegeben, wenn der Auszubildende innerhalb der arbeitstechnischen Zwecke des Produktions- oder Dienstleistungsbetriebs oder einer vergleichbaren Einrichtung betrieblich-praktisch unterwiesen wird und selbst beruflich aktiv ist. Der Begriff der „Beschäftigung" ist jedoch weiter auszulegen. Beschäftigte in diesem Sinne können auch Auszubildende an berufsbildenden Schulen und sonstigen Bildungseinrichtungen sein. Auf Lernort oder Lernmethode kommt es nicht an. Entscheidend ist vielmehr, ob das Rechtsverhältnis einen über den bloßen Leistungsaustausch hinausgehenden Inhalt hat. Der Ausbildende muss zu mehr als nur zur Zahlung von Entgelt verpflichtet sein. Er muss das Lernen vertraglich schulden. Das ist anzunehmen, wenn er kündigungsbewehrt etwa die Pflicht zum Schulbesuch, zur Teilnahme an Prüfungen oder zur Einhaltung sonstiger Verhaltensregeln hat.[10]

Nicht zuständig sind die ArbG für Personen, die zu ihrer Erziehung beschäftigt werden. Für Rechtsstreitigkeiten zwischen Behinderten im Arbeitsbereich von Werkstätten für Behinderte und den Trägern der Werkstätten aus den im § 138 SGB IX geregelten Rechtsverhältnisses ergibt sich die Zuständigkeit allerdings aus § 2 Abs. 1 Nr. 10.

Zur Beilegung von Streitigkeiten zwischen Auszubildenden und Ausbildenden können die Handwerksinnungen im Bereich des Handwerks Schlichtungsausschüsse errichten. Gemäß § 111 Abs. 2 ist der Ausschuss danach bei beste-

---

1 BAG 22.2.1999 – 5 AZB 56/98.
2 BAG 25.1.2007 – 5 AZB 49/06.
3 LAG Nürnberg 12.12.2007 – 7 Ta 208/07.
4 BAG 6.7.1995 – 5 AZB 9/93.
5 BAG 13.9.1956 – 2 AZR 605/54.
6 LAG Rheinland-Pfalz – 7.7.2008 – 6 Ta 95/08.
7 BAG 17.6.1999 – 5 AZB 23/98; BAG 14.1.1997 – 5 AZB 22/96.
8 BAG 24.9.1981 – 6 AZR 7/81.
9 BAG 26.1.1994 – 7 ABR 13/92.
10 BAG 24.2.1999 – 5 AZB 10/98.

hendem Berufsausbildungsverhältnis i.S.d. BBiG für Streitigkeiten aus dem Ausbildungsverhältnis zuständig. Dies gilt auch für Streitigkeiten über die Wirksamkeit einer Künd des Auszubildenden.[11] Das ArbG hat daher zunächst von Amts wegen zu prüfen, ob die Anrufung des Schlichtungsausschusses als Prozessvoraussetzung gegeben ist. Vor Anrufung des Schlichtungsausschusses ist die Klage unzulässig, es sei denn, der Schlichtungsausschuss lehnt die Durchführung des Schlichtungsverfahrens ab. Eine Verweisung an den Schlichtungsausschuss kommt nicht in Betracht. Die Klage wird nachträglich zulässig, wenn das nach Klageerhebung eingeleitete Schlichtungsverfahren beendet ist. Eine rügelose Einlassung der Klage vor dem ArbG ohne Verfahrensbeendigung beim Schlichtungsausschuss ist nicht zulässig.[12] Wegen der Aufhebung des früheren S. 8 in § 111 Abs. 2 durch Art. 1 Nr. 25[13] findet die Güteverhandlung vor dem ArbG auch nach Abschluss des Schlichtungsverfahrens statt.

IV. Beamte

10 Nach Abs. 2 sind Beamte keine AN i.S.d. ArbGG. Für Streitigkeiten aus dem Beamtenverhältnis sind die Verwaltungsgerichte ausschließlich zuständig. Bei Klagen aus dem Beamtenverhältnis handelt es sich im Regelfall um eine öffentlich-rechtliche Streitigkeit. Der Streitgegenstand ist dem öffentlichen Recht zugewiesen. Dies gilt auch für Richter und Soldaten. Ist der Beamte daneben AN und resultiert der Streit aus dem Arbverh, ergibt sich wieder die Zuständigkeit der ArbG nach allg. Grundsätzen (z.B. bei einer arbeitsrechtlichen Nebentätigkeit). Macht der Beamte den Abschluss eines privatrechtlichen Arbeitsvertrages unter gleichzeitiger Beurlaubung geltend, ist entscheidend, aus welcher Rechtsnorm dies hergeleitet wird. I.d.R. wird diese öffentlich-rechtlicher Natur sein.[14] Für die Deutsche Bahn AG und die Postunternehmen ergibt sich die Zuständigkeit der ArbG im Beschlussverfahren nach § 2a Abs. 1 Nr. 1 in allen Rechtsstreitigkeiten, die sich aus der Anwendung des BetrVG auf die bei diesen Unternehmen beschäftigten Beamten ergeben (§§ 15, 19 DBGrG und §§ 24 bis 27, 32, 33 PostPersRG).

11 Arb und Ang des öffentlichen Dienstes sind keine Beamten, sondern AN. Es verbleibt damit bei der Zuständigkeit der ArbG.

V. Handels- und Versicherungsvertreter

12 Handels- oder Versicherungsvertreter sind AN, wenn sie ihre Tätigkeit nicht frei gestalten und ihre Arbeitszeit nicht selbst bestimmen können (Auslegungsgrundsatz aus § 84 Abs. 1, Abs. 2 HGB). Die Zuständigkeit der ArbG ergibt sich dann aus § 2 Abs. 3. Fehlt diese Abhängigkeit, können freie Mitarbeiter gem. Abs. 3 S. 1 als AN gelten, wenn sie Einfirmenvertreter waren.

13 Hierzu dürfen sie im letzten halben Jahr vor Klageerhebung – bei kürzerer Dauer während dieser – nicht mehr als durchschnittlich 1.000 EUR pro Monat verdient haben. Es kommt nur darauf an, in welcher Höhe innerhalb der letzten sechs Monate Vergütungsansprüche des Handelsvertreters entstanden sind, unabhängig davon, ob und auf welche Weise sie von dem Unternehmer erfüllt worden sind.[15] Von dem Berechnungszeitraum der letzten sechs Monat darf auch dann nicht abgewichen werden, wenn der Handelsvertreter in diesen Monaten nicht gearbeitet und damit nichts verdient hat. Wegen des eindeutigen Gesetzeswortlauts kommt es nur auf den rechtlichen Bestand des Vertragsverhältnisses an.[16] Hierzu zählen Provision, Vergütung und Aufwendungsersatz.[17] Auf nicht ins Verdienen gebrachte Vorschüsse kommt es dabei jedoch nicht an.[18] Die eigenen Kosten des Handelsvertreters können nicht in Abzug gebracht werden. Ansonsten würde die jeweilige Arbeitsweise des Handelsvertreters über die Zuständigkeit entscheiden können. Es sind vielmehr laufende Aufwendungen, welche von dem Unternehmer erstattet werden in den Verdienst einzuberechnen. Damit ist die gesetzgeberische Wertung verbunden, dass Aufwendungen von dem Handelsvertreter zu tragen sind. Es ist daher ohne Bedeutung, welche Mittel dem Handelsvertreter nach Abzug von Aufwendungen und Kosten verbleiben; entscheidend ist sein Bruttoverdienst.[19] Dabei sind auch die Monate in die Berechnung einzuziehen, in denen der Handelsvertreter nicht gearbeitet hat.[20] Die Spezialvorschrift ist abschließend. Greift sie nicht ein, darf der Handelsvertreter auch nicht aus anderen wirtschaftlichen Gründen (z.B. wegen hoher Kosten) als arbeitnehmerähnliche Person i.S.d. Abs. 1 S. 2 behandelt werden.[21] Für die wirtschaftliche Abhängigkeit ist es unbeachtlich, dass der Handelsvertreter nur im Nebenberuf tätig ist. Eine hauptberufliche Tätigkeit als Handelsvertreter ist nicht Tatbestandsmerkmal.[22] Für Versicherungsvertreter nach § 92 HGB gelten wegen der Verweisung in § 92 Abs. 2 HGB dieselben Grundsätze. Erfasst werden nur sog. Einfirmenvertreter i.S.v. § 92a HGB. Ihnen ist es vertraglich untersagt, auch für weitere Unternehmen als Handelsvertreter tätig zu werden. Es reicht auch, wenn ihnen die anderweitige Tätigkeit wegen Art und Umfang der Haupttätigkeit faktisch nicht möglich ist.[23] Ebenso begründen nur mittelbar wirkende vertragliche Einschränkungen einer weiteren Betätigung wie ein Wett-

---

11 BAG 18.9.1975 – 2 AZR 602/74.
12 BAG 17.9.1987 – 2 AZR 654/86.
13 Gesetz v. 30.3.2000, BGBl I S. 333 mit Wirkung v. 1.5.2000.
14 BAG 16.6.1999 – 5 AZB 16/99.
15 BGH 12.2.2008 – VIII ZB 3/07.
16 BAG 15.2.2005 – 5 AZB 13/04.

17 BAG 24.10.2002 – 6 AZR 632/00.
18 BGH 9.12.1963 – VII ZR 113/62.
19 BGH 12.2.2008 – VIII ZV 51/06.
20 BAG 14.2.2005 – 5 AZB 13/04 – z.V.v.
21 BAG 15.7.1961 – 5 AZR 472/60.
22 BAG 15.2.2005 – 5 AZB 13/04.
23 BAG 15.7.1961 – 5 AZR 472/60.

bewerbsverbot oder das Gebot, die volle Arbeitskraft der Erfüllung des Vertrags zu widmen, nicht die Eigenschaft als Einfirmenvertreter kraft Vertrags gem. § 92a HGB.[24] Darf der Handelsvertreter nur mit Genehmigung der Versicherung für ein anderes Unternehmen tätig werden, ist er Einfirmenvertreter i.S.v. § 92a Abs. 1 HGB, solange ihm eine solche Genehmigung nicht erteilt worden ist.[25] Dieselben Grundsätze gelten für nebenberufliche Handelsvertreter i.S.v. § 92b HGB. Zwar verweist Abs. 3 S. 2 nur auf § 92a HGB. Dessen Anwendung wird aber durch § 92b HGB für Vertreter im Nebenberuf nicht ausgeschlossen. Sie müssen allerdings Einfirmenvertreter sein.[26]

Abs. 3 S. 1 stellt die Einfirmenvertreter den AN nur prozessual gleich. Die Vorschrift führt nicht zur Anwendung arbeitsrechtlicher Vorschriften, die nur für AN gelten.[27] Für Versicherungsvertreter gelten die vorstehenden Ausführungen wegen § 92 Abs. 2 HGB entsprechend. **14**

VI. Heimarbeitsverhältnis

Die in Heimarbeit Beschäftigten (Heimarbeiter i.S.v. § 2 Abs. 1 HAG und Hausgewerbetreibende i.S.v. § 2 Abs. 2 HAG) gelten gem. Abs. 1 als AN i.S.d. ArbGG. Zwischenmeister und die weiteren in § 1 Abs. 2a bis d HAG genannten Personen können mit Zustimmung der zuständigen Arbeitsbehörde gleichgestellt werden. Hierzu ist ihre entsprechende Schutzbedürftigkeit erforderlich. Die Gleichstellung durch den Heimarbeitsausschuss begründet dann die arbeitsgerichtliche Zuständigkeit. **15**

VII. Organmitglieder

Personen, die kraft Gesetzes, Satzung oder Gesellschaftsvertrag zur Vertretung der juristischen Personen berufen sind, gelten gem. Abs. 1 S. 3 in deren Betrieben nicht als AN. Sie üben insoweit AG-Funktionen aus, so dass es auch an der typischen persönlichen Abhängigkeit des AN fehlt. Es ist zwischen der durch Organisationsakt begründeten Organstellung und dem schuldrechtlichen Vertragsverhältnis zu unterscheiden, welches Rechtsgrundlage für die Bestellung ist und als „Anstellungsvertrag" bezeichnet wird. Wird der Geschäftsführer gegen Entgelt tätig, ist sein Anstellungsvertrag als Dienstvertrag zu qualifizieren, der eine Geschäftsbesorgung zum Gegenstand hat (§§ 611, 675 BGB). Die ArbG sind für die Beurteilung der Rechtmäßigkeit der Abberufung hinsichtlich der Organstellung sowie der Rechtmäßigkeit einer Künd des der Organstellung zugrunde liegenden Rechtsverhältnisses nicht zuständig.[28] Eine Zuständigkeit der ArbG für die in Abs. 1 Nr. 1 genannten Personen kommt daher nur in Betracht, wenn tatsächlich neben dem freien Dienstverhältnis, das die Grundlage der Organstellung bildet, zugleich ein Arbverh besteht[29] oder sich das freie Dienstverhältnis in ein Arbverh umgewandelt hat. Es muss eine unterscheidbare Doppelstellung vorliegen.[30] Allerdings muss das schuldrechtliche Vertragsverhältnis nicht notwendig mit der Gesellschaft abgeschlossen werden, zu dem die Organstellung besteht. So ist es zulässig, dass die Organstellung in einer bestimmten juristischen Person oder Personengesamtheit auf einem Vertrag mit einem Dritten beruht. Dieses Rechtsverhältnis kann dann auch ein Arbverh sein.[31] So kann ein Gesamtprokurist für eine Kommanditgesellschaft (GmbH & Co. KG) als AN tätig sein. Der Geschäftsführer der Komplementär-GmbH einer KG gilt gem. Abs. 1, 3 nicht als AN i.S.d. ArbGG, weil er kraft Gesetzes zur Vertretung dieser Personengesamtheit berufen ist. Das gilt unabhängig davon, ob das der Organstellung zugrunde liegende Rechtsverhältnis materiell-rechtlich ein freies Dienstverhältnis oder ein Arbverh ist. Unerheblich ist auch, ob intern eine Weisungsabhängigkeit wie bei einem AN besteht. Es handelt sich immer um Streitigkeiten im „Arbeitgeberlager". Das betrifft auch Streitigkeiten des Geschäftsführers der Komplementär-GmbH mit der KG.[32] Auch wenn die Kommanditisten einer Kommanditgesellschaft gesellschaftsvertraglich zur tätigen Mitarbeit in der Gesellschaft verpflichtet wurden, sind sie nicht als deren AN anzusehen.[33] Unterbleibt die vereinbarte Bestellung zum Geschäftsführer einer GmbH, wird der Dienstnehmer allein hierdurch nicht zum AN. Der Geschäftsführer einer Vor-GmbH gilt nach Abs. 1 S. 3 ebenso wenig als deren AN.[34] **16**

Bei den Organmitgliedern gilt auch der Grundsatz, dass für Klagen, bei denen der Anspruch ausschließlich auf eine arbeitsgerichtliche Grundlage gestützt wird (sic-non-Fall) die Rechtswegzuständigkeit der ArbG auch für Rechtsverhältnisse gegeben ist, für die das ArbGG an sich keine entsprechende Zuständigkeit vorsieht. Erhebt daher ein ehemaliges Mitglied des Vertretungsorgans eine ausschließlich auf die Sozialwidrigkeit gestützte Künd-Schutzklage gem. § 1 KSchG mit der Behauptung, sein ehemaliges Arbverh sei nach der Beendigung der Organstellung wieder aufgelebt oder habe als ruhendes Arbverh weiterbestanden, ist der Rechtsweg zu den ArbG eröffnet.[35] Kommen allerdings für einen Anspruch auch bürgerlich-rechtliche Anspruchsgrundlagen in Betracht (aut-aut-Fälle und et-et-Fälle), begründet die bloße Rechtsbehauptung des Klägers, er sei AN, nicht die arbeitsgerichtliche Zuständigkeit.[36] Wendet sich der Kläger damit gegen eine außerordentliche Künd auch für den Fall, dass das Gericht ein Arbverh für **17**

---

24 LAG Rheinland-Pfalz 17.3.2008 – 10 Ta 7/08.
25 LAG Hamm 18.7.2007 – 2 Ta 279/07; a.A. LAG Nürnberg 21.5.2001 – 7 Ta95/01.
26 BAG 14.2.2005 – 5 AZB 13/04 – z.V.v.
27 BAG 24.10.2002 – 6 AZR 632/00.
28 BAG 21.2.1994 – 2 AZB 28/93.
29 BAG 23.8.2001 – 5 AZB 9/01.
30 BAG 12.3.1987 – 2 AZR 336/86.
31 BAG 20.10.1995 – 5 AZB 5/95.
32 BAG 20.8.2003 – 5 AZB 79/02.
33 LAG Hamm 4.7.2007 – 2 Ta 863/06.
34 BAG 13.5.1996 – 5 AZB 27/95.
35 BAG 18.12.1996 – 5 AZB 25/96.
36 BAG 10.12.1996 – 5 AZB 20/96.

nicht gegeben ansieht, hat das angerufene ArbG den Rechtsstreit zu verweisen, falls es das Bestehen eines Arbverh ablehnt. Offen bleibt dabei immer noch, ob der schlüssige Tatsachenvortrag des Klägers zum Bestehen eines Arbverh bereits die Zuständigkeit der ArbG begründet (Schlüssigkeitstheorie) oder ob der Vortrag bewiesen werden muss. Unbeachtlich muss es jedoch sein, ob der schlüssige Tatsachenvortrag str. ist oder nicht. Die Parteien können es nicht in der Hand haben, durch unstreitigen Tatsachenvortrag Einfluss auf die Rechtswegzuständigkeit zu nehmen.[37]

VIII. Praktikanten

18 Praktikanten müssen nicht generell in einem Verhältnis der beruflichen Bildung gem. Abs. 1 stehen. Praktika können nach Ausbildungsordnung vor, während oder nach der theoretischen Ausbildung (z.B. Studium) liegen. Entscheidend ist, ob die schulische Ausbildung im Vordergrund steht oder nicht. Ist der Praktikant z.B. kein Student mehr und gehört sein Praktikum nicht mehr zur schulischen Ausbildung und steht er somit zur Praktikumsstelle in einem privatrechtlichen Rechtsverhältnis, welches tarifvertraglichen Regelungen unterstellt werden kann, liegt eine persönlich abhängige Beschäftigung vor, so dass die Zuständigkeit der ArbG gegeben ist.[38]

IX. Umschulungsverhältnis

19 Umschüler oder Auszubildende in überbetrieblichen Ausbildungseinrichtungen gehören auch zu dem Personenkreis der zur Berufsausbildung Beschäftigten i.S.v. Abs. 1 S. 1 und gelten insofern als AN.[39]

§ 6 Besetzung der Gerichte für Arbeitssachen

(1) Die Gerichte für Arbeitssachen sind mit Berufsrichtern und mit ehrenamtlichen Richtern aus den Kreisen der Arbeitnehmer und Arbeitgeber besetzt.

(2) (weggefallen)

1 Die Vorschrift regelt im Grundsatz die Besetzung der Gerichte für Arbeitssachen, die für die ArbG in §§ 14 bis 31, für die LAG in §§ 33 bis 39 und für das BAG in §§ 40 bis 45 näher festgelegt wird. Kennzeichnend ist die historisch gewachsene Beteiligung der **ehrenamtlichen Richter in allen drei Rechtszügen** (§ 17 Abs. 1 DRiG).[1] Sie sollen zum einen besondere Sachkenntnisse und Berufserfahrung in das Verfahren einbringen, zum anderen aufgrund der gleichgewichtigen Beteiligung von Personen aus AN- und AG-Kreisen das Vertrauen in die Rspr. der ArbG stärken.[2]

2 Mit Ausnahme des BAG werden die **Berufsrichter** im ersten und zweiten Rechtszug ausschließlich als Vorsitzende einer Kammer tätig (§§ 16 Abs. 2, 35 Abs. 2). Die **ehrenamtlichen Richter** sind staatliche, unabhängige und neutrale Richter, an Recht und Gesetz gebunden und nur ihrem Gewissen unterworfen (§ 45 Abs. 3 DRiG). Bei ihrer Entscheidungsfindung sind sie nicht an die Ansichten der durch sie vertretenen Interessengruppen gebunden. Hinsichtlich ihrer Rechte und Pflichten stehen sie den Berufsrichtern grds. gleich, wobei ihre Befugnisse im Verhältnis zum Vorsitzenden nach den §§ 51 ff. zu beurteilen sind. Sie haften für ihre richterliche Tätigkeit gleichfalls nur nach § 839 Abs. 2 BGB (Richterprivileg). Ihre Rechtsstellung wird in den §§ 44 bis 45a DRiG umrissen. Sie können unter den Voraussetzungen des § 44b DRiG abberufen und gem. § 27 ihres Amtes enthoben werden.

§ 6a Allgemeine Vorschriften über das Präsidium und die Geschäftsverteilung

Für die Gerichte für Arbeitssachen gelten die Vorschriften des Zweiten Titels des Gerichtsverfassungsgesetzes nach Maßgabe der folgenden Vorschriften entsprechend:

1. Bei einem Arbeitsgericht mit weniger als drei Richterplanstellen werden die Aufgaben des Präsidiums durch den Vorsitzenden oder, wenn zwei Vorsitzende bestellt sind, im Einvernehmen der Vorsitzenden wahrgenommen. Einigen sich die Vorsitzenden nicht, so entscheidet das Präsidium des Landesarbeitsgerichts oder, soweit ein solches nicht besteht, der Präsident dieses Gerichts.
2. Bei einem Landesarbeitsgericht mit weniger als drei Richterplanstellen werden die Aufgaben des Präsidiums durch den Präsidenten, soweit ein zweiter Vorsitzender vorhanden ist, im Benehmen mit diesem wahrgenommen.

---

37 *Kissel/Mayer*, § 17 Rn 19 m.w.N.
38 LAG Hamm 19.5.1995 – 4 Sa 443/95.
39 LAG Bremen 9.8.1996 – 2 Ta 15/96.
1 S. auch BAG 19.8.2004 – 1 AS 6/03 – AP § 21 ArbGG 1979 Nr. 5 = EzA § 43 ArbGG 1979 Nr. 3.

2 Dazu ausf. *Künzl*, ZZP 104 (1991), 150 ff.; sowie *Stein*, BB 2007, 2761 ff.; s. auch ArbG Berlin 23.2.2005 – 7 Ca 2796/05 – EzD-SD 2005, Nr. 8, S. 15, m. ausf. Nachw.

3. Der aufsichtführende Richter bestimmt, welche richterlichen Aufgaben er wahrnimmt.
4. Jeder ehrenamtliche Richter kann mehreren Spruchkörpern angehören.
5. Den Vorsitz in den Kammern der Arbeitsgerichte führen die Berufsrichter.

A. Allgemeines	1	1. Grundsätze	3
B. Regelungsgehalt	2	2. Zuweisung der Richter	6
I. Präsidium	2	3. Streitigkeiten	7
II. Geschäftsverteilung	3		

A. Allgemeines

§ 6a passt die allg. Vorschriften der **§§ 21a bis i GVG**[1] über Präsidium und Geschäftsverteilung den besonderen Verhältnissen der ArbG an. Sie betreffen den ersten und zweiten Rechtszug. Dabei wird den Besetzungsregelungen der §§ 6, 35 Abs. 2 und den geringeren Größenordnungen einzelner ArbG Rechnung getragen.

1

B. Regelungsgehalt

I. Präsidium

Nach § 21a GVG ist bei jedem Gericht zwingend ein Präsidium zu errichten. Es ist **Organ richterlicher Selbstverwaltung**. Zu den **Aufgaben** des Präsidiums gehört es vor allem, die Richterdienstgeschäfte nach § 21e GVG zu verteilen und damit den gesetzlichen Richter entsprechend Art. 101 Abs. 1 S. 2 GG näher zu bestimmen. Die Zuteilung der Richter auf die einzelnen Spruchkörper nach § 21e Abs. 1 GVG ist aufgrund der besonderen Besetzungsregeln der §§ 6 und 35 Abs. 2 in der Arbeitsgerichtsbarkeit nur für das BAG von Bedeutung.

2

II. Geschäftsverteilung

1. Grundsätze. Die Hauptaufgabe des Präsidiums besteht nach § 21e Abs. 1 GVG in der Erstellung des Geschäftsverteilungsplans – die **Zuweisung der richterlichen Geschäfte**.[2] Sie hat bestimmten Anforderungen zu genügen, um die Voraussetzungen des verfassungsrechtlich gewährleisteten „**gesetzlichen Richters**" nach Art. 101 Abs. 1 S. 2 GG zu erfüllen. Aus § 21e Abs. 1 und 3 GVG folgt das sog. **Jährlichkeitsprinzip**: Der Geschäftsverteilungsplan ist regelmäßig vor Beginn des Geschäftsjahres (Kalenderjahr) für das Jahr zu beschließen und tritt an dessen Ende ohne weiteres außer Kraft.[3] Eine Änderung des Geschäftsverteilungsplans im laufenden Geschäftsjahr ist nur im Ausnahmefall nach § 21e Abs. 3 GVG möglich.[4] Hierzu zählt auch die durch Präsidiumsbeschluss mögliche Errichtung einer **Hilfskammer**.[5] Die Änderung kann auch bereits anhängige Verfahren betreffen.[6]

3

Besondere Bedeutung kommt dem sog. **Abstraktionsprinzip** bei der Geschäftsverteilung zu. Die richterlichen Aufgaben sind nach allg., abstrakten, sachlich-objektiven Merkmalen generell zu verteilen, um der verfassungsrechtlichen **Gewährleistung des gesetzlichen Richters** i.S.v. Art. 101 Abs. 1 S. 2 GG nachzukommen.[7] Eine im Geschäftsverteilungsplan vorgesehene Ermessensentscheidung einer Kammer über die Zuständigkeit ist keine normative **abstrakt-generelle Vorherbestimmung** des zuständigen Richters.[8] Die maßgebenden Grundsätze für die Aufgabenzuweisung, Auslegungsregeln und Begriffsbestimmungen sollen dem Geschäftsverteilungsplan selbst deutlich zu entnehmen sein – **Bestimmtheitsgrundsatz**. Diese Grundsätze gelten ebenso für die Benennung des Vertreters im Falle einer Verhinderung des Richters.

4

Der Geschäftsverteilungsplan ist nach § 21e Abs. 9 GVG in einer vom Präsidenten oder Aufsicht führenden Richter bestimmten Geschäftsstelle zur Einsichtnahme für jeden Rechtsuchenden bereitzuhalten. Die Verletzung der **Offenlegungspflicht** hat nicht die Unwirksamkeit des Geschäftsverteilungsplans zur Folge.[9]

5

2. Zuweisung der Richter. Bei der Anordnung der Besetzung sind sowohl Berufsrichter als auch die ehrenamtlichen Richter einzelnen Spruchkörpern zuzuweisen.[10] Dabei können die ehrenamtlichen Richter nach § 6 Nr. 4

6

---

1 Abgedruckt bei ArbGG/*Lipke*, § 6a Rn 4 ff.
2 Zum Verfahren ausf. ArbGG/*Lipke*, § 6a Rn 15 ff.
3 BVerwG 30.10.1984 – 9 C 67/82 – NJW 1985, 822.
4 S. etwa BVerfG 16.2.2005 – 2 BvR 581/03 – NJW 2005, 2689.
5 BAG 24.3.1998 – 9 AZR 172/97 – AP § 21e GVG Nr. 4 = NZA 1999, 107; dazu näher GK-ArbGG/*Ascheid*, § 6a Rn 128 ff.
6 BVerfG 18.3.2009 – 2 BvR 229/09 – NJW 2009, 1734.

7 BVerfG 27.9.2002 – 2 BvR 1843/00 – NJW 2003, 345; BVerfG 12.5.2005 – 2 BvR 332/05 – NStZ 2005, 279; BVerfG 18.3.2009 – 2 BvR 229/09 – NJW 2009, 1734.
8 BAG 22.3.2001 – 8 AZR 565/00 – AP Art. 101 GG Nr. 59 = NZA 2002, 1349; s.a. BAG 24.3.1998 – 9 AZR 172/97 – AP § 21e GVG Nr. 4 = NZA 1999, 107.
9 BAG 21.6.2001 – 2 AZR 359/00 – AP § 21e GVG Nr. 5 = SGb 2002, 51.
10 Ausf. ArbGG/*Lipke*, § 6a Rn 28 ff.

auch mehreren und i.E. damit auch allen Kammern des Gerichts zugewiesen werden.[11] Die **Heranziehung der ehrenamtlichen Richter** hat grds. nach der vom Kammervorsitzenden nach §§ 31 Abs. 1, 39, 43 Abs. 3 aufzustellenden Liste zu erfolgen. Enthält der Geschäftsverteilungsplan die Aufstellung der Liste, nach der die ehrenamtlichen Richter zu den Sitzungen herangezogen werden, können die Kammervorsitzenden diese ausdrücklich oder stillschweigend übernehmen.[12] Die Heranziehung gemäß der erstellten Liste hat auch im **Fall einer Vertagung** zu erfolgen. Davon kann nicht durch Beschluss des jeweiligen Spruchkörpers – etwa im Fall der Fortsetzung einer Beweisaufnahme – abgewichen werden.[13]

7 **3. Streitigkeiten.** Ein vom Präsidium beschlossener Geschäftsverteilungsplan ist für Dritte, wozu auch die Prozessbeteiligten gehören, nicht anfechtbar. Sie können aber Gesetzesverstöße infolge **fehlerhafter Geschäftsverteilung** als Verfahrensverletzung (§ 547 Nr. 1 ZPO, §§ 73, 79 i.V.m. § 579 Abs. 1 Nr. 1 ZPO) mit Rechtsmitteln rügen[14] oder Verfassungsbeschwerde wegen Verletzung des Grundrechts auf den gesetzlichen Richter (Art. 101 Abs. 1 S. 2 GG) erheben.[15] Anders als bei der Auslegung und Anwendung des Geschäftsverteilungsplans, die verfassungsrechtlich nur dann zu beanstanden sind, wenn sie nicht mehr verständlich erscheinen oder offensichtlich unhaltbar sind, erfasst der **Kontrollmaßstab** bei der Verfassungsmäßigkeit von Regelungen im Geschäftsverteilungsplan nicht nur Fälle der Willkür, sondern jede Rechtswidrigkeit.[16]

§ 7   Geschäftsstelle, Aufbringung der Mittel

(1) ¹Bei jedem Gericht für Arbeitssachen wird eine Geschäftsstelle eingerichtet, die mit der erforderlichen Zahl von Urkundsbeamten besetzt wird. ²Die Einrichtung der Geschäftsstelle bestimmt bei dem Bundesarbeitsgericht das Bundesministerium für Arbeit und Soziales im Benehmen mit dem Bundesministerium der Justiz. ³Die Einrichtung der Geschäftsstelle bestimmt bei den Arbeitsgerichten und Landesarbeitsgerichten die zuständige oberste Landesbehörde.
(2) ¹Die Kosten der Arbeitsgerichte und der Landesarbeitsgerichte trägt das Land, das sie errichtet. ²Die Kosten des Bundesarbeitsgerichts trägt der Bund.

1 § 7 deckt sich mit § 153 GVG. Nach Abs. 1 ist bei jedem Gericht für Arbeitssachen (vgl. § 1 Rn 2) eine Geschäftsstelle einzurichten. Die Kostentragung ist in Abs. 2 bestimmt. Hat ein Gericht mehrere Spruchkörper (Kammern oder Senate), besteht die Geschäftsstelle aus mehreren Abteilungen. Eine gemeinsame Geschäftsstelle für mehrere Gerichte lässt Abs. 1 nicht zu.[1] In der Praxis ist die Unterteilung in Kammer- oder Senatsgeschäftsstellen üblich.

2 Die **Aufgaben der Geschäftsstelle** ergeben sich nach §§ 46 Abs. 2, 46a Abs. 4, 62 Abs. 2, 64 Abs. 6 und 72 Abs. 5 im Wesentlichen aus der Verweisung auf die **Vorschriften der ZPO**. Sonderregelungen enthalten §§ 59, 81 Abs. 1 und 2, 90 Abs. 1, 95 Abs. 1. Diese Aufgaben obliegen den Urkundsbeamten als Organen der Rechtspflege,[2] soweit sie nicht nach § 26 RPflG dem Rechtspfleger vorbehalten sind.

3 Nach § 59 S. 2 kann der **Einspruch gegen ein Versäumnisurteil** zur Niederschrift der Geschäftsstelle eingelegt, nach § 81 Abs. 1 und 2 der Antrag auf Einleitung des Beschlussverfahrens und seine Rücknahme dort zur Niederschrift erklärt werden, wenn nicht eine schriftliche Einreichung erfolgt. I.Ü. obliegen dem Urkundsbeamten der Geschäftsstelle – ohne insoweit weisungsgebunden zu sein – **Beurkundungen wie Protokollierung** (§ 159 ZPO) und Aufnahme von Erklärungen (z.B. Antrag auf Bewilligung der Prozesskostenhilfe, § 117 ZPO; Vorbereitung der mündlichen Verhandlung, §§ 129 Abs. 2, 129a ZPO; Einlegung der Beschwerde, § 569 Abs. 3 ZPO). Darüber hinaus erteilt er Ausfertigungen, z.B. nach § 317 Abs. 3 ZPO (Urteilsausfertigungen), § 724 ZPO (vollstreckbare Ausfertigung), § 725 ZPO (Vollstreckungsklausel) und nach § 706 ZPO (Rechtskraft-/Notfristzeugnis). Ferner bewirkt der Urkundsbeamte der Geschäftsstelle Ladungen (§§ 168, 214 ZPO) und Zustellungen (§ 50, §§ 168 ff., 270 ZPO).

4 Die Urkundsbeamten der Geschäftsstelle sind berechtigt und verpflichtet, bestimmte Erklärungen entgegenzunehmen (siehe Rn 3). Die Aufgaben der – gesetzlich nicht ausdrücklich geregelten – Rechtsantragsstelle bleiben nach §§ 24 Abs. 2 Nr. 2, 24a Abs. 1 RPflG allerdings dem **Rechtspfleger** vorbehalten.

---

11 BAG 16.10.2008 – 7 AZN 427/08 – AP § 72a ArbGG 1979 Nr. 63 = NZA 2009, 510; dazu *Wolmerath*, jurisPR-ArbR 3/2009, Anm. 3.
12 Dazu BAG 21.6.2001 –2 AZR 359/00 – AP § 21e GVG Nr. 5 = SGb 2002, 51; BAG 16.10.2008 – 7 AZN 427/08 – AP § 72a ArbGG 1979 Nr. 63 = NZA 2009, 510.
13 BAG 26.9.1996 – 8 AZR 126/95 – AP § 39 ArbGG 1979 Nr. 3 = NZA 1997, 333.
14 BAG 2.12.1999 – 2 AZR 843/98 – AP § 79 ArbGG Nr. 4 = NZA 2000, 733.
15 BAG 16.5.2002 – 8 AZR 412/01 – AP Art. 101 GG Nr. 61 = MDR 2003, 47.
16 BVerfG 16.2.2005 – 2 BvR 581/03 – NJW 2005, 2689.
1 *Hauck/Helml*, § 7 Rn 1; *Germelmann u.a.*, § 7 Rn 3.
2 BAG 11.2.1985 – 2 AZB 1/85 – AP § 317 ZPO Nr. 1 = EzA § 317 ZPO Nr. 1.

Verlangt eine Partei die Änderung einer **Entscheidung des Urkundsbeamten** der Geschäftsstelle, ist nach § 573 5
ZPO binnen einer Frist von zwei Wochen die Entscheidung des Prozessgerichts im Wege der **befristeten Erinnerung** nachzusuchen. Zuständig ist hierfür der Richter und nicht der Rechtspfleger (§ 4 Abs. 2 Nr. 3 RPflG). Gegen Entscheidungen des Rechtspflegers sind die nach den allgemeinen Vorschriften geltenden Rechtsmittel, ansonsten die befristete Erinnerung gegeben (siehe auch § 78 Rn 11).

§ 8　Gang des Verfahrens

(1) Im ersten Rechtszug sind die Arbeitsgerichte zuständig.
(2) Gegen die Urteile der Arbeitsgerichte findet die Berufung an die Landesarbeitsgerichte nach Maßgabe des § 64 Abs. 1 statt.
(3) Gegen die Urteile der Landesarbeitsgerichte findet die Revision an das Bundesarbeitsgericht nach Maßgabe des § 72 Abs. 1 statt.
(4) Gegen die Beschlüsse der Arbeitsgerichte und ihrer Vorsitzenden im Beschlußverfahren findet die Beschwerde an das Landesarbeitsgericht nach Maßgabe des § 87 statt.
(5) Gegen die Beschlüsse der Landesarbeitsgerichte im Beschlußverfahren findet die Rechtsbeschwerde an das Bundesarbeitsgericht nach Maßgabe des § 92 statt.

A. Allgemeines

Die Vorschrift regelt die **sachliche** und **funktionelle** Zuständigkeit der Gerichte für Arbeitssachen. Die sachliche 1
Zuständigkeit betrifft die Abgrenzung der Zuständigkeit nach der Art des Streitgegenstandes. Die funktionelle Zuständigkeit betrifft die Abgrenzung nach der Art der Tätigkeit, die das Gericht entfalten soll. Sie umfasst die Zuständigkeit im Rechtsmittelzug, die sich aus der Überordnung der Gerichte ergibt. Der Instanzenzug ist sowohl im Urteils- und Beschlussverfahren dreistufig.

B. Regelungsgehalt

In erster Instanz sind die **ArbG** im Urteils- und Beschlussverfahren ausschließlich zuständig (Abs. 1). Das gilt für 2
beide Verfahrensarten unabhängig vom Streitwert oder Streitgegenstand. Lediglich bei Entscheidungen über die Amtsenthebung und Amtsentbindung ehrenamtlicher Richter können LAG sowie BAG in erster und letzter Instanz tätig werden (§§ 21 Abs. 5, 27, 28, 43 Abs. 3). Eine weitere Sonderregelung enthält § 158 Nr. 5 SGB IX. In Rechtsstreitigkeiten behinderter AN im Geschäftsbereich des Bundesnachrichtendienstes, die in die Rechtswegzuständigkeit der Gerichte für Arbeitssachen fallen, entscheidet das BAG in erster und letzter Instanz. Die LAG und das BAG sind Rechtsmittelgerichte.

Die **LAG** entscheiden über Berufungen gegen Urteile der ArbG (Abs. 2 i.V.m. § 64 Abs. 1) und über Beschwerden 3
gegen die das Beschlussverfahren beendenden Entscheidungen der ArbG (Abs. 4 i.V.m. § 87). Für Beschlussverfahren nach §§ 122 Abs. 3, 126 Abs. 2 InsO ist die Rechtsbeschwerde zum BAG statthaft, wenn das ArbG sie zulässt. Die Beschwerde an das LAG findet nicht statt, § 122 Abs. 3 InsO. Die LAG sind ferner funktionell zuständig für Beschwerden gegen verfahrensleitende Beschlüsse der ArbG oder ihrer Vorsitzenden (§ 78). Schließlich entscheiden die LAG über sofortige Beschwerden gegen bestimmte Urteile der ArbG (Entscheidung über die Kosten in einem Anerkenntnisurteil, § 99 Abs. 2 ZPO; Zwischenurteil über die Zulassung eines Nebenintervenienten, § 71 Abs. 2 ZPO; Zwischenurteil über die Rechtmäßigkeit einer Zeugnisverweigerung, § 387 ZPO) sowie über sofortige Beschwerden gegen Beschlüsse der ArbG über den Rechtsweg (§ 17a Abs. 4 GVG).

Das **BAG** entscheidet in dritter Instanz über die Revision gegen die Endurteile der LAG (Abs. 3 i.V.m. § 72 Abs. 1) 4
und über die Rechtsbeschwerde gegen die das Beschlussverfahren beendenden Entscheidungen der LAG (Abs. 5 i.V.m. § 92). Das BAG ist ferner funktionell zuständig für Sprungrevisionen gegen Urteile der ArbG (§ 76) sowie für Sprungrechtsbeschwerden gegen die das Beschlussverfahren beendenden Entscheidungen der ArbG (§ 96a). Schließlich entscheidet das BAG über Nichtzulassungsbeschwerden im Urteils- und Beschlussverfahren (§§ 72a, 92a), über die zugelassene Rechtsbeschwerde bei Verwerfung einer Berufung als unzulässig (Revisionsbeschwerde, § 77 i.V.m. § 522 Abs. 1 ZPO), über die vom LAG zugelassene Rechtsbeschwerde (§ 78), über die sofortige Beschwerde wegen verspäteter Absetzung des Berufungsurteils oder der Beschwerdeentscheidung (§§ 72b, 92b) sowie über die weitere sofortige Beschwerde in den Fällen des § 17a Abs. 2 und 3 GVG.

§ 9 Allgemeine Verfahrensvorschriften

(1) Das Verfahren ist in allen Rechtszügen zu beschleunigen.
(2) Die Vorschriften des Gerichtsverfassungsgesetzes über Zustellungs- und Vollstreckungsbeamte, über die Aufrechterhaltung der Ordnung in der Sitzung, über die Gerichtssprache, über die Wahrnehmung richterlicher Geschäfte durch Referendare und über Beratung und Abstimmung gelten in allen Rechtszügen entsprechend.
(3) [1]Die Vorschriften über die Wahrnehmung der Geschäfte bei den ordentlichen Gerichten durch Rechtspfleger gelten in allen Rechtszügen entsprechend. [2]Als Rechtspfleger können nur Beamte bestellt werden, die die Rechtspflegerprüfung oder die Prüfung für den gehobenen Dienst bei der Arbeitsgerichtsbarkeit bestanden haben.
(4) Zeugen und Sachverständige erhalten eine Entschädigung oder Vergütung nach dem Justizvergütungs- und -entschädigungsgesetz.
(5) [1]Alle mit einem befristeten Rechtsmittel anfechtbaren Entscheidungen enthalten die Belehrung über das Rechtsmittel. [2]Soweit ein Rechtsmittel nicht gegeben ist, ist eine entsprechende Belehrung zu erteilen. [3]Die Frist für ein Rechtsmittel beginnt nur, wenn die Partei oder der Beteiligte über das Rechtsmittel und das Gericht, bei dem das Rechtsmittel einzulegen ist, die Anschrift des Gerichts und die einzuhaltende Frist und Form schriftlich belehrt worden ist. [4]Ist die Belehrung unterblieben oder unrichtig erteilt, so ist die Einlegung des Rechtsmittels nur innerhalb eines Jahres seit Zustellung der Entscheidung zulässig, außer wenn die Einlegung vor Ablauf der Jahresfrist infolge höherer Gewalt unmöglich war oder eine Belehrung dahin erfolgt ist, daß ein Rechtsmittel nicht gegeben sei; § 234 Abs. 1, 2 und § 236 Abs. 2 der Zivilprozeßordnung gelten für den Fall höherer Gewalt entsprechend.

A. Allgemeines 1	III. Rechtspfleger (Abs. 3) 13
B. Regelungsgehalt 2	IV. Zeugen und Sachverständige (Abs. 4) 14
I. Beschleunigungsgrundsatz (Abs. 1) 2	V. Rechtsmittelbelehrung (Abs. 5) 15
II. Entsprechende Anwendung von Vorschriften des GVG (Abs. 2) 5	1. Belehrungspflichtige Entscheidungen 15
1. Allgemeines 5	2. Form und Inhalt der Belehrung 21
2. Zustellungs- und Vollstreckungsbeamte 6	3. Folgen fehlender oder unrichtiger Belehrung . 24
3. Sitzungspolizei 8	a) Fehlende oder unrichtige Belehrung 24
4. Gerichtssprache 11	b) Fehlende Zustellung der Entscheidung ... 27
5. Beratung und Abstimmung 12	c) Berichtigung oder Nachholung 28
	C. Beraterhinweise 29

A. Allgemeines

1 § 9 enthält eine **Vielzahl grundlegender Verfahrensregelungen**, die nicht in einem inneren Zusammenhang stehen. Neben den speziellen Bestimmungen über Verfahrensbeschleunigung (Abs. 1) und Rechtsmittelbelehrung (Abs. 5) wird die (entsprechende) Anwendung von Teilen des GVG (Abs. 2), des RPflG (Abs. 3) und des JVEG (siehe auch § 12 Rn 14)[1] (Abs. 4) bestimmt.

B. Regelungsgehalt

I. Beschleunigungsgrundsatz (Abs. 1)

2 In beiden arbeitsgerichtlichen Verfahrensarten gilt für das Gericht – nicht aber für die Parteien oder die Beteiligten (siehe aber §§ 56 Abs. 2, 61a Abs. 5, 67) – in allen Instanzen nach Abs. 1 der **Beschleunigungsgrundsatz**. Das Verfahren ist konzentriert zu führen und gerichtliche Handlungen haben unverzüglich zu erfolgen. Das geht über die allg. Gewährung effektiven Rechtsschutzes hinaus, da das **Bedürfnis** an einer **schnellen Klärung strittiger Rechtsverhältnisse im Arbeitsrecht** besonders groß ist. Der besondere Beschleunigungsgrundsatz ist von seinen Anforderungen her nicht mit dem auf allg. verfassungsrechtlichen Erwägungen (Art. 2 i.V.m. Art. 20 Abs. 3 GG, Art. 6 EMRK) beruhenden Anspruch des Bürgers auf raschen Rechtsschutz[2] gleichzusetzen.[3] Der Grundsatz ist **Leitlinie für Er-**

---

1 Dazu *Natter*, NZA 2004, 686, 691.
2 Dazu jüngst BVerfG 30.7.2009 – 1 BvR 2662/06 – juris; sowie BVerfG 20.6.1995 – 1 BvR 166/93 – BVerfGE 93, 99.
3 ArbGG/*Lipke*, § 9 Rn 4; GK-ArbGG/*Bader*, Rn 11; a.A. *Germelmann u.a.*, § 9 Rn 8.

messensentscheidungen im arbeitsgerichtlichen Verfahren (siehe auch Rn 4).[4] Das wird im Vergleich zu den von anderen Verfahrensordnungen **abweichenden Prozessbestimmungen im ArbGG** deutlich.[5] Rechtsmittel oder selbstständige prozessuale Rügen können auf Verstöße jedoch nicht gestützt werden könnten.[6]

Konkrete Ausprägung hat der Grundsatz insb. in **§ 61a Abs. 1** und § 64 Abs. 8 gefunden, der die **vorrangige Erledigung von Bestandsstreitigkeiten** vorgibt. Das betrifft neben den Kündschutzstreitigkeiten und sog. Entfristungsklagen auch sonstige allgemeine Feststellungsklagen, die den Fortbestand des Arbverh zum Gegenstand haben. Daneben enthält das Gesetz u.a. folgende allg. verfahrensbeschleunigende Bestimmungen:

- **Abkürzung der Einlassungsfrist** auf eine Woche (§§ 47 Abs. 1, 80 Abs. 2, anders in § 274 Abs. 3 S. 1 ZPO), im Einigungsstelleneinsetzungsverfahren auf 48 Stunden (§ 98 Abs. 1 S. 4),
- § 227 Abs. 3 ZPO (früher: Gerichtsferien) ist nicht anwendbar (§ 46 Abs. 2 S. 2),
- Zustellung des Urteils binnen drei Wochen ab Übergabe an die Geschäftsstelle, § 50 Abs. 1,
- umfassende Vorbereitung der streitigen Verhandlung durch den Vorsitzenden mit dem Ziel der Erledigung des Rechtsstreits im ersten Kammer- oder Anhörungstermin (§§ 56, 57), sowie i.d.R. kein besonderer Verkündungstermin,
- Abkürzung der **Einspruchsfrist gegen Versäumnisurteile** auf eine Woche (§ 59 S. 1),
- Beschränkung der Zurückverweisung an die erste Instanz (§§ 68, 91),
- **Zurückweisung von Prozessbevollmächtigten** bei unentschuldigtem Ausbleiben persönlich geladener Parteien (§ 51 Abs. 2),
- Unanfechtbarkeit von Zwischenurteilen (§ 61 Abs. 3) und Beschlüssen über die **Ablehnung von Richtern** (§ 49 Abs. 3) und Sachverständigen,[7]
- **Rechtsmittelbegründungs- und -beantwortungsfristen** können nur einmal verlängert werden (§§ 66 Abs. 1 S. 4, 74 Abs. 1 S. 2). Die Fristen betragen in der Revisions- oder Rechtsbeschwerdeinstanz längstens einen Monat.[8]

Daneben sind alle Verfahrensabläufe dem Beschleunigungsgrundsatz zu unterwerfen. Die Entscheidung über die **Aussetzung des Verfahrens** nach § 148 ZPO hat sich zum Einen am Grundrecht auf wirkungsvollen Rechtsschutz zu orientieren, zum Anderen ist das **schnelle Klärungsbedürfnis in Bestandsstreitigkeiten** zu bedenken – auch im Zusammenhang mit Verfahren, die vor dem ArbG und dem Verwaltungsgericht (z.B. bei besonderem Künd-Schutz von Schwangeren und Schwerbehinderten) geführt werden müssen (doppelter Rechtsweg)[9] oder wenn ein Künd-Schutzverfahren im Hinblick auf ein laufendes Ermittlungs- oder Strafverfahren ausgesetzt werden soll.[10] In jedem Fall hat das Gericht seine **ermessensleitenden Erwägungen** hierbei offen zu legen.[11]

II. Entsprechende Anwendung von Vorschriften des GVG (Abs. 2)

1. Allgemeines. Die **Vorschriften des GVG** sind in den Verfahren vor den Gerichten für Arbeitssachen nur anzuwenden, soweit das ausdrücklich im ArbGG bestimmt worden ist. Art. 2 EGGVG legt fest, dass die Bestimmungen des GVG nur für die ordentliche streitige Gerichtsbarkeit gelten. Die in Abs. 2 enthaltene **Verweisung** ist daher **abschließend**.

2. Zustellungs- und Vollstreckungsbeamte. Entsprechend anwendbar sind die Vorschriften für Zustellungs- und Vollstreckungsbeamte, §§ 154 und 155 GVG. Der **Gerichtsvollzieher ist selbstständiges Organ der Rechtspflege**; allerdings ist er nicht unabhängig, da er der Dienstaufsicht des Gerichts untersteht. Er ist im Bereich der Arbeitsgerichtsbarkeit im gleichen Umfang tätig wie in der ordentlichen Gerichtsbarkeit – bei Zustellungen, Ladungen und Vollstreckungen. Seine Hauptaufgabe besteht in der Zwangsvollstreckung, die er im Auftrag des Gläubigers nach § 753 Abs. 1 ZPO durchführt. Für den Zustellungsbetrieb gelten Besonderheiten: Danach erfolgen **Zustellungen grds. von Amts wegen** (§§ 50, 64 Abs. 7, 72 Abs. 6, 80 Abs. 2, 85 Abs. 2, 87 Abs. 2, 92 Abs. 2). Im **Parteibetrieb**

---

4 BAG 4.12.1975 – 2 AZR 462/74 – AP § 518 ZPO Nr. 33 = EzA § 519 ZPO Nr. 19; GK-ArbGG/*Bader*, Rn 14; Erfk/*Koch*, Rn 1; a.A. *Germelmann u.a.*, § 9 Rn 7; Schwab/Weth/*Weth*, § 9 Rn 4; s. auch BAG 5.8.1982 – 2 AZR 199/80 – AP § 794 ZPO Nr. 31 = EzA § 794 ZPO Nr. 6; BAG 16.7.2008 – 7 ABR 13/07 – AP § 78a BetrVG 1972 Nr. 50 = EzA § 78a BetrVG 2001 Nr. 4: „die sich aus dem arbeitsgerichtlichen Beschleunigungsgrundsatz ergebenden Vorgaben".
5 Vgl. BAG 4.2.1994 – 8 AZB 16/93 – AP § 66 ArbGG 1979 Nr. 5 = NZA 1994, 1357; BAG 4.12.1975 – 2 AZR 462/74 – AP § 518 ZPO Nr. 33 = EzA § 519 ZPO Nr. 16.
6 BAG 13.5.1981 – 4 AZR 1080/78 – AP § 1 TVG Tarifverträge: Presse Nr. 1 = NJW 1982, 302; *Hauck/Helml*, § 9 Rn 3; *Germelmann u.a.*, § 9 Rn 5; Schwab/Weth/*Weth*, § 9 Rn 4.
7 BAG 22.7.2008 – 3 AZB 26/08 – NZA 2009, 453 = EzA § 49 ArbGG 1979 Nr. 9.
8 BAG 20.10.2004 – 5 AZB 37/04 – AP § 66 ArbGG 1979 Nr. 28 = NZA 2004, 1350.
9 BAG 17.6.2003 – 2 AZR 245/02 – AP § 9 MuSchG Nr. 33 = NZA 2003, 1329; Hessisches LAG 13.8.1999 – 5 Ta 512/99 – LAGE § 148 ZPO Nr. 36; LAG Köln 19.6.2006 – 3 Ta 60/06 – LAGE § 148 ZPO 2002 Nr. 4 m.w.N.
10 Dazu etwa LAG Rheinland-Pfalz 28.10.2008 – 10 Ta 184/08 – juris.
11 LAG Hessen 1.8.1999 – 5 Ta 513/99 – LAGE § 148 ZPO Nr. 35.

werden nur der durch Beschluss erlassene Arrestbefehl und die einstweilige Verfügung zugestellt, außerdem Prozessvergleiche und Urkunden, aus denen vollstreckt werden soll.

7 Nach § 12 i.V.m. § 11 GKG werden **Kostenvorschüsse** im arbeitsgerichtlichen Urteilsverfahren nicht erhoben (vgl. § 12 Rn 14). Das gilt auch für Gebührenvorschüsse des Gerichtsvollziehers. Seine örtliche Zuständigkeit richtet sich nach Landesrecht. Sachlich zuständig ist er für jede Zwangsvollstreckung, die nicht nach Gesetz den Gerichten zugewiesen ist. Wird die sachliche oder örtliche Zuständigkeit nicht gewahrt, ist die Zwangsvollstreckungsmaßnahme bei sachlicher Unzuständigkeit nichtig, bei örtlicher anfechtbar.[12] Ist der Gerichtsvollzieher nach den in § 155 GVG genannten Fällen von der Ausübung seines Amtes kraft Gesetzes ausgeschlossen (z.B. Selbstbetroffenheit, Verwandtschaft, Schwägerschaft), ist eine dennoch vorgenommene Zustellung unwirksam, eine durchgeführte Vollstreckungsmaßnahme anfechtbar.[13]

8 **3. Sitzungspolizei.** Die Vorschriften über die **Aufrechterhaltung der Ordnung in der Sitzung** (§§ 176 bis 183 GVG)[14] gelten entsprechend für das arbeitsgerichtliche Verfahren. Zur sog. **Sitzungspolizei** gehören Maßnahmen, die der äußeren Ordnung dienen, damit die Verhandlung vor Gericht ungestört ablaufen kann. Sie ist zu trennen von der **Verhandlungsleitung** nach § 136 ZPO und dem Hausrecht im und am Gerichtsgebäude. Die Sitzungspolizei steht grds. dem Vorsitzenden zu. Gegenüber **nicht am Verfahren beteiligten Personen** (z.B. Zuhörer, Pressevertreter, wartende RA in anderen Verfahren) ist er für Maßnahmen nach §§ 176, 177 GVG (z.B. Abmahnung, Entfernung aus dem Sitzungszimmer) allein zuständig. Soweit Parteien, Zeugen und SV betroffen sind, entscheidet das Gericht, bei Kammerterminen einschließlich der ehrenamtlichen Richter.

9 Vor der Anordnung und Durchführung der Maßnahme ist der Betroffene anzuhören. Das gilt auch für die **Ordnungsmittel bei Ungebühr** (§ 178 GVG), wobei der Grundsatz der Verhältnismäßigkeit zu beachten ist. Von Ordnungsmaßnahmen ist zurückhaltend, aber konsequent Gebrauch zu machen. Werden Ordnungsmittel wegen Ungebühr verhängt, ist das in die Sitzungsniederschrift aufzunehmen (§ 182 GVG). **Beschwerden gegen Ordnungsmittel** können binnen Wochenfrist nach ihrer Bekanntmachung beim LAG eingelegt werden (§ 181 Abs. 3 GVG). Gegen Ordnungsmittel des LAG und des BAG gibt es keine Beschwerde (§ 78 i.V.m. § 181 Abs. 1 GVG, siehe § 78 Rn 3).

10 Maßnahmen nach §§ 177, 178 GVG sind **nicht gegenüber RA** möglich, die für Verfahrensbeteiligte auftreten. Ausnahmen gibt es nur im Falle eines extremen Fehlverhaltens eines RA.[15] Hier bleiben nur die Ermahnung, der Ordnungsruf und die kurzfristige Unterbrechung der Sitzung, bei schwerwiegenden Störungen die Vertagung nach § 227 ZPO. **Verbandsvertreter**, also Verfahrensbevollmächtigte von AG-Verbänden oder Gewerkschaften unterliegen demgegenüber in vollem Umfang der Sitzungspolizei des Gerichts. § 11 Abs. 3 setzt nur § 157 Abs. 1 S. 2 und Abs. 2 ZPO zugunsten der Verbandsvertreter außer Kraft[16] (siehe auch § 11 Rn 21).

11 **4. Gerichtssprache.** Die Gerichtssprache ist in §§ 184 bis 191 GVG geregelt.[17] Nach § 184 GVG ist sie **deutsch**. Fremdsprachige Schriftsätze ohne beigefügte Übersetzung sind daher verfahrensrechtlich nicht zu beachten.[18] Das Gericht ist von sich aus nicht verpflichtet, auf eine Übersetzung hinzuwirken.[19] Das **rechtliche Gehör** verlangt, der **ausländischen Partei**, die der deutschen Sprache nicht mächtig ist, einen Dolmetscher beizugeben (§ 185 GVG), der nach pflichtgemäßem Ermessen hinzuzuziehen ist.[20]

12 **5. Beratung und Abstimmung.** Ferner kommen gem. Abs. 2 für die Beratung und Abstimmung der zur Entscheidung berufenen Richter die §§ 192 bis 197 GVG entsprechend zur Anwendung. Nach § 192 Abs. 1 GVG dürfen bei Entscheidungen Richter nur in der gesetzlich bestimmten Zahl mitwirken. Das gilt über den Wortlaut des § 192 Abs. 3 GVG hinaus nicht nur für Schöffen, sondern auch für ehrenamtliche Richter. Beratung und Stimmabgabe richten sich nach §§ 193 bis 197 GVG.

III. Rechtspfleger (Abs. 3)

13 Nach **Abs. 3 S. 1** gelten in allen Rechtszügen die Vorschriften über die Wahrnehmung der Geschäfte bei den ordentlichen Gerichten durch Rechtspfleger und damit die des Rechtspflegergesetzes entsprechend. Der **Rechtspfleger ist sachlich unabhängig** und nur an Recht und Gesetz gebunden (§ 9 RPflG). Über die Ablehnung eines Rechtspflegers entscheidet der Richter (§ 10 RPflG i.V.m. § 49). Die Rechtspfleger haben in der Arbeitsgerichtsbarkeit die in § 3 RPflG aufgeführten Geschäfte zu bearbeiten. Diese ergeben sich im Einzelnen aus §§ 20 ff. RPflG.[21] Die im 1. Justizmodernisierungsgesetz[22] erfolgten Aufgabenverlagerungen vom Richter auf den Rechtspfleger berühren den in

---

12 Thomas/Putzo/*Reichold*, § 753 Rn 7.
13 *Baumbach u.a.*, § 155 GVG Rn 1; Thomas/Putzo/ *Reichold*, § 753 Rn 7.
14 Abgedruckt bei ArbGG/*Lipke*, § 9 Rn 10.
15 *Kissel*, GVG, § 176 Rn 40 ff.; BGH 27.9.1976 – RiZ (R) 3/75 – NJW 1977, 437.
16 *Grunsky*, § 11 Rn 13; *Germelmann u.a.*, § 11 Rn 92.
17 Abgedruckt bei ArbGG/*Lipke*, § 9 Rn 17.
18 BAG 17.2.1981 – 7 AZR 846/79 – AP § 15 SchwbG Nr. 1 = NJW 1982, 2630; *Kissel*, § 184 Rn 5 f.
19 BGH 14.7.1981 – 1 StR 815/80 – NJW 1982, 532; GK-ArbGG/*Dörner*, § 9 Rn 58.
20 LAG Hamm 26.9.1985 – 8 Ta 242/85 – LAGE § 185 GVG Nr. 1.
21 Ausf. ArbGG/*Lipke*, § 9 Rn 31 ff.
22 V. 24.8.2004, BGBl I S. 2198.

der Arbeitsgerichtsbarkeit tätigen Rechtspfleger nur am Rande. Versieht der Urkundsbeamte Aufgaben, die dem Rechtspfleger vorbehalten sind (z.B. im Mahnverfahren), ist das Geschäft unwirksam.[23] Gegen die Entscheidungen des Rechtspflegers sind die (allg.) Rechtsmittel der der **sofortigen Beschwerde** oder die **Rechtspflegererinnerung** (§ 11 RPflG) gegeben (siehe § 78 Rn 11).

IV. Zeugen und Sachverständige (Abs. 4)

Nach Abs. 4 findet das Justizvergütungs- und Entschädigungsgesetz – **JVEG** – für die Entschädigung der Zeugen und Sachverständigen Anwendung. **14**

V. Rechtsmittelbelehrung (Abs. 5)

1. Belehrungspflichtige Entscheidungen. Nach Abs. 5 S. 1 müssen – anders als in zivilgerichtlichen Verfahren[24] – alle mit einem **befristeten Rechtsmittel** anfechtbaren Entscheidungen eine Belehrung über das Rechtsmittel enthalten. Über § 111 Abs. 2 S. 4 gilt die Regelung auch in Ausbildungsstreitigkeiten. Die Belehrung richtet sich auf die Eröffnung (§ 64 Abs. 3a) oder Versagung eines Rechtsmittels (§ 9 Abs. 5 S. 2). Die Belehrungspflicht soll verhindern, dass eine Partei ein Rechtsmittel allein deswegen verliert, weil sie über das zuständige Gericht und die einzuhaltende Form und Frist nicht unterrichtet war. Rechtsmittel sind hierbei nur **Rechtsmittel im engeren Sinn**. Sie unterscheiden sich von Rechtsbehelfen durch ihren **Devolutiveffekt** und **Suspensiveffekt**. **15**

Rechtsmittel sind: **16**
– Berufung (§§ 64 ff.),
– Beschwerde im Beschlussverfahren (§ 87),
– befristete Beschwerde (§ 33 Abs. 3 RVG),
– sofortige Beschwerde (§ 78 i.V.m. §§ 567 ff. ZPO),
– Revision (§§ 72 ff.),
– Rechtsbeschwerde (§ 92),
– Revisionsbeschwerde (§§ 77, 66 Abs. 2 i.V.m. § 522 Abs. 1 ZPO).

Zu den Rechtsmitteln zählen auch die **Sprungrevision** (§ 76) und die **Sprungrechtsbeschwerde** (§ 96a) Über diese ist zu belehren, wenn sie in der Entscheidung zugelassen werden.[25] Ein anderes gilt für die Anschlussberufung und die Anschlussrevision.[26]

Keine Rechtsmittel sind das Wiederaufnahmeverfahren (§ 79), die Wiedereinsetzung in den vorigen Stand (§§ 233 ff. ZPO), die Abänderungsklage (§ 323 ZPO) sowie die Vollstreckungsgegenklage (§ 767 ZPO). Eine Belehrungspflicht über diese Möglichkeiten besteht nicht. **17**

Unbefristete Rechtsmittel bedürfen keiner Belehrung.[27] Ebenso verhält es sich mit den **Rechtsbehelfen**. Hierzu gehört auch die Anhörungsrüge nach § 78a.[28] Der **Einspruch** (§ 59) ist ebenfalls kein Rechtsmittel, sondern der besondere **Rechtsbehelf** der säumigen Partei gegen ein echtes Versäumnisurteil. Über die Möglichkeit des Einspruchs muss jedoch nach § 59 S. 3 belehrt werden,[29] soll die Einspruchsfrist laufen.[30] Das gilt ebenso für den **Widerspruch** gegen einen **Mahnbescheid** (§ 46a i.V.m. § 694 ZPO) und für den Einspruch gegen den Vollstreckungsbescheid (§ 46a i.V.m. § 700 ZPO). **18**

Die **Nichtzulassungsbeschwerde** ist nach Auffassung des BAG kein Rechtsmittel, über das zu belehren ist; ein Hinweis auf die Möglichkeit reicht danach aus.[31] Dagegen spricht, dass die Nichtzulassungsbeschwerde die Entscheidung des LAG über die Revisionszulassung dem BAG zufallen lässt und insoweit bereits einen **Devolutiveffekt** hat.[32] Seit 2005 ist mit Inkrafttreten des Anhörungsrügengesetzes die Rechtslage geändert. Nach § 72a Abs. 6 wird ein erfolgreiches Beschwerdeverfahren automatisch – ohne dass es einer Revisionseinlegung bedarf – als Revisionsverfahren fortgeführt. Es bedarf daher schon deshalb keiner Belehrung über die Einlegung des Rechtsmittels der Revision mehr, sondern nur noch einer Belehrung über die einzuhaltende Revisionsbegründungsfrist. Die Rspr. **19**

---

23 Schwab/Weth/*Liebscher*, § 9 Rn 27.
24 S. etwa Zöller/*Vollkommer*, § 313 ZPO Rn 26 m.w.N.
25 *Germelmann u.a.*, § 9 Rn 29; ArbGG/*Lipke*, § 9 Rn 39; Schwab/Weth/*Weth*, § 9 Rn 13, a.A. *Grunsky*, § 9 Rn 24a; GK-ArbGG/*Bader*, § 9 Rn 91.
26 BAG 20.2.1997 – 8 AZR 15/96 – AP § 9 ArbGG 1979 Nr. 16 = EzA § 9 ArbGG 1979 Nr. 11.
27 BAG 5.8.1996 – 5 AZB 15/96 – AP § 17 GVG Nr. 25 = NZA 1996, 1175; *Germelmann u.a.*, § 9 Rn 31 f..
28 BAG 22.7.2008 – 3 AZN 584/08 (F) – NJW 2009, 541 = EzA § 78a ArbGG 1979 Nr. 6.
29 LAG Nürnberg 10.5.1988 – 7 Sa 16/88 – LAGE § 59 ArbGG 1979 Nr. 1; GK-ArbGG/*Bader*, § 9 Rn 87, a.A. *Germelmann u.a.*, § 9 Rn 24.
30 *Grunsky*, § 59 Rn 6; GK-ArbGG/*Dörner*, § 59 Rn 39.
31 BAG 12.2.1997 – 5 AZN 1106/96 – AP § 72a ArbGG 1979 Nr. 4 = NZA 1997, 791; BAG 4.6.2003 –10 AZR 586/02– NZA 2003, 1850; BAG 9.7.2003 – 5 AZN 316/03 – AP § 72 ArbGG 1979 Nr. 49 = DB 2003, 2184; BAG 22.7.2008 – 3 AZN 584/08 (F) – NJW 2009, 541 = EzA § 78a ArbGG 1979 Nr. 6.
32 *Germelmann u.a.*, ArbGG, § 9 Rn 26; *Frohner*, BB 1980, 1164; GK-ArbGG/*Bader*, § 9 Rn 88; offen gelassen bei Hauck/Helml, § 9 Rn 13; Schwab/Weth/*Weth*, § 9 Rn 16.

geht allerdings davon aus, dass auch insoweit ein bloßer Hinweis genügt. Wer die zweimonatige Begründungsfrist (§ 74 Abs. 1 S. 1) verstreichen lässt, riskiert die Verwerfung der Revision als unzulässig.[33]

20 Die Rechtsmittelbelehrung ist für alle selbstständig **anfechtbaren Entscheidungen** zu erteilen. Das sind Endurteile (§ 300 ZPO), Teilurteile (§ 301 ZPO) und Vorbehaltsurteile (§ 302 Abs. 3 ZPO). Bei **Zwischenurteilen** nach § 303 ZPO sowie bei **Grundurteilen** (§§ 61 Abs. 3, 304 Abs. 1 ZPO) muss eine Belehrung darüber erfolgen, dass sie nicht selbstständig, sondern nur zusammen mit dem Endurteil anfechtbar sind.[34]

21 **2. Form und Inhalt der Belehrung.** Die Rechtsmittelbelehrung ist **Bestandteil des Urteils**. Daraus folgt, dass sie – wie das Urteil nebst Tatbestand und Entscheidungsgründen – so **unterschrieben** sein muss, wie das für die entsprechende Entscheidung gilt (§§ 60 Abs. 4 S. 1, 69 Abs. 1 S. 1, 75 Abs. 2). Enthält ein Urteil vor der Unterschrift des Vorsitzenden lediglich einen Hinweis auf die auf der Rückseite stehende Rechtsmittelbelehrung und die Erklärung, diese sei Bestandteil des Urteils, liegt darin keine ordnungsgemäße Belehrung.[35] Eine unrichtige **Rechtsmittelbelehrung kann durch das Gericht berichtigt werden**, sodass mit der Zustellung der zutreffenden Rechtsmittelbelehrung die Rechtsmittelfrist in Gang gesetzt wird.[36]

22 Die Rechtsmittelbelehrung soll die rechtsunkundige Partei ohne weiteres in die Lage versetzen, die für die Wahrnehmung ihrer Rechte erforderlichen Schritte zu unternehmen.[37] Sie muss sich allein aus der Belehrung Kenntnis über das für sie gegebene Rechtsmittel verschaffen können. Ausreichend ist, dass in der Rechtsmittelbelehrung **das oder die konkret in der jeweiligen Situation in Betracht kommenden Rechtsmittel** bezeichnet werden. Eine weitergehende, individuell auf jede Partei abgestimmte Belehrung über das für sie eröffnete Rechtsmittel ist nicht erforderlich.[38] Eine zu umfangreiche Rechtsmittelbelehrung kann unverständlich sein und ihren Zweck verfehlen.[39] Allerdings genügt eine abstrakte Rechtsmittelbelehrung ohne Bezug zur konkreten prozessualen Situation nicht.[40] Die alleinige **Wiedergabe des Wortlauts von § 64 Abs. 2** ist keine ordnungsgemäße Rechtsmittelbelehrung für Leistungs- und sonstige Feststellungsklagen, soll aber im Falle von Bestandsschutzstreitigkeiten genügen.[41]

23 Abs. 5 S. 3 sieht vor, dass sich die Belehrung auf das **zulässige Rechtsmittel**, die **Angabe des Gerichts**, bei dem das Rechtsmittel einzulegen ist sowie die einzuhaltende **Frist** und **Form** beziehen muss. Die Rechtsmittelbelehrung muss die vollständige postalische Anschrift des Gerichts enthalten.[42] Zur Belehrung gehört der Hinweis auf die **Schriftform**, ggf. die Wahlmöglichkeit über die Erklärung zu Protokoll der Geschäftsstelle sowie der Hinweis auf die **Notwendigkeit, sich** vor einem Gericht des höheren Rechtszuges **vertreten zu lassen**, nicht aber über die Notwendigkeit einer Begründung oder die Dauer zu wahrender Begründungsfrist.[43] Auch wird die Angabe einer Faxnummer zur Möglichkeit einer elektronischen Rechtsmitteleinlegung als geboten angesehen.[44] Bei einem **zweiten Versäumnisurteil** ist darauf hinzuweisen, dass die Berufung nur darauf gestützt werden kann, dass ein Fall der schuldhaften Säumnis nicht vorgelegen habe (§ 64 Abs. 2d). Unerlässlich ist ferner die **Angabe des Gerichts**, bei dem das Rechtsmittel einzulegen ist, und die Benennung der **zur Rechtsmitteleinlegung befugten Personen** (insb. die Notwendigkeit einer Vertretung). Zu belehren sind die **Parteien oder sonstige am Verfahren Beteiligte** (Abs. 5 S. 3). Das sind nicht nur die Beteiligten im Beschlussverfahren, sondern alle an einem Verfahren Beteiligten, also auch Streithelfer und Nebenintervenienten.

24 **3. Folgen fehlender oder unrichtiger Belehrung. a) Fehlende oder unrichtige Belehrung.** Die **Rechtsmittelfrist beginnt nicht zu laufen**, wenn die Rechtsmittelbelehrung fehlt, unvollständig oder unrichtig ist (zur Berichtigung siehe Rn 21). Das folgt aus Abs. 5 S. 3, der den Beginn der Rechtsmittelfrist von der ordnungsgemäßen schriftlichen Belehrung abhängig macht. Die offenkundige Unrichtigkeit der Rechtsmittelbelehrung oder die Kenntnis der Partei von der zutreffenden Rechtsmittelfrist steht dem nicht entgegen.[45] Ist die Rechtsmittelbelehrung **nur einer Partei gegenüber fehlerhaft**, läuft die Jahresfrist des Abs. 5 S. 4 nur ihr gegenüber.[46] Trotz unterbliebener oder feh-

---

33 ArbGG/*Bepler*, § 72a Rn 56.
34 *Germelmann u.a.*, § 9 Rn 34; ArbGG/*Lipke*, § 9 Rn 43; a.A. *Grunsky*, § 9 Rn 21.
35 BAG 1.3.1994 – 10 AZR 50/93 – AP § 9 ArbGG 1979 Nr. 10 = NZA 1994, 1053; BAG 6.3.1998 – 5 AZR 690/97 – AP § 10 BBiG Nr. 9 = NZA 1999, 265.
36 BAG 13.4.2005 – 5 AZB 76/04 – AP § 9 ArbGG 1979 Nr. 28 = EzA § 9 ArbGG 1979 Nr. 16.
37 BAG 29.4.1983 – 7 AZR 148/81 – AP § 9 ArbGG 1979 Nr. 2 = DB 1983, 2310.
38 BAG 20.2.1997 – 8 AZR 15/96 – AP § 9 ArbGG 1979 Nr. 16 = NZA 1997, 901; *Grunsky*, § 9 Rn 24; im Ergebnis offen gelassen BAG 1.3.1994 – 10 AZR 50/93 – AP § 9 ArbGG 1979 Nr. 10 = NZA 1994, 1053; a.A. Thüringer LAG 13.7.1995 – 4 Sa 71/94 – n.v.; *Germelmann u.a.*, § 9 Rn 38 ff.; *Hauck*/*Helml*, § 9 Rn 17.
39 Schwab/Weth/*Weth*, § 9 Rn 19; ArbGG/*Lipke*, § 9 Rn 46.

40 BAG 20.2.1997 – 8 AZR 15/96 – AP § 9 ArbGG 1979 Nr. 16 = NZA 1997, 901.
41 LAG Bremen 24.7.2002 – 2 Sa 57/02 – LAGE § 9 ArbGG 1979 Nr. 5 = NZA-RR 2003, 265.
42 BAG 6.3.1980 – 3 AZR 7/80 – AP § 9 ArbGG 1979 Nr. 1 = NJW 1980, 1871.
43 BAG 4.6.2003 – 10 AZR 586/02 – AP § 209 InsO Nr. 2 = NZA 2003, 1087; LAG Rheinland-Pfalz 2.7.2002 – 5 Sa 359/02 – LAGE § 223 ZPO 2002 Nr. 1; *Hauck/Helml*, § 9 Rn 17; *Germelmann u.a.*, § 9 Rn 43; Schwab/Weth/*Weth*, § 9 Rn 23 f.; a.A. GK-ArbGG/*Bader*, § 9 Rn 89.
44 GK-ArbGG/*Bader*, § 9 Rn 89; Schwab/Weth/*Weth*, § 9 Rn 22.
45 BAG 13.4.2005 – 5 AZB 76/04 – AP § 9 ArbGG 1979 Nr. 28 = EzA § 9 ArbGG 1979 Nr. 16.
46 BAG 14.2.2007 – 7 ABR 26/06 – AP § 54 BetrVG 1972 Nr. 13 = EzA § 54 BetrVG 2001 Nr. 3.

lerhafter Rechtsmittelbelehrung kann das Rechtsmittel nicht unbefristet eingelegt werden. **Abs. 5 S. 4** begrenzt die **Einlegungsfrist** grds. auf **ein Jahr** seit Zustellung der Entscheidung. Die Jahresfrist ist keine Rechtsmittel-, sondern eine **Ausschlussfrist**. Ausnahmen sind nach Abs. 5 S. 4 grds. auf Fälle der Fristversäumnis infolge höherer Gewalt sowie einer Belehrung, dass ein Rechtsmittel nicht gegeben sei, beschränkt. Der Begriff der **höheren Gewalt** ist enger als der Begriff „ohne Verschulden" in § 233 ZPO. Höhere Gewalt liegt vor bei außergewöhnlichen Ereignissen, die nach den Umständen des Falles auch durch die größte, vernünftigerweise von den Betroffenen unter Anlegung subjektiver Maßstäbe zu erwartende und zumutbare Sorgfalt weder abgewehrt noch in ihren schädlichen Folgen verhindert werden konnten.[47]

Wird in der Rechtsmittelbelehrung eine **längere** als die **gesetzlich vorgeschriebene Frist** angegeben, läuft die Rechtsmittelfrist jedenfalls nicht vor dem angegebenen Zeitpunkt ab.[48] Die Partei darf sich auf die unrichtige Belehrung verlassen. Das ergibt sich aus dem verfassungsrechtlich verankerten **Prinzip des Vertrauensschutzes**, und zwar unabhängig davon, ob sich die Belehrung an eine rechtskundige Person richtet oder nicht.[49]

Durch eine falsche Belehrung über ein nicht statthaftes Rechtsmittel wird die nach §§ 64 Abs. 2, 72 erforderliche **Zulassung des Rechtsmittels** nicht ersetzt, soweit die Auslegung des Urteils eindeutig für dessen Nichtzulassung spricht.[50] I.Ü. ist der **Grundsatz der Meistbegünstigung** zu beachten.

b) Fehlende Zustellung der Entscheidung. Die **Jahresfrist des Abs. 5 S. 4** beginnt mit der Zustellung der Entscheidung. Fehlt es an einer Zustellung, beginnen die Rechtsmittel- und Rechtsmittelbegründungsfristen fünf Monate nach ihrer Verkündung. Für die Berufung und die Beschwerde, die Revision und die Rechtsbeschwerde gibt es nunmehr eigenständige Regelungen, die die **Frist** für die Einlegung und Begründung des Rechtsmittels **spätestens mit Ablauf von fünf Monaten nach Verkündung** der Entscheidung in Gang setzen. Insoweit tritt Abs. 5 S. 4 gegenüber §§ 66 Abs. 1 S. 2,[51] 74 Abs. 1 S. 2[52] als allg. Vorschrift zurück.[53] Die frühere Rspr., wonach sich wegen der fehlenden Rechtsmittelbelehrung bei einem nicht rechtzeitig zugestellten Urteil noch eine weitere Jahresfrist nach Abs. 5 S. 4 anschließt,[54] ist mit dem Gesetzeszweck der Beschleunigung des arbeitsgerichtlichen Verfahrens unvereinbar. Danach ist eine **Fristenaddition** auf bis zu 17 Monate nach Abs. 5 S. 4 **nicht mehr möglich**. Ihre Bedeutung behält die Jahresfrist nach Abs. 5 S. 4 dagegen für alle Beschwerden und Rechtsbeschwerden i.S.v. § 78 (siehe § 78 Rn 17). Ausdrücklich ausgenommen ist hierbei allerdings die sofortige Beschwerde wegen verspäteter Absetzung des Berufungsurteils (§ 72b Abs. 2 S. 3).

c) Berichtigung oder Nachholung. Die Rechtsmittelbelehrung ist Bestandteil des Urteils. Sie kann **nach § 319 ZPO** berichtigt oder **nachgeholt** werden. Mit der erneuten Zustellung des Urteils mit der zutreffenden Rechtsmittelbelehrung beginnt die Rechtsmittelfrist erneut zu laufen.[55]

C. Beraterhinweise

Seit der Neufassung von §§ 66 Abs. 1, 74 Abs. 1 zum 1.1.2002 beginnen die **Rechtsmittelfristen spätestens fünf Monate nach Verkündung** der Entscheidung. Wegen der fehlenden Belehrung bei einem noch nicht zugestellten Urteil schließt sich nicht die Jahresfrist nach Abs. 5 S. 4 an.[56] Insoweit wird von der alten Rechtslage abgewichen. Es ist daher stets bei schon bei Verkündung der Entscheidung der Ablauf der insgesamt sechsmonatigen Frist zur Einlegung des Rechtsmittels und die siebenmonatige Frist zu seiner Begründung zu notieren. Bei Urteilszustellung sind sie mit denen nach §§ 66 Abs. 1 S. 1, 74 Abs. 1 S. 1 abzugleichen.

Seit Inkrafttreten des Anhörungsrügengesetzes ist zu beachten, dass nach § 72a Abs. 6 ein erfolgreiches **Nichtzulassungsbeschwerdeverfahren** automatisch – ohne dass es einer Revisionseinlegung bedarf – **als Revisionsverfahren**

---

47 GK-ArbGG/*Bader*, § 9 Rn 110; *Hauck/Helml*, § 9 Rn 19; Schwab/Weth/*Weth*, § 9 Rn 30f.; a.A. *Germelmann u.a.*, § 9 Rn 51.

48 BAG 23.11.1994 – 4 AZR 743/93 – AP § 9 ArbGG 1979 Nr. 12 = NZA 1995, 654; LAG Nürnberg 28.10.2002 – 2 SHa 5/02 – LAGE § 66 nF. ArbGG 1979 Nr. 18; Schwab/Weth/*Weth*, § 9 Rn 29; a.A. *Grunsky*, § 9 Rn 28; GK-ArbGG/*Bader*, § 9 Rn 100.

49 BAG 23.11.1994 – 4 AZR 743/93 – AP § 9 ArbGG 1979 Nr. 12 = NZA 1995, 654.

50 BAG 20.9.2000 – 2 AZR 345/00 – AP § 72 ArbGG 1979 Nr. 43 = NZA 2001, 52.

51 LAG Niedersachsen 22.1.2007 – 5 Sa 626/06 – LAGE § 4 KSchG Nr. 53.

52 Dazu BAG 12.10.2005 – 4 AZR 314/04 – n.v., m. Anm. *Treber*, jurisPR-ArbR 17/2006 Anm. 1.

53 BAG 16.1.2008 – 7 AZR 1090/06 – juris; BAG 24.10.2006 – 9 AZR 709/05 – NZA 2007, 228 = NJW 2007, 862; BAG 2.6.2005 – 2 AZR 177/04 – AP § 66 ArbGG 1979 Nr. 31 = NJW 2005, 3084; BAG 28.10.2004 – 8 AZR 492/03 – AP § 66 ArbGG 1979 Nr. 29 = NZA 2005, 125; jew. m.w.N. zum (vormaligen) Streitstand. ausf. *Künzl*, ZZP 118 (2005), 59 ff.; und *Tschöpe*, FS 25 Jahre AG Arbeitsrecht im DAV, S. 429 ff.

54 S. dazu noch BAG 16.11.2005 – 7 AZR 81/05 – juris; BAG 8.6.2000 – 2 AZR 584/00 – AP § 66 ArbGG 1979 Nr. 21 = NJW 2000, 1998, jew. m.w.N.

55 BAG 13.4.2005 – AP § 611 BGB Arzt-Krankenhaus-Vertrag Nr. 51 = NZA 2005, 836; BAG 8.6.2000 – AP § 66 ArbGG 1979 Nr. 21; LAG Rheinland-Pfalz 28.1.1999 – NZA 1999, 1239, 1240.

56 BAG 6.11.2005 – 7 AZR 81/05 – AP § 620 BGB befristeter Arbeitsvertrag Nr. 264 = NZA 2006, 784.

fortgeführt wird. Mit der Zustellung der Zulassungsentscheidung beginnt auch ohne richterliche Belehrung die zweimonatige Begründungsfrist (§ 74 Abs. 1 S. 1) zu laufen.[57] Bei Eingang der Zulassung ist daher die Revisionsbegründungsfrist zu notieren.

§ 10 Parteifähigkeit

[1]Parteifähig im arbeitsgerichtlichen Verfahren sind auch Gewerkschaften und Vereinigungen von Arbeitgebern sowie Zusammenschlüsse solcher Verbände; in den Fällen des § 2a Abs. 1 Nr. 1 bis 3f sind auch die nach dem Betriebsverfassungsgesetz, dem Sprecherausschussgesetz, dem Mitbestimmungsgesetz, dem Mitbestimmungsergänzungsgesetz, dem Drittelbeteiligungsgesetz, dem § 139 des Neunten Buches Sozialgesetzbuch, dem § 51 des Berufsbildungsgesetzes und den zu diesen Gesetzen ergangenen Rechtsverordnungen sowie die nach dem Gesetz über Europäische Betriebsräte, dem SE-Beteiligungsgesetz, dem SCE-Beteiligungsgesetz und dem Gesetz über die Mitbestimmung der Arbeitnehmer bei einer grenzüberschreitenden Verschmelzung beteiligten Personen und Stellen Beteiligte. [2]Parteifähig im arbeitsgerichtlichen Verfahren sind in den Fällen des § 2a Abs. 1 Nr. 4 auch die beteiligten Vereinigungen von Arbeitnehmern und Arbeitgebern sowie die oberste Arbeitsbehörde des Bundes oder derjenigen Länder, auf deren Bereich sich die Tätigkeit der Vereinigung erstreckt.

A. Allgemeines	1	III. Beteiligtenfähigkeit im Beschlussverfahren (Hs. 2)		8
B. Regelungsgehalt	2	IV. Prozessfähigkeit		15
I. Parteifähigkeit nach § 50 ZPO	2	V. Rechtsfolgen mangelnder Partei-, Beteiligten- oder		
II. Parteifähigkeit nach Hs. 1	5	Prozessfähigkeit		18

A. Allgemeines

1 Das ArbGG enthält keine geschlossene Regelung der Parteifähigkeit. § 10 Hs. 1 knüpft an § 50 ZPO an und **erweitert die Partei-** und die **Beteiligtenfähigkeit** über die für den Zivilprozess geltenden Bestimmungen hinaus. In Hs. 2 wird für das Beschlussverfahren der Kreis derer erweitert, die an einem solchen Verfahren beteiligt werden können sind.[1]

B. Regelungsgehalt

I. Parteifähigkeit nach § 50 ZPO

2 Nach § 50 Abs. 1 ZPO ist nur **parteifähig, wer rechtsfähig** ist. Parteifähigkeit ist die Fähigkeit, Subjekt eines Prozesses zu sein, also im Urteilsverfahren als Kläger, Beklagter oder Nebenintervenient auftreten zu können. Wer rechtsfähig ist, bestimmt sich **nach materiellem Recht**.

3 Nach §§ 124 Abs. 1, 161 Abs. 2 HGB sind die **OHG und KG** parteifähig. Dasselbe gilt für Partnerschaftsgesellschaften freier Berufe (§ 7 PartGG, § 124 HGB) und mittlerweile auch für die **GbR**, soweit sie durch Teilnahme am Rechtsverkehr eigene Rechte und Pflichten begründet.[2] Parteifähig sind auch die Vorgesellschaften der juristischen Personen. Die Parteifähigkeit bleibt bis zum vollständigen Abschluss der Abwicklung erhalten,[3] da die Löschung im Handelsregister nur deklaratorische Bedeutung hat.

4 Die **Parteifähigkeit ausländischer, natürlicher oder juristischer Personen** richtet sich nach Art. 7 EGBGB und § 55 ZPO. Für die Beurteilung der Rechtsfähigkeit einer ausländischen juristischen Person ist grds. das Recht desjenigen Staates maßgebend, in dem diese ihren tatsächlichen Verwaltungssitz hat.[4] Nach der Rspr. des EuGH muss eine in einem Mitgliedstaat gegründete, dort zunächst ansässige und nach dem Recht des Mitgliedstaats rechtsfähige Gesellschaft, in einem anderen Mitgliedstaat die Rechtsfähigkeit und Parteifähigkeit besitzen, die diese Gesellschaft nach dem Recht ihres Gründungsstaats hat.[5] Ausreichend ist es auch, wenn die Niederlassung der Gesellschaft – nach §§ 13d, 13e HGB – zum selbstständigen Abschluss von Rechtsgeschäften befugt ist.[6]

---

57 ArbGG/*Bepler*, § 72a Rn 56.
1 BAG 29.11.1989 – 7 ABR 64/87 – AP § 10 ArbGG 1979 Nr. 2 = NZA 1990, 615.
2 BAG 1.12.2004 – 5 AZR 597/03 – AP § 50 ZPO Nr. 14 = NZA 2005, 1004; BGH 29.1.2001 – II ZR 331/00 – BGHZ 146, 341 = AP § 50 ZPO Nr. 9.
3 BAG 22.3.1988 – 3 AZR 350/86 – AP § 50 ZPO Nr. 6 = NZA 1988, 841.
4 BAG 15.9.1977 – 3 AZR 410/76 – AP § 56 ZPO Nr. 5.
5 EuGH 5.11.2002 – C-208/00 – EuGHE I 2002, 9919 = NJW 2002, 3614; BGH 13.3.2003 – VII ZR 370/98 – BGHZ 154, 185 = NJW 2003, 1461.
6 BAG 10.3.2009 – 1 ABR 93/07 – NZA 2009, 622; BAG 11.6.2002 – 1 ABR 43/01 – AP § 99 BetrVG 1972 Nr. 118 = EzA § 99 BetrVG 1972 Nr. 139.

II. Parteifähigkeit nach Hs. 1

Hs. 1 erstreckt den Kreis der Parteifähigen auf **Gewerkschaften** und deren Zusammenschlüsse. Die Vorschrift war notwendig, weil die Gewerkschaften aus historischen Gründen i.d.R. als nichtrechtsfähige Vereine[7] organisiert sind. Sie gilt nur für das **arbeitsgerichtliche Verfahren**.

Der Begriff „**Gewerkschaft**" wird weder im ArbGG noch in anderen Gesetzen definiert. In der arbeitsrechtlichen Gesetzgebung ist der Gewerkschaftsbegriff einheitlich zu verstehen.[8] Es ist dabei von den Mindestanforderungen auszugehen, die an die **Tariffähigkeit** einer AN-Vereinigung und damit an eine Gewerkschaft i.S.v. § 2 Abs. 1 TVG zu stellen sind (siehe § 2 TVG Rn 11 ff.).[9] Auch **Unterorganisationen** einer Gewerkschaft können den Gewerkschaftsbegriff erfüllen und damit parteifähig sein. Sie müssen körperschaftlich organisiert, gegenüber der Gesamtorganisation weitgehend selbstständig und selbst tariffähig sein.[10] Bei den Verwaltungsstellen wird es meist an der Tariffähigkeit fehlen.[11]

Nach Hs. 1 sind auch **Vereinigungen von AG** parteifähig. § 10 ist nur dann von Bedeutung, wenn die Vereinigung nicht rechtsfähig und damit nicht parteifähig ist. Sie muss die Voraussetzungen des arbeitsrechtlichen Koalitionsbegriffs erfüllen und tariffähig sein. Dafür ist eine bestimmte Durchsetzungskraft (Mächtigkeit) nicht erforderlich.[12] Parteifähig sind schließlich die **Spitzenorganisationen** von Gewerkschaften und AG-Vereinigungen, auch wenn sie selbst nicht tariffähig sind. Der Abschluss von TV muss nicht zu ihren satzungsmäßigen Aufgaben gehören (§ 2 Abs. 2 und 3 TVG).

III. Beteiligtenfähigkeit im Beschlussverfahren (Hs. 2)

Hs. 2 bestimmt, wer über § 50 Abs. 1 ZPO, § 10 Hs. 1 hinaus fähig ist, **Beteiligter** eines **arbeitsgerichtlichen Beschlussverfahrens** zu sein. Die Beteiligtenfähigkeit entspricht der Parteifähigkeit im Urteilsverfahren.[13] Alle natürlichen und juristischen Personen, die im Urteilsverfahren parteifähig sind, sind auch hier beteiligtenfähig (§ 50 ZPO, § 10 Hs. 1).[14] Darüber hinaus sind die in Hs. 2 genannten Personen, Stellen, Vereinigungen und Behörden beteiligtenfähig. Wer außer dem Antragsteller zu „beteiligen" ist, ergibt sich aus § 83 Abs. 3.[15] **Beteiligtenfähigkeit** einerseits und **Beteiligungsbefugnis** andererseits sind streng zu trennen (siehe § 83 Rn 14 f., 16 ff.).

Nach Hs. 2 sind auch **Personen** beteiligtenfähig. Dadurch wird verdeutlicht, dass diese Personen die Möglichkeit haben sollen, die Befugnisse, die ihnen das BetrVG oder das MitbestG einräumt, auch **verfahrensrechtlich** geltend zu machen. Dazu zählen die Vertrauensperson der schwerbehinderten Beschäftigten (§ 94 Abs. 1 SGB IX) sowie der AG-Beauftragte für Angelegenheit der schwerbehinderten Menschen (§ 98 SGB IX), Beauftragte der Gewerkschaften und AG-Vereinigungen, BR- oder AR-Mitglieder sowie Mitglieder des Ausschusses für Arbeitssicherheit.

Hs. 2 erkennt den im **BetrVG, DrittelbeteiligungsG, SprAuG, MitbestG, MitbestErgG, § 139 SGB IX, § 51 BBiG** und den zu diesen Gesetzen ergangenen VO sowie den im EBRG und SE-Beteiligungsgesetz genannten **Stellen** die Beteiligtenfähigkeit zu. Das ist notwendig, weil diese Stellen im allg. Rechtsverkehr nicht rechtsfähig und nicht parteifähig sind. Für das Verfahren ist auch diejenige Person oder Stelle als beteiligtenfähig anzusehen, die für sich in Anspruch nimmt, mit entsprechenden Rechten ausgestattet zu sein, da die rechtlich bedeutsamen Umstände sowohl für die Zulässigkeit als auch für die Begründetheit maßgebend und damit doppelrelevant sind.[16] Stelle ist auch eine im Inland gelegene und im Handelsregister eingetragene deutsche Zweigniederlassung eines ausländischen Unternehmens.[17] Die beteiligten Stellen sind selbst Verfahrenssubjekte. Für die Beteiligtenfähigkeit einer Stelle ist es ohne Bedeutung, ob sich ihre Zusammensetzung durch Tod oder Ausschluss eines Mitglieds und durch Nachrücken eines Ersatzmitglieds ändert.[18] Die gesetzliche Aufzählung ist nicht vollständig. Da nach § 2a Abs. 1 Nr. 3 a auch Angelegenheiten der für die Eingliederung und Teilhabe schwerbehinderter Menschen geschaffenen Stellen im Beschlussverfahren zu klären sind, müssen auch folgende in **§ 94 bis 98 SGB IX** genannte aber in § 10 vergessene Stel-

---

[7] Zu den Folgen s. etwa BAG 19.9.2006 – 1 ABR 53/05 – AP § 2 BetrVG 1972 Nr. 5 = EzA Art. 9 GG Nr. 89.

[8] BAG 15.3.1977 – 1 ABR 16/75 – AP Art. 9 GG Nr. 24 = NJW 1977, 1551; s. auch BAG 19.9.2006 – 1 ABR 53/05 – AP § 2 BetrVG 1972 Nr. 5 = EzA Art. 9 GG Nr. 89; krit. Schleusener, NZA 1999, 408.

[9] BAG 19.9.2006 – 1 ABR 53/05 – AP § 2 BetrVG 1972 Nr. 5 = EzA Art. 9 GG Nr. 89.

[10] BAG 19.11.1985 – 1 ABR 37/83 – AP § 2 TVG Tarifzuständigkeit Nr. 4 = NZA 1986, 480; BAG 26.2.1964 – 6 AZR 66/64 – AP § 36 ZPO Nr. 4. Jüngst etwa LAG Hessen 17.9.2008 – 9 SaGa 1442708 – NZA-RR 2009, 26 = BB 2008, 2296.

[11] Für die IG Metall vgl. LAG Düsseldorf 13.12.2006 – 12 TaBV 95/06 – juris, dazu Fischer, jurisPR-ArbR 29/2007 Anm. 4.

[12] BAG 20.11.1990 – 1 ABR 62/89 – AP § 2 TVG Nr. 40 = NZA 1991, 428.

[13] BAG 29.11.1989 – 7 ABR 64/87 – AP § 10 ArbGG 1979 Nr. 3 = NZA 1990, 615.

[14] BAG 19.9.2006 – 1 ABR 53/05 – AP § 2 BetrVG 1972 Nr. 5 = EzA Art. 9 GG Nr. 89.

[15] BAG 29.11.1989 – 7 ABR 64/87 – AP § 10 ArbGG 1979 Nr. 3 = NZA 1990, 615; a.A. Germelmann u.a., § 10 Rn 16, § 83 Rn 14.

[16] BAG 19.9.2006 – 1 ABR 53/05 – AP § 2 BetrVG 1972 Nr. 5 = EzA Art. 9 GG Nr. 89.

[17] BAG 20.4.2005 – 7 ABR 20/04 – NZA 2005, 1006 = DB 2005, 1855.

[18] BAG 19.9.2006 – 1 ABR 53/05 – AP § 2 BetrVG 1972 Nr. 5 = EzA Art. 9 GG Nr. 89.

len beteiligtenfähig sein: Die Schwerbehindertenvertretung in Dienststelle oder im Betrieb (§ 94 Abs. 1 S. 1 SGB IX), die Gemeinsame Schwerbehindertenvertretung mehrerer Betriebe oder Dienststellen (§ 94 Abs. 1 S. 4 SGB IX), die Gesamt- und Konzernschwerbehindertenvertretung (§ 97 SGB IX) sowie der nach § 98 SGB IX zu bestellende AG-Beauftragte, der nach § 83 Abs. 1 S. 1 SGB IX die Integrationsvereinbarung mit „trifft".

12 Beteiligtenfähige **Stellen nach dem BetrVG** sind solche, die nur aufgrund dieses Gesetzes existent sind und es ohne diese Rechtsgrundlage nicht wären. Hierzu gehört auch der AG, da er im Beschlussverfahren in dieser Funktion beteiligt ist und ein Wechsel in seiner Person den Fortgang des Verfahrens nicht beeinflusst.[19] Schließlich sind auch Stellen, die nach dem BetrVG aufgrund eines TV gebildet wurden (vgl. § 117 Abs. 2 BetrVG), beteiligtenfähig.[20]

13 Wird eine betriebsverfassungsrechtliche Stelle durch ihren **Funktionsnachfolger** (z.B. den neu gewählten BR) ersetzt, hat das auf die Beteiligtenfähigkeit keinen Einfluss, weil von der Identität der betriebsverfassungsrechtlichen Stelle auszugehen ist.[21]

14 Hs. 2 bestimmt über Hs. 1 hinaus, dass in dem Verfahren nach § 2a Abs. 1 Nr. 4 zur Entscheidung über die Tariffähigkeit oder die Tarifzuständigkeit einer Vereinigung auch die Vereinigungen von AN oder von AG beteiligtenfähig sind. Durch die Erweiterung soll eine Sachentscheidung mit Rechtskraftwirkung über die Tariffähigkeit ermöglicht werden (siehe § 97 Rn 7).[22]

IV. Prozessfähigkeit

15 Das ArbGG enthält keine Regelung über die Prozessfähigkeit. Es gelten über § 46 Abs. 2 die §§ 51 ff. ZPO.

16 **Prozessfähigkeit** ist die Fähigkeit, Prozesshandlungen selbst oder durch selbst bestellte Vertreter wirksam vorzunehmen oder entgegenzunehmen. Sie ist von der Prozessführungsbefugnis und der Sachlegitimation zu unterscheiden, außerdem von der Postulationsfähigkeit, d.h. der Fähigkeit, Prozesshandlungen selbst vorzunehmen.

17 **Minderjährige,** die nach den §§ 112, 113 BGB zum selbstständigen Betrieb eines Erwerbsgeschäfts oder zur Eingehung eines Arbverh ermächtigt sind, sind für daraus entstehenden Rechtsstreitigkeiten auch voll **prozessfähig**; diese Ermächtigung bezieht sich jedoch **nicht auf Berufsausbildungsverhältnisse**.[23] Die Geltendmachung des Weiterbeschäftigungsverlangens nach § 78a Abs. 2 BetrVG bedarf hingegen der Genehmigung oder Ermächtigung des gesetzlichen Vertreters, weil es sich dabei letztlich um die Begründung eines Arbverh handelt.[24]

V. Rechtsfolgen mangelnder Partei-, Beteiligten- oder Prozessfähigkeit

18 Die Partei-, Beteiligten- und Prozessfähigkeit ist vom Gericht in jeder Lage des Verfahrens **von Amts wegen zu prüfen** (§ 56 Abs. 1 ZPO).[25] Die Parteien und Beteiligten tragen grds. das Risiko der Nichterweislichkeit der Prozessvoraussetzungen. Jedoch ist das Gericht verpflichtet, alle in Frage kommenden Beweise zu erheben, um Zweifel an der Prozessfähigkeit nach Möglichkeit zu klären. Nur wenn das nicht möglich ist, gehen verbleibende Zweifel zu Lasten der jeweiligen Partei.[26] Lässt sich die Prozessfähigkeit nicht feststellen, ist die Klage als **unzulässig abzuweisen**. Bei einem Streit über das Bestehen der Prozessvoraussetzungen ist die Partei insoweit zuzulassen und kann auch Rechtsmittel einlegen.[27] Das gilt etwa dann, wenn der Verlust der BR-Fähigkeit eines Betriebes im Streit ist.[28] Über das Vorliegen der Prozessvoraussetzungen kann durch Zwischenurteil nach § 303 ZPO entschieden werden.

§ 11 Prozeßvertretung

(1) [1]Die Parteien können vor dem Arbeitsgericht den Rechtsstreit selbst führen. [2]Parteien, die eine fremde oder ihnen zum Zweck der Einziehung auf fremde Rechnung abgetretene Geldforderung geltend machen, müssen sich durch einen Rechtsanwalt als Bevollmächtigten vertreten lassen, soweit sie nicht nach Maßgabe des Absatzes 2 zur Vertretung des Gläubigers befugt wären oder eine Forderung einziehen, deren ursprünglicher Gläubiger sie sind.

(2) [1]Die Parteien können sich durch einen Rechtsanwalt als Bevollmächtigten vertreten lassen. [2]Darüber hinaus sind als Bevollmächtigte vor dem Arbeitsgericht vertretungsbefugt nur

---

19 GK-ArbGG/*Dörner*, § 10 Rn 33 m.w.N. zu uneinheitlichen Rspr. des BAG; BCF/*Bader*, § 10 Rn 5; a.A. ArbGG/*Lipke*, § 10 Rn 6.
20 BAG 29.11.1989 – 7 ABR 64/87 – AP § 10 ArbGG 1979 Nr. 3 = NZA 1990, 615.; a.A. *Germelmann u.a.*, § 10 Rn 24, § 83 Rn 14.
21 BAG 27.1.1981 – 6 ABR 68/79 – AP § 80 ArbGG Nr. 2 = NJW 1981, 2271.
22 BAG 19.9.2006 – 1 ABR 53/05 – AP § 2 BetrVG 1972 Nr. 5 = NJW 2007, 1018; *Germelmann u.a.*, § 10 Rn 32.
23 *Germelmann u.a.*, § 10 Rn 37; *Hauck/Helml*, § 10 Rn 9.
24 *Germelmann u.a.*, § 10 Rn 40; *Hauck/Helml*, § 10 Rn 10.
25 BAG 28.2.1974 – 2 AZR 191/73 – AP § 56 ZPO Nr. 4.
26 BAG 20.1.2000 – 2 AZR 733/98 – AP § 56 ZPO Nr. 6 = NZA 2000, 613.
27 BAG 22.3.1988 – 3 AZR 250/86 – AP § 50 ZPO Nr. 6 = NZA 1988, 841; BAG 24.6.2004 – 2 AZR 215/03 – AP § 613a BGB Nr. 278 = ZTR 2005, 157.
28 LAG Hessen 23.10.2008 – 9 TaBV 155/08 – juris.

1. Beschäftigte der Partei oder eines mit ihr verbundenen Unternehmens (§ 15 des Aktiengesetzes); Behörden und juristische Personen des öffentlichen Rechts einschließlich der von ihnen zur Erfüllung ihrer öffentlichen Aufgaben gebildeten Zusammenschlüsse können sich auch durch Beschäftigte anderer Behörden oder juristischer Personen des öffentlichen Rechts einschließlich der von ihnen zur Erfüllung ihrer öffentlichen Aufgaben gebildeten Zusammenschlüsse vertreten lassen,
2. volljährige Familienangehörige (§ 15 der Abgabenordnung, § 11 des Lebenspartnerschaftsgesetzes), Personen mit Befähigung zum Richteramt und Streitgenossen, wenn die Vertretung nicht im Zusammenhang mit einer entgeltlichen Tätigkeit steht,
3. selbständige Vereinigungen von Arbeitnehmern mit sozial- oder berufspolitischer Zwecksetzung für ihre Mitglieder,
4. Gewerkschaften und Vereinigungen von Arbeitgebern sowie Zusammenschlüsse solcher Verbände für ihre Mitglieder oder für andere Verbände oder Zusammenschlüsse mit vergleichbarer Ausrichtung und deren Mitglieder,
5. juristische Personen, deren Anteile sämtlich im wirtschaftlichen Eigentum einer der in Nummer 4 bezeichneten Organisationen stehen, wenn die juristische Person ausschließlich die Rechtsberatung und Prozessvertretung dieser Organisation und ihrer Mitglieder oder anderer Verbände oder Zusammenschlüsse mit vergleichbarer Ausrichtung und deren Mitglieder entsprechend deren Satzung durchführt, und wenn die Organisation für die Tätigkeit der Bevollmächtigten haftet.

Bevollmächtigte, die keine natürlichen Personen sind, handeln durch ihre Organe und mit der Prozessvertretung beauftragten Vertreter.

(3) ^{1}Das Gericht weist Bevollmächtigte, die nicht nach Maßgabe des Absatzes 2 vertretungsbefugt sind, durch unanfechtbaren Beschluss zurück. ^{2}Prozesshandlungen eines nicht vertretungsbefugten Bevollmächtigten und Zustellungen oder Mitteilungen an diesen Bevollmächtigten sind bis zu seiner Zurückweisung wirksam. ^{3}Das Gericht kann den in Absatz 2 Satz 2 Nr. 1 bis 3 bezeichneten Bevollmächtigten durch unanfechtbaren Beschluss die weitere Vertretung untersagen, wenn sie nicht in der Lage sind, das Sach- und Streitverhältnis sachgerecht darzustellen.

(4) ^{1}Vor dem Bundesarbeitsgericht und dem Landesarbeitsgericht müssen sich die Parteien, außer im Verfahren vor einem beauftragten oder ersuchten Richter und bei Prozesshandlungen, die vor dem Urkundsbeamten der Geschäftsstelle vorgenommen werden können, durch Prozessbevollmächtigte vertreten lassen. ^{2}Als Bevollmächtigte sind außer Rechtsanwälten nur die in Absatz 2 Satz 2 Nr. 4 und 5 bezeichneten Organisationen zugelassen. ^{3}Diese müssen in Verfahren vor dem Bundesarbeitsgericht durch Personen mit Befähigung zum Richteramt handeln. ^{4}Eine Partei, die nach Maßgabe des Satzes 2 zur Vertretung berechtigt ist, kann sich selbst vertreten; Satz 3 bleibt unberührt.

(5) ^{1}Richter dürfen nicht als Bevollmächtigte vor dem Gericht auftreten, dem sie angehören. ^{2}Ehrenamtliche Richter dürfen, außer in den Fällen des Absatzes 2 Satz 2 Nr. 1, nicht vor einem Spruchkörper auftreten, dem sie angehören. ^{3}Absatz 3 Satz 1 und 2 gilt entsprechend.

(6) ^{1}In der Verhandlung können die Parteien mit Beiständen erscheinen. ^{2}Beistand kann sein, wer in Verfahren, in denen die Parteien den Rechtsstreit selbst führen können, als Bevollmächtigter zur Vertretung in der Verhandlung befugt ist. ^{3}Das Gericht kann andere Personen als Beistand zulassen, wenn dies sachdienlich ist und hierfür nach den Umständen des Einzelfalls ein Bedürfnis besteht. ^{4}Absatz 3 Satz 1 und 3 und Absatz 5 gelten entsprechend. ^{5}Das von dem Beistand Vorgetragene gilt als von der Partei vorgebracht, soweit es nicht von dieser sofort widerrufen oder berichtigt wird.

Literatur: *Düwell*, Stichtag 1.7.2008. Neue Regeln für die Prozessvertretung vor den Gerichten für Arbeitssachen, dbr 8/2008, 16; *Franz*, Neues Niederlassungsrecht für europäische Rechtsanwälte, BB 2000, 989

A. Allgemeines 1	e) Berufliche und ehrenamtliche Richter (Abs. 5) 23
B. Regelungsgehalt 2	f) Zurückweisung eines Bevollmächtigten und Untersagung der weiteren Prozessvertretung (Abs. 3) 26
I. Prozessvertretung vor dem Arbeitsgericht 3	
1. Prozessvertretung durch die Parteien selbst (Abs. 1) 4	g) Bevollmächtigung des Prozessvertreters . 28
2. Prozessvertretung durch Bevollmächtigte 8	II. Prozessvertretung vor dem Landesarbeitsgericht (Abs. 4) 33
a) Rechtsanwälte (Abs. 2 S. 1) 9	
b) Beschäftigte (Abs. 2 S. 2 Nr. 1) 13	III. Prozessvertretung vor dem Bundesarbeitsgericht (Abs. 4) 35
c) Volljährige Familienangehörige, Personen mit Befähigung zum Richteramt und Streitgenossen (Abs. 2 S. 2 Nr. 2) 15	IV. Besonderheiten beim Beschlussverfahren 37
	V. Beistände (Abs. 6) 43
d) Verbände (Abs. 2 S. 2 Nr. 3–5) 18	**C. Beraterhinweise** 44

A. Allgemeines

1 Dass es zu den wesentlichen Tätigkeiten eines RA gehört, seine Mandanten vor Gericht zu vertreten, versteht sich von selbst. Dies gilt zweifelsfrei für alle Gerichtsbarkeiten und alle Rechtsgebiete. In den Bereichen des Arbeits- und Sozialrechts kommt den **Gewerkschaften und AG-Verbänden** sowie den Zusammenschlüssen von diesen eine besondere Bedeutung zu. Diese prägen beide Rechtsgebiete und wirken an ihrer Fortentwicklung in den unterschiedlichsten Weisen mit. Bspw. seien hierzu die Begriffe Streik und Aussperrung, das Aushandeln von TV sowie das Verabreden betrieblicher Bündnisse genannt. Als ehrenamtliche Richter der AN- bzw. AG-Seite sind ihre Mitglieder an der arbeitsgerichtlichen Rspr. unmittelbar beteiligt (vgl. §§ 20 ff., 37 ff., 43 f.). Insoweit ist es eine logische Konsequenz, dass diesen gesellschaftspolitischen Organisationen das Recht eingeräumt ist, ihre Mitglieder vor den Gerichten der Arbeitsgerichtsbarkeit zu vertreten. Gleichzeitig wurde damit zum Ausdruck gebracht, dass sie zu einer interessen- und sachgerechten Vertretung ihrer Mitglieder in der Lage sind.[1] Die Reichweite dieses Prozessvertretungsrechts ist für die Arbeitsgerichtsbarkeit in § 11 niedergelegt.

Dabei ist zu berücksichtigen, dass der § 11 durch Art. 11 des Gesetzes zur Neuregelung des Rechtsberatungsrechts vom 12.12.2007[2] neu gefasst worden ist. In der vorliegenden Fassung gilt die Vorschrift gem. Art. 20 des Gesetzes seit dem 1.7.2008.

B. Regelungsgehalt

2 § 11 regelt die **Prozessvertretung in der Arbeitsgerichtsbarkeit**. Die Vorschrift bestimmt in ihren Abs. 1, 2 und 5 abschließend,[3] wer vor dem ArbG als Prozessvertreter auftreten darf. Abs. 4 enthält diesbezügliche Regelungen für das LAG sowie für das BAG. Abs. 3 betrifft die **Zurückweisung eines Bevollmächtigten sowie die Untersagung der weiteren Prozessvertretung**, Abs. 6 die Hinzuziehung eines **Beistands**.

I. Prozessvertretung vor dem Arbeitsgericht

3 Abs. 1, 2 und 5 regeln die Prozessvertretung vor dem **ArbG**, der ersten Instanz im **arbeitsgericht**lichen Verfahren. Dabei gilt der Grundsatz, dass ein Rechtsstreit selbst oder durch einen Bevollmächtigten geführt werden kann (vgl. Abs. 1 S. 1, Abs. 2, Abs. 5).

4 **1. Prozessvertretung durch die Parteien selbst (Abs. 1).** Gem. Abs. 1 S. 1 ist es den Parteien gestattet, ihren Rechtsstreit vor dem Arbeitsgericht selbst zu führen. Um einen Rechtsstreit selbst führen zu können, muss die jeweilige Partei prozessfähig sein. Dies ist dann der Fall, wenn sie sich durch Verträge verpflichten kann (vgl. § 52 Abs. 1 ZPO).

5 Demgemäß sind **geschäftsunfähige** (vgl. § 104 BGB) und **beschränkt geschäftsfähige** (vgl. § 106 BGB) **Personen** nicht prozessfähig. Sind beschränkt Geschäftsfähige gem. § 112 BGB zum selbstständigen Betrieb eines Erwerbsgeschäftes oder gem. § 113 BGB zum Eintritt in Dienst oder Arbeit ermächtigt, so sind diese insoweit unbeschränkt geschäftsfähig (sog. **Teilgeschäftsfähigkeit**), mithin prozessfähig. Nicht von der Ermächtigung des § 113 BGB erfasst ist das Eingehen eines **Berufsausbildungsverhältnisses** nach dem Berufsbildungsgesetz mit der Folge, dass eine Prozessfähigkeit für Rechtsstreitigkeiten aus diesem ausscheidet.[4]

Ausländer sind prozessfähig, sofern ihnen diese Fähigkeit nach dem Recht ihres Landes zukommt oder ihnen die Prozessfähigkeit nach dem Recht des Prozessgerichts zusteht (vgl. Art. 7 EGBGB, § 55 ZPO).

6 Nicht prozessfähig sind **juristische Personen**, da sie nur durch ihre gesetzlichen Vertreter handeln können. Der **Fiskus** wird durch die zuständige Behörde vertreten, für die deren Leiter handelt. Bei den **Trägern der Sozialversicherung** richtet sich die Vertretungsbefugnis nach § 71 Abs. 3 SGG; für diese handeln die gesetzlichen Vertreter, Vorstände oder besonders Beauftragte.[5]

7 Eine **Einschränkung** erfährt der Grundsatz des Abs. 1 S. 1 durch den nachfolgenden S. 2. Danach müssen sich Parteien, die eine fremde oder ihnen zum Zwecke der Einziehung auf fremde Rechnung abgetretene Geldforderung geltend machen, sich durch einen Rechtsanwalt als Bevollmächtigten vertreten lassen, soweit sie nicht nach Maßgabe des Abs. 2 zur Vertretung des Gläubigers befugt wären oder eine Forderung einziehen, deren ursprünglicher Gläubiger sie sind. Erfasst werden von der Regelung nur die **Geltendmachung fremder Forderungen** im Wege der gewillkürten Prozessstandschaft sowie die Geltendmachung von Forderungen, die zum Zweck der Einziehung auf fremde Rechnung abgetreten sind. Nicht unter die Vorschrift des Abs. 1 S. 2 fallen hingegen **Vollabtretungen und Sicherungsabtretungen** sowie der **Forderungskauf durch Inkassounternehmen**.[6]

8 **2. Prozessvertretung durch Bevollmächtigte.** Sofern eine Partei ihren Rechtsstreit – aus welchen Gründen auch immer – nicht selbst führen möchte, kann sie die Führung der Rechtsstreitigkeit auf einen dazu Bevollmächtig-

---

1 S.a. BAG 28.4.2004 – 10 AZR 469/03 – AuR 2004, 318.
2 BGBl I, S. 2840, 2852 f.
3 *Düwell*, S. 16.
4 *Germelmann u.a.*, § 11 Rn 12.
5 *Germelmann u.a.*, § 11 Rn 15 ff.
6 BCF/*Bader*, § 11 Rn 10.

ten übertragen. Wer dies sein kann, bestimmt Abs. 2, und zwar abschließend.[7] Andere als in Abs. 2 genannte Personen können mithin nicht als Prozessvertreter auftreten. In Ergänzung zu Abs. 2 regelt Abs. 3 die Zurückweisung eines Bevollmächtigten und die Untersagung der weiteren Prozessvertretung. Der Abs. 5 enthält eine Sonderregelung für berufliche und ehrenamtliche Richter.

a) Rechtsanwälte (Abs. 2 S. 1). Gem. Abs. 2 S. 1 kann sich die Partei vor dem ArbG von einem RA vertreten lassen. Dies kann jeder in der Bundesrepublik Deutschland zugelassene RA sein.[8] Somit können auch **Syndikus-Anwälte**, die zur Rechtsanwaltschaft zugelassen sind, und Ang von AG, die gleichzeitig RA sind, als RA auftreten.[9] Dem RA gleichgestellt sind gem. § 3 Abs. 1 Nr. 3 RDGEG Kammerrechtsbeistände sowie registrierte Erlaubnisinhaber i.R.d. § 3 Abs. 2 RDGEG.

Im Rahmen seiner Prozessvollmacht (vgl. Rn 9 ff.) kann der RA seinerseits eine Person mit der Prozessvertretung betrauen, dieser eine sog. **Untervollmacht** erteilen. Hierzu kommen in erster Linie andere RA in Betracht. Gem. § 157 ZPO kann ein RA in Verfahren, in denen die Parteien den Rechtsstreit selbst führen können, zur Vertretung in der Verhandlung einen Referendar bevollmächtigen, der im Vorbereitungsdienst bei ihm beschäftigt ist. Damit ist es dem Wortlaut der Vorschrift folgend einem Rechtsreferendar allerdings verwehrt, in Untervollmacht vor dem LAG sowie BAG aufzutreten, sofern § 11 Abs. 5 den Parteien nicht die Befugnis ausspricht, Prozesshandlungen selbst vornehmen zu können.[10]

Selbst wenn eine Vertretung durch einen RA nicht geboten ist, kann einer sonstigen Person (z.B. Bürovorsteher, Sekretärin) seit dem 1.7.2008 keine Untervollmacht mehr erteilt werden.[11]

Ausländische RA aus einem Mitgliedstaat der EU sowie aus den anderen Vertragsstaaten des Abkommens über den Europäischen Wirtschaftsraum (Island, Lichtenstein, Norwegen)[12] und der Schweiz dürfen ohne Einschränkung vor den Gerichten der Arbeitsgerichtsbarkeit auftreten, soweit sie in Deutschland niedergelassen sind (sog. **niedergelassener europäischer RA**; vgl. § 2 Abs. 1 EuRAG). Insoweit sind sie den deutschen RA gleichgestellt.[13] Ist dies nicht der Fall, dann kann der europäische Anwalt als sog. **dienstleistender europäischer RA** (vgl. § 25 Abs. 1 EuRAG) ohne besondere Zulassung vor dem ArbG auftreten. Vor dem LAG und dem BAG kann er hingegen gem. § 28 Abs. 1 EuRAG nur im Einvernehmen mit einem deutschen RA (sog. **Einvernehmensanwalt**) handeln.[14]

Grds. ausgeschlossen sind von der Befugnis, vor dem ArbG aufzutreten, lediglich die bei dem **BGH zugelassenen RA** (vgl. § 172 Abs. 1 S. 1 BRAO), RA, gegen die ein **Vertretungsverbot in Arbeitssachen** verhängt ist (vgl. § 114 Abs. 1 Nr. 4 BRAO),[15] aus der Rechtsanwaltschaft **ausgeschlossene RA** (vgl. § 114 Abs. 1 Nr. 5 BRAO) sowie RA, deren Zulassung zurückgenommen oder widerrufen wurde (vgl. § 14 BRAO).

b) Beschäftigte (Abs. 2 S. 2 Nr. 1). Vertretungsbefugt sind nach Abs. 2 S. 2 Nr. 1 Hs. 1 Beschäftigte der Partei oder eines mit ihr verbundenen Unternehmens. Der Begriff der Beschäftigten ist weit auszulegen, so dass alle öffentlich- sowie privatrechtlichen Beschäftigungsverhältnisse darunter fallen. Während vornehmlich **Beamte** und **Arbeitnehmer** von der Vorschrift erfasst werden, gilt dies nicht für Werkvertragnehmer sowie Leiharbeitnehmer.[16] Hinsichtlich des mit der Partei verbundenen Unternehmens verweist Abs. 2 S. 2 Nr. 1 auf § 15 AktG. **Verbundene Unternehmen** sind nach dieser Vorschrift rechtlich selbstständige Unternehmen, im Verhältnis zueinander in Mehrheitsbesitz stehende Unternehmen und mit Mehrheit beteiligte Unternehmen (§ 16 AktG), abhängige und herrschende Unternehmen (§ 17 AktG), Konzernunternehmen (§ 18 AktG), wechselseitig beteiligte Unternehmen (§ 19 AktG) sowie Vertragsteile eines Unternehmensvertrags (§§ 291, 292 AktG).

Gem. Abs. 2 S. 2 Nr. 1 Hs. 2 können sich Behörden und juristische Personen des öffentlichen Rechts einschließlich der von ihnen zur Erfüllung ihrer öffentlichen Aufgaben gebildeten Zusammenschlüsse auch durch Beschäftigte anderer Behörden oder juristischer Personen des öffentlichen Rechts einschließlich der von ihnen zur Erfüllung ihrer öffentlichen Aufgaben gebildeten Zusammenschlüsse vertreten lassen. Damit werden für Behörden und juristische Personen des öffentlichen Rechts **zusätzliche Vertretungsmöglichkeiten** eröffnet. Entsprechend der in Hs. 1 thematisierten Konzernvertretung ist Hs. 2 dahingehend zu begrenzen, dass die Behörde oder juristische Person oder der Zusammenschluss, die bzw. der den vertretenden Beschäftigten entsendet, in einem Unter- oder Überordnungsverhältnis zu der vertretenen Behörde oder juristischen Person oder dem vertretenen Zusammenschluss steht.[17]

---

7 BCF/*Bader*, § 11 Rn 14.
8 GK-ArbGG/*Bader*, § 11 Rn 64.
9 Vgl. *Germelmann u.a.*, § 11 Rn 29; GK-ArbGG/*Bader*, § 11 Rn 65; s.a. BAG 23.2.2005 – 4 AZR 139/04 – AP § 1 TVG Nr. 42.
10 So auch: BCF/*Bader*, § 11 Rn 12.
11 BCF/*Bader*, § 11 Rn 12; GK-ArbGG/*Bader*, § 11 Rn 71; vgl. hingegen LAG München 10.3.1989 – 9 Ta 118/88 – NZA 1989, 822 für die Zeit vor dem 1.7.2008.
12 Vgl. *Franz*, BB 2000, 989, 990.
13 Vgl. *Franz*, BB 2000, 989, 990.
14 S.a. GK-ArbGG/*Bader*, § 11 Rn 68.
15 BAG 16.8.1991 – 2 AZR 519/90 – AP § 114 BRAO Nr. 1.
16 BCF/*Bader*, § 11 Rn 15.
17 BCF/*Bader*, § 11 Rn 16.

15 **c) Volljährige Familienangehörige, Personen mit Befähigung zum Richteramt und Streitgenossen (Abs. 2 S. 2 Nr. 2).** Unter der Voraussetzung, dass die Vertretung nicht im Zusammenhang mit einer entgeltlichen Tätigkeit steht – sprich **unentgeltlich** erfolgt[18] –, kommen als Bevollmächtigte gem. Abs. 2 S. 2 Nr. 2 volljährige Familienangehörige, Personen mit der Befähigung zum Richteramt sowie Streitgenossen in Betracht. Der Entgeltlichkeit steht nicht entgegen, wenn ein bloßer Auslagenersatz (z.B. Porto, Reisekosten) erfolgt sowie der Prozessvertreter für sein Tätigwerden ein Geschenk im Rahmen des Üblichen erhält.[19]

16 Sofern es die Familienangehörigen betrifft, müssen diese volljährig sein, mithin das 18. Lebensjahr vollendet haben (vgl. § 2 BGB). Wer zu dem **Kreis der Familienangehörigen** zu zählen ist, ergibt sich gem. Abs. 2 S. 2 Nr. 2 aus § 15 AO sowie § 11 LPartG. Dieses sind: Verlobte, Ehegatten, Verwandte und Verschwägerte gerader Linie, Geschwister und deren Kinder, Ehegatten der Geschwister sowie Geschwister der Ehegatten, Geschwister der Eltern, Pflegeeltern und Pflegekinder, Lebenspartner und dessen Verwandten.

17 Die Befähigung zum Richteramt erwirbt nach § 5 Abs. 1 DRiG, wer ein rechtswissenschaftliches Studium an einer Universität mit der ersten Prüfung und einen anschließenden Vorbereitungsdienst mit der zweiten Staatsprüfung abschließt. Damit dürfen all jene Personen vor dem Arbeitsgericht als Prozessvertreter auftreten, die über das **zweite juristische Staatsexamen** verfügen; mithin vor allem auch Berufsrichter, für die allerdings die einschränkende Vorschrift des Abs. 5 gilt. Ihnen gleichgestellt sind **Diplomjuristen aus den neuen Bundesländern**, die nach dem 3.10.1990 zu Richtern, Staatsanwälten oder Notaren ernannt, im höheren Verwaltungsdienst beschäftigt oder als Rechtsanwalt zugelassen wurden (vgl. § 5 Nr. 4 RDGEG).

18 **d) Verbände (Abs. 2 S. 2 Nr. 3–5).** Die Führung eines Rechtsstreits durch Verbände und vermittelt durch von ihnen beauftragte Vertreter ist im Rahmen des Abs. 2 S. 2 Nr. 3–5 zulässig, wodurch ihnen für das arbeitsgerichtliche Verfahren eine den RA ähnliche Rechtsstellung zugestanden und dadurch eingeräumt wird, dass sie zu einer interessen- und sachgerechten Vertretung ihrer Mitglieder in der Lage sind.[20] Hiernach können:

- **Selbstständige Vereinigungen von AN mit sozial- oder berufspolitischer Zielsetzung** (z.B. KAB, DAV)[21]
- **Gewerkschaften** (z.B. ver.di, IG Metall, IG BCE, IG BAU; zum Gewerkschaftsbegriff vgl. § 10 Rn 6),
- **Zusammenschlüsse von Gewerkschaften** (z.B. DGB),
- **AG-Vereinigungen** (z.B. Innung,[22] Kreishandwerkerschaft dagegen nicht,[23] es sei denn, dass die Geschäfte der Innung durch die Kreishandwerkerschaft geführt werden;[24] IHK sowie die Handwerkskammern sind nicht vertretungsbefugt;[25] zum Begriff der AG-Vereinigung vgl. § 10 Rn 7),
- **Zusammenschlüsse von AG-Vereinigungen** (z.B. BDA, BDI) und

mit der Führung des Rechtsstreits beauftragt werden. Während sich die Prozessvertretung bei selbstständigen Vereinigungen von Arbeitnehmer mit sozial- oder berufspolitischer Zwecksetzung auf ihre **Mitglieder** beschränkt, dürfen die Gewerkschaften und AG-Verbände und deren Zusammenschlüsse auch für andere Verbände oder Zusammenschlüsse mit vergleichbarer Ausrichtung und deren Mitglieder auftreten (vgl. Abs. 2 S. 2 Nr. 3, 4).

19 Zu beachten ist, dass Abs. 2 S. 2 Nr. 4 die Prozessvertretung **nur im Rahmen der satzungsmäßigen Bestimmungen** der jeweiligen Organisation gewährt. Der Grundsatz, dass Verbandsvertreter nur solche Personen vertreten dürfen, die Mitglied des betreffenden Verbandes sind,[26] wurde bereits im Jahre 1998 mit der Einführung des damaligen Abs. 1 S. 5 aufgegeben. Seither können sich Mitglieder der in Abs. 2 S. 2 Nr. 4 genannten Verbände durch einen anderen Verband oder Zusammenschluss mit vergleichbarer Ausrichtung vertreten lassen. Was unter dem Begriff der vergleichbaren Ausrichtung zu verstehen ist, lässt sich dem Gesetz nicht entnehmen. Man wird insoweit auf den verbandspolitischen Zweck sowie auf die verbandspolitische Zielsetzung abstellen müssen. Entscheidend ist letztendlich die Zuordnung des Verbandes zur AN- bzw. AG-Seite.[27] Besteht bspw. die Mitgliedschaft in der Gewerkschaft ver.di, dann ist hiernach eine Prozessvertretung etwa durch die IG Metall oder IG BCE statthaft.[28]

20 Die Befugnis zur Prozessvertretung beginnt, sobald die zu vertretende Person **Gewerkschaftsmitglied** (geworden) ist. Ob satzungsgemäße Mitgliedsbeiträge entrichtet werden und eine ggf. zu beachtende Wartezeit erfüllt ist, betrifft lediglich das Innenverhältnis zwischen der Gewerkschaft und der zu vertretenden Person, so dass insoweit Satzungs-

---

18 Vgl. BCF/*Bader*, § 11 Rn 21.
19 BCF/*Bader*, § 11 Rn 21.
20 BAG 13.10.1982 – 5 AZR 65/81 – BAGE 40, 228; s.a. Schwab/Weth/*Weth*, § 11 Rn 25; LAG Hamm 30.1.2006 – 4 Ta 675/05 – jurisPR-ArbR 26/2006.
21 Vgl. LAG Hamm 15.5.1997 – 16 Sa 1235/96 – NZA 1998, 502.
22 Vgl. BAG 27.1.1961 – 1 AZR 311/59 – AP § 11 ArbGG 1953 Nr. 26.
23 BAG 10.12.1960 – 2 AZR 490/59 – BAGE 10, 242.
24 Vgl. BAG 27.1.1960 – 1 AZR 311/59 – AP § 11 ArbGG 1953 Nr. 26.
25 Vgl. *Germelmann u.a.*, § 11 Rn 66.
26 Vgl. LAG Hamm 22.11.1996 – 10 Sa 776/96 – LAGE § 11 ArbGG 1979 Nr. 12.
27 So i.E. auch *Germelmann u.a.*, § 11 Rn 71; BCF/*Bader*, § 11 Rn 26.
28 S.a. LAG Rheinland-Pfalz 21.10.2003 – 2 Sa 613/03 – jurisPR-ArbR 31/2004.

verstöße für die Befugnis zur Prozessvertretung von Belang sind.²⁹ Allerdings kann die Prozessvertretung abgelehnt werden, wenn die satzungsmäßigen Voraussetzungen für die Übernahme der Prozessvertretung – und damit auch der Kosten – nicht erfüllt sind bzw. die Gewährung von Rechtsschutz von der Erfüllung der satzungsmäßigen Voraussetzungen abhängig gemacht werden (z.B. Nachzahlung von säumigen Mitgliedsbeiträgen). Die Befugnis zur Prozessvertretung endet mit dem Ausscheiden aus der Gewerkschaft, nicht bereits mit der Künd. der Mitgliedschaft. **21**

Gem. Abs. 2 S. Nr. 5 sind juristische Personen, deren Anteile sämtlich im wirtschaftlichen Eigentum einer der in Nr. 4 genannten Organisationen stehen, zur Prozessvertretung befugt, wenn die juristische Person ausschließlich die Rechtsberatung und Prozessvertretung dieser Organisation und ihrer Mitglieder oder anderer Verbände oder Zusammenschlüsse mit vergleichbarer Ausrichtung und deren Mitglieder entsprechend der Satzung durchführt, Zweck dieser Vorschrift ist es, unter anderem für die **DGB Rechtsschutz GmbH** eine Befugnis zur Prozessvertretung zu eröffnen.³⁰ Da sich die Nr. 5 ausschließlich auf die in Nr. 4 aufgeführten Organisationen bezieht, kommt den in Nr. 3 genannten selbständigen Vereinigungen von AN mit sozial- oder berufspolitischer Zwecksetzung eine vergleichbare Gestaltungsmöglichkeit nicht zu.³¹ **22**

Da die in Abs. 2 S. Nr. 3–5 genannten Vereinigungen, Verbände, Zusammenschlüsse und Einrichtungen keine natürlichen Personen sind, handeln diese durch ihre Organe und durch ihre beauftragten Vertreter (Abs. 2 S. 3). Die **Rechtsstellung der Verbandsvertreter** entspricht dabei im Grundsatz der Rechtsstellung des RA, auch wenn für erstere das Standesrecht der RA nicht gilt und sie auf die Vertretung von Verbandsmitgliedern beschränkt sind.³² **23**

e) Berufliche und ehrenamtliche Richter (Abs. 5). Zur Wahrung der Unabhängigkeit der Gerichte und zur Vermeidung, jeder Art der Befangenheit bestimmt Abs. 5 S. 1, dass **Berufsrichter** nicht als Bevollmächtigte vor dem Gericht auftreten dürfen, dem sie selbst angehören. Durch die Verweisung in Abs. 6 S. 4 ist es ihnen zudem verwehrt, als Beistand zu erscheinen. **24**

Nicht ganz so streng verhält es sich mit den **ehrenamtlichen Richtern.** Diese dürfen nach Abs. 5 S. 2 grundsätzlich nicht vor einem Spruchkörper auftreten, dem sie angehören. Ihnen ist es hiernach lediglich verwehrt, vor der Kammer oder dem Senat aufzutreten, dem sie zugeteilt sind. Infolgedessen dürfen sie vor jeder anderen Kammer bzw. jedem anderen Senat des Gerichts, dem sie angehören, als Bevollmächtigte auftreten. Eine Ausnahme von dem Vertretungsverbot macht Abs. 5 S. 2, sofern es sich bei dem Bevollmächtigten um einen Beschäftigten handelt, der seinen Arbeitgeber gemäß Abs. 2 S. 2 Nr. 1 vertritt. **25**

Sofern ein beruflicher oder ehrenamtlicher Richter entgegen dem sich aus Abs. 5 S. 1, 2 ergebenden Vertretungsverbot als Bevollmächtigter auftritt, kann ihn das Gericht nach Abs. 5 S. 3 i.V.m. Abs. 3 S. 1 durch unanfechtbaren Beschluss **zurückweisen.** Prozesshandlungen, Zustellungen sowie Mitteilungen bleiben bis zur Zurückweisung wirksam (vgl. Abs. 5 S. 3 i.V.m. Abs. 3 S. 2). **26**

f) Zurückweisung eines Bevollmächtigten und Untersagung der weiteren Prozessvertretung (Abs. 3). Zum Zwecke der Gewährleistung einer ordnungsgemäßen Prozessvertretung bestimmt Abs. 3 S. 1, dass das Gericht Bevollmächtigte durch Beschluss **zurückweisen** kann, sofern diese nicht nach Maßgabe des Abs. 2 zur Prozessvertretung befugt sind. Der Beschluss ist unanfechtbar. Er wirkt rechtsgestaltend ex nunc für die Zukunft, so dass seine Prozesshandlungen sowie Zustellungen und Mitteilungen an diesen bis zu seiner Zurückweisung wirksam bleiben (Abs. 3 S. 2).³³ Einem in Abs. 2 S. 2 Nr. 1–3 bezeichneten Bevollmächtigten kann das Gericht nach Abs. 3 S. 3 mittels unanfechtbaren Beschluss die **weitere Prozessvertretung** untersagen, sofern dieser nicht in der Lage ist, das Sach- und Streitverhältnis sachgerecht darzulegen. Dies kann bei konkreten Einzelfällen (z.B. Choleriker) gegeben sein. Nicht verwechselt werden darf das hingegen mit Personen mit soziopathischen Auffälligkeiten (z.B. Choleriker) gegeben sein. Nicht verwechselt werden darf das hingegen mit Personen mit fehlender Wortgewandtheit, juristischer Laienhaftigkeit sowie Verständigungsschwierigkeiten mit einem Fremdsprachler.³⁴ **27**

Der die Zurückweisung oder Untersagung aussprechende Beschluss ergeht nach § 55 Abs. 1 Nr. 11 außerhalb der streitigen Verhandlung unter Ausschluss der ehrenamtlichen Richter. Der betroffenen Person ist zuvor **rechtliches Gehör** zu gewähren, so dass bei einem Verstoß eine Rüge nach § 78a erhoben werden kann.³⁵ **28**

g) Bevollmächtigung des Prozessvertreters. Vorschriften über die Erteilung einer Vollmacht zur Prozessvertretung enthält dieses Gesetz hingegen nicht; vielmehr verweist es in §§ 46 Abs. 2 S. 1, 80 Abs. 2 auf die diesbezüglichen **Bestimmungen in der ZPO.** Das ArbGG regelt in seinem § 11 lediglich die Befähigung zur

---

29 S.a. BAG 28.4.2004 – 10 AZR 469/03 – AuR 2004, 318; LAG Rheinland-Pfalz 21.10.2003 – 2 Sa 613/03 – jurisPR-ArbR 31/2004.
30 S.a. LAG Rheinland-Pfalz 21.10.2003 – 2 Sa 613/03 – jurisPR-ArbR 31/2004 – zur alten Gesetzeslage.
31 *Germelmann u.a.,* § 11 Rn 79.
32 Vgl. *Germelmann u.a.,* § 11 Rn 89.
33 *Germelmann u.a.,* § 11 Rn 110.
34 Vgl. *Germelmann u.a.,* § 11 Rn 111.
35 Vgl. *Germelmann u.a.,* § 11 Rn 109; BCF/*Bader,* § 11 Rn 29, 31.

29 Die Beauftragung des Prozessbevollmächtigten erfolgt durch die Erteilung einer **Prozessvollmacht**. Unter dieser ist die dem Prozessbevollmächtigten rechtsgeschäftlich eingeräumte Vertretungsmacht im Prozess zu verstehen.[36]

30 Die Prozessvollmacht – die **formlos** (mündlich oder schriftlich) **erteilt** werden kann, jedoch vom Prozessbevollmächtigten **schriftlich nachzuweisen** und zu den Gerichtsakten zu reichen ist (vgl. § 80 Abs. 1 ZPO) – ermächtigt den Prozessbevollmächtigten zu allen den Rechtsstreit betreffenden Prozesshandlungen (vgl. § 81 ZPO)[37] und bewirkt, dass die von dem Bevollmächtigten vorgenommenen Prozesshandlungen in gleicher Art verpflichtend sind, als wenn sie von der Partei selbst vorgenommen wären (vgl. § 85 Abs. 1 ZPO).[38]

31 Der Bevollmächtigte kann seinerseits einer Person Vollmacht erteilen (sog. **Untervollmacht**), die vom Hauptbevollmächtigten unterschrieben und gegenüber dem Gericht ebenfalls schriftlich nachgewiesen werden muss. Voraussetzung ist dafür allerdings, dass die Person, der Untervollmacht erteilt werden soll, nach § 11 zur Prozessvertretung befugt ist.[39]

32 Eine erteilte Vollmacht erlischt, wenn diese vom Bevollmächtigenden **widerrufen** oder das der Vollmachterteilung zugrunde liegende **Auftragsverhältnis gekündigt** wird. Prozessuale Wirkung entfalten diese Handlungen jedoch erst, wenn sie dem Prozessgegner oder dem Prozessgericht durch entsprechende Mitteilung **zu Kenntnis gelangt** sind (vgl. § 87 ZPO).

II. Prozessvertretung vor dem Landesarbeitsgericht (Abs. 4)

33 Gem. Abs. 4 S. 1 müssen sich die Parteien vor dem LAG durch Prozessbevollmächtigte vertreten lassen. Insoweit besteht ein Vertretungszwang. Etwas anderes gilt nach der Vorschrift nur in Verfahren vor einem beauftragten oder ersuchten Richter und bei Prozesshandlungen, die vor dem Urkundsbeamten der Geschäftsstelle vorgenommen werden können (z.B. Einlegung und Zurücknahme einer sofortigen Beschwerde, Einspruch gegen ein Versäumnisurteil).[40]

34 **Zur Prozessvertretung befugt** sind nach Abs. 4 S. 2 Rechtsanwälte (vgl. Rn 9) sowie die in Abs. 2 S. 2 Nr. 4 und 5 bezeichneten Organisationen (Gewerkschaften und AG-Vereinigungen) sowie deren Zusammenschlüsse und ihre Rechtsberatungs- sowie Prozessvertretungsorganisationen (vgl. Rn 18 ff.). Diesem Erfordernis wird nicht genüge getan, wenn ein RA, der im Rahmen eines Anstellungsvertrags mit einer Gesellschaft, die zentrale Dienstleisterin die Rechts- und Personalberatung für die Gruppenunternehmen wahrnimmt, als „Personalreferent Arbeitsrecht" tätig wird und eine auf dem Briefbogen der AG eingelegte Beschwerde unterschreibt. Denn hierdurch wird nicht erkennbar, dass die Beschwerdeschrift durch einen freien und unabhängigen RA i.S.d. Abs. 4 S. 2 eingelegt wird bzw. worden ist.[41]

III. Prozessvertretung vor dem Bundesarbeitsgericht (Abs. 4)

35 Die in Abs. 4 geregelte Prozessvertretung vor dem BAG entspricht derjenigen vor dem LAG (insoweit vgl. Rn 33 f.). Postulationsfähig ist jeder **RA** einschließlich der bei dem BGH zugelassenen RA (vgl. § 172 Abs. 1 BRAO). RA aus einem Mitgliedstaat der **EU** können vor dem BAG auftreten, soweit dies im Einvernehmen mit einem beim BAG zugelassenen RA geschieht (vgl. § 28 Abs. 1 EuRAG; siehe auch Rn 11). Hinsichtlich den in Abs. 2 S. 2 Nr. 4 und 5 bezeichneten Organisationen (Gewerkschaften und AG-Vereinigungen sowie deren Zusammenschlüsse und ihre Rechtsberatungs- sowie Prozessvertretungsorganisationen; vgl. Rn 18 ff.) ist gem. Abs. 4 S. 3 zu beachten, dass diese in Verfahren vor dem BAG durch Personen handeln müssen, die über die Befähigung zum Richteramt verfügen (vgl. dazu Rn 17). Ihnen gleichgestellt sind nach § 5 Nr. 4 RDGEG solche Diplom-Juristen aus den neuen Bundesländern, die nach dem 3.10.1990 zu Richtern, Staatsanwälten, Notaren ernannt, im höheren Verwaltungsdienst beschäftigt oder als Rechtsanwalt zugelassen worden sind. Eine Partei, die nach Maßgabe des Abs. 4 S. 2 zur Vertretung berechtigt ist, kann sich selbst vertreten, wobei Abs. 4 S. 3 unberührt bleibt (Abs. 4 S. 4).

36 Abgesehen von den Verfahren vor einem beauftragten oder ersuchten Richter können die Parteien selbst Prozesshandlungen nur insoweit wirksam vornehmen, als diese zu Protokoll der Geschäftsstelle erklärt werden können (z.B. Beantragung von PKH für die dritte Instanz, vgl. § 117 Abs. 1 S. 1 ZPO; Gesuch auf Ablehnung eines Richters wegen Besorgnis der Befangenheit, vgl. § 44 Abs. 1 ZPO).[42]

IV. Besonderheiten beim Beschlussverfahren

37 Gem. § 80 Abs. 2 findet § 11 auf das Beschlussverfahren entsprechende Anwendung. Die Beteiligten des Beschlussverfahrens können sich daher vor dem **ArbG** selbst vertreten, soweit sie partei- und prozessfähig sind oder von einer gem. Abs. 2 zur Prozessvertretung befugten Person vertreten lassen. Auch können sie sich eines Beistands nach Abs. 6 bedienen.

---

36 Vgl. *Thomas/Putzo*, vor § 78 Rn 1.
37 Zu den Einzelheiten vgl. *Thomas/Putzo*, § 81 Rn 1 ff.
38 Zu den Einzelheiten vgl. *Thomas/Putzo*, § 85 Rn 1 ff.
39 GK-ArbGG/*Bader*, § 11 Rn 149.
40 S.a. BCF/*Bader*, § 11 Rn 33; *Germelmann u.a.*, § 11 Rn 112.
41 Hessisches LAG 28.5.2009 – 9 TaBV 35/09 – juris.
42 S.a. BAG 17.11.2004 – 9 AZN 789/04 (A) – AP § 11 ArbGG 1979 Prozessvertreter Nr. 19.

38 Soweit ein vertretungsbefugter **Gewerkschaftssekretär** die Prozessvertretung übernehmen soll, ist erforderlich, dass zumindest ein Mitglied des BR, GBR oder KBR Mitglied einer Gewerkschaft ist. Soll die Prozessvertretung durch einen Rechtssekretär der **DGB Rechtsschutz GmbH** erfolgen, muss mind. ein Mitglied der vorgenannten Gremien einer DGB-Gewerkschaft angehören. Schließlich findet Abs. 2 S. 2 Nr. 3–5 auch auf das Beschlussverfahren Anwendung.

39 Für den BR, GBR oder KBR handelt grds. der **Vorsitzende** und im Falle seiner Verhinderung sein **Stellvertreter** ihm Rahmen der vom Gremium gefassten Beschlüsse (vgl. §§ 26 Abs. 2 S. 1, 51 Abs. 1 S. 1, 59 Abs. 1 BetrVG).[43]

40 Für die Vertretung der Beteiligten in einem Beschwerdeverfahren vor dem **LAG** gelten gem. § 87 Abs. 2 S. 2 die Regelungen des § 11 Abs. 1–3 und 5 entsprechend (insoweit siehe auch Rn 3 ff.). Damit können sich die Beteiligten des Beschlussverfahrens seit dem 1.7.2008 nicht mehr selbst vertreten.[44] Soweit es die Einlegung und Begründung der Beschwerde betrifft, schreibt § 89 Abs. 1 eine entsprechende Anwendung der Abs. 4 und 5 vor. Dengemäß muss die Einlegung und Begründung der Beschwerde von einem Rechtsanwalt oder einem Vertreter eines Verbandes i.S.d. Abs. 2 S. 2 Nr. 4 und 5 unterzeichnet sein.

41 Gem. § 92 Abs. 2 S. 2 gilt § 11 Abs. 1–3 und 5 für die Vertretung der Beteiligten in einem Rechtsbeschwerdeverfahren vor dem **BAG** entsprechend. Insoweit gilt auch hier, dass sich die Beteiligten seit dem 1.7.2008 nicht mehr selbst vertreten können. § 94 Abs. 1 erklärt § 11 Abs. 4 und 5 für die Einlegung und Begründung der Rechtsbeschwerde für entsprechend anwendbar, so dass Beides von einem RA oder von einem Vertreter einer in Abs. 2 S. 2 Nr. 4 und 5 bezeichneten Organisation unterzeichnet sein muss, wobei letzterer nach Abs. 4 S. 3 über die Befähigung zum Richteramt (vgl. Rn 17) zu verfügen hat.

42 Soweit eine Prozessvertretung des BR, GBR oder KBR durch einen RA erfolgt, hat der AG die hierdurch entstehenden **Kosten** gem. § 40 Abs. 1 BetrVG zu tragen.[45] Eine Kostentragungspflicht besteht allerdings dann nicht, wenn die Einleitung des gerichtlichen Verfahrens mutwillig erfolgt oder die Rechtsverfolgung offensichtlich aussichtslos ist.[46]

V. Beistände (Abs. 6)

43 Abs. 6 S. 1 räumt den Parteien die Möglichkeit ein, in der Verhandlung mit einem Beistand zu erscheinen. Beistand kann dabei nach S. 2 sein, wer in Verfahren, in denen die Parteien den Rechtsstreit selber führen können, als Bevollmächtigter zur Vertretung in der Verhandlung befugt ist. Andere Personen können gem. S. 3 von dem Arbeitsgericht als Beistand zugelassen werden, sofern dies sachdienlich ist und dafür nach den Umständen des Einzelfalls ein Bedürfnis besteht. Dies ist etwa denkbar bei einem schwerbehinderten Arbeitnehmer, der von dem Beistand durch die Vertrauensperson der Schwerbehinderten begehrt, damit dieser ihn bei einer Klage auf Zuweisung eines behinderungsgerechten Arbeitsplatzes unterstützt.[47] Nach § 23 Abs. 2 S. 1 AGG sind Antidiskriminierungsverbände befugt, im Rahmen ihres Satzungszwecks als Beistände aufzutreten. Abs. 6 S. 4 erklärt die Abs. 3 S. 1 und 3, Abs. 5 für entsprechend anwendbar. Nach Abs. 6 S. 5 gilt das von dem Beistand Vorgetragene als von der Partei vorgebracht, soweit es nicht sofort widerrufen oder berichtigt wird.

C. Beraterhinweise

44 Die Vorschrift ist für den anwaltlichen Berater insoweit von Interesse, als § 11 ihm die Möglichkeit eröffnet, in allen drei Instanzen der Arbeitsgerichtsbarkeit als Prozessvertreter aufzutreten. Dies gilt sowohl für das Urteils- als auch für das Beschlussverfahren.

45 Der Mitgliederrückgang bei den Gewerkschaften hat in den zurückliegenden Jahren dazu geführt, dass die **anwaltliche Prozessvertretung** in der Arbeitsgerichtsbarkeit **an Bedeutung gewonnen** hat. Die Mitgliedschaft in einer Gewerkschaft ist in vielen Fällen dem Abschluss einer Rechtsschutzversicherung gewichen. Aus diesem Grund erfolgt die Beauftragung eines RA speziell durch einen AN oftmals unter dem Hinweis auf eine bestehende **Rechtsschutzversicherung**. Ob und ggf. bis zu welcher Höhe eine solche anfallende Kosten trägt, ist im Einzelfall anhand des konkreten Versicherungsvertrages sowie der zur Anwendung gelangenden Allgemeinen Bedingungen für die Rechtsschutzversicherung (ARB) sorgfältig zu prüfen. Insb. sind hierbei die Erfüllung der Wartezeit, die Höhe der vereinbarten Selbstbeteiligung sowie der Umfang der vereinbarten Leistungen zu beachten.[48]

---

[43] H.M. BAG 17.2.1981 – 1 AZR 290/78 – DB 1981, 1414; HaKo-BetrVG/Blanke, § 26 Rn 11; DKK/Wedde, § 26 Rn 17, 31 f.; Fitting u.a., § 26 Rn 22 f.
[44] S.a. Düwell, S. 17 f.
[45] Zu den Einzelheiten der Kostentragungspflicht des Arbeitgebers vgl. HaKo-BetrVG/Wolmerath, § 40 Rn 6; DKK/ Wedde, § 40 Rn 22 ff.; Fitting u.a., § 40 Rn 21 ff.
[46] HaKo-BetrVG/Wolmerath, § 40 Rn 6.
[47] Düwell, S. 17.
[48] Die Allgemeinen Bedingungen für die Rechtsschutzversicherung in der Fassung ARB 2009 der HUK-COBURG finden sich auf der Homepage der HUK-Coburg unter www.huk.de im "Service Center".

§ 11a Beiordnung eines Rechtsanwalts, Prozeßkostenhilfe

(1) ¹Einer Partei, die außerstande ist, ohne Beeinträchtigung des für sie und ihre Familie notwendigen Unterhalts die Kosten des Prozesses zu bestreiten, und die nicht durch ein Mitglied oder einen Angestellten einer Gewerkschaft oder einer Vereinigung von Arbeitgebern vertreten werden kann, hat der Vorsitzende des Arbeitsgerichts auf ihren Antrag einen Rechtsanwalt beizuordnen, wenn die Gegenpartei durch einen Rechtsanwalt vertreten ist. ²Die Partei ist auf ihr Antragsrecht hinzuweisen.

(2) Die Beiordnung kann unterbleiben, wenn sie aus besonderen Gründen nicht erforderlich ist, oder wenn die Rechtsverfolgung offensichtlich mutwillig ist.

(2a) Die Absätze 1 und 2 gelten auch für die grenzüberschreitende Prozesskostenhilfe innerhalb der Europäischen Union nach der Richtlinie 2003/8/EG des Rates vom 27. Januar 2003 zur Verbesserung des Zugangs zum Recht bei Streitsachen mit grenzüberschreitendem Bezug durch Festlegung gemeinsamer Mindestvorschriften für die Prozesskostenhilfe in derartigen Streitsachen (ABl. EG Nummer L 26 S. 41, ABl. EU Nr. L 32 S. 15).

(3) Die Vorschriften der Zivilprozessordnung über die Prozesskostenhilfe und über die grenzüberschreitende Prozesskostenhilfe innerhalb der Europäischen Union nach der Richtlinie 2003/8/EG gelten in Verfahren vor den Gerichten für Arbeitssachen entsprechend.

(4) Das Bundesministerium für Arbeit und Soziales wird ermächtigt, zur Vereinfachung und Vereinheitlichung des Verfahrens durch Rechtsverordnung mit Zustimmung des Bundesrats Formulare für die Erklärung der Partei über ihre persönlichen und wirtschaftlichen Verhältnisse (§ 117 Abs. 2 der Zivilprozeßordnung) einzuführen.

Literatur: *Christl,* Einkommen und Vermögen in der Prozesskostenhilfe, NJW 1981, 785; *Grube/Wahrendorf,* SGB XII, 2005; *Keil,* Gerichtskosten und Prozesskostenhilfe, in: Die Arbeitsgerichtsbarkeit. Festschrift zum 100-jährigen Bestehen des Deutschen Arbeitsgerichtsverbandes, 1994; *Mayer/Kroiß,* Rechtsanwaltsvergütungsgesetz, 3. Aufl. 2008; *Oestreicher,* SGB XII/SGB II; Stand: 1. Juli 2008; *Oestreicher/Schelter/Kunz,* Bundessozialhilfegesetz, Stand: Juni 2003; *Schellhorn/Schellhorn/Hohm,* SGB XII, 17. Aufl. 2006

A. Allgemeines	1
B. Regelungsgehalt	4
I. Beiordnung eines Rechtsanwalts (Abs. 1, 2)	5
1. Anwaltliche Vertretung der Gegenpartei (Abs. 1 S. 1)	6
2. Fehlende Vertretungsmöglichkeit durch einen Verbandsvertreter (Abs. 1 S. 1)	7
3. Wirtschaftliche Voraussetzungen (Abs. 1 S. 1)	11
a) Regelungsgehalt des § 115 ZPO	12
aa) Begriff des Einkommens (§ 115 Abs. 1 S. 2, 3 ZPO)	13
(1) Regelungsgehalt des § 82 Abs. 2 SGB XII	16
(2) Bedarfssätze zu § 115 Abs. 1 S. 3 Nr. 1b und 2 ZPO	17
bb) Begriff des Vermögens (§ 115 Abs. 3 ZPO)	18
4. Persönliche Voraussetzungen (Abs. 1 S. 1)	21
5. Unterbleiben der Beiordnung (Abs. 2)	22
a) Fehlende Erforderlichkeit	23
b) Offensichtlich mutwillige Rechtsverfolgung	24
6. Antrag (Abs. 1 S. 1, 2)	25
7. Verfahren	28
8. Folgen einer Beiordnung	32
II. Prozesskostenhilfe (Abs. 2a bis 3)	33
1. Voraussetzungen	34
2. Antrag, Verfahren	38
3. Folgen der Bewilligung von Prozesskostenhilfe	42
4. Aufhebung und Änderung der Bewilligung	44
a) Regelungsgehalt des § 124 ZPO	45
b) Bedeutung für das arbeitsgerichtliche Verfahren	47
III. Verwendung von Formularen (Abs. 4)	48
C. Beraterhinweise	50

A. Allgemeines

1 Um auch solchen Personen die Führung arbeitsgerichtlicher Prozesse zu ermöglichen, die hierzu aufgrund ihrer finanziellen Situation normalerweise nur schwer oder überhaupt nicht in der Lage wären, sieht § 11a unter bestimmten Umständen die Beiordnung eines RA sowie die Gewährung von PKH vor. Bei der Beiordnung handelt es sich um einen Sonderfall der PKH.¹ Diese wiederum stellt eine **Sozialhilfe im Bereich der Rechtspflege** dar.²

2 Zu beachten ist, dass der § 11a für das arbeitsgerichtliche Verfahren gilt. Im außergerichtlichen Bereich findet das **Beratungshilfegesetz** Anwendung (vgl. §§ 1 ff. BerHG).

---

1 LAG Hamm 10.7.1981 – 8 Ta 133/81 – EzA § 11a ArbGG 1979 Nr. 2.

2 Vgl. GK-ArbGG/*Bader,* § 11a Rn 6; Schwab/Weth/*Vollstädt,* § 11a Rn 1; BAG 15.2.2005 – 5 AZN 781/04 (A) – BAGE 113, 313.

Mit Wirkung zum 21.12.2004 wurde der Abs. 2a in § 11a eingefügt und der Abs. 3 im Hinblick auf diese Einfügung neu gefasst. Mit dieser Gesetzesänderung wurde die RL 2003/8/EG des Rates vom 27.1.2003 zur Verbesserung des Zugangs zum Recht bei Streitsachen mit grenzüberschreitendem Bezug durch Festlegung gemeinsamer Mindestvorschriften für die Prozesskostenhilfe in derartigen Streitsachen (ABl EG L 26, S. 41; ABl EU L 32, S. 15) umgesetzt.

B. Regelungsgehalt

§ 11a beinhaltet zwei Regelungsgehalte. Abs. 1 und 2 haben die Beiordnung eines RA zum Gegenstand, Abs. 2a und 3 betreffen die PKH, Abs. 4 ermächtigt das BMAS, Formulare für die Erklärung der Partei über ihre persönlichen und wirtschaftlichen Verhältnisse einzuführen.

I. Beiordnung eines Rechtsanwalts (Abs. 1, 2)

Durch die in Abs. 1 und 2 geregelte Beiordnung wird für die Parteien die Möglichkeit eröffnet, einen Prozess führen zu können, ohne zunächst selbst eigene Prozessführungskosten aufbringen zu müssen. Schließlich erfolgt die Erstattung von **Gebühren und Auslagen des RA** aus der Landes- bzw. Bundeskasse (vgl. §§ 45, 46 RVG).[3] Lediglich die Gerichtskosten sind hiervon ausgenommen.[4]

Die Beiordnung, die **nur vor dem ArbG in der ersten Instanz** erfolgen kann,[5] stellt einen **Sonderfall der PKH** (Rn 33 ff.) dar.[6] Aus diesem Grunde kann in einem (unbegründeten) Antrag auf Bewilligung von PKH als ein Minus ein Beiordnungsantrag erblickt werden.[7]

Für die erforderliche anwaltliche Vertretung der Gegenseite reicht es nicht aus, wenn sich diese durch einen Verbandsvertreter vertreten lässt. Etwas anderes kann nur dann gelten, wenn ein RA als Vertreter eines Verbandes auftritt.[9]

1. Anwaltliche Vertretung der Gegenpartei (Abs. 1 S. 1). Nach dem Wortlaut des Abs. 1 S. 1 ist unabdingbare Voraussetzung für die Beiordnung eines RA, dass die **Gegenpartei durch einen RA vertreten** ist. Dies ist der Fall, wenn die Gegenpartei im Zeitpunkt der Entscheidung über einen Beiordnungsantrag (vgl. Rn 25) von einem RA vertreten wird. Endet nach erfolgter Beiordnung die Vertretung der Gegenpartei durch einen RA, so verbleibt es gleichwohl bei der Beiordnung.[8] Dies kann zur Folge haben, dass auch der Gegenpartei – soweit die Voraussetzungen des Abs. 1 S. 1 erfüllt sind – ein RA beizuordnen ist.

2. Fehlende Vertretungsmöglichkeit durch einen Verbandsvertreter (Abs. 1 S. 1). Abs. 1 S. 1 macht die Beiordnung eines RA davon abhängig, dass eine Prozessvertretung durch ein Mitglied oder einen Ang einer Gewerkschaft oder einer Vereinigung von AG nicht möglich ist. Nicht erwähnt sind in dieser Vorschrift Vertreter von Vereinigungen von AN mit sozial- oder berufspolitischer Zielsetzung, wie dies in § 11 Abs. 2 Nr. 3 der Fall ist. Da ihnen in § 11 Abs. 4 nicht dieselbe Befugnis der Prozessvertretung eingeräumt ist wie den **Vertretern von Gewerkschaften und AG-Verbänden**, sind diese letzteren im Rahmen des Abs. 1 S. 1 nicht gleichzusetzen, mit der Folge, dass die Beiordnung eines RA auch dann möglich ist, wenn die Partei durch einen Vertreter von Vereinigungen von AN mit sozial- oder berufspolitischer Zielsetzung vertreten werden.[10]

Soweit die Vertretung durch ein Mitglied oder einen Ang einer Gewerkschaft oder einer AG-Vereinigung möglich ist – was sich aus der jeweiligen Satzung des Verbandes ergibt –, ist die Beiordnung eines RA unzulässig. Da die Prozessvertreter von Gewerkschaften und AG-Vereinigungen regelmäßig über arbeitsrechtliche Kenntnisse verfügen, die über denen von allg. praktizierenden RA häufig hinausgehen, und es diese Verbände in der Hand haben, den konkreten Prozessvertreter bei begründetem Anlass gegen einen anderen Prozessvertreter auszutauschen, kann die Beiordnung eines RA nur dann erfolgen, wenn es an den satzungsgemäßen Voraussetzungen für eine Rechtsschutzgewährung in Form der Prozessvertretung durch den betreffenden Verband ermangelt (etwa weil die Wartezeit für die Rechtsschutzgewäh-

---

3 Vgl. Mayer/Kroiß/Pukall, § 12 Rn 6 und § 45 Rn 38.
4 LAG Hamm 10.7.1981 – 8 Ta 133/81 – EzA § 11a ArbGG 1979 Nr. 2.
5 H.M.; vgl. BVerfG 4.4.2007 – 1 BvR 631/07 – NZA 2007, 944; LAG Berlin 26.8.1980 – 9 Sa 39/80 – EzA § 11a ArbGG 1979 Nr. 1; Germelmann u.a., § 11a Rn 4; GK-ArbGG/Bader, § 11a Rn 169.
6 LAG Hamm 10.7.1981 – 8 Ta 133/82 – EzA § 11a ArbGG 1979 Nr. 2.
7 LAG Köln 5.6.2009 – 4 Ta 135/09 – juris; LAG Berlin-Brandenburg 11.6.2009 – 15 Ta 1077/07 – juris; LAG Sachsen-Anhalt 11.6.1997 – 2 Ta 42/97 – LAGE § 11a ArbGG 1979 Nr. 6; LAG Sachsen-Anhalt 8.9.1997 – 8 Ta 63/97 – LAGE § 11a ArbGG 1979 Nr. 7; LAG Bremen 26.2.1986 – 4 Ta 65/85 – AP §§ 11a ArbGG 1979 Nr. 3; LAG Düsseldorf 29.10.1986 – 14 Ta 245/86 – LAGE § 11a ArbGG 1979 Nr. 4; GK-ArbGG/Bader, § 11a Rn 179; Grunsky, ArbGG, § 11a Rn 5; a.A. Germelmann u.a., § 11a Rn 1; Hauck/Helml, § 11a Rn 2.
8 S.a. Germelmann u.a., § 11a Rn 57; Grunsky, ArbGG, § 11a Rn 13.
9 Str.; so im Ergebnis auch Germelmann u.a., § 11a Rn 56; LAG Düsseldorf 9.6.1988 – 14 Ta 135/88 – LAGE § 11a ArbGG Nr. 5.
10 Str.; so i.E. auch Germelmann u.a., § 11a Rn 53; a.A. GK-ArbGG/Bader, § 11a Rn 193; BCF/Bader, § 11a Rn 60.

50 ArbGG § 11a

rung noch nicht erfüllt ist) und eine Rechtsschutzgewährung aus diesem Grunde versagt wird.[11] Lediglich dann, wenn aufgrund objektiver Umstände feststeht, dass ein **Vertrauensverhältnis** zwischen der Partei und ihrer Gewerkschaft nicht mehr besteht, kann eine Beiordnung in Betracht kommen.[12] Entsprechendes muss hinsichtlich einer Prozessvertretung durch die DGB Rechtsschutz GmbH gelten.

9   Verweigert die Gewerkschaft bzw. AG-Vereinigung die Prozessvertretung trotz Vorliegens aller satzungsgemäßen Voraussetzungen dafür, so ist der Partei dennoch bei Bedarf ein RA beizuordnen. Schließlich ist einem Verbandsmitglied in einer konkreten Prozesssituation nicht zuzumuten, den ihm satzungsgemäß zustehenden Rechtsschutz in einem weiteren Prozess durchzusetzen.[13]

10 Hat es die Partei zu vertreten, dass ihr die Gewerkschaft bzw. der AG-Verband keinen Rechtsschutz gewährt (z.B. Säumnis von Mitgliedsbeiträgen, Zahlung satzungswidriger Mitgliedbeiträge), so berührt dies nur das Verhältnis untereinander (Innenverhältnis) mit der Folge, dass die Beiordnung eines RA gleichwohl erfolgen kann. Maßgebend ist auch hier insoweit die **objektive Möglichkeit** bzw. Unmöglichkeit der Gewährung von Rechtsschutz.[14]

11 **3. Wirtschaftliche Voraussetzungen (Abs. 1 S. 1).** Gem. Abs. 1 S. 1 erfordert die Beiordnung, dass die Partei außerstande ist, ohne Beeinträchtigung des für sie und ihre Familie notwendigen Unterhalts die Kosten des Prozesses zu bestreiten. Ob dies der Fall ist, bestimmt sich nach § 115 ZPO, der dem Grundsatz folgt, dass die Partei zur Führung eines Rechtsstreits **ihr Einkommen einzusetzen hat** (vgl. § 115 Abs. 1 S. 1 ZPO). Um zu gewährleisten, dass das Existenzminimum einer bedürftigen Partei nicht mit den Kosten einer Prozessführung belastet werden kann,[15] sind nach § 115 Abs. 1 S. 3 ZPO Abzüge vorzunehmen. In vergleichbarer Weise hat die Partei gem. § 115 Abs. 3 S. 1 ZPO **ihr Vermögen einzusetzen**, soweit es ihr zumutbar ist. Nicht verwertbar ist insoweit gem. § 115 Abs. 3 S. 2 ZPO das Vermögen, das unter den Katalog des § 90 Abs. 2 SGB XII fällt und/oder von Abs. 3 der Vorschrift erfasst wird (vgl. Rn 20).

12 **a) Regelungsgehalt des § 115 ZPO.** § 115 ZPO bestimmt in seinem Abs. 1, dass die Partei zur Führung eines Rechtsstreits ihr Einkommen einzusetzen hat (S. 1) und regelt, was zu dem Einkommen i.S.d. Vorschrift zählt (S. 2, 3). Abs. 3 bestimmt ferner, dass die Partei – soweit zumutbar – ihr Vermögen zur Prozessführung einzusetzen hat.

13 **aa) Begriff des Einkommens (§ 115 Abs. 1 S. 2, 3 ZPO).** Zu dem Einkommen einer Partei gehören gem. § 115 Abs. 1 S. 2 ZPO alle **Einkünfte in Geld oder Geldeswert**, also:

– Einkünfte aus selbstständiger oder nichtselbstständiger Arbeit (z.B. monatliche Bruttoeinkünfte), auch wenn diese erst zu einem späteren Zeitpunkt ausgezahlt werden (Stichwort: nachgezahlte Vergütung),[16]
– Einkünfte aus Vermietung und Verpachtung,[17]
– Lohnersatzleistungen (z.B. Arbeitslosengeld, Arbeitslosengeld II, Krankengeld,[18] Insolvenzgeld, Kurzarbeitergeld),[19]
– Pensionen, Renten,[20]
– persönliche Leistungen, die nicht der Lebensführung zugeführt werden können (z.B. Geschenke aus besonderem Anlass),
– Zulagen (z.B. Erschwerniszulagen, Mehrarbeitszuschläge),[21]
– Sachbezüge (z.B. Deputate, Gewährung von freier Kost und Logis),[22]
– Naturalleistungen, die durch einen Unterhaltspflichtigen erbracht werden,[23]
– ausgezahlte Essenszuschüsse,

---

[11] S.a. LAG Hannover 1.7.1983 – 2 Ta 18/83 – AnwBl. 1984, 164; LAG Berlin 10.3.1989 – 9 Ta 4/89 – MDR 1989, 572; a.A. LAG Bremen 19.9.1984 – 2 Ta 28/84 – AuR 1985, 229; LAG Bremen 8.11.1994 – 4 Sa 260 und 4 Sa 267/84 – LAGE 115 ZPO Nr. 48; *Germelmann u.a.*, § 11a Rn 54.
[12] *Germelmann u.a.*, § 11a Rn 54 a.E. halten es für ausreichend, auf die Zumutbarkeit der Vertretung abstellen.
[13] Vgl. LAG Köln 16.2.1983 – 5 Ta 185/82 – EzA § 115 ZPO Nr. 7; LAG Berlin 10.3.1989 – 9 Ta 4/89 – MDR 1989, 572; *Keil*, S. 494.
[14] Vgl. LAG Hannover 1.7.1983 – 12 Ta 18/83 – AnwBl. 1984, 164; LAG Schleswig-Holstein 8.6.1983 – 4 Ta 80/83 – NJW 1984, 830; s.a. GK-ArbGG/*Bader*, § 11a Rn 194.
[15] Vgl. *Germelmann u.a.*, § 11a Rn 16.
[16] LAG Schleswig-Holstein 1.9.2006 – 1 Ta 75/06 – NZA-RR 2007, 156.
[17] BCF/*Bader*, § 11a Rn 20.
[18] Das BAG differenziert, ob das Krankengeld anstelle von Arbeitsentgelt oder während der Arbeitslosigkeit gezahlt wird. Im ersten Fall betrachtet es das Krankengeld als Erwerbseinkommen, im zweiten Fall hingegen nicht; vgl. BAG 22.4.2009 – 3 AZB 90/08.
[19] Vgl. *Thomas/Putzo*, § 115 Rn 2; *Germelmann u.a.*, § 11a Rn 32.
[20] *Christl*, NJW 1981, 785, 787; s.a. Schwab/Weth/*Vollstädt*, § 11a Rn 50.
[21] *Christl*, NJW 1981, 785, 787.
[22] S.a. Schwab/Weth/*Vollstädt*, § 11a Rn 43.
[23] LAG Baden-Württemberg 19.9.1984 – 7 Ta 17/84 – BB 1984, 1810.

- AN-Sparzulage,[24]
- Freistellung von privaten Aufwendungen (z.B. Spesen),[25]
- Urlaubsgeld,[26]
- Weihnachtsgeld,[27]
- Leistungen nach dem SGB II,[28]
- Leistungen nach dem SGB XII,[29]
- Wohngeld,[30]
- geldwerter Vorteil für einen unentgeltlich überlassenen Wohnraum,
- geldwerter Vorteil für einen unentgeltlich überlassenen PKW,
- Kindergeld,[31]
- Leistungen nach dem Kindererziehungsleistungsgesetz,[32]
- darlehensweise gezahltes Unterhaltsgeld,[33]
- Ausbildungsförderung,[34]
- Einkünfte aus Kapitalvermögen,[35]
- Steuererstattungen.[36]

Zum Einkommen gehören dagegen **nicht**:

14

- ungenutzte Verdienstmöglichkeiten,[37]
- Vermögenswirksame Leistungen,[38]
- Essenszuschüsse, die nicht ausgezahlt werden,[39]
- Steuerfreie Verpflegungsmehraufwendungen (Verpflegungszuschüsse),[40]
- Erstattung von Fahrtkosten,[41]
- Abfindungen gem. §§ 9,10 KSchG,[42]
- Kindergeldzuschuss, der neben einer Rente gezahlt wird,[43]
- Unterhaltsleistungen,[44]
- freiwillige Unterstützungszahlungen,[45]
- Familiengeld,[46]
- Kindererziehungsleistungen gem. § 294 ff. SGB VI,[47]
- Elterngeld nach dem BErzGG bzw. BEEG,[48]
- Sozialhilfe,[49]
- Pflegegeld gem. § 37 SGB XI.[50]

---

24 *Thomas/Putzo*, § 115 Rn 2; *B/L/A/H*, § 115 Rn 17; a.A. *Christl*, NJW 1981, 785, 787.
25 Vgl. *Christl*, NJW 1981, 785, 787.
26 Vgl. *Christl*, NJW 1981, 785, 787; *B/L/A/H*, § 115 Rn 38.
27 Vgl. *Christl*, NJW 1981, 785, 787; *B/L/A/H*, § 115 Rn 39.
28 Vgl. LAG Rheinland-Pfalz 27.11.2007 – 3 Ta 246/07 – juris; a.A. *Thomas/Putzo*, § 115 Rn 3; einschränkend: *B/L/A/H*, § 115 Rn 34.
29 *B/L/A/H*, § 115 Rn 34; s.a. *Christl*, NJW 1981, 785, 787 zum bis zum 31.12.2004 geltenden BSHG.
30 LAG Freiburg 5.11.1981 – 8 Ta 18/81 – NJW 1982, 847; a.A. BCF/*Bader*, § 11a Rn 20.
31 LAG Rheinland-Pfalz 3.12.2007 – 8 Ta 267/07 – juris; LAG Rheinland Pfalz 3,12,2997. 8 Ta 269/07 – juris; Hessisches LAG 17.10.2001 – 2 Ta 328/01 – juris; LAG Düsseldorf 11.4.1985 – 7 Ta 125/85 – EzA § 115 ZPO Nr. 15; LAG München 17.10.1986 – 7 Ta 236/86 – LAGE § 115 ZPO Nr. 24; LAG Köln 28.2.1985 – 4 Ta 12/85 – LAGE § 115 ZPO Nr. 11; LAG Berlin 2.9.1992 – 9 Ta 15/92 – LAGE § 115 ZPO Nr. 47; a.A. LAG Bremen 19.2.1986 – 2 Ta 1/86 – EzA § 115 ZPO Nr. 12; LAG Rheinland-Pfalz 24.3.1988 – 1 Ta 42/88 – LAGE § 115 ZPO Nr. 33.
32 BGH 9.10.1991 – XII ZR 170/90 – NJW 1992, 364.
33 LAG Bremen 8.1.1988 – 1 Ta 1/88 – AP § 115 ZPO Nr. 2.
34 LAG Bremen 8.1.1988 – 1 Ta 1/88 – AP § 115 ZPO Nr. 2.
35 Vgl. Schwab/Weth/*Vollstädt*, § 11a Rn 52; *B/L/A/H*, § 115 Rn 35.
36 OLG Bremen 18.3.1998 – 4 WF 17/98 – FamRZ 1998, 1180.
37 *Germelmann u.a.*, § 11a Rn 34; *Christl*, NJW 1981, 785, 787.
38 Schwab/Weth/*Vollstädt*, § 11a Rn 41.
39 S.a. Schwab/Weth/*Vollstädt*, § 11a Rn 42.
40 LAG Köln 15.1.2009 – 5 Ta 534/08 – juris.
41 LAG Köln 15.1.2009 – 5 Ta 534/08 – juris.
42 Str.; LAG Bremen 16.8.1982 – 4 Ta 38/82 – AP § 115 ZPO Nr. 1; LAG Bremen 20.7.1988 – 1 Ta 38/88 – EzA § 115 ZPO Nr. 23; a.A. LAG Köln 7.3.1995 – 7 Ta 22/95 – LAGE § 115 ZPO Nr. 49; s.a. Rn 19 mit Verweis auf die Rspr. welche die Abfindung nach §§ 9, 10 KSchG dem Vermögen zurechnet.
43 LAG Düsseldorf 11.4.1985 – 7 Ta 125/85 – EzA § 115 ZPO Nr. 15.
44 Vgl. *Christl*, NJW 1981, 785, 787; s.a. Hessisches LAG 17.10.2001 – 2 Ta 328/01 – juris, das zwischen Unterhaltsleistungen eines Ehegatten für seine Kinder und für den anderen Ehegatten unterscheidet.
45 Vgl. *Christl*, NJW 1981, 785, 787.
46 Vgl. *Thomas/Putzo*, § 115 Rn 3.
47 Vgl. *Thomas/Putzo*, § 115 Rn 3.
48 OLG Koblenz 6.12.2000 – 13 WF 698/00 – FamRZ 2001, 1153 zum BErzGG.
49 Str.; vgl. OLG Köln 30.3.1993 – 25 WF 35/93 – FamRZ 1993, 1472 m.w.N.
50 *Thomas/Putzo*, § 115 Rn 3 m.w.N; a.A. *B/L/A/H*, § 115 Rn 32.

15 Gem. § 115 Abs. 1 S. 3 ZPO sind **vom Einkommen abzusetzen**:
1. die in § 82 Abs. 2 SGB XII bezeichneten Beträge (vgl. Rn 16; § 115 Abs. 1 S. 3 Nr. 1a ZPO);
2. bei Parteien, die ein Einkommen aus Erwerbstätigkeit erzielen, ein Betrag in Höhe von 50 % des höchsten durch Rechts-VO nach § 28 Abs. 2 S. 1 SGB XII festgesetzten Regelsatzes für den Haushaltsvorstand (vgl. § 115 Abs. 1 S. 3 Nr. 1b ZPO);[51]
3. für die Partei und ihren Ehegatten oder ihrem Lebenspartner jeweils ein Betrag in Höhe des um 10 % erhöhten höchsten durch Rechts-VO nach § 28 Abs. 2 S. 1 SGB XII festgesetzten Regelsatzes für den Haushaltsvorstand (vgl. § 115 Abs. 1 S. 3 Nr. 2a ZPO);
4. bei weiteren Unterhaltsleistungen aufgrund gesetzlicher Unterhaltspflicht für jede unterhaltsberechtigte Person 70 % des unter 3. genannten Betrags (vgl. § 115 Abs. 1 Satz 3 Nr. 2b ZPO);[52]
5. die Kosten der Unterkunft und Heizung (z.B. Mietzins, Mietnebenkosten), soweit sie nicht in einem auffälligen Missverhältnis zu den Lebensverhältnissen der Parteien stehen (§ 115 Abs. 1 S. 3 Nr. 3 ZPO);
6. weitere Beträge, soweit dies mit Rücksicht auf besondere Belastungen angemessen ist; § 1610a BGB gilt entsprechend (vgl. § 115 Abs. 1 S. 3 Nr. 4 ZPO).

16 **(1) Regelungsgehalt des § 82 Abs. 2 SGB XII.** Gem. § 82 Abs. 2 SGB XII sind von dem Einkommen abzusetzen:
1. auf das Einkommen entrichtete Steuern (Einkommen-, Lohn-, Kirchen- und Kapitalertragssteuer);[53]
2. Pflichtbeiträge zur Sozialversicherung (Kranken-, Renten-, Pflege- und Unfallversicherung)[54] einschließlich der Beiträge zur Arbeitsförderung;
3. Beiträge zu öffentlichen oder privaten Versicherungen oder ähnlichen Einrichtungen, soweit diese Beiträge gesetzlich vorgeschrieben (z.B. Beiträge freiwilliger Mitglieder zur gesetzlichen Kranken- und Rentenversicherung; Kfz-Haftpflichtversicherung, wenn das Kfz zu einem sozialhilferechtlich anerkennenswerten Zweck gehalten wird)[55] oder nach Grund und Höhe angemessen sind, sowie geförderte Altersvorsorgebeiträge nach § 82 EStG, soweit sie den Mindesteigenbetrag nach § 86 EStG nicht überschreiten (sog. Riester-Rente);[56]
4. die mit der Erzielung des Einkommens verbundenen notwendigen Ausgaben (z.B. Kinderbetreuungskosten, Fahrtkosten zur Arbeitsstätte, Beiträge zu Berufsverbänden, notwendige Mehraufwendungen für die Führung eines doppelten Haushalts);[57]
5. das Arbeitsförderungsgeld und Erhöhungsbeträge des Arbeitsentgelts i.S.v. § 43 S. 4 SGB IX.

17 **(2) Bedarfssätze zu § 115 Abs. 1 S. 3 Nr. 1b und 2 ZPO.** Die Bedarfssätze zu § 115 Abs. 1 S. 3 Nr. 1b und 2 ZPO werden jährlich im BGBl bekannt gegeben. Diese gelten i.d.R. für den Zeitraum vom 1.7. bis zum 30.6. des nächsten Jahres. Die für den Zeitraum vom 1.7.2009 bis zum 30.6.2010 geltenden Sätze[58] betragen:
- 180 EUR für Parteien, die ein Einkommen aus Erwerbstätigkeit erzielen (vgl. § 115 Abs. 1 S. 3 Nr. 1b ZPO),
- 395 EUR für die Partei und ihren Ehegatten oder ihren Lebenspartner (vgl. § 115 Abs. 1 S. 3 Nr. 2a ZPO),
- 276 EUR für jede weitere Person, der die Partei aufgrund gesetzlicher Unterhaltspflicht Unterhalt leistet (vgl. § 115 Abs. 1 S. 3 Nr. 2b ZPO).

18 **bb) Begriff des Vermögens (§ 115 Abs. 3 ZPO).** Gem. § 115 Abs. 3 S. 1 ZPO hat die Partei ihr Vermögen einzusetzen, soweit dies zumutbar ist. Vermögen in diesem Sinne sind gespartes Geld,[59] geldwerte Sachen, Rechte und Forderungen, soweit diese in geeigneter Weise durch Verwertung in Geld alsbald realisiert werden können.[60] Ob einzusetzendes Vermögen vorhanden ist, ist durch eine Gegenüberstellung von Plus- und Minuspositionen zu ermitteln. Übersteigen die Schulden die verwertbaren Vermögenswerte, so ist zu differenzieren. Sofern die Schulden in langfristigen Raten zu tilgen sind, darf die Partei diese nicht vorzeitig tilgen, sondern muss mit dem vorhandenen Geld die

---

51 S.a. LAG Rheinland-Pfalz 28.7.2008 – 9 Ta 118/08 – juris, für den Fall, dass ein AN bis zum Ablauf der ordentlichen Kündigungsfrist unter Fortzahlung der Bezüge von der Arbeitsleistung freigestellt wird.
52 Vgl. LAG Rheinland-Pfalz 12.2.2008 – 3 Ta 2/08 – juris, das darauf hinweist, dass nur tatsächlich geleisteter Unterhalt vom Einkommen abgesetzt werden kann.
53 *Oestreicher*, § 82 SGB XII Rn 59; *Grube/Wahrendorf/Wahrendorf*, § 82 Rn 37; *Schellhorn/Schellhorn/Hohm/W. Schellhorn*, § 82 Rn 37; vgl. zu dem bis zum 31.12.2004 geltenden § 76 Abs. 2, 2a BSHG: *Oestreicher/Schelter/Kunz*, § 76 Rn 31.
54 *Oestreicher*, § 82 SGB XII Rn 61; *Grube/Wahrendorf/Wahrendorf*, § 82 Rn 38; *Schellhorn/Schellhorn/Hohm/W. Schellhorn*, § 82 Rn 38.
55 Vgl. zu dem bis zum 31.12.2004 geltenden § 76 Abs. 2, 2a BSHG: *Oestreicher/Schelter/Kunz*, § 76 Rn 34; *Grube/Wahrendorf/Wahrendorf*, § 82 Rn 39; *Schellhorn/Schellhorn/Hohm/W. Schellhorn*, § 82 Rn 40; *Oestreicher*, § 82 SGB XII Rn 74.
56 S.a. *Oestreicher*, § 82 SGB XII Rn 75 und Rn 78, wonach die sog. Rürup-Rente hingegen nicht erfasst wird.
57 Vgl. *Oestreicher*, § 82 SGB XII Rn 86; *Grube/Wahrendorf/Wahrendorf*, § 82 Rn 41; *Schellhorn/Schellhorn/Hohm/W. Schellhorn*, § 82 Rn 44; s.a. zu dem bis 31.12.2004 geltenden § 76 Abs. 2, 2a BSHG: *Oestreicher/Schelter/Kunz*, § 76 Rn 36 ff.; LAG Hamm 6.4.1988 – 14 Ta 9/88 – EzA § 115 ZPO Nr. 22.
58 BGBl I 2009 S. 1340.
59 Vgl. LAG Köln 31.5.2007 – 11 Ta 82/07 – juris, zu einem Sparvertrag, der mit einer Frist von 3 Monaten gekündigt werden kann.
60 Vgl. *Thomas/Putzo*, § 115 Rn 17.

Prozesskosten begleichen, bezahlt, so muss das Geld nicht zur Begleichung der Prozesskosten verwendet werden.[61] Werden fällige Schulden bezahlt, so muss das Geld nicht zur Begleichung der Prozesskosten verwendet werden.[61] Eingesetzt werden muss jedoch das Bauspargutthaben eines noch nicht zuteilungsreifen Bausparvertrags.[62] Ist ein Bausparvertrag angespart, um damit ein Darlehen abzulösen, das der Zwischenfinanzierung gedient hat, so ist ein Rückgriff auf das Bauspargutthaben gleichwohl dann nicht zumutbar, wenn dieses zur alsbaldigen Ablösung des Darlehens bestimmt ist.[63] Einzusetzen ist ferner eine auf die Heirat eines Kindes abgeschlossene Kapitallebensversicherung.[64]

Zum Vermögen zählen u.a.:

- Unterhaltsansprüche gegenüber dem Ehepartner, sofern kein regelmäßiger Barunterhalt geleistet wird (hier: Anspruch auf Prozesskostenvorschuss gem. § 1360a Abs. 4 BGB).[65]
- Abfindungen für den Verlust des Arbeitsplatzes,[66] wobei wegen der dem AN durch den Arbeitsplatzverlust typischerweise entstehenden Kosten ein Betrag in Höhe des Schonbetrags für Ledige nach der Durchführungsverordnung zu § 90 Abs. 2 Nr. 9 SGB XII in Abzug zu bringen ist.[67]
- Versicherungsschutz aufgrund einer existierenden Rechtsschutzversicherung,[68]
- Anspruch auf Gewährung gewerkschaftlichen Rechtsschutzes,[69]
- Anspruch auf Erstattung bzw. Freistellung der Kosten des BR für eine Prozessführung gegen den AG gem. § 40 Abs. 1 BetrVG, soweit dieser Anspruch realisiert werden kann.[70] Ist der AG vermögenslos oder aufgrund der Eröffnung eines Insolvenzverfahrens nicht in der Lage, den BR von Prozesskosten freizustellen, ist ein einsetzbares Vermögen i.S.d. § 115 Abs. 3 S. 1 ZPO nicht vorhanden mit der Folge, dass die wirtschaftlichen Voraussetzungen für die Beiordnung eines RA erfüllt sind.[71]

Nicht verwertbar ist allerdings das Vermögen, das unter den Katalog des § 90 Abs. 2 SGB XII fällt oder dessen Verwertung für die Partei oder ihre unterhaltsberechtigten Angehörigen eine Härte bedeuten würde (§ 90 Abs. 3 SGB XII). Nach § 90 Abs. 2 SGB ist der Einsatz bzw. die Verwertung ausgeschlossen:

1. eines Vermögens, das aus öffentlichen Mitteln zum Aufbau oder zur Sicherung einer Lebensgrundlage oder zur Gründung eines Hausstandes erbracht wird;
2. eines Kapitals einschließlich seiner Erträge, das der zusätzlichen Altersvorsorge i.S.d. § 10a oder des Abschn. XI des EStG dient und dessen Ansammlung staatlich gefördert wurde;
3. eines sonstigen Vermögens, solange es nachweislich zur baldigen Beschaffung oder Erhaltung eines Hausgrundstücks i.S.d. Nr. 8 bestimmt ist, soweit dieses Wohnzwecken behinderter (§§ 53 Abs. 1 S. 1, 72 SGB XII) oder

---

61 LAG Hamm 4.4.2005 – 18 Ta 90/05 – LAGReport 2005, 318; LAG Köln 31.5.2007 – 11 Ta 82/07 – juris.
62 BAG 26.4.2006 – 3 AZB 54/04 – MDR 2007, 95.
63 LAG Hamm 2.9.2004 – 4 Ta 827/03 – NZA-RR 2005, 327.
64 BAG 5.5.2006 – 3 AZB 13/05 – LAGReport 2005, 318; LAG Hamm 7.3.2003 – 4 Ta 35/03 – jurisPR-ArbR 7/2003; LAG Köln 30.9.2003 – 13 Ta 291/03 – NZA-RR 2004, 662; LAG Köln 30.1.2002 – 7 Ta 220/01 – AE 2/2002, 77; LAG Hamm 1.2.2002 – 4 Ta 769/91 – AE 2/2002, 79; LAG Nürnberg 27.1.2000 – 3 Sa 140/99 – MDR 2000, 588; LAG Schleswig-Holstein 24.6.1987 – 5 Ta 91/87 – EzA § 115 ZPO Nr. 19; LAG Berlin 18.8.1981 – 12 Sa 63/81 – DB 1981, 2388; LAG Berlin 11.2.1983 – 9 Sa 126/82 – EzA § 115 ZPO Nr. 6; LAG Bremen 16.8.1982 – 4 Ta 38/82 – AP § 115 ZPO Nr. 1; LAG Bremen 20.7.1988 – 1 Ta 38/88 – EzA § 115 ZPO Nr. 23; LAG Köln 7.3.1995 – 7 Ta 22/95 – LAGE § 115 ZPO Nr. 49; LAG Rheinland-Pfalz 6.3.1995 – 1 Ta 14/95 – LAGE § 115 ZPO Nr. 51; Hessisches LAG 7.4.1988 – 13 Ta 28/88 – LAGE § 115 ZPO Nr. 28; LAG Köln 7.6.1988 – 4 Ta 271/87 – LAGE § 115 ZPO Nr. 30; OLG Naumburg 30.10.2002 – 4 W 60/02 – jurisPR-ArbR 11/2003.
65 BAG 24.4.2006 – 3 AZB 12/05 – NZA 2006, 751; LAG Rheinland-Pfalz 16.1.2008 – 7 Ta 4/08 – juris.
66 Vgl. LAG Rheinland-Pfalz 18.8.2004 – 2 Ta 187/04 – AuR 2005, 166; LAG Düsseldorf 12.11.1981 – 7 Ta 153/81 – EzA § 115 ZPO Nr. 1; LAG Düsseldorf 16.2.1983 – 5 Ta 185/82 – EzA § 115 ZPO Nr. 7; LAG Rheinland-Pfalz 28.4.1988 – 1 Ta 76/88 – LAGE § 115 ZPO Nr. 31; LAG Berlin 5.4.1989 – 9 TaBV 6/89; LAG Nürnberg 24.8.1989 – 4 Ta 39/89 – LAGE § 115 ZPO Nr. 40.
68 Vgl. LAG Schleswig-Holstein 4.6.2009 – 1 Ta 107 e/09 – jurisPR-ArbR 40/2009 Anm. 6; LAG Hamm 30.1.2006 – 4 Ta 675/05 – jurisPR-ArbR 26/2006 Anm. 5; LAG Kiel 15.12.2006 – 1 Ta 187/06 – jurisPR-ArbR 11/2007 Anm. 5; LAG Hamm 29.12.2004 – 18 Ta 718/04; LAG Köln 4.3.2004 – 10 Ta 401/03 – juris PR-ArbR 37/2004; LAG Kiel 24.10.2003 – 2 Ta 215/03 – juris; LAG Kiel 8.6.1983 – 4 Ta 80/83 – NW 1984, 830; LAG Düsseldorf 25.3.1983 – 7 Ta 185/82 – EzA § 115 ZPO Nr. 8; Hessisches LAG 21.4.1986 – 13 Ta 104/105/86 – EzA § 115 ZPO Nr. 17; LAG Berlin 10.3.1989 – 9 Ta 4/89 – MDR 1989, 572; LAG Bremen 8.11.1994 – 4 Sa 260 und 267/94 – LAGE § 115 ZPO Nr. 48; LAG Düsseldorf 2.1.1986 – 7 Ta 424/85 – EzA § 115 ZPO Nr. 18; s.a. Hessisches LAG 21.5.2008 – 16 Ta 195/08 – juris, wonach der Vermögenswert des Anspruchs auf kostenlosen Rechtsschutz nach Art 9 Abs. 3 S. 1 GG jederzeit statthaften Austritts aus der Gewerkschaft mit dem Austritt aus dieser verloren geht.
70 LAG Hamm 13.2.1990 – 7 TaBV 9/90 – LAGE § 115 ZPO Nr. 42.
71 ArbG München 24.6.1996 – 19 BV 74/96 – juris.

pflegebedürftiger Menschen (§ 61 SGB XII) dient oder dienen soll und dieser Zweck durch den Einsatz oder die Verwertung des Vermögens gefährdet würde;

4. eines angemessenen Hausrats, wobei die bisherigen Lebensverhältnisse der nachfragenden Person zu berücksichtigen sind;

5. von Gegenständen, die zur Aufnahme oder Fortsetzung der Berufsausbildung oder der Erwerbstätigkeit unentbehrlich sind;

6. von Familien- und Erbstücken, deren Veräußerung für die nachfragende Person oder ihre Familie eine besondere Härte bedeuten würde;

7. von Gegenständen, die zur Befriedigung geistiger, insb. wissenschaftlicher oder künstlerischer Bedürfnisse dienen und deren Besitz nicht Luxus ist;

8. eines angemessenen Hausgrundstücks, das von der nachfragenden Person oder einer anderen in den § 19 Abs. 1 bis 3 SGB XII genannten Personen allein oder zusammen mit Angehörigen bewohnt wird und nach ihrem Tod von Angehörigen bewohnt werden soll. Die Angemessenheit bestimmt sich nach der Zahl der Bewohner, dem Wohnbedarf (z.B. behinderter, blinder oder pflegebedürftiger Menschen), der Grundstücksgröße, der Hausgröße, dem Zuschnitt und der Ausstattung des Wohngebäudes sowie dem Wert des Grundstücks einschließlich des Wohngebäudes;

9. kleinerer Barbeträge oder sonstiger Geldwerte, wobei eine besondere Notlage der nachfragenden Person zu berücksichtigen ist.

Beispielsweise ist die Lebensversicherung auf den Heiratsfall eines Kindes kein Kapital, das der zusätzlichen Altersvorsorge i.S.d. § 90 Abs. 2 Nr. 2 SGB XII dient.[72] Hingegen ist der Einsatz eines Hausgrundstücks wegen besonderer Härte gem. § 90 Abs. 3 SGB XII dann nicht zu verlangen, wenn die voraussichtlichen Gerichts- und Anwaltskosten verhältnismäßig gering sind oder der Einsatz des Hausgrundstücks voraussichtlich zu Einbußen führen würde, welche die Kosten um ein Vielfaches übersteigen.[73] Zu beachten ist, dass das Verneinen einer Härte i.S.d. § 90 Abs. 3 S. 1 SGB XII nicht ausschließt, dass die Verwertung des Vermögens nach § 115 Abs. 3 S. 1 ZPO unzumutbar ist.[74]

4. Persönliche Voraussetzungen (Abs. 1 S. 1). Von den wirtschaftlichen Verhältnissen können die persönlichen Verhältnisse nur schwer getrennt werden, die sich aus den individuellen Besonderheiten der Partei und ihren Lebensumständen ergeben. So kann eine Beiordnung gerechtfertigt sein, wenn die Partei zwar noch über Vermögen verfügt (siehe auch § 115 Abs. 3 ZPO), jedoch abzusehen ist, dass dieses etwa infolge langfristiger Erkrankung alsbald aufgebraucht ist.[75]

5. Unterbleiben der Beiordnung (Abs. 2). Gem. Abs. 2 kann die Beiordnung unterbleiben, wenn sie aus besonderen Gründen **nicht erforderlich** oder die Rechtsverfolgung **offensichtlich mutwillig** ist. Dem Gericht steht insoweit ein Ermessensspielraum zu, ob sie bei Vorliegen der beiden Versagungsgründe einen RA beiordnet.[76]

a) Fehlende Erforderlichkeit. Die Beiordnung eines RA ist nicht erforderlich, wenn die Partei aufgrund ihrer **persönlichen Kenntnisse und Fähigkeiten** in der Lage ist, den Prozess auch ohne Beiordnung eines RA zu führen. Ebenfalls ist eine Beiordnung nicht erforderlich, wenn sich die Partei durch einen Verbandsvertreter bereits vertreten lässt oder vertreten lassen kann, hiervon allerdings bislang keinen Gebrauch gemacht hat,[77] eine anwaltliche Vertretung bereits erfolgt[78] oder der Sachverhalt weder tatsächlich noch rechtlich schwierig gelagert ist.[79] Hingegen ist das Merkmal der Erforderlichkeit gegeben, wenn ein sachliches und persönliches Bedürfnis nach anwaltlicher Unterstützung besteht. Dabei soll es der bedürftigen Partei zuzumuten sein, den Gütetermin abzuwarten. Schließlich sei eine Anwaltsbeiordnung erst dann angesagt, wenn der beklagte AG Einwendungen gegen die Klageforderung erhoben hat.[80]

b) Offensichtlich mutwillige Rechtsverfolgung. Die Rechtsverfolgung ist offensichtlich mutwillig i.S.d. Abs. 2, wenn auf den ersten Blick ohne nähere Prüfung erkennbar ist, dass sie erfolglos sein muss.[81] Dies ist dann

---

[72] BAG 5.5.2006 – 3 AZB 62/04 – AP § 115 ZPO Nr. 6; s.a. OLG Stuttgart 8.4.2008 – 17 WF 66/08 – juris, hinsichtlich einer Kapitallebensversicherung, die nicht im Rahmen eines staatlich geförderten Sparplans zum Aufbau einer zusätzlichen Altersversorgung angespart wird; vgl. dazu auch LAG Berlin-Brandenburg 4.1.2007 – 2 Ta 2161/06 – juris.
[73] LAG Nürnberg 9.12.2004 – 2 Ta 218/04 – MDR 2005, 419 = NZA-RR 2005, 497.
[74] BAG 5.5.2006 – 3 AZB 62/04 – AP § 115 ZPO Nr. 6.
[75] Vgl. Germelmann u.a., § 11a Rn 22.
[76] Vgl. Germelmann u.a., § 11a Rn 71; GK-ArbGG/Bader, § 11a Rn 202.
[77] S.a. Germelmann u.a., § 11a Rn 68; Grunsky, ArbGG, § 11a Rn 9.
[78] Vgl. GK-ArbGG/Bader, § 11a Rn 200.
[79] LAG Düsseldorf 30.8.1984 – 7 Ta 182/84 – EzA § 117 ZPO Nr. 6; LAG Köln 11.7.2008 – 11 Ta 185/08 – juris; LAG Rheinland-Pfalz 11.6.2007 – 9 Ta 151/07 – juris; LAG Schleswig-Holstein 27.12.2007 – 1 Ta 258/07 – juris, für den Fall, dass (lediglich) ein allgemeiner Antrag auf Erteilung eines qualifizierten Zeugnisses gestellt wird; LAG Schleswig-Holstein 13.3.2009 – 5 Ta 22/09 – für den Fall der gerichtlichen Geltendmachung von abgerechneten oder einfach zu berechnenden Vergütungsansprüchen.
[80] LAG Hamm 23.1.2006 – 18 Ta 909/05 – juris; s.a. LAG Hamm 27.7.2005 – 4 Ta 324/05 – juris.
[81] LAG Düsseldorf 29.10.1986 – 14 Ta 245/86 – LAGE § 11a ArbGG 1979 Nr. 4.

der Fall, wenn die Partei trotz eines eindeutigen Hinweises des Gerichts gem. § 139 ZPO an einer Rechtsverfolgung festhält, sich etwa der Korrektur entzieht (z.B. Aufrechterhaltung der Klage trotz Hinweis auf Überschreiten tarifvertraglicher Ausschlussfristen oder anderweitiger Rechtshängigkeit des geltend gemachten Anspruchs).[82] **Nicht offensichtlich mutwillig** handelt der Kläger, der die Beiordnung eines RA für einen vom Ausgang eines Kündigungsschutz-Prozesses abhängigen Antrag auf Lohnzahlung begehrt, weil er seinen Antrag auf Entgeltzahlung schon stellt, bevor über die Kündigungsschutzklage entschieden ist.[83]

6. Antrag (Abs. 1 S. 1, 2). Die Beiordnung eines RA erfordert einen entsprechenden Antrag bei dem Prozessgericht, wobei die Partei ggf. vom Gericht **auf ihr Antragsrecht hinzuweisen** ist (vgl. Abs. 1 S. 1, 2). Bei Bedarf kann das Gericht im Rahmen des § 139 ZPO gehalten sein, die Stellung eines Antrages anzuregen.[84]

Der Antrag kann **zu Protokoll der Geschäftsstelle** vor oder zeitgleich mit der Klageerhebung, längstens aber vor Abschluss des Verfahrens gestellt werden.[85] Auch kann er **als Hilfsantrag** für den Fall gestellt werden, dass einem Antrag auf Gewährung von PKH der Erfolg versagt bleibt.[86]

Dem Antrag sind eine **Erklärung über ihre persönlichen und wirtschaftlichen Verhältnisse** sowie entsprechende Belege beizufügen (vgl. § 117 Abs. 2 ZPO), wobei die Belege zur Glaubhaftmachung der Angaben in dem Antrag dienen. Kommt die Partei der Vorlage erforderlicher Belege innerhalb einer angemessenen Frist nicht nach, so kann der Antrag analog § 124 Nr. 2 ZPO zurückgewiesen werden.[87] Für Sozialhilfeempfänger gelten insoweit Besonderheiten. Auch soweit er im Rahmen einer Verhandlung vor der Kammer ergeht, erfolgt er ohne Hinzuziehung der ehrenamtlichen Richter.[91]

Der Antrag ist zu unterzeichnen, wobei eine eigenhändige **Unterzeichnung** nicht erforderlich ist.[89]

7. Verfahren. Vor der Beiordnung eines RA ist der **Gegenpartei die Möglichkeit zur Stellungnahme** einzuräumen, wobei diese sich auf die Frage beschränkt, ob die Beiordnung aus besonderen Gründen nicht erforderlich oder die Rechtsverfolgung offensichtlich mutwillig ist.[90] Die Entscheidung über die Beiordnungsantrag ergeht durch **Beschluss**. Auch soweit er im Rahmen einer Verhandlung vor der Kammer ergeht, erfolgt er ohne Hinzuziehung der ehrenamtlichen Richter.[91]

Der Beschluss **muss beinhalten**, welche genau bestimmte Person der Partei als RA beigeordnet wird, ob und ggf. in welcher Höhe Monatsraten zu entrichten sind, wann die Ratenzahlungspflicht beginnt und ggf. in welcher Höhe Vermögenswerte einzusetzen sind.

Der Beschluss, der zu begründen ist,[92] ist den Parteien **formlos mitzuteilen**. Sofern eine Verkündung in der mündlichen Verhandlung erfolgt, ist diese in das Protokoll aufzunehmen.

Die Entscheidung kann analog § 127 Abs. 2, 3 ZPO mit der **sofortigen Beschwerde** angefochten werden, über die sodann gem. § 78 S. 3 das LAG ohne Mitwirkung der ehrenamtlichen Richter entscheidet. Sofern zugelassen, kann gegen die Entscheidung des LAG Rechtsbeschwerde eingelegt werden,[93] über die das BAG entscheidet (vgl. § 78 S. 2, 3). Die sofortige Beschwerde ist beim zuständigen ArbG oder LAG einzulegen. Die hierfür zu beachtende **Notfrist** beträgt einen Monat. Diese beginnt für den Antragsteller mit der Zustellung, für die Staatskasse mit der Bekanntgabe des Beschlusses. Nach Ablauf von drei Monaten seit der Verkündung bzw. der Übergabe der unterschriebenen Entscheidung an die Geschäftsstelle ist die Beschwerde nicht mehr statthaft.

Für den **Antragsteller** ist die sofortige Beschwerde nur statthaft, sofern gegen ein Urteil in der Hauptsache die Einlegung der Berufung möglich wäre. Dies ist gegeben, wenn der Wert des Beschwerdegegenstandes in der Hauptsache 600 EUR übersteigt (§ 64 Abs. 2 lit. b) oder die Hauptsache das Bestehen, das Nichtbestehen oder die Kündigung eines Arbverh zum Gegenstand hat (§ 64 Abs. 2 lit. c). Unabhängig hiervon ist die Statthaftigkeit gegeben, sofern die Berufung sonst hätte zugelassen werden müssen.[94] Die Staatskasse kann für eine Beiordnung, die persönlichen Verhältnissen des Antragstellers erfolgt ist. Nicht überprüfbar ist hingegen eine mangelnde Erforderlichkeit sowie offensichtliche Mutwilligkeit hinsichtlich der Rechtsverfolgung.[95]

---

[82] S.a. *Germelmann u.a.*, § 11a Rn. 70.
[83] Hessisches LAG 22.10.1984 – 7 Ta 292/84 – AuR 1985, 229.
[84] Vgl. *Germelmann u.a.*, § 11a Rn. 64;GK-ArbGG/*Bader*, § 11a Rn 180.
[85] LAG Nürnberg 4.8.2008 – 5 Ta 183/07 – juris.
[86] S.a. LAG Berlin-Brandenburg 11.6.2007 – 15 Ta 1077/07 – juris; Sächsisches LAG 23.12.2005 – 3 Ta 362/05 – juris.
[87] *Germelmann u.a.*, § 11a Rn 60; LAG Düsseldorf 16.8.1984 – 7 Ta 177/84 – EzA § 117 ZPO Nr. 5; LAG Hamm 13.8.1981 – 1 Ta 131/81 – § 117 ZPO Nr. 2; LAG Hamm 20.8.1981 – 1 Ta 109/81 – EzA § 117 ZPO Nr. 3.
[88] *Germelmann u.a.*, § 11a Rn 61.
[89] Vgl. *Germelmann u.a.*, § 11a Rn 62; GK-ArbGG/*Bader*, § 11a Rn 182, 36; a.A. LAG Düsseldorf 28.10.1982 – 7 Ta 163/82 – EzA § 117 ZPO Nr. 4.
[90] *Germelmann u.a.*, § 11a Rn 76 f.
[91] Vgl. *Germelmann u.a.*, § 11a Rn 79; GK-ArbGG/*Bader*, § 11a Rn 204.
[92] LAG Hamm 24.4.1981 – 1 Ta 57/81 – EzA § 114 ZPO Nr. 1.
[93] S.a. BAG 11.6.2009 – 9 AZA 8/09.
[94] *Germelmann u.a.*, § 11a Rn 85.
[95] *Germelmann u.a.*, § 11a Rn 89.

8. Folgen einer Beiordnung. Die Beiordnung hat zur Folge, dass die Partei von dem Zeitpunkt der Mitteilung über die Beiordnung des RA im Rahmen der Anträge und Streitgegenstände, die im Zeitpunkt der Antragstellung anhängig waren, **von der Kostentragungspflicht befreit** ist, soweit es die Gebühren für den RA sowie dessen Auslagen betrifft. Demzufolge hat bei jeder Erweiterung des Streitgegenstandes eine erneute Beiordnung zu erfolgen.[96] Die Kostenbefreiung beinhaltet dagegen nicht die Gebühren und Auslagen des Gerichts. Ein nicht am Prozessgericht ansässiger RA kann beigeordnet werden, sofern die Staatskasse keine höheren Kosten entstehen als bei der Beiordnung eines ortsansässigen RA.[97] Entsprechendes gilt für die Beiordnung eines Korrespondenzanwalts.[98]

II. Prozesskostenhilfe (Abs. 2a bis 3)

Der am 21.12.2004 in Kraft getretene Abs. 2a erstreckt die Abs. 1, 2 auf die grenzüberschreitende PKH innerhalb der EU nach der RL 2003/8/EG. Abs. 3 erklärt die Vorschriften der ZPO über die PKH und über die grenzüberschreitende PKH innerhalb der EU nach der RL 2003/8/EG für die Verfahren vor der Gerichten für Arbeitssachen für entsprechend anwendbar. Demgemäß kann sowohl für das Verfahren vor dem ArbG als auch für das Verfahren vor dem LAG und dem BAG PKH analog § 114 ff. ZPO gewährt werden. **Praktische Bedeutung** kommt der PKH vor dem ArbG v.a. dann zu, wenn die genericherische Partei nicht durch einen RA vertreten ist, die Beiordnung eines RA gem. Abs. 1 S. 1 mithin ausscheidet.

1. Voraussetzungen. Für die Gewährung von PKH gelten im Wesentlichen die Grundsätze, wie sie für die Beiordnung dargelegt sind. Insoweit wird auf die Ausführungen unter Rn 5 ff. verwiesen. Soweit ein Gewerkschaftsmitglied die Gewährung von PKH begehrt, ist zu beachten, dass es diesem vorwehrt ist, sich auf den Verlust des gewerkschaftlichen Rechtsschutzes zu berufen, wenn es diesen infolge der Weigerung, Beitragsrückstände auszugleichen, verloren hat.[99] Da die Prüfung der Erforderlichkeit nach Abs. 2 auf die Beiordnung gem. Abs. 1 beschränkt ist, ist Abs. 2 im Rahmen des § 121 Abs. 2 Alt. 2 ZPO auch nicht entsprechend anwendbar.[100]

In Abweichung zu den Voraussetzungen für eine Beiordnung setzt § 114 ZPO für die Gewährung von PKH voraus, dass die beabsichtigte Rechtsverfolgung oder Rechtsverteidigung hinreichende Aussicht auf Erfolg bietet und nicht mutwillig erscheint.

Ob eine Rechtsverfolgung bzw. Rechtsverteidigung **hinreichende Aussicht auf Erfolg** hat, ist unter Beachtung objektiver Maßstäbe danach zu beurteilen, ob die betreffende Partei den Rechtsstreit auch im Falle ausreichender Geldmittel führen würde. Der Parteivortrag muss als vertretbar bezeichnet werden können, wobei die Anforderungen an die tatsächlichen und rechtlichen Voraussetzungen nicht überspannt werden dürfen.[101] Für eine gewisse Erfolgsaussicht sprechen die Erforderlichkeit einer Beweisaufnahme zur Sachverhaltsermittlung[102] sowie die Zulassung eines Rechtsmittels durch das erkennende Gericht. Eine Erfolgsaussicht ist hingegen zu verneinen, wenn der Klägervortrag unschlüssig bzw. das Beklagtenvorbringen unerheblich ist.[103] Maßgeblich für die Beurteilung der hinreichenden Erfolgsaussichten ist der Zeitpunkt, in dem das Gericht über den PKH-Antrag entscheidet.[104]

Mutwillig ist eine Rechtsverfolgung bzw. Rechtsverteidigung, wenn die Partei in ihrem prozessualem Verhalten von demjenigen abweicht, das eine verständige und ausreichend bemittelte Partei in der gleichen Prozesssituation an den Tag legen würde.[105] Dies ist etwa dann der Fall, wenn eine Klage auf Erteilung eines Zeugnisses erhoben wird, ohne zuvor außergerichtlich erfolglos den Anspruch geltend gemacht zu haben und keine Anhaltspunkte dafür bestehen, dass der AG den Anspruch nicht erfüllen will.[106] Ebenfalls handelt mutwillig, wer trotz zugestandenen Diebstahls eine Künd.-Schutzklage erheben will.[107] Gleiches gilt, wenn eine streitige Schadensersatzforderung vor Stellung des PKH-Antrags durch einen Vergleich in einem anderen Prozess erledigt wurde.[108] Weiter ist von einer Mutwilligkeit zu sprechen, wenn von zwei gleichwertigen prozessualen Wegen der kostspieligere beschritten wird.[109] Schlussendlich handelt mutwillig, wer eine Vielzahl von Klagen auf Zahlung von Schadensersatz und Entschädigung wegen behaupteter Diskriminierung bei Stellenausschreibungen erhebt, ohne sich ernsthaft auf eine der ausgeschrie-

---

96 Vgl. *Germelmann u.a.*, § 11a Rn 94.
97 Vgl. LAG München 7.9.2009 – 8 Ta 272/09 – juris; LAG München 4.12.2008 – 8 Ta 473/08 – juris; Thüringer LAG 9.9.2008 – 7 Ta 79/08 – juris; LAG Rheinland-Pfalz 29.1.2006 – 2 Ta 16/06 – juris; s.a. LAG Rheinland Pfalz 29.12.2005 –9 Ta 294/05 – juris; LAG Hamm 18.11.2005 – 18 Ta 269/05 – juris; LAG Schleswig-Holstein 25.7.2005 – 1 Ta 67/05 – juris; BAG 18.7.2005 – 3 AZB 65/03 – NZA 2005, 1078–1079.
98 LAG Köln 18.1.2006 – 9 (6) Ta 430/05 – NZA-RR 2006, 380.
99 LAG Hamm 29.12.2004 – 18 Ta 718/04 – jurisPR-ArbR 9/2005.
100 LAG Hamm 30.12.2008 – 14 Ta 118/08 – juris; LAG Hamm 10.11.2008 –14 Ta 123/08 – juris.
101 LAG Köln 2.9.2004 – 4 Ta 230/04 – jurisPR-ArbR 4/2005.
102 S.a. LAG Rheinland-Pfalz 12.3.2007 – 6 Ta 54/07 – juris.
103 Vgl. *Hauck/Helml*, § 11a Rn 14; *Germelmann u.a.*, § 11a Rn 108.
104 LAG Schleswig-Holstein 5.11.2003 – 1 Ta 169/03 – NZA-RR 2004, 434.
105 Vgl. LAG Schleswig-Holstein 8.6.1983 – 4 Ta 80/83 – NJW 1984, 830; *Germelmann u.a.*, § 11a Rn 109; LAG Köln 11.7.2008 – 11 Ta 185/08 – juris; LAG Köln 9.11.2005 – 4 Ta 346/05 – juris.
106 LAG Berlin 19.6.2002 – 3 Ta 1034/02 – juris.
107 LAG Rheinland-Pfalz 15.8.2008 – 11 Ta 124/08 – juris.
108 LAG Köln 18.12.2006 – 4 Ta 449/06 – juris.
109 LAG Köln 11.7.2008 – 11 Ta 185/08 – juris.

benen Stellen beworben zu haben.[110] Hingegen kann von einer Mutwilligkeit nicht gesprochen werden, wenn Vergütungsansprüche neben einem Künd-Schutzantrag mit einem weiteren Hauptantrag und nicht mit einem vom Erfolg der Künd-Schutzklage abhängigen (uneigentlichen) Hilfsantrag verfolgt werden.[111] Nach einer Entscheidung des LAG Niedersachsen vom 23.3.2009[112] ist es eine Frage des Einzelfalls, ob die Erhebung einer Zahlungsklage bei unstreitigen Vergütungsansprüchen ohne Durchführung des kostengünstigeren Mahnverfahrens mutwillig ist. Jedenfalls bei einer drohenden Verzögerungsabsicht des Schuldners könne sogleich eine Zahlungsklage erhoben werden. Gleiches soll bei einer drohenden Zahlungsunfähigkeit oder Insolvenz des Schuldners gelten.[113] Für die Beurteilung der Frage der Mutwilligkeit kommt es auf den Zeitpunkt der Entscheidung über den PKH-Antrag an.[114]

2. Antrag, Verfahren. Für den Antrag auf Bewilligung von PKH sowie für das Verfahren gelten die Grundsätze für die Beiordnung eines RA entsprechend, so dass auf die Ausführungen unter Rn 25 ff. zu verweisen ist. Zu beachten ist, dass sich ein im PKH-Verfahren ergangener Verweisungsbeschluss nur auf das PKH-Verfahren, nicht jedoch auch auf das Hauptsacheverfahren erstreckt. Dies kann im Einzelfall dazu führen, dass über den PKH-Antrag sowie im Hauptsacheverfahren Gerichte unterschiedlicher Rechtswege entscheiden.[115] **38**

Ist ein PKH-Beschluss mit Einschränkungen versehen, dann steht dem beigeordneten RA das Recht der sofortigen Beschwerde nach § 127 Abs. 2, 3 ZPO zu, da der Umfang der Beiordnungen für die Höhe des Vergütungsanspruches des RA maßgeblich ist.[116]

Die **verfahrenswidrige Verzögerung** der gerichtlichen Entscheidung über einen PKH-Antrag ist einer ablehnenden Entscheidung gleichzusetzen mit der Folge, dass der Antragsteller die **sofortige Beschwerde** analog § 127 Abs. 2 S. 2 ZPO einlegen kann.[117] **39**

Sofern die PKH nach § 124 Nr. 4 ZPO aufgehoben ist, darf die betroffene Partei für dieselbe Instanz nicht erneut PKH beantragen. Etwas anderes gilt ausnahmsweise dann, wenn sich die persönlichen und wirtschaftlichen Verhältnisse der Partei ändern.[118] **40**

Sofern es die **grenzüberschreitende PKH** betrifft, finden die §§ 1076 bis 1078 ZPO Anwendung. § 1076 erklärt die §§ 114 bis 127a ZPO für anwendbar, soweit in den §§ 1077, 1078 ZPO nichts Abweichendes bestimmt ist. § 1077 ZPO betrifft das ausgehende Ersuchen auf grenzüberschreitende PKH, § 1078 ZPO das eingehende Ersuchen auf grenzüberschreitende PKH. **41**

3. Folgen der Bewilligung von Prozesskostenhilfe. Die Bewilligung von PKH hat zur Folge, dass die Partei nicht nur von den **Gebühren und Auslagen seines RA**, sondern ferner von den **Gerichts- sowie Gerichtsvollzieherkosten** befreit wird. Lediglich die Kosten, die der gegnerischen Partei ggf. zu erstatten sind, hat die Partei zu tragen (vgl. §§ 122, 123 ZPO; s.a. § 12a Abs. 1 S. 1, wonach im Urteilsverfahren des ersten Rechtszuges kein Anspruch der obsiegenden Partei auf Entschädigung wegen Zeitversäumnis und auf Erstattung der Kosten für die Zuziehung eines Prozessbevollmächtigten oder Beistands besteht).[119] **42**

Maßgeblicher Zeitpunkt für die Bewilligung ist die ordnungsgemäße Antragstellung. Dies hat zur Folge, dass PKH erst zu diesem Zeitpunkt bewilligt werden kann – wobei eine rückwirkende Bewilligung auf diesen Zeitpunkt nicht ausgeschlossen ist.[120] **43**

4. Aufhebung und Änderung der Bewilligung. Das Gericht kann die Bewilligung der PKH aufheben und ändern.[121] Die Voraussetzungen hierfür sind dem § 124 ZPO zu entnehmen. **44**

a) Regelungsgehalt des § 124 ZPO. Gem. § 124 ZPO kann das Gericht die Bewilligung der PKH aufheben, wenn: **45**

1. die Partei durch unrichtige Darstellung des Streitverhältnisses die für die Bewilligung der PKH maßgebenden Voraussetzungen vorgetäuscht hat;
2. die Partei absichtlich oder aus grober Nachlässigkeit unrichtige Angaben über die persönlichen oder wirtschaftlichen Verhältnisse gemacht oder eine Erklärung nach § 120 Abs. 4 S. 2 ZPO nicht abgegeben hat;

---

110 LAG Hamburg 12.1.2009 – 3 Ta 26/08 – juris; LAG Hamburg 19.11.2008 – 3 Ta 19/08 – juris.
111 Hessisches LAG 16.2.2005 – 16 Ta 13/05 – juris.
112 LAG Niedersachsen 23.3.2009 – 9 Ta 9/09 – juris.
113 LAG Schleswig-Holstein 6.7.2009 – 5 Ta 124/09 – juris für den Fall der Geltendmachung von Verzugslohnansprüchen des AN, obwohl der in einem Künd-Schutzrechtsstreit erstinstanzlich unterlegene AG Berufung eingelegt hat.
114 LAG Köln 18.12.2006 – 4 Ta 449/06 – juris; s.a. LAG Köln 27.9.2006 – 2 Ta 383/06 – juris.
115 Vgl. BAG 27.10.1992 – 5 AS 5/92 – NZA 1993, 285.
116 Hessisches LAG 6.12.2006 – 2 Ta 584/06 – juris.
117 LAG Hamm, 30.10.2006 – 18 (7) Ta 249/06 – AE 2007, 94–95; LAG Köln 9.6.2004 – 3 Ta 185/04 – jurisPR-ArbR 37/2004.
118 LAG Hamm 12.5.2003 – 18 Ta 240/03 – juris.
119 *Keil*, S. 487; LAG Bremen 20.12.1989 – 4 Ta 82/89 – AP § 119 ZPO Nr. 1.
120 Hessisches LAG 21.7.2006 – 12 Ta 198/06 – juris.
121 Vgl. *Thomas/Putzo*, § 124 Rn 1 ff.; s.a. BAG 25.11.2008 – 3 AZB 55/08.

3. die persönlichen oder wirtschaftlichen Voraussetzungen für die PKH nicht vorgelegen haben; in diesem Fall ist die Aufhebung ausgeschlossen, wenn seit der rechtskräftigen Entscheidung oder sonstigen Beendigung des Verfahrens vier Jahre vergangen sind;
4. die Partei länger als drei Monate mit der Zahlung einer Monatsrate oder mit der Zahlung eines sonstigen Betrages im Rückstand ist.

46 Sofern die vorgenannten Voraussetzungen erfüllt sind, kann statt einer **vollständigen Aufhebung** der Bewilligung eine **Änderung** in Betracht kommen.[122]

47 **b) Bedeutung für das arbeitsgerichtliche Verfahren.** Der Tatbestand des § 124 Nr. 1 ZPO ist bspw. dann erfüllt, wenn die Partei wesentliche Punkte für die Beurteilung des Sachverhalts durch Verschweigen nicht dargelegt hat und das Gericht aufgrund der gelieferten Angaben im Bewilligungszeitpunkt zunächst eine umfassende Einschätzung des Sachverhalts nicht vornehmen konnte. In dem vom LAG Rheinland-Pfalz[123] entschiedenen Fall hatte sich ein Student auf eine Männer benachteiligende Stelle vergebens beworben und daraufhin von dem AG Schadensersatz wegen geschlechtsbezogener Benachteiligung gefordert. Erst im Laufe des Rechtsstreits wurde bekannt, dass sich der Student, der offensichtlich nicht die ausgeschriebene Stelle erlangen wollte, auf mehr als 100 nicht geschlechtsneutral ausgeschriebene Stellen beworben hatte, um jeweils Schadensersatz zu erhalten.

III. Verwendung von Formularen (Abs. 4)

48 Gem. Abs. 4 ist das BMAS ermächtigt, zur Vereinfachung und Vereinheitlichung des Verfahrens durch Rechts-VO mit Zustimmung des Bundesrates Formulare für die Erklärung der Partei über ihre persönlichen und wirtschaftlichen Verhältnisse (§ 117 ZPO) einzuführen. Derzeit ist der durch PKH-Vordruckverordnung vom 17.10.1994 (PKHVV[124]) eingeführte Vordruck zu verwenden. Dieser Vordruck bzw. dieses Formular ist sowohl für den Antrag auf Bewilligung von PKH als auch für den Antrag auf Beiordnung eines RA zu benutzen.[125] Sofern dies trotz entsprechenden Hinweises des Gerichts unterbleibt, besteht die Gefahr, dass der Antrag abgelehnt wird (vgl. § 117 Abs. 2, 4 ZPO).[126] Jedenfalls kann eine Bewilligung erst ab dem Eingang der vollständig ausgefüllten Erklärung erfolgen.[127]

49 Mit der Verordnung zur Einführung eines Vordrucks für die Erklärung über die persönlichen und wirtschaftlichen Verhältnisse bei PKH sowie eines Vordrucks für die Übermittlung der Anträge auf Bewilligung von PKH im grenzüberschreitenden Verkehr vom 21.12.2004 wurden für die Erklärung sowie für die Übermittlung derartiger Anträge entsprechende Vordrucke eingeführt, die seit dem 23.12.2004 gelten.[128]

C. Beraterhinweise

50 Die Vorschrift hat in den vergangenen Jahren an Bedeutung gewonnen. Zurückzuführen ist dies v.a. auf die zurückgehenden Mitgliederzahlen bei den Gewerkschaften. Es zeichnet sich nicht ab, dass sich dieser Trend umkehrt. Vielmehr kann derzeit – auch unter Berücksichtigung der demografischen Entwicklung – von dem Umstand ausgegangen werden, dass sich die Mitgliederzahlen auch zukünftig negativ entwickeln.

51 Mit dem Mitgliederrückgang korrespondiert die Zunahme der anwaltlichen Prozessvertretung vor den Gerichten in der Arbeitsgerichtsbarkeit. Sofern im Einzelfall nicht auf eine **Rechtsschutzversicherung** zurückgegriffen werden kann, wird vielfach die Notwendigkeit bestehen, auf die Möglichkeit der Inanspruchnahme von PKH zurückzugreifen.

52 Sofern sich ein **Gewerkschaftsmitglied** an einen RA wendet und um die Prozessvertretung nachsucht, ist bereits in der anwaltlichen Erstberatung zu beachten, dass Gewerkschaftsmitglieder grds. von der Inanspruchnahme von PKH ausgeschlossen sind. Gewerkschaftsmitglieder sind insoweit gehalten, von der für sie kostenlosen Vertretung durch einen Gewerkschaftssekretär bzw. einen Prozessbevollmächtigten der DGB Rechtsschutz GmbH Gebrauch zu machen. Hierbei haben sie ggf. Umstände zu beseitigen, die einer Rechtsschutzgefährdung entgegenstehen. Diesbezüglich ist u.a. an eine Nachzahlung anstehender Gewerkschaftsbeiträge zu denken. Auch sind sie unter Umständen gehalten, bei ihrer Gewerkschaft auf einer Änderung der Entscheidung auf Versagung gewerkschaftlichen Rechtsschutzes hinzuwirken, sofern die Gewährung von Rechtsschutz ohne sachliche Begründung versagt worden ist.[129] Etwas anderes soll nach einer Entscheidung des Hessischen LAG allerdings dann gelten, wenn ein AN von

---

122 Vgl. *Thomas/Putzo*, § 124 Rn 1.
123 LAG Rheinland-Pfalz 16.8.1996 – 4 Ta 162/96 – NZA 1997, 115 = BB 1996, 2523.
124 BGBl I S. 3001, zuletzt geändert durch Gesetz v. 27.12.2003, BGBl I 2003 S. 3022.
125 Das LAG Rheinland-Pfalz 18.12.2007 – 11 Ta 277/07 – juris, spricht insoweit von einem Benutzungszwang.
126 LAG Hamm 13.8.1981 – 1 Ta 121/81 – EzA § 117 ZPO Nr. 2 für den Fall, dass der Vordruck nicht vollständig ausgefüllt, die wirtschaftlichen Verhältnisse aber in einer beigefügten Erklärung dargelegt und ihre Richtigkeit an Eides statt versichert wurde.
127 LAG Hamm 20.11.2002 – 4 Ta 96/02 – NZA 2003, 456.
128 BGBl I 2004 S. 3538 ff.
129 LAG Kiel 15.12.2006 – 1 Ta 187/06 – jurisPR-ArbR 11/2007 Anm. 5.

seinem nach Art. 9 Abs. 3 S. 1 GG verbrieften Recht Gebrauch macht und aus der Gewerkschaft austritt. In so einem Fall kann dem AN für die Zeit nach der Beendigung der Mitgliedschaft in der Gewerkschaft PKH bewilligt werden.[130]

§ 12 Kosten

¹Die Justizverwaltungskostenordnung und die Justizbeitreibungsordnung gelten entsprechend, soweit sie nicht unmittelbar Anwendung finden. ²Bei Einziehung der Gerichts- und Verwaltungskosten leisten die Vollstreckungsbehörden der Justizverwaltung oder die sonst nach Landesrecht zuständigen Stellen den Gerichten für Arbeitssachen Amtshilfe, soweit sie diese Aufgaben nicht als eigene wahrnehmen. ³Vollstreckungsbehörde ist für die Ansprüche, die beim Bundesarbeitsgericht entstehen, die Justizbeitreibungsstelle des Bundesarbeitsgerichts.

Literatur: *Arandl/Faeckx*, Gegenstandswert der Freistellung eines Arbeitnehmers bei Beendigung des Arbeitsverhältnisses, NZA 1998, 281; *Oestreich/Winter/Hellstab*, Gerichtskostengesetz, Kommentar, Loseblatt, Stand 2007; *Roloff*, Das moderne Kostenrecht im arbeitsgerichtlichen Verfahren, NZA 2007, 900; *Worzalla*, Neues zu Gebühren und Streitwerten im Arbeitsrecht, JurBüro 1999, 286

A. Allgemeines	1
B. Regelungsgehalt	
I. Kosten	2
1. Grundbegriffe	2
2. Sonderfall der Kostenprivilegierung	4
3. Gebühren im Urteilsverfahren I. Instanz	5
4. Gebühren im Rechtsmittelverfahren	11
5. Erhebung der Kosten	14
a) Verbot der Erhebung von Kostenvorschüssen	14
b) Fälligkeit der Kosten	15
c) Kostenschuldner	19
d) Einziehung der Kosten	20
6. Auslagen	21
e) Gerichtskostenfreie Verfahren	21
II. Streitwertfestsetzung	22
1. Streitwertfestsetzung im Urteil	23
2. Streitwertfestsetzung nach § 63 GKG	24
3. Wertfestsetzung nach § 33 RVG	32
4. Streitwertberechnung bei Bestandsstreitigkeiten	36
5. Wiederkehrende Leistungen	45
6. Eingruppierungen	47
7. Einzelfälle zur Streitwertfestsetzung im Urteilsverfahren	48

A. Allgemeines

§ 12 enthielt in der bis zum 30.6.2004 geltenden Fassung Sonderregelungen über die Erhebung und Berechnung der Gerichtskosten im arbeitsgerichtlichen Verfahren sowie für die Wertberechnung als Grundlage der Kostenberechnung. Nur soweit Sonderregelungen fehlten, fanden die Bestimmungen des Gerichtskostengesetzes Anwendung. § 1 Abs. 4 GKG a.F. Mit dem Gesetz zur Modernisierung des Kostenrechts (Kostenrechtsmodernisierungsgesetz – KostRMoG) vom 5.5.2004,[1] in Kraft getreten am 1.7.2004, wurden im arbeitsgerichtlichen Wert- und Kostenvorschriften in das GKG eingestellt. Um die Gebührenvorschriften in die Struktur des GKG einzupassen, wurde die bisherige Gebührentabelle der GKG (Anlage 2 (zu § 12 Abs. 2 a.F.) zum ArbGG mit den hierauf abgestimmten Gebührensätzen in Anlage 1 (Gebührenverzeichnis zu § 12 Abs. 1 a.F.) nicht übernommen. Zum besseren Verständnis der Neuregelung orientiert sich die folgende Darstellung weitgehend an dem bisherigen Aufbau des § 12. 1

B. Regelungsgehalt

I. Kosten

1. Grundbegriffe. Begrifflich untergliedern sich die **Gerichtskosten** in Gebühren und Auslagen, § 1 GKG. Bei den **Gebühren** handelt es sich um öffentliche Abgaben aus Anlass einer besonderen Inanspruchnahme des Staates, die ohne Beziehung zu einem feststehenden oder exakt messbaren Aufwand erhoben werden. In der Sache sind es besondere Justizsteuern, auf die der Staat zur Erfüllung seiner Aufgaben angewiesen ist, ohne dass sie kostendeckend sind. **Auslagen** sind Aufwendungen der Gerichte im jeweiligen Verfahren. Die Gerichtskosten (Gebühren und Auslagen) sind Teil der im Verfahren entstehenden Prozesskosten, zu denen auch die außergerichtlichen Kosten (Anwaltsgebühren, Auslagen der Parteien, Reisekosten für die Wahrnehmung von Terminen) zählen. Für Gebühren und Auslagen gilt das Enumerationsprinzip, d.h. sie können nur in Ansatz gebracht werden, wenn hierfür ein gesetzlicher Kostentatbestand vorliegt. Soweit Vorschriften über die Erhebung von Kosten nicht bestehen, herrscht grds. Gerichtskostenfreiheit. 2

---
[130] Hessisches LAG 21.5.2008 – 16 Ta 195/08 – juris.

[1] BGBl I S. 718.

3 Mit dem Kostenrechtsmodernisierungsgesetz (KostRMoG) hat der Gesetzgeber das GKG vollständig neu gefasst. Die arbeitsgerichtlichen Wert- und Kostenvorschriften des § 12 a.F. wurden – von Abs. 6 der Vorschrift abgesehen – in das GKG integriert. Für alle Rechtszüge wurde das – bereits in der ersten Instanz bekannte – Pauschalgebühren-system eingeführt; das gesamte Verfahren wird kostenmäßig durch eine pauschale Verfahrensgebühr abgegolten. Die konkrete Höhe der Gebühren richtet sich nach dem Wert des Streitgegenstandes (Streitwert) und ist der **Anlage 2 zum GKG** (Anlage 2 zu § 34 GKG) zu entnehmen. Aus dem **Kostenverzeichnis** (KV) in der amtlichen **Anlage 1 zu § 3 Abs. 2 GKG** (Teil 8 – Verfahren vor den Gerichten der Arbeitsgerichtsbarkeit) ergibt sich, für welche Verfahren eine Gebühr in welcher Höhe des Tabellensatzes anfällt. Teil 8 des Kostenverzeichnisses (Anlage 1 zu § 3 Abs. 2 GKG) untergliedert sich in acht Hauptabschnitte. Der Grundsatz der Kostenschonung im arbeitsgerichtlichen Verfahren findet dadurch Berücksichtigung, dass bei einzelnen Gebührentatbeständen eine Gebührenprivilegierung eintritt.

4 **2. Sonderfall der Kostenprivilegierung.** Nach der Vorbemerkung 8 zu Teil 8 des Kostenverzeichnisses entfällt bei Beendigung des Verfahrens durch einen gerichtlichen Vergleich die in dem betreffenden Rechtszug angefallene Gebühr; im ersten Rechtszug entfällt auch die Gebühr für das Verfahren über den Antrag auf Erlass eines Vollstreckungsbescheids. Dies gilt nicht, wenn der Vergleich nur einen Teil des Streitgegenstands betrifft (Teilvergleich). Die **Gebührenfreiheit** greift nur bei einer Beendigung des Verfahrens durch einen **gerichtlichen Vergleich** ein, während nach früherem Recht ein in dem Gericht mitgeteilter Vergleich genügte. Es ist unerheblich, in welcher Verfahrensart der Vergleich geschlossen wurde. Ausreichend ist ein einstweiliges Verfügungsverfahren (Hauptabschnitt 3) oder ein selbständiges Beweisverfahren (Hauptabschnitt 4). Die Parteien müssen in dem Verfahren einen **Prozessvergleich** geschlossen haben.[2] Darunter ist nur ein Vergleich zu verstehen, der die Voraussetzungen des § 794 Abs. 1 Nr. 1 ZPO erfüllt; das Verfahren nach § 278 Abs. 6 ZPO ist ausreichend. Dagegen handelt es sich nicht um einen Prozessvergleich, wenn die Parteien die Einigung trotz eines Anwaltszwangs ohne Mitwirkung von Anwälten gleich das selbst dann, wenn diese Einigung vor dem Gericht stattfindet. Ein gerichtlicher Vergleich liegt auch dann nicht vor, wenn die Parteien einen Vergleichsvorschlag des Gerichts **außergerichtlich** annehmen oder wenn es sich um einen **Anwaltsvergleich** nach § 796a bis c ZPO handelt, bei dem das Gericht nur für die Vollstreckbarkeitserklärung zuständig ist, nicht für sein Zustandekommen oder seinen Inhalt. Voraussetzung für die Gebührenbefreiung ist stets, dass der Vergleich ein gegenseitiges Nachgeben i.S.d. § 779 BGB erkennen lässt; einseitiges Nachgeben genügt nicht. Ausreichend ist ein Nachgeben im Kostenpunkt. Das trifft zu, wenn die Gerichtskosten geteilt und die außergerichtlichen Kosten gegeneinander aufgehoben werden. Die Gebührenfreiheit tritt auch bei einer Erledigung durch einen gerichtlichen Vergleich nach streitiger Verhandlung und unabhängig davon ein, ob bis zum Vergleichsabschluss nicht rechtshängige Ansprüche einbezogen werden. Zwar findet sich die Ergänzung im früheren Recht, dass die Verfahrensgebühr auch dann wegfällt, wenn der Wert des Vergleichsgegenstandes den Wert des Streitgegenstandes übersteigt, in der Vorbemerkung 8 nicht mehr. Auch der Gesetzesbegründung gibt keiner Aufschluss über die Folgen der geänderten Gesetzesfassung. Die Gebührenfreiheit ergibt sich jedoch aus dem erklärten Willen des Gesetzgebers, grds. jede Form der Verständigung zwischen AN und AG in besonderer Weise auch gebührenrechtlich zu fördern. Beschränkt sich der Prozessvergleich auf einen Teil des Rechtsstreits, tritt eine Gebührenfreiheit nicht ein; auch die Kostenentscheidung darf nicht mehr offen sein.[3] Wird der gerichtliche Vergleich nach Verkündung, aber vor Eintritt der Rechtskraft eines die Instanz abschließenden Urteils bzw. Einlegung eines Rechtsmittels geschlossen, entfällt die Gerichtsgebühr.[4]

5 **3. Gebühren im Urteilsverfahren I. Instanz. In Urteilsverfahren des ersten Rechtszuges** (Hauptabschnitt 2, Abschnitt 1) beträgt die Gebühr für das Verfahren im Allgemeinen das Zweifache der Gebühr nach § 34 GKG (Nr. 8210 KV GKG). Die Gebühr entfällt bei Beendigung des gesamten Verfahrens **ohne streitige Verhandlung**, wenn kein VU ergeht, Voraussetzung ist eine endgültige prozessuale Erledigung des Verfahrens.[5] Die Güteverhandlung nach § 54 ist keine streitige Verhandlung i.S.d. Nr. 8210 KV GKG.[6] Dies gilt selbst dann, wenn in der Güteverhandlung die Anträge protokolliert worden sind; durch das Stellen der Anträge in der Güteverhandlung wird noch keine streitige Verhandlung eingeleitet. Die Erörterung der Sach- und Rechtslage durch das Gericht zum Zweck der Anträge mit dem Ziel einer Vermeidung des streitigen Verfahrens ist ebenfalls noch kein streitiges Verhandeln über die Hauptsache. Eine Gebührenbefreiung tritt nur ein, wenn das Verfahren **insgesamt** beendet ist.[7]

6 **Erledigungserklärungen** nach § 91a ZPO sind nach Abs. 2 der Anmerkung in die Gebührenbefreiung einzubeziehen, wenn entweder eine Entscheidung über die Kosten überhaupt nicht ergeht, weil die Parteien auf eine Kostenentscheidung verzichten, oder aber die Entscheidung einer zuvor dem Gericht mitgeteilten (außergerichtlichen) Einigung der Parteien in der Kostenfrage bzw. der Erklärung einer Partei, die Kosten übernehmen zu wollen, folgt.

---

2 *Roloff*, NZA 2007, 900.
3 BAG 16.4.2008 – 6 AZR 1049/06 – NZA 2008, 783.
4 LAG Hamm 24.7.1974 – 8 Ta 54/73 – AP § 12 ArbGG 1953 Nr. 12; *Schneider*, MDR 1986, 22; *Roloff*, NZA 2007, 900; a.A. LAG Köln 21.8.1985 – 8 Ta 136/85 – MDR 1986, 84; LAG Berlin 8.7.1991 – 2 Sa 18/90 – NZA 1992, 142; *Schwab/Weth/Vollstädt*, § 12 Rn 49.
5 LAG Köln 22.4.2008 – 3 Ta 215/07 – juris.
6 *Schwab/Weth/Vollstädt*, § 12 Rn 57.
7 Hessisches LAG 12.12.2005 – 13 Ta 569/05 – juris.

Erledigungserklärungen nach § 91a ZPO sind zwar grds. allein für sich betrachtet noch nicht geeignet, einen der Abfassung der Urteils vergleichbaren richterlichen Arbeitsaufwand bei der abschließenden Verfahrensentscheidung entbehrlich werden zu lassen, weil das Gericht über die Kosten unter Berücksichtigung des bisherigen Sach- und Streitstands entscheiden muss, sondern auch, wenn es bei seiner Entscheidung einer zuvor von den Parteien mitgeteilten Einigung in der Kostenfrage uneingeschränkt folgt. In diesen Fällen reicht zur Begründung der Entscheidung eine Bezugnahme auf die aktenkundig gemachte Einigung aus. Gleiches gilt, wenn eine Partei ihre Bereitschaft zur Übernahme der Kosten erklärt hat.

Soweit dem Verfahren wegen desselben Streitgegenstands ein **Mahnverfahren** vorausgegangen ist, entsteht die Gebühr nach Abs. 1 der Anmerkung mit dem Eingang der Akten bei dem Gericht, an das der Rechtsstreit nach Erhebung des Widerspruchs oder Einlegung des Einspruchs abgegeben wird. Die Anmerkung entfällt aber nicht nur, wenn das Gericht die Kostenentscheidung treffen muss, sondern auch, wenn es bei seiner Entscheidung einer zuvor mitgeteilten Einigung in der Kostenfrage uneingeschränkt folgt. Dieser Aufwand entfällt aber nicht nur, wenn das Gericht die Regelung der Nr. 1210 KV GKG a.F. Hat der Antragsteller des Mahnverfahrens für den Fall des Widerspruchs den Antrag auf Durchführung des streitigen Verfahrens bereits im Mahnbescheidsantrag gestellt, wird dieser bedingte verfahrensleitende Antrag mit dem Eingang des Widerspruchs des Antragsgegners bei Gericht wirksam. Umstr. war, ob hierdurch bereits die Gebühr nach Nr. 1210 KV GKG a.F. unabhängig davon ausgelöst wurde, ob der Antragsteller das Verfahren weiter betreibt.[8] Nunmehr ist klargestellt, dass die Gebühr erst mit dem Eingang der Akten bei dem für das streitige Verfahren als zuständig bezeichneten Gericht entsteht. In diesem Fall wird eine Gebühr Nr. 8100 KV GKG (0,4) nach dem Wert des Streitgegenstands angerechnet, der in das Prozessverfahren übergegangen ist, sofern im Mahnverfahren der Antrag auf Erlass des Vollstreckungsbescheids gestellt wurde.

Bei Beendigung des gesamten Verfahrens **nach streitiger Verhandlung** durch **Zurücknahme der Klage** vor dem Schluss der mündlichen Verhandlung ermäßigt sich die Gebühr auf 0,4, wenn keine Entscheidung nach § 269 Abs. 3 S. 3 ZPO über die Kosten ergeht oder die Entscheidung einer zuvor mitgeteilten Einigung der Parteien über die Kostentragung oder der Kostenübernahmeerklärung einer Partei folgt, Nr. 8211 KV GKG. Die Anwendung der privilegierenden Gebührentatbestandes hängt nicht davon ab, dass die Klagerücknahme vor dem Schluss der ersten mündlichen Verhandlung wirksam wird. Die Klagerücknahme kann auch dann noch zur Ermäßigung führen, wenn sie vor dem Schluss der letzten mündlichen Verhandlung wirksam erlangt.[9] Folglich darf nur die ermäßigte Gebühr in Ansatz gebracht werden, wenn die Klagerücknahme nach einer Verkündungstermin aufgehoben und neuer Verhandlungstermin bestimmt worden ist. Im Falle einer Entscheidung nach § 269 Abs. 3 S. 3 ZPO ist die Ermäßigung ausgeschlossen, es sei denn, die Entscheidung folgt einer zuvor mitgeteilten Einigung der Parteien in der Beweisbeschluss verkündet worden ist oder wenn der Verkündungstermin aufgehoben (außergerichtlichen) Einigung der Parteien oder der Erklärung einer Partei zur Kostenübernahme. Dies entspricht der Regelung im Falle einer Entscheidung nach § 696 Abs. 1 S. 1 Abs. 4 ZPO, die Rücknahme des Antrags auf Durchführung des streitigen Verfahrens nach § 697 Abs. 4 ZPO und die Rücknahme des Einspruchs gegen den Mahnbescheid nach § 346 Abs. 1, 346 ZPO gleich.

Wird das Verfahren nach streitiger Verhandlung, also nach Stellung der Anträge i.S.d. § 137 Abs. 1 ZPO durch ein **Anerkenntnisurteil** nach § 307 ZPO, ein **Verzichtsurteil** nach § 306 ZPO oder ein **Urteil** beendet, das nach **§ 313a Abs. 2 ZPO keinen Tatbestand und keine Entscheidungsgründe enthält**, so ermäßigt sich die Gebühr ebenfalls um 80 %. Nach dem Wortlaut greifen die Privilegierungen nur, wenn sie „zur Beendigung des gesamten Verfahrens" führen. Diese Fassung des Gesetzes verbietet die Ausdehnung der Privilegierung auf Fälle nur teilweiser Beendigung des Verfahrens durch Anerkenntnis- oder Verzichtsurteil.[10] Die Ermäßigung der Gerichtsgebühr tritt nicht ein, wenn das Anerkenntnis unter Verwahrung gegen die Kostenlast erklärt wird.[11] Die Gebühr ermäßigt sich auf 0,4 auch bei einem Urteil, das nach § 313a Abs. 2 ZPO keinen Tatbestand und keine Entscheidungsgründe enthält. Das Urteil muss in dem Termin, in dem die mündliche Verhandlung geschlossen wurde, verkündet worden sein (sog. Stuhlurteil). Zusätzlich muss zumindest die Partei, für die das Urteil anfechtbar ist.

Übereinstimmende Erledigungserklärungen nach § 91a ZPO führen zu einer Ermäßigung, wenn keine Entscheidung über die Kosten ergeht oder die Entscheidung einer zuvor mitgeteilten Einigung der Parteien über Kostentragung oder der Kostenübernahmeerklärung einer Partei folgt. In allen Privilegierungstatbeständen der Nr. 2 genannten Urteile (auch kein Versäumnisurteil) vorausgegangen sein. Die GKG darf kein anderes als der in Nr. 2 genannten Urteile (auch kein Versäumnisurteil) vorausgegangen sein. Die Gebühr ermäßigt sich auch, wenn mehrere Ermäßigungstatbestände erfüllt sind oder Ermäßigungs-

---

[8] Vgl. zum Meinungsstand: *Hartmann*, KV 1210 Rn 5.

[9] LG München 27.11.1996 – 11 W 2740/96 – MDR 1997, 402; OLG Düsseldorf 16.9.1999 – 10 W 96/99 – MDR 1999, 1464 = NJW-RR 2000, 363.

[10] OLG Frankfurt 3.7.2000 – 25 W 1/00 = NJW-RR 2001, 717.

[11] Zu Nr. 2122 KV GKG a.F.: Hanseatisches OLG 3.11.1999 – 8 W 337/99 – JB 2001, 317; OLG Karlsruhe 9.2.2001 – 6 W 116/00 – JB 2001, 374; *Zöller/Vollkommer*, § 307 Rn 12; a.A. OLG Nürnberg 18.11.2002 – 3 W 3373/02 – MDR 2003, 295; *Hartmann*, KV 1211 Rn 9.

4. Gebühren im Rechtsmittelverfahren. Die Gebühr für das Verfahren im Allgemeinen wird in Höhe des 3,2-fachen Satzes der einfachen Gebühr nach der Tabelle der Anlage 2 zu § 34 GKG erhoben, Nr. 8220 KV GKG. Die Ermäßigung nach Nr. 8221 KV GKG auf 0,8 setzt voraus, dass die Berufung oder Klage zurückgenommen wird, bevor die Schrift zur Begründung der Berufung bei Gericht eingegangen ist. Die Vergünstigung entfällt, sobald die Berufungsbegründungsschrift eingegangen ist; ihr Inhalt ist unerheblich. Erledigungserklärungen nach § 91a ZPO stehen der Zurücknahme unter oben dargestellten Voraussetzungen gleich. Nach Nr. 8222 KV GKG ermäßigt sich die pauschale Verfahrensgebühr auf 1,6 grds. unter den gleichen Voraussetzungen, die für die Verfahrensgebühr der ersten Instanz (Nr. 8211 KV GKG) vorgesehen sind. Die Gebührenermäßigung in Nr. 8223 KV GKG entspricht der für das zivilprozessuale Berufungsverfahren einschlägigen Nr. 1223 KV GKG.

Ausweislich der Gesetzesbegründung ist wegen der besonderen Bedeutung der Möglichkeit des § 313a Abs. 1 S. 2 ZPO im Berufungsverfahren eine Gebührenermäßigung auf 2,4 eingeführt worden. Eine Gebührenermäßigung auf 1,6 tritt ein, wenn das Urteil nach § 313a Abs. 2 ZPO deswegen keinen Tatbestand und keine Entscheidungsgründe enthält, weil die Parteien auf Rechtsmittel gegen das Urteil verzichtet haben. Die Gebührenermäßigung auf 2,4 tritt ein, wenn das Urteil gem. § 313a Abs. 1 S. 2 ZPO keine Entscheidungsgründe enthält. Dies setzt voraus, dass es bereits eines Tatbestandes nicht bedarf, weil ein Rechtsmittel gegen das Urteil unzweifelhaft nicht zulässig ist. Bei Berufungsurteilen des LAG ist dies – vom Sonderfall des Eilverfahrens (§ 72 Abs. 4) abgesehen – wegen der Möglichkeit, eine Nichtzulassungsbeschwerde einzulegen, nicht der Fall.[12] Auf Grund der unterschiedlichen Gebührenprivilegierungen empfiehlt es sich, für den Kostenbeamten im Protokoll festzuhalten, aufgrund welcher gesetzlichen Grundlage ein Verzicht der Parteien erfolgte.

Das Revisionsverfahren vor dem BAG regelt sich nach den gleichen Grundsätzen wie das Verfahren vor dem LAG. Für das Verfahren im Allgemeinen wird eine Gebühr in Höhe des 4-fachen Satzes der Gebühr der Anlage 2 zu § 34 GKG erhoben. Die Nr. 8230 bis 8232 KV GKG entsprechen den für das Berufungsverfahren geltenden Nr. 8220 bis 8222 KV GKG.

5. Erhebung der Kosten. a) Verbot der Erhebung von Kostenvorschüssen. Die besonderen sozialen Belange in Arbeitsrechtsstreitigkeiten finden dadurch Berücksichtigung, dass abweichend von der Regelung im allg. Zivilprozess (§§ 12 bis 18 GKG) Kostenvorschüsse in allen Instanzen nicht erhoben werden und zwar weder hinsichtlich der Gebühren noch der Auslagen, § 11 GKG. Das Gericht kann weder die Ladung eines Zeugen noch die Bestellung eines SV von der Zahlung eines Auslagenvorschusses abhängig machen. Das gilt auch dann, wenn sich die Parteien mit einer besonderen Entschädigung für einen SV nach § 13 Abs. 1 JVEG einverstanden erklärt haben.[13] Das Verbot der Erhebung von Kostenvorschüssen gilt für die Zwangsvollstreckung aus arbeitsgerichtlichen Titeln auch dann, wenn das Amtsgericht Vollstreckungsgericht ist. Gerichtsvollzieher dürfen nach § 4 Abs. 1 S. 4 GvKostG keine Gebührenvorschüsse erheben. Das Verbot betrifft die Vollstreckung aller Titel, die bei den Gerichten für Arbeitssachen erwirkt werden können (Urteile, Beschlüsse, Prozessvergleiche). Bei anderen Vollstreckungstiteln (z.B. notarielle Urkunden, § 794 Abs. 1 Nr. 5 ZPO) kann der Gerichtsvollzieher auch dann einen Gebührenvorschuss verlangen, wenn der Anspruch vor Vorliegen der Urkunde vor dem ArbG geltend gemacht werden müsste.[14] Wegen der im Kostenrecht strikt durchgeführten Trennung zwischen Gebühren und Auslagen ist die Erhebung eines Auslagenvorschusses indes nicht ausgeschlossen.[15]

b) Fälligkeit der Kosten. Nach § 9 Abs. 1 Nr. 1 GKG werden die Gebühren und Auslagen fällig, sobald eine unbedingte Entscheidung über die Kosten ergangen ist. Ohne Bedeutung ist, ob es sich um ein Urteil oder einen Beschluss handelt und ob die Entscheidung nur die Kosten betrifft oder auch eine Sachentscheidung enthält. Ein Mahnbescheid genügt nicht; dagegen werden die Kosten nach Erlass eines Vollstreckungsbescheids, Versäumnis- oder Vorbehaltsurteils fällig.[16] Es ist nicht notwendig, dass die Instanz oder das Verfahren durch die Kostenentscheidung beendet wird. Für die Fälligkeit der Kosten ist es ohne Belang, ob die zugrunde liegende Entscheidung rechtskräftig oder i.Ü. vollstreckbar ist;[17] die Fälligkeit wird durch die Einlegung eines Rechtsmittels oder die Einstellung der Zwangsvollstreckung nicht berührt.

Die Kosten werden ferner dann fällig, wenn das Verfahren durch Vergleich oder Zurücknahme beendet ist, § 9 Abs. 1 Nr. 2 GKG. In diesen Fällen kommt es nicht darauf an, ob das Gericht eine Kostenentscheidung erlassen oder eine sonstige Kostenregelung getroffen hat. Die Fälligkeit tritt vielmehr mit der Bestandskraft des Vergleichs oder der Wirksamkeit der Rücknahme des Antrags, der Klage oder des Rechtsmittels ein.

---

12 BAG 15.8.2002 – 2 AZR 386/01 – AP § 542 ZPO Nr. 12; *Natter*, NZA 2004, 686.
13 Hessisches LAG 17.9.1963 – 5 Ta 24/62 – BB 1964, 533.
14 *Tschischgale/Satzky*, S. 78; *Grunsky*, ArbGG, § 12 Rn 29.
15 GK-ArbGG/*Wenzel*, § 12 Rn 390; *Hartmann*, GvKostG Rn 6.
16 *Oestreich/Winter/Hellstab*, § 63 Rn 2.
17 OLG Koblenz 19.2.1987 – 14 W 124/87 – RPfleger 1987, 338.

Die Fälligkeit der Kosten tritt nach § 9 Abs. 1 Nr. 3 GKG ein, wenn das Verfahren sechs Monate geruht hat oder die **17**
Parteien das Verfahren sechs Monate nicht betrieben haben. Ruhensanordnungen können nach §§ 251, 251a Abs. 3
ZPO oder nach § 54 Abs. 5 S. 1 ergehen. Für den Beginn der Frist ist der Beschluss des Gerichts maßgebend. Ein
„Nichtbetreiben" setzt voraus, dass beide Parteien das Verfahren offenkundig nicht fördern, obwohl sie den Verfahrensfortgang in der Hand haben.

Eine für die Praxis wichtige Regelung enthält § 9 Abs. 1 Nr. 4 GKG. Hiernach werden die Kosten auch dann fällig, **18**
wenn das Verfahren sechs Monate unterbrochen oder sechs Monate ausgesetzt war. Die Regelung ist v.a. für die Verfahrensunterbrechung durch Insolvenzeröffnung von Bedeutung. Während bisher eine Erhebung von Kosten nach
Ablauf der Sechs-Monats-Frist nicht zulässig war,[18] können nunmehr die Gebühren und Auslagen des Gerichts erhoben werden. Ob die unterbrochenen bzw. ausgesetzten Verfahren nach Ablauf von sechs Monaten auch weggelegt
und statistisch ausgetragen werden können, wird in den jeweiligen Aktenordnungen der Länder zu regeln sein.

c) Kostenschuldner. Kostenschuldner ist i.d.R. derjenige, dem durch gerichtliche Entscheidung die Kosten des **19**
Rechtsstreits auferlegt worden sind oder der sie übernommen hat, § 29 Abs. 1 Nr. 1, 2 GKG. Im arbeitsgerichtlichen
Verfahren gilt nach § 22 Abs. 2 GKG hinsichtlich der sog. **Zweitschuldnerhaftung** (§ 31 GKG) eine Ausnahme. Sie
ist in den Fällen ausgeschlossen, in denen ein Kostenschuldner aufgrund gerichtlicher Entscheidung (§ 29 Nr. 1
GKG) oder aufgrund Kostenübernahmeerklärung (§ 29 Nr. 2 GKG) haftet. Zweck der Vorschrift ist es, den obsiegenden AN davor zu schützen, die Kosten dann tragen zu müssen, wenn sie vom AG nicht beizutreiben sind. Die
Vorschrift berücksichtigt, dass der AN oft schon zur Wahrung von Ausschlussfristen trotz drohender oder bereits
eingetretener Zahlungsunfähigkeit des AG Klage erheben muss.[19] Die Subsidiärhaftung des Antragsschuldners ist
auch im Fall der Zurückverweisung ausgeschlossen, solange der Kostenschuldner nach § 29 Nr. 1 und 2 GKG nicht
feststeht und der Rechtsstreit noch anhängig ist; sie kommt jedoch zum Tragen, wenn das Verfahren nach Zurückverweisung sechs Monate geruht hat oder sechs Monate nicht betrieben worden ist, § 22 Abs. 2 S. 2 GKG.

d) Einziehung der Kosten. Die Gerichtskosten einschließlich der Justizverwaltungskosten sind öffentliche **20**
Abgaben. Sie unterliegen wie alle öffentlichen Abgaben nicht der Beitreibung im zivilprozessualen Vollstreckungsverfahren, sondern dem Verwaltungszwangsverfahren. Dieses Verfahren richtet sich nach der **Justizbeitreibungsordnung** (JBeitrO). Für die Einziehung der Kosten im arbeitsgerichtlichen Verfahren findet die Justizbeitreibungsordnung entsprechende Anwendung, § 12 S. 1. Die Vollstreckungsorgane der Justizverwaltung oder die sonstigen
nach dem Landesrecht zuständigen Stellen leisten den Gerichten für Arbeitssachen Amtshilfe, soweit sie diese Aufgaben nicht als eigene wahrnehmen, § 12 S. 2. Vollstreckungsbehörde beim BAG ist die dort gebildete Justizbeitreibungsstelle (§ 12 S. 3). Die **Justizverwaltungskosten** fallen weder unter das GKG noch unter die KostO. Sie sind
vielmehr durch die Justizverwaltungskostenordnung (JVKostO) einheitlich geregelt, die nach § 12 entsprechende
Anwendung findet.

e) Gerichtskostenfreie Verfahren. § 2 Abs. 2 GKG bestimmt, dass in verschiedenen arbeitsgerichtlichen Verfahren keine Kosten erhoben werden. Kostenfrei sind alle Rechtsstreitigkeiten, die im Beschlussverfahren entschieden **21**
werden, sowie weiter das Verfahren über die Ablehnung eines Schiedsrichters (§ 103 Abs. 3), die Niederlegung eines
Schiedsspruchs beim ArbG (§ 108 Abs. 3) sowie die Vollstreckbarkeitserklärung eines Schiedsspruchs (§ 109). Wegen der **Kostenfreiheit** ist für eine Kostenentscheidung kein Raum. Nicht unter die Bestimmung des § 2 Abs. 2 GKG
fallen Beschwerdeverfahren gegen eine Streitwert- oder Kostenfestsetzung nach § 33 Abs. 3 RVG bzw. § 104 Abs. 3
ZPO.[20] In diesen Verfahren werden eigenständige Ansprüche der Verfahrensbevollmächtigten verfolgt, die ihren Ursprung allein im RVG bzw. in den Kostenbestimmungen der ZPO haben.[21]

6. Auslagen. Neben den Gebühren sind als weiterer Teil der Gerichtskosten die Auslagen des Gerichts nach Teil 9 **22**
der Anlage 1 zum GKG, Kostenverzeichnis zu § 3 Abs. 2 GKG zu erstatten. Auslagen, die durch die gerichtliche
Heranziehung von Dolmetschern oder Übersetzern entstehen, werden dann nicht erhoben, wenn ein Ausländer Partei
und die Gegenseitigkeit verbürgt oder ein Staatenloser Partei ist (Nr. 9005 Abs. 5 KV GKG). Durch das Gegenseitigkeitserfordernis verliert die Bestimmung an praktischer Bedeutung. Die Gegenseitigkeit ist nur dann verbürgt, wenn
eine deutsche Partei im Rahmen eines arbeitsgerichtlichen Prozesses vor einem Gericht dieses Staates keine Dolmetscher- und Übersetzerkosten bezahlen müsste. Fehlt es an der Verbürgung des Gegenseitigkeit wie im Verhältnis zu
den Nachfolgestaaten des früheren Jugoslawien, sind die Dolmetscherkosten zu erheben; Art. 14 MRK steht dem
nicht entgegen.[22] Voraussetzung für die Nichterhebung der Kosten ist stets, dass die Heranziehung des Dolmetschers
oder Übersetzers auf einer Entscheidung des Gerichts beruht; die Duldung eines von einer Partei beauftragten Dolmetschers oder Übersetzers genügt nicht. Wird der Dolmetscher nur deshalb herangezogen, weil Zeugen der deut-

---

18 LAG Hamm 31.8.1987 – 16 (4) (13) Sa 1/84 – DB 1987, 2264.
19 *Tschischgale/Satzky*, S 79.
20 LAG Niedersachsen 22.3.1988 – 6 TaBV 82/86 – JurBüro 1988, 998; LAG Köln 31.3.2000 – 10 Ta 50/00 – MDR 2000, 1256; Schwab/Weth/*Vollstädt*, 12 Rn 125; a.A. LAG Rostock 16.11.2000 – 1 Ta 67/00 – MDR 2001, 337.
21 *Germelmann u.a.*, § 12 Rn 132.
22 LAG Düsseldorf 1.9.1988 – 7 Ta 199/88 – JurBüro 1989, 794.

schen Sprache nicht mächtig sind, muss die unterlegene ausländische Partei die Dolmetscherkosten tragen.[23] Die Vorschrift will nach ihrem Sinn und Zweck ausländische Parteien vor einem deutschen Gericht nicht besser stellen als deutsche Parteien.

II. Streitwertfestsetzung

1. Streitwertfestsetzung im Urteil. Die Gerichte für Arbeitssachen sind mit der Festsetzung des Wertes des Streitgegenstandes in mehrfacher Hinsicht befasst, nämlich – je nach Verfahrensstand und -ablauf – mit dem **Urteilsstreitwert** (§ 61 Abs. 1), dem **Gerichtsgebührenstreitwert** (§ 63 GKG) und dem **Wert des Gegenstandes der anwaltlichen Tätigkeit** (§ 33 RVG). Die Voraussetzungen der jeweiligen Werte und die verfahrensrechtlichen Besonderheiten ihrer Festsetzung werden in der Praxis häufig nicht exakt genug getrennt.[24] § 61 Abs. 1 bestimmt, dass das ArbG den Wert des Streitgegenstandes im Urteil festzusetzen hat. Str. ist, welche Bedeutung dieser Streitwertfestsetzung im Urteil zukommt. Durchgesetzt hat sich die Ansicht, dass die Streitwertfestsetzung eine Bedeutung für die Berechnung der Beschwer und damit für die Zulässigkeit der Berufung hat. Die Höhe des Urteilsstreitwerts bemisst sich deshalb nach dem Gegenstand des Urteils, i.d.R. also nach den Anträgen in der letzten mündlichen Verhandlung.[25] Hat sich der Streitgegenstand während des Verfahrens durch teilweise Klagerücknahme, Anerkenntnis, Verzicht, teilweise Erledigung der Hauptsache oder Teilvergleich verändert, finden diese Verfahrensgegenstände bei der Wertfestsetzung im Urteil keine Berücksichtigung. Vielmehr ist in die Streitwertfestsetzung nur noch derjenige Teil des Streitgegenstandes aufzunehmen, über den im Urteil noch entschieden wird. Deshalb lässt sich der Wertfestsetzung im Urteil keine verbindliche Aussage über den Gebührenstreitwert entnehmen.[26] Die Festsetzung des Streitwerts im arbeitsgerichtlichen Urteil ist im Regelfall nicht gesondert anfechtbar. Etwas anderes gilt dann, wenn sich aus der Begründung des Urteils ergibt, dass zugleich der Gebührenstreitwert festgesetzt werden sollte. In diesem Fall ist die Beschwerde des § 68 GKG gegeben.[27]

2. Streitwertfestsetzung nach § 63 GKG. Neben dem Urteilsstreitwert hat das Prozessgericht unter den in § 63 GKG geregelten Voraussetzungen den Streitwert festzusetzen, aus dem sich die konkreten Gerichtsgebühren errechnen (**Gerichtsgebührenstreitwert**). Das Gericht setzt den Wert „für die zu erhebenden Gebühren" durch Beschluss fest, sobald eine Entscheidung über den gesamten Streitgegenstand ergeht oder sich das Verfahren anderweitig erledigt hat, § 63 Abs. 2 S. 1 GKG. Erfolgte eine Bestimmung des Streitwerts in der Zeit vor Inkrafttreten des Kostenrechtsmodernisierungsgesetzes von Amts wegen immer dann, wenn Gerichtskosten anfielen, die von dem festzusetzenden Wert abhängig waren, sind die Gerichte für Arbeitssachen nach der Neufassung nur dann zur Festsetzung verpflichtet, wenn ein Beteiligter oder die Staatskasse die Festsetzung **beantragt** oder das Gericht sie für **angemessen** hält, § 63 Abs. 2 S. 2 GKG. Die geltende Rechtslage entspricht der bis zum Inkrafttreten des Kostenrechtsänderungsgesetzes vom 24.6.1994[28] geltenden Rechtslage. Antragsberechtigt ist jede Partei, jeder am Verfahren beteiligte RA (§ 33 Abs. 2 RVG) und die Staatskasse. Vertreter der Staatskasse ist der zuständige Bezirksrevisor. Der Urkundsbeamte kann eine Streitwertfestsetzung oder -korrektur nur anregen; er hat aber kein eigenes Antragsrecht. I.Ü. hat das Gericht eine Festsetzung von Amts wegen nach pflichtgemäßem Ermessen vorzunehmen. Im Arbeitsgerichtsprozess erster Instanz besteht i.d.R. für eine Streitwertfestsetzung von Amts wegen kein Anlass. Der nach § 61 Abs. 1 festgesetzte Rechtsmittelstreitwert entspricht regelmäßig dem Gerichtsgebührenstreitwert. Etwas anderes gilt dann, wenn das Urteil anhängig gewesene Streitgegenstände in seiner Entscheidung und bei der Festsetzung des Urteilsstreitwerts nicht berücksichtigt. Dies ist etwa bei Anträgen der Fall, die durch Teilurteil beschieden, durch Teilvergleich oder übereinstimmende Erledigungserklärung erledigt sind. Endet der Rechtsstreit durch einen gerichtlichen Vergleich, werden Gerichtsgebühren nicht erhoben. Die Notwendigkeit einer Festsetzung von Amts wegen entfällt; der Prozessbevollmächtigte kann in diesen Fällen auf sein Antragsrecht nach § 32 Abs. 2 RVG verwiesen werden. Ebenso wird das Gericht nach pflichtgemäßem Ermessen in einfach gelagerten Fällen, in denen der Streitwert ohne Aufwand zu ermitteln ist, weil nur Zahlungsansprüche zu addieren oder Künd-Schutzanträge mit dem Vierteljahresentgelt zu bewerten sind, von einer Festsetzung von Amts wegen absehen können.

Vor der endgültigen Festsetzung ist den Parteien und deren Vertretern, im Falle der Bewilligung von PKH auch dem Bezirksrevisor, nach allg. Grundsätzen **rechtliches Gehör** zu gewähren. Nicht anzuhören ist die Partei, die weder Kostenschuldner noch anwaltlich vertreten ist. Da die Antragstellerhaftung neben der Haftung des Entscheidungsschuldners nach § 22 Abs. 2 GKG im arbeitsgerichtlichen Verfahren ausgeschlossen ist, ist eine Anhörung des anwaltlich nicht vertretenen Klägers im Falle seines Obsiegens entbehrlich. Die Anhörung kann durch die Aufnahme entsprechender Absichtserklärungen im Protokoll erfolgen. Der Beschluss, der gerichtsgebührenfrei ergeht (§ 1 GKG), bedarf im Regelfall der **Begründung**. Von einer Begründung kann abgesehen werden, wenn die Höhe des Streitwertes mit den Beteiligten erörtert wurde, der Streitwert gem. den übereinstimmenden Vorstellungen der Be-

---

23 Zu § 12 Abs. 5a a.F.: LAG Bremen 26.11.1997 – 4 Sa 158/96 – LAGE § 12 ArbGG 1979 Nr. 5.
24 *Creutzfeldt*, NZA 1996, 957.
25 *Creutzfeldt*, NZA 1996, 957; GK-ArbGG/*Wenzel*, § 12 Rn 193.
26 LAG Baden-Württemberg 2.1.1991 – 8 Ta 135/90 – Jur-Büro 1991, 668.
27 LAG Düsseldorf 2.3.2000 – 7 Ta 39/00 – MDR 2000, 708.
28 BGBl IS. 1325.

teiligten endgültig festgesetzt oder wegen eines Rechtsmittelverzichts mit einer Anfechtung nicht zu rechnen ist.[29] Verzichtbar erscheint eine Begründung auch in den Fällen, in denen sich die Richtigkeit der Streitwertberechnung zwingend und unmittelbar aus den gestellten Anträgen ergibt, etwa bei Zahlungsklagen. Das Gericht muss eine fehlende Begründung dann nachholen, wenn es einer Beschwerde gegen seinen Beschluss nicht abhilft.[30] Anderenfalls können die Beteiligten ihr Beschwerderecht nicht sachgerecht ausüben. Ergibt sich die Höhe des Streitwerts nicht eindeutig aus dem Sachverhalt, fehlen zudem dem Beschwerdegericht die Grundlagen für die Überprüfung der angefochtenen Entscheidung; allein wegen der fehlenden Begründung kann der angefochtene Streitwertbeschluss aufgehoben und die Sache zur erneuten Streitwertfestsetzung zurückverwiesen werden.[31]

Eine **förmliche Zustellung** des Beschlusses ist ebenso wenig erforderlich wie eine Rechtsmittelbelehrung. Die formlose Übersendung an die Parteien reicht aus, weil die nach § 68 GKG bestehende Beschwerdemöglichkeit zwar befristet ist (sechs Monate), es sich hierbei jedoch nicht um eine befristete Beschwerde i.S.d. § 9 Abs. 5 handelt, sondern um eine allg. Ausschlussfrist.[32] Eine förmliche Zustellung ist jedoch dann geboten, wenn nach einer Kostenfestsetzung eine (ggf. ändernde) Streitwertfestsetzung erfolgt und diese Wertfestsetzung von der Wertberechnung des Kostenfestsetzungsbeschlusses abweicht, weil in diesem Fall mit der Zustellung des Beschlusses eine Frist von einem Monat für die Beschwerde nach § 107 Abs. 2 ZPO eröffnet ist.[33] 26

Nach § 63 Abs. 3 GKG kann die Festsetzung von Amts wegen geändert werden. Hierzu ist sowohl das Gericht, das die Festsetzung getroffen hat, als auch das Rechtsmittelgericht befugt, vor dem die Sache wegen der Hauptsache oder wegen der Entscheidung über den Streitwert, den Kostenansatz oder die Kostenfestsetzung schwebt. Im Interesse aller Beteiligten an einer sicheren Rechtslage ist diese Möglichkeit durch eine Frist von sechs Monaten nach rechtskräftiger Entscheidung in der Hauptsache oder anderweitiger Erledigung begrenzt, § 63 Abs. 3 S. 2 GKG. Ist das Gericht von der Unrichtigkeit seiner vorangegangenen Wertfestsetzung überzeugt, dann muss es den Wertfestsetzungsbeschluss ändern. Die Formulierung „kann" eröffnet ihm keinen Ermessensspielraum, sondern regelt nur die Zuständigkeit.[34] Abzuändern ist, wenn das Gericht zu der Überzeugung kommt, dass es bei Erlass des Beschlusses den Sachverhalt unrichtig gewürdigt hat, die Verhältnisse sich geändert haben oder wesentliche Umstände oder anderslautende maßgebliche Gerichtsentscheidungen übersehen wurden. Eine Abänderung scheidet dagegen aus, wenn dadurch nur das bisherige Ermessen durch ein neues Ermessen ersetzt würde. 27

Der erstinstanzliche Wertfestsetzungsbeschluss unterliegt der (einfachen) Beschwerde, soweit der Beschwerdewert 200 EUR übersteigt, § 68 Abs. 1 S. 1 GKG. Das Gericht, das die angefochtene Entscheidung erlassen hat, hat zudem gem. § 68 Abs. 1 S. 2 GKG die Möglichkeit, die Beschwerde bei Gegenstandswerten von bis zu 200 EUR wegen der **grundsätzlichen Bedeutung** der zur Entscheidung stehenden Frage zuzulassen. Nach § 68 Abs. 1 S. 4 i.V.m. § 66 Abs. 3 S. 4 GKG ist das Beschwerdegericht an die Zulassung der Beschwerde gebunden; die Nichtzulassung ist unanfechtbar. 28

Hat das ArbG die Beschwerde nicht zugelassen, ist sie nur statthaft, wenn der Wert des Beschwerdegegenstandes 200 EUR übersteigt. Der **Beschwerdewert** berechnet sich aus dem Unterschied der Gebühren, die sich für den Beschwerdeführer unter Zugrundelegung des angefochtenen und des erstrebten Streitwerts berechnen. Beschwerdeberechtigt sind die Parteien, die Staatskasse und die Prozessbevollmächtigten. Die von einem Anwalt aus eigenem Recht (§ 32 Abs. 2 RVG) eingelegte Beschwerde kann deshalb nur eine Streitwerterhöhung, das von einer Partei eingelegte Rechtsmittel nur eine Streitwertherabsetzung zum Ziel haben.[35] Der Vertreter der Staatskasse ist mit beiden Zielen beschwerdeberechtigt, je nachdem, ob er höhere Gerichtsgebühren oder im Fall der Bewilligung von PKH eine geringere Belastung erstrebt.[36] Begründet der Anwalt die Beschwerde mit einer zu hohen Wertfestsetzung, ist im Zweifel davon auszugehen, dass er die Beschwerde nur für den Auftraggeber, nicht persönlich eingelegt hat.[37] Soweit er die Beschwerde damit begründet, der Wert sei zu niedrig festgesetzt worden, ist auch eine „namens und im Auftrag des Mandanten" eingelegte Beschwerde im Zweifel dahingehend auszulegen, dass er die Beschwerde im eigenen Namen eingelegt hat.[38] Bevor die Beschwerde als unzulässig verworfen wird, ist das Gericht gehalten, durch Rückfrage den wirklichen Willen zu ermitteln. Eine Streitwertbeschwerde, die ein RA ohne Beauftragung der Partei allein auf die „Weisung" der Rechtsschutzversicherung mit dem Ziel der Herabsetzung des Streitwerts einlegt, ist unzulässig.[39] 29

---

29 *Hartmann*, § 63 GKG Rn 30.
30 LAG Bremen 30.4.1987 – 4 Ta 25/87 – LAGE § 78 ArbGG 1979 Nr. 1; LAG Rheinland-Pfalz 8.12.2005 – 5 Ta 280/05 – juris.
31 LAG Baden-Württemberg 6.6.1990 – 8 Ta 62/90 – JurBüro 1990, 1272.
32 A.A. *Hartmann*, § 63 GKG Rn 32.
33 *Creutzfeldt*, NZA 1996, 956.
34 *Hartmann*, § 63 GKG Rn 39.
35 OLG Koblenz 6.3.2002 – 5 W 100/02 – JurBüro 2002, 310; Brandenburgisches OLG 11.5.2004 – 7 W 5/04 – JurBüro 2005, 47.
36 Brandenburgisches OLG 3.2.2000 – 10 WF 7/00 – JurBüro 2001, 93.
37 Brandenburgisches OLG 16.2.1998 – 10 WF 129/97 – JurBüro 1998, 421.
38 LAG Niedersachsen 13.9.2001 – 16 Ta 281/01 – MDR 2001, 1442; a.A. LAG Köln 23.6.2006 – 3 Ta 196/06 – NZA-RR 2006, 598.
39 LAG Bremen 20.7.1988 – 4 Ta 35/88 – LAGE § 10 BRAGO Nr. 3; LAG Düsseldorf 18.11.1993 – 7 Ta 288/93 – JurBüro 1994, 669; LAG Düsseldorf 30.12.1994 – 4 Ta 409/94 – JurBüro 1995, 590; a.A. LAG Nürnberg 18.7.1994 – 7 Ta 78/94 – juris.

30 Das Beschwerdegericht tritt voll an die Stelle des erstinstanzlichen Gerichts und hat den Streitwert nach seinem Ermessen zu bestimmen. Es ist daher nicht auf eine bloße Überprüfung der Ermessensentscheidung des erstinstanzlichen Gerichts in dem Sinne beschränkt, dass dieses von seinem Ermessen einen unrichtigen Gebrauch gemacht hat. Die Entscheidung über die Beschwerde trifft der Vorsitzende allein ohne Hinzuziehung der ehrenamtlichen Richter, §§ 68 Abs. 1 S. 4, 66 Abs. 6 S. 3 GKG. Das Verfahren der Wertfestsetzung ist wie im ersten Rechtszug auch in der Beschwerdeinstanz gerichtsgebührenfrei. Nach § 68 Abs. 3 GKG werden Kosten des Beschwerdeverfahrens nicht erstattet, so dass auch keine Kostenentscheidung zu treffen ist.

31 Entscheidet das LAG nicht als Beschwerdegericht, sondern nimmt selbst eine Wertfestsetzung nach § 63 Abs. 2 GKG vor, schließen §§ 68 Abs. 1 S. 4, 66 Abs. 3 S. 3 GKG auch nach neuem Recht eine Beschwerde an das BAG aus. Die Möglichkeit der Einlegung einer weiteren Beschwerde (§§ 68 Abs. 1 S. 4, 66 Abs. 3 S. 4 S. 1 GKG) kommt wegen des dreistufigen Gerichtsaufbaus im arbeitsgerichtlichen Verfahren nicht in Betracht. Das schließt jedoch eine Gegenvorstellung oder eine Anregung zur Änderung des Wertes von Amts wegen innerhalb von 6 Monaten nicht aus.[40]

32 **3. Wertfestsetzung nach § 33 RVG.** Für die Höhe der Gebühren des RA gelten die §§ 32, 33 RVG. Die RA-Gebühren richten sich nach dem Gerichtsgebührenstreitwert, wenn ein solcher existiert und für die Bemessung der Gerichtskosten maßgeblich wäre, § 23 RVG. Diese Regelung wird durch § 32 Abs. 1 RVG ergänzt; ein festgesetzter Gerichtsgebührenstreitwert ist auch für die RA-Gebühren maßgebend. § 33 Abs. 1 RVG wiederum erfasst die Fälle, in denen Gerichtsgebühren nicht erhoben werden, oder die Streitgegenstände, nach denen sich die Gerichts- bzw. Anwaltsgebühren berechnen, nicht identisch sind. Hauptanwendungsfall der gesonderten Wertfestsetzung nach § 33 Abs. 1 RVG ist in den Verfahren vor den ArbG das gerichtsgebührenfreie Beschlussverfahren.[41] Daneben ist auch nach neuem Recht die Gebührenfreiheit des sog. Mehrvergleichs zu erwähnen, der bislang nicht rechtshängige Ansprüche in die Vergleichsregelung einbezieht. Für mitverglichene nichtrechtshängige Ansprüche fehlt ein für die Gerichtsgebühren maßgebender Wert. In allen übrigen Fällen sind die Streitwertfestsetzungsanträge der Verfahrensbeteiligten im Verfahren nach § 63 Abs. 2 GKG zu bescheiden.[42] Auch die Verfahren, in denen die Gerichtsgebühr im Nachhinein entfällt, also bei Beendigung des Verfahrens durch einen gerichtlichen Vergleich, fallen unter die Wertfestsetzung nach § 63 Abs. 2 GKG. Ein Wahlrecht des RA, den Gegenstandswert nach § 32 Abs. 1 RVG i.V.m. § 63 Abs. 2 GKG oder nach § 33 Abs. 1 RVG festsetzen zu lassen, besteht nicht.[43] § 33 RVG ist subsidiär zu § 32 RVG.

33 Das Festsetzungsverfahren nach § 33 RVG unterscheidet sich von dem Verfahren nach § 63 GKG in wesentlichen Punkten. So ergeht eine Entscheidung stets nur auf Antrag; antragsbefugt sind der RA, der Auftraggeber, der erstattungspflichtige Gegner und im Falle der Bewilligung von PKH auch die Staatskasse. Der Antrag ist erst zulässig, wenn die Vergütung fällig ist, § 33 Abs. 2 S. 1 RVG. Die Fälligkeit tritt nach § 8 Abs. 1 S. 1 RVG ein, wenn der Auftrag erledigt oder die Angelegenheit beendet ist. Ist der RA in einem gerichtlichen Verfahren tätig, wird die Vergütung auch fällig, wenn eine Kostenentscheidung ergangen oder der Rechtszug beendet ist oder wenn das Verfahren länger als drei Monate ruht.

34 Vor der Entscheidung ist den Beteiligten rechtliches Gehör zu gewähren. Beteiligter ist derjenige, dessen Rechte und Pflichten durch den Streitwertbeschluss berührt werden. Beantragt ein RA die Streitwertfestsetzung, ist der von ihm vertretenen Partei rechtliches Gehör zu gewähren. Umgekehrt ist der RA zu beteiligen, wenn die Partei um Streitwertfestsetzung ersucht hat. Der Prozessgegner ist zu beteiligen, wenn er die nach dem Streitwert zu berechnenden RA-Kosten ganz oder teilweise zu erstatten hat. Im Urteilsverfahren des ersten Rechtszuges besteht nach § 12a Abs. 1 S. 1 kein Anspruch der obsiegenden Partei auf Erstattung der Kosten für die Hinzuziehung eines Prozessbevollmächtigten; eine Beteiligung des Prozessgegners entfällt daher. In Beschlussverfahren ist der AG anzuhören, da er materiell-rechtlich zur Erstattung der durch die Tätigkeit des Betriebsrats entstandenen Kosten verpflichtet ist.[44]

35 Der Beschluss kann nach § 33 Abs. 3 RVG mit der befristeten Beschwerde angegriffen werden; er bedarf daher nach § 9 Abs. 5 der Rechtsmittelbelehrung. Deshalb ist der Beschluss auch förmlich zuzustellen, § 329 Abs. 3 ZPO. Übersteigt der Beschwerdegegenstand 200 EUR, ist die Beschwerde nach § 33 Abs. 1 RVG zulässig. Die Beschwerdewertgrenze ist an den erhöhten Beschwerdewert in § 68 Abs. 1 GKG angepasst worden. Darüber hinaus ist zur Vereinheitlichung des Beschwerdeverfahrens auch hier – wie in § 68 GKG – die Zulassung der Beschwerde eingeführt worden. In Beschlussverfahren ist wegen der materiell-rechtlichen Erstattungspflicht auch der AG beschwerdebe-

---

[40] BGH 5.10.2006 – V ZB 168/05 – AGS 2007, 99.
[41] LAG München 28.1.1987 – 5 (6) Ta 268/86 – JurBüro 1987, 868; LAG Köln 8.8.1991 – 11 Ta 127/91 – LAGE § 10 BRAGO Nr. 4; *Creutzfeldt*, NZA 1996, 956; LAG Hamm 4.8.2006 – 6 Ta 346/06 – juris.
[42] Zu § 25 GKG a.F. BAG 30.11.1984 – 2 AZN 572/82 – NZA 1985, 369; LAG Nürnberg 21.7.1988 – 1 Ta 6/88 – JurBüro 1989, 59; LAG Schleswig Holstein 18.2.1997 – 5 Ta 63/96 – AnwBl 1999, 132; LAG Berlin 23.7.1999 – 7 Ta 6076/99 – RenoR 2000, 161; LAG Thüringen 5.3.2003 – 8 Ta 9/2003 – NJ 2003, 669; LAG Hamm 30.6.2006 – 6 Ta 136/06 – juris; a.A. Hessisches LAG 21.1.1999 – 15/6 Ta 630/98 – NZA-RR 1999, 156; LAG Hamburg 30.6.2005 – 8 Ta 5/05 – LAGReport 2005, 352.
[43] BAG 30.11.1984 – 2 AZN 572/84 – NZA 1985, 369; LAG Nürnberg. 1.8.2003 – 6 Ta 98/03 – AR-Blattei ES 160.13 Nr. 248; LAG Baden-Württemberg 4.4.2005 – 3 Ta 44/05 – juris.
[44] LAG Rheinland-Pfalz 7.4.1989 – 1 Ta 48/89 – NZA 1989, 529.

rechtigt.⁴⁵ Mangels Beschwer ist dagegen eine mit dem Ziel der Werterhöhung eingelegte Beschwerde des BR gegen die Wertfestsetzung unzulässig.⁴⁶ Die Entscheidung des ArbG darf nicht zu Lasten des Beschwerdeführers verschlechtert werden; das ergibt sich aus dem kontradiktorischen Charakter des Festsetzungsverfahrens nach § 33 RVG.⁴⁷ Nach § 33 Abs. 8 RVG ist die Gebührenfreiheit auf das Verfahren über den Antrag beschränkt. Im Verfahren über die Beschwerde entsteht eine Gebühr nach Nr. 8613 KV GKG, soweit die Beschwerde verworfen oder zurückgewiesen wird: Es bedarf deshalb auch einer Kostenentscheidung. § 33 Abs. 4, 5, 6 und 7 RVG entsprechen inhaltlich § 68 Abs. 2 GKG mit der Bezugnahme auf § 66 GKG.

4. Streitwertberechnung bei Bestandsstreitigkeiten. Die Wertberechnung bei Bestandsstreitigkeiten richtet sich nach dem 30.6.2004 nach § 42 Abs. 4 S. 1 GKG, der jedoch § 12 Abs. 7 S. 1 a.F. entspricht. Für die Wertberechnung bei Rechtsstreitigkeiten über das Bestehen, das Nichtbestehen oder die Künd eines Arbverh ist höchstens der Betrag des für die Dauer eines Vierteljahrs zu leistenden Arbeitsentgelts maßgebend; eine Abfindung wird nicht hinzugerechnet. Die Bestimmung verfolgt den sozialen Zweck, die Streitigkeiten, bei denen es regelmäßig um die wirtschaftliche Lebensgrundlage des AN geht, kostenmäßig besonders günstig zu gestalten.⁴⁸ Sie findet auf **Bestandsstreitigkeiten** Anwendung. Hierzu zählen Verfahren, in denen es um die Wirksamkeit der Anfechtung eines Arbeitsvertrages geht, um die Frage der Fortsetzung eines Arbverh, der Wirksamkeit eines Aufhebungsvertrages bzw. der Erklärung einer Ausgleichsquittung sowie um die Wirksamkeit einer Änderungs-Künd, selbst wenn die Änderung der Arbeitsbedingungen unter dem Vorbehalt der Überprüfung der sozialen Rechtfertigung von dem AN angenommen worden ist. Erforderlich ist stets, dass um den Bestand eines Arbverh gestritten wird. Dies ist auch für sog. Statusverfahren zu bejahen, in denen Streitgegenstand die Frage ist, ob zwischen den Parteien ein Arbeits- oder ein freies Dienstverhältnis besteht.⁴⁹

Ob die in § 42 Abs. 4 S. 1 GKG genannte Grenze des Vierteljahresverdienstes den Regelstreitwert für Bestandsstreitigkeiten oder nur eine Obergrenze darstellt, war stets umstr. Nach überwiegender Auff. handelt es sich um einen Regelstreitwert, der nur dann niedriger anzusetzen ist, wenn es um den Fortbestand des Arbverh für weniger als sechs Monate geht.⁵⁰ Dagegen nimmt das BAG wegen des Normzwecks des § 42 Abs. 4 S. 1 GKG an, dass es sich bei dem Vierteljahresverdienst um eine Obergrenze handelt, die je nach Dauer des Arbverh abzustufen ist. Nach seiner Ansicht sind bei einem Bestand des Arbverh von bis zu sechs Monaten ein Monatsverdienst, von sechs bis zwölf Monaten zwei Monatsverdienste und von mehr als einem Jahr drei Monatsverdienste als Streitwert anzusetzen.⁵¹

Arbeitsentgelt i.S.d. § 42 Abs. 4 GKG ist das Bruttomonatsentgelt, das der AN bei Fortbestand des Arbverh in den ersten drei Monaten nach dem streitigen Beendigungszeitpunkt beanspruchen könnte.⁵² Die Privatnutzung eines Firmenfahrzeugs ist anteilig zu berücksichtigen. Zahlungen, die bei besonderer Gelegenheit erfolgen, und durch die nicht in erster Linie die geleistete Arbeit entlohnt wird, wie z.B. Jubiläumszuwendungen und Treueprämien, bleiben unberücksichtigt. Anteilig in Ansatz zu bringen sind jedoch solche Leistungen, die erkennbar Entgeltcharakter haben und eine zusätzliche Vergütung für geleistete Arbeit im Bezugszeitraum darstellen, wie z.B. ein an zusätzliche Voraussetzungen nicht geknüpftes 13. Monatsgehalt.⁵³ Lediglich Gratifikationen, bei denen es sich um freiwillige, jederzeit widerrufliche Leistungen handelt, bleiben außer Betracht.⁵⁴

---

45 LAG Rheinland-Pfalz 7.4.1989 – 1 Ta 48/89 – NZA 1989, 529.
46 LAG Hamm 13.5.1986 – 8 TaBV 52/86 – MDR 1986, 788; LAG München 4.3.1997 – 4 Ta 168/96 – AnwBl 1997, 679; LAG Hamm 23.2.2005 – 13 TaBV 150/04 – RVGreport 2005, 200; LAG Rheinland-Pfalz 19.7.2005 – 2 Ta 111/05 – juris.
47 LAG München 28.1.1987 – 5(6) Ta 268/86 – JurBüro 1987, 858; LAG Niedersachsen 26.4.1996 – 3 Ta 79/95 – LAGE § 8 BRAGO Nr. 31; Hessisches LAG 21.1.1999 – 15/6 Ta 630/98 – MDR 1999, 427; 7.1.2005– 15 Ta 688/04 – juris; LAG Köln 13.12.1999 – 13(7) Ta 366/99 – MDR 2000, 670; LAG Hamm 2.8.2005 – 13 TaBV 17/05 – juris; *Creutzfeldt*, NZA 1996, 958; a.A. LAG Hamburg 28.10.1987 – 1 Ta 4/87 – LAGE § 10 BRAGO Nr. 2; 13.11.1995– 2 Ta 20/95 – NZA-RR 1996, 306.
48 BAG 30.11.1984 – 2 AZN 572/82 – AP § 12 ArbGG 1979 Nr. 9; *Tschischgale/Satzky*, S. 34.
49 LAG Nürnberg 26.7.2000 – 6 Ta 180/00 – NZA-RR 2001, 53.
50 LAG Bremen 28.2.1986 – 4 Ta 8/86 – LAGE § 12 ArbGG 1979 Streitwert Nr. 49; LAG Düsseldorf 17.10.1985 – 7 Ta 302/85 – LAGE § 12 ArbGG 1979 Streitwert Nr. 41; LAG Hamburg 15.5.1990 – 2 Ta 21/89 – LAGE § 12 ArbGG 1979 Streitwert Nr. 85; LAG Hamm 27.6.1985 – 8 Ta 302/85 – LAGE § 12 ArbGG 1979 Streitwert Nr. 38.
51 BAG 30.11.1984 – 2 AZN 572/82 – AP § 12 ArbGG 1979 Nr. 9; LAG Schleswig-Holstein 10.5.2000 – 4 Ta 63/00 – juris; 28.5.2002– 1 Ta 74/02 – NZA-RR 2003, 219; LAG Berlin 19.8.2003 – 17 Ta 6063/03 – MDR 2004, 218; LAG Rheinland-Pfalz 18.11.2005 – 6 Ta 253/05 – juris.
52 LAG Rheinland-Pfalz 20.1.2009 – 1 Ta 1/09 – MDR 2009, 454.
53 LAG Köln 17.11.1995 – 5 Ta 288/95 – NZA-RR 1996, 392; Hessisches LAG 12.8.1999 – 15 Ta 137/99 – NZA-RR 1999, 660.
54 LAG Düsseldorf 28.6.1990 – 7 Ta 93/90 – JurBüro 1990, 1153; LAG Hamm 23.10.1998 – 4 Sa 1640/97 – AE 1999, 51.

39 Der **Auflösungsantrag** nach § 9 KSchG wirkt nicht streitwerterhöhend.[55] Nach der ausdrücklichen Regelung in § 42 Abs. 4 S. 1 Hs. 2 GKG ist es unzulässig, die Abfindungssumme hinzuzurechnen. Die **Abfindung** ist auch dann nicht streitwerterhöhend zu berücksichtigen, wenn der AN eine bezifferte Abfindung fordert, statt den Betrag in das Ermessen des Gerichts zu stellen.[56] Anderen Abfindungen wird jedoch grds. ein eigener Streitwert beigemessen.[57]

40 Wie **mehrere** vom AG ausgesprochene **Künd** zu bewerten sind, wird nicht einheitlich beurteilt. Mit der Beantwortung der Frage, ob der Vierteljahresverdienst ein Regelwert für jeden Beendigungstatbestand ist, für nachfolgende Beendigungstatbestände eine streitwertmäßige Privilegierung angebracht ist oder dem sozialen Anliegen des Gesetzgebers nur dann Rechnung getragen wird, wenn bei mehreren zeitnahen Künd der Höchstbetrag des § 42 Abs. 4 S. 1 GKG nicht überschritten wird, sind die Weichen gestellt. In diesem Rahmen bewegt sich die Rspr.:[58] Ebenso uneinheitliche Differenzierungen werden bei der Streitwertaddition vorgenommen, wenn sich der AN in verschiedenen Prozessen gegen mehrere nacheinander ausgesprochene Künd wendet. Nach zutreffender Ansicht kann es bei mehreren Künd nicht darauf ankommen, ob sie in getrennten oder in einem Verfahren angegriffen werden;[59] die Begrenzung der Wertfestsetzung in § 42 Abs. 4 S. 1 GKG auf einen Vierteljahresverdienst gilt nur für den einzelnen Streitgegenstand im Rahmen eines Bestandsschutzverfahrens. Richtigerweise ist deshalb grds. gem. § 5 ZPO eine Streitwertaddition vorzunehmen; das GKG enthält keine besondere Bestimmung, die es gestattet, verschiedene Streitgegenstände zusammenzurechnen. Der soziale Schutzzweck des § 42 Abs. 4 GKG geht nicht so weit, dass verschiedene Streitgegenstände zu einem einheitlichen Wert mit einer Obergrenze von einem Vierteljahresverdienst zusammengefasst werden können. Nach dem Grundgedanken des § 42 Abs. 4 GKG kann eine Einschränkung des Additionsgebotes des § 5 ZPO mit der Folge, dass für die Künd nicht jeweils der volle Wert angesetzt wird, nur in Betracht kommen, wenn zwischen den Künd ein Zeitraum von weniger als drei Monaten liegt oder der AG nur vorsorglich eine zweite Künd ausgesprochen hat, die auf dieselben Gründe gestützt wird; in diesen Fällen ist eine Reduzierung letztlich deshalb geboten, weil eine (Teil-)Identität der Streitgegenstände vorliegt.[60]

41 Eine Streitwertaddition ist dagegen abzulehnen, wenn der AN neben dem Antrag nach § 4 S. 1 KSchG den **allg. Feststellungsantrag** nach § 256 Abs. 1 ZPO stellt und neben der angegriffenen Künd keine anderen Beendigungstatbestände in den Künd-Schutzprozess eingeführt werden.[61] Nach den gestellten Anträgen ist das wirtschaftliche Interesse des Klägers in diesem Fall für beide Anträge einheitlich auf den Fortbestand des Arbverh gerichtet.

42 Verbindet der Kläger mit der Künd-Schutzklage im Wege der objektiven Klagehäufung den Antrag auf **Weiterbeschäftigung**, ist dieser gesondert zu bewerten. Welcher Wert hierfür zu addieren ist, wird unterschiedlich beurteilt. Die Auff. schwanken zwischen einem und drei Monatsverdiensten. Z.T. wird dem Weiterbeschäftigungsantrag eine eigenständige Bedeutung versagt.[62] Eine Bewertung mit einem Bruttomonatsgehalt erscheint angemessen. Damit wird der spezifischen Abhängigkeit des Weiterbeschäftigungsantrages von dem Künd-Schutzantrag hinreichend Rechnung getragen. Andererseits ist keine wirtschaftliche Identität zwischen dem Feststellungs- und dem Weiterbe-

---

55 LAG Nürnberg 14.3.1985 – 8 Ta 3/85 – RzK I 10l 7; LAG Düsseldorf 20.7.1987 – 7 Ta 198/87 – LAGE § 12 ArbGG 1979 Streitwert Nr. 66; LAG Hamburg 3.9.2003 – 4 Ta 11/03 – LAGE § 12 ArbGG 1979 Streitwert Nr. 130; LAG Brandenburg 17.4.2003 – 6 Ta 63/03 – EzA-SD 2003, Nr. 11, 13; LAG Baden-Württemberg 22.9.2004 – 3 Ta 136/04 – LAGE § 9 KSchG Nr. 37; LAG München 14.9.2001 – 4 Ta 200/01 – NZA-RR 2002, 493; Sächsisches LAG 9.6.2005 – 4 Ta 390/04 – juris; LAG Nürnberg 29.8.2005 – 2 Ta 109/05 – NZA-RR 2006, 83; a.A. LAG Berlin 30.12.1999 – 7 Ta 6121/99 – MDR 2000, 526.

56 A.A. ArbG Würzburg 5.6.2000 – 6 Ca 118/99 – NZA-RR 2001, 107.

57 LAG Hamm 15.10.1981 – 8 Ta 137/81 – LAGE § 12 ArbGG 1979 Streitwert Nr. 7; LAG Berlin 17.3.1995 – 1 Ta 6/95 – NZA 1995, 1072; LAG Köln 14.9.2001 – 13 Ta 214/01 – NZA-RR 2002, 437; LAG Hamburg 19.9.2003 – 4 Ta 16/03 – LAGE § 12 ArbGG 1979 Streitwert Nr. 131.

58 Addition: LAG Hamburg 8.2.1994 – 4 Ta 20/93 – NZA 1995, 495; streitwertmäßige Privilegierung: LAG Köln 8.3.1989 – 5 Ta 3/89 – MDR 1989, 673; LAG Sachsen-Anhalt 20.9.1995 – 1 (3) Ta 93/95 – LAGE § 12 ArbGG 1979 Streitwert Nr. 104; LAG Düsseldorf 8.11.2007 – 6 Ta 590/07 – juris; LAG Thüringen 23.10.1996 – 8 Ta 109/96 – LAGE § 12 ArbGG 1979 Streitwert Nr. 107; Hessisches LAG 21.1.1999 – 15/6 Ta 630/98 – LAGE § 12 ArbGG 1979 Streitwert Nr. 116; Höchstbetrag: BAG 6.12.1984 – 2 AZR 574/97 – AP § 12 ArbGG 1979 Nr. 8; LAG München 20.7.2000 – 3 Ta 326/00 – NZA-RR 2000, 661.

59 LAG Düsseldorf 6.5.2008 – 6 Ta 136/08 – juris.

60 *Germelmann u.a.*, § 12 Rn 101; LAG Schleswig-Holstein 8.2.2007 – 1 Ta 285/06 – juris.

61 LAG Thüringen 3.6.1996 – 8 Ta 76/96 – LAGE § 12 ArbGG 1979 Streitwert Nr. 106; LAG Köln 12.12.1996 – 3 Ta 274/96 – LAGE § 12 ArbGG 1979 Streitwert Nr. 108; LAG Düsseldorf 27.7.2000 – 7 Ta 249/00 – NZA-RR 2000, 613; LAG Hamm 3.2.2003 – 9 Ta 520/02 – NZA-RR 2003, 321; LAG Rheinland-Pfalz 1.9.2006 – 3 Ta 155/06 – juris; a.A. Hessisches LAG 7.1.2005 – 15 Ta 688/04 – juris.

62 So LAG Baden-Württemberg 15.5.1990 – 8 Ta 49/90 – JurBüro 1990, 1268; LAG Sachsen 26.4.1995 – 3 Ta 60/95 – JurBüro 1995, 147; ein Monatsgehalt: LAG Rheinland-Pfalz 16.4.1992 – 10 Ta 76/92 – LAGE § 12 ArbGG 1979 Streitwert Nr. 98; LAG Thüringen 27.2.1996 – 8 Ta 19/96 – AuA 1996, 250; LAG Sachsen 15.5.1997 – 7 Ta 101/97 – LAGE § 12 ArbGG 1979 Streitwert Nr. 111; Hessisches LAG 23.4.1999 – 6 Ta 28/98 – BB 1999, 1607; LAG Nürnberg 24.8.1999 – 6 Ta 166/99 – JurBüro 2000, 82; LAG Berlin 27.11.2000 – 7 Ta 6117/00 (Kost) – AE 2001, 43; LAG Niedersachsen 17.4.2001 – 3 Ta 118/01 – NZA-RR 2001, 495; zwei Monatsverdienste: LAG Köln 4.7.1995 – 10 Ta 80/95 – MDR 1995, 1150; 31.7.1995 – 13 Ta 114/95 – NZA 1996, 840; 21.6.2002 – 7 Ta 59/02 – MDR 2002, 1441.

schäftigungsantrag anzunehmen. Denn aus der vorläufigen Weiterbeschäftigung erwachsen dem AN auch dann Entgeltansprüche, wenn die Künd-Schutzklage nach vorherigem Obsiegen des AN in der Rechtsmittelinstanz abgewiesen wird. Der Weiterbeschäftigungsantrag wird vom AN im Künd-Rechtsstreit häufig nur für den Fall gestellt, dass seiner Künd-Schutzklage stattgegeben wird (**sog. uneigentlicher Hilfsantrag**). Die Bewertung dieses uneigentlichen Hilfsantrags ist im Hinblick auf § 45 Abs. 1 S. 2 GKG umstr. Nach zutreffender Auff. regelt § 45 Abs. 1 S. 2 GKG den unechten Hilfsantrag nicht. Geregelt ist dort nur der echte Hilfsantrag, der sich dadurch auszeichnet, dass der Kläger von zwei Leistungen nur eine begehrt; beim unechten Hilfsantrag strebt der Kläger hingegen beide Leistungen an. Zur Addition kommt es dann, wenn wirtschaftlich verschiedene Streitgegenstände zu bewerten sind. Das ist beim unechten Hilfsantrag auf Weiterbeschäftigung ebenso der Fall wie beim echten Hilfsantrag.[63]

Die Streitwerte sind zusammenzurechnen, wenn mit der Künd-Schutzklage gleichzeitig **Vergütungsansprüche** geltend gemacht werden, die vom Ausgang des Künd-Schutzprozesses unabhängig sind. Es handelt sich um eigene Streitgegenstände, die auch wirtschaftlich nicht identisch sind.[64] Dies ist bei rückständigen Gehaltsforderungen stets der Fall. Wird eine Bestandsschutzklage mit der Klage auf Zahlung der nach der str. Beendigung fällig werdenden Vergütung verbunden, ist nach einer Auff. der höhere der wirtschaftlich identischen Ansprüche für eine einheitliche Festsetzung maßgebend.[65] Nach a.A. ist der Wert der Leistungs- und Künd-Schutzklage stets zu addieren.[66]

Die Bewertung ist weiterhin umstr., wenn der AN eine **Änderungs-Künd** fristgerecht unter dem Vorbehalt angenommen hat, dass die Änderung der Arbeitsbedingungen nicht sozial ungerechtfertigt ist. Da nicht mehr über die Beendigung des Arbverh gestritten wird, sondern über die Berechtigung der Änderung, ist auch nur diese für die Wertfestsetzung maßgebend. Der Wert bemisst sich daher grds. nach der Differenz zwischen dem Wert der ursprünglichen Arbeitsbedingungen und den geänderten Bedingungen. Nach einer Auff. ist entsprechend § 42 Abs. 4 S. 1 GKG dabei als Höchstbetrag die dreimonatige Differenz anzusetzen.[67] Eine a.A. will den Wert nach § 42 Abs. 4 S. 2 GKG berechnen, jedoch mit der dreifachen vollen Monatsvergütung als Obergrenze.[68] Nach einer weiteren Ansicht ist von einem Regelwert von zwei Monatsvergütungen auszugehen.[69] Hat die Änderungs-Künd keine Verdienstminderung zur Folge, ist der Wert nach § 3 ZPO zu schätzen und die Grenze nach § 42 Abs. 4 S. 1 GKG zu beachten.[70]

5. Wiederkehrende Leistungen. § 42 Abs. 3 GKG bestimmt, dass bei Ansprüchen über **wiederkehrende Leistungen** der Wert des dreijährigen Jahresbetrages der wiederkehrenden Leistungen maßgebend ist, sofern nicht der Gesamtbetrag der geforderten Leistungen geringer ist; bis zur Klageerhebung entstandene Rückstände werden nicht hinzugerechnet, § 42 Abs. 5 S. 1 GKG. Bei wiederkehrenden Leistungen i.S.d. § 42 Abs. 3 GKG handelt es sich um Ansprüche, die dauernd gleichartige Leistungen aus demselben Schuldverhältnis treffen. Im arbeitsgerichtlichen Verfahren kommen als wiederkehrende Leistungen neben Lohn- und Gehaltsansprüchen insb. auch Ansprüche auf Ruhegelder sowie Renten aus Schadensersatzverpflichtungen in Betracht. Streitwert ist der dreifache Jahresbetrag der geforderten Leistung, sofern nicht der Gesamtbetrag der geforderten Leistungen geringer ist. Der Gesamtbetrag der geforderten Leistungen ist geringer, wenn der Arbeitsvertrag auf eine kürzere Zeit als drei Jahre befristet ist oder aus einem sonstigen Grund vor Ablauf des Dreijahreszeitraums endet.[71] Eine unter drei Jahren liegende Vertragsdauer ist indes nicht schon dann gegeben, wenn der auf unbestimmte Zeit geschlossene Vertrag vor Ablauf von drei Jahren

---

63 LAG Hamm 28.7.1988 – 8 Ta 122/88 – LAGE § 19 GKG Nr. 4; LAG Saarland 12.12.1989 – 1 Ta 37/89 – LAGE § 19 GKG Nr. 9; LAG München 30.10.1990 – 5 Ta 135/90 – NZA 1992, 140; LAG Hamburg 26.3.1992 – 4 Ta 20/91 – LAGE § 19 GKG Nr. 14; LAG Köln 4.7.1995 – 10 Ta 80/95 – MDR 1995, 1150; LAG Sachsen 4.4.1996 – 6 Ta 48/96 – NZA-RR 1997, 150; LAG Rheinland-Pfalz 19.3.1999 – 6 Ta 48/99 – NZA-RR 2000, 161; 2.6.2004 – 2 Ta 113/04 – NZA-RR 2005, 326; LAG Niedersachsen 17.4.2001 – 3 Ta 118/01 – NZA-RR 2001, 495; LAG Rheinland-Pfalz 2.6.2004 – 2 Ta 113/04 – NZA-RR 2005, 326; Schwab/Weth/*Vollstädt*, § 12 ArbGG Rn 150; a.A. Hessisches LAG 26.6.1997 – 6 Ta 25/97 – LAGE § 19 GKG Nr. 16; LAG Düsseldorf 27.7.2000 – 7 Ta 249/00 – NZA-RR 2000, 613; LAG Schleswig-Holstein 14.1.2003 – 2 Ta 224/02 – AnwBl 2003, 308; LAG Niedersachsen 9.3.2009 – 15 Ta 53/09 – AuR 2009, 227; ErfK/*Koch*, § 12 ArbGG Rn 17.
64 LAG Sachsen-Anhalt 29.11.2006 – 1 Ta 156/06 – juris.
65 BAG 16.1.1968 – 2 AZR 156/66 – AP § 12 ArbGG 1953 Nr. 17; LAG Baden-Württemberg 12.2.1991 – 8 Ta 9/91 – JurBüro 1991, 1479.
66 LAG Hamburg 15.5.1990 – 2 Ta 21/89 – LAGE § 12 ArbGG 1979 Streitwert Nr. 85; Hessisches LAG 1.8.1994 – 6 Ta 139/94 – LAGE § 12 ArbGG 1979 Streitwert Nr. 101.
67 LAG Hamm 19.10.1989 – 8 Ta 385/89 – MDR 1990, 186; LAG Thüringen 14.12.1999 – 8 Ta 180/99 – AuR 2000, 318; LAG Brandenburg 29.12.1999 – 6 Ta 221/99 – JurBüro 2000, 309.
68 LAG Bremen 5.5.1987 – 4 Ta 8/87 – AnwBl 1988, 485; LAG Rheinland-Pfalz 25.2.1991 – 9 Ta 31/91 – LAGE § 12 ArbGG 1979 Streitwert Nr. 91; LAG Niedersachsen 28.12.1993 – 2 Ta 410/93 – AGS 1994, 28; Hessisches LAG 18.2.1999 – 15/6 Ta 352/98 – MDR 1999, 945; LAG Köln 19.8.1999 – 13 Ta 252/99 – NZA-RR 2000, 662.
69 LAG Düsseldorf 8.11.1990 – 7 Ta 355/90 – LAGE § 12 ArbGG 1979 Streitwert Nr. 87; LAG Berlin 17.7.1998 – 7 Ta 17/98 – LAGE § 12 ArbGG 1979 Streitwert Nr. 119.
70 Hessisches LAG 18.2.1999 – 15/6 Ta 352/98 – MDR 1999, 945.
71 LAG Baden-Württemberg 8.11.1985 – 1 Ta 202/85 – LAGE § 12 ArbGG 1979 Streitwert Nr. 48.

kündbar ist.[72] Soweit sich die geforderte Leistung auf einen geringeren Zeitraum als drei Jahre bezieht, ist der Streitwert entsprechend geringer festzusetzen. § 42 Abs. 3 GKG ist auch anzuwenden, wenn der AN Schadenersatz wegen künftig entgehender Gehaltsbezüge fordert und die entsprechenden Beträge in einer Summe geltend macht.[73]

46 Die Streitwertbegrenzung des § 42 Abs. 3 GKG i.V.m. § 42 Abs. 5 S. 1 GKG gilt auch dann, wenn ausschließlich die bis zur Klageerhebung angefallenen **Rückstände aus wiederkehrenden Leistungen** eingeklagt werden.[74] §§ 42 Abs. 3, 42 Abs. 5 S. 1 Hs. 2 GKG setzen ebenso wie § 12 Abs. 7 S. 2 ArbGG a.F. nicht voraus, dass eine Klage auf „künftige Leistung" (§§ 257 bis 259 ZPO) erhoben wird. Denn die Bestimmung stellt nicht auf die Art der Klage, sondern auf den Inhalt des geltend gemachten Anspruchs ab. Die Ausnahmebestimmung des § 42 Abs. 5 S. 1 Hs. 2 GKG bezweckt, die arbeitsgerichtlichen Verfahrenskosten gegenüber den Kosten des Zivilprozesses zu verringern. Abweichend von § 42 Abs. 5 S. 1 Hs. 1 GKG erhöhen die bis zur Klageerhebung entstandenen Rückstände den Streitwert nicht. Der Gesamtbetrag der geforderten Leistungen rechtfertigt lediglich eine Unterschreitung, nicht aber eine Überschreitung des Dreijahresbetrages. Mit dem Gesetzeszweck wäre es nicht zu vereinbaren, wenn die Streitwertbegrenzung des § 42 Abs. 5 S. 1 Hs. 2 GKG isolierte Klagen auf Zahlung entstandener Rückstände nicht erfassen würde.

47 **6. Eingruppierungen. Eingruppierung** ist die Festlegung der für die Entlohnung des AN maßgebenden Lohn- bzw. Gehaltsgruppe. Bei derartigen Rechtsstreitigkeiten richtet sich der Streitwert nach dem Unterschiedsbetrag zwischen der gewährten und der begehrten Vergütung für die Dauer von drei Jahren, § 42 Abs. 4 S. 2 GKG. Sonderleistungen wie Treuprämien, zusätzliche Urlaubsgelder und Gratifikationen bleiben unberücksichtigt.[75] Der Charakter als Feststellungsklage lässt einen Abschlag nicht zu, da die Eingruppierungsfeststellungsklage letztlich den Charakter einer Statusklage hat und von ihr nicht nur Vergütungsansprüche, sondern auch andere arbeitsrechtliche Folgen abhängen können.[76]

48 **7. Einzelfälle zur Streitwertfestsetzung im Urteilsverfahren.**
– **Abmahnung:** Der Streit über die Berechtigung einer Abmahnung wird überwiegend mit einem Monatseinkommen bewertet.[77] Da der Streit über die Wirksamkeit einer Abmahnung das Arbverh in seinem Bestand gefährdet, erscheint es sachgerecht, für die Wertfestsetzung entsprechend § 42 Abs. 4 S. 1 GKG an den monatlichen Verdienst des AN anzuknüpfen. Ein Wert in Höhe eines Monatsverdienstes, der regelmäßig einem Drittel des Wertes des Künd-Schutzverfahrens entspricht, berücksichtigt sowohl angemessen die Bestandsgefährdung des Arbverh als auch die mit einer unberechtigten Abmahnung verbundene Verletzung des Persönlichkeitsrechts.[78] Richtet sich die Klage gegen mehrere aufeinander folgende Abmahnungen, ist ein höherer Streitwert festzusetzen.[79]

49 – **Abrechnung:** Das wirtschaftliche Interesse des Klägers ist bei der Festsetzung nach § 3 ZPO zu berücksichtigen. Der Rahmen bemisst sich zwischen 1/10 und 1/2 der zu erwartenden Leistung.[80]

50 – **Arbeitspapiere:** Der Anspruch auf Herausgabe von Arbeitspapieren (Lohnsteuerkarte, Sozialversicherungsnachweis, Arbeitsbescheinigung, Verdienstbescheinigung) wird überwiegend auch bei Titulierung im Rahmen eines Vergleichs ohne Rechtshängigkeit mit einem Betrag von 250 EUR pro Papier bewertet.[81]

---

72 LAG Saarland 23.12.1987 – 2 Ta 30/87 – JurBüro 1988, 725; LAG Köln 21.11.1996 – 11 Ta 202/96 – MDR 1997, 755; GK-ArbGG/*Wenzel*, § 12 Rn 345; a.A. LAG Baden-Württemberg 8.11.1985 – 1 Ta 202/85 – LAGE § 12 ArbGG 1979 Streitwert Nr. 48.
73 LAG Hamm 27.9.1990 – 8 Ta 222/90 – MDR 1991, 88.
74 BAG 10.12.2002 – 3 AZR 197/01 – AP § 12 ArbGG 1979 Nr. 24; GK-ArbGG/*Wenzel*, § 12 Rn 348; a.A. Schwab/Weth/*Vollstädt*, § 12 Rn 182.
75 BAG 4.9.1996 – 4 AZN 151/96 – NZA 1997.
76 LAG Berlin 7.12.1987 – 9 Sa 92/87 – MDR 1988, 346; LAG Baden-Württemberg 12.7.1990 – 8 Ta 79/90 – JurBüro 1991, 661; LAG Hamm 18.12.1996 – 7 Sa 1539/96 – AnwBl 1997, 292; a.A. GK-ArbGG/*Wenzel*, § 12 ArbGG Rn 277.
77 BAG 16.5.2007 – 2 AZB 53/06 – NZA 2007, 829; Hessisches LAG 1.3.1988 – 6 Ta 60/88 – LAGE § 12 ArbGG 1979 Streitwert Nr. 72; LAG Hamburg 12.8.1991 – 1 Ta 6/91 – LAGE § 12 ArbGG 1979 Streitwert Nr. 94; LAG Nürnberg 11.11.1992 6 Ta 153/92 – NZA 1993, 430; LAG Rheinland-Pfalz 20.12.1993 – 6 Ta 258/93 – ARST 1994, 137; LAG Schleswig-Holstein 7.6.1995 – 1 Ta 63/95 – LAGE § 12 ArbGG 1979 Nr. 103; LAG Düsseldorf 4.9.1995 – 7 Ta 245/95 – NZA-RR 1996, 391; LAG Niedersachsen 8.11.1996 – 16 Ta 349/96 – NdsRpfl 1997, 35; LAG Berlin 23.7.1999 – 7 Ta 6076/99 – NJ 2000, 56; 27.11.2000 – 7 Ta 6117/00 – AE 2000, 71; LAG Köln 11.9.2003 – 3 Ta 228/03 – LAGE § 8 BRAGO Nr. 56; LAG München 8.11.2006 – 11 Ta 340/06 – juris; a.A. halbes Monatsgehalt: LAG Rheinland-Pfalz 15.7.1986 – 1 Ta 84/86 – LAGE § 12 ArbGG 1979 Streitwert Nr. 60; zwei Monatsgehälter: LAG Düsseldorf – 5.1.1989 – 7 Ta 400/88 – JurBüro 1989, 954.
78 APS/*Linck*, § 12 ArbGG Rn 19.
79 Hessisches LAG 24.5.2000 – 15 Ta 16/00 – NZA-RR 2000, 438; LAG Berlin 28.4.2003 – 17 Ta 6024/03 – MDR 2003, 1021; LAG Köln 11.9.2003 – 3 Ta 228/03 – LAGE § 8 BRAGO Nr. 56.
80 LAG Köln 21.1.2002 – 5 Ta 22/02 – juris; LAG Rheinland-Pfalz 24.5.2006 – 8 Ta 94/06 – juris.
81 LAG Hamm 18.4.1985 – 8 Ta 92/85 – LAGE § 3 ZPO Nr. 1; LAG Düsseldorf 16.12.1996 – 7 Ta 344/96 – JurBüro 1997, 255; LAG Köln 13.12.1999 – 13 (7) Ta 366/99 – MDR 2000, 670; LAG Köln 16.6.2003 – 2 Ta 157/03 – juris; LAG Sachsen 14.2.2001 – 2 Sa 10/01 – MDR 2001, 960; a.A. Hessisches LAG 9.7.2003 – 15 Ta 123/05 – NZA-RR 2003, 660: 500 EUR.

§ 12 ArbGG 50

- **Arrest/einstweilige Verfügung:** Der Streitwert für das Eilverfahren ist gem. § 53 GKG, § 3 ZPO nach dem wirtschaftlichen Interesse des Antragstellers an der Sicherstellung zu schätzen. Auf Grund der Tatsache, dass nur eine vorläufige Regelung getroffen wird, nimmt die Rspr. stets ⅓ bis ½ des Wertes der Hauptsache an. Der Wert des vorläufigen Verfahrens kann sich dem Wert der Hauptsache nähern, wenn das Eilverfahren praktisch endgültige Tatsachen schafft. Das gilt insb. bei der Unterlassungsverfügung wegen Einhaltung eines nachvertraglichen Wettbewerbsverbots oder einer Beschäftigungsverfügung. 51

- **Auflösungsantrag:** Der Antrag gem. §§ 9, 10 KSchG rechtfertigt keine Werterhöhung.[82] Die in § 42 Abs. 4 S. 1 GKG festgelegte Streitwertgrenze ist auch dann zu beachten, wenn das Gericht gleichzeitig über die Auflösung des Arbverh zu entscheiden hat. Ist nur noch der Auflösungsantrag im Streit, ist eine Wertfestsetzung unterhalb des Wertes des gesamten Künd-Rechtsstreits gerechtfertigt.[83] 52

- **Aufrechnung:** Die Aufrechnung gegen eine unstreitige Klageforderung (**Primäraufrechnung**) bewirkt keine Erhöhung des Streitwertes, weil nicht mehr über die Klageforderung, sondern allein über die Aufrechnungsforderung gestritten wird. Die **Hilfsaufrechnung** wirkt sich streitwerterhöhend aus, sofern über die zur Aufrechnung gestellte Forderung eine der Rechtskraft fähige Entscheidung ergeht oder ein Vergleich geschlossen wird (§ 45 Abs. 3, 4 GKG). Das ist deshalb gerechtfertigt, weil das Gericht sowohl die Berechtigung der Klageforderung als auch der Aufrechnungsforderung zu überprüfen hat. Bei einer unzulässigen Aufrechnung (z.B. Verstoß gegen das Aufrechnungsverbot des § 394 BGB) fehlt es an einer der Rechtskraft fähigen Entscheidung; eine Streitwerterhöhung entfällt. Etwas anderes gilt bei einer unsubstantiiert vorgetragenen Gegenforderung, weil insoweit über die Aufrechnungsforderung sachlich entschieden wird. 53

- **Auskunft:** Die Klage auf Erteilung einer Auskunft ist nicht nach dem Wert der möglichen Zahlungsklage zu bemessen. Entscheidend ist vielmehr, in welchem Maß die Durchsetzbarkeit der Ansprüche des Klägers von der Auskunft des Beklagten abhängt.[84] Eine Bewertung mit $1/10$ bis $1/2$ des Hauptanspruchs erscheint i.d.R. angemessen.[85] Das Abwehrinteresse des Beklagten als Berufungskläger wird in erster Linie durch den voraussichtlichen Aufwand an Zeit und Kosten bestimmt, der für ihn mit der Auskunftserteilung oder Rechnungslegung verbunden ist.[86] Wird ein Auskunftsanspruch mit einem Antrag gem. § 61 Abs. 2 zur Zahlung einer festzusetzenden Entschädigung bei Nichterteilung der Auskunft verbunden, so bemisst sich der Streitwert nach der begehrten Entschädigung.[87] 54

- **Befristung:** Für die Wertfestsetzung bei Befristungen gelten die gleichen Grundsätze wie bei Künd. 55

- **Berufsausbildungsverhältnis:** Der Streit über das Bestehen, das Nichtbestehen oder die Künd eines Berufsausbildungsverhältnisses ist nach § 42 Abs. 4 S. 1 GKG mit dem dreifachen Betrag der monatlichen Ausbildungsvergütung zu bewerten.[88] Die Wertberechnung des § 42 Abs. 4 S. 1 GKG gilt auch für Praktikantenverhältnisse.[89] 56

- **Drittschuldnerklage:** Maßgebend ist der eingeklagte Betrag zuzüglich Zinsen und Kosten, die aus dem der Lohnpfändung zugrunde liegenden Schuldtitel abgeleitet werden. Bei einer Klage auf monatliche Zahlung des gepfändeten Arbeitsentgelts ist der dreijährige Bezug, höchstens jedoch der Gesamtbetrag der geforderten Leistung in Ansatz zu bringen;[90] bis zur Klageerhebung entstandene Rückstände werden nicht hinzugerechnet, § 42 Abs. 5 S. 1 Hs. 2 GKG. Ist die Lohnforderung des AN wegen einer Unterhaltsforderung der Gläubigerin gepfändet und dieser zur Einziehung überwiesen worden, bestimmt sich der Wert der Klage gegen den AG als Drittschuldner nach den für Lohn-, nicht den für Unterhaltsansprüche (§ 42 Abs. 1 GKG) geltenden Vorschriften.[91] 57

- **Feststellungsklage:** Bei einer positiven Feststellungsklage ist ein Abschlag von 20 % gegenüber dem Wert einer entsprechenden Leistungsklage zu machen.[92] Dies gilt auch dann, wenn der Kläger damit rechnen kann, dass der 58

---

82 LAG Düsseldorf 20.7.1987 – 1 Ta 198/87 – LAGE § 12 ArbGG 1979 Streitwert Nr. 66; LAG Berlin 13.3.2001 – 17 Ta 6026/01 – LAGE § 12 ArbGG Streitwert Nr. 121; LAG München 14.9.2001 – 4 Ta 200/01 – NZA-RR 2002, 493; LAG Brandenburg 17.4.2003 – 6 Ta 62/03 – RzK I 10I Nr. 124; LAG Hamburg 3.9.2003 – 4 Ta 11/03 – LAGE § 12 ArbGG 1979 Streitwert Nr. 130; Sächsisches LAG 9.6.2005 – 4 Ta 390/04 – juris; LAG Nürnberg 29.8.2005 – 2 Ta 109/05 – NZA-RR 2006, 44; a.A. LAG Berlin 30.12.1999 – 7 Ta 6121/99 – DB 2000, 484; ArbG Kiel 1.7.1999 – 1 Ca 2633c/98 – NZA-RR 1999, 670.
83 LAG Berlin 30.11.1987 – 9 Sa 102/87 – MDR 1988, 346; LAG Hamm 16.8.1989 – 2 Sa 308/89 – NZA 1990, 328.
84 OLG Frankfurt 9.7.2004 – 13 W 48/04 – MDR 2005, 164.
85 LAG Rheinland-Pfalz 18.1.1988 – 1 Ta 7/88 – juris.
86 BAG 27.5.1994 – 5 AZB 3/94 – NZA 1994, 1054.
87 Hessisches LAG 19.7.2002 – 16 Sa 1816/01 – AR-Blattei ES 160.13 Nr. 260.
88 BAG 22.5.1984 – 2 AZB 25/82 – AP § 12 ArbGG 1979 Nr. 7; LAG Düsseldorf 12.4.1984 – 7 Ta 92/84 – EzA § 12 ArbGG Streitwert Nr. 30; LAG Hamm 27.11.1986 – 8 Ta 222/86 – LAGE § 12 ArbGG Streitwert Nr. 57.
89 Hessisches LAG 20.6.1984 – 6 Ta 156/84 – AuR 1985, 62.
90 LAG Saarland 23.12.1987 – 2 Ta 30/87 – JurBüro 1988, 726.
91 LAG Saarland 23.12.1987 – 2 Ta 30/87 – JurBüro 1988, 726; LAG Düsseldorf 14.10.1991 – 7 Ta 216/91 – MDR 1992, 59; LAG Schleswig-Holstein 8.12.2000 – 3 Sa 266/00 – JurBüro 2001, 196; LAG Baden-Württemberg 21.12.2001 – 3 Ta 137/01 – JurBüro 2002, 196.
92 LAG Hamm 24.7.1986 – 8 Ta 249/86 – AnwBl 1986, 544.

Beklagte auf ein Feststellungsurteil hin freiwillig zahlen wird. Bei der negativen Feststellungsklage ist wegen der vernichtenden Wirkung eines obsiegenden Urteils der Streitwert so hoch zu bewerten wie der Anspruch, dessen sich der Gegner berühmt.[93]

59 – **Freistellung:** Die Vereinbarung der unwiderruflichen Freistellung des AN unter Fortzahlung der Arbeitsvergütung in einem gerichtlichen Vergleich ist werterhöhend zu berücksichtigen.[94] Die sozialpolitische Zielsetzung des § 42 Abs. 4 GKG steht nicht entgegen.[95] Dem AN wird durch eine Freistellung regelmäßig die Möglichkeit eröffnet, aus seiner Arbeitskraft zusätzlich zu seinem Arbeitsentgelt wirtschaftlichen Gewinn zu erzielen. Dieser Vorteil wird nicht mehr von dem streitwertbegrenzenden Schutzzweck des § 42 Abs. 4 GKG erfasst.[96] Etwas anderes kann nur gelten, wenn die Freistellung bereits vor Klagerhebung vereinbart und lediglich zur Klarstellung in den Vergleich aufgenommen wurde. Die Bewertung ist i.E. umstr. Der Wert wird teilweise in Höhe eines Teilbetrages der im Freistellungszeitraum anfallenden Vergütung, teilweise auch in Höhe der vollen vereinbarten Bruttovergütung für den Freistellungszeitraum festgesetzt.[97]

60 – **Insolvenz:** Für die Streitwertfestsetzung bei einer Insolvenzfeststellungsklage ist nach § 182 InsO die Insolvenzquote maßgeblich, die voraussichtlich auf die streitige Forderung entfällt.

61 – **Leistungsklage:** Das vom AN eingeklagte Arbeitsentgelt ist in der eingeklagten Höhe als Gegenstandswert festzusetzen. Bei einer Bruttoklage ist auf den eingeklagten Betrag, nicht auf den geschätzten Nettobetrag abzustellen.[98] Eine bereits erhaltene Nettoleistung ist in Abzug zu bringen.[99] Klagt der AN auf Zahlung einer Nettovergütung, darf bei der Streitwertbemessung nicht der Bruttobetrag zugrunde gelegt werden.[100]

62 – **Teilzeit:** Im Verfahren auf Zustimmung des AG zur Verringerung der Arbeitszeit nach § 8 TzBfG sind die bei der Änderungsschutzklage dargestellten Grundsätze heranzuziehen. Der Streitwert ist mit dem 36-fachen Betrag der monatlichen Vergütungsdifferenz, begrenzt durch das dreifache Monatsentgelt zu bewerten.[101]

63 – **Vergleich:** Bei Abschluss eines Vergleichs im Künd-Schutzverfahren ist insb. die Bewertung des sog. Mehrvergleichs umstr. Eine Abfindung, die in einem gerichtlichen Vergleich zur Beendigung des Bestandsschutzstreits vereinbart wird, wirkt sich nicht werterhöhend aus. Werterhöhend wirken sich jedoch Regelungen aus, die Abfindungen aus einer vertraglichen Absprache, einem Sozialplan, auf der Grundlage des § 113 BetrVG oder aus einem Rationalisierungsschutzabkommen betreffen. Vereinbaren die Parteien in einem gerichtlichen Vergleich, dass eine tarifliche Abfindung auf eine Abfindung nach §§ 9, 10 KSchG angerechnet wird, so treffen sie hinsichtlich des tariflichen Abfindungsanspruchs eine Regelung, die bei der Streitwertfestsetzung zu berücksichtigen ist. Der Wert dieser Regelung beträgt 10 % des Abfindungsbetrages, wenn durch sie allein dem Titulierungsinteresse der klagenden Partei genügt werden soll.[102]

Die Einigung über rechtshängige Ansprüche führt zu einer Erhöhung des Streitwerts; str. ist allein, ob dies auch für solche Ansprüche gilt, die durch den Wert des Feststellungsantrags abgedeckt erscheinen. Bei der Einbeziehung nichtrechtshängiger unstreitiger Ansprüche ist allein das Titulierungsinteresse zu bewerten, das regelmäßig mit 10 % in Ansatz zu bringen ist.[103]

Ein in einem gerichtlichen Vergleich mit geregelter Anspruch auf Erteilung eines qualifizierten Zeugnisses ist nicht in Höhe des letzten Monatsverdienstes, sondern in Höhe des Titulierungsinteresses anzusetzen. Insofern

---

93 LAG Düsseldorf 13.4.1988 – 7 Ta 131/88 – JurBüro 1988, 1234.
94 *Arand/Faecks*, NZA 1998, 281; *Worzalla*, JurBüro 1999, 286; a.A. LAG Hamm 17.3.1994 – 8 Ta 465/93 – MDR 1994, 625.
95 A.A. LAG Köln 29.1.2002 – 7 Ta 285/01 – LAGReport 2002, 225; GK-ArbGG/*Wenzel*, § 12 Rn 329.
96 LAG Sachsen Anhalt 22.11.2000 – 1 Ta 133/00 – NZA-RR 2001, 435.
97 Keine Werterhöhung bei Anrechnung anderweitigen Verdienstes: LAG Sachsen-Anhalt 22.11.2000 – 1 Ta 133/00 – NZA-RR 2001, 435; 10 % bei Anrechnung auf Resturlaubsansprüche: LAG Düsseldorf 7.8.1998 – 7 Ta 174/98 – FA 1998, 387; LAG Rheinland-Pfalz 19.6.2002 – 2 Ta 531/02 – MDR 2002, 1397; 25 % bei Verzicht auf Anrechnung: LAG Rheinland-Pfalz 8.5.2008 – 1 Ta 49/08 – juris; LAG Berlin 1.10.2001 – 17 Ta 6136/01 – NZA 2002, 406; 30 %: LAG Schleswig-Holstein 20.5.1998 – 3 Ta 37/98 – LAGE § 12 ArbGG 1979 Streitwert Nr. 113; ein Bruttomonatsgehalt: Hessisches LAG 12.8.1999 – 15 Ta 137/99 – NZA-RR 1999, 660; 23.4.1999 – 15/6 Ta 426/98 – NZA-RR 1999, 382; im Freistellungszeitraum anfallende Gesamtvergütung: LAG Köln 27.7.1995 – 13 Ta 144/95 – AR-Blattei ES 160.13 Nr. 199.
98 LAG Baden-Württemberg 4.3.1983 – 1 Ta 11/83 – AuR 1983, 348.
99 LAG Nürnberg 22.5.1989 – 1 Ta 116/88 – juris.
100 LAG Düsseldorf 7.1.1988 – 7 Ta 433/87 – JurBüro 1988, 1079.
101 LAG Berlin 4.9.2001 – 17 Ta 6121/01 – NZA-RR 2002, 104; LAG Hamburg 8.11.2001 – 6 Ta 24/01 – NZA-RR 2002, 551; Hessisches LAG 28.11.2001 – 15 Ta 361/01 – NZA 2002, 404; LAG Niedersachsen 14.12.2001 – 17 Ta 396/01 – NZA-RR 2002, 550; LAG Nürnberg 12.9.2003 – 9 Ta 127/03 – NZA-RR 2004, 103; a.A. LAG Baden-Württemberg 15.2.2002 – 3 Ta 5/02 – NZA-RR 2002, 325; LAG Baden-Württemberg 4.1.2008 – 3 Ta 259/07 – JurBüro 2008, 250; LAG Rheinland-Pfalz 30.5.2005 – 7 Ta 71/05 – MDR 2006, 58.
102 LAG Berlin 26.10.2001 – 17 Ta 6152/01 – NZA-RR 2002, 608.
103 Hessisches LAG 23.4.1999 – 15/6 Ta 426/98 – NZA-RR 1999, 382.

erscheint ein Wert von 250 EUR angemessen.[104] Etwas anderes gilt dann, wenn der Inhalt des Zeugnisses im Vergleich i.E. festgelegt wird.[105] Die **Ausgleichsklausel** im Prozessvergleich ist dann nicht streitwerterhöhend zu berücksichtigen, wenn sie lediglich deklaratorischen Charakter hat.[106]
Vereinbaren die Parteien im Rahmen eines Künd-Schutzprozesses, dass das bestehende Arbverh durch die Künd endet, und begründen die Parteien im Anschluss an den Beendigungszeitpunkt ein neues Arbverh zu unveränderten Bedingungen, so führt diese Vereinbarung nicht zu einer Erhöhung des Streitwerts für den Vergleich. Insofern besteht wirtschaftliche Identität zwischen dem Künd-Schutzantrag und dem neu begründeten Arbverh.[107] Beenden die Parteien eines Arbverh einen Künd-Rechtsstreit, indem sie sich darauf einigen, dass das Arbverh mit dem Betriebserwerber fortgeführt wird, so ergibt sich für den Abschluss des neuen Arbeitsvertrages keine Erhöhung des Vergleichswertes. Das gilt auch dann, wenn ein neuer Arbeitsvertrag geschlossen wird. Es liegt auch dann eine wirtschaftliche Identität vor.[108]

- **Wettbewerbsverbot:** Bei einem Streit über die Wirksamkeit eines nachvertraglichen Wettbewerbsverbots entspricht der Streitwert dem Betrag der höchstens geschuldeten Karenzentschädigung.[109] Dies gilt nicht, wenn der AG den AN auf Unterlassung verbotener Konkurrenztätigkeit in Anspruch nimmt. Der Gegenstandswert ist vielmehr an dem Interesse des AG an der Unterlassung der Konkurrenztätigkeit auszurichten.[110]

64

- **Zeugnis:** Der Streitwert auf Erteilung eines qualifizierten Zeugnisses wird überwiegend mit einem Bruttomonatsgehalt in Ansatz gebracht.[111] Für den Zeugnisberichtigungsanspruch wird im Allgemeinen derselbe Wert zugrundegelegt.[112] Eine geringere Bewertung kann gerechtfertigt sein, wenn nicht über den gesamten Zeugnisinhalt, sondern nur über einzelne Formulierungen gestritten wird.[113] Beim Zwischenzeugnis tendieren die LAG mehrheitlich zu einer geringeren Bewertung.[114]

65

§ 12a   Kostentragungspflicht

(1) ¹In Urteilsverfahren des ersten Rechtszugs besteht kein Anspruch der obsiegenden Partei auf Entschädigung wegen Zeitversäumnis und auf Erstattung der Kosten für die Zuziehung eines Prozeßbevollmächtigten oder Beistands. ²Vor Abschluß der Vereinbarung über die Vertretung ist auf den Ausschluß der Kostenerstattung nach Satz 1 hinzuweisen. ³Satz 1 gilt nicht für Kosten, die dem Beklagten dadurch entstanden sind, daß der Kläger ein Gericht der ordentlichen Gerichtsbarkeit, der allgemeinen Verwaltungsgerichtsbarkeit, der Finanz- oder Sozialgerichtsbarkeit angerufen und dieses den Rechtsstreit an das Arbeitsgericht verwiesen hat.
(2) ¹Werden im Urteilsverfahren des zweiten Rechtszugs die Kosten nach § 92 Abs. 1 der Zivilprozeßordnung verhältnismäßig geteilt und ist die eine Partei durch einen Rechtsanwalt, die andere Partei durch einen Verbandsvertreter nach § 11 Abs. 2 Satz 2 Nr. 4 und 5 vertreten, so ist diese Partei hinsichtlich der außergerichtlichen Kosten so zu stellen, als wenn sie durch einen Rechtsanwalt vertreten worden wäre. ²Ansprüche auf Erstattung stehen ihr jedoch nur insoweit zu, als ihr Kosten im Einzelfall tatsächlich erwachsen sind.

---

104 LAG Hamburg 12.1.1998 – 4 Ta 28/97 – LAGE § 3 ZPO Nr. 9; Hessisches LAG 23.4.1999 – 15/6 Ta 426/98 – NZA-RR 1999, 382; LAG Nürnberg 19.7.2004 – 6 Ta 60/04 – AR-Blattei ES 160.13 Nr. 265; LAG Sachsen-Anhalt 27.9.2005 – 11 Ta 162/05 – juris; a.A. LAG Schleswig-Holstein 16.10.2000 – 3 Ta 119/00 – JurBüro 2001, 196.
105 LAG Köln 27.7.1995 – 13 Ta 144/95 – AR-Blattei ES 160.13 Nr. 199.
106 LAG Schleswig-Holstein 6.3.1997 – 4 Ta 110/96 – MDR 1999, 814; LAG Hamburg 30.6.2005 – 8 Ta 5/05 – LAG Report 2005, 352.
107 BAG 18.1.1996 – 8 AZR 440/94 – DB 1996, 1348.
108 LAG Schleswig-Holstein 14.11.2000 – 3 Ta 147/00 – FA 2001, 184.
109 LAG Düsseldorf 27.11.1980 – 7 Ta 189/90 – EzA § 12 ArbGG 1979 Streitwert Nr. 2.
110 LAG Thüringen 8.9.1998 – 8 Ta 89/98 – FA 1999, 60; LAG Nürnberg 25.6.1999 – 2 Ta 56/99 – MDR 1999, 1410; LAG Berlin 28.5.2003 – 17 Ta 6064/03 – BRAGOreport 2003, 184; LAG Köln 24.5.2005 – 6 Ta 145/05 – NZA-RR 2005, 547.
111 LAG Schleswig-Holstein 18.3.1986 – 2 Ta 31/86 – AnwBl 1987, 497; LAG Köln 28.4.1999 – 13 Ta 96/99 – NZA-RR 2000, 218; 29.12.2000 – 8 Ta 299/00 – MDR 2001, 717; LAG Sachsen 3.8.2000 – 4 Ta 117/00 – MDR 2001, 282.
112 LAG München 4.3.1986 – 6 Ta 39/86 – AMBl BY 1986, C 33 – C 34; LAG Düsseldorf 15.11.1987 – 7 Ta 361/87 – JurBüro 1988, 1079; LAG Rheinland-Pfalz 31.7.1991 – 9 Ta 138/91 – NZA 1992, 524.
113 LAG Schleswig-Holstein 6.3.1997 – 4 Ta 110/96 – MDR 1999, 814; LAG Köln 29.12.2000 – 8 Ta 299/00 – MDR 2001, 717; LAG Köln 8.9.2006 – 14 Ta 340/06 – AE 2007, 103.
114 Halbes Monatsentgelt: LAG Hamm 31.8.1989 – 8 Ta 377/89 – JurBüro 1990, 39; LAG Sachsen 10.10.2000 – 9 Ta 173/00 – AE 2001, 96; LAG Rheinland-Pfalz 18.1.2002 – 9 Ta 1472/01; 2.6.2004 – 2 Ta 113/04 – NZA-RR 2005, 326; LAG Köln 26.2.2004 – 7 Ta 43/04 – MDR 2004, 1067; LAG Köln 10.10.2006 – 4 (5) Ta 437/06 – juris; volles Monatsgehalt: LAG Hamburg 13.1.1987 – 5 Ta 35/86 – JurBüro 1988, 1158; LAG Düsseldorf 19.8.1999 – 7 Ta 238/99 – LAGE § 3 ZPO Nr. 10; ArbG Hamburg 26.5.2005 – 3 Ca 81/05 – JurBüro 2005, 428 bei streitigem Inhalt.

A. Allgemeines	1	II. Hinweispflicht (Abs. 1 S. 2)	9
B. Regelungsgehalt	2	III. Erstattungspflicht bei Verweisung des Rechtsstreits	
I. Ausschluss der Kostenerstattung erster Instanz (Abs. 1 S. 1)	2	(Abs. 1 S. 3)	10
1. Ausschluss der Entschädigung wegen Zeitversäumnis	3	IV. Kostenerstattung im Urteilsverfahren 2. und 3. Instanz	11
2. Ausschluss der Erstattung von Vertretungskosten	4	V. Kostenteilung in 2. Instanz (Abs. 2)	12

A. Allgemeines

1 Die Vorschrift ist durch die Beschleunigungsnovelle zum Arbeitsgerichtsgesetz vom 21.5.1979[1] in das Gesetz eingefügt worden. Abs. 1 S. 1 hat ohne inhaltliche Änderung den früheren § 61 Abs. 1 S. 2 ArbGG 1953 übernommen. Diese Bestimmung wiederum entsprach wortgleich der Regelung des ArbGG 1926. Der Normzweck des Abs. 1 wird wie der seiner Vorläuferbestimmungen in der Verbilligung des erstinstanzlichen arbeitsgerichtlichen Verfahrens gesehen. Die Parteien können im Fall des Obsiegens nicht mit der Erstattung der eigenen, brauchen aber umgekehrt im Fall des Unterliegens auch nicht mit einer Kostenbelastung infolge der Erstattung der gegnerischen Kosten zu rechnen. Dieser Gesetzeszweck erschließt sich nicht nur aus der Entstehungsgeschichte, sondern zugleich aus Abs. 1 S. 2. Die Statuierung einer Belehrungspflicht im Gesetz verdeutlicht die grundlegende Abweichung von den Regeln des Zivilprozessrechts.[2]

B. Regelungsgehalt

I. Ausschluss der Kostenerstattung erster Instanz (Abs. 1 S. 1)

2 Der Umfang der zu ersetzenden Kosten bestimmt sich grds. nach § 91 ZPO. Danach sind die dem Gegner erwachsenen Kosten zu erstatten, soweit sie zur zweckentsprechenden Rechtsverfolgung oder Rechtsverteidigung erforderlich waren. Abs. 1 S. 1 modifiziert die Regelung des § 91 Abs. 1 ZPO über den Umfang der zu ersetzenden Prozesskosten in zweierlei Hinsicht. Zum einen hat die obsiegende Partei keinen Anspruch auf Entschädigung wegen **Zeitversäumnis** (anders: § 91 Abs. 1 S. 2 ZPO); zum anderen werden ihr die Kosten für die **Zuziehung eines Prozessbevollmächtigten** oder **Beistands** nicht erstattet. Diese Regelung gilt nur in erster Instanz; in Berufungs- und Revisionsverfahren gilt § 91 ZPO uneingeschränkt.

3 **1. Ausschluss der Entschädigung wegen Zeitversäumnis.** Ausgeschlossen ist zunächst eine Entschädigung wegen **Zeitversäumnis**; dies gilt sowohl für die Partei als auch für deren Ang.[3] Daraus folgt, dass die obsiegende Partei einen erlittenen Verdienstausfall von der unterlegenen Partei nicht erstattet verlangen kann. Das rechtfertigt sich daraus, dass der Verdienstausfall unmittelbar durch die Zeitversäumnis bedingt und von ihr nicht zu trennen ist. Dem Ausschluss unterliegt der Verdienstausfall, der durch die Anfertigung von Schriftsätzen, das Aufsuchen des Gerichts anlässlich der Klagerhebung bzw. die Abgabe von Erklärungen zu Protokoll der Geschäftsstelle sowie durch Besprechungen mit dem Prozessbevollmächtigten entsteht. Eine Ausnahme ist selbst für den Fall der Anordnung des persönlichen Erscheinens der Partei nicht vorgesehen und lässt sich auch angesichts des klaren Wortlauts des Gesetzes nicht im Wege einer einschränkenden Gesetzesauslegung rechtfertigen.[4] Der durch die Benutzung eines Flugzeugs für die Wahrnehmung eines Termins entstandene höhere Kostenaufwand kann ebenfalls nicht mit der Begründung der Zeitersparnis erstattet werden.[5] Erstattungsfähig sind dagegen Aufwendungen, die durch die Terminwahrnehmung entstehen, insb. Fahrt-, Verpflegungs- und Übernachtungskosten. Die Erstattungsfähigkeit der geltend gemachten Beträge richtet sich nach dem JVEG (vgl. § 91 Abs. 1 S. 2 ZPO). Reisekosten aus Anlass der Wahrnehmung eines Gerichtstermins sind ohne Rücksicht darauf erstattungsfähig, ob die Partei in dem Termin anwaltlich vertreten war. Da die Kosten für die Zuziehung eines Prozessbevollmächtigten nach Abs. 1 S. 1 nicht erstattungsfähig sind, kann der Prozessgegner nicht einwenden, dass die anwaltliche Vertretung genügt hätte.[6] Aus demselben Grund kann die Partei die Erstattung der vollen Reisekosten auch dann verlangen, wenn ihr durch die Bestellung eines Prozessbevollmächtigten nur geringere Kosten entstanden wären.[7]

4 **2. Ausschluss der Erstattung von Vertretungskosten.** Nicht erstattungsfähig sind weiter die Kosten für die **Zuziehung eines Prozessbevollmächtigten** oder **Beistandes**. Dies gilt auch für Vertretungskosten, die einem Ne-

---

1 BGBl I S. 545.
2 BAG 30.4.1992 – 8 AZR 288/91 – AP § 12a ArbGG 1979 Nr. 6 = NZA 1992, 1101.
3 Hessisches LAG 5.12.2001 – 2 Ta 463/01 – BRAGOreport 2002, 30.
4 LAG Düsseldorf 3.7.1963 – 8 Ta 17/63 – AP § 91 ZPO Nr. 29.
5 Germelmann u.a., § 12a Rn 15; Hauck/Helml, § 12a Rn 9; differenzierend: GK-ArbGG/Wenzel, § 12a Rn 24.
6 GK-ArbGG/Wenzel, § 12a Rn 20.
7 LAG Hamburg 13.8.1992 – 2 Ta 8/92 – LAGE § 12a ArbGG 1979 Nr. 18; GK-ArbGG/Wenzel, § 12a Rn 19.

benintervenienten oder Streitverkündeten erwachsen.[8] Der Erstattungsausschluss umfasst die Gebühren und Auslagen nach dem RVG sowie vorprozessuale Anwaltskosten, also z.B. die Mahnkosten, die Erstellung eines Gutachtens für die Erfolgsaussichten einer Klage oder die Erstellung einer Schutzschrift im Verfahren des einstweiligen Rechtsschutzes. Werden durch die Beauftragung eines RA erstattungsfähige Kosten einer Partei eingespart, so sind die RA-Gebühren einschließlich der Auslagen bis zur Höhe der ersparten erstattungsfähigen Kosten zu ersetzen.[9] Dies folgt aus dem vom Gesetz verfolgten Zweck, die durch die Zuziehung eines Prozessbevollmächtigten eintretende Verteuerung des Prozesses zu verhindern. Der zur Kostenerstattung verpflichteten Partei soll aus dieser Regelung jedoch kein ungerechtfertigter Vorteil zufließen. Gehen die hypothetischen Reisekosten über die Anwaltskosten hinaus, so bleibt es bei der Erstattung der Anwaltskosten.[10] Der Regelung des Abs. 1 S. 1 kann nicht entnommen werden, dass die im allg. Zivilprozess anerkannte Pflicht, die Prozesskosten niedrig zu halten, im erstinstanzlichen arbeitsgerichtlichen Verfahren generell keine Anwendung findet. Bei der hypothetischen Kostenrechnung sind nicht nur die reinen Fahrtkosten, sondern auch der Aufwand und die Übernachtungskosten zu berücksichtigen.[11]

Einer Behörde, die an ihrem allg. Gerichtsstand oder am Erfüllungsort verklagt wird, aber aus Zweckmäßigkeitsgesichtspunkten die Prozesse zentral durch eine Behörde an einem anderen Ort bearbeiten lässt, sind Reisekosten eines Beamten der Zentralbehörde zu dem Termin nicht zu erstatten.[12] Entsprechendes gilt bei Rechtsstreitigkeiten der BRD in Prozessstandschaft für Entsendestaaten gem. dem Zusatzabkommen zum NATO-Truppenstatut, wenn die Prozessvertretung einer zentralen oder doch vom Gerichtsort entfernten Behörde übertragen ist, obwohl näher gelegene Unterbehörden verfügbar sind.[13] Die Einräumung eines Sonderstatus bei der Erstattung von Reisekosten liefe dem Grundgedanken des Abs. 1 S. 1 zuwider. Entscheidendes Kriterium ist deshalb auch hier, ob die Terminwahrnehmung durch Bedienstete am Ort des Prozessgerichts die Gewährleistung einer ordentlichen Prozessführung ausschließen würde. Nicht anders verhält es sich bei Rechtsstreitigkeiten im Bereich der Privatwirtschaft. Einer Partei, die Rechtsstreitigkeiten von einer Zentrale aus führt, anstatt die Nebenstelle, Filiale oder Zweigniederlassung tätig werden zu lassen, sind dadurch anfallende Mehrkosten nicht zu erstatten. Eine solche Zentralisierung ist eine betriebsinterne Angelegenheit, die nicht auf Kosten des Gegners mitfinanziert werden kann.[14]

Abs. 1 S. 1 erfasst nicht nur den prozessualen Kostenerstattungsanspruch aus § 91 ZPO, sondern entfaltet vielmehr auch materiell-rechtliche Wirkung.[15] Bereits aus dem Wortlaut ergibt sich, dass jeder Kostenerstattungsanspruch unabhängig von seiner Anspruchsgrundlage dem Ausschluss unterliegt. Die Bestimmung des Abs. 1 darf nicht durch Rückgriff auf Schadenersatzansprüche unterlaufen werden.[16] Insb. dürfen nicht allg. auf § 823 Abs. 2 oder 826 BGB gestützte Schadenersatzansprüche von Abs. 1 S. 1 ausgenommen werden. Eine Ausnahme ist allenfalls dann denkbar, wenn der Rechtsstreit in der ausschließlichen Absicht geführt wurde, dem Gegner Kosten aufzubürden.[17] Verletzt ein AG als Drittschuldner die ihm nach § 840 Abs. 1 ZPO obliegende Erklärungspflicht, umfasst der Anspruch des Pfändungsgläubigers auf Schadenersatz auch die Kosten für die Hinzuziehung eines Prozessbevollmächtigten zur Eintreibung der gepfändeten Forderung;[18] Abs. 1 S. 1 steht dem nicht entgegen. Im Gegensatz zur Regelung in dieser Vorschrift geht es nicht um die Kostenerstattung der „obsiegenden" Partei, sondern um die bis zur Klageänderung vergeblich aufgewandten Prozesskosten im Einziehungsrechtsstreit der ansonsten unterlegenen Partei.

Der gesetzliche Ausschluss der Erstattungsfähigkeit aufgewandter Anwaltskosten steht der Wirksamkeit einer vertraglichen Zusicherung der Kostenübernahme nicht entgegen. Die Prozesspartei wird durch die gesetzliche Sondervorschrift nicht daran gehindert, die Verpflichtung zur Erstattung gegnerischer Anwaltskosten anzuerkennen oder in einem gerichtlichen oder außergerichtlichen Vergleich zu übernehmen.[19] Eine Kostenübernahme in Formulararbeitsverträgen in Abweichung von § 12a kann indes zu Lasten des AN nicht wirksam vereinbart werden. Eine sol-

---

8 LAG Baden-Württemberg 27.9.1982 – 1 Ta 182/82 – AP § 12a ArbGG Nr. 2.

9 LAG München 27.6.2001 – 1 Ta 44/01 – NZA-RR 2002, 161; LAG Nürnberg 22.11.1994 – 6 Ta 155/94 – JurBüro 1995, 266; LAG Rheinland-Pfalz 28.1.1987 – 10 Ta 1/87 – AnwBl 1988, 299; LAG Berlin 12.5.2006 – 17 Ta 6006/06 – NZA-RR 2006, 538.

10 Tschischgale/Satzky, S. 167; GK-ArbGG/Wenzel, § 12a Rn 37; Schwab/Weth/Vollstädt, § 12a Rn 26; a.A. Germelmann u.a., § 12a Rn 37.

11 LAG Düsseldorf 10.4.1986 – 7 Ta 390/85 – LAGE § 12a ArbGG 1979 Nr. 6.

12 BAG 21.1.2004 – 5 AZB 43/03 – AP § 91 ZPO Nr. 37; LAG Berlin 6.7.1994 – 2 Ta 44/94 – JurBüro 1995, 38; ArbG Gießen 14.1.1985 – 3 Ca 428/80 – AnwBl. 1985, 275.

13 LAG Niedersachsen 11.12.1989 – 14 Ta 235/87 – LAGE § 91 ZPO Nr. 15.

14 LAG Düsseldorf 15.5.1991 – 7 Ta 141/91 – MDR 1991, 996 = JurBüro 1991, 512; LAG Nürnberg 23.11.1992 – 7 Ta 154/92 – LAGE § 91 ZPO Nr. 20 = JurBüro 1993, 297.

15 BAG 30.4.1992 – 8 AZR 288/91 – AP § 12a ArbGG Nr. 6 = NZA 1992, 1101; 30.6.1993 – 7 ABR 45/92 – AP 12a ArbGG Nr. 8 = NZA 1994, 284; Hessisches LAG 18.9.2006 – 18/10 Sa 1725/05 – AE 2007, 53.

16 BAG 27.10.2005 – 8 AZR 546/03 – AP § 12a ArbGG Nr. 13 = NZA 2006, 259.

17 ArbG Leipzig 10.5.2006 – 17 Ca 7564/05 – LAGE § 826 BGB 2002 Nr. 1 = AuR 2007, 53.

18 BAG 16.5.1990 – 4 AZR 56/90 – AP § 840 ZPO Nr. 6 = NZA 1991, 27.

19 LAG Hamm 26.2.1991 – 8 Sa 1497/90 – NZA 1992, 524 = DB 1991, 1784.

che Vereinbarung hält einer Inhaltskontrolle gem. § 307 Abs. 1 BGB nicht stand, da sie mit dem gesetzlichen Leitbild des § 12a nicht vereinbar ist.[20] Erfolgt die Übernahme der Vertretungskosten in einem Prozessvergleich, kann nach überwiegender Auff. eine Kostenfestsetzung nach §§ 103 ff. ZPO nicht erfolgen.[21] Ein durch Vereinbarung der Parteien begründeter Erstattungsanspruch stellt keinen Erstattungsanspruch i.S.d. §§ 91, 103 ZPO dar. Das Kostenfestsetzungsverfahren nach §§ 103 ff. ZPO steht in engem Zusammenhang mit der grundsätzlichen Kostenregelung des § 91 ZPO. Es betrifft nur die Prozesskosten im eigentlichen Sinne, d.h. die Kosten, die nach §§ 91 ff. ZPO mit den Abweichungen des § 12a Abs. 1 S. 1 zu den erstattungsfähigen Kosten gehören. Soweit Kosten des erstinstanzlichen Urteilsverfahrens in Abs. 1 S. 1 als nicht erstattungsfähig bezeichnet sind, besteht ein striktes öffentlich-rechtliches **Festsetzungsverbot**. Es empfiehlt sich deshalb, die Verpflichtung zur Kostenbeteiligung im Vergleich beziffert zu regeln, um einen Zahlungstitel zu erwirken. Ein außergerichtlicher Vergleich ist kein zur Festsetzung geeigneter Titel i.S.d. § 103 ZPO.

8 Die Beschränkung der Kostenerstattung nach Abs. 1 S. 1 gilt für das erstinstanzliche Erkenntnisverfahren vor den ArbG. Dazu zählen neben dem Urteilsverfahren nach §§ 46 ff. das Mahnverfahren, das selbstständige Beweisverfahren sowie das Verfahren über Arrest und einstweilige Verfügung.[22] Wird der Erlass einer Eilentscheidung beim Berufungsgericht als Gericht der Hauptsache beantragt, so richtet sich die Kostenerstattung nach den für das zweitinstanzliche Verfahren geltenden Bestimmungen.[23] Die Einschränkung der Kostenerstattungspflicht gilt nicht für das Vollstreckungsverfahren; dies selbst dann nicht, wenn das ArbG als Prozessgericht Vollstreckungsgericht ist. Die Vollstreckungsgegenklage als prozessuale Gestaltungsklage ist Bestandteil des Erkenntnisverfahrens und unterliegt daher dem Ausschluss der Kostenerstattung.[24] Abs. 1 S. 1 gilt nach seinem eindeutigen Wortlaut nur für das Urteilsverfahren. Der Begriff des Urteilsverfahrens dient nach der Systematik des ArbGG der Abgrenzung der Verfahren gem. § 2 von den im Beschlussverfahren zu entscheidenden Angelegenheiten nach § 2a. Auf das Beschlussverfahren ist die Sonderregelung weder unmittelbar noch analog anwendbar.[25]

II. Hinweispflicht (Abs. 1 S. 2)

9 Vor Abschluss einer Vereinbarung über die Prozessvertretung ist auf den Ausschluss der Kostenerstattung nach Abs. 1 S. 2 hinzuweisen; dabei sind der Prozesspartei die voraussichtlichen Kosten auf ihr Verlangen mitzuteilen. Die Regelung hat nur klarstellende Bedeutung, da sich die Hinweispflicht schon aus dem anwaltlichen Standesrecht ergibt.[26] Der Zweck der Belehrungspflicht besteht darin, der Partei die Risiken und Kosten der beabsichtigten Rechtsverfolgung oder Rechtsverteidigung zu verdeutlichen. Die Belehrung muss den Hinweis erhalten, dass die Partei die Kosten des Anwalts bzw. Verbandsvertreters auch im Falle ihres Obsiegens selbst zu tragen hat und sie keine Entschädigung wegen Zeitversäumnis erhält. Die schuldhafte Verletzung der Hinweispflicht kann einen Schadenersatzanspruch der betroffenen Partei nach § 311 BGB auslösen; der Vergütungsanspruch des Anwalts kann infolge Aufrechung entfallen. Die Vorlage einer Rechtsschutzversicherungspolice entbindet den Prozessvertreter nicht von der Hinweispflicht; etwas anderes gilt dann, wenn bereits eine Deckungszusage erteilt worden ist. Die mögliche Bewilligung von PKH schließt ebenfalls die Belehrungspflicht nicht aus. War der Partei der Ausschluss der Kostenerstattung bekannt oder hätte sie den Auftrag auch bei rechtzeitiger Belehrung auf jeden Fall erteilt, bleibt der Vergütungsanspruch unabhängig vom Ausgang des Verfahrens uneingeschränkt bestehen.[27]

III. Erstattungspflicht bei Verweisung des Rechtsstreits (Abs. 1 S. 3)

10 Erstattungsfähig sind die Kosten, die dem Beklagten dadurch entstanden sind, dass der Kläger ein Gericht der ordentlichen Gerichtsbarkeit, der allg. Verwaltungsgerichtsbarkeit, der Finanz- oder Sozialgerichtsbarkeit angerufen und dieses den Rechtsstreit an das ArbG verwiesen hat, Abs. 1 S. 3. Dies bedeutet nach überwiegender Auff., dass die dem Beklagten in dem unzulässigen Rechtsweg entstandenen Kosten voll zu erstatten sind.[28] Eine MM sieht dagegen nur die sog. Mehrkosten als erstattungsfähig an, d.h. die Differenzkosten zwischen den tatsächlich entstandenen Kosten

---

20 Schwab/Weth/*Vollstädt*, § 12a Rn 29.
21 LAG Düsseldorf 1.4.1986 – 7 Ta 93/86 – LAGE § 12a ArbGG 1979 Nr. 9; LAG Nürnberg –8.2.1999– 4 Ta 13/99 – JurBüro 1999, 366; 2.8.2000 – 1 Ta 198/00 – MDR 2000, 1340; Hessisches LAG 4.8.1999 – 9 Ta 570/99 – NZA-RR 2000, 500; Hessisches LAG 2.8.2005 – 13 Ta 208/05 – juris; a.A. ArbG Berlin 5.7.1993 – 46 AR 31/93 – AnwBl 1994, 95.
22 LAG Baden-Württemberg 7.11.1988 – 1 Ta 78/88 – LAGE § 12a ArbGG 1979 Nr. 12.
23 GK-ArbGG/*Wenzel*, § 12a Rn 76.
24 LAG Düsseldorf 9.6.2005 – 16 Ta 299/05 – LAGE § 12a ArbGG 1979 Nr. 23.
25 BAG 27.7.1994 – 7 ABR 10/93 – AP § 76a BetrVG 1972 Nr. 4 = NZA 1995, 545.
26 GK-ArbGG/*Wenzel*,§ 12a Rn 31; Schwab/Weth/*Vollstädt*, § 12a Rn 33.
27 *Grunsky*, § 12a Rn 11.
28 BAG 1.11.2004 – 3 AZB 10/04 – AP § 12a ArbGG Nr. 11 = NZA 2005, 424; LAG Düsseldorf 15.8.2006 – 16 Ta 392/06 – NZA-RR 2006, 658 = LAGE § 12a ArbGG 1979 Nr. 25; Hessisches LAG 8.3.1999 – 9/6 Ta 651/98 – NZA-RR 1999, 498; LAG Köln 3.1.2008 – 8 Ta 377/07 – juris; LAG Thüringen 14.8.2000 – 8 Ta 87/2000 – NZA-RR 2001, 106; GK-ArbGG/*Wenzel*, § 12a Rn 52; *Germelmann u.a.*, § 12a Rn 18.

und denjenigen Kosten, die entstanden wären, wenn der Rechtsstreit sofort beim zuständigen Gericht anhängig gemacht worden wäre.[29] Für die erste Sichtweise spricht bereits der Wortlaut des Abs. 1 S. 3, der nicht von „Mehrkosten", sondern von „entstandenen" Kosten spricht. Zudem verfolgte der Gesetzgeber mit der Neuregelung im Rahmen der Arbeitsgerichtsnovelle 1979 die Absicht, die bis dahin unterschiedlichen Auff. über die Erstattungsfähigkeit von Anwaltskosten bei Verweisungen von den ordentlichen Gerichten an die ArbG i.S.d.h.M. zu klären und festzuschreiben.[30] § 17 Abs. 2 S. 2 GVG kann für die gegenteilige Ansicht nicht herangezogen werden. Abs. 1 S. 3 enthält für die Verweisung an die Gerichte für Arbeitssachen eine Spezialregelung, die vom Gesetzgeber bei der Neuregelung der Verweisungsvorschriften in §§ 17 ff. GVG unangetastet geblieben ist. Nicht zu erstatten sind Kosten einer Widerklage, die der Beklagte beim unzuständigen Gericht erhoben hat. Bei der Verweisung des Rechtsstreits vom ArbG an ein ordentliches Gericht sind die Anwaltskosten nur dann erstattungsfähig, wenn vor dem ordentlichen Gericht ein neuer Gebührentatbestand verwirklicht wird.[31]

IV. Kostenerstattung im Urteilsverfahren 2. und 3. Instanz

Die Beschränkung der Kostenerstattungspflicht gilt nur für das Urteilsverfahren des ersten Rechtszuges. Im Berufungs- und Revisionsrechtszug gilt § 91 ZPO uneingeschränkt, da es insoweit an einer Bezugnahme in §§ 64 Abs. 7, 72 Abs. 6 auf § 12a fehlt. Bei der Prozessvertretung durch einen Verbandsvertreter ist zu differenzieren: Gewährt der Verband seinen Mitgliedern satzungsgemäß in der Weise Rechtsschutz, dass er sich für die Vertretung in der einzelnen Sache eine Vergütung zahlen lässt, so ist diese insoweit erstattungsfähig, als sie tatsächlich gezahlt ist und den Betrag der Kosten, die bei Vertretung durch einen RA entstanden wären, nicht übersteigt.[32] Die Berechtigung zur Prozessvertretung von Verbandsmitgliedern umschließt nicht die Befugnis der berufsständischen Vereinigung oder Stelle zur Gebührenerhebung nach Maßgabe des RVG. Da eine derartige verbandsinterne Gebührenregelung keine Rechtswirksamkeit entfalten kann, braucht der im Prozess unterlegene Gegner die vom Verband in Ansatz gebrachten Anwaltsgebühren nicht zu erstatten.[33] Der obsiegenden Partei sind im Berufungsverfahren die Anwaltskosten auch dann zu ersetzen, wenn ein Verband bereit gewesen wäre, die Vertretung unentgeltlich zu übernehmen.[34] Für eine Regelung mit dem Inhalt, dass die Partei an den Verbandsvertreter eine Gebühr zu zahlen hat, ist kein Raum, denn ein unmittelbares Dienstverhältnis zwischen der Partei und dem Verbandsvertreter besteht nicht und kann i.d.R. auch nicht begründet werden, da es auf ein unzulässiges entgeltliches Rechtskonsulentenverhältnis hinauslaufen würde.[35] Ist der Verbandsvertreter RA und tritt in dieser Eigenschaft auf, dann sind die Anwaltskosten auch dann zu erstatten, wenn im Unterliegensfall der Verband die Kosten des RA tragen würde.[36]

V. Kostenteilung in 2. Instanz (Abs. 2)

Abs. 2 S. 1 enthält eine Sonderregelung für den Fall, dass im zweiten Rechtszug eine Kostenteilung gem. § 92 ZPO erfolgt und eine Partei durch einen RA, die andere durch einen Verbandsvertreter vertreten wird. Um Benachteiligungen wegen der i.d.R. kostenlosen Verbandsvertretung zu vermeiden, ist die Partei, die durch den Verbandsvertreter vertreten wird, im Kostenausgleichsverfahren (§ 106 ZPO) so zu stellen, als ob sie durch einen RA vertreten worden wäre. Einer Anmeldung dieser fiktiven Kosten bedarf es nicht, soweit es sich um die nach dem Pauschgebührensystem des RVG zu bemessenden Anwaltsgebühren handelt, die ohne Weiteres nach dem Verfahrensablauf ermittelt werden können. Individuelle Kosten – wie Reisekosten des Verbandsvertreters – bedürfen jedoch der Geltendmachung im Kostenfestsetzungsverfahren; anderenfalls bleiben sie unberücksichtigt. Die Einsetzung fiktiver Anwaltskosten dient nur der Abwehr gegnerischer Erstattungsansprüche. Ansprüche auf Kostenerstattung können deshalb nach Abs. 2 nur geltend gemacht werden, wenn die Kosten im Einzelfall auch tatsächlich entstanden sind.

§ 13 Rechtshilfe

(1) ¹Die Arbeitsgerichte leisten den Gerichten für Arbeitssachen Rechtshilfe. ²Ist die Amtshandlung außerhalb des Sitzes eines Arbeitsgerichts vorzunehmen, so leistet das Amtsgericht Rechtshilfe.
(2) Die Vorschriften des Gerichtsverfassungsgesetzes über Rechtshilfe und des Einführungsgesetzes zum Gerichtsverfassungsgesetz über verfahrensübergreifende Mitteilungen von Amts wegen finden entsprechende Anwendung.

---

29 LAG Bremen 20.2.1986 20.2.1986 – 9 Ta 9/85 – LAGE § 12a ArbGG 1979 Nr. 4; 5.7.1996 – 2 Ta 30/96 – LAGE § 12a ArbGG 1979 Nr. 19 = NZA-RR 1997, 26; ArbG Siegen 26.2.1998 – 1 Ca 396/97 – NZA-RR 1999, 213; Schwab/Weth/*Vollstädt*, § 12a Rn 41.
30 BT-Drucks 8/2535, S. 35.
31 LAG Schleswig-Holstein 27.3.2003 – 2 Ta 31/03 – JurBüro 2004, 142.
32 Stein/Jonas/*Bork*, § 91 VIII 2; *Grunsky*, ArbGG, § 12a Rn 13.
33 LAG Hamm 18.11.1993 – 8 Ta 61/93 – AP § 91 ZPO Nr. 36 = MDR 1994, 416.
34 LAG Düsseldorf 8.1.1987 – 7 Ta 379/86 – LAGE § 91 ZPO Nr. 13 = JurBüro 1987, 903.
35 Stein/Jonas/*Bork*, § 91 VIII 2.
36 *Germelmann u.a.* § 12a Rn 37; a.A. Stein/Jonas/*Bork*, § 91 VIII 2.

A. Allgemeines	1	2. Rechtshilfe durch Amtsgerichte (Abs. 2)	5
B. Regelungsgehalt	2	II. Rechtshilfe im Ausland	6
I. Rechtshilfe im Inland	2	III. Übermittlung personenbezogener Daten (Abs. 2)	7
1. Rechtshilfe durch Arbeitsgerichte (Abs. 1)	2		

A. Allgemeines

1 Die Vorschrift regelt die Rechtshilfe, die ArbG leisten und die ihnen von den AG zu leisten ist. Sie befasst sich nur mit der Rechtshilfe im Inland. Verfassungsrechtliche Grundlage ist Art. 35 Abs. 1 GG: Alle Behörden des Bundes und der Länder leisten sich gegenseitig Rechts- und Amtshilfe. **Rechtshilfe** liegt vor, wenn die ersuchende Behörde die Amtshandlung ihrer sachlichen Zuständigkeit nach selbst vornehmen könnte und nur die Zweckmäßigkeit für die Vornahme durch die ersuchte Behörde spricht. Es muss sich um eine richterliche Handlung handeln. Von **Amtshilfe** spricht man, wenn der ersuchenden Behörde die Befugnis zur Vornahme der Amtshandlung fehlt, um die nachgesucht wird, oder wenn andere als die den Gerichten vorbehaltene Handlungen in Frage stehen.[1] Nach Abs. 2 sind für die Rechtshilfe innerhalb der Arbeitsgerichtsbarkeit oder der AG gegenüber einem Gericht für Arbeitssachen die Vorschriften des GVG (§§ 156 bis 168) entsprechend anzuwenden.

B. Regelungsgehalt

I. Rechtshilfe im Inland

2 **1. Rechtshilfe durch Arbeitsgerichte (Abs. 1).** Abs. 1 Hs. 1 stellt klar, dass innerhalb der Arbeitsgerichtsbarkeit die Rechtshilfe vorrangig von den ArbG zu leisten ist. Ein Rechtshilfeersuchen ist nur zulässig, wenn die Amtshandlung außerhalb des Gerichtsbezirks des ersuchenden ArbG vorzunehmen ist. Nach Abs. 2 i.V.m. § 166 GVG kann das Gericht auch Amtshandlungen außerhalb des Bezirks wahrnehmen. Einer Zustimmung des Gerichts, in dessen Bezirk es tätig werden will, bedarf es nicht. Diese Ausnahme von dem Grundsatz, dass die Befugnisse eines Gerichts an den Grenzen seines Bezirks enden, trägt der Einheitlichkeit der Rechtsordnung in der Bundesrepublik Rechnung.[2]

3 Das Ersuchen um Rechtshilfe ist an das ArbG zu richten, in dessen Bezirk die Amtshandlung vorgenommen werden soll, Abs. 2 i.V.m. § 157 GVG. Das Ersuchen erfolgt durch eine prozessleitende Verfügung; ihre Bezeichnung als Beschluss ist unschädlich. Gem. § 158 Abs. 1 GVG darf das ersuchte Gericht ein Rechtshilfeersuchen nicht ablehnen. Eine Ablehnung des Rechtshilfeersuchens eines nicht im Rechtszuge vorgesetzten Gerichts ist ausnahmsweise dann statthaft, wenn die vorzunehmende Amtshandlung nach dem Recht des ersuchten Gerichts verboten ist (§ 158 Abs. 2 GVG), d.h. gegen Bundes- oder Landesrecht verstößt. Diese Ausnahmevorschrift ist in einhelliger Meinung in Lit. und Rspr. eng auszulegen.[3] Insb. schließt der Wortlaut des § 158 Abs. 2 Hs. 1 GVG es aus, dass das ersuchte Gericht die Durchführung der Beweisaufnahme ablehnt, weil es sie für überflüssig, unrechtmäßig oder wenig erfolgversprechend hält.[4] Eine von dem ersuchten Gericht vorzunehmende Handlung ist vielmehr nur dann verboten, wenn sie schlechthin unzulässig ist; sie muss ohne Rücksicht auf die konkrete prozessuale Situation (abstrakt) rechtlich unzulässig sein.[5] Ein Ersuchen um Rechtshilfe darf vom ersuchten Gericht daher nicht mit der Begründung abgelehnt werden, das Prozessgericht habe die Voraussetzungen für eine Beweisaufnahme nach § 375 Abs. 1 Nr. 3 ZPO verkannt.[6] Als verbotene Handlungen i.S.v. § 158 Abs. 2 Hs. 2 GVG kommen bspw. die Vernehmung der Partei oder des gesetzlichen Vertreters als Zeugen oder die eidliche Vernehmung zur Herbeiführung einer wahrheitsgemäßen Aussage in Betracht. Ebenso kann ein Ersuchen um wiederholte Vernehmung eines Zeugen abgelehnt werden, wenn ein offensichtlicher Missbrauch des Zeugniszwangs vorliegt. Ob ein Vernehmungsersuchen bei fehlendem Einverständnis des Beweisgegners mit der ausforschenden Befragung abgelehnt werden kann, weil es sich um einen Ausforschungsbeweis handele, ist str.[7] Die Ablehnung wird nur zulässig sein, wenn der Ausforschungszweck offensichtlich ist.[8]

4 Die Ablehnung ergeht durch Beschluss, der zu begründen ist. Bei förmlicher Ablehnung der Rechtshilfe oder bei unzulässiger Rechtshilfehandlung (§ 158 Abs. 2 GVG) ist die Beschwerde an das für das Rechtshilfegericht zuständige LAG zulässig (§ 159 Abs. 1 GVG). Beschwerdeberechtigt sind nach § 159 Abs. 2 ZPO das ersuchende Gericht, die Parteien und die vom ersuchten Gericht zu vernehmenden Personen. Die Beschwerde ist weder form- noch fristgebunden; sie ist schriftlich oder zu Protokoll bei dem Rechtshilfegericht oder bei dem zuständigen LAG einzulegen. Dessen Entscheidung ergeht durch Beschluss ohne mündliche Verhandlung; den Beteiligten ist rechtliches Gehör zu

---

1 Zöller/*Gummer*, § 156 GVG Rn 2, 3.
2 Zöller/*Gummer*, § 166 GVG.
3 BAG 23.1.2001 – 10 AS 1/01 – AP § 13 ArbGG 1979 Nr. 2 = NZA 2001, 743; Zöller/*Gummer*, § 158 GVG Rn 4, 5.
4 BAG 26.10.1999 – 10 AS 5/99 – BAGE 92, 330 = AP § 13 ArbGG 1979 Nr. 2 = NZA 2000, 791.
5 BGH 31.5.1990 – III ZB 52/89 – NJW 1990, 2936 = MDR 1991, 33; LAG Schleswig-Holstein 6.6.1995 – AR 42/92 – juris.
6 BAG 23.1.2001 – 10 AS 1/01– AP § 13 ArbGG 1979 Nr. 2 = NZA 2001, 742.
7 BAG 26.10.1999 – 10 AS 5/99 – BAGE 92, 330 = AP § 13 ArbGG 1979 Nr. 2 = NZA 2000, 791.
8 Zöller/*Gummer*, § 158 GVG Rn 4; *Germelmann u.a.*, § 13 Rn 6.

gewähren. Die weitere Beschwerde zum BAG ist nur zulässig, wenn das LAG die Rechtshilfe für unzulässig erklärt hat und sich das ersuchende und ersuchte Gericht den Bezirken verschiedener LAG angehören, § 159 Abs. 1 Hs. 2 GVG.

2. Rechtshilfe durch Amtsgerichte (Abs. 2). Nach Abs. 1 S. 2 leistet das AG Rechtshilfe, wenn die Amtshandlung außerhalb des Sitzes eines ArbG vorzunehmen ist. Zweck der Vorschrift ist es, wegen der gegenüber den Bezirken der ArbG meist geringeren Größe der AG-Bezirke eine größere Ortsnähe des Rechtshilfegerichts zu erreichen.[9] Str. ist allerdings, ob sich das ersuchende Gericht an das AG wenden muss[10] oder ob es in seinem Ermessen liegt, entweder das ArbG oder das AG zu beauftragen.[11]

II. Rechtshilfe im Ausland

Für die Rechtshilfeersuchen der ArbG in das Ausland gelten über § 46 Abs. 2 die §§ 169 bis 202, 363 ZPO und die zwischenstaatlichen Rechtshilfeabkommen.[12] Das Ersuchen erfolgt entweder über die diplomatische oder konsularische Vertretung der Bundesrepublik Deutschland oder direkt durch Ersuchen an die zuständige ausländische Behörde. Die Durchführung richtet sich nach der Rechtshilfeordnung für Zivilsachen (ZRHO) vom 19.10.1956[13] und der gemeinsamen Anordnung des BMJ und des BMAS über den Rechtshilfeverkehr mit dem Ausland vom 30.12.1959.[14] Für Rechtshilfeersuchen ausländischer Gerichte sind die ordentlichen Gerichte zuständig (Abs. III der Gem. AO v. 30.12.1959).

III. Übermittlung personenbezogener Daten (Abs. 2)

Abs. 2 erklärt die Vorschriften der §§ 12 ff. EGGVG über die Übermittlung personenbezogener Daten von Amts wegen auch im arbeitsgerichtlichen Verfahren für anwendbar. Bedeutung erlangen die Regelungen insb. für den Austausch von personenbezogenen Daten (§ 3 BDSG) im Verhältnis zu den Trägern der Sozialversicherung und Sozialhilfe. Bei der Übermittlung nach § 13 EGGVG hat das Gericht eine Interessenabwägung mit den schutzwürdigen Belangen des Betroffenen vorzunehmen. Nach § 17 EGGVG besteht eine Mitteilungspflicht des Gerichts insb. bei der Verfolgung von Straftaten oder Ordnungswidrigkeiten (Nr. 1), zur Abwehr einer schwerwiegenden Beeinträchtigung der Rechte einer anderen Person (Nr. 4) sowie – insb. bei Verfahren mit Auszubildenden – zur Abwehr einer erheblichen Gefährdung Minderjähriger (Nr. 5). Zuständig für Entscheidungen nach § 13 – soweit sie außerhalb der mündlichen Verhandlung ergehen – ist der Vorsitzende, ansonsten die Kammer.

§ 13a Internationale Verfahren

Die Vorschriften des Buches 11 der Zivilprozessordnung über die justizielle Zusammenarbeit in der Europäischen Union finden in Verfahren vor den Gerichten für Arbeitssachen Anwendung, soweit dieses Gesetz nichts anderes bestimmt.

§ 13a stellt klar, dass die Vorschriften des Buches 11 der ZPO über die justizielle Zusammenarbeit in der EU auch im arbeitsgerichtlichen Verfahren Anwendung finden. Das neu geschaffene Buch 11 der ZPO beinhaltet die erforderlichen Durchführungsvorschriften zu der VO (EG) Nr. 805/2004 des Europäischen Parlaments und des Rates zur Einführung eines Europäischen Vollstreckungstitels für unbestrittene Forderungen.[1] Die neue EG-VO wurde am 21. April 2004 erlassen und ist am 21. Oktober 2005 in Kraft getreten. Sie hat einen **europäischen Vollstreckungstitel** für unbestrittene Geldforderungen in Zivil- und Handelssachen eingeführt. Dieser Europäische Vollstreckungstitel ermöglicht dem Gläubiger eine effizientere grenzüberschreitende Vollstreckung. Für bestimmte Titel (Vollstreckungsbescheide, Anerkenntnis- und Versäumnisurteile sowie Prozessvergleiche) entfällt zwischen den EU-Mitgliedstaaten – mit Ausnahme Dänemarks – das Vollstreckbarerklärungsverfahren, das bisher der Vollstreckung aus ausländischen Titeln vorgeschaltet war. Wichtige Änderungen für das Verfahren vor den ArbG ergeben sich aus den neuen Belehrungspflichten bei der Zustellung der Klageschrift (§ 499 ZPO) und insb. der Ladung zur mündlichen Verhandlung (§ 215 ZPO), ohne deren Einhaltung ein Versäumnisurteil nicht erlassen werden darf (§ 335 Abs. 1 Nr. 2 ZPO).

---

9 *Grunsky*, ArbGG, § 13 Rn 3.
10 So Stein/Jonas/*Berger*, § 355 Rn 35; *Grunsky*, ArbGG, § 13 Rn 3.
11 So *Germelmann u.a.*, § 13 Rn 9; *Hauck/Helml*, § 13 Rn 3; Schwab/Weth/*Vollstädt*, § 13 Rn 14; ErfK/*Koch*, § 13 ArbGG Rn 2.
12 Übersicht bei *B/L/A/H*, Anhang nach § 363 ZPO.
13 BAnz 1957 Nr. 63.
14 BAnz 1960 Nr. 9.
1 ABl EU L 143, S. 15.

Zweiter Teil: Aufbau der Gerichte für Arbeitssachen

Erster Abschnitt: Arbeitsgerichte

§ 14 Errichtung und Organisation

(1) In den Ländern werden Arbeitsgerichte errichtet.
(2) Durch Gesetz werden angeordnet
1. die Errichtung und Aufhebung eines Arbeitsgerichts;
2. die Verlegung eines Gerichtssitzes;
3. Änderungen in der Abgrenzung der Gerichtsbezirke;
4. die Zuweisung einzelner Sachgebiete an ein Arbeitsgericht für die Bezirke mehrerer Arbeitsgerichte;
5. die Errichtung von Kammern des Arbeitsgerichts an anderen Orten;
6. der Übergang anhängiger Verfahren auf ein anderes Gericht bei Maßnahmen nach den Nummern 1, 3 und 4, wenn sich die Zuständigkeit nicht nach den bisher geltenden Vorschriften richten soll.

(3) Mehrere Länder können die Errichtung eines gemeinsamen Arbeitsgerichts oder gemeinsamer Kammern eines Arbeitsgerichts oder die Ausdehnung von Gerichtsbezirken über die Landesgrenzen hinaus, auch für einzelne Sachgebiete, vereinbaren.

(4) [1]Die zuständige oberste Landesbehörde kann anordnen, daß außerhalb des Sitzes des Arbeitsgerichts Gerichtstage abgehalten werden. [2]Die Landesregierung kann ferner durch Rechtsverordnung bestimmen, daß Gerichtstage außerhalb des Sitzes des Arbeitsgerichts abgehalten werden. [3]Die Landesregierung kann die Ermächtigung nach Satz 2 durch Rechtsverordnung auf die zuständige oberste Landesbehörde übertragen.

(5) Bei der Vorbereitung gesetzlicher Regelungen nach Absatz 2 Nr. 1 bis 5 und Absatz 3 sind die Gewerkschaften und Vereinigungen von Arbeitgebern, die für das Arbeitsleben im Landesgebiet wesentliche Bedeutung haben, zu hören.

1 Die Errichtung der ArbG des ersten (§ 8 Abs. 1) und zweiten (§ 33) Rechtszugs ist Sache der Länder (zum BAG vgl. § 40).[1] Für die in Abs. 2 aufgelisteten wesentlichen organisatorischen Maßnahmen gilt der **Vorbehalt des Gesetzes**.[2] Dem haben die Länder durch Ausführungsgesetze zum ArbGG genügt.[3]

2 Von der Möglichkeit des Abs. 3, **länderübergreifende Gerichtsbezirke** oder gemeinsame ArbG durch **Staatsvertrag** zu schaffen, haben die Länder Berlin und Brandenburg Gebrauch gemacht. Seit dem 1.1.2007 besteht ein gemeinsames LAG der Länder mit der Bezeichnung „Landesarbeitsgericht Berlin-Brandenburg" mit Sitz in Berlin.[4]

3 **Abs. 4** eröffnet der obersten Landesbehörde oder der Landesregierung die Möglichkeit, die **Abhaltung ständiger auswärtiger Gerichtstage** an einem anderen Ort als dem Gerichtssitz zu bestimmen. Handelt die Landesregierung, kann sie durch **RechtsVO** festlegen, wo Gerichtstage stattzufinden haben. Die ArbG können außerhalb des Gerichtstags dem Gerichtstag zugehörende Sachen auch am Hauptsitz des Gerichts verhandeln, soweit sie die für den Gerichtstag bestehende gesonderte Liste ehrenamtlicher Richter berücksichtigen.[5] Allerdings ist umstr., ob die Zustimmung der Parteien erforderlich ist.[6]

4 Das Gesetz sieht in Abs. 5 ein **Anhörungsrecht** der Gewerkschaften und Vereinigungen von AG bei Organisationsakten nach Abs. 2 Nr. 1 bis 5 und Abs. 3 vor. Bei **versäumter Anhörung** ist zwar der Organisationsakt unwirksam; das Gericht ist aber dadurch nicht fehlerhaft besetzt.[7]

---

1 Zur Historie ArbGG/*Lipke*, § 14 Rn 3 ff.; *Germelmann u.a.*, § 14 Rn 3 ff.; ausf. *Linsenmaier*, NZA 2004, 401.
2 Das folgt aus der Entscheidung BVerfGE 10.6.1953 – 1 BvF 1/52, 1 BvF 1/53 – BVerfGE 2, 307 = NJW 1953, 1177.
3 *Wittreck*, Die Verwaltung der dritten Gewalt, 2006, S. 266 ff.
4 Gesetz zu dem Staatsvertrag über die Errichtung gemeinsamer Fachobergerichte der Länder Berlin und Brandenburg, vom 10.9.2004, GVBl. 380.
5 LAG München 1.4.1980 – 7 Ta 23/80 – ARSt 1981, 4; a.A. Schwab/Weth/*Liebscher*, § 14 Rn 21.
6 Schwab/Weth/*Liebscher*, § 14 Rn 21; a.A. ArbGG/*Lipke*, § 14 Rn 12.
7 Schwab/Weth/*Liebscher*, § 14 Rn 28.

§ 16 Zusammensetzung

(1) ¹Das Arbeitsgericht besteht aus der erforderlichen Zahl von Vorsitzenden und ehrenamtlichen Richtern. ²Die ehrenamtlichen Richter werden je zur Hälfte aus den Kreisen der Arbeitnehmer und der Arbeitgeber entnommen.

(2) Jede Kammer des Arbeitsgerichts wird in der Besetzung mit einem Vorsitzenden und je einem ehrenamtlichen Richter aus Kreisen der Arbeitnehmer und der Arbeitgeber tätig.

Literatur: *Bader/Hohmann/Klein*, Die ehrenamtlichen Richterinnen und Richter in der Arbeits- und Sozialgerichtsbarkeit, 12. Aufl. 2006; *Düwell*, Die ehrenamtlichen Richter beim Bundesarbeitsgericht, in: Lieber/Sens, Ehrenamtliche Richter: Demokratie oder Dekoration am Richtertisch? Festschrift zum 10-jährigen Jubiläum der deutschen Vereinigung der Schöffinnen und Schöffen, 1999; *Ide*, Die Stellung der ehrenamtlichen Richter, in: Die Arbeitsgerichtsbarkeit, Festschrift zum 100-jährigen Bestehen des Deutschen Arbeitsgerichtsverbandes, 1994; *Lucassen*, Zur Auswahl der ehrenamtlichen Richter aus der Perspektive vorschlagender Organisationen, RohR 1999, 47; *Richter*, Die besondere Stellung der ehrenamtlichen Richter bei den Landesarbeitsgerichten als in der Regel letztentscheidende Instanz, in: Lieber/Sens, Ehrenamtliche Richter: Demokratie oder Dekoration am Richtertisch? Festschrift zum 10-jährigen Jubiläum der deutschen Vereinigung der Schöffinnen und Schöffen, 1999

A. Allgemeines	1	II. Zusammensetzung der einzelnen Kammern (Abs. 2)	5
B. Regelungsgehalt	3		
I. Zusammensetzung der Arbeitsgerichte (Abs. 1)	4	C. Beraterhinweise	6

A. Allgemeines

In der Vorschrift wird die Zusammensetzung der ArbG sowie ihrer Kammern geregelt. Hierbei wird dem Umstand Rechnung getragen, dass an der arbeitsgerichtlichen Rspr. ehrenamtliche Richter mitwirken. Diese sind je zur Hälfte den Kreisen der AN und der AG zuzuordnen. **1**

Die Mitwirkung der ehrenamtlichen Richter ist eine **unerlässliche Voraussetzung** für die Akzeptanz arbeitsgerichtlicher Entscheidungen in der Bevölkerung.[1] Ihr Zweck besteht in der **Verwertung der Anschauungen des Arbeitslebens bei der Rechtsfindung**.[2] Ohne den Sachverstand der ehrenamtlichen Richter könnten viele Probleme des Arbeitslebens vor den ArbG nicht sachgerecht gelöst werden. Aus diesem Grund werden die ehrenamtlichen Richter zu Recht als eine **wichtige Stütze der Arbeitsgerichtsbarkeit** bezeichnet.[3] **2**

B. Regelungsgehalt

Die Vorschrift hat zwei Regelungsgehalte. Während es in Abs. 1 um die Zusammensetzung der ArbG im Allg. geht, betrifft Abs. 2 die Zusammensetzung der einzelnen Kammern der ArbG. **3**

I. Zusammensetzung der Arbeitsgerichte (Abs. 1)

Abs. 1, der sich auf die Zusammensetzung des ArbG als Ganzes bezieht, bestimmt, dass das ArbG aus der **erforderlichen Zahl** von Vorsitzenden und ehrenamtlichen Richtern besteht (S. 1), wobei die ehrenamtlichen Richter je zur Hälfte aus den Kreisen der AN und der AG entnommen werden müssen (S. 2). Hierbei sagt das ArbGG allerdings nichts darüber aus, welche Anzahl von Vorsitzenden und ehrenamtlichen Richtern als erforderlich i.S.d. Vorschrift anzusehen ist. Ihre Anzahl hängt von der Zahl der Kammern ab, welche die zuständige oberste Landesbehörde gem. § 17 Abs. 1 nach Anhörung der in § 14 Abs. 5 genannten Verbände bestimmt. **4**

Vorsitzender kann nur sein, wer Berufsrichter ist (vgl. §§ 6, 6a Nr. 5), wobei sich seine Ernennung nach § 18 richtet. **Ehrenamtlicher Richter** kann nur sein, wer in dieses Richteramt berufen wurde. Die **Berufung in das ehrenamtliche Richteramt** bestimmt sich nach §§ 20 ff.

II. Zusammensetzung der einzelnen Kammern (Abs. 2)

Gem. Abs. 2 muss jede Kammer des ArbG, um tätig werden zu können, zwingend aus einem Vorsitzenden und je einem ehrenamtlichen Richter aus Kreisen der AN und der AG besetzt sein. Sofern es die ehrenamtlichen Richter betrifft, gilt der **Grundsatz der paritätischen Besetzung**, der im arbeitsgerichtlichen Verfahren uneingeschränkt in allen drei Instanzen zu beachten ist. In dieser Besetzung werden grds. **alle Entscheidungen** getroffen. Lediglich in den nachfolgend aufgeführten **gesetzlich zugelassenen Ausnahmefällen** ist der Vorsitzende befugt, alleine tätig zu werden: **5**

---

1 Vgl. *Düwell*, S. 148; *Lucassen*, RohR 1999, 48.
2 *Richter*, S. 140.
3 Vgl. *Wolmerath*, S. 16; *Ide*, S. 254; *Bader/Hohmann/Klein*, S. 2.

- Anordnung des persönlichen Erscheinens der Parteien (vgl. § 51 Abs. 1 S. 1),
- Ablehnung der Zulassung eines Prozessbevollmächtigten (vgl. § 51 Abs. 2 S. 1),
- Beschlüsse und Verfügungen, die nicht aufgrund einer mündlichen Verhandlung erlassen werden (vgl. § 53 Abs. 1 S. 1),
- Amtshandlungen aufgrund eines Rechtshilfeersuchens (vgl. § 53 Abs. 1 S. 2),
- Güteverhandlung (vgl. § 54),
- Klagerücknahme (vgl. § 55 Abs. 1 Nr. 1),
- Verzicht auf den geltend gemachten Anspruch (vgl. § 55 Abs. 1 Nr. 2),
- Anerkenntnis des geltend gemachten Anspruchs (vgl. § 55 Abs. 1 Nr. 3),
- Säumnis einer Partei (vgl. § 55 Abs. 1 Nr. 4),
- Verwerfung des Einspruchs gegen ein Versäumnisurteil oder einen Vollstreckungsbescheid als unzulässig (vgl. § 55 Abs. 1 Nr. 4a),
- Säumnis beider Parteien (vgl. § 55 Abs. 1 Nr. 5),
- einstweilige Einstellung der Zwangsvollstreckung (vgl. § 55 Abs. 1 Nr. 6),
- örtliche Zuständigkeit (vgl. § 55 Abs. 1 Nr. 7),
- Aussetzung des Verfahrens (vgl. § 55 Abs. 1 Nr. 8),
- Entscheidung über die Kosten (vgl. § 55 Abs. 1 Nr. 9),
- Entscheidung über die Berichtigung des Tatbestands, soweit nicht eine Partei eine mündliche Verhandlung hierüber beantragt (vgl. § 55 Abs. 1 Nr. 10),
- Zurückweisung des Bevollmächtigten oder Untersagung der weiteren Vertretung gemäß § 11 Abs. 3 (vgl. § 55 Abs. 1 Nr. 11),
- beantragte Entscheidung durch den Vorsitzenden gem. § 55 Abs. 3,
- Anordnung eines Beweisbeschlusses nach § 55 Abs. 4,
- Vorbereitung der str. Verhandlung (vgl. § 56),
- Übertragung der Beweisaufnahme (vgl. § 58 Abs. 1 S. 2),
- Urteilsverkündung (vgl. §§ 60 Abs. 3, 75 Abs. 1) bzw. Verkündung des Beschlusses (vgl. §§ 84 S. 3, 91 i.V.m. § 87 Abs. 2),
- Verlängerung der Fristen zur Begründung der Berufung und zur Berufungsbeantwortung im Rahmen des § 66 Abs. 1 S. 5,
- Abfassen und Unterschreiben des Urteils (vgl. § 60 Abs. 4),
- Entscheidung über die Besetzung der Einigungsstelle (vgl. § 98 Abs. 1 S. 1).

C. Beraterhinweise

6 Für die Prozessvertretung kann die Vorschrift dann Bedeutung erlangen, wenn die **Kammer fehlerhaft besetzt** ist. Dies ist dann der Fall, wenn

- gegen die Parität der ehrenamtlichen Richter verstoßen wird (z.B. die Kammer ist neben dem Vorsitzenden nur mit ehrenamtlichen Richtern aus Kreisen der AN oder AG besetzt),[4]
- der Vorsitzende alleine entscheidet, obwohl dies durch die Kammer in vollständiger Besetzung zu erfolgen hat,[5]
- die Kammer bewusst unter Mitwirkung solcher ehrenamtlicher Richter tätig wird, die nach der Geschäftsverteilung (vgl. § 31) nicht zum Sitzungsdienst hätten herangezogen werden dürfen,[6]
- die Richter ihre Aufgaben in der betreffenden Rechtssache nicht wahrnehmen (z.B. ein Richter ist während der mündlichen Verhandlung, welche der Entscheidungsfindung unmittelbar vorausgeht, zeitweilig abwesend).[7]

7 Die fehlerhafte Besetzung der Kammer stellt einen **absoluten Revisionsgrund** dar (vgl. § 547 Nr. 1 ZPO).[8] Ferner findet die **Nichtigkeitsklage** gem. § 579 Abs. 1 Nr. 1 ZPO statt. Die fehlerhafte Kammerbesetzung beinhaltet einen Entzug des gesetzlichen Richters (vgl. Art. 101 Abs. 1 S. 2 GG), was mit einer **Verfassungsbeschwerde** gem. Art. 93 Abs. 1 Nr. 4a GG gerügt werden kann.[9] Ist die aufgrund fehlerhafter Besetzung ergangene Entscheidung noch nicht in Rechtskraft erwachsen, so kann das **statthafte Rechtsmittel** eingelegt werden.[10]

Zu beachten ist, dass die fehlerhafte Besetzung der Kammer nur auf eine ausdrückliche Rüge hin berücksichtigt wird. Insoweit findet eine Prüfung von Amts wegen nicht statt.[11] Zu beachten ist, dass die Rüge der vorschriftswidrigen

---

4 Düwell/Lipke/*Wolmerath*, § 16 Rn 7.
5 *Germelmann u.a.*, § 16 Rn 10.
6 BAG 26.9.1996 – 8 AZR 126/95 – NZA 1997, 333; BAG 26.9.2007 – 10 AZR 35/07 – NZA 2007, 1318; s.a. Schwab/Weth/*Liebscher*, § 16 Rn 52.
7 Vgl. BAG 31.1.1958 – 1 AZR 477/57 – AP § 164 ZPO Nr. 1.
8 S.a. BAG 26.9.2007 – 10 AZR 35/07 – NZA 2007, 1318.
9 *Grunsky*, ArbGG, § 16 Rn 14; *Hauck/Helml*, § 16 Rn 7.
10 *Hauck/Helml*, § 16 Rn 8.
11 Schwab/Weth/*Liebscher*, § 16 Rn 65; *Hauck/Helml*, § 16 Rn 8; s.a. BAG 26.9.2007 – 10 AZR 35/07 – NZA 2007, 1318; ArbG Chemnitz 5.10.2007 – 7 Ga 26/07 – AuR 2007, 393.

Besetzung des Gerichts auch dann erhoben werden kann, wenn die betreffende Partei ihr Einverständnis mit der Besetzung der Richterbank erklärt hat.[12]

§ 17 Bildung von Kammern

(1) Die zuständige oberste Landesbehörde bestimmt die Zahl der Kammern nach Anhörung der in § 14 Abs. 5 genannten Verbände.
(2) [1]Soweit ein Bedürfnis besteht, kann die Landesregierung durch Rechtsverordnung für die Streitigkeiten bestimmter Berufe und Gewerbe und bestimmter Gruppen von Arbeitnehmern Fachkammern bilden. [2]Die Zuständigkeit einer Fachkammer kann durch Rechtsverordnung auf die Bezirke anderer Arbeitsgerichte oder Teile von ihnen erstreckt werden, sofern die Erstreckung für eine sachdienliche Förderung oder schnellere Erledigung der Verfahren zweckmäßig ist. [3]Die Rechtsverordnungen auf Grund der Sätze 1 und 2 treffen Regelungen zum Übergang anhängiger Verfahren auf ein anderes Gericht, sofern die Regelungen zur sachdienlichen Erledigung der Verfahren zweckmäßig sind und sich die Zuständigkeit nicht nach den bisher geltenden Vorschriften richten soll. [4]§ 14 Abs. 5 ist entsprechend anzuwenden.
(3) Die Landesregierung kann die Ermächtigung nach Absatz 2 durch Rechtsverordnung auf die zuständige oberste Landesbehörde übertragen.

Die zuständige oberste Landesbehörde bestimmt die **Zahl der zu errichtenden Kammern** eines ArbG. Neben der Anhörung der in § 14 Abs. 5 genannten Verbände ist der für das betroffene Gericht gebildete Ausschuss der ehrenamtlichen Richter (§ 29 Abs. 2) zu hören. Unterbleibt die Anhörung der Verbände, ist die Maßnahme der Gerichtsverwaltung nichtig.[1] **1**

Durch VO können nach Abs. 2 für die Streitigkeiten bestimmter Berufe und Gewerbe und bestimmter Gruppen von AN, nicht aber für bestimmte Streitgegenstände, **Fachkammern** gebildet werden, soweit ein Bedürfnis besteht. Die Regelung nach S. 2 steht im Widerspruch zum Gesetzesvorbehalt nach § 14 Abs. 2 Nr. 4 und 6 und ist deshalb gegenstandslos.[2] Eine Ausnahme bilden die durch TV nach § 48 Abs. 2 vereinbarten Gerichtsstände. **2**

Unabhängig von Abs. 2 kann das Präsidium des jeweiligen Gerichts eine Aufteilung der Eingänge nach dem **Fachkammerprinzip im Geschäftsverteilungsplan** vornehmen, da es sich auch hier um allg., abstrakte und sachlich-objektive Merkmale handelt, die der verfassungsrechtlichen Gewährleistung nach Art. 101 Abs. 1 GG genügen. **3**

Ist eine Rechtsstreitigkeit fehlerhaft einer Fachkammer oder einer allg. Kammer zugewiesen worden, ist das Verfahren an die jeweilige Kammer von Amts wegen abzugeben. Das kann ohne Anhörung der Parteien erfolgen.[3] Hat der unzuständige Spruchkörper bereits entschieden, handelt es sich um eine **fehlerhafte Besetzung des Gerichts**. Es besteht dann die Möglichkeit einer Nichtigkeitsklage nach § 79 (§ 579 ZPO) oder – bei willkürlich fehlerhafter Zuteilung eines Rechtsstreits – einer Verfassungsbeschwerde. Einer Zurückverweisung von der zweiten in die erste Instanz steht § 68 entgegen.[4] **4**

§ 20 Berufung der ehrenamtlichen Richter

(1) [1]Die ehrenamtlichen Richter werden von der zuständigen obersten Landesbehörde oder von der von der Landesregierung durch Rechtsverordnung beauftragten Stelle auf die Dauer von fünf Jahren berufen. [2]Die Landesregierung kann die Ermächtigung nach Satz 1 durch Rechtsverordnung auf die zuständige oberste Landesbehörde übertragen.
(2) Die ehrenamtlichen Richter sind in angemessenem Verhältnis unter billiger Berücksichtigung der Minderheiten aus den Vorschlagslisten zu entnehmen, die der zuständigen Stelle von den im Land bestehenden Gewerkschaften, selbständigen Vereinigungen von Arbeitnehmern mit sozial- oder berufspolitischer Zwecksetzung und Vereinigungen von Arbeitgebern sowie von den in § 22 Abs. 2 Nr. 3 bezeichneten Körperschaften oder deren Arbeitgebervereinigungen eingereicht werden.

Literatur: *Hohmann*, Delegation der Berufung der ehrenamtlichen Richter auf die Landesarbeitsgerichte?, NZA 2002, 651

---

12 BAG 26.9.2007 – 10 AZR 35/07 – NZA 2007, 1318.
1 ArbGG/*Lipke*, § 17 Rn 1; BCF/*Bader*, ArbGG, § 17 Rn 3; Germelmann u.a., § 17 Rn 8, § 15 Rn 21; *Hauck*/*Helml*, § 17 Rn 2; a.A. GK-ArbGG/*Dörner*, § 17 Rn 9: Die VO ist anfechtbar.
2 *Hauck*/*Helml*, § 17 Rn 7; ArbGG/*Lipke*, § 17 Rn 3.
3 BCF/*Bader*, § 17 Rn 7; a.A. Schwab/Weth/*Liebscher*, § 17 Rn 18.
4 *Hauck*/*Helml*, § 17 Rn 11; Schwab/Weth/*Liebscher*, § 17 Rn 19.

A. Allgemeines	1	b) Vorschlagsverfahren	10
B. Regelungsgehalt	2	c) Auswahlverfahren	14
I. Zuständige Behörde (Abs. 1)	3	2. Form der Berufung	16
II. Dauer der Berufung (Abs. 1 S. 1)	4	3. Vereidigung der ehrenamtlichen Richter (Regelungsgehalt des § 45 DRiG)	18
III. Verfahren der Berufung (Abs. 2)	6		
1. Auswahl der ehrenamtlichen Richter	7	C. Beraterhinweise	20
a) Vorschlagsberechtigung	8		

A. Allgemeines

1 Gem. §§ 20 Abs. 1, 37 Abs. 2, 43 Abs. 1 wird das Amt des ehrenamtlichen Richters in der Arbeitsgerichtsbarkeit durch eine Berufung erlangt. Dies war nicht immer so. Sowohl das Gewerbegerichtsgesetz von 1890 als auch das Kaufmannsgerichtsgesetz von 1904 sahen eine Wahl der Beisitzer vor. Erst mit der Einf. des ArbGG vom 23.12.1926 wurde das **Wahlverfahren** durch das **Berufungsverfahren** ersetzt. Ursache hierfür war der erhebliche zeitliche sowie finanzielle Aufwand derartiger Wahlen, der in keinem Verhältnis zu dem zu erwartenden Erfolg stand.[1]

B. Regelungsgehalt

2 Abs. 1 der Vorschrift bestimmt, welche staatliche Stelle für die Berufung der ehrenamtlichen Richter zuständig ist. In einem Nebensatz wird zudem die Dauer der Berufung in dieses Amt festgelegt. Abs. 2 regelt das Verfahren der Berufung in das ehrenamtliche Richteramt.

I. Zuständige Behörde (Abs. 1)

3 Gem. Abs. 1 S. 1 werden die ehrenamtlichen Richter von der zuständigen obersten Landesbehörde oder von der von der Landesregierung durch Rechts-VO beauftragten Stelle berufen. Wer die **oberste Landesbehörde** ist, regelt sich nach dem Organisationsgesetz des jeweiligen Bundeslandes. Teilweise ist dies das Arbeitsministerium, anderenfalls das Justizministerium. Bei der von der Landesregierung **durch Rechts-VO beauftragten Stelle** wird es sich regelmäßig um die **LAG** handeln.[2] Nach Abs. 1 S. 2 ist es möglich, die Ermächtigung nach S. 1 durch Rechts-VO auf die zuständige oberste Landesbehörde zu übertragen.

II. Dauer der Berufung (Abs. 1 S. 1)

4 Die Berufung der ehrenamtlichen Richter erfolgt für **fünf Jahre** (Abs. 1 S. 1). Ein hiervon abweichender kürzerer oder längerer Berufungszeitraum ist nicht zulässig. Allerdings kann das ehrenamtliche Richteramt vor Ablauf der Fünfjahresfrist unter bestimmten Voraussetzungen niedergelegt (§ 24) sowie im Wege der Amtsentbindung (§ 21 Abs. 5) oder Amtsenthebung (§ 27) verlustig gehen.[3] Statthaft ist die **erneute Berufung** nach Ablauf einer Amtszeit.

5 Eine kürzere Berufungsdauer als fünf Jahre beinhaltet die „**Ergänzungsberufung**". Diese wird zwingend erforderlich, sobald die Zahl der vorhandenen ehrenamtlichen Richter nicht mehr zur ordnungsgemäßen Wahrnehmung der Rspr.-Aufgaben ausreicht. Ursachen für eine vorzunehmende Ergänzungsberufung können das übermäßige Ausscheiden aus dem ehrenamtlichen Richteramt sein wie auch die Errichtung einer neuen Kammer, was notwendigerweise den Bedarf an ehrenamtlichen Richtern erhöht. Die Amtszeit eines Ergänzungsrichters endet mit dem Ablauf der fünf Jahre, für die der zunächst ernannte und später ausgeschiedene ehrenamtliche Richter ernannt war.[4]

III. Verfahren der Berufung (Abs. 2)

6 Das Verfahren der Berufung in das ehrenamtliche Richteramt ist in Abs. 2 geregelt.

7 **1. Auswahl der ehrenamtlichen Richter.** Bei der Auswahl der ehrenamtlichen Richter nach Abs. 2 ist die zuständige oberste Landesbehörde bzw. die von der Landesregierung beauftragte Stelle an die ihr von den vorschlagsberechtigten Gewerkschaften und Institutionen vorgelegten **Vorschlagslisten** gebunden. Mithin dürfen ausschließlich solche Personen in das ehrenamtliche Richteramt berufen werden, die in den Vorschlagslisten namentlich benannt sind.[5]

8 **a) Vorschlagsberechtigung.** Vorschlagsberechtigt sind gem. Abs. 2 die **in dem Bundesland bestehenden** Gewerkschaften (zum Gewerkschaftsbegriff vgl. § 10 Rn 6), selbstständige Vereinigungen von AN mit sozial- oder be-

---

1 *Wolmerath*, S. 24.
2 *Hohmann*, NZA 2002, 651; s.a. GK-ArbGG/*Dörner*, § 20 Rn 5.
3 *Wolmerath*, S. 24.
4 GK-ArbGG/*Dörner*, § 20 Rn 16; *Germelmann u.a.*, § 20 Rn 12 f.; *Wolmerath*, S. 25; a.A. *Bader/Hohmann/Klein*, S. 45.
5 H.M.; vgl. GK-ArbGG/*Dörner*, § 20 Rn 11 ff.; *Germelmann u.a.*; § 20 Rn 14; *Wolmerath*, S. 27.

rufspolitischer Zwecksetzung, Vereinigungen von AG sowie die in § 22 Abs. 2 Nr. 3 bezeichneten Körperschaften oder deren AG-Vereinigungen. Listen von anderen Institutionen finden bei der Berufung keine Berücksichtigung.[6]

Die in der Vorschrift angesprochenen **Gewerkschaften und Vereinigungen** „bestehen" in einem Bundesland, wenn sie in diesem Mitglieder haben. Auf den Sitz der Institution kommt es nicht an.[7] **Selbstständige Vereinigungen mit sozial- oder berufspolitischer Zwecksetzung** im Sinne dieser Vorschrift sind nur solche, deren überwiegender Zweck in der sozial- oder berufspolitischen Tätigkeit besteht. Wird der sozial- oder berufspolitische Zweck durch religiöse, kulturelle oder allgemeinpolitische Zielsetzungen überlagert, dann ist diese Vereinigung keine i.S.d. Abs. 2 und demzufolge nicht vorschlagsberechtigt.[8]

b) Vorschlagsverfahren. Die Vorschläge für eine Berufung können von den vorschlagsberechtigten Gewerkschaften und Vereinigungen sowohl **auf eigene Initiative** als auch **nach erfolgter Aufforderung** durch die zuständige oberste Landesbehörde bzw. beauftragte Stelle eingereicht werden. Wird von der Möglichkeit der Einreichung einer Vorschlagsliste kein Gebrauch gemacht, so kann eine Berücksichtigung der betreffenden Gewerkschaft bzw. Vereinigung bei der bevorstehenden Berufung nicht erfolgen.[9]

Für jeden einzelnen **Gerichtsbezirk** ist eine **eigenständige Vorschlagsliste** einzureichen. Diese muss sich auf das Gericht als Ganzes beziehen. Nur soweit eine Berufung an eine **Fachkammer** (vgl. §§ 17 Abs. 2, 30) erfolgen soll, ist die Einreichung einer kammerbezogenen Vorschlagsliste zulässig und erforderlich.[10]

Hinsichtlich der Personen, welche in die Vorschlagsliste aufgenommen werden sollen, ist die vorschlagsberechtigte Institution frei. Diese kann sowohl **Mitglieder** als auch **andere Personen** benennen. Das **Einverständnis** der Person, die in der Vorschlagsliste berücksichtigt werden soll, ist sinnvollerweise einzuholen, um ggf. eine Ablehnung des Richteramtes gem. § 24 ausschließen zu können. Zwingend erforderlich ist dies allerdings nicht.[11] Schließlich kann niemals ausgeschlossen werden, dass jemand das Richteramt im Rahmen des § 24 ablehnt, der sich zunächst gegenüber der betreffenden Institution in positiver Hinsicht erklärt hat. Da die Platzierung der vorgeschlagenen Personen auf der Vorschlagsliste für das Auswahlverfahren von Bedeutung ist (vgl. Rn 15), sollten im Zweifel so viele Personen vorgeschlagen werden, wie insg. ehrenamtliche Richter zu berufen sind.

Über die **Form** und den **Inhalt der Vorschlagslisten** enthält das ArbGG keine Regelungen. Sie sollten unter Beachtung der sich aus den §§ 21 ff. ergebenden Voraussetzungen für die Berufung als ehrenamtlicher Richter folgende Angaben enthalten:[12]

– vollständiger Name der vorgeschlagenen Person,
– ggf. Geburtsname der vorgeschlagenen Person,
– Geburtsdatum der vorgeschlagenen Person,
– Hinweis auf die deutsche Staatsangehörigkeit der vorgeschlagenen Person,
– Privatanschrift der vorgeschlagenen Person,
– Dienstanschrift der vorgeschlagenen Person,
– berufliche Tätigkeit der vorgeschlagenen Person,
– Ort, an dem die berufliche Tätigkeit erbracht wird,
– evtl. Hinweis auf bereits zurückliegende Amtszeiten als ehrenamtlicher Richter mit Angabe des Gerichts,
– evtl. Hinweis auf die Mitgliedschaft in einer Gewerkschaft.

c) Auswahlverfahren. Das Verfahren der Auswahl der ehrenamtlichen Richter muss gem. Abs. 2 „in angemessenem Verhältnis unter billiger Berücksichtigung der Minderheiten aus den Vorschlagslisten" erfolgen. Hierbei bezieht sich das **„angemessene Verhältnis"** innerhalb des AN- bzw. AG-Kreises sowohl auf die verschiedenen Listen untereinander, als auch innerhalb der verschiedenen soziologischen Gruppen einer jeden Liste.[13] Gem. § 44 Abs. 1a DRiG sollen Frauen und Männer angemessen berücksichtigt werden. Die „billige Berücksichtigung der Minderheiten" kann die Berücksichtigung einer Vereinigung bedingen, die allein von ihrer Mitgliederzahl her keine Berücksichtigung finden würde. Soweit es sich bei der Vereinigung um eine solche von AG handelt, ist der Umsatz der verbandsangehörigen AG ebenso zu beachten wie die Zahl der bei ihnen beschäftigten AN.[14]

Soweit die vorgenannten Kriterien (vgl. Rn 6 ff.) erfüllt sind, hat die oberste Landesbehörde bzw. die beauftragte Stelle die Auswahl der ehrenamtlichen Richter in der Reihenfolge der jeweiligen Vorschlagsliste vorzunehmen. Nur wenn eine vorgeschlagene Person die Voraussetzungen für eine Berufung als ehrenamtlicher Richter (vgl. §§ 21 ff.) nicht erfüllt oder einer solchen Hindernisse gemäß § 44a DRiG entgegenstehen, besteht keine **Bindung**

---

6 Germelmann u.a., § 20 Rn 16 m.w.N.
7 GK-ArbGG/*Dörner*, § 20 Rn 7; Germelmann u.a., § 20 Rn 16.
8 BVerfG 26.1.1995 – 1 BvR 2071/94 – AP Art 9 GG Nr. 77.
9 Germelmann u.a., § 20 Rn 17; s.a. GK-ArbGG/*Dörner*, § 20 Rn 6.
10 Wolmerath, S. 26.
11 Wolmerath, S. 26.
12 S.a. Germelmann u.a., § 20 Rn 23; GK-ArbGG/*Dörner*, § 20 Rn 9.
13 Grunsky, ArbGG, § 20 Rn 9, 11; Wolmerath, S. 27.
14 Grunsky, ArbGG, § 20 Rn 10; s.a. GK-ArbGG/*Dörner*, § 20 Rn 15.

an die Reihenfolge innerhalb der betreffenden Vorschlagsliste. In diesem Fall darf auf den Bestplatzierten zurückgegriffen werden. Insoweit hat die oberste Landesbehörde bzw. die beauftragte Stelle ein **Prüfungsrecht** dahingehend, ob und inwieweit eine vorgeschlagene Person die an sie gestellten Voraussetzungen für eine Berufung erfüllt.[15]

Die Möglichkeit, dass eine vorgeschlagene Person die Übernahme des ehrenamtlichen Richteramtes ablehnt, rechtfertigt nicht das Übergehen desselben. Schließlich steht nur ihm die Entscheidung zu, ob die Übernahme des ehrenamtlichen Richteramtes verweigert werden soll.[16]

16 **2. Form der Berufung.** Bei der Berufung in das ehrenamtliche Richteramt handelt es sich um einen **VA**, der nach Maßgabe des im konkreten Einzelfall anzuwendenden VwVfG überprüft werden kann.[17] Soweit die Rechtswidrigkeit einer Berufung darauf gestützt wird, dass die Voraussetzungen für eine Berufung als ehrenamtlicher Richter nicht erfüllt sind, verdrängen die §§ 21 Abs. 5, 27 als speziellere Regelungen die verwaltungsverfahrensgesetzlichen Vorschriften über den Widerruf bzw. die Rücknahme eines VA. Die Berufung kann daher nicht gemäß den allg. Vorschriften der VwVfG (vgl. §§ 48, 49 VwVfG) zurückgenommen bzw. widerrufen werden.[18]

17 Die Berufung als solche ist mit der **Zustellung des Berufungsschreibens** abgeschlossen, auch wenn der betreffende ehrenamtliche Richter vor seiner ersten Amtshandlung zu Beginn der ersten Sitzung, an welcher er teilnimmt, **vereidigt** (§ 45 Abs. 2 S. 1 DRiG) und ihm evtl. eine **spezielle Ernennungsurkunde** ausgehändigt wird.[19]

18 **3. Vereidigung der ehrenamtlichen Richter (Regelungsgehalt des § 45 DRiG).** Der ehrenamtliche Richter ist vor seiner ersten Dienstleistung zu Beginn der ersten Sitzung, an welcher er teilnimmt, unter Wahrung der Öffentlichkeit durch den Vorsitzenden zu vereidigen (vgl. § 45 Abs. 2 S. 1 DRiG). Die Vereidigung gilt für die **Dauer des Richteramtes**, so dass diese bei einer sich unmittelbar anschließenden erneuten Berufung nicht wiederholt werden muss (vgl. § 45 Abs. 2 S. 2 DRiG). Eine **erneute Vereidigung** ist mithin ausschließlich dann erforderlich, wenn zwischen zwei Amtszeiten eine zeitliche Lücke liegt, deren Dauer unerheblich ist.[20]

19 Die Eidesleistung durch den ehrenamtlichen Richter, deren Form sich nach § 45 Abs. 3 bis 5, Abs. 7 DRiG richtet, stellt eine Amtspflicht dar. Wird diese verweigert, ist der ehrenamtliche Richter gem. § 27 seines Amtes zu entheben.[21]

C. Beraterhinweise

20 Im Zusammenhang mit der Berufung bzw. Nichtberufung einer Person in das ehrenamtliche Richteramt sind **zwei Problemkreise** denkbar. Der eine Problemkreis betrifft die vorschlagberechtigte Vereinigung, der andere die Person, um die es geht.

21 Eine **vorschlagsberechtigte Vereinigung** ist klagebefugt, soweit das ihr durch Abs. 2 eingeräumte Vorschlagsrecht tangiert ist. Dies ist etwa dann der Fall, wenn sie nicht zur Einreichung von Vorschlagslisten aufgefordert oder ihre Vorschlagsliste bei der Auswahl der zu berufenden ehrenamtlichen Richter nicht berücksichtigt worden ist. Der betreffenden Vereinigung steht der Verwaltungsrechtsweg offen, wobei i.d.R. Anfechtungsklagen bzw. Verpflichtungsklagen zu erheben sind.[22]

22 Da es einen gesetzlichen **Anspruch auf Berufung** in das ehrenamtliche Richteramt in der Arbeitsgerichtsbarkeit nicht gibt, wird man der betroffenen Person eine Klagemöglichkeit nicht für den Fall zusprechen können, dass sie von einer vorschlagsberechtigten Vereinigung nicht für die Berufung als ehrenamtlicher Richter vorgeschlagen worden ist.[23] Sofern es hingegen die Berufung als solche betrifft, wird man ihm die Möglichkeit der Beschreitung des Verwaltungsrechtsweges zubilligen müssen. Zu denken ist bspw. an eine Person, welche die Berufung mit der Begründung anficht, dass sie die Voraussetzung für eine Berufung nicht erfüllt bzw. unter Missachtung der Verfahrensvorschriften des § 20 nicht als ehrenamtlicher Richter berufen wurde, weil sie als „unbequeme Person" bekannt ist.[24]

---

15 H.M.; vgl. *Germelmann u.a.*, § 20 Rn 26 ff.; *Wolmerath*, S. 27; a.A. *Bader/Hohmann/Klein*, S. 38 m.w.N.
16 *Wolmerath*, S. 27.
17 *Wolmerath*, S. 24 m.w.N.
18 *Germelmann u.a.*, § 20 Rn 8.
19 *Wolmerath*, S. 24; s.a. *Bader/Hohmann/Klein*, S. 43; BCF/ *Bader*, § 20 Rn 2.
20 Vgl. *Germelmann u.a.*, § 20 Rn 10; *Wolmerath*, S. 45.
21 *Wolmerath*, S. 45.
22 Vgl. *Germelmann u.a.*, § 20 Rn 39; GK-ArbGG/*Dörner*, § 20 Rn 19.
23 So auch *Germelmann u.a.*, § 20 Rn 40; Schwab/Weth/ *Liebscher*, § 20 Rn 19.
24 Str.; vgl. *Germelmann u.a.*, § 20 Rn 41; Schwab/Weth/ *Liebscher*, § 20 Rn 19.

§ 21 Voraussetzungen für die Berufung als ehrenamtlicher Richter

(1) Als ehrenamtliche Richter sind Arbeitnehmer und Arbeitgeber zu berufen, die das 25. Lebensjahr vollendet haben und im Bezirk des Arbeitsgerichts tätig sind oder wohnen.

(2) Vom Amt des ehrenamtlichen Richters ist ausgeschlossen,
1. wer infolge Richterspruchs die Fähigkeit zur Bekleidung öffentlicher Ämter nicht besitzt oder wegen einer vorsätzlichen Tat zu einer Freiheitsstrafe von mehr als sechs Monaten verurteilt worden ist;
2. wer wegen einer Tat angeklagt ist, die den Verlust der Fähigkeit zur Bekleidung öffentlicher Ämter zur Folge haben kann;
3. wer das Wahlrecht zum Deutschen Bundestag nicht besitzt.

Personen, die in Vermögensverfall geraten sind, sollen nicht als ehrenamtliche Richter berufen werden.

(3) Beamte und Angestellte eines Gerichts für Arbeitssachen dürfen nicht als ehrenamtliche Richter berufen werden.

(4) [1]Das Amt des ehrenamtlichen Richters, der zum ehrenamtlichen Richter in einem höheren Rechtszug berufen wird, endet mit Beginn der Amtszeit im höheren Rechtszug. [2]Niemand darf gleichzeitig ehrenamtlicher Richter der Arbeitnehmerseite und der Arbeitgeberseite sein oder als ehrenamtlicher Richter bei mehr als einem Gericht für Arbeitssachen berufen werden.

(5) [1]Wird das Fehlen einer Voraussetzung für die Berufung nachträglich bekannt oder fällt eine Voraussetzung nachträglich fort, so ist der ehrenamtliche Richter auf Antrag der zuständigen Stelle (§ 20) oder auf eigenen Antrag von seinem Amt zu entbinden. [2]Über den Antrag entscheidet die vom Präsidium für jedes Geschäftsjahr im voraus bestimmte Kammer des Landesarbeitsgerichts. [3]Vor der Entscheidung ist der ehrenamtliche Richter zu hören. [4]Die Entscheidung ist unanfechtbar. [5]Die nach Satz 2 zuständige Kammer kann anordnen, daß der ehrenamtliche Richter bis zu der Entscheidung über die Entbindung vom Amt nicht heranzuziehen ist.

(6) Verliert der ehrenamtliche Richter seine Eigenschaft als Arbeitnehmer oder Arbeitgeber wegen Erreichens der Altersgrenze, findet Absatz 5 mit der Maßgabe Anwendung, daß die Entbindung vom Amt nur auf Antrag des ehrenamtlichen Richters zulässig ist.

Literatur: *Andelewski*, Auswirkungen des Altersteilzeitgesetzes auf die ehrenamtlichen Richter an Arbeits- und Landesarbeitsgerichten, NZA 2002, 655; *Francken/Natter/Rieker*, Die Novellierung des Arbeitsgerichtsgesetzes und des § 5 KSchG durch das SGGArbGG-Änderungsgesetz, NZA 2008, 377

A. Allgemeines 1	10. Nicht Beamter oder Angestellter eines Gerichts für Arbeitssachen (Abs. 3) 15
B. Regelungsgehalt 2	11. Nicht gleichzeitig ehrenamtlicher Richter der Arbeitnehmer- und der Arbeitgeberseite (Abs. 4 S. 2 Hs. 1) 16
I. Berufungsvoraussetzungen (Abs. 1 bis 4) 3	
1. Arbeitnehmer oder Arbeitgeber (Abs. 1) 4	
2. Vollendung des 25. Lebensjahres (Abs. 1) 5	12. Nicht bereits ehrenamtlicher Richter bei einem Gericht für Arbeitssachen (Abs. 4 S. 2 Hs. 2) . 17
3. Tätigkeit im Gerichtsbezirk (Abs. 1 Alt. 1) 6	
4. Wohnsitz im Gerichtsbezirk (Abs. 1 Alt.2) ... 7	II. Amtsentbindung (Abs. 5) 18
5. Fähigkeit zur Bekleidung öffentlicher Ämter (Abs. 2 S. 1 Nr. 1 Alt. 1) 8	1. Amtsentbindungsgründe 20
	2. Verfahrensgrundsätze 22
6. Keine Verurteilung zu einer Freiheitsstrafe von mehr als sechs Monaten (Abs. 2 S. 1 Nr. 1 Alt. 2) 9	3. Folgen der Amtsentbindung 25
	C. Verstoß gegen Grundsätze der Menschlichkeit oder Rechtsstaatlichkeit sowie Tätigkeit für die Stasi 26
7. Keine Anklage wegen einer Tat, die den Verlust der Fähigkeit zur Bekleidung öffentlicher Ämter zur Folge haben kann (Abs. 2 S. 1 Nr. 2) 10	
8. Wahlrecht zum Deutschen Bundestag (Abs. 2 S. 1 Nr. 3) 12	I. Allgemeines 26
	II. Regelungsgehalt 27
9. Kein Vermögensverfall (Abs. 2 S. 2) 14	D. Beraterhinweise 30

A. Allgemeines

§ 21 enthält in seinen Abs. 1 bis 4 die **persönlichen Voraussetzungen**, die für eine Berufung als ehrenamtlicher Richter an das ArbG zwingend erfüllt sein müssen (für die **sachlichen Voraussetzungen** einer Berufung vgl. § 20 Rn 6 ff.). Ergänzt wird die Vorschrift durch §§ 22, 23. Wird eine der Berufungsvoraussetzungen nicht erfüllt, hat eine Berufung in das ehrenamtliche Richteramt zwingend zu unterbleiben. Ist dies erst nach einer erfolgten Berufung der Fall oder wird dieser Umstand erst nach der Berufung bekannt, ist der ehrenamtliche Richter gem. § 21 Abs. 5, 6 **seines Amtes zu entbinden** (vgl. Rn 18). Ergänzt wird der § 21 durch §§ 44a, 44b DRiG, die mit Wirkung vom

25.4.2006 an die Stelle der bis dahin geltenden §§ 9 u. 10 des Gesetzes zur Prüfung von Rechtsanwaltszulassungen, Notarbestellungen und Berufungen ehrenamtlicher Richter v. 24.7.1991[1] getreten sind.

B. Regelungsgehalt

2 Der Vorschrift lassen sich zwei Regelungsgehalte entnehmen. In ihrem Abs. 1 bis 4 werden die **persönlichen Berufungsvoraussetzungen** behandelt, in ihrem Abs. 5 und 6 die **Entbindung vom ehrenamtlichen Richteramt**.

I. Berufungsvoraussetzungen (Abs. 1 bis 4)

3 Die persönlichen Voraussetzungen für eine Berufung als ehrenamtlicher Richter finden sich in den Abs. 1 bis 4. Diese sind:
- Arbeitnehmer oder Arbeitgeber (vgl. Rn 4)
- Vollendung des 25. Lebensjahres (vgl. Rn 5);
- Tätigkeit oder Wohnsitz im Gerichtsbezirk (vgl. Rn 6, 7);
- Fähigkeit zur Bekleidung öffentlicher Ämter (vgl. Rn 8);
- keine Verurteilung zu einer Freiheitsstrafe von mehr als sechs Monaten (vgl. Rn 9);
- keine Anklage wegen einer Tat, die den Verlust der Fähigkeit zur Bekleidung öffentlicher Ämter zur Folge haben kann (vgl. Rn 10);
- Wahlrecht zum Deutschen Bundestag (vgl. Rn 12);
- kein Vermögensverfall (vgl. Rn 14);
- nicht Beamter oder Ang eines Gerichts für Arbeitssachen (vgl. Rn 15);
- nicht gleichzeitig ehrenamtlicher Richter der AN- und AG-Seite (vgl. Rn 16);
- nicht bereits ehrenamtlicher Richter bei einem Gericht für Arbeitssachen (vgl. Rn 17).

Weiter wird man davon auszugehen haben, dass nur eine solche Person in das ehrenamtliche Richteramt berufen werden kann, die Gewähr dafür bietet, jederzeit für die freiheitliche demokratische Grundordnung einzutreten.[2] Insoweit kann man von einer ungeschriebenen Berufungsvoraussetzung sprechen. Schließlich unterliegen neben den Berufsrichtern auch die ehrenamtlichen Richter einer besonderen Verfassungstreue, nach der sie Gewähr dafür zu bieten haben, dass sie die ihnen von Verfassungs und Gesetzes wegen obliegenden und durch Eid bekräftigten richterlichen Pflichten jederzeit uneingeschränkt erfüllen (zur Amtsenthebung vgl. § 27 Rn 4).[3]

4 **1. Arbeitnehmer oder Arbeitgeber (Abs. 1).** Erste Voraussetzung für die Berufung als ehrenamtlicher Richter ist, dass die betreffende Person AN oder AG ist (vgl. § 5 Rn 1 ff.). Wer dieses Erfordernis nicht erfüllt und nicht unter die Sondertatbestände der §§ 22, 23 fällt, kann mithin nicht in das ehrenamtliche Richteramt berufen werden. So können **Bahnbeamte** nicht als ehrenamtliche Richter an das ArbG berufen werden, da sich ihr Status durch die Privatisierung der Bundesbahn nicht so geändert hat, dass sie für die Zwecke der Berufung als AN zu behandeln wären.[4] Bei AN, die von dem **AltersteilzeitG** in der Weise Gebrauch machen, dass sie nach einer Ansparphase in die Freistellungsphase wechseln, ist zu differenzieren. Soweit sie sich noch in der **Ansparphase** befinden, arbeiten sie wie andere Personen in dem Betrieb. Sie erfüllen damit die Berufungsvoraussetzung des Abs. 1 Alt. 1. Sobald sie sich allerdings in der **Freistellungsphase** befinden, sind sie nicht mehr in dem Unternehmen tätig. Mithin können solche Personen nicht mehr in als ehrenamtlicher Richter berufen werden.[5]

5 **2. Vollendung des 25. Lebensjahres (Abs. 1).** Weiter dürfen gem. Abs. 1 nur solche Personen als ehrenamtliche Richter berufen werden, die das 25. Lebensjahr vollendet haben. Diese Voraussetzung muss am Tag der Zustellung des **Berufungsschreibens** erfüllt sein. Wird das 25. Lebensjahr erst zu einem späteren Zeitpunkt, jedoch noch vor der erstmaligen Heranziehung zum Sitzungsdienst vollendet, ist diese zunächst fehlende Berufungsvoraussetzung als nachträglich geheilt anzusehen, so dass eine Amtsentbindung nach Abs. 5 nicht mehr in Betracht kommt.[6] Wird ein Amtsentbindungsverfahren wegen Unterschreitung der Mindestaltersgrenze eingeleitet, ist dem Antrag nicht stattzugeben, wenn das 25. Lebensjahr spätestens in dem Augenblick vollendet wird, in dem über diesen zu entscheiden ist.[7]

6 **3. Tätigkeit im Gerichtsbezirk (Abs. 1 Alt. 1).** Berufungsvoraussetzung ist laut Abs. 1 Alt. 1 ferner, dass die zu berufende Person in dem Gerichtsbezirk tätig ist – und zwar entweder als AN oder AG (vgl. Rn 4). Auf die **Dauer der Tätigkeit** kommt es dabei nicht an. Auch darf die Tätigkeit in mehreren Gerichtsbezirken ausgeübt werden, sofern die **Tätigkeit in dem Gerichtsbezirk**, für den die Berufung erfolgen soll, nicht von völlig untergeordneter Bedeu-

---

1 Vgl. BGBl I S. 1386.
2 Vgl. BCF/*Bader*, § 21 Rn 16; Schwab/Weth/*Liebscher*, § 21 Rn 12.
3 BVerfG 6.5.2008 – 2 BvR 337/08 – NZA 2008, 962; s.a. LAG Baden-Württemberg 11.1.2008 – 1 SHa 47/07 – AuR 2008, 114.
4 LAG Schleswig-Holstein 14.3.1996 – AR 14/96 – LAGE § 21 ArbGG 1979 Nr. 9.
5 Vgl. *Andelewski*, NZA 2002, 655 ff.; zustimmend: *Germelmann u.a.*, § 21 Rn 9.
6 Vgl. *Wolmerath*, S. 28 m.w.N.
7 Vgl. *Wolmerath*, S. 28 m.w.N.

tung ist. Ausreichend ist es, wenn die Tätigkeit als AN oder AG **auch** in dem maßgeblichen Gerichtsbezirk ausgeübt wird.[8]

4. Wohnsitz im Gerichtsbezirk (Abs. 1 Alt.2). Mit Wirkung zum 1.4.2008 wurde § 21 Abs. 1 durch das Gesetz zur Änderung des Sozialgerichtsgesetzes und des Arbeitsgerichtsgesetzes vom 26.3.2008[9] dahingehend erweitert, dass auch solche AN und AG in das ehrenamtliche Richteramt berufen werden können, die in dem Gerichtsbezirk wohnen. Insoweit kommt es nicht auf eine berufliche Tätigkeit im Gerichtsbezirk an. Das Gesetz stellt dabei auf den **Wohnsitz** ab, ohne diesen zu definieren. Es kann daher auf die Begriffsbestimmung in § 7 Abs. 1 BGB abgestellt werden,[10] wonach derjenige Ort den Wohnsitz begründet, an dem man sich ständig niederlässt. Da ein Wohnsitz nach § 7 Abs. 2 BGB gleichzeitig an mehreren Orten bestehen kann, genügt es für eine Berufung in das ehrenamtliche Richteramt, wenn die betreffende Person sich in dem Gerichtsbezirk „auch" niedergelassen hat, wie es etwa bei einem **Zweitwohnsitz** der Fall sein kann. Andernfalls würde man bei dem Wohnsitz strengere Anforderungen stellen, als sie bei der Tätigkeit im Gerichtsbezirk erfüllt sein müssen. Denn hier genügt es, wenn eine Tätigkeit auch im Gerichtsbezirk erfolgt (vgl. Rn 6). Die Neuregelung hat vor allem zur Folge, dass ein ehrenamtlicher Richter bei einem Arbeitsplatzwechsel an einem Ort außerhalb des Gerichtsbezirks in seinem Amt verbleiben kann, sofern er seinen Wohnsitz im Gerichtsbezirk beibehält.[11]

5. Fähigkeit zur Bekleidung öffentlicher Ämter (Abs. 2 S. 1 Nr. 1 Alt. 1). Als negative Berufungsvoraussetzung ausformuliert bestimmt Abs. 2 S. 1 Nr. 1 Alt. 1, dass in das ehrenamtliche Richteramt nicht berufen werden darf, wer infolge Richterspruchs die Fähigkeit zur Bekleidung öffentlicher Ämter nicht besitzt. Die Fähigkeit zur Bekleidung öffentlicher Ämter verliert für fünf Jahre, wer wegen eines **Verbrechens** zu einer Freiheitsstrafe von mind. einem Jahr verurteilt wird (§ 45 Abs. 1 StGB). Bei einer Verurteilung wegen eines **Vergehens** tritt der Verlust zur Bekleidung öffentlicher Ämter für die Dauer von zwei bis zu fünf Jahren nur ein, wenn dies im Gesetz ausdrücklich vorgesehen ist und das Gericht von der Möglichkeit der Aberkennung Gebrauch gemacht hat (§ 45 Abs. 2 StGB).

6. Keine Verurteilung zu einer Freiheitsstrafe von mehr als sechs Monaten (Abs. 2 S. 1 Nr. 1 Alt. 2). Gem. Abs. 2 S. 1 Nr. 1 Alt. 2 ist vom ehrenamtlichen Richteramt ausgeschlossen, wer wegen einer vorsätzlichen Tat (Verbrechen oder Vergehen) zu einer **Freiheitsstrafe von mehr als sechs Monaten** verurteilt worden ist. Die Verurteilung muss **rechtskräftig** sein.[12] Auch bei einer Strafaussetzung zur Bewährung ist die Berufung ausgeschlossen, da der Wortlaut der Vorschrift allein auf die Verurteilung – und nicht auf die Verbüßung der Strafe – abstellt.[13]

Sobald die Strafe im **Bundeszentralregister** gem. §§ 45 ff. BZRG getilgt ist, steht diese einer Berufung in das ehrenamtliche Richteramt nicht mehr im Weg.[14]

7. Keine Anklage wegen einer Tat, die den Verlust der Fähigkeit zur Bekleidung öffentlicher Ämter zur Folge haben kann (Abs. 2 S. 1 Nr. 2). Wer wegen einer Tat angeklagt ist, die den Verlust der Fähigkeit zur Bekleidung öffentlicher Ämter zur Folge haben kann, ist laut Abs. 2 S. 1 Nr. 2 ebenfalls vom ehrenamtlichen Richteramt ausgeschlossen. Nach dem Wortlaut der Norm kommt es lediglich darauf an, dass jemand wegen einer Tat angeklagt ist, die von § 45 Abs. 1, 2 StGB erfasst wird. Maßgebend ist hiernach die **Zustellung einer Anklageschrift**. Nicht von Bedeutung ist dagegen, ob in dem konkreten Einzelfall auch in tatsächlicher Hinsicht mit einer Aberkennung des Rechts zur Bekleidung öffentlicher Ämter zu rechnen ist.[15]

Ist ein ehrenamtlicher Richter infolge Anklage gem. Abs. 5 seines Amtes enthoben worden, so hat dieser Umstand keine negativen Auswirkungen auf ein späteres Berufungsverfahren, falls er der Tat freigesprochen wird bzw. trotz Verurteilung die Fähigkeit zur Bekleidung öffentlicher Ämter behält. Allerdings besteht für die betroffene Person kein Anspruch auf eine unmittelbare Berufung in das ehrenamtliche Richteramt.[16]

8. Wahlrecht zum Deutschen Bundestag (Abs. 2 S. 1 Nr. 3). Gem. Abs. 2 S. 1 Nr. 3 darf nur ehrenamtlicher Richter sein, wer das Wahlrecht zum Deutschen Bundestag besitzt, mithin **Deutscher i.S.d. Art. 116 GG ist, nicht vom Wahlrecht ausgeschlossen** ist (z.B. unter Betreuung gestellte Person, Aufenthalt in einem psychiatrischen Krankenhaus aufgrund einer Anordnung, Aberkennung des Wahlrechts) und seit mind. drei Monaten **in der Bundesrepublik Deutschland wohnt** oder hier seinen **dauernden Aufenthaltsort** hat (vgl. §§ 12, 13 BWG).[17]

---

8 LAG Schleswig-Holstein 11.1.1996 – AR 4/96 – NZA 1996, 504; LAG Hamm 13.6.1991 – 8 AR 17/91 – NZA 1991, 822.
9 Vgl. BGBl I S. 444, 447.
10 So auch BCF/*Bader*, § 21 Rn 5a.
11 *Francken/Natter/Rieker*, NZA 2008, 378.
12 H.M.; a.A GK-ArbGG/*Dörner*, § 21 Rn 10 m.w.N.
13 H.M.; vgl. *Germelmann u.a.*, § 21 Rn 14 m.w.N.; *Hauck/Helml*, § 21 Rn 6; Schwab/Weth/*Liebscher*, § 21 Rn 21; a.A. GK-ArbGG/*Dörner*, § 21 Rn 10.
14 H.M.; vgl. *Wolmerath*, S. 31; *Germelmann u.a.*, § 21 Rn 15; BCF/*Bader*, § 21 Rn 8; GK-ArbGG/*Dörner*, § 21 Rn 10.
15 Vgl. *Grunsky*, ArbGG, § 21 Rn 5; *Hauck/Helml*, § 21 Rn 7.
16 Vgl. *Wolmerath*, S. 32.
17 S.a. *Germelmann u.a.*, § 21 Rn 20; *Grunsky*, ArbGG, § 21 Rn 8; *Wolmerath*, S. 32.

13 Die durch die Regelung des Abs. 2 S. 1 Nr. 3 normierte Voraussetzung, dass nur derjenige AN und AG ehrenamtlicher Richter am ArbG werden darf, der das Wahlrecht zum Deutschen Bundestag besitzt, besagt in ihrer Konsequenz, dass v.a. die in Deutschland erwerbstätigen AN und AG von dem ehrenamtlichen Richteramt ausgeschlossen sind, die nicht zumindest auch über die deutsche Staatsbürgerschaft verfügen. Dieser Ausschluss vom ehrenamtlichen Richteramt ist zu kritisieren. In einer Zeit, in welcher nicht nur die Wirtschaft, sondern auch die Menschen aufgrund der allgegenwärtigen Globalisierung immer mehr zusammenwachsen, ist für ein ehrenamtliches Richteramt, welches nur deutschen Staatsbürgern offen steht, kein Raum mehr. Sie ist durch die ökonomische, soziale und gesellschaftspolitische Entwicklung in Deutschland überholt. Es ist nicht nachvollziehbar, weshalb nicht solche **ausländischen AN und AG** in das ehrenamtliche Richteramt berufen werden können, die ihren Lebensmittelpunkt in Deutschland haben, hier ihrer Erwerbstätigkeit nachgehen und der deutschen Sprache ausreichend mächtig sind, um das ehrenamtliche Richteramt in dem ihm zugedachten Sinne ausüben zu können.[18]

14 **9. Kein Vermögensverfall (Abs. 2 S. 2).** Gem. Abs. 2 S. 2 sollen Personen, die in Vermögensverfall geraten sind, nicht als ehrenamtliche Richter berufen werden. Von dieser Vorschrift werden – neben den Fällen der Insolvenz – auch solche Personen erfasst, die in das Schuldnerverzeichnis eingetragen sind.[19] Es handelt sich bei dieser Regelung um eine Ermessensvorschrift, welche die zuständige oberste Landesbehörde bzw. die von der Landesregierung beauftragte Stelle verpflichtet, über die Bestellung einer in Vermögensverfall geratenen Person nach pflichtgemäßem Ermessen unter Berücksichtigung der besonderen Umstände des konkreten Einzelfalls zu entscheiden, ob eine Berufung in das ehrenamtliche Richteramt vorgenommen werden soll. Dabei bringt die Formulierung der Norm unmissverständlich zum Ausdruck, dass das Absehen von einer Berufung die Regel und die Berufung in das ehrenamtliche Richteramt die Ausnahme sein soll.[20] Die Bestellung eines Betreuers nach §§ 1896 ff. BGB führt nicht zum Ausschluss von dem ehrenamtlichen Richteramt, weil sie keinen Einfluss auf die Verfügungsbefugnis sowie auf die Geschäftsfähigkeit des Betroffenen hat. Etwas anderes gilt nur im Falle einer Geschäftsunfähigkeit nach § 104 Nr. 2 BGB, eines Einwilligungsvorbehalts gem. § 1903 BGB sowie einer Totalbetreuung wegen § 13 Nr. 2 BWG.[21]

15 **10. Nicht Beamter oder Angestellter eines Gerichts für Arbeitssachen (Abs. 3).** Beamte und Ang eines Gerichts für Arbeitssachen dürfen gem. Abs. 3 nicht als ehrenamtliche Richter berufen werden – gleichgültig, ob sie bei demselben oder bei einem anderen Gericht für Arbeitssachen tätig sind. Hingegen dürfen nach dem Wortlaut dieser Vorschrift **Arb** eines Gerichts für Arbeitssachen sowie Beamte, Ang und Arb einer **anderen Gerichtsbarkeit** (z.B. Finanzgerichtsbarkeit) in das Richteramt berufen werden.[22] Die Vorschrift wird vor allem von *Dörner* zu Recht kritisiert. So sei nicht nachzuvollziehen, weshalb Beamte und Ang eines Gerichts für Arbeitssachen der Gefahr einer Interessenkollision ausgesetzt sein sollen, Arb hingegen nicht.[23]

16 **11. Nicht gleichzeitig ehrenamtlicher Richter der Arbeitnehmer- und der Arbeitgeberseite (Abs. 4 S. 2 Hs. 1).** Um Interessenkonflikten vorzubeugen, bestimmt Abs. 4 S. 2 Hs. 1, dass niemand zur gleichen Zeit ehrenamtlicher Richter der AN-Seite und der AG-Seite sein darf. Auch würde eine doppelte Berufung gegen den **Grundsatz der paritätischen Besetzung** der Gerichte für Arbeitssachen mit ehrenamtlichen Richtern beider Kreise sprechen.[24] Für eine Berufung von beiden Kreisen vorgeschlagene Personen müssen sich somit für die eine oder die andere Seite entscheiden. Zulässig ist es, als ehrenamtlicher Richter zunächst der einen Seite und anschließend der anderen Seite tätig zu werden.[25]

17 **12. Nicht bereits ehrenamtlicher Richter bei einem Gericht für Arbeitssachen (Abs. 4 S. 2 Hs. 2).** Abs. 4 S. 2 Hs. 2 verbietet eine gleichzeitige Amtsausübung bei mehr als einem Gericht für Arbeitssachen. Dieses Verbot gilt sowohl in **horizontaler** als auch in **vertikaler Hinsicht**. Ein ehrenamtlicher Richter darf hiernach gleichzeitig weder bei mehreren Gerichten für Arbeitssachen des gleichen Instanzenzuges noch bei Gerichten verschiedener Instanzen tätig werden. Zulässig ist es hingegen, zusätzlich als ehrenamtlicher Richter in einer anderen Gerichtsbarkeit oder zeitlich nacheinander an verschiedenen Gerichten für Arbeitssachen, gleich welcher Instanz, tätig zu sein. Erfolgt eine Berufung in einen höheren Instanzenzug, so endet das bisherige Richteramt gem. Abs. 4 S. 1 automatisch kraft Gesetz mit dem Beginn der Amtszeit im höheren Rechtszug. Dagegen darf eine Berufung an ein Gericht desselben oder eines niedrigeren Instanzenzuges so lange nicht erfolgen, wie die betreffende Person noch ehrenamtlicher Richter an einem anderen Gericht für Arbeitssachen ist.[26]

II. Amtsentbindung (Abs. 5)

18 Wird das Fehlen einer persönlichen Voraussetzung für die Berufung als ehrenamtlicher Richter (vgl. Rn 3 ff.) nachträglich bekannt oder fällt eine zunächst erfüllte Mussvoraussetzung nachträglich weg, so ist der ehrenamtliche Rich-

---

18 *Wolmerath*, S. 32 m.w.N.
19 BCF/*Bader*, § 21 Rn 11.
20 Vgl. *Wolmerath*, S. 33 m.w.N.; GK-ArbGG/*Dörner*, § 21 Rn 11a; Schwab/Weth/*Liebscher*, § 21 Rn 36.
21 *Wolmerath*, S. 33; Germelmann u.a., § 21 Rn 17.
22 *Wolmerath*, S. 33.
23 GK-ArbGG/*Dörner*, § 21 Rn 14.
24 S.a. BAG 21.9.1999 – 1 AS 6/99 – AuR 2000, 311.
25 *Wolmerath*, S. 34.
26 *Grunsky*, ArbGG, § 21 Rn 12.

ter gem. Abs. 5 S. 1 von seinem Amt zu entbinden. Entsprechendes gilt, wenn die zuständige oberste Landesbehörde bzw. die beauftragte Stelle (vgl. § 20 Abs. 1) nachträglich erkennt, dass sie bei der Berufung das Fehlen einer Voraussetzung übersehen hat, weil sie aus den ihr bekannten Tatsachen nicht die richtigen rechtlichen Schlussfolgerungen gezogen hat.[27] Die Amtsentbindung ist zwingend vorgeschrieben.

Nur dann, wenn eine Mussvoraussetzung nur vorübergehend für einen zeitlich begrenzten Zeitraum nicht erfüllt wird, ohne dass ein Grund zur Niederlegung des Amtes gem. § 24 vorliegt (z.B. vorübergehende Auslandsmontage, Elternzeit), ist eine die Amtsentbindung ausschließende **Beurlaubung des ehrenamtlichen Richters** – unter der eine zeitlich begrenzte Entbindung von der Heranziehung zum Sitzungsdienst zu verstehen ist – in analoger Anwendung des Abs. 5 möglich.[28] Hierzu bedarf es eines entsprechenden Antrags des ehrenamtlichen Richters (vgl. § 31 Rn 12). Eine **vorläufige Entbindung** von der Heranziehung zum Sitzungsdienst ist auszusprechen, wenn einem ehrenamtlichen Richter auf der AG-Seite fristlos gekündigt wurde und er gegen seinen AG Künd-Schutzklage erhoben hat. Schließlich hängt die Ausübung der AG-Funktion, die Voraussetzung für seine Berufung war (vgl. § 22 Abs. 2), von dem Ausgang des Künd-Schutzprozesses ab.[29]   **19**

1. Amtsentbindungsgründe. Die in §§ 21 bis 23 vorgenommene **Aufzählung** der persönlichen Mussvoraussetzungen ist **abschließend**. Weitere Amtsentbindungsgründe sind nicht anzuerkennen.[30]   **20**

Wechselt ein ehrenamtlicher Richter während seiner Amtszeit von der AN- auf die **AG-Seite** bzw. von der AG- auf die **AN-Seite**, so ist die Fortführung seines Richteramtes mit dem Grundsatz der paritätischen Besetzung der Gerichte für Arbeitssachen unvereinbar; er ist daher seines Amtes zu entbinden.[31] Gibt ein ehrenamtlicher Richter aus Kreisen der AG seine Tätigkeit im Gerichtsbezirk auf, so ist er seines Amtes auch dann zu entbinden, wenn er an seinem neuen Dienstsitz Leitungsbefugnisse ausübt, die in den Gerichtsbezirk hineinwirken.[32] Ebenfalls ist ein ehrenamtlicher Richter aus Kreisen der AG von seinem Amt zu entbinden, wenn er aus dem Betrieb, in dem er eine AG-Funktion innehat, ausscheidet und nicht im unmittelbaren Anschluss eine neue AG-Funktion (z.B. durch Eintritt in einen anderen Betrieb mit gleicher Funktion) ausübt.[33] Fällt bei **Beamten und Ang des öffentlichen Dienstes** eine in der näheren Anordnung der zuständigen obersten Bundes- oder Landesbehörde aufgestellte Berufungsvoraussetzung nachträglich weg, so hat eine Amtsentbindung zu erfolgen.[34] Entsprechendes gilt, wenn die Eigenschaft als AN bzw. AG verloren geht (z.B. um sich ausschließlich dem **Studium** zu widmen).[35] Ist dies wegen **Erreichens der Altersgrenze** der Fall, so kann eine Amtsentbindung gem. Abs. 6 i.V.m. Abs. 5 nur erfolgen, wenn der ehrenamtliche Richter einen diesbezüglichen Antrag stellt. Entsprechendes gilt, wenn jemand vor Erreichen der Altersgrenze in den Ruhestand tritt; in diesem Fall ist Abs. 6 analog anzuwenden.[36] Gleiches gilt, wenn ein AN gem. der nach dem **Altersteilzeitgesetz** getroffenen Vereinbarung in die **Freistellungsphase** eintritt.[37] Tritt zu der AN- bzw. AG-Eigenschaft die jeweils andere hinzu, so ist dies für das Richteramt unschädlich.[38] Wird ein AN **leitender Ang**, so rechtfertigt dies keine Amtsentbindung, da auch leitende Ang AN sind.[39]   **21**

2. Verfahrensgrundsätze. Eingeleitet wird das Amtsentbindungsverfahren gem. Abs. 5 S. 1 **auf Antrag** der zuständigen obersten Landesbehörde bzw. der beauftragten Stelle (vgl. § 20 Abs. 1) oder auf Antrag des betroffenen ehrenamtlichen Richters. Einen Antrag Dritter lässt das Gesetz nicht zu. Ferner ist eine Entscheidung von Amts wegen nicht zulässig.   **22**

Bis zu einer Entscheidung bleibt der betroffene Richter im Amt. Allerdings kann gem. Abs. 5 S. 5 angeordnet werden, dass bis zur Entscheidung über die Amtsentbindung eine Heranziehung zum Sitzungsdienst unterbleibt. Diese Anordnung kann auf Antrag, nach Einleitung des Amtsentbindungsantrags auch von Amts wegen getroffen werden.[40]   **23**

Über den Amtsentbindungsantrag **entscheidet** gem. Abs. 5 S. 2 und 3 die vom Präsidium für jedes Geschäftsjahr im Voraus bestimmte Kammer des LAG nach Anhörung des ehrenamtlichen Richters. Obwohl die Kammer bei ihrer Entscheidung kein Ermessen hat,[41] kann sie bei zeitlich begrenztem Fehlen einzelner Voraussetzungen eine zeitlich begrenzte Amtsentbindung aussprechen (sog. **Beurlaubung**; zu den Einzelheiten vgl. Rn 19 und vgl. § 31 Rn 12).   **24**

---

27 LAG Schleswig-Holstein 11.1.1996 – AR 5/96 – LAGE § 21 ArbGG 1979 Nr. 8.
28 A.A. GK-ArbGG/*Dörner*, § 21 Rn 22.
29 LAG Bremen 6.1.1995 – AR 27/94 – LAGE § 21 ArbGG 1979 Nr. 5.
30 Vgl. LAG Hamm 26.11.1992 – 8 AR 26/92 – NZA 1993, 476.
31 BAG 19.8.2004 – 1 AS 6/03 – jurisPR-ArbR 47/2004, Anm. 5; BAG 21.9.1999 – 1 AS 6/99 – AuR 2000, 311.
32 LAG Hamm 13.6.1991 – 8 AR 17/91 – NZA 1991, 822.
33 Vgl. LAG Bremen 6.1.1995 – AR 27/94 – LAGE § 21 ArbGG 1979 Nr. 5.
34 LAG Hamm 13.6.1991 – 8 AR 17/91 – NZA 1991, 822.
35 Vgl. LAG Bremen 22.9.1995 – AR 26/95 – LAGE § 21 ArbGG 1979 Nr. 6.
36 *Germelmann u.a.*, § 21 Rn 32.
37 *Andelewski*, NZA 2002, 660; *Germelmann u.a.*, § 21 Rn 32.
38 *Grunsky*, ArbGG, § 21 Rn 13.
39 A.A. LAG Bremen 25.4.1997 – AR 22/96 – NZA 1998, 448, wonach ein ehrenamtlicher Richter der AN-Seite, dem die Befugnis zur Personaleinstellung erteilt worden ist und der den Personalleiter in dessen Abwesenheit vertritt, seines Amtes zu entheben ist.
40 LAG Hamm 28.1.1993 – 8 AR 44/92 – NZA 1993, 479.
41 Vgl. LAG Hamm 13.6.1991 – 8 AR 17/91 – NZA 1991, 822.

Maßgebender Zeitpunkt für das Vorliegen einer Mussvoraussetzung ist der Augenblick, in dem über den Amtsentbindungsantrag entschieden wird. Liegt die fehlende Voraussetzung zu diesem Zeitpunkt vor, ist dem Antrag nicht stattzugeben. Andernfalls ist eine Amtsentbindung auszusprechen. Diese **Entscheidung ist unanfechtbar** (Abs. 5 S. 4). Rechtsschutz kann der entbundene ehrenamtliche Richter allenfalls wegen der Verletzung rechtlichen Gehörs mittels einer **Verfassungsbeschwerde** nach Art. 93 Abs. 1 Nr. 4a GG erhalten.[42]

25 **3. Folgen der Amtsentbindung.** Die Entscheidungen, an denen der amtsentbundene Richter mitgewirkt hat, sind **wirksam** und **können nicht angefochten werden** (§ 65). Ein Anspruch auf eine erneute Berufung entsteht nicht, wenn die fehlende Mussvoraussetzung nach dem Ausspruch der Amtsentbindung erfüllt wird.[43]

C. Verstoß gegen Grundsätze der Menschlichkeit oder Rechtsstaatlichkeit sowie Tätigkeit für die Stasi

I. Allgemeines

26 Mit Wirkung vom 25.4.2006 sind die §§ 44a, 44b DRiG an die Stelle der bis dahin geltenden §§ 9, 10 des Gesetzes zur Prüfung von Rechtsanwaltszulassungen, Notarbestellungen und Berufungen ehrenamtlicher Richter vom 24.7.1992[44] getreten. In der gleichen Weise, wie es bei den Vorgängervorschriften der Fall gewesen ist, ergänzen die inhaltsgleichen Regelungen der §§ 44a, 44b DRiG den § 21. Von Bedeutung ist, dass diese Normen nicht auf das Gebiet der ehemaligen DDR beschränkt sind, sondern **im gesamten Bundesgebiet gelten**.[45]

II. Regelungsgehalt

27 Gem. § 44a Abs. 1 DRiG soll nicht als ehrenamtlicher Richter berufen werden, wer gegen die **Grundsätze der Menschlichkeit** oder der **Rechtsstaatlichkeit** verstoßen hat oder wegen einer Tätigkeit als hauptamtlicher oder inoffizieller **Mitarbeiter des Staatssicherheitsdienstes der ehemaligen DDR** i.S.d. § 6 Abs. 4 des Stasi-Unterlagen-Gesetzes[46] oder als diesen Mitarbeitern nach § 6 Abs. 5 des Stasi-Unterlagen-Gesetzes gleichgestellte Personen für das Amt eines ehrenamtlichen Richters nicht geeignet ist. Zu diesem Zweck kann die oberste Landesbehörde bzw. die von der Landesregierung beauftragte Stelle von dem für das ehrenamtliche Richteramt Vorgeschlagenen eine schriftliche Erklärung dahingehend verlangen, dass bei ihm die vorgenannten Voraussetzungen nicht vorliegen (§ 44a Abs. 2 DRiG).

28 Werden die o.g. Umstände nach erfolgter Berufung in das ehrenamtliche Richteramt bekannt, so ist dieser gem. § 21 Abs. 5 von seinem Amt zu entbinden. Bis zu einer Entscheidung über die Amtsentbindung kann angeordnet werden, dass das Richteramt nicht ausgeübt werden darf. Diese Anordnung ist ebenso unanfechtbar wie die Entscheidung über die Amtsentbindung (§ 44b DRiG).

29 Binnen eines Jahres nach Wirksamwerden der Entscheidung kann der des Amtes Entbundene beantragen, dass die Voraussetzungen für eine Amtsentbindung nicht vorgelegen haben. Über diesen Antrag entscheidet eine andere als die mit der Amtsentbindung befasste Kammer des LAG (§ 44b Abs. 4 DRiG).

D. Beraterhinweise

30 Anders als in der Verwaltungsgerichtsbarkeit und in der Finanzgerichtsbarkeit besteht in der Arbeitsgerichtsbarkeit für **RA und Notare** die Möglichkeit, als ehrenamtliche Richter berufen zu werden. Gleiches gilt für Bevollmächtigte i.S.d. § 11 Abs. 2. Allerdings dürfen sie gem. § 11 Abs. 5 S. 2 nicht vor einem Spruchkörper auftreten, dem sie angehören. Etwas anderes gilt nach dieser Vorschrift nur für Personen, die gem. § 11 Abs. 2 S. 1 Nr. 1 zur Prozessvertretung befugt sind. Diese dürfen nach dem Wortlaut des Gesetzes auch vor dem Spruchkörper auftreten, dem sie als ehrenamtlicher Richter angehören.

Ebenfalls können **Mitglieder des Deutschen Bundestags**, des **Landtags** sowie eines **kommunalen Vertretungsorgans** (z.B. Stadtrat) in das ehrenamtliche Richteramt berufen werden.[47]

---

§ 22	Ehrenamtlicher Richter aus Kreisen der Arbeitgeber

(1) Ehrenamtlicher Richter aus Kreisen der Arbeitgeber kann auch sein, wer vorübergehend oder regelmäßig zu gewissen Zeiten des Jahres keine Arbeitnehmer beschäftigt.
(2) Zu ehrenamtlichen Richtern aus Kreisen der Arbeitgeber können auch berufen werden

---

42 Vgl. Schwab/Weth/*Liebscher*, § 21 Rn 53; Germelmann u.a., § 21 Rn 33; GK-ArbGG/*Dörner*, § 21 Rn 23.
43 *Grunsky*, ArbGG, § 21 Rn 14.
44 BGBl I S. 1386.
45 S.a. Germelmann u.a., § 21 Rn 24 zur bis zum 24.4.2006 geltenden Regelung.
46 Vgl. BGBl I S. 2272.
47 Bader/Hohmann/Klein, S. 33.

1. bei Betrieben einer juristischen Person oder einer Personengesamtheit Personen, die kraft Gesetzes, Satzung oder Gesellschaftsvertrag allein oder als Mitglieder des Vertretungsorgans zur Vertretung der juristischen Person oder der Personengesamtheit berufen sind;
2. Geschäftsführer, Betriebsleiter oder Personalleiter, soweit sie zur Einstellung von Arbeitnehmern in den Betrieb berechtigt sind, oder Personen, denen Prokura oder Generalvollmacht erteilt ist;
3. bei dem Bund, den Ländern, den Gemeinden, den Gemeindeverbänden und anderen Körperschaften, Anstalten und Stiftungen des öffentlichen Rechts Beamte und Angestellte nach näherer Anordnung der zuständigen obersten Bundes- oder Landesbehörde;
4. Mitglieder und Angestellte von Vereinigungen von Arbeitgebern sowie Vorstandsmitglieder und Angestellte von Zusammenschlüssen solcher Vereinigungen, wenn diese Personen kraft Satzung oder Vollmacht zur Vertretung befugt sind.

Literatur: *Hohmann*, Zugangsbarrieren für leitende Angestellte zum ehrenamtlichen Richteramt in der Arbeitsgerichtsbarkeit, NZA 2007, 958

A. Allgemeines	1	II. Dem Arbeitgeber gleichgestellte Personen (Abs. 2)	4
B. Regelungsgehalt	2	C. Beraterhinweise	5
I. Arbeitnehmerlose Arbeitgeber (Abs. 1)	3		

A. Allgemeines

Die **Vorschrift ergänzt § 21 Abs. 1**, indem sie bestimmt, wer ebenfalls als ehrenamtlicher Richter aus Kreisen der AG berufen werden kann, ohne selbst AG zu sein. Sie ist das Pendant zu der Regelung des § 23, welche die ehrenamtlichen Richter aus Kreisen der AN betrifft. **1**

B. Regelungsgehalt

§ 22 umfasst zwei Regelungsgehalte. Während in seinem Abs. 1 arbeitnehmerlose AG angesprochen werden, betrifft sein Abs. 2 den Personenkreis, der dem AG gleichgestellt wird. **2**

I. Arbeitnehmerlose Arbeitgeber (Abs. 1)

Abs. 1 erfasst Personen, deren Tätigkeit grds. die Beschäftigung von AN mit sich bringt, die aber **aus bestimmten Gründen zu einer gewissen Zeit** keine AN beschäftigen. Soweit vorübergehend keine AN beschäftigt werden (Alt. 1) ist erforderlich, dass der ernsthafte Wille besteht, in Zukunft wieder AN zu beschäftigen. Wann dies der Fall sein wird, ist insoweit unerheblich.[1] Beschäftigt ein AG AN **regelmäßig zu gewissen Zeiten des Jahres nicht** (Alt. 2; z.B. in Saison- oder Kampagnebetrieben), so steht dieser Umstand einer Berufung als ehrenamtlicher Richter aus Kreisen der AG ebenfalls nicht entgegen. Erforderlich ist insoweit lediglich die Absicht zur Beschäftigung von AN mit Saisonbeginn, auch wenn der Betrieb eine oder mehrere Saisons lang geschlossen bleibt (z.B. wegen langdauernder Renovierungen).[2] **3**

II. Dem Arbeitgeber gleichgestellte Personen (Abs. 2)

Für die Berufung als ehrenamtlicher Richter stellt Abs. 2 bestimmte Personen dem AG gleich, denen regelmäßig die Arbeitgebereigenschaft fehlt: **4**

– Nr. 1 betrifft **vertretungsberechtigte Organe sowie Organmitglieder** einer juristischen Person oder Personengesamtheit. Die Vorschrift entspricht § 5 Abs. 1 S. 3.
– Nr. 2 erfasst **Geschäftsführer, Betriebsleiter und Personalleiter**, soweit sie zur Einstellung von AN berechtigt sind, sowie Personen, denen Prokura oder Generalvollmacht erteilt ist. Ob sich die Berechtigung zur Einstellung von AN nur auf Personalleiter[3] oder auch auf Geschäftsführer und Betriebsleiter beziehen muss, ist str.[4] Ohne selbst leitender Ang sein zu müssen, haben sie jedoch arbeitgeberähnliche Funktionen auszuüben. Hinsichtlich der Einstellungsbefugnis ist ausreichend, wenn sie diese nur gemeinsam mit einem zeichnungsberechtigten Vertreter des AG wahrnehmen können.[5]

---

1 Vgl. *Germelmann u.a.*, § 22 Rn 8; *Hauck/Helml*, § 22 Rn 3; *Grunsky*, ArbGG, § 22 Rn 4 f.
2 Vgl. *Grunsky*, ArbGG, § 22 Rn 3.
3 S.a. LAG Bremen 25.4.1977 – AR 22/96 – NZA 1998, 448.
4 Verneinend: *Grunsky*, ArbGG, § 22 Rn 8; bejahend: *Germelmann u.a.*, § 22 Rn 13; Schwab/Weth/*Liebscher*, § 22 Rn 12; BCF/*Bader*, § 22 Rn 3.
5 Vgl. *Germelmann u.a.*, § 22 Rn 12 und *Grunsky*, ArbGG, § 22 Rn 7 mit Verweis auf LAG Hamm 20.12.1990 – 8 AR 21/90 – DB 1991, 240.

- Gem. Nr. 3 können auch **Beamte und Ang** (nicht: Arb!), die bei einer **juristischen Person des öffentlichen Rechts** beschäftigt sind, nach näherer Anordnung der zuständigen obersten Bundes- oder Landesbehörde als ehrenamtliche Richter aus Kreisen der AG berufen werden, soweit sie in leitender Stellung tätig sind.[6] Fallen die in der Anordnung der zuständigen obersten Bundes- oder Landesbehörde aufgestellten Berufungsvoraussetzungen nachträglich wegen geänderter Aufgabenstellung weg, ist der ehrenamtliche Richter auf entsprechenden Antrag gem. § 21 Abs. 5 von seinem Richteramt zu entbinden.[7]
- Als entgegengesetzte Regelung zu § 23 Abs. 2 bestimmt die Nr. 4, dass Mitglieder und Ang von **Vereinigungen von AG** sowie Vorstandmitglieder und Ang von Zusammenschlüssen solcher Vereinigungen zu ehrenamtlichen Richtern aus Kreisen der AG berufen werden dürfen, wenn diese kraft Satzung oder Vollmacht zur Vertretung befugt sind.

C. Beraterhinweise

5 Bisweilen kann sich die Frage stellen, ob leitende Ang i.S.d. § 5 Abs. 3 BetrVG gem. § 22 Abs. 2 Nr. 2 ArbGG zu ehrenamtlichen Richtern aus Kreisen der AG berufen werden können. *Hohmann* bringt es auf den Punkt. Denn nicht jeder dem § 22 Abs. 2 Nr. 2 unterfallende Ang ist leitender Ang i.S.v. § 5 Abs. 3 BetrVG, wie umgekehrt nicht jeder leitende Ang i.S.d. § 5 Abs. 3 BetrVG die Voraussetzungen des § 22 Abs. 2 Nr. 2 erfüllt. Er erachtet es als verfehlt, soweit i.R.d. § 22 Abs. 2 Nr. 2 nur auf die Befugnis zur Einstellung von AN abgestellt wird (vgl. Rn 4). Er schlägt daher eine Änderung der Vorschrift insoweit vor, als alternativ auf die Befugnis zur Entlassung von AN ankommen soll. Zudem spricht er sich für eine Ausdehnung der Vorschrift auf leitende Ang i.S.d. § 5 Abs. 3 S. 2 Nr. 3 BetrVG aus.[8]

§ 23 Ehrenamtlicher Richter aus Kreisen der Arbeitnehmer

(1) Ehrenamtlicher Richter aus Kreisen der Arbeitnehmer kann auch sein, wer arbeitslos ist.

(2) [1]Den Arbeitnehmern stehen für die Berufung als ehrenamtliche Richter Mitglieder und Angestellte von Gewerkschaften, von selbständigen Vereinigungen von Arbeitnehmern mit sozial- oder berufspolitischer Zwecksetzung sowie Vorstandsmitglieder und Angestellte von Zusammenschlüssen von Gewerkschaften gleich, wenn diese Personen kraft Satzung oder Vollmacht zur Vertretung befugt sind. [2]Gleiches gilt für Bevollmächtigte, die als Angestellte juristischer Personen, deren Anteile sämtlich im wirtschaftlichen Eigentum einer der in Satz 1 genannten Organisationen stehen, handeln und wenn die juristische Person ausschließlich die Rechtsberatung und Prozeßvertretung der Mitglieder der Organisation entsprechend deren Satzung durchführt.

A. Allgemeines	1	II. Arbeitnehmern gleichgestellte Personen (Abs. 2)	5
B. Regelungsgehalt	2	C. Beraterhinweise	7
I. Arbeitslose (Abs. 1)	3		

A. Allgemeines

1 § 23 ergänzt § 21 Abs. 1, indem die Vorschrift bestimmt, wer ebenfalls als ehrenamtlicher Richter aus Kreisen der AN berufen werden kann, ohne im Zweifel die AN-Eigenschaft zu besitzen. Die Vorschrift ist das **Pendant zu der Regelung des § 22**, welche die ehrenamtlichen Richter aus Kreisen der AG betrifft. Ob jemand AN ist, bestimmt sich mangels eigenständiger Regelung im ArbGG nach dem materiellen Arbeitsrecht (vgl. § 5 Rn 3).

B. Regelungsgehalt

2 Die Vorschrift beinhaltet zwei Regelungsgehalte. Abs. 1 betrifft arbeitslose Personen, Abs. 2 AN gleichgestellte Personen. Abs. 1 findet daneben Anwendung auf arbeitnehmerähnliche Personen, als es bei diesen auf das vorübergehende Ausbleiben von Aufträgen ankommt.[1]

I. Arbeitslose (Abs. 1)

3 Abs. 1 beinhaltet die entgegengesetzte Regelung zu der Vorschrift des § 22 Abs. 1, wonach ehrenamtlicher Richter aus Kreisen der AG auch sein kann, wer vorübergehend oder regelmäßig zu gewissen Zeiten des Jahres keine AN beschäftigt. Die Vorschrift ermöglicht es einem Arbeitslosen, ehrenamtlicher Richter aus Kreisen der AN zu sein.

---

6 H.M.; vgl. *Germelmann u.a.*, § 22 Rn 16 m.w.N.; Schwab/Weth/*Liebscher*, § 22 Rn 16; a.A. GK-ArbGG/*Dörner*, § 22 Rn 6.
7 LAG Hamm 13.6.1991 – 8 AR 8/91 – NZA 1991, 821.
8 *Hohmann*, NZA 2007, 958 ff.
1 *Grunsky*, ArbGG, § 23 Rn 3.

Ob jemand arbeitslos ist, bestimmt sich in Ermangelung einer eigenen Definition im ArbGG nach dem **SGB III** (vgl. § 119 SGB III).[2] Maßgebend ist allein die Tatsache der Arbeitslosigkeit sowie die Bereitschaft und Fähigkeit, wieder als AN – in welcher Form auch immer – erwerbstätig zu werden. Die Ursache für die Arbeitslosigkeit, die Erfüllung der Anwartschaftszeit gem. § 123 SGB III und/oder die Dauer der Arbeitslosigkeit sind daher unerheblich.[3] Auch ist ohne Belang, ob die betreffende Person Alg oder Alg II (früher: Arbeitslosenhilfe) erhält.[4] Eine Jura-**Studentin**, die ihr Arbverh beendet hat und sich nunmehr ausschließlich ihrem Studium widmet, ist nicht arbeitslos i.S.d. Abs. 1. Allenfalls sog. **Werkstudenten** können als Arbeitslose i.S.d. Vorschrift in Betracht kommen.[5]

II. Arbeitnehmern gleichgestellte Personen (Abs. 2)

Als entgegengesetzte Regelung zu § 22 Abs. 2 Nr. 4 bestimmt Abs. 2 S. 1, dass Mitglieder und Ang von Gewerkschaften, von selbstständigen Vereinigungen von AN mit sozial- oder berufspolitischer Zwecksetzung sowie Vorstandsmitglieder und Ang von Zusammenschlüssen von Gewerkschaften für die Berufung als ehrenamtliche Richter als AN gelten, sofern diese Kraft Satzung oder Vollmacht zur Vertretung befugt sind.

Gleiches gilt nach Abs. 2 S. 2 für Bevollmächtigte, die als Ang juristischer Personen, deren Anteile sämtlich im wirtschaftlichen Eigentum einer der in Abs. 2 S. 1 genannten Organisationen stehen, handeln, sofern die juristische Person ausschließlich die Rechtsberatung und Prozessvertretung der Mitglieder der Organisation entsprechend deren Satzung durchführt. Diese Regelung erfasst v.a. die bei der **DGB-Rechtsschutz GmbH** beschäftigten Rechtssekretäre, die dem DGB angehörende Gewerkschaftsmitglieder satzungsgemäß schwerpunktmäßig in arbeitsrechtlichen Angelegenheiten beraten sowie vor den Gerichten (§ 11) vertreten. Von praktischer Bedeutung ist die Vorschrift des Abs. 2 S. 2 nicht. Schließlich besteht die in dieser Vorschrift genannte Personengruppe ausnahmslos aus AN i.S.d. § 21 Abs. 1, die auch ohne die besondere Regelung des S. 2 als ehrenamtliche Richter berufen werden können.[6]

C. Beraterhinweise

Die praktische Bedeutung des Abs. 2 S. 1 ist gering. Die Vorschrift ermöglicht, dass nicht (mehr) berufstätige Mitglieder bzw. Vorstandsmitglieder in das ehrenamtliche Richteramt berufen werden können, sofern diese Kraft Satzung oder Vollmacht zur Vertretung befugt sind. Die bloße Mitgliedschaft in einer Gewerkschaft genügt indes nicht.[7]

§ 24 Ablehnung und Niederlegung des ehrenamtlichen Richteramts

(1) Das Amt des ehrenamtlichen Richters kann ablehnen oder niederlegen,
1. wer die Regelaltersgrenze nach dem Sechsten Buch Sozialgesetzbuch erreicht hat;
2. wer aus gesundheitlichen Gründen daran gehindert ist, das Amt ordnungsgemäß auszuüben;
3. wer durch ehrenamtliche Tätigkeit für die Allgemeinheit so in Anspruch genommen ist, daß ihm die Übernahme des Amtes nicht zugemutet werden kann;
4. wer in den zehn der Berufung vorhergehenden Jahren als ehrenamtlicher Richter bei einem Gericht für Arbeitssachen tätig gewesen ist;
5. wer glaubhaft macht, daß ihm wichtige Gründe, insbesondere die Fürsorge für seine Familie, die Ausübung des Amtes in besonderem Maß erschweren.

(2) ¹Über die Berechtigung zur Ablehnung oder Niederlegung entscheidet die zuständige Stelle (§ 20). ²Die Entscheidung ist endgültig.

A. Allgemeines 1	2. Gesundheitliche Gründe (Nr. 2) 9
B. Regelungsgehalt 3	3. Mangelnde Zumutbarkeit (Nr. 3) 10
I. Ablehnung des ehrenamtlichen Richteramtes (Abs. 1 Alt. 1) 4	4. Vorausgegangenes ehrenamtliches Richteramt (Nr. 4) 11
II. Niederlegung des ehrenamtlichen Richteramtes (Abs. 1 Alt. 2) 6	5. Wichtige Gründe (Nr. 5) 12
III. Gründe für eine Ablehnung bzw. Niederlegung des ehrenamtlichen Richteramtes (Abs. 1 Nr. 1 bis 5) . 7	IV. Verfahren der Ablehnung bzw. Niederlegung des ehrenamtlichen Richteramtes (Abs. 2) 13
1. Erreichen der Regelaltersgrenze (Nr. 1) 8	C. Beraterhinweise 16

---

2 S.a. LAG Bremen 22.9.1995 – AR 26/95 – LAGE § 21 ArbGG 1979 Nr. 6.
3 GK-ArbGG/*Dörner*, § 23 Rn 3.
4 S.a. Schwab/Weth/*Liebscher*, § 23 Rn 9.
5 Vgl. LAG Bremen 22.9.1995 – AR 26/95 – LAGE § 21 ArbGG 1979 Nr. 6.
6 *Wolmerath*, S. 30; s.a. GK-ArbGG/*Dörner*, § 23 Rn 5; BCF/*Bader*, § 23 Rn 2.
7 So im Ergebnis auch: Schwab/Weth/*Liebscher*, § 23 Rn 10.

A. Allgemeines

1 Wird jemand in das ehrenamtliche Richteramt entgegen oder ohne seinen Willen berufen, so hat er der Berufung dennoch regelmäßig Folge zu leisten. Lediglich in den engen Grenzen des § 24 kann das Richteramt von vorn herein – nach der Berücksichtigung auf einer Vorschlagsliste oder nach der Weiterleitung der Vorschlagsliste an die zuständige oberste Landesbehörde bzw. der von der Landesregierung beauftragten Stelle – abgelehnt werden.

2 **Aus seinem Amt scheidet** ein ehrenamtlicher Richter grds. mit dem Ablauf der fünfjährigen Amtszeit, ohne dass es hierzu irgendeines Handelns der zuständigen obersten Landesbehörde bzw. der von der Landesregierung beauftragten Stelle bedarf. Vor dem Ablauf seiner Amtszeit kann er nur aus den folgenden Gründen aus dem ehrenamtlichen Richteramt ausscheiden.

Diese sind:
– der Tod des ehrenamtlichen Richters;
– die Niederlegung des ehrenamtlichen Richteramtes gem. § 24;
– die Amtsentbindung gem. § 21 Abs. 5;
– die Amtsenthebung gem. § 27.

Daneben ist eine zeitlich begrenzte **Beurlaubung vom Richteramt** (vgl. § 31 Rn 12) möglich.

B. Regelungsgehalt

3 Die Vorschrift enthält zwei Regelungsgehalte: die Ablehnung sowie die Niederlegung des ehrenamtlichen Richteramtes. Während der Abs. 1 die Gründe hierfür enthält, bestimmt der Abs. 2, wer über die diesbezügliche Berechtigung entscheidet.

I. Ablehnung des ehrenamtlichen Richteramtes (Abs. 1 Alt. 1)

4 Wird jemand entgegen oder ohne seinen Willen in das ehrenamtliche Richteramt berufen, so hat er der Berufung dennoch **grds. Folge zu leisten**. Dem liegt der Gedanke zugrunde, dass die Amtsübernahme Ausdruck allg. staatsbürgerlicher Pflichten und Rechte ist.[1] Sofern der Berufung nicht gefolgt wird, besteht die Gefahr der Verhängung eines Ordnungsgeldes (§ 28) gegen den Berufenen. Ggf. droht sogar die Einleitung eines Amtsenthebungsverfahrens gem. § 27. Nur unter den in Abs. 1 aufgezählten Gründen kann das ehrenamtliche Richteramt abgelehnt werden. Daneben wird man über den Wortlaut des Abs. 1 hinaus denjenigen das Recht auf Ablehnung des Richteramtes zubilligen müssen, welche zumindest eine Voraussetzung für die Berufung in das ehrenamtliche Richteramt nicht erfüllen.[2]

5 Jedermann steht es frei, ob von einem bestehenden Ablehnungsrecht Gebrauch gemacht oder das ehrenamtliche Richteramt dennoch angenommen wird. Wird es angenommen, so kann es später nur niedergelegt werden, soweit die Voraussetzungen hierfür gegeben sind. Dies gilt allerdings nur für solche Gründe, die erst nach der Amtsannahme entstanden sind.[3]

II. Niederlegung des ehrenamtlichen Richteramtes (Abs. 1 Alt. 2)

6 Nach Annahme des ehrenamtlichen Richteramtes kann dieses niedergelegt werden, sofern einer der in Abs. 1 **abschließend aufgezählten Gründe** erfüllt ist. Darüber hinaus ist die Niederlegung des Richteramtes möglich, wenn eine der in § 21 genannten Ausschließungsgründe nach der Amtsübernahme eintritt.[4] Eine Pflicht zur Niederlegung des Richteramtes besteht nicht. Die Niederlegung des Richteramtes gilt für die Dauer der Amtszeit, in welche die Amtsniederlegung fällt. Die erneute Berufung als ehrenamtlicher Richter ist ebenso ausgeschlossen wie das Wiederaufleben des Amtes nach Fortfall des Niederlegungsgrundes.[5]

III. Gründe für eine Ablehnung bzw. Niederlegung des ehrenamtlichen Richteramtes (Abs. 1 Nr. 1 bis 5)

7 Abs. 1 nennt fünf Gründe, bei deren Vorliegen ein Ablehnungs- bzw. Niederlegungsrecht des ehrenamtlichen Richters besteht. Die in dieser Vorschrift aufgezählten Gründe sind insoweit abschließend, als eine Amtsablehnung weiter nur dann zulässig ist, wenn es an einer Berufungsvoraussetzung mangelt und eine Amtsniederlegung über § 24 hinaus nur dann erfolgen kann, wenn einer der in § 21 genannten Ausschließungsgründe nach der Amtsübernahme eintritt. In beiden Fällen kommen die Ablehnung bzw. die Niederlegung ein anderenfalls einzuleitendes Amtsenthebungsverfahren nach § 21 Abs. 5 zuvor.

8 **1. Erreichen der Regelaltersgrenze (Nr. 1).** Gem. Nr. 1 kann das ehrenamtliche Richteramt ablehnen bzw. niederlegen, wer die Regelaltersgrenze nach dem SGB VI erreicht hat. Gem. § 35 S. 2 SGB VI ist dies der Fall, wenn die

---

1 S.a. *Germelmann u.a.*, § 24 Rn 5; Schwab/Weth/ Liebscher, § 24 Rn 1.
2 H.M.; vgl. *Grunsky*, ArbGG, § 24 Rn 1; *Germelmann u.a.*, § 24 Rn 6.
3 Vgl. *Grunsky*, ArbGG, § 24 Rn 1; *Wolmerath*, S. 74.
4 *Germelmann u.a.*, § 24 Rn 6, 14.
5 Vgl. *Grunsky*, ArbGG, § 24 Rn 8.

betreffende Person das 67. Lebensjahr erreicht hat. Sofern der Geburtstermin vor dem 1.1.1964 liegt wird die Regelaltersgrenze frühestens mit Vollendung des 65. Lebensjahres erreicht (§ 235 Abs. 1 SGB VI). Bei vor dem 1.1.1947 geborenen Personen ist die Vollendung des 65. Lebensjahres maßgeblich, für nach dem 31.12.1946 Geborene richtet sich die Regelaltersgrenze nach den Staffelwerten gem. § 235 Abs. 2 SGB VI. Sie beträgt abhängig vom Geburtsjahr (1947 bis 1963) zwischen 65 Jahre 1 Monat und 66 Jahre 10 Monate. Vollendet ist das betreffende Lebensjahr an dem Tag, an dem die betreffende Person die in Betracht kommende Jahreszahl alt wird. So wird bspw. das 65. Lebensjahr an dem Tag vollendet, an dem die Person 65 Jahre alt wird.[6]

2. Gesundheitliche Gründe (Nr. 2). Gem. Nr. 2 kann das ehrenamtliche Richteramt ablehnen bzw. niederlegen, wer aus gesundheitlichen Gründen gehindert ist, das Amt ordnungsgemäß auszuüben. Ausreichend ist hierfür das Vorliegen eines **Leidens**, das den ehrenamtlichen Richter im konkreten Fall bei der Ausübung des Richteramtes behindert (z.B. starke Schwerhörigkeit, starke eingeschränktes Sehvermögen). Dieses ist notfalls durch ein **ärztliches Attest** glaubhaft zu machen.[7]

3. Mangelnde Zumutbarkeit (Nr. 3). Zur Ablehnung bzw. Niederlegung des ehrenamtlichen Richteramtes ist gem. Nr. 3 befugt, wer durch ehrenamtliche Tätigkeit für die Allgemeinheit so in Anspruch genommen ist, dass ihm die Übernahme des Amtes nicht zugemutet werden kann. In Frage kommt **jedes Ehrenamt im öffentlichen und/oder privaten Bereich**, soweit dieses der **Allgemeinheit unmittelbar zugute kommt**. In jedem Einzelfall ist zu ermitteln, inwieweit das Amt die betreffende Person so in Anspruch nimmt, dass ihr die Ausübung des ehrenamtlichen Richteramtes nicht zugemutet werden kann.[8]

4. Vorausgegangenes ehrenamtliches Richteramt (Nr. 4). Ablehnungs- bzw. niederlegungsbefugt ist gem. Nr. 4, wer in den zehn der Berufung vorhergehenden Jahren als ehrenamtlicher Richter bei einem Gericht für Arbeitssachen tätig gewesen ist. Die in dieser Vorschrift angesprochenen **zehn Jahre** entsprechen zwei Amtszeiten (vgl. § 20 Abs. 1 S. 1). Nach dem Wortlaut der Nr. 4 ist die Tätigkeit als ehrenamtlicher Richter an einem Gericht einer anderen Gerichtsbarkeit nicht geeignet, die Ablehnung bzw. Niederlegung nach dieser Norm zu rechtfertigen. Insoweit kommt nur eine Ablehnung bzw. Niederlegung gem. der Nr. 3 in Betracht. Weiter ergibt sich aus dem Wortlaut der Nr. 4, dass das vorausgegangene Richteramt in den letzten zehn Jahren **ohne Unterbrechung** bestanden haben muss.[9]

5. Wichtige Gründe (Nr. 5). Nr. 5 enthält einen **Auffangtatbestand** („wer glaubhaft macht, dass ihm wichtige Gründe, insbesondere die Fürsorge für seine Familie, die Ausübung des Amtes in besonderem Maße erschweren"), der es ermöglicht, von einer abschließenden Ausformulierung aller in Betracht kommenden Ablehnungs- bzw. Niederlegungsgründe abzusehen. Demgemäß kann das ehrenamtliche Richteramt ablehnen bzw. niederlegen, wer glaubhaft macht, dass ihm die Amtsausübung durch wichtige Gründe in besonderem Maße erschwert wird, sich im konkreten Einzelfall nicht mehr zumutbare Belastungen ergeben (z.B. übermäßige berufliche Beanspruchung).[10]

IV. Verfahren der Ablehnung bzw. Niederlegung des ehrenamtlichen Richteramtes (Abs. 2)

Das Ablehnungs- bzw. Niederlegungsverfahren wird durch eine formlose mündliche oder schriftliche **Erklärung der betreffenden Person** gegenüber der zuständigen obersten Landesbehörde bzw. beauftragten Stelle (vgl. § 20 Abs. 1) eingeleitet. Hierzu ist eine Frist nicht zu beachten.[11] In der Erklärung muss klar und unmissverständlich zum Ausdruck kommen, dass das Richteramt abgelehnt bzw. niedergelegt werden soll.[12]

Über die Berechtigung zur Ablehnung bzw. Niederlegung entscheidet gem. Abs. 2 S. 1 die zuständige oberste Landesbehörde bzw. beauftragte Stelle. Bis zu dem Zeitpunkt, in welchem die Entscheidung ergeht, besteht für die betroffene Person die Pflicht zur Ausübung des ehrenamtlichen Richteramtes.[13]

Die Entscheidung der zuständigen obersten Landesbehörde bzw. beauftragten Stelle ist gem. Abs. 2 Satz 2 **endgültig**. Gem. der überwiegend im Schrifttum vertretenen Auf. soll die Entscheidung mithin unanfechtbar sein. *Germelmann u.a.* erachten diese Norm richtigerweise für **verfassungswidrig**, da sie den Rechtsweg gegen einen VA ausschließt.[14]

---

6 Vgl. *Germelmann u.a.*, § 24 Rn 7 mit Verweis auf § 187 Abs. 2 S. 2 BGB.
7 *Wolmerath*, S. 42 Fn 3; BCF/*Bader*, § 24 Rn 2.
8 *Germelmann u.a.*, § 24 Rn 10.
9 *Wolmerath*, S. 42 Fn 5; so auch: Schwab/Weth/*Liebscher*, § 24 Rn 13; BCF/*Bader*, § 24 Rn 3.
10 H.M.; vgl. *Germelmann u.a.*, § 24 Rn 12; *Wolmerath*, S. 43; a.A. GK-ArbGG/*Dörner*, § 24 Rn 6.
11 S.a. *Bader/Hohmann/Klein*, S. 101.
12 *Wolmerath*, S. 43, 75.
13 Vgl. *Wolmerath*, S. 43, 75.
14 Vgl. *Germelmann u.a.*, § 24 Rn 17 ff.; s.a. *Wolmerath*, S. 44; Schwab/Weth/*Liebscher*, § 24 Rn 24; BCF/*Bader*, § 24 Rn 6.

C. Beraterhinweise

16 Die auf das Ablehnungs- bzw. Niederlegungsgesuch ergehende Entscheidung ist gem. Abs. 2 S. 2 endgültig. Sofern man sich der in Rn 15 vertretenen Ansicht anschließt, nach der diese Vorschrift wegen des Ausschlusses des Rechtsweges verfassungswidrig ist, müsste das von der betroffenen Person ggf. angerufene Gericht die Sache dem BVerfG gem. Art. 100 Abs. 1 GG zur Überprüfung vorlegen.

§ 25 (weggefallen)

§ 26 Schutz der ehrenamtlichen Richter

(1) Niemand darf in der Übernahme oder Ausübung des Amtes als ehrenamtlicher Richter beschränkt oder wegen der Übernahme oder Ausübung des Amtes benachteiligt werden.

(2) Wer einen anderen in der Übernahme oder Ausübung seines Amtes als ehrenamtlicher Richter beschränkt oder wegen der Übernahme oder Ausübung des Amtes benachteiligt, wird mit Freiheitsstrafe bis zu einem Jahr oder mit Geldstrafe bestraft.

Literatur: *Lieber*, Bundestag stärkt die ehrenamtlichen Richter, RohR 4/2004, S. 139; *Natter*, Die Entschädigung der ehrenamtlichen Richter für Verdienstausfall bei flexibler Arbeitszeitgestaltung, AuR 2006, 264; *Postier/Lieber*, § 19, Rechtspflege, in: Simon/Franke/Sachs, Handbuch der Verfassung des Landes Brandenburg, 1994; *Wolmerath*, Verdienstausfall eines ehrenamtlichen Arbeitsrichters – Anmerkung zu LArbG Stuttgart 3. Kammer, Beschluss vom 7. März 2005, 3 Ta 31/05, jurisPR-ArbR 2/2006, Anm. 3

A. Allgemeines 1	4. Zeitliche Dauer des Schutzes 8
B. Regelungsgehalt 2	II. Rechtsfolgen unzulässiger Beschränkung bzw.
I. Beschränkungs- und Benachteiligungsverbot	Benachteiligung (Abs. 2) 9
(Abs. 1) 3	1. Zivilrechtliche Konsequenzen 10
1. Geschützter Personenkreis 4	2. Strafrechtliche Konsequenzen 12
2. Verpflichteter Personenkreis 5	C. Beraterhinweise 13
3. Umfang des Schutzes 6	

A. Allgemeines

1 Die Vorschrift bezweckt den Schutz der ehrenamtlichen Richter vor Beschränkungen in der Übernahme oder Ausübung sowie vor Benachteiligungen wegen der Übernahme oder Ausübung ihres Ehrenamtes. Der ehrenamtliche Richter soll sein Amt ungestört übernehmen und ausüben können. Dieser Schutz gilt sowohl in zivilrechtlicher als auch in strafrechtlicher Hinsicht. Abs. 1 entspricht im Wesentlichen dem Wortlaut des § 45 Abs. 1a DRiG.

B. Regelungsgehalt

2 Während Abs. 1 ein Beschränkungs- und Benachteiligungsverbot enthält, beinhaltet der Abs. 2 die strafrechtlichen Rechtsfolgen einer unzulässigen Beschränkung bzw. Benachteiligung.

I. Beschränkungs- und Benachteiligungsverbot (Abs. 1)

3 Unter der **Beschränkung** i.S.d. Vorschrift ist jede Handlung zu verstehen, durch die ein ehrenamtlicher Richter bei der Wahrnehmung der ihm durch Gesetz zugewiesenen Aufgaben in beliebiger Form behindert wird. Als **Benachteiligung** gilt jede behindernde Handlung durch einen anderen, welcher der ehrenamtliche Richter in seinem gewöhnlichen Tätigkeitsbereich (z.B. Beruf, Verbandstätigkeit) ausgesetzt ist.[1]

4 **1. Geschützter Personenkreis.** Abs. 1 bezweckt in erster Linie den Schutz der ehrenamtlichen Richter aus **Kreisen der AN** vor Benachteiligungen durch deren AG. Gleichwohl gilt der Schutz auch für ehrenamtliche Richter aus **Kreisen der AG**.[2] Der Schutz gilt unabhängig davon, ob der ehrenamtliche Richter zum Zeitpunkt der Beschränkung bzw. Benachteiligung sämtliche Berufungsvoraussetzungen (vgl. §§ 21 ff.) erfüllt. Andernfalls könnte eine den Tatbestand des Abs. 2 verwirklichende Person nur deswegen straflos ausgehen, weil im strafgerichtlichen Verfahren zufällig bekannt wird, dass der ehrenamtliche Richter – was ihm sowie der Berufungsbehörde verborgen geblieben ist – eine Berufungsvoraussetzung nicht erfüllt hatte bzw. eine solche nachträglich entfallen ist.[3]

---

1 *Germelmann u.a.*, § 26 Rn 10, 15.
2 Vgl. *Wolmerath*, S. 63; GK-ArbGG/*Dörner*, § 26 Rn 2.
3 A.A. *Germelmann u.a.*, § 26 Rn 7.

2. Verpflichteter Personenkreis. Das Verbot des Abs. 1 gilt für **jedermann** (z.B. AG, Vorgesetzte, Arbeitskollegen, BR, Vertrauensleute, Gewerkschaften, AG-Verbände).[4]

3. Umfang des Schutzes. Geschützt wird durch Abs. 1 **jede Tätigkeit des ehrenamtlichen Richters**, die mit der Übernahme oder Ausübung des ehrenamtlichen Richteramtes in der Arbeitsgerichtsbarkeit verbunden ist (z.B. Teilnahme an einer Schulungsmaßnahme, Teilnahme an einer Sitzung des Ausschusses der ehrenamtlichen Richter i.S.d. § 29).[5]

Unzulässig ist bspw.:[6]

- die **Androhung einer Künd** des Arbverh für den Fall der Übernahme des ehrenamtlichen Richteramtes,
- die **Künd eines Arbverh** wegen der Übernahme und/oder der Ausübung des ehrenamtlichen Richteramtes. Die Künd aus anderen Gründen ist hingegen zulässig. Soweit es die Künd eines Arbverh wegen der Übernahme des ehrenamtlichen Richteramtes betrifft, hat dieses Verbot eine ausdrückliche gesetzliche Regelung in § 45 Abs. 1a S. 3 DRiG erfahren. Weitergehende landesrechtliche Regelungen lässt dieses Verbot gem. § 45 Abs. 1a S. 4 DRiG unberührt, wie es in Brandenburg der Fall ist. Art. 110 Abs. 1 S. 2 der Verfassung des Landes Brandenburg sieht einen erweiterten Künd-Schutz für ehrenamtliche Richter vor. Danach ist eine Künd oder Entlassung während der Amtszeit nur zulässig, wenn Tatsachen vorliegen, die den AG oder Dienstherren zur fristlosen Künd berechtigen. Das ArbG Frankfurt/Oder spricht sich insoweit für ein absolutes Verbot ordentlicher Künd aus,[7] während *Postier/Lieber*[8] sowie das BVerfG[9] nur solche Künd ausgeschlossen sehen wollen, die mit dem ehrenamtlichen Richteramt in Verbindung gebracht werden können,[10]
- die **Versetzung** an einen anderen Arbeitsplatz wegen der Übernahme und/oder der Ausübung des ehrenamtlichen Richteramtes,
- der **Ausschluss von Beförderungen** wegen der Übernahme und/oder der Ausübung des ehrenamtlichen Richteramtes,
- der **Lohnabzug** wegen der Übernahme und/oder der Ausübung des ehrenamtlichen Richteramtes,
- der Abzug von Zeiten bei der Gewährung von anwesenheitsabhängigen betrieblichen Leistungen (z.B. **Prämien, Gratifikationen**), die für die Ausübung des Richteramtes aufgewendet wurden,
- die Weigerung des AG, einen AN für die Zeit der Ausübung des ehrenamtlichen Richteramtes **freizustellen**. Dieses Benachteiligungsverbot ist mit Wirkung seit dem 1.1.2005 in § 45 Abs. 1a S. 2 DRiG ausdrücklich festgeschrieben,
- die Aufforderung des AG, für die Ausübung des ehrenamtlichen Richteramts Gleitzeit zu verwenden,[11]
- der **Boykott** eines ehrenamtlichen Richters wegen seines Verhaltens vor Gericht,
- der **Entzug von Aufgaben, Posten** etc. etwa durch die Gewerkschaft oder dem AG-Verband wegen eines bestimmten Verhaltens als ehrenamtlicher Richter vor Gericht.

4. Zeitliche Dauer des Schutzes. In zeitlicher Hinsicht **beginnt** der Schutz der Vorschrift, wenn sich jemand bemüht, in die Vorschlagsliste einer vorschlagsberechtigten Gewerkschaft bzw. Vereinigung (vgl. § 20) aufgenommen zu werden. Dies gilt auch dann, wenn eine Berufung in das ehrenamtliche Richteramt nicht erfolgt. Der Schutz **endet** mit der Beendigung des Richteramtes. Allerdings gilt er über den Beendigungszeitpunkt fort, soweit eine Benachteiligung wegen der früheren Richtertätigkeit erfolgt.[12]

II. Rechtsfolgen unzulässiger Beschränkung bzw. Benachteiligung (Abs. 2)

Hinsichtlich der Rechtsfolgen einer unzulässigen Beschränkung bzw. Benachteiligung des ehrenamtlichen Richters lassen sich zivilrechtliche und strafrechtliche Sanktionen unterscheiden.

1. Zivilrechtliche Konsequenzen. Der Schutz der Vorschrift hat in zivilrechtlicher Hinsicht zur Folge, dass **jede Abrede** gem. § 134 BGB i.V.m. § 26 **nichtig** ist, in der sich ein ehrenamtlicher Richter im Hinblick auf sein Richter-

---

4 S.a. *Wolmerath*, S. 63; GK-ArbGG/*Dörner*, § 26 Rn 4.
5 Vgl. *Grunsky*, ArbGG, § 26 Rn 2; *Wolmerath*, S. 64; s.a. BAG 25.8.1982 – 4 AZR 1147/79 – BAGE 40, 75.
6 Vgl. *Wolmerath*, S. 64; *Germelmann u.a.*, § 26 Rn 9 ff.; GK-ArbGG/*Dörner*, § 26 Rn 6.
7 ArbG Frankfurt/Oder 10.10.2002 – 5 Ca 1702/00 – DB 2003, 779.
8 *Postier/Lieber*, § 19 Rn 22.
9 BVerfG 11.4.2000 – 1 BvL 2/00 – EzA § 26 ArbGG Nr. 2.
10 S.a. *Wolmerath*, S. 65. Zur Frage der Verfassungsmäßigkeit des Art. 110 Abs. 1 S. 2 vgl. *Postier/Lieber*, § 19 Rn 21 f.; ArbG Neuruppin 1.6.1994 – 2 Ca 3918/93 – RohR 1995, 154; BbgVerfG 20.2.1997 – VfGBbg 30/96 – NJW 1997, 2942; BVerfG 11.4.2000 – 1 BvL 2/00 – EzA § 26 ArbGG Nr. 2.
11 Vgl. *Wolmerath*, jurisPR-ArbR 2/2006, Anm. 3; so im Ergebnis auch *Natter*, AuR 2006, 266 f.; s.a. OVG Koblenz 19.6.2009 – 10 A 10171/09 – jurisPR-ArbR 35/2009 Anm. 5 sowie LAG Berlin-Brandenburg 6.9.2007 – 26 Sa 577/07 – jurisPR-ArbR 37/2008 m. Anm. *Wolmerath*; a.A. BAG 22.1.2009 – 6 AZR 78/08 – jurisPR-ArbR 22/2009 Anm. 6.
12 Vgl. *Wolmerath*, S. 64; *Hauck/Helml*, § 26 Rn 5; Schwab/Weth/*Liebscher*, § 26 Rn 6 ff.

amt mit der Zufügung von Nachteilen, mit der Künd seines Arbverh oder der Versetzung an einen anderen Arbeitsplatz einverstanden erklärt.[13]

11 Der von einer Beschränkung bzw. Benachteiligung Betroffene kann einen hierdurch entstandenen Schaden nach § 823 Abs. 2 BGB i.V.m. § 26 geltend machen. Drohen weitere Beschränkungen bzw. Benachteiligungen, kann ein **Unterlassungsanspruch** gem. § 823 Abs. 2 i.V.m. § 26, § 1004 BGB analog bestehen.[14] In besonders schweren Fällen ist einem betroffenen AN das **Recht zur außerordentlichen (fristlosen) Künd** seines Arbverh (vgl. § 626 BGB) zuzubilligen,[15] so dass sich im Einzelfall auch ein Schadensersatzanspruch gem. § 628 Abs. 2 BGB ergeben kann.

12 **2. Strafrechtliche Konsequenzen.** In strafrechtlicher Hinsicht wird die Beschränkung bzw. Benachteiligung gem. Abs. 2 mit Freiheitsstrafe bis zu einem Jahr oder mit Geldstrafe bestraft. Die Straftat ist durch die **Staatsanwaltschaft von Amts wegen** zu verfolgen. Erforderlich ist **Vorsatz**. Eine fahrlässige Tatbegehung ist ebenso straflos wie der Versuch einer Beschränkung bzw. Benachteiligung (vgl. §§ 15, 23 Abs. 1 StGB).[16]

C. Beraterhinweise

13 Zur Einleitung strafverfahrensrechtlicher Maßnahmen genügt eine Strafanzeige. Soweit es hingegen um die Geltendmachung zivilrechtlicher Ansprüche geht, ist die Beschreitung des Rechtswegs erforderlich, wobei für die Klage in der überwiegenden Zahl der Fälle das ArbG zuständig sein dürfte. Dies ist v.a. dann der Fall, wenn ein um eine Benachteiligung von AN geht. Der § 26 dürfte in der Beraterpraxis in zunehmendem Maße Bedeutung erlangen, wenn es auch in der Arbeitsgerichtbarkeit der Fall sein sollte, dass insb. öffentliche AG von ehrenamtlichen Richtern verlangen, einen Teil der bei Gericht verbrachten Zeit nachzuarbeiten oder für den Sitzungsdienst ein Gleitzeitguthaben in Anspruch zu nehmen.[17]

§ 27 Amtsenthebung der ehrenamtlichen Richter

¹Ein ehrenamtlicher Richter ist auf Antrag der zuständigen Stelle (§ 20) seines Amtes zu entheben, wenn er seine Amtspflicht grob verletzt. ²§ 21 Abs. 5 Satz 2 bis 5 ist entsprechend anzuwenden.

Literatur: *Frehse*, Die Mitgliedschaft eines ehrenamtlichen Richters in einer verfassungsfeindlichen Partei, NZA 1993, 915

A. Allgemeines 1	III. Amtsenthebungsverfahren (S. 2) 6
B. Regelungsgehalt 2	IV. Folgen einer Amtsenthebung 7
I. Grobe Amtspflichtverletzung (S. 1) 3	C. Beraterhinweise 8
II. Antrag auf Amtsenthebung (S. 1) 5	

A. Allgemeines

1 Das ArbGG kennt zwei Disziplinarmaßnahmen gegen ehrenamtliche Richter: die Amtsenthebung (§ 27) sowie die Verhängung von Ordnungsgeldern (§ 28). Die Amtsenthebung ist für Pflichtverletzungen vorgesehen, die so schwerwiegend sind, dass sie nicht mehr mit der Verhängung eines Ordnungsgeldes sanktioniert werden können (vgl. § 28 Rn 1 ff.). Weitere Disziplinarmaßnahmen kennt das ArbGG nicht.

B. Regelungsgehalt

2 § 27 regelt in seinem S. 1 die Voraussetzungen einer Amtsenthebung, während S. 2 das Amtsenthebungsverfahren zum Gegenstand hat.

I. Grobe Amtspflichtverletzung (S. 1)

3 Um einen ehrenamtlichen Richter seines Amtes entheben zu können, bedarf es gem. S. 1 einer groben Amtspflichtverletzung. Ob eine Amtspflichtverletzung grob i.S.d. Vorschrift ist, beurteilt sich sowohl in objektiver als auch in

---

13 *Germelmann u.a.*, § 26 Rn 20.
14 Vgl. *Germelmann u.a.*, § 26 Rn 21 f.; *Grunsky*, ArbGG, § 26 Rn 7; *Wolmerath*, S. 65; GK-ArbGG/*Dörner*, § 26 Rn 12.
15 *Grunsky*, ArbGG, § 26 Rn 7; *Wolmerath*, S. 65; Schwab/Weth/*Liebscher*, § 26 Rn 19.
16 Vgl. *Grunsky*, ArbGG, § 26 Rn 8 f.; *Germelmann u.a.*; § 26 Rn 23; GK-ArbGG/*Dörner*, § 26 Rn 13.
17 So die Feststellung von *Lieber*, RohR 4/2004, 139, für die Situation der Schöffen; s.a. LAG Berlin Brandenburg 6.9.2007 – 26 Sa 577/07 – juris und LAG Baden-Württemberg 7.3.2005 – 3 Ta 31/05 – AuR 2006, 286; a.A. BAG 22.1.2009 – 6 AZR 78/08 – jurisPRArbR 22/2009 Anm. 6.

subjektiver Hinsicht. In **objektiver Hinsicht** liegt eine grobe Pflichtverletzung vor, wenn es sich im konkreten Fall um einen schwerwiegenden Verstoß gegen eine Amtspflicht handelt, der es zur Wahrung des Ansehens der Rechtspflege erforderlich macht, den Richter seines Amtes zu entheben.[1] Bezüglich des betreffenden Richters verlangt *Grunsky* ein Verhalten, durch das eine bewusste Missachtung der zu beachtenden Amtspflicht zutage tritt (**subjektives Merkmal**).[2] *Dörner* lässt ein leichtsinniges Handeln genügen,[3] *Germelmann u.a.* erachten eine leichte Fahrlässigkeit für ausreichend.[4] Für *Liebscher* kommt es auf den Grad des Verschuldens nicht an.[5] Kann dem ehrenamtlichen Richter der erforderliche Vorwurf in subjektiver Hinsicht nicht gemacht werden (z.B. der Richter irrt sich über die von ihm zu beachtenden Amtspflichten) oder ermangelt es an einer besonders schwerwiegenden Pflichtverletzung, scheidet eine Amtsenthebung aus. Insoweit kann nur die Verhängung eines Ordnungsgeldes gem. § 28 in Betracht kommen.

Eine Amtsenthebung wegen der **Verletzung sonstiger Pflichten**, die keine Amtspflichten darstellen, ist grds. ausgeschlossen. Lediglich dann, wenn eine sonstige Pflichtverletzung so gravierend ist, dass hierdurch das Vertrauen in die Objektivität des ehrenamtlichen Richters gefährdet ist (z.B. aufgrund eines ungebührlichen Verhaltens in der Öffentlichkeit), kann eine Amtsenthebung erforderlich sein. Gewerkschaftliche, politische, religiöse oder kulturelle Betätigungen sind als solche grds. nicht geeignet, eine Amtsenthebung zu rechtfertigen. Hinzukommen müssen Verhaltensweisen, die einer objektiven Amtsausübung widersprechen. Danach reicht weder die passive noch die aktive Mitgliedschaft in einer verfassungsfeindlichen Partei allein aus, eine Amtsenthebung zu rechtfertigen.[6] Treten jedoch weitere Umstände hinzu, wie etwa die bewusste Ausnutzung des Amtsbonus, um für die eigene politische Auffassung zu werben und ihre besondere Qualität damit zu unterstreichen,[7] oder trägt der ehrenamtliche Richter die (Mit-)Verantwortung für demokratiefeindliche sowie rassistische Verlautbarungen seiner Partei,[8] dann kann das außerdienstliche Verhalten zu einer Amtsenthebung führen.[9] Gleiches gilt, wenn der ehrenamtliche Richter Mitglied einer Neo-Nazirockband ist, die sich gegen die bestehende Verfassung stellt.[10] Neben den hauptberuflichen Richtern unterliegen auch ehrenamtliche Richter einer besonderen Verfassungstreue, nach der sie Gewähr dafür zu bieten haben, dass sie die ihnen von Verfassung und Gesetzes wegen obliegenden und durch Eid bekräftigten richterlichen Pflichten jederzeit uneingeschränkt zu erfüllen haben.[11]

II. Antrag auf Amtsenthebung (S. 1)

Eingeleitet wird das Amtsenthebungsverfahren durch einen Antrag der zuständigen obersten Landesbehörde bzw. der beauftragten Stelle (vgl. § 20 Abs. 1). Diese ist – ggf. nach vorheriger Aufklärung der Sachlage – zur Antragstellung verpflichtet, sobald sie von dem Vorliegen einer groben Amtspflichtverletzung ausgeht. Insoweit steht ihr ein Ermessensspielraum nicht zu.[12]

III. Amtsenthebungsverfahren (S. 2)

Gem. S. 2 gilt für das Amtsenthebungsverfahren § 21 Abs. 5 S. 2 bis 5 entsprechend. Nach erfolgter mündlicher oder schriftlicher **Anhörung des ehrenamtlichen Richters** entscheidet das LAG in nichtöffentlicher Sitzung über den Antrag der zuständigen obersten Landesbehörde bzw. der beauftragten Stelle (§ 20 Abs. 1) **bindend und unanfechtbar**. Lediglich die **Verfassungsbeschwerde** nach Art. 93 Abs. 1 Nr. 4a GG kann der vom ehrenamtlichen Richteramt entbundenen Person Rechtsschutz wegen der Verletzung rechtlichen Gehörs bieten.[13] Da die gerichtliche Entscheidung in Rechtskraft erwächst, steht sie einem weiteren Amtsenthebungsverfahren entgegen, soweit es auf denselben Grund gestützt wird.[14] Die Durchführung eines Amtsenthebungsverfahrens kann von dem ehrenamtlichen Richter verhindert werden, indem er sein **Amt niederlegt** (zur Amtsniederlegung vgl. § 24 Rn 6). Die stattgebende Amtsniederlegung schließt eine Amtsenthebung aus. Ein bereits eingeleitetes Amtsenthebungsverfahren ist einzustellen.[15] Wird dem Amtsenthebungsantrag nicht stattgegeben, bleibt der ehrenamtliche Richter im Amt. Der Antrag sowie der Vorwurf einer Amtspflichtverletzung gelten nicht als erhoben.[16]

Will der ehrenamtliche Richter sein Amt ungeachtet des dringenden Verdachts einer groben Amtspflichtverletzung i.S.d. S. 1 weiter ausüben, so kann die für das Amtsenthebungsverfahren zuständige Kammer des LAG gem. §§ 27

---

1 *Germelmann u.a.*, § 27 Rn 8.
2 *Grunsky*, ArbGG, § 27 Rn 3.
3 GK-ArbGG/*Dörner*, § 27 Rn 6.
4 *Germelmann u.a.*, § 27 Rn 9; so auch *Hauck/Helml*, § 27 Rn 3.
5 Schwab/Weth/*Liebscher*, § 27 Rn 14.
6 Vgl. LAG Hamm 26.11.1992 – 8 AR 26/92 – NZA 1993, 476; s.a. *Frehse*, NZA 1993, 915, 919.
7 Vgl. *Frehse*, NZA 1993, 915, 919.
8 Vgl. LAG Hamm 25.8.1993 – 8 AR 44/92 – NZA 1994, 45.
9 Zustimmend: *Germelmann u.a.*, § 27 Rn 7; s.a. Schwab/Weth/*Liebscher*, § 27 Rn 10.
10 BVerfG 6.5.2008 – 2 BvR 337/08 – NZA 2008, 962; LAG Baden-Württemberg 11.1.2008 – 1 SHa 47/07 – AuR 2008, 114.
11 BVerfG 6.5.2008 – 2 BvR 337/08 – NZA 2008, 962; s.a. LAG Baden-Württemberg 11.1.2008 – 1 SHa 47/07 – AuR 2008, 114.
12 Vgl. *Grunsky*, ArbGG, § 27 Rn 4; *Germelmann u.a.*, § 27 Rn 11; GK-ArbGG/*Dörner*, § 27 Rn 7; *Hauck/Helml*, § 27 Rn 4.
13 Schwab/Weth/*Liebscher*, § 27 Rn 20.
14 *Wolmerath*, S. 78.
15 *Wolmerath*, S. 78.
16 Vgl. *Wolmerath*, S. 78.

S. 2, 21 Abs. 5 S. 5 anordnen, dass der ehrenamtliche Richter bis zur Entscheidung über die Amtsenthebung nicht zum Sitzungsdienst heranzuziehen ist. Eine solche einstweilige Anordnung kann selbst dann ergehen, wenn der ehrenamtliche Richter bis zum Zeitpunkt der Entscheidung voraussichtlich an nur einem Sitzungstag zum Einsatz kommt.[17]

IV. Folgen einer Amtsenthebung

7   Wird dem Antrag auf Amtsenthebung stattgegeben, verliert der betroffene Richter sein Amt mit der Verkündung bzw. Zustellung des gerichtlichen Beschlusses. Da diese Entscheidung ausschließlich **Wirkung für die Zukunft** entfaltet, bleiben alle bis dahin ausgeübten Amtshandlungen gültig. Mithin können die Entscheidungen, an denen der ehrenamtliche Richter mitgewirkt hat, nicht wegen der Amtsenthebung angefochten werden.[18] Die Amtsenthebung schließt die Möglichkeit einer erneuten späteren Berufung als ehrenamtlicher Richter in der Arbeitsgerichtsbarkeit aus.[19]

C. Beraterhinweise

8   Sofern der ehrenamtliche Richter infolge einer Amtspflichtverletzung einen Schaden verursacht, kann er deswegen ggf. zivilrechtlich in Anspruch genommen werden. Auch ist eine strafrechtliche Verantwortung nicht ausgeschlossen (zu den Einzelheiten vgl. § 28 Rn 2).

Soweit es die RA-Gebühren eines Verfahrens nach § 27 betrifft, ist zu vermerken, dass der Streitwert mit einem Vierteljahreseinkommen des ehrenamtlichen Richters zu bewerten ist.[20]

§ 28   Ordnungsgeld gegen ehrenamtliche Richter

¹Die vom Präsidium für jedes Geschäftsjahr im voraus bestimmte Kammer des Landesarbeitsgerichts kann auf Antrag des Vorsitzenden des Arbeitsgerichts gegen einen ehrenamtlichen Richter, der sich der Erfüllung seiner Pflichten entzieht, insbesondere ohne genügende Entschuldigung nicht oder nicht rechtzeitig zu den Sitzungen erscheint, ein Ordnungsgeld festsetzen. ²Vor dem Antrag hat der Vorsitzende des Arbeitsgerichts den ehrenamtlichen Richter zu hören. ³Die Entscheidung ist endgültig.

A. Allgemeines 1	III. Ordnungsgeldverfahren (S. 1 bis 3) 6
B. Regelungsgehalt 3	IV. Höhe des Ordnungsgeldes 8
I. Objektive Tatbestandsvoraussetzungen (S. 1) 4	C. Beraterhinweise 9
II. Subjektive Tatbestandsvoraussetzungen (S. 1) 5	

A. Allgemeines

1   Das ArbGG kennt als Sanktionsmittel das **Ordnungsgeld** (§ 28) sowie die **Amtsenthebung** (§ 27). Weitere Disziplinarmaßnahmen sieht das ArbGG nicht vor. Die Verhängung von Ordnungsgeld kommt bei Amtspflichtverletzungen sowie bei der Verletzung der Pflicht zu korrektem außerdienstlichen Verhalten in Betracht, die nicht so schwerwiegend sind, als dass sie eine Amtsenthebung rechtfertigen.[1] **Zweck des Ordnungsgeldes** ist es, den ehrenamtlichen Richter zur ordnungsgemäßen Erfüllung seiner Pflichten anzuhalten.[2] Ist allerdings damit zu rechnen, dass der ehrenamtliche Richter sein pflichtwidriges Verhalten nicht abstellt, ist ein Amtsenthebungsverfahren nach § 27 einzuleiten.[3]

2   Daneben können ehrenamtliche Richter ggf. **zivil- und/oder strafrechtlich** in Anspruch genommen werden. Ehrenamtliche Richter (vgl. § 11 Abs. 1 Nr. 3 StGB) können wegen Vorteilsannahme (§ 331 StGB), Bestechlichkeit (§ 332 StGB) und Rechtsbeugung (§ 339 StGB) bestraft werden. In zivilrechtlicher Hinsicht kommt eine Haftung des ehrenamtlichen Richters kaum in Betracht. Eine Haftung gem. § 839 Abs. 1 BGB scheidet aus, da der ehrenamtliche Richter nicht Beamter i.S.d. Vorschrift ist.[4] Mithin kann ein ehrenamtlicher Richter lediglich gem. § 823 BGB auf Schadensersatz in Regress genommen werden. Eine Haftung des Staates nach Art. 34 GG i.V.m. § 839 Abs. 2 BGB kommt wegen des **Spruchrichterprivilegs** grds. nicht in Betracht.[5] Nur bei einer pflichtwidrigen Verweigerung oder Ver-

---

17 LAG Baden-Württemberg 16.11.2007 – 1 SHa 47/07 – jurisPR-ArbR 42/2008 Anm. 6.
18 H.M.; vgl. Wolmerath, S. 78; Schwab/Weth/*Liebscher*, § 27 Rn 21; Germelmann u.a., § 27 Rn 14; BCF/*Bader*, § 27 Rn 8.
19 Vgl. Germelmann u.a., § 27 Rn 15; GK-ArbGG/*Dörner*, § 27 Rn 9; BCF/*Bader*, § 27 Rn 8.
20 LAG Hamm 24.2.1993 – 8 AR 26/92 – NZA 1993, 958.

1 Vgl. *Wolmerath*, S. 65.
2 Germelmann u.a., § 28 Rn 1.
3 Grunsky, ArbGG, § 28 Rn 1.
4 Vgl. Germelmann u.a., § 28 Rn 15; Schwab/Weth/*Liebscher*, § 27 Rn 26.
5 Vgl. Germelmann u.a., § 28 Rn 15.; Schwab/Weth/*Liebscher*, § 27 Rn 27.

zögerung der Amtsausübung kann es zu einer **Staatshaftung** – verbunden mit einem Rückgriff des Staates auf den ehrenamtlichen Richter – kommen.[6]

B. Regelungsgehalt

§ 28 regelt, unter welchen Voraussetzungen gegen einen ehrenamtlichen Richter ein Ordnungsgeld verhängt werden kann.

I. Objektive Tatbestandsvoraussetzungen (S. 1)

Voraussetzung ist für die Verhängung eines Ordnungsgeldes, dass sich der ehrenamtliche Richter der Erfüllung seiner Pflichten entzieht. Beispielhaft zählt die Vorschrift das unentschuldigte Fernbleiben bzw. verspätete Erscheinen zu einer Sitzung des ArbG auf. Als **Pflichtverletzungen** kommen u.a. in Betracht:[7]
– das unentschuldigte Nichterscheinen zu einer Sitzung,
– das unentschuldigte nicht rechtzeitige Erscheinen zu einer Sitzung,
– das unentschuldigte vorzeitige Entfernen aus einer Sitzung,
– die (einmalige) Abstimmungsverweigerung,
– die (einmalige) Weigerung der Unterzeichnung der Urteilsformel bzw. des Urteils,
– die fortgesetzte Störung der Sitzungsleitung des Vorsitzenden,
– die Verletzung der Pflicht zur Amtsverschwiegenheit.

II. Subjektive Tatbestandsvoraussetzungen (S. 1)

In subjektiver Hinsicht wird eine **vorsätzliche Pflichtverletzung** verlangt.[8] Insoweit genügt eine fahrlässige Pflichtverletzung nicht.[9]

III. Ordnungsgeldverfahren (S. 1 bis 3)

Das Ordnungsgeldfestsetzungsverfahren erfordert einen **Antrag des Vorsitzenden** der Kammer, dem der betreffende ehrenamtliche Richter angehört, an die sich aus dem Geschäftsverteilungsplan des LAG ergebende zuständige Kammer dieses Gerichts. Gem. S. 2 ist der ehrenamtliche Richter vor der Antragstellung zu hören; diesem ist mithin die Möglichkeit zur **mündlichen oder schriftlichen Stellungnahme** einzuräumen. Hält der Vorsitzende an seiner Entscheidung, gegen den ehrenamtlichen Richter ein Ordnungsgeld festsetzen zu lassen, fest, so legt er seinen Antrag der zuständigen Kammer des LAG zur Entscheidung vor. Diese entscheidet nach **erneuter Anhörung** des ehrenamtlichen Richters durch Beschluss, der nach S. 3 endgültig ist. Rechtsmittel können gegen diesen nicht eingelegt werden.[10]

Die Verhängung eines Ordnungsgeldes bewirkt, dass auf die geahndete Pflichtverletzung weder ein neuer Ordnungsgeldantrag noch ein Amtsenthebungsverfahren gestützt werden kann.[11]

Stellt sich während der Verhandlung vor dem LAG heraus, dass die Pflichtverletzung so schwerwiegend ist, dass sie eine **Amtsenthebung** nach § 27 rechtfertigen kann, so ist das Verfahren auszusetzen und der obersten Landesbehörde bzw. der beauftragten Stelle (§ 20 Abs. 1) Gelegenheit zu geben, ein Amtsenthebungsverfahren gem. § 27 einzuleiten. Sofern hiervon Gebrauch gemacht wird, entscheidet das LAG nunmehr über die Amtsenthebung. Das Ordnungsgeldverfahren wird dann nicht weiter betrieben. Andernfalls ist mangels Antrags lediglich die Verhängung eines Ordnungsgeldes möglich.[12]

IV. Höhe des Ordnungsgeldes

Mangels eigenständiger Regelung im ArbGG gelten die allg. Bestimmungen über die Höhe des zu verhängenden Ordnungsgeldes. Nach Art. 6 Abs. 1 EGStGB beträgt das Ordnungsgeld **mind. 5 EUR und höchstens 1.000 EUR**. Die Festsetzung des Ordnungsgeldes hat entsprechend der Schwere der Pflichtverletzung im konkreten Fall zu erfolgen.[13]

---

6 Vgl. Germelmann u.a., § 28 Rn 15; Wolmerath, S. 67.
7 Vgl. Wolmerath, S. 66.
8 H.M.; vgl. GK-ArbGG/Dörner, § 28 Rn 4; Hauck/Helml, § 28 Rn 3.
9 H.M.; vgl. Schwab/Weth/Liebscher, § 28 Rn 5; Grunsky, ArbGG, § 28 Rn 2; Hauck/Helml, § 28 Rn 3; Düwell/Lipke/Wolmerath, § 28 Rn 4 unter Aufgabe der bisher vertretenen Meinung; a.A. Germelmann u.a., § 28 Rn 7; BCF/Bader, § 28 Rn 2.
10 Vgl. Germelmann u.a., § 28 Rn 8 ff.; Grunsky, ArbGG, § 28 Rn 4 ff.; Wolmerath, S. 66; GK-ArbGG/Dörner, § 28 Rn 8.
11 Germelmann u.a., § 28 Rn 12; Grunsky, ArbGG, § 28 Rn 6; Wolmerath, S. 66.
12 Vgl. Germelmann u.a., § 28 Rn 10; Wolmerath, S. 66.
13 Vgl. Wolmerath, S. 66.

C. Beraterhinweise

9 Die Vorschrift ist in der Praxis **von höchst untergeordneter Bedeutung**. Schließlich werden in das ehrenamtliche Richteramt regelmäßig nur solche Personen berufen, die sich für dieses Amt interessieren und sich daher im Einvernehmen mit einer vorschlagsberechtigten Vereinigung auf die Vorschlagsliste haben setzen lassen. Zudem genügt eine fahrlässige Pflichtverletzung zur Verhängung eines Ordnungsgeldes nicht (vgl. Rn 5).

§ 29 Ausschuß der ehrenamtlichen Richter

(1) ¹Bei jedem Arbeitsgericht mit mehr als einer Kammer wird ein Ausschuß der ehrenamtlichen Richter gebildet. ²Er besteht aus mindestens je drei ehrenamtlichen Richtern aus den Kreisen der Arbeitnehmer und der Arbeitgeber in gleicher Zahl, die von den ehrenamtlichen Richtern aus den Kreisen der Arbeitnehmer und der Arbeitgeber in getrennter Wahl gewählt werden. ³Der Ausschuß tagt unter der Leitung des aufsichtführenden oder, wenn ein solcher nicht vorhanden oder verhindert ist, des dienstältesten Vorsitzenden des Arbeitsgerichts.

(2) ¹Der Ausschuß ist vor der Bildung von Kammern, vor der Geschäftsverteilung, vor der Verteilung der ehrenamtlichen Richter auf die Kammern und vor der Aufstellung der Listen über die Heranziehung der ehrenamtlichen Richter zu den Sitzungen mündlich oder schriftlich zu hören. ²Er kann den Vorsitzenden des Arbeitsgerichts und den die Verwaltung und Dienstaufsicht führenden Stellen (§ 15) Wünsche der ehrenamtlichen Richter übermitteln.

Literatur: *Ide*, Die Stellung der ehrenamtlichen Richter, in: Die Arbeitsgerichtsbarkeit, Festschrift zum 100-jährigen Bestehen des Deutschen Arbeitsgerichtsverbandes, 1994

A. Allgemeines 1	II. Tagung des Ausschusses (Abs. 1 S. 3) 9
B. Regelungsgehalt 2	III. Aufgaben des Ausschusses (Abs. 2) 13
I. Bildung des Ausschusses 3	1. Anhörung des Ausschusses (Abs. 2 S. 1) 14
1. Zwingende und freiwillige Bildung (Abs. 1 S. 1) 4	2. Übermittlung von Wünschen (Abs. 2 S. 2) ... 15
2. Zusammensetzung (Abs. 1 S. 2) 6	IV. Amtszeit 16
3. Wahl der Ausschussmitglieder (Abs. 1 S. 2) .. 7	C. Beraterhinweise 17

A. Allgemeines

1 Um den ehrenamtlichen Richtern einen gewissen Einfluss auf die Verwaltung des Gerichts zu ermöglichen, sieht § 29 die Bildung eines Ausschusses der ehrenamtlichen Richter vor, dem die Wahrnehmung der Interessen der ehrenamtlichen Richter obliegt.[1]

B. Regelungsgehalt

2 Abs. 1 S. 1 und 2 betreffen die Bildung des Ausschusses, Abs. 1 S. 3 die Tagung dieses Gremiums. Abs. 2 befasst sich mit den Aufgaben des Ausschusses.

I. Bildung des Ausschusses

3 Abs. 1 behandelt im Wesentlichen die Bildung des Ausschusses der ehrenamtlichen Richter.

4 **1. Zwingende und freiwillige Bildung (Abs. 1 S. 1).** Abs. 1 S. 1 sieht die zwingende Bildung eines Ausschusses der ehrenamtlichen Richter vor, sofern das betreffende ArbG über **mind. zwei Kammern** verfügt. Hinsichtlich der Anzahl der zu berücksichtigenden Kammern ist es unerheblich, ob es sich um eine allg. Kammer oder um eine Fachkammer i.S.d. § 17 Abs. 2 handelt.[2] Sofern ein ArbG nur über eine Kammer verfügt, besteht eine zwingende Bildung des Ausschusses der ehrenamtlichen Richter bereits nach dem Wortlaut des Abs. 1 S. 1 nicht. Allerdings verbietet der Wortlaut auch nicht die **freiwillige Bildung eines Ausschusses**, so dass ein solcher auf Initiative der ehrenamtlichen Richter auch dann gebildet werden kann, wenn das Arbeitsgericht nur über eine Kammer verfügt.[3]

---

1 S.a. *Grunsky*, ArbGG, § 29 Rn 1.
2 Vgl. *Grunsky*, ArbGG, § 29 Rn 2.
3 Vgl. *Germelmann u.a.*, § 29 Rn 6; a.A. *Grunsky*, ArbGG, § 29 Rn 2 und GK-ArbGG/*Dörner*, § 29 Rn 3.

Um einen Ausschuss überhaupt bilden zu können, muss das ArbG gem. Abs. 1 S. 2 über mind. je drei ehrenamtliche Richter aus den Kreisen der AN und der AG verfügen. Dies gilt sowohl für die zwingende als auch für die freiwillige Ausschussbildung.[4]

2. Zusammensetzung (Abs. 1 S. 2). Gem. Abs. 1 S. 2 ist der Ausschuss **paritätisch zu besetzen**. Er besteht aus mind. je drei ehrenamtlichen Richtern aus den Kreisen der AN und AG. Soweit landesrechtliche Vorschriften die Ausschussgröße nicht anordnen, können die ehrenamtlichen Richter diese selbst festlegen.[5]

3. Wahl der Ausschussmitglieder (Abs. 1 S. 2). Besondere Vorschriften über das Wahlverfahren können dem ArbGG nicht entnommen werden. Soweit es **landesrechtliche Vorschriften** hinsichtlich der Wahl der Ausschussmitglieder nicht gibt, haben die ehrenamtlichen Richter im Einvernehmen mit dem aufsichtsführenden bzw. dem dienstältesten Vorsitzenden in eigener Verantwortung selbst die für die Durchführung der Wahl erforderlichen Verfahrensgrundsätze aufzustellen. Sie sind sowohl in der Gestaltung als auch in der Durchführung der Wahlen frei, soweit diese **ordnungsgemäßen demokratischen Grundsätzen** entsprechen. So bedarf es zwingend der **Bestellung eines Wahlvorstands**. Ob die Wahlen geheim oder öffentlich, schriftlich oder mündlich, ob sie nach dem Verhältniswahl- oder dem Mehrheitswahlsystem erfolgen, ist in das Belieben der ehrenamtlichen Richter gestellt.[6]

Um jederzeit die paritätische Besetzung des Ausschusses sowie seine Beschlussfähigkeit gewährleisten zu können, ist es sinnvoll, neben den ordentlichen Ausschussmitgliedern eine genügend große Zahl von Ersatzmitgliedern zu wählen.[7] Sowohl die Mitglieder als auch die **Ersatzmitglieder** werden getrennt nach Gruppen zum einen für die ehrenamtlichen Richter aus Kreisen der AN und zum anderen für die ehrenamtlichen Richter aus Kreisen der AG gewählt.[8] Die ehrenamtlichen Richter sind nicht verpflichtet, an den Wahlen teilzunehmen, die ihre Gruppe betreffen.[9] Das **passive und aktive Wahlrecht** besitzen alle Personen, die zum Zeitpunkt der Wahl in das ehrenamtliche Richteramt berufen sind. Auf die zurückgelegte Dauer ihres Ehrenamtes und die damit gesammelten Erfahrungen bzw. den verbleibenden Zeitraum bis zum Ausscheiden aus dem ehrenamtlichen Richteramt kommt es nicht an.

II. Tagung des Ausschusses (Abs. 1 S. 3)

Gem. Abs. 1 S. 3 tagt der Ausschuss unter der Leitung des aufsichtsführenden oder, wenn ein solcher nicht vorhanden oder verhindert ist, des dienstältesten **Vorsitzenden** des ArbG. Dieser, der selbst nicht dem Ausschuss angehört[10] und daher auch insoweit **nicht stimmberechtigt** ist,[11] beruft den Ausschuss in den Fällen des Abs. 2 S. 1 von Amts wegen, ansonsten auf eigenen bzw. auf Wunsch der Ausschussmitglieder zu den Tagungen ein.[12] Ein **Selbstversammlungsrecht** bzw. **Selbsteinberufungsrecht** besteht für die ehrenamtlichen Richter hingegen nicht.

Die Sitzung des Ausschusses ist **nicht öffentlich**. Sie erfolgt unter Beachtung einer **Geschäftsordnung**, soweit sich der Ausschuss eine solche gegeben hat. Die einzelnen **Tagesordnungspunkte** sind im erforderlichen Umfang zu behandeln, wobei jedem Ausschussmitglied Gelegenheit zur Aussprache bzw. Stellungnahme einzuräumen ist. Beschlussfassungen erfolgen mit einfacher Stimmenmehrheit. Der Vorsitzende hat sich der Stimmabgabe zu enthalten. Über den Gang der Tagung ist eine **Niederschrift** anzufertigen. Diese ist allen Ausschussmitgliedern auszuhändigen.[13]

Die Ausschussmitglieder sind verpflichtet, an den Tagungen des Ausschusses teilzunehmen. Ist ein Ausschussmitglied verhindert, an einer einzelnen Tagung teilzunehmen, so ist für dieses – soweit vorhanden – ein **Ersatzmitglied** (vgl. Rn 8) zu der Tagung hinzuzuziehen, um eine paritätische Besetzung sowie Beschlussfähigkeit des Ausschusses sicherstellen zu können. Sofern ein ordentliches Mitglied aus dem Ausschuss ausscheidet, rückt für ihn – soweit vorhanden – ein Ersatzmitglied (vgl. Rn 8) nach. Die Teilnahmepflicht ist eine Amtspflicht i.S.d. §§ 27, 28, so dass bei einem unentschuldigten Fernbleiben ein **Ordnungsgeld** gegen den betreffenden ehrenamtlichen Richter verhängt werden kann. Bei wiederholten Amtspflichtverletzungen ist eine **Amtsenthebung** möglich.[14]

Für ihre Ausschusstätigkeit sind die ehrenamtlichen Richter von ihren AG von der Arbeitsleistung freizustellen (§ 45 Abs. 1a S. 2 DRiG). Auch genießen sie den Schutz vor Benachteiligungen (§ 26, § 45 Abs. 1a S. 1 DRiG). Für ihre Tätigkeit in dem Ausschuss erhalten die Ausschussmitglieder eine Entschädigung, die sich nach dem **Justizvergütungs- und -entschädigungsgesetz** richtet (zu den Einzelheiten vgl. § 31 Rn 25 ff.).

---

4 Vgl. *Germelmann u.a.*, § 29 Rn 7.
5 *Grunsky*, ArbGG, § 29 Rn 3.
6 Vgl. *Wolmerath*, S. 79; s.a. *Ide*, S. 261 und *Germelmann u.a.*, § 29 Rn 9; BCF/*Bader*, § 29 Rn 3.
7 Vgl. *Wolmerath*, S. 80.
8 Vgl. *Germelmann u.a.*, § 29 Rn 11; Schwab/Weth/*Liebscher*, § 29 Rn 7.
9 *Germelmann u.a.*, § 29 Rn 11.
10 H.M.; *Germelmann u.a.*, § 29 Rn 14; a.A. GK-ArbGG/*Dörner*, § 29 Rn 5.
11 H.M.; *Germelmann u.a.*, § 29 Rn 14.
12 Vgl. *Germelmann u.a.*, § 29 Rn 13; a.A. *Grunsky*, ArbGG, § 29 Rn 4.
13 Vgl. *Germelmann u.a.*, § 29 Rn 14 ff.; *Wolmerath*, S. 81.
14 Vgl. *Wolmerath*, S. 81.

III. Aufgaben des Ausschusses (Abs. 2)

13 Die Aufgaben des Ausschuss lassen sich in zwei Kategorien einteilen. Zum einen ist der Ausschuss vor der Bildung von Kammern, vor der Geschäftsverteilung, vor der Verteilung der ehrenamtlichen Richter auf die Kammern und vor der Aufstellung der Listen über die Heranziehung der ehrenamtlichen Richter zu den Sitzungen zwingend zu hören (Abs. 2 S. 1). Daneben hat er die Interessen der ehrenamtlichen Richter insoweit wahrzunehmen bzw. zu vertreten, als er deren Wünsche dem Vorsitzenden des ArbG und den die Verwaltung und Dienstaufsicht führenden Stellen (vgl. § 15) zu übermitteln hat (Abs. 2 S. 2).

14 **1. Anhörung des Ausschusses (Abs. 2 S. 1).** Soweit Abs. 2 S. 1 eine zwingende Anhörung des Ausschusses vorschreibt, hat diese mündlich oder schriftlich zu erfolgen, wobei dem Ausschuss eine **angemessene Äußerungsfrist** einzuräumen ist. Auf das Anhörungsrecht kann der Ausschuss nicht verzichten, wohl aber auf dessen Ausübung. Auch ist er nicht verpflichtet, von seinem Äußerungsrecht Gebrauch zu machen und auf eine Anhörung Stellung zu nehmen.[15] Der Anhörung kommt lediglich eine **beratende Funktion** zu. Ein Mitentscheidungsrecht besteht nicht. Verstöße gegen das Anhörungsrecht bleiben in rechtlicher Hinsicht folgenlos, so dass sich der Ausschuss bei Missachtung bzw. Nichtbeachtung seiner Rechte nur bei dem Präsidenten des betreffenden LAG oder bei der zuständigen obersten Landesbehörde über diesen Umstand beschweren kann.[16]

15 **2. Übermittlung von Wünschen (Abs. 2 S. 2).** Soweit sich der Ausschuss mit der Wahrnehmung und Vertretung der Interessen der ehrenamtlichen Richter befasst, ist ihm eine **weites Betätigungsfeld** eröffnet. Die Übermittlung der Wünsche der ehrenamtlichen Richter beinhaltet etwa den Hinweis auf die Vorstellungen der ehrenamtlichen Richter über Umfang und Dauer der Sitzungen sowie die Art und Weise der Information der ehrenamtlichen Richter über die in der Sitzung zu verhandelnden Verfahren. Da es sich hierbei lediglich um die Übermittlung von Anregungen, Verbesserungsvorschlägen und dergleichen handelt, besteht **kein Anspruch auf Durchführung bzw. Erfüllung der Vorlagen.**[17] Die Reichweite der Interessenwahrnehmung überschreitet der Ausschuss jedoch dann, wenn er den ehrenamtlichen Richtern des betreffenden Gerichts empfiehlt, ihr Amt so lange ruhen zu lassen, wie ein bestimmter (ehrenamtlicher) Richter sein Amt ausübt. Eine solche Empfehlung ist geeignet, den Gerichtsbetrieb schwer zu behindern und kann die ehrenamtlichen Richter nicht von ihren Amtspflichten entbinden.[18]

IV. Amtszeit

16 Da gem. Abs. 1 Ausschussmitglied nur sein kann, wer ehrenamtlicher Richter ist, ist die Mitgliedschaft in dem Ausschuss an die Amtszeit des ehrenamtlichen Richters geknüpft. Mit dem Ablauf der Amtszeit als ehrenamtlicher Richter – gleich aus welchem Grund – erlischt automatisch die Mitgliedschaft in dem Ausschuss. Daneben kann die Mitgliedschaft jederzeit niedergelegt bzw. der Austritt aus dem Ausschuss gegenüber dem Ausschussvorsitzenden erklärt werden.[19]

Die Amtszeit des Ausschusses ist zweckmäßiger Weise auf fünf Jahre zu begrenzen, um zu vermeiden, dass vorgezogene Neuwahlen wegen des Ausscheidens sämtlicher Ausschussmitglieder sowie Ersatzmitglieder aus dem Richteramt erforderlich werden.[20]

C. Beraterhinweise

17 Der Ausschuss der ehrenamtlichen Richter hat in der Praxis nur eine geringe Bedeutung erlangt. Oftmals tagen diese Gremien lediglich einmal im Jahr.[21] Gleichwohl dürfte für die Beraterpraxis von Belang sein, dass die Mitarbeit in dem Ausschuss der ehrenamtlichen Richter eine **Amtspflicht** darstellt. Diese wird von den Schutznormen der §§ 26, 45 Abs. 1a DRiG sowie von den Vorschriften des Justizvergütungs- und -entschädigungsgesetzes über die **Entschädigung der ehrenamtlichen Richter** erfasst. Gleiches gilt für die Teilnahme an den Wahlen zu dem Ausschuss der ehrenamtlichen Richter.[22]

§ 30 | Besetzung der Fachkammern

¹Die ehrenamtlichen Richter einer Fachkammer sollen aus den Kreisen der Arbeitnehmer und der Arbeitgeber entnommen werden, für die die Fachkammer gebildet ist. ²Werden für Streitigkeiten der in § 22 Abs. 2 Nr. 2 bezeichneten Angestellten Fachkammern gebildet, so dürfen ihnen diese Angestellten nicht als ehrenamtliche Richter aus Kreisen der Arbeitgeber angehören. ³Wird die Zuständigkeit einer Fachkammer gemäß § 17 Abs. 2

---

15 Vgl. *Wolmerath*, S. 80.
16 Vgl. *Germelmann u.a.*, § 29 Rn 19; *Wolmerath*, S. 80.
17 Vgl. *Germelmann u.a.*, § 29 Rn 20; *Grunsky*, ArbGG, § 29 Rn 7; *Wolmerath*, S. 80.
18 LAG Hamm 4.8.1992 – 8 AR 26/92 – NZA 1993, 91.
19 Vgl. *Wolmerath*, S. 79.
20 Vgl. *Ide*, S. 261; *Wolmerath*, S. 79.
21 *Bader/Hohmann/Klein*, S. 109.
22 S.a. *Germelmann u.a.*, § 29 Rn 12.

erstreckt, so sollen die ehrenamtlichen Richter dieser Kammer aus den Bezirken derjenigen Arbeitsgerichte berufen werden, für deren Bezirke die Fachkammer zuständig ist.

A. Allgemeines	1	II. Leitende Angestellte (S. 2)	6
B. Regelungsgehalt	2	III. Erweiterte Zuständigkeit der Fachkammer (S. 3)	7
I. Grundsatz (S. 1)	3	C. Beraterhinweise	9

A. Allgemeines

Gem. § 17 Abs. 2 kann die Landesregierung durch Rechts-VO bzw. die zuständige oberste Landesbehörde i.R.d. § 17 Abs. 3 für die Streitigkeit bestimmter Berufe und Gewerbe sowie bestimmter Gruppen von Arbeitnehmern Fachkammern bilden, wenn hierfür ein Bedürfnis besteht. § 30 regelt die Besetzung solcher Fachkammern mit ehrenamtlichen Richtern.

1

B. Regelungsgehalt

S. 1 und S. 2 regeln die Besetzung der Fachkammern mit ehrenamtlichen Richtern. S. 3 trägt diesbezüglich dem besonderen Fall Rechnung, dass die Zuständigkeit einer Fachkammer gem. § 17 Abs. 2 auf die Bezirke anderer ArbG oder deren Teile erstreckt wird.

2

I. Grundsatz (S. 1)

Sofern eine Fachkammer gebildet wird, sollen die ehrenamtlichen Richter einer Fachkammer aus den Kreisen der AN und der AG entnommen werden, für welche die Fachkammer gebildet ist (S. 1). Bei dieser Norm handelt es sich um eine **Soll-Vorschrift**, deren Nichtbeachtung keine Auswirkungen auf die vorschriftsmäßige Besetzung des Gerichts hat.[1]

3

Wird etwa eine **Fachkammer für technische Ang** gebildet, so sind – soweit vorhanden – nur solche ehrenamtlichen Richter aus Kreisen der AN bei der Besetzung der Kammer zu berücksichtigen, die über die besonderen Fachkenntnisse verfügen. Ehrenamtlicher Richter aus Kreisen der AG kann hingegen jeder sein, weil die Fachkammer für eine besondere AN-Gruppe gebildet wurde. Soweit es nicht genügend spezialisierte ehrenamtliche Richter aus Kreisen der AN gibt, ist die Fachkammer mit anderen Richtern zu besetzen.[2] Ein Anspruch auf Zuweisung zu einer Fachkammer existiert nicht.[3]

4

Mit einem **Berufswechsel** gehen grds. die Voraussetzungen für eine Berufung an eine Fachkammer verloren, so dass die betroffene Person im laufenden Geschäftsjahr nicht mehr zu den Sitzungen der Fachkammer herangezogen werden darf. Eine Amtsentbindung ist ebenso ausgeschlossen wie die Versetzung an eine andere Kammer.[4]

5

II. Leitende Angestellte (S. 2)

Werden für **Geschäftsführer, Betriebsleiter** oder **Personalleiter**, soweit sie zur Einstellung von AN in den Betrieb berechtigt sind, oder Personen, denen **Prokura** oder **Generalvollmacht** erteilt ist, Fachkammern gebildet, so dürfen ihnen gem. S. 2 diese Personen nicht als ehrenamtliche Richter aus Kreisen der AG angehören. Würde es diese Regelung nicht geben, könnte die Fachkammer im Einzelfall ausschließlich mit ehrenamtlichen Richtern besetzt sein, die über eine AN-Eigenschaft verfügen. Dies würde eine unzulässige **Durchbrechung des Grundsatzes der paritätischen Besetzung** der ehrenamtlichen Richterbank beinhalten. Gegen einen solchen Verfahrensfehler stehen die allg. Rechtsmittel zur Verfügung. Da die Vorschrift die Sicherstellung der Objektivität des Gerichts bezweckt, führt der Verstoß gegen S. 2 zu einer **vorschriftswidrigen Besetzung der Fachkammer**, die einen absoluten Revisionsgrund (§ 547 Nr. 1 ZPO) darstellt. Ferner findet die Nichtigkeitsklage gem. § 579 Abs. 1 Nr. 1 ZPO statt.[5] Nach Erschöpfung des Rechtsweges kann die fehlerhafte Besetzung der Fachkammer notfalls mit einer Verfassungsbeschwerde gem. Art. 93 Abs. 1 Nr. 4a GG gerügt werden.[6]

6

Eine Heranziehung zu den Sitzungen der Fachkammer ist nicht mehr statthaft, wenn ein ehrenamtlicher Richter aus Kreisen der AG erst nach der Zuweisung in die Fachkammer die Voraussetzungen des S. 2 erfüllt (z.B. ein bisher selbstständiger Unternehmer wird Geschäftsführer).[7]

---

1 H.M.; *Germelmann u.a.*, § 30 Rn 4, 9; *Grunsky*, ArbGG, § 30 Rn 1; Schwab/Weth/*Liebscher*, § 30 Rn 6.
2 Vgl. *Germelmann u.a.*, § 30 Rn 3 f.; *Grunsky*, ArbGG, § 30 Rn 1.
3 Vgl. *Germelmann u.a.*, § 30 Rn 4; *Grunsky*, ArbGG, § 30 Rn 2.
4 Vgl. *Germelmann u.a.*, § 30 Rn 4; *Grunsky*, ArbGG, § 30 Rn 1; a.A. BCF/*Bader*, § 30 Rn 2.
5 Vgl. *Germelmann u.a.*, § 30 Rn 10; *Grunsky*, ArbGG, § 30 Rn 4.
6 Schwab/Weth/*Liebscher*, § 30 Rn 10.
7 Vgl. *Grunsky*, ArbGG, § 30 Rn 3.

III. Erweiterte Zuständigkeit der Fachkammer (S. 3)

7 Wird die Zuständigkeit einer Fachkammer auf die Bezirke anderer ArbG oder Teile von ihnen erstreckt (vgl. § 17 Abs. 2 S. 2), so sollen gem. S. 3 die ehrenamtlichen Richter dieser Kammer aus den Bezirken derjenigen ArbG berufen werden, für deren Bezirke die Fachkammer zuständig ist. Da die ehrenamtlichen Richter **aus allen Bezirken** berufen werden sollen, hebt die Vorschrift für die Besetzung der Fachkammer die Berufungsvoraussetzung des § 21 Abs. 1 S. 2 („... im Bezirk des Arbeitsgerichts als Arbeitnehmer oder Arbeitgeber tätig sind oder wohnen") auf.

8 Die ehrenamtlichen **Richter der auswärtigen Bezirke** werden ausschließlich in der erweiterten Fachkammer tätig; bei der Verteilung auf eine normale Kammer dürfen sie keine Berücksichtigung finden. Sie haben dieselben Rechte und Pflichten wie die übrigen ehrenamtlichen Richter.[8]

C. Beraterhinweise

9 Von der Möglichkeit zur Bildung von Fachkammern wird in den Bundesländern in unterschiedlicher Weise sowohl auf der Ebene der ArbG als auch auf der Ebene der LAG Gebrauch gemacht. Die Bedeutung des § 30 in der Praxis ist nach den Feststellungen von *Prütting* eher als gering zu beurteilen.[9]

§ 31 Heranziehung der ehrenamtlichen Richter

(1) Die ehrenamtlichen Richter sollen zu den Sitzungen nach der Reihenfolge einer Liste herangezogen werden, die der Vorsitzende vor Beginn des Geschäftsjahrs oder vor Beginn der Amtszeit neu berufener ehrenamtlicher Richter gemäß § 29 Abs. 2 aufstellt.

(2) Für die Heranziehung von Vertretern bei unvorhergesehener Verhinderung kann eine Hilfsliste von ehrenamtlichen Richtern aufgestellt werden, die am Gerichtssitz oder in der Nähe wohnen oder ihren Dienstsitz haben.

Literatur: *Bengelsdorf*, Die ehrenamtlichen Richter der Arbeitsgerichtsbarkeit und das Postulat der Unparteilichkeit, DB Beilage 8/87; *Berger-Delhey*, Stellung und Funktion der ehrenamtlichen Richter in der Arbeitsgerichtsbarkeit, BB 1988, 1662; *Brill*, Stellung, Rechte und Pflichten der ehrenamtlichen Richter der Arbeitsgerichtsbarkeit, DB Beilage 4/70; *Ide*, Die Stellung der ehrenamtlichen Richter, in: Die Arbeitsgerichtsbarkeit, Festschrift zum 100jährigen Bestehen des Deutschen Arbeitsgerichtsverbandes, 1994; *Keil*, Die Beurlaubung oder zeitweise Amtsentbindung ehrenamtlicher Richterinnen und Richter der Arbeitsgerichtsbarkeit, NZA 1993, 913; *Lieber*, Die Entschädigung der ehrenamtlichen Richterinnen und Richter nach dem Justizvergütungs- und -entschädigungsgesetz, 2006; *Natter*, Die Entschädigung der ehrenamtlichen Richter für Verdienstausfall bei flexibler Arbeitszeitgestaltung, AuR 2006, 264

A. Allgemeines	1
B. Regelungsgehalt	2
I. Aufstellung der Sitzungsliste (Abs. 1)	3
II. Heranziehung zu den Sitzungen (Abs. 1)	8
1. Begriff der Sitzung	9
2. Bindung an die Liste (Abs. 1)	10
3. Sitzungsverhinderung und Beurlaubung	11
4. Vorbereitung auf die Sitzungen	13
5. Mitwirkung der ehrenamtlichen Richter und Entscheidungsfindung	15
6. Ausschluss und Ablehnung des ehrenamtlichen Richters	18
7. Entschädigung der ehrenamtlichen Richter	24
a) Allgemeines	25
b) Grundsatz der Entschädigung (Regelungsgehalt des § 15 JVEG)	26
c) Fahrtkostenersatz (Regelungsgehalt des § 5 JVEG)	29
d) Entschädigung für Aufwand (Regelungsgehalt des § 6 JVEG)	31
e) Ersatz für sonstige Aufwendungen (Regelungsgehalt des § 7 JVEG)	35
f) Entschädigung für Zeitversäumnis (Regelungsgehalt des § 16 JVEG)	36
g) Entschädigung für Nachteile bei der Haushaltsführung (Regelungsgehalt des § 17 JVEG)	37
h) Entschädigung für Verdienstausfall (Regelungsgehalt des § 18 JVEG)	39
i) Grundsätze des Entschädigungsverfahrens (§§ 2 bis 4a JVEG)	43
aa) Vorschuss (Regelungsgehalt des § 3 JVEG)	44
bb) Geltendmachung und Erlöschen des Anspruchs (Regelungsgehalt des § 2 Abs. 1, 2 JVEG)	45
cc) Verjährung des Anspruchs (Regelungsgehalt des § 2 Abs. 3, 4 JVEG)	47
dd) Gerichtliche Festsetzung und Beschwerde (Regelungsgehalt der §§ 4, 4a JVEG)	49
8. Steuerrechtliche Aspekte	56
9. Sozialversicherungsrechtliche Auswirkungen	57
a) Gesetzliche Unfallversicherung	58
b) Gesetzliche Krankenversicherung	59
c) Soziale Pflegeversicherung	62
d) Gesetzliche Rentenversicherung	63
10. Vermögensbildungsrechtliche Auswirkungen	64
III. Aufstellung der Hilfsliste (Abs. 2)	65
C. Beraterhinweise	66

---

[8] Vgl. *Germelmann u.a.*, § 30 Rn 8; *Grunsky*, ArbGG, § 30 Rn 6; BCF/*Bader*, § 30 Rn 4.

[9] So *Germelmann u.a.*, § 30 Rn 2 und § 35 Rn 12.

A. Allgemeines

Bei dem § 31 handelt es sich um eine **zentrale Norm des ehrenamtlichen Richteramtes** in der Arbeitsgerichtsbarkeit. Sie dient der Absicherung der Garantie des gesetzlichen Richters und soll die willkürliche Heranziehung sowie Mitwirkung der ehrenamtlichen Richter an der arbeitsgerichtlichen Rspr. verhindern. Mit der Heranziehung zum Sitzungsdienst sind vielfältige sowohl rechtliche als auch tatsächliche Aspekte verbunden. Hierzu zählen bspw. die Vorbereitung des ehrenamtlichen Richters auf die Sitzung, seine konkreten Mitwirkungsmöglichkeiten in der Sitzung sowie die Entschädigung für Verdienstausfall.

B. Regelungsgehalt

Während Abs. 1 die Heranziehung der ehrenamtlichen Richter zu den Sitzungen regelt, betrifft Abs. 2 den Fall ihrer Vertretung bei unvorhersehbaren Verhinderungen.

I. Aufstellung der Sitzungsliste (Abs. 1)

Vor Beginn eines jeden Geschäftsjahres oder vor Beginn der Amtszeit neu berufener ehrenamtlicher Richter hat **der Vorsitzende einer jeden Kammer** nach erfolgter Verteilung der ehrenamtlichen Richter auf die einzelnen Kammern und nach Anhörung des Ausschusses der ehrenamtlichen Richter gem. § 29 Abs. 2 (zum Ausschuss der ehrenamtlichen Richter im Einzelnen vgl. § 29 Rn 1 ff.) eine Liste aufzustellen, welche die Heranziehung der ehrenamtlichen Richter zu den Sitzungen der jeweiligen Kammer regelt.[1] Von einer eigenen Aufstellung der Liste kann der Vorsitzende absehen, indem er eine **vom Präsidium des ArbG** im Rahmen der Geschäftsverteilung (vgl. § 6a Rn 3 ff.) aufgestellte Liste stillschweigend billigt oder eine für sämtliche Kammern angefertigte Liste anwendet.[2]

Die **Aufstellung einer Sitzungsliste**, die getrennt nach AN- und AG-Seite zu erfolgen hat, **ist zwingend vorgeschrieben**. Sie bezweckt, dass die Heranziehung der ehrenamtlichen Richter zu den Sitzungen nicht willkürlich, sondern unbeeinflussbar nach einer im Voraus festgelegten Reihenfolge erfolgt. Ferner gewährleistet sie den **gesetzlichen Richter** i.S.d. Art. 101 Abs. 1 S. 2 GG.[3] Eine Verletzung des Art. 101 Abs. 1 S. 2 GG liegt allerdings nur dann vor, wenn der Vorsitzende die Liste bei der Heranziehung der ehrenamtlichen Richter zu den Sitzungen vorsätzlich und willkürlich missachtet; das irrtümliche Übergehen eines ehrenamtlichen Richters stellt hingegen keine Grundrechtsverletzung dar.[4]

Bei der Aufstellung der Liste kann der Vorsitzende evtl. auftretenden Prozesslagen Rechnung tragen. So ist eine **abstrakt-generelle Regelung** möglich, nach der die Kammer bei Vertagungen in derselben Zusammensetzung tagt, um zu verhindern, dass ein Fall mehrfach mit unterschiedlicher Kammerbesetzung verhandelt werden muss.[5]

Bei der Erstellung der Liste hat der Vorsitzende einen **Ermessensspielraum**. Ausreichend ist die Aufstellung von allg. Regeln, die es ermöglichen, in jedem einzelnen Fall vorab festlegen zu können, welcher ehrenamtliche Richter aus Kreisen der AN sowie der AG – in zeitlich gleichmäßigen Abständen – zu der nächsten Sitzung heranzuziehen ist.[6]

Im Laufe des Geschäftsjahres darf die jeweilige AN- bzw. AG-Liste nur insoweit geändert werden, als ausscheidende Richter gestrichen und **neu berufene Richter** der Liste in der Reihenfolge ihrer Berufung angefügt werden.[7] Wird im Laufe eines Geschäftsjahres eine **Hilfskammer** eingerichtet, so ist auch für diese eine Sitzungsliste zu erstellen, die zur Zuweisung von bereits zum LAG berufenen und anderen Kammern zugewiesenen ehrenamtlichen Richtern berechtigt.[8]

II. Heranziehung zu den Sitzungen (Abs. 1)

Abs. 1 regelt die Heranziehung der ehrenamtlichen Richter zu den Sitzungen des ArbG.

1. Begriff der Sitzung. Soweit in Abs. 1 der Begriff der Sitzung verwendet wird, ist darunter **der einzelne Sitzungstag** zu verstehen, an dem vor der einzelnen Kammer verhandelt wird.[9] Güteverhandlungen i.S.d. § 54 zählen nicht hierzu, da sie unter Ausschluss der ehrenamtlichen Richter erfolgen.[10] Das bedeutet, dass der herangezogene

---

1 S.a. *Wolmerath*, S. 46.
2 Vgl. *Wolmerath*, S. 48; GK-ArbGG/*Dörner*, § 31 Rn 4; *Germelmann u.a.*, § 31 Rn 7.
3 S.a. BAG 26.9.2007 – 10 AZR 35/07 – NZA 2007, 1318.
4 Vgl. *Wolmerath*, S. 47 m.w.N.
5 Str. vgl. *Wolmerath*, S. 47 m.w.N.; BAG 16.11.1995 – 8 AZR 864/93 – AP Anlage 1 Kapitel XIX Einigungsvertrag Nr. 54; BAG 24.1.1996 – 7 AZR 602/95 – AP § 59 BAT Nr. 7; BAG 26.9.1996 – 8 AZR 126/95 – NZA 1997, 333; s.a. BAG 26.9.2007 – 10 AZR 35/07 – NZA 2007, 1318; *Grunsky*, ArbGG, § 31 Rn 4 ff.; GK-ArbGG/*Dörner*, § 31 Rn 10 f.; *Ide*, S. 261.
6 Vgl. *Germelmann u.a.*, § 31 Rn 8; *Grunsky*, ArbGG, § 31 Rn 8; *Wolmerath*, S. 48.
7 *Ide*, S. 262.
8 BAG 24.3.1998 – 9 AZR 172/97 – EzA § 21e GVG Nr. 1.
9 Vgl. BVerfG 6.2.1998 – 1 BvR 1788/97 – NZA 1998, 445; s.a. GK-ArbGG/*Dörner*, § 31 Rn 7 m.w.N.
10 Vgl. *Wolmerath*, S. 48.

ehrenamtliche Richter grds. an allen Verhandlungen teilnimmt, die für den betreffenden Sitzungstag anberaumt worden sind.[11]

10 **2. Bindung an die Liste (Abs. 1).** Die gem. Abs. 1 aufgestellte Liste bindet den Vorsitzenden. Er darf bei der Heranziehung der ehrenamtlichen Richter grds. nicht von der Reihenfolge der Liste abweichen. Die **willkürliche und vorsätzliche Nichtbeachtung der Liste** stellt einen Verstoß gegen Art. 101 Abs. 1 S. 2 GG dar. Ein Abweichen von der sich aus der Liste ergebenden Reihenfolge ist nur dann statthaft, wenn es aus sachlichen Erwägungen geboten ist (z.B. bei der Vertagung einer komplizierten Sache oder wegen umfangreicher Beweiserhebungen) und die Abweichung auf Beschluss des erkennenden Gerichts erfolgt.[12] Nach der **neueren Rspr. des BAG** soll kein Spruchkörper befugt sein, eine Vertagung bei noch nicht abgeschlossener Beweisaufnahme oder zur Durchführung eines Beweisbeschlusses unter Beibehaltung derselben Besetzung zu beschließen. Soll die Besetzung des Gerichts im Falle einer Vertagung beibehalten werden, bedarf es hierzu einer für das laufende Geschäftsjahr aufgestellten abstrakt-generellen Regelung. Nur soweit eine solche existiert, darf von der Reihenfolge der Liste abgewichen werden.[13]

11 **3. Sitzungsverhinderung und Beurlaubung.** Grds. hat der geladene Richter der Ladung Folge zu leisten. Soweit ein ehrenamtlicher Richter verhindert ist, den Sitzungsdienst zu verrichten, hat er dies dem Gericht unverzüglich mitzuteilen, um zu verhindern, dass gegen ihn wegen unentschuldigten Fernbleibens ein Ordnungsgeld verhängt wird (vgl. § 28 Rn 1 ff.). Soweit ein ehrenamtlicher Richter „in letzter Minute" (z.B. infolge Verkehrsunfall, defekter Pkw) ausfällt, ist auf die **Hilfsliste** zurückzugreifen. Steht die Verhinderung des ehrenamtlichen Richters bereits seit längerer Zeit fest (z.B. Urlaub, Kur), so ist auf die normale Liste zurückzugreifen und der auf der Liste nächstplatzierte Richter zum Sitzungsdienst heranzuziehen. Schließlich betrifft die Hilfsliste lediglich den Fall der unvorhergesehenen Verhinderung.[14]

12 Die **Beurlaubung vom Richteramt**, unter der eine zeitlich begrenzte Entbindung von der Heranziehung zum Sitzungsdienst zu verstehen ist, ist in analoger Anwendung des § 21 Abs. 5 möglich, soweit der die Beurlaubung begehrende Richter für einen begrenzten Zeitraum an der Amtsausübung gehindert ist, ohne dass ein Grund zur Amtsniederlegung gem. § 24 vorliegt (z.B. längerer Montageeinsatz im Ausland, Elternzeit). Die Beurlaubung bedarf eines diesbezüglichen Antrags, der an den Vorsitzenden oder die zuständige oberste Landesbehörde bzw. beauftragte Stelle (§ 20 Abs. 1) zu richten ist. Antrag und Bewilligung bzw. Ablehnung sind aktenkundig zu machen.[15]

13 **4. Vorbereitung auf die Sitzungen.** Ausgehend von der grds. Gleichstellung der ehrenamtlichen Richter mit den Berufsrichtern haben die ehrenamtlichen Richter einen Anspruch darauf, hinsichtlich der in der Sitzung zu verhandelnden Streitfälle **denselben Sachstand** zu haben wie der Vorsitzende. Um dies zu erreichen, müsste den ehrenamtlichen Richtern der vollständige Akteninhalt zur Kenntnis gebracht werden. Regelmäßig wird den ehrenamtlichen Richtern der Akteninhalt jedoch erst am Sitzungsbeginn unmittelbar vor Sitzungsbeginn oder zwischen zwei Verhandlungen durch einen kurzen und mehr oder weniger umfangreichen sowie gut vorbereiteten Vortrag des Vorsitzenden zugänglich gemacht. Nur in den seltensten Fällen wird den ehrenamtlichen Richtern die vollständige Akte oder zumindest ein Aktenauszug zur Sitzungsvorbereitung übersandt.[16]

14 Ihr **Recht auf Akteneinsicht** vor Verhandlungsbeginn können die ehrenamtlichen Richter in der Weise ausüben, dass sie sich zum ArbG begeben und dort Einblick in die Prozessakten nehmen. Für den sich hieraus ggf. ergebenden Verdienstausfall haben sie gegen ihren AG regelmäßig einen **Anspruch auf Entgeltfortzahlung** gem. § 616 S. 1 BGB.[17] Ein Anspruch auf Arbeitsbefreiung besteht nicht, soweit die Akteneinsicht bei gleitender Arbeitszeit in die Gleitzeit fällt.[18] Allerdings kann der AG von dem ehrenamtlichen Richter nicht verlangen, Gleitzeit in Anspruch zu nehmen, um auf diese Weise einer Entgeltfortzahlungspflicht zu entgehen. Dies würde eine Benachteiligung i.S.d. § 26 Abs. 1 darstellen.[19] Ein Anspruch auf Entschädigung nach dem Justizvergütungs- und -entschädigungsgesetz (vgl. Rn 24 ff.) ist grds. ausgeschlossen, soweit die Akteneinsicht auf Initiative des ehrenamtlichen Richters erfolgt. Ein Entschädigungsanspruch besteht jedoch dann, wenn der Vorsitzende die Akteneinsicht angeordnet hat.[20]

---

11 H.M.; vgl. *Germelmann u.a.*, § 31 Rn 10; *Wolmerath*, S. 48; Schwab/Weth/*Liebscher*, § 31 Rn 23.

12 Vgl. *Ide*, S. 261; *Wolmerath*, S. 47; *Germelmann u.a.*, § 31 Rn 12 ff.

13 BAG 26.9.1996 – 8 AZR 126/95 – NZA 1997, 333; s.a. BAG 16.11.1995 – 8 AZR 864/93 – AP Anlage 1 Kapitel XIX Einigungsvertrag Nr. 54; BAG 24.1.1996 – 7 AZR 602/95 – AP § 59 BAT Nr. 7.

14 Vgl. *Wolmerath*, S. 50; s.a. BCF/*Bader*, § 31 Rn 5 m.w.N.

15 Vgl. LAG Hamm 17.2.1982 – 2 Ta 3/82 – BB 1982, 741; s.a. *Wolmerath*, S. 78; a.A. *Keil*, NZA 1993, 913 ff.; *Bader/Hohmann/Klein*, S. 136.

16 Vgl. *Wolmerath*, S. 50; s.a. BAG 13.5.1981 – 4 AZR 1080/78 – NJW 1982, 302; zum Umfang der Information des ehrenamtlichen Richter beim BAG vgl. § 9 Abs. 3 der Geschäftsordnung des BAG (§ 44 Rn 5).

17 H.M. vgl. LAG Berlin-Brandenburg 6.9.2007 – 26 Sa 577/07 – jurisPR-ArbR 37/2008; LAG Bremen 14.6.1990 – 3 Sa 132/84 – AiB 1992, 50 = BB 1990, 2073.

18 BAG 16.12.1993 – 6 AZR 236/93 – DB 1994, 2034.

19 S.a. LAG Berlin-Brandenburg 6.9.2007 – 26 Sa 577/07 – jurisPR-ArbR 37/2008; a.A. BAG 22.1.2009 – 6 AZR 78/08 – jurisPR-ArbR 22/2009 Anm. 6.

20 Vgl. LAG Hamm 23.3.1993 – 8 Ta 249/91 – NZA 1994, 864 m.w.N. zum bis zum 30.6.2004 geltenden Gesetz über die Entschädigung ehrenamtlicher Richter (EhrRiEG).

5. Mitwirkung der ehrenamtlichen Richter und Entscheidungsfindung. In der mündlichen Verhandlung hat der ehrenamtliche Richter **zahlreiche nicht zu unterschätzende Mitwirkungsmöglichkeiten**, auch wenn dem Vorsitzenden eine nicht zu verkennende Dominanz zukommt. Auf sein Verlangen hin ist dem ehrenamtlichen Richter in der Verhandlung das Wort zu erteilen. Er kann und sollte bei Bedarf Fragen an die Verfahrensbeteiligten stellen. Auf seinen Wunsch hin ist die mündliche Verhandlung bzw. die Sitzung zu unterbrechen. Dies ist insb. dann angebracht, wenn sich der Einzelne im erforderlichen Maße nicht mehr konzentrieren kann und daher einer Ruhepause bedarf. 15

Bei der Zeugenvernehmung, der Augenscheinseinnahme sowie der Erstattung eines SV-Gutachtens hat der ehrenamtliche Richter aufgrund seiner **besonderen Sachkunde**, Berufserfahrung, Erfahrungen in der Arbeitswelt sowie Menschenkenntnis Einfluss, Fehlentscheidungen zu vermeiden.

Die Entscheidung, ob ein Rechtsstreit erschöpfend verhandelt worden ist und die Verhandlung zum Zwecke der abschließenden Entscheidungsfindung geschlossen werden kann, fällt die Kammer als Gremium. Ist die Verhandlung ohne oder sogar gegen den ausdrücklichen Willen der ehrenamtlichen Richter geschlossen worden, so können sie von dem Vorsitzenden den Wiedereintritt in die mündliche Verhandlung verlangen. 16

Nach Schließung der mündlichen Verhandlung zieht sich die Kammer zur – nicht öffentlichen – **Beratung und Abstimmung** zurück. Über den Hergang sowohl der Beratung als auch der Abstimmung haben die beteiligten Richter zu schweigen – auch über den Zeitpunkt der Beendigung des Richteramtes hinaus (vgl. §§ 45 Abs. 1 S. 2, 43 DRiG). Der Verstoß gegen die Schweigepflicht stellt eine **Amtspflichtverletzung** dar, die mit der Verhängung eines Ordnungsgeldes (vgl. § 28), im Wiederholungsfall mit der Amtsenthebung (vgl. § 27) sanktioniert werden kann (zur Beratung und Abstimmung vgl. § 9 Rn 12). 17

6. Ausschluss und Ablehnung des ehrenamtlichen Richters. Ehrenamtliche Richter können in demselben Maß wie die Berufsrichter von der Ausübung ihres Amtes ausgeschlossen sein sowie von den Verfahrensbeteiligten abgelehnt werden. 18

Ausschluss (vgl. § 41 ZPO) und Ablehnung (vgl. § 42 ZPO) unterscheiden sich dadurch, dass der **Ausschluss** automatisch kraft Gesetzes eintritt, ohne dass es hierbei auf die Kenntnis des ausgeschlossenen Richters ankommt. Dagegen bedingt die **Ablehnung** die Beachtung eines bestimmten Verfahrens. Letztendlich kann ein ehrenamtlicher Richter von einem Umstand Anzeige machen, der seine Ablehnung rechtfertigen könnte (sog. **Selbstablehnung**; § 48 Alt. 1 ZPO). 19

Der Ruf nach der Ausschließung eines ehrenamtlichen Richters kann in einem Verfahren v.a. dann laut werden, wenn dieser von einem der Parteien beschäftigt wird. Gleiches ist denkbar, wenn ein ehrenamtlicher Richter Mitglied einer an dem Gerichtsverfahren beteiligten Gewerkschaft bzw. Vereinigung von AG ist. Demzufolge ist verständlich, dass sich die Arbeitsgerichtsbarkeit bereits mehrfach mit dem Ausschluss von ehrenamtlichen Richtern befassen musste. Die Rspr. hierzu lässt sich wie folgt skizzieren: 20

- Der einer Gewerkschaft angehörende ehrenamtliche Richter ist im arbeitsgerichtlichen Verfahren des DGB nicht kraft Gesetzes ausgeschlossen, da er selbst weder Verfahrensbeteiligter ist noch zum DGB im Verhältnis eines Mitberechtigten, Mitverpflichteten oder Regressverpflichteten steht.[21] Entsprechendes gilt für die Vereinigungen der AG.[22]
- Die Mitgliedschaft in dem Vorstand einer regionalen Unterorganisation der an einem Beschlussverfahren beteiligten Gewerkschaft führt nicht zum Ausschluss des ehrenamtlichen Richters, da diese Vorstandsmitgliedschaft noch nicht zu einer Identifikation des betreffenden ehrenamtlichen Richters mit den einschlägigen Vorstellungen des Verbandes führt.[23]
- Ausgeschlossen ist ferner nicht der ehrenamtliche Richter, der (lediglich) in einem öffentlich-rechtlichen oder privatrechtlichen Anstellungsverhältnis zu einer verfahrensbeteiligten Gebietskörperschaft steht.[24]
- Nicht kraft Gesetzes vom Richteramt ausgeschlossen ist gem. § 41 Nr. 6 ZPO ein ehrenamtlicher Richter, der als Vorsitzender des Widerspruchsausschusses beim Integrationsamt mit dem Widerspruch des Klägers gegen den Zustimmungsbescheid des Integrationsamtes zu einer streitbefangenen Künd befasst war.[25]
- Kraft Gesetzes ausgeschlossen ist hingegen der ehrenamtliche Richter, der in seiner Funktion als Gewerkschaftssekretär in dem betreffenden arbeitsgerichtlichen Verfahren mit der Prozessführung einer der Parteien beauftragt war – nicht jedoch der Gewerkschaftssekretär, der die zum Prozess führende Angelegenheit an die zuständige Rechtsabteilung abgegeben hat, ohne im prozessualen Stadium mithin für das verfahrensbeteiligte Gewerkschaftsmitglied tätig gewesen zu sein.[26] Gleiches gilt für den ehrenamtlichen Richter, der zugleich zur Vertretung der verfahrensbeteiligten Kommune bevollmächtigt ist.[27]

---

21 BAG 20.4.1961 – 2 AZR 71/60 – AP § 41 ZPO Nr. 1; s.a. BAG 14.7.1961 – 1 AZR 291/60 – AP § 322 ZPO Nr. 6.
22 *Wolmerath*, S. 69 Fn 2.
23 BAG 18.10.1977 – 1 ABR 2/75 – AP § 42 ZPO Nr. 3; s.a. *Bengelsdorf*, DB Beilage 8/87, S. 15 ff.
24 BAG 18.7.1963 – 2 AZR 436/62 – AP § 59 MTL Nr. 1.
25 LAG München 15.3.2005 – 8 Sa 914/04 – jurisPR-ArbR 27/2005.
26 ArbG Münster 21.8.1978 – 2 Ca 1096/77 – AP § 42 ZPO Nr. 5.
27 *Berger-Delhey*, BB 1988, 1665.

21 Soweit ein ehrenamtlicher Richter von dem Verfahren ausgeschlossen ist, hat er sich in diesem jeder Amtshandlung zu enthalten. Anderenfalls begründet er durch seine Mitwirkung einen absoluten Revisionsgrund (§ 547 Nr. 2 ZPO) oder die Voraussetzung für die Betreibung einer Nichtigkeitsklage (§ 579 Abs. 1 Nr. 2 ZPO), welche die Wiederaufnahme eines bereits abgeschlossenen Verfahrens zum Ziel hat. Zu beachten ist, dass sich der Ausschluss vom Richteramt ausschließlich auf das betreffende Verfahren bezieht. Soweit ein ehrenamtlicher Richter ausgeschlossen ist, wird für ihn ein anderer ehrenamtlicher Richter herangezogen. Hierbei ist auf die Liste für die Heranziehung der ehrenamtlichen Richter zurückzugreifen.

22 Von dem Ausschluss vom Richteramt unterscheidet sich die Ablehnung eines ehrenamtlichen Richters v.a. dadurch, dass sie nicht automatisch kraft Gesetzes erfolgt. Vielmehr bedingt die Richterablehnung die Beachtung eines bestimmten Verfahrens, dessen Voraussetzungen sich aus §§ 42 ff. ZPO, § 49 für das Urteilsverfahrens sowie aus §§ 42 ff. ZPO, § 80 Abs. 2 i.V.m. § 49 für das Beschlussverfahren ergeben. Die zur Ablehnung eines ehrenamtlichen Richters ergangene Rspr. lässt sich im Wesentlichen wie folgt zusammenfassen:[28]

– Ein ehrenamtlicher Richter in der Arbeitsgerichtsbarkeit kann nicht allein deshalb nach § 42 ZPO abgelehnt werden, weil er Mitglied einer Vereinigung von AN oder AG ist.[29]
– Ein ehrenamtlicher Richter, der Mitglied des Vorstands einer regionalen Unterorganisation einer Gewerkschaft ist, kann aus diesem Grunde in der Rechtsbeschwerdeinstanz eines Beschlussverfahrens nicht wegen Besorgnis der Befangenheit abgelehnt werden, wenn die Gesamtgewerkschaft Beteiligte ist.[30]
– Ein ehrenamtlicher Richter ist nicht schon deshalb als befangen anzusehen, weil er in einer Sache, in der er mit zu entscheiden hat, als Gewerkschaftssekretär vor Prozessbeginn tätig geworden ist.[31]
– Wenn eine Partei einen ehrenamtlichen Richter deshalb als befangen ablehnt, weil er im vorprozessualen Stadium für den Gegner tätig war, kann sie aus der bloßen kollegialen Zugehörigkeit des so abgelehnten ehrenamtlichen Richters nicht eine Ablehnung der übrigen Richter des Spruchkörpers wegen Befangenheit herleiten.[32]

23 Losgelöst von der Mitgliedschaft in einem AG-Verband oder einer Gewerkschaft bzw. AN-Vereinigung besteht die Besorgnis der Befangenheit lediglich dann, wenn der ehrenamtliche Richter unmissverständlich zu erkennen gibt, dass er sich bei der Entscheidung des konkreten Einzelfalls ggf. von Gesichtspunkten seiner Vereinigung bzw. Gewerkschaft leiten lässt.[33]

24 **7. Entschädigung der ehrenamtlichen Richter.** Da das ehrenamtliche Richteramt ein Ehrenamt ist, bedarf es einer Regelung, ob und ggf. wie und in welcher Höhe die ehrenamtliche Richtertätigkeit zu vergüten ist.

25 **a) Allgemeines.** Für ihre richterliche Tätigkeit erhalten die ehrenamtlichen Richter eine Entschädigung für alle Aufwendungen, die durch die richterliche Tätigkeit bedingt sind. Gesetzliche Grundlage hierfür ist **seit dem 1.7.2004 das JVEG**, welches das bis dahin geltende EhrRiEG ersetzt hat.

26 **b) Grundsatz der Entschädigung (Regelungsgehalt des § 15 JVEG).** § 15 JVEG enthält den Grundsatz für die Entschädigung ehrenamtlicher Richter. Nach seinem Abs. 1 erhalten sie als Entschädigung:
– **Fahrtkostenersatz** (§ 5 JVEG),
– **Entschädigung für Aufwand** (§ 6 JVEG),
– **Ersatz für sonstige Aufwendungen** (§ 7 JVEG),
– **Entschädigung für Zeitversäumnis** (§ 16 JVEG),
– **Entschädigung für Nachteile bei der Haushaltsführung** (§ 17 JVEG),
– **Entschädigung für Verdienstausfall** (§ 18 JVEG).

27 Soweit die Entschädigung nach Stunden bemessen ist, wird sie gem. Abs. 2 S. 1 der Vorschrift für die gesamte Dauer der Heranziehung einschließlich notwendiger Reise- und Wartezeiten, jedoch **nicht mehr als zehn Stunden je Tag**, gewährt. Laut S. 2 wird die letzte bereits begonnene Stunde voll gerechnet.

28 Entschädigt wird zunächst die **Teilnahme an den Sitzungen**. Nach Abs. 3 Nr. 1 gilt dies auch für **Einführungs- und Fortbildungsveranstaltungen**, soweit die ehrenamtlichen Richter zu diesen von der zuständigen staatlichen Stelle herangezogen werden. Im Bereich der Arbeitsgerichtsbarkeit ist dies die zuständige oberste Landesbehörde bzw. die von der Landesregierung durch Rechtsverordnung beauftragte Stelle (vgl. §§ 20 Abs. 1, 37 Abs. 2) bzw. das BMAS (vgl. § 43 Abs. 1). Weiter erfolgt gem. Abs. 3 Nr. 2 eine Entschädigung, wenn die ehrenamtlichen Richter an der Wahl sowie an den Sitzungen des Ausschusses der ehrenamtlichen Richter (vgl. §§ 29, 38) teilnehmen. Nicht entschädigt wird hingegen die **Vorbereitung auf die Sitzungen**;[34] es sei denn, dass diese – was insb. für die Akteneinsicht gilt –

---

[28] S.a. *Brill*, DB Beilage 4/70, S. 3 f.; *Bengelsdorf*, DB Beilage 8/87, S. 12 ff.
[29] BAG 31.1.1968 – 1 ABR 2/67 – BAGE 20, 271.
[30] BAG 18.10.1977 – 1 ABR 2/75 – AP § 42 ZPO Nr. 3.
[31] ArbG Münster 21.8.1978 – 2 Ca 1096/77 – AP § 42 ZPO Nr. 5.
[32] ArbG Münster 27.6.1978 – 2 Ca 1096/78 – AP § 42 ZPO Nr. 4.
[33] *Grunsky*, ArbGG, § 49 Rn 4.
[34] A.A. *Bader/Hohmann/Klein*, S. 117, die einen solchen Ausschluss als Verstoß gegen § 26 Abs. 2 betrachten.

vom Vorsitzenden angeordnet worden ist. Schließlich sprechen § 15 Abs. 2 S. 1 und Abs. 3 Nr. 1 von der **Heranziehung** des ehrenamtlichen Richters, und nicht von einer **Tätigkeit des ehrenamtlichen Richters**. Während die Tätigkeit in einem weiten Sinne zu verstehen ist, kann von einer Heranziehung nur gesprochen werden, wenn das Gericht den ehrenamtlichen Richter zu der Ausübung seines Richteramtes auffordert. Andernfalls müsste auch die Teilnahme an solchen Einführungs- und Fortbildungsveranstaltungen für ehrenamtliche Richter entschädigt werden, zu der er zwar von der zuständigen staatlichen Stelle nicht herangezogen wurde, an der er aber gleichwohl teilgenommen hat. Zu denken wäre hier v.a. an entsprechende Veranstaltungen des Deutschen Arbeitsgerichtsverbandes sowie der Gewerkschaften und der AG-Verbände.

Soweit eine Entschädigung nach dem JVEG ausscheidet bzw. den Lohnausfall des AN nicht vollständig abdeckt, ergibt sich eine **Entgeltzahlungspflicht des AG aus § 616 Abs. 1 BGB**.[35]

c) Fahrtkostenersatz (Regelungsgehalt des § 5 JVEG). Die Erstattung für Fahrtkosten ist in § 5 JVEG geregelt. Dabei gilt, dass nur solche Fahrtkosten erstattet werden, die tatsächlich angefallen sind.[36] Es lassen sich folgende Grundsätze festhalten:

1. Bei der Benutzung von **öffentlichen, regelmäßig verkehrenden Beförderungsmitteln** werden die tatsächlich entstandenen Auslagen bis zur Höhe der entsprechenden Kosten für die Benutzung der ersten Wagenklasse der Bahn einschließlich der Auslagen für Platzreservierung und Beförderung des notwendigen Gepäcks ersetzt (vgl. § 5 Abs. 1 JVEG). Wird zu diesem Zweck eine BahnCard angeschafft, so sind auch die diesbezüglichen Kosten zu erstatten.[37]
2. Soweit ein eigenes oder ein von Dritten unentgeltlich überlassenes **Kfz** benutzt wird, erfolgt eine Vergütung i.H.v. 0,30 EUR für jeden gefahrenen Kilometer. Mit der Zahlung dieses Betrages sind die Anschaffungs-, Unterhaltungs- und Betriebskosten sowie die Abnutzung des Kfz abgegolten. Hinzu kommen die durch die Benutzung des Fahrzeugs aus Anlass der Reise anfallenden baren Auslagen, insb. **Parkentgelte**. Weitere Auslagen in diesem Sinne sind Maut sowie der Fährpreis bei einer erforderlichen Schiffspassage (vgl. § 5 Abs. 2 S. 1 JVEG). Auch wenn das Kfz **von mehreren Personen benutzt** wird, so kann diese Fahrtkostenerstattung nur einmal geltend gemacht werden (vgl. § 5 Abs. 2 S. 2 JVEG).
3. Wird ein Fahrzeug eingesetzt, das nicht unter die Nr. 2 fällt (z.B. **Mietwagen**), so erfolgt eine Erstattung der tatsächlich entstandenen Auslagen bis zur Höhe der in Nr. 2 genannten Kosten. Hinzu kommen anfallende regelmäßige bare Auslagen, insb. Parkentgelte (vgl. § 5 Abs. 2 S. 3 JVEG).
4. Höhere als die in den Ziffern 1 bis 3 bezeichneten Fahrtkosten (z.B. Benutzung eines **Flugzeugs, Fahrt mit dem Taxi**) werden nur ersetzt, soweit dadurch Mehrbeträge an Vergütung oder Entschädigung erspart werden oder höhere Fahrtkosten wegen besonderer Umstände notwendig sind (vgl. § 5 Abs. 3 JVEG).
5. Wird am Sitzungstag etwa eine **Heimfahrt** unternommen, um dort ein Mittagessen einnehmen zu können, so werden die hierdurch bedingten zusätzlichen Fahrtkosten nur insoweit ersetzt, als Mehrbeträge an Vergütung oder Entschädigung erspart werden, die bei einem Verbleiben am Sitzungsort gewährt werden müssten. Dieser Grundsatz gilt auch für **alle** anderen **Reisen**, wie während der Terminsdauer unternommen werden (vgl. § 5 Abs. 4 JVEG).
6. Während der Sitzung anfallende Fahrkosten werden nach den oben genannten Grundsätzen erstattet, soweit sie infolge der Ausübung des Richteramtes anfallen (z.B. **Ortsbesichtigung**).
7. Wird die Reise zum Sitzungsort von einem anderen als dem Wohnort (z.B. Arbeitsplatz, Arzt, Urlaub) angetreten oder fährt der ehrenamtliche Richter nach Sitzungsende zu einem anderen Ort als seinem Wohnort (s.o.), so werden die Mehrkosten nach billigem Ermessen nur dann ersetzt, wenn der ehrenamtliche Richter zu diesen Fahrten durch besondere Umstände genötigt war (z.B. Montagetätigkeit, Einsatz auf einer Baustelle im Ausland).

Die **Wahl des Beförderungsmittels** obliegt dem ehrenamtlichen Richter. Keinen Fahrtkostenersatz erhält der ehrenamtliche Richter, der ein **Fahrrad** benutzt. Eine derartige Entschädigung sieht das JVEG nicht vor.[38]

d) Entschädigung für Aufwand (Regelungsgehalt des § 6 JVEG). Die Entschädigung für Aufwand wird in § 6 JVEG geregelt. Sie ist eine Entschädigung für den mit ihrer Dienstleistung verbundenen Aufwand. Es handelt sich hierbei um eine auf die notwendige Anwesenheit der ehrenamtlichen Richter ausgerichtete **Zeitentschädigung**, die nach festen Gebührensätzen gezahlt wird.[39] Zu unterscheiden ist zwischen dem Tagegeld (§ 6 Abs. 1 JVEG) und dem Übernachtungsgeld (§ 6 Abs. 2 JVEG).

Das **Tagegeld** beträgt gem. § 6 Abs. 1 JVEG i.V.m. § 4 Abs. 5 S. 1 Nr. 5 S. 2 EStG bei einem Richter, der innerhalb der Gemeinde, in der die Sitzung stattfindet, weder wohnt noch berufstätig ist:

---

35 H.M.; vgl. LAG Berlin-Brandenburg 6.9.2007 – 26 Sa 577/07 – jurisPR-ArbR 37/2008; LAG Bremen 14.6.1990 – 3 Sa 132/89 – BB 1990, 2073 = AiB 1992, 50; s.a. *Germelmann u.a.*, § 26 Rn 17.
36 *Lieber*, S. 53.
37 *Lieber*, S. 54.
38 Vgl. *Bader/Hohmann/Klein*, S. 121.
39 S.a. *Bader/Hohmann/Klein*, S. 122.

Dauer der Abwesenheit	Höhe des Tagegeldes
weniger als acht Stunden	–
mind. acht, aber weniger als 14 Stunden	6 EUR
mindestens 14, aber weniger als 24 Stunden	12 EUR
24 Stunden	24 EUR

33 Für die **Berechnung der Dauer der Abwesenheit** ist maßgebend, wie lange der ehrenamtliche Richter von seinem Wohnort abwesend ist. Das Tagegeld wird für jeden Tag berechnet, an dem Abwesenheitszeiten angefallen sind.[40] Ehrenamtliche Richter, die innerhalb der Gemeinde, in der die Sitzung stattfindet, wohnen und/oder berufstätig sind, erhalten gem. dem Wortlaut des § 6 Abs. 1 JVEG keine Entschädigung für Aufwand.

34 Sofern eine auswärtige Übernachtung notwendig ist, wird gem. § 6 Abs. 2 JVEG i.V.m. § 7 Abs. 1 S. 1 BRKG ein **Übernachtungsgeld** i.H.v. 20 EUR gewährt. Unvermeidbare Mehrkosten werden gem. § 7 Abs. 1 S. 2 BRKG erstattet, wobei ein belegmäßiger Nachweis erforderlich ist. Übernachtungskosten, welche die Kosten für Frühstück beinhalten, werden um 4,50 EUR gekürzt.

35 **e) Ersatz für sonstige Aufwendungen (Regelungsgehalt des § 7 JVEG).** § 7 JVEG regelt den Ersatz des ehrenamtlichen Richters für sonstige Aufwendungen. Sonstige in §§ 5, 6 JVEG nicht besonders genannte notwendige bare Auslagen werden gem. § 7 Abs. 1 JVEG erstattet, soweit sie **notwendig** sind. Das Gesetz (vgl. § 7 Abs. 1 S. 2 JVEG) nennt beispielhaft die Kosten notwendiger Vertretungen (z.B. infolge der Betreuung von Kindern) sowie notwendiger Begleitpersonen (z.B. bei schwerbehinderten Richtern).[41]

Die Regelungen der Abs. 2 und 3 des § 7 JVEG dürfte in der Praxis der ehrenamtlichen Richter nur von untergeordneter Bedeutung sein. Abs. 2 betrifft die Anfertigung von **Ablichtungen** (Kopien) und Ausdrucken, Abs. 3 die **Überlassung elektronisch gespeicherter Daten**.

36 **f) Entschädigung für Zeitversäumnis (Regelungsgehalt des § 16 JVEG).** Die Entschädigung für Zeitversäumnis richtet sich nach § 16 JVEG und umfasst die notwendige Zeit, die durch die richterliche Tätigkeit entsteht. Entschädigt werden neben dem Sitzungsdienst Pausen, Wege-, Warte- und ggf. auch Umkleidezeiten.[42] Die Entschädigung für Zeitversäumnis beträgt gem. § 16 JVEG 5 EUR je Stunde, wobei die letzte bereits begonnene Stunden laut § 15 Abs. 2 S. 2 JVEG voll gerechnet wird.

37 **g) Entschädigung für Nachteile bei der Haushaltsführung (Regelungsgehalt des § 17 JVEG).** Die Entschädigung des ehrenamtlichen Richters für Nachteile bei der Führung des eigenen Haushalts wird in § 17 JVEG geregelt. Falls dieser für mehrere Personen (d.h. mind. zwei)[43] geführt wird, wird neben der Entschädigung nach § 16 JVEG eine zusätzliche Entschädigung für Nachteile bei der Haushaltsführung i.H.v. **12 EUR je Stunde** gewährt, sofern der ehrenamtliche Richter
- nicht erwerbstätig ist oder
- teilzeitbeschäftigt ist und die Heranziehung außerhalb der regelmäßigen täglichen Arbeitszeit erfolgt (§ 17 S. 1 JVEG).

38 Die Entschädigung von Teilzeitbeschäftigten wird **höchstens für zehn Stunden je Tag** gewährt – abzüglich der Stunden, die der vereinbarten regelmäßigen Arbeitszeit entsprechen (§ 17 S. 2 JVEG). Die Entschädigung wird gem. § 17 S. 3 JVEG nicht gewährt, soweit Kosten für eine notwendige Vertretung erstattet werden.

39 **h) Entschädigung für Verdienstausfall (Regelungsgehalt des § 18 JVEG).** § 18 JVEG bestimmt, wie der Verdienstausfall eines ehrenamtlichen Richters zu entschädigen ist. Gem. seinem S. 1 tritt diese Entschädigung neben der nach § 16 JVEG. Maßgebend für die Entschädigung für Verdienstausfall ist der **regelmäßige Bruttoverdienst** einschließlich der vom AG zu tragenden Sozialversicherungsbeiträge. Sie beträgt **höchstens 20 EUR je Stunde** (§ 18 S. 1 JVEG). Der Zeitraum, der zu entschädigen ist, ist **nicht auf die Dauer des Sitzungsdienstes beschränkt**. Er umfasst auch die Anreise und Abreise zum Ort der Sitzung. Ist es dem ehrenamtlichen Richter nicht mehr möglich oder nicht mehr zumutbar, nach Sitzungsende seine Arbeit aufzunehmen, so ist der hierdurch entstehende Verdienstausfall ebenfalls nach § 18 JVEG zu entschädigen. Vergleichbares gilt, wenn der ehrenamtliche Richter seine Arbeit vorzeitig beenden muss, um sein Ehrenamt ausgeruht ausüben zu können.[44] Dies kann im Einzelfall insb. auf Fernpendler, Kraftfahrer im Güterfernverkehr sowie auf Beschäftigte im Schichtdienst zutreffen.[45]

---

40 *Bader/Hohmann/Klein*, S. 123.
41 S.a. *Bader/Hohmann/Klein*, S. 123.
42 Vgl. *Wolmerath*, S. 58; *Bader/Hohmann/Klein*, S. 118.
43 Vgl. *Lieber*, S. 92.
44 Vgl. *Lieber*, S. 103.
45 Vgl. *Bader/Hohmann/Klein*, S. 119; *Lieber*, S. 113.

Eine Entschädigung für Verdienstausfall soll nach einem Beschluss des LAG Baden-Württemberg vom 7.3.2005[46] 40
dann nicht erfolgen, wenn der ehrenamtliche Richter für die Ausübung seines Richteramtes Gleitzeit in Anspruch
nimmt, er seine richterliche Tätigkeit mithin in seiner Freizeit ausübt. Diese Entscheidung, die zu Recht auf heftige
Kritik gestoßen ist, ist abzulehnen, da sie der Benachteiligung ehrenamtlicher Richter Tür und Tor öffnet und dem
Schutzgedanken des § 26 widerspricht.[47]

Den **Nachweis** über die Höhe des Verdienstausfalls können **AN** entweder durch Vorlage einer aktuellen Entgelt- 41
abrechnung oder durch Vorlage einer entsprechenden Bescheinigung des AG (Verdienstbescheinigung) erbringen.
Bei **Selbstständigen** kann der Stundensatz, der Kunden, Mandanten etc. gegenüber in Rechnung gestellt wird, eine
Orientierung sein. Dieser dürfte i.d.R. dazu führen, dass der Höchstbetrag von 20 EUR/Stunde gem. § 18 S. 1 JVEG in
Ansatz zu bringen ist.[48]

§ 18 S. 2, 3 JVEG sehen eine über S. 1 herausgehende Verdienstausfallentschädigung vor, die allerdings für ehren- 42
amtliche Richter in der Arbeitsgerichtsbarkeit nicht von praktischer Bedeutung sind:[49] Wenn ein ehrenamtlicher
Richter in demselben Verfahren an mehr als 20 Tagen herangezogen oder innerhalb eines Zeitraums von 30 Tagen
an mind. sechs Tagen seiner regelmäßigen Erwerbstätigkeit entzogen wird, beträgt die Entschädigung bis zu 39 EUR.
Bis zu 51 EUR beträgt sie, wenn der ehrenamtliche Richter in demselben Verfahren an mehr als 50 Tagen herangezogen wird.

i) Grundsätze des Entschädigungsverfahren (§§ 2 bis 4a JVEG). Das Entschädigungsverfahren ist in §§ 2 bis 43
4a JVEG geregelt.

aa) Vorschuss (Regelungsgehalt des § 3 JVEG). Gem. § 3 ist dem ehrenamtlichen Richter auf seinem Antrag 44
hin ein angemessener Vorschuss zu bewilligen, wenn ihm
- erhebliche Fahrtkosten oder
- sonstige Aufwendungen

entstanden sind oder voraussichtlich entstehen werden.

bb) Geltendmachung und Erlöschen des Anspruchs (Regelungsgehalt des § 2 Abs. 1, 2 JVEG). Der Ent- 45
schädigungsanspruch des ehrenamtlichen Richters erlischt laut § 2 Abs. 1 S. 1 JVEG, wenn er nicht binnen einer Frist
von **drei Monaten** bei dem Gericht geltend gemacht wird, bei dem er seinen Richterdienst ausübt. Die Frist beginnt gem.
§ 2 Abs. 1 S. 2 Nr. 4 JVEG mit dem Ende der Amtszeit des ehrenamtlichen Richters. Auf begründeten Antrag des
ehrenamtlichen Richters kann die Geltendmachungsfrist verlängert werden. Sofern dem Antrag nicht entsprochen
wird, hat hierüber ein Bescheid des ArbG zu ergehen. Wird der Antrag abgelehnt, erlischt der Anspruch, wenn
die Geltendmachungsfrist abgelaufen ist, und er nicht binnen zwei Wochen ab Bekanntgabe der Entscheidung bei
dem ArbG geltend gemacht wird (vgl. § 2 Abs. 1 S. 3, 4 JVEG).

Auf Antrag des ehrenamtlichen Richters hat ihm das ArbG die **Wiedereinsetzung in den vorigen Stand** zu gewäh- 46
ren, wenn er ohne Verschulden an der Einhaltung der Geltendmachungsfrist gehindert war und er innerhalb von zwei
Wochen nach Beseitigung des Hindernisses den Anspruch beziffert sowie die Tatsachen glaubhaft macht, welche die
Wiedereinsetzung begründen (vgl. § 2 Abs. 2 S. 1 JVEG). Die Wiedereinsetzung in den vorigen Stand kann gem. § 2
Abs. 2 S. 2 JVEG nicht mehr beantragt werden, wenn von dem Ende der versäumten Frist an gerechnet ein Jahr vergangen ist. Gegen die Ablehnung der Wiedereinsetzung in den vorigen Stand findet die Beschwerde statt, die innerhalb einer Frist von zwei Wochen eingelegt werden muss. Die Frist hierfür beginnt mit der Zustellung der Entscheidung. § 4 Abs. 4 S. 1 bis 3 und Abs. 6 bis 8 JVEG sind entsprechend anzuwenden (vgl. § 2 Abs. 2 S. 3 bis 5 JVEG).

cc) Verjährung des Anspruchs (Regelungsgehalt des § 2 Abs. 3, 4 JVEG). Gem. § 2 Abs. 3 S. 1 JVEG ver- 47
jährt der **Entschädigungsanspruch des ehrenamtlichen Richters** in **drei Jahren** nach Ablauf des Kalenderjahres,
in dem der nach Abs. 1 S. 2 Nr. 1 bis Nr. 4 der Vorschrift maßgebliche Zeitpunkt eingetreten ist. Hierbei ist zu beachten, dass auf die Verjährung die §§ 194 bis 218 BGB Anwendung finden, die Verjährung durch den Antrag auf
gerichtliche Festsetzung (§ 4 JVEG) wie durch Klageerhebung gehemmt und die Verjährung nicht von Amts wegen
berücksichtigt wird (§ 2 Abs. 3 S. 2 und 4 JVEG).

Der **Anspruch gegen den ehrenamtlichen Richter** auf Erstattung zu viel gezahlter Entschädigung verjährt laut § 2 48
Abs. 4 S. 1 JVEG in drei Jahren nach Ablauf des Kalenderjahres, in dem die **Zahlung** erfolgt ist. § 5 Abs. 3 GKG gilt
gem. § 2 Abs. 4 S. 2 JVEG entsprechend.

dd) Gerichtliche Festsetzung und Beschwerde (Regelungsgehalt der §§ 4, 4a JVEG). Die **Festsetzung** der 49
Entschädigung erfolgt gem. § 4 Abs. 1 S. 1 JVEG durch gerichtlichen Beschluss, sofern der ehrenamtliche Richter

---

46 3 Ta 31/05 – AuR 2006, 286.
47 Vgl. LAG Berlin-Brandenburg 6.9.2007 – 26 Sa 577/07 – jurisPR-ArbR 37/2008 m. Anm. *Wolmerath*; *Natter*, AuR 2006, 264.
48 So i.E. auch *Bader/Hohmann/Klein*, S. 120.
49 So auch *Bader/Hohmann/Klein*, S. 119.

oder die Staatskasse diese beantragt oder das Gericht sie für angemessen hält. Zuständig ist hierfür nach § 4 Abs. 1 S. 2 Nr. 1 JVEG das Gericht, bei dem der ehrenamtliche Richter sein Richteramt ausübt. Ansonsten setzt der Urkundsbeamte der Geschäftsstelle von Amts wegen die Entschädigung fest.[50]

50 Gegen den Beschluss können der ehrenamtliche Richter sowie die Staatskasse **Beschwerde** einlegen, sofern der **Beschwerdegegenstandwert 200 EUR übersteigt** oder wenn sie das Gericht, das die angefochtene Entscheidung erlassen hat, wegen der grds. Bedeutung der zur Entscheidung stehenden Frage in dem Beschluss **zulässt** (§ 4 Abs. 3 JVEG). Der Wert des Beschwerdegegenstandes wird durch die Höhe des im Streit stehenden Geldbetrages bestimmt. Die Einlegung der Beschwerde ist nicht fristgebunden.[51]

51 Soweit das Gericht die Beschwerde für zulässig und begründet hält, hat es ihr abzuhelfen. Ansonsten ist diese unverzüglich dem Beschwerdegericht vorzulegen. **Beschwerdegericht** ist das nächst höhere Gericht, mithin das LAG. Eine Beschwerde an das BAG findet nicht statt. Das Beschwerdegericht ist an die Zulassung der Beschwerde gebunden. Die Nichtzulassung ist unanfechtbar (§ 4 Abs. 4 JVEG).

52 Anträge und Erklärungen kann der ehrenamtliche Richter **mündlich zu Protokoll der Geschäftsstelle** oder schriftlich einreichen. § 129a ZPO gilt entsprechend. Die Beschwerde ist bei dem Gericht einzulegen, dessen Entscheidung angefochten wird (§ 4 Abs. 6 JVEG).

53 Über den Antrag entscheidet das Arbeitsgericht gem. § 4 Abs. 7 JVEG immer **ohne Mitwirkung der ehrenamtlichen Richter**, so dass hierzu der Vorsitzende Richter berufen ist. Die Verfahren sind gebührenfrei. Kosten werde nicht erstattet (§ 4 Abs. 7, 8 JVEG).

54 Gem. § 4a Abs. 1 JVEG ist das Verfahren auf die Rüge eines durch die Entscheidung nach dem JVEG beschwerten Beteiligten fortzuführen, wenn
1. ein Rechtsmittel oder ein anderer Rechtsbehelf gegen die Entscheidung nicht gegeben ist und
2. das Gericht den **Anspruch** dieses Beteiligten **auf rechtliches Gehör** in entscheidungserheblicher Weise **verletzt hat**.

55 Diese Rüge ist gem. § 4a Abs. 2 JVEG innerhalb von zwei Wochen nach Kenntnis der Verletzung des rechtlichen Gehörs bei dem Gericht zu erheben, dessen Entscheidung angegriffen wird. Die Erhebung der Rüge ist ausgeschlossen, wenn seit Bekanntmachung der angegriffenen Entscheidung ein Jahr vergangen ist. Sofern die Rüge begründet ist, wird das Verfahren fortgeführt, soweit es aufgrund der Rüge geboten ist. Andernfalls wird die Rüge zurückgewiesen (vgl. § 4a Abs. 4, 5 JVEG).

56 **8. Steuerrechtliche Aspekte.** Die Entschädigung für Verdienstausfall sowie für Nachteile bei der Haushaltsführung ist wie Einkommen zu versteuern.[52] Ferner unterfällt die Entschädigung für Zeitversäumnis (§ 16 JVEG) der Steuerpflicht, wobei sich diese im Einzelfall **im Rahmen steuerfreier Nebeneinkünfte** bewegen kann. Soweit die Aufwendungen die Entschädigungen übersteigen, können diese als **Werbungskosten** bzw. **Betriebsausgaben** geltend gemacht werden.[53]

57 **9. Sozialversicherungsrechtliche Auswirkungen.** Sofern ein ehrenamtlicher Richter dem Sozialversicherungsrecht unterliegt, sind diesbezügliche Auswirkungen denkbar, die sich aus der ehrenamtlichen Richtertätigkeit ergeben können.

58 **a) Gesetzliche Unfallversicherung.** Gem. § 2 Abs. 1 Nr. 10 SGB VII unterliegen ehrenamtliche Richter der gesetzlichen Unfallversicherung. Dieser **Versicherungsschutz** bezieht sich auf alle Tätigkeiten, die der ehrenamtliche Richter in der Ausübung seines Amtes vornimmt. Sofern der ehrenamtliche Richter einen Unfall (insb. Wegeunfall) erleidet, ist dieser zur Vermeidung von Nachteilen unverzüglich dem Gericht, bei dem der ehrenamtliche Richter berufen ist, anzuzeigen.[54]

59 **b) Gesetzliche Krankenversicherung.** Da ehrenamtliche Richter regelmäßig nur zu einzelnen Sitzungstagen herangezogen werden, zwischen denen ein mehr oder längerer Zeitraum liegt, in dem einer Erwerbstätigkeit nachgegangen wird, bringt das Richteramt **grds. keine Nachteile** für die gesetzliche Krankenversicherung mit sich.

60 Auf **versicherungspflichtige ehrenamtliche Richter** findet die Regelung des § 190 Abs. 2 SGB V Anwendung, wonach die Mitgliedschaft versicherungspflichtiger Beschäftigter mit dem Ablauf des Tages endet, an dem das Beschäftigungsverhältnis gegen Arbeitsentgelt endet. Da das Beschäftigungsverhältnis des ehrenamtlichen Richters infolge der Ausübung des ehrenamtlichen Richteramtes lediglich unterbrochen wird in der Weise, dass die Pflicht zur Erbringung von Arbeit suspendiert wird, kommt eine Beendigung der Mitgliedschaft gem. § 190 Abs. 2 SGB V nicht in Betracht. Beiträge müssen zur Aufrechterhaltung des Versicherungsschutzes mithin nicht entrichtet werden.[55]

---

50 *Bader/Hohmann/Klein*, S. 124; *Lieber*, S. 36.
51 Vgl. *Bader/Hohmann/Klein*, S. 124; *Lieber*, S. 41.
52 *Lieber*, S. 118.
53 Vgl. *Wolmerath*, S. 84; *Bader/Hohmann/Klein*, S. 125; *Lieber*, S. 118.
54 Vgl. *Wolmerath*, S. 82.
55 So i.E. auch *Bader/Hohmann/Klein*, S. 112 f.

Freiwillig in der gesetzlichen Krankenversicherung **versicherte ehrenamtliche Richter** müssen ihre Versicherungsbeiträge hingegen fortzahlen, sofern dies im Einzelfall zur Aufrechterhaltung des Versicherungsschutzes erforderlich ist. Sofern der AG-Zuschuss zur Krankenversicherung nicht gezahlt wird, müssen die Beiträge bei Bedarf aus eigenen Mitteln bestritten werden. Sie werden durch die Entschädigung nach dem JVEG mit abgegolten.[56]

c) Soziale Pflegeversicherung. In der sozialen Pflegeversicherung versicherte Personen (vgl. §§ 20, 21 SGB XI) haben infolge der Ausübung des ehrenamtlichen Richteramtes **keine Nachteile** zu befürchten. Da das Beschäftigungsverhältnis während der Ausübung des ehrenamtlichen Richteramtes lediglich suspendiert wird (vgl. Rn 60), scheidet eine Beendigung der Mitgliedschaft in der sozialen Pflegeversicherung gem. § 49 SGB XI aus.

d) Gesetzliche Rentenversicherung. Grds. zieht die ehrenamtliche Richtertätigkeit **keine Nachteile** bei der gesetzlichen Rentenversicherung nach sich. Gem. § 163 Abs. 3 SGB VI gilt bei einer Minderung des Arbeitsentgeltes aufgrund der Richtertätigkeit der Betrag zwischen dem tatsächlich erzielten Arbeitsentgelt und dem Arbeitsentgelt, das ohne die Richtertätigkeit erzielt worden wäre, höchstens bis zur Beitragsbemessungsgrenze als Arbeitsentgelt (**Unterschiedsbetrag**), wenn der AN dies beim AG für laufende und/oder künftige Entgeltabrechnungszeiträume beantragt. Die aufgrund des Antrags zu entrichteten Beiträge hat der ehrenamtliche Richter gem. § 168 Abs. 1 Nr. 5 SGB VI **selbst zu tragen**; sie werden ihm regelmäßig vom Entgelt einbehalten.

10. Vermögensbildungsrechtliche Auswirkungen. Sofern sich durch die ehrenamtliche Richtertätigkeit die zusätzlichen vermögenswirksamen Leistungen des AG verringern, besteht die Möglichkeit, den Fehlbetrag dem Arbeitslohn zu entnehmen und der vermögenswirksamen Anlage zuzuführen. Hierdurch wird ein Verlust bei der AN-Sparzulage vermieden (zu den Einzelheiten vgl. § 11 5. VermBG).

III. Aufstellung der Hilfsliste (Abs. 2)

Gem. Abs. 2 kann für den Fall der unvorhergesehenen Verhinderung eine **Hilfsliste von ehrenamtlichen Richtern** aufgestellt werden, die am Gerichtssitz oder in der Nähe wohnen oder ihren Dienstsitz haben. Für ihre Aufstellung sowie für die Heranziehung der ehrenamtlichen Richter nach dieser Liste gelten die gleichen Grundsätze wie nach Abs. 1 (vgl. Rn 3 ff.). Allerdings dürfen die auf der Hilfsliste gesetzten Richter nur im Fall einer **unvorhergesehenen Verhinderung**[57] (vgl. Rn 11) zum Sitzungsdienst herangezogen werden.

C. Beraterhinweise

Wie es die Entscheidungen des LAG Berlin-Brandenburg vom 6.9.2007[58] sowie des LAG Baden-Württemberg vom 7.3.2005[59] verdeutlichen, können sich für den ehrenamtlichen Richter Fragen vor allem bzgl seiner Vergütung stellen. Hier ist zu beachten, dass der ehrenamtliche Richter für die Dauer seiner Heranziehung zum Sitzungsdienst ggü seinem AG grds einen Entgeltanspruch nach § 616 BGB hat, soweit dieser den Entschädigungsanspruch nach dem JVEG übersteigt.[60] Derartige Probleme lassen sich leicht vermeiden, indem der AG die Vergütung, ungeachtet der Heranziehung zum Sitzungsdienst, ungekürzt gewährt und der ehrenamtliche Richter dafür im Gegenzug seinen aus dem JVEG ergebenden Entschädigungsanspruch an den AG abtritt.

Soweit es die Mitwirkung ehrenamtlicher Richter an den Sitzungen betrifft, kann im Einzelfall die Vorschrift des § 42 ZPO für den Prozessbevollmächtigten von Bedeutung sein, wenn es Gründe für die Ablehnung eines ehrenamtlichen Richters gibt.

§ 32	(weggefallen)

Zweiter Abschnitt: Landesarbeitsgerichte

§ 37	**Ehrenamtliche Richter**

(1) Die ehrenamtlichen Richter müssen das dreißigste Lebensjahr vollendet haben und sollen mindestens fünf Jahre ehrenamtliche Richter eines Gerichts für Arbeitssachen gewesen sein.

---

56 So auch *Bader/Hohmann/Klein*, S. 113.
57 Vgl. *Germelmann u.a.*, § 31 Rn 19; *Wolmerath*, S. 50.
58 26 Sa 577/07 – jurisPR-ArbR 37/2008.
59 3 TA 31/05 – AuR 2006, 286.
60 H.M.; vgl. LAG Berlin-Brandenburg 6.9.2007 – 26 Sa 577/07 – jurisPR-ArbR 37/2008 m.w.N.

(2) Im übrigen gelten für die Berufung und Stellung der ehrenamtlichen Richter sowie für die Amtsenthebung und die Amtsentbindung die §§ 20 bis 28 entsprechend.

A. Allgemeines	1	a) Vollendung des 30. Lebensjahres	6
B. Regelungsgehalt	2	b) Zurückliegende Tätigkeit als ehrenamtlicher Richter	7
I. Voraussetzungen für eine Berufung an das LAG (Abs. 1, 2)	3	II. Stellung, Amtsenthebung und Amtsentbindung der ehrenamtlichen Richter (Abs. 2)	10
1. Allgemeine Voraussetzungen (Abs. 2)	4		
2. Besondere Voraussetzungen (Abs. 1)	5		

A. Allgemeines

1 Die Mitwirkung der ehrenamtlichen Richter an der Rspr. der LAG ist die logische Konsequenz der Beteiligung der ehrenamtlichen Richter an der Rspr. der ArbG. Insoweit ist es verständlich, dass der Abs. 2 auf die §§ 20 bis 28 verweist. Betrug die Amtszeit der ehrenamtlichen Richter zunächst drei Jahre, so ist sie im Laufe der Zeit auf fünf Jahre verlängert worden.[1]

B. Regelungsgehalt

2 Die Vorschrift regelt die Berufung und Stellung der ehrenamtlichen Richter sowie ihre Amtsenthebung und Amtsentbindung.

I. Voraussetzungen für eine Berufung an das LAG (Abs. 1, 2)

3 Gem. Abs. 2 gelten für die Berufung der ehrenamtlichen Richter an das LAG die §§ 20 bis 28 entsprechend, sofern es nicht die in Abs. 1 aufgezählten besonderen Voraussetzungen für eine Berufung als ehrenamtlicher Richter an das LAG betrifft. Hinsichtlich der Voraussetzungen für eine Berufung als ehrenamtlicher Richter an das LAG ist zwischen den sachlichen, den allg. persönlichen sowie den besonderen persönlichen Voraussetzungen zu unterscheiden.

4 **1. Allgemeine Voraussetzungen (Abs. 2).** Für die sachlichen sowie die allg. persönlichen Voraussetzungen sind die §§ 20, 21 wegen der Verweisung in Abs. 2 entsprechend anzuwenden. Voraussetzungen für eine Berufung sind insoweit:
– Aufnahme in die Vorschlagsliste (Abs. 2 i.V.m. § 20; vgl. § 20 Rn 7 ff.),
– Entnahme aus der Vorschlagsliste (Abs. 2 i.V.m. § 20; vgl. § 20 Rn 14 f.),
– Tätigkeit oder Wohnsitz im Bezirk des LAG als AN oder AG (Abs. 2 i.V.m. §§ 21 Abs. 1, 22, 23; vgl. § 21 Rn 6, 7, § 22 Rn 1 ff., § 23 Rn 1 ff.),
– Fähigkeit zur Bekleidung öffentlicher Ämter (Abs. 2 i.V.m. § 21 Abs. 2 S. Nr. 1, vgl. § 21 Rn 8),
– keine Verurteilung wegen einer vorsätzlichen Tat zu einer Freiheitsstrafe von mehr als sechs Monaten (Abs. 2 i.V.m. § 21 Abs. 2 S. 1 Nr. 1, vgl. § 21 Rn 9),
– keine Anklage wegen einer Tat, die den Verlust der Fähigkeit zur Bekleidung öffentlicher Ämter zur Folge haben kann (Abs. 2 i.V.m. § 21 Abs. 2 S. 1 Nr. 2; vgl. § 21 Rn 10 f.),
– Wahlrecht zum Deutschen Bundestag (Abs. 2 i.V.m. § 21 Abs. 2 S. 1 Nr. 3; vgl. § 21 Rn 12 ff.),
– keine Vermögensverfall (Abs. 2 i.V.m. § 21 Abs. 2 S. 2; vgl. § 21 Rn 14),
– kein Beamter oder Ang eines Gerichts für Arbeitssachen (Abs. 2 i.V.m. § 21 Abs. 3; vgl. § 21 Rn 15),
– nicht gleichzeitig ehrenamtlicher Richter der AN- und AG-Seite (Abs. 2 i.V.m. § 21 Abs. 4 S. 2; vgl. § 21 Rn 16),
– keine Berufung als ehrenamtlicher Richter bei mehr als einem Gericht für Arbeitssachen (Abs. 2 i.V.m. § 21 Abs. 4 S. 2; vgl. § 21 Rn 17).

5 **2. Besondere Voraussetzungen (Abs. 1).** Besondere persönliche Voraussetzungen für eine Berufung als ehrenamtlicher Richter an das LAG sind gem. Abs. 1:
– Vollendung des 30. Lebensjahres und
– eine zurückliegende Tätigkeit als ehrenamtlicher Richter eines Gerichts für Arbeitssachen über einen Zeitraum von mindestens fünf Jahren.

6 **a) Vollendung des 30. Lebensjahres.** Maßgebend für das Erfüllen dieser Berufungsvoraussetzung ist der **Tag der Zustellung des Berufungsschreibens** der zuständigen obersten Landesbehörde. Vollendet die in das Richteramt berufene Person das 30. Lebensjahr erst nach der Zustellung des Berufungsschreibens aber noch vor der erstmaligen Heranziehung zu einer Sitzung des LAG, so ist die zunächst fehlende Berufungsvoraussetzung als nachträglich er-

---

[1] Vgl. *Germelmann u.a.*, § 37 Rn 2.

füllt anzusehen, so dass eine Amtsentbindung gem. Abs. 2 i.V.m. Abs. 1, § 21 Abs. 5 insoweit ausgeschlossen ist.[2] Wird wegen des Fehlens dieser Berufungsvoraussetzung ein Amtsentbindungsverfahren gem. Abs. 2 i.V.m. Abs. 1, § 21 Abs. 5 eingeleitet, so darf dem Amtsentbindungsbegehren nicht stattgegeben werden, wenn die betreffende Person das 30. Lebensjahr spätestens in dem Augenblick vollendet, in dem über den Amtsentbindungsantrag entschieden wird.[3]

b) Zurückliegende Tätigkeit als ehrenamtlicher Richter. Gem. Abs. 1 **sollen** die ehrenamtlichen Richter mind. fünf Jahre ehrenamtliche Richter eines Gerichts für Arbeitssachen gewesen sein. Zwingend ist dies nach dem Wortlaut der Vorschrift („soll") nicht.[4] Vielmehr ist zu differenzieren. Verfügt eine Person einerseits über eine ausgeprägte juristische Vor- oder Ausbildung und andererseits über überdurchschnittliche Erfahrungswerte auf dem Gebiet des Arbeitslebens (z.B. langjähriger BR-Vorsitzender, mehrjähriger Personalleiter, Gewerkschaftssekretär), so besitzt sie bereits das Wissen, das normalerweise erst durch eine fünfjährige Amtszeit an einem Gericht für Arbeitssachen erworben werden muss. Insoweit würde es einen bloßen Formalismus darstellen, von jedermann – unbeachtet seiner persönlichen Erfahrungen – eine zurückliegende Tätigkeit als ehrenamtlicher Richter zu fordern.[5]   **7**

Soweit es an überdurchschnittlichen Erfahrungen fehlt, ist eine zurückliegende Tätigkeit von mind. fünf Jahren als ehrenamtlicher Richter eines Gerichts für Arbeitssachen zu fordern. **An welchen Gerichten für Arbeitssachen** die notwendigen Kenntnisse erworben wurden, ist ohne Belang.[6]   **8**

Die in Abs. 1 angesprochenen **fünf Jahre**, die einer Amtszeit entsprechen (vgl. § 20 Abs. 1 S. 1), müssen nicht zusammenhängend und unmittelbar vor der anstehenden Berufung liegen. Es genügt, wenn mehrere einzelne Amtszeiten zusammen einen Zeitraum von insg. fünf Amtsjahren ergeben.[7]   **9**

II. Stellung, Amtsenthebung und Amtsentbindung der ehrenamtlichen Richter (Abs. 2)

Gem. Abs. 2 gelten für die Stellung der ehrenamtlichen Richter sowie für die Amtsenthebung und die Amtsentbindung die §§ 20 bis 28 entsprechend. Insoweit kann auf die Kommentierung zu §§ 20 bis 28 verwiesen werden.   **10**

§ 38	Ausschuß der ehrenamtlichen Richter

¹Bei jedem Landesarbeitsgericht wird ein Ausschuß der ehrenamtlichen Richter gebildet. ²Die Vorschriften des § 29 Abs. 1 Satz 2 und 3 und Abs. 2 gelten entsprechend.

A. Allgemeines

Die Beteiligung der ehrenamtlichen Richter an der Verwaltung des LAG erfolgt durch den Ausschuss der ehrenamtlichen Richter. Neben seiner Stellungnahme im Rahmen der Anhörung bei der richterlichen Selbstverwaltung kommt dem Ausschuss die Aufgabe zu, die Interessen der ehrenamtlichen Richter an dem LAG zu vertreten bzw. wahrzunehmen.   **1**

B. Regelungsgehalt

Die Vorschrift hat die Bildung der Ausschüsse der ehrenamtlichen Richter beim LAG zum Gegenstand. Gem. S. 1 ist bei jedem LAG – unabhängig von der Zahl der eingerichtetes Kammern – ein Ausschuss der ehrenamtlichen Richter zu bilden. Dies ist **zwingend**. Wegen der Verweisung in S. 2 der Vorschrift auf § 29 Abs. 1 S. 2 und 3 sowie Abs. 2 gelten für die Bildung, die Zusammensetzung und die Aufgaben des Ausschusses dieselben Grundsätze wie für den beim ArbG gebildeten Ausschuss der ehrenamtlichen Richter (zu den Einzelheiten vgl. § 29 Rn 1 ff.).   **2**

Den Vorsitz in dem Ausschuss führt die Präsidentin bzw. der Präsident des LAG, im Falle ihrer bzw. seiner Verhinderung die bzw. der dienstälteste Vorsitzende.

---

2 Vgl. *Wolmerath*, S. 36.
3 Vgl. *Grunsky*, ArbGG, § 21 Rn 14.
4 Insoweit zustimmend: GK-ArbGG/*Bader*, § 37 Rn 6; Schwab/Weth/*Liebscher*, § 37 Rn 3.
5 Vgl. *Wolmerath*, S. 36; Schwab/Weth/*Liebscher*, § 37 Rn 3; a.A. *Grunsky*, ArbGG, § 37 Rn 2 und wohl auch *Germelmann u.a.*, § 37 Rn 4.

6 *Wolmerath*, S. 37; a.A. *Germelmann u.a.*, § 37 Rn 4; GK-ArbGG/*Bader*, § 37 Rn 6.
7 Vgl. *Germelmann u.a.*, § 37 Rn 4; *Grunsky*, ArbGG, § 37 Rn 2; *Wolmerath*, S. 37; Schwab/Weth/*Liebscher*, § 37 Rn 3; BCF/*Bader*, § 37 Rn 2.

C. Beraterhinweise

3 Für ihre Tätigkeit in dem Ausschuss erhalten seine Mitglieder eine **Entschädigung**, die sich nach dem Justizvergütungs- und -entschädigungsgesetz richtet (zu den Einzelheiten vgl. § 31 Rn 24 ff.).

§ 39 Heranziehung der ehrenamtlichen Richter

¹Die ehrenamtlichen Richter sollen zu den Sitzungen nach der Reihenfolge einer Liste herangezogen werden, die der Vorsitzende vor Beginn des Geschäftsjahrs oder vor Beginn der Amtszeit neu berufener ehrenamtlicher Richter gemäß § 38 Satz 2 aufstellt. ²§ 31 Abs. 2 ist entsprechend anzuwenden.

A. Allgemeines

1 Zweck der Vorschrift ist es, zu gewährleisten, dass die Heranziehung der ehrenamtlichen Richter am LAG nicht willkürlich und somit manipulierbar, sondern unbeeinflussbar nach einer im Voraus festgelegten Liste erfolgt. Ihre strikte Befolgung sichert das **Gebot des gesetzlichen Richters** i.S.d. Art. 101 Abs. 1 S. 2 GG.[1]

B. Regelungsgehalt

2 S.1 der Vorschrift regelt die Heranziehung der ehrenamtlichen Richter zu den Sitzungen des LAG. Diese Vorschrift **entspricht der Regelung des § 31**, so dass insoweit auf die Ausführungen zu § 31 verwiesen werden kann. Ergänzend ist zu vermerken, dass die ehrenamtlichen Richter mittels eines Geschäftsverteilungsplans allen Kammern des LAG zugewiesen werden können.[2] Gem. S. 2 kann auch beim LAG eine **Hilfsliste** von ehrenamtlichen Richtern aufgestellt werden (zur Hilfsliste vgl. § 31 Rn 11, 65).

C. Beraterhinweise

3 Für den Prozessvertreter ist die Vorschrift regelmäßig von Interesse, wenn die Heranziehung eines ehrenamtlichen Richters zu der Sitzung fehlerhaft ist. Denn obgleich es sich bei S. 1 der Vorschrift nach ihrem Wortlaut um eine Sollvorschrift handelt, konkretisiert die Bestimmung das Gebot des gesetzlichen Richters und verwehrt damit die Heranziehung nicht eindeutig im Voraus bestimmter ehrenamtlicher Richter.[3] In einem solchen Fall gelangen die unter § 31 Rn 2 ff. dargestellten Grundsätze zur Anwendung. Dabei ist zu beachten, dass die Rüge der vorschriftswidrigen Besetzung der Kammer selbst dann erhoben werden kann, wenn die betreffende Partei ihr Einverständnis bzgl. der Besetzung der Richterbank erklärt hat.[4]

Dritter Abschnitt: Bundesarbeitsgericht

§ 41 Zusammensetzung, Senate

(1) ¹Das Bundesarbeitsgericht besteht aus dem Präsidenten, der erforderlichen Zahl von Vorsitzenden Richtern, von berufsrichterlichen Beisitzern sowie ehrenamtlichen Richtern. ²Die ehrenamtlichen Richter werden je zu Hälfte aus den Kreisen der Arbeitnehmer und der Arbeitgeber entnommen.

(2) Jeder Senat wird in der Besetzung mit einem Vorsitzenden, zwei berufsrichterlichen Beisitzern und je einem ehrenamtlichen Richter aus den Kreisen der Arbeitnehmer und der Arbeitgeber tätig.

(3) Die Zahl der Senate bestimmt das Bundesministerium für Arbeit und Soziales im Einvernehmen mit dem Bundesministerium der Justiz.

1 Das BAG setzt sich aus dem Präsidenten, der erforderlichen Zahl von Vorsitzenden Richtern, von berufsrichterlichen Beisitzern sowie ehrenamtlichen Richtern zusammen (Abs. 1 S. 1). Jeder **Senat** wird nach Abs. 2 in der Besetzung mit einem Vorsitzenden, zwei berufsrichterlichen Beisitzern und je einem ehrenamtlichen Richter aus den Kreisen der

---

1 *Wolmerath*, S. 47; s.a.: Schwab/Weth/*Liebscher*, § 39 Rn 2.
2 BAG 16.10.2008 – 7 AZN 427/08 – jurisPR-ArbR 3/2009 Anm. 5.
3 BAG 26.9.2007 – 10 AZR 35/07 – NZA 2007, 1318.
4 BAG 26.9.2007 – 10 AZR 35/07 – NZA 2007, 1318.

AG und der AN tätig. Im Fall der Überbesetzung des Senats ist nach § 21g GVG von allen dem Senat angehörenden Berufsrichtern vor Beginn des Geschäftsjahres die vorgesehene Mitwirkung der Senatsmitglieder an den Verfahren mehrheitlich zu beschließen.

Erkennt der Senat mit drei Berufsrichtern anstatt wie vorgesehen mit drei Berufsrichtern und zwei ehrenamtlichen Richtern, hat das **Gericht in falscher Besetzung entschieden**, mit der Folge, dass eine Wiederaufnahme des Verfahrens gem. § 79 i.V.m. § 579 Nr. 1 ZPO zulässig ist.[1] Entscheidet der Senat dagegen in voller Besetzung, obwohl der „kleine Senat" ausreichend gewesen wäre, ist das Prinzip des gesetzlichen Richters verletzt.[2]

§ 43 Ehrenamtliche Richter

(1) [1]Die ehrenamtlichen Richter werden vom Bundesministerium für Arbeit und Soziales für die Dauer von fünf Jahren berufen. [2]Sie sind im angemessenen Verhältnis unter billiger Berücksichtigung der Minderheiten aus den Vorschlagslisten zu entnehmen, die von den Gewerkschaften, den selbständigen Vereinigungen von Arbeitnehmern mit sozial- oder berufspolitischer Zwecksetzung und Vereinigungen von Arbeitgebern, die für das Arbeitsleben des Bundesgebiets wesentliche Bedeutung haben, sowie von den in § 22 Abs. 2 Nr. 3 bezeichneten Körperschaften eingereicht worden sind.

(2) [1]Die ehrenamtlichen Richter müssen das fünfunddreißigste Lebensjahr vollendet haben, besondere Kenntnisse und Erfahrungen auf dem Gebiet des Arbeitsrechts und des Arbeitslebens besitzen und sollen mindestens fünf Jahre ehrenamtliche Richter eines Gerichts für Arbeitssachen gewesen sein. [2]Sie sollen längere Zeit in Deutschland als Arbeitnehmer oder als Arbeitgeber tätig gewesen sein.

(3) Für die Berufung, Stellung und Heranziehung der ehrenamtlichen Richter sowie für die Amtsenthebung und die Amtsentbindung sind im übrigen die Vorschriften der §§ 21 bis 28 und des § 31 entsprechend anzuwenden mit der Maßgabe, daß die in § 21 Absatz 5, § 27 Satz 2 und § 28 Satz 1 bezeichneten Entscheidungen durch den vom Präsidium für jedes Geschäftsjahr im voraus bestimmten Senat des Bundesarbeitsgerichts getroffen werden.

Literatur: *Düwell*, Der ehrenamtliche Richter beim Bundesarbeitsgericht, in: Lieber/Sens, Ehrenamtliche Richter: Demokratie oder Dekoration am Richtertisch? Festschrift zum 10-jährigen Jubiläum der deutschen Vereinigung der Schöffinnen und Schöffen, 1999

A. Allgemeines	1	3. Vorherige Tätigkeit als ehrenamtlicher Richter (Abs. 2 S. 1)	8
B. Regelungsgehalt	2	4. Tätigkeit als Arbeitnehmer oder Arbeitgeber (Abs. 2 S. 2)	9
I. Berufung der ehrenamtlichen Richter und Berufungsverfahren (Abs. 1)	3		
II. Persönliche Voraussetzungen für eine Berufung an das BAG (Abs. 2)	5	III. Rechtliche Stellung der ehrenamtlichen Richter und Ausübung des Richteramtes (Abs. 3)	11
1. Lebensalter (Abs. 2 S. 1)	6	C. Beraterhinweise	12
2. Besondere Kenntnisse und Erfahrungen (Abs. 2 S. 1)	7		

A. Allgemeines

Bei der Vorschrift handelt es sich um die **zentrale Vorschrift** im ArbGG, soweit es die ehrenamtlichen Richter am BAG betrifft. Ihre Mitwirkung ist so alt wie die Eigenständigkeit der Arbeitsgerichtsbarkeit. Bereits das Arbeitsgerichtsgesetz von 1926 sah die Berufung ehrenamtlicher Richter an das Reichsarbeitsgericht vor. Ihre Amtszeit ist im Laufe der Zeit von zunächst drei Jahren auf heute fünf Jahre verlängert worden.[1]

B. Regelungsgehalt

In der Vorschrift steht die Berufung der ehrenamtlichen Richter an das BAG im Vordergrund (vgl. Abs. 1). Abs. 2 enthält die besonderen persönlichen Voraussetzungen für eine Berufung an dieses Gericht. In Abs. 3 wird die Stellung der ehrenamtlichen Richter am BAG geregelt.

---

1 ArbGG/*Lipke*, § 41 Rn 5; BCF/*Bader*, ArbGG, § 41 Rn 3; Germelmann u.a., § 41 Rn 8.

2 ArbGG/*Lipke*, § 41 Rn 5, *Hauck/Helml*, § 41 Rn 9; Schwab/Weth/*Liebscher*, § 41 Rn 17 m.w.N.; a.A. Germelmann u.a., § 41 Rn 8.

1 Vgl. *Düwell*, S. 144; Germelmann u.a., § 43 Rn 2.

I. Berufung der ehrenamtlichen Richter und Berufungsverfahren (Abs. 1)

3 Gem. Abs. 1 S. 1 werden die ehrenamtlichen Richter am BAG vom BMAS für die Dauer von fünf Jahren berufen.[2] Auf sie findet das Richterwahlgesetz keine Anwendung. Sie sind **keine Bundesrichter** i.S.d. Art. 95 Abs. 2 GG.[3]

4 Das Berufungsverfahren ist dem Berufungsverfahren an das ArbG nachgebildet. Insoweit kann auf die Ausführungen zu § 20 (vgl. § 20 Rn 6 ff.) verwiesen werden. Die dort dargelegten Grundsätze gelten entsprechend. **Vorschlagsberechtigt** sind gem. Abs. 1 S. 2 allerdings nur Gewerkschaften, selbstständige Vereinigungen von AN mit sozial- oder berufspolitischer Zwecksetzung und Vereinigungen von AG, soweit sie für das Arbeitsleben des Bundesgebietes wesentliche Bedeutung haben, sowie die in § 22 Abs. 2 Nr. 3 bezeichneten Körperschaften.

II. Persönliche Voraussetzungen für eine Berufung an das BAG (Abs. 2)

5 Während sich die sachlichen Voraussetzung (Aufnahme in die Vorschlagsliste, Auswahl aus der Vorschlagsliste) aus Abs. 1 und die allg. persönlichen Voraussetzungen gem. der Verweisung in Abs. 3 aus §§ 21 bis 23 (zu den allgemeinen persönlichen Voraussetzungen vgl. § 21 Rn 3 ff. sowie die Ausführungen zu §§ 22 f.) ergeben, enthält Abs. 2 eine Reihe von besonderen persönlichen Voraussetzungen für eine Berufung als ehrenamtlicher Richter an das BAG.

6 **1. Lebensalter (Abs. 2 S. 1).** Gem. § 2 S. 1 darf als ehrenamtlicher Richter an das BAG nur berufen werden, wer das **35. Lebensjahr** vollendet hat. Auch hier ist für das Erreichen der **Mindestaltersgrenze** – eine **Altersobergrenze** gibt es hingegen nicht – der Tag der Zustellung des Berufungsschreibens des BMAS maßgebend (vgl. § 21 Rn 5). Wird das 35. Lebensjahr erst nach der Zustellung des Berufungsschreibens aber noch vor der erstmaligen Heranziehung zu einer Sitzung des BAG vollendet, so ist der zunächst bestehende Berufungsmangel geheilt worden, so dass eine Amtsenthebung gem. Abs. 3 i.V.m. Abs. 2 S. 1, § 21 Abs. 5 insoweit ausgeschlossen ist.[4] Ein wegen der Nichtvollendung des 35. Lebensjahres eingeleitetes Amtsenthebungsverfahren ist einzustellen, wenn das 35. Lebensjahr spätestens in dem Augenblick vollendet wird, in dem der zuständige Senat des BAG über den Amtsenthebungsantrag entscheidet.[5]

7 **2. Besondere Kenntnisse und Erfahrungen (Abs. 2 S. 1).** Abs. 2 S. 1 bedingt ferner, dass nur in das Richteramt berufen werden darf, wer besondere Kenntnisse und Erfahrungen auf dem Gebiet des Arbeitsrecht und des Arbeitslebens besitzt. Zu der Frage, was in diesem Sinne unter den besonderen Kenntnissen und Erfahrungen zu verstehen ist, schweigt das Gesetz. Werden diese als solche gewertet, die über denjenigen der ehrenamtlichen Richter an den ArbG und LAG liegen, so kommen für eine Berufung an das BAG nur solche Personen in Betracht, die sich sowohl mit dem Arbeitsrecht als auch mit dem Arbeitsleben über einen relativ langen Zeitraum beschäftigt und auseinandergesetzt haben. Dies sind v.a. erfahrene Personalleiter und BR-Mitglieder, erfahrene Gewerkschaftsjuristen und mehrjährig Beschäftigte der Gewerkschaften sowie AG-Vereinigungen.[6] In welcher Funktion bzw. auf welcher Seite die besonderen Kenntnisse und Erfahrungen erworben worden sind, spielt für die Berufung keine Rolle.[7] Soweit eine in das Richteramt berufene Person über die erforderlichen besonderen Kenntnisse und Erfahrungen nicht verfügt, ist sie gem. Abs. 2 S. 1 i.V.m. Abs. 3, § 21 Abs. 5 des Amtes zu entheben.[8]

8 **3. Vorherige Tätigkeit als ehrenamtlicher Richter (Abs. 2 S. 1).** Gem. Abs. 2 S. 1 soll die zu berufende Person **mind. fünf Jahre ehrenamtlicher Richter** eines Gerichts für Arbeitssachen gewesen sein. Diese Vorschrift ist dem § 37 Abs. 1 Hs. 2 nachgebildet, der das entsprechende Erfordernis für eine Berufung an das LAG enthält (insoweit vgl. § 37 Rn 7 ff.).

9 **4. Tätigkeit als Arbeitnehmer oder Arbeitgeber (Abs. 2 S. 2).** Gem. Abs. 2 S. 2 sollen die ehrenamtlichen Richter vor ihrer Berufung längere Zeit in Deutschland als AN oder AG tätig gewesen sein. Nicht erforderlich ist, dass die Tätigkeit unmittelbar vor der Berufung an das BAG ausgeübt worden ist. Über die **Dauer der Tätigkeit** enthält das ArbGG keinerlei Bestimmungen. Auf die **Art der Tätigkeit** kommt es nur insoweit an, als es sich um eine erlaubte handeln muss.[9]

10 Ein Abweichen von dem Sollerfordernis ist nur dann sachgerecht, wenn den speziellen Belangen der am Verfahren beteiligten Kreise Beachtung geschenkt wird. Dies dürfte jedoch äußerst selten der Fall sein, da die Mitwirkung eines ehrenamtlichen Richters, der diese für die richterliche Tätigkeit notwendigen Erfahrungen nicht besitzt, der sachgerechten Beteiligung der Sozialpartner in der Arbeitsgerichtsbarkeit zuwiderläuft. Deshalb hat bei einem gänzlichen Fehlen entsprechender Erfahrungswerte als AN oder AG ein Amtsenthebungsverfahren nach Abs. 3 i.V.m. § 21 Abs. 5 zu erfolgen.[10]

---

2 Zum Einklang der gesetzlichen Grundlagen und des Berufungsverfahrens mit dem Grundgesetz vgl. BAG 28.8.1985 – 5 AZR 616/84 – AP § 43 ArbGG 1979 Nr. 1 und BAG 29.8.1985 – 6 ABR 63/82 – BAGE 490, 267.
3 *Grunsky*, ArbGG, § 43 Rn 1.
4 Vgl. *Wolmerath*, S. 38.
5 Vgl. § 37 Rn 5 mit Verweis auf *Grunsky*, ArbGG, § 21 Rn 14.
6 Vgl. *Wolmerath*, S. 39.
7 Vgl. *Grunsky*, ArbGG, § 43 Rn 5.
8 *Germelmann u.a.*, § 43 Rn 7; *Grunsky*, ArbGG, § 43 Rn 5.
9 Vgl. *Wolmerath*, S. 40.
10 *Wolmerath*, S. 40; *Germelmann u.a.*, § 43 Rn 10.

III. Rechtliche Stellung der ehrenamtlichen Richter und Ausübung des Richteramtes (Abs. 3)

Hinsichtlich der rechtlichen Stellung der ehrenamtlichen Richter beim BAG und der Ausübung ihres Richteramtes erklärt Abs. 3 die §§ 21 bis 28 sowie § 31 für entsprechend anwendbar. Insoweit wird auf die Kommentierung der §§ 21 bis 28 und § 31 verwiesen.

Über die Amtsentbindung, die Amtsenthebung sowie der Verhängung von Ordnungsgeld entscheidet gem. Abs. 3 der vom Präsidium für jedes Geschäftsjahr im Voraus bestimmte Senat des BAG. Dies ist traditionell der 1. Senat.[11]

C. Beraterhinweise

Nähere Bestimmungen über die Ladung der ehrenamtlichen Richter zu den Sitzungen des BAG sowie über die Sitzungsvorbereitung enthält § 9 der **Geschäftsordnung des BAG** (vgl. § 44 Rn 5), der wie folgt lautet:

„*(1) Die ehrenamtlichen Richter sollen spätestens zwei Wochen vor der Sitzung geladen werden. Die Geschäftsstelle führt die Ladung aus.*

(2) Ist ein ehrenamtlicher Richter an der Teilnahme verhindert, so soll er dies sofort dem Bundesarbeitsgericht mitteilen, damit an seiner Stelle ein anderer ehrenamtlicher Richter geladen werden kann.

(3) Abschriften der angefochtenen Entscheidung, der Schriftsätze und der schriftlichen Bearbeitung der Sache werden den ehrenamtlichen Richtern zur Verfügung gestellt. Sie sind vertraulich zu behandeln."

§ 44 Anhörung der ehrenamtlichen Richter, Geschäftsordnung

(1) Bevor zu Beginn des Geschäftsjahrs die Geschäfte verteilt sowie die berufsrichterlichen Beisitzer und die ehrenamtlichen Richter den einzelnen Senaten und dem Großen Senat zugeteilt werden, sind je die beiden lebensältesten ehrenamtlichen Richter aus den Kreisen der Arbeitnehmer und der Arbeitgeber zu hören.

(2) ¹Der Geschäftsgang wird durch eine Geschäftsordnung geregelt, die das Präsidium beschließt. ²Absatz 1 gilt entsprechend.

A. Allgemeines	1	I. Geschäftsverteilung und Zuteilung der Richter (Abs. 1)	3
B. Regelungsgehalt	2	II. Geschäftsordnung des BAG	5

A. Allgemeines

§ 44 spricht den ehrenamtlichen Richtern am BAG ein Anhörungsrecht insoweit zu, als diese vor der Verteilung der Geschäfte, der Zuteilung der Richter und dem Erlass einer Geschäftsordnung zu hören sind. Diese Vorschrift ist Ausdruck der besonderen Bedeutung der Mitwirkung ehrenamtlicher Richter an der Rspr. des BAG.

B. Regelungsgehalt

Die Vorschrift umfasst zwei Regelungsgehalte. Abs. 1 regelt die Geschäftsverteilung und Zuteilung der Richter, Abs. 2 die Geschäftsordnung des BAG.

I. Geschäftsverteilung und Zuteilung der Richter (Abs. 1)

Für die Geschäftsverteilung sowie die Zuteilung der berufsrichterlichen Beisitzer und ehrenamtlichen Richter zu den einzelnen Senaten sowie dem Großen Senat gelten dieselben Grundsätze wie bei den ArbG und LAG (vgl. § 31 Rn 1 ff.). Der Geschäftsverteilungsplan des BAG findet sich in der jeweils aktuellen Fassung im Internet unter www.bundesarbeitsgericht.de. Gleiches gilt für die Zuteilung der Berufsrichter sowie ehrenamtlichen Richter auf die einzelnen Senate und den Großen Senat.[1]

Anders als bei den ArbG und LAG existiert ein Ausschuss der ehrenamtlichen Richter (vgl. §§ 29, 38) beim BAG nicht. Hier werden die entsprechenden Aufgaben von den beiden lebensältesten ehrenamtlichen Richtern aus den Kreisen der AN und AG wahrgenommen. Gem. Abs. 1 sind diese vor der Aufstellung des Geschäftsverteilungsplans (vgl. § 6a) sowie des Zuteilungsplans zu hören. Gleiches gilt für die Aufstellung einer Liste für die Heranziehung der ehrenamtlichen Richter zu den Sitzungen gem. § 43 Abs. 3 i.V.m. § 31. Eine Bindung des Präsidiums an Vorschläge oder Stellungnahmen der ehrenamtlichen Richter besteht nicht.[2]

---

[11] Der Geschäftsverteilungsplan des BAG befindet sich in der jeweils gültigen Fassung auf der Homepage des BAG unter www.bundesarbeitsgericht.de.

[1] Siehe auch hier unter www.bundesarbeitsgericht.de.

[2] Schwab/Weth/*Liebscher*, § 44 Rn 12; *Germelmann u.a.*, § 44 Rn 7; GK-ArbGG/*Dörner*, § 44 Rn 2.

II. Geschäftsordnung des BAG

5 Derzeit ist die vom Bundesrat am 11.4.2003 bestätigte Fassung der Geschäftsordnung des BAG in Kraft.³

Dritter Teil: Verfahren vor den Gerichten für Arbeitssachen

Erster Abschnitt: Urteilsverfahren

Erster Unterabschnitt: Erster Rechtszug

§ 46 Grundsatz

(1) Das Urteilsverfahren findet in den in § 2 Abs. 1 bis 4 bezeichneten bürgerlichen Rechtsstreitigkeiten Anwendung.

(2) ¹Für das Urteilsverfahren des ersten Rechtszugs gelten die Vorschriften der Zivilprozeßordnung über das Verfahren vor den Amtsgerichten entsprechend, soweit dieses Gesetz nichts anderes bestimmt. ²Die Vorschriften über den frühen ersten Termin zur mündlichen Verhandlung und das schriftliche Vorverfahren (§§ 275 bis 277 der Zivilprozeßordnung), über das vereinfachte Verfahren (§ 495a der Zivilprozeßordnung), über den Urkunden- und Wechselprozeß (§§ 592 bis 605a der Zivilprozeßordnung), über die Entscheidung ohne mündliche Verhandlung (§ 128 Abs. 2 der Zivilprozeßordnung) und über die Verlegung von Terminen in der Zeit vom 1. Juli bis 31. August (§ 227 Abs. 3 Satz 1 der Zivilprozeßordnung) finden keine Anwendung. ³§ 127 Abs. 2 der Zivilprozessordnung findet mit der Maßgabe Anwendung, dass die sofortige Beschwerde bei Bestandsschutzstreitigkeiten unabhängig von dem Streitwert zulässig ist.

A. Allgemeines	1	d) Postulationsfähigkeit	50
B. Regelungsgehalt	2	e) Klage auf künftige Leistung (§§ 257 bis 259 ZPO)	51
I. Urteilsverfahren	2		
II. Verfahrensgrundsätze des arbeitsgerichtlichen Verfahrens	3	V. Ausgewählte Streitgegenstände im Urteilsverfahren	53
III. Anzuwendende Vorschriften (Abs. 2)	9	1. Änderungsschutz	53
1. Allgemeines	9	2. Arbeitsvergütung	58
2. Ausdrücklich ausgenommene Vorschriften (Abs. 2 S. 2)	10	a) Auskunftsklage	58
a) Früher erster Termin (§§ 275 bis 277 ZPO)	10	b) Brutto-/Netto-Klage	64
b) Verfahren nach billigem Ermessen (§ 495a ZPO)	15	c) Vergütungs-Feststellungsklage	73
		d) Klage auf künftige Leistung	76
c) Entscheidung ohne mündliche Verhandlung	16	e) Zinsen auf Brutto-/Nettovergütung	78
d) Urkunden- und Wechselprozess	20	3. Bestandsschutz	83
e) Terminsverlegung	21	a) Grundsätzliches	83
IV. Klage im arbeitsgerichtlichen Urteilsverfahren	22	b) Kündigungsschutz	86
1. Klage	23	aa) Kündigungsschutz bei ordentlicher Kündigung	86
a) Klageerhebung	24	(1) Kündigungsschutzantrag	86
b) Klageschrift	27	(2) Kombination des Kündigungsschutzantrages mit dem allgemeinen Feststellungsantrag	90
aa) Bezeichnung der Parteien und des Gerichts	28	(3) Besonderes Feststellungsinteresse	93
bb) Bestimmte Angabe des Gegenstandes sowie des Grundes des erhobenen Anspruchs und bestimmter Antrag	30	(4) Formulierung des kombinierten Antrags	95
cc) Unterschrift	34	(5) Einführung weiterer Beendigungstatbestände in das Bestandsschutzverfahren	96
c) Mehrheit von Klagen	39	bb) Kündigungsschutz bei außerordentlicher Kündigung	98
aa) Subjektive Klagenhäufung	39	cc) Bestandsschutz außerhalb des KSchG	101
bb) Objektive Klagenhäufung	40	c) Bestandsschutz bei Betriebsübergang	103
2. Sachurteilsvoraussetzungen	41		
a) Rechtsschutzbedürfnis	44		
b) Parteifähigkeit	45		
c) Prozessführungsbefugnis	49		

---

3 Im Bundesanzeiger bekannt gemacht unter Nr. 129 vom 16.7.2003, S. 15401.

aa)	Variante 1: Kündigung – Rechtshängigkeit – Betriebsübergang	104	
bb)	Variante 2: Kündigung – Betriebsübergang – Rechtshängigkeit	112	
cc)	Variante 3: Klage nur wegen § 613a Abs. 4 BGB	114	
dd)	Variante 4: Betriebsübergang – Kündigung durch Veräußerer	115	
ee)	Variante 5: Kündigung durch Erwerber – Betriebsübergang	116	
ff)	Auflösungsantrag nach Betriebsübergang	117	
gg)	Klageanträge bei Betriebsübergängen	118	
d)	Befristungskontrolle	122	
e)	Beschäftigungsantrag	124	
f)	Weiterbeschäftigungsantrag	126	

4.	Drittschuldnerklage	128
a)	Auskunft	129
b)	Einziehungsklage	134
c)	Schadensersatz	141
5.	Eingruppierung/Rückgruppierung	143
6.	Teilzeit	159
7.	Urlaub	164
a)	Grundsätzliches	164
b)	Leistungsklage auf Urlaubsgewährung für einen bestimmten Zeitraum	165
c)	Leistungsklage auf Urlaubsgewährung für einen unbestimmten Zeitraum	168
d)	Klage auf Feststellung des Umfangs eines Urlaubsanspruchs	169
8.	Wiedereinstellung	172
9.	Zeugnis	174

A. Allgemeines

Abs. 1 wiederholt die Regelung des § 2 Abs. 5, wonach in den Rechtsstreitigkeiten des § 2 Abs. 1 bis 4 das Urteilsverfahren stattfindet. Abs. 2 ordnet an, welche Verfahrensvorschriften für das arbeitsgerichtliche Urteilsverfahren des ersten Rechtszugs gelten. Für die weiteren Rechtszüge finden sich ähnliche Regelungen in § 64 Abs. 6 und 7 (Berufungsverfahren) bzw. § 72 Abs. 5 (Revisionsverfahren). **1**

B. Regelungsgehalt

I. Urteilsverfahren

Der Begriff des **Urteilsverfahrens** wird vom Gesetz vorausgesetzt. Das Urteilsverfahren ist das dem Zivilprozess der ZPO angeglichene gerichtliche Verfahren, für das die unter II. (siehe Rn 3 f.) aufgeführten Verfahrensgrundsätze gelten und das der Rechtsverwirklichung in Form der individuellen Rechtsdurchsetzung (Klägerperspektive) bzw. Rechtsabwehr (Beklagtenperspektive) unter Wahrung der Parteiautonomie dient. Demgegenüber wird im **Beschlussverfahren** auf Antrag eines Beteiligten über betriebsverfassungsrechtliche oder sonstige kollektivrechtliche Fragen i.S.v. § 2a Abs. 1 entschieden. Die Wahl der Verfahrensart steht nicht zur Disposition der Parteien bzw. Beteiligten.[1] **2**

II. Verfahrensgrundsätze des arbeitsgerichtlichen Verfahrens

Das Zivilverfahrensrecht baut auf bestimmten Verfahrensgrundsätzen (Prozessmaximen) auf, die die wichtigen Entscheidungen für die Gestaltung des Verfahrens enthalten. Diese gelten mit Modifikationen auch im ArbG-Verfahren. Sie konkretisieren sich in zahlreichen Einzelbestimmungen, sind aber darüber hinaus in einschlägigen Zweifelsfragen als Wertentscheidung des Gesetzgebers zu berücksichtigen. Als wichtige **Verfahrensgrundsätze** sind der Dispositionsgrundsatz, der Verhandlungsgrundsatz/Kooperationsgrundsatz, der Grundsatz der Mündlichkeit, der Unmittelbarkeit und der Öffentlichkeit, der Konzentrationsgrundsatz und der Grundsatz der freien richterlichen Beweiswürdigung zu nennen; als verfassungsrechtlich gebotene Prozessmaxime tritt dazu der Grundsatz der Wahrung rechtlichen Gehörs. **3**

Für das arbeitsgerichtliche Verfahren ist der **Beschleunigungsgrundsatz** von besonderer Bedeutung. Der arbeitsgerichtliche Beschleunigungsgrundsatz findet in verschiedenen Normen eine Grundlage. Er richtet sich an das Gericht und mittelbar auch an die Parteien. Nach § 9 Abs. 1 ist das arbeitsgerichtliche Verfahren in allen Rechtszügen zu beschleunigen. Die Vorschrift über die vereinfachte Verlegung von Terminen nach § 227 Abs. 3 S. 1 ZPO findet im arbeitsgerichtlichen Verfahren keine Anwendung (Abs. 2). Durch § 47 Abs. 1 wird die zweiwöchige Einlassungsfrist des § 274 Abs. 3 S. 1 ZPO auf eine Woche abgekürzt. Bei Auslandszustellungen bleibt es aber bei § 274 Abs. 3 S. 2 ZPO, wonach der Vorsitzende bei der Festsetzung des Termins die Einlassungsfrist bestimmt. § 49 Abs. 3 sieht in Abweichung von § 46 Abs. 2 ZPO kein Rechtsmittel gegen den die Richterablehnung zurückweisenden Beschluss vor. In Abweichung zu § 317 Abs. 1 S. 3 ZPO sieht § 50 Abs. 1 S. 1 die Zustellung der Urteile binnen drei Wochen seit Übergabe an die Geschäftsstelle vor. **4**

§ 51 sieht die Möglichkeit des **Ausschlusses** unzureichend vorbereiteter oder nicht mit ausreichender Vollmacht versehener Prozessbevollmächtigter, deren Partei ungeachtet der Anordnung des persönlichen Erscheinens zum Termin nicht erschienen ist, vor. §§ 53 und 55 ermöglichen **Alleinentscheidungen des Vorsitzenden** bei Beschlüssen und Verfügungen ohne mündliche Verhandlung und Amtshandlungen im Rahmen von Rechtshilfeersuchen (§ 53 Abs. 1), **5**

---

[1] *Germelmann u.a.*, § 46 Rn 3; GK-ArbGG/*Schütz*, § 46 Rn 4.

Verzicht, Anerkenntnis, Säumnis, einstweiliger Einstellung der Zwangsvollstreckung, Klagerücknahme, Verwerfung des Einspruchs gegen ein Versäumnisurteil oder einen Vollstreckungsbescheid, Verweisung bei örtlicher Unzuständigkeit, Aussetzung, Kostenentscheidung, Tatbestandsberichtigung, über die Zurückweisung des Bevollmächtigten und die Untersagung der weiteren Vertretung im Falle des § 11 Abs. 3 (§ 55), allerdings nur außerhalb der streitigen Verhandlung (siehe § 55 Rn 3) sowie bei Rügen nach § 78a, wenn die Rüge als unzulässig verworfen wird oder sie sich gegen eine Alleinentscheidung des Vorsitzenden richtet (§ 78a Abs. 6).

6   Durch § 59 S. 1 wird die zweiwöchige **Einspruchsfrist** des § 339 Abs. 1 ZPO für arbeitsgerichtliche Versäumnisurteile auf eine Woche abgekürzt. Ein besonderer Verkündungstermin ist nach § 60 Abs. 1 – entgegen § 310 Abs. 1 ZPO – nur aus besonderen Gründen zulässig. Eine selbstständige Anfechtbarkeit eines vorab über den Grund entscheidenden arbeitsgerichtlichen Zwischenurteils ist in Abweichung von § 304 Abs. 2 ZPO durch § 61 Abs. 3 ausgeschlossen.

7   § 61a Abs. 1 schreibt die **vorrangige Erledigung der Bestandsstreitigkeiten** vor. § 66 Abs. 1 S. 5 lässt entgegen § 520 Abs. 2 S. 2 und 3 ZPO nur die einmalige Verlängerung der Berufungsbegründungsfrist zu.

8   § 68 schließt in Abweichung von § 538 ZPO eine **Zurückverweisung** an das erstinstanzliche Gericht wegen eines Verfahrensmangels aus. § 74 Abs. 1 lässt entgegen § 551 Abs. 2 S. 5 ZPO nur die einmalige Verlängerung der Revisionsbegründungsfrist, und zwar längstens um einen Monat, zu. Die Güteverhandlung soll in Bestandsstreitigkeiten innerhalb von zwei Wochen nach Klageerhebung stattfinden (§ 61a Abs. 2).

III. Anzuwendende Vorschriften (Abs. 2)

9   **1. Allgemeines.** Für das arbeitsgerichtliche Urteilsverfahren des ersten Rechtszugs gelten mit Vorrang die Normen des ArbGG. Soweit das ArbGG keine Regelung trifft, gelten nach Abs. 2 die Vorschriften der ZPO über das Verfahren vor den Amtsgerichten (§§ 495 bis 510b ZPO) entsprechend. Für das Verfahren vor den Amtsgerichten gelten nach § 495 ZPO die Vorschriften über das Verfahren vor den Landgerichten (§§ 253 bis 494a ZPO), soweit nicht aus den allgemeinen Vorschriften des Ersten Buches der ZPO (§§ 1 bis 252 ZPO) und aus den §§ 495 bis 510b ZPO sich Abweichungen ergeben.

10 **2. Ausdrücklich ausgenommene Vorschriften (Abs. 2 S. 2). a) Früher erster Termin (§§ 275 bis 277 ZPO).** Die Vorschriften über den frühen ersten Termin zur mündlichen Verhandlung und das schriftliche Vorverfahren (§§ 275 bis 277 ZPO) finden nach Abs. 2 S. 2 keine Anwendung. Aufgrund der Vorschriften zum Güteverfahren (§ 54), zur Vorbereitung der streitigen Verhandlung (§ 56) und zur besonderen Prozessförderung in Künd-Verfahren besteht hierfür auch kein Bedarf. Ein schriftliches Vorverfahren widerspräche auch der besonderen Betonung des Mündlichkeitsprinzips in §§ 54, 47 Abs. 2.[2]

11 § 278 ZPO, der seit dem 1.1.2002 die **Güteverhandlung** in den Verfahren vor den Amts- und Landgerichten regelt, ist allerdings nicht ausgenommen. Die Abs. 1 bis 5 der Vorschrift werden durch die abschließende Regelung in § 54 ArbGG verdrängt. Zu **§ 278 Abs. 6 ZPO** findet sich in § 54 ArbGG keine vergleichbare Regelung. Er betrifft auch nicht die Güteverhandlung, sondern eine Möglichkeit der Streitschlichtung außerhalb der Güteverhandlung. § 278 Abs. 6 ZPO ist daher nach inzwischen einhelliger Auffassung auch im arbeitsgerichtlichen Verfahren anwendbar.[3] Danach kann ein durch das Gericht vorgeschlagener Vergleich durch feststellenden Beschluss zum gerichtlichen Vergleich (Vollstreckungstitel) gemacht werden. Voraussetzungen sind eine Annahme des Vorschlags durch alle Parteien per Schriftsatz gegenüber dem Gericht oder übereinstimmende Vorschläge durch die Parteien.

12 Letzteres ist durch das am 1.9.2004 in Kraft getretene 1. Justizmodernisierungsgesetz[4] ermöglicht worden. Danach kann ein gerichtlicher Vergleich auch dadurch geschlossen werden, dass die Parteien dem Gericht einen schriftlichen Vergleichsvorschlag selbst unterbreiten. Die Initiative kann also auch von den Parteien ausgehen, was bereits zuvor gängige Praxis war. Allerdings bedarf es nun in diesen Fällen nicht noch eines entsprechenden Vorschlags durch das Gericht. Sodann erlässt das Gericht einen feststellenden Beschluss.

13 Eine **Zustellung** ist nicht erforderlich. Zwar schreibt § 329 Abs. 3 ZPO die Verpflichtung zur Zustellung von Entscheidungen vor, die einen Vollstreckungstitel bilden. Vollstreckungstitel ist hier aber nicht der Beschluss, sondern der Vergleich. Der Beschluss dient lediglich der Beurkundung. Gegen den Beschluss gibt es **kein Rechtsmittel**. Die Voraussetzungen des § 567 Abs. 1 ZPO liegen nicht vor. Unrichtigkeiten sind nach § 278 Abs. 6 S. 3 i.V.m. § 164 ZPO zu berichtigen. Der Vorschrift kommt seit Inkrafttreten des Gesetzes zur Modernisierung des Kostenrechts (Kostenrechtsmodernisierungsgesetz – KostRMoG) vom 5.5.2004[5] am 1.7.2004 noch größere Bedeutung zu.

14 Aufgrund des **Kostenrechtsmodernisierungsgesetzes** trat am 1.7.2004 auch das Rechtsanwaltsvergütungsgesetz (RVG) in Kraft. Es löste die BRAGO ab und sieht eine **Terminsgebühr auch bei außergerichtlicher Streitbeile-**

---

2 Germelmann u.a., § 46 Rn 26.
3 Schwab/Wildschütz/Heege, NZA 2003, 999, 1001, m.w.N. zur Gesetzesgeschichte; BAG 23.11.2006 – 6 AZR 394/06 – NZA 2007, 466.
4 BGBl I S. 2198.
5 BGBl I S. 718.

gung vor, wenn diese hilft, eine gerichtliche Verhandlung zu vermeiden. Bisher setzten eine Erörterungs- oder Verhandlungsgebühr die Anwesenheit der RA in einer Verhandlung voraus. Durch den terminsunabhängigen Anfall der Terminsgebühr wird einerseits ein weiterer Anreiz zur außergerichtlichen Streitbeilegung geschaffen. Andererseits wird dann natürlich auch das Interesse daran steigen, einen gerichtlichen Vergleich (Titel) ohne Verhandlung zu erhalten. Von Bedeutung ist das z.B. auch im Hinblick auf § 14 Abs. 1 S. 2 Nr. 8 TzBfG, wonach ein gerichtlicher Vergleich einen sachlichen Grund für eine Befristung darstellt.[6]

b) Verfahren nach billigem Ermessen (§ 495a ZPO). Keine Anwendung findet wegen Abs. 2 S. 2 das Verfahren nach billigem Ermessen (§ 495a ZPO). Nach dieser Vorschrift kann das Amtsgericht sein Verfahren nach billigem Ermessen bestimmen, wenn der Streitwert 600 EUR nicht übersteigt. Nur auf Antrag muss mündlich verhandelt werden.

c) Entscheidung ohne mündliche Verhandlung. Abs. 2 S. 2 ordnet des Weiteren den Ausschluss der Entscheidung ohne mündliche Verhandlung nach § 128 Abs. 2 ZPO an und betont auch auf diese Weise den besonderen Stellenwert des Mündlichkeitsprinzips im arbeitsgerichtlichen Verfahren. Der Ausschluss des schriftlichen Verfahrens betrifft aber nur das erstinstanzliche Verfahren. In der Berufungs- und ebenfalls in der Revisionsinstanz ist das schriftliche Verfahren mangels Bezugnahme auf Abs. 2 in § 64 Abs. 7 bzw. § 72 Abs. 6 zulässig.

Ausnahmsweise kommt allerdings auch im erstinstanzlichen Urteilsverfahren eine Entscheidung ohne mündliche Verhandlung in Betracht. Abs. 2 S. 2 verweist nämlich nicht auf § 128 Abs. 3 und 4 ZPO. Nach § 128 Abs. 3 ZPO kann eine Entscheidung ohne mündliche Verhandlung immer dann ergehen, wenn nur noch über die Kosten zu entscheiden ist. Das ist bei **Kostenschlussurteilen** der Fall. Sie sind erforderlich, wenn bereits über einen Teil des Rechtsstreits durch Teilurteil entschieden worden ist und der Streit über die restliche Hauptsache z.B. wegen Klagerücknahme oder wegen Erledigungserklärung gegenstandslos wird.[7] Offen ist in dieser prozessualen Situation nur noch die Entscheidung über die Kosten.

Rechtsmittel gegen ein solches Kostenschlussurteil ist die Berufung, wenn (und soweit) die Kostenentscheidung hinsichtlich des Teilurteils angefochten wird.[8] Voraussetzung ist dann allerdings, dass auch gegen das Teilurteil Berufung eingelegt worden ist.[9] Eine Ausnahme besteht nur dann, wenn es sich bei dem Teilurteil um ein **Anerkenntnisurteil** handelte. Dann ist insoweit wegen § 99 Abs. 2 ZPO die sofortige Beschwerde gegen die Kostenentscheidung zulässig, und zwar ohne dass das Teilurteil wegen der Hauptsache angefochten worden sein muss. Erfolgt wegen des nach dem Teilanerkenntnisurteil verbliebenen Streitgegenstandes übereinstimmende Erledigungserklärung oder Klagerücknahme, ist das Kostenschlussurteil insg. mit der sofortigen Beschwerde anfechtbar.[10] Gleiches gilt im umgekehrten Fall, d.h., wenn die Parteien für einen der mehreren Klageansprüche die Hauptsache für erledigt erklärt haben und über die restlichen Ansprüche Anerkenntnisurteil ergeht.[11]

Durch ein Kostenschlussurteil können sowohl die klagende als auch die beklagte Partei belastet sein. Nach dem zuvor Ausgeführten kann es daher dazu kommen, dass die eine Partei das Kostenschlussurteil mit der Berufung, die andere mit der sofortigen Beschwerde anfechten muss. Dieses Ergebnis wird durch den BGH[12] ausdrücklich hingenommen. Die Situation sei durch die Rspr. zu bewältigen und auszugleichen. Das könne, je nach Lage des Falles, auf verschiedene Weise geschehen, sei es durch gleichzeitige Entscheidung, sei es durch Aussetzung eines Teils, sei es durch Umdeutung der Beschwerde in eine Anschlussberufung.[13] Probleme ergeben sich auch dann, wenn aus der Kostenentscheidung nicht deutlich wird, wie konkret ein u.U. nicht angefochtener Teil (z.B. das erste Teilurteil) berücksichtigt worden ist. Denn dieses Sachurteil und die darauf beruhende Kostenentscheidung darf das Berufungsgericht, wenn es nicht angefochten worden ist, nicht nachprüfen. Das Rechtsmittelgericht wird aber stets in der Lage sein, jene Quote wenigstens ungefähr zu ermitteln.[14]

Soll die Kostenentscheidung nach einem streitigen Teilurteil und anschließender Erledigungserklärung oder Klagerücknahme nur wegen der Kostenentscheidung bezüglich des zurückgenommenen oder des für erledigt erklärten Teils angefochten werden, so ist statthaftes Rechtsmittel nur die sofortige Beschwerde.[15]

---

6 Zur Wahrung des Schriftformerfordernisses in diesem Fall s. BAG 23.11.2006 – 6 AZR 394/06 – NZA 2007, 466.
7 BGH 4.1.1963 – V ZB 19/62 – NJW 1963, 583.
8 BGH 19.6.1996 – XII ZB 73/96 – FamRZ 1996, 1403.
9 BGH 18.11.1963 – VII ZR 182/62 – NJW 1964, 660.
10 BGH 28.1.1999 – III ZB 39–98 – NJW-RR 1999, 1741; Brandenburgisches OLG 10.11.1997 – 1 W 24/97 – OLGR Brandenburg 1998, 68; a.A. *Creutzfeld*, NZA 2004, 281, 289; *Bader/Nungeßer*, NZA 2007, 1200, 1205.
11 BGH 4.1.1963 – V ZB 19/62 – NJW 1963, 583.
12 BGH 18.11.1963 – VII ZR 182/62 – NJW 1964, 660.
13 Siehe auch BGH 28.2.2007 – XII ZB 165/06 – NJW-RR 2007, 1586 zur isolierten Anfechtbarkeit einer gemischten Kostenentscheidung, soweit sie sich auf den durch Erledigungserklärung oder Klagerücknahme erledigten Teil des Rechtsstreits bezieht.
14 BGH 18.11.1963 – VII ZR 182/62 – NJW 1964, 660.
15 BGH 18.11.1963 – VII ZR 182/62 – BGHZ 40, 265, zu Rechtsmitteln gegen Kostenentscheidungen bei Mischentscheidungen; BGH 21.2.1991 – I ZR 92/90 – NJW 1991, 2020.

20 **d) Urkunden- und Wechselprozess.** Auch finden nach Abs. 2 S. 2 die Vorschriften über den Urkunden- und Wechselprozess (§§ 592 bis 605a ZPO) keine Anwendung. Abs. 2 S. 2 enthält keine Rechtswegregelung für den Urkunden- und Wechselprozess, sondern er schließt diese Verfahrensart lediglich für Rechtsstreitigkeiten vor den Gerichten für Arbeitssachen aus.

21 **e) Terminsverlegung.** Schließlich findet die Regelung aus § 227 Abs. 3 S. 1 ZPO zur erleichterten Möglichkeit der Terminsverlegung in der Zeit vom 1. Juli bis 31. August keine Anwendung. Für die Terminsverlegung bedarf es daher durchgehend eines erheblichen Grundes nach § 227 Abs. 1 S. 1 ZPO.

IV. Klage im arbeitsgerichtlichen Urteilsverfahren

22 Das arbeitsgerichtliche Urteilsverfahren wird durch die Klage, durch Mahnantrag oder durch Antrag im Verfahren des Arrestes oder der einstweiligen Verfügung eingeleitet.

23 **1. Klage.** Die Klage leitet ohne Rücksicht auf Zulässigkeit und Begründetheit das Urteilsverfahren ein. Sie begründet das Prozessrechtsverhältnis zwischen den Parteien und zwischen den Parteien und dem Gericht. Sie enthält das Gesuch an das Gericht, durch Urteil Rechtsschutz zu gewähren, und legt dessen Art (Leistungs-, Feststellungs- oder Gestaltungsurteil) und Umfang (§ 308 ZPO) fest.[16]

24 **a) Klageerhebung.** Die Klageerhebung vollzieht sich in zwei Akten, nämlich durch Einreichung der Klageschrift bzw. des Klageprotokolls und durch Zustellung dieser Schriftstücke an den Gegner. Die Klage ist beim Arbeitsgericht schriftlich einzureichen (mit der für ihre Zustellung erforderlichen Anzahl von Abschriften, § 253 Abs. 5 ZPO) oder mündlich zu Protokoll der Geschäftsstelle anzubringen (§ 496 ZPO). Das Einreichen der Klageschrift kann auch per Fernschreiben, Telegramm, Telefax oder in Form eines elektronischen Dokuments (§ 46b Abs. 1) erfolgen. Letzteres ist allerdings grds. erst möglich, wenn es dazu im jeweiligen Bundesland eine Freigabe durch eine Rechtsverordnung gibt, § 46b Abs. 2.

25 Die Klage ist als Prozesshandlung **bedingungsfeindlich**, soweit ihre Wirksamkeit von einem außerprozessualen Ereignis abhängig gemacht wird, weil die Gestaltungswirkung auf den Prozess nicht ungewiss sein darf. Zulässig ist es dagegen, Prozesshandlungen von innerprozessualen Bedingungen abhängig zu machen, also vom Erfolg oder Misserfolg einer eigenen Prozesshandlung oder einer solchen Handlung des Gegners. Daher sind Hilfsklagen, Hilfsanträge, Eventual-Widerklage, der bedingte Prozessvergleich und die Hilfsaufrechnung zulässig.

26 Unzulässig ist aber die bedingte Klageerhebung, weil eine innerprozessuale Bedingung nur vorliegen kann, wo ein Prozessrechtsverhältnis bereits unbedingt besteht.[17] Eine **eventuelle subjektive Klagehäufung** ist unzulässig.[18] Sie kann allerdings dann zulässig werden, wenn rechtskräftig über den Hauptantrag ablehnend entschieden worden ist.[19] Auch die unzulässige Eventualklage **wahrt aber die Frist** (z.B. des § 4 KSchG) für eine Klageerhebung.

27 **b) Klageschrift.** Nach § 253 Abs. 2 ZPO muss die Klageschrift enthalten:
– Bezeichnung der Parteien und des Gerichts
– bestimmte Angabe des Gegenstandes sowie des Grundes des erhobenen Anspruchs
– bestimmter Antrag
– Unterschrift.

28 **aa) Bezeichnung der Parteien und des Gerichts.** Nach § 253 Abs. 4 i.V.m. § 130 Nr. 1 ZPO zählen hierzu die Bezeichnungen der Parteien und ihrer gesetzlichen Vertreter nach Namen, Stand oder Gewerbe, Wohnort und Parteistellung. Nötig ist bei der Bezeichnung der Parteien eine Festlegung der Identität, so dass daran keine Zweifel bestehen und sich die betroffene Partei für jeden Dritten ermitteln lässt.[20]

29 Ist die Bezeichnung nicht eindeutig, so ist die Partei durch **Auslegung** zu ermitteln. Für die Parteistellung im Prozess ist nicht allein die Bezeichnung der Partei in der Klageschrift maßgeblich. Ergibt sich in einem Kündigungsrechtsstreit etwa aus dem der Klageschrift beigefügten Kündigungsschreiben, wer als beklagte Partei gemeint ist, so ist eine Berichtigung des Rubrums möglich, auch wenn der Kläger im Rubrum der Klageschrift irrtümlich z.B. nicht seinen AG, sondern dessen Bevollmächtigten als Beklagten benannt hat.[21] Es kommt darauf an, welcher Sinn der von der klagenden Partei in der Klageschrift gewählten Parteibezeichnung bei objektiver Würdigung des Erklärungsinhalts

---

16 *Thomas/Putzo*, vor § 253 Rn 1.
17 *Zöller/Greger*, vor § 128 Rn 20.
18 BAG 11.12.1997 – 8 AZR 729/96 – AP § 613a BGB Nr. 172 = NZA 1998, 534.
19 BAG 12.11.1998 – 8 AZR 265/97 – DB 1999, 485 = BB 1999, 589.
20 BGH 12.5.1977 – VII ZR 167/76 – LM Nr. 58 zu § 253 ZPO = MDR 1977, 924.
21 St. Rspr., z.B. BAG 27.3.2003 – 2 AZR 272/02 – AP § 113 InsO Nr. 14.

beizumessen ist.[22] Entscheidend ist die Wahrung der rechtlichen Identität zwischen der ursprünglich bezeichneten und der tatsächlich gemeinten Partei.[23]

Die Rubrumsberichtigung beruht auf Auslegung, erfolgt daher von Amts wegen und bedarf keines Antrags oder einer „Umstellung der Klage".[24] Die Rubrumsberichtigung ist nicht fristgebunden.[25] Sie bedarf keines Beschlusses.[26]

bb) Bestimmte Angabe des Gegenstandes sowie des Grundes des erhobenen Anspruchs und bestimmter Antrag. Dies ist erforderlich, weil hierdurch der Streitgegenstand bestimmt und die Entscheidungsbefugnis des Gerichts (§ 308 ZPO) abgegrenzt wird.[27] Die ungenügende Bestimmtheit des Klageantrags ist von Amts wegen zu beachten und führt zur Abweisung der Klage als unzulässig (für Einzelbeispiele siehe Rn 53 ff.).[28]

Das Vorbringen in der Klageschrift muss nicht schlüssig sein, d.h. die vorgetragenen Tatsachen müssen nicht schon den Schluss auf die rechtliche Begründetheit des Anspruchs rechtfertigen. Wird mit der Klage ein **Teilbetrag** aus mehreren selbstständigen Zahlungsansprüchen begehrt, so erfordert die bestimmte Angabe des Gegenstands des erhobenen Anspruchs, dass entweder für alle Einzelansprüche die Teilbeträge genannt werden, die zusammen den Betrag des Klageantrages ausmachen, oder dass die einzelnen Ansprüche ebenfalls unter Bezifferung des aus jedem von ihnen geforderten Betrages in das Verhältnis von Haupt- und Hilfsanspruch (bei mehreren Hilfsansprüchen unter Angabe der Reihenfolge) gebracht werden.

Werden daher z.B. von mehreren Monatslöhnen oder Gehältern eines längeren Zeitraumes Teilbeträge eingeklagt, so muss die Klagesumme wegen des erläuterten Erfordernisses der bestimmten Angabe des Klagegegenstandes mit bestimmten Beträgen auf bestimmte Monate aufgeteilt werden,[29] es sei denn, es werden alle in Betracht kommenden restlichen Forderungen unter dem Gesichtspunkt der abschließenden Gesamtklage geltend gemacht.[30]

Der **Klageantrag** muss (ggf. durch Auslegung anhand der Klagebegründung) die Art der Klage und den Umfang des Rechtsschutzbegehrens erkennen lassen.[31] Er muss aus sich heraus oder durch Bezugnahme auf eine Anlage verständlich und so gefasst sein, dass er (auch nach § 894 ZPO) vollstreckt werden kann. Inhalt und Umfang eines beantragten Unterlassungsgebots müssen eindeutig feststehen,[32] ebenso der Inhalt einer Willenserklärung.[33]

cc) Unterschrift. Als bestimmender Schriftsatz muss die Klageschrift **eigenhändig** unterschrieben sein (§ 46 Abs. 2 ArbGG i.V.m. § 130 Nr. 6 ZPO). Eine fehlende Unterzeichnung kann – im Hinblick auf die Klagefrist mit ex-nunc-Wirkung – nach § 295 Abs. 1 ZPO geheilt werden.[34] Die **Unterschrift** muss ein Schriftbild aufweisen, das individuell und einmalig ist, entsprechende charakteristische Merkmale hat und sich so als eine Identität des Unterzeichnenden ausreichend kennzeichnende Unterschrift des Namens darstellen, die von Dritten nicht ohne weiteres nachgeahmt werden kann. Hierbei ist nicht erforderlich, dass die Unterschrift lesbar ist oder auch nur einzelne Buchstaben zweifelsfrei erkennbar sind. Es genügt vielmehr, dass ein Dritter, der den Namen des Unterzeichnenden kennt, diesen Namen aus dem Schriftzug noch herauslesen kann. Eine Unterschrift setzt danach einen individuellen Schriftzug voraus, der sich – ohne lesbar sein zu müssen – als Wiedergabe eines Namens darstellt und die Absicht einer vollen Unterschriftsleistung erkennen lässt. Ein Schriftzug, der als bewusste und gewollte Namenskürzung erscheint (Handzeichen, Paraphe), stellt demgegenüber keine formgültige Unterschrift dar. Ob ein Schriftzug eine Unterschrift oder lediglich eine Abkürzung darstellt, beurteilt sich dabei nach dem äußeren Erscheinungsbild. In Anbetracht der Variationsbreite, die selbst Unterschriften ein und derselben Person aufweisen, ist insoweit ein großzügiger Maßstab anzulegen, wenn die Autorenschaft gesichert ist.[35]

Das Unterschriftserfordernis gilt auch bei Einreichung der Klageschrift per **Telefax**.[36] Bei Einreichung von Schriftsätzen per Telefax oder **Telebrief** muss die Partei das tun, was technisch möglich ist, um die Anforderungen der eigenhändigen Unterschrift zu erfüllen. Der als Vorlage für die Telekopie dienende Schriftsatz muss die eigenhändige Unterschrift einer postulationsfähigen Person tragen. Diese muss auf der bei Gericht eingehenden Kopie wiedergegeben sein. Eine Paraphe genügt nicht. Die eigenhändige Unterschrift soll dem Nachweis dienen, dass der Schriftsatz von einer Person, die nach der maßgeblichen Prozessordnung befähigt und befugt ist, Prozesshandlungen vorzunehmen, in eigener Verantwortung vorgetragen wird.

---

22 BAG 1.3.2007 – 2 AZR 525/05 – juris, zur Partnerschaftsgesellschaft.
23 BAG 21.2.2002 – 2 AZR 55/01 – EzA § 4 KSchG n.F. Nr. 63.
24 A.A. wohl LAG Hamm 25.10.2000 – 4 Sa 1132/00 – ZInsO 2001, 240.
25 LAG Köln 12.8.1999 – 10 Sa 1304/98 – NZA-RR 2000, 658.
26 LAG Berlin 13.10.1998 – 3 Ta 16/98 u. 17/98 – juris.
27 BAG 17.5.2000 – 5 AZR 727/98 – n.v.
28 *Thomas/Putzo*, § 253 Rn 11.
29 BAG 9.10.2002 – 5 AZR 160/01 – AP § 253 ZPO Nr. 40.
30 BAG 9.10.2002 – 5 AZR 160/01 – AP § 253 ZPO Nr. 40.
31 *Thomas/Putzo*, § 253 Rn 11.
32 BGH 11.10.1990 – I ZR 35/89 – NJW 1991, 1114 = MDR 1991, 505.
33 BGH 17.6.1994 – V ZR 34/92 – NJW-RR 1994, 1272.
34 BAG 26.6.1986 – 2 AZR 358/85 – AP § 4 KSchG 1969 Nr. 14 = NJW 1986, 3224.
35 BAG 13.2.2008 – 2 AZR 864/06 – NZA 2008, 1055 = EzA § 4 n.F. KSchG Nr. 83.
36 BAG 27.3.1996 – 5 AZR 576/94 – AP § 518 ZPO Nr. 67 = NZA 1996, 1115, entgegen den Bedenken des BFH 29.11.1995 – X B 56/95 – NJW 1996, 1432 = BB 1996, 557.

36 Ein Telefax ist bei Gericht eingegangen, sobald die **Empfangssignale** vom Telefaxgerät des Gerichts **vollständig aufgezeichnet** worden sind,[37] wenn also auch die letzte Seite mit der Unterschrift noch bis 24.00 Uhr übermittelt worden ist. Ist die Klage danach um 24.00 Uhr nicht vollständig eingegangen, ist sie ggf. wie eine Klage ohne Unterschrift zu werten, bei der die Unterschrift nach Fristablauf nachgeholt worden ist.[38]

37 Die Aufzeichnung der Empfangssignale ist nicht erst erfolgt, wenn die empfangene Datei ausgedruckt worden ist. Das wird häufig übersehen. Es kommt darauf an, wann die Datei (Empfangssignale) im Empfangsgerät des Gerichts eingegangen ist. Es kann also nicht darauf abgestellt werden, wann die letzte Seite ausgedruckt worden ist, auf der die Unterschrift steht. I.d.R. wird die die letzte Seite beinhaltende Datei zu einem wesentlich früheren Zeitpunkt am Empfangsgerät angekommen sein. Wenn das BAG[39] z.B. darauf abstellt, dass zum Zeitpunkt des Fristablaufs um 0.00 Uhr erst 66 von 100 Seiten der Berufungsbegründung (und damit nicht die Unterschrift) ausgedruckt gewesen seien, kann es hierauf nur angekommen sein, wenn nicht bereits die Datei mit sämtlichen Seiten im Empfangsgerät des Gerichts eingegangen war.

38 Ein bestimmender Schriftsatz kann auch durch elektronische Übertragung einer Textdatei auf ein Faxgerät des Gerichts (sog. **Computerfax**) eingereicht werden. In diesem Fall reicht es i.d.R. aus, wenn die Datei mit einer eingescannten Unterschrift versehen ist.[40] Auch bei der von der Rechtsprechung gebilligten und zum Gewohnheitsrecht erstarkten Übung der telefonischen Telegrammaufgabe existiert keine vom Absender unterschriebene Urschrift. Maßgeblich für die Beurteilung der Wirksamkeit des elektronisch übermittelten Schriftsatzes ist nicht eine etwa beim Absender vorhandene Kopiervorlage oder eine nur im Textverarbeitungs-PC befindliche Datei, sondern allein die auf seine Veranlassung am Empfangsort (Gericht) erstellte körperliche Urkunde.

Zu weitergehenden Möglichkeiten der Einreichung **elektronischer Dokumente** (z.B. durch E-Mail) bei bestehendem Schriftformerfordernis siehe § 46b.

39 c) Mehrheit von Klagen. aa) Subjektive Klagenhäufung. Treten in einem Rechtsstreit entweder mehr als ein Kläger oder mehr als ein Beklagter auf, so liegt eine **Streitgenossenschaft (subjektive Klagenhäufung)** vor. Es bestehen dann mehrere Prozessrechtsverhältnisse und Prozesse, die in einem Verfahren zu gemeinsamer Verhandlung, Beweisaufnahme und Entscheidung verbunden sind.[41]

Die subjektive Klagenhäufung kann im Arbeitsrecht beim sog. einheitlichen Arbverh geboten sein.[42] Beim einheitlichen Betrieb mehrerer Unternehmen besteht hingegen das Arbverh i.d.R. nur zu einem AG.

Eine **evtl. subjektive Klagenhäufung** ist unzulässig, wenngleich die Frist nach §§ 4 S. 1, 13 Abs. 1 S. 2 KSchG auch durch eine hilfsweise gegen den richtigen AG erhobene Künd-Schutzklage gewahrt wird.[43]

40 bb) Objektive Klagenhäufung. Unter einer **Anspruchshäufung (objektive Klagenhäufung)** wird die Geltendmachung mehrerer prozessualer Ansprüche zwischen den nämlichen Parteien in einem Verfahren, also die Mehrheit von Streitgegenständen bei Einheit des Verfahrens, verstanden.

41 2. Sachurteilsvoraussetzungen. Sachurteilsvoraussetzungen sind diejenigen Bedingungen, die in sachlicher, persönlicher und formeller Hinsicht erfüllt sein müssen, damit das Gericht sachlich über das Klagebegehren verhandeln und entscheiden kann. Sie sind in jeder Lage des Verfahrens von Amts wegen zu prüfen; für den Erlass des Sachurteils kommt es auf ihr Vorliegen zurzeit des **Schlusses der mündlichen Verhandlung** an. Dazu sind dem Gericht durch den Kläger die erforderlichen Tatsachen darzulegen und ggf. zu beweisen.[44] Bei Fehlen einer Voraussetzung ist die Klage ohne Rücksicht auf ihre sachliche Begründetheit durch Prozessurteil als unzulässig abzuweisen; hierbei erwächst das abweisende **Prozessurteil** nicht auch hinsichtlich dieses Streitgegenstandes in Rechtskraft.

42 Nach h.M. hat die Prüfung der Sachurteilsvoraussetzungen **Vorrang vor der Prüfung der Begründetheit**, während nach a.A. die Sachurteilsvoraussetzungen nur gleichwertige Teilbereiche der „Klageerfolgsvoraussetzungen" sind und deshalb eine Feststellung der Sachurteilsvoraussetzungen dort entbehrlich ist, wo die sachliche Aussichtslosigkeit eines Klagebegehrens oder eines Rechtsmittels offensichtlich ist.[45] Zumindest im Hinblick auf die Rechtsweg-

---

37 BAG 19.1.1999 – 9 AZR 679/97 – BAGE 90, 329; BVerfG 1.8.1996 – 1 BvR 121/95 – AP § 233 ZPO 1977 Nr. 47 = NZA 1996, 1173 = NJW 1996, 2857.
38 Zur Heilungsmöglichkeit in diesem Fall vgl. BAG 6.8.1987 – 2 AZR 553/86, juris.
39 27.6.2002 – 2 AZR 427/01 – AP § 66 ArbGG 1979 Nr. 25 = NZA 2003, 573.
40 GmSOGB 5.4.2000 – GmS-OGB 1/98 – AP § 129 ZPO Nr. 2 = NZA 2000, 959.
41 *Thomas/Putzo*, vor § 59 Rn 1.
42 BAG 27.3.1981 – 7 AZR 523/78 – AP § 611 BGB Arbeitgebergruppe Nr. 1 = DB 1982, 1569; offen gelassen in BAG 21.1.1999 – 2 AZR 648/97 – AP § 1 KSchG 1969 Konzern Nr. 9 = NZA 1999, 539; abl. *Schwerdtner*, ZIP 1982, 900.
43 BAG 31.3.1993 – 2 AZR 467/92 – AP § 4 KSchG 1969 Nr. 27 = DB 1994, 435.
44 BAG 12.12.2002 – 8 AZR 94/02 – AP § 105 SGB VII Nr. 2 = NZA 2003, 968; 12.12.2002 – 8 AZR 497/01 – AP § 611 BGB Haftung des Arbeitgebers Nr. 25 = ZTR 2003, 243.
45 Vgl. zum Streitstand Zöller/*Greger*, vor § 253 Rn 10.

zuständigkeit hat das BAG für sog. sic-non-Fälle[46] unmittelbar eine abweisende Sachentscheidung zugelassen,[47] die bei Berücksichtigung des Vorrangs der Rechtswegprüfung[48] nicht zulässig gewesen wäre.

Zu den **Sachurteilsvoraussetzungen** gehören **Partei- und Prozessfähigkeit**. Auch die **GbR** ist rechts- und parteifähig, soweit sie als Teilnehmerin am Rechtsverkehr eigene vertragliche Rechte und Pflichten begründet.[49] Insoweit kann sie also klagen und verklagt werden. Es ist nicht erforderlich, die einzelnen Gesellschafter zu verklagen. Bei Zahlungsklagen führt das dazu, dass mit einem Titel gegen die GbR in das Gesellschaftsvermögen vollstreckt werden kann. Soll in das Vermögen der daneben i.d.R. unbeschränkt haftenden Gesellschafter vollstreckt werden, reicht der Titel gegen die Gesellschaft nicht aus. Um eine Vollstreckung in das Privatvermögen der Gesellschafter durchführen zu können, müssen daher weiterhin die Gesellschafter verklagt werden. Es ist also zu empfehlen, sowohl die Gesellschaft als auch die Gesellschafter zu verklagen, wenn Zweifel an der Liquidität der Gesellschaft bestehen. Das ist zudem deshalb zu raten, weil der BGH[50] § 736 ZPO auch weiterhin so versteht, dass aus einem Titel gegen alle Gesellschafter in das Gesellschaftsvermögen vollstreckt werden kann.

a) Rechtschutzbedürfnis. Ein **Rechtsschutzbedürfnis** für die Klage gegen die GbR wird man aber wohl noch damit begründen können, dass zwischenzeitlich ein Gesellschafterwechsel eintritt, eine Vollstreckung in das Gesellschaftsvermögen dann aber einen Titel gegen alle Gesellschafter verlangt. **Künd-Schutzklagen** müssen nun nicht mehr gegen alle Gesellschafter erhoben werden. Eine Klage gegen die Gesellschaft ist ausreichend. Auch die Gesellschafter sind im Falle einer späteren Zahlungsklage wegen Verzugslohns an die Entscheidung gebunden. Bei Klagen gegen die Gesellschaft kann an einen geschäftsführenden Gesellschafter zugestellt werden. Ungeklärt ist die Frage, wie konkret sich aus der Firma ergeben muss, wer Gesellschafter ist. Parteifähig ist auch der nicht rechtsfähige Verein, soweit er verklagt wird, § 50 Abs. 2 ZPO.

b) Parteifähigkeit. Die Parteifähigkeit **natürlicher Personen** entsteht i.d.R. mit ihrer **Geburt** und endet mit ihrem **Tod**. Die Parteifähigkeit **juristischer Personen** entfällt grds. mit deren **endgültiger Beendigung**. Diese tritt nicht bereits mit deren Auflösung ein und auch nicht mit der Vermögenslosigkeit der Gesellschaft, sondern erst nach deren Löschung.[51] Es gibt einige **Besonderheiten**. Die Parteifähigkeit einer beklagten juristischen Person, die während des Rechtsstreits liquidiert worden, vermögenslos und im HReg gelöscht worden ist, dauert bis zum Ende des Prozesses fort, in dem nicht Zahlung verlangt wird, sondern ein Klagebegehren vorliegt, für das ein schutzwertes Interesse auch dann besteht, wenn davon ausgegangen wird, dass die juristische Person vermögenslos ist. Das gilt z.B. für Zeugnisanspruch und Künd-Schutzklage.[52]

Parteifähig ist auch die **Partnerschaftsgesellschaft** nach dem Partnerschaftsgesellschaftsgesetz (Gesetz über Partnerschaftsgesellschaften Angehöriger Freier Berufe vom 25.7.1994 – BGBl I 1994, S. 1744). Durch dieses Gesetz ist für die Angehörigen Freier Berufe die Möglichkeit geschaffen worden, sich unabhängig von den bislang bestehenden gesetzlichen Möglichkeiten (etwa GbR, GmbH) zu einer Gesellschaft eigener Form zusammenzuschließen, auf die weitgehend die Vorschriften des HGB entsprechend anwendbar sind. Nach § 7 Abs. 2 PartGG i.V.m. § 124 HGB kann die Partnerschaftsgesellschaft unter ihrem Namen vor Gericht klagen und verklagt werden. Richtige Partei für eine Kündigungsschutzklage gegen eine Partnerschaftsgesellschaft ist deshalb die Gesellschaft selbst und sind nicht deren Gesellschafter. Wie etwa bei der **GbR**[53] ist bei einer Klage gegen eine Partnerschaftsgesellschaft nach dem Partnerschaftsgesellschaftsgesetz stets vorrangig zu prüfen, ob eine Klage gegen die Gesellschafter nicht in Wahrheit gegen die Gesellschaft selbst gerichtet sein soll.[54]

Für den Streit um die Frage, ob eine juristische Person partei- und prozessfähig ist, wird sie als parteifähig behandelt.[55] Nimmt ein Gläubiger einer juristischen Person an, dass noch Vermögen vorhanden ist, kann er die Löschung im Handelsregister durch einen **Löschungswiderspruch** zunächst verhindern, der beim zuständigen Registergericht einzureichen ist. Der Verlust der Parteifähigkeit während des Verfahrens führt zu dessen Unterbrechung, § 239 ZPO.

---

46 Vgl. § 2 Rn 12.
47 BAG 24.4.1996 – 5 AZB 25/95 – AP § 2 ArbGG 1979 Zuständigkeitsprüfung Nr. 1 = DB 1996, 1578; BAG 9.10.1996 – 5 AZB 18/96 – AP § 2 ArbGG 1979 Zuständigkeitsprüfung Nr. 2 = DB 1996, 2448; aber nicht betreff. Rechtswegzuständigkeit für Streitgegenstände einer Zusammenhangsklage; BVerfG 31.8.1999 – 1 BvR 1389/97 – AP § 2 ArbGG 1979 Zuständigkeitsprüfung Nr. 6.
48 So noch BAG 30.8.1993 – 2 AZB 6/93 – AP § 17a GVG Nr. 6 = DB 1994, 283; 28.10.1993 – 2 AZB 12/93 – AP § 2 ArbGG 1979 Nr. 19 = NZA 1994, 234.
49 BVerfG 2.9.2002 – 1 BvR 1103/02 – NJW 2002, 3533; BAG 1.12.2004 – 5 AZR 597/03 – NZA 2005, 318 = NJW 2005, 1004; grundlegend: BGH 29.1.2001 – II ZR 331/00 – BGHZ 146, 341.
50 29.1.2001 – II ZR 331/00 – BGHZ 146, 341.
51 Str.; bejahend: BAG 22.3.1988 – 3 AZR 350/86 – AP § 50 ZPO Nr. 6 = NZA 1988, 841, auch zum Streitstand der Möglichkeit des Wegfalls der Parteifähigkeit während eines Rechtsstreits.
52 BAG 9.7.1981 – 2 AZR 329/79 – AP § 50 ZPO Nr. 4 = DB 1982, 182.
53 Vgl. dazu BGH 15.1.2003 – XII ZR 300/99 – BB 2003, 438.
54 BAG 1.3.2007 – 2 AZR 525/05 – AP § 4 KSchG 1969 Nr. 60 = NZA 2007, 1013 = NJW 2007, 2877.
55 BAG 22.3.1988 – 3 AZR 350/86 – AP § 50 ZPO Nr. 6 = NZA 1988, 841.

47 Für das **arbeitsgerichtliche Verfahren** erstreckt § 10 ArbGG die Parteifähigkeit außerdem u.a. auf
- **Vertreter von Gewerkschaften** und deren selbstständige tariffähige Ortsvereine,
- Vertreter von **selbstständigen Vereinigungen** von AN mit sozial- oder berufspolitischer Zwecksetzung,
- **Vertreter von Vereinigungen von AG**, die sich zur Wahrung und Förderung der Arbeits- und Wirtschaftsbedingungen gebildet haben,
- **Vertreter von Spitzenverbänden.**

48 BR sind demgegenüber im Urteilsverfahren **nicht** parteifähig, wie sich aus einem Umkehrschluss aus § 10 ArbGG ergibt.

49 **c) Prozessführungsbefugnis.** Prozessführungsbefugnis ist die Befugnis, über das behauptete Recht einen Prozess als die richtige Partei im eigenen Namen zu führen, ohne dass eine eigene materiell-rechtliche Beziehung zum Streitgegenstand vorzuliegen braucht. Problematisch wird das immer dann, wenn fremde Rechte im eigenen Namen eingeklagt werden. Im arbeitsgerichtlichen Verfahren ist das i.d.R. bei Ansprüchen der Fall, die auf die BA oder einen Sozialversicherungsträger nach **§ 115 SGB X** übergegangen sind. Geschieht dies während des Verfahrens, kann der Prozess in Prozessstandschaft fortgeführt, § 265 Abs. 2 ZPO, es muss aber der Antrag auf Leistung an die BA bzw. den Sozialversicherungsträger umgestellt werden. Nicht selten fordern AA AN auf, die aufgrund des Antrags auf Insolvenzausfallgeld auf die BA übergegangenen Ansprüche gerichtlich geltend zu machen. Voraussetzung für eine gewillkürte Prozessstandschaft ist neben der Ermächtigung durch die BA regelmäßig ein **eigenes schutzwürdiges rechtliches Interesse** des AN, das Recht der BA geltend zu machen. Ein solches Interesse kann nicht in jedem Fall mit der Begründung bejaht werden, es handele sich um die ursprünglich eigenen Ansprüche des AN. Nachdem z.B. Insolvenzausfallgeld gezahlt worden ist und eine Rückerstattungspflicht nicht besteht, berührt es seine Interessen nicht mehr, ob und ggf. inwieweit die auf den Leistungsträger übergegangenen Ansprüche geltend gemacht werden.[56] In der zitierten Entscheidung hat der BGH mit vergleichbaren und weiteren Argumenten ein schutzwürdiges Interesse für den Fall abgelehnt, dass ein Sozialhilfeträger auf ihn übergegangene Unterhaltsansprüche durch die Sozialhilfeempfänger einziehen lässt. Unproblematisch ist auch eine **Inkassozession** nicht, bei der der AN Inhaber des Vollrechts werden soll. Für den Fall der vorgesehenen Rückübertragung übergegangener Unterhaltsansprüche hat der BGH die Wirksamkeit einer solchen Abtretung u.a. im Hinblick auf die sich daraus für den Hilfeempfänger ergebenden Risiken und die Übertragung der Kostenlast abgelehnt.[57]

Bejaht hat das BAG[58] aber ein eigenes schutzwürdiges rechtliches Interesse im Falle der sog. **Gleichwohlgewährung von Arbeitslosengeld**. Das erforderliche schutzwürdige Interesse der AN liege darin, sie aufgrund der Erstattung an die Bundesagentur länger oder eher wieder Arbeitslosengeld beziehen können. Der Bezug von Arbeitslosengeld nach § 143 Abs. 3 S. 1 SGB III mindert nach § 128 Abs. 1 Nr. 1 SGB III die Anspruchsdauer des insgesamt zu gewährenden Arbeitslosengeldes, weil der Anspruch insoweit erfüllt worden ist. Die Nachzahlung des AG wirkt nicht auf den Zahlungszeitpunkt der Gleichwohlgewährung zurück. Die Minderung entfällt aber aus Billigkeitsgründen in dem Umfang, in dem die Bundesagentur für Arbeit Zahlungen des AG erhält. Die Bundesagentur ist jedoch nicht verpflichtet, die nach § 115 Abs. 1 SGB X übergegangene Vergütungsforderung gegenüber dem AG geltend zu machen.

Nach § 80 Abs. 1 InsO geht durch die Eröffnung des Insolvenzverfahrens das **Recht des Insolvenzschuldners**, das zur Insolvenzmasse gehörende Vermögen zu verwalten und über es zu verfügen, auf den Insolvenzverwalter über. Damit verliert der Schuldner grds. auch die Prozessführungsbefugnis in Bezug auf das insolvenzbefangene Vermögen. Der Insolvenzschuldner bleibt aber im Falle eines gegen § 240 ZPO verstoßenden Urteils noch prozessführungsbefugt und berechtigt, das gegen § 240 ZPO verstoßende Urteil zu beseitigen. Er hat – ebenso wie der Insolvenzverwalter nach § 80 Abs. 1 InsO – auch das Recht, einen Anwalt mit der Rechtsmitteleinlegung zu beauftragen und diesem eine entsprechende Prozessvollmacht zu erteilen.[59]

50 **d) Postulationsfähigkeit.** Die Postulationsfähigkeit ist in § 11 ArbGG geregelt.[60]

51 **e) Klage auf künftige Leistung (§§ 257 bis 259 ZPO).** Ist die Geltendmachung einer nicht von einer Gegenleistung abhängigen Geldforderung an den Eintritt eines Kalendertages geknüpft, so kann Klage auf künftige Zahlung erhoben werden (§ 257 ZPO). Bei wiederkehrenden Leistungen kann auch wegen der erst nach Erlass des Urteils fällig werdenden Leistungen Klage auf künftige Entrichtung erhoben werden (§ 258 ZPO). Klage auf künftige Leistung kann daneben auch erhoben werden, wenn den Umständen nach die Besorgnis gerechtfertigt ist, dass der Schuldner sich der rechtzeitigen Leistung entziehen werde (§ 259 ZPO).

---

56 BGH 3.7.1996 – XII ZR 99/95 – NJW 1996, 3273, zu einer ähnlichen Fallkonstellation.
57 BGH 3.7.1996 – XII ZR 99/95 – NJW 1996, 3273.
58 BAG 19.3.2008 – 5 AZR 432/07 – NZA 2008, 900 = NJW 2008, 2204.
59 BAG 26.6.2008 – 6 AZR 478/07 – NZA 2008, 1204.
60 Einen Überblick zur gesetzlichen Neuregelung per 1.7.2008 bietet *Düwell*, jurisPR-ArbR 25/2008 Anm. 6.

Zu den künftigen Leistungen i.S.v. § 259 ZPO gehören grds. auch zukünftige Vergütungsansprüche von AN.[61] Die Vergütungsansprüche müssen allerdings bezifferbar sein.[62] Bei einer Klage auf künftige Leistung nach § 259 ZPO wegen zukünftiger Vergütungsansprüche sind die für den Vergütungsanspruch maßgeblichen Bedingungen in den Antrag aufzunehmen[63] (Einzelheiten siehe unten Rn 77). Besteht Streit über den Fortbestand eines Arbverh, kann künftig fälliges Arbeitsentgelt unter Berufung auf § 259 ZPO nur bis zum rechtskräftigen Abschluss der Bestandsschutzstreitigkeit verlangt werden, weil fortbestehender Leistungswille nicht für Zeit nach der letzten mündlichen Verhandlung festgestellt werden kann.[64] Eine Ausnahme gibt es nur dann, wenn der AG erkennen lässt, dass er auch bei rechtskräftiger Klärung des Fortbestands des Arbverh keine Arbeitsvergütung zahlen werde.[65]

V. Ausgewählte Streitgegenstände im Urteilsverfahren

1. Änderungsschutz. Soll die Unwirksamkeit einer **Änderungs-Künd** geltend gemacht werden, ist hinsichtlich der Antragstellung danach zu unterscheiden, ob das Änderungsangebot unter Vorbehalt angenommen worden ist oder nicht. Ist es nicht angenommen worden, geht es um den Bestand des Arbverh insg. Der Künd-Schutzantrag entspricht dem bei der Beendigungskündigung. Ist von der sich aus § 2 KSchG ergebenden Möglichkeit Gebrauch gemacht worden, das Änderungsangebot unter Vorbehalt anzunehmen, ergibt sich die Formulierung des Antrags aus § 4 S. 2 KSchG in der seit dem 1.1.2004 gültigen Fassung. Danach ist der Antrag wie folgt zu formulieren: „… beantragt festzustellen, dass die Änderung der Arbeitsbedingungen durch die Kündigung vom … sozial ungerechtfertigt oder aus anderen Gründen rechtsunwirksam ist." Im Rahmen der Tenorierung muss sich das Gericht dann aber entscheiden.

Der durch das Arbeitsmarktreformgesetz vom 24.12.2003 mit Wirkung vom 1.1.2004 hinzu gekommene Zusatz „… oder aus anderen Gründen rechtsunwirksam ist …" soll der zeitgleichen Änderung des § 4 S. 1 KSchG Rechnung tragen, wonach jetzt auch dann innerhalb von drei Wochen nach Zugang der Künd Klage zu erheben ist, wenn andere Gründe als die soziale Ungerechtfertigkeit der Künd geltend gemacht werden. Es ist aber unschädlich, wenn zunächst innerhalb der Frist des § 4 S. 1 KSchG nur die fehlende soziale Rechtfertigung geltend gemacht worden ist. Nach § 6 KSchG können noch bis zum Schluss der mündlichen Verhandlung erster Instanz andere Unwirksamkeitsgründe nachgeschoben werden und umgekehrt.

Weder die bisherige noch die neue Formulierung sind dogmatisch richtig. Bei der „Unwirksamkeit" einer Künd handelt es sich nicht um ein feststellungsfähiges Rechtsverhältnis. Ein Rechtsverhältnis ist sowohl die vertragliche oder gesetzliche Rechtsbeziehung insgesamt als auch jede Rechtsfolge, jedes Recht und jede Verpflichtung aus dieser Beziehung, nicht aber eine abstrakte Rechtsfrage oder einzelne Voraussetzungen eines Rechtsverhältnisses.[66] Die Unwirksamkeit der Künd ist nur eine Voraussetzung für die sich daraus ergebende Rechtsfolge der unveränderten Arbeitsbedingungen. Richtig wäre danach der Antrag: „… wird beantragt festzustellen, dass die Arbeitsbedingungen durch die Kündigung vom … nicht geändert worden sind."

Auch bei einer Beendigungs-Künd wird der Antrag ja nicht darauf gerichtet festzustellen, dass die Künd unwirksam ist, sondern darauf, dass das Arbverh durch sie nicht aufgelöst worden ist oder wird. Allerdings werden die Arbeitsbedingungen aufgrund der auflösend bedingten Annahme des Änderungsangebots, nicht aufgrund einer unwirksamen Künd verändert. Wird rechtskräftig festgestellt, dass durch die Künd die Arbeitsbedingungen nicht verändert worden sind, entfällt rückwirkend zugleich die Vereinbarung über die Änderung der Arbeitsbedingungen, § 8 KSchG. § 8 KSchG hat die Funktion, die Rückwirkung des Bedingungseintritts zu sichern.[67] Es soll jeder Zweifel ausgeräumt werden, dass der AN ungeachtet der Annahme des Änderungsangebots unter Vorbehalt im Falle der Unwirksamkeit der Künd so zu stellen ist, als habe er das Angebot nicht angenommen. Da die Arbeitsbedingungen aber jedenfalls bis zum rechtskräftigen Abschluss des Verfahrens zunächst geändert sind, kann in dieser Zeit eine Weiterbeschäftigung zu den bisherigen Bedingungen nicht auf der Grundlage des allg. Weiterbeschäftigungsanspruchs verlangt werden.

Eine Änderungsschutzklage ist trotz des zwischenzeitlichen Ausscheidens des AN zulässig. Das Rechtsschutzinteresse entfällt nicht, weil die Änderungs-Künd nach § 8 KSchG „als von Anfang an als rechtsunwirksam gelten kann" mit der Folge, dass für die geleistete Arbeit andere Vergütungsbedingungen einschlägig sind.[68]

2. Arbeitsvergütung. a) Auskunftsklage. Ist dem AN die **Höhe** der konkret verdienten Arbeitsvergütung **unbekannt,** kommt die Erhebung einer Auskunftsklage (ggf. als Teil einer Stufenklage, bei der der AN von der Bezifferungspflicht des § 253 Abs. 2 Nr. 2 ZPO befreit ist) in Betracht. Im Arbverh besteht nach § 242 BGB ein Auskunfts-

---

61 BAG 13.3.2002 – 5 AZR 755/00 – EzA § 259 ZPO Nr. 1; restriktiv BAG 18.12.1974 – 5 AZR 66/74 – AP § 615. BGB Nr. 30 = DB 1975, 892; zum Ganzen überzeugend *Vossen*, DB 1985, 385 ff., 439 ff.
62 BAG 31.8.1983 – 4 AZR 67/81 – juris.
63 BAG 28.1.2009 – 4 AZR 904/07 – AP § 133 BGB Nr. 56 = NZA 2009, 444.
64 BAG 18.12.1974 – 5 AZR 66/74 – AP § 615 BGB Nr. 30 = DB 1975, 892.
65 *Vossen*, DB 1985, 385, 387.
66 BAG 16.4.1997 – 4 AZR 270/96 – AP § 22 MTAng-LV Nr. 1 = AuR 1997, 448.
67 KR/*Rost*, § 8 Rn 4.
68 BAG 26.1.1995 – 2 AZR 371/94 – AP § 2 KSchG 1969 Nr. 36 = BB 1995, 1746.

anspruch, soweit der Anspruchsberechtigte in entschuldbarer Weise über Bestehen und Umfang seines Rechts im Ungewissen ist, während der Verpflichtete unschwer Auskunft erteilen kann.[69] Der Ausgleich gestörter Vertragsparität gehört zu den Hauptaufgaben des Zivilrechts.[70] Ein Ungleichgewicht kann etwa aus einer wirtschaftlichen Übermacht oder aus einem erheblichen Informationsgefälle resultieren. Eine solche Situation kann es erfordern, Auskunftsansprüche zu statuieren, die eine Vertragspartei zur Wahrnehmung ihrer materiellen Rechte aus dem Vertrag benötigt. Im Regelfall setzt das einen dem Grunde nach feststehenden Leistungsanspruch voraus. Innerhalb vertraglicher Beziehungen, insb. bei Dauerschuldverhältnissen kann der Auskunftsanspruch darüber hinaus die Funktion haben, dem Berechtigten Informationen auch schon über das Bestehen des Anspruchs dem Grunde nach zu verschaffen.[71] Zur Durchsetzung eines Gleichbehandlungsanspruchs kann daher Auskunft über Gehaltserhöhungen in dem Unternehmen des AG verlangt werden.[72]

U.U. kommt in Ergänzung des Auskunftsanspruchs auch ein Anspruch auf Abgabe einer eidesstattlichen Versicherung in Betracht, ggf. in entsprechender Anwendung der §§ 259 Abs. 2, 260 Abs. 2 BGB.[73]

Häufig wird auf Abrechnung geklagt. Dabei handelt es sich um eine besondere Auskunftsklage.

59 Nach § 108 GewO ist dem AN bei Zahlung des Arbeitsentgelts eine Abrechnung in Textform (§ 126b BGB) zu erteilen. Es sind der Abrechnungszeitraum und die Zusammensetzung des Arbeitsentgelts anzugeben. Danach sind u.a. Angaben über Art und Höhe der Zuschläge, Zulagen und sonstige Vergütungen sowie Art und Höhe der Abzüge, Abschlagszahlungen sowie sonstige Vorschüsse erforderlich. Damit ist die restriktive Rspr. des BAG aber noch nicht überholt, wonach ein Abrechnungs- bzw. Auskunftsanspruch als Nebenfolge der Vergütungszahlungspflicht nur dann anerkannt wurde, wenn der AN in entschuldbarer Weise über Bestehen und Umfang seiner Ansprüche im Ungewissen war, der AG aber unschwer Auskunft erteilen konnte. Einige Mühe und komplizierte Tarifregelungen sollen insoweit nicht ausreichen,[74] aber ein kompliziertes Berechnungsverfahren.[75] Nach der Rspr. des BAG regelt auch § 108 GewO keinen selbstständigen Abrechnungsanspruch zur Vorbereitung eines Zahlungsanspruchs.[76] Das sollte auch bei der Erhebung einer **Stufenklage** beachtet werden. Nach § 254 ZPO kann zwar mit der Klage auf Abrechnungserteilung ein unbeziffert Zahlungsantrag verbunden werden, wenn die Abrechnung der Bezifferung des Zahlungsantrags dient. Die begehrte Abrechnung muss aber zur Erhebung eines bestimmten Antrags erforderlich sein. Das ist bei leicht zu berechnenden Ansprüchen nicht der Fall. In einem solchen Fall ist die Stufenklage unzulässig. Die Rspr. prüft dann die beiden Anträge der Stufenklage einzeln. Der Abrechnungsantrag ist aber in solchen Fällen regelmäßig unbegründet, da § 108 GewO keinen selbstständigen Abrechnungsanspruch zur Vorbereitung eines Zahlungsanspruchs regle, sondern nur der Information über die erfolgte Zahlung diene. Der unbezifferte Zahlungsantrag (zweite Stufe) ist in solchen Fällen nicht hinreichend bestimmt i.S.v. § 253 Abs. 2 Nr. 2 ZPO und damit unzulässig.

60 Nach § 9 HAG haben Heimarbeiter Anspruch auf die Aushändigung von Entgeltbüchern. § 82 Abs. 2 BetrVG gewährt allen AN einen Anspruch auf (mündliche) Erläuterung der Berechnung und Zusammensetzung des Arbeitsentgelts. Abrechnungsverpflichtungen finden sich ferner häufig in TV.[77] Vom BAG ist auch ein Anspruch auf Auskunft bzw. Rechnungslegung im Hinblick auf einen dem AN eingeräumten Umsatz- oder Gewinnbeteiligungsanspruch anerkannt.[78]

61 Schwierig ist die prozessuale Lage des AN bei der Geltendmachung von Arbeitsvergütung für **Überstunden**. Ist zwischen den Arbeitsvertragsparteien die Bezahlung von Überstunden streitig, hat der AN die Ableistung der Überstunden wie auch ihre Anordnung in Kenntnis oder Duldung der Ableistung darzulegen und im Falle des Bestreitens zu beweisen.[79] Der AN muss die Ableistung im Einzelnen darlegen, um dem AG zu ermöglichen, die Behauptungen nachzuprüfen und dazu Stellung zu nehmen.[80] Konkret hat der AN:[81]

— die regelmäßige Arbeitszeit – einschließlich Pausen – anzugeben,
— die tatsächliche Arbeitszeit nach Tag und Uhrzeit aufzuschlüsseln und

---

69 BAG 1.12.2004 – 5 AZR 664/03 – NZA 2005, 289 = DB 2005, 613; BAG 7.9.1995 – 8 AZR 828/93 – AP § 242 BGB Auskunftspflicht Nr. 24 = DB 1996, 634; BAG 23.1.1992 – 6 AZR 110/90 – ZTR 1993, 66; BAG 18.1.1996 – 6 AZR 314/95 – AP § 242 BGB Auskunftspflicht Nr. 25 = DB 1996, 2182.
70 BVerfG 19.10.1993 – 1 BvR 567/89 – AP Art. 3 GG Nr. 35 = NJW 1994, 36.
71 BAG 1.12.2004 – 5 AZR 664/03 – NZA 2005, 289 = DB 2005, 613.
72 BAG 1.12.2004 – 5 AZR 664/03 – NZA 2005, 289 = DB 2005, 613.
73 BAG 19.4.2005 – 9 AZR 188/04 – AP § 242 BGB Auskunftspflicht Nr. 39 = NZA 2005, 983.
74 BAG 15.6.1972 – 5 AZR 32/72 – AP § 242 BGB Auskunftspflicht Nr. 14 = DB 1972, 1780, mit krit. Anm. *Herschel*; krit. auch *Schaub*, Arbeitsrechts-Handbuch, § 72 I 3; *Künzl*, in: HzA, Gruppe l Rn 1566.
75 BAG 13.2.1996 – 9 AZR 798/93 – AP § 47 BAT Nr. 19 = DB 1996, 2633.
76 BAG 10.1.2007 – 5 AZR 665/06 – NZA 2007, 679 = NJW 2007, 1378; BAG 12.7.2006 – 5 AZR 646/05 – NZA 2006, 1294.
77 *Künzl*, in: HzA, Gruppe l Rn 1565 f.
78 BAG 7.7.1960 – 5 AZR 61/59 – AP § 242 BGB Auskunftspflicht Nr. 2 = DB 1960, 1043.
79 BAG 4.5.1994 – 4 AZR 445/93 – AP § 1 TVG Tarifverträge: Arbeiterwohlfahrt Nr. 1 = DB 1994, 2398.
80 BAG 15.6.1961 – 2 AZR 436/60 – AP § 253 ZPO Nr. 7 = DB 1961, 1168; BAG 25.11.1993 – 2 AZR 517/93 – AP § 14 KSchG 1969 Nr. 3 = DB 1994, 1931; BAG 4.5.1994 – 4 AZR 445/93 – AP § 1 TVG Tarifverträge: Arbeiterwohlfahrt Nr. 1 = DB 1994, 2398.
81 BAG 29.5.2002 – 5 AZR 370/01 – EzA § 611 BGB Mehrarbeit Nr. 10 = ZTR 2002, 544; *Künzl*, in: HzA, Gruppe l Rn 1326.

- die tatsächlich eingehaltenen Pausen mitzuteilen,[82]
- vorzutragen, dass die Überstunden angeordnet wurden oder zur Erledigung der vom AG übertragenen Arbeiten notwendig waren und vom AG in Kenntnis der Ableistung[83] gebilligt oder geduldet wurden.[84] Dies ist insb. der Fall, wenn der AG bestimmte Arbeiten überträgt, die der AN innerhalb einer bestimmten Zeit – ohne Rücksicht auf die regelmäßige Arbeitszeit – durchführen soll.

Es soll keinen Anspruch des AN auf **Auskunft über geleistete Überstunden** geben. Der AG sei nicht verpflichtet, den AN über den Umfang seiner Ansprüche aufzuklären.[85] Dies überzeugt nicht, wenn der AN **Arbeitszeitbelege** für die Vergütungsabrechnung beim AG eingereicht hat (Arg. § 810 BGB für Einsichtsrecht in Arbeitszeitbelege, Fahrtenschreiberscheiben u.a.). 62

Evtl. ist der AG aber zur Vorlage entsprechender Unterlagen im Prozess verpflichtet. Allerdings setzen §§ 422,423 ZPO wiederum einen entsprechenden Anspruch voraus. Auch aus den Grundsätzen der sekundären Behauptungslast soll sich ein solcher nicht ableiten lassen. In seiner Entscheidung vom 26.6.2007 hat der BGH[86] aber eine Verpflichtung aus **§ 142 Abs. 1 ZPO** abgeleitet, der auch anwendbar sei, wenn sich der beweisbelastete Prozessgegner die Urkunde bezogen habe, die sich im Besitz der nicht beweisbelasteten Partei befinde. Das Gericht kann die Urkundenvorlegung nach § 142 Abs. 1 ZPO im Rahmen seines Ermessens anordnen.

Unabhängig davon, ob materiell-rechtlich ein Auskunftsanspruch besteht, ist eine Stufenklage und damit die einstweilige Befreiung von der Bezifferungspflicht des § 253 Abs. 2 Nr. 2 ZPO nur zulässig, wo die Auskunft der Bestimmung des Leistungsanspruchs, nicht aber wo sie lediglich der Erleichterung seiner Durchsetzung dient.[87] 63

b) Brutto-/Netto-Klage. Bei der Geltendmachung von Ansprüchen auf Arbeitsvergütung ist regelmäßig eine Zahlungsklage zu erheben. Unter besonderen Voraussetzungen ist auch eine Feststellungsklage zulässig. 64

Da der AG, soweit nichts anderes vereinbart wurde, den Bruttolohn schuldet, ist die Klage auf den **Bruttobetrag** zu richten.[88] Wird die Lohnsteuer vom AG nicht abgeführt, etwa aufgrund falscher Berechnung der Steuer, darf der AG diesen Betrag nicht etwa einbehalten, sondern hat ihn an den AN auszuzahlen.[89] Wie sich aus § 244 Abs. 1 BGB ergibt, kann eine im Inland zahlbare Geldschuld auch in ausländischer Währung ausgedrückt sein. Das deutsche Zivilrecht und das Zivilprozessrecht lassen Klagen und Urteile, die auf Zahlung in fremder Währung lauten, zu.[90] Hat der AG bereits eine Teilleistung erbracht, kann der AN auf den Bruttobetrag abzüglich des erhaltenen Nettobetrages klagen. Der in Abzug zu bringende Betrag muss summenmäßig bezeichnet sein.[91] Unzulässig ist ein Klageantrag auf Zahlung eines bestimmten Bruttobetrages abzüglich eines unbezifferten Nettobetrages; eine entsprechende Feststellungsklage kann aber zulässig sein.[92] 65

Nach der Rspr. des Dritten Senats des BAG ist in dem Tenor der Entscheidung regelmäßig nicht darauf zu erkennen, ob es sich um eine Brutto- oder Nettoforderung handelt. Im Urteilsausspruch sei lediglich klarzustellen, worum es bei dem ausgeurteilten Betrag geht (Arbeitsvergütung, Auslösung usw.). Die Zusätze „**brutto**" oder „**netto**" **seien wegzulassen**. Die Gerichte für Arbeitssachen könnten nämlich nicht mit Bindung für Steuerbehörden und Krankenversicherungen festlegen, ob ein Betrag abgabepflichtig sei oder nicht.[93] Eine Verurteilung zu einem Nettobetrag kann nur dann erfolgen, wenn der AG aus arbeitsrechtlichen Gründen gehalten ist, etwa anfallende Abgaben für eine von ihm geschuldete Geldleistung in jedem Falle zu übernehmen.[94] Diese Entscheidungen sind von den übrigen Senaten des BAG und der Rspr. der ArbG und LAG **kaum beachtet** worden. Gegen die ganz überwiegende Praxis ist jedenfalls dann nichts einzuwenden, wenn ein Betrag als Bruttobetrag geltend gemacht wird. Die Bezeichnung als Bruttoforderung stellt dann nur klar, dass Abzüge noch nicht vorgenommen worden sind. 66

---

82 ArbG Regensburg 25.1.1989 – 6 Ca 2439/88 – BB 1989, 631.
83 BAG 20.7.1989 – 6 AZR 774/87 – ZTR 1990, 155.
84 BAG 29.1.1992 – 4 AZR 294/91 – AP § 3 TVG Nr. 12 = NZA 1993, 184; BAG 4.5.1994 – 4 AZR 445/93 – AP § 1 TVG Tarifverträge: Arbeiterwohlfahrt Nr. 1 = DB 1994, 2398.
85 LAG Hamm 15.9.1967 – 5 Sa 298/67 – BB 1967, 1294.
86 BGH 26.6.2007 – XI ZR 277/05 – NJW 2007, 2989.
87 Zöller/*Greger*, § 254 Rn 2.
88 BAG 14.1.1964 – 3 AZR 55/63 – AP § 611 BGB Dienstordnungsangestellte Nr. 20 = NJW 1964, 1823; BGH 21.4.1966 – VII ZR 3/66 – AP § 611 BGB Lohnanspruch Nr. 13.
89 BAG 11.2.1998 – 5 AZR 159/97 – AP § 611 BGB Lohnanspruch Nr. 19 = NZA 1998, 710.
90 BAG 26.7.1995 – 5 AZR 216/94 – AP § 157 BGB Nr. 7 = DB 1996, 533.
91 § 253 Abs. 2 Nr. 2 ZPO; *Künzl*, in: HzA, Gruppe I Rn 1611 m.w.N.
92 BAG 15.11.1978 – 5 AZR 199/77 – AP § 613a BGB Nr. 14 = NJW 1979, 2634 = DB 1979, 702, betr. „abzüglich erhaltenen Arbeitslosengeldes"
93 BFH 18.6.1993 – VI R 67/90 – BStBl II 1994, 182.
94 BAG 26.5.1998 – 3 AZR 171/97 – AP § 1 TVG Tarifverträge: Bau Nr. 206 = DB 1998, 2614; BAG 26.5.1998 – 3 AZR 96/97 – AP § 1 TVG Tarifverträge: Bau Nr. 207 = DB 1998, 2615.

67 Auch die **Nettolohnklage** ist grds. zulässig.[95] Umstr. ist, ob AN bei einer Nettolohnvereinbarung auch den Bruttobetrag einklagen können.[96] Die Nettoklage muss schon deshalb zulässig sein, weil es ja möglich ist, dass die Abgaben unstreitig abgeführt worden sind. Dann hat der AG insoweit bereits erfüllt. Der AG erfüllt seine Verpflichtung zur Zahlung des Bruttobetrages, indem er die Abgaben abführt und den Nettobetrag auszahlt. Wird unabhängig davon ein Nettobetrag eingeklagt, müssen sich aus der Klageschrift alle für die Berechnung des Nettobetrages erforderlichen Angaben ergeben, wie Steuerklasse zum Zeitpunkt des Zuflusses,[97] Sozialversicherungssätze usw. und eine nachvollziehbare Abrechnung. Das Gericht prüft dann die steuerrechtlichen und die sozialrechtlichen Aspekte als Vorfragen.[98] Da dieser Weg für alle Beteiligten sehr umständlich ist, ist davon abzuraten, solange die Abgaben nicht abgeführt worden sind.

68 Die Nettolohnklage ist aus AN-Sicht auch riskant. Durch das Nettolohnurteil wird der AG nicht verpflichtet, die auf den ausgeurteilten Lohn entfallenden Sozialversicherungsbeiträge und die darauf entfallende Lohnsteuer abzuführen. Die der klagenden Partei aufgrund des Nettolohnurteils zufließenden Beträge sind dann aber der der Besteuerung unterliegende Bruttoarbeitslohn,[99] von dem im Zeitpunkt des Zuflusses beim Kläger die darauf entfallende Lohnsteuer entstand (§ 38 Abs. 2 S. 2 EStG).

69 Eine Ausnahme gibt es insoweit bei **Nettolohnvereinbarungen**. Nach einer solchen Vereinbarung übernimmt der AG vertraglich das Abführen der nach dem Bruttolohn bemessenen Lohnsteuer. Auch TV oder BV können Vereinbarungen enthalten, die dem AG die für bestimmte Zahlungen zu entrichtenden Steuern und Sozialversicherungsbeiträge auferlegen. Es muss aber ausreichend erkennbar sein, dass ausnahmsweise eine abweichende Regelung gewollt war.[100] In diesem Fall gilt die Lohnsteuer steuerrechtlich als einbehalten, so dass es ausreichend ist, den Nettobetrag einzuklagen, ohne dass steuerlich Nachteile drohen. Zurückzuführen ist das auf folgende **steuerrechtliche Lage**: Nach § 36 Abs. 2 Nr. 2 EStG wird die durch Steuerabzug erhobene Einkommensteuer auf die Jahreseinkommensteuer angerechnet, soweit sie auf die bei der Veranlagung erfassten Einkünfte entfällt. Erhoben i.S.d. § 36 Abs. 2 Nr. 2 EStG ist eine Abzugssteuer nur dann, wenn sie vom abzugspflichtigen AG einbehalten worden ist. Erfüllt er – bewusst oder aus Unkenntnis – seine Abzugspflicht nicht, entfällt i.d.R. die Anrechnung. Lohnsteuer ist immer dann anzurechnen, wenn sie vom AG entrichtet worden ist oder als entrichtet gilt, weil sie aus seiner Sicht vorschriftsmäßig einbehalten worden ist. Voraussetzung hierfür ist, dass entweder der AG die Lohnsteuer bei Auszahlung des dem AN zustehenden Lohnes tatsächlich und vorschriftsmäßig einbehalten oder sie im Rahmen einer sog. Nettolohnvereinbarung übernommen hat.[101]

70 **Ausnahmsweise** besteht selbst bei einer Bruttolohnvereinbarung und Ausurteilung eines Nettobetrages im Rahmen der Einkommensteuerveranlagung die Möglichkeit der Anrechnung von als einbehalten geltender Lohnsteuer der klagenden Partei. Das ist dann der Fall, wenn der AG freiwillig bereit gewesen ist, der klagenden Partei anstatt der in den Entscheidungsgründen des arbeitsgerichtlichen Urteils als netto bezeichneten Beträge den ursprünglich vereinbarten Bruttolohn laut Arbeitsvertrag zu zahlen. Voraussetzung dafür ist zum einen, dass der AG im Zusammenhang mit der – freiwilligen oder zwangsweisen – Zahlung der ausgeurteilten Nettobeträge die nach dem entsprechenden Bruttolohn laut Arbeitsvertrag berechnete Lohnsteuer im Lohnkonto vermerkt. Darüber hinaus ist erforderlich, dass der AG hinreichend die Bereitschaft dokumentiert, diese Lohnsteuer der klagenden Partei noch zusätzlich zu dem geflossenen Nettobetrag zuzuwenden.[102]

71 Ähnliche Konsequenzen hat eine **pauschale Lohnsteuer**.[103] Nach § 40a Abs. 2 und 2a EStG in der seit dem 1.4.2003 geltenden Fassung kann der AG unter Verzicht auf die Vorlage einer Lohnsteuerkarte die Lohnsteuer mit einem Pauschsteuersatz erheben. In diesem Falle ist – wie bei der Nettolohnvereinbarung – steuerrechtlich der AG Schuldner der pauschalen Lohnsteuer. Sie hat bei der Veranlagung der Einkommensteuer im Lohnsteuerjahresausgleich außer Ansatz zu bleiben (§ 40a Abs. 5 i.V.m. § 40 Abs. 3 EStG). Wählt der AG nicht die Pauschalierung, verbleibt es bei den allg. Grundsätzen der §§ 38 bis 39d EStG. Danach wird die Lohnsteuer dadurch erhoben, dass der AG sie vom Arbeitslohn abzieht und an das Finanzamt abführt. In diesem Fall ist steuerrechtlich wieder der AN Schuldner der Lohnsteuer (§ 38 Abs. 2 S. 1 EStG). Der AG ist lediglich Mithaftender (§ 42d Abs. 1 Nr. 1 EStG) mit der Folge, dass steuerrechtlich AN und AG insoweit Gesamtschuldner werden (§ 42d Abs. 3 S. 1 EStG).

---

[95] BAG 26.2.2003 – 5 AZR 223/02 – AP § 611 BGB Nettolohn Nr. 13 = NZA 2003, 922; *Lepke*, AR-Blattei [D] Zinsen Rn 148 m.w.N.; a.A.: *Künzl*, in HzA, Gruppe 1 Rn 1614 f.; *Berkowsky/Drews*, DB 1985, 2099.

[96] *Müller*, DB 1978, 935; *Künzl*, in HzA, Gruppe 1 Rn 1612; dagegen *Berkowsky*, BB 1982, 1120, 1121 ff.

[97] BAG 26.2.2003 – 5 AZR 223/02 – AP § 611 BGB Nettolohn Nr. 13 = NZA 2003, 922.

[98] BAG 23.8.1990 – 2 AZR 156/90 – DB 1991, 445.

[99] Vgl. dazu auch BAG 26.2.2003 – 5 AZR 223/02 – AP § 611 BGB Nettolohn Nr. 13 = NZA 2003, 922, hierzu Anm. von *Ziemann*, jurisPR-ArbR 1/2003.

[100] BAG 27.4.2000 – 6 AZR 754/98 – AP § 611 BGB Nettolohn Nr. 13 = NZA 2003, 922.

[101] BFH 18.6.1993 – VI R 67/90 – BStBl II 1994, 182.

[102] BFH 18.6.1993 – VI R 67/90 – BStBl II 1994, 182.

[103] Vgl. dazu BAG 24.6.2003 – 9 AZR 302/02 – AP § 242 BGB Betriebliche Übung Nr. 63 = NZA 2003, 1145.

Ist zwischen den Parteien nur der **Teil einer Zulage** streitig, so ist folgender Antrag vom BAG[104] als zulässig angesehen worden: „… *beantragt, an den Kläger ab … eine Leistungszulage in Höhe von weiteren … EUR zzgl. zu dem unstreitigen Betrag von … EUR zu zahlen.*" **72**

c) Vergütungs-Feststellungsklage. Eine Klage auf Feststellung, dass die beklagte Partei verpflichtet ist, der klagenden Partei einen bestimmten Vergütungsbestandteil **monatlich ab einem bestimmten Zeitpunkt** zu zahlen, ist zulässig. Nach der Rspr. des BAG gilt dies dann, wenn die Leistungsklage nur in Form einer Klage auf zukünftige Leistung nach § 259 ZPO möglich wäre.[105] Der Antrag, festzustellen, dass eine „Teil-Künd" unwirksam ist, ist dahin ausgelegt worden, dass die klagende Partei die Feststellung begehrt, ihr stehe auch nach Wegfall einer bestimmten Tarifgruppe eine nicht aufzehrbare, an Tariferhöhungen teilnehmende Zulage in bestimmter Höhe zu.[106] **73**

Zulässig ist auch eine Feststellungsklage, wenn Entgeltansprüche oder sonstige Ansprüche **sowohl für die Zukunft als auch für die Vergangenheit** geltend gemacht werden.[107] Die Rspr. ist vom **Vorrang der Leistungsklage** abgegangen, soweit erst im Laufe des Rechtsstreits die Bezifferung einer Forderung möglich geworden ist. Die im Rechtsmittelverfahren eintretende Möglichkeit der Bezifferung nötigt nicht dazu, zur Leistungsklage überzugehen.[108] **74**

Gegenüber einem **AG des öffentlichen Dienstes** können Zahlungsansprüche grds. durch Feststellungsklage geltend gemacht werden, weil davon ausgegangen werden kann, dass dieser AG einem entsprechenden Feststellungsurteil nachkommt, so dass sich eine Zwangsvollstreckung aus einem Leistungsurteil erübrigt. Das gilt auch dann, wenn es sich um Zahlungsansprüche für die Vergangenheit handelt, die an sich beziffert werden könnten. Entscheidend ist allein, ob der Streit der Parteien über die Voraussetzungen eines geltend gemachten Anspruchs durch die gerichtliche Feststellung beseitigt wird, so dass die Berechnung des festgestellten Anspruchs ggf. unter Berücksichtigung bereits erfolgter Zahlungen ohne weiteres möglich ist.[109] Während der Dauer des Rechtsstreits kann der Kläger aber nicht ein für ihn günstiges Instanzurteil vollstrecken, weil insoweit an einem Leistungsbefehl in der feststellenden Entscheidung fehlt (anders beim Leistungsurteil, vgl. § 62 Abs. 1 S. 1). **75**

d) Klage auf künftige Leistung. Die Klage kann auch auf künftige Leistung gerichtet sein. Zu den künftigen Leistungen i.S.v. § 259 ZPO gehören grds. auch künftige Vergütungsansprüche von AN.[110] Die Vergütungsansprüche müssen allerdings bezifferbar sein.[111] Besteht Streit über den Fortbestand eines Arbverh, kann künftig fälliges Arbeitsentgelt unter Berufung auf § 259 ZPO nur bis zum rechtskräftigen Abschluss des Bestandsschutzstreitigkeit verlangt werden, weil fortbestehender Leistungswille nicht für die Zeit nach der letzten mündlichen Verhandlung festgestellt werden kann.[112] Eine Ausnahme gibt es nur dann, wenn der AG erkennen lässt, dass er auch bei rechtskräftiger Klärung des Fortbestands des Arbverh keine Arbeitsvergütung zahlen werde.[113] **76**

An die Formulierung des Antrags stellen die Senate des BAG unterschiedlich hohe Anforderungen. Der **5. Senat** verlangt die Aufnahme der für den Vergütungsanspruch maßgeblichen Bedingungen **in den Antrag**. Begründet wird das damit, dass künftige Vergütungsansprüche u.a. dann entfallen, wenn das Arbverh beendet wird, die geschuldete Arbeitsleistung ausbleibt oder die Vergütung nicht fortzuzahlen ist, wie z.B. bei längerer Krankheit, unbezahltem Urlaub, unentschuldigten Fehlzeiten usw. Nur das Unerwartete könne unberücksichtigt bleiben. Hierzu gehöre die Beendigung des Arbverh nicht. Im Rahmen der Zwangsvollstreckung sei dann nach § 726 Abs. 1 ZPO vor Erteilung der Vollstreckungsklausel zu prüfen, ob die für die künftigen Vergütungsansprüche maßgeblichen Bedingungen vorlägen.[114] **Der 2. und der 4. Senat** sahen das anders. Eine Begrenzung des Klageantrags sei wohl zweckmäßig und geeignet, jedoch **nicht zwingend** geboten.[115] Wegen etwaiger Einwendungen wurde auf §§ 775 und 767, 769 ZPO verwiesen. Der 4. Senat[116] hat in der Entscheidung v. 9.4.2008 seine **bisherige Rspr. aufgegeben**. Wolle ein AN die Gegenleistung für noch nicht erbrachte, aber nach § 614 BGB allgemein vorzuleistende komplexe Eigenleistungen bereits für Jahre im Vorhinein titulieren lassen, müsse er die (weiteren) Voraussetzungen, unter denen im Normalfall der Anspruch jeweils nach Ablauf des Zeitabschnittes entsteht, im Antrag benennen und ihren Eintritt vor der Vollstreckung für jeden Einzelfall nachweisen. Die Entscheidung ist auch deshalb von besonderer Bedeutung, **77**

---

104 9.7.1996 – 1 AZR 690/95 – AP § 87 BetrVG 1972 Nr. 86 = DB 1997, 332.
105 BAG 7.9.1994 – 10 AZR 716/93 – AP § 611 BGB Lohnzuschläge Nr. 11 = NZA 1995, 430; *Grunsky*, § 46 Rn 24.
106 BAG 22.1.1997 – 5 AZR 658/95 – AP § 620 BGB Teilkündigung Nr. 6 = EzA § 622 BGB Teilkündigung Nr. 7.
107 BAG 18.1.1966 – 1 AZR 158/65 – AP § 242 BGB Ruhegehalt Nr. 106 = DB 1966, 583; BAG 1.9.1994 – 10 AZR 716/93 – AP § 611 BGB Lohnzuschläge Nr. 11 = NZA 1995, 430; im Ergebnis auch BAG 30.5.1996 – 6 AZR 649/95 – AP § 4 TVG Nr. 11 = ZTR 1996, 407.
108 BAG 18.3.1997 – 9 AZR 84/96 – AP § 17 BErzGG Nr. 8 = DB 1997, 681.
109 BAG 5.6.1996 – 10 AZR 610/95 – AP § 33a BAT Nr. 10 = DB 1997, 52.
110 BAG 13.3.2002 – 5 AZR 755/00 – EzA § 259 ZPO Nr. 1; restriktiv BAG 18.12.1974 – 5 AZR 66/74 – AP § 615 BGB Nr. 30 = DB 1975, 892; zum Ganzen überzeugend *Vossen*, DB 1985, 385, 439.
111 BAG 31.8.1983 – 4 AZR 67/81, juris.
112 BAG 18.12.1974 – 5 AZR 66/74 – AP § 615 BGB Nr. 30 = DB 1975, 892.
113 *Vossen*, DB 1985, 385, 387.
114 BAG 13.3.2002 – 5 AZR 755/00 – EzA § 259 ZPO Nr. 1.
115 BAG 26.6.1959 – 2 AZR 25/57 – AP § 259 ZPO Nr. 1 = DB 1959, 867; BAG 23.2.1983 – 4 AZR 508/81 – AP § 850c ZPO Nr. 4; ebenso *Vossen*, DB 1985, 386.
116 BAG 9.4.2008 – 4 AZR 104/07 – AP § 1 TVG Nr. 43 = NZA-RR 2009, 79; bestätigt durch BAG 28.1.2009 – 4 AZR 904/07 – AP § 133 BGB Nr. 56 = NZA 2009, 444.

weil das BAG darin erwogen hat, eine Klage auf künftige Vergütung nach § 259 ZPO mit der in der Sache ausschließlich die Vergütungspflicht entsprechend einer bestimmten **tariflichen Vergütungsgruppe** geltend gemacht werde, grds. – mit der Ausnahme vorsätzlicher Verweigerung unzweifelhaft geschuldeter Vergütung – als unzulässig anzusehen. Hierfür spreche, dass das Rechtsschutzinteresse des AN auf einen solchen Leistungstitel deswegen i.d.R. nicht gegeben sein dürfte, weil die Gerichte nicht zur Erlangung eines Titels bemüht werden dürfen, der im Regelfall nicht vollstreckt werden könne und dies bei einer Klage auf künftige Vergütungsleistung in vergleichbarer Weise gegeben sei. Der 5. Senat[117] hatte mit Blick auf die frühere Rspr. des 4. Senats dahinstehen lassen, ob bei der Drittschuldnerklage geringere Anforderungen gestellt werden dürfen.[118]

78 **e) Zinsen auf Brutto-/Nettovergütung.** Es war lange umstr., ob Zinsen nur auf die Nettovergütung oder auf die Bruttovergütung zu zahlen sind. Der **Große Senat des BAG** hat über diese Frage mit **Beschluss vom 7.3.2001**[119] entschieden. Danach können AN die Verzugszinsen nach § 288 Abs. 1 BGB aus der in Geld geschuldeten Bruttovergütung verlangen. Die AN hat einen Anspruch gegen die AG auf die Bruttovergütung. Arbeitsentgelt bezeichnet nämlich grds. den Bruttobetrag. Der Umstand, dass der AG an sich verpflichtet ist, die Abgaben abzuführen, diese also nicht an die AN auszuzahlen sind, steht dem nicht entgegen. Der AG kommt nach § 286 BGB mit der gesamten Bruttovergütung in Verzug, wenn er nach dem Eintritt der Fälligkeit nicht leistet. Es ist dann auch unerheblich, dass der AG dem Finanzamt die insg. einbehaltene Lohnsteuern nach Maßgabe des § 41a Abs. 1 EStG erst am zehnten Tag nach Ablauf eines jeden Lohnsteueranmeldezeitraums anzugeben und die einbehaltene Lohnsteuer abzuführen hat. Die Fälligkeit des Gesamtsozialversicherungsbeitrags tritt spätestens am 15. bzw. am 25. des auf den Beschäftigungsmonat folgenden Monats unabhängig von dem Zeitpunkt der Fälligkeit der Vergütung ein, § 23 Abs. 1 SGB IV. Auf diese Vereinfachungsbestimmungen kann der AG sich nur berufen, wenn er den Lohn gezahlt hat. Ist das unterblieben, kommt er auch mit dem Teil des Lohns, der abzuführen ist, schon zum Zeitpunkt der Fälligkeit der Vergütung in Verzug.[120]

79 Zahlt der AG hingegen den Nettobetrag aus, ohne zum steuer- und sozialrechtlichen Fälligkeitszeitpunkt die Abgaben abzuführen, kommt er hinsichtlich der nicht abgeführten Beträge zu den jeweiligen sozial- bzw. steuerrechtlichen Fälligkeitszeitpunkten in Verzug.

80 Der **gesetzliche Zinssatz** beträgt nach § 288 Abs. 1 S. 2 BGB 5 Prozentpunkte über dem Basiszinssatz des § 247 BGB. Der höhere Zinssatz des § 288 Abs. 2 BGB (8 %) gilt für Rechtsgeschäfte, an denen kein Verbraucher beteiligt ist. Nach der Rspr. des BAG[121] und fast einhelliger Auffassung in der Lit. findet § 288 Abs. 2 BGB auf Zinsen wegen Verzuges des AG mit der Arbeitsvergütung keine Anwendung.[122]

81 Nach § 288 Abs. 3 BGB kann aber ein höherer Zinssatz geltend gemacht werden, wenn der AN aus einem anderen Rechtsgrund (z.B. Arbeits- oder Tarifvertrag) höhere Zinsen verlangen kann. Auch unter dem Gesichtspunkt des Schadensersatzes kann ein höherer Zinssatz in Betracht kommen, § 288 Abs. 4 BGB. Dieser ist dann aber zu begründen, etwa mit folgender Formulierung: *„Die Klägerin nimmt jedenfalls seit dem … Bankkredit in einer die Klageforderung übersteigenden Höhe in Anspruch und wird dies auch weiterhin tun."*
Hierfür ist Beweis anzutreten und im Falle des Bestreitens Beweis durch Vorlage einer entsprechenden Bankbescheinigung anzubieten.

82 Der **Antrag nebst Zinsantrag** ist darauf zu richten, *„den Beklagten zu verurteilen, an die Klägerin 2.000 EUR nebst Zinsen in Höhe von 5 Prozentpunkten über dem Basiszinssatz seit dem … zu zahlen".*[123]

83 **3. Bestandsschutz. a) Grundsätzliches.** Gegenstand von Bestandsschutzstreitigkeiten ist regelmäßig die Frage, ob das Arbverh besteht bzw. über einen bestimmten Zeitpunkt hinaus fortbesteht. Es kann darüber gestritten werden, **ob überhaupt** ein Arbverh bestanden hat (z.B. Abgrenzung zum freien Mitarbeiter), ob es **wirksam befristet** ist oder ob es aufgrund eines **Aufhebungsvertrages** oder eines **Gestaltungsrechts** (Künd, Anfechtung) wirksam beendet worden ist. Abhängig vom jeweiligen Streitgegenstand sehen die gesetzlichen Bestimmungen Künd-Schutz- (§ 4 S. 1 KSchG) und Änderungsschutzanträge (§ 4 S. 2 KSchG) sowie den allg. Feststellungsantrag nach § 256 Abs. 1 ZPO vor. Die Anträge können – dem Klagebegehren entsprechend – kombiniert werden und sich gegen ein oder mehrere (evtl. bisherige) AG richten.

84 Der nach § 256 Abs. 1 ZPO zulässige Antrag lautet, sofern sich aus den folgenden Ausführungen nichts anderes ergibt: „Die klagende Partei beantragt festzustellen, dass das Arbeitsverhältnis zwischen den Parteien über den … (streitigen Beendigungszeitpunkt) fortbesteht."

---

117 BAG 13.3.2002 – 5 AZR 755/00 – EzA § 259 ZPO Nr. 1.
118 Ergänzende Hinweise bei *Heimann*, AuR 2002, 441; *Vossen*, DB 1985, 385, 439.
119 GS 1/00 – AP § 288 BGB Nr. 4 = NJW 2001, 3570.
120 BAG 7.3.2001 – GS 1/00 – AP § 288 BGB Nr. 4 = NJW 2001, 3570.
121 BAG 23.2.2005 – 10 AZR 602/03 – AP § 55 InsO Nr. 9 = NZA 2005, 694.
122 BAG 23.2.2005 – 10 AZR 602/03 – AP § 55 InsO Nr. 9 = NZA 2005, 694.
123 BAG 8.6.2004 – 1 AZR 308/03 – AP § 87 BetrVG 1972 Lohngestaltung Nr. 124 = NZA 2005, 66.

Dieser Antrag ist auch zu wählen, wenn von der klagenden Partei der Ausspruch einer Künd durch die beklagte Partei bestritten wird. Stellt nämlich eine Erklärung nach ihrem objektiven Erklärungswert keine Künd dar, so fehlt es von vornherein an dem in § 4 KSchG vorausgesetzten rechtlichen Interesse an der Erhebung der Künd-Schutzklage.[124]

b) Kündigungsschutz. aa) Kündigungsschutz bei ordentlicher Kündigung. (1) Kündigungsschutzantrag. Im Falle der ordentlichen Künd lautet der Antrag nach § 4 S. 1 KSchG: *„Die (klagende Partei) beantragt festzustellen, dass das Arbeitsverhältnis zwischen den Parteien durch die Kündigung vom ... nicht aufgelöst worden ist/wird."*

Dabei ist **Gegenstand einer Künd-Schutzklage** mit diesem Antrag die Beendigung des Arbverh durch eine konkrete, mit der Klage angegriffene Künd zu dem in ihr vorgesehenen Termin (sog. punktueller Streitgegenstandsbegriff).[125] Streitgegenstand einer Künd-Schutzklage ist aber nicht die Wirksamkeit der angegriffenen Künd, sondern auch die Frage, ob überhaupt ein durch die Künd auflösbares Arbverh bestanden hat, und zwar sowohl zum Zeitpunkt des Zugangs der Künd[126] als auch zum Zeitpunkt des Wirksamwerdens,[127] also bei Ablauf der Künd-Frist. Ein Künd-Schutzantrag beinhaltet auch die Frage, ob das Arbverh der Parteien nicht schon durch andere Auflösungstatbestände aufgelöst worden ist.[128]

Nach rechtskräftigem Abschluss des Künd-Schutzverfahrens kann sich der AG also im Nachhinein in einem weiteren Prozess nicht mehr darauf berufen, es habe gar kein Arbverh bestanden. Streitgegenstand ist aber **nicht** die Frage, ob auch noch zum **Zeitpunkt der letzten mündlichen Verhandlung** ein Arbverh bestanden hat. Insoweit besteht die Möglichkeit, den Streitgegenstand durch einen allg. Feststellungsantrag nach § 256 ZPO auf den Zeitraum bis zum Schluss der letzten mündlichen Verhandlung auszudehnen.

Seit Inkrafttreten des **Arbeitsmarktreformgesetzes** vom 24.12.2003 am 1.1.2004 müssen **sämtliche Unwirksamkeitsgründe** innerhalb von drei Wochen seit Zugang der Künd mit dem Künd-Schutzantrag nach § 4 KSchG angefochten werden. Zuvor galt das nur für die Fälle, in denen das Fehlen einer sozialen Rechtfertigung geltend gemacht werden sollte. Allerdings waren nach der Rspr. des BAG vom Künd-Schutzantrag auch schon vor der Gesetzesänderung sämtliche Unwirksamkeitsgründe erfasst.[129] Sollte die Künd aber nur wegen anderer Unwirksamkeitsgründe als wegen einer fehlenden sozialen Rechtfertigung i.S.d. § 1 Abs. 2 KSchG angefochten werden, war ein allg. Feststellungsantrag zu stellen.[130] Diese Frage ist auch heute noch von Bedeutung, wenn eine Künd nur wegen des Nichteinhaltens der Künd-Frist angefochten wird.[131]

(2) Kombination des Kündigungsschutzantrages mit dem allgemeinen Feststellungsantrag. Soll Streitgegenstand auch die Frage sein, ob das Arbverh der Parteien nicht durch **weitere Beendigungstatbestände** innerhalb des Zeitraums zwischen Künd-Termin und letzter mündlicher Verhandlung aufgelöst worden ist, kann neben dem Künd-Schutzantrag nach § 4 KSchG ein allg. Feststellungsantrag nach § 256 ZPO gestellt werden. Diese Anträge können nach § 260 ZPO zulässig in einer Klage verbunden werden.[132]

Bei einer zulässigen allg. Feststellungsklage nach § 256 ZPO wird der Fortbestand des Arbverh geprüft; es sind deshalb alle nach dem Vortrag der Parteien in Betracht kommenden Beendigungsgesichtspunkte zu erörtern. Die Rechtskraft eines positiven Feststellungsurteils erfasst alle diese Beendigungsgründe.[133] Folge-Künd werden aber nicht ohne weiteres bereits mit ihrem Zugang Gegenstand des Rechtsstreits. Ein allg. Feststellungsantrag erfasst nicht ungeachtet des Prozessverhaltens des AN stets und unter allen Umständen jede während der Prozessdauer ausgesprochene Künd.[134] Will ein Kläger weitere Beendigungstatbestände zum Gegenstand seines allg. Feststellungsantrags machen, so muss er sie in den Rechtsstreit zumindest durch ergänzenden Tatsachenvortrag einführen. Ist eine weitere Künd in den Prozess eingeführt worden, kommt es allerdings nicht darauf an, wann dies geschehen ist.[135]

---

124 BAG 26.6.2008 – 6 AZN 648/07 – NZA 2008, 1145 = NJW 2008, 3235; BAG 22.5.1980 – 2 AZR 613/78 – juris, zit. nach KR/*Friedrich*, § 4 KSchG Rn 26.
125 Vgl. BAG 27.1.1994 – 2 AZR 484/93 – AP § 4 KSchG 1969 Nr. 28.
126 BAG 26.5.1999 – 5 AZR 664/98 – NJW 1999, 3733; BAG 18.3.1999 – 8 AZR 306/98 – BB 1999, 1334 = AuR 1999, 279.
127 BAG 21.1.1999 – 2 AZR 648/97 – AP § 1 KSchG 1969 Konzern Nr. 9 = NZA 1999, 539; 18.3.1999 – 8 AZR 306/98 – BB 1999, 1334 = AuR 1999, 279; 18.4.2002 – 8 AZR 347/01 – ZInsO 2002, 1198.
128 BAG 21.1.1999 – 2 AZR 648/97 – AP § 1 KSchG 1969 Konzern Nr. 9 = NZA 1999, 539; 18.3.1999 – 8 AZR 306/98 – BB 1999, 1334 = AuR 1999, 279; 18.4.2002 – 8 AZR 347/01 – ZInsO 2002, 1198.
129 BAG 18.4.2002 – 8 AZR 346/01 – AP § 613a BGB Nr. 232 = NZA 2002, 1207.
130 BAG 21.6.2000 – 4 AZR 379/99 – AP § 102 BetrVG 1972 Nr. 121 = NZA 2001, 271.
131 BAG 15.12.2005 – 2 AZR 148/05 – NZA 2006, 791.
132 BAG 21.1.1988 – 2 AZR 581/86 – AP § 4 KSchG 1969 Nr. 19 = DB 1988, 1751; BAG 27.1.1994 – 2 AZR 484/93 – AP § 4 KSchG 1969 Nr. 28; BAG 16.3.1994 – 8 AZR 97/93 – AP § 4 KSchG 1969 Nr. 29 = NZA 1994, 860.
133 BAG 10.10.2002 – 2 AZR 622/01 – AP § 4 KSchG 1969 Nr. 49 = NZA 2003, 684.
134 BAG 10.10.2002 – 2 AZR 622/01 – AP § 4 KSchG 1969 Nr. 49 = NZA 2003, 684.
135 BAG 13.3.1997 – 2 AZR 512/96 – AP § 4 KSchG 1969 Nr. 38 = DB 1997, 1418.

92 Folge-Künd müssen nicht im selben Rechtsstreit angefochten werden. Wird gegen eine spätere Künd in einem weiteren Rechtsstreit gesondert Klage erhoben, ist aber eine danach vorgenommene Klageerweiterung (allg. Feststellungsantrag) in dem ersten Verfahren wegen anderweitiger Rechtshängigkeit unzulässig.[136] Dabei bleibt es auch, wenn ein Verfahren ausgesetzt ist. Aussetzung führt ebenso wenig wie Unterbrechung oder Nichtbetreiben zu einer Beendigung der Rechtshängigkeit.[137]

93 **(3) Besonderes Feststellungsinteresse.** Für den Künd-Schutzantrag nach § 4 S. 1 KSchG besteht das Feststellungsinteresse schon deswegen, weil die Klageerhebung notwendig ist, um das Wirksamwerden der Künd nach § 7 KSchG zu verhindern.[138] Die allg. Feststellungsklage nach § 256 ZPO setzt demgegenüber auch im Künd-Schutzprozess ein besonderes Feststellungsinteresse voraus. Dies besteht nicht schon deshalb, weil eine konkret bezeichnete Künd ausgesprochen worden und wegen dieser ein Künd-Schutzrechtsstreit anhängig ist. Es ist vielmehr erforderlich, dass der klagende AN durch Tatsachenvortrag **weitere streitige Beendigungstatbestände** in den Prozess einführt oder wenigstens deren Möglichkeit darstellt und damit belegt, warum dieser die Klage nach § 4 KSchG erweiternde Antrag zulässig sein, d.h. warum an der – noch dazu alsbaldigen – Feststellung ein rechtliches Interesse bestehen soll.[139] Das BAG hat es insoweit früher ausreichen lassen, dass der AN im Zeitpunkt der letzten mündlichen Verhandlung die Geltendmachung weiterer Auflösungsgründe durch den AG nicht ausschließen konnte.[140] Nunmehr verlangt das BAG den **konkreten Vortrag der Möglichkeit weiterer Beendigungstatbestände.**[141] Bei einer verhaltensbedingten Künd soll die Tatsache weiterer verhaltensbedingter Künd und einer Abmahnung nach Zugang der ersten Künd das Feststellungsinteresse für den Fortbestandsantrag begründen.[142] Bei betriebsbedingten und personenbedingten Künd wird der Fortbestandsantrag regelmäßig als überflüssig erachtet,[143] wenn weitere Künd nicht erfolgt oder angekündigt sind.

94 Ein solcher Sachvortrag zum Feststellungsinteresse des allg. Feststellungsantrages ist im Falle einer ursprünglich mangels konkreter Begründung **unzulässigen Klage** allerdings auch nach Ablauf der Drei-Wochen-Frist nachholbar und ergänzbar, wobei eine Hinweispflicht der Gerichte gemäß § 139 ZPO besteht. Ist der Sachvortrag schlüssig, bleibt er aber streitig, muss er aufgeklärt werden. Bestreitet der AG den schlüssigen Sachvortrag des AN nicht, ist die Klage zulässig; ihre Begründetheit ist von den in den Prozess eingeführten Beendigungsgründen abhängig.[144]

95 **(4) Formulierung des kombinierten Antrags.** Um erst gar keine Zweifel und Auslegungsprobleme aufkommen zu lassen, sollte der **kombinierte Künd-Schutzantrag** wie folgt formuliert werden:

„Die Klägerin beantragt festzustellen, dass

1. das Arbeitsverhältnis der Parteien durch die Kündigung vom … nicht aufgelöst worden ist/wird,
2. das Arbeitsverhältnis der Parteien über den Kündigungstermin hinaus unverändert fortbesteht."

96 **(5) Einführung weiterer Beendigungstatbestände in das Bestandsschutzverfahren.** Wird durch eine zulässige allg. Feststellungsklage auf Fortbestand des Arbverh nach § 256 ZPO eine **eventuell später ausgesprochene Künd mit erfasst,** ist der beklagte AG gehalten, den ihm günstigen Beendigungstatbestand in den Prozess einzubringen, weil er sich auf diesen nicht rechtskräftiger antragsgemäßer Feststellung nicht berufen könnte.[145] Der AN muss seinerseits nach Kenntnis von einer weiteren Künd diese in den Prozess einführen und unter teilweiser Einschränkung des Feststellungsantrages (§ 264 Nr. 2 ZPO) eine dem Wortlaut des § 4 KSchG angepasste Antragstellung vornehmen.[146] Auf eine sachdienliche Antragstellung muss das ArbG gemäß § 139 ZPO hinwirken.

97 Wird eine weitere Künd (oder ein sonstiger Beendigungstatbestand) in den Prozess eingeführt, kommt es nicht darauf an, wann dies geschieht. Hat der AN nämlich eine Feststellungsklage nach § 256 ZPO erhoben, ist der AG nach Sinn und Zweck des § 4 KSchG hinreichend gewarnt, dass der AN sich gegen alle weiteren (evtl. vorsorglichen) Künd wenden will, so dass die Einhaltung der Drei-Wochen-Frist für die Einführung der konkreten (weiteren) Künd in den Prozess reine Förmelei wäre. Für die rechtzeitige Anrufung des ArbG reicht nach st. Rspr. des BAG auch

---

136 BAG 10.10.2002 – 2 AZR 622/01 – AP § 4 KSchG 1969 Nr. 49 = NZA 2003, 684.
137 BAG 12.12.2000 – 9 AZR 1/00 – AP § 4 TVG Ausschlussfristen Nr. 154 = NZA 2001, 1082.
138 BAG 11.2.1981 – 7 AZR 12/79 – AP § 4 KSchG 1969 Nr. 8 = DB 1981, 2233.
139 BAG 27.1.1994 – 2 AZR 484/93 – AP § 4 KSchG 1969 Nr. 28; BAG 16.3.1994 – 8 AZR 97/93 – AP § 4 KSchG 1969 Nr. 29 = NZA 1994, 860; BAG 13.3.1997 – 2 AZR 512/96 – AP § 4 KSchG 1969 Nr. 38 = DB 1997, 1418.
140 BAG 1.12.1989 – 2 AZR 225/89 – EzA § 1 KSchG Krankheit Nr. 30.
141 BAG 13.3.1997 – 2 AZR 512/96 – AP § 4 KSchG 1969 Nr. 38 = DB 1997, 1418.
142 BAG 13.3.1997 –2 AZR 512/96 – AP § 4 KSchG 1969 Nr. 38 = DB 1997, 1418.
143 *Bitter*, DB 1997, 1407, 1409.
144 BAG 13.3.1997 – 2 AZR 512/96 – AP § 4 KSchG 1969 Nr. 38 = DB 1997, 1418.
145 BAG 21.1.1988 – 2 AZR 581/86 – AP § 4 KSchG 1969 Nr. 19 = DB 1988, 1751.
146 BAG 30.11.1961 – 2 AZR 295/61 – AP § 5 KSchG Nr. 3 = DB 1962, 411; BAG 7.12.1995 – 2 AZR 772/94 – AP § 4 KSchG 1969 Nr. 33 = DB 1996, 388.

eine unzulässige Klage (zunächst) aus.[147] Die Erweiterung der Klage kann noch bis zum Schluss der mündlichen Verhandlung in der Berufungsinstanz erfolgen; das BAG wendet insofern den Grundgedanken des § 6 KSchG entsprechend an. Denn die tragende Erwägung, dass der AN mit der Erhebung einer Feststellungsklage nach § 256 ZPO dem AG deutlich gemacht habe, er wolle am Bestand des Arbverh ungeachtet aller Künd- bzw. Beendigungstatbestände festhalten, gilt während der Prozessdauer so lange fort wie neue Tatsachen in den Prozess eingeführt werden können. Insb. kann es zwischen den Instanzen, d.h. nach Verkündung eines erstinstanzlichen Urteils und vor der Bestellung eines Prozessbevollmächtigten für den klagenden AN in der Berufungsinstanz (§ 11), zu AG-Künd kommen, hinsichtlich derer das Bedürfnis an Klärung und Verhinderung der Wirkung des § 7 KSchG fortbesteht.

bb) Kündigungsschutz bei außerordentlicher Kündigung. Nach § 13 Abs. 1 S. 2 KSchG ist die Rechtsunwirksamkeit einer außerordentlichen Künd nach Maßgabe des § 4 S. 1 KSchG geltend zu machen. Der Antrag lautet: 98
„Die (klagende Partei) beantragt festzustellen, dass das Arbeitsverhältnis zwischen den Parteien durch die außerordentliche Kündigung vom ... (Datum der Kündigung) nicht aufgelöst worden ist."

Will der AN die außerordentliche Künd als ordentliche Künd oder als außerordentliche Künd zu einem bestimmten Beendigungszeitpunkt gegen sich gelten lassen, so wird z.T. folgender Antrag vorgeschlagen:[148] 99
„Die (klagende Partei) beantragt festzustellen, dass das Arbeitsverhältnis zwischen den Parteien durch die fristlose Kündigung vom ... (Datum der Kündigung) nicht zum ... (Datum) aufgelöst wurde, sondern erst mit Ablauf der Kündigungsfrist am ... (Datum) endet."

Für diese Formulierung spricht zwar die eindeutige Begrenzung des Streitgegenstandes. Da für die Feststellung, dass das Arbverh zu einem bestimmten Zeitpunkt endet, aber regelmäßig das Feststellungsinteresse fehlt, ist folgende Formulierung richtiger:
„Die (klagende Partei) beantragt festzustellen, dass das Arbeitsverhältnis zwischen den Parteien durch die fristlose Kündigung vom ... (Datum der Kündigung) nicht vor Ablauf des ... (Datum) aufgelöst worden ist/wird."

Hier bleibt allerdings der Zeitpunkt der Beendigung des Arbverh offen. Dieser ergibt sich jedoch aus §§ 4, 7 KSchG, wenn die Künd als ordentliche Künd nicht angegriffen worden ist.

Ist dem AN zugleich außerordentlich und hilfsweise ordentlich gekündigt worden, muss er Feststellungsanträge gegen beide Künd stellen;[149] allerdings kann der Antrag gegen die hilfsweise erklärte ordentliche Künd nach § 6 KSchG bis zum Schluss der mündlichen Verhandlung nachgeholt werden.[150] 100

cc) Bestandsschutz außerhalb des KSchG. Seit Inkrafttreten des Arbeitsmarktreformgesetzes vom 24.12.2003 am 1.1.2004 gelten die oben (siehe Rn 86 ff.) genannten Grundsätze und Antragsformulierungen auch dann, wenn Unwirksamkeitsgründe außerhalb des KSchG geltend gemacht werden sollen. Das ergibt sich jetzt aus § 4 S. 1 KSchG. Danach muss ein AN, der geltend machen will, dass eine Künd sozial ungerechtfertigt **oder aus anderen Gründen rechtsunwirksam ist,** innerhalb von drei Wochen nach Zugang der schriftlichen Künd Klage auf Feststellung erheben, dass das Arbverh durch die Künd nicht aufgelöst ist (siehe auch Rn 89). Allerdings waren nach der Rspr. des BAG vom Künd-Schutzantrag auch schon vor der Gesetzesänderung sämtliche Unwirksamkeitsgründe erfasst.[151] Sollte die Künd aber nur wegen anderer Unwirksamkeitsgründe als wegen einer fehlenden sozialen Rechtfertigung i.S.d. § 1 KSchG angefochten werden, war ein allg. Feststellungsantrag zu stellen,[152] wobei der Antrag nach § 4 KSchG durch Auslegung als ein solcher nach § 256 ZPO verstanden wurde.[153] 101

Unter den Voraussetzungen des § 256 ZPO kann auch der AG die gerichtliche Feststellung beantragen, dass trotz einer Künd des AN das Arbverh fortbesteht.[154] Das Interesse an alsbaldiger Feststellung kann bestehen, weil der AG aufgrund eines evtl. Vertragsbruchs des AN hieraus Rechtsansprüche vielfältiger Art ableiten kann, so u.a. das Recht auf Erfüllung des Arbeitsvertrages oder den Anspruch auf Schadensersatz wegen Nichterfüllung.[155] Schließlich geht es um weitere Folgen aus dem Arbverh (z.B. für die Ausfüllung der Arbeitspapiere, das Erstellen eines Zeugnisses), weswegen die weitergehende Feststellungsklage prozessual sinnvoll ist. 102

c) Bestandsschutz bei Betriebsübergang. Wird eine Künd im zeitlichen Zusammenhang mit einem Betriebsübergang ausgesprochen, hängt die prozessuale Vorgehensweise von der **konkreten Sachverhaltskonstellation** ab. 103

---

147 BAG 16.4.1959 – 2 AZR 227/58 – AP § 3 KSchG Nr. 16 = NJW 1959, 1512; BAG 24.9.1970 – 5 AZR 54/70 – AP § 3 KSchG Nr. 37 = DB 1971, 152 = NJW 1971, 213; BAG 10.12.1970 – 2 AZR 82/70 – AP § 3 KSchG Nr. 40 = DB 1971, 1363.
148 KR/*Friedrich*, § 13 KSchG Rn 45.
149 BAG 13.1.1982 – 7 AZR 757/79 – AP § 620 BGB Kündigungserklärung Nr. 2 = DB 1982, 2577.
150 *Hauck*, § 46 Rn 40.
151 BAG 18.4.2002 – AP § 613a BGB Nr. 232 = NZA 2002, 1207.
152 BAG 21.6.2000 – 4 AZR 379/99 – AP § 102 BetrVG 1972 Nr. 121 = NZA 2001, 271.
153 BAG 5.12.1985 – 2 AZR 3/85 – AP § 613a BGB Nr. 47 = DB 1986, 1290; *Ascheid*, Kündigungsschutzrecht, Rn 739.
154 BAG 24.10.1996 – 2 AZR 845/95 – AP § 256 ZPO 1977 Nr. 37 = NZA 1997, 370, wobei der Antrag nach § 4 KSchG durch Auslegung als ein solcher nach § 256 ZPO verstanden wurde.
155 Zu Vertragsstrafen im Arbeitsvertrag nach der Schuldrechtsreform siehe BAG 4.3.2004 – 8 AZR 196/03 – NZA 2004, 727 = DB 2004, 1616.

Maßgeblich ist der zeitliche Zusammenhang. Es kommt auf die Zeitpunkte des Zugangs der Künd, der Rechtshängigkeit und des Betriebsübergangs an.

104 **aa) Variante 1: Kündigung – Rechtshängigkeit – Betriebsübergang.** Ist einem AN **vor** dem Betriebsübergang durch den Veräußerer gekündigt worden, so ist nach der Rspr. des BAG[156] bis zum Betriebsübergang der AG, der gekündigt hat, passiv legitimiert. Diese Frage kann nach dem BAG nur in einem Rechtsstreit zwischen AN und bisherigem AG geklärt werden.[157] Das Arbverh geht so auf den Erwerber über, wie es im Zeitpunkt des Betriebsübergangs bestanden hat. Ist die Künd des Veräußerers unwirksam gewesen, geht das Arbverh nicht rechtswirksam gekündigt auf den Erwerber über. Der im Arbverh mit dem Betriebsveräußerer erwachsene Künd-Schutz nach dem KSchG geht aber nicht mit dem Arbverh auf den Betriebserwerber über, wenn in dessen Betrieb die Voraussetzungen des § 23 Abs. 1 KSchG nicht vorliegen.[158]

105 Der im Verlaufe des Rechtsstreits eintretende Betriebsübergang hat keinen Einfluss auf die Prozessführungsbefugnis des bisherigen AG. Die Künd-Schutzklage wird mit Wirkung für und gegen den neuen AG fortgesetzt. Der alte AG bleibt nach § 265 Abs. 2 ZPO (analog) prozessführungsbefugt.[159] Er kann als Prozessstandschafter auch einen den Betriebserwerber materiell-rechtlich **bindenden Vergleich** abschließen.[160] Der Betriebserwerber hat aber die Möglichkeit, den Prozess entsprechend § 265 Abs. 2 S. 2 ZPO mit Zustimmung des AN anstelle des Veräußerers zu übernehmen. Die Rechtskraft des Urteils gegen und für den alten AG wirkt ansonsten nach § 325 ZPO auch für und gegen den neuen AG.[161]

106 Das obsiegende Urteil im Künd-Schutzprozess entfaltet jedoch keine den Erwerber bindende Wirkung hinsichtlich der Frage des Betriebsübergangs (siehe aber Rn 108). Auch die Möglichkeit der Titelumschreibung hilft dem AN meist nicht weiter. Die Titelumschreibung nach § 727 ZPO erfordert Offenkundigkeit bzw. öffentliche Urkunden, die die Rechtsnachfolge nachweisen. Die Klage nach § 731 ZPO setzt den Nachweis des Betriebsübergangs durch den AN voraus. Aus diesem Grunde sollte der AN die Künd-Schutzklage gegen den kündigenden Betriebsveräußerer mit einer Klage auf Feststellung des Bestehens des Arbverh gegenüber dem Betriebserwerber verbinden.[162]

107 Eine Besonderheit besteht insoweit jedoch dann, wenn die Klage gegen den Veräußerer **vor dem Betriebsübergang rechtshängig** war, der nach der Künd vorgesehene Zeitpunkt der Beendigung des Arbverh aber später liegt, weil die **Künd-Frist erst nach dem Betriebsübergang abläuft**. Streitgegenstand einer Künd-Schutzklage ist nämlich nicht nur die negative Feststellung, dass das Arbverh durch eine bestimmte Künd zu dem von ihr gewollten Termin nicht aufgelöst ist, sondern auch die positive Feststellung, dass bei Zugang der Künd und im Künd-Termin ein Arbverh zwischen den Parteien bestand (sog. **erweiterter punktueller Streitgegenstandsbegriff**).[163] Im Falle eines Betriebsübergangs besteht bei Ablauf der Künd-Frist nach dem Betriebsübergang zu dem Veräußerer aber gerade kein auflösbares Arbverh mehr.

108 Das muss im **Urteilstenor** zum Ausdruck kommen.[164] Das BAG schlägt in der zitierten Entscheidung folgende **Tenorierung** vor:

„*Es wird festgestellt, dass das von der … auf die … übergegangene Arbeitsverhältnis des Klägers durch die vom Beklagten am … erklärte Kündigung nicht zum … aufgelöst worden ist*".

109 Darauf sollte schon bei der Antragstellung geachtet werden. Die Konsequenz dieser Überlegung ist allerdings nicht so gravierend, wie es im ersten Augenblick scheint. Wegen § 325 ZPO könnte sich der Erwerber zwar – ebenso wie der Veräußerer – später weder darauf berufen, ein Arbverh sei nicht begründet worden, noch darauf, dass es zu ihm zum Zeitpunkt des Ablaufs der Künd-Frist nicht bestanden habe. Zunächst müssen aber durch die AN die **Voraussetzungen des § 325 ZPO** nachgewiesen werden. Insoweit entstehen dieselben Probleme wie oben (siehe Rn 107) dargestellt.

110 Klagt ein AN in subjektiver Klagenhäufung gegen den bisherigen AG und Betriebsinhaber auf Feststellung, dass das Arbverh durch eine von diesem ausgesprochene Künd nicht aufgelöst worden ist, und zugleich gegen den – angeb-

---

156 18.4.2002 – 8 AZR 347/01 – ZInsO 2002, 1198; 16.5.2002– 8 AZR 320/01 – AP § 113 InsO Nr. 9.
157 BAG 26.5.1983 – 2 AZR 477/81 – AP § 613a BGB Nr. 34 = DB 1983, 2690; BAG 14.2.1978 – 1 AZR 154/76 – AP Art. 9 GG Arbeitskampf Nr. 60 = DB 1978, 1501; BAG 27.9.1984 – 2 AZR 309/83 – AP § 613a BGB Nr. 39 = DB 1985, 1399; BAG 20.3.1997 – 8 AZR 769/95 – AP § 9 KSchG 1969 Nr. 30 = DB 1997, 1823; BAG 9.10.1997 – 2 AZR 586/96 – juris.
158 BAG 15.2.2007 – 8 AZR 397/06 – NZA 2007, 239.
159 BAG 16.5.2002 – 8 AZR 320/01 – AP § 113 InsO Nr. 9.
160 BAG 24.8.2006 – AZR 574/05 – NZA 2007, 328.
161 BAG 20.3.1997 – 8 AZR 769/95 – AP § 9 KSchG 1969 Nr. 30 = DB 1997, 1823; BAG 18.2.1999 – 8 AZR 485/97 – AP § 9 KSchG 1969 Nr. 30 = DB 1997, 1823; dazu auch: *Leipold*, Anm. zu BAG AP § 325 ZPO Nr. 1, der die Möglichkeit eines Parteiwechsels oder Parteibeitritts erörtert, weil der gewillkürte Parteiwechsel sowohl die Prozesswirtschaftlichkeit als auch die bessere Wahrung des Anspruchs auf rechtliches Gehör gemäß Art. 103 Abs. 1 GG für sich in Anspruch nehmen dürfe.
162 *Maltesen*, in: HzA, Gruppe 1 Rn 3394.
163 St. Rspr., z.B. BAG 12.1.1977 – 5 AZR 593/75 – AP § 4 KSchG 1969 Nr. 3 = DB 1977, 961; s.a.HaKo-KSchG/ *Gallner*, § 4 Rn 153 m.w.N. zum Streitstand.
164 BAG 18.3.1999 – 8 AZR 306/98 – BB 1999, 1334 = AuR 1999, 279.

lichen – Betriebsübernehmer auf Feststellung, dass mit ihm das Arbverh fortbesteht, dann entsteht zwischen den beklagten AG **keine notwendige Streitgenossenschaft** nach § 62 ZPO. Gibt das ArbG beiden Feststellungsklagen statt und legt nur der neue AG insoweit Berufung ein, als er als Hauptpartei unterlegen ist, so wird die Künd-Schutzklage nicht Gegenstand des Berufungsverfahrens.[165] Wird in dem Künd-Schutzprozess gegen den Veräußerer positiv festgestellt, dass im Künd-Termin ein Arbverh besteht (was regelmäßig bei Tenorierung nach dem Künd-Schutzantrag der Fall ist), muss dies auch im Verhältnis zum Erwerber bejaht werden.

111 Hat der AN nach dem Betriebsübergang in einem Rechtsstreit mit dem früheren AG einen Vergleich geschlossen, nach dem das Arbverh beendet worden ist, so ist er hieran in entsprechender Anwendung des § 265 Abs. 2 ZPO auch im Hinblick auf den Rechtsnachfolger gebunden.[166]

112 bb) **Variante 2: Kündigung – Betriebsübergang – Rechtshängigkeit.** Auch für den Fall der Künd durch den Veräußerer, die – innerhalb der Frist des § 4 S. 1 KSchG – nach dem zwischenzeitlich erfolgten Betriebsübergang gerichtlich angefochten wird, sieht das BAG den Veräußerer weiterhin als passivlegitimiert an.[167] Demgegenüber sprechen sich insb. *Kreitner*[168] sowie *Löwisch* und *Neumann*[169] für eine Klage allein gegen den Erwerber aus. Sie berufen sich dabei u.a. auf die Möglichkeit der Auflösung des Arbverh gegen Zahlung einer Abfindung nach § 9 KSchG. Wenn das Arbverh nach Betriebsübergang aufgelöst werden müsse, sei der Erwerber zur Zahlung einer Abfindung zu verurteilen, obwohl er an dem Prozess nicht beteiligt gewesen sei, während der am Prozess beteiligte Veräußerer frei ausgehe. Auch wenn der AN die Künd-Schutzklage bereits vor Betriebsübergang erhoben habe, soll nach Ansicht von *Löwisch/Neumann* die Sachbefugnis des Veräußerers mit dem Betriebsübergang wegfallen. Hier soll jedoch der Veräußerer in entsprechender Anwendung des § 265 Abs. 2 S. 1 ZPO als gesetzlicher Prozessstandschafter des Erwerbers prozessführungsbefugt bleiben, mit der sich aus § 325 Abs. 2 ZPO ergebenden Rechtsfolge für den Erwerber. Die Prozessführungsbefugnis des Veräußerers soll sich dann aber nicht auf den Streit über die Auflösung des Arbverh nach § 9 KSchG beziehen dürfen. Die Auseinandersetzung darüber müsse der Erwerber selbst führen können, indem er dem Künd-Schutzprozess als Partei beitrete. Dieser Auffassung hat sich die Rspr. bisher nicht angeschlossen.

113 Wird die Klage gegen die vom Veräußerer erklärte Künd erst nach erfolgtem Betriebsübergang erhoben, tritt eine **Rechtskrafterstreckung** nach § 325 ZPO nicht ein.[170] In diesem Fall ist es sinnvoll, gegen den Betriebserwerber eine allg. Feststellungsklage auf Bestand eines Arbverh ab dem Zeitpunkt des Betriebsübergangs zu erheben. Betriebsveräußerer und Betriebserwerber können in demselben Rechtsstreit als AG verklagt werden. Das ist i.d.R. zweckmäßig. Die Entscheidungen für oder gegen den einen oder anderen Streitgenossen können aber unterschiedlich ausgehen, solange sie nicht notwendige Streitgenossen sind.[171]

Haben Betriebsveräußerer und Betriebserwerber **verschiedene allg. Gerichtsstände**, so ist das zuständige Gericht nach § 36 Abs. 1 Nr. 3 ZPO zu bestimmen.[172]

114 cc) **Variante 3: Klage nur wegen § 613a Abs. 4 BGB.** Eine AN, die sich nur auf den Unwirksamkeitsgrund des § 613a BGB berufen wollte, konnte sich nach der Rspr. des BAG[173] zur Rechtslage bis zum 31.12.2003 darauf beschränken, gegen den Betriebserwerber mit der **allg. Feststellungsklage** nach § 256 ZPO auf die Feststellung des Bestehens eines Arbverh zu klagen. Inzident wurde dann geprüft, ob das Arbverh nicht aufgrund einer Künd des Veräußerers beendet worden ist. Das ist für seit dem 1.1.2004 zugegangene Künd nicht mehr erforderlich, aber auch nicht mehr möglich. Seither muss auch eine nur auf den Unwirksamkeitsgrund des § 613a BGB gestützte Klage innerhalb von drei Wochen mit einem Künd-Schutzantrag angegriffen werden. Die Klage ist gegen den Veräußerer zu richten (vgl. Rn 112). Das ist nun schon zur Vermeidung von Prozessrisiken notwendig. Stellt sich nämlich später heraus, dass ein Betriebsübergang nicht vorgelegen hat, wäre die Künd des vermeintlichen Veräußerers schon wegen § 7 KSchG wirksam. Ein besonderes Feststellungsinteresse ist im Rahmen des Künd-Schutzantrages nun nicht mehr erforderlich (vgl. auch Rn 93).

115 dd) **Variante 4: Betriebsübergang – Kündigung durch Veräußerer.** Spricht der bisherige AG nach einem Betriebsübergang eine Künd aus, ist die Künd-Schutzklage gegen den Veräußerer unbegründet. Eine Voraussetzung für die Schlüssigkeit der Klage ist nämlich der Bestand des Arbverh zum Zeitpunkt des Zugangs der Künd.[174] Das ist Folge des erweiterten punktuellen Streitgegenstandsbegriffs (siehe Rn 107) Eine Ausnahme besteht im Falle einer

---

165 BAG 4.3.1993 – 2 AZR 507/92 – AP § 613a BGB Nr. 101.
166 LAG Köln 19.10.1989 – 8 Sa 802/89 – LAGE § 613a BGB Nr. 17.
167 BAG 26.5.1982 – 2 AZR 477/81 – AP § 613a BGB Nr. 34 = DB 1883, 2690.
168 *Kreitner*, FA 1998, 3.
169 *Löwisch/Neumann*, DB 1996, 474.
170 BAG 18.3.1999 – 8 AZR 306/98 – BB 1999, 1334 = AuR 1999, 279; BAG 18.2.1999 – 8 AZR 485/97 – AP § 9 KSchG 1969 Nr. 30 = DB 1997, 1823.
171 Vgl dazu Rn 110.
172 BAG 25.4.1996 – 5 AS 1/96 – AP § 59 ZPO Nr. 1 = BB 1996, 2413.
173 16.3.1989 – 2 AZR 726/87 – juris.
174 BAG 20.3.2003 – 8 AZR 312/02 – NZA 2003, 1338 = NJW 2003, 3581.

Künd durch den bisherigen AG nach einem Betriebsübergang aber dann, wenn die AN vorträgt, sie habe dem Übergang ihres Arbverh auf den Erwerber **widersprochen**. Dann behauptet sie zugleich den Bestand des Arbverh im Künd-Zeitpunkt, wodurch die Klage schlüssig wird.[175]

116 **ee) Variante 5: Kündigung durch Erwerber – Betriebsübergang.** Kündigt auch der „Erwerber" zur Vermeidung von Risiken und liegt tatsächlich kein oder noch kein Betriebsübergang vor, gelten die Ausführungen oben (siehe Rn 115) entsprechend. Auch insoweit fehlt es zum Zeitpunkt des Zugangs der Künd an einem auflösbaren Arbverh, weswegen die Klage gegen den vermeintlichen Erwerber unbegründet wäre.

117 **ff) Auflösungsantrag nach Betriebsübergang.** Der Auflösungsantrag des AN nach § 9 KSchG richtet sich grds. gegen den AG, der die Künd ausgesprochen hat. Nach einem Betriebsübergang ist der frühere Betriebsinhaber aber nicht mehr passiv legitimiert. Es soll das Arbverh zu dem neuen AG aufgelöst werden.[176] Ungeklärt ist, ob die §§ 265, 325 ZPO auf den vor Betriebsübergang gestellten Auflösungsantrag entsprechend anwendbar sind, wobei das BAG aber eine allg. Prozessstandschaft des bisherigen AG für mit der Künd zusammenhängende Ansprüche nicht anerkennt.[177] Das BAG[178] lässt einen Auflösungsantrag des AN bei einem Betriebsübergang vor dem Auflösungszeitpunkt grds. nur gegen den Betriebserwerber zu. Der AN kann danach den Betriebserwerber in den Künd-Schutzprozess einbeziehen oder dem Betriebsübergang widersprechen. Der Widerspruch des AN gegen den Übergang des Arbverh kann danach den Fortbestand des Arbverh zum bisherigen AG und den Erhalt der Rechte aus § 9 KSchG bewirken. Er kann noch nach dem Betriebsübergang ausgeübt werden, wenn der AN über den bevorstehenden Betriebsübergang nicht rechtzeitig unterrichtet worden war.[179] Für den Auflösungsantrag der AG gilt Folgendes: Der Betriebsveräußerer bleibt jedenfalls befugt, den Auflösungsantrag zu stellen, wenn der Betriebsübergang nach dem Künd-Zeitpunkt liegt.[180]

118 **gg) Klageanträge bei Betriebsübergängen.** Die Anträge richten sich nach den oben dargestellten Fallkonstellationen. Bei den **Varianten 1 bis 3** ist die Künd gegenüber dem Kündigenden mit dem Künd-Schutzantrag anzugreifen. Sind außerdem der Betriebsübergang oder sein Zeitpunkt streitig, empfiehlt es sich, im Wege der subjektiven Klagehäufung zusätzlich gegen den neuen Betriebsinhaber vorzugehen. Die Anträge sollten dann lauten:

„Der Kläger beantragt festzustellen,
1. dass das Arbeitsverhältnis durch die Kündigung der Beklagten zu 1) vom ... nicht aufgelöst worden ist/wird (so bei Ablauf der Kündigungsfrist vor dem Betriebsübergang), bzw. (bei Ablauf der Kündigungsfrist nach dem Betriebsübergang) dass das von der (Beklagten zu 1) auf die (Beklagte zu 2) übergegangene Arbeitsverhältnis des Klägers durch die von der Beklagten zu 1) am ... erklärte Kündigung nicht zum Ablauf des ... aufgelöst worden ist (siehe Rn 117),
2. dass das bis zum ... mit der Beklagten zu 1) bestehende Arbeitsverhältnis ab/seit dem ... zwischen dem Kläger und der Beklagten zu 2) fortbesteht."

119 Bei den **Varianten 4 und 5** ist abzuwägen, ob Klage erhoben wird. Ist unsicher, ob und ggf. wann ein Betriebsübergang stattgefunden hat, trägt der AN ein erhöhtes Kostenrisiko, wenn er Veräußerer und Erwerber verklagt. Eine evtl. subjektive Klagehäufung wird als unzulässig angesehen, weil nicht für eine Partei während des gesamten Prozesses Ungewissheit über die Einbeziehung in den Prozess bestehen soll.[181] Es kann also nicht mit dem Hauptantrag gegen den Veräußerer und mit einem Hilfsantrag gegen den Erwerber geklagt werden. Allerdings wahrt auch eine unzulässige Klage die Frist des § 4 S. 1 KSchG (siehe Rn 97). Die Klage kann ausnahmsweise auch einmal nachträglich zulässig werden, nämlich wenn rechtskräftig über den Hauptantrag entschieden worden ist.[182]

120 Der 8. Senat des BAG[183] schlägt im Anschluss an *Müller-Glöge*[184] vor, „bei unklarer Sach- und Rechtslage ... grundsätzlich ausdrücklich auf Feststellung des ungekündigt bestehenden Arbverh und lediglich hilfsweise mit dem Künd-Schutzantrag gegen den Veräußerer" zu klagen. Der 8. Senat wird missverstanden, wenn diese – allerdings etwas unglückliche – Formulierung dahin ausgelegt wird, es solle mit dem allg. Feststellungsantrag gegen den Erwerber und hilfsweise mit dem Künd-Schutzantrag gegen den Veräußerer geklagt werden.[185] Aus dem Kontext der Entscheidung ergibt sich etwas anderes. Es geht in der Entscheidung des BAG um die Frage, ob ein Künd-Schutzantrag gegen den Veräußerer (wie das LAG Hamm einmal angenommen hat) regelmäßig in einer vergleichbaren Situation so zu

---

175 BAG 9.10.1997 – 2 AZR 586/96 – juris.
176 BAG 20.3.1997 – 8 AZR 769/95 – AP § 9 KSchG 1969 Nr. 30 = DB 1997, 1823.
177 BAG 20.3.1997 – 8 AZR 769/95 – AP § 9 KSchG 1969 Nr. 30 = DB 1997, 1823.
178 BAG 24.5.2005 – 8 AZR 246/04 – AP § 613a BGB Nr. 282 = NZA 2005, 1178.
179 BAG 20.3.1997 – 8 AZR 769/95 – AP § 9 KSchG 1969 Nr. 30 = DB 1997, 1823.
180 BAG 24.5.2005 – 8 AZR 246/04 – AP § 613a BGB Nr. 282 = NZA 2005, 1178.
181 BAG 11.12.1997 – 8 AZR 729/96 – AP § 613a BGB Nr. 172 = NZA 1998, 534.
182 BAG 12.11.1998 – 8 AZR 265/97 – DB 1999, 485 = BB 1999, 589.
183 18.4.2002 – 8 AZR 346/01 – AP § 613a BGB Nr. 232 = NZA 2002, 120.
184 NZA 1999, 449, 556.
185 So aber HaKo-KSchG/*Mestwerdt*, § 613a BGB Rn 193.

verstehen sei, dass ein AN mit einer Künd-Schutzklage gegen den Veräußerer nach Betriebsübergang zwei Ziele verfolge, nämlich zum einen die Feststellung, dass im Künd-Zeitpunkt kein Arbverh mehr bestanden habe und deshalb keine Künd-Befugnis des Veräußerers vorlag und zum anderen, dass die Künd sachlich nicht gerechtfertigt sei, was der 8. Senat allerdings verneinte.[186] **Daraus ergibt sich** jedoch, dass es dem 8. Senat um Anträge gegen den Veräußerer (negativer Feststellungsantrag hinsichtlich des Nichtbestehens eines Arbverh und hilfsweise – im Wege der evtl. objektiven Klagehäufung – der Künd-Schutzantrag), **nicht aber** um solche gegen den Veräußerer und (im Wege einer – zudem unzulässigen – subjektiven evtl. Klagehäufung) gegen den Erwerber geht. Der so verstandene Vorschlag ist zu begrüßen. Das Feststellungsinteresse ergibt sich daraus, dass sich der Veräußerer durch die Künd des Bestehens eines Arbverh berühmt.

Friedrich[187] empfiehlt die Klage gegen den Veräußerer und eine **Streitverkündung** gegen den Erwerber. Wird in einem Künd-Schutzprozess zwischen einem AN und dem früheren Betriebsinhaber dem jetzigen Betriebsinhaber im Hinblick auf einen möglicherweise bereits vor der Künd stattgefundenen Übergang des Arbverh nach § 613a BGB der Streit verkündet, kann sich der dem Rechtsstreit nicht beigetretene jetzige Betriebsinhaber in einem später gegen ihn geführten Verfahren auf Feststellung des Bestehens eines Arbverh nicht mehr darauf berufen, der AN habe einem Übergang des Arbverh widersprochen. Diese Streithilfewirkung greift auch dann ein, wenn die Streitverkündung nicht im Künd-Schutzrechtsstreit erfolgte, sondern in einem zugleich geführten Rechtsstreit auf Zahlung von Arbeitsentgelt für Zeiträume nach der streitigen Künd.[188] Will der Betriebserwerber diese Wirkungen verhindern, sollte er dem Streit beitreten und dies deutlich zum Ausdruck bringen, insb. auch wem er beitritt.[189] 121

Kündigt der **Erwerber nach dem Betriebsübergang**, ist die Klage mit dem Künd-Schutzantrag gegen ihn zu richten.

d) Befristungskontrolle. Ist die Wirksamkeit einer Befristung umstr., muss die AN nach § 17 TzBfG innerhalb von drei Wochen nach dem vereinbarten Ende des befristeten Arbeitsvertrages Klage beim ArbG erheben. Gleiches gilt wegen der Verweisung in § 21 auf § 17 TzBfG auch für auflösende Bedingungen. Der am Wortlaut des Gesetzes orientierte Antrag lautet: 122

„*... beantragt festzustellen, dass das Arbeitsverhältnis zwischen den Parteien nicht aufgrund der Befristung zum ... (Datum) beendet ist.*"

Die Befristungskontrolle kann durch einen Feststellungsantrag auch geltend gemacht werden, wenn der AN eine anderweitige Beschäftigung gefunden hat und eine Rückkehr an den früheren Arbeitsplatz nicht mehr anstrebt. Das lässt das Interesse an der begehrten Feststellung nicht entfallen. Denn eine vergangenheitsbezogene Feststellungsklage ist zulässig, wenn sich aus dem Klageziel noch Rechtsfolgen für die Gegenwart oder Zukunft ergeben können.[190] 123

e) Beschäftigungsantrag. Der Beschäftigungsanspruch wird mit folgendem Antrag geltend gemacht: 124

„*Es wird beantragt, die beklagte Partei zu verurteilen, die klagende Partei als ... (konkret zu bezeichnende Arbeitsbedingungen) zu beschäftigen.*"

Hierbei handelt es sich um eine auf Vornahme einer unvertretbaren Handlung – Zuweisung der vertragsgemäßen Arbeit – gerichtete Klage.[191] Im Anschluss an die Formulierung des Gesetzgebers in § 102 Abs. 5 BetrVG wird in der Praxis häufig die Beschäftigung zu „unveränderten Arbeitsbedingungen" oder auch „zu den bisherigen Arbeitsbedingungen" beantragt.[192] Dies ist im Hinblick auf das Bestimmtheitsgebot problematisch. Art, Zeit und Ort der Leistungsverpflichtung müssen sich aus dem Antrag entnehmen lassen, wenn insoweit Streit besteht. Die Übernahme der genannten Formulierung in den Tenor wird teilweise als nicht vollstreckbar angesehen. Im Vollstreckungsverfahren ist der Titel aber auszulegen; dazu können auch Tatbestand und Entscheidungsgründe herangezogen werden. Insoweit genügt es, wenn sich die „unveränderten Arbeitsbedingungen" aus dem Tatbestand und/oder den Entscheidungsgründen ergeben.[193] Der auf Beschäftigung zu „unveränderten Arbeitsbedingungen" gerichtete Antrag wird als zulässig angesehen, solange zwischen den Parteien kein Streit über den Inhalt der Beschäftigungspflicht besteht.[194] Das BAG[195] lässt es bei fest- 125

---

186 Andere Auslegung: BAG 20.3.2003 – 8 AZR 312/02 – NZA 2003, 1338 = NJW 2003, 3581.
187 KR/*Friedrich*, § 4 KSchG Rn 96 b.
188 Hessisches LAG 17.12.1987 – 9/13 Sa 333/87 – LAGE § 613a BGB Nr. 12 = DB 1988, 1806.
189 BAG 31.1.2008 – 8 AZR 11/07 – juris, zu den Anforderungen an einen ordnungsgemäßen Beitritt in einem Fall, in dem es dem Betriebserwerber über drei Instanzen nicht gelungen ist, einen solchen zu erklären.
190 BAG 12.10.1994 – 7 AZR 745/93 – AP § 620 BGB Befristeter Arbeitsvertrag Nr. 165 = DB 1995, 980; BAG 24.4.1996 – 7 AZR 428/95 – BAGE 83, 52.
191 *Germelmann u.a.*, § 46 Rn 64.
192 So auch der Antrag in BAG 13.6.1985 – 2 AZR 410/84 – AP § 611 BGB Nr. 19 = DB 1986, 1827.
193 Hessisches LAG 27.11.1992 – 9 Ta 376/92 – LAGE § 888 ZPO Nr. 30 = BB 1993, 1740; LAG Rheinland-Pfalz 7.1.1986 – 1 Ta 302/85 – LAGE § 888 ZPO Nr. 6 = NZA 1986, 196; sehr eng: LAG Schleswig-Holstein 6.1.1987 – 6 Ta 157/86 – LAGE § 888 ZPO Nr. 10 = NZA 1987, 322.
194 *Germelmann u.a.*, § 46 Rn 64; LAG Schleswig-Holstein 6.7.1987 – 6 Ta 157/86 – LAGE § 888 ZPO Nr. 10 = NZA 1987, 322; LAG Köln 7.7.1987 – 9 Ta 128/87 – LAGE § 888 ZPO Nr. 15; weitergehend LAG Rheinland-Pfalz 7.1.1986 – 1 Ta 302/85 – LAGE § 888 ZPO Nr. 6 = NZA 1986, 196.
195 Z.B. 26.3.1997 – 4 AZR 604/95 – ZTR 1997, 413.

stehendem Inhalt der begehrten Tätigkeit ausreichen, wenn diese ansatzweise im Antrag beschrieben wird („Der Kläger beantragt, ihn als Bearbeiter für Arbeitslosengeld, Arbeitslosenhilfe, Fortbildung und Umschulung zu beschäftigen").

126 **f) Weiterbeschäftigungsantrag.** Der Weiterbeschäftigungsantrag entspricht im Wesentlichen dem Beschäftigungsantrag (vgl. Rn 12). Er ist im Hinblick auf seinen eingeschränkten Streitgegenstand auf die Zeit bis zum rechtskräftigen Abschluss des Künd-Schutzprozesses bzw. des Entfristungsprozesses zu begrenzen:

„Es wird beantragt, die ... (beklagte Partei) ... zu verurteilen, die ... (klagende Partei) ... als ... (konkret zu bezeichnende Arbeitsbedingungen) ... bis zum rechtskräftigen Abschluss des Verfahrens weiterzubeschäftigen."

127 Für die Zeit nach rechtskräftigem Abschluss des Verfahrens kann wieder der allg. Beschäftigungsanspruch über § 259 ZPO geltend gemacht werden. Erfolgreich kann dieser nur bei der Besorgnis sein, dass der AG auch nach Rechtskraft der Entscheidung über den Fortbestand des Arbverh die Beschäftigungspflicht nicht erfüllen wird. Das mit dem Antrag verfolgte Ziel ist durch das Gericht zu ermitteln. Wird ein zeitlich uneingeschränkter Antrag gestellt, muss das Gericht nach § 139 ZPO auf die Rechtslage hinweisen und den Parteien die Möglichkeit geben, sich hierzu zu erklären.

128 **4. Drittschuldnerklage.** Mit der Drittschuldnerklage macht die Gläubigerin gepfändete Ansprüche des Schuldners (AN) gegen den Drittschuldner (AG) geltend. Zunächst ist zu beachten, dass sich aus § 841 ZPO die Verpflichtung des Gläubigers ergibt, dem Schuldner den **Streit zu verkünden**. Der Klage ist hierzu eine Streitverkündungsschrift beizufügen, die das Gericht mit einer Terminsmitteilung an den Schuldner weiterleitet. Unterbleibt die Streitverkündung, sind Regressansprüche des Schuldners zu befürchten, vgl. § 842 ZPO.

129 **a) Auskunft.** Eine Einziehungsklage ist als Leistungsklage genau zu beziffern. Häufig fehlen dem Gläubiger aber die zur Bezifferung erforderlichen Kenntnisse des monatlichen Einkommens des Schuldners. Er bedarf daher weiterer Informationen. Einschlägig ist (neben familienrechtlichen Auskunftsansprüchen wie § 1605 Abs. 1 BGB) der **Auskunftsanspruch nach § 836 Abs. 3 S. 1 ZPO**. Hiernach ist der Schuldner verpflichtet, dem Gläubiger die zur Geltendmachung der Forderung nötige Auskunft zu erteilen und ihm die über die Forderung vorhandenen Urkunden herauszugeben. Diese Norm entspricht § 402 BGB. Die Pflicht zur Herausgabe der erforderlichen Unterlagen bezieht sich auch auf Arbeitsvergütungsabrechnungen und ggf. die Lohnsteuerkarte.[196]

130 Bei Weigerung ist aber eine Klage auf Auskunftserteilung vor den ordentlichen Gerichten notwendig. Dies ist problematisch. Der Gläubiger ist gehalten, die ihm zur Einziehung überwiesene Forderung alsbald zu realisieren. Verzögert er die Beitreibung, macht er sich nach § 842 ZPO schadensersatzpflichtig. Zu denken ist an den Verfall des gepfändeten Entgelts aufgrund tariflicher Verfallklauseln.

131 Des Weiteren kommt die Erklärungspflicht des Drittschuldners nach § 840 Abs. 1 ZPO in Betracht. Der Drittschuldner hat die **Fragen** zu beantworten,
– ob und inwieweit er die gepfändete Forderung anerkennt und Zahlung zu leisten bereit ist (Dieser Teil der Auskunftpflicht umfasst Angaben zum Bestand, zur Art und zur Höhe der Forderung, soweit sie beschlagnahmt ist. Die Erklärung bedarf keiner näheren Begründung und keiner Aufschlüsselung hinsichtlich evtl. nur teilweise anerkannter Ansprüche. Ebenso ergibt sich aus § 840 Abs. 1 ZPO nicht die Pflicht zur Vorlage von Belegen.),[197]
– ob und welche Ansprüche andere Personen an die Forderung erheben und
– ob und wegen welcher Ansprüche die Forderung bereits für andere Gläubiger gepfändet ist.

132 Infolge der **begrenzten Auskunftspflicht** erweist sich dieses Auskunftsverfahren als ungenügend. Der Zweck, dem Vollstreckungsgläubiger eine korrekte Vollstreckung zu ermöglichen, wird nur dann erreicht, wenn der AG als Drittschuldner den pfändbaren Betrag auch richtig errechnet und die dafür erforderlichen Angaben mitteilt. Deshalb wird empfohlen, dass der Gläubiger dem Drittschuldner weitere, genaue Fragen nach Bruttolohn und sich daraus ergebenden Nettolohn, nach bestehenden Unterhaltspflichten, nach vorhandenen Unterhaltstiteln und der tatsächlichen Erfüllung von Unterhaltspflichten sowie nach dem unpfändbaren Betrag des Nettolohnes zur exakten Aufklärung stellt. Diese Angaben können indessen nur auf freiwilliger Basis erlangt werden.[198]

133 Der Weg über § 840 Abs. 1 ZPO ist aus einem weiteren Grund problematisch. Nach der höchstrichterlichen Rspr. ist die Erklärungspflicht des § 840 Abs. 1 ZPO eine außerhalb des Arbverh liegende, vom AG als Drittschuldner dem Pfändungsgläubiger selbst geschuldete Obliegenheit, deren Verletzung das Gesetz mit einem Schadensersatzanspruch des Pfändungsgläubigers sanktioniert. Erfüllt der Drittschuldner seine Erklärungspflicht nicht, bleibt dem Pfändungsgläubiger nichts anderes übrig, als die gepfändete Forderung einzuklagen, weil es einen einklagbaren Anspruch auf Auskunft nicht gibt, der Pfändungsgläubiger vielmehr von der Beitreibbarkeit der gepfändeten Forde-

---

[196] *Schubert*, in: HzA, Gruppe 22, Lohnpfändung, Rn 129.
[197] BGH 1.12.1982 – VIII ZR 279/81 – LM Nr. 10a zu § 840 ZPO = DB 1983, 334.
[198] *Schubert*, in: HzA, Gruppe 22, Lohnpfändung, Rn 141.

rung ausgehen kann.[199] Des Weiteren sind für die Geltendmachung von Ansprüchen des Lohnpfändungsgläubigers gegen den Drittschuldner auf Auskunftserteilung nach § 840 ZPO nicht die ArbG, sondern die allg. Zivilgerichte zuständig.[200]

b) Einziehungsklage. Für die Klage auf pfändbare Arbeitsvergütungsanteile sind die ArbG nach § 2 Abs. 1 Nr. 3 Buchst. a i.V.m. § 3 ArbGG zuständig. Rechtsnachfolger ist auch der Pfändungsgläubiger eines Anspruchs, der, würde er vom Pfändungsschuldner geltend gemacht, in die Zuständigkeit der ArbG fiele.[201] Der Schadensersatzanspruch nach § 840 Abs. 2 S. 2 ZPO kann im Wege der Klageänderung im Rahmen des anhängigen Drittschuldnerprozesses geltend gemacht werden (siehe auch Rn 141).

134

Erforderlich ist ein bestimmter Klageantrag. Da der Pfändungs- und Überweisungsbeschluss sich regelmäßig auch auf künftiges Arbeitseinkommen bezieht, kann die Gläubigerin neben den aufgelaufenen Beträgen auch künftig fällig werdende Leistungen einklagen. § 253 Abs. 2 Nr. 2 ZPO lässt nicht den gelegentlich vorkommenden Antrag zu, den Drittschuldner „zur Abführung der gepfändeten Beträge zu verurteilen". Der Leistungsantrag ist vielmehr nach Maßgabe des angenommenen Erfolgs der Arbeitsvergütungspfändung zu beziffern. Die seit der Zustellung des Pfändungs- und Überweisungsbeschlusses gepfändeten Arbeitsvergütungsanteile sind für die jeweilige Arbeitsvergütungsperiode (Tag, Woche, Monat) zu berechnen und im Klageantrag zu summieren (Nettobeträge!). Die nach Klageerhebung fällig werdenden Beträge können nach § 259 ZPO zugleich verfolgt werden.[202]

135

Oft macht der Gläubiger einfach den der Pfändung zugrunde liegenden Anspruch nebst Kosten und Zinsen in einer Summe als Schadensersatz aus § 840 Abs. 2 S. 2 ZPO geltend.[203] Nach § 840 Abs. 2 S. 2 ZPO haftet der Drittschuldner jedoch nur für den aus **Nichterfüllung seiner Auskunftsverpflichtung** entstehenden Schaden (regelmäßig bei unbegründeter Einziehungsklage wegen bestehender Vorpfändungen). Zudem sind grds. für diesen Schadensersatzanspruch die ordentlichen Gerichte zuständig (siehe aber Rn 142).

136

Der Gläubiger kommt also nicht umhin, in die Klagebegründung eine **schlüssige Berechnung** der gepfändeten Arbeitsvergütung aufzunehmen. Die sorgfältige Klagebegründung bewährt sich in vielen Fällen schon im Gütetermin. Der Drittschuldner lässt es erfahrungsgemäß oft auf eine Versäumnisentscheidung ankommen. Bei unzulänglicher Klagebegründung kann sie nicht ergehen. Die Arbeitsvergütung nach dem einschlägigen TV kann wohl immer noch als die übliche Vergütung gelten, auf die sich der Gläubiger unter Wahrung der Wahrheitspflicht nach § 138 Abs. 1 ZPO berufen kann. Wird die gepfändete Arbeitsvergütung auf dieser Grundlage errechnet, so hat der Drittschuldner etwaige Abweichungen nach § 138 Abs. 2 ZPO darzulegen.[204] **Verfallklauseln:** Diese hat auch der pfändende Gläubiger zu beachten, sofern kraft Verbandszugehörigkeit beider Arbeitsvertragsparteien oder Allgemeinverbindlichkeitserklärung Tarifbindung besteht oder die Arbeitsvertragsparteien die Anwendung der einschlägigen tariflichen Vorschriften vereinbart haben, wie dies oft in vorformulierten Arbeitsbedingungen der Fall ist.

137

I.E. muss also dargelegt werden:
- Vollstreckungstitel mit Hauptsumme, Zinsen und Kosten,
- dass wegen dieser titulierten Forderung die Bezüge des AN beim AG gepfändet und dem Kläger zur Einziehung überwiesen wurden,
- dass der Pfändungs- und Überweisungsbeschluss dem Drittschuldner zugestellt wurde,
- in welchem Arbverh der Schuldner steht, unter Angabe der Art der ausgeübten Tätigkeit und der Angaben aus der Auskunft nach § 840 ZPO,
- das Nettoeinkommen des Schuldners,
- inwieweit das Nettoeinkommen der Pfändung unterliegt,
- dass keine Zahlung trotz Pfändung und Überweisung der Forderung erfolgt ist.

138

Auch in Fällen der **Lohnverschleierung** nach § 850h ZPO genügen keine unsubstantiierten Ausführungen. Das Gesetz behandelt diesen Dritten beim Vollstreckungszugriff des Gläubigers so, als ob er dem Schuldner zu einer angemessenen Vergütung verpflichtet sei. Es bedarf zur Darlegung des für richtig gehaltenen fiktiven Einkommens des Schuldners einer näheren Darlegung der Aufgabenstellung des Schuldners im Betrieb.[205] Die wirtschaftliche Lage des Unternehmens muss wenigstens in Umrissen hervortreten. Erst bei solcher durch Beweisantritt zu erhärtenden Darstellung kann der Drittschuldner dazu angehalten sein, sich i.S.d. § 138 Abs. 2 ZPO vollständig unter Vorlage von Unterlagen zu erklären. Den Tarifsätzen kommt auch hier erhebliche Bedeutung zu. Sie bieten den Vergleichsmaßstab dafür, ob eine „unverhältnismäßig geringe" Vergütung gewährt wird.[206] Beträgt das Tarifgehalt oder die

139

---

199 BGH 17.4.1984 – IX ZR 153/83 – LM Nr. 10 zu § 840 ZPO = DB 1984, 1463; BAG 16.5.1990 – 4 AZR 56/90 – AP § 554 ZPO Nr. 21 = BAGE 65, 139 = DB 1990, 1826 = NJW 1990, 2641; s. aber auch den Vorschlag von *Staab*, NZA 1993, 443 zu einer Drittschuldnerklage auf Auskunft und Zahlung.
200 BAG 31.10.1984 – 4 AZR 535/82 – AP § 840 ZPO Nr. 4 = NZA 1985, 289 = DB 1985, 766.
201 *Germelmann u.a.*, § 3 Rn 8.
202 *Wenzel*, MDR 1966, 971, 972 li. Sp.
203 Krit. bereits: *Wenzel*, MDR 1966, 971, 972 li. Sp.
204 *Wenzel*, MDR 1966, 971, 972 re. Sp.
205 So BAG 22.10.2008 – 10 AZR 703/07 – juris.
206 *Wenzel*, MDR 1966, 971, 973 re. Sp.

übliche Vergütung z.B. monatlich 3.000 EUR brutto, wird bei wirtschaftlicher Leistungsfähigkeit des Drittschuldners auch in einem Kleinbetrieb ein Bruttomonatsgehalt des Schuldners von 2.300 EUR nur in seltenen Ausnahmefällen aufgrund besonderer Umstände im Verhältnis des Gläubigers zum AG des Schuldners als nicht unverhältnismäßig gering anzusehen sein.[207] 77 % der Tarifvergütung hat das BAG insoweit also im Regelfall als unverhältnismäßig angesehen. Zugleich hat es das BAG in der zitierten Entscheidung abgelehnt, generell 75 % der üblichen Vergütung als verhältnismäßig anzusehen. Bei einer Vergütung angestellter Lehrkräfte, die 75 % der Vergütung der im Land Brandenburg im öffentlichen Dienst stehenden Lehrkräfte unterschreitet, hatte das BAG[208] bereits Sittenwidrigkeit i.S.v. § 138 BGB bejaht.

Ein dem Schuldner vom Drittschuldner gewährter **geldwerter Vorteil** ist nur bei der Berechnung des pfändbaren realen Arbeitseinkommens, nicht auch bei der Ermittlung des höheren pfändbaren fiktiven Arbeitseinkommens zu berücksichtigen. Werden zugunsten des Gläubigers mit der Fiktion eines angemessenen Arbeitseinkommens des Schuldners jene Verhältnisse geschaffen, wie sie der Gläubiger im Falle der Vollstreckung in regulär an den Schuldner entrichtete Vergütung vorfände, kann bei der Berechnung des pfändbaren Teils des fiktiven Arbeitseinkommens angenommen werden, dass der Schuldner **Unterhalt geleistet** hätte, wenn er nicht eine unverhältnismäßig geringe, sondern eine angemessene Vergütung erhalten hätte.[209] Hat der Schuldner vor der Pfändung eine **ungünstigere Steuerklasse** in Gläubigerbenachteiligungsabsicht gewählt, so kann er bei der Berechnung des pfändungsfreien Betrags schon im Jahre der Pfändung so behandelt werden, als sei sein Arbeitseinkommen gemäß der günstigeren Steuerklasse zu versteuern. Wählt der Schuldner nach der Pfändung eine ungünstigere Steuerklasse oder behält er diese für das folgende Kalenderjahr bei, so gilt dies auch ohne Gläubigerbenachteiligungsabsicht schon dann, wenn für die Wahl objektiv kein sachlich rechtfertigender Grund gegeben ist.[210]

Die Pfändung verschleierter Arbeitsvergütung wirkt **nicht für die Vergangenheit** und erfasst daher nicht fiktiv aufgelaufene Lohn- oder Gehaltsrückstände.[211]

140 Die Klage ist unbegründet, soweit der **Zinsanspruch** aus dem der Pfändung zugrunde liegenden Titel in den Antrag des Einziehungsverfahrens übernommen wird. Dem Schuldtitel wird auf diese Weise eine Wirkung beigemessen, die ihm nicht zukommt. Zinsen kann der Gläubiger allenfalls aus einem neuen Rechtsgrund verlangen, etwa Prozesszinsen nach § 291 ZPO. Er kann auch Verzugszinsen beanspruchen. Stets bedarf der Zinsanspruch, der nur aus der verzögerlichen Abführung gepfändeter Beträge hergeleitet werden kann, einer eigenständigen Begründung. Es kann nicht kurzerhand auf den Schuldtitel zurückgegriffen werden. Stattdessen sind die dazu sonst bei der Geltendmachung erhöhter Zinssätze erforderlichen Nachweise (Inanspruchnahme von Bankkredit usw.) erforderlich.[212]

141 **c) Schadensersatz.** Nach § 840 Abs. 2 S. 2 ZPO haftet der Drittschuldner dem Gläubiger für den aus der Nichterfüllung seiner Verpflichtung nach § 840 Abs. 1 ZPO entstehenden Schaden. Der Drittschuldner haftet damit für den Schaden des Gläubigers, der durch dessen Entschluss verursacht ist, die gepfändete Forderung geltend zu machen.[213] Dazu gehören auch die Kosten eines nutzlos geführten Prozesses einschließlich der (bis zur verspäteten Auskunftserteilung) angefallenen **Anwaltskosten.** § 12a Abs. 1 S. 1 schließt einen Anspruch auf Ersatz der Anwaltskosten, die in dem arbeitsgerichtlichen Verfahren auf Zahlung des gepfändeten Gehalts entstanden sind, nicht aus. Der Schadensersatzanspruch nach § 840 Abs. 2 S. 2 ZPO hat mit einem prozessualen Kostenerstattungsanspruch überhaupt nichts zu tun, so dass auch die Begrenzung für prozessuale Kostenerstattungsansprüche nach § 12a Abs. 1 S. 1 nicht eingreifen kann.[214] Der Anspruch soll sich aber nicht schon im Kostenfestsetzungsverfahren gegenüber dem prozessrechtlichen Kostenrecht durchsetzen.[215] Das vereinfachte Kostenfestsetzungsverfahren dient seinem Zweck nach nicht dazu, materiell-rechtliche Fragen außerhalb des Kostenrechts zu klären.

142 Bei der Bestimmung des **Rechtsweges** ist Folgendes zu beachten: Die Auskunftspflicht ergibt sich nicht aus dem Arbverh mit dem Schuldner, sondern aus dem durch die Pfändung begründeten Vollstreckungsverhältnis. Die Verletzung dieser Auskunftspflicht wiederum sanktioniert § 840 Abs. 2 S. 2 ZPO mit einer materiell-rechtlichen – aber nicht arbeitsrechtlichen – Schadensersatzpflicht.[216] Damit sind die Zuständigkeitsnormen der §§ 2, 3 nicht einschlägig.[217] Für den selbstständig geltend gemachten Schadensersatzanspruch nach § 840 Abs. 2 S. 2 ZPO besteht deshalb eine Zuständigkeit der ordentlichen Gerichte. Etwas anderes gilt, wenn der Schadensersatzanspruch im Wege der Klageänderung bei zunächst erhobener Entgeltklage vor dem ArbG geltend gemacht wird. Dann besteht eine erweiterte Rechtswegzuständigkeit des ArbG nach § 2 Abs. 3 ZPO.

---

207 So BAG 22.10.2008 – 10 AZR 703/07 – juris.
208 BAG 26.4.2006 – 5 AZR 549/05 – AP § 138 BGB Nr. 63 – NZA 2006, 1354.
209 BAG 23.4.2008 – 10 AZR 168/07 – NZA 2008, 896 = NJW 2008, 2606.
210 BAG 23.4.2008 – 10 AZR 168/07 – NZA 2008, 896 = NJW 2008, 2606.
211 BAG 12.3.2008 – 10 AZR 148/07 – AP § 850h ZPO Nr. 20 = NZA 2008, 779.
212 *Wenzel*, MDR 1966, 971, 973 re. Sp.
213 BGH 25.9.1986 – IX ZR 46/86 – LM Nr. 11 zu § 840 ZPO = DB 1986, 2533.
214 BAG 16.5.1990 – 4 AZR 56/90 – AP § 554 ZPO Nr. 21 = DB 1990, 1826 = NJW 1990, 2641.
215 BAG 16.11.2005 – 3 AZB 45/05 – NZA 2006, 343 = NJW 2006, 717.
216 *Schilken*, Anm. zu BAG EzA § 840 ZPO Nr. 3.
217 *Grunsky*, Anm. zu AP § 840 ZPO Nr. 4.

5. Eingruppierung/Rückgruppierung. Mit der Eingruppierungsklage strebt die AN des öffentlichen Dienstes, aber auch der Privatwirtschaft die Zahlung einer tarifgerechten Arbeitsvergütung an. Üblich ist eine **Eingruppierungsfeststellungsklage**. Zu verklagen ist die Arbeitsvertragspartei, nicht die Beschäftigungsbehörde.[218] Von Leistungsanträgen nach § 259 ZPO ist angesichts der viel höheren Anforderungen abzuraten, zumal das BAG[219] auch generelle Bedenken angekündigt hat. Der 4. Senat erwägt in der zitierten Entscheidung, eine Klage auf künftige Vergütung nach § 259 ZPO, mit der in der Sache ausschließlich die Vergütungspflicht entsprechend einer bestimmten tariflichen Vergütungsgruppe geltend gemacht wird, grundsätzlich – mit der Ausnahme vorsätzlicher Verweigerung unzweifelhaft geschuldeter Vergütung – als unzulässig anzusehen.

Der Antrag der üblichen Eingruppierungsfeststellungsklage lautet: *„... beantragt festzustellen, dass die ... (beklagte Partei) ... verpflichtet ist, der ... (klagende Partei) ... ab/seit dem ...(genaues Datum) ... Vergütung nach Vergütungsgruppe/Entgeltgruppe ... zu zahlen."*

Es sollte ein **Hilfsantrag** hinsichtlich der nächstniedrigeren Vergütungsgruppe hinzugefügt werden, wenn die begehrte Vergütungsgruppendifferenz **mehrere Vergütungsgruppen** ausmacht. Das gilt jedenfalls, soweit das BAG[220] an seiner bisherigen Auffassung festhält, wonach mit dem Antrag auf Vergütung nach einer bestimmten Vergütungsgruppe nicht zugleich auch Vergütung nach der nächstniedrigere Vergütungsgruppe begehrt wird (siehe Rn 153). Außerdem ist ein auf die Verzinsung der Vergütungsdifferenz sei Rechtshängigkeit gerichteter Feststellungsantrag zulässig (siehe Rn 152).

Ein Antrag, der darauf gerichtet ist festzustellen, dass „die Klägerin seit dem ... in Vergütungsgruppe ... eingruppiert ist", ist unzulässig. Bei dem **„Eingruppiertsein"** in eine bestimmte Vergütungsgruppe handelt es sich nicht um ein feststellungsfähiges Rechtsverhältnis. Ein Rechtsverhältnis ist sowohl die vertragliche oder gesetzliche Rechtsbeziehung insg. als auch jede Rechtsfolge, jedes Recht und jede Verpflichtung aus dieser Beziehung, nicht aber eine abstrakte Rechtsfrage oder einzelne Voraussetzungen eines Rechtsverhältnisses, wie das Eingruppiertsein, aus dem sich Rechtsfolgen ergeben können, was aber eine konkrete Verpflichtung des Beklagten nicht auslöst.[221] Das ArbG wird die Parteien hierauf bei Aufnahme der Anträge hinweisen. Zur Not ist der Antrag entsprechend dem Willen der Parteien auszulegen.[222] Hierauf ist dann aber bei der Tenorierung zu achten.

Das BAG hat auch den Antrag, *„den Beklagten zu verurteilen, an die Klägerin ab dem ... eine Vergütung nach der Vergütungsgruppe ... zu zahlen"*, als Feststellungsantrag ausgelegt.[223]

Gegen die Zulässigkeit der Eingruppierungsfeststellungsklage bestehen nach gefestigter Rspr. keine Bedenken, soweit es um den öffentlichen Dienst geht.[224] Die Eingruppierungsfeststellungsklage begegnet nach der st. Rspr. aber auch außerhalb des öffentlichen Dienstes – also im Bereich der Privatwirtschaft – regelmäßig keinen prozessrechtlichen Bedenken.[225]

Die auf Feststellung der Verpflichtung zur Zahlung von Vergütung nach einer bestimmten Vergütungsstufe gerichtete Klage ist zulässig, weil sich die Höhe der Vergütung der Klägerin in Zukunft ändern kann.[226] In den Antrag ist nicht die **Fallgruppe** der beanspruchten Vergütungsgruppe aufzunehmen. Nach der st. Rspr. des BAG ist eine Klage unzulässig, wenn eine Fallgruppenfeststellung verlangt wird, weil der BAT die Mindestvergütung der Ang nicht von Fallgruppen oder deren Erfüllung abhängig macht und damit die Gerichte für Arbeitssachen aufgefordert werden, rechtsgutachterlich tätig zu werden. Daran hat sich durch die Einführung des TVöD nichts geändert.[227] Das gilt insb. auch, wenn der aufgrund **Bewährungsaufstiegs** z.B. in VergGr Vb BAT tätige AN begehrt, originär in Vergütungsgruppe Vb BAT eingruppiert zu sein, um so im Wege der Bewährung in VergGr IVb (Fallgruppe 2) aufsteigen zu können. Er verlangt der Sache nach eine Fallgruppenfeststellung. Er will festgestellt wissen, in der VergGr Vb eingruppiert zu sein, weil er die Voraussetzungen der Fallgruppe 1a der VergGr Vb des Allgemeinen Teils der Anlage 1a zum BAT erfüllt und nicht nur die der Fallgruppe 1c.[228]

Ein Antrag auf Vornahme einer **„Höhergruppierung"** durch die beklagte Partei ist unzulässig, wobei aber eine Umdeutung in eine zulässige Eingruppierungsfeststellungsklage möglich ist.[229] Eine Klage auf Vornahme einer Ein-

---

218 BAG 29.8.1979 – 4 AZR 840/77 – AP §§ 22, 23 BAT Sparkassenangestellte Nr. 1 = WM 1980, 171.
219 BAG 9.4.2008 – 4 AZR 104/07 – juris.
220 Zur Einschränkung dieses Grundsatzes nach der neueren Rspr. vgl. BAG 9.4.2008 – 4 AZR 124/07 – juris.
221 BAG 16.4.1997 – 4 AZR 270/96 – AP § 22 MTAng-LV Nr. 1 = AuR 1997, 448.
222 BAG 16.4.1997 – 4 AZR 270/96 – AP § 22 MTAng-LV Nr. 1 = AuR 1997, 448.
223 BAG 17.1.1996 – 4 AZR 602/94 – AP § 1 TVG Tarifverträge: Bäcker Nr. 1 = DB 1996, 1346.
224 BAG 30.10.2003 – 8 AZR 494/02 – EzBAT §§ 22, 23 BAT M Nr. 117.
225 BAG 4.9.1996 – 4 AZR 168/95 – AP § 1 TVG Tarifverträge: Bergbau Nr. 4 = BB 1996, 2696.
226 BAG 15.6.1994 – 4 AZR 821/93 – AP § 27 BAT Nr. 4 = NZA 1995, 653; BAG 8.9.1994 – 6 AZR 272/94 – AP § 27 BAT Nr. 6 = NZA 1995, 1004.
227 BAG 7.5.2008 – 4 AZR 303/07 – juris.
228 BAG 19.3.2003 – 4 AZR 391/02 – NZA-RR 2004, 220 = ZTR 2004, 153.
229 BAG 23.11.1994 – 4 AZR 885/93 – AP § 21 MTB II Nr. 12 = ZTR 1995, 220.

gruppierung ist ebenfalls unzulässig.[230] Auch eine Klage auf Feststellung, dass für eine bestimmte Zeit die Bewährung erfüllt wäre, ist unzulässig.[231]

150 **Feststellungswiderklagen** mit dem Antrag festzustellen, dass der AG verpflichtet ist, Vergütung nach einer bestimmten Vergütungsgruppe zu zahlen, sind zulässig.[232] Eine Nebenintervention (z.B. bei einer Klage gegen einen Landkreis durch die staatliche Kommunalaufsicht) ist auch bei Eingruppierungsprozessen zulässig.[233]

151 Mit der zulässigen Feststellungsklage kann auch eine **Zinsforderung** erhoben werden.[234] Dies ergibt sich daraus, dass die im Verhältnis zur Hauptschuld akzessorische Zinsforderung auch in prozessualer Hinsicht das rechtliche Schicksal der Hauptforderung teilen soll. Der Zinsantrag zielt darauf, die sich aus der Einreihung in eine höhere Vergütungsgruppe ergebenden Nachzahlungen zu verzinsen.[235] Zu beachten ist, dass in Eingruppierungsstreitigkeiten die Zinsen auf nachzuzahlende Differenzbeträge regelmäßig erst **ab Rechtshängigkeit** zu zahlen sind.[236]

152 Der **Zinsantrag** sollte in Kombination mit dem Vergütungsantrag wie folgt formuliert werden:[237]

„Die Klägerin beantragt festzustellen, dass ... verpflichtet ist, ihr seit dem ... Vergütung nach Vergütungsgruppe ... zu zahlen sowie Zinsen in Höhe von 5 Prozentpunkten über dem Basiszinssatz auf die jeweiligen Bruttodifferenzbeträge zwischen den VergGr ... und ... beginnend mit dem ... (Rechtshängigkeit) ... jeweils ab Fälligkeit."

153 Ist die Eingruppierungsklage im Hinblick auf eine bestimmte Vergütungsgruppe unbegründet, prüft das BAG bei einer Vergütungsdifferenz über mehrere Vergütungsgruppen die Eingruppierung in die nächstniedrigere Vergütungsgruppe nur auf einen **Hilfsantrag** der Klägerin.[238] Das BAG kommt zu diesem Ergebnis, weil es davon ausgeht, dass es sich bei der Geltendmachung verschiedener Vergütungsgruppen um unterschiedliche Streitgegenstände handelt. Bei Vorliegen von **Aufbaufallgruppen** macht das BAG hiervon **Ausnahmen**. Wird im Rahmen einer Klage im Hauptantrag die Feststellung der Vergütungsverpflichtung nach einer höheren Vergütungsgruppe gestellt und ist die niedrigere Vergütungsgruppe als Weniger im gestellten Hauptantrag notwendigerweise enthalten, ist die Stellung eines Hilfsantrags nicht geboten.[239] Er ist gegenstandslos. Entscheidet das Gericht in einem solchen Fall abschließend über den „Hauptantrag", hat es kein Teilurteil, sondern ein Endurteil erlassen. Das wird durch das BAG jetzt bei Aufbaufallgruppen bejaht, auch wenn es sich nicht um sog. echte Aufbaufallgruppen handelt, z.B. weil der Unterschied der mit dem Hilfsantrag geltend gemachten Vergütungsgruppe lediglich den zeitlichen Umfang betrifft (Hälfte statt Drittel).[240] Es spricht vieles dafür, nicht nur in diesen Fällen, sondern im Zweifel den Eingruppierungsfeststellungsantrag immer dahingehend **auszulegen**, dass hilfsweise Vergütung nach der nächstniedrigeren Vergütungsgruppe begehrt werde. AN geht es in einem Prozess regelmäßig darum, das für sie günstigste Ergebnis zu erzielen. Es ist daher kaum anzunehmen, dass mit einer Klage auf eine bestimmte Vergütungsgruppe nicht zumindest Vergütung nach der nächstniedrigeren Vergütungsgruppe begehrt wird.[241] Für diese Auslegung sprechen auch Prozessökonomie und Kostenfolge. I.d.R. kann es einer AN nicht unterstellt werden, über Jahre gegen den AG zu prozessieren, um dann u.U. durch das BAG zu erfahren, dass wohl die Voraussetzungen für eine Zwischenvergütungsgruppe vorliegen, dies aber mangels eines ausdrücklichen Antrags nicht festgestellt werden könne. Außerdem ist nicht anzunehmen, dass es dem Willen der klagenden Partei entspricht, die gesamten Kosten eines Prozesses tragen zu müssen, obwohl ihr ein nicht unbeträchtlicher Teil der begehrten Vergütung tatsächlich zusteht. Es spricht daher einiges dafür, den Antrag dahingehend auszulegen, dass regelmäßig die Feststellung begehrt wird, dass der AG verpflichtet ist, Vergütung in Höhe der **Vergütungsdifferenz** zwischen gezahlter und begehrter Vergütung zu zahlen, und zwar auch dann, wenn der Antrag nur auf die Zahlung einer Vergütung nach der höheren Vergütungsgruppe gerichtet ist.[242] Zur Vermeidung von Unsicherheiten empfiehlt es sich bei einer begehrten Vergütungsdifferenz von

---

230 BAG 14.12.1994 – 4 AZR 950/93 – AP §§ 22, 23 BAT Sozialarbeiter Nr. 10 = ZTR 1995, 216; der „doppelte Feststellungsantrag" auf Eingruppierung und Entlohnung kann i.S. einer Eingruppierungsfeststellungsklage ausgelegt werden, BAG 4.9.1996 – 4 AZR 168/95 – AP § 1 TVG Tarifverträge: Bergbau Nr. 4 = BB 1996, 2696.
231 BAG 14.11.1979 – 4 AZR 1099/79 – AP §§ 22, 23 BAT Nr. 64 = BAGE 38, 221.
232 BAG 6.12.1978 – 4 AZR 321/77 – AP §§ 22, 23 BAT 1975 Nr. 11 = PersV 1980, 34.
233 BAG 31.1.1979 – 4 AZR 372/77 – AP §§ 22, 23 BAT 1975 Nr. 14.
234 St. Rspr., z.B. BAG 30.10.2003 – 8 AZR 494/02 – EzBAT §§ 22, 23 BAT M Nr. 117.
235 BAG 6.3.1996 – 4 AZR 771/94 – AP §§ 22, 23 BAT Nr. 210 = ZTR 1996, 464.
236 BAG 11.6.1997 – 10 AZR 613/96 – AP § 291 BGB Nr. 1 = DB 1998, 87.
237 Nach BAG 18.10.2000 – 10 AZR 568/99 – ZTR 2001, 226; BAG 6.8.2003 – 4 AZR 443/02 – AP §§ 22, 23 BAT-O Nr. 25 = ZTR 2004, 150.
238 BAG 30.5.1990 – 4 AZR 40/90 – AP §§ 22, 23 BAT 1975 Nr. 149 = PersV 1996, 234; BAG 20.9.1995 – 4 AZR 450/94 – AP § 1 TVG Tarifverträge: Druckindustrie Nr. 32 = NZA-RR 1996, 380; BAG 25.9.1996 – 4 AZR 195/95 – AP §§ 22, 23 BAT Sozialarbeiter Nr. 31 = BB 1996, 2696, betr. Zulage; a.A. *Friedrich/Kloppenburg*, ZTR 2003, 314, 319 f.
239 BAG 9.4.2008 – 4 AZR 124/07 – juris.
240 BAG 6.6.200 – 4 AZR 505/06 – AP §§ 22, 23 BAT 1975 Nr. 308 = NZA-RR 2008, 189.
241 So allerdings jetzt auch BAG 6.6.2007 – 4 AZR 505/06 – AP §§ 22, 23 BAT 1975 Nr. 308 = NZA-RR 2008, 189.
242 *Friedrich/Kloppenburg*, ZTR 2003, 314, 319 f.

mehr als einer Vergütungsgruppe, den **Antrag** von vornherein ausdrücklich auf die **Feststellung der Verpflichtung zur Zahlung der Vergütungsdifferenz zu richten**, was auch bisher schon teilweise geschieht.

Jedenfalls ist es **Aufgabe des Gerichts**, in den Fällen, in denen zwischen gezahlter und begehrter Vergütung mehrere Vergütungsgruppen liegen, durch die Parteien klarstellen zu lassen, ob der Antrag dahingehend auszulegen ist, dass in jedem Fall eine höhere als die gezahlte Vergütung begehrt werde. In der Praxis wird dann der Antrag regelmäßig ergänzt bzw. auf die Vergütungsdifferenz umgestellt. 154

Die Eingruppierungsfeststellungsklage kann auch auf **Zulagen** erstreckt werden. Insb. mit Rücksicht auf die rechnerischen Schwierigkeiten, die mit der Bezifferung eines Zahlungsantrages für einen mehrjährigen Anspruchszeitraum bei wechselnder Lohnhöhe verbunden wären, hat das BAG Klagen auf Feststellung von Ansprüchen auf Zulagen als zulässig angesehen.[243] 155

Der **Streitgegenstand** einer Eingruppierungsklage ist regelmäßig nicht nur vergangenheits- und gegenwarts-, sondern auch **zukunftsbezogen**. Sie erfasst auch die Zeit nach dem Schluss der letzten mündlichen Verhandlung. Das führt dazu, dass auch für einen Zeitraum nach der letzten mündlichen Verhandlung eine erneute Beurteilung durch ein Gericht nicht möglich ist. Voraussetzung ist allerdings, dass sich nach der rechtskräftigen Entscheidung in dem Eingruppierungsprozess weder Sach- noch Rechtslage geändert haben. Eine AN ist aber nicht gehindert, nach einer rechtskräftig stattgebenden Entscheidung im Vorprozess in einem Folgeprozess eine höhere Vergütung zu verlangen. Das gilt auch dann, wenn während des Vorprozesses bereits die Voraussetzungen für die höhere Vergütung vorlagen. Auch eine rechtskräftige klageabweisende Entscheidung hindert die Geltendmachung einer „noch" höheren Vergütung nicht, weil es sich um eine Teilklage handelt. U.U. kann auch nach einer klageabweisenden Entscheidung noch Vergütung nach einer niedrigeren Vergütungsgruppe eingeklagt werden.[244] 156

Die Eingruppierungsfeststellungsklage kann auch auf einen in der **Vergangenheit** liegenden Zeitraum beschränkt werden. Mit dem so angestrebten Feststellungsurteil wird nämlich für die Vergangenheit der Status der klagenden Partei bestimmt, der über die für den streitbefangenen Zeitraum zu leistende Vergütung hinaus auch für die Zukunft Bedeutung haben kann, etwa bei der Anrechnung von Beschäftigungszeiten, bei der Berechnung des Übergangsgeldes usw.[245] Die Eingruppierungsfeststellungsklage kann sich auch auf in der Vergangenheit liegende Zeiträume erstrecken, wenn zugleich für den vergangenen Zeitraum eine Leistungsklage auf Nachzahlung der Differenz zum Tarifgehalt erhoben wird. Insoweit ist die Feststellungsklage als Inzidentfeststellungsklage nach § 256 Abs. 2 ZPO zulässig, da aus dem Rechtsverhältnis, dessen Feststellung begehrt wird, noch für die Folgezeit der Anspruch auf die höhere Eingruppierung erwächst.[246] Das gilt auch, soweit die klagende Partei diese Feststellung wegen eines nach ihrer Ansicht bestehenden Annahmeverzugs der beklagten Partei begehrt.[247] 157

Für die Eingruppierung in eine Vergütungsgruppe kann die **Dauer der Beschäftigungszeit** eine Rolle spielen.

Für den sog. **Rückgruppierungsprozess** bestehen – was die Antragstellung angeht – keine Besonderheiten. Das liegt daran, dass AG, wenn sie von einer bisher fehlerhaften Eingruppierung ausgehen regelmäßig die (höhere) Vergütung einstellen und die AN auf Feststellung der Verpflichtung zur Zahlung der bisherigen Vergütung klagen müssen. Es gibt insoweit aber Sonderregelungen hinsichtlich der Darlegungs- und Beweislast.[248] 158

6. Teilzeit. Der Anspruch auf Teilzeit kann sich aus § 8 TzBfG und aus § 15 BEEG ergeben oder aus einer tariflichen Regelung. Die mit der Durchsetzung des Anspruchs verbundenen prozessualen Fragen sind vergleichbar. 159

Nach § 8 Abs. 4 S. 1 Hs. 1 TzBfG hat der AG dem Verringerungsverlangen des AN unter den dort näher bestimmten Voraussetzungen „zuzustimmen". Die Arbeitszeit wird also nicht automatisch verringert, sofern der AG dem Verringerungsverlangen des AN keine betrieblichen Gründe entgegenhalten kann. Es bedarf vielmehr der vorherigen Vertragsänderung; für die Durchsetzung des Teilzeitanspruchs gilt die sog. **Vertragslösung**.[249] Können sich AG und AN über die Verringerung der Arbeitszeit oder deren Verteilung nicht einigen, schuldet der AN grds. bis zur Rechtskraft eines obsiegenden Urteils (§ 894 ZPO) seine Arbeitsleistung im Rahmen der bisherigen Arbeitszeitregelung.[250] Damit wird die in § 62 Abs. 1 ArbGG angeordnete sofortige Vollstreckung eines noch nicht rechtskräftigen 160

---

243 BAG 16.7.1975 – 4 AZR 433/74 – AP § 28 BMT-G II Nr. 1; BAG 23.11.1994 – 4 AZR 879/93 – AP § 1 TVG Rückwirkung Nr. 12 = DB 1995, 778; BAG 5.4.1995 – 4 AZR 154/94 – AP § 1 TVG Tarifverträge: Lufthansa Nr. 18 = DB 1995, 2533; BAG 25.9.1996 – 4 AZR 195/95 – AP §§ 22, 23 BAT Sozialarbeiter Nr. 31 = BB 1996, 2696.
244 Rspr.-Nachw. und Einzelheiten zum Streitgegenstand von und Rechtskraftproblemen nach Eingruppierungsprozessen bei: *Friedrich/Kloppenburg*, ZTR 2003, 314.
245 BAG 19.3.1986 – 4 AZR 470/84 – AP §§ 22, 23 BAT 1975 Nr. 114 = PersV 1991, 134; BAG 10.3.1993 – 4 AZR 204/92 – juris; BAG 24.11.1993 – 4 AZR 16/93 – AP § 2 BAT-O Nr. 1 = PersV 1995, 517; BAG 12.6.1996 – 4 AZR 71/95 – AP § 1 TVG Tarifverträge: Arbeiterwohlfahrt Nr. 4 = BB 1996, 1944; BAG 12.2.1997 – 4 AZR 330/95 – AP §§ 22, 23 BAT-O Nr. 6.
246 BAG 28.5.1997 – 10 AZR 580/96 – AP § 3 TV Ang. Bundespost Nr. 1.
247 BAG 30.11.1994 – 4 AZR 899/93 – AP § 11 BAT-O Nr. 3.
248 Dazu *Friedrich/Kloppenburg*, RdA 2001, 293.
249 Vgl. BAG 18.2.2003 – 9 AZR 164/02 – AP § 8 TzBfG Nr. 2 = NZA 2003, 1392.
250 BAG 19.8.2003 – 9 AZR 542/02 – AP § 8 TBfG Nr. 4.

Urteils ausgeschlossen. Soweit der AG nicht durch einstweilige Verfügung dazu angehalten wird, braucht er die Lage der verringerten Arbeitszeit erst dann festzulegen, wenn feststeht, dass die Arbeitszeit tatsächlich zu ändern ist.

161 Der zutreffende **Antrag** richtet sich danach, wie der AG auf das Verlangen der Reduzierung der Arbeitszeit und der begehrten Änderung der Lage der Arbeitszeit reagiert hat. Hat er zugestimmt und setzt er den AN nicht entsprechend ein, ist der Antrag auf „Beschäftigung zu den vereinbarten Bedingungen" zu richten. Gleiches gilt, wenn der AG die Monatsfrist des § 8 Abs. 5 S. 2 und 3 TzBfG hat verstreichen lassen. Dann gilt die Zustimmung als fingiert und es ist ein Vertrag zu geänderten Bedingungen zustande gekommen. Hat der AG dem Teilzeitwunsch entweder vollständig oder nur hinsichtlich der Lage der Arbeitszeit widersprochen, ist der Antrag auf Abgabe einer Willenserklärung (entsprechend dem gegenüber dem AG zuvor außergerichtlich gestellten Antrag) zu richten. Der Antrag kann dann lauten:

„Die Klägerin beantragt, die Beklagte zu verurteilen, der Verringerung ihrer Arbeitszeit von 38,5 Stunden auf 28,5 Stunden pro Woche zuzustimmen, mit nachstehender arbeitstäglicher Verteilung: ...: montags: 8.15 Uhr bis 13.00 Uhr, dienstags: 8.15 Uhr bis 13.00 Uhr, mittwochs: 8.15 Uhr bis 16.45 Uhr, donnerstags: 8.15 Uhr bis 13.00 Uhr, freitags: 8.15 Uhr bis 13.00 Uhr."

162 Will die AN sich in erster Linie darauf berufen, die Zustimmung sei fingiert, und den AG nur hilfsweise auf Zustimmung verklagen, sind die Anträge in ein Alternativverhältnis zu stellen. Der Antrag kann dann lauten:

„Die Klägerin beantragt,

1. die Beklagte zu verurteilen, ihre Arbeitszeit auf 28,5 Stunden wöchentlich zu verringern und die Arbeitszeit wie folgt festzulegen: (...).

2. hilfsweise die Beklagte zu verurteilen, der Verringerung ihrer Arbeitszeit von 38,5 Stunden auf 28,5 Stunden pro Woche zuzustimmen, mit nachstehender arbeitstäglicher Verteilung: (...)".

163 Außerdem ist bei der Antragstellung zu berücksichtigen, ob die Reduzierung der Arbeitszeit abhängig oder unabhängig von der durch die AN gewünschten **Lage der Arbeitszeit** erfolgen soll. Die Auslegung eines **kombinierten Klageantrags** führt regelmäßig dazu, dass der Kläger sowohl die Verringerung seiner Arbeitszeit als auch deren Neuverteilung begehrt. Nach Wortlaut und Ziel eines solchen Antrags will er beides miteinander verbinden. Die Aufspaltung dieses einheitlichen Klageantrags in zwei prozessuale Ansprüche verstieße gegen § 308 ZPO.[251] Verbindet der AN sein Angebot über die Verringerung der Arbeitszeit mit einem vertraglichen Angebot hinsichtlich ihrer Verteilung, führt dieses Angebot nur zu einem Vertragsabschluss, wenn es unverändert angenommen wird (§ 150 Abs. 2 BGB). Der AG kann nicht nur den Teil des Angebots annehmen, der sich auf die Verringerung der Arbeitszeit bezieht.[252] Wenn ein AN sowohl einen Verringerungs- als auch einen Verteilungswunsch nach § 8 TzBfG geltend macht, hängt erfahrungsgemäß beides voneinander ab. Üblicherweise ist der Teilzeitwunsch eines AN nämlich Ergebnis von Planungen, für die auch die Verteilung der Arbeitszeit von Bedeutung ist.[253] Über den geltend gemachten Anspruch kann also bei dem so kombinierten Antrag nur einheitlich entschieden werden. Der AN kann seinen Wunsch nach einer bestimmten Verteilung der zu verringernden Arbeitszeit nicht mehr ändern, nachdem der AG sein Angebot auf Verringerung und Verteilung der Arbeitszeit abgelehnt hat (§ 8 Abs. 5 S. 1 TzBfG). Der geänderte Verteilungswunsch ist nur durch neuerliche Geltendmachung von Verringerung und Verteilung unter den Voraussetzungen des § 8 Abs. 6 TzBfG durchsetzbar.[254] Ist eine Arbeitszeitverringerung auf jeden Fall – unabhängig von der zeitlichen Lage der Arbeitszeit – gewollt, ist das im Verringerungsgesuch gegenüber dem AG und im Antrag gegenüber dem Gericht zum Ausdruck zu bringen. Das Gericht hat nach § 139 Abs. 1 S. 2 ZPO auf sachdienliche Anträge hinzuwirken. Der Anspruch besteht auf eine **unbefristete Herabsetzung** der Arbeitszeit.[255]

164 **7. Urlaub. a) Grundsätzliches.** Nach st. Rspr. des BAG ist der Urlaubsanspruch nach § 1 BUrlG ein gesetzlich bedingter Anspruch des AN gegen den AG auf Freistellung von den nach dem Arbverh bestehenden Arbeitspflichten. Die Pflicht des AG, den gesetzlichen Urlaub zu erteilen, ist eine arbeitsvertragliche Nebenpflicht. Sie ist darauf gerichtet, die Hauptpflicht des AN aus dem Arbverh – die Arbeitspflicht – für die Zeit des Urlaubs zu beseitigen.[256] Der Urlaubsentgeltanspruch hat die Erfüllung der Hauptpflicht des AG – die Vergütungspflicht – zum Gegenstand. Deren Bestehen wird rechtlich durch die Urlaubsgewährung nicht berührt, sie ist also trotz Nichtleistung der Arbeit zu erfüllen.[257]

165 **b) Leistungsklage auf Urlaubsgewährung für einen bestimmten Zeitraum.** Das BAG lässt eine Leistungsklage auf Urlaubsgewährung für einen **bestimmten Zeitraum** zu.[258] Der Antrag lautet:

---

251 BAG 18.2.2003 – 9 AZR 164/03 – AP § 8 TzBfG Nr. 2 = NZA 2003, 1392.
252 BAG 18.2.2003 – 9 AZR 356/02 – AP § 8 TzBfG Nr. 1= NZA 2003, 911.
253 BAG 18.2.2003 – 164/02 – AP § 8 TzBfG Nr. 2 = NZA 2003, 1392.
254 BAG 24.6.2008 – 9 AZR 514/07 – juris.
255 BAG 18.3.2003 – 9 AZR 126/02 – AP § 8 TzBfG Nr. 3 = DB 2004, 319.
256 BAG 1.1.1988 – 8 AZR 198/88 – AP § 11 BurlG Nr. 23 = DB 1988, 2312.
257 MünchArbR/*Leinemann*, § 87 Rn 8.
258 BAG 18.12.1986 – 8 AZR 502/84 – AP § 7 BurlG Nr. 10 = DB 1987, 1362.

„Die klagende Partei beantragt, die beklagte Partei zu verurteilen, ihr ... Tage Urlaub vom ... (Datum) bis einschließlich ... (Datum) zu gewähren."

Es ist dann Sache des AG, das Leistungsverweigerungsrecht nach § 7 Abs. 1 BUrlG geltend zu machen und dessen Voraussetzungen darzulegen und zu beweisen.[259] Nach Ansicht des BAG soll, wenn das Leistungsverweigerungsrecht erst nach der Verurteilung des AG entsteht, dies auch im Zwangsvollstreckungsverfahren noch zu beachten sein.[260]

Die **Vollstreckung** des stattgebenden Urteils erfolgt nach **§ 894 ZPO**. Nach Rechtskraft des Urteils gilt die Erklärung des AG als abgegeben, und erst dann ist die klagende Partei berechtigt, den Urlaub anzutreten. Ist aber der in dem Klageantrag genannte Zeitraum zum Zeitpunkt der letzten mündlichen Verhandlung verstrichen, so ist das erforderliche Rechtsschutzbedürfnis nicht mehr gegeben, so dass die Klage unzulässig wird.[261]

c) Leistungsklage auf Urlaubsgewährung für einen unbestimmten Zeitraum. Daneben ist nach der Rspr. des BAG eine Leistungsklage auf Urlaubsgewährung **ohne zeitliche Festlegung** des Urlaubszeitpunktes zulässig. Bei einem solchen, zeitlich nicht festgelegten Klageantrag erlischt das Rechtsschutzbedürfnis durch Zeitablauf dann nicht, wenn der AG sich mit der Erfüllung des Urlaubsanspruchs in Verzug befindet und deshalb an die Stelle des Urlaubsanspruchs als zu ersetzendem Verzugsschaden ein Ersatzurlaubsanspruch getreten ist.[262] Der Klageantrag lautet in diesen Fällen:

„Die klagende Partei beantragt, die beklagte Partei zu verurteilen, ihr ... Werktage/Arbeitstage Urlaub zu gewähren."

d) Klage auf Feststellung des Umfangs eines Urlaubsanspruchs. Nach Ansicht des BAG besteht auch die Möglichkeit einer Feststellungsklage, wenn die AN den streitigen **Umfang** des Urlaubsanspruchs klären lassen will; dies gilt zumindest, wenn der AG erklärt, einem stattgebenden Feststellungsurteil nachkommen zu wollen.[263] Dann lautet der Antrag:

„Die klagende Partei beantragt festzustellen, dass ihr für das Urlaubsjahr ... noch ... Werktage/Arbeitstage Erholungsurlaub zustehen."

Insb. im Hinblick auf den **Bildungsurlaub** ist häufig streitig, ob der AG verpflichtet ist, für eine bestimmte Veranstaltung Urlaub zu gewähren. Eine rechtskräftige Klärung vor Durchführung der Bildungsmaßnahme ist regelmäßig nicht möglich. Um eine Belastung des Arbverh zu vermeiden, einigen sich die Parteien deshalb manchmal, dass bei rechtskräftiger Klärung des Bildungsurlaubsanspruchs die aufgrund der Teilnahme an der Bildungsveranstaltung entgangene Vergütung gezahlt werde. Im Hinblick auf diese Fallgestaltung ist bei Darlegung eines gegenwärtigen Interesses folgender Antrag als zulässig angesehen worden:[264]

„Die klagende Partei beantragt festzustellen, dass die beklagte Partei verpflichtet war, sie am ... (Datum) nach Maßgabe des Bildungsfreistellungsgesetzes ... unter Fortzahlung der Vergütung freizustellen."

Der Feststellungsantrag ist zwar dann auf einen in der Vergangenheit liegenden abgeschlossenen Sachverhalt gerichtet. Er ist dennoch zulässig, sofern sich Rechtsfolgen für die Gegenwart oder Zukunft ergeben.[265] **Einfacher** ist es jedoch, unmittelbar auf die Entgeltfortzahlung für die Dauer der nach Maßgabe einer besonderen Freistellungsvereinbarung besuchten Bildungsveranstaltung oder bei verweigerter Freistellung auf Feststellung des Ersatzanspruchs zu klagen.

8. Wiedereinstellung. Im Zusammenhang mit einer sozial gerechtfertigten Künd oder einem Betriebsübergang kann dem AN aufgrund veränderter Umstände ein Anspruch auf Wiedereinstellung bzw. auf Fortsetzung des Arbverh zustehen.[266] Unklar ist nach der Rspr. des BAG, ob der Anspruch auf die Fortsetzung des rechtswirksam beendeten Arbverh oder auf Begründung eines neuen Arbverh zu den bisherigen oder angepassten Bedingungen geht.[267] Der Antrag zur Durchsetzung des Fortsetzungsanspruchs lautet:

„Die Klägerin beantragt, die Beklagte zu verurteilen, ihr Angebot auf Fortsetzung des Arbeitsverhältnisses über den ... hinaus anzunehmen."

---

259 *Schütz*, in: HzA, Gruppe 4 Rn 953.
260 BAG 18.12.1986 – 8 AZR 502/84 – AP § 7 BUrlG Nr. 10 = DB 1987, 1362.
261 BAG 18.12.1986 – 8 AZR 502/84 – AP § 7 BUrlG Nr. 10 = DB 1987, 1362; für Unbegründetheit der Klage *Leipold*, Anm. zu AP § 7 BurlG Nr. 10.
262 BAG 26.5.1988 – 8 AZR 774/85 – AP § 1 BurlG Nr. 19 = DB 1989, 18; BAG 5.9.1995 – 3 AZR 216/95 – AP § 1 TVG Tarifverträge: Papierindustrie Nr. 11 = DB 1996, 1087, betr. tariflichen Freischichtenanspruch.
263 BAG 9.5.1995 – 9 AZR 552/93 – AP § 7 BUrlG Übertragung Nr. 22 = BB 1995, 2430; GK-BUrlG/*Bachmann*, § 7 Rn 68; *Schütz*, in: HzA, Gruppe 4 Rn 950.
264 BAG 17.11.1998 – 9 AZR 503/97 – AuR 1999, 278.
265 BAG 15.6.1993 – 9 AZR 466/97 – NZA 1999, 219 = DB 1999, 590.
266 BAG 12.11.1998 – 8 AZR 265/97 – DB 1999, 485 = BB 1999, 589.
267 *Ziemann*, MDR 1999, 716 ff.

173 Der Antrag auf Wiedereinstellung ist dagegen wie folgt zu formulieren:

„Die Klägerin beantragt, die Beklagte zu verurteilen, ihr Angebot auf Abschluss eines Arbeitsvertrages zu den Bedingungen des Arbeitsvertrages vom ... (ansonsten: zu den am ... letzter Tag des beendeten Arbeitsverhältnisse ... geltenden Arbeitsbedingungen des früheren Arbeitsverhältnisses der Parteien) unter Anrechnung der bisher erworbenen Dauer der Betriebszugehörigkeit anzunehmen."

174 **9. Zeugnis.** Nach § 109 Abs. 1 S. 1, 2 GewO kann die AN bei der Beendigung eines dauernden Arbverh vom AG ein schriftliches Zeugnis über Art und Dauer der Tätigkeit (sog. **einfaches Zeugnis**) fordern. Das Zeugnis ist nach § 109 Abs. 1 S. 3 GewO auf Verlangen des AN auf die Leistungen und das Verhalten im Arbverh (sog. **qualifiziertes Zeugnis**) zu erstrecken. Die Neuregelung gilt für alle AN (§ 630 S. 4 BGB). § 16 BBiG sieht für Auszubildende eine Spezialregelung vor. Sonderregelungen gibt es auch in TV. Vor Ablauf der Künd-Frist bzw. vor dem tatsächlichen Ausscheiden soll der AG im gekündigten Arbverh die Möglichkeit der Erteilung eines **„vorläufigen Zeugnisses"** haben, welches bei Ausscheiden des AN gegen ein „endgültiges" auszutauschen ist.[268] Ferner soll bei Vorliegen eines besonderen Grundes im ungekündigten Arbverh ein Anspruch auf ein **„Zwischenzeugnis" bestehen**.[269] Der Zeugnisanspruch richtet sich auf Erteilung eines Zeugnisses, das nach Form und Inhalt den gesetzlichen Bestimmungen entspricht. Erteilt der AG ein Zeugnis, welches den Anforderungen nicht genügt, liegt keine ordnungsgemäße Erfüllung vor.[270] Bei dem Änderungsverlangen des AN handelt es sich dann um die Geltendmachung des noch nicht erloschenen Erfüllungsanspruchs.[271]

175 Der AN kann **wahlweise** auf Erteilung eines **einfachen** oder **qualifizierten Zeugnisses** klagen. Die Anträge lauten:[272]

„Die Klägerin beantragt, die Beklagte zu verurteilen, ihr ein Zeugnis über Art und Dauer der Tätigkeit bei der Beklagten in der Zeit vom ... bis zum ... zu erteilen."

„Die Klägerin beantragt, die Beklagte zu verurteilen, ihr ein Zeugnis über Art und Dauer der Tätigkeit bei der Beklagten in der Zeit vom ... bis zum ... zu erteilen und dieses auf die Leistungen und Verhalten im Arbeitsverhältnis zu erstrecken."

176 Die mit Erteilung des Zeugnisses umschriebene Leistungsverpflichtung hat das **Fertigen** und die **Herausgabe** des gefertigten Zeugnisses zum Inhalt. Das Fertigen des Zeugnisses wird nach § 888 Abs. 1 ZPO vollstreckt, weil die Handlung durch einen Dritten nicht vorgenommen werden kann. Dagegen wird die Herausgabe des gefertigten Zeugnisses nach § 883 ZPO vollstreckt. Für die übrigen Arbeitspapiere ist dies anerkannt.[273]

177 Ist das erteilte Zeugnis **unvollständig oder teilweise fehlerhaft,** so kann der AN auf Ergänzung bzw. Berichtigung klagen. Um dem Bestimmtheitsgebot des § 253 Abs. 2 Nr. 2 ZPO zu genügen, muss im Klageantrag genau die angestrebte Ergänzung und/oder Berichtigung aufgeführt werden. Der AN muss also beim Berichtigungs- bzw. Ergänzungsverlangen Teile des Zeugnisses bzw. das ganze Zeugnis selbst formulieren.[274] Der Antrag lautet in diesem Fall:

„Die Klägerin beantragt, die Beklagte zu verurteilen, ihr ein Zeugnis entsprechend dem unter dem ... (Datum) erstellten Zeugnis zu erteilen, jedoch mit folgender Ergänzung: ... (konkrete Ergänzungsformulierung) und mit folgender Berichtigung: ... (konkrete Berichtigungsformulierung)."

178 Ist **noch kein Zeugnis erteilt** und verlangt eine AN nicht nur ein einfaches oder qualifiziertes Zeugnis, sondern außerdem auch einen **bestimmten Zeugnisinhalt**, so hat sie im Klageantrag genau zu bezeichnen, was in welcher Form das Zeugnis enthalten soll. Nur wenn der Entscheidungsausspruch bereits die dem Gericht zutreffend erscheinende Zeugnisformulierung enthält, wird verhindert, dass sich der Streit über den Inhalt des Zeugnisses vom Erkenntnis- in das Vollstreckungsverfahren verlagert.[275] Es ist nicht Aufgabe des Vollstreckungsorgans festzustellen, ob eine von der Beklagten gewählte Formulierung den ausgeurteilten Anspruch erfüllt.

---

268 *Haupt*, in: HzA, Gruppe 1 Rn 2108.
269 BAG 21.1.1993 – 6 AZR 171/92 – AP § 61 BAT Nr. 1 = DB 1993, 2134.
270 Zum Inhalt s. § 109 Abs. 2 GewO und BAG 20.2.2001 – 9 AZR 44/00 – AP § 630 BGB Nr. 26 = NZA 2001, 843; zur Form BAG 21.9.1999 – 9 AZR 893/98 – AP § 630 BGB Nr. 23 = NZA 2000, 257 und zur Darlegungslast BAG 14.10.2003 – 9 AZR 12/03 – DB 2004, 1270 = NZA 2004, 843.
271 BAG 4.10.2005 – 9 AZR 507/04 – AP § 630 BGB Nr. 32 = NJW 2006, 2427.
272 Krit. im Hinblick auf den Bestimmtheitsgrundsatz wegen Wiedergabe des Gesetzeswortlauts *Gift/Baur*, E Rn 310.
273 *Gift/Baur*, E Rn 1753, 1762.
274 *Schaub*, Arbeitsrechts-Handbuch, § 146 IV 2.
275 BAG 14.3.2000 – 9 AZR 246/99 – juris.

§ 46a Mahnverfahren

(1) ¹Für das Mahnverfahren vor den Gerichten für Arbeitssachen gelten die Vorschriften der Zivilprozeßordnung über das Mahnverfahren einschließlich der maschinellen Bearbeitung entsprechend, soweit dieses Gesetz nichts anderes bestimmt. ²§ 690 Abs. 3 Satz 2 der Zivilprozessordnung ist nicht anzuwenden.
(2) Zuständig für die Durchführung des Mahnverfahrens ist das Arbeitsgericht, das für die im Urteilsverfahren erhobene Klage zuständig sein würde.
(3) Die in den Mahnbescheid nach § 692 Abs. 1 Nr. 3 der Zivilprozeßordnung aufzunehmende Frist beträgt eine Woche.
(4) ¹Wird rechtzeitig Widerspruch erhoben und beantragt eine Partei die Durchführung der mündlichen Verhandlung, so hat die Geschäftsstelle dem Antragsteller unverzüglich aufzugeben, seinen Anspruch binnen zwei Wochen schriftlich zu begründen. ²Bei Eingang der Anspruchsbegründung bestimmt der Vorsitzende den Termin zur mündlichen Verhandlung. ³Geht die Anspruchsbegründung nicht rechtzeitig ein, so wird bis zu ihrem Eingang der Termin nur auf Antrag des Antragsgegners bestimmt.
(5) Die Streitsache gilt als mit Zustellung des Mahnbescheids rechtshängig geworden, wenn alsbald nach Erhebung des Widerspruchs Termin zur mündlichen Verhandlung bestimmt wird.
(6) ¹Im Fall des Einspruchs hat das Gericht von Amts wegen zu prüfen, ob der Einspruch an sich statthaft und ob er in der gesetzlichen Form und Frist eingelegt ist. ²Fehlt es an einem dieser Erfordernisse, so ist der Einspruch als unzulässig zu verwerfen. ³Ist der Einspruch zulässig, hat die Geschäftsstelle dem Antragsteller unverzüglich aufzugeben, seinen Anspruch binnen zwei Wochen schriftlich zu begründen. ⁴Nach Ablauf der Begründungsfrist bestimmt der Vorsitzende unverzüglich Termin zur mündlichen Verhandlung.
(7) Das Bundesministerium für Arbeit und Soziales wird ermächtigt, durch Rechtsverordnung mit Zustimmung des Bundesrats den Verfahrensablauf zu regeln, soweit dies für eine einheitliche maschinelle Bearbeitung der Mahnverfahren erforderlich ist (Verfahrensablaufplan).
(8) ¹Das Bundesministerium für Arbeit und Soziales wird ermächtigt, durch Rechtsverordnung mit Zustimmung des Bundesrats zur Vereinfachung des Mahnverfahrens und zum Schutz der in Anspruch genommenen Partei Formulare einzuführen. ²Dabei können für Mahnverfahren bei Gerichten, die die Verfahren maschinell bearbeiten, und für Mahnverfahren bei Gerichten, die die Verfahren nicht maschinell bearbeiten, unterschiedliche Formulare eingeführt werden.

A. Allgemeines	1	
B. Regelungsgehalt	2	
I. Zulässigkeit des Mahnverfahrens	2	
1. Allgemeine Verfahrensvoraussetzungen	2	
2. Örtliche Zuständigkeit	3	
3. Zahlungsanspruch	4	
4. Erbrachte Gegenleistung	7	
5. Keine öffentliche Bekanntmachung	8	
II. Durchführung des Mahnverfahrens	9	
1. Antrag	9	
a) Form	9	
b) Inhalt	14	
2. Entscheidung	17	
a) Zurückweisung	18	
b) Erlass des Mahnbescheids	23	
3. Widerspruch	26	
4. Vollstreckungsbescheid	31	
5. Einspruch	33	
III. Automatisiertes Mahnverfahren	34	
C. Verbindung zu anderen Rechtsgebieten und zum Prozessrecht	35	
I. Kosten	35	
II. Prozesskostenhilfe	36	

A. Allgemeines

Für das Mahnverfahren vor den Gerichten für Arbeitssachen gelten die §§ 688 bis 703d ZPO, soweit nicht in Abs. 2 bis 8 anderes bestimmt ist (Abs. 1). Für das arbeitsgerichtliche Verfahren bestehen hauptsächlich **Besonderheiten** im Hinblick auf die örtliche Zuständigkeit (Abs. 2), die Widerspruchsfrist (Abs. 3) und den Ausschluss des Urkunden- und Wechselverfahrens (§ 46 Abs. 2). Eine Automatisierung des Mahnverfahrens (§ 703b ZPO) war für das arbeitsgerichtliche Verfahren zunächst nicht vorgesehen. Durch Gesetz vom 29.6.1998[1] hat der Gesetzgeber jedoch diese Möglichkeit für das Mahnverfahren vor den ArbG eröffnet (Abs. 1, 7 und 8). Durch das SGGArbGG-Änderungsgesetz ist Abs. 6 geändert worden. Es ist jetzt ausdrücklich geregelt, wie nach Einspruchseinlegung konkret zu verfahren ist. Dies war bisher unklar und umstritten (**zur Neuregelung** im Einzelnen siehe Rn 33).

1

---

[1] BGBl I S. 1694.

B. Regelungsgehalt

I. Zulässigkeit des Mahnverfahrens

1. Allgemeine Verfahrensvoraussetzungen. Für das arbeitsgerichtliche Mahnverfahren müssen die allg. Prozessvoraussetzungen des arbeitsgerichtlichen Urteilsverfahrens vorliegen, nämlich der Rechtsweg zu den Gerichten für Arbeitssachen (siehe § 48 Rn 5), Parteifähigkeit (siehe dazu § 46 Rn 45), Prozessfähigkeit (siehe dazu § 46 Rn 43), Prozessführungsbefugnis (siehe § 46 Rn 49), gesetzliche Vertretung, Rechtsschutzbedürfnis (siehe § 46 Rn 44) und örtliche Zuständigkeit (siehe § 48 Rn 5). Das Vorliegen dieser Voraussetzungen hat der Rechtspfleger trotz Wegfalls der Schlüssigkeitsprüfung im Rahmen seines begrenzten Prüfungsrechts[2] zu prüfen. Insb. Rechtswegerschleichungen wird er jedoch im Regelfall nicht begegnen können.

2. Örtliche Zuständigkeit. In Abweichung von § 689 Abs. 2 ZPO richtet sich die örtliche Zuständigkeit nach Abs. 2. Danach ist für die Durchführung des Mahnverfahrens das ArbG zuständig, welches für die im Urteilsverfahren erhobene Klage zuständig wäre. Damit richtet sich die örtliche Zuständigkeit nach den §§ 12 bis 37 ZPO und nicht – wie im zivilprozessualen Verfahren – nach dem Wohnsitz oder Sitz des Antragstellers. Wirksame Gerichtsstandsvereinbarungen nach § 38 Abs. 3 ZPO gelten auch im Mahnverfahren.[3] Nach § 690 Abs. 1 Nr. 2 ZPO muss der Antragsteller in seinem Antrag auf Erlass des Mahnbescheids das Gericht bezeichnen, das für ein streitiges Verfahren zuständig ist. Durch die Bezeichnung des zuständigen ArbG übt der Antragsteller zugleich selbstbindend sein Wahlrecht nach § 35 ZPO aus. Geht das Mahnverfahren in das Hauptverfahren über, bleibt es bei der bestehenden örtlichen Zuständigkeit.

3. Zahlungsanspruch. Im Mahnverfahren kann nach § 688 Abs. 1 ZPO regelmäßig nur die Zahlung einer bestimmten Geldsumme in EUR geltend gemacht werden. Ausnahmsweise kann der Mahnbescheid auch auf eine bestimmte Geldsumme in ausländischer Währung lauten. Dies ist nach § 688 Abs. 3 ZPO der Fall, wenn das Anerkennungs- und Vollstreckungsausführungsgesetz vom 19.2.2001[4] dies vorsieht.

Das arbeitsgerichtliche Mahnverfahren ist dabei nur für Zahlungsansprüche zulässig, die im Urteilsverfahren geltend gemacht werden können (arg. Abs. 2). Soweit Zahlungsansprüche im Beschlussverfahren durchzusetzen sind, können sie nicht im arbeitsgerichtlichen Mahnverfahren verfolgt werden.[5]

Mehrere Zahlungsansprüche können in einem Mahnantrag verbunden werden, wenn für jeden Zahlungsanspruch die allg. und besonderen Verfahrensvoraussetzungen vorliegen (entspr. § 260 ZPO). Die gerichtliche Verbindung von Mahnbescheiden (entspr. § 147 ZPO) scheidet aus.[6] Bei Streitgenossen nach § 59 ZPO ergehen für und gegen jeden getrennte, teilweise inhaltlich gleich lautende, voneinander abhängige Mahnbescheide.[7]

4. Erbrachte Gegenleistung. Das Mahnverfahren findet nach § 688 Abs. 2 Nr. 2 ZPO nicht statt, wenn die Geltendmachung des Anspruchs von einer noch nicht erbrachten Gegenleistung abhängig ist. Die Forderung muss im Zeitpunkt des Mahnbescheiderlasses fällig und unbedingt sein.[8] Ausgeschlossen sind künftige Ansprüche auf Arbeitsvergütung oder sonstige arbeitsvertragliche Geldleistungen, die ihren Rechtsgrund im Austauschverhältnis haben. Die §§ 257 bis 259 ZPO (Klage auf künftige Leistung, Klage auf wiederkehrende Leistung, Klage wegen Besorgnis der Nichterfüllung) finden im Mahnverfahren keine entsprechende Anwendung.[9]

5. Keine öffentliche Bekanntmachung. Nach § 688 Abs. 2 Nr. 3 ZPO findet das Mahnverfahren nicht statt, wenn die Zustellung des Mahnbescheids durch öffentliche Bekanntmachung i.S.v. §§ 185 ff. ZPO erfolgen müsste. Stellt sich erst im Laufe des Mahnverfahrens heraus, dass eine Zustellung nur durch öffentliche Bekanntmachung möglich wäre, ist der Antrag auf Erlass eines Mahnbescheids zurückzuweisen (§ 691 Abs. 1 S. 1 Nr. 2 ZPO). Der Antragsteller ist vorab zu hören (§ 691 Abs. 1 S. 2 ZPO). Eine Abgabe entsprechend § 696 ZPO in das streitige Verfahren ist nicht möglich.[10] Der Antragsteller muss vielmehr Klage erheben.

II. Durchführung des Mahnverfahrens

1. Antrag. a) Form. Das Mahnverfahren wird auf Antrag durchgeführt (§ 688 Abs. 1 ZPO). Der Antragsteller muss dafür das **amtlich vorgeschriebene Formular** benutzen (§§ 703c Abs. 2, 702 Abs. 1 S. 2 ZPO, § 46a Abs. 7 i.V.m. der VO zur Einführung von Vordrucken für das arbeitsgerichtliche Mahnverfahren vom 15.12.1977).[11] Nach § 1 Abs. 1 S. 2 der VO gilt dies nicht für Mahnverfahren, in denen der Antragsteller das Mahnverfahren maschinell betreibt und in denen der Mahnbescheid im Ausland oder nach Art. 32 des Zusatzabkommens zum NATO-Truppenstatut vom 3.8.1959 zuzustellen ist.

---

2 Zöller/*Vollkommer*, § 691 Rn 1.
3 Germelmann u.a., § 46a Rn 15.
4 BGBl I S. 288.
5 GK-ArbGG/*Bader*, § 46a Rn 5.
6 Germelmann u.a., § 46a Rn 6.
7 GK-ArbGG/*Bader*, § 46a Rn 10.
8 Hauck/Helml, § 46a Rn 5.
9 Germelmann u.a., § 46a Rn 5.
10 GK-ArbGG/*Bader*, § 46a Rn 23; Germelmann u.a., § 46a Rn 10.
11 Abgedruckt in GK-ArbGG/*Bader*, § 46a Anhang 1.

Der Antrag bedarf nach § 690 Abs. 2 ZPO der **handschriftlichen Unterzeichnung**. Hier gelten die gleichen Anforderungen wie für die Unterzeichnung eines bestimmenden Schriftsatzes (vgl. zum automatisierten Mahnverfahren Rn 34). Die Einreichung des Antrags per Telefax wird als zulässig erachtet.[12] Der telegraphischen Einreichung steht der Vordruckzwang entgegen. Zur Einreichung elektronischer Dokumente siehe § 46b. Durch das Zweite Gesetz zur Modernisierung der Justiz (2. JuMoG) vom 22.12.2006 ist in Abs. 1 der S. 2 eingefügt worden. Danach findet § 690 Abs. 3 S. 2 ZPO **keine** Anwendung. Die ZPO-Vorschrift ist am 1.12.2008 in Kraft getreten. § 690 Abs. 3 ZPO lautet jetzt:

„*Der Antrag kann in einer nur maschinell lesbaren Form übermittelt werden, wenn diese dem Gericht für seine maschinelle Bearbeitung geeignet erscheint. Wird der Antrag von einem Rechtsanwalt gestellt, ist nur diese Form der Antragstellung zulässig. Der handschriftlichen Unterzeichnung bedarf es nicht, wenn in anderer Weise gewährleistet ist, dass der Antrag nicht ohne den Willen des Antragstellers übermittelt wird.*"

Im arbeitsgerichtlichen Verfahren kann der Antrag durch den Anwalt also auch in Zukunft – anders als vor den ordentlichen Gerichten – in nicht maschinell lesbarer Form eingereicht werden. Bis zum 30.11.2008 fehlte allerdings für Abs. 1 S. 2 die Bezugsnorm. Inzwischen ist sie vorhanden.

Im Mahnverfahren bedarf es des Nachweises einer **Vollmacht** nicht. Wer als Bevollmächtigter einen Antrag einreicht oder einen Rechtsbehelf einlegt, hat seine ordnungsgemäße Bevollmächtigung zu versichern (§ 703 ZPO).

Die Anträge und Erklärungen im Mahnverfahren können vor dem **Urkundsbeamten** der Geschäftsstelle abgegeben werden. Dabei werden die amtlichen Vordrucke ausgefüllt. Der Urkundsbeamte vermerkt unter Angabe des Gerichts und des Datums, dass er den Antrag oder die Erklärung aufgenommen hat (§ 702 Abs. 1 ZPO).

Der Antrag auf Erlass eines Mahnbescheids oder eines Vollstreckungsbescheids wird dem **Antragsgegner nicht mitgeteilt** (§ 702 Abs. 2 ZPO).

b) **Inhalt.** Der Mahnantrag muss entsprechend § 690 Abs. 1 Nr. 1 bis 4 ZPO enthalten:
- Nr. 1: die Bezeichnung der Parteien, ihrer gesetzlichen Vertreter und der Prozessbevollmächtigten,
- Nr. 2: die Bezeichnung des Gerichts, bei dem der Antrag gestellt wird,
- Nr. 3: die Bezeichnung des Anspruchs unter bestimmter Angabe der verlangten Leistung; Haupt- und Nebenforderungen sind gesondert und einzeln zu bezeichnen,
- Nr. 4: die Erklärung, dass der Anspruch nicht von einer Gegenleistung abhängt oder dass die Gegenleistung erbracht ist.

Die Bezeichnung des Gerichts, das für ein streitiges Verfahren zuständig ist (§ 690 Abs. 1 Nr. 5 ZPO), ist entbehrlich, weil eine **Abgabe** nach § 696 Abs. 1 S. 1 ZPO wegen Abs. 2 **nicht stattfindet**.

Nach § 690 Abs. 1 Nr. 3 ZPO ist nicht nur die Bezifferung jedes einzelnen Zahlungsanspruchs erforderlich, sondern es müssen auch Angaben zur zeitlichen Abgrenzung gemacht werden, da andernfalls der Umfang der Rechtskraft nicht feststellbar ist. Daneben ist im Hinblick auf jede Einzelforderung anzugeben, ob es sich z.B. um Arbeitsvergütung, Vergütungsfortzahlung, Überstundenvergütung oder Urlaubsgeld handelt.[13] Nebenforderungen sind in Einzelforderungen aufzuschlüsseln (z.B. Auslagen, vorprozessuale Kosten). Durch diese Angaben, die keine substantiierte Anspruchsbegründung enthalten müssen, wird der Anspruch individualisiert und damit unterscheidbar gemacht.[14]

2. Entscheidung. Zuständig für die Entscheidung über den Antrag auf Erlass eines Mahnbescheids ist der **Rechtspfleger** (§ 9 Abs. 3 S. 1 i.V.m. § 20 Nr. 1 RPflG). Dieser hat von Amts wegen zu prüfen, ob die allg. Verfahrensvoraussetzungen und die besonderen Voraussetzungen für das Mahnverfahren vorliegen und ob der Antrag nach Form und Inhalt den gesetzlichen Anforderungen genügt. Der Gesetzgeber hat auf eine Schlüssigkeitsprüfung durch den Rechtspfleger verzichtet. Dies kann zu einem Missbrauch des Mahnverfahrens führen. Der Vollstreckung eines Vollstreckungsbescheids ist mit § 826 BGB zu begegnen, wenn die Wahl des Mahnverfahrens durch den Gläubiger als missbräuchliche Umgehung der im Klageverfahren stattfindenden Schlüssigkeitsprüfung bewertet werden kann.[15]

a) **Zurückweisung.** Der Mahnantrag wird entsprechend § 691 Abs. 1 S. 1 Nr. 1 ZPO zurückgewiesen, wenn:
- das Mahnverfahren nicht stattfindet,
- das angegangene ArbG nicht zuständig ist,
- der Mahnantrag von Form und Inhalt nicht den gesetzlichen Anforderungen genügt,
- nicht der amtlich vorgeschriebene Vordruck für den Mahnantrag verwendet wird.

Wenn der Mahnbescheid nur wegen eines Teiles nicht erlassen werden kann, kann der Mahnantrag wegen der unbedenklichen Ansprüche erlassen und i.Ü. zurückgewiesen werden.[16] Vor der Zurückweisung ist nach § 691 Abs. 1 S. 2

---

12 Hauck/Helml, § 46a Rn 7; GK-ArbGG/*Bader*, § 46a Rn 25.
13 GK-ArbGG/*Bader*, § 46a Rn 30.
14 GK-ArbGG/*Bader*, § 46a Rn 30.
15 Zöller/*Vollkommer*, vor § 688 Rn 6a.
16 Zöller/*Vollkommer*, § 692 Rn 2.

ZPO der Antragsteller zu **hören**. Dadurch erhält der Antragsteller die Gelegenheit, Mängel zu beheben, den Mahnbescheid zu beschränken oder zurückzunehmen. Handelt es sich um behebbare Mängel, hat der Rechtspfleger auf diese hinzuweisen und eine angemessene Frist zur Beseitigung zu setzen, verbunden mit dem Hinweis, dass bei fruchtlosem Fristablauf die Zurückweisung erfolgen wird.[17]

20 Die Zurückweisung erfolgt durch **Beschluss des Rechtspflegers**. Der Beschluss ist zu begründen. Die Kosten hat entsprechend § 91 Abs. 1 ZPO der Antragsteller zu tragen. Der Beschluss ist zuzustellen (§§ 329 Abs. 3, 691 Abs. 2 ZPO).[18] Gegen den Zurückweisungsbeschluss des Rechtspflegers ist nach § 11 Abs. 2 S. 1 RPflG i.V.m. § 569 Abs. 1 ZPO die **sofortige Erinnerung** innerhalb von zwei Wochen möglich.[19] Der Rechtspfleger kann der Erinnerung abhelfen (§ 11 Abs. 2 RPflG). Über die Erinnerung entscheidet der Richter (§ 11 Abs. 2 S. 3 RPflG). Der Richter kann die Erinnerung zurückweisen oder aber den Rechtspfleger anweisen, den Mahnbescheid zu erlassen. Der Beschluss ist nicht anfechtbar (§ 691 Abs. 3 S. 2 ZPO). Da dem zurückweisenden Beschluss keine materielle Rechtskraft zukommt, kann der Antragsteller seinen Anspruch erneut im Mahnverfahren geltend machen.[20] Er kann aber auch Klage im Urteilsverfahren erheben.

21 Sollte durch die Zustellung des Mahnbescheids eine Frist gewahrt werden oder die **Verjährung** neu beginnen oder nach § 204 BGB gehemmt werden, so tritt die Wirkung mit der Einreichung oder Anbringung des Antrags auf Erlass des Mahnbescheids ein, wenn innerhalb eines Monats seit der Zustellung der Zurückweisung des Antrags Klage eingereicht und diese demnächst zugestellt wird (§ 691 Abs. 2 ZPO).

22 Bei **fehlender Rechtswegzuständigkeit** kommt keine Abgabe in die Gerichtsbarkeit des zuständigen Rechtswegs in Betracht, weil dem Rechtspfleger keine Kammerentscheidung nach § 48 Abs. 1 Nr. 2 möglich ist. Nach § 48 Abs. 1 Nr. 1 kann der Rechtspfleger jedoch bei fehlender **örtlicher Zuständigkeit** nach vorheriger Anhörung allein des Antragstellers (vor rechtswirksamer Zustellung des Mahnbescheids) das Mahnverfahren an das örtlich zuständige ArbG abgeben.[21] Sofern mehrere andere Gerichte örtlich zuständig sind, wird an das vom Antragsteller auszuwählende Gericht abgegeben, ansonsten nach Bestimmung durch den Rechtspfleger (§ 17a Abs. 2 S. 2 GVG). Soweit teilweise[22] gegen die Möglichkeit der Abgabe angeführt wird, der Antragsteller habe seine Wahlmöglichkeit nach § 35 ZPO mit der Antragstellung bei einem bestimmten Gericht bereits verbraucht, widerspricht das Sinn und Zweck des § 35 ZPO. Ein solcher Verbrauch tritt nämlich nur ein, wenn der Antrag bei einem zuständigen ArbG eingegangen ist.[23] Der Beschluss des Rechtspflegers ist für das Gericht, an das abgegeben wird, bindend (§ 17a Abs. 2 S. 3 GVG), wobei die Bindungswirkung auf das Mahnverfahren beschränkt bleibt.[24]

23 **b) Erlass des Mahnbescheids.** Liegen die allgemeinen Verfahrensvoraussetzungen (siehe Rn 2) und die besonderen für das Mahnverfahren (siehe Rn 3 ff.) vor und genügt der Antrag nach Form und Inhalt den gesetzlichen Anforderungen (siehe Rn 9), so erlässt der Rechtspfleger den Mahnbescheid. Der Mahnbescheid enthält nach § 692 Abs. 1 Nr. 1 bis 5 ZPO i.V.m. Abs. 3 folgende Angaben:
– die bereits bezeichneten Erfordernisse des Antrags (§ 690 Abs. 1 Nr. 1 bis 4 ZPO),
– den Hinweis, dass das Gericht nicht geprüft hat, ob dem Antragsteller der geltend gemachte Anspruch zusteht,
– die Aufforderung, innerhalb von einer Woche (vgl. Abs. 3) seit der Zustellung des Mahnbescheids, soweit der geltend gemachte Anspruch als begründet angesehen wird, die behauptete Schuld nebst den geforderten Zinsen und den dem Betrage nach bezeichneten Kosten zu begleichen oder dem Gericht mitzuteilen, ob und in welchem Umfang dem geltend gemachten Anspruch widersprochen wird,
– den Hinweis, dass ein dem Mahnbescheid entsprechender Vollstreckungsbescheid ergehen kann, aus dem der Antragsteller die Zwangsvollstreckung betreiben kann, falls der Antragsgegner nicht bis zum Fristablauf Widerspruch erhoben hat,
– den Hinweis, dass der Widerspruch mit einem Vordruck der beigefügten Art erhoben werden soll, der auch bei jedem Arbeitsgericht erhältlich ist und ausgefüllt werden kann.

24 Der Mahnbescheid muss **unterschrieben** werden. An Stelle einer handschriftlichen Unterzeichnung genügt ein entsprechender Stempelabdruck (§ 692 Abs. 2 ZPO).

25 Der Mahnbescheid wird dem Antragsgegner von Amts wegen **zugestellt** (§ 693 Abs. 1 ZPO). Die Geschäftsstelle des ArbG setzt den Antragsteller von der Zustellung des Mahnbescheids in Kenntnis (§ 693 Abs. 2 ZPO). Soll durch die Zustellung eine Frist gewahrt oder die Verjährung unterbrochen werden, so tritt die Wirkung, wenn die Zustellung **demnächst** erfolgt, bereits mit der Einreichung oder Anbringung des Antrags auf Erlass des Mahnbescheids ein (§ 167 ZPO). Dabei wird die Verjährung auch gehemmt (§ 204 Abs. 1 Nr. 3 ZPO), wenn ein Mahnbescheid rechtzeitig

---

17 BGH 29.9.1983 – VII ZR 31/83 – DB 1984, 1462.
18 GK-ArbGG/*Bader*, § 46a Rn 39.
19 Zu den Rechtsbehelfen gegen Entscheidungen der Rechtspfleger vgl. BLAH/*Hartmann*, § 104 ZPO Rn 41.
20 *Germelmann u.a.*, § 46a Rn 19.
21 GK-ArbGG/*Bader*, § 46a Rn 17; ähnlich zur alten Rechtslage BAG 28.12.1981 – 5 AR 201/81 – AP § 36 ZPO Nr. 28

= NJW 1982, 2792; a.A. Germelmann u.a., § 46a Rn 16, der dies nur im Falle der Mitteilung einer neuen Zustellanschrift, zulassen möchte.
22 *Germelmann u.a.*, § 46a Rn 16.
23 BGH 9.10.2002 – X ARZ 217/02 – NJW 2002, 3634.
24 BAG 28.12.1981 – 5 AZR 201/81 – AP § 36 ZPO Nr. 28 = NJW 1982, 2792.

beim unzuständigen ArbG eingeht und antragsgemäß an das zuständige ArbG abgegeben wird, welches dann – demnächst – den Mahnbescheid nach Ablauf der Verjährungsfrist zustellt.[25]

3. Widerspruch. Der Antragsgegner kann gegen den Anspruch oder einen Teil des Anspruchs bei dem ArbG, das den Mahnbescheid erlassen hat, schriftlich Widerspruch erheben (§ 694 Abs. 1 ZPO). Hierzu kann er sich des Urkundsbeamten der Geschäftsstelle des ArbG bedienen (§ 702 Abs. 1 S. 1 ZPO). Der Widerspruch soll **innerhalb einer Woche** erfolgen (Abs. 3). Dabei handelt es sich um keine verbindliche Ausschluss- oder Rechtsbehelfsfrist. Der Widerspruch kann vielmehr solange erhoben werden, wie der Vollstreckungsbescheid noch nicht verfügt ist (§ 694 Abs. 1 ZPO). „Verfügt" ist der Vollstreckungsbescheid, wenn er vom Rechtspfleger in den Geschäftsgang gegeben worden ist. Im Falle der Auslandszustellung beträgt die Widerspruchsfrist einen Monat (§ 34 Abs. 3 S. 1 AVAG).

Ein **verspäteter Widerspruch**, der eingeht, nachdem der Vollstreckungsbescheid schon verfügt (siehe Rn 26) ist, wird als Einspruch behandelt (§ 694 Abs. 2 S. 1 ZPO). Dies ist dem Antragsgegner, der den Widerspruch erhoben hat, mitzuteilen (§ 694 Abs. 2 S. 2 ZPO).

Der Widerspruch ist **schriftlich** zu erheben (§ 694 Abs. 1 ZPO). Aufgrund der Ermächtigung in Abs. 8 S. 1 ist mit VO vom 15.12.1977[26] ein Vordruck für den Widerspruch eingeführt worden. Insoweit besteht aber kein Vordruckzwang für die Einlegung des Widerspruchs. In § 692 Abs. 1 Nr. 5 ZPO ist lediglich davon die Rede, dass der Widerspruch mit einem Vordruck der beigefügten Art erhoben werden soll. Daher reicht jeglicher schriftlicher Widerspruch, der auch durch **Telefax oder Telegramm** eingereicht werden kann. Der Antragsgegner soll mit dem Widerspruch die erforderliche Anzahl von Abschriften einreichen (§ 695 S. 2 ZPO).

Der Widerspruch muss nicht begründet werden. Ist der Widerspruch vor Verfügung (vgl. Rn 26) des Vollstreckungsbescheids eingelegt, wird das Mahnverfahren verlassen. Der Erlass eines Vollstreckungsbescheids ist unzulässig. Der Widerspruch kann auf einen der geltend gemachten Ansprüche oder einen abtrennbaren Anspruchsteil beschränkt werden. Dann kann wegen der Ansprüche oder der Anspruchsteile, die von dem Widerspruch nicht erfasst werden, ein Vollstreckungsbescheid ergehen. Ergibt der Teilwiderspruch gegen einen Mahnbescheid nicht eindeutig, gegen welche Teile des im Mahnbescheid bezeichneten Anspruchs er sich richtet, ist dem Antragsgegner Gelegenheit zur Klarstellung zu geben; bis zur Klarstellung ist der Widerspruch als unbeschränkt eingelegt zu behandeln.[27]

Das Gericht hat den Antragsteller von dem Widerspruch und dem Zeitpunkt seiner Erhebung in Kenntnis zu setzen (§ 695 S. 1 ZPO). Beantragt nun eine Partei die Durchführung der mündlichen Verhandlung, so hat die Geschäftsstelle dem Antragsteller unverzüglich aufzugeben, seinen Anspruch binnen zwei Wochen schriftlich zu begründen (Abs. 4 S. 1). Der Antrag auf Durchführung der mündlichen Verhandlung kann bereits vom Antragsteller im Mahnantrag bzw. vom Antragsgegner im Widerspruch oder getrennt davon von einer der Parteien im Laufe des Verfahrens gestellt werden. Der Vorsitzende bestimmt unverzüglich nach Eingang der Anspruchsbegründung Termin zur mündlichen Verhandlung (vgl. Abs. 4 S. 2). Dabei handelt es sich um einen Gütetermin. Geht die Anspruchsbegründung nicht rechtzeitig ein, so wird nach Abs. 4 S. 3 bis zu ihrem Eingang der Termin **nur auf Antrag** des Antragsgegners bestimmt.

Die Streitsache gilt nur dann als mit Zustellung des Mahnbescheids rechtshängig geworden, wenn alsbald nach Erhebung des Widerspruchs Termin zur mündlichen Verhandlung bestimmt wird (Abs. 5).

4. Vollstreckungsbescheid. Auf der Grundlage des Mahnbescheids erlässt das Gericht auf Antrag einen Vollstreckungsbescheid, wenn der Antragsgegner nicht rechtzeitig Widerspruch erhoben (§ 699 Abs. 1 S. 1 ZPO) oder den Widerspruch zurückgenommen hat (§ 697 Abs. 4 S. 1 ZPO). Der Antrag kann nicht – auch nicht vorsorglich – vor Ablauf der Widerspruchsfrist des Abs. 3 von einer Woche gestellt werden; er hat die Erklärung zu enthalten, ob und welche Zahlungen auf den Mahnbescheid geleistet worden sind (§ 699 Abs. 1 S. 2 ZPO). Für den Antrag ist ein Vordruck zu verwenden (Abs. 8). Ist Widerspruch nicht erhoben und beantragt der Antragsteller den Erlass des Vollstreckungsbescheids nicht binnen einer sechsmonatigen Frist, die mit der Zustellung des Mahnbescheids beginnt, so fällt die Wirkung des Mahnbescheids weg (§ 701 Abs. 1 S. 1 ZPO). Dasselbe gilt, wenn der Vollstreckungsbescheid rechtzeitig beantragt ist, der Antrag aber zurückgewiesen wird (§ 701 Abs. 1 S. 2 ZPO). Der Antrag auf Erlass eines Vollstreckungsbescheids wird dem Antragsgegner nicht mitgeteilt (§ 702 Abs. 2 ZPO).

Der Vollstreckungsbescheid wird durch den Rechtspfleger erteilt (§ 20 Nr. 1 RPflG) und dem Antragsgegner von Amts wegen zugestellt, wenn nicht der Antragsteller die Übergabe an sich zur Zustellung im Parteibetrieb beantragt hat (§ 699 Abs. 4 S. 1 ZPO).

Der Vollstreckungsbescheid steht einem Versäumnisurteil gleich (§ 700 Abs. 1 ZPO). Die Streitsache gilt als mit der Zustellung des Mahnbescheids rechtshängig geworden (§ 700 Abs. 2 ZPO).

---

25 BAG 13.5.1987 – 5 AZR 106/86 – AP Nr. 3 zu § 209 BGB.
26 BGBl I S. 2625.
27 BGH 24.11.1982 – VIII ZR 286/81 – BGHZ 85, 361.

33 **5. Einspruch.** Der Vollstreckungsbescheid steht nach § 700 Abs. 1 ZPO einem **Versäumnisurteil gleich.** Gegen den Vollstreckungsbescheid kann daher entsprechend § 59 Einspruch eingelegt werden. Bei fehlender Rechtsbehelfsbelehrung verlängert sich die Einspruchsfrist nicht nach § 9 Abs. 5 S. 4.[28] Die Einspruchsschrift muss die Bezeichnung des Vollstreckungsbescheids, gegen den der Einspruch gerichtet wird, und die Erklärung enthalten, dass gegen diesen Vollstreckungsbescheid Einspruch eingelegt wird (entspr. § 340 Abs. 2 ZPO). Eine Begründung des Einspruchs kann – entgegen § 340 Abs. 3 ZPO, der keine Anwendung finden kann – nicht erwartet werden, weil für den Mahn- und auch für den Vollstreckungsbescheid bereits die Begründung fehlt.[29] Wie im Falle des Einspruchs vorzugehen ist, legt der durch das SGGArbGG-Änderungsgesetz **per 1.4.2008 geänderte Abs. 6** jetzt konkret fest. Das Gericht prüft danach zunächst von Amts wegen, ob der Einspruch an sich statthaft und ob er in der gesetzlichen Form und Frist eingelegt ist. Insoweit hat sich also gegenüber der bisherigen Rechtslage nichts geändert. Ist der Einspruch danach bereits **unzulässig**, ist er nach Abs. 6 S. 2 als unzulässig zu verwerfen. Die Entscheidung ergeht durch ein Urteil.[30] Eine mündliche Verhandlung ist nicht erforderlich, §§ 700 Abs. 1 i.V.m. § 341 Abs. 2 ZPO. Es gelten die gleichen Grundsätze wie bei einem unzulässigen Einspruch gegen ein Versäumnisurteil. Auch insoweit ist durch die Neuregelung keine Änderung eingetreten. Zuständig für eine Entscheidung über den unzulässigen Einspruch ist die **Vorsitzende allein**, nicht die Kammer.[31] Dies hat der Gesetzgeber jetzt ausdrücklich durch die Einfügung von § 55 Abs. 1 Nr. 4a ArbGG klargestellt (siehe § 55 Rn 12).

Ist der **Einspruch zulässig**, gibt die Geschäftsstelle dem Antragsteller nach Abs. 6 S. 3 zunächst auf, den Einspruch innerhalb von zwei Wochen zu begründen. Nach Ablauf der Begründungsfrist wird Termin zur mündlichen Verhandlung anberaumt. Der Gesetzgeber legt wieder nicht ausdrücklich fest, ob es sich dabei um einen Gütetermin oder um eine Kammerverhandlung handelt. Da die mündliche Verhandlung nach § 54 Abs. 1 S. 1 mit einer Verhandlung vor dem Vorsitzenden zum Zwecke der gütlichen Beilegung der Parteien beginnt, ist ein Gütetermin anzuberaumen. Auch aus der Gesetzesbegründung[32] ergibt sich nun eindeutig, dass der Gesetzgeber die Regelung i.d.S. versteht. Dort heißt es: *„Darüber hinaus wird zugleich geklärt, dass nach dem Übergang aus dem Mahnverfahren in das streitige Verfahren wie im Zivilprozess zunächst eine Güteverhandlung stattzufinden hat. Eine Verhandlung über den Einspruch und die Hauptsache im Gütetermin ermöglicht eine zeitnahe Erörterung des Streitstands und eine schnelle Beilegung des Rechtsstreits."*

Nach der bisherigen Regelung war **Kammertermin** zu bestimmen und den Parteien bekannt zu machen, die Anberaumung eines Gütetermins war nicht möglich.[33]

III. Automatisiertes Mahnverfahren

34 Das Gesetz sah zunächst in Abweichung zu § 703b ZPO keine Regelung für die Automatisierung des Mahnverfahrens im arbeitsgerichtlichen Verfahren vor. Durch das Gesetz vom 29.6.1998[34] hat der Gesetzgeber jedoch diese Möglichkeit auch für das Mahnverfahren vor den ArbG eröffnet (siehe Abs. 1, 7 und 8). RechtsVO nach Abs. 7 und Abs. 8 S. 2 wurden bislang nicht erlassen. Bedeutung erlangt die Automatisierung des Mahnverfahrens bei den ArbG in Berlin und Wiesbaden, bei denen nach § 48 Abs. 2 S. 1 Nr. 2 die Beitragsklageverfahren der Zusatzversorgungskasse für das Baugewerbe durchgeführt werden[35] (zur gesetzlichen Neuregelung siehe Rn 10).

C. Verbindung zu anderen Rechtsgebieten und zum Prozessrecht

I. Kosten

35 Die Kosten des Mahnverfahrens richten sich aufgrund des am 1.7.2004 in Kraft getretenen Kostenrechtsmodernisierungsgesetzes nach Nr. 8 des **Gebührenverzeichnisses zum GKG**. In erster Instanz bestehen im Mahnverfahren wie im Urteilsverfahren kein Kostenerstattungsanspruch und keine Vorschusspflicht. Die Erstattung außergerichtlicher Kosten richtet sich nach § 12a.

II. Prozesskostenhilfe

36 PKH kann auch für das Mahnverfahren bewilligt werden (siehe dazu § 11a Rn 33 ff.), und zwar durch den Rechtspfleger.[36] Hintergrund für die Bewilligung von Prozesskostenhilfe ist die Ermöglichung der Inanspruchnahme der für die Rechtsverfolgung gesetzlich vorgesehenen Mittel unabhängig von der wirtschaftlichen Situation eines Rechtsuchenden. Eine generelle Verweisung einer armen Person auf die Möglichkeit der Beratungshilfe scheidet aus. Das hat der Gesetzgeber ausdrücklich nicht vorgesehen. Allerdings ist mit der Bewilligung nicht zwingend

---

28 LAG Köln 7.8.1998 – 11 Sa 1218/97 – AP § 9 ArbGG 1979 Nr. 19; *Germelmann u.a.*, § 59, Rn 22; a.A. *Germelmann u.a.*, § 9 Rn 24.
29 *Germelmann u.a.*, § 46a Rn 34.
30 LAG Rheinland-Pfalz 21.7.2005 – 11 Ta 165/05 – juris.
31 Zur Begründung und zum Streitstand: § 55 Rn 12.
32 BT-Drucks 16/7716 S. 23.
33 *Germelmann u.a.*, § 46a Rn 29.
34 BGBl S. 1694.
35 GK-ArbGG/*Bader*, § 46a Rn 3; *Germelmann u.a.*, § 46a Rn 13.
36 GK-ArbGG/*Bader*, § 46a Rn 90;

die Beiordnung eines Rechtsanwalts zu verbinden.[37] Der Beiordnungsantrag muss in einem solchen Fall besonders begründet werden, was regelmäßig nicht gelingen wird. Für eine Beiordnung eines RA wird es regelmäßig an der Vertretung der Gegenseite durch einen Anwalt fehlen.[38] Die Bewilligung erfasst nicht das sich ggf. anschließende Streitverfahren.

§ 46b Europäisches Mahnverfahren nach der Verordnung (EG) Nr. 1896/2006

(1) Für das Europäische Mahnverfahren nach der Verordnung (EG) Nr. 1896/2006 des Europäischen Parlaments und des Rates vom 12. Dezember 2006 zur Einführung eines Europäischen Mahnverfahrens (ABl. EU Nr. L 399 S. 1) gelten die Vorschriften des Abschnitts 5 des Buchs 11 der Zivilprozessordnung entsprechend, soweit dieses Gesetz nichts anderes bestimmt.
(2) Für die Bearbeitung von Anträgen auf Erlass und Überprüfung sowie die Vollstreckbarerklärung eines Europäischen Zahlungsbefehls nach der Verordnung (EG) Nr. 1896/2006 ist das Arbeitsgericht zuständig, das für die im Urteilsverfahren erhobene Klage zuständig sein würde.
(3) ¹Im Fall des Artikels 17 Abs. 1 der Verordnung (EG) Nr. 1896/2006 ist § 46a Abs. 4 und 5 entsprechend anzuwenden. ²Der Antrag auf Durchführung der mündlichen Verhandlung gilt als vom Antragsteller gestellt.

A. Allgemeines	1	II. Zuständigkeit (Abs. 2)		4
B. Regelungsgehalt	2	III. Verfahren nach Einspruch (Abs. 3)		5
I. Verweisung auf das Elfte Buch der ZPO (Abs. 1)	2			

A. Allgemeines

Die Vorschrift ist durch Art. 4 des Gesetzes zur Verbesserung der grenzüberschreitenden Forderungsdurchsetzung und Zustellung vom 30.10.2008¹ ganz neu eingefügt worden und am 12.12.2008 in Kraft getreten. Die bisherigen §§ 46b bis 46d sind zugleich zu §§ 46c bis 46e geworden. Die Neuregelung ist erforderlich geworden, um den arbeitsgerichtlichen Besonderheiten im Mahnverfahren Rechnung zu tragen. Die Unterschiede zwischen dem Verfahren vor den ordentlichen und den Arbeitsgerichten haben Abweichungen bei der Frage der Zuständigkeit und der Überleitung in das streitige Verfahren zur Folge.²

B. Regelungsgehalt

I. Verweisung auf das Elfte Buch der ZPO (Abs. 1)

Die Vorschrift nimmt für das Mahnverfahren Bezug auf den Fünften Abschnitt des Elften Buches der ZPO (und wiederholt damit an sich nur die Vorschrift des § 13a ArbGG), soweit das ArbGG nichts anderes bestimmt. Von der ZPO abweichende Regelungen finden sich in Abs. 2 und 3. Der in Bezug genommene Abschnitt 5 ist unter Rn 3 abgedruckt.

„Abschnitt 5 – Europäisches Mahnverfahren nach der Verordnung (EG) Nr. 1896/2006
Titel 1 – Allgemeine Vorschriften
§ 1087 – Zuständigkeit
Für die Bearbeitung von Anträgen auf Erlass und Überprüfung sowie die Vollstreckbarerklärung eines Europäischen Zahlungsbefehls nach der Verordnung (EG) Nr. 1896/2006 des Europäischen Parlaments und des Rates vom 12. Dezember 2006 zur Einführung eines Europäischen Mahnverfahrens (ABl EU Nr. L 399 S. 1) ist das Amtsgericht Wedding in Berlin ausschließlich zuständig.
§ 1088 – Maschinelle Bearbeitung
(1) Der Antrag auf Erlass des Europäischen Zahlungsbefehls und der Einspruch können in einer nur maschinell lesbaren Form bei Gericht eingereicht werden, wenn diese dem Gericht für seine maschinelle Bearbeitung geeignet erscheint. § 130a Abs. 3 gilt entsprechend.

---

37 LAG Rheinland-Pfalz 16.1.2008 – 7 Ta 251/07 – Juris, insoweit zutreffend unter Hinweis auf Beratungshilfemöglichkeit; *Germelmann u.a.*, § 46a Rn 38.
38 GK-ArbGG/*Bader*, § 46a Rn 91; *Germelmann u.a.*, § 46a Rn 38.

1 BGBl I 2008 S. 2122.
2 Die Materialien zum Gesetz finden sich in der BT-Drucks 16/8839, S. 30 f.

(2) Der Senat des Landes Berlin bestimmt durch Rechtsverordnung, die nicht der Zustimmung des Bundesrates bedarf, den Zeitpunkt, in dem beim Amtsgericht Wedding die maschinelle Bearbeitung der Mahnverfahren eingeführt wird; er kann die Ermächtigung durch Rechtsverordnung auf die Senatsverwaltung für Justiz des Landes Berlin übertragen.

§ 1089 – Zustellung

(1) Ist der Europäische Zahlungsbefehl im Inland zuzustellen, gelten die Vorschriften über das Verfahren bei Zustellungen von Amts wegen entsprechend.

Die §§ 185 bis 188 sind nicht anzuwenden.

(2) Ist der Europäische Zahlungsbefehl in einem anderen Mitgliedstaat der Europäischen Union zuzustellen, gelten die Vorschriften der Verordnung (EG) Nr. 1393/2007 sowie für die Durchführung § 1068 Abs. 1 und § 1069 Abs. 1 entsprechend.

Titel 2 – Einspruch gegen den Europäischen Zahlungsbefehl § 1090 Verfahren nach Einspruch

§ 1090 – Verfahren nach Einspruch

(1) Im Fall des Artikels 17 Abs. 1 der Verordnung (EG) Nr. 1896/2006 fordert das Gericht den Antragsteller mit der Mitteilung nach Artikel 17 Abs. 3 der Verordnung (EG) Nr. 1896/2006 auf, das Gericht zu bezeichnen, das für die Durchführung des streitigen Verfahrens zuständig ist. Das Gericht setzt dem Antragsteller hierfür eine nach den Umständen angemessene Frist und weist ihn darauf hin, dass dem für die Durchführung des streitigen Verfahrens bezeichneten Gericht die Prüfung seiner Zuständigkeit vorbehalten bleibt. Die Aufforderung ist dem Antragsgegner mitzuteilen.

(2) Nach Eingang der Mitteilung des Antragstellers nach Absatz 1 Satz 1 gibt das Gericht, das den Europäischen Zahlungsbefehl erlassen hat, das Verfahren von Amts wegen an das vom Antragsteller bezeichnete Gericht ab. § 696 Abs. 1 Satz 3 bis 5, Abs. 2, 4 und 5 sowie § 698 gelten entsprechend.

(3) Die Streitsache gilt als mit Zustellung des Europäischen Zahlungsbefehls rechtshängig geworden, wenn sie nach Übersendung der Aufforderung nach Absatz 1 Satz 1 und unter Berücksichtigung der Frist nach Absatz 1 Satz 2 alsbald abgegeben wird.

§ 1091 – Einleitung des Streitverfahrens

§ 697 Abs. 1 bis 3 gilt entsprechend.

Titel 3 – Überprüfung des Europäischen Zahlungsbefehls in Ausnahmefällen

§ 1092 – Verfahren

(1) Die Entscheidung über einen Antrag auf Überprüfung des Europäischen Zahlungsbefehls nach Artikel 20 Abs. 1 oder Abs. 2 der Verordnung (EG) Nr. 1896/2006 ergeht durch Beschluss. Der Beschluss ist unanfechtbar.

(2) Der Antragsgegner hat die Tatsachen, die eine Aufhebung des Europäischen Zahlungsbefehls begründen, glaubhaft zu machen.

(3) Erklärt das Gericht den Europäischen Zahlungsbefehl für nichtig, endet das Verfahren nach der Verordnung (EG) Nr. 1896/2006.

(4) Eine Wiedereinsetzung in die Frist nach Artikel 16 Abs. 2 der Verordnung (EG) Nr. 1896/2006 findet nicht statt.

Titel 4 – Zwangsvollstreckung aus dem Europäischen Zahlungsbefehl

§ 1093 – Vollstreckungsklausel

Aus einem nach der Verordnung (EG) Nr. 1896/2006 erlassenen und für vollstreckbar erklärten Europäischen Zahlungsbefehl findet die Zwangsvollstreckung im Inland statt, ohne dass es einer Vollstreckungsklausel bedarf.

§ 1094 – Übersetzung

Hat der Gläubiger nach Artikel 21 Abs. 2 Buchstabe b der Verordnung (EG) Nr. 1896/2006 eine Übersetzung vorzulegen, so ist diese in deutscher Sprache zu verfassen und von einer in einem der Mitgliedstaaten der Europäischen Union hierzu befugten Person zu beglaubigen.

§ 1095 – Vollstreckungsschutz und Vollstreckungsabwehrklage gegen den im Inland erlassenen Europäischen Zahlungsbefehl

(1) Wird die Überprüfung eines im Inland erlassenen Europäischen Zahlungsbefehls nach Artikel 20 der Verordnung (EG) Nr. 1896/2006 beantragt, gilt § 707 entsprechend. Für die Entscheidung über den Antrag nach § 707 ist das Gericht zuständig, das über den Antrag nach Artikel 20 der Verordnung (EG) Nr. 1896/2006 entscheidet.

(2) Einwendungen, die den Anspruch selbst betreffen, sind nur insoweit zulässig, als die Gründe, auf denen sie beruhen, nach Zustellung des Europäischen Zahlungsbefehls entstanden sind und durch Einspruch nach Artikel 16 der Verordnung (EG) Nr. 1896/2006 nicht mehr geltend gemacht werden können.

§ 1096 – Anträge nach den Artikeln 22 und 23 der Verordnung (EG) Nr. 1896/2006; Vollstreckungsabwehrklage
(1) Für Anträge auf Verweigerung der Zwangsvollstreckung nach Artikel 22 Abs. 1 der Verordnung (EG) Nr. 1896/2006 gilt § 1084 Abs. 1 und 2 entsprechend. Für Anträge auf Aussetzung oder Beschränkung der Zwangsvollstreckung nach Artikel 23 der Verordnung (EG) Nr. 1896/2006 ist § 1084 Abs. 1 und 3 entsprechend anzuwenden.
(2) Für Anträge auf Verweigerung der Zwangsvollstreckung nach Artikel 22 Abs. 2 der Verordnung (EG) Nr. 1896/2006 gilt § 1086 Abs. 1 entsprechend. Für Klagen nach § 767 sind § 1086 Abs. 1 und § 1095 Abs. 2 entsprechend anzuwenden."

II. Zuständigkeit (Abs. 2)

Im arbeitsgerichtlichen Verfahren ist entgegen § 1087 ZPO (abgedr. unter Rn 3) für die Bearbeitung von Anträgen auf Erlass und Überprüfung sowie die Vollstreckbarerklärung eines Europäischen Zahlungsbefehls nicht das Amtsgericht Wedding, sondern das Arbeitsgericht zuständig, das für die im Urteilsverfahren erhobene Klage zuständig sein würde. Abweichend vom Mahnverfahren in der ordentlichen Gerichtsbarkeit ist das Arbeitsgericht zuständig, das für eine entsprechende, im Urteilsverfahren erhobene Klage zuständig wäre. Zu beachten sind die Regelungen der Verordnung (EG) Nr. 44/2001 sowie ergänzend die Vorschriften der Zivilprozessordnung, gegebenenfalls auch eine wirksame Gerichtsstandsvereinbarung. Im Hinblick auf die funktionelle Zuständigkeit ergeben sich keine Besonderheiten gegenüber dem Verfahren vor den ordentlichen Gerichten. Über § 9 Abs. 3 gilt auch für das Verfahren vor den Arbeitsgerichten der neue § 20 Nr. 7 RPflG.

III. Verfahren nach Einspruch (Abs. 3)

Abs. 3 ersetzt für das arbeitsgerichtliche Verfahren den § 1090 ZPO durch eine Bezugnahme auf die für das arbeitsgerichtliche Verfahren maßgeblichen Abs. 4 und 5 des § 46a. Abs. 3 enthält von § 1090 ZPO abweichende Regelungen für die Überleitung des Mahnverfahrens in das streitige Verfahren vor den Arbeitsgerichten. Angesichts der Regelung in Abs. 2 ist das Mahnverfahren bereits vor dem für das streitige Verfahren zuständigen Gericht anhängig. Dem Antragsteller ist daher ohne weitere Zwischenschritte die Begründung des geltend gemachten Anspruchs aufzugeben. Im Unterschied zu § 46a bedarf es seitens des Antragstellers keines Antrags auf Durchführung der mündlichen Verhandlung. Die Verordnung (EG) Nr. 1896/2006 verlangt für die Überleitung des Europäischen Mahnverfahrens in das streitige Verfahren neben dem fristgerechten Einspruch das Fehlen eines Antrags des Antragstellers, das Verfahren im Fall des Einspruchs des Antragsgegners zu beenden. Sieht der Antragsteller von der Abgabe der Erklärung nach Art. 7 Abs. 4 der VO ab, genügt es, ihm die Begründung des Anspruchs aufzugeben. Er wird in diesem Fall die Durchführung der mündlichen Verhandlung (Güteverhandlung nach § 54) wünschen, um dem Verfahren Fortgang zu geben. Reicht der Antragsteller die Anspruchsbegründung nicht fristgerecht bei Gericht ein, tritt die Rückwirkung der Rechtshängigkeit nach § 46a Abs. 5 nicht ein. Ein Termin zur mündlichen Verhandlung wird nur auf Antrag des Antragsgegners anberaumt. Geht auch ein solcher Antrag nicht ein, wird das Verfahren nicht weiter betrieben und die Gerichtsakte nach sechs Monaten entsprechend der Aktenordnung weggelegt.

Vorbemerkung zu §§ 46c bis e

Literatur zu den §§ 46c–46e: *Degen*, Mahnen und Klagen per E-Mail – Rechtlicher Rahmen und digitale Kluft bei Justiz und Anwaltschaft?, NJW 2008, 1473; *Düwell*, Änderung des Arbeitsgerichtsgesetzes zum 1. April 2008, jurisPR-ArbR 13/2008 Anm. 6; *ders.*, Elektronisches Postfach für das Bundesarbeitsgericht, FA 2006, 172; *ders.*, Elektronische Kommunikation mit den Gerichten für Arbeitssachen und neue Prozesskostenhilfe, FA 2005, 141; *N. Fischer*, Reform der „Reform der Form"?, KritV 2006, 43; *Scherf/ Schmieszek/Viefhues/Wahlmann/Meyer-Wehage/Mosbacher/Kuntz/Schöttle*, Elektronischer Rechtsverkehr, Kommentar; *Schwoerer*, Die Elektronische Justiz, 2005; *Viefhues*, Das Gesetz über die Verwendung elektronischer Kommunikationsformen in der Justiz, NJW 2005, 1009; *ders.*, Verwendung elektronischer Kommunikationsformen in der Justiz, NWB Fach 19, 3315

A. Allgemeines 1	C. Anwendbarkeit von ZPO-Vorschriften aufgrund der Verweisung durch § 46 Abs. 2 20
B. Änderungen aufgrund des Justizkommunikationsgesetzes 6	D. Elektronische Bearbeitung von Schriftsätzen in der Praxis 21
I. Allgemeines 6	
II. Die wesentlichen Änderungen im arbeitsgerichtlichen Verfahren im Überblick 12	

A. Allgemeines

1 Aus den §§ 46b bis 46 d sind durch Art. 4 des am 12.12.2008 in Kraft getretenen Gesetzes zur Verbesserung der grenzüberschreitenden Forderungsdurchsetzung und Zustellung vom 30.10.2008[1] die §§ 46c bis 46e geworden. Inhaltlich hat sich an diesen Vorschriften nichts geändert. Es ist ein neuer § 46b eingefügt worden, der das Mahnverfahren betrifft und daher systematisch an § 46a angehängt worden ist. § 46c (bis zum 11.12.2008: § 46b) sowie die aufgrund des Justizkommunikationsgesetzes vom 22.3.2005[2] am 1.4.2005 in Kraft getretenen §§ 46d (bisher § 46c) und 46e (bisher § 46d) sollen den elektronischen Rechtsverkehr mit den Gerichten und die Verarbeitung innerhalb der Gerichte der Arbeitsgerichtsbarkeit ermöglichen. Während sich aus § 46c (bisher § 46b) die Anforderungen bei der **Einreichung** elektronischer Dokumente ergeben, regelt § 46d (bisher § 46c) das Formerfordernis bei **gerichtsinternen elektronischen Dokumenten** und § 46e (bisher § 46d) die Einführung der **elektronischen Akte**. Durch das SGGArbGG-Änderungsgesetz vom 26.3.2008 sind die §§ 46d (bisher § 46c) und 46e (bisher § 46d) per 1.4.2008 geringfügig verändert worden (siehe dort).

2 § 46b (jetzt § 46c) ist durch das „Gesetz zur Anpassung der Formvorschriften des Privatrechts und anderer Vorschriften an den modernen Rechtsverkehr – FormVAnpG" vom 13.7.2001[3] mit Wirkung vom 1.8.2001 in das ArbGG eingefügt worden. Durch dieses Gesetz sind die EG-RL 1999/93/EG vom 13.12.1999 über die gemeinschaftlichen Rahmenbedingungen für elektronische Signaturen[4] sowie die RL 2000/31/EG vom 8.6.2000 über den elektronischen Geschäftsverkehr[5] umgesetzt worden.

Die **elektronische Signatur** soll die Unterschrift ersetzen. Die elektronische Übertragung soll zu Beweiszwecken zugelassen werden.

3 Die Regelung steht im Zusammenhang mit der Umsetzung zweier weiterer RL[6] durch das „Gesetz über Rahmenbedingungen für elektronische Signaturen und zur Änderung weiterer Vorschriften – SigG" vom 16.5.2001.[7] Dort sind die wesentlichen Begriffe definiert.

4 § 46c ist **wortgleich** mit § 130a ZPO; wegen § 46 Abs. 2 wäre eine Aufnahme in das ArbGG nicht erforderlich gewesen. Eine Sondervorschrift für Mahnanträge in „maschinell lesbarer Form" stellt § 690 Abs. 3 ZPO dar.

5 Elektronische Dokumente werden außerdem in §§ 292a, 299 Abs. 3, 299a und in 371 S. 1 ZPO behandelt, die ebenfalls durch das **FormVAnpG** vom 13.7.2001 mit Wirkung vom 1.8.2001 in Kraft getreten sind und über § 46 Abs. 2 auch für das arbeitsgerichtliche Verfahren gelten:

– § 292a ZPO: Danach kann der Anschein der Echtheit einer in elektronischer Form (§ 126a BGB) vorliegenden Willenserklärung, der sich aufgrund der Prüfung nach dem Signaturgesetz ergibt, nur durch Tatsachen erschüttert werden, die ernstliche Zweifel daran begründen, dass die Erklärung mit dem Willen des Signaturschlüssel-Inhabers abgegeben worden ist.

– § 299 Abs. 3 ZPO: Soweit die Prozessakten als elektronische Dokumente vorliegen, ist die Akteneinsicht auf Ausdrucke beschränkt. Die Ausdrucke sind von der Geschäftsstelle zu fertigen.

– § 299a ZPO: Sind die Prozessakten nach ordnungsgemäßen Grundsätzen zur Ersetzung der Urschrift auf einen Bild- oder anderen Datenträger übertragen worden und liegt der schriftliche Nachweis darüber vor, dass die Wiedergabe mit der Urschrift übereinstimmt, so können Ausfertigungen, Auszüge und Abschriften von dem Bild- oder dem Datenträger erteilt werden. Auf der Urschrift anzubringende Vermerke werden in diesem Fall bei dem Nachweis angebracht.

– § 371 Abs. 1 S. 2 ZPO: Ist ein elektronisches Dokument Gegenstand des Beweises, wird der Beweis durch Vorlegung oder Übermittlung der Datei angetreten.

B. Änderungen aufgrund des Justizkommunikationsgesetzes

I. Allgemeines

6 Ziel des Gesetzes war es, den elektronischen Rechtsverkehr und v.a. auch den technischen Einsatz innerhalb der Gerichte zu ermöglichen/erleichtern. Kernpunkte sind daher u.a. die **Einführung der elektronischen Akte** und die Überarbeitung der Vorschriften zur elektronischen Kommunikation in den Verfahrensordnungen.

7 In der ZPO sowie in den weiteren Verfahrensordnungen sind Anpassungen an die Erfordernisse einer elektronischen Aktenbearbeitung vorgenommen worden. Dazu soll das **gerichtliche** elektronische Dokument als Äquivalent zu der Papierform in die Verfahrensordnungen eingeführt und im Hinblick auf Signaturerfordernis und Beweiskraft ausgestaltet werden. Elektronische Parallelformen für das Anbringen von Vermerken oder für eine Verbindung von Dokumenten sollen normiert werden.

---

1 BGBl I S. 2122.
2 BGBl I S. 837.
3 BGBl I S. 1542.
4 ABl EG Nr. L 13, S. 12.
5 ABl EG Nr. L 178, S. 1.
6 98/48/EG vom 20.7.1998 und 98/34/EG vom 22.6.1998.
7 BGBl I S. 876.

Durch die §§ 46d (bisher § 46c) und 46e (bisher § 46d) soll **zusätzlich** zu der bereits auf der Grundlage des geltenden Rechts möglichen elektronischen Kommunikation zwischen Gericht und Verfahrensbeteiligten die **elektronische Aktenführung** ermöglicht werden. Mit dem Justizkommunikationsgesetz werden die folgenden Ziele verfolgt:
- Die Kommunikation zwischen dem Gericht und den Verfahrensbeteiligten wird beschleunigt.
- Der Akten- und Dokumententransfer wird beschleunigt.
- Die Akten sind kontinuierlich verfügbar.
- Verschiedene Bearbeiter können gleichzeitig zugreifen.
- Eine örtlich unabhängige Aktenbearbeitung wird ermöglicht.
- Der Akteninhalt kann besser ausgewertet, dargestellt und verarbeitet werden.
- Die elektronische Akte bietet einfache, komfortable und schnelle Suchmöglichkeiten.
- Redundante Daten werden vermieden.
- Statistik und Verwaltung von Daten werden vereinfacht und beschleunigt.

Die bisherigen Formerfordernisse sollen – sofern dies möglich ist – durch die Erfordernisse, die für die Nutzung eines elektronischen Übertragungswegs aufgestellt werden, qualitativ unverändert bleiben. Das Gesetz differenziert zwischen einfacher und qualifizierter elektronischer Signatur, die auf einem dauerhaft überprüfbaren Zertifikat beruht. Dadurch werden die Unterschiede des bisherigen Rechts auf die elektronische Arbeit übertragen.

Eine qualifizierte elektronische Signatur wird derzeit nur von akkreditierten Zertifizierungsdienstleistern angeboten. Eine **einfache Signatur** (z.B. der Namenszusatz) soll dann ausreichen, wenn das Gesetz bisher bereits keine besondere Form vorschreibt und keine Gewähr für die Identität des Signierenden oder die Authentizität des Inhalts erforderlich ist. Die **qualifizierte elektronische Signatur** verlangt einen öffentlichen und einen persönlichen Signaturschlüssel. Diese Schlüssel werden von einer Zertifizierungsstelle ausgegeben. Der Inhaber dieser Schlüssel erhält eine Smartcard, welche beide Schlüssel enthält und mit einer persönlichen PIN nur durch den Inhaber berechtigt verwendet werden kann. Dadurch werden beim Signieren die Identität des Adressaten und die Authentizität des Inhalts des Dokumentes sichergestellt.

Die Einführung von Regelungen für den Umgang mit elektronischen Dokumenten als Beweismittel führt zu einer **Anpassung an die Rechtssysteme einiger europäischer Nachbarländer**, allerdings noch nicht zu einer Vereinheitlichung. Sie setzt für den Bereich der gerichtlichen Verfahren die Vorgabe des Art. 5 der RL 1999/93/EG des Europäischen Parlaments und des Rates vom 13.12.1999 über gemeinschaftliche Rahmenbedingungen für elektronische Signaturen[8] um.

II. Die wesentlichen Änderungen im arbeitsgerichtlichen Verfahren im Überblick

Regelungen, deren Wortlaut eng mit der Papierform verknüpft ist, werden sprachlich angepasst. Der Begriff „Vordruck" wird deshalb durch „Formular" ersetzt, der Begriff „Schriftstück" durch „Dokument", die Begriffe „Übergabe" und „Übersendung" durch „Übermittlung".

Soweit die ZPO die Schriftform und die handschriftliche Unterzeichnung vorsieht, genügt dieser Form bei elektronischer Aufzeichnung die Hinzufügung des Namens sowie eine qualifiziert elektronische Signatur.

An verschiedenen Stellen sieht die ZPO die Anbringung eines gesonderten Vermerks (Berichtigungsvermerk, Ausfertigungsvermerk, Verkündungsvermerk etc.) vor. Das Gesetz geht davon aus, dass ein qualifiziert signiertes Dokument nicht mehr inhaltlich verändert werden kann, ohne die Signatur zu zerstören. Aus diesem Grunde werden Ergänzungen sowie Berichtigungen in einem gesonderten Dokument festgehalten und dieses mit dem Ursprungsdokument untrennbar verbunden.

Um ein effizientes elektronisches Arbeiten und eine elektronische Aktenführung zu ermöglichen, werden Vorschriften eingefügt, welche das Führen einer elektronischen Akte und gleichzeitig den Transfer von Papierform in elektronische Form und umgekehrt ermöglichen.

Die ZPO lässt an verschiedenen Stellen (z.B. §§ 104 Abs. 1 S. 4, 251a Abs. 2 S. 3, 270, 329 Abs. 2 S. 1, 497 Abs. 1 S. 1) die formlose Mitteilung genügen. Von der Rspr. ist anerkannt, dass eine formlose Mitteilung auch die fernmündliche Mitteilung gerichtlicher Beschlüsse und Verfügungen zulässt. Die genannten Vorschriften sollen nun auch die Mitteilung gerichtlicher Beschlüsse und Verfügungen, die ihrerseits dem Signaturzwang unterliegen, durch unsignierte E-Mails erlauben.

Das elektronische Dokument unterfällt dem Beweis durch Augenschein. Ein in Papierform vorliegendes Schriftstück ist dem Beweis durch Urkunden zugänglich. Durch das Formvorschriftenanpassungsgesetz vom 13.7.2001[9] wurde im Zivilrecht die Möglichkeit geschaffen, Verträge in elektronischer Form abzuschließen. Zukünftig wird daher verstärkt mit elektronischen Beweismitteln oder mit Ausdrucken von elektronischen Dokumenten zu rechnen sein. Daraus ergeben sich verschiedene Probleme:

---

8 ABl EG 2000 L 013, S. 12.   9 BGBl I S. 1542.

50 ArbGG § 46c

- die Beweiskraft elektronischer Dokumente und
- die Behandlung der Ausdrucke von privaten elektronischen Dokumenten.

18 Das Justizkommunikationsgesetz sieht zur Lösung dieser Problembereiche vor, dass auf öffentliche und private elektronische Dokumente (§§ 371a Abs. 1 und 2, 416a ZPO) die Vorschriften über die Beweiskraft der jeweiligen Urkundsart entsprechend angewendet werden.

19 Für das **arbeitsgerichtliche Verfahren** bewirkte das Justizkommunikationsgesetz neben einer Änderung des § 46b (jetzt § 46c) und der Einfügung der §§ 46c, 46d (jetzt §§ 46d, 46e) konkret insb., dass
- in § 11a Abs. 4 und § 46a Abs. 8 S. 1 und 2 das Wort „Vordrucke" jeweils durch das Wort „Formulare" ersetzt wurde,
- die Wörter „Übergabe" bzw. „Übersendung" durch das Wort **„Übermittlung"** ersetzt werden in § 50 Abs. 1 S. 1, § 60 Abs. 4 S. 3 und S. 4, § 63,
- in § 63 S. 2 nach dem Wort „Urteilsabschriften" die Wörter „oder das **Urteil in elektronischer Form**" eingefügt worden sind.

C. Anwendbarkeit von ZPO-Vorschriften aufgrund der Verweisung durch § 46 Abs. 2

20 Soweit §§ 46c bis 46e keine Sonderregelungen enthalten, finden die aufgrund des Justizkommunikationsgesetzes eingefügten Vorschriften der ZPO ergänzend Anwendung.

D. Elektronische Bearbeitung von Schriftsätzen in der Praxis

21 Seit dem **1.4.2006** können beim **BAG** rechtswirksam elektronische Dokumente eingereicht werden. Schriftsätze und Dokumente können über eine gesicherte Verbindung direkt in ein elektronisches Postfach eingelegt werden. Verfahrensbeteiligte können sich für den Empfang von elektronischen Dokumenten ein **Postfach** einrichten. Mit dem elektronischen Gerichts- und Verwaltungspostfach können elektronische Dokumente zwischen den Verfahrensbeteiligten und dem BAG ausgetauscht werden. Die notwendige **Software** kann kostenlos mit allen Zusatzprogrammen über die Internetseite des BAG heruntergeladen werden. Dort finden sich auch weitere Informationen zum elektronischen Rechtsverkehr.[10]

22 Beim **BGH** konnten bereits seit dem 30.11.2001 aufgrund der VO über den elektronischen Rechtsverkehr beim Bundesgerichtshof vom 26.11.2001[11] Schriftsätze in Zivilsachen elektronisch eingereicht werden. Auch förmliche Zustellungen, z.B. an den RA des Prozessgegners, erfolgen inzwischen auf diesem Wege, vorausgesetzt, der Empfänger nimmt am elektronischen Rechtsverkehr teil. Die elektronisch eingegangenen Schriftsätze können auch intern an die zuständigen Richter weitergeleitet werden. Diese können Anordnungen und Verfügungen ebenfalls in elektronischer Form direkt am Bildschirm erstellen und von der Geschäftsstelle elektronisch zustellen lassen. Seit Frühjahr 2003 wird das gerichtsinterne Dokumentenmanagement für sämtliche Zivilsenate des BGH hin zu einem workflow-orientierten System optimiert. Ziel dieser „zweiten Ausbaustufe" des elektronischen Rechtsverkehrs ist es, die Arbeitsabläufe und die Archivierung im BGH elektronisch zu unterstützen.

23 Weitere Projekte gibt es beim **BVerwG** und beim **BFH**.[12] Dabei halfen die Vorarbeiten zu BundOnline 2005: Die virtuelle Poststelle als zentrale Komponente von BundOnline wird an die besonderen Bedürfnisse der beiden Gerichte angepasst und dadurch fortentwickelt. Seit 2004 steht dort ein gemeinsames virtuelles Gerichtspostfach zur Verfügung, über das alle elektronischen Ein- und Ausgänge abgewickelt werden. Auch beim **BPatG** können inzwischen elektronische Dokumente eingereicht werden.[13] Seit dem 22.12.2006 gilt das auch für das **BSG**.[14] Inzwischen sind zahlreiche Gerichte hinzugekommen, so z.B. das LSG Berlin-Brandenburg. Einen genauen Überblick finden Sie auf der Homepage des BAG.[15]

| § 46c | Einreichung elektronischer Dokumente |

(1) ¹Soweit für vorbereitende Schriftsätze und deren Anlagen, für Anträge und Erklärungen der Parteien sowie für Auskünfte, Aussagen, Gutachten und Erklärungen Dritter die Schriftform vorgesehen ist, genügt dieser Form die Aufzeichnung als elektronisches Dokument, wenn dieses für die Bearbeitung durch das Gericht ge-

---

10 S. dazu auch: *Düwell*, Elektronisches Postfach für das BAG, FA 2006, 172.
11 ERVVOBGH – BGBl I S. 3225.
12 Siehe dazu *Berlit*, Das elektronische Gerichts- und Verwaltungspostfach bei Bundesfinanzhof und Bundesverwaltungsgericht, JurPC Web-Dok. 13/2006, Abs. 1–54 – www.jurpc.de/aufsatz/20060013.htm.
13 VO über den elektronischen Rechtsverkehr beim Bundespatentgericht und beim Bundesgerichtshof vom 5.8.2003, BGBl I S. 1558.
14 VO über den elektronischen Rechtsverkehr beim Bundessozialgericht vom 18.12.2006, BGBl I S. 3219.
15 www.bundesarbeitsgericht.de sowie unter www.egvp.de.

eignet ist. ²Die verantwortende Person soll das Dokument mit einer qualifizierten elektronischen Signatur nach dem Signaturgesetz versehen. ³Ist ein übermitteltes elektronisches Dokument für das Gericht zur Bearbeitung nicht geeignet, ist dies dem Absender unter Angabe der geltenden technischen Rahmenbedingungen unverzüglich mitzuteilen.

(2) ¹Die Bundesregierung und die Landesregierungen bestimmen für ihren Bereich durch Rechtsverordnung den Zeitpunkt, von dem an elektronische Dokumente bei den Gerichten eingereicht werden können, sowie die für die Bearbeitung der Dokumente geeignete Form. ²Die Landesregierungen können die Ermächtigung durch Rechtsverordnung auf die jeweils zuständige oberste Landesbehörde übertragen. ³Die Zulassung der elektronischen Form kann auf einzelne Gerichte oder Verfahren beschränkt werden.

(3) Ein elektronisches Dokument ist eingereicht, sobald die für den Empfang bestimmte Einrichtung des Gerichts es aufgezeichnet hat.

A. Allgemeines	1	3. Elektronische Signatur (Abs. 1 S. 2)	9
B. Regelungsgehalt	2	a) Legaldefinition	9
I. Anwendungsbereich (Abs. 1 S. 1)	2	b) Sollvorschrift	11
II. Elektronisches Dokument	5	III. Zeitpunkt des Eingangs bei Gericht (Abs. 3)	14
1. Begriff	5	IV. Ermächtigende Rechtsverordnung (Abs. 2)	16
2. Eignung für die Bearbeitung	8		

A. Allgemeines

Durch Art. 4 des am 12.12.2008 in Kraft getretenen Gesetzes zur Verbesserung der grenzüberschreitenden Forderungsdurchsetzung und Zustellung vom 30.10.2008[1] ist **aus dem bisherigen § 46b der § 46c geworden**. Inhaltlich hat sich nichts geändert. Es ist ein neuer § 46b eingefügt worden, der das Mahnverfahren betrifft und daher systematisch an § 46a angehängt worden ist. Durch die Vorschrift wird eine **zusätzliche** Möglichkeit der Einreichung von Dokumenten geschaffen, die neben den anderen Möglichkeiten (z.B. Schriftsatz, Fax, Telegramm) steht.[2] Diese Möglichkeit besteht nur, wenn sie durch eine Rechts-VO des Landes oder des Bundes ausdrücklich zugelassen worden ist. Außerdem muss das Gericht über die technischen Voraussetzungen verfügen, um die Dokumente entgegenzunehmen und verarbeiten zu können. **Allgemeine Hinweise zum elektronischen Rechtsverkehr** finden sich auch im Internet.[3]

1

B. Regelungsgehalt

I. Anwendungsbereich (Abs. 1 S. 1)

Elektronische Dokumente sollen dem **Schriftformerfordernis** genügen, soweit dieses für das gerichtliche Verfahren gilt. Der Anwendungsbereich der Vorschrift ist in Abs. 1 S. 1 konkretisiert. Der elektronische Schriftverkehr wird dadurch für sämtliche vorbereitenden Schriftsätze i.S.d. § 130 ZPO ermöglicht, die ansonsten zu unterschreiben wären.

2

Daneben sieht das Gesetz auch für Anträge und Erklärungen der Parteien sowie für Auskünfte, Aussagen, Gutachten und Erklärungen Dritter die Schriftform vor. Auch in diesen Fällen genügt ein elektronisches Dokument.

3

In allen anderen Fällen ist die Kommunikation mit dem Gericht ebenfalls per elektronischem Dokument zulässig. Denn § 46c soll den Anwendungsbereich für eine Kommunikation mit elektronischen Dokumenten nicht einschränken. Vielmehr soll die Vorschrift eine **Erweiterung** für die Eingaben schaffen, die nach dem Gesetz dem Schriftformerfordernis unterliegen. Allerdings muss das elektronische Dokument auch in diesen Fällen für die Bearbeitung durch das Gericht geeignet sein. Außerdem müssen die Voraussetzungen des Abs. 2 erfüllt sein.

4

II. Elektronisches Dokument

1. Begriff. Für den Begriff des elektronischen Dokuments im Sinne der Vorschrift gibt es bisher keine Legaldefinition. Ein elektronisches Dokument kann an sich fast alles sein, was in einem elektronischen System verarbeitet wird. Ein **elektronisches Dokument** i.S.d. § 46c ist im Hinblick auf Sinn und Zweck der Norm jede nicht anhand eines papierenen Dokuments erstellte elektronische Darstellung von Text und/oder Grafik, die über Rechnernetze übertragen und in digitaler Form auf einem Datenträger gespeichert werden kann. Damit ein elektronisches Dokument den Anforderungen der Schriftform genügt, muss es für die Bearbeitung durch das Gericht geeignet und – jedenfalls in der Regel (zu Ausnahmen siehe Rn 12, 13) – mit einer elektronischen Signatur versehen sein.

5

---

1 BGBl I S. 2122.
2 GK-ArbGG/*Schütz*, § 46b Rn 19; *Germelmann u.a.*, § 46b Rn 23.
3 www.egvp.de und auf der Homepage des BAG (www.bundearbeitsgericht.de).

Abgrenzungsschwierigkeiten ergeben sich aus dem Umstand, dass bereits bisher auf elektronischem Wege Schriftsätze eingereicht werden konnten und im Falle ihrer Verkörperung durch den Ausdruck bei Gericht den Anforderungen an die Schriftform genügten (siehe Rn 6). Das BVerwG[4] unterscheidet daher elektronische Dokumente i.w.S., zu denen z.B. auch das Computerfax gehöre, von denen i.e.S., bei denen eine Verkörperung nicht mehr erforderlich sei, die die Schriftform also auch wahren, wenn sie als Datei auf dem Computer des Gerichts verbleiben. Der BGH[5] argumentiert ähnlich, wenn er den Anwendungsbereich des – mit § 46c wortgleichen – § 130a ZPO auf solche auf elektronischem Wege eingegangenen „Schriftstücke" beschränkt, die nicht bisher schon die Schriftform erfüllt haben, wie Telefax, Computerfax, aber auch PDF-Dateien, die per E-Mail eingehen, aber bereits den Anforderungen an eine schriftliche Übertragung genügen (zur Unterscheidung der Übertragung in Schriftform und in elektronischer Form siehe Rn 6).

Im Ergebnis sollen die auf elektronischem Wege eingehenden Dokumente, die bereits bisher die Anforderungen an die Schriftform erfüllten (nach der Terminologie des BVerwG elektronische Dokumente i.e.S.) nicht den zusätzlichen Anforderungen (Verarbeitungsmöglichkeit durch das Gericht und elektronische Signatur sowie ErmächtigungsVO) unterworfen werden.

Dabei ist aber zu beachten, dass **auch ein Computerfax** den Anforderungen an ein **elektronisches Dokument „i.e.S."** genügen kann, wenn es nämlich den Voraussetzungen des § 46c gerecht wird und mit einer elektronischen Signatur versehen ist. Es muss dann nicht mehr verkörpert, also ausgedruckt werden, um der Schriftform zu genügen. Wird es ausgedruckt, ist die Schriftform doppelt erfüllt. Gleiches wird für eine per E-Mail eingereichte PDF-Datei gelten müssen, die einen unterschriebenen Schriftsatz enthält, aber zusätzlich mit einer elektronischen Signatur versehen ist. Alles andere führte künftig ohne Not zu kaum überbrückbaren Abgrenzungsproblemen.[6]

6   Wichtig ist angesichts der unterschiedlichen Anforderungen auch in Zukunft die saubere Trennung zwischen der Übermittlung eines Schriftsatzes in
– Schriftform und in
– elektronischer Form.

Während die schriftliche Form durch die vom Aussteller unterzeichnete Urkunde gekennzeichnet wird (§ 126 Abs. 1 BGB), besteht das elektronische Dokument aus der in einer elektronischen Datei enthaltenen Datenfolge selbst; an die Stelle der Unterschrift tritt die (qualifizierte) elektronische Signatur, § 126a Abs. 1 BGB, § 46c Abs. 1 S. 2 (siehe auch Rn 9). § 46c Abs. 3 bestimmt demgemäß, dass ein elektronisches Dokument eingereicht ist, sobald die für den Empfang bestimmte Einrichtung des Gerichts es aufgezeichnet hat. Eine Ausgabe ist also insoweit nicht erforderlich und ja auch langfristig gar nicht mehr angestrebt.

Maßgeblich für die Wirksamkeit eines auf **schriftlichem** Wege übermittelten Schriftsatzes ist demgegenüber allein die auf Veranlassung des Absenders am Empfangsort (Gericht) erstellte körperliche Urkunde.[7] Auch wenn ein Telefax (welches als Telekopie nach dem Gesetz ein schriftliches Dokument ist, § 130 Nr. 6 ZPO) zunächst im Empfangsgerät des Gerichts elektronisch gespeichert wird, tritt die Speicherung der Nachricht noch nicht an die Stelle der Schriftform.[8] § 130 Nr. 6 ZPO lässt aber die Wiedergabe der Unterschrift in der bei Gericht erstellten Kopie genügen. Es ist also der Ausdruck der auf elektronischem Wege übermittelten Datei, der die Schriftform erfüllt. Demgegenüber genügt das **elektronische Dokument** der Schriftform bereits in seiner elektronischen „Konsistenz".

Für die **Fristwahrung** kommt es allerdings in jedem Fall allein darauf an, ob die gesendeten Signale noch vor Ablauf des letzten Tages der Frist vom Telefaxgerät des Gerichts vollständig empfangen (gespeichert) worden sind. Damit wird dem Umstand Rechnung getragen, dass es der Absender nicht in der Hand hat, wann der Ausdruck eines empfangenen Telefaxes erfolgt und die Gerichte zum Teil dazu übergegangen sind, außerhalb der Dienstzeiten eingehende Faxsendungen erst am nächsten Arbeitstag auszudrucken.[9]

Eine **schriftliche Übertragung** liegt danach bei der Einreichung durch Telefax vor. Die Unterschrift ist erforderlich.[10] Ein Faksimilestempel reicht nicht.[11] Nach der Begründung des Gesetzentwurfs der Bundesregierung[12] soll die Wiedergabe der Unterschrift in der Telekopie sogar unabhängig davon ausreichen, ob das Telefax bei Gericht unmittelbar eingeht oder diesem durch einen Boten überbracht wird. Als schriftliche Übertragung kommt auch die Echtzeitübertragung von Faxnachrichten über IP-Netze mittels des von der International Telecommunication Union (ITU) definierten Standards T.38 („Fax over IP" – FoiP) in Betracht. Auch solche Fernkopien fallen in den Anwendungsbereich des § 130 Nr. 6 ZPO, weil die Übermittlung an den Empfänger über das Telefonnetz erfolgt.

---

4 BVerwG 30.3.2006 – 8 B 8/06 – NJW 2006, 1989.
5 BGH 15.7.2008 – X ZB 8/08 – NJW 2008, 2649.
6 A.A. *Germelmann u.a.*, § 46b Rn 5.
7 GmS-OGB BGHZ 144, 160, 165.
8 BGH 25.4.2006 – IV ZB 20/05 – NJW 2006, 2263 = BB 2006, 1654.
9 BGH 25.4.2006 – IV ZB 20/05 – NJW 2006, 2263 = BB 2006, 1654.
10 BFH 10.7.2002 – VII B 6/02 – BFH/NV 2002, 1597; *Germelmann u.a.*, § 46b Rn 9; GK-ArbGG/*Schütz*, § 46b Rn 15.
11 LAG München 12.8.2008 – 8 Sa 151/08 – juris (Revision eingelegt unter 10 AZR 692/08).
12 BT-Drucks 14/4987, S. 24.

Der BGH[13] verweist im Übrigen ausdrücklich auf die Möglichkeit, ein Telefax aus dem Internet zu versenden. Als schriftliche Übertragung hat es der BGH[14] auch ausreichen lassen, dass ein unterschriebener Schriftsatz als **PDF-Datei** im Einvernehmen mit der Geschäftsstelle **per E-Mail** an das Gericht geschickt und dort ausgedruckt wird. Um die Anforderungen an eine „schriftliche" Übertragung zu erfüllen, muss der Schriftsatz aber vor dem Scannen unterschrieben worden sein.[15]

Es kommt also nicht etwa darauf an, ob das Schriftstück im Gericht gerade durch ein Telefaxgerät ausgedruckt wird.[16] Auch per E-Mail eingehende Schriftsätze werden zurzeit noch – genau wie ein Computerfax – ausgedruckt und zur Akte genommen. Sowohl Computerfax als auch E-Mails werden allerdings wegen der heute weitgehend üblichen Multifunktionsgeräte (Scanner, Drucker, Fax, Kopierer) oft durch dasselbe Gerät ausgedruckt. I.Ü. ist es nicht ausgeschlossen, Computerfaxe auf einem Computer wie eine E-Mail zu empfangen und ebenso wie eine E-Mail auszudrucken. Technisch gibt es praktisch keinen Unterschied. Darüber hinaus liegt eine schriftliche Übertragung auch vor, wenn ein Prozessbevollmächtigter einen Berufungsschriftsatz eigenhändig unterschrieben hat, dieser aber entgegen der Anweisung des Prozessbevollmächtigten nicht auf „normalem" Weg gefaxt, sondern direkt als **Computerfax mit eingescannter Unterschrift** elektronisch an das Berufungsgericht übermittelt wird. Dies stellt eine lediglich äußerliche (technische, nicht aber inhaltliche) Veränderung des von dem Prozessbevollmächtigten durch seine eigenhändige Unterschrift autorisierten bestimmenden Schriftsatzes dar.[17]

Nach der Entscheidung des Gemeinsamen Senats der Obersten Bundesgerichte vom 5.4.2000[18] genügten und genügen auch **Computerfaxe** dem Schriftformerfordernis (siehe § 46 Rn 35). § 46c gab es noch nicht. Auf eine Unterzeichnung wurde hier ausdrücklich mit der Begründung verzichtet, die Partei müsse nur das tun, was technisch möglich sei, um die Anforderungen der eigenhändigen Unterschrift zu erfüllen. Eine eingescannte Unterschrift des Prozessbevollmächtigten in einem bestimmenden Schriftsatz genügt aber nach der Rechtsprechung des BGH dann nicht den Formerfordernissen des § 130 Nr. 6 ZPO, wenn der Schriftsatz nicht unmittelbar aus dem Computer, sondern mit Hilfe eines normalen Faxgeräts versandt wird.[19] Sobald flächendeckend die Möglichkeit besteht, Schriftsätze durch mit elektronischer Signatur versehenes elektronisches Dokument einzureichen, stellt sich jedoch die Frage, ob den Gesichtspunkt, der Zulassung des Computerfaxes einmal gerechtfertigt hat, nicht überholt ist.[20] Das gilt insbesondere auch für sogenannte **Funkfaxe**, die das BVerwG für den Bereich der Verwaltungsgerichtsbarkeit ausreichen lässt.[21] Allerdings ließ sich aus dem Fax im konkreten Fall auf den Absender schließen. Eingegangen war eine „Klage des Rechtsanwalts Hans-Dieter R., ..., Telefon ...; Fax ... – Kläger –", welche endete mit „Unterzeichnete sowie beglaubigte und einfache Abschriften reiche ich nach. Zwecks Fristwahrung per Funkfax ab am 24.1.2005 R., Rechtsanwalt". Das mit Klage bezeichnete Schriftstück bezeichnete damit den Klagegegner und den Klagegegenstand mit Aktenzeichen. Es setzte sich inhaltlich mit der angefochtenen Entscheidung so auseinander, dass auf eine gewisse Sachkenntnis zu schließen war. Der Schriftsatz sei aus sich heraus verständlich, so das BVerwG. Zweifel am Urheber und dessen Willen, das Schriftstück in den Verkehr bringen zu wollen, seien im Hinblick auf die eindeutige Formulierung nicht begründet gewesen. Außerdem sei in dem Zusatz „Zwecks Fristwahrung per Funkfax" ein Hinweis zu sehen, dass der benannte Urheber wegen der gewählten Übertragungsform nicht habe unterzeichnen können.

Die **konkrete Übertragungsform** wird durch das Gesetz nicht näher bestimmt. In Betracht kommen sowohl der Austausch von Datenträgern (CD, DVD, andere Speichermedien) als auch die elektronische Fernübermittlung.[22] Die Vorschrift zielt aber **nur** auf die **elektronische Übermittlung** ab. Das zeigt schon Abs. 3, wonach für den Zeitpunkt des Einreichens allein auf den Zeitpunkt der Aufzeichnung des elektronischen Dokuments abgestellt wird. Es ist zu erwarten, dass nur die Form der elektronischen Übermittlung durch die nach Abs. 2 gebotenen Rechts-VO festgelegt wird.

2. Eignung für die Bearbeitung. Das angerufene Gericht muss über die **technischen Möglichkeiten** verfügen, eingehende elektronische Dokumente zu bearbeiten. Insoweit ist es nicht ausreichend, wenn das Gericht über eine E-Mail-Adresse verfügt. Es muss auch sichergestellt sein, dass die weitere **Verarbeitung** eingehender Dokumente möglich ist.[23] Es ist durch Rechts-VO festzulegen, ab wann das der Fall ist.

3. Elektronische Signatur (Abs. 1 S. 2). a) Legaldefinition. Im Gegensatz zum Begriff „elektronisches Dokument" ist der Begriff der **elektronischen Signatur** in § 2 SigG[24] legal definiert. Danach sind
1. „elektronische Signaturen" Daten in elektronischer Form, die anderen elektronischen Daten beigefügt oder logisch mit ihnen verknüpft sind und die zur Authentifizierung dienen,

---

13 BGH 15.7.2008 – X ZB 8/08 – NJW 2008, 2649.
14 BGH 15.7.2008 – X ZB 8/08 – NJW 2008, 2649.
15 BGH 15.7.2008 – X ZB 8/08 – NJW 2008, 2649.
16 So aber GK-ArbGG/*Schütz*, § 46b Rn 15.
17 BGH 14.1.2008 – II ZR 85/07 – NJW-RR 2008, 1119 – MDR 2008, 868.
18 GmS-OGB 1/98 – AP § 129 ZPO Nr. 2 – NJW 2000, 2340 – NZA 2000, 959.
19 BGH 10.10.2006 – XI ZB 40/05 – NJW 2006, 3784.
20 Derzeit noch anders: BGH 15.7.2008 – X ZB 8/08 – NJW 2008, 2649.
21 BVerwG 30.3.2006 – 8 B 8/06 – NJW 2006, 1989.
22 *Germelmann u.a.*, § 46b Rn 9.
23 *Germelmann u.a.*, § 46b Rn 9.
24 Gesetz über Rahmenbedingungen für elektronische Signaturen (Signaturgesetz – SigG).

2. „fortgeschrittene elektronische Signaturen" elektronische Signaturen nach Nummer 1, die
   a) ausschließlich dem Signaturschlüssel-Inhaber zugeordnet sind,
   b) die Identifizierung des Signaturschlüssel-Inhabers ermöglichen,
   c) mit Mitteln erzeugt werden, die der Signaturschlüssel-Inhaber unter seiner alleinigen Kontrolle halten kann, und
   d) mit den Daten, auf die sie sich beziehen, so verknüpft sind, dass eine nachträgliche Veränderung der Daten erkannt werden kann,
3. „qualifizierte elektronische Signaturen" elektronische Signaturen nach Nummer 2, die
   a) auf einem zum Zeitpunkt ihrer Erzeugung gültigen qualifizierten Zertifikat beruhen und
   b) mit einer sicheren Signaturerstellungseinheit erzeugt werden, ...".

10 Die Überprüfung, ob die Anforderungen des § 2 SigG erfüllt sind, ist kompliziert.[25] Die monetäre Beschränkung einer qualifizierten elektronischen Signatur ist unbeachtlich, wenn es um die Übertragung eines bestimmten Schriftsatzes an das Gericht geht.[26]

11 **b) Sollvorschrift.** Abs. 1 S. 2 sieht vor, dass die „verantwortende Person" das Dokument mit einer qualifizierten elektronischen Signatur nach dem Signaturgesetz versehen soll. Es ist umstritten, ob trotz der Fassung als Sollvorschrift davon auszugehen ist, dass elektronisch übermittelte Dokumente eine Signatur tragen müssen.[27]

12 Schon bisher sind unter Hinweis auf den Sinn und Zweck des Schriftlichkeitserfordernisses im Rahmen des Prozessrechts in erheblichem Umfang Ausnahmen vom Unterschriftserfordernis zugelassen worden.[28] Berücksichtigt man die dort genannten Gesichtspunkte, sollte die Signatur nur von Parteien oder deren Prozessbevollmächtigten verlangt werden, bei denen dafür die **technischen Voraussetzungen** vorliegen. Die Erfüllung des Signaturerfordernisses darf nicht zur unzumutbaren Belastung des Rechtsuchenden führen.[29]

13 Der alleinige Zweck der Signatur, die Rechtssicherheit und insbesondere die Verlässlichkeit der Eingabe zu gewährleisten, kann auch im Falle einer derartigen elektronischen Übermittlung gewahrt werden. Entspricht ein elektronisches Dokument inhaltlich den prozessualen Anforderungen eines bestimmten Schriftsatzes, so ist die Person des Erklärenden i.d.R. dadurch eindeutig bestimmt, dass in dem elektronischen Dokument der unmissverständliche Hinweis angebracht ist, dass die benannte Urheberin wegen der gewählten Übertragungsform nicht signieren kann. Auch der Wille, ein solches Dokument dem Gericht zuzuleiten, kann in aller Regel nicht ernsthaft bezweifelt werden. Ist die verantwortende Person i.S.v. Abs. 1 S. 2 jedoch zur Abgabe einer qualifizierten Signatur in der Lage, muss sie diese Möglichkeit auch nutzen. Um den Aussteller des Dokuments identifizieren zu können, ist es aber zumindest erforderlich, dass der Rechtsuchende dem Dokument neben seinem Namen seine Anschrift beifügt.[30]

III. Zeitpunkt des Eingangs bei Gericht (Abs. 3)

14 Nach Abs. 3 ist ein elektronisches Dokument eingereicht, sobald die für den Empfang bestimmte Einrichtung des Gerichts es aufgezeichnet hat. Bei Fristversäumnis aufgrund technischer Mängel kann ein Antrag auf Wiedereinsetzung oder nachträgliche Zulassung (§ 5 KSchG) erfolgreich sein. Die Risiken der Übermittlung können der verantwortenden Person nur in dem Umfang zugeschrieben werden, wie dies auch bei anderen Übertragungsformen üblich ist. Sobald die Einreichung elektronischer Dokumente durch Rechts-VO eröffnet ist, dürfen die aus den technischen Gegebenheiten dieses Kommunikationsmittels herrührenden besonderen Risiken nicht auf den Nutzer dieses Mediums abgewälzt werden.[31] Dies gilt besonders für Störungen der Empfangseinrichtung im Gericht. In diesem Fall liegt die entscheidende Ursache für eine Fristsäumnis in der Sphäre des Gerichts. Aber auch Störungen der Übermittlungsleitungen sind dem gewählten Übermittlungsmedium immanent, sofern ein elektronisches Dokument über sie zum Empfangsgerät gelangt. Auch bei einer Leitungsstörung versagt daher die von der Justiz angebotene Zugangseinrichtung. Der Nutzer hat mit der Wahl eines anerkannten Übermittlungsmediums, der ordnungsgemäßen Nutzung eines funktionsfähigen Sendegeräts und der korrekten Eingabe der Empfängerangaben das seinerseits zur Fristwahrung

---

25 Dazu im Einzelnen *Hartmann*, NJW 2001, 2557.
26 BFH 18.10.2006 – XI R 22/06 – BB 2007, 144, mit eingehender Erläuterung zu den damit im Zusammenhang stehenden Fragen; zur Frage, ob eine digitale Signatur ausreicht, die unter Verwendung eines Signaturschlüssels erstellt wurde, der nicht mit einer Anwendungsbeschränkung i.S. des § 7 Abs. 1 Nr. 7 SigG, die seine Nutzung im konkreten Verwendungsfall ausschließt, versehen ist: BFH 22.1.2007 – IV R 97/06 – juris.
27 Für Signaturzwang: *Germelmann u.a.*, § 46 Rn 12, der jedoch Ausnahmen für die Fälle zulässt, dass sich aus anderen Umständen eine Gewähr für die Urheberschaft und den Willen ergibt, den Schriftsatz in den Rechtsverkehr zu bringen; GK-ArbGG/*Schütz*, § 46b Rn 13; LSG Rheinland-Pfalz – 10.9.2007 – L 4 R 447/06 – MMR 2008, 253; gegen Signaturzwang: Zöller/*Greger*, § 130 Rn 21 f. und § 130a Rn 4.
28 Vgl. dazu GmS-OGB 5.4.2000 – GmS-OGB 1/98 – AP § 129 ZPO Nr. 2 = NJW 2000, 2340 = NZA 2000, 959.
29 BVerfG 4.7.2002 – 2 BvR 2168/00 – NJW 2002, 3534, betr. per Computerfax eingelegtes Rechtsmittel.
30 BSG 18.11.2003 – B 1 KR 1/02 S – SozR 4–1500 § 90 Nr. 1.
31 A.A. *Germelmann u.a.*, § 46b Rn 23; GK-ArbGG/*Schütz*, § 46b Rn 17.

Erforderliche getan, wenn er so rechtzeitig mit der Übermittlung beginnt, dass unter normalen Umständen mit ihrem Abschluss bis zum Ablauf der Frist zu rechnen ist.[32]

Die **Ergänzung** der Vorschrift durch das Justizkommunikationsgesetz („Ist ein übermitteltes elektronisches Dokument für das Gericht zur Bearbeitung nicht geeignet, ist dies dem Absender unter Angabe der geltenden technischen Rahmenbedingungen unverzüglich mitzuteilen.") dient der frühzeitigen Unterrichtung des Absenders bei fehlgeschlagener Übermittlung. Er soll frühzeitig darüber unterrichtet werden, dass ein übermitteltes Dokument nicht zur Bearbeitung durch das Gericht geeignet ist. Zum einen besteht dann u.U. ein Antrag auf Wiedereinsetzung in den vorigen Stand gestützt werden kann. Zum anderen kann darauf u. U. ein Antrag auf Wiedereinsetzung in den vorigen Stand gestützt werden. Jedenfalls wird durch die Mitteilung die Frist für den Antrag in Gang gesetzt.

IV. Ermächtigende Rechtsverordnung (Abs. 2)

Nach Abs. 2 können die Bundesregierung (Bsp. für die Bundesgerichte siehe vor §§ 46c–e Rn 21) und die Landesregierungen für ihren Bereich durch Rechts-VO den **Zeitpunkt** bestimmen, von dem an elektronische Dokumente bei den Gerichten eingereicht werden können, sowie die für die Bearbeitung der Dokumente geeignete Form. Die Landesregierungen können wiederum die Ermächtigung durch Rechts-VO auf die jeweils zuständige oberste Landesbehörde übertragen.[33] Der aktuelle Stand kann über die elektronische Gerichts- und Verwaltungspostfach[34] abgefragt werden. Hinweise finden sich auch auf der Homepage des BAG.[35]

Die Zulassung der elektronischen Form kann in der Rechts-VO auf einzelne Gerichte oder Verfahren beschränkt werden. Die Möglichkeit zur Einreichung elektronischer Dokumente muss daher **nicht flächendeckend** erfolgen, sondern kann zunächst für bestimmte Gerichte ermöglicht werden. Die Zulassung kann entsprechend der sukzessiv vorgenommenen technischen Ausrüstung der ArbG erfolgen.[36]

Die Länder haben gemeinsam detaillierte **organisatorisch-technische Leitlinien** entwickelt, die technische Standards und Formate für den elektronischen Rechtsverkehr mit den Gerichten festlegen. Diese sollen die **Grundlage für die Rechts-VO der Länder** werden, mit denen die elektronische Kommunikation eingeführt wird. Die Regelungsbefugnis erstreckt sich nach der Gesetzesbegründung allerdings nur auf solche elektronischen Dokumente, deren Empfang und weitere Bearbeitung besondere technische und organisatorische Vorbereitungen bei den Gerichten erfordert. Dies seit typischerweise bei elektronischen Dokumenten der Fall, die mit einer elektronischen Signatur versehen seien, nicht aber bei anderen, auf elektronischem Wege übermittelten Dokumenten wie dem Telefax oder dem Computer-Fax. Diese Übermittlungsformen würden durch den Zulässigkeitsvorbehalt in § 46c und § 130a ZPO nicht erfasst. Diese Stellungnahme bestätigt, dass die elektronischen Dokumente regeln sollen, die die Bundesregierung durch das Gericht geeigneten) Dateien als elektronische Dokumente regeln sollen, die die Bundesregierung den Verfahrensbeteiligten nach der Begründung des Gesetzentwurfs als zusätzliche Möglichkeit zur Verfügung stellen wollte[37] (siehe auch Rn 5 f.).

§ 46d Gerichtliches elektronisches Dokument

Soweit dieses Gesetz dem Richter, dem Rechtspfleger oder dem Urkundsbeamten der Geschäftsstelle die handschriftliche Unterzeichnung vorschreibt, genügt dieser Form die Aufzeichnung als elektronisches Dokument, wenn die verantwortenden Personen am Ende des Dokuments ihren Namen hinzufügen und das Dokument jeweils mit einer qualifizierten elektronischen Signatur nach dem Signaturgesetz versehen.

Durch Art. 4 des am 12.12.2008 in Kraft getretenen Gesetzes zur Verbesserung der grenzüberschreitenden Forderungsdurchsetzung und Zustellung vom 30.10.2008)[1] ist **aus dem bisherigen § 46c der § 46d geworden.** Inhaltlich hat sich nichts geändert. Es ist ein neuer § 46b eingefügt worden, der das Mahnverfahren betrifft und daher systematisch an § 46a angehängt worden ist. Auch eine in elektronischer Form geführte Akte muss bestimmten **Formerfordernissen** genügen. Diese werden durch die Vorschrift in der neuen technischen Gegebenheiten angepasst. Durch das SGGArbGG-Änderungsgesetz[2] ist die Regelung mit Wirkung vom 1.4.2008 auf Gerichtsvollzieher ausgedehnt und auch im Übrigen der Formulierung des § 130b ZPO angeglichen worden. Dabei ist wohl übersehen worden, dass

---

32 BVerfG 21.6.2001 – 1 BvR 436/01 – NJW 2001, 3473, betr. Faxübermittlung; a.A. *Germelmann u.a.*, § 46b Rn 21.
33 Zu Modellversuchen in anderen Gerichtsbarkeiten siehe vor § 46b Rn 10 f. und GK-ArbGG/*Schütz*, § 46b Rn 9.
34 www.egvp.de.
35 www.bundesarbeitsgericht.de.
36 So z.B. in Brandenburg durch die Verordnung über den elektronischen Rechtsverkehr im Land Brandenburg vom 14.12.2006, GVBl II/06 S. 558 in Kraft seit dem 1.1.2007 und im Land Berlin vom 27.12.2006, GVBl. II/06, S. 1183.
37 BT-Drucks 14/4987, S. 24; so auch: BGH 15.7.2008 – X ZB 8/08 – NJW 2008, 2649.

1 BGBl I S. 2122.
2 BGBl I S. 444.

die Gerichtsvollzieher bewusst in der Vorschrift nicht erwähnt worden waren. Das ArbGG schreibt den Gerichtsvollziehern nämlich an keiner Stelle die handschriftliche Unterzeichnung vor.

2 Das Gesetz schreibt nicht nur den Parteien (siehe dazu § 46b), sondern auch den **Richtern, Rechtspflegerinnen und Urkundsbeamten der Geschäftsstelle** (z.B. für Urteil, Beschluss, Protokoll) die handschriftliche Unterzeichnung vor. Die Vorschrift bestimmt, dass diese Form der Aufzeichnung als elektronisches Dokument genügt, wenn die verantwortenden Personen am Ende des Dokuments ihren Namen hinzufügen und das Dokument jeweils mit einer qualifizierten elektronischen Signatur nach dem Signaturgesetz versehen.

3 Die handschriftliche Unterzeichnung wird also durch eine qualifizierte elektronische Signatur der Richterin, des Rechtspflegers, Urkundsbeamten der Geschäftsstelle oder der Gerichtsvollzieherin ersetzt. Ggf. sind Mehrfachsignierungen erforderlich. Zudem habendie Signierenden ihren **Namen am Ende des Dokuments** anzugeben, damit für die Leserin nachvollziehbar ist, wer das Dokument verantwortet. Sind die Unterschriften mehrerer Personen erforderlich (Unterschriften mehrerer Richter unter dem Urteil oder dem Sitzungsprotokoll) können sie nur durch die Signaturen aller Personen ersetzt werden.³ Stimmen Namensangabe und Signaturinhaber nicht überein, ist das elektronische Dokument mit einem Formmangel behaftet. Dasselbe gilt, wenn es gar nicht mit einer signaturgesetzkonformen Signatur versehen worden ist.

4 Die Rechtsfolgen dieser Mängel der elektronischen Form sind – wie die entsprechenden Mängel der Schriftform – nicht ausdrücklich gesetzlich geregelt. Es ist zu entscheiden wie bei einer fehlenden Unterschrift.⁴ Die Wirksamkeit formvorschriftswidriger elektronischer Dokumente richtet sich nach denselben Maßstäben.

§ 46e Elektronische Akte

(1) ¹Die Prozessakten können elektronisch geführt werden. ²Die Bundesregierung und die Landesregierungen bestimmen für ihren Bereich durch Rechtsverordnung den Zeitpunkt, von dem an elektronische Akten geführt werden sowie die hierfür geltenden organisatorisch-technischen Rahmenbedingungen für die Bildung, Führung und Aufbewahrung der elektronischen Akten. ³Die Landesregierungen können die Ermächtigung durch Rechtsverordnung auf die jeweils zuständige oberste Landesbehörde übertragen. ⁴Die Zulassung der elektronischen Akte kann auf einzelne Gerichte oder Verfahren beschränkt werden.

(2) ¹In Papierform eingereichte Schriftstücke und sonstige Unterlagen sollen zur Ersetzung der Urschrift in ein elektronisches Dokument übertragen werden. ²Die Unterlagen sind, sofern sie in Papierform weiter benötigt werden, mindestens bis zum rechtskräftigen Abschluss des Verfahrens aufzubewahren.

(3) Das elektronische Dokument muss den Vermerk enthalten, wann und durch wen die Unterlagen in ein elektronisches Dokument übertragen worden sind.

A. Allgemeines	1
B. Regelungsgehalt	2
I. Einführung der elektronischen Akte (Abs. 1)	2
II. Übertragung der Papierform in elektronische Dokumente (Abs. 2 und 3)	4

A. Allgemeines

1 Durch Art. 4 des am 12.12.2008 in Kraft getretenen Gesetzes zur Verbesserung der grenzüberschreitenden Forderungsdurchsetzung und Zustellung vom 30.10.2008¹ ist **aus dem bisherigen § 46d der § 46e geworden**. Inhaltlich hat sich nichts geändert. § 46e soll die Möglichkeit schaffen, Prozessakten elektronisch zu führen, d.h. das gesamte Schreibwerk eines Verfahrens in elektronischer Form anzulegen und zu bearbeiten. Die Norm ist durch das SGGArbGG-Änderungsgesetz² zum 1.4.2008 geringfügig geändert worden. Die Streichung des Wortes „können" in Abs. 1 S. 2 und das Einfügen des Wortes „mindestens" in Abs. 2 S. 2 gleicht die Regelung an den nunmehr wortgleichen § 298a ZPO an. Ab dem von der Bundesregierung und den Landesregierungen bestimmten Zeitpunkt, ab dem elektronische Akten geführt werden, ist das Führen der elektronischen Akten obligatorisch. In Papierform eingereichte Schriftstücke und Unterlagen müssen, sofern sie in Papierform weiter benötigt werden, mindestens bis zum rechtskräftigen Abschluss des Verfahrens aufbewahrt werden.³

---

3 *Germelmann u.a.*, § 46d Rn 3.
4 Vgl. dazu *Zöller/Vollkommer*, § 315 Rn 2f.
1 BGBl I S. 2122.
2 BGBl I S. 444.
3 So die Gesetzesbegründung BT-Drucks 16/7716, S. 23.

B. Regelungsgehalt

I. Einführung der elektronischen Akte (Abs. 1)

Wie bei § 46c bedarf es besonderer **RechtsVO** des Bundes und der Länder, die den konkreten Zeitpunkt bestimmen, von dem an elektronische Akten geführt werden können (S. 2). Zeitgleich müssen die organisatorischen Rahmenbedingungen für die Bildung, Führung und Aufbewahrung der elektronischen Akten festgelegt werden. Abs. 1 S. 3 sieht eine Subdelegationsbefugnis auf die jeweils zuständigen obersten Landesbehörden vor. Es bietet sich an, einheitliche VO für § 46c bis § 46e zu schaffen. Wie bei § 46c können also Testphasen an **Pilotgerichten** durchgeführt werden. Der Begriff „Verfahren" ist allerdings undeutlich und sollte konkretisiert werden. Die Regelung wird u.a. durch §§ 298 (Ausdruck eines elektronischen Dokuments) und 299 Abs. 3 (Einsichtnahme) ZPO ergänzt.

II. Übertragung der Papierform in elektronische Dokumente (Abs. 2 und 3)

Abs. 2 der Vorschrift entspricht der Fassung des § 298a Abs. 2 ZPO, die dieser durch das Justizkommunikationsgesetz erhalten hat. Sie regelt die Verfahrensweise für einen **Medientransfer** von der Papierform zu einem elektronischen Dokument, falls die Akten elektronisch geführt werden. Auch nach einer Umstellung auf elektronische Aktenführung muss noch für einen unabsehbaren Zeitraum mit Eingängen in Papierform gerechnet werden. Es wird die Möglichkeit geschaffen, solche Schriftsätze in die elektronische Akte zu integrieren. Bis zum rechtskräftigen Abschluss des Verfahrens sind die in Papierform eingegangenen Unterlagen **aufzubewahren**. Das kann erforderlich sein, weil z.B. die von einer eingereichten Urkunde mittels Scannens erstellte Bilddatei nicht denselben Beweiswert hat wie das Papieroriginal. Nach rechtskräftigem Abschluss des Verfahrens können die eingereichten Unterlagen an die Partei zurückgereicht werden, soweit landesrechtliche Regelungen nicht längere Aufbewahrungsvorschriften vorsehen. Das ergibt sich aus der Formulierung „mindestens", die durch das SGGArbGG-Änderungsgesetz nun mit Wirkung vom 1.4.2008 auch in Abs. 3 aufgenommen worden ist.

Abs. 3 verlangt einen **Übertragungsvermerk (sog. Transfervermerk)**.[4] Aus ihm muss sich ergeben, wann und durch wen die Unterlagen in ein elektronisches Dokument übertragen worden sind. Angesichts der fehlenden unmittelbaren Außenwirkung genügt die geringere Formstrenge. Das Gesetz sieht allerdings keine Konsequenzen im Falle einer Nichtbeachtung vor.

§ 47   Sondervorschriften über Ladung und Einlassung

(1) Die Klageschrift muß mindestens eine Woche vor dem Termin zugestellt sein.

(2) Eine Aufforderung an den Beklagten, sich auf die Klage schriftlich zu äußern, erfolgt in der Regel nicht.

Literatur: *K. Dörner*, Die Güteverhandlung aus richterlicher Sicht, Arbeitsrecht und Arbeitsgerichtsbarkeit (Festschrift zum 50-jährigen Bestehen der Arbeitsgerichtsbarkeit in Rheinland-Pfalz) 1999, S. 635; *Müller-Glöge*, Arbeitsrecht und Verfahrensrecht, RdA 1999, 80–90

A. Allgemeines	1
B. Regelungsgehalt	
1. Einlassungsfrist (Abs. 1)	
I. Anwendungsbereich	2
II. Ladungsfrist	9
III. Ausschluss des schriftlichen Vorverfahrens	11
2. Dauer und Fristberechnung (Abs. 2)	
3. Fristabkürzung	7
4. Folgen bei Nichteinhaltung	8
C. Beraterhinweise	12

A. Allgemeines

Die Vorschrift regelt in Abs. 1 nur noch die Einlassungsfrist für das arbeitsgerichtliche Verfahren. Die Bestimmung über die Ladungsfrist wurde durch die Beschleunigungsnovelle 1979[1] aufgehoben. Die Worte „Ladung und" in der Überschrift sind dadurch gegenstandslos geworden. Die Abkürzung der in der ordentlichen Gerichtsbarkeit geltenden Einlassungsfrist von zwei Wochen (§ 274 Abs. 3 S. 1 ZPO) auf eine Woche dient der besonderen Beschleunigung des arbeitsgerichtlichen Verfahrens.

---

[4] *Germelmann u.a.*, § 46d Rn 7.

[1] BGBl I S. 545.

B. Regelungsgehalt

I. Einlassungsfrist (Abs. 1)

2 Mit „Einlassungsfrist" wird der Zeitraum bezeichnet, welcher der beklagten Partei zwischen der Zustellung der Klage und dem ersten Termin, i.d.R. dem Gütetermin, mindestens verbleiben muss, um sich auf die Klage einlassen, d.h. zu ihr Stellung nehmen zu können (§ 274 Abs. 3 S. 1 ZPO). Die Einlassungsfrist ist eine Schutzfrist für die beklagte Partei; sie gewährleistet ihren Anspruch auf rechtliches Gehör (Art. 103 Abs. 1 GG).

3 **1. Anwendungsbereich.** Für die Dauer der Einlassungsfrist enthält Abs. 1 – abgesehen von dem Fall, dass die beklagte Partei im Ausland wohnt – eine abschließende Regelung, die einem Rückgriff über § 46 Abs. 2 auf § 274 Abs. 3 S. 1 ZPO entgegensteht. Dabei wird nicht danach unterschieden, ob die beklagte Partei im Bezirk des ArbG oder außerhalb des Bezirks im Inland wohnt. Die Einlassungsfrist gilt nicht nur bei der Zustellung der Klage, sondern auch bei der Zustellung von objektiven und subjektiven Klageerweiterungen und von Widerklagen.[2] Nach Eingang eines Widerspruchs im Mahnverfahren oder eines Einspruchs gegen einen Vollstreckungsbescheid ist ebenfalls die Einlassungsfrist zu beachten. Diese beginnt mit Zustellung des Schriftsatzes, mit dem der im Mahnbescheid geltend gemachte Anspruch begründet wird.

Die Einlassungsfrist gilt nicht in **Arrestverfahren und einstweiligen Verfügungsverfahren.** Abs. 1 ist nicht anwendbar, da er mit der dort regelmäßig vorliegenden Eilbedürftigkeit nicht vereinbar ist.[3]

4 **2. Dauer und Fristberechnung.** Die **Einlassungsfrist** beträgt – unabhängig vom inländischen Wohnort der beklagten Partei – **eine Woche.** Sie wird mit der Zustellung der Klage, Klageerweiterung oder Widerklage (jeweils ein insoweit) in Lauf gesetzt. Unbeachtlich für den Beginn der Einlassungsfrist ist der ggf. vom Zugang der Klage abweichende Zeitpunkt des Zugangs der Ladung.

5 Die **Berechnung der Frist** richtet sich nach § 46 Abs. 2 i.V.m. § 222 Abs. 2 ZPO. Nach § 222 Abs. 1 ZPO gelten für die Berechnung der Frist die Vorschriften des BGB, damit die §§ 187 bis 193 BGB. Bei Bestimmung des Fristbeginns ist der Tag der Zustellung nach § 187 Abs. 1 BGB nicht mitzurechnen. Die Einlassungsfrist endet nach § 188 Abs. 2 BGB mit dem Ablauf des siebten Tages. Fällt der letzte Tag der Einlassungsfrist auf einen Sonntag, einen am Zustellungsort staatlich anerkannten allg. Feiertag oder einen Sonnabend, so tritt an die Stelle eines solchen Tages der nächste Werktag (§ 222 Abs. 2 ZPO).

6 Ist der **Aufenthaltsort** der beklagten Partei **unbekannt**, so kann die Zustellung der Klage und der Ladung durch öffentliche Bekanntmachung (§ 185 ZPO) erfolgen. Zur öffentlichen Zustellung wird ein Auszug des zuzustellenden Schriftstücks und eine Benachrichtigung darüber, wo das Schriftstück eingesehen werden kann, an der Gerichtstafel angeheftet (§ 186 Abs. 2 ZPO). Enthält die zuzustellende Schriftstück eine Ladung, so muss die Benachrichtigung einen entsprechenden Hinweis enthalten, mit dem Zusatz, dass die Versäumung des Termins Rechtsnachteile zur Folge haben kann (§ 186 Abs. 2 ZPO). Das Prozessgericht kann nach § 187 ZPO zusätzlich anordnen, dass die Benachrichtigung einmal oder mehrfach im Bundesanzeiger oder in anderen Blättern zu veröffentlichen ist. Das Schriftstück gilt als zugestellt, wenn seit dem Aushang der Benachrichtigung ein Monat vergangen ist, wobei das Prozessgericht eine längere Frist bestimmen kann (§ 188 S. 2 ZPO). Auch im Falle der öffentlichen Zustellung im Inland gilt die Einlassungsfrist von mindestens **einer Woche**, die ab dem Zeitpunkt beginnt, zu dem die Klage nach § 188 S. 2 ZPO als zugestellt gilt. Einzelheiten zur öffentlichen Zustellung unter § 50 Rn 15.

7 **3. Fristabkürzung.** Nach § 226 Abs. 1 ZPO kann die **Einlassungsfrist** auf Antrag einer Partei **abgekürzt** werden. Die Abkürzung der Einlassungsfrist wird nicht dadurch ausgeschlossen, dass infolge der Abkürzung die mündliche Verhandlung nicht durch Schriftsätze vorbereitet werden kann (§ 226 Abs. 2 ZPO). Im arbeitsgerichtlichen Verfahren ist die schriftsätzliche Vorbereitung des Gütetermins im Regelfall nicht vorgesehen (Abs. 2). Der **Abkürzungsantrag** kann formlos gestellt werden; er bedarf der Begründung. Eine Glaubhaftmachung ist nicht vorgesehen. Der Gegner ist vor dem Abkürzungsantrag anzuhören. Der Anspruch des Gegners auf rechtliches Gehör ist aber zu beachten. Der Vorsitzende entscheidet über den Antrag in Zusammenhang mit der Terminsbestimmung. Die Entscheidung ist kurz zu begründen und im Fall der ablehnenden Entscheidung mit der sofortigen Beschwerde nach § 78 Abs. 1 S. 1 i.V.m. § 567 Abs. 1 Nr. 2 ZPO anfechtbar.

8 **4. Folgen bei Nichteinhaltung.** Bei Nichteinhaltung der Einlassungsfrist ist der Erlass eines Versäumnisurteils gegen die beklagte Partei unzulässig (§ 335 Abs. 1 Nr. 3 ZPO). Die Partei kann im Termin eine Einlassung verweigern.[4] Verhandelt die beklagte Partei, so kann sie nach § 295 ZPO die Nichteinhaltung nicht mehr rügen.

---

[2] *Hauck/Helml*, § 47 Rn 6; a.A. *Germelmann u.a.*, § 47 Rn 2.
[3] *Germelmann u.a.*, § 47 Rn 6; GK-ArbGG/*Bader* § 47 Rn 30.
[4] *Zöller/Greger*, § 274 Rn 6.

II. Ladungsfrist

„Ladungsfrist" ist die Frist, die in einer anhängigen Sache zwischen der Zustellung der Ladung und dem Terminstag liegen soll. Sie dient der zeitlichen Vorbereitung des Termins, insb. der Freihaltung des Terminstages. Sie beträgt im erstinstanzlichen Verfahren nach § 46 Abs. 2 S. 1 i.V.m. § 217 ZPO **mind. drei Tage**. Die Fristberechnung richtet sich wie bei der Einlassungsfrist nach § 46 Abs. 2 i.V.m. § 222 ZPO (vgl. Rn 5). Die Ladungsfrist ist **bei jeder Terminsanberaumung**, bei Vertagungen[5] und Verlegungen zu beachten, und zwar unabhängig davon, ob sich die Partei im Inland oder Ausland aufhält. Sie soll nicht bei der Änderung der Terminstunde gelten,[6] was aber im Hinblick auf den Zweck, den Parteien eine Terminsplanung zu ermöglichen, wenig überzeugt. Die Ladungsfrist ist nicht einzuhalten bei Anberaumung eines **Verkündungstermins**.

Voraussetzung einer Ladung ist die **Terminsbestimmung** nach § 216 ZPO. Sie kann durch Verfügung des Richters erfolgen, setzt aber ebenso wie zusätzliche Auflagen die volle Unterschrift voraus. Die Ladung ist sodann von Amts wegen durchzuführen, § 214 ZPO. Zuständig ist die Urkundsbeamtin der Geschäftsstelle, wenn die Ladung nicht durch Verkündeten Beschl. erfolgt.

Für die Berechnung und für die Folgen von deren Nichteinhaltung gelten die gleichen Grundsätze wie für die Einlassungsfrist (vgl. Rn 5, 7, 8). In dem Antrag auf Einleitung eines **Arrest- oder einstweiligen Verfügungsverfahrens** wird regelmäßig ein Antrag auf Abkürzung der Ladungsfrist enthalten sein.[7]

III. Ausschluss des schriftlichen Vorverfahrens (Abs. 2)

Nach Abs. 2 soll eine Aufforderung an die beklagte Partei, sich auf die Klage schriftlich zu äußern, i.d.R. nicht erfolgen. Richtig ist das sicher in den Fällen, in denen der Gütetermin – wie § 61 a Abs. 2 vorschreibt – innerhalb von zwei Wochen anberaumt werden kann. Angesichts der außerordentlichen Belastung der ArbG kann diese Frist oft nicht eingehalten werden. Liegen aus diesem Grund der Zeitpunkt des Klageeingangs und der Gütetermins deutlich länger als zwei Wochen auseinander, spricht der Beschleunigungsgrundsatz jedenfalls bei Bestandsschutzstreitigkeiten eher für eine Aufforderung zur schriftsätzlichen Vorbereitung des Gütetermins.

Gegen die Terminsbestimmung und die Wahl des Zeitpunktes ist im arbeitsgerichtlichen Verfahren die sofortige Beschwerde nicht statthaft.[8]

C. Beraterhinweise

Der spezielle Fall der Auslandszustellung ist in § 47 nicht berücksichtigt. Insoweit findet nach § 46 Abs. 2 die Regelung in § 274 Abs. 3 S. 3 ZPO Anwendung. Danach hat die Vorsitzende bei der Festsetzung des Termins die **Einlassungsfrist zu bestimmen**, wenn die Zustellung im Ausland vorzunehmen ist. Diese muss **mind. eine Woche** betragen, wird jedoch zur Gewährleistung des rechtlichen Gehörs diese Mindestfrist im Regelfall deutlich überschreiten müssen.

§ 48 Rechtsweg und Zuständigkeit

(1) Für die Zulässigkeit des Rechtsweges und der Verfahrensart sowie für die sachliche und örtliche Zuständigkeit gelten die §§ 17 bis 17b des Gerichtsverfassungsgesetzes mit folgender Maßgabe entsprechend:

1. Beschlüsse entsprechend § 17a Abs. 2 und 3 des Gerichtsverfassungsgesetzes über die örtliche Zuständigkeit sind unanfechtbar.
2. Der Beschluß nach § 17a Abs. 4 Gerichtsverfassungsgesetzes ergeht, sofern er nicht lediglich die örtliche Zuständigkeit zum Gegenstand hat, auch außerhalb der mündlichen Verhandlung stets durch die Kammer.

(1a) ¹Für Streitigkeiten nach § 2 Abs. 1 Nr. 3, 4a, 7, 8 und 10 sowie Abs. 2 ist auch das Arbeitsgericht zuständig, in dessen Bezirk der Arbeitnehmer gewöhnlich seine Arbeit verrichtet oder zuletzt gewöhnlich verrichtet hat. ²Ist ein gewöhnlicher Arbeitsort im Sinne des Satzes 1 nicht feststellbar, ist das Arbeitsgericht örtlich zuständig, von dessen Bezirk aus der Arbeitnehmer gewöhnlich seine Arbeit verrichtet oder zuletzt gewöhnlich verrichtet hat.

(2) Die Tarifvertragsparteien können im Tarifvertrag die Zuständigkeit eines an sich örtlich unzuständigen Arbeitsgerichts festlegen für

---

5 Zöller/Stöber, § 217 Rn 1.
6 Germelmann u.a., § 47 Rn 21.
7 Germelmann u.a., § 47 Rn 23; Hauck/Helmel, § 47 Rn 11; Schwab/Weth/Berscheid, § 47 Rn 16; a.A. GK-ArbGG/Bader, § 47 Rn 22.
8 LAG Rheinland-Pfalz 13.6.2005 – 8 Ta 114/05 – juris.

50 ArbGG § 48

1. bürgerliche Rechtsstreitigkeiten zwischen Arbeitnehmern und Arbeitgebern aus einem Arbeitsverhältnis und aus Verhandlungen über die Eingehung eines Arbeitsverhältnisses, das sich nach einem Tarifvertrag bestimmt,
2. bürgerliche Rechtsstreitigkeiten aus dem Verhältnis einer gemeinsamen Einrichtung der Tarifvertragsparteien zu den Arbeitnehmern oder Arbeitgebern.

²Im Geltungsbereich eines Tarifvertrags nach Satz 1 Nummer 1 gelten die tarifvertraglichen Bestimmungen über das örtlich zuständige Arbeitsgericht zwischen nicht tarifgebundenen Arbeitgebern und Arbeitnehmern, wenn die Anwendung des gesamten Tarifvertrags zwischen ihnen vereinbart ist. ³Die in § 38 Abs. 2 und 3 der Zivilprozeßordnung vorgesehenen Beschränkungen finden keine Anwendung.

A. Allgemeines	1
B. Anwendungsbereich	2
I. Urteilsverfahren	3
II. Beschlussverfahren	4
III. Mahnverfahren	5
IV. Prozesskostenhilfeverfahren	6
V. Arrest und einstweilige Verfügung	7

A. Allgemeines

1 Aufgrund des 4. Gesetzes zur Änderung der VwGO vom 17.12.1990,¹ in Kraft seit dem 1.1.1991 hat der Gesetzgeber durch Änderungen des § 48 und der §§ 17 bis 17b GVG eine für alle Gerichtszweige einheitliche Rechtswegregelung getroffen. Ziel der Änderungen war v.a. eine Vereinfachung, Vereinheitlichung und Beschleunigung des Verfahrens. Für die anderen Gerichtszweige finden sich entsprechende Regelungen in § 173 VwGO, § 155 FGO und § 203 SGG. Die Arbeitsgerichtsbarkeit ist im Verhältnis zur ordentlichen Gerichtsbarkeit als eigenständiger Rechtsweg ausgestaltet worden. Soweit § 48 in Abs. 1 die sachliche Zuständigkeit anstelle des Rechtswegs erwähnt, handelt es sich um ein redaktionelles Versehen.² I.Ü. regelt § 48 nicht nur die Verweisung in die anderen Rechtswege, sondern auch die Verweisung in eine andere Verfahrensart, insb. vom Urteils- in das Beschlussverfahren sowie umgekehrt und die örtliche Zuständigkeit. Die Neuregelung der Rechtswegzuständigkeit führt auch zur Notwegzuständigkeit der ArbG im einstweiligen Verfügungsverfahren.

B. Anwendungsbereich

2 § 48 regelt neben der Zulässigkeit des Rechtsweges ausdrücklich die Verfahrensart. Danach gelten die §§ 17 bis 17b GVG auch für die Frage, ob die Gerichte für Arbeitssachen im Urteilsverfahren nach § 2 i.V. m. § 46 Abs. 1 oder im Beschlussverfahren nach §§ 2a, 80 Abs. 1 zu entscheiden haben. Es handelt sich damit auch für die Feststellung des zutreffenden Verfahrens um eine von Amts wegen zu prüfende Prozessvoraussetzung.³ Die Zulässigkeit des Rechtswegs im Urteilsverfahren richtet sich nach den Zuständigkeitsbestimmungen im Urteilsverfahren in den §§ 2, 3, 4 und 5.

I. Urteilsverfahren

3 Die örtliche Zuständigkeit der Gerichte für Arbeitssachen im Urteilsverfahren bestimmt sich mit Ausnahme der besonderen tarifvertraglichen Prorogationsregelung in § 48 Abs. 2 gem. § 46 Abs. 2 nach den Gerichtsständen der ZPO.

II. Beschlussverfahren

4 Die Rechtswegzuständigkeit der ArbG im Beschlussverfahren richtet sich nach den §§ 2a, 80 Abs. 1. § 2a bestimmt die Tatbestände, in denen der Rechtsweg zu den ArbG im Beschlussverfahren gegeben ist. Die örtliche Zuständigkeit der ArbG im Beschlussverfahren richtet sich nach § 82. Danach ist das ArbG zuständig, in dessen Bezirk der Betrieb liegt.

III. Mahnverfahren

5 Nach § 46a Abs. 2 kommt das arbeitsgerichtliche Mahnverfahren nur für das Urteilsverfahren in Betracht. Der Rechtsweg und die örtliche Zuständigkeit richten sich nach den für das Urteilsverfahren geltenden Regeln. Es findet daher die Zuständigkeitsregel des § 2 Anwendung. Es gilt allerdings nicht § 281 ZPO. Über § 46a Abs. 1 gelten die Vorschriften der ZPO über das Mahnverfahren entsprechend. Wird daher ein Mahnantrag bei einem für den Rechtsweg unzuständigen Gericht erhoben, kann keine Verweisung von Amts wegen an das zuständige Gericht erfolgen. Dies ergibt sich aus § 691 Abs. 1 Nr. 1 ZPO, wonach der Mahnantrag zurückzuweisen ist, wenn er der Regelung des § 689 ZPO nicht entspricht. § 689 ZPO verlangt die Zuständigkeit des mit dem Mahnbescheid angerufenen Gerichts. Nach Zurückweisung kann der Antragsteller allerdings einen erneuten Mahnbescheid bei dem zuständigen Gericht beantragen.

---

1 BGBl I S. 2809.
2 BAG 4.1.1993 – 5 AS 12/92 – AP § 36 ZPO Nr. 43.
3 *Schwab*, NZA 1991, 663.

IV. Prozesskostenhilfeverfahren

Wird ein Antrag auf Bewilligung von PKH oder Beiordnung nach § 11a ohne gleichzeitige Klageerhebung gestellt, ist eine Anwendung des § 48 ausgeschlossen. Es liegt keine Rechtshängigkeit vor. Der Antragsteller kann daher nach Hinweis des für den Rechtsweg unzuständigen Gerichts die formlose Abgabe des PKH-Antrags an das zuständige Gericht beantragen. Ergeht dennoch unzutreffenderweise ein Verweisungsbeschluss im PKH-Bewilligungsverfahren entfaltet er für das Gericht, an welches verwiesen wird, Bindungswirkung. Hier wirkt sich aus, dass fehlerhafte Verweisungsbeschlüsse bindend sind, es sei denn, es liegt eine offensichtliche Gesetzwidrigkeit vor. Das Gericht, an welches verwiesen wurde, darf die Erfolgsaussichten der beabsichtigten Klage auch nicht mit der Begründung verneinen, der Rechtsweg sei nicht gegeben. Die Bindungswirkung der Verweisung im PKH-Bewilligungsverfahren gilt jedoch nicht für das noch nicht anhängig zu machende Hauptsacheverfahren. [4] Wird in einem bereits anhängigen Rechtsstreit der Antrag auf Bewilligung von PKH oder die Beiordnung gem. § 11a beantragt, ist § 48 im Hauptsacheverfahren anzuwenden. Bei einer Verweisung des Hauptsacheverfahrens folgt das PKH-Bewilligungsverfahren. Es ist dann von dem Gericht, an das verwiesen wurde auch über die PKH zu entscheiden. Eine bereits klar erkennbare Unschlüssigkeit des Antragsbegehrens zwingt zur Abweisung des PKH-Gesuchs. Eine hinreichende Erfolgsaussicht liegt auch bei eindeutiger (örtlicher oder sachlicher) Unzuständigkeit des ArbG nicht vor. Ist für die Hauptsache der Rechtsweg nicht zulässig, besteht schon aus diesem Grundsatz keine Erfolgsaussicht der Klage. Bei schon im PKH-Verfahren festgestellter offensichtlicher Unzuständigkeit des ArbG bleibt auch ein Hilfsantrag auf Verweisung ohne Erfolg. Die §§ 17 bis 17b GVG finden im PKH-Prüfungsverfahren keine Anwendung. Eine auf das PKH-Verfahren beschränkte Verweisung scheidet aus. [5]

V. Arrest und einstweilige Verfügung

Grds. finden die allg. Regeln des Prozessrechtes auch für die Verfahren des vorläufigen Rechtsschutzes Anwendung, soweit die Eigenheiten des vorläufigen Verfahrens dem nicht entgegenstehen. [6] Für den Rechtsweg im Urteilsverfahren gilt daher die Zuständigkeitsregelung des § 2, für das Beschlussverfahren § 2a. Die örtliche Zuständigkeit bestimmt sich im Urteilsverfahren nach den Regelungen der ZPO im Beschlussverfahren nach § 82. Wegen der besonderen Eilbedürftigkeit ist jedoch die Anh. gem. § 17a Abs. 2 GVG erforderliche vorherige Anhörung des Antragsgegners entbehrlich. Sie kann unterbleiben, wenn ansonsten die Gefahr besteht, dass die hierdurch verursachte Verzögerung den Zweck des vorläufigen Verfahrens vereiteln würde. Abweichend von Abs. 1 S. 2 darf die Verweisung des Verfahrens nach den §§ 921 Abs. 1 und 937 Abs. 2 ZPO wegen der Dringlichkeit in der Kammer ergehen, ist aber gem. § 17a Abs. 4 S. 1 und 2 GVG zu begründen. [7] Für eine Verweisung gelten die Vorsitzenden der Kammer ergehen, ist aber gem. § 48. Es hat eine Anhörung der Verfahrensbeteiligten zu erfolgen. Die Entscheidung muss durch die Kammer aufgrund mündlicher Verhandlung gelten allerdings, wie außerhalb des vorläufigen Rechtsschutzes, die Bestimmungen des § 48. Es hat eine Anhörung der Verfahrensbeteiligten zu erfolgen. Die Entscheidung ohne oder nach mündlicher Verhandlung) ist der Beschluss unanfechtbar. Eine Beschwerde über die Rechtswegzuständigkeit würde das Verfahren unnötig verzögern. [8]

§ 49 Ablehnung von Gerichtspersonen

(1) Über die Ablehnung von Gerichtspersonen entscheidet die Kammer des Arbeitsgerichts.

(2) Wird sie durch das Ausscheiden des abgelehnten Mitglieds beschlussunfähig, so entscheidet das Landesarbeitsgericht.

(3) Gegen den Beschluß findet kein Rechtsmittel statt.

Literatur: *Germelmann*, Der außerordentliche Rechtsbehelf im arbeitsgerichtlichen Verfahren, Festschrift für Peter Schwerdtner zum 65. Geburtstag 2003, 671; *Nägele/Böhm*, Die Richterablehnung im arbeitsgerichtlichen Verfahren, ArbRB 2004, 194; *Oberberg*, Kein Befangenheitsantrag gegen alle Berufsrichter bei Klage eines ehrenamtlichen Richters, AuR 2007, 140; *E. Schneider*, Selbstentscheidung über Ablehnungsgesuche, NJW 2008, 2759; *Schneider*, Zur Richterablehnung in Arbeitsgerichtsverfahren, MDR 2001, 516; *Prütting*, Befangenheit des Richters in der Arbeitsgerichtsbarkeit und richterliche Aufklärungspflicht, Arbeitsrecht und Arbeitsgerichtsbarkeit in Rheinland-Pfalz 1999, 565; *Zeit*, Änderungen im sozial- und arbeitsgerichtlichen Verfahren, ZMV 2008, 132

A. Allgemeines	
1. Ausschließung	2
B. Regelungsgehalt	
1. Ausschließung	2

1. Betroffener Personenkreis	2
2. Ausschließungsgründe	3
3. Ausschließungsverfahren	7

4 BAG 27.10.1992 – 5 AS 5/92.
5 LAG Rheinland-Pfalz 16.7.2009 – 3 Ta 164/09.
6 Zwanziger, DB 1991, 2239 f.
7 Zwanziger, DB 1991, 2239 f.
8 GK-ArbGG/Stahlhacke, § 48 Rn 38; a.A. Zwanziger, DB 1991, 2239 f.

II. Ablehnung	9
1. Ablehnungsrecht	10
2. Ablehnungsgründe	13
a) Gesetzlicher Ausschluss	14
b) Besorgnis der Befangenheit	15
3. Verlust des Ablehnungsrechts	23
C. Verbindung zu anderen Rechtsgebieten und zum Prozessrecht	26
D. Beraterhinweise	28
I. Ablehnungsgesuch der Parteien/Beteiligten	28
II. Selbstablehnungsanzeige der Gerichtsperson	30
III. Entscheidung über das Ablehnungsgesuch	32
1. Zuständiger Spruchkörper	32
2. Form	38
3. Verfahren nach der Ablehnung	39
4. Rechtsmittel	43

A. Allgemeines

1 Ausschließung und Ablehnung dienen der Sicherung der Unparteilichkeit der Rspr. im konkreten Rechtsstreit und damit zugleich der Gewährleistung des gesetzlichen Richters (Art. 101 Abs. 1 S. 2 GG). Das Gesetz unterscheidet zwischen Gründen, die der Gerichtsperson die Befugnis entziehen, in einem Verfahren ihr Amt auszuüben (Ausschließungsgründe), und Gründen, die der Partei/den Beteiligten das Recht geben, sie abzulehnen (Ablehnungsgründe).

B. Regelungsgehalt

I. Ausschließung

2 **1. Betroffener Personenkreis.** „Ausschließung" ist die kraft Gesetzes eintretende und in jedem Stadium des Verfahrens von Amts wegen zu berücksichtigende Unfähigkeit von Gerichtspersonen zur Ausübung ihres Amtes in einem bestimmten Rechtsstreit. Dies betrifft Berufsrichter und ehrenamtliche Richter, nach § 10 S. 1 RPflG die Rechtspfleger sowie die Urkundsbeamten der Geschäftsstelle. Nicht zu den Gerichtspersonen i.S.d. Vorschrift zählen die sonstigen Bediensteten des ArbG (z.B. Wachtmeister, Mitglieder der gerichtlichen Serviceeinheiten). Für SV, § 406 ZPO (siehe Rn 10), Dolmetscher (§ 191 GVG) und Gerichtsvollzieher (§ 155 GVG) gibt es Sonderregelungen. Allerdings verweisen § 406 ZPO und § 191 GVG im Wesentlichen auf die für Richter geltenden Bestimmungen.

3 **2. Ausschließungsgründe.** Die materiellen Ausschließungsgründe des § 41 Nr. 1 bis 6 ZPO gelten über die Verweisungsnorm des § 46 Abs. 2 auch im arbeitsgerichtlichen Verfahren. Die Aufzählung dort ist erschöpfend.[1] Den Ausschließungsgründen angenäherte Fallgestaltungen sind jedoch stets als Ablehnungsgründe i.S.v. § 42 ZPO zu würdigen.[2] Keine Ausschließungsgründe sind Hinderungsgründe, die der Ausübung richterlicher Tätigkeit überhaupt entgegenstehen, wie fehlende Richteramtsbefähigung, bestimmte körperliche und geistige Gebrechen oder Unzuständigkeit nach Geschäftsverteilungsplan. Liegen Hinderungsgründe vor, ist das Gericht nicht ordnungsgemäß besetzt. Dies kann nach § 68 i.V.m. § 547 Nr. 1 bis 3 ZPO (ohne Zurückverweisungsmöglichkeit), nach § 551 Nr. 1 GVG und u.U. nach §§ 42 und 48 ZPO entsprechend geltend gemacht werden.[3]

4 Nach § 41 Nr. 1 ZPO ist eine Gerichtsperson ausgeschlossen in Sachen, in denen sie selbst **Partei (Urteilsverfahren)/Beteiligte (Beschlussverfahren)** ist oder bei denen sie zu einer Partei/einem Beteiligten in dem Verhältnis eines Mitberechtigten, Mitverpflichteten oder Regresspflichtigen steht. Mitverpflichtet ist auch eine Gerichtsperson, die Mitglied des verklagten, nicht rechtsfähigen Vereins ist; haftet das Mitglied aber persönlich nicht über den Anteil am Vereinsvermögen und Beitrag hinaus, so ist es **nicht ausgeschlossen**, wenn ihn diese Haftung nicht wirtschaftlich belastet, so bspw. bei **Zugehörigkeit eines ehrenamtlichen Richters oder eines Berufsrichters zu einer Gewerkschaft**, die Partei/Beteiligte ist.[4] Im Beschlussverfahren ist das Mitglied eines am Verfahren beteiligten BR ausgeschlossen, nicht jedoch das nicht herangezogene Ersatzmitglied.[5]

5 § 41 Nr. 4 ZPO regelt den Ausschluss von Gerichtspersonen in Sachen (gleicher Streitgegenstand), in denen sie als **Prozessbevollmächtigte oder Beistand** einer Partei/eines Beteiligten bestellt oder als **gesetzlicher Vertreter einer Partei/eines Beteiligten** aufzutreten berechtigt sind oder gewesen sind (z.B. **Gewerkschaftssekretäre oder Mitarbeiter des AG-Verbandes**). Der Ausschließungsgrund umfasst jeden Fall einer Prozess-/Verfahrensvertretung nach § 11 (RA, Unterbevollmächtigte, Verbandsvertreter, Beistände und gesetzliche Vertreter), wobei genügt, dass jemandem die Vertretereigenschaft zukommt, ohne dass die Person das Vertretungsrecht wahrgenommen hat. Nach dem engen Wortlaut sind aber nicht die Gerichtspersonen ausgeschlossen (aber evtl. Ablehnungsgrund nach § 42 ZPO), die eine Partei vorprozessual beraten haben, ohne Prozessvollmacht erlangt zu haben,[6] insoweit kommt aber ein Ablehnungsgrund wegen Besorgnis der Befangenheit in Betracht.[7] Nicht ausgeschlossen sind auch ehrenamtliche Richter, die Geschäftsführer eines AG-Verbandes sind, dem die Beklagte angehört.[8]

---

[1] H.M. z.B. BGH 4.12.1989 – RiZ [R] 5/89 – LM Nr. 44 zu § 26 DRiG = NJW 1991, 425.
[2] Zöller/Vollkommer, § 41 Rn 1.
[3] Zöller/Vollkommer, § 41 Rn 2.
[4] Vgl. Zöller/Vollkommer, § 41 Rn 7.
[5] GK-ArbGG/*Schütz*, § 49 Rn 8.
[6] GK-ArbGG/*Schütz*, § 49 Rn 9.
[7] GK-ArbGG/*Schütz*, § 49 Rn 9.
[8] BAG 6.8.1997 – 4 AZR 789/95 – AP § 49 ArbGG 1979 Nr. 5.

Schließlich sind nach § 41 Nr. 6 ZPO Gerichtspersonen ausgeschlossen in Sachen, in denen sie in einem **früheren Rechtszuge** oder im schiedsrichterlichen Verfahren bei dem Erlass der angefochtenen Entscheidung mitgewirkt haben, sofern es sich nicht um Tätigkeiten beauftragter oder ersuchter Richter handelt. Ausgeschlossen sind Gerichtspersonen, die an einem Schiedsspruch mitgewirkt haben, um dessen Überprüfung es geht. Daneben betrifft diese Vorschrift (analog) auch die Mitwirkung einer Gerichtsperson in einem Überprüfungsverfahren, sofern es zur Überprüfung des Einigungsstellenspruchs kommt. Kein Ausschluss (aber ggf. Ablehnung/Selbstablehnung nach § 42 ZPO) findet statt, wenn aus einem nicht angefochtenen Einigungsstellenspruch einzelne AN Rechte herleiten,[9] Keine entsprechende Anwendung findet die Vorschrift, wenn nur der Ehegatte an der zu überprüfenden Entscheidung mitgewirkt hat.[10]

3. Ausschließungsverfahren. Liegt ein Ausschließungsgrund vor, so ist die Gerichtsperson kraft Gesetzes von der Ausübung des Amtes ausgeschlossen. An die Stelle der ausgeschlossenen Gerichtsperson tritt die nach dem Geschäftsverteilungsplan bestimmte Vertretung. Hat die Gerichtsperson Zweifel an der Ausschließung, kann eine Entscheidung von Amts wegen herbeiführen (§ 48 ZPO); hält die Gerichtsperson einen Ausschließungsgrund nicht für gegeben, kann ihn jede Partei/jeder Beteiligte in Form eines Ablehnungsgesuchs geltend machen (§ 42 Abs. 1 ZPO). In beiden Fällen findet gegen den Beschluss kein Rechtsmittel statt (Abs. 3).

Hat die ausgeschlossene Gerichtsperson bei einer Entscheidung **mitgewirkt**, führt dies nicht zur Nichtigkeit, jedoch zur **Anfechtbarkeit** der Entscheidung (§ 547 Nr. 2 ZPO). Liegt nur eine Mitwirkung bei gerichtlichen Prozesshandlungen vor, so sind auch diese nicht nichtig; sie müssen während der Instanz in ordnungsgemäßer Besetzung wiederholt oder zurückgenommen werden. Die Unkenntnis der Gerichtsperson vom Ausschließungsgrund ist belanglos. § 295 ZPO (rügelose Einlassung) gilt nicht.[11]

II. Ablehnung

1. Ablehnungsrecht. Das Ablehnungsrecht besteht gegenüber und für Gerichtspersonen bedarf stets besonderer Geltendmachung durch die Ablehnung in Betracht kommt. Betroffen sind Berufs- und Arbeitsrichter einschließlich der ehrenamtlichen Richter, Rechtspfleger und die Urkundsbeamten der Geschäftsstelle, nicht jedoch die sonstigen Bediensteten des ArbG, SV,[12] Dolmetscher und Gerichtsvollzieher.

Das Ablehnungsrecht steht allen Parteien/Beteiligten zu, auch den **Streitgehilfen** (§ 67 ZPO); dies gilt selbst dann, wenn der Befangenheitsgrund nicht alle betrifft. Die Prozess- bzw. Verfahrensbevollmächtigten haben kein selbstständiges Ablehnungsrecht aus eigener Person.

Ablehnbar sind einzelne Gerichtspersonen. Nicht ablehnbar sind das Gericht oder ein ganzer Spruchkörper, auch nicht eine einzelne Gerichtsperson allein wegen ihrer Zugehörigkeit zu einem Gericht oder Spruchkörper, sei denn, der Ablehnungsgrund besteht gerade in der Mitwirkung an einer Kollegialentscheidung. Im Einzelfall kann die Ablehnung eines Spruchkörpers als Ablehnung bestimmter Mitglieder zu verstehen sein.

2. Ablehnungsgründe. Die Ablehnung von Gerichtspersonen kann nach § 42 Abs. 1 ZPO auf zwei Gründe gestützt werden: a) Vorliegen eines gesetzlichen Ausschließungsgrundes und b) Besorgnis der Befangenheit.

a) **Gesetzlicher Ausschluss.** Für den Ablehnungsgrund „Ausschluss kraft Gesetzes" gelten die materiellen Grundsätze zum Ausschluss von Gerichtspersonen nach § 41 ZPO. Die gerichtliche Entscheidung auf ein Ablehnungsgesuch hat nur feststellenden Charakter, weil die Gerichtsperson bereits kraft Gesetzes ausgeschlossen ist.

b) **Besorgnis der Befangenheit.** Nach § 42 Abs. 2 ZPO setzt die Ablehnung wegen Besorgnis der Befangenheit einen Grund voraus, der geeignet ist, Misstrauen gegen die Unparteilichkeit eines Richters zu rechtfertigen. Gründe für ein solches Misstrauen sind gegeben, wenn ein Beteiligter von seinem Standpunkt aus bei vernünftiger, **objektiver Betrachtung** davon ausgehen kann, dass der Richter nicht unvoreingenommen entscheiden werde. Bei Anlegung dieses objektiven Maßstabes kommt es entscheidend darauf an, ob die Prozesspartei, die das Ablehnungsgesuch angebracht hat, von ihrem Standpunkt aus Anlass hat, Voreingenommenheit zu befürchten. Es muss also die Betrachtung bestehen, dass der abgelehnte Richter in die Verhandlung und Entscheidung des gerade anstehenden Falles sachfremde, unsachliche Momente mit einfließen lassen könnte und den ihm unterbreiteten Fall nicht ohne Ansehen der

---

[9] *Germelmann u.a.*, § 49 Rn 13.
[10] BGH 17.3.2008 – II ZR 313/06 – NJW 2008, 999.
[11] *Zöller/Vollkommer*, § 41 Rn 16.
[12] BAG 22.7.2008 – 3 AZB 26/08 – NZA 2009, 453 = NJW 2009, 935; LAG Hamm 19.6.1996 – 8 Ta 16/86 – LAGE § 49 ArbGG 1979 Nr. 3 = AP § 49 ArbGG 1979 Nr. 1 = MDR 1986, 787.

Person nur aufgrund der sachlichen Gegebenheiten des Falles und allein nach Recht und Gesetz entscheidet. Damit ist unter „Befangenheit" ein Zustand zu verstehen, der eine vollkommen gerechte, von jeder falschen Rücksicht freie Einstellung zur Sache beeinträchtigt. Die bereits erfolgte Bildung einer bestimmten Meinung (z.B. zur Rechtslage oder zur Beurteilung des Sachverhalts) genügt danach nicht, wenn nicht der Verdacht der Unsachlichkeit bei Bildung oder Beibehaltung der Meinung besteht. Das Ablehnungsverfahren nach § 42 Abs. 2 ZPO dient dementsprechend allein dazu, die Beteiligten vor der Unsachlichkeit des Richters aus einem in seiner Person liegenden Grund zu bewahren. Eine den Beteiligten ungünstige und möglicherweise auch unrichtige Rechtsauffassung als Ursache für die Parteilichkeit des Richters kommt als Ursache nicht in Betracht, es sei denn, die mögliche Fehlerhaftigkeit beruhte auf einer unsachlichen Einstellung des Richters oder auf Willkür.[13] Der Umstand, dass die Partei, die nach der Sachlage an sich in erster Hinsicht eine Befangenheit hätte, von einer Befangenheit zu befürchten tatsächlich befangen ist; unerheblich ist, ob sie sich für befangen hält.[14] Der Umstand, dass die Partei, die nach der Sachlage an sich in erster Hinsicht eine Befangenheit hätte, von einer Befangenheit des Richters ausgeht, ist – wie sich aus § 42 Abs. 3 ZPO ergibt – unerheblich.[15] Ablehnungsgründe sind von Gericht in ihrer Gesamtheit zu würdigen; dabei ist auch eine bestehende Prozessvertretung der Partei/Beteiligten zu berücksichtigen. In Zweifelsfällen soll im Sinne einer Stattgabe des Ablehnungsgesuchs und nicht im Sinne seiner Zurückweisung zu entscheiden sein.[16]

16 Besorgnis der Befangenheit ist i.d.R. begründet, wenn die Gerichtsperson **Mitglied einer juristischen Person** (insb. in einem Vertretungsorgan) ist, die Partei/Beteiligte ist; etwas anderes gilt aber bei lange zurückliegender Zugehörigkeit.[17] Ein die Besorgnis der Befangenheit begründendes **Eigeninteresse** wird bejaht bei Interessenkollision oder wenn echte wirtschaftliche Belange für die Gerichtsperson auf dem Spiel stehen; anders bei bloßer Verbandsoder Vereinsmitgliedschaft bei größerer Mitgliederzahl[18] oder bei Mitgliedschaft in einer Massenorganisation.[19]

17 Ist ein **Verlag** Partei, begründet die Fertigung von **Zeitschriftenbeiträgen** allein noch keine **nahe persönliche Beziehung** und damit keinen berechtigten Zweifel an der Unbefangenheit eines Richters.[20]

18 Grds. genügt als Ablehnungsgrund nicht jede **Mitwirkung der Gerichtsperson an einem früheren Verfahren** (PKH-, Urteils- oder Beschlussverfahren, einstweiliges Verfügungs- und Hauptsacheverfahren), auch über die gleichen Sachverhalt (mit Ausnahme der ausschließenden Vorbefassung), das zu einer für die Partei/Beteiligte ungünstigen Entscheidung führte[21] (betr. PKH,[22] betr. geäußerte ungünstige Rechtsauffassung durch Richter in einem anderen Verfahren oder im Rahmen einer Vortragstätigkeit,[23] betr. Tätigkeit als Seminarreferent,[24] betr. bisherige Spruchtätigkeit und Einnahme eines Rechtsstandpunkts im Rahmen einer wissenschaftlichen Erörterung,[25] Tätigkeit im Redaktionsbeirat einer Fachzeitschrift).[26] Gegenteiliges gilt, wenn die Gerichtsperson **von vornherein** zu erkennen gibt, dass sie unter allen Umständen bei der Meinungsäußerung kritisch zu überprüfen,[27] oder wenn sie nach Zurückverweisung des Rechtsstreits an der vom Rechtsmittelgericht verworfenen Rechtsauffassung festhält. Inwieweit sich ein in einem Verfahren gegebener Ablehnungsgrund auch auf die anderen auswirkt (sog. übergreifender Ablehnungsgrund), ist Frage des Einzelfalls und hängt vom konkreten Ablehnungsgrund ab. War die **erfolgreiche Ablehnung auf Voreingenommenheit** gegen die Person des Ablehnenden gestützt, greift der Ablehnungsgrund auch in den anderen Verfahren durch.

19 Nicht als **Ablehnungsgründe** wurden bewertet: die Erstattung von **Strafanzeigen** wegen Prozessbetruges oder Steuerdeliktes bzw. Zuleitung der Akten an die Staatsanwaltschaft; die Ankündigung einer Einschaltung der Staatsanwaltschaft im Zusammenhang mit der Wahrheitsermahnung der Partei/des Beteiligten; frühere **Publikationen**[28] der Gerichtsperson im Sinne einer Festlegung, da Gerichtspersonen von Amts wegen gezwungen sind, sich zu Rechtsfragen laufend eine Meinung zu bilden und stets für neue und bessere Argumente offen zu bleiben; überhaupt die **Äußerung von Rechtsansichten**, zumal der Richter diese zu erkennen geben soll, damit die Parteien sich darauf einstellen können; nicht generell die Mitwirkung eines **Ehegatten** des Rechtsmittelrichters an der angefochtenen Kollegialentscheidung, solange nicht besondere Gesichtspunkte dafür sprechen, der Rechtsmittelrichter könnte geneigt sein, die Entscheidung aus sachfremden Erwägungen zu bestätigen oder zu ändern.[29] Nicht als ausreichend wird

---

13 BAG 10.7.1996 – 4 AZR 759/94 [A] – AP § 49 ArbGG 1979 Nr. 4 = DB 1996, 2394.
14 BVerfG 4.6.1986 – 1 BvR 1046/85 – NJW 1987, 431; BVerfG 12.7.1986 – 1 BvR 713/83 – BVerfGE 73, 330 = NJW 1987, 430.
15 BGH 5.3.2001 – I ZR 58/00 – BGHReport 2001, 432.
16 Zöller/Vollkommer, § 42 Rn 10.
17 BGH 25.2.1988 – III ZR 196/87 – BGHR ZPO § 42 Baulandsache Nr. 1 = NJW-RR 1988, 766.
18 BGH 29.1.2003 – IX ZR 137/00 – BGHReport 2003, 830.
19 Zöller/Vollkommer, § 42 Rn 11.
20 BGH 5.3.2001 – I ZR 58/00 – BGHReport 2001, 432.
21 BAG 29.10.1992 – 5 AZR 377/92 – AP § 24 ZPO Nr. 9 = NZA 1993, 238.
22 BGH 26.7.2000 – III ZR 157/99 – n.v.
23 BGH 14.5.2002 – XI ZR 14/02 – BGHReport 2002, 1115.
24 BGH 13.1.2003 – XI ZR 322/01 – EWiR 2003, 393.
25 BGH 13.1.2003 – XI ZR 357/01 – WM 2003, 848.
26 BGH 14.5.2002 – XI ZR 388/01 – NJW 2002, 2396.
27 BAG 29.10.1992 – 5 AZR 377/92 – AP § 24 ZPO Nr. 9 = NZA 1993, 238; 14.5.2002 – XI ZR 388/01 – NJW 2002, 2396.
28 BGH 25.7.2008 – XI ZB 18/08 – juris.
29 BGH 17.3.2008 – II ZR 313/06 – II ZR 313/06 – NJW 2008, 1672; 20.10.2003 – II ZB 31/02 – NJW 2004,163.

es auch angesehen, wenn der **Vater** eines Richters im Briefkopf des früheren Prozessbevollmächtigten einer Partei als Mitglied der Kanzlei aufgeführt ist, wenn dieser nicht mit der Sache befasst war.[30]

Ein im Rahmen der richterlichen **Aufklärungspflicht** (§§ 139, 273, 278 Abs. 2 ZPO) gebotenes richterliches Verhalten begründet keinen Ablehnungsgrund, selbst wenn durch die dadurch gebotener Aufklärung und Belehrung einer Partei einerseits und Neutralitätspflicht andererseits ist zu berücksichtigen, dass die Vereinfachungsnovelle vom 3.12.1976[31] und das Gesetz zur Reform des Zivilprozesses vom 27.7.2001[32] die richterliche Aufklärungs-, Hinweis- und Fürsorgepflicht wesentlich verstärkt haben und das Gericht zu einer umfassenden Erörterung des Rechtsstreits in tatsächlicher und rechtlicher Hinsicht verpflichtet ist.[33] Keinen Ablehnungsgrund bildet daher auch: die **vorläufige Meinungsäußerung** (ohne Festlegung) einer Gerichtsperson, Äußerungen zur Erfolgsaussicht eines Antrages; richterliche Initiativen im Zusammenhang mit der **umfassenden Erörterung** des Rechtsstreits, wie z.B. solche die Entschließungsfreiheit nicht beeinträchtigenden Anregungen, Belehrungen, Ratschläge und Empfehlungen an eine Parteien/einen Beteiligten; Anregungen zur Formulierung, Stellung oder Rücknahme von Anträgen; Hinweise auf bestehende Einreden und Gegenrechte bei drohender Präklusion. Kein Ablehnungsgrund ist der Hinweis auf zulässigen und allg. bekannten Gegenstrategien wie **Verjährung** im Rahmen von Vergleichsverhandlungen;[34] anders kann es zu werten der Beklagte nach Widerspruch gegen den Mahnbescheid mit richterlicher Verfügung auf die Verjährung hingewiesen wird,[35] Aufrechnung und Zurückbehaltungsrechte.[36] Auch Äußerungen über den **Wert von Beweismitteln** sind zulässig.

Keine Ablehnungsgründe sind grds. die **Mitgliedschaft einer Gerichtsperson in einer politischen Partei**[37] oder rechtspolitischen Vereinigung[38] sowie die Zugehörigkeit zu einer bestimmten **Religion oder Weltanschauung.**

Nach den Regelungen des ArbGG gehört es zu den tragenden Grundsätzen des Arbeitsgerichtsverfahrens und der Bildung der Richterbank im ArbG-Prozess, dass an der Entscheidung der Gerichte für Arbeitssachen in allen Instanzen grds. ehrenamtliche Richter aus Kreisen der AN und der AG mitwirken (§§ 16, 35, 41) und dass diese Richter auf Vorschlag insb. von Gewerkschaften und AG-Vereinigungen berufen werden, wobei sie den vorschlagenden Vereinigungen häufig als Mitglieder angehören oder zumindest nahe stehen. Nach der st. Rspr. des BAG[39] ergibt sich hieraus, dass der Gesetzgeber davon ausgeht, die so vorgeschlagenen Richter aus AN- und AG-Kreisen würden ungeachtet ihrer Stellung im Sozialleben und ihrer Mitgliedschaft zu den vorschlagenden Verbänden und Vereinigungen die ihnen übertragenen Amtspflichten gewissenhaft und ohne Rücksicht auf Belange der vorschlagenden Vereinigungen und Verbände erfüllen. Damit hat in ArbG-Verfahren der ehrenamtliche Richter im mit der Prozessführung nicht befasster Geschäftsführer rechtfertigt der Umstand, dass ein ehrenamtlicher Richter im mit der Prozessführung nicht befasster Geschäftsführer des AG-Verbandes ist, dem die Beklagte angehört, nicht seine Ablehnung wegen Besorgnis der Befangenheit.[41] Auch rechtfertigt der Umstand, dass eine Partei am selben Gericht Richter ist, als solcher nicht die Ablehnung des berufsrichterlichen Vorsitzenden.[42]

Auch die **Gewerkschaftsmitgliedschaft** eines Berufsrichters in der Arbeitsgerichtsbarkeit bildet keinen Ablehnungsgrund,[43] sofern der Richter die ihm für jegliche politische/gewerkschaftspolitische Betätigung gezogenen Grenzen beachtet und nicht durch eine besondere hervorgehobene Stellung in der Gewerkschaft die konkrete Sache mit beeinflussen kann.[44] Bei der ihm als Staatsbürger freistehenden politischen/gewerkschaftlichen Betätigung sind

---

30 BGH 14.6.2006 – IV ZR 219/04 – BGHReport 2006, 1437.
31 BGBl I S. 3281.
32 BGBl I S. 1887.
33 *Zöller/Vollkommer*, § 42 Rn 26; *Germelmann u.a.*, § 49 Rn. 21.
34 BGH 12.11.1997 – IV ZR 214/96 – AP § 42 ZPO Nr. 12 = NJW 1998, 612.
35 BGH 2.10.2003 – V ZB 22/03 – NJW 2004, 164; *Germelmann u.a.*, § 49 Rn 21 allerdings ohne Differenzierung.
36 Sehr str., vgl. *Zöller/Vollkommer*, § 42 Rn 27 m.w.N. zum Streitstand.
37 BVerfG 2.12.1992 – 2 BvR 2/90 – BVerfGE 88, 17 = NJW 1993, 2230.
38 BVerfG 2.12.1992 – 2 BvR 2/90 – BVerfGE 88, 17 = NJW 1993, 2230.
39 Z.B. BAG 10.7.1996 – 4 AZR 759/94 [A] – AP § 49 ArbGG 1979 Nr. 4 = DB 1996, 2394.
40 *Däubler*, AuR 1976, 369.
41 BAG 6.8.1997 – 4 AZR 789/95 [A] – AP § 49 ArbGG 1979 Nr. 5 = DB 1998, 832.
42 LAG Schleswig-Holstein 6.11.2006 – AR 57/06 – AuR 2007, 139.
43 BVerfG 15.3.1984 – 1 BvR 200/84 – AP § 42 ZPO Nr. 7 = DB 1984, 995 = NJW 1984, 1620 ff.; *Dietrich*, RdA 1986, 6; krit. *Rüthers*, DB 1984, 753; *Kempten*, AuR 1985, 1 ff; *Zachert*, *Dütz*, JuS 1985, 753; *Kempten*, AuR 1985, 14.
44 *Germelmann u.a.*, § 49 Rn 25.

dem Richter durch die Pflicht zur Wahrung seiner Unabhängigkeit (§ 39 DRiG) und die Notwendigkeit der Erhaltung einer funktionsfähigen Rechtspflege Grenzen gezogen. Nicht jede Verletzung des richterlichen Mäßigungsgebots rechtfertigt aber die Besorgnis der Befangenheit. Ein Befangenheitsgrund liegt regelmäßig nicht vor bei (öffentlichen) **politischen Stellungnahmen des Richters**, selbst wenn im Einzelfall das Mäßigungsverbot verletzt wurde und der Prozessgegenstand eine gewisse Nähe zu dem politischen Auftreten mit bestimmten Prozess- bzw. Verfahrensvertretungen.[45] Ein Ablehnungsgrund wird jedoch bejaht bei „ausgeprägter politischer Gegnerschaft"[46] oder bei Bestehen eines inneren Zusammenhangs zwischen den öffentlichen politischen/gewerkschaftlichen Aktivitäten und einem konkreten Verfahren.[47] Unbedenklich ist die Mitarbeit eines Berufsrichters in einem **gewerkschaftlichen Arbeitskreis „Arbeitsrecht"**[48] oder bei **gewerkschaftsorientierten Schulung von BR**, solange kein konkreter Bezug hergestellt wird zu noch zu entscheidenden Fällen des Berufsrichters.

23 3. Verlust des Ablehnungsrechts. Nach § 43 ZPO, der über § 46 Abs. 2 anwendbar ist, kann eine Partei/ein Beteiligter eine Gerichtsperson wegen der Besorgnis der Befangenheit nicht mehr ablehnen, wenn sie sich bei ihr, ohne den ihr bekannten Ablehnungsgrund geltend zu machen, in eine Verhandlung eingelassen oder Anträge gestellt hat (**rügelose Einlassung**). Tritt der Ablehnungsgrund, auf den sich die Partei beruft, erst in der mündlichen Verhandlung zutage, so muss das Ablehnungsgesuch spätestens bis zum Schluss der mündlichen Verhandlung gestellt werden.[49] Der BGH hat es in der zitierten Entscheidung für nicht beanstandet, dass das OLG den Befangenheitsantrag als **unzulässig** verworfen hat.

24 Entsteht ein Ablehnungsgrund **vor Verkündung**, aber nachdem ein Urteil gefällt, abgefasst und unterzeichnet ist, steht das Ablehnungsgesuch der Verkündung des Urteils nicht entgegen. Die Verkündung begründet in diesem Fall auch keinen absoluten Revisionsgrund i.S.d. § 547 Nr. 3 ZPO vor.[50] Nach abschließender Entscheidung über den Rechtsstreit ist ein Ablehnungsgesuch unzulässig.[51]

25 Rechtsmissbräuchlich und damit unzulässig sind Ablehnungsgesuche, die nur der Verfahrenskomplikation eingesetzt werden, die nur **Beleidigungen und Beschimpfungen** der Gerichtspersonen enthalten.[52] Gleiches gilt bei der Wiederholung von Befangenheitsgründen, über die das Gericht bereits durch unanfechtbaren Beschluss entschieden hat.[53]

C. Verbindung zu anderen Rechtsgebieten und zum Prozessrecht

26 § 49 enthält gegenüber §§ 41 bis 49 ZPO vorgehende Sonderregelungen zum Verfahren bei Ausschließung und Ablehnung von Gerichtspersonen. Die materiellen Ausschließungs- und Ablehnungsgründe richten sich allein nach §§ 41, 42 ZPO.

27 Die Vorschrift des § 49 gilt für das erstinstanzliche Urteils- und Beschlussverfahren (§ 80 Abs. 2). Für das zweitinstanzliche Verfahren gelten lediglich die Abs. 1 und 3 (§§ 64 Abs. 7, 87 Abs. 2). Im Revisions- und Rechtsbeschwerdeverfahren findet allein Abs. 1 sinngemäß Anwendung.[54] Auf das Einigungsstellenverfahren findet § 49 keine, auch keine entsprechende Anwendung. Grund hierfür ist der Umstand, dass die Einigungsstellenvorsitzenden keine Ersatzbestellung des Einigungsstellenvorsitzenden vorsieht.[55]

D. Beraterhinweise

I. Ablehnungsgesuch der Parteien/Beteiligten

28 § 44 ZPO, der über § 46 Abs. 2 Anwendung findet, regelt Form und Inhalt des Ablehnungsgesuchs.

29 Das Ablehnungsgesuch ist nach § 44 Abs. 1 ZPO bei dem Gericht, dem die Gerichtsperson angehört, anzubringen; es kann vor der Geschäftsstelle zu Protokoll erklärt werden. Die materiellen Ausschließungs- und Ablehnungsgründe richten sich nicht vorgeschrieben. Es kann mündlich oder schriftlich – auch von der Partei/dem Beteiligten selbst – beim ArbG, LAG oder BAG angebracht und bis zur Entscheidung zurückgenommen werden. Aus dem Gesuch muss sich ergeben, welche Gerichtsperson(en) abgelehnt werden soll(en). In dem Gesuch sind die Tatsachen konkret anzugeben, die die Ablehnung rechtfertigen sollen.[56] Sie sind – bis zur Entscheidung über das Gesuch – nach § 44 Abs. 2 S. 1 ZPO glaub-

---

[45] ArbG Frankfurt 11.5.1982 – 12 Ca 31/82 – EzA § 49 ArbGG 1979 Nr. 4.
[46] Moll, ZRP 1985, 245.
[47] Zöller/Vollkommer, § 42 Rn 31.
[48] BVerfG 15.3.1984 – 1 BvR 200/84 – AP § 42 ZPO Nr. 7 = DB 1984, 995 = NJW 1984, 1974, mit ausf. Anm. Vollkommer.
[49] BGH 5.2.2008 – VIII ZB 56/07 – NJW-RR 2008, 800 mit eingehender Begründung.
[50] BGH 8.2.2001 – III ZR 45/00 – LM ZPO § 551 Ziff. 3 Nr. 2 (1/2002) = NJW 2001, 1502.
[51] BGH 11.7.2007 – IV ZB 38/06 – NJW-RR 2007, 1653; 4.1.2001 – X ZR 208/99 – BGHReport 2001, 218.
[52] BGH 17.9.2008 – V ZB 117/08 – juris.
[53] BGH 28.7.2008 – AnwZ (B) 79/06 – juris.
[54] GK-ArbGG/Schütz, § 49 Rn 4.
[55] BAG 11.9.2001 – 1 ABR 5/01 – AP § 76 BetrVG 1972 Einigungsstelle Nr. 15 = NZA 2002, 572.
[56] BGH 13.2.2002 – XII ZB 179/01 – n.v.

haft zu machen, wobei die Partei/Beteiligte zur Versicherung an Eides statt nicht zugelassen werden darf. Eine eidesstattliche Versicherung und eine **anwaltliche Versicherung** reichen nicht zur Glaubhaftmachung der Befangenheitsbesorgnis bei eingetretenem dienstlicher Äußerung der abgelehnten Richterin.[57] Zur Glaubhaftmachung kann auf das Zeugnis des abgelehnten Richters Bezug genommen werden (§ 44 Abs. 2 S. 2 ZPO); die ablehnende Person kann sich aller sonstigen Beweismittel bedienen (§ 294 Abs. 1 ZPO). Die abgelehnte Gerichtsperson hat sich nach § 44 Abs. 3 ZPO über den Ablehnungsgrund dienstlich zu äußern; diese Äußerung ist der ablehnenden Person und den übrigen Parteien/Beteiligten zur Kenntnis und Stellungnahme zu geben. Einer dienstlichen Äußerung bedarf es nicht bei offensichtlich querulatorischen Gesuchen.[58]

II. Selbstablehnungsanzeige der Gerichtsperson

30 Das Ablehnungsverfahren kann nach § 48 ZPO auch von einer Gerichtsperson eingeleitet werden. § 48 ZPO findet gem. § 46 Abs. 2 im arbeitsgerichtlichen Verfahren Anwendung.

31 Die Selbstablehnung der Gerichtsperson geschieht durch **Anzeige von einem Verhältnis**, das ihre Ablehnung rechtfertigen könnte, oder wenn aus anderer Veranlassung Zweifel darüber entstehen, ob die Gerichtsperson kraft Gesetzes ausgeschlossen ist. In der Anzeige sind die eine Selbstablehnung oder Ausschließung begründenden Tatsachen mitzuteilen, ohne dass es aber einer Glaubhaftmachung bedarf. Vor der Entscheidung über die Anzeige ist eine **Anhörung** der Parteien/Beteiligten erforderlich.[59] Der BGH[60] hat die Selbstablehnung einer zur Mitwirkung bei einer über die Entscheidung über eine sofortige Beschwerde berufenen Rechtsanwältin in einem Rechtsbeschwerdeverfahren vor dem BGH vertreten. Diese Problematik kann sich im arbeitsgerichtlichen Verfahren in Ausnahmefällen bei Verbandsvertretern ergeben.

III. Entscheidung über das Ablehnungsgesuch

1. Zuständiger Spruchkörper.
32 Über die Ablehnung in erster Instanz entscheidet nach Abs. 1 die **Kammer des ArbG**, der diese Gerichtsperson angehört, und zwar unabhängig davon, ob aufgrund mündlicher Verhandlung oder ohne mündliche Verhandlung entschieden wird, unter Beteiligung der **ehrenamtlichen Richter**. Bei Ablehnung eines Kammermitgliedes ist dieses – vorbehaltlich einer nach h.M. zulässigen abweichenden Regelung im Geschäftsverteilungsplan – durch die („normale") geschäftsplanmäßige Vertretung zu ersetzen.[61]

33 Wird das Ablehnungsgesuch **im Laufe einer mündlichen Verhandlung** gestellt, kann oft aus organisatorischen Gründen nicht unmittelbar über den Befangenheitsantrag entschieden werden. Erforderte die Entscheidung über die Ablehnung eine Vertagung der Verhandlung, so kann der Termin zunächst unter Mitwirkung des abgelehnten Richters **fortgesetzt** werden (§ 47 Abs. 2 ZPO, vgl. Rn 40). Nach der Entscheidung über das Ablehnungsgesuch muss in dem ersten dann stattfindenden Termin das Gericht in der Besetzung tätig werden, in der es zurzeit in der Ablehnung tätig war; nur für die ehrenamtlichen Richter tritt dann, wenn die Verhandlung für begründet erklärt worden ist, ein anderer ein.[62] Das gilt für die ehrenamtlichen Richter nicht, wenn die Verhandlung nach § 47 Abs. 2 ZPO fortgesetzt worden ist (siehe unten Rn 42). Dann treten in der nächsten Verhandlung die geschäftsplanmäßig vorgesehen Richter zusammen, i.d.R. gehören dazu andere ehrenamtliche Richter. Ist nach einer fortgesetzten Verhandlung das Ablehnungsverfahren durchzuführen, wird regelmäßig ein Verkündungstermin anzuberaumen sein. In der Zwischenzeit ist die Entscheidung zu treffen, gehören auch für die vorangegangene Verhandlung zuständig waren, ausgenommen ggf. ein mit Erfolg abgelehnter Richter. Das Ablehnungsverfahren erledigt sich auch sonst nicht dadurch, dass nach § 39 der abgelehnte ehrenamtliche Richter ohnehin nicht zur weiteren Verhandlung hinzuzuziehen wäre.

34 Bei einem Ablehnungsgesuch **außerhalb der mündlichen Verhandlung** sind die nächstberufenen ehrenamtlichen Richter zuständig, auch wenn der Ablehnungsgrund aus Ereignissen in einer vorangegangenen mündlichen Verhandlung hergeleitet wird.[63]

35 Werden die drei Richter einer Kammerbesetzung abgelehnt, so tritt an die Stelle des Vorsitzenden der geschäftsplanmäßig berufene Vertreter, für die ehrenamtlichen Richter sind die nach der Liste nächstberufenen heranzuziehen.[64]

36 Wird die Kammer des ArbG durch Ausscheiden des abgelehnten Mitglieds **beschlussunfähig**, so entscheidet nach Abs. 2 das LAG, und zwar ebenfalls in voller Besetzung.[65]

---

57 BGH 13.1.2003 – XI ZR 322/01 – EWiR 2003, 393.
58 *Germelmann u.a.*, § 49 Rn 32.
59 BVerfG 8.6.1993 – 1 BvR 878/90 – AP § 48 ZPO Nr. 1 = NJW 1993, 2229.
60 25.8.200 – AnwZ (B) 38/07 – juris.
61 BGH 5.3.2001 – I ZR 58/00 – BGHReport 2001, 432.
62 BAG 25.1.1963 – 1 AZR 527/61 – AP § 45 ZPO Nr. 1 = BAGE 14, 46.
63 *Germelmann u.a.*, § 49 Rn 44.
64 *Germelmann u.a.*, § 49 Rn 44.
65 BAG 30.5.1972 – 1 AZR 11/72 – AP § 42 ZPO Nr. 2 = DB 1973, 622.

37 Die gleichen Grundsätze gelten bei Ablehnung von Gerichtspersonen in der zweiten und dritten Instanz. Wird das LAG durch die Ablehnung beschlussunfähig, so muss das BAG über das Ablehnungsgesuch entscheiden.[66] Über die **Selbstablehnungsanzeige** entscheidet das Gericht durch Beschluss in der gleichen Besetzung wie über ein Ablehnungsgesuch.

 Das Gericht ist in der Besetzung mit dem abgelehnten Richter zur Entscheidung über ein Ablehnungsgesuch befugt, wenn das Gesuch nur mit Umständen begründet wird, die eine Befangenheit unter keinem denkbaren Gesichtspunkt rechtfertigen können.[67] Die Entscheidung über ein **rechtsmissbräuchliches Gesuch** kann daher unter Mitwirkung des abgelehnten Richters erfolgen.[68]

38 **2. Form.** Die Entscheidung über das Ablehnungsgesuch bzw. über die Selbstablehnung ergeht durch Beschluss, der nach § 9 Abs. 5 S. 2 eine Rechtsmittelbelehrung enthalten muss. Der Beschluss über das Ablehnungsgesuch ist zu begründen. Der Beschluss über die Selbstablehnung bedarf hingegen keiner eingehenden Begründung.[69]

39 **3. Verfahren nach der Ablehnung.** Ein abgelehnter Berufsrichter hat grds vor Erledigung des Ablehnungsgesuchs nur solche Handlungen vorzunehmen, die **keinen Aufschub** gestatten (§ 46 Abs. 2 i.V.m. § 47 ZPO). Die Akte ist dem geschäftsplanmäßigen Vertreter vorzulegen.

40 Durch das **1. Justizmodernisierungsgesetz** vom 24.8.2004 ist mit § 47 Abs. 2 ZPO die Möglichkeit der Fortführung der Verhandlung eröffnet worden mit folgendem Wortlaut: „Wird ein Richter **während der Verhandlung abgelehnt** und würde die Entscheidung über die Ablehnung eine Vertagung der Verhandlung erfordern, so kann der Termin unter Mitwirkung des abgelehnten Richters **fortgesetzt** werden. Wird die Ablehnung für begründet erklärt, so ist der nach Anbringung des Ablehnungsgesuchs liegende Teil der Verhandlung zu wiederholen."

41 Eine Überprüfung des Ablehnungsgesuchs findet danach erst im Anschluss an die Sitzung statt. Das soll im Falle einer Zurückweisung des Ablehnungsantrages einen ansonsten regelmäßig erforderlich werdenden neuen Termin ersparen. Außerdem soll einer Prozessverschleppung entgegengewirkt werden.

42 Dadurch entstand einer Entscheidung erfolgen kann. Der BGH[70] hat das mit Recht abgelehnt. In dieser Situation ist vielmehr ein Verkündungstermin anzuberaumen (§ 60 Abs. 1).

 Nach der Ablehnung kann allerdings problemlos ein Vergleich protokolliert werden. Selbst eine nicht ordnungsgemäße Zusammensetzung des Gerichts führt nicht zur Unwirksamkeit des Vergleichs.

43 **4. Rechtsmittel.** Nach Abs. 3 findet gegen den stattgebenden oder auch zurückweisenden Beschluss über ein Ablehnungsgesuch **kein Rechtsmittel** statt. Dies ist verfassungsrechtlich unbedenklich.[71] Auch die Entscheidung des Gerichts zur Sache kann später nicht mit der Begründung angefochten werden, einer der mitwirkenden Richter habe wegen Besorgnis der Befangenheit abgelehnt werden müssen.[72] Der Rechtsmittelausschluss gilt auch für den Fall der unter Mitwirkung des abgelehnten Richters erfolgten Verwerfung des Gesuchs als rechtsmissbräuchlich.[73] Auch eine inzidente Überprüfung der Entscheidung der Vorinstanz über das Ablehnungsgesuch im Rahmen eines Rechtsmittels gegen die unter Mitwirkung des erfolglos abgelehnten Richters getroffene Hauptentscheidung ist ausgeschlossen.[74] In der Entscheidung vom 20.1.2009[75] hat es das BAG allerdings unter Hinweis auf entsprechende höchstrichterliche Rspr. offen gelassen, ob hiervon eine Ausnahme zu machen ist, wenn die Zurückweisung des Ablehnungsgesuchs auf einer Verletzung des Anspruchs auf rechtliches Gehör oder auf willkürlichen oder manipulativen Erwägungen beruht.

---

[66] BAG 1.2.1968 – 5 AR 43/68 – AP § 41 ZPO Nr. 3 = NJW 1968, 814.
[67] BGH 25.7.2008 – XI ZB 18/08 – juris, für den Fall, dass der Vorsitzender Richter am BGH in seiner bisherigen Spruchtätigkeit bzw. im Rahmen wissenschaftlicher Erörterungen einen Rechtsstandpunkt eingenommen hatte, der der ablehnenden Partei ungünstig war, und der Richter außerdem seine Rechtsauffassung auf Veranstaltungen geäußert hatte, die von bestimmten Interessengruppen organisiert worden waren.
[68] BGH 28.7.2008 – AnwZ (B) 79/06 – juris, 14.4.2008 – V ZB 7/05 – NJW-RR 1226, 1227.
[69] Germelmann u.a., § 49 Rn 39.
[70] 21.6.2007 – V ZB 3/07 – NJW-RR 2008, 216; a.A. Stein/Jonas/Bork, § 47 Rn 2a.
[71] BAG 14.2.2002 – 9 AZB 2/02 – EzA § 49 ArbGG 1979 Nr. 8; BAG 27.7.1998 – 9 AZB 5/98 – AP § 49 ArbGG 1979, Nr. 6 = NJW 1999, 84.
[72] BAG 11.6.1963 – 2 AZR 418/62 – AP § 104 BGB Nr. 1 = AR-Blattei ES 160.6.2 Nr. 2; BAG 18.3.1984 – 4 AZR 63/63 – AP § 3 TOA Nr. 12 = DB 1964, 1123.
[73] LAG Rheinland-Pfalz 10.3.1982 – 1 Ta 18/82 – LAGE § 49 ArbGG 1979 Nr. 2; GK-ArbGG/Schütz, § 49 Rn 52.
[74] BAG 23.9.2008 – 6 AZN 84/08 – AP Nr. 5 zu § 78a ArbGG 1979 = NZA 2009, 396 = NJW 2009, 1693; 20.1.2009 – 1 ABR 78/07 – juris.
[75] 1 ABR 78/07 – juris.

Ein **außerordentlicher Rechtsbehelf** wurde früher bei der Entscheidung allein des Vorsitzenden entgegen § 49 Abs. 1[76] und bei **greifbarer Gesetzwidrigkeit** bejaht.[77] 44

Seit der **Neuregelung des Beschwerderechts** durch das Zivilprozessreformgesetz lehnte der BGH[78] ein außerordentliches Rechtsmittel zum BGH auch gegen Entscheidungen ab, die in Verfahrensgrundrecht des Beschwerdeführers verletzen oder aus sonstigen Gründen „greifbar gesetzwidrig" waren.

Das **BVerfG**[79] beanstandete bei einer behaupteten Verletzung von Verfahrensgrundsätzen praktizierten ungeschriebene außerordentliche Rechtsbehelfe generell, weil sie gegen das rechtsstaatliche **Gebot der Rechtsmittelklarheit** verstießen. Der Gesetzgeber reagierte mit der Einführung der **Anhörungsrüge**.

Auch die Partei, deren Befangenheitsantrag abgelehnt worden ist, hat jetzt die Möglichkeit, Anhörungsrüge nach § 78a zu erheben.[80] Dem steht § 78a Abs. 1 S. 2 nicht entgegen. Die Vorschrift ist **verfassungskonform dahin auszulegen**, dass Entscheidungen, die ein selbstständiges Zwischenverfahren abschließen und im Hinblick auf mögliche Gehörsverletzungen im weiteren gerichtlichen Fachverfahren nicht mehr überprüft und korrigiert werden können, mit der Anhörungsrüge angegriffen werden können.[81]

Wirklich erforderlich ist die Anhörungsrüge aber immer nur dann, wenn gegen die Entscheidung in der Hauptsache ein Rechtsmittel nicht statthaft ist.[82] Die ablehnende Partei wird nämlich ohnehin, wenn sie die Entscheidung des abgelehnten Richters nicht hinnehmen will, in der Hauptsache ein Rechtsmittel einlegen.

§ 50 Zustellung

(1) ¹Die Urteile werden von Amts wegen binnen drei Wochen seit Übermittlung an die Geschäftsstelle zugestellt. ²§ 317 Abs. 1 Satz 3 der Zivilprozessordnung ist nicht anzuwenden.

(2) Die §§ 174, 178 Abs. 1 Nr. 2 der Zivilprozessordnung sind auf die nach § 11 zur Prozessvertretung zugelassenen Personen entsprechend anzuwenden.

(3) (aufgehoben)

Literatur: Griebeling, Das Urteil im arbeitsgerichtlichen Verfahren, AR-Blattei SD 160.8.

A. Allgemeines	1
B. Regelungsgehalt	
I. Zustellung gerichtlicher Schriftstücke	
1. Zustellung von Urteilen und Beschlüssen	3
2. Zustellung sonstiger Entscheidungen	3
3. Zustellung sonstiger Schriftstücke	4
II. Zustellungsverfahren	
1. Funktionelle Zuständigkeit	6
2. Zustellung an die Partei/den Beteiligten	6
3. Ersatzzustellung	
a) Zustellung an Ersatzperson	11
b) Zustellung durch Einlegung in den Briefkasten	12
c) Zustellung durch Niederlegung	13
4. Öffentliche Zustellung	15
5. Zustellung im Ausland	19
6. Zustellung an Prozess-/Verfahrensbevollmächtigte	23
a) Bestellung eines Prozessbevollmächtigten	23
b) Zustellung an Verbandsvertreter	27
7. Zustellung gegen Empfangsbekenntnis an Personen mit erhöhter Zuverlässigkeit	28
8. Zustellung von Anwalt zu Anwalt	32
9. Parteizustellung/Zwangsvollstreckung	34
10. Beurkundung der Zustellung	35
11. Zustellung eines elektronischen Dokuments	36
12. Zustellungsfrist für Urteile und Beschlüsse	37
C. Beraterhinweise	39

A. Allgemeines

Im arbeitsgerichtlichen Verfahren finden über § 46 Abs. 2 die Vorschriften der ZPO über Zustellungen Anwendung. Besonderheiten sieht § 50 im Hinblick auf die Frist für die Urteilszustellung, die Möglichkeit zur Vereinbarung des Hinausschiebens der Urteilszustellung und die Zustellung an Verbandsvertreter vor. 1

---

[76] LAG Düsseldorf 19.12.2001 – 7 Ta 426/01 – LAGE § 49 ArbGG 1979 Nr. 9; LAG Köln 18.8.1992 – 2 Ta 177/92 – LAGE § 49 ArbGG 1979 Nr. 6 = BB 1992, 2084.
[77] LAG Düsseldorf 17.4.1998 – 15 Ta 101/98 – n.v.; LAG Berlin 13.10.1997 – 9 Ta 10/97 – LAGE § 49 ArbGG 1979 Nr. 8 = NJ 1998, 276.
[78] 7.3.2002 – IX ZB 11/02 – BGHZ 150, 133–137 = NJW 2002, 1577 = BB 2002, 908 = DB 2002, 1157.
[79] 30.4.2003 – 1 PBvU – BVerfGE 107, 395 = NJW 2003, 1924 = DB 2003, 1570.
[80] BAG 23.9.2008 – 6 AZN 84/08 – AP Nr. 5 zu § 78a ArbGG 1979 = NZA 2009, 396 = NJW 2009, 1693; a.A. noch BAG 14.2.2007 – 5 AZA 15/06 – AP Nr. 4 zu § 78a ArbGG 1979 = NZA 2007, 528 = NJW 2007, 1379; a.A. *Germelmann u.a.,* § 49 Rn 51.
[81] BVerfG 31.7.2008 – 1 BvR 416/08 – juris; 23.10.2007 – 1 BvR 782/07 – MDR 2008, 223.
[82] BGH 18.10.2006 – XII ZB 244/04 – NJW-RR 2007, 411.

§ 50 ArbGG

2 Eine **Definition** des Begriffs enthält § 166 Abs. 1 ZPO. Zustellung ist danach die Bekanntgabe eines Schriftstückes an eine Person in der in den §§ 166 bis 195 ZPO bestimmten Form. Ihr Zweck besteht darin, dem Zustellungsadressaten zu gewährleisten, dass er Kenntnis von dem zuzustellenden Schriftstück nehmen kann,[1] und andererseits dem Veranlasser den Nachweis von Tatsache, Art und Zeit der Bekanntgabe urkundlich zu sichern. Geboten ist die Zustellung, wo an die Bekanntgabe einer Entscheidung oder eines Schriftstücks prozessuale Wirkungen geknüpft sind (z.B. Rechtshängigkeit nach §§ 253 Abs. 1, 261 Abs. 1 ZPO), für die Verwirklichung des rechtlichen Gehörs sowie dann, wenn eine Frist in Lauf zu setzen ist. Nur formlose Mitteilung erfolgt, wenn es auf die Information des Adressaten ankommt, ohne dass damit unmittelbar Rechte, Pflichten oder prozessuale Wirkungen für ihn begründet werden. Die Zustellung kann von Amts wegen (§§ 166 bis 190 ZPO – Regelfall) oder auf Betreiben einer Partei/eines Beteiligten (§§ 191 bis 195) erfolgen. In beiden Fällen ist Zustellungsadressat der Person, an die zuzustellen ist (§ 182 Abs. 2 Nr. 1 ZPO), und Zustellungsempfänger die Person, der das zuzustellende Schriftstück übergeben wird (§ 182 Abs. 2 Nr. 2 ZPO). Zustellung von Amts wegen an Stelle einer Zustellung im Parteibetrieb ist ebenso unwirksam wie umgekehrt Zustellung im Parteibetrieb statt von Amts wegen (Ausnahme: Zustellung von Anwalt zu Anwalt, s. § 195 ZPO). Unter den Voraussetzungen des § 167 ZPO treten die fristwahrenden Wirkungen der Zustellung bereits mit Eingang des Antrags oder der Erklärung ein. Die Bestimmung des § 167 ZPO ist nach der neueren Rechtsprechung des BGH[2] grundsätzlich auch in den Fällen anwendbar, in denen durch die Zustellung eine Frist gewahrt werden soll, die auch durch außergerichtliche Geltendmachung gewahrt werden kann. Das ist im Arbeitsrecht, insbesondere für die Wahrung von Ausschlussfristen, von Bedeutung. Soll durch eine Klageerhebung zugleich eine Ausschlussfrist gewahrt werden, für die die außergerichtliche Geltendmachung ausreicht, träte die Wirkung nicht erst mit Zustellung der Klage, sondern bereits mit deren Eingang bei Gericht ein. Das haben der BGH, aber auch das BAG[3] bisher anders gesehen. Es bleibt abzuwarten, ob das BAG sich der neuen Rechtsprechung des BGH anschließt.[4]

B. Regelungsgehalt

I. Zustellung gerichtlicher Schriftstücke

3 **1. Zustellung von Urteilen und Beschlüssen.** Urteile der Gerichte für Arbeitssachen sind ausnahmslos nach § 50 Abs. 1 S. 1 von Amts wegen zuzustellen. Dabei verbleibt das Original des Urteils in der Gerichtsakte, während eine Ausfertigung an die Parteien zugestellt wird. Zwischen Ausfertigung und Urschrift muss Übereinstimmung bestehen.[5] Die **Amtszustellung** ist **Voraussetzung für die Zwangsvollstreckung**. Abs. 1 geht insoweit der Bestimmung in § 750 Abs. 1 S. 2 ZPO vor.[6] Entsprechendes gilt für einen **Vollstreckungsbescheid**; hier geht Abs. 1 dem § 699 Abs. 4 S. 2 ZPO vor.[7] Nach § 80 Abs. 2 gilt für die Zustellung von Beschlüssen im Beschlussverfahren ebenfalls, dass diese nach Abs. 1 von Amts wegen zu erfolgen hat. Arreste und einstweilige Verfügungen, die durch Beschluss ergehen, sind nach §§ 62 Abs. 2 i.V.m. §§ 922 Abs. 2, 936 ZPO im Parteibetrieb zuzustellen. Abs. 1 sieht insoweit keine Zustellung von Amts wegen vor.

4 **2. Zustellung sonstiger Entscheidungen.** Für die Zustellung gerichtlicher Verfügungen und sonstiger Beschlüsse gilt § 329 ZPO. Danach sind nicht verkündete Beschlüsse und Verfügungen des Gerichts bzw. des Vorsitzenden oder eines beauftragten oder ersuchten Richters den Parteien/Beteiligten formlos mitzuteilen (§ 329 Abs. 2 S. 1 ZPO). Hierzu genügt die Übersendung durch die Post, der Einwurf in den Wohnungsbriefkasten oder das gerichtliche Abholfach; selbst die fernmündliche Mitteilung kann ausreichen,[8] sogar ohne einen entsprechenden Aktenvermerk. Enthält die Entscheidung jedoch eine Terminsbestimmung oder setzt sie eine Frist in Lauf, so ist sie von Amts wegen zuzustellen (§ 329 Abs. 2 S. 2 ZPO). Eine Ausnahme bildet § 497 Abs. 1 S. 1 ZPO (i.V.m. § 46 Abs. 2), wonach die Ladung des Klägers zu dem auf die Klage bestimmten Termin, sofern nicht das Gericht die Zustellung anordnet, ohne besondere Form mitzuteilen ist. Unabhängig von dem Erfordernis einer Zustellung sind Beschlüsse aber von Amts wegen an in der Welt, in dem sie formlos mitgeteilt werden.[9] Bei der Fristverlängerung bedarf es für die Aufhebung des ursprünglichen Fristendes keiner Zustellung, wohl aber für die Festsetzung eines neuen Endtermins.[10]

5 **3. Zustellung sonstiger Schriftstücke.** Ladungen (Aufforderungen, zum Termin zu erscheinen) werden von Amts wegen veranlasst (§ 214 ZPO) und durch Zustellung (§ 329 Abs. 2 S. 2 ZPO) bekannt gemacht. Die Klageschrift (§ 271 Abs. 1 ZPO) und Schriftsätze, die Sachanträge oder eine Zurücknahme der Klage (nur bei notwendiger Einwilligung des Beklagten, § 269 Abs. 2 S. 3 ZPO) enthalten, sind ebenfalls von Amts wegen zuzustellen (§ 270 S. 1

---

[1] BVerfG 26.10.1987 – 1 BvR 198/87 – NJW 1988, 2361 = MDR 1988, 832.
[2] BGH 17.7.2008 – 1 ZR 109/05 – WRP 2008, 1371.
[3] BAG 25.9.1996 – 10 AZR 678/95 – juris.
[4] Zum Ganzen: *Kloppenburg*, jurisPR-ArbR 7/2009 Anm. 5 = jurisPR extra 2009, 86.
[5] BAG 1.8.1976 – 5 AZR 298/76 – AP § 170 ZPO Nr. 1 = BB 1977, 219.
[6] Hessisches LAG 29.8.1985 – 3 Ta 188/85 – n.v.; *Germelmann u.a.*, § 50 Rn 8.
[7] *Germelmann u.a.*, § 50 Rn 9; a.A. GK-ArbGG/*Dörner*, § 50 Rn 22.
[8] BAG 20.3.1974 – 5 AZB 3/74 – AP § 519 ZPO Nr. 28.
[9] BGH 25.11.2008 – 3 AZB 55/08 – NZA-RR 2009, 158.
[10] BGH 5.1.1989 – IVa ZB 1/89 – n.v.

Kloppenburg

ZPO), während die übrigen Schriftsätze und sonstigen Erklärungen der Parteien, sofern nicht das Gericht die Zustellung anordnet, ohne besondere Form mitzuteilen sind (§ 270 S. 1 ZPO). Sachanträge sind solche, die sich auf den Inhalt der gewünschten Entscheidung beziehen; sonstige nur den Verfahrensablauf betreffende Prozessanträge sowie die bloßen Verteidigungsanträge des Beklagten bedürfen keiner förmlichen Zustellung.[11] Prozessvergleiche unterfallen nicht Abs. 1. Sie stellen nach § 794 Abs. 1 Nr. 1 ZPO einen Vollstreckungstitel dar und sind nach §§ 795 i.V.m. 750 Abs. 1 ZPO im Wege des Parteibetriebs zuzustellen. Der Beschluss nach § 278 Abs. 6 ZPO ist ebenfalls nicht von Amts wegen zuzustellen. Er dient lediglich der Beurkundung (§ 46 Rn 13).

II. Zustellungsverfahren

1. Funktionelle Zuständigkeit. Die Zustellung nach §§ 173 bis 175 ZPO ist Aufgabe der Geschäftsstelle, § 168 Abs. 1 ZPO. Zuständig ist dort nach § 153 GVG der Urkundsbeamte der Geschäftsstelle. Er hat eigenverantwortlich die Zustellungsbedürftigkeit zu prüfen, die Initiative zur Vornahme erforderlicher Zustellungen zu ergreifen und den Durchführung gegen Empfangsbekenntnis erfolgt durch Zustellung beauftragen (§ 168 Abs. 1 S. 3 ZPO). Die Ausführung der 173 ZPO, die Zustellung gegen Empfangsbekenntnis erfolgt durch den dafür vorgesehenen Vordruck (§ 168 Abs. 1 S. 3 ZPO). Die Ausführung der §§ 173 ZPO, die folgt dann nach den §§ 177 bis 181 ZPO (§ 176 Abs. 2 ZPO).   6

Der Vorsitzende des Prozessgerichts oder ein von ihm bestimmtes Mitglied können einen Gerichtsvollzieher oder eine andere Behörde mit der Ausführung der Zustellung beauftragen, wenn eine der genannten Zustellungen keinen Erfolg verspricht (§ 168 Abs. 2 ZPO). Wird der Post, einem Justizbeamten oder einem Gerichtsvollzieher ein Zustellungsauftrag erteilt oder wird eine andere Behörde um die Ausführung der Zustellung ersucht, übergibt die Geschäftsstelle nach § 176 Abs. 1 ZPO das zuzustellende Schriftstück in einem verschlossenen Umschlag und einen vorbereiteten Vordruck einer Zustellungsurkunde. Die Ausführung der Zustellung erfolgt nach den §§ 177 bis 181 ZPO durch Zustellung beim Zustellungsadressaten (§ 177 ZPO) oder durch Ersatzzustellung (§§ 178 bis 181 ZPO). 7

2. Zustellung an die Partei/den Beteiligten. Die Zustellung erfolgt an den in der Zustellungsurkunde (§ 182 ZPO) genannten Zustellungsadressaten. Bei Streitgenossen ist das Schriftstück jedem einzelnen zuzustellen, sofern sie nicht einen gemeinsamen Bevollmächtigten haben.[12] Ein Umlaufverfahren ist selbst bei Ehegatten unwirksam. An den einfachen Nebenintervenienten ist allerdings eine förmliche Zustellung nicht erforderlich.[13] Die Zustellung kann nach § 177 ZPO an jedem Ort erfolgen, an dem die Person, der zugestellt werden soll, angetroffen wird. Wird die Annahme der Zustellung ohne gesetzlichen Grund verweigert, so ist das zu übergebende Schriftstück am Ort der Zustellung zurückzulassen (§ 179 ZPO). Das Schriftstück gilt als zugestellt. Sind weder Wohnung noch Geschäftsraum vorhanden, ist das zuzustellende Schriftstück zurückzusenden. 8

Bei nicht prozessfähigen Personen erfolgt die Zustellung an den gesetzlichen Vertreter (§ 170 Abs. 1 S. 2 ZPO). Das gilt sowohl bei natürlichen Personen als auch für juristische Personen, rechtsfähige Personengesellschaften, Behörden oder Zweckvermögen. Die Zustellung kann in diesem Fall nach § 170 Abs. 2 ZPO auch an den „Leiter" erfolgen. Leiter ist eine Person, die – ohne notwendig gesetzlicher Vertreter zu sein – aufgrund ihrer Stellung zum Handeln für die nicht natürliche Person berufen und damit dazu bestellt ist, die nicht natürliche Person nach außen hin zu repräsentieren.[14] Bei mehreren gesetzlichen Vertretern oder Leitern genügt die Zustellung an einen von ihnen (§ 170 Abs. 3 ZPO), und zwar auch dann, wenn ein für eine Gesamtvertretung erforderlicher Vertreter tatsächlich nicht vorhanden ist.[15] Die Zustellung an eine – aus dem zuzustellenden Titel nicht erkennbar – geschäftsunfähige Partei wird aber als wirksam angesehen.[16] Die Zustellung an die **GbR** kann nach § 170 Abs. 1 ZPO an deren Geschäftsführer erfolgen.[17] 9

In Beschlussverfahren erfolgen Zustellungen an den BR an dessen Vorsitzenden oder im Falle seiner Verhinderung an seinen Stellvertreter (§ 26 Abs. 3 S. 2 BetrVG).[18] Bedient sich der BR stets der beim AG bestehenden Posteingangsstelle, kann eine Zustellung auch über diese erfolgen. Die Zustellung kann in diesem Fall durch Aushändigung des Schriftstücks an einen in der Posteingangsstelle tätigen AN vorgenommen werden, wenn dieser vom BR mit der Annahme seiner Post betraut ist.[19] 10

---

11 Zöller/*Greger*, § 270 Rn 3.
12 BAG 26.6.1975 – 5 AZR 72/75 – AP § 187 ZPO Nr. 4 = DB 1975, 2332.
13 BAG 4.10.1973 – 5 AZR 123/73 – AP § 67 ZPO Nr. 1.
14 Zöller/*Stöber*, § 170 Rn 4.
15 Zöller/*Stöber*, § 170 Rn 6.
16 BGH 19.3.2008 – VIII ZR 68/07 – NJW 2008, 2125.
17 BGH 7.12.2006 – V ZB 166/05 – NJW 2007, 995.
18 BAG 20.1.1976 – 1 ABR 48/75 – AP § 47 BetrVG 1972 Nr. 2 = DB 1976, 828, betr. GBR.
19 BAG 20.1.1976 – 1 ABR 48/75 – AP § 47 BetrVG 1972 Nr. 2 = DB 1976, 828.

11 **3. Ersatzzustellung. a) Zustellung an Ersatzperson.** Wird die Person, an die zugestellt werden soll, in ihrer Wohnung, dem Geschäftsraum oder einer Gemeinschaftseinrichtung, in der sie wohnt, nicht angetroffen, so kann die Zustellung nach § 178 Abs. 1 ZPO durchgeführt werden, d.h.
- in der Wohnung durch Aushändigung des Schriftstücks an einen erwachsenen Familienangehörigen, einer in der
- in Geschäftsräumen einer dort beschäftigten Person,
- in Gemeinschaftseinrichtungen dem Leiter der Einrichtung oder einem dazu ermächtigten Vertreter.

Die Zustellung an eine der genannten Personen ist unwirksam, wenn diese an dem Rechtsstreit als Gegner der Person, der zugestellt werden soll, beteiligt ist (§ 178 Abs. 2 ZPO). Entsprechendes gilt für AN des Gegners[20] oder wenn der Schuldner für den Drittschuldner einer ausstehenden Pfändungs- und Überweisungsbeschluss in Empfang nehmen tene nicht prozessfähige Person ausgeht.[23] Die Inhaftierung eines Geschäftsführers bewirkt eine Zustellung an einen gesetzlichen Vertreter allein kann ... Verlagerung des Geschäftsorts seiner Gesellschaft nicht bewirken.[24]

12 **b) Zustellung durch Einlegung in den Briefkasten.** Wird in den **Wohn- oder Geschäftsräumen** eine der in § 178 Abs. 1 Nr. 1 und 2 genannte Person angetroffen, so kann die Ersatzzustellung durch Einlegung des Schriftstücks in den Briefkasten oder eine ähnliche Vorrichtung erfolgen (§ 180 S. 1 ZPO). Nach § 180 S. 2 ZPO wird mit der Einlegung des Schriftstücks in den Briefkasten die Zustellung fingiert. Das bedeutet, dass es für die Wirksamkeit der Zustellung nicht darauf ankommt, ob und wann der Betroffene von dem zugestellten Schriftstück tatsächlich Kenntnis erlangt.[25] Das Datum der Zustellung wird auf dem Umschlag des zuzustellenden Schriftstücks vermerkt. Dabei kommt es nicht darauf an, ob die Geschäftsräume außerhalb der Geschäftszeiten aufgesucht werden. Ausreichend ist, dass sie nicht geöffnet haben.[26] Es spielt auch unter Berücksichtigung der liberalisierten Öffnungs- und Arbeitszeiten sowohl der Zustelldienste als auch der Zustellungsempfänger keine Rolle, ob das Geschäft noch oder schon geschlossen ist. Eine Ersatzzustellung durch Einlegen in den Briefkasten gem. § 180 S. 1 ZPO setzt allerdings voraus, dass der Zustellungsempfänger die Wohnung, in der der Zustellungsversuch unternommen wird, tatsächlich innehat, also dort seinen **Lebensmittelpunkt** hat.[27] Dieses ist von Amts wegen zu prüfen.[28] Dabei ist das Gericht nicht von einem Beweisantritt der Parteien abhängig und nicht auf die gesetzlichen Beweismittel beschränkt.[29] Zu beachten ist, dass ein mehrmonatiger **Haftantritt** die Wohnanschrift aufhebt und eine Zustellung nach § 180 Abs. 1 ZPO daher nicht mehr in Betracht kommt.[30] Eine andere Beurteilung kann dann geboten sein, wenn dem Inhaftierten über Angehörige (z.B. die Ehefrau) noch Bindungen zur Wohnung bleiben. Bei mehrjähriger Haftdauer ist allerdings regelmäßig von einer Aufhebung der Wohnanschrift auszugehen.[31]

13 **c) Zustellung durch Niederlegung.** Ist die Zustellung in **Gemeinschaftseinrichtungen** nicht ausführbar, kann das zuzustellende Schriftstück nach § 181 Abs. 1 ZPO niedergelegt werden, und zwar
- auf der Geschäftsstelle des Amtsgerichts, in dessen Bezirk der Ort der Zustellung liegt, oder
- an diesem Ort bei einer von der Post dafür bestimmten Stelle, wenn die Post mit der Ausführung der Zustellung beauftragt ist.

14 Über die Niederlegung ist eine schriftliche Mitteilung auf dem vorgesehenen Vordruck unter der Anschrift der Person, der zugestellt werden soll, in der bei gewöhnlichen Briefen üblichen Weise abzugeben oder, wenn das nicht möglich ist, an der Tür der Wohnung, des Geschäftsraums oder der Gemeinschaftseinrichtung anzuheften. Das Schriftstück gilt mit der Abgabe der schriftlichen Mitteilung als zugestellt. Der Zusteller vermerkt auf dem Umschlag des zuzustellenden Schriftstücks das Datum der Zustellung. Das niedergelegte Schriftstück ist drei Monate zur Abholung bereitzuhalten. Nicht abgeholte Schriftstücke sind danach an den Absender zurückzusenden (§ 181 Abs. 2 ZPO).

---

20 BAG 15.7.1974 – 5 AZR 482/73 – AP § 185 ZPO Nr. 1 = DB 1975, 160.
21 BAG 15.10.1980 – 4 AZR 662/78 – AP § 829 ZPO Nr. 7 = DB 1981, 536.
22 BGH 2.7.2008 – IV ZB 5/08 ZIP 2008, 1747.
23 Hessisches LAG 6.10.2006 – 4 Ta 435/06 – NZA-RR 2007, 266; Zöller/Stöber, § 178 Rn 16.
24 BGH 2.7.2008 – IV ZB 5/08 – ZIP 2008, 1747.
25 BGH 24.4.2007 – AnwZ (B) 93/06 – NJW 2007, 2186; BSG 27.5.2008 – B 2 U 5/07 R – SozR 4–0000; BVerwG 2.8.2007 – 2 B 20/07 – NJW 2007, 3222.
26 BGH 24.4.2007 – AnwZ (B) 93/06 – NJW 2007, 2186; BVerwG 2.8.2007 – 2 B 20/07 – NJW 2007, 3222.
27 BGH 11.10.2007 – VII ZB 31/07 – WuM 2007, 712.
28 BGH 7.12.1999 – VI ZB 30/99 – NJW 2000, 814.
29 BGH 16.1.2007 – VIII ZB 75/06 – NJW 2007, 1457.
30 Hessisches LAG 15.2.2007 – 11 Sa 429/06 – juris, m.w.N.
31 BGH 24.11.1977 – III ZR 1/76 – NJW 1978, 1858.

4. Öffentliche Zustellung. Die Zustellung kann nach § 185 ZPO durch öffentliche Bekanntmachung (öffentliche Zustellung) erfolgen, wenn der Aufenthaltsort einer Person unbekannt und eine Zustellung an einen Vertreter oder Zustellungsbevollmächtigten nicht möglich ist, eine Zustellung im Ausland nicht möglich ist oder keinen Erfolg verspricht oder die Zustellung nicht erfolgen kann, weil der Ort der Zustellung die Wohnung einer Person ist, die nach den §§ 18 bis 20 des GVG der Gerichtsbarkeit nicht unterliegt. Die öffentliche Zustellung einer Klage an einen **ausländischen Beklagten**, dessen ladungsfähige Anschrift bekannt ist, kann nur dann bewilligt werden, wenn die Zustellung im Wege der Rechtshilfe einen derart langen Zeitraum in Anspruch nehmen würde, dass ein Zuwarten der betreibenden Partei billigerweise nicht zugemutet werden kann. Dies ist nicht schon deshalb anzunehmen, weil die Dauer der Zustellung im Wege der Rechtshilfe möglicherweise einen Zeitraum von sechs bis neun Monaten überschreiten wird.[32]

Das Verfahren der öffentlichen Zustellung richtet sich nach §§ 186 bis 188 ZPO. Für die Bewilligung der öffentlichen Zustellung ist funktionell der Richter zuständig. Die Geschäftsstelle veranlasst dann den Aushang einer Benachrichtigung an der Gerichtstafel. Der erforderliche Inhalt ist in § 186 Abs. 2 ZPO näher umschrieben. Es können (müssen aber nicht) zusätzliche Veröffentlichungen im Bundesanzeiger oder in anderen Blättern angeordnet werden. Die Anordnung erfolgt ggf. im Rahmen der Bewilligung durch den Richter. Eine solche Anordnung ist regelmäßig kosten- und zeitintensiv und sollte daher nur erfolgen, wenn damit zu rechnen ist, dass die Betroffenen hiervon Kenntnis nehmen werden.

Das Schriftstück gilt nach § 188 ZPO als zugestellt, wenn seit dem Aushang der Benachrichtigung ein Monat vergangen ist. Das Gericht kann eine längere Frist bestimmen. Auch dies erfolgt dann durch den Richter bereits im Rahmen der Bewilligung.

Die öffentliche Zustellung ist unwirksam ist, wenn die Voraussetzungen für eine öffentliche Bekanntmachung nicht vorgelegen haben und dass die öffentliche Zustellung bewilligende Gericht dies hätte erkennen können.[33] Ist die öffentliche Zustellung gemessen an den Voraussetzungen des § 185 ZPO unwirksam, ist es dem von der Unwirksamkeit Begünstigten ausnahmsweise verwehrt, sich auf diese zu berufen, wenn er zielgerichtet versucht hat, eine Zustellung, mit der er sicher rechnen musste, zu verhindern. In einem solchen Fall ist das Berufen auf die Unwirksamkeit rechtsmissbräuchlich und damit unbeachtlich.[34]

5. Zustellung im Ausland. Eine Zustellung im Ausland erfolgt nach § 183 ZPO:
- durch Einschreiben mit Rückschein, soweit aufgrund völkerrechtlicher Vereinbarungen Schriftstücke unmittelbar durch die Post übersandt werden dürfen,
- auf Ersuchen des Vorsitzenden des Prozessgerichts durch die Behörden des fremden Staates oder durch die diplomatische oder konsularische Vertretung des Bundes, die in diesem Staat residiert, oder
- auf Ersuchen des Vorsitzenden des Prozessgerichts durch das Auswärtige Amt an einen Deutschen, der das Recht der Immunität genießt und zu einer Vertretung der Bundesrepublik Deutschland im Ausland gehört.

Der Nachweis der Zustellung erfolgt im Falle des § 183 Abs. 1 Nr. 1 ZPO durch den Rückschein, in den übrigen Fällen durch ein Zeugnis der ersuchten Behörde.[35]

In den Fällen des § 183 Abs. 1 Nr. 2 und 3 ZPO kann nach § 184 Abs. 1 ZPO bei der Zustellung angeordnet werden, dass die Partei innerhalb einer angemessenen Frist einen Zustellbevollmächtigten benennt, der im Inland wohnt oder eine Adresse hat. Das ermöglicht es, spätere Zustellungen durch Aufgabe der Schriftstücke zur Post vorzunehmen, wenn ein Zustellbevollmächtigter nicht benannt wird. Voraussetzung ist aber, dass die erste Zustellung mit der Aufforderung tatsächlich ordnungsgemäß erfolgt ist. Das Schriftstück gilt dann zwei Wochen nach Aufgabe zur Post als zugestellt, wenn das Gericht keine längere Frist bestimmt hat (§ 184 Abs. 2 S. 1 und 2). In der Anordnung muss auf diese Rechtsfolge in der Landessprache des Empfängers hingewiesen worden sein. Ansonsten kommt eine Zustellung durch Aufgabe zur Post nicht in Betracht.

Ist zu erwarten, dass ein Urteil im Ausland geltend gemacht wird, ist zu beachten, dass auch Versäumnis-, Anerkenntnis- und Verzichtsurteile mit Tatbestand und Entscheidungsgründen zu versehen sind (§ 313b Abs. 3 ZPO). Auch ein Weglassen des Tatbestands und der Entscheidungsgründe nach § 313a ZPO kommt in den dort genannten Fällen nach § 313a Abs. 4 Nr. 5 ZPO nicht in Betracht.

6. Zustellung an Prozess-/Verfahrensbevollmächtigte. a) Bestellung eines Prozessbevollmächtigten. Ist in einem anhängigen Verfahren ein Prozessbevollmächtigter (i.d.R. RA oder Verbandsvertreter) bestellt, so müssen alle Zustellungen an ihn erfolgen (§ 172 ZPO). Das gilt insbesondere auch für alle Prozesshandlungen, die das Verfahren vor diesem Gericht infolge eines Einspruchs, einer Aufhebung des Urteils dieses Gerichts, einer Wiederaufnahme des Verfahrens oder eines neuen Vorbringens in dem Verfahren der Zwangsvollstreckung betref-

---

32 BGH 20.1.2009 – VIII ZB 47/08 – NJW-RR 2009, 855.
33 BAG 11.3.2008 – AnwZ (B) 55/07 – BRAK-Mitt 2008, 170.
34 BGH 28.4.2008 – II ZR 61/07 – NJW-RR 2008, 1310.
35 Ein Überblick über die genannten völkerrechtlichen Vereinbarungen ist z.B. bei *Baumbach* u.a. im Anhang zu § 183 ZPO zu finden; eingehend auch: *Sharma*, Zustellungen im Europäischen Binnenmarkt, S. 106 ff.

fen (§ 172 Abs. 1 S. 2 ZPO). Prozessbevollmächtigter ist, wem Prozessvollmacht (§§ 80 ff. ZPO) erteilt wurde. Das sind nicht der Verkehrsanwalt,[36] Unterbevollmächtigte[37] und Terminsvertreter[38] gemeint. In einer Anwaltssozietät ist grds. jeder Anwalt empfangsberechtigt, im Zweifel auch ein später erst eintretendes Sozietätsmitglied. Bestellt ist der Prozessbevollmächtigte, wenn er oder seine Mandantin dem Gericht die Prozessvollmacht zur Kenntnis bringt. Dies kann schon vorprozessual (formlos) durch Bestellungsanzeige, Schutzschrift, Schriftsatz oder Auftreten im Termin[39] geschehen. Ist die Bestellung entsprechend erfolgt, ist § 172 ZPO ohne Rücksicht darauf zu beachten, ob die Prozessvollmacht tatsächlich erteilt war, denn die Prüfung der Vollmacht des RA wird nur auf eine Rüge des Gegners vorgenommen (§ 88 ZPO). Umstr. ist, ob die **Bestellungsanzeige durch den Gegner** (z.B. durch Bezeichnung eines Beklagtenvertreters in der Klageschrift) genügt.[40] Das ist abzulehnen, da eine Bestellung durch den Prozessgegner nicht erfolgen kann. Eine ordnungsgemäße Bearbeitung der Streitsache gebietet es aber, die Anwälte von der Tatsache der Klageerhebung zu unterrichten und sich durch Rückfrage bei ihnen oder der beklagten Partei zu vergewissern, ob ein Vertretungsverhältnis besteht.[41] Nach der Anzeige der Mandatsniederlegung müssen Zustellungen im Parteiprozess nicht mehr gem. § 172 ZPO an den (bisherigen) Prozessbevollmächtigten bewirkt werden. Dieser ist aber im Rahmen des § 87 Abs. 2 ZPO weiterhin berechtigt, Zustellungen für die Partei entgegenzunehmen. Macht er hiervon Gebrauch, ist die an ihn erfolgte Zustellung wirksam.[42] Besonderheiten gelten insoweit in der Berufungsinstanz (siehe Rn 26).

24 Die Zustellung muss an den für den **Rechtszug** bestellten Prozessbevollmächtigten erfolgen (§ 172 Abs. 1 S. 1 ZPO). Das Verfahren vor dem Vollstreckungsgericht gehört zum ersten Rechtszug (§ 173 Abs. 1 S. 3 ZPO).

25 Hat der öffentliche Dienstherr genau bestimmten **Dienststellenangehörigen** zur Führung von ArbG-Prozessen Generalvollmacht erteilt, so können wirksame Zustellungen nur an diese Prozessbevollmächtigten erfolgen; eine Ersatzzustellung an sonstige Behördenangestellte (§§ 183, 184 ZPO) ist nicht wirksam.[43]

26 Ein Schriftsatz, durch den ein Rechtsmittel eingelegt wird, ist grds. dem Prozessbevollmächtigten des Rechtszuges zuzustellen, dessen Entscheidung angefochten wird (§ 172 Abs. 2 S. 1 ZPO). Ist aber bereits ein Prozessbevollmächtigter für den höheren Rechtszug bestellt, ist der Schriftsatz diesem zuzustellen (§ 172 Abs. 2 S. 1 ZPO), im Fall einer Künd der Vollmacht auch weitere Schriftsätze, bis ein neuer RA bestellt ist.[44] Ist noch kein Prozessbevollmächtigter bestellt, ist die **Rechtsmittelschrift** der Partei selbst zuzustellen.

Ein Verstoß gegen § 172 ZPO führt zur Unwirksamkeit der Zustellung. Heilungsmöglichkeiten sehen die §§ 189, 295 ZPO vor.

27 **b) Zustellung an Verbandsvertreter.** Durch Abs. 2 werden die nach § 11 Abs. 2 zur Prozessvertretung zugelassenen Personen im Hinblick auf von Amts wegen vorzunehmende Zustellungen den RA gleichgestellt. Nach der mit Wirkung vom 1.7.2008 in Kraft getretenen Neuregelung des § 11 betrifft das nicht mehr nur Verbandsvertreter und gleichgestellte Bevollmächtigte, sondern eine Reihe anderer Personen (siehe die Kommentierung zu § 11).[45] Die Sonderregelung für die Verbandsvertreter gilt nach § 80 Abs. 2 auch im Beschlussverfahren. Zustellungen an Verbandsvertreter können nach § 174 ZPO gegen Empfangsbekenntnis (siehe Rn 28) erfolgen. § 195 ZPO (Zustellung von Anwalt zu Anwalt) findet auf Verbandsvertreter keine Anwendung.

28 **7. Zustellung gegen Empfangsbekenntnis an Personen mit erhöhter Zuverlässigkeit.** Ein Schriftstück kann nach § 174 Abs. 1 ZPO an einen RA, einen Notar, einen Gerichtsvollzieher, einen Steuerberater oder an eine sonstige Person, bei der aufgrund ihres Berufes von einer erhöhten Zuverlässigkeit ausgegangen werden kann, eine Behörde, eine Körperschaft oder eine Anstalt des öffentlichen Rechts gegen **Empfangsbekenntnis** zugestellt werden. Ohne Bedeutung ist, ob den Genannten in eigener Sache oder als Prozessbevollmächtigte bzw. Vertreter eines Beteiligten, als Insolvenzverwalter, Testamentsvollstrecker, Zwangsverwalter oder auch als gesetzlicher Vertreter oder organschaftlicher Vertreter einer Partei oder eines Beteiligten zugestellt wird.[46]

29 Ein Schriftstück kann dann auch durch **Telekopie (Telefax)** zugestellt werden. Die Übermittlung soll mit dem Hinweis „Zustellung gegen Empfangsbekenntnis" eingeleitet werden und die absendende Stelle, den Namen und die Anschrift des Zustellungsadressaten sowie den Namen des Justizbediensteten erkennen lassen, der das Schriftstück zur Übermittlung aufgegeben hat (§ 174 Abs. 2 ZPO). An die unter Rn 7 genannten Personen kann ferner ein **elektronisches Dokument** (siehe § 46b Rn 5) zugestellt werden. Für die Übermittlung ist das Dokument mit einer elektro-

---

36 BGH 5.2.1992 – XII ZB 6/92 – EzFamR § 176 ZPO Nr. 2 = NJW-RR 1992, 699 = VersR 1992, 1244.
37 BAG 12.3.1964 – 1 AZB 5/64 – AP § 176 ZPO Nr. 1.
38 BGH 28.11.2006 – VIII z.B. 52/06 – NJW-RR 2007, 356.
39 BGH 5.2.1992 – XII ZB 6/92 – EzFamR § 176 ZPO Nr. 2 = NJW-RR 1992, 699 = VersR 1992, 1244.
40 Dazu Zöller/*Stöber*, § 176 Rn 6.
41 BVerfG 14.4.1987 – 1 BvR 162/84 – BVerfGE 75, 183 = MDR 1987, 814 = NJW 1987, 2003.
42 BGH 19.9.2007 – VIII ZB 44/07 – NJW 2008, 234.
43 BAG 13.6.1996 – 2 AZR 483/95 – AP § 1 KSchG 1969 Nr. 33 = DB 1996, 2088.
44 Einzelheiten: BGH 25.4.2007 – XII ZR 58/06 – NJW 2007, 2124.
45 Zum Ganzen: *Düwell*, FA 2008, 200.
46 Zöller/*Stöber*, § 174 Rn 2.

nischen Signatur (siehe § 46b Rn 10) zu versehen und gegen unbefugte Kenntnisnahme Dritter zu schützen (§ 174 Abs. 3 ZPO).

Zum Nachweis der Zustellung genügt das mit Datum und Unterschrift des Adressaten versehene Empfangsbekenntnis, das an das Gericht zurückzusenden ist. Das Empfangsbekenntnis kann schriftlich, durch Telekopie oder als elektronisches Dokument (§ 130a ZPO) zurückgesandt werden. Wird es als elektronisches Dokument erteilt, soll es mit einer qualifizierten elektronischen Signatur nach dem Signaturgesetz versehen werden (§ 130a ZPO). Die Kosten für die Rücksendung des Empfangsbekenntnisses trägt der Prozessbevollmächtigte.[47]

Es schadet auch nicht, wenn das Empfangsbekenntnis nicht unmittelbar bei der Empfangnahme des Schriftstücks ausgestellt wird. Ein später ausgestelltes Empfangsbekenntnis wirkt auf den Zeitpunkt zurück, in der der Empfänger das Schriftstück als zugestellt entgegengenommen hat.[48] Auch nach dem neuen Zustellrecht ist die Zustellung erst erfolgt, wenn die Bevollmächtigte das Schriftstück entgegengenommen und ihren Willen dahin gebildet hat, die Übersendung gelten zu lassen.[49] Wird das Schriftstück, das zur Zustellung übersandt war, nicht zurückgeschickt und wird auch sonst nicht zum Ausdruck gebracht, dass der Prozessbevollmächtigte die Zustellung nicht als vollzogen ansehen will, so spricht eine Vermutung für den Willen des Prozessbevollmächtigten, das ihm vorgelegte Schriftstück als zugestellt anzunehmen. Diese Vermutung muss die Partei widerlegen, die Rechte aus dem Fehlen eines solchen Willens herleiten will.[50] Das ausgefüllte Empfangsbekenntnis erbringt nach ständiger Rechtsprechung grundsätzlich den **vollen Beweis** dafür, dass das Schriftstück an dem vom Empfänger angegebenen Tag tatsächlich zugestellt wurde. Der Gegenbeweis der Unrichtigkeit des Datums ist zwar zulässig, er ist allerdings nicht schon dann erbracht, wenn lediglich die Möglichkeit der Unrichtigkeit besteht. Vielmehr sind an einem solchen Gegenbeweis in dem Sinne „strenge Anforderungen" zu stellen, dass zur Überzeugung des Gerichts die Beweiswirkung des Empfangsbekenntnisses vollständig entkräftet und damit jede Möglichkeit seiner Richtigkeit ausgeschlossen sein muss.[51]

8. Zustellung von Anwalt zu Anwalt. Sind die Parteien durch RA vertreten, so kann nach § 195 Abs. 1 ZPO ein Schriftstück auch dadurch zugestellt werden, dass der zustellende RA das zu übergebende Schriftstück dem anderen RA übermittelt (Zustellung von Anwalt zu Anwalt). Auch Schriftsätze, die nach der ZPO von Amts wegen zugestellt werden, können stattdessen von Anwalt zu Anwalt zugestellt werden, wenn nicht gleichzeitig dem Gegner eine gerichtliche Anordnung mitzuteilen ist. In dem Schriftsatz soll die Erklärung enthalten sein, dass von Anwalt zu Anwalt zugestellt werde. Die Zustellung ist dem Gericht, sofern dies für die zu treffende Entscheidung erforderlich ist, nachzuweisen.

Für die Zustellung an einen RA gilt § 174 Abs. 2 S. 1 ZPO (Zustellung durch **Telekopie**) und Abs. 3 S. 1, 3 ZPO (Zustellung von **elektronischem Dokument** mit Signatur) entsprechend. Zum Nachweis der Zustellung genügt bei der Zustellung von Anwalt zu Anwalt nach § 195 Abs. 2 ZPO das mit Datum und Unterschrift versehene schriftliche Empfangsbekenntnis des RA, dem zugestellt worden ist. § 174 Abs. 4 S. 2, 3 ZPO gilt entsprechend, sodass ein Empfangsbekenntnis schriftlich, durch Telekopie oder als elektronisches Dokument (§ 130a ZPO) mit qualifizierter elektronischer Signatur zurückgesandt werden kann. Der RA, der zustellt, hat dem anderen RA auf Verlangen eine Bescheinigung über die Zustellung zu erteilen.

9. Parteizustellung/Zwangsvollstreckung. Der Parteizustellung (§ 191 ZPO) kommt im arbeitsgerichtlichen Verfahren Bedeutung zu im Bereich der Zwangsvollstreckung (§ 62 Abs. 2). Der Prozessvergleich ist im Parteibetrieb zuzustellen, wenn aus ihm die Zwangsvollstreckung betrieben werden soll (§§ 794 Abs. 1 Nr. 1, 795, 750 Abs. 1 ZPO). Ferner folgt aus § 62 Abs. 2 i.V.m. §§ 922 Abs. 2, 936 ZPO, dass Beschlüsse (für Urteile gilt Abs. 1 S. 1 – Amtszustellung) über Gesuche auf Arrest oder einstweilige Verfügung im Wege der Parteizustellung übermittelt werden. Für die Parteizustellung gelten grds. die Bestimmungen über die Zustellung von Amts wegen. Für die Zustellung auf Betreiben der Parteien sehen die §§ 192 bis 194 ZPO aber **Sonderregelungen** vor. So erfolgt die Parteizustellung durch den Gerichtsvollzieher (§ 192 Abs. 1 ZPO).

10. Zustellung eines elektronischen Dokuments. § 174 Abs. 3 ZPO ermöglicht die Zustellung eines elektronischen Dokuments. Diese Möglichkeit ist zunächst für die in § 174 Abs. 1 ZPO genannten Personen mit erhöhter Zuverlässigkeit vorgesehen (vgl. Rn 28). Darüber hinaus soll nach § 174 Abs. 3 S. 2 ZPO die Zustellung aber auch an all die Verfahrensbeteiligten durch ein elektronisches Dokument erfolgen können, die der Übermittlung elektronischer Dokumente ausdrücklich zugestimmt haben. § 174 Abs. 3 S. 2 ZPO verlangt insoweit nicht ausdrücklich, dass es sich bei den anderen Verfahrensbeteiligten um mit den unter § 174 Abs. 1 ZPO genannten vergleichbar vertrauenswürdige Personen handelt. Gemeint sind aber wohl die in § 174 Abs. 1 ZPO erwähnten „sonstigen" zuverlässigen Personen. § 174 ZPO regelt nämlich gerade die Zustellung gegen Empfangsbekenntnis. Diese ist aber nur an die unter § 174 Abs. 1 ZPO genannten (einschließlich der sonstigen) Personen möglich. Im Ergebnis bedeutet das,

---

47 *Germelmann u.a.*, § 50 Rn 26; Zöller/*Stöber*, § 174 Rn 16.
48 BAG 11.1.1995 – 4 AS 24/94 – AP § 579 ZPO Nr. 5 = NZA 1995, 550; zur Beweisfunktion BVerwG 21.11.2006 – 1 B 162/05 – juris.
49 BFH 21.2.2007 – VII B 84/06 – BFH/NV 2007, 1035.
50 BAG 3.11.1970 – 1 AZR 206/70 – AP § 212a ZPO Nr. 3.
51 BFH 1.2.2008 – IV B 68/07 – juris.

dass an Personen mit den in § 174 Abs. 1 ZPO ausdrücklich erwähnten Berufen ein elektronisches Dokument auch ohne, an sonstige vertrauenswürdige Personen nur mit deren ausdrücklicher Zustimmung zugestellt werden kann. Das Dokument muss aber in jedem Fall mit einer elektronischen Signatur versehen und gegen unbefugte Kenntnisnahme Dritter geschützt werden (§ 174 Abs. 3 S. 3 ZPO). In der **Praxis** sollten die Parteien in einem frühen Verfahrensstadium befragt werden, ob sie mit der Übermittlung elektronischer Dokumente einverstanden sind. Dazu bietet sich die Güteverhandlung an.

36 **11. Beurkundung der Zustellung.** Soweit nicht die vereinfachte Zustellung (siehe oben Rn 28) möglich ist, ist über die Zustellung eine Urkunde auf dem hierfür vorgesehenen Vordruck zu fertigen (§ 182 ZPO). Die Zustellungsurkunde muss die in § 182 Abs. 2 ZPO aufgezählten Angaben zu den wesentlichen Umständen enthalten, u.a. Ort und Datum der Zustellung, Bezeichnung des Zustellungsadressaten und des Zustellungsempfängers, Grund der Ersatzzustellung und Formalien der Niederlegung und ggf. die Tatsache der Annahmeverweigerung. Dieser Beurkundungszwang steht der Zustellung per Telefax entgegen.[52] Bei einer Zustellung mit Postzustellungsurkunde ist eine über das Az hinausgehende Bezeichnung des zuzustellenden Schriftstücks auf der Sendung nicht mehr erforderlich.[53] Eine Ersatzzustellung nach § 180 S. 3 ZPO ist auch ohne die Unterschrift des Zustellers auf dem Umschlag, auf dem das Datum der Zustellung zu vermerken ist, wirksam.[54] Fehlt auf einer Zustellungsurkunde die nach § 182 Abs. 2 Nr. 8 ZPO erforderliche Unterschrift des Zustellers (z.B. statt Unterschrift nur Paraphe), ist die Zustellung zwar nicht unwirksam. Die fehlende Unterschrift kann nachgeholt werden. Eine entsprechend ergänzte Zustellungsurkunde hat aber nicht die Beweiskraft des § 418 ZPO, sondern ist nach § 419 ZPO frei zu würdigen.[55] Bei der Zustellungsurkunde handelt es sich um eine öffentliche Urkunde nach § 418 ZPO. Die Zustellungsurkunde ist der Geschäftsstelle unverzüglich zuzuleiten (§ 182 Abs. 3 ZPO).

37 **12. Zustellungsfrist für Urteile und Beschlüsse.** Die Urteile werden von Amts wegen binnen drei Wochen seit Übergabe an die Geschäftsstelle zugestellt (Abs. 1 S. 1). Entgegen § 317 Abs. 1 S. 3 ZPO kann der Vorsitzende die Zustellung verkündeter Urteile nicht auf übereinstimmenden Antrag der Parteien bis zum Ablauf von fünf Monaten nach der Verkündung hinausschieben (vgl. Abs. 1 S. 2).

38 Das Urteil ist der Geschäftsstelle erst dann übergeben, wenn es in vollständiger Form abgefasst und von dem Vorsitzenden erster Instanz bzw. den Kammer- oder Senatsmitgliedern zweiter und dritter Instanz unterzeichnet ist. Entsprechendes gilt nach §§ 80 Abs. 2, 50 Abs. 1 für die Zustellung von Beschlüssen im Beschlussverfahren. Die Zustellung hat an alle Beteiligten zu erfolgen, gleichgültig ob sie sich zum Verfahren geäußert haben oder zum Anhörungstermin erschienen sind oder nicht.[56] Enthält der Beschluss eine Entscheidung dahin, dass eine zunächst beteiligte Person oder Stelle nach rechtlicher Maßgabe nicht Beteiligte des Verfahrens ist, so ist die Entscheidung auch dieser Person oder Stelle zuzustellen, damit auch dieser gegenüber die Rechtsmittelfrist in Lauf gesetzt wird.[57] Die Verletzung des Abs. 1 S. 1 hat keine prozessualen Folgen.

C. Beraterhinweise

39 Lässt sich eine formgerechte Zustellung eines Schriftstücks nicht nachweisen oder ist das Schriftstück unter Verletzung zwingender Zustellungsvorschriften zugegangen, so gilt es nach § 189 ZPO in dem Zeitpunkt als zugestellt, in dem das Schriftstück der Person, an die die Zustellung dem Gesetz gemäß gerichtet war oder gerichtet werden konnte, tatsächlich zugegangen ist. Voraussetzung ist aber, dass das Gericht überhaupt mit Zustellwillen gehandelt hat.[58] Eine rückwirkende Heilung kann durch Rügeverzicht nach § 295 ZPO erfolgen.

§ 51 Persönliches Erscheinen der Parteien

(1) ¹Der Vorsitzende kann das persönliche Erscheinen der Parteien in jeder Lage des Rechtsstreits anordnen. ²Im übrigen finden die Vorschriften des § 141 Abs. 2 und 3 der Zivilprozeßordnung entsprechende Anwendung.

(2) ¹Der Vorsitzende kann die Zulassung eines Prozeßbevollmächtigten ablehnen, wenn die Partei trotz Anordnung ihres persönlichen Erscheinens unbegründet ausgeblieben ist und hierdurch der Zweck der Anordnung vereitelt wird. ²§ 141 Abs. 3 Satz 2 und 3 der Zivilprozeßordnung findet entsprechende Anwendung.

---

52 GK-ArbGG/*Dörner*, § 50 Rn 9.
53 BFH 4.7.2008 – IV R 78/05 – juris.
54 BFH 4.7.2008 – IV R 78/05 – juris.
55 BGH 19.7.2007 – I ZR 136/05 – NJW-RR 2008, 218.
56 BAG 6.10.1978 – 1 ABR 75/76 – AP § 101 BetrVG 1972 Nr. 2 = DB 1979, 408.
57 *Germelmann u.a.*, § 84 Rn 19.
58 BAG 28.2.2008 – 3 AZB 56/07 – NZA 2008, 660 = NJW 2008, 1610.

Literatur: *Emmert/Soulas*, Entsandter Vertreter der persönlich geladenen Partei, ArbRB 2005, 318; *Griebeling*, Zum Ordnungsgeld wegen Missachtung der Anordnung des persönlichen Erscheinens im arbeitsgerichtlichen Verfahren, NJW 2008, 253; *Gravenhorst*, Verhängung von Ordnungsgeld gemäß § 141 Abs. 3 Satz 1 ZPO, jurisPR-ArbR 34/2006 Anm 1; *Kahlert*, Anordnung des persönlichen Erscheinens im Zivil- und Arbeitsgerichtsprozess, NJW 2003, 3390; *Korinth*, Die Anordnung des persönlichen Erscheinens der Parteien im Termin und die Folgen der Missachtung, ArbRB 2007, 252; *Löw*, Die Anordnung des persönlichen Erscheinens im Arbeitsgerichtsprozess, MDR 2008, 180; *Tschöpe/Fleddermann*, Der Prozessbevollmächtigte als Vertreter seiner Partei nach § 141 III 2 ZPO im arbeitsgerichtlichen Verfahren, NZA 2000, 1269

A. Allgemeines 1	III. Folgen des Ausbleibens der Partei 13
B. Regelungsgehalt 4	1. Entschuldigtes Ausbleiben 13
I. Anordnung des persönlichen Erscheinens 4	2. Entsendung eines Vertreters 17
1. Anordnungsgrund 4	3. Ordnungsgeld 19
2. Anordnungsentscheidung 7	4. Ausschließung des Prozessbevollmächtigten . 22
II. Wirkung der Parteierklärungen 12	

A. Allgemeines

Die Möglichkeit zur Anordnung des persönlichen Erscheinens ist Ausprägung des Unmittelbarkeitsgrundsatzes im arbeitsgerichtlichen Verfahren, demzufolge mündliche Verhandlung und Beweisaufnahme unmittelbar vor dem erkennenden Gericht stattfinden müssen. Sie dient zugleich dem Beschleunigungsgrundsatz (vgl. § 46 Rn 4), indem in geeigneten Fällen verbesserte Bedingungen für eine Sachverhaltsaufklärung und vergleichsweise Beilegung des Rechtsstreits geschaffen werden können.

Die Vorschrift modifiziert die Regelungen in § 141 ZPO und geht daher §§ 141 Abs. 1 S. 1 und 278 Abs. 3 ZPO vor.[1] Eine weitere Möglichkeit zur Anordnung des persönlichen Erscheinens findet sich in § 56 Abs. 1 Nr. 3, wo es um die Vorbereitung der streitigen Verhandlung geht. I.Ü. finden §§ 141 Abs. 2 und 3, 380, 381 ZPO Anwendung.

Nach § 64 Abs. 7 gilt nur Abs. 1 in der Berufungsinstanz. Ausgeschlossen ist für die zweite Instanz die Ablehnung der Zulassung eines Prozessbevollmächtigten nach Abs. 2, da dies dem Vertretungszwang nach § 11 Abs. 4 widersprechen würde. In der Revisionsinstanz ist § 51 nicht anwendbar, denn dort handelt es sich nicht um eine Tatsacheninstanz. Die Vorschrift des § 51 ist schließlich entsprechend anwendbar im Beschlussverfahren (§ 80 Abs. 2).[2]

B. Regelungsgehalt

I. Anordnung des persönlichen Erscheinens

1. Anordnungsgrund. Im Unterschied zu § 141 Abs. 1 S. 1 ZPO ist die Anordnung des persönlichen Erscheinens an keine gesetzlich geregelten Voraussetzungen gebunden. Die Anordnung steht allein im pflichtgemäßen Ermessen des Vorsitzenden. Hierbei hat der Vorsitzende die Interessen der Parteien und diejenigen des Gerichts abzuwägen. Für die Anordnung muss immer ein im Verfahren liegender sachlicher Grund vorhanden sein.[3] Eine Anordnung ist regelmäßig gerechtfertigt, wenn sie zur Aufklärung des Sachverhalts (so bereits § 141 Abs. 1 S. 1 ZPO) geboten erscheint. Die Anhörung der Parteien ist dann keine Beweisaufnahme i.S. einer Parteivernehmung (§ 448 ZPO); sie dient der Feststellung und Aufklärung des Sach- und Streitstandes im Rahmen des § 54 Abs. 1 S. 2 (im Gütetermin) bzw. im Rahmen des § 139 Abs. 1, 2 ZPO. Die Anordnung ist grds. auch gerechtfertigt, wenn sie zur gütlichen Beilegung des Rechtsstreits geboten erscheint. Hat jedoch eine Partei oder deren Prozessbevollmächtigter nach Kenntnisnahme aller erörterungsfähigen Gesichtspunkte eine vergleichsweise Beilegung abgelehnt, so kommt eine Anordnung zum Zwecke der gütlichen Beilegung des Rechtsstreits regelmäßig nicht in Betracht. Auch dann, wenn eine Partei eindeutig zu erkennen gibt, dass sie jede Einlassung verweigern wolle, hat die Anordnung zu unterbleiben, weil keine Partei gezwungen werden darf, prozessuale Erklärungen abzugeben.[4]

Nach § 141 Abs. 1 S. 2 ZPO sieht das Gericht von einer Anordnung ab, wenn der Partei wegen großer Entfernung oder aus sonstigen wichtigen Gründen die persönliche Wahrnehmung nicht zuzumuten ist. Diese gesetzliche Wertung wird der Vorsitzende bei Ausübung seines pflichtgemäßen Ermessens zu beachten haben. Bei AG mit Sitz weit entfernt vom Bezirk des erkennenden Gerichts ist zu berücksichtigen, dass diesen häufig die Entsendung eines sachkundigen Vertreters vom Ort eines näheren Betriebs möglich und zumutbar ist. Ist eine Partei an der weiteren Aufklärung des Sachverhalts gehindert, weil sie selbst nicht informiert ist, steht dies der Anordnung nicht entgegen, weil die Partei einen informierten Vertreter nach § 141 Abs. 3 S. 2 ZPO zur Verhandlung entsenden kann.[5] Die Anordnung kann in jeder Lage des Verfahrens, damit also für den Gütetermin, den Kammertermin und ggf. für einen Termin vor dem ersuchten Richter, erfolgen.

---

1 GK-ArbGG/*Schütz*, § 51 Rn 3.
2 Einzelheiten unter § 80 Rn 9.
3 Germelmann u.a., § 51 Rn 7.
4 GK-ArbGG/*Schütz*, § 51 Rn 11.
5 Germelmann u.a., § 51 Rn 7.

6 Der Vorsitzende kann nach pflichtgemäßem Ermessen sowohl das persönliche Erscheinen einer bestimmten als auch aller Parteien anordnen.[6] Die Anordnung richtet sich an eine Partei i.S.v. § 50 ZPO i.V.m. § 10. Zu den Parteien zählen auch der Insolvenzverwalter, der streitgenössische Streithelfer (§ 69 ZPO), nicht jedoch der Nebenintervenient (§ 66 ZPO). Bei einer juristischen Person und einer Handelsgesellschaft ist nach ganz überwiegend vertretener Auffassung ein gesetzlicher Vertreter zu laden,[7] und (im Falle mehrerer Vertreter) namentlich in der gerichtlichen Anordnung zu bestimmen.[8] Es könne auch nicht der die Ladung ausführenden Gerichtsangestellten überlassen bleiben, welchen der gesetzlichen Vertreter sie zum Termin lade.[9] Dem ist *Vonderau*[10] entgegen getreten. Zwar sei die Ladung der Partei über den gesetzlichen Vertreter zuzustellen (§ 170 Abs. 1 S. 1 ZPO), wobei bei mehreren Vertretern die Zustellung an einen von ihnen genüge (§ 170 Abs. 3 ZPO). Die Anordnung des persönlichen Erscheinens richte sich jedoch allein an die Partei i.S.v. § 50 ZPO i.V.m. § 11 ArbGG, die der Verpflichtung durch Erscheinen eines ihrer Organe (nach ihrer Wahl) oder eines von dem Organ nach § 141 Abs. 3 S. 2 ZPO Bevollmächtigten nachkomme. Jedenfalls kann das Ordnungsgeld im Falle des Nichterscheinens nach Abs. 1 S. 2 i.V.m. §§ 143 Abs. 3, 380 ZPO nur gegen die Partei, nicht jedoch gegen deren gesetzlichen Vertreter festgesetzt werden.[11] In der Praxis empfiehlt es sich, bei der Anordnung des persönlichen Erscheinens des gesetzlichen Vertreters eines größeren Unternehmens darauf hinzuweisen, dass das Erscheinen eines informierten Entscheidungsträgers (Personalleiter, Betriebsleiter) und weniger eines (uninformierten) Organs erwünscht ist.[12]

7 **2. Anordnungsentscheidung.** Die Anordnung erfolgt durch Verfügung oder Beschluss des Vorsitzenden. Die nicht verkündete Anordnungs**verfügung** bedarf der Unterschrift des Vorsitzenden. Die Paraphe genügt nicht.[13] Gegen die Entscheidung ist kein Rechtsmittel gegeben (§ 567 Abs. 1 Nr. 1 ZPO). Umstr. ist, ob im Zusammenhang mit der Vertagung eines Termins die Anordnungsentscheidung durch die Kammer erfolgen muss oder zumindest kann.[14] Der Wortlaut von Abs. 1 S. 1 spricht für ein Alleinentscheidungsrecht des Vorsitzenden, weil diesem das Anordnungsrecht „in jeder Lage des Rechtsstreits" und damit auch für den Termin zur mündlichen Verhandlung zugesprochen wird. Zudem ist von dem Anordnungsrecht des Vorsitzenden die Rede, während nach – den im arbeitsgerichtlich Verfahren insoweit nicht anwendbaren – §§ 141 Abs. 1, 273 Abs. 1 ZPO das Anordnungsrecht beim „Gericht" liegt. Andererseits obliegt die sofort zu verkündende Vertagungsentscheidung nach § 57 Abs. 1 S. 2 der Kammer. Auf diese gehen die Befugnisse des Vorsitzenden nach § 56 Abs. 1 über, damit auch die Kompetenz zur Anordnung des persönlichen Erscheinens nach § 56 Abs. 1 Nr. 3.

8 Zum Erfordernis der Begründung einer Anordnungsentscheidung wird vertreten, diese sei zweckmäßig,[15] wobei spätestens bei Verhängung des Ordnungsgeldes der Grund der Anordnung angegeben und die darauf bezogene Ausübung des pflichtgemäßen Ermessens begründet werden müssten. Das Gesetz sieht aber keine Pflicht zur ausführlichen Begründung, sondern lediglich eine Belehrungspflicht (Abs. 2 S. 2 i.V.m. § 141 Abs. 3 S. 3 ZPO) vor.[16] Eine **Kurzbegründung** (z.B. „zur Aufklärung des Sachverhalts"; „zu Vergleichszwecken") wird der Partei hinreichend die Entscheidung ermöglichen, ob ein Entsenden eines Vertreters oder ein persönliches Erscheinen geboten ist. Die Kurzbegründung ist aber erforderlich.

9 Nach Abs. 1 S. 2 i.V.m. § 141 Abs. 2 ZPO ist die Partei (bzw. deren gesetzliche Vertretung), deren Erscheinen angeordnet worden ist, von Amts wegen zu laden. Die Ladung ist der Partei selbst mitzuteilen, auch wenn sie einen Prozessbevollmächtigten bestellt hat. Die Prozessbevollmächtigten sind über die Anordnung zu unterrichten. Der Zustellung bedarf die Ladung nicht, die Mitteilung der Ladung kann also formlos erfolgen. Der Vorsitzende kann aber die förmliche Zustellung anordnen, was sich auch zum Nachweis des Zugangs empfiehlt.[17]

10 Die Partei (bzw. ihre gesetzliche Vertretung) ist auf die Folgen ihres Ausbleibens in der Ladung hinzuweisen (Abs. 2 S. 2 i.V.m. § 141 Abs. 3 S. 3 ZPO). Der Hinweis muss die Möglichkeit sowohl der Verhängung eines Ordnungsgeldes nach Abs. 1 S. 2 i.V.m. § 141 Abs. 3 S. 1 ZPO als auch der Ablehnung des Prozessbevollmächtigten nach Abs. 2 S. 1 erwähnen. Fehlt der Hinweis, können Ordnungsmittel nicht ergriffen werden.[18]

---

6 GK-ArbGG/*Schütz*, § 51 Rn 2.

7 LAG Köln 15.3.1996 – 11 [13] Sa 122/95 – AuR 1996, 459; LAG Rheinland-Pfalz 22.11.1984 – 1 Ta 243/84 – n.v.; LAG Hamm 25.1.1999 – 1 Ta 727/98 – MDR 1999, 825 = BB 1999, 908; *Germelmann u.a.*, § 51 Rn 12; ErfK/ *Koch*, § 51 ArbGG Rn 2; GK-ArbGG/*Schütz*, § 51 Rn 13; Stein/Jonas/*Leipold*, ZPO, § 141 Rn 7.

8 Hessisches LAG 4.7.1985 – 3 Ta 109/85 – n.v.

9 LAG Düsseldorf 6.1.1995 – 7 Ta 212/94 – MDR 1996, 98.

10 NZA 1991, 336.

11 LAG Hamm 25.1.1999 – 1 Ta 727/98 – LAGE § 51 ArbGG 1979 Nr. 6.

12 Ebenso GK-ArbGG/*Schütz*, § 51 Rn 20.

13 LAG Hamm 11.3.1982 – 8 Ta 32/82 – LAGE § 141 ZPO Nr. 2 = AP § 141 ZPO Nr. 3 = MDR 1982, 612; LAG Rheinland-Pfalz 19.11.1993 – 6 Ta 242/93 – ARSt 1194, 138.

14 Dagegen GK-ArbGG/*Schütz*, § 51 Rn 14.

15 *Germelmann u.a.*, § 51 Rn 11; GK-ArbGG/*Schütz*, § 51 Rn 12.

16 LAG Nürnberg 25.11.1988 – 4 Ta 93/88 – LAGE § 141 ZPO Nr. 66; a.a. wohl LAG Bremen 24.1.2002 – 3 Sa 16/02 – LAGE § 51 ArbGG 1979 Nr. 8 = NZA-RR 2003, 158.

17 GK-ArbGG/*Schütz*, § 51 Rn 16.

18 GK-ArbGG/*Schütz*, § 51 Rn 17.

Die Ladungsfrist nach § 217 ZPO oder eine sonstige Ladungsfrist gelten nicht. Allerdings ist bei der Entscheidung über die Ordnungsmittel zu prüfen, ob der Partei unter Abwägung der Umstände des Einzelfalles die Wahrnehmung des Termins möglich war.[19]

Die Anordnungsentscheidung ist nicht anfechtbar (§ 567 Abs. 1 Nr. 1 ZPO).[20]

II. Wirkung der Parteierklärungen

Kommt die Partei der Anordnung nach und wird sie vom Vorsitzenden befragt, liegt darin keine Parteivernehmung i.S.v. § 448 ZPO. Den tatsächlichen Erklärungen ihres Prozessbevollmächtigten kann sie widersprechen. Dann gilt nur die Parteierklärung. Widerspricht die Partei in zweiter Instanz den tatsächlichen Erklärungen ihres Prozessbevollmächtigten, dann muss das Gericht nach § 286 ZPO abwägen.[21] Beweiswirkung hat die Erklärung der Partei insoweit, als sie Inhalt der Verhandlung i.S.v. § 286 ZPO ist; auch die Nichtabgabe einer Erklärung kann hier frei gewürdigt werden.

III. Folgen des Ausbleibens der Partei

1. Entschuldigtes Ausbleiben. Die Partei, deren persönliches Erscheinen angeordnet und die ordnungsgemäß geladen wurde, ist zum Erscheinen in der mündlichen Verhandlung verpflichtet. Keineswegs ist sie jedoch verpflichtet, sich zur Sache einzulassen, wenngleich ihre Weigerung u.U. nach § 286 ZPO gewürdigt werden kann.

Die Partei braucht der Anordnung des persönlichen Erscheinens nicht nachzukommen, wenn ein hinreichender Grund für das Nichterscheinen (vgl. Rn 15) vorliegt, sie sich vor dem Termin entschuldigt hat und daraufhin die Anordnung aufgehoben wurde.[22] Insoweit findet § 381 ZPO entsprechende Anwendung (siehe Rn 21). Die Entscheidung nach Abs. 2 S. 1 über eine Ablehnung der Zulassung des Prozessbevollmächtigten kann nicht nachträglich aufgehoben werden. Ist es infolge des Ausschlusses des Prozessbevollmächtigten zu einem (ersten) Versäumnisurteil gekommen, bleibt nur der Rechtsbehelf des Einspruchs.

Entschuldigungsgründe können sein: eine an der Terminswahrnehmung hindernde Krankheit (hier genügt allerdings nicht jede Arbeitsunfähigkeit,[23] erforderlich ist Verhandlungsunfähigkeit); schwere Erkrankung oder Tod eines nächsten Angehörigen; unaufschiebbares und persönlich wahrzunehmendes Geschäft oder auch anderweitige Gerichtstermin; urlaubsbedingte Abwesenheit; unzumutbare wirtschaftliche Belastung durch Anreise zum Gerichtsort. Ob sich die Partei auf eine Auskunft ihres Prozessbevollmächtigten verlassen darf und sie deshalb als genügend entschuldigt gelten kann, hängt von den Fähigkeiten der Partei ab. Sie muss in der Lage sein zu erkennen, dass nur das Gericht über die Erscheinenspflicht und eine Befreiung von dieser befinden und verbindlich Auskunft geben kann.[24] Die bloße Mitteilung des Prozessbevollmächtigten an seine Partei, sie brauche den Termin nicht wahrzunehmen, entschuldigt das Fernbleiben regelmäßig ebenso wenig[25] wie eine entsprechende Auskunft einer Kanzleiangestellten.[26] Die Berufung auf ein Vergessen des Termins genügt ebenfalls nicht.[27] Nicht genügend entschuldigt ist die ausgebliebene Partei dann, wenn das Gericht über das bevorstehende Ausbleiben aus einem ersichtlichen Grund derart knapp vor dem Termin informiert wird, dass das Gericht den Termin nicht mehr absetzen und die Beteiligten nicht rechtzeitig abladen kann.[28] Die Entschuldigung muss hinreichend substantiiert sein. Pauschales Vorbringen reicht nicht.[29]

Die Entscheidung, ob ein ausreichender Entschuldigungsgrund vorliegt und ggf. ob dieser glaubhaft gemacht worden ist, trifft der Vorsitzende. Erst durch eine Aufhebung der Anordnung des persönlichen Erscheinens entfällt die Verpflichtung zum Erscheinen.[30]

2. Entsendung eines Vertreters. Die Partei kann nach Abs. 1 S. 2 i.V.m. § 141 Abs. 3 S. 2 ZPO zur mündlichen Verhandlung einen Vertreter entsenden, sofern dieser zur Aufklärung des Sachverhalts in der Lage und zur Abgabe der gebotenen Erklärungen, insb. zu einem Vergleichsabschluss, ermächtigt ist. Die Sachkunde des Vertreters muss nicht notwendig auf eigenen unmittelbaren Wahrnehmungen beruhen; die gründliche Information durch die Partei kann genügen.[31] Daher kann die Vertretung auch durch einen Prozessbevollmächtigten erfolgen, wenn er für den Prozess umfassende Informationen erhalten hat.[32] Insoweit reicht jedoch die bloße Kenntnis

---

19 *Germelmann u.a.*, § § 51 Rn 15.
20 *Germelmann u.a.*, § 51 Rn 10; GK-ArbGG/*Schütz*, § 51 Rn 41.
21 *Zöller/Vollkommer*, § 85 Rn 7 f.
22 *Germelmann u.a.*, § 51 Rn 19; GK-ArbGG/*Schütz*, § 51 Rn 23.
23 LAG Köln 15.3.1996 – 11 [13] Sa 1221/95 – AuR 1196, 459.
24 Hessisches LAG 30.11.1995 – 4 Ta 292/95 – LAGE § 141 ZPO Nr. 7.
25 LAG Köln 14.11.1994 – 5 [4] Ta 159/94 – NZA 1995, 864; LAG Rheinland-Pfalz 22.11.1984 – 1 Ta 243/84 – n.v.
26 Hessisches LAG 17.7.1986 – 3 Ta 152/86 – NZA 1987, 284 = AuR 1987, 245.
27 LAG Düsseldorf 1.3.1993 – 7 Ta 142/92 – LAGE § 51 ArbGG 1979 Nr. 4.
28 LAG Köln 15.3.1996 – II (13) Sa 1221/95 – AuR 1996, 459.
29 GK-ArbGG/*Schütz*, § 51 Rn 21.
30 *Germelmann u.a.*, § 51 Rn 19.
31 GK-ArbGG/*Schütz*, § 51 Rn 24.
32 Hessisches LAG 23.11.1964 – 1 Ta 69/64 – NJW 1965, 1042; GK-ArbGG/*Schütz*, § 51 Rn 25; *Germelmann u.a.*, § 51 Rn 20.

der Schriftsätze nicht aus.[33] Er muss aber in gleicher Weise Auskunft erteilen und Entscheidungen treffen können wie die Partei selbst.[34] Der Vertreter muss ferner zur Abgabe prozessual gebotener Erklärungen (z.B. Anerkenntnis, Erledigungserklärung) und zum Vergleichsabschluss bevollmächtigt sein, wobei die Vollmacht nur zu einem Widerrufsvergleich nicht ausreicht.[35] Gleichwohl kann die eigenständige Entscheidung des Vertreters, nur einen Widerrufsvergleich abschließen zu wollen, sachgerecht sein, z.B. wenn sozialrechtliche Konsequenzen zu bedenken und abzuklären sind.[36] Dass jemand zugleich als Zeuge bestimmt ist, steht einem Auftreten als Vertreter nach § 141 Abs. 3 ZPO nicht entgegen. § 394 Abs. 1 ZPO schließt die Anwesenheit eines Zeugen, der noch nicht gehört wurde, nur während der Vernehmung anderer Zeugen aus.[37]

18 Kann die zur Vertretung entsandte Person keine genügende Aufklärung geben oder hat ihr die Partei keine ausreichende Vollmacht erteilt, so gilt die Partei als nicht erschienen. Eine besondere Zurückweisung der Vertreterin ist nicht erforderlich. Vom Gegner kann beim Vorliegen der sonstigen Voraussetzungen ein Versäumnisurteil beantragt werden. Das Gericht kann Zwangsmaßnahmen nach § 141 Abs. 3 S. 1 ZPO bzw. Abs. 2 S. 1 ergreifen.

19 **3. Ordnungsgeld.** Bleibt die Partei im Termin aus, so kann gegen sie nach Abs. 1 S. 2 i.V.m. §§ 141 Abs. 3 S. 1, 380 Abs. 1 S. 2 ZPO ein Ordnungsgeld wie gegen einen im Vernehmungstermin nicht erschienenen Zeugen festgesetzt werden. Die Regelung ist verfassungsrechtlich unbedenklich.[38] Die Pflicht zur Zahlung des Ordnungsgeldes trifft die Partei auch dann, wenn aufgrund der Anordnung ihre gesetzliche Vertretung zu erscheinen hatte.[39] Die Verhängung des Ordnungsgeldes steht im Ermessen des Gerichts. Dieses Ermessen ist jedoch nicht frei, sondern pflichtgemäß auszuüben. Hierbei hat das Gericht den Sinn und Zweck der Anordnung des persönlichen Erscheinens einer Partei sowie des Ordnungsgeldes zu berücksichtigen. Die Rechtfertigung für ein Verhängen des Ordnungsgeldes liegt nicht in der Tatsache einer Missachtung des Gerichts, sondern nach Abs. 2 in der Vereitelung des Zwecks der Anordnung des persönlichen Erscheinens.[40] Kommt es trotz Nichterscheinens der Partei zur sachgerechten Aufklärung des Sachverhalts bzw. zur gütlichen Beilegung des Rechtsstreits, so kann ein Ordnungsgeld nicht verhängt werden.[41] Ein Ordnungsgeld nach § 141 Abs. 3 ZPO darf also insbesondere immer dann nicht mehr festgesetzt werden, wenn im Termin zur mündlichen Verhandlung des Rechtsstreits Fragen zum Sachverhalt nicht offengeblieben sind und der Rechtsstreit ohne weiteren Vortrag durch Urteil entschieden wurde. Dabei ist es unerheblich, ob der Rechtsstreit in der Instanz rechtskräftig abgeschlossen wird oder nicht. In einem solchen Fall hat das Ausbleiben der persönlich geladenen Partei die Sachverhaltsaufklärung weder erschwert noch verzögert.[42] Das Ordnungsgeld kann allein oder kumulativ neben der Ablehnung des Bevollmächtigten verhängt werden.[43]

20 Das Mindestmaß für das Ordnungsgeld beträgt fünf EUR und das Höchstmaß 1.000 EUR (Art. 6 Abs. 1 S. 1 EGStGB). Weitere in § 380 ZPO angesprochene Ordnungsmittel bzw. Sanktionen (Auferlegung der durch Ausbleiben verursachten Kosten; Ordnungshaft) können nicht verhängt werden,[44] ggf. aber eine Verzögerungsgebühr nach § 38 Abs. 1 GKG.

21 Die Entscheidung über die Verhängung des Ordnungsgeldes ergeht nach Abs. 1 S. 2, § 53 Abs. 1 S. 1 i.V.m § 141 Abs. 3 ZPO in der mündlichen Verhandlung durch die Kammer und außerhalb der mündlichen Verhandlung durch den Vorsitzenden.[45] Da das Gericht der nicht erschienenen Partei regelmäßig zunächst rechtliches Gehör gewährt, ergeht die Entscheidung meist erst nach der mündlichen Verhandlung. Der Beschluss ist zu begründen und als Vollstreckungstitel förmlich zuzustellen (§ 329 Abs. 3 ZPO). Die Zustellung erfolgt an die Partei selbst.[46] Der Beschluss unterliegt der sofortigen Beschwerde nach § 51 Abs. 1 S. 2 i.V.m. §§ 141 Abs. 3 S. 1, 380 Abs. 3 ZPO. Nach Abs. 2 i.V.m. §§ 141 Abs. 3 S. 1, 381 Abs. 1 ZPO unterbleibt die Festsetzung des Ordnungsgeldes, wenn die nicht erschie-

---

33 GK-ArbGG/*Schütz*, § 51 Rn 25.
34 Hessisches LAG 19.4.2007 – 4 Ta 145/07 – juris; LAG Rheinland-Pfalz 19.4.1985 – 1 Ta 70/85 – LAGE § 51 ArbGG 1979 Nr. 2; *Germelmann u.a.*, § 51 Rn 20.
35 *Germelmann u.a.*, § 51 Rn 21.
36 GK-ArbGG/*Schütz*, § 51 Rn 25.
37 GK-ArbGG/*Schütz*, § 51 Rn 24.
38 BVerfG 10.1.1997 – 2 BvR 429/97 – NJW 1998, 892.
39 LAG Hamm 25.1.1999 – 1 Ta 727/98 – MDR 1999, 825 = BB 1999, 908; LAG Düsseldorf 28.12.2006 – 6 Ta 622/06 – juris; a.A. Hessisches LAG 1.11.2005 – 4 Ta 475/05 – AR-Blattei ES 160.7 Nr. 22; 5.12.2008 –; 4 Ta 39/08 – juris; offengelassen durch BAG 20.8.2007 – 3 AZB 50/05 – NZA 2008, 1151 = NJW 2008, 252.
40 LAG Niedersachsen 7.8.2002 – 10 Ta 306/02 – LAGReport 2003, 157; LAG Düsseldorf 1.8.1985 – 7 Ta 264/85 – LAGE § 51 ArbGG 1979 Nr. 1; LAG Rheinland-Pfalz 5.8.1987 – 4 Ta 147/87 – ARSt 1988, 79.
41 LAG Niedersachsen 7.8.2002 – 10 Ta 306/02 – LAGReport 2003, 157; LAG Schleswig-Holstein 16.1.2003 – 5 Ta 218/02 – NZA-RR 2003, 215.
42 BAG 20.8.2007 – 3 AZB 50/05 – NZA 2008, 1151 = NJW 2008, 252; BGH 12.6.2007 – VI ZB 4/07 – NJW-RR 2007, 1364; krit.: Hessisches LAG 15.2.2008 –; 4 Ta 39/08 – juris; das BVerfG sah in seiner Entscheidung vom 10.11.1997 – 2 BvR 429/97 – NJW 1998, 892) allerdings auch eine andere verfassungsrechtlich unbedenkliche Auslegung der Vorschrift als möglich an.
43 LAG Schleswig-Holstein 24.11.2003 – 2 Ta 250/03 – NZA-RR 2004, 153; *Germelmann u.a.*, § 51 Rn 26; GK-ArbGG/*Schütz*, § 51 Rn 34.
44 LAG Berlin 17.11.1988 – 9 Ta 7/77 – AP § 141 ZPO Nr. 2; *Germelmann u.a.*, § 51 Rn 23.
45 LAG Schleswig-Holstein 16.1.2003 – 5 Ta 218/02 – NZA-RR 2003, 215; LAG Bremen 4.8.1993 – 1 Ta 34/93 – BB 1993, 1952 = DB 1993, 1884; *Germelmann u.a.*, § 51 Rn 24; a.A. GK-ArbGG/*Schütz*, § 51 Rn 34.
46 LAG Nürnberg 10.7.2008 – 2 Ta 115/08 – juris, m.w.N.

nene Partei glaubhaft macht, dass ihr die Ladung nicht rechtzeitig zugegangen ist, oder wenn sie ihr Ausbleiben genügend entschuldigt. Erfolgt die Glaubhaftmachung oder die genügende Entschuldigung nachträglich, so wird die Ordnungsgeldanordnung wieder aufgehoben. Die nicht erschienene Partei muss vortragen und ggf. glaubhaft machen, dass sie ohne ihr Verschulden an der Terminswahrnehmung gehindert war und dass es ihr nicht möglich war, den Hinderungsgrund bereits vor dem Termin dem Gericht mitzuteilen. Insoweit ist ihr das Verschulden des Prozessbevollmächtigten nicht nach § 85 Abs. 2 ZPO zuzurechnen.[47] Vielmehr ist darauf abzustellen, inwieweit die Partei auf Angaben des Prozessbevollmächtigten vertrauen durfte.[48] Die Kosten der erfolgreichen Beschwerde einer Partei gegen die Verhängung eines Ordnungsgeldes wegen ihres Ausbleibens im Termin entgegen einer Anordnung des persönlichen Erscheinens gem. § 141 Abs. 3 ZPO gehen zulasten der letztlich kostenpflichtigen Partei.[49]

4. Ausschließung des Prozessbevollmächtigten. Neben der Verhängung eines Ordnungsgeldes (vgl. Rn 19) kann der Vorsitzende die Prozessbevollmächtigte der nicht erschienenen Partei von der weiteren Verhandlung in dem konkreten Termin ausschließen, wenn die Partei trotz Anordnung des persönlichen Erscheinens unbegründet ausgeblieben ist und hierdurch der Zweck der Anordnung vereitelt wird (Abs. 2 S. 1). Diese Möglichkeit besteht aber nur in erster Instanz. Die Gesetzesformulierung „die Zulassung eines Prozessbevollmächtigten ablehnen" geht zurück auf die Fassung des § 11 Abs. 1 S. 3 ArbGG 1953, wonach der Vorsitzende über die Zulassung eines Rechtsanwalts im erstinstanzlichen Urteilsverfahren zu entscheiden hatte. Für die Ausschließungsentscheidung müssen folgende Voraussetzungen kumulativ vorliegen:[50]

– Das persönliche Erscheinen der Parteien muss zum konkreten Termin ordnungsgemäß durch die Vorsitzende angeordnet sein.
– Die Partei muss ordnungsgemäß mit Belehrung über die Folgen des Ausbleibens geladen sein.
– Die persönlich geladene Partei darf sich nicht entschuldigt oder nur unzureichend entschuldigt haben.
– Durch das Ausbleiben der Partei muss der vorher mitgeteilte Zweck der Anordnung vereitelt worden sein.
– Es darf kein Vertreter entsandt sein, der zur Aufklärung des Sachverhalts und zur Abgabe der gebotenen Erklärungen in der Lage sowie zum Abschluss eines Vergleichs ermächtigt ist.

Der Ausschluss ist grds. in jeder Lage des Verfahrens möglich, auch in der Güteverhandlung.[51] Abs. 2 S. 1 enthält keine Beschränkung auf Kammertermine. Diese folgt auch nicht aus teleologischen Erwägungen. Im Gütetermin ist sowohl eine Aufklärung des Sachverhalts als auch eine gütliche Beilegung des Rechtsstreits anzustreben (§ 54 Abs. 1 S. 2, 3), wenngleich eine streitige Entscheidung ohne den Willen beider Parteien regelmäßig nicht ergehen kann.

Die Zurückweisung des Prozessbevollmächtigten erfolgt nach dem klaren Wortlaut des Abs. 2 S. 1 – auch im Kammertermin – durch Beschluss des Vorsitzenden,[52] der zu begründen ist. Ausgeschlossen werden kann jeder Prozessbevollmächtigte der nicht erschienenen Partei, also ein RA, ein Verbandsvertreter oder auch ein sonstiger Prozessbevollmächtigter nach § 11 Abs. 2. Wurde der Prozessbevollmächtigte ausgeschlossen, kann vom Gegner bei Vorliegen der sonstigen Voraussetzungen (erstes oder zweites) Versäumnisurteil beantragt werden. Hiergegen kann die nicht erschienene Partei Einspruch bzw. Berufung einlegen, wobei die Berufung nur darauf gestützt werden kann, dass ein Fall der schuldhaften Versäumung nicht vorgelegen habe, weil der Ausschluss zu Unrecht erfolgt sei (§ 64 Abs. 2 Buchst. d).

Allein gegen den Zurückweisungsbeschluss ist keine sofortige Beschwerde gegeben. Die Voraussetzungen des § 567 Abs. 1 Nr. 1 ZPO liegen nicht vor. In Abs. 2 S. 2 ist ein Verweis auf § 380 Abs. 3 ZPO gerade ausgenommen, weshalb nicht von einer Lücke im Gesetz ausgegangen werden kann.[53]

---

47 LAG Köln 14.11.1994 – 5 [4] Ta 159/94 – NZA 1994, 864; a.A. LAG Rheinland-Pfalz 22.11.1984 – 1 Ta 243/84 – n.v.; LAG Rheinland-Pfalz 19.4.1985 – 11 Ta 70/85 – LAGE § 51 ArbGG 1979 Nr. 2.
48 *Germelmann u.a.*, § 51 Rn 25, jedoch unter Hinweis auf besondere eigene Sorgfaltspflichten der Partei, wenn der Anwalt meint, die Anordnung solle aus prozesstaktischen Gründen nicht beachtet werden; GK-ArbGG/*Schütz*, § 51 Rn 36.
49 BAG 20.8.2007 – 3 AZB 50/05 – NZA 2008, 1151 = NJW 2008, 252.
50 LAG Bremen 24.1.2002 – 3 Sa 16/02 – LAGE § 51 ArbGG 1979 Nr. 8 = NZA-RR 2003, 158; LAG Brandenburg 23.5.2000 – 3 Sa 83/00 – AP § 335 ZPO Nr. 1 = NZA 2001, 173; GK-ArbGG/*Schütz*, § 51 Rn 26.
51 GK-ArbGG/*Schütz*, § 51 Rn 30; *Germelmann u.a.*, § 51 Rn 28, der einen Ausschluss jedoch für wenig sinnvoll hält; *Vonderau*, NZA 1991, 336, 340; a.A. LAG Hamm 22.12.1994 – 4 Sa 1125/94 – LAGE § 51 ArbGG 1979 Nr. 5.
52 LAG Brandenburg 23.5.2000 – 3 Sa 83/02 – AP § 335 ZPO Nr. 1 = NZA 2001, 173; GK-ArbGG/*Schütz*, § 51 Rn 31; *Germelmann u.a.*, § 51 Rn 30.
53 LAG Hamm 20.4.1972 – 8 Ta 35/72 – MDR 1972, 900; LAG Rheinland-Pfalz 24.9.1981 – 1 Ta 132/81 – n.v.; LAG München 20.10.1981 – 6 Ta 89/81 – n.v.; LAG Düsseldorf 4.10.1984 – 7 Ta 227/84 – MDR 1985, 435; LAG Schleswig-Holstein 15.10.1987 – 6 Ta 181/87 – n.v.; *Germelmann u.a.*, § 51 Rn 31; § GK-ArbGG/*Schütz*, § 51 Rn 42.

§ 52 Öffentlichkeit

¹Die Verhandlungen vor dem erkennenden Gericht einschließlich der Beweisaufnahme und der Verkündung der Entscheidung ist öffentlich. ²Das Arbeitsgericht kann die Öffentlichkeit für die Verhandlung oder für einen Teil der Verhandlung ausschließen, wenn durch die Öffentlichkeit eine Gefährdung der öffentlichen Ordnung, insbesondere der Staatssicherheit, oder eine Gefährdung der Sittlichkeit zu besorgen ist oder wenn eine Partei den Ausschluß der Öffentlichkeit beantragt, weil Betriebs-, Geschäfts- oder Erfindungsgeheimnisse zum Gegenstand der Verhandlung oder der Beweisaufnahme gemacht werden; außerdem ist § 171b des Gerichtsverfassungsgesetzes entsprechend anzuwenden. ³Im Güteverfahren kann es die Öffentlichkeit auch aus Zweckmäßigkeitsgründen ausschließen. ⁴§ 169 Satz 2 sowie die §§ 173 bis 175 des Gerichtsverfassungsgesetzes sind entsprechend anzuwenden.

Literatur: *Ernst*, Festschriftenbeitrag, Informations- oder bloßes Illustrationsinteresse? Zur Fernsehöffentlichkeit von Gerichtsverfahren, Festschrift für Günter Herrmann zum 70. Geburtstag Band 197, 2002, 73; *Etzel*, Übersicht über das Verfahren bei den Gerichten in Arbeitssachen, AR-Blattei SD 160.7.1; *Francken*, Das Arbeitsgericht als Multi-Door Courthouse, NJW 2006, 1103

A. Allgemeines 1	b) Gefährdung der Sittlichkeit 11
B. Regelungsgehalt 2	c) Zweckmäßigkeitsgründe 12
I. Öffentlichkeit der Verhandlung 2	3. Ausschließung auf Antrag 13
1. Jedermann-Zugänglichkeit 2	a) Geschäfts- und Betriebsgeheimnis 14
2. Öffentliche Verhandlung 4	b) Erfindungsgeheimnis 15
3. Verbot von Ton- und Filmaufnahmen 5	c) Steuergeheimnis 16
II. Ausschließung der Öffentlichkeit 7	d) Schutz der Privatsphäre 17
1. Ausschließungsgründe 7	e) Ausschlussverfahren 19
2. Ausschließung von Amts wegen 8	f) Inhalt der Entscheidung 23
a) Gefährdung der öffentlichen Ordnung/ Staatssicherheit 9	g) Rechtsmittel 25
	C. Beraterhinweise 26

A. Allgemeines

1 Der Grundsatz der Öffentlichkeit gehört zu den Prinzipien einer demokratischen Rechtspflege. Er ist zwar kein Verfassungsgrundsatz, aber ein auch in Art. 6 Abs. 1 S. 1 EMRK verankerter Leitgedanke der Prozessgesetze. Durch die Öffentlichkeit des Verfahrens soll das Vertrauen in die Rechtspflege gestärkt und eine öffentliche Kontrolle der rechtsprechenden Gewalt ermöglicht werden. Durch § 52 wird für das arbeitsgerichtliche Verfahren der in §§ 169 bis 175 GVG normierte Grundsatz der Öffentlichkeit modifiziert.

Gerichtsverfassungsgesetz (GVG) vom 27.1.1877, RGBl I S. 41, BGBl III 300–2, In der Fassung der Bekanntmachung vom 9.5.1975, BGBl I S. 1077, zuletzt geändert durch Gesetz zur Vereinfachung des Insolvenzverfahrens vom 13.4.2007, BGBl I S. 509, 512.

GVG § 169 – [Öffentlichkeit der Verhandlung]

¹Die Verhandlung vor dem erkennenden Gericht einschließlich der Verkündung der Urteile und Beschlüsse ist öffentlich. ²Ton- und Fernseh-Rundfunkaufnahmen sowie Ton- und Filmaufnahmen zum Zwecke der öffentlichen Vorführung oder Veröffentlichung ihres Inhalts sind unzulässig.

GVG § 171b – [Ausschluß der Öffentlichkeit zum Schutz des persönlichen Lebensbereichs]

(1) ¹Die Öffentlichkeit kann ausgeschlossen werden, soweit Umstände aus dem persönlichen Lebensbereich eines Prozeßbeteiligten, Zeugen oder durch eine rechtswidrige Tat (§ 11 Abs. 1 Nr. 5 des Strafgesetzbuches) Verletzten zur Sprache kommen, deren öffentliche Erörterung schutzwürdige Interessen verletzen würde, soweit nicht das Interesse an der öffentlichen Erörterung dieser Umstände überwiegt. ²Dies gilt nicht, soweit die Personen, deren Lebensbereiche betroffen sind, in der Hauptverhandlung dem Ausschluß der Öffentlichkeit widersprechen.

(2) Die Öffentlichkeit ist auszuschließen, wenn die Voraussetzungen des Absatzes 1 Satz 1 vorliegen und der Ausschluß von der Person, deren Lebensbereich betroffen ist, beantragt wird.

(3) Die Entscheidungen nach den Absätzen 1 und 2 sind unanfechtbar.

GVG § 173 – [Öffentliche Verkündung des Urteils]

(1) Die Verkündung des Urteils erfolgt in jedem Falle öffentlich.

(2) Durch einen besonderen Beschluß des Gerichts kann unter den Voraussetzungen der §§ 171b und 172 auch für die Verkündung der Urteilsgründe oder eines Teiles davon die Öffentlichkeit ausgeschlossen werden.

GVG § 174 – [Verhandlung über Ausschluß der Öffentlichkeit; Geheimhaltung]

(1) ¹Über die Ausschließung der Öffentlichkeit ist in nicht öffentlicher Sitzung zu verhandeln, wenn ein Beteiligter es beantragt oder das Gericht es für angemessen erachtet. ²Der Beschluß, der die Öffentlichkeit ausschließt, muß öffentlich verkündet werden; er kann in nicht öffentlicher Sitzung verkündet werden, wenn zu befürchten ist, daß seine öffentliche Verkündung eine erhebliche Störung der Ordnung in der Sitzung zur Folge haben würde. ³Bei der Verkündung ist in den Fällen der §§ 171b, 172 und 173 anzugeben, aus welchem Grund die Öffentlichkeit ausgeschlossen worden ist.

(2) Soweit die Öffentlichkeit wegen Gefährdung der Staatssicherheit ausgeschlossen wird, dürfen Presse, Rundfunk und Fernsehen keine Berichte über die Verhandlung und den Inhalt eines die Sache betreffenden amtlichen Schriftstücks veröffentlichen.

(3) ¹Ist die Öffentlichkeit wegen Gefährdung der Staatssicherheit oder aus den in §§ 171b und 172 Nr. 2 und 3 bezeichneten Gründen ausgeschlossen, so kann das Gericht den anwesenden Personen die Geheimhaltung von Tatsachen, die durch die Verhandlung oder durch ein die Sache betreffendes amtliches Schriftstück zu ihrer Kenntnis gelangen, zur Pflicht machen. ²Der Beschluß ist in das Sitzungsprotokoll aufzunehmen. ³Er ist anfechtbar. ⁴Die Beschwerde hat keine aufschiebende Wirkung.

GVG § 175 – [Zutritt zu Verhandlungen]

(1) Der Zutritt zu öffentlichen Verhandlungen kann unerwachsenen und solchen Personen versagt werden, die in einer der Würde des Gerichts nicht entsprechenden Weise erscheinen.

(2) ¹Zu nicht öffentlichen Verhandlungen kann der Zutritt einzelnen Personen vom Gericht gestattet werden. ²In Strafsachen soll dem Verletzten der Zutritt gestattet werden. ³Einer Anhörung der Beteiligten bedarf es nicht.

(3) Die Ausschließung der Öffentlichkeit steht der Anwesenheit der die Dienstaufsicht führenden Beamten der Justizverwaltung bei den Verhandlungen vor dem erkennenden Gericht nicht entgegen.

B. Regelungsgehalt

I. Öffentlichkeit der Verhandlung

1. Jedermann-Zugänglichkeit. Nach S. 1 der Vorschrift sind die Verhandlungen vor dem erkennenden Gericht einschließlich der Beweisaufnahme und der Verkündung der Entscheidung **öffentlich**. Dem wird genügt, wenn die Verhandlungstermine bekannt gemacht und die Verhandlungen für jedermann zugänglich sind. Zur **Bekanntmachung** der Termine genügt ein im Gericht frei einsehbarer Terminsaushang, auf dem für einen bestimmten Terminstag für jeden stattfindenden Rechtsstreit die Parteien in Kurzbezeichnung, die Terminsstunde und der Sitzungsraum verzeichnet sind. Kurzfristige räumliche oder zeitliche Veränderungen sind in gleicher Weise bekannt zu machen. Zudem muss zum Gerichtsgebäude und zum Sitzungsraum **freier Zugang** gewährleistet sein. Bei öffentlicher Verhandlung muss das Gericht dafür sorgen, dass jedermann bei der Sitzung anwesend sein kann. Das wird regelmäßig dadurch gewährleistet, dass das Gerichtsgebäude während der Sitzungsdauer durchgehend geöffnet ist. Die Öffentlichkeit der Verhandlung ist jedoch auch dann gewahrt, wenn zwar die Eingangstür zum Gerichtsgebäude geschlossen ist, Zuhörer sich aber mithilfe einer Klingel Einlass verschaffen können.[1] Nicht erforderlich ist, dass sämtliche Zuhörer an der Verhandlung teilnehmen können. Allerdings darf der Raum nicht so eingeschränkt werden, dass praktisch die Teilnahme beliebiger Personen an der Verhandlung nicht mehr möglich ist.[2] Bei großem Andrang ist die Vergabe von Platzkarten nach einer allg. Regel (z.B. Reihenfolge des Erscheinens, Pressekontingent) zulässig. Der Zugang darf aber nicht selektiv auf bestimmte Personen oder Gruppen beschränkt werden.

Der Zutritt zu öffentlichen Verhandlungen kann unerwachsenen und solchen Personen **versagt** werden, die in einer der Würde des Gerichts nicht entsprechenden Weise erscheinen (S. 4 i.V.m. § 175 Abs. 1 GVG). In einer offenen Gesellschaft mit unterschiedlichen Kulturen muss hier ein großzügiger Maßstab gelten, soweit es um Äußerlichkeiten wie Kleidung, Schmuck und Frisur geht. Der Würde des Gerichts widerspricht aber z.B. die Anwesenheit Betrunkener, regelmäßig jedoch nicht eines AN oder AG in Arbeitskleidung.

2. Öffentliche Verhandlung. Der Grundsatz der Öffentlichkeit gilt für jede Verhandlung, also für Gütetermin und Kammertermin einschließlich der von dem erkennenden Gericht in oder außerhalb des Gerichtsgebäudes durchgeführten Beweisaufnahme. Auch die dem Vorsitzenden nach § 58 Abs. 1 S. 2 übertragene Beweisaufnahme ist öffentlich durchzuführen. Dagegen gilt nicht als Verhandlung i.S.v. S. 1 die im Wege der Rechtshilfe (§ 13) erfolgende Beweisaufnahme, weshalb diese vom ersuchten Richter nicht öffentlich, jedoch parteiöffentlich (§ 357 ZPO) durchzuführen ist. Die Beweisführung mit einer notariellen Erklärung (z.B. über die Anzahl der im Betrieb beschäftigten

---

[1] BAG 19.2.2008 – 9 AZN 777/07 – AP Nr. 59 zu § 72a ArbGG 1979.
[2] Germelmann u.a., § 52 Rn 3.

Gewerkschaftsmitglieder) verletzt nicht die Grundsätze der Unmittelbarkeit, der Öffentlichkeit und der Parteiöffentlichkeit der Beweisaufnahme.[3]

Auch die Verkündung von Entscheidungen hat öffentlich zu erfolgen, unabhängig davon, ob sie in dem Termin, aufgrund dessen sie erlassen wird, oder in einem besonderen Termin geschieht.

3. Verbot von Ton- und Filmaufnahmen. Ton- und Fernseh-Rundfunkaufnahmen sowie Ton- und Filmaufnahmen zum Zwecke der öffentlichen Vorführung oder Veröffentlichung ihres Inhalts sind während der Verhandlung[4] unzulässig (S. 4 i.V.m. § 169 S. 2 GVG). Damit wird die mittelbare Öffentlichkeit (Möglichkeit, die Allgemeinheit über die Vorgänge in der gerichtlichen Verhandlung zu unterrichten) eingeschränkt. § 169 S. 2 GVG ist verfassungskonform. Der Gesetzgeber durfte auch davon absehen, Ausnahmemöglichkeiten für Einzelfälle zu schaffen. Die Durchführung eines Gerichtsverfahrens stellt erhebliche Anforderungen an das Gericht, insb. die Vorsitzenden. Der Gesetzgeber durfte die Gerichte im Interesse einer möglichst ungestörten Wahrheits- und Rechtsfindung von solchen zusätzlichen Belastungen durch ein ausnahmsloses Verbot freistellen. Das gilt nicht nur für die Verhandlung, sondern auch für die Verkündung der Entscheidung.[5] Die Berichterstattung in Wort und Schrift über die Verhandlungen ist aber, vom Ausnahmefall des § 174 Abs. 2 GVG (Ausschluss der Berichterstattung wegen Gefährdung der Staatssicherheit) abgesehen, frei.

Unzulässig sind sowohl **Direktübertragungen** als auch **Aufzeichnungen** der Verhandlungen, wenn die Aufnahme nachträglich öffentlich vorgeführt oder ihr Inhalt sonst der Öffentlichkeit bekannt gemacht werden soll. Vom Vorsitzenden als Inhaber der sitzungspolizeilichen Gewalt (§ 176 GVG) bzw. von der Justizverwaltung als Inhaberin des Hausrechts können (Ermessensentscheidung) solche Aufnahmen nur für Zeiten vor Beginn, der Sitzungspausen und nach Ende der Verhandlung zugelassen werden.[6] Ein Verbot von Ton- und Rundfunkaufnahmen ist nicht erforderlich, wenn dem Schutz kollidierender Belange bereits durch eine beschränkende Anordnung Rechnung getragen werden kann, insbesondere durch das Erfordernis einer mittels geeigneter technischer Maßnahmen erfolgenden Anonymisierung der Bildaufnahme solcher Personen, die einen Anspruch auf besonderen Schutz haben. Personen, die im Gerichtsverfahren infolge ihres öffentlichen Amtes oder in anderer Position als Organ der Rechtspflege im Blickpunkt der Öffentlichkeit stehen, haben nicht in gleichem Ausmaße einen Anspruch auf Schutz ihrer Persönlichkeitsrechte wie eine von dem Verfahren betroffene Privatperson oder anwesende Zuhörer. Aber auch den als Richtern, Staatsanwälten, Rechtsanwälten oder Justizbediensteten am Verfahren Mitwirkenden steht ein Anspruch auf Schutz zu, der das Veröffentlichungsinteresse überwiegen kann, etwa wenn Veröffentlichungen von Abbildungen eine erhebliche Belästigung oder eine Gefährdung ihrer Sicherheit durch Übergriffe Dritter bewirken können.[7] Nicht unter die Vorschrift fallen Ton- und Filmaufnahmen für Zwecke des Gerichts, für die aber grds. eine Einwilligung der Beteiligten erforderlich ist. Ebenfalls von der Vorschrift nicht erfasst werden einfache Bildaufnahmen. Vom Vorsitzenden wird deshalb bestimmt, ob während der Verhandlung fotografiert werden darf.

II. Ausschließung der Öffentlichkeit

1. Ausschließungsgründe. Das ArbG kann nach S. 2 die Öffentlichkeit für die Verhandlung oder für einen Teil der Verhandlung ausschließen,

– wenn durch die Öffentlichkeit eine Gefährdung der öffentlichen Ordnung, insb. der Staatssicherheit, zu besorgen ist, oder
– wenn eine Gefährdung der Sittlichkeit zu besorgen ist oder
– wenn eine Partei den Ausschluss der Öffentlichkeit beantragt, weil Betriebs-, Geschäfts- oder Erfindungsgeheimnisse zum Gegenstand der Verhandlung oder der Beweisaufnahme gemacht werden,
– soweit Umstände aus dem persönlichen Lebensbereich eines Prozessbeteiligten, Zeugen oder durch eine rechtswidrige Tat (§ 11 Abs. 1 Nr. 5 StGB) Verletzten zur Sprache kommen, deren öffentliche Erörterung schutzwürdige Interessen verletzen würde, soweit nicht das Interesse an der öffentlichen Erörterung dieser Umstände überwiegt (S. 2 i.V.m. § 171b Abs. 1 GVG).

2. Ausschließung von Amts wegen. Die Ausschließungsgründe der Gefährdung der öffentlichen Ordnung/Staatssicherheit (siehe Rn 9 f.) und der Gefährdung der Sittlichkeit (siehe Rn 11) entsprechen denen in § 172 Nr. 1 GVG. Für die Ausschließung bedarf es keines Antrags. Das Gericht entscheidet von Amts wegen. Trotz der Formulierung der Vorschrift als Kann-Bestimmung ist der Ausschluss beim Vorliegen eines der Ausschließungsgründe vorzunehmen.

---

3 BAG 25.3.1992 – 7 ABR 65/90 – AP § 2 BetrVG 1972 Nr. 4 = NZA 1993, 154; a.A. *Prütting/Weth*, DB 1989, 2273.

4 BVerfG 15.3.2007 – 1 BvR 620/07 – DVBl 2007, 496, m. Anm. von *Coelln* im juris PR – ITR 5/2007 Anm. 4.

5 BVerfG 24.1.2001 – 1 BvR 2623/95 – AP § 169 GVG Nr. 1 = DÖV 2001, 596.

6 BVerfG 19.12.2007 – 1 BvR 620/07 – NJW 2008, 977; 3.4.2009 – 1 BvR 654/09 – NJW 2009, 280, (Koma-Sauf-Prozess) mit eingehender Abwägung von Persönlichkeitsschutz und Interesse an der Berichterstattung.

7 BVerfG 19.12.2007 – 1 BvR 620/07 – NJW 2008, 977.

a) Gefährdung der öffentlichen Ordnung/Staatssicherheit. Es genügt eine nach objektiven Maßstäben begründete Befürchtung, dass eine Gefährdung eintreten würde. Dem Gericht steht bei der Wertung ein Beurteilungsspielraum zu.[8]

Eine Gefährdung der **öffentlichen Ordnung** ist zu besorgen, wenn aus der Zuhörerschaft eine fortgesetzte Störung der Verhandlungen durch Kundgebungen zu befürchten ist, sofern wegen der unbestimmten Vielzahl von Störern Maßnahmen nach §§ 176, 177 GVG nicht ausreichen.[9] Um eine Gefährdung der Staatssicherheit geht es bei Bestrebungen nach § 92 Abs. 3 Nr. 2 StGB, also bei Bestrebungen, deren Träger darauf hinarbeiten, die äußere oder innere Sicherheit der Bundesrepublik Deutschland zu beeinträchtigen. Es muss die konkrete Gefahr bestehen, dass durch den Inhalt der Verhandlung die Allgemeinheit Kenntnis von Informationen erhält, deren Bekanntwerden die innere oder äußere Sicherheit der Bundesrepublik Deutschland gefährden würde. Dabei muss es sich nicht notwendig um Amtsgeheimnisse handeln. Nach Art. 38 ZA-NATO-Truppenstatut gilt dies auch, wenn Amtsgeheimnisse des Entsende- oder Aufnahmestaates oder für deren Sicherheit wichtige Informationen zur Sprache kommen.[10]

b) Gefährdung der Sittlichkeit. Der Ausschließungsgrund der Gefährdung der **Sittlichkeit** liegt vor, wenn in der Verhandlung sexuelle Vorgänge erörtert werden müssen, die geeignet sind, das Scham- und Sittlichkeitsgefühl Unbeteiligter erheblich zu verletzen. Dabei ist auf das sittliche Empfinden eines aufgeschlossenen Durchschnittsbürgers abzustellen. Gesichtspunkten des Jugendschutzes kann regelmäßig durch Ausschließung unerwachsener Personen nach S. 4 i.V.m. § 175 Abs. 1 GVG Rechnung getragen werden.

c) Zweckmäßigkeitsgründe. Im Gütetermin kann das Gericht die Öffentlichkeit bereits aus Zweckmäßigkeitsgründen ausschließen (**S. 2**), insb. um Vergleichsgespräche zu erleichtern. Schließt sich die weitere Verhandlung unmittelbar an (§ 54 Abs. 4), so ist die Öffentlichkeit wiederherzustellen. Sodann kann beim Vorliegen der Voraussetzungen nach S. 2 vorgegangen werden.

3. Ausschließung auf Antrag. Der Schutz überwiegender Individualinteressen durch Ausschluss der Öffentlichkeit erfolgt grds. (Ausnahme: Schutz der Privatsphäre) nur auf Antrag. Die Ausschließung, weil Betriebs-, Geschäfts- oder Erfindungsgeheimnisse zum Gegenstand der Verhandlung oder der Beweisaufnahme gemacht werden, findet eine Entsprechung in § 172 Nr. 2 GVG, der jedoch auf wichtige Geheimnisse abhebt, durch deren öffentliche Erörterung überwiegende schutzwerte Interessen verletzt würden. Für den Ausschluss der Öffentlichkeit zum Schutze der Privatsphäre verweist S. 2 Hs. 2 auf § 171b GVG.

a) Geschäfts- und Betriebsgeheimnis. Betriebs- oder Geschäftsgeheimnisse sind Tatsachen, die im Zusammenhang mit einem Geschäftsbetrieb stehen, nur einem eng begrenzten Personenkreis bekannt sind und nach dem bekundeten Willen des Betriebsinhabers geheim zu halten sind.[11] **Betriebsgeheimnisse** beziehen sich auf den technischen Betriebsablauf, insb. Herstellung und Herstellungsverfahren; **Geschäftsgeheimnisse** betreffen den allg. Geschäftsverkehr des Unternehmens. Zu den Betriebsgeheimnissen können z.B. Kalkulationen, Marktstrategien und Kundenlisten zählen. Auch nicht patentfähiges technisches Know-how, Warenbezugsquellen, Kunden- und Preislisten, Inventuren, betriebswirtschaftliche Kennziffern zur Kreditwürdigkeit, im Rahmen der Abverh gemachte Erfindungen eines AN und Wettbewerbsverstöße des AG werden als schutzwürdig angesehen.[12] Bilanzen werden ebenfalls als schutzwürdig angesehen.[13] Dem kann nicht gefolgt werden, soweit die Unternehmen u.a. nach § 325 HGB weitgehend zur Offenlegung der Bilanzen verpflichtet sind. Maßgeblich ist für den Ausschlussgrund der Geschäfts- und Betriebsgeheimnisse allein, dass ein **berechtigtes Interesse** an der Geheimhaltung besteht. Ein Ausschluss der Öffentlichkeit ist nicht nur in besonderen Ausnahmefällen zulässig, sondern bereits dann, wenn durch die öffentliche Erörterung überwiegende schutzwürdige Interessen eines Beteiligten verletzt würden.[14] Können Parteien, die es als unzumutbar empfunden haben, in einer öffentlichen Verhandlung Angaben über die Finanzlage ihres Unternehmens zu machen, ihrer Darlegungslast nur genügen, indem sie Betriebs- oder Geschäftsgeheimnisse offenbaren, muss das Gericht sie mit den Mitteln des Prozessrechts schützen.[15] Ist der Vortrag von Tatsachen unumgänglich, die als Verschlusssachen der Verschwiegenheitspflicht unterliegen, so ist die darlegungspflichtige Partei auf Antrag ihrem Prozessbevollmächtigten und dem Gericht gegenüber insoweit von der Verschwiegenheitspflicht zu entbinden.[16] In Betracht kommen in beiden Fällen der zeitweise Ausschluss der Öffentlichkeit und strafbewehrte Schweigegebote (s.

---

[8] BGH 19.3.1992 – 4 StR 73/92 – BGHR § 172 GVG Nr. 1 Sittlichkeit = NJW 1992, 2436.
[9] Zöller/*Lückemann*, § 172 GVG Rn 4; GK-ArbGG/*Schütz*, § 52 Rn 10.
[10] GK-ArbGG/*Schütz*, § 52 Rn 11.
[11] BAG 15.12.1987 – 3 AZR 474/86 – AP § 611 BGB Nr. 5 = DB 1988, 1020.
[12] GK-ArbGG/*Schütz*, § 52 Rn 13.
[13] GK-ArbGG/*Schütz*, § 52 Rn 13.
[14] BAG 23.4.1985 – 3 AZR 548/82 – AP § 16 BetrAVG Nr. 16 = DB 1985, 1645.
[15] BAG 21.11.1991 – 6 AZR 544/89 – n.v.; BAG 23.4.1985 – 3 AZR 548/82 – AP § 16 BetrAVG Nr. 16 = DB 1985, 1645.
[16] BAG 25.8.1966 – 5 AZR 525/65 – NZA 1967, 125; LAG Nürnberg 30.9.1986 – 2 Sa 125/84 – n.v.

Rn 24). Im Bereich der Verbände können Arbeitskampfstrategien schutzwürdig sein,[17] jedoch kaum Strategien der Mitgliedergewinnung und -betreuung.[18]

15 **b) Erfindungsgeheimnis.** Zum Schutzbereich der Erfindungsgeheimnisse werden die eine (auch nicht geschützte) Erfindung betreffenden Umstände gerechnet, an deren Geheimhaltung ein berechtigtes Interesse besteht.[19] Dadurch wird nicht nur die Erfindung geschützt, sondern jede Aktivität, die auf eine Erfindung abzielt und diese vorbereiten soll, wenn an der Geheimhaltung ein berechtigtes Interesse besteht.[20]

16 **c) Steuergeheimnis.** Dem Amtsermittlungsgrundsatz (§ 88 AO) und den weitgehenden Mitwirkungspflichten des Steuerpflichtigen im Besteuerungsverfahren entspricht die Verpflichtung des Finanzamtes, die ihm bekannt gewordenen Besteuerungsgrundlagen (das sind die tatsächlichen und rechtlichen Verhältnisse, die für die Steuerpflicht und die Bemessung der Steuer maßgebend sind) gegenüber der Kenntnisnahme Dritter zu schützen.[21] Die dem Finanzamt und den Steuerprüfern im Rahmen ihrer Tätigkeit bekannt gewordenen Daten und Verhältnisse der AN und der AG sind durch das strafbewehrte Steuergeheimnis geschützt (§ 30 AO, § 355 StGB). Im arbeitsgerichtlichen Verfahren ist das Steuergeheimnis mittelbar betroffen, wenn Steuerunterlagen in das Verfahren eingeführt, Auskünfte vom Finanzamt eingeholt oder die Steuerpflicht der Arbeitsvertragsparteien betreffende Umstände erörtert werden, weil der AN mit Steuerangelegenheiten des AG oder der AG als Einziehungsstelle mit denen des AN befasst war.[22] Die Wahrung des Steuergeheimnisses kann damit im schutzwerten Interesse beider Arbeitsvertragsparteien stehen.[22] In Abweichung zu § 172 Nr. 2 GVG wird das Steuergeheimnis in § 52 zwar nicht besonders erwähnt. Insoweit erscheint ein Rückgriff auf § 172 Nr. 2 GVG aber geboten.[23]

17 **d) Schutz der Privatsphäre.** Die Öffentlichkeit kann nach S. 2 i.V.m. § 171b Abs. 1 S. 1 GVG auch ausgeschlossen werden, soweit Umstände aus dem persönlichen Lebensbereich eines Prozessbeteiligten, Zeugen oder durch eine rechtswidrige Tat (§ 11 Abs. 1 Nr. 5 StGB) Verletzten zur Sprache kommen, deren öffentliche Erörterung schutzwürdige Interessen verletzen würde, soweit nicht das Interesse an der öffentlichen Erörterung diese Umstände überwiegt. Diese Regelung räumt dem Schutz des Intimbereichs des Einzelnen grds. den Vorrang vor dem Öffentlichkeitsgrundsatz ein. Sie gibt dem Betroffenen unmittelbare Einflussmöglichkeiten darauf, ob seine Privatsphäre betreffende Umstände in öffentlicher Verhandlung erörtert werden oder nicht. Umstände aus dem persönlichen Lebensbereich sind vor allem solche gesundheitlicher, familiärer oder sexueller Art, soweit sie aufgrund ihres Bezugs zur Privatsphäre unbeteiligten Dritten nicht ohne weiteres zugänglich sind und nach ihrem Inhalt in allg. Anschauung Schutz vor Einblick Außenstehender verdienen. Im arbeitsgerichtlichen Verfahren kann der Schutz der Privatsphäre z.B. betroffen sein bei der Erörterung medizinischer Diagnosen des AN oder sexueller Belästigungen am Arbeitsplatz. Es ist auf den Einzelfall abzustellen.[24]

18 Der Schutz der Privatsphäre durch Ausschluss der Öffentlichkeit kann von Amts wegen nach pflichtgemäßer Abwägung der Interessen angeordnet werden. Dies gilt nicht, soweit die Personen, deren Lebensbereiche betroffen sind, in der mündlichen Verhandlung dem Ausschluss der Öffentlichkeit widersprechen. Die Öffentlichkeit ist aber auszuschließen, wenn das Interesse eines Prozessbeteiligten hieran überwiegt und der Ausschluss von der Person, deren Lebensbereich betroffen ist, beantragt wird (S. 2 i.V.m. § 171b Abs. 2 GVG).

19 **e) Ausschlussverfahren.** Der Ausschluss der Öffentlichkeit zum Schutz überwiegender Individualinteressen erfolgt i.Ü. nur auf Antrag (S. 2; § 171b Abs. 2 GVG). Auf die Möglichkeit des Antrags hat das Gericht ggf. nach § 139 ZPO hinzuweisen.[25] **Antragsbefugt** ist allein die Partei, deren schutzwürdige Verhältnisse betroffen sind.[26] Insoweit enthalten die Regelungen in § 171b Abs. 1 S. 2, Abs. 2 GVG einen allg. Rechtsgedanken. Der Antrag kann jederzeit zurückgenommen werden. In dem Fall ist die Öffentlichkeit sofort wieder herzustellen, ohne dass aber die unter Ausschluss der Öffentlichkeit vorgenommenen Prozesshandlungen zu wiederholen sind.[27]

20 Das **Verfahren** zur Entscheidung über den Ausschluss der Öffentlichkeit richtet sich nach S. 2 i.V.m. §§ 173 und 174 GVG. Der Antrag auf Ausschluss der Öffentlichkeit wird in öffentlicher Verhandlung gestellt. Über die Ausschlie-

---

17 GK-ArbGG/*Schütz*, § 52 Rn 14.
18 A.A. *Germelmann u.a.*, § 52 Rn 22; GK-ArbGG/*Schütz*, § 52 Rn 14.
19 *BLAH*, § 172 GVG Rn 3.
20 *Germelmann u.a.*, § 52 Rn 23.
21 *Küttner*, Personalbuch 2009, Datenschutz Rn 35 (*Macher*).
22 *Germelmann u.a.*, § 52 Rn 24, wonach im Rahmen des Geschäftsgeheimnisses allerdings meist nur das Interesse des AG bzw. eines Verbandes betroffen sei.
23 I.E. wohl BAG 23.4.1985 – 3 AZR 548/82 – AP § 16 BetrAVG Nr. 16 = DB 1985, 1645.
24 Einschränkend: GK-ArbGG/*Schütz*, § 52 Rn 12, der den Ausschließungsgrund nur noch als historisch erklärbar bezeichnet und bei besonderen Geschmacklosigkeiten oder Straftaten als erfüllt ansieht.
25 GK-ArbGG/*Schütz*, § 52 Rn 20.
26 GK-ArbGG/*Schütz*, § 52 Rn 20; a.A. *Germelmann u.a.*, § 52 Rn 16.
27 GK-ArbGG/*Schütz*, § 52 Rn 21.

ßung ist nur dann nach § 174 Abs. 1 S. 1 GVG in nicht öffentlicher Sitzung zu verhandeln, wenn ein Beteiligter es beantragt oder das Gericht es für angemessen erachtet.[28]

Der Beschluss, der die Öffentlichkeit ausschließt, muss öffentlich verkündet werden; er kann in nicht öffentlicher Sitzung verkündet werden, wenn zu befürchten ist, dass seine öffentliche Verkündung eine erhebliche Störung der Ordnung in der Sitzung zur Folge haben würde (§ 174 Abs. 1 S. 2 GVG). Bei der Verkündung ist anzugeben, aus welchem Grund die Öffentlichkeit ausgeschlossen worden ist (§ 174 Abs. 1 S. 3 GVG).

Die Verkündung des Urteils erfolgt in jedem Fall öffentlich (§ 173 Abs. 1 GVG). Durch einen besonderen Beschluss kann, wenn der Schutz der Individualinteressen dies erfordert, auch für die Verkündung der Urteilsgründe oder eines Teiles davon die Öffentlichkeit ausgeschlossen werden (§ 173 Abs. 2 GVG).

f) Inhalt der Entscheidung. Der Ausschluss der Öffentlichkeit muss nicht die gesamte mündliche Verhandlung erfassen. Der Ausschluss erfolgt nur in dem durch den Ausschlussgrund gebotenen Umfang (S. 2). Hierüber entscheidet das Gericht nach pflichtgemäßem Ermessen.

Sofern der Schutz der Individualinteressen dies erfordert, kann das Gericht neben dem Ausschluss der Öffentlichkeit gegenüber den anwesenden Personen die Geheimhaltung von Tatsachen, die durch die Verhandlung oder durch ein die Sache betreffendes amtliches Schriftstück zu ihrer Kenntnis gelangen, zur Pflicht machen (§ 174 Abs. 3 S. 1 GVG). Dieser Beschluss ist anfechtbar, wobei der Beschwerde keine aufschiebende Wirkung zukommt (§ 174 Abs. 3 S. 3 und 4 GVG). Die Verhängung eines Schweigegebots ist auch gegenüber Verbandsvertretern möglich.[29]

g) Rechtsmittel. Die Entscheidung über den Ausschluss der Öffentlichkeit ist unanfechtbar.[30] Ausdrücklich geregelt ist dies nur im Hinblick auf den Ausschluss zum Schutz der Privatsphäre (§ 171b Abs. 3 GVG).

C. Beraterhinweise

Wurde vom ArbG die Öffentlichkeit ausgeschlossen, ohne dass hierfür ein hinreichender Ausschlussgrund (siehe Rn 7–18) vorlag, so liegt ein schwerer Verfahrensverstoß vor, der aber wegen § 68 keine Zurückverweisung durch das LAG rechtfertigt. Bei einem entsprechenden Verfahrensverstoß durch das LAG liegt ein absoluter Revisionsgrund nach § 551 Nr. 6 ZPO vor,[31] ohne dass die Revision deswegen auch statthaft sein muss. Die Vorschriften über die Öffentlichkeit der Verhandlung sind aber nur verletzt, wenn die Ausschließung oder Beschränkung der Öffentlichkeit entweder auf einer Anordnung des Gerichts beruht oder wenn eine tatsächlich eingetretene Beschränkung des Zugangs zum Sitzungssaal vom Gericht nicht sofort beseitigt wird, obwohl es die Beschränkung bemerkt hat oder bei Anwendung der gebotenen Aufmerksamkeit jedenfalls hätte bemerken müssen.[32]

Es verstößt nicht gegen die Vorschriften über die Öffentlichkeit der Verhandlung, wenn der Vorsitzende einen von einer Partei benannten anwesenden **Zeugen**, über dessen Vernehmung noch zu entscheiden ist, unmittelbar nach Eröffnung der Verhandlung veranlasst oder auffordert, den Sitzungssaal bis zur Zeugenvernehmung zu verlassen.[33]

§ 53 Befugnisse des Vorsitzenden und der ehrenamtlichen Richter

(1) ¹Die nicht auf Grund einer mündlichen Verhandlung ergehenden Beschlüsse und Verfügungen erlässt, soweit nichts anderes bestimmt ist, der Vorsitzende allein. ²Entsprechendes gilt für Amtshandlungen auf Grund eines Rechtshilfeersuchens.
(2) Im übrigen gelten für die Befugnisse des Vorsitzenden und der ehrenamtlichen Richter die Vorschriften der Zivilprozeßordnung über das landgerichtliche Verfahren entsprechend.

Literatur: *Creutzfeldt*, Die arbeitsrechtliche Kostenentscheidung und das isolierte Kostenurteil, RdA 2004, 281; *Reinhard/Böggemann*, Gesetz zur Änderung des Sozialgerichtsgesetzes und des Arbeitsgerichtsgesetzes – Änderungen des ArbGG, NJW 2008, 1263; *Reinhard/Kliemt*, Die Durchsetzung arbeitsrechtlicher Ansprüche im Eilverfahren, NZA 2005, 545; *Wolmerath*, Zuständigkeit für eine Entscheidung gemäß § 341 ZPO; Beweiskraft einer Zustellungsurkunde, jurisPR-ArbR 5/2003 Anm. 4.

---

[28] GK-ArbGG/*Schütz*, § 52 Rn 28; a.A. Germelmann u.a., § 52 Rn 29, wonach regelmäßig in nichtöffentlicher Sitzung zu verhandeln sei.
[29] BAG 23.4.1985 – 3 AZR 548/82 – AP § 16 BetrAVG Nr. 16 = DB 1985, 1645.
[30] BLAH, § 174 GVG Rn 2; GK-ArbGG/*Schütz*, § 52 Rn 33.
[31] *Germelmann u.a.*, § 52 Rn 35; GK-ArbGG/*Schütz*, § 52 Rn 33.
[32] BAG 12.4.1973 – 2 AZR 291/72 – AP § 611 BGB Direktionsrecht Nr. 24 = DB 1973, 1904.
[33] BAG 21.1.1988 – 2 AZR 449/87 – AP Nr. 1 zu § 394 ZPO.

A. Allgemeines	1	1. Befugnis zur Alleinentscheidung außerhalb der mündlichen Verhandlung	3
B. Regelungsgehalt	3	2. Sonstige Befugnisse	17
I. Befugnisse des Vorsitzenden	3	II. Befugnisse der ehrenamtlichen Richter	18

A. Allgemeines

1 Bei den Gerichten für Arbeitssachen handelt es sich in allen Instanzen um **Kollegialgerichte** (§§ 16 Abs. 2, 35 Abs. 2, 41 Abs. 2). Da die ehrenamtlichen Richter nicht ständige Mitglieder der Spruchkörper sind, sondern zu den jeweiligen Sitzungen herangezogen werden (§§ 31, 39, 43), besteht ein praktisches Bedürfnis, die berufsrichterlichen Vorsitzenden mit prozessvorbereitenden und prozessleitenden Befugnissen auszustatten. Grds. werden daher dem Vorsitzenden in verschiedenen Vorschriften Kompetenzen für die Prozessvorbereitung und Prozessleitung und der Kammer Kompetenzen für die eine Erledigung der Hauptsache betreffenden Entscheidungen zugewiesen. Kompetenzregelungen für den Vorsitzenden finden sich in § 9 Abs. 2 i.V.m. §§ 176 bis 179, 180 GVG (sitzungspolizeiliche Befugnisse), § 9 Abs. 2 i.V.m. § 194 Abs. 1 GVG (Leitung der Beratung und Abstimmung), § 56 (Vorbereitung der streitigen Verhandlung) und § 55 (Alleinentscheidung außerhalb und in streitiger Verhandlung u.a.). Diese Vorschriften modifizieren die allg. Kompetenzregelung in § 53. Die Kompetenzvorschriften sind nicht parteidispositiv (Ausnahme aufgrund der „Öffnungsklausel" in § 55 Abs. 3).

2 Im Berufungsverfahren gilt die Vorschrift des § 53 entsprechend (§ 64 Abs. 7). Auch im Revisionsverfahren ist die Vorschrift des § 53 entsprechend anzuwenden (§ 72 Abs. 6), wobei jedoch anstelle des Senatsvorsitzenden der gesamte Senat ohne Hinzuziehung der ehrenamtlichen Richter (sog. **Kleiner Senat**) entscheidet.[1] Die Vorschrift des § 53 ist des Weiteren entsprechend in den drei Instanzen des Beschlussverfahrens anzuwenden (§§ 80 Abs. 2, 87 Abs. 2 S. 1, 92 Abs. 2 S. 1).

B. Regelungsgehalt

I. Befugnisse des Vorsitzenden

3 **1. Befugnis zur Alleinentscheidung außerhalb der mündlichen Verhandlung. Ausnahmen vom Grundsatz des Alleinentscheidungsrechts** des Vorsitzenden bei Entscheidungen ohne mündliche Verhandlung sieht das Gesetz z.B. in folgenden Fällen vor:

– Beschlüsse nach § 48 Abs. 1 Nr. 2 über die **Rechtsweg**zuständigkeit,
– Beschlüsse über die **Ablehnung** von Gerichtspersonen nach § 49 Abs. 1,
– Verwerfung der Revision – durch den sog. Kleinen Senat – nach § 74 Abs. 2 S. 3,
– Verwerfung der Rechtsbeschwerde im Beschlussverfahren nach § 92 Abs. 2 S. 1.

Die nachträgliche Klagezulassung nach § 5 KSchG erfolgt jetzt immer durch Urteil, also regelmäßig aufgrund einer mündlichen Verhandlung durch die Kammer.

4 Ferner scheidet das Alleinentscheidungsrecht aus für **Beschlüsse, die nur aufgrund mündlicher Verhandlung** ergehen dürfen.

5 Schließlich entfällt das Alleinentscheidungsrecht des Vorsitzenden in den Fällen, in denen eine **mündliche Verhandlung** nicht vorgeschrieben ist, jedoch **aufgrund der Entscheidung der Vorsitzenden** durchgeführt wurde; ob eine mündliche Verhandlung stattfindet, entscheidet dann der Vorsitzende nach pflichtgemäßem Ermessen.

6 **Der Vorsitzende** entscheidet – bei **Absehen von der (an sich möglichen) mündliche Verhandlung** – in folgenden Fällen allein:

– Festsetzung des Gerichtsgebührenstreitwerts nach § 63 Abs. 2 GKG (auch bei Entscheidung im Gütetermin),[2]
– Festsetzung des Rechtsanwaltsgebührenstreitwerts nach § 11 RVG,
– Bestimmung des zuständigen Gerichts nach § 37 Abs. 1 ZPO,
– Kostenentscheidung nach § 91a Abs. 1 S. 2 ZPO,
– Entscheidung über PKH (§ 127 Abs. 1 ZPO) und Beiordnung nach § 11a ArbGG,
– Entscheidung im Zusammenhang mit der Bewilligung der öffentlichen Zustellung (§§ 186 bis 188 ZPO),
– Friständerungen nach § 225 Abs. 1 ZPO,
– Abkürzung von Zwischenfristen nach § 226 Abs. 3 ZPO,
– Aufhebung oder Verlegung eines Termins nach § 227 Abs. 4 S. 2 ZPO,
– Entscheidung wegen Klagerücknahme nach § 269 Abs. 4 ZPO,
– Berichtigung des Urteils nach § 319 Abs. 2 ZPO,
– Bemessung der Einspruchsfrist gegen ein Versäumnisurteil bei Zustellung im Ausland nach § 339 Abs. 2 ZPO,
– Bestimmung einer Beibringungsfrist nach § 356 ZPO,

---

[1] *Germelmann u.a.*, § 53 Rn 3.   [2] Vgl. *Creutzfeldt*, NZA 1996, 956, 959.

- Änderung eines Beweisbeschlusses nach § 360 S. 2 ZPO,
- Ersuchen um Beweisaufnahme im Ausland nach § 363 Abs. 1 ZPO,
- Ablehnung eines SV nach § 406 Abs. 4 ZPO,
- Bestimmung der Vorlegungsfrist bei Vorlegung durch Dritte nach § 431 Abs. 1 ZPO,
- Entscheidung über Beweissicherungsverfahren nach § 490 Abs. 1 ZPO,
- Beschluss über Folgen der Zurücknahme der Berufung nach § 516 Abs. 3 S. 2 ZPO,
- z.T. Abhilfe und Vorlageentscheidungen im Zusammenhang mit sofortiger Beschwerde (§ 572 ZPO),
- einstweilige Einstellung der Zwangsvollstreckung bei Wiedereinsetzungs- und Wiederaufnahmeantrag nach § 707 Abs. 2 S. 1 ZPO,
- einstweilige Einstellung der Zwangsvollstreckung bei Rechtsmittel oder Einspruch nach § 719 Abs. 3 ZPO,
- Entscheidung über die Erinnerung gegen die Erteilung der Vollstreckungsklausel nach § 732 Abs. 1 S. 2 ZPO,
- einstweilige Anordnungen bei Vollstreckungsabwehrklage (§ 767 ZPO), Klage gegen Vollstreckungsklausel (§ 768 ZPO) und Drittwiderspruchsklage (§ 771 ZPO) nach §§ 769 Abs. 3, 771 Abs. 3 ZPO,
- Anordnungen im Zusammenhang mit der Zwangsvollstreckung von vertretbaren Handlungen (§ 887 ZPO), unvertretbaren Handlungen (§ 888 ZPO) und zur Erzwingung von Unterlassungen und Duldungen (§ 890 ZPO) nach § 891 S. 1 ZPO,
- Entscheidungen über Gesuche auf einstweiligen Rechtsschutz im Urteilsverfahren können in dringenden Fällen ohne mündliche Verhandlung ergehen, wobei § 53 die Vorschrift des § 944 ZPO verdrängt.[3] Dabei kann es sich auch um eine abweisende Entscheidung handeln (§ 62 Abs. 2 S. 2),
- Erklärung der Vollstreckbarkeit eines Schiedsspruchs nach § 109 Abs. 2 (auch bei Anhörung in der mündlichen Verhandlung).

Nach § 341 Abs. 2 S. 1 ZPO in der bis zum 31.12.2001 maßgeblichen Fassung konnte auch bei **unzulässigem Einspruch** durch Beschluss ohne mündliche Verhandlung entschieden werden. Daher ergab sich das Alleinentscheidungsrecht aus § 53. Seit dem 1.1.2002 sieht § 341 Abs. 2 ZPO nur noch eine Entscheidung durch Urteil vor. Ein Alleinentscheidungsrecht ergibt sich aber aus § 55 Abs. 1 Nr. 4a ZPO, str. (zum früheren Streitstand und zu den Einzelheiten siehe § 55 Rn 11 f.).

Bei **Kostenschlussurteilen** sind die ehrenamtlichen Richter nun bereits aufgrund von § 55 Abs. 1 Nr. 9 nicht zu beteiligen.

Auch die Entscheidung über die **Wiedereröffnung der Verhandlung** nach § 156 ZPO kann ohne mündliche Verhandlung durch Beschluss ergehen (§ 128 Abs. 4 ZPO). Dennoch ist für die Entscheidung die **Kammer** zuständig.

Das Gericht kann nach § 156 Abs. 1 ZPO die Wiedereröffnung einer Verhandlung, die geschlossen war, anordnen. Es hat nach § 156 Abs. 2 ZPO u.a. die Wiedereröffnung anzuordnen, wenn es einen entscheidungserheblichen und rügbaren Verfahrensfehler (§ 295 ZPO), insb. eine Verletzung der Hinweis- und Aufklärungspflicht (§ 139 ZPO) oder eine Verletzung des Anspruchs auf rechtliches Gehör feststellt. Dagegen ist die Wiedereröffnung nicht zwingend geboten, wenn die mündliche Verhandlung ohne Verfahrensfehler geschlossen worden ist und eine Partei entgegen § 296a ZPO (selbst aufklärungsbedürftige) neue Angriffs- oder Verteidigungsmittel nachreicht. Eine Verpflichtung zur Wiedereröffnung scheidet insbesondere aus, wenn zum Zeitpunkt des Schließens der mündlichen Verhandlung keine Veranlassung zur Ausübung des Fragerechts bestand.[4]

Die Frage der Wiedereröffnung kann sich in **unterschiedlichen Verfahrensabschnitten** stellen, also wenn zum Zeitpunkt des Bekanntwerdens des Wiedereröffnungsgrundes

1. die mündliche Verhandlung geschlossen, aber noch keine Entscheidung getroffen worden ist, oder
2. ein Urteil bereits gefällt, dieses aber noch nicht verkündet ist.

Zu 1): Ist über das Urteil zu dem Zeitpunkt, in dem sich das Gericht mit dem Vorbringen aus dem nachgereichten Schriftsatz befasst oder bei ordnungsgemäßem Verfahrensgang zu befassen hätte, **noch nicht abschließend beraten und abgestimmt**, das Urteil also noch nicht i.S.d. § 309 ZPO gefällt, ergibt sich unmittelbar aus der genannten Vorschrift, dass auch an der Entscheidung über die Frage einer Wiedereröffnung nur die Richter mitwirken dürfen, die an der vorangegangen letzten mündlichen Verhandlung beteiligt waren.[5] § 309 ZPO ist aus dem Grundsatz der Mündlichkeit und Unmittelbarkeit der Verhandlung zu verstehen und legt fest, dass nur die Richter, die an der für das Urteil allein maßgeblichen mündlichen Verhandlung teilgenommen haben, die Sachentscheidung treffen dürfen.[6] Nur diese Richter können daher an der Beratung, die der Verhandlung nachfolgt, beteiligt sein und in deren Rahmen über die Vorfrage befinden, ob die mündliche Verhandlung wiedereröffnet und damit überhaupt über ein Urteil beraten und abgestimmt werden soll.[7]

---

3 *Walker*, Rn 736; GK-ArbGG/*Schütz*, § 53 Rn 12; *Germelmann u.a.*, § 53 Rn 12; a.A. LAG Nürnberg 1.4.1999 – 6 Ta 6/99 – AiB 2000, 35.
4 BAG 6.9.2007 – 2 AZR 264/06 – AP Nr. 208 zu § 626 BGB = NZA 2008, 636 = NJW 2008, 1097.
5 BGH 1.2.2002 – V ZR 357/00 – NJW 2002, 1426.
6 BGH 8.2.2001 – III ZR 45/00 – NJW 2001, 1502.
7 BGH 1.2.2002 – V ZR 357/00 – NJW 2002, 1426.

13 **Zu 2):** Ist das Urteil nach Beratung und Abstimmung bereits beschlossen, aber noch nicht verkündet, obliegt es dem Gericht weiterhin, eingehende Schriftsätze zur Kenntnis zu nehmen und eine Wiedereröffnung der mündlichen Verhandlung zu prüfen (vgl. § 296a S. 2 ZPO). In diesem Verfahrensstadium ist das Gericht noch nicht an das Urteil gebunden. Damit ist aber noch keine Aussage über die Besetzung getroffen, in der das Gericht, wenn das Urteil bereits i.S.d. § 309 ZPO gefällt ist, über eine etwaige Wiedereröffnung zu befinden hat. Auch § 309 ZPO ist hierfür keine Regelung zu entnehmen. Zwar folgt aus dieser Vorschrift, dass nur die Richter, die bereits an der mündlichen Verhandlung teilgenommen haben, befugt sind, das bereits beschlossene, jedoch noch nicht verkündete Urteil abzuändern.[8] Darum geht es hier aber nicht. Unterbleibt eine Wiedereröffnung, so wird über das Rechtsschutzgesuch der Klägerseite ohne Veränderung entschieden. Selbst im Fall eines Wiedereintritts in die mündliche Verhandlung wird kein in dieser Hinsicht verändertes Urteil erlassen. Vielmehr ergeht auf der Grundlage einer erneuten mündlichen Verhandlung ein Urteil durch die dann nach § 309 ZPO zur Entscheidung berufenen Richter. Mündlichkeit und Unmittelbarkeit sind auf diese Weise selbst dann gewahrt, wenn die neue Richterbank von der früheren Besetzung abweicht. Die Besetzung des Gerichts kann sich hiernach nur aus den allg. Vorschriften ergeben. Es ist denkbar, dass die Richter über die Wiedereröffnung zu entscheiden haben, die zum Zeitpunkt der Beratung dieser Frage durch die Geschäftsverteilung als gesetzliche Richter ausgewiesen sind. Dagegen spricht, dass der Sachverhalt, der der Entscheidung über die Wiedereröffnung zugrunde liegt, mit dem vergleichbar ist, den das Gesetz für den Fall der Tatbestandsberichtigung in § 320 Abs. 4 S. 2 und 3 ZPO geregelt hat. Nach der genannten Vorschrift können allein die Richter, die bei dem betroffenen Urteil mitgewirkt haben, über eine beantragte Tatbestandsberichtigung entscheiden. Ist einer dieser Richter verhindert, so ergeht die Entscheidung – ohne Hinzuziehung eines anderen Richters – in der verbleibenden Besetzung der Richterbank.[9] Dies beruht auf der Vorstellung des Gesetzgebers, für eine Berichtigung des Tatbestandes sei das Vorbringen in der mündlichen Verhandlung maßgeblich, so dass nur die Richter über einen dahingehenden Antrag entscheiden sollen, die an dem Urteil und damit nach § 309 ZPO auch an der mündlichen Verhandlung mitgewirkt haben. Durch das SGGArbGG-Änderungsgesetz ist allerdings inzwischen für das arbeitsgerichtliche Verfahren mit der Einfügung des § 55 Abs. 1 Nr. 10 ausdrücklich die Möglichkeit der Entscheidung durch die Vorsitzenden allein geschaffen worden. Das gilt allerdings nur, wenn nicht eine Partei eine Entscheidung durch mündliche Verhandlung beantragt. Bei § 156 ZPO gelten die dargestellten Überlegungen aber weiterhin. Nur die an der Verhandlung und der nachfolgenden Beratung beteiligten Richter wissen, was von den Parteien vorgetragen und vom Gericht erörtert wurde. Nur ihnen ist ferner bekannt, welches tatsächliche Vorbringen und welche rechtlichen Gesichtspunkte im konkreten Fall Entscheidungserheblichkeit erlangen sollen. Sie allein können mithin einschätzen, ob das rechtliche Gehör verletzt, Hinweispflichten missachtet, Verfahrensfehler unterlaufen sind oder neues erhebliches Vorbringen erfolgt. Dies sind aber die Umstände, die für eine fehlerfreie und sachgerechte Ermessensausübung – auch im Hinblick auf eine zwingende Wiedereröffnung wegen eines Verfahrensfehlers (§ 156 Abs. 2 Nr. 1 ZPO) – maßgeblich sind.

14 Danach hat das Gericht über die Frage der Wiedereröffnung der mündlichen Verhandlung in **derselben Besetzung** wie in der letzten mündlichen Verhandlung zu entscheiden.[10] Ist zwischenzeitlich ein **Richter ausgeschieden**, treffen die verbleibenden Richter die Entscheidung über die Wiedereröffnung oder Nichtwiedereröffnung der Verhandlung.[11]

15 **Lehnt das Gericht** in der Besetzung der letzten mündlichen Verhandlung die Wiedereröffnung der Verhandlung **ab**, kann das ursprünglich gefällte Urteil verkündet werden. Die Verkündung kann durch andere Richter erfolgen.[12]

16 **Beschließt** jedoch das Gericht in der Besetzung der letzten mündlichen Verhandlung die **Wiedereröffnung** der Verhandlung, so ist ein neuer Termin zur mündlichen Verhandlung zu bestimmen. Zu der Verhandlung sind die für diesen Termin geschäftsplanmäßig zuständigen Richterinnen zu laden.[13] Die Wiedereröffnung der mündlichen Verhandlung aufgrund neuen, nicht nachgelassenen Vorbringens ist dabei, von den Sonderfall eines Wiederaufnahmegrundes abgesehen, nur dann geboten, wenn dieses Vorbringen ergibt, dass es aufgrund eines nicht prozessordnungsmäßigen Verhaltens des Gerichts, insb. einer Verletzung der richterlichen Aufklärungspflicht (§ 139 ZPO) oder des Anspruchs auf rechtliches Gehör, nicht rechtzeitig in den Rechtsstreit eingeführt worden ist.[14] I.Ü. steht der Wiedereintritt in die mündliche Verhandlung im freien Ermessen des Gerichts.[15]

Nicht zu beteiligen sind die ehrenamtlichen Richter aber im Rahmen der Erledigung von **Rechtshilfeersuchen** nach § 13 (Abs. 1 S. 2).

---

8 BGH 8.11.1973 – VII ZR 86/73 – BGHZ 61, 369 = NJW 1974, 143.
9 BGH 9.12.1987 – IVa ZR 155/86 – LM Nr. 14 zu § 319 ZPO.
10 Germelmann u.a., § 53 Rn 24; GK-ArbGG/Schütz, § 53 Rn 9, 10,–a.A. Zöller/Greger, § 156 Rn 2, der dem Vorsitzenden beim nachgelassenen Schriftsatz ein „Vorprüfungsrecht" zubilligt und die bisherige Kammerbesetzung nur bei einem „Antrag" auf Wiedereröffnung für maßgeblich erachtet, obwohl die Entscheidung nach § 156 ZPO von Amts wegen zu erfolgen hat.
11 BGH 1.2.2002 – V ZR 357/00 – NJW 2002, 1426.
12 BGH 8.11.1973 – VII ZR 86/73 – BGHZ 61, 369 = NJW 1974, 143.
13 BAG 16.5.2002 – 8 AZR 412/01 – AP Art. 101 GG Nr. 61.
14 BGH 28.10.1999 – IX ZR 341/98 – NJW 2000, 142.
15 BGH 21.2.1986 – V ZR 246/84 – NJW 1986, 1867.

2. Sonstige Befugnisse.
I.Ü. gelten für die Befugnisse des Vorsitzenden und der ehrenamtlichen Richter die Vorschriften der Zivilprozessordnung über das landgerichtliche Verfahren entsprechend (§ 51 Abs. 2). Zu den wesentlichen Befugnissen des Vorsitzenden zählen insoweit

- Terminsbestimmung nach § 216 Abs. 2 ZPO,
- Eröffnung und Leitung der mündlichen Verhandlung nach § 136 Abs. 1 ZPO einschließlich Erteilung bzw. Entzug des Wortes (§ 136 Abs. 2 ZPO), Hinwirken auf eine erschöpfende Erörterung der Sache (§ 136 Abs. 3 ZPO), Wahrnehmung der sitzungspolizeilichen Befugnisse (§ 9 Abs. 2 i.V.m. §§ 176 bis 179, 180 GVG), Schließung der mündlichen Verhandlung (nach entsprechender Entscheidung der Kammer) nach § 136 Abs. 4 ZPO, Leitung der Beratung und Abstimmung (§ 9 Abs. 2 i.V.m. § 194 Abs. 1 GVG),
- Wahrnehmung der Aufklärungspflicht nach § 139 ZPO,
- Entscheidung über das Absehen von einer Hinzuziehung eines Urkundsbeamten der Geschäftsstelle (§ 159 Abs. 1 S. 2 ZPO), wobei durch das 1. Justizmodernisierungsgesetz (JuMoG) vom 24.8.2004[16] eine Änderung des Regel-Ausnahme-Verhältnisses erfolgt ist,
- Unterzeichnung und Berichtigung des Protokolls nach §§ 163 f. ZPO.

II. Befugnisse der ehrenamtlichen Richter

Für die ehrenamtlichen Richter besteht – außerhalb der Beratungs- und Entscheidungskompetenzen und unter Respektierung der Verhandlungsleitung durch die Vorsitzenden – ein jederzeitiges Fragerecht während der mündlichen Verhandlung. Nach § 136 Abs. 2 S. 2 ZPO ist ihnen auf Verlangen von der Vorsitzenden das Stellen von Fragen zu gestatten. Der Vorsitzende hat grds. kein Recht, eine Frage des Beisitzers als ungehörig oder als zur Unzeit gestellt zurückzuweisen.[17] Er kann die Frage aber ggf. bei Störung ihrer Verhandlungsleitung für eine angemessene Zeit zurückstellen.

Im landgerichtlichen Verfahren ist anerkannt, dass der Vorsitzende einzelne Aufgaben der sachlichen Prozessleitung (z.B. Vernehmung eines Zeugen) unter Beibehaltung seines Vorsitzes einem Beisitzer übertragen kann.[18] Für das arbeitsgerichtliche Verfahren wird dies abgelehnt, weil anders als beim Landgericht (dort gibt es aber ehrenamtliche Beisitzer nur der Kammer für Handelssachen) keine berufsrichterlichen Beisitzer vorhanden seien.[19] Dies überzeugt nicht. Es sind durchaus Situationen denkbar, in denen die Übertragung einer einzelnen Aufgabe (z.B. Vernehmung eines sachverständigen Zeugen, für dessen Befragung sich der von Berufs wegen gleich oder ähnlich kompetente Beisitzer anbietet) gerade wegen der besonderen Kenntnisse der aus diesem Grund zur Mitentscheidung berufenen ehrenamtlichen Richter sachgerecht ist, zumal der Vorsitzende ja die formelle Prozessleitung behält und die sachliche Prozessleitung jederzeit an sich ziehen kann. Eine Anwendung von § 21f Abs. 2 GVG bei Verhinderung des Vorsitzenden oder gar eine Übertragung des Rechtsstreits auf ehrenamtliche Richter zur Entscheidung nach §§ 348 ff. ZPO kommt nicht in Betracht.[20]

§ 54 Güteverfahren

(1) ¹Die mündliche Verhandlung beginnt mit einer Verhandlung vor dem Vorsitzenden zum Zweck der gütlichen Einigung der Parteien (Güteverhandlung). ²Der Vorsitzende hat zu diesem Zweck das gesamte Streitverhältnis mit den Parteien unter freier Würdigung aller Umstände zu erörtern. ³Zur Aufklärung des Sachverhalts kann er alle Handlungen vornehmen, die sofort erfolgen können. ⁴Eidliche Vernehmungen sind jedoch ausgeschlossen. ⁵Der Vorsitzende kann die Güteverhandlung mit Zustimmung der Parteien in einem weiteren Termin, der alsbald stattzufinden hat, fortsetzen.

(2) ¹Die Klage kann bis zum Stellen der Anträge ohne Einwilligung des Beklagten zurückgenommen werden. ²In der Güteverhandlung erklärte gerichtliche Geständnisse nach § 288 der Zivilprozeßordnung haben nur dann bindende Wirkung, wenn sie zu Protokoll erklärt worden sind. ³§ 39 Satz 1 und § 282 Abs. 3 Satz 1 der Zivilprozeßordnung sind nicht anzuwenden.

(3) Das Ergebnis der Güteverhandlung, insbesondere der Abschluß eines Vergleichs, ist in die Niederschrift aufzunehmen.

(4) Erscheint eine Partei in der Güteverhandlung nicht oder ist die Güteverhandlung erfolglos, schließt sich die weitere Verhandlung unmittelbar an oder es ist, falls der weiteren Verhandlung Hinderungsgründe entgegenstehen, Termin zur streitigen Verhandlung zu bestimmen; diese hat alsbald stattzufinden.

---

16 BGBl I S. 2198.
17 *BLAH*, § 136 Rn 20; *Germelmann u.a.*, § 53 Rn 21, unter Hinw. auf § 140 ZPO – Kammerentscheidung bei Beanstandung der Prozessleitung des Vorsitzenden.
18 *BLAH*, § 136 Rn 5.
19 *Germelmann u.a.*, § 53 Rn 22 f.
20 *Germelmann u.a.*, § 53 Rn 22; GK-ArbGG/*Schütz*, § 53 Rn 21.

(5) ¹Erscheinen oder verhandeln beide Parteien in der Güteverhandlung nicht, ist das Ruhen des Verfahrens anzuordnen. ²Auf Antrag einer Partei ist Termin zur streitigen Verhandlung zu bestimmen. ³Dieser Antrag kann nur innerhalb von sechs Monaten nach der Güteverhandlung gestellt werden. ⁴Nach Ablauf der Frist ist § 269 Abs. 3 bis 5 der Zivilprozeßordnung entsprechend anzuwenden.

Literatur: *Becker/Nicht*, Einigungsversuch und Klagezulässigkeit, ZZP 120, 159; *Berrisch*, Der Beschleunigungsfaktor des Arbeitsgerichtsbeschleunigungsgesetzes, FA-Spezial 2001, VI-IX; *Bertzbach*, Keine nachträgliche PKH-Bewilligung bei fingierter Klagerücknahme, jurisPR-ArbR 1/2006 Anm 5; *Dendorfer*, Innovation und Corporate Culture, AuA 2004, Nr. 10, 10; *ders.*, Mediation in der Arbeitswelt: WinWin oder WinLose? – Kritische Betrachtung und arbeitsrechtliche Fallstricke, Bewegtes Arbeitsrecht, in: Festschrift für Wolfgang Leinemann zum 70. Geburtstag 2006, 567; *Diller*, Die ungeliebte Güteverhandlung, FA 2008, 34; *Dörner*, Die Güteverhandlung aus richterlicher Sicht, Arbeitsrecht und Arbeitsgerichtsbarkeit (Festschrift zum 50-jährigen Bestehen der Arbeitsgerichtsbarkeit in Rheinland-Pfalz) 1999, 635; *Etzel*, Übersicht über das Verfahren bei den Gerichten in Arbeitssachen, AR-Blattei SD 160.7.1; *Francken*, Weitere Optimierung des arbeitsgerichtlichen Verfahrens, NJW 2007, 1792; *ders.*, Erweiterte richterliche Dienstaufgaben im arbeitsgerichtlichen Multi-Door Courthouse, in: Festschrift für Manfred Löwisch zum 70. Geburtstag 2007, 129; *ders.*, Das Arbeitsgericht als Multi-Door Courthouse, NJW 2006, 1103; *Hergenröder*, Mediation, AR-Blattei SD 1185; *Holthausen*, Typische Fehler im Kündigungsschutzprozess, AnwBl 2006, 688; *Holthaus/Koch*, Auswirkungen der Reform des Zivilprozessrechts auf arbeitsgerichtliche Verfahren, RdA 2002, 140; *Klein*, Der Abschluss eines Prozessvergleichs im arbeitsgerichtlichen Kündigungsschutzprozess und § 143 SGB III; *Nungeßer*, Beendigung ohne Urteil, AR-Blattei SD 160.9; *Ponschab/Mauder/von Thun*, Besser schlichten als richten: Mediation im Betrieb, NZA 2004, Sonderbeilage 1, 12; *Schmädicke*, Wie weit geht die Aufklärungspflicht des Arbeitsrichters in der Güteverhandlung?, NZA 2007, 1029; *Schmädicke/Leister*, Die Klagerücknahmefiktion im arbeitsgerichtlichen Verfahren, ArbRB 2005, 286; *Schmidt*, Zum Harmonisierungsbedarf arbeits- und sozialrechtlicher Konfliktlösungen, AuR 2001, 420 (Festheft für Michael Kittner); *von Moltke*, Die zivilprozessuale Güteverhandlung nach neuem Recht

A. Allgemeines ... 1	4. Vorbringen von Angriffs- und Verteidigungsmitteln ... 26
B. Regelungsgehalt ... 4	III. Dispositionsmöglichkeiten der Parteien ... 27
I. Verfahrensgrundsätze der Güteverhandlung ... 4	1. Prozessvergleich ... 28
1. Mündliche Verhandlung ... 4	2. Klagerücknahme ... 32
2. Verhandlung vor dem Vorsitzenden ... 5	3. Verzicht und Anerkenntnis ... 34
3. Obligatorisches Verfahren ... 6	4. Übereinstimmende Erledigungserklärungen ... 36
4. Weitere Güteverhandlung ... 14	IV. Ergebnis der Güteverhandlung ... 38
5. Vorbereitung der Güteverhandlung ... 19	V. Säumnis ... 39
II. Ablauf der Güteverhandlung ... 21	1. Säumnis einer Partei ... 39
1. Erörterung ... 21	2. Säumnis beider Parteien ... 41
2. Aufklärung des Sachverhalts ... 24	VI. Verfahren nach ergebnisloser Güteverhandlung ... 46
3. Antragstellung ... 25	C. Beraterhinweise ... 47

A. Allgemeines

1 Die Güteverhandlung ist ein besonderer Verfahrensabschnitt im arbeitsgerichtlichen Urteilsverfahren erster Instanz. Sie ist Teil der mündlichen Verhandlung.¹ Sie dient **zwei Zwecken**. Zum einen soll sie die **gütliche Erledigung des Rechtsstreits fördern (Abs. 1 S. 1)**. Insoweit verstärkt sie den Grundsatz aus § 57 Abs. 2. Mit Unterstützung des Vorsitzenden sollen die Parteien das Streitverhältnis unbefangen und ohne Präjudiz für den evtl. streitigen Prozess erörtern, ihre Meinungsverschiedenheiten offen und ohne Rücksicht auf prozessuale Vorschriften darlegen und in jeder Hinsicht „frei reden können".² Zum anderen zielt die Güteverhandlung für den Fall der Nichterledigung des Rechtsstreits im Gütetermin auf eine **Vorbereitung der streitigen Verhandlung**.

2 Die Vorschrift des § 54 verdrängt zusammen mit §§ 51 Abs. 1, 57 Abs. 2 als Sonderregelungen die §§ 278 Abs. 1 bis 5, 279 ZPO. Die Güteverhandlung findet nur im erstinstanzlichen Urteilsverfahren und im erstinstanzlichen Beschlussverfahren (§ 80 Abs. 2 S. 2) statt.

3 Die Vorschrift eröffnet die Möglichkeit, „Rechtspflege als Konfliktmanagement"³ zu betreiben. Die herkömmliche Verfahrenslehre verengt die Sicht auf den juristischen Streitgegenstand. Arbeitsgerichtliche Rechtspflege ist aber nach dieser Vorschrift nicht nur auf richterliche Streitentscheidung ausgerichtet, sondern lässt eine umfassende Streitbehandlung zu und kann sich so als Dienstleistung in Konfliktbehandlung darstellen. Ins Auge gefasst werden müssen dann nicht nur die rechtlichen Aspekte einer Entscheidung über den arbeitsrechtlichen Konflikt, sondern auch Aspekte, die über das Recht hinausgehen; diese Sicht wird mit dem Begriff „**Streitbehandlungsgegenstand**" umschrieben. Dieser Streitbehandlungsgegenstand hält den Konflikt für Lösungen offen, welche die Interessen der Beteiligten berücksichtigen, und bedeutet den Abschied von der reinen Streitentscheidungslehre. Er eröffnet das Tor

---

1 *Germelmann u.a.*, § 54 Rn 1; GK-ArbGG/*Schütz*, § 54 Rn 3 und 5.
2 LAG München 24.1.1989 – 2 Sa 1042/88 – NJW 1989, 1502 = NZA 1989, 863.
3 *Gottwald*, „Betrifft JUSTIZ" 1996, S. 312, m.w.N. zur Mediationsdebatte.

zu einer noch zu entfaltenden Streitbehandlungslehre als einer „erweiterten Verfahrenslehre" und damit zum Konfliktmanagement. Erst diese erweiterte Perspektive lässt das arbeitsgerichtliche Verfahren nicht als bloßen Lieferanten von Rechtsentscheidungen, sondern als einen Modus von Konfliktbehandlungen verstehen,[4] für die in dieser Vorschrift ein – verbesserungsbedürftiges, aber ausfüllungsfähiges – Verfahrensdesign angeboten wird. *Francken*[5] schlägt insoweit vor, die Screening-Conference eines Multi-Door-Courthous-Systems in die Güteverhandlung zu verlegen. Ergebnis soll ein zweigeteiltes System sein, bestehend aus Eingangs- und Verweisungsverfahren (Screening-Conference) und verschiedenen Streitbeilegungsmechanismen. Erste Erfahrungen sind danach bisher in Frankreich, England, Wales, Österreich, Niederlande, den USA und teilweise auch in Deutschland gesammelt worden.

B. Regelungsgehalt

I. Verfahrensgrundsätze der Güteverhandlung

1. Mündliche Verhandlung. Nach Abs. 1 S. 1 der Vorschrift beginnt die mündliche Verhandlung mit der Güteverhandlung. Die **Güteverhandlung** stellt sich damit als ein besonderer Verfahrensabschnitt in der einheitlichen Verhandlung vor dem ArbG dar. Während dieses Verfahrensabschnittes gilt das Gebot der Öffentlichkeit nach § 52 S. 1, jedoch mit der nach § 52 S. 3 erleichterten Möglichkeit eines Ausschlusses der Öffentlichkeit.   4

2. Verhandlung vor dem Vorsitzenden. Die Güteverhandlung findet **vor dem Vorsitzenden** statt (Abs. 1 S. 1). Eine Heranziehung der ehrenamtlichen Richter ist für diesen Verfahrensabschnitt nicht zulässig. Auch die passive Teilnahme der ehrenamtlichen Richter an der Güteverhandlung ist unzulässig, rechtfertigt jedoch keine Zurückverweisung nach § 68,[6] wohl aber als Öffentlichkeit. Das Recht des Vorsitzenden, ihm zur Ausbildung zugewiesene Referendarinnen an der Güteverhandlung teilnehmen und ggf. die Güteverhandlung (unter Aufsicht des Vorsitzenden) leiten zu lassen, folgt aus § 9 Abs. 2 i.V.m. § 10 S. 1 GVG.   5

3. Obligatorisches Verfahren. Die Durchführung der Güteverhandlung ist obligatorisch. Weder können die Parteien darauf verzichten,[7] noch kann der Vorsitzende von ihrer Durchführung wegen offenkundiger Aussichtslosigkeit absehen. Dies gilt sowohl für Streitigkeiten aus dem Arbeitsvertrag als auch für kollektivrechtliche Auseinandersetzungen zwischen TV-Parteien.   6

Auch im Falle des **Widerspruchs gegen einen Mahnbescheid** ist – nach Eingang einer Anspruchsbegründung oder auf Antrag des Beklagten (§ 46a Abs. 4 S. 2 und 3) – zunächst Termin zur Güteverhandlung zu bestimmen.[8] Nach Einspruch gegen einen Vollstreckungsbescheid ist jetzt ebenfalls nach § 46a Abs. 6 i.V.m. § 341a ZPO Termin zur Verhandlung über den Einspruch und die Hauptsache im Rahmen einer Güteverhandlung anzuberaumen. Die mündliche Verhandlung beginnt im arbeitsgerichtlichen Verfahren mit der Güteverhandlung (dazu im Einzelnen siehe § 46a Rn 33).   7

Wird der Rechtsstreit von einem anderen ArbG wegen **örtlicher Unzuständigkeit** verwiesen, so ist eine Güteverhandlung beim Adressatengericht nur dann durchzuführen, wenn das abgebende Gericht noch keine Güteverhandlung durchgeführt hat. Bei Verweisung des Rechtsstreits aus einer anderen Gerichtsbarkeit an ein ArbG wegen unzulässigen Rechtswegs ist die Durchführung der Güteverhandlung obligatorisch, selbst wenn in der anderen Gerichtsbarkeit umfangreiche Verhandlungen durchgeführt wurden. Entsprechendes gilt bei Verweisungen eines Beschluss- in ein Urteilsverfahren,[9] sofern bislang kein Gütetermin nach § 80 Abs. 2 S. 2 durchgeführt wurde.   8

Kommt es nach erfolgloser Durchführung der Güteverhandlung zu **Veränderungen der Streitgegenstände** zwischen denselben Parteien (Klageerweiterung, Widerklage), so ist kein weiterer Gütetermin anzuberaumen. Wird jedoch durch das Gericht angeordnet, dass nach der Güteverhandlung erhobene Ansprüche in getrennten Prozessen verhandelt werden (Prozesstrennung nach § 145 ZPO), so ist wegen der später erhobenen und getrennt zu verhandelnden Ansprüche (ggf. jeweils) eine Güteverhandlung durchzuführen.[10] Entsprechend ist bei einer nach der Güteverhandlung eingetretenen subjektiven Klagehäufung zu verfahren. Die Zwecke der Güteverhandlung (vgl. Rn 1) erfordern regelmäßig für die später begründeten Prozessrechtsverhältnisse eine – für diese Parteien erstmalige – Durchführung einer Güteverhandlung.   9

Bei gewillkürtem Parteiwechsel nach der Güteverhandlung soll, weil dieser entsprechend einer Klageänderung zu behandeln sei, keine erneute Güteverhandlung erforderlich sein.[11] Dem kann nur gefolgt werden, wenn der neue Beklagte in die Übernahme des bisherigen Prozessergebnisses einwilligt. Ist dies nicht der Fall, ist für das neu begrün-   10

---

4 *Gottwald*, a.a.O., S. 313.
5 Das ArbG als Multi-Door Courthouse, NJW 2006, 1103; erweiterte richterliche Dienstaufgaben im arbeitsgerichtlichen Multi-Door Courthouse, in: Festschrift für Manfred Löwisch zum 70. Geburtstag 2007, 129.
6 *Germelmann u.a.*, § 54 Rn 9.
7 *Gift/Baur*, E Rn 553; a.A. *van Venrooy*, ZfA 1984, 342 ff.; *Wieser*, Arbeitsgerichtsverfahren – Eine systematische Darstellung aufgrund der Rechtsprechung des BAG, 1994, Rn 143.
8 *Gift/Baur*, E Rn 43, 556.
9 *Gift/Baur*, E Rn 557 f.
10 *Gift/Baur*, E Rn 560, 562.
11 *Gift/Baur*, E Rn 561.

dete Prozessverhältnis die Durchführung der Güteverhandlung obligatorisch. Insoweit greift nicht die Regelung für den weiteren Gütetermin nach Abs. 1 S. 5, weil in dem Prozessverhältnis nach dem gewillkürten Parteiwechsel noch keine Güteverhandlung stattfand.

Kommt es wegen Streits über die Nichtigkeit oder Beseitigung eines Prozessvergleichs zur Fortsetzung des für beendet gehaltenen Rechtsstreits,[12] so ist keine weitere Güteverhandlung durchzuführen.[13]

11 Schließlich ist eine Güteverhandlung auch in folgenden Fällen obligatorisch: Vollstreckungsabwehrklage nach § 767 ZPO, Klage auf Zulässigkeit der Vollstreckungsklausel nach § 768 ZPO, Klauselerteilungsklage nach § 731 ZPO, rechtskraftdurchbrechende Klage nach § 826 BGB, Wiederaufnahmeverfahren nach § 79 ArbGG i.V.m. §§ 578 ff. ZPO.[14]

12 Das Gesetz sah in § 111 Abs. 2 S. 8 a.F. von dem grds. obligatorischen Güteverfahren ausdrücklich eine Ausnahme vor, nämlich zur Beilegung von Streitigkeiten zwischen Auszubildenden und Ausbildenden aus einem bestehenden Berufsausbildungsverhältnis im Schlichtungsverfahren nach § 111 Abs. 2 einzuleiten war. Dies wurde m.W.v. 1.5.2000 dahin geändert, dass nun auch in solchen Streitigkeiten die Durchführung des Gütetermins obligatorisch ist.

13 Eine Ausnahme gilt für den **einstweiligen Rechtsschutz im Urteilsverfahren**. Eine obligatorische Güteverhandlung im Verfahren des einstweiligen Rechtsschutzes führte zu Verzögerungen, weil im Regelfall das Scheitern der Güteverhandlung wegen der dann sich ergebenden Notwendigkeit der Heranziehung der ehrenamtlichen Richter zu einer Anberaumung eines weiteren Termins führte. Diese Verzögerung ist mit dem Beschleunigungszweck des Eilverfahrens nicht vereinbar. Hinter dem verfassungsrechtlichen Gebot, einen schnellen gerichtlichen Rechtsschutz zu ermöglichen, müssen daher die beiden Ziele der Güteverhandlung, die Parteien schon vor einem aufwändigen Verfahren zu einigen und eine evtl. streitige Verhandlung vorzubereiten (vgl. Rn 1), zurückstehen. Die mündliche Verhandlung im arbeitsgerichtlichen Eilverfahren beginnt deshalb sogleich mit der Verhandlung vor der Kammer.[15]

14 **4. Weitere Güteverhandlung.** In einer Reihe von Fällen sind die Prozessparteien aufgrund des Ergebnisses der Güteverhandlung und der dabei erörterten Rechtsfragen bereit, noch einmal über eine gütliche Beilegung des Rechtsstreits nachzudenken. Prozessual kann dem Rechnung getragen werden, wenn dem Vorsitzenden das Recht eingeräumt wird, die Güteverhandlung in einem weiteren Termin fortzusetzen. Die Durchführung eines weiteren „zeitnahen" Termins anstelle einer langfristig terminierten Kammersitzung kann in diesen Fällen zu einer schnelleren Beendigung des Rechtsstreits führen.

15 Abs. 1 S. 5 ermöglicht daher bei Zustimmung der Parteien eine **Vertagung** der Güteverhandlung i.S.v. § 227 Abs. 1 ZPO (sog. zweite Güteverhandlung), wobei der Vorsitzende bei der Entscheidung über die Vertagung nicht an die Gründe des § 227 Abs. 1 S. 2 ZPO gebunden ist, sondern hierüber nach pflichtgemäßem Ermessen zu entscheiden hat. Einer Anberaumung eines weiteren Gütetermins nach Abschluss der Güteverhandlung im vorherigen Gütetermin steht Abs. 4 entgegen, wonach bei erfolgloser Güteverhandlung und fehlender Möglichkeit der Durchführung des weiteren Termins ein Termin zur streitigen Verhandlung anzuberaumen ist. Die Regelung in Abs. 1 S. 5 gehört rechtssystematisch zu Abs. 4, der die Möglichkeiten des Fortgangs des Verfahrens bei erfolgloser Güteverhandlung regelt.

16 Für die Vertagung muss wegen des Beschleunigungsgrundsatzes nach § 9 Abs. 1 und wegen Abs. 4 ein in dem Verfahren liegender dringender sachlicher Grund vorhanden sein. Zu den erheblichen Gründen zählen u.a. die unmittelbar bevorstehende Klärung von streitentscheidenden Rechts- und Sachfragen (angekündigte höchstrichterliche Entscheidung; bevorstehende Gesundheitsuntersuchung; Abschluss der Verhandlungen über Betriebserwerb) und die direkt im Anschluss an den ersten Gütetermin stattfindenden außergerichtlichen Aufklärungs- und Vergleichsbemühungen der Parteien. **Kein dringender sachlicher Grund** liegt jedoch vor, wenn die Vertagung vom Vorsitzenden als Druck- und Verzögerungsinstrument eingesetzt wird, um eine vergleichsweise Erledigung des Rechtsstreits nicht nur anzuregen, sondern faktisch zu erzwingen.

17 Die Vertagung ist nur zulässig, wenn der weitere Termin zur Güteverhandlung **alsbald** stattfindet. Nach der Gesetzesbegründung[16] soll es sich um einen „zeitnahen" Termin handeln. Nach Abs. 4 hat aber auch der Termin zur streitigen Verhandlung alsbald stattzufinden. Trotz des gleichen Gesetzeswortlauts wird bei Bemessung des zulässigen Zeitraums zwischen den Terminen zu unterscheiden sein. Der alsbald stattfindende Güte- und auch der entsprechende Kammertermin müssen unter Berücksichtigung des jeweiligen Terminsstandes bei den Güte- bzw. Kammerterminen der betroffenen Kammer so schnell wie nur möglich durchgeführt werden. Fallen die Zeiträume zwischen Terminsanberaumung und den stattfindenden Terminen bei Güte- und Kammerterminen nicht oder unwesentlich auseinander, wird unter Beachtung des Beschleunigungsgrundsatzes die Vertagung der Güteverhandlung unzulässig

---

12 BAG 5.8.1982 – 2 AZR 199/80 – AP § 794 ZPO Nr. 31 = DB 1983, 1370.
13 *Gift/Baur*, E Rn 565; *Germelmann u.a.*, § 54 Rn 7; GK-ArbGG/*Schütz*, § 54 Rn 10.
14 *Gift/Baur*, E Rn 563 f., 566.
15 *Walker*, Rn 739; a.A. *Grunsky*, ArbGG, § 54 Rn 1.
16 BT-Drucks 14/626, S. 9.

sein. Für Bestandsschutzstreitigkeiten wird der alsbald stattfindende Gütetermin nicht die Frist von zwei Wochen nach § 61a Abs. 2 überschreiten dürfen. Der Wortlaut von Abs. 1 S. 4 („in einem weiteren Termin") lässt zudem nur die einmalige Vertagung der Güteverhandlung zu.

Die Vertagung darf nur mit **Zustimmung aller Parteien** erfolgen. Die Zustimmungserklärungen müssen ausdrücklich und eindeutig in der Güteverhandlung abgegeben werden. Sind Streitgenossen an dem Rechtsstreit beteiligt, ist auch deren Zustimmung erforderlich, nicht jedoch die von Nebenintervenienten.[17] Daher scheidet eine Vertagung nach § 54 Abs. 1 S. 5 im Falle einer Säumnislage regelmäßig aus. 18

5. Vorbereitung der Güteverhandlung. § 56 scheidet als Grundlage für die Anordnung vorbereitender Maßnahmen durch den Vorsitzenden aus, weil sie nach Überschrift, Wortlaut und systematischer Stellung lediglich Vorbereitungsmaßnahmen für die streitige Verhandlung deckt.[18] Vorbereitende Maßnahmen für die Güteverhandlung können aber auf § 46 Abs. 2 S. 1 i.V.m. § 273 ZPO[19] gestützt werden, sofern diese der Zielsetzung der Güteverhandlung dienen und soweit das ArbGG nichts anderes bestimmt (§ 46 Abs. 2 S. 1). Der Anwendbarkeit von § 273 ZPO steht § 56 nicht entgegen; § 273 ZPO wird im arbeitsgerichtlichen Urteilsverfahren nur im Anwendungsbereich von § 56 und damit allein im Hinblick auf Befugnisse für Anordnungen zur Vorbereitung der streitigen Verhandlung verdrängt.[20] Bereits der Wortlaut von § 273 Abs. 2 ZPO („Vorbereitung jedes Termins") verdeutlicht die Möglichkeit von Vorbereitungshandlungen, die natürlich dem Zweck der Güteverhandlung nicht zuwiderlaufen dürfen.[21] 19

§ 273 ZPO ist aber **nicht umfassend** anwendbar. Nach § 273 Abs. 2 Nr. 1 ZPO kann der Vorsitzende zur Vorbereitung jedes Termins den Parteien die Ergänzung oder Erläuterung seiner vorbereitenden Schriftsätze sowie die Vorlegung von Urkunden und von anderen zur Niederlegung bei Gericht geeigneten Gegenständen aufgeben, insb. eine Frist zur Erklärung über bestimmte klärungsbedürftige Punkte setzen. Diese Vorschrift wird für das arbeitsgerichtliche Verfahren durch § 47 Abs. 2 eingeschränkt, wonach eine Aufforderung an den Beklagten, auf die Klage schriftlich zu äußern, i.d.R. nicht erfolgt. Anordnungen nach § 273 Abs. 2 Nr. 1 ZPO können sich daher regelmäßig nur an den Kläger richten, um diesen z.B. zur Substanziierung seiner Klagebegründung, zur Klarstellung seines Sachvortrags oder zur bestimmten Fassung seiner bislang unbestimmten Anträge anzuhalten.[22] Der Regelung in § 273 Abs. 2 Nr. 3 ZPO, welche die Anordnung des persönlichen Erscheinens der Parteien betrifft, geht § 51 Abs. 1 vor. Anordnungen nach § 273 Abs. 2 Nr. 4 ZPO (betreffend die Zeugen- und SV-Ladung) kommen nicht in Betracht, weil eine Beweisaufnahme vor dem Vorsitzenden ausscheidet; sie erfolgt nach § 58 vor der Kammer.[23] Zulässig ist jedoch die **Einholung amtlicher Auskünfte** (§ 273 Abs. 2 Nr. 2 ZPO). 20

II. Ablauf der Güteverhandlung

1. Erörterung. Die Güteverhandlung wird vom Vorsitzenden eröffnet (§ 53 Abs. 2, § 136 Abs. 1 ZPO) und beginnt mit dem Aufruf der Sache (§ 220 Abs. 1 ZPO). Liegt noch **keine schriftsätzliche Stellungnahme** des Beklagten vor, kann der Vorsitzende das Klagevorbringen kurz wiedergeben und sodann den Beklagten zur Klageerwiderung auffordern. 21

Sodann hat der Vorsitzende mit den Parteien das gesamte Streitverhältnis unter freier Würdigung aller Umstände zu erörtern (Abs. 1 S. 2). Das Streitverhältnis wird nach überwiegendem Verständnis bestimmt durch den Streitgegenstand der Klage, ergänzt durch die kontradiktorische Position des Beklagten, wobei bereits eingebrachte und beabsichtigte Angriffs- und Verteidigungsmittel (z.B. Aufrechnung, Widerklage) einzubeziehen sind.[24] Dieses Verständnis engt den Erörterungsgegenstand jedoch zu weit ein und verstellt ohne Not den Weg für eine an den Zielen der Effizienz, Parteiautonomie und Rechtsverwirklichung[25] orientierte Streitbeilegung. Das in der Vorschrift des Abs. 1 S. 2 angesprochene Streitverhältnis ist der Gegenstand einer Konfliktmanagement betreibenden Arbeitsrechtspflege; er umfasst Vergangenheit und Zukunft des gestörten Rechtsverhältnisses und dessen Außenwirkungen. Die Erörterung kann daher über den prozessualen Streitgegenstand hinausgehen und sich auf die gesamten Rechtsbeziehungen der Parteien oder einer Partei zu Dritten erstrecken,[26] sofern der Konflikt entsprechend angelegt ist. Wesentliches Ziel ist eine selbstbestimmte Regelung zwischen den Parteien, die sich nicht an dem richterlichen Lösungsmuster orientieren muss. Vielmehr erweist sich das gerichtliche Lösungsmodell (Modell des Nullsummenkonflikts statt der Interessenlösung) häufig als konfliktverstärkend. 22

---

17 *Germelmann u.a.*, § 54 Rn 30.
18 *Gift/Baur*, E Rn 572.
19 A.A. die h.M., so: *Germelmann u.a.*, § 54 Rn 16–20; GK-ArbGG/*Schütz*, § 54 Rn 23.
20 A.A. *Germelmann u.a.*, § 54 Rn 17,18, der unter Nichtberücksichtigung von §§ 278 f. ZPO meint, es gehe auch im Bereich des zivilprozessualen Verfahren davon aus, dass eine gesonderte Güteverhandlung vor der streitigen Verhandlung nicht vorgesehen sei.
21 *Zöller/Greger*, § 273 Rn 2.
22 I.E. ebenso *Gift/Baur*, E Rn 413.
23 *Gift/Baur*, E Rn 413.
24 *Van Venrooy*, ZfA 1984, 337, 357 ff.; *Gift/Baur*, E Rn 605; enger *Germelmann u.a.*, § 54 Rn 24.
25 *Gottwald*, „Betrifft JUSTIZ" 47, S. 314.
26 *Grunsky*, ArbGG, § 54 Rn 9.

23 Es empfiehlt sich, dass der Vorsitzende seine Rechtsansicht offen legt und die Erfolgschancen der Rechtsverfolgung und -verteidigung im Instanzenzug vorläufig bewertet. Die Erörterung erfolgt primär zum Zwecke der gütlichen Einigung (vgl. Abs. 1 S. 1), ohne dass jedoch Druck auf die Parteien ausgeübt und die Sach- und Rechtslage mit Manipulationsabsicht verkürzt, einseitig oder verzeichnet dargestellt wird. Freilich sind die Grenzen zwischen unzulässigem Druck und dem gebotenen Aufzeigen der möglichen Konsequenzen einer streitigen Durchführung des Prozesses nur schwer zu bestimmen.[27]

24 **2. Aufklärung des Sachverhalts.** Soweit der Sachverhalt aufklärungsbedürftig ist, kann der Vorsitzende alle Handlungen vornehmen, die **sofort** erfolgen können (Abs. 1 S. 3). Eidliche Vernehmungen sind jedoch ausgeschlossen (Abs. 1 S. 4). Diese Regelung widerspricht der sonst vorhandenen Tendenz der Unverbindlichkeit der Güteverhandlung, soweit davon das spätere streitige Verfahren betroffen sein kann. Es können nur solche Handlungen von dem Vorsitzenden vorgenommen werden, die die Dispositionsbefugnisse der Parteien im weiteren Verfahren nicht beschränken.[28] In Betracht kommen insoweit z.B. die Einsichtnahme in Urkunden, die Inaugenscheinnahme von Gegenständen und die informatorische Befragung von Parteien und präsenten Zeugen oder SV.[29] Nur eidliche Vernehmungen sind nach Abs. 1 S. 4 ausgeschlossen. Im Einvernehmen mit den Parteien ist auch die informatorische (ausforschende) Befragung von Dritten (z.B. nicht als Zeuge benannter Sachbearbeiter, Steuerberater des AG oder eines SV) zulässig, die auch mit Zustimmung der Parteien telefonisch durchgeführt werden kann, denn in Abs. 1 S. 3 ist nur von „Handlungen" die Rede, also nicht allein von den prozessrechtlich zugelassenen Beweismitteln nach §§ 371 ff., 373 ff., 402 ff., 415 ff. und 445 ff. ZPO. Den Ergebnissen solcher Befragungen kommt aber im streitigen Verfahren kein Beweiswert zu, weil die Feststellungen entgegen § 58 Abs. 1 S. 1 unter Ausschluss der ehrenamtlichen Richter getroffen wurden.

25 **3. Antragstellung.** Da die Güteverhandlung ein besonderer Verfahrensabschnitt im arbeitsgerichtlichen Urteilsverfahren erster Instanz und keine in § 137 Abs. 1 ZPO vorausgesetzte streitige Verhandlung ist, wie u.a. Abs. 5 S. 2 deutlich macht, sind in der Güteverhandlung **keine Anträge** zu stellen.[30]

26 **4. Vorbringen von Angriffs- und Verteidigungsmitteln.** Angriffs- und Verteidigungsmittel und insb. prozesshindernde Einreden müssen nicht bereits im Gütetermin vorgebracht werden. Im zivilprozessualen Verfahren wird z.B. die örtliche Zuständigkeit eines Gerichts dadurch begründet, dass der Beklagte, ohne die Unzuständigkeit geltend zu machen, zur Hauptsache mündlich verhandelt. Nach § 46 Abs. 2 i.V.m. § 504 ZPO setzt dies jedoch die richterliche Belehrung über die Unzuständigkeit voraus. Ferner hat im zivilprozessualen Verfahren jede Partei in der mündlichen Verhandlung ihre Angriffs- und Verteidigungsmittel, insb. Behauptungen, Bestreiten, Einwendungen, Einreden, Beweismittel und Beweiseinreden, so zeitig vorzubringen, wie es nach der Prozesslage einer sorgfältigen und auf Förderung des Verfahrens bedachten Prozessführung entspricht (§ 282 Abs. 1 ZPO). Anträge sowie Angriffs- und Verteidigungsmittel, auf die der Gegner voraussichtlich ohne vorhergehende Erkundigungen keine Erklärung abgeben kann, sind vor der mündlichen Verhandlung durch – richterlich angeordneten – vorbereitenden Schriftsatz so zeitig mitzuteilen, dass der Gegner die erforderlichen Erkundigungen noch einzuziehen vermag (§ 282 Abs. 2 ZPO). Schließlich sind Rügen, die die Zulässigkeit der Klage betreffen, vom Beklagten gleichzeitig und vor seiner Verhandlung zur Hauptsache vorzubringen (§ 282 Abs. 3 ZPO; nach Abs. 2 S. 3 im Güteverfahren nicht anwendbar). Diese Vorschriften werden der Güteverhandlung als besonderem Verfahrensabschnitt der mündlichen Verhandlung nicht gerecht, weshalb ihre entsprechende Anwendung abzulehnen ist (vgl. auch Abs. 2 S. 3). Ihre Anwendung würde die vom Gesetz intendierte Herstellung einer ungezwungenen Situation zur Erörterung der Sach- und Rechtslage in der Güteverhandlung erschweren.[31] Im arbeitsgerichtlichen Verfahren sind daher materielle Einwendungen gegen den Klageanspruch vor oder in der Güteverhandlung auch noch **nicht als erstes Verteidigungsvorbringen** anzusehen, das die Zuständigkeit des angerufenen unzuständigen Arbeitsgerichts kraft rügeloser Einlassung nach **Art. 24 S. 1 EuGVVO** (juris: EGV 44/2001) begründet.[32]

III. Dispositionsmöglichkeiten der Parteien

27 Der Ausgang der Güteverhandlung wird von den Parteien bestimmt. Neben der Einigung kommen verschiedene prozessuale Möglichkeiten der Erledigung des Rechtsstreits ohne Urteil in Betracht.

28 **1. Prozessvergleich.** Eine Vielzahl arbeitsgerichtlicher Rechtsstreite wird durch Prozessvergleich i.S.d. § 794 Abs. 1 Nr. 1 ZPO beendet. Die Rechtsnatur des Prozessvergleichs ist umstr. Durchgesetzt hat sich die Auffassung von der „**Doppelnatur**". Danach ist der Prozessvergleich zugleich Prozesshandlung, deren Wirksamkeit sich nach den Grundsätzen des Prozessrechts richtet, wie auch privatrechtlicher Vertrag, der den Regeln des materiellen

---

27 *Grunsky*, ArbGG, § 54 Rn 10.
28 *Germelmann u.a.*, § 54 Rn 24.
29 *Germelmann u.a.*, § 54 Rn 26 f.
30 LAG Berlin-Brandenburg 10.9.2008 – 12 Ta 1606/08 – juris; LAG München 24.1.1989 – 2 Sa 1042/88 – NJW 1989, 1502 = NZA 1989, 863; *Gift/Baur*, E Rn 594–598; *Germelmann u.a.*, § 54 Rn 29; GK-ArbGG/*Schütz*, § 54 Rn 28; a.A. *Grunsky*, ArbGG, § 54 Rn 37.
31 *Germelmann u.a.*, § 54 Rn 14 f.
32 BAG 2.7.2008 -10 AZR 355/07 – NZA 2008, 1084.

Rechts unterliegt.[33] Der Prozessvergleich muss zur Beilegung des Rechtsstreits geschlossen werden; er kann sich auf einen quantitativ abgrenzbaren, einem Teilurteil (§ 301 ZPO) zugänglichen Teil des Streitgegenstands beschränken. Zum Wesensmerkmal des Vergleichs gehört, dass ein gegenseitiges Nachgeben der Parteien vorliegt. Das Nachgeben braucht sich nicht auf die Hauptsache zu beziehen; es genügt, dass eine Partei einen Teil der Gerichtskosten übernimmt oder dass keine Regelung in dem Vergleich über die Tragung der Gerichtskosten getroffen wird, so dass sich die Kostentragung nach § 98 ZPO richtet.[34]

Verbreitet ist der Abschluss eines **Widerrufsvergleichs**. Dieser wird erst nach Ablauf der ungenutzten Widerrufsfrist bzw. nach Verzicht auf das Widerrufsrecht wirksam. Der Widerruf muss wirksam erklärt werden. Ist im Vergleich festgelegt, dass der Widerruf durch schriftliche Anzeige an das Gericht zu erfolgen hat, kann der Vergleichswiderruf im Zweifel nicht wirksam gegenüber dem Prozessgegner ausgeübt werden.[35] Da es sich bei dem Vergleichswiderruf um einen bestimmenden Schriftsatz i.S.v. § 129 ZPO handelt, ist die eigenhändige Unterschrift erforderlich. Eine Paraphe genügt nicht.[36] Dem Frist- und Formrisiko kann dadurch begegnet werden, dass statt des Widerrufs die Vergleichsbestätigung gewählt oder die Anwendung der Wiedereinsetzungsvorschriften (§§ 233 ff. ZPO) vereinbart wird.[37]

Ein gerichtlicher Vergleich kann auch dadurch geschlossen werden, dass die Parteien einen schriftlichen Vergleichsvorschlag des Gerichts durch Schriftsatz gegenüber dem Gericht annehmen oder dem Gericht selbst unterbreiten. Das Gericht stellt dann das Zustandekommen und den Inhalt des Vergleichs durch Beschluss fest (§ 278 Abs. 6 ZPO; zur Anwendbarkeit im arbeitsgerichtlichen Verfahren und zu weiteren Einzelheiten siehe § 46 Rn 11 ff. m.w.N.). Bei Abänderungswünschen der Parteien kann das Gericht einen diese Wünsche berücksichtigenden neuen Vorschlag unterbreiten.[38]

Der Prozessvergleich bedarf ansonsten der Protokollierung (vgl. Abs. 3, § 160 Abs. 3 Nr. 1 ZPO) und der Verlesung/ des Abspielens der Aufzeichnung und Genehmigung (§ 162 Abs. 1 ZPO). Die **Wirksamkeit** eines Vergleichs setzt voraus, dass er ordnungsgemäß, d.h. auch formgerecht unter Beachtung der Vorschriften über das Sitzungsprotokoll (§§ 159 ff. ZPO) beurkundet worden ist.[39] Bei Abschluss eines Vergleichs ist dessen **gesamter Inhalt** in das Sitzungsprotokoll aufzunehmen, § 160 Abs. 3 Nr. 1 ZPO. Wird in einem Vergleich auf ein anderes Schriftstück **Bezug** genommen, muss es dem Vergleich als Anlage beigefügt werden, § 160 Abs. 5 ZPO. In dem Vergleich ist auf die Anlage ausdrücklich Bezug zu nehmen. Bei einer diesen Anforderungen nicht genügenden Bezugnahme auf ein Schriftstück außerhalb des Protokolls (z.B. einen Zeugnisinhalt) fehlt es an einer ordnungsgemäßen Beurkundung des Vergleichs.[40] Außerdem fehlt es an einem konkreten vollstreckungsfähigen Vergleichsinhalt, soweit er sich aus der in Bezug genommenen Urkunde ergeben soll. Zur Feststellung des Inhalts eines Vollstreckungstitels kann grundsätzlich nur auf diesen selbst, nicht auf andere Schriftstücke zurückgegriffen werden.[41] Sonstige Schriftstücke dürfen auch dann nicht berücksichtigt werden, wenn sie sich in der Prozessakte befinden. Der ordnungsgemäßen Protokollierung kommt unter einem weiteren Gesichtspunkt besondere Bedeutung zu: Ein Prozessvergleich ist nur wirksam, wenn sowohl die materiellrechtlichen Voraussetzungen für einen Vergleich als auch die prozessualen Anforderungen erfüllt sind, die an eine wirksame Prozesshandlung zu stellen sind. Fehlt es auch nur an einer dieser Voraussetzungen, liegt ein wirksamer Prozessvergleich nicht vor; die **prozessbeendende Wirkung** tritt nicht ein.[42]

2. Klagerücknahme. Der Rechtsstreit kann in der Güteverhandlung auch durch Klagerücknahme mit der Kostenfolge des § 269 Abs. 3 S. 2 und 3 ZPO beendet werden. Während nach § 269 Abs. 1 ZPO die Klage ohne Einwilligung des Beklagten nur bis zum Beginn der mündlichen Verhandlung des Beklagten zur Hauptsache zurückgenommen werden kann, ordnet Abs. 2 S. 1 an, dass die Klage bis zum Stellen der Anträge ohne Einwilligung des Beklagten zurückgenommen werden kann. Da in der Güteverhandlung, dem nichtstreitigen besonderen Abschnitt der mündlichen Verhandlung, keine Anträge gestellt werden, kann die Klage bis zur Antragstellung in der streitigen Verhandlung zurückgenommen werden, ohne dass es der gegnerischen Zustimmung bedarf. Die Erklärung der Klagerücknahme ist nach § 160 Abs. 3 Nr. 8 ZPO zu protokollieren und nach § 162 Abs. 1 ZPO zu genehmigen.

Die **Klagerücknahme** hat den Widerruf des Gesuchs auf Rechtsschutz zum Inhalt. Den mit der Klage geltend gemachten materiell-rechtlichen Anspruch lässt sie unberührt. Die Rücknahme kann den ganzen prozessualen Anspruch oder einen selbstständigen Teil davon betreffen. Als Prozesshandlung muss die Rücknahmeerklärung nicht

---

33 BAG 10.11.1977 – 2 AZR 269/77 – AP § 794 ZPO Nr. 24 = DB 1978, 1181; BAG 5.8.1982 – 2 AZR 199/80 – AP § 794 ZPO Nr. 31 = DB 1983, 1370.
34 BAG 19.9.1958 – 2 AZR 487/55 – AP § 611 BGB Deputat Nr. 1 = DB 1958, 1276.
35 BAG 21.2.1991 – 2 AZR 458/90 – AP § 794 ZPO Nr. 41 = DB 1991, 2680.
36 BAG 31.5.1989 – 2 AZR 548/88 – AP § 794 ZPO Nr. 39 = DB 1989, 2284.
37 Thomas/Putzo, § 794 Rn 23.
38 Germelmann u.a., § 54 Rn 4.
39 BGH 10.3.1955 – II ZR 201/53 – BGHZ 16, 388, 390 = NJW 1955, 705.
40 OLG Hamm 21.12.1992 – 24 U 48/99 – MDR 2000, 350; OLG Sachsen-Anhalt 28.11.2001 – 5 W 101/01 – juris, zu B der Gründe; vgl. auch Schneider, Ein missratener Prozessvergleich, MDR 1997, 1091.
41 BAG 28.2.2003–1 AZB 53/02 – AP Nr. 2 zu § 78 ArbGG 1979 n.F. = EzA § 78 ArbGG 1979 Nr. 5 = NZA 2003, 516.
42 BGH 30.9.2005 – V ZR 275/04 – BGHZ 164, 190 = NJW 2005, 3576.

ausdrücklich, aber eindeutig und unzweifelhaft sein und gegenüber dem Prozessgericht erfolgen. Sämtliche prozessualen Wirkungen der Rechtshängigkeit (§§ 261 bis 266 ZPO) entfallen rückwirkend. Über die Kosten entscheidet der Vorsitzende nach § 55 Abs. 1 Nr. 1.[43]

34 **3. Verzicht und Anerkenntnis.** Der Kläger kann des Weiteren eine prozessuale Verzichtserklärung abgeben. **Verzicht** ist die Erklärung des Klägers an das Gericht, dass der geltend gemachte prozessuale Anspruch nicht besteht. Er enthält die endgültige Zurücknahme der aufgestellten Rechtsbehauptung, führt deshalb zur sachlichen Klageabweisung.[44] Ein **Teilverzicht** ist möglich, wenn es sich um einen abtrennbaren Teil eines mehrgliedrigen Streitgegenstandes handelt.[45] Liegt eine prozessuale Verzichtserklärung vor, so ist der Kläger aufgrund des Verzichts mit dem (prozessualen) Anspruch abzuweisen (§ 306 ZPO). Die materielle Rechtskraft des Urteils steht der Neuerhebung des gleichen Anspruchs – anders als bei der bloßen Klagerücknahme – entgegen.

35 Das prozessuale Gegenstück zum Verzicht des Klägers ist das Anerkenntnis des Beklagten. Das **Anerkenntnis** ist die Erklärung des Beklagten an das Gericht, dass der vom Kläger geltend gemachte prozessuale Anspruch besteht, die aufgestellte Rechtsbehauptung richtig ist.[46] Der Unterschied zum **Geständnis** besteht darin, dass dieses dem Gericht die Prüfung der Wahrheit einer behaupteten Tatsache abnimmt, während sich das Anerkenntnis auf den prozessualen Anspruch bezieht und dem Gericht die rechtliche Prüfung abnimmt. Gegenstand des Anerkenntnisses ist damit der prozessuale Anspruch selbst, mag er auf Leistung, Feststellung oder richterliche Gestaltung gerichtet sein. Auch ein Teilanerkenntnis ist im Hinblick auf einen abtrennbaren Teil eines Streitgegenstands möglich. Liegt ein Anerkenntnis vor, so ist die anerkennende Partei dem Anerkenntnis gemäß zu verurteilen (§ 307 Abs. 1 ZPO).

Ein Verzichts- bzw. ein Anerkenntnisurteil kann nicht im Gütetermin, sondern erst in der sich unmittelbar an den Gütetermin anschließenden weiteren Verhandlung getroffen werden. Ein schriftliches Anerkenntnis ist im arbeitsgerichtlichen Verfahren jetzt aber ausreichend. Nach § 307 S. 2 ZPO n.F. bedarf es einer mündlichen Verhandlung insoweit nicht mehr (siehe § 55 Rn 10).

36 **4. Übereinstimmende Erledigungserklärungen.** Der Rechtsstreit kann von den Parteien des Weiteren dadurch beendet werden, dass sie ihn **übereinstimmend in der Hauptsache für erledigt** erklären. Für abtrennbare Teile des Streitgegenstands kann eine **Teilerledigung** erklärt werden. Durch die übereinstimmenden Erledigungserklärungen wird der Prozess in der Hauptsache beendet und bleibt nur noch hinsichtlich der Kosten rechtshängig. Über die Kosten entscheidet das Gericht von Amts wegen (§ 308 Abs. 2 ZPO) nach § 91a Abs. 1 ZPO. Das Gericht muss nicht über die Kosten entscheiden, wenn die Parteien sich darüber vergleichen oder auf eine Kostenentscheidung verzichten.[47] Die Kostenentscheidung kann ohne mündliche Verhandlung durch den Vorsitzenden (§ 53 Abs. 1 S. 1) oder in der sich unmittelbar an die Güteverhandlung anschließenden weiteren Verhandlung ebenfalls durch den Vorsitzenden ergehen, letzteres aber nur, wenn die Parteien übereinstimmend eine Entscheidung durch den Vorsitzenden beantragen (§ 55 Abs. 3).

37 Bei einseitiger Erledigungserklärung ist das Verfahren fortzusetzen. Es wird dann auf entsprechenden Antrag zunächst darüber entschieden, ob der Rechtsstreit erledigt ist. Aufgrund des **1. Justizmodernisierungsgesetzes** vom 24.8.2004 kann eine Kostenentscheidung nach § 91a Abs. 1 S. 2 ZPO auch nach einseitiger Erledigungserklärung ergehen, wenn der Beklagte der Erledigungserklärung nicht innerhalb einer Notfrist von zwei Wochen widerspricht.

IV. Ergebnis der Güteverhandlung

38 Haben die Parteien von ihren Dispositionsmöglichkeiten Gebrauch gemacht, ist der Rechtsstreit (ggf. zum Teil) beendet. Ist die Güteverhandlung erfolglos, schließt sich nach dem Wortlaut des Abs. 4 die weitere Verhandlung unmittelbar an. Hieran müsstendie ehrenamtlichen Richter teilnehmen, die aber regelmäßig nicht für den Fall erfolgloser Güteverhandlungen geladen werden. Da der unmittelbaren Durchführung der weiteren Verhandlung wegen der Abwesenheit der ehrenamtlichen Richter Hinderungsgründe entgegenstehen, hat der Vorsitzende Termin zur streitigen Verhandlung zu bestimmen, die alsbald stattfinden soll (vgl. Abs. 4). Mit Zustimmung der Parteien kann der Vorsitzende zudem die Güteverhandlung vertagen (vgl. Rn 15 ff.).

V. Säumnis

39 **1. Säumnis einer Partei.** Erscheint eine Partei in der Güteverhandlung nicht, obwohl die Ladungs- und die Einlassungsfrist gewahrt wurden, so schließt sich die weitere Verhandlung unmittelbar an (Abs. 4). In dieser kann die erschienene Partei den Erlass eines Versäumnisurteils beantragen. Für die Entscheidung steht dem Vorsitzenden nach § 55 Abs. 1 Nr. 4 ein Alleinentscheidungsrecht zu.[48] Die gesetzliche Regelung ist insoweit allerdings nicht mehr ganz eindeutig, nachdem durch das SGGArbGG-Änderungsgesetz mit Wirkung vom 1.4.2008 in § 55 Abs. 1 die Formulierung „**außerhalb der streitigen Verhandlung**" eingefügt worden ist. Kann sich die streitige

---

43 *Germelmann u.a.*, § 54 Rn 8.
44 *Thomas/Putzo*, § 306 Rn 1.
45 BAG 26.10.1979 – 7 AZR 752/77 – AP § 9 KSchG 1969 Nr. 5 = DB 1980, 356.
46 *Thomas/Putzo*, § 307 Rn 1.
47 *Thomas/Putzo*, § 91a Rn 25.
48 Zum Streitstand hinsichtlich der bis zum 31.3.2008 geltenden Fassung siehe § 55 Rn 14.

Verhandlung ausnahmsweise unmittelbar anschließen, weil die ehrenamtlichen Richter anwesend sind, entscheidet die Kammer unter Beteiligung der ehrenamtlichen Richter auch über den Antrag auf Erlass eines Versäumnisurteils. Problematisch ist der übliche Fall, dass eine Säumnissituation vorliegt und sich die weitere Verhandlung nach § 54 Abs. 4 unmittelbar anschließt, ohne dass ehrenamtliche Richter anwesend sind. Die weitere Verhandlung ist in diesem Fall bisher – in der Abgrenzung zur Güteverhandlung – weitgehend ebenfalls als „streitiger" Teil der mündlichen Verhandlung beurteilt worden.[49] Das hat der Gesetzgeber offenbar anders gesehen. Aus der Gesetzesbegründung[50] ergibt sich nämlich, dass mit „streitiger Verhandlung" i.S.d. Vorschrift nur eine Verhandlung unter Beteiligung der ehrenamtlichen Richter gemeint ist. Dort heißt es: „Die Alleinentscheidungsbefugnis des Vorsitzenden besteht nur außerhalb der streitigen Verhandlung. Erfolgt eine Entscheidung in Anwesenheit der ehrenamtlichen Richter, sind diese auch in den in § 55 Abs. 1 Nr. 1 bis 10 genannten Fällen zu beteiligen".[51] Daraus ergibt sich nun allerdings das Kuriosum, dass eine Verhandlung durch die Beteiligung ehrenamtlicher Richter zur streitigen Verhandlung wird, obwohl sie der Sache nach natürlich bei einer Säumnissituation in der Kammerverhandlung nicht streitiger ist, als in der weiteren Verhandlung i.S.d. § 54 Abs. 4. Die vom LAG Hamm in der Entscheidung vom 15.12.2005[52] vertretene Auffassung, wonach eine streitige Verhandlung im Falle einer Säumnissituation nicht vorliege, führte allerdings dazu, dass die ehrenamtlichen Richter wiederum nicht zu beteiligen wären. Das widerspräche der an sich begrüßenswerten Intention des Gesetzgebers eindeutig (ausführlich hierzu siehe § 55 Rn 3). Wurde die Ladungs- oder die Einlassungsfrist nicht gewahrt, ist erneut Termin zur Güteverhandlung anzuberaumen.[53]

Die Güteverhandlung endet also spätestens mit dem Beginn der weiteren Verhandlung. Im Falle der Säumnis einer Partei erfolgt unmittelbar der Übergang in die weitere Verhandlung, § 54 Abs. 4. Eine Fortsetzung der Güteverhandlung i.S.d. § 54 Abs. 1 S. 5 kommt daher nach Erlass eines Versäumnisurteils nicht mehr in Betracht, auch nicht mit Zustimmung der Parteien. Daher kann sich auch nicht die Frage stellen, ob in einer **„zweiten" Güteverhandlung** ein zweites Versäumnisurteil ergehen kann.[54]

Erscheint die klagende Partei nicht, so ist auf Antrag der beklagten Partei das Versäumnisurteil dahin zu erlassen, dass die Klage abgewiesen wird (§ 330 ZPO). Erscheint hingegen die beklagte Partei nicht, so ist das tatsächliche mündliche Vorbringen der klagenden Partei als zugestanden anzunehmen, soweit es nicht das Vorbringen zur Zuständigkeit des ArbG nach § 29 Abs. 2 ZPO (Vereinbarung über Erfüllungsort) oder nach § 38 ZPO (Gerichtsstandsvereinbarung) betrifft. Soweit das Vorbringen den Klageantrag rechtfertigt, ist nach § 331 Abs. 2 Hs. 1 ZPO nach dem Antrag zu erkennen (echtes Versäumnisurteil); soweit dies nicht der Fall ist, ist gem. § 331 Abs. 2 Hs. 2 ZPO die Klage abzuweisen (unechtes Versäumnisurteil). Eine Entscheidung nach Lage der Akten kommt im Anschluss an die Güteverhandlung nicht in Betracht, weil noch nicht in einem früheren Termin mündlich verhandelt wurde (§§ 331a, 251a Abs. 2 S. 1 ZPO).

Ist ein einem ersten Gütetermin ein erstes Versäumnisurteil ergangen und in einem „zweiten" Gütetermin mündlich verhandelt worden, kann im Kammertermin kein zweites Versäumnisurteil ergehen. Es ist durch ein weiteres erstes Versäumnisurteil zu entscheiden.[55]

2. Säumnis beider Parteien. Erscheinen oder verhandeln beide Parteien in der Güteverhandlung nicht, so ist nach Abs. 5 S. 1 das Ruhen des Verfahrens anzuordnen. Diese Regelung geht dem § 251a Abs. 1 ZPO vor, wonach in einem solchen Fall eine Entscheidung nach Lage der Akten ergehen kann. Auf Antrag einer Partei, der nur innerhalb von sechs Monaten nach der Güteverhandlung gestellt werden kann (Abs. 5 S. 3), ist Termin zur streitigen Verhandlung zu bestimmen (Abs. 5 S. 2).

Im arbeitsgerichtlichen Gütetermin kann das **„Nichtverhandeln"** nicht aus einem Verzicht auf das Stellen von Anträgen gefolgert werden, weil dort Anträge i.S.v. § 137 ZPO nicht wirksam gestellt werden können.[56] Hält das ArbG im Güteprotokoll nach dem Hinweis einer Partei auf Parallelverfahren lediglich fest, dass die Parteien „heute keine Anträge" stellen, so findet ein daraufhin verkündeter Beschluss, wonach das Verfahren ruht, seine Rechtsgrundlage nicht in § 54 Abs. 5 ArbGG.[57] Gleiches gilt, wenn die Parteien in der Güteverhandlung im Hinblick auf laufende Vergleichsverhandlungen nur die Ruhendstellung beantragen. Weitergehende Anforderungen sind nicht zu stellen. Nicht erforderlich ist es, dass die Parteien „ausreichend" verhandelt haben.[58] Nach der zitierten Entscheidung des LAG Berlin-Brandenburg vom 10.9.2008 sind die Umstände, aus denen sich bei Anwesenheit der Parteien das Nicht-

---

49 *Germelmann u.a.*, § 54 Rn 40.
50 BT-Drucks 16/7716 S. 24.
51 Zur Intention des Gesetzgebers auch *Reinhard/Böggemann*, NJW 2008, 1263, 1267.
52 4 Sa 1613/04 – juris.
53 *Germelmann u.a.*, § 54 Rn 57; a.A. *van Venrooy*, ZfA 1984, 337, 378 f.
54 A.A. ArbG Hamburg 9.3.2007 – 11 Ca 422/06 – juris.
55 BAG 26.6.2008 – 6 AZR 478/07 – juris.
56 BAG 22.4.2009 – 3 AZB 97/08 – NZA 2009, 804 = EzA-SD 2009 Nr. 13, mit Anm. *Berzbach*, jurisPR-ArbR 31/2009 Anm. 6.
57 LAG Berlin-Brandenburg 10.9.2008 – 12 Ta 1606/08 – juris; a.A. LAG Schleswig-Holstein 9.9.2005 – 2 Ta 207/05 – juris.
58 BAG 22.4.2009 – 3 AZB 97/08 – NZA 2009, 804 = EzA-SD 2009 Nr. 13.

verhandeln ergeben soll, angesichts der weitreichenden Konsequenzen nach § 54 Abs. 3 i.V.m. §§ 160 Abs. 2, 165 ZPO in der Sitzungsniederschrift festzuhalten.

42 Nach Ablauf der Frist von sechs Monaten gilt die Klage als zurückgenommen. Der Rechtsstreit ist dann als nicht anhängig geworden anzusehen. Die klagende Partei ist verpflichtet, die Kosten des Rechtsstreits zu tragen. Auf Antrag der beklagten Partei ist dies durch den Vorsitzenden (§ 55 Abs. 1 Nr. 1) nach Gewährung des rechtlichen Gehörs durch Beschluss auszusprechen. Der Beschluss bedarf keiner mündlichen Verhandlung. Er unterliegt der sofortigen Beschwerde (Abs. 5 S. 4 i.V.m. § 269 Abs. 5 ZPO). Die Klage kann aber erneut erhoben werden. In dem nach Ablauf von sechs Monaten gestellten Antrag auf Bestimmung eines neuen Termins kann keine neue Klage gesehen werden.[59]

43 Ist das Verfahren aber über die Güteverhandlung hinaus gediehen und kommt es erst dann zur Ruhensanordnung, greift die Regelung nicht. Die Sondervorschrift des Abs. 5 S. 4 kommt nur zum Zuge, wenn die Ruhensanordnung im Anschluss an den Gütetermin getroffen worden ist.[60]

44 Die Klagerücknahmefiktion nach Abs. 5 S. 4 ArbGG setzt voraus, dass das Gericht ausdrücklich das „Ruhen des Verfahrens" angeordnet hat. Es genügt nicht, dass das Gericht nach Verhandlung im Gütetermin beschlossen hat, dass „neuer Termin nur auf Antrag einer der Parteien" bestimmt werde.[61]

45 Abs. 5 S. 4 ist abdingbar. Teilen die Parteien dem Gericht vor dem Termin zur Güteverhandlung mit, dass sie das Verfahren im Hinblick auf ein Parallelverfahren ruhen lassen wollen, tritt die Klagerücknahmefiktion nicht ein.[62] Der Auffassung des LAG Berlin,[63] das annahm, in der einseitigen Mitteilung einer außergerichtlichen Verständigung liege ein Antrag auf Ruhendstellung, dem die Gegenseite durch das Nichterscheinen im Termin ausdrücklich zugestimmt habe, steht schon entgegen, dass Anträge auf Ruhendstellung schriftsätzlich erfolgen müssen.

VI. Verfahren nach ergebnisloser Güteverhandlung

46 Ist die Güteverhandlung erfolglos, schließt sich nach Abs. 4 ebenfalls die weitere Verhandlung unmittelbar an. Falls der weiteren Verhandlung Hinderungsgründe entgegenstehen, ist von dem Vorsitzenden Termin zur streitigen Verhandlung zu bestimmen, wobei dieser alsbald stattzufinden hat.

C. Beraterhinweise

47 Die streitige Verhandlung kann sich regelmäßig nur dann unmittelbar an die Güteverhandlung anschließen, wenn eine das Verfahren beendende Entscheidung ergehen kann und die Parteien übereinstimmend eine Entscheidung durch den Vorsitzenden beantragen (§ 55 Abs. 3).

48 I.Ü. ist von dem Vorsitzenden Termin zur streitigen Verhandlung zu bestimmen. Die ehrenamtlichen Richter, die an der Güteverhandlung nicht teilnehmen dürfen, sind regelmäßig für die anschließende Verhandlung zu laden, weil sie sich üblicherweise nicht vorsorglich für den Fall ergebnisloser Güteverhandlungen im ArbG aufhalten. Die Unmöglichkeit, die ehrenamtlichen Richterinnen sofort heranziehen zu können, ist ein ausreichender Hinderungsgrund i.S.v. Abs. 4.

49 Der Termin zur streitigen Verhandlung ist sofort anzusetzen und zu verkünden. Eine Ladung der Parteien ist bei verkündetem Termin nicht erforderlich (§ 218 ZPO). Auch eine unverzügliche Terminsanberaumung nach der Güteverhandlung, regelmäßig verbunden mit einem sorgfältig abzusetzenden Auflagenbeschluss (§§ 56 Abs. 1; 61a Abs. 3 und 4), wird dem Beschleunigungsgrundsatz noch gerecht.

50 Die **Kostenprivilegierung** nach Anm. 2 zu Nr. 8210 KV GKG tritt nach allgemeiner Auffassung bei einem nach § 54 Abs. 5 S. 1 angeordneten Ruhen des Verfahrens und einer nicht innerhalb von sechs Monaten beantragten Verfahrenswiederaufnahme ein. Denn in diesem Fall kommt gem. § 54 Abs. 5 S. 4 eine gesetzlich angeordnete Klagerücknahmefiktion zum Tragen. Das gerichtliche Verfahren ist damit prozessual beendet.

Anders ist die Situation demgegenüber bei einem sonstigen, ohne Vorliegen der Voraussetzungen des § 54 Abs. 5 erfolgenden Ruhend- oder Terminlosstellen des Verfahrens. Wird in diesem Fall das Verfahren über einen längeren Zeitraum nicht aktiv betrieben, tritt eine Klagerücknahmefiktion nicht ein. Nach § 9 Abs. 2 Nr. 3 GKG werden bei einem mindestens sechs Monate nicht betriebenen Verfahren Gebühren und Auslagen fällig. Hier besteht für eine Kostenprivilegierung kein Bedürfnis.[64] Das Verfahren ist nicht beendet und kann jederzeit von einer der Parteien wieder aufgegriffen werden.

---

[59] Hessisches LAG 22.8.1991 – 7 Sa 1427/90 – n.v.
[60] LAG Hamm 21.7.1983 – 8 Ta 135/83 – LAGE § 54 ArbGG 1979 Nr. 2 = AuR 1984, 122.
[61] LAG Düsseldorf 7.5.2003 – 12 Sa 216/03 – LAGE § 54 ArbGG 1979 Nr. 6; a.A. LAG Hamm 14.4.2003 – 4 Ta 259/02 – juris.
[62] LAG München 11.9.2006 – 6 Sa 1089/05 – Juris; LAG Saarland 9.6.2000 – 2 Ta 2/2000 – NZA-RR 2000, 546; ähnlich aber zu weit gehend LAG Berlin 19.9.2003 – 5 Ta 1841/03 – LAGE § 54 ArbGG 1979 Nr. 7; a.A Germelmann, § 54 Rn 51.
[63] 19.9.2003 – 5 Ta 1841/03 – LAGE § 54 ArbGG 1979 Nr. 7.
[64] LAG Köln 22.4.2008 – 3 Ta 215/07 – juris.

Gegen eine Entscheidung, mit der ein Gericht ausspricht, dass die Klage als zurückgenommen gilt, ist in erweiternder Auslegung des § 252 ZPO die **sofortige Beschwerde** statthaft.[65]

§ 55 Alleinentscheidung durch den Vorsitzenden

(1) Der Vorsitzende entscheidet außerhalb der streitigen Verhandlung allein
1. bei Zurücknahme der Klage;
2. bei Verzicht auf den geltend gemachten Anspruch;
3. bei Anerkenntnis des geltend gemachten Anspruchs;
4. bei Säumnis einer Partei;
4a. über die Verwerfung des Einspruchs gegen ein Versäumnisurteil oder einen Vollstreckungsbescheid als unzulässig;
5. bei Säumnis beider Parteien;
6. über die einstweilige Einstellung der Zwangsvollstreckung;
7. über die örtliche Zuständigkeit;
8. über die Aussetzung des Verfahrens;
9. wenn nur noch über die Kosten zu entscheiden ist;
10. bei Entscheidungen über eine Berichtigung des Tatbestandes, soweit nicht eine Partei eine mündliche Verhandlung hierüber beantragt;
11. im Fall des § 11 Abs. 3 über die Zurückweisung des Bevollmächtigten oder die Untersagung der weiteren Vertretung.

(2) ¹Der Vorsitzende kann in den Fällen des Absatzes 1 Nr. 1, 3 und 4a bis 10 eine Entscheidung ohne mündliche Verhandlung treffen. ²Dies gilt mit Zustimmung der Parteien auch in dem Fall des Absatzes 1 Nr. 2.

(3) Der Vorsitzende entscheidet ferner allein, wenn in der Verhandlung, die sich unmittelbar an die Güteverhandlung anschließt, eine das Verfahren beendende Entscheidung ergehen kann und die Parteien übereinstimmend eine Entscheidung durch den Vorsitzenden beantragen; der Antrag ist in die Niederschrift aufzunehmen.

(4) Der Vorsitzende kann vor der streitigen Verhandlung einen Beweisbeschluß erlassen, soweit er anordnet
1. eine Beweisaufnahme durch den ersuchten Richter;
2. eine schriftliche Beantwortung der Beweisfrage nach § 377 Abs. 3 der Zivilprozeßordnung;
3. die Einholung amtlicher Auskünfte;
4. eine Parteivernehmung;
5. die Einholung eines schriftlichen Sachverständigengutachtens.

Anordnungen nach den Nummern 1 bis 3 und 5 können vor der streitigen Verhandlung ausgeführt werden.

Literatur: *Creutzfeldt*, Die arbeitsrechtliche Kostenentscheidung und das isolierte Kostenurteil, RdA 2004, 281; *Düwell*, Kein Aprilscherz, dbr 2008, 14; *ders.*, Änderungen des ArbGG zum 1.4.2008, jurisPR-ArbR 13/2008 Anm 6; *ders.*, Die Neuregelung der Prozessvertretung, FA 2008, 200; *ders.*, Die Auswirkungen der Reform des Zivilprozesses auf die Verfahren in Arbeitssachen, FA 2001, 294; *Francken*, Weitere Optimierung des arbeitsgerichtlichen Verfahrens, NJW 2007, 1792; *Francken/Natter/Rieker*, Die Novellierung des Arbeitsgerichtsgesetzes und des § 5 KSchG durch das SGGArbGG-Änderungsgesetz, NZA 2008, 377; *dies.*, Der Referentenentwurf vom 16.5.2007 und weitere Optimierungsvorschläge zum arbeitsgerichtlichen Verfahren, NZA 2007, 833; *Gabbert*, Wichtige Änderungen des Sozialgerichtsgesetzes und des Arbeitsgerichtsgesetzes, Kompass 2008, Nr. 3/4, 10; *Gravenhorst*, A. C., Internationale Zuständigkeit deutscher Arbeitsgerichte gemäß EuGVVO, jurisPR-ArbR 45/2007 Anm. 6; *Gravenhorst*, Gerichtsstand des Erfüllungsortes, jurisPR-ArbR 48/2006 Anm 6; *Griebeling*, Das Urteil im arbeitsgerichtlichen Verfahren, AR-Blattei SD 160.8; *ders.*, Die Verwerfung unzulässiger Einsprüche durch Urteil, NZA 2002, 1073; *Holthaus/Koch*, Auswirkungen der Reform des Zivilprozessrechts auf arbeitsgerichtliche Verfahren, RdA 2002, 140; *Künzl*, Die Reform des Zivilprozesses (Teil I), ZTR 2001, 492; *Nägele*, Änderungen des Arbeitsgerichtsgesetzes, ArbRB 2008, 286; *Reinhard/Böggemann*, Gesetz zur Änderung des Sozialgerichtsgesetzes und des Arbeitsgerichtsgesetzes – Änderungen des Arbeitsgerichtsgesetzes, NJW 2008, 1263; *Troje*, Das Anerkenntnisurteil im arbeitsgerichtlichen Verfahren nach schriftlichem Anerkenntnis des Beklagten, NZA 2008, 690; *Wolmerath*, Zuständigkeit für eine Entscheidung gemäß § 341 ZPO; Beweiskraft einer Zustellungsurkunde, jurisPR-ArbR 5/2003 Anm 4; *Zetl*, Änderungen im sozial- und arbeitsgerichtlichen Verfahren, ZMV 2008, 132

---

65 BAG 22.4.2009 – 3 AZB 97/08 – NZA 2009, 804 = EzA-SD 2009 Nr. 13.

A. Allgemeines	1	9. Aussetzung des Verfahrens (Nr. 8)	19
B. Regelungsgehalt	3	10. Kostenentscheidung (Nr. 9)	30
I. Alleinentscheidung aufgrund gesetzlicher Ermächtigung (Abs. 1)	3	11. Tatbestandsberichtigung (Nr. 10)	31
1. Klagerücknahme (Nr. 1)	4	12. Zurückweisung des Bevollmächtigten/Untersagung der Vertretung (Nr. 11)	32
2. Verzicht (Nr. 2)	8	13. Rüge der Verletzung rechtlichen Gehörs (§ 78a Abs. 6)	33
3. Anerkenntnis (Nr. 3)	10	II. Alleinentscheidung auf Antrag beider Parteien (Abs. 3)	34
4. Säumnis einer Partei (Nr. 4)	11	III. Beweisbeschluss vor streitiger Verhandlung (Abs. 4)	38
5. Verwerfung unzulässiger Einsprüche (Nr. 4a)	13	C. Beraterhinweise	45
6. Säumnis beider Parteien (Nr. 5)	15		
7. Einstweilige Einstellung der Zwangsvollstreckung (Nr. 6)	17		
8. Örtliche Zuständigkeit (Nr. 7)	18		

A. Allgemeines

1 Die Befugnisse der Vorsitzenden werden insb. in den §§ 53, 55 und 56 geregelt. Während § 53 allein die Befugnisse der Vorsitzenden außerhalb der mündlichen Verhandlung bzw. im Rahmen der Rechtshilfe regelt, wird in § 55 das Alleinentscheidungsrecht der Vorsitzenden auch für Fälle festgelegt, in denen eine mündliche Verhandlung stattfinden muss. In § 56 wiederum sind die Befugnisse der Vorsitzenden zur Vorbereitung der streitigen Verhandlung geregelt.

Durch das SGGArbGG-Änderungsgesetz sind mit Wirkung vom 1.4.2008 mehrere Änderungen vorgenommen worden. In Abs. 1 sind die Worte **„außerhalb der streitigen Verhandlung"** eingefügt worden. Außerdem sind die Nr. 4a, 9 und 10 eingefügt worden. Darüber hinaus ist durch das Gesetz über außergerichtliche Rechtsdienstleistungen vom 12. Dezember 2007 mit Wirkung vom 1.7.2008 die Nr. 11 eingefügt worden.

2 Nach § 64 Abs. 7 finden Abs. 1, 2 und 4 auch im Berufungsverfahren Anwendung. § 55 findet aber mangels Inbezugnahme im Revisionsverfahren (§ 72 Abs. 6) keine Anwendung, jedoch im Beschlussverfahren (§ 80 Abs. 2). Die abschließenden Regelungen des § 55[1] schließen eine Anwendung des § 349 Abs. 2 ZPO (Befugnisse des Vorsitzenden einer Kammer für Handelssachen), des § 358a ZPO (Beweisbeschluss vor mündlicher Verhandlung im amts- und landgerichtlichen Verfahren) und der §§ 526 f. ZPO (Befugnisse des Einzelrichters im Berufungsverfahren bei den ordentlichen Gerichten) aus. In den nicht in § 55 erwähnten Fällen müssen regelmäßig die ehrenamtlichen Richter beteiligt werden. Soweit eine Befugnis des Vorsitzenden zur Alleinentscheidung besteht, ist die Beteiligung der ehrenamtlichen Richter an der Entscheidung unzulässig. Durch § 55 wird der gesetzliche Richter für besondere Fälle bestimmt.[2]

B. Regelungsgehalt

I. Alleinentscheidung aufgrund gesetzlicher Ermächtigung (Abs. 1)

3 Der Vorsitzende entscheidet in den in § 55 Abs. 1 genannten Fällen allein, also ohne Hinzuziehung der ehrenamtlichen Richter. Die durch das SGGArbGG-Änderungsgesetz mit Wirkung vom 1.4.2008 eingefügte Ergänzung „außerhalb der streitigen Verhandlung" ist nur vor dem Hintergrund der unterschiedlichen Auffassungen zu verstehen, die zu der Frage vertreten wurden, ob ehrenamtliche Richter auch dann nicht zu beteiligen seien, wenn die Entscheidung in einer Sitzung getroffen wurde, in der sie anwesend waren, also in der Kammerverhandlung bzw. in den Verhandlungen der Rechtsmittelinstanzen.[3] Das Problem hat der Gesetzgeber auf die Auslegung des Begriffs **„streitige Verhandlung"** verlagert. So wurde bisher gerade die (einseitige) Säumnissituation begrifflich von der „streitigen" Verhandlung abgegrenzt.[4] Der Gesetzgeber hatte den Begriff der (nicht)streitigen Verhandlung in § 33 Abs. 1 S. 1 BRAGO selbst definiert. Danach lag in der Säumnissituation eine nichtstreitige Verhandlung vor. Auch in dem Gebührenverzeichnis (Anlage 1 zu § 12 Abs. 1) hieß es unter Nr. 9112 „Beendigung des Verfahrens: ohne streitige Verhandlung außer durch Versäumnisurteil oder durch Beschluss nach § 91a ZPO". Auch heute heißt es in der per 1. Januar 2008 maßgeblichen Fassung des Kostenverzeichnisses zum Gerichtskostengesetz (Anlage 1 zu § 3 Abs. 2 GKG) Teil 8 – Verfahren vor den Gerichten der Arbeitsgerichtsbarkeit – unter Nr. 8100: „Sie (die Gebühr) entfällt auch nach Übergang in das streitige Verfahren, wenn dieses ohne streitige Verhandlung endet; dies gilt nicht, wenn ein Versäumnisurteil ergeht." Teilweise wird auch generell die Güteverhandlung als der unstreitige und die

---

1 *Germelmann u.a.*, § 55 Rn 33.
2 LAG Berlin 14.7.1997 – 9 Sa 52/97 – LAGE § 626 BGB Nr. 108 = NZA 1998, 167; Hessisches LAG 12.2.2007 – 16 Sa 1366/06 – juris; *Germelmann u.a.*, § 55 Rn 35; GK-ArbGG/*Dörner*, § 55 Rn 7; a.A. ArbG Bamberg 29.10.1997 – 1 Ca 675/97 – NZA 1998, 904; LAG Hamm 15.12.2005 – 4 Sa 1613/04 – juris.
3 *Reinhard/Böggemann*, NJW 2008, 1263, 1267.
4 Z.B.: LAG Sachsen-Anhalt 14.10.2005 – 10 Ta 139/05 – juris; KG 19.5.2003 – 1 W 136/03 – KGR Berlin 2004, 421 und juris zum Kostenrecht – § 33 BRAGO;

weitere mündliche Verhandlung als die streitige Verhandlung angesehen.[5] Beide Begrifflichkeiten führten bei der Auslegung zu kuriosen Ergebnissen. Ginge man bei einer Säumnissituation heute nicht von einer streitigen Verhandlung aus, könnte der Vorsitzende zwar auch wieder im Rahmen der weiteren Verhandlung i.S.d. § 54 Abs. 4, also wenn eine Güteverhandlung angesichts des Nichterscheinens oder Nichtverhandelns einer Partei nicht möglich ist, ein Versäumnisurteil allein erlassen. Das gölte dann aber auch für die Kammerverhandlung. Betrachtete man hingegen die weitere Verhandlung generell in Abgrenzung zur Güteverhandlung als streitige Verhandlung, wäre auch im Gütetermin kein Erlass eines Versäumnisurteils durch den Vorsitzenden mehr möglich. Der Gesetzgeber wollte – sieht man sich die Gesetzesbegründung an – regeln, dass die ehrenamtlichen Richter immer dann, wenn anwesend, auch zu beteiligen sind. In der Begründung heißt es dazu: „Die Alleinentscheidungsbefugnis des Vorsitzenden besteht nur außerhalb der streitigen Verhandlung. Erfolgt eine Entscheidung in Anwesenheit der ehrenamtlichen Richter, sind diese auch in den in § 55 Abs. 1 Nr. 1 bis 10 genannten Fällen zu beteiligen." Berücksichtigt man zudem den Umstand, dass es eigentlich nur um eine Klärung der Frage ging, ob die ehrenamtlichen Richter in der Kammerverhandlung zu beteiligen sind,[6] muss man den Begriff der „streitigen Verhandlung" wohl so verstehen, dass damit der Teil der mündlichen Verhandlung gemeint ist, an dem die ehrenamtlichen Richter beteiligt sind, unabhängig davon, ob streitig verhandelt wird oder nicht, und unabhängig von überkommenen Begrifflichkeiten, auch wenn sie durch den Gesetzgeber heute selbst in anderem Sinne verwendet werden. Dieses Ergebnis legt auch die Verwendung des Begriffs der streitigen Verhandlung in den §§ 54, 55, 56, 64, 80 und 87 nahe, wo er regelmäßig im Zusammenhang mit ihrer Anberaumung bzw. Vorbereitung gebraucht wird. Auch hier ist wohl immer der Termin gemeint, in dem den Parteien Gelegenheit zum streitigen Verhandeln gegeben werden soll, unabhängig davon ob dann wirklich streitig verhandelt wird.

1. Klagerücknahme (Nr. 1). Die Klagerücknahme ist der **Widerruf des Gesuchs** um Rechtsschutz in diesem Prozess. Den materiell-rechtlichen Anspruch lässt sie unberührt. Die Klagerücknahme kann den ganzen prozessualen Anspruch oder einen selbstständigen Teil davon betreffen. Zeitlich ist sie möglich ab Rechtshängigkeit (§ 261 ZPO)[7] ohne Rücksicht auf die Zulässigkeit der Klage. Als Prozesshandlung muss sie nicht ausdrücklich, aber eindeutig und unzweifelhaft sein.[8] Die Rücknahmeerklärung ist in dem zu beendenden Rechtsstreit an das Prozessgericht entweder in der mündlichen Verhandlung oder durch Einreichen eines bestimmenden Schriftsatzes zu richten (§ 269 Abs. 2 S. 2 ZPO). Die Klagerücknahme ist **bindend**. Sie kann nicht widerrufen und nicht angefochten, jedoch mit Einverständnis der beklagten Partei rückgängig gemacht werden. Die **Einwilligung des Beklagten** zur Klagerücknahme ist nötig, sobald die Anträge gestellt wurden (§ 54 Abs. 2 S. 1). Die Einwilligung als Prozesshandlung unterliegt den gleichen Anforderungen wie die Klagerücknahme. Wird die Klagerücknahme durch Schriftsatz erklärt, ist dieser dem Gegner zuzustellen, wenn seine Einwilligung zur Wirksamkeit der Zurücknahme der Klage erforderlich ist. Widerspricht die beklagte Partei in diesem Fall der Zurücknahme der Klage nicht innerhalb einer Notfrist von zwei Wochen seit der Zustellung des Schriftsatzes, so gilt die Einwilligung als erteilt, wenn die beklagte Partei zuvor auf diese Folge hingewiesen worden ist (§ 269 Abs. 2 S. 3 und 4 ZPO). Aufgrund wirksamer Klagerücknahme entfallen rückwirkend sämtliche prozessualen Wirkungen der Rechtshängigkeit (§§ 261 bis 266 ZPO) und materiell-rechtlichen Wirkungen (§ 262 ZPO) nach sachlichem Recht, nicht aber die im Prozess abgegebenen privatrechtlichen Erklärungen, wie z.B. eine Aufrechnung.[9] Verlangt die **Ausschlussfrist** gerichtliche Geltendmachung des Anspruchs, so entfällt die fristwahrende Wirkung der Klageerhebung, wenn die Klage zurückgenommen wird. Wird bei einer zweistufigen tariflichen Verfallfrist eine die Verfallfrist wahrende Klage zurückgenommen, so führt eine erneute Klage nach Ablauf der Verfallfrist nicht dazu, dass die Verfallfrist als durch die erste Klage eingehalten gilt.[10] Noch nicht rechtskräftig gewordene Entscheidungen werden ohne Aufhebung wirkungslos (vgl. § 269 Abs. 3 S. 1 Hs. 2 ZPO). Die klagende Partei hat die ganzen Kosten des Rechtsstreits – auch den durch Säumnis der beklagten Partei entstandenen Teil – zu tragen (vgl. § 269 Abs. 3 S. 2 ZPO), soweit nicht bereits rechtskräftig über sie erkannt oder sie dem Beklagten aus einem anderen Grund aufzuerlegen sind. Ist der Anlass zur Einreichung der Klage vor Rechtshängigkeit weggefallen und wird die Klage daraufhin unverzüglich zurückgenommen, so bestimmt sich die Kostentragungspflicht unter Berücksichtigung des bisherigen Sach- und Streitstandes nach billigem Ermessen (§ 269 Abs. 3 S. 2 und 3 ZPO). Wegen des Ausschlusses der Kostenerstattung im erstinstanzlichen Verfahren (§ 12a Abs. 1 S. 1) betrifft die **Kostentragungspflicht** allein die bei Gericht entstandenen Kosten. Dabei entfällt die einheitliche Verfahrensgebühr bei einer Klagerücknahme vor streitiger Verhandlung im vollen Umfang (Nr. 8210 der Anlage 1 – Kostenverzeichnis zu § 3 Abs. 2 GKG) und bei Klagerücknahme nach streitiger Verhandlung reduziert sie sich auf 0,4, wenn keine Entscheidung über die Kosten nach § 269 Abs. 3 S. 3 ZPO ergeht oder die Entscheidung einer zuvor mitgeteilten Einigung der

---

5 So *Germelmann u.a.*, § 54 Rn 40.
6 Dazu: *Reinhard/Böggemann*, NJW 2008, 1263, 1267.
7 So OLG Brandenburg – 9 WF 160/00 – JurBüro; 2001, 264; LG Münster 19.4.2002 – 5 T 389/02 – NJW-RR 2002, 1221; LG Saarbrücken 23.7.2001 – 5 T 384/01 – FamRZ 2002, 1260; a.A. KG – 8 W 3707/99 – NJW-RR 2000, 215; OLG Köln 15.2.1994 – 22 W 5/94 – MDR 1994, 618; OLG Stuttgart 7.9.1979 – 2 W 33/79 – WRP 1979, 818, die die Klageeinreichung ausreichen lassen.
8 BGH 22.5.1989 – VII ZR 129/88 – BGHR § 51 Abs. 1 ZPO Prozessstandschaft, gewillkürte 11 = NJW 1989, 1932.
9 *Thomas/Putzo*, § 269 Rn 11.
10 BAG 19.2.2003 – 4 AZR 168/02 – EzA § 4 TVG Ausschlussfristen Nr. 164.

Parteien über die Kostentragung oder die Kostenübernahme folgt (Nr. 8211 der Anlage 1 – Kostenverzeichnis – § 3 Abs. 2 GKG), unabhängig davon, ob ein Mahnverfahren vorangegangen ist oder nicht.

5 Auf Antrag der beklagten Partei sind die Wirkungslosigkeit eines bereits ergangenen Urteils und die Kostentragungspflicht durch **Beschluss** auszusprechen (§ 269 Abs. 4 ZPO). Der Beschluss bedarf keiner mündlichen Verhandlung (Abs. 2 S. 1); er unterliegt der **sofortigen Beschwerde**, wenn der Streitwert der Hauptsache 600 EUR übersteigt (§ 269 Abs. 5 ZPO). Ergeht der Beschluss außerhalb der mündlichen Verhandlung, folgt das Alleinentscheidungsrecht des Vorsitzenden aus § 53 Abs. 1; wird der Beschluss innerhalb der streitigen Verhandlung erlassen, besteht kein Alleinentscheidungsrecht mehr.

6 Wird zwischen den Parteien über die Wirksamkeit einer Klagerücknahme gestritten, besteht kein Alleinentscheidungsrecht des Vorsitzenden. Darüber ist vielmehr von der Kammer unter Beteiligung der ehrenamtlichen Richter unter Fortsetzung des bisherigen Verfahrens zu entscheiden. Bei Annahme einer wirksamen Klagerücknahme ist dies durch Endurteil festzustellen und sodann durch Beschluss über die Kosten nach § 269 Abs. 3 S. 2 ZPO zu entscheiden. Wird eine wirksame Klagerücknahme verneint, so ist dies entweder im Zusammenhang mit dem Urteil in der Hauptsache oder durch Zwischenurteil nach § 303 ZPO zu entscheiden.[11]

7 Das Alleinentscheidungsrecht nach Abs. 1 Nr. 1 besteht nicht, wenn beide Parteien den Rechtsstreit in der Hauptsache für erledigt erklären. Durch diese Prozesserklärungen wird der Rechtsstreit in der Hauptsache beendet, während er hinsichtlich der Kostentragungspflicht rechtshängig bleibt. Wegen des Ausschlusses der Kostenerstattung im erstinstanzlichen Verfahren (§ 12a Abs. 1 S. 1) betrifft die Kostentragungspflicht – wie bei der Klagerücknahme – allein die bei Gericht entstandenen Kosten. Die Kostenentscheidung kann ohne mündliche Verhandlung und in diesem Fall nach § 53 Abs. 1 durch den Vorsitzenden allein ergehen. In der streitigen Verhandlung entscheidet die Kammer über die Kosten (Ausnahme: Abs. 3).

8 **2. Verzicht (Nr. 2).** Verzicht (§ 306 ZPO) ist die Erklärung der klagenden Partei an das Gericht, dass der geltend gemachte prozessuale Anspruch nicht besteht. Er enthält die endgültige Zurücknahme der aufgestellten Rechtsbehauptung und führt deshalb auf Antrag zur sachlichen Klageabweisung. Die Verzichtserklärung muss nicht ausdrücklich, aber als Prozesshandlung eindeutig und bedingungslos sein. Aus Abs. 2 S. 2 wird teilweise gefolgert, dass in Abweichung zu § 306 ZPO der Verzicht auch außerhalb der mündlichen Verhandlung erklärt werden könne.[12] Demgegenüber wird gerade im Hinblick auf den Schutzzweck des § 306 ZPO, dem im arbeitsgerichtlichen Verfahren besondere Bedeutung zukomme, weil oft prozessunerfahrene Parteien Erklärungen abgeben, eine Abweichung von § 306 ZPO mit Recht abgelehnt.[13] Der Verzicht muss nicht den gesamten Klageanspruch erfassen; es genügt, wenn auf einen abtrennbaren Teil eines Anspruchs verzichtet wird.[14] Bei Teilverzicht muss wegen der dem § 301 Abs. 2 ZPO vorgehenden Regelung in § 306 ZPO ein Verzichts-Teilurteil ergehen.[15]

9 Allein die Verzichtserklärung beseitigt nicht die Rechtshängigkeit des prozessualen Anspruchs,[16] sie berechtigt die beklagte Partei jedoch zum Antrag auf Erlass eines Verzichtsurteils. Nach Abs. 1 Nr. 2 kann dieses durch den Vorsitzenden erlassen werden. Hierfür bedarf es grds. einer mündlichen Verhandlung. Mit **Zustimmung der Parteien** kann nach **Abs. 2 S. 2** ohne mündliche Verhandlung entschieden werden.

10 **3. Anerkenntnis (Nr. 3).** Anerkenntnis nach § 307 ZPO ist die Erklärung der beklagten Partei an das Gericht, dass der von der klagenden Partei geltend gemachte prozessuale Anspruch besteht. Gegenstand des Anerkenntnisses ist der prozessuale Anspruch selbst, mag er auf Leistung, Feststellung oder Gestaltung gerichtet sein. Die Erklärung muss als Prozesshandlung nicht ausdrücklich, aber eindeutig und bedingungslos sein. Nach der Änderung des § 307 ZPO durch das 1. Justizmodernisierungsgesetz vom 24. August 2004[17] bedarf es einer mündlichen Verhandlung jetzt nicht mehr.[18] Verwahrung gegen die Kosten schadet nicht. Teilanerkenntnis ist wie Teilverzicht (vgl. Rn 8) möglich.

Auf die Anerkenntniserklärung hin ist dem Anerkenntnis gemäß zu verurteilen, ohne dass es eines Antrags auf Erlass eines Anerkenntnisurteils bedarf.[19] Dieses kann nach Abs. 1 Nr. 3 der Vorsitzende erlassen, wozu es nach Abs. 2 S. 1 keiner mündlichen Verhandlung bedarf.

11 **4. Säumnis einer Partei (Nr. 4).** Säumnis einer Partei liegt vor, wenn sie nach Aufruf der Sache nicht erscheint (§ 330 ZPO) oder nicht verhandelt[20] (§ 333 ZPO). Sie muss jedoch ordnungsgemäß, insb. rechtzeitig geladen sein

---

11 *Germelmann u.a.*, § 55 Rn 8.
12 GK-ArbGG/*Schütz*, § 55 Rn 15.
13 *Germelmann u.a.*, § 55 Rn 10.
14 BAG 26.10.1979 – 7 AZR 752/77 – AP § 9 KSchG 1969 Nr. 5 = DB 1980, 356.
15 *Germelmann*, § 55 Rn 12.
16 Baumbach/*Hartmann*, § 306 Rn 3.
17 BGBl I S. 2198.
18 Zutreffend. *Troje*, NZA 2008, 690, 691, der darauf hinweist, dass der Anwalt bei Erlass eines Anerkenntnisurteils auch in diesem Fall nach Abs. 1 Nr. 1 der Anm. zu 3104 VV RVG die volle Terminsgebühr erhält. Gerichtsgebühren fallen nach KV Nr. 8211 Nr. 2 zum GKG in Höhe von 0,4 an.
19 BT-Drucks 14/4722, S. 84.
20 Zu den Anforderungen: BAG 4.12.2002 – 5 AZR 556/01 – AP § 333 ZPO Nr. 1 = NZA 2003, 341; § 59 Rn 7 ff.

(§ 335 Abs. 1 Nr. 2 ZPO). Ihr muss tatsächliches mündliches Vorbringen oder ein Antrag rechtzeitig mittels Schriftsatzes mitgeteilt worden sein (§ 335 Abs. 1 Nr. 3 ZPO) und das Gericht darf nicht dafür halten, dass die Partei ohne ihr Verschulden am Erscheinen verhindert ist (Vertagung von Amts wegen nach § 337 ZPO).

Im Fall der Säumnis einer Partei folgt für den Vorsitzenden aus Abs. 1 Nr. 4 ein **Alleinentscheidungsrecht außerhalb der streitigen Verhandlung für alle Entscheidungen, die auf die Säumnis zurückzuführen sind**. Der Vorsitzende ist berechtigt zum Erlass eines sog. echten Versäumnisurteils (§ 330 ZPO), eines sog. unechten Versäumnisurteils (§ 331 Abs. 2 ZPO),[21] zur Entscheidung nach Lage der Akten (§ 331a ZPO), zur Entscheidung über die Zurückweisung des Antrags auf Erlass des Versäumnisurteils nach § 335 ZPO oder zur Vertagung nach § 337 ZPO sowie zum Erlass des zweiten Versäumnisurteils nach § 345 ZPO.[22] Alle diese Entscheidungen bedürfen der **mündlichen Verhandlung** (vgl. **Abs. 2 S. 1**).

5. Verwerfung unzulässiger Einsprüche (Nr. 4a). Die Vorschrift ist durch das SGGArbGG-Änderungsgesetz mit Wirkung vom 1.4.2008 eingefügt worden und stellt nun ausdrücklich klar, dass der Vorsitzende auch im Falle der Verwerfung unzulässiger Einsprüche gegen ein Versäumnisurteil oder einen Vollstreckungsbescheid allein entscheiden kann.

Wird nicht in der gesetzlichen Form und Frist Einspruch gegen das Versäumnisurteil eingelegt (§§ 338–340 ZPO), kann die Verwerfungsentscheidung nach § 341 Abs. 1 S. 2 ZPO ohne oder aufgrund mündlicher Verhandlung durch – in jedem Fall zu verkündendes – Urteil des Vorsitzenden ergehen (§ 341 Abs. 2 ZPO i.V.m. Abs. 1 Nr. 4). *Griebeling*[23] hatte bereits zutreffend darauf hingewiesen, dass auch zu § 349 Abs. 2 Nr. 5 ZPO für die vergleichbare Situation des **Vorsitzenden der Handelskammer** ganz überwiegend die Auffassung vertreten wird, der Vorsitzende sei allein für die Verwerfungsentscheidung nach § 341 ZPO zuständig. Das soll unabhängig davon gelten, ob die Entscheidung mit oder ohne mündliche Verhandlung ergeht.[24] Die gewünschte Klarstellung ist nun durch das SGGArbGG-Änderungsgesetz per 1.4.2008 mit der Einfügung der Nr. 4a erfolgt.[25]

6. Säumnis beider Parteien (Nr. 5). Bei Säumnis beider Parteien außerhalb der streitigen Verhandlung steht dem Vorsitzenden nach Abs. 1 Nr. 5 ein **Alleinentscheidungsrecht** zu. Dies umfasst nicht mehr die Kompetenz zur Entscheidung nach Lage der Akten (§ 251a Abs. 1 ZPO), die im arbeitsgerichtlichen Verfahren schon im ersten Kammertermin nach dem Gütetermin möglich ist, aber eben nicht außerhalb der streitigen Verhandlung,[26] jedoch weiterhin eine
– Vertagung nach §§ 251a Abs. 3 ZPO i.V.m. § 227 ZPO[27] und eine
– Anordnung des Ruhens des Verfahrens nach § 251a Abs. 3 ZPO.[28]

Angesicht der Begrenzung auf Entscheidungen außerhalb der streitigen Verhandlung gibt es für diese Regelung praktisch kaum noch einen Anwendungsbereich, da das Alleinentscheidungsrecht sich insoweit schon aus § 53 ergibt. Die Entscheidungen können vom Vorsitzenden **auch ohne mündliche Verhandlung** getroffen werden (vgl. **Abs. 2 S. 1**).

Für die Güteverhandlung gilt für den Fall der Säumnis beider Parteien § 54 Abs. 5. Eine Ruhensanordnung nach § 251a ZPO ist aber nicht ausgeschlossen, insbesondere wenn die Parteien dies ausdrücklich beantragt haben.

7. Einstweilige Einstellung der Zwangsvollstreckung (Nr. 6). Wird ohne mündliche Verhandlung über den Antrag auf einstweilige Einstellung der Zwangsvollstreckung (§ 62 Abs. 1 S. 2, §§ 707 Abs. 1, 719, 769 ZPO) entschieden (vgl. Abs. 2 S. 1), folgt die Befugnis des Vorsitzenden zur Alleinentscheidung aus § 53 Abs. 1. In Fällen der Entscheidung aufgrund mündlicher Verhandlung ergibt sich das Alleinentscheidungsrecht aus Abs. 1 Nr. 6. Gemeint sein kann nach der Begrenzung auf Verhandlungen außerhalb der streitigen Verhandlung nur noch die Entscheidung innerhalb der Güteverhandlung. Zu denken ist allerdings auch noch an einen speziell für die Entscheidung über den Einstellungsantrag anberaumten Termin.

8. Örtliche Zuständigkeit (Nr. 7). Das Alleinentscheidungsrecht des Vorsitzenden über die örtliche Zuständigkeit nach § 48 Abs. 1 i.V.m. §§ 17 bis 17b GVG folgt aus Nr. 7. Nach der Gesetzesbegründung[29] handelt es sich um eine

---

21 Dazu z.B. Hessisches LAG 12.2.2007 – 16 Sa 1366/06 – juris.
22 LAG Köln 14.12.2000 – 6 Sa 1183/00 – juris; *Germelmann u.a.*, § 55 Rn 17; GK-ArbGG/*Schütz*, § 55 Rn 17.
23 NZA 2002, 1073, 1075, m. Darst. des Meinungsstandes.
24 A.A. LAG Köln 21.2.2003 – 4 Sa 1054/02 – LAGReport 2003, 379 und zur Entscheidung im Berufungsverfahren LAG Düsseldorf 25.7.2003 – 14 Sa 522/03 – LAGE § 66 ArbGG 1979 Nr. 19, unter Hinweis auf § 66 Abs. 2 S. 2 Hs. 2.
25 Zum früheren Streitstand: *Schwab/Wildschütz/Heege*, NZA 2003, 999, 1002 und *Francken/Natter/Rieker*, Die Novellierung des ArbGG und des § 5 KSchG, NZA 2008, 377, 379.
26 A.A. offenbar *Germelmann u.a.*, § 55 Rn 18, der sich nun zwar der Ansicht angeschlossen hat, dass die Entscheidung grds. bereits im ersten Kammertermin ergehen kann, aber scheinbar davon ausgeht, dass keine streitige Verhandlung vorliegt, was wohl nicht richtig ist (dazu oben Rn 3).
27 *Germelmann u.a.*, § 55 Rn 19.
28 *Germelmann u.a.*, § 55 Rn 19.
29 BT-Drucks 14/626, S. 9.

wenig bedeutsame Verfahrensentscheidung, die früher die Kammersitzung unnötig belastet habe. Auf die Sachkunde der ehrenamtlichen Richter komme es bei dieser Entscheidung nicht an.

19 **9. Aussetzung des Verfahrens (Nr. 8).** Das Alleinentscheidungsrecht des Vorsitzenden über die Aussetzung des Verfahrens beruht auf Nr. 8 des Abs. 1 der Vorschrift. Die Vorsitzende kann die Aussetzung des Verfahrens anordnen, wenn die Entscheidung des Rechtsstreits ganz oder zum Teil von dem Bestehen oder Nichtbestehen eines Rechtsverhältnisses abhängt, das den Gegenstand eines anderen anhängigen Rechtsstreits bilden oder von einer Verwaltungsbehörde festzustellen ist (§ 148 ZPO) oder sich im Laufe eines Rechtsstreits der Verdacht einer Straftat ergibt, deren Ermittlung auf die Entscheidung von Einfluss ist (§ 149 ZPO). Auch eine Teilaussetzung kommt in Betracht.[30] Für eine Aussetzung allein wegen Zustimmung der Parteien fehlt die Rechtsgrundlage;[31] in der Sache geht es um die Anordnung des Ruhens des Verfahrens nach § 251 ZPO.

20 Das Verfahren muss vom Vorsitzenden ausgesetzt werden, wenn in Fällen des Todes, des Verlustes der Prozessfähigkeit, des Wegfalls des gesetzlichen Vertreters, der Anordnung einer Nachlassverwaltung oder des Eintritts der Nacherbfolge eine Vertretung durch einen Prozessbevollmächtigten stattfand (auf Antrag; § 246 ZPO).

21 Keine reine prozessleitende Maßnahme liegt vor, wenn die Verfassungswidrigkeit von Gesetzen (Art. 100 Abs. 1 GG) oder europarechtliche Fragen (Vorabentscheidungsverfahren nach Art. 234 Abs. 1 und 2 EGV) vorab zu klären sind. Insoweit ist von der Zuständigkeit der Kammer für die **Vorlageentscheidung** auszugehen. Es handelt sich insoweit keineswegs um eine wenig bedeutsame Verfahrensentscheidung, die die Kammersitzung unnötig belastet und für die es auf die Sachkunde der ehrenamtlichen Richter bei dieser Entscheidung nicht ankommt.[32] Nur dann, wenn eine infolge der Einleitung des Vorabentscheidungsverfahrens gebotene Aussetzungsentscheidung außerhalb der streitigen Verhandlung erfolgt, kann sie der Vorsitzende erlassen.

22 Die Aussetzung des Verfahrens nach §§ 148 f. ZPO ist eine prozessleitende Maßnahme, die – bei Vorliegen der Voraussetzungen für die Aussetzung – im **pflichtgemäßen Ermessen** des Gerichts steht und nicht der Prozessverschleppung Vorschub leisten darf.[33] Grds. ist dem Beschleunigungsgrundsatz (§§ 9 Abs. 1 S. 1, 61a ArbGG) gegenüber der Aussetzungsmöglichkeit nach § 148 ZPO der Vorrang einzuräumen, wenn nicht gewichtige Gründe die Aussetzung gebieten.[34] Sie muss erkennen lassen, dass das ArbG die Vor- und Nachteile gegeneinander abgewogen hat.[35] Kann das ArbG, das mit verschiedenen Prozessen derselben Partei befasst ist, der Gefahr divergierender Entscheidungen in den Instanzen durch eine Verfahrensverbindung begegnen, so muss der Verfahrensverbindung regelmäßig gegenüber der Aussetzung der Vorzug gegeben werden.[36] Dies gilt auch, wenn mehrere Rechtsstreite um verschiedene Künd rechtshängig sind.[37] Es ist nicht zulässig, von mehreren Parallelprozessen nur einen durchzuführen und die anderen auszusetzen. Treffen die Parteien eine Musterprozessvereinbarung, kommt die Anordnung des Ruhens des Verfahrens nach § 251 ZPO in Betracht.

23 In der arbeitsgerichtlichen Praxis ist die Aussetzung nach § 148 ZPO wegen einer anderen Entscheidung von besonderer Bedeutung. Die **Entscheidung in dem anderen Rechtsstreit oder Verwaltungsverfahren** muss vorgreiflich sein für die Entscheidung, die in dem auszusetzenden Verfahren ergehen soll. Dies ist nur der Fall, wenn im anderen Verfahren über ein Rechtsverhältnis entschieden wird, dessen Bestehen für den vorliegenden Rechtsstreit präjudizielle Bedeutung hat. Das Rechtsverhältnis muss den Gegenstand des anderen Verfahrens bilden, darf dort nicht nur Vorfrage sein.[38] Eine Aussetzung wegen Vorgreiflichkeit darf erst dann erfolgen, wenn feststeht, dass der anstehende Rechtsstreit nicht aus anderen Gründen zu einer Entscheidung gebracht werden kann; es reicht nicht aus, wenn der anstehende Rechtsstreit möglicherweise von dem Ausgang des anderen Rechtsstreits abhängt.[39] Insoweit hat der Vorsitzende auch die Vorfrage der Vorgreiflichkeit zu entscheiden.

24 Wird ein **Entgeltprozess über kündigungsabhängige Entgeltansprüche** gesondert geführt, so braucht das ArbG im Allgemeinen weder die Rechtskraft des zugunsten des AN ergangenen Urteils noch das Ergebnis des Berufungs-

---

30 Hessisches LAG 17.1.2000 – 9 Ta 32/00 – AnwBl. 2000, 697.
31 A.A. Hessisches LAG 17.1.2000 – 9 Ta 32/00 – AnwBl. 2000, 697.
32 So die Begründung zum Alleinentscheidungsrecht, BT-Drucks 14/626, S. 9; ebenso *Germelmann u.a.*, § 55 Rn 27; GK-ArbGG/*Schütz*, § 55 Rn 26.
33 *Germelmann u.a.*, § 55 Rn 28.
34 BAG 26.9.1991 – 2 AZR 132/91 – AP § 1 KSchG 1969 Nr. 28 = NZA 1992, 1073; LAG Schleswig-Holstein 25.9.1998 – 6 Ta 137/98 – AP § 148 ZPO Nr. 5; LAG München 22.2.1989 – 7 Ta 25/89 – LAGE § 148 ZPO Nr. 20.
35 LAG Düsseldorf 16.2.1989 – 7 Ta 56/89 – LAGE § 148 ZPO Nr. 21.
36 LAG Hamm 20.10.1983 – 8 Ta 291/83 – EzA § 148 ZPO Nr. 14 = LAGE § 148 ZPO Nr. 13; LAG Schleswig-Holstein 25.9.1998 – 6 Ta 137/98 – AP § 148 ZPO Nr. 5; Hessisches LAG 20.10.1995 – 16 Ta 414/95 – n.v.; LAG Sachsen-Anhalt 22.9.1995 – 2 Ta 140/95 – LAGE § 148 ZPO Nr. 29.
37 LAG Schleswig-Holstein 25.9.1998 – 6 Ta 137/98 – AP § 148 ZPO Nr. 5; Hessisches LAG 13.8.1999 – 5 Ta 512/99 – LAGE § 148 ZPO Nr. 36; Hessisches LAG 11.8.1999 – 5 Ta 513/99 – LAGE § 148 ZPO Nr. 35; a.A. Hessisches LAG 17.1.2000 – 9 Ta 32/00 – AnwBl. 2000, 697, das von dem Grundsatz der Aussetzung der Verhandlung über zeitlich später wirkende Künd ausgeht.
38 Zöller/*Greger*, § 148 Rn 5.
39 LAG Düsseldorf 11.3.1992 – 7 Ta 58/92 – LAGE § 148 ZPO Nr. 25; GK-ArbGG/*Schütz*, § 55 Rn 25; LAG Berlin-Brandenburg 9.9.2009 – 13 Ta 1695/09 – juris Rn 5.

verfahrens abzuwarten. Für eine Aussetzung des Rechtsstreits über die kündigungsabhängigen Entgeltansprüche ist regelmäßig kein Raum.[40] Eine Aussetzung des Verfahrens über einen **Beschäftigungsanspruch** bis zum rechtskräftigen Abschluss eines anhängigen Rechtsstreits über die Wirksamkeit der Künd ist nicht zwingend,[41] sondern kommt nur in engen Grenzen in Betracht.[42] Ist ein Sozialplan wegen WGG durch die Betriebsparteien anzupassen, ist ein Rechtsstreit über die **Sozialplanabfindung** in entsprechender Anwendung von § 148 ZPO auszusetzen.[43] Wird jedoch in einem Beschlussverfahren nach § 76 Abs. 5 S. 4 BetrVG die Unwirksamkeit eines Sozialplans geltend gemacht, so führt das nicht zu einer Regelaussetzung.[44] Der Rechtsstreit über einen **Auflösungsantrag** darf nicht ausgesetzt werden, wenn er zeitlich einer weiteren Künd vorgeht.[45] Ausgesetzt werden darf aber der Rechtsstreit über eine später wirksam werdende Künd.[46]

Solange die **„Zweigleisigkeit"** des Rechtsweges bei der **Künd von schwerbehinderten oder diesen gleichgestellten behinderten Menschen** besteht, muss immer mit divergierenden Entscheidungen der ArbG und der Verwaltungsgerichte gerechnet werden. Das bedingt nach Auffassung des 6. Senats des BAG die Notwendigkeit der Aussetzung eines Künd-Schutzprozesses, wenn die erteilte Zustimmung des Integrationsamtes angefochten wird,[47] während es nach dem 2. Senat im Ermessen des Gerichts steht, ob es den von einem schwerbehinderten oder diesem gleichgestellten behinderten Menschen anhängig gemachten Künd-Schutzprozess nach § 148 ZPO aussetzt, solange über die Anfechtung der Zustimmung des Integrationsamtes zu der Künd noch nicht rechtskräftig entschieden ist, wenn es die Künd für sozial gerechtfertigt hält.[48] Hat der AN im Künd-Schutzprozess geltend gemacht, ein von ihm abhängig gemachtes Verfahren zur Feststellung der Schwerbehinderteneigenschaft sei noch nicht abgeschlossen, so kann eine Aussetzung erst in Betracht kommen, wenn zu überblicken ist, dass es entscheidend auf den Schwerbehindertenschutz ankommt.[49]

§ 148 ZPO ist über seinen Wortlaut hinaus auf vergleichbare Fallgestaltungen **entsprechend anwendbar**, z.B. bei demnächst zu erwartender **Klärung von Rechtsfragen durch das BAG**, die für andere bei unteren Instanzgerichten anhängige Verfahren allein streitentscheidend sind.[50]

Eine Aussetzung nach **§ 149 ZPO** kommt nur in Betracht, wenn das aussetzende Gericht selbst davon überzeugt ist, dass sich ein Prozessbeteiligter dem Verdacht einer strafbaren Handlung ausgesetzt hat.[51] Liegt dem Strafverfahren und dem Verfahren vor dem ArbG nahezu derselbe Sachverhalt zugrunde, findet eine Aussetzung nicht statt.[52] Beschränkt sich der AG allerdings im Rechtsstreit über eine außerordentliche Verdachts-Künd gegenüber einem Ang darauf, den Inhalt des Haftbefehls als Tatsachengrundlage des kündigungsbegründenden Verdachts vorzutragen und dies ergänzend in das „Zeugnis" des ermittlungsführenden Staatsanwalts zu stellen, so ist eine Aussetzung des arbeitsgerichtlichen Verfahrens nicht ermessensfehlerhaft, sondern sogar angezeigt.[53]

Aus Gründen der Prozessökonomie kann es ausnahmsweise zulässig sein, wenn es bei der Entscheidung auf die Gültigkeit eines Gesetzes ankommt, gegen das verfassungsrechtliche Bedenken bestehen, nicht nach Art. 100 GG zu verfahren, sondern den Rechtsstreit in entsprechender Anwendung des § 148 ZPO bis zur **Entscheidung des BVerfG** in einem bereits anhängigen Verfahren des BVerfG nach Art. 100 GG über die Gültigkeit der anzuwendenden Vorschrift auszusetzen.[54]

Vor der Aussetzung des Verfahrens ist den Parteien **Gelegenheit zur Stellungnahme** zu geben, wozu die Gelegenheit zur schriftsätzlichen Stellungnahme ausreicht.[55] Die Aussetzungsentscheidung erfolgt durch Beschluss, der zu

---

40 LAG Frankfurt 3.7.2002 – 12 Ta 213/02 – BB 2002, 2075; Thüringer LAG 27.6.2001 – 6/9 160/00 – n.v.; LAG Hamm 18.4.1985 – 8 Ta 96/85 – DB 1985, 1897; LAG Köln 21.11.1985 – 5 Ta 208/85 – NZA 1986, 140; LAG Köln 17.12.1985 – 9 Ta 230/85 – NZA 1986, 404 = DB 1986, 440; LAG Nürnberg 9.7.1986 – 3 Ta 8/86 – NZA 1987, 211; LAG Düsseldorf 23.12.1982 – 7 Ta 299/82 – EzA § 148 ZPO Nr. 13; LAG Köln 24.11.1997 – 4 Ta 343/97 – LAGE § 148 ZPO Nr. 32; a.A. LAG Berlin 2.12.1993 – 9 Ta 24/93 – LAGE § 148 ZPO Nr. 28.
41 BAG 27.2.1985 – GS 1/84 – AP § 611 BGB Beschäftigungspflicht Nr. 14 = NJW 1985, 2968.
42 LAG Köln 17.5.1991 – 5 Ta 107/91 – LAGE § 148 ZPO Nr. 23 = NZA 1992, 84.
43 BAG 28.8.1996 – 10 AZR 886/95 – AP § 112 BetrVG 1972 Nr. 104 = NZA 1997, 109.
44 LAG Berlin 22.11.1983 – 3 Ta 11/83 – n.v.
45 BAG 27.4.2006 – 2 AZR 360/05 – AP Nr. 55 zu § 9 KSchG 1969 = NZA 2007, 229BB 2006, 2476.
46 BAG 26.6.2008 – 6 AZN 648/07 – NZA 2008, 1145 = NJW 2008, 3235.
47 BAG 25.11.1980 – 6 AZR 210/80 – AP § 12 SchwbG Nr. 7 = DB 1981, 1141.
48 BAG 26.9.1991 – 2 AZR 132/91 – AP § 1 KSchG 1969 Nr. 28 = NZA 1992, 1073; LAG Köln 3.2.1997 – 5 Ta 30/97 – LAGE § 148 ZPO Nr. 31; LAG Berlin 25.7.1996 – 10 Sa 46/96 – LAGE § 148 ZPO Nr. 28; Hessisches LAG 11.2.1994 – 3 Ta 465/93 – juris.
49 LAG Hamm 10.2.1983 – 8 Ta 363/82 – AuR 1983, 187; LAG Berlin 24.6.1991 – 9 Sa 20/91 – LAGE § 1 KSchG Personenbedingte Kündigung Nr. 8 = NZA 1992, 79; LAG Köln 21.6.1996 – 11 Sa 260/96 – n.v., betr. Gleichstellungsantrag.
50 BAG 12.3.1996 – 3 AZR 993/94 – AP § 24 TV Arb Bundespost Nr. 1 = DB 1996, 2085; LAG Sachsen-Anhalt 11.12.1997 – 4 [8] Ta 288/97 – juris.
51 Hessisches LAG 8.3.1988 – 13 Ta 66/88 – n.v.
52 LAG Berlin 12.10.1981 – 9 Ta 3/81 – AP § 149 ZPO 1977 Nr. 1.
53 Hessisches LAG 26.2.1991 – 12 Ta 154/91 – DB 1992, 48.
54 BAG 28.1.1988 – 2 AZR 296/87 – AP § 622 BGB Nr. 24 = NZA 1989, 228.
55 *Germelmann u.a.*, § 55 Rn 31.

begründen ist (§ 329 ZPO). Gegen den Aussetzungsbeschluss oder die Zurückweisung des Aussetzungsantrags des ArbG ist die sofortige Beschwerde (§ 252 ZPO i.V.m. § 78) gegeben. Entscheidet das LAG, ist gegen den Beschluss des LAG nur dann die Rechtsbeschwerde gegeben, wenn sie von dem LAG nach § 78 S. 2 zugelassen wurde.[56]

30 **10. Kostenentscheidung (Nr. 9).** Die Vorschrift ist durch das SGGArbGG-Änderungsgesetz mit Wirkung vom 1. April 2008 eingefügt worden. Sie stellt eine Angleichung an § 349 Abs. 2 Nr. 12 ZPO her. Der eigenständige Regelungsbereich der Norm betrifft die Fälle, in denen nicht von der Möglichkeit Gebrauch gemacht wird, ohne mündliche Verhandlung zu entscheiden. Das kann bei Kostenschlussurteilen in Betracht kommen. Das sind Urteile, durch die nur noch über die Kosten zu entscheiden ist, weil bereits über einen Teil des Streitgegenstandes durch Teilurteil entschieden worden ist, der verbliebene Teil aber später z.B. aufgrund Klagerücknahme entfallen ist (dazu ausführlich siehe § 46 Rn 17 f.). In der Praxis ist diese Frage von Bedeutung, weil Kostenschlussurteile nach § 128 Abs. 3 ZPO, der über § 46 Abs. 2 ZPO Anwendung findet, zwar wie alle Kostenentscheidungen ohne mündliche Verhandlung ergehen können. § 53 findet jedoch keine Anwendung auf Urteile.[57]

31 **11. Tatbestandsberichtigung (Nr. 10).** Die durch das SGGArbGG-Änderungsgesetz mit Wirkung vom 1. April 2008 eingefügte Regelung ermöglicht eine Alleinentscheidung des Vorsitzenden über den Tatbestandsberichtigungsantrag. Diese war bisher wegen § 320 Abs. 4 S. 2 ZPO nicht möglich. Danach wirken grundsätzlich diejenigen Richter an der Entscheidung mit, die auch bei dem zugrunde liegenden Urteil mitgewirkt haben. Voraussetzung für eine Alleinentscheidung ist aber, dass nicht eine Partei eine mündliche Verhandlung beantragt. Das bedeutet eine sinnvolle Vereinfachung und Beschleunigung.

32 **12. Zurückweisung des Bevollmächtigten/Untersagung der Vertretung (Nr. 11).** § 55 Abs. 1 Nr. 11 ist durch Art. 11 Nr. 3 Gesetz zur Neuregelung des Rechtsberatungsrechts v. 12.12.2007[58] m.W.v. 1.7.2008 eingefügt worden. Die Regelung ergänzt § 11 Abs. 3, wonach das Gericht Bevollmächtigte, die nicht nach Maßgabe des Abs. 2 vertretungsbefugt sind, durch unanfechtbaren Beschluss zurückweist. Außerdem kann die Gericht die in § 11 Abs. 2 S. 2 Nr. 1 bis 3 bezeichneten Bevollmächtigten durch unanfechtbaren Beschluss die weitere Vertretung untersagen, wenn sie nicht in der Lage sind, das Sach- und Streitverhältnis sachgerecht darzustellen. In der Gesetzesbegründung[59] heißt es zur Einfügung der Nr. 11: „*Ein Beschluss über den Ausschluss eines unzulässigen oder ungeeigneten Bevollmächtigten kann bereits im Güteverfahren erforderlich werden, in dem vor dem Vorsitzenden ohne ehrenamtliche Richter verhandelt wird. Durch die neue Nummer 9 entscheidet der Vorsitzende in jeder Lage des Verfahrens über den nach § 11 Abs. 3 möglichen Ausschluss eines Bevollmächtigten allein, also auch im Kammertermin und außerhalb der mündlichen Verhandlung gemäß § 53 ArbGG, da eine mündliche Verhandlung für die Entscheidung nicht vorgesehen ist.*"
Die Angabe einer Nr. 9 und des „Kammertermins" ist dem Umstand geschuldet, dass über die Vorschrift vor dem SGGArbGG-Änderungsgesetz beschlossen worden ist. Die Alleinentscheidung kommt nur außerhalb der mündlichen Verhandlung in Betracht.

33 **13. Rüge der Verletzung rechtlichen Gehörs (§ 78a Abs. 6).** An die Stelle des durch das Anhörungsrügengesetz vom 9.12.2004 (Gesetz über die Rechtsbehelfe bei Verletzung des Anspruchs auf rechtliches Gehör)[60] aufgehobenen § 55 Abs. 1 Nr. 9 ist § 78a Abs. 6 getreten. Die Vorschrift bestimmt, dass die Entscheidung über die Gehörsrüge grds. unter Hinzuziehung der ehrenamtlichen Richter zu erfolgen hat (Einzelheiten siehe unter § 78a). Sie wirken jedoch nicht mit, wenn die Rüge als unzulässig verworfen wird oder sich gegen eine Entscheidung richtet, die ohne Hinzuziehung der ehrenamtlichen Richter erlassen wurde. Es ergibt sich zwar aus den Gesetzesmaterialien nicht völlig eindeutig, welche ehrenamtlichen Richter über die Rüge mitzuentscheiden haben. Es spricht jedoch an sich viel dafür, dass die richterliche Selbstkorrektur, wie sie § 78a eröffnet, durch alle die Richter zu erfolgen hat, welche die angefochtene Entscheidung erlassen haben und dass der Vorsitzende nach einer statthaften und ordnungsgemäß begründeten Gehörsrüge Termin zur Entscheidung über die Begründetheit der Rüge und ggf. zur Weiterverhandlung in der Hauptsache unter Beteiligung der ehrenamtlichen Richter anberaumt, welche die mit der Rüge angefochtene Entscheidung gefällt haben.[61] Dem ist das BAG nicht generell gefolgt. Zuständig ist nach der Auff. des Dritten Senats[62] vielmehr das nach dem Geschäftsverteilungsplan bestimmte Gremium.

II. Alleinentscheidung auf Antrag beider Parteien (Abs. 3)

34 Die Parteien können nach **Abs. 3** durch übereinstimmenden Antrag eine Entscheidung des Vorsitzenden allein herbeiführen, wenn in der Verhandlung, die sich **unmittelbar** an die Güteverhandlung anschließt, eine das Verfahren beendende Entscheidung ergehen kann.[63] Im Gütetermin darf keine Vertagung erforderlich sein. Eine der Alleinent-

---

56 *Germelmann u.a.*, § 55 Rn 32.
57 *Germelmann u.a.*, § 53 Rn 14.
58 BGBl I 2840.
59 BR-Drucks 623/06, S. 209.
60 BGBl I S. 3220.
61 So *Bepler*, jurisPR-ArbR 3/2005, Anm. 4.
62 BAG 22.7.2008 – 3 AZN 584/08 – NJW 2009, 541 = NZA 2009, 1054.
63 Zu verfassungsrechtlichen Bedenken wegen Einfluss der Parteien auf Besetzung der Richterbank vgl. *Germelmann u.a.*, § 55 Rn 40.

scheidungsbefugnis entgegenstehende Unterbrechung soll bereits vorliegen, wenn zwischen der Güteverhandlung und der streitigen Verhandlung eine andere Sache verhandelt wird.[64] Dies erscheint zu formalistisch. In der Praxis werden nicht selten während der Gütesitzung Verhandlungen unterbrochen, andere Sachen vorgezogen, außerhalb des Sitzungssaals geführte Vergleichsgespräche oder telefonische Anfragen abgewartet. Auch die Parteien können nach gescheiterter Güteverhandlung ein Interesse haben, kurzfristig zu klären, ob eine Alleinentscheidung anzustreben ist. Der Vorschrift ist genüge getan, wenn die streitige Verhandlung sich in dem Sinne unmittelbar an den Gütetermin anschließt, als sie noch am Sitzungstag vor Anberaumung eines Kammertermins erfolgt.[65]

In der Verhandlung muss **eine das Verfahren beendende Entscheidung**[66] ergehen können. Ist eine Beweisaufnahme erforderlich, kommt eine Alleinentscheidung in Betracht, wenn eine aufgrund präsenter Beweismittel sofort durchgeführt werden kann. Dies wird der Sitzungsplan häufig aus Zeitgründen nicht zulassen. Bei Vertagung fehlt bzw. entfällt eine Voraussetzung für die Alleinentscheidungsbefugnis. Eine durchgeführte Beweisaufnahme ist in diesem Fall – entsprechend der Situation bei einer Vertagung der Verhandlung vor der Kammer – nicht zu wiederholen.[67] Des Weiteren wirken sämtliche Prozesshandlungen der Parteien, die in der streitigen Verhandlung vorgenommen wurden (z.B. Geständnisse, Klageänderungen, Antragstellungen) im weiteren Verfahren fort.[68] 35

Die Befugnis des Vorsitzenden zur Alleinentscheidung besteht nur, wenn **sämtliche am Rechtsstreit beteiligten Parteien** bzw. Streitgenossen[69] **übereinstimmend** eine Entscheidung durch den Vorsitzenden beantragen. Der Antrag ist in das Protokoll aufzunehmen. Die Antragstellung erfolgt durch unwiderrufliche Prozesshandlungen und kann auf abtrennbare, teilurteilsfähige Teile des prozessualen Anspruchs beschränkt werden. Der Antrag ist für den Vorsitzenden bindend. Er allein ist gesetzlicher Richter.[70] 36

Als **verfahrensbeendende Entscheidungen** kommen in Betracht: (Teil-)Urteil, Entscheidung nach § 5 KSchG über den Antrag auf nachträgliche Zulassung einer Künd-Schutzklage,[71] Entscheidung nach § 17 S. 2 TzBfG (i.V.m. § 5 KSchG) über den Antrag auf nachträgliche Zulassung einer Befristungskontrollklage oder ein Verweisungsbeschluss. 37

III. Beweisbeschluss vor streitiger Verhandlung (Abs. 4)

Unter Verdrängung von § 358a ZPO regelt **Abs. 4 S. 1** für das arbeitsgerichtliche Verfahren abschließend die Möglichkeit des Erlasses eines Beweisbeschlusses vor der streitigen Verhandlung durch den Vorsitzenden.[72] 38

Der Vorsitzende kann nach Nr. 2 eine **Beweisaufnahme durch den ersuchten Richter** (§ 362 ZPO) anordnen, jedoch nur im Rahmen der Anordnungsmöglichkeiten nach Abs. 4 Nr. 2 bis 5. Eine Augenscheineinnahme durch den ersuchten Richter kann daher vor der streitigen Verhandlung nicht angeordnet werden,[73] jedoch in der mündlichen Verhandlung durch die Kammer.[74] Die Beweisaufnahme erfolgt dann durch ein anderes Gericht im Wege der Rechtshilfe (§ 13). Insoweit kommen in Betracht die Anordnungen 39

– der Aufnahme des Zeugenbeweises nach § 375 Abs. 1 ZPO, wenn von vornherein anzunehmen ist, dass das Prozessgericht das Beweisergebnis auch ohne unmittelbaren Eindruck von dem Verlauf der Beweisaufnahme sachgemäß zu würdigen vermag, und (1) wenn zur Ermittlung der Wahrheit die Vernehmung des Zeugen an Ort und Stelle dienlich erscheint oder nach gesetzlicher Vorschrift der Zeuge nicht an der Gerichtsstelle, sondern an einem anderen Ort zu vernehmen ist; (2) wenn der Zeuge verhindert ist, vor dem Prozessgericht zu erscheinen; (3) wenn dem Zeugen das Erscheinen vor dem Prozessgericht wegen großer Entfernung unter Berücksichtigung der Bedeutung seiner Aussage nicht zugemutet werden kann;
– der Urkundsvorlegung nach § 434 ZPO, wenn eine Urkunde bei der mündlichen Verhandlung wegen erheblicher Hindernisse nicht vorgelegt werden kann oder wenn es bedenklich erscheint, sie wegen ihrer Wichtigkeit und der Besorgnis ihres Verlustes oder ihrer Beschädigung vorzulegen;
– der Ausführung der Parteivernehmung nach § 451 ZPO i.V.m. § 375 ZPO.

Nach Nr. 2 kann der Vorsitzende eine **schriftliche Beantwortung der Beweisfrage nach § 377 Abs. 3 ZPO** anordnen, wenn er dies im Hinblick auf den Inhalt der Beweisfrage und die Person des Zeugen für ausreichend erachtet. Der Zeuge ist darauf hinzuweisen, dass er zur Vernehmung geladen werden kann, wobei der Vorsitzende oder aufgrund mündlicher Verhandlung die Kammer die Ladung des Zeugen anordnet, wenn dies zur weiteren Klärung der Beweisfrage für notwendig erachtet wird (§ 377 Abs. 3 S. 3 ZPO). Der Zeuge ist schriftlich zur Wahrheit zu ermahnen (§ 395 Abs. 1 ZPO) und über das Recht zur Zeugnisverweigerung aus persönlichen Gründen zu belehren (§ 383 Abs. 2 ZPO). Eine eidesstattliche Versicherung ist nicht vorgesehen.[75] 40

---

64 Germelmann u.a., § 55 Rn 41.
65 Ähnlich GK-ArbGG/Schütz, § 55 Rn 61.
66 Vgl. hierzu auch Rn 23.
67 Germelmann u.a., § 55 Rn 42; GK-ArbGG/Schütz, § 55 Rn 64.
68 Germelmann u.a., § 55 Rn 42.
69 Germelmann u.a., § 55 Rn 43.
70 I.E. GK-ArbGG/Schütz, § 55 Rn 63.
71 Hessisches LAG 27.3.1987 – 13 Ta 74/87 – AuR 1988, 60.
72 GK-ArbGG/Schütz, § 55 Rn 66; einschränkend Germelmann u.a., § 55 Rn 48.
73 Germelmann u.a., § 55 Rn 48; GK-ArbGG/Schütz, § 55 Rn 67.
74 Germelmann u.a., § 55 Rn 48.
75 Germelmann u.a., § 55 Rn 51.

41 Des Weiteren kann die Vorsitzende nach **Nr. 3** die **Einholung amtlicher Auskünfte** anordnen. Die Anordnung darf nur Beweiszwecken, nicht der Sachverhaltsermittlung dienen.[76]

42 Ferner kann der Vorsitzende nach **Nr. 4** die **Parteivernehmung** anordnen, sofern die Voraussetzungen der §§ 445 ff. ZPO vorliegen. Einem Antrag auf Vernehmung des Beweisgegners kann der Vorsitzende nach § 445 Abs. 1 ZPO nachkommen, wenn eine Partei den ihr obliegenden Beweis mit anderen Beweismitteln nicht vollständig geführt oder andere Beweismittel nicht vorgebracht hat. Der Antrag ist nicht zu berücksichtigen, wenn er Tatsachen betrifft, deren Gegenteil das Gericht für erwiesen erachtet (§ 445 Abs. 2 ZPO). Der Vorsitzende kann auch die Vernehmung der beweispflichtigen Partei anordnen, wenn eine Partei es beantragt und die andere damit einverstanden ist. Ohne Antrag einer Partei und ohne Rücksicht auf die Beweislast kann das Gericht die Vernehmung einer Partei oder beider Parteien anordnen, wenn das Ergebnis der bisherigen Verhandlungen und einer etwaigen Beweisaufnahme nicht ausreicht, um seine Überzeugung von der Wahrheit oder Unwahrheit einer zu erweisenden Tatsache zu begründen. Dies kommt nur zur Vorbereitung eines ggf. erforderlichen weiteren Kammertermins in Betracht.

43 Schließlich kann der Vorsitzende nach Nr. 5 die **Einholung eines schriftlichen SV-Gutachtens** anordnen, um die Erledigung des Rechtsstreits in möglichst einem Kammertermin zu ermöglichen.[77]

44 Der **Inhalt des Beweisbeschlusses** richtet sich nach § 359 ZPO. Der Beweisbeschluss enthält die Bezeichnung der streitigen Tatsachen, über die der Beweis zu erheben ist (Nr. 1), die Bezeichnung der Beweismittel unter Benennung der zu vernehmenden Zeugen und/oder der zu vernehmenden Partei oder des SV (Nr. 2) und die Bezeichnung der Partei, die sich auf das Beweismittel berufen hat (Nr. 3).

Bis auf die Parteivernehmung (Abs. 4 S. 1 Nr. 4) können die Beweisbeschlüsse vor der streitigen Verhandlung auch ausgeführt werden (**Abs. 4 S. 2**).

C. Beraterhinweise

45 Entscheidet der Vorsitzende trotz fehlender Befugnis zur Alleinentscheidung, liegt die Entscheidung eines nicht ordnungsgemäß besetzten Gerichts vor. Ist die Berufung statthaft, rechtfertigt der Fehler des Vorsitzenden nicht die Zurückverweisung (§ 68). Ist gegen die Entscheidung kein Rechtsmittel gegeben, besteht die Möglichkeit der Nichtigkeitsklage nach § 579 Abs. 1 Nr. 1 ZPO und der Rüge nach § 78a.[78] Entsprechendes gilt für die Entscheidung des Vorsitzenden des LAG. Bei statthafter, weil zugelassener Revision, liegt der absolute Revisionsgrund des § 547 Nr. 1 ZPO vor.[79] Ansonsten bleibt der Weg über die Nichtigkeitsklage.

---

§ 56 Vorbereitung der streitigen Verhandlung

(1) [1]Der Vorsitzende hat die streitige Verhandlung so vorzubereiten, daß sie möglichst in einem Termin zu Ende geführt werden kann. [2]Zu diesem Zweck soll er, soweit es sachdienlich erscheint, insbesondere
1. den Parteien die Ergänzung oder Erläuterung ihrer vorbereitenden Schriftsätze sowie die Vorlegung von Urkunden und von anderen zur Niederlegung bei Gericht geeigneten Gegenständen aufgeben, insbesondere eine Frist zur Erklärung über bestimmte klärungsbedürftige Punkte setzen;
2. Behörden oder Träger eines öffentlichen Amtes um Mitteilung von Urkunden oder um Erteilung amtlicher Auskünfte ersuchen;
3. das persönliche Erscheinen der Parteien anordnen;
4. Zeugen, auf die sich eine Partei bezogen hat, und Sachverständige zur mündlichen Verhandlung laden, sowie eine Anordnung nach § 378 der Zivilprozeßordnung treffen.

Von diesen Maßnahmen sind die Parteien zu benachrichtigen.

(2) [1]Angriffs- und Verteidigungsmittel, die erst nach Ablauf einer nach Absatz 1 Satz 2 Nr. 1 gesetzten Frist vorgebracht werden, sind nur zuzulassen, wenn nach der freien Überzeugung des Gerichts ihre Zulassung die Erledigung des Rechtsstreits nicht verzögern würde oder wenn die Partei die Verspätung genügend entschuldigt. [2]Die Parteien sind über die Folgen der Versäumung der nach Absatz 1 Satz 2 Nr. 1 gesetzten Frist zu belehren.

Literatur: *Diller*, Fristversäumung und verspäteter Vortrag – Was tun?, FA 1998, 70; *Dörner*, Die Güteverhandlung aus richterlicher Sicht, Arbeitsrecht und Arbeitsgerichtsbarkeit, in: Festschrift zum 50-jährigen Bestehen der Arbeitsgerichtsbarkeit in Rheinland-Pfalz 1999, 635; *Emmert/Soulas*, Entsandter Vertreter der persönlich geladenen Partei, ArbRB 2005, 318; *Etzel*, Übersicht über das Verfahren bei den Gerichten in Arbeitssachen, AR-Blattei SD 160.7.1; *Henssen*, Pflicht zur Parteivernehmung oder Parteianhö-

---

[76] *Germelmann u.a.*, § 55 Rn 52.
[77] BT-Drucks 14/626, S. 9.
[78] *Germelmann u.a.*, § 55 Rn 59.
[79] *Germelmann u.a.*, § 55 Rn 60.

rung, jurisPR-ArbR 2/2008 Anm 6; *Müller-Glöge*, Arbeitsrecht und Verfahrensrecht, RdA 1999, 80; *Schafft, H./Schmidt*, Verspätungsfolgen – Das System im zivil- und arbeitsgerichtlichen Verfahren, MDR 2001, 436; *Vonderau*, Anordnung des persönlichen Erscheinens von juristischen Personen, NZA 1991, 336; *Ziemann*, Typische Fehlerquellen bei der gerichtlichen Vertretung von Arbeitnehmern und Arbeitgebern, Brennpunkte des Arbeitsrechts 2004, 51; *Zirnbauer*, Fallstricke im arbeitsgerichtlichen Verfahren, FA 1997, 2

A. Allgemeines 1	aa) Verzögerungsrelevanter Vortrag 54
B. Regelungsgehalt 2	bb) Kausalität 56
I. Vorbereitung der streitigen Verhandlung (Abs. 1) 2	cc) Verzögerungsbegriff 58
1. Pflicht zur Vorbereitung (Abs. 1 S. 1) 3	dd) Keine Mitursächlichkeit des Gerichts für Verzögerung 64
2. Vorbereitungsmaßnahmen (Abs. 1 S. 2) 9	
a) Hinweis auf Darlegungslücken und Aufklärungsdefizite (Nr. 1 Alt. 1) 10	g) Rechtliches Gehör wegen Vorwurfs der Verspätung 66
b) Anforderung von Urkunden und sonstigen Gegenständen (Nr. 1 Alt. 2) 16	h) Unzureichende Entschuldigung oder Glaubhaftmachung 67
c) Anforderung amtlicher Auskünfte und Urkunden (Nr. 2) 28	i) Zurückweisungsentscheidung 70
	j) Folgen der Präklusion verspäteten Vorbringens 71
d) Anordnung des persönlichen Erscheinens (Nr. 3) 30	k) Sonderfall: Eilverfahren 73
e) Ladung von Zeugen und Sachverständigen (Nr. 4) 31	C. Verbindung zum Prozessrecht der ZPO 74
	I. Zurückweisung nach § 296 Abs. 1 ZPO 74
f) Sonstige Maßnahmen 35	II. Zurückweisung nach §§ 296 Abs. 2, 282 Abs. 1 ZPO 75
g) Benachrichtigung der Parteien 37	
II. Zurückweisung verspäteten Vorbringens (Abs. 2) 38	1. Prozessförderungspflicht in mündlicher Verhandlung 76
1. Allgemeines (Abs. 2 S. 1) 38	
2. Zurückweisung nach Abs. 2 40	2. Voraussetzungen für Präklusion 78
a) Konkrete gerichtliche Aufklärungsauflage 42	III. Zurückweisung nach §§ 296 Abs. 2, 282 Abs. 2 ZPO 79
b) Angemessene Frist zum Vortrag der Angriffs- oder Verteidigungsmittel 43	1. Anordnung vorbereitender Schriftsätze 80
c) Form und Zustellung der Auflagen- und Fristsetzungsverfügung 45	2. Verspätete Mitteilung von Angriffs- und Verteidigungsmitteln 81
d) Belehrung über Folgen bei Fristversäumung 47	3. Voraussetzungen für die Präklusion 82
e) Verspäteter Vortrag von Angriffs- oder Verteidigungsmitteln 51	D. Beraterhinweise 83
	I. Flucht in die Säumnis 83
f) Verzögerung des Rechtsstreits 54	II. Flucht in die Berufungsinstanz 87

A. Allgemeines

Die Vorschrift bringt den **Beschleunigungs- und Konzentrationsgrundsatz** zur Geltung, wie er auch in §§ 9 Abs. 1 S. 1, 57 Abs. 1 S. 1 und 61a Abs. 1 zum Ausdruck kommt.[1] Entsprechend ist sie im Berufungsverfahren (§ 64 Abs. 7 S. 1), mangels Inbezugnahme aber nicht im Revisionsverfahren anwendbar. Im Beschlussverfahren gilt § 83 Abs. 1a.

B. Regelungsgehalt

I. Vorbereitung der streitigen Verhandlung (Abs. 1)

Abs. 1 betrifft, wie der Wortlaut eindeutig ausweist, nur die Vorbereitung der streitigen Verhandlung, nicht die des Gütetermins.[2] Aufgrund einer Auflage nach Abs. 1 Nr. 1, die vor der **Güteverhandlung** erteilt worden ist, darf daher der Parteivortrag, der „erst" in der Güteverhandlung erfolgt, nicht ausgeschlossen werden, weil damit die durch § 54 Abs. 1 S. 2 zwingend vorgeschriebene Verpflichtung, das „gesamte Streitverhältnis" mit den Parteien zu erörtern, unterlaufen würde.[3]

1. Pflicht zur Vorbereitung (Abs. 1 S. 1). In Abs. 1 S. 1 wird dem Vorsitzenden die Pflicht auferlegt, die streitige Verhandlung so vorzubereiten, dass sie möglichst in einem Termin zu Ende geführt werden kann. Dadurch wird die Konzentrations- und Beschleunigungspflicht des Zivilgerichts nach § 273 Abs. 1 S. 1 ZPO konkretisiert. Dem Vorsitzenden steht **kein Ermessensspielraum** zu, ob er sachlich gebotene Maßnahmen nach Abs. 1 anordnet. Er hat vielmehr alle Handlungen vorzunehmen, die im Interesse der Erledigung des Rechtsstreits im ersten streitigen Termin erforderlich sind. Ein **Beurteilungsspielraum** wird dem Vorsitzenden insoweit zugesprochen, als er prüfen muss, ob und welche Maßnahmen notwendig sind, um das Ziel der möglichst frühzeitigen Beendigung des Rechtsstreits zu erreichen.[4]

---

1 *Germelmann u.a.*, § 56 Rn 1.
2 *Germelmann u.a.*, § 56 Rn 4; a.A. *Grunsky*, ArbGG, § 56 Rn 1.
3 LAG Niedersachsen 12.12.1989 – 6 Sa 357/89 – LAGE § 56 ArbGG 1979 Nr. 2.
4 *Germelmann u.a.*, § 56 Rn 6.

4 **Eilanordnungen** werden jedoch vom Vorsitzenden nicht erwartet. Dem Gericht werden nur solche Vorbereitungsmaßnahmen zugemutet, die im normalen Geschäftsgang noch ausführbar sind.[5]

5 Der Vorsitzende ist auch nicht gehalten, jede denkbare Maßnahme vorsorglich anzuordnen. Er ist nicht verpflichtet, jeden schriftlich angebotenen Beweis vor der streitigen Verhandlung vorzubereiten oder gar nach § 55 Abs. 4 zu erheben.

6 Die Vorbereitung einer **Beweiserhebung** kommt i.d.R. nur dann in Betracht, wenn durch einzelne Beweismittel bestimmte Streitpunkte in der Verhandlung geklärt werden können; ihr Zweck ist es nicht, eine umfangreiche, nicht überschaubare Beweisaufnahme in der ersten Verhandlung zu ermöglichen. Daher wird eine Pflicht zur Vorbereitung der Beweiserhebung abgelehnt bei beiderseits umfangreichen Beweisantritten, bei Zweifeln über Fragen der Beweislast, bei erst kurz vor dem – zeitlich ausgebuchten – Termin angebotenen Beweisen sowie bei erkennbarer Unmöglichkeit, alle notwendigen Beweise bereits im ersten Termin zu erheben. Von der vorsorglichen Ladung von Zeugen und SV kann Abstand genommen werden, wenn noch nicht absehbar ist, welche Tatsachen streitig bleiben. Entsprechendes gilt, wenn erst ein komplizierter Streitstoff in der mündlichen Verhandlung geklärt werden soll bzw. wenn möglicherweise eine solche Beweisaufnahme überflüssig werden könnte.[6]

7 Generell wird die **Sachdienlichkeit** von kostenverursachenden Maßnahmen, wozu insb. die Zeugenladung gehört, zu verneinen sein, sofern es nicht wahrscheinlich ist, dass sich die Maßnahmen als notwendig erweisen.[7] Die Praxis in den Tatsacheninstanzen zeigt, dass nur in einem Bruchteil aller Rechtsstreite eine Beweisaufnahme stattzufinden braucht. Häufig ist der Rechtsstreit aus rechtlichen Gründen ohne Beweisaufnahme entscheidbar oder er wird aufgrund gütlicher Einigung (§ 57 Abs. 2) erledigt. Zeugenladungen auf Vorrat verzögern wegen der damit verbundenen Notwendigkeit, jeweils ausreichend Verhandlungszeit zu reservieren und entsprechend weniger Rechtsstreite am Terminstag anzusetzen, die Beschleunigung aller rechtshängigen Rechtsstreite.

8 Die Verletzung der gerichtlichen Konzentrations- und Beschleunigungspflicht ist prozessrechtlich **sanktionslos**. Wohl durch das Gesetz nicht gedeckt war der Hinweis von *Dörner*, die Verfahrensweise eines Vorsitzenden, der die Akte zwischen Güte- und Verhandlungstermin nur mit der Verfügung „zur Frist" oder „z.T." fülle, ohne die Erfüllung der den Parteien unter Fristsetzung erteilten Auflagen zu kontrollieren, sei „unverzeihlich" und „der Dienstaufsicht durchaus zugänglich".[8] In Abs. 1 S. 2 ist die richterliche Pflicht zur Setzung von Fristen normiert, nicht jedoch eine solche zur Erinnerung der mit ordnungsgemäßer Belehrung über die Folgen der Fristversäumung ermahnten Parteien.

9 **2. Vorbereitungsmaßnahmen (Abs. 1 S. 2).** Welche Maßnahmen der Vorsitzende anordnet, ist von der jeweiligen Prozesslage, insb. von dem bereits erfolgten schriftlichen Vorbringen der Parteien und dem Ergebnis der Erörterung des gesamten Streitverhältnisses mit den Parteien im Gütetermin abhängig. Die Aufzählung möglicher Maßnahmen in Abs. 1 S. 2 ist dabei nicht abschließend.

10 **a) Hinweis auf Darlegungslücken und Aufklärungsdefizite (Nr. 1 Alt. 1).** Nach § 139 Abs. 1 S. 2 ZPO hat die Vorsitzende darauf hinzuwirken, dass die Parteien sich über alle erheblichen Tatsachen vollständig erklären und die sachdienlichen Anträge stellen, insb. auch ungenügende Angaben der geltend gemachten Tatsachen ergänzen und die Beweismittel bezeichnen. Sie hat nach § 139 Abs. 1 S. 1 ZPO zu diesem Zweck, soweit erforderlich, das Sach- und Streitverhältnis nach der tatsächlichen und den Parteien in der tatsächlichen und der rechtlichen Seite zu erörtern und Fragen zu stellen. § 139 Abs. 1 ZPO verlangt dazu das **offene Gespräch** mit den Parteien zur Erörterung der entscheidungserheblichen rechtlichen und tatsächlichen Gesichtspunkte, und zwar – wie sich aus der Klarstellung in § 279 Abs. 3 ZPO ergibt – auch im Anschluss an eine Beweisaufnahme. Der Vorsitzende hat auf die Bedenken aufmerksam zu machen, die in Ansehung der von Amts wegen zu berücksichtigenden Punkte bestehen (§ 139 Abs. 3 ZPO). **Überraschungsentscheidungen** sind unzulässig. Das Gericht darf daher seine Entscheidung – soweit nicht nur eine Nebenentscheidung betroffen ist – auf einen Gesichtspunkt, den eine Partei erkennbar übersehen oder für unerheblich gehalten hat, nur stützen wenn es vorher darauf hingewiesen und Gelegenheit zur Äußerung gegeben hat, § 139 Abs. 2 ZPO. § 139 Abs. 2 S. 2 stellt klar, dass ein Hinweis auch erforderlich ist, wenn das Gericht von der übereinstimmenden Auffassung beider Parteien abweichen will.

11 Die gerichtliche **Prozessförderungspflicht** hat das Ziel, Vollzugsdefiziten der Parteien bei Wahrnehmung ihrer Erklärungspflichten entgegen zu wirken. Das Gericht hat eine umfassende Sachverhaltsrekonstruktion anzustreben. Die richterliche Prozessförderungspflicht ist dabei nicht an irgendwelchen Mitentscheidungen der Parteien zu messen, sondern ausschließlich an der in §§ 139, 279 Abs. 3 ZPO hinreichend zum Ausdruck kommenden Absicht des Gesetzgebers, den Konflikt ebenso umfassend wie zweckdienlich zum Abschluss zu bringen.[9]

---

5 BGH 30.5.1984 – VIII ZR 20/83 – BGHZ 91, 293 = DB 1984, 1770 = MDR 1984, 837.
6 BGH 27.2.1980 - VIII ZR 54/79 – NJW 1980, 1105 = MDR 1980, 574; BGH 13.2.1980 – VIII ZR 61/79 – MDR 1980, 487.
7 *Gift/Baur*, E Rn 715; GK-ArbGG/*Schütz*, § 56 Rn 8.
8 GK-ArbGG/*Dörner*, § 56 Rn 6 (Stand: vor Bearbeiterwechsel).
9 AK-ZPO/*E. Schmidt*, § 139 Rn 4 und 9.

Das Gericht muss daher auf die Beseitigung von **Sachverhaltslücken** sowie auf Substantiierung ungenügender Angaben drängen und seine Schlüssigkeits- und Erheblichkeitsbedenken umfassend offenbaren. Aufklärungsdefiziten muss das Gericht entgegenwirken, indem es die Parteien bereits bei der Terminsvorbereitung zu einer Benennung der Beweismittel und Präzisierung der Beweisthemen anhält.

Sobald die Darlegungs- und Aufklärungsdefizite dem Gericht bekannt werden, begründen sie im Zeitraum zwischen dem Gütetermin und den streitigen Verhandlungen die Pflicht der Vorsitzenden zu entsprechenden Hinweisen und Belehrungen, ohne dass jedoch eine Amtsermittlung betrieben oder parteilich vorgegangen werden darf. Diese Hinweispflichten des Gerichts setzen aber voraus, dass sich aus dem bisherigen Vorbringen der Parteien zumindest **andeutungsweise** eine Grundlage hierfür ergibt. Das Gericht ist auch nicht verpflichtet, auf die Geltendmachung der **Einrede der Verjährung** hinzuwirken, wenn sie eine Partei nicht von sich aus in den Prozess einführt. Zu beachten ist aber, dass es dem Gericht – auch wenn eine Hinweispflicht nicht besteht – nicht untersagt ist, z.B. im Rahmen von **Vergleichsverhandlungen** auf die Möglichkeit der Einrede der Verjährung hinzuweisen.[10] Es bedarf auch keines Hinweises darauf, dass die Partei ihr Klageziel auch dadurch erreichen kann, dass sie einen weiteren Lebenssachverhalt und damit zu einer neuen Anspruchsgrundlage vortragen kann.[11] Hinweise sind so früh wie möglich zu erteilen.

Die lapidare Aufforderung, zum Vortrag des Gegners Stellung zu nehmen, ist keine Maßnahme nach Abs. 1 Nr. 1. Im Gegensatz zu Abs. 1 Nr. 1 wird damit nicht die Ergänzung oder Erläuterung von vorbereitenden Schriftsätzen oder die Erklärung über bestimmte klärungsbedürftige Punkte angeordnet, sondern nur die Pflicht der Parteien zur schriftsätzlichen Vorbereitung des streitigen Termins begründet (§§ 129 Abs. 2, 282 Abs. 2 ZPO). Für eine Auflage nach Abs. 1 Nr. 1 ist unverzichtbar, dass die **klärungsbedürftigen Punkte** genau bezeichnet werden.[12] Eine allg. gehaltene Auflage mit Fristsetzung und Belehrung nach Abs. 2 S. 2 genügt jedoch, wenn die einzelnen klärungsbedürftigen Punkte vorher im Rahmen der Erörterung der Sach- und Rechtslage genau bezeichnet und in der Niederschrift festgehalten worden sind.[13]

Das Gericht darf sich nicht auf den rechtlichen Hinweis beschränken, sondern es muss der betroffenen Partei hinreichend Gelegenheit gegeben werden, Tatsachen – soweit erforderlich – vorzutragen oder Beweise anzubieten.[14]

Die von dem Vorsitzenden erteilten **Hinweise sind aktenkundig zu machen** (§ 139 Abs. 4 ZPO). Ist einer Partei eine sofortige Erklärung zu einem gerichtlichen Hinweis nicht möglich, so soll **auf Antrag** das Gericht eine **Frist** bestimmen, in der sie die Erklärung in einem Schriftsatz nachbringen kann (§ 139 Abs. 5 ZPO).

b) Anforderung von Urkunden und sonstigen Gegenständen (Nr. 1 Alt. 2). Der Vorsitzende kann den Parteien oder auch **Dritten** die Vorlegung von in ihren Händen befindlichen Urkunden und sonstigen Unterlagen aufgeben. Nach § 142 Abs. 1 ZPO setzt eine solche Anordnung voraus, dass eine Partei sich auf diese Urkunden oder Unterlagen bezogen hat. Das Gericht kann hierfür eine **Frist** setzen sowie anordnen, dass die vorgelegten Unterlagen während einer von ihm zu bestimmenden Zeit auf der Geschäftsstelle verbleiben. Dritte sind zur Vorlegung nicht verpflichtet, soweit ihnen diese nicht zumutbar ist oder sie zur Zeugnisverweigerung nach §§ 383 bis 385 ZPO berechtigt sind (§ 142 Abs. 2 ZPO).

Das Gericht kann zudem nach § 142 Abs. 3 ZPO anordnen, dass von in fremder Sprache abgefassten Urkunden eine **Übersetzung** beigebracht werde, die ein nach den Richtlinien der Landesjustizverwaltung hierzu ermächtigter Übersetzer angefertigt hat. Diese Anordnung kann aber nicht gegenüber Dritten ergehen (§ 142 Abs. 3 S. 2 ZPO). Eine solche Anordnung ist regelmäßig nicht sachgerecht, wenn dadurch erhebliche Kosten entstehen und die Notwendigkeit der Übersetzung noch nicht feststeht. Vorgeschlagen wird insoweit, bei hinreichender Wahrscheinlichkeit der Entscheidungserheblichkeit zunächst die Vorlage einer privatschriftlichen Übersetzung aufzugeben, damit der Vorsitzende – eigene Fremdsprachenkenntnisse vorausgesetzt – beurteilen kann, ob weitere Anordnungen überhaupt erforderlich sind. U.U. erübrigt sich die Anfertigung durch einen amtlichen Übersetzer auch deshalb, weil die Parteien nach Vorlage der privatschriftlichen Übersetzung den Inhalt der fremdsprachlichen Urkunde unstreitig stellen.[15]

Des Weiteren kann das Gericht nach § 144 Abs. 1 ZPO zum Zwecke der **Augenscheinseinnahme** oder **SV-Begutachtung** einer Partei oder auch einem Dritten die Vorlegung eines in ihrem oder seinem Besitz befindlichen **Gegenstands** aufgeben und hierfür eine Frist setzen. Es kann auch die Duldung einer Augenscheinseinnahme aufgegeben, sofern nicht eine Wohnung betroffen ist (§ 144 Abs. 1 ZPO). Dritte sind zur Vorlegung oder Duldung nicht verpflichtet, soweit ihnen diese nicht zumutbar ist oder sie zur Zeugnisverweigerung nach §§ 383 bis 385 ZPO berechtigt sind (§ 142 Abs. 2 ZPO).

---

10 BGH 12.11.1997 – IV ZR 214/96 – AP § 42 ZPO Nr. 12 = NJW 1998, 612.
11 BAG 11.4.2006 – 9 AZN 892/05 – NZA 2006, 750 = NJW 2006, 2716.
12 BAG 19.6.1980 – 3 AZR 1177/79 – AP § 56 ArbGG 1979 Nr. 1.
13 LAG Nürnberg 18.12.1989 – 7 Sa 411/89 – LAGE § 56 ArbGG 1979 Nr. 1.
14 BAG 11.4.2006 – 9 AZN 892/05 NZA 2006, 750 = NJW 2006, 2716.
15 *Gift/Baur*, E.722.

19 § 142 ZPO ist trotz der unterlassenen redaktionellen Anpassung (vgl. § 273 Abs. 1 ZPO) von Abs. 1 auch im arbeitsgerichtlichen Verfahren anwendbar, wie bereits die Formulierung „insbesondere" zeigt.[16] Wegen der Gefahr der **Ausforschung** des Gegners und des Eingriffs in Rechte Dritter ist jedoch sorgsam zu prüfen, ob eine gerichtliche Anordnung nach Abs. 1 i.V.m. §§ 142, 144 ZPO erfolgen soll. Es besteht nämlich die Gefahr, dass nach Abs. 1 Nr. 1 beigezogene Geschäftsunterlagen seitens der beweispflichtigen Partei zum Zwecke eines unzulässigen Ausforschungsbeweises verwendet werden, was dann der Fall ist, wenn unsubstantiiert die Vorlage von Geschäftsunterlagen verlangt wird mit dem Ziel, erst aus den Unterlagen Stoff für weiteres substantiiertes Vorbringen oder Beweismittel zu erhalten.[17] Es stellt aber einen Ermessensfehler dar, wenn das Gericht bei Vorliegen der Voraussetzungen des § 142 ZPO eine Anordnung der Urkundenvorlegung überhaupt nicht in Betracht zieht.[18]

20 Als Voraussetzungen für eine Vorlagepflicht von Urkunden durch Dritte werden genannt: Berufung einer Partei auf die Urkunde, schlüssiger Vortrag dieser Partei, genaue Bezeichnung der Urkunde, Angabe, was sich aus der Urkunde ergeben soll, Vorlage dient der Klärung einer streitigen Tatsache, kein Zeugnisverweigerungsrecht des Dritten, keine Unzumutbarkeit der Vorlage durch den Dritten[19] (Kriterien: Erbringbarkeit des Beweises auf andere Weise, Umfang des Aufwandes des Dritten im Verhältnis zum Klagebegehren, berechtigtes Vertraulichkeitsinteresse des Dritten unterhalb der Schwelle des Betriebs- und Geschäftsgeheimnisses). Eine Verpflichtung zur Vorlage kann sich aus §§ 422, 423 ZPO ergeben.[20]

21 Die Anordnung kann sich auch auf die Vorlage von **Urkundensammlungen** wie **Personalakten, Kundenakten, Projektakten u.a.** beziehen. Hier besteht besonders die Gefahr der unzulässigen Ausforschung. Zudem ersetzt die Vorlage von Urkundensammlungen keinen substantiierten Vortrag. Die globale Bezugnahme auf solche Sammlungen kann gegen den Beibringungsgrundsatz verstoßen. Die Parteien haben die Tatsachen vorzutragen, die das Gericht seiner Beurteilung zugrunde legen soll; nicht das Gericht hat sie aus irgendwelchen ihm vorgelegten Schriftstücken zu ermitteln. Die Parteien erfüllen diese Aufgabe nicht, wenn sie dem Gericht Urkunden, Blattsammlungen, Akten oder Druckschriften vorlegen, aus denen das Gericht nach eigenem Ermessen die erheblichen Tatsachen auswählen soll. Unzulässig ist es, wenn die darlegungspflichtige Partei nur Buchhaltungsunterlagen, Korrespondenzen oder andere Blattsammlungen vorlegt, aus denen das Gericht die Angaben **heraussuchen** müsste, die die Klage im Einzelnen begründen sollen; ebenso, wenn auf Akten anderer Verfahren – nicht nur auf einzelne Schriftsätze dort – zur Begründung Bezug genommen wird.[21] Eine **Bezugnahme** ist zudem **unzulässig**, soweit es um den notwendigen Inhalt eines bestimmten Schriftsatzes geht. Die Klage muss u.a. die bestimmte Angabe des Gegenstandes und des Grundes des erhobenen Anspruchs enthalten (§ 253 Abs. 2 Nr. 2 ZPO). Der Tatsachenkomplex, aus dem der Kläger die in Anspruch genommene Rechtsfolge herleiten will, muss soweit substantiiert werden, dass klargestellt ist, welche Ansprüche aufgrund welchen Sachverhalts rechtshängig sind. Die Klage muss wie jeder bestimmende Schriftsatz vom Verfasser unterschrieben sein. Gegenstand der Klage ist daher nur, was in den Text des Schriftsatzes aufgenommen und unterschrieben ist. Soweit der Schriftsatz nicht selbst die Anforderungen des § 253 Abs. 2 Nr. 2 ZPO erfüllt, sondern stattdessen auf andere Schriftstücke Bezug genommen wird, ist die Klage nicht wirksam erhoben und als unzulässig abzuweisen. Nur in Ausnahmefällen (Bezugnahme auf Schriftsatz in anderem Rechtsstreit zwischen den Parteien oder aus vorangegangenem einstweiligen Verfügungsverfahren) werden Bezugnahmen akzeptiert, wobei eine – nicht rückwirkende – Heilung durch Verzicht oder rügeloses Verhandeln nach § 295 ZPO umstr. ist.[22] Damit ist die in der arbeitsgerichtlichen Praxis anzutreffende Übung, Zahlungsklagen allein durch Bezugnahme auf beigefügte (Kopien von) Arbeitsvergütungsabrechnungen zu begründen, regelmäßig unzulässig.[23]

22 Die Beiziehung von **Personalakten** steht im pflichtgemäßen Ermessen des Gerichts. Die Erwägung, dass es in Eingruppierungsprozessen des öffentlichen Dienstes im Allgemeinen zweckmäßig ist, die Personalakten des jeweiligen Bediensteten beizuziehen, rechtfertigt für sich allein keine andere rechtliche Beurteilung.[24] Dabei wird bereits die Beiziehung einer Personalakte wegen des davon betroffenen Persönlichkeitsrechts von der Zustimmung des Betroffenen abhängig gemacht.[25] Die Verwertung des Inhalts der Personalakte darf nicht gegen den Willen der Parteien erfolgen.[26]

23 Es steht auch im pflichtgemäßen Ermessen der Tatsachengerichte, ob sie zur Sachaufklärung bzw. zur Unterstützung des Prozessgerichts vorbereitende Maßnahmen wie die **Beiziehung anderer Verfahrensakten** von Amts wegen einleiten. Sind jedoch Art und Ausgang eines anderweitigen Verfahrens für die den Gerichten obliegende eigene rechtliche Beurteilung von möglicher rechtlicher Bedeutung und ist zudem das diesbezügliche Parteivorbringen ungenau,

---

16 *Germelmann u.a.*, § 56 Rn 8.
17 BAG 10.9.1975 – 4 AZR 456/74 – AP § 1 TVG Tarifverträge: Bau Nr. 24.
18 BGH 26.6.2007 – XI ZR 277/05 – NJW 2007, 2989.
19 *Schmidt/Schwab/Wildschütz*, NZA 2001, 1163.
20 BGH 26.6.2007 – XI ZR 277/05 – NJW 2007, 2989.
21 *Lange*, NJW 1989, 438, 442 f.
22 *Lange*, NJW 1989, 438, 440.
23 LAG Köln 21.11.1997 – 11 (13) Sa 845/97 – NZA-RR 1998, 394.
24 BAG 13.2.1974 – 4 AZR 192/73 – AP § 70 BAT Nr. 4.
25 *Germelmann u.a.*, § 56 Rn 13.
26 BAG 20.2.1975 – 2 AZR 534/73 – n.v.

widersprüchlich und möglicherweise sogar entstellend, dann kann das Tatsachengericht sogar ermessensfehlerhaft und damit pflichtwidrig handeln, wenn es die Beiziehung der Akten zur Sachaufklärung unterlässt.[27]

Nach § 143 ZPO kann das Gericht anordnen, dass die Parteien die in ihrem Besitz befindlichen **Akten** vorlegen, soweit diese aus Schriftstücken bestehen, welche die Verhandlung und Entscheidung der Sache betreffen. Akten im Sinne dieser Vorschrift sind aber nur Schriftstücke, welche selbst Gegenstand der „Verhandlung und Entscheidung der Sache" wurden oder werden sollten, also Urkunden, welche Inhalt der Gerichtsakten sein sollten, jedoch dort (evtl. durch Verlust) fehlten.[28]

Das Gericht kann anordnen, dass die vorgelegten Schriftstücke während einer von ihm zu bestimmenden Zeit auf der Geschäftsstelle verbleiben (§ 142 Abs. 2 ZPO).

Daneben kann der Vorsitzende zur Erläuterung und Veranschaulichung des Vortrags auch die Vorlegung von anderen Unterlagen wie z.B. **Stammbäumen, Plänen, Rissen und sonstigen Zeichnungen** verlangen. Diese Unterlagen und wohl auch Fotos sind, soweit noch nicht vorhanden, anzufertigen.

Üblich ist es, dass nicht die Vorlage von Urkunden und sonstigen Unterlagen, sondern vorbereitend nur die Fertigung und Vorlage von **Kopien** dieser Unterlagen angeordnet wird. Regelmäßig wird deren Übereinstimmung mit den Originalen unstreitig. Dann ist ebenfalls unstreitig, dass die aus der Kopie (oder auch einer nicht unterzeichneten Durchschrift) ersichtliche oder als solche benannte Partei die in der Kopie enthaltene Erklärung abgegeben hat. Ein Beweis ist insoweit nicht mehr erforderlich. Die Kopie hat nur noch den Zweck, das Gericht mit dem eindeutigen Wortlaut der Erklärung bekannt zu machen. Rechtlich zu würdigen ist nur noch deren Erklärungsinhalt.

Schließlich kann das Gericht den Parteien die Vorlage von anderen zur Niederlegung bei Gericht geeigneten **Gegenständen** aufgeben. Von einem Beweisantritt oder einer Inbezugnahme durch eine Partei ist die Anordnung ebenfalls nicht abhängig. Hierbei handelt es sich regelmäßig um Augenscheinsobjekte, wie z.B. **fehlerhafte Werkstücke** oder **beschädigte Kleidungsstücke**. Dazu gehören auch **Ton- oder Bildaufnahmen** und andere **technische Aufzeichnungen** oder **Aufzeichnungsträger** (Tonband, Festplatte, sonstige elektronische Speichermedien) ohne schriftliche Verkörperung.

c) Anforderung amtlicher Auskünfte und Urkunden (Nr. 2). Nach Nr. 2 (wortgleich mit § 273 Abs. 2 Nr. 2 ZPO) kann der Vorsitzende Behörden oder Träger eines öffentlichen Amtes um Mitteilung von Urkunden oder um Erteilung amtlicher Auskünfte ersuchen. „Behörde" ist ein in den allg. Organismus der Anstalten und Körperschaften des öffentlichen Rechts eingefügtes Organ der Staatsgewalt, das dazu berufen ist, unter öffentlicher Autorität für die Erreichung der Zwecke des Staates unmittelbar oder mittelbar tätig zu sein. Als Behörden gelten Gerichte, Bundes-, Landes- und Gemeindebehörden, amtliche Berufsvertretungen, öffentlich-rechtliche Versicherungsanstalten, kirchliche Behörden, Universitäten, öffentliche Sparkassen, die Girozentralen, Industrie- und Handelskammern, Handwerkskammern und auch ausländische Behörden.[29] Dagegen sind **keine Behörden** juristische Personen des Privatrechts, selbst wenn ihnen öffentliche Aufgaben übertragen sind (z.B. TÜV, Rotes Kreuz). Zweifelhaft ist, ob die Einrichtungen der ehemaligen Bundespost noch als Behörde gelten können, nachdem durch das Poststrukturgesetz vom 8.6.1989[30] die **Deutsche Post** in die drei Teilbereiche Postdienst, Postbank und Telekom aufgeteilt und die privatrechtliche Ausgestaltung der bisher als hoheitlich angesehenen Tätigkeiten gewählt wurde. Geht es um Auskünfte allein aus dem Benutzerverhältnis zwischen den privaten Postunternehmen und privaten Dritten (z.B. Zustellung eines Einschreibens, Zeitpunkt von Gutschriften auf dem Postgirokonto), liegt keine Behördeneigenschaft mehr vor. Entsprechende Probleme ergeben sich aufgrund der zivilrechtlichen Ordnung der Bahnbenutzung im Hinblick auf Auskünfte der jetzigen Bahn AG.

In Nr. 2 findet sich keine Ermächtigung zur Amtsermittlung, sondern nur eine Berechtigung zu einer das Parteivorbringen ergänzenden Stoffsammlung.[31] Als **Urkunden** kommen z.B. Gerichtsakten und Verwaltungsakten in Betracht.

Die in Nr. 2 angesprochene, aber weder im ArbGG noch in der ZPO geregelte **amtliche Auskunft** ist ein **selbstständiges Beweismittel**, also nicht nur eine Urkunde. Sie ersetzt bei einer Behörde die Zeugen- oder SV-Vernehmung.[32] Im arbeitsgerichtlichen Verfahren kann es z.B. um die Einholung von Auskünften der AOK oder einer anderen öffentlich-rechtlich verfassten Krankenkasse, der BA, der Industrie- und Handelskammer, der Handwerkskammer oder des BND,[33] nicht aber der privatrechtlich verfassten Handwerksinnungen oder der Kreishandwerkerschaft gehen.

d) Anordnung des persönlichen Erscheinens (Nr. 3). In Nr. 3 ist die Anordnung des persönlichen Erscheinens der Parteien aufgeführt, die jedoch bereits in § 51 eine umfassende Regelung erfahren hat. Durch Nr. 3 wird insoweit nur verdeutlicht, dass die Anordnung des persönlichen Erscheinens der Parteien eine **regelmäßig zu erwägende Vorbereitungsmaßnahme** für eine streitige Verhandlung ist.

---

27 BAG 10.3.1977 – 4 AZR 675/75 – AP § 313 ZPO Nr. 9.
28 Zöller/*Greger*, § 142 Rn 1.
29 *B/L/A/H*, § 415 Rn 4.
30 BGBl I S. 1026.
31 *Gift/Baur*, E Rn 726.
32 *B/L/A/H*, Übers. § 373 Rn 32.
33 BVerwG 31.1.2008 – 2 A 4/06 – NJW 2008, 1398, welches ein eigenes arbeitsrechtliches Interesse einer Partei an der Einsicht in operative Akten des BND ablehnt, solange die ArbG diese nicht ausdrücklich für erforderlich halten.

31 **e) Ladung von Zeugen und Sachverständigen (Nr. 4).** Durch Nr. 4 wird der Vorsitzende ermächtigt, Zeugen und SV zur streitigen Verhandlung zu laden. Daneben kann der Vorsitzende nach § 378 Abs. 1 S. 1 ZPO dem Zeugen das Einsehen und Mitbringen bestimmter Unterlagen aufgeben, insbesondere wenn das Geschehen lange zurückliegt.[34]

32 Die **vorsorgliche Zeugenladung** ist nur zulässig, wenn eine Partei sich bereits auf Zeugen bezogen hat. Sie ist nur sachdienlich, wenn die Ladung der Aufklärung eines streitigen, entscheidungserheblichen Sachverhalts dient. Nr. 4 ermächtigt aber nur zu vorbereitenden Maßnahmen, nicht zur Durchführung der Beweisaufnahme. Die schriftliche Beantwortung der Beweisfrage nach § 377 Abs. 3 ZPO kann die Vorsitzende aber nach § 55 Abs. 4 Nr. 2 anordnen.

33 Nach Nr. 4 i.V.m. § 378 Abs. 1 S. 1, Abs. 2 ZPO kann der Vorsitzende dem Zeugen aufgeben, Aufzeichnungen und andere Unterlagen einzusehen und zu dem Termin mitzubringen, soweit dies ihm die Aussage über seine Wahrnehmungen erleichtert. Der Zeuge muss diese Unterlagen nicht selbst in Besitz haben. Befinden sie sich nicht in seinen Händen, so besteht die Pflicht nur, wenn ihm Einsichtnahme und Mitbringen gestattet ist. Grenze dieser Pflicht ist die Zumutbarkeit. Der Zeuge ist nicht verpflichtet, derartige Unterlagen dem Gericht oder den Parteien vorzulegen oder auszuhändigen. Der Zeuge ist **kein Urkundenlieferant** und kann daher frei entscheiden, ob er einem entsprechenden Ersuchen des Gerichts oder der Parteien auf Vorlage oder Aushändigung von Unterlagen oder Kopien davon entspricht.[35] Zur Vorlage ist er nur nach Maßgabe von §§ 429, 142 Abs. 1 ZPO verpflichtet (§ 378 Abs. 1 S. 2 ZPO). Zwangsmaßnahmen gegen den die Anordnung missachtenden Zeugen nach §§ 378 Abs. 2, 390 ZPO sind nur zulässig, wenn der Zeuge die Einsichtnahme und das Mitbringen unter konkreter Bezeichnung der Unterlagen aufgegeben und sie über die Folgen eines Verstoßes belehrt wurde.

34 Des Weiteren kann der Vorsitzende nach Nr. 4 die Ladung eines **SV** zur streitigen Verhandlung anordnen. Dies kommt nur in Betracht, wenn eine Partei sich auf ein SV-Gutachten bezogen hat oder wenn das Gericht sich eines SV von Amts wegen nach § 144 ZPO bedienen will. Ein Beweisbeschluss ist hierdurch nicht gedeckt. Er kommt aber unter den Voraussetzungen des § 55 Abs. 4 in Betracht.

35 **f) Sonstige Maßnahmen.** Die Aufzählung der Vorbereitungsmaßnahmen in Nr. 1 bis 4 ist **nicht abschließend**, wie bereits die Formulierung „insbesondere" ausweist.[36] Der Vorsitzende kann den Parteien z.B. den Nachweis von fremdem Recht und von Statuten aufgeben.

36 Im arbeitsgerichtlichen Verfahren von besonderer Bedeutung ist die **Ermittlung des Tarifrechts**. Auf tarifliche Normen sind die Grundsätze des § 293 ZPO anzuwenden. Ergibt sich aus dem Vortrag der Parteien, dass tarifliche Normen bestehen können, die für die Entscheidung des Rechtsstreits erheblich sind, so muss das Gericht diesem Vortrag nach Maßgabe des § 293 ZPO nachgehen.[37] Es muss diese Normen ermitteln und daraufhin prüfen, ob sie auch das der Entscheidung unterliegende Arbverh betreffen. Dazu gehört auch die Klärung, ab wann ein TV wirksam geworden ist und ab wann er somit auf das Rechtsverhältnis der Parteien einwirken konnte.[38] Dabei kann das Gericht auf Tatsachen zurückgreifen, die ihm aufgrund amtlicher Tätigkeit in einem früheren Rechtsstreit zur Kenntnis gelangt und die damit bei dem Gericht „offenkundig" i.S.v. § 291 ZPO sind.[39] Sofern keine Offenkundigkeit vorliegt, kann der Vorsitzende den Parteien die Vorlage eines Exemplars des einschlägigen TV aufgeben oder bei den Verbänden eine „amtliche Auskunft" einholen. Dabei können Gewerkschaften und AG-Verbände wie Behörden „amtliche Auskünfte" erteilen, zumal sie sowohl im Rechtsleben als auch in der „staatlichen Gesellschaft" Behörden vergleichbare Funktionen wahrnehmen. Darüber hinaus ist es unbedenklich rechtlich möglich, derartige Auskünfte der TV-Parteien dafür zu verwenden, um nach § 293 ZPO Mittel der Rechtsanwendung und die dazu erforderlichen Erkenntnisquellen zu gewinnen. Demgemäß können **Auskünfte der TV-Parteien** darüber eingeholt werden, ob für bestimmte Berufszweige TV bestehen, wann sie in Kraft getreten oder gekündigt worden sind, ob es zu TV Protokollnotizen oder vergleichbare Unterlagen gibt oder ob sich eine bestimmte tarifliche Übung mit Billigung der TV-Parteien herausgebildet hat.[40]

37 **g) Benachrichtigung der Parteien.** Von den terminsvorbereitenden Maßnahmen sind alle Parteien, nicht nur die von der Anordnung betroffene Partei, zu informieren (Abs. 1 S. 3). So können die Parteien sich auf die streitige Verhandlung einstellen. Die Benachrichtigung entspricht zudem dem Gebot rechtlichen Gehörs.

II. Zurückweisung verspäteten Vorbringens (Abs. 2)

38 **1. Allgemeines (Abs. 2 S. 1).** Die Zurückweisungsmöglichkeit nach Abs. 2 S. 1 dient der beschleunigten und sachgerechten Abwicklung des Rechtsstreits. Der verfassungsrechtliche Grundsatz des rechtlichen Gehörs nach Art. 103 Abs. 1 GG wird durch eine Zurückweisung verspäteten Vorbringens nicht verletzt. Nach der Rspr. des BVerfG bedeutet der **Anspruch auf rechtliches Gehör**, dass das entscheidende Gericht durch die mit dem Verfahren befassten

---

34 BGH 5.7.1993 – II ZR 234/92 – ZIP 1993, 1307.
35 *Gift/Baur*, E Rn 732.
36 *Germelmann u.a.*, § 56 Rn 21.
37 BAG 15.4.2008 – 9 AZR 159/07 – juris.
38 BAG 9.8.1995 – 6 AZR 1047/94 – AP § 293 ZPO Nr. 8.
39 BAG 9.8.1995 – 6 AZR 1047/94 – AP § 293 ZPO Nr. 8.
40 BAG 16.10.1985 – 4 AZR 149/84 – AP §§ 22, 23 BAT 1975 Nr. 108.

Richter die Ausführungen der Prozessbeteiligten zur Kenntnis nehmen und in Erwägung ziehen muss.[41] Art. 103 GG gewährt aber keinen Schutz gegen Entscheidungen, die den – zur Kenntnis genommenen – Sachvortrag einer Partei aus Gründen des formellen oder materiellen Rechts teilweise oder ganz unberücksichtigt lassen.[42] Der Anspruch auf wirksamen Rechtsschutz, abgeleitet aus dem Rechtsstaatsprinzip (Art. 20 Abs. 3 GG), bedeutet auch Rechtsschutz innerhalb angemessener Zeit.[43] Dieses soll durch Anwendung der Beschleunigungsvorschriften erreicht werden.

Präklusionsvorschriften finden sich für das erstinstanzliche arbeitsgerichtliche Verfahren in §§ 56 Abs. 2 S. 1 und 61a Abs. 5 S. 1. Soweit diese Vorschriften nicht eingreifen, kommt die Anwendung der §§ 282 und 296 ZPO in Betracht.

Zivilprozessordnung vom 30.1.1877, RGBl I S. 83, BGBl III 310–4, in der Fassung der Bekanntmachung vom 5.12.2005, BGBl I S. 3202, zuletzt geändert durch Gesetz zur Änderung des Wohnungseigentumsgesetzes und anderer Gesetze vom 26.3.2007 (BGBl I S. 370, 37).

ZPO § 282 – Rechtzeitigkeit des Vorbringens
(1) Jede Partei hat in der mündlichen Verhandlung ihre Angriffs- und Verteidigungsmittel, insbesondere Behauptungen, Bestreiten, Einwendungen, Einreden, Beweismittel und Beweiseinreden, so zeitig vorzubringen, wie es nach der Prozesslage einer sorgfältigen und auf Förderung des Verfahrens bedachten Prozessführung entspricht.
(2) Anträge sowie Angriffs- und Verteidigungsmittel, auf die der Gegner voraussichtlich ohne vorhergehende Erkundigung keine Erklärung abgeben kann, sind vor der mündlichen Verhandlung durch vorbereitenden Schriftsatz so zeitig mitzuteilen, dass der Gegner die erforderliche Erkundigung noch einzuziehen vermag.
(3) ¹Rügen, die die Zulässigkeit der Klage betreffen, hat der Beklagte gleichzeitig und vor seiner Verhandlung zur Hauptsache vorzubringen. ²Ist ihm vor der mündlichen Verhandlung eine Frist zur Klageerwiderung gesetzt, so hat er die Rügen schon innerhalb der Frist geltend zu machen.

ZPO § 296 – Zurückweisung verspäteten Vorbringens
(1) Angriffs- und Verteidigungsmittel, die erst nach Ablauf einer hierfür gesetzten Frist (§ 273 Abs. 2 Nr. 1 und, soweit die Fristsetzung gegenüber einer Partei ergeht, 5, § 275 Abs. 1 Satz 1, Abs. 3, 4, § 276 Abs. 1 Satz 2, Abs. 3, § 277) vorgebracht werden, sind nur zuzulassen, wenn nach der freien Überzeugung des Gerichts ihre Zulassung die Erledigung des Rechtsstreits nicht verzögern würde oder wenn die Partei die Verspätung genügend entschuldigt.
(2) Angriffs- und Verteidigungsmittel, die entgegen § 282 Abs. 1 nicht rechtzeitig vorgebracht oder entgegen § 282 Abs. 2 nicht rechtzeitig mitgeteilt werden, können zurückgewiesen werden, wenn ihre Zulassung nach der freien Überzeugung des Gerichts die Erledigung des Rechtsstreits verzögern würde und die Verspätung auf grober Nachlässigkeit beruht.
(3) Verspätete Rügen, die die Zulässigkeit der Klage betreffen und auf die der Beklagte verzichten kann, sind nur zuzulassen, wenn der Beklagte die Verspätung genügend entschuldigt.
(4) In den Fällen der Absätze 1 und 3 ist der Entschuldigungsgrund auf Verlangen des Gerichts glaubhaft zu machen.

ZPO § 296a – Vorbringen nach Schluss der mündlichen Verhandlung
¹Nach Schluss der mündlichen Verhandlung, auf die das Urteil ergeht, können Angriffs- und Verteidigungsmittel nicht mehr vorgebracht werden. ²§ 139 Abs. 5, §§ 156, 283 bleiben unberührt.

2. Zurückweisung nach Abs. 2. Nach Abs. 2 S. 2 sind Angriffs- und Verteidigungsmittel, die erst nach Ablauf einer nach Abs. 1 S. 2 Nr. 1 gesetzten Frist vorgebracht werden, nur zuzulassen, wenn nach der **freien Überzeugung** des Gerichts ihre Zulassung die Erledigung des Rechtsstreits nicht verzögern würde oder wenn die Partei die Verspätung genügend entschuldigt. Die Zurückweisungsmöglichkeit besteht somit nur in Fällen einer Auflage an die Parteien mit Hinweis auf Darlegungslücken und Aufklärungsdefizite nach Abs. 1 S. 2 Nr. 1. Der wortgleiche § 296 Abs. 1 ZPO tritt insoweit hinter der spezielleren Norm des § 56 Abs. 2 S. 1 zurück.

Eine Zurückweisung verspäteten Vorbringens ist nur **zulässig**, wenn die folgenden Voraussetzungen sämtlich vorliegen:
– konkrete Aufklärungsauflage des Gerichts,
– ausreichende Frist für den schriftsätzlichen Vortrag,
– Unterzeichnung der Auflagen- und Fristsetzungsverfügung durch den Vorsitzenden,
– ordnungsgemäße Belehrung über Folgen der Versäumung der Frist,
– förmliche Zustellung der Aufklärungsauflage,
– Vortrag von – entscheidungserheblichen – Angriffs- oder Verteidigungsmitteln nach Fristablauf,

---

[41] BVerfG 23.11.1977 – 1 BvR 481/77 – AP Art. 104 GG Nr. 30.
[42] BVerfG 2.7.1979 – 1 BvR 1292/78 – AP Art. 103 GG Nr. 31.
[43] BVerfG 3.8.1989 – 1 BvR 1178/88 – AP Art. 103 GG Nr. 40.

- kein Unterlassen zumutbarer Vorbereitungshandlungen durch das Gericht,
- Verzögerung des Verfahrens,
- Anhörung der betroffenen Partei zur Zurückweisungsabsicht des Gerichts,
- keine genügende Entschuldigung der Partei, ggf. keine ausreichende Glaubhaftmachung des Entschuldigungsgrundes durch die Partei.

42 **a) Konkrete gerichtliche Aufklärungsauflage.** Eine Zurückweisung kommt nur in Betracht, wenn der Vorsitzende die klärungsbedürftigen Punkte **genau bezeichnet**.[44] Eine allg. gehaltene Auflage mit Fristsetzung und Belehrung nach Abs. 2 S. 2 genügt dann, wenn die einzelnen klärungsbedürftigen Punkte vorher im Rahmen der Erörterung der Sach- und Rechtslage genau bezeichnet und in der Niederschrift festgehalten worden sind.[45] Die allg. gerichtliche Aufforderung an eine Partei, zum Vortrag des Gegners Stellung zu nehmen, ist keine Maßnahme nach Abs. 1 S. 2 Nr. 1. Im Gegensatz zu Nr. 1 wird damit nicht die Ergänzung oder Erläuterung von vorbereitenden Schriftsätzen oder die Erklärung über bestimmte klärungsbedürftige Punkte angeordnet, sondern nur die Pflicht der Parteien zur schriftsätzlichen Vorbereitung des streitigen Termins begründet (§§ 129 Abs. 2 und 282 Abs. 2 ZPO). Die Verpflichtung besteht auch gegenüber einer durch einen Prozessbevollmächtigten vertretenen Partei, jedenfalls dann, wenn dieser die Rechtslage erkennbar falsch beurteilt.[46]

43 **b) Angemessene Frist zum Vortrag der Angriffs- oder Verteidigungsmittel.** Der darlegungspflichtigen Partei muss eine ausreichende Frist[47] zur Beseitigung der Darlegungslücken und Aufklärungsdefizite eingeräumt werden. Die Länge der Frist ist abhängig vom Umfang der von der Partei zu erwartenden Darlegungen und der für sie notwendigen Nachforschungen, Rücksprachen und Berechnungen und auch davon, ob die Partei selbst oder ein beruflich belasteter Prozessbevollmächtigter den Schriftsatz zu fertigen hat. Besteht eine ausreichende Spanne bis zur streitigen Verhandlung, wird eine Frist von **mind. zwei Wochen**, nicht jedoch weniger als eine Woche für angemessen gehalten.[48] Die richterliche Frist kann nach § 224 Abs. 2 ZPO auf Antrag beim Vorliegen erheblicher Gründe, die glaubhaft zu machen sind, verlängert werden. Der Antrag muss vor Fristablauf bei Gericht eingehen, während die Entscheidung nach Fristablauf möglich ist.

Wird der richterliche **Hinweis erst in der mündlichen Verhandlung** erteilt, muss der betroffenen Partei Gelegenheit zur Reaktion gegeben werden. Kann eine sofortige Äußerung nach den konkreten Umständen und den Anforderungen des § 282 Abs. 2 ZPO nicht erwartet werden, darf die mündliche Verhandlung nicht ohne weiteres geschlossen werden; vielmehr muss dann entweder vertagt, ins schriftliche Verfahren übergegangen oder der Partei eine Frist gesetzt werden, innerhalb der sie schriftsätzlich hierzu Stellung nehmen kann.[49]

44 Hat der Vorsitzende die **Frist** zu kurz bemessen, so dass sie dem Anspruch auf rechtliches Gehör nicht genügt, ist die Frist durch Zulassung verspäteten Vorbringens zu korrigieren. Ob die Frist „angemessen" war, ist aus der Sicht im Zeitpunkt der Entscheidung über die Zulassung oder Zurückweisung des Vorbringens zu beurteilen.[50]

45 **c) Form und Zustellung der Auflagen- und Fristsetzungsverfügung.** Die Auflagen- und Fristsetzungsverfügung bedarf nach § 329 Abs. 1 S. 2 ZPO i.V.m. § 317 Abs. 2 S. 1 ZPO der vollständigen Unterschrift durch den Vorsitzenden. Eine Paraphierung genügt nicht.[51] Die Unterschrift muss von dem nach dem Geschäftsverteilungsplan zuständigen Richter stammen.[52]

46 Die **Auflagen- und Fristsetzungsverfügung** muss verkündet oder der betroffen Partei bzw. deren Prozessbevollmächtigten (§ 172 ZPO) förmlich zugestellt werden (§ 329 Abs. 2 S. 2 ZPO).[53] Eine formlose Mitteilung an die betroffene Partei berechtigt im Falle verspäteten Vorbringens nicht zur Zurückweisung des Vorbringens nach Abs. 2 S. 1. Dem Gegner kann die Verfügung formlos übermittelt werden.

47 **d) Belehrung über Folgen bei Fristversäumung.** Nach Abs. 2 S. 2 ist die betroffene Partei über die Folgen der Versäumung der nach Abs. 1 S. 2 Nr. 1 gesetzten Frist zu belehren. Dies gilt unabhängig davon, ob die Partei durch **RA** oder Verbandsvertreter vertreten wird oder nicht.[54]

48 Durch die Belehrung muss der betroffenen Partei vor Augen geführt werden, dass sie grds. nur innerhalb der gesetzten Frist vortragen und dass sie bei Versäumung der Frist allein deshalb im Rechtsstreit vollständig unterliegen kann.[55]

---

44 Einzelheiten unter Rn 10–15; BAG 19.6.1980 – 3 AZR 1177/79 – AP § 56 ArbGG 1979 Nr. 1; *Germelmann u.a.*, § 56 Rn 26.
45 LAG Nürnberg 18.12.1989 – 7 Sa 411/89 – LAGE § 56 ArbGG 1979 Nr. 1.
46 BGH 8.12.2005 – VII ZR 67/05 – NJW-RR 2006, 524.
47 Vgl. BGH 11.11.1993 – VII ZR 54/93 – MDR 1994, 508 (zur Klageerwiderungsfrist).
48 *Gift/Baur*, E Rn 747.
49 BGH 13.3.2008 – VII ZR 204/06 – NJW-RR 2008, 973.
50 OLG Hamm 22.1.1982 – 6 U 61/82 – MDR 1983, 63.
51 BGH 5.3.1990 – II ZR 109/89 – MDR 1990, 1095.
52 BGH 27.6.1991 – IX ZR 222/90 – MDR 1992, 185.
53 BGH 5.3.1990 – II ZR 109/89 – MDR 1990, 1095.; LAG Niedersachsen 12.12.1989 – 6 Sa 357/89 – LAGE § 56 ArbGG 1979 Nr. 2; förmliche Zustellung nicht zwingend erforderlich, aber empfehlenswert, soweit sie keine gerichtliche Frist beinhaltet, *Germelmann u.a.*, § 56 Rn 31.
54 LAG Schleswig-Holstein 12.1.1989 – 6 Sa 544/88 – NJW-RR 1989, 441; für § 277 Abs. 2 ZPO ebenso BGH 14.7.1983 – VII ZR 328/82 – MDR 1983, 1017.
55 *Gift/Baur*, E Rn 753.

Die Mitteilung des Wortlauts von Abs. 2 S. 1 genügt als Belehrung hierüber nicht, wenn die Partei nicht vertreten wird. Die Fristsetzung ist dann unwirksam.[56]

Wird die betroffene Partei durch einen RA oder Verbandsvertreter vertreten, so ist umstr., ob für eine **ordnungsgemäße Belehrung** über die Folgen bei Fristversäumung ausreicht: 49
- der bloße Hinweis auf Abs. 2 S. 1 ohne kommentierende Erläuterung der Gesetzesvorschrift,[57]
- die Wiederholung des Wortlautes des Abs. 2,[58]
- nur eine konkrete Erläuterung der Folgen einer Fristversäumung,[59]
- nur eine „individuell zur jeweiligen Auflage" formulierte Belehrung.[60]

Richtig ist, dass die Rechtsfolgenbelehrung gegenüber durch **RA** und Verbandsvertreter vertretenen Parteien **minderen Anforderungen** unterliegt, weil hier die Kenntnis der einschlägigen Verfahrensvorschriften vorausgesetzt werden kann.[61] Der Umfang gerichtlicher Belehrung richtet sich nach dem beim konkreten Empfänger voraussetzbaren Rechtsverständnis. Insb. bei den nach § 11 Abs. 2 S. 2 Nr. 4 und 5 als rechtskundig anerkannten Personen genügt daher der Hinweis auf die einschlägige Präklusionsvorschrift, zumindest aber die Wiederholung des Wortlautes. Das gilt insb. dann, wenn die Partei selbst RA ist.[62] 50

e) Verspäteter Vortrag von Angriffs- oder Verteidigungsmitteln. Sind die genannten formellen Voraussetzungen (siehe Rn 41–50) für eine Präklusion von Parteivortrag erfüllt, dann sind Angriffs- und Verteidigungsmittel, die nicht fristgerecht vorgebracht werden, nicht zuzulassen, wenn dadurch die Erledigung des Rechtsstreits verzögert würde oder wenn die Partei die Verspätung nicht genügend entschuldigt. Insoweit besteht eine **Zurückweisungspflicht**, die nicht zur Disposition der Parteien steht.[63] Die **Frist** ist **versäumt**, wenn die vom Gericht geforderte Erklärung nicht innerhalb der Frist bei Gericht eingeht. Die Partei darf allerdings die gesetzte Frist bis zuletzt ausschöpfen.[64] Wer ein Beweismittel zu einem zentralen Punkt des Rechtsstreits bewusst zurückhält, um erst einmal abzuwarten, zu welchem Ergebnis die Erhebung der bisher angebotenen Beweise führt, verstößt in grober Weise gegen die allgemeine Prozessförderungspflicht des Zivilprozesses. Die verspätete Benennung eines Zeugen durch den Kläger kann nicht damit entschuldigt werden, er habe nicht vorhersehen können, dass das Gericht dem benannten Zeugen nicht glaubt.[65] 51

Den Parteien können die schwerwiegenden Folgen der Versäumung richterlicher Erklärungsfristen nur dann zugemutet werden, wenn die förmlichen Voraussetzungen für eine Nichtzulassung von Angriffs- und Verteidigungsmitteln genau eingehalten werden. Deshalb ist von dem Gericht zu verlangen, dass es sich selbst bei Erlass der Verfügung an die gesetzlichen Förmlichkeiten und Zuständigkeitsregeln hält. Fehlt es an einer der genannten förmlichen Voraussetzungen (siehe Rn 41 ff.), darf verspätetes Vorbringen nicht zurückgewiesen werden. Eine Heilung nach § 295 BGB findet nicht statt.[66] 52

Zurückgewiesen werden können nur **Angriffs- und Verteidigungsmittel**. Dazu zählt jedes sachliche und prozessuale Vorbringen, das der Durchsetzung bzw. Abwehr des geltend gemachten prozessualen Anspruchs dient, z.B. Behauptungen, Bestreiten, Einwendungen, auch Aufrechnungen, Einreden einschließlich der Tatsachenbehauptungen und Beweismittel[67] zu ihrer Rechtfertigung, Beweisanträge und Beweiseinreden. **Keine Angriffs- und Verteidigungsmittel** sind Rechtsausführungen und verfahrensbestimmende Anträge wie Klage, Klageänderung, Klageerweiterung, Parteiänderung, Widerklage und Widerklageänderung oder -erweiterung und das Vorbringen zu ihrer Begründung.[68] 53

f) Verzögerung des Rechtsstreits. aa) Verzögerungsrelevanter Vortrag. Solange nicht feststeht, dass die Gegenpartei verspätetes Vorbringen bestreitet, liegen die Voraussetzungen für ein Zurückweisen nach § 56 Abs. 2 nicht vor.[69] Vor einer Zurückweisung hat das Gericht verspätetes Vorbringen auf seine **Erheblichkeit** zu prü- 54

---

[56] BGH 12.1.1983 – IVa ZR 135/81 – NJW 1983, 822, zu § 296 Abs. 1 ZPO.
[57] OLG Oldenburg 2.12.1998 – 2 U 210/98 – OLGR Oldenburg 1999, 60; LAG Schleswig-Holstein 12.1.1989 – 6 Sa 544/88 – NJW-RR 1989, 441; OLG Hamm 16.3.1984 – 20 U 178/83 – NJW 1984, 1566 (zu § 277 Abs. 2 ZPO); *Germelmann u.a.*, § 56 Rn 32.
[58] BGH 23.10.1990 – XI ZR 20/90 – MDR 1991, 436 (zu § 277 Abs. 2 ZPO, in einem Fall mit einem RA als betroffener Partei).
[59] So BGH 14.7.1983 – VII ZR 328/82 – MDR 1983, 1017 (zu § 277 Abs. 2 ZPO).
[60] So GK-ArbGG/*Schütz*, § 56 Rn 49, unter Ablehnung jeglicher Belehrung durch „Merkblatt"
[61] BAG 19.5.1998 – 9 AZR 362/97 – EzA § 56 ArbGG 1979 Nr. 2; *Gift/Baur*, E Rn 756f.

[62] BGH 23.10.1990 -XI ZR 20/90 – MDR 1991, 436 (zu § 277 Abs. 2 ZPO).
[63] *Gift/Baur*, E Rn 763 f.
[64] BVerfG 25.2.1993 – 2 BvR 1066/91 – AP § 233 ZPO 1977 Nr. 20; BAG 4.2.1994 – 8 AZB 16/93 – AP § 66 ArbGG 1979 Nr. 5 = NJW 1995, 150 (zur Berufungsbegründungsfrist); *Gift/Baur*, E Rn 776; *Gift/Baur*, E Rn 776.
[65] BGH 13.12.2006 – IV ZR 180/04 – VersR 2007, 373.
[66] BGH 21.6.1991 – IX ZR 222/90 – NJW 1991, 2774, zu § 296 Abs. 1 ZPO.
[67] BGH 13.12.2006 – IV ZR 180/04 – BVersR 2007, 373, zur Zurückhaltung eines Beweismittels.
[68] *Thomas/Putzo*, § 146 Rn 2.
[69] OLG Naumburg 7.1.1994 – 3 U 69/93 – NJW-RR 1994, 704, zu § 296 ZPO.

fen und, wenn es diese bejaht, den Gegner zur Stellungnahme zu veranlassen.[70] Kann sich der Prozessgegner auf ein verspätet vorgebrachtes Angriffs- oder Verteidigungsmittel im Verhandlungstermin nicht erklären, darf das Gericht dieses Vorbringen nur dann als verspätet zurückweisen, wenn der Gegner in einem nach § 283 ZPO nachgelassenen Schriftsatz den Vortrag bestreitet.[71]

55 Vor der Zurückweisung verspäteten Vortrags ist daher dem Gegner nach § 283 ZPO Gelegenheit zur Stellungnahme durch **nachgereichten Schriftsatz** zu geben. Erst danach ist über die Zurückweisung des bestrittenen und damit beweisbedürftig gebliebenen verspäteten Vorbringens zu entscheiden.[72]

56 **bb) Kausalität.** Zwischen der Verspätung des Vorbringens und der Verzögerung des Rechtsstreits muss ein **alleinursächlicher Zusammenhang** bestehen. Dieser besteht nicht, wenn es zur Verzögerung aus Gründen kommt, die dem Prozess allg. und unabhängig davon innewohnen, ob die Partei rechtzeitig oder verspätet vorgetragen hat.[73]

57 Daher darf das Nichterscheinen eines ordnungsgemäß geladenen Zeugen nicht zur Benachteiligung der beweisführenden Partei verwertet werden.[74] Die durch das Ausbleiben eines Zeugen oder einer vernehmenden Partei eintretenden Verzögerungen müssen von der Rechtsordnung beim verspäteten Vorbringen ebenso wie beim rechtzeitigen Vorbringen notwendigerweise hingenommen werden.[75] Geht wegen verspäteten Beweisantritts die Ladung dem Zeugen nicht zu und erscheint er auch nicht freiwillig im Termin, steht der Annahme der Verzögerung des Rechtsstreits durch das Ausbleiben des Zeugen nicht entgegen, dass er sich der Partei gegenüber zum Erscheinen bereit erklärt hatte und möglicherweise auch bei rechtzeitiger Ladung ausgeblieben wäre.[76] Es fehlt an einer Verzögerung der Erledigung des Rechtsstreits, wenn auch bei fristgerechtem Eingang des Schriftsatzes mit dem verspäteten Vorbringen ein Beweisbeschluss hätte ergehen müssen und der Rechtsstreit folglich nicht erledigt worden wäre.[77] Verspätetes Vorbringen darf in einem Termin auch dann nicht zurückgewiesen werden, wenn nach der Sach- und Rechtslage des Streitfalles eine Streiterledigung in diesem Termin von vornherein ausscheidet,[78] insb. weil keine ausreichenden Vorbereitungsmaßnahmen durch das Gericht ergriffen wurden,[79] keine genügende Zeit für die Vernehmung von Zeugen vorgesehen wurde[80] oder die richterliche Verfahrensleitung und Terminsvorbereitung erkennbar unzulänglich sind.[81]

58 **cc) Verzögerungsbegriff.** Von einer **Verzögerung** des Rechtsstreits kann die Rede sein, wenn
- die Zulassung des nach Fristablauf eingegangenen Vortrags – ohne Berücksichtigung des hypothetischen Verfahrensverlaufs bei rechtzeitigem Eingang des Vortrags – zu einer Verzögerung führte (**absoluter Verzögerungsbegriff**),
- die Dauer des Verfahrens durch die Zulassung des verspäteten Vortrags – relativ – verlängert wird gegenüber der Dauer des Verfahrens, die bei rechtzeitigem Vorbringen zu erwarten gewesen wäre (relativer oder **hypothetischer Verzögerungsbegriff**).[82]

59 Der BGH hat sich für den absoluten Verzögerungsbegriff entschieden.[83] Die Anwendung des absoluten Verzögerungsbegriffs ist grds. mit dem Anspruch auf rechtliches Gehör vereinbar. Verspätetes Vorbringen darf jedoch nicht ausgeschlossen werden, wenn offenkundig ist, dass dieselbe Verzögerung auch bei rechtzeitigem Vortrag eingetreten wäre.[84]

60 Kann sich eine Partei zu erstmals vorgebrachten neuen Tatsachen des Prozessgegners, die ihr aus eigenem Wissen nicht bekannt sind, nicht erklären, bleibt nur die Möglichkeit, die Verhandlung zu vertagen, einen Schriftsatzvorbehalt zu gewähren oder das neue Vorbringen zurückzuweisen.[85]

61 Die durch an sich verspätetes Vorbringen veranlasste Notwendigkeit, nach § 283 ZPO eine **Erklärungsfrist zu** gewähren, bedeutet für sich allein keine Verzögerung des Rechtsstreits.[86]

62 Durch die Anberaumung eines Verkündungstermins wird die Erledigung des Rechtsstreits nicht in erheblicher Weise verzögert.[87]

---

70 OLG Frankfurt 8.10.1991 – 14 U 247/90 – NJW-RR 1992, 1405.
71 LG Berlin 4.2.1992 – 64 S 319/91 – NJW-RR 1992, 958; KG 25.10.1982 – 24 U 2582/82 – MDR 1983, 235.
72 OLG Frankfurt 24.9.1986 – 17 U 20/85 – MDR 1987, 330.
73 BGH 5.5.1982 – VIII ZR 152/81 – MDR 1982, 1012; BGH 21.4.1986 – VIII ZR 125/85 – MDR 1986, 1017.
74 BGH 23.4.1986 – VIII ZR 128/85 – MDR 1986, 1018.
75 BGH 1.10.1986 – I ZR 125/84 – NJW 1987, 502.
76 BGH 19.10.1988 – VIII ZR 298/87 – MDR 1989, 249.
77 OLG Hamm 4.2.1994 – 9 U 192/93 – NJW-RR 1995, 126.
78 BGH 21.10.1986 – VI ZR 107/86 – MDR 1987, 225.
79 OLG Hamm 20.1.1989 – 20 U 78/88 – NJW-RR 1989, 895.
80 BVerfG 13.8.1991 – 1 BvR 72/91 – NJW 1992, 299.

81 BVerfG 22.8.1991 – 1 BvR 365/91 – NJW 1992, 680; BVerfG 20.10.1994 – 2 BvR 1506/94 – NJW-RR 1995, 377.
82 LAG Berlin 7.5.1979 – 9 Sa 106/78 – EzA § 528 ZPO Nr. 1.
83 BGH 12.7.1979 – VII ZR 284/78 – MDR 1979, 928; BGH 31.1.1980 – VII ZR 96/79 – MDR 1980, 393.
84 BAG 2.3.1989 – 2 AZR 275/88 – AP § 130 BGB Nr. 17; BGH 26.11.1984 -VIII ZR 217/83 – MDR 1985, 487.
85 OLG Koblenz 5.2.1987 – 6 U 1319/86 – NJW-RR 1987, 509.
86 BAG 2.3.1989 – 2 AZR 275/88 – AP § 130 BGB Nr. 17; BGH 26.11.1984 -VIII ZR 217/83 – MDR 1985, 487.
87 OLG Frankfurt 8.10.1991 –14 U 247/90 – NJW-RR 1992, 1405.

Ob eine Verzögerung eintritt, stellt das Gericht, bezogen auf den Zeitpunkt des Vorbringens, nach seiner freien Überzeugung fest.[88]

dd) Keine Mitursächlichkeit des Gerichts für Verzögerung. Beruht die Verspätung eines Vorbringens oder das Unterlassen der Entschuldigung auch auf einer **Verletzung der richterlichen Fürsorgepflicht**, schließt die rechtsstaatlich gebotene faire Verfahrensführung eine Präklusion nach Abs. 2 aus.[89] Ist eine Verfahrensverzögerung durch zumutbare und damit prozessrechtlich gebotene Maßnahme vermeidbar, dient die Zurückweisung verspäteten Vorbringens nicht mehr der Verhinderung von Folgen säumigen Parteiverhaltens. Sie wirkt vielmehr einer Verzögerung entgegen, die erst infolge unzureichender richterlicher Verfahrensleitung droht.[90] Im Berufungsverfahren darf z.B. eine in erster Instanz siegreiche Partei darauf vertrauen, von dem Berufungsgericht rechtzeitig einen Hinweis zu erhalten, wenn dieses in einem entscheidungserheblichen Punkt der Beurteilung der Vorinstanz nicht folgen will und aufgrund seiner abweichenden Ansicht einer Ergänzung des Vorbringens oder einen Beweisantritt für erforderlich hält. Dabei muss der Hinweis so rechtzeitig erfolgen, dass darauf noch vor dem Termin zur mündlichen Verhandlung reagiert werden kann.[91]

Es ist aber zu beachten, dass eine fachkundig vertretene Partei eine unzureichende Information durch das Gericht nicht erfolgreich rügen kann, wenn sie oder ihr Vertreter selbst in zumutbarer Weise durch Nachfragen oder Beweisanträge die fehlende Information durch das Gericht hätte veranlassen können.[92]

Von der Möglichkeit des Ausschlusses von Parteivorbringen oder Beweismitteln wegen Verspätung kann kein Gebrauch gemacht werden, wenn ein Schriftsatz so rechtzeitig eingeht, dass die Ladung eines darin benannten Zeugen zu einem bereits anberaumten Termin möglich ist oder der betreffende Zeuge in dem Termin gestellt wird.[93] Mit Zeugenbeweis dem Gericht eingereichter Tatsachenvortrag kann nicht als verspätetes Vorbringen zurückgewiesen werden, wenn die Beweiserhebung dem Gericht zu dem bereits anberaumten Termin der mündlichen Verhandlung möglich wäre oder bei gehöriger Terminsvorbereitung möglich gewesen wäre.[94] Die Zurückweisung des Vorbringens als verspätet verletzt daher den **Grundsatz des rechtlichen Gehörs**, wenn das Gericht entgegen seiner Prozessförderungspflicht einen Zeugen trotz ausreichender Zeit nicht lädt und dadurch die Verzögerung der Erledigung des Rechtsstreits mitverursacht.[95] Die Pflicht zur Wahrung rechtlichen Gehörs erfordert aber nicht, schon vor Eingang der Klageerwiderung aufgrund des in der Klageschrift geschilderten vorprozessualen Streitstandes die hierzu benannten Zeugen für den Kammertermin zu laden.[96] Die Nichtzulassung verspäteten Zeugenbeweises ist ermessensfehlerhaft, wenn die Verzögerung des Verfahrensabschlusses damit begründet wird, der Verhandlungstermin sei bereits durch eine Parteivernehmung zum selben Beweisthema ausgelastet.[97] Die Vernehmung eines zunächst ohne ladungsfähige Anschrift, i.Ü. aber konkret und rechtzeitig benannten Zeugen darf nur unter den Voraussetzungen des § 356 ZPO abgelehnt werden. Die Ablehnung kann nicht stattdessen – wegen verspäteten Nachreichens der ladungsfähigen Anschrift – auf Abs. 2 gestützt werden.[98] Die Erledigung des Rechtsstreits wird aber verzögert, wenn der vom Beklagten verspätet erst in der mündlichen Verhandlung benannte Zeuge zwar präsent ist und deshalb vernommen werden könnte, seine Vernehmung aber bei einer dem Kläger günstigen Aussage die Vernehmung nicht präsenter Gegenzeugen erforderlich machen würde.[99]

g) Rechtliches Gehör wegen Vorwurfs der Verspätung. Der betroffenen Partei ist von dem Vorsitzenden rechtliches Gehör zum Vorwurf der Verspätung des Vorbringens zu gewähren. Sie ist ausdrücklich nach möglichen Entschuldigungsgründen für die Verspätung zu befragen und ggf. zur Glaubhaftmachung der Entschuldigungsgründe aufzufordern.

h) Unzureichende Entschuldigung oder Glaubhaftmachung. Das Verschulden der Partei, ggf. ihres gesetzlichen Vertreters (§ 51 Abs. 2 ZPO) oder Prozessbevollmächtigten (§ 85 Abs. 2 ZPO), an der Fristversäumnis wird **vermutet**. Die Partei muss sich entlasten, und zwar sofort, spätestens im folgenden Termin. Nur eine in erster Instanz schuldlos unterlassene Entschuldigung für das verspätete Vorbringen kann mit der Berufung nachgeholt werden.[100]

An die Sorgfaltspflichten des RA oder des Verbandsvertreters werden dabei strengere Anforderungen gestellt als an die Partei selbst.[101] Soweit es um ein **Verschulden der Partei** geht, wird danach gefragt, ob die Partei nach ihren

---

88 BGH 12.7.1979 – VII ZR 284/78 – MDR 1979, 928.
89 BVerfG 14.4.1987 – 1 BvR 162/84 – MDR 1987, 814 (zu § 296 Abs. 1 ZPO).
90 BVerfG 20.10.1994 – 2 BvR 1506/94 – NJW-RR 1995, 377.
91 BGH 26.6.2008 – V ZR 225/07 – juris.
92 BAG 20.5.2008 – 9 AZN 1258/07 – NZA 2008, 839 = NJW 2008, 2364.
93 BAG 23.11.1988 – 4 AZR 393/88 – MDR 1989, 484.
94 BVerfG 10.2.1993 – 2 BvR 2218/92 – WuM 1994, 122.
95 BVerfG 16.6.1995 – 2 BvR 2623/93 – NJW-RR 1995, 1469.
96 BGH 30.9.1986 – X ZR 2/86 – MDR 1987, 230.
97 BGH 9.11.1990 – V ZR 194/89 – MDR 1991, 518.
98 BGH 31.3.1993 – VIII ZR 91/92 – MDR 1994, 512 (zu § 296 Abs. 2 ZPO).
99 BGH 26.3.1982 – V ZR 149/81 – MDR 1982, 658.
100 BVerfG 14.4.1987 – 1 BvR 162/84 – MDR 1987, 814.
101 *Gift/Baur*, E Rn 784.

persönlichen Kenntnissen und Fähigkeiten die Verspätung hätte vermeiden können und müssen.[102] Wegen der verfassungsrechtlichen Dimension und des Gebots der zurückhaltenden Anwendung von Präklusionsvorschriften werden die Vermeidung einer kleinlichen Betrachtung und ein Abstellen auf die Umstände des Einzelfalles angeraten.[103]

69 Das Gericht darf ein verspätetes Vorbringen nicht wegen Unglaubwürdigkeit des vorgetragenen Entschuldigungsgrundes zurückweisen, ohne dass es die Partei zur Glaubhaftmachung aufgefordert und ihr dazu in angemessener Weise – regelmäßig unter Einräumung einer kurzen Frist – Gelegenheit gegeben hat.[104]

70 **i) Zurückweisungsentscheidung.** Liegen sämtliche Voraussetzungen für ein Zurückweisen verspäteten Vorbringens vor, so entscheidet die Kammer über die Zurückweisung des Vorbringens inzidenter in dem Urteil zur Hauptsache.

71 **j) Folgen der Präklusion verspäteten Vorbringens.** Die Zurückweisung verspäteten Vorbringens hat die Wirkung, dass die Sachprüfung so vorzunehmen ist, als hätte die Partei das verspätete Vorbringen nicht vorgetragen.[105] Angriffs- oder Verteidigungsmittel dürfen nicht durch Teilurteil als verspätet zurückgewiesen werden.[106]

72 Vorbringen, welches im Verfahren über einen im Wege der Stufenklage geltend gemachten Auskunftsanspruch ausgeschlossen worden ist, kann im Betragsverfahren erneut vorgetragen werden und dann auch nicht deshalb als verspätet zurückgewiesen werden, weil es nicht schon im Verfahren der ersten Stufe rechtzeitig und substantiiert vorgebracht worden ist.[107]

73 **k) Sonderfall: Eilverfahren.** Im **Arrestverfahren** und im **einstweiligen Verfügungsverfahren** ist es den Parteien erlaubt, im Verhandlungstermin neue Tatsachen vorzutragen. Eine Zurückweisung als verspätet kommt regelmäßig nicht in Betracht, weil grds. kein Anspruch auf Vertagung besteht und daher keine Verzögerung eintritt.[108]

C. Verbindung zum Prozessrecht der ZPO

I. Zurückweisung nach § 296 Abs. 1 ZPO

74 Ein Zurückweisen von Angriffs- und Verteidigungsmitteln nach § 296 Abs. 1 ZPO findet im arbeitsgerichtlichen Verfahren nicht statt. Die nahezu wortgleiche Vorschrift des Abs. 2 S. 1 geht dem § 296 Abs. 1 ZPO vor. Die in § 296 Abs. 1 ZPO angesprochenen Fristen nach §§ 275 Abs. 1 S. 1, Abs. 3, 4, 276 Abs. 1 S. 2, Abs. 3 und 277 ZPO können zudem gemäß § 46 Abs. 2 S. 2 im arbeitsgerichtlichen Verfahren nicht gesetzt werden. Dies gilt auch für die in § 296 Abs. 1 ZPO genannte Frist nach § 273 Abs. 2 Nr. 1 ZPO, weil insoweit Abs. 1 S. 2 Nr. 1 als speziellere Regelung vorgeht.[109]

II. Zurückweisung nach §§ 296 Abs. 2, 282 Abs. 1 ZPO

75 Nach § 46 Abs. 2 i.V.m. § 296 Abs. 2 ZPO können aber Angriffs- und Verteidigungsmittel, die entgegen § 282 Abs. 1 ZPO nicht rechtzeitig vorgebracht werden, zurückgewiesen werden, wenn ihre Zulassung nach der freien Überzeugung des Gerichts die Erledigung des Rechtsstreits verzögern würde und die Verspätung auf grober Nachlässigkeit beruht.

76 **1. Prozessförderungspflicht in mündlicher Verhandlung.** Nach § 282 Abs. 1 ZPO hat jede Partei in der mündlichen Verhandlung ihre Angriffs- und Verteidigungsmittel, insb. Behauptungen, Bestreiten, Einwendungen, Einreden, Beweismittel und Beweiseinreden, so zeitig vorzubringen, wie es nach der Prozesslage einer sorgfältigen und auf Förderung des Verfahrens bedachten Prozessführung entspricht. Die Zurückweisungsmöglichkeit nach §§ 296 Abs. 2, 282 Abs. 1 ZPO gründet damit nicht auf der Versäumung einer vom Gericht gesetzten Frist, sondern auf der **Verletzung der allgemeinen Prozessförderungspflicht** der Parteien.

77 In der mündlichen Verhandlung haben die Parteien ihre Angriffs- und Verteidigungsmittel so frühzeitig wie möglich und vernünftig, also **konzentriert** und nicht tröpfchenweise, vorzubringen. Besondere Bedeutung erlangt diese Zurückweisungsmöglichkeit bei einem erstmaligen und schriftsätzlich nicht angekündigten Vortrag erst in einem späteren Termin, auf den die Verhandlung vertagt wurde.

78 **2. Voraussetzungen für Präklusion.** Die zu Abs. 2 aufgeführten Voraussetzungen zur Verzögerung des Rechtsstreits (vgl. Rn 51 ff.) müssen auch hier vorliegen, also ein verzögerungsrelevanter Vortrag, die Kausalität, keine Mitursächlichkeit eines die Parteien nicht zum Vortrag auffordernden Gerichts und das rechtliche Gehör wegen des Vorwurfs der Verletzung der Prozessförderungspflicht. Als Verschuldensgrad nennt das Gesetz die **grobe Nachläs-**

---

102 OLG Hamm 15.2.1991 – 12 U 143/90 – NJW-RR 1992, 122.
103 *Gift/Baur*, E Rn 785.
104 BGH 10.3.1986 – II ZR 107/85 – MDR 1986, 1002.
105 BGH 17.4.1996 – VII ZB 60/95 – NJW-RR 1996, 961.
106 BGH 4.2.1993 – VII ZR 39/92 – MDR 1993, 1058.
107 OLG Karlsruhe 10.10.1984 – 6 U 81/83 – MDR 1985, 239.
108 OLG Hamburg 29.5.1986 – 3 U 17/86 – NJW-RR 1987, 36; OLG Koblenz 5.2.1987 – 6 U 1319/86 – NJW-RR 1987, 509.
109 *Germelmann u.a.*, § 56 Rn 2.

sigkeit. Diese liegt vor, wenn die Partei oder ihr Prozessbevollmächtigter die prozessuale Sorgfalt in ungewöhnlich großem Maße verletzt und dasjenige unbeachtet gelassen hat, was jedem, der einen Prozess führt, hätte einleuchten müssen.[110]

III. Zurückweisung nach §§ 296 Abs. 2, 282 Abs. 2 ZPO

Schließlich können Angriffs und Verteidigungsmittel nach § 46 Abs. 2 i.V.m. §§ 296 Abs. 2, 282 Abs. 2 ZPO zurückgewiesen werden, die entgegen § 282 Abs. 2 ZPO nicht rechtzeitig mitgeteilt werden, wenn ihre Zulassung nach der freien Überzeugung des Gerichts die Erledigung des Rechtsstreits verzögern würde und die Verspätung auf grober Nachlässigkeit beruht. **79**

1. Anordnung vorbereitender Schriftsätze. Nach § 282 Abs. 2 ZPO sind Anträge sowie Angriffs- und Verteidigungsmittel, auf die der Gegner voraussichtlich ohne vorhergehende Erkundigung keine Erklärung abgeben kann, vor der mündlichen Verhandlung durch vorbereitenden Schriftsatz so **zeitig** mitzuteilen, dass der Gegner die erforderliche Erkundigung noch einzuziehen vermag. Diese Pflicht trifft die Parteien im arbeitsgerichtlichen Verfahren nur, wenn ihnen nach § 129 Abs. 2 ZPO durch richterliche Anordnung aufgegeben worden ist, die mündliche Verhandlung durch Schriftsätze oder durch zu Protokoll der Geschäftsstelle abzugebende Erklärungen vorzubereiten. **80**

2. Verspätete Mitteilung von Angriffs- und Verteidigungsmitteln. Angriffs- und Verteidigungsmittel können nach § 296 Abs. 2 ZPO auch dann zurückgewiesen werden, wenn sie zwar in der mündlichen Verhandlung rechtzeitig vorgebracht, entgegen § 282 Abs. 2 ZPO aber nicht rechtzeitig angekündigt waren. Voraussetzung der Zurückweisung ist demnach eine Verletzung des § 282 Abs. 2 ZPO; die bloße Nichteinhaltung der Schriftsatzfrist, also ein Verstoß gegen § 132 ZPO, genügt nach dem klaren Wortlaut des Gesetzes nicht. § 282 Abs. 2 ZPO verlangt, dass Angriffs- und Verteidigungsmittel, auf die der Gegner voraussichtlich ohne vorhergehende Erkundigung keine Erklärung abgeben kann, vor der mündlichen Verhandlung durch vorbereitenden Schriftsatz so zeitig mitzuteilen sind, dass der Gegner die erforderliche Erkundigung noch einzuziehen vermag. Diese Vorschrift hat v.a. Bedeutung für neue Tatsachenbehauptungen. Auf diese hat sich der Gegner gem. § 138 ZPO substantiiert und der Wahrheit gemäß zu erklären. Hierzu wird vielfach nicht nur eine Rückfrage des RA beim Mandanten, sondern auch eine Erkundigung bei Dritten erforderlich sein. Anders ist es dagegen, wenn für eine bereits früher aufgestellte und streitig gewordene Behauptung neue Beweise angeboten werden. Diese sind, soweit sie eine materiell-rechtlich erhebliche Behauptung betreffen und keine prozessualen Hindernisse entgegenstehen, auch dann zu erheben, wenn der Gegner sein Bestreiten nicht wiederholt. Ausnahmen von dieser Regel sind denkbar.[111] § 282 Abs. 2 ZPO verlangt nicht, neues Vorbringen so rechtzeitig schriftsätzlich anzukündigen, dass das Gericht noch vorbereitende Maßnahmen treffen kann. Nach der jetzigen Fassung dient die Vorschrift nicht dem Zweck, dem Richter die rechtzeitige Terminsvorbereitung zu ermöglichen. Wenn das Gericht sicherstellen will, dass die Schriftsätze der Parteien bereits in einem Zeitpunkt bei Gericht eingehen, in dem noch die Ladung von Zeugen und andere vorbereitende Maßnahmen angeordnet werden können, bleibt ihm daher nur die Möglichkeit, nach Abs. 2, § 61a Abs. 3, 4 Fristen zu setzen.[112] **81**

3. Voraussetzungen für die Präklusion. Die zu §§ 296 Abs. 2, 282 Abs. 2 ZPO aufgeführten weiteren Voraussetzungen zur Zurückweisung des Parteivorbringens (siehe Rn 51–69) müssen auch hier vorliegen. **82**

D. Beraterhinweise

I. Flucht in die Säumnis

Der Zurückweisung verspäteten Vorbringens kann die betreffende Partei durch Nichtverhandeln im Termin zur mündlichen Verhandlung zu entgehen suchen.[113] Gegen das auf Antrag des Gegners ergangene Versäumnisurteil kann Einspruch eingelegt werden. Zusammen mit dem Einspruch kann die Partei die Angriffs- oder Verteidigungsmittel bei Gericht anbringen.[114] **83**

Das Säumnisverfahren (§§ 330 ff. ZPO) hebt jedoch eine vorangegangene Versäumnis von Erklärungsfristen nicht auf. Die säumige Partei ist aber mit dem in der Einspruchsbegründung nachgeholten Vorbringen zur Hauptsache nicht schlechthin ausgeschlossen. Durch den zulässigen Einspruch wird der Prozess in die Lage zurückversetzt, in der er sich vor Eintritt der Versäumnis der mündlichen Verhandlung befand (§ 342 ZPO). Damit werden alle früheren Prozesshandlungen oder Unterlassungen wieder erheblich. Das Gesetz nimmt zwar die dem Säumnisverfahren eigene Verzögerung des Rechtsstreits in Kauf, jedoch werden andere Versäumnisse durch den Einspruch nicht ausgeräumt. So sind die Rechtsfolgen einer Fristversäumung nach Abs. 2 auch allein aus der Sicht der auf den Einspruch folgenden Verhandlung zu beurteilen. Soweit eine Verzögerung in der Erledigung des Rechtsstreits durch zumutbare **84**

---

110 BGH 24.9.1986 – VIII ZR 255/85 – MDR 1987, 229.
111 BGH 28.9.1988 – IV a ZR 88/87 – MDR 1989, 49.
112 BGH 28.9.1988 – IV a ZR 88/87 – MDR 1989, 49.
113 Hessisches LAG 24.2.2009 – 13 Ta 586/08 – juris mit Darstellung des Streitstandes zu der Frage, ob diese auch eine Verspätungsgebühr nach § 38 GKG auslösen kann; im Übrigen siehe zu den Kosten § 95 ZPO.
114 *Germelmann u.a.*, § 56 Rn 43.

vorbereitende Maßnahmen für diese Verhandlung vermieden werden kann, darf das Gericht das Vorbringen auch dann nicht zurückweisen, wenn die gem. Abs. 2 gesetzte Frist versäumt worden ist.[115]

85 Nach Eingang eines zulässigen Einspruchs hat der Vorsitzende des Prozessgerichts unverzüglich Termin zur Verhandlung zu bestimmen (§§ 216 Abs. 2, 341a ZPO). Die Verhandlung soll so früh wie möglich stattfinden (§ 272 Abs. 3 ZPO bzw. § 57 Abs. 1 S. 2). Damit wäre es nicht vereinbar, wenn der Vorsitzende die auf den Einspruch anzuberaumende Verhandlung so weit hinausschieben müsste, dass in diesem Termin alle nach dem verspäteten Vorbringen in Betracht kommenden Beweise erhoben werden könnten. Zwar ist bei der Terminsbestimmung nach Möglichkeit eine **Zeitspanne zur Beweisaufnahme** einzuplanen, welche nach dem neuen Sachstand und Streitstand geboten und durchführbar erscheint. Dies bedeutet jedoch nicht, dass die Vorsitzende bei der Terminsbestimmung einen freien, den Umständen nach in Betracht kommenden Termin auslassen müsste, um alle nachteiligen Folgen der Verspätung des Parteivorbringens auszuräumen. Andernfalls würde die Regelung des § 296 ZPO durch ein Säumnisverfahren unterlaufen. Eine Zurückweisung verspäteten Vorbringens käme in all jenen Fällen nicht mehr in Betracht, in denen der Verhandlungstermin erst nach Eingang des verspäteten Schriftsatzes bestimmt wird. Der **Beschleunigungszweck** der gesetzlichen Neuregelung wäre verfehlt, eine „Flucht in die Terminsversäumnis" würde sich in allzu vielen Fällen doch lohnen.[116]

86 Beruht die Verzögerung der Erledigung des Rechtsstreits allein auf der Verspätung des Sachvorbringens in der Einspruchsbegründung, so kommt eine Zurückweisung nach §§ 340 Abs. 3 S. 3, 296 Abs. 1 ZPO in Betracht. Insoweit ist die Anwendbarkeit im arbeitsgerichtlichen Verfahren nicht ausgeschlossen.[117]

II. Flucht in die Berufungsinstanz

87 Nach Ablauf der Ausschlussfrist für schriftsätzlichen Vortrag kann die betroffene Partei den Tatsachenvortrag in erster Instanz unterlassen und in der Berufungsbegründung nachholen. Die Berufung kann ggf. auch ausschließlich mit neuen Angriffs- und Verteidigungsmitteln begründet werden.[118] I.d.R. wird ein solchermaßen verspäteter Vortrag keine Verzögerung bewirken, weshalb eine Zulassung nach § 67 Abs. 2 erfolgen kann. Es bliebe nur die Kostensanktion des § 97 Abs. 2 ZPO.[119]

§ 57 Verhandlung vor der Kammer

(1) ¹Die Verhandlung ist möglichst in einem Termin zu Ende zu führen. ²Ist das nicht durchführbar, insbesondere weil eine Beweisaufnahme nicht sofort stattfinden kann, so ist der Termin zur weiteren Verhandlung, die sich alsbald anschließen soll, sofort zu verkünden.
(2) Die gütliche Erledigung des Rechtsstreits soll während des ganzen Verfahrens angestrebt werden.

Literatur: *Etzel*, Übersicht über das Verfahren bei den Gerichten in Arbeitssachen, AR-Blattei SD 160.7.1; *Francken*, Erweiterte richterliche Dienstaufgaben im arbeitsgerichtlichen Multi-Door Courthouse, in: Festschrift für Manfred Löwisch zum 70. Geburtstag 2007, 129; *Kalb*, Zwischen Tradition und Umbruch, Arbeitsrecht und Sozialpartnerschaft, in: Festschrift für Peter Hanau, 1999, 19; *Kreschinski*, Der Tatsachenvergleich im arbeitsgerichtlichen Prozeß, 2003; *Opolony*, Die Besonderheiten des arbeitsgerichtlichen Urteilsverfahrens aus anwaltlicher Sicht, JuS 2000, 894; *Ponschab/Mauder/von Thun*, Besser schlichten als richten: Mediation im Betrieb, NZA 2004, Sonderbeilage 1, 12; *Schmädicke*, Wie weit geht die Aufklärungspflicht des Arbeitsrichters in der Güteverhandlung?, NZA 2007, 1029; *Schmidt*, Zum Harmonisierungsbedarf arbeits- und sozialrechtlicher Konfliktlösungen, AuR 2001, 420; *Willikonsky*, Der Vergleich in arbeitsgerichtlichen Streitigkeiten, SchlHA 2007, 46

A. **Allgemeines** ... 1	II. Erledigung im ersten Termin ... 9
B. **Regelungsgehalt** ... 2	1. Vorbereitung der mündlichen Verhandlung .. 10
I. Gang der mündlichen Verhandlung ... 2	2. Prozessförderungspflicht in der mündlichen
1. Eröffnung der mündlichen Verhandlung ... 2	Verhandlung ... 14
2. Antragstellung ... 3	III. Vertagung ... 16
3. Einführung in den Sach- und Streitstand ... 4	1. Vertagungsgründe ... 16
4. Anhörung der Parteien ... 5	2. Vertagungsentscheidung ... 19
5. Richterliche Aufklärungs- und Hinweis-	IV. Gütliche Erledigung ... 21
pflichten ... 6	C. **Beraterhinweise** ... 22

---

115 BGH 23.10.1980 – VII ZR 307/79 – MDR 1981, 309 (zu § 275 ZPO).
116 BGH 23.10.1980 – VII ZR 307/79 – MDR 1981, 309 (zu § 275 ZPO).
117 *Germelmann u.a.*, § 59 Rn 44.
118 BGH 27.3.2007 – VIII ZB 123/06 – WuM 2007, 283.
119 *Germelmann u.a.*, § 56 Rn 44.

A. Allgemeines

Die Vorschrift bringt den **Beschleunigungs- und Konzentrationsgrundsatz** zur Geltung, wie er auch in §§ 9 Abs. 1 S. 1, 56 Abs. 1 S. 1 und 61a Abs. 1 zum Ausdruck kommt. Sie ist entsprechend im Berufungsverfahren (§ 64 Abs. 7 S. 1), Revisionsverfahren (§ 72 Abs. 6 unter Inbezugnahme von Abs. 2) und in den drei Rechtszügen des Beschlussverfahrens (§§ 80 Abs. 2, 87 Abs. 2 S. 1, 92 Abs. 2 S. 1) anwendbar. Außerdem betont die Vorschrift neben § 54 den Vorrang der gütlichen Erledigung eines Verfahrens. Über den Ablauf der streitigen mündlichen Verhandlung – nach einem gescheiterten Gütetermin – enthält das ArbGG keine Regelungen, weshalb nach § 46 Abs. 2 S. 1 die Vorschriften für das amtsgerichtliche (§§ 495 ff. ZPO) und das Verfahren vor den Landgerichten Anwendung finden.

B. Regelungsgehalt

I. Gang der mündlichen Verhandlung

1. Eröffnung der mündlichen Verhandlung. Die Parteien verhandeln über den Rechtsstreit vor dem erkennenden Gericht mündlich (§ 128 Abs. 1 ZPO). Der Termin beginnt mit dem Aufruf der Sache (§ 220 Abs. 1 ZPO) und der Eröffnung der mündlichen Verhandlung durch den Vorsitzenden (vgl. § 136 Abs. 1 ZPO). Sodann erfolgt die Protokollierung der für die Kennzeichnung der Sache und der Beteiligten erforderlichen Angaben (vgl. § 160 Abs. 1 ZPO), insb. die Feststellung der Namen der erschienenen Parteien, Vertreter, Bevollmächtigten, Zeugen und SV (§ 160 Abs. 1 Nr. 4 ZPO). In bestimmten Fällen ist vorab das Vorliegen bestimmter Formalien festzustellen (z.B. Vollmacht des nichtanwaltlichen Vertreters - § 88 Abs. 2 ZPO). Werden Schriftsätze oder Telefaxschreiben unter Verstoß gegen § 132 ZPO, §§ 56, 61a erst im Termin überreicht, so muss auf jeden Fall durch Befragen, mündlichen Vortrag durch die überreichende Partei oder kurzes Überfliegen durch das Gericht, geklärt werden, ob sie neues tatsächliches Vorbringen enthalten. Bejahendenfalls ist zu prüfen, ob der Gegner sich hierauf einlässt, d.h. eine Erklärung hierzu abgeben kann (Bestreiten, Zugestehen der neuen Tatsachen). Wird diese Einlassung verweigert, so hat das Gericht folgende Möglichkeiten: Weiterverhandeln bei unschlüssigem/unerheblichem neuem Vortrag, Schriftsatzvorbehalt (§ 283 ZPO) oder Vertagung (§ 227 Abs. 1 Nr. 2 ZPO).

2. Antragstellung. Die mündliche Verhandlung wird dadurch eingeleitet, dass die Parteien ihre Anträge stellen (§ 137 Abs. 1 ZPO). Der Vorsitzende hat dahin zu wirken, dass die Parteien sachdienliche Prozess- und Sachanträge stellen (vgl. § 139 Abs. 1 S. 2 ZPO); er hat die Verbesserung unzweckmäßiger Anträge und die bestimmte Formulierung unklarer Anträge anzuregen. Bei mehreren Anträgen ist zu klären, in welchem Verhältnis diese zueinander stehen sollen. Hat sich die Prozesslage geändert (z.B. Erledigung der Hauptsache, Anspruchsübergang), hat der Vorsitzende auf eine Anpassung des Antrags an die veränderte Situation hinzuwirken. Nicht durch § 139 Abs. 1 ZPO gedeckt sind Anregungen des Gerichts, die auf neue, im Vortrag der Parteien nicht andeutungsweise enthaltene Klagegründe (Klageerweiterung) zielen. Soweit wegen der Antragstellung erforderlich, hat der Vorsitzende bereits jetzt das Sach- und Streitverhältnis mit den Parteien nach der tatsächlichen und der rechtlichen Seite zu erörtern (§ 139 Abs. 1 S. 1 ZPO) und zunächst in den Sach- und Streitstand einzuführen, insb. auch mit dem Ziel der gütlichen Einigung (Abs. 2). Nach § 297 ZPO erfolgt die Antragstellung entweder durch Verlesen aus den Schriftsätzen, durch Bezugnahme auf die Schriftsätze oder durch Aufnahme in das Protokoll. Die Aufnahme in das Protokoll bedarf der im pflichtgemäßen Ermessen des Vorsitzenden stehenden Gestattung (§ 297 Abs. 1 S. 3 ZPO), die bei umfangreichen und schwierigen Formulierungen nicht erwartet werden kann.[1] Aus dem Grundsatz der Unteilbarkeit der mündlichen Verhandlung folgt, dass die einmal gestellten Anträge der Parteien in weiteren Terminen nicht wiederholt werden müssen. Etwas anderes wird für den Fall angenommen, dass ein Wechsel in der Besetzung des Gerichts (wie dies bei Vertagungen wegen der Heranziehung der Beisitzer nach § 31 Abs. 1 regelmäßig der Fall ist) eintritt. In diesem Fall soll eine Wiederholung der Anträge notwendig sein.[2]

3. Einführung in den Sach- und Streitstand. Der Vorsitzende hat die Parteien nach der Antragstellung in den Sach- und Streitstand einzuführen, soweit dies nicht bereits vor Antragstellung geschehen ist. Den Umfang der Ausführungen bestimmt er nach pflichtgemäßem Ermessen. Bei einfach gelagerten Fällen kann er sich auf wenige Sätze beschränken, in denen der Inhalt des Klagebegehrens und das Verteidigungsvorbringen des Beklagten dargestellt werden. Je nach Lage des Falles kann auf die Einführung gänzlich verzichtet werden, sofern etwaige Hinweise des Gerichts bereits im Rahmen der Vorbereitung der streitigen Verhandlung erteilt worden sind und davon ausgegangen werden kann, dass der Sach- und Streitstand bekannt ist. Hauptzweck der Einführung in den Sach- und Streitstand ist, das tatsächlich oder rechtlich Erörterungsbedürftige aufzuzeigen,[3] damit die Parteien bei ihrem Vortrag nach § 137 Abs. 2 ZPO auch im Einzelnen Stellung nehmen können.

---

1 *B/LA/H*, § 297 Rn 14.
2 BAG 16.12.1970 – 4 AZR 98/70 – AP § 308 ZPO Nr. 1 = NJW 1971, 1332; a.A. *Germelmann u.a.*, § 57 Rn 6.
3 *Gift/Baur*, E Rn 880.

5 **4. Anhörung der Parteien.** Die nun folgende Anhörung der Parteien dient der Gewährung des rechtlichen Gehörs. Die Parteien haben den Prozessstoff in freier Rede vorzutragen, wobei der Vortrag das Streitverhältnis in tatsächlicher und rechtlicher Beziehung zu umfassen hat (§ 137 Abs. 2 ZPO). Eine Bezugnahme auf Schriftsätze ist zulässig, soweit keine der Parteien widerspricht und das Gericht sie für angemessen hält (§ 137 Abs. 3 S. 1 ZPO). Sie ist in der Praxis üblich. Ein mündlicher Vortrag wird oft von dem Gericht verlangt, wenn ein Schriftsatz verspätet vorgelegt wird, den das Gericht oder die Gegenpartei noch nicht kennt. Die Vorlesung von Schriftstücken findet nur insoweit statt, als es auf ihren wörtlichen Inhalt ankommt (§ 137 Abs. 3 S. 2 ZPO). Die Parteien haben ihre Erklärungen über tatsächliche Umstände vollständig und der Wahrheit gemäß abzugeben (§ 138 Abs. 1 ZPO), wobei jede Partei sich über die vom Gegner behaupteten Tatsachen zu erklären hat (§ 138 Abs. 2 ZPO). Tatsachen, die nicht ausdrücklich bestritten werden, sind als zugestanden anzusehen, wenn nicht die Absicht, sie bestreiten zu wollen, aus den übrigen Erklärungen der Partei hervorgeht (§ 138 Abs. 3 ZPO). Eine Erklärung mit Nichtwissen ist nur über Tatsachen zulässig, die weder eigene Handlungen der Partei noch Gegenstand ihrer eigenen Wahrnehmung gewesen sind (§ 138 Abs. 4 ZPO).

6 **5. Richterliche Aufklärungs- und Hinweispflichten.** Der Vorsitzende hat dahin zu wirken, dass die Parteien sich über alle erheblichen Tatsachen vollständig erklären, insb. auch ungenügende Angaben der geltend gemachten Tatsachen ergänzen und die Beweismittel bezeichnen (siehe auch § 56 Rn 10 ff., 42). Auch insoweit hat der Vorsitzende, soweit erforderlich, das Sach- und Streitverhältnis mit den Parteien nach der tatsächlichen und der rechtlichen Seite zu erörtern und Fragen zu stellen (§ 139 Abs. 1 ZPO). Er hat auf Bedenken aufmerksam zu machen, soweit die Prüfung von Amts wegen stattfindet (§ 139 Abs. 3 ZPO). Hierher gehören insb. die Tatsachen, von denen die Zulässigkeit der Klage oder des Rechtsmittels abhängt. Auch Bedenken gegenüber der Schlüssigkeit bzw. Erheblichkeit des Parteienvortrags sind zu äußern. Auf einen rechtlichen Gesichtspunkt, den eine Partei erkennbar übersehen oder für unerheblich gehalten hat, darf das Gericht, soweit nicht nur eine Nebenforderung betroffen ist, seine Entscheidung nur stützen, wenn es darauf hingewiesen und Gelegenheit zur Äußerung dazu gegeben hat. Dasselbe gilt für einen Gesichtspunkt, den das Gericht anders beurteilt als beide Parteien (§ 139 Abs. 2 ZPO).

7 Die Vorsitzende hat die Parteien zu einer vollständigen Erklärung über alle nach ihrer Beurteilung entscheidungserheblichen materiellen und prozessualen Tatsachen zu veranlassen. Wegen mangelnder Substantiierung darf eine Klage nicht abgewiesen werden, bevor nicht auf Ergänzung des Sachvortrags hingewirkt worden ist.[4] Dasselbe gilt für fehlende Schlüssigkeit.[5] Eine Differenzierung bei der Hinweispflicht nach anwaltlich vertretenen und nicht vertretenen Parteien sieht § 139 ZPO nicht vor (siehe § 56 Rn 42 a.E.). Soweit die Bezeichnung der Beweismittel in § 139 Abs. 1 S. 2 ZPO angesprochen wird, geht es u.a. um den Hinweis auf offenkundig versehentlich unterlassene Beweisantritte, um die Aufforderung zur Klarstellung unbestimmter Beweisthemen und um die Klärung der Zuordnung von Beweisantritten.

8 Das Gericht darf sich nicht auf den rechtlichen Hinweis beschränken, sondern es muss der betroffenen Partei hinreichend Gelegenheit geben, die ggf. erforderlichen Tatsachen vorzutragen oder Beweise anzubieten.[6]

Soweit der Vorsitzende den Aufklärungs- und Hinweispflichten nachkommt, hat er den Geboten der Neutralität und Gleichbehandlung der Parteien gerecht zu werden (siehe § 56 Rn 13).[7]

II. Erledigung im ersten Termin

9 Nach Abs. 1 S. 1 ist die Verhandlung möglichst in einem Termin zu Ende zu führen. In der Beschränkung auf einen Termin kommt der Konzentrationsgrundsatz zum Ausdruck. Zugleich wird durch die Aufforderung, das Verfahren in dem Termin zu Ende zu bringen, der Beschleunigungsgrundsatz zur Geltung gebracht.

10 **1. Vorbereitung der mündlichen Verhandlung.** Die Erledigung des Rechtsstreits in einem Termin ist nur zu erreichen, wenn die Parteien und auch das Gericht den Termin sorgfältig vorbereiten. Der Vorsitzende ist nach § 56 Abs. 1 S. 1 verpflichtet, die streitige Verhandlung so vorzubereiten, dass sie möglichst in einem Termin zu Ende geführt werden kann. Als Gegenstück zur **Konzentrations- und Beschleunigungspflicht des Gerichts** (vgl. § 56 Rn 1, 11) trifft die Parteien eine **Prozessförderungspflicht**.

11 Regelmäßig wird der Vorsitzende nach § 129 Abs. 2 ZPO (ggf. i.V.m. § 56 Abs. 1 S. 1 bzw. § 61a Abs. 4) den Parteien durch richterliche Anordnung aufgeben, die mündliche Verhandlung durch Schriftsätze oder zu Protokoll der Geschäftsstelle abzugebende Erklärungen vorzubereiten. Insoweit bedarf es keiner Fristsetzung durch das Gericht. Vorbereitende Schriftsätze dienen der Ankündigung des Vortrags in der Verhandlung. Prozessual wirksam wird das Vorbringen im Bereich des Mündlichkeitsgrundsatzes erst durch Vortrag in der mündlichen Verhandlung.[8]

12 Die Parteien sind bei der Vorbereitung der mündlichen Verhandlung zur Prozessförderung verpflichtet. Nach § 282 Abs. 2 ZPO sind Anträge sowie Angriffs- und Verteidigungsmittel, auf die der Gegner voraussichtlich ohne vorher-

---

4 BGH 22.1.1987 – VII ZR 376/85 – NJW-RR 1987, 797.
5 BGH 11.7.1990 – VIII ZR 165/89 – MDR 1991, 240.
6 BGH 18.2.1992 – XI ZR 134/91 – DB 1992, 990.
7 Gift/Baur, E Rn 883.
8 BAG 15.12.1987 – 3 AZR 606/87 – AP § 130 ZPO Nr. 6 = DB 1988, 920.

gehende Erkundigungen keine Erklärung abgeben kann, vor der mündlichen Verhandlung durch vorbereitenden Schriftsatz so zeitig mitzuteilen, dass der Gegner die erforderliche Erkundigung noch einzuziehen vermag. Das neue Vorbringen hat sich auf das zu erstrecken, was nach Sach- und Rechtslage notwendig ist. Es ist so rechtzeitig schriftsätzlich anzukündigen, dass der Gegner im Termin darauf erwidern kann.[9] Das ist im Fall der Klagebegründung nach § 47 Abs. 1 eine Woche. § 282 Abs. 2 ZPO findet jedoch nur bei Anordnung der schriftsätzlichen Vorbereitung der mündlichen Verhandlung Anwendung. Die schriftliche Ankündigung des Vorbringens ist überflüssig, wenn der Gegner sich vor der Verhandlung zum einschlägigen Tatsachenstoff schon geäußert hat.[10] Die Prozessförderungspflicht erfasst nicht den Vortrag von Rechtsansichten.

Verstoßen die Parteien gegen die **Prozessförderungspflicht** durch verspätetes Einreichen von vorbereitenden Schriftsätzen, kommt eine Zurückweisung des Angriffs- oder Verteidigungsmittel nach § 292 Abs. 2 ZPO in Betracht, wenn ihre Zulassung nach der freien Überzeugung des Gerichts die Erledigung des Rechtsstreits verzögern würde und die Verspätung auf grober Nachlässigkeit beruht (§ 296 Abs. 2 ZPO). Wird das Vorbringen zugelassen, so hat eine unterlassene Gegenerklärung nicht die Folgen des § 138 Abs. 3 ZPO. Die verspätet vorgetragenen Tatsachen gelten nicht als zugestanden. In dieser Situation kann das Gericht zum einen auf Antrag des Gegners für diesen eine Frist bestimmen, in der dieser die Erklärung in einem Schriftsatz nachbringen kann; gleichzeitig ist ein Termin zur Verkündung einer Entscheidung anzuberaumen (§ 283 S. 1 ZPO). Eine fristgerecht eingereichte Erklärung muss, eine verspätet eingereichte Erklärung kann das Gericht bei der Entscheidung berücksichtigen (§ 283 S. 2 ZPO). Diese Verfahrensweise ist im arbeitsgerichtlichen Verfahren aufwendig, weil allein wegen der notwendigen Erörterung der Kammer über die zu verkündende Entscheidung nach Eingang des nachgelassenen Schriftsatzes eine erneute Heranziehung der ehrenamtlichen Richter erforderlich ist. Zum anderen kann das Gericht die Verhandlung vertagen (§ 227 Abs. 1 ZPO). Die Verletzung der Prozessförderungspflicht kann zudem eine **Verzögerungsgebühr**[11] nach § 38 GKG und eine nachteilige **Kostenentscheidung nach § 95 ZPO** nach sich ziehen.

Regelmäßig wird der Vorsitzende zudem zur Vorbereitung der streitigen Verhandlung von den ihr nach §§ 55 Abs. 4, 56 und 61a eingeräumten Möglichkeiten Gebrauch machen.

2. Prozessförderungspflicht in der mündlichen Verhandlung. In der mündlichen Verhandlung haben die Parteien ihre Angriffs- und Verteidigungsmittel, insb. Behauptungen, Bestreiten, Einwendungen, Einreden, Beweismittel und Beweiseinreden, so zeitig vorzubringen, wie es nach der Prozesslage einer sorgfältigen und auf Förderung des Verfahrens bedachten Prozessführung entspricht (§ 282 Abs. 1 ZPO).

Da der erste Termin der streitigen Verhandlung (nicht der Gütetermin) der frühest mögliche Zeitpunkt für das Parteivorbringen ist, wird das Vorbringen in ihm regelmäßig nicht verspätet sein.[12]

Rechtzeitig sind Angriffs- und Verteidigungsmittel vorgebracht, wenn nach Maßgabe eines objektiven (= Prozesslage) und subjektiven (= sorgfältige und förderungsbedachte Prozessführung) Tatbestands ein früheres Vorbringen nicht zuzumuten war.[13] Was noch ohne Beweisantrag behauptet wird, kann auch noch ohne Gegenbeweisantritt bestritten werden. Es besteht kein Zwang, von vornherein erschöpfend alles auch nur ganz evtl. im Prozessverlauf einmal Erhebliche vorzutragen und unter Beweis zu stellen. In den Grenzen der Wahrheits- und Lauterkeitspflicht nach § 138 ZPO ist eine **gewisse Prozesstaktik** zulässig.[14] Andererseits ist keine tröpfchenweise Information des Gerichts zulässig, um Zeit zu gewinnen. Bei einem unkomplizierten und übersichtlichen Sachverhalt ist eine alsbaldige, einigermaßen umfassende Klagebegründung oder Klageerwiderung notwendig, und zwar einschließlich aller Beweisantritte. Wenn sich auf denselben Anspruch mehrere selbstständige Angriffs- oder Verteidigungsmittel beziehen, dann darf die Partei sich grds. nicht auf das Vorbringen einzelner von ihnen beschränken, selbst wenn sie nach dem Sach- und Streitstand davon ausgehen darf, dass diese für die Rechtsverfolgung oder Rechtsverteidigung ausreichen.[15]

III. Vertagung

1. Vertagungsgründe. Kann die Verhandlung nicht in einem Termin zu Ende geführt werden, so ist der Termin nach Abs. 1 S. 2 zu vertagen. Als Vertagungsgrund wird im Gesetz der Fall der nicht sofort möglichen Beweisaufnahme angeführt. Hierbei handelt es sich aber um keine abschließende Regelung. Nach § 227 Abs. 1 S. 1 ZPO kann eine Verhandlung aus „erheblichen Gründen" vertagt werden. Die erheblichen Gründe sind auf Verlangen des Gerichts glaubhaft zu machen (§ 227 Abs. 3 ZPO).

Als „**erhebliche Gründe**" für eine Vertagung kommen z.B. in Betracht: Verhinderung der Partei, deren persönliches Erscheinen angeordnet und unverzichtbar erscheint, oder die ihren Prozess selbst führt; Erfolg versprechende außergerichtliche Vergleichsverhandlungen; Verhinderung von Zeugen oder SV; Verhinderung des Prozessbevollmäch-

---

9 Thomas/Putzo, § 282 Rn 3.
10 BGH 29.5.1984 – IX ZR 57/83 – WM 1984, 924.
11 Hessisches LAG 24.2.2009 – 13 Ta 586/08 – juris mit Darstellung des Streitstandes zu der Frage, ob diese auch bei einer Flucht in die Säumnis zulässig ist.

12 BGH 1.4.1992 – VIII ZR 86/91 – BB 1992, 1031.
13 Zöller/Greger, § 282 Rn 3.
14 B/L/A/H, § 282 Rn 8.
15 B/L/A/H, § 282 Rn 9.

tigten aufgrund unverschuldeter Anreiseschwierigkeit und ggf. bei zu berücksichtigender Terminskollision;[16] wenn neues Tatsachenvorbringen oder neue Beweismittel erforderlich werden, weil im Termin neue tatsächliche und rechtliche Erkenntnisse gewonnen wurden.

18 „**Erhebliche Gründe**" für eine Vertagung sind aber nach § 227 Abs. 1 Nr. 1 bis 3 ZPO insb. **nicht**:
- das Ausbleiben einer Partei oder die Ankündigung, nicht zu erscheinen, wenn nicht das Gericht dafür hält, dass die Partei ohne ihr Verschulden am Erscheinen verhindert ist (Nr. 1);
- die mangelnde Vorbereitung einer Partei, wenn nicht die Partei dies genügend entschuldigt (Nr. 2);
- das Einvernehmen der Parteien allein (Nr. 3).

19 **2. Vertagungsentscheidung.** Über die Vertagung einer Verhandlung entscheidet die Kammer (vgl. § 227 Abs. 4 S. 1 Hs. 2 ZPO). Die Entscheidung ist **sofort**, also am Schluss des mündlichen Verhandlungsteils dieses Sitzungstages (Grundsatz der Einheit der mündlichen Verhandlung) zu verkünden (Abs. 1 S. 2). Der verbreitete Beschluss „Neuer Termin wird von Amts wegen anberaumt" ist durch den klaren Wortlaut des Gesetzes nicht gedeckt.[17] Sofern das Gericht die weitere mündliche Verhandlung nach §§ 56, 61a ArbGG vorzubereiten hat, bleibt nur, den neuen Termin vorab festzusetzen, und i.Ü. dem Vorsitzenden die weitere Vorbereitung des Termins zu überlassen. Stehen der sofortigen Bestimmung des neuen Termins jedoch objektive Hinderungsgründe entgegen, kann die Anberaumung des neuen Termins dem Vorsitzenden vorbehalten werden. Solche Hinderungsgründe liegen z.B. vor, wenn nicht absehbar ist, wann ein SV-Gutachten vorliegt, ein Zeuge erreichbar ist (vgl. aber § 356 ZPO) oder eine erkrankte Partei wieder zur Verfügung steht.

20 Die Vertagungsentscheidung ist kurz zu begründen (§ 227 Abs. 4 S. 2 ZPO). Sie ist grds. unanfechtbar (§ 227 Abs. 4 S. 3 ZPO).[18] Eine Anfechtung der Vertagungsentscheidung durch Beschwerde soll zulässig sein, wenn die Vertagung in ihrer Wirkung einer Aussetzung gleichkommt[19] oder wenn eine „**greifbare Gesetzeswidrigkeit**" vorliegt. Dem kann nicht mehr gefolgt werden. Vom BGH wurde in st. Rspr. ein außerordentlicher Rechtsbehelf in besonderen Ausnahmefällen als statthaft angesehen, wenn die angefochtene Entscheidung mit der geltenden Rechtsordnung schlechthin unvereinbar ist, weil sie jeder gesetzlichen Grundlage entbehrt und dem Gesetz inhaltlich fremd ist.[20] Nach der Neuregelung des Beschwerderechts durch das Zivilprozessreformgesetz lehnt der **BGH** ein außerordentliches Rechtsmittel auch im Hinblick auf Entscheidungen ab, wenn diese „greifbar gesetzwidrig" sind. Werde ein Verfassungsverstoß nicht beseitigt, komme allein eine Verfassungsbeschwerde zum **BVerfG** in Betracht.[21] Das BVerfG hat die bei einer behaupteten Verletzung von Verfahrensgrundsätzen praktizierten ungeschriebenen außerordentlichen Rechtsbehelfe beanstandet, weil sie gegen das rechtsstaatliche Gebot der Rechtsmittelklarheit verstießen.[22]

Um keine Vertagung handelt es sich, wenn die Kammer einen **Verkündungstermin** anberaumt. Die Zulässigkeit dieser Verfahrensweise ist in § 60 Abs. 1 und 2 geregelt.

IV. Gütliche Erledigung

21 Nach **Abs. 2** soll die gütliche Erledigung des Rechtsstreits während des ganzen Verfahrens angestrebt werden. Hierdurch wird dem Gericht, wie bereits zu § 54 Abs. 1 S. 1 erläutert (siehe § 54 Rn 3), die Aufgabe der „Rechtspflege als Konfliktmanagement" zugewiesen. Die Regelung des Abs. 2 entspricht § 278 Abs. 1 ZPO. Nach § 278 Abs. 5 ZPO besteht sogar die Möglichkeit der Verweisung der Parteien für einen Güteversuch vor einem beauftragten oder ersuchten Richter.

C. Beraterhinweise

22 Die Pflicht, eine gütliche Erledigung des Rechtsstreits anzustreben, betrifft nicht nur die mündliche Verhandlung. Auch außerhalb der mündlichen Verhandlung ist der Vorsitzende gehalten, auf eine gütliche Beilegung hinzuwirken. Zu diesem Zweck kann er den Parteien einen **schriftlichen Vergleichsvorschlag** unterbreiten.

23 Ein **getrenntes Telefonieren mit den Parteien** zum Zwecke der gütlichen Erledigung des Rechtsstreits gilt mangels Transparenz der jeweiligen Gesprächsinhalte für die Parteien als problematisch.[23] Zumindest ist der jeweilige Gesprächsinhalt gegenüber der am Telefonat gerade nicht beteiligten Person über einen Aktenvermerk oder auch telefonisch bekannt zu geben.[24] Solange den Gerichten die Durchführung von technisch möglichen Telefonkonferenzen mit beiden Parteien nicht durch entsprechende technische Ausstattung der Richterarbeitsplätze ermöglicht wird, sollten die Vorbehalte gegenüber dem telefonischen „Konfliktmanagement" nicht zur Überspannung der Anforderungen

---

16 *B/L/A/H*, § 227 Rn 8 ff. mit strengen Anforderungen.
17 *Germelmann u.a.*, § 57 Rn 20.
18 A.A. für Künd-Schutzverfahren LAG Rheinland-Pfalz 2.7.1981 – 1 Ta 86/81 – NJW 1981, 2272.
19 LAG München 12.9.1977 – 7 Ta 87/77 – ARSt 1988, 160; *Hauck/Helml*, § 57 Rn 4.
20 BGH 10.5.2001 – V ZB 4/01 – NJW-RR 2001, 1016; ebenso BAG 19.6.2002 – 2 AZB 9/02 – AuR 2002, 470.
21 BGH 7.3.2002 – IX ZB 11/02 – NJW 2002, 1577 = BB 2002, 908 = DB 2002, 1157.
22 BVerfG 30.4.2003 – 1 PBvU 1/02 – NJW 2003, 1924 = DB 2003, 1570.
23 Ablehnend mit Ausnahme im Rahmen des § 78 Abs. 6 ZPO: *Germelmann u.a.*, § 57 Rn 23.
24 LAG Berlin 18.12.1996 – 18 Sa 97/96 – LAGE § 49 ArbGG 1979 Nr. 7 = DB 1997, 684.

an diese schnelle, kostengünstige Verfahrenstechnik führen. Mit strengen Dokumentationsanforderungen geht der Vorteil des Einsatzes des Telefons verloren. Es sollte genügen, wenn die Parteien sich ausdrücklich mit einer telefonischen Erörterung von Vergleichsmöglichkeiten in getrennten Telefonaten einverstanden erklären, sofern sie auf eine vollständige telefonische Information über die Gespräche zwischen dem Vorsitzenden und dem Gegner vertrauen dürfen. Die im Einigungsstellenverfahren anzutreffende Entgegennahme von vertraulichen, nicht für die Gegenseite bestimmten Informationen durch den Vorsitzenden lässt diese Verfahrensweise auf keinen Fall zu.

§ 58 Beweisaufnahme

(1) ¹Soweit die Beweisaufnahme an der Gerichtsstelle möglich ist, erfolgt sie vor der Kammer. ²In den übrigen Fällen kann die Beweisaufnahme, unbeschadet des § 13, dem Vorsitzenden übertragen werden.

(2) ¹Zeugen und Sachverständige werden nur beeidigt, wenn die Kammer dies im Hinblick auf die Bedeutung des Zeugnisses für die Entscheidung des Rechtsstreits für notwendig erachtet. ²Im Falle des § 377 Abs. 3 der Zivilprozeßordnung ist die eidesstattliche Versicherung nur erforderlich, wenn die Kammer sie aus dem gleichen Grund für notwendig hält.

Literatur: *Linsenmaier*, Wahrheitsfindung im arbeitsgerichtlichen Urteilsverfahren, AuR 2000, 293; *Nägele/Chwalisz*, Beweisverwertungsverbote im arbeitsgerichtlichen Verfahren, ArbRB 2002, 187; *Schilken*, Nachweis des Vertretenseins einer Gewerkschaft im Betrieb, SAE 1993, 308; *Teske*, Zum Nachweis des Vertretenseins einer Gewerkschaft im Betrieb, EzA § 2 BetrVG 1972 Nr. 14

A. Allgemeines	1
B. Regelungsgehalt	2
I. Gesetzliche Grundlagen des Beweisverfahrens	2
1. Normen des Arbeitsgerichtsverfahrens	2
2. Zivilprozessuale Regelungen	3
3. Verfassungs- und europarechtliche Regelungen	4
II. Darlegungs- und Beweislast	6
1. Allgemeines	6
2. Gesetzliche Tatsachen- oder Rechtsvermutungen	9
3. Beweisverbote	12
a) Gesetzliches Erhebungsverbot	12
b) Verwertungsverbot	13
III. Einleitung der Beweiserhebung	23
IV. Durchführung der Beweisaufnahme	24
V. Beweiswürdigung	26
C. Beraterhinweise/Beweislastkatalog	27
I. Abmahnung	27
II. Anfechtung eines Aufhebungsvertrages	30
III. Annahmeverzug	31
IV. Arbeitskampf	34
V. Arbeitsvergütung	35
1. Akkord	35
2. Anrechnung der Tariflohnerhöhung	36
3. Entgeltfortzahlung (Arbeitsunfähigkeit)	37
4. Überstundenvergütung	40
5. Nichterfüllung der Arbeitsleistung	41
6. Erfüllung	42
7. Aufrechnung	43
8. Eingruppierung/Rückgruppierung	45a
9. Sonstiges	45b
VI. Befristung	46
VII. Betriebsübergang	47
VIII. Diskriminierung/Entschädigung	47a
IX. Haftung des Arbeitnehmers	48
X. Kündigung	57
1. Zugang	57
2. Anwendbarkeit des KSchG, § 23 KSchG/Vorliegen eines Arbeitsverhältnisses	58
3. Betriebsrats- bzw. Personalratsanhörung	61
4. Betriebsbedingte Kündigung	63
5. Personenbedingte Kündigung	72
a) Eignung	72
b) Krankheit	73
c) Wiedereinstellung	76
d) Verhaltensbedingte Kündigung	77
e) Druckkündigung	79
f) Sonstiger Unwirksamkeitsgrund/Kündigung im Kleinbetrieb	80
g) Wichtiger Grund (§ 626 Abs. 1 BGB)	82
h) Ausschlussfrist (§ 626 Abs. 2 BGB)	84
XI. Mitbestimmungsrecht	84a
XII. Mutterschutz	85
XIII. Mobbing/Persönlichkeitsrecht	85a
XIV. Prozessfähigkeit	87
XV. Rückzahlungsklauseln	88
XVI. Ungerechtfertigte Bereicherung/Wegfall der Bereicherung	89
XVII. Urlaub	92
1. Urlaubsabgeltung	92
2. Urlaubsgewährung	93
XVIII. Zeugnis	94

A. Allgemeines

Das ArbGG enthält zum Beweisrecht nur wenige Regelungen. I.Ü. gilt aufgrund der Verweisung in § 46 Abs. 2 das Beweisrecht der ZPO. § 58 findet im erstinstanzlichen Verfahren und nach § 64 Abs. 7 auch im zweitinstanzlichen Verfahren Anwendung. Da im Revisionsverfahren keine Tatsachenfeststellung erfolgt, sind die das Beweisverfahren betreffenden Vorschriften für dieses Verfahren ohne Bedeutung. Für das Beschlussverfahren des ersten Rechtszugs gelten nach § 80 Abs. 2 die für das Urteilsverfahren des ersten Rechtszugs maßgebenden Vorschriften über die Beweisaufnahme entspr., wobei das Gericht aber nach § 83 Abs. 1 S. 1 den Sachverhalt im Rahmen der gestellten Anträge von Amts wegen erforscht und die Beteiligten nach § 83 Abs. 1 S. 2 an der Aufklärung des Sachverhalts mitzuwirken haben.

B. Regelungsgehalt
I. Gesetzliche Grundlagen des Beweisverfahrens

1. Normen des Arbeitsgerichtsverfahrens. Zum Beweisverfahren finden sich im ArbGG die folgenden Einzelregelungen:
- § 9 Abs. 4, wonach Zeugen und SV nach dem Justizvergütungs- und -entschädigungsgesetz entschädigt werden;
- § 54 Abs. 1 S. 3, wonach der Vorsitzende zur Aufklärung des Sachverhalts in der Güteverhandlung alle Handlungen vornehmen kann, die sofort erfolgen können;
- § 54 Abs. 1 S. 4, der eine eidliche Vernehmung für die Güteverhandlung ausschließt;
- § 54 Abs. 2 S. 2, der in der Güteverhandlung erklärten gerichtlichen Geständnissen nach § 288 ZPO nur dann eine bindende Wirkung zuspricht, wenn sie zu Protokoll erklärt worden sind;
- § 55 Abs. 4, wonach der Vorsitzende vor der streitigen Verhandlung einen Beweisbeschluss erlassen kann, soweit er eine Beweisaufnahme durch den ersuchten Richter, eine schriftliche Beantwortung der Beweisfrage nach § 377 Abs. 3 ZPO, die Einholung amtlicher Auskünfte, die Einholung eines schriftlichen SV-Gutachtens oder eine Parteivernehmung anordnet, wobei die Anordnungen (mit Ausnahme der Parteivernehmung) vor der streitigen Verhandlung ausgeführt werden können;
- § 58, der die Durchführung der Beweisaufnahme vor der Kammer, die Voraussetzungen für die Beeidigung von Zeugen und SV bzw. die Abgabe der eidesstattlichen Versicherung regelt;
- § 83 Abs. 1 S. 1, wonach das Gericht im Beschlussverfahren den Sachverhalt im Rahmen der gestellten Anträge von Amts wegen erforscht;
- § 83 Abs. 1 S. 2, der die Mitwirkung der am Beschlussverfahren Beteiligten bei der Aufklärung des Sachverhalts anordnet;
- § 83 Abs. 2, nach dem im Beschlussverfahren zur Aufklärung des Sachverhalts Urkunden eingesehen, Auskünfte eingeholt, Zeugen, SV und Beteiligte vernommen und der Augenschein eingenommen werden kann.

2. Zivilprozessuale Regelungen. Soweit das ArbGG keine Regelungen zum Beweisrecht enthält, richtet sich das Beweisverfahren nach den zivilprozessualen Regelungen (§ 46 Abs. 2 S. 1). Insoweit sind einschlägig:
- §§ 284, 355–370 ZPO: allg. Vorschriften über die Beweisaufnahme;
- §§ 285, 279 Abs. 3 ZPO: Verhandlung nach Beweisaufnahme;
- §§ 286, 287 ZPO: freie Beweiswürdigung und Grundsätze der Schadensermittlung;
- § 288 bis 290 ZPO: gerichtliches Geständnis;
- § 291 ZPO: offenkundige Tatsachen;
- § 292 ZPO: gesetzliche Vermutungen;
- § 292a ZPO: Anscheinsbeweis bei qualifizierter elektronischer Signatur;
- § 293 ZPO: Ermittlung von fremdem Recht, Gewohnheitsrecht und Satzungen;
- § 294 ZPO: Glaubhaftmachung;
- §§ 371 bis 372a ZPO: Beweis durch Augenschein;
- §§ 373 bis 401 ZPO: Zeugenbeweis;
- §§ 402 bis 414 ZPO: Beweis durch SV und sachverständige Zeugen;
- §§ 415 bis 444 ZPO: Urkundenbeweis;
- §§ 445 bis 455 ZPO: Beweis durch Parteivernehmung;
- §§ 478 bis 484 ZPO: Abnahme von Eiden und eidesgleichen Bekräftigungen;
- §§ 485 bis 494a ZPO: selbstständiges Beweisverfahren.

3. Verfassungs- und europarechtliche Regelungen. Das „Recht auf Beweis" der Verfahrensbeteiligten ist verfassungsrechtlich gewährleistet. Es wird zum einen aus dem Justizgewährungsanspruch und damit letztlich aus dem Rechtsstaatsprinzip (Art. 20 GG) und zum anderen aus Art. 6 Abs. 1 EMRK hergeleitet. Inhalt des **„Rechts auf Beweis"** ist die Garantie, zur Beweisführung zugelassen zu werden, am Beweisverfahren teilzunehmen, zum Beweisergebnis Stellung zu nehmen sowie das Recht auf Unmittelbarkeit der Beweisaufnahme.[1]

Der **Grundsatz der Waffengleichheit** gebietet es, dass jeder Partei eine vernünftige Möglichkeit eingeräumt werden muss, ihren Fall – einschließlich ihrer „Zeugenaussage" – vor Gericht unter Bedingungen zu präsentieren, die für die Partei keinen substanziellen Nachteil im Verhältnis zu ihrem Prozessgegner bedeuten.[2] Eine Verletzung dieses Gebots des fairen Verfahrens wird z.B. angenommen, wenn es einer juristischen Person verwehrt ist, ihr Organ als Zeugen für den Verlauf eines Gesprächs zu benennen, an dem nur der Alleingesellschafter und ein Vertreter der beklagten Partei teilgenommen haben, sofern andererseits der Gesprächsteilnehmer der beklagten Partei vom Tatgericht gehört wird.[3] Kann eine Seite auf einen ihr nahestehenden Zeugen zurückgreifen, während die andere Seite an einem **„Vieraugengespräch"** lediglich allein beteiligt war, oder hat ein Gespräch allein zwischen den Parteien stattgefun-

---

1 Germelmann u.a., § 58 Rn 3 a m.w.N.; Krautstrunk, Beweisvereitelung, B I 1.

2 EGMR 27.10.1993 – 37/1992/382/460 – NJW 1995, 1413.

3 Schlosser, NJW 1995, 1404; Zwanziger, DB 1997, 776.

den und war deshalb kein Zeuge, auch kein „gegnerischer" Zeuge, zugegen, ist es geboten, die Partei entweder selber im Wege der Parteivernehmung nach § 448 ZPO, soweit dessen Voraussetzungen vorliegen, oder im Wege der Parteianhörung nach § 141 ZPO persönlich zu hören. Ein Beweisantrag auf Heranziehung der Partei als Beweismittel ist dann nicht unzulässig.[4] Art. 6 Abs. 1 EMRK gebietet nicht die Vernehmung des heimlich mithörenden Zeugen. Das gilt jedenfalls dann, wenn die Partei, die ihn hat mithören lassen, keinen gewichtigen Grund dafür hatte, dieses heimlich zu tun.[5]

II. Darlegungs- und Beweislast

1. Allgemeines. Welche Partei die Tatsachen in den Rechtsstreit einführen muss, richtet sich nach der **Behauptungslast (Darlegungslast)**. Im Grundsatz gilt, dass jede Partei diejenigen konkreten Behauptungen aufstellen muss, die die abstrakten Voraussetzungen der für sie günstigen Normen ergeben. Inhalt und Umfang der Darlegungslast ergeben sich aus der jeweils anzuwendenden Rechtsnorm i.V.m. § 138 ZPO[6] und der Reaktion der gegnerischen Partei. Das Gericht hat selbstständig das Klagebegehren nach allen in Frage kommenden rechtlichen Anspruchsgrundlagen zu prüfen. Von der klagenden Partei sind die rechtlichen Wertungen weder vorzutragen, noch kann sie bestimmen, dass das Gericht seiner Entscheidung nur bestimmte Rechtssätze zugrunde legen darf.[7]

§ 138 Abs. 1 und Abs. 2 ZPO regeln die konkrete Darlegungs- und Behauptungslast (Substantiierungslast). Diese betrifft die Frage, wie detailliert eine Partei in der jeweiligen prozessualen Situation Tatsachen darzulegen hat. Nach § 138 Abs. 1 ZPO haben die Parteien Erklärungen über tatsächliche Umstände vollständig und der Wahrheit gemäß abzugeben. Nach § 138 Abs. 2 ZPO hat sich jede Partei über die von dem Gegner behaupteten Tatsachen zu erklären. Erklärt sie sich nicht, gilt die Behauptung des Gegners nach § 138 Abs. 3 ZPO als zugestanden. Erklärt sie sich, richtet sich der Umfang der Darlegungslast nach der Einlassung des Gegners.[8] Der Tatsachenvortrag des Gläubigers bedarf nur dann der Präzisierung oder Ergänzung, wenn er aufgrund der Einlassungen des Schuldners nach § 138 Abs. 2 ZPO unklar wird oder nicht mehr den Schluss auf die begehrte Rechtsfolge zulässt.[9]

§ 138 Abs. 2 und Abs. 4 ZPO verlangt von einer Partei, sich über die vom Gegner behaupteten Tatsachen zu erklären. Eine **Erklärung mit Nichtwissen** ist nur über Tatsachen zulässig, die weder eigene Handlungen der Partei betreffen noch Gegenstand ihrer eigenen Wahrnehmung gewesen sind. Für die Beurteilung, ob ein Bestreiten mit Nichtwissen zulässig ist, kommt es grundsätzlich auf den Zeitpunkt an, in dem sich eine Partei im Prozess zu erklären hat.[10] Einer Partei kann nur auferlegt werden, sich darüber zu erklären, was sie zum Zeitpunkt der notwendigen Erklärung tatsächlich weiß oder unter zumutbaren Voraussetzungen durch Erkundigungen feststellen kann.[11]

Problematisch ist häufig die Darlegungslast bei negativen Tatsachen. Die darlegungspflichtige Partei kann **negative Tatsachen** häufig nur unter Schwierigkeiten oder gar nicht substantiiert vorbringen. Daraus folgt indessen keine grundsätzliche Umkehr der Darlegungslast. Auch die Partei, die das Nichtvorhandensein von Tatumständen behauptet, ist nicht von der Darlegungspflicht befreit. Ihren Schwierigkeiten wird nach dem auch das Prozessrecht beherrschenden Grundsatz von Treu und Glauben Rechnung getragen, wenn sie selbst außerhalb des Geschehensablaufs steht und den Sachverhalt von sich aus nicht ermitteln kann, während die Gegenseite die wesentlichen Umstände kennt (oder sich leicht beschaffen kann) und es ihr zumutbar ist, dazu nähere Angaben zu machen.[12] In diesem Fall darf der Gegner sich nicht mit einfachem Bestreiten begnügen, sondern muss im Einzelnen darlegen, dass die von ihm bestrittene Behauptung unrichtig ist (sog. sekundäre Behauptungslast).[13] Es kann also Sache der Gegenpartei sein, sich im Rahmen der ihr nach § 138 Abs. 2 ZPO obliegenden Erklärungspflicht zu den Behauptungen der beweispflichtigen Partei konkret zu äußern. Zugleich wird die Darlegungslast des Pflichtigen, wenn es um Geschehnisse aus dem Bereich der anderen Partei geht, durch die sich aus § 138 Abs. 1 und 2 ZPO ergebende Mitwirkungspflicht des Gegners gemindert.[14]

Widersprüche im Vorbringen verstoßen nicht ohne Weiteres gegen die Wahrheitspflicht. Die Partei darf einander ausschließende Anspruchsgrundlagen durch entspr. Tatsachenvortrag geltend machen, insb. wenn sie ihr Hauptvorbringen nicht beweisen kann und sich deshalb hilfsweise das mit ihrem Hauptvorbringen unvereinbare Vorbringen der Gegenpartei zu Eigen machen.[15]

---

4 BAG 22.5.2007 – 3 AZN 1155/06 – AP Nr. 6 zu § 448 ZPO = NZA 2007, 885 = NJW 2007, 2427, mit Anm. *Henssen* in jurisPR-ArbR 2/2008 Anm. 6 = jurisPR extra 2008, 65; *Zwanziger*, DB 1997, 776; BGH 27.9.2005 – XI ZR 216/04 – NJW-RR 2006, 61.
5 BAG 29.10.1997 – 5 AZR 508/96 – AP § 611 BGB Persönlichkeitsrecht Nr. 27 = DB 1998, 371.
6 *Ascheid*, Beweislastfragen im Kündigungsschutzprozess, S. 28.
7 BAG 13.2.1975 – 3 AZR 211/74 – AP § 308 ZPO Nr. 2.
8 BGH 23.4.1991 – X ZR 77/89 – NJW 1991, 2707.
9 BAG 14.2.2007 – 10 AZR 63/06 – NZA-RR 2007, 300.
10 BGH
11 BAG 13.11.2007 – 3 AZN 449/07 – NZA 2008, 246 = NJW 2008, 1179.
12 BAG 20.11.2003 – 8 AZR 580/02 – NZA 2004, 489; BGH 3.5.2002 – V ZR 115/01 – NJW-RR 2002, 1280.
13 BAG 20.11.2003 – 8 AZR 580/02 – NZA 2004, 489; BGH 3.5.2002 – V ZR 115/01 – NJW-RR 2002, 1280.
14 BAG 20.11.2003 – 8 AZR 580/02 – NZA 2004, 489.
15 BGH 11.7.1990 – I ZR 75/94 – MDR 1991, 240.

9 **2. Gesetzliche Tatsachen- oder Rechtsvermutungen.** Stellt das Gesetz für das Vorhandensein einer Tatsache eine Vermutung auf, so ist der Beweis des Gegenteils zulässig, sofern nicht das Gesetz ein anderes vorschreibt. Dieser Beweis kann auch durch den Antrag auf Parteivernehmung nach § 445 ZPO geführt werden (§ 292 ZPO). Solche gesetzlichen Vermutungen können sich nicht nur auf Tatsachen, sondern auch auf einen Rechtszustand beziehen. Im Bereich des Arbeitsrechts finden sich solche gesetzlichen Vermutungen z.B. in:

- § 125 Abs. 1 Nr. 1 InsO, gerichtet auf das Vorliegen eines dringenden betrieblichen Erfordernisses,[16]
- § 128 Abs. 2 InsO, gerichtet darauf, dass Künd nicht wegen des Betriebsübergangs erfolgte,[17]
- § 1 Abs. 2 AÜG, gerichtet auf das Vorliegen einer Arbeitsvermittlung,
- § 7 Abs. 5 S. 2 BetrAVG (widerlegbare Vermutung),[18] gerichtet auf das Vorliegen eines Versicherungsmissbrauchs,[19]
- § 1 Abs. 5 KSchG, gerichtet darauf, dass bei namentlicher Aufnahme eines AN in einen Interessenausgleich die Künd durch dringende betriebliche Erfordernisse bedingt ist.

10 Hiervon zu trennen sind die Tatsachen- und Rechtsvermutungen, wie sie in der Rspr. benutzt werden:

- vom AG auszuräumende tatsächliche Vermutung, dass eine Auswahl, bei der keine sozialen Gesichtspunkte, sondern ausschließlich betriebliche Belange berücksichtigt worden sind, auch im Ergebnis sozialwidrig ist,[20]
- Vermutung bei allg. tariflichen Regelungen für einen sachgerechten Interessenausgleich,[21]
- materielle Richtigkeitsgewähr (Ausgewogenheitsgründe) für die tariflichen Regelungen, indem sie die Vermutung für sich haben, dass sie den Interessen beider Seiten gerecht werden und keiner Seite ein unzumutbares Übergewicht vermitteln,[22,23]
- Vermutung, dass die TV-Parteien nicht hinter der jeweiligen gesetzlichen Regelung zurückbleiben wollten,[24]
- Vermutung der Auflösungen des Arbverh bei Bestellung zum Geschäftsführer,[25]
- tatsächliche Vermutung, dass die Einstellung von Tendenzträgern vornehmlich aus tendenzbedingten Gründen erfolgte;[26] denn fachliche Eignung und Eignung für die geistig-ideelle Zielsetzung des Tendenzunternehmens ließen sich bei der Einstellung kaum trennen,[27]
- tatsächliche Vermutung gegen eine endgültige Stilllegungsabsicht, wenn es vor Ablauf der Künd-Frist zu einem rechtsgeschäftlichen Betriebsübergang kommt,[28]
- Vermutung des „aufklärungsrichtigen Verhaltens",[29]
- Vermutung der Unternehmerentscheidung aus sachlichen Gründen,[30]
- tatsächliche Vermutung für „Einheitlichkeitswillen" betreffend ein sog. einheitliches Arbverh.[31]

11 Solche richterlichen Vermutungen werden bei der Auslegung von Willenserklärungen und bei der Beweiswürdigung herangezogen, dienen manchmal der Änderung der gesetzlichen Beweislastverteilung und werden auch im Zusammenhang mit der Angemessenheitskontrolle von vorformulierten Arbeitsbedingungen oder tariflichen Regelungen herangezogen.[32]

12 **3. Beweisverbote. a) Gesetzliches Erhebungsverbot.** Für einzelne Fallgestaltungen werden vom Gesetz nur bestimmte Beweismittel zugelassen:

---

16 BAG 26.4.2007 – 8 AZR 695/05 – AP Nr. 4 zu § 125 InsO = ZIP 2007, 2136; LAG Hamm 6.7.2000 – 4 Sa 799/00 – DZWIR 2001, 107;.
17 Dazu: LAG Düsseldorf 23.1.2003 – 11 (12) Sa 1057/02 – ZIP 2003, 817; LAG Hamm 6.4.2002 – 4 Sa 593/02 – AR-Blattei ES 915 Nr. 23 u. 4 Sa 81/02 – LAGReport 2003, 14 = NZA-RR 2003, 293; zu den Grenzen: LAG Hamm 19.9.2007 – 2 Sa 1844/06 – AuA 2008, 434.
18 BAG 29.11.1988 – 3 AZR 184/87 – AP § 16 BetrVG Nr. 21 = DB 1989, 786.
19 BAG 19.2.2002 – 3 AZR 137/01 – AP § 7 BetrAVG Missbrauch Nr. 4 = NZA 2003, 282; LAG Köln 10.1.2001 – 3 (8) Sa 1082/00 – juris.
20 BAG 18.10.1984 – 2 AZR 61/83 – AP § 1 KSchG 1969 Nr. 18 = DB 1985, 974.
21 BAG 21.3.1991 – 4 AZR 616/90 – AP § 622 BGB Nr. 31 = DB 1991, 1879.
22 BAG 23.1.1992 – 2 AZR 389/91 – AP § 622 BGB Nr. 35 = DB 1992, 1350.
23 BAG 16.9.1993 – 2 AZR 697/92 – BAGE 74, 167; dagegen aber BAG 28.7.1992 – 3 AZR 173/92: – AP § 1 BetrVG Gleichbehandlung Nr. 18: für die Annahme, TV hätten eine Vermutung der Rechtmäßigkeit oder gar des verfassungsrechtlichen Bestandsschutzes für sich, bestehen keine Anhaltspunkte; neue Entscheidung zu Richtigkeitsgewähr!
24 BAG 14.2.1989 – 1 AZR 97/88 – AP § 87 BetrVG 1972 Nr. 8 = DB 1989, 1929.
25 BAG 25.4.2002 – 2 AZR 352/01 – AP § 543 ZPO 1977 Nr. 11 = NZA 2003, 272.
26 BAG 9.12.1975 – 1 ABR 37/74 – AP § 118 BetrVG 1972 Nr. 7 = DB 1976, 584.
27 Offen gelassen in BAG 28.10.1986 – 1 ABR 16/85 – AP § 118 BetrVG 1972 Nr. 32 = DB 1987, 847.
28 BAG 5.12.1985 – 2 AZR 3/85 – AP § 613a BGB Nr. 47 = DB 1986, 1290.
29 LAG Brandenburg 10.8.2001 – 4 Sa 265/01 – LAGE § 2 NachwG Nr. 11; BGH 17.4.2007 – XI 2 R 130/05 – juris.
30 BAG 27.9.2001 – 2 AZR 246/00 – EzA § 2 KSchG Nr. 41.
31 BAG 27.3.1981 – 7 AZR 523/78 – AP § 611 BGB Arbeitgebergruppe Nr. 1 = DB 1982, 1569.
32 Kritisch zum gesetzlich nicht geregelten Gebrauch richterlicher Vermutungen zu Recht *Germelmann u.a.*, § 58 Rn 88 m.w.N.

- § 80 Abs. 1 ZPO: Vollmachtsnachweis nur durch Urkunde,
- § 139 Abs. 4 ZPO: Beweis der Hinweiserteilung nur durch den Inhalt der Akte oder den Nachweis, dass der Inhalt der Akten gefälscht ist,
- § 165 S. 1 ZPO: Nachweis der für die mündliche Verhandlung vorgeschriebenen Förmlichkeiten nur durch das Protokoll,
- § 314 S. 2 ZPO: Entkräftung des aus dem Tatbestand folgenden Beweises nur durch Protokoll.

b) Verwertungsverbot. Ein Verwertungsverbot besteht, wenn das Beweismittel aufgrund eines nicht gerechtfertigten Eingriffs in das allg. Persönlichkeitsrecht erlangt worden ist. Das von einer Partei rechtswidrig erlangte Beweismittel darf grds. nicht zu ihren Gunsten verwertet werden. In der gerichtlichen Verwertung von Kenntnissen und Beweismitteln, die unter Verstoß gegen das Persönlichkeitsrecht erlangt sind, liegt nämlich regelmäßig ein erneuter Eingriff in das Persönlichkeitsrecht. Es entspricht einem allg. Rechtsprinzip, die Ausnutzung eines rechtswidrig herbeigeführten Zustandes zu versagen und diesen Zustand zu beseitigen (§§ 12, 862, 1004 BGB analog). Hätten die Gerichte auch unzulässig erlangte Beweismittel zu beachten, so bliebe der Eingriff in das allg. Persönlichkeitsrecht des heimlich abgehörten Gesprächspartners im Wesentlichen ohne rechtlichen Schutz.[33] Bei der Kollision des allg. Persönlichkeitsrechts mit Interessen der Allgemeinheit oder Rechten Dritter ist durch Güterabwägung im Einzelfall zu ermitteln, ob das allg. Persönlichkeitsrecht den Vorrang verdient und die Verwertung des so erlangten Beweismittels unzulässig ist. Insoweit ist aber zu beachten, dass das deutsche Zivilprozessrecht kein „Verwertungsverbot" von Sachvortrag kennt. Würde das entscheidende Gericht aber vor allem – unstreitiges – entscheidungserhebliches Vorbringen von vornherein ausblenden können, würde dies zu einer erheblichen Verkürzung des Anspruchs auf rechtliches Gehör führen.

Das durch Art. 2 Abs. 1 i.V.m. Art. 1 Abs. 1 GG gewährleistete allg. Persönlichkeitsrecht umfasst das Recht am gesprochenen Wort, d.h. die Befugnis, selbst zu bestimmen, ob es allein dem Gesprächspartner oder auch Dritten oder sogar der Öffentlichkeit zugänglich sein soll, ferner ob es auf Tonträger aufgenommen werden darf.[34] Stellt die Vernehmung eines Zeugen über ein von ihm belauschtes Telefonat einen nicht gerechtfertigten Eingriff in das allg. Persönlichkeitsrecht eines Gesprächspartners dar, kommt eine Verwertung der Aussage als Beweismittel im zivilgerichtlichen Verfahren regelmäßig nicht in Betracht.[35]

Die Erhebung und Verwertung von Zeugenaussagen über den Inhalt von Telefongesprächen, die von den Zeugen über eine Mithörvorrichtung mit Wissen nur eines der Gesprächspartner mitverfolgt worden waren, stellen einen Eingriff in den Schutzbereich des Rechts am gesprochenen Wort dar. Der Schutzbereich ist allerdings nicht beeinträchtigt, wenn der andere Geschäftspartner in das Mithören der Zeugen eingewilligt hat. Aus dem Umstand allein, dass jemand von einer Mithörmöglichkeit Kenntnis hat, folgt aber nicht notwendig, dass er mit einem tatsächlichen Mithören auch rechnet und zugleich stillschweigend einverstanden ist.

Der Schutzbereich des Art. 2 GG ist auch nicht durch die Verwertung der Aussage eines Zeugen zum Inhalt eines von ihm geführten und zugleich heimlich mitgeschnittenen Telefongesprächs tangiert in einem arbeitsgerichtlichen Künd-Schutzprozess tangiert. Es ist verfassungsrechtlich nämlich nicht geboten ist, das die Tonbandaufnahme selbst betreffende Verwertungsverbot auf die Aussage eines Zeugen zu erstrecken, der nicht über den Inhalt des Tonbands Auskunft gibt, sondern über das von ihm geführte Gespräch aussagt. Das gilt selbst dann, wenn er es in rechtswidriger Weise per Tonband aufgenommen hat und als Erinnerungsstütze nutzt.[36]

Darüber hinaus gewährleistet Art. 2 Abs. 1 i.V.m. Art. 1 Abs. 1 GG das Recht am eigenen Bild.[37] Das allg. Persönlichkeitsrecht schützt die AN vor einer lückenlosen technischen Überwachung am Arbeitsplatz durch heimliche Videoaufnahmen. Durch eine solche Kontrolle wird nicht lediglich eine Aufsichtsperson ersetzt. Vielmehr wird der AN, der davon ausgehen muss, dass der AG bei bestimmten Gelegenheiten zum Mittel der heimlichen Videoaufzeichnung greift, einem ständigen Überwachungsdruck ausgesetzt, dem er sich während seiner Tätigkeit nicht entziehen kann.[38]

Das Persönlichkeitsrecht wird allerdings nicht schrankenlos gewährleistet. Eingriffe in das Persönlichkeitsrecht des AN können durch die Wahrnehmung überwiegender schutzwürdiger Interessen des AG gerechtfertigt sein. Bei einer Kollision des allg. Persönlichkeitsrechts mit den Interessen des AG ist somit durch eine Güterabwägung im Einzelfall zu ermitteln, ob das allg. Persönlichkeitsrecht den Vorrang verdient.[39] Im Rahmen der Abwägung ist zu beachten, dass das Grundgesetz – insb. das unter anderem in Art. 20 Abs. 3 GG verankerte Rechtsstaatsprinzip – dem Erfordernis einer wirksamen Rechtspflege eine besondere Bedeutung beimisst. Auch im Zivilprozess, in dem über Rechte

---

33 BAG 29.10.1997 – 5 AZR 508/96 – AP § 611 BGB Persönlichkeitsrecht Nr. 27 = DB 1998, 371.
34 BAG 27.3.2003 – 2 AZR 51/02 – AP § 87 BetrVG 1972 Überwachung Nr. 36 = NZA 2003, 1193; 29.10.1997 – 5 AZR 508/96 – AP § 611 BGB Persönlichkeitsrecht Nr. 27 = DB 1998, 371.
35 BGH 18.2.2003 – XI ZR 165/02 – NJW 2003, 1727.
36 BVerfG 31.7.2001 – 1 BvR 304/01 – AP § 611 BGB Persönlichkeitsrecht Nr. 32 = NZA 2002, 284.
37 BVerfG 9.10.2002 – 1 BvR 1611/96 – AP § 611 BGB Persönlichkeitsrecht Nr. 34 = NJW 2002, 3619.
38 BAG 27.3.2003 – 2 AZR 51/02 – AP § 87 BetrVG 1972 Überwachung Nr. 36 = NZA 2003, 1193.
39 BVerfG 9.10.2002 – 1 BvR 1611/96 – AP § 611 BGB Persönlichkeitsrecht Nr. 34 = NJW 2002, 3619.

und Rechtspositionen der Parteien innerhalb eines privatrechtlichen Rechtsverhältnisses gestritten wird, sind die Aufrechterhaltung einer funktionstüchtigen Rechtspflege und das Streben nach einer materiell richtigen Entscheidung wichtige Belange des Gemeinwohls. Um die Wahrheit zu ermitteln, sind die Gerichte deshalb grds. gehalten, von den Parteien angebotene Beweismittel zu berücksichtigen, wenn und soweit eine Tatsachenbehauptung erheblich und beweisbedürftig ist. Dies gebieten auch der in § 286 ZPO niedergelegte Grundsatz der freien Beweiswürdigung sowie das grundrechtsähnliche Recht auf rechtliches Gehör gem. Art. 103 Abs. 1 GG. Allein das allg. Interesse an einer funktionstüchtigen Zivilrechtspflege reicht aber nicht, um im Rahmen der Abwägung stets von einem gleichen oder gar höheren Gewicht ausgehen zu können, als es dem allg. Persönlichkeitsrecht zukommt. Gleiches gilt für das Interesse, sich ein Beweismittel für zivilrechtliche Ansprüche zu sichern.[40] Vielmehr müssen weitere Aspekte hinzutreten, die ergeben, dass das Interesse an der Beweiserhebung trotz der Persönlichkeitsbeeinträchtigung schutzbedürftig ist. Im Zivilprozess kann es Situationen geben, in denen dem Interesse an der Beweiserhebung besondere Bedeutung für die Rechtsverwirklichung einer Partei zukommt.[41] Dies kann etwa in Fällen gegeben sein, in denen sich der Beweisführer in einer Notwehrsituation oder einer notwehrähnlichen Lage befindet.[42]

19 Danach ist die heimliche Videoüberwachung eines AN zulässig, wenn der konkrete Verdacht einer strafbaren Handlung oder einer anderen schweren Verfehlung zu Lasten des AG besteht, weniger einschneidende Mittel zur Aufklärung des Verdachts ausgeschöpft sind, die verdeckte Video-Überwachung praktisch das einzig verbleibende Mittel darstellt und insg. nicht unverhältnismäßig ist.

Allerdings ist die Videoüberwachung für öffentlich zugängliche Räume – zu denen auch Verkaufsräume zählen können, nunmehr gesetzlich geregelt. Nach § 6b Abs. 2 BDSG ist die Beobachtung erkennbar zu machen.[43]

20 Bei durch Diebstahl oder Unterschlagung erworbenen Beweismitteln besteht ein Verwertungsverbot i.d.R. dann, wenn damit Persönlichkeitsrechte verletzt würden. Allein der Diebstahl von Unterlagen begründet noch kein Verbot für deren Verwertung. Der Schutz des Eigentumsrechts bezweckt nicht, den Eigentümer von Urkunden vor einer Verwertung derselben als Beweismittel zu bewahren, wie aus § 810 BGB, §§ 422 ff. ZPO ergibt.[44]

21 Umstr. ist die Frage, ob ein mitbestimmungswidrig erlangtes Beweismittel ein betriebsverfassungsrechtliches Beweisverwertungsverbot für den Künd-Schutzprozess nach sich zieht.[45] Nach der Rspr. des BAG gebietet der Schutzweck des § 87 Abs. 1 Nr. 6 BetrVG die Annahme eines solchen Verwertungsverbots jedenfalls dann nicht, wenn die Verwertung des Beweismittels nach allg. Grundsätzen zulässig ist und der BR der Künd in Kenntnis der heimlich hergestellten Videoaufzeichnungen zustimmt.[46] In seiner Entscheidung vom 13.12.2007 hat das BAG[47] sich erneut gegen ein Verbot mitbestimmungswidrig erlangter Beweismittel ausgesprochen. Insbesondere bestehe aber auch kein Sachverwertungsverbot bei unstreitigem Vortrag. Ein solches lasse sich auch nicht aus der Theorie der Wirksamkeitsvoraussetzung ableiten.

22 Auch im Falle eines nachträglich erteilten Einverständnisses mit einer Maßnahme, die ohne das zwingend vorgeschriebene Mitbestimmungsverfahren vorgenommen wurde, bleibt es zwar bei einer Verletzung des Mitbestimmungsrechts.[48] Die entgegen § 87 Abs. 1 Nr. 6 BetrVG unterbliebene Mitbestimmung gibt aber, was den Schutz des Persönlichkeitsrechts des AN betrifft, der Beweisverwertung durch die staatlichen Gerichte keinen eigenen Unrechtsgehalt. Die unterbliebene Mitbestimmung führt für sich genommen nicht zu einem Verstoß der Beweisverwertung gegen das allg. Persönlichkeitsrecht.

III. Einleitung der Beweiserhebung

23 Die Beweisführung vollzieht sich in zwei Stufen. Im Urteilsverfahren, also im Geltungsbereich des Verhandlungsgrundsatzes, wird ein Beweismittel für eine bestimmte Behauptung (**Beweisthema**) durch Beweisantritt geltend gemacht. Bei ordnungsgemäßem Beweisantritt erfolgt dann für beweisbedürftige Tatsachen die Einleitung der Beweiserhebung durch förmliche (**Beweisbeschluss**) oder formlose gerichtliche Anordnung. Es folgt die **Beweisaufnahme** (§§ 355 bis 455 ZPO) und deren Auswertung durch die **Beweiswürdigung** (§§ 286 f. ZPO; siehe Rn 26). Die **Ablehnung eines Beweisantritts** kommt aus folgenden Gründen in Betracht:[49]

---

40 BVerfG 9.10.2002 – 1 BvR 1611/96 – AP § 611 BGB Persönlichkeitsrecht Nr. 34 = NJW 2002, 3619; BGH 18.2.2003 – XI ZR 165/02 – NJW 2003, 1727.
41 BVerfG 9.10.2002 – 1 BvR 1611/96 – AP § 611 BGB Persönlichkeitsrecht Nr. 34 = NJW 2002, 3619.
42 BVerfG 9.10.2002 – 1 BvR 1611/96 – AP § 611 BGB Persönlichkeitsrecht Nr. 34 = NJW 2002, 3619.
43 Vgl. *Däubler*, NZA 2001, 874, 878; *Maschmann*, NZA 2002, 13, 17.
44 BAG 15.8.2002 – 2 AZR 214/01 – AP § 519 ZPO Nr. 55.
45 Vgl. *Fitting u.a.*, § 87 Rn 256; *Maschmann*, NZA 2002, 13, 21; *Röckl/Fahl*, NZA 1998, 1035, 1038 ff.; *Fischer*, BB 1999, 154 ff.; *Kopke*, NZA 1999, 917; vgl. auch LAG Baden-Württemberg 6.5.1999 – 12 Sa 115/97 – BB 1999, 1439; offen gelassen durch BAG 27.3.2003 – 2 AZR 51/02 – AP § 87 BetrVG 1972 Überwachung Nr. 36 = NZA 2003, 1193.
46 BAG 27.3.2003 – 2 AZR 51/02 – AP § 87 BetrVG 1972 Überwachung Nr. 36 = NZA 2003, 1193; 7.12.2006 – 2 AZR 182/06 – DB 2007, 1009, Zur Auswertung der Daten eines Anwesenheitskontrollsystems.
47 2 AZR 537/06 – NZA 2008, 1008 = NJW 2008, 2732.
48 BAG 20.2.2002 – 7 AZR 707/00 – AP § 72 LPVG NW Nr. 23 = NZA 2002, 811.
49 *Thomas/Putzo*, § 284 Rn 4–9.

- fehlende Beweisbedürftigkeit,
- verspäteter Beweisantritt (§§ 56 Abs. 2, 61a Abs. 5, 67 Abs. 1, § 296 ZPO),
- berechtigt geltend gemachte Zeugnisverweigerung (§§ 383 bis 384 ZPO),
- gesetzliches Beweiserhebungsverbot,
- Ausforschungsverbot,
- Beweisverwertungsverbot,
- vertraglicher Beweismittelausschluss,
- langfristige Unerreichbarkeit des Beweismittels,[50]
- völlige Ungeeignetheit des Beweismittels,[51]
- Beweisaufnahme im Ermessen des Gerichts (§ 287 Abs. 1 S. 2 ZPO),
- unzureichender Indizienbeweis.[52]

Die **Beweisanordnung** geschieht formlos in der mündlichen Verhandlung, soweit nicht ein Beweisbeschluss ergehen muss oder kann (§ 55 Abs. 4; §§ 358 ff. ZPO).

IV. Durchführung der Beweisaufnahme

In Abs. 1 S. 1 kommt der Grundsatz der Unmittelbarkeit der Beweisaufnahme zum Ausdruck. Danach erfolgt die Beweisaufnahme vor der Kammer, soweit sie an Gerichtsstelle möglich ist. Ist dies nicht möglich, kann die Beweisaufnahme einem der Vorsitzenden übertragen werden (Abs. 1 S. 2) oder im Wege der Rechtshilfe (§ 13) erfolgen. Den Parteien ist gestattet, der Beweisaufnahme beizuwohnen (§ 357 ZPO). Dieser Grundsatz wird nicht verletzt durch Vorlage einer beim Notar abgegebenen und urkundlich verwerteten Aussage als Nachweis über das Vertretensein einer Gewerkschaft im Betrieb.[53]

Während oder außerhalb eines Streitverfahrens kann auf Antrag einer Partei die Einnahme des Augenscheins, die Vernehmung von Zeugen oder die Begutachtung durch einen SV angeordnet werden, wenn der Gegner zustimmt oder zu besorgen ist, dass das Beweismittel verloren geht oder seine Benutzung erschwert erscheint. Das **selbstständige Beweisverfahren** ist in §§ 485 bis 494a ZPO geregelt.[54]

V. Beweiswürdigung

Das Gericht hat unter Berücksichtigung des gesamten Inhalts der Verhandlungen und des Ergebnisses einer etwaigen Beweisaufnahme nach freier Überzeugung zu entscheiden, ob eine tatsächliche Behauptung für wahr oder für nicht wahr zu erachten sei (§ 286 Abs. 1 S. 1 ZPO). Grundlage der Beweiswürdigung sind damit Vorbringen, Handlungen, Unterlassungen sowie persönlicher Eindruck von den Prozessbeteiligten und ihrer Vertreter einschließlich der Beweisaufnahme. Im Urteil sind die Gründe anzugeben, die für die richterliche Überzeugung leitend gewesen sind (§ 286 Abs. 1 S. 2 ZPO).

C. Beraterhinweise/Beweislastkatalog

I. Abmahnung

Die Darlegungs- und Beweislast in Verfahren, in denen um die **Berechtigung** einer einem AN erteilten Abmahnung gestritten wird, folgt den Grundsätzen, die das BAG für die Künd-Schutzverfahren aufgestellt hat. Danach hat der AG die Darlegungs- und Beweislast für die Behauptung, es liege ein Pflichtverstoß vor. Macht der AN Rechtfertigungsgründe geltend, muss er jedoch substantiiert die Tatsachen vortragen, aus denen sich z.B. eine Genehmigung des gerügten Verhaltens durch Vorgesetzte ergeben soll. Der AG muss dann beweisen, dass dieser Rechtfertigungsgrund nicht bestanden hat.[55]

Soweit der AN die **Entfernung** einer Abmahnung aus der Personalakte fordert, trägt der AG die Beweislast für die Behauptung, die der Abmahnung zugrunde liegenden Tatsachen seien richtig.

Fordert der AN die **Rücknahme** der Abmahnung, trägt er die Beweislast für die Behauptung, die der Abmahnung zugrunde liegenden Tatsachen seien unrichtig, denn die Rücknahme der Abmahnung ist einem **Widerruf** gleichzusetzen, der nach der st. Rspr. des BGH nur bei erwiesener Unwahrheit gefordert werden kann.[56]

Nach Beendigung des Arbverh hat der AN regelmäßig keinen Anspruch mehr auf Entfernung einer zu Unrecht erteilten Abmahnung aus der Personalakte. Ein solcher Anspruch kann aber dann gegeben sein, wenn objektive An-

---

50 BGH 29.1.1992 – VIII ZR 202/90 – MDR 1992, 708.
51 BGH 12.1.1994 – XII ZR 155/92 – MDR 1994, 587.
52 BGH 10.2.1993 – XII ZR 241/91 – NJW 1993, 335.
53 BAG 25.3.1992 – 7 ABR 65/90 AP § 2 BetrVG 1972 Nr. 4; bestätigt durch BVerfG 21.3.1994 – 1 BvR 1485/93 AP § 2 BetrVG 1972 Nr. 4a.
54 Als Mittel des BR s. BAG 5.10.2000 – 1 ABR 52/99 – AP § 23 BetrVG 1972 Nr. 35.
55 LAG Bremen 6.3.1992 – 4 Sa 295/91 – LAGE § 611 BGB Abmahnung Nr. 31 = BB 1992, 998; a.A. LAG Köln 28.10.1987 – 7 Sa 629/87 – n.v.
56 LAG München 22.12.1982 – 9 Sa 740/81 – n.v.

haltspunkte dafür bestehen, dass die Abmahnung den AN auch noch nach Beendigung des Arbverh schaden kann. Dafür ist der AN darlegungs- und beweispflichtig.[57]

II. Anfechtung eines Aufhebungsvertrages

30 Wird ein Aufhebungsvertrag wegen rechtswidriger Drohung mit einer Künd angefochten, trägt der anfechtende AN die Beweislast für sämtliche Voraussetzungen des Anfechtungstatbestandes. Er hat daher die Tatsachen darzulegen und ggf. zu beweisen, die die angedrohte Künd als widerrechtlich erscheinen lassen.[58] Er hat deshalb die Tatsachen vorzutragen und ggf. zu beweisen, welche die angedrohte außerordentliche Künd als widerrechtlich erscheinen lassen. Der Kläger muss darlegen und beweisen, dass ein verständiger AG nicht annehmen durfte, die Fortsetzung des Vertragsverhältnisses sei unzumutbar und deshalb die Künd gerechtfertigt. Da es sich dabei jedoch um einen **Negativbeweis** handelt, genügt hierfür zunächst eine entspr. pauschale Behauptung. Wegen der Schwierigkeiten des Negativbeweises ist von der Beklagten als Anfechtungsgegnerin nach den Grundsätzen der **sekundären Darlegungslast** das substantiierte Bestreiten der negativen Tatsache unter Darlegung der für das Positive sprechenden Tatsachen und Umstände zu verlangen.[59] Der AG hat damit im Einzelnen darzulegen, dass er in vertretbarer Weise einen Künd-Grund annehmen durfte. Nur die von dem AG in diesem Zusammenhang vorgetragenen Umstände braucht der beweispflichtige AN dann zu widerlegen.[60]

Bei Anfechtung eines Aufhebungsvertrages anlässlich eines Betriebsübergangs trägt der AN die Darlegungslast für die arglistige Täuschung.[61]

III. Annahmeverzug

31 Wenn sich ein AG gegenüber dem Vergütungsanspruch nach § 615 BGB auf eine Künd des Dienstverhältnisses beruft, muss er diejenigen Umstände darlegen und beweisen, aus denen sich die Berechtigung der Künd ergibt.[62]

32 Die Darlegungs- und Beweislast für das Unvermögen des AN, im Annahmeverzugszeitraum die Arbeitsleistung zu erbringen, trägt der AG. Dazu reicht aus, dass er Indizien vorträgt, aus denen auf Arbeitsunfähigkeit geschlossen werden kann. In Betracht kommen insb. Krankheitszeiten des AN vor und nach dem Verzugszeitraum. Hat der AG solche Indizien vorgetragen, ist es Sache des AN, die Indizwirkung zu erschüttern. Trägt er dazu nichts vor, gilt die Behauptung des AG, der AN sei während des Verzugszeitraums leistungsunfähig gewesen, gem. § 138 Abs. 3 ZPO als zugestanden.[63]

33 Der AG trägt auch die Beweislast für den fehlenden Leistungswillen des AN.[64] Zahlt der AG nach Verurteilung zur Weiterbeschäftigung dem AN den Arbeitslohn, ohne ihn weiterzubeschäftigen, so erfüllt er dadurch im Zweifel seine bei Unwirksamkeit der Künd bestehende Verpflichtung nach § 615 S. 1 BGB. Eine Vereinbarung, nach der das gekündigte Arbverh auflösend bedingt durch die Abweisung der Künd-Schutzklage oder durch eine rechtsgestaltende Entscheidung nach § 9 KSchG fortgesetzt wurde, oder eine andere Vereinbarung, kraft derer der AN den nach wirksamer Beendigung des Arbverh gezahlten Arbeitslohn behalten darf, hat der AN darzulegen und zu beweisen.[65] Der (teilzeitbeschäftigte) AN muss sich nicht jeden im Verzugszeitraum (§ 11 Nr. 1 KSchG, § 615 BGB) anderweitig erzielten Verdienst anrechnen lassen, sondern nur einen solchen, der kausal durch das Freiwerden der Arbeitskraft ermöglicht worden ist. Der AG ist darlegungs- und beweispflichtig für das Vorliegen eines **anderweitigen Erwerbs** i.S.v. § 616 S. 2 BGB.

IV. Arbeitskampf

34 Für die Darlegung eines auf der Betriebsblockade beruhenden Schadens infolge Umsatzausfalls reicht die Benennung der Kosten des nutzlos bedruckten Papiers aus, die auch dann bleiben, wenn zugunsten der Beklagten unterstellt wird, es seien alle ausgefallenen Anzeigen später nachgeholt worden.[66] Im Streikfall hat der AG zu beweisen, dass sich der vor Streikbeginn erkrankte AN ohne die Erkrankung am Arbeitskampf beteiligt hätte. Dabei kann dem AG – wie jeder beweisbelasteten Partei – der Anscheinsbeweis zugute kommen. Beteiligt sich ein der streikführenden Gewerkschaft angehörender AN unmittelbar im Anschluss an die Arbeitsunfähigkeit aktiv an den Streikmaßnahmen, so lässt dies mangels Darlegung gegenteiliger Anhaltspunkte durch den AN den Schluss zu, dass er, wäre er nicht arbeitsunfähig krank geschrieben gewesen, von Anfang an den Arbeitskampfmaßnahmen teilgenommen hätte.[67]

---

57 BAG 14.9.1994 –5 AZR 632/93 – AP § 611 BGB Abmahnung Nr. 13 = DB 1995, 732.
58 BAG 3.7.2003 – 2 AZR 327/02 – juris.
59 BGH 19. April 2005 – X ZR 15/04 – NJW 2005, 2766, 2768.
60 BAG 28.11.2007 – 6 AZR 1108/06 – AP Nr. 36 zu § 620 BGB Aufhebungsvertrag = NZA 2008, 348.
61 BAG 23.11.2006 – 8 AZR 349/06 – AP § 613a Wiedereinstellung Nr. 1 = BB 2007, 1054.

62 BGH 10.5.1988 – IX ZR 175/87 – DB 1988, 1590.
63 BAG 5.11.2003 – 5 AZR 562/02 – AP § 615 BGB Nr. 106.
64 BAG 21.3.1985 – 2 AZR 596/83 – juris.
65 BAG 17.1.1991 – 8 AZR 483/89 – AP § 611 BGB Weiterbeschäftigung Nr. 8 = DB 1991, 1836.
66 BAG 21.6.1988 – 1 AZR 653/86 – AP Art. 9 GG Arbeitskampf Nr. 109 = DB 1988, 2647.
67 LAG Berlin 12.12.1990 – 13 Sa 84/90 – LAGE Art. 9 GG Arbeitskampf Nr. 43 = BB 1991, 1492.

V. Arbeitsvergütung

1. Akkord. Werden die sachlichen Voraussetzungen bei einem Zeitakkord im Einvernehmen zwischen AG und BR entspr. den Regelungen im einschlägigen TV durch genaue Zeitmessung nach einem arbeitswissenschaftlichen Verfahren und aufbauend hierauf die sachlichen Vorgabezeiten für vergleichbare Arbeitsplätze ermittelt, so spricht der erste Anschein dafür, dass die beim Zeitakkord vorgegebenen Zeiten richtig sind. In diesem Fall hat der AN, der diese sachlichen Vorgabezeiten nicht hinnehmen will und vor Gericht einen höheren Akkordlohn einklagt, Tatsachen darzulegen und ggf. zu beweisen, aus denen das Gericht die Rechtsfolge herleiten kann, dass die sachlichen Vorgabezeiten offenbar unrichtig festgestellt worden sind.[68]

2. Anrechnung der Tariflohnerhöhung. Im Regelfall ergibt sich der Inhalt einer Anrechnungsentscheidung aus ihrem tatsächlichen Vollzug. Beruft sich der AG darauf, dass seine Entscheidung nicht ordnungsgemäß umgesetzt worden sei, so ist er hierfür darlegungs- und beweispflichtig.[69] Beruft sich der AG im Prozess mit dem AN auf einen Tatbestand, für den ein Mitbestimmungsrecht des BR nach § 87 BetrVG besteht, dann muss er darlegen und beweisen, dass er den BR ordnungsgemäß beteiligt hat. Die Darlegungs- und Beweislast wird aber erst ausgelöst, wenn der AN die Beteiligung des BR bestreitet.[70]

3. Entgeltfortzahlung (Arbeitsunfähigkeit). Mit der von einem Arzt ausgestellten Bescheinigung über eine Arbeitsunfähigkeit kann der AN grds. die Voraussetzungen für den Anspruch auf Entgeltfortzahlung nach § 3 Abs. 1 S. 1 EFZG belegen. Der AG, der das Vorliegen einer durch ärztliche Bescheinigung belegten Arbeitsunfähigkeit bestreiten will, muss Umstände darlegen und gegebenenfalls beweisen, die zu ernsthaften Zweifeln an einer Arbeitsunfähigkeit Anlass geben.[71] Nach der Erschütterung des Beweiswerts einer Arbeitsunfähigkeitsbescheinigung ist es Sache des AN, neben der Art ihrer Krankheit im Einzelnen darzulegen, welche Verhaltensmaßregeln der Arzt gegeben hat und welche Medikamente z.B. bewirkt haben, dass der AN zwar immer noch nicht die geschuldete Arbeit bei ihrem AG verrichten konnte, wohl aber die Arbeit, die sie anderweitig tatsächlich verrichtet hat. Erst wenn der AN insoweit seiner Substantiierungspflicht nachgekommen und den behandelnden Arzt von seiner Schweigepflicht entbunden hat, muss der AG aufgrund der ihm obliegenden Beweislast die behauptete Arbeitsunfähigkeit widerlegen.[72] Verweigert der AG einem arbeitsunfähig erkrankten AN die Fortzahlung des Arbeitsentgelts mit der Begründung, dass der AN bislang nicht den Sozialversicherungsausweis hinterlegt habe, so genügt es nicht, wenn der AG vorträgt, er habe den AN hierzu aufgefordert. Bestreitet der AN, eine derartige Aufforderung erhalten zu haben, so trägt der AG die Darlegungs- und Beweislast für die behauptete Aufforderung und für den Zugang der Erklärung.[73] Den AN, der für eine weitere Bezugsdauer Krankenvergütung verlangt, trifft die Darlegungs- und Beweislast dafür, dass die vorangegangene Arbeitsunfähigkeit bereits beendet war, also ein **neuer Verhinderungsfall** eingetreten ist.[74] Auch bei einem durch Rückfall in den Alkoholmissbrauch arbeitsunfähig erkrankten AN trägt der AG die Darlegungs- und Beweislast für ein **Verschulden an der Krankheit**. Dann geht es aber nicht mehr darum, ob der AN die Entstehung seiner Alkoholabhängigkeit verschuldet hat oder nicht, sondern nunmehr darum, ob er sich ein Verschulden an der wiederholten Erkrankung entgegenhalten muss.[75] Hat der AN längere Zeit „gebummelt" und ist er dann arbeitsunfähig krank geworden, muss er, wenn der AG entspr. Zweifel darlegt, vortragen und erforderlichenfalls beweisen, dass er während der Zeit der krankheitsbedingten Arbeitsunfähigkeit arbeitswillig war.[76] Die objektive Beweislast für das Vorliegen einer **Fortsetzungserkrankung** trägt der AG.[77]

Zur **Berechnung** des fortzuzahlenden Arbeitsentgelts ist bei einer Stundenvergütung die Zahl der durch die Arbeitsunfähigkeit ausfallenden Arbeitsstunden (Zeitfaktor) mit dem hierfür jeweils geschuldeten Arbeitsentgelt (Geldfaktor) zu multiplizieren. Unterliegen die Arbeitszeit und damit die Entgelthöhe vereinbarungsgemäß unregelmäßigen Schwankungen und kann deshalb der Umfang der ausgefallenen Arbeit nicht exakt bestimmt werden, bedarf es der Festlegung eines Referenzzeitraums, dessen durchschnittliche Arbeitsmenge maßgebend ist. Der **AN** genügt seiner **Darlegungslast** zu der für ihn maßgebenden individuellen regelmäßigen Arbeitszeit gem. § 4 Abs. 1 EFZG im Normalfall dadurch, dass er den individuellen Arbeitszeitdurchschnitt der vergangenen zwölf Monate darlegt. Geringere tarifliche oder betriebsübliche Arbeitszeiten sind nicht maßgeblich.[78] Hat das Arbverh bei Beginn der Arbeitsunfä-

---

68 LAG Hamm 8.4.1991 – 17 Sa 1564/90 – LAGE § 611 BGB Akkord Nr. 2 = DB 1991, 2247 = BB 1991, 1642.
69 BAG 31.10.1995 – 1 AZR 276/95 – AP § 87 BetrVG 1972 Nr. 80 = DB 1996, 1189.
70 Hessisches LAG 21.7.1987 – 7 Sa 1707/86 – n.v.
71 BAG 15.7.1992 – 5 AZR 312/91 – AP § 1 LohnFG Nr. 48 = DB 1992, 2347; a.A. LAG München 9.11.1988 – 5 Sa 292/88 – LAGE 63 HGB Nr. 8 = DB 1989, 631; für Bewertung eines konkreten Beweiswertes im Einzelfall *Germelmann u.a.*, § 58 Rn 54.
72 BAG 1.12.1995 – 2 AZR 849/94 – juris.
73 LAG Rheinland-Pfalz 12.12.1995 – 6 Sa 973/95 – LAGE § 100 SGB IV Nr. 1 = DB 1996, 990.
74 LAG Berlin 22.6.1990 – 6 Sa 34/90 – AuR 1991, 91 = BB 1990, 1708.
75 BAG 11.5.1988 – 5 AZR 445/87 – juris.
76 Vortrag von Hilfstatsachen; BAG 20.3.1985 – 5 AZR 229/83 – AP § 1 LohnFG Nr. 64 = DB 1985, 2694.
77 BAG 13.7.2005 – 5 AZR 389/04 – APG 3 EFZG Nr. 25 = DB 2005, 2354.
78 BAG 9.7.2003 – 5 AZR 610/01 – juris.

higkeit weniger als ein Jahr gedauert, ist dessen gesamter Zeitraum maßgebend. Das Maß der zu fordernden Substantiierung richtet sich nach der Einlassung des AG.[79]

39 Zum Arbeitsentgelt gehört nicht das zusätzlich für **Überstunden** gezahlte Entgelt (Grundvergütung sowie Zuschläge). Überstunden hat der **AG**, wenn sie sich nicht bereits aus dem Vortrag des AN ergeben, entspr. der Fassung des § 4 Abs. 1a EFZG einzuwenden. Der AG, der eine aus Überstunden resultierende Minderung der zu berücksichtigenden durchschnittlichen Arbeitszeit geltend macht, trägt hierfür die **Darlegungs- und Beweislast**.[80]

40 **4. Überstundenvergütung.** Der AN, die die Vergütung von Überstunden fordert, muss im Einzelnen darlegen, an welchen Tagen und zu welchen **Tageszeiten** sie über die übliche Arbeitszeit hinaus gearbeitet hat. Der Anspruch auf Überstundenvergütung setzt ferner voraus, dass die Überstunden vom AG angeordnet, gebilligt oder geduldet wurden oder jedenfalls zur Erledigung der geschuldeten Arbeit notwendig waren.[81] Der AN muss darlegen, von welcher **Normalarbeitszeit** sie ausgeht und dass sie tatsächlich gearbeitet hat. Ist streitig, ob in einem Zeitraum Arbeitsleistungen erbracht wurden, trifft den AN nach den allg. Grundsätzen die Darlegungs- und Beweislast. Der AN muss darlegen, welche (geschuldete) **Tätigkeit** er ausgeführt hat. Das gilt auch dann, wenn streitig ist, ob Arbeitsleistung oder Bereitschaftsdienst angefallen ist.[82] Je nach der Einlassung des AG besteht eine **abgestufte Darlegungs- und Beweislast**.[83] Dem AG obliegt es, dem Vortrag substantiiert entgegenzutreten. Pauschales Bestreiten genügt nicht. Hat der AG z.B. Nachtarbeits- und Feiertagszuschläge auf Basis von Stundenzetteln des AN abgerechnet, muss er darlegen, aufgrund welcher Umstände nunmehr eine abweichende Beurteilung erfolgt. Erst anhand des konkreten Sachvortrags des AG kann das Gericht feststellen, welche Tatsachen streitig sind. Anschließend ist es Sache des AN, im Einzelnen Beweis für die geleisteten Stunden anzutreten.[84]

41 **5. Nichterfüllung der Arbeitsleistung.** Leugnet der AG gegenüber der Vergütungsforderung die Vertragserfüllung (Arbeitsleistung), ist er für die Nichtleistung (der Arbeit) beweispflichtig.[85] Ist in einem Lohnzahlungsprozess str., ob der AN die vertraglich vereinbarte **Regelarbeitszeit** abgeleistet hat, so ist der AG für sein Bestreiten beweispflichtig; denn für deren Ableistung spricht die Vertragstreuevermutung.[86] Der AG muss im Einzelnen darlegen und beweisen, dass die Voraussetzungen für eine **Lohnminderung** erfüllt sind.[87]

42 **6. Erfüllung.** Macht der AG gegenüber einer Lohnforderung die Bezahlung eines Lohnvorschusses geltend, so handelt es sich um die Einwendung der Erfüllung und damit um eine sog. rechtsvernichtende Einwendung, deren tatsächliche Voraussetzungen der AG beweisen muss. Der AG muss daher im Streitfall auch beweisen, dass eine unstreitige Zahlung als **Lohnvorschuss** geleistet worden ist, wofür keine tatsächliche Vermutung spricht.[88] Nach h.M. trägt der Kläger die Beweislast, wenn er gegenüber einer Zahlung des Beklagten geltend macht, diese sei nicht auf die eingeklagte Forderung geleistet worden, sondern auf eine andere. Diese Ansicht ist auf Arbverh nicht ohne Weiteres übertragbar.[89]

43 **7. Aufrechnung.** Rechnet der AG gegen Lohnansprüche eines AN mit Gegenansprüchen aus vermeintlich **ungerechtfertigter Bereicherung** auf, so trifft den AG die volle Beweislast dafür, dass der AN Leistungen ohne Rechtsgrund erhalten hat.[90]

44 Die AG trägt die Darlegungslast dafür, dass seine Aufrechnung gegen den gem. **§ 850 Abs. 1 ZPO** nur nach Maßgabe des §§ 850a bis 850i ZPO pfändbaren Anspruch des AN auf Lohn und **Überstundenvergütung** das Erlöschen oder den teilweisen Untergang dieser Forderungen bewirkt hat (§ 389 BGB). Da z.B. nach § 850a Nr. 1 ZPO die auf die Leistung von Mehrarbeit entfallenden Teile des Arbeitseinkommens nur zur Hälfte pfändbar sind, hat der AG darzulegen, welcher Teil des ausgewiesenen Gesamtnettobetrags der Überstundenvergütung zuzurechnen ist. Sonst kann die Einhaltung der Pfändungsbeschränkungen nicht geprüft werden. Insoweit reicht wegen der zu berücksichtigenden Abgaben ein Abgleich mit Lohnabrechnungen ohne Überstundenvergütung nicht.[91]

---

79 BAG 21.11.2001 – 5 AZR 457/00 – AiB 2002, 778.
80 BAG 9.7.2003 – 5 AZR 610/01 – juris.
81 BAG 17.4.2002 – 5 AZR 644/00 – AP § 611 BGB Mehrarbeitsvergütung Nr. 40 = AuR 2002, 392 m.w.N.; 25.5.2005 – 5 AZR 319/04 – AP § 1 TVG Tarifverträge: Gebäudereinigung Nr. 17 = AiB 2006, 246.
82 BAG 29.5.2002 – 5 AZR 370/01 – EzA § 611 BGB Mehrarbeit Nr. 10.
83 Vgl. auch BAG 24.10.2001 – 5 AZR 245/00 – AP § 2 EntgeltFG Nr. 8.
84 BAG 17.4.2002 – 5 AZR 644/00 – AP § 611 BGB Mehrarbeitsvergütung Nr. 40 = AuR 2002, 392.
85 LAG Köln 7.4.1995 – 13 (10) Sa 1244/94 – BB 1995, 2276 = MDR 1996, 79.
86 LAG Köln 22.7.1994 – 13 Sa 414/94 – AuR 1995, 104.
87 BAG 17.7.1970 – 3 AZR 423/69 – AP § 11 MuSchuG 1968 Nr. 3 = DB 1970, 427.
88 LAG München 28.9.1989 – 4 Sa 241/89 – LAGE § 362 BGB Nr. 2 = DB 1990, 1292.
89 LAG Köln 27.9.1989 – 7 Sa 470/89 – ARSt 1990, 38.
90 LAG München 21.7.1988 – 4 Sa 1168/87 – LAGE § 812 BGB Nr. 1 = DB 1989, 280.
91 BAG 5.12.2002 – 6 AZR 569/01 – AP § 394 BGB Nr. 32 = NZA 2003, 802.

Der AG kann sich nicht darauf berufen, die **pfändbaren Teile** des Arbeitseinkommens seien von Amts wegen zu ermitteln. Zu diesen Ermittlungen sind die Gerichte für Arbeitssachen im Urteilsverfahren, für das der Beibringungsgrundsatz gilt, nicht verpflichtet.[92]

8. Eingruppierung/Rückgruppierung. Nach der Rspr. des BAG ist der AG im öffentlichen Dienst grds. berechtigt, eine fehlerhafte tarifliche Eingruppierung zu korrigieren. Dazu muss er, wenn sich der AN auf die ihm vom AG mitgeteilte Vergütungsgruppe beruft, die objektive Fehlerhaftigkeit dieser bisher gewährten Vergütung darlegen und ggf. beweisen. Der AG muss insoweit allerdings nicht darlegen, auf welchem konkreten Irrtum die fehlerhafte Eingruppierung beruht, sondern nur, dass die bisher als tarifgerecht angenommene Eingruppierung objektiv fehlerhaft ist, es also an zumindest einer tariflichen Voraussetzung hierfür fehlt. Danach erfüllt der AG seine Darlegungslast bei der sog. korrigierenden Rückgruppierung bereits dann, wenn sich aus seinem Vorbringen einschließlich des unstreitigen Sachverhalts ergibt, dass jedenfalls wegen Fehlens einer der tariflichen Voraussetzungen die mitgeteilte Eingruppierung nicht zutreffend war.[93]

9. Sonstiges. Der **Auszubildende** trägt als Anspruchsteller die Darlegungs- und Beweislast dafür, dass die vereinbarte Ausbildungsvergütung unangemessen ist. Er genügt seiner Darlegungslast regelmäßig damit, dass er sich auf die einschlägige tarifliche Vergütung stützt und vorbringt, seine Ausbildungsvergütung unterschreite diese um mehr als 20 %. Der Ausbildende kann sich dann nicht auf den Vortrag beschränken, die von ihm gezahlte Vergütung sei angemessen. Er hat substantiiert zu begründen, weshalb im Einzelfall ein von den genannten Grundsätzen abweichender Maßstab gelten soll.[94]

VI. Befristung

Wer die Befristung eines Arbverh einwendet, trägt die Darlegungs- und Beweislast für die Befristungsvereinbarung.[95] Bei einem Streit über die Dauer eines befristeten Arbverh hat derjenige die Befristungsdauer zu beweisen, der sich auf die frühere Vertragsbeendigung beruft.[96] Grds. hat der AN die Darlegungs- und Beweislast dafür, dass bei Abschluss des befristeten Arbeitsvertrages sachliche Gründe gefehlt haben. Die Darlegungs- und Beweislast kann sich nach Lage des jeweiligen Falles dann umkehren, wenn nach dem unstreitigen Sachverhalt oder dem Vorbringen des AN, das dem ersten Anschein nach zutreffend ist, die Befristung unzulässig ist.[97] Bei Befristung des Arbeitsvertrages aus sozialen Gründen, um einem AN nach Abschluss seiner Ausbildung bei der Überwindung von Übergangsschwierigkeiten zu helfen, ist der AG für das Vorliegen der sozialen Gründe darlegungs- und beweispflichtig.[98] Wenn ein TV sachliche Gründe zur Wirksamkeitsvoraussetzung für Befristungen erhebt, dann trägt der AG die Darlegungs- und Beweislast für das Vorliegen sachlicher Gründe. Die Darlegungs- und Beweislast für den sachlichen Grund einer Befristung trägt der AG.[99] Beruft sich eine Rundfunkanstalt auf die Zweckbefristung des Arbverh mit sog. programmgestaltenden Angestellten, so trägt sie dafür die Darlegungs- und Beweislast.[100]

Den Ausnahmetatbestand der **Unzumutbarkeit** oder Unmöglichkeit der Beschäftigung bis zum Ablauf der Künd-Frist hat der AG darzulegen und zu beweisen.[101]

VII. Betriebsübergang

Legt der AN, der einen Übergang seines Arbverh nach § 613a BGB geltend macht, dar, dass der in Anspruch genommene Betriebserwerber die wesentlichen Betriebsmittel nach Einstellung des Geschäftsbetriebs des bisherigen Geschäftsinhabers verwendet, um einen gleichartigen Geschäftsbetrieb zu führen, so spricht der Beweis des ersten Anscheins dafür, dass dies aufgrund eines Rechtsgeschäftes i.S.v. § 613a BGB geschieht.[102] Jeder AN kann nur einem Betrieb oder Betriebsteil angehören. Der AN trägt die Darlegungs- und Beweislast, dass er zum „abgespaltenen" Betrieb gehört.[103] Für die Erfüllung der Unterrichtspflicht nach § 615a Abs. 5 BGB sind Veräußerer und Erwerber darlegungs- und beweispflichtig.[104]

Im Falle eines Betriebsüberganges ist der AN so zu informieren, dass dieser sich über die Person des Übernehmers und über die in § 613a Abs. 5 BGB genannten Umstände ein Bild machen kann. Er soll durch die Unterrichtung eine ausreichende Wissensgrundlage für die Ausübung oder Nichtausübung seines Widerrufsrechtes erhalten. Dabei hat sich der Inhalt der Unterrichtung nach dem Kenntnisstand des Veräußerers und des Erwerbers zum Zeitpunkt der

---

92 BAG 5.12.2002 – 6 AZR 569/01 – AP § 394 BGB Nr. 32 = NZA 2003, 802.
93 BAG 7.5.2008 – 4 AZR 206/07 – nv.
94 BAG 19.2.2008 – 9 AZR 1091/06 – NZA 2008, 828.
95 LAG Köln 23.3.1988 – 7 Sa 1349/87 – LAGE § 620 BGB Nr. 13; LAG Hamm 5.3.1990 – 19 Sa 1696/89 – LAGE § 620 BGB Nr. 19.
96 BAG 12.10.1994 – 7 AZR 745/93 – AP § 620 BGB Befristeter Arbeitsvertrag Nr. 165 = DB 1995, 980.
97 BAG 26.1.1984 – 2 AZR 606/82 – juris.
98 BAG 3.10.1984 – 7 AZR 132/83 – AP § 620 BGB Arbeitsvertrag Nr. 88 = DB 1985, 2151.
99 ArbG Hamburg 11.8.1993 – 9 Ca 440/92 – n.v.
100 LAG Köln 19.12.1983 – 1/8 Sa 687/75 – n.v.
101 LAG München 19.8.1992 – 5 Ta 185/92 – LAGE § 611 BGB Beschäftigungspflicht Nr. 32 = DB 1993, 1130.
102 BAG 15.5.1985 – 5 AZR 276/84 – AP § 613a BGB Nr. 41 = BB 1985, 1158; Sächsisches LAG 10.5.1995 – 6 Sa 1444/94 – juris.
103 LAG Nürnberg 7.11.1990 – 3 Sa 295/90 – AiB 1991, 31.
104 BAG 14.12.2006 – 8 AZR 763/05 – DB 2007, 975.

Unterrichtung zu richten. Ob eine erfolgte Unterrichtung den Anforderungen des § 613a Abs. 5 BGB entsprochen hat, unterliegt der gerichtlichen Überprüfung. Genügt die Unterrichtung zunächst formal den Anforderungen des § 613a Abs. 5 BGB und ist sie nicht offensichtlich fehlerhaft, ist es Sache des AN, einen behaupteten Mangel näher darzulegen. Hierzu ist er im Rahmen einer abgestuften Darlegungslast nach § 138 Abs. 3 ZPO verpflichtet. Dem bisherigen AG und/oder dem neuen Inhaber – je nachdem, wer die Unterrichtung vorgenommen hat – obliegt dann die Darlegungs- und Beweislast für die ordnungsgemäße Erfüllung der Unterrichtungspflicht, indem mit entspr. Darlegungen und Beweisangeboten die Einwände des AN entkräftet werden.[105] Der Kläger, der sich auf die nicht vollständige Unterrichtung beruft, kann verlangen, so gestellt zu werden, wie er gestanden hätte, wenn er richtig und vollständig informiert worden wäre. Dafür muss er vortragen und beweisen, dass ihm infolge der mangelhaften Unterrichtung der geltend gemachte Schaden entstanden ist.[106]

VIII. Diskriminierung/Entschädigung

47a Die Beweislastregeln des § 611a Abs. 1 S. 3 BGB aF bezogen sich auf den Benachteiligungsgrund, also auf die Tatsache der Benachteiligung aus geschlechtsbezogenen Gründen. § 611a Abs. 1 S. 3 aF ließ die Beweisverteilung zunächst unberührt, er senkte lediglich das Beweismaß. Dabei war die Formulierung „glaubhaft machen" in § 611a Abs. 1 S. 3 BGB aF nicht als Glaubhaftmachung i.S.d. § 294 ZPO zu verstehen; verlangt war lediglich eine Darlegung, die eine Benachteiligung wegen des Geschlechts als wahrscheinlich erscheinen ließ. Es handelte sich nicht um eine Vermutungsregelung i.S.d. § 292 ZPO.[107] Die Vorschrift musste so verstanden werden, dass der klagende AN eine Beweislast des AG dadurch herbeiführen kann, dass er Hilfstatsachen darlegt und gegebenenfalls beweist, die eine Benachteiligung wegen seines Geschlechts vermuten lassen. Hierzu genügte die Überzeugung des Gerichts von der überwiegenden Wahrscheinlichkeit für die Kausalität zwischen Geschlechtszugehörigkeit und Nachteil. Solche Vermutungstatsachen können in Äußerungen des AG bzw. anderen Verfahrenshandlungen begründet sein, welche die Annahme einer Benachteiligung wegen des Geschlechts nahelegen. Es genügen Indizien, die aus einem regelhaft einem Geschlecht gegenüber geübten Verhalten auf eine solchermaßen motivierten Entscheidung schließen lassen. Ist die Benachteiligung aus geschlechtsbezogenen Gründen nach diesen Grundsätzen überwiegend wahrscheinlich, muss nunmehr der AG den vollen Beweis führen, dass die Benachteiligung aus rechtlich zulässigen Gründen erfolgt ist. Da § 611a Abs. 1 S. 3 BGB aF zu keiner Änderung der Beweislastverteilung führte, sondern lediglich geringere Anforderungen an die Darlegungs- und Beweislast des AN stellte, unterliegt die Würdigung, ob dieser seiner (verminderten) Darlegungs- und Beweislast genügt hat, er also Tatsachen vorgetragen hat, die seine Benachteiligung wegen seines Geschlechts vermuten lassen, ebenso der freien Überzeugung des Tatsachengerichts nach § 286 Abs. 1 ZPO wie in den Fällen der uneingeschränkten Darlegungs- und Beweislast bzgl. der Erbringung des sogenannten „Vollbeweises" durch die darlegungs- und beweispflichtige Partei. Allein die Tatsache der Kenntnis des AG von der Schwangerschaft einer AN zum Zeitpunkt seiner Entscheidung über eine Stellenbesetzung ließ nach § 611 Abs. 1 S. 3 BGB aF eine Benachteiligung der Klägerin wegen ihres Geschlechts nicht vermuten.[108] Nach dieser Rspr. des BAG ist die Benachteiligung eines AN regelmäßig auch dann zu vermuten, wenn der AN Tatsachen glaubhaft gemacht hat, aus denen sich ergibt, dass der AG objektiv feststellbar gegen gesetzliche Vorschriften verstoßen hat, welche bereits durch die Herstellung eines gewissen Formalismus der ungerechtfertigten Benachteiligung bestimmter AN–Gruppen vorbeugen oder entgegenwirken sollen.

IX. Haftung des Arbeitnehmers

48 Grds. ist es Aufgabe jeder Partei, die Voraussetzungen der für sie günstigen Normen darzulegen und ggf. zu beweisen. Die Haftung für **vertragliche Pflichtverletzung** ist grundlegend in **§ 280 Abs. 1 S. 1 BGB** und die aufgrund unerlaubter Handlung in den **§§ 823 ff. BGB** geregelt. Danach muss der AG den Pflichtverstoß bzw. die Rechtsgutverletzung darlegen und die Kausalität, aber auch das Verschulden und den Verschuldensgrad, bezogen sowohl auf die Pflichtverletzung als auch auf den Schaden.[109] Die Darlegungs- und Beweislast hinsichtlich des Verschuldens und des Verschuldensgrades ergibt sich aus § 619a BGB,[110] der ausdrücklich bestimmt, dass die allg. Beweisregel des § 280 Abs. 1 S. 2 BGB insoweit keine Anwendung findet. § 619a BGB ist in vorformulierten Arbeitsbedingungen auch nicht abdingbar (309 Nr. 12 BGB). Hinsichtlich der Abgrenzung normaler zur groben Fahrlässigkeit kommt insoweit auch nicht der Beweis des ersten Anscheins in Betracht.[111]

---

105 BAG 14.12.2006 – 8 AZR 763/05 – AP BGB § 613a Nr. 318 = EzA BGB 2002 § 613a Nr. 63 m.w.N.
106 BAG 31.1.2008 – 8 AZR 1116/06 – AP Nr. 2 zu § 613a BGB Unterrichtung = NZA 2008, 642.
107 BAG 5.2.2004 – 8 AZR 112/03 – BAGE 109, 265 = AP BGB § 611a Nr. 23 = EzA BGB 2002 § 611a Nr. 3.
108 BAG 24.4.2008 – 8 AZR 257/07 – nv.
109 BAG 18.4.2002 – 8 AZR 348/01 – AP § 611 BGB Haftung des Arbeitnehmers Nr. 122 = NZA 2003, 37.
110 BAG 18.7.2006 – 1 AZR 578/05 – AP Nr. 15 zu § 850 ZPO = NZA 2007, 462 = NJW 2007, 1302, für Nebenpflichtverletzungen (Gehaltspfändung).
111 BAG 20.3.1973 – 1 AZR 337/72 – AP § 611 BGB Haftung des Arbeitnehmers Nr. 72.

Der AN hat hingegen darzulegen, dass der Schaden im Rahmen einer **betrieblichen Tätigkeit** verursacht worden ist. Nur dann greifen die für sie günstigen besonderen Regeln der AN-Haftung.[112] Sie trifft auch die Darlegungs- und Beweislast für etwaiges Mitverschulden. 49

Wird aus dem **Kundendienstwagen** durch unbekannte Dritte ein Gerät entwendet, so trägt der AG in einem Schadensersatzprozess die Beweislast, wenn er den zuständigen Kundendienstmonteur mit der Begründung in Anspruch nimmt, dieser habe das Fahrzeug nicht ordnungsgemäß abgeschlossen.[113] 50

Besteht der Schaden in einem Geld- oder Warenmanko, sind vom AG hinsichtlich eines Anspruchs nach §§ 280 Abs. 1, 281 BGB neben dem Schaden die schuldhafte Pflichtverletzung des AN und die den Grad des Verschuldens ausmachenden Tatsachen darzulegen (zu bereicherungsrechtlichen Ansprüchen siehe Rn 89 ff.). § 280 Abs. 1 S. 2 BGB findet auch im Rahmen der sog. **Mankohaftung** keine Anwendung.[114] § 280 S. 2 BGB soll demjenigen, der beweisnäher ist und deshalb über ein Verschulden eher Auskunft geben kann, die Beweislast auferlegen.[115] Diesem Grundgedanken der Vorschrift steht jedoch ein weiterer Gedanke gleichwertig zur Seite: Die Bestimmung ist Ausdruck des vom Schuldner übernommenen Leistungsrisikos. Dieser Gedanke trifft auf die AN-Haftung nicht zu. Die Einschränkung der AN-Haftung beruht gerade auf der Überlegung, dass der AG wegen seiner Organisationsmöglichkeiten ein erhöhtes Risiko trägt. Dem widerspräche es, würde man über die Anwendung einer Beweislastregel einen Teil des Risikos wieder zurück auf den AN verschieben. Deshalb darf § 280 Abs. 1 S. 2 BGB im Rahmen der AN-Haftung nicht anwendet werden. Die in einzelnen früheren Entscheidungen vertretene gegenteilige Ansicht hat das BAG in seiner grundlegenden Entscheidung zur Mankohaftung vom 17.9.1998[116] aufgegeben. Es verbleibt deshalb bei den allg. Regeln über die Verteilung der Beweislast, wenn es um die Geltendmachung von Ansprüchen aus positiver Vertragsverletzung geht: Der AG trägt die Darlegungs- und Beweislast für den Verschuldensgrad des AN.[117] 51

Allerdings dürfen keine zu hohen Anforderungen gestellt werden, wenn das schädigende Ereignis näher am AN als am AG gelegen hat. Der AN hat sich im Sinne einer gestuften Darlegungslast substantiiert zu äußern.[118] Vom AG vorgetragene Indizien, die auf ein haftungsbegründendes Verschulden des AN hinweisen, sind sorgfältig zu würdigen. Auch die Tatsache, dass der AN die alleinige Kontrolle über bestimmte Bereiche hatte, ist ein solches Indiz. Unterlässt es der AN, sich zu den konkreten Umständen des Schadensfalles zu erklären, können daraus entspr. Schlüsse gezogen werden. Bleibt str., ob bestimmte Indiztatsachen vorliegen oder nicht, geht dies zu Lasten des AG. Gleiches gilt für evtl. Unklarheiten nach Abschluss der Würdigung aller Indizien und ggf. der erhobenen Beweise. 52

Hat ein AN **alleinigen Zugang zur Kasse**, wofür der AG beweispflichtig ist, so obliegt es dem AN, zumindest eine hinreichende Wahrscheinlichkeit für einen konkreten Geschehensablauf darzutun, aus dem sich ergibt, dass der Fehlbestand weder durch eine vorsätzliche noch durch eine grob fahrlässige Pflichtverletzung seinerseits entstanden ist.[119] 53

Ein Anspruch auf Schadensersatz wegen vom Schuldner zu vertretender **Unmöglichkeit** der Herausgabe (§§ 280 Abs. 1, 283 BGB) scheidet regelmäßig aus. Der AN schuldet die Leistung der versprochenen Dienste, nicht den Erfolg der Leistung. Das Risiko der Schlechtleistung trägt grds. der AG.[120] Etwas anderes gilt in den Ausnahmefällen, in denen der AN nach den Grundsätzen der Verwahrung oder des Auftrages zu behandeln ist. Dann gehört die Herausgabe des Erlangten zu den Leistungspflichten (§§ 667 und 695 BGB). Dieser Fall ist nur dann anzunehmen, wenn der AG eine Tatsachenlage geschaffen hat, nach der er nicht mehr Besitzer der Sache ist.[121] I.d.R. ist der AN nach der ausdrücklichen gesetzlichen Wertung nicht Besitzer der ihm zur Erfüllung seiner Arbeitsleistung überlassenen Sachen, sondern nur Besitzdiener (§ 855 BGB). Unmittelbarer Besitz des AN setzt zumindest den alleinigen Zugang zu der Sache und deren selbstständige Verwaltung voraus. Dazu wird gehören, dass der AN wirtschaftliche Überlegungen anzustellen und Entscheidungen über die Verwendung der Sache zu treffen hat.[122] Insoweit trägt der AG die Darlegungs- und Beweislast. 54

Auch wenn ein AN **zusammen mit anderen Mitarbeiterinnen** des AG Arbeitsleistungen erbringt, trägt der AG die Darlegungs- und Beweislast dafür, dass Schlechtleistungen von dem betreffenden AN schuldhaft verursacht worden sind.[123] Für die Darlegungs- und Beweislast bei Schlechtleistung in einer **Akkordgruppe** gilt: 55

---

112 BAG 18.4.2002 – 8 AZR 348/01 – AP Nr. 122 zu § 611 BGB Haftung des Arbeitnehmers = NZA 2003, 37 = DB 1973, 1405.
113 BAG 29.1.1985 – 3 AZR 570/82 – 3 AZR 570/82 – AP § 611 BGB Nr. 87 = DB 1985, 2565.
114 BAG 17.9.1998 – 8 AZR 175/97 – AP § 611 BGB Mankohaftung Nr. 2 = NZA 1999, 141.
115 BAG 30.6.1960 – 2 AZR 403/58 – AP § 611 BGB Nr. 20 = BB 1960, 940.
116 8 AZR 175/97 – AP § 611 BGB Mankohaftung Nr. 2 = NZA 1999, 141.
117 BAG 17.9.1998 – 8 AZR 175/97 – AP § 611 BGB Mankohaftung Nr. 2 = NZA 1999, 141.
118 BAG 2.12.1999 – 8 AZR 386/98 – AP § 611 BGB Mankohaftung Nr. 3 = NZA 2000, 715.
119 BAG 6.6.1984 – 7 AZR 292/81 – AP § 11a TV Ang. Bundespost Nr. 1 = NJW 1985, 219.
120 BAG 15.3.1960 – 1 AZR 301/57 – AP § 611 BGB Akkordlohn Nr. 13 = DB 1960, 613.
121 BAG 22.5.1997 – 8 AZR 562/95 – AP § 611 BGB Mankohaftung Nr. 1 = NZA 1997, 1279.
122 BAG 2.12.1999 – 8 AZR 386/98 – AP § 611 BGB Mankohaftung Nr. 3 = NZA 2000, 715.
123 LAG Berlin 30.10.1989 – 9 Sa 66/89 – LAGE § 611 BGB Arbeitnehmerhaftung Nr. 13 = DB 1990, 487.

- Zunächst muss der geschädigte AG nachweisen, dass sein Schaden durch vertragswidrige Schlechtleistung der Gruppe verursacht worden ist;
- Hat der AG diesen Beweis erbracht, ist es Sache der einzelnen Gruppenmitglieder, sich zu entlasten, indem sie darlegen und beweisen, dass sie selbst einwandfreie Arbeit geleistet und auch nicht durch Verletzung vertraglicher Nebenpflichten den Schaden mitverursacht haben;
- Auch für die Verschuldensfrage gilt, dass das einzelne Gruppenmitglied sich entlasten muss, sofern die vertragswidrige Schlechtleistung der Gruppe feststeht.[124]

56 Die Anwendung des § 252 S. 2 BGB und des § 287 ZPO setzt voraus, dass die Partei, die **entgangenen Gewinn** als Schadensersatz verlangt, die Tatsachen, die ihre Gewinnerwartung und die Höhe des Gewinnausfalls wahrscheinlich machen sollen, im Einzelnen darlegt und notfalls beweist.[125] Ein Anwendungsfall ist das Unterlassen einer für die vereinbarte Bonuszahlung erforderlichen Zielvereinbarung. Hat der AG schuldhaft kein Gespräch mit dem AN über eine Zielvereinbarung geführt, ist der für den Fall der Zielerreichung zugesagte Bonus bei der abstrakten Schadensberechnung nach § 252 S. 2 BGB Grundlage für die Ermittlung des dem AN zu ersetzenden Schadens. Diese Bestimmung enthält für den Geschädigten eine § 287 ZPO ergänzende Beweiserleichterung. Dieser hat nur die Umstände darzulegen und in den Grenzen des § 287 ZPO zu beweisen, aus denen sich nach dem gewöhnlichen Verlauf der Dinge oder den besonderen Umständen des Falles die Wahrscheinlichkeit des Gewinneintritts ergibt.[126] Da die Beweiserleichterung der § 252 BGB, § 287 ZPO auch die Darlegungslast derjenigen Partei mindert, die Ersatz des entgangenen Gewinns verlangt, dürfen insoweit keine zu strengen Anforderungen gestellt werden.

X. Kündigung

57 **1. Zugang.** Bestreitet eine Klägerin mit Nichtwissen, dass die Künd ihr vor einem bestimmten Datum zugegangen ist, hat der beklagte AG die volle Darlegungs- und Beweislast auch für den Zeitpunkt des Zugangs der Künd. Dieses Bestreiten mit Nichtwissen ist mit § 138 Abs. 1 ZPO vereinbar, wenn die Klägerin gleichzeitig erklärt, sie könne sich nicht daran erinnern, wann das Schreiben zugegangen sei. Es gibt keinen Beweis des ersten Anscheins, dass eine vom AG als gewöhnlicher Brief abgesandte Künd im Stadtgebiet einer Großstadt den Empfänger binnen drei Tagen erreicht.[127] Den Kündigenden trifft die Darlegungs- und Beweislast für alle Tatsachen, die den Einwand begründen, der AN berufe sich treuwidrig auf den verspäteten Zugang der Künd.[128]

58 **2. Anwendbarkeit des KSchG, § 23 KSchG/Vorliegen eines Arbeitsverhältnisses.** Die Darlegungs- und Beweislast für das Vorliegen eines Arbverh trägt derjenige, der sich auf den Schutz des KSchG beruft.[129] So ist der AN hinsichtlich des Umfangs des Spielraums bei der Arbeitszeitgestaltung darlegungs- und beweisbelastet. Entsprechendes gilt für die Behauptung des AN, er sei im Betrieb des Beklagten beschäftigt.[130]

59 Teilweise wird vertreten, dass nach der Fassung des § 23 Abs. 1 S. 2 KSchG als Ausnahmevorschrift der AG die Darlegungs- und Beweislast dafür trage, dass er in seinem Betrieb regelmäßig höchstens die in § 23 Abs. 1 KSchG genannte **Anzahl AN** – ausschließlich der zu ihrer Berufsausbildung Beschäftigten – beschäftigt sei.[131] Allerdings bleibe es Sache des AN, der aufgrund seiner Tätigkeit Einblick in die personelle Entwicklung und den zeitlichen Umfang der Beschäftigung der einzelnen Kollegen hat, sich zu den Angaben substantiiert einzulassen.[132] Nach der Rspr. des BAG[133] und teilweise auch nach in der Lit. vertretener Auffassung[134] trifft hingegen die Darlegungs- und Beweislast für das Vorliegen des betrieblichen Geltungsbereichs des KSchG grds. den AN. Der AN müsse im Einzelnen darlegen und ggf. beweisen, in einem Betrieb tätig zu sein, in dem i.d.R. mehr als fünf (jetzt zehn) AN ausschließlich der zu ihrer Berufsbildung Beschäftigten tätig seien. Dabei sei aber zu beachten, dass dem objektiven Gehalt der Grundrechte – hier des Art. 12 GG – auch im Verfahrensrecht Bedeutung zukomme.[135] Gleiches gilt für das Vorliegen eines von mehreren Unternehmen geführten gemeinsamen Betriebes.[136] Nach den Grundsätzen der abgestuften Darlegungs- und Beweislast dürfen daher jedenfalls keine strengen Anforderungen an die Darlegungslast des AN gestellt werden.[137] I.d.R. werden daher beide Auffassungen zu denselben Ergebnissen gelangen. Das BAG[138] hält

---

124 BAG 24.4.1974 – 5 AZR 480/73 – AP § 611BGB Akkord-Kolonne Nr. 4 = DB 1974, 1820.
125 BAG 27.1.1972 – 2 AZR 172/71 – AP § 252 BGB Nr. 2 = DB 1972, 1299; LAG Hamm 15.12.1989 – 18 Sa 514/89 – juris.
126 BAG 12.12.2007 – 10 AZR 97/07 – AP Nr. 7 zu § 280 BGB = NZA 2008, 409.
127 LAG Bremen 5.9.1986 – 4 Ta 47/86 – LAGE § 130 BGB Nr. 6 = DB 1987, 996.
128 BAG 3.4.1986 – 2 AZR 258/85 – AP § 18 SchwbG Nr. 9 = DB 1986, 2336.
129 LAG Köln 26.1.1994 – 7 (2) Sa 738/93 – LAGE § 1 KSchG Personenbedingte Kündigung Nr. 11 = ARST 1994, 179.
130 LAG Bremen 24.10.1997 – 4 Sa 71/97 – n.v.
131 KR/*Weigand*, § 23 KSchG Rn 54a; *Reinecke*, NZA 1989, 577, 583 f.; *Bader*, NZA 1997, 905, 910; *Bepler*, AuR 1997, 56; jeweils m.w.N.
132 LAG Berlin 28.10.1994 – 6 Sa 95/84 – LAGE § 23 KSchG Nr. 11 = BB 1995, 784; a.A. LAG Berlin 5.11.1990 – 9 Sa 68/90 – n.v.
133 24.2.2005 – 2 AZR 373/03 – AP § 23 KSchG 1969 Nr. 34 = NZA 2005, 764.
134 *Hueck/v. Hoyningen-Huene*, KSchG § 23 Rn 47 f.
135 BVerfG 27.1.1998 – 1 BvL 15/87 – BB 1998, 1058.
136 BAG 18.10.2006 – 2 AZR 434/05 – DB 2007, 810.
137 BAG 15.3.2001 – 2 AZR 151/00 – NZA 2001, 831.
138 BAG 26.6.2008 – 2 AZR 264/07 – zVb.

zwar an seiner Rspr. fest, wonach die Darlegungslast die AN trifft. Zugleich betont es aber, dass dabei darauf zu achten sei, dass vom AN nicht Darlegungen verlangt werden, die er mangels eigener Kenntnismöglichkeiten nicht erbringen kann. Vielmehr genüge er seiner Darlegungslast – bei fehlender eigener Kenntnismöglichkeit – bereits durch die bloße Behauptung, der AG beschäftige mehr als zehn AN. Es sei dann Sache des AG, sich vollständig über die Anzahl der bei ihm beschäftigten AN unter Benennung der ihm zur Verfügung stehenden Beweismittel zu erklären. Zu den Beweismitteln könnten Vertragsunterlagen, Auszüge aus der Lohnbuchhaltung, Zeugen usw. gehören. Hierzu müsse daraufhin der AN Stellung nehmen und Beweis antreten. Habe der AN keine eigenen Kenntnisse über die vom AG behaupteten Tatsachen, könne er sich auf die sich aus dem Vorbringen des AG ergebenden Beweismittel stützen und die ihm bekannten Anhaltspunkte dafür vortragen, dass entgegen den Angaben des AG der Schwellenwert doch erreicht ist. Lediglich im Falle der Unergiebigkeit der daraufhin vom Gericht erhobenen Beweise *(non liquet)* treffe den AN die objektive Beweislast.[139] Zu diesem Ergebnis kommt es durch Anwendung der Grundsätze der sekundären Darlegungslast. Diese greifen ein, wenn ein darlegungspflichtiger Kläger außerhalb des für seinen Anspruch erheblichen Geschehensablaufs steht, aber der Beklagte alle wesentlichen Tatsachen kennt. Bei dieser Sachlage muss der Beklagte den Vortrag des Klägers substantiiert bestreiten, wenn ihm entgegentreten will. Einfaches Bestreiten genügt nicht, sofern nähere Angaben zumutbar sind.[140] Trägt der sekundär Darlegungspflichtige ausreichend vor, benennt aber keine Beweismittel, so kann dies vom Tatsachengericht zwar nicht als Verletzung der sekundären Darlegungslast nach § 138 ZPO, wohl aber nach § 286 ZPO u.U. als Beweisvereitelung berücksichtigt werden.[141] Benennt der sekundär Darlegungspflichtige dagegen Beweismittel, etwa auch Zeugen, so kann der primär Darlegungspflichtige, sich der vom Gegner benannten Beweismittel bedienen. Auf diese Möglichkeit ist der primär Darlegungspflichtige nach § 139 ZPO hinzuweisen, wenn er sie erkennbar übersehen hat.[142]

60 Ist im Rahmen von § 1 Abs. 1 KSchG zwischen den Parteien str., ob ein unstreitig begründetes, dann tatsächlich unterbrochenes Arbverh auch rechtlich unterbrochen war, so hat der AG darzulegen und zu beweisen, dass auch eine rechtliche Unterbrechung vorlag.[143]

Die Darlegungs- und Beweislast für das Vorliegen eines von mehreren Unternehmen betriebenen gemeinsamen Betriebes i.S.v. § 23 Abs. 1 KSchG trägt der AN.[144]

61 **3. Betriebsrats- bzw. Personalratsanhörung.** Macht der AN die Unwirksamkeit einer Künd nach § 102 Abs. 1 S. 3 BetrVG geltend, so hat er im Streitfall zu beweisen, dass bei Zugang der Künd ein **BR** vorhanden war.[145] Der AG muss im Künd-Schutzprozess im Streitfall beweisen, dass vor einer von ihm ausgesprochenen Künd der BR nach § 102 Abs. 1 BetrVG gehört worden ist[146] oder nicht gehört zu werden brauchte, weil es sich um die Künd eines leitenden Ang handelte.[147] Der Dienstherr trägt im Prozess die Darlegungs- und Beweislast dafür, dass die Anhörung des PR ordnungsgemäß durchgeführt worden ist.[148] Die Darlegungs- und Beweislast für die Anhörung des BR vor dem Ausspruch der Künd trägt der AG, es sei denn, vom AN werden besondere Mängel des Anhörungsverfahrens geltend gemacht.[149] Im Künd-Schutzprozess muss der AN, der sich auf die Fehlerhaftigkeit des Beteiligungsverfahrens nach dem BPersVG beruft, das Fehlen eines Verhinderungsgrundes für den Dienststellenleiter konkret darlegen und beweisen, wenn der PR die Verhandlung mit dem Vertreter nicht beanstandet hat.[150]

62 Besonderheiten gelten nach Verhandlungen mit dem Ergebnis eines **Interessenausgleichs mit Namensliste** (§ 1 Abs. 5 KSchG). Zur Darlegung einer ordnungsgemäßen Anhörung des BR nach § 102 BetrVG kann es in diesem Fall ausreichen, wenn der AG zur BR-Anhörung weitgehend auf den dem BR aus den Verhandlungen über den Interessenausgleich und die Namensliste bekannten Sachverhalt Bezug nimmt. Erst wenn der AN diesen Sachvortrag konkret bestreitet, muss der AG in diesem Punkt ggf. die Vorkenntnisse des BR weiter substantiieren beziehungsweise beweisen.[151]

---

139 BAG 26.6.2008 – 2 AZR 264/07 – zVb.
140 BGH 17.1.2008 – III ZR 239/06 – NJW 2008, 982 „Partnervermittlung – Lockvogel Bea"; 24.11.1998 – VI ZR 388/97 – NJW 1999, 714 „Aufrechnungsverbot wegen Veruntreuung"; 1.12.1982 – VIII ZR 279/81 – BGHZ 86, 23 „Pfändbarkeit von Tagessalden".
141 BGH 17.1.2008 – III ZR 239/06 – NJW 2008, 982.
142 OLG Stuttgart 15.2.2007 – 901 Kap 1/06 – ZIP 2007, 481.
143 BAG 16.3.1989 – 2 AZR 407/88 – AP § 1 KSchG 1969 Nr. 6 = DB 1989, 2282; Hessisches LAG 12.12.1989 – 5 Sa 185/89 – juris.
144 BAG 23.3.1984 – 7 AZR 515/82 – AP § 23 KSchG 1969 Nr. 4 = DB 1984, 1684; BAG 29.4.1999 – 2 AZR 352/98 – AuR 1999, 118; BAG 12.11.1998 – 2 AZR 459/97 – AP § 23 KSchG 1969 Nr. 20 = NZA 1999, 590.

145 LAG München 22.10.1987 – 6 Sa 294/87 – n.v.; LAG Köln 14.1.1987 – 5 Sa 1233/86 – n.v.
146 BAG 20.5.1999 – 2 AZR 532/98 – AP § 1 KSchG 1969 Namensliste Nr. 5.
147 BAG 19.8.1975 – 1 AZR 613/74 – AP § 102 BetrVG 1972 Nr. 5 = DB 1975, 2138.
148 LAG Berlin 25.9.1987 – 13 Sa 48/87 – PersR 1988, 108.
149 LAG Berlin 28.2.1983 – 9 Sa 128/82 – LAGE § 572 ZPO 2002 Nr. 1.
150 BAG 31.3.1983 – 2 AZR 384/81 – AP § 8 LPVG Hessen Nr. 1.
151 BAG 17.1.2002 – 2 AZR 15/01 – EzA § 1 KSchG Soziale Auswahl Nr. 47.

Der AG trägt die Beweisführungslast für die nicht **bewusste Irreführung** des BR.[152] Welche Auswahlüberlegungen angestellt und welche dem PR mitgeteilt wurden bzw. bekannt waren, hat der AG im Prozess darzulegen und im Bestreitensfall zu beweisen.[153]

63　**4. Betriebsbedingte Kündigung.** Nach der abgestuften Darlegungs- und Beweislast dafür, dass eine Künd durch dringende betriebliche Erfordernisse bedingt und eine anderweitige Beschäftigung auf einem anderen freien Arbeitsplatz nicht möglich oder nicht zumutbar ist, trifft nach § 1 Abs. 2 S. 4 KSchG die Beweislast den AG. Der Umfang der Darlegungslast des AG hängt im Künd-Schutzprozess davon ab, wie sich der gekündigte AN auf die Begründung der Künd einlässt.[154] Wenn sich der AG auf „Umsatzrückgang", „Gewinnverlust" oder „einschneidende Rationalisierungsmaßnahmen" beruft, darf er sich nicht auf schlagwortartige Umschreibungen beschränken. Er muss seine tatsächlichen Angaben vielmehr so im Einzelnen darlegen (substantiieren), dass sie vom AN mit Gegentatsachen bestritten und vom Gericht geprüft werden können. Vom AG ist darüber hinaus insb. darzulegen, wie sich die von ihm behaupteten Umstände unmittelbar oder mittelbar auf den Arbeitsplatz des gekündigten AN auswirken. Der Vortrag des AN muss erkennen lassen, ob durch eine innerbetriebliche Maßnahme oder einen außerbetrieblichen Anlass der Arbeitsplatz des gekündigten AN wegfällt oder ob hierdurch unmittelbar ein anderer AN betroffen wird, dieser aber aus betrieblichen oder persönlichen Gründen auf den Arbeitsplatz oder in die Abteilung des gekündigten AN versetzt werden soll.[155]

64　Von den ArbG wird voll überprüft, ob eine unternehmerische Entscheidung tatsächlich vorliegt. Die unternehmerische Entscheidung als solche ist nicht auf ihre sachliche Rechtfertigung oder ihre Zweckmäßigkeit zu überprüfen, sondern i.d.R. nur darauf, ob sie offenbar unsachlich, unvernünftig oder willkürlich ist. Bei Vorliegen einer unternehmerischen Entscheidung wird regelmäßig vermutet, dass sie aus sachlichen Gründen erfolgt ist.[156]

65　Reduziert sich die Organisationsentscheidung zur Personalreduzierung praktisch auf die Künd als solche, erfolgt eine umfangreichere Prüfung der unternehmerischen Entscheidung auf ihre **Realisierbarkeit**, verbunden mit **höheren Anforderungen an die Darlegungslast** des AG. Kommt die Organisationsentscheidung dem Entschluss zur Künd selbst nahe, sind diese beiden Unternehmerentscheidungen ohne nähere Konkretisierung nicht voneinander zu unterscheiden. Wegen der Nähe zum bloßen Künd-Entschluss, dessen Durchsetzung wegen § 1 Abs. 2 KSchG nicht bloß auf Unsachlichkeit oder Willkür zu überprüfen ist, sind die Anforderungen an den gem. § 1 Abs. 2 S. 4 KSchG vom AG zu erbringenden Tatsachenvortrag, der die Künd bedingen soll, höher anzusetzen.[157] Wenn die Organisationsentscheidung des AG und sein Künd-Entschluss ohne nähere Konkretisierung nicht voneinander getrennt werden können, kann auch die Vermutung, die Unternehmerentscheidung sei aus sachlichen Gründen erfolgt, nicht von vornherein greifen. In diesen Fällen muss der AG die organisatorische Durchführbarkeit und Dauerhaftigkeit seiner Entscheidung verdeutlichen, damit das Gericht überhaupt prüfen kann, ob sie nicht offensichtlich unsachlich, unvernünftig oder willkürlich ist. Der AG muss dann darlegen, in welchem Umfang die fraglichen Arbeiten künftig im Vergleich zum bisherigen Zustand anfallen, d.h. eine näher konkretisierte Prognose der Entwicklung aufgrund außerbetrieblicher Faktoren oder unternehmerischer Vorgaben darlegen (z.B. nur noch eine geringere Zahl von Aufträgen anzunehmen) und darstellen, wie diese Arbeiten von dem verbliebenen Personal ohne überobligatorische Leistungen erledigt werden können.[158] Unter überobligatorischer Leistung ist i.d.R. eine Leistung aufgrund einer Arbeitsintensivierung zu verstehen, die über die Leistung hinausgeht, die ein AN bei angemessener Anspannung seiner individuellen Kräfte und Fähigkeiten erbringen kann, die also über das hinausgeht, wozu er nach dem Arbeitsvertrag verpflichtet ist. An die Darlegungslast des AG sind auch gesteigerte Anforderungen zu stellen, wenn die unternehmerische Entscheidung letztlich nur auf den Abbau einer Hierarchieebene verbunden mit einer Neuverteilung der dem betroffenen AN bisher zugewiesenen Aufgaben hinausläuft.[159]

66　Die erhöhten Anforderungen an die Darlegungslast des AG in den Fällen, in denen die unternehmerische Entscheidung darin besteht, den Personalbestand auf Dauer zu reduzieren, sind darauf zurückzuführen, dass allein aus dieser Entscheidung deren Realisierbarkeit nicht abzuleiten ist.

67　Die Vermutung des § 1 Abs. 5 S. 1 KSchG erstreckt sich auf den gesamten Komplex der betriebsbedingten Gründe. Allerdings ist die damit verbundene Beschneidung der prozessualen Rechte des gekündigten AN nur so lange gerechtfertigt, als das vom Gesetzgeber vorausgesetzte kollektive Gegengewicht, nämlich die Mitprüfung der zugrunde liegenden Gegebenheiten durch den BR auch stattgefunden hat. Davon ist regelmäßig auch dann auszugehen, wenn es im Interessenausgleich nicht ausdrücklich erwähnt ist. Bestreitet aber der AN in erheblicher Weise, dass sich der BR i.R.d. Verhandlungen mit Beschäftigungsmöglichkeiten in anderen Betrieben überhaupt befasst hat und trägt darüber hinaus konkrete Anhaltspunkte für solche Beschäftigungsmöglichkeiten vor, so ist es am AG, wenn er die weit-

---

152 BAG 22.9.1994 – 2 AZR 31/94 – AP § 102 BetrVG 1972 Nr. 68 = DB 1995, 477.
153 BAG 5.10.1995 – 2 AZR 1019/94 – AP Einigungsvertrag Anlage I Kapitel XIX Nr. 55 = DB 1996, 383.
154 BAG 30.10.1987 – 7 AZR 138/87 – RzK I 5c Nr. 24.
155 BAG 3.6.1981 – 7 AZR 1185/78 – juris.
156 BAG 17.6.1999 – 2 AZR 456/98 – ZIP 1999, 1724.
157 BAG 17.6.1999 – 2 AZR 141/99 – AP § 1 KSchG 1969 Betriebsbedingte Kündigung Nr. 101.
158 BAG 17.6.1999 – 2 AZR 456/98 – ZIP 1999, 1724.
159 BAG 13.2.2008 – 2 AZR 1041/06 – NZA 2008, 819.

gehende Vermutungswirkung erhalten will, die Befassung der Betriebsparteien mit der Frage der Beschäftigungsmöglichkeiten in anderen Betrieben darzulegen und zu beweisen.[160] § 1 Abs. 5 KSchG gilt auch für Änderungs-Künd.[161]

Auch wenn ein AN in eine **Namensliste** gem. § 1 Abs. 5 KSchG aufgenommen worden ist, ist der AG aber verpflichtet, dem AN auf dessen Verlangen die Gründe mitzuteilen, die zu der getroffenen sozialen Auswahl geführt haben. Insoweit besteht im Prozess eine abgestufte Darlegungslast.[162]

Nach § 1 Abs. 3 S. 3 KSchG obliegt die Darlegungs- und objektive Beweislast für die Tatsachen, aus denen sich die Unrichtigkeit der **Sozialauswahl** ergibt, zunächst dem AN. Nach st. Rspr. des BAG[163] ist dabei aber von einer **abgestuften Darlegungslast** auszugehen. Es ist danach zunächst Sache des AN, die Fehlerhaftigkeit der Sozialauswahl darzulegen, sofern er über die hierzu erforderlichen Informationen verfügt. Soweit der AN hierzu nicht in der Lage ist und er deswegen den AG zur Mitteilung der Gründe auffordert, so ist das zu der Auswahl veranlasst haben, hat der AG als Folge seiner materiellen Auskunftspflicht gem. § 1 Abs. 3 S. 1 Hs. 2 KSchG auch im Prozess substantiiert vorzutragen. Diese sich aus der Mitteilungspflicht ergebende Vortragslast ist allerdings auf die subjektiven, vom AG tatsächlich angestellten Überlegungen beschränkt. Der AN hat keinen Anspruch auf die vollständige Auflistung der Sozialdaten aller objektiv vergleichbaren AN.[164] Gibt der AG keine oder keine vollständige Auskunft, so kann der AN bei fehlender eigener Kenntnis seiner aus § 1 Abs. 3 KSchG i.V.m. § 138 Abs. 1 ZPO herzuleitenden Substantiierungspflicht, die Namen sozial stärkerer AN zu nennen, nicht genügen. In diesen Fällen ist der der fehlenden Kenntnis des AN entspr. Vortrag, es seien sozial stärkere AN als er vorhanden, schlüssig und ausreichend.[165] Gleiches gilt, wenn dem Vortrag des AG zu entnehmen ist, dass er die Sozialauswahl nicht unter Berücksichtigung des Vortrages des AN auf aus dessen Sicht vergleichbare AN erstreckt hat und wenn er es unterlässt, seinen Vortrag im Prozess zu ergänzen. Der AN genügt seiner Darlegungslast aber schon dadurch, dass er ausreichende Tatsachen vorträgt, die eine fehlerhafte Sozialauswahl vermuten lassen, wenn der AG diese Vermutung nicht ausräumt.[166]

Demnach ist es im Prozess zunächst Sache des AN, zu begründen, warum er mit AN einer **bestimmten Gruppe** vergleichbar ist. Die bloße Behauptung, eine Vergleichbarkeit sei gegeben, reicht aber hierzu nicht aus. Soweit es ihm möglich ist, hat er darzulegen, welche Qualifikationsanforderungen bei der Ausübung der Tätigkeiten, für die er sich geeignet hält, zu erfüllen sind. Gleichzeitig hat er mitzuteilen, welche Fertigkeiten er wann und wie erworben hat und ob sie ihn zur Ausfüllung des von ihm angestrebten Arbeitsplatzes befähigen. Soweit er von einer gewissen Einarbeitungszeit ausgeht, hat er diese im angenommene Dauer angeben und zu begründen.[167]

Die Anforderungen an die Darlegungslast des AN sind umfangreicher, wenn die Voraussetzungen des § 1 Abs. 4 KSchG vorliegen, d.h. in einem TV, einer BV (**Auswahl-RL**) oder einer RL nach dem Personalvertretungsgesetz festgelegt ist, wie die sozialen Gesichtspunkte im Verhältnis zueinander zu bewerten sind. Die Gewichtung der Sozialkriterien kann gem. § 1 Abs. 4 KSchG nur auf grobe Fehlerhaftigkeit überprüft werden. Grob fehlerhaft ist die Sozialauswahl, wenn die Gewichtung der sozialen Kriterien Alter, Betriebszugehörigkeit und Unterhaltspflichten jede Ausgewogenheit vermissen lässt.[168] Der AN muss also diese Voraussetzungen für eine grobe Fehlerhaftigkeit darlegen und beweisen.

In die soziale Auswahl sind nach **§ 1 Abs. 3 S. 2 KSchG** bestimmte AN nicht einzubeziehen, deren Weiterbeschäftigung im **berechtigten betrieblichen Interesse** liegt. Die Voraussetzungen hierfür hat der AG darzulegen und zu beweisen. Das gilt auch hinsichtlich der Gründe für eine Altersgruppenbildung.[169] Es spricht grds. eine Vermutung dafür, dass die sozialen Gesichtspunkte bei der Auswahl der zu kündigenden AN nicht ausreichend berücksichtigt worden sind, wenn der AG den überwiegenden Teil der Belegschaft (z.B. 70 % der AN) aus betriebstechnischen Gründen generell von der Austauschbarkeit ausnimmt und die Sozialauswahl auf den verbliebenen Teil der Restbelegschaft beschränkt.[170]

Für die Darlegungslast bei betriebsbedingten **Änderungs-Künd**, bei denen der AG auch eine Vergütungsreduzierung bezweckt, ohne dass es ein konkretes Vergütungssystem gibt, die Gehälter aller vergleichbaren AN also frei ausgehandelt werden, hat das BAG[171] folgende Grundsätze entwickelt: Es ist nach den Grundsätzen der abgestuften

---

[160] BAG 6.9.2007 – 2 AZR 715/06 – AP Nr. 170 zu § 1 KSchG 1969 Betriebsbedingte Kündigung = NZA 2008, 633.
[161] BAG 19.6.2007 – 2 AZR 304/06 – AP Nr. 16 zu § 1 KSchG 1969 Namensliste = NZA 2008, 103.
[162] BAG 21.2.2002 – 2 AZR 581/00 – EzA § 1 KSchG Interessenausgleich Nr. 10.
[163] Vgl. nur 15.6.1989 – 2 AZR 580/88 – AP § 1 KSchG 1969 Nr. 18 = DB 1990, 380.
[164] BAG 24.3.1983 – 2 AZR 21/82 – AP § 1 KSchG 1969 Betriebsbedingte Kündigung Nr. 12; 21.12.1983– 7 AZR 421/82 – BB 1984, 1938 = DB 1984, 2303.
[165] BAG 21.7.1988 – 2 AZR 75/88 – AP § 1 KSchG 1969 Nr. 17 = DB 1989, 485.
[166] BAG 17.1.2002 – 2 AZR 15/01 – EzA § 1 KSchG Soziale Auswahl Nr. 47.
[167] BAG 5.12.2002 – 2 AZR 697/01 – AP § 1 KSchG 1969 Soziale Auswahl Nr. 60 = NZA 2003, 849.
[168] BAG 5.1.2002 – 2 AZR 549/01 – AP § 1 KSchG 1969 Soziale Auswahl Nr. 59 = NZA 2003, 791.
[169] BAG 20.4.2005 – 2 AZR 201/04 – NZA 2005, 877.
[170] BAG 5.12.2002 – 2 AZR 697/01 – AP § 1 KSchG 1969 Soziale Auswahl Nr. 60 = NZA 2003, 849.
[171] BAG 3.4.2008 – 2 AZR 500/06 – NZA 2008, 812 = DB 2008, 1686.

Darlegungs- und Beweislast zu prüfen, ob die dem AN konkret angebotene Vergütung dessen Änderungsschutz hinreichend berücksichtigt. Der AG ist nicht verpflichtet, dem betroffenen AN im Wege der Änderungs-Künd die höchste für vergleichbare Tätigkeiten gezahlte Vergütung anzubieten. Er hat vielmehr lediglich den AN, dem gegenüber er eine Änderungs-Künd ausspricht, unter Berücksichtigung seines Änderungsschutzes in das frei ausgehandelte Vergütungsgefüge einzuordnen. Bietet er dabei dem AN eine Vergütung an, die die durchschnittlich gezahlte Vergütung merklich unterschreitet, so muss er darlegen, welche weiteren Gesichtspunkte ihn zu dieser niedrigen Vergütungsfestsetzung bewogen haben und inwiefern dabei der bestehende Änderungsschutz hinreichend berücksichtigt ist. Bewegt sich demgegenüber die angebotene Vergütung verglichen mit der der anderen AN im oberen Bereich, so spricht zunächst eine Vermutung dafür, dass die angebotene Vergütung vom AN billigerweise hinzunehmen ist. Dann muss der AN im Rahmen der abgestuften Darlegungslast weitere Gesichtspunkte vortragen, die es gerade bei ihm unter Berücksichtigung seines Änderungsschutzes erfordern, dass seine geänderte Tätigkeit noch höher vergütet wird.

72 **5. Personenbedingte Kündigung. a) Eignung.** Bei behaupteter fehlender Eignung ist der AG für die Umstände, die den Schluss auf eine fehlende Eignung rechtfertigen, darlegungs- und beweispflichtig. Der AG muss also mangelnde berufliche Qualifikation, mangelnde Kenntnisse und Fähigkeiten oder auch eine sonstige persönliche Ungeeignetheit des AN im Einzelnen darlegen sowie ggf. beweisen, wobei indes schlagwortartige Werturteile von vornherein nicht ausreichend sind.[172]

73 **b) Krankheit. Häufige Kurzerkrankungen** in der Vergangenheit können indiziell für eine entspr. künftige Entwicklung des Krankheitsbildes (**Gesundheitsprognose**) sprechen. Dies gilt allerdings nicht, wenn die Krankheiten ausgeheilt sind. Bei einer negativen Indizwirkung hat der AN gem. § 138 Abs. 2 ZPO darzutun, weshalb mit einer baldigen Genesung zu rechnen ist, wobei er dieser prozessualen Mitwirkungspflicht schon dann genügt, wenn er die Behauptungen des AG nicht nur bestreitet, sondern seinerseits vorträgt, die ihn behandelnden Ärzte hätten die gesundheitliche Entwicklung positiv beurteilt, und wenn er die ihn behandelnden Ärzte von der Schweigepflicht entbindet. Alsdann ist es Sache des AG, den Beweis für das Vorliegen einer negativen Gesundheitsprognose zu führen.[173]

74 Bei einer Künd wegen häufiger krankheitsbedingter Fehlzeiten hat der AG – ebenso wie bei einer Künd wegen einer lang anhaltenden Arbeitsunfähigkeit – im Einzelnen darzutun, welche **unzumutbaren Betriebsbeeinträchtigungen** (z.B. wesentliche Störungen im Arbeitsablauf, Produktionsausfall, Verlust von Kundenaufträgen, nicht beschaffbares Ersatzpersonal) oder welche unzumutbaren wirtschaftlichen Belastungen (etwa durch zu erwartende, einen Zeitraum von mehr als sechs Wochen pro Jahr übersteigende Lohnfortzahlungskosten)[174] in der Vergangenheit eingetreten sind und durch zu erwartende krankheitsbedingte Fehlzeiten voraussichtlich eintreten werden.[175] Bei krankheitsbedingter **dauerhafter Leistungsunfähigkeit** ist in aller Regel von einer erheblichen Beeinträchtigung betrieblicher Interessen auszugehen. Der dauerhaften Leistungsunfähigkeit steht nach der Rspr. des BAG[176] die **Ungewissheit der Wiederherstellung** der Arbeitsfähigkeit gleich, wenn innerhalb von 24 Monaten mit einer anderen Prognose nicht gerechnet werden kann. Für die Prognose komme es auf den Zeitpunkt der Künd an. Vor der Künd liegende Krankheitszeiten können danach in den Prognosezeitraum (24 Monate) nicht eingerechnet werden. Im Künd-Schutzprozess hat der AN den Vorwurf, durch sein Verhalten den Heilungsprozess verzögert zu haben, unter genauer Angabe von Gründen zu bestreiten.[177]

75 Im Rahmen der **Interessenabwägung** ist von erheblicher Bedeutung, ob die Krankheit des AN auf betriebliche Ursachen zurückzuführen ist. Der AG trägt die Darlegungs- und Beweislast dafür, dass ein solcher vom AN behaupteter ursächlicher Zusammenhang nicht besteht. Der AG genügt seiner Darlegungslast zunächst, wenn er die betriebliche Tätigkeit des AN vorträgt und einen ursächlichen Zusammenhang mit den Fehlzeiten bestreitet. Der AN muss dann nach § 138 Abs. 2 ZPO dartun, weshalb ein ursächlicher Zusammenhang bestehen soll. Er genügt dieser prozessualen Mitwirkungspflicht, wenn er für seine Behauptung die behandelnden Ärzte von der Schweigepflicht entbindet. Dann ist es Sache des AG, für die fehlende Kausalität zwischen Arbeitsbedingungen und Erkrankungen Beweis anzutreten. Das Gericht muss zur Klärung dieses streitigen Sachverhalts die angebotenen Beweise erheben und ggf. SV-Gutachten einholen. Es darf nicht ohne weitere Aufklärung und Begründung davon ausgehen, ein ursächlicher Zusammenhang sei nicht auszuschließen und deshalb zu Lasten des AG zu berücksichtigen.[178]

75a In jedem Fall darf es für den kranken AN keine **Weiterbeschäftigungsmöglichkeit** geben. Der AG kann nach der Rspr. des BAG zunächst pauschal behaupten, es bestehe keine andere Beschäftigungsmöglichkeit für einen dauerhaft erkrankten AN. Diese pauschale Behauptung umfasst auch den Vortrag, es bestehe keine Möglichkeit einer leidens-

---

172 Hessisches LAG 30.1.1991 – 2 Sa 988/90 – n.v.
173 BAG 7.11.2002 – 2 AZR 599/01 – AP § 1 KSchG 1969 Krankheit Nr. 40.
174 BAG 7.11.2002 – 2 AZR 599/01 – AP § 1 KSchG 1969 Krankheit Nr. 40.
175 BAG 2.11.1983 – 7 AZR 272/82 – AP § 1 KSchG 1969 Krankheit Nr. 12 = DB 1984, 831.
176 12.4.2002 – 2 AZR 148/01 – AP § 1 KSchG 1969 Nr. 65 = NZA 2002, 1081.
177 BAG 20.10.1983 – 2 AZR 286/82 – juris.
178 BAG 6.9.1989 – 2 AZR 118/89 – AP § 1 KSchG 1969 Nr. 22 = DB 1990, 439.

gerechten Anpassung des Arbverh bzw. des Arbeitsplatzes. Der AN muss in diesem Fall dann konkret darlegen, wie er sich eine Änderung des bisherigen Arbeitsplatzes oder eine andere Beschäftigungsmöglichkeit – an einem anderen Arbeitsplatz – vorstellt, die er trotz seiner gesundheitlichen Beeinträchtigung ausüben kann. Hat der AG hingegen kein **betriebliches Eingliederungsmanagement (BEM)** durchgeführt, darf er sich durch seine dem Gesetz widersprechende Untätigkeit keine darlegungs- und beweisrechtlichen Vorteile verschaffen. In diesem Fall darf er sich nicht darauf beschränken, pauschal vorzutragen, er kenne keine alternativen Einsatzmöglichkeiten für den erkrankten AN bzw. es gebe keine „freien Arbeitsplätze", die der erkrankte AN aufgrund seiner Erkrankung noch ausfüllen könne. Es bedarf vielmehr eines umfassenderen konkreten Sachvortrags des AG zu einem nicht mehr möglichen Einsatz des AN auf dem bisher innegehabten Arbeitsplatz einerseits und warum andererseits eine leidensgerechte Anpassung und Veränderung ausgeschlossen ist oder der AN nicht auf einem (alternativen) anderen Arbeitsplatz bei geänderter Tätigkeit eingesetzt werden könne.[179] Nach § 84 Abs. 2 SGB IX hat der AG bei einem Beschäftigten, der innerhalb eines Jahres länger als sechs Wochen ununterbrochen oder wiederholt arbeitsunfähig gewesen ist, mit der zuständigen Interessenvertretung und mit Zustimmung der betroffenen Person die Möglichkeiten zu klären, wie die Arbeitsunfähigkeit möglichst überwunden und mit welchen Leistungen oder Hilfen erneuter Arbeitsunfähigkeit vorgebeugt und der Arbeitsplatz des AN erhalten werden kann. Das Erfordernis eines solchen BEM besteht für alle AN und nicht nur für die behinderten Menschen.[180]

c) Wiedereinstellung. Ein Wiedereinstellungsanspruch kommt grds. auch bei der krankheitsbedingten Künd in Betracht, wenn sich nachträglich herausstellt, dass die bei Ausspruch der Künd begründete Besorgnis langanhaltender oder dauerhafter Arbeitsunfähigkeit nicht mehr gerechtfertigt ist und der Wiedereinstellung berechtigte Interessen des AG insb. wegen zwischenzeitlicher anderweitiger Dispositionen nicht entgegenstehen. Nicht ausreichend kann dabei allerdings sein, wenn die Prognose lediglich zweifelhaft wird; vielmehr ist erforderlich, dass die Besorgnis der wiederholten Erkrankung ausgeräumt ist. Dafür trägt der AN die Darlegungs- und Beweislast.[181]

76

d) Verhaltensbedingte Kündigung. Der Kündigende hat die **objektiven Merkmale** für einen Künd-Grund und die bei der Interessenabwägung für den Gekündigten ungünstigen Umstände vorzutragen und zu beweisen. Außerdem trifft den Kündigenden der Darlegungs- und Beweislast auch für diejenigen Tatsachen, die einen vom Gekündigten behaupteten **Rechtfertigungsgrund** ausschließen.[182] In diesem Fall sind allerdings an das Bestreiten einer rechtswidrigen Vertragsverletzung hinsichtlich des Zeitpunktes, des Ortes und des Anlasses der behaupteten Vereinbarung, die das Verhalten des gekündigten AN rechtfertigen und entschuldigen würde, strenge Anforderungen zu stellen.[183] Der Kündigende muss die Voraussetzungen für die Unzumutbarkeit der Weiterbeschäftigung in vollem Umfange darlegen und beweisen. Der Umfang der Darlegungs- und Beweislast richtet sich jedoch danach, wie substantiiert sich der gekündigte AN auf die Künd-Gründe einlässt. Das pauschale Bestreiten des Künd-Sachverhalts ohne nähere Substantiierung reicht nicht aus.[184] Im Künd-Schutzprozess ist der AG für den einer entscheidungserheblichen **Abmahnung** zugrunde liegenden Sachverhalt darlegungs- und beweispflichtig. Diese prozessrechtliche Obliegenheit entfällt dann, wenn der AN das Recht, die Richtigkeit des der Abmahnung zugrunde liegenden Sachverhalts zu bestreiten, verwirkt hat. Den Verwirkungstatbestand hat der AG darzulegen und zu beweisen.[185] Auch einem sorgfältig arbeitenden AN unterlaufen bei seiner vertraglich geschuldeten Tätigkeit gelegentlich Fehler, die kündigungsschutzrechtlich bis zu einer bestimmten Toleranzgrenze vom AG hinzunehmen sind. Zur Ermittlung dieser Grenze ist im Künd-Schutzprozess zunächst die substantiierte Darlegung der vertraglich geschuldeten Tätigkeit des gekündigten AN vom AG darzulegen. Ferner ist vom AG auch die durchschnittliche objektivierte Fehlerquote vergleichbarer AN der Fehlerquote des gekündigten AN gegenüberzustellen. Der AG trägt im Streitfall die Beweislast.[186] Der AG hat Verschulden bei Schlechtleistung zu beweisen; es gibt grds. keine Umkehr der Beweislast, ausgenommen die Schlechtleistung liegt im Gefahrenbereich des AN.[187]

77

Auch auf Pflichtverletzung beruhende Minderleistungen des AN („**Low Performer**") können geeignet sein, eine ordentliche Künd aus verhaltensbedingten Gründen zu rechtfertigen. Kennt der AG lediglich die objektiv messbaren Arbeitsergebnisse, so genügt er im Künd-Schutzprozess seiner Darlegungslast, wenn er Tatsachen vorträgt, aus denen ersichtlich ist, dass die Leistungen des AN deutlich hinter denen vergleichbarer AN zurückbleiben, also die Durchschnittsleistung erheblich unterschreiten. Alsdann ist es Sache des AN, hierauf zu entgegnen, z.B. darzulegen, warum er mit seiner deutlich unterdurchschnittlichen Leistung dennoch seine persönliche Leistungsfähigkeit ausschöpft.[188]

78

---

179 BAG 12.7.2007 – 2 AZR 716/06 – AP Nr. 28 zu § 1 KSchG 1969 Personenbedingte Kündigung = NZA 2008, 173.
180 BAG 12.7.2007 – 2 AZR 716/06 – AP Nr. 28 zu § 1 KSchG 1969 Personenbedingte Kündigung = NZA 2008, 173.
181 So auch BAG 27.6.2001 – 7 AZR 662/99 – AP § 1 KSchG 1969 Wiedereinstellung Nr. 10 = NZA 2001, 1135.
182 BAG 12.7.1990 – 2 AZR 19/90 – juris.; BAG 31.5.1990 – 2 AZR 535/89 – RzK I 10h Nr. 28; BAG 24.11.1983 – 2 AZR 327/82 – AP § 626 BGB Nr. 76 = DB 1984, 884.
183 BAG 24.11.1983 – 2 AZR 327/87 – AP § 626 BGB Nr. 76 = DB 1984, 1149.
184 BAG 13.8.1987 – 2 AZR 629/86 – juris.
185 Hessisches LAG 31.10.1986 – 13 Sa 613/86 – RzK I 10h Nr. 11.
186 ArbG Herne 6.1.1994 – 1 Ca 2482/93 – RzK 5i Nr. 90.
187 LAG Schleswig-Holstein 2.4.1985 – 6 Sa 553/84 – RzK I 10h Nr. 8.
188 BAG 11.12.2003 – 2 AZR 667/02 – NZA 2004, 784 = NJW 2004, 428.

Er hat ggf. das Zahlenwerk und seine Aussagefähigkeit im Einzelnen zu bestreiten und/oder darzulegen, warum er mit seiner deutlich unterdurchschnittlichen Leistung dennoch seine persönliche Leistungsfähigkeit ausschöpft. Hier können altersbedingte Leistungsdefizite, Beeinträchtigungen durch Krankheit, aber auch betriebliche Umstände eine Rolle spielen. Legt der AN derartige Umstände plausibel dar, so ist es alsdann Sache des AG, sie zu widerlegen. Trägt der AN derartige Umstände nicht vor, gilt das schlüssige Vorbringen des AG als zugestanden (§ 138 Abs. 3 ZPO).

Bei quantitativen Minderleistungen hat sich das BAG[189] an den Werten orientiert, die für die Annahme einer grundlegenden Störung des Leistungsgleichgewichts herangezogen worden sind. Für den Fall qualitativer Minderleistung sind solche auf die bloße Fehlerhäufigkeit abstellende Grenzen, auch wenn sie für eine rechtssichere Handhabung durch die Tatsacheninstanzen wünschenswert wären, für sich nicht geeignet, die Künd-Relevanz der dem AN konkret vorgeworfenen Pflichtverletzungen hinreichend sicher einzugrenzen. Bei einer Künd wegen qualitativer Minderleistung des AN ist es danach zunächst Sache des AG, zu den aufgetretenen Leistungsmängeln das vorzutragen, was er über die Fehlerzahl, die Art und Schwere sowie Folgen der fehlerhaften Arbeitsleistung des AN wissen kann. Kann der AG darlegen, dass der AN längerfristig die durchschnittliche Fehlerhäufigkeit aller mit vergleichbaren Arbeiten beschäftigter AN erheblich überschreitet, so kann dies ein Anhaltspunkt dafür sein, dass der AN vorwerfbar seine vertraglichen Pflichten verletzt. Da jedoch der Vergleich durchschnittlicher Fehlerquoten für sich noch keinen hinreichenden Aufschluss darüber gibt, ob durch die fehlerhafte Arbeit des gekündigten AN das Verhältnis von Leistung und Gegenleistung stark beeinträchtigt ist, muss der AG hier weitere Umstände darlegen. Anhand der tatsächlichen Fehlerzahl, der Art, Schwere und Folgen der fehlerhaften Arbeitsleistung des AN ist näher darzulegen, dass die längerfristige deutliche Überschreitung der durchschnittlichen Fehlerquoten nach den Gesamtumständen darauf hinweist, dass der AN vorwerfbar seine vertraglichen Pflichten verletzt. Legt der AG dies im Prozess dar, so muss der AN erläutern, warum er trotz erheblich unterdurchschnittlicher Leistungen seine Leistungsfähigkeit ausschöpft. Hierbei ist insbes. darzulegen, welche betrieblichen Beeinträchtigungen durch die konkret darzulegenden Fehler verursacht werden und dass es sich insoweit nicht lediglich um Fehler handelt, die trotz einer gewissen Häufigkeit angesichts der konkreten Umstände der Arbeitsleistung vom AG hinzunehmen sind.[190]

Beschäftigt sich der AN verbotswidrig ohne Kenntnis des AG am Arbeitsplatz mit privaten Dingen (**Internetnutzung**), gehört es nicht zur Darlegungslast des AG, ob darunter auch die Arbeitsleistungen gelitten hat.[191]

79 **e) Druckkündigung.** Wird eine Druck-Künd mit Gründen im Verhalten des AN oder einem in seiner Person liegenden Grund begründet, so sind – wenn der AN Künd-Schutz beanspruchen kann – an die Darlegungs- und Beweislast keine geringeren Anforderungen zu stellen als an jede andere aus Verhaltens- oder personenbedingten Gründen ausgesprochene Künd.[192]

80 **f) Sonstiger Unwirksamkeitsgrund/Kündigung im Kleinbetrieb.** Während der **Probezeit** oder im **Kleinbetrieb** kann eine Künd wegen Verstoßes gegen den Grundsatz von Treu und Glauben (§ 242 BGB) unwirksam sein. Die Darlegungs- und Beweislast für das Vorliegen derjenigen Tatsachen, aus denen sich die Treuwidrigkeit ergibt, liegt beim AN.[193] Allerdings ist der verfassungsrechtlich gebotene Schutz des AN auch im Prozessrecht zu gewährleisten. Deshalb gelten insoweit die Grundsätze der **abgestuften Darlegungs- und Beweislast**.[194] Das gilt auch dann, wenn der AN nicht oder nicht nur einen Auswahlfehler des AGs geltend macht, sondern die Künd nur oder auch aus anderen Gründen für treuwidrig hält. In einem ersten Schritt muss der AN, der die Gründe, die zu seiner Künd geführt haben, oft nicht kennt, nur einen Sachverhalt vortragen, der die Treuwidrigkeit der Künd nach § 242 BGB indiziert. Das ist bspw. der Fall, wenn aus dem Vorbringen des Klägers auf den ersten Blick ein schwerer Auswahlfehler erkennbar ist.[195] Die Treuwidrigkeit kann sich aber auch aus anderen Gesichtspunkten ergeben. Der AG muss sich nach § 138 Abs. 2 ZPO qualifiziert auf den Vortrag des AN einlassen, um ihn zu entkräften. Kommt er dieser sekundären Behauptungslast nicht nach, gilt der schlüssige Sachvortrag des AN gem. § 138 Abs. 3 ZPO als zugestanden.[196] Trägt der AG hingegen die betrieblichen, persönlichen oder sonstigen Gründe vor, die den Vorwurf der Treuwidrigkeit ausschließen, so hat der AN die Tatsachen, aus denen sich die Treuwidrigkeit der Künd dennoch ergeben soll, zu beweisen.[197]

81 Für das Vorliegen einer nach § 612a BGB i.V.m. § 134 BGB **nichtigen Maßnahme** (Künd wegen gewerkschaftlicher Betätigung im Betrieb) trägt der AN nach § 612a BGB die Darlegungs- und Beweislast.[198] Eine Entlassung, mit der

---

189 BAG 11.12.2003 – 2 AZR 667/02 – NZA 2004, 784 = NJW 2004, 428.
190 BAG 17.1.2008 – 2 AZR 536/06 – AP Nr. 85 zu § 1 KSchG 1969 = NZA 2008, 693 = NJW 2008, 3019.
191 BAG 27.4.2006 – 2 AZR 386/05 – AP § 626 BGB Nr. 202 = NZA 2006, 977.
192 LAG Köln 17.1.1996 – 8 (11) Sa 768/95 – LAGE § 626 BGB Druckkündigung Nr. 1.
193 BAG 28.8.2003 – 2 AZR 333/02 – AP § 242 BGB Kündigung Nr. 17;
194 BAG 21.2.2001 – 2 AZR 15/00 – NZA 2001, 833.
195 BAG 6.2.2003 – 2 AZR 672/01 – AP § 23 KSchG 1969 Nr. 30 = NZA 2003, 717.
196 BAG 28.6.2007 – 6 AZR 750/06 – AP Nr. 27 zu § 307 BGB = NZA 2007, 1049.
197 BAG 21.2.2001 – 2 AZR 15/00 – NZA 2001, 833.
198 LAG Hamm 18.12.1987 – 17 Sa 1225/87 – LAGE § 613a BGB Nr. 1 = AiB 1993, 391.

das Ziel verfolgt wird, den betreffenden AN an der Vorbereitung einer BR-Wahl zu hindern, ist nichtig (§ 134 BGB). Ob diese Zielrichtung vorliegt, kann sich aus den Umständen ergeben. Ein zeitliches Zusammentreffen der Vorbereitungshandlungen und des Künd-Ausspruchs am gleichen Tage rechtfertigt nicht nur eine dahingehende Vermutung (prima-facie-Beweis), sondern kann sogar zu einer Umkehr der Beweislast führen.[199]

g) Wichtiger Grund (§ 626 Abs. 1 BGB). Derjenige, der eine außerordentliche Künd ausgesprochen hat, ist darlegungs- und beweisbelastet für alle Umstände, die als **„wichtige Gründe"** geeignet sein können. Der Kündigende muss also die Voraussetzungen für die **Unzumutbarkeit** der Weiterbeschäftigung in vollem Umfang darlegen und beweisen; die Darlegungs- und Beweislast ist nicht so aufzuteilen, dass der Kündigende nur die objektiven Merkmale für einen Künd-Grund und die bei der Interessenabwägung für den Gekündigten ungünstigen Umstände und der Gekündigte seinerseits Rechtfertigungsgründe und für ihn entlastende Umstände vorzutragen und zu beweisen hätte. Der Umfang der Darlegungs- und Beweislast richtet sich danach, wie substantiiert sich der gekündigte AN auf die Künd-Gründe einlässt. Der AG braucht nicht von vornherein alle nur denkbaren Rechtfertigungsgründe des AN zu widerlegen. Es reicht auch nicht aus, wenn der AN Rechtfertigungsgründe pauschal ohne nähere Substantiierung vorbringt. Vielmehr ist er nach § 138 Abs. 2 ZPO im Rechtsstreit gehalten, die Gründe, aus denen er die Berechtigung zum Fehlen am Arbeitsplatz herleiten will, ausführlich vorzutragen. Die Verhältnisse im Kleinbetrieb rechtfertigen keine Änderung der Beweislastverteilung.[200] Auch bei einer außerordentlichen Künd nach § 626 BGB wegen einer unerlaubten Konkurrenztätigkeit trifft den Kündigenden die Darlegungs- und Beweislast für diejenigen Tatsachen, die die vom Gekündigten behauptete Rechtfertigung durch Einwilligung ausschließen. Der AN hat allerdings substantiiert die Tatsachen vorzutragen, aus denen sich die behauptete und bestrittene Einwilligung des AG ergeben soll.[201]

82

Bei der außerordentlichen Künd **ordentlich unkündbarer AN** gibt es Besonderheiten hinsichtlich der Darlegungs- und Beweislast. Den gesteigerten Anforderungen bei der Prüfung des wichtigen Grundes i.S.v. § 626 Abs. 1 BGB entspricht auch eine gesteigerte Darlegungs- und Beweislast des AG.[202] Der AG hat darzulegen, dass er ohne eine außerordentliche Künd-Möglichkeit gezwungen wäre, ein sinnloses Arbverh über viele Jahre hinweg allein durch Gehaltszahlungen, denen keine entspr. Arbeitsleistung gegenübersteht, aufrechtzuerhalten, und dass auch keine andere Möglichkeit besteht, die Fortsetzung eines völlig sinnentleerten Arbverh etwa durch eine anderweitige Weiterbeschäftigung ggf. nach entspr. Umschulung zu vermeiden. Es reicht nicht aus, dass der AG wie bei der ordentlichen betriebsbedingten Künd zunächst nur darlegt, eine Weiterbeschäftigung des AN sei infolge des Wegfalls seines Arbeitsplatzes nicht mehr möglich und dann die Darlegung des AN abwartet, wie er sich seine Weiterbeschäftigung an anderer Stelle im Betrieb oder Unternehmen vorstellt.[203] Das Fehlen jeglicher, auch anderweitiger Beschäftigungsmöglichkeiten zählt bei einer außerordentlichen betrieblichen Künd schon zum wichtigen Grund i.S.v. § 626 BGB und ist deshalb vom AG darzulegen.

83

h) Ausschlussfrist (§ 626 Abs. 2 BGB). Im Rechtsstreit über die Wirksamkeit der außerordentlichen Künd eines Arbverh ist der Vertragsteil, der die Künd ausgesprochen hat, im Rahmen des § 626 Abs. 2 BGB darlegungs- und beweispflichtig dafür, dass er von den für die Künd maßgebenden Tatsachen erst innerhalb der letzten zwei Wochen vor Ausspruch der Künd Kenntnis erlangt hat.[204] Diese Darlegungspflicht ist nicht bereits erfüllt, wenn der Kündigende lediglich allgemein vorträgt, er kenne die Künd-Gründe nicht länger als zwei Wochen vor Ausspruch der Künd. Er muss vielmehr die Umstände schildern, aus denen sich ergibt, wann und wodurch er von den maßgebenden Tatsachen erfahren hat. Um den Zeitpunkt, in dem der Wissensstand des Künd-Berechtigten ausreicht, bestimmen zu können, und um es dem Gekündigten zu ermöglichen, die behauptete Schilderung zu überprüfen und ggf. qualifiziert zu bestreiten, muss grds. angegeben werden, wie es zu der Aufdeckung des Künd-Grundes gekommen sein soll. Hat der Künd-Brechtigte noch Ermittlungen durchgeführt, muss er hierzu weiter darlegen, welche Tatsachenbehauptungen unklar und daher ermittlungsbedürftig waren, und welche – sei es auch nur aus damaliger Sicht – weiteren Ermittlungen er zur Klärung der Zweifel angestellt hat.[205]

84

XI. Mitbestimmungsrecht

Fehler im Mitbestimmungsverfahren führen nach der Theorie der Wirksamkeitsvoraussetzung dazu, dass auch jede individualrechtliche Umsetzung der Maßnahme unwirksam ist. Der Zweck der gesetzlichen Mitbestimmung des BR, dem einzelnen AN einen verlässlichen Schutz zu vermitteln, würde nicht erreicht, wäre es dem AG gestattet, bestehende Regelungen einseitig oder durch individualrechtliche Vereinbarungen rechtswirksam umzugestalten. Beruft

84a

---

[199] LAG Hamm 27.8.1987 – 10 Sa 2412/87 – LAGE § 20 BetrVG 1972 Nr. 6 = AuR 1989, 59.
[200] BAG 19.12.1991 – 2 AZR 367/91 – RzK I 6a Nr. 82.
[201] BAG 6.8.1987 – 2 AZR 226/87 – AP § 626 BGB Nr. 97 = DB 1988, 451.
[202] BAG 8.4.2003 – 2 AZR 355/02 – AP § 626 BGB Nr. 181 = NZA 2003, 856.
[203] Vgl. etwa BAG 24.3.1983 – 2 AZR 21/82 – AP § 1 KSchG 1969 Betriebsbedingte Kündigung Nr. 12 = SAE 1984, 43.
[204] BAG 17.8.1972 – 2 AZR 359/71 – AP § 626 BGB Ausschlussfrist Nr. 4 = DB 1972, 2406; BAG 10.4.1975 – 2 AZR 113/74 – AP § 626 BGB Ausschlussfrist Nr. 7.
[205] BAG 1.2.2007 – 2 AZR 333/06 – NZA 2007, 744.

sich der AG auf eine wirksame Vertragsänderung, treffen ihn insoweit Darlegungs- und Beweislast. Das gilt auch hinsichtlich der ordnungsgemäßen Durchführung des Mitbestimmungsverfahrens.[206]

XII. Mutterschutz

85 Einem mutterschutzrechtlichen Beschäftigungsverbot kommt ein **hoher Beweiswert** zu. Das ärztliche Beschäftigungsverbot kann aber widerlegt werden. Dies kann nicht nur durch eine anderweitige ärztliche Untersuchung geschehen. Vielmehr kann der AG tatsächliche Umstände darlegen, die den Schluss zulassen, dass das Beschäftigungsverbot auf nicht zutreffenden Angaben der Schwangeren, auch hinsichtlich ihrer Beschwerden, beruht. Dabei trägt der AG das Risiko, das Gericht von der Unrichtigkeit des ärztlichen Beschäftigungsverbots überzeugen zu müssen.[207] Die AN genügt ihrer Darlegungslast zur Suspendierung der Arbeitspflicht und zur Begründung eines Anspruchs aus § 11 Abs. 1 MuSchG zunächst durch Vorlage der ärztlichen Bescheinigung über das Beschäftigungsverbot. Der AG, der ein Beschäftigungsverbot nach § 3 Abs. 1 MuSchG anzweifelt, kann vom ausstellenden Arzt Auskunft über die Gründe verlangen, soweit diese nicht der Schweigepflicht unterliegen. Der Arzt hat dem AG sodann mitzuteilen, von welchen tatsächlichen Arbeitsbedingungen der AN er bei Erteilung seines Zeugnisses ausgegangen ist und ob krankheitsbedingte Arbeitsunfähigkeit vorgelegen hat. Legt die AN trotz Aufforderung des AG keine entspr. ärztliche Bescheinigung vor, ist der Beweiswert eines zunächst nicht näher begründeten ärztlichen Beschäftigungsverbots erschüttert. Ist der Beweiswert des ärztlichen Zeugnisses erschüttert, steht nicht mehr mit der gebotenen Zuverlässigkeit fest, dass die AN i.S.v. § 11 Abs. 1 MuSchG „wegen eines Beschäftigungsverbots" mit der Arbeit ausgesetzt hat. Es ist dann ihre Sache, die Tatsachen darzulegen und ggf. zu beweisen, die das Beschäftigungsverbot rechtfertigen.[208] Zur Beweisführung kann die AN ihren behandelnden Arzt von seiner Schweigepflicht entbinden und ihn als sachverständigen Zeugen für die Verbotsgründe benennen. Dann kommt erst der näheren ärztlichen Begründung ggü. dem Gericht ein ausreichender Beweiswert zu, wobei das Gericht den Arzt mit den festgestellten Tatsachen konfrontieren muss. Wegen der Komplexität und Schwierigkeit der Materie wird vielfach eine schriftliche Auskunft des Arztes (§ 377 Abs. 3 ZPO) nicht genügen, sondern dessen persönliche Befragung durch das Gericht erforderlich sein. Das Gericht wird das nachvollziehbare fachliche Urteil des Arztes weitgehend zu respektieren haben.[209]

XIII. Mobbing/Persönlichkeitsrecht

85a Macht ein AN konkrete Ansprüche aufgrund „Mobbings" geltend, muss jeweils geprüft werden, ob der in Anspruch Genommene in den vom Kläger genannten Einzelfällen arbeitsrechtliche Pflichten, ein absolutes Recht des AN i.S.d. § 823 Abs. 1 BGB, ein Schutzgesetz i.S.d. § 823 Abs. 2 BGB verletzt oder eine sittenwidrige Schädigung i.S.d. § 826 BGB begangen hat. In diesem Zusammenhang ist zu beachten, dass es Fälle gibt, in welchen die einzelnen, vom AN dargelegten Handlungen oder Verhaltensweisen seiner Arbeitskollegen, Vorgesetzten oder seines AG für sich allein betrachtet noch keine Rechtsverletzungen darstellen, jedoch die Gesamtschau der einzelnen Handlungen oder Verhaltensweisen zu einer Vertrags- oder Rechtsgutsverletzung führt, weil deren Zusammenfassung aufgrund der ihnen zugrunde liegenden Systematik und Zielrichtung zu einer Beeinträchtigung eines geschützten Rechtes des AN führt.[210] Letzteres ist insbes. dann der Fall, wenn unerwünschte Verhaltensweisen bezwecken oder bewirken, dass die Würde des AN verletzt und ein durch Einschüchterungen, Anfeindungen, Erniedrigungen, Entwürdigungen oder Beleidigungen gekennzeichnetes Umfeld geschaffen wird. Dies entspricht der in § 3 Abs. 3 AGG erfolgten Definition des Begriffes „Belästigung", die eine Benachteiligung i.S.d. § 1 AGG darstellt. Da ein Umfeld grds. nicht durch ein einmaliges, sondern durch ein fortdauerndes Verhalten geschaffen wird, sind alle Handlungen bzw. Verhaltensweisen, die dem systematischen Prozess der Schaffung eines bestimmten Umfeldes zuzuordnen sind, in die Betrachtung mit einzubeziehen. Demzufolge dürfen einzelne zurückliegende Handlungen/Verhaltensweisen bei der Beurteilung nicht unberücksichtigt gelassen werden.[211]

Da der AN, der Schadensersatzansprüche gegen seinen AG geltend macht, für das Vorliegen der behaupteten Pflichtverletzungen die **Darlegungs- und Beweislast** trägt, hat er im Rechtsstreit die einzelnen (Mobbing-)Handlungen oder Maßnahmen, aus denen er die angeblichen Pflichtverletzungen herleitet, konkret unter Angabe deren zeitlicher Lage zu bezeichnen. Nur dadurch werden die Tatsachengerichte in die Lage versetzt, zu überprüfen, ob die behaupteten Vorgänge für sich allein betrachtet oder in der Gesamtschau zu einer Rechtsbeeinträchtigung des AN geführt haben und dann ggf. über jeden behaupteten Vorgang Beweis zu erheben.

---

206 BAG 29.1.2008 – 3 AZR 42/06 – EzA § 87 BetrVG 2001 Betriebliche Lohngestaltung Nr. 14 = NZA-RR 2008, 469, zu einer Ausnahme hiervon siehe BAG 21.1.2003 –
207 BAG 31.7.1996 – 5 AZR 474/95 – AP § 3 MuSchuG 1968 Nr. 8 = DB 1997, 101.
208 BAG 7.11.2007 – 5 AZR 883/06 – AP Nr. 21 zu § 3 MuSchG 1968 = DB 2008, 303.
209 BAG 7.11.2007 – 5 AZR 883/06 – AP Nr. 21 zu § 3 MuSchG 1968 = DB 2008, 303.
210 BAG 25.10.2007 – 8 AZR 593/06 – NZA 2008, 223; 16.5.2007 – 8 AZR 709/06 – AP BGB § 611 Mobbing Nr. 5 = EzA BGB 2002 § 611 Persönlichkeitsrecht Nr. 6 m.w.N.
211 BAG 25.10.2007 – 8 AZR 593/06 – NZA 2008, 223.

Die Verpflichtung des AG, zum Schutz des Persönlichkeitsrechts des AN aktiv tätig zu werden, erfordert grds. kein Eingreifen bei Meinungsverschiedenheiten zwischen AN und Vorgesetzten über Sachfragen wie Beurteilungen, Inhalt des Weisungsrechts, Bewertung von Arbeitsergebnissen. Dies gilt auch dann, wenn der Ton der Auseinandersetzung die Ebene der Sachlichkeit im Einzelfall verlassen sollte, jedoch Anhaltspunkte dafür, dass die Meinungsverschiedenheit über das im Arbeitsleben sozial Übliche hinausgeht, nicht vorliegen. Vor dem Hintergrund, dass der Umgang von AN untereinander und mit Vorgesetzten im Arbeitsalltag zwangsläufig mit Konflikten verbunden ist, können keine überspannten Anforderungen an Inhalt und der Reichweite der Schutzpflicht gestellt werden.

Auch im Rahmen der Haftung für Pflichtverletzungen der Erfüllungsgehilfen nach § 278 BGB trägt die **Beweislast** der AN. Der **Beweisnot des Mobbingopfers** kann nach der Rspr. des BAG durch Parteianhörung nach § 141 ZPO und der Parteivernehmung nach den §§ 445, 448 ZPO sowie eine sorgfältigen Beweis- und Sachverhaltswürdigung in ausreichendem Maße Rechnung getragen werden. Für die ebenfalls durch den AN darzulegende und zu beweisende Kausalität spreche als starkes **Indiz**, wenn in zeitlichem Zusammenhang mit feststehenden Persönlichkeitsrechtsverletzungen bei dem betroffenen AN Erkrankungen aufträten.

Besondere **Beweiserleichterung** lehnt das BAG ausdrücklich ab. Das gelte nicht nur für vertragliche, sondern auch für deliktische Ansprüche. Hier hält es eine Garantenpflicht des AG nicht für ausgeschlossen. Den AG trifft im Übrigen die (Verkehrssicherungs-)Pflicht, in seinem Betrieb Strukturen entgegenzuwirken, die Mobbing fördern. Der Geschädigte hat darzulegen und zu beweisen, dass eine **Verkehrspflicht** verletzt wurde. Steht der objektive Verstoß gegen einer Verkehrspflicht fest, so spricht der **Anscheinsbeweis für die Kausalität** zwischen der Pflichtverletzung und der eingetretenen Rechtsgutverletzung, jedenfalls dann, wenn sich die Gefahr verwirklicht hat, vor der die Erfüllung der Verkehrspflicht schützen soll.

Macht ein **Erbe** gegenüber dem AG Schadensersatzansprüche wegen eines durch eine Künd verursachten Selbstmordes geltend, muss er konkret darlegen, dass der AG bei Anwendung der erforderlichen Sorgfalt die Rechtsunwirksamkeit der Künd hätte erkennen können und dass der Erblasser aufgrund dieser Künd erkranken konnte.[212]

Bei der Prüfung der Voraussetzungen des § 193 StGB im Zusammenhang mit ehrenrührigen Behauptungen über einen Arbeitskollegen ist ungeachtet der Beweisregel in § 186 StGB zunächst die Wahrheit der aufgestellten Behauptung zu unterstellen.[213]

XIV. Prozessfähigkeit

Der Kläger hat das Risiko der Nichterweislichkeit seiner Prozessfähigkeit zu tragen, da ihn insoweit eine „objektive" Beweislast trifft. Jedoch ist das Gericht gehalten, von Amts wegen alle in Frage kommenden Beweise, insb. durch Einholung von SV-Gutachten, zu erheben, um Zweifel an der Prozessfähigkeit nach Möglichkeit aufzuklären; den Kläger trifft insoweit keine „subjektive" Beweisführungslast.[214]

XV. Rückzahlungsklauseln

Der AG muss die Umstände darlegen, die sein Interesse an einer Rückzahlungsverpflichtung betreffend, die Aus- und Weiterbildungskosten rechtfertigen können.[215] Die Darlegungs- und Beweislast für die Tatsachen, aus denen sich ergibt, dass der AN durch die Weiterbildung einen beruflichen Vorteil erlangt hat, liegt beim AG. Dieser genügt seiner Darlegungslast dann, wenn er substantiiert vorträgt, dass der AN durch die Weiterbildung eine anerkannte Qualifikation erworben und ihm diese innerbetriebliche Vorteile gebracht hat.[216] Beteiligt der AG den AN an den Kosten für seine berufliche Fortbildung, so hat der AG darzulegen und zu beweisen, dass außerhalb seines eigenen Betriebes Bedarf nach derart ausgebildeten Arbeitskräften besteht und die beruflichen Entwicklungsmöglichkeiten sowie die Verdienstchancen für diese AN durch die vom AG finanzierte Aus- und Fortbildung gesteigert worden sind.[217] Entfällt die Pflicht zur Rückzahlung von Ausbildungskosten bei rechtswirksamer fristloser Künd des AN, so trägt der AG die Darlegungs- und Beweislast auch dafür, dass Gründe für eine berechtigte fristlose Beendigung des Arbverh durch den AN nicht vorgelegen haben.[218]

XVI. Ungerechtfertigte Bereicherung/Wegfall der Bereicherung

Nach den allg. geltenden Regeln hat der Anspruchsteller die Beweislast für die Tatsachen, aus denen er seinen Anspruch herleitet. Zu den anspruchsbegründenden Tatsachen i.S.v. § 812 Abs. 1 BGB gehört das Merkmal des **fehlenden Rechtsgrundes**. Auch dieser ist deshalb vom Gläubiger zu beweisen. Das gilt grds. unabhängig davon, ob die Bereicherung des Schuldners durch eine Leistung des Gläubigers bewirkt oder ob sie in sonstiger Weise erfolgt ist.[219]

---

212 BAG 24.4.2008 – 8 AZR 347/07 – DB 2008, 2086.
213 LAG Hamm 30.11.1990 – 12 Sa 708/90 – LAGE § 823 BGB Nr. 1 = ARSt 1991, 140.
214 BAG 20.1.2000 – 2 AZR 733/98 – AP § 56 ZPO Nr. 6 = NZA 2000, 613; BGH 9.1.1996 – VI ZR 94/95 – NJW 1996, 1059.
215 BAG 24.7.1991 – 5 AZR 420/90 – juris.
216 BAG 16.3.1994 – 5 AZR 339/92 – AP § 611 BGB Ausbildungsbeihilfe Nr. 18 = DB 1997, 235.
217 BAG 11.4.1990 – 5 AZR 308/89 – AP § 611 BGB Ausbildungsbeihilfe Nr. 14.
218 LAG Bremen 25.2.1994 – 4 Sa 13/93 – LAGE § 284 ZPO Nr. 3 = DB 1994, 2630.
219 BAG 18.5.1999 – 9 AZR 444/98 – juris.

Demgegenüber wird dem Bereicherungsschuldner die Beweislast für den Rechtsgrund, also das „Behaltendürfen" auferlegt, wenn sich der Mangel des rechtfertigenden Grundes aus dem Bereicherungsvorgang selbst ergibt. Das wird angenommen, wenn unstreitig feststeht oder bewiesen ist, dass der Bereicherungsschuldner etwas aus einer eindeutig dem Anspruchsteller zugewiesenen Rechtsposition erlangt hat.[220] So hat der BGH dem Besitzer eines fremden Sparbuches die Beweislast dafür auferlegt, der Inhaber sei mit den vom Schuldner getätigten Abhebungen einverstanden gewesen.[221]

90 Die **Rückabwicklung**[222] der vom AG gewährten Vergütung im Zeitraum der vom AN erzwungenen Weiterbeschäftigung hat nach den Grundsätzen der ungerechtfertigten Bereicherung zu erfolgen. Der Wert der Arbeitsleistung bestimmt sich nach der dafür üblichen Vergütung. Demgegenüber hat der AG darzulegen und zu beweisen, dass der AN im Zeitraum der erzwungenen Weiterbeschäftigung eine niedriger zu bewertende Arbeitsleistung erbracht hat.[223] Rechnet der AG gegen Lohnansprüche eines AN mit Gegenansprüchen aus vermeintlich ungerechtfertigter Bereicherung auf, so trifft den AG die volle Beweislast dafür, dass der AN Leistungen ohne Rechtsgrund erhalten hatte.[224]

91 Wendet der AN gegenüber einem Anspruch auf Gehaltsüberzahlung den Wegfall der Bereicherung ein, so kommen Erleichterungen der Darlegungs- und Beweislast regelmäßig nur in Betracht, wenn er nicht zu den Besserverdienenden gehört.[225] Ein AN, der gegen den Anspruch des AG auf Rückzahlung zu viel gezahlter Arbeitsvergütung (§ 812 Abs. 1 BGB) den Wegfall der Bereicherung geltend macht (§ 818 Abs. 3 BGB), hat darzulegen und ggf. zu beweisen, dass er nicht mehr bereichert ist. Der AN kann sich für den Wegfall der Bereicherung auf die Grundsätze des Anscheinsbeweises berufen. Dazu ist erforderlich:
– Es muss sich um geringfügige Überzahlungen handeln. Ob eine Überzahlung „geringfügig" ist, kann nach den RL beurteilt werden, die im öffentlichen Dienst gelten.
– Die Lebenssituation des AN muss so sein, dass erfahrungsgemäß ein alsbaldiger Verbrauch der Überzahlung für die laufenden Kosten der Lebenshaltung anzunehmen ist. Der AN hat die Tatsachen darzulegen und ggf. zu beweisen, aus denen erfahrungsgemäß auf die Verwendung zum Lebensunterhalt geschlossen werden kann. Seiner Darlegungs- und Beweislast genügt der AN nicht, wenn er zu den nach Art oder dem Grund nach plausibel behaupteten anderweitigen Einkünften nicht substantiiert Stellung nimmt.[226]

XVII. Urlaub

92 **1. Urlaubsabgeltung.** Ein AG hat den Urlaubsabgeltungsanspruch nur zu erfüllen, wenn der AN bei Fortdauer des Arbverh jedenfalls für die Dauer seines Urlaubsanspruchs seine vertraglich geschuldete Leitung hätte erbringen können. Daran fehlt es, wenn der AN arbeitsunfähig krank ist. Der AN hat hierfür die Darlegungs- und Beweislast; er hat insoweit Tatsachen vorzutragen, aus denen hergeleitet werden kann, dass er rechtzeitig wieder arbeitsfähig geworden ist.[227] Der AG trägt im Hinblick auf den Urlaubsabgeltungsanspruch i.S.v. § 7 Abs. 4 BUrlG die Beweislast dafür, dass dem AN der Urlaub infolge seiner Arbeitsunfähigkeit nach Ausscheiden aus dem Arbverh bis zum Ende des Übertragungszeitraumes (§ 7 Abs. 3 BUrlG) nicht hätte gewährt werden können, wenn der AN seiner entspr. Darlegungslast gerecht geworden ist. Dabei entspricht der Beweiswert einer Arbeitsfähigkeitsbescheinigung grds. demjenigen einer Arbeitsunfähigkeitsbescheinigung i.S.v. § 5 Abs. 1 S. 2 EFZG.[228]

93 **2. Urlaubsgewährung.** Meldet ein AN den von ihm gewünschten Urlaub rechtzeitig an, kann er von der entspr. Urlaubserteilung ausgehen, wenn der AG ihm keine ablehnende Entscheidung mitteilt. Für die Mitteilung der ablehnenden Entscheidung ist der AG darlegungs- und beweispflichtig.[229] Die Darlegungs- und Beweislast für den Ausnahmetatbestand, wonach die einseitige Urlaubserteilung in der Künd-Frist unzulässig wäre, trägt der Kläger.[230] Es spricht eine Vermutung dafür, dass ein im Laufe des Urlaubsjahres gewährter Urlaub für dieses Urlaubsjahr bestimmt ist. Wer nachträgliche oder vorzeitige Urlaubsgewährung behauptet, ist dafür beweispflichtig.[231]

---

220 BAG 18.5.1999 – 9 AZR 444/98 – juris.
221 BGH 5.3.1986 – IV a ZR 141/84 – NJW 1986, 2107 = DB 1986, 1455.
222 Zur Rückabwicklung überzahlter Honorare bei rückwirkender Feststellung des AN -Status s. BAG 9.2.2005 – 5 AZR 175/04 – AP § 611 BGB Lohnrückzahlung Nr. 12 = NZA 2005, 814.
223 BAG 12.2.1992 – 5 AZR 297/90 – AP § 611 BGB Weiterbeschäftigung Nr. 9 = DB 1992, 2298.
224 LAG München 21.7.1988 – 4 Sa 1168/87 – LAGE § 812 BGB Nr. 1 = DB 1989, 286.
225 BAG 12.1.1994 – 5 AZR 597/92 – AP § 818 BGB Nr. 3 = DB 1994, 1039.
226 BAG 18.1.1995 – 5 AZR 817/93 – AP § 812 BGB Nr. 13 = DB 1995, 371; z.T. abweichend die Vorinstanz LAG Berlin 20.9.1993 – 9 Sa 36/93 – LAGE § 818 BGB Nr. 5.
227 BAG 20.4.1989 – 8 AZR 621/87 – AP § 7 BUrlG Abgeltung Nr. 48 = DB 1989, 2175; BAG 20.1.1998 – 9 AZR 812/96 – AP § 13 BUrlG Nr. 45 = NJW 1998, 3662.
228 Hessisches LAG 30.1.1995 – 11 Sa 480/93 – LAGE § 7 BUrlG Abgeltung Nr. 6 = NZA 1995, 1042.
229 LAG Berlin 30.7.1996 – 12 Sa 53/96 – n.v.
230 LAG Köln 25.1.1990 – 10 Sa 1176/89 – n.v.
231 ArbG Wilhelmshaven 21.5.1962 – Ca 189/62 – AuR 1962, 251.

XVIII. Zeugnis

Ein AN hat einen **Erfüllungsanspruch** auf Erteilung eines richtigen Zeugnisses. Wenn der AG dagegen einwendet, das erteilte Zeugnis sei inhaltlich richtig und er habe demgemäß den Zeugnisanspruch erfüllt, so ist er als Schuldner dafür darlegungs- und beweispflichtig.[232] Bei Uneinigkeit der Parteien im deskriptiven Bereich des Zeugnisses trägt der AN die Darlegungs- und Beweislast für seine Wünsche – etwa bei einem Streit darüber, ob der AN während des Arbverh eine bestimmte (Teil-)Tätigkeit verrichtet hat. Im evaluativen Teil des Zeugnisses ist zu unterscheiden: Erteilt der AG dem AN auf seinen Wunsch ein qualifiziertes Zeugnis, so hat der AN Anspruch darauf, dass seine Leistung der Wahrheit gemäß beurteilt wird. Bei einer Einschätzung hat der AG einen Beurteilungsspielraum, der von den Gerichten für Arbeitssachen nur beschränkt überprüfbar ist. Voll überprüfbar sind dagegen die Tatsachen, die der AG seiner Leistungsbeurteilung zugrunde gelegt hat. Hat der AG dem AN insg. eine „**durchschnittliche**" Leistung bescheinigt, hat der AN die Tatsachen vorzutragen und zu beweisen, aus denen sich eine bessere Beurteilung ergeben soll. Hat der AG den AN als „**unterdurchschnittlich**" beurteilt, obliegt dem AG, die seiner Beurteilung zugrunde liegenden Tatsachen darzulegen und zu beweisen.[233] Die Beweislast für die Voraussetzungen des **Widerrufs eines Zwischenzeugnisses** sowie für die Richtigkeit des neuen Zeugnisses trägt der AG.[234]

Darlegungs- und Beweislast der im öffentlichen Dienst zu erstellenden **dienstlichen Beurteilungen** richten sich nach besonderen Regeln. Eine dienstliche Beurteilung dient – anders als ein Zeugnis oder ein Zwischenzeugnis – nicht der Außendarstellung, auch nicht der beruflichen Förderung, sondern lediglich dem internen Verwaltungsgebrauch zur Feststellung der Verwendungsmöglichkeiten des Ang einschließlich einer sachlich und rechtlich richtigen Auslese bei Beförderungsentscheidungen. Die für die dienstliche Beurteilung eines Beamten entwickelten Grundsätze hinsichtlich ihres Inhalts und des bei ihrer Erstellung zu beachtenden Verfahrens sind sinngemäß auch für die dienstliche Beurteilung eines Ang anwendbar. Ergebnis der Inanspruchnahme von Rechtsschutz gegen eine dienstliche Beurteilung ist allenfalls deren Aufhebung. Das Gericht kann die angegriffene Beurteilung regelmäßig nicht durch die eigene Beurteilung ersetzen. Eine Ausnahme kommt allenfalls bei einer Ermessensreduzierung auf Null in Betracht. Soweit in der verwaltungsrechtlichen Rspr. und Lit. vertreten wird, dass – vor dem Hintergrund des Amtsermittlungsprinzips im Verwaltungsprozess (§ 86 VwGO) – das Risiko der Nichtaufklärbarkeit von Tatsachen zu Lasten des Dienstherrn geht,[235] bezieht sich dies allein auf den (beamtenrechtlichen) Bestand von Tatsachen einer Dienstherrn abgegebenen dienstlichen Beurteilung. Gelingt dem Dienstherrn der Beweis insofern nicht, hat die dienstliche Beurteilung keinen Bestand und ist aufzuheben. Anders ist die Sachlage, wenn unmittelbar eine bessere Beurteilung angestrebt wird. Soweit dies überhaupt theoretisch denkbar ist, was jedoch bei der Änderung einer komplex zusammengesetzten Gesamtnote kaum in Betracht kommt, kann ein Anspruch verwaltungsrechtlich nur im Rahmen einer allgemeinen Leistungsklage geltend gemacht werden. Dabei ist der Antrag auf die konkret angestrebte Formulierung bzw. Benotung zu richten. Insoweit gelten dann die allgemeinen Beweislastregeln. Diese besagen auch im Verwaltungsprozess, dass die Unerweislichkeit einer Tatsache grds. zu Lasten des Beteiligten geht, der aus ihr eine ihm günstige Rechtsfolge herleitet. Das BAG hat es in seiner Entscheidung vom 24.1.2007[236] ausdr. offen gelassen, ob den Ausführungen des Fünften Senats im Urteil vom 28.3.1979[237] zu der Verpflichtung des öffentlichen AG zur Darlegung von Tatsachen, die einer dienstlichen Beurteilung zugrunde liegen, auch heute noch zu folgen sei.

§ 59 Versäumnisverfahren

[1]Gegen ein Versäumnisurteil kann eine Partei, gegen die das Urteil ergangen ist, binnen einer Notfrist von einer Woche nach seiner Zustellung Einspruch einlegen. [2]Der Einspruch wird beim Arbeitsgericht schriftlich oder durch Abgabe einer Erklärung zur Niederschrift der Geschäftsstelle eingelegt. [3]Hierauf ist die Partei zugleich mit der Zustellung des Urteils schriftlich hinzuweisen. [4]§ 345 der Zivilprozeßordnung bleibt unberührt.

Literatur: *Hirtz,* Zur Wiedereinsetzung bei Fristversäumung wegen Ortsabwesenheit, EWiR 2002, 315

A. Allgemeines 1	1. Ordnungsgemäße Anberaumung eines Güte- oder Kammertermins 2
B. Regelungsgehalt 2	2. Ordnungsgemäße Ladung 3
I. Voraussetzungen für die Versäumnisentscheidung 2	3. Wahrung der Ladungs- und Einlassungsfrist . 5

---

[232] BAG 23.6.1960 – 5 AZR 560/58 – AP § 73 HGB Nr. 1 = DB 1960, 1042; BAG 23.9.1992 – 5 AZR 573/91 – EzA § 630 BGB Nr. 16 = PersR 1993, 329.
[233] BAG 14.10.2003 – 9 AZR 12/03 – NZA 2004, 843 = DB 2004, 1270.
[234] LAG Hamm 1.12.1994 – 4 Sa 1540/94 – LAGE § 630 BGB Nr. 25.
[235] So z.B. BVerwG 26.6.1980 – BVerwG 2 C 8.78 – BVerwGE 60, 245, 248; *Schnellenbach,* Beamtenrecht in der Praxis, Rn 483.
[236] 4 AZR 629/06 – AP Nr. 20 zu § 2 BAT SR 2l = NZA-RR 2007, 608.
[237] 5 AZR 80/77 – DB 1979, 1703.

4. Ordnungsgemäßer Aufruf 6	4. Versäumnisentscheidung bei Säumnis der beklagten Partei 25
5. Säumnis 7	5. Entscheidung nach Lage der Akten 30
a) Nichterscheinen 7	6. Rechtsbehelfsbelehrung 34
b) Kein Verhandeln zur Sache 9	III. Einspruch 36
6. Allgemeine Prozessvoraussetzungen 11	1. Rechtsbehelf 36
7. Nichtvorliegen der Hindernisse nach § 335 Abs. 1 Nr. 1 bis 3 ZPO 12	2. Einspruchsfrist 38
a) Behebbare Verfahrensmängel (Nr. 1) 13	3. Form 40
b) Ladungsfehler (Nr. 2) 14	4. Inhalt 44
c) Rechtzeitigkeit der Anträge und des Tatsachenvortrags (Nr. 3) 15	5. Wirkung des Einspruchs 46
d) Verfahren beim Vorliegen eines Hindernisses 18	IV. Weiteres Verfahren 49
	1. Zulässigkeitsprüfung 49
e) Vertagung von Amts wegen 19	2. Einspruchstermin 51
II. Entscheidung 21	a) Säumnis der einspruchsführenden Partei . 52
1. Entscheidung durch die Vorsitzenden 21	b) Säumnis des Einspruchsgegners 54
2. Antrag 22	c) Verhandeln beider Parteien im Einspruchstermin 55
3. Versäumnisentscheidung bei Säumnis der klagenden Partei 23	C. Verbindung zu anderen Rechtsgebieten und zum Prozessrecht 56
	D. Beraterhinweise 57

A. Allgemeines

1 Das Versäumnisverfahren richtet sich grds. nach § 46 Abs. 2 S. 1 i.V.m. §§ 330 bis 347 ZPO. In § 59 finden sich nur Regelungen zur Form und Frist des Einspruchs und zum Inhalt der Rechtsbehelfsbelehrung. Weil im arbeitsgerichtlichen Verfahren die Vorschriften über das schriftliche Vorverfahren keine Anwendung finden (vgl. § 46 Abs. 2 S. 2), scheidet eine Anwendbarkeit der §§ 331 Abs. 3, 335 Abs. 1 Nr. 4 ZPO aus. Die Vorschrift des § 59 findet im Berufungsverfahren (§ 64 Abs. 7), mangels Inbezugnahme in § 72 Abs. 6 ZPO jedoch nicht im Revisionsverfahren Anwendung. In der Revisionsinstanz richtet sich das Versäumnisverfahren nach §§ 330 ff. ZPO.[1]

B. Regelungsgehalt

I. Voraussetzungen für die Versäumnisentscheidung

2 **1. Ordnungsgemäße Anberaumung eines Güte- oder Kammertermins.** Die Terminsbestimmung (§ 216 Abs. 2 ZPO) bedarf nach § 329 Abs. 1 S. 2 i.V.m. § 317 Abs. 2 S. 1 ZPO der vollständigen **Unterschrift** durch die Vorsitzende. Eine Paraphierung genügt nicht.[2] Die Ladung muss sich auf einen Gütetermin oder Kammertermin (auch im einstweiligen Verfügungsverfahren) beziehen. Ein Termin zur Beweisaufnahme vor dem Prozessgericht ist nach deren Erledigung Verhandlungstermin (vgl. § 370 Abs. 1 ZPO), so dass dann ein Versäumnisverfahren möglich ist. Als Verhandlungstermin im Sinne der Vorschriften zum Versäumnisverfahren sind auch diejenigen Termine anzusehen, auf welche die mündliche Verhandlung vertagt ist oder die zu ihrer Fortsetzung vor oder nach dem Erlass eines Beweisbeschlusses bestimmt sind (§ 332 ZPO). Eine Beschränkung der Verhandlung z.B. nach §§ 280 (Verhandlung über die Zulässigkeit der Klage) und 347 ZPO (Zwischenstreit) ist jedoch zu beachten. Der Termin muss vor dem Prozessgericht bestimmt sein. Im Termin vor dem ersuchten Richter findet kein Versäumnisverfahren statt. Das Verfahren darf nicht unterbrochen oder ausgesetzt sein, denn nach § 249 Abs. 1 ZPO hat die Unterbrechung oder Aussetzung des Verfahrens die Wirkung, dass der Lauf einer jeden Frist aufhört.

3 **2. Ordnungsgemäße Ladung.** Die säumige Partei muss durch verkündeten Beschluss (vgl. § 218 ZPO) oder durch förmliche Zustellung der Ladung (§ 329 Abs. 1 S. 2 ZPO) ordnungsgemäß geladen worden sein. Zustellungen, die in einem anhängigen Rechtsstreit bewirkt werden sollen, müssen an den für den Rechtszug bestellten Prozessbevollmächtigten erfolgen (§ 172 ZPO). Bestellt ist der Prozessbevollmächtigte durch – auch formlose – Mitteilungen der Prozessvollmacht durch den Bevollmächtigten oder durch den Mandanten an das Gericht. Zur Frage, ob eine Bestellungsanzeige durch den Gegner (z.B. durch Bezeichnung eines Beklagtenvertreters in der Klageschrift) ausreichend ist, vgl. § 50 Rn 22.

4 Wird das persönliche Erscheinen einer Partei, die durch einen Prozessbevollmächtigten vertreten ist, angeordnet und wegen Nichterscheinens der Partei nach § 51 Abs. 2 S. 1 die Zulassung des Prozessbevollmächtigten abgelehnt, so kann nur dann ein Versäumnisurteil gegen die nicht erschienene Partei ergehen, wenn deren ordnungsgemäße und

---

1 *Hauck/Helml*, § 59 Rn 1.

2 LAG Düsseldorf 31.3.1982 – 7 Ta 69/82 – LAGE § 62 ArbGG 1979 Nr. 6; LAG Hamm 11.3.1982 – 8 Sa 32/82 – AP § 141 ZPO Nr. 3 = LAGE § 141 ZPO Nr. 2.

rechtzeitige persönliche Ladung feststellbar ist (§ 335 Abs. 1 Nr. 2 ZPO). Auf die Ladung des nicht zugelassenen Prozessbevollmächtigten kann nicht abgestellt werden.[3]

3. Wahrung der Ladungs- und Einlassungsfrist. Im erstinstanzlichen Verfahren beträgt die Ladungsfrist mind. drei Tage (§ 46 Abs. 2 S. 1 i.V.m. § 217 ZPO) und die Einlassungsfrist mind. eine Woche (§ 47 Abs. 1).

4. Ordnungsgemäßer Aufruf. Der Aufruf der Sache hat am richtigen Ort (vgl. § 219 Abs. 1 ZPO), in richtiger Art und Weise (vgl. § 220 Abs. 1 ZPO) und nicht vor der festgesetzten Zeit zu erfolgen. Es entspricht einer verbreiteten gerichtlichen Praxis, den Aufruf zehn bis fünfzehn Minuten nach dem bestimmten Zeitpunkt des Termins vor Erlass eines Versäumnisurteils (beim zweiten Versäumnisurteil regelmäßig 15 Minuten) zu wiederholen bzw. so lange zu warten. Ein Abweichen von dieser Praxis kann zur Verletzung des rechtlichen Gehörs (Art. 103 Abs. 1 GG) und der Pflicht des Gerichts zur prozessualen Fairness führen.[4]

5. Säumnis. a) Nichterscheinen. Ein Fall der Säumnis liegt vor, wenn eine Partei zum Termin **nicht erscheint** (§ 330 ZPO). Im erstinstanzlichen Verfahren ist die Partei nicht erschienen, wenn weder sie persönlich noch ein ordnungsgemäß bevollmächtigter Vertreter (RA, Verbandsvertreter, sonstiger Vertreter, vgl. § 11 Abs. 1 und 2) zum Termin erscheinen. Im zweitinstanzlichen Verfahren liegt eine Säumnis vor, wenn kein Bevollmächtigter i.S.d. § 11 Abs. 2 S. 2 Nr. 4 und 5 für die Partei auftritt (§ 11 Abs. 4). Eine Säumnis im Revisionsverfahren ist unter denselben Voraussetzungen gegeben und zusätzlich auch dann, wenn eine solche bevollmächtigte Person nicht über die Befähigung zum Richteramt verfügt (§ 11 Abs. 4 S. 3).

Dem Nichterscheinen stehen gleich die freiwillige oder sitzungspolizeiliche Entfernung (vgl. § 158 ZPO) vor der Antragstellung. Als **erschienen** ist aber eine Partei zu behandeln, die sich vor Aufruf der Sache beim Vorsitzenden abgemeldet hat, weil ihr ein längeres Warten aus triftigem Grund nicht länger zumutbar ist. Als zumutbar wird das Warten bis zu einer Stunde angesehen.[5]

b) Kein Verhandeln zur Sache. Als nicht erschienen ist auch die Partei anzusehen, die in dem Termin zwar erscheint, aber nicht verhandelt (§ 333 ZPO). Es muss ein völliges Nichtverhandeln, auch zu einem selbstständigen Teil des Anspruchs, vorliegen. Nichtverhandeln ist jedenfalls die völlige Verweigerung der Einlassung zur Sache.[6] Verhandeln ist jede aktive Beteiligung an der Erörterung des Rechtsstreits vor Gericht, z.B. der örtlichen Zuständigkeit.[7] Verhandeln i.S.d. § 333 ZPO setzt beim Kläger/Rechtsmittelkläger einen Sachantrag voraus.[8] Dieser kann ausnahmsweise auch durch konkludente Bezugnahme auf die schriftsätzlich angekündigten Anträge erfolgen. Eine konkludente Bezugnahme der Anträge kann aber nur in Betracht kommen, wenn der Gegenstand des Rechtsstreits fest umrissen ist und klar ist, dass die Bezugnahme auf die Schriftsätze zum Zwecke der Antragstellung und nicht nur zur Erörterung der Sach- und Rechtslage erfolgt.[9] Nicht ausreichend ist ein Antrag auf Vertagung, Aussetzung,[10] Trennung oder Verbindung, Richterablehnung. Der Termin ist nach § 220 Abs. 2 ZPO aber nur versäumt, wenn die Partei bis zum Schluss nicht verhandelt. Dabei ist § 220 Abs. 2 ZPO so zu verstehen, dass die Säumnis zwar schon mit dem Nichtauftreten bzw. Nichtverhandeln eintritt, dem Säumigen aber bis zum Schluss des Termins die Möglichkeit bleibt, zu verhandeln und damit die Säumnis zu beenden und den Erlass eines Versäumnisurteils abzuwenden.[11] Das vom Fünften Senat für den Rechtsmittelkläger aufgestellte Erfordernis der Antragstellung gilt nicht uneingeschränkt. Diese mit dem Begriff des „Verhandelns" i.S.d. § 333 ZPO zwingend verbundene Klärung des Prozessziels setzt allerdings nicht stets das Stellen eines Antrags voraus. Das Erfordernis der Antragstellung kann dann entfallen, wenn sich das Verhalten einer Partei als derartige Teilnahme am Prozessgeschehen darstellt, dass sie auf eine bestimmte Entscheidung des Gerichts in der Sache gerichtet ist. Dies ist insbesondere dann der Fall, wenn aufgrund der Antragstellung der anderen Partei, in der Regel der klagenden Partei, deren Prozessziel eindeutig klar ist, und die Gegenseite durch ihr Auftreten im Verhandlungstermin und ihre bisherige Beteiligung am Rechtsstreit für Gericht und Gegenpartei ohne Antragstellung unzweifelhaft klargestellt hat, dass sie sich gegen die beantragte Verurteilung zur Wehr setzen will. Hinzu kommt, dass durch die Negation der Streitgegenstand nicht bestimmt wird (§ 308 ZPO). Von daher genügt es, wenn sich der Wille zur Abwehr des Antrags des Gegners aus dem Vorbringen ergibt, ohne dass eine nach den Ordnungsvorschriften der §§ 137, 297 ZPO an sich gebotene Antragstellung erfolgt.[12]

Verhandelt die Partei nicht mehr oder tritt der Prozessbevollmächtigte für sie nicht mehr auf, nachdem im selben Termin zur Hauptsache verhandelt, die Anträge gestellt und eine Beweiserhebung durchgeführt wurden, liegt kein Fall der Säumnis vor. Ergibt sich der Wille des Prozessvertreters des (Rechtsmittel-)Beklagten zur Abwehr des Sachantrags des (Rechtsmittel-)Klägers aus seinem Vorbringen in der mündlichen Verhandlung, so liegt keine

---

3 LAG Hamm 18.2.1981 – 12 Sa 1331/80 – LAGE § 345 ZPO Nr. 2.
4 *Germelmann u.a.*, § 59 Rn 6.
5 LAG Hamm 8.3.1973 – 8 Sa 698/72 NJW 1973, 1950 = DB 1973, 927.
6 BGH 27.5.1986 – IX ZR 152/85 – NJW-RR 1986, 1252.
7 BGH 19.1.1967 – VII ZB 13/66 – NJW 1967, 728.
8 BAG 4.12.2002 – 5 AZR 556/01 – AP § 333 ZPO Nr. 1 = NZA 2003, 341.
9 BAG 1.12.2004 – 5 AZR 121/04 – EEK 3169.
10 BGH 27.5.1986 – IX ZR 152/85 – NJW-RR 1986, 1252.
11 BGH 15.12.1992 – VI ZR 85/92 – NJW 1993, 861.
12 BAG 23.1.2007 – 9 AZR 492/06 – AP Nr. 83 zu § 233 ZPO 1977 = NZA 2007, 1450.

Säumnis des (Rechtsmittel-)Beklagten vor, wenn dessen Prozessbevollmächtigter erklärt, er trete nunmehr nicht mehr für den (Rechtsmittel-)Beklagten auf.[13] Das (Rechtsmittel-)Gericht darf in einem solchen Falle auch dann durch kontradiktorisches Urteil zugunsten des (Rechtsmittel-)Klägers entscheiden, wenn dieser nur den Erlass eines Versäumnisurteils gegen den (Rechtsmittel-)Beklagten beantragt hatte. Entsprechendes gilt, wenn die Partei ihr Verhandeln im selben Termin „zurücknehmen" oder „widerrufen" will.[14]

In einer **Güteverhandlung** sind die Anforderungen an ein Nichtverhandeln andere, da regelmäßig Anträge nicht zu stellen sind (siehe § 54 Rn 41).

10 Das Stellen eines Sachantrags allein genügt nicht in jedem Fall. Ausreichend ist es aber, wenn darin zugleich – wie i.d.R. – eine tatsächliche und/oder rechtliche Stellungnahme durch stillschweigenden Bezug auf früheres mündliches und/oder schriftliches Vorbringen liegt (Einzelheiten vgl. oben Rn 9).[15] Im Zweifelsfall muss die Vorsitzende nach § 139 Abs. 1 S. 2 ZPO für eine Klarstellung sorgen. Für ein Verhandeln zur Sache genügt aber nicht die Antragstellung durch einen über den Gegenstand des Rechtsstreits nicht informierten RA der beklagten Partei, wenn auch eine schriftliche Klageerwiderung noch nicht eingereicht ist.

Wenn eine Partei in dem Termin verhandelt, sich jedoch über Tatsachen, Urkunden oder Anträge auf Parteivernehmung nicht erklärt, so sind die Vorschriften des Versäumnisverfahrens nicht anzuwenden (§ 334 ZPO).

11 **6. Allgemeine Prozessvoraussetzungen.** Die allgemeinen Prozessvoraussetzungen (siehe § 46 Rn 41 ff.) müssen auch beim Erlass eines Versäumnisurteils vorliegen. Von Bedeutung sind hier insb. die Rechtswegzuständigkeit und die Partei- und Prozessfähigkeit.

12 **7. Nichtvorliegen der Hindernisse nach § 335 Abs. 1 Nr. 1 bis 3 ZPO.** Der Antrag auf Erlass eines Versäumnisurteils oder einer Entscheidung nach Lage der Akten ist zurückzuweisen, wenn Verfahrensmängel, Ladungsfehler oder verspätet angekündigte Anträge oder verspäteter Sachvortrag vorliegen. Fehlt eine Sachurteilsvoraussetzung, kommt keine Versäumnisentscheidung, sondern allenfalls ein unechtes Versäumnisurteil in Betracht, wenn der Mangel der Sachurteilsvoraussetzungen nicht behebbar ist oder seine Behebung durch die Partei trotz Aufforderung hierzu verweigert wird. Nicht behebbare Mängel sind z.B. die fehlende Partei- oder Prozessfähigkeit, das fehlende Rechtsschutzbedürfnis (Feststellungsinteresse), die anderweitige Rechtshängigkeit oder die Unzulässigkeit des Rechtsmittels.

13 a) **Behebbare Verfahrensmängel (Nr. 1).** Eine Versäumnisentscheidung ist nach § 335 Abs. 1 Nr. 1 ZPO unzulässig, wenn die erschienene Partei einen Nachweis über einen Umstand nicht beibringen kann, der von Amts wegen zu berücksichtigen ist. Dies gilt für alle von Amts wegen zu beachtenden, behebbaren Verfahrensmängel, wie z.B. die fehlende Zuständigkeit nach § 331 Abs. 1 S. 2 ZPO oder den Mangel der Vollmacht nach § 88 Abs. 2 ZPO.

14 b) **Ladungsfehler (Nr. 2).** Wenn die nicht erschienene Partei nicht ordnungsgemäß, insb. nicht rechtzeitig geladen war, ist eine Versäumnisentscheidung ebenfalls unzulässig (§ 335 Abs. 1 Nr. 2 ZPO). Dies gilt nur bei echter Säumnis, nicht im Falle des Nichtverhandelns nach § 333 ZPO. Die erschienene, aber nicht verhandelnde Partei gilt auch bei fehlerhafter oder entbehrlicher (§ 218 ZPO betr. verkündeten Termins; § 497 Abs. 2 ZPO i.V.m. § 46 Abs. 2 betr. Ladung der klagenden Partei zu dem auf die Klage bestimmten Termin) Ladung als säumig.[16]

15 c) **Rechtzeitigkeit der Anträge und des Tatsachenvortrags (Nr. 3).** Eine Versäumnisentscheidung ist schließlich unzulässig, wenn einer nicht erschienenen Partei ein tatsächliches mündliches Vorbringen oder ein Antrag nicht rechtzeitig mittels Schriftsatz mitgeteilt wurde (§ 335 Abs. 1 Nr. 3 ZPO). Dies gilt nur, wenn die beklagte Partei säumig ist. Gegen die säumige klagende Partei bedarf es weder eines Sachantrags noch eines tatsächlichen Vorbringens zur Klageabweisung; es reicht ein Prozessantrag nach § 330 ZPO.

16 Nur **Sachanträge** müssen rechtzeitig angekündigt werden. Prozessanträge bedürfen keiner Ankündigung. Entbehrlich ist die Ankündigung eines i.S.v. § 264 Nr. 2 ZPO eingeschränkten Antrags (z.B. Reduzierung der Zahlungsforderung aufgrund Teilerfüllung; Feststellung statt Leistung).

17 **Rechtzeitig** sind Sachanträge und Tatsachenvortrag, wenn sie dem Gegner vor der ersten mündlichen Verhandlung unter Wahrung der Einlassungsfrist von mindestens einer Woche (§ 47 Abs. 1) und vor weiteren mündlichen Verhandlungen unter Wahrung der Wochenfrist entsprechend § 132 Abs. 1 ZPO (auch bzgl. Erklärungen zu Protokoll nach § 496 ZPO i.V.m. § 46 Abs. 2) zugehen.

18 d) **Verfahren beim Vorliegen eines Hindernisses.** Liegt ein Hindernis nach § 335 Abs. 1 Nr. 1 bis 3 ZPO vor, ist der dennoch gestellte Antrag auf Erlass eines Versäumnisurteils vom Vorsitzenden durch Beschluss zurückzuweisen. Der antragstellenden Partei ist zuvor rechtliches Gehör zu gewähren. Der Beschluss unterliegt nach § 336

---

13 BAG 23.1.2007 – 9 AZR 492/06 – AP Nr. 83 zu § 233 ZPO 1977 = NZA 2007, 1450.
14 OLG Frankfurt/Main 8.10.1991 – 14 U 247/90 – NJW-RR 1992, 1405; GK-ArbGG/*Schütz*, § 59 Rn 20.
15 Krit.: *Germelmann u.a.*, § 59 Rn 10.
16 Zöller/*Herget*, § 335 Rn 3; Schwab/Weth/*Korinth*, § 59 Rn 18.

Abs. 1 S. 1 ZPO der sofortigen Beschwerde. Wird der Beschluss aufgehoben, so ist die nicht erschienene Partei zu dem neuen Termin nicht zu laden (§ 336 Abs. 1 S. 2 ZPO). Neben der Zurückweisung des Antrags ist ein neuer Termin zu bestimmen (§ 216 ZPO).[17]
Die Ablehnung eines Antrags auf Entscheidung nach Lage der Akten ist unanfechtbar (§ 336 Abs. 2 ZPO).

e) **Vertagung von Amts wegen.** Das Gericht vertagt die Verhandlung über den Antrag auf Erlass des Versäumnisurteils oder einer Entscheidung nach Lage der Akten, wenn es dafür hält, dass die von der Vorsitzenden bestimmte Einlassungs- oder Ladungsfrist zu kurz bemessen oder dass die Partei ohne ihr Verschulden am Erscheinen verhindert ist (§ 337 S. 1 ZPO). Die Pflicht zur Vertagung folgt aus dem Anspruch der unverschuldet säumigen Partei auf rechtliches Gehör; sie besteht daher nur gegenüber der abwesenden, nicht auch gegenüber der anwesenden Partei, die i.S.v. § 333 ZPO nicht verhandelt. Die erschienene Partei kann aber die unangemessene Kürze einer richterlich gesetzten Einlassungsfrist rügen und deswegen Vertagung beantragen (§ 227 Abs. 1 S. 2 Nr. 2 ZPO). Die Säumnis ist unverschuldet, wenn ein erheblicher Verhinderungsgrund entweder offenkundig (vgl. § 291 ZPO) ist oder von der abwesenden Partei dem Gericht mitgeteilt wurde. Als erhebliche Verhinderungsgründe sind anerkannt: unbeschiedenes Gesuch um PKH,[18] es sei denn, ein RA ist bereits bestellt;[19] erst unmittelbar vor Termin beschiedenes PKH-Gesuch;[20] unzumutbare Verzögerung des Aufrufs der Sache; Krankheit des Prozessbevollmächtigten; Unfall auf dem Weg zum Terminsort.[21] Vertrauen eines RA auf Nichtbeantragung eines Versäumnisurteils durch gegnerischen Kollegen genügt nicht.[22]

Bei Vertagung ist die nicht erschienene Partei – abweichend von § 218 ZPO – zu dem neuen Termin zu laden. In diesem Termin kann die zuvor säumige Partei zur Sache verhandeln und so die Säumnisfolgen abwenden. Gegen die Vertagungsentscheidung ist das Rechtsmittel der sofortigen Beschwerde (§ 336 Abs. 1 S. 1 ZPO) gegeben.[23]

II. Entscheidung

1. Entscheidung durch die Vorsitzenden. Im Fall der Säumnis einer Partei folgte für den Vorsitzenden aus § 55 Abs. 1 Nr. 4 a.F. ein **Alleinentscheidungsrecht** für alle Entscheidungen, die auf die Säumnis zurückzuführen sind. Eine Änderung ist aufgrund des am 1.4.2008 in Kraft getretenen SGGArbGG-ÄnderungsG eingetreten. Das Alleinentscheidungsrecht bezieht sich nun nur noch auf Entscheidungen **außerhalb der streitigen Verhandlung**. Problematisch ist diese Formulierung, weil die sich an die Güteverhandlung anschließende weitere Verhandlung im Sinne des § 54 Abs. 4 S. 1 bisher als streitige Verhandlung angesehen worden ist.[24] Danach könnte in dieser Verhandlung nun kein Versäumnisurteil mehr ergehen, weil ehrenamtliche Richter regelmäßig nicht anwesend sind. Gemeint sind nach der Gesetzesbegründung[25] allerdings wohl all die Fälle, in denen die Kammer nicht anwesend ist.[26] Die „weitere Verhandlung" nach § 54 Abs. 4 S. 1 ist offenbar übersehen bzw. nicht als streitige Verhandlung angesehen worden (ausführlich siehe § 55 Rn 3). Außerhalb der „streitigen" Verhandlung erstreckt sich das Alleinentscheidungsrecht weiterhin auf den Erlass eines echten Versäumnisurteils (§ 330 ZPO), eines sog. unechten Versäumnisurteils (§ 331 Abs. 2 ZPO), auf die Entscheidung nach Lage der Akten (§ 331a ZPO), wobei Anwendungsfälle kaum noch denkbar sind, auf die Entscheidung über die Zurückweisung des Antrags auf Erlass des Versäumnisurteils nach § 335 Abs. 1 ZPO und auf die Vertagungsentscheidung nach § 337 S. 1 ZPO (vgl. § 55 Rn 15 ff.). Ausdrücklich ergänzt wurde das Alleinentscheidungsrecht durch das SGGArbGG-ÄnderungsG (Einfügung des § 55 Abs. 1 Nr. 4a) per 1.4.2008 für die Entscheidung über die Verwerfung des Einspruchs gegen ein Versäumnisurteil oder einen Vollstreckungsbescheid als unzulässig.

2. Antrag. Die Säumnisentscheidung erfolgt nicht von Amts wegen, sondern auf **Antrag der erschienenen Partei**. Dabei kann die erschienene Partei zwischen dem Antrag auf Erlass eines Versäumnisurteils oder – wenn bereits in einem früheren Termin verhandelt worden ist – einer Entscheidung nach Lage der Akten wählen. Stellt die erschienene Partei keinen Antrag auf Versäumnisentscheidung, gilt auch sie als säumig (vgl. § 333 ZPO). Ein Vertagungsantrag der anwesenden Partei ist kein Verhandeln und bindet das Gericht nicht.[27] In der weiteren Verhandlung im unmittelbaren Anschluss an die Güteverhandlung kann die erschienene Partei aber bereits den Antrag auf Anberaumung des Termins zur streitigen Verhandlung nach § 54 Abs. 5 S. 2 stellen. Der Antrag der anwesenden beklagten Partei auf Erlass eines Versäumnisurteils soll stillschweigend im Antrag auf Klageabweisung als unbegründet liegen. Der Antrag auf Säumnisentscheidung kann auf einen i.S.v. § 301 ZPO trennbaren Teil der Klage beschränkt werden, was ein Teil-Versäumnisurteil (genauer: Versäumnis-Teilurteil) zur Folge hat.

---

17 Str., Zöller/*Herget*, § 335 Rn 6.
18 LG Münster 26.9.1990 – 1 S 279/90 – MDR 1991, 160.
19 OLG Koblenz 15.6.1989 – 5 U 1130/88 – NJW-RR 1990, 382.
20 Zöller/*Herget*, § 337 Rn 3; Schwab/Weth/ *Korinth*, § 59 Rn 26.
21 BAG 19.10.1971 – 1 AZR 98/71 – AP § 337 ZPO Nr. 3.
22 BVerfG 14.12.1999 – 1 BvR 1327/98 – AP § 337 ZPO Nr. 4 = NJW 2000, 347.
23 OLG Hamm 14.2.1991 – 6 W 43/90 – NJW-RR 1991, 703.
24 *Germelmann u.a.*, § 54 Rn 48.
25 BR-Drucks 820/07, S. 32
26 In diesem Sinne wohl auch GK-ArbGG/*Schütz*, § 59 Rn 38.
27 Zöller/*Herget*, § 330 Rn 1.

23 **3. Versäumnisentscheidung bei Säumnis der klagenden Partei.** Liegen die Voraussetzungen für eine Versäumnisentscheidung vor (vgl. Rn 2 ff.), ergeht gegen die nicht erschienene oder verhandelnde klagende Partei ohne sachliche Prüfung der zulässigen Klage ein die Klage abweisendes Versäumnisurteil. Dies hat die materiellrechtliche, rechtskraftfähige Aberkennung des Klageanspruchs zur Folge. Entsprechendes gilt unter Berücksichtigung der vertauschten Parteirollen bei der Widerklage. Ist die Klage bereits **unzulässig**, ist trotz Antrags der beklagten Partei auf Erlass eines Versäumnisurteils die Klage bei nicht behebbaren Verfahrensmängeln durch **kontradiktorisches unechtes Versäumnisurteil** als unzulässig abzuweisen, denn die klagende Partei soll mit ihrer unzulässigen Klage nicht allein deshalb besser gestellt sein, weil sie auch noch säumig ist.[28]

24 Das echte Versäumnisurteil ist nur der unterliegenden Partei zuzustellen (§ 317 Abs. 1 Alt. 2 ZPO). Ein unechtes Versäumnisurteil ist jedoch beiden Parteien zuzustellen (§ 317 Abs. 1 Alt. 1 ZPO). Versäumnisurteile können verkündet werden, auch wenn die Urteilsformel noch nicht schriftlich abgefasst ist (§ 311 Abs. 2 S. 2). Sie bedürfen nicht des Tatbestandes und der Entscheidungsgründe (§ 313b Abs. 1 S. 1) und sind als Versäumnisurteil zu bezeichnen (§ 313b Abs. 1 S. 2 ZPO), wobei die fehlerhafte Bezeichnung nichts daran ändert, dass es sich um Versäumnisentscheidungen handelt. Umgekehrt bleibt das unechte Versäumnisurteil ein kontradiktorisches Urteil, selbst wenn es **falsch** als Versäumnisurteil bezeichnet wurde.[29]

25 **4. Versäumnisentscheidung bei Säumnis der beklagten Partei.** Erscheint lediglich die klagende Partei und liegen die Voraussetzungen für eine Versäumnisentscheidung vor, so ergeht auf Antrag ein klagestattgebendes Versäumnisurteil, wenn die Klage schlüssig ist.

26 Dabei gilt das tatsächliche mündliche Vorbringen der klagenden Partei nach § 331 Abs. 1 S. 1 ZPO als zugestanden. Das **als zugestanden** anzusehende tatsächliche Vorbringen muss den gestellten Sachantrag rechtfertigen. Das ist nicht der Fall, wenn die klagende Partei nicht alle anspruchsbegründenden Tatsachen behauptet. Die klagende Partei darf nicht zugleich rechtshindernde oder rechtsvernichtende Tatsachen vortragen oder dass die beklagte Partei eine rechtshemmende Einrede geltend gemacht hat, wenn sie nicht gleichzeitig rechtserhaltende Tatsachenbehauptungen dagegen setzt. Ergibt sich z.B. bereits aus dem Vortrag der klagenden Partei, dass die beklagte Partei die Einrede der Verjährung erhoben hat, ist das zu berücksichtigen. In diesem Fall ist auch der Einredetatbestand Beurteilungsgrundlage nach § 331 Abs. 1 ZPO.[30] Das Gericht ist nicht an Tatsachenvortrag gebunden bei offenkundiger Unwahrheit und betrügerischem Zusammenwirken der Parteien zum Nachteil Dritter, z.B. zu Lasten der Sozialversicherungsträger.[31]

27 Nach § 331 Abs. 1 S. 2 ZPO gelten diejenigen Behauptungen der klagenden Partei nicht als zugestanden, aus denen sich die sachliche, örtliche oder internationale Zuständigkeit des angegangenen Gerichts im Wege einer Vereinbarung über den Erfüllungsort oder über die Zuständigkeit ergäbe.

28 Soweit das Vorbringen den Klageantrag rechtfertigt, ist nach dem Antrag auf Erlass eines Versäumnisurteils zu erkennen. Soweit dies nicht der Fall ist, ist die Klage (ggf. durch Teilurteil) abzuweisen (§ 331 Abs. 2 ZPO). **Unechtes Versäumnisurteil** ist das gegen den anwesenden Kläger mangels Zulässigkeit oder Schlüssigkeit der Klage ergehende und das gegen den zwar abwesenden (oder nicht verhandelnden) Kläger ergehende, jedoch nicht auf die Säumnis, sondern auf unbehebbare Verfahrensmängel gestützte abweisende Prozessurteil.[32] Das auf Unschlüssigkeit oder sonstige Mängel der Klageerhebung gestützte unechte Versäumnisurteil gegen den anwesenden Kläger setzt voraus, dass dieser vorher vom Gericht auf diese verfahrensrechtlichen Bedenken hingewiesen wurde. *Creutzfeld*[33] hält es auch für zulässig, den begründeten Teil des Anspruchs durch **Teilversäumnisurteil** zuzusprechen und die Klage im Übrigen durch ein kontradiktorisches Schlussurteil abzuweisen.

29 Bei der **Stufenklage** kann diese vollständig, auch der noch unbezifferte Zahlungsantrag, als unzulässig oder unbegründet abgewiesen werden. Andernfalls ist sukzessiv über jede Stufe zu entscheiden. Eine sachliche Entscheidung über eine spätere Stufe, auch dem Grunde nach und auch bei Säumnis der beklagten Partei, ist unzulässig, solange nicht die vorhergehende Stufe – regelmäßig durch Teilurteil – erledigt ist.[34] Bei **Haupt- und Hilfsantrag** ist die Abweisung des Hauptantrags Voraussetzung einer Entscheidung über den Hilfsantrag. Zulässig wäre es daher, gleichzeitig den Hauptantrag, sofern dieser unzulässig oder unschlüssig ist, durch unechtes Versäumnisurteil abzuweisen und dem Hilfsantrag durch echtes Versäumnisurteil stattzugeben.[35] Gegen dieses Urteil kann hinsichtlich der den

---

28 BGH 13.3.1986 – I ZR 27/84 – NJW-RR 1986, 1041 = DB 1986, 1665.
29 BGH 3.2.1988 – IVb ZB 4/88 – FamRZ 1988, 945.
30 BAG 14.6.1994 – 9 AZR 111/93 – AP Nr. 15 zu § 196 BGB = NZA 1995, 1056.
31 *Germelmann u.a.*, § 59 Rn 13.
32 BGH 13.3.1986 – I ZR 27/84 – NJW-RR 1986, 1041 = DB 1986, 1665.

33 *BCF*, § 59 Rn 16; a.A. *Germelmann u.a.*, § 59 Rn 14 und BAG 3.11.1965 – 5 AZR 157/65 – AP Nr. 1 zu § 11 BUrlG = NJW 1966, 612, eine entsprechende LAG-Entscheidung zwar bemängelnd, sie im Ergebnis aber haltend, weil das Verfahren nicht das Verständnis der ergangenen Gesamtentscheidung erschwere.
34 BGH 26.4.1989 – IV b ZR 48/88 – NJW 1989, 2821; BAG 16.5.1994 – II ZR 223/92 – NJW-RR 1994, 1185.
35 *Zöller/Herget*, § 331 Rn 10.

Hauptantrag betreffenden Entscheidung das Rechtsmittel des Einspruchs gegeben sein. Über den Grund des Anspruchs ist ein Versäumnisurteil nicht zulässig.[36]

5. Entscheidung nach Lage der Akten. Beim Ausbleiben einer Partei im Termin zur mündlichen Verhandlung kann der Gegner statt eines Versäumnisurteils eine Entscheidung nach Lage der Akten beantragen; dem Antrag ist zu entsprechen, wenn der Sachverhalt für eine derartige Entscheidung hinreichend geklärt erscheint (§ 331a S. 1 ZPO). Ein Urteil nach Lage der Akten darf aber grds. nur ergehen, wenn in einem früheren Kammertermin[37] mündlich verhandelt worden ist (§§ 251a Abs. 2 S. 1, 331a S. 2 ZPO). Mit dem Antrag auf Erlass einer Entscheidung nach Lage der Akten kann die erschienene Partei der Prozessverschleppung (Flucht in das Versäumnisurteil) begegnen.   30

Für die Entscheidung nach Lage der Akten müssen alle Voraussetzungen für den Erlass einer Versäumnisentscheidung vorliegen. Sie bedarf eines Antrags (Prozess- und zugleich Sachantrag) der erschienenen Partei (ansonsten gerichtliche Entscheidung nach §§ 333, 251a ZPO). Zudem muss Entscheidungsreife bestehen. Das ist eine Frage pflichtgemäßen Ermessens. An der Entscheidungsreife fehlt es, wenn sich eine Partei zu erheblichem Vorbringen der anderen Partei noch nicht erklärt hat. Früheres Bestreiten der nicht anwesenden Partei löst zudem die Beweisbedürftigkeit aus, die wiederum der Entscheidungsreife entgegensteht.[38]   31

Die Entscheidung darf frühestens nach zwei Wochen (§§ 251a Abs. 2 S. 2, 331a S. 2 ZPO) verkündet werden. Der Verkündungstermin darf aber grds. nur dann über drei Wochen hinweg angesetzt werden, wenn wichtige Gründe, insb. der Umfang oder die Schwierigkeit der Sache, dies erfordern (§ 60 Abs. 1 S. 2 und 3). Das Gericht hat der nicht erschienenen Partei den Verkündungstermin formlos mitzuteilen (§§ 251a Abs. 2 S. 3, 331a S. 2 ZPO). Es bestimmt neuen Termin zur mündlichen Verhandlung, wenn die Partei dies spätestens am siebten Tage vor dem zur Verkündung bestimmten Termin beantragt und glaubhaft macht, dass sie ohne ihr Verschulden ausgeblieben ist und die Verlegung des Termins nicht rechtzeitig beantragen konnte (§§ 251a Abs. 2 S. 4, 331a S. 2 ZPO).   32

Die Anordnung, nach Aktenlage zu entscheiden (i.d.R. konkludent durch die Aktenlageentscheidung), ist nicht selbständig anfechtbar. Verfahrensfehler bei der Anwendung des § 331a ZPO können mit dem Rechtsmittel gegen die Hauptsacheentscheidung gerügt werden. Gegen die Aktenlageentscheidung finden die normalen Rechtsmittel, Berufung bzw. Revision, statt.   33

6. Rechtsbehelfsbelehrung. Die nicht erschienene Partei ist zugleich mit Zustellung des Versäumnisurteils darüber zu belehren, dass gegen die Entscheidung der Rechtsbehelf des Einspruchs gegeben ist, der beim ArbG schriftlich oder durch Abgabe einer Erklärung zur Niederschrift der Geschäftsstelle eingelegt werden kann (S. 3). Die Rechtsbehelfsbelehrung ist dem Versäumnisurteil beizufügen. Sie ist entgegen der Rechtsmittelbelehrung i.S.v. § 9 Abs. 5 nicht Bestandteil der Entscheidung und bedarf daher nicht der richterlichen Unterzeichnung. Beim unechten Versäumnisurteil ist hingegen eine Rechtsmittelbelehrung i.S.v. § 9 Abs. 5 erforderlich. Beim Versäumnis-Teilurteil (vgl. Rn 22) und zugleich unechtem Teilurteil muss sowohl eine Rechtsbehelfsbelehrung hinsichtlich der Einspruchsmöglichkeit als auch eine Rechtsmittelbelehrung hinsichtlich der Berufung erfolgen. Zudem muss die Rechtsbehelfsbelehrung eine Belehrung über die Folgen einer verspäteten Begründung des Einspruchs enthalten (§ 340 Abs. 3 S. 4 ZPO).   34

Sofern das Versäumnisurteil ohne die Rechtsbehelfsbelehrung (oder mit unvollständiger Rechtsbehelfsbelehrung) zugestellt wird, läuft die Einspruchsfrist nicht an. Vielmehr ist eine erneute Zustellung des Urteils mit Rechtsbehelfsbelehrung erforderlich.[39]   35

III. Einspruch

1. Rechtsbehelf. Der Partei, gegen die ein Versäumnisurteil erlassen ist, steht gegen das Urteil der Einspruch zu (§ 338 ZPO). Der **Einspruch** ist kein Rechtsmittel, sondern ein Rechtsbehelf, weil er die Sache nicht in die höhere Instanz bringt (Devolutiveffekt) und nicht zur Nachprüfung des Versäumnisurteils, sondern zur Nachholung der versäumten Verhandlung führt.   36

Der Einspruch ist nur gegen ein **echtes Versäumnisurteil** (auch Versäumnis-Teilurteil) statthaft. Gegen ein unechtes Versäumnisurteil und eine Entscheidung nach Lage der Akten verbleibt es bei den normalen Rechtsmitteln. Auf den Lauf der Rechtsmittelfristen hat die Einspruchseinlegung keinen Einfluss.[40] Die Einschränkung des Einspruchs auf einen Teil des Streitgegenstands, der einer Entscheidung durch Teilurteil zugänglich wäre, ist zulässig.   37

2. Einspruchsfrist. Der Einspruch kann nur innerhalb einer **Notfrist von einer Woche** nach Zustellung des Versäumnisurteils eingelegt werden (**S. 1** als Sonderregelung gegenüber § 339 Abs. 1 S. 1 ZPO). Die Einlegung des Einspruchs nach Verkündung, jedoch vor Zustellung der Versäumnisentscheidung ist zulässig.   38

---

36 *Germelmann u.a.*, § 59 Rn 14.
37 Nicht Gütetermin: GK-ArbGG/*Schütz*, § 59 Rn 51.
38 GK-ArbGG/*Schütz*, § 59 Rn 51.
39 *Germelmann u.a.*, § 59 Rn 23; a.A. *Grunsky*, ArbGG, § 59 Rn 6.
40 BGH 25.6.1986 – IVb ZB 83/85 – NJW-RR 1986, 1326.

39 Muss die Zustellung des Versäumnisurteils im Ausland oder durch öffentliche Zustellung erfolgen, so hat das Gericht[41] die Einspruchsfrist im Versäumnisurteil oder nachträglich durch besonderen Beschluss, der ohne mündliche Verhandlung und damit vom Vorsitzenden erlassen werden kann, zu bestimmen (§ 339 Abs. 2 ZPO). Die Auslandszustellung kommt nur in Betracht, wenn entgegen § 184 ZPO kein Zustellungsbevollmächtigter benannt ist.

40 **3. Form.** Der Einspruch wird beim ArbG schriftlich oder durch Abgabe einer Erklärung zur Niederschrift der Geschäftsstelle eingelegt (S. 2). Die Einspruchsschrift muss die Bezeichnung des Urteils, gegen das der Einspruch eingelegt wird, und die Erklärung enthalten, dass gegen dieses Urteil Einspruch eingelegt werde (§ 340 Abs. 2 S. 1 ZPO).

41 Soll das Urteil nur zum Teil angefochten werden, so ist der Umfang der Anfechtung zu bezeichnen (§ 340 Abs. 2 S. 2 ZPO).

42 Der **Einspruch** muss dabei **nicht als solcher bezeichnet** sein; es genügt, wenn erkennbar ist, dass ein bestimmtes Versäumnisurteil angegriffen wird[42] bzw. dass die Partei das Urteil nicht gelten lassen und das Verfahren fortsetzen will.[43] Dabei sind für die **Auslegung der Einspruchserklärung** mündliche Quellen unbeachtet.[44] Auch ein Entschuldigungsschreiben wegen unterbliebener Wahrnehmung eines Termins kann als Einspruchsschrift angesehen werden, wenn aus ihm deutlich wird, dass die Partei auch etwaige nachteilige prozessuale Folgen ihrer Säumnis beseitigen wollte.[45] Eine großzügige Auslegung der Parteierklärung ist insb. dann geboten, wenn sich die Partei in dem Verfahren nicht durch einen Bevollmächtigten vertreten lässt.[46] Da der Einspruch auch mündlich zu Protokoll der Geschäftsstelle erklärt werden kann, besteht auch im Verfahren vor dem LAG entgegen § 11 Abs. 2 insoweit **kein Vertretungszwang**.[47]

43 Bei schriftlicher Einlegung des Einspruchs ist eine **Unterzeichnung** des Schriftsatzes erforderlich. Es genügt allerdings auch die Einlegung mittels Telegramm, Telefax, Computerfax[48] oder elektronischen Dokuments i.S.d. § 46b. Insoweit gelten hier die gleichen Grundsätze wie bei der Einlegung von Rechtsmitteln. Wird der Einspruch von einem **vollmachtlosen Vertreter** eingelegt, gilt § 89 ZPO. Der Einspruch ist in diesem Falle nur dann fristgerecht eingelegt worden, wenn das Gericht den vollmachtlosen Vertreter einstweilen zur Prozessführung zugelassen hat (§ 89 Abs. 1 S. 1 ZPO). Da eine stillschweigende Zulassung im schriftlichen Verfahren nicht möglich ist, bedarf es eines entsprechenden Beschlusses des Gerichts. In der bloßen Anberaumung eines Einspruchskammertermins ist eine stillschweigende einstweilige Zulassung nicht zu sehen; es ist nicht zwingend, dass das Gericht mit der Terminsanberaumung auch eine einstweilige Zulassung des vollmachtlosen Vertreters vornehmen wollte.[49] Nur im Falle der einstweiligen Zulassung kann die Partei gem. § 89 Abs. 2 ZPO im Nachhinein die Einlegung des Einspruchs genehmigen.[50] Erfolgt keine einstweilige Zulassung, ist der Einspruch unzulässig.

Die Einspruchsschrift ist der Gegenpartei zuzustellen. Dabei ist mitzuteilen, wann das Versäumnisurteil zugestellt und Einspruch eingelegt worden ist (§ 340a S. 1 und 2 ZPO).

44 **4. Inhalt.** Nach § 340 Abs. 3 S. 1 ZPO hat die Partei ihre Angriffs- und Verteidigungsmittel, soweit es nach der Prozesslage einer sorgfältigen und auf Förderung des Verfahrens bedachten Prozessführung entspricht, sowie Rügen, die die Zulässigkeit der Klage betreffen, in der Einspruchsschrift, zumindest in der Einspruchsfrist[51] vorzubringen. Die Vorsitzende kann auf Antrag für die Einspruchsbegründung die ansonsten für den Einspruch geltende Wochenfrist (vgl. S. 1) verlängern, wenn nach ihrer freien Überzeugung der Rechtsstreit durch die Verlängerung nicht verzögert wird oder wenn die Partei erhebliche Gründe darlegt (§ 340 Abs. 3 S. 2 ZPO). Das Vorliegen der Gründe für die Verlängerung ist vom Vorsitzenden nach pflichtgemäßem Ermessen zu überprüfen. Dabei hat er zu berücksichtigen, dass die Partei bereits ihre Prozessförderungspflicht nach § 282 ZPO verletzte, indem sie es zu einer Versäumnisentscheidung kommen ließ.[52] Der Entschuldigungsgrund ist auf Verlangen des Vorsitzenden durch die Partei glaubhaft zu machen (§§ 296 Abs. 4, 340 Abs. 3 S. 3 ZPO).

45 Fehlt es an einer fristgerechten Begründung des Einspruchs, führt dies nicht zur Unzulässigkeit des Einspruchs; die verspätete Begründung kann jedoch entsprechend §§ 296 Abs. 1 und 3, 340 Abs. 3 S. 3 ZPO zurückgewiesen werden.[53] Insoweit müssen aber die allg. Voraussetzungen für ein Zurückweisen verspäteten Vorbringens vorliegen.

---

41 *Germelmann u.a.*, § 59 Rn 35.
42 BAG 11.3.1971 – 5 AZR 184/70 – AP § 340 ZPO Nr. 2 = DB 1971, 1168; BAG 18.1.1974 – 3 AZR 3/73 – AP § 345 ZPO Nr. 4 = DB 1974, 1072.
43 LAG Sachsen-Anhalt 9.12.1996 – 4 Ta 102/96 – n.v.
44 BGH 9.6.1994 – IX ZR 133/93 – MDR 1995, 308.
45 BAG 11.3.1971 – 5 AZR 184/70 – AP § 340 ZPO Nr. 2 = DB 1971, 1168.
46 *Germelmann u.a.*, § 59 Rn 25.
47 BAG 10.7.1957 – 1 AZR 434/55 – AP § 630 BGB Nr. 1 = DB 1958, 659.
48 LAG Köln 10.4.2001 – 6 Ta 58/01 – LAGE § 59 ArbGG 1979 Nr. 5 = NZA 2001, 1159.
49 *Germelmann u.a.*, § 59 Rn 26.
50 *B/L/A/H*, § 89 Rn 12.
51 BAG 9.11.1983 – 5 AZR 355/81 – AP § 340 ZPO Nr. 3 = BB 1984, 345.
52 *Germelmann u.a.*, § 59 Rn 30.
53 BAG 9.11.1983 – 5 AZR 355/81 – AP § 340 ZPO Nr. 3 = BB 1984, 345; *Germelmann u.a.*, § 59 Rn 29.

5. Wirkung des Einspruchs. Durch den rechtzeitig eingelegten Einspruch wird der Eintritt der Rechtskraft gehemmt (§ 705 S. 2 ZPO). Ist der Einspruch zulässig, so wird der Prozess, soweit der Einspruch reicht, in die Lage zurückversetzt, in der er sich vor Eintritt der Versäumnis befand (§ 342 ZPO). Damit werden alle früheren Prozesshandlungen der Parteien und des Gerichts wieder erheblich. Umgekehrt entfällt die Wirkung der Prozesshandlung, die die anwesende Partei im Versäumnistermin vorgenommen hat, insb. die Einlassung zur Hauptsache, die im Antrag der beklagten Partei auf Klageabweisung aus sachlichen Gründen lag.

Das innerhalb der Einspruchsfrist oder einer gerichtlich verlängerten Frist erfolgte Vorbringen ist selbst dann zu berücksichtigen, wenn dieses Vorbringen in dem Versäumnistermin als verspätet hätte zurückgewiesen werden müssen (Zulässigkeit der sog. Flucht ins Versäumnisurteil).

Trotz Einspruchs bleibt das Versäumnisurteil nach § 62 Abs. 1 S. 1 vorläufig vollstreckbar. Für die einstweilige Einstellung der Zwangsvollstreckung gelten die Voraussetzungen des § 62 Abs. 1 S. 2–4.

Die Wirksamkeit eines nach Erlass des Versäumnisurteils erklärten Verzichts auf den Einspruch ist nicht davon abhängig, dass der Gegner die Verzichtleistung angenommen hat (§§ 346, 515 ZPO). Die Zurücknahme des Einspruchs ist ohne Einwilligung des Gegners bis zur Verkündung des Urteils möglich (§§ 346, 516 Abs. 1 ZPO). Die Zurücknahme des Einspruchs ist dem Gericht gegenüber zu erklären. Sie erfolgt, wenn sie nicht bei der mündlichen Verhandlung erklärt wird, durch Einreichung eines Schriftsatzes (§§ 346, 516 Abs. 2 ZPO). Die Zurücknahme hat den Verlust des eingelegten Rechtsbehelfs und die Verpflichtung zur Folge, die durch den Rechtsbehelf entstandenen Kosten zu tragen (§§ 346, 516 Abs. 3 S. 1 ZPO), wobei im erstinstanzlichen Verfahren der Kostentragungsregelung in § 12a Vorrang zukommt. Diese Wirkungen sind durch Beschluss auszusprechen.

IV. Weiteres Verfahren

1. Zulässigkeitsprüfung. Das Gericht hat von Amts wegen zu prüfen, ob der Einspruch an sich statthaft und ob er in der gesetzlichen Form und Frist eingelegt ist (§ 341 Abs. 1 S. 1 ZPO).

Fehlt es an einem dieser Erfordernisse, so ist der Einspruch **als unzulässig zu verwerfen** (§ 341 Abs. 1 S. 2 ZPO). Die Verwerfungsentscheidung kann ohne oder aufgrund mündlicher Verhandlung durch – in jedem Fall zu verkündendes – Urteil des **Vorsitzenden** ergehen (§ 341 Abs. 2 ZPO i.V.m. § 55 Abs. 1 S. 2). In Anlehnung an die h.M. zu § 349 ZPO[54] war die Entscheidung über die Zulässigkeit des Einspruchs schon bisher als Entscheidung „bei Säumnis" anzusehen (eingehend m.w.N. vgl. § 55 Rn 14). Dies war allerdings umstritten. Durch das SGGArbGG-Änderungsgesetz ist diese Frage mit Wirkung vom 1.4.2008 auch mit der Einfügung der Nr. 4a in § 55 Abs. 1 ausdrücklich geregelt. Die Entscheidung ergeht danach durch den Vorsitzenden allein.

Ist der Einspruch zulässig, so wird hierüber durch Zwischenurteil (§ 303 ZPO) oder in den Gründen des späteren Endurteils (auch Versäumnisurteils) entschieden.

2. Einspruchstermin. Termin zur mündlichen Verhandlung über den Einspruch und die Hauptsache ist vom Vorsitzenden unverzüglich (vgl. § 216 Abs. 2 ZPO) und so früh wie möglich (vgl. § 272 Abs. 3 ZPO) anzuberaumen, wenn der Einspruch nicht als unzulässig verworfen wurde (§ 341a ZPO). Hierbei handelt es sich immer um einen **Kammertermin**, auch wenn das Versäumnisurteil im Zusammenhang mit einem Gütetermin ergangen ist. Ein weiterer Gütetermin vor dem Vorsitzenden (§ 54 Abs. 1 S. 5) kommt nicht in Betracht, da die Güteverhandlung vor Erlass des Versäumnisurteils beendet war, das Urteil also bereits in der weiteren Verhandlung ergangen ist, § 54 Abs. 4. Eine „Fortsetzung" der Güteverhandlung ist daher nicht mehr möglich.[55]

a) Säumnis der einspruchsführenden Partei. Erscheint die Partei, die den Einspruch eingelegt hat, nicht im Einspruchstermin oder in derjenigen Sitzung, auf welche die Verhandlung vertagt ist, oder verhandelt sie nicht, so kann auf Antrag des Gegners grds. ein sog. zweites Versäumnisurteil ergehen. Dieses hat die Verwerfung des Einspruchs zum Inhalt. Ein Verhandeln der einspruchsführenden Partei nur zur Zulässigkeit des Einspruchs reicht nicht. Im Falle der Klageerweiterung nach Erlass des Versäumnisurteils kann ein **zweites Versäumnisurteil** nur bis zu dem durch das erste Versäumnisurteil zugesprochenen Teil der Klage, i.Ü. erstes Versäumnisurteil ergehen.[56]

Der Erlass des zweiten Versäumnisurteils setzt voraus, dass bei Erlass des ersten Versäumnisurteils ein Fall der Säumnis vorlag.[57] Soll das zweite Versäumnisurteil gegen die beklagte Partei erlassen werden, muss nach der bisherigen Rspr. des BAG außerdem geprüft werden, ob das erste Versäumnisurteil auch i.Ü. gesetzmäßig ergangen ist. Dabei sind die Zulässigkeit und die Schlüssigkeit der Klage zu prüfen.[58] Für den Einspruch gegen einen Vollstreckungsbescheid ist die Schlüssigkeitsprüfung in § 700 Abs. 6 ZPO ausdrücklich vorgeschrieben. Gleiches soll daher gelten, wenn sich der Einspruch gegen ein erstes Versäumnisurteil richtet. Das erste Versäumnisurteil ist danach ausdrücklich aufzuheben und die Klage abzuweisen, falls die Klage unzulässig oder das Klagevorbringen unschlüssig ist

---

54 Zöller/*Greger*, § 349 Rn 9; *B/L/A/H*, § 349 Rn 11.
55 A.A. ArbG Hamburg 9.3.2007 – 11 Ca 422/06 – juris.
56 OLG Köln 20.11.1987 – 19 U 113/87 – NJW-RR 1988, 701.
57 BAG 1.3.1994 – 10 AZR 50/93 – AP § 9 ArbGG 1979 Nr. 10 = NZA 1994, 1053.
58 BAG 2.2.1994 – 10 AZR 113/93 – NZA 1994, 1103.

(sog. **unechtes Versäumnisurteil**). Der BGH[59] vertritt demgegenüber die Ansicht, der Einspruch gegen ein Versäumnisurteil sei ohne Weiteres zu verwerfen, wenn die Partei, die den Einspruch eingelegt habe, in dem auf den Einspruch bestimmten Termin zur mündlichen Verhandlung wiederum nicht erscheine, nicht vertreten sei oder nicht verhandele. Wenn aufgrund mündlicher Verhandlung durch Versäumnisurteil gegen den Beklagten erkannt worden sei, seien die Zulässigkeit der Klage, ihre Schlüssigkeit und die Voraussetzungen für den Erlass eines Versäumnisurteils in dem versäumten Termin richterlich geprüft. Eine erneute Prüfung sehe § 345 ZPO im Rahmen der Entscheidung über den Einspruch nicht vor. Die in § 700 Abs. 6 ZPO getroffene Regelung bedeute ansonsten die Anordnung einer Prüfung, die ohnehin vorzunehmen sei.

Das zweite Versäumnisurteil ist echtes Versäumnisurteil, gegen das aber kein weiterer Einspruch (vgl. § 345 ZPO), sondern die Berufung nach § 64 Abs. 2 Buchst. d statthaft ist, wenn die Berufung darauf gestützt wird, dass der Fall der schuldhaften Versäumung nicht vorgelegen habe.

54 **b) Säumnis des Einspruchsgegners.** Erscheint der Einspruchsgegner nicht zum Einspruchstermin, kann bei Vorliegen der Voraussetzungen für eine Versäumnisentscheidung erstes Versäumnisurteil oder Entscheidung nach Lage der Akten ergehen. Die Entscheidungsformel richtet sich nach § 343 ZPO.

55 **c) Verhandeln beider Parteien im Einspruchstermin.** Verhandeln beide Parteien im Einspruchstermin über den zulässigen Einspruch und die Hauptsache, ergeht **streitige Entscheidung**. Soweit die Entscheidung, die aufgrund der Verhandlung im Einspruchstermin zu erlassen ist, mit der in dem Versäumnisurteil übereinstimmt, ist auszusprechen, dass diese Entscheidung aufrechterhalten wird. Soweit diese Voraussetzung nicht zutrifft, wird das Versäumnisurteil in dem neuen Urteil aufgehoben (§ 343 ZPO).

C. Verbindung zu anderen Rechtsgebieten und zum Prozessrecht

56 Die **Kosten des Versäumnisverfahrens** tragen die Parteien wie folgt:
- Wird der Einspruch verworfen (§§ 341 Abs. 1 S. 2; 345 ZPO), hat die unterliegende Partei die weiteren Kosten des Rechtsstreits zu tragen (§ 91 ZPO).
- Wenn das Versäumnisurteil aufrechterhalten wird (§ 343 S. 1 ZPO), hat ebenfalls die unterliegende Partei die weiteren Kosten des Rechtsstreits zu tragen (§ 91 ZPO), wobei ohne Bedeutung ist, ob es in gesetzlicher Weise ergangen war.
- Bei Klagrücknahme nach Erlass des Versäumnisurteils ist die klagende Partei zur Kostentragung verpflichtet (§ 269 Abs. 3 S. 2 ZPO).
- Kommt es nach Erlass des Versäumnisurteils zu einem Prozessvergleich, sind die Kosten des hierdurch erledigten Rechtsstreits als gegeneinander aufgehoben anzusehen, wenn nicht die Parteien ein anderes vereinbart haben (§ 98 ZPO).
- Ist das Versäumnisurteil in gesetzlicher Weise ergangen, so sind die durch die Versäumnis veranlassten Kosten der säumigen Partei auch dann aufzuerlegen, wenn infolge des Einspruchs eine abändernde Entscheidung erlassen wird (§ 344 ZPO), wenn also zugunsten des Säumigen entschieden wird.

D. Beraterhinweise

57 Das innerhalb der Einspruchsfrist oder einer gerichtlich verlängerten Frist erfolgte Vorbringen ist selbst dann zu berücksichtigen, wenn dieses Vorbringen in dem Versäumnistermin als verspätet hätte zurückgewiesen werden müssen (Zulässigkeit der sog. **Flucht ins Versäumnisurteil**).[60]

Trotz Einspruchs bleibt das Versäumnisurteil nach § 62 Abs. 1 S. 1 **vorläufig vollstreckbar**. Für die einstweilige Einstellung der Zwangsvollstreckung gelten die Voraussetzungen des § 62 Abs. 1 S. 2 (§ 62 Abs. 1 S. 2–4).

58 Die Wirksamkeit eines nach Erlass des Versäumnisurteils erklärten **Verzichts auf den Einspruch** ist nicht davon abhängig, dass der Gegner die Verzichtleistung angenommen hat (§§ 346, 515 ZPO). Die **Zurücknahme des Einspruchs** ist ohne Einwilligung des Gegners bis zur Verkündung des Urteils möglich (§§ 346, 516 Abs. 1 ZPO). Die Zurücknahme des Einspruchs ist dem Gericht gegenüber zu erklären. Sie erfolgt, wenn sie nicht bei der mündlichen Verhandlung erklärt wird, durch Einreichung eines Schriftsatzes (§§ 346, 516 Abs. 2 ZPO). Die Zurücknahme hat den Verlust des eingelegten Rechtsbehelfs und die Verpflichtung zur Folge, die durch den Rechtsbehelf entstandenen Kosten zu tragen (§§ 346, 516 Abs. 3 S. 1 ZPO), wobei im erstinstanzlichen Verfahren der Kostentragungsregelung in § 12a Vorrang zukommt. Diese Wirkungen sind durch Beschluss auszusprechen.

---

[59] 5.3.2007 – II ZB 4/06 – MDR 2007, 901; ebenso OLG Hamm 10.9.2001 – 8 U 180/00 – OLGR Hamm 2002, 38; KG Berlin 18.10.1999 – 12 U 6654/98 – KGR Berlin 2000, 91.

[60] Vgl. auch BGH 27.2.1980 – VIII ZR 54/79 – NJW 1980, 1105 = BB 1980, 601; BGH 15.1.1981 – VII ZR 147/80 – NJW 1981, 1378.

§ 60 Verkündung des Urteils

(1) ¹Zur Verkündung des Urteils kann ein besonderer Termin nur bestimmt werden, wenn die sofortige Verkündung in dem Termin, auf Grund dessen es erlassen wird, aus besonderen Gründen nicht möglich ist, insbesondere weil die Beratung nicht mehr am Tag der Verhandlung stattfinden kann. ²Der Verkündungstermin wird nur dann über drei Wochen hinaus angesetzt, wenn wichtige Gründe, insbesondere der Umfang oder die Schwierigkeit der Sache, dies erfordern. ³Dies gilt auch dann, wenn ein Urteil nach Lage der Akten erlassen wird.
(2) ¹Bei Verkündung des Urteils ist der wesentliche Inhalt der Entscheidungsgründe mitzuteilen. ²Dies gilt nicht, wenn beide Parteien abwesend sind; in diesem Fall genügt die Bezugnahme auf die unterschriebene Urteilsformel.
(3) ¹Die Wirksamkeit der Verkündung ist von der Anwesenheit der ehrenamtlichen Richter nicht abhängig. ²Wird ein von der Kammer gefälltes Urteil ohne Zuziehung der ehrenamtlichen Richter verkündet, so ist die Urteilsformel vorher von dem Vorsitzenden und den ehrenamtlichen Richtern zu unterschreiben.
(4) ¹Das Urteil nebst Tatbestand und Entscheidungsgründen ist vom Vorsitzenden zu unterschreiben. ²Wird das Urteil nicht in dem Termin verkündet, in dem die mündliche Verhandlung geschlossen wird, so muß es bei der Verkündung in vollständiger Form abgefaßt sein. ³Ein Urteil, das in dem Termin, in dem die mündliche Verhandlung geschlossen wird, verkündet wird, ist vor Ablauf von drei Wochen, vom Tag der Verkündung an gerechnet, vollständig abgefaßt der Geschäftsstelle zu übermitteln; kann dies ausnahmsweise nicht geschehen, so ist innerhalb dieser Frist das von dem Vorsitzenden unterschriebene Urteil ohne Tatbestand und Entscheidungsgründe der Geschäftsstelle zu übermitteln. ⁴In diesem Fall sind Tatbestand und Entscheidungsgründe alsbald nachträglich anzufertigen, von dem Vorsitzenden besonders zu unterschreiben und der Geschäftsstelle zu übermitteln.

Literatur: *Griebeling*, Das Urteil im arbeitsgerichtlichen Verfahren, AR-Blattei SD 160.8

A.	Allgemeines	1	a) Sofortige Verkündung	7
B.	Regelungsgehalt	4	b) Besonderer Verkündungstermin	8
I.	Verkündung von Urteilen und Beschlüssen	4	5. Form der Verkündung	11
	1. Schließung der mündlichen Verhandlung	4	II. Abfassung des Urteils	14
	2. Wiedereröffnung und nachgelassener Schriftsatz	5	1. Abfassung und Unterzeichnung des Urteils	14
	3. Beratung der Kammer	6	2. Fristen für Urteilsabfassung	15
	4. Zeitpunkt der Verkündung	7	C. Beraterhinweise	17

A. Allgemeines

Die Vorschrift des § 60 enthält im Hinblick auf Besonderheiten des arbeitsgerichtlichen Verfahrens (Heranziehung der ehrenamtlichen Richter nach § 31 Abs. 2) Sonderregelungen, die in ihrem Anwendungsbereich die Bestimmungen der §§ 310 und 311 ZPO verdrängen. Zugleich konkretisiert sie den Beschleunigungsgrundsatz für den Fall der Entscheidungsverkündung. Ihr Anwendungsbereich ist beschränkt auf die zu verkündenden Entscheidungen.¹ **1**

Nach § 69 Abs. 1 S. 2 findet die Vorschrift des § 60 auch im Berufungsverfahren entsprechende Anwendung, jedoch mit der Modifikation, dass die Frist für das Absetzen des Urteils auf vier Wochen verlängert wird und Tatbestand und Entscheidungsgründe von sämtlichen Mitgliedern der Kammer zu unterschreiben sind. Für eine entsprechende Anwendung in der Revisionsinstanz fehlt es in § 72 Abs. 6 an einer Verweisung. **2**

Im erstinstanzlichen Beschlussverfahren ist die Vorschrift entsprechend anwendbar (§ 84 S. 3). Die Anwendbarkeit im Beschwerdeverfahren ist wie im Urteilsverfahren geregelt (§§ 91 Abs. 2 S. 2, 69 Abs. 1 S. 2). Ebenso fehlt es für die Rechtsbeschwerdeinstanz an einer entsprechenden Verweisung in § 96. **3**

Außer in Beschlussverfahren nach §§ 80 ff. gilt die Vorschrift nicht für Beschlüsse. Für diese findet § 329 ZPO Anwendung.

B. Regelungsgehalt
I. Verkündung von Urteilen und Beschlüssen

1. Schließung der mündlichen Verhandlung. Urteile sind, wie sich aus Abs. 1 ergibt, regelmäßig im letzten Termin zur mündlichen Verhandlung zu verkünden. Der Vorsitzende schließt die Verhandlung ausdrücklich oder kon- **4**

---
1 *Germelmann u.a.*, § 60 Rn 5.

kludent, wenn nach Ansicht des Gerichts – nicht des Vorsitzenden – die Sache vollständig erörtert ist (§ 136 Abs. 4 ZPO). Dies bedingt eine Abstimmung des Vorsitzenden mit den ehrenamtlichen Richtern, die ohne förmliche Beratung im Sitzungssaal durch Zuflüstern o.ä. herbeigeführt werden kann.[2] Konkludente Schließung der mündlichen Verhandlung liegt in der Bestimmung eines Verkündungstermins oder im Aufruf einer anderen Sache. Eine Protokollierung der Schließung als wesentlicher Vorgang ist angezeigt (vgl. § 160 Abs. 2).

5 2. Wiedereröffnung und nachgelassener Schriftsatz. Nach Schluss der mündlichen Verhandlung können Angriffs- und Verteidigungsmittel nicht mehr vorgebracht und Sachanträge nicht mehr gestellt werden, es sei denn, das Gericht ordnet die Wiedereröffnung der Verhandlung (§ 156 ZPO) oder die Zulassung eines nachgereichten Schriftsatzes nebst Verkündungstermin an (§ 283 ZPO). Das Gericht hat nach § 156 Abs. 2 ZPO u.a. die Wiedereröffnung anzuordnen, wenn es einen entscheidungserheblichen und rügbaren Verfahrensfehler (§ 295 ZPO), insb. eine Verletzung der Hinweis- und Aufklärungspflicht (§ 139 ZPO) oder eine Verletzung des Anspruchs auf rechtliches Gehör feststellt. Die Frage der Wiedereröffnung stellt sich auch, wenn das Gericht einen Verkündungstermin anberaumt hat und zwischen den letzten Termin zur mündlichen Verhandlung und dem Verkündungstermin ein – ggf. nachgelassener – Schriftsatz mit neuem und erheblichem Tatsachenvortrag eingeht. Bei nicht nachgelassenem neuen Vorbringen ist das Gericht nicht zur Wiedereröffnung der mündlichen Verhandlung verpflichtet.[3] Die Entscheidungen über die Wiedereröffnung trifft die Kammer (vgl. § 53 Rn 9).

6 3. Beratung der Kammer. Unmittelbar nach Schließung der mündlichen Verhandlung oder im weiteren Verlauf des Sitzungstages findet die Kammerberatung statt. Für Beratung und Abstimmung gelten nach § 9 Abs. 2 die Vorschriften der §§ 192 ff. GVG. Als Ergebnis der Beratung wird regelmäßig die Urteilsformel schriftlich niedergelegt, denn nach § 311 Abs. 2 S. 1 ZPO wird das Urteil durch Vorlesung der Urteilsformel verkündet. Die Vorlesung der Urteilsformel kann durch die Bezugnahme auf die Urteilsformel ersetzt werden, wenn bei der Verkündung von den Parteien niemand erschienen ist (§ 311 Abs. 2 S. 2 ZPO). Versäumnisurteile, Anerkenntnis- und Verzichturteile und Urteile infolge einer Klagerücknahme können verkündet werden, auch wenn die Urteilsformel noch nicht schriftlich abgefasst ist (§ 311 Abs. 2 S. 3 ZPO). Falls ein von der Kammer gefälltes Urteil ohne Zuziehung der ehrenamtlichen Richter verkündet wird, ist die Urteilsformel vorher von dem Vorsitzenden und den ehrenamtlichen Richtern zu unterzeichnen (Abs. 3 S. 2).

7 4. Zeitpunkt der Verkündung. a) Sofortige Verkündung. Abs. 1 S. 1 geht von dem Grundsatz aus, dass die Entscheidung am Schluss der Sitzung zu verkünden ist (sog. Stuhlurteil). Dem Erfordernis der sofortigen Verkündung wird auch eine Entscheidungsverkündung im Verlaufe oder am Ende des Sitzungstages, an dem mehrere Sachen verhandelt werden, gerecht.[4]

8 b) Besonderer Verkündungstermin. Nur ausnahmsweise kann ein besonderer Termin zur Verkündung des Urteils bestimmt werden, nämlich dann, wenn aus besonderen Gründen eine sofortige Verkündung nicht möglich ist (Abs. 1 S. 1). Welche Gründe die Anberaumung eines Verkündungstermins rechtfertigen, regelt das Gesetz nicht abschließend. In Abs. 1 S. 1 findet sich der Beispielsfall, dass die Beratung nicht mehr am Tage der Verhandlung stattfinden kann. Gründe hierfür können sein: eine besonders schwierige Sache mit weitergehendem Prüfungs-, Überlegungs- und Beratungsbedarf; die Verhinderung eines ehrenamtlichen Richters an der abschließenden Beratung; die Prüfungs- und Beratungsbedürftigkeit neuen Sachvortrags; die Erschöpfung eines Kammermitglieds nach einem umfangreichen Sitzungstag; zwischen den Parteien andauernde Vergleichsgespräche; der Lauf einer Widerrufsfrist für einen Prozessvergleich.

9 Die Anberaumung des Verkündungstermins erfolgt unmittelbar in dem Termin, in dem die Verhandlung geschlossen wird. Bei Festlegung des Termins wirken die ehrenamtlichen Richter mit; die Bestimmung des Termins kann dem Vorsitzenden überlassen werden (Verkündungstermin wird von Amts wegen anberaumt), der dann hierüber und ggf. über eine Verlegung wegen Nichtvorliegens eines noch nicht abgesetzten Urteils (Abs. 4 S. 2) nach § 53 Abs. 1 allein entscheidet.[5]

10 Grds. darf die Verkündung nicht über drei Wochen nach Schließung der mündlichen Verhandlung hinausgeschoben werden (vgl. Abs. 1 S. 2). Der Verkündungstermin wird nur dann über drei Wochen hinaus angesetzt, wenn wichtige Gründe, insb. der Umfang oder die Schwierigkeit der Sache, dies erfordern (Abs. 1 S. 2). Dies gilt auch dann, wenn ein Urteil nach Lage der Akten erlassen wird (Abs. 1 S. 3). Als wichtige Gründe für die Anberaumung eines Verkündungstermins nach drei Wochen kommen neben dem gesetzlichen Beispielsfall in Betracht: länger andauernde außergerichtliche Vergleichsverhandlungen; Widerrufsvergleich mit längerer Widerrufsfrist; Hinderung des Vorsitzenden am rechtzeitigen Absetzen der zu verkündenden Entscheidung durch Krankheit oder Überlastung.

Ein Verstoß gegen Abs. 1 S. 2 kann die Anfechtbarkeit des Urteils nicht begründen.[6]

---

2 *Gift/Baur*, E Rn 1472.
3 BGH 7.10.1992 – VIII ZR 199/91 – NJW 1993, 134.
4 *Gift/Baur*, E Rn 1606.
5 *Germelmann u.a.*, § 60 Rn 14; a.A. *Gift/Baur*, E Rn 1607.
6 BAG 21.8.1967 – 3 AZR 383/66 – AP § 242 BGB Nr. 122.

5. Form der Verkündung. Das Urteil ergeht im Namen des Volkes (§ 311 Abs. 1 ZPO). Es wird durch Verlesung der Urteilsformel verkündet (§ 311 Abs. 2 S. 1 ZPO). Die Vorlesung der Urteilsformel kann durch die Bezugnahme auf die Urteilsformel ersetzt werden, wenn bei der Verkündung von den Parteien niemand erschienen ist (§ 311 Abs. 2 S. 2 ZPO). Voraussetzung ist in jedem Fall eine vorherige schriftliche Niederlegung. Fehlt es daran, so liegt keine wirksame Verkündung vor.[7] Versäumnisurteile, Anerkenntnis- und Verzichturteile und Urteile, welche die Folge eines Verzichts oder einer Klagerücknahme aussprechen, können verkündet werden, auch wenn die Urteilsformel noch nicht schriftlich abgefasst ist (§ 311 Abs. 2 S. 3 ZPO). Die Wirksamkeit der Verkündung eines Urteils ist von der Anwesenheit der Parteien nicht abhängig. Die Verkündung gilt auch derjenigen Partei gegenüber als bewirkt, die den Termin versäumt hat (§ 312 Abs. 1 ZPO). Von der Anwesenheit der ehrenamtlichen Richter ist die Wirksamkeit der Verkündung ebenfalls nicht abhängig (Abs. 3 S. 1). Die Verkündung kann auch in Anwesenheit anderer ehrenamtlicher Richter erfolgen als derjenigen, die bei der Urteilsfällung mitgewirkt haben.[8]

Bei Verkündung des Urteils ist der wesentliche Inhalt der Entscheidungsgründe mitzuteilen, sofern wenigstens eine Partei anwesend ist. Dem Vorsitzenden steht ein Beurteilungsspielraum dahin zu, was als wesentlicher Inhalt der Entscheidungsgründe anzusehen ist. Die anwesenden Parteien können (nur gemeinsam) auf die Mitteilung verzichten. Die Anwesenheit von Zuhörern löst die Mitteilungspflicht nicht aus. Lediglich bei Abwesenheit „beider" (vgl. Abs. 2 S. 2 Hs. 1) – gemeint sind alle am Rechtsstreit beteiligten – Parteien genügt die Bezugnahme auf die – in diesem Fall nur von dem Vorsitzenden unterzeichnete – Urteilsformel (Abs. 2 S. 2 Hs. 2).

Tatsache und Form der Verkündung sowie die anwesenden Richter und Parteien sind im Protokoll festzustellen (vgl. § 160 Abs. 3 Nr. 7 ZPO). Die fehlende Protokollierung ist rückwirkend nachholbar (§ 164 Abs. 1 ZPO). Grds. erbringt die Protokollierung der Verkündung des Urteils nach § 160 Abs. 3 Nr. 7 ZPO – die Form der Verkündung braucht nicht genannt zu sein[9] – i.V.m. der nach § 160 Abs. 3 Nr. 6 ZPO vorgeschriebenen Aufnahme der Urteilsformel in das Protokoll Beweis dafür, dass das Urteil auch in diesem Sinne ordnungsgemäß, d.h. auf der Grundlage einer schriftlich fixierten und unterschriebenen Urteilsformel verkündet worden ist. Die Beweiskraft des Protokolls nach § 165 ZPO entfällt nur, wenn und soweit sie durch äußere Mängel des Protokolls i.S.v. § 419 ZPO ganz oder teilweise aufgehoben oder gemindert ist. Derartige Mängel müssen aus der Protokollurkunde selbst hervorgehen.[10] I.Ü. hilft nur der Beweis der Protokollfälschung, d.h. der wissentlich falschen Beurkundung.[11] Der Urkundsbeamte der Geschäftsstelle hat auf der Urschrift des Urteils den Tag der Verkündung und diesen Vermerk zu unterschreiben (§ 315 Abs. 3 ZPO). An die Unterschrift des Urkundsbeamten sind dieselben Anforderungen zu stellen wie an die Unterschrift des Richters, RA oder Verbandsvertreters.[12] Der Vermerk bezeugt die Übereinstimmung mit der verkündeten Formel, ersetzt jedoch nicht die Feststellung der Verkündung im Sitzungsprotokoll.[13] Ein Verstoß gegen § 315 Abs. 3 ZPO führt nicht zur Fehlerhaftigkeit des Urteils.[14]

II. Abfassung des Urteils

1. Abfassung und Unterzeichnung des Urteils. Das Urteil nebst Tatbestand und Entscheidungsgründen ist in erster Instanz (Abs. 4 S. 1) vom Vorsitzenden allein, in zweiter (§ 69 Abs. 1 S. 1) und dritter (§ 75 Abs. 2) Instanz von sämtlichen an der Entscheidung beteiligten Richterinnen und Richtern zu unterschreiben. Eine Paraphe genügt nicht; es muss sich um eine Unterzeichnung zumindest mit vollem Familiennamen handeln, wobei der Schriftzug individualisierbar sein muss. Eine fehlende Unterschrift kann nachgeholt werden, ggf. auch noch nach Einlegung eines Rechtsmittels. Die fehlende oder unzureichende Unterschrift hat zur Folge, dass eine wirksame Urteilszustellung nicht erfolgte und somit auch eine Rechtsmittelfrist nicht in Lauf gesetzt werden konnte.[15] Ist der Vorsitzende einer Kammer des ArbG verhindert, seine Unterschrift beizufügen, so scheidet eine Ersetzung seiner Unterschrift nach § 315 Abs. 1 S. 2 ZPO aus, denn Abs. 4 S. 1 ist lex specialis gegenüber § 315 Abs. 1 ZPO.[16] Ist dagegen der Vorsitzende einer Kammer des LAG verhindert, die Begründung eines bereits verkündeten Urteils abzusetzen, so können die beisitzenden Landesarbeitsrichter die schriftliche Begründung des Urteils fertigen oder sich einen Entwurf der Vorsitzenden zu Eigen machen.[17] Die Ersetzung der Unterschrift des Vorsitzenden erfolgt dann nach § 315 Abs. 1 S. 2 ZPO.

2. Fristen für Urteilsabfassung. Ein Urteil, das in dem Termin, in dem die mündliche Verhandlung geschlossen wird, verkündet wird, ist vor Ablauf von drei Wochen, vom Tage der Verkündung an gerechnet, vollständig abgefasst

---

7 BAG 16.5.2002 – 8 AZR 412/01 – AP Art. 101 GG Nr. 61; beachte aber Rn 15.
8 BAG 27.1.1983 – 2 AZR 188/81 – AP § 38 ZPO Internationale Zuständigkeit Nr. 12 = NJW 1984, 1320.
9 BGH 11.10.1994 – XI ZR 72/94 – NJW 1994, 1358.
10 Zum Vorstehenden: BGH 16.10.1984 – VI ZR 205/83 – NJW 1985, 1782.
11 BAG 16.5.2002 – 8 AZR 412/01 – AP Art. 101 GG Nr. 61.
12 BGH 27.10.1987 – VI ZR 269/86 – MDR 1988, 218 = NJW 1988, 713.
13 BGH 7.2.1990 – XII ZB 6/90 – MDR 1990, 919.
14 BGH 17.12.1986 – VIII ZB 47/86 – AP § 516 ZPO Nr. 3.
15 LAG Köln 23.2.1988 – 6 Ta 28/88 – BB 1988, 768.
16 *Gift/Baur*, E 1523; *Germelmann u.a.*, § 60 Rn 37.
17 BAG 20.12.1956 – 3 AZR 333/56 – AP § 315 ZPO Nr. 1 = AuR 1957, 160; BAG 21.8.1967 – 3 AZR 383/66 – AP Nr. 122 zu § 242 BGB; BAG 30.4.1971 – 3 AZR 198/70 – AP § 9 ArbGG 1953 Nr. 15.

der Geschäftsstelle zu übergeben (Abs. 4 S. 3 Hs. 1). Vollständig abgefasst ist das Urteil, wenn es handschriftlich oder maschinenschriftlich in der endgültigen Fassung mit Unterschrift des Vorsitzenden, nicht jedoch nur als Diktat (stenographiert oder auf Band) bei der Geschäftsstelle vorliegt. Kann das Urteil ausnahmsweise nicht rechtzeitig der Geschäftsstelle übergeben werden, so ist innerhalb der Drei-Wochen-Frist das von dem Vorsitzenden unterschriebene Urteil ohne Tatbestand und Entscheidungsgründe der Geschäftsstelle zu übergeben (Abs. 4 S. 3 Hs. 2). In diesem Fall sind Tatbestand und Entscheidungsgründe alsbald nachträglich anzufertigen, von dem Vorsitzenden besonders zu unterschreiben und der Geschäftsstelle zu übergeben (Abs. 4 S. 4). Ausnahmsweise kann die Drei-Wochen-Frist überschritten werden in Fällen mit komplexem und umfangreichem Sachverhalt sowie bei schwierigen Rechtsfragen, Erkrankung des Vorsitzenden oder Kapazitätsengpässen im gerichtlichen Schreibdienst. Das Urteil sollte jedoch den Parteien vor Ablauf der Frist von drei Monaten seit Verkündung des Urteils zugestellt sein, weil sie sonst der Möglichkeit eines Tatbestandsberichtigungsantrags verlustig gehen (vgl. § 320 Abs. 2 S. 3 ZPO). Sind die Nichteinhaltung der Urteilsabsetzungsfrist und sogar der Frist für den Tatbestandsberichtigungsantrag absehbar, so ist die Anberaumung eines Verkündungstermins dem Stuhlurteil vorzuziehen.[18]

16 Wird das Urteil nicht in dem Termin verkündet, in dem die mündliche Verhandlung geschlossen wird, so muss es bei der Verkündung in vollständiger Form abgefasst sein (Abs. 4 S. 2). Ansonsten ist der Verkündungstermin zu verlegen.

C. Beraterhinweise

17 Bei der Drei-Wochen-Frist des § 60 Abs. 1 S. 2 zur Urteilsabsetzung handelt es sich um eine Ordnungsvorschrift,[19] deren Verletzung nicht zur Unwirksamkeit der Entscheidung führt.[20] Die Verletzung dieser Frist durch das ArbG stellt einen Verfahrensmangel dar. Dieser rechtfertigt allerdings eine Zurückverweisung wegen § 68 nicht.[21] Dies gilt selbst dann, wenn die Entscheidung wegen verspäteter oder unterlassener Urteilsabsetzung als nicht mit Gründen (§ 547 Nr. 6 ZPO) versehen zu werten ist.[22] Ein Urteil, welches nicht innerhalb von fünf Monaten nach Verkündung schriftlich niedergelegt und von den Richtern unterschrieben der Geschäftsstelle übergeben worden ist, ist als nicht mit Gründen versehen anzusehen.[23] Dieser Rspr. hat sich das BAG angeschlossen.[24] Ein solches Urteil kann mit der Berufung angefochten werden. Die Berufungsfrist beginnt mit Ablauf von fünf Monaten nach der Verkündung.[25] Eine landesarbeitsgerichtliche Entscheidung, in der die Revision nicht zugelassen wurde und deren vollständige Gründe erst mehr als fünf Monate nach Verkündung unterschrieben der Geschäftsstelle übergeben worden sind, kann keine geeignete Grundlage mehr für das Revisionsgericht sein, um das Vorliegen von Revisionszulassungsgründen in rechtsstaatlicher Weise zu überprüfen. Ein LAG, das ein Urteil in vollständiger Fassung erst so spät absetzt, erschwert damit für die unterlegene Partei den Zugang zu einer in der Verfahrensordnung eingeräumten Instanz in unzumutbarer, aus Sachgründen nicht mehr zu rechtfertigender Weise.[26]

18 Ein absoluter Revisionsgrund liegt – nach der bisherigen Rspr. des BAG – hingegen nicht vor, wenn das vollständige Berufungsurteil zwar später als fünf Monate nach der letzten mündlichen Verhandlung, nicht aber später als fünf Monate nach der Verkündung der Geschäftsstelle übergeben wurde.[27] Verlängert sich der Zeitraum zwischen mündlicher Verhandlung und Urteilsverkündung durch mehrmalige Verlegung des Verkündungstermins, können die Parteien sich mit der Beschwerde wehren, falls für die Terminsverlegung keine erheblichen Gründe i.S.d. § 227 ZPO vorliegen.[28] Die Entscheidung des BVerfG vom 26.3.2001[29] legt aber die Wertung nahe, dass auch in diesem Fall von einem Urteil ohne Gründe auszugehen ist.

19 Eine Überschreitung der Fünf-Monats-Frist zur vollständigen Niederlegung von Tatbestand und Entscheidungsgründen liegt auch dann vor, wenn der letzte Tag der Fünf-Monats-Frist auf einen Sonnabend, Sonntag oder Feiertag fällt und das vollständig abgefasste Urteil erst am darauf folgenden Werktag von den Richtern unterschrieben der Geschäftsstelle übergeben wird.[30]

20 Ein Urteil ist auch dann unterschrieben, wenn die Unterschrift eines an der Entscheidung beteiligten Richters durch einen Verhinderungsvermerk nach § 315 Abs. 1 S. 2 ZPO wirksam ersetzt worden ist. Ein Verhinderungsvermerk, in dem unter Angabe des Verhinderungsgrundes niedergelegt ist, dass der betreffende Richter verhindert ist, ersetzt dessen Unterschrift, wenn er bei Unterschriftsreife der Entscheidung längere Zeit tatsächlich oder rechtlich gehindert war, seine Unterschrift zu leisten. Hierfür reicht es aber nicht aus, wenn er an einem Tag nicht erreichbar war.[31]

---

18 Gift/Baur, E Rn 1632.
19 BAG 25.9.2003 – 8 AZR 472/02 – AP §§ 22, 23 BAT-O Nr. 26.
20 BAG 15.4.2008 – 1 ABR 14/07 – NZA 2008, 1020.
21 BAG 24.4.1996 – 5 AZN 970/95 – § 68 ArbGG 1979 Nr. 2 = DB 1996, 1684; BAG 24.2.1982 – 4 AZR 313/80 – AP Nr. 1 zu § 68 ArbGG 1979 Nr. 2.
22 BAG 24.4.1996 – 5 AZN 970/95 – § 68 ArbGG 1979 Nr. 2 = DB 1996, 1684.
23 GmS – OGB 27.4.1993 – GmS OGB 1/92 – AP § 551 ZPO Nr. 21 = NJW 1993, 2603 = NZA 1993, 1147.
24 Vgl. z.B. BAG 17.8.1999 – 3 AZR 526/97 – AP § 551 ZPO Nr. 51.
25 BAG 28.10.2004 – 8 AZR 492/03 – AP § 66 ArbGG 1979 Nr. 29 = NZA 2005, 125 = NJW 2005, 1004.
26 BVerfG 15.9.2003 – 1 BvR 809/03 – NZA 2003, 1355.
27 BAG 16.5.2002 – 8 AZR 412/01 – AP Art. 101 GG Nr. 61.
28 BAG 20.11.1997 – 6 AZR 215/96 – AP § 551 ZPO Nr. 47.
29 1 BvR 383/00 – AP Nr. 33 zu Art. 20 GG.
30 BAG 17.2.2000 – 2 AZR 350/99 – BAGE 93, 360.
31 BAG 17.8.1999 – 3 AZR 526/97 – AP § 551 ZPO Nr. 51.

Ein Urteil oder ein Beschluss im Beschlussverfahren ist als eine nicht mit Gründen versehene Entscheidung i.S.v. § 547 Nr. 6 ZPO n.F. (= § 551 Nr. 7 ZPO a.F.) anzusehen, wenn die Entscheidungsgründe nicht innerhalb der Fünf-Monats-Frist nach der Verkündung der Entscheidung schriftlich niedergelegt und von den Richtern unterschrieben zur Geschäftsstelle gelangt sind.[32] Die Entscheidung kann keine geeignete Grundlage mehr für das Revisionsgericht sein, um das Vorliegen von Revisionszulassungsgründen in rechtsstaatlicher Weise zu überprüfen.[33] Daraus zog der 1. Senat des BAG die Konsequenz, gegen eine verspätet abgesetzte Entscheidung des LAG sei eine Nichtzulassungsbeschwerde in keinem Fall mehr zulässig; hier bleibe nur die Verfassungsbeschwerde.[34]

21

§ 72b (siehe dort) trägt dem Rechnung und führt eine besondere sofortige Beschwerde ein, mit der eine LAG-Entscheidung wegen verspäteter Absetzung verfolgt werden kann. Diese Rüge kann weder eine Zulassung der Revision rechtfertigen (§ 72b Abs. 1 S. 2 n.F.) noch im Rahmen einer zugelassenen Revision erhoben werden (§ 73 Abs. 1 S. 2 n.F.).

22

Ist das **Urteil unvollständig**, weil über einzelne Anträge nicht entschieden worden ist, muss innerhalb von zwei Wochen nach § 321 ZPO ein Ergänzungsantrag gestellt werden. Mit Ablauf der Antragsfrist entfällt die Rechtshängigkeit der Klage, soweit sie Gegenstand des übergangenen Antrags ist. Ein in erster Instanz übergangener Antrag kann in der Berufungsinstanz durch Klageerweiterung wieder eingeführt werden. Voraussetzung ist aber, dass der Rechtsstreit wegen anderer Teile des Prozessstoffs noch in der Berufungsinstanz anhängig ist.[35] Die Klageerweiterung setzt eine zulässige, noch anhängige Berufung voraus.

23

§ 61 Inhalt des Urteils

(1) Den Wert des Streitgegenstands setzt das Arbeitsgericht im Urteil fest.

(2) ¹Spricht das Urteil die Verpflichtung zur Vornahme einer Handlung aus, so ist der Beklagte auf Antrag des Klägers zugleich für den Fall, daß die Handlung nicht binnen einer bestimmten Frist vorgenommen ist, zur Zahlung einer vom Arbeitsgericht nach freiem Ermessen festzusetzenden Entschädigung zu verurteilen. ²Die Zwangsvollstreckung nach §§ 887 und 888 der Zivilprozeßordnung ist in diesem Fall ausgeschlossen.

(3) Ein über den Grund des Anspruchs vorab entscheidendes Zwischenurteil ist wegen der Rechtsmittel nicht als Endurteil anzusehen.

Literatur: *Bader*, Die Praxis der Wertfestsetzung im arbeitsgerichtlichen Urteilsverfahren in Hessen, NZA-RR 2005, 346; *ders.*, Neues Kostenrecht und Kostenausspruch im arbeitsgerichtlichen Urteil, NZA 2005, 971; *Bläsing*, Der Streitwert im arbeitsgerichtlichen Verfahren, 2003; *Böhm*, § 61 Abs 2 ArbGG – das verkannte Druckmittel, ArbRB 2006, 93; *Brinkmann*, Der Streitwert bei Eingruppierungsstreitigkeiten nach dem BAT – § 25 GKG, ZTR 2003, 599; *Creutzfeldt*, Die arbeitsrechtliche Kostenentscheidung und das isolierte Kostenurteil, RdA 2004, 281; *Dingeldey*, Die Streitwertfestsetzung im Verfahren vor den Arbeitsgerichten unter Berücksichtigung des Kostenrechtsmodernisierungsgesetzes, FA 2004, 197; *Düwell*, Auskunft und Entschädigungsbegehren in Stufenklage; Teilurteil Betriebsbegriff im Baugewerbe, BAGReport 2005, 159; *Fischer*, Gegenstandswert für anwaltliche Tätigkeit im einstweiligen Verfügungsverfahren auf Unterlassung, jurisPR-ArbR 9/2007 Anm 6; *Griebeling*, Das Urteil im arbeitsgerichtlichen Verfahren, AR-Blattei SD 160.8; *Heimann*, Streitwert eines Antrags auf wiederkehrende Leistungen, AuR 2005, 195; *Hergenröder*, Das Recht der Arbeitspapiere, AR-Blattei SD 180; *Hümmerich*, Die Streitwertrechtsprechung der Arbeitsgerichte im Urteilsverfahren, NZA-RR 2000, 225; *Klein*, Streitwert der Anträge auf Weiterbeschäftigung und Zeugniserteilung, AiB 2003, 644; *Laber*, Effiziente Durchsetzung von Ansprüchen zur Vornahme einer Handlung gem § 61 Abs 2 ArbGG, ArbRB 2004, 290; *Opolony*, Entschädigung nach § 61 Abs 2 ArbGG, FA 2001, 66; *Schäder*, Gegenstandswert im Individualarbeitsrecht, ArbRB 2008, 177; *Steffen*, Arbeitsgerichtliche Kosten, AR-Blattei SD 160.13.2; *Zieres*, Die zwangsweise Durchsetzung des Anspruchs auf Arbeitsleistung, 2001

A. Allgemeines 1	V. Verurteilung zur Vornahme einer Handlung
B. Regelungsgehalt 2	(Abs. 2) 16
I. Inhalt des Urteils 2	1. Anwendungsbereich 17
II. Weglassen von Tatbestand und Entscheidungsgründen 6	2. Entschädigungsfestsetzung 21
	a) Antrag des Klägers 21
III. Streitwertfestsetzung (Abs. 1) 8	b) Festsetzung der Erfüllungsfrist 24
1. Bedeutung der Streitwertfestsetzung 8	c) Festsetzung der Entschädigung 25
2. Streitwertberechnung 10	d) Unzulässigkeit eines Teilurteils 26
3. Form der Streitwertfestsetzung 11	e) Zwangsvollstreckung 27
4. Folgen unterbliebener Streitwertfestsetzung .. 14	VI. Zwischenurteil über den Anspruchsgrund (Abs. 3) 31
IV. Berufungszulassung 15	C. Beraterhinweise 32

---

32 Grundlegend: GmS OGB 1/92 – AP § 551 ZPO Nr. 21 = NJW 1993, 2603 = NZA 1993, 1147.
33 BVerfG 26.3.2001 – 1 BvR 383/00 – AP Art. 20 GG Nr. 33.
34 BAG 1.10.2003 – 1 ABN 62/01 – AP § 72a ArbGG 1979 Nr. 50 = NZA 2003, 1356.
35 BGH 16.2.2005 – VIII ZR 133/04 – NJW-RR 2005, 790.

A. Allgemeines

1 Die Vorschrift enthält in ihrem Abs. 1 einzelne Regelungen zum Inhalt, in Abs. 2 zu Vollstreckungsmodalitäten und in Abs. 3 zur Rechtsmittelfähigkeit arbeitsgerichtlicher Urteile. Daneben gelten die §§ 313, 313a und 313b ZPO (betreffend Form und Inhalt des Urteils), § 9 Abs. 5 S. 1 (betreffend Rechtsmittelbelehrung), § 64 Abs. 3a (betreffend Zulassung der Berufung) bzw. § 72 Abs. 2 (betreffend Zulassung der Revision) entsprechend.

In zweiter Instanz gelten lediglich Abs. 2 und 3 (§ 64 Abs. 7), und in dritter Instanz gilt allein Abs. 2 (§ 72 Abs. 6). Im Beschlussverfahren kommt § 61 nicht zur Anwendung; dort gilt § 84.

B. Regelungsgehalt

I. Inhalt des Urteils

2 Aufgabe des Urteils ist es, die Parteien von der Richtigkeit der sich aus der Urteilsformel ergebenden Entscheidung des Gerichts zu überzeugen und dem Rechtsmittelgericht die Nachprüfung in materieller und formeller Hinsicht zu ermöglichen.[1] Das Urteil enthält

- die **Eingangsformel** („Im Namen des Volkes", § 311 Abs. 1 ZPO),
- die **Urteilsart** (z.B. Versäumnisurteil, Zwischenurteil, Schlussurteil) und das Aktenzeichen (beides nicht im Gesetz erwähnt; Ausnahme: § 313b Abs. 1 S. 2 ZPO) und i.Ü. nach § 313 Abs. 1 ZPO (bezogen auf den Zeitpunkt der Schließung der mündlichen Verhandlung),
- das **Gericht** und den **Spruchkörper**; die **Namen der Richter**, die bei der Entscheidung – zuletzt – mitgewirkt haben (§ 313 Abs. 1 Nr. 2 ZPO),
- die Bezeichnung der **Parteien**, ihrer gesetzlichen Vertreter und der Prozessbevollmächtigten (§ 313 Abs. 1 Nr. 1 ZPO),
- den **Tag**, an dem die mündliche Verhandlung geschlossen worden ist (§ 313 Abs. 1 Nr. 3 ZPO), oder – in der Rechtsmittelinstanz – die Angabe des Tages, an dem die Beratung im schriftlichen Verfahren nach § 128 Abs. 2 ZPO stattgefunden hat,
- die **Urteilsformel** (§ 313 Abs. 1 Nr. 4 ZPO), bestehend aus dem Spruch zur Hauptsache, der Kostenentscheidung, der Festsetzung des Streitwerts (Abs. 1) und der Entscheidung über die Zulassung oder Nichtzulassung der Berufung (§ 64 Abs. 3a S. 1) bzw. der Revision (§§ 72 Abs. 1, 64 Abs. 3a),
- den **Tatbestand** (§§ 313 Abs. 1 Nr. 5, 313 Abs. 2 ZPO),
- die **Entscheidungsgründe** (§§ 313 Abs. 1 Nr. 6, 313 Abs. 3 ZPO) und
- die **Rechtsmittelbelehrung** (§ 9 Abs. 5 S. 1 und 2).

3 Die **Urteilsformel** (§ 313 Abs. 1 Nr. 4 ZPO) hat in möglichst knapper und genauer Form die Entscheidung des Gerichts zu enthalten. Schon im Hinblick auf die Erteilung der abgekürzten Ausfertigung (§ 60 Abs. 4 S. 3 Hs. 2) muss die Formel ohne Tatbestand und Entscheidungsgründe aus sich heraus verständlich sein und die Zwangsvollstreckung ermöglichen.[2] Wird zur Unterlassung einer Handlung verurteilt, dann muss der Unterlassungstenor den Gegenstand des Verbots deutlich bezeichnen, um eine geeignete Grundlage für das Vollstreckungsverfahren bilden zu können. Die bloße Wiederholung des Gesetzeswortlauts genügt dem Bestimmtheitserfordernis nicht.[3]

4 Der **Tatbestand** (§ 313 Abs. 1 Nr. 5 ZPO) beurkundet das schriftliche und mündliche Vorbringen der Parteien. Er ist berichtigungsfähig (§ 319 ZPO) und beweiskräftig (§ 314 ZPO). Im Tatbestand sollen die erhobenen Ansprüche und die dazu vorgetragenen Angriffs- und Verteidigungsmittel unter Hervorhebung der gestellten Anträge nur ihrem wesentlichen Inhalt nach knapp dargestellt werden. Wegen der Einzelheiten des Sach- und Streitstandes soll auf Schriftsätze, Protokolle und andere Unterlagen verwiesen werden (§ 313 Abs. 2 ZPO), wobei die summarische Bezugnahme genügt.[4] Fehlende Angaben im Tatbestand können in den Entscheidungsgründen nachgeholt werden.[5]

5 Die **Entscheidungsgründe** (§ 313 Abs. 1 Nr. 6 ZPO) enthalten nach § 313 Abs. 3 ZPO eine kurze Zusammenfassung der Erwägungen, auf denen die Entscheidung in tatsächlicher und rechtlicher Hinsicht beruht. Nicht nötig ist, dass jede Einzelheit des Parteivorbringens erörtert wird,[6] jedoch müssen die Gründe nachvollziehbar sein und eine Überprüfung der Entscheidungsgründe durch die höhere Instanz ermöglichen. Klageansprüche dürfen nicht übergangen, wesentlicher Sachvortrag muss zur Kenntnis genommen und erwogen werden[7] und Abweichungen von der herrschenden Rspr. müssen begründet werden.[8] Die Bezugnahme auf ein anderes Urteil ist zulässig, wenn den Parteien dessen Gründe bekannt sind und das andere Urteil genau bezeichnet wird.[9]

---

1 Zöller/*Vollkommer*, § 313 Rn 2.
2 Zöller/*Vollkommer*, § 313 Rn 8.
3 BGH 2.4.1992 – I ZR 131/90 – NJW 1992, 1691; BGH 9.4.1992 – I ZR 171/90 – MDR 1992, 954.
4 BGH 16.6.1992 – XI ZR 166/91 – NJW 1992, 2148 = BB 1992, 1456.
5 BGH 17.1.1985 – VII 257/83 – NJW 1985, 1784 = MDR 1985, 570; BGH 25.4.1991 – I ZR 232/89 – MDR 1992, 188.
6 BVerfG 3.4.1979 – 1 BvR 733/78 – NJW 1980, 278.
7 BVerfG 30.1.1985 – 1 BvR 99/84 – NJW 1985, 1149.
8 BVerfG 1.4.1992 – BvR 1097/91 – NJW 1992, 2556.
9 BGH 8.11.1990 – I ZR 49/89 – BB 1991, 506.

II. Weglassen von Tatbestand und Entscheidungsgründen

Des **Tatbestandes** bedarf es nicht, wenn ein Rechtsmittel gegen das Urteil unzweifelhaft nicht eingelegt werden kann (§ 313a Abs. 1 S. 1 ZPO). In diesem Fall bedarf es auch keiner **Entscheidungsgründe**, wenn die Parteien auf sie verzichten oder wenn ihr wesentlicher Inhalt in das Protokoll aufgenommen worden ist (§ 313a Abs. 1 S. 2). Verzichten beide Parteien auf Rechtsmittel gegen das Urteil, bedarf es des Tatbestands und der Entscheidungsgründe ebenfalls nicht. Ist das Urteil nur für eine Partei anfechtbar, so genügt es, wenn diese verzichtet (§ 313a Abs. 2 ZPO). Der Verzicht auf das Rechtsmittel und die Entscheidungsgründe kann auch schon vor der Verkündung des Urteils, spätestens jedoch eine Woche nach dem Schluss der mündlichen Verhandlung gegenüber dem Gericht erfolgen (§ 313a Abs. 3 ZPO). Diese Regelungen zum Weglassen von Tatbestand und Entscheidungsgründen gelten aber nicht im Falle der Verurteilung zu künftig fällig werdenden wiederkehrenden Leistungen (§ 313a Abs. 4 Nr. 4 ZPO). Soll ein ohne Tatbestand und Entscheidungsgründe hergestelltes Urteil im Ausland geltend gemacht werden, so gelten die Vorschriften über die Vervollständigung von Versäumnis- und Anerkenntnisurteilen entsprechend (§ 313a Abs. 5 ZPO). Auch bei **Versäumnisurteilen, Anerkenntnisurteilen und Verzichtsurteilen** bedarf es nicht des Tatbestandes und der Entscheidungsgründe (§ 313b Abs. 1 ZPO), sofern nicht die **Geltendmachung im Ausland** zu erwarten ist (§ 313b Abs. 3 ZPO). Damit bedürfen solche Urteile erster Instanz regelmäßig keines Tatbestandes und keiner Entscheidungsgründe, in denen der Wert der Beschwer des § 64 Abs. 2 lit. b (über 600 EUR) nicht erreicht und in denen die Berufung nicht zugelassen wird. Ansonsten ist ein **Rechtsmittelverzicht** erforderlich. Von der Möglichkeit der Abkürzung des Urteils soll wegen der Rügemöglichkeiten nach **§ 78a und § 72b** nur zurückhaltend Gebrauch gemacht werden.[10]

Die Möglichkeit der Nichtzulassungsbeschwerde bei **Berufungsurteilen** lässt grds. die Feststellung, dass ein Rechtsmittel unzweifelhaft nicht eingelegt werden kann, nicht zu. § 313a ZPO kann hier nur angewandt werden, wenn die durch das Berufungsurteil beschwerte Partei auf die Einlegung eines Rechtsmittels verzichtet.[11] Wegen der weiteren Fragen des Inhalts und der Abkürzung des Berufungsurteils wird auf die Kommentierung zu § 69 verwiesen.

In der **Revisionsinstanz** kann § 313a ZPO entsprechend angewendet werden, denn gegen die Urteile des BAG findet kein Rechtsmittel statt. Bei der Verfassungsbeschwerde handelt es sich um kein Rechtsmittel i.S.v. § 313a ZPO.

III. Streitwertfestsetzung (Abs. 1)

1. Bedeutung der Streitwertfestsetzung. Nach Abs. 1 hat das ArbG den Wert des Streitgegenstandes im Urteil festzusetzen. Die Bedeutung dieser Festsetzung war lange umstr.[12] Durchgesetzt hat sich die Ansicht, nach der die **Streitwertfestsetzung** im arbeitsgerichtlichen Urteil **für die Zulässigkeit der Berufung** maßgeblich ist. Sie ist nach Abs. 1 Urteilsbestandteil und nimmt daher an den Wirkungen des § 318 ZPO teil. Die Festsetzung des Streitwertes durch das ArbG dient der Rechtsmittelklarheit hinsichtlich der Berufung.[13] Das BAG ist der Gegenauffassung,[14] die dem nach § 61 festgesetzten Streitwert nur eine „indizielle" oder „gewisse" Bedeutung beimessen will, nicht gefolgt. Das Berufungsgericht ist daher im Rahmen des § 64 Abs. 2 an den vom ArbG festgesetzten Streitwert (Obergrenze) gebunden und hat aus diesem die Höhe der Beschwer zu ermitteln. Der Beschwerdewert kann im Regelfall nicht höher sein als der festgelegte Streitwert.[15] Dies gilt ausnahmsweise nicht, wenn die Festsetzung offensichtlich unrichtig ist. Offensichtlich unrichtig ist die Streitwertfestsetzung nur dann, wenn sie in jeder Beziehung unverständlich und unter keinem vernünftigen Gesichtspunkt zu rechtfertigen ist sowie außerdem der zutreffende Streitwert auf den ersten Blick die für den Beschwerdewert maßgebende Grenze übersteigt oder unterschreitet.[16] Dabei kommt es auf die Sicht des über die Statthaftigkeit des Rechtsmittels entscheidenden Berufungsgerichts an.[17] Eine Bindung besteht auch nicht, wenn der Beschwerdewert des § 64 Abs. 2 nach anderen Kriterien als der festgesetzte Streitwert zu ermitteln ist. Das ist z.B. der Fall, wenn die Streitwertfestsetzung im erstinstanzlichen Urteil sich allein am klägerischen Interesse orientieren muss und das wirtschaftliche Interesse der unterlegenen Partei nach anderen Grundsätzen zu ermitteln ist. So ist die Sachlage bei der Stufenklage.[18] In den Fällen der Verurteilung zur Erteilung einer Auskunft ist für das Rechtsmittelinteresse des Verurteilten in erster Linie auf den Aufwand an Zeit und Kosten abzustellen, den die Auskunftserteilung voraussichtlich erfordern wird. Entsprechendes gilt bei der Abgabe einer eidesstattlichen Versicherung.[19] Ist die Auskunft mit keinem besonderen Aufwand verbunden, wird die Mindestbeschwer regelmäßig nicht erreicht:[20]

---

10 *Germelmann u.a.*, § 61 Rn 5.
11 *Germelmann u.a.*, § 61 Rn 8.
12 Vgl. zum Streit: *Germelmann u.a.*, § 61 Rn 12–13.
13 BAG 16.5.2007 – 2 AZB 53/06 – AP Nr. 15 zu § 61 ArbGG 1979 = NZA 2007, 829.
14 *Germelmann u.a.*, § 61 Rn 12; BCF/*Creutzfeld* ArbGG 4. Aufl. § 61 Rn 20.
15 BAG 27.5.1994 – 5 AZB 3/94 – AP § 64 ArbGG 1979 Nr. 17 = NZA 1994, 1054 = DB 1994, 2144; so jetzt auch *Germelmann u.a.*, § 61 Rn 13 unter Aufgabe der früher (5. Aufl.) vertretenen Auffassung.
16 BAG 22.5.1984 – 2 AZB 25/82 – AP § 12 ArbGG 1979 Nr. 7.
17 BAG 16.5.2007 – 2 AZB 53/06 – AP Nr. 15 zu § 61 ArbGG 1979 = NZA 2007, 829.
18 BAG 27.5.1994 – 5 AZB 3/94 – AP § 64 ArbGG 1979 Nr. 17 = NZA 1994, 1054 = DB 1994, 2144.
19 BGH 1.4.1992 – VIII ZB 2/92 – BB 1992, 1031.
20 BAG 27.5.1994 – 5 AZB 3/94 – AP § 64 ArbGG 1979 Nr. 17 = NZA 1994, 1054 = DB 1994, 2144.

9 Der Urteilsstreitwert hat im arbeitsgerichtlichen Verfahren keine Bedeutung für den **Gerichtsgebührenstreitwert** nach § 63 Abs. 2 GKG (vgl. § 62 S. 2 GKG) bzw. den **RA-Gebührenstreitwert** nach § 33 Abs. 1 JVG.[21] Vielmehr kann das ArbG – wenn es das für angemessen hält (§ 63 Abs. 2 S. 2 GKG) – nach § 63 Abs. 2 GKG den Gerichtsgebührenstreitwert durch Beschluss festsetzen, sobald eine Entscheidung über den gesamten Streitgegenstand ergeht oder sich das Verfahren anderweitig erledigt. Andernfalls ist nach der Neufassung des GKG seit dem 1.7.2004 im arbeitsgerichtlichen Verfahren nun ein Antrag der Beteiligten oder der Staatskasse erforderlich. Nach § 32 Abs. 1 JVG ist der Gerichtsgebührenstreitwert grds. auch für die Berechnung der RA-Gebühren verbindlich. Dies gilt nur, wenn sich die anwaltliche Tätigkeit mit dem für die gerichtliche Festsetzung maßgebenden Gegenstand deckt. Stimmen die gebührenauslösenden Tatbestände nicht überein, so ist der RA befugt, den Wert des Gegenstandes seiner Tätigkeit durch gesonderten Beschluss des ArbG nach § 33 Abs. 1 JVG festsetzen zu lassen. Oft kann der im Urteil festgesetzte Rechtsmittelstreitwert der Kostenberechnung zugrunde gelegt werden. Das ist aber nicht zwingend. Maßgeblich für den Urteilsstreitwert ist der Streitgegenstand zum Zeitpunkt der Entscheidung (siehe Rn 14). Für die Anwaltsgebühren können andere Zeitpunkte entscheidend sein, insb. wenn sich der Gegenstandswert zwischenzeitlich geändert hat. Die Streitwertfestsetzung im Urteil ist **unanfechtbar**.[22]

10 **2. Streitwertberechnung.** Da die Streitwertfestsetzung für die Rechtsmittelfähigkeit der Entscheidung Bedeutung hat (siehe Rn 8), bemisst sich der Streitwert nach den letzten gestellten Anträgen.[23] **Maßgeblicher Zeitpunkt** ist mithin die letzte mündliche Verhandlung; wenn ausnahmsweise zwischen letzter mündlicher Verhandlung und einem anberaumten Verkündungstermin eine Klageteilrücknahme folgt, der schriftsätzlich vom Beklagten zugestimmt wird, sind die reduzierten Anträge maßgeblich.[24] Daraus folgt, dass z.B. eine Klageforderung, die im Laufe des Verfahrens ermäßigt worden ist oder ein durch Teilvergleich ausgeschiedener Streitgegenstand beim Urteilsstreitwert nicht zu berücksichtigen sind.[25]

11 **3. Form der Streitwertfestsetzung.** Die Streitwertfestsetzung hat grds. **in jedem Urteil** zu erfolgen, also auch in Teilurteilen nach § 301 ZPO, Vorbehaltsurteilen nach § 302 ZPO und Urteilen über die Zulässigkeit der Klage nach § 280 Abs. 1 ZPO. Ausnahmsweise ist keine Festsetzung erforderlich in Urteilen, gegen die unzweifelhaft ein beschwerabhängiges Rechtsmittel nicht statthaft ist.[26]

12 Da die Streitwertfestsetzung Bedeutung für die Berufungsfähigkeit des Urteils hat (vgl. Rn 8) und die Anfechtbarkeit sofort feststehen muss, hat sie regelmäßig im Urteilstenor zu erfolgen.[27]

13 Nach dem Wortlaut von Abs. 1 ist der Wert des Streitgegenstands „im Urteil", und damit **nicht zwingend im Urteilstenor** festzusetzen, während die Entscheidung über die Zulassung oder Nichtzulassung der Berufung nach § 64 Abs. 3a in den Urteilstenor aufzunehmen ist.

14 **4. Folgen unterbliebener Streitwertfestsetzung.** Fehlt eine Streitwertfestsetzung im Tenor des Urteils und wurde sie auch nicht in das vollständig abgesetzte Urteil aufgenommen, kommt nur eine **Urteilsergänzung** entsprechend § 321 ZPO in Betracht.[28]

IV. Berufungszulassung

15 Nach § 64 Abs. 2 lit. a kann die Berufung eingelegt werden, wenn sie im Urteil des ArbG zugelassen worden ist, sofern sie nicht bereits nach § 64 Abs. 2 lit. b oder c statthaft ist. Die Entscheidung des ArbG, ob die Berufung zugelassen oder nicht zugelassen wird, ist in den Urteilstenor aufzunehmen. Ist dies unterblieben, kann binnen zwei Wochen ab Verkündung des Urteils eine entsprechende Ergänzung beantragt werden (§ 64 Abs. 3a).

V. Verurteilung zur Vornahme einer Handlung (Abs. 2)

16 Durch Abs. 2 werden die Regelungen in §§ 510b und 888a ZPO modifiziert und der Anwendungsbereich des § 259 ZPO dahin erweitert, dass die Verurteilung zu einer erst in Zukunft fällig werdenden Entschädigung ermöglicht wird, ohne dass die Voraussetzungen des § 259 ZPO vorliegen müssen.

Abs. 2 soll das Gerichtsverfahren vereinfachen und beschleunigen, indem es dem Kläger ermöglicht, von vornherein dreierlei zu beantragen: Die Verurteilung zur Vornahme einer Handlung, eine Fristsetzung für deren Vornahme und eine Verurteilung zur Entschädigung für den Fall des fruchtlosen Fristablaufs. Die Vorschrift dient der Prozesswirtschaftlichkeit.

Zu beachten ist, dass die Verbindung einer Auskunfts- und Entschädigungsklage nach Abs. 2 mit einer **Stufenklage** nicht zu einer zulässigen Stufenklage i.S.d. § 254 ZPO, sondern zu einem mangels notwendiger die Vollstreckung

---

21 *Germelmann u.a.*, § 61 Rn 16.
22 *Germelmann u.a.*, § 61 Rn 15; GK-ArbGG/*Schütz*, § 61 Rn 28.
23 *Germelmann u.a.*, § 61 Rn 17.
24 *Creutzfeldt*, NZA 1996, 957.
25 *Germelmann u.a.*, § 61 Rn 18.
26 Z.B. bei Zwischenurteilen nach 61 Abs. 3, §§ 387, 135 und 71 ZPO; vgl. *Germelmann u.a.*, § 61 Rn 14.
27 *Hauck/Helmel*, § 61 Rn 4; *Germelmann u.a.*, § 61 Rn 22.
28 *Germelmann u.a.*, § 61 Rn 21; GK-ArbGG/*Schütz*, § 61 Rn 27; *Hauck/Helml*, § 61 Rn 4.

ermöglichender Bestimmtheit unzulässigen Leistungsantrag nach § 253 Abs. 2 Nr. 2 ZPO führt.[29] Der Leistungsantrag der zweiten Stufe steht unter der Bedingung, dass der Auskunftsanspruch vom Beklagten binnen einer bestimmten Frist erfüllt wird. Nach Ablauf dieser Frist soll der Stufenantrag nicht mehr beschieden werden, da dann der Entschädigungsantrag greifen soll. Prozesshandlungen vertragen aber eine solche außerprozessuale Bedingung nicht.

1. Anwendungsbereich. Abs. 2 gilt nur für Verurteilungen zur Vornahme von **Handlungen, die nach §§ 887 oder 888 ZPO** zu vollstrecken sind, wobei unbeachtlich ist, ob im Einzelfall eine Vollstreckung überhaupt zulässig wäre. Damit kommt eine Entscheidung nach Abs. 2 auch im Falle der Verurteilung zur Leistung von Diensten i.S.v. § 888 Abs. 2 ZPO zur Anwendung, obwohl die Zwangsvollstreckung unzulässig wäre.[30] Die Nichtvornahme der Handlung muss lediglich Entschädigungsansprüche auslösen. Dies findet seine Berechtigung darin, dass Abs. 2 keine besondere Form der Zwangsvollstreckung regelt, sondern die Möglichkeit für eine beschleunigte Titulierung eines Schadensersatzanspruchs schafft. Die Verurteilung muss aber auf Leistung, nämlich auf Vornahme einer vertretbaren oder unvertretbaren Handlung, und darf nicht nur auf die Feststellung der Leistungsverpflichtung gerichtet sein.[31]

Eine Anwendung von Abs. 2 kommt grds. auch im **einstweiligen Verfügungsverfahren** in Betracht. Die Vorschrift knüpft nur an den Inhalt der Verurteilung, nicht an die Verfahrensart an. Voraussetzung für eine ersatzweise Verurteilung zur Entschädigung ist dann aber, dass auch für den Entschädigungsanspruch ein Verfügungsgrund besteht, was regelmäßig nicht der Fall ist.[32]

Somit ist **Abs. 2 anwendbar** bei Verurteilungen auf
– Vornahme der **Arbeitsleistung**, unabhängig davon, ob es bei der geschuldeten Arbeitsleistung um eine vertretbare oder unvertretbare Handlung geht und ob die Zwangsvollstreckung nach § 888 Abs. 2 ZPO unzulässig wäre,[33]
– Ausfüllen von **Arbeitspapieren** (z.B. der Lohnsteuerkarte, der Arbeitsbescheinigung nach § 312 SGB III; Lohnnachweiskarte für Urlaub, Lohnausgleich und Zusatzversorgung im Baugewerbe) bzw. das Erteilen/Berichtigen von Arbeitspapieren (Urlaubsbescheinigung nach § 6 Abs. 2 BUrlG; Zeugnis), nicht jedoch die Verurteilung zur Herausgabe von Arbeitspapieren,[34]
– **Auskunft/Abrechnung** betreffend Arbeitsvergütung, Provisionen;[35] unzulässig ist jedoch die Verbindung von Auskunftsklage, Antrag nach Abs. 2 und vom Ergebnis der Auskunft abhängiger Zahlungsklage,[36]
– **Beschäftigung/Weiterbeschäftigung**, weil diese Ansprüche (gerichtet auf Zuweisung von Arbeit an einem bestimmten Arbeitsplatz) nach § 888 ZPO vollstreckt werden.[37]

Keine Anwendung findet dagegen Abs. 2 bei Verurteilungen zur
– **Herausgabe einer Sache** (Arbeitspapiere, Geschäftsunterlagen, Firmenfahrzeug), weil deren Vollstreckung sich nicht nach §§ 887 und 888 ZPO, sondern nach § 883 ZPO richtet,[38]
– Abgabe einer **Willenserklärung**, denn hier richtet sich die Vollstreckung nach § 894 ZPO,[39]
– Unterlassung einer **Handlung** oder zur Duldung der Vornahme einer Handlung, da sich insoweit die Vollstreckung nach § 890 ZPO richtet.

2. Entschädigungsfestsetzung. a) Antrag des Klägers. Die Verurteilung zu einer Entschädigung nach Abs. 2 S. 1 setzt einen Antrag voraus, der zu einer objektiven Klagehäufung nach § 260 ZPO führt, wobei der Entschädigungsantrag regelmäßig als **unechter Hilfsantrag** nur für den Fall gestellt wird, dass dem Hauptantrag stattgegeben wird.[40]

Der Kläger muss in dem Antrag entweder selbst eine **Frist** benennen oder er muss die Festsetzung der Frist in das Ermessen des Gerichts stellen.

Ferner muss der Antrag **beziffert** werden, sofern nicht die allg. Voraussetzungen für die Zulässigkeit eines unbezifferten Antrags vorliegen.[41] Es geht um einen normalen Schadensersatzanspruch, der grds. zu beziffern ist. Etwas an-

---

29 BAG 24.11.2004 – 10 AZR 169/04 – AP Nr. 12 zu § 61 ArbGG 1979 = NZA 2005, 362 m. Anm. *Düwell* in BAGReport 2005, 159.
30 *Germelmann u.a.*, § 61 Rn 26.
31 GK-ArbGG/*Schütz*, § 61 Rn 36ff.; *Germelmann u.a.*, § 61 Rn 27.
32 *Hauck/Helml*, § 61 Rn 9; *Germelmann u.a.*, § 61 Rn 28.
33 *Germelmann u.a.*, § 61 Rn 28.
34 *Germelmann u.a.*, § 61 Rn 28.
35 BAG 28.7.2004 – 10 AZR 580/03 – AP Nr. 268 zu § 1 TVG Tarifverträge: Bau = NZA 2005, 1188 (für Sozialkassenbeiträge in der Bauwirtschaft).
36 BAG 24.11.2004 – 10 AZR 169/04 – AP Nr. 12 zu § 61 ArbGG 1979 NZA 2005, 362; *Germelmann u.a.*, § 61 Rn 28.
37 *Germelmann u.a.*, § 61 Rn 28.
38 BAG 23.1.1958 – 2 AZR 62/56 – AP § 61 ArbGG Nr. 22; *Germelmann u.a.*, § 61 Rn 27.
39 *Germelmann u.a.*, § 61 Rn 27.
40 *Gift/Baur*, E Rn 1653.
41 GK-ArbGG/*Schütz*, § 61 Rn 35.

deres gilt, wenn die Klägerin die Höhe des Schadensersatzes in das Ermessen des Gerichts stellt (§ 287 ZPO), weil ihr die Bezifferung nicht möglich bzw. aus besonderen Gründen nicht zumutbar ist. In diesem Fall müssen sich allerdings aus der Begründung des Antrags zur Höhe genügend Anhaltspunkte ergeben, die dem Gericht die Bewertung des Schadens ermöglichen.

Schließlich muss der Kläger **darlegen**, dass ihm durch die Nichtvornahme der Handlung tatsächlich ein Schaden entsteht und wie hoch dieser zu veranschlagen ist.[42]

23 Der Entschädigungsantrag kann von vornherein mit dem Leistungsantrag der Klage verbunden sein, aber auch im Laufe des Verfahrens rechtshängig gemacht werden;[43] jedoch nicht mehr nach rechtskräftiger Entscheidung über den Leistungsantrag.[44] Wird der noch nicht rechtskräftig titulierte Auskunftsanspruch in der zweiten Instanz zurückgenommen, ist die weiterverfolgte Entschädigungsklage abzuweisen, weil es jetzt an der Voraussetzung der Verurteilung zur Vornahme einer Handlung fehlt.[45] Der Entschädigungsantrag soll auch noch während des Berufungsverfahrens gestellt werden können.[46] Dies erscheint angesichts des § 533 Nr. 2 ZPO zweifelhaft, weil die Klageänderung auf Tatsachen (den künftig eintretenden Schaden) gestützt wird, die das Berufungsgericht seiner Verhandlung und Entscheidung über die Berufung nicht nach § 529 ZPO zugrunde zu legen hat. § 264 Nr. 3 ZPO hilft nicht, weil die Entschädigung nicht statt des ursprünglich geforderten Gegenstands verlangt wird und weil es nicht um eine Änderung des Anspruchsziels wegen später eingetretener Veränderung geht.

24 **b) Festsetzung der Erfüllungsfrist.** Die Bemessung der dem Schuldner für die Vornahme der Handlung einzuräumende Frist steht im Ermessen des Gerichts. Hierbei sind nach der Rspr. im Wesentlichen zu berücksichtigen, wie lange die beklagte Partei für die Vornahme der Handlung benötigen wird und die gesetzlich eingeräumte Rechtsmittelfrist von einem Monat. Unzulässig ist die Festsetzung einer diese Zeiträume verkürzenden Frist.[47]

25 **c) Festsetzung der Entschädigung.** Bei der Entscheidung über den Entschädigungsantrag muss das Gericht für den Fall der nicht rechtzeitigen Vornahme der Handlung die Höhe der zu zahlenden Entschädigung beziffern.[48] Dabei ist zu berücksichtigen, dass Abs. 2 bezweckt, dem Gläubiger die Verfolgung seines Auskunfts- und ggf. Schadensersatzanspruches in einem Prozess zu ermöglichen, ohne dass die Voraussetzungen des § 259 ZPO vorliegen müssen, und dadurch zu einer beschleunigten und konzentrierten Rechtsverfolgung beizutragen.[49] Maßgebend ist der entspr. § 287 ZPO zu ermittelnde Schaden, der durch die Nichtvornahme der Handlung entsteht. Bei der Verurteilung zu einer Entschädigungsbetrag darf der Entschädigungsbetrag nicht mit dem Betrag entsprechen, mit dem Auskunftsantrag ermittelt wird; als Regelwert sieht das BAG vielmehr den um 20 % gekürzten Betrag des zu erwartenden Zahlungsanspruchs an.[50] Ist die klagende Partei bei Verurteilung zur Auskunftserteilung auch ohne Auskunft zur Bezifferung der offenen Forderungen in der Lage, soll die Entschädigung 20 % der Forderungen betragen.[51] Mit der festgesetzten Entschädigung sind i.d.R. sämtliche Schadensersatzansprüche abgegolten.[52]

26 **d) Unzulässigkeit eines Teilurteils.** Über den Antrag auf Vornahme der Handlung kann nicht vorab durch Teilurteil nach § 301 ZPO entschieden werden. Dies gilt erst recht für den unechten Hilfsantrag (vgl. Rn 21) auf Entschädigung nach Abs. 2 S. 1. Bereits der Wortlaut der Vorschrift lässt erkennen, dass nur „zugleich" entschieden werden kann. Bei einer Vorabentscheidung durch Teilurteil bliebe zudem unklar, ob aus dem Teilurteil später noch vollstreckt werden kann.[53]

27 **e) Zwangsvollstreckung.** Wird der Antrag auf Verurteilung zur Vornahme einer Handlung abgewiesen, so bedarf der unechte Hilfsantrag auf Verurteilung zur Entschädigung keiner Entscheidung. Er wäre zudem unbegründet, weil die Leistungsverurteilung Voraussetzung für die Entschädigungsverurteilung nach Abs. 2 ist.

Kommt es zur Verurteilung der beklagten Partei zur Vornahme einer Handlung bei Abweisung des Entschädigungsantrags, kann der zusprechende Teil des Urteils nach **§§ 887 und 888 ZPO** vollstreckt werden.

---

42 Hessisches LAG 7.8.2001 – 2 Sa 106/01 – LAGReport 2002, 52 = NZA-RR 2002, 263; GK-ArbGG/*Dörner*, § 61 Rn 35; Germelmann u.a., § 61 Rn 30.
43 *Gift/Baur*, E Rn 1654.
44 LAG Berlin 12.3.1999 – 2 Sa 3/98 – NZA-RR 2000, 43 = AuR 1999, 282.
45 BAG 4.10.1989 – 4 AZR 396/89 – AP § 61 ArbGG 1979 Nr. 9 = NJW 1990, 1008.
46 *Gift/Baur*, E Rn 1654; Germelmann u.a., § 61 Rn 29.
47 BAG 5.6.1985 – 4 AZR 533/83 – AP § 1 TVG Tarifverträge: Bau Nr. 67; Germelmann u.a., § 61 Rn 34; krit. mit beachtl. Argumenten GK-ArbGG/*Schütz*, § 61 Rn 46.
48 GK-ArbGG/*Schütz*, § 61 Rn 43.
49 BAG 28.7.2004 – 10 AZR 580/03 – AP Nr. 268 zu § 1 TVG Tarifverträge: Bau = NZA 2005, 1188.
50 BAG 6.5.1987 – 4 AZR 641/87 – DB 1987, 2662; 28.7.2004 – 10 AZR 580/03 – AP Nr. 268 zu § 1 TVG Tarifverträge: Bau = NZA 2005, 1188 (für Sozialkassenbeiträge in der Bauwirtschaft); gegen einen generellen Regelwert (überzeugend jedenfalls für die Fälle, in denen der Schaden eindeutig niedriger ist): Germelmann u.a., § 61 Rn 37.
51 Hessisches LAG 12.2.2001 – 16 Sa 585/00 – EzAÜG § 1 AEntG Nr. 1.
52 BAG 20.2.1997 – 8 AZR 121/95 – AP § 611 BGB Haftung des Arbeitgebers Nr. 4 = DB 1997, 1779.
53 *Gift/Baur*, E Rn 1664.

Gibt das Gericht sowohl dem Leistungs- als auch dem Entschädigungsantrag statt, ist nach **Abs. 2 S. 2** die Zwangsvollstreckung des auf Vornahme einer Handlung gerichteten Titels ausgeschlossen. Es fehlt an der Vollstreckbarkeit des fortbestehenden Vornahmeanspruchs. Aus dem Ausschluss der Vollstreckbarkeit des Vornahmeanspruchs folgt nicht, dass damit der Vornahmeanspruch untergeht oder in einen Zahlungsanspruch umgewandelt wird. Der Ausschluss der Zwangsvollstreckung hat nur vollstreckungsrechtliche Bedeutung, lässt aber den Vornahmeanspruch unberührt. Daher kann der Vornahmeanspruch auch nach Fristablauf erfüllt werden.[54] Die Vollstreckung des Entschädigungstitels richtet sich nach den Vorschriften über die Zwangsvollstreckung wegen Geldforderungen (§§ 803 bis 882a ZPO). Voraussetzung ist, dass die Frist zur Vornahme der Handlung, die in dem Urteil festgesetzt worden ist, abgelaufen ist (§ 751 Abs. 1 ZPO). Erfüllt der Schuldner den Anspruch auf Vornahme der Handlung aber noch während der gerichtlich gesetzten Frist, entfällt der Entschädigungsanspruch. Die Frist läuft mit Zustellung des den Rechtsstreit beendenden Urteils (ggf. erst das Revisionsurteil) an.[55] Betreibt der Gläubiger gleichwohl die Zwangsvollstreckung, kann der Schuldner Vollstreckungsklage nach § 767 ZPO erheben. Wird die Leistung aber nach Fristablauf erbracht, kann eine Vollstreckungsabwehrklage bezüglich der Entschädigungsverurteilung nur Erfolg haben, wenn der Gläubiger mit der verspäteten Leistung einverstanden war.[56]

Die entsprechenden Instanzurteile, gerichtet auf Vornahme und ersatzweise Entschädigung, sind jedoch vorläufig vollstreckbar (vgl. § 62 Abs. 1 S. 1). Nach Ablauf der Frist (gerechnet ab Zustellung des erst vorläufig vollstreckbaren Urteils) zur Vornahme der geschuldeten Handlung kann der Gläubiger bereits wegen der festgesetzten Entschädigung die Zwangsvollstreckung einleiten. Ob diese vorläufige Vollstreckung endgültigen Bestand hat, hängt aber vom rechtskräftigen Abschluss des Rechtsstreits ab. Wurde die Entschädigung bereits im Wege der Zwangsvollstreckung beigetrieben, wird aber der Entschädigungstitel später aufgehoben, so erfolgt die Rückabwicklung der Vollstreckung nach § 717 Abs. 2 ZPO.[57]

Nimmt der Gläubiger nach Ablauf der vom Gericht bestimmten Frist dennoch die ursprünglich zu bewirkende Leistung (Vornahme der Handlung), die endgültig und nicht nur zur Abwendung der Zwangsvollstreckung erbracht wird, mit dem Willen an, sie als geschuldete Leistung gelten zu lassen, dann begibt er sich des Anspruchs auf die zugesprochene Entschädigung.[58] Wird dennoch vom Gläubiger die Zwangsvollstreckung aus dem die Entschädigung betreffenden Titel betrieben, kann der Schuldner sich hiergegen mit der Vollstreckungsgegenklage nach § 767 ZPO zur Wehr setzen. Nimmt der Gläubiger die Leistung nicht an Erfüllung Statt an, kann er weiterhin die Vollstreckung des Entschädigungstitels betreiben.[59]

VI. Zwischenurteil über den Anspruchsgrund (Abs. 3)

Nach § 304 Abs. 1 ZPO kann das Gericht über den Grund eines Anspruchs vorab entscheiden, wenn ein Anspruch nach Grund und Höhe str. ist. Während das Urteil im Verfahren vor den ordentlichen Gerichten nach § 304 Abs. 2 ZPO als Endurteil gilt und selbständig anfechtbar ist, ordnet Abs. 3 an, dass ein über den Grund des Anspruchs vorab entscheidendes Zwischenurteil wegen der Rechtsmittel nicht als Endurteil anzusehen ist. Damit ist im arbeitsgerichtlichen Verfahren zwar ein **Grundurteil** zulässig, jedoch ist dieses nicht getrennt anfechtbar, sondern kann nur zusammen mit dem Schlussurteil rechtskräftig oder (ggf.) angefochten werden.[60] Es entfaltet aber für das erkennende Gericht nach § 318 ZPO **Bindungswirkung**.[61] Die Anfechtbarkeit wird auch nicht durch eine falsche Rechtsmittelbelehrung,[62] durch die Bezeichnung des Zwischenurteils als Teilurteil[63] oder durch Zulassungsentscheidung des ArbG bewirkt.[64]

C. Beraterhinweise

Für die unmittelbare Anwendung von § 61 und von §§ 313, 313a ZPO auf Beschlüsse im Urteilsverfahren fehlt eine Verweisungsnorm. Der über § 46 Abs. 2 anwendbare § 329 ZPO verweist nicht auf diese für Urteile geltenden Vorschriften.[65] Die §§ 313, 313a ZPO werden jedoch in der Praxis **sinngemäß auf Beschlüsse** angewendet.[66] Nicht vorgeschrieben sind zwar volles Rubrum, Tatbestand und Entscheidungsgründe; doch müssen Beschlüsse, die einem auch nur unter Umständen statthaften Rechtsmittel unterliegen, begründet werden.[67] In der **Begründung** müssen

---

54 BAG 4.10.1989 – 4 AZR 396/89 – BAGE 63, 91.
55 BAG 11.7.1975 – 5 AZR 273/74 – AP § 61 ArbGG 1953 Zwangsvollstreckung Nr. 3 = DB 1976, 59.
56 Hessisches LAG 30.4.1996 – 15 Sa 1521/95 – ARSt 1996, 260.
57 BAG 11.7.1975 – 5 AZR 273/74 – AP § 61 ArbGG 1953 Zwangsvollstreckung Nr. 3 = DB 1976, 59.
58 BAG 11.7.1975 – 5 AZR 273/74 – AP § 61 ArbGG 1953 Zwangsvollstreckung Nr. 3 = DB 1976, 59.
59 BAG 11.7.1975 – 5 AZR 273/74 – AP § 61 ArbGG 1953 Zwangsvollstreckung Nr. 3 = DB 1976, 59.
60 BAG 1.12.1975 – 5 AZR 466/75 – AP § 61 ArbGG Nr. 2 = NJW 1976, 774.
61 BCF/*Creutzfeld*, § 61 Rn 50 mit krit. Anm. zur Gesamtregelung unter Rn 51.
62 *Germelmann u.a.*, § 61 Rn 44.
63 BAG 25.2.1999 – 3 AZR 232/97 – juris.
64 GK-ArbGG/*Schütz*, § 61 Rn 55; *Germelmann u.a.*, § 61 Rn 44.
65 *Germelmann u.a.*, § 61 Rn 4.
66 BGH 13.10.1982 – IVb ZB 154/82 – NJW 1983, 123.
67 BGH 23.3.1988 – IVb ARZ 8/88 – FamRZ 1988, 943; Zöller/*Vollkommer*, § 329 Rn 24.

die wesentlichen der Rechtsverfolgung und Rechtsverteidigung dienenden Tatsachenbehauptungen verarbeitet werden.[68] Bloße Floskeln genügen nicht; eine Ermessensausübung muss nachprüfbar sein. Die gebotene Begründung ist spätestens im Rahmen der Abhilfeentscheidung nach § 572 Abs. 1 ZPO nachzuholen. Eine **Ausnahme** vom Begründungszwang besteht, wenn die Begründung unmittelbar aus dem Gesetz folgt, auf einer gefestigten Rspr. beruht oder sich ohne weiteres aus dem Streitstoff ergibt.[69]

Ist ein **Antrag** durch das Gericht **vollständig übergangen** worden, muss rechtzeitig **Urteilsergänzung** beantragt werden. Denn mit dem Ablauf der Antragsfrist des § 321 Abs. 2 ZPO entfällt die Rechtshängigkeit der Klage, soweit sie Gegenstand des übergangenen Antrags gewesen ist.[70] Ein übergangener Antrag, dessen Rechtshängigkeit durch Ablauf der Frist nach § 321 Abs. 2 ZPO entfallen ist, kann allenfalls noch in der zweiten Instanz durch Klageerweiterung wieder in den Prozess eingeführt werden, wenn der Rechtsstreit wegen anderer Teile des Prozessstoffs (noch) in der Berufungsinstanz anhängig ist. Hat das Gericht einen übergangenen Antrag außerdem auch nicht in den Tatbestand seines unvollständigen Urteils aufgenommen, muss einer Urteilsergänzung nach § 321 ZPO eine Berichtigung des Tatbestands nach § 320 ZPO vorangehen.[71] Zur Begründung des Antrags auf Tatbestandsberichtigung kann das Sitzungsprotokoll herangezogen werden (§ 314 S. 2 ZPO). Unter Berücksichtigung des berichtigten Tatbestands muss dann innerhalb der Frist des § 321 Abs. 2 ZPO Urteilsergänzung beantragen werden. Die Zweiwochenfrist für den Antrag auf Urteilsergänzung beginnt nach der Rspr. des BGH erst mit der Zustellung des Berichtigungsbeschlusses und nicht bereits mit der Zustellung des Urteils zu laufen.[72]

§ 61a Besondere Prozeßförderung in Kündigungsverfahren

(1) Verfahren in Rechtsstreitigkeiten über das Bestehen, das Nichtbestehen oder die Kündigung eines Arbeitsverhältnisses sind nach Maßgabe der folgenden Vorschriften vorrangig zu erledigen.
(2) Die Güteverhandlung soll innerhalb von zwei Wochen nach Klageerhebung stattfinden.
(3) Ist die Güteverhandlung erfolglos oder wird das Verfahren nicht in einer sich unmittelbar anschließenden weiteren Verhandlung abgeschlossen, fordert der Vorsitzende den Beklagten auf, binnen einer angemessenen Frist, die mindestens zwei Wochen betragen muß, im einzelnen unter Beweisantritt schriftlich die Klage zu erwidern, wenn der Beklagte noch nicht oder nicht ausreichend auf die Klage erwidert hat.
(4) Der Vorsitzende kann dem Kläger eine angemessene Frist, die mindestens zwei Wochen betragen muß, zur schriftlichen Stellungnahme auf die Klageerwiderung setzen.
(5) Angriffs- und Verteidigungsmittel, die erst nach Ablauf der nach Absatz 3 oder 4 gesetzten Fristen vorgebracht werden, sind nur zuzulassen, wenn nach der freien Überzeugung des Gerichts ihre Zulassung die Erledigung des Rechtsstreits nicht verzögert oder wenn die Partei die Verspätung genügend entschuldigt.
(6) Die Parteien sind über die Folgen der Versäumung der nach Absatz 3 oder 4 gesetzten Fristen zu belehren.

Literatur: *Diller*, Fristversäumung und verspäteter Vortrag – Was tun?, FA 1998, 70; *Grunsky*, Die Zurückweisung verspäteten Vorbringens im arbeitsgerichtlichen Verfahren, NZA Beilage 1990, Nr. 2, 3; *Kissel*, Arbeitsrecht und Gerichtsverfassung, RdA 1999, 53; *Koffka*, Probleme des Weiterbeschäftigungsanspruchs, PersF 1988, 10; *Moeller*, Prozessförderungspflicht der Gerichte und Präklusion, ZTR 1990, 141; *Müller-Glöge*, Arbeitsrecht und Verfahrensrecht, RdA 1999, 80; *van Venrooy*, Gedanken zur arbeitsgerichtlichen Güteverhandlung, ZfA 1984, 337; *Zimmermann*, Die besondere Prozessförderung im Kündigungsschutzprozess in Theorie und Praxis, BB 1984, 478

A. **Allgemeines**	1	a) Voraussetzung für die Aufforderung	7
B. **Regelungsgehalt**	2	b) Inhalt der Aufforderung	9
I. Besondere Beschleunigungspflicht bei Bestandsschutzverfahren	2	c) Form der Aufforderung	10
1. Allgemeines	2	d) Belehrung über Folgen bei Fristversäumung	11
2. Anwendungsbereich	3	6. Aufforderung an die klagende Partei (Abs. 4)	12
3. Alsbaldiger Gütetermin (Abs. 2)	5	II. Zurückweisung verspäteten Vorbringens (Abs. 5)	15
4. Alsbaldiger Kammertermin	6	C. **Beraterhinweise**	16
5. Aufforderung zur Stellungnahme an die beklagte Partei (Abs. 3)	7		

---

[68] Arg.: Art. 103 Abs. 1 GG; Zöller/*Vollkommer*, § 329 Rn 24.
[69] Zöller/*Vollkommer*, § 329 Rn 24.
[70] BAG 26.6.2008 – 6 AZN 1161/07 – NZA 2008, 1028.
[71] BGH 16.2.2005 – VIII ZR 133/04 – NJW-RR 2005, 790.
[72] BGH 18.2.1982 – VIII ZR 39/82 – NJW 1982, 1821.

A. Allgemeines

§ 61a zielt auf die **beschleunigte und vorrangige Erledigung von Bestandsschutzstreitigkeiten**. Die Vorschrift regelt und verschärft die Beschleunigungspflicht nach § 9 Abs. 1. Ihre gerichtspraktische Bedeutung und Einhaltung wird zu Recht bezweifelt.[1] Ob Abs. 5 die Regelung in § 56 Abs. 2 verdrängt[2] oder daneben angewandt werden kann,[3] ist umstr. und im Hinblick auf den Pflichtinhalt der gerichtlichen Aufforderung an die beklagte und ggf. auch an die klagende Partei von praktischer Bedeutung.

B. Regelungsgehalt

I. Besondere Beschleunigungspflicht bei Bestandsschutzverfahren

1. Allgemeines. In Abs. 1 wird angeordnet, dass die Bestandsschutzstreitigkeiten gegenüber anderen Streitigkeiten vorrangig zu erledigen sind. Soweit der besondere Beschleunigungsgrundsatz nicht in den Abs. 2 bis 6 konkretisiert wurde, ist es Sache des Gerichts, wie es dem gesetzgeberischen Auftrag nachkommt. In Betracht kommen die Einrichtung besonderer Künd-Schutzkammern (allerdings erst nach einer Gesetzesänderung, da § 17 Abs. 2 eine solche Möglichkeit nicht eröffnet), spezielle Bestandsschutztermine, das Freihalten oder das Verlegen von Terminen wegen anhängiger Bestandsschutzverfahren. Dabei würde Abs. 2 einen „erheblichen Grund" i.S.v. § 227 ZPO für die Verlegungsentscheidung darstellen.[4] Die besondere Beschleunigungspflicht des Abs. 1 ist zudem bei der Ausübung pflichtgemäßen Ermessens bei Aussetzungsentscheidungen nach § 148 ZPO zu beachten.

2. Anwendungsbereich. Die besondere Beschleunigungspflicht besteht für Verfahren in Rechtsstreiten über das Bestehen, das Nichtbestehen oder die Kündigung eines Arbverh, also für Verfahren i.S.v. § 2 Abs. 1 Nr. 3 lit. b. Hierzu zählen Verfahren über
- die Sozialwidrigkeit und/oder Rechtsunwirksamkeit einer Eigen- oder Fremd-Künd,
- die Rechtsunwirksamkeit einer Anfechtungserklärung,
- die Rechtsunwirksamkeit von Befristungs- und Bedingungsabreden,
- die Rechtsunwirksamkeit eines (ggf. angefochtenen) Aufhebungsvertrages,
- das Bestehen oder die Auflösung eines Anschluss-Arbverh nach § 78a BetrVG.

In allen diesen Fällen geht es um die Klärung des (Fort-)Bestands eines Arbverh. Geht der Streit um den Inhalt des Arbverh, wie bei der Änderungsschutzklage nach §§ 2, 4 S. 2 KSchG und der Statusklage, oder streben beide Parteien die Auflösung des Arbverh durch beiderseitigen Auflösungsantrag nach §§ 9, 10 KSchG an, besteht kein Anlass zur Annahme einer besonderen Beschleunigungspflicht.[5] Entsprechendes gilt, wenn nur über den Bestand des Arbverh in der Vergangenheit gestritten wird.[6] Nach Sinn und Zweck der Vorschrift unterliegt auch die Klage auf Einstellung, Fortsetzung oder Wiedereinstellung der besonderen Beschleunigungspflicht. Bestandsschutzstreitigkeiten der freien Mitarbeiterverhältnissen, Rechtsverhältnissen der arbeitnehmerähnlichen Personen u.a. unterfallen nicht dem § 61a. Die besondere Beschleunigungspflicht entfällt nicht dadurch, dass eine Klagehäufung vorliegt. Über prozessuale Ansprüche, die dem Beschleunigungsgrundsatz unterliegen, kann vorab durch Teilurteil entschieden werden, sofern diese nicht abgetrennt werden.

3. Alsbaldiger Gütetermin (Abs. 2). In den ein Arbverh betreffenden Bestandsschutzstreitigkeiten soll nach Abs. 2 die Güteverhandlung innerhalb von **zwei Wochen nach Klageerhebung** stattfinden. Die Frist beginnt mit der Zustellung der Klageschrift (vgl. § 253 Abs. 1 ZPO). Zugleich ist aber die Einlassungsfrist von einer Woche nach § 47 Abs. 1 zu wahren. Entgegen der wohl verbreiteten gerichtspraktischen Handhabung wird allg. eine Pflicht des Vorsitzenden angenommen, bei der Terminsplanung eine Einhaltung dieser Vorschrift zu gewährleisten. Nur beim Vorliegen unabänderlicher Gründe (Notwendigkeit öffentlicher Zustellung der Klageschrift, Terminstau nur mit Bestandsschutzverfahren, Krankheit oder Urlaub der Vorsitzenden) wird eine spätere Durchführung der Güteverhandlung für zulässig erachtet.[7]

4. Alsbaldiger Kammertermin. Ist die Güteverhandlung erfolglos oder wird das Verfahren nicht in einer sich unmittelbar anschließenden Verhandlung abgeschlossen, richtet sich das weitere Verfahren grds. nach § 54 Abs. 4 und 5 bzw. § 55 Abs. 3. Auch dabei ist die besondere Beschleunigungspflicht durch Einräumung eines Vorrangs der Bestandsschutzverfahren bei der Terminierung zu beachten.

5. Aufforderung zur Stellungnahme an die beklagte Partei (Abs. 3). a) Voraussetzung für die Aufforderung. Wenn die beklagte Partei noch nicht oder nicht ausreichend auf die Klage erwidert hat, fordert der Vorsitzende

---

1 *Germelmann u.a.*, § 61a Rn 2.
2 *Germelmann u.a.*, § 61a Rn 3.
3 *Grunsky*, ArbGG, § 61a Rn 17.
4 *Germelmann u.a.*, § 61a Rn 8.
5 Ebenso: GK-ArbGG/*Schütz*, § 61a Rn 6; a.A. *Germelmann u.a.*, § 61a Rn 5.
6 *Germelmann u.a.*, § 61a Rn 5.
7 GK-ArbGG/*Schütz*, § 61a Rn 12.

sie auf, innerhalb einer angemessenen Frist, die mind. zwei Wochen betragen muss, im Einzelnen unter Beweisantritt schriftlich auf die Klage zu erwidern.

8 Voraussetzung für eine solche Aufforderung durch den Vorsitzenden ist also, dass die beklagte Partei **noch nicht oder nicht ausreichend** auf die Klage **erwidert** hat. Hat die beklagte Partei bereits vor der Güteverhandlung oder in ihr eine erschöpfende schriftsätzliche Klageerwiderung vorgelegt, ist für die gerichtliche Aufforderung zur Stellungnahme kein Raum. Entsprechendes gilt, wenn die beklagte Partei in der Güteverhandlung erschöpfend mündlich vorgetragen hat und die sofortige Protokollierung dieses Vortrags zumutbar gewesen und daher erfolgt ist.[8] Ferner muss es sich um eine **erwiderungsbedürftige**, also zulässige und schlüssig begründete Klage handeln. Andernfalls führte die Aufforderung zur Stellungnahme an die beklagte Partei nur zu einer überflüssigen Verzögerung der Verfahrenserledigung.[9]

9 **b) Inhalt der Aufforderung.** Inhalt der gerichtlichen Auflage an die beklagte Partei ist zum einen eine **angemessene Frist** von mind. zwei Wochen und zum anderen die Aufforderung, im einzelnen unter Beweisantritt schriftlich die Klage zu erwidern. Der Wortlaut von Abs. 3 weicht insoweit von § 56 Abs. 1 S. 2 Nr. 1 ab. Deshalb finden die strengen Voraussetzungen an eine hinreichend konkrete Aufklärungsauflage nach § 56 Abs. 1 S. 2 Nr. 1 nicht notwendig auf die Aufforderung zur Stellungnahme Anwendung finden.[10] Hat die beklagte Partei in der Güteverhandlung nicht oder nur pauschal zur Klage Stellung genommen, kann sich der Vorsitzende mit der nicht weiter konkretisierten Aufforderung zur Stellungnahme binnen der gesetzten Frist begnügen. Ist die dann bei Gericht eingehende Stellungnahme der beklagten Partei ergänzungs- oder erläuterungsbedürftig und ist eine weitere schriftsätzliche Vorbereitung des Kammertermins zeitlich möglich, greift die Pflicht des Vorsitzenden zur Formulierung eines konkreten Auflagenbeschlusses nach § 56 Abs. 1 S. 2 Nr. 1. Hat die beklagte Partei jedoch vor oder in der Güteverhandlung ergänzungs- oder erläuterungsbedürftig vorgetragen, muss die Aufforderung der beklagten Partei zur Stellungnahme mit einer konkreten Auflage nach § 56 Abs. 1 S. 2 Nr. 1 verbunden werden (siehe § 56 Rn 14).[11]

10 **c) Form der Aufforderung.** Die Aufforderung zur Stellungnahme bedarf wie der Auflagenbeschluss nach § 56 der vollständigen Unterschrift durch den Vorsitzenden. Eine Paraphierung genügt nicht. Die Aufforderungsverfügung muss verkündet oder der betroffenen Partei bzw. deren Prozessbevollmächtigten (§ 172 ZPO) förmlich zugestellt werden. Eine formlose Mitteilung an die betroffene Partei berechtigt im Falle verspäteten Vorbringens nicht zur Zurückweisung des Vorbringens nach Abs. 5. Dem Gegner kann die Verfügung formlos übermittelt werden.

11 **d) Belehrung über Folgen bei Fristversäumung.** Die beklagte Partei ist über die Folgen der Fristversäumung zu belehren (vgl. Abs. 6). Dies gilt unabhängig davon, ob die Partei durch einen RA oder durch einen Verbandsvertreter vertreten wird oder nicht. Insoweit gilt das zu § 56 Abs. 2 S. 2 Ausgeführte (siehe § 56 Rn 47 ff.).

12 **6. Aufforderung an die klagende Partei (Abs. 4).** Nach Abs. 4 kann der Vorsitzende auch der klagenden Partei eine angemessene Frist, die **mind. zwei Wochen** betragen muss, zur schriftlichen Stellungnahme auf die Klageerwiderung setzen. **Fristbeginn** ist der Zeitpunkt des Zugangs der Klageerwiderung. Die Aufforderung an die klagende Partei kann zusammen mit der an die beklagte Partei gerichteten Aufforderung nach Abs. 3, aber auch nach Eingang der Klageerwiderung erfolgen. Ob die klagende Partei zur Stellungnahme aufgefordert wird, liegt im Ermessen des Vorsitzenden. In Bestandsschutzstreitigkeiten ist die Aufforderung regelmäßig erforderlich, weil der Streitstoff erst durch die Stellungnahme der beklagten Partei erkennbar wird.[12]

13 Zum Inhalt der Aufforderung gilt das zu der Aufforderung an die beklagte Partei Ausgeführte entsprechend (vgl. Rn 9). Hat die beklagte Partei in der Güteverhandlung nicht oder nur pauschal zur Klage Stellung genommen und ist in der Klageschrift noch kein konkreter Vortrag zu finden, kann sich der Vorsitzende auch gegenüber der klagenden Partei mit der nicht weiter konkretisierten Aufforderung zur Stellungnahme auf die zu erwartende Klageerwiderung binnen der gesetzten Frist begnügen. Ist die dann bei Gericht eingehende Stellungnahme der klagenden Partei ergänzungs- oder erläuterungsbedürftig und erfordert der Vortrag der beklagten Partei – weil erheblich – eine Erwiderung, greift ebenfalls die Pflicht des Vorsitzenden zur Formulierung eines konkreten Auflagenbeschlusses nach § 56 Abs. 1 S. 2 Nr. 1. Voraussetzung ist allerdings in jedem Fall, dass eine weitere schriftsätzliche Vorbereitung des Kammertermins zeitlich möglich ist. Hat die klagende Partei jedoch vor oder in der Güteverhandlung ergänzungs- oder erläuterungsbedürftig vorgetragen, muss bereits die Aufforderung der klagenden Partei zur Stellungnahme mit einer konkreten Auflage wie nach § 56 Abs. 1 S. 2 Nr. 1 verbunden werden. Das ist der Regelfall.

14 Zur Form der Aufforderung und der notwendigen Fristbelehrung nach Abs. 6 kann auf die obigen Ausführungen zur Aufforderung an die beklagte Partei verwiesen werden (siehe Rn 10).

---

8 *Gift/Baur*, E Rn 803.
9 *Gift/Baur*, E Rn 804.
10 *Gift/Baur*, E Rn 805; a.A. *Germelmann u.a.*, § 61a Rn 13.
11 Zur Möglichkeit der Zurückweisung verspäteten Vorbringens nach Abs. 5 und 6 siehe BAG 25.3.2004 – 2 AZR 380/03 – AP Nr. 40 zu § 611 BGB Kirchendienst.
12 *Gift/Baur*, E Rn 812.

II. Zurückweisung verspäteten Vorbringens (Abs. 5)

Die Möglichkeit zur Zurückweisung verspäteten Vorbringens in Abs. 5 entspricht hinsichtlich der Voraussetzungen und der Folgen der Vorschrift des § 56 Abs. 2. Auf die dazu gemachten Ausführungen wird verwiesen (siehe § 56 Rn 40 ff.).[13]

C. Beraterhinweise

Verstöße gegen § 61a sind durch das ArbGG nicht sanktioniert. Die Parteien haben nicht die Möglichkeit, eine frühzeitige Terminierung zu erzwingen. Auf Verstöße kann daher allenfalls mit der Dienstaufsichtsbeschwerde reagiert werden.

§ 61b Klage wegen Benachteiligung

(1) Eine Klage auf Entschädigung nach § 15 des Allgemeinen Gleichbehandlungsgesetzes muss innerhalb von drei Monaten, nachdem der Anspruch schriftlich geltend gemacht worden ist, erhoben werden.

(2) ¹Machen mehrere Bewerber wegen Benachteiligung bei der Begründung eines Arbeitsverhältnisses oder beim beruflichen Aufstieg eine Entschädigung nach § 15 des Allgemeinen Gleichbehandlungsgesetzes gerichtlich geltend, so wird auf Antrag des Arbeitgebers das Arbeitsgericht, bei dem die erste Klage erhoben ist, auch für die übrigen Klagen ausschließlich zuständig. ²Die Rechtsstreitigkeiten sind von Amts wegen an dieses Arbeitsgericht zu verweisen; die Prozesse sind zur gleichzeitigen Verhandlung und Entscheidung zu verbinden.

(3) Auf Antrag des Arbeitgebers findet die mündliche Verhandlung nicht vor Ablauf von sechs Monaten seit Erhebung der ersten Klage statt.

Literatur: *Biester*, Auswirkungen des Allgemeinen Gleichbehandlungsgesetzes auf die betriebliche Praxis – Teil 2, jurisPR-ArbR 36/2006 Anm 5; *Biester*, Auswirkungen des Allgemeinen Gleichbehandlungsgesetzes auf die betriebliche Praxis – Teil 3, jurisPR-ArbR 37/2006 Anm 6; *Diller*, Einstellungsdiskriminierung durch Dritte, NZA 2007, 649; *Düwell*, Das AGG – Ein neuer Versuch zur Umsetzung der Antidiskriminierungsrichtlinien in das Arbeitsrecht, jurisPR-ArbR 28/2006 Anm 7; *Gotthardt*, Die Vereinbarkeit der Ausschlußfristen für Entschädigungsansprüche wegen geschlechtsbedingter Diskriminierung, ZTR 2000, 448; *Grobys*, Organisationsmaßnahmen des Arbeitgebers nach dem neuen Allgemeinen Gleichbehandlungsgesetz, NJW 2006, 2950; *Mückl*, Erfolgreiche Taktik im Diskriminierungsprozess, BB 2008, 1842; *Richardi*, Neues und Altes – Ein Ariadnefaden durch das Labyrinth des Allgemeinen Gleichbehandlungsgesetzes, NZA 2006, 881; *Walker*, Gleichbehandlung von Männern und Frauen bei Stellenbewerbungen – Entschädigungsanspruch, SAE 2000, 64; *Wendeling-Schöder*, Aktuelle Fragen der Neuregelung des § 611a BGB, Brennpunkte des Arbeitsrechts 2000/2001, 245; *Wendeling-Schröder/Buschkröger*, Sanktionen bei geschlechtsspezifischen Diskriminierungen, Recht und soziale Arbeitswelt, Festschrift für Wolfgang Däubler, 1999, 127; *Westenberger*, Entschädigung wegen geschlechtsbezogener Diskriminierung bei Einstellung, AP Nr. 23 zu § 611a BGB; *Willemsen/Schweibert*, Schutz der Beschäftigten im Allgemeinen Gleichbehandlungsgesetz, NJW 2006, 2583

A. Allgemeines	1	II. Örtliche Zuständigkeit/Rechtsweg	9
B. Regelungsgehalt	3	III. Bekanntmachung	12
I. Klagefrist	3	C. Beraterhinweise	13

A. Allgemeines

Die Vorschrift regelte zunächst die arbeitsgerichtliche Durchsetzung des Anspruchs auf **Entschädigung**. Sie diente der Umsetzung der RL 76/207 EWG des Rates vom 9.2.1976 zur Verwirklichung des Grundsatzes der Gleichbehandlung von Männern und Frauen hinsichtlich des Zugangs zur Beschäftigung, zur Berufsausbildung und zum beruflichen Aufstieg sowie in Bezug auf die Arbeitsbedingungen.[1] Der erste Versuch der materiell-rechtlichen Umsetzung dieser RL in nationales Recht war unzureichend.[2] Die Nachbesserung erfolgte durch das Gesetz zur Durchführung der Gleichberechtigung von Frauen und Männern.[3] Sie erwies sich ebenfalls als unzureichend.[4] In Umsetzung der Rspr. des EuGH hatte der Gesetzgeber § 61b neu gefasst.[5] Mit Inkrafttreten des AGG ist die frühere Bezugnahme auf § 611a BGB durch die auf § 15 AGG ersetzt worden.[6] Das AGG diente der Umsetzung von vier EU-Richtlinien:

---

13 Siehe auch BAG 25.3.2004 – 2 AZR 380/03 – AP Nr. 40 zu § 611 BGB Kirchendienst.
1 ABl L Nr. 39, S. 40.
2 EuGH 10.4.1984 – Rs. C 14/83 – NJW 1984, 2021.
3 2. GleiBG v. 24.6.1994, BGBl I S. 1406.
4 EuGH 22.4.1997 – Rs. C 180/95 – NZA 1997, 645.
5 Gesetz zur Änderung des Bürgerlichen Gesetzbuches und des Arbeitsgerichtsgesetzes vom 29.6.1998, BGBl I S. 1694.
6 BGBl 2006 I, 1897, 1908.

- 2000/43/EG des Rates vom 29.6.2000 zur Anwendung des Gleichbehandlungsgrundsatzes ohne Unterschied der Rasse oder der ethnischen Herkunft,[7]
- 2000/78/EG des Rates vom 27.11.2000 zur Festlegung eines allgemeinen Rahmens für die Verwirklichung der Gleichbehandlung in Beschäftigung und Beruf,[8]
- 2002/73/EG des Europäischen Parlaments und des Rates vom 23.9.2002 zur Änderung der Richtlinie 76/207/EWG des Rates zur Verwirklichung des Grundsatzes der Gleichbehandlung von Männern und Frauen hinsichtlich des Zugangs zur Beschäftigung, zur Berufsbildung und zum beruflichen Aufstieg sowie in Bezug auf die Arbeitsbedingungen[9] und
- 2004/113/EG des Rates vom 13.12.2004 zur Verwirklichung des Grundsatzes der Gleichbehandlung von Männern und Frauen beim Zugang zu und bei der Versorgung mit Gütern und Dienstleistungen.[10]

2 Der Anwendungsbereich der Vorschrift ist durch die Bezugnahme auf § 15 AGG erheblich ausgedehnt worden. Während er ursprünglich auf die Fälle der geschlechtsbedingten Diskriminierung (damaliger § 611a Abs. 2 BGB) begrenzt war, betrifft er nun alle Fälle der Benachteiligung, die auch durch das AGG geregelt werden. Erfasst sind Benachteiligungen aus Gründen der Rasse oder wegen der ethnischen Herkunft, des Geschlechts, der Religion oder der Weltanschauung, einer Behinderung, des Alters oder der sexuellen Identität.

B. Regelungsgehalt

I. Klagefrist

3 Der AG darf einen AN bei einer Vereinbarung oder einer Maßnahme, z.B. bei der Begründung des Arbverh, beim beruflichen Aufstieg, bei einer Weisung oder einer Künd nicht benachteiligen (§ 7 Abs. 1 AGG). Eine unterschiedliche Behandlung ist nur unter den im AGG besonders normierten Voraussetzungen (insb. §§ 8 bis 11, 20 AGG) zulässig. Verstößt der AG gegen dieses Benachteiligungsverbot, so hat er den hierdurch entstandenen Schaden zu ersetzen (§ 15 Abs. 1 AGG). Wegen eines Schadens, der nicht Vermögensschaden ist, kann der Beschäftigte eine angemessene Entschädigung in Geld verlangen (§ 15 Abs. 2 AGG).[11] Ein Verstoß gegen das Benachteiligungsverbot des § 7 Abs. 1 AGG begründet nach § 15 Abs. 6 AGG keinen Anspruch auf Begründung eines Beschäftigungsverhältnisses, Berufsausbildungsverhältnisses oder einen beruflichen Aufstieg. Wäre der Bewerber in einem solchen Fall auch bei benachteiligungsfreier Auswahl nicht eingestellt worden, so ist die Entschädigung ausnahmsweise der Höhe nach auf drei Monatsverdienste begrenzt (§ 15 Abs. 2 S. 2 AGG). Schadensersatzansprüche nach § 15 Abs. 1 AGG und Entschädigungsansprüche nach § 15 Abs. 2 AGG müssen innerhalb von zwei Monaten schriftlich geltend gemacht werden (§ 15 Abs. 4 S. 1 AGG). Die Geltendmachungsfrist kann durch Erhebung der **Leistungsklage** gewahrt werden.[12] Die Frist beginnt im Falle einer Bewerbung oder eines beruflichen Aufstiegs mit dem Zugang der Ablehnung und in den sonstigen Fällen mit dem Zeitpunkt, in dem die Beschäftigte von der Benachteiligung Kenntnis erlangt (§ 15 Abs. 4 S. 2 AGG).[13] Die Ausschlussfrist betrifft nicht sonstige Ansprüche aus anderen Benachteiligungsverboten. Das gilt auch für Ansprüche aus dem AGG, z.B. nach § 17 Abs. 2 AGG oder nach § 12 AGG.

4 Innerhalb von – weiteren – drei Monaten, nachdem der Anspruch nach § 15 Abs. 4 AGG schriftlich geltend gemacht worden ist, muss nun nach Abs. 1 Klage erhoben werden. Die Frist betrifft allerdings nach dem eindeutigen Wortlaut des Abs. 1 nur Entschädigungsklagen nach § 15 Abs. 2 AGG.

5 Die Fristenregelung in § 15 Abs. 4 AGG i.V.m. Abs. 1 wird als zweistufige materiell-rechtliche Ausschlussfrist verstanden.[14] Dies hat Konsequenzen für die rechtlichen Folgen einer Fristversäumung. Ausschlussfristen sind von Verjährungsfristen streng zu unterscheiden. Eine Ausschlussfrist zwingt den Berechtigten, sein Recht innerhalb des ihm gesetzten Zeitraums geltend zu machen; nach Ablauf der Frist wird er mit seinem Recht ausgeschlossen, und zwar regelmäßig auch dann, wenn er die betreffende Handlung innerhalb der Frist gar nicht vornehmen konnte oder wenn er von seinem Recht nicht unterrichtet war. Gesetzliche Ausschlussfristen können nicht verlängert werden und gegen ihre Versäumung gibt es keine Wiedereinsetzung in den vorigen Stand.[15] Die Einhaltung der Ausschlussfristen ist Anspruchsvoraussetzung für den Entschädigungsanspruch und daher bei der Schlüssigkeitsprüfung des Klagevortrags zu beachten. Bei Nichteinhaltung der Geltendmachungs- oder der Klagefrist ist die Klage unbegründet. Die Ausschlussfristen werden nicht dadurch hinausgeschoben, dass zunächst ein Anspruch auf Abschluss des Arbeits-

---

7 ABl EG Nr. L 180 S. 22.
8 ABl EG Nr. L 303 S. 16.
9 ABl EG Nr. L 269 S. 15.
10 ABl EG Nr. L 373 S. 37.
11 Zur Bemessung der Entschädigung LAG Berlin-Brandenburg 5.12.2007 – 24 Sa 1684/07 – juris, m. Anm. *Brors* in jurisPR-ArbR 29/2008 Anm. 5.
12 *Germelmann u.a.*, § 61b Rn 1; für tarifliche Ausschlussfristen BAG 9.8.1990 – 2 AZR 579/89 – AP § 615 BGB Nr. 46.
13 *Germelmann u.a.*, § 61b Rn 5 „europarechtskonforme Auslegung"
14 GK-ArbGG/*Schütz*, § 61b Rn 6; *Germelmann u.a.*, § 61b Rn 9.
15 MüKo-ZPO/*von Feldmann*, § 194 Rn 7; *Germelmann u.a.*, § 61b Rn 12; GK-ArbGG/*Schütz*, § 61b Rn 9.

vertrags oder ein Auskunftsanspruch hinsichtlich der Vergütungshöhe geltend gemacht wird.[16] Gegen die Versäumung der Geltendmachungs- und der Klagefrist kann regelmäßig nicht die Einrede der Arglist erhoben werden,[17] es sei denn, der AG hat den Bewerber entgegen § 242 BGB von der rechtzeitigen Geltendmachung oder Klageerhebung abgehalten.[18] Nach der neueren Rspr. des BGH gilt § 167 ZPO auch für die Wahrung von Fristen, die außergerichtlich geltend gemacht werden könnten (siehe Rn 6).

Die Berechnung der Klagefrist richtet sich nach § 222 ZPO i.V.m. §§ 187, 188 BGB. Fristbeginn i.S.v. § 187 Abs. 1 BGB ist der Zeitpunkt der schriftlichen Geltendmachung. Maßgeblich ist der Zeitpunkt, in dem das Geltendmachungsschreiben dem AG zugeht. Für die Tatsache des rechtzeitigen Zugangs nach § 15 Abs. 4 S. 1 AGG trägt der AN die Darlegungs- und Beweislast. Die Frist kann auch durch sofortige Klageerhebung gewahrt werden. In diesem Fall muss die Klage aber innerhalb der Frist des § 15 Abs. 4 BGB erhoben und nach der bisherigen Rspr. des BAG dem AG auch zugestellt werden. Nach der neueren Rspr. des BGH[19] wäre allerdings für die Wahrung der Frist der ersten Stufe der Zeitpunkt des Eingangs bei Gericht ausreichend, wenn die Klage demnächst zugestellt worden ist. Im Gegensatz zu seiner früheren Rspr. und auch der des BAG[20] wendet der BGH § 167 ZPO (früher § 270 Abs. 3 ZPO) nun auch in den Fällen an, in denen eine Frist gewahrt werden soll, die auch durch außergerichtliche Geltendmachung gewahrt werden kann.

Die Klagefrist endet nach § 188 Abs. 2 BGB mit Ablauf desjenigen Tages innerhalb des letzten Monats der drei Monate, welcher durch seine Zahl dem Tage entspricht, in den der Zugang des Geltendmachungsschreibens fällt. Fällt das Ende der Klagefrist auf einen Sonntag, einen allg. Feiertag oder einen Sonnabend, so endet die Frist mit Ablauf des nächsten Werktages (§ 222 Abs. 2 ZPO).

Gewahrt wird die Klagefrist bei Eingang der – regelmäßig erforderlichen – Leistungsklage[21] beim ArbG innerhalb von drei Monaten, nachdem der Anspruch geltend gemacht wurde. Auch eine Feststellungsklage kann die Klagefrist wahren; sie wird jedoch regelmäßig wegen des Vorrangs der Leistungs- vor der Feststellungsklage unzulässig sein.[22] Zur Fristwahrung genügt aber, dass die Klage innerhalb der Frist vor einem örtlich unzuständigen Gericht erhoben wird, sofern der Rechtsstreit an das zuständige Gericht verwiesen wird.[23] Bei Klagerücknahme entfällt die fristwahrende Wirkung der Klageerhebung.[24]

II. Örtliche Zuständigkeit/Rechtsweg

Während sich die **Rechtswegzuständigkeit** aus § 2 Abs. 1 Nr. 3 Buchst. c ergibt,[25] begründet Abs. 2 S. 1 für die **örtliche Zuständigkeit** einen **ausschließlichen Gerichtsstand** für den Fall der Häufung von Klagen wegen Benachteiligung bei der Begründung eines Arbverh oder beim beruflichen Aufstieg. Danach ist, sofern der AG einen entsprechenden Antrag stellt, ausschließlich das Gericht örtlich zuständig, bei dem die erste Entschädigungsklage erhoben wurde. Insoweit wird § 261 Abs. 3 Nr. 2 ZPO eingeschränkt, wonach die Rechtshängigkeit bewirkt, dass die Zuständigkeit des Prozessgerichts durch eine Veränderung der sie begründenden Umstände nicht berührt wird. Der Antrag lässt auch die Bindungswirkung eines vorherigen Verweisungsbeschlusses nach § 48 Abs. 1 i.V.m. § 17a Abs. 2 S. 3 GVG entfallen. Der Antrag kann nur während des erstinstanzlichen Verfahrens gestellt werden, und zwar bis zum Ende der mündlichen Verhandlung der zuerst rechtshängig gemachten Klage.[26] Der AG muss jedoch keinen Antrag stellen und kann es bei der Zuständigkeit verschiedener Gerichte belassen. Dabei geht er aber das Risiko ein, dass die Gerichte verschiedene Bewerber als anspruchsberechtigt nach § 15 Abs. 2 AGG ansehen.[27] Zur Begründung des Antrags muss der AG vortragen, dass mehrere Klagen bei bestimmten Gerichten anhängig sind und bei welchem Gericht die erste Klage erhoben wurde.[28] Es genügt die Antragstellung bei einem der befassten Gerichte.[29]

Die übrigen Rechtsstreite sind nach Abs. 2 S. 2 von Amts wegen an das ArbG zu verweisen, bei dem die erste Entschädigungsklage erhoben ist, durch das also zuerst die Klage zugestellt wurde.[30] Es bedarf keines Verweisungsantrags der Parteien. Die Verweisungsbeschlüsse sind nach § 48 Abs. 1 Nr. 1 unanfechtbar.

Nach Verweisung sind alle Rechtsstreite von der zuständigen Kammer des nunmehr insg. zuständigen ArbG von Amts wegen zur gleichzeitigen Verhandlung und Entscheidung zu verbinden (Abs. 3 S. 2 Hs. 2). Insoweit steht dem ArbG kein Ermessen wie bei § 147 ZPO zu. Die Entscheidung zur Verbindung erfolgt durch Beschluss. Als prozessleitende Maßnahme bedarf der Beschluss keiner mündlichen Verhandlung. Nach § 53 Abs. 1 S. 1 entscheidet der

---

16 *Germelmann u.a.*, § 61b Rn 8.
17 *Germelmann u.a.*, § 61b Rn 11.
18 GK-ArbGG/*Schütz*, § 61b Rn 14.
19 BGH 17.7.2008 – I ZR 109/05 – WRP 2008, 1371.
20 Zu tariflichen Ausschlussfristen bisher BAG 25.9.1996 – 10 AZR 678/95 – juris.
21 *Germelmann u.a.*, § 61b Rn 13.
22 *Germelmann u.a.*, § 61b Rn 13.
23 Zöller/*Vollkommer*, § 12 Rn 17.
24 BAG 11.7.1990 – 5 AZR 609/89 – AP § 4 TVG Nr. 141 = DB 1990, 2329.
25 BAG 27.8.2008 – 5 AZB 71/08 – juris, das im konkreten Fall allerdings die Zuständigkeit abgelehnt hat.
26 GK-ArbGG/*Schütz*, § 61b Rn 33.
27 GK-ArbGG/*Schütz*, § 61b Rn 33.
28 GK-ArbGG/*Schütz*, § 61b Rn 31.
29 GK-ArbGG/*Schütz*, § 61b Rn 32.
30 GK-ArbGG/*Schütz*, § 61b Rn 35.

III. Bekanntmachung

12 Nicht in § 61b, sondern etwas versteckt in § 12 Abs. 5 AGG ist die Verpflichtung des AG geregelt, § 61b im Betrieb oder in der Dienststelle bekannt zu machen. Sie kann durch Aushang oder Auslegung an geeigneter Stelle oder den Einsatz der im Betrieb oder der Dienststelle üblichen Informations- und Kommunikationstechniken erfolgen.

C. Beraterhinweise

13 In den Verfahren findet nach Abs. 3 auf Antrag des ArbG die mündliche Verhandlung **nicht vor Ablauf von sechs Monaten** seit Erhebung der ersten Klage statt. Da die mündliche Verhandlung nach § 54 Abs. 1 mit dem Güteverfahren beginnt, darf auch diese erst nach Ablauf von sechs Monaten stattfinden.

14 **Voraussetzung** für die Durchbrechung des Beschleunigungsgrundsatzes (§ 9 Abs. 1 S. 1) ist ein auf Hinausschieben der mündlichen Verhandlung gerichteter **Antrag des AG**. Voraussetzung für den Antrag ist, dass **zumindest ein weiteres einschlägiges Verfahren anhängig ist**.[32]

15 Der **Klageantrag** muss nicht beziffert werden. Die Höhe der begehrten Zahlung kann in das Ermessen des Gerichts gestellt werden. Es müssen jedoch die Tatsachen, die das Gericht für die Schätzung heranziehen soll, benannt werden. Außerdem muss die Größenordnung der geltend gemachten Forderung angegeben werden.[33] Das Gericht kann einen höheren Betrag zusprechen. Eine Entschädigung muss angemessen sein. Das ist sie nur, wenn sie geeignet ist, eine wirklich abschreckende Wirkung gegenüber dem AG zu entfalten und in angemessenem Verhältnis zum erlittenen Schaden steht.[34]

16 Die **Beweislastverteilung** regelt § 22 AGG. Danach muss die Benachteiligte Indizien[35] beweisen, die eine Benachteiligung wegen eines in § 1 AGG genannten Grundes vermuten lassen. § 22 AGG weicht insoweit sprachlich von dem früheren § 611a BGB ab. Nach der Gesetzesbegründung[36] soll dadurch aber nur klargestellt werden, dass § 294 ZPO keine Anwendung findet, eine bloße Glaubhaftmachung also nicht ausreicht. Es muss ein Lebenssachverhalt vorgetragen werden, aus dem sich nach allgemeiner Lebenserfahrung die überwiegende Wahrscheinlichkeit für das Vorliegen einer Benachteiligung und für die Kausalität ergibt. Dann trägt die Gegenseite die Beweislast dafür, dass keine Benachteiligung vorlag oder diese gerechtfertigt war.

Der AN trägt danach z.B. ausreichend vor, wenn er eine geschlechtsspezifische Ausschreibung darlegt. Der AG trägt die Beweislast dafür, dass der Bewerber selbst im Falle benachteiligungsfreier Auswahl nicht eingestellt worden wäre.[37] Die Vorschrift enthält keine Beweislastumkehr i.S.d. § 292 ZPO.[38] Für § 611a BGB hat es das BAG[39] entschieden, dass der klagende AN eine Beweislast des AG dadurch herbeiführen kann, dass er Hilfstatsachen darlegt und ggf. beweist, die eine Benachteiligung wegen seines Geschlechts vermuten lassen. Dabei sei kein zu strenger Maßstab an die Vermutungswirkung dieser so genannten Hilfstatsachen anzulegen, da es nicht erforderlich sei, dass die Tatsachen einen zwingenden Indizienschluss auf eine Benachteiligung zulassen. Vielmehr reiche es aus, wenn nach allgemeiner Lebenserfahrung eine überwiegende Wahrscheinlichkeit für eine Diskriminierung besteht. Es sei eine Gesamtbetrachtung aller Indizien erforderlich. Die Vermutung eines Verstoßes gegen das Verbot der Benachteiligung schwerbehinderter Menschen aus § 81 Abs. 2 S. 1 SGB IX leitet sich z.B. aus der Hilfstatsache der unterbliebenen Einladung zum Vorstellungsgespräch entgegen § 82 S. 2 SGB IX ab.[40] Eine Benachteiligung ist ausgeschlossen, wenn der AG dann beweist, dass ausschließlich andere Gründe erheblich waren.

§ 62 Zwangsvollstreckung

(1) ¹Urteile der Arbeitsgerichte, gegen die Einspruch oder Berufung zulässig ist, sind vorläufig vollstreckbar. ²Macht der Beklagte glaubhaft, daß die Vollstreckung ihm einen nicht zu ersetzenden Nachteil bringen würde, so hat das Arbeitsgericht auf seinen Antrag die vorläufige Vollstreckbarkeit im Urteil auszuschließen. ³In den Fällen des § 707 Abs. 1 und des § 719 Abs. 1 der Zivilprozeßordnung kann die Zwangsvollstreckung nur unter

---

31 GK-ArbGG/*Schütz*, § 61b Rn 36.
32 *Germelmann u.a.*, § 61b Rn 28.
33 BAG 5.2.2005 – 9 AZR 635/03 – AP § 81 SGB IX Nr. 7 = NZA 2005, 870.
34 EuGH 22.4.1997 – Rs C-180/95 Draehmpaehl – NZA 1997, 645.
35 Dazu BAG 5.2.2004 – 8 AZR 112/03 – AP Nr. 23 zu § 611a BGB = NZA 2004, 540.
36 BT-Drucks 16/2022.
37 EuGH 22.4.1997 – Rs C-180/95 Draehmpaehl – NZA 1997, 645.
38 LAG Köln 15.2.2008 – 11 Sa 923/07 – juris.
39 BAG 24.4.2008 – 8 AZR 257/07 – juris.
40 BAG 21.7.2009 – 9 AZR 431/08 – juris.

derselben Voraussetzung eingestellt werden. [4]Die Einstellung der Zwangsvollstreckung nach Satz 3 erfolgt ohne Sicherheitsleistung. [5]Die Entscheidung ergeht durch unanfechtbaren Beschluss.

(2) [1]Im übrigen finden auf die Zwangsvollstreckung einschließlich des Arrests und der einstweiligen Verfügung die Vorschriften des Achten Buchs der Zivilprozeßordnung Anwendung. [2]Die Entscheidung über den Antrag auf Erlaß einer einstweiligen Verfügung kann in dringenden Fällen, auch dann, wenn der Antrag zurückzuweisen ist, ohne mündliche Verhandlung ergehen.

Literatur: *Beckschulze*, Die Durchsetzbarkeit des Teilzeitanspruchs in der betrieblichen Praxis, DB 2000, 2598; *Clemenz*, Das einstweilige Verfügungsverfahren im Arbeitsrecht, NZA 2005, 129; *Faecks*, Checkliste zur einstweiligen Verfügung im Arbeitsrecht, NZA 1985, Beil. 3, S. 6; *Francken/Natter/Rieker*, Die Novellierung des Arbeitsgerichtsgesetzes und des § 5 KSchG durch das SGGArbGG-Änderungsgesetz, NZA 2008, 377; *Gotthardt*, Teilzeitanspruch und einstweiliger Rechtsschutz, NZA 2001, 1183; *Groeger*, Die vorläufige Vollstreckbarkeit arbeitsgerichtlicher Urteile, NZA 1994, 251; *Hoß/Loehr*, Die Freistellung des Arbeitnehmers – Zulässigkeit und Auswirkungen auf das Arbeitsverhältnis, BB 1998, 2576; *Lindemann/Simon*, Neue Regelungen zur Teilzeitarbeit im Gesetz über Teilzeitarbeit und befristete Arbeitsverträge, BB 2001, 146; *Reinhard/Böggemeier*, Gesetz zur Änderung des Sozialgerichtsgesetzes und des Arbeitsgerichtsgesetzes – Änderungen des ArbGG – Jede gute Regelung lässt Raum für Verbesserungen, NJW 2008, 1263; *Reinhard/Kliemt*, Die Durchsetzung arbeitsrechtlicher Ansprüche im Eilverfahren, NZA 2005, 545; *Rolfs*, Das neue Recht der Teilzeitarbeit, RdA 2001, 129; *Rudolf*, Vorläufige Vollstreckbarkeit von Beschlüssen des Arbeitsgerichtes, NZA 1988, 420; *Schuschke/Walker*, Vollstreckung und Vorläufiger Rechtsschutz, Bd. III: Arrest, Einstweilige Verfügung, 3. Aufl. 2005; *Vossen*, Die auf Zahlung der Arbeitsvergütung gerichtete einstweilige Verfügung, RdA 1991, 223; *Wisskirchen*, Aktuelle Rechtsprechung zum Anspruch auf Teilzeit, DB 2003, 277

A. Allgemeines 1	d) Vollstreckung vertretbarer/unvertretbarer Handlungen Vollstreckung von Duldungs- und Unterlassungstiteln 32
B. Regelungsgehalt 2	
I. Vorläufige Vollstreckbarkeit kraft Gesetzes (Abs. 1 S. 1) 2	4. Typische Anwendungsfälle bei arbeitsgerichtlichen Titeln 35
1. Endurteile als Vollstreckungstitel 2	5. Kosten der Zwangsvollstreckung 43
2. Vollstreckbarer Inhalt 4	6. Rechtsbehelfe in der Zwangsvollstreckung ... 44
II. Ausschluss der vorläufigen Vollstreckbarkeit (Abs. 1 S. 2) 7	V. Arrest und einstweilige Verfügung (Abs. 2 S. 1) . 45
1. Nicht zu ersetzender Nachteil 7	1. Arten des einstweiligen Rechtsschutzes ... 45
2. Antrag und Glaubhaftmachung 13	2. Die einstweilige Verfügung 46
III. Einstellung der Zwangsvollstreckung (Abs. 1 S. 3)	a) Der Verfügungsanspruch 47
1. Einstellungsvoraussetzungen 16	b) Der Verfügungsgrund 48
2. Entscheidung 19	c) Das Verfahren 52
3. Schadenersatz 23	aa) Zuständigkeit 52
IV. Anwendung der §§ 704 bis 945 ZPO (Abs. 2 S. 1) 24	bb) Das Verfahren im Einzelnen 54
1. Allgemeine Voraussetzungen der Zwangsvollstreckung 24	cc) Entscheidung 57
2. Vollstreckungsorgane 27	dd) Rechtsmittel 61
3. Vollstreckung der verschiedenen Ansprüche .. 28	ee) Vollziehung 63
a) Vollstreckung wegen Geldforderungen ... 28	ff) Schadenersatz 66
b) Herausgabe von Sachen 30	3. Der Arrest 67
c) Vollstreckung in Forderungen 31	4. Fallgruppen des einstweiligen Rechtsschutzes 68

A. Allgemeines

Die Vorschrift enthält in Abs. 1 zur Beschleunigung des arbeitsgerichtlichen Verfahrens Sonderregelungen für die vorläufige Vollstreckbarkeit. Die **vorläufige Vollstreckbarkeit** eines Urteils soll dem Gläubiger die Möglichkeit geben, die Zwangsvollstreckung schon vor dem **Eintritt der Rechtskraft** zu betreiben, den Schuldner davon abhalten, ein Rechtsmittel nur zur vorläufigen Abwendung der Zwangsvollstreckung einzulegen, und ihn gleichzeitig veranlassen, seine Einwendungen gegen den Anspruch des Klägers so früh wie möglich erschöpfend vorzubringen. Abs. 2 erklärt das Achte Buch der ZPO für anwendbar; S. 2 enthält wieder eine Sonderregelung für die einstweilige Verfügung.

B. Regelungsgehalt

I. Vorläufige Vollstreckbarkeit kraft Gesetzes (Abs. 1 S. 1)

1. Endurteile als Vollstreckungstitel. Abs. 1 S. 1 regelt die **Vollstreckbarkeit** von Endurteilen vor Eintritt der Rechtskraft. **Endurteile** sind Urteile, die den Rechtsstreit ganz oder teilweise für die Instanz endgültig erledigen, § 300 ZPO. **Versäumnisurteile** der ArbG und LAG sind hinsichtlich der Vollstreckbarkeit den Endurteilen gleichgestellt (Abs. 1 S. 1, § 64 Abs. 7). Für Versäumnisurteile des BAG gilt Abs. 1 S. 1 hingegen nicht, weil in § 72 Abs. 6

eine Verweisung auf diese Vorschrift fehlt.[1] Versäumnisurteile des BAG sind daher nach dem allg. Vorschriften der ZPO für vorläufig vollstreckbar zu erklären. Die Endurteile und die diesen gleichgestellten Versäumnisurteile der ArbG und LAG bedürfen im Gegensatz zu noch nicht vollstreckbaren Urteilen der Zivilgerichte keiner **Vollstreckbarkeitserklärung**. Die vorläufige Vollstreckbarkeit tritt vielmehr kraft Gesetzes ein und wird dementsprechend nicht im Tenor verkündet.[2] Das gilt für jede Entscheidung, die einen vollstreckbaren Inhalt hat.

3 Abs. 1 S. 1 erklärt ausdrücklich nur **Urteile** der ArbG für vorläufig vollstreckbar; die Norm findet daher auf **andere Vollstreckungstitel** (§ 794 ZPO) keine Anwendung. Diese sind vielmehr hinsichtlich der Vollstreckbarkeit und der Einstellung der Zwangsvollstreckung den allg. Regelungen der ZPO unterworfen.

4 **2. Vollstreckbarer Inhalt.** Den **vollstreckbaren Anspruch** (Art und Umfang der Handlung) muss das Urteil inhaltlich bestimmt ausweisen. Das ist der Fall, wenn der Titel aus sich heraus verständlich ist und auch für jeden Dritten erkennen lässt, was der Gläubiger vom Schuldner verlangen kann.[3] Nicht vollstreckbar ist ein Tenor, der die Verurteilung zur Erteilung einer ordnungsgemäßen Abrechnung ausspricht.[4] Bestimmt sein müssen auch die Nebenleistungen. Ein Urteilstenor, mit dem die Verzinsung des sich aus „x EUR ergebenden Nettobetrages" ausgesprochen wird, entspricht nicht dem Bestimmtheitsgebot des § 253 Abs. 2 Nr. 2 ZPO und ist damit nicht vollstreckbar.[5] Die Vollstreckungsorgane haben den Titel nach allg. Grundsätzen auszulegen. Für die Auslegung der Urteilsformel ist die Heranziehung der Urteilsgründe statthaft und geboten. Nicht aus dem Titel zu klärende Unbestimmtheiten sind nicht im Vollstreckungsverfahren aufzuklären, sondern gehören in ein Erkenntnisverfahren.

5 Urteile, in denen das Arbverh gem. §§ 9, 10 KSchG aufgelöst und der AG zur Zahlung einer **Abfindung** verurteilt worden ist, sind vorläufig vollstreckbar.[6] Die in Abs. 1 S. 1 angeordnete vorläufige Vollstreckbarkeit gilt unabhängig davon, auf welche Leistung das Urteil gerichtet ist.

6 Wie sich aus Abs. 1 S. 1 ergibt, finden die §§ 708 bis 715 ZPO grds. keine Anwendung. Das ArbG darf die vorläufige Vollstreckbarkeit seines Urteils weder von einer **Sicherheitsleistung** des Klägers abhängig machen, noch darf es dem Beklagten nach § 712 Abs. 1 S. 1 ZPO gestatten, die Vollstreckung durch Sicherheitsleistung abzuwenden.[7] Dem liegt der Rechtsgedanke zugrunde, dass auch einer Partei, die zur Sicherheitsleistung außerstande ist, die Vollstreckung bzw. die Ausschließung der Vollstreckung ermöglicht werden soll.

II. Ausschluss der vorläufigen Vollstreckbarkeit (Abs. 1 S. 2).

7 **1. Nicht zu ersetzender Nachteil.** Macht der Beklagte glaubhaft, dass die Vollstreckung ihm einen **nicht zu ersetzenden Nachteil** bringen würde, hat das Gericht auf seinen Antrag die vorläufige Vollstreckbarkeit im Urteil auszuschließen (Abs. 1 S. 2). Den Begriff des „nicht zu ersetzenden Nachteils" hat das ArbG der ZPO entnommen (vgl. §§ 707 Abs. 1 S. 2, 712 Abs. 1 S. 1 und 719 Abs. 2 S. 1 ZPO).

8 Der besondere Schuldnerschutz des Abs. 1 S. 2 setzt den Eintritt eines für den Schuldner unersetzbaren Nachteils bei der Durchführung der Vollstreckung voraus. Ein „**nicht zu ersetzender Nachteil**" ist dann gegeben, wenn die Vollstreckung zu nicht wiedergutzumachenden Schäden führen würde.[8] Unersetzbar ist nur, was nicht mehr **rückgängig gemacht** oder **ausgeglichen werden kann**. Der unersetzbare Nachteil muss gerade **durch die Vollstreckung** ausgelöst werden. Regelmäßig mit einer Vollstreckung eines Titels des betreffenden Inhalts verbundene Nachteile reichen nicht aus. Sie sind als normale Folge des ergangenen Urteils und seiner Vollstreckbarkeit hinzunehmen. Eine lediglich zu befürchtende **Kreditgefährdung** bedeutet keinen unersetzbaren Nachteil, ebenso wenig die Gefahr der Abgabe einer **eidesstattlichen Versicherung** durch den Schuldner.

9 Bei einer Verurteilung zur **Zahlung von Geld** oder **Erbringung von geldwerten Leistungen** entsteht nicht bereits dann ein unersetzbarer Nachteil, wenn die Rückforderung mit Schwierigkeiten verbunden ist, sondern erst dann, wenn die Wiedererlangung des beigetriebenen Betrages wegen der **Vermögenslosigkeit** des Vollstreckungsgläubigers von vornherein aussichtslos erscheint.[9] Allein die Tatsache der **Arbeitslosigkeit** bzw. der **Gewährung von PKH** reicht nicht aus, um in jedem Fall davon ausgehen zu können, dass eine Rückforderung so gut wie ausgeschlossen ist.[10] Bei ausländischen AN genügt für die Annahme eines nicht zu ersetzenden Nachteils nicht die pauschale

---

1 BAG 28.10.1981 – 4 AZR 251/79 – AP § 522a ZPO Nr. 6 = NJW 1982, 1175.
2 *Groeger*, NZA 1994, 251; *Grunsky*, ArbGG, § 62 Rn 1.
3 Zöller/*Stöber*, § 704 Rn 4.
4 BAG 25.4.2001 – 5 AZR 395/99 – AP § 253 ZPO Nr. 33 = NZA 2001, 1157.
5 BAG 11.8.1998 – 9 AZR 122/95 – AP § 288 BGB Nr. 1 = NZA 1999, 85; 18.1.2000 – 9 AZR 122/95 – AP § 288 BGB Nr. 3 = NZA 2000, 414.
6 BAG 9.12.1987 – 4 AZR 561/87 – AP § 62 ArbGG 1979 Nr. 4 = NZA 1988, 329; *Germelmann u.a.*, § 62 Rn 12; Schwab/Weth/*Walker*, § 62 Rn 37; KR/*Spilger*, § 9 KSchG Rn 96; a.A. LAG Berlin 17.2.1986 – 9 Sa 110/85 – DB 1986, 753.
7 BAG 19.9.1958 – 2 AZR 430/56 – AP § 719 ZPO Nr. 1 = NJW 1958, 1940; *Groeger*, NZA 1994, Beil. 2, 22; *Germelmann u.a.*, § 62 Rn 2.
8 LAG Baden-Württemberg 1.9.2006 – 13 Sa 63/06 – juris.
9 LAG Berlin 14.7.1993 – 8 Sa 79/93 – LAGE § 62 ArbGG 1979 Nr. 20; ArbG Ludwigshafen 17.5.1996 – 4 Ca 2907/95 – MDR 1996, 1162; ArbG Weiden 22.12.1999 – 5 Ca 1486/99 – JurBüro 2000, 217; BGH 30.1.2007 – X ZR 147/06 – WuM 2007, 143.
10 LAG Bremen 30.11.1992 – 4 Sa 345/92 – LAGE § 62 ArbGG 1979 Nr. 19.

Behauptung, der AN werde sich bei einer späteren, für ihn ungünstigen Entscheidung etwaigen Rückforderungsansprüchen des AG durch Rückkehr in sein Heimatland entziehen.[11] Eine Einstellung der Zwangsvollstreckung ist vielmehr nur dann möglich, wenn bei deutschen oder ausländischen AN die konkrete Gefahr besteht, dass sie ihren Wohnsitz in der Bundesrepublik aufgeben und sich dadurch der Durchsetzung etwaiger Rückgriffsansprüche entziehen werden. Diese Voraussetzung ist nicht erfüllt, wenn ein EU-Bürger als Inhaber eines vorläufig vollstreckbaren Titels sich in einem Land der EU als AN betätigen und seinen Wohnsitz nach dorthin verlegen will. Das folgt aus der in Art. 48 EG-Vertrag gewährleisteten Freizügigkeit der Bürger.[12]

Bei der Verurteilung auf **Rechnungslegung** oder **Auskunft** ist ein nicht zu ersetzender Nachteil nicht schon deshalb anzunehmen, weil das Prozessergebnis als Vorstufe zur Anspruchsverwirklichung vorweggenommen wird. Will der Schuldner in solchen Fällen einen Ausschluss der Vollstreckung erreichen, muss er konkret darlegen, warum ihm ein unersetzbarer Nachteil droht.

Bei **Unterlassungsansprüchen** schafft die Vollziehung des Urteils zeitweise einen Zustand, der nicht wieder aus der Welt zu schaffen ist. Das allein reicht aber nicht aus, einem Urteil die vorläufige Vollstreckbarkeit zu nehmen. Ein unersetzbarer Nachteil i.S.d. Abs. 1 S. 2 kann vielmehr nur ein solcher sein, der über den allein darin bestehenden Nachteil, nicht nach seinem Belieben handeln zu dürfen, hinausgeht. Bei der Vollstreckung eines zeitlich beschränkten Anspruchs auf Unterlassung (z.B. nachvertragliches Wettbewerbsverbot) ist zu berücksichtigen, dass der Gläubiger bei Ausschluss der Zwangsvollstreckung seinen materiellrechtlichen Anspruch völlig einbüßt.

Bei der Vollstreckung eines Anspruchs auf **Beschäftigung** bzw. **Weiterbeschäftigung** sieht die überwiegende Meinung einen unersetzbaren Nachteil nicht allein darin, dass eine stattgefundene Beschäftigung nicht rückgängig gemacht werden kann, weil der beschäftigende AG durch die Arbeit des AN eine Gegenleistung erhält.[13] Vielmehr muss die Beschäftigung sonstige Schäden in einem Ausmaß befürchten lassen, dass aller Wahrscheinlichkeit nach vom AN kein Ersatz zu erlangen ist.[14]

2. Antrag und Glaubhaftmachung. Der Ausschluss der vorläufigen Vollstreckbarkeit im Urteil setzt einen entsprechenden **Antrag** des Beklagten voraus. Der Antrag ist vor Schluss der mündlichen Verhandlung zu stellen, auf die das Urteil ergeht (§ 714 ZPO analog). Dabei sind die zur Begründung des nicht zu ersetzenden Nachteils vorgetragenen Tatsachen glaubhaft zu machen. Zur **Glaubhaftmachung** kann sich der Beklagte aller Beweismittel bedienen, auch der Versicherung an Eides statt, § 294 Abs. 1 ZPO. An die Voraussetzungen des „nicht zu ersetzenden Nachteils" können auch dann nicht geringere Anforderungen gestellt werden, wenn der Beklagte eine Sicherheitsleistung anbietet.[15] Hat der Beklagte den Nachweis erbracht, dass die Vollstreckung ihm einen nicht zu ersetzenden Nachteil bringen würde, hat das Gericht **keinen Ermessensspielraum** bei seiner Entscheidung, sondern muss die vorläufige Vollstreckbarkeit ausschließen.[16] Die vorläufige Vollstreckbarkeit kann teilweise oder in Bezug auf einzelne Vollstreckungsmaßnahmen ausgeschlossen werden.

Der Ausschluss der vorläufigen Vollstreckbarkeit muss gem. Abs. 1 S. 2 im Urteil ausgesprochen werden. Str. ist, ob der Ausschluss im **Tenor** erfolgen muss oder ob es ausreicht, wenn er in den **Entscheidungsgründen** enthalten ist. Der Wortlaut des Abs. 1 S. 2 deutet zunächst darauf hin, dass ein Ausschluss in den Gründen ausreicht.[17] Da aber die Urteilsformel Vollstreckungsgrundlage ist und arbeitsgerichtliche Urteile grds. vorläufig vollstreckbar sind, muss der Ausschluss der vorläufigen Vollstreckbarkeit im Tenor (Wortlaut: „Die vorläufige Vollstreckbarkeit wird ausgeschlossen") enthalten sein.[18] Die Entscheidung ist im Urteil zu begründen. Gleiches gilt für die Ablehnung des Ausschlusses der vorläufigen Vollstreckbarkeit; auch sie ist in den Tenor aufzunehmen, auch sie ist zu begründen.

Die Entscheidung über den Ausschluss der vorläufigen Vollstreckbarkeit kann nur zusammen **mit dem Urteil angefochten** werden.[19] Wurde die vorläufige Vollstreckbarkeit ausgeschlossen, kann der Gläubiger im Berufungsverfahren beantragen, das Urteil durch Beschluss für vorläufig vollstreckbar zu erklären, soweit es durch die Berufungsanträge nicht angefochten wird, § 537 ZPO analog. Hat das Gericht den Antrag übergangen, kommt eine **Urteilsergänzung** nach § 321 ZPO in Betracht.[20] Hat das Gericht zwar über den Antrag entschieden, dies jedoch versehentlich nicht mit verkündet, kann das Urteil nach § 319 ZPO berichtigt werden.

---

11 LAG Bremen 25.10.1982 – 4 Sa 265/82 – EzA § 62 ArbGG 1979 Nr. 9.
12 LAG Schleswig-Holstein 12.6.1998 – 3 Sa 213 a/98 – LAGE § 62 ArbGG 1979 Nr. 25.
13 KR/*Etzel*, § 102 BetrVG Rn 294; APS/*Koch*, § 102 BetrVG Rn 246.
14 LAG Baden-Württemberg 22.3.2006 – 13 Sa 22/06 – juris.
15 *Germelmann u.a.*, § 62 Rn 24; *Groeger*, NZA 1994, 251.
16 *Gift/Baur*, E Rn 1684.
17 *Rudolf*, NZA 1988, 420.
18 *Germelmann u.a.*, § 62 Rn 25; *Gift/Baur*, E Rn 1686; Schwab/Weth/*Walker*, § 62 Rn 18; *Hauck/Helml*, § 62 Rn 8.
19 LAG Rheinland-Pfalz 25.4.2005 – 10 Ta 84/05 – NZA-RR 2006, 48.
20 *Germelmann u.a.*, § 62 Rn 27; *Gift/Baur*, E Rn 1688; Schwab/Weth/*Walker*, § 62 Rn 20.

III. Einstellung der Zwangsvollstreckung (Abs. 1 S. 3)

16 **1. Einstellungsvoraussetzungen.** In den Fällen des § 707 Abs. 1 ZPO (Antrag auf Wiedereinsetzung in den vorigen Stand oder auf Wiederaufnahme des Verfahrens, Fortsetzung des Verfahrens nach Verkündung eines Vorbehaltsurteils) und des § 719 Abs. 1 ZPO (Einlegung von Einspruch oder Berufung gegen ein für vorläufig vollstreckbar erklärtes Urteil) kann die Zwangsvollstreckung ebenso nur unter der Voraussetzung eingestellt werde, dass die Vollstreckung dem Beklagten einen nicht zu ersetzenden Nachteil i.S.d. Abs. 1 S. 2 bringen würde. Der Antrag ist auch dann zulässig, wenn ein Vollstreckungsschutzantrag in der vorhergehenden Instanz nicht gestellt worden ist.[21]

17 Ist ein nicht zu ersetzender Nachteil glaubhaft gemacht, steht es im **Ermessen** des Gerichts, ob es dem Einstellungsantrag stattgibt.[22] Ob **die Erfolgsaussicht eines Rechtsmittels** im Rahmen des Einstellungsantrags zu prüfen ist, ist str.[23] Ist absehbar, dass ein Rechtsmittel keinen Erfolg haben wird, kann durch die vorläufige Vollstreckbarkeit kein unersetzbarer Nachteil erwachsen.[24] Dem Einstellungsantrag ist hingegen stattzugeben, wenn das Gericht die Erfolgsaussicht des Rechtsmittels für offensichtlich gegeben erachtet. Steht fest, dass die Entscheidung, aus der die Zwangsvollstreckung betrieben werden soll, in gesetzeswidriger Weise ergangen ist (z.B. keine ordnungsgemäße Ladung der Partei), kann einem Einstellungsantrag ohne Darlegung eines nicht zu ersetzenden Nachteils entsprochen werden. Einer Prozesspartei, die unter Verletzung von gesetzlichen Vorschriften einen Titel erwirkt, ist zuzumuten, vollstreckungsrechtlich so gestellt zu werden, als ob sie keinen vollstreckungsfähigen Titel besäße.[25]

18 Die nachträgliche Einstellung der Zwangsvollstreckung setzt einen **Antrag** des Vollstreckungsschuldners voraus. Die Einstellungsvoraussetzungen sind glaubhaft zu machen. Der Antrag kann erst gestellt werden, wenn der Rechtsbehelf oder das Rechtsmittel eingelegt oder der Wiederaufnahmeantrag bzw. der Antrag auf Wiedereinsetzung in den vorigen Stand gestellt worden ist.

19 **2. Entscheidung.** Die Entscheidung über den Antrag erfolgt durch das **Gericht, das über den Rechtsbehelf** zu entscheiden hat. Wird ein Einspruch gegen ein Versäumnisurteil oder einen Vollstreckungsbescheid des ArbG eingelegt, entscheidet der Vorsitzende der betreffenden Kammer. Das gilt auch dann, wenn über den Antrag aufgrund mündlicher Verhandlung entschieden wird, §§ 53 Abs. 1, 55 Abs. 1 Nr. 6, Abs. 2. Das Gleiche gilt in der Berufungsinstanz aufgrund der Verweisungsnorm des § 64 Abs. 7. Wird Wiedereinsetzung in den vorigen Stand oder die Wiederaufnahme des Verfahrens beantragt, entscheidet der Vorsitzende des Gerichts, das für die Hauptsache zuständig ist. Über den Einstellungsantrag entscheidet das Gericht durch Beschluss, der zu begründen ist. Grds. ist dem Antragsgegner vor Erlass der Entscheidung **rechtliches Gehör** zu gewähren.[26] Ist die Anhörung des Antragsgegners wegen Eilbedürftigkeit unterblieben, muss das rechtliche Gehör nachgeholt und ggf. die Entscheidung über die vorläufige Einstellung abgeändert werden.[27]

20 Abs. 1 hat durch das Gesetz zur Änderung des SGG und des ArbGG vom 21.2.2008[28] eine Ergänzung dahingehend erfahren, dass die Einstellung der Zwangsvollstreckung nach Satz 3 ohne Sicherheitsleistung erfolgt und die Entscheidung durch unanfechtbaren Beschluss ergeht. Mit der Neuregelung wird klargestellt, dass im arbeitsgerichtlichen Verfahren die Einstellung der Zwangsvollstreckung aus einem Titel bei einem drohenden nicht zu ersetzenden Nachteil für den Schuldner immer ohne Sicherheitsleistung erfolgt und gegen diese Entscheidung kein Rechtsmittel gegeben ist. Zugleich hat sich der Gesetzgeber gegen eine Erweiterung des Abs. 1 auf andere Fälle der Zwangsvollstreckung (§§ 732 Abs. 2, 766 Abs. 1 S. 2, 765a Abs. 1, 769 und 924 Abs. 3 S. 2 ZPO) entschieden. Ob in diesen Fällen eine Einstellung der Zwangsvollstreckung auch nur ohne Sicherheitsleistung und unter der Voraussetzung eines drohenden nicht zu ersetzenden Nachteils in Betracht kommt, war umstritten. Nachdem der Gesetzgeber die Entscheidungsmöglichkeit bei einer Zwangsvollstreckung in den Fällen der §§ 707, 719 ZPO ausdrücklich klargestellt und in der Begründung darauf hingewiesen hat, dass die Regelungen des Abs. 1 *nur* in diesen Einstellungsfällen zur Anwendung kommen, dürfte sich der Meinungsstreit überholt haben.[29]

21 Der unanfechtbare Beschluss über den Einstellungsantrag erwächst nicht in Rechtskraft. Der Einstellungsantrag kann wiederholt, aber nur auf erst nach dem Tag der ablehnenden Entscheidung entstandene Tatsachen gestützt werden.[30]

---

21 LAG Berlin-Brandenburg 23.8.2007 – 15 Sa 1630/07 – NZA-RR 2008, 42.
22 Hessisches LAG 8.1.1992 – 10 Sa 1901/91 – NZA 1992, 427.
23 Dafür: BAG 27.6.2000 – 9 AZN 525/00 – AP § 72a ArbGG 1979 Nr. 42 = NZA 2000, 1072; LAG Düsseldorf 7.3.1980 – 8 Sa 59/80 – LAG § 62 ArbGG 1979 Nr. 2; LAG Düsseldorf 20.3.1980 – 19 Sa 142/80 – EzA § 62 ArbGG 1979 Nr. 3; einschränkend: *Germelmann u.a.*, § 62 Rn 30.
24 Schwab/Weth/*Walker*, § 62 Rn 11; *Hauck/Helml*, § 62 Rn 6; BGH 30.1.2007 – X ZR 147/06 – WuM 2007, 143.
25 LAG Brandenburg 23.8.1995 – 2 Ta 137/95 – NZA-RR 1996, 107; a.A. *B/L/A/H*, § 707 Rn 11.
26 BVerfG 13.3.1973 – 2 BvR 484/72 – BVerfGE 34, 344 = AP Art. 103 GG Nr. 29.
27 OLG Celle 26.9.1985 – 4 W 179/85 – MDR 1986, 63.
28 BGBl I 2008 S. 444.
29 *Reinhard/Böggemann*, NJW 2008, 1262.
30 EzA § 62 ArbGG 1979 Nr. 7.

Die Wirkung der Einstellung besteht in der Beseitigung der Vollstreckbarkeit und ist von den Vollstreckungsorganen sowie vom Drittschuldner zu beachten, der nicht mehr leisten darf. Die bereits durchgeführten Vollstreckungsmaßnahmen bleiben von der Einstellungsentscheidung unberührt. Ihre Aufhebung ist nur nach §§ 775 Nr. 2, 776 S. 2 Hs. 2 ZPO möglich. Sie kann durch das Prozessgericht zusammen mit der Einstellungsentscheidung erfolgen.[31]

3. Schadenersatz. Wird ein für vorläufig vollstreckbar erklärtes Urteil aufgehoben oder abgeändert, ist der Gläubiger zum **Ersatz des Schadens** verpflichtet, der dem Schuldner durch die **Vollstreckung des Urteils** oder durch eine zur **Abwendung der Vollstreckung gemachte Leistung** entstanden ist (§ 717 Abs. 2 S. 1 ZPO). Der Anspruch auf Schadenersatz kann in dem anhängigen Rechtsstreit geltend gemacht werden (§ 717 Abs. 2 S. 1 ZPO Er unterliegt einer tariflichen Ausschlussfrist, die für „Ansprüche aus dem Arbverh" gilt.[32] Abs. 2 findet keine entsprechende Anwendung, wenn der Beklagte aufgrund eines nicht rechtskräftigen Feststellungsurteils an den Kläger geleistet hat. Dies gilt auch, wenn statt auf Feststellung auf Leistung hätte geklagt werden können.[33] Bei einer Vollstreckung eines vorläufig vollstreckbaren Endurteils eines LAG tritt in entsprechender Anwendung von § 717 Abs. 3 ZPO nur eine Haftung des Gläubigers nach bereicherungsrechtlichen Grundsätzen ein.[34]

IV. Anwendung der §§ 704 bis 945 ZPO (Abs. 2 S. 1)

1. Allgemeine Voraussetzungen der Zwangsvollstreckung. Nach Abs. 2 S. 1 finden i.Ü. auf die Zwangsvollstreckung die Vorschriften des Achten Buchs der ZPO (§§ 704 bis 945 ZPO) Anwendung. Mit Ausnahme der dargestellten Besonderheiten bei der vorläufigen Vollstreckbarkeit und der einstweiligen Einstellung der Zwangsvollstreckung gelten die §§ 704 bis 945 ZPO unmittelbar. Die Vorschriften der ZPO über Arrest und einstweilige Verfügung sind ebenfalls unmittelbar anzuwenden (Abs. 2 S. 1).

Jede Zwangsvollstreckung gegen einen Schuldner setzt einen **vollstreckbaren Titel**, eine **Vollstreckungsklausel** sowie die **Zustellung des Titels** voraus. Die Zwangsvollstreckung wird aufgrund einer mit der Vollstreckungsklausel versehenen Ausfertigung des Urteils (sog. vollstreckbare Ausfertigung) bzw. des sonstigen Titels durchgeführt (§§ 724, 795 ZPO). Die Vollstreckungsklausel bescheinigt Bestehen und Vollstreckungsreife des Titels. Zuständig für die Erteilung der vollstreckbaren Ausfertigung ist der Urkundsbeamte der Geschäftsstelle des Gerichts des ersten Rechtszugs. Ist der Rechtsstreit in einer höheren Instanz anhängig, erteilt sie der Urkundsbeamte dieses Gerichts (§ 724 Abs. 2 ZPO).

Keiner Vollstreckungsklausel bedürfen **Kostenfestsetzungsbeschlüsse**, die auf das Urteil gesetzt sind (§ 795a ZPO). **Vollstreckungsbescheide, Arreste und einstweilige Verfügungen** bedürfen der Vollstreckungsklausel nach §§ 796 Abs. 1, 929 Abs. 1 ZPO nur bei Wechsel in der Person des Gläubigers/Schuldners (Fälle der titelübertragenden Vollstreckungsklausel). Die Zwangsvollstreckung setzt ferner die vorherige oder gleichzeitige **Zustellung des Titels** voraus (§ 750 Abs. 1 S. 1 ZPO).

2. Vollstreckungsorgane. Vollstreckungsorgane sind der **Gerichtsvollzieher** (§ 753 Abs. 1 ZPO), das **AG als Vollstreckungsgericht** (764 ZPO) und das **Prozessgericht des ersten Rechtszugs**. Der Gerichtsvollzieher ist gem. 753 ZPO für die Durchführung der Zwangsvollstreckung zuständig, soweit diese nicht den Gerichten zugewiesen ist. Ihm obliegt in erster Linie die Vornahme solcher Vollstreckungshandlungen, die die Anwendung unmittelbaren Zwangs erfordern können wie die Pfändung (§ 808 ZPO), die Wegnahme beweglicher Sachen (§ 883 ZPO), die Räumung von Grundstücken (§ 885 ZPO), die Abnahme eidesstattlicher Versicherungen (§ 899 ZPO) und die Verhaftung des Schuldners (§ 909 ZPO). Das AG ist für alle Vollstreckungshandlungen zuständig, die nach der ZPO zu betreiben sind, soweit nicht die ZPO selbst das Prozessgericht als Vollstreckungsorgan bestimmt. Die Zuständigkeit der Gerichte für Arbeitssachen ist begründet, wenn das Prozessgericht als Vollstreckungsorgan tätig wird (§§ 887, 888, 890 ZPO) oder eine Klage im Zusammenhang mit der Zwangsvollstreckung beim Prozessgericht erster Instanz zu erheben ist (§§ 731, 767, 768, 785, 786 ZPO). Ihre Zuständigkeit ist ferner begründet für Forderungspfändungen, die in Vollziehung eines Arrestes durchgeführt werden, und für die Kostenfestsetzung analog §§ 104 ff. ZPO.[35]

3. Vollstreckung der verschiedenen Ansprüche. a) Vollstreckung wegen Geldforderungen. Die Zwangsvollstreckung wegen **Geldforderungen** richtet sich nach den §§ 803 bis 882a ZPO. Ein Urteil auf Zahlung eines Bruttobetrages ist vollstreckungsfähig.[36] Ebenso ist die Verurteilung zur Zahlung eines Bruttobetrages abzüglich eines bezifferten Nettobetrages (wegen der Differenz) vollstreckbar, nicht aber die Verurteilung zur Zahlung einer bestimmten Bruttovergütung „abzüglich des erhaltenen Arbeitslosengeldes."[37] Nicht vollstreckbar ist ein Ur-

---

31 AP § 717 ZPO Nr. 2 = NJW 1962, 1115.
32 BAG 8.12.2008 – 8 AZR 105/08 – NZA-RR 2009, 314.
33 BAG 4.4.1989 – 8 AZR 427/87 – AP § 717 ZPO Nr. 7 = NZA 1989, 817.
34 BAG 23.12.1961 – 5 AZR 53/61 – AP § 717 ZPO Nr. 2 = NJW 1962, 1115.
35 BAG 24.2.1983 – 5 AS 4/83 – AP § 36 ZPO Nr. 31 = NJW 1983, 1448.
36 BAG 14.1.1964 – 3 AZR 55/63 – AP § 611 BGB Dienstordnungsangestellte Nr. 20; OLG Frankfurt 29.1.1990 – 20 W 516/89 – OLGZ 1990, 328.
37 BAG 15.11.1978 – 5 AZR 199/77 – AP § 613a BGB Nr. 14 = NJW 1979, 2634.

teil zur Zahlung eines Bruttobetrages mit der Maßgabe, dass der sich daraus ergebende pfändbare Nettobetrag an einen Pfändungsgläubiger zu zahlen ist.[38] Alte Titel über „DM" müssen nicht umformuliert werden. Aus DM-Titeln kann ohne Weiteres in EUR vollstreckt werden.[39]

29 Bei der Vollstreckung eines **Bruttolohnbetrages** wird der volle Bruttobetrag beigetrieben. Die Einziehung des Bruttolohns verpflichtet den AN zur Entrichtung des AN-Anteils an den Sozialversicherungsträger oder zur Erstattung an den AG nach Beitragszahlung durch diesen.[40] Hat der AG Steuern oder Sozialabgaben nach Urteilserlass abgeführt, so hat er dies durch eine Quittung nach § 775 Nr. 4 ZPO dem Vollstreckungsorgan nachzuweisen, das die Zwangsvollstreckung insoweit einstellt. Zwar verlangt § 775 Nr. 4 ZPO eine Quittung des Gläubigers; ausnahmsweise genügt der von einem Dritten ausgestellte Beleg, wenn der Schuldner gesetzlich verpflichtet ist, an diesen zu leisten.[41] Bestreitet der Gläubiger die Leistung des Schuldners, ist das Zwangsvollstreckungsverfahren auf Antrag des Gläubigers trotz Vorlage der Quittung fortzuführen. Der Schuldner muss seine Einwendungen gegen den vollstreckbaren Anspruch mit der Vollstreckungsgegenklage (§ 767 ZPO) geltend machen. Bei teilweiser Befriedigung des Gläubigers ist die Zwangsvollstreckung entsprechend zu beschränken.

30 **b) Herausgabe von Sachen.** Die Zwangsvollstreckung zur **Herausgabe von bestimmten beweglichen Sachen** erfolgt nach § 883 ZPO. Der Gerichtsvollzieher hat dem Vollstreckungsschuldner die herauszugebenden Sachen wegzunehmen und dem Schuldner zu übergeben. Die herauszugebende Sache (z.B. Dienstwagen) muss im Vollstreckungstitel bestimmt bezeichnet sein.

31 **c) Vollstreckung in Forderungen.** Die Vollstreckung in **Forderungen** (z.B. Lohn- und Gehaltsansprüche) richtet sich nach §§ 828 ff. ZPO. Zuständiges Vollstreckungsorgan ist das AG als Vollstreckungsgericht (§ 828 Abs. 1 i.V.m. § 764 ZPO), auch wenn eine einstweilige Verfügung vollzogen oder aus einem arbeitsgerichtlichen Titel vollstreckt wird. In Abweichung von § 828 Abs. 1 ZPO erfolgt die Vollziehung eines Arrestes durch Pfändung durch das Arrestgericht (§ 930 Abs. 1 S. 3 ZPO).

32 **d) Vollstreckung vertretbarer/unvertretbarer Handlungen Vollstreckung von Duldungs- und Unterlassungstiteln.** Die **Vornahme von Handlungen** wird nach § 887 ZPO (vertretbare Handlung) oder nach § 888 ZPO (unvertretbare Handlung) vollstreckt. In diesen Fällen kann die klagende Partei nach § 61 Abs. 2 jedoch auch beantragen, den Schuldner zur Zahlung einer vom ArbG nach freiem Ermessen festzusetzenden Entschädigung zu verurteilen, falls dieser die Handlung nicht binnen einer bestimmten Frist vornimmt. In diesem Falle ist die Zwangsvollstreckung nach §§ 887 und 888 ZPO ausgeschlossen.

33 Der nach **§ 888 ZPO** zu vollstreckende Anspruch muss zu einer Handlung verpflichten, die **durch einen Dritten nicht** vorgenommen werden kann, mithin ausschließlich vom Willen des Schuldners abhängig ist, jedoch nicht in der Abgabe einer Willenserklärung (§ 894 ZPO) besteht. Bei der Zwangsvollstreckung zur Erzwingung unvertretbarer Handlungen ist die Androhung eines Zwangsmittels ausgeschlossen, § 888 Abs. 2 ZPO. Der Grund ist darin zu sehen, dass die Anhörung (§ 891 S. 2 ZPO) dem Schuldner bereits Gelegenheit gegeben hat, seine Verpflichtung rechtzeitig zu erfüllen.[42] Ein (unzulässiger) Androhungsbeschluss ist mit der sofortigen Beschwerde anfechtbar.[43] Zulässig ist aber eine Fristsetzung zur Vornahme der Handlung; sie kann geboten sein, wenn der Schuldner (z.B. bei einer Rechnungslegung) eine angemessene Zeit benötigt.[44] Bei juristischen Personen ist das Zwangsgeld in ihr Vermögen, die Zwangshaft gegen ihren gesetzlichen Vertreter anzuordnen.[45]

34 Die Vollstreckung eines **Duldungs- oder Unterlassungstitels** erfolgt nach § 890 ZPO. Die Androhung der Ordnungsmittel kann, sofern beantragt, bereits im Urteil enthalten sein (§ 890 Abs. 2 ZPO). Ist das nicht der Fall, ist sie nach Anhörung des Schuldners (§ 891 ZPO) durch besonderen Beschluss auszusprechen (§ 890 Abs. 2 ZPO); dieser ist dem Schuldner von Amts wegen zuzustellen (§ 329 Abs. 3 ZPO), dem Gläubiger formlos mitzuteilen.

35 **4. Typische Anwendungsfälle bei arbeitsgerichtlichen Titeln.** Die Vollstreckung eines titulierten Anspruchs auf **Entfernung einer Abmahnung** aus der Personalakte richtet sich nach § 888 ZPO.[46] Ob der Anspruch des AN auf Entfernung der Abmahnung sich auch auf andere Akten des AG erstreckt, ist im Erkenntnisverfahren zu entscheiden.[47]

---

38 LAG Niedersachsen 18.2.1992 – 14 Ta 340/91 – LAGE § 724 ZPO Nr. 1 = NZA 1992, 713.
39 AP §§ 22, 23 BAT Urlaubsgeld Nr. 2 = DB 2002, 2495, 2496.
40 LAG Berlin 16.5.1990 – 13 Sa 23/90 – LAGE § 28g SGB IV Nr. 1.
41 BAG 15.11.1978 – 5 AZR 199/77 – AP § 613a BGB Nr. 14 = NJW 1979, 2634; MünchArb/*Brehm*, Bd. 3, § 393 Rn 7.
42 Zöller/*Stöber*, § 888 Rn 16; Ostrowicz/Künzl/*Schäfer*, Rn 436.
43 LAG Düsseldorf 16.3.2000 – 7 Ta 9/00 – LAGE § 888 ZPO Nr. 43; B/L/A/H, § 888 Rn 14.
44 MüKo-ZPO/*Schilken*, § 888 Rn 26.
45 Zöller/*Stöber*, § 888 Rn 8; a.A. Stein/Jonas/*Brehm*, § 888 ZPO Rn 43.
46 Hessisches LAG 9.6.1993 – 12 Ta 82/93 – LAGE § 888 ZPO Nr. 32; Germelmann u.a., § 62 Rn 48.
47 LAG Köln 20.3.2000 – 7 (13) Ta 384/99 – NZA 2000, 960.

Str. ist, ob die **Pflicht** zur **Erbringung der Arbeitsleistung** stets unter § 888 Abs. 3 ZPO fällt oder ob im Einzelfall zu prüfen ist, ob eine vertretbare Handlung i.S.d. § 887 ZPO vorliegt oder nicht.[48] Ist es für den AG gleichgültig, wer die Arbeitsleistung erbringt, kommt § 887 ZPO zur Anwendung.[49] Dies wird insb. bei einfachen Arbeitsleistungen der Fall sein. Sind hingegen besondere Kenntnisse und Fähigkeiten des AN für die Erfüllung der Arbeitspflicht von nicht untergeordneter Bedeutung, ist § 888 ZPO anzuwenden. Dann kann die Arbeitspflicht nicht im Wege der Zwangsvollstreckung durchgesetzt werden, § 888 Abs. 3 ZPO. Die Pflicht zur Unterlassung anderweitiger Arbeit ist nach § 890 ZPO zu vollstrecken. **36**

Das Ausfüllen der Arbeitspapiere ist nach § 888 ZPO zu erzwingen, während auf die Herausgabe der Arbeitspapiere § 883 ZPO Anwendung findet. Lautet der Vollstreckungstitel sowohl auf Herausgabe als auch auf Ausfüllen der Arbeitspapiere, muss zunächst die Herausgabevollstreckung nach § 883 ZPO erfolgen.[50] **37**

Die **Erteilung einer Auskunft** wird nach § 888 ZPO vollstreckt. Das Gleiche gilt für die Gewährung der Einsicht in Unterlagen, soweit nur der Schuldner in der Lage ist, die entsprechende Handlung vorzunehmen. **38**

Die **Erteilung einer Lohn- oder Provisionsabrechnung** ist grds. eine vertretbare Handlung, § 887 ZPO.[51] Etwas anderes gilt, wenn Unterlagen fehlen oder so unzulänglich sind, dass sie von einem Dritten nicht ausgewertet werden können.[52] **39**

Die Zwangsvollstreckung aus einem Urteil, das den AG verpflichtet, dem AN für einen bestimmten Zeitraum **Urlaub zu gewähren**, richtet sich nach § 894 ZPO. Die Urlaubserteilung ist eine Willenserklärung des AG, mit der er den Urlaubsanspruch des AN nach Maßgabe des § 7 Abs. 1 BUrlG konkretisiert.[53] **40**

Ein Urteil, das den AG zur **Weiterbeschäftigung** des AN verpflichtet, ist nach § 888 ZPO zu vollstrecken, da der AG eine Mitwirkungshandlung (Zuweisung eines Arbeitsplatzes) erbringen muss.[54] Dabei muss der Vollstreckungstitel verdeutlichen, um welche Art von Beschäftigung es geht, da der AG vor unberechtigten Zwangsvollstreckungsmaßnahmen geschützt werden muss. Andererseits kann der Titel aus materiell-rechtlichen Gründen nicht so genau sein, dass er auf eine ganz bestimmte im Einzelnen beschriebene Tätigkeit oder Stelle zugeschnitten ist. Um diesem Gesichtspunkt gerecht zu werden, ist es erforderlich aber auch ausreichend, wenn die Art der ausgeurteilten Beschäftigung des AN aus dem Titel ersichtlich ist. Einzelheiten hinsichtlich der Beschäftigung oder sonstigen Arbeitsbedingungen muss der Titel demgegenüber nicht enthalten.[55] Dafür reicht es aus, wenn das Berufsbild, mit dem der AN beschäftigt werden soll, sich aus dem Titel ergibt oder aus dem Tatbestand und den Entscheidungsgründen hervorgeht.[56] Erst wenn eine Auslegung des Titels nicht möglich ist, ist der Titel mangels Bestimmtheit für die Vollstreckung untauglich.[57] Aus Gründen der Bestimmtheit ist das Zwangsgeld nicht für jeden Tag der Nichterfüllung, sondern in einem einheitlichen Betrag festzusetzen.[58] Das Zwangsgeld ist in bestimmter Höhe, die Dauer der Zwangshaft im Verhältnis zur Höhe des Zwangsgeldes festzusetzen. **Unzulässig** ist die Vollstreckung, wenn dem AG die Beschäftigung des Gläubigers zu den ursprünglichen Arbeitsbedingungen nicht mehr **möglich** ist.[59] Das gilt jedoch dann nicht, wenn der Wegfall des Arbeitsplatzes bereits Gegenstand des Erkenntnisverfahrens war und der AG den Weiterbeschäftigungsanspruch zu den alten Bedingungen hat rechtskräftig werden lassen.[60] Nach rechts- **41**

---

48 Vgl. zum Meinungsstand MünchArb/*Brehm*, Bd. 3, § 393 Rn 8; Schwab/Weth/*Walker*, § 62 Rn 66.
49 ArbG Gelsenkirchen 28.3.1957 – 1 Ca 418/56 – BB 1958, 159.
50 LAG Berlin 7.1.1998 – 9 Ta 1/98 – LAGE § 888 ZPO Nr. 40; Hessisches LAG 17.10.2001 – 15 Ta 282/00 – juris; Hessisches LAG 13.8.2002 – 16 Ta 321/02 – LAGE § 888 ZPO 2002 Nr. 1; a.A. LAG Thüringen – 5 Ta 58/00 – BB 2001, 943; LAG Schleswig-Holstein 19.7.2001 – 4 Ta 98/01 – juris; einheitliche Vollstreckung nach § 888 ZPO.
51 LAG Köln 22.11.1990 – 12(11) Ta 247/90 – MDR 1991, 650; LAG Rheinland-Pfalz 8.8.1996 – 6 Ta 127/96 – BB 1998, 1695; LAG Schleswig-Holstein 19.7.2001 – 4 Ta 98/01 – juris; LAG Rheinland-Pfalz 10.5.2005 – 11 Ta 50/05 – juris; LAG Rheinland-Pfalz 10.5.2005 – 11 Ta 50/05 – MDR 2006, 55; a.A. LAG Hamburg 29.1.1996 – 1 Ta 14/95 – LAGE § 888 ZPO Nr. 37.
52 LAG Rheinland-Pfalz 8.8.1996 – 6 Ta 127/96 – BB 1998, 1695; Schwab/Weth/*Walker*, § 62 Rn 68.
53 BAG 5.11.1964 – 5 AZR 405/63 – AP § 3 BUrlG Nr. 1 = NJW 1965, 787.
54 LAG München 11.9.1993 – 2 Ta 214/93 – LAGE § 888 ZPO Nr. 34; LAG Berlin 14.6.2001 – 9 Ta 998/01 – LAGE § 888 ZPO Nr. 46; MüKo-BGB/*Schwerdtner*, vor § 620 BGB Rn 634.
55 BAG 15.4.2009 – 3 AZB 93/08 – NZA 2009, 917.
56 BAG 15.4.2009 – 3 AZB 93/08 – NZA 2009, 917; a.A. LAG Niedersachsen 2.2.2007 – 12 Ta 621/06 – AE 2008, 81.
57 LAG Hamm 21.11.1989 – 7 Ta 475/89 – LAGE § 888 ZPO Nr. 20; LAG Nürnberg 17.3.1993 – 7 Ta 170/92 – LAGE § 888 ZPO Nr. 28; LAG Rheinland-Pfalz 3.2.2005 – 2 Ta 23/05 – NZA-RR 2005, 550 = MDR 2005, 1059; MünchArb/*Brehm*, Bd. 3, § 393 Rn 8.
58 LAG Hamm 22.1.1986 – 1 Ta 399/85 – LAGE § 888 ZPO Nr. 4; LAG München 11.9.1993 – 2 Ta 214/93 – LAGE § 888 ZPO Nr. 34; LAG Köln 24.10.1995 – 13(5) Ta 245/95 – NZA-RR 1996, 108; a.A. LAG Hamburg – 4 Ta 21/88 – LAGE § 888 ZPO Nr. 17; APS/*Koch*, § 102 BetrVG Rn 217.
59 LAG Hamm 29.8.1984 – 1 Ta 207/84 – LAGE § 888 ZPO Nr. 2; LAG Köln 28.3.2006 – 14 (8) Ta 104/06 – juris; LAG München 14.2.2006 – 10 Ta 493/05 – juris; LAG Köln 24.10.1995 – 13(5) Ta 245/95 – NZA-RR 1996, 108; LAG Berlin 14.6.2002 – 9 Ta 998/01 – LAGE § 888 ZPO Nr. 46.
60 BAG 15.4.2009 – 3 AZB 93/08 – NZA 2009, 917; LAG Köln 26.10.1998 – 10 Ta 153/98 – MDR 1999, 303.

42 Die Vollstreckung eines Titels auf Erteilung oder Berichtigung eines **Zeugnisses** erfolgt nach § 888 ZPO. Hat der AG nach dem Inhalt des Titels ein wohlwollendes Zeugnis zu erteilen, kann im Vollstreckungsverfahren mangels hinreichender Bestimmtheit nur überprüft werden, ob überhaupt ein Zeugnis erteilt worden ist. Der AG kann dann im Vollstreckungsverfahren nicht angehalten werden, dem Zeugnis einen bestimmten Inhalt zu geben.[62] Ist ein Zeugnis formal unvollständig (z.B. fehlende Unterschrift), kann seine Ergänzung im Vollstreckungsverfahren nach § 888 ZPO durchgesetzt werden.[63]

43 **5. Kosten der Zwangsvollstreckung.** Die Kosten des Verfahrens über einen Antrag nach §§ 887 bis 890 ZPO treffen die in dem Zwangsverfahren unterlegene Partei, § 891 S. 3 i.V.m. § 91 ZPO. Sie fallen damit nicht als Kosten der Zwangsvollstreckung nach § 788 ZPO dem Schuldner zur Last. Bei Rücknahme des Antrags gilt § 269 Abs. 3 S. 2 ZPO.[64] Die Begrenzung der Erstattungspflicht in § 12a soll das Risiko des noch durchzuführenden Prozesses einschränken; sie findet aus diesem Grund auf das Vollstreckungsverfahren keine Anwendung.[65] Die Vollstreckungsabwehrklage nach § 767 ZPO hingegen gehört als prozessuale Gestaltungsklage zum Erkenntnisverfahren; auf sie ist daher ebenso wie auf die Drittschuldnerklage § 12a anwendbar.

44 **6. Rechtsbehelfe in der Zwangsvollstreckung.** Für die Rechtsbehelfe in der Zwangsvollstreckung ergeben sich keine Besonderheiten. Gläubiger und Schuldner können gegen das Verfahren der Vollstreckungsorgane **Erinnerung** (§ 766 ZPO) und gegen Entscheidungen, die im Zwangsvollstreckungsverfahren ohne mündliche Verhandlung ergehen, **sofortige Beschwerde** (§ 793 ZPO) einlegen.

V. Arrest und einstweilige Verfügung (Abs. 2 S. 1)

45 **1. Arten des einstweiligen Rechtsschutzes.** Nach Abs. 2 S. 1 sind in arbeitsgerichtlichen Verfahren die Vorschriften der ZPO zum Arrest und zur einstweiligen Verfügung (§§ 916 bis 945 ZPO) unmittelbar und uneingeschränkt anwendbar. Beide Verfahrensarten sollen aufgrund ihres Eilcharakters Ansprüche für den Fall sichern, dass das Hauptsacheverfahren aufgrund seiner zeitlichen Dauer einen ausreichenden Rechtsschutz nicht gewähren kann. Der **Arrest** dient der Sicherung der Zwangsvollstreckung wegen **Geldforderungen** in das bewegliche und unbewegliche Vermögen, die **einstweilige Verfügung** der Sicherung eines **Individualanspruchs** und der einstweiligen Regelung eines str. Rechtsverhältnisses. Die Rechtspraxis hat das Institut der einstweiligen Verfügung fortgebildet und mit der Leistungsverfügung eine Grundlage für die Zwangsvollstreckung mit dem Ziel einer vorläufigen Befriedigung des Gläubigers geschaffen.

46 **2. Die einstweilige Verfügung.** Voraussetzung für den Erlass einer einstweiligen Verfügung ist in allen Fällen, dass der Antragsteller einen zu sichernden **Verfügungsanspruch** hat und ein **Verfügungsgrund** gegeben ist.

47 **a) Der Verfügungsanspruch.** Die allg. Anforderungen an den **Verfügungsanspruch** hinsichtlich des Inhalts des Anspruchs unterscheiden sich nicht von denen im zivilprozessualen Erkenntnisverfahren. Welchen Inhalt der Verfügungsanspruch haben kann, richtet sich nach der Verfügungsart. Grds. kommen bei allen Verfügungsarten als Verfügungsanspruch sämtliche Ansprüche in Betracht, die nicht Arrestansprüche sind. Diese Negativabgrenzung bedeutet, dass die Geldzahlungs- und die diesen gleichstehenden Haftungs- oder Duldungsansprüche ausscheiden. Zu den möglichen Verfügungsansprüchen gehören Ansprüche auf Herausgabe, Ansprüche auf Handlungen oder Unterlassungen. Bei der Leistungsverfügung gilt die Besonderheit, dass ausnahmsweise auch ein Anspruch auf Geldzahlung als Verfügungsanspruch in Betracht kommt.[66]

48 **b) Der Verfügungsgrund.** Die Anforderungen, die an den **Verfügungsgrund** zu stellen sind, richten sich gem. den §§ 935, 940, 940a ZPO nach dem Inhalt des begehrten Rechtsschutzes, also nach der Art der beantragten Verfügung.

49 Nach **§ 935 ZPO** sind einstweilige Verfügungen in Bezug auf den Streitgegenstand zulässig, wenn zu besorgen ist, dass durch eine Veränderung des bestehenden Zustandes die Verwirklichung des Rechts einer Partei vereitelt oder wesentlich erschwert werden könnte (sog. **Sicherungsverfügung**). Der Zweck der einstweiligen Verfügung besteht darin, die Verwirklichung des Anspruchs dadurch zu sichern, dass der bestehende Zustand in Bezug auf einen bestimmten Streitgegenstand erhalten bleibt. Dieser Grund für die Sicherung muss zur Abwendung einer Gefährdung der Gläubigerinteressen im Eilverfahren objektiv notwendig sein.

---

61 LAG Köln 17.2.1988 – 5 Ta 244/87 – LAGE § 888 ZPO Nr. 13; Hessisches LAG 11.3.1988 – 9 Ta 20/88 – LAGE § 888 ZPO Nr. 16.
62 Hessisches LAG 16.6.1989 – 9 Ta 74/89 – LAGE § 630 BGB Nr. 7.
63 LAG Hamm 28.3.2000 – 4 Sa 1588/99 – MDR 2000, 1198.
64 LAG Berlin 18.2.1999 – 10 Ta 70/99 – LAGE § 888 ZPO Nr. 44 = NZA-RR 2000, 44.
65 LAG Berlin 17.2.1986 – 9 Sa 110/85 – DB 1986, 753.
66 *Gift/Baur*, J Rn 102.

Nach **§ 940 ZPO** sind einstweilige Verfügungen auch zum Zwecke der **Regelung eines einstweiligen Zustandes** in Bezug auf ein str. Rechtsverhältnis zulässig, sofern diese Regelung, insb. bei dauernden Rechtsverhältnissen zur Abwendung wesentlicher Nachteile oder zur Verhinderung drohender Gewalt oder aus anderen Gründen nötig erscheint. „Nötig" i.S.v. § 940 ZPO ist die Regelung nur dann, wenn sie nicht ihrerseits gewichtigere Interessen des Schuldners verletzt. Ein Verfügungsgrund fehlt, wenn der Antragsteller trotz ursprünglich bestehenden Regelungsbedürfnisses lange zugewartet hat, bevor er die einstweilige Verfügung beantragt. Durch langes Zuwarten wird insb. eine gesetzliche Dringlichkeitsvermutung widerlegt.

Als dritte Form einer einstweiligen Verfügung, die im Gesetz nicht ausdrücklich geregelt ist, ist die sog. **Leistungs- oder Befriedigungsverfügung** anerkannt. Die Besonderheit dieser Verfügungsart liegt darin, dass sie die Durchsetzung des geltend gemachten Anspruchs nicht nur bis zur Entscheidung in der Hauptsache sichert, sondern schon vorab diese Entscheidung ermöglicht. Wegen der Befriedigungswirkung sind an den Verfügungsgrund besonders strenge Anforderungen zu stellen. Der Antragsteller hat darzulegen und glaubhaft zu machen, dass er auf die sofortige Erfüllung dringend angewiesen ist.

c) Das Verfahren. aa) Zuständigkeit. Das für den Erlass einstweiliger Verfügungen zuständige Gericht ist das **Gericht der Hauptsache** (§ 937 Abs. 1 ZPO); dieses ist örtlich und sachlich ausschließlich zuständig (§ 802 ZPO). Als Gericht der Hauptsache ist dabei das Gericht des ersten Rechtszuges, und, wenn die Hauptsache in der Berufungsinstanz anhängig ist, das Berufungsgericht anzusehen (§ 943 Abs. 1 ZPO). „Hauptsache" ist der prozessual geltend gemachte oder zukünftig geltend zu machende Anspruch, dessen Durchsetzung das Eilverfahren sichern will.[67] Deshalb ist das ArbG als Gericht der Hauptsache auch dann für den Antrag des AG auf Entbindung von der Weiterbeschäftigungspflicht gem. § 102 Abs. 5 S. 2 BetrVG zuständig, wenn der Künd-Rechtsstreit in der Berufungsinstanz anhängig ist. Im Falle der Anhängigkeit des Hauptsacheverfahrens in der Revisionsinstanz ergibt sich wieder die Zuständigkeit der ersten Instanz.

Als **AG der Zwangsbereitschaft** war bis zum 1.1.1991 das AG nach § 942 ZPO auch für die Streitigkeiten zuständig, die gem. §§ 2, 2a zur arbeitsgerichtlichen Zuständigkeit gehörten. Nach der Änderung des § 48 sowie des § 17a GVG durch das Vierte Gesetz zur Änderung der Verwaltungsgerichtsordnung (4. VwGO-ÄndG) vom 17.12.1990[68] ist das Verhältnis zwischen den Gerichten für Arbeitssachen und den ordentlichen Gerichten eine Frage der Zulässigkeit des Rechtsweges. Damit ist zugleich der Inanspruchnahme des AG in Angelegenheiten, die nach §§ 2, 2a in die Zuständigkeit der Gerichte für Arbeitssachen fallen, die Grundlage entzogen.[69]

bb) Das Verfahren im Einzelnen. Das einstweilige Verfügungsverfahren ist ein **Erkenntnisverfahren besonderer Art**, das sich nach den Grundsätzen des Urteilsverfahrens richtet. Es finden daher die Vorschriften des Erkenntnisverfahrens Anwendung, soweit sich nicht aus §§ 916 bis 945 ZPO und den Besonderheiten der einstweiligen Verfügung etwas anderes ergibt. Das Gesuch, mit dem der Erlass einer einstweiligen Verfügung beantragt wird, kann schriftlich eingereicht oder zu Protokoll der Geschäftsstelle erklärt werden (§§ 936, 920 Abs. 3 ZPO). Die Formalerfordernisse entsprechen einer Klageschrift gem. § 253 Abs. 2 Nr. 1 ZPO. Der Antrag ist hinreichend bestimmt i.S.d. § 253 Abs. 2 Nr. 2 ZPO, wenn er zweifelsfrei erkennen lässt, welchen einstweiligen Rechtsschutz der Antragsteller begehrt. Wird der Erlass einer Sicherungs- oder Regelungsverfügung begehrt, ist diesem Erfordernis Genüge getan, wenn das Rechtsschutzziel bestimmt bezeichnet ist.[70] Das folgt aus § 938 Abs. 1 ZPO. Danach bestimmt das Gericht nach freiem Ermessen, welche Anordnung zur Erreichung des Zwecks erforderlich ist. Einer Angabe der anzuordnenden Maßnahme bedarf es nicht. Erstrebt der Antragsteller den Erlass einer auf Erfüllung gerichteten einstweiligen Verfügung, muss er die begehrte Leistung genau bezeichnen.[71] Die zu zahlende Summe ist also konkret anzugeben, die zu unterlassende Handlung präzise zu umschreiben, die dem Antragsteller herauszugebende Sache mit vollstreckungsfähiger Genauigkeit zu bezeichnen. Dies findet seine Rechtfertigung darin, dass sich die Befriedigungsverfügung von der klageweisen Geltendmachung nur durch die Vorläufigkeit des nachgesuchten Rechtsschutzes unterscheidet, für eine Ermessensentscheidung, wie sie § 938 ZPO vorsieht, demzufolge kein Raum ist. An den Antrag ist das Gericht gem. § 308 ZPO gebunden; es darf keine Rechtsfolge aussprechen, die den konkreten Antrag überschreitet.[72]

Der Antragsteller muss den zu sichernden Anspruch so substantiiert **schlüssig darlegen**, dass das Gericht auf der Grundlage dieses Vortrags den Anspruch in vollem Umfang nachprüfen kann (**uneingeschränkte Schlüssigkeitsprüfung**); es darf also nicht etwa nur die Wahrscheinlichkeit, dass dem Antragsteller ein Anspruch zustehen könnte,

---

67 *B/L/A/H*, § 919 Rn 4.
68 BGBl I S. 2809.
69 *Wenzel*, AR-Blattei, SD Einstweilige Verfügung Rn 15; *Germelmann u.a.*, § 62 Rn 69; *Gift/Baur*, J Rn 67; Schwab/Weth/*Walker*, § 62 Rn 10; a.A. MüKo-ZPO/*Heinze*, § 942 Rn 21; *Vollkommer*, in: FS für Kissel, 1994, S. 1201; Stein/Jonas/*Grunsky*, § 942 Rn 20; *Ostrowicz/Künzl/Schäfer*, Rn 382.
70 LAG Thüringen 10.4.2001 – 5 Sa 403/00 – LAGE Art. 2 GG Persönlichkeitsrecht Nr. 2 = DB 2001, 1204; Stein/Jonas/*Grunsky*, vor § 935 Rn 10; *Gift/Baur*, J Rn 98.
71 Stein/Jonas/*Grunsky*, § 938 Rn 10.
72 Stein/Jonas/*Grunsky*, vor § 935 Rn 11; MüKo-ZPO/*Heinze*, vor § 935 Rn 11.

bejahen.[73] Für die Verteilung der **Darlegungs- und Beweislast** gelten im Eilverfahren keine Besonderheiten; sie folgt bei Anhörung des Gegners den allg. Regeln.[74]

56 Die **Beweisführung** ist durch die Zulassung der **Glaubhaftmachung** für Verfügungsanspruch und -grund erleichtert. Während der Vollbeweis die Vermittlung der richterlichen Überzeugung von der Wahrheit der str. Behauptung erfordert, genügt für die Glaubhaftmachung die Feststellung **überwiegender Wahrscheinlichkeit**. Dieses unbestimmte Maß an Sicherheit der Beweisführung ermöglicht es dem Gericht, jeweils die Besonderheiten des Einzelfalles zu berücksichtigen: Je näher das im Eilverfahren zum Zwecke der Sicherung Begehrte der Erfüllung des Hauptsacheanspruchs kommt, desto höher muss das Maß der Wahrscheinlichkeit sein, dass die Hauptsacheklage auch Erfolg haben wird.[75] Wer eine tatsächliche Behauptung glaubhaft zu machen hat, kann sich aller Beweismittel, die auch im str. Verfahren gelten, auch der Versicherung an Eides statt, bedienen (§ 294 Abs. 1 ZPO). Die Versicherung an Eides statt muss eine eigene Darstellung der glaubhaft zu machenden Tatsachen enthalten und darf sich nicht in einer Bezugnahme auf Angaben oder Schriftsätze Dritter (z.B. des Prozessbevollmächtigten) erschöpfen oder einen Vorgang schildern, der sich der eigenen Wahrnehmung entzieht.[76] Die Glaubhaftmachung kann ferner durch Verweisung auf die **Hauptsacheakten** einschließlich des angefochtenen Urteils, durch **anwaltliche Versicherung**[77] oder durch **Vorlage schriftlicher Zeugenaussagen** erfolgen.[78] Eine Einschränkung liegt darin, dass alle Beweismittel nur unter der Voraussetzung in Betracht kommen, dass eine Beweisaufnahme sofort erfolgen kann (§ 294 Abs. 2 ZPO). Der Antragsteller muss die Zeugen oder SV deshalb selbst zum Termin stellen oder die eidesstattlichen Versicherungen, schriftliche Zeugenaussagen bzw. Gutachten vorlegen. Eine Vertagung zum Zwecke der Beweiserhebung ist unstatthaft (§ 294 Abs. 2 ZPO).

57 cc) **Entscheidung.** Im Verfahren auf Erlass einer einstweiligen Verfügung kann nur **in dringenden Fällen** eine Entscheidung **ohne mündliche Verhandlung** ergehen (Abs. 2 S. 2). Ein „dringender Fall" liegt nur dann vor, wenn die Eilbedürftigkeit der Maßnahme über die dem einstweiligen Verfügungsverfahren ohnehin innewohnende Dringlichkeit (Verfügungsgrund) hinausgeht und selbst eine innerhalb kürzester Frist terminierte mündliche Verhandlung nicht abgewartet werden kann oder wenn der Zweck der einstweiligen Verfügung gerade den Überraschungseffekt der Beschlussverfügung erfordert.[79] Die besondere Dringlichkeit ist im Beschluss zu begründen. Fehlt die besondere Dringlichkeit, muss eine mündliche Verhandlung anberaumt werden.

58 Das Gericht entscheidet **ohne mündliche Verhandlung** durch **Beschluss**, den der Vorsitzende der Kammer nach § 53 Abs. 1 allein erlässt. Der den Antrag auf Erlass einer einstweiligen Verfügung **zurückweisende Beschluss** ist stets zu **begründen**, um der unterlegenen Partei die ordnungsgemäße Begründung des Rechtsmittels und dem Beschwerdegericht die Überprüfung der angegriffenen Entscheidung zu ermöglichen.[80] Ein **stattgebender Beschluss** muss, wie sich aus §§ 936, 922 Abs. 1 S. 2 ZPO ergibt, **nur begründet** werden, wenn er im **Ausland** geltend gemacht werden soll. Fehlt eine Begründung, so muss der Antragsteller dem Gegner eine Durchschrift des Antrages zustellen lassen, um diesem eine ausreichende Entscheidungsgrundlage für sein weiteres Vorgehen zu geben.

59 Eine Ausfertigung des stattgebenden Beschlussverfügung ist dem Antragsteller von Amts wegen **zuzustellen** (§§ 929 Abs. 2, 329 Abs. 3 ZPO), der dann seinerseits die Zustellung an den Antragsgegner zu bewirken hat (§ 922 Abs. 2 ZPO). Der Beschluss, durch den das Verfügungsgesuch zurückgewiesen wird, ist dem Antragsteller wegen dessen Anfechtbarkeit durch fristgebundene sofortige Beschwerde nach § 567 ZPO **förmlich zuzustellen** (§ 329 Abs. 3 ZPO), dem Antragsgegner **nicht mitzuteilen** (§ 922 Abs. 3 ZPO), um die Interessen des Antragstellers nicht zu gefährden. Dem Antragsteller soll die Überraschungsmöglichkeit für ein neues Gesuch erhalten bleiben. Wurde der Gegner gehört, ist ihm auch die die einstweilige Verfügung zurückweisende Beschluss mitzuteilen.[81]

60 Ordnet das Gericht mündliche Verhandlung an, so gelten die allg. Grundsätze der notwendigen mündlichen Verhandlung uneingeschränkt. Der Termin wird von Amts wegen bestimmt; die **Ladungsfrist** des § 217 ZPO kann auf Antrag gem. § 226 ZPO durch Beschluss des Vorsitzenden, der dem Antragsgegner zuzustellen und dem Antragsteller mitzuteilen ist, abgekürzt werden. Die Ladungsfrist kann deshalb in Ausnahmefällen auf wenige Stunden beschränkt werden, falls gleichwohl das rechtliche Gehör gewahrt und eine angemessene Vorbereitung gewährleistet ist. **Neue Angriffs- und Verteidigungsmittel** können bis zum Schluss der mündlichen Verhandlung ohne jede Einschränkung vorgebracht werden. Bleibt eine Partei im Termin zur mündlichen Verhandlung aus, kann Versäumnisurteil ergehen, gegen das der Einspruch zulässig ist. Verneint das Gericht Verfügungsanspruch oder -grund, weist es

---

73 *Schuschke* in: Schuschke/Walker, § 935 Rn 6; Müko-ZPO/*Heinze*, § 935 Rn 13; Stein/Jonas/*Grunsky*, § 935 Rn 6.
74 LAG Köln 14.11.1989 – 11 Sa 930/98 – LAGE § 611 BGB Treuepflicht Nr. 1; LAG Niedersachsen 18.11.1994 – 3 Sa 1697/94 – LAGE § 611 BGB Beschäftigungspflicht Nr. 38.
75 *Schuschke* in: Schuschke/Walker, § 935 Rn 9; Zöller/*Vollkommer*, § 935 Rn 8.
76 Zöller/*Greger*, § 294 Rn 4.
77 BAG 7.5.1998 – 2 AZR 344/97 – AP § 551 ZPO Nr. 49 = NZA 1998, 1301.
78 *Gift/Baur*, J Rn 26.
79 LAG Hamburg 18.7.2002 – 3 Ta 18/02 – DB 2002, 2003; *Gift/Baur*, J Rn 120; *Germelmann u.a.*, § 62 Rn 70.
80 LAG Nürnberg 23.4.1996 – 6 Sa 287/96 – LAGE § 60 HGB Nr. 6 = NZA-RR 1997, 188.
81 Zöller/*Vollkommer*, § 922 Rn 1; Stein/Jonas/*Grunsky*, § 922 Rn 6; a.A. B/L/A/H, § 922 Rn 30.

den Antrag durch Endurteil zurück. Das Urteil ist beiden Parteien gem. § 50 von Amts wegen zuzustellen; gleichwohl verlangt § 929 ZPO für die Vollziehung der einstweiligen Verfügung eine eigene Tätigkeit des Gläubigers, regelmäßig die Zustellung im Parteibetrieb.

dd) Rechtsmittel. Das zulässige Rechtsmittel ist davon abhängig, ob das Gericht ohne oder aufgrund mündlicher Verhandlung entschieden hat. Hat das Gericht die einstweilige Verfügung **ohne mündliche Verhandlung** durch Beschluss erlassen, ist der **Widerspruch** nach §§ 936, 924 ZPO statthaft, der an keine Frist gebunden ist. Der Widerspruch ist grds. bei dem Gericht einzulegen, das die Beschlussverfügung erlassen hat. Gegen das Endurteil des ArbG ist die Berufung nach §§ 64 ff. statthaft. Das gilt auch dann, wenn das Gericht nach Eingang des Verfügungsgesuchs sogleich mündliche Verhandlung angeordnet und durch Endurteil entschieden hat.

Hat das AG den Antrag **ohne mündliche Verhandlung zurückgewiesen**, ist gegen diese Entscheidung für den Antragsteller die **sofortige Beschwerde** nach § 567 ZPO gegeben, die nicht dem Anwalts- bzw. Vertreterzwang nach § 11 Abs. 2 unterliegt (§ 569 Abs. 3 ZPO i.V.m. § 78). Der sofortigen Beschwerde kann das ArbG nach § 572 Abs. 1 ZPO abhelfen, dazu aber nicht eine mündliche Verhandlung anordnen, weil die Entscheidung dann nach § 922 ZPO durch Endurteil ergehen müsste. Hilft das ArbG der sofortigen Beschwerde nicht ab, entscheidet das LAG in diesem Fall unter den gleichen Voraussetzungen wie das ArbG entweder durch den Vorsitzenden allein ohne mündliche Verhandlung durch Beschluss oder nach mündlicher Verhandlung unter Mitwirkung der ehrenamtlichen Richter durch Endurteil.[82] § 922 ZPO genießt als speziellere Vorschrift gegenüber § 78 S. 3 Vorrang. Das nach mündlicher Verhandlung über die sofortige Beschwerde erlassene Urteil steht einem Berufungsurteil gleich, unterliegt also nicht der Revision (§ 72 Abs. 4). Weist das LAG die sofortige Beschwerde ohne mündliche Verhandlung durch Beschluss zurück, ist gegen die Entscheidung ein Rechtsmittel ebenfalls nicht gegeben; die Zulassung der **Rechtsbeschwerde** an das BAG kommt nicht in Betracht.[83] Die **Rechtsbeschwerde** ist im einstweiligen Verfügungsverfahren **nicht statthaft**.

ee) Vollziehung. Die einstweilige Verfügung muss binnen eines Monats nach Verkündung bzw. Zustellung vollzogen werden, §§ 936, 929 Abs. 2 ZPO. Im Sprachgebrauch der ZPO ist „**Vollziehung**" die Bezeichnung für die Zwangsvollstreckung von Arresten und einstweiligen Verfügungen. Die Vollziehung soll im Interesse des Schuldnerschutzes verhindern, dass die einstweilige Verfügung unter wesentlich veränderten Umständen vollzogen wird als unter denen, die ihrer Anordnung zugrunde gelegen haben. Die Vollziehungsfrist beginnt bei der Urteilsverfügung mit Verkündung des Urteils,[84] bei der Beschlussverfügung mit der Zustellung bzw. Aushändigung an den Gläubiger.[85] Die einstweilige Verfügung ist gem. §§ 936, 929 ZPO sofort vollstreckbar und bedarf keiner Vollstreckungsklausel.

Die fristwahrende Vollziehung der einstweiligen Verfügung muss im Regelfall durch **Zustellung im Parteibetrieb** erfolgen. Das gilt nach h.M. sowohl für die Beschluss- als auch für die Urteilsverfügung.[86] Die jeweils vorzunehmenden Vollstreckungsakte richten sich nach dem Inhalt der einstweiligen Verfügung.[87] Bei einer nach §§ 887, 888 ZPO zu vollstreckenden Verfügung ist ebenso wie bei einer nach § 883 ZPO zu vollziehenden Verfügung neben der Zustellung des Titels zumindest ein rechtzeitiger **Vollstreckungsantrag** beim Vollstreckungsorgan auf Vornahme von Vollstreckungshandlungen erforderlich. Auch einstweilige Verfügungen, die ein **Unterlassungsgebot** enthalten, sind vollziehbar. Zwar können sie nicht durch unmittelbaren Zwang vollstreckt werden; wohl aber kann ihre Befolgung durch die Anordnung und Festsetzung von Ordnungsmitteln mittelbar erzwungen werden.[88]

Nach **Ablauf der Vollziehungsfrist** ist jegliche Vollstreckung aus der einstweiligen Verfügung unzulässig, wenn sie nicht vorher eingeleitet wurde. Der Ablauf der Vollziehungsfrist ist von Amts wegen zu beachten. Ist eine Beschlussverfügung nicht fristgerecht vollzogen worden, kann der Schuldner mit dem Widerspruch gem. § 924 ZPO die Aufhebung des Verfügungsbeschlusses betreiben oder den Beschluss im Verfahren nach § 927 ZPO wegen Ablaufs der Vollziehungsfrist aufheben lassen. Die Urteilsverfügung kann entweder im Berufungsverfahren oder wegen veränderter Umstände im Verfahren nach § 927 ZPO aufgehoben werden.[89] Nach Ablauf der Vollziehungsfrist kann der Gläubiger sogleich eine neue Eilverfügung erwirken, sofern Verfügungsanspruch und -grund glaubhaft gemacht werden.[90]

---

82 GK-ArbGG/*Vossen*, § 62 Rn 96; *Germelmann u.a.*, § 62 Rn 70 b.
83 BAG 22.1.2003 – 9 AZB 7/03 – AP § 78 ArbGG 1979 Nr. 1 = NZA 2003, 399.
84 LAG Bremen 13.8.1982 – 4 Ta 44/82 – AP § 929 ZPO Nr. 2; *Clemenz*, NZA 2005, 129.
85 Zöller/*Vollkommer*, § 929 Rn 5; Stein/Jonas/*Grunsky*, § 929 Rn 3.
86 BGH 22.10.1992 – IX ZR 36/92 – NJW 1993, 1077.
87 OLG Hamm 7.1.1993 – 14 W 194/92 – NJW-RR 1993, 959.
88 BGH 2.11.1995 – IX ZR 141/94 – LM § 945 ZPO Nr. 34.
89 Hessisches LAG 20.2.1990 – 5 TaBvGa 171/90 – NZA 1991, 30; LAG Thüringen 10.4.2001 – 5 Sa 403/00 – NZA-RR 2001, 347.
90 LAG Hamm 5.1.1995 – 16 Sa 2094/94 – LAGE § 935 ZPO Nr. 8 = DB 1995, 1871; Zöller/*Vollkommer*, § 929 Rn 23.

66 ff) Schadenersatz. Die Gläubigerhaftung bei ungerechtfertigter Anordnung eines Arrestes oder einer einstweiligen Verfügung regelt § 945 ZPO. Erweist sich die Anordnung der einstweiligen Verfügung als von Anfang an ungerechtfertigt oder wird die angeordnete Maßnahme aufgrund des § 926 Abs. 2 ZPO oder des § 942 Abs. 3 ZPO aufgehoben, ist der Antragsteller verpflichtet, dem Gegner den durch die **Vollziehung entstandenen Schaden** zu ersetzen.

67 3. Der Arrest. Nach Abs. 2 S. 1 sind auch die Vorschriften über den **Arrest unmittelbar anzuwenden**. Der Arrest spielt im arbeitsgerichtlichen Verfahren nur eine untergeordnete Rolle. Für das Verfahren gelten die Vorschriften der §§ 916 ff. ZPO.

68 4. Fallgruppen des einstweiligen Rechtsschutzes. Einer der im arbeitsgerichtlichen Eilverfahren am häufigsten geltend gemachten Ansprüche ist der auf **Herausgabe der Arbeitspapiere**. Für die Annahme des Verfügungsgrundes reicht es aus, wenn der AN darlegt und durch eidesstattliche Versicherung glaubhaft macht, dass er die Arbeitsbescheinigung nach § 312 SGB III für seinen Antrag auf Arbeitslosengeld oder die Lohnsteuerkarte sowie andere Unterlagen für die Einstellung bei einem anderen AG benötigt.[91] Gegenüber dem Anspruch auf Herausgabe der Arbeitspapiere gibt es kein Zurückbehaltungsrecht; der Verfügungsanspruch ist deshalb in aller Regel gegeben.

69 Hat ein **vertragsbrüchiger AN** eine andere Arbeit aufgenommen, kann ihm dies grds. nicht durch einstweilige Verfügung untersagt werden, denn die Treuepflicht des AN ist nur unselbstständige Nebenpflicht. Etwas anderes gilt dann, wenn der AG ein besonderes Interesse an der Unterlassung hat, das über das Interesse, selbst die Arbeitsleistung zu erhalten, hinausgeht (z.B. Einhaltung eines vereinbarten Wettbewerbsverbots). Dann hat der AG einen klagbaren Unterlassungsanspruch, der auch im Wege der einstweiligen Verfügung durchgesetzt werden kann.[92]

70 Der **Vergütungsanspruch** kann nach h.M. trotz der befriedigenden Wirkung im Wege der einstweiligen Verfügung durchgesetzt werden.[93] Im ungekündigten Arbvhr ergibt sich der Verfügungsanspruch aus § 611 BGB und dem Arbeitsvertrag oder aus den §§ 615 S. 1, 293 ff. BGB. Ist das Arbvhr gekündigt, muss der AN glaubhaft machen, dass die Künd offensichtlich oder mit überwiegender Wahrscheinlichkeit unwirksam ist und die Voraussetzungen des Annahmeverzuges vorliegen.[94] Kann der AN auf Ersparnisse, auf Leistungen der ihm kraft Gesetzes Unterhaltspflichtigen oder auf verwertbares Vermögen zurückgreifen, fehlt es am dem für den Erlass einer einstweiligen Verfügung erforderlichen Verfügungsgrund.[95] Bei einem Anspruch auf Arbeitslosengeld ist der zum Unterhalt notwendige Bedarf hinreichend gesichert.[96] Im Wege der Befriedigungsverfügung ist nur der Teil des geschuldeten Arbeitsentgelts zuzusprechen, der zur Abwendung einer Notlage des AN notwendig ist. Als Orientierungsrahmen bei der Festlegung des Höchstbetrages werden die Pfändungsfreigrenzen anzusehen sein.[97] Da hinsichtlich der Vergangenheit regelmäßig keine Notlage mehr bestehen kann, ist der Betrag grds. erst vom Tage der Entscheidung an zuzusprechen.[98] Die Zahlungspflicht ist zeitlich zu befristen.

71 Hinsichtlich des einstweiligen Rechtsschutzes zur Durchsetzung des **allg. Beschäftigungsanspruchs** des AN ist zu differenzieren, ob der Anspruch im Rahmen eines ungekündigten Arbvhr oder während der Dauer eines Künd-Schutzprozesses geltend gemacht wird. Während der Dauer eines Künd-Schutzprozesses hat der AN ein Recht darauf, auch tatsächlich beschäftigt zu werden, soweit überwiegende schutzwerte Interessen des AG (z.B. Wegfall der Vertrauensgrundlage, Auftragsmangel, Wahrung von Betriebsgeheimnissen) nicht entgegenstehen.[99] Daraus folgt, dass bereits der Verfügungsanspruch von einer Interessenabwägung abhängig ist.[100] Da der Beschäftigungsanspruch durch Zeitablauf unwiderbringlich untergeht, wird teilweise der Verfügungsgrund bereits aufgrund der Rechtsvereitelung bejaht.[101] Ein „dringendes Beschäftigungsinteresse" ist nach allg. Auff. jedenfalls dann zu bejahen, wenn

---

91 Schwab/Weth/*Walker*, § 62 Rn 140; *Reinhard/Kliemt*, NZA 2005, 545.
92 LAG Köln 9.7.1992 – 10 Sa 224/92 – EWiR 1992, 1141; ArbG Düsseldorf 21.1.2000 – 1 Ga 99/99 – NZA-RR 2001, 248; LAG Nürnberg 31.7.2001 – 6 Sa 408/01 – NZA-RR 2002, 272; LAG Niedersachsen 8.12.2005 – 7 Sa 1871/05 – NZA-RR 2006, 426 = LAGE § 74a HGB Nr. 3.
93 LAG Köln 9.7.1992 – 10 Sa 224/92 – EWiR 1992, 1141; ArbG Düsseldorf 21.1.2000 – 1 Ga 99/99 – NZA-RR 2001, 248; LAG Nürnberg 31.7.2001 – 6 Sa 408/01 – NZA-RR 2002, 272; *Reinhard/Kliemt*, NZA 2005, 545.
94 GK-ArbGG/*Vossen*, § 62 Rn 65.
95 ArbG Frankfurt 6.1.1999 – 2 Ga 267/98 – DB 1999, 289; *Reinhard/Kliemt*, NZA 2005, 545; *Eich*, DB 1976, Beil. 10, S. 12.
96 Gift/*Baur*, J Rn 111; *Wenzel*, AR-Blattei SD Einstweilige Verfügung, Rn 98.
97 LAG Bremen 5.12.1997 – 4 Sa 258/97 – NZA 1998, 902; *Faecks*, NZA 1985, Beil. 3, S. 6.
98 *Ostrowicz/Künzl/Schäfer*, Rn 296; *Vossen*, RdA 1991, 223.
99 BAG 27.2.1985 – GS 1/84 – AP § 611 BGB Beschäftigungspflicht Nr. 14 = NJW 1985, 2968.
100 LAG München 14.9.2005 – 9 Sa 891/05 – juris.
101 LAG München 19.8.1992 – 5 Ta 185/92 – LAGE Beschäftigungspflicht Nr. 32 = NZA 1993, 1131; LAG Chemnitz 8.3.1996 – 3 Sa 77/96 – NZA 1997, 4; LAG Hamm 12.12.2001 – 10 Sa 1741/01 – NZA-RR 2003, 311; LAG München 18.9.2002 – 5 Sa 619/02 – NZA-RR 2003, 269; ArbG Leipzig 8.8.1996 – 18 Ga 37/96 – BB 1997; 366; Stein/Jonas/*Grunsky*, vor § 935 Rn 56; Schwab/Weth/*Walker*, § 62 Rn 127; *Hoß/Lohr*, BB 1998, 2576; a.A. Hessisches LAG 23.3.1987 – 1 SaGa 316/87 – NZA 1988, 37; LAG Hamm 18.2.1998 – 3 Sa 297/98 – LAGE § 611 BGB Beschäftigungspflicht Nr. 41; LAG Köln 31.7.1985 – 7 Sa 555/85 – BB 1985, 2178; MüKo-ZPO/*Heinze*, § 935 Rn 41.

der AN schon durch kurzzeitige Unterbrechung seine beruflichen Fähigkeiten und Fertigkeiten einbüßt oder sich schon aus dem Inhalt des Beschäftigungsverhältnisses (z.B. Ausbildungsverhältnis) die Unaufholbarkeit des Zeitverlustes ergibt.[102] Während der Dauer eines Künd-Schutzprozesses besteht über den Ablauf der Künd-Frist hinaus – vom Vorliegen einer offensichtlich unwirksamen Künd abgesehen – ein Weiterbeschäftigungsanspruch regelmäßig erst nach einem der Künd-Schutzklage stattgebenden Instanzurteil. Hat der AN seinen (Weiter-)Beschäftigungsanspruch im Künd-Schutzverfahren nicht geltend gemacht, besteht i.d.R. kein Verfügungsgrund für den Erlass einer Eilentscheidung. Der AN hat insoweit die Eilbedürftigkeit selbst widerlegt.[103]

Der AN kann seinen **Weiterbeschäftigungsanspruch** nach § 102 Abs. 5 S. 1 BetrVG im Rahmen der einstweiligen Verfügung im Urteilsverfahren geltend machen. Der Verfügungskläger muss die Voraussetzungen des § 102 Abs. 5 S. 1 BetrVG (Verfügungsanspruch) glaubhaft machen; dazu gehört auch die Glaubhaftmachung eines ordnungsgemäßen, form- und fristgerechten Widerspruchs des BR nach § 102 Abs. 3 BetrVG. Zur Begründung der Dringlichkeit bedarf es keiner Darlegung weiterer Umstände als des drohenden Zeitablaufs.[104] Der Gesetzgeber selbst hat schon die Wertung zum Ausdruck gebracht, dass das Beschäftigungsinteresse des AN im Regelfall deutlich überwiegt. Der Verfügungsgrund entfällt aber, wenn vor Erlass der einstweiligen Verfügung ein Urteil auf Weiterbeschäftigung ergeht, weil aus diesem vollstreckt werden kann.[105]   72

Die **Entbindung des AG von der Verpflichtung zur Weiterbeschäftigung** erfolgt unter den Voraussetzungen des § 102 Abs. 5 S. 2 BetrVG ebenfalls durch einstweilige Verfügung im Rahmen eines Urteilsverfahrens. Der AG hat die Voraussetzungen des § 102 Abs. 5 S. 2 BetrVG darzulegen und glaubhaft zu machen.[106] Liegen die Voraussetzungen des § 102 Abs. 5 S. 2 BetrVG vor, so muss das Gericht auf Antrag des AG die einstweilige Verfügung erlassen; es hat trotz des missverständlichen Wortlauts („kann") keinen Ermessensspielraum. Die Eilbedürftigkeit für den Erlass einer einstweiligen Verfügung ist nicht gesondert darzulegen, da das Gesetz den AG ausdrücklich auf das Verfügungsverfahren verweist.[107] Der Verfügungsgrund ist auch dann zu bejahen, wenn zwar die Voraussetzungen des § 102 Abs. 5 S. 2 BetrVG vorliegen, die Voraussetzungen des Anspruchs des AN nach § 102 Abs. 5 S. 1 BetrVG zweifelhaft sind, weil Bedenken gegen die Ordnungsmäßigkeit des Widerspruchs des BR gegen die Künd bestehen.[108] Dies folgt aus dem Zweck des § 102 Abs. 5 S. 2 BetrVG, dem AG eine schnelle Klärung der Beschäftigungspflicht zu ermöglichen.   73

Der AN ist unter den besonderen Voraussetzungen der §§ 935, 940 ZPO berechtigt, einen Antrag auf Erlass einer einstweiligen Verfügung einzureichen, wenn der AG sich weigert, den vom AN für einen bestimmten Zeitraum gewünschten **Urlaub** zu gewähren.[109] Der Eilantrag auf Urlaubsgewährung setzt als Verfügungsgrund voraus, dass der Erlass der einstweiligen Verfügung zur Abwendung wesentlicher Nachteile erforderlich ist und der AN keine Möglichkeit hat, die Konkretisierung seines Urlaubsanspruchs anderweitig durchzusetzen. Dass der AN bereits eine Urlaubsreise gebucht hat, reicht aufgrund der Eigenmächtigkeit des Vorgehens als Verfügungsgrund nicht aus. Die Entscheidung darf regelmäßig nur nach mündlicher Verhandlung ergehen; dem AG würde sonst unzulässigerweise die Berufung auf Leistungsverweigerungsrechte zunichte gemacht.   74

Die Zustimmung des AG zur **Verringerung der Arbeitszeit** kann der AN nach § 8 Abs. 4 S. 1 TzBfG unter engen Voraussetzungen im Wege einer Befriedigungsverfügung durchsetzen. Die Wertung des § 894 ZPO steht der Zulassung des einstweiligen Rechtsschutzes nicht generell entgegen; dieser ist vielmehr aus Gründen des effektiven Rechtsschutzes geboten.[110] Da die Reduzierung der Arbeitszeit irreversibel ist, sind an den Verfügungsgrund strenge   75

---

102 LAG Rheinland-Pfalz 21.8.1996 – 1 Ta 140/86 – LAGE § 611 BGB Beschäftigungspflicht Nr. 19; ArbG Frankfurt 8.10.1998 – 2 Ga 214/98 – ARST 1999, 43; LAG Köln 20.3.2001 – 6 Ta 46/01 – MDR 2001, 1176.
103 LAG Hamm 18.2.1986 – 11 Sa 1656/85 – NZA 1986, 98; LAG Düsseldorf 6.2.1987 – 2 (4) Sa 1848/86 – NZA 1987, 536; Hessisches LAG 23.3.1987 – 1 Sa 316/87 – NZA 1988, 37; LAG Köln 18.8.2000 – 12 Ta 189/00 – NZA-RR 2001, 387; a.A. Stein/Jonas/*Grunsky*, vor § 935 Rn 58.
104 LAG Köln –2.8.1984– 5 Ta 133/84 – NZA 1984, 300 = AuR 1994, 310; LAG Hamburg 14.9.1992 – 2 Sa 50/92 – NZA 1993, 140; LAG München 16.8.1995 – 9 Sa 543/95 – LAGE § 102 BetrVG 1972 Beschäftigungspflicht Nr. 22; KR/*Etzel*, § 102 Rn 222; Schwab/Weth/*Walker*, § 62 Rn 130; a.A. LAG Baden-Württemberg 30.8.1993 – 15 Sa 35/95 – NZA 1995, 683; LAG München 10.2.1994 – 5 Sa 969/93 – NZA 1994, 997; *Reinhard/Kliemt*, NZA 2005, 545.
105 Hessisches LAG 28.11.1994 – 16 SaGa 1284/94; KR/*Etzel*, § 102 BetrVG Rn 222; a.A. APS/*Koch*, § 102 BetrVG Rn 213.
106 LAG Hamburg 16.5.2001 – 4 Sa 33/01 – NZA-RR 2002, 25.
107 LAG München 13.7.1994 – 5 Sa 408/94 – LAGE § 102 BetrVG 1972 Beschäftigungspflicht Nr. 17.
108 LAG München 5.10.1994 – 698/94 – LAGE § 102 BetrVG 1972 Beschäftigungspflicht Nr. 19; LAG Nürnberg 5.9.2006 – 6 Sa 458/06 – juris; GK-BetrVG/*Kraft*, § 102 Rn 182; *Ostrowicz/Künzl/Schäfer*, Rn 391.
109 LAG Berlin 20.5.1985 – 9 Sa 38/85 – LAGE § 7 BUrlG Nr. 9; LAG Hamburg 15.9.1989 – 3 Ta 17/8 – LAGE § 7 BUrlG Nr. 27; LAG Köln 9.2.1991 – 8 Sa 94/91 – NZA 1991, 396; LAG Hamm 31.1.1995 – 11 Sa 1092/94 – EzA-SD 1995, Nr. 9; LAG Rheinland-Pfalz 7.3.2002 – 7 Ta 226/02 – NZA-RR 2003, 130; GK-ArbGG/*Vossen*, § 62 Rn 76; *Walker*, ZfA 2005, 45 ff.; *Schulte*, ArbRB 2005, 125.
110 LAG Köln 23.12.2005 – 9 Ta 397/05 – LAGE § 8 TzBfG Nr. 16; *Hahn/Gaßmann*, in; FS Leinemann, S. 589 ff.; *Gotthardt*, NZA 2001, 1183; Schwab/Weth/*Walker*, § 62 Rn 134, a.A. *Rolfs*, RdA 2001, 129.

Anforderungen zu stellen.[111] Der AN muss darlegen, dass er dringend auf die Änderung der Arbeitszeit angewiesen ist. Diese Dringlichkeit kann sich nur aus seit dem Abschluss des Arbeitsvertrages geänderten Umständen ergeben, weil der AN selbst durch die Eingehung des Arbeitsvertrags zur Bindung an die Arbeitszeit beigetragen hat. Dringende Umstände können etwa familiäre Notlagen sein. Zu prüfen ist in jedem Fall, ob die einstweilige Verfügung unbefristet – bis zur Entscheidung in der Hauptsache – ergehen muss oder dem AN zugemutet werden kann, innerhalb einer angemessenen Frist durch geeignete Maßnahmen die Gründe für die besondere Eilbedürftigkeit zu beseitigen.

§ 63 Übermittlung von Urteilen in Tarifvertragssachen

[1]Rechtskräftige Urteile, die in bürgerlichen Rechtsstreitigkeiten zwischen Tarifvertragsparteien aus dem Tarifvertrag oder über das Bestehen oder Nichtbestehen des Tarifvertrags ergangen sind, sind alsbald der zuständigen obersten Landesbehörde und dem Bundesministerium für Arbeit und Soziales in vollständiger Form abschriftlich zu übersenden oder elektronisch zu übermitteln. [2]Ist die zuständige oberste Landesbehörde die Landesjustizverwaltung, so sind die Urteilsabschriften oder das Urteil in elektronischer Form auch der obersten Arbeitsbehörde des Landes zu übermitteln.

Literatur: *Düwell*, Elektronische Kommunikation mit den Gerichten für Arbeitssachen und neue Prozeßkostenhilfe, FA 2005, 141; *Griebeling*, Das Urteil im arbeitsgerichtlichen Verfahren, AR-Blattei SD 160.8

A. Allgemeines

1 Die Vorschrift ergänzt § 9 TVG. Nach § 9 TVG sind rechtskräftige Entscheidungen der Gerichte für Arbeitssachen, die in Rechtsstreitigkeiten zwischen TV-Parteien aus dem TV oder über das Bestehen oder Nichtbestehen des TV ergangen sind, in Rechtsstreitigkeiten zwischen tarifgebundenen Parteien sowie zwischen diesen und Dritten für die Gerichte und Schiedsgerichte bindend. Hierdurch wird die Rechtskraft arbeitsgerichtlicher Entscheidungen über § 325 ZPO hinaus erweitert. Damit wird dem normativen Charakter tarifvertraglicher Bestimmungen Rechnung getragen. Zudem dient dies der Rechtssicherheit und Rechtsklarheit.[1] Durch die Begründung der Übersendungspflicht wird dabei sichergestellt, dass die einschlägigen Entscheidungen zugänglich sind. Aufgabe der obersten Arbeitsbehörde bzw. des Bundesarbeitsministeriums ist es, für eine geeignete Veröffentlichung Sorge zu tragen.[2]

B. Regelungsgehalt

2 Die Übersendungspflicht betrifft ausschließlich Urteile, die zwischen TV-Parteien, nicht zwischen diesen und Dritten, ergangen sind. Der Anwendungsbereich des § 63 ist nicht deckungsgleich mit der Regelung zur Rechtswegzuständigkeit in § 2 Abs. 1 Nr. 1.[3] Es muss ferner in den Rechtsstreiten um Fragen aus dem TV oder über das Bestehen oder Nichtbestehen des TV gehen. Auf die Klageart kommt es nicht an.[4] Hiervon werden insb. Rechtsstreitigkeiten über die Auslegung von TV erfasst.[5] Zu übersenden sind nur rechtskräftige Urteile beliebiger Instanz (vgl. § 64 Abs. 7 und § 72 Abs. 6), von denen die Bindungswirkung nach § 9 TVG ausgehen kann, also nur Urteile, die Entscheidungen zu Sachfragen enthalten.[6] Maßgeblich ist die rechtskräftig gewordene Entscheidung. Wird also ein Rechtsmittel als unzulässig verworfen, ist die dadurch rechtskräftig gewordene Sachentscheidung der Vorinstanz zu übersenden.[7] § 63 gilt entsprechend für die rechtskräftigen Beschlüsse von Gerichten für Arbeitssachen im Verfahren nach § 2a Abs. 1 Nr. 4, damit in Verfahren über die Tariffähigkeit und die Tarifzuständigkeit einer Vereinigung.

3 Die Urteile sind in vollständiger Form abschriftlich (i.d.R. Ablichtung, denn Fotokopie genügt als Abschrift) zu übersenden. Seit dem 1.4.2005 besteht auch die Möglichkeit der Übermittlung in elektronischer Form, was inzwischen zur Regel geworden sein dürfte. Kürzungen sind unzulässig, auch wenn nur ein Teil der Entscheidung die Übersendungspflicht auslöst; eine Anonymisierung soll geboten sein.[8] Die Pflicht zur Veranlassung der Übersendung trifft den Vorsitzenden des Spruchkörpers, der die Entscheidung getroffen hat. Die Verletzung der Übersendungspflicht

---

111 LAG Köln 5.3.2002 – 10 Ta 50/02 – NZA-RR 2002, 635; LAG Rheinland-Pfalz 12.4.2002 – 3 Sa 161/02 – NZA 2002, 856; LAG Hamm 6.5.2002 – 8 Sa 641/02 – NZA-RR 2003, 178; GK-ArbGG/*Vossen*, § 62 Rn 75; *Kliemt*, NZA 2001, 63; *Beckschulte*, DB 2003, 2598; *Lindemann/Simon*, BB 2001, 146; *Wisskirchen*, DB 2003, 277.

1 BAG 28.9.1977 – 4 AZR 446/76 – AP § 9 TVG Nr. 1 = DB 1978, 303.

2 *Germelmann u.a.*, § 63 Rn 9; GK-ArbGG/*Vossen*, § 63 Rn 5.

3 *Germelmann u.a.*, § 63 Rn 3.

4 GK-ArbGG/*Vossen*, § 63 Rn 7.

5 BAG 19.2.1965 – 1 AZR 237/64 – AP § 8 TVG Nr. 4 = DB 1965, 977.

6 GK-ArbGG/*Vossen*, § 63 Rn 8.

7 *Germelmann u.a.*, § 63 Rn 4.

8 *Germelmann u.a.*, § 63 Rn 7.

hat keine prozessuale Folgen, stellt aber eine Dienstpflichtverletzung dar.[9] Adressat der zu übersendenden Entscheidung ist das Bundesministerium für Arbeit und Sozialordnung. Gemeint ist das jeweils für Arbeitsordnung zuständige Bundesministerium (zzt. das BMAS). Weiterer Adressat ist die zuständige oberste Landesbehörde (vgl. § 15 Abs. 1 S. 1) des Bundeslandes, in dem das entscheidende Gericht seinen Sitz hat. Handelt es sich bei der obersten Landesbehörde um die Landesjustizverwaltung, so muss eine weitere Urteilsabschrift der obersten Arbeitsbehörde des Landes übersandt werden.

Zweiter Unterabschnitt: Berufungsverfahren

§ 64 Grundsatz

(1) Gegen die Urteile der Arbeitsgerichte findet, soweit nicht nach § 78 das Rechtsmittel der sofortigen Beschwerde gegeben ist, die Berufung an die Landesarbeitsgerichte statt.

(2) Die Berufung kann nur eingelegt werden,
a) wenn sie in dem Urteil des Arbeitsgerichts zugelassen worden ist,
b) wenn der Wert des Beschwerdegegenstandes 600 Euro übersteigt,
c) in Rechtsstreitigkeiten über das Bestehen, das Nichtbestehen oder die Kündigung eines Arbeitsverhältnisses oder
d) wenn es sich um ein Versäumnisurteil handelt, gegen das der Einspruch an sich nicht statthaft ist, wenn die Berufung oder Anschlussberufung darauf gestützt wird, dass der Fall der schuldhaften Versäumung nicht vorgelegen habe.

(3) Das Arbeitsgericht hat die Berufung zuzulassen, wenn
1. die Rechtssache grundsätzliche Bedeutung hat,
2. die Rechtssache Rechtsstreitigkeiten betrifft
    a) zwischen Tarifvertragsparteien aus Tarifverträgen oder über das Bestehen oder Nichtbestehen von Tarifverträgen,
    b) über die Auslegung eines Tarifvertrags, dessen Geltungsbereich sich über den Bezirk eines Arbeitsgerichts hinaus erstreckt, oder
    c) zwischen tariffähigen Parteien oder zwischen diesen und Dritten aus unerlaubten Handlungen, soweit es sich um Maßnahmen zum Zweck des Arbeitskampfs oder um Fragen der Vereinigungsfreiheit einschließlich des hiermit im Zusammenhang stehenden Betätigungsrechts der Vereinigungen handelt, oder
3. das Arbeitsgericht in der Auslegung einer Rechtsvorschrift von einem ihm im Verfahren vorgelegten Urteil, das für oder gegen eine Partei des Rechtsstreits ergangen ist, oder von einem Urteil des im Rechtszug übergeordneten Landesarbeitsgerichts abweicht und die Entscheidung auf dieser Abweichung beruht.

(3a) [1]Die Entscheidung des Arbeitsgerichts, ob die Berufung zugelassen oder nicht zugelassen wird, ist in den Urteilstenor aufzunehmen. [2]Ist dies unterblieben, kann binnen zwei Wochen ab Verkündung des Urteils eine entsprechende Ergänzung beantragt werden. [3]Über den Antrag kann die Kammer ohne mündliche Verhandlung entscheiden.

(4) Das Landesarbeitsgericht ist an die Zulassung gebunden.

(5) Ist die Berufung nicht zugelassen worden, hat der Berufungskläger den Wert des Beschwerdegegenstands glaubhaft zu machen; zur Versicherung an Eides Statt darf er nicht zugelassen werden.

(6) [1]Für das Verfahren vor den Landesarbeitsgerichten gelten, soweit dieses Gesetz nichts anderes bestimmt, die Vorschriften der Zivilprozeßordnung über die Berufung entsprechend. [2]Die Vorschriften über das Verfahren vor dem Einzelrichter finden keine Anwendung.

(7) Die Vorschriften des § 49 Abs. 1 und 3, des § 50, des § 51 Abs. 1, der §§ 52, 53, 55 Abs. 1 Nr. 1 bis 9, Abs. 2 und 4, der §§ 56 bis 59, 61 Abs. 2 und 3 und der §§ 62 und 63 über Ablehnung von Gerichtspersonen, Zustellungen, persönliches Erscheinen der Parteien, Öffentlichkeit, Befugnisse des Vorsitzenden und der ehrenamtlichen Richter, Vorbereitung der streitigen Verhandlung, Verhandlung vor der Kammer, Beweisaufnahme, Versäumnisverfahren, Inhalt des Urteils, Zwangsvollstreckung und Übersendung von Urteilen in Tarifvertragssachen gelten entsprechend.

---

9 GK-ArbGG/*Vossen*, § 63 Rn 11.

(8) Berufungen in Rechtsstreitigkeiten über das Bestehen, das Nichtbestehen oder die Kündigung eines Arbeitsverhältnisses sind vorrangig zu erledigen.

Literatur: *Bettermann*, Die Beschwer als Rechtsmittelvoraussetzung im deutschen Zivilprozess, ZZP 82 (1969), 24; *Franken/Natter/Rieker*, Die Novellierung des Arbeitsgerichtsgesetzes und des § 5 KSchG durch das SGGArbGG-Änderungsgesetz, NZA 2008, 377; *Gaier*, Der Prozessstoff des Berufungsverfahrens, NJW 2004, 110; *Holthaus/Koch*, Auswirkungen der Reform des Zivilprozessrechts auf arbeitsgerichtliche Verfahren, RdA 2002, 140; *Kahlke*, Zulassung der Berufung wegen Verletzung des rechtlichen Gehörs, NJW 1985, 2231; *Lepke*, Zur Beschwer als Rechtsmittelvoraussetzung beim arbeitsgerichtlichen Anerkenntnis- und Versäumnisurteil, DB 1980, 974; *Reinhard/Böggemann*, Gesetz zur Änderung des Sozialgerichtsgesetzes und des Arbeitsgerichtsgesetzes – Änderungen des ArbGG, NJW 2008, 1263; *Schellhammer*, Zivilprozessreform und Berufung, MDR 2001, 1141; *Schmidt/Schwab/Wildschütz*, Die Auswirkungen der Reform des Zivilprozesses auf das arbeitsgerichtliche Verfahren, NZA 2001, 1217; *Schwab*, Die Berufung im arbeitsgerichtlichen Verfahren, 2005; *Stock*, Berufungszulassung und Rechtsmittelbelehrung im arbeitsgerichtlichen Urteil, NZA 2001, 481

A. Allgemeines ... 1	V. Unstatthafte Berufung ... 51
B. Regelungsgehalt ... 7	VI. Anwendbare ZPO-Vorschriften (Abs. 6) ... 52
I. Statthaftigkeit der Berufung ... 7	VII. Verfahrensgang (Abs. 7) ... 54
1. Beschwer ... 7	1. Ablehnung von Gerichtspersonen ... 57
2. Berufungsfähige Urteile ... 12	2. Schriftliches Verfahren ... 58
3. Statthaftigkeit gemäß Abs. 2 ... 18	3. Persönliches Erscheinen der Parteien ... 59
a) Der Wert des Beschwerdegegenstandes übersteigt 600 EUR (Abs. 2 lit. b) ... 18	4. Beweisaufnahme ... 60
	5. Säumnisverfahren ... 61
b) Bestandsstreitigkeiten (Abs. 2 lit. c) ... 22	6. Einstellung der Zwangsvollstreckung ... 61a
c) Zulassung der Berufung (Abs. 2 lit. a, Abs. 3) ... 23	VIII. Beschleunigung in Bestandsschutzstreitigkeiten (Abs. 8) ... 62
d) Berufung gegen ein zweites Versäumnisurteil (Abs. 2 lit. d) ... 35	C. Besondere Problemlagen ... 63
II. Anschließung ... 39	D. Beraterhinweise ... 67
III. Verzicht auf die Berufung ... 46	I. Kosten ... 67
IV. Berufungsrücknahme ... 48	II. Prozesskostenhilfe ... 68
	III. Erfolgsaussichten ... 69

A. Allgemeines

1 Mittels der Berufung werden die erstinstanzlichen Urteile der ArbG überprüft. Da die Berufungsinstanz Tatsacheninstanz ist, erfolgt eine Überprüfung nicht nur in rechtlicher, sondern auch in tatsächlicher Hinsicht, d.h. der Rechtsstreit kann vor dem Berufungsgericht neu verhandelt werden. Allerdings können neue Tatsachen im Berufungsrechtszug nur unter besonderen Voraussetzungen vorgetragen werden (§ 67). Grundsätzlich soll der Streitstoff schon dem ArbG umfassend vorgetragen und vom mehrstufigen Aufbau der Gerichte rationeller Gebrauch gemacht werden.[1]

2 Mit Hilfe der Anwaltschaft und der bei den ArbG und LAG als Prozessvertreter zugelassenen Verbandsvertreter gelingt dies recht gut, wie Rechtstatsachen belegen. 2008 wurden bei den ArbG 454.892 Klagen erhoben. Durch streitiges Urteil mussten davon 30.478 entschieden werden. 19.387 dieser Prozesse gelangten in die Berufungsinstanz.[2] Das entspricht einer Berufungsquote von 4,26 %, bezogen auf die Anzahl der eingereichten Klagen.

3 Die Einlegung der Berufung hat Anfallwirkung *(Devolutiveffekt)*. Der Rechtsstreit wird automatisch beim LAG anhängig, das allein für die weitere Bearbeitung zuständig ist. Das zu überprüfende Urteil kann vom ArbG nicht mehr selbst abgeändert werden.

4 Die Einlegung einer an sich statthaften Berufung hemmt darüber hinaus den Eintritt der Rechtskraft des erstinstanzlichen Urteils, § 705 S. 2 ZPO (Suspensiveffekt). Dies setzt nach § 705 S. 1 ZPO allerdings voraus, dass ein Rechtsmittel überhaupt zulässig, die Berufung also an sich statthaft ist. Eine nicht statthafte, gleichwohl eingelegte Berufung hat keinen Suspensiveffekt. Eine rechtzeitig eingelegte, an sich statthafte Berufung, die aus anderen Gründen unzulässig ist, suspendiert den Eintritt der Rechtskraft des angefochtenen Urteils bis zur Rechtskraft einer entsprechenden Verwerfungsentscheidung des LAG.[3]

5 Sachlich zuständig für die Berufungen gegen Urteile der ArbG sind die insgesamt 19 LAG (NRW hat drei, Bayern zwei LAG eingerichtet). Wegen der besonderen Bedeutung der ehrenamtlichen Richter in der Arbeitsgerichtsbarkeit unterscheidet sich die Zusammensetzung der Kammern in der Berufungsinstanz nicht von der des ArbG (§§ 35 Abs. 2, 16 Abs. 2).

---

1 GK-ArbGG/*Vossen*, § 64 Rn 8.
2 *Schmidt*, in: FS zum 25-jährigen Bestehen ARGE Arbeitsrecht im DAV, 2006, S. 425. Zu taktischen Überlegungen bei der Berufungseinlegung s. Rn 65 f., 69.
3 GmS OGB 24.10.1983 – GmS-OGB 1/83 – BGHZ 88, 353.

Örtlich zuständig ist das LAG, in dessen Bezirk das mit der Berufung anzufechtende Urteil eines ArbG ergangen ist. Dabei kann die Berufungsschrift fristwahrend auch bei einer sog. Außenkammer des LAG eingelegt werden, weil diese mit dem Stammgericht eine einheitliche Justizbehörde bildet.[4] Da das arbeitsgerichtliche Urteil nach § 9 Abs. 5 S. 1 eine Rechtsmittelbelehrung enthalten muss, sind Berufungseinlegungen zu einem örtlich unzuständigen LAG im Allgemeinen selten. Eine entgegen der korrekten Rechtsmittelbelehrung gleichwohl zu einem unzuständigen LAG eingelegte Berufung ist unzulässig und vermag die Einlegungsfrist des § 66 Abs. 1 nicht zu wahren.

B. Regelungsgehalt

I. Statthaftigkeit der Berufung

1. Beschwer. Wie für jedes Rechtsmittel ist auch für die Berufung grundsätzliche Voraussetzung, dass der Berufungsführer durch das von ihm angegriffene Urteil des ArbG beschwert ist. Andernfalls ist die Berufung mangels Rechtsschutzbedürfnisses unzulässig. Diese Beschwer ist unter Zugrundelegung der Klageanträge, des Urteils des ArbG und der Anträge in der Berufungsinstanz zu ermitteln.

Ist der Kläger (Widerkläger) Berufungsführer, so braucht er nach der Rspr. die sog. formelle Beschwer.[5] Der Kläger ist formell beschwert, wenn das angefochtene Urteil von seinen Anträgen abweicht, also etwas versagt, was er beantragt hat oder über einen Gegenstand entschieden wurde, der nicht oder nicht mehr zur Entscheidung des Gerichts gestellt war. Die Abweichung des Urteilstenors von den erstinstanzlichen Anträgen muss in der Hauptsache bestehen, die Kostenentscheidung kann nicht isoliert mit einem Rechtsmittel angefochten werden (§ 99 Abs. 1 ZPO, beachte aber die §§ 99 Abs. 2, 91a Abs. 2 und 269 Abs. 5 ZPO). Ebenso besteht keine formelle Beschwer des Klägers, wenn er sich mit der Berufung nur gegen eine ihm nicht genehme Begründung des erstinstanzlichen Urteils wendet, die Urteilsformel selbst aber nicht angreifen will.

Auch für die Berufung im Künd-Schutzprozess ist am Erfordernis der formellen Beschwer festzuhalten. Hat der Kläger im erstinstanzlichen Verfahren allein den Künd-Schutzantrag nach § 4 S. 1 KSchG gestellt und damit voll obsiegt, so kann er keine Berufung einlegen, um im zweiten Rechtszug den Auflösungsantrag nach § 9 Abs. 1 S. 1 KSchG zu stellen. Ebenso fehlt es an einer formellen Beschwer des Klägers, wenn er erstinstanzlich seine Abfindungsvorstellungen nicht beziffert und nur eine „angemessene Abfindung" verlangt hatte (unbezifferte Leistungsklage, § 10 KSchG; weitere Anwendungsfälle: § 113 BetrVG und § 847 BGB). Wird die Abfindung derart voll im Ermessen des ArbG gestellt, so genügt es, dass der Beklagte zur Zahlung eines konkreten Abfindungsbetrages verurteilt worden ist.[6] Allerdings ist eine Beschwer des Berufungsklägers anzuerkennen, wenn er bei der arbeitsgerichtlichen Beurteilung des unbezifferten Klageantrages einen Ermessensfehler rügt, etwa, das angefochtene Urteil lege seiner Würdigung unzutreffende Kriterien zu Grunde.[7]

Beim Beklagten als Berufungsführer genügt die sog. materielle Beschwer, d.h. er muss mit seiner Berufung eine zu seinen Gunsten abändernde Entscheidung des LAG begehren. Der Beklagte kann auch materiell beschwert sein, wenn die Klage zwar abgewiesen wurde, jedoch ohne Sachentscheidung aus verfahrensrechtlichen Gründen für unzulässig erachtet wurde.[8]

Wird eine Klage vom ArbG ohne vorherigen Hinweis nach § 139 ZPO wegen Wegfalls des Rechtsschutzinteresses abgewiesen, kann der Kläger auch Berufung ausschließlich zum Zweck der Erledigungserklärung einlegen. Zur Begründung einer solchen Berufung genügt die Rüge der verletzten Hinweispflicht, verbunden mit der erstinstanzlich unterbliebenen Erledigungserklärung.[9]

Mit der Berufung muss der Rechtsmittelführer die Beseitigung der für ihn bestehenden Beschwer anstreben, er muss also seine in erster Instanz gestellten Anträge mindestens teilweise weiterverfolgen. Die allein mit dem Ziel, einen völlig neuen Klageantrag zu stellen eingelegte Berufung ist unzulässig.[10] Davon zu unterscheiden ist die Zulässigkeit der Klageänderung in der (eröffneten) Berufungsinstanz gem. § 533 Nr. 1 ZPO i.d.F. ab 1.1.2002 (siehe § 67 Rn 6 f.).

---

4 BAG 23.9.1981 – 5 AZR 603/79 – AP § 64 ArbGG 1979 Nr. 2.
5 BGH 9.10.1990 – VI ZR 89/90 – NJW 1991, 703; strittig vgl. Rosenberg/Schwab/*Gottwald*, § 136 II 3 m.w.N.
6 Strittig, wie hier GK-ArbGG/*Vossen*, § 64 Rn 12; *Hauck*, § 64 Rn 4; LAG Hamm 5.12.1996 – 4 Sa 1785/96 – LAGE § 64 ArbGG 1979 Nr. 32; Hessisches LAG 22.4.1997 – 9 Sa 2125/96 – LAGE § 64 ArbGG 1979 Nr. 33; offen gelassen in BAG 23.6.1993 – 2 AZR 56/93 – AP § 9 KschG 1969 Nr. 23; a.A. ErfK/*Kiel*, § 9 KSchG Rn 39; KR/*Spilger*, § 10 Rn 69, die eine Beschwer immer schon dann annehmen, wenn das Gericht einen Abfindungsbetrag festgesetzt hat, der unterhalb der Höchstgrenze des § 10 KSchG liegt.
7 BAG 10.12.1996 – 1 AZR 290/96 – AP § 72a ArbGG 1979 Nr. 40 (für die Höhe des Nachteilsausgleichs nach § 113 BetrVG).
8 BAG 19.11.1985 – 1 ABR 37/83 – AP § 2 TVG Tarifzuständigkeit Nr. 4.
9 BAG 17.1.2007 – 7 AZR 20/06 – NZA 2007, 566.
10 BGH 11.10.2000 – VIII ZR 321/99 – NJW 2001, 226.

50 ArbGG § 64

12   **2. Berufungsfähige Urteile.** Berufungsfähig sind grds. die Urteile der ArbG. Abs. 1 differenziert nicht zwischen den verschiedenen Urteilsarten. Berufung kann jedoch nur gegen Endurteile des ArbG oder diesen gleichgestellte Urteile eingelegt werden.

13   Berufungsfähig sind:
- Teilurteile (§ 301 ZPO),
- Vorbehaltsurteile (§ 302 ZPO),
- Ergänzungsurteile (§ 321 ZPO),
- Zwischenurteile über die Zulässigkeit der Klage gem. § 280 Abs. 2 ZPO,[11]
- Zwischenurteile über die Ablehnung der Wiedereinsetzung in den vorigen Stand. Ein solches Zwischenurteil hat die Wirkung eines Endurteils und ist deshalb berufungsfähig
- Zwischenurteile über die nachträgliche Zulassung der Künd-Schutzklage, § 5 Abs. 4 S. 3 KSchG.[12]

14   Mit der Einfügung des Abs. 2 lit. d sind ab 1.1.2002 die Voraussetzungen für eine Berufung gegen ein zweites Versäumnisurteil im ArbGG gefasst und im Übrigen parallel zu der Bestimmung des § 514 Abs. 2 S. 2 ZPO geregelt worden. Die Voraussetzungen für die Berufung gegen ein zweites Versäumnisurteil sind unabhängig von den übrigen Fallgruppen des Abs. 2 geregelt, so dass der Beschwerdewert des Abs. 2b nicht mehr erreicht werden muss.[13]

15   Nicht berufungsfähig sind:
- Endurteile des ArbG, gegen die nach § 78 das Rechtsmittel der (sofortigen) Beschwerde gegeben ist,
- Grundurteile nach § 304 ZPO (§ 61 Abs. 3),
- Zwischenurteile über einen Zwischenstreit nach § 303 ZPO,
- erste Versäumnisurteile (§ 514 Abs. 1 ZPO).

16   Formfehlerhafte Entscheidungen sind solche, in denen das ArbG fälschlicherweise eine Entscheidung als Urteil statt durch Beschluss fällt oder umgekehrt. Es gilt dann der Grundsatz der Meistbegünstigung. Die beschwerte Partei kann sowohl Berufung gegen das formfehlerhafte Urteil als auch das gesetzlich vorgesehene Rechtsmittel der sofortigen Beschwerde einlegen. Die beschwerte Partei darf durch Fehler des Gerichts keine Nachteile in ihren prozessualen Rechten erleiden.[14] Dem entspricht es, dass das Rechtsmittel an sich statthaft sein muss, weil eine Partei durch eine formfehlerhafte Gerichtsentscheidung auch nicht (zu Lasten des Gegners) einen Vorteil erlangen darf, der bei richtiger Entscheidungsform nicht gegeben wäre.[15]

17   Durch eine fehlerhafte Rechtsmittelbelehrung wird weder ein nicht statthaftes Rechtsmittel eröffnet noch ein zugelassenes Rechtsmittel ausgeschlossen (§ 9 Abs. 5, dort insb. S. 4). Bei einem Scheinurteil – z.B bei fehlender oder grob fehlerhafter Verkündung – muss die Berufung statthaft sein, weil anders der Rechtsschein des nicht verkündeten Urteils nicht beseitigt werden kann.[16] Das Berufungsverfahren wird dann allein mit dem Zweck der Aufhebung des Scheinurteils geführt, um den weiterhin erstinstanzlich anhängigen Prozess fortsetzen zu können.

18   **3. Statthaftigkeit gemäß Abs. 2. a) Der Wert des Beschwerdegegenstandes übersteigt 600 EUR (Abs. 2 lit. b).** Abs. 2 regelt weitere Voraussetzungen für die Berufung einer beschwerten Partei gegen ein arbeitsgerichtliches Endurteil. Nach lit. b in der ab 1.1.2002 gültigen Fassung ist die Berufung nur statthaft, wenn der Wert des Beschwerdegegenstandes 600 EUR übersteigt.[17] Die frühere Unterscheidung zwischen vermögensrechtlichen und nicht vermögensrechtlichen Streitigkeiten ist aufgegeben worden, auch in Letzteren muss seit 1.5.2000 der Beschwerdewert erreicht werden.

19   Bei der Berechnung des Beschwerdewertes gelten in entsprechender Anwendung von § 2 ZPO die in der ZPO enthaltenen Regelungen über die Wertberechnung, nicht die Vorschriften des GKG.[18] Dabei kommt der arbeitsgerichtlichen Wertfestsetzung besondere Bedeutung zu. Ist die erstinstanzliche Streitwertfestsetzung nicht offensichtlich unzutreffend und hat sich der Wert bis zur Berufungseinlegung nicht verändert, so ist der Beschwerdewert nicht höher als der im Urteil des ArbG festgesetzte Streitwert. Das Berufungsgericht ist bei der Klärung der Statthaftigkeit einer Berufung so lange an die Streitwertfestsetzung des ArbG gebunden als sie nicht offensichtlich unrichtig ist. Das ist nicht der Fall, wenn sich das Arbeitsgericht am Klageantrag orientiert.[19] Grds. ist der Beschwerdewert durch einen Vergleich des Urteilsstreitwertes mit dem Wert der Berufungsanträge zu ermitteln. Neu im Berufungsverfahren gestellte Anträge sind für die Berechnung der Beschwer ebenso ohne Bedeutung wie erstinstanzlich gestellte, aber nicht mehr weiterverfolgte Anträge.[20] Legt die in erster Instanz voll umfänglich unterlegene Partei uneingeschränkt Be-

---

11 BGH 25.11.1987 – IVa ZR 135/86 – BGHZ 102, 232.
12 BGH 15.10.1981 – III ZR 74/80 – NJW 1982, 184.
13 Zur früheren Rechtslage BAG 4.4.1989 – 5 AZB 9/88 – AP § 64 ArbGG 1979 Nr. 13; 22.6.1994 – 2 AZR 276/94 – AP § 72 ArbGG 1979 Nr. 24.
14 BAG 26.3.1992 – 2 AZR 443/91 – AP § 48 ArbGG 1979 Nr. 7.
15 BAG 14.10.1982 – 2 AZR 570/80 – BAGE 41, 67.
16 BGH 3.11.1994 – LwZB 5/94 – NJW 1995, 404.
17 Art. 20 Nr. 3, Art. 68 Abs. 1 des Vierten Euro-Einführungsgesetzes vom 21.12.2000 – BGBl I S. 1983, s. § 511 Abs. 2 Nr. 1 ZPO.
18 BAG 4.6.2008 – 3 AZB 37/08 – AP ArbGG 1979 § 64 Nr. 42.
19 BAG 11.12.2007 – 3 AZR 280/06 – EzA § 64 ArbGG 1979 Nr. 42.
20 BAG 4.6.2008 – 3 AZB 37/08 – AP ArbGG 1979 § 64 Nr. 42.

rufung ein, so entspricht der Beschwerdewert dem Streitwert des arbeitsgerichtlichen Urteils; dieser ist für das LAG verbindlich und eine gesonderte Ermittlung des Beschwerdewerts in der Berufungsinstanz ist nicht erforderlich.[21] In diesen Fällen genügt zur Glaubhaftmachung des Beschwerdewertes (Abs. 5) die Bezugnahme auf den Tenor des angefochtenen Urteils.

Ansonsten ist für die Ermittlung des Beschwerdewertes auf den Zeitpunkt der Berufungseinlegung abzustellen (§ 4 Abs. 1 ZPO). Soweit er sich nicht schon aus der Akte ergibt, muss der Berufungskläger den Wert des Beschwerdegegenstandes glaubhaft machen, wobei er zur Versicherung an Eides statt nicht zugelassen ist (Abs. 5 Hs. 2).

Einzelfälle:

– Bei der Berechnung des Beschwerdewertes bleiben Nebenforderungen wie Zinsen und Kosten unberücksichtigt (§ 4 Abs. 1 ZPO).
– Bei Antragshäufung sind mehrere Anträge zusammenzurechnen, soweit die ZPO keine ausdrückliche Begrenzung des Wertes vorsieht.
– Bei Klage und Widerklage ist die Rechtsmittelbeschwer für Kläger (Widerbeklagten) und Beklagten (Widerkläger) getrennt festzustellen. Das Unterliegen ein und derselben Partei aus Klage und Widerklage ist trotz § 5 ZPO zusammenzurechnen.[22]
– Legen mehrere Streitgenossen Berufung ein, so sind die einzelnen Beschwerdewerte zusammen zu rechnen.[23]
– Wird der Beklagte auf einen Hilfsantrag hin unter Abweisung des Hauptantrags verurteilt, so ist der Kläger in Höhe des Hauptantrags, der Beklagte in Höhe des Hilfsantrags beschwert.
– Bei der Stufenklage ist das Berufungsgericht nicht in jedem Fall an die Streitwertfestsetzung des ArbG gebunden. Dieses legt das Interesse des Klägers an der Auskunftserteilung zur Durchsetzung des Zahlungsanspruchs und damit wertmäßig den zu schätzenden Wert der begehrten Zahlung bei der Streitwertfestsetzung zu Grunde. Daher ist der arbeitsgerichtliche Streitwert maßgebend, wenn der Kläger gegen ein klageabweisendes Urteil des ArbG Berufung einlegt. Legt jedoch der Beklagte Berufung mit dem Ziel, die Auskunft nicht zu erteilen, ist vom Berufungsgericht regelmäßig (nur) der wirtschaftliche Aufwand, der durch die Auskunftserteilung erforderlich werden würde, als Beschwerdewert zu bestimmen.[24]
– Bei einer Verurteilung Bruttovergütung abzüglich geleisteter Nettozahlung kann der Beschwerdewert nicht durch einfache Subtraktion der Beträge ermittelt werden. Vielmehr sind dem abzuziehenden Nettobetrag die darauf entfallenden Steuern und Versicherungsbeiträge hinzuzurechnen, sofern nicht Anhaltspunkte dafür vorliegen, dass diese Abgaben nicht abgeführt wurden.[25]
– Verfolgt die Berufung lediglich das Ziel, die Leistung, zu der erstinstanzlich verurteilt wurde, Zug um Zug gegen eine Gegenleistung zu erbringen, verringert dies den Beschwerdewert.[26]
– Durch teilweise Berufungsrücknahme kann die Berufung unzulässig werden, wenn der Beschwerdewert des weiterverfolgten Antrags unter die Grenze von Abs. 2b sinkt.[27] Der Rechtsmittelkläger, der ohne äußere Umstände dazu genötigt zu sein, seine Anträge freiwillig einschränkt, kann keine günstigere Behandlung beanspruchen, als wenn er das Rechtsmittel von vorneherein in unzulässigem Umfang eingelegt hätte. Dabei kommt es nicht darauf an, ob das Berufungsgericht die teilweise Berufungsrücknahme angeregt und die Berufung auch danach als noch zulässig erachtet hat. Verfahrensfehler des Gerichts eröffnen weder eine weitere Instanz noch ersetzen sie fehlende oder wegfallende Prozessfortsetzungsbedingungen.[28]
– Eine Berufung wird unzulässig, wenn der Berufungskläger seine Anträge freiwillig so einschränkt, dass der erforderliche Wert des Beschwerdegegenstandes nicht mehr erreicht wird. „Freiwillig" erfolgt die Einschränkung auch dann, wenn sie durch einen Hinweis des Gerichts auf die fehlende Erfolgsaussicht veranlasst wird.[29]
– Beim Anerkenntnisurteil ist nach wohl zutreffender Auff. der Beklagte auch dann beschwert, wenn er den Klageantrag erstinstanzlich anerkannt hat.[30] Die Berufung ist zurückzuweisen, wenn festgestellt wird, dass das erstinstanzliche Anerkenntnis des Berufungsklägers wirksam abgegeben wurde. Im Falle der Unwirksamkeit hat das Berufungsgericht in der Sache zu entscheiden.[31]
– Bei wiederkehrenden Leistungen begrenzt § 9 ZPO den Wert auf den dreieinhalbfachen Wert des einjährigen Bezuges. Bis zur Klageerhebung fällige Beträge sind hinzuzurechnen. Insoweit findet § 42 Abs. 5 S. 1 2. HS keine, auch keine entsprechende Anwendung. Diese Regelung hat den Zweck, das Kostenrisiko im Verfahren

---

[21] BAG 13.1.1988 – 5 AZR 410/87 – BAGE 57, 186; BAG 27.5.1994 – 5 AZB 3/94 – AP § 64 ArbGG 1979 Nr. 17.
[22] BGH 28.9.1994 – XII ZR 50/94 – NJW 1994, 3292.
[23] BAG 31.1.1984 – 1 AZR 174/81 – BAGE 45,91.
[24] BAG 27.5.1994 – 5 AZB 3/94 – AP § 64 ArbGG 1979 Nr. 17; BGH 24.11.1994 – GSZ 1/94 – BGHZ 128, 85.
[25] LAG Berlin 19.10.1981 – 9 Sa 72/81 – MDR 1982, 172.
[26] LAG Berlin 17.3.1980 – 9 Sa 3/80 – MDR 1980, 612.
[27] BGH 8.10.1982 – V ZB 9/82 – NJW 1983, 1063.
[28] BAG 19.1.2006 – 6 AZR 259/05 – AP ArbGG § 64 1979 Nr. 39.
[29] BAG 9.7.2003 – 10 AZR 615/02 – AP § 64 ArbGG 1979 Nr. 33.
[30] Wie hier *Germelmann u.a.*, § 64 Rn 27; GK-ArbGG/*Vossen*, § 64 Rn 15; a.A. *Lepke*, DB 1980, 974; unklar BAG 29.7.1966 – 3 AZR 417/65 – AP § 72 ArbGG 1953 Streitwertrevision Nr. 19.
[31] Für Zurückverweisung, § 538 Abs. 2 Nr. 6 ZPO analog, GK-ArbGG/*Vossen*, § 64 Rn 15.

vor den Arbeitsgerichten zu begrenzen und damit den Zugang zu diesen Gerichten zu erleichtern. Ihre Übertragung auf die Ermittlung des Beschwerdewertes würde das genaue Gegenteil bewirken.[32]

22 **b) Bestandsstreitigkeiten (Abs. 2 lit. c).** Gem. Abs. 2 lit. c ist die Berufung in Rechtsstreitigkeiten über das Bestehen, das Nichtbestehen oder die Künd eines Arbvrh wegen der großen sozialen Bedeutung des Arbvrh für den AN in jedem Fall statthaft. Nach der Neufassung durch das Arbeitsgerichtsbeschleunigungsgesetz muss in diesen Verfahren (vgl. § 61a Abs. 1; ferner §§ 12 und 2) weder der Beschwerdewert erreicht noch die Berufung durch das ArbG zugelassen worden sein. Der Gesetzeswortlaut erfasst auch Streitigkeiten über den Eintritt einer auflösenden Bedingung, über die wirksame Befristung eines Arbvrh und Auflösungsverträge. Vom Gesetzeswortlaut nicht erfasst ist die Klage zur Durchsetzung eines Einstellungsanspruchs (Konkurrentenklage), weil hier nicht über das Bestehen eines Arbvrh gestritten wird, sondern um die Verpflichtung, ein solches zu begründen.

23 **c) Zulassung der Berufung (Abs. 2 lit. a, Abs. 3).** Nach Abs. 2 lit. a ist die Berufung auch immer dann statthaft, wenn sie das ArbG in seinem Urteil zugelassen hat, wobei das LAG an diese Entscheidung gebunden ist (Abs. 4). Die Entscheidung über die Zulassung der Berufung ist aber nur dann vom ArbG zu treffen, wenn die Berufung nicht schon nach Abs. 2 lit. b bis d statthaft ist. Das ArbG muss also von Amts wegen, ohne dass es eines Antrags der Parteien bedürfte (entsprechende „Anträge" sind als Anregung zu verstehen) in den Fällen über die Zulassung im Tenor (Abs. 3a) entscheiden, in denen der Beschwerdewert 600 EUR nicht übersteigt und es sich auch nicht um ein zweites Versäumnisurteil oder eine Bestandsschutzstreitigkeit handelt. Ist die Entscheidung erforderlich, jedoch unterblieben, kann innerhalb von zwei Wochen ab Verkündung des Urteils eine Ergänzung beantragt werden (Abs. 3a S. 2), worüber die gleiche Kammer, auch ohne mündliche Verhandlung, entscheidet (Abs. 3a S. 3). Da es sich um eine einheitliche Entscheidung handelt, müssen diejenigen Richter mitwirken, welche der dem Urteil zugrunde liegenden Verhandlung beigewohnt haben (§ 309 ZPO). Ist ein Richter weggefallen oder verhindert, muss die Verhandlung zu dieser Entscheidung wiedereröffnet werden (§ 156 ZPO i.V.m. §§ 192 ff. GVG) mit der Folge, dass dann die gleiche Kammer, aber in anderer Zusammensetzung das Ergänzungsurteil (§ 321 ZPO) fällen kann.

24 Das ArbG muss die Berufung zulassen, wenn einer der in Abs. 3 Nr. 1 bis 3 ausschließlich geregelten Zulassungsgründe vorliegt. Allerdings ist die Verletzung des strengen Gesetzeswortlautes nicht sanktioniert, d.h. gegen die Nichtzulassung der Berufung im arbeitsgerichtlichen Urteilstenor ist kein Rechtsmittel gegeben. Vielmehr verweist Abs. 5 in diesem Fall den Berufungskläger auf Abs. 2 lit. b, sofern es sich nicht um einen Streit i.S.d. Abs. 2 lit. c oder d handelt.

25 Nach Abs. 3a S. 1 muss das ArbG eine Entscheidung über die Zulassung der Berufung, wenn sie denn notwendig ist, ausdrücklich treffen und in den Urteilstenor aufnehmen. Fehlt dies, kann binnen zwei Wochen nach der Verkündung (nicht: nach der Zustellung!) eine entsprechende Ergänzung beantragt werden, Abs. 3a S. 2. Darüber kann dann ohne weitere mündliche Verhandlung entschieden werden, Abs. 3a S. 3.

26 Grds. Bedeutung hat die Rechtssache (Abs. 3 Nr. 1), wenn ihre Entscheidung von einer klärungsfähigen und klärungsbedürftigen Rechtsfrage abhängt und diese Klärung entweder von allg. Bedeutung für die Rechtsordnung ist oder wegen ihrer tatsächlichen (z.B. wirtschaftlichen) Auswirkungen die Interessen der Allgemeinheit oder eines größeren Teils der Allgemeinheit eng berührt.[33] Rechtsfragen haben den Inhalt, den Regelungsbereich oder die Wirksamkeit einer geschriebenen oder ungeschriebenen Rechtsnorm zum Gegenstand. Die vom ArbG zu bewertenden und für eine Zulassung an sich geeigneten Streitgegenstände sind nicht beschränkt. Sind dagegen Inhalt und Geltung der anzuwendenden Rechtsnormen klar und nur im Streit, wie sie auf einen individuellen Lebenssachverhalt anzuwenden sind, so handelt es sich nicht um eine Rechtsfrage i.S.v. Abs. 3 Nr. 1, sondern um schlichte Rechtsanwendung. Die Klärungsfähigkeit, Klärungsbedürftigkeit und allg. Bedeutung der Rechtsfrage entspricht der bei der Revisionszulassung durch das LAG zu entscheidenden Problematik (vgl. § 72).

27 Die Berufung ist weiter bei Rechtsstreitigkeiten zwischen TV-Parteien aus TV oder über das Bestehen oder Nichtbestehen von TV zuzulassen (Abs. 3 Nr. 2a). Im Vergleich zur Zuständigkeitsnorm des § 2 Abs. 1 Nr. 1 müssen hier beide Parteien TV-Parteien sein. Ein Streit aus TV oder über das Bestehen oder Nichtbestehen von TV ist nach dieser Vorschrift nur dann privilegiert, wenn der Rechtsstreit zwischen einer Gewerkschaft und einem AG-Verband oder einem AG („zwischen Tarifvertragsparteien") ausgetragen wird. Die Vorschrift ist insoweit enger als die Zuständigkeitsnorm des § 2 Abs. 1 Nr. 1. Es ist nicht von Bedeutung, ob der TV eine über den Bezirk eines LAG hinausgehende Geltung hat. Es kommt auch nicht darauf an, ob um das Bestehen oder Nichtbestehen des schuldrechtlichen oder des normativen Teils eines TV gestritten wird. Es kann auch um einen lediglich schuldrechtlich wirkenden TV, wie z.B. ein Schlichtungsabkommen, gehen. Nicht ausreichend ist allerdings der Streit darüber, ob ein mündlicher Vorvertrag über den Abschluss eines TV mit schuldrechtlichem und normativem Inhalt wirksam zustande gekommen ist.[34]

---

32 BAG 4.6.2008 – 3 AZB 37/08 – AP ArbGG 1979 § 64 Nr. 42.
33 BAG 13.12.1995 – 4 AZN 576/95 – AP § 72a ArbGG 1979 Nr. 36.
34 BAG 25.8.1982 – 4 AZN 305/82 – AP § 72a ArbGG 1979 Grundsatz Nr. 23; Germelmann u.a., § 72 Rn 9.

28 Der Zulassungsgrund Auslegung eines TV (Abs. 3 Nr. 2b) ist den bis 31.12.2004 geltenden gesetzlichen Regeln zur Beschwerde gegen die Nichtzulassung der Revision nachgebildet. Im Gegensatz zu § 72a Abs. 1 Nr. 2 a.F. muss es aber im Verhältnis von erster und zweiter Instanz (nur) um die Auslegung eines TV gehen, dessen Geltungsbereich sich über den Bezirk eines ArbG hinaus erstreckt.

29 Was „Tarifvertrag" im Sinne dieser Vorschrift bedeutet, ergibt sich aus dem durch Art. 9 Abs. 3 GG und § 1 TVG geprägten Wortsinn dieses Begriffs. Nicht um TV i.S.v § 72a Abs. 1 Nr. 2 handelt es sich bei Betriebs- oder Dienstvereinbarungen,[35] bindenden Festsetzungen nach § 19 HeimArbG,[36] Dienstordnungen für Dienstordnungsangestellte,[37] EG-VO,[38] Ergebnisprotokollen von Tarifverhandlungen ohne normative Geltungskraft,[39] RL oder Erlasse für die Eingruppierung von Lehrern[40] oder kirchlichen Arbeitsvertrags-RL.[41] Auch der Bundes-Angestellten-TV in kirchlicher Fassung (BAT-KF) ist kein TV i.S.d. Abs. 3 Nr. 2, weil er von der AG-Seite einseitig in Kraft gesetzt worden ist.[42]

30 Der Geltungsbereich des umstr. TV muss sich über den Bezirk eines ArbG – und nicht etwa nur einer Außenkammer – hinaus erstrecken.[43] Die zu § 72a a.F. ergangene Rspr. ist entsprechend anzuwenden: Ein Firmen-TV erstreckt – mangels einer eigenständigen Regelung des räumlichen Geltungsbereichs – seinen Geltungsbereich über den Bezirk eines ArbG hinaus, wenn das Unternehmen derart außerhalb eines ArbG-Bezirks mit AN tätig ist, dass für diese AN dort ein eigener arbeitsgerichtlicher Gerichtsstand begründet wird.[44] Umstr. ist, ob ein Streit um den Inhalt einer tariflichen Regelung dann einen privilegierten Streitgegenstand hat, wenn die Regelung sich zwar nur in einem TV befindet, dessen Geltungsbereich sich auf den Bezirk eines ArbG beschränkt, sie aber in TV anderer Tarif- und ArbG-Bezirke wortgleich wiederholt wird. Wenn sich aus den jeweiligen tariflichen Regelungen i.Ü. keine Anhaltspunkte für einen unterschiedlichen Regelungswillen der TV-Parteien ergeben, wird man diese Frage zu bejahen haben.[45]

31 Eine Rechtssache betrifft die Auslegung eines TV, wenn der abstrakte, fallübergreifende Inhalt eines oder mehrerer Tarifbegriffe im Streit steht. Es muss immer um den Inhalt einer Tarifnorm gehen. Der Streit um die richtige Anwendung des abstrakt außer Streit stehenden Tarifgehaltes auf den Einzelfall kann nicht zu einer Berufungszulassung führen. Es genügt deshalb nicht, wenn geltend gemacht wird, der Sachverhalt sei unter einen falschen Tarifbegriff subsumiert worden oder die Subsumtion unter den richtigen Begriff sei unterblieben.[46] Um die Auslegung eines Tarifbegriffs geht es nur dann, wenn eine eigenständige tarifliche Regelung im Streit steht. Für die Zulassung einer Berufung reicht es nicht aus, wenn um den Inhalt solcher Begriffe gestritten wird, die sich zwar in TV finden, aber offensichtlich und eindeutig ohne eigenen Regelungswillen der TV-Parteien aus außertariflichen normativen Regelungen übernommen worden sind, wie z.B. „ordentliche Kündigung", „wichtiger Grund", „billiges Ermessen".[47] Es wird auch nicht um die „Auslegung eines Tarifvertrags" gestritten, wenn im Zusammenhang mit der Anwendung einer Tarifnorm strittig ist, wie allg. Grundsätze des Tarifrechts einschließlich der Normen des TVG[48] oder Regeln des allg. materiellen oder formellen Rechts einschließlich der Rechtsgrundsätze über die Darlegungs- und Beweislast zu verstehen oder anzuwenden sind.

32 Nach bisheriger Auff. gehört zu den – privilegierten – Streitigkeiten um die Auslegung eines TV nicht eine Auseinandersetzung um die Wirksamkeit einer ihrem Inhalt nach feststehenden Tarifnorm in Ansehung höherrangigen zwingenden Rechts.[49] Der 3. Senat des BAG hat hieran Zweifel geäußert.[50] Unter „Auslegung eines Tarifvertrags" könnte auch die Bestimmung des Inhalts einer Tarifnorm verstanden werden, die diese einheitlich auf die Normunterworfenen anzuwenden ist. Hierzu gehörte dann auch die Feststellung einer Teilnichtigkeit oder Gesamtnichtigkeit einzelner tariflicher Regelungsbereiche. Ein Schluss de minore ad maius liege nahe.

---

35 BAG 24.2.1981 – 6 AZN 471/80 – AP § 72a ArbGG 1979 Grundsatz Nr. 15; BAG 22.6.1999 – 9 AZN 289/99 – AP § 72a ArbGG 1979 Nr. 28.
36 BAG 20.1.1981 – 3 AZN 302/80 – AP § 72a ArbGG 1979 Grundsatz Nr. 12.
37 BAG 31.3.1983 – 2 AZN 76/83 – AP § 72a ArbGG 1979 Divergenz Nr. 15.
38 BAG 9.11.1993 – 9 AZN 281/93 – AP § 72a ArbGG 1979 Grundsatz Nr. 43.
39 BAG 27.11.1985 – 4 AZN 506/85 – AP § 72a ArbGG 1979 Grundsatz Nr. 29.
40 BAG 12.11.1991 – 4 AZN 464/91 – AP § 72a ArbGG 1979 Grundsatz Nr. 42.
41 BAG 6.11.1996 – 5 AZR 334/95 – BAGE 84, 282.
42 BAG 7.9.1988 – 4 AZN 436/88 – AP § 72a ArbGG 1979 Grundsatz Nr. 36.
43 BAG 29.9.1982 – 4 AZN 329/82 – BAGE 39, 377.
44 BAG 26.9.2000 – 3 AZN 181/00 – BAGE 95, 372.

45 Ebenso BAG 24.3.1993 – 4 AZN 5/93 – BAGE 73, 4; *Hauck*, NZA 1999, 925, 927; enger BAG 29.9.1982 – 4 AZN 329/82 – BAGE 39, 377; GK-ArbGG/*Ascheid*, § 72a Rn 25; *Etzel*, ZTR 1997, 248, 251.
46 BAG 5.12.1979 – 4 AZN 41/79 – AP § 72a ArbGG 1979 Grundsatz Nr. 1; BAG 12.12.1979 – 4 AZN 43/79 – AP § 72a ArbGG 1979 Grundsatz Nr. 2; GK-ArbGG/*Ascheid*, § 72a Rn 16.
47 BAG 26.3.1981 – 2 AZN 410/80 – AP § 72a ArbGG 1979 Grundsatz Nr. 17.
48 BAG 26.11.1980 – 4 AZN 225/80 – AP § 72a ArbGG 1979 Grundsatz Nr. 11; BAG 24.3.1987 – 4 AZN 725/86 – AP § 72a ArbGG 1979 Grundsatz Nr. 31.
49 BAG 19.12.1991 – 2 AZN 466/91 – AP § 72a ArbGG 1979 Nr. 27; BAG 16.12.1993 – 6 AZN 346/93 – AP § 72a ArbGG 1979 Nr. 44; *Etzel*, ZTR 1997, 248, 253; *Hauck*, NZA 1999, 925, 927.
50 BAG 25.4.1996 – 3 AZR 316/95 – AP § 76 ArbGG 1979 Nr. 10.

33 Nach dieser Norm sind auch Rechtsstreitigkeiten privilegiert, bei denen zumindest eine der Parteien tariffähig ist und es um unerlaubte Handlungen geht, die im Zusammenhang mit Maßnahmen zum Zwecke des Arbeitskampfes – das ist jede Form kollektiver Druckausübung[51] – oder im Zusammenhang mit Fragen der Vereinigungsfreiheit, einschließlich des hierzu gehörigen Betätigungsrechts der Vereinigungen, stehen. Dabei wird der Begriff der unerlaubten Handlung weit verstanden. Hierzu gehören auch die Bewertung des Verhaltens eines Mitglieds einer Koalition, das in Ausübung seines Rechts auf koalitionsmäßige Betätigung Streikarbeit verweigert, weil sich dieses Verhalten als unzulässig erweisen kann, sowie das Verhalten einer TV-Partei, das darauf gerichtet ist, eine koalitionsmäßige Betätigung zu behindern oder zu sanktionieren.[52]

34 Schließlich muss die Berufung nach Abs. 3 Nr. 3 zugelassen werden wegen abweichender Auslegung einer Rechtsvorschrift. Die Differenz kann entweder zu einer Rechtsauslegung in einem Urteil des dem ArbG übergeordneten LAG bestehen (diese muss das ArbG von Amts wegen kennen). Die Abweichung von einem Urteil eines anderen als des übergeordneten LAG oder des BAG rechtfertigt keine Berufungszulassung nach Abs. 3 Nr. 3, der die Rechtseinheit der Rspr. im LAG-Bezirk sicherstellen will, wohl aber eine Zulassung nach Abs. 3 Nr. 1. Oder die Differenz besteht zu einem Urteil, das für oder gegen eine Partei des Rechtsstreits ergangen ist. Da ein solches Urteil weder aus dem Bezirk des ArbG oder LAG stammen noch notwendig das Urteil eines ArbG sein muss, müssen die Parteien im Zweifel, d.h. wenn das ArbG das Urteil nicht kennt, dieses vorlegen.

35 d) **Berufung gegen ein zweites Versäumnisurteil (Abs. 2 lit. d).** Gegen ein echtes (erstes) Versäumnisurteil ist die Berufung nicht statthaft (Abs. 6 S. 1 i.V.m. § 514 Abs. 1 ZPO). Der Partei, gegen die das Versäumnisurteil erlassen wurde, steht vielmehr der Einspruch zu (§ 338 ZPO). Das sog. unechte Versäumnisurteil, das ergeht, wenn das tatsächliche Vorbringen des Klägers den Klageantrag nicht rechtfertigt und die Klage somit als unschlüssig abzuweisen ist (§ 331 Abs. 2 Hs. 2 ZPO), stellt jedoch kein Urteil aufgrund der Säumnis des Beklagten dar und kann vom Kläger nach allg. Grundsätzen mit der Berufung angegriffen werden. Das Gleiche gilt für Endurteile, mittels derer der Einspruch als unzulässig verworfen wird (§ 341 ZPO) oder das Versäumnisurteil aufrechterhalten oder aufgehoben wird (§ 343 ZPO).

36 Bei erneuter Säumnis der den zulässigen Einspruch führenden Partei ergeht das sog. zweite Versäumnisurteil (§ 345 ZPO). Dagegen (und gegen ein Versäumnisurteil, das den Antrag auf Wiedereinsetzung in den vorigen Stand verwirft, § 238 Abs. 2 S. 2 ZPO) steht der belasteten Partei ein weiterer Einspruch nicht zu. Jedoch ist gem. Abs. 2 lit. d die Berufung dann statthaft, wenn der Berufungsführer geltend macht, dass er ohne Verschulden säumig war und somit ein Versäumnisurteil nicht hätte ergehen dürfen (§ 337 S. 1 Hs. 2 ZPO). Unabhängig von der Frage des Verschuldens kann die Berufung auch darauf gestützt werden, dass ein Fall der Säumnis überhaupt nicht vorgelegen hätte, weil die nicht erschienene Partei nicht ordnungsgemäß, insb. nicht rechtzeitig geladen worden sei (§ 335 Abs. 1 Nr. 2 ZPO).

37 Die arbeitsgerichtliche Regelung des Abs. 2 lit. d entspricht § 514 Abs. 2 ZPO. Da in Abs. 2 die Zulässigkeitsvoraussetzungen unabhängig voneinander geregelt werden, ist im Gegensatz zur früheren Rechtslage nicht mehr erforderlich, dass der Beschwerdewert des Abs. 2 lit. b erreicht wird.[53] Nach dem Wortlaut von Abs. 2 lit. d ist die Berufung gegen ein zweites Versäumnisurteil nicht statthaft, wenn der Berufungskläger (nur) geltend macht, im ersten Termin nicht säumig gewesen zu sein, weswegen das erste Versäumnisurteil nicht hätte ergehen dürfen.[54] Das Berufungsgericht darf bei der Prüfung, ob das Rechtsmittel statthaft ist, keine Schlüssigkeitsprüfung vornehmen, weswegen die Berufung gegen ein zweites Versäumnisurteil nicht darauf gestützt werden kann, die Klageforderung sei unschlüssig gewesen.[55] Das gilt auch für den Fall, dass die Klage erst im Zeitpunkt des Erlasses des zweiten Versäumnisurteils unschlüssig geworden war,[56] obwohl das ArbG auch vor Erlass des sog. zweiten Versäumnisurteils zu prüfen hat, ob die Klageforderung (noch) schlüssig ist.[57] Anderenfalls würde der Partei über die gesetzlichen Möglichkeiten hinaus ein Rechtsmittel gewährt (der BGH stellt dagegen die Parallelität von Prüfungspflicht des Einspruchsrichters und des Berufungsgerichts in den Vordergrund).[58]

38 Da die Partei alle Tatsachen, die das Rechtsmittel statthaft und begründet erscheinen lassen, in der Berufungsbegründung vorzutragen hat, müssen Tatsachen behauptet werden, die das Fehlen einer Säumnis oder einer verschuldeten Säumnis begründen. Z.B. muss bei unabwendbarer Säumnis dargetan werden, dass das Gericht hiervon rechtzeitig unterrichtet worden war oder eine solche Mitteilung den Umständen nach unverschuldet unterbleiben musste.[59] Ein Fall der unabwendbaren Säumnis wurde auch bejaht, wenn die Prozessbevollmächtigten, um das Verfahren zum Ru-

---

51 Vgl. *Etzel*, ZTR 1997, 248, 253.
52 BAG 18.8.1987 – 1 AZN 260/87 – AP § 72a ArbGG 1979 Grundsatz Nr. 33.
53 BAG 4.4.1989 – 5 AZB 9/88 zur Rechtslage bis 31.12.2001 – AP § 64 ArbGG 1979 Nr. 13.
54 BAG 2.2.1994 – 10 AZR 113/93 – BAGE 75, 343; 1.3.1994 – 10 AZR 50/93 – BAGE 76, 62.
55 BAG 2.2.1994 – 10 AZR 113/93 – BAGE 75, 343.
56 BAG 30.1.1975 – 2 AZB 58/74 – AP § 513 ZPO Nr. 6.
57 BAG 1.12.1970 – 3 AZR 1/70 – BAGE 23, 92.
58 BGH 25.10.1990 – IX ZR 62/90 – BGHZ 112, 367.
59 BAG 8.4.1974 – 2 AZR 542/73 – AP § 513 ZPO Nr. 5.

hen zu bringen, Terminsabstinenz vereinbart hatten, jedoch der Kläger, ohne geladen zu sein, persönlich erschien und erfolgreich ein zweites Versäumnisurteil beantragte.[60]

II. Anschließung

Nach der bis 31.12.2001 gültigen Gesetzeslage war bei der Anschlussberufung die Unterscheidung zwischen selbstständiger und unselbstständiger Anschlussberufung gängig. Erstere erfüllte alle an Statthaftigkeit und Zulässigkeit einer Berufung zu stellenden Anforderungen, Letztere war nach den Regeln über die Anschließung (§§ 521 bis 522a ZPO a.F.) zulässig. Für die Bezeichnung als „selbstständige Anschlussberufung" kam es also nur darauf an, ob der Gegner mit der Rechtsmitteleinlegung schneller gewesen war. Die Unterscheidung ist mit der Neufassung des § 524 ZPO i.d.F. des Art. 2 Abs. 1 Nr. 72 ZPO-RG ab dem 1.1.2002 entbehrlich geworden. Wenn ein Urteil beiden Parteien eine statthafte Berufung ermöglicht, können sie beide Berufung einlegen. Das Verfahren bleibt einheitlich, wobei ggf. durch Teilurteil (§ 301 ZPO) entschieden werden kann.

Statt ein eigenes Rechtsmittel einzulegen, kann sich jedoch der Berufungsbeklagte der vom Gegner eingelegten Berufung unselbstständig anschließen. Dazu reicht er eine Berufungsanschlussschrift bei dem Berufungsgericht ein (§ 524 Abs. 1 ZPO). Damit kann der Berufungsbeklagte den zunächst vom Berufungskläger mit seinem Berufungsantrag definierten Streitgegenstand beeinflussen. Er kann z.B., auch wenn er als Kläger erstinstanzlich voll obsiegt hat, die Klage erweitern,[61] sie ändern oder – als Beklagter – erstmals Widerklage erheben.

Die Möglichkeit der (unselbstständigen) Anschließung erhöht das Risiko des Berufungsführers und dient damit im weiteren Sinn dem Ziel, den Rechtsfrieden nach Möglichkeit schon durch das erstinstanzliche Urteil herzustellen. Daher gestattet das Gesetz die Anschließung auch, wenn der Berufungsbeklagte (schon) auf die Berufung verzichtet hatte oder die Berufungsfrist verstrichen ist (§ 524 Abs. 2 S. 1 ZPO). § 524 ZPO lautet:

Zivilprozessordnung – vom 30.1.1877, RGBl I S. 83, BGBl III 310-4, in der Fassung der Bekanntmachung vom 5.12.2005, BGBl I S. 3202, zuletzt geändert durch Gesetz zur Änderung des Wohnungseigentumsgesetzes und anderer Gesetze vom 26.3.2007, BGBl I S. 370, 376.

ZPO § 524 – Anschlussberufung

(1) ¹Der Berufungsbeklagte kann sich der Berufung anschließen. ²Die Anschließung erfolgt durch Einreichung der Berufungsanschlussschrift bei dem Berufungsgericht.

(2) ¹Die Anschließung ist auch statthaft, wenn der Berufungsbeklagte auf die Berufung verzichtet hat oder die Berufungsfrist verstrichen ist. ²Sie ist zulässig bis zum Ablauf der dem Berufungsbeklagten gesetzten Frist zur Berufungserwiderung. ³Diese Frist gilt nicht, wenn die Anschließung eine Verurteilung zu künftig fällig werdenden wiederkehrenden Leistungen (§ 323) zum Gegenstand hat.

(3) ¹Die Anschlussberufung muss in der Anschlussschrift begründet werden. ²Die Vorschriften des § 519 Abs. 2, 4 und des § 520 Abs. 3 sowie des § 521 gelten entsprechend.

(4) Die Anschließung verliert ihre Wirkung, wenn die Berufung zurückgenommen, verworfen oder durch Beschluss zurückgewiesen wird.

Eine Beschwer des Anschlussberufungsführers ist nicht erforderlich, nur eine zulässige und statthafte Hauptberufung muss eingelegt sein (a.e. § 524 Abs. 4 ZPO). Die Anschließung kann auch im Sinne eines unechten Hilfsantrags vom Erfolg mit dem Hauptantrag auf Zurückweisung der Berufung abhängig gemacht, also bedingt eingelegt werden.[62] Eine Hauptberufung, die nicht fristgerecht eingelegt oder begründet worden ist, kann, wenn auch der Gegner Berufung eingelegt hatte, in eine unselbstständige Anschließung umgedeutet werden.[63] Jedenfalls muss die Anschließung bis zum Ablauf der für die Berufungserwiderung gesetzten Frist erklärt (§ 524 Abs. 2 S. 2 ZPO) und begründet (§ 524 Abs. 3 S. 1 ZPO) werden. Dabei handelt es sich im arbeitsrechtlichen Verfahren um die Monatsfrist, die mit der Zustellung der Berufungsbegründung zu laufen beginnt (§ 66 Abs. 1 S. 3). Es kann aber seit der Neufassung des § 524 ZPO vom Oktober 2005 auch die nach § 66 Abs. 1 S. 5 vom Vorsitzenden auf Antrag verlängerte Frist zur Berufungserwiderung sein. Nach § 66 Abs. 1 S. 4 muss auf die Frist zur Berufungsbeantwortung bei Zustellung der Berufungsbegründung hingewiesen werden. Fehlt dieser Hinweis, so wird weder die Berufungsbeantwortungsfrist noch die Frist zur Einlegung der Anschließung in Lauf gesetzt.[64] Die auf eine Verurteilung zu Leistungen i.S.d. § 323 ZPO zielende Anschließung unterliegt keiner Frist, kann also noch bis zum Schluss der mündlichen Verhandlung vor dem LAG erklärt werden. Die Zulassung von neuem Vorbringen zur Anschlussberufung unterliegt den Präklusionsvorschriften des § 67.[65]

---

60 LAG Köln 29.3.1983 – 1 Sa 117/83 – LAGE § 513 ZPO Nr. 2.
61 BAG 6.9.2006 – 5 AZR 643/05 – DUD 2007, 95.
62 BAG 29.9.1993 – 4 AZR 693/92 – BAGE 74, 268.
63 BGH 26.10.1999 – X ZB 15/99 – VersR 2001, 730.
64 BAG 30.5.2006 – 1 AZR 111/05 – AP § 72 BetrVG 1972 Tarifvorbehalt Nr. 23.
65 BGH 22.4.1982 – VII ZR 160/81 – BGHZ 83, 371.

43 Die (unselbstständige) Anschließung ist in ihrem Schicksal von der Hauptberufung abhängig. Sie verliert nach § 524 Abs. 4 ZPO ihre Wirkung, wenn die Hauptberufung
- zurückgenommen oder
- verworfen wurde.

44 Die Zurückweisung durch Beschluss (§ 522 Abs. 2 und 3 ZPO) kennt das arbeitsgerichtliche Berufungsverfahren nicht, § 66 Abs. 2 S. 3. Entsprechendes gilt im Fall der Klagerücknahme,[66] bei Vergleich und übereinstimmender Erledigungserklärung hinsichtlich der Hauptberufung.

45 Über die Kosten der Anschließung ist nicht nach § 97 Abs. 1 ZPO zu entscheiden. Die unselbstständige Anschließung ist kein Rechtsmittel, sondern nur ein auch angriffsweise wirkender Antrag innerhalb des vom Rechtsmittelkläger eingelegten Rechtsmittels. Ein Unterliegen i.S.d. §§ 91, 92, 97 ZPO ist zu verneinen, wenn eine zulässige Anschließung durch Rücknahme des Rechtsmittels ohne die Möglichkeit einer Sachentscheidung wirkungslos geworden ist. Im Regelfall sind dem Rechtsmittelkläger auch die Kosten der Anschließung aufzuerlegen.[67] Nur wenn sich die Abhängigkeit der Anschließung von dem künftigen Schicksal des eingelegten Rechtsmittels i.E. nicht auswirkt, hat der die Anschließung Erklärende ihre Kosten zu tragen.[68]

III. Verzicht auf die Berufung

46 Der Verzicht auf eine Berufung richtet sich nach § 515 ZPO.

ZPO § 515 – Verzicht auf Berufung
Die Wirksamkeit eines Verzichts auf das Recht der Berufung ist nicht davon abhängig, dass der Gegner die Verzichtsleistung angenommen hat.

47 Der Verzicht als einseitige Prozesshandlung kann gegenüber dem Gericht oder gegenüber dem Prozessgegner erklärt werden, und zwar seit der gesetzlichen Neuregelung ab dem 1.1.2002 in § 515 ZPO (bis dahin: § 514 ZPO) auch schon vor Erlass des erstinstanzlichen Urteils. Die Erklärung ist, soweit sie dem Gericht gegenüber abgegeben wurde, unwiderruflich und unanfechtbar. Ausnahme nur, wenn ein Restitutionsgrund vorliegt.[69] Dies gilt nach Auff. des BGH auch bei einer gegenüber dem Prozessgegner abgegebenen Erklärung.[70] Auf die Berufung kann auch noch nach ihrer Einlegung verzichtet werden. Ein gegenüber dem Gericht erklärter Berufungsverzicht führt zur Verwerfung der Berufung von Amts wegen. Ist der Verzicht (nur) dem Gegner gegenüber erklärt, muss dieser eine entsprechende Einrede erheben, um die Verwerfung der Berufung als unzulässig zu erreichen.[71] Anders als bei der Berufungsrücknahme wird auf das Rechtsmittel überhaupt verzichtet, eine erneute Einlegung (etwa bei noch nicht abgelaufener Einlegungsfrist, § 66 Abs. 1 S. 1) ist nicht möglich. Die Anschließung bleibt jedoch statthaft (§ 524 Abs. 2 S. 1 ZPO).

IV. Berufungsrücknahme

48 Auf die Berufungsrücknahme findet § 516 ZPO entsprechende Anwendung.

Zivilprozessordnung vom 30.1.1877, RGBl I S. 83, BGBl III 310-4, in der Fassung der Bekanntmachung vom 5.12.2005, BGBl I S. 3202, zuletzt geändert durch Gesetz zur Änderung des Wohnungseigentumsgesetzes und anderer Gesetze vom 26.3.2007, BGBl I S. 370, 376.

ZPO § 516 – Zurücknahme der Berufung
(1) Der Berufungskläger kann die Berufung bis zur Verkündung des Berufungsurteils zurücknehmen.
(2) [1]Die Zurücknahme ist dem Gericht gegenüber zu erklären. [2]Sie erfolgt, wenn sie nicht bei der mündlichen Verhandlung erklärt wird, durch Einreichung eines Schriftsatzes.
(3) [1]Die Zurücknahme hat den Verlust des eingelegten Rechtsmittels und die Verpflichtung zur Folge, die durch das Rechtsmittel entstandenen Kosten zu tragen. [2]Diese Wirkungen sind durch Beschluss auszusprechen.

49 Die Voraussetzungen für die Rücknahme der Berufung sind durch § 516 ZPO in der seit 1.1.2002 gültigen Fassung geändert worden. Nunmehr kann die Berufung, ohne dass die Einwilligung des Berufungsbeklagten erforderlich wäre, bis zur Verkündung des Berufungsurteils zurückgenommen werden. Damit verliert der Rechtsmittelkläger das eingelegte Rechtsmittel, außerdem muss er die durch die Berufung entstandenen Kosten tragen (§ 516 Abs. 3 S. 1 ZPO). Ohne dass es eines Antrags bedürfte, müssen diese Folgen der Berufungsrücknahme vom LAG von Amts wegen durch Beschluss ausgesprochen werden.

50 Falls nicht gleichzeitig mit der Berufungsrücknahme ein Berufungsverzicht erklärt wurde, kann innerhalb der noch laufenden Berufungsfrist erneut Berufung eingelegt werden. Ist die Berufungsfrist dagegen abgelaufen, wird mit der Berufungsrücknahme das erstinstanzliche Urteil rechtskräftig. Das unterscheidet die Berufungsrücknahme in der

---

66 BAG 14.5.1976 – 2 AZR 539/75 – BAGE 28,107.
67 BGH 17.12.1951 – GSZ 2/51 – BGHZ 4, 229, 233 ff.
68 BAG 16.11.2005 – 3 AZB 3/04 – n.v.
69 BGH 28.3.1989 – VI ZB 246/88 – AP § 514 ZPO Nr. 4.
70 BGH 6.3.1985 – VIII ZR 123/84 – AP § 514 ZPO Nr. 3.
71 BGH 28.3.1989 – VI ZB 246/88 – AP § 514 ZPO Nr. 4.

Wirkung von der Klagerücknahme, die – mit Einwilligung des Beklagten – auch in der Rechtsmittelinstanz noch möglich ist (§ 269 ZPO). Eine wirksame Klagerücknahme beseitigt die Rechtshängigkeit ex tunc, das erstinstanzliche Urteil des ArbG wird wirkungslos, ohne dass es einer ausdrücklichen Aufhebung bedarf (§ 269 Abs. 3 S. 1 ZPO).

V. Unstatthafte Berufung
Eine unstatthafte oder aus anderen Gründen unzulässige Berufung ist als unzulässig zu verwerfen, § 66 Abs. 2 S. 2 i.V.m. § 522 Abs. 1 ZPO (vgl. § 66 Rn 26 ff.). **51**

VI. Anwendbare ZPO-Vorschriften (Abs. 6)
Gem. Abs. 6 sind auf das arbeitsgerichtliche Berufungsverfahren grds. die Vorschriften der ZPO über die Berufung entsprechend anzuwenden. Dies gilt nicht **52**
– für die ZPO-Vorschriften über das Verfahren vor dem Einzelrichter (§ 526 ZPO) und
– soweit das ArbGG Abweichendes bestimmt.

Damit gewinnen neben den bereits erläuterten ZPO-Bestimmungen die Vorschriften über die Berufungseinleitung und -begründung besondere Bedeutung, die wegen des Sachzusammenhangs bei § 66 erläutert werden. **53**

VII. Verfahrensgang (Abs. 7)
Grds. erfolgt die Überprüfung der arbeitsgerichtlichen Urteile nicht nur in rechtlicher, sondern auch in tatsächlicher Hinsicht. Daher kann auch in der Berufungsinstanz bis zum Schluss der mündlichen Verhandlung Sachvortrag erfolgen. Allerdings schränkt § 67 diese Möglichkeit erheblich ein. Insb. können bereits erstinstanzlich zu Recht zurückgewiesene Angriffs- und Verteidigungsmittel auch in der zweiten Instanz nicht mehr herangezogen werden. **54**

Anders als im ersten Rechtszug besteht vor dem LAG Vertretungszwang. Vertretungsberechtigt sind RA und Vertreter von Gewerkschaften oder von Vereinigungen von AG oder von Zusammenschlüssen solcher Verbände, die kraft Satzung oder Vollmacht zur Vertretung befugt sind (§ 11 Abs. 4 i.V.m. Abs. 2 S. 2 Nr. 4). Die Naturpartei kann sich also vor dem LAG nicht selbst vertreten, jedoch kann sie die Prozesshandlungen selbst vornehmen, die zu Protokoll der Geschäftsstelle erklärt werden können, z.B. Ablehnungsgesuche (§ 49 Abs. 1), PKH-Anträge (§ 117 Abs. 1 ZPO) oder Einspruch gegen ein Versäumnisurteil (§ 59 S. 2). Im weiteren Verfahren wird eine Partei ohne postulationsfähigen Prozessbevollmächtigten als säumig behandelt. **55**

In Abs. 7 sind diejenigen Vorschriften des erstinstanzlichen Verfahrens abschließend aufgezählt, die auch im Verfahren vor dem LAG Anwendung finden. Es gelten folgende Besonderheiten: **56**

1. Ablehnung von Gerichtspersonen. § 49 Abs. 1 und 3 gelten entsprechend. Im Falle der Beschlussunfähigkeit des LAG entscheidet der nach der Geschäftsverteilung zuständige Senat des BAG in voller Besetzung.[72] **57**

2. Schriftliches Verfahren. § 46 Abs. 2 S. 2, der die Anwendung von § 128 Abs. 2 ZPO für das Verfahren vor den ArbG ausschließt, wird durch Abs. 7 für das Berufungsverfahren nicht in Bezug genommen. Daher kann vor dem LAG mit Einverständnis der Prozessbevollmächtigten eine Entscheidung ohne mündliche Verhandlung ergehen. Dies gilt regelmäßig Entscheidungen der Kammer, Alleinentscheidungen durch den Vorsitzenden kommen nur im Rahmen des § 55 Abs. 1 Nr. 1 bis 9 in Betracht. Durch das SGGArbGG-Änderungsgesetz sind zum 1.4.2008 zwei neue Fälle der Alleinentscheidungsbefugnis des Kammervorsitzenden auch im Berufungsverfahren bedeutsam geworden: Einmal die Befugnis nach § 55 Abs. 1 Nr. 4a, unzulässige Einsprüche gegen ein Versäumnisurteil zu verwerfen. Damit wird die Schwierigkeit behoben, dass § 341 Abs. 2 ZPO zwar in diesem Fall ein Urteil ohne mündliche Verhandlung erlaubt, § 53 Abs. 1 S. 1 dem Vorsitzenden allein aber nur Beschlüsse und Verfügungen erlaubt. Gesetzlicher Richter i.S.d. Art. 101 Abs. 1 S. 2 GG ist in diesen Fällen nunmehr der Vorsitzende allein. Das gilt auch für die weitere Neuregelung in § 55 Abs. 1 Nr. 9, in dem die Kompetenz für den Kammervorsitzenden eingeräumt wird, allein über die noch offene Kostenfrage zu entscheiden. Wegen § 308 Abs. 2 ZPO war bei vorangegangenem Teilurteil bislang nur mit der ganzen Kammer das Kostenschlussurteil in die Welt zu bringen. **58**

Für die sachliche und rechtliche Prüfung und Entscheidung eines Rechtsstreits ist grds. die Kammer zuständig, nur bei den im Rahmen der Prozessvorbereitung und Prozessleitung erforderlichen Maßnahmen handelt der Vorsitzende allein.

3. Persönliches Erscheinen der Parteien. Entsprechend § 51 Abs. 1 kann auch im Berufungsrechtszug das persönliche Erscheinen der Parteien angeordnet werden. Da aber Abs. 7 nicht auch auf § 51 Abs. 2 verweist, muss ein Prozessbevollmächtigter immer zugelassen werden, auch wenn die Partei der Anordnung des persönlichen Erscheinens ohne Begründung nicht gefolgt ist. **59**

---

[72] BAG 7.2.1968 – 5 AR 43/68 – AP § 41 ZPO Nr. 3; *Germelmann u.a.*, § 64 Rn 88.

60 **4. Beweisaufnahme.** § 58 gilt nach Abs. 7 auch im Berufungsverfahren. Es steht im Ermessen des LAG, ob es eine erstinstanzliche Beweisaufnahme wiederholt oder die im zweiten Rechtszug fortwirkende erstinstanzliche Beweisaufnahme gelten lassen will. Regelmäßig wird eine Wiederholung in Betracht zu ziehen sein, wenn es auf den persönlichen Eindruck von dem Zeugen oder SV ankommt oder wenn das Berufungsgericht eine Beeidigung (§ 391 ZPO) für erforderlich hält. Allerdings muss ein im ersten Rechtszug gehörter Zeuge unter allen Umständen erneut vernommen werden, wenn das LAG dessen Glaubwürdigkeit anders als das ArbG beurteilen will.[73]

61 **5. Säumnisverfahren.** Da Abs. 7 auf § 59 verweist, beträgt die Einspruchsfrist gegen ein Versäumnisurteil auch beim LAG nur eine Woche. Fehler im Säumnisverfahren führen regelmäßig zur Aufhebung des Berufungsurteils bei zugelassener Revision und zur Zurückverweisung.[74]

61a **6. Einstellung der Zwangsvollstreckung.** Nach wie vor verweist Abs. 7 auch auf § 62. Dieser hat aber mit der Arbeitsgerichtsgesetzreform zum 1.4.2008 eine wichtige Klarstellung erfahren. Nach § 62 Abs. 1 S. 4 und S. 5 n.F. erfolgt die Einstellung der Zwangsvollstreckung nach Berufungseinlegung (§ 719 Abs. 1 ZPO) ohne Sicherheitsleistung. Der Beschluss ist unanfechtbar. Voraussetzung ist wie im ersten Rechtszug, dass der Beklagte glaubhaft macht, die Vollstreckung würde ihm einen nicht zu ersetzenden Nachteil bringen. Auch in der Berufungsinstanz ist § 62 nur in den Fällen der §§ 707, 719 ZPO anzuwenden.

VIII. Beschleunigung in Bestandsschutzstreitigkeiten (Abs. 8)

62 In Abs. 8 ist zwingend vorgeschrieben, Berufungen über das Bestehen, das Nichtbestehen oder die Künd eines Arbverh vorrangig zu erledigen. Jedoch findet § 61a im Berufungsverfahren keine Anwendung. Es steht daher im Ermessen des Gerichts, wie es seine besondere Beschleunigungspflicht bei diesen Streitgegenständen erfüllt. An die Nichtbeachtung knüpft der Gesetzgeber trotz der zwingenden Formulierung in Abs. 8 keine prozessualen Konsequenzen.

C. Besondere Problemlagen

63 Wie die Ausführungen zur Statthaftigkeit der Berufung (siehe Rn 7 ff.) zeigen, eröffnet das ArbGG den Zugang zu einer zweiten Tatsacheninstanz nahezu unbeschränkt. Die Zugangsvoraussetzungen sind transparent gestaltet, ihr Vorliegen ist prognostizierbar.[75] Das gilt nicht nur für die nicht zulassungsbedürftigen Bestandsstreitigkeiten, die immerhin über 73 % aller anhängigen Klagen ausmachen. Die gesetzgeberische Entscheidung, keine Nichtzulassungsbeschwerde im zweiten Rechtszug vorzusehen, ist daher grds. richtig. Gleichwohl kommt es in seltenen Ausnahmefällen zu einem misslichen Ergebnis mit Korrekturbedarf (zur versehentlich fehlenden Zulassungsentscheidung siehe Rn 23).

64 Bei der getroffenen Entscheidung gegen eine Berufungszulassung hat das ArbG offensichtlich den Katalog der Zulassungsgründe des Abs. 3 verkannt, was insb. bei den Nr. 2b und 3 in Informationsdefiziten begründet sein kann. Eine Nichtzulassungsbeschwerde zum LAG ist gesetzlich nicht vorgesehen und müsste als unzulässig verworfen werden. Die früher in „krassen Ausnahmefällen wegen greifbarer Gesetzwidrigkeit" als zulässig angesehene „außerordentliche Beschwerde"[76] ist nach der Plenumsentscheidung des BVerfG wegen Verstoßes gegen das Rechtsstaatsprinzip i.V.m. dem allg. Justizgewährungsanspruch verfassungswidrig.[77]

65 Jedenfalls seit dem Anhörungsrügengesetz lehnen alle Entscheidungen des BAG dieses Instrument als unzulässig ab.[78] In dieser Situation könnte eine Gehörsrüge nach § 78a nahe liegen, die beim ArbG zu erheben ist. Dem stehen allerdings zwei gewichtige Argumente entgegen: zum einen umfasst das Grundrecht auf rechtliches Gehör grds. keinen Instanzenzug.[79] Zum anderen „beruht" die von Amts wegen zu treffende Entscheidung des ArbG zur Zulassung der Berufung nicht auf einer Gehörsverletzung, sondern schlicht auf einem Fehler, für den eine Selbstkorrektur nicht vorgesehen ist. Setzt das ArbG gleichwohl das Verfahren nach § 78a Abs. 5 fort mit dem Ergebnis einer inhaltlich gleichen Entscheidung, nunmehr aber mit Zulassung der Berufung, so hat das LAG ungeachtet § 78a Abs. 4 über deren Statthaftigkeit zu befinden. Im Hinblick auf das Verhältnis Kostenrisiko zu geringem Wert der Beschwer (unter 600 EUR) ist daher von solchen Versuchen praeter legem Abstand zu nehmen.

66 Dagegen ist der Weg über die Anhörungsrüge nach § 78a zu beschreiten, wenn das ArbG unter Verstoß gegen § 301 ZPO einen eigentlich berufungsfähigen Beschwerdewert in mehreren „Teilurteilen" bescheidet, um eine Berufung nachgerade zu verhindern. Dieses glücklicherweise sehr seltene Vorgehen bedeutet regelmäßig den Erlass von Überraschungsentscheidungen, mit denen ein gewissenhafter und kundiger Prozessbeobachter nicht rechnen muss.[80] We-

---

[73] BAG 26.9.1989 – 3 AZR 375/89 – AP § 398 ZPO Nr. 3.
[74] BAG 1.12.2004 – 5 AZR 121/04 – n.v.; 18.8.2004 – 5 AZR 623/03 – BAGE 111, 326.
[75] Schmidt, in: FS zum 25-jährigen Bestehen ARGE Arbeitsrecht im DAV, 2006, S. 415.
[76] BAG 19.6.2002 – 2 AZB 9/02 – AuR 2002, 470.
[77] BVerfG 30.4.2003 – 1 PbvU 1/02 – BVerfGE 107, 395.
[78] BAG 8.8.2005 – 5 AZB 31/05 – AP § 78a ArbGG 1979 Nr. 1; BGH 7.3.2002 – IX ZB 11/02 – BGHZ 150, 133; BFH 12.12.2002 – V B 185/02 – BFHE 200,46; BVerwG 16.5.2002 – 6 B 28/02 – NJW 2002, 2657.
[79] BVerfG 28.3.1985 – 1 BvR 245/85 – HFR 1986, 597.
[80] BVerfG 29.5.1991 – 1 BvR 1383/90 – BVerfGE 84, 188; 12.6.2003 – 1 BvR 2285/02 – NJW 2003, 2524.

gen der Subsidiarität der Verfassungsbeschwerde (§ 90 Abs. 2 BVerfGG) muss in solchen Fällen sogar zunächst die Rüge des § 78a erhoben werden.

D. Beraterhinweise

I. Kosten

§ 91 ZPO gilt im Berufungsverfahren vor den ArbG uneingeschränkt. § 12a Abs. 1 S. 1 gilt nur für das Urteilsverfahren des ersten Rechtszuges. Ein Hinweis an die Partei nach § 12a Abs. 1 S. 2 muss daher nicht gegeben werden. Allerdings ist auf das veränderte Kostenrisiko hinzuweisen, wenn schon erstinstanzlich vertreten und entsprechend belehrt worden war. Dann sollte auch die Regelung des § 12a Abs. 2 S. 1 erwähnt werden. 67

II. Prozesskostenhilfe

Gem. § 11a Abs. 3 gelten die Vorschriften der ZPO über die PKH im Verfahren vor den Gerichten in Arbeitssachen, also auch im Berufungsverfahren vor dem LAG, entsprechend. Die PKH muss in jedem Rechtszug gesondert bewilligt werden (§ 119 Abs. 1 S. 1 ZPO), wobei die Erfolgsaussichten einer vor dem ArbG erfolgreichen Partei nicht zu prüfen sind (§ 119 Abs. 1 S. 2 ZPO). Die durch den Vorsitzenden des Arbeitsgerichts mögliche Beiordnung eines RA nach § 11a Abs. 1 S. 1 ist im Verfahren vor dem LAG nicht möglich. Jedoch kann innerhalb der Berufungsfrist zunächst nur ein Antrag auf Bewilligung der PKH gestellt werden. Bei einem derart vorgeschalteten Verfahren zur Bewilligung der PKH wird regelmäßig einem Antrag auf Wiedereinsetzung in den vorigen Stand (§§ 233 ff. ZPO) wegen Versäumung der Berufungseinlegungsfrist stattzugeben sein.[81] 68

Auch ein Notanwalt nach § 78b ZPO kann nicht beigeordnet werden. Voraussetzung dafür wäre der Anwaltsprozess i.S.d. § 78 ZPO. Im Berufungsrechtszug des arbeitsgerichtlichen Verfahrens herrscht aber nur ein Vertretungs-, kein Anwaltszwang.[82] Das gilt umso mehr, als mit der Verfahrensreform zum 1.4.2008 in § 11 Abs. 4 die Vertretungsmöglichkeiten in den Rechtsmittelinstanzen noch erweitert worden sind. Außerdem dürfte nach dem Fall der örtlichen Zulassungsbeschränkung für Rechtsanwälte – die im arbeitsgerichtlichen Verfahren nie bestanden hat – im zivil- wie im arbeitsgerichtlichen Verfahren gleichermaßen kaum mehr nachzuweisen sein, einen zur Vertretung bereiten Rechtsanwalt nicht gefunden zu haben.

III. Erfolgsaussichten

Vorsicht ist bei Berufungen geboten, die allein auf die Hoffnung hin eingelegt werden, das LAG könne „es anders sehen" (häufige Fehlannahme hinsichtlich der gebotenen umfassenden Interessenabwägung in Bestandsstreitigkeiten). Wegen der bekannt hohen Belastung der Arbeitsgerichtsbarkeit ist die Neigung der Berufungskammern gering, fehlerhafte Ermessensausübung der ersten Instanz zu bejahen. Es sollten also mit der Berufungsbegründung entweder klare Rechtsfehler dargestellt oder neue, nicht durch § 67 gesperrte Tatsachen vorgetragen werden können. Andernfalls ist einem Mandanten (nachweisbar!) abzuraten. 69

§ 65   Beschränkung der Berufung

Das Berufungsgericht prüft nicht, ob der beschrittene Rechtsweg und die Verfahrensart zulässig sind und ob bei der Berufung der ehrenamtlichen Richter Verfahrensmängel unterlaufen sind oder Umstände vorgelegen haben, die die Berufung eines ehrenamtlichen Richters zu seinem Amte ausschließen.

Literatur: *Kissel*, Die neuen §§ 17–17b GVG in der Arbeitsgerichtsbarkeit, NZA 1995, 345; *Zwanziger*, Probleme der Neuregelung des Verweisungsrechts im arbeitsgerichtlichen Verfahren, DB 1991, 2239

A. Allgemeines	1	II. Ausnahmen vom Prüfungsverbot	7
B. Regelungsgehalt	2	III. Verstoß des Berufungsgerichts gegen das Prüfungsverbot	10
I. Die beschränkte Prüfungskompetenz des Landesarbeitsgerichts	2	C. Beraterhinweise	11

A. Allgemeines

Sinn der mehrfach geänderten, systematisch falsch platzierten Gesetzesbestimmung ist es, die rechtliche Prüfungskompetenz des Berufungsgerichts zu beschränken. Grds. wird mit dem arbeitsgerichtlichen Berufungsverfahren eine volle Überprüfung des erstinstanzlichen Urteils in tatsächlicher und rechtlicher Hinsicht eröffnet. Während § 67 die 1

---

81 BGH 4.5.1994 – XII ZB 21/94 – AP § 518 ZPO Nr. 65.   82 Zur Unterscheidung *Zöller*, § 78 Rn 1a.

Ausnahmen von diesem Grundsatz in tatsächlicher Hinsicht normiert, beschränkt § 65 den Umfang der rechtlichen Prüfung durch das LAG. Alles, was Gegenstand eines Vorabentscheidungsverfahrens sein konnte oder ausdrücklich der Alleinentscheidungskompetenz des ArbG zugewiesen war, soll nicht mehr der rechtlichen Prüfung durch das LAG unterliegen. Dabei hat insb. das VwGO-ÄndG vom 17.12.1990[1] mit der Neuregelung der Rechtsweg-Zulässigkeit (§§ 17 ff. GVG) beschleunigend und entlastend gewirkt.

B. Regelungsgehalt

I. Die beschränkte Prüfungskompetenz des Landesarbeitsgerichts

2 Der Rechtsweg zu den ArbG ist Gegenstand des Vorabentscheidungsverfahrens nach § 48 i.V.m. §§ 17 ff. GVG. Im Berufungsverfahren über die Hauptsache soll daher nicht erneut die Rechtswegzulässigkeit überprüft werden. § 65 wiederholt und ergänzt die bereits in § 17a Abs. 5 GVG getroffene gesetzgeberische Entscheidung. Auch wenn das ArbG stillschweigend den Rechtsweg durch Erlass eines Urteils bejaht hat, ist das LAG gem. § 17a Abs. 5 GVG, § 65 gehindert, die Zulässigkeit des beschrittenen Rechtsweges zu prüfen.[2]

3 Die Frage der sachlichen Zuständigkeit prüft das Berufungsgericht schon deswegen nicht, weil eine auf diese Rüge gestützte Berufung unzulässig wäre (§ 513 Abs. 2 ZPO). Allerdings ist das Verhältnis zwischen der Arbeitsgerichtsbarkeit und der ordentlichen Gerichtsbarkeit seit dem 4. VwGO-ÄndG keine Frage der sachlichen Zuständigkeit mehr, sondern eine Frage der Zulässigkeit des Rechtsweges.[3] Durch das Verfahren des § 48 Abs. 1 i.V.m. §§ 17 ff. GVG wird geklärt, welcher der gleichwertigen Rechtswege zulässig ist.

4 Das Berufungsgericht setzt sich weiter nicht mit der Frage auseinander, ob das ArbG zu Recht seine örtliche Zuständigkeit angenommen hat, da Beschlüsse entsprechend § 17a Abs. 2 und 3 GVG über die örtliche Zuständigkeit unanfechtbar sind, § 48 Abs. 1 Nr. 1.

5 Seit dem 4. VwGO-ÄndG ist die Frage der richtigen Verfahrensart (Urteils- oder Beschlussverfahren) nicht mehr Gegenstand des Rechtsmittelverfahrens. Durch § 48 Abs. 1 ist auch die Überleitung in die richtige Verfahrensart den Regeln der §§ 17 bis 17b GVG unterworfen worden. Diese Frage soll also zu einem möglichst frühen Zeitpunkt geklärt und ggf. vom LAG im Beschwerdewege vorab entschieden werden.

6 Als Berufungsgericht prüft das LAG weiter nicht, ob bei der Berufung der ehrenamtlichen Richter Verfahrensmängel unterlaufen sind (§ 20), oder ob Umstände vorgelegen haben, die die Berufung eines ehrenamtlichen Richters zu seinem Amt ausschließen (§§ 21 bis 23). Dabei geht es nur um die Vorgänge, bis der ehrenamtliche Richter berufen ist, d.h. um Fehler der zuständigen oder beauftragten obersten Landesbehörde (§ 20 Abs. 1).

II. Ausnahmen vom Prüfungsverbot

7 Die Prüfungsbeschränkungen gelten nur, soweit die Fragen überhaupt schon Gegenstand der erstinstanzlichen Entscheidung sein konnten. Bei Klageerweiterung, Klageänderung, Aufrechnung oder Widerklage (§ 533 ZPO) in der Rechtsmittelinstanz kann das Berufungsgericht vollumfänglich überprüfen, ob der Rechtsweg gegeben ist, die Gerichte für Arbeitssachen sachlich zuständig sind und ob insoweit die richtige Verfahrensart gewählt wurde.

8 Eine Ausnahme vom Prüfungsverbot ist weiter dann zu bejahen, wenn das ArbG die Verfahrensregeln des § 48 i.V.m. §§ 17 ff. GVG fehlerhaft oder gar nicht angewendet hat. Hat das ArbG über die Zulässigkeit des Rechtsweges trotz entsprechender Rüge nicht durch Beschluss vorab entschieden, so kann die Berufung ausnahmsweise auf den nicht gegebenen Rechtsweg gestützt werden.[4] Durch das fehlerhafte Vorgehen des ArbG darf den Parteien kein prozessualer Vor- oder Nachteil entstehen. Nach der Meistbegünstigungsregel steht der beschwerten Partei deswegen sowohl das bei korrektem Verfahren gegebene Rechtsmittel der sofortigen Beschwerde als auch das aufgrund des Verfahrensfehlers gegebene Rechtsmittel der Berufung zur Verfügung. Die Entscheidung des LAG ergeht dann durch Beschluss, d.h. die Berufung wird als Beschwerde behandelt und das LAG hat § 17a GVG zu beachten. Bejaht das LAG die Zulässigkeit des Rechtsweges durch Beschluss und lässt es hiergegen gem. § 17a Abs. 4 S. 4 und 5 GVG, § 78 S. 2 die weitere Beschwerde zu, muss es das Verfahren bis zur Entscheidung hierüber aussetzen. Ohne die Zulassung einer weiteren Beschwerde kann es in der Hauptsache durch Urteil entscheiden. Hält das LAG den beschrittenen Rechtsweg dagegen für nicht zulässig, so verweist es durch Beschluss unter Abänderung des arbeitsgerichtlichen Urteils den Rechtsstreit an das zuständige Gericht. Lässt es hiergegen keine weitere Beschwerde zu, so bindet der Beschluss das Gericht, an das verwiesen wurde, hinsichtlich des Rechtsweges.[5]

Entsprechendes gilt, wenn das ArbG trotz entsprechender Rüge fehlerhaft nicht vorab über die richtige Verfahrensart entschieden hat, § 48 Abs. 1 i.V.m. §§ 17 ff. GVG.

---

1 BGBl I S. 2809.
2 BAG 9.7.1996 – 5 AZB 6/96 – AP § 17a GVG Nr. 24; EzA § 65 ArbGG 1979 Nr. 3.BAG 14.12.1998 – 5 AS 8/98 – AP § 17a GVG Nr. 38; EzA § 65 ArbGG 1979 Nr. 4.BAG 8.6.1999 – 3 AZR 136/98 – BAGE 92, 1.
3 BAG 26.3.1992 – 2 AZR 443/91 – AP § 48 ArbGG 1979 Nr. 7.
4 BAG 21.5.1999 – 5 AZB 31/98 – AP § 611 BGB Nr. 1 zu Zeitungsverlage.
5 BAG 28.2.1995 – 5 AZB 24/94 – AP § 17a GVG Nr. 17.

Hat dagegen das ArbG versäumt, über die gerügte örtliche Zuständigkeit in einem besonderen Verfahren zu entscheiden, so bleibt es bei der Prüfungssperre des § 513 Abs. 2 ZPO. Denn das LAG hätte auch bei einem ordnungsgemäßen Beschluss des ArbG keine Überprüfungsmöglichkeit gehabt.[6]

Liegen solche Verfahrensmängel vor, die das Berufungsgericht zur Prüfung entgegen dem Verbot des § 65 zwingen, darf gleichwohl der Rechtsstreit nicht wegen Verfahrensmängeln zurückverwiesen werden (§ 68).

III. Verstoß des Berufungsgerichts gegen das Prüfungsverbot

Prüft das LAG, ohne dass eine der unter II. aufgezählten Ausnahmen vom Prüfungsverbot vorläge, die Zulässigkeit des Rechtsweges, die Wahl der richtigen Verfahrensart, die Berufung der ehrenamtlichen Richter etc. und beruht seine Entscheidung auf dieser unzulässigen Prüfung, so leidet das Berufungsverfahren an einem wesentlichen Mangel. Auf eine entsprechende Rüge kann die Entscheidung des LAG in der dritten Instanz aufgehoben werden. Außerdem ist im Falle der verfahrensfehlerhaften Verweisung das Gericht, an das der Rechtsstreit fälschlicherweise verwiesen wurde, nicht nach § 17a Abs. 1 GVG an die Entscheidung gebunden. Vielmehr kann das verwiesene Gericht nochmals im Rahmen des § 48 i.V.m. § 17a GVG eine Entscheidung treffen.

C. Beraterhinweise

Nach der Berufung eines ehrenamtlichen Richters in sein Amt liegende Vorgänge können zum Gegenstand des Berufungsverfahrens gemacht werden. Die Berufung kann z.B. darauf gestützt werden, das ArbG sei nicht ordnungsgemäß besetzt gewesen[7] oder es sei ein ehrenamtlicher Richter unter Abweichung von der nach § 31 aufgestellten Liste zu den Sitzungen hinzugezogen worden. Auch die Mitwirkung eines zuvor erfolgreich abgelehnten oder eines kraft Gesetzes ausgeschlossenen (§ 41 ZPO) ehrenamtlichen Richters kann die Berufung begründen, indes sind dies alles Fragen der ordnungsgemäßen Besetzung des erstinstanzlichen Gerichts, nicht der „Berufung des ehrenamtlichen Richters".

---

§ 66 Einlegung der Berufung, Terminbestimmung

(1) ¹Die Frist für die Einlegung der Berufung beträgt einen Monat, die Frist für die Begründung der Berufung zwei Monate. ²Beide Fristen beginnen mit der Zustellung des in vollständiger Form abgefassten Urteils, spätestens aber mit Ablauf von fünf Monaten nach der Verkündung. ³Die Berufung muß innerhalb einer Frist von einem Monat nach Zustellung der Berufungsbegründung beantwortet werden. ⁴Mit der Zustellung der Berufungsbegründung ist der Berufungsbeklagte auf die Frist für die Berufungsbeantwortung hinzuweisen. ⁵Die Fristen zur Begründung der Berufung und zur Berufungsbeantwortung können vom Vorsitzenden einmal auf Antrag verlängert werden, wenn nach seiner freien Überzeugung der Rechtsstreit durch die Verlängerung nicht verzögert wird oder wenn die Partei erhebliche Gründe darlegt.

(2) ¹Die Bestimmung des Termins zur mündlichen Verhandlung muss unverzüglich erfolgen. ²§ 522 Abs. 1 der Zivilprozessordnung bleibt unberührt; die Verwerfung der Berufung ohne mündliche Verhandlung ergeht durch Beschluss des Vorsitzenden. ³§ 522 Abs. 2 und 3 der Zivilprozessordnung findet keine Anwendung.

Literatur: *Bertzbach*, Berufungsfrist bei nicht zugestelltem Urteil, jurisPR-ArbR 5/2005 Anm. 1; *Bram*, Häufige Fehler bei der Einlegung und Begründung von Berufung und Beschwerde, FA 2005, 226–228; *Gravenhorst*, Berufungsbegründung bei nur verkündetem, aber nicht abgesetzten Urteil, jurisPR-ArbR 20/2006 Anm. 3; *Löhnig*, Fristen im Berufungsverfahren und Prozesskostenhilfe – eine Bestandsaufnahme nach Inkrafttreten des Justizmodernisierungsgesetzes, MDR 2005, 578

A. Allgemeines	1	IV. Berufungsbegründung	16
B. Regelungsgehalt	2	V. Berufungsbeantwortung	22
I. Berufungseinlegung	2	VI. Terminbestimmung	25
II. Berufungsfrist	6	VII. Unstatthafte Berufung	26
III. Frist zur Berufungsbegründung	12	C. Beraterhinweise	29

A. Allgemeines

Mit der Bestimmung von Fristen für die Berufungseinlegung und -begründung werden nach der Statthaftigkeit (§ 64) durch § 66 weitere, wichtige Zulässigkeitsvoraussetzungen geregelt. Dabei sind die Fristen des arbeitsgerichtlichen Verfahrens nur im Wesentlichen, aber nicht durchgängig den Fristen der ZPO entsprechend gestaltet. Die Vorschrift gilt entsprechend für das Beschwerdeverfahren im Beschlussverfahren (§ 87 Abs. 2 S. 1).

---

[6] BAG 5.9.1995 – 9 AZR 533/94 – BAGE 81, 1.
[7] BVerfG 9.6.1971 – 2 BvR 114,127/71 – BVerfGE 31, 181.

B. Regelungsgehalt
I. Berufungseinlegung

2 Nach § 64 Abs. 6 i.V.m. § 519 Abs. 1 ZPO wird die Berufung durch Einreichung einer Berufungsschrift beim zuständigen LAG eingelegt. Ist die Berufungsschrift an das ArbG adressiert oder wird sie dort versehentlich eingeworfen, so ist die Berufung erst mit tatsächlichem Eingang beim LAG eingelegt.[1] Das ArbG hat die Berufung zwar weiterzuleiten,[2] jedoch trägt der Berufungsführer grds. das Verzögerungsrisiko. Außenkammern eines LAG sind Teile desselben, sodass die Einreichung bei diesen genügt.[3]

3 Als bestimmender Schriftsatz muss die Berufungsschrift durch einen RA oder einen zugelassenen Prozessvertreter (vgl. § 11 Abs. 4) eigenhändig unterschrieben sein. Die Unterzeichnung mit einer Paraphe oder die Verwendung eines Faksimilestempels reicht nicht. Dies bleibt auch in Anbetracht zulässiger neuer Übermittlungstechniken (vgl. §§ 130 ff. ZPO) ein zwingendes Erfordernis.[4] Ist die Berufungsschrift versehentlich nicht unterschrieben worden, so reichen die voll unterschriebenen Beglaubigungsvermerke auf gleichzeitig eingereichen Abschriften.

4 Die Berufung kann auch telegrafisch, per Telefax oder in elektronischer Form eingelegt werden. Bei der Telegrafie muss der Verfasser jedoch eindeutig zu erkennen sein.[5] Bei Einlegung mittels Telefax ist die Berufung erst dann beim LAG eingegangen, wenn die Signale vom Faxgerät des Gerichts vollständig aufgezeichnet worden sind. Geht aus dem Protokoll hervor, dass die Unterschrift erst nach Ablauf der Berufungsfrist übermittelt wurde, ist die Berufung unzulässig. Jedoch braucht sich der Absender Fehler in der Technik des Gerichts nicht zurechnen zu lassen,[6] auch kommt es nicht darauf an, wann der Schriftsatz ausgedruckt oder tatsächlich zur Geschäftsstelle gelangt ist.[7] Bei Übermittlung als elektronisches Dokument bedarf es einer elektronischen Signatur nach dem SigG (§ 130a ZPO), wobei es auch hier auf die Aufzeichnung ankommt (§ 130a Abs. 3 ZPO).

Der Inhalt der Berufungsschrift richtet sich nach § 519 ZPO.

Zivilprozessordnung vom 30.1.1877, RGBl I S. 83, BGBl III 310-4, in der Fassung der Bekanntmachung vom 5.12.2005, BGBl I S. 3202, zuletzt geändert durch Gesetz zur Änderung des Wohnungseigentumgesetzes und anderer Gesetze vom 26.3.2007, BGBl I S. 370, 376.

ZPO § 519 – Berufungsschrift
(1) Die Berufung wird durch Einreichung der Berufungsschrift bei dem Berufungsgericht eingelegt.
(2) Die Berufungsschrift muss enthalten:
1. die Bezeichnung des Urteils, gegen das die Berufung gerichtet wird;
2. die Erklärung, dass gegen dieses Urteil Berufung eingelegt werde.

(3) Mit der Berufungsschrift soll eine Ausfertigung oder beglaubigte Abschrift des angefochtenen Urteils vorgelegt werden.
(4) Die allgemeinen Vorschriften über die vorbereitenden Schriftsätze sind auch auf die Berufungsschrift anzuwenden.

5 Über die notwendigen Inhalte nach § 519 Abs. 2 ZPO i.V.m. § 64 Abs. 6 hinaus muss die Berufungsschrift in jedem Fall die Angabe enthalten, für wen und gegen wen die Berufung eingelegt wird.[8] Die Geschäftsstelle des LAG muss innerhalb der Berufungsfrist diese Angaben zur Berufung erkennen können. Muss sie unverzichtbare Angaben erst recherchieren, so trägt das Risiko der damit verbundenen Verzögerung der Berufungsführer. Deswegen sollte nach § 519 Abs. 3 ZPO immer das angegriffene Urteil beigefügt werden, da sich aus ihm evtl. fehlende Angaben fristwahrend ergeben können.[9] Die ladungsfähige Anschrift des Berufungsbeklagten oder seines Prozessbevollmächtigten ist nicht erforderlich.[10] Lässt die Berufungsschrift bis Ablauf der Berufungsfrist nicht erkennen, wer Berufungskläger ist, so ist die Berufung unzulässig.[11]

Mehrere innerhalb der Berufungsfrist eingehende Berufungen (häufig per Fax und sodann im Original) werden als einheitliche Berufungseinlegung behandelt.

II. Berufungsfrist

6 Gem. Abs. 1 S. 1 Hs. 1 beträgt die Frist zur Berufungseinlegung einen Monat. Die Frist beginnt mit der Zustellung des in vollständiger Form abgefassten Urteils, spätestens aber mit Ablauf von fünf Monaten nach der Verkündung (Abs. 1

---

1 BAG 29.4.1986 – 7 AZB 6/85 – BAGE 52, 19.
2 BVerfG 20.6.1995 – 1 BvR 166/93 – BVerfGE 93, 99.
3 BAG 23.9.1981 – 5 AZR 603/79 – AP § 64 ArbGG 1979 Nr. 2.
4 BAG 5.8.2009 – 10 AZR 692/08 – NZA 2009, 1165.
5 BAG 24.9.1986 – 7 AZR 669/84 – BAGE 53, 105.
6 BVerfG 1.8.1996 – 1 BvR 121/95 – AP § 233 ZPO 1977 Nr. 47.
7 BAG 19.1.1999 – 9 AZR 679/97 – BAGE 90, 329; BGH 14.3.2001 – XII ZR 51/99 – NJW 2001, 1581.
8 BGH 4.6.1997 – VIII ZB 9/97 – AP § 518 ZPO Nr. 71.
9 BGH 25.2.1993 – VII ZB 22/92 – NJW 1993, 1719.
10 BAG 16.9.1986 – GS 4/85 – BAGE 53, 30.
11 BAG 17.5.2001 – 8 AZB 15/01 – EzA § 518 ZPO Nr. 43; 23.8.2001 – 7 ABR 15/01 – EzA § 518 ZPO Nr. 44.

S. 2). Die Berufungsfrist ist eine Notfrist, die weder verlängert noch abgekürzt werden kann. Zwar fehlt in der Neufassung der Verweis auf § 517 ZPO und damit die nach § 224 Abs. 1 S. 2 ZPO eigentlich erforderliche Bezeichnung als Notfrist. Jedoch ergibt sich aus Abs. 1 S. 5 (keine Verlängerungsmöglichkeit für die Berufungseinlegungsfrist), dass es sich insoweit um ein redaktionelles Versehen handeln dürfte. Bei Versäumung der Berufungseinlegungsfrist ist Wiedereinsetzung in den vorigen Stand gem. den §§ 230 ff. ZPO möglich.

Die Monatsfrist wird gem. § 222 ZPO i.V.m. §§ 187, 188 BGB berechnet. Fällt das Fristende auf einen Sonntag, einen allg. Feiertag oder einen Sonnabend, so endet die Frist erst am nächsten Werktag, § 222 Abs. 2 ZPO.[12] Der Feiertag muss an dem Ort, an dem das LAG seinen Sitz hat, gesetzlich gelten.[13]

Die Frist beginnt mit der wirksamen Zustellung des erstinstanzlichen Urteils in vollständiger Form. Die Zustellung einer unbeglaubigten Abschrift des arbeitsgerichtlichen Urteils ist unwirksam.[14] Ebenso stellt die formlose Übersendung eines Urteils keine förmliche Zustellung dar. Sie löst keinen Beginn der Rechtsmittelfrist aus.[15] Ebenso ist ein Urteil unvollständig, das ohne, mit unvollständiger, fehlerhafter oder nicht unterschriebener Rechtsmittelbelehrung zugestellt wurde.[16] Berichtigungen von offensichtlichen Unrichtigkeiten (§ 319 ZPO) oder des Tatbestands (§ 320 ZPO) beeinflussen grds. nicht den Beginn und die Dauer der Berufungsfrist. Dies gilt natürlich nicht, wenn erst infolge der Berichtigung die Beschwer erkennbar wird oder erst nach der Korrektur der Rechtsmittelbelehrung die Partei sich über das ihr zustehende Rechtsmittel informieren konnte.[17] Ein Ergänzungsurteil (§ 321 ZPO) setzt dagegen den Lauf der Berufungsfrist auch für das zuerst ergangene Urteil von Neuem in Gang (§ 517 ZPO), da zuvor das Urteil in vollständiger Form nicht zugestellt sein konnte. Das Gleiche gilt bei einem Ergänzungsbeschluss des ArbG über die Zulassung der Berufung gem. § 64 Abs. 3a.

Ist nach Ablauf von fünf Monaten nach der Verkündung ein in vollständiger Form abgefasstes Urteil nicht zugestellt, beginnt die Frist für die Berufungseinlegung mit dem ersten Tag des sechsten Monats zu laufen (Abs. 1 S. 2). Abs. 1 S. 2 n.F. muss, da ausdrücklich der Beginn der Berufungsfrist mit Ablauf von fünf Monaten nach der Verkündung bestimmt wird, als spezialgesetzliche Vorschrift im Verhältnis zur Jahresfrist des § 9 Abs. 5 S. 4 verstanden werden. Damit kommt die zur früheren Rechtslage entwickelte Auff. des BAG,[18] das von einer insg. 17 Monate dauernden Frist ausging, nicht mehr zur Anwendung.[19]

Aus § 9 Abs. 5 S. 4 lässt sich auch nicht ableiten, bei unterbliebenem Hinweis jedenfalls beginne die Rechtsmittelfrist mit dem Ablauf von fünf Monaten nach Verkündung der Entscheidung zu laufen, die Jahresfrist des § 9 Abs. 5 S. 4 greife. Eine Pflicht zu solch detaillierter Belehrung im Anwaltsprozess lässt sich auch aus § 66 Abs. 1 S. 2 nicht herleiten.[20]

Der Berufungskläger kann grds. sein Rechtsmittel vor Zustellung des angefochtenen Urteils einlegen.[21] Er kann es auch vollständig und abschließend begründen, wenn er auf (andere) Weise, z.B. durch eine mündliche Urteilsbegründung, Kenntnis von den tragenden Gründen des angefochtenen Urteils erlangt hat oder diese für ihn offenkundig waren. Das gilt auch in Fällen, in denen die Fünf-Monats-Frist des Abs. 1 S. 2 noch nicht abgelaufen ist.[22]

III. Frist zur Berufungsbegründung

Gem. Abs. 1 S. 1 Hs. 2 beträgt die Frist für die Begründung der Berufung zwei Monate und zwar mit gleichem Fristbeginn wie die Berufungsfrist selbst. Damit ist die Frist zur Begründung der Berufung unabhängig von der Berufungseinlegung geworden. Auch ihr Beginn knüpft an den Zeitpunkt der Zustellung des vollständigen arbeitsgerichtlichen Urteils an. Bei Fristversäumung wird die Berufung unzulässig.

Die Berufungsbegründungsfrist ist aber keine Notfrist, sie kann vielmehr gem. Abs. 1 S. 5 vom Vorsitzenden einmal verlängert werden. Eine Verkürzung kommt dagegen nicht in Betracht, da die dafür bei einer gesetzlichen Frist erforderliche gesetzliche Bestimmung in § 66 fehlt (§ 224 Abs. 2 ZPO). Dies gilt auch in Fällen des Arrest- oder Einstweiligen Verfügungsverfahrens.

Mit dem Antrag auf Verlängerung sind erhebliche Gründe darzulegen, die eine rechtzeitige Berufungsbegründung verhindern. Pauschale, schlagwortartige Begründungen wie z.B. Arbeitsüberlastung reichen nicht.[23] Ein erheblicher Grund zur Verlängerung der Berufungsbegründungsfrist liegt regelmäßig vor, wenn der Prozessbevollmächtigte eine

---

12 BAG 24.9.1996 – 9 AZR 364/95 – BAGE 84, 140.
13 BAG 16.1.1989 – 5 AZR 579/88 – AP § 222 ZPO Nr. 3.
14 BAG 23.7.1971 – 2 AZR 244/70 – AP § 242 BGB Prozessverwirkung Nr. 3.
15 BAG 28.2.2008 – 3 AZB 56/07 – EZA § 72a ArbGG 1979 Nr. 116.
16 BAG 6.3.1980 – 3 AZR 7/80 – BAGE 33, 63.
17 BAG 13.4.2005 – 5 AZB 76/04 – NZA 2005, 836.
18 8.6.2000 – 2 AZR 584/99 – BAGE 95, 73.
19 BAG 24.10.2006 – 9 AZR 709/05 – AP § 66 ArbGG 1979 Nr. 34; BAG 2.11.2006 – 4 AZN 716/06 – AP § 72b ArbGG 1979 Nr. 1; BAG 28.10.2004 – 8 AZR 492/03 – BAGE 112, 286; 3.11.2004 – 4 AZR 531/03 – n.v.; 23.6.2005 – 2 AZR 423/04 – AP § 66 ArbGG 1979 Nr. 31; *Germelmann u.a.*, § 66 Rn 15a; *Germelmann u.a.*, § 74 Rn 5; *Hauck/Helml*, § 66 Rn 10; GK-ArbGG/*Vossen*, § 66 Rn 38 ff.; a.A. *Holthaus/Koch*, RdA 2002, 140, 150.
20 BAG 2.6.2005 – 2 AZR 177/04 – FA 2005, 274.
21 Vgl. auch BAG 28.2.2008 – 3 AZB 56/07 – EZA § 72a ArbGG 1979 Nr. 116.
22 BAG 6.3.2003 – 2 AZR 596/02 – BAGE 105, 200.
23 BVerfG 12.1.2000 – 1 BvR 222/99 – NZA 2000, 446.

besonders starke Arbeitsbelastung geltend macht.[24] Der Antrag muss noch innerhalb der Begründungsfrist bei Gericht eingegangen sein, danach kann der Vorsitzende auch nach deren Ablauf wirksam über die Fristverlängerung entscheiden.[25] Eine Anhörung der Gegenseite vor Gewährung der Fristverlängerung ist nicht erforderlich, da ein Fall des § 225 Abs. 2 ZPO nicht vorliegen kann.

15 Die Frist kann nicht mehrmals verlängert werden, auch nicht, wenn der Gegner einwilligt oder wenn erst durch die zweite Verlängerung eine insg. einmonatige Verlängerung erreicht würde.[26] Über die Dauer der Fristverlängerung enthält das Gesetz – anders als in § 74 Abs. 1 S. 3 für die Revision – keine Regelung, so dass die Entscheidung hierüber im Ermessen des entscheidenden Kammervorsitzenden liegt. § 66 dient allerdings der Verfahrensbeschleunigung. Daher kann die Frist für die Begründung der Berufung nur dann über einen Monat hinaus verlängert werden, wenn keine Verzögerung des Berufungsverfahrens eintritt oder der Berufungskläger für die Fristverlängerung erhebliche Gründe darlegt.[27]

IV. Berufungsbegründung

16 Die Begründungsschrift muss von einer postulationsfähigen Person eigenhändig unterschrieben sein.[28] Gem. § 64 Abs. 6 S. 1 i.V.m. § 520 Abs. 3 S. 2 Nr. 1 ZPO muss die Berufungsbegründung die Erklärung enthalten, inwieweit das Urteil angefochten wird und welche Abänderungen des Urteils beantragt werden (Berufungsanträge). Dabei muss zumindest aus dem Inhalt ersichtlich werden, in welchem Umfang das Urteil angefochten wird.[29] Mittels dieses Berufungsantrags kann auch bestimmt werden, inwieweit das angefochtene Urteil teilweise rechtskräftig geworden ist und ob der ggf. erforderliche Beschwerdewert erreicht wird. Die Angabe, dass das Urteil voll angefochten wird, reicht zur Bestimmung des Berufungsbegehrens aus.[30]

Zivilprozessordnung vom 30.1.1877, RGBl I S. 83, BGBl III 310-4, in der Fassung der Bekanntmachung vom 5.12.2005, BGBl I S. 3202, zuletzt geändert durch Gesetz zur Änderung des Wohnungseigentumsgesetzes und anderer Gesetze vom 26.3.2007, BGBl I S. 370, 376.

ZPO § 520 – Berufungsbegründung

(1) Der Berufungskläger muss die Berufung begründen.
(2) ¹Die Frist für die Berufungsbegründung beträgt zwei Monate und beginnt mit der Zustellung des in vollständiger Form abgefassten Urteils, spätestens aber mit Ablauf von fünf Monaten nach der Verkündung. ²Die Frist kann auf Antrag von dem Vorsitzenden verlängert werden, wenn der Gegner einwilligt. ³Ohne Einwilligung kann die Frist um bis zu einem Monat verlängert werden, wenn nach freier Überzeugung des Vorsitzenden der Rechtsstreit durch die Verlängerung nicht verzögert wird oder wenn der Berufungskläger erhebliche Gründe darlegt.
(3) ¹Die Berufungsbegründung ist, sofern sie nicht bereits in der Berufungsschrift enthalten ist, in einem Schriftsatz bei dem Berufungsgericht einzureichen. ²Die Berufungsbegründung muss enthalten:
1. die Erklärung, inwieweit das Urteil angefochten wird und welche Abänderungen des Urteils beantragt werden (Berufungsanträge);
2. die Bezeichnung der Umstände, aus denen sich die Rechtsverletzung und deren Erheblichkeit für die angefochtene Entscheidung ergibt;
3. die Bezeichnung konkreter Anhaltspunkte, die Zweifel an der Richtigkeit oder Vollständigkeit der Tatsachenfeststellungen im angefochtenen Urteil begründen und deshalb eine erneute Feststellung gebieten;
4. die Bezeichnung der neuen Angriffs- und Verteidigungsmittel sowie der Tatsachen, auf Grund derer die neuen Angriffs- und Verteidigungsmittel nach § 531 Abs. 2 zuzulassen sind.

(4) Die Berufungsbegründung soll ferner enthalten:
1. die Angabe des Wertes des nicht in einer bestimmten Geldsumme bestehenden Beschwerdegegenstandes, wenn von ihm die Zulässigkeit der Berufung abhängt;
2. eine Äußerung dazu, ob einer Entscheidung der Sache durch den Einzelrichter Gründe entgegenstehen.

(5) Die allgemeinen Vorschriften über die vorbereitenden Schriftsätze sind auch auf die Berufungsbegründung anzuwenden.

17 Im Rahmen der inhaltlichen Berufungsbegründung können Berufungsanträge auch noch erweitert werden, insb. dann, wenn zunächst die Berufung auf einzelne Urteilselemente beschränkt wurde, was jedenfalls insoweit möglich ist, als ein Teilurteil zulässig ist. Nach Ablauf der Berufungsbegründungsfrist kann aber durch Erweiterung der Be-

---

24 BAG 20.10.2004 – 5 AZB 37/04 – BAGE 112, 222.
25 BAG 24.8.1979 – GS 1/78 – BAGE 32, 71; 8.6.1994 – 10 AZR 452/93 – AP § 233 ZPO 1977 Nr. 31.
26 BAG 4.2.1994 – 8 AZB 16/93 – BAGE 75, 350.
27 BAG 16.7.2008 – 7 ABR 13/07 – DB 2008, 2837
28 BAG 22.5.1990 – 3 AZR 55/90 – AP § 519 ZPO Nr. 38.
29 BAG 15.8.2002 – 2 AZR 473/01 – AP § 519 ZPO Nr. 55; 24.1.2001 – 5 AZR 132/00 – n.v.; 20.12.1988 – 1 ABR 63/87 – BAGE 60, 311; 24.2.1987 – 1 ABR 18/85 – BAGE 54, 191.
30 BGH 13.11.1991 – VIII ZB 33/91 – NJW 1992, 698.

rufungsanträge eine bis dahin wegen Nichterreichens des Beschwerdewertes unzulässige Berufung nicht zulässig gemacht werden.[31] Auch kann eine Klageänderung nicht alleiniges Ziel der Berufung sein. Denn diese setzt die Zulässigkeit des Rechtsmittels voraus. Daher muss der Berufungskläger seinen erstinstanzlich erhobenen Anspruch wenigstens teilweise weiterverfolgen und eine aus dem Urteil des ArbG für ihn folgende Beschwer beseitigen.[32]

In der Berufungsbegründungsschrift muss der Berufungskläger die Berufung begründen, d.h. im Einzelnen angeben, in welchen Punkten tatsächlicher und rechtlicher Art das Urteil unrichtig sein soll.[33] Dazu kann die Bezugnahme auf den gesetzlichen Anforderungen genügende Schriftsätze eines Streitgenossen ausreichen.[34] Die Berufungsbegründung muss auf den Streitfall zugeschnitten sein.[35] Es müssen alle Streitpunkte im Rahmen der gestellten Berufungsanträge erörtert werden.[36] Das Berufungsgericht muss bereits durch das Lesen des Urteils und der Berufungsbegründungsschrift in der Lage sein zu erkennen, was gegen das angefochtene Urteil vorgebracht wird. Es reicht nicht aus, die tatsächliche oder rechtliche Würdigung durch das ArbG mit formelhaften Wendungen zu rügen und lediglich auf das erstinstanzliche Vorbringen zu verweisen oder dieses zu wiederholen.[37] Wurden durch das Urteil des ArbG mehrere Streitgegenstände beschieden, so muss der Berufungsführer sich mit allen in der Begründung auseinandersetzen, wenn er alle zum Gegenstand der Berufung machen will. Andernfalls droht bei uneingeschränkt eingelegter Berufung deren teilweise Unzulässigkeit.[38]

Einer Auseinandersetzung mit dem angefochtenen Urteil bedarf es allerdings in der Berufungsbegründung dann nicht, wenn die Berufung allein auf neue Tatsachen, Beweismittel oder Beweiseinreden gestützt werden soll (§ 520 Abs. 3 S. 2 Nr. 4 ZPO). Diese Berufungsbegründung kann auch bereits vorgelegt werden, wenn das vollständig abgefasste Urteil noch nicht zugestellt worden ist.[39] Ist die Fünf-Monatsfrist des Abs. 1 S. 2 abgelaufen, so kann die Berufung nicht mit einer Auseinandersetzung mit dem arbeitsgerichtlichen Urteil begründet werden. Denn das nicht rechtzeitig begründete Urteil auch des ArbG ist als Urteil ohne Gründe anzusehen.[40] Schließlich kann auch schon vor Ablauf der Fünf-Monatsfrist des Abs. 1 S. 2 die Berufung begründet werden, wenn der Berufungskläger aus mündlichen Äußerungen des Gerichts oder aus einer mündlichen Urteilsbegründung genügend Anhaltspunkte gewonnen hat, die ihm eine Auseinandersetzung mit dem Urteil ermöglichen, auch wenn es noch nicht schriftlich vorliegt.[41]

Hat das ArbG sein Urteil auf mehrere voneinander unabhängige, selbstständig tragende Erwägungen gestützt, so muss die Berufungsbegründung jede dieser Erwägungen angreifen und widerlegen. Wird nur eine von mehreren das Urteil selbstständig tragenden Begründungen angegriffen, reicht dies nicht aus und die Berufung wird unzulässig.[42] Das bedeutet nicht, dass der Berufungsführer zu allen für ihn nachteilig beurteilten Punkten in der Berufungsbegründung umfassend Stellung nehmen müsste. Soweit das ArbG keine Doppelbegründung gegeben hat, genügt es, wenn sich die Berufungsbegründung mit einem einzelnen, den ganzen Streitgegenstand erfassenden Streitpunkt befasst. Dabei kann nicht mehr an Begründung verlangt werden, als vom Erstgericht in diesem Punkt selbst aufgewandt worden ist.[43]

Die Berufungsbegründung muss neue Tatsachen, Beweismittel und Beweiseinreden, die zur Begründung der Berufung angeführt werden sollen, enthalten (§ 520 Abs. 3 Nr. 4 ZPO). Da die Berufungsinstanz Tatsacheninstanz ist, können solche neuen Tatsachen und Beweismittel im Rahmen des § 67 vorgetragen werden. Da Verzögerungen verhindert werden sollen, muss dies aber mit der Berufungsbegründung geschehen (§ 67 Abs. 4 S. 1).

V. Berufungsbeantwortung

Abs. 1 S. 3 schreibt für die Berufungsbeantwortung zwingend eine Frist von einem Monat nach Zustellung der Berufungsbegründung vor, worauf der Berufungsbeklagte mit der Zustellung der Berufungsbegründung hinzuweisen ist (Abs. 1 S. 4).

Die Frist zur Berufungsbeantwortung kann auf Antrag vom Vorsitzenden einmal verlängert werden. Es gelten die obigen Ausführungen zur Verlängerung der Berufungsbegründungsfrist entsprechend (vgl. Rn 13 ff.).

An die Versäumung der Berufungsbeantwortungsfrist knüpft das Gesetz mit Ausnahme der Anschließung (§ 524 ZPO, vgl. § 64 Rn 39 ff.) ausdrücklich keine Rechtsfolgen. Jedoch sind neue Tatsachen, Beweismittel und Beweiseinreden nicht nur für den Berufungskläger in der Berufungsbegründung, sondern auch für den Berufungsbeklagten in der Berufungsbeantwortung vorzubringen (§ 67 Abs. 4 S. 1). Neues Vorbringen nach Ablauf dieser Frist kann nur

---

31 Hessisches LAG 30.3.1987 – 1/11 Sa 1222/86 – LAGE § 64 ArbGG 1979 Nr. 15.
32 BAG 10.2.2005 – 6 AZR 183/04 – NZA 2005, 1884.
33 BGH 9.3.1995 – IX ZR 142/94 – NJW 1995, 1559.
34 BAG 24.4.2008 – 8 AZR 268/07 – NZA 2008, 1314.
35 BAG 8.10.2008 – 5 AZR 526/07 – NZA 2008, 1429.
36 BAG 24.1.2001 – 5 AZR 132/00 – FA 2001, 245.
37 BAG 25.4.2007 – 6 AZR 436/05 – zVv.
38 BAG 8.5.2008 – 6 AZR 517/07 – AP § 620 BGB Aufhebungsvertrag Nr. 40.
39 BAG 13.9.1995 – 2 AZR 855/94 – AP § 66 ArbGG 1979 Nr. 12.
40 BAG 4.8.1993 – 4 AZR 501/92 – BAGE 74, 44; 8.2.1994 – 9 AZR 591/93 – BAGE 75, 355; 13.9.1995 – 2 AZR 855/94 – AP § 66 ArbGG 1979 Nr. 12; 24.9.1996 – 9 AZR 364/95 – BAGE 84, 140 und 8.6.2000 – 2 AZR 584/99 – BAGE 95, 73.
41 BAG 13.9.1995 – 2 AZR 855/94 – AP § 66 ArbGG 1979 Nr. 12.
42 BAG 11.3.1998 – 2 AZR 497/97 – BAGE 88, 171.
43 BAG 28.5.2009 – 2 AZR 223/08.

unter engen Voraussetzungen zulassen werden (§ 67 Abs. 4 S. 2).[44] Ist der Hinweis auf die Frist zur Berufungsbeantwortung entgegen Abs. 1 S. 4 unterblieben, kann allerdings später neues Vorbringen nicht zurückgewiesen werden.

VI. Terminsbestimmung

25 Gem. Abs. 2 S. 1 ist Termin zur mündlichen Verhandlung durch den Vorsitzenden unverzüglich, also ohne schuldhaftes Zögern, zu bestimmen. Regelmäßig muss dazu die Zulässigkeit der eingelegten Berufung beurteilt werden können, da bei unzulässiger Berufung eine Verwerfung ohne mündliche Verhandlung in Betracht kommt. Daher wird vor Terminsanberaumung zunächst die Berufungsbegründung abgewartet werden müssen. I.Ü. gibt das Gesetz bis auf § 64 Abs. 8 (vorrangige Behandlung von Bestandsstreitigkeiten) keine Vorgaben, welcher Termin zu bestimmen ist.

VII. Unstatthafte Berufung

26 Die Verwerfung der unzulässigen Berufung ist seit dem 1.1.2002 durch Abs. 2 S. 2 geregelt, der seinerseits wieder auf § 522 Abs. 1 der ZPO verweist.

Zivilprozessordnung vom 30.1.1877, RGBl I S. 83, BGBl III 310-4, in der Fassung der Bekanntmachung vom 5.12.2005, BGBl I S. 3202, zuletzt geändert durch Gesetz zur Änderung des Wohnungseigentumgesetzes und anderer Gesetze vom 26.3.2007, BGBl I S. 370, 376.

ZPO § 522 – Zulässigkeitsprüfung; Zurückweisungsbeschluss

(1) ¹Das Berufungsgericht hat von Amts wegen zu prüfen, ob die Berufung an sich statthaft und ob sie in der gesetzlichen Form und Frist eingelegt und begründet ist. ²Mangelt es an einem dieser Erfordernisse, so ist die Berufung als unzulässig zu verwerfen. ³Die Entscheidung kann durch Beschluss ergehen. ⁴Gegen den Beschluss findet die Rechtsbeschwerde statt.

(2) Das Berufungsgericht weist die Berufung durch einstimmigen Beschluss unverzüglich zurück, wenn es davon überzeugt ist, dass

1. die Berufung keine Aussicht auf Erfolg hat,
2. die Rechtssache keine grundsätzliche Bedeutung hat und
3. die Fortbildung des Rechts oder die Sicherung einer einheitlichen Rechtsprechung eine Entscheidung des Berufungsgerichts nicht erfordert.

²Das Berufungsgericht oder der Vorsitzende hat zuvor die Parteien auf die beabsichtigte Zurückweisung der Berufung und die Gründe hierfür hinzuweisen und dem Berufungsführer binnen einer zu bestimmenden Frist Gelegenheit zur Stellungnahme zu geben. ³Der Beschluss nach Satz 1 ist zu begründen, soweit die Gründe für die Zurückweisung nicht bereits in dem Hinweis nach Satz 2 enthalten sind.

(3) Der Beschluss nach Absatz 2 Satz 1 ist nicht anfechtbar.

27 Die Verwerfungsentscheidung ohne mündliche Verhandlung ist seit der Verfahrensreform zum 1.4.2008 durch den Kammervorsitzenden allein zu beschließen. Den Parteien ist zuvor rechtliches Gehör zu gewähren (Art. 103 Abs. 1 GG).[45] Der Beschluss ist zu begründen. Das Berufungsgericht darf ihn nicht mehr fassen, wenn mehrere Rechtsmittelschriften einer Partei gegen dasselbe Urteil vorliegen, von denen eine zulässig ist, da grds. eine einheitliche Entscheidung zu treffen ist.[46] Ebenso kommt eine Verwerfung nicht in Betracht, wenn eine zulässige Gegenberufung vorliegt, in diesem Fall ist die eigentlich unzulässige Berufung als unselbstständige Anschlussberufung anzusehen. Die Rechtsbeschwerde des § 522 Abs. 1 S. 4 ZPO ist allerdings nur statthaft, wenn das LAG sie in dem Verwerfungsbeschluss zugelassen hat, § 77 S. 1. Eine Nichtzulassungsbeschwerde gibt es in diesem Fall nicht.[47] Die Regelungen des § 522 Abs. 2 und 3 ZPO sind auf das Berufungsverfahren vor dem LAG nicht anzuwenden (Abs. 2 S. 3), da die Berufung im ArbG-Prozess eine Tatsacheninstanz ist.

28 Beschlüsse, mit denen eine Berufung als unzulässig verworfen wird, entfalten zwar keine Rechtskraft, aber eine Bindungswirkung entsprechend § 318 ZPO, weil es bei einer doppelten Berufungseinlegung um die Fortsetzung desselben Verfahrens geht. Deshalb kann nach Verwerfung einer Berufung wegen Versäumung der Einlegungsfrist nicht mit einer erneuten Berufung geltend gemacht werden, diese habe nicht zu laufen begonnen. Anders bei einer Verwerfung wegen Versäumung der Begründungsfrist: In diesem Fall kann mit einer zweiten Berufung geltend gemacht werden, die Einlegungsfrist habe noch nicht zu laufen begonnen.[48]

---

44 BAG 5.9.1985 – 6 AZR 216/81 – BAGE 81, 1.
45 BAG 29.3.1971 – 4 AZB 34/70 – BAGE 23, 276; BAG 31.7.2007 – 3 AZN 326/07 – AP § 77 ArbGG 1979 Nr. 11
46 BAG 12.11.1976 – 5 AZR 261/76 – AP § 519b ZPO Nr. 11.
47 BAG 25.10.1979 – 5 AZB 43/79 – AP § 77 ArbGG 1979 Nr. 1.
48 BAG 21.8.2003 – 8 AZR 444/02 – BAGE 107, 193.

C. Beraterhinweise

Die Berufungsanträge sollten erst mit der Berufungsbegründung formuliert werden, § 64 Abs. 6 i.V.m. § 520 Abs. 3 Nr. 1 ZPO. Ihre Ankündigung schon bei Einlegung in der Rechtsmittelschrift schützt zwar davor, sie zu vergessen. Häufig lassen sich aber erst aufgrund der ausgearbeiteten Begründung die Erfolgsaussichten präzise abschätzen. Bei einer voreilig vollumfänglich eingelegten Berufung sind dann Teilrücknahmen erforderlich (Kostenfalle!). 29

Für den Antrag auf Verlängerung der Berufungsbegründungsfrist reicht zwar eine pauschale Begründung aus.[49] Der RA kann also mit einer Fristverlängerung rechnen, solange ihm eine entgegengesetzte Spruchpraxis nicht bekannt geworden ist.[50] Eine Erkundigungspflicht des RA, ob dem Antrag stattgegeben wurde, besteht nicht.[51] 30

Gleichwohl ist vor Anträgen, die am letzten Tag der Begründungsfrist, womöglich noch in der Nacht, per Telefax bei Gericht eingereicht werden, zu warnen. Unvollständige Übermittlungen bis zum Fristablauf ermöglichen dann keine Rückfragen oder „Nachbessern" mehr.[52] 31

Die Fristen können nach Abs. 1 S. 5 auch nur einmal verlängert werden.

Im Eilverfahren kann gar das „ultimative" Ausschöpfen von Fristen und Verlängerungsmöglichkeiten die Eilbedürftigkeit und erst recht die besondere Dringlichkeit für das Gericht in Frage stellen.

Wurde in erster Instanz versehentlich ein Antrag nicht beschieden, ist in erster Linie nach § 321 Abs. 2 ZPO binnen zweier Wochen eine Urteilsergänzung zu beantragen (Regressgefahr!). Besteht die Möglichkeit einer statthaften Berufung, kann der Antrag auch im zweiten Rechtszug im Wege der Klageerweiterung wiederholt werden. Wurde der Klage aber ansonsten stattgegeben, muss auf die Rechtsmitteleinlegung durch den Beklagten gehofft werden, um den Antrag doch noch über eine fristgerechte Anschließung einer Entscheidung zuzuführen. 32

§ 67 Zulassung neuer Angriffs- und Verteidigungsmittel

(1) Angriffs- und Verteidigungsmittel, die im ersten Rechtszug zu Recht zurückgewiesen worden sind, bleiben ausgeschlossen.

(2) ¹Neue Angriffs- und Verteidigungsmittel, die im ersten Rechtszug entgegen einer hierfür nach § 56 Abs. 1 Satz 2 Nr. 1 oder § 61a Abs. 3 oder 4 gesetzten Frist nicht vorgebracht worden sind, sind nur zuzulassen, wenn nach der freien Überzeugung des Landesarbeitsgerichts ihre Zulassung die Erledigung des Rechtsstreits nicht verzögern würde oder wenn die Partei die Verspätung genügend entschuldigt. ²Der Entschuldigungsgrund ist auf Verlangen des Landesarbeitsgerichts glaubhaft zu machen.

(3) Neue Angriffs- und Verteidigungsmittel, die im ersten Rechtszug entgegen § 282 Abs. 1 der Zivilprozessordnung nicht rechtzeitig vorgebracht oder entgegen § 282 Abs. 2 der Zivilprozessordnung nicht rechtzeitig mitgeteilt worden sind, sind nur zuzulassen, wenn ihre Zulassung nach der freien Überzeugung des Landesarbeitsgerichts die Erledigung des Rechtsstreits nicht verzögern würde oder wenn die Partei das Vorbringen im ersten Rechtszug nicht aus grober Nachlässigkeit unterlassen hatte.

(4) ¹Soweit das Vorbringen neuer Angriffs- und Verteidigungsmittel nach den Absätzen 2 und 3 zulässig ist, sind diese vom Berufungskläger in der Berufungsbegründung, vom Berufungsbeklagten in der Berufungsbeantwortung vorzubringen. ²Werden sie später vorgebracht, sind sie nur zuzulassen, wenn sie nach der Berufungsbegründung oder der Berufungsbeantwortung entstanden sind oder das verspätete Vorbringen nach der freien Überzeugung des Landesarbeitsgerichts die Erledigung des Rechtsstreits nicht verzögern würde oder nicht auf Verschulden der Partei beruht.

Literatur: *Fellner*, Berücksichtigung eines neuen Sachvortrags mit neuen Angriffs- und Verteidigungsmitteln und die Folgen in der Berufungsinstanz, MDR 2004, 241; *Lipke*, Die Berufung im arbeitsrechtlichen Verfahren, AuR 2007, 1; *Münch*, Die Klageänderung im Berufungsverfahren, MDR 2004, 781; *Stöber*, Neues Berufungsvorbringen nach erstinstanzlicher Verletzung der richterlichen Hinweispflicht, NJW 2005, 3691

---

49 BAG 20.10.2004 – 5 AZB 37/04 – BAGE 112, 222–226.
50 BVerfG 12.1.2000 – 1 BvR 222/99 – NZA 2000, 446.
51 Ebenda und BAG 27.9.1994 – 2 AZB 18/94 – BAGE 78, 68.
52 Vgl. zu den Risiken BGH 25.11.2004 – VII ZR 320/03 – NJW 2005, 678 und BGH 9.5.2006 – XI ZB 45/05 – FA 2007, 211.

A. Allgemeines	1	III. Zurückweisung wegen Verletzung der allgemeinen Prozessförderungspflicht in der ersten Instanz (Abs. 3)	15
B. Regelungsgehalt	5		
I. Ausschluss des in der ersten Instanz zurückgewiesenen Parteivorbringens (Abs. 1)	5	IV. Die Prozessförderungspflicht in der Berufungsinstanz (Abs. 4)	19
II. Zurückweisung bei Fristsetzung in der ersten Instanz (Abs. 2)	12	V. Überprüfung der novenrechtlichen Entscheidungen des Berufungsgerichts	24
		C. Beraterhinweise	25

A. Allgemeines

1 Anders als im Zivilprozess ist die zweite Instanz im arbeitsgerichtlichen Verfahren grds. eine Tatsacheninstanz. Deswegen kann prinzipiell bis zum Schluss der mündlichen Verhandlung vor dem LAG Sachvortrag erfolgen. Um andererseits dem im ArbGG besonders wichtigen Grundsatz der Verfahrensbeschleunigung (§ 9 Abs. 1) Rechnung zu tragen, schränkt § 67 die Möglichkeit neuen Vortrags im zweiten Rechtszug wieder ein.

2 Der Gesetzeswortlaut ist mit Wirkung ab 1.1.2002 erheblich geändert worden, jedoch hat sich hierdurch an dem materiellen Regelungsgehalt der Vorschrift nur wenig geändert. § 528 Abs. 2 und 3 ZPO a.F., auf die Abs. 1 S. 3 a.F. verwies, sind mit dem 1.1.2002 entfallen. Daher musste ihr materieller Regelungsgehalt in § 67 aufgenommen werden.

3 Der deshalb somit erheblich erweiterte Gesetzestext wird übersichtlich, wenn man sich die unterschiedlichen Anknüpfungspunkte für die Behandlung (neuen) Tatsachenvortrags im Berufungsrechtszug deutlich macht:
- Abs. 1 setzt eine den Vortrag zurückweisende Entscheidung des ArbG voraus,
- Abs. 2 knüpft an eine Fristsetzung des ArbG nach den Verfahrensvorschriften erster Instanz an,
- Abs. 3 setzt keine verfahrensleitenden Aktivitäten des ArbG voraus, sondern behandelt Verstöße gegen die allg. Prozessförderungspflicht während der ersten Instanz,
- Abs. 4 behandelt schließlich die Frage, wann ein mögliches (d.h. ein nicht durch die Abs. 1 bis 3 ausgeschlossenes) neues Vorbringen in der Berufungsinstanz erfolgen muss und wie auf Verspätungen während der zweiten Instanz zu reagieren ist.

4 Im Vergleich zum Novenrecht des Berufungsverfahrens vor den ordentlichen Gerichten (§ 531 ZPO n.F.) ist neuer Sachvortrag im arbeitsgerichtlichen Berufungsverfahren unter erheblich leichteren Voraussetzungen möglich. § 67 geht als Spezialvorschrift § 531 Abs. 2 ZPO vor.[1] Gleichwohl wird durch die Möglichkeit der Zurückweisung verspäteten Vorbringens das Grundrecht auf rechtliches Gehör (Art. 103 Abs. 1 GG) eingeschränkt. Das ist vertretbar, da auch den Interessen des effizienten Rechtsschutzes durch die Gerichte (Verfahrensbeschleunigung, keine Verfahrensverschleppung, gleichmäßige Behandlung der Parteien usw.) durch das formelle und materielle Recht Rechnung zu tragen ist. Die Entscheidung, Parteivorbringen ganz oder teilweise unberücksichtigt zu lassen, muss aber bei der Anwendung des formellen Rechts stets die Einschränkung des rechtlichen Gehörs im Blick haben. Das Novenrecht dient in erster Linie dem Interessenausgleich zwischen den streitenden Parteien, nicht der Arbeitserleichterung für das Berufungsgericht.[2]

B. Regelungsgehalt

I. Ausschluss des in der ersten Instanz zurückgewiesenen Parteivorbringens (Abs. 1)

5 Angriffs- und Verteidigungsmittel haben in § 282 Abs. 1 ZPO eine (nicht abschließende) Legaldefinition erfahren:
Zivilprozessordnung vom 30.1.1877, RGBl I S. 83, BGBl III 310-4, in der Fassung der Bekanntmachung vom 5.12.2005, BGBl I S. 3202, zuletzt geändert durch Gesetz zur Änderung des Wohnungseigentumsgesetzes und anderer Gesetze vom 26.3.2007, BGBl I S. 370, 376.

ZPO § 282 – Rechtzeitigkeit des Vorbringens

(1) Jede Partei hat in der mündlichen Verhandlung ihre Angriffs- und Verteidigungsmittel, insbesondere Behauptungen, Bestreiten, Einwendungen, Einreden, Beweismittel und Beweiseinreden, so zeitig vorzubringen, wie es nach der Prozesslage einer sorgfältigen und auf Förderung des Verfahrens bedachten Prozessführung entspricht.

(2) Anträge sowie Angriffs- und Verteidigungsmittel, auf die der Gegner voraussichtlich ohne vorhergehende Erkundigung keine Erklärung abgeben kann, sind vor der mündlichen Verhandlung durch vorbereitenden Schriftsatz so zeitig mitzuteilen, dass der Gegner die erforderliche Erkundigung noch einzuziehen vermag.

---

1 BAG 25.1.2005 – 9 AZR 44/04 – BAGE 113, 247, 254; BAG 25.4.2007 – 6 AZR 436/05 – BAGE 122, 190; BAG 27.9.2007 – 8 AZR 941/06 – AP § 613a BGB Nr. 332.

2 BVerfG 14.4.1987 – 1 BvR 162/84 – BVerfGE 75, 183; 26.1.1995 – 1 BvR 1068/93 – AP § 67 ArbGG 1979 Nr. 3.

(3) ¹Rügen, die die Zulässigkeit der Klage betreffen, hat der Beklagte gleichzeitig und vor seiner Verhandlung zur Hauptsache vorzubringen. ²Ist ihm vor der mündlichen Verhandlung eine Frist zur Klageerwiderung gesetzt, so hat er die Rügen schon innerhalb der Frist geltend zu machen.

Zu den Angriffs- und Verteidigungsmitteln zählen weiter Verzicht und Anerkenntnis.

6

Von den Angriffs- und Verteidigungsmitteln zu unterscheiden ist der Angriff selbst. Er wird von § 67 nicht erfasst, vielmehr gilt hinsichtlich der Klageänderung, der Widerklage und der Aufrechnungserklärung § 533 ZPO.

ZPO § 533 – Klageänderung; Aufrechnungserklärung; Widerklage
Klageänderung, Aufrechnungserklärung und Widerklage sind nur zulässig, wenn
1. der Gegner einwilligt oder das Gericht dies für sachdienlich hält und
2. diese auf Tatsachen gestützt werden können, die das Berufungsgericht seiner Verhandlung und Entscheidung über die Berufung ohnehin nach § 529 zugrunde zu legen hat.

Die in § 533 ZPO für den Berufungsrechtszug geregelten Veränderungen des Angriffs oder der Verteidigung setzen alle ein zulässiges Rechtsmittel voraus; mit einer Klageänderung kann nicht die erforderliche Beschwer erst geschaffen werden. **Umstr.** ist, ob das zur Begründung des neuen Angriffs notwendige Tatsachenvorbringen nach Abs. 1 bis 3 zurückgewiesen werden kann.³ Jedenfalls gilt hinsichtlich des neuen Angriffs oder der geänderten Verteidigung die allg. Prozessförderungspflicht gem. § 56 (vgl. auch § 66 Rn 17).

7

Das ArbG muss die Angriffs- und Verteidigungsmittel zu Recht zurückgewiesen haben, damit sie auch in der Berufungsinstanz ausgeschlossen bleiben, wobei der Ausschluss zwingend ist.⁴ Die Zurückweisung des Vorbringens durch das ArbG ist gem. § 56 Abs. 2, § 61a Abs. 5 sowie nach § 296 Abs. 2 ZPO möglich. Das Berufungsgericht muss prüfen, ob alle gesetzlichen Voraussetzungen für die Zurückweisung durch das ArbG vorlagen. Dabei wird stets zu prüfen sein

8

– ob die Fristen erstinstanzlich ordnungsgemäß und wirksam gesetzt wurden (§§ 56 Abs. 1 S. 2 Nr. 1, 61a Abs. 3 oder 4),
– ob die klärungsbedürftigen Punkte bei der Fristsetzung genau bezeichnet worden waren,
– ob die Fristsetzung eine Belehrung über die Folgen der Fristversäumung enthielt,
– ob das ArbG zutreffend eine Verzögerung des Rechtsstreits angenommen hat,
– ob die Partei die Verspätung ihres Vortrags genügend entschuldigt hat und
– ob das Gericht die Verzögerung durch prozessleitende Maßnahmen hätte verhindern können.

Auf die Kommentierung zu §§ 56 und 61a wird verwiesen.

Ergibt die Prüfung durch das Berufungsgericht, dass das ArbG den Vortrag zu Unrecht zurückgewiesen hat, so ist das Vorbringen in der zweiten Instanz zuzulassen, ohne dass es auf die damit verbundene Verzögerung der Erledigung des Rechtsstreits in der Berufungsinstanz ankäme. Allerdings können vor dem LAG Entschuldigungsgründe nicht nachgeschoben werden. Davon ist nur eine Ausnahme zu machen, wenn erstinstanzlich die Entschuldigung schuldlos unterblieben ist.⁵ Hat das ArbG fehlerhaft verspätetes Vorbringen zugelassen, so ist das LAG hieran gebunden.⁶

9

Keine Zurückweisung durch das ArbG und somit kein Fall des Abs. 1 liegt vor, wenn

10

– das ArbG erstinstanzliches Vorbringen gewürdigt, aber als unschlüssig oder unsubstanziiert angesehen hat,⁷
– erstinstanzlich für ein rechtzeitiges Vorbringen ein verspäteter Beweisantritt nicht verfolgt wurde. In diesem Fall kann zweitinstanzlich ein neuer, anderer Beweisantritt erfolgen (der aber gem. § 87 Abs. 2 oder 3 zulässig sein muss),⁸
– erstinstanzliches Parteivorbringen, das nach Schluss der mündlichen Verhandlung zu Gericht gelangt ist, nicht berücksichtigt wurde (§ 296a ZPO),
– das in erster Instanz korrekt zurückgewiesene Vorbringen zweitinstanzlich unstr. wird (weil es sich dann nicht mehr um ein Angriffs- oder Verteidigungsmittel i.S.v. § 282 Abs. 1 ZPO handelt).

Gegenüber der Technik der Präklusionsregelung, wie sie jetzt in Abs. 1 vorgesehen ist, wurde eingewendet, dass sie die sog. Flucht in die Berufung provoziere. Wer in erster Instanz nicht vortrage, dessen Vorbringen könne auch in zweiter Instanz nicht zwingend gem. Abs. 1 ausgeschlossen sein. Die Kritik ist nur teilweise berechtigt. Bei konsequenter Handhabung der Zulassung neuer Angriffs- und Verteidigungsmittel nach Abs. 2 und 3 gelingt die „Flucht in die Berufung" regelmäßig nicht, abgesehen davon, dass wegen § 97 Abs. 2 ZPO stets ein besonderes Kostenrisiko zu tragen ist.

11

---

3 Abl. BGH 23.4.1986 – VIII ZR 93/85 – NJW 1986, 2257. Grds. bejahend dagegen BAG 25.1.2005 – 9 AZR 44/04 – AP § 1 AEntG Nr. 22.
4 BVerfG 26.1.1995 – 1 BvR 1068/93 – AP § 67 ArbGG 1979 Nr. 3.
5 BVerfG 14.4.1987 – 1 BvR 162/84 – BVerfGE 75, 183.
6 BVerfG 26.1.1995 – 1 BvR 1068/93 – AP § 67 ArbGG 1979 Nr. 3.
7 BGH 24.4.1985 – VIII ZR 95/84 – BGHZ 94, 195.
8 BGH 28.9.1988 – IVa ZR 88/87 – NJW 1989, 716.

II. Zurückweisung bei Fristsetzung in der ersten Instanz (Abs. 2)

12 Abs. 2 und die weiteren Absätze von § 67 regeln die Behandlung neuer Angriffs- und Verteidigungsmittel im Berufungsverfahren. Es muss sich jeweils um Vorbringen handeln, das erstmals im zweiten Rechtszug eingebracht wird. Das ist in erster Linie nach dem Tatbestand des angefochtenen Urteils zu entscheiden, im Weiteren aber auch nach dem Akteninhalt, also den Schriftsätzen, Verhandlungsprotokollen etc. Neu ist ein Vortrag, der in erster Instanz nicht gebracht oder zwar gehalten, später aber wieder fallen gelassen worden ist (und deswegen im erstinstanzlichen Urteilstatbestand nicht auftaucht).[9] Konkretisierungen, die ein erstinstanzliches Vorbringen erst schlüssig machen, stellen neuen Tatsachenvortrag dar. Entsprechendes gilt für konkretisierte Beweisantritte, etwa die ordnungsgemäße Benennung eines Zeugen mit ladungsfähiger Anschrift.

13 Das neue Vorbringen hätte bei Beachtung einer erstinstanzlichen Fristsetzung nach § 56 Abs. 1 S. 2 Nr. 1 oder, in Künd-Verfahren, nach § 61a Abs. 3 und 4 schon vor dem ArbG erfolgen müssen. Eine derartige Fristsetzung löst, wenn sie wirksam erfolgt ist, eine besondere Prozessförderungspflicht der Partei im erstinstanzlichen Verfahren aus, die die Partei schuldhaft verletzt haben muss. Deshalb kann neues Vorbringen nicht zurückgewiesen werden, wenn

- die Verspätung des Vortrags nicht allein von der Partei, sondern auch vom Gericht oder von Dritten zu vertreten gewesen ist,[10]
- nach der freien Überzeugung des LAG die Partei die Verspätung zwar zu vertreten hat, jedoch zweitinstanzlich genügend entschuldigt. Auf Verlangen des Berufungsgerichts muss der Entschuldigungsgrund glaubhaft gemacht werden (Abs. 2 S. 2 i.V.m. § 294 Abs. 1 ZPO),
- die von der Partei allein zu vertretende Verspätung zwar nicht hinreichend entschuldigt wird, nach der wiederum freien Überzeugung des LAG die Zulassung des neuen Vorbringens jedoch die Erledigung des Rechtsstreits in der zweiten Instanz nicht verzögern würde (Abs. 2 S. 1 Hs. 2 Alt. 1).

14 Zur Frage, ob eine Verzögerung eintritt, werden verschiedene Auff. vertreten: Die relative Betrachtungsweise vergleicht die voraussichtliche Verfahrensdauer mit der hypothetischen Verfahrensdauer, wäre das Angriffs- und Verteidigungsmittel rechtzeitig vorgetragen worden. Diese Auff. muss im Rahmen des Abs. 2 stets die Verzögerung bejahen, weil das entscheidungsrelevante Vorbringen ja eigentlich schon erstinstanzlich hätte erfolgen und verarbeitet werden müssen. Die absolute Betrachtungsweise stellt nur darauf ab, ob der Rechtsstreit bei der Zulassung des verspäteten Vorbringens länger dauern würde als bei seiner Zurückweisung. Das ist verfassungsrechtlich zulässig.[11] Jedoch darf nicht präkludiert werden, wenn ohne jeden Aufwand erkennbar ist, dass die pflichtwidrige Verspätung nicht allein kausal für die Verzögerung ist.[12] Bei dieser Prüfung ist zu berücksichtigen, dass das Berufungsgericht seinerseits alles Zumutbare zu tun hat, um den Rechtsstreit so vorzubereiten, dass er innerhalb eines Verhandlungstermins beendet werden kann. Bei einer zweitinstanzlichen Nachbenennung von Zeugen muss deren Vernehmung im Verhandlungstermin vor der Berufungskammer möglich sein. Dies wird in jedem Fall als zumutbar angesehen werden müssen, wenn es sich um einfache und klar abgrenzbare Streitpunkte handelt, die sich in der mündlichen Verhandlung ohne unangemessenen zeitlichen Aufwand klären lassen und keine Vertagung bzw. weitere Verhandlung zur Fortsetzung der Beweisaufnahme usw. erforderlich machen.[13]

III. Zurückweisung wegen Verletzung der allgemeinen Prozessförderungspflicht in der ersten Instanz (Abs. 3)

15 Mit der Verweisung in Abs. 3 wird die Gültigkeit der allg. Prozessförderungspflicht des § 282 ZPO auch für das arbeitsgerichtliche Verfahren klargestellt. Nach § 282 Abs. 1 sind die Angriffs- und Verteidigungsmittel so zeitig vorzubringen, wie es einer sorgfältigen und auf Förderung des Verfahrens bedachten Prozessführung entspricht. Diese allg. Pflicht wird in § 282 Abs. 2 ZPO weiter konkretisiert: Vorbringen, das für eine Erwiderung voraussichtlich Erkundigungen der Gegenseite erforderlich macht, muss vor der mündlichen Verhandlung durch vorbereitenden Schriftsatz mitgeteilt werden, um diese erforderliche Erkundigung noch zu ermöglichen. Damit hat § 282 Abs. 2 ZPO im arbeitsgerichtlichen Verfahren besondere Bedeutung nach einer erfolglos gebliebenen erstinstanzlichen Güteverhandlung. § 282 Abs. 3 S. 1 ZPO findet dagegen wegen des vorgeschalteten Güteverfahrens im ArbGG-Prozess keine Anwendung, § 54 Abs. 2 S. 3.

16 Während das ArbG solche Angriffs- und Verteidigungsmittel, die unter Verstoß gegen die Prozessförderungspflichten des § 282 Abs. 1 und 2 vorgebracht wurden zurückweisen kann (§ 296 Abs. 2 ZPO), steht dem LAG ein solcher Ermessensspielraum nicht zu. Abs. 3 sieht obligatorisch die Zurückweisung vor, es sei denn, die Zulassung des Vorbringens

- verzögerte die Erledigung des Rechtsstreits nicht (siehe Rn 13) oder
- das Vorbringen im ersten Rechtszug wurde nicht aus grober Nachlässigkeit unterlassen.

---

9 BGH 28.5.1998 – VII ZR 160/97 – NJW 1998, 2977.
10 BVerfG 27.1.1995 – 1 BvR 1430/94 – NJW 1995, 1417.
11 BVerfG 5.5.1987 – 1 BvR 903/85 – BVerfGE 75, 302.
12 BVerfG 27.1.1995 – 1 BvR 1430/94 – NJW 1995, 1417.
13 BGH 18.5.1999 – X ZR 105/96 – NJW 1999, 3272.

Grob nachlässig hat die Partei den Vortrag vor dem ArbG unterlassen, wenn sie in besonders schwerwiegender Weise ihre Pflichten aus § 282 Abs. 1 und 2 ZPO vernachlässigt hat.[14]

Grobe Nachlässigkeiten können z.B. sein:
- Nichtbeachtung von gerichtlichen Auflagen und Hinweisen,
- wechselndes Vorbringen zwischen den Instanzen, wobei eine Verletzung der prozessualen Wahrheitspflicht nach § 138 Abs. 1 ZPO angenommen werden muss,
- verschlepptes Vorbringen, weil infolge Umzugs oder Aufenthalts im Ausland die Partei für das Gericht zeitweise nicht erreichbar war.

Keine grobe Nachlässigkeit liegt dagegen vor, wenn
- die Verspätung durch Fehler des Gerichts provoziert wurde, etwa wenn das Gericht der erweiterten Hinweispflicht aus § 139 ZPO nicht genügt hat oder durch geäußerte unzutreffende Rechtsansichten unerheblichen Tatsachenvortrag ausgelöst hat,
- Vorbringen, ggf. auch beiderseits, im Hinblick auf laufende Vergleichsverhandlungen zurückgehalten wurde. Dies kann allerdings dann grob nachlässig werden, wenn konkrete Fragen des ArbG hinsichtlich aufklärungsbedürftiger Tatsachen nicht oder gar falsch beantwortet werden.

IV. Die Prozessförderungspflicht in der Berufungsinstanz (Abs. 4)

Können in der Berufungsinstanz neue Angriffs- und Verteidigungsmittel gem. den Abs. 1 bis 3 zugelassen werden, so müssen sie nach Abs. 4 S. 1 in der Berufungsbegründung bzw. der Berufungsbeantwortung vorgetragen werden. Es gelten die Fristen des § 66 Abs. 1 S. 1 und 2, eine besondere Fristsetzung durch das Berufungsgericht ist entbehrlich.[15]

Werden vor dem LAG neue Tatsachen später, also nach dem Austausch der bestimmenden Schriftsätze vorgetragen, sind sie nur ausnahmsweise zuzulassen:
- Wenn sie nach Berufungsbegründung oder Berufungsbeantwortung entstanden sind, Abs. 4 S. 2 Alt. 1. In diesem Fall müssen die Tatsachen zugelassen werden, ob eine Verzögerung in der Erledigung des Rechtsstreits eintritt oder nicht. Es gilt der Grundsatz, dass die Parteien mit Berufungsbegründung und -erwiderung alles vortragen müssen, was sie im Zeitpunkt der Abfassung dieses Schriftsatzes wissen oder wissen müssen. Wird ein Gestaltungsrecht erst später ausgeübt (z.B. Anfechtungserklärung, Künd-Ausspruch), entstehen die damit in Zusammenhang stehenden Tatsachen später. Dies unabhängig davon, ob die Gestaltungswirkung auch bereits früher hätte herbeigeführt werden können.[16]
- Wenn durch Berücksichtigung der neuen Tatsachen nach der freien Überzeugung des LAG die Erledigung des Berufungsrechtsstreits nicht verzögert würde, Abs. 4 S. 2 Alt. 2 (zur Verzögerung siehe Rn 14).
- Wenn das LAG zu der Überzeugung gelangt, das verspätete Vorbringen beruhe nicht auf einem Verschulden der Partei. Dafür genügt allerdings schon leichte Fahrlässigkeit der Partei oder ihres Vertreters (§ 85 Abs. 2 ZPO), grobe Nachlässigkeit i.S.d. Abs. 3 ist nicht erforderlich.

V. Überprüfung der novenrechtlichen Entscheidungen des Berufungsgerichts

Das LAG entscheidet über die Zulassung neuen Vorbringens im Urteil, wobei die Revision nicht darauf gestützt werden kann, dass neue Angriffs- und Verteidigungsmittel zugelassen wurden.[17] Jedoch ist die Rüge zulässig, das LAG habe entgegen Abs. 1 bereits erstinstanzlich korrekt zurückgewiesenes, (altes) Vorbringen unter Verstoß gegen Abs. 1 zugelassen. Die Zurückweisung von aus der Sicht des Berufungsgerichts verspätetem Vorbringen kann Gegenstand einer verfahrensrechtlichen Revisionsrüge oder Grund für die Zulassung der Revision nach §§ 72a Abs. 3 Nr. 3, 72 Abs. 2 Nr. 3 sein.

C. Beraterhinweise

Die darlegungspflichtige Partei trägt im Berufungsrechtszug die Darlegungs- und Beweislast für die Umstände, die zu einer Zulassung des erstinstanzlich möglichen, aber nicht erfolgten Vortrages führen sollen. Wird die Frage, ob eine zweitinstanzliche Verzögerung ausgelöst wird, regelmäßig vom Gericht vorab zu entscheiden sein. Bejaht das Berufungsgericht diese Frage, so ist der darlegungspflichtigen Partei rechtliches Gehör vor einer Zurückweisung zu gewähren, um ihr Gelegenheit zur Exkulpation zu geben.

Die Verletzung der allg. Prozessförderungspflicht (§ 282 ZPO) durch grob nachlässiges Unterlassen von Vortrag stellt einen anwaltlichen Kunstfehler dar, der regressträchtig ist. Ein Schaden ist aber nur bei entscheidungserheblichem unterbliebenen Vortrag vorstellbar. Daher ist der RA keineswegs gehalten, den gesamten Stoff, den die Partei für wichtig hält, in den Akten auszubreiten. Erfahrungsgemäß wirken auf das Relevante beschränkte Schriftsätze am

---

14 BVerfG 30.1.1985 – 1 BvR 99/84 – BVerfGE 69, 126.
15 BAG 5.9.1985 – 6 AZR 216/81 – AP § 4 TVG Besitzstand Nr. 1.
16 BAG 9.11.1983 – 5 AZR 355/81 – BAGE 44, 242.
17 BVerfG 26.1.1995 – 1 BvR 1068/93 – AP § 67 ArbGG 1979 Nr. 3.

besten. Eine Unsitte und zudem vergeblich ist es, am Ende von Schriftsätzen mit einer salvatorischen Klausel um Hinweise des Gerichts zu bitten. § 139 Abs. 2 ZPO ist ebenso von Amts wegen zu beachten wie der RA den Prozessstoff in eigener Kompetenz zu bewältigen hat. Auch die Erfolgsaussichten einer Rüge der Verletzung des Anspruchs auf rechtliches Gehör (§ 72a Abs. 3 Nr. 3) oder einer Anhörungsrüge (§ 78a) sind durch solche „Entlastungsklauseln" nicht zu steigern.[18]

§ 68 Zurückverweisung

Wegen eines Mangels im Verfahren des Arbeitsgerichts ist die Zurückverweisung unzulässig.

Literatur: *Bayreuther*, § 6 KSchG als Ausgangspunkt für eine allgemeine Regelung der Klageerweiterung im Kündigungsschutzprozess, ZfA 2005, 391

A. Allgemeines	1	II. Zurückverweisung nach § 538 Abs. 2 ZPO	12
B. Regelungsgehalt	3	C. Beraterhinweise	19
I. Grundsatz der Selbstentscheidung und Verbot einer Zurückverweisung wegen eines Verfahrensmangels	3		

A. Allgemeines

1 Das Verbot der Zurückverweisung wegen Verfahrensmängeln ist seit 1926 durchgehend in § 68 enthalten. Es dient dem das gesamte arbeitsgerichtliche Verfahren beherrschenden Gebot der Verfahrensbeschleunigung, § 9 Abs. 1. Ergänzt wird die Bestimmung durch die Prüfungsbeschränkungen im zweiten Rechtszug des § 65.

2 Im Beschwerderechtszug des Beschlussverfahrens findet § 68 keine Anwendung. Vielmehr ist dort gem. § 91 Abs. 1 S. 2 jegliche Zurückverweisung unzulässig, nicht nur die bei Verfahrensmängeln. Im Beschwerdeverfahren gilt nach § 78 S. 1 § 572 ZPO; gem. § 572 Abs. 3 kann bei begründeter Beschwerde das LAG dem ArbG, von dem die beschwerende Entscheidung stammt, die erforderliche Anordnung übertragen.

B. Regelungsgehalt

I. Grundsatz der Selbstentscheidung und Verbot einer Zurückverweisung wegen eines Verfahrensmangels

3 Bis 31.12.2001 schloss § 68 die Anwendung des § 539 ZPO a.F. aus. Seit dem 1.1.2002 ist jedoch das Zurückverweisungsrecht des Berufungsverfahrens vor den Zivilgerichten neu geregelt. Nunmehr hat auch das Berufungsgericht der Ziviljustiz grds. die notwendigen Beweise zu erheben und in der Sache selbst zu entscheiden (§ 538 Abs. 1 ZPO). Die Möglichkeiten, den Rechtsstreit an das erstinstanzliche Zivilgericht zurückzuverweisen sind strenger gefasst und fast durchgängig von einem Parteiantrag abhängig gemacht worden (§ 538 Abs. 2 ZPO).

Zivilprozessordnung vom 30.1.1877, RGBl I S. 83, BGBl III 310-4, in der Fassung der Bekanntmachung vom 5.12.2005, BGBl I S. 3202, zuletzt geändert durch Gesetz zur Änderung des Wohnungseigentumsgesetzes und anderer Gesetze vom 26.3.2007, BGBl I S. 370, 376.

ZPO § 538 – Zurückverweisung

(1) Das Berufungsgericht hat die notwendigen Beweise zu erheben und in der Sache selbst zu entscheiden.
(2) Das Berufungsgericht darf die Sache, soweit ihre weitere Verhandlung erforderlich ist, unter Aufhebung des Urteils und des Verfahrens an das Gericht des ersten Rechtszuges nur zurückverweisen,
1. soweit das Verfahren im ersten Rechtszuge an einem wesentlichen Mangel leidet und auf Grund dieses Mangels eine umfangreiche oder aufwändige Beweisaufnahme notwendig ist,
2. wenn durch das angefochtene Urteil ein Einspruch als unzulässig verworfen ist,
3. wenn durch das angefochtene Urteil nur über die Zulässigkeit der Klage entschieden ist,
4. wenn im Falle eines nach Grund und Betrag streitigen Anspruchs durch das angefochtene Urteil über den Grund des Anspruchs vorab entschieden oder die Klage abgewiesen ist, es sei denn, dass der Streit über den Betrag des Anspruchs zur Entscheidung reif ist,
5. wenn das angefochtene Urteil im Urkunden- oder Wechselprozess unter Vorbehalt der Rechte erlassen ist,

---

18 BAG 31.8.2005 – 5 AZN 187/05 – AP § 72a ArbGG 1979 Nr. 7.

6. wenn das angefochtene Urteil ein Versäumnisurteil ist oder
7. wenn das angefochtene Urteil ein entgegen den Voraussetzungen des § 301 erlassenes Teilurteil ist und eine Partei die Zurückverweisung beantragt. ²Im Fall der Nummer 3 hat das Berufungsgericht sämtliche Rügen zu erledigen. ³Im Fall der Nummer 7 bedarf es eines Antrags nicht.

§ 68 schließt für das arbeitsgerichtliche Verfahren eine Zurückverweisung nach § 538 Abs. 2 S. 1 Nr. 1 ZPO aus. Das lässt dem Berufungsgericht keine Entscheidungsfreiheit, der Verlust einer fehlerfreien Instanz ist vom Gesetzgeber so ausdrücklich vorgesehen. Die Vorschrift unterstreicht nicht nur den Beschleunigungsgrundsatz des § 9 Abs. 1, sondern, im Umkehrschluss, dass das LAG im Zweifel auch umfangreiche oder aufwändige Beweisaufnahmen durchzuführen hat, auch wenn diese bei korrektem erstinstanzlichen Verfahren schon von dem ArbG hätten durchgeführt werden müssen.

Das Zurückverweisungsverbot gilt auch bei schwersten Verfahrensverstößen, also auch, wenn gegen elementare Verfahrensnormen oder Verfassungsnormen verstoßen wurde. So z.B bei:
– Verstoß gegen das Gebot des gesetzlichen Richters, Art. 101 Abs. 1 S. 2 GG (falsche Besetzung der Richterbank, Urteil ist von einem dazu nicht mehr befugten Richter unterschrieben worden),[1]
– Verstoß gegen Gebot des rechtlichen Gehörs, Art. 103 Abs. 1 GG (grobe Verstöße gegen die Aufklärungspflicht nach § 139 ZPO, Überraschungsentscheidungen, Tenorierung über die gestellten Anträge hinaus, Behandlung von streitigem Vortrag als unstr.),
– Tenorierung, die keinen vollstreckbaren Inhalt erkennen lässt,
– Verstößen des ArbG gegen den Gleichheitssatz des Art. 3 GG in der Ausprägung des prozessualen Gleichbehandlungsgrundsatzes,
– fehlenden Entscheidungsgründen oder nicht innerhalb von fünf Monaten nach Verkündung schriftlich niedergelegter und unterschriebener Urteilsfassung mit Tatbestand und Entscheidungsgründen.[2] Zwar muss in diesem Fall davon ausgegangen werden, dass die verspätet abgesetzten Entscheidungsgründe nicht mehr dasjenige wiedergeben, was bei der Beratung Grundlage der Entscheidung gewesen ist. Dies ist aber kein Verfahrensmangel, der die Zurückverweisung erlaubt. Nur die Revisionsinstanz kann in diesem Fall zurückverweisen, § 72 Abs. 5 i.V.m. § 547 Nr. 6, § 563 Abs. 1 ZPO. Dagegen hat das LAG als Gericht der zweiten Tatsacheninstanz selbst zu ermitteln und zu entscheiden.

Allg. wird eine Ausnahme vom Zurückverweisungsverbot zugelassen, wenn ein erstinstanzlicher Verfahrensmangel von der Berufungsinstanz nicht mehr korrigiert werden kann.[3] Als solche zweitinstanzlich nicht behebbaren Verfahrensmängel sind angesehen worden:
– Wenn das ArbG ein str. Urteil verkündet hat, obwohl der Erlass eines Versäumnisurteils beantragt worden war. Über den so nicht beschiedenen Antrag kann nur das ArbG entscheiden.[4]
– Wenn das ArbG den Antrag auf nachträgliche Zulassung nicht beschieden, sondern nur zur Hauptsache erkannt hat. Dabei kommt es nicht darauf an, ob das ArbG den Antrag übersehen oder angenommen hat, ein Fall der Versäumung der Klagefrist liege überhaupt nicht vor. Nur das ArbG kann über den Hilfsantrag auf nachträgliche Zulassung der Künd-Schutzklage entscheiden. Auch im Einverständnis der Parteien kann das LAG die Entscheidung hierüber angesichts des klaren Wortlauts von § 5 KSchG nicht an sich ziehen.[5] Das Gleiche gilt, wenn der Antrag, weil erst das LAG die Fristversäumnis erkennt, erst in der Berufungsinstanz gestellt wird. Daher ist durch Urteil die Entscheidung des ArbG aufzuheben, mit Bindungswirkung die Verspätung der Künd-Schutzklage festzustellen und das ArbG bindend anzuweisen, über den Antrag auf nachträgliche Zulassung der Künd-Schutzklage zu entscheiden.

Nach § 6 S. 2 KSchG in der bis zum 31.12.2003 gültigen Fassung sollte das ArbG den Kläger eines Künd-Schutzprozesses darauf hinweisen, dass er, wenn die Klage die Frist des § 4 KSchG wahrte, auch außerhalb der Drei-Wochen-Frist noch die Sozialwidrigkeit der Künd geltend machen kann. Unterblieb dieser arbeitsgerichtliche Hinweis, so sollte nach bisher überwiegender Meinung die Zurückverweisung möglich sein.[6]

Diese Auff. ist systematisch falsch. Die Lösung des Problems ist vielmehr im Novenrecht zu suchen. Da gem. § 6 KSchG nunmehr für alle gegen eine Künd gerichteten Klagen die Drei-Wochen-Frist gilt mit der Möglichkeit, weitere Unwirksamkeitsgründe bis zum Schluss der mündlichen Verhandlung erster Instanz geltend zu machen, stellt § 6

---

[1] LAG Sachsen 10.11.1999 – 2 Sa 265/99 – NZA-RR 2000, 609.
[2] GmS OGB 27.4.1993 – GmS-OGB 1/92 – BVerwGE 92, 367.
[3] GK-ArbGG/*Vossen*, § 68 Rn 12, Germelmann u.a., § 68 Rn 5 ff.; *Hauck*, § 68 Rn 4.
[4] LAG Rheinland-Pfalz 4.3.1997 – 6 Sa 1235/96 – NZA 1997, 1071.
[5] LAG Hamm 11.8.1970 – 3 Sa 361/70 – NJW 1970, 2229; LAG Berlin 23.8.1988 – 3 Sa 43/88 – LAGE § 5 KSchG Nr. 38.
[6] *Germelmann u.a.*, § 68 Rn 6a; GK-ArbGG/*Vossen*, § 68 Rn 16 jeweils unter Berufung auf BAG 30.11.1961 – 2 AZR 295/61 – BAGE 12, 75.

KSchG eine prozessuale Präklusionsvorschrift dar: Alle Unwirksamkeitsgründe müssen abschließend vor dem ArbG, also in erster Instanz, geltend gemacht worden sein. Hat jedoch das ArbG darauf nicht nach § 6 S. 2 KSchG hingewiesen, so beruht die Versäumung entsprechenden Vorbringens nicht allein auf einem Verschulden der Partei, sondern geht auf einen Fehler des ArbG wenigstens mit zurück. Daher ist das Vorbringen solcher neuer Angriffs- und Verteidigungsmittel nach § 67 Abs. 4 (ausnahmsweise) auch noch in der Berufungsinstanz möglich.[7]

11 Da die Geltendmachungsfrist nunmehr für alle Künd-Gründe, auch für solche außerhalb des KSchG, auf drei Wochen und danach auf den Schluss der mündlichen Verhandlung vor dem ArbG begrenzt wurde, wäre es systematisch falsch, nur wegen der Verletzung der arbeitsgerichtlichen Hinweispflicht die erste Instanz nochmals im Wege der Zurückverweisung zu eröffnen. Dies umso mehr, als wesentlich gravierendere Verstöße, sogar solche gegen Grundrechte, die Möglichkeit der Zurückverweisung nicht eröffnen sollen.

II. Zurückverweisung nach § 538 Abs. 2 ZPO

12 Grds. gelten die Nr. 2 bis 7 des § 538 Abs. 2 ZPO infolge der Verweisung in § 64 Abs. 6 auch für das arbeitsgerichtliche Berufungsverfahren. Dabei sind aber wegen der Besonderheiten des Arbeitsgerichtsprozesses erhebliche Modifikationen zu berücksichtigen:

13 Für alle notwendigen Zurückverweisungen nach § 538 ZPO gilt, dass das Berufungsgericht immer selbst entscheiden kann, ob es – mit Ausnahme von § 538 Abs. 2 S. 1 Nr. 7 ZPO – eines Verweisungsantrages bedarf und ob im Falle der Zurückverweisung die Entscheidung des ArbG im Umfang der Zurückverweisung aufzuheben ist. Auch die sog. Nebenentscheidungen zu Kosten und Streitwert sind vom ArbG in diesem Fall neu und unter Beachtung von § 8 GKG zu bescheiden.

14 Hat das arbeitsgerichtliche Urteil – auch ohne mündliche Verhandlung, § 341 Abs. 2 ZPO – den Einspruch gegen ein Versäumnisurteil als unzulässig verworfen, so überprüft das LAG nur, ob der Einspruch zulässig gewesen ist oder zu Recht als unzulässig verworfen wurde. Im ersteren Fall darf das LAG, wenn ein entsprechender Verweisungsantrag gestellt wurde, und es nicht gem. § 538 Abs. 1 ZPO selbst entscheiden will, den Rechtsstreit zur materiellen Überprüfung durch das ArbG zurückverweisen. Dagegen hat das ArbG materiell entschieden, wenn es einer Künd-Schutzklage z.B. wegen mangelnder BR-Anhörung stattgegeben hat; sieht das LAG dies anders, so kann es nicht zurückverweisen, sondern muss seinerseits die übrigen Künd-Gründe behandeln.[8]

15 Eine Zurückverweisung kommt auch in Betracht, wenn das ArbG die Klage als unzulässig abgewiesen hatte (§ 538 Abs. 2 S. 1 Nr. 3 ZPO). Tragender Entscheidungsgrund muss dabei die abgelehnte Klagezulässigkeit sein, z.B. mangels eines Feststellungsinteresses i.S.v. § 256 Abs. 1 ZPO. Dies gilt allerdings nicht im Falle eines Zwischenurteils über die Klagezulässigkeit, § 280 ZPO, das im Betreff des Rechtsmittels als Endurteil anzusehen ist (§ 280 Abs. 2 S. 1 ZPO). Wurde durch Zwischenurteil die Klage als zulässig befunden und ist das LAG insoweit a.A., so hat es die Klage selbst als unzulässig abzuweisen. § 538 Abs. 2 S. 1 Nr. 3 ZPO ist auch heranzuziehen, wenn das ArbG einen wirksamen Prozessvergleich bejaht hat, weil es auch in diesem Fall eine sachliche Prüfung der geltend gemachten Ansprüche nicht vorgenommen hat.[9]

16 Eine Zurückverweisung im Falle eines Grundurteils (§ 538 Abs. 2 S. 1 Nr. 4 ZPO) oder eines Urteils im Urkunden- oder Wechselprozess (§ 538 Abs. 2 S. 1 Nr. 5 ZPO) kommt nicht in Betracht, weil die Berufung gegen ein Grundurteil gem. § 61 Abs. 3 unzulässig ist und das Arbeitsverfahren den Urkunden- und Wechselprozess (§§ 592 bis 605a ZPO) gem. § 46 Abs. 2 S. 2 nicht kennt.

17 Zurückverwiesen werden kann auf Antrag auch im Fall der Berufung nach § 64 Abs. 2 lit. d, weil auch hier das ArbG nicht in der Sache selbst entschieden hat. Entsprechend besteht eine Zurückverweisungsmöglichkeit bei Berufung gegen ein Anerkenntnisurteil, wenn das ArbG zu Unrecht von einem Anerkenntnis ausgegangen ist oder aber das Anerkenntnis wirksam widerrufen wurde. Auch dann ist das Urteil allein aus prozessualen Gründen ergangen.[10]

18 Hat das ArbG entgegen den Voraussetzungen des § 301 Abs. 1 ZPO ein Teilurteil erlassen, also über einen nicht teilbaren Anspruch gleichwohl durch Teilurteil entschieden, so kann ohne Verweisungsantrag vom LAG zurückverwiesen werden. Wegen § 68 ist aber auch hier von der Zurückverweisungsmöglichkeit nur dann Gebrauch zu machen, wenn der Mangel zweitinstanzlich nicht behoben werden kann. Erlässt z.B. das ArbG ein Teilurteil, dem nicht entnommen werden kann, über welchen Teil eines Anspruchs oder über welchen Anspruch entschieden worden ist, kann dies regelmäßig noch im Berufungsrechtszug geklärt werden.[11] Dagegen ist die Aufspaltung eines an sich unteilbaren Stoffes in der Berufungsinstanz nicht mehr rückgängig zu machen. Daher kommt die Zurückverweisung in Betracht, wenn das ArbG ausdrücklich nur über einen späteren Beendigungstatbestand im Bestandsschutzprozess

---

7 Wie hier ErfK/*Kiel*, § 6 KSchG Rn 9.
8 BAG 4.7.1978 – 1 AZR 301/77 – BAGE 30, 360.
9 BAG 18.7.1969 – 2 AZR 498/68 – AP § 794 ZPO Nr. 17.
10 *Germelmann u.a.*, § 68 Rn 20; OLG München 23.10.1990 – 5 U 3462/90 – MDR 1991, 795.
11 BAG 21.3.1978 – 1 AZR 11/76 – BAGE 30, 189; 12.8.1993 – 6 AZR 553/92 – BAGE 74, 85.

entschieden hat,[12] über Teile eines Abmahnungsvorwurfes befunden hatte[13] oder einen vom AG hilfsweise gestellten Auflösungsantrag nach § 9 KSchG nicht beschieden hatte.[14] Der Fall, dass das ArbG vom Erlass eines Teilurteils absieht, § 301 Abs. 2 ZPO, wird von § 538 Abs. 2 S. 1 Nr. 7 ZPO nicht erfasst. Verkennt jedoch das ArbG den Charakter einer Stufenklage und weist es die Klage insg. ab, weil es einen Anspruch auf Rechnungslegung nicht bejahen will, so kann das LAG, das diese Auff. nicht teilt, den Rechtsstreit zur Entscheidung über die Höhe des Anspruchs an das ArbG zurückverweisen.[15]

C. Beraterhinweise

Bei Anträgen auf Zurückverweisung ist schon wegen der Grundsatzbestimmung des § 538 Abs. 1 ZPO Zurückhaltung geboten. Das in § 68 für den Arbeitsgerichtsprozess zum Ausdruck kommende Gebot der Verfahrensbeschleunigung ist gegen den Verlust einer Instanz zum Nachteil der Partei abzuwägen. Erfahrungsgemäß ist aber gerade in Arbeitsrechtsstreitigkeiten die Neigung beider Parteien, nach über einem Jahr noch einmal von vorne anzufangen, gering. Zudem ist immer offen, ob die erste Instanz einen „Rückläufer" im zweiten Versuch geschickter bewältigt.

19

§ 69 Urteil

(1) ¹Das Urteil nebst Tatbestand und Entscheidungsgründen ist von sämtlichen Mitgliedern der Kammer zu unterschreiben. ²§ 60 Abs. 1 bis 3 und Abs. 4 Satz 2 bis 4 ist entsprechend mit der Maßgabe anzuwenden, dass die Frist nach Absatz 4 Satz 3 vier Wochen beträgt und im Falle des Absatzes 4 Satz 4 Tatbestand und Entscheidungsgründe von sämtlichen Mitgliedern der Kammer zu unterschreiben sind.
(2) Im Urteil kann von der Darstellung des Tatbestandes und, soweit das Berufungsgericht den Gründen der angefochtenen Entscheidung folgt und dies in seinem Urteil feststellt, auch von der Darstellung der Entscheidungsgründe abgesehen werden.
(3) ¹Ist gegen das Urteil die Revision statthaft, so soll der Tatbestand eine gedrängte Darstellung des Sach- und Streitstandes auf der Grundlage der mündlichen Vorträge der Parteien enthalten. ²Eine Bezugnahme auf das angefochtene Urteil sowie auf Schriftsätze, Protokolle und andere Unterlagen ist zulässig, soweit hierdurch die Beurteilung des Parteivorbringens durch das Revisionsgericht nicht wesentlich erschwert wird.
(4) ¹§ 540 Abs. 1 der Zivilprozessordnung findet keine Anwendung. ²§ 313a Abs. 1 Satz 2 der Zivilprozessordnung findet mit der Maßgabe entsprechende Anwendung, dass es keiner Entscheidungsgründe bedarf, wenn die Parteien auf sie verzichtet haben; im Übrigen sind die §§ 313a und 313b der Zivilprozessordnung entsprechend anwendbar.

Literatur: *Schaub*, Die Entscheidung des Landesarbeitsgerichts und die Verweisung auf das Urteil des Arbeitsgerichts, in: Festschrift für Hilger/Stumpf, 1983, S. 621; *Schneider, E.*, Zum notwendigen Inhalt revisibler Berufungsurteile, MDR 1981, 969

A. Allgemeines	1	III. Absetzungsfrist	6
B. Regelungsgehalt	2	IV. Unterschriftserfordernis	8
I. Verkündung des Berufungsurteils	2	V. Rechtskraft	12
II. Inhalt des Berufungsurteils	4	C. Beraterhinweise	13

A. Allgemeines

Durch das ZPO-Reformgesetz sind mit Wirkung ab 1.1.2002 dem bisherigen § 69 die Abs. 2 bis 4 hinzugefügt worden. Während im Zivilprozess die Berufung auf Fehlerkontrolle und Fehlerbeseitigung beschränkt wurde, was in § 540 ZPO n.F. grds. ein abgekürztes Urteil ermöglicht, musste für das arbeitsgerichtliche Verfahren mit der vollen Tatsachen- und Rechtsinstanz im Wesentlichen der bisherige Rechtszustand beibehalten werden. Deswegen entspricht Abs. 2 n.F. dem früheren § 543 Abs. 1 ZPO a.F., Abs. 3 dem früheren § 543 Abs. 2 ZPO a.F. Konsequenterweise ist die Anwendbarkeit des § 540 ZPO n.F. in Abs. 4 ausgeschlossen worden, wobei die Bestimmung des § 540 Abs. 2 ZPO n.F. mit Modifikationen in Abs. 4 S. 2 übernommen wurde. Insg. ist die gesetzliche Regelung jedoch mit dem Gemenge aus eigenständigen Regelungen, Verweisungen auf die Vorschriften des arbeitsgerichtlichen Urteils und Bezugnahmen auf die ZPO unübersichtlich geworden und bietet Anlass zu Missverständnissen.

1

---

12 LAG Düsseldorf 28.2.1997 – 15 Sa 1738/96 – LAGE § 4 KSchG Nr. 35.
13 LAG Düsseldorf 13.8.1987 – 5 Sa 750/87 – LAGE § 611 BGB Abmahnung Nr. 8.
14 LAG Rheinland-Pfalz 10.7.1997 – 11 Sa 1144/96 – NZA 1997, 1071.
15 BGH 22.5.1981 – I ZR 34/79 – NJW 1982, 235.

B. Regelungsgehalt
I. Verkündung des Berufungsurteils

2 Abs. 1 S. 2 verweist auf die Regelungen zur Verkündung des erstinstanzlichen Urteils, § 60 Abs. 1 bis 3. Danach gilt auch im Berufungsrechtszug, dass i.d.R. kein besonderer Verkündungstermin anberaumt, sondern das Urteil am Schluss der Sitzung (§ 136 Abs. 4 ZPO) verkündet werden soll (§ 60 Abs. 1 S. 1). Auf die Mitteilung der wesentlichen Entscheidungsgründe kann bei der Verkündung verzichtet werden, wenn beide Parteien abwesend sind (§ 60 Abs. 2); wird die Verkündung ohne die ehrenamtlichen Richter durchgeführt, so muss die Urteilsformel zuvor von allen am Urteil mitwirkenden Richtern unterschrieben worden sein (§ 60 Abs. 3).

3 Die Anberaumung eines besonderen Verkündungstermins muss begründbar sein. Das Gesetz nennt eine „insbesondere" in Betracht zu ziehende Begründung: weil die Beratung nicht mehr am Tag der Verhandlung stattfinden kann. Ein anderer, häufiger Grund wird die vereinbarte Widerrufsfrist für einen vor dem Berufungsgericht geschlossenen Vergleich sein. Der Verkündungstermin ist innerhalb von drei Wochen anzusetzen (§ 60 Abs. 1 S. 2). Nur aus wichtigem Grund, insb. in Anbetracht des Umfangs oder der Schwierigkeit der Sache, kann der Verkündigungstermin auch später gelegt werden. Das gilt auch für ein Urteil nach Aktenlage (§ 60 Abs. 1 S. 3). Da das Urteil dann bei der Verkündung in vollständiger Form abgefasst sein muss (§ 60 Abs. 4 S. 2), verkürzt sich die Frist zur Absetzung eines Urteils also bei Anberaumung eines Verkündungstermins im Regelfall erheblich. „Vollständig abgefasst" bedeutet nämlich im Berufungsrechtszug, dass das Urteil nebst Tatbestand und Entscheidungsgründen von sämtlichen Mitgliedern der Kammer unterschrieben ist (Abs. 1 S. 1). § 60 Abs. 1 S. 2 und § 60 Abs. 4 S. 2 stellen aber lediglich Ordnungsvorschriften dar, deren Verletzung nicht zur Unwirksamkeit der Verkündung führt.[1]

II. Inhalt des Berufungsurteils

4 Nach § 64 Abs. 6 i.V.m. §§ 525, 313 ZPO ist das Berufungsurteil im arbeitsgerichtlichen Verfahren grds. in Langform, also mit Rubrum, Tenor, Tatbestand und Entscheidungsgründen abzufassen. Die (neue) Abkürzungsmöglichkeit des § 540 Abs. 1 ZPO ist nicht anzuwenden (Abs. 4 S. 1).

5 Entgegen der (missglückten) Bestimmung des Abs. 2 liegt es nicht im Ermessen des Berufungsgerichts, ob es von der Darstellung des Tatbestandes und ggf. auch von der Darstellung der Entscheidungsgründe absieht. Nach Abs. 3 muss im Fall der statthaften Revision das Urteil jedenfalls einen Tatbestand haben, der eine gedrängte Darstellung des Sach- und Streitstandes enthalten soll und mit Bezugnahmen auf das angefochtene Urteil sowie auf (konkrete!) Aktenstücke arbeiten darf, soweit hierdurch die Beurteilung des Parteivorbringens durch das Revisionsgericht nicht wesentlich erschwert wird. Der Tatbestand ist jedoch nicht nur dann nötig, wenn das LAG in der Urteilsformel die Revision zugelassen hat (§ 64 Abs. 3a), sondern auch dann, wenn es nur unsicher ist, ob ein Rechtsmittel gegen das Urteil zulässig ist.[2] Denn § 313a Abs. 1 S. 1 ZPO, auf den Abs. 4 S. 2 Hs. 2 verweist, sieht den Tatbestand erst dann als entbehrlich an, wenn ein Rechtsmittel gegen das Urteil unzweifelhaft nicht zulässig ist. Da das arbeitsgerichtliche Verfahren die Beschwerde gegen die Nichtzulassung der Revision kennt (§ 72a), kann im Zeitpunkt des Abfassens des Berufungsurteils nur dann auf den Tatbestand nach § 313a Abs. 1 S. 1 verzichtet werden, wenn die beschwerten Parteien auf die Revision zuvor verzichtet haben.[3] In diesem Fall bedarf es auch keiner Entscheidungsgründe, wenn die Parteien auf sie (ebenfalls) verzichtet haben (Abs. 4 S. 2 Hs. 1 i.V.m. § 313a Abs. 1 S. 2 ZPO). Daher bleibt es im Ergebnis bis auf die Ausnahme des Revisionsverzichts dabei, dass das Berufungsurteil mit Tatbestand und Entscheidungsgründen abzusetzen ist, wobei die Erleichterungen des Abs. 3 erst recht für den Fall gelten, dass die Statthaftigkeit einer Revision noch ungewiss ist (Nichtzulassung mit Beschwerdemöglichkeit nach § 72a). Enthält ein Berufungsurteil entgegen diesen Regelungen keinen Tatbestand, ist es im Revisionsverfahren ohne Weiteres aufzuheben.[4]

Diese Grundsätze gelten auch dann, wenn das Berufungsurteil einen Tatbestand enthält, dieser aber derart unvollständig ist, dass eine Überprüfung der Revisionsangriffe nicht möglich ist. Das kann bei Lückenhaftigkeit, Widersprüchlichkeit oder Unverständlichkeit der Fall sein.[5] Auch ohne Rüge ist das Berufungsurteil dann aufzuheben und die Sache an das LAG zurückzuverweisen.[6]

Für das Versäumnis-, Anerkenntnis- und Verzichtsurteil des LAG gilt § 313b ZPO entsprechend (Abs. 4 S. 2 Hs. 2). Außerdem gilt durch die Verweisung in § 64 Abs. 7 für das Berufungsverfahren auch § 61 Abs. 2 und 3. Auf die dortige Kommentierung wird verwiesen.

---

1 BAG 16.5.2002 – 8 AZR 412/01 – AP Art. 101 GG Nr. 61; BAG 25.9.2002 – 8 AZR 472/02 – AP § 22, 23 BAT-O Nr. 26.
2 BAG 18.5.2006 – 6 AZR 627/05 – AP § 15 KSchG 1969 Ersatzmitglied Nr. 2.
3 St. Rspr., vgl. zuletzt BAG 19.6.2007 – 2 AZR 599/06 – AP § 313 ZPO Nr. 15 m.w.N.
4 BAG 17.6.2003 – 2 AZR 123/02 – AP § 543 ZPO 1977 Nr. 13.
5 BGH 10.2.2004 – VI ZR 94/03 – BGHZ 158, 60.
6 BGH 26.6.1963 – IV ZR 273/62 – BGHZ 40, 84.

Nach § 563 Abs. 2 ZPO muss das LAG bei einer zurückverwiesenen Sache die rechtliche Beurteilung des BAG zugrunde legen, die zur Aufhebung seiner Erstentscheidung führte.[7]

III. Absetzungsfrist

Nach Abs. 1 S. 2 i.V.m. § 60 Abs. 4 S. 3 muss das Urteil, welches nach dem Schluss der mündlichen Verhandlung verkündet worden ist, in vollständiger schriftlicher Fassung innerhalb von vier Wochen nach Verkündung der Geschäftsstelle übergeben worden sein. „Vollständig" bedeutet die endgültige, von allen drei Richtern unterschriebene Fassung. Kann dies ausnahmsweise nicht geschehen, weil der Richter, der das Urteil abzusetzen hat, erkrankt oder ein ehrenamtlicher Richter nicht innerhalb der Frist erreicht werden kann, muss das Urteil ohne Tatbestand und Entscheidungsgründe, nur vom Vorsitzenden unterzeichnet, der Geschäftsstelle übergeben werden. Sodann ist das Urteil unverzüglich vollständig abzufassen und von sämtlichen Mitgliedern der Kammer zu unterschreiben (Abs. 1 S. 2 Hs. 2).

Die unverzügliche Absetzung des Urteils mit Tatbestand und Entscheidungsgründen ist geboten, weil eine Tatbestandsberichtigung längstens binnen dreier Monate seit Verkündung des Urteils beantragt werden kann, § 320 Abs. 2 S. 3 ZPO. Gelangt innerhalb von fünf Monaten nach Verkündung das schriftlich niedergelegte und von den Richtern unterschriebene Urteil nicht zur Geschäftsstelle, ist es als Urteil ohne Gründe anzusehen, § 547 Nr. 6 ZPO.[8] Da das Erinnerungsvermögen von (Berufungs-)Richtern auch am Wochenende abnimmt, liegt eine Fristüberschreitung auch vor, wenn der letzte Tag der Fünf-Monats-Frist auf einen Sonnabend oder Feiertag fällt und das unterschriebene Urteil erst am folgenden Werktag der Geschäftsstelle übergeben wird.[9] Allein in der Überschreitung der Fünf-Monats-Frist zur vollständigen Absetzung des Urteils liegt kein Grund für die Zulassung der Revision im Wege der Divergenzbeschwerde.[10] Dafür steht seit 1.1.2005 die sofortige Beschwerde gem. § 72b zur Verfügung. Auch wenn die Entscheidungsgründe des Berufungsurteils nicht den Mindestanforderungen des § 547 Nr. 6 ZPO entsprechen, ist es „vollständig abgefasst". Dafür genügt, dass es den formalen Anforderungen der §§ 313 bis 313b ZPO, § 69 ArbGG entspricht.[11]

IV. Unterschriftserfordernis

Gem. Abs. 1 S. 1 ist das mit Tatbestand und Entscheidungsgründen abgesetzte Urteil von sämtlichen Mitgliedern der Kammer (die am Urteil mitgewirkt haben) zu unterschreiben. Eine fehlende Unterschrift kann nachgeholt werden, und zwar auch noch nach Einlegung einer Nichtzulassungsbeschwerde oder (statthaften) Revision.[12] Die Urteilszustellung muss aber wiederholt werden, da bei fehlender Unterschrift eine wirksame Urteilszustellung nicht erfolgt ist.[13]

Die ehrenamtlichen Richter können grds. auf den Urteilsinhalt Einfluss nehmen, das Unterschriftserfordernis bedeutet also, dass die Kammer mehrheitlich den abgefassten Tatbestand und die Begründung des Urteils akzeptiert. Hatte das BAG eine frühere Entscheidung des LAG aufgehoben und die Sache an dieses zurückverwiesen, so ist das LAG bei seiner neuen Entscheidung an die rechtliche Beurteilung, die der Aufhebung zugrunde lag, gebunden.[14] Ein in Einzelfragen überstimmter Beisitzer darf die Unterschrift unter das Urteil nicht verweigern, anderenfalls verstößt er gegen seine Dienstpflichten als ehrenamtlicher Richter (§ 195 GVG).

Das Unterschriftserfordernis gilt nur für das vollständige Urteil, die Unterzeichnung des verkündeten Tenors gebietet Abs. 1 S. 1 nicht. Sie ist aber sinnvoll, weil im Bedarfsfall für eine vollstreckbare Kurzausfertigung die Unterschriften aller Richter schon eingeholt sind und außerdem dadurch nachgewiesen wird, dass das verkündete Urteil mit diesem Inhalt auch so beraten worden ist.

Ist ein Richter verhindert, so ist dies unter Angabe des Verhinderungsgrundes vom Vorsitzenden unter dem Urteil (also nach der Rechtsmittelbelehrung)[15] zu vermerken. Im Falle der Verhinderung des Vorsitzenden selbst hat der dienstälteste ehrenamtliche Richter für ihn unter Angabe des Verhinderungsgrundes zu unterzeichnen (§ 315 Abs. 1 S. 2 ZPO i.V.m. § 64 Abs. 6, § 525 ZPO). Das maßgebliche Dienstalter bemisst sich nach der Dauer der Tätigkeit als Richter beim LAG. Die Verhinderungsgründe dürfen nie kurzfristiger Art sein, sie müssen endgültig (Ausscheiden aus dem Amt, Versetzung) oder von längerer Dauer (Erkrankung, längerfristige berufliche Ortsabwesenheit, längere Urlaubsreise etc.) sein. Dabei darf auf einen etwa bevorstehenden Ablauf der Fünf-Monats-Frist des § 72b nicht abgestellt werden.[16] Bei einer Verhinderung von mehr als zwei Wochen soll die Unterschrift ersetzt werden können.[17] Verstirbt der Vorsitzende, ohne dass das Urteil bereits abgesetzt ist, so kann die Entscheidung auch von

---

7 BAG 20.3.2003 – 8 AZR 77/02 – AP § 565 ZPO Nr. 23.
8 GmS OGB 27.4.1993 – Gms-OGB 1/92 – BVerwGE 92, 367; BAG 17.8.1999 – 3 AZR 526/97 – AP § 551 ZPO Nr. 51; 17.2.2000 – 2 AZR 350/99 – BAGE 93, 360.
9 BAG 17.2.2000 – 2 AZR 350/99 – BAGE 93, 360.
10 BAG 20.9.1993 – 9 AZN 400/93 – AP § 72a ArbGG 1979 Nr. 28.
11 BAG 20.12.2006 – 5 AZB 35/06 – AP § 72b ArbGG 1979 Nr. 2.
12 BGH 27.10.1955 – II ZR 310/53 – BGHZ 18, 350.
13 LAG Köln 23.2.1988 – 6 Ta 28/88 – BB 1988, 768.
14 BAG 15.9.2009 – 3 AZN 404/09.
15 BAG 20.12.1958 – 3 AZR 333/56 – AP § 315 ZPO Nr. 1.
16 BAG 24.6.2009 – 7 AZN 12/09 – NZA-RR 2009, 553.
17 BAG 22.8.2007 – 4 AZN 1225/06 – AP § 315 ZPO Nr. 1.

den ehrenamtlichen Richtern begründet werden. Das Gesetz hat nicht festgelegt, dass die Urteile des LAG nur von einem Berufsrichter abgesetzt werden dürften.[18]

V. Rechtskraft

12 Die formelle Rechtskraft eines LAG-Urteils, in dem die Revision nicht zugelassen ist, tritt erst mit Ablauf der Nichtzulassungsbeschwerdefrist ein. Bei eingelegter Nichtzulassungsbeschwerde erst mit deren abschlägiger Bescheidung durch das Revisionsgericht. Dass es sich bei der Nichtzulassungsbeschwerde um einen Rechtsbehelf und nicht um ein Rechtsmittel handelt, ist ohne Belang. Etwas anderes kann nur dann gelten, wenn beide Parteien wirksam einen Verzicht auf Rechtsmittel und Rechtsbehelfe erklärt haben.[19]

C. Beraterhinweise

13 Die Rechtsmittelbelehrung des LAG muss weder über den Rechtsbehelf der Nichtzulassungsbeschwerde (§ 72a) belehren noch auf diese Möglichkeit hinweisen. Die Frist für die Einlegung dieses Rechtsbehelfs beginnt auch ohne gerichtlichen Hinweis zu laufen, § 9 Abs. 5 S. 3 betrifft nur Fristen für echte Rechtsmittel.[20]

Dritter Unterabschnitt: Revisionsverfahren

§ 72 Grundsatz

(1) [1]Gegen das Endurteil eines Landesarbeitsgerichts findet die Revision an das Bundesarbeitsgericht statt, wenn sie in dem Urteil des Landesarbeitsgerichts oder in dem Beschluß des Bundesarbeitsgerichts nach § 72a Abs. 5 Satz 2 zugelassen worden ist. [2]§ 64 Abs. 3a ist entsprechend anzuwenden.
(2) Die Revision ist zuzulassen, wenn
1. eine entscheidungserhebliche Rechtsfrage grundsätzliche Bedeutung hat,
2. das Urteil von einer Entscheidung des Bundesverfassungsgerichts, von einer Entscheidung des Gemeinsamen Senats der obersten Gerichtshöfe des Bundes, von einer Entscheidung des Bundesarbeitsgerichts oder, solange eine Entscheidung des Bundesarbeitsgerichts in der Rechtsfrage nicht ergangen ist, von einer Entscheidung einer anderen Kammer desselben Landesarbeitsgerichts oder eines anderen Landesarbeitsgerichts abweicht und die Entscheidung auf dieser Abweichung beruht oder
3. ein absoluter Revisionsgrund gemäß § 547 Nr. 1 bis 5 der Zivilprozessordnung oder eine entscheidungserhebliche Verletzung des Anspruchs auf rechtliches Gehör geltend gemacht wird und vorliegt.
(3) Das Bundesarbeitsgericht ist an die Zulassung der Revision durch das Landesarbeitsgericht gebunden.
(4) Gegen Urteile, durch die über die Anordnung, Abänderung oder Aufhebung eines Arrests oder einer einstweiligen Verfügung entschieden wird, ist die Revision nicht zulässig.
(5) Für das Verfahren vor dem Bundesarbeitsgericht gelten, soweit dieses Gesetz nichts anderes bestimmt, die Vorschriften der Zivilprozeßordnung über die Revision mit Ausnahme des § 566 entsprechend.
(6) Die Vorschriften des § 49 Abs. 1, der §§ 50, 52 und 53, des § 57 Abs. 2, des § 61 Abs. 2 und des § 63 über Ablehnung von Gerichtspersonen, Zustellung, Öffentlichkeit, Befugnisse des Vorsitzenden und der ehrenamtlichen Richter, gütliche Erledigung des Rechtsstreits sowie Inhalt des Urteils und Übersendung von Urteilen in Tarifvertragssachen gelten entsprechend.

Literatur: *Bepler,* Der schwierige Weg in die dritte Instanz, AuR 1997, 421; *ders.,* Änderungen im arbeitsgerichtlichen Verfahren durch das Anhörungsrügengesetz, RdA 2005, 65; *Büttner/Tretter,* Irrungen und Wirrungen – Die beschränkte Zulassung von Revisionen in Zivilsachen, NJW 2009, 1905; *Düwell,* Was ändert sich in den arbeitsgerichtlichen Verfahrensarten?, AiB 2000, 243; *ders.,* Das Anhörungsrügengesetz – Mehr Rechtsschutz in den arbeitsgerichtlichen Verfahren!, FA 2005, 75; *Etzel,* Die Nichtzulassungsbeschwerde wegen grundsätzlicher Bedeutung der Rechtssache, ZTR 1997, 248; *Fischer,* Nichtzulassungsbeschwerde – grundsätzliche Bedeutung – Einbeziehung späteren Prozessverhaltens, jurisPR-ArbR 32/2009 Anm. 1; *Germelmann,* Neue prozessuale Probleme durch das Gesetz zur Beschleunigung des arbeitsgerichtlichen Verfahrens, NZA 2000, 1017; *Gravenhorst,* Nicht zugelassene Revision ausnahmslos unstatthaft?, NZA 2004, 1261; *ders.,* Anhörungsrügengesetz und Arbeitsgerichtsverfahren, NZA 2005, 24; *Hauck,* Die Nichtzulassungsbeschwerde im arbeitsgerichtlichen Verfahren, NZA 1999, 925; *Kornblum,* Revisionsbegründung vor Revisionszulassung?, ZZP 2009, 327; *Lakies,* Neu ab 1. Mai 2000: Verbessertes Arbeitsgerichtsverfahren und Schriftform für die

---

18 BAG 30.4.1971 – 3 AZR 198/70 – AP § 9 ArbGG 1953 Nr. 15.
19 BAG 28.2.2008 – 3 AZB 56/07 – NZA 2008, 660.
20 BAG 9.7.2003 – 5 AZN 316/03 – AP § 72a ArbGG 1979 Nr. 49.

Beendigung von Arbeitsverhältnissen, BB 2000, 667; *Schaub*, Gesetz zur Vereinfachung und Beschleunigung des arbeitsgerichtlichen Verfahrens, NZA 2000, 344; *Treber*, Neuerungen durch das Anhörungsrügengesetz, NJW 2005, 97; *ders.*, Nachweis der Sitzungsöffentlichkeit, jurisPR-ArbR 8/2008 Anm. 3; *Wagner*, Leistungsstörungen des rechtlichen Gehörs, NZA 2009, 18.

A. Allgemeines	1
I. Das Revisionsrecht im arbeitsgerichtlichen Urteilsverfahren (§§ 72 bis 77)	1
II. Anwendbare Vorschriften	5
B. Regelungsgehalt	6
I. Revisible Entscheidungen	6
II. Nicht revisible Urteile (Abs. 4)	9
III. Die Revisionszulassung durch das LAG (Abs. 2) .	12
1. Prüfung von Amts wegen	12
2. Die Zulassungsgründe im Einzelnen	14
a) Grundsätzliche Bedeutung der Rechtsfrage (Abs. 2 Nr. 1)	14
aa) Rechtsfrage	15
bb) Klärungsfähigkeit	16
cc) Entscheidungserheblichkeit	18
dd) Klärungsbedürfnis	19
ee) Allgemeine Bedeutung	20
(1) Quantitative Bedeutung	21
(2) Bedeutung von altem Recht	22
(3) Wirtschaftliche Bedeutung	23
(4) Überregionale Bedeutung	24
b) Zulassung wegen Divergenz (Abs. 2 Nr. 2)	25
aa) Die divergenzfähigen Entscheidungen	26
bb) Fortfall der Divergenzfähigkeit	28
cc) Abweichung im Rechtssatz	29
dd) Entscheidungserheblichkeit	31
c) Zulassung wegen Verfahrensfehler (Abs. 2 Nr. 3)	34
aa) Absolute Revisionsgründe	35
bb) Verletzung des rechtlichen Gehörs ..	38
3. Die Zulassungsentscheidung des Landesarbeitsgerichts	45
a) Umfang der Zulassung	45
b) Form der Zulassungsentscheidung (Abs. 1 S. 2)	49
aa) Vorgeschichte der Gesetzesänderung	49
bb) Das geltende Zulassungsrecht	52
cc) Antrag nach Abs. 1 S. 2 und Nichtzulassungsbeschwerde	55
dd) Antrag nach Abs. 1 S. 2 und Urteilsberichtigung (§ 319 ZPO)	56
4. Wirkung der Zulassungsentscheidung	57
a) Eröffnung der Revisionsinstanz	57
b) Strikte Bindung des BAG	58
C. Verbindung zu anderen Rechtsgebieten und zum Prozessrecht	59
I. Revisionsrechtliche Vorschriften der ZPO	59
1. Subsidiäre Geltung der ZPO	59
2. Zurückweisungsbeschluss	60
3. Besonderheit zweites Versäumnisurteil	61
4. Anschlussberufung	62
5. Bezugnahme auf Begründung der erfolgreichen Nichtzulassungsbeschwerde	63
6. Verfahrensunterbrechung	64
7. Schriftliches Verfahren	65
II. Arbeitsgerichtliche Verfahrensvorschriften	66
III. Zwangsvollstreckungsrechtliche Bestimmungen .	72
D. Beraterhinweise	73

A. Allgemeines

I. Das Revisionsrecht im arbeitsgerichtlichen Urteilsverfahren (§§ 72 bis 77)

Die Revision ist ein Rechtsmittel, das der Fehlerkontrolle dient. Ein mit der Revision angegriffenes Urteil soll daraufhin überprüft werden, ob es entscheidungserhebliche materielle Rechtsfehler oder Verfahrensmängel enthält. Mit der Einlegung einer statthaften (vgl. § 74 Rn 3) Revision wird der Eintritt der Rechtskraft gehemmt, weil vor Abschluss des Rechtsmittelverfahrens noch nicht das Ergebnis der Fehlerkontrolle feststeht. Ist die Revision unzulässig, wird sie nach § 552 ZPO verworfen, ohne dass eine Sachprüfung der angefochtenen Entscheidung stattfindet (vgl. § 74 Rn 69 ff.). Ist die Revision begründet, wird das angefochtene Urteil des LAG oder das mit der Sprungrevision nach § 76 angefochtene Urteil des ArbG aufgehoben. Ist die Rechtssache zur Endentscheidung reif, ergeht nach § 563 Abs. 3 ZPO eine abschließende Sachentscheidung durch das BAG (vgl. § 75 Rn 6 ff.). Ansonsten beschränkt sich die Entscheidung auf die Kassation. Nach § 563 Abs. 1 ZPO wird dann die Sache zur neuen Verhandlung und Entscheidung an das Berufungsgericht zurückverwiesen (vgl. § 75 Rn 4 f., 14 ff.). Nach Zurückverweisung der Sache hat das Berufungsgericht gem. § 563 Abs. 2 ZPO die rechtliche Beurteilung, die der Aufhebung zugrunde gelegen hat, auch seiner Entscheidung zugrunde zu legen. Die Bindung an das zurückverweisende Revisionsurteil besteht auch bei verfassungsrechtlichen Bedenken des Berufungsgerichts.[1] Die Bindungswirkung erfasst jedoch nur aufhebende Entscheidung tragenden Gründe („ratio decendendi").[2] Insb. die vom Revisionsgericht regelmäßig dem Berufungsgericht für die erneute Verhandlung und Entscheidung erteilten Hinweise nehmen nicht an der Bindungswirkung teil.[3] Ist das aufgehobene Urteil im Wege der Sprungrevision an das BAG gelangt, so kann das BAG nach seinem Ermessen die Sache an das ArbG oder an das LAG zurückverweisen, das für eine Berufung zuständig gewesen sein würde (vgl. § 76 Rn 38).

Seit Inkrafttreten des Gesetzes zur Beschleunigung und Bereinigung des arbeitsgerichtlichen Verfahrens vom 23.5.1979[4] ist die Revision nur statthaft, wenn dieses Rechtsmittel vom LAG in seinem Urteil oder nachträglich auf-

---

1 BGH 21.11.2006 – XI ZR 347/05 – jurisPR-BGHZivilR 10/2007 Anm. 1 *Geisler*.
2 H.M. Zöller/*Gummer*, § 663 Rn 3a.
3 BFH 17.12.2007 – XI B32/07 – juris; krit. zur abweichenden Praxis einiger BAG-Senate: *Gravenhorst*, NZA 2008, 803, 804.
4 BGBl I S. 545.

grund einer Beschwerde nach § 72a vom BAG durch Beschluss zugelassen worden ist (vgl. Abs. 1). Divergenz- und Streitwertrevisionen[5] sind abgeschafft. Die Zulassung der Revision ist auch dann Voraussetzung für die Statthaftigkeit, wenn absolute Revisionsgründe i.S.v. § 547 ZPO geltend gemacht werden sollen.[6] Im arbeitsgerichtlichen Urteilsverfahren wird die Fehlerkontrolle durch das BAG daher in einem System der Zulassungsrevision ausgeübt. Eine Ausnahme gilt nur, soweit die beim Berufungsgericht unterlegene Partei mit der sofortigen Beschwerde nach § 72b das Berufungsurteil anficht, weil es nicht binnen fünf Monaten nach der Verkündung vollständig abgefasst und mit den Unterschriften sämtlicher Mitglieder der Kammer versehen der Geschäftsstelle übergeben worden ist. Dieses besondere kassatorische Rechtsmittel ist ein Fremdkörper im System der Zulassungsrevision. Es ist 2005 durch das Gesetz über die Rechtsbehelfe bei Verletzung des Anspruchs auf rechtliches Gehör, kurz: Anhörungsrügengesetz, vom 9.12.2004[7] in das ArbGG eingefügt worden, weil das BVerfG entlastet werden sollte. Es erfüllt letztlich eine verfassungsgerichtliche Aufgabe, die zur einfachgerichtlichen Aufgabe umgewidmet wurde. Denn eine landesarbeitsgerichtliche Entscheidung, in der die Revision nicht zugelassen wurde und deren vollständige Gründe erst mehr als fünf Monate nach Verkündung unterschrieben der Geschäftsstelle übergeben worden sind, kann keine geeignete Grundlage mehr für das Revisionsgericht sein, um das Vorliegen von Revisionszulassungsgründen in rechtsstaatlicher Weise zu überprüfen. Ein LAG, das ein Urteil in vollständiger Fassung erst so spät absetzt, erschwert damit für die unterlegene Partei den Zugang zu einer in der Verfahrensordnung eingeräumten Instanz in unzumutbarer, aus Sachgründen nicht mehr zu rechtfertigender Weise. Es verletzt deren Recht aus Art. 2 Abs. 1 GG i.V.m. dem Rechtsstaatsprinzip (Art. 20 Abs. 3 GG).[8]

3 Abs. 2 regelt abschließend, unter welchen rechtlichen Voraussetzungen gegen ein Urteil des LAG Revision eingelegt werden kann.[9] Die durch die ZPO-Reform im Jahr 2001 neu eingeführten §§ 543 und 544 ZPO sind auch nicht entsprechend anwendbar.

4 Seit dem Anhörungsrügengesetz, das auf den Plenarbeschluss des BVerfG vom 30.4.2003[10] zurückgeht, ist das Recht des Revisionszugangs im arbeitsgerichtlichen Verfahren wesentlich geändert. Nach Abs. 2 Nr. 3 besteht den Vorgaben des BVerfG folgend die Möglichkeit zur *„Selbstkorrektur der Fachgerichtsbarkeit bei Verstößen gegen Verfahrensgrundrechte"*. Er wird allerdings aus nahe liegenden Gründen kaum je zu einer Revisionszulassung durch das LAG führen; denn bevor ein Berufungsgericht wegen eines gravierenden Verfahrensfehlers das Rechtsmittel zulässt, wird es diesen vermeiden oder durch Wiedereintritt in die mündliche Verhandlung Gelegenheit zur Heilung geben. Praktische Bedeutung hat dieser neue Zulassungsgrund nur für das Beschwerdeverfahren nach § 72a. Aus systematischer Sicht wird hier die Grenze zum Revisionsrecht überschritten; denn es wird im Zulassungsverfahren schon ein Verfahrensfehler geprüft, obwohl das Gegenstand einer Verfahrensrüge in der Revision sein soll (vgl. § 74 Rn 54 ff.). Im Recht der Nichtzulassungsbeschwerde hat das Anhörungsrügengesetz für den Gleichlauf von Zulassungspflichten und von Beschwerdegründen gesorgt. Für die Nichtzulassungsbeschwerde wegen grundsätzlicher Bedeutung heißt das: Es kommt es nicht mehr darauf an, ob der betreffende Rechtsstreit einen der drei im Gesetz abschließend aufgezählten, kollektivrechtlichen Verfahrensgegenstände betrifft (vgl. § 72a Rn 8 ff.). Neben dem ersatzlosen Wegfall dieser früher zusätzlich erforderlichen Voraussetzung ist das Recht der Nichtzulassungsbeschwerde auch in anderer Hinsicht an das Nichtzulassungsverfahrensrecht der ordentlichen Gerichtsbarkeit angeglichen worden. Die Rechtsfolgen einer erfolgreichen Beschwerde entsprechen nunmehr der Regelung in § 544 ZPO. Nach § 72a Abs. 6 wird das erfolgreiche Beschwerdeverfahren automatisch als Revisionsverfahren fortgesetzt.[11] Es bedarf keiner Revisionseinlegung mehr. Die Revision muss allerdings begründet werden. Dazu kann, insb. bei einer auf einen Verfahrensfehler vorangegangenen Nichtzulassungsbeschwerde, die Bezugnahme auf die Beschwerdebegründung ausreichen (vgl. § 72a Rn 78).

II. Anwendbare Vorschriften

5 Soweit in den für das BAG geltenden Vorschriften des ArbGG nichts anderes bestimmt ist, sind im arbeitsgerichtlichen Revisionsverfahren die Vorschriften der ZPO über die Revision entsprechend anzuwenden, Abs. 5. Abweichende Regelungen sind insb. in § 45 hinsichtlich der Anrufung des Großen Senats, in Abs. 2 hinsichtlich der Zulassungsgründe und in § 76 Abs. 2 hinsichtlich der Zulassungsgründe für die Sprungrevision getroffen.

---

5 Vgl. hierzu im Einzelnen *Germelmann u.a.*, § 72 Rn 2.
6 BAG 20.2.2001 – 4 AZR 677/00 – BAGE 97, 63; BAG 8.10.2002 – 8 AZR 259/02 – NZA 2003, 287.
7 BGBl I S. 3220, 3222.
8 BVerfG 26.3.2001 – 1 BvR 383/00 – NJW 2001, 2161.
9 BAG 10.12.1986 – 4 AZR 384/86 – BAGE 53, 396; *Germelmann u.a.*, § 72 Rn 4; *Grunsky*, ArbGG, § 72 Rn 9.
10 BVerfG 30.4.2003 – 1 PBvU 1/02 – BVerfGE 107, 395 = NJW 2003, 1924.
11 Einzelheiten und mit Kritik an den überzogenen Anforderungen der Rspr. *Kornblum*, ZZP 2009, 327.

B. Regelungsgehalt
I. Revisible Entscheidungen

Eine Revision kommt nur in Betracht gegen Endurteile. Das sind Urteile, durch die über den Streitgegenstand oder einen Teil des Streitgegenstandes abschließend entschieden worden ist. Das können sowohl Sach- als auch Prozessurteile sein. Teil- und Ergänzungsurteile sind nach § 321 ZPO Endurteile, soweit durch sie über einen zunächst übergangenen Haupt- oder Nebenanspruch entschieden wurde. Anerkenntnis- und Verzichtsurteile sowie unechte oder zweite Versäumnisurteile sind stets revisible Endurteile.

Zwischenurteile sind nach 280 Abs. 2 ZPO nur dann revisibel, wenn sie von Gesetzes wegen „in betreff der Rechtsmittel als Endurteile anzusehen" sind. Das gilt für Zwischenurteile, die aufgrund abgesonderter Verhandlung über die Zulässigkeit der Klage ergehen (§ 280 Abs. 1 ZPO). Abweichend von § 304 ZPO ist nach § 61 Abs. 3 das Zwischenurteil über den Grund des Anspruchs „wegen der Rechtsmittel" nicht als Endurteil anzusehen. Ebenso ist ein Zwischenurteil i.S.v. § 303 ZPO, in dem nicht über einen Teil des Streitgegenstandes, sondern nur über einen innerhalb des Prozesses entstandenen, den Fortgang des Verfahrens betreffenden Streit entschieden wird, nicht selbstständig, sondern nur zusammen mit dem Endurteil anfechtbar.[12] Ein Urteil, das unter Vorbehalt der Entscheidung über die Aufrechnung ergeht, ist „in Betreff der Rechtsmittel" nach § 302 Abs. 2 ZPO als Endurteil anzusehen, so dass Revisibilität besteht.

Entscheidet das LAG in einer unrichtigen Form, also durch Zwischenurteil anstelle des an sich gebotenen Endurteils,[13] durch Beschluss statt durch Urteil oder umgekehrt, so kommt es für die Revisibilität der Entscheidung darauf an, ob die in die richtige Form gekleidete Entscheidung revisibel wäre; nur wenn dies der Fall ist und das LAG ein Rechtsmittel gegen seine Entscheidung zugelassen hat, ist die Revision ohne Weiteres statthaft. Eine Revisionszulassung erweitert allerdings nicht die Prüfungskompetenz des BAG: Wird über die nachträgliche Zulassung einer Künd-Schutzklage nicht nach § 5 Abs. 4 KSchG durch gesonderten Beschluss, sondern innerhalb des Endurteils entschieden, eröffnet eine gegen dieses Urteil zugelassene Revision nicht die revisionsgerichtliche Überprüfung der Entscheidung über den Zulassungsantrag; soweit sich die Revision hiergegen richtet, ist sie unzulässig.[14]

II. Nicht revisible Urteile (Abs. 4)

Wie nach § 542 Abs. 2 S. 1 ZPO sind auch nach Abs. 4 Berufungsurteile über die Anordnung, Abänderung oder Aufhebung eines Arrestes oder einer einstweiligen Verfügung nicht revisibel.[15] Das Verfahren über den Erlass eines Arrests oder einer einstweiligen Verfügung ist aus Gründen der Verfahrensbeschleunigung nur zweizügig ausgestaltet. Es soll bewusst keine Überprüfung durch die dritte Instanz stattfinden. Das gilt unabhängig davon, auf welchem prozessualen Weg das BAG befasst werden soll. Hat das LAG in einem derartigen Verfahren dennoch die Revision zugelassen, so ist das BAG daran nicht gebunden. Daran ändert nichts, dass in Abs. 3 geregelt ist, die Zulassungsentscheidung des LAG solle das BAG binden.[16] Abs. 3 gilt nur für Entscheidungen, welche an und für sich revisibel sind. Die Zulassungsentscheidung kann nicht bewirken, dass an sich nicht der Revision unterliegende Urteile revisibel werden.

In den nach Abs. 4 von der Revisibilität ausgenommenen Fällen wird die vom BAG zu sichernde Einheit der Rechtsordnung nicht gefährdet;[17] denn es werden nur vorläufige gerichtliche Anordnungen und Regelungen getroffen. Abweichende Entscheidungen können jeweils in der Hauptsache ergehen.

Beispiel: Wird in der Hauptsache zur Durchsetzung eines Schadensersatzanspruchs nach § 945 ZPO wegen einer zu Unrecht im Arbeitskampf erwirkten einstweiligen Verfügung ein Urteil erlassen, so ist es revisibel.[18]

Zusätzlich zu den in Abs. 4 genannten Fällen ist auch gegen solche Urteile die Revision von vornherein nicht statthaft, die mit der sofortigen Beschwerde anzufechten sind. Das sind insb. die Entscheidungen über die Kosten nach Anerkenntnis (§ 99 Abs. 2 ZPO) und die Zwischenurteile über die Berechtigung einer Zeugnisverweigerung (§ 387 Abs. 3 ZPO).

III. Die Revisionszulassung durch das LAG (Abs. 2)
1. Prüfung von Amts wegen.
Das LAG hat vor der Verkündung eines an und für sich revisiblen Urteils von Amts wegen zu überprüfen, ob es die Revision zuzulassen hat. Ein Antrag auf Zulassung der Revision ist nicht erforderlich. Ein dennoch gestellter Antrag ist als Anregung an das Gericht aufzufassen. Er muss nicht förmlich beschieden werden. Bei seiner Zulassungsentscheidung ist das Berufungsgericht an die in Abs. 2 genannten Gründe gebunden. Liegen die Zulassungsvoraussetzungen vor, muss es die Revision zulassen. Es hat keinen Spielraum.

---

12 BAG 1.12.1975 – 5 AZR 466/75 – AP § 61 ArbGG 1953 Grundurteil Nr. 2 = NJW 1976, 774; ebenso: GK-ArbGG/*Mikosch*, § 72 Rn 5 ff.; Germelmann u.a., § 72 Rn 6.
13 BAG 9.12.1955 – 2 AZR 439/54 – BAGE 2, 228.
14 BAG 25.10.2001 – 2 AZR 340/00 – EzA § 5 KSchG Nr. 33.
15 BAG 16.12.2004 – 9 AZN 969/04 – AP § 72 ArbGG 1979 Nr. 50.
16 BAG 22.1.2003 – 9 AZB 7/03 – BAGE 104, 302.
17 GK-ArbGG/*Mikosch*, § 72 Rn 12.
18 *Grunsky*, ArbGG, § 72 Rn 7; GK-ArbGG/*Mikosch*, § 72 Rn 13.

13 Die im Gesetz aufgeführten Zulassungsgründe zeigen deutlich, welchem Ziel die Zulassungsentscheidung des LAG dient: Fortentwicklung des Rechts und Erhaltung der Rechtseinheit. Es fehlt bewusst der Gesichtspunkt, für Einzelfallgerechtigkeit zu sorgen. Es ist richterliche Amtspflicht, diese gesetzlichen Zulassungsgründe zu beachten. Den Tatbestand der Rechtsbeugung (§ 339 StGB) begeht, wer vorsätzlich Verfahrensvorschriften verletzt,[19] um die eigene Entscheidung der revisionsrichterlichen Nachprüfung zu entziehen. Bedenklich, wenn auch nicht strafbar, ist, dass außergesetzliche Zulassungsgründe erfunden werden, wie z.B. die Zulassung erfolge „auf Wunsch des Klägers". Pflichtwidrig handelt auch, wer zur Abwälzung der Verantwortung die Revision zulässt.

Beispiel: Das LAG legt einen individuellen, nichttypischen Arbeitsvertrag aus. Die Auslegung unterliegt dann nur einem eingeschränkten revisionsrechtlichen Prüfmaßstab und kann daher jedenfalls keine Zulassung rechtfertigen, wenn das LAG keinen von der bisherigen Rechtsprechung abweichenden Auslegungsgrundsatz aufgestellt hat.

14 **2. Die Zulassungsgründe im Einzelnen. a) Grundsätzliche Bedeutung der Rechtsfrage (Abs. 2 Nr. 1).** Mit dem Anhörungsrügengesetz ist Abs. 2 Nr. 1 neu gefasst worden. Abweichend von den anderen Verfahrensordnungen, die auf die grds. Bedeutung der Rechtssache abstellen, muss im arbeitsgerichtlichen Urteilsverfahren eine entscheidungserhebliche „**Rechtsfrage**" grds. Bedeutung haben. Die amtliche Gesetzesbegründung weist indes aus, dass sich an der bisherigen Rechtslage trotz dieser Abweichung in der Formulierung inhaltlich nichts ändern soll. Es sollte begrifflich eine Präzisierung stattfinden: Es geht nicht um Einzelfallgerechtigkeit sondern um die Wahrung der Rechtseinheit und die Fortbildung des Rechts.[20] Damit gilt: Eine Rechtsfrage hat grds. Bedeutung, wenn die Entscheidung des Rechtsstreits von ihr abhängt (siehe Rn 14) und sie klärungsfähig (siehe Rn 15) sowie klärungsbedürftig (siehe Rn 16) ist. Zusätzlich muss die Klärung entweder von allg. Bedeutung (siehe Rn 17) für die Rechtsordnung sein oder wegen ihrer tatsächlichen Auswirkungen die Interessen der Allgemeinheit oder eines größeren Teils von ihr berühren.[21]

15 **aa) Rechtsfrage.** Was den für eine Zulassung erforderlichen Streit um eine Rechtsfrage angeht, so ist hiermit jede Frage angesprochen, die den Inhalt, den Regelungsbereich oder die Wirksamkeit einer geschriebenen oder ungeschriebenen Rechtsnorm zum Gegenstand hat. Dabei kann es ebenso um die Auslegung eines Gesetzes wie die Wirksamkeit einer Tarifnorm oder den Inhalt einer Beweisregel gehen. Entscheidend ist, dass das Revisionsgericht mit einem abstrakten, fallübergreifenden Rechtssatz zu antworten haben wird. Die Frage, ob bei der Bewertung eines individuellen Lebenssachverhalts eine nach Inhalt und Geltung unbestrittene Rechtsnorm richtig angewendet worden ist, ist demgegenüber keine Rechtsfrage i.S.v. Abs. 2 Nr. 1, sondern verlangt nur eine Anwendung von rechtlichen Obersätzen in der Form der Subsumtion.

16 **bb) Klärungsfähigkeit.** Klärungsfähig ist eine Rechtsfrage, wenn sie in der Revisionsinstanz beantwortet werden kann.[22] Das setzt voraus, dass sich die Prüfungsbefugnis des Revisionsgerichts auf diese Frage erstreckt. Die Klärungsfähigkeit ist daher in den Bindungsfällen des § 73 Abs. 2 i.V.m. § 65 und auch dann zu verneinen, wenn es zur Klärung weiterer tatsächlicher Feststellungen bedürfte, die in der Revisionsinstanz nicht mehr in den Rechtsstreit eingeführt werden können oder wenn es um nicht revisible Rechtsfragen geht. Es wird die Ansicht vertreten, es komme entgegen der Auff. des BAG nicht darauf an, ob die Rechtssache auch klärungsfähig sei. Dies müsse das LAG nicht prüfen. Es genüge, wenn dem Revisionsgericht Gelegenheit zur Beantwortung der Rechtsfrage gegeben werde.[23] Diese Literaturmeinung überschätzt die Reichweite des von der Rspr. verwendeten Begriffs der Klärungsfähigkeit. Es geht hier nur darum zu prüfen, ob das Revisionsgericht die Rechtsfrage nach dem ihm vorgegebenen Prüfungsmaßstab des Revisionsrechts überhaupt beantworten kann.[24] Das wird in der Praxis der LAG bisweilen übersehen, insb. wenn diese in nur beschränkt revisionsrechtlich überprüfbaren Ermessensentscheidungen oder bei der Auslegung atypischer Willenserklärungen die Revision zulassen.

17 Beantwortet das LAG die Rechtsfrage, ob ein Gesetz entgegen der Entscheidung des LAG verfassungswidrig ist, mit der der Ablehnung der Verfassungswidrigkeit oder einer verfassungskonformen Auslegung eines Gesetzes, so muss es die Revision regelmäßig nach Abs. 2 Nr. 1 zulassen. Es kann nicht unter dem Gesichtspunkt der Klärungsfähigkeit die grundsätzliche Bedeutung verneinen, weil dem BAG dann, wenn es von der Verfassungswidrigkeit einer Rechtsnorm ausgeht, die endgültige Entscheidung über die Verfassungswidrigkeit selbst nicht möglich ist, sondern dann eine Vorlage nach Art. 100 Abs. 1 GG erfolgen muss. Die fehlende Verwerfungsbefugnis des BAG ändert nichts daran, dass die Frage der Verfassungsmäßigkeit eines entscheidungserheblichen Gesetzes zur Prüfungsbefugnis im Revisionsverfahren gehört.[25] Wegen des Grundsatzes der Subsidiarität kann auch die Klärungsfähigkeit nicht verneint

---

19 Vgl. BGH 5.12.1996 –1 StR 376/96 – BGHSt 42, 343.
20 BR-Drucks 663/04, S. 47 unter Bezugnahme auf BAG 16.9.1997 – 9 AZN 133/97 – AP § 72a ArbGG 1979 Grundsatz Nr. 54.
21 BAG 16.9.1997 – 9 AZN 133/97 – NZA 1997, 1248; BAG 26.9.2000 – 3 AZN 181/00 – BAGE 95, 372.
22 BAG 26.6.2008 – 6 AZN 648/07 – NZA 2008, 1145, 1146.
23 *Prütting*, Die Zulassung der Revision, 1977, S. 127 f.; *Germelmann u.a.*, § 72 Rn 14.
24 Vgl. hierzu *Etzel*, ZTR 1997, 248, 254; *Hauck*, NZA 1999, 925, 926.
25 BAG 25.7.2006–3 AZN 108/06 – NZA 2007, 407.

werden, weil der von der Verfassungswidrigkeit einer Norm betroffenen Partei die Möglichkeit einer Verfassungsbeschwerde offen steht.[26]

cc) Entscheidungserheblichkeit. Von der Klärungsfähigkeit zu unterscheiden ist die Entscheidungserheblichkeit, die ebenfalls vorliegen muss, um eine Zulassung der Revision wegen grundsätzlicher Bedeutung zu rechtfertigen.[27] Hieran fehlt es, wenn das LAG zwar eine Rechtsfrage von grundsätzlicher Bedeutung aufwirft, sie aber nicht beantwortet, sondern offen lässt oder es zwar die Rechtsfrage beantwortet, aber seine Entscheidung auf mehrere voneinander unabhängige rechtliche Erwägungen stützt. Das ist insbesondere bei der Verwendung mehrer Argumentationslinien der Fall, von denen eine auf einen über den Einzelfall hinausgehenden Rechtssatz gestützt wird, während mit der anderen „hilfsweise" auf den Grundsatz von Treu und Glauben zurückgegriffen wird. Eine dritte Fallgruppe bildet das obiter dictum, mit dem „bei Gelegenheit" ein Rechtssatz aufgestellt wird, der für die ratio decendendi keine Bedeutung hat. In all diesen Fällen muss sich das Revisionsgericht schon nach der Begründung des Berufungsurteils nicht mit der nicht von der Beschwerde als grundsätzlich bezeichneten Rechtsfrage auseinander setzen.[28] Entscheidungserheblichkeit von Rechtsfragen liegt dagegen vor, wenn entweder in sämtlichen Alternativ- oder Hilfsbegründungen des Berufungsurteils jeweils eine Rechtsfrage von grundsätzlicher Bedeutung aufgeworfen und beantwortet wird, oder sämtlichen als Alternativ- oder Hilfsbegründungen bezeichneten Argumentationslinien in Wirklichkeit eine gemeinsame Rechtsfrage von grundsätzlicher Bedeutung zugrunde liegt. Immer dann, wenn das LAG durch eine nicht relativierte Beantwortung der von ihm im Berufungsurteil aufgeworfenen Rechtsfrage auf die Rechtsordnung einwirkt, muss es prüfen, ob die grundsätzliche Bedeutung der Rechtsfrage vorliegt. Dann ist es gesetzlich nach Abs. 2 Nr. 1 verpflichtet, die Überprüfung durch das Revisionsgericht zuzulassen.

dd) Klärungsbedürfnis. Eine Rechtsfrage hat nur grds. Bedeutung i.S.v. Abs. 2 Nr. 1, wenn sie klärungsbedürftig ist. Hieran fehlt es, wenn die Rechtsfrage bereits in dem vom LAG vertretenen Sinne höchstrichterlich entschieden ist und gegen die Richtigkeit dieser Entscheidung keine neuen Gesichtspunkte von einigem Gewicht vorgebracht worden sind.[29] Eine Rechtsfrage ist auch dann nicht klärungsbedürftig, wenn sie eindeutig und zweifelsfrei mithilfe des Gesetzes oder einer anderen Norm zu beantworten ist. Das LAG hat in einem solchen Fall keine Veranlassung, den Weg zum BAG zu eröffnen. Es kann dann nicht um die Öffnung des Weges zum BAG gehen, der für eine Rechtsfortbildung oder die Sicherung der Rechtseinheit erforderlich ist.[30] Die Rspr. des BSG ist noch restriktiver. Sie verneint schon dann ein Klärungsbedürfnis, wenn sich die Antwort auf die Rechtsfrage bereits anhand der zu Teilaspekten vorliegenden Rspr. ergeben kann.[31]

ee) Allgemeine Bedeutung. Ist die Rechtsfrage klärungsfähig und klärungsbedürftig, so muss sie noch eine über den Einzelfall wesentlich hinausgehende allg. Bedeutung haben. Auch dieses Erfordernis für eine Revisionszulassung ergibt sich aus der Funktion des Revisionsgerichts, die Rechtseinheit zu sichern und der Rechtsfortbildung zu dienen. Die vom LAG behandelte Rechtsfrage muss deshalb für mehr als nur für eine geringe Zahl von vergleichbaren Lebenssachverhalten wichtig sein.

(1) Quantitative Bedeutung. Die allgemeine Bedeutung setzt eine **unbestimmte Vielzahl von Fällen** voraus. Im Sinne einer „Daumenregel" ist diese Vielzahl zu bejahen, wenn die Entscheidung der Rechtsfrage zumindest für etwa zwanzig gleiche oder ähnlich liegende Arbverh Bedeutung haben.[32] Abzulehnen ist die von einigen Senaten des BAG vorgenommene Festlegung einer starren Grenze von mind. zwanzig Arbverh[33] oder mind. mehr als zwanzig Arbverh.[34] Das entspricht auch der Auslegung des § 543 Abs. 2 S. 1 Nr. 1 ZPO durch den BGH, nach der „einer Sache grundsätzliche Bedeutung zukommen kann, wenn sie Rechtsfragen aufwirft, die in einer unbestimmten Vielzahl von Fällen auftreten können, oder wenn andere Auswirkungen des Rechtsstreits auf die Allgemeinheit deren Interessen in besonderem Maße berühren".[35] Die Auflösung von Widersprüchen akademischer Lehrmeinungen ist nicht Aufgabe eines Revisionsgerichts. Einer Rechtsfrage, deren Beantwortung für einen rechtsdogmatischen Streit wichtig ist, kommt deshalb erst dann eine grds. Bedeutung i.S.v. Abs. 2 Nr. 1 zu, wenn deren Lösung auch Auswirkungen auf das Arbeitsleben oder die Arbeitsverfassung hat.

---

26 BVerfG 27.2.2009 – 1 BvR 3505/08 – NZA 2009, 509.
27 Hauck/Helml/*Hauck*, § 72 Rn 7; vgl. etwa BAG 18.8.1987 – 1 AZN 260/87 – BB 1987, 2099; BAG 28.9.1989 – 6 AZN 303/89 – BAGE 63, 58.
28 BAG 28.9.1989 – 6 AZN 303/89 – BAGE 63, 58; GK-ArbGG/*Mikosch*, § 72 Rn 23; i.E. Germelmann u.a., § 72 Rn 13.
29 BAG 3.11.1982 – 4 AZN 420/82 – BAGE 40, 274; BAG 16.9.1997 – 9 AZN 133/97 – AP § 72a ArbGG 1979 Grundsatz Nr. 54; BAG 8.9.1998 – 9 AZN 541/98 – AP § 72a ArbGG 1979 Grundsatz Nr. 56.
30 BAG 22.4.1987 – 4 AZN 114/87 – AP § 72a ArbGG 1979 Grundsatz Nr. 32; BAG 25.10.1989 – 2 AZN 401/89 – EzA

§ 72a ArbGG 1979 Nr. 56; *Prütting*, Die Zulassung der Revision, 1977, S. 134 ff.; *Grunsky*, Anm. zu AP § 72a ArbGG 1979 Grundsatz Nr. 39.
31 BSG 28.4.2004 – B 6 KA 125/03 B – RegNr. 26639 BSG-Intern (juris).
32 Ebenso ErfK/*Koch*, § 72 ArbGG Rn 13.
33 BAG 15.11.1995 – 4 AZN 580/95 – AP § 72a ArbGG 1979 Grundsatz Nr. 49; BAG 21.10.1998 – 10 AZN 588/98 – AP § 72a ArbGG 1979 Grundsatz Nr. 55 = NZA 1999, 224.
34 BAG 26.9.2000 – 3 AZN 181/00 – BAGE 95, 372; dort auch zur Substantiierungslast im Rahmen einer Nichtzulassungsbeschwerde.
35 BGH 1.10.2002 – XI ZR 71/02 – BGHZ 152, 182.

22 **(2) Bedeutung von altem Recht.** Fragestellungen, die sich aufgrund einer zwischenzeitlich geänderten Normlage in Zukunft so nicht mehr stellen werden, kommt regelmäßig keine allgemeine Bedeutung zu. Rechtsfragen, die **auslaufendes oder ausgelaufenes Recht** betreffen, kommen auch nach der st. Rspr. der anderen OGH regelmäßig keine grundsätzliche Bedeutung zu.[36] Möglich ist allerdings, dass das ausgelaufene Recht noch für einen nicht überschaubaren Personenkreis in unabsehbarer Zukunft Bedeutung haben kann, insb. weil es lediglich durch eine wort- oder doch materiell inhaltsgleiche Regelung ersetzt worden ist.[37] Nach der Rspr. des BAG kann ausgelaufenes Recht auch noch deshalb genügend bedeutsam sein, weil noch zahlreiche Auseinandersetzungen über die betreffende Rechtsnorm bei verschiedenen LAG geführt werden.[38] Dann hat das BAG nämlich noch seine Aufgabe zu erfüllen, die Arbeitsrechtseinheit zu sichern.

23 **(3) Wirtschaftliche Bedeutung.** Die Höhe des Streitwerts ist unerheblich. Für die Allgemeinheit hat es keine Bedeutung, ob die Rechtsfrage in einer Rechtssache aufgeworfen wird, die wirtschaftlich für eine der Parteien von besonderem Interesse ist.[39] Mit Abschaffung der Streitwertrevision und der Klarstellung des Gesetzgebers im Anhörungsrügengesetz, dass die Rechtsfrage und nicht die Rechtssache maßgeblich sein soll, müssen wirtschaftliche Interessen der Parteien unberücksichtigt bleiben.[40]

24 **(4) Überregionale Bedeutung.** Auch eine Rechtsfrage, die sich nur im Bezirk eines LAG stellen kann, weil es um die Anwendung von Landesgesetzen oder TV geht, die nur in seinem Bezirk gelten, hat regelmäßig keine grds. Bedeutung. Es besteht insoweit keine Gefahr für die Einheit der Arbeitsrechtsordnung.[41] Etwas anderes gilt allerdings dann, wenn es um die Anwendung von Landesgesetzen oder TV geht, die zumindest in den umstr. Passagen in mehreren Bundesländern oder Tarifbezirken gleich lautend existieren, wie z.B. Vorschriften des Personalvertretungsrechtes oder zur Altersversicherung. Hier hat die Beantwortung der Rechtsfrage Bedeutung über einen LAG-Bezirk hinaus. Schließlich kann ausnahmsweise auch einer vereinzelten Rechtsproblematik grds. Bedeutung zukommen, wenn sie aufgrund ihrer Stellung im Gesamtrechtssystem von allg. Wichtigkeit für die Rechtsordnung ist oder Anlass zu einer Rechtsfortbildung gibt.

25 **b) Zulassung wegen Divergenz (Abs. 2 Nr. 2).** Das LAG muss die Revision auch dann zulassen, wenn es mit einem in seinem Urteil aufgestellten entscheidungserheblichen Rechtssatz von einem Rechtssatz abweicht, den eines der in Abs. 2 Nr. 2 aufgezählten Gerichte aufgestellt hat.

26 **aa) Die divergenzfähigen Entscheidungen.** Abs. 2 Nr. 2 zählt die Gerichte abschließend auf, auf deren Rechtssätze es bei der Zulassung der Revision ankommen kann. Es sind dies – eingefügt durch Art. 3 des Fünften Gesetzes zur Änderung des Gesetzes über das BVerfG vom 2.8.1993[42] – das BVerfG, der Gemeinsame Senat der obersten Gerichtshöfe des Bundes und das BAG. Nur dann, wenn zu der betreffenden Rechtsfrage noch keine Entscheidung des BAG ergangen ist, kommen auch Entscheidungen einer anderen Kammer desselben LAG – nicht: der nach ihrer Ordnungsnummer identischen Kammer[43] – oder eines anderen LAG als divergenzfähig in Betracht. Sie verlieren allerdings ihre Divergenzfähigkeit dann, wenn sie vom BAG aufgehoben worden sind.[44] Von vornherein nicht divergenzfähig sind Entscheidungen der OLG oder solche des BGH.[45] Ebenso sind Entscheidungen des EuGH nicht divergenzfähig. Hier wird aber häufig eine für die Einheit der Rechtsordnung wichtige Frage von grds. Bedeutung in Rede stehen. Dann kommt eine Zulassung nach Nr. 1 in Betracht.

27 Bei den genannten Entscheidungen muss es sich um abschließende Stellungnahmen des betreffenden Spruchkörpers zu einer Rechtsfrage handeln. Nur Abweichungen von solchen rechtlichen Äußerungen gefährden die Einheit der Rechtsordnung. Deshalb sind divergenzfähig: Kammerbeschlüsse ebenso wie Plenarentscheidungen des BVerfG, Urteile des BAG im Urteilsverfahren und Beschlüsse im Beschlussverfahren sowie Beschlüsse des Großen Senats des BAG. Nicht divergenzfähig sind Entscheidungen, in denen das Gericht zwar seine Rechtsauff. schriftlich niedergelegt, sie aber letztlich zur Entscheidung eines anderen Gerichts oder Spruchkörpers gestellt hat. Solche vorläufigen Rechtsmeinungen prägen die Rechtsordnung noch nicht. Hierzu zählen z.B. Vorlagebeschlüsse an den Großen Senat des BAG,[46] an das BVerfG nach Art. 100 GG oder Vorabentscheidungsersuchen an den EuGH nach Art. 234 EG,

---

36 Vgl. BVerwG 9.12.1994 – 11 PKH 28.94 – Buchholz 310 § 132 Abs. 2 Ziff. 1 VwGO Nr. 4; BVerwG 20.12.2005 – 5 B 84.05 – juris; BVerwG 22.2.2008 – 5 B 209/07 – juris.
37 BVerwG 22.2.2008 – 5 B 209/07 – juris.
38 BAG 31.3.1993 – 7 AZN 59/93 – AP § 72a ArbGG 1979 Grundsatz Nr. 41; BAG 21.10.1998 – 10 AZN 588/98 – AP § 72a ArbGG 1979 Grundsatz Nr. 55.
39 A.A. wohl für § 160 Abs. 2 Nr. 1 SGG: BSG 28.4.2004 – B 6 Ka 75/93 B – juris.
40 BR-Drucks 663/04, S. 47 unter Bezugnahme auf BAG 16.9.1997 – 9 AZN 133/97 – AP § 72a ArbGG 1979 Grundsatz Nr. 54.
41 GK-ArbGG/*Mikosch*, § 72 Rn 24; *Germelmann u.a.*, § 72 Rn 17.
42 BGBl I S. 1142.
43 BAG 21.2.2002 – 2 AZN 909/01 – AP § 72a ArbGG 1979 Divergenz Nr. 43.
44 BAG 5.12.1995 – 9 AZN 678/95 – BAGE 81, 355.
45 BAG 21.1.1986 – 1 ABN 33/85 – AP § 72a ArbGG 1979 Divergenz Nr. 17; BAG 26.6.2001 – 9 AZN 132/01 – AP § 72a ArbGG 1979 Nr. 45; BAG 10.1.1984 – 7 AZN 573/83 – juris; GK-ArbGG/*Mikosch*, § 72 Rn 32.
46 BAG 20.8.1986 – 8 AZN 244/86 – BAGE 52, 394.

soweit es jeweils um die Rechtsfrage geht, um derentwillen die Sache vorgelegt worden ist. Ähnlich verhält es sich bei Beschlüssen in PKH-Sachen. Auch hier wird keine umfassende und abschließende Sach- und Rechtsprüfung vorgenommen; das Gericht äußert nur eine vorläufige Rechtsauff., die es bei seiner abschließenden materiell-rechtlichen Entscheidung nicht bindet.[47]

Ein Rechtssatz, der vom BAG in dem Urteil, mit dem es die Sache an das LAG zurückverwiesen hat, aufgestellt wurde, ist divergenzfähig.[48]

bb) Fortfall der Divergenzfähigkeit. Eine ursprünglich divergenzfähige Entscheidung verliert ihre Divergenzfähigkeit, wenn der darin aufgestellte Rechtssatz vor der Zulassungsentscheidung des LAG aufgeben worden ist.[49] Von einem aufgegebenen Rechtssatz kann nämlich ohne Gefahr für die Rechtseinheit abgewichen werden. Bei mehreren einander widersprechenden Entscheidungen des BAG soll nach einer älteren Entscheidung des Ersten Senats das LAG nur die jüngste Entscheidung für die Frage zu berücksichtigen haben, ob es die Revision wegen Divergenz zulässt.[50] Diese Rechtsauffassung muss überdacht werden. Angesichts des Fachsenatsprinzips der Geschäftsverteilung des BAG kann das nicht überzeugen. Solange der zuständige Fachsenat nicht eine ältere Rspr. aufgegeben hat, bleibt eine ältere Auffassung divergenzfähig. Soweit eine Rechtsfrage berührt ist, für deren Beantwortung kein einzelner Fachsenat zuständig ist, kann die Zulassung der Revision durch das LAG die BAG interne Rechtsvereinheitlichung nach § 45 einleiten.

28

cc) Abweichung im Rechtssatz. Die zweite Voraussetzung für eine Zulassung der Revision wegen Divergenz ist die Abweichung in einem Rechtssatz. Es geht nicht um eine unterschiedliche Bewertung ähnlicher Lebenssachverhalte durch verschiedene Gerichte. Entscheidend ist, ob das LAG mit einem möglicherweise auf eine Vielzahl künftiger Rechtsstreitigkeiten anwendbaren Rechtssatz über das Verständnis einer geschriebenen oder ungeschriebenen Norm, wozu auch Erfahrungssätze oder Vermutungsregeln gehören können,[51] auf die Rechtsordnung eingewirkt hat. Dies kann durch eigene Ausführungen geschehen, aber auch dadurch, dass das LAG sich Rechtsausführungen erster Instanz nach § 543 Abs. 1 ZPO zu Eigen macht.[52] Auch wenn es Rechtserkenntnisse aus anderen Urteilen oder in der Wissenschaft vertretene Literaturmeinungen zustimmend wiedergibt, stellt es Rechtssätze auf.[53] Dabei muss bei der Prüfung der Revisionszulassung ein in einem vorangegangenen Zwischen- oder Endurteil aufgestellter Rechtssatz, an den das LAG bei seiner abschließenden Entscheidung gebunden ist, wie ein Teil des Endurteils behandelt werden.[54]

29

Für die Feststellung, ob das Urteil des LAG mit einem dort aufgestellten Rechtssatz von einem abstrakten Rechtssatz in einer divergenzfähigen Entscheidung abweicht, ist weiter von Bedeutung, ob sich die beiden miteinander verglichenen Rechtssätze auf dieselbe geschriebene oder ungeschriebene Norm beziehen. Grds. beantwortet das LAG eine Rechtsfrage im Hinblick darauf, dass eine bestimmte Rechtsnorm auf den ihm vorgetragenen Lebenssachverhalt angewendet werden soll. Darüber, ob sich dieselbe Rechtsfrage auch bei Anwendung einer anderen Rechtsnorm in gleicher Weise stellt und auch so zu beantworten sein würde, und ob hierzu eine abweichende divergenzfähige Entscheidung vorliegt, hat das LAG bei seiner Entscheidung nicht zu befinden.[55]

30

Das LAG hat bei seiner Entscheidung über die Zulassung der Revision zusätzlich die Aufgabe, seinen Beitrag dazu zu leisten, dass durch seine Entscheidung die Einheit der Arbeitsrechtsordnung nicht gestört und die Fortentwicklung des Arbeitsrechts sichergestellt wird. Es muss die Revision deshalb auch dann zulassen, wenn der in der divergierenden Entscheidung aufgestellte Rechtssatz zwar zu einer anderen Norm ergangen ist, die betroffen Normen aber im Wesentlichen wortgleich sind und sich aus ihnen und dem Normzusammenhang keine Gesichtspunkte dafür erkennen lassen, dass die Normgeber unterschiedliche Regelungsabsichten hatten.[56]

dd) Entscheidungserheblichkeit. Bei voneinander abweichenden abstrakten Rechtssätzen in seinem Urteil und einer divergenzfähigen Entscheidung muss das LAG die Revision zulassen, wenn seine Entscheidung anders ausgefallen wäre, hätte es nicht den selbst aufgestellten, sondern den abweichenden Rechtssatz angewendet. Die Revision muss deshalb nicht zugelassen werden, wenn die Entscheidung des anzufechtenden Urteils auf mehreren Begründungen beruht und nur eine der Begründungen von einem divergierenden abstrakten Rechtssatz abhängig ist.[57] Die Revision muss allerdings zugelassen werden, wenn sich in jeder der nebeneinander stehenden Begründungen divergierende Rechtssätze befinden.

31

---

47 BAG 18.6.1997 – 2 AZN 333/97 – juris.
48 BAG 24.10.1988 – 4 AZN 424/88 – EzA § 72a ArbGG 1979 Nr. 54.
49 BAG 25.1.1982 – 7 AZN 481/81 – juris.
50 BAG 15.7.1986 – 1 ABN 13/86 – NZA 1986, 843.
51 Germelmann u.a., § 72 Rn 18a.
52 BAG 3.2.1981 – 5 AZN 503/80 – EzA § 72a ArbGG 1979 Nr. 26.
53 GK-ArbGG/*Mikosch*, § 72a Rn 61.
54 GK-ArbGG/*Mikosch*, § 72 Rn 25.
55 Insoweit zutreffend GK-ArbGG/*Mikosch*, § 72 Rn 28.
56 Ebenso BAG 8.12.1994 – 9 AZN 849/94 – BAGE 79, 3; BAG 20.8.2002 – 9 AZN 130/02 – BAGE 102, 205; *Germelmann u.a.*, § 72 Rn 19; a.A. GK-ArbGG/*Mikosch*, § 72 Rn 28 m.w.N.; Hauck/Helml/*Hauck*, § 72 Rn 10.
57 BAG 9.12.1980 – 7 AZN 374/80 – NJW 1981, 1687; Hauck/Helml/*Hauck*, § 72 Rn 11.

32 Für die Zulassungsentscheidung kommt es demgegenüber nicht darauf an, ob der Rechtssatz, von dem das LAG abweicht, für das divergenzfähige Urteil entscheidungserheblich war. Der divergierende Rechtssatz kann sich dort in einer Hilfsbegründung finden, es kann sich aber auch um ein obiter dictum handeln. Entscheidend ist, dass sich aus dem Gesamtzusammenhang in der abweichenden Entscheidung entnehmen lässt, dass in dem divergenzfähigen Urteil ein abstrakter, fallübergreifender Rechtssatz aufgestellt werden sollte.[58]

33 Der divergierende Rechtssatz muss sich in der Entscheidung selbst finden. Amtliche Leitsätze sind keine Bestandteile der Entscheidungen. Sie erfassen die rechtliche Problematik, wie sie in der Entscheidung gesehen worden ist, wegen der notwendigen Verkürzung oft nur ungenau. Ein divergierender Leitsatz ist deshalb nur ein Hinweis darauf, dass die Entscheidung selbst eine zulassungsrelevante Divergenz enthält.[59]

34 **c) Zulassung wegen Verfahrensfehler (Abs. 2 Nr. 3).** Das Anhörungsrügengesetz hat in Abs. 2 Nr. 3 einen neuen Zulassungsgrund geschaffen. Wie in § 160 Abs. 2 Nr. 3 SGG, § 132 Abs. 2 Nr. 3 VwGO, § 115 Abs. 2 Nr. 3 FGO sollen besonders grobe Verfahrensmängel zur Zulassung der Revision führen. Da das LAG nach Abs. 1 S. 2, § 64 Abs. 3a bereits vor Verkündung seines Urteils entscheiden muss, ob es die Revision zulässt oder nicht (vgl. Rn 49 ff.), wird es – unter der Voraussetzung, dass es den Mangel erkennt, diesen Fehler vor der Verkündung seiner Entscheidung beseitigen und nicht die Zulassung beschließen, damit das BAG diesen Mangel behebt.

35 **aa) Absolute Revisionsgründe.** Das Gesetz hat mehrere eine Zulassung bedingende Verfahrensverstöße aufgelistet, nämlich zum einen die absoluten Revisionsgründe des § 547 Nr. 1 bis 5 ZPO, also
– die nicht vorschriftsmäßige Besetzung des erkennenden Gerichts;
– die Mitwirkung eines Richters bei der Entscheidung, der von der Ausübung des Richteramtes kraft Gesetzes ausgeschlossen war, sofern dieses Hindernis nicht mittels eines Ablehnungsgesuchs erfolglos geltend gemacht worden war;
– die Mitwirkung eines Richters trotz begründeten Ablehnungsgesuchs;
– die nicht ordnungsgemäße Vertretung einer Partei, sofern diese die Prozessführung nicht ausdrücklich oder stillschweigend genehmigt hat;
– eine Entscheidung aufgrund mündlicher Verhandlung, bei der die Vorschriften über die Öffentlichkeit des Verfahrens verletzt worden sind;
– eine entscheidungserhebliche Verletzung des Anspruchs auf rechtliches Gehör (Art. 103 GG).

36 Ein Verfahrensmangel, den das Berufungsgericht nicht selbst beheben kann, ist die nicht vorschriftsmäßige Besetzung, die darauf beruht, dass bis auch sechs Monate nach dem planmäßigen Ausscheiden eines Vorsitzenden Richters aus dem richterlichen Dienst dessen Stelle noch nicht besetzt und das Präsidium entgegen § 21f Abs. 2 GVG einem Richter die Aufgabe des Vorsitzenden wegen „vorübergehender Verhinderung" übertragen hat.[60] Dieser Verfahrensfehler ist von den Präsidien der LAG zu verantworten. Die erkennende Kammer des LAG ist zur Zulassung der Revision nach Abs. 2 Nr. 3 verpflichtet, mag das auch vom Präsidium und zuständigen Ministerium als Illoyalität ausgelegt werden. Fiskalische Interessen der Justizverwaltung und Karriereaussichten entbinden nicht von der Beachtung des geltenden Rechts.

37 Bei den für eine – nachträgliche – Zulassung der Revision tauglichen absoluten Revisionsgründen, die in keiner anderen Verfahrensordnung in diesem Zusammenhang genannt werden, fällt auf, dass § 547 Nr. 6 ZPO nicht genannt wird, der absolute Revisionsgrund einer Entscheidung, die entgegen der gesetzlichen Bestimmungen nicht mit Gründen versehen ist. Aufgrund der rechtlichen Diskussion der letzten Jahre wird dieser Revisionsgrund häufig auf die besondere Fallgestaltung beschränkt, wonach ein Urteil zwar verkündet, aber nicht innerhalb von fünf Monaten mit Begründung versehen und unterschrieben von allen Richtern zur Geschäftsstelle des Berufungsgerichts gelangt ist. Diese vom Gemeinsamen Senat der Obersten Gerichtshöfe des Bundes in seinem Beschluss vom 27.4.1993[61] § 551 Nr. 7 ZPO a.F. (= § 547 Nr. 6 ZPO n.F.) zugeordnete Fallgestaltung ist zu Recht aus Abs. 2 Nr. 3 ausgenommen, weil für sie mit § 72b ein besonderes Rechtsmittel geschaffen worden ist, mit dem ausschließlich auf verspätete Urteile reagiert werden kann (siehe § 72b Rn 4). Zu beachten ist die erweiterte Auslegung; denn die st. Rspr. geht auch dann von einem Urteil ohne Gründe aus, wenn die Gründe objektiv unverständlich oder verworren sind.[62] Dem ist gleich zu setzen, wenn unklar bleibt, ob das Gericht in der Sache oder prozessual entschieden hat, oder wenn die Beweiswürdigung nach einer Beweisaufnahme fehlt.[63] Ein Urteil ohne Gründe wird ferner angenommen, wenn zur Begründung einer Entscheidung auf ein Urteil in einer anderen Sache verwiesen wird, das nicht zwischen den-

---

58 BAG 16.7.1980 – 5 AZN 9/80 – AP § 72a ArbGG 1979 Divergenz Nr. 2; BAG 17.2.1981 – 1 ABN 25/80 – AP § 72a ArbGG 1979 Divergenz Nr. 7; *Germelmann u.a.*, § 72 Rn 21 m.w.N.

59 BAG 26.3.1997 – 4 AZN 1073/96 – juris m.w.N.; GK-ArbGG/*Mikosch*, § 72a Rn 68.

60 Vgl. BSG 29.11.2006 – B 6 KA 34/06 – juris; zustimmend: *Keller*, jurisPR-SozR 8/2007 Anm. 6; BVerwG 11.7.2001 – 1 DB 20/01 – NJW 2001, 3493; BFH 21.10.1999 – VII R 15/99 – BFHE 190, 47, 53.

61 GmS-OBG 1/92 – BVerwGE 40, 363 = NJW 1972, 2035.

62 Nachweise bei *B/L/A/H*, § 547 Rn 13 ff.; Thomas-Putzo/*Reichhold*, § 547 Rn 11.

63 ArbGG/*Bepler*, § 72 Rn 28c.

selben Parteien ergangen ist und auch nicht zum Gegenstand der mündlichen Verhandlung gemacht worden war. In all diesen Fällen liegt zwar ein absoluter Revisionsgrund nach § 547 Nr. 6 ZPO, nicht aber ein Grund für eine – nachträgliche – Zulassung der Revision vor. Allerdings kann eine rechtserhebliche Verletzung des Anspruchs auf rechtliches Gehör gerügt und auf dem Weg der Nichtzulassungsbeschwerde nach § 72a die Zulassung der Revision erreicht werden.

bb) Verletzung des rechtlichen Gehörs. Mit der Erweiterung der Zulassungsgründe auf eine entscheidungserhebliche Verletzung des Anspruchs auf rechtliches Gehör hat der Gesetzgeber unmittelbar auf die Vorgaben der Plenarentscheidung des BVerfG vom 30.4.2003[64] reagiert. Er eröffnete so die Möglichkeit, einen Verstoß gegen dieses Verfahrensgrundrecht durch das LAG im Wege fachgerichtlicher Kontrolle zu korrigieren.

Das Verfahrensgrundrecht auf rechtliches Gehör verpflichtet das Gericht dazu, die Informationen einzuholen, die es von Amts wegen einholen muss, gibt den Beteiligten ein Äußerungsrecht zu den entscheidungserheblichen Tatsachen und Rechtsfragen und verpflichtet das Gericht, das Vorbringen der Beteiligten zur Kenntnis zu nehmen. „Der Einzelne soll nicht nur Objekt der richterlichen Entscheidung sein, sondern vor einer Entscheidung, die seine Rechte betrifft, zu Wort kommen, um als Subjekt Einfluss auf das Verfahren nehmen zu können. Rechtliches Gehör sichert den Parteien ein Recht auf Information, Äußerung und Berücksichtigung mit der Folge, dass sie ihr Verhalten im Prozess eigen bestimmt und situationsspezifisch gestalten können. Insb. sichert es, dass sie mit Ausführungen und Anträgen gehört werden."[65]

Als Verletzungen des Verfahrensgrundrechts auf rechtliches Gehör kommen in einem Verfahren zwischen formal gleich stehenden Parteien etwa in Betracht:
– die Zurückweisung eines Vortrags als verspätet, obwohl hierfür die gesetzlichen Voraussetzungen nicht erfüllt sind,
– eine Entscheidung vor Ablauf einer für eine Stellungnahme gesetzten Frist,
– eine Entscheidung, ohne dass die gesetzlich gebotene Ladungsfrist eingehalten wurde,[66]
– die Nichteinhaltung einer für die Einleitung einer Anhörung vorgeschriebenen Form,
– eine Säumnisentscheidung, wenn eine Partei tatsächlich nicht säumig war,
– die Übergehung eines Beweisantrags,
– eine Entscheidung auf der Grundlage einer unter Verstoß gegen § 139 ZPO nicht oder nicht rechtzeitig oder nicht ausreichend zum Gegenstand der Verhandlung gemachten rechtlichen Beurteilung, „mit der auch ein gewissenhafter und rechtskundiger Prozessbevollmächtigter nicht zu rechnen braucht",[67]
– eine Entscheidung auf der Grundlage einer für die Parteien überraschenden rechtlichen oder tatsächlichen Bewertung,
– die Entscheidung durch einen abgelehnten Richter vor Entscheidung über das Ablehnungsgesuch oder durch einen unzuständigen Richter.

Die für eine Zulassung der Revision erforderliche Entscheidungserheblichkeit der Verletzung des Anspruchs auf rechtliches Gehör liegt dann vor, wenn und soweit die Entscheidungsbegründung mit einem Begründungselement oder dessen Fehlen steht und fällt, das unter Verletzung des Rechts auf rechtliches Gehör gewonnen worden ist oder dass bei Beachtung dieses rechtlichen Gebotes mit zu berücksichtigen gewesen wäre. Enthält die Entscheidung für ihr Ergebnis eine selbstständig tragende Zweitbegründung, für die die behauptete Verletzung des Grundsatzes des rechtlichen Gehörs keine Rolle spielt, ist die Gehörsverletzung ins. nicht entscheidungserheblich; eine Zulassung der Revision unter diesem rechtlichen Gesichtspunkt ist nicht geboten. Ist das betreffende Begründungselement nur für einen von mehreren Streitgegenständen, über die das LAG zu entscheiden hatte, von Bedeutung, muss die Revision auch nur insoweit zugelassen werden.

Die Zulassung der Revision wegen Verstoßes gegen den Anspruch auf rechtliches Gehör wird regelmäßig nur nachträglich durch das BAG auf eine Nichtzulassungsbeschwerde hin in Frage kommen; denn das Berufungsgericht ist gehalten, wenn es einen Anhörungsmangel in der Beratung entdeckt, zur Heilung des Mangels die mündliche Verhandlung wieder zu eröffnen.

Es kommt nicht darauf an, ob die Verletzung des Anspruchs auf rechtliches Gehör für die Entscheidung des BAG in der Streitsache erheblich wäre, sondern darauf, ob sie für die anzufechtende Entscheidung des LAG erheblich war. Dies ist dann der Fall, wenn die bei Beseitigung des Gehörverstoßes mögliche Veränderungen in der Sachlage für das LAG im Zuge seiner Entscheidung zu einem anderen Ergebnis geführt hätte. Hinsichtlich des Prüfungsansatzes kann hier nichts anderes gelten, als für die Anforderungen an eine entscheidungserhebliche Divergenz oder die grds. Bedeutung einer klärungsfähigen Rechtsfrage. Dies ergibt sich bereits aus der Gesetzessystematik, die für die Zulassung der Revision grds. gleiche Maßstäbe anlegt an die Zulassungsentscheidung des LAG wie auch an die des BAG. Da es

---

64 1 PBvU 1/02 – BVerfGE 107, 395.
65 BVerfG 30.4.2003 – 1 PBvU 1/02 – BVerfGE 107, 395 unter C II 1 der Gründe.
66 BSG 28.4.2004 – B 11 AL 250/03 B – juris.
67 BVerfG 14.7.1998 – 1 BvR 1640/97 – BVerfGE 98, 218.

im Rahmen der Nichtzulassungsbeschwerde nur um eine Korrektur der Entscheidung des LAG, die Revision nicht zuzulassen, geht, kann in diesem Verfahren keine umfassende Überprüfung der Entscheidungserheblichkeit des Verfahrensverstoßes unter anderen rechtlichen Gesichtspunkten erfolgen. Andernfalls würde eine materielle Überprüfung der angefochtenen Entscheidung insg. in das hierfür nicht geeignete Verfahren der Nichtzulassungsbeschwerde verlagert: So ist etwa denkbar, dass ein nach den Entscheidungsgründen des LAG erhebliches Vorbringen des Beschwerdeführers unter Verstoß gegen Art. 103 GG unberücksichtigt geblieben ist, das im Wege der Nichtzulassungsbeschwerde angerufene BAG aber meint, die Entscheidung sei i.E. gleichwohl richtig, weil es bei einem vom LAG übersehenen Begründungsweg nicht auf das übergangene Vorbringen ankomme. Mit dieser Begründung kann indes nicht die Entscheidungserheblichkeit einer von den beschwerten Partei gerügten Gehörsverletzung verneint werden. Andernfalls müsste man zuvor die Verfahrensbeteiligten auf diesen anderen rechtlichen Weg hinweisen und Beschwerdeführer wie Beschwerdegegner Gelegenheit zu ergänzendem Vorbringen geben. Damit würde letztlich bereits im vorgelagerten Zulassungsverfahren die materielle Richtigkeit der Sachentscheidung überprüft.

43 Aus den bisherigen Darlegungen ergibt sich auch, dass der unterschiedliche Wortlaut der verschiedenen Verfahrensordnungen im gleichen Zusammenhang (FGO, VwGO, SGG: Verfahrensmangel, „auf dem die Entscheidung beruhen kann"; Abs. 2 Nr. 3: „entscheidungserhebliche Verletzung des Anspruchs auf rechtliches Gehör ... vorliegt") ohne Bedeutung ist. Ein entscheidungserheblicher Gehörsverstoß liegt bereits dann vor, wenn nicht ausgeschlossen werden kann, dass es bei unterbliebener Rechtsverletzung zu einer anderen Entscheidung des Berufungsgerichts gekommen wäre. Deshalb ist z.B. eine Gehörsverletzung durch Übergehung eines Beweisantritts nur dann erheblich, wenn ein Beweisergebnis, wie der den Beweis Antretende behauptet hat, eine andere Entscheidung zur Folge gehabt hätte. Die ungerechtfertigte Zurückweisung von Vorbringen ist nur von rechtlicher Bedeutung, wenn dessen Berücksichtigung im Lösungsweg des LAG am Ergebnis etwas geändert hätte. Auch die Unterschreitung einer gesetzlich gebotenen Ladungsfrist kann die nachträgliche Zulassung der Revision nur rechtfertigen, wenn dadurch entscheidungserheblicher Vortrag unterblieben ist.[68] Anders verhält es sich allerdings bei einer Rechtsverletzung durch eine Überraschungsentscheidung ohne ausreichende Gelegenheit zur Erörterung; hier wird regelmäßig nicht ausgeschlossen werden können, dass eine solche Erörterung zu einer anderen Überzeugungsbildung geführt hätte.

44 Mit der Einfügung des Zulassungsgrundes des Verstoßes gegen den Grundsatz des rechtlichen Gehörs ist der Streit um die Behandlung eines in zweiter Instanz ergangenen zweiten Versäumnisurteils in der Sache verschärft. Nach der zur alten Rechtslage vertretenen Auff. des BAG ist die Revision gegen ein zweites Versäumnisurteil in der Berufungsinstanz in jedem Fall unstatthaft, wenn sie nicht zugelassen worden ist.[69] Teile der Lit. sind dem für den Fall entgegengetreten, dass die beschwerte Partei geltend macht, sie sei in Wahrheit nicht säumig gewesen.[70] In Wirklichkeit handelt es sich um eine Verletzung des verfassungsrechtlich garantierten Anspruchs auf rechtliches Gehör, wenn gegen eine Partei, die in Wahrheit nicht säumig war, wegen ihrer Abwesenheit in der mündlichen Verhandlung ein zweites Versäumnisurteil ergangen ist. Seit Inkrafttreten des Anhörungsrügengesetzes kann mit der Nichtzulassungsbeschwerde der Unterlegene nach Abs. 2 Nr. 3, § 72a seine Rechte geltend machen. Damit ist die frühere Rechtsschutzlücke durch die Delegation verfassungsgerichtlicher Befugnisse an das BAG geschlossen.

45 **3. Die Zulassungsentscheidung des Landesarbeitsgerichts. a) Umfang der Zulassung.** Lässt das LAG die Revision gegen sein Urteil ohne jede nähere Bestimmung zu, kann jede durch sein Urteil beschwerte Partei Revision einlegen.

46 Das LAG kann die Revision aber auch nur beschränkt zulassen, z.B. nur für einen von mehreren Streitgegenständen oder für einen teilurteilsfähigen Teil eines Streitgegenstandes.[71] Die Revisionszulassung kann deshalb auf die Entscheidung über die Klageforderung oder auch über die zur Aufrechnung gestellte Gegenforderung beschränkt werden. Es ist auch zulässig, in einem Rechtsstreit über Mehrarbeitsvergütung und Auslösungsansprüche die Revision nur wegen des Auslösungsbegehrens des Klägers zuzulassen. Geht es um die Wirksamkeit einer Künd und eines hilfsweise gestellten Auflösungsantrags des AG nach § 9 KSchG, kann die Revisionszulassung beschränkt wegen des letztgenannten Streitgegenstandes erfolgen.[72] Es ist auch statthaft, die Revision nur wegen des Teils der Klageforderung zuzulassen, der möglicherweise verfallen ist. Entscheidend ist nur, dass es sich um einen tatsächlich und rechtlich selbstständigen und abtrennbaren Teil des Gesamtstreitstoffes handelt, über den in einem besonderen Verfahrensabschnitt hätte entschieden werden können, und dass eine solche Entscheidung selbstständig anfechtbar gewesen wäre.[73]

47 Problematisch ist die verbreitete Auff., die Revisionszulassung könne nicht nur auf teilurteilsfähige Streitgegenstände, sondern auch auf Teile des Prozessstoffes beschränkt werden, über die durch anfechtbares Zwischenurteil hätte

---

[68] BSG 28.4.2004 – B 11 AL 250/03 B – juris.
[69] Zuletzt BAG 22.4.2004 – 2 AZR 314/03 – NZA 2004, 871.
[70] HWK/*Bepler*, § 72 ArbGG Rn 2; *Gravenhorst*, NZA 2004, 1261.
[71] BAG 19.10.1982 – 4 AZR 303/82 – BAGE 40, 250; 18.12.1984 – 3 AZR 125/84 – BAGE 47, 355; *Germel-*
mann u.a., § 72 Rn 30; GK-ArbGG/*Mikosch*, § 72 Rn 41; zur notwendigen Form der Beschränkung der Revisionszulassung s. Rn 38ff.
[72] GK-ArbGG/*Mikosch*, § 72 Rn 44.
[73] GK-ArbGG/*Mikosch*, § 72 Rn 41 m.w.N.; *Germelmann* u.a., § 72 Rn 32 m.w.N.

entschieden werden können.[74] Soweit hiervon ausgehend eine Zulassung der Revision nur wegen des Grundes, nicht auch wegen der Höhe der Klageforderung als zulässig angesehen wird,[75] steht dem schon entgegen, dass ein Zwischenurteil über den Grund eines Anspruchs im arbeitsgerichtlichen Verfahren nach § 61 Abs. 3 nicht gesondert anfechtbar ist. Dieses Verbot kann durch eine entsprechend beschränkte Revisionszulassung nicht umgangen werden. Aber auch wegen der Teile des Streitstoffes, wegen denen ein gesondert anfechtbares Zwischenurteil an sich möglich wäre, insb., wenn es um die Zulässigkeit einer Klage geht (§ 280 Abs. 2 ZPO), scheidet eine beschränkte Revisionszulassung aus.[76] *Mikosch* weist zu Recht darauf hin, dass von einem selbstständig anfechtbaren Teil des Streitstoffes nach dem Willen des Gesetzgebers nur ausgegangen werden kann, wenn das Gericht zuvor nach § 280 ZPO verfahren ist, also eine abgesonderte Verhandlung über die Zulässigkeit der Klage angeordnet hat. Wird ohne abgetrennte Verhandlung einheitlich entschieden, fällt die Privilegierung des § 280 ZPO weg. Eine Beschränkung der Zulassungsentscheidung auf die Frage, ob die Klage zulässig ist, scheidet dann aus.[77]

48 Nach überwiegender und zutreffender Auff. ist es nicht statthaft, die Revisionszulassung nur auf bestimmte Rechtsfragen oder einzelne von mehreren konkurrierenden Anspruchsgrundlagen zu beschränken.[78] Ist dies gleichwohl geschehen, ist nicht die Revisionszulassung, sondern nur deren Beschränkung unwirksam. Die Revision ist uneingeschränkt eröffnet.[79] Etwas anderes gilt dann, wenn die vom LAG herausgestellte Rechtsfrage nur für einen bestimmten teilurteilsfähigen Teil des Rechtsstreits von Bedeutung ist. Dann bezieht sich die Beschränkung der Zulassung hierauf und ist insoweit statthaft.

49 b) **Form der Zulassungsentscheidung (Abs. 1 S. 2). aa) Vorgeschichte der Gesetzesänderung.** Bis zur Ergänzung des Abs. 1 der Vorschrift um S. 2 durch das Gesetz zur Vereinfachung und Beschleunigung des arbeitsgerichtlichen Verfahrens vom 30.3.2000[80] war lange umstr., in welcher Form die Entscheidung über die Revisionszulassung zu treffen war. Das BAG hatte in st. Rspr. für eine wirksame Revisionszulassung verlangt, dass sie mit dem Urteil verkündet worden sein müsse.[81]

50 Fehlte es an einer Verkündung der Zulassungsentscheidung, konnte dies grds. weder durch ein Ergänzungsurteil nach § 321 ZPO[82] noch mithilfe eines Berichtigungsbeschlusses nach § 319 ZPO[83] nachgeholt werden.

51 Das BVerfG kritisierte die Rspr. zur nicht reparablen Wirksamkeitsvoraussetzung der Verkündung.[84] Sie sei mit dem Gebot fairer Prozessgestaltung nicht vereinbar. Das BAG änderte seine Rspr. daraufhin, fand aber lange keine einheitliche Linie.[85]

52 bb) **Das geltende Zulassungsrecht.** Der Gesetzgeber hat für Klarheit gesorgt: Auf Grund des der vom Land Brandenburg initiierten Gesetzesantrags[86] ist mit Inkrafttreten des Arbeitsgerichtsbeschleunigungsgesetzes zum 1.5.2000 Abs. 1 um S. 2 ergänzt worden. Der neu eingefügte Satz verweist auf die Grundvorschrift über die Form der Zulassung von Rechtsmitteln in § 64 Abs. 3a. Danach hat das LAG zwingend in seine Entscheidung darüber, ob es die Revision gegen sein Urteil zulässt, gleich ob positiv oder negativ, in den zu verkündenden Urteilstenor aufzunehmen. Mit Verkündung steht damit fest, ob die Revision statthaft ist oder nur auf dem – nach des Statistik nur selten erfolgreichen – Weg über eine Nichtzulassungsbeschwerde (§ 72a) eröffnet werden kann.[87]

53 Aus dem gesetzgeberischen Ziel, bei Verkündung des Urteils zweiter Instanz Klarheit über die Möglichkeiten der Revisionseinlegung zu schaffen, folgt zugleich, dass eine Einschränkung der Revisionszulassung nur wirksam werden kann, wenn und soweit sie im Urteilstenor des landesarbeitsgerichtlichen Urteils zweifelsfrei zum Ausdruck kommt. Erst in den Entscheidungsgründen ist eine Einschränkung der Zulassung ebenso wenig rechtserheblich, wie eine weitere Einschränkung der bereits eingeschränkt tenorierten Zulassung.[88] Über den Umfang der statthaften Revision entscheidet allein die in den Entscheidungsausspruch aufgenommene Zulassungsentscheidung.

---

74 So GK-ArbGG/*Mikosch*, § 72 Rn 41; *Germelmann u.a.*, § 72 Rn 32; Hauck/Helml/*Hauck*, § 72 Rn 15.
75 *Germelmann u.a.*, § 72 Rn 32; *Grunsky*, ArbGG, § 72 Rn 12, jeweils unter Berufung auf BGH 30.9.1980 – VI ZR 213/79 – AP § 546 ZPO Nr. 9.
76 A.A. *Germelmann u.a.*, § 72 Rn 32; Hauck/Helml/*Hauck*, § 72 Rn 15; zweifelnd BAG 18.2.1986 – 1 ABR 27/84 – BAGE 51, 151.
77 GK-ArbGG/*Mikosch*, § 72 Rn 46.
78 BAG 25.3.2004 – 2 AZR 380/03 – AP § 611 BGB Kirchendienst Nr. 40 = EzA § 611 BGB 2002 Kirchliche Arbeitnehmer Nr. 3; BAG 28.8.2001 – 9 AZR 611/99 – BAGE 98, 324; BAG 9.3.1996 – 2 AZR 497/94 – AP § 626 BGB Nr. 123; *Germelmann u.a.*, § 72 Rn 33; GK-ArbGG/*Mikosch*, § 72 Rn 43; a.A. *Grunsky*, ArbGG, § 72 Rn 17; *Prütting*, Die Zulassung der Revision, 1977, S. 240.
79 BAG 21.11.1985 – 2 AZR 21/85 – AP § 1 KSchG 1969 Nr. 12; GK-ArbGG/*Mikosch*, § 72 Rn 48.
80 Arbeitsgerichtsbeschleunigungsgesetz; BGBl I S. 333.
81 Zuletzt BAG 21.8.1990 – 3 AZR 429/89 – BAGE 66, 1 m.w.N.
82 BAG 20.9.1980 – 7 AZR 338/80 – AP § 321 ZPO 1977 Nr. 1.
83 BAG 4.6.1969 – 4 AZR 418/68 – BAGE 22, 53.
84 BVerfG 15.1.1992 – 1 BvR 1184/86 – AP § 64 ArbGG 1979 Nr. 16, dem folgend: *Lißeck*, SAE 1996.
85 Zur Rspr.-Entwicklung vgl. *Bepler*, AuR 1997, 421 m.w.N.
86 BR-Drucks 312/98, S. 6, 20.
87 Zur leider abweichenden Praxis mancher LAG: *Gravenhorst*, AE 2005, 4.
88 BAG 19.3.2003 – 5 AZN 751/02 – BAGE 105, 308; BAG 5.11.2003 – 4 AZR 643/02 – BAGE 108, 239.

54 Wie die Regelung in § 64 Abs. 3a S. 2 zeigt, ist die Aufnahme der Entscheidung über die Zulassung des Rechtsmittels in den Urteilstenor konstitutiv. Fehlt es hieran, ist das Rechtsmittel nicht eröffnet. Die beschwerte Partei kann aber binnen zwei Wochen ab Verkündung des Urteils dessen Ergänzung um eine Entscheidung über die Zulassung der Revision beantragen. Sie muss sich deshalb stets nach dem Verkündungstermin erkundigen, welche Entscheidung genau verkündet worden ist. Eine Revisionszulassung allein in den Entscheidungsgründen reicht selbst dann nicht aus, wenn das LAG eine entsprechende Entscheidung zwar getroffen, aber versehentlich nicht verkündet hat. Dies ist verfassungsrechtlich nicht zu beanstanden.[89] Es ist nicht geboten, einer nicht formgerechten gerichtlichen Entscheidung in jedem Fall zur Wirksamkeit zu verhelfen. Der Grundsatz des fairen Verfahrens schützt die Prozessparteien. Ihren schützenswerten Interessen ist durch die Möglichkeit der Antragstellung nach §§ 64 Abs. 3a S. 2, 72 Abs. 1 S. 2 ausreichend Rechnung getragen. Dem Antrag nach Abs. 1 S. 2 i.V.m. § 64 Abs. 3a S. 2 muss die Kammer des LAG in der Besetzung, in der sie in der Hauptsache entschieden hat, entsprechen und darüber entscheiden, ob sie die Revision zulässt oder nicht. Es dient der Beschleunigung dieses Verfahrens, dass die Entscheidung über den Antrag – anders als in dem ansonsten strukturell vergleichbaren Verfahren nach § 321 ZPO – ohne mündliche Verhandlung ergehen kann. Leider ist die Zwei-Wochen-Frist des § 64 Abs. 3a S. 2 nicht als Notfrist ausgestaltet worden, so dass sich die Frage stellt, wie einer Versäumung dieser Frist zu verfahren ist. Nach einer Auff. soll in einem solchen Fall stets eine Nichtzulassungsbeschwerde möglich sein.[90] Richtigerweise sollte man aber am Vorrang des Ergänzungsverfahrens nach §§ 64 Abs. 3a, 72 Abs. 1 S. 2 grds. festhalten. Nur im Falle einer schuldlosen Versäumung der Frist für den Ergänzungsantrag sollte in verfassungskonformer (Art. 103 GG) Erweiterung des Abs. 1 S. 2, § 72a die Möglichkeit einer Nichtzulassungsbeschwerde unmittelbar eingeräumt werden. War die Fristversäumnis zu vertreten, ist weder ein Ergänzungsantrag, noch eine Nichtzulassungsbeschwerde oder gar eine Revision statthaft.

55 **cc) Antrag nach Abs. 1 S. 2 und Nichtzulassungsbeschwerde.** Die durch das Urteil des LAG beschwerte Partei kann bei einer fehlenden Entscheidung über die Zulassung der Revision auch nicht wählen, ob sie den Antrag nach Abs. 1 S. 2 stellt oder unmittelbar Nichtzulassungsbeschwerde nach § 72a erhebt. Das Gesetz verlangt, dass die Partei zunächst den einfacheren Weg über den Ergänzungsantrag geht und so eine formgerechte Entscheidung über die Zulassung der Revision herbeiführt. Erst wenn eine solche Entscheidung vorliegt und die Revision nicht zugelassen worden ist, kann Nichtzulassungsbeschwerde eingelegt werden.

56 **dd) Antrag nach Abs. 1 S. 2 und Urteilsberichtigung (§ 319 ZPO).** § 319 ZPO ist im Verfahren der Revisionszulassung im Wesentlichen unanwendbar, wenn die Entscheidung hierüber im Urteil versehentlich unterblieben ist. Es ist in einem solchen Fall zwar offenbar, dass eine an sich gesetzlich gebotene Entscheidung fehlt. Dies rechtfertigt aber nicht die Anwendung des § 319 ZPO. Es ist nur offenbar, dass eine Entscheidung fehlt, nicht aber, welche dies ist. Es steht nach dem äußeren Erscheinungsbild des Urteils nicht einmal fest, dass es überhaupt eine Willensbildung der Kammer dazu gegeben hat, ob die Revision zugelassen werden soll. Angesichts der Möglichkeit der beschwerten Partei, einen Ergänzungsantrag nach Abs. 1 S. 2 zu stellen, besteht auch kein Anlass, § 319 ZPO im vorliegenden Zusammenhang unter dem Gesichtspunkt fairer Prozessführung erweiternd auszulegen. Dass § 319 ZPO entsprechend den allg. Regeln anwendbar ist, falls sich das LAG bei der Fassung seiner Entscheidung nach Abs. 1 S. 1 verschrieben hat, versteht sich von selbst.

57 **4. Wirkung der Zulassungsentscheidung. a) Eröffnung der Revisionsinstanz.** Mit der Zulassung durch das LAG wird die Revision für die durch das Berufungsurteil beschwerte Partei statthaft. Die positive Zulassungsentscheidung ist nicht anfechtbar. Sie ist nach Abs. 3 für das BAG bindend. Sie bleibt auch bindend, wenn spätere Änderungen der Rechtslage oder die neuere Rspr. einen vom LAG bejahten Zulassungsgrund wegfallen lassen.

Beispiel: Hat das LAG die Revision nach Abs. 2 Nr. 1 wegen der grds. Bedeutung einer Rechtsfrage zugelassen, so ist es unerheblich, ob bis zur Revisionseinlegung das erforderliche Klärungsbedürfnis entfallen ist.

Ist die Revisionszulassung wirksam auf einen Teil des Streitstoffes (siehe Rn 45 ff.) beschränkt worden, so ist die Revision wegen des von der Zulassung ausgenommenen Teils unstatthaft. Ist die Revision nur für eine Partei zugelassen worden, so kann der Revisionsbeklagte auch nicht im Wege der Anschlussrevision die fehlende Zulassung unterlaufen.[91]

Die Revision wird durch die Zulassungsentscheidung des LAG auch dann eröffnet, wenn das LAG gegen ein an sich revisibles Urteil ein Rechtsmittel zugelassen hat, sich bei der Bezeichnung des zuzulassenden Rechtsmittels aber vergriffen hat („Revisionsbeschwerde" statt „Revision").[92]

58 **b) Strikte Bindung des BAG.** Die Entscheidung des LAG, die Revision gegen sein Urteil zuzulassen, ist für das Revisionsgericht bindend (Abs. 3). Es kann insb. nicht überprüfen, ob die Voraussetzungen für eine Zulassung nach Abs. 2 vorlagen. Die Zulassung bindet unabhängig von der Begründung, die das LAG hierfür gegeben hat. Mag auch

---

89 A.A. *Lakies*, BB 2000, 667, 669.
90 *Germelmann u.a.*, § 72 Rn 27; *Germelmann*, NZA 2000, 1017, 1023.
91 BAG 19.10.1982 – 4 AZR 303/82 – BAGE 40, 250.
92 BAG 5.12.1984 – 5 AZR 354/84 – BAGE 47, 285.

die Begründung falsch sein; die Zulassungsentscheidung bleibt wirksam.[93] Das gilt auch für den Fall, das noch vor der Beschwerdeentscheidung die in dem Berufungsurteil aufgestellte Rechtssatzdivergenz wegfällt, weil das BAG seine Rspr. ändert. Das folgt letztlich auch aus der verfassungsrechtlichen Gewährleistung des Justizgewährungsanspruchs des Beschwerdeführers. Dieser würde verletzt, wenn seine Revisionszulassung nur deshalb entfiele, weil nach Einlegung der Beschwerde eine Entscheidung des Revisionsgerichts in anderer Sache ergeht und dadurch die Divergenzgefahr oder Klärungsbedürftigkeit einer grundsätzlichen Bedeutung der Rechtssache entfällt, obwohl die zu beantwortende Rechtsfrage im Sinne der Beschwerde ausgefallen ist.[94] Diese strikte Zulassungsbindung wird allerdings gelockert, wenn das BAG davon Gebrauch machte, eine zugelassene Revision durch Beschluss nach § 552a ZPO zurückzuweisen (vgl. Rn 60 ff.).

Die Bindung des BAG reicht allerdings soweit es um die Zulassung selbst geht. Eine Beschränkung des Zulassungsausspruches durch das LAG kann vom BAG auf ihre Zulässigkeit hin überprüft und ggf. kassiert werden.

Darüber hinaus setzt eine Bindung des BAG an die Zulassungsentscheidung voraus, dass die Entscheidung, für die die Revision zugelassen worden ist, überhaupt revisibel ist. (siehe Rn 6 bis 11)[95] Eine trotz fehlender Revisibilität erfolgte Zulassung ist unwirksam. Wird aufgrund der unrichtigen Zulassung Revision eingelegt, ist sie unstatthaft. Die gerichtlichen Kosten, die die unrichtig belehrte Partei durch ihre Revisionseinlegung verursacht hat, sind nach § 8 GKG nicht zu erheben.[96]

C. Verbindung zu anderen Rechtsgebieten und zum Prozessrecht

I. Revisionsrechtliche Vorschriften der ZPO

1. Subsidiäre Geltung der ZPO. Nach Abs. 5 gelten die Vorschriften der ZPO über die Revision im arbeitsgerichtlichen Revisionsverfahren subsidiär. Sie werden durch die speziellen Vorschriften des ArbGG verdrängt. Deshalb verdrängen: **59**

- §§ 72, 72a die Bestimmungen zur Zulassung der Revision §§ 542 bis 544,
- § 76 die Bestimmungen zur Sprungrevision § 566 ZPO,
- § 73 die Bestimmungen zu den möglichen Revisionsgründen §§ 545, 546, 563 Abs. 4 ZPO,
- § 74 die Bestimmungen zur Revisionsfrist und Terminsbestimmung §§ 548, 553.

Die übrigen ZPO-Bestimmungen über die Revision bleiben anwendbar.

2. Zurückweisungsbeschluss. Umstritten ist die Anwendung des mit dem Ersten Gesetz zur Modernisierung der Justiz vom 24.8.2004[97] eingeführten § 552a ZPO. Danach kann das Revisionsgericht, eine vom Berufungsgericht zugelassene und auch im Übrigen zulässige **Revision durch einstimmigen Beschluss zurückzuweisen**. Voraussetzung ist, dass nach Überzeugung des Revisionsgerichts die Zulassungsvoraussetzungen überhaupt nicht vorlagen oder inzwischen nicht mehr vorliegen und dass die Revision keine Aussicht auf Erfolg hat. Diese Bestimmung ist an das für den BGH geregelte Revisionsrecht ausgerichtet.[98] Anders als der BGH hat das BAG nach § 74 Abs. 2 das BAG den Termin zur mündlichen Verhandlung zu bestimmen, soweit nicht nach § 552 Abs. 1 ZPO die Revision als unzulässig zu verwerfen ist. Außerdem ist in Abs. 3 das BAG an die positive Zulassungsentscheidung ohne jede Einschränkung gebunden. Dennoch wird vertreten, § 552a ZPO sei auch im Revisionsverfahren vor dem BAG uneingeschränkt anwendbar.[99] Dahinter steckt die prozessökonomische Erwägung, diese Bestimmung für einen „kurzen Prozess" in Parallelfällen nutzbar zu machen, in denen die Parteien nicht zur Rücknahme des Rechtsmittels bereit sind. Der BGH nutzt diese Bestimmung jedoch nicht nur für Parallelfälle, sondern auch zur Abkürzung von Verfahren, in denen er seine gefestigte Rspr. fortführt. Er weist zunächst in einem Beschluss darauf hin, er habe in einem im Wesentlichen tatsächlich und rechtlich gleich gelagerten Fall, die Rechtsfrage, deretwegen zugelassen worden ist, bereits beantwortet und nicht die Absicht, von dieser Rspr. abzuweichen.[100] Wird das Rechtsmittel nicht zurückgenommen, so wird dann durch einstimmigen Beschluss nach § 552a ZPO entschieden. Da in den arbeitsgerichtlichen Verfahrensarten auch an einem nach § 552 ZPO zu erlassenden Beschluss die ehrenamtlichen Richter mitwirken müssen (Umkehrschluss zu § 74 Abs. 2 S. 3), könnte hier das vom BGH angewandte Verfahren kaum einen spürbaren Beschleunigungs- oder sonstigen prozessökonomischen Effekt bewirken. Es entfiele wegen der nach § 128 Abs. 2 ZPO statthaften Entscheidungsform „durch Beschluss" lediglich die nach § 128 Abs. 4 ZPO erforderliche Einholung des Einverständnisses der Parteien mit dem „schriftlichen" Revisionsverfahren. **60**

---

[93] BAG 16.4.1997 – 4 AZR 653/95 – AP § 72 ArbGG 1979 Nr. 5; a.A. *Grunsky*, ArbGG, § 72 Rn 25.
[94] BVerfG 25.7.2005 – 1 BvR 2419/03, 1 BvR 2420/03 – WM 2005, 2014.
[95] BAG 14.10.1982 – 2 AZR 570/80 – BAGE 41, 67.
[96] BAG 15.12.1986 – 2 AZR 289/86 – AP § 8 GKG 1975 Nr. 1.
[97] BGBl I 2004 S. 2198.
[98] Keine Anwendung: GK-ArbGG/*Mikosch*, § 74 Rn 96; zweifelnd: *Düwell*, FA 2004, 364, 365.
[99] *Germelmann u.a.*, § 74 Rn 88.
[100] Vgl. BGH 22.9.2005 – IX ZR 85/04 – ZIP 2005, 1836.

61 **3. Besonderheit zweites Versäumnisurteil.** Der BGH hat im Einklang mit der überwiegenden Auffassung im Schrifttum für **zweite Versäumnisurteile** eines OLG die Auffassung vertreten, nach § 565 ZPO (§ 565 a.F. ZPO) seien im Revisionsverfahren die für die Berufung geltenden Vorschriften über die Anfechtbarkeit von Versäumnisurteilen anzuwenden und aus § 513 Abs. 2 ZPO folge die Statthaftigkeit der Berufung gegen ein zweites Versäumnisurteil für den Fall, dass die Berufung darauf gestützt werde, ein Fall der Säumnis habe nicht vorgelegen.[101] Abweichend vom Zivilprozess ist nach der st. Rspr. des BAG gegen sog. zweite Versäumnisurteile des LAG die **Revision nur bei deren ausdrücklicher Zulassung** statthaft. Das gilt selbst dann, wenn der Revisionsführer geltend macht, es habe kein Fall der schuldhaften Versäumung vorgelegen.[102] Das wird mit der eigenständigen und abschließenden Regelung des Revisionszugangs in den §§ 72, 72a begründet. Außerdem könne der Beschwerte eine Verletzung des Anspruchs auf das rechtliche Gehör nach § 72a, § 72 Abs. 2 Nr. 3 rügen und so die nachträgliche Zulassung der Revision im Wege der Nichtzulassungsbeschwerde erreichen.[103] Das Schrifttum weist zu Recht darauf hin, dass die Divergenz zwischen BGH und BAG sich im Ergebnis nicht zu Lasten der Rechtsschutz suchenden Partei auswirken muss. Bei ordnungsgemäßer Behandlung einer nicht zugelassen aber dennoch eingelegten Revision gegen ein zweites Versäumnisurteil hat nämlich das BAG stets zu prüfen, ob die seiner Ansicht nach unstatthafte Revision wegen der klaren Absicht des Rechtsuchenden, die Verletzung rechtlichen Gehörs zu rügen, **in eine statthafte Nichtzulassungsbeschwerde umzudeuten** ist.[104]

62 **4. Anschlussberufung.** Seit der ZPO-Reform ist entsprechend den Regelungen über die Anschlussberufung auch die Anschlussrevision als unselbständige Anschlussrevision ausgestaltet (§ 72 Abs. 5, § 554 Abs. 4 ZPO).

63 **5. Bezugnahme auf Begründung der erfolgreichen Nichtzulassungsbeschwerde.** § 551 Abs. 3 S. 2 ZPO, der auch über Abs. 5 im arbeitsgerichtlichen Revisionsverfahren anwendbar ist, kann den Begründungsaufwand für den erfolgreichen Führer einer Nichtzulassungsbeschwerde mindern. Es ist die **Bezugnahme** in der Revisionsbegründung auf die Begründung der vorangegangenen Nichtzulassungsbeschwerde **zulässig**. Sinnvoll kann die Bezugnahme nur dann sein, wenn die Revision vom BAG zugelassen wurde, wenn der Beschwerdeführer als Zulassungsgrund einen Verfahrensmangel i.S.v. Abs. 2 Nr. 3 dargetan und das BAG bei der Beschwerdeentscheidung von der kassatorischen Zurückverweisungsmöglichkeit nach § 72a Abs. 7 keinen Gebrauch gemacht hat. In den sonstigen Fällen ist eine **eigenständige Revisionsbegründung** erforderlich; denn die Beschwerdegründe bei Rechtssatzdivergenz und grundsätzlicher Bedeutung der Rechtsfrage (Abs. 2 Nr. 1 und 2) unterscheiden sich erheblich von den zur Begründung der Revision erforderlichen Sach- oder Verfahrensrügen (§ 551 Abs. 3 S. 1 Nr. 2 ZPO). I.Ü. bedarf es nach der Rspr. einer eigenständigen Revisionsbegründung innerhalb der zweimonatigen Begründungsfrist auch dann, wenn schon die Begründung der Nichtzulassungsbeschwerde den Anforderungen des § 551 Abs. 3 S. 1 Nr. 2 ZPO entsprochen hat.[105] Beispiel: Die Beschwerde hat als Zulassungsgrund i.S.v. Abs. 2 Nr. 3 einen absoluten Revisionsgrund aus dem in Bezug genommenen Katalog des § 547 Nr. 1 bis 5 ZPO aufgezeigt. Hat das BAG nicht entsprechend § 72a Abs. 7 das Berufungsurteil aufgehoben, muss der Beschwerdeführer in dem als Revisionsverfahren fortgesetzten Verfahren die Revisionsgründe fristgerecht angeben oder von der Möglichkeit der ausdrücklichen Bezugnahme auf die Begründung der Nichtzulassungsbeschwerde Gebrauch machen (§ 551 Abs. 3 S. 2 ZPO). Sonst ist die Revision als unzulässig, zu verwerfen, weil es an einer Revisionsbegründung mangelt.[106]

64 **6. Verfahrensunterbrechung.** Nach Abs. 5 i.V.m. § 555 ZPO gelten für das arbeitsgerichtliche Revisionsverfahren auch die Vorschriften für das landgerichtliche Verfahren im ersten Rechtszug und damit auch die allg. Vorschriften des Ersten Buchs der ZPO entsprechend. Deshalb wirkt sich z.B. die Insolvenzeröffnung gem. § 240 S. 1 ZPO i.V.m. Abs. 5 auch noch in der Revisionsinstanz verfahrensunterbrechend aus, soweit die Insolvenzmasse betroffen ist. Die Verfahrensunterbrechung tritt nur dann nicht ein, wenn sich der Streitgegenstand auf ein höchstpersönliches insolvenzfreies Recht bezieht.[107]

65 **7. Schriftliches Verfahren.** Das Revisionsgericht hat durch die Verweisung auf § 128 ZPO die Möglichkeit, mit Zustimmung der Parteien vom Grundsatz der Mündlichkeit der Revisionsverhandlung abzuweichen. Nach § 128 Abs. 2 kann es im sog. schriftlichen Verfahren entscheiden. Zu beachten ist die vielen Prozessbevollmächtigten unbekannte Norm des § 128 Abs. 2 S. 3 ZPO. Danach ist eine Entscheidung ohne mündliche Verhandlung nur zulässig, wenn seit der Zustimmung der Parteien nicht mehr als drei Monate verstrichen sind. Diese bis zur Verkündung der

---

101 BGH 11.10.1978 – IV ZR 101/77 – MDR 1979, 127; BGH 24.1.1985 – I ZR 113/84 – VersR 1985, 542; *B/L/A/H*, § 565 ZPO Rn 2; ebenso: Düwell/Lipke/*Bepler*, § 72 ArbGG Rn 4 m.w.N.; *Grunsky*, ZZP 1993, 371.
102 BAG 22.4.2004 – 2 AZR 314/03 – NZA 2004, 871; BAG 22.6.1994 – 2 AZR 276/94 – AP Nr. 24 zu § 72 ArbGG 1979 = EzA § 72 ArbGG 1979 Nr. 16.
103 BAG 5.6.2007 – 5 AZR 276/07 – NZA 2007, 944; a.A. *Gravenhorst*, jurisPR-ArbR 34/2007 Anm. 3.
104 *Gravenhorst*, jurisPR-ArbR 34/2007 Anm. 3.
105 BAG 8.5.2008 – 1 ABR 56/06 – juris; ebenso: BGH 20.12.2007 – III ZR 27/06 – juris.
106 BAG 8.5.2008 – 1 ABR 56/06 – juris.
107 *Reinfelder*, NZA 2009, 124.

Entscheidung laufende Dreimonatsfrist steht nicht zur freien Disposition der Parteien und des Gerichts.[108] Kann die Frist nicht eingehalten werden, muss ein Termin zur Verhandlung bestimmt werden.[109]

II. Arbeitsgerichtliche Verfahrensvorschriften

Nach Abs. 6 sind für das Revisionsverfahren die dort genannten Vorschriften des arbeitsgerichtlichen Verfahrens erster Instanz entsprechend heranzuziehen. In entsprechender Anwendung des § 49 Abs. 1 muss deshalb über die Ablehnung eines Richters der BAG stets der gesamte Senat einschließlich der ehrenamtlichen Richter – nur mit Ausnahme des abgelehnten – entscheiden.[110] Wird der Senat durch Ausscheiden eines oder mehrerer Richter beschlussunfähig, muss er durch das Präsidium des BAG ergänzt werden.[111] Auch was die Zustellung der Revisionsurteile und die Öffentlichkeit der Verhandlungen vor dem BAG angeht, gelten die Vorschriften für das Verfahren erster Instanz – § 50 und § 52 – entsprechend. 66

In entsprechender Anwendung des § 53 für die Revisionsinstanz werden die Befugnisse der Berufsrichter von denen der ehrenamtlichen Richter abgegrenzt. Wo nach § 53 eine Alleinbefugnis des Vorsitzenden besteht, tritt im Verhältnis zu den ehrenamtlichen Richtern an die Stelle des Vorsitzenden der Kammer die Befugnis der berufsrichterlichen Mitglieder des Senats.[112] Dabei ist zu beachten, dass in den mit mehr als drei zugeteilten Berufsrichtern „überbesetzten" Senaten eine Besonderheit gilt. Dort sind nur die drei Berufsrichter abstimmungsbefugt, die dem nach dem richterlichen Geschäftsverteilungsplan der jeweiligen Senats gebildeten und für die Sache zuständigen Spruchkörper angehören. Intern werden diese Spruchkörper auch als „Sitzgruppe" bezeichnet. Das ist missverständlich; denn sie treten nicht nur für die mündliche Verhandlung zu einer Sitzung zusammen, sondern sind auch für die außerhalb der mit der mündlichen Verhandlung assoziierten Sitzung zuständig. Nach § 53 Abs. 1 S. 1 treffen die berufsrichterlichen Mitglieder des zuständigen Spruchkörpers somit alle Beschlüsse, die nicht aufgrund mündlicher Verhandlung ergehen, ohne dass die ehrenamtlichen Richter heranzuziehen sind. Dazu gehören insb. die Verwerfung von Revision und Rechtsbeschwerde nach § 552 Abs. 2 ZPO als unzulässig, die Zurückweisung von Revisionen und Rechtsbeschwerden durch einstimmigen Beschluss nach § 552a ZPO (soweit diese Vorschrift im arbeitsgerichtlichen Verfahrensarten überhaupt anwendbar ist), Entscheidungen über Prozesskostenhilfe nach § 118 ZPO, Aussetzung des Verfahrens nach §§ 148, 248 ZPO und Entscheidungen, die nur noch die Kosten betreffen, wie z.B. die Kostenentscheidung nach Erledigung der Hauptsache.[113] Häufig wird von den Gerichten verkannt, dass damit auch allein die berufsrichterlichen Mitglieder nach § 319 ZPO über die Berichtigung offenbarer Fehler in den Entscheidungsgründen zu entscheiden haben.[114] Das hat auch die ältere Rechtsprechung des BAG übersehen.[115] Da die Richtigkeitsgewähr der Berichtigungsentscheidung durch das Erfordernis des Aufzeigens offenbarer Unrichtigkeiten gesichert wird, bedarf es keiner Identität hinsichtlich der Zusammensetzung des entscheidenden und des berichtigenden Spruchkörpers. Deswegen können offenbare Unrichtigkeiten nach § 319 ZPO auch von Richtern berichtigt werden, die an der fraglichen Entscheidung nicht mitgewirkt haben, so insb. von den mit der Sache befassten Richtern eines Rechtsmittelgerichts.[116] Die Alleinentscheidung der berufsrichterlichen Mitglieder des Spruchkörpers ohne Heranziehung der ehrenamtlichen Richter ist für den Fall der Verwerfung der Nichtzulassungsbeschwerde besonders in § 72a Abs. 5 S. 3 geregelt. Dabei ist zu beachten, dass seit Inkrafttreten des Anhörungsrügengesetzes diese Besetzungsregel für alle Arten der Nichtzulassungsbeschwerden gleichermaßen gilt. 67

Soweit es um die Abgrenzung der Befugnisse des Senatsvorsitzenden gegenüber den übrigen berufsrichterlichen Mitgliedern des Senats geht, bestimmt sich diese über § 53 Abs. 2 nach den Vorschriften der ZPO. Von großer praktischer Bedeutung ist insb. das Recht zur Terminierung (§§ 216 Abs. 2, 272 Abs. 3 ZPO) und zur Verhandlungsführung (§§ 136 Abs. 1, 139 Abs. 2, 3 und 140 ZPO). Daher kann auch ein bereits festgesetzter Termin vom Vorsitzenden allein verlegt werden.[117] Dagegen geschieht die Trennung oder Verbindung von Prozessen oder die Aufhebung dieser Anordnungen nach §§ 145, 147, 150 ZPO durch Beschluss des Senats.[118] Wenn der Beschluss außerhalb der mündlichen Verhandlung getroffen wird, bedarf er in entsprechender Anwendung von § 53 Abs. 1 S. 1 keiner Heranziehung der ehrenamtlichen Richter. 68

Durch die Verweisung auf § 57 Abs. 2 macht das Gesetz deutlich, dass es unbeschadet der grds. Aufgaben eines Revisionsgerichts, die Rechtseinheit zu wahren und zur Rechtsfortbildung beizutragen, auch dessen Pflicht ist, eine sachdienliche Erledigung des Rechtsstreits durch Vergleich anzustreben, wo dies möglich erscheint. 69

---

108 BGH 28.4.1992 – XI ZR 165/91 – NJW 1992, 2146.
109 Thomas/Putzo-*Reichold*, § 128 Rn 35.
110 BAG 29.10.1992 – 5 AZR 377/92 – BAGE 71, 293.
111 BAG 30.5.1972 – 1 AZR 11/72 – AP § 42 ZPO Nr. 2.
112 BAG 10.12.1992 – 8 AZB 6/92 – BAGE 72, 84; *Germelmann u.a.*, § 72 Rn 47.
113 BAG 23.8.1999 – 4 AZR 686/98 – AP § 53 ArbGG 1979 Nr. 1.
114 Zutreffend: *Germelmann u.a.*, § 53 Rn 7.
115 BAG 13.11.1974 – 5 AZR 54/74 – AP § 616 BGB Nr. 45.
116 BGH 18.6.1964 – VII ZR 152/62 – NJW 1964, 1858; BGH 9.2.1989 – V ZB 25/88 – BGHZ 106, 370 = NJW 1989, 1281.
117 BAG 2.3.1962 – 1 AZR 258/61 – AP § 39 ArbGG Nr. 1, dem folgend: *Germelmann u.a.*, § 53 Rn 7.
118 BAG 20.10.1993 – 5 AZR 674/92 – EzA § 2 LohnFG Nr. 24.

70 Aufgrund der entsprechenden Anwendung des § 61 Abs. 2 hat der Kläger noch in der Revisionsinstanz das Wahlrecht, ob er dann, wenn ein Urteil des Revisionsgerichts die Verpflichtung zur Vornahme einer Handlung ausspricht, den Weg der Vollstreckung gehen oder stattdessen nach Maßgabe des § 61 Abs. 2 auf eine Entschädigung ausweichen will.

71 Nach § 63 hat das BAG Urteile, in denen es eine bürgerliche Rechtsstreitigkeit zwischen TV-Parteien aus dem TV oder über das Bestehen oder Nichtbestehen eines TV abschließend in der Sache entscheidet, je nach Zuständigkeit der obersten Arbeitsbehörde des Landes oder dem BMAS in vollständiger Form abschriftlich zu übersenden.

III. Zwangsvollstreckungsrechtliche Bestimmungen

72 In der Revisionsinstanz kann die Zwangsvollstreckung nach § 719 Abs. 2 ZPO eingestellt werden; denn nach § 62 Abs. 2 S. 1 finden auf die Zwangsvollstreckung die Vorschriften des Achten Buches der ZPO Anwendung.[119] Der Anwendungsbereich des § 719 ZPO wird durch § 72a Abs. 4 S. 2 auch auf den Fall der Nichtzulassungsbeschwerde erweitert. § 62 Abs. 1 S. 2 schränkt die Voraussetzungen für die Einstellung der Zwangsvollstreckung aus § 719 ZPO ein; denn nach § 62 Abs. 1 S. 2 sind die Zwangsvollstreckungsvorschriften der ZPO nur „im übrigen" anwendbar. Deshalb muss auch für den Einstellungsantrag in der Revisionsinstanz ein nicht zu ersetzender Nachteil glaubhaft gemacht werden (vgl. § 61 Rn 16). Ob die Erfolgsaussicht des Rechtsmittels zu prüfen ist, ist umstritten (vgl. § 61 Rn 17). Ein Antrag auf einstweilige Einstellung der Zwangsvollstreckung kann jedenfalls dann vom Revisionsgericht zurückgewiesen werden, wenn feststeht, dass die Revision keine Aussicht auf Erfolg haben kann.[120]

D. Beraterhinweise

73 Ein **Zwischenurteil** über den Anspruchsgrund ist nach § 61 Abs. 3 im arbeitsgerichtlichen Urteilsverfahren aus Beschleunigungsgründen „wegen des Rechtsmittels" nicht als revisibles Endurteil anzusehen. Es unterliegt dennoch der revisionsgerichtlichen Überprüfung. Wird nämlich gegen das darauf folgende Endurteil ein Rechtsmittel eingelegt, so unterliegt ohne Weiteres auch das Grundurteil der Beurteilung des Rechtsmittelgerichts. Das Grundurteil braucht in der Rechtsmittelschrift nicht besonders als das Urteil bezeichnet zu werden, gegen das sich das Rechtsmittel auch richtet.[121]

74 Ein als revisibles Endurteil anzusehendes „**Vorbehaltsurteil**" liegt an sich nur in dem nach § 302 ZPO gesetzlich vorgesehenen Fall der Aufrechnung mit nicht konnexen Ansprüchen vor. Stellt das LAG seine Entscheidung über seine die ordentliche Künd als wirksam beurteilende Entscheidung unter den Vorbehalt, dass das Arbverh nicht in Wirklichkeit bereits durch eine außerordentliche Künd zu einem früheren Zeitpunkt beendet worden sei, ergeht der Sache nach ein dem Vorbehaltsurteil vergleichbares bedingtes Urteil. Obwohl diese Verfahren prozessual unzulässig ist, hat das BAG dennoch angenommen, wenn kein Rechtsmittel gegen die Abweisung dieses Teils der Klage eingelegt werde, erwachse die Entscheidung in Rechtskraft i.S.v. § 325 ZPO.[122]

75 Ausnahmsweise kann die Revision auch ohne Nichtzulassung statthaft sein. Eine derartige Ausnahme gilt für folgenden Fall: Wenn sich die Zulassungsbeschränkung allein daraus ergibt, dass die Revision **trotz einheitlichen Streitgegenstands** nur für eine Partei zugelassen worden ist, kann die andere Partei durch Einlegung der **Anschlussrevision** den gesamten Streitgegenstand in die Revisionsinstanz bringen.[123] Zu beachten ist jedoch, dass seit der ZPO-Reform nach § 554 ZPO die Anschlussrevision nur noch als unselbstständige statthaft ist, d.h. bei Erledigung der Revision entfällt auch die Anschlussrevision.

76 Für den Praktiker entstehen bisweilen Schwierigkeiten, wenn das LAG eine nicht auf den Streitgegenstand bezogene **Teilzulassung** vorgenommen hat.

Beispiel: Das LAG urteilt über eine in objektiver Klagehäufung verbundene Klage auf 5.000 EUR (netto) Lohn und auf 2.000 EUR (netto) Urlaubsabgeltung, gegen die der AG mit einem Bereicherungsanspruch von 7.000 EUR aufrechnet. Das LAG weist die Klage insg. ab, weil die Aufrechnung durchgreift. Dabei lässt das LAG für den Kläger die Revision „beschränkt auf die Frage zu, ob die Urlaubsabgeltung pfändbar ist". Die Lösung liegt darin: Die Beschränkung der Zulassung auf eine Rechtsfrage ist unzulässig, weil nicht teilurteilsfähig. Es ist allerdings erkennbar, dass die Zulassung für den prozessualen Anspruch gewollt war, der den als „Urlaubsabgeltung" abtrennbaren Teil der Klage betrifft. Will der i.Ü. unterlegene Kläger die volle Verurteilung des Beklagten anstreben, so muss er rechtzeitig hinsichtlich des nicht zur Revision zugelassenen Streitgegenstands Nichtzulassungsbeschwerde einlegen.[124]

77 Da das BAG abweichend vom BGH es nicht für statthaft ansieht, im Wege der Revision gegen ein **zweites Versäumnisurteil** des LAG im Fall der Nichtzulassung der Revision das Vorliegen der Säumnis zu überprüfen (vgl. Rn 61),

---

119 BAG 5.11.2003 – 10 AZB 59/03 – AP § 78 ArbGG 1979 Nr. 15.
120 BAG 27.6.2000 – 9 AZN 525/00 – AP § 72a ArbGG 1979 Nr. 24; BAG 6.1.1971 – 3 AZR 384/70 – AP § 719 ZPO Nr. 3.
121 BAG 1.12.1975 – 5 AZR 466/75 – AP § 61 ArbGG 1953 Grundurteil Nr. 2 = NJW 1976, 774.
122 BAG 17.6.1992 – 2 AZR 568/91 – juris.
123 BAG 21.10.1982 – 2 AZR 628/80 – EzA § 1 KSchG Tendenzbetrieb Nr. 13; GK-ArbGG/*Mikosch*, § 72 Rn 56.
124 BAG 28.8.2001 – 9 AZR 611/99 – AP § 7 BUrlG Abgeltung Nr. 80.

wird den Anhängern der Rechtsansicht des BGH empfohlen, das „zulässige" Rechtmittel einzulegen und dieses in der Begründung als Revision hilfsweise als Nichtzulassungsbeschwerde zu bezeichnen. Wem es nicht um die Klärung der Rechtsfrage, sondern nur um den Erfolg seines Mandanten geht, sollte den sicheren und kostengünstigeren Weg beschreiten. Der besteht darin, eine auf den Zulassungsgrund aus Abs. 2 Nr. 3 gestützte Nichtzulassungsbeschwerde einzulegen.

§ 72a Nichtzulassungsbeschwerde

(1) Die Nichtzulassung der Revision durch das Landesarbeitsgericht kann selbständig durch Beschwerde angefochten werden.

(2) ¹Die Beschwerde ist bei dem Bundesarbeitsgericht innerhalb einer Notfrist von einem Monat nach Zustellung des in vollständiger Form abgefaßten Urteils schriftlich einzulegen. ²Der Beschwerdeschrift soll eine Ausfertigung oder beglaubigte Abschrift des Urteils beigefügt werden, gegen das die Revision eingelegt werden soll.

(3) ¹Die Beschwerde ist innerhalb einer Notfrist von zwei Monaten nach Zustellung des in vollständiger Form abgefaßten Urteils zu begründen. ²Die Begründung muss enthalten:
1. die Darlegung der grundsätzlichen Bedeutung einer Rechtsfrage und deren Entscheidungserheblichkeit,
2. die Bezeichnung der Entscheidung, von der das Urteil des Landesarbeitsgerichts abweicht, oder
3. die Darlegung eines absoluten Revisionsgrundes nach § 547 Nr. 1 bis 5 der Zivilprozessordnung oder der Verletzung des Anspruchs auf rechtliches Gehör und der Entscheidungserheblichkeit der Verletzung.

(4) ¹Die Einlegung der Beschwerde hat aufschiebende Wirkung. ²Die Vorschriften des § 719 Absatz 2 und 3 der Zivilprozeßordnung sind entsprechend anzuwenden.

(5) ¹Das Landesarbeitsgericht ist zu einer Änderung seiner Entscheidung nicht befugt. ²Das Bundesarbeitsgericht entscheidet unter Hinzuziehung der ehrenamtlichen Richter durch Beschluß, der ohne mündliche Verhandlung ergehen kann. ³Die ehrenamtlichen Richter wirken nicht mit, wenn die Nichtzulassungsbeschwerde als unzulässig verworfen wird, weil sie nicht statthaft oder nicht in der gesetzlichen Form und Frist eingelegt und begründet ist. ⁴Dem Beschluss soll eine kurze Begründung beigefügt werden. ⁵Von einer Begründung kann abgesehen werden, wenn sie nicht geeignet wäre, zur Klärung der Voraussetzungen beizutragen, unter denen eine Revision zuzulassen ist, oder wenn der Beschwerde stattgegeben wird. ⁶Mit der Ablehnung der Beschwerde durch das Bundesarbeitsgericht wird das Urteil rechtskräftig.

(6) ¹Wird der Beschwerde stattgegeben, so wird das Beschwerdeverfahren als Revisionsverfahren fortgesetzt. ²In diesem Fall gilt die form- und fristgerechte Einlegung der Nichtzulassungsbeschwerde als Einlegung der Revision. ³Mit der Zustellung der Entscheidung beginnt die Revisionsbegründungsfrist.

(7) Hat das Landesarbeitsgericht den Anspruch des Beschwerdeführers auf rechtliches Gehör in entscheidungserheblicher Weise verletzt, so kann das Bundesarbeitsgericht abweichend von Absatz 6 in dem der Beschwerde stattgebenden Beschluss das angefochtene Urteil aufheben und den Rechtsstreit zur neuen Verhandlung und Entscheidung an das Landesarbeitsgericht zurückverweisen.

Literatur: *Bepler*, Revisionszugang und rechtliches Gehör, JbArbR 43 (2006), 45; *ders.*, Änderungen im arbeitsgerichtlichen Verfahren durch das Anhörungsrügengesetz, RdA 2005, 65; *Diller*, Der Wahnsinn hat Methode (Teil II), NZA 2004, 579; *Düwell*, Die Schriftform für Rechtsmittel in den arbeitsgerichtlichen Verfahrensarten, NZA 1999, 291; *ders.*, Das Anhörungsrügengesetz – Mehr Rechtsschutz in den arbeitsgerichtlichen Verfahren!, FA 2005, 75; *Etzel*, Die Nichtzulassungsbeschwerde wegen grundsätzlicher Bedeutung der Rechtssache, ZTR 1997, 248; *ders.*, Nichtzulassungsbeschwerde, AR-Blattei SD 160.10.5; *Fischer*, Grundsatz-Nichtzulassungsbeschwerde wegen verfassungsrechtlicher Fragen, jurisPR-ArbR 22/2007 Anm. 2; *Gross*, Nichtzulassungsbeschwerde – Der erzwungene Zugang zum Bundesarbeitsgericht, Festschrift zum 25-jährigen Bestehen der Arbeitsgemeinschaft Arbeitsrecht im Deutschen Anwaltverein, 2006, 325; *Kohte/Lenart*, Außerordentliche Kündigung eines Betriebsratsmitglieds – Zustimmungsersetzungsverfahren nach § 103 BetrVG, SAE 2000, 195; *Leipold*, Einstweilige Einstellung der Zwangsvollstreckung für die Dauer des Revisionsverfahrens, SAE 1973, 217; *Natter*, Anhörungsrüge und Revisionszulassung, JbArbR 42, 95; *Schäfer*, Die Nichtzulassungsbeschwerde nach § 72a ArbGG, NZA 1986, 249; *Schliemann*, Wegmarken und Stolpersteine auf Haupt- und Nebenwegen zum Bundesarbeitsgericht, Festschrift 50 Jahre Deutsches Anwaltsinstitut, 2003, 175; *Teubel*, Gebühr des Prozessbevollmächtigten im Nichtzulassungsbeschwerdeverfahren, jurisPR-ArbR 12/2004 Anm. 3; *Treber*, Verletzung des rechtlichen Gehörs durch Übergehung entscheidungserheblichen Parteivorbringens, jurisPR-ArbR 48/2005 Anm. 2

A. Allgemeines 1	a) Die Zulassungsentscheidung bei Divergenz und Grundsatzfragen 3
I. Zweistufigkeit als Regel 1	
II. Die Zulassung der Revision durch das BAG 2	b) Die Zulassungsentscheidung bei der Verfahrensbeschwerde 6
1. Die Entscheidung über die Nichtzulassungsbeschwerde 2	2. Das Beschwerdeverfahren 7

III. Eigenständiger Rechtsbehelf	10
IV. Nichtzulassungsbeschwerde und Erschöpfung des Rechtswegs	15
B. Regelungsgehalt	17
I. Form und Frist (Abs. 2)	17
II. Unbedingtheit der Einlegung des Rechtsbehelfs	22
III. Wirkung der Einlegung der Nichtzulassungsbeschwerde (Abs. 4)	23
IV. Begründung der Nichtzulassungsbeschwerde	30
1. Frist und Fristversäumnis (Abs. 3 S. 1)	30
2. Allgemeine Anforderungen an die Begründung (Abs. 3 S. 2)	32
a) Unterschied zur revisionsrechtlichen Fehlerkontrolle	32
b) Mehrfachbegründung und Mehrheit von prozessualen Ansprüchen	33
3. Begründung der Divergenzbeschwerde (Abs. 3 S. 2 Nr. 2)	37
a) Benennung der divergenzfähigen Entscheidung	38
b) Divergenzfähigkeit und Entscheidungszeitpunkt	39
c) Aufzeigen eines abweichenden Rechtssatzes	41
d) Aufzeigen eines verdeckten Rechtssatzes	43
e) Aufzeigen des Widerspruchs der Rechtssätze	43a
f) Abweichung in der Beantwortung derselben Rechtsfrage	44
g) Entscheidungserheblichkeit der Divergenz	46
4. Begründung der Grundsatzbeschwerde (Abs. 2 S. 2 Nr. 1)	47
a) Allgemeine Orientierung	47
b) Anforderungen der Rechtseinheit	50
c) Anforderungen der Rechtsfortbildung	51
d) Grundsätzliche Bedeutung	52
e) Klärungsbedürftigkeit	53
f) Entscheidungserheblichkeit	54
g) Klärungsfähigkeit	55
5. Verfahrensbeschwerde (Abs. 3 S. 2 Nr. 3)	56
a) Verletzung des Anspruchs auf rechtliches Gehörs	56
aa) Allgemeines	56
bb) Hinweis- und Aufklärungspflichten	57
cc) Umfang des Rechts zur Äußerung	59
b) Absolute Revisionsgründe	59a
6. Unerheblichkeit der Bezeichnung	60
V. Ordnungsgemäße Beschwerdebegründung als Zulässigkeitsvoraussetzung	61
VI. Kein Zulassungsgrund qualifizierte Fehler	67
VII. Entscheidung des BAG (Abs. 5)	68
1. Besetzung der Richterbank	68
2. Form und Inhalt der Entscheidung	69
a) Form	69
b) Richtiger Beurteilungszeitpunkt	73
VIII. Anhörungsrüge als Rechtsbehelf	75
IX. Wirkung der Entscheidung	76
C. Verbindung zum Prozessrecht	82
I. Prozesskostenhilfe und Wiedereinsetzung	82
II. Kosten	86
D. Beraterhinweise	90
I. Die Erfolgsaussicht einer Nichtzulassungsbeschwerde	90
II. Hinweise zur Zulässigkeitsklippe	91
1. Aufzeigen von Rechtssatzdivergenz und Grundsatzbedeutung	91
2. Ermittlung des Stands der Rechtsprechung	92
3. Verfassungsbeschwerde bei überspannten Anforderungen	93
4. Klippe Entscheidungserheblichkeit	94
III. Antragsfassung der Nichtzulassungsbeschwerde	95
IV. Hinweise für die Begründung einer Divergenzbeschwerde (Abs. 3 S. 2 Nr. 2)	100
V. Verfassungsbeschwerde als letztes Mittel	101
VI. Erledigendes Ereignis nach Einlegung der Beschwerde	102

A. Allgemeines

I. Zweistufigkeit als Regel

1 Seit der Novelle zur Beschleunigung und Bereinigung des arbeitsgerichtlichen Verfahrens vom 21.5.1979[1] soll das arbeitsgerichtliche Urteilsverfahren regelmäßig **mit dem Berufungsurteil abgeschlossen** werden. Hat das LAG die Revision nicht zugelassen(Einzelheiten siehe § 72 Rn 11), ist der Rechtsweg zum BAG als Revisionsgericht nicht eröffnet. Es besteht nur Zugang zum BAG als Beschwerdegericht.

II. Die Zulassung der Revision durch das BAG

2 **1. Die Entscheidung über die Nichtzulassungsbeschwerde.** Die Nichtzulassungsentscheidung des LAG kann mit der Beschwerde nach Abs. 1 angefochten werden. Diese Beschwerde wird wegen ihres ausschließlich gegen die Nichtzulassung gerichteten Angriffs allgemein Nichtzulassungsbeschwerde genannt.

3 **a) Die Zulassungsentscheidung bei Divergenz und Grundsatzfragen.** Auch wenn sich nach dem Wort „anfechten" in Abs. 1 die Beschwerde **gegen die negative Zulassungsentscheidung** des LAG richtet, beschränkt sich das BAG nicht darauf, die Nichtzulassungsentscheidung zu überprüfen, ob sie auf Rechtsfehlern beruht. Das zeigt sich deutlich in der Tenorierung der BAG-Entscheidungen. Bei Begründetheit der Beschwerde wird nicht die negative Zulassungsentscheidung des LAG aufgehoben oder abgeändert, sondern die Revision zugelassen. Das BAG prüft nach Art einer zweiten Zulassungsentscheidung: Liegt ein gesetzlicher Zulassungsgrund i.S.v. § 72 Abs. 2 ZPO zum Zeitpunkt der Beschwerdeentscheidung (noch) vor.[2] Im Schrifttum wird das ausschließlich unter dem Gesichtspunkt des „maßgebenden Zeitpunkts" abgehandelt.[3] In Wirklichkeit liegt darin mehr als nur die Frage nach dem maßgebenden

---

1 BGBl I S. 545.
2 BAG 5.12.1977–4 AZN 41/79 – BAGE 32, 203, 210 = AP § 72a ArbGG 1979 Grundsatz Nr. 1; BAG 16.9.1997 – 9 AZN 133/97 – AP § 72a ArbGG 1979 Grundsatz Nr. 54 = EzA § 72a ArbGG 1979 Nr. 82; zustimmend: Düwell/Lipke/*Bepler*, § 72a Rn 52.
3 Vgl. GK-ArbGG/*Mikosch*, § 72a Rn 28; unklar: Germelmann u.a., § 72 Rn 14,18.

Zeitpunkt. Das BAG geht über die Prüfung von Anfechtungsgründen hinaus. Es prüft losgelöst von der oftmals überhaupt nicht in dem Berufungsurteil enthaltenen Begründung der Nichtzulassungsentscheidung zum zweiten Mal, ob Zulassungsgründe vorliegen. Insoweit gelten zu ersten Prüfung durch das LAG folgende Unterschiede:
1. Es findet keine Prüfung von Amts wegen statt. Die zweite Zulassungsentscheidung wird erst durch die form- und fristgerechte Beschwerde des Beschwerdeführers veranlasst (§ 71a Abs. 1 und 2).
2. Das BAG kann als Beschwerdegericht mögliche Zulassungsgründe nur dann berücksichtigen, sofern der Beschwerdeführer sie bis zum Schluss der Beschwerdebegründungsfrist ordnungsgemäß dargelegt hat (Abs. 3).

Die erneute Prüfung der Zulassungsgründe durch das BAG rechtfertigt sich aus dem mit §§ 72a, 72 Abs. 2 Nr. 1 und 2 verfolgten Zweck der Nichtzulassungsbeschwerde. Insoweit dient sie der Vereinheitlichung und Fortbildung der Rspr. der Arbeitsgerichtsbarkeit durch deren oberstes Gericht.[4] Deshalb kann eine Beschwerde, die einen Zulassungsgrund i.S.v. § 72 Abs. 2 Nr. 1 und 2 geltend macht, nur dann Erfolg haben, wenn die Rechtseinheit durch einen vom Berufungsgericht aufgestellten abweichenden Rechtssatz bis zur Beschwerdeentscheidung bedroht wird (sog. Divergenzbeschwerde, §§ 71a, 72 Abs. 2 Nr. 2) oder es der Klärung einer bis zu diesem Zeitpunkt noch klärungsbedürftigen Rechtsfrage bedarf, für die eine höchstrichterliche Antwort wegen der Bedeutung für die Allgemeinheit geboten erscheint (Grundsatzbeschwerde, §§ 71a, 72 Abs. 2 Nr. 1). Bei diesen Zulassungsgründen kann auch noch zeitlich nach der Nichtzulassungsentscheidung des LAG ein neuer erstmalig zu berücksichtigender Zulassungsanlass entstehen. Voraussetzung ist, dass er von der Beschwerde innerhalb der Beschwerdebegründungsfrist aufgegriffen und ordnungsgemäß nach Abs. 3 S. 2 dargelegt wird. Das hat höchst praktische Bedeutung!

Die Rspr., nach der bis zur Entscheidung des BAG noch der Klärungsbedarf andauern muss, ist nach den zur zivilprozessualen Zulassungsrevision (§ 543 ZPO) ergangenen Entscheidungen des BVerfG zu weitgehend. Danach ist der Justizgewährungsanspruch des Beschwerdeführers verletzt, wenn seine Beschwerde nur deshalb abgewiesen wird, weil nach Einlegung seiner Beschwerde eine Entscheidung des obersten Fachgerichts in einer anderen Sache ergeht und dadurch die Klärungsbedürftigkeit der grundsätzlichen Bedeutung der Rechtsfrage entfällt.[5] Diese verfassungsgerichtliche Rspr. nötigt nicht zur Aufgabe des Grundsatzes der erneuten Zulassungsentscheidung durch das Beschwerdegericht. Das BVerfG hat nur eine kleine Korrektur für den Fall vorgenommen, dass die zu beantwortende Rechtsfrage i.S.d. Beschwerde ausgefallen ist. Das ist unter dem Gesichtspunkt der Einzelfallgerechtigkeit und Fairness nachvollziehbar. Das Beschwerderecht soll den Beschwerdeführer nicht „leer laufen" lassen. Von dem Grundsatz, dass maßgebend die Verhältnisse zum Zeitpunkt der Entscheidung des Beschwerdegerichts sind, ist nur dann eine Ausnahme zu machen, wenn die Erfolgsaussichten für die Zulassung durch eine nach Einlegung der Nichtzulassungsbeschwerde erfolgte Entscheidung in anderer Sache entfallen sind.[6] Konnte im Zeitpunkt der Einlegung einer aussichtsreichen Beschwerde gegen die Nichtzulassung der Revision der Beschwerdeführer davon ausgehen, dass über die im allgemeinen Interesse liegende Klärung der Zulassungsfragen hinaus in dem sich anschließenden Revisionsverfahren seinem individuellen Interesse entsprechend eine volle Überprüfung des Berufungsurteils auf Rechtsfehler stattfinden werde, dann darf diese verfahrensrechtliche Position dem Beschwerdeführer nicht durch eine Entscheidung in einer anderen Sache entzogen werden. Das gilt insbesondere, weil durch eine vom Beschwerdeführer nicht voraussehbare Arbeits- und Entscheidungsreihenfolge die von ihm geltend gemachten Zulassungsgründe vor der Entscheidung über seine Nichtzulassungsbeschwerde in einem anderen Verfahren wegfallen können. Folglich ist die Revision trotz zwischenzeitlichen Wegfalls der Klärungsbedürftigkeit oder der Divergenzlage zuzulassen, wenn ursprünglich Zulassungsgründe bestanden. Fehlt allerdings die Erfolgsaussicht für die zuzulassende Revision, weil die Klärung zu Ungunsten des Beschwerdeführers höchstrichterlich ausgefallen ist, so soll die Nichtzulassungsbeschwerde unter Hinweis auf die fehlenden Erfolgsaussichten zurückzuweisen sein.[7]

b) Die Zulassungsentscheidung bei der Verfahrensbeschwerde. Die mit dem Anhörungsrügengesetz in § 72 Abs. 2 Nr. 3 eingefügten Zulassungsgründe dienen nicht dem im Interesse der Allgemeinheit liegenden Zweck, eine einheitliche Rspr. zu sichern und die Fortbildung des Rechts zu ermöglichen. Mit ihnen soll das Interesse der unterlegenen Partei, effektiven Rechtsschutz zu erhalten, durchsetzbar gemacht werden. Ebenso wie in anderen Verfahrensordnungen (z.B. § 160 Abs. 2 Nr. 3 SGG, § 132 Abs. 2 Nr. 3 VwGO, § 115 Abs. 2 Nr. 3 FGO) berechtigen deshalb auch im arbeitsgerichtlichen Urteilsverfahren Verletzungen von besonders elementaren Verfahrensregeln zu einer Anfechtung der Nichtzulassungsentscheidung. Da bei der in Abgrenzung zur Divergenz- und Grundsatz- als Verfahrensbeschwerde zu kennzeichnenden Anfechtung der Nichtzulassungsentscheidung das individuelle Interesse an einer fehlerfreien Entscheidung verfolgt wird, hat wie bei einer Verfahrensrüge nach § 551 Abs. 2b ZPO eine auf den Zeitpunkt der LAG-Entscheidung bezogene Rechtsfehlerkontrolle stattzufinden. I.E. werden die in § 72 Abs. 2 Nr. 3 genannten schweren Verfahrensmängel schon im Rahmen des Beschwerdeverfahrens revisionsrechtlich beurteilt.

---

4 BAG 8.8.2000 – 9 AZN 520/00 – AP § 72a ArbGG 1979 Divergenz Nr. 40.
5 BVerfG 25.7.2005 – 1 BvR 2419/03, 1 BvR 2420/03 – WM 2005, 2014.
6 Vgl. BGH 6.5.2004 – I ZR 197/03 – NJW 2004, 3188; BGH 8.9.2004 – V ZR 260/03 – NJW 2005, 154; vgl. BGH 27.10.2004 – IV ZR 386/02 – NJW-RR 2005, 438.
7 BVerfG 25.7.2005 – 1 BvR 2419/03, 1 BvR 2420/03 – WM 2005, 2014.

Von daher ist es unter dem Gesichtspunkt der Verfahrensökonomie zu begrüßen, dass in Abs. 7 die Möglichkeit zur Zurückverweisung ohne Durchführung des Revisionsverfahrens eröffnet ist.

7 **2. Das Beschwerdeverfahren.** Die Nichtzulassungsbeschwerde ist in § 72a abschließend verfahrensrechtlich geregelt. Die in §§ 567 ff. ZPO für das Beschwerdeverfahren getroffenen Bestimmungen sind nicht anwendbar. Abweichend von § 572 ZPO besteht nach Abs. 5 S. 1 für das LAG keine Abhilfemöglichkeit.

8 Bei Begründetheit der Beschwerde lässt das BAG die Revision zu. Das Revisionsverfahren schließt sich nach Abs. 6 S. 1 unmittelbar dem Beschwerdeverfahren an. Es bedarf keiner Revisionseinlegung. Kommt das BAG im Beschwerdeverfahren zu dem Ergebnis, dass die Rüge des rechtlichen Gehörs berechtigt ist, kann es nach Abs. 7, ohne förmlich die angefochtene Nichtzulassungsentscheidung abzuändern, in einem kassatorischen Beschluss das Berufungsurteil aufheben und den Rechtsstreit zur neuen Verhandlung an das LAG zurückverweisen. Diese Möglichkeit ist auch nach § 72b für den Fall des überhaupt nicht oder erst nach Fristablaufs verspätet abgesetzten Berufungsurteils eröffnet. Dabei kann das BAG an eine andere Kammer zurückverweisen, auch wenn Abs. 7 anders als § 72b Abs. 5 nicht ausdrücklich diese Möglichkeit vorsieht. Dieser Weg ist in entsprechender Anwendung von § 563 Abs. 1 S. 2 ZPO eröffnet.[8] Umstritten ist, ob die sofortige Kassation auch in den Fällen zulässig ist, in denen die Verfahrensbeschwerde auf absolute Revisionsgründe gestützt wird.[9] Dagegen kann nur eingewandt werden, im Revisionsverfahren könne der Revisionkläger auf die Verfahrensrüge verzichten. Dann spricht nichts gegen eine Zurückverweisung, wenn der Beschwerdeführer erklärt, im anschließenden Revisionsverfahren nicht auf die Verfahrensrüge verzichten zu wollen.

9 Sind durch das Berufungsurteil mehrere Parteien beschwert und legen diese unabhängig voneinander Nichtzulassungsbeschwerde ein, ist jede dieser Nichtzulassungsbeschwerden auf ihre Zulässigkeit und Begründetheit hin gesondert zu prüfen. Genügt nur eine Beschwerde den Anforderungen des Abs. 3 S. 2, ist die Revision auch nur für diesen Beschwerdeführer zuzulassen. Dennoch kann über alle Beschwerden vom BAG einheitlich in **einem Nichtzulassungsverfahren** entschieden werden.

III. Eigenständiger Rechtsbehelf

10 Die Nichtzulassungsbeschwerde ist **ein Rechtsbehelf und kein Rechtsmittel**.[10] Ihre Einlegung hemmt zwar den Eintritt der Rechtskraft nach Abs. 4 S. 1. Es fehlt ihr aber der für ein Rechtsmittel wesentliche Devolutiveffekt. Die Hauptsache fällt mit Einlegung der Nichtzulassungsbeschwerde zunächst noch nicht beim BAG an. Das BAG darf auf die Beschwerde lediglich prüfen, ob die Zulassungsgründe nach § 72 Abs. 2 Nr. 1 und 2 vorliegen. Nur in den Fällen der absoluten Revisionsgründe und im Hinblick auf die Verletzung des Anspruchs auf rechtliches Gehör darf es das Berufungsurteil auf Rechtsfehler prüfen, nämlich ob insoweit das Verfahrensrecht eingehalten worden ist.[11]

11 Die Erkenntnis, dass die Nichtzulassungsbeschwerde kein Rechtsmittel ist, hat für die Prozesspraxis eine bedeutsame Auswirkung. Das LAG muss in dem Urteil, gegen das es die Revision nicht zugelassen hat, **keine förmliche Rechtsmittelbelehrung** i.S.v. § 9 Abs. 5 S. 1 über die Einlegung und Begründung der Beschwerde nach § 72a erteilen. Die Frist für die Einlegung der Nichtzulassungsbeschwerde kann daher nicht nach § 9 Abs. 5 S. 2 gehemmt werden. Soweit das BAG[12] ausgeführt hat, im Urteil des LAG genüge der Hinweis auf die Möglichkeit einer Nichtzulassungsbeschwerde,[13] hat es eine im Interesse der Parteien gebotene Klarstellungsobliegenheit des Berufungsgerichts („nobile officium") angesprochen. Eine gesetzliche Hinweispflicht gibt es nicht. Der Lauf der Rechtsbehelfsfristen für Einlegung und Begründung nach Abs. 2 S. 1 beginnt deshalb auch dann, wenn das Berufungsgericht den entsprechenden Hinweis unterlassen hat (zum Verhältnis von Nichtzulassungsbeschwerde und Antrag nach §§ 72 Abs. 1 S. 2, 64 Nr. 3a vgl. § 72 Rn 55).[14]

12 Die Einführung der Verfahrensbeschwerde nach §§ 72 Abs. 2 Nr. 3, 72a Abs. 1 geht auf einen Wunsch des BVerfG vom 30.4.2003[15] nach Entlastung zurück. Das BAG soll dadurch als oberstes Fachgericht der Gerichte für Arbeitssachen Verstöße gegen den verfassungsrechtlich geschützten Anspruch auf rechtliches Gehör innerhalb der Fachgerichtsbarkeit korrigieren können. Das war vor dem Anhörungsrügengesetz nicht möglich, weil wegen des beredten Schweigens des Gesetzgebers in §§ 72 und 72a eine nachträgliche Zulassung der Revision mit Verstößen gegen den

---

8 BAG 12.12.2006 – 3 AZN 625/06 – AP § 72a ArbGG 1979 Nr. 68 Grundsatz; ebenso Düwell/Lipke/*Bepler*, § 72a Rn 58 sowie GK-ArbGG/*Mikosch*, § 72a Rn 83c.
9 Düwell/Lipke/*Bepler*, § 72a Rn 59, der von einem Redaktionsfehler ausgeht, ebenso ErfK/*Koch*, § 72a Rn 25; *Gravenhorst*, NZA 2005, 24; a.A. Germelmann u.a., § 72a Rn 62.
10 Düwell/Lipke/*Bepler*, § 72a Rn 5 m.w.N.
11 I.E. ebenso BAG 1.4.1980 – 4 AZN 77/80 – BAGE 33, 79; Düwell/Lipke/*Bepler*, § 72a Rn 7; *Hauck/Helml*, § 72a Rn 9; Germelmann u.a., § 72a Rn 4; *Grunsky*, ArbGG,

§ 72a Rn 2; vgl. auch § 78a Abs. 1 Nr. 1; dort ist der „andere Rechtsbehelf" nur im Hinblick auf § 72a eingefügt worden.
12 BAG 1.4.1980 – 4 AZN 77/80 – BAGE 33, 79.
13 Zustimmend *Hauck/Helml*, § 72a Rn 1; GK-ArbGG/*Mikosch*, § 72a Rn 2.
14 BAG 9.7.2003 – 5 AZN 316/03 – AP § 72a ArbGG 1979 Nr. 49; *Schäfer*, NZA 1986, 249; *Etzel*, ZTR 1997, 248, 256.
15 BVerfG 30.4.2003 – 1 PBvU 1/02 – AP Art. 103 GG Nr. 64 = NJW 2003, 1924.

Anspruch auf rechtliches Gehör nicht gerechtfertigt werden konnte.[16] Bei sonstigen nicht mit Rechtsmittel anfechtbaren Endentscheidungen – auch bei denen des BAG – gibt der mit dem Anhörungsrügengesetz eingefügte Rechtsbehelf des § 78a eine weitere Möglichkeit der Selbstkorrektur innerhalb der Fachgerichtsbarkeit: Auch das dient der Entlastung des BVerfG.[17]

Berufungsurteile, die nicht innerhalb von fünf Monaten nach ihrer Verkündung mit Gründen versehen und von allen Richtern unterschrieben zur Geschäftsstelle des LAG gelangt sind, verletzten das Rechtsstaatsgebot.[18] Die in derartigen Berufungsurteilen enthaltene Nichtzulassungsentscheidung kann wegen der nicht vorhandenen Gründe nicht angefochten werden. Die Zulassung der Revision kann daher in einem derartigen Fall nicht mit der Nichtzulassungsbeschwerde erreicht werden:[19] Daran hat sich durch das Anhörungsrügengesetz nichts geändert; denn dieser Verfahrensverstoß ist nicht in den Katalog des § 72 Abs. 2 Nr. 3 aufgenommen worden. Der Gesetzgeber des Anhörungsrügengesetzes hat vielmehr mit der sofortigen Beschwerde nach § 72b ein **besonderes Rechtsmittel** geschaffen, mit dessen Hilfe dieser Verfassungsverstoß innerhalb der Fachgerichtsbarkeit im Wege der Kassation und Zurückverweisung korrigiert werden kann.

Durch das Anhörungsrügengesetz sind die Beschränkungen der Anfechtbarkeit der Nichtzulassungsentscheidung im Wege der Grundsatzbeschwerde aufgehoben worden. Die frühere Privilegierung der kollektiv-rechtlichen Streitgegenstände findet sich heute nur noch in § 76 Abs. 2 Nr. 1 bis 3, wo sie die rechtlichen Möglichkeiten der Zulassung der Sprungrevision durch das ArbG beschränken. Im Bereich der Nichtzulassungsbeschwerde besteht seit 2005 ein Gleichlauf zwischen den Zulassungsgründen, die in § 72 Abs. 2 für LAG und BAG abschließend aufgezählt sind, und den Überprüfungsmöglichkeiten des BAG im Rahmen der Nichtzulassungsbeschwerde.

IV. Nichtzulassungsbeschwerde und Erschöpfung des Rechtswegs

Hat ein Berufungsurteil, in dem die Revision nicht zugelassen worden ist, Grundrechte oder die in § 90 BVerfGG genannten grundrechtsgleichen Rechte verletzt, so kann das Urteil mit der Verfassungsbeschwerde angegriffen werden. Regelmäßig muss – obwohl die Nichtzulassungsbeschwerde kein Rechtsmittel ist (siehe Rn 12) – vorher das Verfahren nach § 72a durchgeführt werden. Zum Rechtsweg i.S.v. § 90 Abs. 2 S. 1 BVerfGG gehört nämlich grds. auch die Erhebung einer auf Divergenz gestützten Nichtzulassungsbeschwerde nach Abs. 1 i.V.m. § 72 Abs. 2 Nr. 2. Dies gilt nur dann nicht, wenn die Nichtzulassungsbeschwerde offensichtlich aussichtslos ist. Sie ist dann entbehrlich. Ein Absehen von der Einlegung der Nichtzulassungsbeschwerde kommt nur in Betracht, wenn eine gefestigte jüngere und einheitliche höchstrichterliche Rspr. im konkreten Einzelfall kein von dieser anzufechtenden Rspr. abweichendes Ergebnis erwarten lässt.[20]

Soweit in der Vergangenheit, um Lücken im Rechtsschutzsystem zu schließen, von der Rspr. außerhalb des geschriebenen Rechts außerordentliche Rechtsbehelfe geschaffen wurden, genügen diese heute nicht mehr den verfassungsrechtlichen Anforderungen an die Rechtsmittelklarheit. Die Rechtsbehelfe müssen in der geschriebenen Rechtsordnung geregelt und in ihren Voraussetzungen für die Bürger erkennbar sein.[21]

B. Regelungsgehalt

I. Form und Frist (Abs. 2)

Die Nichtzulassungsbeschwerde muss nach Abs. 2 S. 1 innerhalb einer **Notfrist von einem Monat** nach Zustellung des in vollständiger Form abgefassten Urteils beim BAG **schriftlich** eingelegt werden. Wird die Beschwerde beim LAG eingereicht, wahrt dies die Frist nicht.[22] Eine Weitergabe der Beschwerdeschrift an das BAG reicht nur aus, wenn die Beschwerde dort innerhalb der Monatsfrist eingeht.

Die Zustellung des in **vollständiger Form** abgefassten Urteils löst den Lauf der Beschwerdefrist aus (vgl. Abs. 2 S. 1). Ist das anzufechtende Urteil später als fünf Monate seit seiner Verkündung mit allen Unterschriften versehen zur Geschäftsstelle gelangt, ist die Nichtzulassungsbeschwerde unstatthaft. Es besteht nur die Möglichkeit der sofortigen Beschwerde nach § 72b.[23]

Die Nichtzulassungsbeschwerde ist schriftlich einzulegen. Bei der Beschwerdeschrift handelt es sich um einen bestimmenden Schriftsatz i.S.v. § 130 ZPO, der nach § 130 Nr. 6 ZPO von einem RA oder einer sonst nach § 11 Abs. 4 postulationsfähigen Person **eigenhändig** unterzeichnet sein muss. Das bedeutet: Bei Übermittlung durch einen Telefaxdienst (Telekopie) bedarf es der Wiedergabe der Unterschrift der Person, die den Schriftsatz verantwortet, in der Kopie (hinsichtlich der Einzelheiten der Schriftform siehe § 74 Rn 5 ff.).

---

16 BAG 26.6.2001 – 9 AZN 132/01 – BAGE 98, 109.
17 Vgl. BVerfG 26.3.2001 – 1 BvR 383/00 – AP Art. 20 GG Nr. 33 = NJW 2001, 2161.
18 BVerfG 26.3.2001 – 1 BvR 383/00 – AP Art. 20 GG Nr. 33 = NJW 2001, 2161, im Anschluss an Gemeinsamer Senat der Obersten Gerichtshöfe des Bundes vom 27.4.1993 – GmS-OGB 1/92 – AP § 551 ZPO Nr. 21.
19 So schon BAG 1.10.2003 – 1 ABN 62/01 – BAGE 108, 55.
20 BVerfG 3.12.1958 – 1 BvR 488/57 – NJW 1959, 91.
21 BVerfG 30.4.2003 – 1 PBvU 1/02 – AP Art. 103 GG Nr. 1.
22 BAG 4.11.1980 – 4 AZN 370/80 – BAGE 34, 247.
23 BAG 2.11.2006 – 4 AZN 716/06 – NJW 2007, 174.

20 Die Beschwerdeschrift muss den Anforderungen des § 569 Abs. 2 ZPO genügen. Sie muss deshalb die Entscheidung des LAG, die später mit der Revision angefochten werden soll, also das anzufechtende Urteil, nach **Gericht, Datum und Aktenzeichen** eindeutig benennen,[24] es sei denn, diese für die weitere Behandlung der Beschwerde durch das BAG notwendigen Angaben lassen sich aus sonstigen Umständen entnehmen. Dies ist immer dann der Fall, wenn der Beschwerdeschrift eine Ausfertigung oder eine beglaubigte Abschrift des anzufechtenden Urteils beigefügt ist, wie dies Abs. 2 S. 2 – nicht zwingend („soll") – vorschreibt. Aus der Beschwerdeschrift oder Anlagen hierzu müssen Beschwerdeführer und Beschwerdegegner zweifelsfrei erkennbar sein; deren ladungsfähige Anschriften müssen aber nicht angegeben werden.[25] Der Schriftsatz muss nicht den Begriff „Nichtzulassungsbeschwerde" enthalten. Es muss sich aus ihm aber ergeben, dass sich der Absender gegen die Nichtzulassung der Revision durch ein Urteil zweiter Instanz wendet.

21 Wenn die Partei keinen RA findet und auch nicht Zugang zu einer nach § 11 Abs. 4 postulationsfähigen Organisation hat, kann beim BAG als dem zuständigen Beschwerdegericht die Beiordnung eines Notanwalts für die Einlegung und Begründung einer Nichtzulassungsbeschwerde beantragt werden. Die Beiordnung erfolgt nach § 72 Abs. 5 i.V.m. §§ 555, 78b ZPO, wenn die Partei nachweist, keinen zur Vertretung bereiten RA gefunden zu haben und ein Zulassungsgrund i.S.v. § 72 Abs. 2 in Betracht kommt.[26]

II. Unbedingtheit der Einlegung des Rechtsbehelfs

22 Die Nichtzulassungsbeschwerde kann aus Gründen der Rechtssicherheit und Rechtsklarheit nicht unter einer Bedingung eingelegt werden.[27] Eine Beschwerde, die nur für den Fall eingelegt wird, dass für ihre Durchführung PKH bewilligt wird, ist unzulässig.[28] Das gebotene, richtige Verfahren besteht darin, zunächst PKH zu beantragen und dann die Wiedereinsetzung in den vorherigen Stand zu beantragen (vgl. Rn 83 ff.). Die Gegenmeinung[29] spricht sich in der Sache nicht für die Möglichkeit aus, eine Nichtzulassungsbeschwerde bedingt einzulegen, sondern plädiert für die Zulässigkeit einer „vorsorglichen" Beschwerde. Eine solche ist statthaft.[30] Allerdings ist sie mit dem vollen Kostenrisiko verbunden. Sie empfiehlt sich insb. dann, wenn eine Partei Zweifel hat, ob die Revisionszulassung durch das LAG rechtswirksam erfolgt ist, weil z.B. das LAG die Revisionszulassung nach Auff. des Beschwerdeführers rechtsunwirksam beschränkt hat, (vgl. § 72 Rn 46 ff.), er aber sichergehen möchte, dass er den Rechtsstreit in vollem Umfang zur Entscheidung des BAG stellen kann. Im Schrifttum wird für diesen Fall ausnahmsweise eine bedingte „hilfsweise" Beschwerdeeinlegung als zulässig angesehen.[31] Das ist zutreffend. Hier wird nämlich der Grundsatz der Rechtsmittelklarheit nicht durchbrochen. Denn die hilfsweise eingelegte Nichtzulassungsbeschwerde fällt nur dann zur gerichtlichen Entscheidung an, wenn die zuvor in der Hauptsache eingelegte Revision sich mangels wirksamer Zulassung als unzulässig herausstellt.

III. Wirkung der Einlegung der Nichtzulassungsbeschwerde (Abs. 4)

23 Wird die Nichtzulassungsbeschwerde eingelegt, so wird dadurch der Eintritt der Rechtskraft des anzufechtenden Urteils gehemmt, Abs. 4 S. 1. Ist die Zulassung der Revision für beide Parteien vom LAG verweigert worden, obwohl jede Partei teilweise unterlegen ist, kann die erfolgreiche Einlegung der Nichtzulassungsbeschwerde die Hemmung der Rechtskraft des gesamten Berufungsurteil bewirken. Das ist eine Folge der Neufassung der Bestimmung über die Anschlussrevision, § 554 ZPO (vgl. § 74 Rn 104 ff.). Die gegnerische Partei kann nach Zulassung der Revision den Teil des Streitgegenstandes, in dem sie beschwert ist, im Wege der Anschlussrevision vor das BAG bringen, ohne dass sie hierfür einer gesonderten Zulassung bedarf.[32]

24 Der Beschwerdeführer kann nur, soweit er beschwert ist, Beschwerde einlegen. Folglich ist regelmäßig der Antrag des Beschwerdeführers dahin auszulegen, dass er nur soweit seine Beschwer reicht, die Nichtzulassungsentscheidung des Berufungsgerichts angreifen will. Das BAG darf folglich als Beschwerdegericht nur die Zulassung beschränkt für die Partei beschließen, die als Beschwerdeführer durch die Nichtzulassungsentscheidung des LAG beschwert ist. Ein Ausnahmefall liegt nur dann vor, wenn das Berufungsgericht trotz einheitlichen Streitgegenstands die Revision nur für eine Partei zugelassen hat. Dann kann die andere Partei ohne nachträgliche Zulassung auch im Rahmen einer selbstständigen Revision den restlichen Teil des Streitgegenstands in die Revisionsinstanz bringen. Dieser Ausnahmefall beruht darauf, dass eine Rechtsmittelbeschränkung, die das Rechtsmittelgericht zur Entschei-

---

24 BAG 27.10.1981 – 3 AZN 283/81 – AP § 72a ArbGG 1979 Nr. 12.
25 BAG 27.10.1981 – 3 AZN 315/81 – AP § 72a ArbGG 1979 Nr. 13.
26 BAG 28.12.2007 – 9 AS 5/07 – AP § 72a ArbGG 1979 Nr. 58.
27 BAG 13.8.1985 – 4 AZN 212/85 – BAGE 49, 244; BAG 13.12.1995 – 4 AZN 576/95 – AP § 72a ArbGG 1979 Nr. 36; dem zustimmend: GK-ArbGG/*Mikosch*, § 72a Rn 43.
28 Ebenso Düwell/Lipke/*Bepler*, § 72a Rn 13; ErfK/*Koch*, § 72a ArbGG Rn 16; Schwab/Weth/*Ulrich*, § 72a Rn 93.
29 Germelmann u.a., § 72a Rn 23; *Grunsky*, ArbGG, § 72a Rn 1.
30 GK-ArbGG/*Mikosch*, § 72a Rn 43.
31 ErfK/*Koch*, § 72a ArbGG Rn 16; Germelmann u.a., § 72a Rn 23; Hauck/*Helml*, § 72a Rn 9.
32 Düwell/Lipke/*Bepler*, § 72a Rn 14; Germelmann u.a., § 72a Rn 30; GK-ArbGG/*Mikosch*, § 72a Rn 47; *Grunsky*, ArbGG, § 72a Rn 13.

dung über einzelne Entscheidungselemente nötigen soll, die nicht Gegenstand eines abtrennbaren Verfahrens oder einer selbstständigen Entscheidung sein können, rechtlich unbeachtlich ist (vgl. § 72 Rn 75).[33]

Die aufschiebende Wirkung hat folgende Konsequenzen: Hängt die materielle Rechtslage von der Rechtskraft einer Entscheidung ab, ändert sich die Rechtslage erst mit dem Ablauf der Beschwerdefrist oder der Zurückweisung der Nichtzulassungsbeschwerde. Unerheblich ist, wie aussichtsreich die eingelegte Nichtzulassungsbeschwerde ist. Soweit zur Divergenzrechtsbeschwerde das BAG im Urteil vom 25.1.1979[34] eine andere Auff. vertreten hat, ist diese ausdrücklich aufgegeben worden.[35] Dieses Verständnis der aufschiebenden Wirkung hat für die Praxis gravierende Auswirkungen:

Beispiele:
1. Der Weiterbeschäftigungsanspruch nach § 102 Abs. 5 S. 1 BetrVG besteht bis zum rechtskräftigen Abschluss des Künd-Rechtsstreits. D.h. wenn die Frist für die Einlegung der Nichtzulassungsbeschwerde abgelaufen ist oder die eingelegte Nichtzulassungsbeschwerde des AN zurückgewiesen wird, endet der Anspruch aus § 102 Abs. 5 S. 1 BetrVG.
2. Bei der außerordentlichen Künd der Arbverh von BR-Mitgliedern entfällt das Künd-Verbot aus § 103 Abs. 1 BetrVG erst, wenn das LAG die Zustimmung nach § 103 Abs. 2 BetrVG bestandskräftig ersetzt hat. D.h. erst wenn die Frist für die Einlegung der Nichtzulassungsbeschwerde abgelaufen ist oder die eingelegte Nichtzulassungsbeschwerde des AN zurückgewiesen wird, darf der AG die Künd aussprechen. Die Rspr., nach der der AG im Falle einer offensichtlich unstatthaften Divergenzbeschwerde gegen einen die Zustimmung des BR ersetzenden Beschluss der ArbG zur Wahrung der Zwei-Wochen-Frist des § 626 Abs. 2 BGB die Künd bereits vor Eintritt der formellen Rechtskraft dieses Beschlusses aussprechen muss,[36] ist seit langem aufgegeben.[37]

Bis zur Entscheidung über die Nichtzulassungsbeschwerde sind Berufungsurteile nach §§ 74 Abs. 7, 62 nur vorläufig vollstreckbar. Nach Abs. 4 S. 2 i.V.m. § 719 Abs. 2 und 3 ZPO kann daher ein jeder Beschwerdeführer die einstweilige Einstellung der Zwangsvollstreckung aus dem anzufechtenden Urteil beantragen. Der Einstellungsantrag ist nur begründet, wenn die Vollstreckung aus dem anzufechtenden Urteil dem Beschwerdeführer einen nicht zu ersetzenden Nachteil bringen würde und nicht ein überwiegendes Interesse des Gläubigers der Einstellung der Zwangsvollstreckung entgegensteht.

Nach Einlegung der Nichtzulassungsbeschwerde kommt eine Einstellung der Zwangsvollstreckung nur dann in Betracht, wenn die Nichtzulassungsbeschwerde Aussicht auf Erfolg hat. Besteht überhaupt keine Erfolgsaussicht, z.B. weil die Beschwerdebegründung keine Zulassungsgründe aufzeigt, so ist der Einstellungsantrag zurückzuweisen.[38] Das entspricht der Rechtslage zum vergleichbaren Fall der einstweiligen Einstellung der Zwangsvollstreckung bei Revisionseinlegung.[39] Der Einstellungsantrag kann schon mit der Beschwerdeeinlegung vor Abfassung der Beschwerdebegründung gestellt werden.

Im Schrifttum wird die Ansicht vertreten, wenn ein Beschwerdeführer die Einlegung der Nichtzulassungsbeschwerde mit einem Antrag auf einstweilige Einstellung der Zwangsvollstreckung verbinde, müsse er seine Beschwerde zugleich auch schon ordnungsgemäß nach Abs. 3 begründen, um dem Gericht eine Grundlage für die Einschätzung der Erfolgsaussichten zu geben.[40] Liegen die sonstigen Einstellungsvoraussetzungen vor, so ist nur zu prüfen, ob eine Erfolgsaussicht des Rechtsmittels möglich ist.[41] Von daher genügt das Maß an Darlegung eines Zulassungsgrundes, das die Prognose gestattet, es sei nicht auszuschließen, dass aufgrund der weiteren Ausführungen innerhalb der Beschwerdebegründungsfrist der Beschwerde stattgegeben werden könne.

Das BAG kann ohne mündliche Verhandlung anordnen, dass die Zwangsvollstreckung einstweilen eingestellt wird. Es entscheidet dann ohne Hinzuziehung der ehrenamtlichen Richter.[42] Es kann die Einstellung auch auf die Zeit bis zum Ablauf der Beschwerdebegründungsfrist beschränken, um dann eine Erfolgsaussichtsprüfung durchzuführen.

---

33 BAG 28.8.2001 – 9 AZR 611/99 – AP § 7 BUrlG Abgeltung Nr. 80; BAG 6.9.1990 – 2 AZR 165/90 – AP § 615 BGB Nr. 47 = EzA § 615 BGB Nr. 67.
34 2 AZR 983/77 – BAGE 31, 253 = DB 1979, 1704.
35 BAG 9.7.1998 – 2 AZR 142/98 – BAGE 89, 220 = AP § 103 BetrVG 1972 Nr. 36; dazu zustimmend: *Kohte/Lenart*, SAE 2000, 195 und kritisch: *Diller*, NZA 2004, 579.
36 BAG 25.1.1979 – 2 AZR 983/77 – BAGE 31, 253 = AP § 103 BetrVG 1972 Nr. 12.
37 BAG 9.7.1998 – 2 AZR 142/98 – BAGE 89, 220 = AP § 103 BetrVG 1972 Nr. 36.
38 BAG 27.6.2000 – 9 AZN 525/00 – AP § 72a ArbGG 1979 Nr. 42; *Germelmann u.a.*, § 72a Rn 32 m.w.N.; *Düwell/Lipke/Bepler*, § 72a Rn 17; GK-ArbGG/*Mikosch*, § 72a Rn 49 m.w.N
39 Vgl. BAG 6.1.1971 – 3 AZR 384/70 – AP § 719 ZPO Nr. 3 m. zust. Anm. *Grunsky*.
40 *Düwell/Lipke/Bepler*, § 72a Rn 17.
41 Vgl. *Leipold*, SAE 1973, 217 ablehnend zu der zu weit gehenden Erfolgsaussichtsprüfung im Urteil des BAG 22.6.1972 – 3 AZR 263/72 – SAE 1973, 216.
42 BAG 27.6.2000 – 9 AZN 525/00 – AP § 72a ArbGG 1979 Nr. 42.

IV. Begründung der Nichtzulassungsbeschwerde

30 **1. Frist und Fristversäumnis (Abs. 3 S. 1).** Nach Abs. 3 S. 1 ist die Beschwerde innerhalb einer Notfrist von zwei Monaten nach Zustellung des in vollständiger Form abgefassten Urteils zu begründen. Die Begründungsfrist kann nicht verlängert werden.[43]

Bis zur ZPO-Reform des Jahres 2001 bestand eine schwieriger zu handhabende Fristberechnung. Die neue Fristenregelung entspricht den allg. zivilprozessualen Regeln über die Rechtsmitteleinlegung und -begründung. Daher sind heute die Fristen zur Einlegung und Begründung der Nichtzulassungsbeschwerde Routinefristen, deren Berechnung und Überwachung der RA dem geschulten Büropersonal überlassen darf. Die entgegen stehenden Beschlüsse des BAG vom 20.6.1995[44] und vom 27.9.1995[45] sind überholt.[46]

31 Aus der Unabhängigkeit der Begründungs- von der Einlegungsfrist (siehe Rn 32) folgt nach Auff. des BAG, dass die Begründungsfrist regelmäßig auch dann abläuft, wenn die Beschwerdefrist versäumt worden ist und über den Wiedereinsetzungsantrag noch nicht entschieden wurde (wegen der Besonderheiten bei einem Antrag auf Bewilligung von PKH für die Durchführung des Nichtzulassungsbeschwerdeverfahrens vgl. Rn 83 ff.).[47]

32 **2. Allgemeine Anforderungen an die Begründung (Abs. 3 S. 2). a) Unterschied zur revisionsrechtlichen Fehlerkontrolle.** Der Beschwerdeführer kann seine Nichtzulassungsbeschwerde auf eine Divergenz, eine grds. Bedeutung der Rechtssache, über die das LAG im anzufechtenden Urteil entschieden hat, oder auf einen der in § 72 Abs. 2 Nr. 3 aufgezählten Verfahrensmängel stützen. Die Nichtzulassungsentscheidung im anzufechtenden Berufungsurteil kann mehrere Zulassungsgründe eröffnen. Es ist stets darauf zu beachten, dass es hier mit Ausnahme der Verfahrensbeschwerde nicht um das Rügen von Rechtsfehlern geht. Entscheidend ist allein, ob Zulassungsgründe i.S.v. § 72 Abs. 2 vorliegen.

33 **b) Mehrfachbegründung und Mehrheit von prozessualen Ansprüchen.** Diese müssen auch entscheidungserheblich sein. Das ist bei mehreren prozessualen Ansprüchen und bei Mehrfachbegründungen problematisch. Der Beschwerdeführer muss nach der Rspr. in diesen Fällen jeweils einen Zulassungsgrund darlegen.[48]

34 Das gilt:
1. für jeden abtrennbaren Streitgegenstand und
2. für jede, die anzufechtende Entscheidung selbstständig tragende Begründung.

35 Im Falle, dass nur für einen von **mehreren prozessualen Ansprüchen** ein Zulassungsgrund besteht, empfiehlt sich eine Beschränkung der Beschwerde.

36 **Beispiel:** Abgewiesen wurde sowohl der Anspruch auf Urlaubsentgelt als auch der auf zusätzliches von der Urlaubnahme unabhängiges Urlaubsgeld. Besteht nur hinsichtlich der Abweisung des Anspruchs auf Urlaubsgeld ein Zulassungsgrund, dann ist die Beschwerde dahin zu beschränken, dass nur insoweit die Revision zuzulassen ist. Im Fall der **Mehrfachbegründung** kann eine Beschwerde nur dann Erfolg haben, wenn der Beschwerdeführer darlegt, dass sowohl wegen der Haupt- als auch der Hilfsbegründungen des anzufechtenden Berufungsurteils Zulassungsgründe vorhanden sind. Dabei kann im Ausnahmefall stets ein und derselbe Zulassungsgrund gegeben sein, wenn z.B. ein absoluter Revisionsgrund das gesamte Verfahren erfasst.

37 **3. Begründung der Divergenzbeschwerde (Abs. 3 S. 2 Nr. 2).** Bei der Abfassung der Begründung einer Divergenzbeschwerde wird nicht die Fehlerhaftigkeit der Nichtzulassungsentscheidung des LAG aufgezeigt, sondern der Beschwerdeführer hat nach Abs. 3 S. 2 Nr. 2 die Divergenz i.S.v. § 72 Abs. 2 Nr. 2 (vgl. § 72 Rn 25 ff.) zu bezeichnen. Das drückt die Rspr. zusammenfassend aus: Zur ordnungsgemäßen Begründung einer auf Divergenz gestützten Nichtzulassungsbeschwerde gehört, dass der Beschwerdeführer einen abstrakten Rechtssatz aus der anzufechtenden Entscheidung sowie einen hiervon abweichenden abstrakten Rechtssatz aus einer Entscheidung des BAG oder eines der anderen in § 72 Abs. 2 Nr. 2 genannten Gerichte aufzeigt und darlegt, dass das anzufechtende Urteil auf dieser Abweichung beruht.[49]

38 **a) Benennung der divergenzfähigen Entscheidung.** Der Beschwerdeführer muss nach Abs. 3 S. 2 Nr. 2 die Entscheidung oder die Entscheidungen, von denen das anzufechtende Urteil des LAG abweicht, im Einzelnen „bezeichnen". Dem BAG muss als Beschwerdegericht ohne eigene Nachforschungen eine Überprüfung möglich sein. Das ergibt sich daraus, dass sich die Prüfung des BAG im Beschwerdeverfahren darauf beschränkt, das anzufech-

---

43 ErfK/*Koch*, § 72a ArbGG Rn 22; *Hauck/Helml*, § 72a Rn 10.
44 3 AZN 261/95 – AP § 233 ZPO 1977 Nr. 42.
45 4 AZN 473/95 – AP § 233 ZPO 1977 Nr. 43.
46 Düwell/Lipke/*Bepler*, § 72a Rn 20.
47 BAG 1.8.1983 – 1 ABR 33/83 – juris.
48 BAG 27.10.1998 – 9 AZN 575/98 – AP § 72a ArbGG 1979 Divergenz Nr. 39 = NZA 1999, 222; BAG 10.3.1999 – 4 AZN 857/98 – BAGE 91, 93 = AP § 72a ArbGG 1979 Nr. 41.
49 BAG 5.9.2007 – 3 AZB 41/06 – EzA § 72a ArbGG 1979 Nr. 114; BAG 22.10.2001 – 9 AZN 622/01 – EzA § 72a ArbGG 1979 Nr. 95; BAG 6.12.1994 – 9 AZN 337/94 – BAGE 78, 373, 375.

tende Urteil mit den vom Beschwerdeführer ausdrücklich genannten angezogenen Entscheidungen zu vergleichen. Es ist nicht Aufgabe des Beschwerdegerichts die Rspr. darauf zu untersuchen, ob das anzufechtende Urteil in einer Rechtsfrage von irgendeiner divergenzfähigen Entscheidung, die der Beschwerdeführer nicht genannt hat, abweicht.[50] Daher sind mind. Datum und Aktenzeichen und möglichst auch die Fundstelle der angezogenen Entscheidung anzugeben.[51] Wer nur eine Fundstelle in einer Zeitschrift angibt, trägt das Risiko, dass auf der angegebenen Seite mehre Entscheidungen möglicherweise auch noch mit demselben Verkündungsdatum abgedr. sind. Von daher ist es ratsam, stets **Datum und Aktenzeichen** anzugeben.

Welche Entscheidungen an sich divergenzfähig sind, ist an anderer Stelle erläutert (siehe § 72 Rn 25 ff.).

b) Divergenzfähigkeit und Entscheidungszeitpunkt. Zur Beschwerdebegründung wegen Divergenz kann auch ein an sich nicht mehr divergenzfähiges Urteil eines LAG herangezogen werden, das durch eine spätere, nach Verkündung des Berufungsurteils bekannt gewordene Entscheidung des BAG seine Divergenzfähigkeit nach § 72 Abs. 2 Nr. 2 („solange eine Entscheidung des BAG nicht ergangen ist") verloren hat. Voraussetzung eines Zulassungserfolgs ist hier, dass das Berufungsgericht einen Rechtssatz aufgestellt hat, der dem später vom BAG aufgestellten Rechtssatz entspricht[52] oder – was ein seltener Glücksfall wäre – das BAG in Erwägung der Beschwerdegründe seine eben geänderte Rspr. erneut aufgeben will. Ist das LAG von einem Rechtssatz abgewichen, der zwar in einer älteren Entscheidung des BAG einmal aufgestellt worden war, aber von der jüngeren Rspr. vor der Zulassungsentscheidung des LAG wieder aufgegeben wurde, so rechtfertigt das keine Zulassung der Revision (wegen des Andauerns der Divergenzfähigkeit siehe Rn 73).[53]

Die Beschwerde soll nach dem Schrifttum nur vor der Verkündung des anzufechtenden Urteils ergangene divergenzfähige Entscheidungen anziehen dürfen.[54] Nur dann beeinträchtigte die anzufechtende Entscheidung die Einheit der Rspr. Die Benennung einer Entscheidung, die erst nach der angezogenen Entscheidung ergeht, gilt nach der Rspr. ausnahmsweise dann als zulässig, soweit diese lediglich einen schon früher von dem betreffenden Gericht aufgestellten divergierenden Rechtssatz wiederhole.[55] Schrifttum und Rspr. schränken die Möglichkeit der Divergenzbeschwerde, die Gefahr von Divergenzen zu beseitigen, hier zu sehr ein. Es wird übersehen, dass das Nichtzulassungsbeschwerdeverfahren über den individuellen Streitfall hinausgehend der Wahrung der Rechtseinheit dient und der maßgebliche Zeitpunkt nicht derjenige ist, zu dem das Berufungsurteil ergangen ist, sondern der, in dem das BAG die Beschwerdeentscheidung trifft (vgl. Rn 3). Da es nicht darauf ankommt, ob das Berufungsgericht den Rechtssatz, von dem es abweicht, gekannt hat oder nicht, muss auch die Frage, wann die Divergenzgefahr entstanden ist, unerheblich sein. Die Zulassungsentscheidung hat konsequenterweise auch den Fall zu erfassen, dass die Divergenz auf einen Rechtssatz gestützt wird, der in einer erst nach Verkündung der anzufechtenden Entscheidung ergangenen divergenzfähigen Entscheidung enthalten ist. Dieser objektive Ansatz ist schon in der Rspr. angelegt; denn sie stellt für ein Abweichen nicht darauf ab, ob die Entscheidung von der abgewichen wird, schon bei Verkündung des Berufungsurteils dem Berufungsgericht bekannt ist.

c) Aufzeigen eines abweichenden Rechtssatzes. Der Beschwerdeführer genügt seiner Begründungslast nicht allein dadurch, dass er eine angeblich abweichende Entscheidung benennt (siehe Rn 39) oder dass er die von der Rspr. des BAG abweichenden Erwägungen wiedergibt.[56] Die Divergenzbeschwerde dient nicht der Auseinandersetzung mit Schrifttum und Lehre, sondern der Vereinheitlichung der Rspr.[57] Deshalb sind auch dann, wenn die Gerichte Schrifttum und Lehre zitieren, nur die von ihnen aufgestellten Rechtssätze maßgeblich.

Es kommt nicht darauf an, ob das LAG bei seiner Entscheidung einen Rechtssatz des BAG fallbezogen falsch angewendet hat. Die Darlegung einer fehlerhaften Rechtsanwendung reicht zur Begründung einer Divergenzbeschwerde nicht aus.[58] Entscheidend ist, ob es selbst einen bestimmten Rechtssatz aufgestellt hat, der von einem der in § 72 Abs. 2 Nr. 2 genannten Gerichte in einer divergenzfähigen Entscheidung aufgestellten Rechtssatz abweicht.[59] Die fehlerhafte oder unterlassene Anwendung von Normen oder Rechtsgrundsätzen ist noch keine Aufstellung eines Rechtssatzes. Ein Rechtssatz liegt erst dann vor, wenn das Gericht eine Regel aufgestellt hat, die nicht nur für den Einzelfall, sondern für eine Vielzahl von Sachverhalten Geltung beansprucht.[60]

---

50 Ebenso zu § 544 ZPO BGH 23.7.2002 – VI ZR 91/02 – NJW 2002, 3334.
51 BAG 22.10.2001 – 9 AZN 622/01 – EzA § 72a ArbGG 1979 Nr. 95; Düwell/Lipke/*Bepler*, § 72a Rn 25.
52 Düwell/Lipke/*Bepler*, § 72a Rn 27; GK-ArbGG/*Mikosch*, § 72a Rn 61.
53 BAG 8.8.2000 – 9 AZN 520/00 – AP § 72a ArbGG 1979 Divergenz Nr. 40.
54 Düwell/Lipke/*Bepler*, § 72a Rn 28.
55 BAG 21.12.1982 – 1 ABN 30/82 – AP § 92a ArbGG 1979 Nr. 2; BAG 15.11.1994 – 5 AZN 617/94 – AP § 72a ArbGG 1979 Divergenz Nr. 27.
56 BAG 29.12.2008 – 4 AZN 535/08 – AE 2009, 145.
57 BAG 28.4.1998 – 9 AZN 227/98 – BAGE 88, 296.
58 BAG 5.9.2007 – 3 AZB 41/06 – EzA § 72a ArbGG 1979 Nr. 114.
59 BAG 16.12.1982 – 2 AZN 337/82 – BAGE 41, 188; BAG 22.2.1983 – 1 ABN 33/82 – AP§ 72a ArbGG 1979 Divergenz Nr. 13;BAG 10.12.1997 – 4 AZN 737/97 – AP § 72a ArbGG 1979 Nr. 40; GK-ArbGG/*Mikosch*, § 72a Rn 69.
60 BAG 18.5.2004 – 9 AZN 653/03 – BAGE 110, 352 = AP § 72a ArbGG 1979 Divergenz Nr. 42.

Sowohl aus der anzufechtenden als auch aus der herangezogenen Entscheidung hat der Beschwerdeführer zum Aufzeigen der Abweichung diese Rechtssätze aufzuzeigen. Ist der Rechtssatz in einer weitschweifigen ungegliederten rechtlichen Würdigung enthalten, genügt nicht die einfache Abschrift der Entscheidungsgründe. Es bedarf dann der zielgerichteten Entnahme und ggf. auch einer Komprimierung. So hat das BAG eine 33 Zeilen umfassende Wiedergabe der Entscheidungsgründe nicht als Aufzeigen eines bestimmten Rechtssatzes angesehen; denn es ist nicht Aufgabe des Beschwerdegerichts, aus den Ausführungen des LAG einen möglicherweise abweichenden Rechtssatz herauszusuchen.[61] Der Beschwerdeführer hat somit aufzuzeigen, welchen abstrakten, fallübergreifenden Rechtssatz das anzufechtende Urteil und welchen hiervon abweichenden Rechtssatz die angezogene Entscheidung aufgestellt haben. Dazu bedarf es der wörtlichen Gegenüberstellung der abstrakten Rechtssätze. Für die vergleichbare Divergenzbeschwerde im finanzgerichtlichen Verfahren verlangt deshalb der BFH zu Recht „die Gegenüberstellung tragender, abstrakter Rechtssätze aus dem angefochtenen (besser: anzufechtenden) Urteil des FG einerseits und aus den behaupteten Divergenzentscheidungen andererseits, um eine Abweichung erkennbar zu machen."[62]

43   d) Aufzeigen eines verdeckten Rechtssatzes. Ein abstrakter Rechtssatz, der zu einer Divergenz führt, kann in besonderen Fällen ausnahmsweise auch einmal in scheinbar nur fallbezogenen Formulierungen enthalten sein. Dann hat der Beschwerdeführer im Einzelnen darzulegen, dass das LAG bei seinen einzelfallbezogenen Ausführungen zwingend von einem bestimmten Rechtssatz ausgegangen sein muss, der im Widerspruch zu einem Rechtssatz in einer divergenzfähigen Entscheidung steht.[63] Hat das LAG seiner Subsumtion keinen Obersatz vorangestellt, muss der Beschwerdeführer den sich aus den einzelfallbezogenen Ausführungen des LAG ergebenden Rechtssatz selbst formulieren.[64] Für die Darlegung, dass das LAG von einem bestimmten nicht ausformulierten Rechtssatz ausgegangen sein muss, können vorangegangene prozessleitende Verfügungen und Beschlüsse des LAG, die für sich nicht divergenzfähig sind, hilfreich sein.[65] Die Rspr. des BAG erwartet die Darlegung von Umständen, die einen „zwingenden" Schluss gestatten.[66] Allein aus dem Umstand, dass das LAG einen bestimmten Prüfungsschritt nicht vorgenommen hat, den die st. Rspr., z.B. bei der Behandlung einer verhaltensbedingten Künd, verlangt, kann daher nicht der Schluss gezogen werden, das Gericht habe den Rechtssatz aufgestellt, auf diesen Prüfungsschritt komme es nicht an.[67] Mag auch eine solche Entscheidung rechtsfehlerhaft sein; sie führt dennoch nicht zur Zulassung, weil der Zulassungsgrund der Divergenz nicht erfüllt ist.

43a   e) Aufzeigen des Widerspruchs der Rechtssätze. Eine erhebliche Abweichung i.S.v. § 72 Abs. 2 Nr. 2 setzt einen Widerspruch zwischen dem vom LAG aufgestellten und dem vom Beschwerdeführer herangezogenen Rechtssatz voraus (sog. rechtserhebliche Divergenz).[68] Erst dann ist die Divergenz im Lichte des institutionellen Auftrags, die Rechtseinheit zu sichern, erheblich; denn nicht immer stehen zwei im Wortlaut voneinander abweichende Rechtssätze in einem Widerspruch. So kann das BAG in einer älteren Entscheidung eine Regel aufgestellt und in einer jüngeren Entscheidung eine bestimmte Ausnahme zugelassen haben. Dann kann dem Berufungsurteil, in dem eine weitere Ausnahme entwickelt wird, nicht die ursprüngliche BAG Entscheidung mit der aufgestellten Regel entgegengehalten werden, denn diese ist durch die jüngere Entscheidung für Ausnahmen gelockert. Der jüngeren BAG Entscheidung kann nur dann ein widersprechender Rechtssatz entnommen werden, wenn dort keine Öffnung für eine unbestimmte Anzahl von Ausnahmen, sondern nur für eine einzige Ausnahme zugelassen worden ist.

44   f) Abweichung in der Beantwortung derselben Rechtsfrage. Der vom Berufungsgericht aufgestellte Rechtssatz muss einem Rechtssatz widersprechen, der in einer divergenzfähigen Entscheidung von einem der in § 72 Abs. 2 Nr. 2 genannten Gerichte zu derselben Rechtsfrage mit Bezug auf dieselbe Rechtsnorm aufgestellt worden ist. Deshalb ist auch auszuführen, dass es sich im Streitfall um einen vergleichbaren Sachverhalt und um eine identische Rechtsfrage wie in der herangezogenen Entscheidung handelt.[69]

45   Eine bloße Gleichartigkeit der Rechtsfrage, die in dem Rechtssatz des Berufungsgerichts beantwortet wird, mit der, die in der herangezogenen Entscheidung behandelt wird, genügt nicht.[70] Für die Annahme einer Divergenz muss grds. auch gefordert werden, dass die Rechtsnormen, die dem Rechtssatz in der anzufechtenden und in der herangezogenen Entscheidung zugrunde liegen, identisch sind. In der Rspr. ist bislang noch ungeklärt, welches Maß an Übereinstimmung für die Annahme einer Identität erforderlich ist. Das BVerwG vertritt der Auff., das mit der Divergenzbeschwerde verfolgte Ziel der Vereinheitlichung der Rspr. setze voraus, dass die unterschiedlichen Rechtssätze auf der Grundlage wörtlich übereinstimmender Vorschriften mit einem identischen Regelungsgegenstand aufgestellt

---

61 BAG 14.2.2001 – 9 AZN 878/00 – AP § 72a ArbGG 1979 Divergenz Nr. 42.
62 BFH 26.11.2007 – VIII B 117/07 – juris.
63 BAG 4.8.1981 – 3 AZN 107/81 – AP § 72a ArbGG 1979 Divergenz Nr. 9; BAG 18.5.2004 – 9 AZN 653/03 – BAGE 110, 352.
64 BAG 29.12.2008 – 4 AZN 535/08 – AE 2009, 145; BAG 14.2.2001 – 9 AZN 878/00 – juris.
65 Düwell/Lipke/*Bepler*, § 72a Rn 30.
66 Vgl. z.B. BAG 10.12.1997 – 4 AZN 737/97 – AP § 72a ArbGG 1979 Nr. 40.
67 BAG 18.5.2004 – 9 AZN 653/03 – BAGE 110, 352.
68 BAG 18.5.2004 – 9 AZN 653/03 – BAGE 110, 352 = AP § 72a ArbGG 1979 Divergenz Nr. 46.
69 So ausdrücklich zur finanzgerichtlichen Nichtzulassungsbeschwerde BFH 26.11.2007 – VIII B 117/07 – juris.
70 BAG 20.8.2002 – 9 AZN 130/02 – AP § 72a ArbGG 1979 Divergenz Nr. 45; BVerwG 29.5.2005 – 2 B 112/04 – juris.

sein müssen.[71] Nach der Rspr. des Gemeinsamen Senats der obersten Gerichtshöfe des Bundes liegt eine rechtserhebliche Divergenz trotz eines abweichenden Wortlauts vor, wenn die Normen jedenfalls in ihrem Regelungsgehalt übereinstimmen.[72] Das BAG vertritt die Auff., dass eine bloße Vergleichbarkeit der Regelungsinhalte der unterschiedlichen Normen noch nicht für die Annahme einer rechtserheblichen Divergenz ausreicht.[73]

g) Entscheidungserheblichkeit der Divergenz. Der Beschwerdeführer muss schließlich darlegen, dass die festgestellte Divergenz für die Entscheidung insg. erheblich ist. Die anzufechtende Entscheidung muss auf dieser Abweichung beruhen. Das ist nur dann der Fall, wenn die anzufechtende Entscheidung anders ausgefallen wäre, wenn das LAG nicht den selbst aufgestellten, sondern den Rechtssatz, von dem es abgewichen ist, angewendet hätte (vgl. § 72 Rn 31). Für die Beschwerdebegründung bedarf es einer konkreten, fallbezogenen Darlegung. Es soll der bloß formelhaften Behauptung, die anzufechtende Entscheidung beruhe auf der/den behaupteten Divergenz(en) entgegengewirkt und eine Beschränkung des Rechtsstoffs im Beschwerdeverfahren erreicht werden. Der Beschwerdeführer ist somit dazu angehalten, das angefochtene Urteil genau zu durchdenken und nur solche Divergenzen zu rügen, die die anzufechtende Entscheidung tragen. Von dem Grundsatz, dass das Beruhen der anzufechtenden Entscheidung auf der behaupteten Divergenz konkret fallbezogen darzulegen ist, kann nur dann eine Ausnahme gemacht werden, wenn im Einzelfall aus dem Inhalt der Beschwerdebegründung ohne Weiteres klar ersichtlich ist, dass auch diese Anforderung im Falle des Vorliegens der behaupteten Divergenz erfüllt wäre.[74] Es ist daher höchst zweckmäßig, den Lösungsgang des LAG mit dem divergierenden Rechtssatz fiktiv nachzuzeichnen.

Hat das LAG sein Ergebnis mehrfach begründet, liegt eine die nachträgliche Zulassung der Revision rechtfertigende Divergenz nur dann vor, wenn sie alle Begründungen betrifft oder wenn sich in jeder der Begründungen eine das Ergebnis beeinflussende Divergenz oder ein anderer Zulassungsgrund befindet.[75]

4. Begründung der Grundsatzbeschwerde (Abs. 2 S. 2 Nr. 1). a) Allgemeine Orientierung. Nachdem das Anhörungsrügengesetz in Kraft getreten ist, hat ein Großteil des bisherigen Schrifttums seine Bedeutung verloren; denn die von den Autoren behandelten privilegierten Verfahrensgegenstände des Abs. 1 Nr. 1 bis 3 a.F. sind ersatzlos gestrichen worden. Folge der Gesetzesänderung wird langfristig sein, dass die Bedeutung der bislang überwiegend eingelegten Divergenzbeschwerde erheblich zurückgehen wird. An deren Stelle wird die Anzahl der Grundsatzbeschwerden wachsen, weil es jetzt einfacher ist, geltend zu machen, in seinem Rechtsstreit habe eine entscheidungserhebliche Rechtsfrage grds. Bedeutung (vgl. § 72 Rn 14 ff.).

Um seiner Grundsatzbeschwerde, die grds. Rechtsfragen aus jedem Rechtsgebiet betreffen kann, zum Erfolg zu verhelfen, muss der Beschwerdeführer darlegen, dass für die zu seinen Lasten ergangene Entscheidung des LAG die Beantwortung einer fallübergreifend bedeutsamen abstrakten Rechtsfrage entscheidungserheblich ist, die im Rahmen eines Revisionsverfahrens klärungsfähig ist und für die auch ein Klärungsbedürfnis besteht, also noch keine mit dem Erkenntnis des LAG übereinstimmende höchstrichterliche Antwort gegeben worden ist und die Richtigkeit der Antwort des LAG auch nicht evident ist.

Dem überkommenen Verständnis des BAG vom Nichtzulassungsbeschwerdeverfahren als einem formellen, der Überprüfung der Nichtzulassungsentscheidung des LAG dienenden Verfahren steht eine auf der Grundlage des neuen § 543 Abs. 2 Nr. 2 ZPO tendenziell gegenläufige Rspr. des BGH zur nachträglichen Zulassung der Revision gegenüber. Sie orientiert sich deutlich stärker daran, ob es der Zulassung der Revision bedarf, um Geboten der Einzelfallgerechtigkeit Rechnung zu tragen. Die in keiner anderen Verfahrensordnung mit diesem Gesetzeswortlaut vorgesehene Möglichkeit, die Revision nachträglich zuzulassen, wenn die Fortbildung des Rechts oder die Sicherung einer einheitlichen Rspr. eine Entscheidung des Revisionsgerichts erfordert, nutzt der BGH zunächst dazu, hierauf eine Zulassung der Revision wegen Verstoßes gegen das Grundrecht auf rechtliches Gehör zu stützen. Es soll für eine auf diese Regelung gestützte Zulassung auch ausreichen, wenn das anzufechtende Urteil auf einem Rechtsfehler beruht, der geeignet ist, das **Vertrauen in die Rspr.** zu beschädigen; dies soll etwa dann der Fall sein, wenn eine „notwendige Vertragsauslegung unterblieben und die Entscheidung deshalb unverständlich ist"[76] oder dann, wenn die höchstrichterliche Rspr. vom OLG grundlegend missverstanden wurde.[77] Es ist eher nicht zu erwarten, dass die Rspr. des BAG zu § 72a sich im Widerspruch zu den Absichten des historischen Gesetzgebers in diese Richtung bewegt, die allerdings aufgrund der generalklauselartigen Weite des Zulassungsgrundes aus § 72 Abs. 2 Nr. 1 auch nicht von vornherein ausgeschlossen ist. In keinem Falle dürfte jedenfalls die Erwägung des BGH beispielhaft wirken, wonach es für die grds. Bedeutung einer Rechtsfrage darauf ankommt, durch wen, durch welche fachliche Autorität, sie in

---

71 BVerwG 28.3.1994 – 6 PB 22/93 – AP § 92a ArbGG 1979 Nr. 8.
72 Beschl. des Gemeinsamen Senats der Obersten Gerichtshöfe des Bundes 6.2.1973 – GmS-OGB 1/72 – AP RsprEinhG § 4 Nr. 1.
73 BAG 8.12.1994 – 9 AZN 849/94 – BAGE 79, 3; 20.8.2002 – 9 AZN 130/02 – BAGE 102, 205 = AP § 72a ArbGG 1979 Divergenz Nr. 45.
74 BAG 15.9.2004 – 4 AZN 281/04 – BAGE 112, 35 = AP § 72a ArbGG 1979 Divergenz Nr. 47.
75 BAG 23.7.1996 – 1 ABN 18/96 – AP § 72a ArbGG 1979 Divergenz Nr. 33; BAG 27.10.1998 – 9 AZN 575/98 – AP § 72a ArbGG 1979 Divergenz Nr. 39; *Germelmann u.a.*, § 72 Rn 20; GK-ArbGG/*Mikosch*, § 72a Rn 72.
76 BGH 7.10.2004 – V ZR 328/03 – NJW 2005, 153.
77 BGH 8.9.2004 – V ZR 260/03 – NJW 2005, 154.

einem bestimmten Sinne, etwa was ihre verfassungsrechtlich richtige Behandlung angeht, problematisiert worden ist.[78] Es ist Sache des Revisionsrichters, die grds. Relevanz aufgeworfener Rechtsfragen als solche zu erkennen.

50 **b) Anforderungen der Rechtseinheit.** Unter dem Gesichtspunkt der Wahrung der Rechtseinheit bedarf es – wie im Recht der Divergenzbeschwerde – des Aufzeigens eines im Berufungsurteil enthaltenen **fallübergreifenden (Rechts-)Satzes**, mit dem eine bestimmte Rechtsfrage **von grds. Bedeutung** beantwortet worden ist. Es genügt nicht, dass das LAG sich nach Auff. des Beschwerdeführers mit der von ihm vorgebrachten Rechtsfrage hätte befassen müssen, die sich aber nach der vom Berufungsgericht gegebenen Begründung nicht stellte.[79] Der Unterschied zur Divergenzbeschwerde besteht darin, dass wegen des Fehlens von ober- und höchstrichterlichen Entscheidungen, die schon zu derselben Rechtsfrage ergangen sind, im Weiteren nicht die Abweichung im Rechtssatz, sondern die grds. Bedeutung des Rechtssatzes geprüft wird.

Eine **Rechtsfrage** ist eine Frage, welche die Wirksamkeit, den Geltungsbereich, die Anwendbarkeit oder den Inhalt einer Norm zum Gegenstand hat.[80] Es ist nicht erforderlich, dass eine Rechtsfrage mit Ja oder Nein beantwortet wird. Es gibt auch differenziertere Antworten, z.B. wenn mehrere alternative oder kumulative Voraussetzungen für einen Anspruch bestehen. Unzulässig sind danach „offene Fragen", die nur unter Berücksichtigung der Umstände des Einzelfalles mit „kommt darauf an" beantwortet werden können.

51 **c) Anforderungen der Rechtsfortbildung.** Unter dem Gesichtspunkt der Rechtsfortbildung bedarf es nicht unbedingt eines im Berufungsurteil bereits enthaltenen beantwortenden Rechtssatzes zu einer Rechtsfrage von grds. Bedeutung. Es genügt, dass durch das Berufungsurteil eine Frage von grds. Bedeutung aufgeworfen wird, die das Berufungsgericht – weil nicht erkannt – nicht beantwortet hat.[81]

52 **d) Grundsätzliche Bedeutung.** Die Beschwerde muss darlegen, dass die vom LAG aufgeworfene Rechtsfrage von grds. Bedeutung ist, weil die Klärung der Rechtsfrage entweder von allg. Bedeutung für die Rechtsordnung ist oder wegen ihrer tatsächlichen Auswirkungen die Interessen zumindest eines größeren Teils der Allgemeinheit berührt.[82] Letzteres ist nach der Rspr. des BAG jedenfalls dann anzunehmen, wenn die Entscheidung für mehr als 20 gleich oder ähnlich liegende Arbverh rechtliche Bedeutung hat.[83]

53 **e) Klärungsbedürftigkeit.** Die Beschwerde muss darlegen, dass die Rechtsfrage höchstrichterlich noch nicht abschließend geklärt ist[84] und ihre Beantwortung nicht offenkundig ist.[85] Ihre Beantwortung muss also noch zweifelhaft sein.[86] Nicht klärungsbedürftig ist eine Rechtsfrage, an deren vernünftigen Zweifel zu beantworten ist, so dass divergierende Entscheidungen der LAG nicht zu erwarten sind.[87] Ist eine Rechtsfrage vom BAG bereits entschieden, dann besteht jedenfalls dann keine Veranlassung, den Zugang zum BAG zu eröffnen, wenn gegen die Richtigkeit der Rspr. keine neuen Gesichtspunkte von einigem Gewicht vorgebracht worden sind.[88]

54 **f) Entscheidungserheblichkeit.** Die Beschwerde muss darlegen, dass die Rechtsfrage für das Berufungsurteil entscheidungserheblich gewesen ist. Davon ist auszugehen, wenn **nicht ausgeschlossen werden kann**, das LAG hätte bei einer anderen Beantwortung der Rechtsfrage, der grundsätzliche Bedeutung zugemessen wird, anders entschieden. Wenn das Berufungsurteil auf mehrere von einander unabhängige rechtliche Erwägungen gestützt worden ist und die aufgezeigte Rechtsfrage nur eine Begründung betrifft, so trägt die andere Begründung weiterhin die anzufechtende Entscheidung.[89] Es fehlt dann an der Entscheidungserheblichkeit. Deshalb hat der Beschwerdeführer zumindest auszuführen, dass im anzufechtenden Urteil keine Mehrfachbegründungen mit selbstständig tragenden Erwägungen enthalten sind.

---

78 BGH 11.5.2004 – XI ZB 39/03 – NJW 2004, 2222 m.w.N.
79 Vgl. BAG 13.6.2006 – 9 AZN 226/06 – NZA 2006, 100.
80 Vgl. BAG 14.4.2005 – 1 AZN 840/04 – AP § 72a ArbGG 1979 Rechtliches Gehör Nr. 4; Einzelheiten bei Düwell/Lipke/*Bepler*, § 72 Rn 15.
81 So i.E. GK-ArbGG/*Mikosch*, § 72a Rn 9 unter Hinweis auf BAG 15.2.2005 – 9 AZN 982/04 – BAGE 113, 315 = AP § 72a ArbGG 1979 Divergenz Nr. 50.
82 BAG 26.9.2000 – 3 AZN 181/00 – BAGE 95, 372, 375, zu II 2 der Gründe; BAG 15.11.1995 – 4 AZN 580/95 – AP § 72a ArbGG 1979 Grundsatz Nr. 49 = EzA § 72a ArbGG 1979 Nr. 72, zu II 2 a der Gründe; BAG 28.9.1989 – 6 AZN 303/89 – BAGE 63, 58, 62, zu II 1 der Gründe.
83 Vgl. BAG 28.9.1989 – 6 AZN 303/89 – BAGE 63, 58; BAG 15.11.1995 – 4 AZN 580/95 – AP § 72a ArbGG 1979 Grundsatz Nr. 49 = EzA § 72a ArbGG 1979 Nr. 72; BAG 21.10.1998 – 10 AZN 588/98 – AP § 72a ArbGG 1979 Grundsatz Nr. 55.

84 BAG 6.9.1997 – 9 AZN 133/97 – AP § 72a ArbGG 1979 Grundsatz Nr. 54 = EzA § 72a ArbGG 1979 Nr. 82, zu II 1 der Gründe m.w.N.
85 BAG 22.3.2005 – 1 ABN 1/05 – AP § 72a ArbGG 1979 Rechtliches Gehör Nr. 3, zu II 2 a der Gründe; BAG 25.10.1989 – 2 AZN 401/89 – AP § 72a ArbGG 1979 Grundsatz Nr. 39 = EzA § 72a ArbGG 1979 Nr. 56, zu I 2 c der Gründe m.w.N.
86 BSG 15.2.2001 – B 2 U 23/01 B – HVBG-INFO 2001, 1227.
87 BAG 15.2.2005 – 9 AZN 982/04 – AP § 72a ArbGG 1979 Grundsatz Nr. 63 = EzA § 72a ArbGG 1979 Nr. 99, zu II 2 a der Gründe; BAG 25.10.1989 – 2 AZN 401/89 – AP § 72a ArbGG 1979 Grundsatz Nr. 39 = EzA § 72a ArbGG 1979 Nr. 56.
88 BAG 16.9.1997 – 9 AZN 133/97 – AP § 72a ArbGG 1979 Grundsatz Nr. 54.
89 BAG 28.9.1989 – 6 AZN 303/89 – BAGE 63, 58 = AP § 72a ArbGG 1979 Grundsatz Nr. 38.

Es kommt nicht darauf an, ob es objektiv eine Rechtsfrage von grundsätzlicher Bedeutung gibt, von der das LAG die Entscheidung des Rechtsstreits hätte abhängig machen müssen, sondern darauf, ob das LAG eine solche Rechtsfrage aufgeworfen hat und von deren Beantwortung seine Entscheidung abhängig gemacht hat[90] (vgl. auch § 72 Rn 14 f.). Wollte man anders verfahren, müsste bereits im Nichtzulassungsbeschwerdeverfahren bei entsprechendem Vortrag des Beschwerdeführers im Rahmen des Abs. 3 S. 2 eine volle materiell-rechtliche Sachprüfung erfolgen. Das stünde im Widerspruch zu dem im Gesetz angelegten Verständnis vom Beschwerdeverfahren als formellem Verfahren zur Kontrolle der Entscheidung des LAG, die Revision nicht zuzulassen. Der Gesetzgeber wollte ausweislich der amtlichen Begründung mit seiner Umformulierung des § 72 Abs. 2 Nr. 1[91] nichts am Verfahren der Grundsatzbeschwerde und dessen bisherigem Verständnis ändern. Soweit die Rspr. darauf verweist, dass die Entscheidung im Revisionsverfahren von der Klärung dieser Rechtsfrage **abhängen muss**,[92] ist das zu weitgehend. Zwar kann die Klärungsfähigkeit der Rechtsfrage schon bei einer summarischen Prüfung der Erfolgsaussichten im Revisionsverfahren entfallen, insb. wenn sich das Berufungsurteil aus anderen Gründen als zutreffend erweist (§ 571 ZPO). Es darf keine Schlüssigkeitsprüfung auf der Grundlage des vom LAG festgestellten Tatbestands stattfinden; denn mit der Revisionsbegründung kann der Revisionskläger noch Verfahrensrügen erheben, die den festgestellten Sachverhalt – ggf. nach Zurückverweisung der Sache – verändern.

g) Klärungsfähigkeit. Klärungsfähig ist eine Rechtsfrage nur dann, wenn sie auch vom Revisionsgericht **beantwortet** werden kann.[93] Davon kann nur dann ausgegangen werden, wenn der Beschwerdeführer die nach Abs. 3 S. 2 Nr. 1 darzulegende entscheidungserhebliche Rechtsfrage so konkret formuliert, dass sie mit „Ja" oder mit „Nein" beantwortet werden kann. Das schließt im Einzelfall eine differenziertere Formulierung nicht aus. Nicht klärungsfähig ist jedoch eine Fragestellung, deren Beantwortung von den Umständen des Einzelfalls abhängt und damit auf die Antwort „Kann sein" hinausläuft.[94]

5. Verfahrensbeschwerde (Abs. 3 S. 2 Nr. 3). a) Verletzung des Anspruchs auf rechtliches Gehörs. aa) Allgemeines. Wer eine nachträgliche Zulassung der Revision durch das BAG nach Abs. 3 S. 2 Nr. 3 erreichen will, muss sowohl die Verletzung des Anspruchs auf rechtliches Gehör als auch die Entscheidungserheblichkeit der gerichtlichen Verletzungshandlung im Einzelnen darlegen. Die pauschale Behauptung, das LAG habe das Recht auf rechtliches Gehör verletzt, genügt nicht. Da in den Gründen des anzufechtenden Urteils nicht jedes Vorbringen in den Gründen seiner Entscheidung ausdrücklich behandelt sein muss, kann sich der Beschwerdeführer nicht auf die fehlende Wiedergabe berufen. Er muss deshalb in der Beschwerdebegründung selbst im Einzelnen darlegen, dass und wodurch das LAG ihn nicht als Subjekt auf das seine Angelegenheiten betreffende Verfahren hat Einfluss nehmen lassen, ihm das Recht auf Information, Äußerung und Berücksichtigung genommen, ihn zu bestimmten Ausführungen und Anträgen nicht gehört hat.[95]

Unterlaufen den Gerichten Rechtsfehler, ist nicht schon aus diesem Grund der Anspruch auf rechtliches Gehör verletzt. Hinzukommen muss, dass die fehlerhafte Rechtsanwendung nicht mehr verständlich ist und sich der Schluss aufdrängt, dass sie auf sachfremden Erwägungen beruht.[96] Übergeht das Gericht einen Vortrag, auf den es aus seiner Sicht nicht ankommt, verstößt es auch dann nicht gegen Art. 103 Abs. 1 GG, wenn seine Auffassung unrichtig ist.[97] Der Anspruch auf rechtliches Gehör ist nicht schon jedes Mal dann verletzt, wenn ein Richter im Zusammenhang mit der ihm obliegenden Tätigkeit der Sammlung, Feststellung und Bewertung der von den Parteien vorgetragenen Tatsachen zu einer unrichtigen Schlussfolgerung oder Wertung gelangt. Ein Verstoß liegt nur dann vor, wenn besondere Umstände hinreichend deutlich machen, dass der Richter den Vortrag der Partei nicht zur Kenntnis nimmt oder nicht in Erwägung zieht. Art. 103 Abs. 1 GG schützt damit nicht davor, dass das Gericht dem Vortrag einer Partei nicht die aus deren Sicht richtige Bedeutung beimisst.[98]

Die zur Beurteilung eines Verstoßes erforderlichen tatsächlichen Feststellungen werden durch das Beschwerdegericht im Wege des Freibeweises getroffen.[99]

bb) Hinweis- und Aufklärungspflichten. Will der Beschwerdeführer eine Verletzung des Art. 103 GG durch Nichterfüllung der Hinweispflicht nach § 139 Abs. 2 ZPO geltend machen, muss er zum einen konkret und ausformuliert vortragen, welchen Hinweis das LAG hätte geben müssen, und zum anderen, inwiefern diese Rechtsverletzung entscheidungserheblich war. Dafür muss vorgetragen werden, dass zwischen der Gehörsverletzung und dem Ergebnis des Berufungsurteils eine Kausalität besteht. Es muss also dargelegt werden, dass das Berufungsgericht

---

90 *Hauck/Helml*, § 72a Rn 2.
91 BR-Drucks 663/04, S. 47.
92 Vgl. BAG 26.9.2000 – 3 AZN 181/00 – BAGE 95, 372 = AP § 72a ArbGG 1979 Grundsatz Nr. 61; BSG 11.9.1998 – B 2 U 188/98 B – HVBG-INFO 1998, 3428.
93 BAG 26.6.2008 – 6 AZN 648/07 – NZA 2008, 1145, 1146; weitere Einzelheiten *Düwell*, § 72 Rn 16.
94 BAG 23.1.2007 – 9 AZN 792/06 – BAGE 121, 52 = AP § 72a ArbGG 1979 Nr. 66.
95 Vgl. BVerfG 30.4.2003 – 1 PBvU 1/02 – AP Art. 103 GG Nr. 1, unter C II 1 der Gründe.
96 BVerfG 24.1.1985 – 2 BvR 1248/82 – BVerfGE 69, 248.
97 BVerfG 26.7.2005 – 1 BvR 85/04 – NJW 2005, 3345.
98 BAG 18.11.2008 – 9 AZN 836/08 – NJW 2009, 543.
99 BAG 19.2.2008 – 9 AZN 777/07 – AP § 72a ArbGG 1979 Nr. 59; BVerwG 19.12.2006 – 6 PB 12/06 – PersR 2007, 125.

bei Beachtung seiner Hinweispflicht möglicherweise anders entschieden hätte. Dieses ist nur plausibel, wenn der Beschwerdeführer zugleich darlegt, wie er auf einen entsprechenden Hinweis des Gerichts reagiert hätte, welchen tatsächlichen Vortrag er gehalten oder welche für die Entscheidung erheblichen rechtlichen Ausführungen er gemacht hätte. Darauf aufbauend muss weiter zumindest nachvollziehbar geltend gemacht werden, dass das LAG bei Berücksichtigung dieses tatsächlichen oder rechtlichen Vorbringens möglicherweise anders als tatsächlich geschehen entschieden hätte. Die Anforderungen an die Verfahrensbeschwerde entsprechen nach alledem den Anforderungen an eine begründete Verfahrensrüge nach § 551 Abs. 3 Nr. 2b ZPO im Rahmen einer statthaften Revision.[100]

58 Der Beschwerdeführer kann geltend machen, das LAG habe den Anspruch auf rechtliches Gehör dadurch verletzt, weil es in seinem klageabweisenden Urteil einen von der Klägerin bislang noch nicht vorgetragenen Lebenssachverhalt aufgenommen hat, ohne ihr zuvor Gelegenheit zu geben, diesen neuen Lebenssachverhalt durch Tatsachenvortrag zu konkretisieren. Eine solche Verfahrensweise verstößt gegen den Grundsatz des „fairen Verfahrens". Wenn das LAG eine Klageerweiterung in der Berufungsinstanz anregen und zulassen wollte, so hätte es der Klägerin in Anwendung des in § 139 Abs. 5 ZPO enthaltenen Rechtsgedankens die beantragte Frist zum substantiierten neuen Tatsachenvortrag für die Klageerweiterung einräumen müssen.[101]

59 **cc) Umfang des Rechts zur Äußerung.** Der verfassungsrechtlich durch Art. 103 Abs. 1 GG gewährleistete Anspruch auf rechtliches Gehör beinhaltet das Recht, sich zur Sache zu äußern. Daraus entspringt die Verpflichtung des Gerichts, die Ausführungen der Prozessbeteiligten zur Kenntnis zu nehmen und in Erwägung zu ziehen. Ein Verstoß ist nicht dargelegt, wenn der fachkundig vertretene Beschwerdeführer eine unzureichende Information durch das Gericht rügt, er aber selbst in zumutbarer Weise durch Nachfragen oder Beweisanträge die fehlende Information durch das Gericht hätte veranlassen können.[102]

Aus dem Recht, sich zur Sache zu äußern, folgt auch, dass einer gerichtlichen Entscheidung nur solche Tatsachen, Beweisergebnisse und Äußerungen zugrunde gelegt werden dürfen, zu denen die Verfahrensbeteiligten Stellung nehmen konnten. Hiermit korrespondiert eine entsprechende Informationspflicht des Gerichts. Sind dem Berufungsgericht nicht aber den Verfahrensbeteiligten bestimmte für die Entscheidung relevante Tatsachen bekannt, so sind sie rechtzeitig offen zulegen, damit die Verfahrensbeteiligten dazu Stellung beziehen können.[103]

Im Rahmen des Anspruchs auf rechtliches Gehör ist auch der allgemeine Gleichheitssatz des Art. 3 Abs. 1 GG zu berücksichtigen. Er gewährleistet die Gleichwertigkeit der prozessualen Stellung der Parteien des Zivilprozesses vor dem Richter und verlangt die Gleichheit der Rechtsanwendung im Interesse materieller Gerechtigkeit. Diese verfassungsrechtliche Verpflichtung gilt auch für das Verfahrensrecht; doch nicht jeder Rechtsanwendungsfehler verletzt den allgemeinen Gleichheitssatz. Eine Verletzung des Anspruchs auf rechtliches Gehör durch Verstoß gegen den allgemeinen Gleichheitssatz kommt erst dann in Betracht, wenn dem Prozessverlauf eine zielgerichtete, auf sachfremden Überlegungen beruhende Ungleichbehandlung der Parteien, z.B. bei der Anwendung der Präklusionsvorschriften, zu entnehmen ist. Dagegen liegt noch kein Verstoß vor, wenn das LAG verspäteten Vortrag nicht zurückweist und einen neuen Termin bestimmt.[104]

Er gebietet i.V.m. den Grundsätzen der ZPO die Berücksichtigung erheblicher Beweisanträge. Die Nichtberücksichtigung verstößt gegen Art. 103 Abs. 1 GG, wenn sie im Prozessrecht keine Stütze findet.[105] Die Ungeeignetheit eines Beweismittels kann nur ausnahmsweise bejaht werden.[106] Von mangelnder Eignung eines Beweismittels, zu dem Beweisthema sachdienliche Erkenntnisse zu erbringen, ist nur dann auszugehen, wenn sie sich auch ohne Vorwegnahme der Beweiswürdigung als zweifelsfrei darstellt.[107] Dementsprechend steht es einer Partei frei zu versuchen, den ihr obliegenden Beweis mithilfe mittelbarer Zeugen zu führen. Insb. kann daher zur Feststellung innerer Tatsachen die Vernehmung eines mittelbaren Zeugen nicht abgelehnt werden.[108]

59a **b) Absolute Revisionsgründe.** Die Nichtzulassung der Revision kann nach Abs. 3 S. 2 Nr. 3 auch mit Darlegung eines der in § 547 Nr. 1 bis 5 ZPO aufgeführten absoluten Revisionsgründe angefochten werden (zu den Gründen siehe § 72 Rn 35). Bisher sind noch relativ wenige auf absolute Verfahrensmängel gestützte Nichtzulassungsbeschwerden beim BAG eingelegt worden. Wenn die Verletzung der Öffentlichkeit (§ 547 Nr. 5 ZPO) geltend ge-

---

100 Hierzu BAG 6.1.2004 – 9 AZR 680/02 – AP § 74 ArbGG 1979 Nr. 11; BAG 22.3.2005 – 1 ABN 1/05 – AP § 72a ArbGG 1979 Rechtliches Gehör Nr. 3; *Germelmann u.a.*, § 74 Rn 39; HWK/*Bepler*, § 74 ArbGG Rn 27; Schwab/Weth/*Ulrich*, § 74 Rn 57.
101 BAG 11.4.2006 – 9 AZN 892/05 – AP § 533 ZPO Nr. 1.
102 BAG 20.5.2008 – 9 AZN 1258/07 – AP § 72a ArbGG 1979 Rechtliches Gehör Nr. 12 = NZA 2008, 839; Anschluss an BFH 20.4.2006 – VIII B 33/05 – BFH/NV 2006, 1338.
103 BAG 20.5.2008 – 9 AZN 1258/07 – AP § 72a ArbGG 1979 Rechtliches Gehör Nr. 12 = NZA 2008, 839; Anschluss an BFH 27.4.2006 – IV B 40/05, IV B 41/05 – juris; Bayerischer VGH 18.7.2007 – 6 CS 07.1298 – juris.
104 BAG 19.2.2008 – 9 AZN 1085/07 – NJW 2008, 2362.
105 St. Rspr., vgl. z.B. BVerfG 30.1.1985 – 1 BvR 393/84 – BVerfGE 69, 141; BVerwG 12.4.2006 – 6 PB 1/06 – NZA-RR 2006, 550.
106 BVerfG 28.2.1992 – 2 BvR 1179/91 – NJW 1993, 254, 255; BGH 11.4.2000 – X ZR 19/98 – NJW 2000, 2812, 2813.
107 Vgl. Zöller/*Greger*, vor § 284 Rn 10a.
108 BGH 11.2.1992 – XI ZR 47/91 – NJW 1992, 1899; BGH 8.5.2002 – I ZR 28/00 – MDR 2003, 78.

macht werden soll, ist die Beweiskraft des Sitzungsprotokolls zu beachten. Weist das Protokoll „Öffentliche Sitzung" aus und wird keine Protokollberichtigung durchgesetzt, so muss innerhalb der zweimonatigen Frist zur Begründung der Nichtzulassungsbeschwerde geltend gemacht werden, dass der Unterzeichner des Protokolls um die im Nichtzulassungsbeschwerdeverfahren angeführten Umstände gewusst hat, die gegen eine Öffentlichkeit der Verhandlung sprechen. Fehlt es an der Behauptung, der Unterzeichner des Protokolls habe wissentlich etwas Unrichtiges beurkundet, kann die Beschwerde keinen Erfolg haben.[109]

6. Unerheblichkeit der Bezeichnung. In der Praxis haben sich die Bezeichnungen Divergenz-, Grundsatz- und Verfahrensbeschwerde herausgebildet. Nach Abs. 3 S. 2 ist das BAG jedoch nicht an die vom Beschwerdeführer verwandte Bezeichnung, sondern nur an die in der Nichtzulassungsbeschwerde angegebenen Gründe gebunden. Somit ist nicht entscheidend die Bezeichnung der Beschwerdegründe und deren rechtliche Einordnung durch den Beschwerdeführer, sondern der Inhalt der Beschwerdebegründung. Bsp.: Erfüllen die Darlegungen zur Begründung einer Divergenzbeschwerde zugleich die Voraussetzungen einer Grundsatzbeschwerde, ist die Revision wegen grundsätzlicher Bedeutung zuzulassen.[110]

V. Ordnungsgemäße Beschwerdebegründung als Zulässigkeitsvoraussetzung

Aus Abs. 5 S. 3 ergibt sich, dass eine Beschwerde als unzulässig verworfen werden kann, wenn sie nicht in der in Abs. 3 S. 2 angesprochenen gesetzlichen Form begründet worden ist. Damit stellt sich die Frage, wann eine Beschwerde unzulässig, weil nicht ordnungsgemäß begründet, und wann sie unbegründet ist. Diese Frage hat auch deshalb Bedeutung, weil von ihr der gesetzliche Richter abhängt, d.h., ob die ehrenamtlichen Richter hinzuzuziehen sind oder nicht.

Nach richtiger Auff., die auch der gerichtlichen Praxis des BAG entspricht, ist eine Nichtzulassungsbeschwerde nur dann zulässig, wenn die einzelnen Voraussetzungen der jeweiligen Beschwerdeform im Begründungsschriftsatz erkennbar angesprochen worden sind. Die Begründetheit der Beschwerde hängt dann davon ab, ob der Vortrag des Beschwerdeführers die Voraussetzungen für eine nachträgliche Zulassung der Revision auch tatsächlich erfüllt. Auf Gründe, die der Beschwerdeführer nicht genannt hat, kommt es nie an.[111]

Soweit diese Voraussetzungen einer Divergenz nicht innerhalb der Beschwerdebegründungsfrist dargelegt worden sind, ist die Beschwerde unzulässig.[112] Sind die Voraussetzungen zwar fristgerecht dargelegt, liegen sie aber in Wirklichkeit nicht vor, ist die Beschwerde unbegründet. Wird nach Ablauf der Begründungsfrist die Begründung ergänzt, so sind die verspäteten Darlegungen unbeachtlich.[113]

Die Anforderungen, die das BAG an die Darlegung der Zulassungsgründe stellt, unterscheiden sich somit erheblich von denen im zivilprozessualen Nichtzulassungsbeschwerdeverfahren. Der BGH sieht zur Sicherung einer einheitlichen Rspr. (§§ 543 Abs. 2 Nr. 2, 574 Abs. 2 Nr. 2 Alt. 2 ZPO) eine Zulassung bereits dann als erforderlich an, wenn einem Gericht bei der Anwendung von Rechtsnormen Fehler unterlaufen sind, die die Wiederholung durch dasselbe Gericht oder die Nachahmung durch andere Gerichte erwarten lassen und wenn dadurch schwer erträgliche Unterschiede in der Rspr. zu entstehen oder fortzubestehen drohen, dass eine höchstrichterliche Leitentscheidung notwendig ist.[114] Entnimmt der BGH aus der anzufechtenden Entscheidung eine Wiederholungs- oder Nachahmungsgefahr, so hält es sogar entsprechende Darlegungen in der Beschwerdebegründung für entbehrlich.[115] Diese Unterschiede beruhen zum einen auf einer anderen gesetzlichen Fassung der Zulassungsgründe und zum anderen auf einem anderen Verständnis des Beschwerdeverfahrens, das auch auf die Beteiligung der ehrenamtlichen Richter zurückzuführen ist. Das BAG geht entsprechend Abs. 5 S. 2 davon aus, der berufsrichterliche Spruchkörper dürfe nur an Hand der Darlegungen in der Beschwerdebegründung die Zulässigkeit der Beschwerde prüfen. Anders als der BGH es handhabt, bleibt im Arbeitsgerichtsprozess die Fehlerkontrolle uneingeschränkt der Revision vorbehalten. Das gilt auch für die Fälle schwerer Fehler. Das von der Beschwerde-Rspr. des BGH zur Vermeidung von Wiederholungen oder „Nachahmungen" von Fehlern aufgestellte Ziel der Disziplinierung fehlt der Rspr. des BAG. Es beschränkt sein Prüfprogramm für die Zulässigkeit der Beschwerde darauf, ob ein Zulassungsgrund dargelegt ist. Für die Begründetheit ist dann zu prüfen, ob der dargelegte Grund sich auch wirklich aus der anzufechtenden Entscheidung ergibt. Zu ermitteln bleibt nur, ob das Klärungsbedürfnis und das Interesse der Allgemeinheit bis zum Zeitpunkt der Entscheidung noch fort dauert.

---

109 BAG 13.11.2007 – 3 AZN 414/07 – NJW 2008, 1021.
110 BAG 28.7.2009 – 3 AZN 224/09 – NZA 2009, 859; zustimmend: *Fischer*, jurisPR-ArbR 32/2009 Anm. 1.
111 Statt aller *Germelmann u.a.*, § 72a Rn 39; für § 544 ZPO: BGH 23.7.2002 – VI ZR 91/02 – NJW 2002, 3334.
112 BAG 28.4.1998 – 9 AZN 227/98 – BAGE 88, 296; 20.8.2002 – 9 AZN 130/02 – BAGE 102, 205 = AP § 72a ArbGG 1979 Divergenz Nr. 45.
113 20.8.2002 – 9 AZN 130/02 – BAGE 102, 205 = AP § 72a ArbGG 1979 Divergenz Nr. 45.
114 BGH 11.5.2004 – XI ZB 39/03 – NJW 2004, 2222.
115 BGH 11.5.2004 – XI ZB 39/03 – NJW 2004, 2222 in Abgrenzung zu Abgrenzung zu BGH 1.10.2002 – XI ZR 71/02 – BGHZ 152, 182, 187.

64 Für die Zulässigkeit einer Divergenzbeschwerde hat der Beschwerdeführer im Einzelnen darzulegen
- von welcher konkret zu benennenden divergenzfähigen Entscheidung das LAG im anzufechtenden Urteil abgewichen ist (vgl. Rn 39 ff.),
- in welchen einander gegenüberzustellenden abstrakten Rechtssätzen die Abweichung liegt (vgl. Rn 42 ff.) und
- dass das LAG, hätte es den anderen Rechtssatz zugrunde gelegt, auch anders entschieden hätte (vgl. Rn 47).

Ob die Abweichung tatsächlich besteht und ob sie ggf. wirklich entscheidungserheblich war, ist dann eine Frage der Begründetheit.

65 Damit seine Grundsatzbeschwerde den Anforderungen des Abs. 3 S. 2 genügt, muss der Beschwerdeführer vortragen, dass in seinem Rechtsstreit
- eine im Einzelnen aus zu formulierende abstrakte Rechtsfrage, die das LAG in bestimmter Weise beantwortet hat und
- die nach Auff. des Beschwerdeführers in bestimmter anderer Weise hätte beantwortet werden müssen,
- entscheidungserheblich ist und
- grds. Bedeutung hat, also
  - im Rahmen einer Revision klärungsfähig ist,
  - der höchstrichterlichen Klärung bedarf, und
  - eine über den Einzelfall hinausgehende Bedeutung für die Allgemeinheit oder einen nicht unerheblichen Teil von ihr oder für die Rechtsordnung als solche hat.

66 Wird die Nichtzulassungsbeschwerde auf den Zulassungsgrund des § 72 Abs. 2 Nr. 3 gestützt, also eine Verfahrensbeschwerde eingelegt, muss im Einzelnen dargelegt werden,
- aufgrund welcher Tatsachen
- einer der absoluten Revisionsgründe des § 547 Nr. 1 bis 5 ZPO erfüllt ist, oder
- durch welches Verhalten oder Unterlassen des LAG der Anspruch des Beschwerdeführers auf rechtliches Gehör verletzt worden ist und
- warum das Berufungsgericht ohne diese Verletzungshandlung auf der Grundlage seines eigenen Lösungsweges mit Wahrscheinlichkeit eine andere Entscheidung gefällt hätte. Hier kommt es darauf an, dass der Beschwerdeführer im Einzelnen darlegt, wie sich die rechtliche oder tatsächliche Situation beim LAG dargestellt hätte, wenn das LAG seinen Rechtsanspruch auf rechtliches Gehör nicht verletzt hätte, ob es also bspw. erforderliche Hinweise gegeben hätte oder einem angetretenen Beweis nachgegangen wäre, wobei der übergangene Beweisantritt bereits in der Beschwerdebegründung derart konkret bezeichnet werden muss, dass er ohne weiteres vom Revisionsgericht aufgefunden werden kann.

VI. Kein Zulassungsgrund qualifizierte Fehler

67 Hinsichtlich der Berücksichtigung von Rechtsanwendungsfehlern des Berufungsgerichts besteht ein erheblicher Unterschied zwischen Rspr. des BAG und anderer Oberster Bundesgerichte. Übereinstimmend mit dem BAG sieht auch der BFH Einwände gegen die Richtigkeit des angefochtenen Urteils, die nur im Rahmen einer Revisionsbegründung erheblich sein können, als unstatthaft an; denn das prozessuale Rechtsinstitut der Nichtzulassungsbeschwerde dient nicht dazu, allgemein die Richtigkeit von Urteilen zu gewährleisten.[116] Der BFH nimmt jedoch sog. qualifizierte Rechtsanwendungsfehler ausnahmsweise zum Anlass, die Revision zuzulassen, wenn offensichtlich materielle oder formelle Fehler im Sinne einer willkürlichen Entscheidung vorliegen.[117] Diese Konstruktion ist verfassungsrechtlich zweifelhaft, denn die Willkürkontrolle ist der Verfassungsbeschwerde an das BVerfG vorbehalten (siehe Rn 101). Der BGH geht davon aus, dass eine Entscheidung des Berufungsgerichts, die objektiv willkürlich ist oder Verfahrensgrundrechte einer Partei verletzt, das fachgerichtliche Eingreifen des BGH zur Sicherung einer einheitlichen Rspr. erforderlich mache.[118] Das ist auf die besondere Fassung der Zulassungsgründe in § 543 Abs. 2 und § 574 Abs. 2 ZPO zurückzuführen. Danach sei ein maßgebliches Allgemeininteresse an einer korrigierenden Entscheidung des Revisionsgerichts auch dann anzunehmen, wenn das Berufungsurteil auf einem Rechtsfehler beruht, der geeignet ist, das Vertrauen in die Rspr. zu beschädigen.[119] Eine derartige Aufgabe, von Amts wegen dafür zu sorgen, dass Fehler im Interesse der Einzelfallgerechtigkeit vermieden werden, hat der Gesetzgeber 1979 bei Schaffung des § 72 Abs. 2 für das BAG nicht vorgesehen. In Kenntnis der Unterschiede hat der Gesetzgeber bei der letzten Änderung des arbeitsgerichtlichen Zulassungsrechts im Rahmen des Anhörungsrügengesetzes von einer entsprechenden Korrektur der Rspr.-Linie des BAG abgesehen. Er hat vielmehr Ausweitung der Zulassungsgründe auf die in § 72 Abs. 2 Nr. 3 abschließend aufgeführten Verfahrensmängel beschränkt. Deshalb kann im arbeitsgerichtlichen Nichtzulassungsbeschwerdeverfahren die Fehlerhaftigkeit eines Berufungsurteils nur mit Erfolg geltend ge-

---

116 BFH 17.1.2006 – VIII B 172/05 – BFH/NV 2006, 799.
117 BFH 17.1.2006 – VIII B 172/05 – BFH/NV 2006, 799.
118 BGH 11.5.2004 – XI ZB 39/03 – NJW 2004, 2222.
119 Vgl. Begründung zum Regierungsentwurf eines Gesetzes zur Reform des Zivilprozesses, BT-Drucks 14/4722, S. 66, 104.

macht werden, soweit Mängel i.S.v. § 72 Abs. 2 Nr. 3 vorliegen (wegen des weitergehenden Rechtsschutzes gegen Willkürentscheidungen siehe Rn 101).

VII. Entscheidung des BAG (Abs. 5)

1. Besetzung der Richterbank. Abs. 5 S. 2 enthält die Grundregel. Danach wirken die ehrenamtlichen Richter bei der Entscheidung über die Nichtzulassungsbeschwerde mit.

Eine Ausnahme von der Regel gilt immer dann, wenn die Nichtzulassungsbeschwerde als unzulässig verworfen werden soll (Abs. 5 S. 3). Die Bestimmung zählt in der seit dem 1.1.2005 geltenden Fassung durch das Anhörungsrügengesetz zwar im Einzelnen auf, auf welche Verwerfungsgründe es ankommen soll, nämlich die fehlende Statthaftigkeit der Nichtzulassungsbeschwerde, die dann vorliegt, wenn sich die Beschwerde gegen die Nichtzulassung der Revision gegen eine nicht revisible Entscheidung richtet, sowie die Nichteinhaltung der gesetzlichen Form und Frist bei der Beschwerdeeinlegung und die nicht ordnungsgemäße Begründung der Nichtzulassungsbeschwerde. Hiermit sind aber alle die Fälle bereits angesprochen, aufgrund derer eine Nichtzulassungsbeschwerde unzulässig sein kann. Damit wirken die ehrenamtlichen Richter grds. nicht mehr bei der Beschlussfassung nach § 72a mit, wenn es um die Verwerfung der Nichtzulassungsbeschwerde geht. Damit sind die erheblichen Probleme, welche die Altfassung des Abs. 5 S. 3 wegen ihrer stärkeren Differenzierung, was den jeweils zuständigen gesetzlichen Richter angeht, bereitet hatte, entfallen.

2. Form und Inhalt der Entscheidung. a) Form. Über die Nichtzulassungsbeschwerde, die mit den Folgen der §§ 516 Abs. 3, 565 ZPO, § 72 Abs. 5 zurückgenommen oder übereinstimmend für erledigt erklärt werden kann,[120] ist durch Beschluss zu entscheiden, der auch ohne mündliche Verhandlung ergehen kann (vgl. Abs. 5 S. 2) und in aller Regel auch so ergeht. Ist die Beschwerde unzulässig, ist sie zu verwerfen; ist sie unbegründet, wird sie zurückgewiesen. Ist die Beschwerde begründet, hat das BAG für den Beschwerdeführer die Revision gegen das anzufechtende Urteil des LAG unabhängig von ihren Erfolgsaussichten im Entscheidungstenor zuzulassen. Rechtfertigt die Begründung die Zulassung nur für einen Teil des Streitstoffs, ist die Revision auch nur insoweit zuzulassen und die Beschwerde i.Ü. zurückzuweisen oder zu verwerfen.[121]

Mikosch[122] hat zu der bis zum 31.12.2004 geltenden Fassung des ArbGG den gut nachvollziehbaren Standpunkt eingenommen, die Entscheidung darüber, ob eine Nichtzulassungsbeschwerde als unzulässig zu verwerfen sei, könne dahinstehen, wenn sie jedenfalls unbegründet sei. Diese Auff. kann nach der Neufassung des Abs. 5 S. 3 jedoch nicht mehr vertreten werden, da die Verwerfung einer Nichtzulassungsbeschwerde als unzulässig stets mit der „kleinen" Richterbank zu erfolgen hat, während der Senat unter Einschaltung der ehrenamtlichen Richter über die Begründetheit der Nichtzulassungsbeschwerde zu befinden hat. Damit ist für die Verwerfung einer Nichtzulassungsbeschwerde ein anderer gesetzlicher Richter zuständig als für die Feststellung von deren Unbegründetheit. Die Nichtberücksichtigung dieses Unterschiedes stellt einen Verstoß gegen Art. 101 Abs. 1 S. 2 GG dar.[123]

Dem Beschluss, dem ein kurzer Sachbericht zwar nicht vorangestellt werden muss, vielfach aber als nobile officium vorangestellt wird, soll eine kurze Begründung beigegeben werden (Abs. 5 S. 4). Hiervon kann abgesehen werden, wenn die Begründung für das Recht der Nichtzulassungsbeschwerde keine weiterführende Bedeutung hat, also nicht geeignet ist, zur abstrakten Klärung der Voraussetzungen des Abs. 1 und des § 72 Abs. 2 beizutragen, oder wenn der Beschwerde stattgegeben wird (Abs. 5 S. 5).

b) Richtiger Beurteilungszeitpunkt. Ziel der Verfahrensbeschwerde nach Abs. 3 S. 2 Nr. 3 ist die Beseitigung elementarer Verfahrensverstöße des LAG. Da das LAG keine Verfahrensverstöße nachträglich heilen kann, ist die Sachlage bei Schluss der Berufungsverhandlung maßgeblich. Bei der nachträglichen Zulassung der Revision auf eine Beschwerde nach Abs. 2 Nr. 1 und Nr. 2 geht es darum, durch die von der Rechtssatzdivergenz oder durch die von einer ungeklärte Rechtsfrage ausgehenden Gefahr für die die Rechtseinheit zu beseitigen. Deshalb kann es für die Entscheidung des BAG hier nicht darauf ankommen, ob das LAG die Revision nach § 72 Abs. 2 hätte zulassen müssen, ob also bei Verkündung des Berufungsurteils die Voraussetzungen für eine Revisionszulassung vorlagen. Vielmehr müssen die Zulassungsgründe nach ihrem Zweck, die Rechtseinheit zu sichern auch noch **bis zum Zeitpunkt der Entscheidung über die Beschwerde** durch das BAG gegeben sein.[124] Dass eine vom LAG zugelassene Revision ebenso wie eine auf eine erfolgreiche Beschwerde zugelassene Revision auch dann statthaft bleibt, wenn die Zulassungsvoraussetzungen später wegfallen (siehe § 72 Rn 58), steht dem nicht entgegen.

Daraus folgt: Eine Grundsatzbeschwerde, die aus der Sicht bei Verkündung des Urteils des LAG begründet gewesen wäre, kann unbegründet werden, weil bis zu einer Entscheidung über die Nichtzulassungsbeschwerde der Klärungsbedarf (vgl. § 72 Rn 16 ff.) für die Rechtsfrage wegfällt, sei es weil das BAG insoweit inzwischen eine Entscheidung

---

120 § 91a ZPO; BAG 24.6.2003 – 9 AZN 319/03 – AP § 72a ArbGG 1979 Nr. 48.
121 BAG 6.12.1994 – 9 AZN 337/94 – AP § 72a ArbGG 1979 Nr. 32.
122 GK-ArbGG/*Mikosch*, § 72 Rn 77.
123 Ebenso *Hauck/Helml*, § 41 Rn 9.
124 GK-ArbGG/*Mikosch*, § 72a Rn 28, 37; a.A. *Germelmann u.a.*, § 72a Rn 14, 18.

in dem vom LAG vertretenen Sinne getroffen hat, sei es dass die der Rechtsfrage zugrunde liegende Norm inzwischen ohne eine vergleichbare Nachfolgeregelung außer Kraft getreten ist und Konflikte auf der Grundlage der alten Tarifnorm nicht mehr in einem beachtlichen Umfang zu erwarten sind.[125] Eine Divergenzbeschwerde kann insb. dadurch unbegründet werden, dass die divergierende Entscheidung bis zur Entscheidung über die Nichtzulassungsbeschwerde durch eine neue Entscheidung überholt wird, die sich der Rechtsauffassung des LAG angeschlossen hat. Hier ist jedoch die Rspr. des BVerfG als Einschränkung zu beachten. Danach wird der **Justizgewährungsanspruch des Beschwerdeführers** verletzt, wenn seine Beschwerde nur deshalb abgewiesen wird, weil nach Einlegung seiner Beschwerde eine Entscheidung des obersten Fachgerichts in einer anderen Sache ergeht und dadurch die Klärungsbedürftigkeit der grds. Bedeutung der Rechtsfrage entfällt.[126] Das bedeutet: Die Revision ist trotz zwischenzeitlichen Wegfalls der Klärungsbedürftigkeit oder der Divergenzlage zuzulassen, wenn ursprünglich Zulassungsgründe bestanden. Fehlt allerdings die Erfolgsaussicht für die zuzulassende Revision, weil die Klärung zu Ungunsten des Beschwerdeführers höchstrichterlich ausgefallen ist, so ist die Nichtzulassungsbeschwerde unter Hinweis auf die fehlenden Erfolgsaussichten zurückzuweisen (vgl. Rn 7).

VIII. Anhörungsrüge als Rechtsbehelf

75 Gegen die Entscheidung des BAG über die Nichtzulassungsbeschwerde gibt es kein Rechtsmittel. Sie kann auch nicht auf eine Gegenvorstellung abgeändert werden.[127] Unter den besonderen Voraussetzungen der §§ 578 ff. ZPO kommt nach § 79 eine Wiederaufnahme des Verfahrens in Betracht.[128] Da kein Rechtsmittel gegeben ist, kann nach § 78a eine Anhörungsrüge gegen die Entscheidung des BAG erhoben werden. Ist diese begründet, kommt eine „zweite" Entscheidung des BAG im Sinne der Zulassung in Betracht.

IX. Wirkung der Entscheidung

76 Mit der Verwerfung oder der Zurückweisung der Nichtzulassungsbeschwerde wird das Urteil des LAG rechtskräftig (Abs. 5 S. 6). Die vorläufige Rechtslage, aus der sich bis dahin auch noch materiell-rechtliche Rechtsfolgen ergeben konnten (siehe Rn 25 ff.), endet.

77 Bis Ende 2004 war bei Begründetheit der Nichtzulassungsbeschwerde die Revision durch das BAG zuzulassen. Es war dann Sache des Beschwerdeführers die zugelassene Revision innerhalb der ab Verkündung der Zulassungsentscheidung laufenden Fristen einzulegen und zu begründen. Durch das Anhörungsrügengesetz ist die Rechtslage zum 1.1.2005 entsprechend der Rechtslage, wie sie nach § 544 Abs. 6 ZPO vor den Zivilgerichten gilt, geändert worden. Kraft gesetzlicher Anordnung wird das Beschwerdeverfahren mit der Zulassung der Revision „umgewidmet" und als Revisionsverfahren fortgesetzt. Die im Verfahren nach § 72a form- und fristgerechte Einlegung der Nichtzulassungsbeschwerde gilt als – ordnungsgemäße – Einlegung der Revision. Mit der Zustellung der die Revision zulassenden Beschwerdeentscheidung beginnt die Revisionsbegründungsfrist von zwei Monaten (§ 74 Abs. 1 S. 1) für den Beschwerdeführer, der nun automatisch Revisionsführer geworden ist, zu laufen. Angesichts dessen bedarf es im Rahmen einer der Nichtzulassungsbeschwerde stattgebenden Entscheidung des BAG keiner Rechtsmittelbelehrung nach § 9 Abs. 5 mehr. Das Rechtsmittel ist ja bereits eingelegt. Eine Belehrung über das Erfordernis, das Rechtsmittel zu begründen, und über die Frist für diese Begründung war schon nach bisheriger Rechtslage von Gesetzes wegen nicht geboten.[129] Das Verstreichenlassen der zweimonatigen Revisionsbegründungsfrist nach Zulassung der Revision gem. § 72a führt damit zur Unzulässigkeit der Revision unabhängig davon, ob auf dieses Fristerfordernis hingewiesen worden ist oder nicht. Hier gilt nichts anderes als in dem Fall, in welchem das LAG nicht auf die Möglichkeit einer Nichtzulassungsbeschwerde hingewiesen hat.[130] Es dürfte allerdings nahe liegen, dass das BAG in einen die Revision zulassenden Beschluss einen Hinweis auf die sich aus Abs. 6 ergebende Rechtsfolge aufnimmt.

78 Nach der Zulassung der Revision kann der bisherige Beschwerdeführer im Rahmen der Revisionsbegründung seine bisherigen Ausführungen in der Nichtzulassungsbeschwerde in Bezug nehmen und so ganz oder teilweise die Anforderungen des § 73 erfüllen. Dies kann zwar nicht mit Abs. 6 begründet werden, weil das Gesetz lediglich bestimmt, dass das Beschwerdeverfahren als Revisionsverfahren fortgesetzt wird, wenn der Nichtzulassungsbeschwerde stattgegeben worden ist. Es wird nicht angeordnet, dass das Beschwerdeverfahren insg. als Revisionsverfahren zu behandeln ist. Abs. 6 S. 2 lässt nur das Erfordernis, die Revision einzulegen, entfallen, nicht auch zugleich die Pflicht, die Revision zu begründen. Hierzu enthalten §§ 72 ff. aber auch keine speziellen Regeln, so dass über § 72 Abs. 5 die Regelung des § 551 Abs. 3 S. 2 ZPO Anwendung findet. Nach dieser Bestimmung kann zur Begründung der Revision auf die Begründung der Nichtzulassungsbeschwerde Bezug genommen werden, wenn die Revision aufgrund einer Nichtzulassungsbeschwerde zugelassen worden ist. Man konnte darüber streiten, ob diese Regelung nach der bis zum

---

125 BAG 16.9.1997 – 9 AZN 133/97 – AP § 72a ArbGG 1979 Grundsatz Nr. 54.
126 BVerfG 25.7.2005 – 1 BvR 2419/03, 1 BvR 2420/03 – WM 2005, 2014.
127 BAG 15.5.1984 – 1 ABN 2/84 (2) – AP § 72a ArbGG 1979 Nr. 19.
128 BAG 11.1.1995 – 4 AS 24/94 – AP § 579 ZPO Nr. 5.
129 BAG 4.6.2003 – 10 AZR 586/02 – AP § 209 InsO Nr. 2; ErfK/*Koch*, § 9 ArbGG Rn 14; HWK/*Kalb*, § 9 ArbGG Rn 19; Schwab/Weth/*Weth*, § 9 Rn 24.
130 Hierzu BAG 9.7.2003 – 5 AZN 316/03 – AP § 72a ArbGG 1979 Nr. 49.

31.12.2004 geltenden Rechtslage Anwendung fand, in welcher der Beschwerdeführer nach Zulassung der Revision ein neues Verfahren beginnen musste.[131] Nach der Übertragung der Regeln der ZPO zur Wirkung einer der Nichtzulassungsbeschwerde stattgebenden Entscheidung in das arbeitsgerichtliche Verfahren ist die Anwendbarkeit des § 551 Abs. 3 S. 2 ZPO im arbeitsgerichtlichen Verfahren außer Streit.

Ist die Nichtzulassungsbeschwerde begründet, weil das LAG den Anspruch des Beschwerdeführers auf rechtliches Gehör in entscheidungserheblicher Weise verletzt hat, eröffnet Abs. 7 für das BAG zwei Entscheidungsalternativen: Zum einen kann es, wie üblich, der Nichtzulassungsbeschwerde stattgeben und die Revision zulassen, so dass eine Revision anhängig ist. Es kann aber schon durch Beschluss im Nichtzulassungsbeschwerdeverfahren das angefochtene Urteil aufheben und den Rechtsstreit ohne Weiteres zur neuen Verhandlung und Entscheidung an das LAG zurückverweisen, wobei insoweit die allg. Regeln gelten, d.h. es kann auch an eine andere Kammer des LAG zurückverwiesen werden. Es spricht Einiges dafür, dass es häufig zur zweiten Entscheidungsform kommen wird. Die Folgen einer Gehörsverletzung sind vielfach nur in der Berufungsinstanz als Tatsacheninstanz zu beseitigen. Eine Zulassung der Revision und nicht die Zurückverweisung des Rechtsstreit wird aber dann nahe liegen, wenn es nach Auff. des BAG auf den gerügten Gehörsverstoß zwar im Entscheidungsgang des LAG ankommt, weshalb die Revision zuzulassen war, nicht aber auf der Grundlage der Rechtsauffassungen des BAG zu den entscheidungserheblichen materiell-rechtlichen Fragen. **79**

Die Möglichkeit einer sofortigen Aufhebung und Zurückverweisung durch Beschluss wird in Abs. 7 nur für den Fall eines Gehörsverstoßes vorgesehen. Es spricht aber alles dafür, dass es hierbei zu einem Redaktionsversehen gekommen ist, und dass auch dann, wenn in der Nichtzulassungsbeschwerde ein absoluter Revisionsgrund nach § 547 Nr. 1 bis 5 ZPO geltend gemacht wird und tatsächlich vorliegt, eine sofortige Aufhebung und Zurückverweisung möglich ist. Bekanntlich führt die erfolgreiche Geltendmachung eines absoluten Revisionsgrundes im Revisionsverfahren ohne Erheblichkeitsprüfung zur sofortigen Aufhebung des angefochtenen Urteils und zur Zurückverweisung der Sache an die Vorinstanz. Es ist nicht erkennbar, warum dann, wenn der absolute Revisionsgrund im Nichtzulassungsbeschwerdeverfahren aufgedeckt wurde, zunächst der Weg über Revisionsbegründung und Termin vor dem Senat gegangen werden muss, während bei feststehender Gehörsverletzung eine sofortige Aufhebung und Zurückverweisung möglich ist. **80**

Für die Annahme eines Redaktionsversehens spricht der Umstand, dass sich der Gesetzgeber des Anhörungsrügengesetzes bei Abs. 7 an dem gleichzeitig in das Gesetz eingefügten und im Wesentlichen wortgleichen § 544 Abs. 7 ZPO orientiert hat.[132] Dabei ist aber offenbar übersehen worden, dass § 543 ZPO eine Zulassung der Revision wegen des Vorliegens eines absoluten Revisionsgrundes weder vorsieht noch eine nachträgliche Zulassung der Revision aus einem solchen Grund im Rahmen der Neuregelung des Revisionszugangs in der ZPO erwogen worden ist.[133] Danach spricht alles dafür, dass die eigenständige arbeitsgerichtliche Regelung in § 72 Abs. 2 Nr. 3, was die Behandlung der absoluten Revisionsgründe angeht, in Abs. 7 schlicht übersehen wurde. **81**

C. Verbindung zum Prozessrecht

I. Prozesskostenhilfe und Wiedereinsetzung

Ist die durch ein Urteil des LAG beschwerte Partei gehindert, das Nichtzulassungsbeschwerdeverfahren zu betreiben, weil sie die Kosten des Verfahrens nicht aufbringen kann, kann sie selbst oder vertreten durch ihren RA die Bewilligung von PKH beantragen. Ist bis zur Entscheidung über den Antrag die Beschwerdefrist des Abs. 2 abgelaufen, ist innerhalb der Zwei-Wochen-Frist des § 234 Abs. 1 ZPO seit Zustellung des Beschlusses über die Bewilligung von PKH von der durch einen RA vertretenen Partei die Nichtzulassungsbeschwerde formgerecht einzulegen, verbunden mit dem Antrag auf Wiedereinsetzung in den vorigen Stand wegen der Versäumung der Beschwerdefrist (§ 236 Abs. 2 ZPO). **82**

Die Wiedereinsetzung ist in einem solchen Fall auch dann zu gewähren, wenn bis zur Entscheidung über den PKH-Antrag auch die Beschwerdebegründungsfrist des Abs. 3 versäumt worden ist. Der Beschwerdeführer hat ab Zustellung des Beschlusses, mit dem die Wiedereinsetzung wegen der Versäumung der Beschwerdefrist bewilligt worden ist, einen Monat Zeit, die Nichtzulassungsbeschwerde zu begründen.[134] **83**

Allein nach Maßgabe des Abs. 3, also ab Zustellung des vollständigen Urteils des Berufungsgerichts, läuft die Begründungsfrist, wenn der Beschwerdeführer vorbehaltlos Beschwerde eingelegt und gleichzeitig für die Durchführung des Beschwerdeverfahrens PKH beantragt hat.[135] **84**

Was die Bewilligung von PKH für den Beschwerdegegner angeht, so bestimmt § 119 Abs. 1 ZPO hier an sich, dass ohne weitere Prüfung von Erfolgsaussichten PKH für den höheren Rechtszug zu bewilligen ist, wenn der Prozess- **85**

---

131 Dafür: *Germelmann u.a.*, § 74 Rn 22; a.A. HWK/*Bepler*, § 72a ArbGG Rn 40.
132 BR-Drucks 663/04, S. 49.
133 BT-Drucks 14/4722, S. 104.
134 BAG 19.9.1983 – 5 AZN 446/83 – AP § 78a ArbGG 1979 Nr. 18.
135 BAG 15.2.1997 – 5 AZN 1106/96 – AP § 72a ArbGG 1979 Nr. 38.

gegner ein Rechtsmittel eingelegt hat. Diese Bestimmung wird vom BAG im Anschluss an Rspr. des BGH aber einschränkend interpretiert:[136] PKH stellt als Leistung der staatlichen Daseinsfürsorge und als Bestandteil der Rechtsschutzgewährung eine Einrichtung der Sozialhilfe im Bereich der Rechtspflege dar. Deshalb und wegen der damit verbundenen Belastung der Allgemeinheit mit den Kosten der Rechtsdurchsetzung ergeben sich für die Bewilligung von PKH Grenzen. Voraussetzung für die Bewilligung von PKH für den Gegner des Beschwerdeführers ist, dass sich die bedürftige Partei erst dann eines RA bedient, wenn dies im Einzelfall wirklich notwendig ist. Dies ist regelmäßig erst dann der Fall, wenn die Nichtzulassungsbeschwerde begründet worden ist und die Beschwerde nicht offensichtlich unzulässig ist (Nichtzulassungsbeschwerde ohne anwaltliche Vertretung, Verfristung). Dass diese Einschränkung auch gegenüber einer nicht ordnungsgemäß begründeten Nichtzulassungsbeschwerde gilt, wie man dem weiter formulierten Leitsatz des zitierten Beschlusses entnehmen könnte, erscheint allerdings zweifelhaft.

II. Kosten

86 Nach Nr. 8611 des KV in der Anlage 1 zu § 3 Abs. 2 KostRModG wird als Gerichtskosten eine 16/10-Gebühr erhoben, wenn die Nichtzulassungsbeschwerde verworfen oder zurückgewiesen wird. Wird die Beschwerde zurückgenommen oder das Verfahren durch anderweitige Erledigung beendet, halbieren sich die Gerichtskosten auf eine 8/10-Gebühr (KV Nr. 8612). Dabei hat eine Rücknahme der Nichtzulassungsbeschwerde den Verlust des eingelegten Rechtsbehelfs und die Verpflichtung zur Folge, die durch den Rechtsbehelf entstandenen Kosten zu tragen. Beide Wirkungen sind durch Beschluss auszusprechen (§§ 516 Abs. 3, 565 ZPO, § 72 Abs. 5).

87 Lässt das BAG auf die Beschwerde die Revision zu, ergeht der Beschluss ohne Kostenentscheidung. Die Kosten des Beschwerdeverfahrens werden Teil der Kosten des Revisionsverfahrens,[137] die der zu tragen hat, der im Revisionsverfahren unterlegen ist. Allerdings werden gesonderte Gerichtskosten für die Durchführung des Nichtzulassungsbeschwerdeverfahrens grds. nicht erhoben, wenn die Revision im Nichtzulassungsbeschwerdeverfahren zugelassen worden ist (KV Nr. 8612).

88 Wird die aufgrund Nichtzulassungsbeschwerde zugelassene und damit zugleich anhängige Revision nicht begründet, sondern zurückgenommen, oder nimmt der Prozessgegner seine Klage zurück, nachdem der Beklagte die Zulassung der Revision erreicht hat, gelten die allg. Regeln über die Gerichtskosten der Revision: Nach KV Nr. 8231 fällt in einem solchen Fall eine 8/10-Gebühr an. Wird das Revisionsverfahren ohne streitiges Urteil beendet, nachdem die Revision begründet wurde, reduziert sich die 40/10-Gebühr nach KV Nr. 8232 auf eine 24/10-Gebühr. Wird die Revision nur wegen eines Teils des Streitstoffes zugelassen und die Beschwerde i.Ü. zurückgewiesen oder verworfen, sind die auf den erfolglosen Teil der Beschwerde entfallenden Kosten dem Beschwerdeführer nach § 97 Abs. 1 ZPO aufzuerlegen. Seine Kostenlast richtet sich nach dem Wert des Teils, mit dem er unterlegen ist.

89 Was die außergerichtlichen Kosten angeht, so hat der Beschwerdeführer die Anwaltskosten der Gegenseite zu tragen, wenn und soweit er seine Beschwerde zurückgenommen hat oder mit seiner Beschwerde unterlegen ist. Für das Nichtzulassungsbeschwerdeverfahren hat der RA eine Verfahrensgebühr i.H.v. 16/10 nach Nr. 3606 des VV zu § 2 Abs. 2 RVG zu beanspruchen. Vertritt er mehrere Beschwerdeführer oder Beschwerdegegner, erhöht sich diese Gebühr für jeden weiteren Beteiligten um 0,3 (VV Nr. 1008). Schließlich reduziert sich die Gebühr auf 11/10 nach VV Nr. 2507, wenn das Mandat des Prozessbevollmächtigten endet, bevor er einen Schriftsatz bei Gericht eingereicht hat, in welchem ein Antrag gestellt oder die Beschwerde zurückgenommen wird.

D. Beraterhinweise

I. Die Erfolgsaussicht einer Nichtzulassungsbeschwerde

90 Im Jahre 2008 hatten 142 Nichtzulassungsbeschwerden Erfolg. Das bedeutet: Die Erfolgsquote ist auf 9,2 % gegenüber 8,0 % (118 Sachen) im Jahre 2007 gestiegen. Ein Viertel aller Nichtzulassungsbeschwerden scheitert daran, dass es den Beschwerdeführern nicht gelang, die Sachentscheidungsvoraussetzungen darzulegen. Das BAG ist in quantitativer Hinsicht überwiegend als Beschwerdegericht tätig. Im Jahre 2008 gingen 1.149 Revisionen und 1.542 Nichtzulassungsbeschwerden ein.

II. Hinweise zur Zulässigkeitsklippe

91 **1. Aufzeigen von Rechtssatzdivergenz und Grundsatzbedeutung.** Für den Praktiker gilt zu beachten: Wird eine Divergenz- oder Grundsatzbeschwerde eingelegt, so ist für das BAG nach §§ 72a, 72 Abs. 2 Nr. 1 und 2 unerheblich, ob im Berufungsurteil Rechtsfehler enthalten sind. Das Berufungsurteil ist nämlich noch ein mit der Revision „anzufechtendes" und noch kein „angefochtenes" Urteil. Die Revisibilität des Berufungsurteils muss erst noch durch die positive Zulassungsentscheidung hergestellt werden. Das BAG kann als angerufenes Beschwerdegericht in diesen Nichtzulassungsbeschwerdeverfahren keine revisionsrechtliche Fehlerkontrolle durchführen. Es darf nur darüber eine Sachentscheidung treffen, ob die vom Beschwerdeführer bis zum Schluss der Beschwerdebegründungs-

---

[136] BAG 15.2.2005 – 5 AZN 781/04 (A) – AP § 119 ZPO Nr. 2.
[137] BAG 12.8.1981 – 4 AZN 166/81 – AP § 72a ArbGG 1979 Nr. 11.

frist nach Abs. 3 S. 2 Nr. 1 und 2 darzulegenden Zulassungsgründe vorliegen. Fehlt es an einer ausreichenden und fristgerechten Darlegung, wird das BAG auch dann die Beschwerde als unzulässig verwerfen, wenn der Beschwerdeführer Fehler des Berufungsurteils aufgezeigt hat.

2. Ermittlung des Stands der Rechtsprechung. Der sorgfältige RA wird auch noch nach der Verkündung der Nichtzulassungsentscheidung prüfen, ob mit einer Divergenz- und/oder Grundsatzbeschwerde die Zulassung durch das BAG erreicht werden kann (vgl. Rn 3). Maßgebend ist nämlich, ob zum Zeitpunkt der Entscheidung des Beschwerdegerichts eine Divergenz vorliegt oder eine Rechtsfrage von grds. Bedeutung klärungsbedürftig ist. Das kann höchst praktische Bedeutung haben!

Anwendungsbeispiele:
1. War zunächst nur bekannt, dass nur der Kläger von der Auslegung einer Tarifnorm erfasst wurde und kam es nach der Nichtzulassungsentscheidung des LAG zu einer Massenklage, die aufzeigt, dass mehr als 20 AN betroffen sind, kann der unterlegene Kläger das mit der Beschwerde innerhalb der Beschwerdebegründungsfrist noch aufgreifen.
2. Fällt das BAG nach Verkündung der negativen Zulassungsentscheidung des LAG zu einer entscheidungserheblichen Rechtsfrage in einem anderen Verfahren im Revisionsurteil, das der vom LAG gegebenen Antwort widerspricht, so liegt objektiv eine Divergenz des LAG vor, obwohl das LAG die spätere Entscheidung des BAG nicht kennen und berücksichtigen konnte. In diesem Fall muss auf die Divergenzbeschwerde das BAG die Revision zulassen, sofern bis zum Ende der Beschwerdebegründungsfrist der Beschwerdeführer den Zulassungsgrund der Rechtssatzabweichung entsprechend Abs. 3 S. 2 Nr. 2 dargelegt hat. Es empfiehlt sich deshalb, auch die Vorschau des BAG und die danach erfolgenden Pressemitteilungen auf der Homepage des BAG[138] zu durchforsten. Wenn dort die Entscheidung derselben Rechtsfrage in Aussicht gestellt wird, dann kann es sich lohnen, vorsorglich Beschwerde einzulegen, wenn innerhalb der Beschwerdebegründungsfrist mit einer dem LAG widersprechenden Beantwortung der entscheidungserheblichen Rechtsfrage durch das BAG zu rechnen ist.

3. Verfassungsbeschwerde bei überspannten Anforderungen. Die in Abs. 3 S. 2 an die Zulässigkeit einer Nichtzulassungsbeschwerde gestellten Anforderungen werden überdehnt, wenn die einen Beschwerdeführer treffende Begründungspflicht auf Bereiche erstreckt wird, die eigentlich zur Sachprüfung gehören. Bei einer derartigen Normauslegung werden die ehrenamtlichen Richter entgegen Art. 101 Abs. 1 GG generell von Entscheidungen über Nichtzulassungsbeschwerden ferngehalten, obwohl ihre Mitwirkung nach dem eindeutigen Wortlaut des Abs. 5 S. 2 vorgesehen ist.[139] Nach der Rspr. des BVerfG ist es nicht zu beanstanden, dass das BAG über den Wortlaut von Abs. 3 S. 2 hinaus weitere Anforderungen an die Darlegung einer Divergenz i.S.v. § 72 Abs. 2 Nr. 2 stellt und davon die Zulässigkeit der Beschwerde abhängig macht. Die Anforderungen dürfen aber nicht so weit gehen, dass mit der Zulässigkeit zugleich über die Begründetheit des Rechtsmittels entschieden ist. Denn bei einer solchen Auslegung der Norm werden die ehrenamtlichen Richter generell von Entscheidungen über Nichtzulassungsbeschwerden ferngehalten, obwohl ihre Mitwirkung nach dem eindeutigen Wortlaut des Abs. 5 S. 2 vorgesehen ist. Ein solches Ergebnis ist mit den Grundgedanken des gesetzlichen Richters (Art. 101 Abs. 1 S. 2 GG) unvereinbar. Die formgerechte Begründung einer Nichtzulassungsbeschwerde, die auf eine Divergenz i.S.v. § 72 Abs. 2 Nr. 2 gestützt wird, muss mindestens dreierlei enthalten:
1. Die Formulierung eines abstrakten Rechtssatzes, der in der angezogenen Entscheidung enthalten sein soll
2. die Formulierung eines abstrakten Rechtssatzes, der sich aus der angegriffenen Entscheidung ergeben und abweichen soll
3. sowie die Behauptung, dass die angegriffene Entscheidung auf dieser Abweichung beruht.

Genügt eine Beschwerdebegründung nicht einmal diesen Minimalanforderungen, so kann sie allein durch die drei Berufsrichter des Senats verworfen werden. Werden bei der Divergenzbeschwerde weitere Voraussetzungen für die Zulässigkeit verlangt, bestehen verfassungsrechtliche Bedenken.

4. Klippe Entscheidungserheblichkeit. Zur Darlegungslast des Beschwerdeführers gehört nach Abs. 3 S. 2 auch die Entscheidungserheblichkeit. Die Senate des BAG sind in einfachen Fällen, wenn die Entscheidungserheblichkeit offensichtlich ist, wohlwollend. Sie sehen zumeist davon ab, zu prüfen, ob dieser Punkt in der Begründungsschrift so dargelegt ist, dass es keines Lesens der anzufechtenden Entscheidung bedarf. Das sollte nicht als Einladung zur Nachlässigkeit verstanden werden. Der Beschwerdegegner kann hier einen Ansatzpunkt für seine Beschwerdeerwiderung finden und die fehlende Entscheidungserheblichkeit thematisieren.

---

138 www.bundesarbeitsgericht.de.

139 BVerfG 23.8.1995 – 1 BvR 568/93 – AP § 72a ArbGG 1979 Divergenz Nr. 31.

III. Antragsfassung der Nichtzulassungsbeschwerde

95 Ein sachgerechter Antrag im Verfahren der Nichtzulassungsbeschwerde muss lauten:

96 *„Es wird beantragt, auf die Beschwerde des Klägers (oder des Beklagten) die Revision gegen das Urteil des LAG … vom … Aktenzeichen … für den Kläger (oder den Beklagten) zuzulassen."*

97 Hat das LAG die Revision nur für einen abtrennbaren Teil des Streitstoffes zugelassen (siehe § 72 Rn 46 ff.), kann die in der Hauptsache beschwerte Partei – neben der im Umfang der Zulassung eingelegten Revision – wegen der teilweisen Nichtzulassung Beschwerde einlegen, z.B.:

„Es wird beantragt, die Revision gegen das Urteil des LAG … vom … Aktenzeichen … für den Kläger auch zuzulassen, soweit es den Zahlungsanspruch in Höhe von 2.000 EUR wegen Urlaubsabgeltung abgewiesen hat."

98 Besteht hinsichtlich eines abtrennbaren Streitgegenstands keine Erfolgsaussicht oder liegt nur für den abtrennbaren Teil ein Zulassungsgrund nach § 72 Abs. 2 vor, so kann der Beschwerdeführer die Nichtzulassungsbeschwerde beschränken:

99 *„Es wird beantragt, die Revision gegen das Urteil des LAG … vom … Aktenzeichen … für die Beklagte zuzulassen, soweit es den Anspruch des Klägers auf Urlaubsentgelt in Höhe von 4.000 EUR abgewiesen hat."*

IV. Hinweise für die Begründung einer Divergenzbeschwerde (Abs. 3 S. 2 Nr. 2)

100 Ein großer Teil der Beschwerdebegründungen scheitert daran, dass die Verfasser sich mit wirklichen oder vermeintlichen Rechtsfehlern des LAG auseinandersetzen. Zumeist wird versucht wird, eine falsche Anwendung der BAG Rspr. durch das LAG offenzulegen. Dem liegt ein grundlegendes Missverständnis des gesetzlichen Prüfungsauftrags des Beschwerdegerichts zugrunde, das sich auch in der Sprache widerspiegelt, das Berufungsurteil werde angefochten. Mit der Beschwerde wird jedoch noch nicht das Urteil angefochten. Das Urteil wird erst nach der Zulassung angefochten. Es ist bei Einlegung der Beschwerde deshalb das Berufungsurteil erst ein „anzufechtendes" Urteil. Dieser korrekte Sprachgebrauch erhellt, dass das BAG im Divergenzbeschwerdeverfahren keine Fehlerkontrolle vornehmen darf, sondern nur zu prüfen hat, ob zur Zeit der Beschwerdeentscheidung der Zulassungsgrund Divergenz vorliegt.

Bsp. einer ordnungsgemäßen Divergenzdarstellung: In der anzufechtenden Entscheidung wird auf Seite (…) zu § 9 TzBFG folgender Rechtssatz aufgestellt: „Der teilzeitbeschäftigte Arbeitnehmer hat stets Anspruch auf Verlängerung seiner Arbeitszeit, wenn dies mit einem Wechsel auf einen Arbeitsplatz mit einer höherwertigen Tätigkeit verbunden und er hinreichend qualifiziert ist." Dieser Rechtssatz weicht von dem Rechtssatz ab, der in dem Urteil des Neunten Senats v. 16.9.2008 – 9 AZR 781/07 – zu derselben Rechtsnorm unter Rn 35 aufgestellt worden ist: „…führt nicht zu einem allgemeinen Qualifizierungsanspruch", den § 9 TzBFG nicht vorsieht. Regelmäßig kommt Teilzeitbeschäftigten lediglich ein Anspruch auf Verlängerung der Arbeitszeit in einer inhaltlich vergleichbaren und gleichwertigen Position zu. Die Ausnahme eines Anspruchs auf Verlängerung der Arbeitszeit in einer höherwertigen Funktion besteht nur unter engen Voraussetzungen. Sie verlangt eine organisatorische Vorgabe des Arbeitgebers, die Teilzeitarbeit lediglich auf einer niedrigeren Hierarchiestufe zulässt." Beide Rechtssätze stehen in einem unvereinbaren Widerspruch; denn während das LAG einen allgemeinen Qualifizierungsanspruch bejaht, verneint der vom BAG aufgestellte Rechtssatz diesen ausdrücklich und lässt nur für bestimmte Ausnahmefälle, die im Streitfall keine Bedeutung haben, einen Verlängerungsanspruch zu. Diese Abweichung im Rechtssatz ist auch entscheidungserheblich; denn hätte das LAG das Regel-Ausnahmeverhältnis aus dem aufgezeigten Rechtssatz der herangezogenen divergenzfähigen Entscheidung des BAG zugrunde gelegt, so hätte es anders entscheiden und die Klage abweisen müssen. Eine die Klage stützende Hilfsbegründung enthält das anzufechtende Urteil nämlich nicht.

V. Verfassungsbeschwerde als letztes Mittel

101 Da nach der Rspr. des BAG auch gröbste Rechtsfehler im Berufungsurteil abweichend vom zivilprozessualen Zulassungsrecht keinen Grund zur Zulassung der Revision darstellen, muss der Anwalt der beschwerten Partei prüfen, ob der Rechtsfehler einen Verstoß gegen das Willkürverbot darstellt, das Inhalt des allgemeinen Gleichheitssatz (Art. 3 Abs. 1 GG) ist. Das ist dann der Fall, wenn ein fachgerichtliches Urteil auf offensichtlich sachwidrigen und objektiv willkürlichen Erwägungen beruht und unter keinem rechtlichen Gesichtspunkt vertretbar ist.[140] Der richtige Rechtsbehelf ist dann die Verfassungsbeschwerde, Art. 93 Abs. 1 Nr. 4a GG, § 90 BVerfGG. Ebenso kann Verfassungsbeschwerde eingelegt werden, wer eine Verletzung anderer Grundrechte, insb. das Grundrecht der Berufsfreiheit aus Art. 12 GG, als verletzt ansieht. Diese Verfassungsbeschwerde bedarf nach § 93a BVerfGG der Annahme. Die Annahmevoraussetzung des § 93a Abs. 2b BVerfGG wird erfüllt, wenn die Verfassungsbeschwerde zur Durchsetzung eines Grundrechts angezeigt ist. Das ist nicht der Fall, wenn die Möglichkeiten fachgerichtlicher Abhilfe nicht ausgeschöpft sind (Grundsatz der Subsidiarität).[141] Ob das BVerfG im Fall einer Willkürentscheidung die Einlegung einer Nichtzulassungsbeschwerde als aussichtslos ansieht oder annimmt, das Fachgericht könne in ausdehnender

---

140 BVerfG 23.9.2005 – 2 BvR 2441/04 – BVerfGK 6, 239; BVerfG 7.4.1981 – 2 BvR 911/80 – BVerfGE 57, 39, 42;

141 BVerfG 30.4.2003 – 1 PBvU 1/02 – BVerfGE 107, 395, 414.

Auslegung des § 72 Abs. 2 selbst abhelfen, ist seiner veröffentlichten Rspr. nicht zu entnehmen (siehe oben Rn 15 f.). Deshalb wird bis zur verfassungsgerichtlichen Klärung dieser Frage empfohlen, vorsorglich auch eine Nichtzulassungsbeschwerde einzulegen. Wer die Einlegung einer Nichtzulassungsbeschwerde, die nur auf Verletzung eines Grundrechts aus Art. 12 GG gestützt werden kann, für aussichtslos hält, z.B. weil das LAG keinen fallübergreifenden Rechtssatz aufgestellt und keine Rechtsfrage von grundsätzlicher Bedeutung aufgeworfen hat, sollte ebenso vorsorglich Nichtzulassungsbeschwerde einlegen. Der Beschwerdeführer sollte innerhalb der seit Zustellung des Berufungsurteils laufenden Monatsfrist des § 93 Abs. 1 S. 1 BVerfGG und der Beschwerdefrist nach Abs. 2 S. 1 sowohl Nichtzulassungs- als auch Verfassungsbeschwerde einlegen. Ansonsten riskiert er, dass das BVerfG eine später eingelegte Verfassungsbeschwerde als verfristet ansehen wird, weil die eingelegte Nichtzulassungsbeschwerde offensichtlich keine Aussicht auf Erfolg gehabt und deshalb die Frist für die Einlegung der Verfassungsbeschwerde nicht unterbrochen hat.[142] Es empfiehlt sich, das BVerfG darauf hinweisen, dass gegen die Nichtzulassung der Revision Beschwerde eingelegt ist, der Beschwerdeführer sie aber nicht für aussichtsreich halte.

Zu beachten ist: Zur Erfüllung des Grundsatzes der Subsidiarität der Verfassungsbeschwerde hat der Beschwerdeführer nicht nur Nichtzulassungsbeschwerde einzulegen, er muss sie auch ordnungsgemäß begründen.[143] Wird sie nämlich wegen nicht ausreichender Darlegung als unzulässig verworfen, ist der Rechtsweg nicht ausgeschöpft. Kommt der zuständige Spruchkörper des BVerfG wider Erwarten zu einer schnelleren Entscheidung als das BAG, so ergeht im ungünstigsten Fall ein Nichtannahmebeschluss, der alles offen hält. Nach Durchführung des Nichtzulassungsbeschwerdeverfahrens steht dem Beschwerdeführer die Verfassungsbeschwerde innerhalb der Frist des § 93 Abs. 1 BVerfGG ohne Weiteres offen.[144]

VI. Erledigendes Ereignis nach Einlegung der Beschwerde

Die Rspr. hat für die Fälle, in denen nachträglich die Klärungsfähigkeit oder Klärungsbedürftigkeit der Grundsatzfrage bzw. die Divergenzfähigkeit der herangezogenen Entscheidung entfällt, bislang noch keine befriedigende Lösung der Kostenfrage gefunden. Die Rspr. geht zumeist davon aus, die Beschwerde könne in diesen Fällen „keinen Erfolg" haben und weist die Beschwerde kostenpflichtig zurück. Das erscheint jedenfalls dann verfehlt, wenn der Beschwerdeführer angesichts des erledigenden Ereignisses die Nichtzulassungsbeschwerde für erledigt erklärt (zur Zulässigkeit der Erledigungserklärung in Bezug auf Rechtsmittel vgl. § 74b Rn 97). Dann bedarf es nach § 91a ZPO einer Kostenentscheidung. Diese kann bei einer schwierigen und unklaren Rechtslage in der gegenseitigen Aufhebung der Kosten bestehen.

102

§ 72b Sofortige Beschwerde wegen verspäteter Absetzung des Berufungsurteils

(1) ¹Das Endurteil eines Landesarbeitsgerichts kann durch sofortige Beschwerde angefochten werden, wenn es nicht binnen fünf Monaten nach der Verkündung vollständig abgefasst und mit den Unterschriften sämtlicher Mitglieder der Kammer versehen der Geschäftsstelle übergeben worden ist. ²§ 72a findet keine Anwendung.
(2) ¹Die sofortige Beschwerde ist innerhalb einer Notfrist von einem Monat beim Bundesarbeitsgericht einzulegen und zu begründen. ²Die Frist beginnt mit dem Ablauf von fünf Monaten nach der Verkündung des Urteils des Landesarbeitsgerichts. ³§ 9 Abs. 5 findet keine Anwendung.
(3) ¹Die sofortige Beschwerde wird durch Einreichung einer Beschwerdeschrift eingelegt. ²Die Beschwerdeschrift muss die Bezeichnung der angefochtenen Entscheidung sowie die Erklärung enthalten, dass Beschwerde gegen diese Entscheidung eingelegt werde. ³Die Beschwerde kann nur damit begründet werden, dass das Urteil des Landesarbeitsgerichts mit Ablauf von fünf Monaten nach der Verkündung noch nicht vollständig abgefasst und mit den Unterschriften sämtlicher Mitglieder der Kammer versehen der Geschäftsstelle übergeben worden ist.
(4) ¹Über die sofortige Beschwerde entscheidet das Bundesarbeitsgericht ohne Hinzuziehung der ehrenamtlichen Richter durch Beschluss, der ohne mündliche Verhandlung ergehen kann. ²Dem Beschluss soll eine kurze Begründung beigefügt werden.
(5) ¹Ist die sofortige Beschwerde zulässig und begründet, ist das Urteil des Landesarbeitsgerichts aufzuheben und die Sache zur neuen Verhandlung und Entscheidung an das Landesarbeitsgericht zurückzuverweisen. ²Die Zurückverweisung kann an eine andere Kammer des Landesarbeitsgerichts erfolgen.

Literatur: *Bepler*, Revisionszugang und rechtliches Gehör, JbArbR 43, 45–61 (2006); *Gravenhorst*, Urteil ohne Tatbestand und Entscheidungsgründe nach Parteiverzicht hierauf („Zurück auf Los!"), jurisPR-ArbR 24/2006 Anm. 4; *ders.*, Übergangene Hilfsauf-

---

142 Vgl. BVerfG 6.12.2001 – 1 BvR 1976/01 – juris.
143 Vgl. BVerfG 23.1.1991 – 2 BvR 902/85, 2 BvR 515/89, 2 BvR 1827/89 – Jeziden, Jeziden II – BVerfGE 83, 216.
144 So für Anhörungsrügeverfahren: BVerfG 25.4.2005 – 1 BvR 644/05 – NJW 2005, 3059.

rechnung: Beschwerde nach § 72a oder § 72b ArbGG?, jurisPR-ArbR 38/2007 Anm. 5; *Künzl*, Rechtsmittelfrist im arbeitsgerichtlichen Verfahren bei verspäteter Urteilszustellung, ZZP 118, 59; *Treber*, Neuerungen durch das Anhörungsrügengesetz, NJW 2005, 97; *Zwanziger*, Entwicklungen im Nichtzulassungsbeschwerderecht, FA 2007, 332

A. Allgemeines	1	C. Verbindung zu anderen Rechtsgebieten	16
I. Normgeschichte	1	**D. Beraterhinweise**	17
II. Kassatorisches Rechtsmittel	4	I. Antrag	17
B. Regelungsgehalt	5	II. Begründung	18
I. Einlegung der sofortigen Beschwerde	5	III. Achtung Fristenfalle	21
II. Begründung	8	IV. Keine sofortige Beschwerde bei Mängeln der Entscheidungsgründe	22
III. Entscheidung über die Beschwerde	9		
IV. Revision gegen verspätet abgesetzte Berufungsurteile?	12		

A. Allgemeines

I. Normgeschichte

1 Die Regelung ist durch das Gesetz über die Rechtsbehelfe bei Verletzung des Anspruchs auf rechtliches Gehör (Anhörungsrügengesetz) vom 9.12.2004[1] mit Wirkung zum 1.1.2005 in das ArbGG eingefügt worden. Das Anhörungsrügengesetz hat für das arbeitsgerichtliche Verfahren erstmalig Rechtsbehelfe eröffnet, um Verletzungen des Anspruchs auf rechtliches Gehör (Art. 103 GG) einer fachgerichtlichen Kontrolle zu unterwerfen (§§ 72 Abs. 2 Nr. 3, 78a). Es hat über seinen Anlass und die Gesetzesbezeichnung hinausgehend mit § 72b auch das BVerfG von Verfassungsbeschwerden entlastet, indem es eine fachgerichtliche Kassationsmöglichkeit für verspätet abgesetzte Berufungsurteile geschaffen hat.

2 Das Problem entstand mit dem Beschluss des Gemeinsamen Senats der obersten Gerichtshöfe des Bundes vom 27.4.1993.[2] Durch diesen rechtsfortbildenden Beschluss wurde erkannt, dass ein Urteil oder ein Beschluss im Beschlussverfahren als nicht mit Gründen versehene Entscheidung i.S.v. § 547 Nr. 6 ZPO n.F. (= § 551 Nr. 7 ZPO a.F.) gilt, wenn die Entscheidungsgründe nicht binnen fünf Monaten nach der Verkündung der Entscheidung schriftlich niedergelegt und von den Richtern unterschrieben zur Geschäftsstelle des erkennenden Spruchkörpers gelangt sind. Dabei nahm der Gemeinsame Senat an, es handele sich hierbei um einen Verfahrensmangel, dessen Geltendmachung einer Rüge bedürfe. Dementsprechend konnte die beschwerte Partei auf die Rüge verzichten oder in der mündlichen Verhandlung vor dem Revisionsgericht die Verspätungsrüge zurücknehmen. Diese fachgerichtliche Qualifizierung modifizierte das BVerfG in seinem Beschluss vom 26.3.2001.[3] Eine verspätet abgesetzte Entscheidung eines LAG verstoße gegen das Rechtsstaatsprinzip. Auch wenn sie verspätet mit Gründen versehen werde, könne sie nicht mehr Grundlage für ein Revisionsgericht sein, das Vorliegen von Revisionszulassungsgründen in rechtsstaatlicher Weise zu überprüfen. Daraus zog das BAG am 1.10 2003[4] die Konsequenz. Es erkannte, gegen eine verspätet abgesetzte Entscheidung sei eine Nichtzulassungsbeschwerde in keinem Falle mehr zulässig. Nach dem damals geltenden Verfahrensrecht verblieb nur die Verfassungsbeschwerde als einziger Rechtsbehelf.

3 Das stand im offenkundigen Widerspruch zu dem vom BVerfG in seinem Plenarbeschluss vom 30.4.2003[5] vertretenen Anliegen, dass richterliche Verstöße gegen verfassungsrechtlich abgesicherte Verfahrensrechte in erster Linie durch die Fachgerichte selbst zu korrigieren seien. Dem Anliegen trägt der neu eingefügte § 72b Rechnung.

II. Kassatorisches Rechtsmittel

4 § 72b hat ein Rechtsmittel mit kassatorischer Wirkung geschaffen. Ist in einem i.S.v. Abs. 1 S. 1 verspätet abgesetzten Berufungsurteil die Revision nicht zugelassen worden, ist eine Beschwerde gegen die Nichtzulassung der Revision (§ 72a) nicht statthaft (vgl. § 72a Rn 15). Die gegen das Berufungsurteil selbst gerichtete sofortige Beschwerde nach § 72b ist der einzige Weg, auf dem die Rüge einer Entscheidung ohne Gründe wegen deren verspäteter Absetzung verfolgt werden kann.[6]

---

[1] BGBl I S. 3220, 3222.
[2] Gemeinsamer Senat der obersten Gerichtshöfe des Bundes 27.4.1993 – GmS-OGB 1/92 – AP § 551 ZPO Nr. 21.
[3] BVerfG 1. Senat 2. Kammer 26.3.2001 – 1 BvR 383/00 – AP Art. 20 GG Nr. 33.
[4] BAG 1.10.2003 – 1 ABN 62/01 – AP § 72a ArbGG 1979 Nr. 50.
[5] BVerfG Plenum 30.4.2003 – 1 PBvU 1/02 – AP Art. 103 GG Nr. 64.
[6] BAG 2.11.2006 – 4 AZN 716/06 – NJW 2007, 174.

B. Regelungsgehalt

I. Einlegung der sofortigen Beschwerde

Die sofortige Beschwerde nach § 72b, die nur der durch das angefochtene Urteil beschwerten Partei zusteht, ist statthaft gegen Endurteile des LAG, die nicht innerhalb von fünf Monaten abgesetzt worden oder nicht mit den Unterschriften aller drei erkennenden Richter versehen zur Geschäftsstelle des LAG gelangt sind.

Die Frist für die Einlegung der Beschwerde ist eine Notfrist. Sie beläuft sich auf einen Monat. Der Fristablauf beginnt unabhängig davon, ob über die Möglichkeit der sofortigen Beschwerde schriftlich belehrt worden ist. Nach Abs. 2 S. 3 findet die Belehrungspflicht i.S.v. § 9 Abs. 5 hier keine Anwendung. Für die anwaltliche Arbeit von besonderer Bedeutung ist der Beginn der Monatsfrist, der fruchtlose Ablauf von fünf Monaten seit der Verkündung des Berufungsurteils. Angesichts dessen ist der anwaltliche Prozessvertreter der durch das Berufungsurteil beschwerten Partei stets verpflichtet, den Ablauf dieser Frist unmittelbar nach Verkündung des Berufungsurteils im Fristenkalender zu vermerken. Liegt ihm bei Fristablauf das Urteil nicht vollständig vor, muss er unverzüglich bei der zuständigen Geschäftsstelle des LAG Akteneinsicht nehmen oder – falls dies zu aufwändig ist – telefonisch nachfragen, ob und, wenn ja, wann das vollständige Urteil dort eingegangen ist. Ist eine sichere Auskunft nicht zu erhalten, muss er vorsorglich innerhalb der Monatsfrist, also innerhalb von sechs Monaten seit Verkündung der Entscheidung, sofortige Beschwerde nach § 72b einlegen.[7]

Die Beschwerde muss nach § 11 Abs. 4 von einem RA eingelegt werden. Der RA muss sie auch verantworten und eigenhändig unterzeichnen (zur Schriftform vgl. § 74 Rn 5 ff.). Die Beschwerdeschrift muss i.Ü. den Anforderungen genügen, die von jeder Rechtsmittelschrift erfüllt werden müssen. Es muss die angefochtene Entscheidung zumindest nach Datum und Aktenzeichen bezeichnet und erklärt werden, dass gegen sie Beschwerde eingelegt wird (Abs. 3 S. 2).

II. Begründung

Das Gesetz verlangt nicht, dass die Beschwerde zusammen mit ihrer Einlegung auch sofort begründet wird. Die Beschwerdebegründung muss aber innerhalb der schon für die Einlegung laufenden Frist von einem Monat auch begründet werden.

III. Entscheidung über die Beschwerde

Ist die sofortige Beschwerde rechtzeitig und formell ordnungsgemäß eingelegt und begründet worden, muss das BAG zunächst prüfen, ob das Urteil auch tatsächlich erst außerhalb der Höchstfrist von fünf Monaten schriftlich begründet und mit allen Unterschriften versehen bei der Geschäftsstelle des LAG eingegangen ist. Zur Klärung dessen muss eine mündliche Verhandlung nicht durchgeführt werden (Abs. 4 S. 1). In aller Regel wird sich der – verspätete – Eingang des vollständigen Urteils bei der Geschäftsstelle des LAG für das BAG aus der Akte des LAG ergeben. Deren Beiziehung bedarf es aber nicht notwendigerweise. Im Interesse einer Beschleunigung des Verfahrens genügt es in der besonderen Fallkonstellation des Abs. 1 auch, wenn das BAG die Voraussetzung für die Begründetheit der Beschwerde durch amtliche Auskunft der Geschäftsstelle ermittelt. In diesem Fall kann das BAG auch ohne Vorakte entscheiden, wobei die Entscheidung nur durch das berufsrichterlichen Mitglieder des Senats erfolgt. Das Gesetz schreibt vor, dass die Senatsentscheidung, die durch Beschluss ergeht, kurz begründet werden soll. Hierfür dürfte die Darlegung, dass das angefochtene Urteil tatsächlich verspätet abgesetzt worden ist, ausreichen.

Über die sofortige Beschwerde wegen verspäteter Absetzung des Berufungsurteils und eine gleichzeitig eingelegte und auf § 72 Abs. 2 Nr. 1 bis 3 gestützte Nichtzulassungsbeschwerde kann gemeinsam entschieden werden, weil die Senate des BAG nach Abs. 4 S. 1, § 72a Abs. 5 S. 3 hierüber in gleicher Besetzung zu entscheiden haben.[8]

Die Besonderheit des § 72b liegt in der Zurückverweisung. Wenn die Beschwerde begründet ist, weil das landesarbeitsgerichtliche Urteil tatsächlich verspätet abgesetzt und unterschrieben zur Geschäftsstelle gelangt ist, hebt das BAG als Beschwerdegericht die mit der Verkündung existierende Entscheidung des LAG ohne weiteres durch Beschluss auf und verweist die Sache zur neuen Verhandlung und Entscheidung an das LAG zurück. Die Zurückverweisung kann auch an eine andere Kammer erfolgen, obwohl eine derartige Möglichkeit nicht ausdrücklich in § 72b geregelt ist.[9] Häufig wird dies mit Rücksicht auf die beschwerte Partei, die von der zuletzt erkennenden Kammer kein rechtsstaatliches Verfahren erhalten hat, geboten sein.[10] Die Zurückverweisung ist jedoch nicht immer geboten. Ist zukünftig eine sachgerechte Behandlung zu erwarten, weil die Besetzung des Kammervorsitzes wechselt, dann ist eine Verweisung an eine andere Kammer überflüssig. Das gilt auch, wenn der richterliche Geschäftsverteilungsplan des LAG automatisch eine andere Zuteilung für Rückläufer vorsieht. Umstr. ist, ob das BAG befugt ist an die Präsidentenkammer zurückzuverweisen. Dafür spricht, dass damit der für die Dienstaufsicht zuständige Richter

---

7 Richtig *Treber*, NJW 2005, 97, 101.
8 BAG 22.8.2007 – 4 AZN 1225/06 – AP § 315 ZPO Nr. 1.
9 Düwell/lLipke/*Bepler*, § 72b Rn 9.
10 Vgl. BAG 12.12.2006 – 3 AZN 625/06 – AP § 72a ArbGG 1979 Grundsatz Nr. 68.

mit der Sache befasst wird. Dagegen spricht, dass in die Zuständigkeit des LAG bei der Aufstellung des Geschäftsverteilungsplanes eingegriffen wird.

11 Grund für den besonderen Rechtsbehelf des § 72b war die Überlegung, dass die beschwerte Partei zwar das Recht haben soll, ein rechtsstaatlichen Anforderungen genügendes, auf der letzten mündlichen Verhandlung beruhendes und vom LAG entsprechend begründetes Urteil zu erhalten. Daran fehlt es bei einem verspätet abgesetzten Urteil. Die Verspätung der Urteilsabsetzung allein gibt aber noch keinen Hinweis darauf, dass es bei der Entscheidung selbst zu Mängeln oder Besonderheiten gekommen ist, die dafür streiten, unter dem Gesichtspunkt der Rechtseinheit oder der Rechtsfortbildung oder zur Gewährleistung einer verfassungskonformen Entscheidungsfindung (§ 72 Abs. 2 Nr. 1 bis 3) eine volle revisionsrechtliche Überprüfung des angefochtenen Urteils zu eröffnen. Diese Möglichkeit hätte aber bestanden, wenn das Vorliegen eines „Urteils ohne Gründe" (§ 547 Nr. 6 ZPO) allein eine Zulassung der Revision nach §§ 72, 72a gerechtfertigt hätte. In diesem Fall hätte die beschwerte Partei die Rüge nur für die Zulassung der Revision erheben müssen, und sie dann, nach Erreichen der Revisionsinstanz, wieder zurücknehmen können, um eine volle Sachprüfung durch das Revisionsgericht zu erreichen. Für einen derartigen Rechtsschutz besteht kein Anlass. Der genannte Hintergrund der Neuregelung hätte es sicher auch gerechtfertigt, auch die übrigen absoluten Revisionsgründe des § 547 ZPO gegenüber einem Berufungsurteil, in dem die Revision nicht zugelassen worden ist, im Verfahren nach § 72b geltend machen zu lassen, und sie nicht als Rechtfertigung für eine nachträgliche Zulassung der Revision nach §§ 72 Abs. 2 Nr. 3, 72a ausreichen zu lassen. Der Gesetzgeber schreckte vor dieser Konsequenz offenbar zurück. Er wollte allzu große Abweichungen des arbeitsgerichtlichen Urteilsverfahrens von der ZPO vermeiden.

IV. Revision gegen verspätet abgesetzte Berufungsurteile?

12 Das Rechtsmittel des § 72b besteht nicht nur gegenüber verspätet abgesetzten Berufungsurteilen, in denen die Revision nicht zugelassen worden ist. Es ist auch statthaft gegenüber Berufungsurteilen, in denen die Revision zugelassen wurde, dann aber nicht binnen fünf Monaten schriftlich begründet worden oder nicht innerhalb dieses Zeitraums mit den Unterschriften aller erkennenden Richter zur Geschäftsstelle gelangt ist (wegen der Einzelheiten, wann ein Urteil als verspätet zur Geschäftsstelle gelangt siehe § 74 Rn 29).

13 Noch ungeklärt ist, ob eine wegen ihrer verkündeten Zulassung durch das LAG an sich statthafte Revision gegen ein Berufungsurteil auch dann mit Aussicht auf Erfolg möglich ist, wenn dieses Berufungsurteil im hier behandelten Sinne verspätet abgesetzt worden ist. Aufgrund der eindeutigen gesetzlichen Regelung in § 73 Abs. 1 S. 2 steht nur fest, dass eine solche Revision nicht auf § 547 Nr. 6 ZPO gestützt werden kann. Fraglich ist, ob eine Revision auch dann materiell-rechtlich auf die Verletzung einer Rechtsnorm durch das angefochtene Urteil gestützt werden kann, wenn dieses Urteil verspätet abgesetzt worden ist. In Konsequenz des Beschlusses des BAG vom 1.10.2003,[11] wonach eine materiell-rechtliche Auseinandersetzung mit den Gründen eines Berufungsurteils im Rahmen einer Nichtzulassungsbeschwerde ausscheidet, wenn die Entscheidungsgründe in einem rechtsstaatlichen Anforderungen nicht genügenden Verfahren, weil verspätet, abgesetzt worden sind, müsste eigentlich auch eine auf materiell-rechtliche Gründe gestützte Revision ausscheiden. Eine solche Konsequenz erscheint indes fragwürdig. Die aus Gründen der Prävention angeordneten Folgen der verspäteten Absetzung eines Berufungsurteils müssen nicht derart weit getrieben werden. Dem steht nicht nur die Verzichtbarkeit auf die Rüge nach § 547 Nr. 6 ZPO entgegen, die der Gemeinsame Senat ausdrücklich auch für diesen besonderen Verfahrensmangel vorgesehen hat. Es muss weiter berücksichtigt werden, dass auch die Verletzung des Verfahrensgrundrechts auf rechtliches Gehör selbst bei deren Entscheidungserheblichkeit nicht automatisch, sondern nur auf Rüge hin zur Aufhebung der betreffenden Entscheidung führt. Selbst wenn man auf die Verletzung des Rechtsstaatsprinzips durch eine solche verspätete Entscheidung abhebt, ergibt sich nichts anderes. Auch eine solche Rechtsverletzung durch richterliches Verhalten kann die dadurch beschwerte Partei nicht dazu zwingen, einen nach ihrer Einschätzung nur die Verfahrensdauer verlängernden Weg einzuschlagen, statt die aufgeworfenen Fragen unmittelbar einer abschließenden materiell-rechtlichen Behandlung zuzuführen.

14 Dass auch gegenüber verspätet abgesetzten Berufungsurteilen nach den allg. Maßstäben eine Revision an sich statthaft sein muss, ergibt sich i.Ü. aus dem durch das Anhörungsrügengesetz eingefügten § 73 Abs. 1 S. 2: Wenn der Gesetzgeber dort die Rüge der verspäteten Urteilsabsetzung im Rahmen einer statthaften Revision ausschließt, geht er erkennbar davon aus, dass trotz verspätet abgesetzten Urteils eine materiell-rechtlich begründete Revision statthaft ist. Wäre sie ausgeschlossen, hätte der Gesetzgeber dies regeln müssen.

15 Es muss beachtet werden, dass die Frist für die Einlegung und Begründung der Revision aufgrund der Spezialbestimmung des § 74 Abs. 1 S. 2 unabhängig von § 9 Abs. 5 spätestens mit Ablauf von fünf Monaten seit Verkündung des Berufungsurteils zu laufen beginnt.[12] Damit bleiben grds. nur zwei Fälle, in denen die aufgeworfene Frage von Bedeutung sein kann: Zum einen kann es sein, dass ein Berufungsurteil, in welchem die Revision zugelassen worden ist,

---

11 1 ABN 62/01 – AP § 72a ArbGG 1979 Nr. 50.
12 BAG 28.10.2004 – 8 AZR 492/03 – AP § 66 ArbGG 1979 Nr. 29; *Germelmann u.a.*, § 74 Rn 5; *Hauck/Helml*, § 74 Rn 6; HWK/*Bepler*, § 74 ArbGG Rn 12; a.A. GK-ArbGG/*Dörner*, § 94 Rn 11a.

nach fünf Monaten zwar noch nicht abgesetzt ist. Die erkennenden Richter können aber in der mündlichen Verhandlung hinreichend deutlich gemacht haben, auf welche tatsächlichen und rechtlichen Gesichtspunkte sie ihre Entscheidung stützen wollen. In einem solchen Fall ist es der beschwerten Partei unabhängig vom Vorliegen schriftlicher Entscheidungsgründe nach der Rspr. des 4. Senats des BAG an sich möglich, Revision einzulegen und sie auch in Reaktion auf Erklärungen in der mündlichen Verhandlung ordnungsgemäß zu begründen.[13] Dann ist allerdings Voraussetzung für eine materiell-rechtliche Überprüfung des Berufungsurteils durch das BAG, dass zumindest bis zum Zeitpunkt von dessen Entscheidung ein vollständiges Berufungsurteil vorliegt. Andernfalls fehlen für eine Revisionsentscheidung geeignete tatsächliche Entscheidungsgrundlagen; das angefochtene Urteil müsste als Urteil ohne Gründe ohne weiteres aufgehoben und die Sache zurückverwiesen werden.[14] Die aufgeworfene Frage ist darüber hinaus von Bedeutung, wenn das Urteil zwar erst nach Ablauf von fünf Monaten abgesetzt und mit allen Unterschriften versehen zur Geschäftsstelle gelangt ist, aber vor Ablauf von sieben Monaten der beschwerten Partei zugestellt wurde. Hat diese nicht nur die Beschwerde nach § 72b, sondern vorsorglich auch rechtzeitig Revision eingelegt, kann sie nach der hier vertretenen Auff., wenn bis dahin ihre sofortige Beschwerde nicht beschieden worden ist, diese zurücknehmen und die Revision innerhalb der Revisionsbegründungsfrist begründen.

C. Verbindung zu anderen Rechtsgebieten

Wird die sofortige Beschwerde nach § 72b zurückgewiesen oder verworfen, fällt eine gerichtliche Festgebühr an. Sie beträgt nach Nr. 8613 des Kostenverzeichnisses in der Anlage 1 zu § 3 Abs. 2 des KostRMoG[15] 40 EUR. Bei erfolgreicher Beschwerde entsteht keine Gerichtsgebühr. Der anwaltliche Bevollmächtigte kann nach § 13 RVG i.V.m. Nr. 3500 des Vergütungsverzeichnisses in der Anlage 1 zu § 2 Abs. 2 RVG eine 5/10-Gebühr beanspruchen. Der Gegenstandswert der sofortigen Beschwerde, die nach § 72b den gesamten Streit in die nächste Instanz bringt, entspricht dem Streitwert des angefochtenen Urteils.

16

D. Beraterhinweise

I. Antrag

„Es wird beantragt, auf die Beschwerde des Klägers das Urteil des Landesarbeitsgerichts ... vom ..., Geschäftszeichen ..., aufzuheben und die Sache zur neuen Verhandlung und Entscheidung an das Landesarbeitsgericht ... (oder falls dazu Anlass besteht: an eine andere Kammer des Landesarbeitsgerichts ...) zurückzuverweisen."

17

II. Begründung

„Das mit dieser Beschwerde angefochtene Urteil des LAG ... (Amtliche Bezeichnung einfügen) in der Sache ... Kläger und Beschwerdeführer (Anschrift und Angabe des Prozessbevollmächtigten) gegen ... Beklagte und Beschwerdegegner (Anschrift und Angabe des Prozessbevollmächtigten) mit dem Geschäftszeichen ... ist in der mündlichen Verhandlung am ... (genaues Datum einfügen!) verkündet worden. Ausweislich der anliegenden Mitteilung der Geschäftsstelle des Landesarbeitsgerichts ... vom ... ist das Urteil bis zum ... einschließlich, also innerhalb von fünf Monaten seit seiner Verkündung, nicht mit schriftlichen Entscheidungsgründen und den Unterschriften aller an der Entscheidung beteiligten Richter versehen zur Geschäftsstelle gelangt.

18

Beweis: Einholung einer amtlichen Auskunft der Urkundsbeamtin der Geschäftsstelle der ... Kammer des Landesarbeitsgerichts ...."

19

Es empfiehlt sich vorsorglich eine Kopie der angefochten Entscheidung oder des Verkündungsprotokolls als Anlage der Beschwerdeschrift beizufügen. Sollten bei der Angabe der Parteien oder des Urteils Schreibfehler aufgetreten sein, so können sie dann an Hand des Berufungsurteils vom BAG behoben werden. Es ist außerdem zweckmäßig, auf der Geschäftsstelle des LAG zum Zeitpunkt des Fristablaufs Akteneinsicht in die Akte und in das bei manchen Gerichten gesondert verwahrte unterschriebene Original des Berufungsurteils zu verlangen. Dann bedarf es keiner Äußerung von Zweifeln an der Richtigkeit des Beurkundungsvermerks der Geschäftsstelle, die das Klima vergiften können. Der Verwalter der Geschäftsstelle hat die Übergabe des vollständig abgefassten Urteils in der Akte oder auf dem Urteil selbst zu vermerken, sobald das Urteil versehen mit den Unterschriften des Vorsitzenden und der ehrenamtlichen Richter der Geschäftsstelle übergeben wird. Das wird sehr unterschiedlich gehandhabt. Es ist daher zweckmäßig, sich schon vorher bei dem dienstaufsichtsführenden Präsidenten des LAG über die Art und Weise sowie den Zeitpunkt der Anbringung des Vermerks zu erkundigen.

20

---

13 BAG 16.4.2003 – 4 AZR 367/02 – AP § 551 ZPO 2002 Nr. 1.

14 BAG 17.6.2003 – 2 AZR 123/02 – AP § 543 ZPO 1977 Nr. 13 m.w.N.; Germelmann u.a., § 75 Rn 9.

15 BGBl I S. 768.

III. Achtung Fristenfalle

21 Für die Organisation der anwaltlichen Arbeit von besonderer Bedeutung ist der Ablauf der Monatsfrist für die Einlegung der sofortigen Beschwerde, deren Lauf nach fünf Monaten seit der Verkündung des Berufungsurteils beginnt. Ist dem RA bei Fristablauf das Urteil noch nicht in einer vollständigen Ausfertigung zugestellt, so ist er gehalten, unverzüglich bei der zuständigen Geschäftsstelle des LAG Akteneinsicht zu nehmen oder nachfragen, ob und, wenn ja, wann das vollständige Urteil dort eingegangen ist. Ist eine sichere Auskunft nicht zu erhalten, muss er vorsorglich innerhalb der Monatsfrist, also innerhalb von sechs Monaten seit Verkündung der Entscheidung, sofortige Beschwerde nach § 72b einlegen.[16] Im Zweifel, insb. ob Unterschriften der ehrenamtlichen Richter wirksam „wegen Verhinderung" ersetzt werden konnten, ist die Einlegung der Beschwerde der sichere Weg, um den Eintritt der Rechtskraft zu vermeiden.

IV. Keine sofortige Beschwerde bei Mängeln der Entscheidungsgründe

22 Genügen die tatsächlich vorhandenen Entscheidungsgründe nicht den inhaltlichen Mindestanforderungen des § 547 Nr. 6 ZPO, so kann dieser Mangel nicht mit der sofortigen Beschwerde nach § 72b geltend gemacht werden. Der absolute Revisionsgrund in § 547 Nr. 6 ZPO stellt auf das Fehlen notwendiger Gründe ab. Diese sind zwar vorhanden, sie genügen aber nicht den inhaltlichen Mindestanforderungen, wie bspw. das Übergehen geltend gemachter Ansprüche oder zentraler Angriffs- und Verteidigungsmittel.[17] Da § 72b auf die äußere Form des Urteils abstellt, kann mit der sofortigen Beschwerde nur eine Entscheidung angegriffen werden, die nicht den formalen Anforderungen der §§ 313 bis 313b ZPO, § 69 entspricht.[18] Das Urteil muss danach enthalten:

– die Bezeichnung der Parteien, ihrer gesetzlichen Vertreter und der Prozessbevollmächtigten,
– die Bezeichnung des Gerichts und die Namen der Richter, die bei der Entscheidung mitgewirkt haben,
– den Tag, an dem die mündliche Verhandlung geschlossen worden ist,
– die Urteilsformel,
– den Tatbestand, in dem die erhobenen Ansprüche und die dazu vorgebrachten Angriffs- und Verteidigungsmittel unter Hervorhebung der gestellten Anträge nur ihrem wesentlichen Inhalt nach knapp dargestellt werden (§ 313 Abs. 2 S. 1 ZPO),
– die Entscheidungsgründe, die eine kurze Zusammenfassung der Erwägungen enthalten, auf denen die Entscheidung in tatsächlicher und rechtlicher Hinsicht beruht (§ 313 Abs. 3 ZPO),
– die Rechtsmittelbelehrung gem. § 9 Abs. 5 und
– die Unterschriften sämtlicher Mitglieder der Kammer, die bei der Entscheidung mitgewirkt haben (§ 69 Abs. 1 S. 1).

Auf Tatbestand und Entscheidungsgründe kann das LAG unter den Voraussetzungen des § 69 Abs. 2 und 3 verzichten.[19]

23 Fälle, in denen zwar Entscheidungsgründe vorhanden sind, diese aber inhaltlich unzureichend sind, insb. weil einzelne Streitgegenstände übergangen wurden, werden nicht erfasst. Nach der Rspr. gebieten weder Wortlaut noch der sich aus der Gesetzesbegründung ergebende Zweck des § 72b eine Erstreckung dieser Vorschrift auf weitere Fälle.[20] In diesen Fällen muss die Anwältin oder der Anwalt diese Mängel bei zugelassener Revision mit der Revisionsbegründung und bei fehlender Revisionszulassung mit der Nichtzulassungsbeschwerde geltend machen, die auf die Verletzung des Anspruchs auf rechtliches Gehör gestützt werden kann.

§ 73 Revisionsgründe

(1) ¹Die Revision kann nur darauf gestützt werden, daß das Urteil des Landesarbeitsgerichts auf der Verletzung einer Rechtsnorm beruht. ²Sie kann nicht auf die Gründe des § 72b gestützt werden.
(2) § 65 findet entsprechende Anwendung.

Literatur: *Aden*, Revisibilität des kollisionsrechtlich berufenen Rechts, RIW 2009, 475; *Bepler*, Änderungen im arbeitsgerichtlichen Verfahren durch das Anhörungsrügengesetz, RdA 2005, 77; *Düwell*, Justizmodernisierung und Arbeitsgerichtsverfahren, FA 2004, 364; *Schwinge*, Grundlagen des Revisionsrechts, 2. Aufl. Bonn, 1960; *Treber*, Neuerungen durch das Anhörungsrügengesetz, NJW 2005, 97

---

16 So *Treber*, NJW 2005, 97, 101; Düwell/Lipke/*Bepler*, § 72a Rn 5.
17 BGH 18.2.1993 – IX ZR 48/92 – NJW-RR 1993, 706, unter I 1 und 2 der Gründe; BGH 24.5.1988 – VI ZR 159/87 – NJW 1989, 773, zu II 1 der Gründe.
18 BAG 20.12.2006 – 5 AZB 35/06 – AP § 72b ArbGG 1979 Nr. 2.
19 Dazu BAG 18.5.2006 – 6 AZR 627/05 – AP § 15 KSchG 1969 Ersatzmitglied Nr. 2, zu I der Gründe.
20 BAG 20.12.2006 – 5 AZB 35/06 – AP § 72b ArbGG 1979 Nr. 2.

A. Allgemeines 1	2. Einschränkung der Prüfkompetenz 29a
I. Das BAG als Revisionsgericht 1	3. Auf Rüge zu berücksichtigende Verfahrens-
II. Rechtsschutz bei nicht zugelassener Revision 3	mängel 30
1. Rüge nach § 78a 3	4. Von Amts wegen zu berücksichtigende
2. Sofortige Beschwerde nach § 72b 3a	Verfahrensmängel 31
3. Nichtzulassungsbeschwerde nach § 72a 3b	a) Katalogartiger Überblick 31
B. Regelungsgehalt 4	b) Ermittlung von Normtatsachen 31a
I. Revisionsgründe 4	5. Absolute Verfahrensfehler 32
1. Die maßgeblichen Vorschriften 4	a) Besetzung des Gerichts 33
a) Überblick 4	b) Zuständigkeitsfehler 39
b) Die für die Revisionsgründe maßgeblichen ZPO-Vorschriften 5	c) Mitwirkung ausgeschlossener oder befangener Richter 41
2. Prüfung von Gesetzesverletzungen 6	d) Fehlerhafte Vertretung 42
II. Die Verletzung materiellen Rechts 9	e) Verletzung der Öffentlichkeit 43
1. Sachrüge 9	f) Entscheidung ohne Gründe 44
2. Revisibles Recht 10	6. Verletzung des Anspruchs auf rechtliches Gehör 50
a) Keine Beschränkung auf Bundesrecht 10	
b) Revisibilität außer Kraft getretenen Rechts 11	IV. Tatsächliche Grundlage der Nachprüfung 52
c) Denkgesetze, Erfahrungssätze und Subsumtion 12	1. Tatbestand des LAG 52
	2. Neue Tatsachen 54
d) Darlegungs- und Beweislastregeln 13	3. Klageänderung in der Revision 55
e) Tarifverträge 14	V. Entscheidungserheblichkeit 56
f) Betriebsvereinbarungen 16	VI. Maßgeblicher Zeitpunkt für die Gesetzesverletzung 60
g) Satzungen 17	
h) Kirchliches Recht 18	VII. Einschränkung der Zulässigkeitsprüfung (Abs. 2) 61
i) Willenserklärungen und Verträge 19	1. Fehler bei Rechtsweg, Zuständigkeit und Verfahrensart 62
j) Ermessensentscheidungen 22	
k) Beurteilungen 23	2. Fehler bei der Berufung der ehrenamtlichen Richter 64
l) Interessenabwägungen 23a	
m) Sollvorschriften 23b	C. Das BAG als Eingangsinstanz in BND-Sachen . 65
n) Schätzungen 24	D. Beraterhinweise 68
o) Beweiswürdigungen 24a	I. Abfassung einer Sachrüge 68
p) Prozesshandlungen 25	II. Abfassung einer Verfahrensrüge 69
q) Behördliche und gerichtliche Akte 26	III. Rüge bei eingeschränkter Revisibilität 70
r) Ausländisches Recht 27	IV. Aufklärungsrüge 71
s) Gemeinschaftsrecht 28	1. Unterlassener Hinweis 71
t) Völkerrecht 28a	2. Sachverständigengutachten 71a
III. Verletzung von Verfahrensrecht 29	V. Übergangenes Beweisangebot 72
1. Allgemeines 29	

A. Allgemeines

I. Das BAG als Revisionsgericht

Das Revisionsverfahren vor dem BAG ist kein Urteilsverfahren dritter Instanz in dem Sinne, dass nach dem ArbG und dem LAG nunmehr ein aus drei Berufsrichtern und zwei ehrenamtlichen Richtern zusammengesetzter Senat des BAG zum „dritten" Mal über den Streitgegenstand entscheidet. Ebenso wie im Revisionsverfahren vor dem BGH überprüft das BAG das Berufungsurteil nur auf Rechtsfehler. Grundlage dieser Prüfung sind nach § 561 ZPO die tatsächlichen Feststellungen im Berufungsurteil. Die Revision kann deshalb nach Abs. 1 nur darauf gestützt werden, dass Berufungsurteil des LAG beruhe auf der Verletzung einer Rechtsnorm. 1

Wegen dieser Beschränkung auf Überprüfung von Gesetzesverletzungen wird häufig die revisionsrichterliche Tätigkeit als Entscheidung über Rechtsfragen bezeichnet. So wird im richterlichen Geschäftsverteilungsplan des BAG auch die Zuständigkeit der Senate nach Rechtsfragen getroffen, die bestimmten Materien zuzuordnen sind. Diese Ausdrucksweise gibt den Umfang der Entscheidungstätigkeit des BAG im revisionsrichterlichen Verfahren allerdings nur verkürzt wieder. Auch im Revisionsverfahren ergeht eine Entscheidung über den Streitgegenstand. Soweit die tatsächlichen Grundlagen des Berufungsurteils verfahrensfehlerhaft festgestellt sind oder im Laufe des Revisionsverfahrens ein entscheidungserheblicher tatsächlicher Umstand unzweifelhaft eingetreten ist (z.B. Ablauf des zweijährigen nachvertraglichen Wettbewerbsverbots), ist das BAG auch gehalten, Tatfragen zu berücksichtigen (Einzelheiten zur Berücksichtigung neuen Vortrags siehe Rn 51 f.). 2

II. Rechtsschutz bei nicht zugelassener Revision

1. Rüge nach § 78a. Seit 2005 ist der Rechtsschutz gegen Berufungsurteile, in den die Revision nicht zugelassen ist, erweitert. Hinzugekommen ist die **Rüge der entscheidungserheblichen Verletzung rechtlichen Gehörs** (§ 78a). Ihr fehlt Rechtsmittelqualität. Für sie gilt die Notfrist von zwei Wochen (vgl. § 78a Abs. 2). Mit ihr ist jedoch kein Devolutiveffekt verbunden. Denn sie ist unstatthaft, wenn die Revision zugelassen ist. Sie ist nur bei **unanfechtbaren instanzbeendenden Entscheidungen** anwendbar. Die Möglichkeit der Nichtzulassungsbeschwerde nach 3

§ 72a schließt die Rüge nach § 78a nicht aus, denn mit der Beschwerde nach § 72a wird nur die Nichtzulassungsentscheidung nicht aber die Sachentscheidung angefochten.

3a **2. Sofortige Beschwerde nach § 72b.** Zu beachten ist, dass mit § 72b die **sofortige Beschwerde** als ein neues Rechtsmittel mit kassatorischer Wirkung eingeführt worden ist. Nur mit diesem Rechtsmittel kann die verspätete Absetzung der Entscheidungsgründe des Berufungsurteils, das die Revision nicht zugelassen hat, verfolgt werden (vgl. § 72b Rn 4).

3b **3. Nichtzulassungsbeschwerde nach § 72a.** Hat im Urteilsverfahren das LAG die Revision nicht zugelassen, so ist nach § 72a Abs. 1 die Nichtzulassung selbständig durch Beschwerde anfechtbar (Einzelheiten siehe § 72a Rn 7 ff.). Hat das BAG die Zulassung der Revision beschränkt, so ist die Beschränkung nur wirksam, wenn diese einen abtrennbaren selbständigen Teil des Gesamtstreitstoffes zum Gegenstand hat, über den gesondert und unabhängig von dem restlichen Verfahrensgegenstand entschieden werden kann (Einzelheiten siehe § 72 Rn 38).[1] Beispiel für zulässige Zulassungsbeschränkung: Die Entscheidung, ob ein Arbverh durch eine Künd wirksam aufgelöst worden ist, ist ohne weiteres davon trennen, zu welchem Zeitpunkt die Künd das Arbverh beendet. Deshalb kann die Revision „isoliert" hinsichtlich der Dauer der Kündfrist zugelassen werden.[2] Ist die Zulassung der Revision auf einzelne von mehreren Anspruchsgrundlagen oder auf bestimmte Rechtsfragen beschränkt, ist die Beschränkung unwirksam, so dass die Zulassung als unbeschränkt gilt.[3]

B. Regelungsgehalt
I. Revisionsgründe

4 **1. Die maßgeblichen Vorschriften. a) Überblick.** Nach § 72 Abs. 5 gelten für das Urteilsverfahren vor dem BAG die revisionsrechtlichen Vorschriften der ZPO entsprechend. Ausdrücklich ausgenommen ist lediglich § 566 ZPO (Sprungrevision); insoweit enthält § 76 eine eigenständige Regelung. Die Verweisung in § 72 Abs. 5 auf die Vorschriften der ZPO erfasst auch § 555 ZPO, der seinerseits die für das Verfahren vor den LG in erster Instanz geltenden Vorschriften für entsprechend anwendbar erklärt. Über § 565 ZPO werden weiterhin die Vorschriften des zivilgerichtlichen Berufungsverfahrens in §§ 511 ff. ZPO für entsprechend anwendbar erklärt. Deshalb beträgt die Einspruchsfrist gegen ein vom BAG erlassenes Versäumnisurteil zwei Wochen. Das folgt aus §§ 565 ZPO i.V.m. 339 ZPO. §§ 64 Abs. 7 i.V.m. 59 S. 1 sieht demgegenüber für das erstinstanzliche Verfahren eine Einspruchsfrist von einer Woche vor. Da die zivilprozessualen Vorschriften gelten, unterliegt der Einspruch auch dem in § 11 Abs. 4 besonders geregelten Vertretungszwang.[4]

5 **b) Die für die Revisionsgründe maßgeblichen ZPO-Vorschriften.** Mit der Revision wird das angefochtene Urteil nur auf Rechtsfehler überprüft. Dadurch unterscheidet sie sich von der Berufung, die auch neue tatsächliche Feststellungen ermöglicht. Von dem Beschwerdeverfahren nach § 72a unterscheidet sich das Revisionsverfahren dadurch, dass eine gerechte Einzelfallentscheidung angestrebt wird. Ziel des Beschwerdeverfahrens ist ausschließlich die Herstellung und Bewahrung der Rechtseinheit. Bei der Überprüfung des Berufungsurteils auf Rechtsfehler hat das BAG anzuwenden:
- § 557 Abs. 2 ZPO: Beurteilung auch der dem Berufungsurteil vorausgegangenen Entscheidungen, soweit sie nicht unanfechtbar geworden sind;
- § 546 ZPO: Begriff der Gesetzesverletzung;
- § 547 ZPO: unbedingte Revisionsgründe;
- § 551 Abs. 1 und 2, 3 S. 1 ZPO: Notwendigkeit der Angabe der Revisionsgründe;
- § 552 ZPO: Prüfung der Zulässigkeit der Revision;
- § 556 ZPO: Verlust des Rügerechts für Verfahrensmängel;
- § 557 ZPO: Umfang der Revisionsprüfung im Rahmen der Anträge;
- § 559 ZPO: tatsächliche Grundlage der Prüfung;
- § 561 ZPO: Revisionszurückweisung, weil sich das fehlerhafte Urteil aus anderen Gründen als richtig erweist;
- § 562 ZPO: Aufhebung des Urteils und des mangelhaften Verfahrens;
- § 563 Abs. 1 bis 3 ZPO: Zurückverweisung an die Vorinstanz oder ersetzende Entscheidung;
- § 564 ZPO: Erleichterung der richterlichen Begründung bei nicht durchgreifenden Verfahrenszügen;
- § 552a ZPO: Zweifelhaft ist, ob die durch das 1. Justizmodernisierungsgesetz mit Wirkung zum 1.9.2004 eingefügte Vorschrift, nach der offensichtlich unbegründete Revisionen durch einstimmigen Beschluss verworfen werden können, für das arbeitsgerichtliche Urteilsverfahren anwendbar ist.[5]

---
1 St. Rspr. seit BAG 14.11.1984 – 7 AZR 133/83 – BAGE 47, 179.
2 BAG 6.11.2008 – 2 AZR 935/07 – DB 2009, 515; BGH 14.5.2008 – XII ZB 78/07 – NJW 2008, 2351, 2352.
3 BGH 14.5.2008 – XII ZB 78/07 – NJW 2008, 2351, 2352.
4 Vgl. BAG 4.5.1956 – 1 AZR 284/55 – AP § 72 ArbGG 1953 Nr. 44.
5 Ablehnend: *Düwell*, FA 2004, 364, 365.

2. Prüfung von Gesetzesverletzungen. Im arbeitsgerichtlichen Revisionsverfahren kann die Revision auf jede Gesetzesverletzung gestützt werden. Für die übrigen bürgerlichen Rechtsstreitigkeiten, in denen der BGH als Revisionsgericht zuständig ist, galt bis zum 31.8.2009 nach § 545 Abs. 1 ZPO in der Fassung der Bek. v. 5.12.2005[6] die Beschränkung auf Bundesrecht. Diese ist durch Art. 29 Nr. 14a des FGG-Reformgesetzes v. 17.12.2008[7] mit Wirkung v. 1.9.2009 aufgehoben worden.[8] Damit kann sowohl vor dem BGH als auch vor dem BAG die Revision auch darauf gestützt werden, dass die Entscheidung des LAG auf der Verletzung von Landesrecht beruhe. Unerheblich ist, ob sich der Geltungsbereich der Norm über den Bereich eines LAG hinaus erstreckt.[9] Die bis zum 31.8.2009 für den Zivilprozess geltende Beschränkung auf Recht, das sich über den Bezirk eines OLG hinaus erstreckt, ist mit der Neufassung des § 545 Abs. 1 ZPO durch das FGG-Reformgesetz v. 17.12.2008[10] entfallen. Somit sind insb. die Verletzungen der in den Bildungsurlaubsgesetzen der Länder enthaltenen Rechtsvorschriften uneingeschränkt revisibel. Mit der Neufassung des § 545 Abs. 1 ZPO ist auch klargestellt, dass entgegen der Rspr. des BGH[11] und mit der Rspr. des BAG[12] die richtige Anwendung ausländischen Rechts in der Revisionsinstanz voll zur Überprüfung gestellt werden kann.

Der Begriff der Gesetzesverletzung ist in § 546 ZPO legal definiert. Danach ist das Gesetz verletzt, wenn eine Rechtsnorm nicht oder nicht richtig angewendet worden ist. Zu den Rechtsnormen, die das LAG in seiner Entscheidung verletzt haben kann, gehören nicht nur Bundes- und Landesgesetze sowie die auf gesetzlicher Ermächtigung beruhenden Rechts-VO (Gesetze im formellen Sinne). Hinzu kommt das Satzungsrecht der öffentlich-rechtlichen Körperschaften sowie aus dem Gemeinschaftsrecht der EU die Rechtssätze des Primärrechts und die unmittelbar vom Richter zu beachtenden Rechtssätze aus den RL. Soweit das Schrifttum undifferenziert das gesamte Recht der Europäischen Gemeinschaften als „Gesetz" im Sinne von § 546 ZPO ansieht,[13] ist dem nicht zuzustimmen. Wegen der grundsätzlichen Bindung an das nationale Recht ist der Richter nur in Ausnahmefällen befugt, auf die Rechtsverhältnisse der Parteien unmittelbar sekundäres Gemeinschaftsrecht anzuwenden. Weiter sind spätestens seit der Neufassung des § 545 Abs. 1 ZPO auch ausländischen Normen „Gesetze" i.S.d. § 546 ZPO (vgl. oben Rn 6). Den „Gesetzen" gleichgestellt sind die allg. Denkgesetze[14] und Erfahrungssätze.[15]

Revisibel sind sowohl die geltenden Sätze des materiellen Rechts als auch die von den Vorinstanzen zu beachtenden Vorschriften des Verfahrensrechts. Die Unterscheidung zwischen materiellen und verfahrensrechtlichen Vorschriften ist notwendig. Verfahrensfehler, die nicht von Amts wegen zu berücksichtigen sind, sind nach § 551 Abs. 3 Nr. 2b ZPO in jedem Einzelfall ausdrücklich zu rügen und zu begründen. Demgegenüber genügt eine materiell-rechtliche Rüge für die Verpflichtung des Revisionsgerichts, das gesamte Berufungsurteil auf materiell-rechtliche Mängel zu überprüfen, § 551 Abs. 3 Nr. 2a ZPO.

II. Die Verletzung materiellen Rechts

1. Sachrüge. Im Rahmen einer zugelassenen, frist- und formgerecht eingelegten sowie ordnungsgemäß begründeten Revision überprüft das BAG von Amts wegen, ob das LAG das materielle Recht, soweit es revisibel ist, auf den festgestellten Sachverhalt des ausgeurteilten Streitgegenstandes fehlerfrei angewandt hat. Diese volle materiell-rechtliche Fehlerkontrolle wird schon durch die ordnungsgemäße Erhebung einer einzelnen Sachrüge in Gang gesetzt. Diese Rüge ist zwar für die Zulässigkeit der Revision nach Abs. 1 S. 1, § 551 Abs. 3 S. 1 Nr. 2a ZPO erforderlich, sie bindet jedoch das Revisionsgericht nach § 557 Abs. 3 S. 1 ZPO nicht an den geltend gemachten Revisionsgrund.[16] Die materiell-rechtliche Fehlerkontrolle ist deshalb nicht auf die Prüfung der geltend gemachten Gesetzesverletzungen beschränkt. Das volle materiell-rechtliche Prüfprogramm wird auch durch eine zulässig erhobene Verfahrensrüge ausgelöst.

2. Revisibles Recht. a) Keine Beschränkung auf Bundesrecht. Zu den materiellen Rechtsnormen, die das LAG verletzt haben kann, gehören das gesamte Bundes- und Landesrecht einschließlich der auf gesetzlicher Ermächtigungsgrundlage ergangenen RechtsVO und der zu ihrer Ausführung erlassenen Verwaltungsvorschriften, soweit ihnen als objektives Recht Außenwirkung zukommt, z.B. die bindenden Festsetzungen der Heimarbeitsausschüsse. Zum materiellen Recht gehört auch das Gewohnheitsrecht.[17] Das ist von der früher als besonderes Rechtsinstitut aufgefassten „betrieblichen Übung" schon wegen des größeren, die Allgemeinheit umfassenden Geltungsbereiches zu unterscheiden.

---

6 BGBl I S. 3202.
7 BGBl I S. 2586.
8 Vgl. Zu den Auswirkungen: *Aden*, RIW 2009, 475.
9 BAG 7.10.1981 – 4 AZR 173/81 – AP § 48 ArbGG 1979 Nr. 1.
10 BGBl I S. 2586.
11 BGH 28.5.1971 – V ZR 13/69 – WM 1971, 1094.
12 BAG 10.4.1975 – 2 AZR 128/74 – BAGE 27, 99 = MDR 1975, 874.
13 Vgl. HWK/*Bepler*, § 73 ArbGG Rn 4; BLAH/*Albers*, § 545 ZPO Rn 9.
14 RG 11.5.1927 – I 219/26 – JW 1927, 2135.
15 BAG 9.3.1972 – 1 AZR 261/71 – AP § 561 ZPO Nr. 2.
16 BAG 15.4.2008 – 9 AZR 159/07 – AP § 1 TVG Altersteilzeit Nr. 38.
17 *Grunsky*, ArbGG, § 73 Rn 12.

11 **b) Revisibilität außer Kraft getretenen Rechts.** Zwar hat die Rspr. des RG angenommen, aufgehobenen Gesetzen komme keine Revisibilität zu.[18] Diese Rspr. ist jedoch zu Recht vom BGH abgelehnt worden, soweit die aufgehobenen Gesetze weiterhin auf Altfällen anzuwenden sind. Dann besteht ein Bedürfnis daran, dass das Revisionsgericht eine einheitliche Rspr. auch für diese Altfälle herbeiführt.[19] Dem hat sich das BAG angeschlossen: Abs. 1 ist so auszulegen, dass die Revision auch auf die fehlerhafte Anwendung einer bereits außer Kraft getretenen Rechtsnorm gestützt werden kann.[20]

12 **c) Denkgesetze, Erfahrungssätze und Subsumtion.** Das RG hat die allg. Denkgesetze als Bestandteil des materiellen Rechts angesehen.[21] Ihm folgend hat die Rspr. anerkannt, dass auch mit Rechenfehlern oder logischen Trugschlüssen eine Revision begründet werden kann.[22] Zu materiellen Rechtsfehlern gehören auch Verstöße gegen allg. Erfahrungssätze.[23] Das Revisionsgericht kann deren Existenz und Inhalt überprüfen. Denn allg. Erfahrungssätze haben die Natur von Normen, weil sie als Beurteilungsmaßstab für Tatsachen dienen.[24] Der Streit um die Zuordnung von Denkgesetzen zu Rechtsnormen ist überflüssig. Nach § 545 Abs. 1 ZPO ist die Revision darauf zu stützen, dass die Entscheidung „auf einer Verletzung (...) des Rechts beruht". Damit ist der Denkweg vom Gesetz als Obersatz zum Sachverhalt als Untersatz und der daraus folgende Schluss auf das Ergebnis revisibel. Fehler im Obersatz können bei dem Aufstellen des Rechtsatzes durch eine fehlerhafte Gesetzesauslegung oder Übersehen von anwendbaren Normen, im Untersatz durch eine falsche Beweiswürdigung und beim Schließen durch eine fehlerhafte Anwendung von anerkannten logischen Schlussregeln entstehen.[25]

13 **d) Darlegungs- und Beweislastregeln.** Die Grundsätze der Darlegungs- und Beweislast werden dem materiellen Recht zugerechnet, so dass Verstöße vom Revisionsgericht von Amts wegen zu berücksichtigen sind.[26]

14 **e) Tarifverträge.** Zu den Rechtsnormen des materiellen Rechts, die vom BAG überprüft werden können, gehören die Rechtsnormen von TV.[27] Das gilt gleichermaßen für die Inhalts-, Abschluss- und Beendigungsnormen, mit denen das Arbverh zwischen den organisationsgebundenen Parteien i.S.v. § 3 Abs. 1 TVG ausgestaltet wird. Erfasst werden diese Normen auch im Zustand der Nachwirkung, wenn ihre zwingende Wirkung wegen des Ablaufs des TV nach § 4 Abs. 5 TVG entfallen ist. Zum revisiblen materiellen Recht gehören ferner die Betriebsnormen, die betriebliche Regelungen (z.B. Mindestbesetzung eines Fahrzeugs, Betriebsruhe an einem bestimmten Feiertag) verbindlich vorschreiben oder zulässige Abweichungen vom Betriebsverfassungsrecht (z.B. Zustimmungserfordernis zu einer beabsichtigten ordentlichen Künd nach § 102 Abs. 6 BetrVG) vorschreiben. Demgegenüber ist der obligatorische Teil eines TV, in dem sich die TV-Parteien zu einem bestimmten gegenseitigen Verhalten verpflichten, wegen seiner fehlenden „normativen" Wirkung nicht als solcher revisibel. Zu beachten ist, dass die im obligatorischen Teil des TV geregelten wechselseitigen vertraglichen Verpflichtungen dennoch der revisionsrichterlichen Überprüfung zugänglich sind, soweit das LAG bei der Auslegung gegen die allg. Denkgesetze, Erfahrungssätze oder die gesetzlichen Auslegungsregeln der §§ 133, 157 BGB verstoßen hat. Insofern gelten dieselben Grundsätze wie bei der Auslegung von Willenserklärungen (vgl. Rn 19). Keine normative Wirkung haben die Eingruppierungs-RL, die im öffentlichen Dienst vom AG aufgestellt werden. Normqualität kommt nur dem TV-Text einschließlich seiner Anlagen zu.[28]

15 Ob Tarifbindung gegeben ist und der Geltungsbereich des TV das Arbverh in räumlicher, persönlicher und fachlicher Hinsicht erfasst, ist von den Parteien darzulegen. Nur soweit die erforderlichen Tatsachen festgestellt sind, kann das BAG die Normanwendung überprüfen. Keine Partei braucht sich aber auf den TV zu „berufen". Sind die von Tarifbindung und Tarifgeltung vorausgesetzten Tatsachen festgestellt, hat das BAG die Rechtsnormen des TV von Amts wegen nach § 293 ZPO zu ermitteln und anzuwenden.[29] Dabei prüft das BAG auch die Wirksamkeitsvoraussetzungen des TV.[30]

16 **f) Betriebsvereinbarungen.** Die gem. § 77 Abs. 4 BetrVG unmittelbar und zwingend geltenden Bestimmungen einer BV oder der Spruch einer Einigungsstelle sind Normen. Ihre Verletzung kann vom BAG überprüft werden.[31] Kommt es für die Frage, ob eine Regelung eine BV ist, auf tatsächliche Feststellungen an, können diese als Normtatsachen vom BAG nach § 293 ZPO durch Beweiserhebung festgestellt werden. Ob der AN von den normativen

---

18 RG 22.11.1881 – II 399/81 – RGZ 5, 417.
19 BGH 20.5.1957 – III ZR 118/56 – BGHZ 24, 253.
20 BAG 5.6.2007 – 9 AZR 82/07 – AP § 15 BErzGG Nr. 49; Sievers, jurisPR-ArbR 47/2007 Anm. 5.
21 RG 11.3.1931 – IX 554/30 – JW 1931, 2237 Nr. 9; RG 11.5.1927 – I 219/26 – JW 1927, 2135; kritisch zu dieser Rspr.: *Schwinge*, S. 196 ff.
22 BAG 21.4.1956 – 2 AZR 254/54 – AP § 549 ZPO Nr. 2.
23 BAG 9.3.1972 – 1 AZR 261/71 – AP § 561 ZPO Nr. 2.
24 BGH 15.1.1993 – V ZR 202/91 – BGHR ZPO § 550 Erfahrungssatz 1 = MDR 1993, 646.
25 Zöller/*Gummer*, § 546 Rn 7.
26 GK-ArbGG/*Mikosch*, § 73 Rn 44.
27 BAG 30.9.1971 – 5 AZR 123/71 – AP § 1 TVG Auslegung Nr. 121.
28 BAG 18.8.1999 – 10 AZR 543/98 – juris.
29 BAG 29.3.1957 – 1 AZR 208/55 – AP § 4 TVG Tarifkonkurrenz Nr. 4.
30 Vgl. BAG 20.4.1994 – 4 AZR 354/93 – AP § 1 TVG Tarifverträge DDR Nr. 9.
31 BAG 19.4.1963 – 1 AZR 160/62 – AP § 52 BetrVG Nr. 3.

Regelungen der BV im konkreten Fall erfasst wird, hat das BAG dagegen nicht von Amts wegen zu prüfen. Das muss der AN darlegen und ggf. beweisen.

g) Satzungen. Überprüfbar sind auch Bestimmungen von Satzungen der Gebiets- und sonstigen öffentlich-rechtlichen Körperschaften und Anstalten sowie der Satzungen von juristischen Personen des Privatrechts einschließlich der Statuten von Gewerkschaften, die sich als nicht rechtsfähige Vereine organisiert haben.[32] Dazu gehören auch die Dienstordnungen der Sozialversicherungsträger für die Dienstordnungsangestellten. Ebenso revisibel ist das Stiftungsrecht, das als statutarisches Recht i.S.v. § 293 ZPO gilt.[33] Umstr. ist, ob Vereinssatzungen überhaupt Rechtsnormen darstellen. Sie werden im Schrifttum nicht als Statuten i.S.d. § 293 ZPO aufgefasst.[34] Das BAG stellt den Inhalt von Vereinssatzungen fest und überprüft ihre Anwendung.[35] Für Streitigkeiten aus dem Bereich der betrieblichen Altersversorgung hat das große praktische Bedeutung. Nur bei Annahme statutarischen Rechts kann die Auslegung und Anwendung der Satzungen der als Vereine organisierten Pensionskassen revisionsgerichtlich überprüft werden. Ebenso sind Vereinssatzungen für die Funktion des TVG unentbehrlich; denn nur anhand des Satzungsrechts kann die Tarifzuständigkeit der AG-Verbände und Gewerkschaften sowie die wirksame Mitgliedschaft der AG und AN als Voraussetzung der Tarifbindung festgestellt werden. Der für das Tarifrecht zuständige Fachsenat des BAG geht deshalb ohne weiteres von der vollen Revisibilität der Vereinssatzungen aus.[36]

17

h) Kirchliches Recht. Auch das autonom von Kirchen gesetzte Recht wird als revisibel behandelt.[37] Das BAG hat deshalb die Pflicht, den Inhalt dieses Rechts nach § 293 ZPO zu ermitteln.[38]

18

i) Willenserklärungen und Verträge. Keine Rechtsnormen i.S.v. Abs. 1 und § 546 ZPO sind Willenserklärungen und einzelvertragliche Absprachen. Die Rspr. hat hier jedoch die Unterscheidung zwischen typischen und nichttypischen Vereinbarungen geschaffen. Bei typischen Willenserklärungen und vorformulierten Vereinbarungen besteht ein Bedürfnis nach einheitlicher Auslegung, weil sie in einer Vielzahl von Fällen gleich lautend verwandt werden und durch die Rspr. des BAG eine bundeseinheitliche Anwendung sichergestellt werden soll. Die ältere Rspr. ging dabei davon aus, dass dieses Bedürfnis nur dann bestehe, wenn die typisierte Willenserklärung über den Bezirk eines LAG hinaus verwandt werde. Dieses Erfordernis wird in der neueren Rspr. nicht mehr geprüft.[39] Für die Auslegung von typischen Verträgen wird deshalb eine umfassende Revisibilität angenommen. Solche Verträge werden revisionsrechtlich wie Rechtsnormen behandelt.[40] Soweit Bedenken gegen die Annahme eines typischen Vertrages bestand, wenn er zwar in einer Vielzahl von Fällen gleich lautend, aber nur **von einem AG** verwendet worden ist,[41] sind diese durch das neue AGB-Recht überholt.[42]

19

Beispiele für typisierte Verträge sind:
– Verweisungsklauseln in Arbeitsverträgen, die auf TV Bezug nehmen, um eine einheitliche Anwendung des TV im Betrieb sicherzustellen;
– Ausgleichsquittungen, die nach Vordruck verwendet werden;[43]
– Formular- und Musterarbeitsverträge, die von Behörden oder Verbänden aufgestellt worden sind;
– Ruhegeldzusagen, die eine einheitliche betriebliche Altersversorgung zum Ziel haben;
– betriebliche Übungen.[44]

Enthält ein Vertragsformular zusätzliche einzelvertraglich ausgehandelte Abreden, so ist von der Rspr. vor Inkrafttreten des Schuldrechtsmodernisierungsgesetzes der gesamte Vertrag als nicht typisch angesehen worden.[45] Es erscheint zweifelhaft, ob an dieser Rspr. auch noch für die nach dem 31.12.2001 abgeschlossenen Verträge festgehalten werden kann. Nahe liegt es, den Regelungskomplex, der die frei ausgehandelte Klausel betrifft, als „nichttypisch" auszunehmen und den standardisierten Rest als typischen Vertrag zu behandeln. Sonst wäre die nach §§ 305 ff. BGB vom Gesetzgeber bezweckte AGB-Kontrolle beeinträchtigt.

20

Ob einzelvertragliche Abreden getroffen oder dem allgemein verwendeten Formular des AG frei ausgehandelte Zusätze hinzugefügt worden sind, muss sich aus der Tatsachenfeststellung des Berufungsurteils ergeben.[46] Fehlen entsprechende Feststellungen, ist von einem „nichttypischen" Vertrag auszugehen. Ist in den Vorinstanzen das Vertrag-

---

32 BAG 27.11.1964 – 1 ABR 13/63 – AP § 2 TVG Tarifzuständigkeit Nr. 1.
33 BAG 7.12.1961 – 2 AZR 12/61 – AP § 611 BGB Faktisches Arbeitsverhältnis Nr. 1.
34 Vgl. *Thomas/Putzo*, § 293 Rn 3.
35 BAG 17.1.1969 – 3 AZR 96/67 – AP § 242 BGB Ruhegehalt-Pensionskassen Nr. 1; a.A. die ältere Rspr. BAG 21.4.1956 – 2 AZR 254/54 – AP § 549 ZPO Nr. 2.
36 BAG 4.6.2008 – 4 AZR 419/07 – AP § 3 TVG Nr. 38; BAG 4.6.2008 – 4 AZR 316/07 – juris; BAG 11.6.1975 – 4 AZR 395/74 – BAGE 27, 175.
37 BAG 19.12.1969 – 1 ABR 10/69 – AP § 81 BetrVG Nr. 12.
38 GK-ArbGG/*Mikosch*, § 73 Rn 21.

39 So zustimmend *Grunsky*, ArbGG, § 73 Rn 15.
40 BAG 19.11.2002 – 3 AZR 311/01 – AP § 1 BetrAVG Nr. 41; Germelmann u.a., § 73 Rn 15 m.w.N.
41 *Germelmann u.a.*, § 73 Rn 15 m.w.N.
42 Vgl. BAG 23.5.2007 – 10 AZR 295/06 – NZA 2007, 940; BAG 12.3.2008 – 10 AZR 256/07 – juris.
43 BAG 4.6.1977 – 4 AZR 721/75 – AP § 4 KSchG 1969 Nr. 4.
44 BAG 21.1.2003 – 9 AZR 546/01 – EzA § 611 BGB 2002 Gratifikation, Prämie Nr. 5.
45 BAG 16.10.1987 – 7 AZR 204/87 – AP § 53 BAT Nr. 2; ablehnend *Grunsky*, ArbGG, § 73 Rn 15.
46 BAG 16.10.1987 – 7 AZR 204/87 – AP § 53 BAT Nr. 2.

exemplar vorgelegt worden und befindet es sich bei der zum Revisionsgericht gelangten Akte, so kann das Revisionsgericht selbst prima facie beurteilen, ob wegen des umfangreichen Klauselwerks und dessen drucktechnischen Erscheinungsbilds, z.B. mit Vorgaben für die Angabe individueller Daten („Arbeitnehmer/Arbeitnehmerin") ein Formular zugrunde liegt, dessen Verwendung der AG für eine Vielzahl von Verträgen beabsichtigt.[47]

21 Entgegen mancher missverständlicher Formulierung ist die Verletzung atypischer Willenserklärungen und Verträge revisionsrechtlich nicht überprüfbar. Revisibel ist nur die Anwendung der bei der Auslegung dieser nichttypischer Willenserklärungen vom LAG zu beachtenden Normen. Das sind die allg. Denkgesetze, Erfahrungssätze und die gesetzlichen Auslegungsregeln der §§ 133, 157 BGB.[48]

Beispiel:
Mit Erfolg kann gerügt werden, dass das LAG bei der Auslegung Begleitumstände berücksichtigt hat, die dem Empfänger der Erklärung unbekannt waren. Es hat dann gegen § 133 BGB verstoßen; nach § 133 BGB kommt es darauf an, wie der Empfänger die Erklärung verstehen musste. Deshalb durften nur die Umstände berücksichtigt werden, die dem Empfänger erkennbar waren.[49] Ausnahmsweise darf das Revisionsgericht atypische Verträge und Willenserklärungen auslegen, wenn der erforderliche Sachverhalt festgestellt ist und kein weiteres tatsächliches Vorbringen nach dem Inhalt der Revisionsverhandlung zu erwarten ist.[50]

22 **j) Ermessensentscheidungen.** Zu unterscheiden sind Ermessensentscheidungen des AG und Ermessensentscheidungen des Berufungsgerichts. Ist eine Entscheidung in das freie Ermessen des AG gestellt, kann kein Gericht sein eigenes Ermessen an dessen Stelle setzen. Die Anwendung des freien Ermessens ist der Nachprüfung entzogen.[51] Ob die Voraussetzungen und die Grenzen der Ausübung des pflichtgemäßen oder billigen Ermessens eingehalten sind, ist dagegen überprüfbar. Sie setzt voraus, dass die beiderseitigen Interessen abgewogen und dabei alle wesentlichen Umstände angemessen berücksichtigt werden. Maßgeblich ist der Zeitpunkt, in dem der AG die Ermessensentscheidung zu treffen hat.[52] Ob die Entscheidung der Billigkeit i.S.v. § 106 GewO oder § 315 Abs. 1 und Abs. 3 S. 2 BGB entspricht, unterliegt der gerichtlichen Kontrolle.[53] Geprüft wird, ob der AG den äußeren Ermessensrahmen überschritten oder innere Ermessensfehler begangen hat, also sachfremde Erwägungen in die Entscheidung hat einfließen lassen oder wesentliche Tatsachen außer Acht gelassen hat.[54] Die Sachentscheidung ist wegen der zu berücksichtigenden Umstände des Einzelfalls vorrangig den Tatsachengerichten vorbehalten.[55] Nur soweit die maßgeblichen Tatsachen feststehen, ist das Revisionsgericht in der Lage, die Beurteilung, ob Anordnungen getroffen sind, die billiges Ermessen i.S.v. § 106 GewO oder § 315 BGB wahren, selbst vorzunehmen.[56] Das ist insb. dann geboten, wenn die Tatsachen, die die Ablehnung rechtfertigen sollen, feststehen und nur eine zustimmende Entscheidung dem Maßstab der Billigkeit entspricht.[57]

Sonst beschränkt sich die revisionsgerichtliche Überprüfung der Beurteilung der Ermessensentscheidung des AG durch das LAG darauf, ob es den Begriff des Ermessens verkannt und richtig die Grundsätze der Ermessensausübung angewandt hat.

Das Schrifttum geht davon aus, dass immer, wenn dem AG ein Ermessensspielraum eingeräumt ist, habe auch das LAG denselben Spielraum.[58] Das ist unzutreffend. Das LAG hat in diesen Fällen nur die Ermessensausübung des AG zu beurteilen und nicht selbst Ermessen auszuüben. Nur soweit nach § 315 Abs. 3 S. 2 BGB dem Gericht die Ermessenentscheidung übertragen wird, hat es selbst einen Ermessensspielraum. Anders als im materiellen Recht werden den Tatsachengerichten im Verfahrensrecht regelmäßig eigene Ermessensentscheidungen übertragen, z.B. die Aussetzung des Verfahrens nach § 148 ZPO.[59] Das Ermessen kann im Einzelfall auf Null reduziert sein: das wird bei der Ermessensentscheidung über einen Aussetzungsantrag wegen eines vorgreiflichen Künd-Schutzprozesses abgenommen.[60] Wie Ermessensvorschriften werden die Bestimmungen behandelt, die den Tatsachengerichten lediglich einen Rahmen oder allgemeine RL vorgeben, so dass es prozessual gerechtfertigt ist, einen unbezifferten Leistungsantrag als ausreichend bestimmt anzusehen. Beispiele: Schmerzensgeld nach § 847 BGB, Entschädigung nach § 15 Abs. 2 AGG, Abfindung nach § 10 KSchG und Nachteilsausgleich nach § 113 Abs. 3 BetrVG.

---

47 BAG 6.5.2009 – 10 AZR 390/08 – juris; BAG 26.1.2005 – 10 AZR 215/04 – AP § 611 BGB Gratifikation Nr. 260 = EzA § 611 BGB 2002 Gratifikation, Prämie Nr. 14.
48 BAG 26.5.1992 – 9 AZR 27/91 – AP § 74 HGB Nr. 63; BAG 7.10.1993 – 2 AZR 260/93 – AP § 5 ArbGG 1979 Nr. 16.
49 BAG 2.3.1973 – 3 AZR 325/72 – AP § 133 BGB Nr. 36.
50 BAG 23.4.2002 – 3 AZR 224/01 – AP § 1 BetrAVG Berechnung Nr. 22.
51 GK-ArbGG/*Mikosch*, § 73 Rn 34.
52 BAG 10.5.2005 – 9 AZR 294/04 – AP § 1 TVG Altersteilzeit Nr. 20 = EzA § 4 TVG Altersteilzeit Nr. 15.
53 Vgl. BAG 23.1.2007 – 9 AZR 624/06 – AP § 1 AVR Diakonisches Werk Nr. 14.
54 BAG 26.1.1971 – 1 AZR 304/70 – AP § 847 BGB Nr. 10.
55 BAG 10.5.2005 – 9 AZR 294/04 – AP § 1 TVG Altersteilzeit Nr. 20 = EzA § 4 TVG Altersteilzeit Nr. 15; zu Meinungsverschiedenheiten einzelner Senate des BAG: *Germelmann u.a.*, § 73 Rn 10.
56 BAG 16.9.1998 – 5 AZR 183/97 – AP § 24 BAT-O Nr. 2; BAG 22.8.2001 – 5 AZR 108/00 – BAGE 98, 368 =AP § 611 BGB Lehrer, Dozenten Nr. 144.
57 BAG 23.1.2007 – 9 AZR 624/06 – AP § 1 AVR Diakonisches Werk Nr. 14.
58 ErfK/*Koch*, § 73 ArbGG Rn 10, 11; *Germelmann u.a.*, § 73 Rn 11.
59 BAG 4.11.1968 – 3 AZR 276/67 – AP § 65 HGB Nr. 5.
60 BAG 11.1.2006 – 5 AZR 98/05 – AP § 615 BGB Nr. 113.

k) Beurteilungen. Bei unbestimmten Rechtsbegriffen (z.B. leichte, mittlere oder grobe Fahrlässigkeit, Angemessenheit, Sozialwidrigkeit in § 1 KSchG) oder bei Generalklauseln (z.B. „wichtiger Grund" in § 626 Abs. 1 BGB) ist nach der Rspr. des BAG die Rechtsanwendung durch das LAG nur beschränkt nachprüfbar.[61] Eine Rechtsverletzung wird danach nur bejaht, wenn der Rechtsbegriff verkannt oder wenn die Unterordnung des festgestellten Sachverhalts unter diesen Rechtsbegriff Denkgesetze bzw. allgemeine Erfahrungssätze verletzt. Für die Anwendung des gesetzlich nicht näher ausgestalteten Grundsatzes von „Treu und Glauben" ist das ohne weiteres einleuchtend.[62] Dennoch wird die Einräumung des Beurteilungsspielraums durch das BAG als zu weit[63] und bereits im Ansatz als verfehlt[64] kritisiert. Das Revisionsgericht müsse auch bei unbestimmten Rechtsbegriffen die Rechtseinheit durch eine verbindliche Auslegung sichern. Die h.M. folgt zu Recht nicht der Kritik. Bereits bei der Prüfung, ob der Rechtsbegriff selbst verkannt ist, wird der Inhalt dieses Rechtsbegriffs schon näher festgelegt.[65] Da unbestimmte Rechtsbegriffe gerade deshalb vom Gesetzgeber geschaffen werden, um die vom Gesetzgeber als nicht näher erfassbar angesehene Gesamtheit aller Umstände berücksichtigen zu können, muss den Tatsachengerichten ein „Spielraum" verbleiben. Dieser schrumpft mit der Zeit durch die von der Rspr. zu entwickelnde Herausbildung von Fallgruppen und Unterfallgruppen zu einem „Randbereich".[66] Die Rechtseinheit wird hier in einer Zusammenarbeit der Instanzen in der Weise geschaffen, dass die höchstrichterliche Rspr. keine vorschnellen starre Festlegungen trifft, sondern in den von den Berufungsgerichten zugelassenen Sachen von Einzelfall zu Einzelfall fortschreitend die Fülle der Lebenssachverhalte erfasst und rechtlich systematisiert. Eine weitere Schwierigkeit besteht darin, dass das sprachliche von dem rechtlichen Begriffssystem nicht klar getrennt werden kann.[67] Geht es darum, ob ein vom Berufungsgericht festgestelltes bestimmtes Verhalten rechtlich als sittenwidrig anzusehen ist und ob das Berufungsgericht dazu die Gesamtumstände im erforderlichen Umfang gewürdigt hat, unterliegt das der uneingeschränkten Überprüfung durch das Revisionsgericht.[68]

l) Interessenabwägungen. Ist eine Interessenabwägung geboten, müssen alle wesentlichen Gesichtspunkte berücksichtigt und das Ergebnis widerspruchsfrei begründet worden sein.[69]

m) Sollvorschriften. Bloße „Soll"-Vorschriften, die der guten Ordnung dienen und deren Verletzung keine rechtlichen Auswirkungen haben, werden im Schrifttum als nicht revisibel angesehen.[70]
Beispiel:
Die in § 36 Abs. 2 GVG enthaltene Bestimmung, dass für die zu wählenden Schöffen deren Berufe anzugeben sind, wird als Sollvorschrift angesehen, deren Verletzung keinen Einfluss auf die Gültigkeit der Wahl hat.[71]

n) Schätzungen. Die revisionsrechtliche Überprüfung einer vom Berufungsgericht nach § 287 ZPO in freier Überzeugung vorgenommenen Schätzung ist auf die Kontrolle der Schlüssigkeit und Plausibilität des Ergebnisses beschränkt.[72]

o) Beweiswürdigungen. Der Tatrichter ist in seiner Beweiswürdigung nach § 286 ZPO frei. Deshalb ist die Beweiswürdigung der Nachprüfung im Revisionsverfahren weitgehend entzogen. Sie ist nur insoweit reversibel, als dem Tatrichter Verstöße gegen die Verfahrensordnung, gegen Denkgesetze oder gegen allg. Erfahrungssätze unterlaufen sind. Liegen solche Verstöße nicht vor, binden auch Schlussfolgerungen tatsächlicher Art das Revisionsgericht – auch dann, wenn sie nicht zwingend, sondern nur möglich sind.[73] Dabei genügt der Rspr. nicht schon jeder Angriff der Revision gegen die Wahrscheinlichkeit einer Erwägung des Tatrichters, um darin eine Rüge der Verletzung eines allg. Erfahrungssatzes zu sehen. Als allg. Erfahrungssätze i.S.d. gerichtlichen Beweiserhebungs- und Beweiswürdigungsrechts werden nur die jedermann zugänglichen Sätze anerkannt, die nach der allg. Erfahrung unzweifelhaft gelten und durch keine Ausnahmen durchbrochen sind.[74] Die Beweiswürdigung unterliegt somit der Nachprüfung nur in der Hinsicht, ob sie von irrigen rechtlichen Grundlagen ausgeht oder gegen die Denkgesetze verstößt oder ob Schlüsse gezogen werden, die mit einer feststehenden Auslegungsregel oder mit der allg. Lebenserfah-

---

61 BAG 6.12.2008 – 9 AZR 893/07 – NJW 2009, 1527; BAG 5.2.1998 – AP § 626 BGB Nr. 143; BAG 16.10.2002 – 4 AZR 579/01 – AP §§ 22, 23 BAT 1975 Nr. 294; BAG 17.5.1984 – 2 AZR 3/83 – AP § 626 BGB Verdacht strafbarer Handlung Nr. 14.
62 Vgl. BAG 12.12.2006 – 9 AZR 747/06 – NZA 2007, 396.
63 Schwab/Weth/*Ulrich*, § 73 ArbGG Rn 18.
64 GK-ArbGG/*Mikosch*, § 73 Rn 27; *Grunsky*, Anm. AP § 72a ArbGG 1979 Grundsatz Nr. 1; *Adam*, ZTR 2001, 349.
65 ErfK/*Koch*, § 73 ArbGG Rn 8, 9; *Germelmann u.a.*, § 73 Rn 9; Hauck/Helml/*Hauck*, § 73 Rn 5.
66 So ErfK/*Koch*, § 73 ArbGG Rn 8, 9.
67 Vgl. Stein/Jonas/*Grunsky*, § 549 Rn 9.
68 BGH 10.7.2001 – VI ZR 160/00 – VersR 2001, 1431; BGH 25.3.2003 – VI ZR 175/02 – NJW 2003, 1934.
69 BAG 30.5.1985 – 2 AZR 321/84 – AP § 1 KSchG 1969 Betriebsbedingte Kündigung Nr. 24.
70 ErfK/*Koch*, § 73 ArbGG Rn 11; Hauck/Helml/*Hauck*, § 73 Rn 6; *Germelmann u.a.*, § 73 Rn 12; a.A. GK-ArbGG/ *Mikosch*, § 73 Rn 34.
71 Bayerisches OLG 12.8.1997 – 5St RR 158/96 – juris.
72 BFH 18.5.1993 – VII R 44/92 – BB 1993, 2517; BFH 18.12.1984 – VIII R 195/82 – BFHE 142, 558, BStBl II 1986, 226.
73 BFH 1.4.1971 – IV R 195/69 – BFHE 102, 85 = BStBl II 1971, 522; BFH 21.10.1997 – VIII R 18/96 – BFH/NV 1998, 582.
74 BFH 21.10.1997 – VIII R 18/96 – BFH/NV 1998, 582.

rung unvereinbar sind. Das Recht zur freien Beweiswürdigung ist folglich dann nicht sachgemäß ausgeübt, wenn das Gericht Schlüsse gezogen hat, die in dem Ergebnis der Beweisaufnahme keine Grundlage finden. Oder wenn es die Beweise, die vorgelegen haben, überhaupt nicht oder nur teilweise gewürdigt, teilweise aber übergangen hat, oder wenn wesentlicher Tatsachenstoff übersehen worden ist.[75] Die Rspr. entwickelt dabei eine hohe Kontrolldichte. So wird geprüft, ob eine ausreichende und in sich widerspruchsfreie Beweiswürdigung vorgenommen wurde,[76] insb. ob eine tatrichterliche Erwägung „gedanklich (...) nachvollziehbar" ist.[77] Es wird auch darauf geachtet, ob sich der Berufungsrichter hinsichtlich des gesetzlichen Beweismaßes an den Erfahrungen des praktischen Lebens orientiert oder der beweisbelasteten Partei nicht erfüllbare Anforderungen aufgebürdet hat.[78] Bei einem auf Indizien gestützten Beweis ist der Tatrichter grds. frei, welche Beweiskraft er den Indizien im einzelnen und in einer Gesamtschau für seine Überzeugungsbildung beimisst.[79] Er stellt die den Indizien zukommenden Wahrscheinlichkeitsgrade und somit die sich daraus ergebenden Schlussfolgerungen fest. Er unterliegt dabei – abgesehen von den allg. Beweisverwertungsverboten – keinen rechtlichen Einschränkungen für die Berücksichtigung von Tatsachen, die eine häufigere Wahrscheinlichkeit für die eigentlich zu beweisende Haupttatsache aufweisen und damit eine Indizwirkung entfalten können. Damit die eingeschränkte revisionsrechtliche Überprüfung seiner Beweiswürdigung, ob er alle Umstände vollständig berücksichtigt und nicht gegen Denk- oder Erfahrungssätze verstoßen hat, möglich ist, hat er die für seine Überzeugungsbildung wesentlichen Gesichtspunkte nachvollziehbar darzulegen.[80]

Liegen einander widersprechender **Sachverständigengutachten** vor, darf der Tatrichter, ohne seinen Ermessensspielraum zu überschreiten, nicht den Streit der Sachverständigen dadurch entscheiden, dass es ohne einleuchtende und logisch nachzuvollziehende Begründung einem von ihnen den Vorzug gibt. Er muss alle Aufklärungsmöglichkeiten einschließlich der Einholung eines Obergutachtens prüfen. Das gilt auch dann, wenn er meint, keiner der Sachverständigen habe mehr überzeugt als der andere, so dass keinem der Vorzug zu geben und eine Entscheidung zu Ungunsten der beweisbelasteten Partei zu treffen sei.[81] Die Beweiswürdigung muss dann erkennen lassen, dass die widersprechenden Ansichten der Sachverständigen gegeneinander abgewogen worden sind und dass sich nach Herausarbeitung der abweichenden Standpunkte keine weiteren Aufklärungsmöglichkeiten ergeben.

25 **p) Prozesshandlungen.** Prozesshandlungen können nach allg. Ansicht durch das Revisionsgericht ausgelegt werden.[82] Deshalb kann das BAG auch Prozessvergleiche selbstständig auslegen und z.B. feststellen, ob eine Klagerücknahme erklärt worden ist. Das gilt selbst dann, wenn Inhalt der abgegebenen Erklärungen ausschließlich individueller Natur ist.[83]

Beispiel:
In der Erklärung eines Prozessbevollmächtigten vor dem Berufungsgericht, er wolle die Berufung nur hinsichtlich der im ersten Rechtszug abgewiesenen Widerklage durchführen, kann ein Verzicht auf die Berufung gegen die im ersten Rechtszug erfolgte Verurteilung zur Zahlung der Klageforderung liegen.[84] Durch Auslegung kann sowohl der „wahre" Inhalt des Klageantrags[85] als auch die „wahre" Beklagtenbezeichnung[86] ermittelt werden. Lässt sich der Klageschrift entnehmen, dass es sich um eine Künd durch den Insolvenzverwalter handelt, so richtet sich folgerichtig die Künd-Klage auch gegen diesen. Eine Falschbezeichnung kann so geheilt werden.

26 **q) Behördliche und gerichtliche Akte.** Das Revisionsgericht kann die vom Berufungsgericht getroffenen Feststellungen hinsichtlich des Bestehens von gerichtlichen, schiedsgerichtlichen und behördlichen Entscheidungen und deren Auslegung durch die Vorinstanz frei überprüfen.[87] Dies gilt insb. für die Allgemeinverbindlicherklärung von TV.[88] Allerdings kann es nur die Nichtigkeit nicht aber die Rechtmäßigkeit von Verwaltungsakten prüfen. Das folgt aus deren sog. Tatbestandswirkung.[89] Diese entspricht hinsichtlich der Bindungswirkung im Wesentlichen der von gerichtlichen Urteilen. Für die Annahme einer weitergehenden Feststellungswirkung bedarf es besonderer gesetzlicher Vorschriften, die diese Feststellungswirkung anordnen.[90] Bsp.: Bei einer Zustimmung des Integrationsamts nach §§ 85, 91 SGB IX wird die Tatsache der Erteilung der Zustimmung zur außerordentlichen Künd von der Tatbestandswirkung umfasst. Angesichts der Zweigleisigkeit der Rechtswege und der fehlenden ausdrücklichen gesetzlichen Anordnung der Feststellungswirkung gibt es keine Bindung an die dem Verwaltungsakt des Integrationsamts

---

75 Bayerisches OLG 15.9.1989 – BReg 3 Z 26/89 – juris.
76 BAG 15.2.2007 – 6 AZR 286/06 – AP § 620 BGB Aufhebungsvertrag Nr. 35.
77 BGH 13.11.1998 – V ZR 216/97 – NJW 1999, 486.
78 BGH 13.11.1998 – V ZR 216/97 – NJW 1999, 486.
79 BGH 23.1.1997 – I ZR 29/94 – NJW 1997, 2757, 2759.
80 BGH 13.7.2004 – VI ZR 136/03 – NJW 2004, 3423.
81 BGH 23.9.1986 – VI ZR 261/85 – NJW 1987, 442.
82 BAG 22.5.1985 – 4 AZR 88/84 – AP § 1 TVG Tarifverträge Bundesbahn Nr. 6.
83 BAG 19.5.2004 – 5 AZR 434/03 – AP § 615 BGB Nr. 108.
84 BGH 28.3.1989 – VI ZR 246/88 – AP § 514 ZPO Nr. 4.
85 BAG 27.11.2003 – 2 AZR 692/02 – AP § 319 ZPO Nr. 27.
86 BAG 27.3.2003 – 2 AZR 272/02 – AP § 113 InsO Nr. 14.
87 BGH 15.11.1989 – IVb ZR 95/88 – NJW-RR 1990, 194.
88 BAG 15.2.1989 – 4 AZR 499/88 – juris.
89 BAG 11.5.2000 – 2 AZR 276/99 – BAGE 94, 313, 323; BAG 17.2.1977 – 2 AZR 687/75 – BAGE 29, 17, 25; BVerwG 2.5.1996 – 5 B 186/95 – § 21 SchwbG Nr. 7; Einzelheiten *Kopp/Ramsauer*, § 43 VwVfG Rn 18 f.
90 BVerwG 16.10.1969 – I C 20.66 – BVerwGE 34, 90 zu § 15 BVFG a.F.; BVerwG 11.7.1985–7 C 44/83 – BVerwGE 72, 8 zu § 3 SchwbG 1979.

zugrunde liegenden tatsächlichen Feststellungen oder an die Beurteilung vorgreiflicher Inzidentfragen, insb. ob die Antragsfrist des § 91 Abs. 2 S. 1 SGB IX eingehalten ist.[91]

r) Ausländisches Recht. Das BAG ist nicht darauf beschränkt, nur inländisches Recht zu überprüfen. Die Revision kann auch darauf gestützt werden, dass ausländisches Recht verletzt sei.[92] Allerdings muss der Revisionskläger ggf. die Nichtanwendung eines tatsächlich bestehenden ausländischen Rechtssatzes rügen.

Ist in Fällen mit Auslandsberührung aufgrund des internationalen Privatrechts materielles ausländisches Recht anzuwenden, so ist dessen Inhalt von Amts wegen festzustellen. Das BAG ist bei der Ermittlung der maßgeblichen Rechtsnormen auf die von den Parteien beigebrachten Nachweise nicht beschränkt. Es ist befugt, auch andere Erkenntnisquellen zu benutzen (vgl. § 293 ZPO). Es besteht insoweit keine Beweislast einer Partei.[93] Das BAG kann die ausländische Norm selbst ermitteln oder dies dem LAG überlassen und den Rechtsstreit zu diesem Zweck zurückverweisen.[94]

s) Gemeinschaftsrecht. Die Verletzung des Rechts der Europäischen Gemeinschaften kann nur, soweit der Awendungssvorrang des Gemeinschaftsrechts besteht, geprüft werden. D.h. revisibel sind die Rechtsnormen des Primärrechts bestehend aus den die Gemeinschaft konstituierenden Verträgen und den Verordnungen. Das RL-Recht ist nur insoweit revisibel, wie es unmittelbar und unbedingt gilt. Das setzt voraus, dass die Bestimmung in einer RL „unbedingt und hinreichend genau" formuliert ist und ihr nach Ablauf der Umsetzungsfrist eine „unmittelbare vertikale Wirkung" zukommt.[95] Der Anwendungsvorrang des Gemeinschaftsrechts hat zur Folge, dass die das Gemeinschaftsrecht verletzende deutsche Rechtsnorm unangewendet bleiben muss.[96] Soweit einer RL-Bestimmung keine unmittelbare und unbedingte Wirkung zukommt, kann zwar auf deren Verletzung die Revision nicht gestützt werden. Es bleibt jedoch die Möglichkeit die Verletzung der deutschen Rechtsnorm zu rügen, die richtigerweise gemeinschaftsrechtskonform im Lichte der RL hätte ausgelegt werden müssen. Bsp.: Die Klage ist auf einen Urlaubsabgeltungsanspruch für einen nach lang andauernder Arbeitsunfähigkeit aus dem Arbverh ausgeschiedenen AN gerichtet. Das LAG hat die Klage abgewiesen. Die Revision kann nicht die Verletzung von Art. 7 der Arbeitszeit-RL, sondern nur die Verletzung von § 7 Abs. 4 BUrlG in der nach dem Gemeinschaftsrecht gebotenen Auslegung[97] rügen.

t) Völkerrecht. Das Revisionsgericht kann nicht die Verletzungen von Rechtsnormen des Völkerrechts prüfen, weil diese sich an die Staaten richten und regelmäßig keine unmittelbare Wirkung für die Rechtsverhältnisse der Staatsbürger haben. Die Revision kann jedoch rügen, dass eine deutsche Rechtsnorm verletzt wird, die im Lichte der völkerrechtlich eingegangenen Verpflichtungen auszulegen[98] ist. Soweit allgemeine Regeln des Völkerrechts bestehen, können diese nach Art. 25 GG unmittelbar Rechte und Pflichten für den Einzelnen erzeugen. Sie sind deshalb Bestandteil des Bundesrechtes und folglich revisibel.[99] Hat das Revisionsgericht Zweifel, ob eine Regel des Völkerrechtes Bestandteil des Bundesrechtes ist und ob sie unmittelbar Rechte und Pflichten für den Einzelnen erzeugt, so darf es über die Revision nicht entscheiden, bevor es nach Art. 100 Abs. 2 GG die Entscheidung des BVerfG eingeholt hat.

III. Verletzung von Verfahrensrecht

1. Allgemeines. Die Revision kann auf Verfahrensfehler gestützt werden, die dem ArbG oder dem LAG unterlaufen sind. Auf Fehler des ArbG kann die anzufechtende Entscheidung des LAG nur dann beruhen, wenn der Verfahrensverstoß zwischenzeitlich nicht geheilt worden ist. Im Unterschied zur materiell-rechtlichen Fehlerkontrolle (siehe Rn 9 ␣ff.) berücksichtigt das Revisionsgericht nur Verfahrensmängel, die ausdrücklich gerügt werden oder die ausnahmsweise von Amts wegen zu beachten sind. Ist nicht eindeutig zu erkennen, ob eine Verfahrensrüge oder eine Sachrüge erhoben werden soll, liegt keine ordnungsgemäße Revisionsbegründung vor.[100]

2. Einschränkung der Prüfkompetenz. Zu beachten ist, dass durch die Bezugnahme in Abs. 2 auf § 65 die **Prüfungskompetenz** des Revisionsgerichts hinsichtlich des Rechtswegs,[101] der Verfahrensart und der Verfahrensmängel bei der Berufung zum Richteramt **beschränkt** ist.[102] Wird z.B. mit der Revision allein die Unzulässigkeit des Rechtsweges zur Arbeitsgerichtsbarkeit gerügt, so ist die Revision unzulässig.[103] Angesichts der beschränkten Prü-

---

91 BAG 2.3.2006 – 2 AZR 46/05 – AP § 91 SGB IX Nr. 6.
92 BAG 10.4.1975 – 2 AZR 128/74 – AP Internationales Privatrecht-Arbeitsrecht Nr. 12.
93 BGH 23.12.1981 – IVb ZR 643/80 – AP Internationales Privatrecht Nr. 21.
94 GK-ArbGG/*Mikosch*, § 73 Rn 16.
95 EuGH 11.7.2002 – C-62/00 – EuGHE 2002, I-6325 Marks & Spencer Rn 25; Schlussanträge von Generalanwalt Mazák v. 15.2.2007 – C-411/05 Palacios Rn 107 ff.
96 EuGH 9.3.1978 – 106/77 – EuGHE 1978, 629 Simmenthal Rn 24; EuGH 20.3.2003 – C-187/00 – EuGHE 2003, I-2741 Kutz-Bauer Rn 73.

97 BAG 24.3.2009 – 9 AZR 983/07 – AP § 7 BUrlG Nr. 39.
98 Zum Grundsatz völkerrechtsfreundlicher Interpretation *Rojahn*, in: von Münch/Kunig, GG, Bd. 2, Art. 24 Rn 2.
99 Vgl. BVerwG 22.4.2009 – 8 C 2/09 – Rn 59 – GWR 2009, 249; BFH 17.11.2004 – I R 75/01 – BFH/NV 2005, 690.
100 BAG 18.3.1982 – 2 AZR 859/79 – juris.
101 So auch in § 17a Abs. 5 GVG.
102 *Holthaus/Koch*, RdA 2002, 140, 156; *Schmidt/Schwab/Wildschütz*, NZA 2001, 1217, 1223.
103 BAG 2.2.1983 – 5 AZR 1173/79 – AP § 73 ArbGG 1979 Nr. 1 mit Anm. *Grunsky*.

fungskompetenz ist es durchaus möglich, dass das BAG als letztinstanzlich zuständiges Gericht Rechtsfragen des Sozialversicherungsrechts[104] oder des Verwaltungsrechts entscheidet, weil die Vorinstanz zu Unrecht die Zulässigkeit des Rechtsweges zu den Gerichten für Arbeitssachen bejaht hat.[105] Etwas anderes gilt nur dann, wenn bereits im ersten Rechtszug die Unzulässigkeit des eingeschlagenen Rechtswegs gerügt worden ist.[106]

30 **3. Auf Rüge zu berücksichtigende Verfahrensmängel.** Bei den Verfahrensfehlern ist zwischen denen zu unterscheiden, die vom Gericht nach § 557 Abs. 3 S. 2 ZPO von Amts wegen, und denen, die nur auf Rüge zu berücksichtigen sind. Sämtliche Verfahrensrügen müssen vom Revisionskläger innerhalb der Revisionsfrist erhoben werden.

Beispiel: Das LAG kommt aus eigener Sachkunde zu der Feststellung, für den Kläger sei auf dem Arbeitsmarkt keine Ersatzkraft verfügbar. Die Revision rügt zu Recht, dass weder auf die besondere richterliche Sachkunde hingewiesen worden, noch dass diese nachvollziehbar im Urteil dargelegt sei.[107] Bis zum Schluss der mündlichen Verhandlung ist es dem Revisionsbeklagten möglich, die sog. Gegenrüge zu erheben (siehe auch § 74 Rn 65 ff.).[108]

31 **4. Von Amts wegen zu berücksichtigende Verfahrensmängel. a) Katalogartiger Überblick.** Welche Verfahrensmängel von Amts wegen auch ohne eine Rüge der Parteien zu berücksichtigen sind, ist gesetzlich nicht definiert. Entscheidend ist das öffentliche Interesse daran, dass dieser Verfahrensverstoß der Vorinstanzen nicht hingenommen werden kann. Beispiele für die Fälle, in denen die Rspr. die Verpflichtung des Revisionsgerichts zur Amtsprüfung angenommen hat:

– Fehlen der staatlichen Rspr.-Gewalt, z.B. für die Klage eines Pfarrers gegen die Kirche;[109]
– Fehlen der allg. Prozessvoraussetzungen, wie z.B. Partei- und Prozessfähigkeit[110] sowie fehlende Prozessführungsbefugnis bei der Geltendmachung fremder Rechte;[111]
– Fehlen der Prozessfortsetzungsvoraussetzungen, z.B. wenn das LAG zu Unrecht die Wirksamkeit eines Prozessvergleichs verneint hat oder trotz unzulässiger Berufung das Urteil des ArbG abgeändert hat[112] oder wenn ein Einspruch gegen eine Säumnisentscheidung nicht fristgerecht eingelegt worden ist;[113]
– Nichtbeachtung der Rechtskraft einer Vorentscheidung;
– die anderweitige Rechtshängigkeit als negative Prozessvoraussetzung;[114]
– Die Aufspaltung eines einheitlichen Klageantrags in zwei prozessuale Ansprüche verstößt gegen § 308 ZPO. Dieser Verfahrensmangel ist von Amts wegen zu berücksichtigen;[115]
– Widersprüchlicher oder ansonsten wegen offensichtlicher Lücken unklarer Tatbestand, der dem Revisionsgericht keine sichere Entscheidungsgrundlage bietet.[116]

31a **b) Ermittlung von Normtatsachen.** Aus § 293 S. 2 ZPO ergibt sich eine Pflicht des Tatrichters, den Inhalt der tariflichen Normen als Bestandteil des auf den Sachverhalt anzuwendenden Rechts zu ermitteln und daraufhin zu überprüfen, ob er die erhobenen Ansprüche betrifft.[117] Zum Inhalt der Normen gehört dabei auch die Frage ihrer zeitlichen Geltung.[118] Das Gericht ist nicht an Beweisangebote gebunden, sondern darf auch andere Erkenntnisquellen einschließlich des Freibeweises nutzen. Die Verletzung dieser Pflicht ist von Amts wegen zu berücksichtigen.[119]

Beispiel: Das LAG hat keine Feststellungen zu der Beendigung oder Fortdauer des von ihm angewandten alten Entgeltfirmen-TV getroffen. Das Revisionsgericht kann über Rechtstatsachen, das „Ob" der Beendigung von TV im Wege des Freibeweises eine Auskunft der TV-Parteien einholen, muss das jedoch nicht, sondern kann insb. zur Aufklärung weiterer Tatsachen zurückverweisen.[120]

32 **5. Absolute Verfahrensfehler.** Besonders schwere Verfahrensfehler sind als absolute Revisionsgründe in § 547 ZPO aufgezählt. Die Bezeichnung „absoluter Revisionsgrund" bedeutet, dass eine nicht widerlegbare Vermutung des Inhalts besteht, das Berufungsurteil beruhe auf dem Gesetzesverstoß (ausführlich hierzu siehe Rn 29 ff.). Hin-

---

104 Vgl. zu AG-Zuschüssen zur privaten Krankenversicherung BAG 21.1.2003 – 9 AZR 695/01 – AP § 257 SGB V Nr. 3; weiterführend zu Zuständigkeitsfragen: *Mittag*, juris PR-ArbR 47/2008 Anm. 3.
105 Vgl. zum Anspruch auf Nachversicherung eines ausgeschiedenen Beamten BAG 20.3.2001 – 3 AZR 349/00 – AP § 18 BetrAVG Nr. 28.
106 BAG 21.8.1996 – 5 AZR 1011/94 – AP § 2 ArbGG 1979 Nr. 42.
107 BAG 19.4.2005 – 9 AZR 184/04 – AP § 15 BErzGG Nr. 43.
108 Vgl. BAG 20.4.1983 – 4 AZR 497/80 – AP § 21 TVAL II Nr. 2.
109 BAG 7.2.1990 – 5 AZR 84/89 – AP Art. 140 GG Nr. 37.
110 BAG 28.2.1974 – 2 AZR 191/73 – AP § 56 ZPO Nr. 4.
111 BAG 11.8.1998 – 9 AZR 83/97 – AP § 812 BGB Nr. 22.
112 BAG 20.2.1986 – 6 AZR 236/84 – AP § 11 ArbGG 1979 Prozeßvertreter Nr. 8.
113 BAG 27.5.1969 – 3 AZR 120/69 – AP § 183 ZPO Nr. 4.
114 BAG 12.12.2000 – 9 AZR 1/00 – NZA 2001, 1082; RG 17.5.1939 – II 200/38 – RGZ 160, 338, 344; BGH 20.1.1989 – V ZR 173/87 – NJW 1989, 2064.
115 BAG 18.2.2003 – 9 AZR 164/02 – AP § 8 TzBfG Nr. 2.
116 BAG 18.9.2003 – 2 AZR 498/02 – AP § 314 ZPO Nr. 4.
117 BAG 29.3.1957 – 1 AZR 208/55 – BAGE 4, 37, 39.
118 BAG 9.8.1995 – 6 AZR 1047/94 – BAGE 80, 316, zu II 2 b der Gründe.
119 BAG 15.4.2008 – 9 AZR 159/07 – AP § 1 TVG Altersteilzeit Nr. 38.
120 BAG 15.4.2008 – 9 AZR 159/07 – AP Nr. 38 zu § 1 TVG Altersteilzeit.

sichtlich des Erfordernisses einer Prüfung von Amts wegen unterscheidet die Rspr. zwischen den einzelnen absoluten Revisionsgründen.

a) Besetzung des Gerichts. Nach § 547 Nr. 1 ZPO ist ein absoluter Revisionsgrund, wenn das erkennende Gericht nicht vorschriftsmäßig besetzt war. Erkennendes Gericht ist das Gericht, dessen Entscheidung angefochten wird. Abzustellen ist auf die Besetzung des Spruchkörpers bei Schluss der mündlichen Verhandlung. Soweit das Urteil im schriftlichen Verfahren ergangen ist, ist die Besetzung bei der Beschlussfassung maßgeblich.[121] Scheidet ein ehrenamtlicher Richter nach der mündlichen Verhandlung und vor der abschließenden Kammerberatung aus dem Amt, so muss neu in die mündliche Verhandlung eingetreten werden.[122] Die frühere Streitfrage, ob Mängel bei der Berufung der ehrenamtlichen Richter durch den Minister absolute Revisionsgründe sind, ist nunmehr durch Abs. 2 i.V.m. § 65 gesetzlich geregelt: Eine Überprüfung des Verfahrens der Berufung in das Richteramt ist ausgeschlossen. Keine ordnungsgemäße Besetzung des Gerichts liegt vor, wenn ein ehrenamtlicher Richter noch nach Ablauf seiner Amtszeit mitwirkt.[123] Ebenfalls keine ordnungsgemäße Besetzung liegt vor, wenn der Berufsrichter nicht nach § 8 DRiG in das Richteramt berufen worden ist. Allerdings ist die Abordnung eines Richters zulässig. Deshalb kann ein Richter am ArbG vorübergehend Vorsitzender einer Kammer am LAG sein.[124] Die langfristige Besetzung einer Vorsitzendenstelle beim LAG mit abgeordneten Richtern ist unzulässig.[125] Die Erprobung von Richtern ist statthaft, aber nicht das Freihalten einer Planstelle aus Ersparnisgründen.

Für die ordnungsgemäße Besetzung ist der Geschäftsverteilungsplan maßgeblich. Wird bewusst vom Geschäftsverteilungsplan bei der Heranziehung der hauptberuflichen und ehrenamtlichen Richter abgewichen, so ist das auch dann ein absoluter Revisionsgrund, wenn die Parteien sich damit einverstanden erklärt haben.[126]

Kennzeichen der Gewährleistung des gesetzlichen Richters ist die normative, abstrakt-generelle Vorherbestimmung des jeweils für die Entscheidung zuständigen Richters. Der gesetzliche Richter ist nicht gewahrt, wenn er durch eine Ermessensentscheidung bestimmt werden kann. Eine abstrakt-generelle Regelung, die eine Ermessensentscheidung über die Zuständigkeit ausschließt, liegt nicht vor, wenn der Geschäftsverteilungsplan eines LAG vorsieht, dass „in Sachen, die in mehreren Kammern anhängig sind und bei denen eine Verbindung in Frage kommt (§ 147 ZPO), die Verbindung durch die Kammer erfolgen soll, in der die zuerst eingegangene Sache anhängig ist".[127]

Nicht zu beanstanden ist, dass bei Bedarf im laufenden Geschäftsjahr auch Hilfskammern eingerichtet werden, denen ein Teil der bereits zugewiesenen Sachen abstrakt-generell zugeteilt werden; denn nach § 21e Abs. 3 GVG, § 6a darf der für das laufende Geschäftsjahr beschlossene Geschäftsverteilungsplan geändert werden, wenn dies wegen Überlastung oder ungenügender Auslastung eines Richters oder Spruchkörpers oder infolge Wechsels oder dauernder Verhinderung einzelner Richter nötig wird. Das Präsidium kann aus einem dieser Gründe alle Maßnahmen treffen, mit denen eine geordnete Rechtspflege gewährleistet wird. Welche Änderungen nötig sind, um den Geschäftsbetrieb des Gerichts aufrechtzuerhalten, entscheidet das Präsidium nach pflichtgemäßem Ermessen. Die Rüge, anstelle der Zuteilung von Sachen an eine Hilfskammer hätte auch eine Vertretungsregelung für einen verhinderten Richter getroffen werden können, greift nicht durch.[128]

Die Heranziehung der ehrenamtlichen Richter muss nach einer Liste gem. § 31 erfolgen (ausführlich vgl. § 31 Rn 5 ff.). Sie darf nicht im Einzelfall eine Ermessensentscheidung des Vorsitzenden oder der Kammer überlassen bleiben, auch nicht für den Fall der Fortsetzung der mündlichen Verhandlung in der gleichen Besetzung.[129] Die Regelung im Geschäftsverteilungsplan, dass ein verhinderter ehrenamtlicher Richter bei nächster Gelegenheit (außerhalb der Reihenfolge) hinzugezogen werden muss, ist mit der Garantie des gesetzlichen Richters vereinbar.[130] Die Revision kann nicht auf Mängel im Berufungsverfahren für ehrenamtliche Richter gestützt werden. Ist der ehrenamtliche Richter von der zuständigen Behörde berufen (vgl. § 20 Rn 9 ff.), so kommt es nicht darauf an, ob sämtliche Berufungsvoraussetzungen ordnungsgemäß erfüllt sind (im Übrigen siehe Rn 58 ff.).[131]

Bei überbesetzten Spruchkörpern muss die Heranziehung der Berufsrichter zu den einzelnen Sitzungen vorab in abstrakt- genereller Form durch einen Beschluss des Spruchkörpers geregelt sein. Sie darf nicht dem Ermessen des Vorsitzenden überlassen bleiben.[132] Das ist seit 1.1.2000 positives Recht, geschaffen durch das Gesetz zur Stärkung der Unabhängigkeit der Richter und Gerichte vom 22.12.1999.[133] Nach § 21g GVG ist für die Bestimmung des gesetzlichen Richters der von allen Berufsrichtern beschlossene Mitwirkungsplan (auch Geschäftsverteilungsplan – GVP –

---

121 BAG 27.3.1961 – 4 AZR 94/95 – AP §§ 22, 23 BAT Sozialarbeiter Nr. 33.
122 BAG 16.5.2002 – 8 AZR 412/01 – AP Art 101 GG Nr. 61.
123 BAG 12.5.1961 – 1 AZR 570/59 – AP § 551 ZPO Nr. 2.
124 BAG 25.3.1971 – 2 AZR 187/70 – AP § 36 ArbGG 1953 Nr. 3.
125 BGH 5.6.1985 – VIII ZR 135/84 – NJW 1985, 2336.
126 BAG 25.8.1983 – 6 ABR 31/82 – AP § 551 ZPO Nr. 11.
127 BAG 22.3.2001 – 8 AZR 565/00 – AP Art 101 GG Nr. 59.
128 BAG 24.3.1998 – 9 AZR 172/97 – AP § 21e GVG Nr. 4.
129 BAG 16.11.1995 – 8 AZR 864/93 – AP Einigungsvertrag Anlage I Kap. XIX Nr. 54; BAG 26.9.1996 – 8 AZR 126/95 – AP § 39 ArbGG 1979 Nr. 3.
130 VerfGH Leipzig 25.6.1998 – 7 IV 97 – NZA-RR 1998, 461.
131 So zutreffend *Germelmann u.a.*, § 73 Rn 25.
132 BVerfG Plenum 8.4.1997 – 1 PBvU 1/95 – NJW 1997, 1497.
133 BGBl I S. 2598.

genannt) maßgebend. Für die Arbeitsgerichtsbarkeit hat das aber nur für die Senate des BAG Bedeutung. Nur dort bestehen „überbesetzte" Spruchkörper. Zu beachten ist, dass die Bestimmungen in einem GVP keine Rechtsnormen sind. Allerdings kann ihre Einhaltung dann, wenn sie willkürlich falsch angewendet werden, wegen Nichtbeachtung von Art. 101 Abs. 1 S. 2 GG, § 16 S. 2 GVG überprüft werden.[134]

Ob ein absoluter Revisionsgrund vorliegt, ist nur auf eine zulässige Rüge nach § 551 Abs. 3 Nr. 2 ZPO zu prüfen.[135] Die Rüge greift nur durch, wenn der Verstoß auf objektiver Willkür beruhte und nicht durch einen Irrtum zustande kam.

39 **b) Zuständigkeitsfehler.** Der absolute Revisionsgrund der fehlerhaften Entscheidung über die Zuständigkeit des Gerichts (§ 551 Nr. 4 ZPO a.F.) war bereits durch die Regelung des Abs. 2 i.V.m. § 65 und § 17a GVG stark eingeschränkt. Dieser Grund ist bei der ZPO-Reform nicht in den neuen § 547 ZPO übernommen worden. Er ist weggefallen. Durch die Bezugnahme in Abs. 2 ist im Übrigen die **Prüfungskompetenz** des Revisionsgerichts hinsichtlich des Rechtswegs **beschränkt**.[136]

40 Der absolute Revisionsgrund des § 547 Nr. 1 ZPO (nicht vorschriftsmäßige Besetzung des Gerichts) liegt vor, wenn fälschlicherweise der Vorsitzende an Stelle der Kammer entschieden hat, ohne dass ein Fall des § 55 Abs. 1 und 2 vorlag. Dieser Fall hat nur für die Sprungrevision praktische Bedeutung.

41 **c) Mitwirkung ausgeschlossener oder befangener Richter.** Die in § 547 Nr. 2 und 3 ZPO genannten absoluten Revisionsgründe betreffen die Fälle, in denen gegen ein Mitwirkungsverbot verstoßen wurde. Hier sind die Ausschließungsgründe (§ 41 ZPO) und die erfolgreiche Richterablehnung (§ 46 ZPO) maßgebend.

42 **d) Fehlerhafte Vertretung.** Eine Entscheidung des LAG beruht unwiderlegbar auf einer Gesetzesverletzung, wenn eine Partei in dem Verfahren nicht ordnungsgemäß vertreten war und dieser Mangel nicht nachträglich geheilt worden ist (§ 547 Nr. 4 ZPO). Hauptanwendungsfall ist das Auftreten eines Prozessunfähigen ohne gesetzlichen Vertreter. Im arbeitsgerichtlichen Urteilsverfahren ist die Prozessvertretung im Berufungsrechtszug nach § 11 Abs. 4 nur dann durch einen Verband oder Verbandsvertreter zulässig, soweit dieser ein Mitglied vertritt. Fehlt die Mitgliedschaft, so liegt keine ordnungsgemäße Vertretung vor.[137] Die Rüge kann nur von der nicht vertretenen Partei mit Erfolg erhoben werden.

43 **e) Verletzung der Öffentlichkeit.** Nach § 547 Nr. 6 ZPO ist ein absoluter Verfahrensmangel gegeben, wenn während der letzten mündlichen Verhandlung, auf die das Urteil ergeht, die Öffentlichkeit entgegen den gesetzlichen Bestimmungen in §§ 52 S. 4 i.V.m. 169 S. 2, §§ 173 bis 175 GVG ausgeschlossen war. Dasselbe gilt, wenn die Öffentlichkeit teilgenommen hat, obwohl sie ausgeschlossen war. Zu beachten ist, dass nach § 160 Abs. 1 Nr. 5 ZPO das Sitzungsprotokoll anzugeben hat, ob die Öffentlichkeit ausgeschlossen war oder öffentlich verhandelt wurde. Nach § 165 S. 2 ZPO ist gegen entsprechende Feststellungen im Protokoll nur der Nachweis der Fälschung gegeben. Wer die Verletzung der Öffentlichkeit entgegen der Feststellung in der Sitzungsniederschrift rügt und nicht die Fälschung des Protokolls behaupten will, muss vor Revisionsbegründung die Berichtigung des Protokolls beantragen.[138]

44 **f) Entscheidung ohne Gründe.** Nach § 547 Nr. 6 ZPO ist ein absoluter Revisionsgrund gegeben, wenn das Urteil überhaupt nicht oder völlig unverständlich begründet ist. Das ist auch dann anzunehmen, wenn der Tatbestand oder die Entscheidungsgründe fehlen.[139] Ein völliges Absehen von der Darstellung des Tatbestandes gem. §§ 69 Abs. 2, 313a Abs. 1 S. 1 ZPO kommt bei Berufungsurteilen nur dann in Betracht, wenn ein Rechtsmittelverzicht erklärt worden ist. Ist das nicht der Fall, kann die Revision durch das BAG zugelassen werden. In einem solchen Fall ist das Urteil des LAG ohne Tatbestand von Amts wegen aufzuheben und der Rechtsstreit an das LAG zurückzuverweisen.[140]

45 Hat das LAG zulässigerweise nach § 69 Abs. 2 auf das Urteil des ArbG Bezug genommen, gilt die Entscheidung als mit Gründen versehen. Dazu genügt nicht der Satz, von der Darstellung des Tatbestands wird abgesehen. Fehlen tatsächliche Feststellungen, ist das Urteil aufzuheben, denn das Revisionsgericht kann nicht prüfen, auf welchen Sachverhalt das Recht angewandt worden ist.[141] Das Berufungsgericht darf den Tatbestand in aller Regel nicht durch eine Bezugnahme ersetzen, weil damit nur der Sach- und Streitstand erster Instanz wiedergegeben wird.[142]

46 Die ordnungsgemäße Bezugnahme auf die Entscheidung des ArbG genügt dann nicht, wenn der Berufungskläger in der Berufungsinstanz neue Angriffs- oder Verteidigungsmittel vorbringt. § 69 Abs. 2 soll das Berufungsgericht von unnötiger Arbeit entlasten, um das Verfahren zu vereinfachen und zu beschleunigen. Die Vorschrift gestattet es nicht,

---

134 BAG 16.11.1995 – 8 AZR 864/93 – BAGE 81, 265, 282 f. = AP Einigungsvertrag Anlage 1 Kap. XIX Nr. 54.
135 BAG 25.8.1983 – 6 ABR 31/82 – AP § 551 ZPO Nr. 11; a.A. BVerwG 14.12.1962 – VII P 3.62 – AP § 71 PersVG Nr. 8.
136 *Holthaus/Koch*, RdA 2002, 140, 156; *Schmidt/Schwab/Wildschütz*, NZA 2001, 1217, 1223.
137 So zutreffend Schwab/Weth/*Ulrich*, § 73 Rn 45.
138 Vgl. BAG 13.11.2007 – 3 AZN 414/07 – juris.

139 GK-ArbGG/*Mikosch*, § 73 Rn 62.
140 St. Rspr. des BAG vgl. zuletzt 17.6.2003 – 2 AZR 123/02 – AP § 543 ZPO 1977 Nr. 13 = EzA § 626 BGB 2002 Nr. 4; BAG 18.5.2006 – 6 AZR 627/05 – AP § 15 KSchG 1969 Ersatzmitglied Nr. 2 = NJW 2006, 3020.
141 BAG 30.10.1987 – 7 AZR 92/87 – AP § 543 ZPO 1977 Nr. 7.
142 BAG 28.5.1997 – 5 AZR 632/96 – AP § 543 ZPO 1977 Nr. 9.

die Mindestanforderung an die Begründung richterlicher Entscheidung zu missachten. Geschieht das nicht, fehlt es an einer Begründung i.S.d. § 547 Nr. 6 ZPO.[143]

Liegen Tatbestand und Entscheidungsgründe nicht innerhalb von fünf Monaten nach der Verkündung des Urteils schriftlich vor, so ist auch die später vollständig abgefasste Entscheidung als nicht mit Gründen versehen anzusehen.[144] Unschädlich ist es, wenn zwischen Verkündung der Entscheidung und der letzten mündlichen Verhandlung mehr als fünf Monate vergangen sind. Die Bestimmung, dass ein Urteil, das nicht nach Schluss der mündlichen Verhandlung verkündet wird, am Verkündungstag vollständig abgefasst sein muss (§ 60 Abs. 4 S. 2), wird als Ordnungsvorschrift angesehen. Ein Verstoß soll keine prozessualen Auswirkungen haben.[145] Entscheidend ist, dass das Urteil mit Tatbestand und Entscheidungsgründen und den Unterschriften aller mitwirkenden Richter fünf Monate nach Verkündung der Geschäftsstelle übergeben worden ist. Eine Entscheidung gilt auch dann als unterschrieben, wenn die Unterschrift eines an der Entscheidung beteiligten Richters durch einen Verhinderungsvermerk nach § 315 Abs. 1 S. 2 ZPO wirksam ersetzt worden ist.[146] Eine Verhinderung liegt aber nicht vor, wenn der betreffende Richter nur an einem Tag nicht erreichbar ist.

Das Endurteil eines LAG kann mit der sofortigen Beschwerde nach § 72b angefochten werden, wenn es nicht binnen fünf Monaten nach der Verkündung vollständig abgefasst und mit den Unterschriften sämtlicher Mitglieder der Kammer versehen übergeben worden ist. Die mit dem Anhörungsrügegesetz zum 1.1.2005 wirksam gewordene Ergänzung des Abs. 1 besagt ausdrücklich, dass eine Revision nicht mehr auf die Gründe der Kassationsbeschwerde des § 72b gestützt werden kann.[147]

Der Mangel der verspäteten Urteilsabsetzung blieb nach der älteren Rspr. unberücksichtigt, wenn er von der beschwerten Partei nicht bis zum Ablauf der Revisionsbegründungsfrist (siehe § 74 Rn 54 f.) gerügt wurde.[148] Hier ist ein Ansatzpunkt für die Zulässigkeit von Revisionen gegen verspätet abgesetzte Urteile, soweit die Revision sich mit den verspätet abgesetzten Gründen auseinander setzen und daher keine Beschwerde nach § 72b einlegen will. *Bepler* weist darauf hin, dass es dazu einer Änderung der neueren Rspr. bedarf, denn dort wird das Vorhandensein von Entscheidungsgründen, mit denen sich die Revision auseinander setzen könnte, verneint.[149] *Bepler* regt zu Recht an, das noch einmal zu überdenken.[150]

6. Verletzung des Anspruchs auf rechtliches Gehör. Der verfassungsrechtlich durch Art. 103 Abs. 1 GG gewährleistete Anspruch auf rechtliches Gehör verpflichtet das Gericht, die Ausführungen der Prozessbeteiligten zur Kenntnis zu nehmen und in Erwägung zu ziehen. Er gebietet i.V.m. den Grundsätzen der ZPO die Berücksichtigung erheblicher Beweisanträge. Die Nichtberücksichtigung eines von den Fachgerichten als erheblich angesehenen Beweisangebots verstößt gegen Art. 103 Abs. 1 GG, wenn sie im Prozessrecht keine Stütze findet.[151] Der Anspruch auf rechtliches Gehör gewährleistet den Verfahrensbeteiligten das Recht, sich nicht nur zu dem der Entscheidung zugrunde liegenden Sachverhalt, sondern auch zur Rechtslage zu äußern. Es verstößt daher gegen Art. 103 Abs. 1 GG, wenn das Gericht ohne vorherigen Hinweis auf einen rechtlichen Gesichtspunkt abstellt, mit dem auch ein gewissenhafter und kundiger Prozessbeteiligter selbst unter Berücksichtigung der Vielzahl vertretbarer Rechtsauffassungen nicht zu rechnen brauchte.[152] Geht das Gericht auf den wesentlichen Kern des Tatsachenvortrags einer Partei zu einer Frage, die für das Verfahren von zentraler Bedeutung ist, in den Entscheidungsgründen nicht ein, so lässt dies auf die Nichtberücksichtigung des Vortrags schließen, sofern er nicht nach dem Rechtsstandpunkt des Gerichts unerheblich oder aber offensichtlich unsubstantiiert war. Da das Gericht grds. weder zu einem Rechtsgespräch noch zu einem Hinweis auf seine Rechtsauffassung verpflichtet ist, muss ein Verfahrensbeteiligter, auch wenn die Rechtslage umstr. oder problematisch ist, alle vertretbaren rechtlichen Gesichtspunkte von sich aus in Betracht ziehen und seinen Vortrag darauf einstellen.[153]

Zwar besteht nach § 78a die Möglichkeit, mit einer Gehörsrüge das Verfahren beim LAG fortzusetzen, das schließt jedoch nicht aus, mit der zugelassenen Revision diesen Fehler beim BAG zu rügen.

IV. Tatsächliche Grundlage der Nachprüfung

1. Tatbestand des LAG. Tatsächliche Grundlage der revisionsrechtlichen Nachprüfung ist der vom LAG festgestellte Tatbestand (vgl. § 559 Abs. 1 ZPO). Dazu gehören auch die tatsächlichen Feststellungen, die sich außerhalb

---

143 BAG 16.6.1998 – 5 AZR 255/98 – AP § 543 ZPO Nr. 3.
144 GmS OGB 27.4.1993 – GmS-OGB 1/92 – AP § 551 ZPO Nr. 21 zu; BVerfG 26.3.2001 – 1 BvR 383/00 – AP Art. 20 GG Nr. 33.
145 BAG 16.6.1998 – 1 ABR 59/97 – EzAÜG § 14 AÜG Betriebsverfassung Nr. 41; BAG 20.11.1997 – 6 AZR 215/96 – AP § 551 ZPO Nr. 47.
146 BAG 17.8.1999 – 3 AZR 526/97 – AP § 551 ZPO Nr. 51.
147 Zutreffend *Bepler*, RdA 2005, 77.
148 BAG 12.1.1994 – 4 AZR 133/93 – AP § 1 TVG Tarifverträge Rundfunk Nr. 22.
149 BAG 1.10.2003 – 1 ABN 62/01 – AP § 72a ArbGG 1979 Nr. 50.
150 *Bepler*, RdA 2005, 65, 77.
151 BVerfG 30.1.1985 – 1 BvR 393/84 – BVerfGE 69, 141, 143 f.
152 BVerfG 29.5.1991 – 1 BvR 1383/90 – BVerfGE 84, 188.
153 BVerfG 19.5.1992 – 1 BvR 986/91, 1 BvR 986/91 – BVerfGE 86, 133.

des „Tatbestands" in den Entscheidungsgründen des Berufungsurteils befinden.[154] Zu berücksichtigen ist auch das Parteivorbringen, das im Sitzungsprotokoll festgehalten ist. Es gilt der Grundsatz, dass die Urteilsgrundlage mit dem Ende der Berufungsverhandlung abgeschlossen wird.[155] Der Tatbestand entfaltet für das Revisionsgericht grds. Beweiskraft und Bindungswirkung hinsichtlich der enthaltenen Feststellungen. Diese entfallen ausnahmsweise, sofern die Feststellungen unklar, lückenhaft oder widersprüchlich sind.[156]

53 Nicht nur ein fehlender sondern auch ein unzureichender Tatbestand (siehe Rn 31) bietet keine geeignete Grundlage für revisionsrichterliche Fehlerkontrolle.[157] Das ist insb. der Fall, wenn widersprüchliche Feststellungen getroffen sind, wer AG ist,[158] oder eine erhebliche Tatsache vom LAG zugleich als unstr. und als str. dargestellt wird.

Das Revisionsgericht hat das tatsächliche Vorbringen einer Partei nach § 559 Abs. 1 S. 1 Alt. 1, § 314 ZPO in erster Linie dem Tatbestand des angefochtenen Urteils zu entnehmen. Beruht die rechtliche Würdigung des Berufungsgerichts auf lückenhaften Feststellungen, die dem Revisionsgericht keine hinreichend sichere Beurteilung des Parteivorbringens z.B. zur Tarifbindung erlauben, ist das Berufungsurteil schon wegen dieses Mangels aufzuheben und die Sache zur neuen Verhandlung und Entscheidung zurückzuverweisen, ohne dass es einer Verfahrensrüge i.S.v. §§ 551 Abs. 3 S. 1 Nr. 2b, 559 Abs. 1 S. 2 ZPO bedarf.[159]

54 **2. Neue Tatsachen.** Neues tatsächliches Vorbringen ist in der Revisionsinstanz grds. ausgeschlossen. Das gilt auch dann, wenn die maßgeblichen Tatsachen dem Revisionskläger erst nach Schluss der mündlichen Berufungsverhandlung bekannt werden oder eintreten.[160] Dieser aus § 559 Abs. 1 ZPO abzuleitende Grundsatz gilt nicht uneingeschränkt. Das Gesetz und die Rspr. lassen einige Ausnahmen zu:

- Nach § 561 Abs. 1 S. 2 ZPO können neue Tatsachen eingeführt werden, wenn sie zur Begründung einer Verfahrensrüge i.s.v. § 551 Abs. 3 Nr. 2b ZPO dienen.
- Neues tatsächliches Vorbringen ist auch dann zu berücksichtigen, wenn Sachurteilsvoraussetzungen betroffen sind, die von Amts wegen zu beachten sind, und das Revisionsgericht die Tatsachen selbst feststellen kann.[161] Dazu gehören insb. die Tatsachen, von denen die Zulässigkeit der Revision abhängt.[162]
- Neue Tatsachen sind weiter zu berücksichtigen, wenn erstmals das Revisionsgericht auf eine bisher nicht beachtete Rechtslage nach § 278 Abs. 3 ZPO hinweist. Der neue Sachvortrag kann dann die Zurückverweisung rechtfertigen.[163] Häufig fehlt es allerdings an der „Schlüssigkeit" des neuen Sachvortrags, so dass das BAG selbst in der Sache entscheiden kann.
- Aus prozessökonomischen Gründen hat die Rspr. neuen Tatsachenvortrag ausnahmsweise dann zugelassen, wenn er in der Revisionsinstanz unstreitig gestellt worden ist.[164] Das war in einem Drittschuldnerprozess möglich, in dem der gegen den Drittschuldner unterlegene nachrangige Pfändungsgläubiger nach Schluss der Berufungsverhandlung Rangänderungsvereinbarungen mit den vorrangigen Pfändungsgläubigern getroffen hatte.
- Neue Rechtstatsachen – insb. das Inkrafttreten von Tarifnormen und deren Inhalt – sind im Revisionsverfahren zu berücksichtigen; denn das Revisionsgericht hat nach § 293 S. 1 ZPO Tarifnormen, soweit sie nach § 4 Abs. 1 oder § 5 Abs. 4 TVG unmittelbar und zwingend gelten, sogar selbst zu ermitteln.[165]
- Im Schrifttum werden zusätzlich als berücksichtigungsfähig angesehen: Verwaltungsakte und die Eröffnung des Insolvenzverfahrens.[166]

55 **3. Klageänderung in der Revision.** Das Revisionsgericht prüft, ob die Vorinstanz über die Klage rechtsfehlerfrei entschieden hat. Es hat nicht erstmals über noch nicht beschiedene Anträge zu entscheiden. Das folgt aus dem in § 561 Abs. 1 S. 1 ZPO festgelegten Grundsatz, dass das maßgebliche Sachverhältnis bereits vom LAG festgestellt sein muss. Aus diesen Erwägungen kommt eine Klageänderung in der Revisionsinstanz in den wenigen Ausnahmefällen in Betracht.

---

154 BAG 14.6.1967 – 4 AZR 282/66 – AP § 91a ZPO Nr. 13.
155 BGH 25.4.1988 – II ZR 252/86 – BGHZ 104, 215.
156 St. Rspr. BAG 18.9.2003 – 2 AZR 498/02 – AP § 314 ZPO Nr. 4; BAG 19.8.2003 – 9 AZR 611/02 – AP § 1 TVG Tarifverträge: Luftfahrt Nr. 20, zu I 1 der Gründe; BAG 28.5.1997 – 5 AZR 632/96 – AP § 543 ZPO 1977 Nr. 9; BGH 17.5.2000 – VIII ZR 216/99 – NJW 2000, 3007, zu II 2 a der Gründe; für Beschlussverfahren BAG 26.4.2005 – 1 ABR 1/04 – BAGE 114, 272, zu B I 1 der Gründe.
157 BAG 14.6.1967 – 4 AZR 282/66 – AP § 91a ZPO Nr. 13.
158 BAG 18.9.2003 – 2 AZR 498/02 – AP § 314 ZPO Nr. 4.
159 BAG 15.4.2008 – 9 AZR 159/07 – AP § 1 TVG Altersteilzeit Nr. 38.
160 BAG 13.4.1956 – 1 AZR 390/55 – AP § 9 MuSchG Nr. 9.
161 BGH 11.10.1979 – III ZR 25/77 – DB 1980, 201.
162 BGH 17.12.1956 – II ZR 274/55 – NJW 1957, 543.
163 BAG 9.10.1973 – 1 ABR 29/73 – AP § 38 BetrVG 1972 Nr. 3; BAG 9.12 1975 – 1 ABR 37/74 – AP § 118 BetrVG 1972 Nr. 7.
164 BAG 16.5.1990 – 4 AZR 145/90 – AP § 554 ZPO Nr. 21.
165 BAG 19.11.1996 – 9 AZR 376/95 – BAGE 84, 325; BAG 19.9.2000 – 9 AZR 504/99 – BAGE 95, 312.
166 ErfK/*Koch*, § 73 ArbGG Rn 4; *Hauck/Heml*, § 73 Rn 2.

Beispiel:
Der geänderte Sachantrag wird auf Tatsachen gestützt, die bereits in der Vorinstanz festgestellt worden[167] oder unstr. geworden sind.[168] Das BAG hat es deshalb für statthaft angesehen, dass in der Revisionsinstanz nach Aufhebung des Konkursverfahrens und Hinterlegung des Streitgegenstandes der Kläger den Zahlungsantrag fallen gelassen und stattdessen die Abgabe einer Freigabeerklärung beantragt hat.[169] Ebenso hat der BGH die Umstellung des Klageantrags auf Leistung an den Abtretungsempfänger zugelassen.[170]
Ob eine Klageänderung wegen der Fiktion in § 264 ZPO nicht als Klageänderung gilt, ist unerheblich. Entscheidend ist, dass das Revisionsgericht nicht wie ein Eingangsgericht mit neuem Tatsachenvortrag befasst werden soll.[171] Keine Bedenken bestehen, wenn der Antrag entsprechend § 264 Nr. 2 ZPO beschränkt wird. Ebenso wird es als zulässig angesehen, wenn von einer Leistungsklage zu einer Feststellungsklage übergegangen wird und das Feststellungsinteresse sich aus den Feststellungen des Berufungsgerichts oder den im Sitzungsprotokoll niedergelegten Parteierklärungen ergibt.[172] Zu berücksichtigen ist stets, ob anstelle der Änderung schon die Auslegung der Klageschrift zu dem gewünschten Ergebnis führt (siehe Rn 23). Stimmen materielles Prozessziel und prozessualer Antrag nicht überein und hat das LAG eine entsprechende Klärung unterlassen, so ist auf die Rüge der Revision wegen eines Verfahrensmangels zurückzuverweisen.[173] In dem neuen Berufungsverfahren besteht dann auch Gelegenheit zur Feststellung der neuen Tatsachen.

V. Entscheidungserheblichkeit

Nach Abs. 1 kann die Revision nur darauf gestützt werden, dass das Urteil des LAG auf einer von Amts wegen zu prüfenden oder von einer Partei gerügten Verletzung einer Rechtsnorm beruht. Die Kausalität der Normverletzung ist grds. daran zu messen, ob ohne den festgestellten Fehler die Entscheidung des Berufungsgerichts anders hätte ausfallen müssen. Dabei muss zwar von dem Berufungsurteil ausgegangen werden. Das Revisionsgericht ist aber nicht gehalten, nur die vom Berufungsgericht erwogenen Anspruchsgrundlagen seinem Revisionsurteil zugrunde zu legen. Nach § 561 ZPO ist nämlich auch dann die Revision zurückzuweisen, wenn das Berufungsurteil zwar fehlerhaft war, sich aber aus anderen Gründen als richtig darstellt.

56

Ist gegen eine Verfahrensvorschrift verstoßen worden, bedarf es nicht dieser strengen Kausalitätsprüfung. Dann genügt die Möglichkeit, dass eine für den Revisionskläger günstigere Entscheidung bei Beachtung der verletzten Verfahrensvorschrift nicht ausgeschlossen werden kann. Das Revisionsgericht ist nämlich i.d.R. nicht in der Lage, von sich aus festzustellen, wie das Urteil ohne Fehler ausgefallen wäre.[174]

57

Liegt ein absoluter Revisionsgrund i.S.d. § 547 ZPO vor, so wird die Kausalität des Verfahrensverstoßes für die angefochtene Entscheidung unwiderlegbar vermutet (vgl. Rn 29). Der Katalog der absoluten Revisionsgründe (vgl. Rn 29 ff.) ist durch die Rspr. des Gemeinsamen Senats der obersten Gerichtshöfe zur verspäteten Absetzung von Berufungsurteilen ergänzt worden: Ist die Entscheidung fünf Monate nach Verkündung nicht vollständig mit Tatbestand und Entscheidungsgründen von sämtlichen Richtern des Spruchkörpers unterschrieben (im gerichtlichen Sprachgebrauch: „abgesetzt"), so fehlt die nötige Nähe zur mündlichen Verhandlung. Das Berufungsurteil gilt dann als „Entscheidung ohne Gründe".[175]

58

Das BSG geht bei einer von der Partei gerügten verspäteten Absetzung des Berufungsurteils nicht von einem absoluten Revisionsgrund i.S.d. § 551 ZPO aus.[176] Ist seiner Ansicht nach eine Klage unter keinem rechtlichen Gesichtspunkt gerechtfertigt, so kommt auch trotz verspäteter Absetzung keine Zurückverweisung an das LSG in Betracht. Die Rspr. des BAG weicht davon ab.[177] Eine Anpassung ist angebracht (siehe Rn 46).

59

VI. Maßgeblicher Zeitpunkt für die Gesetzesverletzung

Das Revisionsgericht prüft, ob objektiv eine Rechtsverletzung vorliegt. Nicht erforderlich ist, dass das Berufungsgericht vorsätzlich oder fahrlässig verstoßen hat. Deshalb kann eine Rechtsnorm durch das Berufungsgericht auch dann verletzt worden sein, wenn sie zum Zeitpunkt des Schlusses der mündlichen Verhandlung vor dem LAG noch nicht verkündet war. Maßgeblich ist nämlich die Rechtslage zum Schluss der mündlichen Verhandlung vor dem Revisionsgericht. Hat das LAG eine Norm angewandt, die zum Zeitpunkt des Schlusses der mündlichen Revi-

60

---

167 BAG 5.11.1985 – 1 ABR 49/83 – AP § 98 BetrVG 1972 Nr. 2; 10.2.2004 – 9 AZR 89/03 – AP § 2 ATG Nr. 6.
168 BAG 14.10.2003 – 9 AZR 100/03 – AP § 81 SGB IX Nr. 3 zu.
169 BAG 7.11.1995 – 9 AZR 645/94 – AP § 59 KO Nr. 38.
170 BGH 7.11.1957 – II ZR 280/55 – BGHZ 26, 31.
171 Vgl. GK-ArbGG/*Mikosch*, § 73 Rn 94.
172 BAG 3.9.1986 – 4 AZR 355/85 – AP §§ 22, 23 BAT 1975 Nr. 125.
173 BAG 10.12.1991 – 9 AZR 319/90 – AP § 253 ZPO Nr. 20; BAG 20.2.2001 – 1 ABR 30/00 – AP § 101 BetrVG 1972 Nr. 23.
174 Bsp.: Verletzung des Grundsatzes der mündlichen Verhandlung, BAG 23.1.1996 – 9 AZR 600/93 – AP § 64 ArbGG 1979 Nr. 20.
175 GmS OGB 27.4.1993 – GmS OGB 1/92 – NJW 1993, 2603.
176 BSG 14.9.1994 – 3/1 RK 36/93 – AP § 551 ZPO Nr. 37.
177 BAG 1.10.2003 – 1 ABN 62/01 – AP § 72a ArbGG 1979 Nr. 50.

Düwell 623

sionsverhandlung nicht mehr in Kraft ist, so muss geprüft werden, ob der Klageanspruch noch nach altem Recht zu beurteilen ist.[178] Ist die verletzte Norm erst nach Schluss der mündlichen Verhandlung vor dem Berufungsgericht in Kraft getreten, so ist entscheidend, ob die neue Norm noch in verfassungsrechtlich zulässiger Weise rückwirkend den in der Vergangenheit liegenden Tatbestand erfasst.[179]

VII. Einschränkung der Zulässigkeitsprüfung (Abs. 2)

61 Obwohl es sich um die Verletzung von Rechtsnormen handelt, kann nach Abs. 2 i.V.m. § 65 in den folgenden Fällen die Revision nicht hierauf gestützt werden:

62 **1. Fehler bei Rechtsweg, Zuständigkeit und Verfahrensart.** Die Frage des richtigen Rechtsweges, der örtlichen Zuständigkeit und der richtigen Verfahrensart (Urteils- oder Beschlussverfahren) wird nach § 48 Abs. 1 vorab in dem besonderen Verfahren nach § 17a GVG entschieden (dazu ausführlich siehe § 48 Rn 2 ff.).

63 Die gesetzliche Ausgestaltung der Zulässigkeitsprüfung setzt jedoch voraus, dass das nach § 17a GVG vorgegebene Verfahren eingehalten worden ist. Hat ein Gericht, das den beschrittenen Rechtsweg für zulässig erachtet, entgegen § 17a Abs. 3 S. 2 GVG über die Zulässigkeit des Rechtsweges nicht vorab durch Beschluss, sondern erst inzidenter im Urteil entschieden und wird dies von der Revision gerügt, so kann das BAG dies bei einer zugelassenen Revision berücksichtigen. Die zugelassene Revision muss insoweit wie eine Zulassung der weiteren sofortigen Beschwerde nach § 17a Abs. 4 S. 6 GVG behandelt werden.[180] Ist demgegenüber die Revision erst auf eine Nichtzulassungsbeschwerde zugelassen worden, besteht das Prüfungsverbot des Abs. 2 fort. Gegen einen Beschluss nach § 17a Abs. 4 GVG findet nach § 78 Abs. 2 keine Nichtzulassungsbeschwerde statt.[181]

64 **2. Fehler bei der Berufung der ehrenamtlichen Richter.** Die Berufung der ehrenamtlichen Richter ist in den §§ 22 und 23 geregelt. Die Verletzung dieser Vorschriften kann mit der Revision nicht geltend gemacht werden. Von den Mängeln bei der Berufung der ehrenamtlichen Richter sind Fehler bei der Heranziehung der ehrenamtlichen Richter nach dem jeweiligen Geschäftsverteilungsplan zu unterscheiden. Diese Mängel betreffen die ordnungsgemäße Besetzung des Spruchkörpers und sind absolute Revisionsgründe i.S.v. § 547 Nr. 1 ZPO (vgl. Rn 30).

C. Das BAG als Eingangsinstanz in BND-Sachen

65 Das BAG entscheidet als oberster Gerichtshof grds. nur im letzten Rechtszug über die zugelassenen Revisionen und Rechtsbeschwerden. Es kann aber auch als Tatsachengericht im ersten und letzten Rechtszug zugleich tätig werden. Diese Ausnahme ist in § 158 Nr. 5 SGB IX geregelt. Danach entscheidet über Rechtsstreitigkeiten, die aufgrund des SGB IX im Bereich des BND entstehen, der oberste Gerichtshof des zuständigen Gerichtszweiges im ersten und letzten Rechtszug. Somit können schwerbehinderte und gleichgestellte behinderte AN aus dem Geschäftsbereich des BND beim BAG im Urteilsverfahren gegen ihren AG u.a. Klage erheben:

– zur Geltendmachung einer Benachteiligung „wegen der Behinderung" (§ 81 Abs. 2 S. 1 SGB IX),
– zur Erfüllung von Ansprüchen auf behinderungsgerechte Beschäftigung (§ 81 Abs. 4 SGB IX),
– zur Durchsetzung des Anspruchs auf Zusatzurlaub (§ 125 SGB IX) und zur Freistellung von Mehrarbeit (§ 124 SGB IX).

66 Ebenfalls ist die erstinstanzliche Zuständigkeit für Beschlussverfahren der im Geschäftsbereich des BND gewählten SBV gegeben; denn deren Aufgaben und Rechte sind im SGB IX geregelt. In Betracht kommen insoweit insb. Verfahren, in denen geklärt werden soll:

– die Wirksamkeit der Wahl (§ 94 Abs. 1, 6 SGB IX),
– die Freistellung von Vertrauenspersonen zur Teilnahme an Bildungs- und Schulungsveranstaltungen (§ 96 Abs. 4 S. 3 SGB IX),
– die Unterrichtung der Schwerbehindertenvertretung über eingegangenen Bewerbungen (§ 81 Abs. 1 S. 4 SGB IX) und
– die Teilnahme an Vorstellungsgesprächen (§ 95 Abs. 2 S. 3 SGB IX).

67 Übersehen wird zumeist, dass für derartige Beschlussverfahren des Öffentlichen Dienstes nach § 2a Abs. 1 Nr. 3a die **ausschließliche Zuständigkeit** der Arbeitsgerichtsbarkeit gegeben ist,[182] so dass in diesen Fällen stets das BAG anzurufen ist. Die Praxis hat die prozessuale Bedeutung des § 158 Nr. 5 SGB IX in der Vergangenheit nicht wahrgenommen. Bisher ist nur einmal eine Künd-Klage eines Ang aus dem Geschäftsbereich des BND beim BAG anhängig gemacht worden. Diese hat dann schon vor der Güteverhandlung eine außergerichtliche Erledigung gefunden. Ansonsten hätte auch die funktionale Zuständigkeit des BAG als Eingangsgericht geprüft werden müssen; denn

---

178 BGH 20.5.1957 – III ZR 118/56 – NJW 1957, 1236.
179 Vgl. BAG 22.1.1959 – 1 AZR 535/55 – BAGE 7, 197; BAG 14.11.1979 – 4 AZR 3/78 – BAGE 32, 187.
180 *Germelmann u.a.*, § 73 Rn 21.
181 *Germelmann u.a.*, § 73 Rn 22.
182 Vgl. BAG 11.11.2003 – 7 AZB 40/03 – AP § 94 SGB IX Nr. 1; jurisPR-ArbR 3/2004 Anm. 2 *Kloppenburg*.

nur soweit ein Künd-Rechtsstreit „aufgrund des SGB IX" im Bereich des BND entsteht, darf das BAG als Eingangsinstanz tätig werden.

D. Beraterhinweise

I. Abfassung einer Sachrüge

Zur ordnungsgemäßen Begründung der Revision gehört die Angabe der Revisionsgründe, § 72 Abs. 5 i.V.m. § 551 Abs. 3 S. 1 Nr. 2 ZPO. Bei Sachrügen gehört dazu die bestimmte Bezeichnung der Umstände, aus denen sich die Rechtsverletzung ergibt, § 551 Abs. 3 S. 1 Nr. 2a ZPO. Wer die Revision begründet, muss die Rechtsfehler des Berufungsurteils so aufzeigen, dass Gegenstand und Richtung seines Revisionsangriffs erkennbar sind. Dazu muss er sich mit den Urteilsgründen des angefochtenen Urteils auseinander setzen.[183] Das BAG will damit sicherstellen, dass der Prozessbevollmächtigte des Revisionsklägers das angefochtene Urteil im Hinblick auf das Rechtsmittel überprüft und mit Blickrichtung auf die Rechtslage genau durchdenkt. Außerdem soll er mit seiner Kritik des angefochtenen Urteils zur richtigen Rechtsfindung durch das Revisionsgericht beitragen.[184] Die bloße Darstellung anderer Rechtsansichten ohne jede Auseinandersetzung mit den Gründen des Berufungsurteils genügt diesen Anforderungen an eine ordnungsgemäße Revisionsbegründung daher nicht.[185] Wer eine fehlerhafte Anwendung des materiellen Rechts rügt, muss die seiner Ansicht nach falsche Rechtsanwendung im Berufungsurteil darstellen und dem in seiner Revisionsbegründung die richtige Anwendung entgegenstellen. Er darf sich nicht darauf beschränken, die nach Auff. der Revision verletzten Rechtsnormen aufzuzählen.

68

II. Abfassung einer Verfahrensrüge

Nach § 551 Abs. 3 Nr. 2b ZPO muss eine Verfahrensrüge die Tatsachen bezeichnen, aus denen sich der Mangel ergeben soll, auf den sich die Revision stützen will. Dazu muss die Kausalität zwischen dem Verfahrensmangel und dem Ergebnis des Berufungsurteils dargelegt werden.

69

Abschreckendes Beispiel: „Nach Auffassung des Klägers verkennen die Vordergerichte die Rechtstatsache, dass vorgenannte Normen bei interessengerechter Auslegung der Tarifvertragsparteien eine Tarifautomatik innewohnt, demgemäß eine automatische Geltung der BAT-Regelungen auch in dem vorliegend zu entscheidenden Fall gegeben ist. Die Auslegung vorgenannter Normen führt zu dem von dem Kläger beantragten Ergebnis des Rechtsstreits." Zu Recht hat das BAG dazu erkannt: „ Dies lässt jede Auseinandersetzung mit dem sorgfältig begründeten angefochtenen Urteil und seinen Entscheidungsgründen vermissen."[186] Diese Revision ist folglich als unzureichend begründet verworfen worden.

III. Rüge bei eingeschränkter Revisibilität

Im Revisionsverfahren tun sich nicht geübte RA schwer, die fehlerhafte Anwendung nur eingeschränkt revisiblen Rechts (siehe Rn 29a) mit Erfolg zu rügen. Das ist insb. für den Künd-Prozess bedeutsam; denn die Frage, ob eine Künd sozialwidrig i.S.v. § 1 Abs. 2 KSchG ist, betrifft die Anwendung eines unbestimmten Rechtsbegriffs. Dieser kann vom Revisionsgericht nur darauf überprüft werden kann, ob das LAG in dem angefochtenen Urteil den Rechtsbegriff selbst verkannt hat, ob es bei der Unterordnung des Sachverhalts unter die Rechtsnorm des § 1 KSchG Denkgesetze oder allg. Erfahrungssätze verletzt hat, ob es bei der gebotenen Interessenabwägung, bei der dem Tatsachengericht ein Beurteilungsspielraum zusteht, alle wesentlichen Umstände berücksichtigt hat und ob das Urteil in sich widerspruchsfrei ist.[187] Folglich reicht es nicht, die Beurteilung des LAG zu kritisieren. Die Revision muss, wenn sie erfolgreich sein soll, die Überschreitung des dem Tatrichter vorbehaltenen Beurteilungsspielraums darlegen. Nur in diesem Umfang darf das BAG prüfen! Zumeist wird das Berufungsgericht den ihm zustehenden eigenen Beurteilungsspielraum nicht überschritten oder Denkgesetze verletzt haben. Deshalb ist es immer sinnvoll, zusätzlich kritisch zu überprüfen, ob die vom LAG für die Beurteilung zugrunde gelegten tatsächlichen Feststellungen auch verfahrensfehlerfrei gewonnen wurden. Ist z.B. das LAG zur Annahme einer erheblichen arbeitsvertraglichen Pflichtverletzung gelangt, die als einzige Künd rechtfertige, weil der AN von der Arbeit fern geblieben sei, dann sind die tatsächlichen Feststellungen mit gesonderten Verfahrensrügen anzugreifen, z.B. weil nicht aufgeklärt worden sei, das der AN von einem Leistungsverweigerungsrecht Gebrauch gemacht habe. Ansonsten ist das Revisionsgericht nach § 559 ZPO gebunden.

70

---

183 BAG 30.8.2000 – 4 AZR 333/99 – juris; BAG 29.10.1997 – 5 AZR 624/96 – BAGE 87, 41, 44.
184 BAG 30.8.2000 – 4 AZR 333/99 – juris; BAG 30.5.2001 – 4 AZR 272/00 – juris; BAG 6.1.2004 – 9 AZR 680/02 – BAGE 109, 145, 148 f.
185 BAG 13.4.2000 – 2 AZR 173/99 – FA 2000, 289.
186 BAG 11.10.2006 – 4 AZR 544/05 – DB 2007, 232.

187 St. Rspr. des BAG 24.6.2004 – 2 AZR 63/03 – AP § 1 KSchG 1969 Verhaltensbedingte Kündigung Nr. 49 = EzA § 1 KSchG Verhaltensbedingte Kündigung Nr. 65; BAG 12.1.2006 – 2 AZR 21/05 – AP § 1 KSchG 1969 Verhaltensbedingte Kündigung Nr. 53 = EzA § 1 KSchG Verhaltensbedingte Kündigung Nr. 67.

IV. Aufklärungsrüge

71 1. Unterlassener Hinweis. Soll eine unterlassene Fragestellung (§ 139 Abs. 1 ZPO) oder ein unterbliebener Hinweis nach § 278 Abs. 3 ZPO gerügt werden, so muss die Revision die unterlassene Frage oder den übersehenen rechtlichen Gesichtspunkt genau bezeichnen und angeben, wie darauf reagiert worden wäre.[188] Hat die Revision z.B. darauf hingewiesen, bis zur mündlichen Verhandlung vor dem LAG hätten beide Parteien wegen einer in der Dienststelle üblichen Praxis die Frage nicht weiter überprüft, ob der PR vor einem bestimmten Zeitpunkt beteiligt worden sei, dann rügt die Revision zu Recht, hätte das LAG bei dieser Sachlage zur Vermeidung einer Überraschungsentscheidung (§ 278 Abs. 3 ZPO) Gelegenheit zur Stellungnahme geben müssen, wenn es dem neuen Vorbringen zur früheren Beteiligung des PR Bedeutung beimessen und das diesbezügliche Schweigen des Gegners als Nichtbestreiten werten wollte (§ 139 Abs. 1 ZPO). Ggf. hätte hier das Gericht eine angemessene Schriftsatzfrist einräumen müssen, wenn sich die Klägerin – z.B. mangels aktueller Erinnerung – zu einer sofortigen substantiierten Einlassung außerstande sah.[189]

71a 2. Sachverständigengutachten. Die Beurteilung, ob der Tatrichter Gutachten und fachtechnische Stellungnahmen zutreffend ausgewertet hat, ist revisionsrechtlich nur eingeschränkt überprüfbar. Rügen greifen dann durch, wenn geltend werden kann, die Gutachten wiesen grobe, offen erkennbare Mängel oder unlösbare Widersprüche auf, insb. weil sie von unzutreffenden sachlichen Voraussetzungen ausgingen oder weil Anlass zu Zweifeln an der Sachkunde oder der Unparteilichkeit des Gutachters bestehe.[190] Liegen mehre Sachverständigengutachten vor, welche die Beweisfrage, z.B. nach künftig zu erwartenden Krankheitszeiten, gegensätzlich beantworten, darf sich die Rüge einer Verletzung der Aufklärungspflicht durch Nichteinholung eines weiteren Gutachtens nicht darauf beschränken, die fehlende Eignung des vom Gericht verwerteten Gutachtens aufzuzeigen. Die Rüge muss zusätzlich darlegen, dass auch das andere Gutachten nicht geeignet ist, die Beweisfrage abschließend zu klären.

V. Übergangenes Beweisangebot

72 Hat das LAG ein ordnungsgemäßes und entscheidungserhebliches Beweisangebot übergangen, so ist das eine Verletzung des Anspruchs auf rechtliches Gehör. Der Revisionskläger muss dann rügen:

„Das Berufungsurteil hat seine Entscheidung darauf gestützt, der Revisionskläger habe keinen Beweis für die Tatsache angetreten, dass .... Das ist unzutreffend und verletzt den Revisionskläger in seinem Anspruch auf rechtliches Gehör. Das LAG ließ unberücksichtigt, dass der Revisionskläger im Schriftsatz vom ... auf Seite ... ausgeführt hatte: (konkrete Ausführungen einschließlich der genauen Wiedergabe der Beweisantritte). Wäre diesen Beweisangeboten nachgegangen und eine entsprechend Beweis erhoben worden, so wäre vom Berufungsgericht als Ergebnis der Beweisaufnahme folgende Tatsache festgestellt worden:.... Bei einer derartigen Tatsachenfeststellung sind die vom LAG als fehlend bezeichneten Voraussetzungen des geltend gemachten Anspruchs auf ... erfüllt. Dann hätte das LAG im Sinne des Revisionsklägers entscheiden müssen".

Die Aufklärungsmängel, die wegen Ablehnung der Einholung eines Obergutachtens gestellt werden, sind streng. Beschwerdeführern, die sich auf einen solchen Mangel berufen wollen, ist dringend anzuraten, genau zu prüfen, in welcher Hinsicht Versäumnisse des Tatsachengerichts bestehen, ob diese dem Verfahrensrecht und nicht der materiellen Beweiswürdigung zuzurechnen sind und ob sie ausreichen, den Vorwurf ungenügender Beweiserhebung auszufüllen.

| § 74 | **Einlegung der Revision, Terminbestimmung** |

(1) ¹Die Frist für die Einlegung der Revision beträgt einen Monat, die Frist für die Begründung der Revision zwei Monate. ²Beide Fristen beginnen mit der Zustellung des in vollständiger Form abgefassten Urteils, spätestens aber mit Ablauf von fünf Monaten nach der Verkündung. ³Die Revisionsbegründungsfrist kann einmal bis zu einem weiteren Monat verlängert werden.

(2) ¹Die Bestimmung des Termins zur mündlichen Verhandlung muß unverzüglich erfolgen. ²§ 552 Abs. 1 der Zivilprozeßordnung bleibt unberührt. ³Die Verwerfung der Revision ohne mündliche Verhandlung ergeht durch Beschluß des Senats und ohne Zuziehung der ehrenamtlichen Richter.

---

[188] Vgl. BAG 11.8.1994 – 2 AZR 9/94 – AP § 1 KSchG 1969 Krankheit Nr. 31 m.w.N.; Zöller/*Gummer*, § 554 Rn 14.
[189] BAG 20.1.2000 – 2 AZR 65/99 – AP § 2 KSchG 1969 Nr. 56 = NZA 2000, 367.
[190] BVerwG 2.3.1995 – 5 B 26.95 – Buchholz 310 § 86 Abs. 1 VwGO Nr. 267; BVerwG 4.1.2007 – 10 B 20.06 – Buchholz 310 § 86 Abs. 1 VwGO Nr. 353.

§ 74 ArbGG 50

Literatur: *Düwell*, Die Schriftform für Rechtsmittel in den arbeitsgerichtlichen Verfahrensarten, NZA 1999, 291; *ders.*, Elektronisches Postfach für das Bundesarbeitsgericht, FA 2006, 172; *ders.*, Justizmodernisierung und Arbeitsgerichtsverfahren, FA 2004, 364, 365; *Gaier*, Rechtsmittelerledigung im Zivilprozess, JZ 2001, 445; *Gravenhorst*, Nicht zugelassene Revision ausnahmslos unstatthaft?, NZA 2004, 1261; *ders.*, Berufungs- und Revisionsfristen im arbeitsgerichtlichen Verfahren, jurisPR-ArbR 29/2007 Anm 3; *Künzl*, Rechtsmittelfrist im arbeitsgerichtlichen Verfahren bei verspäteter Urteilszustellung, ZZP 118, 59; *Treber*, Nichteinhaltung der Revisionsbegründungsfrist, jurisPR-ArbR 17/2006 Anm. 1; *Wagner*, Unterbrechung von Rechtsmittelbegründungsfristen, FA 1999, 349 ff.

A. Allgemeines 1	3. Verwerfungsbeschluss 77
B. Regelungsgehalt 3	VIII. Rücknahme der Revision 84
I. Einlegung der Revision 3	1. Anwendbare Vorschriften 84
1. Förmlichkeiten der Einlegung 3	2. Rücknahme als Prozesshandlung 85
2. Pflichtangaben in der Revisionsschrift 13	3. Keine Zustimmung des Gegners erforderlich . 89
3. Unbedingte Einlegung des Rechtsmittels 18	4. Spätester Zeitpunkt der Rücknahmeerklärung 90
4. Revisionseinlegung und PKH 20	5. Folgen der Rücknahmeerklärung 91
5. Anfall Hilfsanträgen in der Revisionsinstanz . 21	IX. Erledigungserklärungen in der Rechtsmittelinstanz 93
6. Kein Anfall von übergangenen Anträgen 22	1. Erledigung der Hauptsache 93
7. Anfall des Zuvielzugesprochenen 23	2. Rechtsmittelerledigung 95
8. Beschränkung der Revision 24	X. Verzicht 97
II. Revisionsfrist 25	XI. Klageänderung, -erweiterung und Widerklage ... 103
1. Revisionsfrist ohne Verlängerungsmöglichkeit 25	XII. Anschlussrevision 104
2. Fristberechnung 26	1. Allgemeines 104
3. Probleme in Bezug auf den Beginn des Fristlaufs 27	2. Unselbstständigkeit der Anschlussrevision ... 105
a) Zu frühe Einlegung 27	3. Befreiung von der Revisionszulassung 109
b) Fünf-Monats-Frist für „verspätete" Urteile 29	4. Wahl: selbstständige Revision oder unselbstständiger Anschluss? 110
c) Fristenfalle bei Zustellung nach der „Fünf-Monats-Frist" 31	5. Keine Gegenanschließung 112
d) Maßgebende Urteilszustellung 32	6. Revisionsanschlussschrift 113
e) Neuer Fristenlauf nach Ergänzungsurteil . 35	7. Verwerfung der unzulässigen Anschließung .. 117
f) Fristenlauf bei Urteilsberichtigung 36	XIII. Zwangsvollstreckung im Revisionsrechtszug 118
g) Fristlauf nach Revisionszulassung durch das BAG 37	C. Verbindung zum Prozessrecht 120
	D. Beraterhinweise 121
4. Auswirkung von Unterbrechung oder Aussetzung 38	I. Kontrolle von Frist und Ordnungsgemäßheit .. 121
III. Revisionsbegründung 40	1. Vollständige Sendung eines Telefaxes 121
1. Allgemeines 40	2. Anwaltliche Fristenkontrolle bei Handaktenvorlage 123
2. Revisionsbegründungsfrist 41	3. Richtige Bezeichnung der angefochtenen Entscheidung 124
3. Verlängerung der Revisionsbegründungsfrist . 43	II. Antrag auf Tatbestandsberichtigung 125
4. Form der Revisionsbegründung 44	III. Antragsformulierungen für die Revision 127
5. Inhalt der Revisionsbegründung 46	1. Revisionseinlegung 127
6. Materiell-rechtliche Rüge 52	2. Revisionszurückweisungsantrag 128
7. Verfahrensrüge 54	3. Revisionsantrag 129
IV. Beschwer 60	IV. Anregung auf Zurückverweisung an das LAG ... 130
V. Gegenrüge 63	V. Antrag auf Feststellung der einseitigen Erledigung eines Rechtsmittels 131
VI. Terminsbestimmung 66	VI. Antrag für einseitige Erledigungserklärung 134
VII. Die Verwerfung der unzulässigen Revision 68	VII. Vorbereitung von Gegenrügen 135
1. Überblick 68	
2. Zulässigkeitsprüfung 69	

A. Allgemeines

In Abs. 1 ist keine abgeschlossene Regelung enthalten, wie die Revision einzulegen und wie sie ordnungsgemäß zu begründen ist. Deshalb ist auf § 72 Abs. 5 zurückzugreifen, der regelt, dass für das Verfahren vor dem BAG, soweit das ArbGG nichts anderes bestimmt, die Vorschriften der ZPO über die Revision mit Ausnahme des § 566a entsprechend gelten. Insoweit sind über § 72 Abs. 5 § 549 ZPO (Revisionsschrift), § 550 ZPO (Zustellung der Revisionsschrift), § 551 ZPO (Revisionsbegründung), § 552a ZPO (Prüfung der Zulässigkeit) und § 553 Abs. 2 ZPO (Einlassungsfrist) anzuwenden. **1**

Ebenso enthält Abs. 2 keine vollständige Regelung des Revisionsverfahrens. Insoweit sind über § 72 Abs. 5 die Vorschriften der §§ 555 bis 565 ZPO über das Revisionsverfahren anwendbar, und über § 72 Abs. 6 gelten die Vorschriften des § 49 Abs. 1 (Ablehnung von Gerichtspersonen), des § 50 (Zustellung des Urteils), des § 52 (Öffentlichkeit), des § 53 (Befugnisse des Vorsitzenden und der ehrenamtlichen Richter), des § 57 Abs. 2 (gütliche Erledigung des Rechtsstreits), des § 61 Abs. 2 (Inhalt des Urteils) und des § 63 (Übersendung von Urteilen in Tarifvertragssachen) entsprechend. **2**

B. Regelungsgehalt
I. Einlegung der Revision
1. Förmlichkeiten der Einlegung. Die zu beachtenden Förmlichkeiten ergeben sich neben § 74 aus § 553 ZPO (Einreichung und Inhalt der Revisionsschrift) und aus §§ 551a i.V.m. 550 ZPO (Zustellung der Revisionsschrift).

Zivilprozessordnung vom 30.1.1877, RGBl I S. 83, BGBl III 310–4, in der Fassung der Bekanntmachung vom 5.12.2005, BGBl I S. 3202, zuletzt geändert durch zuletzt geändert durch Gesetz zur Änderung des Wohnungseigentumsgesetzes und anderer Gesetze vom 26.3.2007 (BGBl I S. 370, 376).

ZPO § 549 – Revisionseinlegung
(1) [1]Die Revision wird durch Einreichung der Revisionsschrift bei dem Revisionsgericht eingelegt. [2]Die Revisionsschrift muss enthalten:
1. die Bezeichnung des Urteils, gegen das die Revision gerichtet wird;
2. die Erklärung, dass gegen dieses Urteil Revision eingelegt werde.

§ 544 Abs. 6 Satz 2 bleibt unberührt.

(2) Die allgemeinen Vorschriften über die vorbereitenden Schriftsätze sind auch auf die Revisionsschrift anzuwenden.

ZPO § 550 – Zustellung der Revisionsschrift
(1) Mit der Revisionsschrift soll eine Ausfertigung oder beglaubigte Abschrift des angefochtenen Urteils vorgelegt werden, soweit dies nicht bereits nach § 544 Abs. 1 Satz 4 geschehen ist.

(2) Die Revisionsschrift ist der Gegenpartei zuzustellen.

Die Revision wird durch Einreichung einer Revisionsschrift **beim BAG** eingelegt (vgl. § 549 Abs. 1 S. 1 ZPO). Eine Einlegung beim LAG wahrt die Revisionsfrist nicht.[1] Wird die Revisionsschrift vom LAG dem BAG so rechtzeitig weitergeleitet, dass der Schriftsatz vor Ablauf der Einlegungsfrist in die Verfügungsgewalt des BAG gelangt ist, so reicht das aus.[2] Die Partei und ihr Prozessbevollmächtigter sind allein für die Einlegung verantwortlich.

Die Revisionsschrift leitet das Revisionsverfahren ein. Sie ist ein sog. bestimmender Schriftsatz. Nach § 549 Abs. 2 ZPO findet die für vorbereitende Schriftsätze geltende Schriftform Anwendung. § 130 Nr. 6 ZPO schreibt dazu für Anwaltsprozesse die Unterschrift des RA vor.[3] Die das Verfahren wirksam einleitende Prozesshandlung ist deshalb erst vollzogen, wenn der Schriftsatz **eigenhändig** von einem nach § 11 Abs. 4 RA oder einem postulationsfähigen Verbandsvertreter **unterschrieben** und beim BAG eingereicht ist. Hat eine für den Gegner bestimmte beglaubigte Abschrift mit vollständiger Unterschrift beigelegen, so genügt das.[4]

Die Rspr. des BAG macht jedoch einen Vorbehalt: Die Abschrift muss von dem RA beglaubigt worden sein, der es unterlassen hat, seine Unterschrift unter das Original zu setzen.[5] Eine Abkürzung durch Wiedergabe von Anfangsbuchstaben, wie sie bei Abzeichen eines Entwurfs üblich ist und als Paraphe bezeichnet wird, reicht als Unterschrift nicht aus.[6] Das BAG hat die vom BFH[7] gegen diese Auff. geltend gemachten Bedenken abgelehnt. Es ist nicht erforderlich, dass die Unterschrift lesbar ist. Es genügt ein hinreichendes Maß an Individualität, so dass ein Dritter, der den Namen kennt, den (vollen) Namen aus dem Schriftzug herauslesen kann. Bloße geometrische Figuren, Initialen oder Wellenlinien sind danach nicht ausreichend.[8] Hat ein RA längere Zeit unbeanstandet mit einer Paraphe unterzeichnet, so ist ihm, wenn die verkürzte Unterschrift erstmalig auf Bedenken stößt, Wiedereinsetzung in den vorigen Stand zu bewilligen.[9] Das BAG legt keinen kleinlichen Maßstab an, sofern die Autorenschaft gesichert ist.[10]

Durch die Unterzeichnung muss der RA zum Ausdruck bringen, dass er persönlich und in seiner Eigenschaft als RA für die Einlegung der Revision die Verantwortung übernimmt.[11] Ist das der Fall, so ist es unschädlich, wenn der RA den Kopfbogen eines Verbandes benutzt. Bei Sozietätsbriefköpfen muss der Name des unterzeichnenden RA angegeben werden, wenn die Unterschrift nicht leserlich ist. Der pauschale Hinweis auf die Sozietät reicht nicht aus.[12] Einschränkende Zusätze können die Einlegung unwirksam machen, wenn z.B. von einem sozietätsfremden RA der Zusatz beigefügt wird „Im Auftrag des verhinderten Rechtsanwalts A"[13] oder neben der Unterschrift vermerkt

---

1 BAG 17.11.1975 – 4 AZR 546/75 – AP § 234 ZPO Nr. 12.
2 BAG 29.4.1986 – 7 AZB 6/85 – BAGE 52, 19.
3 *Düwell*, NZA 1999, 291 ff.
4 BGH 22.9.1992 – XI ZR 35/92 – AP § 518 ZPO Nr. 59.
5 BAG 11.8.1987 – 7 AZB 14/87 – AP § 518 ZPO Nr. 42; zustimmend GK-ArbGG/*Mikosch*, § 74 Rn 6.
6 BAG 27.3.1996 – 5 AZR 576/94 – AP § 518 ZPO Nr. 67.
7 29.11.1995 – X B 56/95 – NJW 1996, 1432.
8 BAG 15.12.1987 – 3 AZR 606/87 – EzA § 518 ZPO Nr. 33; zustimmend GK-ArbGG/*Mikosch*, § 74 Rn 6.
9 BGH 28.9.1998 – II ZB 19/98 – NJW 1999, 60.
10 Vgl. BAG 30.8.2000 – 5 AZB 17/00 – AP § 130 ZPO Nr. 17.
11 BAG 27.9.2001 – 6 AZR 462/00 – EzA § 11 ArbGG 1979 Nr. 15.
12 BAG 27.9.1983 – 3 AZR 424/81 – AP § 518 ZPO Nr. 4.
13 BAG 26.7.1967 – 4 AZR 172/66 – AP § 518 ZPO Nr. 11.

wird: „Verfasser RA Y".[14] Der Zusatz „für Rechtsanwalt X" ist als Erklärung eines Unterbevollmächtigten ausgelegt worden, für den Inhalt des Schriftsatzes geradezustehen.[15]

Dem Formerfordernis muss vor Fristablauf (siehe Rn 25 ff.) genügt sein. Eine Heilung durch rügelose Einlassung oder Rügeverzicht des Revisionsbeklagten kommt nicht in Betracht. Nach Fristablauf tritt die Rechtskraft der Berufungsentscheidung ein. Auch die Nachholung der vollständigen Unterschrift kann daher den Mangel nicht mehr heilen. **8**

Nach der Rspr. wird der Schriftlichkeit Genüge getan bei telegrafischer Übermittlung,[16] bei Durchgabe mittels Fernschreiber und bei Überbringung als Telebrief[17] sowie bei Empfang als Telefax.[18] Bei Revisionseinlegung auf diesen fernmeldetechnischen Wegen müssen alle notwendigen Angaben und auch die Unterschrift bis zum Fristablauf vom Empfängergerät aufgezeichnet werden (Einzelheiten siehe § 72a Rn 19 ff.). Das Empfangsgerät des Gerichts ist wie ein elektronischer Nachtbriefkasten zu behandeln.[19] Liegt z.B. die Ursache der mangelnden Lesbarkeit beim Empfänger, ist der Schriftsatz ordnungsgemäß eingegangen, wenn das Original nachgereicht wird und die empfangene Sendung so lesbar wird. Soweit Anhaltspunkte dafür vorliegen, dass die abgesandten Signale fristgerecht eingegangen sind, fingiert die Rspr. deren rechtzeitigen Zugang.[20] **9**

Risiken und Unsicherheiten, deren Ursache in der Sphäre des Gerichts liegen, dürfen bei der Entgegennahme fristgebundener Schriftsätze nicht abgewälzt werden.[21] Bei einer Fristversäumung wegen gestörten Telefaxempfangs wird deshalb nicht nur das Risiko der Funktionsbeeinträchtigung des Empfangsgeräts, sondern auch das einer Leitungsstörung dem Gericht zugerechnet. Daher ist Wiedereinsetzung in den vorigen Stand zu gewähren, wenn ein RA so rechtzeitig mit der Sendung eines Fax beginnt, dass unter normalen Umständen vor Fristablauf um 24 Uhr mit dem Empfang beim Rechtsmittelgericht zu rechnen ist, sich aber beim Sendevorgang herausstellt, dass die Leitung gestört ist.[22] **10**

Bei der Übermittlung einer Revisionsschrift mittels PC-Modem als Textdatei an das Telefaxgerät des BAG wird keine Fernkopie eines Originals erstellt. Deshalb ist keine Wiedergabe eines eigenhändig unter das Original gesetzten Namenszuges möglich. Anstelle der Unterschrift soll der Zusatz genügen „dieser Brief wurde maschinell erstellt und wird nicht unterschrieben"[23] oder die Angabe „last page".[24] Wenn der RA seine Unterschrift in seinen Rechner einscannt und verbunden mit einem als Datei abgespeicherten Schriftsatz über ein Modem an das Telefaxgerät des Gerichts sendet, fehlt in Ermangelung eines auf Papier geschriebenen Originals zwangsläufig die Unterschrift.[25] Dem folgend ist die Einreichung eines bestimmenden Schriftsatzes mittels Computerfax zunächst als unzulässig angesehen.[26] Der vom BGH angerufene Gemeinsame Senat hat das Computerfax dennoch, um dem technischen Fortschritt Rechnung zu tragen, im Wege der Rechtsfortbildung zugelassen. Das ist kaum mit dem Gleichheitssatz des Art. 3 GG zu vereinbaren. Wenn bei fernmeldetechnischer Übermittlung eine Fernkopie der Unterschrift (Faksimile) genügt, dann ist es sachlich nicht gerechtfertigt, bei konventioneller Übermittlung ein Faksimile zurückzuweisen und stattdessen eine Originalunterschrift zu verlangen. Die Prozessordnungen enthalten keinen Anhaltspunkt dafür, dass die Nutzer bestimmter Kommunikationswege begünstigt werden sollen.[27] Das Erfordernis der eigenhändigen Unterschrift des RA hat seinen Sinn: Nur Postulationsfähige sollen Rechtsmittel einlegen oder sonstige bestimmende Schriftsätze erstellen.[28] Auch nach der Entscheidung des Gemeinsamen Senats ist der BGH auf Formstrenge bedacht. Wenn der bestimmende Schriftsatz mithilfe eines normalen Faxgerätes und nicht unmittelbar aus dem Computer versandt wurde, dann bleibt die eigenhändige Unterzeichnung erforderlich. Auf die eigenhändige Unterschrift ist nur dann und insoweit zu verzichten, wie technische Gegebenheiten einen solchen Verzicht erforderlich machen.[29] **11**

Seit dem 1.4.2006 ist der elektronische Rechtsverkehr zum BAG eröffnet. Mit der Verordnung über den elektronischen Rechtsverkehr beim Bundesarbeitsgericht vom 9.3.2006[30] hat die Bundesregierung die dazu erforderliche Rechtsgrundlage geschaffen.[31] Nach § 46c Abs. 1 S. 1, 2 ist damit die Revisionseinlegung in Form eines elektronischen Dokuments möglich, das mit einer elektronischen Signatur nach dem Signaturgesetz versehen ist.[32] Nach § 2 Abs. 2 der VO ist zur Entgegennahme der Dokumente ausschließlich der elektronische Briefkasten des BAG zugelassen. Problematisch ist, dass in § 72 Abs. 6 für das Revisionsverfahren nicht auf § 46b verwiesen wird. § 46c

---

14 BAG 22.5.1990 – 3 AZR 55/90 – AP § 519 ZPO Nr. 38.
15 BAG 22.5.1990 – 3 AZR 55/90 – AP § 519 ZPO Nr. 38.
16 BAG 1.7.1971 – 5 AZR 75/71 – BAGE 23, 361 = AP § 129 ZPO Nr. 1.
17 BAG 1.6.1983 – 5 AZR 468/80 – BAGE 43, 46 = AP § 1 LohnFG Nr. 54.
18 BAG 14.3.1989 – 1 AZB 26/88 – BAGE 61, 201–209 = AP § 130 ZPO Nr. 10.
19 LAG Hamm 27.11.1989 – 19 Sa 1618/89 – LAGE § 518 ZPO Nr. 3.
20 BGH 19.4.1994 – VI ZB 3/94 – NJW 1994, 1881.
21 BVerfG 14.5.1985 – 1 BvR 370/84 – NJW 1986, 244.
22 BVerfG 1.8.1996 – 1 BvR 121/95 – NJW 1996, 2857.
23 BSG 15.10.1996 – 14 BEg 9/96 – NJW 1997, 1254.
24 BVerwG 19.12.1994 – 5 B 79/94 – n.v.
25 OLG Karlsruhe 14.11.1997 – 14 U 202/96 – NJW 1998, 1650.
26 BGH 29.9.1998 – XI ZR 367/97 – NJW 2001, 831.
27 Ebenfalls Bedenken *Germelmann u.a.*, § 74 Rn 11.
28 Einzelheiten bei *Düwell*, NZA 1999, 293.
29 BGH 10.10.2006 – XI ZB 40/05 – NJW 2006, 3784.
30 BGBl I S. 519.
31 *Düwell*, FA 2006, 172.
32 *Düwell*, FA 2006, 173.

12 Abs. 3 bestimmt, dass ein elektronisches Dokument eingereicht ist, sobald die für den Empfang bestimmte Einrichtung des Gerichts es aufgezeichnet hat. Eine gedruckte Ausgabe ist nicht erforderlich und wird zur Vermeidung von Papierverbrauch (elektronische Akte) langfristig nicht angestrebt. Die Zugangs- und Übertragungssoftware kann von der Internetseite *www.bundesarbeitsgericht.de* kostenlos heruntergeladen werden.

12 Die Rspr. hat noch keine überzeugende Lösung für die Zuleitung von Dokumenten entwickelt, die der Schriftform genügende Revisionsschriften enthalten und die nicht in den elektronischen Briefkasten des BAG eingereicht, sondern dem BAG auf einem anderen Übertragungsweg zugeleitet werden. Eine klare Lösung wäre es, wenn der elektronische Rechtsverkehr alle fernmeldetechnischen Datenübermittlungen verdrängen würde. Das ist jedoch nicht mit der Rspr. der anderen OGB vereinbar, die eine „schriftliche Übermittlung" mit technischen Mitteln zulassen; wenn auf Veranlassung des Absenders am Empfangsort (Gericht) eine körperliche Urkunde erstellt wird: Dann ist für den Eingangszeitpunkt der Ausdruck maßgebend.[33] So gilt für ein Telefax, dass die Speicherung der Nachricht noch nicht an die Stelle der Schriftform tritt.[34] Erst der Ausdruck der auf elektronischem Wege übermittelten Datei erfüllt die Schriftform. Hier zeigt sich der Unterschied zu dem im elektronischen Rechtsverkehr übermittelten Dokument, das bereits mit der Speicherung als eingegangen gilt. Als weitere schriftliche Übertragung kommt auch die Echtzeitübertragung von Faxnachrichten über IP-Netze mittels des von der International Telecommunication Union (ITU) definierten Standards T.38 („Fax over IP" – FoIP) in Betracht. Auch solche Fernkopien fallen in den Anwendungsbereich des § 130 Nr. 6 ZPO, weil die Übermittlung an den Empfänger über das Telefonnetz erfolgt.[35] Der BGH verweist zusätzlich auf die Möglichkeit, ein Telefax über das Internet zu versenden. Als eine Art der schriftlichen Übertragung hat es der BGH darüber hinaus akzeptiert, wenn ein unterschriebener Schriftsatz als PDF-Datei per E-Mail an das Gericht geschickt und dort ausgedruckt wird. Mit dem Ausdruck gilt dann die Rechtsmittelschrift als eingegangen.[36] Um die Anforderungen an eine „schriftliche" Übertragung zu erfüllen, muss zudem der einer E-Mail angehängte Schriftsatz vor dem Scannen unterschrieben worden sein. Insoweit hat der BGH Email-Anhänge mit Telefaxen gleichbehandelt. Das ist eine logische Weiterentwicklung zu den Computerfaxen, deren Ausdrucke auch ohne Unterschrift auf dem Original bereits für den GmSOGB dem Schriftformerfordernis genügten.[37] Zu berücksichtigen ist allerdings, dass es zum Zeitpunkt dieser Entscheidungen § 46c noch nicht gab. Auf eine handschriftliche Unterzeichnung wurde damals mit der Begründung verzichtet, die Partei müsse nur das tun, was technisch möglich sei, um die Anforderungen der eigenhändigen Unterschrift zu erfüllen. Da für die Revision an das BAG die Möglichkeit besteht, Schriftsätze durch elektronische Signatur versehene elektronische Dokumente einzureichen, ist der Gesichtspunkt, der die Zulassung des Computerfaxes einmal gerechtfertigt hat, seit Eröffnung des elektronischen Rechtsverkehrs am 1.4.2006 für den Zugang zum BAG überholt. Gleiches muss für sog. „Funkfaxe" gelten, die das BVerwG noch 2006 als zur Formwahrung geeignet angesehen hat.[38]

13 **2. Pflichtangaben in der Revisionsschrift.** Nach § 551 Abs. 2 ZPO sind die allg. Vorschriften über die vorbereitenden Schriftsätze auf die Revisionsschrift anzuwenden. Nach § 130 Nr. 1 ZPO bedeutet dies, dass die Revisionsschrift enthalten muss:
- die Bezeichnung der Parteien und ihrer gesetzlichen Vertreter nach Namen, Stand oder Gewerbe, Wohnort und Parteistellung,
- die Bezeichnung des angerufenen Gerichts und des Streitgegenstandes sowie
- die Zahl der Anlagen.

14 Üblich ist, dass derjenige, der die Revision einlegt, das Rubrum der angefochtenen Entscheidung in der Revisionsschrift so wiedergibt, dass die Partei, die die Revision einlegt, als Erstes erscheint. Um Fehler zu vermeiden (z.B. Vertauschen der Parteirollen), ist es empfehlenswert, entsprechend § 550 Abs. 1 ZPO mit der Revisionsschrift eine Ausfertigung oder beglaubigte Abschrift des angefochtenen Urteils vorzulegen. Soweit Unklarheiten vorhanden sind, können diese dann im Wege der Auslegung geklärt werden. Ist auch anhand des Berufungsurteils eine „unzweideutige" Bezeichnung des Rechtsmittelführers nicht möglich, weil z.B. schon in der Berufungsinstanz eine Verwechslung vorlag, so kommt eine Klarstellung nach Fristablauf ebenso wenig wie eine Wiedereinsetzung in Betracht.[39] Die frühere Auff. des BAG, die Revision müsse auch die ladungsfähige Anschrift des Rechtsmittelbeklagten oder seines Prozessbevollmächtigten enthalten, ist aufgegeben worden.[40]

15 Das Urteil, das angefochten wird, muss mit Angabe der Parteien, des Gerichts, des Verkündungstermins und des Az. individualisiert werden. Fehlt die Angabe, welches LAG entschieden hat, ist die Revision insg. unzulässig.[41]

---

33 GmS-OGB 5.4.2000 – GmS-OGB 1/98 – AP § 129 ZPO Nr. 2.
34 BGH 25.4.2006 – IV ZB 20/05 – BB 2006, 1654; § 130 Nr. 6 ZPO
35 Vgl. dazu Einzelheiten *Kloppenburg*, jurisPR-ArbR 4/2009 Anm. 2.
36 BGH 15.7.2008 – X ZB 8/08 – NJW 2008, 2649.
37 GmS-OBG 5.4.2000 – GmS-OGB 1/98 – AP § 129 ZPO Nr. 2.
38 BVerwG 30.3.2006 – 8 B 8/06 – NJW 2006, 1989.
39 BGH 7.4.2004 – XII ZR 253/03 – NJW-RR 2004, 1148.
40 BAG 16.9.1986 – GS 4/85 – NZA 1987, 136.
41 BAG 18.2.1972 – 5 AZR 5/72 – AP § 553 ZPO Nr. 3.

Es reicht nicht aus, dass der Rechtsmittelgegner erkennen kann, welches Gericht gemeint ist. Auch das Rechtsmittelgericht selbst muss bis zum Ablauf der Frist in der Lage sein, die Identität des angefochtenen Urteils zu erkennen.[42]

Sind einzelne Angaben unzutreffend oder lückenhaft, kann aber eine eindeutige Identifizierung noch aus anderen Tatsachen erfolgen, genügt das. Ist nur das Az. falsch angegeben, so ist das unschädlich; denn aufgrund der übrigen Angaben kann das angefochtene Urteil ohne Verwechslungsgefahr beim LAG angefordert werden.[43] Wegen des Grundsatzes des fairen Verfahrens sind die noch innerhalb der Rechtsmittelfrist eingegangenen Prozessakten zu berücksichtigen.[44]

Es muss innerhalb der Frist auch feststehen, wer der Revisionsbeklagte ist, §§ 551 Abs. 2 i.V.m. 130 Nr. 1 ZPO. Zweifel bestehen insb., wenn beide Parteien durch das Berufungsurteil beschwert sind und subjektive Klagehäufung vorliegt.

Die an die Schriftform gestellten Anforderungen müssen innerhalb der Revisionsfrist (vgl. Rn 25 ff.) erfüllt sein. Es genügt dafür, dass von der Geschäftsstelle aufgrund telefonischer Nachfrage die schriftlichen Angaben des Revisionsklägers ergänzt werden.[45]

3. Unbedingte Einlegung des Rechtsmittels. Die Revision muss **unbedingt** erhoben werden. Sie ist nicht wirksam, wenn sie nur für den Fall der Statthaftigkeit oder ihrer Zulässigkeit eingelegt wird.[46] Besteht bei der Einreichung Besorgnis, ob die Einlegungsfrist (siehe Rn 26 ff.) gewahrt ist, kann bereits vorsorglich die Wiedereinsetzung beantragt werden. Legt eine Partei mehrfach Revision ein, ist das regelmäßig nur als ein Rechtsmittel anzusehen.

Der Schriftsatz muss erkennen lassen, dass gegen das bezeichnete Urteil das Rechtsmittel der Revision eingelegt wird, § 551 Abs. 3 Nr. 2 ZPO. Eine Falschbezeichnung des Rechtsmittels (z.B. Rechtsbeschwerde) schadet nicht. Entscheidend ist, ob das BAG über das eingelegte Rechtsmittel befinden soll.

4. Revisionseinlegung und PKH. Ungenügend ist die Beantragung von PKH zum Zwecke der Durchführung der Revision. Aus dieser Formulierung wird nicht hinreichend deutlich, dass das PKH-Gesuch zugleich als Einlegung der Revision zu verstehen ist.[47] Da vor dem BAG Anwaltszwang besteht, ist eine mittellose Partei ohne Bewilligung von PKH nicht in der Lage, die Revisionsfrist einzuhalten. Ihr ist daher bei rechtzeitiger Antragstellung auf PKH auch nach Ablauf der Revisionsfrist für die Einlegung der Revision Wiedereinsetzung in den vorigen Stand zu gewähren[48] (siehe Rn 122).

5. Anfall Hilfsanträgen in der Revisionsinstanz. Ein Hilfsantrag, über den die Vorinstanz nicht zu entscheiden brauchte, weil sie dem vorrangig gestellten (Haupt- oder Hilfs-)Antrag des Klägers entsprochen hat, fällt automatisch durch das Rechtsmittel des Beklagten in der Rechtsmittelinstanz an, ohne dass eine Anschlussrevision eingelegt werden müsste.[49] Das gilt auch dann, wenn bereits in der Berufungsinstanz das Anfallen des Hilfsantrags übersehen wurde.[50] Legt die beklagte Partei gegen ihre Verurteilung nach dem Hauptantrag Revision ein, so ist somit auch der auf einem einheitlichen Sachverhalt beruhende Hilfsantrag des Klägers Gegenstand der Revisionsverhandlung.[51] Das ist in der Rspr. der Zivilgerichte schon seit langem anerkannt.[52] Nach der Rspr. des Zweiten Senats des BAG gilt das „zumindest dann, wenn zwischen dem Haupt- und dem Hilfsantrag ein enger sachlicher und rechtlicher Zusammenhang besteht", wie dies zwischen der Kündigungsschutzklage und dem Wiedereinstellungsanspruch anzunehmen ist.[53] Diese Einschränkung ist überflüssig.

6. Kein Anfall von übergangenen Anträgen. Bisweilen übergeht das Berufungsgericht einen gestellten Sachantrag. Bsp.: In einem Künd-Schutzprozess weist das LAG die Künd-Schutzklage ab und übersieht, dass der Kläger hilfsweise für den Fall des Unterliegens den Urlaubsabgeltungsanspruch erhoben hat. Der Kläger muss in diesem Fall binnen zwei Wochen nach Zustellung des Urteils die Ergänzung des Urteils beantragen. Nach Ablauf der Antragsfrist des § 321 Abs. 2 ZPO entfällt die Rechtshängigkeit der Klage, soweit sie Gegenstand des übergangenen Antrags gewesen ist.[54] Das kann zu Regressforderungen gegen den Prozessbevollmächtigten führen, denn durch die dann notwendige neue Klageerhebung entstehen vermeidbare Kosten. Noch gefährlicher sind Ausschlussfristen zur Anrufung des Gerichts, die dann nicht eingehalten werden. Ein übergangener Antrag, dessen Rechtshängigkeit durch Ablauf der Frist nach § 321 Abs. 2 ZPO entfallen ist, kann allenfalls noch in der zweiten aber nicht mehr in der dritten Instanz durch Klageerweiterung wieder in den Prozess eingeführt werden. Hat das LAG auch den Sachverhalt des

---

42 BGl. BAG 19.5.2009 – 9 AZR 145/08 – juris.
43 BAG 12.1.2005 – 5 AZR 144/04 – AP § 612 BGB Nr. 69.
44 BAG 27.8.1996 – 8 AZB 14/96 – NZA 1997, 456.
45 BAG 27.8.1996 – 8 AZB 14/96 – NZA 1997, 456.
46 BAG 22.11.1968 – 1 AZB 31/68 – AP § 518 ZPO Nr. 13.
47 BAG 3.12.1985 – 4 ABR 7/85 – AP § 74 BAT Nr. 1.
48 Vgl. Zöller/*Philippi*, § 119 Rn 60a.
49 BAG 12.8.2008 – 9 AZR 620/07 – DB 2008, 2839; BVerwG 24.5.2000 – 9 B 144/00 – Buchholz 402.240 § 53 AuslG Nr. 36.
50 AG 24.4.2001 – 3 AZR 329/00 – BAGE 97, 301 = AP § 1 TVG Tarifverträge Bau Nr. 243.
51 BGH 24.1.1990 – VIII ZR 296/88 – DB 1990, 877.
52 BGH 29.6.1957 – IV ZR 313/56 – BGHZ 25, 79.
53 BAG 20.8.1997 – 2 AZR 620/96 – AP § 626 BGB Verdacht strafbarer Handlung Nr. 27; BAG 18.12.1980 – 2 AZR 1006/78 – AP § 102 BetrVG 1972 Nr. 22; *Germelmann u.a.*, § 74 Rn 26.
54 BAG 26.6.2008 – 6 AZN 1161/07 – NZA 2008, 1028; *Gravenhorst*, jurisPR-ArbR 38/2008 Anm. 6.

übergangenen Antrags nicht in den Tatbestand seines unvollständigen Urteils aufgenommen, muss zur Urteilsergänzung nach § 321 ZPO auch noch eine Berichtigung des Tatbestands nach § 320 ZPO beantragt werden.[55]

23 **7. Anfall des Zuvielzugesprochenen.** Nach § 308 Abs. 1 S. 1 ZPO darf einer Partei nicht mehr und auch nichts anderes zugesprochen werden, als sie beantragt hat. Das wurde schon von dem alten römischen Grundsatz „ne ultra petita" zum Ausdruck gebracht. Dennoch kommt es immer wieder zu Verstößen. Nur soweit die beschwerte Partei Revision einlegt, kann der Verstoß überprüft werden. Er ist auch dann zu berücksichtigen, wenn der Revisionskläger den Fehler nicht erkennt; denn dieser Mangel ist von Amts wegen zu beachten.[56] Die vom Verstoß begünstigte Partei kann jedoch den Verstoß heilen, indem sie sich die Antragsüberschreitung zueigen macht. Das wird schon darin gesehen, dass sie das angefochtene Urteil als zutreffend verteidigt.[57] Der BGH hält in einer insoweit nicht näher begründeten Entscheidung eine Heilung in der Revisionsinstanz für ausgeschlossen, weil die „darin liegende Klageänderung in der Revisionsinstanz grundsätzlich nicht zulässig wäre".[58] Das beruht auf einer zu engen Sicht der Zulässigkeit der Klageänderung in der Revisionsinstanz, denn soweit es keiner neuen Feststellungen bedarf, ist auch die Klageänderung in der Revisionsinstanz zulässig.[59] Zu beachten ist jedoch, dass die klagende Partei nicht die Sachanträge aus der zweiten Instanz wiederholen darf, sondern diese entsprechend dem Berufungsurteil zu ändern hat.

24 **8. Beschränkung der Revision.** Der Revisionskläger kann die Anfechtung des Berufungsurteils und damit den Prüfungsauftrag des Revisionsgerichts streitgegenständlich begrenzen. Die Ankündigung beschränkter Anträge in der Revisionseinlegungsschrift stellt noch keine Rechtsmittelbeschränkung dar. Das gilt selbst dann, wenn die Ankündigung beschränkter Anträge in der Revisionsschrift keinen Vorbehalt ihrer Erweiterung enthält.[60] Maßgeblich ist der Inhalt der Revisionsbegründung. Praktische Bedeutung ist dieser Rechtsfrage vom BAG für den Fall zugemessen worden, dass der Revisionskläger entsprechend einer beschränkten Revisionszulassung Revision einlegt und erst später in der Begründungsschrift ausführt, weshalb er die Beschränkung der Revisionszulassung durch das LAG oder das BAG für unzulässig hält.[61] Ob es dazu überhaupt des Rückgriffs auf die Erklärung in der Begründungsschrift bedarf, erscheint zweifelhaft, denn eine unzulässige, nicht teilurteilsfähige Beschränkung der Revisionszulassung bindet weder den erkennenden Spruchkörper (vgl. § 72 Rn 45 f.), noch ist sie geeignet, den Anfall der Revision zu beschränken. Vielmehr ist in einem derartigen Fall stets vom unbeschränkten Anfall auszugehen.

II. Revisionsfrist

25 **1. Revisionsfrist ohne Verlängerungsmöglichkeit.** Nach Abs. 1 S. 1 beträgt die Revisionsfrist einen Monat nach wirksamer Zustellung des Berufungsurteils. Sie ist eine Notfrist i.S.v. § 224 Abs. 1 ZPO[62] und kann daher weder durch Parteivereinbarung abgekürzt noch auf Antrag gem. § 224 Abs. 2 ZPO durch den Richter **verlängert** werden.[63] Bei unverschuldeter Versäumung der Revisionsfrist kommt nur die Wiedereinsetzung nach § 233 ZPO in Betracht.

26 **2. Fristberechnung.** Bei der Berechnung der Revisionsfrist wird der Tag der Zustellung des Berufungsurteils nicht mitgerechnet, §§ 221, 222 ZPO, § 187 Abs. 1 BGB. Erfolgt keine Zustellung per Empfangsbekenntnis, sondern durch Zustellungsurkunde, so darf sich ein RA nicht blindlings auf die Richtigkeit eines dem Berufungsurteil verliehenen Eingangsstempels verlassen, sondern muss prüfen, ob das dort angegebene Datum mit dem von dem Postbediensteten auf dem Zustellungsumschlag eingetragenen Zustellungsdatum übereinstimmt. Das muss jedenfalls in dem Moment geschehen, in dem ihm die Akte zur Fertigung der Revisionsbegründung vorliegt. Der Zustellungsumschlag, auf dem der Postbedienstete das Zustellungsdatum angegeben hat, ist deshalb zu den Handakten zu nehmen.[64] Die Revision muss also spätestens an dem Tag beim BAG eingehen, der seiner Zahl nach dem des Vormonats entspricht, § 188 Abs. 2 Alt. 1 BGB. Der Eingangsstempel des Rechtsmittelgerichts beweist als öffentliche Urkunde den Tag, an dem das Schriftstück eingegangen ist. Dieser Beweis kann nach § 418 Abs. 2 ZPO nur durch den Gegenbeweis entkräftet werden.[65]

---

55 BGH 16.2.2005 – VIII ZR 133/04 – NJW-RR 2005, 790, zu II 2 der Gründe.
56 BAG 13.6.1989 – 1 ABR 4/88 – NZA 1989, 934; BAG 16.12.1970 – 4 AZR 98/70 – BAGE 23, 146, 148 = AP § 308 ZPO Nr. 1; BGH 25.1.1961 – IV ZR 244/60 – LM § 308 ZPO Nr. 7.
57 BAG 19.3.1986 – IVb ZR 19/85 – FamRZ 1986, 661, 662; KG Berlin 4.1.1999 – 8 U 2636/98 – KGR Berlin 1999, 164.
58 BGH 20.11.1992 – V ZR 82/91 – NJW 1993, 925, 928.
59 BAG 3.5.2006 – 10 AZR 310/05 – DB 2006, 1499; BAG 27.1.2004 – 1 AZR 105/03 – AP § 64 ArbGG 1979 Nr. 35; BAG 5.6.2003 – 6 AZR 277/02 – AP § 256 ZPO 1977 Nr. 81.
60 BAG 29.4.2008 – 3 AZR 266/06 – NZA 2008, 1417; BGH 19.11.1957 – VI ZR 249/56 – NJW 1958, 343.
61 Vgl. BAG 29.4.2008 – 3 AZR 266/06 – NZA 2008, 1417.
62 Erfk/*Koch*, § 74 Rn 5.
63 Arg. e. § 74 Abs. 1 S. 2; ebenso GK-ArbGG/*Mikosch*, § 74 Rn 25.
64 BFH 16.1.2009 – VII R 31/08 – BFH/NV 2009, 951; Verfassungsbeschwerde unter 1 BvR 895/09 anhängig.
65 BGH 30.10.1997 – VII ZB 19/97 – NJW 1998, 461.

Beispiele:
Ist das Urteil am 1.6. zugestellt, läuft die Revisionsfrist am 1.7. um 24 Uhr ab. Ist das Urteil am 31.1. zugegangen, läuft die Frist am 28.2. (bzw. 29.2. im Schaltjahr) ab.

Ohne Einfluss auf den Fristablauf sind die nach örtlichem Brauch ganz oder teilweise beim Sitz des Revisionsgerichts arbeitsfreien Tage (z.B. Rosenmontag) oder die Tage, an denen im ganzen Land die Behörden geschlossen sind (wie gelegentlich am 31. Dezember). Etwas anderes gilt für Fristenden, die auf Sonntage, allg. Feiertage und Samstage fallen. Hier tritt nach § 193 BGB an die Stelle eines solchen Tages der nächste Werktag. Deshalb können an einem allg. Feiertag, der nach Landesrecht am Sitz des Rechtsmittelgerichts gilt, keine Fristen ablaufen.[66] Seitdem das BAG an seinen neuen Sitz in Erfurt umgezogen ist, sind nicht mehr die hessischen, sondern die thüringischen Feiertage maßgeblich, geregelt im Thüringer Feiertagsgesetz.[67, 68] Danach ist auch der Reformationstag gesetzlicher Feiertag.

3. Probleme in Bezug auf den Beginn des Fristlaufs. a) Zu frühe Einlegung.
Die Revision kann eingelegt werden, sobald im mündlichen Verfahren das Urteil verkündet oder im schriftlichen Verfahren das Urteil in den Geschäftsgang gegeben ist.[69] Eine vor der Verkündung eingelegte Revision ist unheilbar unwirksam.[70] Diese spekulative Revision wird auch nicht mit der späteren Verkündung des Urteils wirksam, wenn es die vorausgesagte Beschwer enthält. Sie ist stets als unzulässig zu verwerfen. Etwas anderes gilt nur, wenn das Urteil bereits vor Verkündung oder Zustellung formlos der Partei vom Gericht zugeleitet worden ist. Dann ist die Einlegung der Revision als Rechtsmittel gegen das Scheinurteil zulässig.[71]

Ist die Revision zwar nach Verkündung, aber noch vor der Zustellung des Berufungsurteils eingelegt, so ist und bleibt sie unstatthaft, wenn bis dessen Verkündung fünf Monate abgelaufen sind. Erfolgt vorher eine Zustellung, so wird sie bereits mit der Zustellung statthaft. Wird eine derartig zu früh eingelegte Revision erst nach der Zustellung des Berufungsurteils begründet, so wird angenommen, mit der Begründung werde erneut Revision eingelegt (Einzelheiten siehe Rn 42 ff.). Beabsichtigt der Revisionskläger mit seiner verfrühten Einlegung das LAG zu einer schnellen Absetzung des Berufungsurteils anhalten, muss er nach neuem Recht nicht mehr befürchten, die Revisionsbegründungsfrist nicht einhalten zu können; denn seit der ZPO-Reform wird der Lauf der Begründungsfrist nicht mehr an die Einlegung des Rechtsmittels angeknüpft, sondern an die Zustellung des Berufungsurteils. Es ist jedoch nicht ratsam, am Tag nach der Verkündung des Berufungsurteils Revision einzulegen.

b) Fünf-Monats-Frist für „verspätete" Urteile.
Der Lauf der Revisionsfrist beginnt wie im Zivilprozess mit der Zustellung des in vollständiger Fassung abgesetzten und mit den Unterschriften aller mitwirkenden Richter versehenen Urteils, spätestens jedoch fünf Monate (sog. Fünf-Monats-Frist) nach Verkündung des Urteils, Abs. 1 S. 2. Hat das Berufungsgericht pflichtwidrig die Rechtsmittelbelehrung unterlassen, so führt das entgegen § 9 Abs. 5 S. 3 und 4 zu keiner Verlängerung der Berufungsfrist. Das gilt auch für die Fälle, in denen das Urteil noch fünf Monate nach Verkündung des Urteils überhaupt noch nicht „abgesetzt" oder noch nicht mit den Unterschriften sämtlicher Richter zur Geschäftsstelle gelangt ist. Seit der Neufassung des Abs. 1 S. 2 durch das ZPO-RG beginnt auch in diesen Fällen der Fristlauf bereits nach fünf Monaten nach Verkündung.[72] Die zum alten Verfahrensrecht ergangene ständige Rspr., nach der die Revisionsfrist erst 17 Monate seit Verkündung des Urteils zu laufen begann,[73] ist überholt. Sie ist mit dem Reformzweck, das Revisionsverfahren zu beschleunigen, nicht vereinbar.[74]

Eine Überschreitung der fünfmonatigen Frist zur vollständigen Niederlegung von Tatbestand und Entscheidungsgründen liegt auch dann vor, wenn der letzte Tag der Fünf-Monats-Frist auf einen Sonnabend, Sonntag oder Feiertag fällt und das vollständig abgefasste Urteil erst am darauf folgenden Werktag von den Richtern unterschrieben der Geschäftsstelle übergeben wird.[75] Ein Urteil ist auch dann unterschrieben, wenn die Unterschrift eines an der Entscheidung beteiligten Richters durch einen Verhinderungsvermerk nach § 315 Abs. 1 S. 2 ZPO wirksam ersetzt worden ist.[76] Ein Verhinderungsvermerk, in dem unter Angabe des Verhinderungsgrundes niedergelegt ist, dass der betreffende Richter verhindert ist, ersetzt dessen Unterschrift, wenn er bei Unterschriftsreife der Entscheidung längere Zeit tatsächlich oder rechtlich gehindert war, seine Unterschrift zu leisten. Es reicht nicht aus, wenn er an einem Tag nicht erreichbar war. Bei einer Verhinderung von nicht mehr als einer Woche wird nicht davon ausgegangen werden, dass die Unterschrift eines derart verhinderten ehrenamtlichen Richters durch den Vorsitzenden des Fachsenats ersetzt werden kann.[77] Findet sich auf einem Berufungsurteil ein Verhinderungsvermerk, der einen Verhinderungsgrund nennt, der an sich geeignet ist, den Richter i.S.d. § 315 Abs. 1 S. 2 ZPO an der Unterschriftsleistung zu hindern,

---

66 BAG 24.9.1996 – 9 AZR 364/95 – AP § 7 BUrlG Nr. 22.
67 Gesetz vom 21.12.1994, zuletzt geändert durch Gesetz vom 24.10.2001, GVBl. 1994, 1221.
68 GVBl. 2001, 265.
69 BGH 24.6.1999 – I ZR 164/97 – NJW 1999, 3269.
70 GK-ArbGG/*Mikosch*, § 74 Rn 24.
71 BGH 18.9.1963 – V ZR 192/61 – NJW 1964, 248.
72 BAG 24.10.2006 – 9 AZR 709/05 – NJW 2007, 862.
73 BAG 28.10.2004 – 8 AZR 492/03 – BAGE 112, 286 m.w.N.
74 *Gravenhorst*, jurisPR-ArbR 29/2007 Anm 3; *Künzl*, ZZP 118, 59; *Treber*, jurisPR-ArbR 17/2006 Anm. 1.
75 BAG 17.2.2000 – 2 AZR 350/99 – AP § 551 ZPO Nr. 52.
76 BAG 4.8.1993 – 4 AZR 501/92 – BAGE 74, 44 = AP § 551 ZPO Nr. 22; BAG 17.8.1999 – 3 AZR 526/97 – AP § 551 ZPO Nr. 51.
77 BVerwG 9.7.2008 – 6 PB 17/08 – NJW 2008, 3450.

besteht kein Anlass für das Revisionsgericht nachzuprüfen, ob der betreffende Richter tatsächlich verhindert war. Etwas anderes gilt dann, wenn der Revisionskläger im Einzelnen nachvollziehbar darlegt, dass der Vermerk auf willkürlichen und sachfremden Erwägungen beruht[78] oder aufgrund der Umstände des Einzelfalls davon ausgegangen werden muss, dass der Rechtsbegriff der Verhinderung verkannt worden ist.[79]

31 **c) Fristenfalle bei Zustellung nach der „Fünf-Monats-Frist"** Probleme tauchen insb. dann auf, wenn erst nach Ablauf der Fünf-Monats-Frist das Berufungsurteil zugestellt wird und in der Rechtsmittelbelehrung nicht darauf hingewiesen wird, dass infolge der späten Zustellung nicht mehr die volle Monatsfrist seit Zustellung zur Verfügung steht; denn die Rechtsmittel- und Rechtsmittelbegründungsfrist verlängern sich nach der Rspr. auch dann nicht, wenn innerhalb der fünf Monate nach Verkündung beginnenden einmonatigen Rechtsmittelfrist die Entscheidung zugestellt wird.[80] Tappt der Revisionskläger in diese Falle, so kommt eine Wiedereinsetzung in Betracht. Bei der Entscheidung über die Wiedereinsetzung sind u.a. die Grundrechte der Partei aus Art. 2 Abs. 1 i.V.m. Art. 20 Abs. 3 GG und aus Art. 19 Abs. 4 GG zu berücksichtigen. Nach dem Gebot eines fairen Verfahrens darf das Gericht aus eigenen oder ihm zuzurechnenden Fehlern, Unklarheiten oder Versäumnissen keine Verfahrensnachteile ableiten.[81] Beruht die Fristversäumung auf einer unzutreffenden Rechtsmittelbelehrung, sind die Anforderungen an eine Wiedereinsetzung mit besonderer Fairness zu handhaben, es sei denn, die Rechtsmittelbelehrung ist als offensichtlich falsch zu erkennen.[82] Seit der endgültigen Klärung der Fristberechnung der „Fünf-Monats-Frist" durch die neuere Rspr. des BAG im Jahre 2006 dürfte jedoch die Annahme eines fehlenden Verschuldens des Prozessbevollmächtigten an der Fristversäumung nicht mehr gerechtfertigt sein; denn jeder RA und nach § 11 Abs. 4 vor dem BAG zum Auftreten berechtigte Verbandsvertreter ist gehalten, den Beginn der Rechtsmittelfrist für den Tag nach Ablauf von fünf Monaten nach Verkündung des Urteils zu notieren.[83] Dann muss bei Ablauf der „Fünf-Monats-Frist", ebenso wie das Ausbleiben der Rechtsmittelbelehrung ins Auge springt,[84] auch nach Ablauf der „Fünf-Monats-Frist" die Fehlerhaftigkeit des zu späten Beginns einer nach Standardformular erteilten Rechtsmittelbelehrung auffallen.

32 **d) Maßgebende Urteilszustellung.** Wird das Berufungsurteil vor Ablauf der Fünf-Monats-Frist zugestellt, so ist für den Fristbeginn die Zustellung von Amts wegen maßgebend.[85] Diese Art der Zustellung des Urteils erfolgt grds. durch Übergabe einer Ausfertigung. Gem. § 317 Abs. 3 ZPO ist die Ausfertigung des Urteils von dem Urkundsbeamten der Geschäftsstelle zu unterschreiben und mit dem Gerichtssiegel zu versehen. Es ist nicht erforderlich, dass die Ausfertigung von dem Urkundsbeamten der Geschäftsstelle des erkennenden Gerichts erteilt werden muss. Daher setzt auch die Zustellung der Ausfertigung, die nicht von dem Urkundsbeamten der Geschäftsstelle des erkennenden Gerichts erteilt worden ist, den Lauf der Rechtsmittelfrist in Gang.[86] Der Fristablauf wird somit **nicht** ausgelöst durch:
– Formlose Übersendung des Urteils durch die Geschäftsstelle,
– Zustellung des Urteils im Parteibetrieb oder
– Zustellung eines abgekürzten Urteils ohne Tatbestand und Entscheidungsgründe i.S.v. § 60 Abs. 4 S. 2.

33 Die Zustellung hat an den für den Rechtszug bestellten RA zu erfolgen, §§ 172 Abs. 1, 176 ZPO.[87] Die Urteilszustellung an einen Unterbevollmächtigten setzt die Rechtsmittelfrist nicht in Lauf.[88]

34 Hat eine Partei mehrere Prozessbevollmächtigte, so ist die erste Zustellung an einen dieser Prozessbevollmächtigten für alle maßgeblich.[89] In einer Sozietät gilt jeder Sozius als empfangsberechtigt.[90]

35 **e) Neuer Fristenlauf nach Ergänzungsurteil.** Ergeht innerhalb der Revisionsfrist ein Ergänzungsurteil nach § 321 ZPO, so beginnt mit der Zustellung des Ergänzungsurteils der Lauf der Frist auch gegen das zuerst zugestellte Urteil von Neuem. § 517 ZPO gilt auch für das Revisionsverfahren.[91] Ist die Revision vom LAG nicht zugelassen, wird sie jedoch auf Beschwerde durch Beschluss des BAG zugelassen, so beginnt die Revisionsfrist auch für das zunächst ergangene Urteil mit der Zustellung des Zulassungsbeschlusses für das Ergänzungsurteil nach § 72a Abs. 5 S. 7 erneut zu laufen.[92]

36 **f) Fristenlauf bei Urteilsberichtigung.** Ein Berichtigungsbeschluss, der eine Berichtigung des Urteils wegen Schreibfehlern, Rechnungsfehlern und ähnlichen Unrichtigkeiten enthält, beeinflusst grundsätzlich nicht den Beginn und die Dauer der Berufungsfrist.[93] Es beginnt jedoch dann eine neue Frist zu laufen, wenn erst die Berichtigung eine

---

78 BAG 17.8.1999 – 3 AZR 526/97 – AP § 551 ZPO Nr. 51.
79 BVerwG 9.7.2008 – 6 PB 17/08 – NJW 2008, 3450.
80 BAG 12.10.2005 – 4 AZR 314/04 – juris; *Treber*, jurisPR-ArbR 17/2006 Anm. 1.
81 BVerfG 4.5.2004 – 1 BvR 1892/03 – NJW 2004, 2887.
82 BAG 16.12.2004 – 2 AZR 611/03 – NJW 2005, 3515; jurisPR-ArbR 17/2006, Anm. 1 *Treber*.
83 jurisPR-ArbR 17/2006, Anm. 1 *Treber*.
84 BAG 24.10.2006 – 9 AZR 709/05 – NJW 2007, 862.
85 BAG 11.2.1985 – 2 AZB 1/85 – AP § 317 ZPO Nr. 1.
86 BAG 11.2.1985 – 2 AZB 1/85 – AP § 317 ZPO Nr. 1.
87 28.2.1989 – 3 AZR 374/88 – juris.
88 BAG 12.3.1964 – 1 AZB 5/64 – AP § 176 ZPO Nr. 1 mit Anm. *Pohle*.
89 BAG 23.1.1986 – 6 ABR 47/82 – AP § 5 BetrVG 1979 Nr. 31.
90 BGH 10.7.1969 – VII ZB 13/69 – LM § 176 ZPO Nr. 7.
91 BGH 24.2.1953 – I ZR 98/52 – LM § 517 ZPO Nr. 1.
92 *Germelmann u.a.*, § 74 Rn 6.
93 GMPMG/*Müller-Glöge*, ArbGG, § 66 Rn. 13.

Beschwer erkennen lässt[94] oder wenn das Urteil insgesamt nicht klar genug war, um die Grundlage für die Entschließungen und das weitere Handeln der Parteien und für die Entscheidung des Rechtsmittelgerichts zu bilden; denn der Irrtum des Gerichts darf sich nicht dahin auswirken, dass die Rechtsmittelmöglichkeit einer Partei beeinträchtigt oder gar vereitelt wird.[95]

g) Fristlauf nach Revisionszulassung durch das BAG. Ist die Revision auf eine Nichtzulassungsbeschwerde nach § 72a hin vom BAG zugelassen worden, so beginnt nach § 72a Abs. 6 in der Neufassung durch das Anhörungsrügungsgesetz die Revisionsfrist mit der Zustellung des Zulassungsbeschlusses nicht erneut zu laufen. Vielmehr wird das Beschwerdeverfahren als Revisionsverfahren fortgesetzt. Die Einlegung der Beschwerde gilt auch als Einlegung der Revision (vgl. § 72a Rn 77 ff.). Zu beachten ist jedoch, dass der Lauf der Revisionsbegründungsfrist ab Zustellung der Zulassungsentscheidung beginnt.

4. Auswirkung von Unterbrechung oder Aussetzung. Ist das Verfahren von Amts wegen unterbrochen oder vom Gericht ausgesetzt worden, so hat das nach § 249 Abs. 1 ZPO die Wirkung, dass der Lauf jeder Frist aufhört. Wird dennoch während der Unterbrechung ein Berufungsurteil verkündet, so kann der Gegner Revision einlegen, um diesen Mangel geltend zu machen.[96] Prozesshandlungen sind nach § 249 Abs. 2 ZPO nicht absolut wirkungslos. Prozesshandlungen wie die Revisionseinlegung sind dem Gericht gegenüber voll wirksam.[97] Hat eine Partei während der Unterbrechung oder Aussetzung Revision eingelegt, ist diese Prozesshandlung im Verhältnis zur anderen Partei unwirksam, sie muss aber nach Ende des Verfahrensstillstandes nicht wiederholt werden, denn sie war nicht dem Gericht gegenüber wirkungslos. Das Revisionsgericht wird während der Unterbrechung und Aussetzung nur nicht tätig. Nach Aufnahme des Verfahrens (§ 250 ZPO) hat es dann über die Sache zu verhandeln und zu entscheiden. Praktisch bedeutsame Fälle der Unterbrechung sind der Tod einer Partei (§ 239 ZPO), die Eröffnung des Insolvenzverfahrens, wenn der Rechtsstreit die Insolvenzmasse betrifft (§ 240 ZPO), der Eintritt der Prozessunfähigkeit einer Partei durch Krankheit oder Tod des gesetzlichen Vertreters (§ 241 ZPO) und in Anwaltsprozessen der Wegfall des RA durch Tod oder Amtsunfähigkeit (§ 244 ZPO). Der Insolvenzschuldner kann gegen ein nach Eröffnung des Insolvenzverfahrens ergangenes Urteil mit der Begründung Revision einlegen, das Berufungsverfahren sei infolge der Eröffnung des Insolvenzverfahrens vor Urteilsverkündung nach § 240 ZPO unterbrochen worden.[98] Die Aussetzung des Verfahrens wird nach § 148 ZPO angeordnet, wenn die Entscheidung des Rechtsstreits von einer gerichtlichen oder behördlichen Entscheidung abhängt.

Beispiele:
Für die gerichtliche Entscheidung im Künd-Schutzprozess kann die Entscheidung des Versorgungsamtes über den Antrag auf Feststellung des Vorliegens einer Schwerbehinderung oder die Entscheidung des Widerspruchsausschusses des Integrationsamts über den Widerspruch des Schwerbehinderten gegen die Zustimmung zur Künd vorgreiflich sein.

Ein Ablehnungsgesuch wegen Befangenheit des Richters bewirkt keine Unterbrechung.[99] Verstößt ein abgelehnter Vorsitzender einer LAG-Kammer gegen das Gebot, nur unaufschiebbare Handlungen vorzunehmen (§ 47 ZPO), ist das ein Verfahrensfehler, der mit der Revision gerügt werden muss. In allen Fällen der Unterbrechung oder Aussetzung ist zu beachten, dass nach § 249 Abs. 1 ZPO mit dem Ende der Unterbrechung oder Aussetzung die Fristen „von Neuem" in voller Länge laufen. Ein gerichtlicher Hinweis ist nicht erforderlich.[100] Das erfordert besondere Sorgfalt des RA bei der Fristenkontrolle.[101]

Beispiel:
Nach Zustellung des Berufungsurteils ist der allein praktizierende RA des obsiegenden AG verstorben, ohne dass ein Vertreter bestellt wurde. Zunächst läuft für den AN keine Frist. Der Lauf der Revisionsfrist beginnt „automatisch" mit der Aufnahme des unterbrochenen Verfahrens (§ 250 ZPO).

III. Revisionsbegründung

1. Allgemeines. Die Anforderungen an Form und Inhalt der Revisionsbegründung ergeben sich aus § 551 ZPO, auf den § 72 Abs. 5 verweist. § 551 ZPO ordnet in Abs. 1 an, dass die Revision zu jedem einzelnen Beschwerdepunkt begründet werden muss. Abs. 3 regelt unter Nr. 2 die Angabe der Revisionsgründe. Abs. 2 S. 2 bis 5 sind für das arbeitsgerichtliche Verfahren ohne Bedeutung. In Abs. 4 werden die bereits bei der Revisionseinlegung zu beachtenden Förmlichkeiten erneut vorgeschrieben.

---

94 BGH 5.11.1998 – VII ZB 24/98 – NJW 1999, 646–647.
95 LAG Hessen 25.4.2005 – 7 Sa 1517/04 – juris, unter Bezug auf: BGH 9.11.1994 – XII ZR 184/93 – NJW 1995, 1033 m.w.N.
96 BAG 18.3.1976 – 3 AZR 161/75 – NJW 1976, 1334.
97 BGH 30.9.1968 – VII ZR 93/67 – BGHZ 50, 397; BAG 24.1.2001 – 5 AZR 228/00 – ZInsO 2001, 727–728.
98 BAG 24.6.2009 – 10 AZR 707/08 (F) – BB 2009, 1805; BAG 26.6.2008 – 6 AZR 478/07 – AP InsO § 117 Nr. 1.
99 BAG 28.12.1999 – 9 AZN 739/99 – AP § 49 ArbGG 1979 Nr. 7.
100 BGH 24.1.1989 – XI ZR 75/88 – BGHZ 106, 295.
101 *Wagner*, FA 1999, 349.

Zivilprozessordnung vom 30.1.1877, RGBl I S. 83, BGBl III 310–4, in der Fassung der Bekanntmachung vom 5.12.2005, BGBl I S. 3202, zuletzt geändert durch zuletzt geändert durch Gesetz zur Änderung des Wohnungseigentumsgesetzes und anderer Gesetze vom 26.3.2007 (BGBl I S. 370, 376).

ZPO § 551 – Revisionsbegründung

(1) Der Revisionskläger muss die Revision begründen.

(2) ¹Die Revisionsbegründung ist, sofern sie nicht bereits in der Revisionsschrift enthalten ist, in einem Schriftsatz bei dem Revisionsgericht einzureichen. ²Die Frist für die Revisionsbegründung beträgt zwei Monate. ³Sie beginnt mit der Zustellung des in vollständiger Form abgefassten Urteils, spätestens aber mit Ablauf von fünf Monaten nach der Verkündung. ⁴§ 544 Abs. 6 Satz 3 bleibt unberührt. ⁵Die Frist kann auf Antrag von dem Vorsitzenden verlängert werden, wenn der Gegner einwilligt. ⁶Ohne Einwilligung kann die Frist um bis zu zwei Monate verlängert werden, wenn nach freier Überzeugung des Vorsitzenden der Rechtsstreit durch die Verlängerung nicht verzögert wird oder wenn der Revisionskläger erhebliche Gründe darlegt; kann dem Revisionskläger innerhalb dieser Frist Einsicht in die Prozessakten nicht für einen angemessenen Zeitraum gewährt werden, kann der Vorsitzende auf Antrag die Frist um bis zu zwei Monate nach Übersendung der Prozessakten verlängern.

(3) Die Revisionsbegründung muss enthalten:
1. die Erklärung, inwieweit das Urteil angefochten und dessen Aufhebung beantragt werde (Revisionsanträge);
2. die Angabe der Revisionsgründe, und zwar:
    a) die bestimmte Bezeichnung der Umstände, aus denen sich die Rechtsverletzung ergibt;
    b) soweit die Revision darauf gestützt wird, dass das Gesetz in Bezug auf das Verfahren verletzt sei, die Bezeichnung der Tatsachen, die den Mangel ergeben.

Ist die Revision auf Grund einer Nichtzulassungsbeschwerde zugelassen worden, kann zur Begründung der Revision auf die Begründung der Nichtzulassungsbeschwerde Bezug genommen werden.

(4) § 549 Abs. 2 und § 550 Abs. 2 sind auf die Revisionsbegründung entsprechend anzuwenden.

41 **2. Revisionsbegründungsfrist.** Die Revisionsbegründungsfrist beträgt zwei Monate (Abs. 1 S. 1). Ihr Lauf beginnt mit der Zustellung des Berufungsurteils bei der beschwerten Partei (§ 72 Abs. 1 S. 2). Fällt der letzte Fristtag auf einen Sonnabend, Sonntag oder am Gerichtsort geltenden Feiertag, so endet die Frist erst am nächsten Werktag (§ 222 Abs. 2 ZPO). Im Fall der Zulassung der Revision beginnt deren Lauf nach § 72a Abs. 6 S. 3 mit der Zustellung der Zulassungsentscheidung des BAG.

42 Auf die Revisionsbegründungsfrist nach Abs. 1 S. 1 hat es keinen Einfluss, ob bereits vor Zustellung des vollständigen Berufungsurteils die Revision eingelegt worden ist. Die Frist wird durch das Abstellen auf den Zeitpunkt der amtlichen Zustellung gehemmt. Insoweit hat die ZPO-Reform eine Änderung bewirkt. Wenn die Fünf-Monats-Frist abgelaufen ist, besteht das Problem, dass noch keine Entscheidungsgründe bei Einlegung der Revision vorliegen, mit denen man sich auseinander setzen kann. Das ist unerheblich. Wenn die Fünf-Monats-Frist nach Verkündung verstrichen ist, kann nach § 72b die sofortige Beschwerde wegen verspäteter Absetzung eingelegt werden. Hält man daneben noch die Einlegung der Revision für statthaft (siehe § 73 Rn 48), so genügt die Rüge der verspäteten Urteilsabsetzung. I.Ü. kann nach der Zustellung des vollständigen Urteils erneut Revision eingelegt werden. Ob die Begründungsfrist dann von der späteren Zustellung läuft, ist noch ungeklärt. Über die Zulässigkeit der Revision ist jedenfalls einheitlich zu entscheiden.[102]

43 **3. Verlängerung der Revisionsbegründungsfrist.** Die Revisionsbegründungsfrist kann nach Abs. 1 S. 2 verlängert werden. Es besteht aber **nur einmal** die Verlängerungsmöglichkeit. Die Verlängerung muss vor Fristablauf beantragt werden.[103] Die Verlängerungsfrist beträgt **höchstens einen weiteren Monat**. Fällt der Ablauf der Frist auf einen Sonnabend, Sonntag oder Feiertag, so darf nach der Rspr. des BAG die einmonatige Verlängerung nicht an den nächsten Werktag anknüpfen.[104] Eine das Gesetz überschreitende Verlängerung kommt selbst dann nicht in Betracht, wenn der Gegner damit einverstanden ist und gewichtige Gründe vorliegen. Die Verlängerung ist auch dann nur einmal möglich, selbst wenn die Frist von einem Monat bei der ersten Verlängerung nicht ausgeschöpft worden ist.[105] Eine zweite Verlängerung ist auch dann nicht möglich, wenn die Gründe des Berufungsurteils noch nicht zugestellt sind.[106] Die Fristverlängerung erfolgt durch den Vorsitzenden des Senats allein (vgl. § 72 Abs. 5 i.V.m. § 551 Abs. 2 S. 5 ZPO). Verlängert der Vorsitzende die Begründungsfrist gesetzwidrig ein zweites Mal oder über die gesetzliche Höchstfrist hinaus, so ist das unwirksam.[107] Die betroffene Partei kann jedoch Wiederein-

---

102 BGH 20.9.1993 – II ZB 10/93 – AP § 518 ZPO Nr. 62.
103 BAG 16.6.2004 – 5 AZR 529/03 – AP § 551 ZPO 2002 Nr. 2.
104 BAG 20.1.2004 – 9 AZR 291/02 – AP § 112 LPVG Rheinland-Pfalz Nr. 1; a.A. GK-ArbGG/*Mikosch*, § 74 Rn 34; *Germelmann u.a.*, § 74 Rn 20.
105 BAG 6.12.1994 – 1 ABR 34/94 – BAGE 79, 1 = AP § 66 ArbGG 1979 Nr. 7.
106 BAG 13.9.1995 – 2 AZR 855/94 – AP § 66 ArbGG 1979 Nr. 12.
107 BAG 20.1.2004 – 9 AZR 291/02 – AP § 112 LPVG Rheinland-Pfalz Nr. 1.

setzung beantragen; denn sie ist durch das Gericht irregeleitet und dadurch gehindert worden, das Rechtsmittel rechtzeitig zu begründen.[108] Wird ein Verlängerungsantrag rechtzeitig gestellt, kann er auch noch nach Fristablauf positiv beschieden werden. Geht der Antrag auf Verlängerung der Revisionsbegründungsfrist auf dem Postweg verloren, so ist nach § 233 ZPO Wiedereinsetzung zu gewähren. Dazu hat der Antragsteller jedoch substantiiert darzulegen und glaubhaft zu machen, dass der Antrag ordnungs- und fristgemäß bearbeitet, im Bürobetrieb des Prozessbevollmächtigten ordnungsgemäß abgewickelt und zur Post gegeben worden ist.[109] Bevor über den Verlängerungsantrag nicht negativ entschieden ist, darf das Rechtsmittel nicht verworfen werden.[110] Eine auf Antrag des Streithelfers gewährte Fristverlängerung wirkt auch zugunsten der Hauptpartei.[111] Gegen die Versäumung der Begründungsfrist, auch der nach Abs. 1 S. 2 verlängerten Frist, kann nach § 233 ZPO Wiedereinsetzung in den vorigen Stand gewährt werden. Das gilt auch dann, wenn die Revision bereits begründet worden ist, ein weiterer Revisionsgrund aber nachgeschoben werden soll, der ohne Verschulden nicht rechtzeitig geltend gemacht werden konnte.[112] Mit dem 1. Justizmodernisierungsgesetz hat sich zum 1.9.2004 die Lage der bedürftigen Rechtsmittelführer verbessert. Nach dem neu angefügten § 234 Abs. 1 S. 2 ZPO beträgt die Wiedereinsetzungsfrist einen Monat, wenn die Partei verhindert war, die Frist zur Begründung der Revision einzuhalten. Die Verlängerung der Frist für den Antrag auf Wiedereinsetzung und für die Nachholung der versäumten Prozesshandlung (§ 236 Abs. 2 S. 2 ZPO) von zwei Wochen auf einen Monat nach Wegfall des Hindernisses soll sicherstellen, dass einem Rechtsmittelführer, dem PKH nach Ablauf der Rechtsmittelbegründungsfrist gewährt wird, ein Monat Zeit für die Rechtsmittelbegründung verbleibt. Er soll nicht schlechter gestellt werden als die vermögende Partei.

4. Form der Revisionsbegründung. Die Revisionsbegründung ist nach §§ 551 Abs. 4, 549 Abs. 2 ZPO ein bestimmender Schriftsatz. Sie muss deshalb von einem RA oder einer sonstigen nach § 11 Abs. 4 postulationsfähigen Person unterzeichnet sein. Es gelten die gleichen Anforderungen wie bei der Revisionseinlegung (ausführlich siehe Rn 3 ff.).

44

Der Revisionsbegründungsschriftsatz muss selbst die Begründung der Anfechtung des Berufungsurteils enthalten. Dazu muss sich die Revisionsbegründung mit den Urteilsgründen des angefochtenen Urteils auseinandersetzen.[113] Mit diesen Anforderungen soll auch sichergestellt werden, dass der Prozessbevollmächtigte des Revisionsklägers das angefochtene Urteil im Hinblick auf das Rechtsmittel überprüft und mit Blickrichtung auf die Rechtslage genau durchdenkt. Außerdem soll die Revisionsbegründung durch ihre Kritik des angefochtenen Urteils zur richtigen Rechtsfindung durch das Revisionsgericht beitragen.[114] Die bloße Darstellung anderer Rechtsansichten ohne jede Auseinandersetzung mit den Gründen des Berufungsurteils genügt den Anforderungen an eine ordnungsgemäße Revisionsbegründung nicht.[115] Eine Bezugnahme auf in den Vorinstanzen gewechselte Schriftsätze ist nicht statthaft; denn es fehlt dann an der erforderlichen Auseinadersetzung mit den Entscheidungsgründen des angefochtenen Urteils.[116] Es genügt jedoch die Bezugnahme auf eine Begründung, die im PKH-Verfahren vor dem Revisionsgericht abgegeben worden ist.[117] Nach erfolgreicher Nichtzulassungsbeschwerde bedarf es einer eigenständigen Revisions- oder Rechtsbeschwerdebegründung innerhalb der zweimonatigen Begründungsfrist auch dann, wenn schon die Begründung der Nichtzulassungsbeschwerde den Anforderungen des § 72 Abs. 5 i.V.m. § 551 Abs. 3 S. 1 ZPO bzw. des § 94 Abs. 2 entspricht. Hierfür ist nach § 551 Abs. 3 S. 2 ZPO zwar eine ausdrückliche Bezugnahme auf die Begründung der Nichtzulassungsbeschwerde ausreichend aber auch erforderlich. Nach erfolgreicher Nichtzulassungsbeschwerde bedarf es einer eigenständigen Revisions- oder Rechtsbeschwerdebegründung innerhalb der zweimonatigen Begründungsfrist auch dann, wenn schon die Begründung der Nichtzulassungsbeschwerde den Anforderungen des § 72 Abs. 5 i.V.m. § 551 Abs. 3 S. 1 ZPO bzw. des § 94 Abs. 2 entspricht. Hierfür genügt gem. § 551 Abs. 3 S. 2 ZPO eine ausdrückliche Bezugnahme auf die Begründung der Nichtzulassungsbeschwerde. Sonst ist die Revision als unzulässig zu verwerfen.[118] Sind am Rechtsstreit Streitgenossen beteiligt, genügt auch die Bezugnahme auf die von den Streitgenossen mit Wirkung für die Partei eingelegte Revision und deren Revisionsbegründung.

45

5. Inhalt der Revisionsbegründung. Nach § 72 Abs. 5 i.V.m. § 551 Abs. 3 Nr. 1 ZPO muss die Revisionsbegründung eine Erklärung darüber enthalten, inwieweit das Urteil angefochten und dessen Aufhebung beantragt wird (sog. Revisionsantrag).

46

Die Revision wird nicht deshalb unzulässig, weil der Revisionsantrag nicht gesondert hervorgehoben oder ausdrücklich formuliert worden ist.[119] Zum Revisionsantrag gehört auch der sog. Sachantrag. Das ist der Antrag, mit dem erklärt wird, wie in der Sache selbst entschieden werden soll (z.B. die Beklagte zu verurteilen, an den Kläger

---

108 GK-ArbGG/*Mikosch*, § 74 Rn 34.
109 BAG 21.12.1987 – 4 AZR 540/87 – juris.
110 BGH 3.2.1988 – IVb ZR 19/88 – BGHR § 234 Abs. 2 ZPO Prozeßkostenhilfe Nr. 1.
111 BGH 26.3.1982 – V ZR 87/81 – JZ 1982, 429–429.
112 *Germelmann u.a.*, § 74 Rn 21; *Grunsky*, ArbGG, § 74 Rn 8; a.A. BAG 6.6.1962 – 3 AZR 296/59 – AP § 554 ZPO Nr. 10; GK-ArbGG/*Mikosch*, § 74 Rn 37.
113 BAG 11.10.2006 – 4 AZR 544/05 – EzA § 551 ZPO 2002 Nr. 3; BAG 10.5.2005 – 9 AZR 230/04 – BAGE 114, 299.
114 BAG 6.1.2004 – 9 AZR 680/02 – BAGE 109, 145, 148 f.
115 BAG 13.4.2000 – 2 AZR 173/99 – FA 2000, 289.
116 BAG 9.4.2008 – 4 AZR 104/07 – AP § 1 TVG Nr. 43.
117 BAG 2.2.1968 – 1 AZR 248/67 – AP § 554 ZPO Nr. 14.
118 BAG 8.5.2008 – 1 ABR 56/06 – NZA 2008, 726.
119 BAG 6.10.1965 – 2 AZR 404/64 – AP § 59 PersVG Nr. 49.

50 ArbGG § 74

10.000 EUR zu zahlen). Aus dem Revisionsantrag muss insg. ersichtlich sein, inwieweit das Urteil angefochten und dessen Aufhebung begehrt wird. Der Revisionskläger muss deshalb erkennbar machen, welche sachliche Änderung er verfolgt. Der Antrag, das angefochtene Urteil aufzuheben und den Rechtsstreit an die Vorinstanz zurückzuverweisen, ist nicht hinreichend deutlich. I.Ü. braucht der Antrag auf Zurückverweisung der Sache an das Berufungsgericht nicht gestellt zu werden. Das Revisionsgericht hat darüber von Amts wegen zu entscheiden. Das Revisionsgericht kann auch trotz eines solchen ausdrücklich gestellten Antrages in der Sache nach § 563 Abs. 3 ZPO eine Endentscheidung treffen.[120] Der Antrag muss darauf gerichtet sein, die aus dem Berufungsurteil folgende Beschwer des Revisionsklägers zu beseitigen.[121] Wird ein abweichender Antrag gestellt, so liegt darin in der Regel eine unzulässige Klageänderung (Einzelheiten vgl. § 73 Rn 52). Die Revision ist dann insoweit als unzulässig zu verwerfen.

47 Mit der Revision gegen die Entscheidung über den Hauptantrag fällt auch ein Hilfsantrag beim Revisionsgericht an (siehe Rn 21). Hat der Beklagte gegen die Verurteilung auf den Hilfsantrag Revision eingelegt und der Kläger gegen die Abweisung des Hauptantrages Revision eingelegt, so wird die Revision des Beklagten gegenstandslos, wenn das Revisionsgericht dem Hauptantrag stattgibt. Die auf den Hilfsantrag abstellende Verurteilung ist dann aufzuheben.[122]

Ein in der Berufungsinstanz gestellter Hilfsantrag kann in der Revisionsinstanz noch zum Hauptantrag erhoben werden.[123] Stellt der Kläger in der Revisionsinstanz einen Antrag nicht mehr als Haupt- sondern nur noch als (uneigentlichen) Hilfsantrag für den Fall des Obsiegens mit dem Hauptantrag, so liegt darin lediglich eine Beschränkung, die im Revisionsverfahren stets zulässig ist.[124] Häufig wird ohne hinreichende Differenzierung (dazu siehe § 73 Rn 52) jede Änderung der Sachanträge als „in der Revisionsinstanz (…) grundsätzlich unzulässig" angesehen.[125] Nach der jüngsten Rspr. des BGH soll selbst dann, wenn das Berufungsgericht über den Hilfsantrag in der Sache entschieden hat, soll dieser in der Revisionsinstanz nicht mehr zum Hauptantrag erhoben werden können.[126] Richtig ist, dass im Revisionsverfahren weder Widerklagen erhoben noch neue Sachanträge gestellt werden können.[127]

48 Zum Inhalt der Revisionsbegründung gehören die Angaben der Revisionsgründe (§ 551 Abs. 3 Nr. 2 ZPO). Dazu gehört die Bezeichnung der verletzten Rechtsnorm und bei Verfahrensrügen (vgl. § 73 Rn 27 ff.) die Angabe der den Verfahrensfehler begründenden Tatsachen.

49 Das Revisionsgericht ist nach § 72 Abs. 5 i.V.m. § 557 Abs. 1 ZPO an die Anträge der Parteien gebunden. Diese Bindung beinhaltet aber keine Bindung an die Revisionsbegründung (arg. e. § 72 Abs. 5 i.V.m. § 557 Abs. 2 S. 1 ZPO). Das Revisionsgericht ist deshalb bei einer zulässigen Revision von Amts wegen gehalten, das Urteil auf alle Verletzungen des materiellen Rechts zu überprüfen.[128]

50 Das BAG verlangt eine sorgfältige Begründung, die sich mit den Erwägungen des angefochtenen Urteils auseinander setzt und im Einzelnen darlegt, warum diese unrichtig sind.[129] Wendet sich die Revision gegen die Anwendung eines unbestimmten Rechtsbegriffs, so muss sie dartun, welchen Rechtsbegriff das LAG verkannt, welche Denkgesetze es verletzt oder welche wesentlichen Umstände es bei der Bewertung vernachlässigt hat.[130] Diese strengen Anforderungen werden z.T. für überzogen gehalten.[131] Die nach § 520 Abs. 3 Nr. 2 ZPO im Einzelnen anzuführenden Gründe der Anfechtung (Berufungsgründe) seien für die Revision entbehrlich.

51 Ist im Berufungsurteil über mehrere selbstständige Streitgegenstände entschieden, so muss die Revision für jeden Streitgegenstand einzeln begründet werden. Anderenfalls ist sie hinsichtlich des nicht begründeten Streitgegenstandes unzulässig.[132] Eine Ausnahme gilt, wenn beide Ansprüche akzessorisch voneinander abhängen, wie bei Künd-Schutzklage und Klage auf Lohn wegen Annahmeverzugs.[133] Enthält die Entscheidung über die Zahlungsklage nicht nur den Hinweis auf die Berechtigung der Künd, so muss sich die Revision auch mit den weiteren Erwägungen des LAG auseinander setzen.

---

120 BAG 6.10.1965 – 2 AZR 404/64 – BAGE 17, 313.
121 BGH 29.10.1969 – I ZR 72/67 – AP § 549 ZPO Nr. 10.
122 Germelmann u.a., § 74 Rn 26.
123 BAG 18.11.2003 – 3 AZR 592/02 – AP § 1 TVG Tarifverträge Großhandel Nr. 19; a.A. BGH 18.9.1958 – II ZR 332/56 – BGHZ 28, 131.
124 BAG 16.4.2003 – 4 AZR 373/02 – EzA § 242 BGB 2002 Betriebliche Übung Nr. 1; BGH 28.9.1989 – IX ZR 180/88 – WM 1989, 1873.
125 So z.B. BAG 23.1.2002 – 4 AZR 461/99 – juris; BGH 18.9.1958 – II ZR 332/56 – BGHZ 28, 131.
126 BGH 6.12.2006 – XII ZR 190/06 – NJW 2007, 913.
127 BSG 16.2.1967 – 10 RV 957/64 – juris.
128 BAG 6.1.2004 – 9 AZR 680/02 – AP § 74 ArbGG 1979 Nr. 11.
129 BAG 29.10.1997 – 5 AZR 624/96 – AP § 554 ZPO Nr. 30; BAG 6.1.2004 – 9 AZR 680/02 – AP § 74 ArbGG 1979 Nr. 11.
130 BAG 29.10.1997 – 5 AZR 624/96 – AP § 554 ZPO Nr. 30.
131 GK-ArbGG/*Mikosch*, § 74 Rn 57; *Grunsky*, ArbGG, § 74 Rn 7b.
132 BAG 16.10.1991 – 2 AZR 332/91 – AP § 18 SchwbG 1986 Nr. 1; BAG 6.12.1994 – 9 AZN 337/94 – AP § 72a ArbGG 1979 Nr. 32.
133 Uneigentliches Eventualverhältnis, vgl. BAG 13.8.1992 – 2 AZR 119/92 – n.v.; BAG 9.4.1991 – 1 AZR 488/90 – AP § 18 BetrVG 1972 Nr. 8.

Beispiele:
Der Kläger hat 1.500 EUR Arbeitsentgelt nebst Verzugszinsen eingeklagt. Das LAG hat Erfüllung angenommen und die Klage insg. abgewiesen. Legt die Revision dar, aus welchen Gründen keine Erfüllung eingetreten ist, ist die Revision auch hinsichtlich des Zinsantrages sachlich zu bescheiden.

Ist der Klage auf Lohnabrechnung und Auszahlung mit der Begründung stattgegeben, es bestehe ein Lohnanspruch und damit auch ein Abrechnungsanspruch, so genügt es, wenn die Revision sich gegen den Zahlungsanspruch wendet.[134]

Wenn das Berufungsurteil auf mehrere unabhängig voneinander tragende Erwägungen gestützt wurde, muss die Revisionsbegründung für jede dieser Erwägungen darlegen, warum sie das angefochtene Urteil nicht tragen. Anderenfalls ist die Revision unzulässig.[135] Ist das Berufungsurteil auf eine Haupt- und eine Hilfsbegründung gestützt, sind beide „Argumentationslinien" nicht unabhängig voneinander tragfähig, wenn sowohl die Haupt- als auch die Hilfsbegründung ein identisches Begründungselement enthalten. Das ist z.B. dann der Fall, wenn zwei alternativ geprüften Verringerungsanträgen nach Meinung des LAG jeweils aufgrund des gleichen Vortrags des AG dringende betriebliche Gründe entgegenstehen und die Revisionsbegründung des AN nur mit dem in der Hauptbegründung abgehandelten ersten Verringerungsantrag auseinandersetzt.[136] Die Rügen der Revision, § 15 Abs. 7 S. 1 Nr. 4 und § 15 Abs. 7 S. 4 BEEG seien fehlerhaft angewandt, erfassen dann sowohl tragende Teile der Haupt- als auch der Hilfsbegründung.

6. Materiell-rechtliche Rüge. Wird eine Sachrüge (vgl. § 73 Rn 9) erhoben, sollte die Rechtsnorm angegeben werden, die der Revisionskläger als verletzt ansieht. Nach der ZPO-Reform bedarf es nicht mehr der Benennung der Norm. Es genügt die Bezeichnung der Umstände, aus denen sich die Gesetzesverletzung ergeben soll.[137] Es genügt nicht, allg. Ausführungen dazu zu machen, aus welchen Gründen das angefochtene Urteil unrichtig sei. Erforderlich ist zumindest die rechtliche Einordnung des gerügten Rechtsfehlers in ein bestimmtes Rechtsgebiet.

Beispiel: „Das Berufungsgericht hat die Voraussetzungen der Betriebsrisikolehre verkannt ..."

Empfehlenswert ist es jedoch stets, eine ganz bestimmte Norm zu bezeichnen. Ist diese Norm falsch benannt, so ist das für die Zulässigkeit der Begründetheit der Revision unschädlich. Denn das Revisionsgericht ist insoweit an die geltend gemachten Revisionsgründe nicht gebunden (§ 72 Abs. 5 i.V.m. § 557 Abs. 2 S. 1 ZPO). Unzureichend – weil zu pauschal– ist die Rüge, das Urteil berücksichtige nicht „die allgemeinen Regeln des Europäischen Arbeitsrechts".[138]

Der Revisionskläger kann nach Ablauf der Revisionsbegründungsfrist noch die Anregung zur Prüfung weiterer Begründungsteile des Berufungsurteils nachschieben. Voraussetzung ist, dass in der Revisionsbegründung zumindest eine Sachrüge ordnungsgemäß erhoben worden ist.[139]

7. Verfahrensrüge. Bei Verfahrensrügen nach § 557 Abs. 2 S. 2 ZPO ist das BAG in seiner Nachprüfung auf den Umfang der ordnungsgemäß erhobenen Rügen beschränkt.[140] Zusätzlich darf es das angefochtene Urteil nur auf Mängel prüfen, die von Amts wegen zu berücksichtigen sind. Es empfiehlt sich deshalb, stets auch Sachrügen zu erheben, damit das Urteil nicht nur auf Verfahrensfehler, sondern auch auf materiell-rechtliche Mängel überprüft wird. Wird die Revision darauf gestützt, das Berufungsurteil beruhe auf Verfahrensmängeln, so sind nach § 551 Abs. 3 Nr. 2b ZPO diejenigen Tatsachen vorzutragen, die einen tragenden Verfahrensverstoß ergeben. Das bedeutet, dass auch die Kausalität zwischen Verfahrensmangel und Ergebnis des Berufungsurteils dargelegt werden muss. Dazu genügt, wenn vorgebracht wird, dass bei richtigem Verfahren das Berufungsgericht möglicherweise anders entschieden hätte.

Beispiel:
Nach Schluss der mündlichen Verhandlung weist das Berufungsgericht auf einen neuen rechtlichen Gesichtspunkt hin und verkündet ohne Zustimmung der Parteien im schriftlichen Verfahren seine Entscheidung. Für die Revisionsbegründung genügt es hier, dass der Revisionskläger die Nichteinhaltung des Mündlichkeitsprinzips rügt und darlegt, dass unter dem Eindruck der mündlichen Verhandlung das LAG anders entschieden hätte.[141]

---

134 BAG 12.1.2005 – 5 AZR 144/04 – AP § 612 BGB Nr. 69.
135 BAG 5.6.2007 – 9 AZR 82/07 – juris; BAG 11.3.1998 – 2 AZR 497/97 – AP § 519 ZPO Nr. 49; BFH 11.3.1999 – XI R 101/96 – BFH/NV 1999, 1228.
136 BAG 5.6.2007 – 9 AZR 82/07 – juris.
137 BAG 6.1.2004 – 9 AZR 680/02 – AP § 74 ArbGG 1979 Nr. 11.
138 BAG 7.7.1999 – 10 AZR 575/98 – AP § 554 ZPO Nr. 32.
139 BAG 6.1.2004 – 9 AZR 680/02 – AP § 74 ArbGG 1979 Nr. 11.
140 BAG 6.1.2004 – 9 AZR 680/02 – AP § 74 ArbGG 1979 Nr. 11; unzutreffend Schwab/Weth/*Ulrich*, § 74 Rn 55 Fn 3, der von der Zulässigkeit des Nachschiebens von Sachrügen ausgeht.
141 BAG 23.1.1996 – 9 AZR 600/93 – AP § 64 ArbGG 1979 Nr. 20.

55 Eine ausdrückliche Verfahrensrüge durch den Revisionskläger ist auch dann notwendig, wenn ein absoluter Revisionsgrund (vgl. § 73 Rn 28 ff.) vorliegt.[142] Etwas anderes gilt nur dann, wenn dieser absolute Revisionsgrund von Amts wegen zu beachten ist. Bei absoluten Revisionsgründen entfällt lediglich die Darlegung der Kausalität zwischen Verfahrensverstoß und Berufungsurteil, weil die Ursächlichkeit dieses Mangels von Gesetzes wegen vermutet wird (ausführlich vgl. § 73 Rn 29 ff.).

Verfahrensrügen können nach Fristablauf nicht nachgeschoben werden.[143] Das BAG hat jedoch Wiedereinsetzung in den vorigen Stand zugelassen. Das ist im Hinblick auf den Wortlaut des § 233 ZPO bedenklich.[144]

56 An die Darlegung des Verfahrensverstoßes werden strenge Anforderungen gestellt. Es genügt kein pauschaler Hinweis. Die Tatsachen, die den vermeintlichen Mangel ergeben, sind genau zu bezeichnen. Für die Rüge des übergangenen Beweisantrags gilt: Ohne Mitteilung des Inhalts eines nach Auff. der Revision zu Unrecht abgelehnten Beweisantrags fehlt es an der ordnungsgemäßen Darlegung des behaupteten Verfahrensmangels.[145] Soll eine fehlerhafte Beweiswürdigung (§ 286 ZPO) gerügt werden, so genügt es nicht zu behaupten, das Gericht habe ein sachlich falsches Gutachten zugrunde gelegt. Es muss aufgezeigt werden, welche anderen Methoden zu einem anderen Ergebnis geführt hätten.[146] Wird eine Verletzung der dem LAG obliegenden Aufklärungspflicht (§ 139 ZPO) gerügt, reicht es nicht aus, pauschal auf die Verletzung der Aufklärungspflicht hinzuweisen. Es muss im Einzelnen vorgetragen werden, welchen konkreten Hinweis das LAG dem Revisionskläger aufgrund welcher Tatsachen hätte erteilen müssen, und welche weiteren erheblichen Tatsachen der Revisionskläger sodann in der Berufungsinstanz vorgebracht hätte.[147] Nur so kann das Revisionsgericht feststellen, ob die gerügte Verletzung möglicherweise für das Urteil kausal war.[148]

57 Sollen Feststellungen des LAG gerügt werden, kann das durch einen Tatbestandsberichtigungsantrag geschehen, der nach § 320 ZPO binnen drei Monaten nach Verkündung des Urteils beim LAG gestellt werden muss. Wird das Urteil vom LAG später zugestellt, kann ein Tatbestandsberichtigungsantrag nicht mehr gestellt werden kann. Dann muss bei der Rüge der Verletzung des § 320 ZPO auch dargelegt werden, welche Berichtigung im Einzelnen bei Einhaltung der Drei-Monats-Frist beim LAG beantragt worden wäre.[149] Hat das Berufungsgericht zu Unrecht ein Teilurteil nach § 301 ZPO erlassen, muss die Revision rügen, dass eine zweifelsfreie Abgrenzung des durch Teilurteil entschiedenen Streitstoffs von dem übrigen noch anhängigen Streitstoff nicht möglich ist. Dann ist das Verfahren aufzuheben und zurückzuverweisen.[150]

58 Hat das LAG verspätetes Vorbringen zugelassen, so kann eine dagegen gerichtete Verfahrensrüge des Revisionsklägers nicht durchgreifen.[151] Demgegenüber kann aber gerügt werden, das LAG habe unzulässigerweise das Vorbringen als verspätet behandelt und nicht zugelassen.[152]

59 Die Rüge, das LAG habe eine Klageänderung zu Unrecht als sachdienlich zugelassen, ist durch § 268 ZPO ausgeschlossen.

IV. Beschwer

60 Die Beschwer wird gebildet durch das Minus zwischen dem Sachantrag, der beim Berufungsgericht gestellt worden ist, und der vom Berufungsgericht ergangenen Entscheidung. Hat der Revisionskläger vollständig obsiegt, ist eine Beschwer ausgeschlossen. Sie kann nicht aus der Art der Begründung entnommen werden.

61 Eine Beschwer für den Beklagten liegt auch dann vor, wenn das LAG die Klage als unzulässig zurückgewiesen hat. Ein nur wegen der Unzulässigkeit der Klage obsiegender Beklagter kann daher mit der Revision das Ziel verfolgen, die Klage als unbegründet zurückzuweisen, damit er nicht mit einem neuen Prozess überzogen werden kann.[153]

62 Eine Beschwer ist ebenfalls anzunehmen, wenn die Klage mit der Begründung zurückgewiesen worden ist, die Klageforderung sei durch Aufrechnung erloschen. Mit der Revision kann dann das Ziel verfolgt werden, die Klage aus anderen Gründen abzuweisen, um den Bestand der Aufrechnungsforderung zu erhalten.[154]

V. Gegenrüge

63 Während der Revisionskläger die angefochtene Entscheidung angreift, verteidigt der Revisionsbeklagte sie für gewöhnlich. Der Revisionsbeklagte darf sich jedoch nicht auf eine Verteidigung beschränken. Er muss berücksichtigen, dass sich seine Lage verschlechtert, insb. wenn eine Verfahrensrüge des Revisionsklägers durchgreift. Das Be-

---

142 BAG 18.10.1961 – 1 AZR 437/60 – AP § 111 ArbGG 1953 Nr. 1.
143 BAG 6.1.2004 – 9 AZR 680/02 – AP § 74 ArbGG 1979 Nr. 11.
144 GK-ArbGG/*Mikosch*, § 74 Rn 64.
145 BVerwG 24.3.2000 – 9 B 530/99 – Buchholz 310 § 86 Abs. 1 VwGO Nr. 308.
146 BAG 6.1.2004 – 9 AZR 680/02 – AP § 74 ArbGG 1979 Nr. 11.
147 BAG 14.10.2003 – 9 AZR 636/02 – AP § 8 TzBfG Nr. 6.
148 Vgl. BAG 5.7.1979 – 3 AZR 197/78 – AP § 242 BGB Ruhegehalt-Unterstützungskassen Nr. 9.
149 BAG 11.6.1963 – 4 AZR 180/62 – AP § 320 ZPO Nr. 1.
150 BSG 28.4.1999 – B 6 KA 52/98 R – SGb 1999, 402 = USK 99114.
151 BAG 20.4.1983 – 4 AZR 497/80 – AP § 21 TVAL II Nr. 2.
152 *Germelmann u.a.*, § 74 Rn 40.
153 Vgl. BAG 15.4.1986 – 1 ABR 55/84 – BAGE 51, 345.
154 Vgl. BAG 24.1.1974 – 5 AZR 17/73 – AP § 72 ArbGG 1953 Streitwertrevision Nr. 24.

rufungsgericht kann z.B. tatsächliche Feststellungen getroffen haben, die sich für den in der zweiten Instanz erfolgreichen Revisionsbeklagten nicht ungünstig ausgewirkt haben, weil das Berufungsgericht von einem anderen rechtlichen Gesichtspunkt ausgegangen ist. Vertritt das Revisionsgericht einen anderen Standpunkt, kann der Revisionsbeklagte im dritten Rechtszug aufgrund der für ihn ungünstigen Tatsachenfeststellungen des LAG verurteilt werden, ohne dass es zu einer Zurückverweisung der Sache an das LAG zur erneuten Tatsachenfeststellung kommt. Der Revisionsbeklagte muss dann seinerseits Verfahrensmängel rügen, damit sich die andere Rechtsansicht des Revisionsgerichts nicht für ihn derartig nachteilig auswirkt. Diese sog. Gegenrügen kann der Revisionsbeklagte bis zum Schluss der mündlichen Verhandlung vor dem Revisionsgericht vorbringen.[155] Allgemein gilt: Mit Gegenrügen kann der Revisionsbeklagte vermeiden, dass ihm Feststellungen des Berufungsgerichts schaden.[156]

Weist in der mündlichen Verhandlung das Revisionsgericht auf einen von der Sicht des Berufungsgerichts abweichenden Gesichtspunkt hin, so ist damit der Revisionsbeklagte gehalten, spätestens jetzt Gegenrügen in Form von Sach- oder Verfahrenrügen zu erheben.

Die Zurückverweisung nach § 563 ZPO zur neuen Verhandlung an das Berufungsgericht ist nur gerechtfertigt, sofern ein **neuer** rechtlicher Gesichtspunkt vom Revisionsgericht aufgedeckt wird und es noch zur rechtlichen Würdigung neuer tatsächlicher Feststellungen bedarf, weil dazu streitiger Vortrag der Parteien zu erwarten ist. Soweit das Revisionsgericht auf eine bereits in der Instanz erörterte, nur vom Berufungsgericht als unerheblich angesehene oder abweichend beantwortete Rechtsfrage abstellen möchte, bedarf es nur dann der Zurückverweisung, wenn der Revisionsbeklagte eine ordnungsgemäße Gegenrüge erhebt, denn der Revisionsbeklagte darf sich nicht darauf beschränken, das angefochtene Urteil zu verteidigen. Er muss ebenso wie der Revisionskläger zur Vorbereitung der Revisionsverhandlung den gesamten Prozessstoff durcharbeiten. Wird keine Gegenrüge erhoben, ist von dem Tatbestand auszugehen, den das LAG festgestellt hat.[157] Soweit die bemängelte Feststellung darauf beruht, dass ein Hinweis des LAG auf die Darlegungs- und Beweislast der Revisionsbeklagten unterblieben war, muss der Revisionsbeklagte dies mit einer Gegenrüge beanstanden.[158]

VI. Terminsbestimmung

Nach Abs. 2 S. 1 muss der Termin zur mündlichen Verhandlung unverzüglich bestimmt werden. Abs. 2 S. 2 i.V.m. § 552 Abs. 2 ZPO stellt klar, dass durch die Terminsanberaumung die Befugnis unberührt bleibt, die Revision auch ohne mündliche Verhandlung als unzulässig zu verwerfen. Beim BAG findet bei Eingang der Sache keine sofortige Terminierung statt. Die Terminierungsvorschriften werden so angewandt, dass die Senate über einen Zeitraum von einem halben Jahr im Voraus terminieren. Die terminierungsreifen Sachen werden in der Reihenfolge des Eingangs bearbeitet.

Mit Zustimmung der Parteien kann der Senat eine Entscheidung im sog. schriftlichen Verfahren treffen. Es wird dann kein mündlicher Verhandlungstermin anberaumt, § 128 Abs. 2 S. 1 ZPO. Nach § 128 Abs. 2 S. 3 ZPO ist eine Entscheidung ohne mündliche Verhandlung unzulässig, wenn seit der Zustimmung der Parteien mehr als drei Monate verstrichen ist.

VII. Die Verwerfung der unzulässigen Revision

1. Überblick. In Abs. 2 S. 3 ist lediglich geregelt, dass die Verwerfung der Revision ohne mündliche Verhandlung durch Beschluss der berufsrichterlichen Mitglieder des Senats ohne Zuziehung der ehrenamtlichen Richter erfolgt. Ergänzend ist § 552 ZPO anzuwenden.

Zivilprozessordnung vom 30.1.1877, RGBl I S. 83, BGBl III 310–4, in der Fassung der Bekanntmachung vom 5.12.2005, BGBl I S. 3202, zuletzt geändert durch zuletzt geändert durch Gesetz zur Änderung des Wohnungseigentumsgesetzes und anderer Gesetze vom 26.3.2007 (BGBl I S. 370, 376).

ZPO § 552 – Zulässigkeitsprüfung

(1) [1]Das Revisionsgericht hat von Amts wegen zu prüfen, ob die Revision an sich statthaft und ob sie in der gesetzlichen Form und Frist eingelegt und begründet ist. [2]Mangelt es an einem dieser Erfordernisse, so ist die Revision als unzulässig zu verwerfen.

(2) Die Entscheidung kann durch Beschluss ergehen.

2. Zulässigkeitsprüfung. Die Zulässigkeitsvoraussetzungen werden von Amts wegen geprüft. Sie beziehen sich auf Statthaftigkeit der Revision und Einhaltung der gesetzlichen Formen und Fristen (siehe Rn 3 ff.). Nicht zu prüfen

---

155 BAG 14.7.1965 – 4 AZR 347/63 – BAGE 17, 241; BAG 20.1.2004 – 9 AZR 23/03 – n.v.
156 BAG 28.9.2005 – 10 AZR 587/04 – AP § 1 TVG Tarifverträge: Bau Nr. 278 = EzA § 4 TVG Bauindustrie Nr. 123; BAG 24.3.2009 – 9 AZR 983/07 – AP § 7 BUrlG Nr. 39 = NZA 2009, 538.
157 BAG 13.11.2007 – 9 AZR 36/07 – AP § 8 TzBfG Nr. 25 = NZA 2008, 314; BGH 11.12.2008 – IX ZR 194/07 – ZIP 2009, 228.
158 BAG 20.5.2008 – 9 AZR 219/07 – AP § 17 BErzGG Nr. 12 = NZA 2008, 1237; Zöller/*Gummer*, ZPO. § 557 Rn 12.

ist, ob in den Vorinstanzen die Voraussetzungen für ein zulässiges Verfahren oder die sog. Prozessfortsetzungsvoraussetzungen vorgelegen haben. Diese Prüfungen betreffen die Begründetheit des Rechtsmittels, nicht dessen Zulässigkeit. Fehlte bspw. bereits bei Erhebung der Klage die Prozessführungsbefugnis, so ist die Revision des beim LAG mit einem Sachurteil unterlegenen Klägers begründet, denn die Klage war als unzulässig abzuweisen.

70 Das BAG prüft, ob das Rechtsmittel der Revision statthaft ist. Das ist dann der Fall, wenn das LAG die Revision bindend für das BAG (vgl. § 72 Rn 58 ff.) oder das BAG sie auf eine begründete Nichtzulassungsbeschwerde (vgl. § 72a Rn 2 ff.) zugelassen hat. Es ist auch dann kein Zugang zur Revisionsinstanz eröffnet, wenn die unterlegene Partei sich gegen ein Zweites Versäumnisurteil mit der Behauptung wendet, es habe kein Fall schuldhafter Säumnis vorgelegen.[159]

71 Unzulässig ist die zugelassene Revision, wenn sie nicht frist- und formgerecht eingelegt worden ist (vgl. Rn 3 ff.). Gleiches gilt für eine nicht frist- oder ordnungsgemäß begründete Revision. Wird eine Revision wegen formeller Mängel verworfen, ist eine erneute Einlegung möglich. Ist die Revision wegen unzureichender Begründung verworfen worden, so muss die neue Begründung innerhalb der „alten" Frist eingehen.[160]

72 Sind alle Fristen und Formen eingehalten, liegt die in der Begründung behauptete Verletzung materiellen Rechts jedoch nicht vor, ist die Revision unbegründet. Das soll auch gelten, wenn die Revision auf die Verletzung einer nicht revisiblen Bestimmung gestützt wird, z.B. auf eine nicht typische Willenserklärung oder Verwaltungsvorschrift.[161]

73 Wird ausschließlich eine nicht ordnungsgemäß begründete Verfahrensrüge erhoben (vgl. Rn 56 ff.), so ist die Revision unzulässig. Wird zugleich mit der nicht ordnungsgemäßen Verfahrensrüge auch in ausreichender Weise die Verletzung materiellen Rechts gerügt, so ist die Revision insg. zulässig.[162]

74 Die Revision ist auch unzulässig, soweit der Revisionskläger durch die angefochtene Entscheidung nicht beschwert ist (vgl. Rn 62 ff.). Ist der Urteilsausspruch nicht eindeutig, so kann sich die Beschwer auch aus den Entscheidungsgründen ergeben. Eine Beschwer liegt auch dann vor, wenn das LAG den Rechtsstreit an das ArbG zurückverwiesen hat, statt in der Sache zu entscheiden.[163]

75 In den arbeitsgerichtlichen Verfahrensarten gilt bei Fehlern des Gerichts das Prinzip der Meistbegünstigung. Soweit nach der objektiven Rechtslage die Zulassung eines Rechtsmittels statthaft gewesen wäre, kann sich eine fehlerhafte Entscheidung nicht zu Lasten der beschwerten Partei auswirken. Hätte das LAG statt im Beschlussverfahren im Urteilsverfahren entscheiden und dementsprechend statt der Rechtsbeschwerde die Revision zulassen müssen, kann die unterlegene Partei entsprechend dem Prinzip der Meistbegünstigung zwischen dem tatsächlich zugelassenen Rechtsmittel der Rechtsbeschwerde und dem objektiv statthaften Rechtsmittel der Revision wählen.[164]

76 Unzulässig ist die Revision, wenn der Revisionskläger gegenüber dem BAG oder dem LAG auf die Revision verzichtet hat (z.B. in einem gerichtlichen Vergleich). Ist dieser Verzicht nur außergerichtlich vereinbart worden, so kann er lediglich im Rahmen der Begründetheitsprüfung auf die Einrede des Revisionsbeklagten berücksichtigt werden.[165]

77 **3. Verwerfungsbeschluss.** Ist die Revision unzulässig, so ist sie nach § 72 Abs. 5 i.V.m. § 552 Abs. 1 S. 2 ZPO „als unzulässig zu verwerfen". Die Entscheidung kann ohne mündliche Verhandlung ergehen. In diesem Fall entscheidet der Senat ohne Zuziehung der ehrenamtlichen Richter (Abs. 2 S. 3).

78 Nach § 552 Abs. 2 ZPO kann durch Beschluss auch die Zulässigkeit der Revision festgestellt werden. Auch an diesem Beschluss wirken die ehrenamtlichen Richter nicht mit.[166]

79 Das Revisionsgericht ist an seine Beschlüsse über die Zulässigkeit oder Unzulässigkeit der Revision gebunden. Gegenvorstellungen können daher keinen Erfolg haben.[167]

80 Ist die Revision als unzulässig verworfen worden, kann erneut Revision eingelegt werden, wenn die Revisionseinlegungsfrist noch nicht abgelaufen ist, weil z.B. die Revision vor Zustellung des vollständig abgefassten Urteils eingelegt worden ist.

81 Ist die Revision verworfen worden, weil der Revisionsbegründungsschriftsatz nicht rechtzeitig beim BAG eingegangen oder zwar eingegangen, aber nicht zur Kenntnis des Senats gelangt ist, kann der Revisionskläger nach § 233 ZPO Wiedereinsetzung in den vorigen Stand beantragen.[168] Soweit von der Geschäftsstelle des Gerichts der Eingang der Revisionsbegründung nicht festgestellt werden konnte, ist zugleich mit dem Wiedereinsetzungsantrag die abgesandte, aber nicht eingegangene Rechtsmittelbegründungsschrift dem Gericht erneut zuzuleiten.

---

159 BAG 22.4.2004 – 2 AZR 314/03 – NZA 2004, 871,a.A. *Gravenhorst*, NZA 2004, 1261.
160 BAG 14.11.1975 – 3 AZR 609/75 – AP § 9 ArbGG 1953 Nr. 16.
161 BGH 26.10.1979 – I ZR 6/79 – MDR 1980, 203; a.A. BAG 2.2.1983 – 5 AZR 1133/79 – AP § 73 ArbGG 1979 Nr. 1 m. abl. Anm. *Grunsky*.
162 BAG 6.1.2004 – 9 AZR 680/02 – AP § 74 ArbGG 1979 Nr. 11.
163 BAG 24.2.1982 – 4 AZR 313/80 – BAGE 38, 55.
164 GK-ArbGG/*Mikosch*, § 74 Rn 77.
165 BAG 8.3.1957 – 2 AZR 554/55 – AP § 514 ZPO Nr. 1.
166 BAG 15.5.1984 – 1 AZR 532/80 – NZA 1984, 98.
167 BAG 19.7.1972 – 3 AZR 27/72 – NJW 1972, 1684.
168 BAG 29.3.1971 – 4 AZB 34/70 – BAGE 23, 276.

Die mit dem 1. Justizmodernisierungsgesetz in § 552a ZPO eingefügte Möglichkeit der Verwerfung einer Revision durch einstimmigen Beschluss soll das Revisionsverfahren von offensichtlich erfolglosen Revisionen, die „keine Aussicht auf Erfolg" haben, entlasten. Diese auf Anregung des BGH in das Gesetz aufgenommene Vorschrift ist auf das Verhältnis der OLG zu deren Revisionsgericht, dem BGH, gemünzt. Gegen eine Anwendung für das arbeitsgerichtliche Urteilsverfahren spricht der für das Revisionsverfahren vor dem BAG nach § 72 Abs. 5 geltende Vorrang der Bestimmungen des ArbGG. Abweichend von der in § 553 ZPO für den BGH geregelten Terminierungsbestimmung hat das BAG nach Abs. 2 S. 1 den Termin zur mündlichen Verhandlung unverzüglich zu bestimmen. Allein der Fall der Verwerfung einer unzulässigen Revision nach § 552 ZPO bleibt nach Abs. 2 S. 2 davon ausgenommen. Der Gesetzgeber des ArbGG hat davon Abstand genommen § 552a ZPO ebenfalls von der Verpflichtung aus Abs. 2 S. 1 auszunehmen, obwohl das ArbGG nach Inkrafttreten des 1. Justizmodernisierungsgesetzes mehrfach geändert worden ist. Danach ist § 552a ZPO nicht anwendbar (§ 72 Rn 60). 82

Der Fall der Zurückweisung einer offensichtlich erfolglosen Revision nach § 552a ZPO ist nicht in Abs. 2 vorgesehen. Wäre er gewollt gewesen, hätte der Gesetzgeber auch das ArbGG ändern müssen. Dies ist jedoch nicht geschehen.[169] Allerdings können Praktikabilitätserwägungen einen Anlass für eine Anwendung der Norm geben. Sind z.B. Massenverfahren anhängig und bereits Pilotverfahren entschieden, so könnte der erkennende Fachsenat sich auf diese Weise ökonomisch sinnvoll von offensichtlich erfolglosen Revisionen entlasten, wenn sich der Revisionskläger trotz Hinweis des Senats nicht zur Rücknahme des Rechtsmittels bereit erklärt. 83

VIII. Rücknahme der Revision

1. Anwendbare Vorschriften. Nach § 72 Abs. 5 gelten für die Rücknahme der Revision die Vorschriften der §§ 565, 516 ZPO. 84

Zivilprozessordnung vom 30.1.1877, RGBl I S. 83, BGBl III 310–4, in der Fassung der Bekanntmachung vom 5.12.2005, BGBl I S. 3202, zuletzt geändert durch Gesetz zur Änderung des Wohnungseigentumsgesetzes und anderer Gesetze vom 26.3.2007 (BGBl I S. 370, 376).

ZPO § 516 – Zurücknahme der Berufung
(1) Der Berufungskläger kann die Berufung bis zur Verkündung des Berufungsurteils zurücknehmen.
(2) [1]Die Zurücknahme ist dem Gericht gegenüber zu erklären. [2]Sie erfolgt, wenn sie nicht bei der mündlichen Verhandlung erklärt wird, durch Einreichung eines Schriftsatzes.
(3) [1]Die Zurücknahme hat den Verlust des eingelegten Rechtsmittels und die Verpflichtung zur Folge, die durch das Rechtsmittel entstandenen Kosten zu tragen. [2]Diese Wirkungen sind durch Beschluss auszusprechen.

ZPO § 565 – Anzuwendende Vorschriften des Berufungsverfahrens
Die für die Berufung geltenden Vorschriften über die Anfechtbarkeit der Versäumnisurteile, über die Verzichtsleistung auf das Rechtsmittel und seine Zurücknahme, über die Rügen der Unzulässigkeit der Klage und über die Einforderung, Übersendung und Zurücksendung der Prozessakten sind auf die Revision entsprechend anzuwenden.

2. Rücknahme als Prozesshandlung. Die Rücknahme des Rechtsmittels ist eine **bedingungsfeindliche Prozesshandlung**. Sie ist durch eine Erklärung gegenüber dem BAG vorzunehmen. Sofern sie nicht in der mündlichen Verhandlung abgegeben wird, erfolgt sie durch bestimmenden Schriftsatz, § 516 Abs. 2 S. 2 ZPO. Sie kann nur die konkret am Tag X beim BAG eingelegte Revision erfassen. Sofern die Revisionsfrist noch nicht abgelaufen ist, kann deshalb nach einer Zurücknahme erneut wirksam Revision eingelegt werden.[170] Hierdurch unterscheidet sich die Zurücknahme von dem Verzicht. Zulässig ist auch eine Teilrücknahme der Revision, soweit mit der eingelegten Revision beim BAG abtrennbare Streitgegenstände angefallen sind. Maßgebend ist, ob ein Teilurteil i.S.v. § 301 ZPO ergehen dürfte. 85

Die Rücknahme der Revision ist von **der Rücknahme der Klage** zu unterscheiden. Die Klage kann in der Rechtsmittelinstanz nur mit Einwilligung des Beklagten zurückgenommen werden, vgl. § 269 Abs. 1 ZPO. Die Rücknahme der Klage in der Rechtsmittelinstanz bewirkt, dass alle noch nicht rechtskräftigen Entscheidungen des ArbG und des LAG, ohne dass es einer Entscheidung des BAG bedarf, gem. § 269 Abs. 3 S. 1 ZPO wirkungslos werden. Die Erklärung der Zurücknahme der Klage ist eine Prozesshandlung mit unmittelbarer Gestaltungswirkung auf das anhängige Verfahren. Sie muss also mündlich in dem Verfahren abgegeben werden, in dem sie zur Auswirkung kommen soll. Dementsprechend ist auch die schriftliche Erklärung der Klagerücknahme in einem Schriftsatz ebenfalls zu dem anhängigen und zu beendenden Rechtsstreit abzugeben.[171] Es bedarf jedoch keiner ausdrücklichen Rücknahmeerklärung. In der Einlassung auf einen sachlich beschränkten Rechtsmittelantrag kann eine **konkludente** Einwilligung in eine teilweise Klagerücknahme gesehen werden.[172] 86

---

169 *Düwell*, FA 2004, 364, 365.
170 GK-ArbGG/*Mikosch*, § 74 Rn 84.
171 BGH 8.5.1981 – V ZR 75/80 – MDR 1981, 1002.
172 Vgl. BAG 21.6.2005 – 9 AZR 409/04 – AP § 8 TzBfG Nr. 14; BAG 14.7.1961 – 1 AZR 291/60 – AP ZPO § 322 Nr. 6; RG 25.3.1924 – III 349/23 – RGZ 108, 135.

87 Nach § 72 Abs. 5 i.V.m. §§ 565, 516 Abs. 2 S. 1 ZPO ist die Rücknahme des Rechtsmittels gegenüber dem BAG zu erklären. Sie erfolgt durch Einreichung eines Schriftsatzes (§ 516 Abs. 2 S. 2 ZPO) oder in der mündlichen Verhandlung vor dem BAG. Sie ist Prozesshandlung. Sie kann deshalb nur durch einen zugelassenen RA erfolgen. Hat eine nicht postulationsfähige Person einen Rechtsbehelf oder ein Rechtsmittel eingelegt, so ist sie zur „Rücknahme" der unwirksamen Einlegung berechtigt.[173]

88 Eine vertraglich übernommene Verpflichtung des Rechtsmittelklägers zur Abgabe der Rechtsmittelrücknahme oder eines Klägers zur Klagerücknahme kann auf dem Klagewege durchgesetzt werden, § 984 ZPO. Davon zu unterscheiden ist, wenn in einem Prozessvergleich – sei es, dass er nur den konkreten Prozess betrifft oder als Gesamtvergleich auch andere Rechtsstreite erfasst – das gerichtliche Verfahren unmittelbar beendet werden sollen, ohne dass es dazu weiterer Prozesshandlungen der Parteien bedarf. Prozessrechtlich bewirken derartige gerichtliche Vergleiche unmittelbar die Beendigung des Rechtsstreites und der Rechtshängigkeit. Diese Wirkung tritt auch dann ein, wenn sich der Prozessvergleich nicht auf die in dem Rechtsstreit anhängigen Ansprüche beschränkt, in dem der Vergleich abgeschlossen wird, sondern nach dem Willen der Parteien durch einen Gesamtvergleich zugleich auch andere zwischen den Parteien geführte Prozesse unmittelbar vollständig geregelt und erledigt werden sollen.[174] Ist dagegen in einem Prozessvergleich oder in einem außergerichtlichen Vergleich eine Verpflichtung zur Klagerücknahme enthalten und wird diese nicht eingehalten, so kann die Weiterverfolgung der Klage als arglistige Ausübung des Prozessrechts als unzulässig angesehen werden. Voraussetzung ist, dass die beklagte Partei sich gegenüber der Fortsetzung des Klageverfahrens auf den Vergleich beruft.[175] Für eine ansonsten zu erhebende Klage auf Abgabe der Rücknahmeerklärung fehlt in diesem Fall das Rechtsschutzbedürfnis.

89 **3. Keine Zustimmung des Gegners erforderlich.** Die Rücknahme der Revision war nach altem Recht nur bis zum Beginn der mündlichen Revisionsverhandlung ohne Einwilligung des Revisionsbeklagten zulässig, danach nur mit Zustimmung. Durch die ZPO-Reform ist seit 2002 der Zustimmungsvorbehalt entfallen, vgl. § 72 Abs. 5 i.V.m. §§ 565, 516 Abs. 1 ZPO. Danach kann sie heute auch nach der Stellung der Anträge ohne Zustimmung des Revisionsbeklagten zurückgenommen werden.

90 **4. Spätester Zeitpunkt der Rücknahmeerklärung.** Spätester Zeitpunkt der Erklärung der Rücknahme der Revision ist, wenn mündlich über die Revision verhandelt wird, die Verkündung des Revisionsurteils. Im schriftlichen Verfahren muss der Schriftsatz mit der Rücknahmeerklärung beim BAG eingegangen sein, bevor die Entscheidung von der Geschäftsstelle in den Postgang gegeben wird. Nach Verkündung des Revisionsurteils ist der Rechtsstreit rechtskräftig beendet. Jedenfalls dann ist unstr. eine Rücknahme der Revision ist nicht mehr möglich. Umstr. ist, ob noch während der Verkündung zurückgenommen werden kann.[176] Der h.M. ist beizutreten. Ansonsten könnte das bereits beim ersten Wort der Verkündung erkennbare Ergebnis (entweder Erfolg mit „**Auf** die Revision ... wird aufgehoben" oder Unterliegen mit „**Die** Revision ... wird zurückgewiesen") abgewartet werden, um die gegenüber dem Unterliegen kostengünstigere Rücknahme zu wählen.

91 **5. Folgen der Rücknahmeerklärung.** Die Rücknahmeerklärung bindet. Sie ist als Prozesshandlung im Grundsatz unwiderrufbar. Eine Ausnahme kommt nur in Betracht, sofern ein Restitutionsgrund gegeben ist.[177]

92 Der Rücknehmende hat die durch das Rechtsmittel entstandenen Kosten zu tragen. Hierzu zählen auch die Kosten einer unselbstständigen Anschlussrevision des Gegners.[178] Auf Antrag des Gegners hat das Gericht durch Beschluss auszusprechen, dass der Revisionskläger des eingelegten Rechtsmittels verlustig ist und die Verpflichtung hat, die durch das Rechtsmittel entstandenen Kosten zu tragen.

IX. Erledigungserklärungen in der Rechtsmittelinstanz

93 **1. Erledigung der Hauptsache.** Die Möglichkeit, übereinstimmend die **Erledigung der Hauptsache** zu erklären, ist gesetzlich nur bruchstückhaft in § 91a ZPO geregelt. Wird übereinstimmend die Hauptsache für erledigt erklärt, so wird wie bei der Rücknahme der Klage in der Rechtsmittelinstanz bewirkt, dass alle noch nicht rechtskräftigen Entscheidungen des ArbG und des LAG, ohne dass es einer Entscheidung des BAG bedarf, gem. § 269 Abs. 3 S. 1 ZPO wirkungslos werden.[179] Das gilt auch für die Abgabe übereinstimmender Erledigungserklärungen im Revisionsrechtszug.[180] Eine nur zur Abwendung der Zwangsvollstreckung bewirkte Erfüllung führt nicht zur Erledigung der Hauptsache.[181]

---

173 BAG 17.11.2004 – 9 AZN 789/04 – AP § 11 ArbGG 1979 Prozessvertreter Nr. 19.
174 BAG 9.7.1981 – 2 AZR 788/78 – NJW 1982, 788.
175 BVerwG 13.1.1982 – 1 B 142/81 – Buchholz 310 § 92 VwGO Nr. 6.
176 Ablehnend h.M.: *Germelmann u.a.*, § 74 Rn 54 m.w.N.; zweifelnd: *Hartmann*, NJW 2001, 2577, 2591.
177 GK-ArbGG/*Mikosch*, § 74 Rn 87.
178 Für die unselbstständige Anschlussberufung: OLG München 24.11.1988 – 5 U 3599/88 – NJW-RR 1989, 575.
179 Thomas/Putzo/*Hüßtege*, § 91a Rn 21, § 269 Rn 14.
180 BAG 25.6.2009 – 6 AZR 210/08 – EzA § 60 InsO Nr. 2.
181 BAG 22.1.1975 – 4 AZR 10/74 – AP § 1 TVG Tarifverträge Bau Nr. 23.

Liegen übereinstimmende Erledigungserklärungen vor, wird dann die Kostenentscheidung im summarischen Verfahren nach § 91a Abs. 1 ZPO getroffen. Zur Klarstellung ist zudem festzustellen, dass der Rechtsstreit für erledigt erklärt ist.[182] Die Abgabe der Erledigungserklärung ist insb. zur Abwendung der Zurückweisung des Rechtsmittels geboten, wenn befristete Ansprüche ablaufen.

Beispiel:
Nach § 74a Abs. 1 S. 3 HGB kann ein nachvertragliches Wettbewerbsverbot nur bis zu zwei Jahren andauern. Macht der AG im Wege der Unterlassungsklage den Anspruch auf Enthaltung von Wettbewerbshandlungen auch noch in der Revisionsinstanz geltend und läuft vor der mündlichen Revisionsverhandlung die Zwei-Jahres-Frist ab, so kann der Unterlassungsanspruch nicht mehr weiterverfolgt werden. Es bleibt nur die Möglichkeit, für die in der Vergangenheit vorgenommenen Wettbewerbshandlungen Schadenersatz zu verlangen. Da in der Revisionsinstanz eine derartige Klageänderung unzulässig wäre, kommt vor dem BAG nur die Erklärung der Erledigung der Hauptsache in Betracht. Hat allein der Kläger die Hauptsache für erledigt erklärt, während der Beklagte die Erledigung bestreitet, muss das Gericht über die Frage der Erledigung der Hauptsache entscheiden. Eine Erledigung liegt vor, wenn das gesamte im Klageantrag zum Ausdruck kommende, in dem Verfahren streitige Klagebegehren in der Sache selbst gegenstandslos geworden ist.[183]

2. Rechtsmittelerledigung. Die Frage, ob auch ein Rechtsmittel Gegenstand einer Erledigungserklärung sein kann, ist umstr. z.T. wird die Zulässigkeit einer auf das Rechtsmittel beschränkten Erledigungserklärung schlechthin verneint.[184] Der BGH ist in einer älteren Entscheidung[185] ohne Weiteres von der Zulässigkeit einer auf das Rechtsmittel beschränkten **übereinstimmenden Erledigungserklärung** ausgegangen; in einer neueren Entscheidung, die eine **einseitige Rechtsmittelerledigungserklärung** betraf, hat er die Frage, ob ein Rechtsmittel überhaupt für erledigt erklärt werden kann, offen gelassen[186] und in einer anderen Entscheidung bejaht.[187]

Das neuere Schrifttum bejaht sowohl die rechtliche Grundlage als auch ein praktisches Bedürfnis.[188] Dem ist das BAG gefolgt.[189] Zweck des § 91a ZPO ist der Schutz des Klägers, dessen ursprünglich zulässige und begründete Klage durch ein von ihm nicht zu vertretendes Ereignis unzulässig oder unbegründet geworden ist.[190] Der Kläger soll nicht auf eine Klagerücknahme mit den Kostenfolgen des § 269 Abs. 3 ZPO verwiesen sein. Damit vergleichbar ist die Interessenlage eines Rechtsmittelführers, dessen zunächst zulässiges Rechtsmittel durch ein von ihm nicht zu vertretendes Ereignis, insb. Korrektur der Entscheidung oder Wegfall der Beschwer durch die angefochtene Entscheidung infolge einer Berichtigung, unzulässig wird. Ein Verweis auf die Rücknahme des Rechtsmittels hätte notwendigerweise die nachteilige Kostenfolge des § 515 Abs. 3 S. 1 ZPO. Andere Möglichkeiten der Kostenverteilung (Anerkenntnis, Erledigungserklärung hinsichtlich der Hauptsache) stehen in einem derartigen Fall nicht zur Verfügung. Das rechtfertigt es, § 91a ZPO entsprechend anzuwenden.[191] Wird entsprechend § 91a ZPO über die Kosten entschieden, so kann und muss nur über die Kosten des Revisionsverfahrens befunden werden. Denn für eine Entscheidung über die in den Vorinstanzen entstandenen Kosten ist schon wegen der ausschließlich auf die Erledigung des Rechtsmittels gerichteten Erklärung der Parteien kein Raum.[192]

X. Verzicht
Über die Verweisung in § 72 Abs. 5 gilt für den Verzicht die Regelung des § 515 ZPO.

Zivilprozessordnung vom 30.1.1877, RGBl I S. 83, BGBl III 310–4, in der Fassung der Bekanntmachung vom 5.12.2005, BGBl I S. 3202, zuletzt geändert durch Gesetz zur Änderung des Wohnungseigentumsgesetzes und anderer Gesetze vom 26.3.2007 (BGBl I S. 370, 376).

ZPO § 515 – Verzicht auf Berufung
Die Wirksamkeit eines Verzichts auf das Recht der Berufung ist nicht davon abhängig, dass der Gegner die Verzichtsleistung angenommen hat.

Empfänger der Verzichtserklärung ist das Gericht oder der Gegner. Wird der Verzicht außergerichtlich erklärt, unterliegt er nicht dem Anwaltszwang.[193]

---

182 BAG 25.6.2009 – 6 AZR 210/08 – EzA § 60 InsO Nr. 2;.Stein/Jonas/*Bork*, § 91a Rn 23; Thomas/Putzo/*Hüßtege*, ZPO § 91a Rn 25.
183 BFH 23.4.1985 – VII R 65/84 – BB 1985, 1590.
184 OLG Karlsruhe 16.8.1990 – 16 UF 180/89 – FamRZ 1991, 464 ff.; *Habscheid*, NJW 1960, 2132.
185 BGH 30.9.1958 – I ZR 48/56 – GRUR 1959, 102.
186 BGH 13.1.1993 – XII ZR 212/90 – NJW-RR 1993, 386, 390; BGHZ 127, 74, 82.
187 BGH 12.5.1998 – XI ZR 219/97 – NJW 1998, 2453, 2454.
188 *Gaier*, JZ 2001, 445.
189 BAG 20.12.2007 – 9 AZR 1040/06 – AP § 91a ZPO Nr. 29.
190 Vgl. Zöller/*Vollkommer*, § 91a Rn 1.
191 Zuletzt: BGH 12.5.1998 – XI ZR 219/97 – NJW 1998, 2453, 2454; BAG 24.6.2003 – 9 AZN 319/03 – AP § 72a ArbGG 1979 Nr. 48; Hessisches LAG 25.2.2002 – 16/9 Sa 1776/01 – juris.
192 Vgl. *Gaier*, JZ 2001, 445, 449.
193 BGH 3.4.1974 – IV ZR 83/73 – NJW 1974, 1248.

99 Die Auslegung als Verzichtserklärung setzt voraus, dass der eindeutige Wille zum Ausdruck kommt, es bei dem ergangenen Urteil zu belassen.[194] Das ist verneint worden für die Äußerung, es sei nicht beabsichtigt, ein Rechtsmittel einzulegen.[195] Erbringt der Beklagte die vom LAG ausgeurteilte Leistung, so rechtfertigt das ebenfalls noch nicht die Annahme des Verzichts. Ein Rechtsmittelverzicht muss wegen seiner weit reichenden Folgen für die beschwerte Partei klar und unmissverständlich formuliert sein. An ihrem Willen, das Urteil unwiderruflich als endgültig hinzunehmen, darf kein Zweifel bestehen.[196] Teilt die unterlegene der anderen Partei mit, es sei ein „abschließender Vergleich" beabsichtigt, so spricht das regelmäßig gegen die Annahme, es werde unabhängig vom Zustandekommen des Vergleichs ein Rechtsmittelverzicht erklärt.[197]

100 Ein dem Gegner gegenüber erklärter Rechtsmittelverzicht ist für diesen lediglich eine prozessuale Einrede, auf die wiederum verzichtet werden kann.[198] Da ein solcher Verzicht vom Gericht erst zu beachten ist, wenn er durch Einrede in das Verfahren eingeführt wird, kann mit dem Empfänger der Verzichtserklärung nachträglich vereinbart werden, von ihr keinen Gebrauch zu machen. Auf diese Weise kann ein außergerichtlicher Rechtsmittelverzicht wieder rückgängig gemacht werden, so dass von einer Widerruflichkeit im Einverständnis mit dem Gegner gesprochen werden kann. Die diesbezügliche Dispositionsbefugnis der Parteien endet erst mit dem Eintritt der Rechtskraft der Entscheidung, insb. aufgrund eines beiderseitigen Rechtsmittelverzichts, weil in die Rechtskraft durch Parteivereinbarung nicht mehr eingegriffen werden kann.[199]

101 Demgegenüber wird ein Rechtsmittelverzicht, wenn er als Prozesshandlung gegenüber dem Gericht durch einen postulationsfähigen RA oder durch eine nach § 11 Abs. 4 für eine für eine vertretungsbefugte Rechtsschutzorganisation zulässigerweise handelnde Person abgegeben worden ist, grds. als unwiderruflich und nicht nach bürgerlichem Recht wegen Willensmängeln anfechtbar angesehen.[200] Als Ausnahme ist aus Gründen der Prozesswirtschaftlichkeit lediglich der Fall des Vorliegens eines Restitutionsgrundes (§ 580 ZPO) anerkannt.[201]

102 Eine Partei kann sich bereits bei Erlass des LAG-Urteils vertraglich verpflichten, auf das Rechtsmittel der Revision zu verzichten. Hält sie sich nicht an diese Verpflichtung, kann der Rechtsmittelgegner die Einrede des Verzichts erheben. Ist die Einrede begründet, so ist die Revision als unzulässig zu verwerfen. Die Einrede des Verzichts muss nicht förmlich erhoben werden. Sind die den Verzicht begründenden Tatsachen vorgebracht, kann bereits in dem Antrag auf Zurückweisung der Revision die Einrede liegen.[202]

XI. Klageänderung, -erweiterung und Widerklage

103 Eine Widerklage, Änderung oder Erweiterung der Klage, mit der an Stelle des rechtshängigen Anspruchs oder daneben ein neuer Anspruch erhoben wird, ist in der Revisionsinstanz grundsätzlich nicht statthaft. Denn § 559 Abs. 1 ZPO begrenzt den vom Revisionsgericht zu beurteilenden Sachverhalt auf die vom Berufungsgericht festgestellten Tatsachen. Denn die Entscheidung des Revisionsgerichts erfordert demgegenüber i.d.R. weitere tatsächliche Feststellungen. Solche können von einem für die Beantwortung von Rechtsfragen zuständigem Revisionsgericht aus prozessualen Gründen nicht getroffen werden. Soweit Klageänderungen und Klageerweiterungen in der Revisionsinstanz ausnahmsweise keine Feststellungen bedürfen, weil der neue Sachantrag sich auf den vom LAG bereits festgestellten Sachverhalt oder auf den unstreitigen Parteivortrag stützt, sind sie zulässig.[203] Gleiches muss auch dann gelten, wenn zwar neue Tatsachen zur Begründung der Klageänderung herangezogen werden, diese aber auch vom Revisionsgericht selbst von Amts wegen berücksichtigt werden müssen. So müssen die tatsächlichen Voraussetzungen für das Vorliegen der Prozessvoraussetzungen auch in der Revisionsinstanz ermittelt werden.[204] Veränderungen des Prozessgegenstandes, die wegen der neuen Ermittlungen eine das Verfahren abschließende Entscheidung verzögern würden, sollen nach dem Schrifttum ausgeschlossen werden.[205] Hat das Revisionsgericht neue Tatsachen zu berücksichtigen, kann es dem Kläger nicht verwehrt sein, im Revisionsverfahren unter Bezug auf neue Tatsachen sein Klageziel entsprechend zu ändern.[206]

Bsp. 1: Der AN hat als Prozessstandschafter einen Zahlungstitel für die AA gegen den AG erwirkt. Tritt die Arbeitsagentur die Forderung an den AN unter Widerruf der Ermächtigung zur Prozessführung an den AN ab, so kann der AN auf Zahlung an sich selbst klagen und die Klage zur Abführung an die AA für erledigt erklären.

---

194 BGH 3.4.1974 – IV ZR 83/73 – NJW 1974, 1248.
195 BGH 26.2.1958 – IV ZR 211/57 – MDR 1958, 414.
196 BAG 15.3.2006 – 9 AZN 885/05 – NJW 2006, 1995.
197 BAG 16.3.2004 – 9 AZR 323/03 – AP § 8 TzBfG Nr. 10.
198 BGH 14.6.1967 – IV ZR 21/66 – NJW 1968, 794 = LM ZPO § 514 Nr. 14.
199 RG 19.3.1936 – IV 290/35 – RGZ 150, 393,395; BGH 8.5.1985 – IVb ZB 56/84 – NJW 1985, 2334.
200 BGH 8.5.1985 – IVb ZB 56/84 – FamRZ 1985, 801.
201 BGH 6.3.1985 – VIII ZR 123/84 – AP § 514 ZPO Nr. 3; BGH 25.6.1986 – IVb ZB 75/85 – FamRZ 1986, 1089.
202 BAG 8.3.1957 – 2 AZR 554/55 – AP § 514 ZPO Nr. 1.
203 BAG 3.5.2006 – 10 AZR 310/05 – DB 2006, 1499; BAG 27.1.2004 – 1 AZR 105/03 – AP § 64 ArbGG 1979 Nr. 35; BAG 5.6.2003 – 6 AZR 277/02 – AP § 256 ZPO 1977 Nr. 81.
204 Für die Prozessführungsbefugnis: BGH 24.2.1994 – VII ZR 34/93 – BGHZ 125, 196, 201.
205 *May*, Die Revision, 2. Aufl., S. 255.
206 BAG 6.6.2007 – 4 AZR 411/06 – AP § 9 TVG Nr. 11.

Bsp. 2: Fällt das alsbaldige Feststellungsinteresse nach Schluss der Berufungsverhandlung weg, so wird die Feststellungsklage unzulässig. Das hat das Revisionsgericht von Amts wegen zu berücksichtigen. Soweit sich dann die Klägerin auf ein solches erledigendes Ereignis beruft, das nach der Berufungsverhandlung eingetreten ist, kann es ihr nicht verwehrt bleiben, die negative Kostenfolge einer Revisionszurückweisung dadurch zu vermeiden, dass sie den Rechtsstreit in der Revisionsinstanz für erledigt erklärt.[207]

XII. Anschlussrevision

1. Allgemeines. Über die Verweisung in § 72 Abs. 5 richtet sich das Recht der Anschlussrevision nach § 554 ZPO. **104**
Zivilprozessordnung vom 30.1.1877, RGBl I S. 83, BGBl III 310–4, in der Fassung der Bekanntmachung vom 5.12.2005, BGBl I S. 3202, zuletzt geändert durch Gesetz zur Änderung des Wohnungseigentumsgesetzes und anderer Gesetze vom 26.3.2007 (BGBl I S. 370, 376).

ZPO § 554 – Anschlussrevision
(1) ¹Der Revisionsbeklagte kann sich der Revision anschließen. ²Die Anschließung erfolgt durch Einreichung der Revisionsanschlussschrift bei dem Revisionsgericht.
(2) ¹Die Anschließung ist auch statthaft, wenn der Revisionsbeklagte auf die Revision verzichtet hat, die Revisionsfrist verstrichen oder die Revision nicht zugelassen worden ist. ²Die Anschließung ist bis zum Ablauf eines Monats nach der Zustellung der Revisionsbegründung zu erklären.
(3) ¹Die Anschlussrevision muss in der Anschlussschrift begründet werden. ²§ 549 Abs. 1 Satz 2 und Abs. 2 und die §§ 550 und 551 Abs. 3 gelten entsprechend.
(4) Die Anschließung verliert ihre Wirkung, wenn die Revision zurückgenommen, verworfen oder durch Beschluss zurückgewiesen wird.

2. Unselbstständigkeit der Anschlussrevision. Von der unselbstständigen Anschlussrevision ist der Fall zu **105**
unterscheiden, dass beide teilweise unterlegenen Parteien völlig unabhängig voneinander nacheinander gegen ein Berufungsurteil Revision einlegen. Es liegen dann zwei völlig selbstständige Revisionen vor. Die Bezeichnung „Anschlussrevision" ist hier unangebracht. Wer Missverständnisse vermeiden möchte, soll daher deutlich machen, ob er nur den Willen zur **unselbstständigen** Anschließung hat oder ein vom Gegner unabhängiges Rechtsmittel einlegen möchte.

Die Anschlussrevision ist ein unselbstständiges, von der Revision des Gegners abhängiges **Angriffsmittel**. Sie wird **106**
nicht als Rechtsmittel eingeordnet.[208] Charakteristikum der Anschlussrevision ist, dass der Einlegende sich dem Rechtsmittel der Gegenpartei anschließen will. Das bringt nach § 554 Abs. 2 S. 1 ZPO verschiedene Vergünstigungen mit sich.

Die Anschließung ist auch dann zulässig, **107**
– wenn für diesen Streitgegenstand das LAG die Revision nicht zugelassen hat,
– wenn die Revisionsfrist verstrichen ist,
– auch wenn man insoweit der Anschließende vorher auf die Revision verzichtet hatte.

Ein Nachteil liegt darin, dass dann, wenn der Revisionskläger sein Rechtsmittel zurücknimmt, damit nach § 554 **108**
Abs. 4 ZPO zugleich die Anschlussrevision gegenstandslos wird. Das Gleiche gilt, wenn die Revision als unzulässig verworfen wird. In beiden Fällen hat dann der Revisionskläger nach § 72 Abs. 5 i.V.m. § 516 Abs. 3 S. 1 ZPO die gesamten Kosten zu tragen. Dazu gehören auch die Kosten der Anschlussrevision.

3. Befreiung von der Revisionszulassung. Soweit das BAG die Auff. vertreten hat, ein vom LAG nicht zuge- **109**
lassener Streitgegenstand könne auch nicht im Wege der unselbstständigen Anschlussrevision dem Revisionsgericht zur Entscheidung gestellt werden,[209] ist das überholt. Einer Zulassung des Rechtsmittels – sei es durch das Berufungsgericht, sei es auf Nichtzulassungsbeschwerde durch das Revisionsgericht – bedarf die Anschließung nach der Neufassung des § 554 Abs. 2 S. 1 ZPO durch das Gesetz zur Reform des Zivilprozesses vom 27.7.2001 nicht.[210] Soweit ein großer Teil des Schrifttums eine andere Ansicht vertritt,[211] haben sie diese Gesetzesänderung übersehen.[212]

4. Wahl: selbstständige Revision oder unselbstständiger Anschluss? Wird eine Anschlussrevision inner- **110**
halb der regulären Revisionsfrist eingelegt und begründet, muss die Wirkung des § 524 Abs. 2 ZPO bedacht werden.

---

207 *Stuckert*, Die Erledigung in der Rechtsmittelinstanz, S. 173; *Gottwald*, Die Revisionsinstanz als Tatsacheninstanz, S. 395.
208 Baumbach u.a./*Albers*, § 554 Rn 5; GK-ArbGG/*Mikosch*, § 554 Rn 93.

209 BAG 19.10.1982 – 4 AZR 303/82 – AP § 72 ArbGG 1979 Nr. 1; BAG 21.10.1982 – 2 AZR 579/80 – juris; BAG 26.1.1995 – 2 AZR 355/94 – EzA § 626 BGB n.F. Nr. 155.
210 BGH 24.6.2003 – KZR 32/02 – NJW 2003, 2525.
211 So Schwab/Weth/*Ulrich*, § 74 Rn 93; *Hauck/Helml*, § 74 Rn 30.
212 Vgl. GK-ArbbGG/*Mikosch*, § 74 Rn 94.

Düwell 647

Wird deutlich gemacht, dass eine selbstständige Revision beabsichtigt ist, so bleibt auch bei Wegfall der Revision des Gegners infolge Rücknahme, Verzichts oder Verwerfungsbeschlusses das eigene Rechtsmittel aufrechterhalten.

111 War nach Eingang der Revision des Gegners die Einlegung einer selbstständigen Revision beabsichtigt, ist aber die Einhaltung der Revisionsfrist „ein Monat nach Zustellung des Berufungsurteils" Abs. 1 S. 1 versäumt worden, kann noch innerhalb der Anschlussfrist nach § 554 Abs. 2 S. 2 ZPO „ein Monat nach Zustellung der Revisionsbegründung" des Gegners die Panne teilweise repariert werden. Um die Verwerfung als unzulässig zu vermeiden, kann in diesem Fall erklärt werden, die eingelegte Revision sei als unselbstständige Anschlussrevision zu betrachten. Zu beachten ist dabei, dass auch bis zum Ablauf der Anschließungsfrist die Anschlussrevision begründet werden muss, § 554 Abs. 3 S. 1, Abs. 1 S. 1 ZPO.

112 **5. Keine Gegenanschließung.** Eine Gegenanschließung ist nicht statthaft; denn eine Anschließung an eine unselbstständige Anschlussrevision wird von der Rspr. als „nicht möglich" beurteilt.[213]

113 **6. Revisionsanschlussschrift.** Die Anschließung muss nach § 554 Abs. 2 S. 1 und 2 ZPO durch Einreichung der Revisionsanschlussschrift beim BAG erklärt werden. Die Vorschrift des § 554 Abs. 2 S. 2 ZPO, nach der die Anschlussschrift bereits die Begründung enthalten muss, wird erweiternd ausgelegt. Die Begründung kann in einem besonderen Schriftsatz enthalten sein und nachgeholt werden, wenn dieser noch innerhalb der einmonatigen Anschlussfrist beim BAG eingeht.[214]

114 Ob bei Versäumnis der Anschlussfrist Wiedereinsetzung in den vorigen Stand nach § 233 ZPO gewährt werden kann, wird im Schrifttum unterschiedlich beurteilt. Da es sich nicht um eine Notfrist i.S.v. § 224 Abs. 1 S. 2 ZPO handelt, wird überwiegend die Wiedereinsetzungsmöglichkeit verneint.[215]

115 Die Einlegung der Anschlussrevision muss nach § 554 Abs. 3 ZPO denselben Anforderungen entsprechen, die für die Revisionsschrift gelten (vgl. Rn 3 ff.). Das gilt nach § 551 Abs. 3 ZPO auch für ihre Begründung (zur Revisionsbegründung allgemein siehe Rn 42 ff.).

116 Anders als bei der Anschlussberufung (§ 524 ZPO)[216] ist die Anschlussmöglichkeit bei der Anschlussrevision nach § 554 Abs. 1 ZPO auf einen Monat nach der Zustellung der Revisionsbegründung des Revisionsklägers befristet. Im Unterschied zur Anschlussberufung, die auch mit dem Ziel eingelegt werden kann, die in erster Instanz gestellten Anträge zu erweitern, ist dies in der Revisionsinstanz wegen der i.d.R. anzunehmenden Unzulässigkeit der Klageänderung nicht möglich (vgl. § 73 Rn 52 f.).

117 **7. Verwerfung der unzulässigen Anschließung.** Das Revisionsgericht prüft auch bei der Anschlussrevision nach § 552 ZPO von Amts wegen, ob das Rechtsmittel an sich statthaft und in der gesetzlichen Form und Frist eingelegt sowie begründet worden ist. Fehlt es an einem dieser Erfordernisse, ist die Anschlussrevision als unzulässig zu verwerfen. Das gilt auch dann, wenn die Hauptrevision bspw. durch Rücknahme oder Vergleich erledigt worden ist und der Revisionsbeklagte an seiner wirkungslos gewordenen Anschlussrevision festhält.[217]

Der Verwerfungsbeschluss kann entsprechend Abs. 2 S. 3 ohne mündliche Verhandlung und ohne Zuziehung der ehrenamtlichen Richter ergehen.

XIII. Zwangsvollstreckung im Revisionsrechtszug

118 Berufungsurteile sind nach § 62 Abs. 1 vorläufig vollstreckbar. Hat das LAG die vorläufige Vollstreckbarkeit ausgeschlossen, kann das BAG das Urteil gem. § 72 Abs. 5 i.V.m. § 558 ZPO ohne mündliche Verhandlung durch Beschluss für vorläufig vollstreckbar erklären, soweit es durch die Revisionsanträge nicht angefochten ist. Die Entscheidung ist erst nach Ablauf der Revisionsbegründungsfrist zulässig.

119 Nach § 719 Abs. 2 ZPO kann das BAG die Zwangsvollstreckung aus dem Urteil des LAG einstweilen einstellen, wenn der Antragsteller einen nicht zu ersetzenden Nachteil glaubhaft macht (§ 72 Rn 72 f.). Die Einstellung ist abzulehnen, wenn die Revision keine Aussicht auf Erfolg hat[218] oder einer zeitlich beschränkten Verurteilung jede Wirkung genommen würde.[219]

C. Verbindung zum Prozessrecht

120 Einer Partei, die wegen Mittellosigkeit nicht in der Lage war, ein Rechtsmittel, das dem Vertretungszwang unterliegt, wirksam zu erheben, ist nach § 233 ZPO Wiedereinsetzung in den vorigen Stand zu gewähren. Die Wiedereinsetzung

---

213 BGH 27.10.1983 – VII ZR 41/83 – AP § 521 ZPO Nr. 7; BGH 18.12.1985 – IVb ZB 677/81 – NJW 1986, 1494; zust. GK-ArbGG/*Mikosch*, § 74 Rn 93.
214 Thomas/Putzo/*Reichold*, § 554 Rn 4; zustimmend GK-ArbGG/*Mikosch*, § 74 Rn 95.
215 *Germelmann u.a.*, § 74 Rn 59; GK-ArbGG/*Mikosch*, § 74 Rn 95; Düwell/Lipke/*Düwell*, § 74 Rn 93; Schwab/Weth/*Ulrich*, § 74 Rn 92; a.A. Thomas/Putzo/*Reichold*, § 554 Rn 6.
216 I.d.F. der Bekanntmachung v. 5.12.2005, BGBl I, 3202.
217 BAG 14.5.1976 – 2 AZR 539/75 – BAGE 28, 107.
218 BAG 6.1.1971 – 3 AZR 384/70 – NJW 1971, 910; BAG 27.6.2000 – 9 AZR 525/00 – NZA 2000, 1072.
219 BAG 22.6.1972 – 3 AZR 263/72 – NJW 1972, 1775.

setzt voraus, dass der Rechtsmittelführer ohne Verschulden verhindert war, die gesetzliche Frist einzuhalten. Davon ist auszugehen, wenn er innerhalb der Rechtsmittelfrist alles in seinen Kräften Stehende und Zumutbare getan hat, um das in seiner Mittellosigkeit bestehende Hindernis zu beheben. Aus diesem Grund muss er bis zum Ablauf der Rechtsmittelfrist alle Voraussetzungen für die Bewilligung der PKH schaffen.[220] Das Hindernis der Bedürftigkeit besteht für die rechtsschutzversicherte Partei bis zur Deckungszusage des Versicherers, wenn die Partei ohne schuldhaftes Verzögern Rechtsschutz beantragt hatte.[221] Wegen der versäumten Fristen kann nach der Bewilligung von PKH innerhalb der Frist des § 234 Abs. 1 S. 1 ZPO Wiedereinsetzung für die Einlegung der Beschwerde und nach § 234 Abs. 1 S. 2 ZPO Wiedereinsetzung für die Begründung der Beschwerde beantragt werden.[222]

D. Beraterhinweise
I. Kontrolle von Frist und Ordnungsgemäßheit

1. Vollständige Sendung eines Telefaxes. Die Übermittlung der unterschriebenen Revisionsbegründung per Telefax ist nach § 130 Nr. 6 ZPO zulässig.[223] Sind von einer mehrseitigen Berufungsbegründungsschrift nur die erste Seite, die u.a. die Revisionsanträge enthält und die letzte Seite, auf der sich die Unterschrift des Prozessbevollmächtigten befindet, per Telefax rechtzeitig bei Gericht eingegangen, so steht dies der Zulässigkeit der Revision nicht entgegen, wenn sich dem eingegangenen Teil des Textes noch entnehmen lässt, **121**

– dass die Revisionsanträge von der Unterschrift des Prozessbevollmächtigten gedeckt sind,
– in welchem Umfang das Berufungsurteil angefochten wird und
– mit welchen Erwägungen die tragenden Gründe des Berufungsurteils angegriffen werden.[224]

Zur Vermeidung von Nachteilen sollte das Anwaltspersonal belehrt werden, dass zu prüfen ist, ob der Sendebericht des Telefaxgeräts die korrekte Seitenzahl und keine Fehlermeldung sondern ein „OK" enthält. Bestehen Zweifel, ob die Revisions- oder Revisionsbegründungsschrift vollständig übermittelt worden ist, empfiehlt sich eine telefonische Anfrage auf der Geschäftsstelle des BAG, ob das Telefax vollständig eingegangen ist. **122**

2. Anwaltliche Fristenkontrolle bei Handaktenvorlage. Der Prozessbevollmächtigte darf die Handakte, die ihm noch vor Ablauf der Revisionsbegründungsfrist vorgelegt wird, nicht ohne eigene Prüfung, ob im Fristenkalender der richtige Fristablauf für die Revisionsbegründung vermerkt ist, bearbeiten.[225] Sonst nimmt die Rspr. anwaltliches Verschulden an, dass sich die Partei gem. § 85 Abs. 2 ZPO zurechnen lassen muss. Eine Wiedereinsetzung nach § 233 ZPO scheidet dann aus. **123**

3. Richtige Bezeichnung der angefochtenen Entscheidung. Fehlerhafte oder unvollständige Angaben in der Revisionsschrift schaden solange nicht, wie für den Prozessgegner und das Revisionsgericht aufgrund sonstiger Umstände unzweifelhaft ist, welches Urteil angefochten wird.[226] Die Rspr. ist nicht kleinlich. Sie nimmt trotz Falschbezeichnung in der Antragsschrift an, dass die beigefügten ersten Seiten eines Berufungsurteils für die sichere Identifizierung des angefochtenen Urteils ausreichend sind.[227] Zur Vermeidung aller Risiken begeht daher den sicheren Weg, wer stets eine beglaubigte Abschrift des angefochtenen Urteils der Revisionsschrift beifügt. **124**

II. Antrag auf Tatbestandsberichtigung

Es empfiehlt sich sofort nach Eingang des Berufungsurteils dessen Tatbestand gewissenhaft zu prüfen. Liegen Unrichtigkeiten, Widersprüche oder Dunkelheiten vor, so ist innerhalb der zweiwöchigen Frist des § 320 ZPO dessen Berichtigung beim LAG zu beantragen. Wird die Frist der Tatbestandsberichtigung verpasst, so bleibt nur noch die Möglichkeit, die fehlerhafte tatsächliche Feststellung mit einer Anhörungsrüge anzugreifen. **125**

Antragsmuster: **126**

„Ich beantrage den Tatbestand des Urteils vom …, hier zugestellt am … wie folgt zu berichtigen:
Auf Seite …, Absatz …, Zeile … der Urteilsausfertigung liegt eine offenbare Unrichtigkeit vor. Statt … (beanstandeten Text einfügen) muss es richtig heißen … (gewünschten Text einfügen).
Begründung:

---

220 Vgl. BAG 19.9.1983 – 5 AZN 446/83 – BAGE 43, 297; BGH 18.10.2000 – IV ZB 9/00 – NJW-RR 2001, 570; BFH 13.7.2005 – X S 13/05 (PKH) – n.v.
221 Vgl. BVerfG 23.1.1995 – 1 BvR 762/94 – AP § 233 ZPO 1977 Nr. 39 = EzA ZPO § 233 Nr. 26.
222 Vgl. ErfK/*Koch*, § 72a ArbGG Rn 16; Düwell/Lipke/*Bepler*, § 72a Rn 61.
223 So BAG 24.9.1986 – AP § 72 ArbGG 1979 Nr. 12 = DB 1987, 183 = NZA 1987, 106 = NJW 1987, 341 = EzA § 554 ZPO Nr. 4. Durch die Regelung in § 130 Nr. 6 ZPO jetzt Gesetz.
224 BAG 27.1.2000 – AP § 1 TVG Tarifverträge: DDR Nr. 40 = BB 2000, 1358.
225 BAG 31.1.2008 – 8 AZR 27/07 – NZA 2008, 705; BAG 18.1.2006 – 9 AZR 454/04 juris; BGH 19.4.2005 – X ZB 31/03 – BRAK-Mitt 2005, 181.
226 BAG 19.5.2009 – 9 AZR 145/08 – juris; BAG 12.1.2005 – 5 AZR 144/04 – AP § 612 BGB Nr. 69 = EzA § 612 BGB 2002 Nr. 2; BAG 24.6.2004 – 8 AZR 292/03 – AP § 104 SGB VII Nr. 3 = EzA § 104 SGB VII Nr. 1.
227 BAG 19.5.2009 – 9 AZR 145/08 – juris.

Die Ausführungen im genannten Urteil geben an der im Antrag angeführten Stelle den Sachvortrag meiner Partei nicht richtig wieder und sind damit falsch im Sinne des § 320 Abs. 1 ZPO. In Wirklichkeit entsprach der Sachvortrag dem, was im Antrag als Berichtigung erstrebt wird. Das ergibt sich aus Folgendem (bitte konkret den eigenen Sachvortrag einsetzen unter jeweiliger Angabe der Schriftsätze mit Datum und Seitenzahlen)."

III. Antragsformulierungen für die Revision

127 **7. Revisionseinlegung.** Muster einer ordnungsgemäßen Revisionseinlegung (Erläuterungen siehe Rn 3 ff.):

In Sachen

der (…) (Parteibezeichnung mit Anschrift und Verfahrensrolle, z.B. Beklagten, Berufungsklägerin und Revisionsklägerin)

Prozessbevollmächtigte mit Anschrift

gegen

den (…) (Parteibezeichnung mit Anschrift und Verfahrensrolle, z.B. Kläger,

Berufungsbeklagter und Revisionsbeklagter)

Prozessbevollmächtigte mit Anschrift

lege ich namens der Beklagten, Berufungsklägerin und Revisionsklägerin gegen das Urteil des Niedersächsischen Landesarbeitsgerichts vom (…) (Datum), zugestellt (…) (Datum) Aktenzeichen (…)

REVISION

ein.

Die Begründung wird innerhalb der Revisionsbegründungsfrist nachgereicht. Das angefochtene Urteil ist in einer unbeglaubigten Ablichtung als Anlage beigefügt.

Gezeichnet Rechtsanwalt (…)

(eigenhändige Unterschrift des den Schriftsatz verantwortenden RA)

128 **2. Revisionszurückweisungsantrag.** Über eine etwaige Zurückweisung der Revision entscheidet das Revisionsgericht von Amts wegen. Von daher bedarf es an sich keines Zurückweisungsantrags, sondern nur eines Verhaltens, aus dem sich ergibt, dass der Revision entgegengetreten wird.[228] Es ist dennoch stets empfehlenswert zu beantragen:

„die Revision des Klägers (oder des Beklagten) zurückzuweisen".

Der Zurückweisungsantrag wird gewöhnlich schriftsätzlich schon dann angekündigt, sobald der Revisionsbeklagte die Revisionseinlegung erhält oder sich der für diesen Rechtszug bestellte neue Prozessbevollmächtigte meldet.

129 **3. Revisionsantrag.** Nicht selten bereitet dem RA, der mit dem Revisionsrecht nicht vertraut ist, die Stellung des Revisionsantrags Probleme. War der Kläger bereits in der Eingangsinstanz und Berufungsinstanz unterlegen, so bedarf es eines Sachantrags, der aussagt, wie auch in der Sache selbst entschieden werden soll.

Beispiel:

Ist die Künd-Schutzklage in beiden Vorinstanzen zurückgewiesen worden, ist vom Kläger zu beantragen:

„auf die Revision des Klägers das Urteil des LAG (…) vom (…) Az: (…) aufzuheben und auf die Berufung des Klägers das Urteil des Arbeitsgerichts (…) vom (…) Az: (…) wie folgt abzuändern: Es wird festgestellt, dass das zwischen den Parteien bestehende Arbeitsverhältnis durch die Kündigung der Beklagten vom (…) zum (…) nicht aufgelöst worden ist."

Hat das ArbG demgegenüber der Künd-Schutzklage stattgegeben, das LAG das Urteil des ArbG abgeändert und die Klage abgewiesen, bedarf es keines Sachantrags. Es ist dann zu beantragen:

„auf die Revision des Klägers, das Urteil des LAG (…) vom (…) Az: (…) aufzuheben und die Berufung des Beklagten gegen das Urteil des Arbeitsgerichts (…) vom (…) Az:(…) zurückzuweisen."

IV. Anregung auf Zurückverweisung an das LAG

130 Wird das Berufungsurteil aufgehoben, so muss die Zurückverweisung zur erneuten Berufungsverhandlung nicht beantragt zu werden. Diese hat nach § 563 ZPO von Amts wegen zu erfolgen, wenn eine abschließende Entscheidung „in der Sache selbst" dem BAG nicht möglich ist, weil die dazu erforderlichen Sachverhaltsfeststellungen fehlen. Daher bedarf es zur Zurückverweisung keines Antrags, sondern nur einer Darstellung, aus welchen Gründen eine abschließende Sachentscheidung des BAG nicht in Betracht kommt. Um die Ansicht zu verdeutlichen, dass die Sache

---

[228] BAG 23.1.2007 – 9 AZR 492/06 – AP § 333 ZPO 1977 Nr. 83.

noch nicht reif für eine revisionsgerichtliche Endentscheidung ist, kann die Partei, die sich von einer erneuten Berufungsverhandlung eine für sie günstigere Tatsachenfeststellung verspricht, die Zurückverweisung anregen. Bestehen durchgreifende Bedenken gegen eine Zurückverweisung an dieselbe Berufungskammer, so sind die bei dieser Gelegenheit anzubringen.

V. Antrag auf Feststellung der einseitigen Erledigung eines Rechtsmittels

Fällt die mit dem eingelegten Rechtsmittel angefochtene Entscheidung weg, kann der Gegner nicht den Rechtsmittelkläger dadurch in die kostenpflichtige Rechtsmittelrücknahme drängen, dass er die übereinstimmende Rechtsmittelerledigungserklärung verweigert.

Fallstudie:[229]
Das ArbG Darmstadt hat erstinstanzlich den beklagten Ang verurteilt, den Dienstwagen herauszugeben. Nach außergerichtlichen Verhandlungen nahm ein neu bestellter Prozessbevollmächtigter der AG die Klage zurück. Die Klägerin hat danach die Auff. vertreten, der neue Bevollmächtigte sei zur Rücknahme nicht berechtigt gewesen und die Zwangsvollstreckung aus dem Titel angedroht. Deshalb hat der Beklagte beantragt, die Klagerücknahme durch Beschluss nach § 269 Abs. 5 ZPO festzustellen. Da bis zum letzten Tag der Berufungsfrist kein entsprechender Antrag des ArbG erging, hat er gegen das erstinstanzliche Urteil Berufung eingelegt. Das ArbG hat danach den Antrag des Beklagten auf Feststellung der Klagerücknahme zurückgewiesen. Auf die dagegen gerichtete sofortige Beschwerde des Beklagten hat das Hessische LAG vor Beginn der mündlichen Verhandlung zur Berufung durch Beschluss festgestellt, dass die Rücknahme der Klage wirksam und das Urteil des ArbG wirkungslos sei. Der Beklagte hat daraufhin seine Berufung für erledigt erklärt. Die Klägerin hat sich der Erledigungserklärung nicht angeschlossen, sondern – unter Hinweis darauf, dass eine Erledigungserklärung des Rechtsmittels unzulässig sei – beantragt, die Berufung kostenpflichtig als unzulässig zu verwerfen. Das Hessische LAG hat darauf die Berufung als unzulässig verworfen und die Kosten der Berufungsinstanz dem Beklagten auferlegt. Mit der wegen der grds. Bedeutung der Rechtsfrage zugelassenen Revision will der Beklagte seinen Antrag auf Feststellung der Erledigung der Berufung weiter-verfolgen. Sein Antrag muss dann lauten:

„Auf die Revision des Beklagten wird das Urteil des Hessischen Landesarbeitsgerichts vom 5. September 2007, Az …, aufgehoben. Es wird festgestellt, dass die Berufung des Beklagten gegen das Urteil des ArbG Darmstadt vom 21. Januar 2007 Az … erledigt ist. Die Klägerin hat die Kosten des Berufungs- und Revisionsverfahrens zu tragen."

VI. Antrag für einseitige Erledigungserklärung

Der bei einseitiger Erledigung zustellende Antrag lautet: „Es wird festgestellt, dass sich der Rechtsstreit in der Hauptsache erledigt hat". Um das eigene Risiko hinsichtlich des Vorliegens einer Erledigung zu begrenzen, kann der Kläger hilfsweise seinen ursprünglichen Sachantrag aufrechterhalten.[230] Hängt die Frage der Erledigung von einer umstr. Rechtsfrage ab und sind die Umstände, die zu einer Erledigung führen können, von dem Beklagten herbeigeführt worden, kann der Kläger in der Rechtsmittelinstanz auch hilfsweise die Hauptsache einseitig für erledigt erklären.[231] Ist dann entsprechend dem Hilfsantrag die Erledigung der Hauptsache festzustellen und war die Klage ursprünglich zulässig und begründet, so sind die Kosten vollständig dem Beklagten aufzuerlegen, weil der Wert des Hilfsantrags auf Feststellung der Erledigung nicht hinter dem des Hauptantrags zurückbleibt.[232]

VII. Vorbereitung von Gegenrügen

Da das Revisionsgericht auf die Rüge des Revisionsklägers hin gehalten ist, das Berufungsurteil umfassend auf Verletzungen des materiellen Rechts zu prüfen, sieht der Revisionsbeklagte seine wesentliche Aufgabe darin, die im angefochtenen Berufungsurteil aufgeworfenen Rechtsfragen als „richtig" beantwortet zu verteidigen. Das genügt jedoch nicht; denn er hat auch selbstständig zu überprüfen, ob trotz des günstigen Ergebnisses dennoch für den Revisionsbeklagten ungünstig auswirkende Verfahrensmängel enthalten sind. Stellt sich das Revisionsgericht nämlich auf einen anderen rechtlichen Standpunkt, so bedarf es für eine im Ergebnis richtige Entscheidung i.S.v. § 561 ZPO oder für eine Zurückverweisung nach § 563 Abs. 1 ZPO zur Einführung des vom LAG nicht festgestellten Sachverhalts einer ordnungsgemäßen Aufklärungsrüge. Zur Vorbereitung der Revisionsverhandlung ist daher dem Prozessbevollmächtigten des Revisionsbeklagten dringend zu empfehlen, bereits nach Erhalt des Berufungsurteils dessen Tatbestand zu überprüfen und zur Revisionserwiderung den Streitstoff auf mögliche Gegenrügen durchzuarbeiten. Dabei kann aus prozesstaktischen Gründen die Erhebung der Gegenrüge vom Ausgang des Rechtsgesprächs in der Revisionsverhandlung abhängig gemacht werden.

---

229 Nachgebildet: BGH 12.5.1998 – XI ZR 219/97 – NJW 1998, 2453, 2454.
230 BFH 23.4.1985 – VII R 65/84 – BB 1985, 1590.
231 OLG Hamburg 11.7.2007 – 5 U 174/06 – juris.
232 OLG Hamburg 11.7.2007 – 5 U 174/06 – juris.

§ 75 Urteil

(1) ¹Die Wirksamkeit der Verkündung des Urteils ist von der Anwesenheit der ehrenamtlichen Richter nicht abhängig. ²Wird ein Urteil in Abwesenheit der ehrenamtlichen Richter verkündet, so ist die Urteilsformel vorher von sämtlichen Mitgliedern des erkennenden Senats zu unterschreiben.

(2) Das Urteil nebst Tatbestand und Entscheidungsgründen ist von sämtlichen Mitgliedern des erkennenden Senats zu unterschreiben.

Literatur: *Bader/Hohmann/Klein*, Die ehrenamtlichen Richterinnen und Richter beim Arbeits- und Sozialgericht, 12. Aufl. 2006, *Griebeling*, Das Urteil im arbeitsgerichtlichen Verfahren, AR-Blattei SD 160.8; *May*, Die Revision in den zivil- und verwaltungsgerichtlichen Verfahren (ZPO, ArbGG, VwGO, SGG, FGO), 1997; *Peterek*, Die ehrenamtlichen Richter bei den Gerichten für Arbeitssachen, 2. Aufl. 2001; *Schmidt, Patrick*, Verfahrensfehlerhafte erneute Tatsachenfeststellung und Zulassung neuen Vortrags in der Berufungsinstanz, NJW 2007, 1172; *Wolmerath*, Ausschluss eines ehrenamtlichen Richters vom Richteramt gemäß § 41 Nr. 6 ZPO, jurisPR-ArbR 27/2005 Anm. 3; *ders.*, Amtsentbindung eines ehrenamtlichen Richters beim BAG, jurisPR-ArbR 47/2004 Anm. 5; *ders.*, Der ehrenamtliche Richter in der Arbeitsgerichtsbarkeit, 1993

A. Allgemeines	1	V. Entscheidung nach Aktenlage	29
B. Regelungsgehalt	3	VI. Entscheidung bei Erledigung der Hauptsache	30
I. Die Entscheidung über die Begründetheit der Revision	3	VII. Entscheidung im schriftlichen Verfahren	36
1. Die unbegründete Revision	3	VIII. Beendigung durch gerichtlichen Vergleich	38
2. Die begründete Revision	4	IX. Inhalt des Revisionsurteils	39
II. Endentscheidungsreife	6	X. Verkündung des Revisionsurteils	43
1. Grundsatz: Aufheben und Zurückverweisen	6	XI. Unterzeichnung des Revisionsurteils	50
2. Ausnahmsweises Durcherkennen	12	XII. Zustellung des Revisionsurteils	52
3. Folgen für Hilfsanträge bei Erfolg des Hauptantrags	14	**C. Verbindung zu anderen Rechtsgebieten**	53
		I. Anwesenheit bei Beratung und Abstimmung	53
III. Bindung des Berufungsgerichts	15	II. Schutz des Beratungsgeheimnisses	54
IV. Entscheidung bei Säumnis	22	III. Auswahl der mitwirkenden Richter	55
1. Säumnis des Revisionsklägers	23	**D. Beraterhinweise**	56
2. Säumnis des Revisionsbeklagten	25	I. Richterbankbesetzung als Grund für Nichtigkeitsklage	56
3. Einspruch gegen das Versäumnisurteil	26	II. Erledigungserklärung in der Revision zur Aufhebung der Verwerfung der Berufung	57
4. Vollstreckbarkeit	28		

A. Allgemeines

1 § 75 regelt, inwieweit die ehrenamtlichen Richter bei der Unterzeichnung der Urteilsformel und bei der Verkündung des Revisionsurteils mitwirken. Ergänzend gelten für das revisionsgerichtliche Urteil durch die Verweisung in § 72 Abs. 5 und die Weiterverweisung in § 555 ZPO auf das Revisionsrecht der ZPO die §§ 310 bis 312, die §§ 313, 313a und 313b und der § 315 sowie die §§ 317 bis 321 ZPO. Nach § 72 Abs. 6 sind § 61 Abs. 2 und § 63 zusätzlich anzuwenden.

2 Von Bedeutung für die forensische Praxis sind:

Zivilprozessordnung vom 30.1.1877, RGBl I S. 83, BGBl III 310–4, in der Fassung der Bekanntmachung vom 5.12.2005, BGBl I S. 3202, zuletzt geändert durch Gesetz zur Änderung des Wohnungseigentumsgesetzes und anderer Gesetze vom 26.3.2007 (BGBl I S. 370, 376).

ZPO § 561 – Revisionszurückweisung

Ergibt die Begründung des Berufungsurteils zwar eine Rechtsverletzung, stellt die Entscheidung selbst aber aus anderen Gründen sich als richtig dar, so ist die Revision zurückzuweisen.

ZPO § 562 – Aufhebung des angefochtenen Urteils

(1) Insoweit die Revision für begründet erachtet wird, ist das angefochtene Urteil aufzuheben.

(2) Wird das Urteil wegen eines Mangels des Verfahrens aufgehoben, so ist zugleich das Verfahren insoweit aufzuheben, als es durch den Mangel betroffen wird.

ZPO § 563 – Zurückverweisung; eigene Sachentscheidung

(1) ¹Im Falle der Aufhebung des Urteils ist die Sache zur neuen Verhandlung und Entscheidung an das Berufungsgericht zurückzuverweisen. ²Die Zurückverweisung kann an einen anderen Spruchkörper des Berufungsgerichts erfolgen.

(2) Das Berufungsgericht hat die rechtliche Beurteilung, die der Aufhebung zugrunde gelegt ist, auch seiner Entscheidung zugrunde zu legen.

(3) Das Revisionsgericht hat jedoch in der Sache selbst zu entscheiden, wenn die Aufhebung des Urteils nur wegen Rechtsverletzung bei Anwendung des Gesetzes auf das festgestellte Sachverhältnis erfolgt und nach letzterem die Sache zur Endentscheidung reif ist.

(4) Kommt im Fall des Absatzes 3 für die in der Sache selbst zu erlassende Entscheidung die Anwendbarkeit von Gesetzen, auf deren Verletzung die Revision nach § 545 nicht gestützt werden kann, in Frage, so kann die Sache zur Verhandlung und Entscheidung an das Berufungsgericht zurückverwiesen werden.

B. Regelungsgehalt

I. Die Entscheidung über die Begründetheit der Revision

1. Die unbegründete Revision. Nach § 561 ZPO ist die Revision durch Endurteil als unbegründet zurückzuweisen, wenn
- sie nur auf die Verletzung irrevisiblen Rechts (vgl. § 73 Rn 10) gestützt ist oder
- eine materielle oder formelle Rechtsverletzung erfolglos (vgl. dazu § 73 Rn 9 bis 48) gerügt wird und von Amts wegen weder zu beachtende Verfahrensmängel (vgl. § 73 Rn 28) noch andere (als die erfolglos gerügten) materielle Rechtsverletzungen (vgl. § 73 Rn 9) nicht festgestellt werden können oder
- das angefochtene Urteil nicht auf den festgestellten Rechtsverletzungen beruht (vgl. § 73 Rn 53) oder
- das angefochtene Urteil sich trotz festgestellter Rechtsverletzungen aus anderen Gründen als richtig erweist.

2. Die begründete Revision. Soweit die Revision begründet ist, muss das angefochtene Urteil nach § 562 Abs. 1 ZPO aufgehoben werden (sog. kassatorische Entscheidung). Bei selbstständigen, abtrennbaren Streitgegenständen (vgl. § 74 Rn 51) führt das u.U. dazu, dass auf die Revision das Urteil teilweise aufzuheben und i.Ü. die Revision zurückzuweisen ist.

War das Verfahren des LAG mangelhaft, ist es nach § 562 Abs. 2 ZPO insoweit aufzuheben.

Beispiel:
Die Beweiserhebung durch das LAG war fehlerhaft. Das BAG hebt insoweit auch das Verfahren auf, so dass die Beweisaufnahme vom LAG völlig wiederholt werden muss.

II. Endentscheidungsreife

1. Grundsatz: Aufheben und Zurückverweisen. Wird das Berufungsurteil auf die begründete Revision nach § 562 ZPO aufgehoben, so sieht § 563 Abs. 1 ZPO als Regel die Zurückverweisung zur neuen Berufungsverhandlung vor. Nur soweit der Rechtsstreit aufgrund der tatsächlichen Feststellungen des LAG zur Endentscheidung reif ist, trifft das BAG eine eigene ersetzende Entscheidung (§ 563 Abs. 3 ZPO). Die dafür notwendige Endentscheidungsreife setzt voraus, dass das BAG den vom LAG festgestellten Sachverhalt zugrunde legen kann und dem Berufungsgericht kein noch auszufüllender Beurteilungs- oder Ermessensspielraum verbleiben soll. Das ist dann der Fall, wenn das Berufungsurteil einen Tatbestand ohne Dunkelheiten und Widersprüche (vgl. § 73 Rn 52) enthält sowie keine Verfahrensrügen (vgl. § 73 Rn 120) durchgreifen, so dass nur zu prüfen ist, ob dem LAG Subsumtionsfehler unterlaufen sind. Enthält ein Berufungsurteil entgegen § 69 keinen an den gesetzlichen Bestimmungen entsprechenden Tatbestand, so ist es von Amts wegen aufzuheben und die Sache zurückzuverweisen.[1] Zu beachten ist, dass dies auch für den Fall gilt, wenn die Revision erst aufgrund einer Nichtzulassungsbeschwerde durch das Revisionsgericht zugelassen worden ist.[2] Daran hat sich durch das ZPO-Reformgesetz 2001 nichts geändert.[3]

Geht das BAG von einer anderen Rechtslage als das LAG aus, hat es nach § 278 Abs. 3 ZPO den Parteien rechtliches Gehör zu gewähren. Soweit spätestens in der mündlichen Verhandlung vor dem BAG ein schlüssiger Tatsachenvortrag erfolgt, muss die Partei Gelegenheit erhalten, diese neuen Tatsachen in der Tatsacheninstanz vorbringen zu können.[4] Wegen des Gebots des fairen Verfahrens kann regelmäßig eine Klage auch nicht erstmalig in der Revisionsinstanz als unschlüssig beurteilt und durch eine Sachentscheidung abgewiesen werden. Das wäre nur zulässig, wenn der Kläger nach dem Verfahrensverlauf ausreichend Gelegenheit und Veranlassung gehabt hätte, die maßgeblichen Tatsachen vorzutragen. Hieran fehlt es, wenn nach dem Akteninhalt die entscheidungserheblichen tatsächlichen und rechtlichen Gesichtspunkte eines Einstellungsanspruchs in den öffentlichen Dienst weder erörtert worden sind, noch der Kläger durch das Vorbringen des Beklagten Veranlassung hatte, seinen unzureichenden Vortrag insoweit zu ergänzen.[5]

---

1 BAG 16.8.1990 – 2 AZR 182/90 – RzK I 5 h Nr. 18; BAG 15.8.2002 – 2 AZR 386/01 – AP ZPO 1977 § 543 Nr. 12 = EzA § 543 ZPO Nr. 12.

2 BAG 15.3.2001 – 2 AZR 147/00 – EzA § 626 BGB n.F. Nr. 185; BAG 15.3.2002 – 2 AZR 386/01 – AP § 543 ZPO 1977 Nr. 12 = EzA § 543 ZPO Nr. 12.

3 BAG 18.5.2006 – 6 AZR 627/05 – AP § 15 KSchG 1969 Ersatzmitglied Nr. 2.

4 BAG 27.3.1981 – 7 AZR 523/78 – BAGE 37, 1.

5 BAG 12.11.2008 – 7 AZR 499/07 – juris.

8 Die Endentscheidungsreife fehlt stets, wenn absolute Revisionsgründe (vgl. § 73 Rn 29 ff.) vorliegen, Verfahrensrügen (vgl. § 73 Rn 27) durchgreifen oder Verfahrensmängel von Amts wegen zu berücksichtigen sind (vgl. § 73 Rn 28) und dadurch die Bindungswirkung der Feststellung des LAG entfällt.

9 Sind Tatsachen vom LAG nur im Rahmen von Hilfserwägungen festgestellt worden, weil die Klage wegen Fehlens von Sachurteilsvoraussetzungen als unzulässig abgewiesen wurde, so sind diese Feststellungen für das BAG nicht bindend festgestellt.[6]

10 Weitere Voraussetzung für eine Endentscheidung ist, dass das BAG zu einer abschließenden Sachverhaltsbeurteilung insb. bei Willenserklärungen, Interessenabwägungen und nicht typischen Verträgen durch Feststellung aller maßgeblichen Umstände in der Lage ist.[7] So können die für Künd-Schutz zuständigen Fachsenate regelmäßig nicht abschließend beurteilen, ob ein Grund zur Künd i.S.d. § 1 Abs. 2 KSchG vorliegt. Das wird damit begründet, dem LAG dürfe nicht die Würdigung, ob der mitgeteilte Künd-Sachverhalt die Künd sozial rechtfertigt, wegen des ihm dabei zukommenden Beurteilungsspielraums nicht entzogen werden.[8]

11 Kommt eine ersetzende Endentscheidung nicht in Betracht, verweist das Revisionsgericht den Rechtsstreit zur neuen Verhandlung und Entscheidung an das LAG zurück. Beim LAG ist die Kammer zur Entscheidung berufen, die sich aus dem Geschäftsverteilungsplan für Rückläufer ergibt. Nach § 563 Abs. 1 S. 2 ZPO kann das Revisionsgericht an eine bestimmte andere Kammer des Berufungsgerichts zuweisen. Diese Zuweisung geht der Regelung im Geschäftsverteilungsplan des LAG vor. Beruht die aufgehobene Entscheidung auf einer Verletzung des rechtlichen Gehörs, so ist regelmäßig die Sache an einen anderen Senat des Berufungsgerichts zurückzuverweisen.[9] Unter dem Gesichtspunkt des gesetzlichen Richters werden insb. von den Richtern am LAG immer wieder Bedenken gegen die in der Vergangenheit übliche Praxis vorgebracht, auch zur Prüfung von Maßnahmen der Dienstaufsicht in die Kammer des LAG-Präsidenten zu verweisen. Diese Bedenken teilt der BGH nicht. Es entspricht seiner ständigen Praxis, an einen vom Revisionsgericht bestimmten Senat des OLG zurückzuverweisen.[10] Bedenken könnten nur angebracht sein, wenn ein Senat des BAG aus anderen als aus Kompetenzerwägungen gezielt an bestimmte Kammern verweisen würde, z.B. weil zu deren Vorsitzenden besondere persönliche Beziehungen bestünden. Da inzwischen die Mehrzahl der LAG Regelung über die Zuweisung von Rückläufern an andere Kammern haben, hat sich das Problem entschärft. Die Senate des BAG sehen davon ab, die andere Kammer, an die zurückverwiesen wird, selbst zu bestimmen: Sie überlassen das den Geschäftsverteilungsplänen der LAG.

12 **2. Ausnahmsweises Durcherkennen.** Das BAG entscheidet selbst abschließend, soweit für ein positives Feststellungsurteil dem Kläger das besondere nach § 256 Abs. 1 ZPO von Amts wegen zu berücksichtigende Feststellungsinteresse fehlt, auch dann, wenn die Vorinstanzen dazu keine Feststellungen getroffen haben, sondern der Klage stattgegeben haben.[11]

13 Hat die Vorinstanz eine Klage zu Unrecht als unzulässig abgewiesen, kann das BAG die Klage als unbegründet abweisen, soweit es dazu keiner weiteren tatsächlichen Feststellungen bedarf, weil das LAG den Sachverhalt erschöpfend aufgeklärt hat und neuer Sachvortrag auch im Fall der Zurückverweisung nicht zu erwarten ist.

Ist bei der Beurteilung eines Sachverhalts ein Ermessen oder ein nur beschränkt nachprüfbarer Beurteilungsspielraum eingeräumt (vgl. § 73 Rn 22), so kommt eine Endentscheidung durch das BAG nur in Betracht, wenn sich nur eine Entscheidung als richtig erweisen kann. Ansonsten muss der Rechtsstreit an das LAG zurückverwiesen werden.

14 **3. Folgen für Hilfsanträge bei Erfolg des Hauptantrags.** Ist das Rechtsmittel erfolgreich, weil das Rechtsmittelgericht in der Sache dem Hauptantrag stattgibt, so wird die Verurteilung aufgrund des Hilfsantrags durch die Vorinstanzen wirkungslos; denn Hilfsanträge stehen unter der innerprozessualen Bedingung, dass dem Hauptantrag nicht entsprochen wird. Da die Rechtshängigkeit des Hilfsantrags ohne besonderen Ausspruch rückwirkend mit Eintritt der auflösenden Bedingung endet, bedarf die Wirkungslosigkeit der Verurteilung durch die Vorinstanzen keines Ausspruchs im Tenor des Urteils des Rechtsmittelgerichts.[12]

III. Bindung des Berufungsgerichts

15 Nach der Zurückverweisung ist die Tatsacheninstanz wieder eröffnet. Die neue mündliche Verhandlung bildet mit der vorausgegangenen eine Einheit. Neue Tatsachen können vorgetragen und weitere Einreden sowie Gestaltungsrechte geltend gemacht werden. Allerdings ist die Zulassung neuer Tatsachen und Beweismittel durch § 67 begrenzt.

---

6 BGH 25.11.1966 – V ZR 30/64 – NJW 1967, 773.
7 Vgl. BAG 21.11.1958 – 1 AZR 107/58 – AP § 611 BGB Gratifikation Nr. 11; BAG 4.3.1961 – 5 AZR 169/60 – AP § 611 BGB Gratifikation Nr. 21.
8 BAG 27.11.2008 – 2 AZR 98/07 – NZA 2009, 604; Germelmann u.a., § 74 Rn 136.
9 BGH 7.2.2007 – IV ZR 249/06 – VersR 2007, 833.
10 Vgl. BGH 1.2.2007 – V ZR 200/06 – BGHReport 2007, 524.
11 BAG 10.12.1965 – 4 AZR 161/65 – NJW 1966, 1140.
12 BAG 12.8.2008 – 9 AZR 620/07 – DB 2008, 2839.

Das Berufungsgericht ist nach § 563 Abs. 2 ZPO an die rechtliche Beurteilung des BAG gebunden. Das Berufungsgericht muss der Rechts-Auff. des Revisionsgerichts auch dann folgen, wenn es diese für verfassungswidrig hält. Keine Bindungswirkung besteht, soweit in der neuen Berufungsverhandlung ein neuer Sachverhalt festgestellt wird, neue Ansprüche geltend gemacht werden[13] oder sich die Rechtslage entweder infolge neuer Gesetzgebung oder Aufgabe der höchstrichterlichen Rspr. ändert.[14]

Hat das BAG das Urteil wegen eines Verfahrensfehlers aufgehoben, muss das LAG diesen beheben. Es ist auch daran gebunden, dass nach Ansicht des BAG dieser Verfahrensverstoß für die Entscheidung ursächlich war. Das LAG darf daher nach Aufhebung seines mangelhaft durchgeführten Beweisverfahrens nicht erkennen, auf die aufgehobene Beweisaufnahme komme es nicht mehr an.[15] Das soll auch die Erhebung weiterer Beweise ausschließen.[16] Soweit in der zurückverwiesenen Sache in der neuen Verhandlung vor dem LAG neue rechtserhebliche Tatsachen vorgetragen werden muss das LAG neue tatsächliche Feststellungen treffen. Umstr. ist für den Zivilprozess, ob fehlerhaft mit der Revision eingeführter Tatsachenvortrag zu verwerten ist. Es wird kritisiert, die revisionsgerichtliche Rspr., räume der Berufungsinstanz nach Zurückverweisungen der Sache eine zu weitgehende Freiheit bezüglich der Tatsachenfeststellung ein.[17] Im arbeitsgerichtlichen Urteilsverfahren ist die vom Zivilprozess abweichende Sonderregelung in § 67 zu beachten. Die nach dessen Maßgabe in der neuen Berufungsverhandlung zu berücksichtigenden neuen Angriffs- und Verteidigungsmittel können eine Bindung an die aufhebende Entscheidung des Senats entfallen lassen, sofern sich für das dann „festgestellte Sachverhältnis" (§ 563 Abs. 3 ZPO) sich andere Rechtsfragen als bisher stellen.[18] Das gilt auch dann, soweit das Revisionsgericht im ersten Durchlauf Revisionsrügen als nicht durchgreifend ansah.[19]

Das LAG ist an rechtliche Erwägungen des BAG nicht gebunden, wenn in Anwendung des § 561 ZPO das BAG bei einer Klagehäufung in einem Teil der Entscheidung zwar eine Rechtsverletzung gesehen hat, diesen aber aus anderen Gründen im Ergebnis als richtig beurteilt hat.[20]

Die Hinweise des Revisionsgerichts zur weiteren Sachbehandlung binden das LAG nur dann, wenn die entsprechenden rechtlichen Erwägungen auch zugleich der Aufhebung zugrunde lagen.[21]

Weicht nach der Zurückverweisung das LAG von den nicht bindenden Ausführungen des zurückverweisenden BAG-Urteils ab, muss es nach § 72 Abs. 2 Nr. 2 die Revision zulassen. Gelangt das Urteil nach der Zurückverweisung wieder durch eine zugelassene Revision an das BAG, so ist das erneut entscheidende Revisionsgericht an die Rechts-Auff. des zurückverweisenden Revisionsurteils gebunden.[22]

Hat das BAG entsprechend § 538 Abs. 1 ZPO neben dem Urteil des LAG auch das zugrunde liegende Urteil des ArbG aufgehoben und die Sache deshalb unmittelbar an das ArbG zurückverwiesen,[23] ist das ArbG an die rechtliche Beurteilung der Aufhebung gebunden.

Kommt es zu sog. „Rückläufern" betrifft die Bindungswirkung eines zurückverweisenden Revisionsurteils auch das Revisionsgericht selbst. Es hat dann bei seiner erneuten Behandlung mit der Sache die Rechtsauffassung zugrunde zu legen, die es in den tragenden Erwägungen des zurückverweisenden Urteils vertreten hat.[24] Diese Bindungswirkung entfällt ausnahmsweise dann, wenn sich zwischenzeitlich die Rechtslage infolge neuer Gesetzgebung oder durch Aufgabe von Rspr. geändert hat.[25]

IV. Entscheidung bei Säumnis

Fehlt eine Partei in der mündlichen Verhandlung vor dem BAG, sind über die Verweisungsnormen des § 72 Abs. 5 und §§ 565, 525 ZPO die für die Säumnis nach §§ 333 ff. ZPO im Berufungsverfahren geltenden Bestimmungen entsprechend anzuwenden.

Zivilprozessordnung vom 30.1.1877, RGBl I S. 83, BGBl III 310–4, in der Fassung der Bekanntmachung vom 5.12.2005, BGBl I S. 3202, zuletzt geändert durch Gesetz zur Änderung des Wohnungseigentumsgesetzes und anderer Gesetze vom 26.3.2007 (BGBl I S. 370, 376).

---

13 BGH 21.11.2006 – XI ZR 347/05 – jurisPR-BGH ZivilR 10/2007 Anm. 1 *Geisler*; BAG 22.4.2004 – 8 AZR 269/03 – AP § 628 BGB Nr. 18; ErfK/*Koch*, § 75 ArbGG Rn 6; Stein/Jonas/*Grunsky*, § 565 Rn 15; MüKo-ZPO/*Wenzel*, § 565 Rn 12.
14 ErfK/*Koch*, § 75 ArbGG Rn 6.
15 BAG 28.7.1981 – 1 ABR 56/78 – BAGE 36, 1 = AP § 87 BetrVG 1972 Provision Nr. 2.
16 Schwab/Weth/*Ulrich*, § 75 Rn 15.
17 *Schmidt*, NJW 2007, 1172.
18 BAG 14.4.1967 – 5 AZR 535/65 – AP § 565 ZPO Nr. 12.
19 BGH 7.2.1969 – V ZR 115/65 – MDR 1969, 563.
20 BAG 24.2.1972 – 5 AZR 414/71 – EzA § 11 BUrlG Nr. 9.
21 *Germelmann u.a.*, § 75 Rn 41.
22 BAG 22.4.2004 – 8 AZR 269/03 – AP § 628 BGB Nr. 18.
23 Vgl. BAG 28.11.1963 – 5 AZR 68/63 – AP § 2 ArbGG 1953 Zuständigkeitsprüfung Nr. 25.
24 BAG 13.12.2007 – 6 AZR 200/07 – DB 2008, 2483; BAG 22.4.2004 – 8 AZR 269/03 – AP § 628 BGB Nr. 18; BAG 20.3.2003 – 8 AZR 77/02 – AP § 565 ZPO Nr. 23 = EzA § 563 ZPO 2002 Nr. 1.
25 BAG 22.4.2004 – 8 AZR 269/03 – AP § 628 BGB Nr. 18; GmS-OGB 6.2.1973 – GmS-OGB 1/72 – BGHZ 60, 392 = AP § 4 RsprEinhG Nr. 1.

ZPO § 565 – Anzuwendende Vorschriften des Berufungsverfahrens
Die für die Berufung geltenden Vorschriften über die Anfechtbarkeit der Versäumnisurteile, über die Verzichtsleistung auf das Rechtsmittel und seine Zurücknahme, über die Rügen der Unzulässigkeit der Klage und über die Einforderung, Übersendung und Zurücksendung der Prozessakten sind auf die Revision entsprechend anzuwenden.

23 **1. Säumnis des Revisionsklägers.** Ist der Revisionskläger säumig (zum Begriff der Säumnis vgl. § 59 Rn 7), wird die Revision auf Antrag des Revisionsbeklagten ohne Sachprüfung gem. § 72 Abs. 5, §§ 557, 542 Abs. 1, 330 Abs. 1 ZPO durch Versäumnisurteil (sog. echtes Versäumnisurteil) zurückgewiesen.[26] Dabei weist das BAG zur Vermeidung eines unnötigen Einspruchs auf die seiner Ansicht nach bestehende Aussichtslosigkeit der eingelegten Revision hin.[27]

24 Die Zurückweisung durch ein echtes Versäumnisurteil erfolgt jedoch nur, wenn die Revision zulässig ist. Über eine unzulässige Revision ist, wenn im Verhandlungstermin nur der Revisionsbeklagte erscheint, nach der Rspr. des BGH abweichend von der des RG i.d.R. nicht durch echtes Versäumnisurteil, sondern durch kontradiktorisches Urteil zu entscheiden.[28] Trotz Säumnis des Revisionsklägers ist durch streitmäßiges Urteil zu entscheiden, wenn die von Amts wegen anzustellende Prüfung der Prozessvoraussetzungen zu dem Ergebnis führt, dass die Klage unzulässig und der Rechtsstreit deshalb entscheidungsreif ist.[29]

25 **2. Säumnis des Revisionsbeklagten.** Ist der Revisionsbeklagte säumig (zum Begriff vgl. § 59 Rn 7), kann sowohl ein echtes als auch ein sog. unechtes Versäumnisurteil ergehen. Dem Antrag des Revisionsklägers auf Erlass eines Versäumnisurteils gegen die säumige Revisionsbeklagte ist nach § 72 Abs. 5, §§ 557, 330 ff. ZPO zu entsprechen, wenn die Revision zulässig und begründet ist. Das BAG hat dann in der Sache selbst zu entscheiden.[30] Soweit der Revisionskläger zulässigerweise für Verfahrensrügen neue Tatsachen vorgetragen hat (§ 554 Abs. 3 Nr. 3b ZPO), gelten diese nach § 331 Abs. 1 S. 1 ZPO als zugestanden. Dabei ist auch ohne ausdrücklichen Versäumnisurteilsantrag bei gestelltem Sachantrag durch Versäumnisurteil zu entscheiden; denn es ist anzunehmen, dass der Rechtsmittelbeklagte den Erfolg seines Sachantrags auf jedem verfahrensrechtlich zulässigen Weg erstrebt und deshalb im Sachantrag zugleich der Prozessantrag auf Versäumnisurteil enthalten ist.[31] Wenn die Unzulässigkeit der Klage feststeht, kann auch dann, wenn der Revisionsbeklagte säumig ist, keine die Weiterführung des Prozesses zulassende Versäumnisentscheidung ergehen, sondern nur ein kontradiktorisches Urteil (unechtes Versäumnisurteil), das den Rechtsstreit zum endgültigen Abschluss bringt.[32]

26 **3. Einspruch gegen das Versäumnisurteil.** Für das Revisionsverfahren gilt die einwöchige Einspruchsfrist des § 59 nicht. Gegen ein Versäumnisurteil des BAG beträgt die Einspruchsfrist über die Verweisungskette § 72 Abs. 5, §§ 565, 525, 339 ZPO zwei Wochen. Da die zivilprozessualen Berufungsvorschriften anzuwenden sind, kann Einspruch nur durch einen postulationsfähigen RA i.S.v. § 11 Abs. 2 eingelegt werden.

27 Ist der Einspruch unzulässig, kann er ohne mündliche Verhandlung durch Beschluss ohne Zuziehung der ehrenamtlichen Richter verworfen werden.[33]

28 **4. Vollstreckbarkeit.** Die ansonsten nach § 62 geltende vorläufige Vollstreckbarkeit von Urteilen gilt nicht für das Versäumnisurteil des BAG. Dieses muss nach § 708 Nr. 2 ZPO für vorläufig vollstreckbar erklärt werden.[34]

V. Entscheidung nach Aktenlage

29 Ist in einem früheren Termin beim BAG bereits verhandelt worden, so kann nach § 331a ZPO auch eine Entscheidung nach Lage der Akten ergehen.[35]

VI. Entscheidung bei Erledigung der Hauptsache

30 Für das Revisionsverfahren gilt über § 72 Abs. 6 auch § 91a ZPO. Danach können die Parteien den Rechtsstreit vor dem BAG übereinstimmend für erledigt erklären (für Einzelheiten zur Antragsstellung und zur Unterscheidung bei Rechtsmittelerledigung siehe § 74 Rn 97).[36]

31 Eine übereinstimmende Erledigungserklärung beider Parteien setzt voraus, dass eine Revision überhaupt zulässig ist.[37] Ansonsten ist das unzulässige Rechtsmittel trotz übereinstimmender Erledigungserklärung zu verwerfen.

---

26 BAG 11.9.1986 – 2 AZR 578/85 – juris.
27 Vgl. BAG 11.9.1986 – 2 AZR 578/85 – juris.
28 BGH 10.1.1961 – VI ZR 66/60 – NJW 1961, 829.
29 BGH 13.3.1986 – I ZR 27/84 – ZIP 1986, 740.
30 BAG 4.10.1978 – 5 AZR 326/77 – NJW 1979, 1264; BAG 6.12.1994 – 9 AZR 549/93 – juris.
31 BGH 4.4.1962 – V ZR 110/60 – NJW 1962, 1149.
32 BGH 8.12.1999 – I ZR 254/95 – GRUR-RR 2001, 48.
33 BAG 17.5.1968 – 1 AZR 339/67 – NJW 1968, 1739.
34 BAG 28.10.1981 – 4 AZR 251/79 – NJW 1982, 1175.
35 BAG 1.3.1963 – 1 AZR 356/61 – AP § 56 ZPO Nr. 2.
36 BAG 12.6.1967 – 3 AZR 368/66 – AP § 91a ZPO Nr. 12.
37 BAG 17.8.1961 – 5 AZR 311/60 – AP § 91a ZPO Nr. 9.

Eine Erledigungserklärung ist grds. frei widerruflich bis sich der Beklagte ihr angeschlossen und das Gericht eine Entscheidung über die Erledigung der Hauptsache getroffen hat.[38] Solange noch nicht entschieden ist, kann jede Partei zu den ursprünglichen Klageanträgen zurückkehren.[39] **32**

Bei wirksamer übereinstimmender Erledigungserklärung hat das BAG über die Kosten unter Berücksichtigung des bisherigen Sach- und Streitstandes zu entscheiden. Dabei bedarf es keiner abschließenden Beurteilung einer schwierigen Rechtslage. Die Kosten können gleichmäßig auf beide Parteien verteilt werden.[40] Macht der Senat von der Möglichkeit Gebrauch, gem. § 91a Abs. 1 S. 2 ZPO ohne mündliche Verhandlung zu entscheiden, so ergeht die Entscheidung nach § 72 Abs. 6 i.V.m. § 52 Abs. 1 ohne Hinzuziehung der ehrenamtlichen Richter.[41] **33**

Schließt sich der Gegner nicht an, kann der Kläger die Hauptsache einseitig für erledigt erklären. Diese Prozesshandlung stellt eine nach § 264 Nr. 2 ZPO privilegierte Klageänderung dar. Der Kläger hat die Feststellung zu beantragen, dass sich der Rechtsstreit in der Hauptsache erledigt.[42] Dazu ist er im eigenen Interesse gehalten. Hat sich nämlich die Sache tatsächlich erledigt, kann die Klage keinen Erfolg mehr haben. **34**

Beispiel: Der Kläger klagt auf Unterlassung von nachvertraglichem Wettbewerb. Während der Revision läuft das zweijährige nachvertragliche Wettbewerbsverbot ab. Behält der Kläger seinen Sachantrag aufrecht, ist bei zulässiger Revision die Klage als unbegründet abzuweisen.

Ist die Revision zulässig und war vor Eintritt des erledigenden Ereignisses die Klage zulässig und begründet,[43] ist bei nur einseitiger Erledigungserklärung im Revisionsurteil die Erledigung der Hauptsache im Entscheidungsausspruch festzustellen. **35**

Ist str., ob die Hauptsache erledigt ist, hat das LAG die Feststellungen des BAG zugrunde zu legen. Trägt der Kläger neue – bestrittene – Tatsachen vor, gelten dieselben Regeln wie bei der Klageänderung (vgl. § 73 Rn 52). In diesem Fall steht der ursprüngliche Antrag weiter zur Entscheidung. Stellt der Kläger ihn nicht mehr, kann die Klage durch Versäumnisurteil zurückgewiesen werden. Der BGH hat in einer älteren Entscheidung angenommen, er müsse Beweis über die Erledigung der Hauptsache erheben.[44] Das ist abzulehnen.[45]

Bei wirksamer einseitiger Erledigungserklärung hat der widersprechende Beklagte die Kosten nach § 72 Abs. 5 i.V.m. § 91 ZPO zu tragen. Das setzt nach der st. Rspr. voraus:[46]
– die Klage ist durch ein nach Rechtshängigkeit eingetretenes Ereignis gegenstandslos geworden,
– die Klage war bis zum Zeitpunkt des Eintritts des erledigenden Ereignisses zulässig und begründet.

VII. Entscheidung im schriftlichen Verfahren

Die Vorschriften über die Entscheidung ohne mündliche Verhandlung (§ 128 Abs. 2 ZPO) findet im erstinstanzlichen Urteilsverfahren ausdrücklich keine Anwendung (§ 46 Abs. 2 S. 2). Das BAG kann jedoch ohne mündliche Verhandlung im schriftlichen Verfahren entscheiden. Die Zulässigkeit folgt aus § 72 Abs. 5 i.V.m. §§ 555, 128 Abs. 2 S. 1 ZPO. Voraussetzung ist die Zustimmung beider Parteien. Die Abweichen von dem in § 128 Abs. 1 ZPO aufgestellten Grundsatz, dass die Verhandlung mündlich ist, kann nur durch eine zweifelsfreie Erklärung der Parteien gerechtfertigt werden. In einem Schweigen auf eine gerichtliche Anfrage kann nur dann, wenn besondere Umstände hierzu Anlass geben, ein Umstand gesehen werden, der als Zustimmung gewertet werden kann.[47] Der BGH beschränkt die Zulässigkeit des schriftlichen Verfahrens auf die Fälle, in denen der Rechtsstreit noch weiterer Förderung bedarf und diese im schriftlichen Verfahren einfacher und schneller zu erreichen ist.[48] Diese Einschränkung kann bei entsprechender Anwendung der Norm auf das Revisionsverfahren keine Bedeutung haben. **36**

Am schriftlichen Verfahren wirken die ehrenamtlichen Richter mit. Nach § 60 Abs. 4 S. 2 muss zwar ein Urteil, das nicht in dem Termin verkündet wird, in dem die mündliche Verhandlung geschlossen wird, bei Verkündung in vollständiger Form abgefasst sein.[49] Diese Bestimmung ist jedoch nicht anwendbar. Sie gilt weder für das schriftliche Verfahren noch für das Revisionsgericht. Die im schriftlichen Verfahren ergehende Entscheidung muss innerhalb der Dreimonatsfrist des § 128 Abs. 2 S. 3 ZPO verkündet werden. Diese Frist dient der Absicherung des mit dem schriftlichen Verfahren bezweckten Beschleunigungseffekts: Sie steht nicht zur freien Disposition der Parteien und des Gerichts.[50] **37**

---

38 BAG 18.5.2006 – 2 AZR 245/05 – AP § 1 KSchG 1969 Betriebsbedingte Kündigung Nr. 157.
39 BAG 18.5.2006 – 2 AZR 245/05 – AP § 1 KSchG 1969 Betriebsbedingte Kündigung Nr. 157.
40 BAG 12.6.1967 – 3 AZR 368/66 – AP § 91a ZPO Nr. 12.
41 BAG 23.8.1999 – 4 AZR 686/98 – AP § 53 ArbGG 1979 Nr. 1.
42 BAG 18.5.2006 – 2 AZR 245/05 – AP § 1 KSchG 1969 Betriebsbedingte Kündigung Nr. 157.
43 Vgl. BAG 9.12.1981 – 4 AZR 312/79 – DB 1982, 1417.
44 BGH 7.11.1968 – VII ZR 72/66 – WM 1969, 48.
45 BFH 31.5.1978 – I R 105/77 – BFHE 125, 336; GK-ArbGG/*Mikosch*, § 73 Rn 143; a.A. *Germelmann u.a.*, § 75 Rn 59.
46 BAG 14.6.1967 – 4 AZR 282/66 – BAGE 19, 342; BAG 23.9.1986 – 1 AZR 83/85 – BAGE 53, 97; BAG 25.7.2002 – 6 AZR 31/00 – AP § 611 BGB Direktionsrecht Nr. 62.
47 BGH 20.3.2007 – VI ZR 254/05 – NJW 2007, 2122.
48 BGH 28.4.1992 – XI ZR 165/91 – NJW 1992, 2146.
49 BAG 23.1.1996 – 9 AZR 600/93 – AP § 64 ArbGG 1979 Nr. 20.
50 BGH 28.4.1992 – XI ZR 165/91 – NJW 1992, 2146.

VIII. Beendigung durch gerichtlichen Vergleich

38 Seit Inkrafttreten des § 278 Abs. 6 ZPO i.d.F. des Art. 2 Abs. 1 Nr. 41 ZPO-RG vom 27.7.2001[51] m.W.v. 1.1.2002 ist das Revisionsgericht nicht darauf beschränkt, eine gütliche Erledigung durch Feststellung eines Vergleichs im Protokoll (§ 160 Abs. 3 Nr. 1 ZPO) herbeizuführen. Zustandekommen und Inhalt gerichtlicher Vergleiche auch seitdem auch durch gerichtlichen Beschluss festgestellt werden, nachdem die Parteien dem Gericht einen schriftlichen Vergleichsvorschlag unterbreitet oder durch einen Schriftsatz einen Vorschlag des Gerichts angenommen haben. Nach § 276 Abs. 2 ZPO können dabei entstehende Unrichtigkeiten entsprechend § 164 ZPO wie bei der fehlerhaften Protokollierung jederzeit berichtigt werden. Aufgrund der Verweisung in § 72 Abs. 5 findet über § 555 ZPO auch diese Vorschrift für das Revisionsverfahren Anwendung. Das BAG macht von dieser Möglichkeit der Verfahrensbeendigung Gebrauch, zumal es nach § 72 Abs. 6 i.V.m. § 57 Abs. 2 verpflichtet ist, sich um eine gütliche Erledigung des Rechtsstreits zu bemühen.

IX. Inhalt des Revisionsurteils

39 Bestimmungen über das Revisionsurteil werden sowohl über die Verweisungsnorm des § 72 Abs. 5 als auch über die des § 72 Abs. 6 vorgegeben. Nach § 72 Abs. 6 gelten § 61 Abs. 2 und § 63 entsprechend. Das bedeutet:
- Wenn das BAG eine Verpflichtung zur Vornahme einer Handlung ausspricht, ist der Beklagte auf Antrag des Klägers zugleich für den Fall einer Nichtvornahme zur Zahlung einer angemessenen Entschädigung zu verurteilen.
- Wenn das BAG in den in § 63 S. 1 aufgeführten bürgerlichen Rechtsstreitigkeiten entscheidet, muss es seine Entscheidungen den zuständigen Ministerien übermitteln.

40 § 72 Abs. 5 verweist auf das Revisionsrecht, das wiederum in § 555 ZPO hinsichtlich des notwendigen Inhalts von Revisionsurteilen auf § 313 ZPO verweist. Danach hat das Urteil zu enthalten:
1. die Bezeichnung der Parteien, ihrer gesetzlichen Vertreter und der Prozessbevollmächtigten;
2. die Bezeichnung des Gerichts und die Namen der Richter, die bei der Entscheidung mitgewirkt haben;
3. den Tag an dem die mündliche Verhandlung geschlossen worden ist;
4. die Urteilsformel;
5. den Tatbestand;
6. die Entscheidungsgründe.

Nach § 313 Abs. 3 ZPO haben die Entscheidungsgründe eine kurze Zusammenfassung der Erwägungen, auf denen die Entscheidung in tatsächlicher und rechtlicher Hinsicht beruht, zu enthalten. § 564 ZPO enthält hiervon eine Abweichung.

Zivilprozessordnung vom 30.1.1877, RGBl I S. 83, BGBl III 310–4, in der Fassung der Bekanntmachung vom 5.12.2005, BGBl I S. 3202, zuletzt geändert durch Gesetz zur Änderung des Wohnungseigentumsgesetzes und anderer Gesetze vom 26.3.2007 (BGBl I S. 370, 376).

ZPO § 564 – Keine Begründung der Entscheidung bei Rügen von Verfahrensmängeln
[1]Die Entscheidung braucht nicht begründet zu werden, soweit das Revisionsgericht Rügen von Verfahrensmängeln nicht für durchgreifend erachtet. [2]Dies gilt nicht für Rügen nach § 547.

41 Danach braucht die Entscheidung nicht begründet zu werden, soweit das Revisionsgericht Rügen von Verfahrensmängeln nicht für durchgreifend erachtet. Das gilt nicht für Rügen, die absolute Verfahrensmängel (vgl. § 73 Rn 29 ff.) betreffen (§ 564 S. 2 ZPO).

42 Versäumnisurteile des BAG bedürfen keines Tatbestandes und keiner Entscheidungsgründe.

Wird vom BAG gegen § 313 ZPO verstoßen, bleibt die Wirksamkeit des Revisionsurteils davon unberührt. Das Urteil ist mit der Verkündung existent (siehe Rn 42) und beachtlich.

Die Parteien können auch beim BAG entsprechend § 313a ZPO auf Tatbestand und Entscheidungsgründe verzichten. Voraussetzung ist, dass das BAG eine Endentscheidung (vgl. Rn 6 ff.) trifft. Bei einer Zurückverweisung muss das LAG wissen, aus welchen Gründen die angefochtene Entscheidung aufgehoben worden ist.

X. Verkündung des Revisionsurteils

43 Jedes Urteil des BAG ist zu verkünden. Unerheblich ist, ob es aufgrund mündlicher Verhandlung oder im schriftlichen Verfahren nach § 128 Abs. 2 ZPO ergeht. Erst mit der Verkündung wird das Urteil existent. Solange die Entscheidung nicht verkündet ist, bleibt sie ein Entwurf, der niemandem zur Einsicht vorgelegt oder schriftlich mitgeteilt werden darf (§ 299 Abs. 4 ZPO). Es ist auch der Geschäftsstelle nicht gestattet, irgendwelche Auskünfte über den Inhalt des Entscheidungsentwurfs oder des Beratungsergebnisses zu erteilen.

---

51 BGBl I, S. 1887.

Nach § 310 Abs. 1 ZPO wird das Urteil in dem Termin, in dem die mündliche Verhandlung geschlossen wird, oder in einem besonderen, sofort anzuberaumenden Termin verkündet (sog. Verkündungstermin). Im Revisionsverfahren kann ein Verkündungstermin bestimmt werden, wenn die sofortige Verkündung in dem Termin, aufgrund dessen das Urteil erlassen wird, aus besonderen Gründen nicht möglich ist. Der Verkündungstermin liegt beim BAG außerhalb der Regelfrist von drei Wochen. Die Zeit für die Absetzung und Versendung des Urteilsentwurfs an die ehrenamtlichen Richter zum Zwecke der Unterzeichnung (vgl. Rn 48) übersteigt regelmäßig diese Frist. Wird das Urteil verkündet, muss es in vollständig abgesetzter Form vorliegen. Das ist jedoch keine Wirksamkeitsvoraussetzung.[52] Nach Abs. 1 S. 1 ist die Wirksamkeit der Verkündung des Urteils nicht von der Anwesenheit der ehrenamtlichen Richter abhängig. Soll die Verkündung ohne sie erfolgen, ist nach Abs. 1 S. 2 die Urteilsformel vorher von sämtlichen Mitgliedern des erkennenden Senats zu unterschreiben. 44

Die Berufsrichter müssen bei der Verkündung anwesend sein, sofern die Verkündung nach Schluss der mündlichen Verhandlung erfolgt. Der Senatsvorsitzende ist nur dann allein zur Verkündung befugt, wenn ein besonderer Verkündungstermin angesetzt worden ist (§ 311 Abs. 4 S. 1 ZPO). 45

Die Verkündung geschieht durch Verlesung der schriftlich abgefassten, aber nicht notwendigerweise unterschriebenen Urteilsformel (§ 311 Abs. 2 S. 1 ZPO). Erscheint zur Verkündung keine Partei, genügt die Bezugnahme auf die schriftlich abgefasste Urteilsformel. 46

Versäumnisurteile, Anerkenntnisurteile und solche Urteile, welche die Folgen der Zurücknahme einer Klage oder eines Verzichts auf den Klageausspruch aussprechen, können bereits verkündet werden, ohne dass die Urteilsformel schriftlich abgefasst ist (§ 311 Abs. 2 S. 2 ZPO). 47

Anders als im Berufungsverfahren ist das BAG nicht verpflichtet, bei Anwesenheit der Parteien die wesentlichen Entscheidungsgründe mitzuteilen. § 60 Abs. 2 ist nicht anwendbar. Es gilt über § 72 Abs. 6 die Vorschrift des § 311 Abs. 3 ZPO. Danach werden die Entscheidungsgründe, wenn das Revisionsgericht es für angemessen erachtet, vorgelesen oder durch mündliche Mitteilung des wesentlichen Inhalts verkündet. 48

Um dem Interesse der Öffentlichkeit an einem frühzeitigen Bekanntwerden der Entscheidungsgründe zu genügen, gibt das BAG Pressemitteilungen heraus, die im Internet[53] von jedermann gelesen werden können. Dort werden auch nach der Zustellung der Urteilsausfertigungen an die Parteien die in den Pressemitteilungen enthaltenen Kurzbegründungen durch eine Verlinkung auf die Urteilsgründe ergänzt. Alle bedeutsamen Entscheidungen werden dort anonymisiert und kostenlos in einer Leseversion ohne dokumentarische Bearbeitung veröffentlicht. 49

XI. Unterzeichnung des Revisionsurteils

Nach Abs. 2 wird das mit Tatbestand und Entscheidungsgründen vollständig abgesetzte Revisionsurteil von den ehrenamtlichen und hauptberuflichen Mitgliedern des erkennenden Senats, die an der mündlichen Verhandlung oder dem schriftlichen Verfahren teilgenommen haben, unterschrieben. Im Falle der Verhinderung ist aufgrund der Verweisung in § 72 Abs. 5 entsprechend § 315 Abs. 1 S. 2 ZPO verfahren. Danach ist der Verhinderungsgrund anzugeben und von dem Vorsitzenden oder bei dessen Verhinderung von dem ältesten beisitzenden Berufsrichter unter dem Urteil zu vermerken. Es genügt die schlagwortartige Angabe des Verhinderungsgrundes. Detaillierte Angaben sind nicht erforderlich.[54] Dieser Vermerk muss gesondert unterschrieben oder erkennbar durch die Formulierung „zugleich" von einer bereits geleisteten Unterschrift abgedeckt werden. Ein Urteil, das von dem Vorsitzenden Richter der Kammer „zugleich für die an der Unterschriftsleistung gehinderten" Beisitzer ohne weitere Angaben von Gründen für die Ersetzung der Unterschriften unterschrieben worden ist, kann nicht Gegenstand einer wirksamen Zustellung sein.[55] Verweigert ein nicht verhinderter Richter die Unterschrift, so ist ihre Ersetzung nicht statthaft. Ist eine Unterschrift durch einen nach § 315 Abs. 1 S. 2 ZPO unzulässigen Vermerk ersetzt, liegt nur ein Urteilsentwurf vor.[56] 50

Die Unterschriftsverweigerung eines Richters, der an der Verhandlung teilgenommen hat, ist kein Fall der Verhinderung i.S.v. § 315 Abs. 1 S. 2 ZPO. Verhinderungsgründe sind längere Krankheit, längerer Urlaub oder das Ablaufen der Amtszeit eines ehrenamtlichen Richters oder das Ausscheiden des Berufsrichters aus dem Richterdienst. Das Ausscheiden eines Richters aus dem Spruchkörper ist kein Hinderungsgrund.[57] Da die Rspr. nur von Richtern ausgeübt werden darf (Art. 92 GG), kann die Urteilsgründe nur wirksam unterzeichnen, wer im Zeitpunkt der Unterzeichnung noch Richter ist. Wer nicht mehr Richter ist, ist dazu rechtlich nicht mehr in der Lage. Sind alle beteiligten Richter vor der Unterschriftsleistung ausgeschieden, so enthält ein gleichwohl unterzeichnetes Urteil keine Urteilsgründe im Rechtssinne.[58] Wurde das verkündet (§ 310 Abs. 1 S. 1 ZPO), so genügt allerdings diese förmliche öffent- 51

---

52 BGH 2.3.1988 – IVa ZB 2/88 – NJW 1988, 2046.
53 Auf der Website www.bundesarbeitsgericht.de.
54 BAG 17.8.1999 – 3 AZR 526/97 – AP § 551 ZPO Nr. 51.
55 BAG 18.4.1984 – IVa ZB 2/84 – VersR 1984, 586.
56 BGH 27.1.1977 – IX ZR 147/72 – NJW 1977, 765; krit. *Schneider*, MDR 1977, 748.
57 Vgl. für den Fall der Beendigung einer Abordnung: Sächsisches LAG 10.11.1999 – 2 Sa 265/99 – NZA-RR 2000, 609.
58 Bayerisches Oberstes Landesgericht – 30.3.1967 – RReg 4b St 65/66 – NJW 1967, 1578.

liche Bekanntgabe (vgl. § 160 Abs. 3 Nr. 7 ZPO), um es auch ohne Unterschrift sämtlicher an der Entscheidungsfindung mitwirkender Richter als endgültigen, verbindlichen hoheitlichen Ausspruch existent erscheinen zu lassen.[59]

XII. Zustellung des Revisionsurteils

52 Eine Ausfertigung des Revisionsurteils ist nach § 72 Abs. 6 i.V.m. § 50 von Amts wegen binnen drei Wochen seit Übermittlung des unterschriebenen Urteilsoriginals den Parteien zu Händen ihrer Prozessbevollmächtigten zuzustellen. Anders als im Zivilprozess ist der Vorsitzende nicht befugt, auf übereinstimmenden Antrag der Parteien die Zustellung bis zum Ablauf von fünf Monaten nach der Verkündung hinauszuschieben. Nach § 50 Abs. 1 S. 2 findet § 317 Abs. 1 S. 3 ZPO keine Anwendung. Nach § 72 Abs. 6 sind in TV-Sachen i.S.v. § 63 Urteilsabschriften der zuständigen obersten Landesbehörde sowie dem BMAS zu übermitteln.

C. Verbindung zu anderen Rechtsgebieten

I. Anwesenheit bei Beratung und Abstimmung

53 Nach § 193 Abs. 1 GVG dürfen bei der Beratung und Abstimmung außer den zur Entscheidung berufenen Richtern nur die beim BAG beschäftigten wissenschaftlichen Hilfskräfte zugegen sein. Möglich ist auch die Anwesenheit der zu ihrer juristischen Ausbildung beschäftigten Personen. Zurzeit werden allerdings im BAG keine Referendare oder Praktikanten ausgebildet. Voraussetzung ist in allen Fällen, dass der Vorsitzende deren Anwesenheit gestattet. Ferner dürfen nach § 193 Abs. 2 GVG mit Gestattung des Vorsitzenden ausländische Berufsrichter, Staatsanwälte und Anwälte, die dem BAG zur Ableistung eines Studienaufenthaltes zugewiesen worden sind, bei der Beratung und Abstimmung zugegen sein. Diese müssen gem. § 193 Abs. 3 und 4 GVG besonders zur Geheimhaltung verpflichtet werden. § 1 Abs. 2 und 3 des Verpflichtungsgesetzes vom 2.3.1974[60] gilt entsprechend.

II. Schutz des Beratungsgeheimnisses

54 Personen, die besonders verpflichtet worden sind, stehen für die Anwendung der Vorschriften des StGB über die Verletzung von Privatgeheimnissen (§§ 203 Abs. 2 S. 1 Nr. 2, S. 2, Abs. 4 und 5, 205), Verwertung fremder Geheimnisse (§§ 204, 205), Verletzung des Dienstgeheimnisses (§ 353b Abs. 1 S. 1 Nr. 2, S. 2, Abs. 3 und 4) sowie Verletzung des Steuergeheimnisses (§ 355) den für den öffentlichen Dienst besonders Verpflichteten gleich. Die Verpflichtung wird vom Präsidenten oder vom aufsichtsführenden Richter des Gerichts vorgenommen. Er kann diese Befugnis auf den Vorsitzenden des Spruchkörpers oder auf den Richter übertragen.

III. Auswahl der mitwirkenden Richter

55 Nach § 194 Abs. 1 GVG dürfen bei Entscheidungen Richter nur in der gesetzlich bestimmten Anzahl mitwirken. Von daher gibt es in den mit vier Berufrichtern überbesetzten Senaten des BAG jeweils drei senatsintern „Sitzgruppen" genannte Spruchkörper, deren Zuständigkeit im Senatsgeschäftsverteilungsplan nach § 21g GVG von den dem Senat angehörenden Berufsrichtern beschlossen ist. Die Zuteilung der Berufsrichter auf die beim BAG bestehenden zehn Senate beruht nach § 21e GVG auf einem Beschluss des Präsidiums. Dieser Beschluss ist als sog. richterlicher Geschäftsverteilungsplan auf der Geschäftsstelle des BAG einsehbar, vgl. § 21e Abs. 9 GVG. Ebenso beruht die Zuteilung der ehrenamtlichen Richter auf die zehn Senate auf einem Beschluss des Präsidiums des BAG. Die Heranziehung der einzelnen dem Senat zugeteilten ehrenamtlichen Richter zur jeweiligen Sitzung wird über eine Liste entschieden, die der Vorsitzende nach §§ 31 Abs. 1, 43 Abs. 3 aufstellt. Den gesetzlichen Anforderungen an eine Einsichtnahmemöglichkeit in diese Liste ist auch dann genügt, wenn die jeweils gültige Fassung der Liste der ehrenamtlichen Richter einer vor unbefugten Eingriffen hinreichend geschützten, computergeführten Datei entnommen und im Falle eines Einsichtsbegehrens jederzeit ausgedruckt werden kann.[61] Nicht zu beanstanden ist, dass gewöhnlich das Präsidium derartige Listen entwirft und diese dann von den Senatsvorsitzenden ausdrücklich oder stillschweigend übernommen werden.[62]

D. Beraterhinweise

I. Richterbankbesetzung als Grund für Nichtigkeitsklage

56 Nach § 579 i.V.m. § 584 ZPO findet die Nichtigkeitsklage auch gegen Urteile des BAG als Revisionsgericht statt. Zuständig ist dann das BAG. Als Nichtigkeitsgründe für die Wiederaufnahme des rechtskräftig abgeschlossenen Vorprozesses kommen insb. die Fälle in Betracht, in denen der erkennende Senat des BAG nicht vorschriftsmäßig besetzt war (§ 579 Abs. 1 Nr. 1 ZPO) oder eine Partei nicht nach Vorschrift der Gesetze vertreten war (§ 579 Abs. 1 Nr. 4 ZPO). Das erkennende Gericht ist bereits dann nicht vorschriftsmäßig besetzt, wenn der gem. § 21e

---

59 So für Berufungsurteile: BGH 27.1.2006 – V ZR 243/04 – NJW 2006, 1881.
60 BGBl I S. 469, 547, Art. 42.
61 BAG 21.6.2001 – 2 AZR 359/00 – AP § 21e GVG Nr. 5.
62 BAG 30.1.1963 – 4 AZR 16/62 – AP § 39 ArbGG 1953 Nr. 2; Düwell/Lipke/*Lipke*, § 31 Rn 1; GK-ArbGG/*Dörner*, § 31 Rn 4.

GVG aufzustellende Geschäftsverteilungsplan nicht den gesetzlichen Richter bestimmt (Art. 101 Abs. 1 S. 2 GG), also inhaltliche Mängel aufweist.[63] Kommt es zu einem Anwendungsfehler, so bedeutet das noch nicht, dass die Nichtigkeitsklage begründet ist. Jeder Spruchkörper hat bei auftretenden Bedenken die Ordnungsmäßigkeit seiner Besetzung zu prüfen und darüber zu entscheiden. Die in diesem Verfahren getroffene Entscheidung muss als Auslegung und Anwendung verfahrensrechtlicher Normen im Allgemeinen hingenommen werden, sofern sie nicht willkürlich ist.[64] Willkür setzt Unverständlichkeit bzw. offensichtliche Unhaltbarkeit der Entscheidung voraus.[65] Insoweit liegt der Überprüfung der fehlerhaften Anwendung eines Geschäftsverteilungsplans ein weniger strenger Prüfungsmaßstab zugrunde als der Überprüfung des Geschäftsverteilungsplans selbst.

II. Erledigungserklärung in der Revision zur Aufhebung der Verwerfung der Berufung

Ist eine Berufung vom LAG ohne vorherigen Hinweis nach § 139 ZPO wegen Wegfalls des Rechtsschutzinteresses als unzulässig abgewiesen, ist die Einlegung der Revision allein zum Zweck der Abgabe der Erledigungserklärung zulässig.[66] Ziel dieser Revision kann es dann sein, die Feststellung zu erreichen, dass der Rechtsstreit insoweit in der Hauptsache erledigt ist. Das führt dann auch zu einer zu einer für den Kläger günstigeren Kostenentscheidung.

57

§ 76 Sprungrevision

(1) ¹Gegen das Urteil eines Arbeitsgerichts kann unter Übergehung der Berufungsinstanz unmittelbar die Revision eingelegt werden (Sprungrevision), wenn der Gegner schriftlich zustimmt und wenn sie vom Arbeitsgericht auf Antrag im Urteil oder nachträglich durch Beschluß zugelassen wird. ²Der Antrag ist innerhalb einer Notfrist von einem Monat nach Zustellung des in vollständiger Form abgefaßten Urteils schriftlich zu stellen. ³Die Zustimmung des Gegners ist, wenn die Revision im Urteil zugelassen ist, der Revisionsschrift, andernfalls dem Antrag beizufügen.
(2) Die Sprungrevision ist nur zuzulassen, wenn die Rechtssache grundsätzliche Bedeutung hat und Rechtsstreitigkeiten betrifft
1. zwischen Tarifvertragsparteien aus Tarifverträgen oder über das Bestehen oder Nichtbestehen von Tarifverträgen,
2. über die Auslegung eines Tarifvertrags, dessen Geltungsbereich sich über den Bezirk des Landesarbeitsgerichts hinaus erstreckt, oder
3. zwischen tariffähigen Parteien oder zwischen diesen und Dritten aus unerlaubten Handlungen, soweit es sich um Maßnahmen zum Zweck des Arbeitskampfs oder um Fragen der Vereinigungsfreiheit einschließlich des hiermit im Zusammenhang stehenden Betätigungsrechts der Vereinigungen handelt.

²Das Bundesarbeitsgericht ist an die Zulassung gebunden. ³Die Ablehnung der Zulassung ist unanfechtbar.
(3) ¹Lehnt das Arbeitsgericht den Antrag auf Zulassung der Revision durch Beschluß ab, so beginnt mit der Zustellung dieser Entscheidung der Lauf der Berufungsfrist von neuem, sofern der Antrag in der gesetzlichen Form und Frist gestellt und die Zustimmungserklärung beigefügt war. ²Läßt das Arbeitsgericht die Revision durch Beschluß zu, so beginnt mit der Zustellung dieser Entscheidung der Lauf der Revisionsfrist.
(4) Die Revision kann nicht auf Mängel des Verfahrens gestützt werden.
(5) Die Einlegung der Revision und die Zustimmung gelten als Verzicht auf die Berufung, wenn das Arbeitsgericht die Revision zugelassen hat.
(6) ¹Verweist das Bundesarbeitsgericht die Sache zur anderweitigen Verhandlung und Entscheidung zurück, so kann die Zurückverweisung nach seinem Ermessen auch an dasjenige Landesarbeitsgericht erfolgen, das für die Berufung zuständig gewesen wäre. ²In diesem Falle gelten für das Verfahren vor dem Landesarbeitsgericht die gleichen Grundsätze, wie wenn der Rechtsstreit auf eine ordnungsmäßig eingelegte Berufung beim Landesarbeitsgericht anhängig geworden wäre. ³Das Arbeitsgericht und das Landesarbeitsgericht haben die rechtliche Beurteilung, die der Aufhebung zugrunde gelegt ist, auch ihrer Entscheidung zugrunde zu legen. ⁴Von der Einlegung der Revision nach Absatz 1 hat die Geschäftsstelle des Bundesarbeitsgerichts der Geschäftsstelle des Arbeitsgerichts unverzüglich Nachricht zu geben.

---

63 BAG 18.11.1999 – 2 AZR 869/98 – juris.
64 BVerfG 8.4.1997 – 1 PBvU 1/95 – BVerfGE 95, 322, 327 f. = AP Art. 101 GG Nr. 53.
65 BGH 5.10.1982 – X ZB 4/82 – BGHZ 85, 116–121 zu 3 b der Gründe.
66 BAG 17.1.2007 – 7 AZR 20/06 – AP § 14 TzBfG Nr. 30.

Literatur: *Bepler*, Die Gegnerzustimmung zur Sprungrevision – ein Verfahrensvergleich, NJW 1989, 686; *Bier*, Kein Nachweis der Zustimmung des Rechtsmittelgegners zur Sprungrevision durch Kopie eines Telefax, jurisPR-BVerwG 25/2005 Anm. 5; *ders.*, Widerruflichkeit der Zustimmung zur Einlegung der Sprungrevision, jurisPR-BVerwG 14/2006 Anm. 6; *Schliemann*, Wegmarken und Stolpersteine auf Haupt- und Nebenwegen zum Bundesarbeitsgericht, Festschrift 50 Jahre Deutsches Anwaltsinstitut, 2003, 175; *Spiolek*, Anforderungen an die Zustimmung zur Einlegung der Sprungrevision, jurisPR-SozR 7/2005 Anm. 3

A. Allgemeines	1
B. Regelungsgehalt	3
I. Zulassungsverfahren	3
1. Statthaftigkeit der Sprungrevision	3
2. Zulassung im Urteil (Abs. 1)	4
a) Antrag	4
b) Zulassungsentscheidung, Rechtsmittelbelehrung	6
3. Nachträgliche Zulassung (Abs. 1)	10
a) Antrag und Zustimmungserklärung	10
b) Zulassungsentscheidung	15
4. Materielle Zulassungsvoraussetzungen (Abs. 2)	16
II. Wirkung der Entscheidung über die Zulassung	21
1. Abschließende Entscheidung für die Parteien	21
2. Bindungswirkung für das BAG	22
3. Wirkung der negativen Zulassungsentscheidung (Abs. 3 S. 1)	26
4. Wirkung der positiven Zulassungsentscheidung	28
a) Ursprüngliches Rechtsmittelwahlrecht	28
b) Ende des Wahlrechts (Abs. 5)	29
c) Beginn der Revisionsfrist (Abs. 3 S. 2)	32
III. Durchführung des Revisionsverfahrens	33
1. Notwendigkeit der Zustimmungserklärung des Gegners	33
2. Form der vorzulegenden Zustimmungserklärung	34
3. Widerruf der Zustimmungserklärung	35
4. Durchführung des Revisionsverfahrens	36
5. Ausschluss von Verfahrensrügen (Abs. 4)	37
6. Zurückverweisung (Abs. 6)	38
C. Beraterhinweise	39
I. Prüfung ob Zustimmung zum Sprung	39
II. Einlegung der Sprungrevision	40

A. Allgemeines

1 Das ArbGG hält ebenso wie andere Verfahrensordnungen, die einen Rechtsweg durch drei Instanzen vorsehen, einen Weg bereit, auf dem bereits nach einem Urteil erster Instanz der Zugang zum Revisionsgericht eröffnet wird (vgl. § 566 ZPO, § 161 SGG, § 134 VwGO).[1] Dieser Zugang besteht im arbeitsgerichtlichen Urteilsverfahren in der Form der Sprungrevision nach § 76. Mit ihm ist der Verzicht auf eine zweite Tatsacheninstanz verbunden. Deswegen ist eine Sprungrevision nur für die Fallkonstellationen geeignet, in denen bereits in erster Instanz alle Tatsachen aufgeklärt sind, die unter irgendeinem denkbaren rechtlichen Gesichtspunkt für die Entscheidung des Rechtsstreits von Bedeutung sein können (vgl. auch Rn 33 ff.).

2 Bis 1979 war das Überspringen einer Instanz von hierfür streitenden öffentlichen Interessen abhängig. Der zuständige Bundesminister musste erklärt haben, dass eine sofortige Entscheidung des Rechtsstreits durch das BAG im Interesse der Allgemeinheit notwendig seien. Nach dem Wegfall dieses Vorbehalts erschweren das komplizierte Verfahren der Zulassung und Einlegung der Sprungrevision (Abs. 1) sowie die Beschränkung der für eine Sprungrevision an sich geeigneten Rechtsstreitigkeiten auf einige wenige privilegierte Streitgegenstände (Abs. 2) das Gebrauchmachen des Sprungsrechtsmittels. Das ZPO-ReformG vom 27.7.2001 hat keine Erleichterung gebracht. Zwar hat es die Sprungrevision im Zivilprozess neu gestaltet, eine entsprechende Änderung für das arbeitsgerichtliche Verfahren ist aber unterblieben. In Abs. 6 sind daher folgerichtig anstelle der bisherigen Verweisung auf die Bestimmungen der ZPO eigenständige Verfahrensregeln aufgenommen worden. Für den RA ist zu beachten: Im Unterschied zur zivilprozessualen Sprungrevision trifft im arbeitsgerichtlichen Urteilsverfahren das erstinstanzliche Gericht die Zulassungsentscheidung.[2]

B. Regelungsgehalt

I. Zulassungsverfahren

3 **1. Statthaftigkeit der Sprungrevision.** Die Sprungrevision ist nur statthaft, wenn sie vom ArbG – in der ZPO: durch das Revisionsgericht – zugelassen worden ist. Dafür sieht das Gesetz zwei Wege vor: die Zulassung im Urteil (siehe Rn 4 ff.) und die nachträgliche Zulassung durch Beschluss (siehe Rn 10 ff.).

4 **2. Zulassung im Urteil (Abs. 1). a) Antrag.** Eine oder beide Parteien können schon während des laufenden Rechtsstreits den Antrag stellen, gegen das erwartete Urteil die Sprungrevision zuzulassen. Ohne Antrag ist das ArbG nicht befugt, die Sprungrevision zuzulassen. Der Antrag kann bis zum Schluss der mündlichen Verhandlung formfrei[3] von einer in erster Instanz postulationsfähigen Person gestellt werden.

---

1 Einzelheiten *Bepler*, NJW 1989, 686.
2 HWK/*Bepler*, § 76 Rn 2.
3 BAG 10.11.1993 – 4 AZR 316/93 – BAGE 75, 66; *Germelmann u.a.*, § 76 Rn 5.

Der während des Rechtsstreits gestellte Antrag ist auch dann ordnungsgemäß, wenn eine Zustimmungserklärung des Gegners nicht vorliegt. Ihrer bedarf es nur, wenn eine im Urteil zugelassene Sprungrevision eingelegt oder die Sprungrevision nachträglich durch Beschluss des ArbG zugelassen werden soll (siehe Rn 10 ff.).

b) Zulassungsentscheidung, Rechtsmittelbelehrung. Der ordnungsgemäße Zulassungsantrag (siehe Rn 4 f.) ist im Urteil erster Instanz von dem zur Entscheidung der Hauptsache befugten Gericht zu bescheiden. Dies bedeutet, dass sowohl die Zulassung der Sprungrevision als auch die Zurückweisung des Zulassungsantrags in den Tenor des Urteils erster Instanz aufzunehmen sind. Das gilt unabhängig davon, dass in § 76 keine dem § 72 Abs. 1 S. 2 entsprechende Regelung aufgenommen worden ist. Es geht hier um die Bescheidung eines Parteiantrages, für die man auch § 64 Abs. 3a entsprechend heranziehen kann.[4] Daraus folgt zugleich, dass dann, wenn der Zulassungsantrag nach Abs. 1 im verkündeten Urteil übergangen wurde, ein Antrag auf Urteilsergänzung statthaft und binnen zwei Wochen geboten ist (§ 64 Abs. 3a S. 2 oder § 46 Abs. 2 i.V.m. § 321 ZPO). Es besteht nicht die Möglichkeit, innerhalb der längeren Frist des Abs. 1 S. 2 eine nachträgliche Zulassung durch Beschluss des ArbG zu erreichen.[5]

Die Sprungrevision ist nicht notwendig zugunsten des Antragstellers zuzulassen, sondern aufgrund des Antrages stets für die letztlich beschwerte Partei oder die beschwerten Parteien. Der während des Verfahrens erster Instanz gestellte Antrag bringt nur das Interesse des Antragstellers zum Ausdruck, dass der Rechtsstreit auch im Falle seines Obsiegens möglichst schnell rechtskräftig entschieden wird. Es ist Sache der Partei, deren Handlungsmöglichkeiten durch die Zulassungsentscheidung erweitert worden sind, darüber zu entscheiden, ob sie hiervon Gebrauch macht (siehe Rn 28 f.).

Das Gesetz verbietet nicht ausdrücklich, die Sprungrevision nur hinsichtlich einzelner Streitgegenstände zuzulassen. Grundsätze der Prozessökonomie und die Rücksichtnahme auf die Kostenbelastung der Parteien sprechen jedoch dafür, dass eine solche Beschränkung nur dann erfolgen sollte, wenn die Entscheidung über die verbliebenen Streitgegenstände nicht durch Berufung angegriffen werden kann, bspw. dann, wenn insoweit der für eine Berufung erforderliche Wert des Beschwerdegegenstandes (§ 64 Abs. 2) nicht erreicht wird. Eine Trennung des Rechtsstreits in einen Teil, der durch die Berufung, und in einen anderen, der durch die Sprungrevision weiterverfolgt wird, sollte grds. vermieden werden. Von Rechts wegen ausgeschlossen ist eine solche gerichtliche Entscheidung allerdings nicht. Eine Beschränkung der Zulassung ist allerdings nur wirksam, wenn und soweit sie im Entscheidungsausspruch selbst zum Ausdruck gekommen ist; eine – weitere – Einschränkung in den Entscheidungsgründen ist wirkungslos.[6]

Auch nach einer Zulassung der Sprungrevision hat die durch das Urteil beschwerte Partei die Möglichkeit, von einer Sprungrevision abzusehen und Berufung einzulegen. Deshalb muss ein Urteil, in dem die Sprungrevision zugelassen wurde, stets zwei Rechtsmittelbelehrungen, d.h. eine für die Berufung und eine für die Sprungrevision, enthalten. Fehlt eine von ihnen, kann die beschwerte Partei das Rechtsmittel, über das sie nicht belehrt worden ist, innerhalb der sich aus § 9 Abs. 5 S. 4 ergebenden Frist, längstens aber innerhalb von sechs Monaten einlegen, wenn sie hierauf nicht zuvor nach Abs. 5 (vgl. Rn 29) verzichtet hat. Für die Rechtsmittelbelehrung zur Sprungrevision gehört zwingend der Hinweis, dass der Revisionsschrift die Zustimmung des Gegners zur Einlegung der Sprungrevision (siehe Rn 11) beizufügen ist. Fehlt dieser Hinweis gilt § 9 Abs. 5 S. 4. Die Beifügung der Zustimmungserklärung ist Bestandteil der gesetzlichen Form, die bei der Einlegung der Sprungrevision einzuhalten ist.[7]

3. Nachträgliche Zulassung (Abs. 1). a) Antrag und Zustimmungserklärung. War die Zulassung der Sprungrevision noch nicht Gegenstand des Verfahrens bis zur Verkündung des Urteils erster Instanz, kann jede beschwerte Partei innerhalb einer Notfrist (§ 233 ZPO) von einem Monat ab Zustellung des in vollständiger Form abgefassten Urteils die nachträgliche Zulassung der Sprungrevision durch das ArbG schriftlich beantragen (Abs. 1 S. 2). Für den Antrag besteht kein Anwaltszwang. Er ist Teil des Verfahrens erster Instanz.

Dem Antrag ist die Zustimmung des Gegners[8] beizufügen (Abs. 1 S. 3). Die Zustimmung muss schon wegen Abs. 4 und 5 eindeutig und zweifelsfrei zum Ausdruck bringen, dass der Prozessgegner der Einlegung der Sprungrevision zustimmt. Die Zustimmung zur Zulassung der Sprungrevision durch das ArbG, also zur bloßen Erweiterung der möglichen prozessualen Reaktionsweisen, ein übereinstimmender Antrag beider Parteien, die Sprungrevision zuzulassen, oder die Anschließung an einen entsprechenden Antrag der beschwerten Partei reichen nicht aus.[9]

---

4 *Germelmann u.a.*, § 76 Rn 7; *Hauck/Helml*, § 76 Rn 4; a.A. GK-ArbGG/*Mikosch*, § 76 Rn 9, der eine Zulassung in den verkündeten Entscheidungsgründen für ausreichend hält.
5 A.A. *Hauck/Helml*, § 76 Rn 4; *Germelmann u.a.*, § 76 Rn 7.
6 BAG 19.3.2003 – 5 AZN 751/02 – BAGE 105, 308; BAG 5.11.2003 – 4 AZR 643/02 – BAGE 108, 239; jeweils zur parallelen Fragestellung bei der Revisionszulassung.
7 BAG 16.6.1998 – 5 AZR 67/97 – AP § 1 TVG Tarifverträge Nr. 6.
8 Hierzu im Einzelnen *Bepler*, NJW 1989, 686.
9 BAG 16.6.1998 – 5AZR 67/97 – BAGE 89, 95; BAG 4.12.2002 – 10 AZR 83/02 – AP § 76 ArbGG 1979 Nr. 14; BAG 16.4.2003 – 7 ABR 27/02 – BAGE 106, 57.

12 Die Zustimmung kann von jeder in erster Instanz postulationsfähigen Person erklärt werden. Anwaltszwang besteht nicht.[10] Sie muss schriftlich, d.h. auch eigenhändig unterzeichnet, erfolgen. Sie kann aber auch zur Niederschrift des Urkundsbeamten oder zu Protokoll der mündlichen Verhandlung erklärt werden.[11]

13 Die Zustimmungserklärung ist dem Zulassungsantrag in der Form beizufügen, die bei der Einlegung eines Rechtsbehelfs zu beachten ist. Regelmäßig ist also die originalunterzeichnete Erklärung vorzulegen. Die Vorlage einer vom Antragsteller beglaubigten Kopie reicht nicht.[12] Bei einer Erklärung zur Niederschrift oder zu Protokoll genügt auch die Vorlage einer entsprechenden Fotokopie oder Abschrift in amtlich beglaubigter Form.[13] Bei einer Zustimmung durch Telefax genügt die Vorlage des Original-Faxes, (wegen der auch hier geplanten Gestattung der elektronischen Form: siehe § 96a Rn 9),[14] es ist aber auch ausreichend, wenn die Zustimmung per Fax an das Gericht übermittelt wird.[15]

14 Nach dem Gesetzeswortlaut des Abs. 1 S. 3 ist eine Beifügung erforderlich. Der Antrag ist also an sich nicht ordnungsgemäß gestellt, wenn die Zustimmungserklärung nicht mit ihm zusammen vorgelegt worden ist. Nach richtiger Auff. reicht es aber auch aus, wenn die Zustimmungserklärung bis zum Ablauf der Antragsfrist nachgereicht worden ist.[16]

15 b) Zulassungsentscheidung. Der Zulassungsantrag ist vom ArbG durch Beschluss der Kammer zu bescheiden, die für die Hauptsache zuständig war. Es ist nicht erforderlich, dass die Kammer in identischer Besetzung den Beschluss fasst. Er kann auch ohne mündliche Verhandlung und dann nach § 53 Abs. 1 durch den Vorsitzenden allein ergehen.[17] Eine Zurückweisung des Antrages muss nicht durch einen förmlichen Beschluss erfolgen. Wird die Sprungrevision nachträglich zugelassen, muss der Beschluss eine das Urteil erster Instanz ergänzende und § 9 Abs. 5 genügende Rechtsmittelbelehrung enthalten, wie die Sprungrevision einzulegen ist. Anderenfalls gilt § 9 Abs. 5 S. 4 (vgl. Rn 9).

16 4. Materielle Zulassungsvoraussetzungen (Abs. 2). Das ArbG ist bei der Zulassungsentscheidung – ob nun im Urteil oder nachträglich durch Beschluss – stets an die Zulassungsgründe des Abs. 2 gebunden. Liegen sie vor, hat es die Sprungrevision zuzulassen; ist dies nicht der Fall, muss der Zulassungsantrag zurückgewiesen werden.

17 Die Sprungrevision ist nur zuzulassen, wenn die Rechtssache grds. Bedeutung hat und einen der in Abs. 2 S. 1 Nr. 1 bis 3 abschließend aufgezählten Streitgegenstände betrifft. Dies sind die Zulassungsvoraussetzungen, deren Erfüllung nach § 72 Abs. 2 Nr. 1 i.V.m. § 72a Abs. 1 Nr. 1 bis 3 in der bis zum 31.12.2004 geltenden Fassung auf eine Nichtzulassungsbeschwerde wegen grds. Bedeutung der Rechtssache die nachträgliche Zulassung der Revision rechtfertigte. Durch das Gesetz über die Rechtsbehelfe bei Verletzung des Anspruchs auf rechtliches Gehör (Anhörungsrügengesetz) vom 9.12.2004[18] ist die Einschränkung der Kontrollaufgabe des BAG im Rahmen der Nichtzulassungsbeschwerde wegen grds. Bedeutung auf die drei kollektivrechtlichen Verfahrensgegenstände des § 72a Abs. 1 Nr. 1 bis 3 a.F. ersatzlos entfallen. Abs. 2 ist demgegenüber unverändert geblieben. Die Zugehörigkeit zu den privilegierten Verfahrensgegenständen ist weiterhin Zulassungsvoraussetzung. Wegen des Begriffs der grds. Bedeutung in Abs. 2 Eingangssatz wird auf die Kommentierung zu § 72 (siehe Rn 14 ff.) verwiesen. Der Gesetzgeber hat dort nur klargestellt, dass es nicht auf den Streitgegenstand, sondern auf „eine entscheidungserhebliche Rechtsfrage grundsätzlicher Bedeutung" ankommt. Zu beachten ist: bei der für das Beschlussverfahren bestehenden Möglichkeit der Sprungrechtsbeschwerde findet keine Begrenzung auf besondere Streitfragen statt (vgl. § 96a). Ist die Zulassung in dem verfahrensbeendenden Beschluss des ArbG selbst erfolgt, sind die Zustimmungserklärungen der Beteiligten der Rechtsbeschwerdeschrift beizufügen.

18 Privilegiert ist nach Abs. 2 Nr. 1 nur der Streit aus TV oder über das Bestehen oder Nichtbestehen von TV zwischen einer Gewerkschaft und einem AG-Verband oder einem einzelnen AG, der Partei des betreffenden TV ist. Dabei kommt es nicht darauf an, ob der derart umstr. TV einen Geltungsbereich hat, der sich über den Bezirk eines LAG hinaus erstreckt.[19]

19 Dieser Umstand spielt nur in dem weiteren privilegierten Streitgegenstand nach Abs. 2 Nr. 2 eine Rolle: Das ArbG hat die Sprungrevision bei einem Streit über die Auslegung eines TV nur dann zuzulassen, wenn sich dessen Geltungsbereich über den Bezirk eines LAG hinaus erstreckt. Hierfür genügt es, wenn zwar der unmittelbar umstr. TV nur innerhalb des Bezirks eines LAG gilt, wenn aber die tarifvertragliche Regelung, wegen deren Inhalt Streit besteht, in TV anderer LAG-Bezirke wortgleich wiederholt wird und sich aus den jeweiligen tariflichen Regelungen i.Ü.

---

[10] BAG 15.6.1989 – 6 AZR 466/87 – AP § 30 MTB II Nr. 2; BAG 30.7.1992 – 6 AZR 11/92 – BAGE 71, 68.
[11] *Germelmann u.a.*, § 76 Rn 17 m.w.N.
[12] BAG 14.3.2001 – 4 AZR 367/00 – n.v.
[13] Vgl. GK-ArbGG/*Mikosch*, § 76 Rn 3 m.w.N.
[14] BAG 30.5.2001 – 4 AZR 269/00 – BAGE 98, 35; BSG 12.11.1996 – 9 RVs 4/96 – NZS 1997, 387.
[15] BAG 27.5.2004 – 6 AZR 6/03 – BAGE 111, 30–35.
[16] BAG 4.12.2002 – 10 AZR 83/02 – AP § 76 ArbGG 1979 Nr. 14; *Germelmann u.a.*, § 76 Rn 17 m.w.N.
[17] BAG 9.6.1982 – 4 AZR 247/80 – BAGE 39, 124.
[18] BGBl I S. 3220, 3222.
[19] BAG 17.6.1997 – 9 AZN 251/97 – AP § 72a ArbGG 1979 Grundsatz Nr. 51; *Etzel*, ZTR 1997, 248, 249.

keine Anhaltspunkte für einen unterschiedlichen Regelungswillen der TV-Parteien ergeben.[20] Der Begriff des TV in Abs. 2 Nr. 2 ist rechtstechnisch i.S.v. § 1 TVG gemeint. Sonstige kollektivrechtliche Regelungen – auch solche der Kirchen – fallen nicht darunter. Um die Auslegung eines TV geht es, wenn der abstrakte, fallübergreifende Inhalt eines oder mehrerer Tarifbegriffe im Streit steht; es muss um den Inhalt einer Tarifnorm, nicht um dessen richtige Anwendung auf den Einzelfall gehen. Darüber hinaus muss um Begriffe gestritten werden, die von den TV-Parteien selbst gewählt worden sind, nicht um solche, welche die TV-Parteien aus außertariflichen normativen Regelungen lediglich übernommen haben.[21]

Für die im Zusammenhang mit dem Arbeitskampfrecht und Fragen der Vereinigungsfreiheit privilegierten Streitgegenstände (Abs. 2 Nr. 3), wird ein weit gefasster Begriff der unerlaubten Handlung verwandt. Erfasst wird damit auch das Verhalten eines Mitgliedes einer Koalition, das in Ausübung seines Rechts auf koalitionsgemäße Betätigung Streikarbeit verweigert hat, oder das Verhalten einer TV-Partei, das darauf gerichtet ist, eine koalitionsgemäße Betätigung zu behindern oder zu sanktionieren.[22]

II. Wirkung der Entscheidung über die Zulassung

1. Abschließende Entscheidung für die Parteien. Die Entscheidung des ArbG, die Sprungrevision entgegen einem gestellten Antrag nicht zuzulassen, ist unanfechtbar (Abs. 2 S. 3); es bleibt nur – unter den Voraussetzungen des § 64 – die Berufung. Dass auch eine zulassende Entscheidung unanfechtbar ist, ergibt sich daraus, dass der oder die Antragsteller durch eine solche Entscheidung nicht beschwert sind. Die Partei, die in erster Instanz in der Sache obsiegt hat, kann die Zustimmung zur Einlegung der Sprungrevision verweigern und so einen Zulassungsbeschluss im Urteil leer laufen lassen. Nur in dem eher theoretischen Fall, dass das ArbG die Sprungrevision nachträglich durch Beschluss zugelassen hat, ohne dass ihm eine Zustimmung des Prozessgegners zur Einlegung der Sprungrevision vorlag, kommt für diesen eine einfache Beschwerde gegen den Zulassungsbeschluss in Betracht (§ 78). Bei einer nachträglichen Zulassung der Sprungrevision durch Beschluss des ArbG kann die beschwerte Partei an sich ohne Vorlage einer Zustimmungserklärung Sprungrevision einlegen, wie sich im Umkehrschluss aus Abs. 1 S. 3 ergibt. Ein Teil des Schrifttums hält eine solche Sprungrevision auch ohne vorherige Beschwerde des Prozessgegners für unstatthaft.[23] Der Zulassungsbeschluss des ArbG bindet bei einem derartigen Verstoß gegen eine der Gewährleistung verfassungsrechtlicher Rechte (Art. 103 GG) dienende Verfahrensbestimmung das BAG nicht (vgl. auch Rn 19 ff.).[24]

2. Bindungswirkung für das BAG. Nach Abs. 2 S. 2 ist das BAG an die Zulassung der Sprungrevision gebunden. Die überwiegende Meinung bezieht dies allerdings nur auf die Feststellung des ArbG, der Rechtsstreit habe grds. Bedeutung i.S.v. Abs. 2 S. 1 Einleitungssatz. Die Zulassungsentscheidung sei für das BAG unverbindlich, wenn sie in einer Rechtssache erfolgt sei, die keine Rechtsstreitigkeit i.S.v. Abs. 2 S. 1 Nr. 1 bis 3, also keinen gesetzlich privilegierten Streitgegenstand, betrifft.[25]

Diese Auff. überzeugt nicht. Abs. 2 S. 2 bezieht sich auf beide Zulassungsvoraussetzungen des Abs. 2 S. 1 und ordnet insoweit die Bindung des BAG an. Außerdem enthält Abs. 3 keine Regelung zu der Frage, was zu geschehen hat, wenn das BAG eine Sprungrevision als – fehlerhaft zugelassen und deshalb – unstatthaft verwirft. Eine Wiedereinsetzung in den vorigen Stand nach § 233 ZPO dürfte angesichts des Umstandes ausscheiden, dass der Rechtsmittelführer zunächst die freie Wahl hatte (siehe Rn 28), Berufung oder Sprungrevision einzulegen.[26] Man könnte zwar in einem solchen Fall auch mit einer analogen Anwendung des Abs. 3 helfen. Die Berufungsfrist würde mit Zustellung der die Sprungrevision wegen Fehlens der Zulassungsvoraussetzungen aus Abs. 2 S. 1 Nr. 1 bis 3 verwerfenden Entscheidung des BAG von Neuem zu laufen beginnen. In jedem Falle steht einer zulässigen Berufung aber der gesetzlich fingierte Verzicht auf die Berufung nach Abs. 5 entgegen (siehe Rn 29). Richtigerweise wird man deshalb davon auszugehen haben, dass die Entscheidung des ArbG, die Sprungrevision zuzulassen, das BAG umfassend bindet, soweit es um die Erfüllung der beiden Voraussetzungen von Abs. 2 S. 1 geht.[27]

Angesichts der systematischen Stellung des Abs. 2 S. 2 und der Wertung in Abs. 3 S. 1 letzter Hs. ist es andererseits sehr zweifelhaft, eine Bindung des BAG auch dann anzunehmen, wenn das ArbG ohne Antrag oder nur auf einen verspäteten Antrag hin die Sprungrevision zugelassen hat oder wenn bei einer nachträglichen Zulassungsentscheidung eine ordnungsgemäße Erklärung, wonach der Einlegung der Sprungrevision zugestimmt wurde, nicht vorgelegen hat.[28] Eine Bindung wird im letztgenannten Fall wohl nur eintreten, wenn das ArbG im anzufechtenden Urteil

---

20 Ebenso BAG 24.3.1993 – 4 AZN 5/93 – AP § 72 ArbGG 1979 Nr. 21; *Hauck*, NZA 1999, 690; enger BAG 29.9.1982 – 4 AZN 329/82 – BAGE 39, 377; GK-ArbGG/*Mikosch*, § 72a Rn 25.
21 BAG 26.3.1981 – 2 AZN 410/80 – BAGE 35, 185–190; GK-ArbGG/*Mikosch*, § 72a Rn 17.
22 BAG 18.8.1987 – 1 AZN 260/87 – DB 1987, 2264.
23 HWK/*Bepler*, § 76 Rn 14; Hauck/Helml/*Hauck*, § 76 Rn 6; a.A. *Germelmann u.a.*, § 76 Rn 18.
24 Düwell/lLipke/*Bepler*, § 76 Rn 18.
25 BAG 16.11.1982 – 3 AZR 177/82 – BAGE 40, 355; BAG 12.1.1989 – 8 AZR 251/88 – BAGE 60, 362; BAG 15.10.1992 – 6 AZR 349/91 – NZA 1993, 1088; *Germelmann u.a.*, § 76 Rn 20; GK-ArbGG/*Mikosch*, § 76 Rn 15; *Grunsky*, ArbGG, § 76 Rn 3; *Hauck/Helml*, § 76 Rn 7.
26 A.A. GK-ArbGG/*Mikosch*, § 76 Rn 18; *Germelmann u.a.*, § 76 Rn 28.
27 Ebenso BAG 25.4.1996 – 3 AZR 316/95 [A] – EzA § 76 ArbGG 1979 Nr. 6; so im Ergebnis auch *Wieser*, Rn 344.
28 So aber *Germelmann u.a.*, § 76 Rn 22.

25 selbst festgestellt hat, der Prozessgegner habe der Einlegung der Sprungrevision zugestimmt.[29] Ansonsten weist Abs. 3 S. 1 das Risiko für formelle Fehler dem Sprungrevisionskläger zu. Es ist nicht erkennbar, warum sich hieran etwas ändern muss, wenn der Revisionskläger einen für ihn offenkundigen Fehler des ArbG verwertet (vgl. auch Rn 18).

25 Unstr. tritt eine Bindung des Revisionsgerichts an die Zulassungsentscheidung dann nicht ein, wenn die Sprungrevision in einer Sache zugelassen worden ist, in der eine Revision unstatthaft ist (vgl. § 72 Rn 9 f.).

26 **3. Wirkung der negativen Zulassungsentscheidung (Abs. 3 S. 1).** Hat das ArbG den Antrag auf Zulassung der Sprungrevision im Urteil zurückgewiesen, ist die Sprungrevision endgültig ausgeschlossen. Die Berufung bleibt möglich, soweit die Voraussetzungen des § 64 vorliegen. Der Lauf der Berufungsfrist beginnt mit Zustellung des anzufechtenden Urteils.

27 Im Falle eines den Antrag auf nachträgliche Zulassung zurückweisenden gesonderten Beschlusses gilt ebenfalls der Ausschluss. Allerdings beginnt hier ein neuer Lauf der Berufungsfrist ab Zustellung dieses Beschlusses. Diese Rechtsfolge tritt nur dann ein, wenn der Antrag form- und fristgerecht gestellt worden ist und ihm die Zustimmungserklärung des Prozessgegners (siehe Rn 11–14) beigefügt war. War der Antrag der beschwerten Partei formell mangelhaft, ist nicht nur die nachträgliche Zulassung der Sprungrevision ausgeschlossen. Auch eine Berufung scheidet in einem solchen Fall aufgrund Fristablaufs und fehlender Möglichkeit der Wiedereinsetzung in den vorigen Stand regelmäßig aus.

28 **4. Wirkung der positiven Zulassungsentscheidung. a) Ursprüngliches Rechtsmittelwahlrecht.** Auch wenn das ArbG die Sprungrevision zugelassen hat, kann die beschwerte Partei noch wählen, ob sie statt der möglichen Sprungrevision nicht doch Berufung einlegen will. Dies ergibt sich aus einem Umkehrschluss zu Abs. 5.[30] Dabei bedeutet, soweit dies wegen § 64 Abs. 2 erforderlich ist, die Zulassung der Sprungrevision zugleich auch eine Zulassung der Berufung. Die Voraussetzungen des § 64 Abs. 3 sind vom ArbG mit seiner Entscheidung, die Sprungrevision nach Abs. 2 zuzulassen, ebenfalls bejaht worden. Auch wenn die erstinstanzlich belastete Partei die Zulassung der Sprungrevision erreicht hat, sollte sie vor deren Einlegung stets prüfen, ob ihr Rechtsmittel auf der Grundlage des vom ArbG festgestellten Sachverhaltes Aussicht auf Erfolg hat. Eine Sprungrevision wird immer dann ausscheiden, wenn der für die Entscheidungsbegründung – einschließlich etwaiger Hilfs- oder Doppelbegründungen – maßgebliche Sachverhalt vom ArbG unrichtig festgestellt worden ist. Solche Feststellungen können in der Revisionsinstanz nur noch durch Verfahrensrügen angegriffen werden. Solche Rügen sind aber bei einer Sprungrevision ausgeschlossen (Abs. 4).

29 **b) Ende des Wahlrechts (Abs. 5).** Mit der Einlegung der zugelassenen Sprungrevision endet das Wahlrecht (siehe Rn 26) der beschwerten Partei. Eine zur Verfahrensbeschleunigung vorsorglich während des laufenden Zulassungsverfahrens nach Abs. 1 eingelegte Berufung wird unzulässig. Sie ist nach § 516 ZPO zurückzunehmen, um die Entstehung weiterer Kosten zu vermeiden. Die Herbeiführung einer Kostenentscheidung über die Erklärung der Erledigung in der Hauptsache ist ausgeschlossen.[31] Die Erledigung ist wegen der anderweitigen Rechtshängigkeit der Hauptsache ausgeschlossen.

30 Die gegnerische Partei, die ebenfalls beschwert und deshalb rechtsmittelbefugt sein kann, verliert mit ihrer Zustimmung zur Einlegung der Sprungrevision ein etwaiges Recht, selbst Berufung einzulegen oder sie weiterzuverfolgen; dies gilt allerdings erst dann, wenn die Sprungrevision, deren Einlegung zugestimmt worden ist, auch tatsächlich eingelegt wurde.[32] Der gegnerischen Partei bleibt die Möglichkeit der Anschlussrevision (§ 554 ZPO).

31 Besteht für keine der Parteien mehr die Möglichkeit, ein Berufungsverfahren durchzuführen, bleibt es dabei auch dann, wenn die Sprungrevision zurückgenommen oder aus formellen Gründen verworfen wird. Dies gilt nach der überwiegenden, hier für den größten Teil der Fälle abgelehnten Auff. (siehe Rn 21 f.) allerdings dann nicht, wenn die Sprungrevision verworfen worden ist, weil sie vom ArbG zu Unrecht zugelassen wurde.[33] Hiernach soll das Recht, Berufung einzulegen, wieder aufleben. Nach richtiger Auff. hat das BAG ein solches Verwerfungsrecht im Regelfall aber nicht.

32 **c) Beginn der Revisionsfrist (Abs. 3 S. 2).** Die Revisionsfrist beginnt mit Zustellung der Entscheidung zu laufen, in der die Sprungrevision zugelassen worden ist, bei einer nachträglichen Zulassung durch Beschluss also mit der Zustellung dieses Beschlusses.

---

29 GK-ArbGG/*Mikosch*, § 76 Rn 15 m.w.N.
30 *Germelmann u.a.*, § 76 Rn 25; GK-ArbGG/*Mikosch*, § 76 Rn 25, HWK/*Bepler*, § 76 Rn 18.
31 HWK/*Bepler*, § 76 Rn 18.
32 *Germelmann u.a.*, § 76 Rn 25; GK-ArbGG/*Mikosch*, § 76 Rn 17; a.A. *Grunsky*, ArbGG, § 76 Rn 7.
33 GK-ArbGG/*Mikosch*, § 76 Rn 18; *Germelmann u.a.*, § 76 Rn 28.

III. Durchführung des Revisionsverfahrens

1. Notwendigkeit der Zustimmungserklärung des Gegners. Nach Abs. 1 S. 3 muss spätestens bis zum Ablauf der Revisionsfrist der Gegner nicht nur die Zustimmung zur Sprungrevision schriftlich erklärt (siehe Rn 11–14), sondern der Revisionskläger diese Erklärung auch dem Revisionsgericht vorgelegt haben.[34] Sonst ist die Sprungrevision nicht statthaft. Ein erstinstanzlich erklärtes Einverständnis mit der „Zulassung der Sprungrevision" reicht nicht aus.[35] Es wird zwischen „Zustimmung zur Sprungrevision" und einer solchen „zur Zulassung der Sprungrevision" unterschieden. Der Umstand, dass der Gegner keine Verwerfung der Sprungrevision, sondern deren Zurückweisung als unbegründet beantragt, wird nicht als ausreichender Anhalt für eine Auslegung angesehen, dass mit der Zustimmung zur Zulassung der Sprungrevision auch die Zustimmung zur Durchführung der Sprungrevision erklärt werden soll. Das gilt jedenfalls dann, wenn die Revisionserwiderung des Gegners erst nach Ablauf der Revisionsfrist eingeht. Dem ist zu folgen; denn die Zustimmungserklärung zur Durchführung der Sprungrevision gilt nach Abs. 5 als Verzicht auf die Berufung. Wegen des Gebots der Rechtsmittelklarheit muss deshalb bei Ablauf der Revisionsfrist feststehen, welches Rechtsmittel durchgeführt werden darf.[36]

2. Form der vorzulegenden Zustimmungserklärung. Hatte der Gegner bereits die Zustimmung zur Sprungrevision und nicht nur zur Zulassung derselben zu Protokoll des ArbG erklärt, so genügt die Vorlage einer beglaubigten Abschrift oder einer beglaubigten Kopie des Protokolls. Es genügt auch, wenn die vom BAG angeforderte Vorakte mit dem Protokoll innerhalb der Revisionsfrist eingeht.[37] In den übrigen Fällen muss die Zustimmungserklärung schriftlich niedergelegt und vom Erklärenden eigenhändig nach § 126 Abs. 1 BGB unterschrieben sein (wegen der weiteren Voraussetzungen siehe Rn 12 ff.).

3. Widerruf der Zustimmungserklärung. Im Schrifttum ist strittig, ob die Zustimmung – gegebenenfalls auch konkludent – widerrufen werden kann, solange die Revision nicht eingelegt wurde.[38] Das VG hat diese Frage inzwischen zur Zustimmung nach § 134 Abs. 1 S. 1 VwGO[39] ebenso wie der BGH zur Einwilligung nach § 566 Abs. 1 Nr. 1 ZPO[40] bejaht. Das BAG hat bisher noch keine Gelegenheit erhalten, diese Rechtsfrage zu entscheiden. Es besteht keine Besonderheit des arbeitsgerichtlichen Verfahrens, die eine abweichende Rspr. rechtfertigen könnte. Übereinstimmung besteht, dass nach Einlegung der Sprungrevision der Widerruf ausgeschlossen ist.[41]

4. Durchführung des Revisionsverfahrens. Ist der Sprung statthaft, so sind die allg. Regeln über das Revisionsverfahren (s. §§ 73–75) anzuwenden. Mit der wirksamen Einlegung der zugelassenen Sprungrevision bestimmen diese Regeln den weiteren Gang des Revisionsverfahrens. Daraus folgt z.B. auch, dass der Revisionsgegner die nach der ZPO-Reform verbliebene unselbstständige Anschlussrevision einlegen kann, ohne dass der Revisionsführer dem zustimmen muss.[42]

5. Ausschluss von Verfahrensrügen (Abs. 4). Eine Besonderheit der Sprungrevision ist, dass sie nach Abs. 4 nicht auf Verfahrensmängel gestützt werden darf. Derartige Fehler können nur mit einer Berufung geltend gemacht werden. Das entbindet das BAG jedoch nicht von der Verpflichtung, das angefochtene Urteil auf von Amts wegen zu berücksichtigende Verfahrensmängel (siehe § 75 Rn 2, vgl. § 73 Rn 28) zu überprüfen. Das Verbot wird über seinen Wortlaut hinausgehend auch so verstanden, dass auch vom Sprungrevisionsbeklagten keine Verfahrensmängel gerügt werden dürfen, weil er mit seiner Zustimmung bereits auf die Rüge der dem Berufungsverfahren vorbehaltenen Klärung von Verfahrensmängeln verzichtet hat. Das Verbot steht jedoch dann nicht entgegen, wenn Verstöße gegen das Prozessrecht gerügt werden, die sich nur als prozessuale Konsequenz aus einer fehlerhaften Anwendung des materiellen Rechts ergeben oder die eine inzidente Beurteilung materiell-rechtlicher Fragen erfordern.[43] Für die forensische Praxis ist bedeutsam: Tatsächliche Feststellungen des ArbG können nicht mit Aufklärungsrügen angegriffen werden.[44] Will ein Rechtsmittelführer geltend machen, das ArbG habe unter Verletzung verfahrensrechtlicher Vorschriften unstr. Parteivortrag übergangen, muss er anstelle der Sprungrevision Berufung einlegen.[45] Das sollte auch der Gegner bedenken, der beim ArbG aus Rechtsgründen obsiegt hat. Wenn nämlich das BAG die Rechtsfrage anders beantwortet, so kann er die tatsächlichen Feststellungen des ArbG nicht mehr mit einer Gegenrüge angreifen.

---

34 BAG 4.12.2002 – 10 AZR 83/02 – AP Nr. 14 zu § 76 ArbGG 1979.
35 BAG 4.12.2002 – 10 AZR 83/02 – AP Nr. 14 zu § 76 ArbGG 1979.
36 Im Ergebnis ebenso *Hauck/Helml*, § 76 Rn 9.
37 ErfK/*Koch* § 76 ArbGG Rn 8,9; *Hauck/Helml*, § 76 ArbGG Rn 9.
38 Stein/Jonas/*Grunsky* ZPO, 21. Aufl. 1994, § 566a Rn 5; a.A. Zöller/*Gummer* § 566 Rn 4.
39 BVerwG 27.3.2006 -6 C 27/05- DÖV 2006, 653.
40 BGH 24.4.1997 – III ZB 8/97 – NJW 1997, 2387.
41 *Hauck/Helml*, § 76 Rn 9.
42 Für die Sprungrechtsbeschwerde vgl. BAG 12.6.1996 – 4 ABR 1/95 – AP Nr. 96a ArbGG 1979 Nr. 2; BVerwG 4.2.1982 – 4 C 58/81 – BVerwGE 65, 27; GK-ArbGG/*Mikosch*, § 76 Rn 19; *Germelmann u.a.*, § 76 Rn 29.
43 So zu inhaltsgleichen § 161 Abs. 4 SGG: BSG 7.11.2006 – B 7b AS 14/06 R – FamRZ 2007, 465.
44 BAG 28.5.1998 – 6 AZR 349/96 – AP § 611 BGB Bühnenengagementsvertrag Nr. 52 = NZA 1998, 1015.
45 BAG 28.5.1998 – 6 AZR 349/96 – AP § 611 BGB Bühnenengagementsvertrag Nr. 52 = NZA 1998, 1015.

38 **6. Zurückverweisung (Abs. 6).** Die Geschäftsstelle des BAG hat die Geschäftsstelle des ArbG über den Eingang einer Sprungrevision unverzüglich zu unterrichten. Die Benachrichtigungsfrist wird im Schrifttum mit höchstens 24 Stunden veranschlagt.[46] Danach entscheidet es nach pflichtgemäßem Ermessen, ob die Endentscheidungsreife (§ 563 Abs. 1, Abs. 3 ZPO) fehlt. In diesem Fall verweist es den Rechtsstreit an das ArbG oder das für eine Berufung zuständige LAG zurück. Das BAG hat nach Abs. 6 S. 1 die Wahl, ob es den Rechtsstreit zu neuen Verhandlung und Entscheidung an das ArbG oder an das für eine Berufung zuständige LAG verweist.[47] Nach der Zurückverweisung hat das Gericht, an das verwiesen wurde, die entscheidungserheblichen rechtlichen Beurteilungen des (Sprung-)Revisionsgerichts zugrunde zulegen (siehe § 75 Rn 15 ff.). Das LAG muss nach Abs. 6 S. 2 die ihm zugewiesene Sache so behandeln, als ob Berufung eingelegt worden wäre.[48]

C. Beraterhinweise

I. Prüfung ob Zustimmung zum Sprung

39 Wer als Prozessgegner um Zustimmung zur Sprungrevision gebeten wird, muss berücksichtigen, dass er mit Abgabe der Zustimmungserklärung bereits die Wahl des Rechtsmittelverfahrens in die Hand der anderen Partei gibt. Wer zunächst nur sein Einverständnis mit der „Zulassung der Sprungrevision" erklärt (siehe Rn 33), hält sich demgegenüber die Wahl offen, ob er nach der Vorlage der arbeitsgerichtlichen Urteilsgründe Verfahrensmängel geltend machen will. Das kann er dann, indem er die „Zustimmung zur Durchführung der Sprungrevision" verweigert. Dann ist trotz Zulassung die Sprungrevision nicht statthaft (siehe Rn 33). Der Rechtsmittelführer kann dann nur Berufung einlegen. Im Berufungsverfahren können dann alle Verfahrensmängel geltend gemacht werden. Wer bereits die Zustimmung zur Sprungrevision erteilt hat, kann deren wirksame Einlegung noch stoppen, wenn er vor der Einlegung seine Zustimmung widerruft.

II. Einlegung der Sprungrevision

40 Zur Vermeidung von Risiken empfiehlt es sich, bereits bei der Einlegung der Sprungrevision die Zustimmungserklärung des Prozessgegners als Anlage im Original (siehe Rn 33) beizufügen.

Muster:

„In Sachen

der (…) (Parteibezeichnung mit Anschrift und Verfahrensrolle, z.B. Beklagten, Sprungrevisionsklägerin)

Prozessbevollmächtigte mit Anschrift

gegen

den (…) (Parteibezeichnung mit Anschrift und Verfahrensrolle, z.B. Kläger, Sprungrevisionsbeklagter)

Prozessbevollmächtigte mit Anschrift

lege ich namens der Beklagten, Berufungsklägerin und Revisionsklägerin

gegen das Urteil des Arbeitsgerichts Osnabrück vom (…) Datum, zugestellt (…) Datum, Aktenzeichen (…)

SPRUNGREVISION

ein. Das Arbeitsgericht hat, wie sich aus dem beigelegten Urteil (Anlage 1) ergibt, die Sprungrevision zugelassen. Die Klägerin hat der Sprungrevision zugestimmt. Das Original der Zustimmungserklärung ist als Anlage 2 beigefügt.

Ich beantrage namens der Beklagten:

Auf die Sprungrevision der Beklagten wird das Urteil des Arbeitsgerichts Osnabrück vom 24. November 2009 Az (…) aufgehoben und die Klage abgewiesen."

---

§ 77 Revisionsbeschwerde

[1]Gegen den Beschluss des Landesarbeitsgerichts, der die Berufung als unzulässig verwirft, findet die Rechtsbeschwerde nur statt, wenn das Landesarbeitsgericht sie in dem Beschluss zugelassen hat. [2]Für die Zulassung der Rechtsbeschwerde gilt § 72 Abs. 2 entsprechend. [3]Über die Rechtsbeschwerde entscheidet das Bundesarbeitsgericht ohne Zuziehung der ehrenamtlichen Richter. [4]Die Vorschriften der Zivilprozessordnung über die Rechtsbeschwerde gelten entsprechend.

---

46 HWK/*Bepler*, § 76 Rn 22.
47 HWK/*Bepler*, § 76 Rn 22, Schwab/Weth/*Ulrich*, § 76 Rn 50.
48 ErfK/*Koch*, § 76 ArbGG Rn 10.

Literatur: *Düwell*, Das Anhörungsrügengesetz – Mehr Rechtsschutz in den arbeitsgerichtlichen Verfahren!, FA 2005, 75; *Germelmann*, Der außerordentliche Rechtsbehelf im arbeitsgerichtlichen Verfahren, Festschrift für Peter Schwerdtner zum 65. Geburtstag 2003, 671; *Gravenhorst*, Anhörungsrügengesetz und Arbeitsgerichtsverfahren, NZA 2005, 24; *Hottgenroth*, Kein Rechtsmittel gegen die Nichtzulassung der Revisionsbeschwerde, EWiR 2000, 993; *Schliemann*, Wegmarken und Stolpersteine auf Haupt- und Nebenwegen zum Bundesarbeitsgericht, Festschrift 50 Jahre Deutsches Anwaltsinstitut 2003, 175

A. Allgemeines 1	III. Einlegung der Revisionsbeschwerde 10
B. Regelungsgehalt 2	IV. Entscheidung über die Revisionsbeschwerde 13
I. Statthaftigkeit der Revisionsbeschwerde 2	C. Beraterhinweise 16
II. Bindung an die Zulassung oder Nichtzulassung ... 7	

A. Allgemeines

§ 77 knüpft an die Möglichkeit des Berufungsgerichts an, nach § 66 Abs. 2 S. 2 Hs. 2 eine unzulässige Berufung ohne mündliche Verhandlung durch Beschluss zu verwerfen. Nach § 522 Abs. 1 ZPO ist im Zivilprozess gegen einen solchen Verwerfungsbeschluss die sofortige Beschwerde gegeben, sofern gegen ein Urteil gleichen Inhalts die Revision zulässig wäre. S. 1 beschränkt jedoch gegenüber der ZPO die Möglichkeit der sofortigen Beschwerde. Sie ist danach nur dann statthaft, wenn sie das LAG in dem Beschluss über die Verwerfung der Berufung wegen der Bedeutung der Rechtssache zugelassen hat. Diese sofortige Beschwerde wird entsprechend der Überschrift zu § 77 als „Revisionsbeschwerde" bezeichnet. Sie darf nicht mit der nach § 92 im Beschlussverfahren zugelassenen Rechtsbeschwerde an das BAG (vgl. § 92 Rn 2) verwechselt werden.

B. Regelungsgehalt

I. Statthaftigkeit der Revisionsbeschwerde

Die Revisionsbeschwerde (im Gesetz zumeist als Rechtsbeschwerde bezeichnet) ist nicht statthaft, wenn die Berufung durch Urteil verworfen ist. Gegen ein Berufungsurteil kann – soweit zugelassen – Revision eingelegt werden. Ist keine Revision vom LAG zugelassen, so kann sie auf die Beschwerde nach § 72a durch das BAG beschlossen werden. Gegen die Nichtzulassung der Revisionsbeschwerde im Verwerfungsbeschluss des LAG findet demgegenüber keine Beschwerde statt. Die Nichtzulassung der Revisionsbeschwerde in einem Verwerfungsbeschluss des LAG kann nicht mit der Beschwerde nach § 72a angefochten werden.[1] Unschädlich ist, wenn das LAG in der Zulassungsentscheidung eine falsche Bezeichnung wählt.

Beispiel: Anstelle der Rechtsbeschwerde wird in dem Verwerfungsbeschluss die „Revision" zugelassen.[2]

S. 2 regelt, dass das LAG wegen der Bedeutung der Rechtssache (dazu siehe § 72 Rn 14 ff.) oder bei einer Abweichung von der Rspr. divergenzfähiger Gerichte i.S.v. § 72 Abs. 2 Nr. 2 (dazu siehe § 72 Rn 26 ff.) oder bei bestimmten Verfahrensfehlern nach § 72 Abs. 2 Nr. 3 (dazu siehe § 72 Rn 34 ff.) die Revisionsbeschwerde zulassen kann. Dabei muss die Zulassung im Verwerfungsbeschluss selbst erfolgen (Einzelheiten siehe Rn 7). Eine nachträgliche Zulassung ist zwar nach der Rechtsprechung zum alten Recht ausgeschlossen,[3] umstr. ist jedoch ob hier eine Ergänzung zulässig ist (vgl. Rn 6 a.E.).

Liegen Gründe für die Wiedereinsetzung in den vorigen Stand nach § 233 ZPO vor, kann die beschwerte Partei mit einem Wiedereinsetzungsantrag dem LAG Gelegenheit geben, in der erneuten Entscheidung die sofortige Beschwerde an das BAG zuzulassen.[4] Wird der Wiedereinsetzungsantrag zurückgewiesen, so ist auch in diesem Beschluss über die Zulassung der Rechtsbeschwerde (sofortige Beschwerde/Revisionsbeschwerde) zu entscheiden.[5]

Im einstweiligen Verfügungsverfahren und im Arrestverfahren ist für die Zulassung der Rechtsbeschwerde kein Raum.[6] Denn der einstweilige Rechtsschutz ist nur auf zwei Rechtszüge beschränkt. § 77 enthält zwar keine § 72 Abs. 4 entsprechende Einschränkung. Das ergibt sich aber aus dem Sinn der Gesamtregelung des Rechtsmittelverfahrens.[7]

Der Verwerfungsbeschluss ergeht ohne mündliche Verhandlung. Er wird deshalb mit Zustellung an die Parteien wirksam (§ 329 Abs. 3 ZPO).

Umstr. ist, ob es genügt, dass die Zulassung in den Gründen des Beschlusses ausgesprochen wird. Da der Beschluss nach § 329 Abs. 3 ZPO, ohne das es einer Verkündung bedarf, allein durch die Zustellung wirksam wird, stellt sich das

---

1 BAG 25.10.1979 – 5 AZB 43/79 – AP § 77 ArbGG 1979 Nr. 1; BAG 8.11.1979 – 3 AZB 40/79 – AP § 77 ArbGG 1979 Nr. 1 und 2; BAG 23.5.2000 – 9 AZB 21/00 – AP § 77 ArbGG 1979 Nr. 10.
2 BCF/*Friedrich*, § 77 Rn 2; *Hauck/Helml*, § 77 Rn 3.
3 BAG 25.10.1979 – 5 AZB 43/79 – AP § 77 ArbGG 1979 Nr. 1.
4 Vgl. BAG 23.5.1989 – 2 AZB 1/89 – NJW 1989, 2708.
5 BAG 4.8.1969 – 1 AZB 16/69 – BAGE 22, 119.
6 BCF/*Friedrich*, § 77 Rn 2; Düwell/Lipke/*Düwell*, § 77 Rn 5; *Hauck/Helml*, § 77 Rn. 3; *Germelmann u.a.*, § 77 Rn 4.
7 GK-ArbGG/*Mikosch*, § 77 Rn 12.

aus der Revisionszulassung bekannte Problem der Rechtsmittelklarheit hier nicht. Eine Aufnahme in die Entscheidungsformel ist daher nicht erforderlich.[8] Das übersieht die Gegenansicht. Diese erkennt zwar, dass eine § 64 Abs. 3a S.1 und § 72 Abs. 1 S. 2 entsprechende Vorschrift über die Aufnahme einer positiven oder negativen Zulassung in den Tenor fehlt. Sie schließt daraus aber nur, dass es deshalb hier nur einer positiven Aufnahme der Zulassung in den Tenor bedürfe.[9] Dem kann nicht zugestimmt werden. Es wird übersehen, dass der Gesetzgeber hier von einer Regelung abgesehen hat, weil anders als bei den nach einer mündlichen Verhandlung zu verkündenden Urteilen die Rechtsmittelklarheit unproblematisch ist.

Der überwiegende Teil des Schrifttums nimmt an, dass bei unterbliebener Zulassung in entsprechender Anwendung des § 72 Abs. 1 i.V.m. § 64 Abs. 3a S. 2 auf Antrag binnen zwei Wochen nach der Zustellung des Verwerfungsbeschlusses noch im Wege der Ergänzung die Zulassung nachträglich erfolgen kann.[10] Das wird von der Gegenansicht mit der mangelnden Anwendbarkeit von § 72 Abs. 1 i.V.m. § 64 Abs. 3a S. 2 verneint.[11]

II. Bindung an die Zulassung oder Nichtzulassung

7 Die Revisionsbeschwerde kann vom BAG nicht zugelassen werden. § 77 S. 2 verweist für die Zulassung der Rechtsbeschwerde zwar auf die Zulassungsgründe in § 72 Abs. 2, nicht jedoch auf die in § 72a ausdrücklich geregelte Nichtzulassungsbeschwerde. Nach § 77 S. 4 finden im Übrigen die Vorschriften der ZPO über die Rechtsbeschwerde entsprechende Anwendung. Diese sehen gegen die Nichtzulassung der Rechtsbeschwerde eine Nichtzulassungsbeschwerde nicht vor. Das entspricht einer bewussten Entscheidung des Gesetzgebers.[12] Das Schweigen des Gesetzgebers ist deshalb beredt.[13]

8 Hat das LAG die Revisionsbeschwerde zugelassen, ist das BAG stets an die Zulassungsentscheidung gebunden. Eine Nachprüfung der gesetzwidrigen Zulassung würde eine Begründungspflicht für das LAG voraussetzen. Diese fehlt. Deshalb soll selbst eine offensichtlich unzutreffende Begründung nicht zur Unwirksamkeit der Zulassung führen.[14]

9 Die Abweichung von der Rspr. des BAG oder eines anderen LAG war bis zum ZPO-ReformG nicht ausdrücklich als Zulassungsgrund genannt. In der seit dem 1.1.2002 geltenden Neufassung ist keine Beschränkung mehr enthalten. Durch das Anhörungsrügengesetz sind Verfahrensmängel (das Vorliegen eines absoluten Revisionsgrundes oder eine Verletzung des rechtlichen Gehörs) durch die Erweiterung der Zulassungsgründe in § 72 Abs. 2 hinzugekommen. Das hat jedoch wenig praktische Bedeutung; denn es liegt näher, einen Verfahrensmangel zu vermeiden oder zu heilen, als wegen eines erkannten Mangels die Rechtsbeschwerde zuzulassen (vgl. dazu das gleiche Problem bei der Zulassung der Revision, siehe § 72 Rn 34).

III. Einlegung der Revisionsbeschwerde

10 Für die Rechtsbeschwerde sind die für das Beschwerdeverfahren geltenden Vorschriften der §§ 574 ff. ZPO anzuwenden.

Zivilprozessordnung vom 30.1.1877, RGBl I S. 83, BGBl III 310–4, in der Fassung der Bekanntmachung vom 5.12.2005, BGBl I S. 3202, zuletzt geändert durch Gesetz zur Änderung des Wohnungseigentumsgesetzes und anderer Gesetze vom 26.3.2007 (BGBl I S. 370, 376).

ZPO § 575 – Frist, Form und Begründung der Rechtsbeschwerde

(1) ¹Die Rechtsbeschwerde ist binnen einer Notfrist von einem Monat nach Zustellung des Beschlusses durch Einreichen einer Beschwerdeschrift bei dem Rechtsbeschwerdegericht einzulegen. ²Die Rechtsbeschwerdeschrift muss enthalten:

1. die Bezeichnung der Entscheidung, gegen die die Rechtsbeschwerde gerichtet wird und
2. die Erklärung, dass gegen diese Entscheidung Rechtsbeschwerde eingelegt werde.

Mit der Rechtsbeschwerdeschrift soll eine Ausfertigung oder beglaubigte Abschrift der angefochtenen Entscheidung vorgelegt werden.

(2) ¹Die Rechtsbeschwerde ist, sofern die Beschwerdeschrift keine Begründung enthält, binnen einer Frist von einem Monat zu begründen. ²Die Frist beginnt mit der Zustellung der angefochtenen Entscheidung. ³§ 551 Abs. 2 Satz 5 und 6 gilt entsprechend.

---

8 BCF/*Friedrich*, § 77 Rn 2; Düwell/Lipke/*Düwell*, § 77 Rn 6; a.A. für ausdrückliche Aufnahme in den Tenor: ErfK/*Koch*, § 77 ArbGG Rn 2; HWK/*Bepler*, § 77 Rn 4; Hauck/*Helml*, § 77 Rn 3; unklar: Schwab/Weth/*Ulrich*, § 77 Rn 7: „Die Zulassung muss im Verwerfungsbeschluss selbst erfolgen."
9 HWK/*Bepler*, § 77 Rn 4.
10 BCF/*Friedrich*, § 77 Rn 2; ErfK/*Koch*, § 77 ArbGG Rn 2; Germelmann u.a., § 77 Rn 5; Hauck/*Helml*, § 77 Rn 3; Schwab/Weth/*Ulrich*, § 77 Rn 7.
11 HWK/*Bepler*, § 77 Rn 4.
12 BT-Drucks. 14/4722 S. 69.
13 BAG 5.9.2007 – 3 AZB 41/06 – EzA § 72a ArbGG 1979 Nr. 114.
14 Germelmann u.a., § 77 Rn 7; GK-ArbGG/*Mikosch*, § 77 Rn 16; Schwab/Weth/*Ulrich*, § 77 Rn 13; a.A. *Grunsky*, ArbGG, § 77 Rn 1.

(3) Die Begründung der Rechtsbeschwerde muss enthalten:
1. die Erklärung, inwieweit die Entscheidung des Beschwerdegerichts oder des Berufungsgerichts angefochten und deren Aufhebung beantragt werde (Rechtsbeschwerdeanträge),
2. in den Fällen des § 574 Abs. 1 Nr. 1 eine Darlegung zu den Zulässigkeitsvoraussetzungen des § 574 Abs. 2,
3. die Angabe der Rechtsbeschwerdegründe, und zwar
    a) die bestimmte Bezeichnung der Umstände, aus denen sich die Rechtsverletzung ergibt;
    b) soweit die Rechtsbeschwerde darauf gestützt wird, dass das Gesetz in Bezug auf das Verfahren verletzt sei, die Bezeichnung der Tatsachen, die den Mangel ergeben.
(4) ¹Die allgemeinen Vorschriften über die vorbereitenden Schriftsätze sind auch auf die Beschwerde- und die Begründungsschrift anzuwenden. ²Die Beschwerde- und die Begründungsschrift sind der Gegenpartei zuzustellen.
(5) Die §§ 541 und 570 Abs. 1, 3 gelten entsprechend.

Die Beschwerde kann nur beim Beschwerdegericht eingelegt werden. Das folgt aus § 575 Abs. 1 S. 1 ZPO. Damit besteht Vertretungszwang. **11**

Die Beschwerdefrist beträgt einen Monat nach Zustellung des Beschlusses (§ 575 Abs. 1 S. 1 ZPO). Die Frist beginnt mit der Zustellung (§ 577 Abs. 2 S. 1 ZPO). Gegen die Versäumung der Frist ist Wiedereinsetzung in den vorigen Stand nach § 233 ZPO möglich. **12**

Der notwendige Inhalt der Rechtsbeschwerdeschrift ist in § 575 Abs. 3 ZPO dem Muster der Revision (§ 551 ZPO) nachgebildet.

IV. Entscheidung über die Revisionsbeschwerde

Das BAG kann über die Revisionsbeschwerde ohne mündliche Verhandlung entscheiden (§ 77 S. 3). Zu der Entscheidung sind die ehrenamtlichen Richter nach S. 3 nicht hinzuzuziehen. Das ist auch dann der Fall, wenn die Entscheidung aufgrund mündlicher Verhandlung ergeht.[15] Werden die ehrenamtlichen Richter hinzugezogen, so ist der Grundsatz des gesetzlichen Richters verletzt, denn der zu große Spruchkörper entspricht nicht dem Gesetz. **13**

Das BAG hebt auf die zulässige und begründete Revisionsbeschwerde den Verwerfungsbeschluss des LAG auf. Damit steht bindend für das LAG die Zulässigkeit der Berufung fest. Nach § 563 Abs. 2 ZPO hat das LAG dann in der Sache zu entscheiden. **14**

Eine Zurückverweisung der Sache an das LAG zur erneuten Entscheidung ist angezeigt, wenn Verfahrensmängel vorliegen und die Sache deshalb nicht zur Endentscheidung reif ist.[16] **15**

C. Beraterhinweise

Antragsmuster **16**
Hier gelten keine Besonderheiten zum Revisionsantrag, vgl. § 74 Rn 115 f.
Ich beantrage: „auf die Revisionsbeschwerde des Klägers, den Beschluss des LAG (...) vom (...) Az: (...) aufzuheben und auf die Berufung des Klägers das Urteil des Arbeitsgerichts (...) vom (...) Az: (...) wie folgt abzuändern: Es wird festgestellt, dass das zwischen den Parteien bestehende Arbeitsverhältnis durch die Kündigung der Beklagten vom (...) zum (...) nicht aufgelöst worden ist."

Vierter Unterabschnitt: Beschwerdeverfahren, Abhilfe bei Verletzung des Anspruchs auf rechtliches Gehör

§ 78   Beschwerdeverfahren

¹Hinsichtlich der Beschwerde gegen Entscheidungen der Arbeitsgerichte oder ihrer Vorsitzenden gelten die für die Beschwerde gegen Entscheidungen der Amtsgerichte maßgebenden Vorschriften der Zivilprozessordnung entsprechend. ²Für die Zulassung der Rechtsbeschwerde gilt § 72 Abs. 2 entsprechend. ³Über die sofortige Beschwerde entscheidet das Landesarbeitsgericht ohne Hinzuziehung der ehrenamtlichen Richter, über die Rechtsbeschwerde das Bundesarbeitsgericht.

---

15 BAG 19.6.1998 – 6 AZB 48/97 [A] – AP § 64 ArbGG 1979 Nr. 26.   16 Schwab/Weth/*Ulrich*, § 77 Rn 22.

A. Allgemeines	1	3. Einlegung	20
B. Regelungsgehalt	3	4. Neues Vorbringen und Präklusion	22
I. Statthaftigkeit	3	5. Aufschiebende Wirkung	25
1. Allgemeines	3	III. Entscheidung	26
2. Ausdrückliche Zulassung nach § 567 Abs. 1 Nr. 1 ZPO	4	1. Abhilfeentscheidung des Arbeitsgerichts	26
		2. Entscheidung des Landesarbeitsgerichts	28
3. Generalklausel des § 567 Abs. 1 Nr. 2 ZPO	7	IV. Rechtsbeschwerde zum Bundesarbeitsgericht	30
4. Ausschluss	10	1. Statthaftigkeit	30
5. Vorrangigkeit der Erinnerung	11	2. Verfahren	34
II. Verfahrensvoraussetzungen	12	C. Verbindung zu anderen Rechtsgebieten und zum Prozessrecht	36
1. Beschwer	12		
2. Frist	16		

A. Allgemeines

1 Durch § 78 wird das **Rechtsmittel der Beschwerde** gegen Entscheidungen der ArbG und ihrer Vorsitzenden eröffnet. Das ArbGG enthält keine eigenständige Regelung, sondern verweist auf das Recht der ZPO, §§ 567 bis 577 ZPO,[1] welches durch das ZPO-RG[2] umfassend neu gestaltet wurde.[3] Für die Zulassung der **Rechtsbeschwerde** wird in S. 2 – abweichend von § 574 Abs. 2 ZPO – auf § 72 Abs. 2 ZPO Bezug genommen.

2 Die gesetzlichen Änderungen durch das ZPO-RG betreffen nur die **Beschwerden**, die dem **Recht der ZPO** unterliegen. Dementsprechend wurden §§ 14, 156 KostO neu gefasst, die Verweisung auf §§ 567 ff. ZPO entfiel. Unverändert blieb die sog. Rechtshilfebeschwerde in § 159 Abs. 1 S. 3 GVG, auf welche die §§ 567 ff. ZPO nicht anwendbar sind.

B. Regelungsgehalt

I. Statthaftigkeit

3 **1. Allgemeines.** Die Beschwerde ist nach § 78 S. 1 ausschließlich **gegen erstinstanzliche Entscheidungen** der ArbG statthaft, nicht aber gegen solche des LAG oder des BAG.[4] Gegen Entscheidungen des LAG ist lediglich die Rechtsbeschwerde statthaft (siehe unten Rn 30 ff.).[5] Denkbar ist in den letztgenannten Fällen eine Gegenvorstellung, wenn das Gericht nicht an seine Entscheidung gebunden ist.[6] Die Zulässigkeit der Beschwerde richtet sich allein nach § 567 ZPO. Bei der sog. Revisionsbeschwerde nach § 77 handelt es sich in der Sache um eine Rechtsbeschwerde i.S.d. der §§ 574 ff. ZPO (siehe § 77 Rn 1). Das ZPO-RG hat die Systematik der Statthaftigkeit – **einerseits Enumerationsprinzip, andererseits Generalklausel** – beibehalten.

4 **2. Ausdrückliche Zulassung nach § 567 Abs. 1 Nr. 1 ZPO.** Die Beschwerde ist in den **im Gesetz genannten Fällen** statthaft. Für das arbeitsgerichtliche Verfahren sind neben der Beschwerde über die nachträgliche Zulassung der Künd-Schutzklage gem. § 5 Abs. 4 S. 2 KSchG und bei Entscheidungen über die Zulässigkeit des Rechtswegs nach § 17a Abs. 2, 3 GVG[7] sowie den §§ 104 Abs. 2, 107 Abs. 3 i.V.m. §§ 104 Abs. 4, 109 Abs. 4, 135 Abs. 3, 380 Abs. 3, 387 Abs. 3, 390 Abs. 3, 409 Abs. 2, 408 i.V.m. §§ 402, 494a Abs. 2 S. 2, 934 Abs. 4, 936 ZPO v.a. folgende geregelten Fallgestaltungen zu nennen:
- § 71 Abs. 2 ZPO: Zurückweisung oder Zulassung der Nebenintervention,
- § 78b Abs. 2 ZPO: Ablehnung der Beiordnung eines RA, § 78c Abs. 3 ZPO: Auswahl des beigeordneten RA,
- § 91a Abs. 2 ZPO: **Kostenentscheidung** bei **übereinstimmender Erledigungserklärung**,
- § 99 Abs. 2 ZPO: Kostenentscheidung bei Anerkenntnisurteil,
- § 127 Abs. 2 S. 2 ZPO: **Ablehnung von Prozesskostenhilfe**,
- § 141 Abs. 3 S. 1 i.V.m. § 380 Abs. 3 ZPO: Ordnungsgeldbeschluss gegen die ausgebliebene Partei trotz Anordnung des persönlichen Erscheinens,
- § 252 ZPO: **Aussetzung** oder Ablehnung der Aussetzung des Verfahrens, einschließlich der Ruhens- oder Unterbrechungsentscheidungen, weitergehend soll die Beschwerde auch gegen eine die Beendigung des Verfahrens feststellende Entscheidung zulässig sein,[8]
- § 269 Abs. 5 ZPO: Kostenentscheidung bei Klagerücknahme,

---

1 Abgedruckt bei ArbGG/*Treber*, § 78 Rn 16.
2 Vom 27.7.2001, BGBl I S. 1887.
3 Dazu ausf. ArbGG/*Treber*, § 78 Rn 1 ff.
4 BAG 21.6.2006 – 3 AZB 65/05 – EzA § 91a ZPO 2002 Nr. 2 = NJW 2006, 2718; LAG Hessen 19.7.2006 – 8 Sa 104/06 – AE 2006, 299 (Ordnungsgeldbeschluss des LAG).
5 BAG 21.6.2006 – 3 AZB 65/05 – EzA § 91a ZPO 2002 Nr. 2 = NJW 2006, 2718.
6 S. nur ErfK/*Koch*, § 78 Rn 16.
7 BAG 25.1.2007 – 5 AZB 49/06 – AP § 16 SGB II Nr. 1 = EzA § 233 ZPO Nr. 6.
8 BAG 22.4.2009 – 3 AZB 97/08 – NZA 2009, 804.

- § 319 Abs. 3 ZPO: **Urteilsberichtigungsbeschluss**, nicht aber bei einer vor Urteilsverkündung vorgenommenen Rubrumsberichtigung,[9]
- § 336 Abs. 1 S. 1 ZPO: Zurückweisung des Antrags auf Erlass eines Versäumnisurteils,
- § 793 ZPO: **Beschlüsse im Zwangsvollstreckungsverfahren**; das gilt auch für den Fall der gesetzlich nicht mehr vorgesehenen Androhung i.R.d. § 888 Abs. 2 ZPO.[10]

In einigen Fällen richtet sich die **Statthaftigkeit** der Beschwerde nach dem **Inhalt der Entscheidung** (vgl. § 409 Abs. 5 ZPO). Nach § 127 Abs. 3 S. 1, 2 ZPO ist der Staatskasse die Beschwerde nur dann eröffnet, „wenn weder Monatsraten noch aus dem Vermögen zu zahlende Beträge festgesetzt worden sind".[11]

Das Rechtsmittel der Beschwerde ist auch nach **anderen gesetzlichen Regelungen** statthaft – nach § 181 GVG gegen die Festsetzung von Ordnungsmitteln nach §§ 178, 180 GVG[12] und die Beschwerden nach dem GKG (§§ 66 ff. GKG) und dem RVG (§ 33 RVG) (vgl. § 12 Rn 28 ff.), für die aber die §§ 567 bis 577 ZPO nicht unmittelbar gelten (siehe Rn 2).

3. Generalklausel des § 567 Abs. 1 Nr. 2 ZPO. Statthaft ist die **Beschwerde nach Abs. 1 Nr. 2 ZPO**, wenn es sich um Entscheidungen handelt, für die eine mündliche Verhandlung nicht erforderlich ist (vgl. § 128 Abs. 4 ZPO) und durch die ein das Verfahren betreffendes **Gesuch abgewiesen** wird. Nicht ausreichend für die Zulässigkeit einer Beschwerde ist es, wenn einem Gesuch der anderen Partei stattgegeben wird.[13] Ob im Einzelfall tatsächlich eine mündliche Verhandlung stattgefunden hat, ist ohne Bedeutung. Ist eine Entscheidung von Amts wegen zu treffen, führt ein entsprechender Antrag nicht dazu, dass das Rechtsmittel eröffnet wird.[14] Die Beschwerde ist danach etwa statthaft, wenn die öffentliche Zustellung (§§ 185, 186 Abs. 1 ZPO), die Verkürzung einer Frist (§ 225 ZPO) oder die Akteneinsicht abgelehnt wird (§ 229 ZPO). Unstatthaft ist die Beschwerde bei Ausschluss eines Prozessbevollmächtigten nach § 11 Abs. 3.[15] Die sofortige Beschwerde nach der Generalklausel des § 567 Abs. 1 S. 2 ZPO scheidet aus, wenn nach dem Gesetz die Anfechtung der Entscheidung ausgeschlossen ist.

Ausgeschlossen ist die Beschwerde bei **prozessleitenden Verfügungen** während der mündlichen Verhandlung,[16] etwa bei der Erteilung eines rechtlichen Hinweises,[17] der Vertagung eines Verhandlungstermins[18] oder beim Unterlassen solcher Maßnahmen, wie etwa die Nichtvornahme einer Beweisaufnahme.[19] Sie soll aber gegen die Bestimmung eines Terminsorts außerhalb der Gerichtsstelle eröffnet sein.[20] Entscheidungen über eine Prozessverbindung nach § 147 ZPO sind mit der Beschwerde nicht angreifbar.[21] Gleiches gilt im Falle einer unterlassenen Terminierung.[22] Gegen einen **Einstellungsbeschluss nach § 81 Abs. 2 S. 2** ist die Beschwerde nach § 567 ZPO nicht gegeben.[23] Es handelt sich um einen „das Verfahren beendenden Beschluss" i.S.d. § 87 Abs. 1 (siehe § 81 Rn 27).[24] Erlässt das ArbG im einstweiligen Verfügungsverfahren ohne mündliche Verhandlung eine sog. **Zwischenverfügung**, ist hiergegen Widerspruch nach §§ 924, 936 ZPO einzulegen.[25]

Eine **Untätigkeitsbeschwerde** kennt das Gesetz **nicht**.[26] Die Einführung einer sog. Untätigkeitsbeschwerde für alle Gerichtsbarkeiten war Gegenstand eines Gesetzentwurfs der Bundesregierung v. 22.8.2005 (dazu ausf. die Vorauflage, Anhang zu §§ 78, 78a ArbGG: § 198 GVG-E),[27] der allerdings nicht weiter verfolgt wurde. Anlass war eine

---

9 LAG Baden-Württemberg 17.6.2008 – 18 Ta 6/08 – juris.
10 LAG Düsseldorf 16.3.2000 – 7 Ta 9/00 – LAGE § 888 ZPO Nr. 43; GK-ArbGG/*Wenzel*, § 78 Rn 21.
11 Etwa LAG Rheinland-Pfalz 11.12.1987 – 1 Ta 199/87 – LAGE § 127 ZPO Nr. 16; LAG Düsseldorf 11.9.1989 – 14 Ta 199/87 – JurBüro 1990, 230: keine Überprüfung der Ratenhöhe.
12 Nach h.M. ist der Rechtsbehelf eine sofortige Beschwerde: *Kissel*, GVG, § 181 Rn 2; anders B/L/A/H, § 159 GVG Rn 3 m.w.N.
13 LAG Baden-Württemberg 17.6.2008 – 18 Ta 6/08 – juris; B/L/A/H, § 567 Rn 4.
14 OLG Stuttgart 24.9.2003 – 13 W 49/03 – MDR 2004, 410 = OLGR Stuttgart 2003, 519; MüKo-ZPO-Aktualisierungsbd./*Lipp*, § 567 Rn 8, 10 m.w.N.; str.
15 LAG Saarland 19.1.2007 – 2 Ta 38/06 – AE 2007, 262; anders für den Ausschluss eines RA wegen Nichttragens einer Robe: LAG Niedersachsen 29.9.2008 – 16 Ta 333/08 – AnwBl. 2008, 883 = AuR 2008, 55; dazu *Fischer*, jurisPR-ArbR 47/2008, Anm. 6; *Dahns*, NJW-Spezial 2008, 734.
16 LAG Berlin 22.8.1996 – 6 Ta 11/96 – BB 1997, 1000 (LS 1–2) (Auflagenbeschluss); LAG Rheinland-Pfalz 27.12.2005 – 2 Ta 250/05 – juris („Neuer Gütetermin ergeht von Amts wegen.").
17 LAG Rheinland-Pfalz 25.3.2008 – 3 Ta 33/08 – LAGE § 83 ArbGG 1979 Nr. 1.
18 LAG Rheinland-Pfalz 28.2.2008 – 9 Ta 20/08 – juris.
19 LAG Köln 28.6.2006 – 14 Ta 246/06 – juris.
20 Thüringer LAG 30.3.2005 – 4 TaBV 41/05 – juris; abl. GK-ArbGG/*Dörner*, § 78 Rn 28.
21 LAG Hessen 22.6.1988 – 15 Ta 181/88 – DB 1988, 2656 (LS 1 bis 3).
22 LAG Rheinland-Pfalz 27.12.2005 – 2 Ta 250/05 – AE 2006, 139.
23 Anders die überwiegende Rspr. der Landesarbeitsgerichte: LAG Hamm 21.9.1999 – 13 TaBV 53/99 – NZA-RR 2000, 660 m.w.N.; LAG Hessen 21.4.1984 – 4 TaBV 82/83 – NZA 1984, 269; LAG Hamburg 27.8.1990 – 5 TaBV 3/90 – LAGE § 92 ArbGG 1979 Nr. 2.
24 LAG Rheinland Pfalz 25.6.1982 – 6 TaBV 10/82 – EzA § 92 ArbGG 1979 Nr. 1; *Germelmann u.a.*, § 81 Rn 80 m.w.N.; GK-ArbGG/*Dörner*, § 81 Rn 168; *Hauck/Helml*, § 81 Rn 11.
25 Saarländisches LAG 11.5.2006 – 1 Ta 19/06 – ZTR 2006, 377; dazu *Zimmerling*, ZTR 2006, 365 ff.
26 Zu möglichen Amtshaftungsansprüchen *Terhechte*, DVBl. 2007, 1134.
27 Dazu *Kroppenberg*, ZZP 119 (2006), 177 ff.; *Jakob*, ZZP 119 (2006), 327 ff.; *Roller*, DriZ 2007, 82 ff.

Entscheidung des EGMR aus dem Jahre 2000.[28] Der EGMR hatte erkannt, dass bei einer **überlangen Dauer gerichtlicher Verfahren**[29] neben dem in Art. 6 Abs. 1 EMRK verbürgten Recht auf ein faires und zügiges Verfahren Art. 13 EMRK[30] das Recht auf eine wirksame Beschwerde bei einer innerstaatlichen Instanz gewährleiste, mit der Verletzungen des Art. 6 Abs. 1 EMRK gerügt werden können.[31] Sowohl in der Rspr. als auch in der Lit. wird ein **außerordentliches Beschwerderecht** für statthaft gehalten.[32] Derartige außerordentlichen Rechtsbehelfe dürften indes den Anforderungen der Rechtsmittelklarheit entsprechen, wie sie das BVerfG in seiner Plenumsentscheidung aus dem Jahre 2003 formuliert hat (siehe Rn 38 f., § 78a Rn 2).

10   **4. Ausschluss.** Die Statthaftigkeit der Beschwerde ist z.T. **gesetzlich ausgeschlossen**. Das gilt nach § 49 Abs. 3 (Ablehnung von Gerichtspersonen, siehe § 49 Rn 43 ff.) und § 51 Abs. 2 S. 1 i.V.m. § 141 Abs. 3 S. 2 und 3 ZPO bei Zurückweisung des Prozessbevollmächtigten einer ausgebliebenen Partei (siehe § 51 Rn 25). Weitere Fälle sind §§ 225 Abs. 3, 238 Abs. 3, 319 Abs. 3,[33] 320 Abs. 4 S. 4, 336 Abs. 2, 707 Abs. 2, 719 Abs. 1 ZPO.[34]

11   **5. Vorrangigkeit der Erinnerung.** Der Rechtsbehelf der befristeten **Erinnerung** ist gegeben, wenn die Entscheidung eines **ersuchten oder beauftragten Richters** oder des **Urkundsbeamten** der Geschäftsstelle angegriffen werden soll (§ 573 Abs. 1 S. 1 ZPO) – anders bei der Erinnerung nach § 66 Abs. 1 GKG. Die **Beschwerde ist dann ausgeschlossen**. Erst gegen die hierauf ergangene erstinstanzliche Entscheidung ist unter den Voraussetzungen des § 567 ZPO die Beschwerde möglich (§ 573 Abs. 2 ZPO), und zwar auch dann, wenn die andere Partei dadurch erstmals beschwert wird. Für Entscheidungen des **Rechtspflegers** gilt § 11 Abs. 2 RPflG.[35]

II. Verfahrensvoraussetzungen

12   **1. Beschwer.** Die Zulässigkeit der Beschwerde setzt eine **Beschwer** des Rechtsmittelführers durch die angegriffene Entscheidung voraus (zur Beschwer siehe § 64 Rn 7 ff.; bei Streitwertbeschlüssen siehe § 12 Rn 28 f.). Die Beschwerde gegen **Entscheidungen über Kosten** ist nur zulässig, wenn die **Beschwerdesumme von 200 EUR** überschritten wird. Keine Kostenscheidungen i.S.v. § 567 Abs. 2 ZPO sind die über Ordnungsgelder (§§ 380, 409 ZPO, §§ 177 ff. GVG). Die Beschwer kann in Folge **prozessualer Überholung entfallen**, was zur Unzulässigkeit führt.[36] Gleiches tritt ein, wenn das Ausgangsgericht nach § 572 Abs. 1 Hs. 1 ZPO teilweise abhilft und dadurch der Beschwerdewert nunmehr nicht mehr erreicht wird.[37]

13   Durch das Gesetz zur Modernisierung des Kostenrechts[38] ist der Beschwerdewert von 50 EUR auch in **Nebengesetzen** entfallen. Nach § 66 Abs. 2 S. 1 GKG, § 33 Abs. 3 S. 1 RVG, § 4 Abs. 3 S. 1 JVEG gilt nunmehr ein **Beschwerdewert von 200 EUR**. Allerdings kann das entscheidende Gericht nach dem jeweiligen S. 2 der genannten Vorschriften die Beschwerde wegen grundsätzlicher Bedeutung zulassen.[39]

14   Die Statthaftigkeit der Beschwerde ist in einigen Fällen davon abhängig, dass der **Berufungsstreitwert im Hauptsacheverfahren** überschritten wird. Mit der Einführung der **Konvergenz von Hauptsacheverfahren und Beschwerderechtszug** durch das ZPO-RG soll verhindert werden, dass gegen Nebenentscheidungen ein Rechtsmittel statthaft ist, obwohl im Hauptsacheverfahren ein solches nicht besteht.[40] So muss in Fällen der Beschwerde gegen eine Kostenentscheidung nach § 91a ZPO (Gleiches gilt für die Beschwerdemöglichkeit nach § 89 Abs. 1 S. 3 ZPO),[41] in einem Anerkenntnisurteil, welches die Hauptsache erledigt (§ 99 Abs. 2 ZPO) und bei Klagerücknahme (§ 269

---

28 EGMR (Große Kammer), 26.10.2000 – 30210/96 (Kudla/Polen) – rec. 2000-XI, S. 197 = NJW 2001, 2694, m. Anm. *Meyer-Ladewig*, NJW 2001, 2679 f. S. auch *Gundel*, DVBl 2004, 17, Fn 1; *Britz/Pfeiffer*, DÖV 2004, 245 ff.; *Vorwerk*, JZ 2004, 553 ff.
29 Ausf. *Schlette*, Der Anspruch auf gerichtliche Entscheidung in angemessener Frist, 1999, S. 30 ff.
30 Dazu *Kadelbach*, Jura 2005, 480, 483 f.; *Wilfinger*, Das Gebot effektiven Rechtsschutzes in Grundgesetz und Europäischer Menschenrechtskonvention, 1995, S. 187 ff., m.w.N.
31 Bestätigt in EGMR 11.9.2002 – 57220/00 – (Mifsud/Frankreich), ECHR 2002-VIII; EGMR 10.7.2003 – 53341/99 – (Hartman/Tschechische Republik) – ECR 2002-VIII; EGMR 15.2.2007 – 19124/02 – DVBl 2007, 1161.
32 S. etwa Sächsiches LAG 14.3.2008 – 4 Ta 34/07 (7) – LAGE Art. 19 GG Nr. 1; LAG Rheinland-Pfalz 8.7.2008 – 2 Ta 129/08 – juris; OLG Karlsruhe 3.5.2007 – 2 WF 32/07 – MDR 2007, 1393; Thomas/Putzo/*Reichold*, ZPO, § 567 Rn 10; *B/L/A/H*, ZPO, § 567 Rn 5, § 216 Rn 31; Zöller/*Gummer*, ZPO, § 567, Rn 21 f.; abl. BFH 28.5.2009 – III B 73/09 – n.v.; BFH 4.10.2005 – II S 10/05 – n.v.; BVerwG 301.2003 – 3 B 8/03 – NVwZ 2003, 869; zweifelnd auch BVerfG 10.6.2005 – 1 BvR 2790/04 – NJW 2005, 2685 = FamRZ 2005, 1233.
33 LAG Hessen 11.2.2004 – 16 Ta 15/04 – juris; anders die h.M., wenn die Berichtigung ohne Prüfung der tatsächlichen Voraussetzungen abgelehnt wurde, LAG München 10.2.1984 – 8 Ta 252/83 – LAGE § 319 ZPO Nr. 1 = MDR 1985, 170; ausf. GK-ArbGG/*Wenzel*, § 78 Rn 33 ff.
34 Dazu ArbGG/*Treber*, § 78 Rn 14 m.w.N.
35 LAG Nürnberg 4.4.2002 – 7 Ta 57/02 – LAGE § 120 ZPO Nr. 1; ausf. zu den einzelnen Fallgestaltungen Zöller/*Herget*, §§ 103, 104 Rn 9 ff.
36 Etwa BGH 29.6.2004 – X ZB 11/04 – juris; BGH 18.1.1995 – IV ZB 22/94 – NJW-RR 1995, 765.
37 Überw. Auff.: *B/L/A/H*, § 567 Rn 19 m.w.N.; a.A. GK-ArbGG/*Wenzel*, § 78 Rn 78.
38 KostRMoG, vom 5.5.2004, BGBl I S. 718.
39 Vgl. BT-Drucks 15/1971, S. 157; dazu *Natter*, NZA 2004, 686, 689.
40 BT-Drucks 14/4722, S. 74.
41 Dazu *B/L/A/H*, ZPO, § 89 Rn 9.

Abs. 5 S. 1 ZPO) in der Hauptsache der Berufungsstreitwert erreicht sein. Anstelle von § 511 ZPO ist § 64 Abs. 2b anzuwenden.

Im **PKH-Verfahren** (§ 127 Abs. 2 S. 2 ZPO) ist die Beschwerdemöglichkeit an **keine Beschwerdesumme** gebunden. Die Beschwerde ist nur statthaft, wenn ein Rechtsmittel in der Hauptsache gegeben ist.[42] Sie ist stets gegeben, wenn sie sich gegen die Tragung von Prozesskosten (in Raten) richtet.[43]

2. Frist. Die sofortige Beschwerde muss binnen einer **Notfrist** (§ 224 Abs. 1 S. 2 ZPO) von **zwei Wochen** eingelegt werden (abw. Fristen siehe Rn 18). Die nach § 222 ZPO i.V.m. §§ 187 ff. BGB zu berechnende Frist beginnt mit Zustellung der Entscheidung (§ 329 Abs. 3 ZPO). Sie wird nicht in Gang gesetzt, wenn die nach § 9 Abs. 5 S. 1 erforderliche Rechtsmittelbelehrung fehlt[44] oder Mängel aufweist (siehe auch § 9 Rn 24 ff.).[45] Hier gilt die Jahresfrist des § 9 Abs. 5 S. 4.

Ist die **Zustellung unterblieben oder fehlerhaft**, etwa weil die Entscheidung nur formlos mitgeteilt wurde, beginnt nach § 569 Abs. 1 S. 2 ZPO eine Notfrist von fünf Monaten nach Verkündung der Entscheidung. Das entspricht dem Recht der Berufung und Revision (§§ 66 Abs. 1 S. 2, 74 Abs. 1 S. 2, §§ 517, 548 ZPO). Erforderlich ist allerdings, dass eine Verkündung stattgefunden hat. In anderen Fällen bestimmt sich der Fristbeginn nach der Bekanntgabe der Entscheidung.[46] Ist eine Zustellung nicht erfolgt, fehlt es an der Rechtsmittelbelehrung, so dass nach den Grundsätzen der Rspr. eine Frist von 17 Monaten eingreift, da eine gesonderte Regelung wie in §§ 66 Abs. 1 S. 2, 74 Abs. 1 S. 2 in § 78 fehlt (siehe auch § 9 Rn 28).[47]

Abweichende Fristen enthält das Recht der **PKH**. Die Notfrist ist an die des Hauptsacheverfahrens angeglichen und beträgt nach § 127 Abs. 2 S. 3 ZPO einen Monat. Für die Beschwerde der Staatskasse beträgt die Frist einen Monat ab Bekanntgabe; drei Monate nach Verkündung ist sie nicht mehr statthaft (§ 127 Abs. 3 S. 3, 4 ZPO).

§ 567 Abs. 3 ZPO ermöglicht die **unselbstständige Anschlussbeschwerde** des Beschwerdegegners, auch wenn er auf die Beschwerde verzichtet hat oder die Frist nach § 569 Abs. 1 S. 1 ZPO abgelaufen ist. Es gelten die Grundsätze der anderen Anschlussrechtsmittel (vgl. § 64 Rn 39 ff., § 74 Rn 106 ff.).

3. Einlegung. Eingelegt wird die Beschwerde durch Einreichung einer **Beschwerdeschrift** oder durch **Erklärung zu Protokoll der Geschäftsstelle**. Das kann beim Ausgangsgericht (iudex a quo) oder beim Beschwerdegericht (iudex ad quem) geschehen (§ 569 Abs. 1 S. 1 ZPO). In Anbetracht der generellen Abhilfebefugnis des iudex a quo (§ 572 Abs. 1 ZPO, siehe Rn 26 ff.) führt die Einreichung beim iudex ad quem zu Verzögerungen, weil die Beschwerde zur Prüfung der Abhilfe dem Ausgangsgericht vorgelegt werden muss. Die **inhaltlichen Anforderungen** ergeben sich aus § 569 Abs. 2 S. 2 ZPO.[48] Ein bestimmter Antrag ist nicht erforderlich, aber – nicht zuletzt aus Kostengründen – zweckmäßig, wenn die Entscheidung nur teilweise überprüft werden soll.

Vertretungszwang i.S.d. § 11 Abs. 2 **besteht nicht**. Das folgt aus §§ 569 Abs. 3 S. 1, 78 Abs. 3 ZPO. Da vor den ArbG kein Anwaltszwang herrscht, ist der Beschwerdeführer nicht dazu angehalten, eine Beschwerdeschrift einzureichen. Er kann das Rechtsmittel auch zu Protokoll der Geschäftsstelle (beim LAG) einlegen (ebenso nach § 66 Abs. 5 GKG, § 33 Abs. 7 RVG, §§ 14 Abs. 4, 156 Abs. 4 KostO). Anders verhält es sich, wenn das LAG eine mündliche Verhandlung anberaumt. Dann greift das Vertretungserfordernis nach § 11 Abs. 2 ein.

4. Neues Vorbringen und Präklusion. Eine Beschwerdebegründung ist nicht zwingend vorgeschrieben („Soll"-Vorschrift – § 571 Abs. 1 ZPO), aber zweckmäßig, um eine „gezielte, problemorientierte (...) Nachprüfung" zu ermöglichen und das Verfahren zu beschleunigen.[49]

Die Beschwerdeinstanz ist zweite Tatsacheninstanz. **Neue Angriffs- und Verteidigungsmittel** können unabhängig vom Zeitpunkt ihrer Entstehung vorgebracht werden (§ 571 Abs. 2 S. 1 ZPO). Einschränkungen ergeben sich bei der Entscheidung über die Kosten nach § 91a ZPO[50] und bei der Ablehnung der Wiedereinsetzung gem. § 238 Abs. 2 ZPO. Im letzteren Fall kann die Beschwerde nur auf neue Tatsachen gestützt werden, die innerhalb der Antragsfrist nach §§ 234 Abs. 1, 236 Abs. 2 ZPO vorgebracht werden.[51]

Grenzen werden der Beibringung neuer Tatsachen durch die **Möglichkeit der Präklusion** neuen Vorbringens in § 571 Abs. 3 ZPO gesetzt. Danach kann der Vorsitzende Richter am LAG – nicht das Ausgangsgericht[52] – nach sei-

---

42 BGH 23.2.2005 – XII ZB 1/03 – BGHZ 162, 320 = NJW 2005, 1659.
43 ArbGG/*Treber*, § 78 Rn 24; GK-ArbGG/*Wenzel*, § 78 Rn 24.
44 BAG 8.5.2003 – 2 AZB 56/02 – AP § 9 ArbGG 1979 Nr. 25 = ZInsO 2003, 722; BAG 26.9.2002 – 5 AZB 15/02 – AP § 17a GVG Nr. 48 = NZA 2002, 1302.
45 LAG Berlin 18.6.2002 – 2 Ta 945/02 – LAGE § 118 ZPO 2002 Nr. 1.
46 BAG 5.8.1996 – 5 AZB 15/96 – AP § 17a GVG Nr. 25 = NZA 1996, 1175.
47 ArbGG/*Treber*, § 78 Rn 27; Schwab/Weth/*Schwab*, § 78 Rn 55.
48 Vgl. BGH 23.10.2003 – IX ZB 369/02 – NJW 2004, 1112, 1113 = NZI 2004, 166.
49 Vgl. BGH 23.10.2003 – IX ZB 369/02 – NJW 2004, 1112, 1113 = NZI 2004, 166.
50 Vgl. *B/L/A/H*, § 91a Rn 160.
51 BGH 8.4.1997 – VI ZB 8/97 – NJW 1997, 2120.
52 ArbGG/*Treber*, § 78 Rn 34; Ostrowicz/Künzl/*Schäfer*, § 78 Rn 302b; a.A. *Schmidt/Schwab/Wildschütz*, NZA 2001, 1217, 1225.

nem Ermessen den Parteien für ihr Vorbringen von Angriffs- und Verteidigungsmitteln eine Frist setzen. Für eine **ordnungsgemäße Fristsetzung** sind die Maßstäbe heranzuziehen, die auch i.R.d. § 296 Abs. 1 ZPO gelten.[53] Die Zurückweisung verspäteten Vorbringens richtet sich nach § 571 Abs. 3 S. 2 ZPO, der ausdrücklich § 296 Abs. 1 ZPO aufgreift (siehe auch § 56 Rn 74).

25 **5. Aufschiebende Wirkung.** Die Beschwerde hat nur bei der **Festsetzung von Ordnungs- und Zwangsmitteln** aufschiebende Wirkung. In anderen Fällen kann das Ausgangsgericht (durch den Kammervorsitzenden, § 53 Abs. 1) bis zur Vorlage an das Beschwerdegericht die Vollziehung nach pflichtgemäßen Ermessen aussetzen, danach ist dieses zuständig. Das LAG kann zudem noch einstweilige Anordnungen erlassen (§ 570 Abs. 3 ZPO).

III. Entscheidung

26 **1. Abhilfeentscheidung des Arbeitsgerichts.** Das ZPO-RG hat eine **generelle Abhilfebefugnis des Ausgangsgerichts** eingeführt (§ 572 Abs. 1 ZPO). Das Nichtabhilfeverfahren wird auch nicht entbehrlich, wenn die Beschwerde unmittelbar beim LAG eingelegt wird.[54] Dieses hilft ab, „soweit" es die Beschwerde für begründet hält. Die umstr. Frage, ob auch einer unzulässigen Beschwerde abgeholfen werden darf, wenn sie zumindest statthaft ist, ist im Hinblick auf den Zweck der Rechtsmittelfrist abzulehnen.[55] Wird durch den Abhilfebeschluss des ArbG die **andere Partei erstmals beschwert**, steht ihr gegen diesen die Beschwerde zu.[56] Nach Auffassung des LAG Rheinland-Pfalz kann eine Zurückverweisung an das ArbG erfolgen, wenn dem Nichtabhilfeentschluss nicht ansatzweise entnommen werden kann, das ArbG sei seiner Überprüfungspflicht nachgekommen.[57]

27 Im Rahmen einer Beschwerde gegen eine Rechtswegentscheidung nach § 48 Abs. 1 Nr. 2 sind bei der **Nichtabhilfeentscheidung** die **ehrenamtlichen Richter hinzuzuziehen**, da sie auch bei der angegriffenen Entscheidung mitgewirkt haben.[58] Das müssen aber nicht diejenigen der Ausgangsentscheidung sein.[59] Bei (teilweiser) Nichtabhilfe ist die Beschwerde dem LAG durch begründeten Beschlusses vorzulegen (§ 572 Abs. 1 S. 1 Hs. 2 ZPO). Die **Vorlagepflicht** besteht auch, wenn die Beschwerde unstatthaft ist.[60]

28 **2. Entscheidung des Landesarbeitsgerichts.** Das LAG entscheidet nach S. 3 **durch seinen Vorsitzenden** ohne Hinzuziehung der ehrenamtlichen Richter. Das gilt auch im Falle einer (fakultativen, § 128 Abs. 4 ZPO) mündlichen Verhandlung sowie einer Entscheidung nach § 17a Abs. 4 GVG.[61]

29 Es prüft **von Amts wegen** zunächst die **Zulässigkeit** der Beschwerde (§ 572 Abs. 2 ZPO). Hält es sie für nicht gegeben, ist die Beschwerde zu verwerfen. Die unbegründete Beschwerde wird zurückgewiesen. Andernfalls wird die angefochtene Entscheidung aufgehoben (§ 572 Abs. 3 ZPO). Dabei kann das Gericht in der Sache selbst entscheiden. Es hat dabei das Verbot der reformatio in peius zu beachten.[62] Es kann die Sache aber auch an das ArbG zurückverweisen und diesem die erforderlichen Anordnungen übertragen.

Die Entscheidung ergeht durch Beschluss (§ 572 Abs. 4 ZPO). Im Falle einer mündlichen Verhandlung ist er zu verkünden (§ 329 Abs. 1 S. 1 ZPO). Die Kostenentscheidung folgt aus §§ 91 ff. ZPO.[63]

IV. Rechtsbeschwerde zum Bundesarbeitsgericht

30 **1. Statthaftigkeit.** Mit der durch das ZPO-RG eingeführten **Rechtsbeschwerde** ist der Rechtsmittelzug für Nebenentscheidungen an den in der Hauptsache angeglichen. Das Rechtsmittel ist revisionsähnlich ausgestaltet und dient der Überprüfung der Rechtsanwendung. Eine Nichtzulassungsbeschwerde ist nicht vorgesehen.[64] Die Rechtsbeschwerde findet statt **gegen Entscheidungen des LAG** über eine sofortige Beschwerde oder bei prozessualen Nebenentscheidungen des LAG, in denen es als Berufungsgericht tätig geworden ist (§ 574 Abs. 1 Nr. 2).[65] Sie ist auch gegen solche Beschlüsse statthaft, für die das Rechtsmittel der Beschwerde nach § 567 ZPO ausgeschlossen ist.[66]

---

53 Zur Belehrung ArbGG/*Treber*, § 78 Rn 34 m.w.N.
54 A.A. LAG Hamm 20.9.2006 – 10 Ta 294/06 – juris.
55 Zweifelnd Schleswig-Holsteinisches OLG 6.4.2004 – 16 W 170/03 – juris; anders *B/L/A/H*, § 572 Rn 3; Thomas/Putzo/*Reichold*, § 572 Rn 2, 7, s. auch ArbGG/*Treber*, § 78 Rn 24.
56 LAG Baden-Württemberg 4.7.2002 – 15 Ta 9/02 – LAGE § 572 ZPO 2002 Nr. 1.
57 LAG Rheinland-Pfalz 18.10.2006 – 8 Ta 202/06 – juris.
58 LAG Schleswig-Holstein 8.8.2005 – 2 Ta 166/05 – NZA-RR 2005, 601; LAG Bremen 5.1.2006 – 3 Ta 69/05 – LAGE § 68 ArbGG 1979 Nr. 9; Germelmann u.a., § 78 Rn 28; *Holthaus/Koch*, RdA 2002, 140, 157; Schwab/Weth/*Schwab*, § 78 Rn 45.
59 LAG Berlin 15.2.2006 – 13 Ta 170/06 – NZA-RR 2006, 493 = LAGE § 623 BGB 2002 Nr. 5; LAG Köln 10.3.2006 – 3 Ta 47/06 – NZA-RR 2006, 319 = LAGE § 111 ArbGG 1979 Nr. 4; a.A. ArbG Berlin 28.3.2006 – 30 Ca 1905/05 – juris.
60 MüKo-ZPO-Aktualisierungsbd./*Lipp*, § 572 Rn 10 (str.).
61 BAG 10.12.1992 – 8 AZB 6/92 – AP § 17a GVG Nr. 4 = NZA 1993, 619; LAG Hessen 19.8.1992 – 2 Ta 10/92 – LAGE § 48 ArbGG 1979 Nr. 8.
62 BGH 27.10.1982 – IVb ZB 719/81 – BGHZ 85, 180 = NJW 1983, 173.
63 Ausf. GK-ArbGG/*Wenzel*, § 78 Rn 106 ff.
64 BAG 19.12.2002 – 5 AZB 54/02 – AP § 72a ArbGG 1979 Nr. 47 = NZA 2003, 287 m.w.N.; BAG 2.6.2008 – 3 AZB 24/08 – AP § 85 BetrVG 1972 Nr. 11 = EzA § 23 BetrVG 2001 Nr. 2.
65 ErfK/*Koch*, § 78 Rn 16; *B/L/A/H*, § 574 Rn 1.
66 *Treber*, in: Hannich/Meyer-Seitz, ZPO-Reform 2002, § 574 Rn 10.

Weiterhin ist sie gegen **Entscheidungen i.R.d. Beschlussverfahrens** nach §§ 80 ff. gegeben. Aus § 90 Abs. 3 folgt nichts anderes, weil die Vorschrift nur Fälle regelt, in denen das LAG als Ausgangsgericht tätig geworden ist.[67] Wird das LAG allerdings als solches tätig, ist nach dem Gesetzeswortlaut die Rechtsbeschwerde ausgeschlossen.[68]

Statthaft ist die Rechtsbeschwerde, wenn das Rechtsmittel im **Gesetz ausdrücklich vorgesehen** ist (Nr. 1) oder wenn sie **vom LAG im Beschluss zugelassen** wurde. Die Zulassung muss in der anzufechtenden Entscheidung ausdrücklich ausgesprochen werden;[69] dies kann aber auch in den Gründen erfolgen, da § 78 nicht auf § 64 Abs. 3a verweist.[70] Das richtet sich nach S. 2 und abweichend von § 574 Abs. 2 ZPO nach den Zulassungsgründen für die Revision gem. § 72 Abs. 2 (im Einzelnen § 72). Für das BAG ist die **Zulassung bindend** (§ 574 Abs. 3 S. 2 ZPO), allerdings nur insoweit, als die Rechtsbeschwerde grds. gegeben ist. Ist ein Rechtsmittel durch Gesetz ausgeschlossen (etwa nach § 707 Abs. 2 S. 2 ZPO), führt die Zulassung nicht zu dessen Statthaftigkeit.[71] Ein anderes gilt aber dann, wenn das LAG über einen unanfechtbaren Beschluss des ArbG entschieden und die Rechtsbeschwerde zugelassen hat. Dann dient die Entscheidung des Rechtsbeschwerdegerichts gerade dazu, die gesetzgeberische Entscheidung durchzusetzen, dass ein Beschluss unanfechtbar ist.[72] Eine Zulassung im **einstweiligen Rechtsschutzverfahren** scheidet aus, § 72 Abs. 4.[73] Im Verfahren über die Bewilligung von PKH kommt die Zulassung nur wegen solcher Rechtsfragen in Betracht, die das Verfahren oder die persönlichen Voraussetzungen, nicht aber die Erfolgsaussicht der beabsichtigten Rechtsverfolgung betreffen.[74]

Die Rechtsbeschwerde ist auf die **Verfahren nach dem Recht der ZPO beschränkt**. Das betrifft etwa das Kostenfestsetzungsverfahren nach §§ 103 ff. ZPO und das Verfahren der Klauselerteilung.[75] Nach § 66 Abs. 3 S. 3 GKG, § 33 Abs. 4 S. 3 RVG und § 4 Abs. 4 S. 3 JVEG ist eine Beschwerde an einen obersten Gerichtshof des Bundes ausdrücklich ausgeschlossen (siehe § 12 Rn 31).[76] Das Verfahren über Rechtswegstreitigkeiten bestimmt sich nach wie vor nach § 17a GVG.[77]

Nach der Neuregelung von § 5 Abs. 4 KSchG zum 1.4.2008 (siehe § 5 KSchG Rn 1 hat sich die Diskussion über die Rspr. des BAG, wonach gegen die Beschwerdeentscheidung des LAG über die **nachträgliche Zulassung einer Künd-Schutzklage** nach § 5 Abs. 4 S. 2 KSchG die Rechtsbeschwerde nicht statthaft soll,[78] erledigt (zum jetzigen Verfahren siehe § 5 KSchG Rn 57).

2. Verfahren. Das Verfahren richtet sich nach den **§§ 574 bis 577 ZPO**[79] und ist weitgehend dem Revisionsrecht nachgebildet. Die Rechtsbeschwerde ist binnen einer **Notfrist von einem Monat** nach Zustellung der angegriffenen Entscheidung beim BAG einzulegen. Ein Abhilfeverfahren findet nicht statt. Nach § 11 Abs. 2 S. 1 besteht **Vertretungszwang**. Der Inhalt der Rechtsbeschwerdeschrift ergibt sich aus § 575 Abs. 1 S. 2, Abs. 3 ZPO und entspricht den §§ 519 Abs. 2, 549 Abs. 1 S. 2 ZPO (vgl. § 74 Rn 3 ff.). Die Rechtsbeschwerde ist **binnen eines Monats ab Zustellung zu begründen** (§ 575 Abs. 2 ZPO). Die Frist kann entsprechend § 551 Abs. 2 S. 5 und 6 ZPO (anders als in § 74 Abs. 1 S. 3) verlängert werden. Die Einzelheiten der Rechtsbeschwerdebegründung ergeben sich aus § 575 Abs. 3 ZPO. Das entspricht den Regelungen im Revisionsrecht (vgl. § 74 Rn 40 ff.). Die Möglichkeit der **Anschlussrechtsbeschwerde** ist in § 574 Abs. 4 ZPO geregelt.

Über die Rechtsbeschwerde entscheidet das BAG ohne Hinzuziehung der ehrenamtlichen Richter (S. 3) durch Beschluss (§ 577 Abs. 6 ZPO). Die Prüfung des Rechtsmittels sowie der Inhalt der Entscheidung nach § 577 ZPO entsprechen den revisionsrechtlichen Bestimmungen der §§ 552, 557, 559, 561 bis 564 ZPO (siehe § 74 Rn 68, § 75 Rn 2, zur Gesetzesverletzung siehe § 73 Rn 9 ff., zu Verfahrensmängeln § 73 Rn 26, zum Tatsachenstoff § 73 Rn 49 ff.).

C. Verbindung zu anderen Rechtsgebieten und zum Prozessrecht

Das Rechtsmittel nach § 78 ist nicht zu verwechseln mit der **Beschwerde nach § 87 Abs. 1** gegen die das Verfahren beendenden Beschlüsse des ArbG im Beschlussverfahren. Gleiches gilt für die Rechtsbeschwerde nach § 92, die das der Revision entsprechende Rechtsmittel im Beschlussverfahren nach den §§ 80 ff. regelt. Für nicht verfahrensbeen-

---

67 BAG 28.2.2003 – 1 AZB 53/02 – AP § 78 ArbGG 1979 n.F. Nr. 2 = NZA 2003, 516.
68 A.A. ErfK/*Eisemann/Koch*, § 90 Rn 3, der von einem Redaktionsversehen ausgeht.
69 BAG 11.6.2009 – 9 AZA 8/09 – juris.
70 BAG 17.1.2007 – 5 AZB 43/06 – AP § 64 ArbGG 1979 Nr. 40 = NZA 2007, 644 m.w.N.
71 BAG 25.11.2008 – 3 AZB 64/08 – EzA § 319 ZPO 2002 Nr. 1 = NZA 2009, 332; BAG 19.2005 – 3 AZB 48/05 – NZA-RR 2006, 211; BAG 5.11.2003 – 10 AZB 59/03 – AP § 78 ArbGG 1979 Nr. 152 = NZA 2003, 1421; BGH 21.4.2004 – XII ZB 279/03 – NJW 2004, 2224 m.w.N.
72 BAG 25.11.2008 – 3 AZB 64/08 – EzA § 319 ZPO 2002 Nr. 1 = NZA 2009, 332.
73 BAG 22.1.2003 – 9 AZB 7/03 – AP § 78 ArbGG 1979 n.F. Nr. 1 = NZA 2003, 399; dazu *Kerwer*, RdA 2004, 122.
74 BGH 21.11.2002 – V ZB 40/02 – NJW 2003, 1126.
75 BGH 19.11.2003 – IV ZB 20/03 – NJW-RR 2004, 356.
76 S. auch BAG 4.8.2004 – 3 AZB 15/04 – AR-Blattei ES 160.10.4 (1979) Nr. 14.
77 BGH 16.10.2002 – VIII ZB 27/02 – n.v.
78 BAG 15.9.2005 – 3 AZB 48/05 – NZA-RR 2006, 211; BAG 20.8.2002 – 2 AZB 16/02 – AP § 5 KSchG 1969 Nr. 14 = NZA 2002, 1228 m.w.N.; s. dazu etwa *Roth*, FS Richardi 2007, S. 379.
79 Abgedruckt bei ArbGG/*Treber*, § 78 Rn 54.

dende Beschlüsse und Verfügungen des ArbG und seines Vorsitzenden gilt über die Verweisung in § 83 Abs. 5 auf § 78 wiederum das Beschwerderecht der ZPO.[80]

Neben der ordentlichen Beschwerde hatte die Rspr. zwei außerordentliche Rechtsbehelfe etabliert: die **außerordentliche Beschwerde** wegen sog. greifbarer Gesetzeswidrigkeit und die **Gegenvorstellung**.[81]

37 Nach der Plenumsentscheidung des BVerfG ist die **außerordentliche Beschwerde** wegen Verstoßes gegen das Rechtsstaatsprinzip i.V.m. dem allg. Justizgewährungsanspruch **verfassungswidrig**.[82] Die außerordentliche Beschwerde ist **kein statthafter Rechtsbehelf** mehr (siehe § 78a Rn 26).[83]

38 Auch die **Gegenvorstellung**, mit der eine nicht (mehr) anfechtbare Entscheidung abgeändert werden soll, ist mit den Anforderungen an die Rechtsmittelklarheit und Rechtssicherheit nicht zu vereinbaren.[84] Allerdings ergibt sich nach einer Entscheidung des Ersten Senats des BVerfG aus den Erwägungen in der Plenumsentscheidung des Gerichts nicht, dass eine Gegenvorstellung gegen gerichtliche Entscheidungen von Verfassungs wegen unzulässig ist.[85] Die Einlegung eines solchen außerordentlichen Rechtsbehelfs ist indes keine Voraussetzung, um von einer Erschöpfung des Rechtswegs nach § 90 Abs. 2 S. 1 BVerfGG als Zulässigkeitsvoraussetzung einer Verfassungsbeschwerde ausgehen zu können. Der BFH hat dem Gemeinsamen Senat der obersten Gerichtshöfe des Bundes die Frage zur Entscheidung vorgelegt, ob die Gegenvorstellung gegen einen Beschluss über einen Antrag auf PKH statthaft ist,[86] was er selbst ablehnt.

Der Gegenvorstellung kann dann noch ein Anwendungsbereich eröffnet sein, wenn es sich um jederzeit abänderbare Entscheidungen der betreffenden Instanz – v.a. solche prozessleitender Art – handelt.[87] In anderen Fallgestaltungen, wenn also dem Gericht nach der betreffenden Verfahrensordnung eine Korrektur verwehrt ist, wird von der fehlenden Statthaftigkeit der Gegenvorstellung auszugehen sein.[88]

Rechtsmittel sollen allerdings dann statthaft sein, wenn die Voraussetzungen für eine Analogie oder die Voraussetzungen eines Erst-Recht-Schlusses vorliegen.[89]

39 In entsprechender Anwendung von § 36 Abs. 1 Nr. 6 ZPO will das BAG bei **krass rechtswidrigen Verweisungsbeschlüssen**, die Ausdruck einer nicht mehr hinnehmbaren willkürlichen Rspr. sind, das zuständige Gericht bestimmen, wenn Zweifel über die Bindungswirkung des Beschlusses bestehen.[90]

§ 78a Abhilfe bei Verletzung des Anspruchs auf rechtliches Gehör

(1) Auf die Rüge der durch die Entscheidung beschwerten Partei ist das Verfahren fortzuführen, wenn
1. ein Rechtsmittel oder ein anderer Rechtsbehelf gegen die Entscheidung nicht gegeben ist und
2. das Gericht den Anspruch dieser Partei auf rechtliches Gehör in entscheidungserheblicher Weise verletzt hat.

Gegen eine der Endentscheidung vorausgehende Entscheidung findet die Rüge nicht statt.

(2) ¹Die Rüge ist innerhalb einer Notfrist von zwei Wochen nach Kenntnis von der Verletzung des rechtlichen Gehörs zu erheben; der Zeitpunkt der Kenntniserlangung ist glaubhaft zu machen. ²Nach Ablauf eines Jahres seit Bekanntgabe der angegriffenen Entscheidung kann die Rüge nicht mehr erhoben werden. ³Formlos mitgeteilte Entscheidungen gelten mit dem dritten Tage nach Aufgabe zur Post als bekannt gegeben. ⁴Die Rüge ist schriftlich bei dem Gericht zu erheben, dessen Entscheidung angegriffen wird. ⁵Die Rüge muss die angegriffene Entscheidung bezeichnen und das Vorliegen der in Absatz 1 Satz 1 Nr. 2 genannten Voraussetzungen darlegen.

(3) Dem Gegner ist, soweit erforderlich, Gelegenheit zur Stellungnahme zu geben.

---

80 BAG 28.2.2003 – 1 AZB 53/02 – AP § 78 ArbGG 1979 n.F. Nr. 2 = NZA 2003, 516.
81 St. Rspr.; s. noch BAG 19.6.2002 – 2 AZB 9/02 – AuR 2002, 470 m.w.N.; ausf. GK-ArbGG/*Wenzel*, § 78 Rn 132 ff. m.w.N.; s. auch ArbGG/*Treber*, § 78 Rn 59 ff.
82 BVerfG 30.4.2003 – 1 PbvU 1/02 – BVerfGE 107, 395 = NJW 2003, 1924.
83 BAG 3.2.2009 – 3 AZB 101/08 – NZA 2009, 396 = EzA § 78 ArbGG 1979 Nr. 9; für den Fall der Verletzung des rechtlichen Gehörs: BAG 8.8.2005 – 5 AZB 31/05 – AP § 78a ArbGG 1979 Nr. 1 = EzA § 78a ArbGG 1979 Nr. 1.Zöller/*Gummer*, vor § 567 Rn 9; a.A. wohl Zöller/*Vollkommer*, § 321a Rn 4.
84 ArbGG/*Treber*, § 78 Rn 60 ff.; s. auch LAG Schleswig-Holstein 31.3.2005 – 2 Ta 37/05 – juris.
85 BVerfG 25.11.2008 – 1 BvR 848/07 – EzA § 8 ArbGG 1979 Nr. 7 = NJW 2009, 829; s. auch BAG 22.4.2009 – 3 AZB 97/08 – NZA 2009, 804.
86 BFH 26.9.2007 – V S 10/07 – NJW 2008, 543; dazu *Rüsken*, NJW 2008, 481.
87 S. auch B/L/A/L, vor § 567 Rn 6, m. weiteren Bsp.; ArbGG/*Treber*, § 78 Rn 63.
88 Ebenso ErfK/*Koch*, § 78 Rn 16; weitergehend für den Fall „krassen Unrechts" GK-ArbGG/*Dörner*, § 78 Rn 17.
89 BAG 22.4.2009 – 3 AZB 97/08 – NZA 2009, 804.
90 BAG 9.2.2006 – 5 AS 1/06 – AP § 36 ZPO Nr. 61 = DB 2006, 792; BAG 28.2.2006 – 5 AS 19/05 – AP § 2 ArbGG 1979 Nr. 88 = NJW 2006, 1372; s. auch LAG Hessen 26.8.2008 – 4 Ta 308/08 – AuR 2009, 62 (LS); LAG München 28.10.2008 – 1 SHa 27/08 – NZA-RR 2009, 218.

(4) ¹Das Gericht hat von Amts wegen zu prüfen, ob die Rüge an sich statthaft und ob sie in der gesetzlichen Form und Frist erhoben ist. ²Mangelt es an einem dieser Erfordernisse, so ist die Rüge als unzulässig zu verwerfen. ³Ist die Rüge unbegründet, weist das Gericht sie zurück. ⁴Die Entscheidung ergeht durch unanfechtbaren Beschluss. ⁵Der Beschluss soll kurz begründet werden.

(5) ¹Ist die Rüge begründet, so hilft ihr das Gericht ab, indem es das Verfahren fortführt, soweit dies aufgrund der Rüge geboten ist. ²Das Verfahren wird in die Lage zurückversetzt, in der es sich vor dem Schluss der mündlichen Verhandlung befand. ³§ 343 der Zivilprozessordnung gilt entsprechend. ⁴In schriftlichen Verfahren tritt an die Stelle des Schlusses der mündlichen Verhandlung der Zeitpunkt, bis zu dem Schriftsätze eingereicht werden können.

(6) ¹Die Entscheidungen nach den Absätzen 4 und 5 erfolgen unter Hinzuziehung der ehrenamtlichen Richter. ²Die ehrenamtlichen Richter wirken nicht mit, wenn die Rüge als unzulässig verworfen wird oder sich gegen eine Entscheidung richtet, die ohne Hinzuziehung der ehrenamtlichen Richter erlassen wurde.

(7) § 707 der Zivilprozessordnung ist unter der Voraussetzung entsprechend anzuwenden, dass der Beklagte glaubhaft macht, dass die Vollstreckung ihm einen nicht zu ersetzenden Nachteil bringen würde.

(8) Auf das Beschlussverfahren finden die Absätze 1 bis 7 entsprechende Anwendung.

Literatur: *Bepler*, Änderungen im arbeitsgerichtlichen Verfahren durch das Anhörungsrügengesetz, RdA 2005, 65; *Düwell*, Das Anhörungsrügengesetz, FA 2005, 75; *Gravenhorst*, Anhörungsrügengesetz und Arbeitsgerichtsverfahren, NZA 2005, 24; *Kettinger*, Die Verfahrensgrundrechtsrüge, Hamburg 2007; *ders.*, Geschäftsverteilung und wirksamer Rechtsschutz im Rahmen des § 321a ZPO, JR 2006, 443; *Kroppenberg*, Zum Rechtsschutzbereich der Rüge gemäß § 321a ZPO, ZZP 116 (2003), 421; *Nasall*, Anhörungsrügengesetz – Vor der Reform ist nach der Reform, ZRP 2004, 164; *Oberthür*, Verbesserter Rechtsschutz bei Verfahrensfehlern durch die Gehörsrüge gemäß § 78a ArbGG, ArbRB 2005, 26; *Polep/Rensen*, Die Gehörsrüge, 2004, *Rensen*, Beginn der Rügefrist nach § 321a Abs. 1 S. 1 ZPO, MDR 2007, 695; *Schnabl*, Die Anhörungsrüge nach § 321a ZPO – Gewährleistung von Verfahrensgrundrechten durch die Fachgerichte, Tübingen 2006; *Schrader*, Anhörungsrügengesetz und Arbeitsgerichtsverfahren, NZA-RR 2006, 57; *Treber*, Neuerungen durch das Anhörungsrügengesetz, NJW 2005, 97; *Zwanziger*, Nichtzulassungsbeschwerde und Gehörsrüge in der Arbeitsgerichtsbarkeit, NJW 2008, 3388.

A. Allgemeines	1	2. Einzelfälle	11
B. Regelungsgehalt	3	IV. Verfahren	15
I. Statthaftigkeit	3	1. Form	15
1. Allgemeines	3	2. Frist	17
2. Subsidiarität	5	3. Rüge- und Abhilfeverfahren	19
II. Rügeberechtigung	8	V. Zwangsvollstreckung	25
III. Rügegrund	9	C. Verbindung zu anderen Rechtsgebieten	26
1. Grundsatz	9	D. Beraterhinweise	27

A. Allgemeines

Die Vorschrift wurde durch das am 1.1.2005 in Kraft getretene Gesetz über die Rechtsbehelfe bei Verletzung des Anspruchs auf rechtliches Gehör neu in das ArbGG eingefügt.¹ Die **Gehörsrüge** eröffnet einen **fachgerichtlichen Rechtsbehelf** gegen gerichtliche Entscheidungen in jeder Instanz, sofern ein Rechtsmittel oder ein Rechtsbehelf gegen die betreffende Entscheidung nicht (mehr) gegeben ist und in entscheidungserheblicher Weise das rechtliche Gehör einer Partei oder eines Beteiligten verletzt wurde.

Bereits unter der Geltung von § 321a ZPO a.F. wurde eine entsprechende Anwendung auf alle bindenden und unanfechtbaren Entscheidungen befürwortet.² Zudem hatte das **Plenum des BVerfG** die gerichtliche Praxis von „teilweise außerhalb des geschriebenen Rechts" entwickelten außerordentlichen Rechtsbehelfen, mit den in der Praxis bei Grundrechtsverstößen Rechtsschutz gewährt wurde (siehe § 78 Rn 38 f.), als mit den „verfassungsrechtlichen Anforderungen an die Rechtsmittelklarheit" und Rechtssicherheit für unvereinbar erklärt. Das Grundrecht auf Gewährung rechtlichen Gehörs erfordere ausreichende **Rechtsschutzmöglichkeiten gegen Verletzungen in den Verfahrensordnung**.³ Dem ist der Gesetzgeber mit dem Anhörungsrügengesetz nachgekommen.

---

1 Anhörungsrügengesetz v. 9.12.2004, BGBl I S. 3220; Materialien: BR-Drucks 848/04, BT-Drucks 15/3706, BT-Drucks 15/3966, BT-Drucks 15/4061, BR-Drucks 663/1/04.
2 Nachw. bei ArbGG/*Treber*, Rn 3; *Treber*, NJW 2005, 97, 98; *Kroppenberg*, ZZP 116 (2003), 421 ff.; *Polep/Rensen*, S. 3 ff., 21 ff., 46 ff.
3 BVerfG 30.4.2003 – BVerfGE 107, 309 = AP Art. 103 GG Nr. 64; s. auch die Folgeentscheidung BVerfG 7.10.2003 – 1 BvR 10/99 – BVerfGE 108, 341 = NJW 2003, 3687; w.N. bei ArbGG/*Treber*, § 78a Rn 4.

B. Regelungsgehalt
I. Statthaftigkeit

3 **1. Allgemeines.** Die Gehörsrüge ist der einschlägige fachgerichtliche **Rechtsbehelf** bei **Verletzungen des Anspruchs auf rechtliches Gehör** gegen alle nicht mehr angreifbaren Entscheidungen,[4] unabhängig davon, in welcher Instanz sie ergehen. Hierunter fallen sowohl Urteile und Beschlüsse im **Urteilsverfahren** nach §§ 46 ff. als auch die in diesen Verfahren ergangenen Beschlüsse, und zwar sowohl im Haupt- als auch in den sog. Nebenverfahren (etwa bei Entscheidungen über die Gewährung von PKH). Nach Abs. 8 gelten die Abs. 1 bis 7 ebenfalls für Entscheidungen i.R.d. **Beschlussverfahrens** nach §§ 80 ff. Der Rechtsbehelf ist auch in den Verfahren des **einstweiligen Rechtsschutzes** statthaft.[5]

4 **Nicht** erfasst werden **Zwischenentscheidungen**, die der Endentscheidung vorausgehen.[6] Dazu gehören auch diejenigen über die **örtliche Zuständigkeit** nach § 48 Abs. 1 Nr. 2 (aber siehe Rn 26 und § 78 Rn 38 f.). Anders soll in Fällen der nachträglichen Zulassung der Künd-Schutzklage zu entscheiden sein.[7] Eine **Ausnahme** ist aber trotz des Wortlauts der Vorschrift dann gegeben, wenn die Zwischenentscheidung abschließend und für das weitere Verfahren bindend ist, der darin liegende rechtliche Nachteil nicht oder nicht mehr vollständig behoben werden kann und daher mit der Verfassungsbeschwerde selbstständig angefochten werden könnte. Das ist bei einem **Richterablehnungsverfahren** der Fall.[8]

5 **2. Subsidiarität.** Die Rüge ist nur gegeben, wenn ein anderes Rechtsmittel oder ein anderer Rechtsbehelf nicht oder nicht mehr gegeben ist – **Grundsatz der Subsidiarität der Gehörsrüge**. Ein Wahlrecht zwischen Gehörsrüge und Rechtsmittel besteht, selbst in offenkundigen, sog. Pannenfällen, nicht.[9] Der Rechtsbehelf kann noch nach Ablauf der Frist für ein an sich gegebenes Rechtsmittel erhoben werden, wenn die Notfrist zu ihrer Einlegung nach Abs. 2 S. 1 und 2 gewahrt bleibt.[10] Erlangt die beschwerte Partei bspw. erst nach Ablauf der Berufungseinlegungsfrist Kenntnis von der Grundrechtsverletzung, kann sie, obwohl das eigentlich statthafte Rechtsmittel nicht mehr zulässig ist, beim iudex a quo die Gehörsrüge einlegen. Der Gesetzeswortlaut stellt auf die Unanfechtbarkeit der Entscheidung, nicht aber darauf ab, ob ein Rechtsmittel oder ein Rechtsbehelf dem Grunde nach statthaft gewesen ist.[11] Ob dem der Rechtsbehelf der Wiedereinsetzung (§§ 233 ff. ZPO) entgegensteht,[12] erscheint zweifelhaft. Denn konsequent angewendet, müsste jede später entdeckte Grundrechtsverletzung zu einer Wiedereinsetzung führen – und dies mit der Begründung, die Rechtsmittelfristen seien unverschuldet versäumt worden.

6 **Vorrangig** gegenüber der Anhörungsrüge sind die **Urteilsberichtigung** nach § 319 ZPO,[13] die Möglichkeit zur Berichtigung des Tatbestands (§ 320 ZPO) sowie die Wiedereröffnung der mündlichen Verhandlung nach § 156 ZPO.[14] Der Rechtsbehelf scheidet aus, wenn eine (zugelassene) **Rechtsbeschwerde** nach § 78, § 574 ZPO (siehe § 78 Rn 31)[15] oder die **Nichtzulassungsbeschwerde** – § 72 Abs. 2 Nr. 3 – zur Verfügung steht, was bei einer Gehörsverletzung stets der Fall ist (siehe § 72 Rn 34 ff.).[16]

7 Wie zu verfahren ist, wenn die eine Partei zulässigerweise ein Rechtsmittel eingelegt hat, welches der anderen, durch eine Gehörsverletzung betroffenen Partei nicht zusteht, hat das Anhörungsrügegesetz nicht geklärt. Der Verfahrensbeschleunigung entspricht es, das Rechtsmittelverfahren zunächst nicht nach § 148 ZPO auszusetzen,[17] sondern die Gehörsrüge im Wege der Anschließung nach § 524 ZPO zu erheben.[18] Wird das Rechtsmittel zurückgenommen, ist das Verfahren beim iudex a quo nach § 78a fortzuführen.

II. Rügeberechtigung

8 Die Rüge kann von jeder Partei oder jedem Beteiligten erhoben werden, der durch die Entscheidung beschwert ist (siehe § 64 Rn 7 ff.) und dessen Anspruch auf rechtliches Gehör in entscheidungserheblicher Weise beeinträchtigt wurde. Das ist der Fall, wenn die **Entscheidung auf der Gehörsverletzung beruht**. Das ist dann der Fall, wenn nicht ausgeschlossen werden kann, dass die Anhörung zu einer für die Partei günstigeren Entscheidung geführt hätte.[19]

---

4 BVerfG 4.4.2007 – 1 BvR 66/07 – NZA 2007, 1124; BVerfG 23.10.2007 – 1 BvR 782/07 – NZA 2008, 1201.
5 Zöller/*Vollkommer*, ZPO, § 321a Rn 3; *Guckelberger*, NVwZ 2005, 11, 12; ArbGG/*Treber*, § 78a Rn 11 m.w.N.
6 BAG 14.2.2007 – 5 AZA 15/06 (A) – AP § 78a ArbGG 1979 Nr. 4 = NZA 2007 528 m.w.N.
7 So BCF/*Creutzfeldt*, ArbGG, § 78a Rn 10.
8 BVerfG 23.10.2007 – 1 BvR 782/07 – BVerfGE 119, 292 = NZA 2008, 1201.
9 BT-Drucks 15/3706, S. 13.
10 Zöller/*Vollkommer*, § 321a Rn 5; ArbGG/*Treber*, § 78a Rn 15; a.A. GK-ArbGG/*Dörner*, § 78a Rn 12.
11 ArbGG/*Treber*, § 78a Rn 15; anders GK-ArbGG/*Dörner*, § 78a Rn 12.

12 So BCF/*Creutzfeldt*, ArbGG, § 78a Rn 4.
13 S. auch LG München 9.10.2003 – 13 T 16283/03 – n.v.
14 B/L/A/H, § 321a Rn 1, 6 ff.; *Polep/Rensen*, S. 30.
15 BGH 5.11.2003 – VIII ZR 10/03 – NJW 2004, 1598.
16 S. nur LAG München 21.4.2005 – 3 Sa 257/04 – juris; ausf. *Bepler*, JbArbR 43 (2006), 45 ff.
17 So aber *Musielak/Musielak*, § 321a Rn 5; Thomas/Putzo/*Reichold*, § 321a Rn 2; *Baumbach u.a.*, § 321a Rn 14; *Schmidt*, MDR 2002, 915, 916.
18 Dazu ausf. *Wolf*, ZZP 116 (2003), 523, 527 m.w.N.; Zöller/*Vollkommer*, § 321a Rn 4; a.A. GK-ArbGG/*Dörner*, § 78a Rn 13.
19 S. nur BVerfG 24.2.2009 – 1 BvR 188/09 – NVwZ 2009, 580.

Hierbei kann auf die revisionsrechtlichen Maßstäbe zurückgegriffen werden (siehe § 72 Rn 34 ff.). Enthält die Entscheidung eine selbstständig **tragende Zweitbegründung,** für die die Gehörsverletzung ohne Bedeutung ist, ist die Rüge unbegründet (siehe § 72a Rn 46). Auf einen bestimmten Beschwerdewert kommt es nicht an.

III. Rügegrund

1. Grundsatz. Die Anhörungsrüge setzt eine **Verletzung des Anspruchs auf rechtliches Gehör** voraus. Verlangt wird von dem erkennenden Gericht, dass es die Ausführungen der Prozessparteien zur Kenntnis nimmt und in Erwägung zieht.[20] Maßstab ist dabei Art. 103 Abs. 1 GG. Nicht jede **Verletzung von Hinweispflichten nach § 139 ZPO** führt dazu, dass der Anspruch auf rechtliches Gehör verletzt ist.[21] Die Gehörsrüge dient der Selbstkorrektur bei der Verletzung des Grundrechts nach Art. 103 Abs. 1 GG. Aus Art. 103 Abs. 1 GG ergibt sich nicht eine allg. Frage- und Hinweispflicht des Richters, wie sie § 139 ZPO einfachgesetzlich konkretisiert hat.[22]

Der Gesetzgeber hat sich – entsprechend dem Gesetzgebungsauftrag des BVerfG – auf das Grundrecht nach Art. 103 Abs. 1 GG beschränkt. Für eine **Erweiterung des sachlichen Anwendungsbereichs** auf die Verletzung anderer Verfahrensgrundrechte spricht, dass die „klassischen" Prozessgrundrechte vom BVerfG über den Grundsatz des fair trial eng miteinander verbunden werden.[23] Einer **analogen Anwendung** auf andere Verfahrensgrundrechte steht das Anhörungsrügegesetz nicht entgegen.[24] Der Gesetzgeber hat betont, dass mit dem Anhörungsrügegesetz insoweit keine Aussage getroffen wird, wie die Gerichte über jene Fälle zu befinden haben.[25]

2. Einzelfälle. In welchen Fällen ein Verstoß gegen das rechtliche Gehör i.S.d. Art. 103 Abs. 1 GG vorliegt, ist Gegenstand einer umfangreichen Rspr. des BVerfG. V.a. folgende Fallgruppen sind von Bedeutung:[26]

Eine Verletzung des rechtlichen Gehörs liegt vor, wenn das Gericht auf einen **wesentlichen Kern des Tatsachenvortrags,** der für den Rechtsstreit von zentraler Bedeutung ist, nicht eingeht, obwohl der Vortrag weder unsubstanziiert noch vom Rechtsstandpunkt des Gerichts unerheblich ist.[27] Gleiches gilt, wenn das Gericht einen zentralen Vortrag einer Partei lediglich mit formelhaften Wendungen behandelt.[28] Das Gericht braucht aber **nicht jedes Vorbringen in den Gründen** seiner Entscheidung ausdrücklich zu behandeln, denn nach § 313 Abs. 3 ZPO enthalten die Entscheidungsgründe nur eine kurze Zusammenfassung der maßgebenden Überlegungen. Nach Art. 103 Abs. 1 GG ist das Gericht verpflichtet, die Ausführungen der Beteiligten zur Kenntnis zu nehmen und sie in Erwägung zu ziehen, wobei regelmäßig davon auszugehen ist, dass es dieser Pflicht genügt. Eine Gehörsverletzung ist nur anzunehmen, wenn sich aus den besonderen Umständen des Falls ergibt, dass das Gericht seiner Pflicht nicht nachgekommen ist.[29] Auch ist nicht jede unrichtige Tatsachenfeststellung durch das Gericht zugleich ein Gehörsverstoß.[30] Weiterhin kann die Rüge bei der **Nichtberücksichtigung eines erheblichen Beweisantrags,** die im Prozessrecht keine Stütze findet, erhoben werden.[31] Schließlich ist das Grundrecht verletzt, wenn ein rechtzeitig eingegangener Schriftsatz nicht berücksichtigt wurde[32] oder der Vortrag einer Partei, einen Schriftsatz nicht erhalten zu haben, unbeachtet bleibt.[33]

Gleiches gilt für sog. **Überraschungsentscheidungen,** wenn die Entscheidung auf einen rechtlichen Gesichtspunkt gestützt wird, mit dem ein gewissenhafter und kundiger Prozessbeobachter nach dem bisherigen Prozessverlauf nicht rechnen musste;[34] das gilt umso mehr, wenn zuvor ein gegensätzlicher richterlicher Hinweis gegeben wurde.[35] Ein

---

20 St. Rspr. des BVerfG, s. nur BVerfG 23.7.2003 – 2 BvR 624/01 – NVwZ-RR 2004, 3 m.w.N.; ausf. auch *Polep/Rensen,* S. 32 ff.
21 LAG Köln 24.6.2006 – 8 Ta 307/05 – AE 2007, 89 (LS); *Polep/Rensen,* S. 32 ff.; *BCF/Creutzfeldt,* ArbGG, § 78a Rn 18; VerfGH Saarland 26.6.2003 – Lv 1/03 – juris; anders GK-ArbGG/*Dörner,* § 78a Rn 30; *Vollkommer,* in: FS Schumann (2001), S. 507, 516 ff., 526; Zöller/*Vollkommer,* § 321a Rn 7, ausf. *Zuck,* NJW 2005, 3753.
22 Vgl. auch BVerfG 12.6.2003 – 1 BvR 2285/02 – NJW 2003, 2524.
23 *Kroppenberg,* ZZP 116 (2003), 403, 427 ff.; Musielak/*Musielak,* § 321a Rn 8; s. auch *Polep/Rensen,* S. 47 f. Offen gelassen in BGH 19.1.2006 – I ZR 151/02 – WRP 2006, 467.
24 So wohl auch VGH Baden-Württemberg 2.2.2005 – 3 S 83/05 – NJW 2005, 920; a.A. GK-ArbGG/*Dörner,* Rn 8.
25 BT-Drucks 15/3706, S. 14; unzutreffend daher *Guckelberger,* NVwZ 2005, 11, 13: keine planwidrige Gesetzeslücke in Bezug auf § 321a ZPO a.F.; ebenso *Polep/Rensen,* S. 53.
26 S. auch die Zusammenstellung der Rspr. in BVerfG 21.3.2006 – 2 BvR 1104/05 – juris; weitere Beispiele bei *B/L/A/H,* ZPO, § 321a Rn 32 ff.; *Schrader,* NZA-RR 2006, 57, 6 f.
27 BVerfG 23.7.2003 – 2 BvR 624/01 – NVwZ-RR 2004, 3.
28 BAG 5.11.2008 – 5 AZN 842/08 – NZA 2009, 55 = EzA § 72a ArbGG 1979 Nr. 119.
29 BVerfG 26.7.2005 – 1 BvR 85/04 – NJW 2005, 3345; BVerfG 8.10.2003 – 2 BvR 949/02 – EzA Art. 103 GG Nr. 5.
30 BAG 18.11.2008 – 9 AZN 836/08 – AP § 72a ArbGG 1979 Nr. 14 = EzA § 72 ArbGG 1979 Nr. 39.
31 BVerfG 8.4.2004 – 2 BvR 743/03 – NJW-RR 2004, 1150; BVerfG 20.4.1982 – 1 BvR 1242/81 – BVerfGE 60, 247.
32 BVerfG 27.8.2003 – 1 BvR 1646/02 – juris; grdl. BVerfG 24.1.1961 – 2 BvR 402/60 – BVerfGE 12, 110.
33 BVerfG 21.3.2006 – 2 BvR 1104/05 – NJW 2006, 2248.
34 BVerfG 17.2.2004 – 1 BvR 2341/00 – DStRE 2004, 1050; BVerfG 12.6.2003 – 1 BvR 2285/02 – NJW 2003, 2524; BVerfG 29.5.1991 – 1 BvR 1383/90 – BVerfGE 84, 188 = NJW 1991, 2823; BAG 20.3.2008 – 8 AZN 1062/07 – NZA 2008, 662 = EzA § 72 ArbGG 1979 Nr. 38.
35 BVerfG 15.8.1996 – 2 BvR 2600/95 – AP Art. 103 GG Nr. 56 = NJW 1996, 3202.

Rechtsmittelgericht ist aber nicht verpflichtet, auf seine von der Vorinstanz abweichende Rechtsauffassung hinzuweisen, wenn diese zwischen den Parteien bereits umstritten war.[36]

14 Eine Verletzung von Art. 103 Abs. 1 GG liegt jedenfalls dann vor, wenn die einfachgesetzlichen **Präklusionsvorschriften offenkundig falsch angewendet** wurden,[37] wobei das BVerfG wegen der für die betroffene Partei einschneidenden Folgen die Auslegung und Anwendung der Präklusionsvorschriften einer strengeren verfassungsgerichtlichen Kontrolle unterzieht.[38] Eine Gehörsverletzung kann bei der **Verweigerung einer Terminsverlegung** vorliegen[39] oder wenn das Gericht zu der Überzeugung gelangt, eine Partei sei prozessunfähig und nicht auf eine wirksame Vertretung hinwirkt.[40] Art. 103 Abs. 1 GG ist auch verletzt, wenn für die **Wiedereröffnung der mündlichen Verhandlung** aufgrund eines nachgereichten Schriftsatzes die ehrenamtlichen Richter nicht hinzugezogen werden.[41] Eine fehlerhafte Rechtsanwendung kann eine Verletzung des Anspruchs auf rechtliches Gehör durch **Verstoß gegen den allgemeinen Gleichheitssatz des Art. 3 Abs. 1 GG** darstellen, wenn die Rechtsanwendung nicht mehr verständlich ist und sich der Schluss aufdrängt, dass sie auf sachfremden Kriterien beruht.[42]

IV. Verfahren

15 **1. Form.** Die **Rüge** ist **schriftlich** bei dem Gericht zu erheben, dessen Entscheidung angegriffen wird soll (Abs. 2 S. 4). Das kann, sofern nicht nach § 11 Abs. 2 Rechtsanwaltszwang herrscht oder eine Vertretung durch Verbandsvertreter (§ 11 Abs. 2 S. 2) erforderlich ist, **auch zu Protokoll der Geschäftsstelle** des betreffenden oder eines anderen Gerichts (§ 129a ZPO) erfolgen.[43]

16 Anzugeben ist die Entscheidung, die angegriffen wird und die **Darlegung des Rügegrunds** nach Abs. 1 S. 1 Nr. 2, also aufgrund welcher Gegebenheiten der Anspruch auf das rechtliche Gehör verletzt worden und weshalb die **Verletzung entscheidungserheblich** gewesen ist. Hinsichtlich der Begründungsanforderungen kann auf die Maßstäbe bei der Revisionsbegründung nach § 551 Abs. 3 Nr. 2b ZPO (vgl. § 74 Rn 40 ff.) zurückgegriffen werden.[44] Bei einer Anhörungsrüge gegen ein Urteil des Revisionsgerichts ist vorzutragen, welche übergangenen Tatsachen nach § 559 ZPO berücksichtigungsfähig waren.[45] Darüber hinaus ist, wenn die Gehörsrüge später als zwei Wochen nach Bekanntgabe der angegriffenen Entscheidung eingelegt wird (siehe Rn 17 f.), darzulegen, wann die **Kenntnis von der Gehörsverletzung** eingetreten ist. Die betreffenden Umstände sind glaubhaft zu machen, § 294 ZPO.

17 **2. Frist.** Die Gehörsrüge muss binnen **zwei Wochen nach Kenntnis** von der Verletzung des Anspruchs auf rechtliches Gehörs eingelegt werden, **spätestens** aber **ein Jahr** seit Bekanntgabe der betreffenden Entscheidung (materiell-rechtliche Ausschlussfrist). Bis dahin ist eine **Wiedereinsetzung möglich**. Damit nicht alle Entscheidungen einem Zustellungserfordernis unterfallen, um die Jahresfrist in Gang zu setzen, enthält Abs. 2 S. 3 eine Bekanntgabefiktion. Den Fristbeginn an die Kenntnis der betroffenen Partei zu koppeln ist nicht unproblematisch.[46] Dafür spricht, dass eine Gehörsverletzung nicht immer ohne weiteres erkennbar ist oder durch das bloße Studium der Entscheidungsgründe ersichtlich wird. Ggf. ist Akteneinsicht zu nehmen.[47]

18 Ob unter den Begriff „Kenntnis" auch das „**Kennenmüssen**" zu fassen ist, lässt sich weder dem Gesetzeswortlaut noch der -begründung entnehmen. Da sich der Gesetzgeber an die Rechtsbehelfe der Wiedereinsetzung und Wiederaufnahme anlehnt – ebenso wie i.R.d. §§ 234 Abs. 2, 586 Abs. 2 S. 1 ZPO –,[48] könnte ein Kennenmüssen dann ausreichen, wenn sich die Partei oder ihr Vertreter der Kenntnisnahme bewusst verschließt.[49] Das BAG fordert angesichts des „klaren Wortlauts" die positive Kenntnis der Gehörsverletzung.[50]

---

36 BVerwG 24.7.2009 – 6 PB 18/08 – NZA-RR 2009, 37.
37 BVerfG 9.5.2003 – 1 BvR 2190/00 – juris; BVerfG 30.5.1985 – 1 BvR 876/84 – BVerfGE 69, 145 = NJW 1985, 1150.
38 BVerfG 26.10.1999 – 2 BvR 1292/96 – AP Art. 103 GG Nr. 63 = NJW 2000, 945.
39 BFH 27.10.2004 – II B 147/03 – BFH/NV 2005, 373 m.w.N.
40 BAG 28.5.2009 – 6 AZN 17/09 – juris.
41 BAG 18.12.2008 – 6 AZN 646/08 – NZA 2009, 334 = EzA § 72a ArbGG 1979 Nr. 120.
42 BAG 19.2.2008 – 9 AZN 1085/07 – AP § 72a ArbGG 1979 Nr. 60 = EzA § 72 ArbGG 1979 Nr. 37.
43 So auch GK-ArbGG/*Dörner*, § 78a Rn 4; a.A. nur LAG Rheinland-Pfalz 2.2.2005 – 2 Sa 1212/03 – LAGReport 2005, 157.
44 BAG 20.1.2005 – 2 AZN 941/04 – AP § 72a ArbGG 1979 Rechtliches Gehör Nr. 1 = NZA 2005, 316; BAG 14.3.2005 – 1 AZN 1002/04 – AP § 72a ArbGG 1979 Nr. 53 = NZA 2005, 596; BAG 1.3.2005 – 9 AZN 29/05 – AP § 72a ArbGG 1979 Rechtliches Gehör Nr. 2 = NJW 2005, 2638.
45 BAG 30.11.2005 – 2 AZR 622/05 (F) – AP § 78a ArbGG 1979 Nr. 2.
46 Krit. ArbGG/*Treber*, § 78a Rn 38; GK-ArbGG/*Dörner*, § 78a Rn 19; *Oberthür*, ArbRB 2005, 26, 27.
47 *Treber*, NJW 2005, 97, 99; *Natter*, JbArbR Bd. 42, S. 95, 102.
48 BAG 2.12.1999 – 2 AZR 843/98 – AP § 79 ArbGG 1979 Nr. 4 = NZA 2000, 733.
49 BCF/*Creutzfeldt*, ArbGG, § 78a Rn 14; *Guckelberger*, NVwZ 2005, 11, 14; Zöller/*Vollkommer*, § 321a Rn 14; a.A. GK-ArbGG/*Dörner*, § 78a Rn 21; ein Kennenmüssen halten für ausreichend *Bepler*, RdA 2005, 65, 67; ErfK/*Koch*, Rn 4; *Rensen*, MDR 2007, 695.
50 BAG 31.5.2006 – 5 AZR 342/06 (F) – AP § 78a ArbGG 1979 Nr. 3 = NJW 206, 2346; dazu *Rensen*, MDR 2007, 695 ff.

3. Rüge- und Abhilfeverfahren.
Durch die Gehörsrüge wird zunächst das **Kontrollverfahren** nach Abs. 4 eingeleitet, das in die **Fortsetzung des Rechtsstreits** gem. den näheren Bestimmungen nach Abs. 5 münden kann. Der Eintritt der Rechtskraft wird nicht gehindert (siehe auch § 705 S. 1 und 2 ZPO). Der Rechtsbehelf ist wiedereinsetzungsähnlich ausgestaltet.

Bei eingelegter Rüge ist dem Gegner „soweit erforderlich", Gelegenheit zur Stellungnahme zu geben (Abs. 3). Das wird in aller Regel notwendig sein, da die Beschwer der rügenden Partei sich für den Gegner begünstigend darstellt. Über die Gehörsrüge **entscheidet das Ausgangsgericht**. Die gegenüber § 321a ZPO a.F. erhobene Kritik,[51] die Abhilfe nicht beim iudex ad quo zu belassen, hat der Gesetzgeber nicht aufgenommen.[52] Dabei entscheidet das Gericht in der Besetzung, die sich aus dem Geschäftsverteilungsplan ergibt. Das kann auch eine andere Kammer oder ein anderer Senat sein, wenn sich eine Änderung im Geschäftsverteilungsplan ergeben hat. Aus Abs. 6 ergibt sich nichts anderes, da die Regelung lediglich von der Beteiligung der ehrenamtlichen Richter handelt.[53]

Das Gericht überprüft zunächst die **Statthaftigkeit und Zulässigkeit** der Rüge. Fehlt es hieran, ist der Rechtsbehelf als unzulässig zu verwerfen (Abs. 4 S. 2). Im Einklang mit anderen gesetzlichen Regelungen – etwa § 544 Abs. 4 Satz 2 ZPO – „soll" der Beschluss kurz begründet werden. Der Gesetzgeber wollte vermeiden, dass die Gehörsrüge gegen eine Entscheidung über eine Nichtzulassungsbeschwerde doch noch eine Begründungsergänzung erreicht werden kann.[54]

Anschließend ist über die **Begründetheit der Rüge** in der nach Abs. 6 vorgesehenen Besetzung des Gerichts zu befinden. Die **zulässige und begründete Anhörungsrüge** versetzt das Verfahren – ähnlich wie beim Einspruch gegen ein Versäumnisurteil – in den Stand zurück, in dem es sich vor dem Schluss der mündlichen Verhandlung befunden hat (Abs. 5 S. 2), jedoch nur, „soweit dies aufgrund der Rüge geboten ist" (Abs. 5 S. 1). Gegenstand der neuen Verhandlung ist nur derjenige Streitgegenstand, der von der Gehörsverletzung betroffen ist.[55] Eine **Heilung des Gehörsverstoßes im Anhörungsrügeverfahren** durch ergänzende Erwägungen in einer die Anhörungsrüge als unbegründet zurückweisenden Entscheidung ist (nur) dann möglich, wenn das Gericht dem Verstoß durch Rechtsausführungen zum Vorbringen des Betroffenen abhelfen kann.[56]

Die neue Sachentscheidung ergeht aufgrund der **Fortsetzungsverhandlung**, zu der die Parteien oder Beteiligten auch neuen Sachvortrag beibringen können. Ein Verbot der reformatio in peius besteht nicht.[57] Die Entscheidung ergeht aufgrund der Verweisung auf § 343 ZPO in der Form, wie sie auch im Säumnisverfahren erfolgt.

Die **Entscheidung über die Begründetheit** der Gehörsrüge erfolgt unter Beteiligung der ehrenamtlichen Richter, wenn diese an der angegriffenen Entscheidung beteiligt waren. Die Gesetzesbegründung lässt offen, **welche ehrenamtlichen Richter** das sind. Es müssen nicht notwendig dieselben sein, die an der ursprünglichen Entscheidung mitgewirkt haben.[58] Das Verfahren ist nicht die Fortsetzung des vormaligen Termins.[59] In den anderen Fällen entscheidet der Vorsitzende gem. Abs. 6 S. 2 allein.

V. Zwangsvollstreckung
Da dem Rechtsbehelf kein Suspensiveffekt mehr zukommt, wurde die Gehörsrüge in § 707 Abs. 1 S. 1 ZPO aufgenommen. Die einstweilige Einstellung der Zwangsvollstreckung nach § 707 ZPO erfolgt jedoch nur unter den besonderen Voraussetzungen (Abs. 7), wie sie auch in § 62 Abs. 1 S. 3 vorgesehen sind (siehe § 62 Rn 16 ff.).

C. Verbindung zu anderen Rechtsgebieten
Ungeklärt ist nach wie vor, wie in sog. **Willkürfällen** zu verfahren ist. Das sind solche, in denen die mit Rechtsbehelfen nicht mehr angreifbare Entscheidung sachlich schlechthin unhaltbar und daher objektiv willkürlich ist; sie stellt einen Verstoß gegen Art. 3 Abs. 1 GG dar.[60] Einer **außerordentlichen Beschwerde** ist im Hinblick auf den Plenumsbeschluss des BVerfG der Boden entzogen (siehe § 78 Rn 38 f.).[61] Gleiches gilt für den außerordentlichen Rechts-

---

51 *Nassall*, ZRP 2004, 164, 167; *Gravenhorst*, NZA 2005, 24, 27; anders *Treber*, NJW 2005, 97, 100.
52 S. auch ArbGG/*Treber*, § 78a Rn 24;
53 BAG 22.7.2008 – 3 AZN 584/08 (F) – NJW 2009, 541 = EzA § 78a ArbGG 1979 Nr. 6.
54 S. auch BGH 24.2.2005 – III ZR 263/04 – NJW 2005, 1432.
55 BT-Drucks 15/3706, S. 16, BT-Drucks 15/1508, S. 19.
56 BVerfG 24.2.2009 – 1 BvR 188/09 – NVwZ 2009, 580.
57 *Engers* in: Hannich/Meyer-Seitz, ZPO-Reform 2002, § 321a Rn 63; Zöller/*Vollkommer*, § 321a Rn 18.
58 BGH 28.7.2005 – III ZR 443/04 – NJW-RR 2006, 63 = MDR 2006, 138; LAG Berlin 15.2.2006 – 13 Ta 170/06 – LAGE § 623 BGB 2002 Nr. 5 = NZA-RR 2006, 493; a.A. ArbG Berlin – 28.3.2006 – 30 Ca 1905/05 – juris.
59 BCF/*Creutzfeldt*, ArbGG, § 78a Rn 22; *Natter*, JbArbR Bd. 42, S. 93, 103; GK-ArbGG/*Dörner*, § 78a Rn 38 f.; ArbGG/*Treber*, § 78a Rn 24; a.A. *Bepler*, jurisPR-ArbR 3/2005, Anm. 4; *Düwel*, FA 2005, 75, 76.
60 BVerfG, 18.11.2004 – 1 BvR 2315/04 – NJW 2005, 1103; BVerfG 29.4.1998 – 2 BvR 2939/93 – NJW 1998, 2810; jew. m.w.N.
61 So auch LAG Berlin 9.3.2004 – 17 Ta 6004/04 – n.v.; ArbGG/*Treber*, § 78a Rn 28; *Germelmann u.a.*, § 78a Rn 38; zweifelnd auch GK-ArbGG/*Dörner*, § 83a Rn 8; *Bepler*, RdA 2005, 66, 67; a.A. *Bloching/Kettinger*, NJW 2005, 860 ff.

behelf der Gegenvorstellung (siehe § 78 Rn 38). In der Sache bleibt allein die Möglichkeit der Verfassungsbeschwerde.[62] Dennoch wird in der Rspr. bei krassen Rechtsverletzungen eine Durchbrechung der Bindungswirkung, namentlich bei Zwischenentscheidungen über den Rechtsweg oder die örtliche Zuständigkeit, angenommen (siehe § 78 Rn 39).[63]

D. Beraterhinweise

27 Bei Einlegung der Gehörsrüge ist stets zu überprüfen, ob ein anderes Rechtsmittel oder ein anderer Rechtsbehelf – insb. eine Nichtzulassungsbeschwerde[64] oder ein Wiederaufnahmeverfahren – in Betracht kommt. Die Begründung der Gehörsrüge hat sich an den revisionsrechtlichen Maßstäben zu orientieren und ist für **jeden Streitgegenstand** und für **jede selbstständig tragende Begründung** vorzutragen. Die **Bindungswirkung von Verweisungsbeschlüssen** nach § 48 Abs. 1 Nr. 2 soll sich nach Auffassung des Gesetzgebers[65] nach wie vor nach den von der Rspr. entwickelten Grundsätzen richten und damit u.a bei der Verletzung des rechtlichen Gehörs[66] entfallen. In diese Richtung lässt sich auch die Rspr. des BAG[67] deuten (siehe § 78 Rn 38 f.).

Fünfter Unterabschnitt: Wiederaufnahme des Verfahrens

§ 79

¹Die Vorschriften der Zivilprozeßordnung über die Wiederaufnahme des Verfahrens gelten für Rechtsstreitigkeiten nach § 2 Abs. 1 bis 4 entsprechend. ²Die Nichtigkeitsklage kann jedoch nicht auf Mängel des Verfahrens bei der Berufung der ehrenamtlichen Richter oder auf Umstände, die die Berufung eines ehrenamtlichen Richters zu seinem Amt ausschließen, gestützt werden.

A. Allgemeines	1	II. Nichtigkeitsklage		5
B. Regelungsgehalt	2	III. Restitutionsklage		10
I. Anfechtbare Entscheidungen	2	IV. Wiederaufnahmeverfahren		14

A. Allgemeines

1 Für die **Wiederaufnahme des Urteilsverfahrens** gelten gem. S. 1 für Rechtsstreitigkeiten nach § 2 Abs. 1 bis 4 die §§ 578 bis 591 ZPO entsprechend. Die Wiederaufnahme kann nach § 578 Abs. 1 ZPO durch Nichtigkeitsklage nach § 579 ZPO oder durch Restitutionsklage nach § 580 ZPO erfolgen. In beiden Fällen werden trotz Rechtskraft Möglichkeiten eröffnet, Urteile zu korrigieren, die schwerste Mängel aufweisen oder grob verfahrensfehlerhaft zustande gekommen sind. Abweichend von der ZPO ist dagegen eine **Nichtigkeitsklage nicht statthaft**, soweit sie sich auf eine verfahrensfehlerhafte **Berufung der ehrenamtlichen Richter** oder einen Ausschließungsgrund stützt, der ihn an der Ausübung des Richteramts hindert (S. 2).

B. Regelungsgehalt

I. Anfechtbare Entscheidungen

2 Die Wiederaufnahme des Verfahrens ist nur zulässig, wenn der Rechtsstreit **durch Endurteil oder Beschluss** formell rechtskräftig abgeschlossen worden ist. Dementsprechend ist die Wiederaufnahme des Verfahrens bei Vorbehalts- und Zwischenurteilen (§§ 302, 380 ZPO) ausgeschlossen.

---

[62] *Baumbach u.a.*, ZPO, § 321a Rn 61, m.w.N.; zum Ganzen auch *Zöller/Gummer*, § 567 Rn 21 ff., 25; ebenso ArbGG/*Treber*, § 78a Rn 28.

[63] So BAG 28.2.2006 – 5 AZR 19/05 – AP § 615 BGB Nr. 114 = NZA 2006, 1453; anders LAG Rheinland-Pfalz 25.7.2006 – 2 Ta 111/06 – jurisPR extra 2007, 161.

[64] Zu deren Begründung s. etwa *Schrader*, NZA-RR 2006, 57, 61.

[65] BT-Drucks 15/3706, S. 16.

[66] BAG 1.7.1992 – 5 AS 4/92 – AP § 36 ZPO Nr. 39 = NZA 1992, 1047; BAG 3.11.1993 – 5 AS 20/93 – AP § 17a GVG Nr. 11 = NZA 1994, 479; zur willkürlichen Verweisung *Tombrink*, NJW 2003, 2364 f.

[67] BAG 9.2.2006 – 5 AS 1/06 – AP § 36 ZPO Nr. 61 = DB 2006, 792; BAG 28.2.2006 – 5 AS 19/05 – AP § 2 ArbGG 1979 Nr. 88 = NJW 2006, 1372.

Die Wiederaufnahme findet auch gegen **das Verfahren beendende unanfechtbare Beschlüsse** analog §§ 578 ff. ZPO statt,[1] wie z.B. gegen Beschlüsse nach §§ 91a, 99 ZPO oder nach § 72a Abs. 5 sowie gegen Beschlüsse im Zwangsvollstreckungsverfahren, etwa nach § 888 ZPO. Dasselbe gilt für einen urteilsvertretenden Beschluss (§ 66 Abs. 2 i.V.m. § 522 ZPO oder § 74 Abs. 2 S. 2 i.V.m. § 522 ZPO) oder einen, durch die Berufung oder die Revision als unzulässig verworfen wird.[2]

Schein- und Nichturteile sind nicht über ein Wiederaufnahmeverfahren sondern durch Klage auf Feststellung ihrer Nichtigkeit zu beseitigen. Die **Nichtigkeit eines Prozessvergleichs** ist durch Fortsetzung des Verfahrens zu klären.[3]

II. Nichtigkeitsklage

Die Nichtigkeitsklage richtet sich gegen **schwere Verfahrensfehler** und zwar unabhängig davon, ob das Urteil darauf beruht. Der Katalog des **§ 579 ZPO**[4] **ist abschließend** und eine analoge Anwendung unzulässig.[5] Bei Verletzung des Anspruchs auf rechtliches Gehör ist § 78a maßgebend.

Der Nichtigkeitsgrund des § 579 Abs. 1 Nr. 1 ZPO ist gegeben, wenn das **Gericht nicht vorschriftsmäßig** besetzt war, z.B. weil § 309 ZPO verletzt wurde, der Vorsitzende allein anstelle der dazu berufenen Kammer (vgl. §§ 53, 55) entschieden hat oder wegen Verstoßes gegen die Geschäftsverteilung. Vorrangig ist die mögliche Geltendmachung durch ein Rechtsmittel (§ 579 Abs. 1 Nr. 1 und Abs. 2 ZPO). Kein solcher Mangel liegt nach S. 2 vor, wenn die Nichtigkeitsklage auf Verfahrensfehler bei der Berufung der ehrenamtlichen Richter durch die zuständige oberste Landesbehörde gestützt wird (§§ 20 ff.) oder auf Umstände, die eine Berufung in das Amt eines ehrenamtlichen Richters ausschließen (§ 21 Abs. 2). Gleiches gilt bei fehlender Offenlegung der Liste der heranzuziehenden ehrenamtlichen Richter nach § 21e Abs. 9 GVG.[6]

§ 579 Abs. 1 Nr. 2 ZPO nennt als weiteren Nichtigkeitsgrund, dass ein **Richter** bei der Entscheidung mitgewirkt hat, obwohl er **kraft Gesetzes von der Ausübung des Richteramts ausgeschlossen** war. Diese Ausschließungsgründe ergeben sich aus § 41 ZPO.

§ 579 Abs. 1 Nr. 3 ZPO setzt eine **erfolgreiche Ablehnung** eines Richters wegen Besorgnis der Befangenheit (§ 42 Abs. 2 ZPO) voraus.[7] Auf Urkundsbeamte findet die Regelung entsprechende Anwendung.[8] Ist der Ablehnungsgrund erfolglos geltend gemacht worden, ist der Wiederaufnahmegrund ausgeschlossen. Die Nichtigkeitsklage ist nicht gegeben, wenn bei Anwendung der gebotenen Sorgfalt ein anderes Rechtsmittel hätte eingelegt werden können.[9]

§ 579 Abs. 1 Nr. 4 ZPO verlangt die **nicht ordnungsgemäße Vertretung** einer Partei, etwa wenn sie nicht prozessfähig oder nicht ordnungsgemäß vertreten war.[10] Die fehlende Postulationsfähigkeit des Prozessvertreters ist kein Nichtigkeitsgrund.[11] Erfasst wird hingegen der Fall der nichtexistenten Partei.[12] Eine analoge Anwendung auf eine unzulässige öffentliche Zustellung, weil der von der verfahrensfehlerhaften Zustellung Betroffene einen solchen Fehler nicht erfolgreich rügen könne, hat der BGH abgelehnt.[13]

III. Restitutionsklage

Die Restitutionsklage stärkt die Autorität der Gerichte und das Vertrauen der Allgemeinheit in die Rspr. Rechtskräftige Urteile und Beschlüsse werden überprüft, wenn deren tatsächliche Grundlagen entfallen sind. Das angegriffene Urteil muss auf einem der in **§ 580 ZPO**[14] **abschließend aufgelisteten Fehler** beruhen. Die Restitutionsklage ist nach § 582 ZPO nur zulässig, wenn die Partei **unverschuldet gehindert** war, den Restitutionsgrund im früheren Verfahren geltend zu machen. Auf das Rechtsmittel einer aussichtslosen Nichtzulassungsbeschwerde kann die beschwerte Partei indes nicht verwiesen werden.[15]

Nach § 580 Nr. 1 bis 5 ZPO ist die Restitutionsklage zulässig, wenn die **Entscheidung auf einer strafbaren Handlung beruht**. Dazu gehören der falsche Parteieid (Nr. 1), die Urkundenfälschung (Nr. 2), die falsche Zeugenaussage

---

1 S. auch BGH 8.5.2006 – II ZB 10/05 – NJW-RR 2006, 1184: Beschluss nach § 99 Abs. 3 S. 1 ZPO, § 132 Abs. 3 S. 1 AktG, § 51b S. 1 GmbHG; BGH 2.2.2006 – IX ZB 279/04 – NJW-RR 2006, 912: streitentscheidender Beschluss im Insolvenzverfahren.
2 BAG 18.10.1990 – 8 AS 1/90 – AP § 579 ZPO Nr. 2 = NZA 1991, 314; BAG 11.1.1995 – 4 AS 24/94 – AP § 579 ZPO Nr. 5 = NZA 1995, 550.
3 Hauck/Helml, § 79 Rn 2; Schwab/Weth/Schwab, § 79 Rn 8.
4 Abgedruckt bei ArbGG/Lipke, § 79 Rn 8.
5 BAG 21.7.1993 – 7 ABR 25/92 – AP § 579 ZPO Nr. 4 = NZA 1994, 957.
6 BAG 21.6.2001 – 2 AZR 359/00 – AP § 21e GVG Nr. 5 = SGb 2002, 51.
7 Die Ablehnbarkeit reicht nicht aus: BGH 5.12.1980 – 5 ZR 16/80 – NJW 1981, 1273.
8 ErfK/Koch, § 78 Rn 3.
9 BAG 21.7.1993 – 7 ABR 25/92 – AP § 579 ZPO Nr. 4 = EzA § 579 ZPO Nr. 4.
10 BAG 20.1.2000 – 2 AZR 733/98 – AP § 56 ZPO Nr. 6 = NZA 2000, 613.
11 BAG 18.10.1990 – 8 AS 1/90 – AP § 579 ZPO Nr. 2 = NZA 1991, 363; krit. GK-ArbGG/Ascheid, § 79 Rn 28.
12 BAG 18.10.1990 – 8 AS 1/90 – AP § 579 ZPO Nr. 2 = NZA 1991, 363; GK-ArbGG/Ascheid, § 79 Rn 29 m.w.N.
13 BGH 5.10.2006 – V ZR 282/05 – NJW 2007, 303, m.w.N. zum Streitstand.
14 Abgedruckt bei ArbGG/Lipke, § 79 Rn 13.
15 LAG Hamm 25.9.2008 – 8 Sa 963/08 –, m. Anm. Gagel, jursiPR-ArbR 6/2009, Anm. 5.

12 Hatte das angegriffene Urteil seine Stütze in einem anderen Urteil, Schiedsspruch, VA oder Entscheidung der freiwilligen Gerichtsbarkeit und ist diese **frühere Entscheidung rechtskräftig aufgehoben** worden, ist die Restitutionsklage möglich (§ 580 Nr. 6 ZPO). Von Bedeutung ist die nach rechtskräftigem Abschluss des Künd-Schutzprozesses aufgehobene **Zustimmung des Integrationsamts** (§ 85 SGB IX) zur Künd eines schwerbehinderten AN[16] oder die Zustimmung zur außerordentlichen Künd einer schwangeren AN (§ 9 Abs. 3 MuSchG)[17] sowie die rechtzeitig beantragte (§ 90 Abs. 2a SGB IX), aber erst nach Verfahrensabschluss festgestellte Schwerbehinderung des zu Kündigenden.[18] Hat das BVerfG eine Entscheidung aufgehoben, sind in der Entscheidung enthaltene Folgeregelungen nach § 79 BVerfGG vorrangig gegenüber dem Restitutionsrecht der ZPO.[19]

13 § 580 Nr. 7a ZPO setzt voraus, dass ein in **derselben Sache** erlassenes, früher **rechtskräftiges Urteil** von der Partei aufgefunden worden ist. Eine Änderung der Rspr. ist kein Grund für die Erhebung einer Restitutionsklage.[20] Nach § 580 Nr. 7b ZPO muss die Partei eine **andere Urkunde** auffinden oder benutzen können, die eine für sie günstigere Entscheidung herbeigeführt haben würde.[21] Das ist nicht der Fall, wenn das Gericht sie in dem früheren Verfahren zur Urteilsfindung nicht hätte berücksichtigen müssen, etwa weil die Berufung bereits unzulässig war.[22] Diese müssen grds. zum Zeitpunkt der letzten mündlichen Verhandlung bereits existiert haben.[23] Die Urkunde muss keine solche i.S.d. §§ 415 ff. ZPO sein.[24] Die Restitutionsklage kann aber nicht auf eine Urkunde gestützt werden, mit der durch die schriftliche Erklärung einer als Zeugen in Betracht kommenden Person der Beweis für die Richtigkeit der in der Erklärung bekundeten Tatsachen geführt werden soll.[25]

13a Die Restitutionsklage findet weiterhin statt, wenn der EGMR eine **Verletzung der Europäischen Konvention zum Schutz der Menschenrechte und Grundfreiheiten** oder ihrer Protokolle festgestellt hat und das Urteil auf dieser Verletzung beruht, § 580 Nr. 8 ZPO.[26] Die Restitutionsklage ist erforderlich, weil eine feststellende Entscheidung des EGMR die Urteile der nationalen Gerichte bestehen lässt.

IV. Wiederaufnahmeverfahren

14 Das Wiederaufnahmeverfahren ist in **§§ 584 bis 588 ZPO**[27] geregelt. Die Wiederaufnahmeklage ist nur zulässig, wenn sie vor Ablauf eines Monats erhoben wird. Gem. § 586 Abs. 2 ZPO beginnt die Frist mit positiver sicherer Kenntnis des Wiederaufnahmegrundes durch die Partei, ihren Vertreter oder Prozessbevollmächtigten, es sei denn, deren Auftrag oder Vertretung war beendet. Dem steht es gleich, wenn sich die Partei erkennbaren Tatsachen bewusst verschließt.[28] Eine Wiedereinsetzung in den vorigen Stand ist nach § 233 ZPO möglich.

15 **Fünf Jahre ab formeller Rechtskraft** des anzugreifenden Urteils wird die Klage unzulässig Diese Anschlussfrist gilt nicht für den Nichtigkeitsgrund nach § 579 Abs. 1 Nr. 4 ZPO. Die Monatsfrist kann erst mit Eintritt der Rechtskraft der Entscheidung beginnen. Das setzt aber eine wirksame Zustellung voraus.

16 Die Klage muss zur Wahrung der Frist des § 586 ZPO als Zulässigkeitsvoraussetzung den **notwendigen Inhalt des § 587 ZPO** enthalten. Ansonsten ist sie als unzulässig zu verwerfen. Der Mangel kann allerdings bis zum Fristablauf des § 586 ZPO behoben werden. Soweit die Klageschrift nicht den Anforderungen des § 588 ZPO entspricht, ist dies unschädlich, da es sich um eine Sollvorschrift handelt.

17 Die Zulässigkeit der Klage ist vom Gericht **von Amts wegen zu prüfen**. Hierzu gehören neben der allg. Prozessvoraussetzungen insb. die Statthaftigkeit nach § 578 ZPO, die Beschwer des Wiederaufnahmeklägers durch die angefochtene Entscheidung, die unverschuldete Unmöglichkeit der früheren Geltendmachung des Wiederaufnahmegrunds sowie die Wahrung der Fristen nach § 586 ZPO. Spätestens in der mündlichen Verhandlung sind die Tatsachen zur Wahrung der Notfrist des § 586 ZPO glaubhaft zu machen.

---

16 BAG 25.11.1980 – 6 AZR 210/80 – AP § 12 SchwbG Nr. 7 = DB 1981, 1141; BAG 15.8.1984 – 7 AZR 558/82 – AP § 12 SchwbG Nr. 13 = EzA § 580 ZPO Nr. 2; BAG 17.6.1998 – 2 AZR 519/97 – juris; s. auch BAG 24.11.2005 – 2 AZR 514/05 – AP § 1 KSchG Krankheit Nr. 43 = EzA § 1 KSchG Krankheit Nr. 51.
17 BAG 17.6.2003 – 2 AZR 245/02 – AP § 9 MuSchG Nr. 33 = NZA 2003, 1329.
18 BAG 15.8.1984 – 7 AZR 558/82 – AP § 12 SchwbG Nr. 13 = NJW 1985, 1485.
19 BGH 26.4.2006 – IV ZR 26/05 – BGHZ 167, 272 = NJW 2006, 2856.
20 BAG 20.10.1955 – 2 AZR 438/54 – AP § 580 ZPO Nr. 1.
21 Ausf. ArbGG/*Lipke*, § 79 Rn 17; GK-ArbGG/*Ascheid*, Rn 54 ff.
22 BAG 25.4.2007 – 6 AZR 436/07 – AP § 580 ZPO Nr. 15 = EzA § 520 ZPO 2002 Nr. 5.
23 BAG 22.1.1998 – 2 AZR 455/97 – AP § 79 ArbGG 1979 Nr. 3 = NJW 1999, 82 m.w.N.
24 BAG 25.4.2007 – 6 AZR 436/07 – AP ZPO § 580 Nr. 15 = EzA ZPO 2002 § 520 Nr. 5; BGH 7.11.1990 – IV ZR 218/89 – NJW-RR 1991, 380.
25 Sächsisches LAG 30.7.2003 – 2 Sa 4/03 – juris, unter Hinweis auf BGH 27.5.1981 – IVb ZR 589/80 – BGHZ 80, 389 = NJW 1981, 2193.
26 Eingefügt durch Gesetz v. 22.12.2006 (BGBl I S. 3416) mit Wirkung vom 31.12.2006.
27 Abgedruckt bei ArbGG/*Lipke*, § 79 Rn 18 ff.
28 BAG 20.8.2002 – 3 AZR 133/02 – AP § 586 ZPO Nr. 2 = NZA 2003, 453.

Bei Erfolg der Wiederaufnahmeklage kommt es zur **Aufhebung der Entscheidung** und zum Erlass eines **neuen Urteils**. Bleibt es trotz Wiederaufnahmegrunds bei der früheren Entscheidung, ist das Urteil zu bestätigen. Für die Zulässigkeit des Rechtsmittels gegen die ersetzende Wiederaufnahmeentscheidung kommt es auf die Zuständigkeit nach § 584 ZPO an.

Zweiter Abschnitt: Beschlußverfahren

Erster Unterabschnitt: Erster Rechtszug

§ 80 Grundsatz

(1) Das Beschlußverfahren findet in den in § 2a bezeichneten Fällen Anwendung.

(2) [1]Für das Beschlußverfahren des ersten Rechtszugs gelten die für das Urteilsverfahren des ersten Rechtszugs maßgebenden Vorschriften über Prozeßfähigkeit, Prozeßvertretung, Ladungen, Termine und Fristen, Ablehnung und Ausschließung von Gerichtspersonen, Zustellungen, persönliches Erscheinen der Parteien, Öffentlichkeit, Befugnisse des Vorsitzenden und der ehrenamtlichen Richter, Vorbereitung der streitigen Verhandlung, Verhandlung vor der Kammer, Beweisaufnahme, gütliche Erledigung des Verfahrens, Wiedereinsetzung in den vorigen Stand und Wiederaufnahme des Verfahrens entsprechend; soweit sich aus den §§ 81 bis 84 nichts anderes ergibt. [2]Der Vorsitzende kann ein Güteverfahren ansetzen; die für das Urteilsverfahren des ersten Rechtszugs maßgebenden Vorschriften über das Güteverfahren gelten entsprechend.

(3) § 48 Abs. 1 findet entsprechende Anwendung.

A. Allgemeines 1	2. Einzelheiten 5
B. Regelungsgehalt 4	II. Güteverfahren 10
I. Anwendbare Vorschriften 4	III. Rechtsweg, Verfahrensart und Zuständigkeit 12
1. Grundsatz 4	C. Verbindung zu anderen Rechtsgebieten 13

A. Allgemeines

Das Beschlussverfahren ist eine **besondere Verfahrensart** und stellt das Gegenstück zum Urteilsverfahren dar. Für bestimmte, in § 2a **abschließend aufgezählte kollektivrechtliche Streitigkeiten**[1] steht es den Beteiligten zur Verfügung. Es ist eine eigenständige Verfahrensart zur Entscheidung von **Rechtsstreitigkeiten**.[2] Urteils- und Beschlussverfahren schließen sich gegenseitig aus.[3] Davon abzugrenzen ist das Einigungsstellenverfahren zur Beilegung von Regelungsstreitigkeiten. Nach § 83 Abs. 2 BPersVG sind für Streitigkeiten aus dem Bundespersonalvertretungsgesetz die §§ 80 ff. entsprechend anzuwenden[4] und für solche nach den kirchlichen Mitarbeitervertretungsgesetzen sind die kirchlichen Gerichte zuständig.[5]

Urteils- und Beschlussverfahren schließen einander gegenseitig aus.[6] Die **gesetzliche Zuordnung** gem. § 2a ist nach Abs. 1 zwingend und durch rügeloses Verhandeln nicht abänderbar. Sie ist **von Amts wegen zu prüfen**. Ebenso wenig ist eine gemeinsame Verhandlung oder Verbindung der unterschiedlichen Verfahren möglich. Es besteht ein **eingeschränkter Untersuchungsgrundsatz**, der die Parteien zur Mitwirkung verpflichtet (siehe § 83 Rn 2 ff.), weshalb ein Versäumnisverfahren ebenso ausscheidet wie ein Bestreiten mit Nichtwissen.

Zwischen den Verfahrensarten bestehen auch **terminologische Unterschiede**: Das Beschlussverfahren wird nicht durch Klage, sondern durch Antrag eingeleitet. Gleichwohl gilt hier die Dispositionsmaxime. Der Antragsteller bestimmt durch seinen Antrag den Streitstoff und kann ihn in der ersten Instanz jederzeit zurücknehmen. Die Verfahrensbeteiligten werden als Antragsteller sowie weitere Beteiligte (§ 81), die von Amts wegen festzustellen sind, bezeichnet. Einen Antragsgegner kennt das Beschlussverfahren nicht.[7] An Stelle einer mündlichen Verhandlung erfolgt eine Anhörung vor der Kammer (§ 83 Abs. 4). Die verfahrensbeendende **Entscheidung** ergeht nicht durch

---

1 St. Rspr., s. schon BAG 10.10.1969 – 1 AZR 5/69 – BAGE 22, 156 = DB 1970, 65.
2 Ausf. Schwab/Weth/*Weth*, § 3, S. 15 ff.; weiterhin GK-ArbGG/*Dörner*.
3 St. Rspr., s. schon BAG 10.10.1969 – 1 AZR 5/69 – BAGE 22, 156 = DB 1970, 65.
4 Dazu ausf. *Treber*, in: Richardi/Dörner/Weber, BpersVG, 3. Aufl., § 83 Rn 37 ff.
5 S. hierzu *Schliemann*, NJW 2005, 392; sowie *Richardi*, NJW 2005, 2744.
6 BAG 25.11.1992 – 7 ABR 80/91 – juris; BAG 10.10.1969 – 1 AZR 5/69 – AP § 8 ArbGG 1953 Nr. 1 = DB 1970, 65.
7 GK-ArbGG/*Dörner*, § 80 Rn 10.

Urteil, sondern **durch Beschluss** (§ 84). Das arbeitsgerichtliche Beschlussverfahren ist **gerichtskostenfrei** (§ 2 Abs. 2 GKG); es ergeht **keine Kostenentscheidung**.[8]

B. Regelungsgehalt

I. Anwendbare Vorschriften

4 1. Grundsatz. Abs. 2 enthält eine nicht abschließende Aufzählung der im Beschlussverfahren anwendbaren Vorschriften, soweit die §§ 81 bis 84 keine Sonderregelungen enthalten. Bei Regelungslücken sind einzelne Bestimmungen der ZPO anzuwenden, soweit der Charakter des Beschlussverfahrens dem nicht entgegensteht.[9]

5 2. Einzelheiten. Anwendbar sind die Regelungen über die Rechtshängigkeit (§ 261 ZPO),[10] den Mindestinhalt der Antragsschrift oder der bestimmenden Schriftsätze (§ 253 ZPO),[11] die Bindung an die Anträge der Parteien,[12] der Verfahrenstrennung oder -verbindung (§§ 145, 147 ZPO), der Aussetzung (§§ 148 ff. ZPO)[13] und Unterbrechung (§§ 239 ff. ZPO), die Wirkungen der Rechtshängigkeit (§ 261 ZPO),[14] die Regelung des § 264 ZPO für die Antragsänderung gem. § 81 Abs. 3,[15] die gesonderte Verhandlung über die Zulässigkeit nach § 280 ZPO,[16] die Bestimmung des § 301 ZPO über ein Teilurteil sowie die der Urteilsergänzung nach § 321 ZPO.[17] Auch die Regelungen über die Streitgenossenschaft sind im Beschlussverfahren anwendbar.[18] Für die Wiedereinsetzung in den vorigen Stand[19] und die Wiederaufnahme des Verfahrens (siehe § 79) gelten wie im Urteilsverfahren die zivilprozessualen Vorschriften. Die Wiedereinsetzung scheidet allerdings bei Versäumung materiell-rechtlicher Fristen aus.[20]

6 **Keine Anwendung** finden die Regelungen über die Nebenintervention, da diese durch die Verfahrensregelungen der §§ 81, 83 Abs. 1 S. 2, Abs. 3 ausgeschlossen sind,[21] die Regelungen über die Kosten (§§ 81 ff. ZPO)[22] und das Versäumnis- und Mahnverfahren (§§ 331 ff., 688 ff. ZPO). Gleiches gilt für die gerichtlichen Verfahrenskosten (§§ 91 ff. ZPO).

7 Aufgrund **ausdrücklicher Bezugnahme** gelten im Beschlussverfahren die Vorschriften über die **Prozessfähigkeit** (§§ 51 ff. ZPO).[23] Bei einem Streit um die Rechte der JAV ist auch ein Minderjähriger prozessfähig, soweit er ein eigenes Recht dieses Organs geltend macht. Für die Prozessvertretung der am Beschlussverfahren Beteiligten findet § 11 Anwendung (dazu ausführlich siehe § 11 Rn 4 ff.). Eine **Vertretung des BR** durch die Gewerkschaft kommt schon dann in Betracht, wenn ihr lediglich eines seiner Mitglieder angehört.[24] Der BR hat ein Wahlrecht, ob er sich durch die Gewerkschaft oder einen RA vertreten lässt.[25] Für die Vollmachtserteilung bedarf es eines **wirksamen BR-Beschlusses**. Dieser von Amts wegen zu berücksichtigende Umstand kann auch noch in der Rechtsbeschwerdeinstanz gerügt werden.[26] Die Bewilligung von PKH kommt nur für eine natürliche Person in Betracht – etwa für ein BR-Mitglied im Verfahren nach § 103 BetrVG[27] –, hingegen wegen des Kostenerstattungsanspruchs gegen den AG (§ 40 BetrVG) nicht für betriebsverfassungsrechtliche Organe.

---

8 BAG 20.4.1999 – 1 ABR 13/98 – AP § 81 ArbGG 1979 Nr. 43 = NZA 1999, 1235.
9 BAG 16.7.1996 – 3 ABR 13/95 – AP § 76 BetrVG 1972 Nr. 53 = NZA 1997, 337; BAG 13.6.1989 – 1 ABR 4/88 – AP § 80 BetrVG 1972 Nr. 36 = EzA § 80 BetrVG 1972 Nr. 36.
10 BAG 16.7.1996 – 3 ABR 13/95 – AP § 76 BetrVG 1972 Nr. 53 = NZA 1997, 337; BAG 22.8.1974 – 2 ABR 17/74 – AP § 103 BetrVG 1972 Nr. 1 = DB 1974, 2380.
11 BAG 24.2.1987 – 1 ABR 73/84 – AP § 80 BetrVG 1972 Nr. 28 = NZA 1987, 674; BAG 2.9.1980 – 6 ABR 37/78 – AP § 80 ArbGG 1979 Nr. 1 = NJW 1981, 2271.
12 BAG 13.6.1989 – 1 ABR 4/88 – AP § 80 BetrVG 1972 Nr. 36 = EzA § 80 BetrVG 1972 Nr. 36.
13 BAG 16.1.2007 – 1 ABR 16/06 – AP § 99 BetrVG 1972 Nr. 52 = EzA § 99 BetrVG 2001 Nr. 3.
14 BAG 16.1.2007 – 1 ABR 16/06 – AP § 99 BetrVG 1972 Nr. 52 = EzA § 99 BetrVG 2001 Nr. 3; BAG 16.7.1996 – 3 ABR 13/95 – AP § 76 BetrVG 1972 Nr. 53 = EzA § 80 ArbGG 1979 Nr. 1.
15 BAG 14.1.1983 – 6 ABR 39/82 – AP § 19 BetrVG 1972 Nr. 9 = EzA § 81 ArbGG 1979 Nr. 1; s. auch BAG 10.3.2009 – 1 ABR 93/07 – NZA 2008, 622.
16 BAG 18.4.2007 – 7 ABR 30/06 – AP § 18 EBRG Nr. 1 = EzA § 82 ArbGG 1979 Nr. 2. BAG 7.11.2000 – 1 ABR 55/99 – AP Art. 56 ZA-Nato-Truppenstatut Nr. 22 = EzA § 83 ArbGG 1979 Nr. 9; BAG 6.6.2000 – 1 ABR 21/99 – AP § 97 ArbGG 1979 Nr. 9 = EzA § 322 ZPO Nr. 12.
17 BAG 10.3.2009 – 1 ABR 93/07 – NZA 2009, 622.
18 BAG 27.9.2005 – 1 ABR 41/04 – AP § 2 TVG Tarifzuständigkeit Nr. 18 = EzA § 2 TVG Tarifzuständigkeit Nr. 9.
19 BAG 28.8.1969 – 1 ABR 12/69 – AP § 92 ArbGG 1953 Nr. 11.
20 GK-ArbGG/*Dörner*, § 80 Rn 61; Schwab/Weth/*Weth*, § 80 Rn 42.
21 BAG 5.12.2007 – 7 ABR 72/06 – AP § 118 BetrVG 1972 Nr. 82 = EzA § 111 BetrVG 1972 Nr. 82, m.w.N. zum Meinungsstand; noch offen gelassen in BAG 12.7.1988 – 1 ABR 85/86 – AP § 99 BetrVG 1972 Nr. 54 = EzA § 99 BetrVG 1972 Nr. 54.
22 BAG 2.6.2008 – 3 AZB 24/08 – AP § 85 ArbGG 1979 Nr. 11 = EzA § 23 BetrVG 2001 Nr. 3.
23 S. BAG 25.8.1981 – 1 ABR 61/79 – AP § 83 ArbGG 1979 Nr. 2 = DB 1982, 546.
24 BAG 3.12.1954 – 1 AZR 381/54 – AP § 11 ArbGG 1953 Nr. 7 = DB 1955, 76.
25 BAG 4.12.1979 – 6 ABR 37/76 – AP § 80 BetrVG 1972 Nr. 18 = DB 1980, 2091.
26 BAG 30.9.2008 – 1 ABR 54/07 – AP § 80 BetrVG 1972 Nr. 71 = EzA § 80 BetrVG 2001 Nr. 10; BAG 9.12.2003 – 1 ABR 44/02 – AP § 33 BetrVG 1972 Nr. 1 = DB 2004, 2055.
27 ArbGG/*Koch*, § 80 Rn 5; GK-ArbGG/*Dörner*, § 80 Rn 35.

Für **Ladungen, Termine, Fristen und Zustellungen** gelten die §§ 214 ff. ZPO und über die Verweisungsnorm des § 46 Abs. 2 die §§ 166 ff. ZPO.[28] Bei betriebsverfassungsrechtlichen Organen ist die Zustellung grds. an den Vorsitzenden oder den Verhinderungsvertreter persönlich vorzunehmen. Die Ersatzzustellung an den BR ist nach § 178 Abs. 1 Nr. 2 ZPO – Übergabe an eine im Geschäftsraum anwesende Person – zulässig, wenn er ein eigenes Büro unterhält.[29] Sie ist nach § 180 ZPO möglich, wenn der BR über eine eigene und gegen den Zugriff Dritter geschützte Einrichtung verfügt.[30]

Ein Richter kann im Beschlussverfahren entsprechend den §§ 41 ff. ZPO ausgeschlossen sein (siehe § 49 Rn 14). Das Gericht kann das **persönliche Erscheinen** von Antragsteller und anderen Beteiligten in jeder Lage des Verfahrens anordnen; es gelten die § 51, § 141 ZPO. Der Zurückweisung des Verfahrensbevollmächtigten bedarf es aber in keinem Fall, weshalb eine Entscheidung nach § 51 Abs. 2 zu unterbleiben hat.[31] Zulässig ist die Verhängung eines Ordnungsgeldes nach § 141 Abs. 3 ZPO. Bei betriebsverfassungsrechtlichen Organen kann nur das persönliche Erscheinen des Vorsitzenden oder des Verhinderungsvertreters angeordnet werden, er ist persönlicher Schuldner eines festgesetzten Ordnungsgelds.[32]

II. Güteverfahren

Der durch das Arbeitsgerichtsbeschleunigungsgesetz im Jahre 2000 neu eingefügte Abs. 2 S. 2 ermöglicht die **Durchführung eines Gütetermins** auch im Beschlussverfahren. Die Option trägt dem Bedürfnis Rechnung, dass Streitigkeiten im Beschlussverfahren auch durch atmosphärische Störungen in der Zusammenarbeit der Betriebsparteien ausgelöst werden, die durch eine (mündliche) Erörterung vor der Kammer gelöst werden können. Die Durchführung des Gütetermins ist in das **Ermessen des Vorsitzenden** gestellt. Nach der Gesetzesbegründung soll das Güteverfahren entbehrlich sein, wenn erkennbar ist, dass eine gütliche Einigung nicht zu erwarten ist und deshalb seine Durchführung zu einer Verfahrensverzögerung führt,[33] etwa wenn eine vergleichsweise Beendigung wegen fehlender Verfügungsbefugnis der Beteiligten über den Streitgegenstand nicht in Betracht kommt. In den besonderen Beschlussverfahren nach §§ 97, 98 wird die Durchführung eines besonderen Gütetermins regelmäßig nicht in Betracht kommen.[34]

Für die **Durchführung der Güteverhandlung** sind nach der Verweisung in Abs. 2 S. 1 die Grundsätze des § 54 Abs. 1 und Abs. 3 anzuwenden. Das gilt auch für die Fortsetzung des Gütetermins bei Einverständnis aller Beteiligten (§ 54 Abs. 1 S. 5). Unanwendbar sind hingegen die Vorschriften über die Säumnis einer oder beider Parteien (§ 54 Abs. 4, 5); insoweit enthält § 83 Abs. 4 für das Beschlussverfahren eine abschließende Regelung. Die Öffentlichkeit kann im Gütetermin auch aus Zweckmäßigkeitsgründen ausgeschlossen werden (§ 52 S. 3). Eine **Alleinentscheidung des Vorsitzenden** nach erfolgloser Güteverhandlung (§ 55 Abs. 3) ist bei Zustimmung aller Beteiligten zulässig.[35] Abs. 2 S. 2 ermöglicht nicht nur ein „Güteverfahren", sondern ordnet daneben die entsprechende Anwendung der für das Urteilsverfahren geltenden Vorschriften an.

III. Rechtsweg, Verfahrensart und Zuständigkeit

Nach Abs. 3 ist § 48 Abs. 1 entsprechend anwendbar. Für das Beschlussverfahren sind hinsichtlich der Zulässigkeit des gewählten Rechtswegs, der zutreffenden Verfahrensart und der örtlichen Zuständigkeit die §§ 17 bis 17b GVG nach Maßgabe des § 48 Abs. 1 anzuwenden. Wird Rechtsschutz in der falschen Verfahrensart begehrt, ist entsprechend § 17a Abs. 2 GVG die **Unzulässigkeit des Beschlussverfahrens** festzustellen und der Rechtsstreit in die richtige Verfahrensart abzugeben.[36] Allein eine Abweisung als unzulässig ist nicht statthaft (siehe § 48 Rn 1).

C. Verbindung zu anderen Rechtsgebieten

Neben § 2a sehen §§ 122 Abs. 2, 126 InsO besondere Bestimmungen über die Durchführung von Beschlussverfahren vor (siehe § 122 InsO Rn 2 ff.).[37]

---

28 BAG 17.2.1983 – 6 ABR 18/82 – AP § 212a ZPO Nr. 6 = DB 1983, 2473.
29 *Germelmann u.a.*, § 80 Rn 51; ArbGG/*Koch*, § 80 Rn 6.
30 ArbGG/*Koch*, § 80 Rn 6.
31 ArbGG/*Koch*, § 80 Rn 8; GK-ArbGG/*Dörner*, § 80 Rn 45; *Germelmann u.a.*, § 80 Rn 52; anders Schwab/Weth/*Weth*, § 80 Rn 34.
32 Ausf. ArbGG/*Koch*, § 80 Rn 8.
33 BT-Drucks 14/2490, S. 12.
34 ArbGG/*Koch*, § 80 Rn 12.
35 GK-ArbGG/*Dörner*, § 80 Rn 55; *Germelmann u.a.*, § 80 Rn 57; Schwab/Weth/*Weth*, § 80 Rn 44; a.A. ArbGG/*Koch*, § 80 Rn 13, ErfK/*Eisemann*, § 80 ArbGG Rn 4.
36 BAG 20.8.1991 – 1 ABR 85/90 – AP § 77 BetrVG 1972 Tarifvorbehalt Nr. 2 = NZA 1992, 317.
37 Dazu ausf. GK-ArbGG/*Dörner*, § 80 Rn 71 ff.; ArbGG/*Koch*, § 80 Rn 14 ff.; Schwab/Weth/*Weth*, § 80 Rn 19 ff.

§ 81 Antrag

(1) Das Verfahren wird nur auf Antrag eingeleitet; der Antrag ist bei dem Arbeitsgericht schriftlich einzureichen oder bei seiner Geschäftsstelle mündlich zur Niederschrift anzubringen.
(2) ¹Der Antrag kann jederzeit in derselben Form zurückgenommen werden. ²In diesem Fall ist das Verfahren vom Vorsitzenden des Arbeitsgerichts einzustellen. ³Von der Einstellung ist den Beteiligten Kenntnis zu geben, soweit ihnen der Antrag vom Arbeitsgericht mitgeteilt worden ist.
(3) ¹Eine Änderung des Antrags ist zulässig, wenn die übrigen Beteiligten zustimmen oder das Gericht die Änderung für sachdienlich hält. ²Die Zustimmung der Beteiligten zu der Änderung des Antrags gilt als erteilt, wenn die Beteiligten sich, ohne zu widersprechen, in einem Schriftsatz oder in der mündlichen Verhandlung auf den geänderten Antrag eingelassen haben. ³Die Entscheidung, daß eine Änderung des Antrags nicht vorliegt oder zugelassen wird, ist unanfechtbar.

A. Allgemeines 1	1. Grundsatz 11
B. Regelungsgehalt 2	2. Gesetzliche Antragsbefugnis 13
I. Form 2	3. Antragsbefugnis ohne gesetzliche Regelung .. 17
II. Antragsarten 3	VI. Antragsrücknahme (Abs. 2) 27
III. Antragshäufung 7	VII. Antragsänderung (Abs. 3) 28
IV. Antragsteller 8	VIII. Rechtsschutzinteresse 30
V. Antragsbefugnis 11	C. Beraterhinweise 33

A. Allgemeines

1 Das Beschlussverfahren wird nicht von Amts wegen, sondern **nur auf Antrag eingeleitet**. Es gilt die Dispositionsmaxime. § 81 stellt klar, in welcher Form der Antrag erhoben (Abs. 1), geändert (Abs. 3) und zurückgenommen (Abs. 2) wird. Zur Bestimmung des Antragsinhalts, der Antragsbefugnis und des Rechtsschutzinteresses ist der Rückgriff auf allg. zivilprozessuale Grundsätze erforderlich.

B. Regelungsgehalt

I. Form

2 Die **Einleitung** eines Beschlussverfahrens setzt einen **Antrag** voraus. Er kann schriftlich (§ 126 BGB) beim ArbG eingereicht oder in der Geschäftsstelle zu Protokoll erklärt werden (Abs. 1). Soweit die Länder entsprechende Rechts-VO erlassen haben, ist die Einreichung des Antrags in elektronischer Form statthaft (vgl. § 130a ZPO). Die **Antragsschrift** muss den Sachverhalt angeben, aus dem der Antragsteller sein Begehren herleitet und einen bestimmten **Sachantrag enthalten** (§ 253 Abs. 2 Nr. 2 ZPO). Die Angabe der Beteiligten (§ 83 Abs. 3) ist nicht erforderlich. Das Gericht bestimmt die übrigen Beteiligten von Amts wegen.

II. Antragsarten

3 Der Sachantrag kann einen **Leistungs-, Feststellungs- oder Gestaltungsantrag** enthalten.¹ Für den Leistungsantrag und seine möglichen Gegenstände gelten im Beschlussverfahren keine Besonderheiten. Auch ein Antrag auf zukünftige Leistung ist statthaft.² Der Antrag muss ebenso bestimmt sein wie im Urteilsverfahren. § 253 Abs. 2 Nr. 2 ZPO ist entsprechend anwendbar. Der Streitgegenstand ist so genau zu bezeichnen, dass die eigentliche Streitfrage mit Rechtskraftwirkung zwischen den Beteiligten entschieden werden kann.³ Ausreichend ist, wenn der Antrag in einer dem **Bestimmtheitserfordernis** genügenden Weise ausgelegt werden kann, wobei die Rspr. des BAG großzügig verfährt.⁴ In jedem Fall ist der **Antragsgrundsatz nach § 308 ZPO** zu beachten.⁵

4 Bei **Feststellungsanträgen** ist ein **besonderes Feststellungsinteresse** Zulässigkeitsvoraussetzung. Gegenstand kann das Bestehen oder Nichtbestehen eines Rechtsverhältnisses oder bestimmter Rechte aus einem Rechtsverhältnis sein, wenn der Antragsteller hieran ein berechtigtes Interesse hat (siehe Rn 31). Rechtsverhältnis i.S.d. § 256

---

1 Zur Antragstellung s.a. *Laber*, ArbRB 2007, 28 ff.
2 BAG 6.11.1990 – 1 ABR 60/89 – AP § 92 BetrVG 1972 Nr. 3 = NZA 1991, 358.
3 BAG 14.11.2006 – 1 ABR 5/06 – NZA 2007, 458 = DB 2007, 749; BAG 3.5.2006 – 1 ABR 63/06 – AP § 81 ArbGG 1979 Nr. 61; BAG 10.12.2002 – 1 ABR 7/02 – AP § 80 BetrVG 1972 Nr. 69 = NZA 2004, 223; BAG 11.12.1991 – 7 ABR 16/91 – AP § 90 BetrVG 1972 Nr. 2 = NZA 1992, 850.
4 S. etwa BAG 26.7.2005 – 1 ABR 16/04 – EzA § 8 BAT Nr. 50; kritisch zur Praxis des BAG GK-ArbGG/*Dörner*, § 81 Rn 2 m.w.N.; *Weth*, § 11 I, S. 234.
5 BAG 27.10.1992 – 1 ABR 4/92 – AP § 87 BetrVG 1972 Lohngestaltung Nr. 61 = NZA 1993, 607; s. auch BAG 1.12.2004 – 5 AZR 68/04 – AP § 4 EntgFZG Nr. 68.

Abs. 1 ZPO können auch einzelne Ansprüche sein, nicht dagegen bloße Elemente oder Vorfragen eines Anspruchs[6] oder abstrakte Rechtsfragen.[7] Auch negative Feststellungsanträge sind zulässig.[8] Das Feststellungsinteresse muss noch in der Rechtsbeschwerdeinstanz gegeben sein.

Vor allem **Feststellungsanträge** über **Bestehen und Umfang von Beteiligungsrechten** in der Betriebsverfassung[9] sind Gegenstand von Beschlussverfahren. Es geht auch um die Klärung von Statusfragen – etwa das aktive und passive Wahlrecht einschließlich der Zuordnung eines AN zu einem bestimmten Betrieb[10] oder zur Gruppe der leitenden Ang.[11] Das beanspruchte Recht muss mit einem konkreten Sachverhalt verknüpft im Antrag bezeichnet werden.[12] **Unzulässig** ist die bloße **Wiederholung des Gesetzestexts** oder einer gesetzlichen Verpflichtung des Arbeitgebers ohne Bezug auf einen bestimmten betrieblichen Vorgang.[13] Denn die angestrebte Feststellung muss geeignet sein, einen bestimmten Streit der Betriebsparteien zu klären. Von daher kann auch ein Zwischenfeststellungsantrag zulässig sein.[14]

Gestaltungsanträge entfalten durch gerichtliche Entscheidung eine Gestaltungswirkung. Sie sind nicht vorläufig vollstreckbar und wirken erst mit Rechtskraft des Beschlusses. Beispiele sind Anfechtung einer BR-Wahl (§ 19 BetrVG), die Auflösung des BR oder die Zustimmungsersetzung bei einer personellen Maßnahme (siehe §§ 99, 103 BetrVG).

III. Antragshäufung

Der Antragsteller ist nicht auf einen Antrag beschränkt, er kann auch mehrere Anträge zur Entscheidung des Gerichts stellen (**objektive Antragshäufung**). Bei der vorläufigen Durchführung einer personellen Maßnahme ist der AG hierzu sogar regelmäßig verpflichtet, wenn der BR seine Zustimmung verweigert hat und die Dringlichkeit bestreitet (§ 100 Abs. 2 BetrVG).[15] Nicht erforderlich ist es, dass sich die Anträge gegen alle am Verfahren Beteiligten gleichermaßen richten. Allerdings ist für jeden Antrag die Beteiligtenstellung gesondert zu bestimmen.[16] Zulässig sind **Hilfsanträge**,[17] nicht aber eine Antragstellung unter einer Bedingung[18] oder hilfsweise gegen einen weiteren Beteiligten. Schließlich können andere Beteiligte auch **Wideranträge** stellen,[19] soweit diese nicht lediglich das kontradiktorische Gegenteil zum Inhalt haben.[20] Möglich ist auch eine subjektive Antragshäufung.[21]

IV. Antragsteller

Die Vorschrift enthält keine besonderen Bestimmungen über die **Person des Antragstellers**. Als Antragsteller kommen alle rechtsfähigen natürlichen und juristischen Personen, parteifähigen Vereinbarungen (siehe § 10 Rn 2 ff.) und Stellen (siehe auch § 10 Rn 9 ff.) in Betracht.[22] Der BR muss zur Antragstellung einen wirksamen Beschluss gefasst haben.[23] Zwischenzeitliche personelle Veränderungen in den Gremien wie auch das Ende ihrer Amtszeit bleiben ohne Auswirkungen auf das Verfahren, sofern sie als Antragsteller auftreten.[24] Auch nach einer während des Verfahrens durchgeführten BR-Wahl kann das neue Gremium ein bereits anhängiges Beschlussverfahren als Antragstel-

---

6 BAG 30.3.1994 – 7 ABR 45/93 – AP § 40 BetrVG 1972 Nr. 42 = NZA 1995, 382; BAG 24.2.1987 – 1AP § 80 BetrVG 1972 Nr. 28; BAG 19.2.2002 – 1 ABR 20/01 – AP § 1 TVG Tarifverträge: Lufthansa Nr. 27 = NZA 2003, 1159.
7 BAG 20.5.2008 – 1 ABR 19/07 – AP § 81 BetrVG 1972 Nr. 4 = EzA § 81 ArbGG 1979 Nr. 19; BAG 3.5.2006 – 1 ABR 63/06 – AP § 81 ArbGG 1979 Nr. 61.
8 BAG 19.11.1985 – 1 ABR 37/83 – AP § 2 TVG Tarifzuständigkeit Nr. 4 = NZA 1986, 480.
9 BAG 11.6.2002 – 1 ABR 43/01 – AP § 99 BetrVG 1972 Nr. 118 = NZA 2003, 226; BAG 15.1.2002 – 1 ABR 10/01 – AP § 50 BetrVG 1972 Nr. 23 = NZA 2002, 988.
10 BAG 18.4.1989 – 1 ABR 97/87 – AP § 80 BetrVG 1972 Nr. 65 = 1989, 807.
11 BAG 27.4.1988 – 7 ABR 5/87 – AP § 5 BetrVG 1972 Nr. 35 = NZA 1988, 809.
12 BAG 17.5.1983 – 1 ABR 21/80 – AP § 80 BetrVG 1972 Nr. 19 = DB 1983, 1986.
13 Statt aller BAG 17.3.1987 – 1 ABR 65/85 – AP § 23 BetrVG 1972 Nr. 7 = NZA 1987, 786.
14 BAG 1.2.1989 – ABR 86/88 – AP § 99 BetrVG 1972 Nr. 63 = NZA 1989, 814.
15 BAG 15.9.1987 – 1 ABR 44/86 – AP § 99 BetrVG 1972 Nr. 46.
16 BAG 31.1.1989 – 1 ABR 60/87 – AP § 81 ArbGG 1979 Nr. 12 = NZA 1989, 606; BAG 11.11.1998 – 7 ABR 47/97 – AP § 50 BetrVG 1972 Nr. 19 = NZA 1999, 947.
17 BAG 28.1.1986 – 1 ABR 10/84 – AP § 99 BetrVG 1972 Nr. 34 = NZA 1986, 490.
18 BAG 7.5.1986 – 2 ABR 27/85 – AP § 103 BetrVG 1972 Nr. 18 = NZA 1986, 719.
19 BAG 8.8.1989 – 1 ABR 61/88 – AP § 106 BetrVG 1972 Nr. 6 = NZA 1990, 150.
20 BAG 15.1.2002 – 1 ABR 13/01 – AP § 87 BetrVG 1972 Gesundheitsschutz Nr. 12 = NZA 2002, 995.
21 BAG 13.3.2007 – 1 ABR 24/06 – AP § 2 TVG Tarifzuständigkeit Nr. 21 = EzA § 97 ArbGG 1979 Nr. 8, dazu *Kerwer*, RdA 2008, 242; s. auch BAG 27.9.2005 – 1 ABR 41/04 – AP § 2 TVG Tarifzuständigkeit Nr. 18 = EzA § 2 TVG Tarifzuständigkeit Nr. 9.
22 BAG 25.8.1981 – 1 ABR 61/79 – AP § 83 ArbGG 1979 Nr. 2 = DB 1982, 546.
23 BAG 30.9.2008 – 1 ABR 54/07 – AP BetrVG 1972 § 80 Nr. 71 = EzA BetrVG 2001 § 80 Nr. 10; BAG 9.12.2003 – 1 ABR 44/02 – AP BetrVG 1972 § 33 Nr. 1 = DB 2004, 2055.
24 BAG 27.1.1981 – 6 ABR 68/79 – AP § 80 ArbGG 1979 Nr. 2 = NJW 1981, 2271.

ler fortführen – sog. **Funktionsnachfolge**.[25] In jedem Fall muss aber hinsichtlich der geltend gemachten Rechte noch die Antragsbefugnis zustehen.

9 Eine Mehrheit von Antragstellern ist zulässig. Bei **notwendigen Antragstellermehrheiten** ist das Erreichen der Mindestzahl an Antragstellern Prozessvoraussetzung, die während des gesamten Verfahrens bis zu seiner Beendigung vorliegen muss, so bei einer Wahlanfechtung oder beim Ausschluss aus dem BR mind. drei wahlberechtigte AN.[26] Allerdings kann jeder der einzelnen Antragsteller eigenständig über seine weitere Beteiligung im Verfahren entscheiden; er kann seinen Antrag jederzeit zurücknehmen. Wird die gesetzlich vorgeschriebene Zahl nicht mehr erreicht, wird der Antrag unzulässig. Eine Auswechselung der Antragsteller ist nicht möglich.[27] Über die gestellten Anträge ist einheitlich zu entscheiden.

10 Bei nur **tatsächlicher Mehrheit von Antragstellern** kann jeder der am Verfahren Beteiligten einen eigenständigen Antrag stellen; Deckungsgleichheit ist nicht erforderlich. Für jeden Antrag eines Beteiligten ist die Zulässigkeit, insb. die Antragsbefugnis oder das Rechtsschutzinteresse sowie die Begründetheit eigenständig zu prüfen. Die am Verfahren Beteiligten können stets – auch in der Beschwerdeinstanz – einen Sachantrag stellen.[28] Ein Übergang auf einen eigenen Sachantrag stellt aber evtl. eine Antragsänderung dar, deren Zulässigkeit sich nach Abs. 3 richtet (siehe Rn 28 f.). Allein der Abweisungsantrag ist kein Sachantrag.

V. Antragsbefugnis

11 **1. Grundsatz.** Voraussetzung für eine Sachentscheidung ist die **Antragsbefugnis**, die mit der **Prozessführungsbefugnis im Zivilprozess vergleichbar** ist und Popularklagen ausschließen soll.[29] Für jeden Antragsteller ist zu prüfen, ob er den geltend gemachten Anspruch entweder als eigenes Recht beanspruchen kann oder Anträge zum Schutz einer eigenen betriebsverfassungsrechtlichen Rechtsposition stellt.[30] Das gilt auch bei einer gesetzlich vorgesehenen Beteiligtenstellung, da **Beteiligungs- und Antragsbefugnis nicht notwendig zusammenfallen**.[31] Bei Leistungsanträgen ist die Antragsbefugnis stets gegeben, wenn der Antragsteller einen (vermeintlich) eigenen Anspruch geltend macht.[32] Nicht ausreichend ist lediglich ein rechtliches Interesse an der Entscheidung.[33]

12 Von der Antragsbefugnis ist die Begründetheit des Begehrens zu unterscheiden, also die Frage, ob der Antragsteller wirklich Inhaber des geltend gemachten Rechts ist. Die Antragsbefugnis muss **zu jedem Zeitpunkt des Verfahrens** und bei einer Mehrheit von Antragstellern für jeden von ihnen vorliegen. Ihr Fehlen ist **von Amts wegen** zu berücksichtigen und führt zur Antragsabweisung als unzulässig.

13 **2. Gesetzliche Antragsbefugnis. Antragsbefugnisse des AG** ergeben sich nach §§ 18 Abs. 2,[34] 19 Abs. 2 BetrVG sowie den §§ 23, 48, 56, 65 Abs. 1, 48 und 73 Abs. 2 (Auflösung des BR oder anderer Gremien sowie der Ausschluss einzelner Mitglieder), 76 Abs. 2, 5 BetrVG und den §§ 99 Abs. 4, 100 Abs. 2, 103 Abs. 2, 3 BetrVG.

14 Jeweils **drei wahlberechtigte AN** sind antragsbefugt nach §§ 16 Abs. 2, 17 Abs. 4, 17a Nr. 4, 18 Abs. 1, 63 Abs. 3 BetrVG (Bestellung oder Ersetzung des Wahlvorstands) und §§ 19 Abs. 2, 63 Abs. 2 BetrVG (Anfechtung der BR-Wahl oder der Wahl der Jugendvertretung). Die gleiche Mindestzahl sehen für den Bereich der leitenden Ang §§ 8 Abs. 1, 9 Abs. 1 SprAuG vor. **Besondere Quoren** – ein Viertel der wahlberechtigten AN – verlangen §§ 23, 48, 56, 65 Abs. 1, 48, 73 Abs. 2 BetrVG.

15 Der **BR ist antragsbefugt** nach § 18 Abs. 2 BetrVG (Zuordnung eines Betriebsteils, ebenso der Wahlvorstand), §§ 23, 48, 56, 65 Abs. 1, 48, 73 Abs. 2 BetrVG (Ausschluss einzelner Mitglieder aus Vertretungsorganen), § 76 Abs. 2, 5 BetrVG (Einigungsstelle) und §§ 98 Abs. 5, 101, 104 BetrVG (Durchführung von personellen Maßnahmen). Gleiches gilt für den **Sprecherausschuss** nach § 8 Abs. 1 S. 2 SprAuG (Wahlanfechtung) und nach § 9 Abs. 1 SprAuG (Ausschluss).

16 Den im **Betrieb vertretenen Gewerkschaften** wird die Antragsbefugnis zuerkannt in § 18 Abs. 2 BetrVG, §§ 16 Abs. 2, 17 Abs. 4, 17a Nr. 4, 18 Abs. 1, 63 Abs. 3 BetrVG (Wahlvorstand), §§ 19 Abs. 2, 63 Abs. 2 BetrVG (Auflösung

---

25 BAG 18.10.1988 – 1 ABR 31/87 – AP § 81 ArbGG 1979 Nr. 10 = NZA 1989, 396.
26 BAG 4.12.1986 – 6 ABR 46/85 – AP § 19 BetrVG 1972 Nr. 13 = NZA 197, 166.
27 BAG 12.2.1985 – 1 ABR 11/84 – AP § 76 BetrVG 1972 Nr. 27 = NZA 1985, 786.
28 BAG 31.1.1989 – 1 ABR 60/87 – AP § 81 ArbGG 1979 Nr. 12 = NZA 1989, 606.
29 BAG 20.5.2008 – 1 ABR 19/07 – AP § 81 ArbGG 1979 Nr. 4 = EzA § 81 ArbGG 1979 Nr. 19; BAG 19.9.2006 – 1 ABR 53/05 – AP § 2 BetrVG 1972 Nr. 5 = EzA Art. 9 GG Nr. 89; BAG 16.11.2004 – 1 ABR 53/03 – AP § 82 BetrVG 1972 Nr. 3 = NZA 2005, 416; ausf. zu Funktion und Voraussetzungen Weth, § 9 V 2, S. 191 ff.; Germelmann u.a., § 81 Rn 52 ff.
30 BAG 20.5.2008 – 1 ABR 19/07 – AP § 81 ArbGG 1979 Nr. 4 = EzA § 81 ArbGG 1979 Nr. 19; BAG 14.11.2006 – 1 ABR 5/06 – AP § 87 BetrVG 1972 Arbeitszeit Nr. 121 = EzA § 87 BetrVG 2001 Arbeitszeit Nr. 10; BAG 19.9.2006 – 1 ABR 53/05 – AP § 2 BetrVG 1972 Nr. 5 = EzA Art. 9 GG Nr. 89; BAG 18.8.1987 – 1 ABR 65/86 – AP § 81 ArbGG 1979 Nr. 6 = NZA 1988, 26.
31 BAG 30.10.1986 – 6 ABR 52/83 – AP § 47 BetrVG 1972 Nr. 46 = NZA 1988, 27.
32 BAG 11.11.1997 – 1 ABR 21/97 – AP § 36 BDSG Nr. 1 = NZA 1998, 385.
33 BAG 19.9.1985 – 6 ABR 4/85 – AP § 12 BetrVG 1972 Nr. 12 = NZA 1986, 368.
34 Zuordnung eines Betriebsteils: BAG 25.9.1986 – 6 ABR 68/84 – AP § 7 BetrVG 1972 Nr. 1 = NZA 1987, 708.

oder Ausschluss), §§ 23, 48, 56, 65 Abs. 1, 48, 73 Abs. 2 (Wahlanfechtung)[35] sowie insb. bei groben Verstöße des AG gegen betriebsverfassungsrechtliche Pflichten nach § 23 Abs. 3 BetrVG.

3. Antragsbefugnis ohne gesetzliche Regelung. Die Antragsbefugnis ist auf die geregelten Fallgestaltungen nicht begrenzt. Sie ist auch gegeben, wenn der Antragsteller durch die begehrte Entscheidung in seiner **Rechtsstellung unmittelbar betroffen** wird (siehe § 83 Rn 18 ff.),[36] was immer dann der Fall ist, wenn er eigene Rechte geltend macht.[37]

17

Die **AG** sind antragsbefugt bei Streitfragen über das aktive und passive **Wahlrecht** und insb. bei Meinungsverschiedenheiten über die Zuordnung zu den leitenden Ang,[38] bei Streitigkeiten über die Unwirksamkeit der Bestellung des Wahlvorstands,[39] über die Nichtigkeit einer **BR-Wahl**, auch wenn die Anfechtungsfrist bereits verstrichen ist,[40] über die Wirksamkeit einer BV[41] sowie über die Reichweite der Beteiligungsrechte des BR.

18

Die Antragsbefugnis fehlt beim Streit um die **Anerkennung einer Schulungsveranstaltung** nach § 37 Abs. 7 BetrVG durch die zuständige Behörde. Auch eine Kontrolle im Rahmen eines Individualverfahrens um Vergütungsansprüche ist unzulässig.[42] Hier ist nur die Spitzenorganisation der AG-Verbände zur Anfechtung berechtigt, die wiederum im Anerkennungsverfahren zu beteiligen ist.[43] Dem BR fehlt auch die Antragsbefugnis zur Klärung der Tarifzuständigkeit im Verfahren nach § 97.[44]

19

Der einzelne **AN** – auch der leitende Ang – kann im Beschlussverfahren sein aktives und passives Wahlrecht feststellen lassen,[45] ebenso seine Mitgliedschaft in einer AN-Vertretung.

20

Der **BR** ist antragsbefugt bei Streitfragen über das aktive und passive Wahlrecht, die Bestellung des Wahlvorstands und die Freistellung für Schulungs- und Bildungsveranstaltungen,[46] bei der Durchsetzung von Freistellungs- und Kostenersatzansprüchen für seine Mitglieder,[47] bei der Bildung eines GBR,[48] der Feststellung über die Reichweite von Mitbestimmungsrechten[49] oder die Wirksamkeit einer BV[50] sowie die Anwendung eines TV im Betrieb.[51] Antragsbefugt ist der BR, wenn er im Rahmen seines Übergangsmandats nach einer Betriebsspaltung (§ 321 Abs. 2 UmwG) Beteiligungsrechte geltend macht.

21

Hingegen **fehlt die Antragsbefugnis** zur Anfechtung der eigenen Wahl oder der der SBV.[52] Der BR kann nicht die individualrechtlichen Ansprüche der AN als **Prozessstandschafter** gegenüber dem AG durchsetzen.[53] Dem GBR fehlt die Antragsbefugnis, wenn er lediglich das Mitbestimmungsrecht des Einzel-BR verteidigt.[54]

22

Die **JAV** ist im Verhältnis zum AG nicht nach § 23 Abs. 3 BetrVG antragsbefugt,[55] sondern nur bei Durchsetzung der eigenen Beteiligungsrechte gegenüber dem BR (§§ 29 Abs. 2, 35 Abs. 1, 39 BetrVG). Keine eigenen Antragsrechte haben **Wirtschaftsausschuss** und **Einigungsstelle** (siehe auch § 83 Rn 27).

23

---

35 Zur zuständigen Verwaltungsstelle einer Gewerkschaft LAG Düsseldorf 13.12.2006 – 12 TaBV 5/06 – n.v.; dazu *Fischer*, jurisPR-ArbR 9/2007, Anm. 4.
36 Etwa BAG 23.2.1988 – 1 ABR 75/86 – AP § 81 ArbGG 1979 Nr. 9 = NZA 1989, 229.
37 BAG 19.9.2006 – 1 ABR 53/05 – AP § 2 BetrVG 1972 Nr. 5 = NZA 2007, 518; BAG 11.11.1997 – 1 ABR 21/97 – AP § 36 BDSG Nr. 1 = NZA 1998, 385.
38 BAG 23.1.1986 – 6 ABR 47/82 – AP § 5 BetrVG 1872 Nr. 31 = NZA 1986, 404.
39 BAG 14.1.1983 – 6 ABR 39/82 – AP § 19 BetrVG 1972 Nr. 9 = DB 1983, 1412.
40 BAG 27.4.1976 – 1 AZR 482/75 – AP § 19 BetrVG 1972 Nr. 4 = NJW 1976, 2229; BAG 28.11.1977 – 1 ABR 36/76 – AP § 19 BetrVG 1972 Nr. 6 = DB 1978, 1992.
41 BAG 10.3.1992 – 3 ABR 54/91 – AP § 1 BetrAVG Betriebsvereinbarung Nr. 5 = NZA 1992, 235.
42 BAG 17.12.1981 – 6 AZR 546/78 – AP § 37 BetrVG 1872 Nr. 41 = BB 1982, 1546.
43 BAG 11.8.1993 – 7 ABR 52/92 – AP § 37 BetrVG 1972 Nr. 92 = NZA 1994, 317; BAG 30.8.1989 – 7 ABR 65/87 – AP § 37 BetrVG 1972 Nr. 73 = NZA 1990, 483.
44 BAG 13.3.2007 – 1 ABR 24/06 – AP § 2 TVG Tarifzuständigkeit Nr. 21 = EzA § 97 ArbGG 1979 Nr. 8, dazu *Kerwer*, RdA 2008, 242.
45 BAG 15.12.1972 – 1 ABR 8/72 – AP § 14 BetrVG 1972 Nr. 1 = DB 1973, 2052.
46 BAG 6.11.1973 – 1 ABR 8/73 – AP § 37 BetrVG 1972 Nr. 5 = DB 1974, 780.
47 BAG 27.3.1979 – 6 ABR 15/77 – AP § 80 ArbGG 1979 Nr. 7 = AuR 1979, 378.; ausnahmsweise aber nicht, wenn die Ansprüche an einen Dritten abgetreten worden sind: BAG 15.1.1992 – 7 ABR 23/90 – AP § 40 BetrVG 1972 Nr. 41 = NZA 1993, 189.
48 BAG 30.10.1986 – 6 ABR 52/83 – AP § 47 BetrVG 1972 Nr. 46 = NZA 1988, 27.
49 BAG 16.8.1983 – 1 ABR 11/82 – AP § 81 ArbGG 1979 Nr. 2 = DB 1984, 408.
50 BAG 18.2.2003 – 1 ABR 17/02 – AP § 77 BetrVG 1972 Betriebsvereinbarung Nr. 11 = NZA 2004, 336.
51 BAG 10.6.1986 – 1 ABR 59/84 – AP § 80 BetrVG 1972 Nr. 20 = NZA 1987, 28.
52 BAG 20.2.1986 – 6 ABR 5/85 – AP § 23 BetrVG 1972 Nr. 7 = NZA 1987, 786.
53 BAG 18.2.2003 – 1 ABR 17/02 – AP § 77 BetrVG 1972 Betriebsvereinbarung Nr. 11 = NZA 2004, 336; BAG 24.2.1987 – 1 ABR 73/84 – AP § 80 BetrVG 1972 Nr. 28 = NZA 1987, 674; LAG Schleswig-Holstein 28.2.2007 — juris.
54 BAG 13.3.1984 – 1 ABR 49/82 – AP § 83 ArbGG 1979 Nr. 9 = NZA 1984, 172.
55 BAG 15.8.1978 – 6 ABR 10/76 – AP § 23 BetrVG 1972 Nr. 1 = DB 1978, 2275.

Antragsbefugt ist auch das **einzelne BR-Mitglied** für die Überprüfung der Rechtswirksamkeit eines BR-Beschlusses[56] sowie für die Anfechtung betriebsratsinterner Wahlen.[57]

24 Die **Antragsbefugnis der Gewerkschaften** besteht bei einem Streit um die BR-Fähigkeit eines Betriebs,[58] der Bildung des Wahlvorstands,[59] dem Zutritt von Gewerkschaftsvertretern zu Sitzungen der AN-Vertretungen,[60] nicht aber bei vermeintlich fehlerhafter Bildung des GBR[61] und Anfechtung lediglich interner Beschlüsse des BR.[62] Nach § 23 Abs. 3 BetrVG kann eine Gewerkschaft von AG und BR die Unterlassung eines nicht im Einklang mit dem Tarifvertrag stehenden Handelns verlangen, was allerdings einen groben Verstoß voraussetzt.[63] Darüber hinaus steht ihr ein Unterlassungsanspruch gegenüber dem AG zu, wenn sie sich gegen eine betriebliche Vereinbarung wendet, der in ihre in Art. 9 Abs. 3 GG geschützte Koalitionsfreiheit eingreift.[64]

25 Die **Schwerbehindertenvertretung** (§§ 94 ff. SGB IX) ist im Beschlussverfahren antragsbefugt, wenn sie die Verletzung ihrer Mitwirkungsrechte (§ 95 SGB IX, §§ 32, 35 Abs. 3, 52 BetrVG) oder ihrer Rechtsstellung (§ 96 SGB IX) geltend macht. Das stellt der neu gefasste § 2a Abs. 1 Nr. 3a ausdrücklich klar.

26 Die nach § 139 SGB IX gebildeten **Werkstatträte** sind parteifähig (§ 10) und können die Verletzung der ihnen durch RechtsVO (§ 144 SGB IX) übertragenen Mitwirkungsrechte als Antragsteller im Beschlussverfahren geltend machen.

VI. Antragsrücknahme (Abs. 2)

27 Der Antrag kann bis zur Entscheidung in der ersten Instanz **jederzeit ohne Einverständnis** der anderen Beteiligten zurückgenommen werden. Im Beschwerde- und im Rechtsbeschwerdeverfahren ist eine Rücknahme nur mit ihrer Zustimmung möglich, Abs. 2 S. 3. Bei mehreren Antragstellern (siehe Rn 9 f.) kann jeder seinen Antrag zurücknehmen. Soweit das geschieht, hat der Vorsitzende das Verfahren nach Abs. 2 S. 2 **durch Beschluss einzustellen**,[65] der allen bisher am Verfahren Beteiligten bekannt zu geben ist (Abs. 2 S. 3). Dieser kann mit der Beschwerde nach § 87 angefochten werden.[66]

VII. Antragsänderung (Abs. 3)

28 Abs. 3 entspricht § 263 ZPO. Eine zustimmungspflichtige Antragsänderung liegt aber nur vor, wenn der **Verfahrensgegenstand verändert wird**. § 264 ZPO findet entsprechende Anwendung.[67] Das ist der Fall, wenn die Person der Beteiligten ausgewechselt wird.[68] Sie kann aber auch durch Änderung der entscheidungserheblichen rechtlichen Verhältnisse erfolgen.[69]

29 Eine Antragsänderung ist zulässig, wenn ihr alle Beteiligten **ausdrücklich zustimmen** oder ihre Zustimmung unter den Voraussetzungen des Abs. 3 S. 2 – Einlassen auf den geänderten Antrag in einem Schriftsatz oder in der mündlichen Verhandlung – als erteilt gilt. Das Gericht kann davon unabhängig die Antragsänderung als **sachdienlich** zulassen. Bei einer Antragsänderung ist stets prüfen, ob **neue Beteiligte** in das Verfahren einzubeziehen sind oder bisherige Beteiligte ausscheiden.[70] Den im Anhörungstermin nicht erschienenen Beteiligten ist vor einer Entscheidung rechtliches Gehör zu dem geänderten Verfahrensgegenstand zu gewähren.

VIII. Rechtsschutzinteresse

30 Im Beschlussverfahren soll nur über Streitfragen befunden werden, die für die Beteiligten wegen der Rechtskraftwirkung von praktischer Bedeutung sind. Es ist nicht Aufgabe der Gerichte, Rechtsgutachten für die Beteiligten zu erstellen. In solchen Fällen fehlt das Rechtsschutzinteresse,[71] der Antrag ist unzulässig. Das Rechtsschutzinteresse

---

56 BAG 3.4.1979 – 6 ABR 64/76 – AP § 13 BetrVG 1972 Nr. 1 = DB 1979, 2091.
57 BAG 15.1.1992 – 7 ABR 24/91 – AP § 26 BetrVG 1972 Nr. 10 = NZA 1992, 1091; BAG 13.11.1991 – 7 ABR 8/91 – AP § 26 BetrVG 1972 Nr. 9 = NZA 1992, 944.
58 BAG 3.2.1976 – 1 ABR 121/74 – AP § 118 BetrVG 1972 Nr. 8 = DB 1976, 823.
59 BAG 14.12.1965 – 1 ABR 6/65 – AP § 16 BetrVG Nr. 5 = DB 1966, 425.
60 BAG 18.11.1980 – 1 ABR 31/78 – AP § 72a ArbGG 1979 Nr. 19 = BB 1981, 853.
61 BAG 30.10.1986 – 6 ABR 52/83 – AP § 47 BetrVG 1972 Nr. 46 = NZA 1988, 27.
62 BAG 16.2.1973 – 1 ABR 18/72 – AP § 14 BetrVG 1972 Nr. 1 = DB 1973, 2052.
63 BAG 29.4.2004 – 1 ABR 30/02 – AP § 77 BetrVG 1972 Durchführung Nr. 3 = NZA 2004, 670.
64 BAG 20.4.1999 – 1 ABR 72/98 – AP Art. 9 GG Nr. 89 = NZA 1999, 887 (§ 1004 BGB analog).
65 BAG 14.12.2004 – 1 ABR 54/03 – AP § 99 BetrVG 1972 Nr. 121 = NZA 2005, 424.
66 *Germelmann u.a.*, ArbGG, § 81 Rn 77; GK-ArbGG/*Leinemann/Schütz*, § 81 Rn 160; a.A. LAG Hessen 24.1.1984 – 4 TaBV 82/83 – NZA 1984, 269; LAG Hamm 21.9.1999 – 13 TaBV 53/99 – NZA-RR 2000, 660.
67 BAG 14.1.1983 – 6 ABR 39/82 – AP § 19 BetrVG 1972 Nr. 9 = EzA § 81 ArbGG 1979 Nr. 1; s. auch BAG 10.3.2009 – 1 ABR 93/07 – NZA 2008, 622.
68 BAG 13.12.2005 – 1 ABR 31/03 – AuR 2006, 175 (LS).
69 Zuletzt BAG 25.1.2005 – 1 ABR 61/03 – AP § 99 BetrVG 1972 Einstellung Nr. 48 = DB 2005, 1693 m.w.N.
70 BAG 31.1.1989 – 1 ABR 60/87 – AP § 81 ArbGG 1979 Nr. 12 = NZA 1989, 606.
71 BAG 10.4.1984 – 1 ABR 73/82 – AP § 81 ArbGG 1979 Nr. 3 = NZA 1984, 364; BAG 29.7.1982 – 6 ABR 51/79 – AP § 83 ArbGG 1979 Nr. 5 = DB 1983, 666.

muss noch zum Zeitpunkt der letzten Anhörung vor der Kammer oder dem Senat – also auch noch in der Rechtsbeschwerdeinstanz – sowie dem für das schriftliche Verfahren festgesetzten Termin bestehen.[72]

Bei **Leistungsanträgen**, wozu auch Unterlassungsanträge gehören, ist das Rechtsschutzinteresse regelmäßig gegeben.[73] Es entfällt nicht schon deshalb, weil eine Vollstreckung der Entscheidung ausscheidet (arg. § 888 Abs. 3 ZPO).

Bei **Feststellungsanträgen** muss nach § 256 Abs. 1 ZPO ein besonderes Feststellungsinteresse gegeben sein. Es soll eine gerichtliche Entscheidung verhindern, wenn die streitige Maßnahme bereits beendet und für die Beteiligten für die Zukunft ohne Bedeutung ist. Das Rechtsschutzinteresse fehlt, wenn ausschließlich beantragt wird, dass eine bestimmte, bereits abgeschlossene Maßnahme unwirksam ist und sie unter den Beteiligten keine Wirksamkeit mehr entfalten kann.[74] In diesen Fällen – etwa bei personellen Einzelmaßnahmen, die sich durch Zeitablauf überholen – ist, wenn die Gefahr einer Wiederholung besteht, ein **vom konkreten Einzelfall losgelöster Antrag** zu stellen.[75] Darüber hinaus kann ein allg. Antrag auf Feststellung eines Mitbestimmungsrechts gestellt werden, wenn zwischen den Betriebsparteien ein solches in bestimmten, auch künftig zu erwartenden Fällen streitig ist.[76] Handelt es sich um erzwingbare Mitbestimmung, kann schon vor der Errichtung oder dem Spruch einer Einigungsstelle der Bestand eines Mitbestimmungsrechts zum Gegenstand eines Beschlussverfahrens gemacht werden – sog. (betriebsverfassungsrechtliches) **Vorabentscheidungsverfahren**.[77]

Bei **Gestaltungsanträgen** fehlt das Rechtsschutzinteresse nur, wenn eine gerichtliche Entscheidung die Rechtsbeziehungen der Beteiligten aufgrund veränderter tatsächlicher oder rechtlicher Umstände nicht mehr erfassen kann. Das gilt bei Anträgen nach § 18 BetrVG nach Durchführung der Wahl und grds. nach § 23 BetrVG nach Ablauf der Amtszeit des Betriebsrats[78] oder nach dem Ende einer personellen Maßnahme, für die die Zustimmungsersetzung beantragt wurde.[79]

C. Beraterhinweise

Zu achten ist auf die **korrekte Antragstellung** im Beschlussverfahren. Der Antrag muss die Streitfrage korrekt erfassen und inhaltlich hinreichend bestimmt sein. Für ihn muss noch ein Rechtsschutzinteresse bestehen und nicht nur eine zwischen den Beteiligten streitige Rechtsfrage ohne Auswirkungen für die Zukunft entschieden werden.[80]

Durch die gerichtliche Entscheidung soll der Streit der Beteiligten möglichst umfassend geklärt werden. Bei unklarer Antragstellung ist das Gericht verpflichtet, das wahre Begehren des Antragstellers zu erfragen und auf die Stellung eines **sachdienlichen Antrags hinzuwirken**. Stellt der Antragsteller sein Anliegen klar und wird der Antrag in diesem Sinn neu gefasst, bleibt für seine Auslegung kein Raum. Über eindeutige Anträge darf sich das Gericht nicht hinwegsetzen. Ggf. sind die ursprünglichen Anträge hilfsweise aufrecht zu erhalten.

Problematisch ist ein **Globalantrag**, der auf die Feststellung einer uneingeschränkten Verpflichtung oder Berechtigung gerichtet ist und sich auf alle Möglichkeiten erstreckt, bei denen das in Anspruch genommene Recht bestehen soll. Ein solcher Antrag ist zwar grds. zulässig, soweit er hinreichend bestimmt ist,[81] oftmals aber unbegründet, weil bereits eine denkbare Ausnahmeregelung zu seiner vollständigen Abweisung führt.[82] Bei Zweifeln über die Begründetheit eines Antrags, namentlich wenn Bedenken bestehen, ob ein unbegründeter Globalantrag vorliegt, bietet es sich an, eingeschränkte Hilfsanträge zu formulieren.[83]

---

72 BAG 13.3.1991 – 7 ABR 5/90 – AP § 19 BetrVG 1972 Nr. 20 = NZA 1991, 946; BAG 21.6.2006 – 7 ABR 45/05 – juris.
73 BAG 22.10.1985 – 1 ABR 38/83 – AP § 87 BetrVG 1972 Lohngestaltung Nr. 18 = NZA 1986, 299.
74 BAG 18.2.2003 – 1 ABR 17/02 – AP § 77 BetrVG 1972 Betriebsvereinbarung Nr. 11; BAG 10.4.1984 – 1 ABR 73/82 – AP § 81 ArbGG 1979 Nr. 1 = NZA 1984, 364; BAG 29.7.1982 – 6 ABR 51/79 – AP § 83 ArbGG 1979 Nr. 5 = DB 1983, 666.
75 BAG 23.7.1996 – 1 ABR 17/96 – AP § 87 BetrVG 1972 Ordnung des Betriebs Nr. 26 = NZA 1997, 216; BAG 28.8.1988 – 1 ABR 85/87 – AP § 99 BetrVG 1972 Nr. 60 = NZA 1989, 358.
76 BAG 30.8.1994 – 1 ABR 3/94 – AP § 99 BetrVG 1972 Einstellung Nr. 6 = NZA 1995, 649.
77 Insb. BAG 13.10.1987 – 1 ABR 53/86 – AP § 81 ArbGG 1979 Nr. 17 = NZA 1988, 249; ausf. GK-ArbGG/*Dörner*, § 81 Rn 135 ff.
78 BAG 13.3.1991 – 7 ABR 5/90 – AP § 19 BetrVG 1972 Nr. 20 = NZA 1991, 946.
79 BAG 26.4.1990 – 1 ABR 79/86 – AP § 83a ArbGG 1979 Nr. 3 = NZA 1990, 822.
80 Vgl. hierzu GK-ArbGG/*Dörner*, § 81 Rn 2, 40 ff.; *Herbst/Bertelsmann/Reiter*, Rn 151; *Bauer*, ZfA 1997, 445, 466 ff.; *Laber*, ArbRB 2007, 28 ff.; *Rambach/Sartorius*, ZAP Fach 17, 829 ff.
81 BAG 16.11.2004 – 1 ABR 53/03 – AP § 82 BetrVG 1972 Nr. 3 = NZA 2005, 416; BAG 6.12.1994 – AP § 23 BetrVG 1972 Nr. 24.
82 BAG 28.2.2006 – 1 AZR 460/04 u. 461/04 – AP Art. 9 GG Nr. 127 = NZA 2006, 798; BAG 16.11.2004 – 1 ABR 53/03 – AP § 82 BetrVG 1972 Nr. 3 = NZA 2005, 416; BAG 28.5.2002 AP Art. 56 ZA-NATO-Truppenstatut Nr. 23; BAG 11.12.1991 – 7 ABR 16/91 – AP § 90 BetrVG 1972 Nr. 2 = NZA 1992, 850; BAG 3.5.1994 – 1 ABR 24/93 – AP § 23 BetrVG 1972 Nr. 23 = NZA 1995, 40.
83 S. etwa BAG 15.1.2002 – 1 ABR 10/01 – AP § 50 BetrVG 1972 Nr. 23 = NZA 2002, 988.

§ 82 Örtliche Zuständigkeit

(1) ¹Zuständig ist das Arbeitsgericht, in dessen Bezirk der Betrieb liegt. ²In Angelegenheiten des Gesamtbetriebsrats, des Konzernbetriebsrats, der Gesamtjugendvertretung oder der Gesamt-Jugend- und Auszubildendenvertretung, des Wirtschaftsausschusses und der Vertretung der Arbeitnehmer im Aufsichtsrat ist das Arbeitsgericht zuständig, in dessen Bezirk das Unternehmen seinen Sitz hat. ³Satz 2 gilt entsprechend in Angelegenheiten des Gesamtsprecherausschusses, des Unternehmenssprecherausschusses und des Konzernsprecherausschusses.

(2) ¹In Angelegenheiten eines Europäischen Betriebsrats, im Rahmen eines Verfahrens zur Unterrichtung und Anhörung oder des besonderen Verhandlungsgremiums ist das Arbeitsgericht zuständig, in dessen Bezirk das Unternehmen oder das herrschende Unternehmen nach § 2 des Gesetzes über Europäische Betriebsräte seinen Sitz hat. ²Bei einer Vereinbarung nach § 41 des Gesetzes über Europäische Betriebsräte ist der Sitz des vertragschließenden Unternehmens maßgebend.

(3) In Angelegenheiten aus dem SE-Beteiligungsgesetz ist das Arbeitsgericht zuständig, in dessen Bezirk die Europäische Gesellschaft ihren Sitz hat; vor ihrer Eintragung ist das Arbeitsgericht zuständig, in dessen Bezirk die Europäische Gesellschaft ihren Sitz haben soll.

(4) In Angelegenheiten nach dem SCE-Beteiligungsgesetz ist das Arbeitsgericht zuständig, in dessen Bezirk die Europäische Genossenschaft ihren Sitz hat; vor ihrer Eintragung ist das Arbeitsgericht zuständig, in dessen Bezirk die Europäische Genossenschaft ihren Sitz haben soll.

(5) In Angelegenheiten nach dem Gesetz über die Mitbestimmung der Arbeitnehmer bei einer grenzüberschreitenden Verschmelzung ist das Arbeitsgericht zuständig, in dessen Bezirk die aus der grenzüberschreitenden Verschmelzung hervorgegangene Gesellschaft ihren Sitz hat; vor ihrer Eintragung ist das Arbeitsgericht zuständig, in dessen Bezirk die aus der grenzüberschreitenden Verschmelzung hervorgehende Gesellschaft ihren Sitz haben soll.

A. Allgemeines

1 Die Vorschrift regelt die **örtliche Zuständigkeit** im Beschlussverfahren **abschließend und zwingend**.[1] Eine andere Zuständigkeit kann – anders als im Urteilsverfahren – weder durch rügeloses Verhandeln noch eine Gerichtsstandsvereinbarung der Beteiligten begründet werden. Das Gericht hat seine Zuständigkeit von Amts wegen zu prüfen und ggf. an das örtlich zuständige ArbG zu verweisen (§ 48 i.V.m. §§ 17 ff. GVG).

B. Regelungsgehalt

2 Örtlich zuständig ist das ArbG, in dessen **Bezirk der Betrieb liegt** (Abs. 1 S. 1). Der Betriebsbegriff bestimmt sich nach den §§ 1, 4 BetrVG. Ohne Bedeutung für die örtliche Zuständigkeit ist die Stellung als Antragsteller oder weiterer Beteiligter.[2] Bei Streitigkeiten über einen Gemeinschaftsbetrieb mehrerer Unternehmen ist der Sitz des Betriebes maßgebend, bei mehreren Betriebsstätten derjenige, von dem die tatsächliche oder behauptete Leitungsmacht ausgeübt wird.[3] Nach § 3 Abs. 5 BetrVG gelten die nach § 3 Abs. 1 bis 3 BetrVG gebildeten Organisationseinheiten als Betrieb. Dem entsprechend ist das ArbG am Sitz der mit AG-Funktion ausgestatteten Leistung der nach § 3 BetrVG gebildeten Einheit zuständig.[4] Bei selbstständigen Betriebsteilen i.S.d. § 4 Abs. 1 BetrVG ist der Ort des Betriebsteils – als doppelrelevante Tatsache – entscheidend.[5] Im Falle der Bildung unternehmenseinheitlicher BR nach § 3 Abs. 1 Nr. 1a BetrVG ist der Unternehmenssitz maßgebend, wenn dort der Ansprechpartner des BR handelt; gleiches gilt für unternehmenseinheitliche Sparten-BR.[6]

3 In Angelegenheiten des **GBR** oder **KBR** und des Wirtschaftsausschusses sowie der Vertretung der AN im AR ist der **Sitz des Unternehmens** maßgeblich (§ 17 Abs. 1 S. 2 ZPO). Angelegenheiten des GBR sind u.a. dann gegeben, wenn der BR die Unwirksamkeit einer Gesamtbetriebsvereinbarung geltend macht[7] oder bei der Bestellung der inländischen AN-Vertreter zu einem Europäischen BR.[8] Bei ausländischen Unternehmen ist der Verwaltungssitz im Inland oder der Sitz desjenigen Funktionsträgers des Unternehmens entscheidend, dessen Tätigkeit für den inländischen Be-

---

1 BAG 19.6.1986 – 6 ABR 66/84 – AP § 82 ArbGG 1979 Nr. 1 = DB 1987, 339.
2 BAG 19.6.1986 – 6 ABR 66/84 – AP § 82 ArbGG 1979 Nr. 1 = DB 1987, 339.
3 GK-ArbGG/*Dörner*, § 82 Rn 5b.
4 LAG Baden-Württemberg 7.8.2009 – 3 SHa 2/09 – juris.
5 ErfK/*Koch*, § 82 Rn 2; GK-ArbGG/*Dörner*, § 82 Rn 6; Schwab/Weth/*Weth*, § 82 Rn 8.
6 Ausf. dazu GK-ArbGG/*Dörner*, § 82 Rn 13a ff.
7 BAG 19.6.1986 – 6 ABR 66/84 – AP § 82 ArbGG 1979 Nr. 1 = DB 1987, 339.
8 BAG 18.4.2007 – 7 ABR 30/06 – AP § 18 EBRG Nr. 1 = EzA § 82 ArbGG 1979 Nr. 2.

reich die zentrale Bedeutung zukommt.[9] Bei an den GBR übertragenen Aufgaben nach § 50 Abs. 2 BetrVG verbleibt es bei der örtlichen Zuständigkeit nach Abs. 1 S. 1.

Örtlich zuständig bei **Streitigkeiten nach § 97** ist das ArbG, in dessen Bezirk die Vereinigung ihren Sitz hat. Bei der Anerkennung einer Schulungs- oder Weiterbildungsveranstaltung (§ 37 Abs. 7 BetrVG) richtet sich die Zuständigkeit nach dem Sitz der Anerkennungsbehörde.[10]

Bei Streitigkeiten um Mitwirkungsrechte des **EBR** oder des besonderen Verhandlungsgremiums ist das ArbG für ein Beschlussverfahren örtlich zuständig, in dessen Bezirk das Unternehmen oder herrschende Unternehmen seinen Sitz hat (Abs. 2 S. 1).[11] Hiervon abweichend ist der Sitz des vertragsschließenden Unternehmens maßgeblich, wenn die Auseinandersetzung eine vor dem 22.9.1996 abgeschlossene Altvereinbarung über die grenzübergreifende Mitwirkung von Arbeitnehmervertretungen betrifft (Abs. 2 S. 2). Für die Zuständigkeit nach dem **SE-Beteiligungsgesetz** (§ 2a Abs. 1 Nr. 3d) trifft schließlich Abs. 3 eine Regelung, sofern der Sitz im Inland ist. Für den Teil der Angelegenheiten, die nach dem **SCE-Beteiligungsgesetz** nach § 2 Abs. 1 Nr. 3e den ArbG zugewiesen sind, hat der Gesetzgeber wie in Abs. 3 auf den (geplanten) Sitz der Gesellschaft abgestellt. Bei Streitigkeiten, die nach dem Gesetz über die Mitbestimmung der AN bei grenzüberschreitenden Verschmelzungen (MgVG) den ArbG zugewiesen sind (§ 2a Abs. 1 Nr. 3f) ist dasjenige ArbG zuständig, in dem die aus der Verschmelzung hervorgegangene Gesellschaft ihren Sitz hat oder haben soll.

§ 83 Verfahren

(1) ¹Das Gericht erforscht den Sachverhalt im Rahmen der gestellten Anträge von Amts wegen. ²Die am Verfahren Beteiligten haben an der Aufklärung des Sachverhalts mitzuwirken.

(1a) ¹Der Vorsitzende kann den Beteiligten eine Frist für ihr Vorbringen setzen. ²Nach Ablauf einer nach Satz 1 gesetzten Frist kann das Vorbringen zurückgewiesen werden, wenn nach der freien Überzeugung des Gerichts seine Zulassung die Erledigung des Beschlussverfahrens verzögern würde und der Beteiligte die Verspätung nicht genügend entschuldigt. ³Die Beteiligten sind über die Folgen der Versäumung einer nach Satz 1 gesetzten Frist zu belehren.

(2) Zur Aufklärung des Sachverhalts können Urkunden eingesehen, Auskünfte eingeholt, Zeugen, Sachverständige und Beteiligte vernommen und der Augenschein eingenommen werden.

(3) In dem Verfahren sind der Arbeitgeber, die Arbeitnehmer und die Stellen zu hören, die nach dem Betriebsverfassungsgesetz, dem Sprecherausschussgesetz, dem Mitbestimmungsgesetz, dem Mitbestimmungsergänzungsgesetz, dem Drittelbeteiligungsgesetz, den §§ 94, 95, 139 des Neunten Buches Sozialgesetzbuch, dem § 18a des Berufsbildungsgesetzes oder den auf Grund dieser Gesetze ergangenen Rechtsverordnungen sowie nach dem Gesetz über europäische Betriebsräte, dem SE-Beteiligungsgesetz, dem SCE-Beteiligungsgesetz und dem Gesetz über die Mitbestimmung der Arbeitnehmer bei einer grenzüberschreitenden Verschmelzung im einzelnen Fall beteiligt sind.

(4) ¹Die Beteiligten können sich schriftlich äußern. ²Bleibt ein Beteiligter auf Ladung unentschuldigt aus, so ist der Pflicht zur Anhörung genügt; hierauf ist in der Ladung hinzuweisen. ³Mit Einverständnis der Beteiligten kann das Gericht ohne mündliche Verhandlung entscheiden.

(5) Gegen Beschlüsse und Verfügungen des Arbeitsgerichts oder seines Vorsitzenden findet die Beschwerde nach Maßgabe des § 78 statt.

A. Allgemeines 1	III. Beteiligte 13
B. Regelungsgehalt 2	1. Grundsatz 13
I. Untersuchungsgrundsatz 2	2. Beteiligtenfähigkeit 14
II. Anhörung vor der Kammer 6	3. Beteiligteneigenschaft 16
1. Ablauf der Anhörung 6	4. Einzelfälle 21
2. Beweisaufnahme und Beweiswürdigung 7	IV. Beschwerde gegen nicht verfahrensbeendende Entscheidungen (Abs. 5) 28
3. Zurückweisung verspäteten Vorbringens 9	

---

[9] BAG 31.10.1975 – 1 ABR 4/74 – AP § 106 BetrVG 1972 Nr. 2 = EzA § 106 BetrVG 1972 Nr. 2.

[10] Weitere Fallgestaltungen bei GK-ArbGG/*Dörner*, § 82 Rn 18 ff.

[11] ArbG Düsseldorf 21.6.2005 – 3 BV 30/05 – dbr 2005, Nr. 10, 42.

A. Allgemeines

1 Die Vorschrift regelt das erstinstanzliche Verfahren. Aufgrund der besonderen Bedeutung, die Beschlussverfahren über den Kreis der Beteiligten hinaus haben, gilt anders als im Urteilsverfahren der **Untersuchungsgrundsatz**. Das Gericht hat den entscheidungserheblichen Sachverhalt von Amts wegen zu ermitteln. Allerdings besteht die Amtsermittlungspflicht nur in Bezug auf den durch den Antrag konkretisierten Verfahrensgegenstand und die Beteiligten trifft eine Mitwirkungspflicht. Wer **Beteiligter** ist, wird durch Abs. 3 geregelt. Die Anhörung erfolgt vor der Kammer (Abs. 4 i.V.m. § 80 Abs. 2). Abs. 5 bestimmt ausdrücklich die Rechtsmittelfähigkeit nicht verfahrensbeendender Beschlüsse und Verfügungen.

B. Regelungsgehalt

I. Untersuchungsgrundsatz

2 Abs. 1 S. 1 verpflichtet das Gericht, den **Sachverhalt von Amts wegen zu erforschen**. Der Antragsteller muss nur die Tatsachen vortragen, aus denen das Gericht, ggf. nach Auslegung des Antrags, den Umfang des Verfahrensgegenstands bestimmen kann. Daraufhin hat es von Amts wegen die weiteren am Verfahren **Beteiligten zu ermitteln**. Die Beteiligung nach Abs. 3 richtet sich nach materiellem Recht, ohne dass es einer darauf gerichteten Handlung einer Person, einer Stelle oder des Gerichts bedarf.[1] Das Ergebnis ist in einem Beschluss durch den Vorsitzenden festzustellen und dem Antragsteller sowie den weiteren Beteiligten bekannt zu geben.

3 Die Ermittlung der weitergehenden Tatsachen, die dem Verfahrensgegenstand zugrunde liegen, ist dann Aufgabe des Gerichts. Es hat „im Rahmen der gestellten Anträge" (Abs. 1 S. 1) die entscheidungserheblichen Tatsachen zu erforschen. Hier kann es von sich aus Erhebungen anstellen, darf aber keinen neuen Streitstoff zu einem anderen Streitgegenstand in das Verfahren einführen.[2] Zur Aufklärung des Sachverhalts kann es sich der Möglichkeiten nach Abs. 2 bedienen.

4 Das Gericht kann nach § 51 Abs. 1 das **persönliche Erscheinen** der Beteiligten im Anhörungstermin anordnen. Bei Ausbleiben eines Beteiligten kann gegen ihn bei fehlender Entschuldigung ein Ordnungsgeld (§ 141 Abs. 2, 3 ZPO) verhängt werden, wenn das persönliche Erscheinen zum Zweck der Sachverhaltsaufklärung angeordnet worden ist und durch das Ausbleiben der Zweck der Anordnung vereitelt wird. Das gilt dann nicht, wenn sich der nicht erschienene Beteiligte zuvor schriftlich geäußert hat und der Sachverhalt aufgrund dessen aufgeklärt oder auf andere Weise im Anhörungstermin festgestellt werden kann.[3]

5 Abs. 1 S. 2 begründet eine **Mitwirkungspflicht aller Verfahrensbeteiligten** – auch des Antragstellers – an der Aufklärung des maßgeblichen Sachverhalts. Damit wird zugleich der Untersuchungsgrundsatz begrenzt – sog. **eingeschränkter Untersuchungsgrundsatz**. Hierzu macht das Gericht konkrete Auflagen, nicht nur allgemeine Stellungnahmefristen. Eine unmittelbare Sanktion bei Verletzung der Mitwirkungspflicht ist gesetzlich nicht vorgesehen. Die Nichtberücksichtigung von Vorbringen wegen nicht hinreichender Substantiierung ist nur zulässig, wenn ohne Mitwirkung der Beteiligten keine weitere Sachaufklärung möglich ist, das Gericht auf diese Einschätzung hingewiesen und die Beteiligten zu einer Ergänzung des Vorbringens anhand konkreter Fragen aufgefordert hat.[4] Aus der fehlenden Mitwirkungsbereitschaft eines Beteiligten kann das Gericht Rückschlüsse auf die Erweislichkeit einer Tatsache ziehen und das erforderliche Beweismaß für den mit der Feststellungslast belasteten Beteiligten verringern.[5] Sind die Möglichkeiten der Sachverhaltsaufklärung genutzt worden und kommen die Beteiligten trotz entsprechender Hinweise ihrer Pflicht nicht nach, endet die Aufklärungspflicht des Gerichts.[6]

II. Anhörung vor der Kammer

6 **1. Ablauf der Anhörung.** Die Entscheidung im Beschlussverfahren ergeht nach Abs. 4 regelmäßig nach einer mündlichen **Anhörung der Beteiligten vor der Kammer**, die vom Vorsitzenden durch Maßnahmen nach § 55 Abs. 4 vorbereitet wird (siehe § 55 Rn 10 ff.). Eine Entscheidung im **schriftlichen Verfahren** ist zulässig, wenn sämtliche Beteiligten auf die mündliche Anhörung vor der Kammer ausdrücklich verzichtet haben (Abs. 4 S. 3). Die Beteiligten sind nicht verpflichtet, zur Anhörung vor der Kammer zu erscheinen, sofern das Gericht nicht ihr persönliches Erscheinen angeordnet hat. Ihre schriftliche Äußerung ist ausreichend und auch bei ihrem Ausbleiben zu berücksichtigen. Bleibt ein Beteiligter auf Ladung unentschuldigt der Anhörung fern, ist das nach Abs. 4 S. 2 unschädlich, wenn er zuvor über die Folgen seines Ausbleibens in der Ladung belehrt worden ist. Die unterlassene An-

---

[1] BAG 9.12.2008 – 1 ABR 75/07 – AP § 613a BGB Nr. 356 = EzA § 83 ArbGG 1979 Nr. 11.
[2] BAG 21.10.1980 – 6 ABR 41/78 – AP § 54 BetrVG 1972 Nr. 1 = DB 1981, 895.
[3] ArbGG/*Koch*, § 83 Rn 2.
[4] BAG 12.5.1999 – 7 ABR 36/97 – AP § 40 BetrVG 1972 Nr. 45 = NZA 1999, 1290; BAG 11.3.1998 – 7 ABR 59/96 – AP § 40 BetrVG 1972 Nr. 57 = NZA 1998, 953.
[5] BAG 25.3.1992 – 7 ABR 65/90 – AP § 2 BetrVG 1972 Nr. 4 = NZA 1993, 154.
[6] BAG 10.12.1992 – 2 ABR 32/92 – AP § 103 BetrVG 1972 Nr. 30 = NZA 1993, 501.

hörung eines Beteiligten stellt einen Verfahrensfehler dar, der aber durch nachträgliche Anhörung geheilt wird. Eine Zurückverweisung in der Beschwerdeinstanz kommt deshalb nicht in Betracht (§ 68).

2. Beweisaufnahme und Beweiswürdigung. Dem Gericht stehen zur Sachverhaltsaufklärung die in Abs. 2 genannten Möglichkeiten zur Verfügung. Die Einsichtnahme von Urkunden richtet sich nach §§ 134, 142 ZPO, für die Beweisaufnahme gelten §§ 415 ff. ZPO. Amtliche Auskünfte können entsprechend § 56 Abs. 1 S. 2 Nr. 2 eingeholt und berücksichtigt werden. Die Beteiligten haben sich auf Aufforderung des Gerichts zu erklären; als letztes Mittel kommt ihre Vernehmung als Partei (§ 448 ZPO) im Rahmen einer Beweisaufnahme in Betracht. Zeugen kann das Gericht auch dann vernehmen, wenn sie von keiner Partei angeboten worden sind. Daneben können nach § 144 ZPO SV hinzugezogen und eine Augenscheinsaufnahme durchgeführt werden.

Besonderheiten bestehen bei der **Darlegungs- und Beweislast** im Beschlussverfahren. Keine Anwendung finden §§ 138 Abs. 3, 288 ZPO. Über Tatsachen, an deren Richtigkeit das Gericht keine Zweifel hat – etwa bei übereinstimmenden Tatsachenvortrag – braucht es dennoch keinen Beweis zu erheben.[7] Allerdings ist es verpflichtet, einen angebotenen Gegenbeweis auf einen förmlichen Beweisantrag hin zu erheben, wenn die angebotenen Tatsachen entscheidungserheblich sind und Erhebungshindernisse nicht bestehen.[8] Wegen des Untersuchungsgrundsatzes ist ein förmlicher Beweisantrag nicht erforderlich. Lässt sich ein Sachverhalt nicht aufklären, gelten die **Grundsätze der objektiven Beweislast.**[9] Diese bestimmt sich nach den allg. prozessualen Prinzipien.

3. Zurückweisung verspäteten Vorbringens. Durch das Arbeitsgerichtsbeschleunigungsgesetz wurde Abs. 1a neu eingefügt und im Zuge der ZPO-Reform redaktionell berichtigt. Die Regelung dient der **Verfahrensbeschleunigung.** Nach dem Amtsermittlungsgrundsatz ist das Gericht verpflichtet, alle Möglichkeiten der Sachverhaltsaufklärung auszuschöpfen. Nur soweit hierzu die Mitwirkung eines Beteiligten erforderlich ist, kann nach Fristsetzung ein danach erfolgtes Vorbringen unberücksichtigt bleiben. Abs. 1a verdrängt § 296 Abs. 2 ZPO.

Der Vorsitzende kann den Beteiligten eine Frist zum Vorbringen von Angriffs- und Verteidigungsmitteln setzen. Die Regelung ergänzt die sich aus Abs. 1 ergebende Verpflichtung des Gerichts zur Sachverhaltsermittlung und diejenige der Beteiligten, hieran mitzuwirken. Sie gibt dem Gericht die Möglichkeit, die nicht rechtzeitige Mitwirkung eines Beteiligten durch den Ausschluss seines Vorbringens zu sanktionieren. Die Fristsetzung steht im pflichtgemäßen Ermessen des Gerichts.

Die Zurückweisung darf nur erfolgen, wenn in einer **Auflage** die klärungsbedürftigen Punkte **hinreichend bestimmt** wurden. Allg. Angaben – etwa: „Stellung zu nehmen" – genügen nicht. Über die Folgen der Nichtbeachtung der gesetzten Frist muss das Gericht konkret und in verständlicher Form belehren. Zumindest ist der Gesetzestext zu wiederholen; bei anwaltlich nicht vertretenen Beteiligten kann darüber hinaus eine weitere Erläuterung geboten sein (siehe auch § 56 Rn 48). Nicht verkündete Auflagenbeschlüsse, die eine Fristsetzung enthalten, sind zuzustellen (§ 329 Abs. 2 S. 2 ZPO).

Die Zurückweisung kann erfolgen, wenn die Berücksichtigung des verspäteten Vortrags zu einer **Verzögerung des Verfahrens** führen würde. Es gelten die allg. Grundsätze der Präklusion (siehe § 56 Rn 54 ff.). Zuständig ist die Kammer. Die Rechtmäßigkeit der Zurückweisung unterliegt der Prüfung durch das Rechtsmittelgericht. Hierzu zählt auch die zutreffende Ermessensausübung. Ist das Vorbringen zu Recht zurückgewiesen worden, wird es auch in der Beschwerde- oder Rechtsbeschwerdeinstanz nicht mehr berücksichtigt.

III. Beteiligte

1. Grundsatz. Subjekte des Beschlussverfahrens sind die **Beteiligten.** Abs. 3 S. 1 enthält nur eine Aufzählung von Stellen, die vom Gericht im Verfahren anzuhören sind. Das begründet aber nicht ihre Beteiligteneigenschaft. Einzig § 83a Abs. 4 erwähnt den Antragsteller in Abgrenzung zu den übrigen Beteiligten. Einen **Antragsgegner** kennt das Gesetz nicht.[10] Es regelt auch nicht, wer Beteiligter ist. Das ist vom Gericht **von Amts wegen zu prüfen.** Den Beteiligten ist die Antragsschrift zuzustellen und rechtliches Gehör zu gewähren. Entscheidet das Gericht hierüber durch Beschluss, ist dieser nicht nach § 78 beschwerdefähig.[11] Die erforderliche Anhörung kann in den Rechtsmittelinstanzen nachgeholt werden.[12]

2. Beteiligtenfähigkeit. Die Beteiligteneigenschaft setzt zunächst die **Beteiligtenfähigkeit** voraus (§ 10), die als notwendige Verfahrensvoraussetzung in jeder Lage des Verfahrens von Amts wegen zu prüfen ist. Fehlt sie dem An-

---

7 BAG 10.12.1992 – 2 ABR 32/92 – AP § 103 BetrVG 1972 Nr. 30 = NZA 1993, 501.
8 BAG 25.3.1992 – 7 ABR 65/90 – AP § 2 BetrVG 1972 Nr. 4 = NZA 1993, 154.
9 GK-ArbGG/*Dörner*, § 83 Rn 153; Germelmann u.a., § 83 Rn 94.
10 BAG 23.1.2008 – 1 ABR 64/06 – AP § 83a ArbGG 1979 Nr. 10 = EzA § 83a ArbGG 1979 Nr. 8; BAG 20.4.1999

– 1 ABR 13/98 – AP § 81 ArbGG 1979 Nr. 43 = NZA 1999, 1235; ausf. GK-ArbGG/*Dörner*, § 83 Rn 34 ff.
11 LAG Nürnberg 4.1.2007 – 6 Ta 206 – NZA-RR 2007, 214.
12 BAG 10.12.2002 – 1 ABR 27/01 – AP § 95 BetrVG 1972 Nr. 42 = ZTR 2003, 584; BAG 23.10.2002 – 7 ABR 55/01 – AP § 50 BetrVG 1972 Nr. 26 = ZIP 2003, 1514.

tragsteller, ist der Antrag als unzulässig abzuweisen.[13] Die Fähigkeit, Beteiligter zu sein, endet bei natürlichen Personen mit ihrem Tod, bei juristischen im Falle der Liquidation durch Vollbeendigung,[14] nicht aber während des anhängigen Verfahrens.[15]

15 Die Beteiligtenfähigkeit **betriebsverfassungsrechtlicher Organe** bleibt unabhängig vom Wechsel der Personen erhalten.[16] Gleiches gilt, wenn ein **Funktionsnachfolger** an deren Stelle tritt. Verliert der Beteiligte aber als Organ seine Funktion, etwa weil eine Neuwahl nicht stattfindet oder ein Übergangs- oder Restmandat endet, entfällt auch die Beteiligtenfähigkeit.[17] Ein anderes gilt, solange das Organ noch Rechte geltend macht, etwa ob dem BR infolge einer Betriebsstilllegung den Abschluss eines Sozialplans verlangen kann.[18] Gleiches gilt für den Wahlvorstand, wenn die Wahl noch nicht durchgeführt wurde.[19]

16 **3. Beteiligteneigenschaft.** Der **Antragsteller** ist aufgrund des von ihm gestellten Sachantrags stets **Beteiligter im formellen Sinne**. Er zählt nicht zu den Beteiligten i.S.d. Abs. 3.[20] Er ist aufgrund der Antragstellung „notwendig" Beteiligter.[21] Ob er tatsächlich materiell-rechtlich betroffen und antragsbefugt ist, entscheidet sich nach materiellem Recht und ist nach Maßgabe des § 81 Abs. 1 zu bestimmen.[22] Allein ein (in der Sache sowieso überflüssiger) Abweisungsantrag reicht für eine formelle Beteiligtenstellung nicht aus.[23] Richtet sich der Antrag gegen eine bestimmte Person oder ein in Abs. 3 genanntes Organ, ist der so bezeichnete zunächst formell Beteiligter.[24] Allein der Umstand, dass eine Stelle durch das Gericht am Verfahren beteiligt wird, führt nicht zu einer Beteiligtenstellung i.S.d. Abs. 3.[25]

17 Wer neben dem Antragsteller kraft ausdrücklicher Regelung zu beteiligen ist, ist in §§ 78a, 103 Abs. 2 BetrVG geregelt. Eine gesetzliche Antragsbefugnis führt nicht notwendigerweise zu einer Beteiligtenbefugnis, da beide nicht identisch sind und notwendig zusammen fallen.[26]

18 Wer i.Ü. zu beteiligen ist, richtet sich nach dem materiellen Recht. Beteiligter ist, wer durch den Verfahrensgegenstand in seiner **betriebsverfassungs- oder mitbestimmungsrechtlichen Stellung unmittelbar vom Ausgang des Verfahrens betroffen** werden kann.[27] Ein bloßes rechtliches Interesse am Verfahrensausgang reicht ebenso wenig aus[28] wie der Umstand, dass durch die Entscheidung eine individualrechtliche Position berührt wird. Dabei ist die Beteiligtenstellung in Bezug auf den jeweiligen Antrag und nicht generell für das betreffende Verfahren zu bestimmen.[29] Durch die gesetzliche Ausgestaltung der Beteiligtenstellung ist die Einbeziehung der unmittelbar von der Entscheidung Betroffenen gewährleistet, sodass die Regelungen über eine Drittbeteiligung nach §§ 66 ff. ZPO ausgeschlossen sind.[30]

19 Bei einer Antragsänderung (siehe § 81 Rn 28 f.), einem erstmaligen Sachantrag eines anderen Beteiligten oder einem geänderten Streitgegenstand kann es zu einem Fortfall oder Hinzutreten von Beteiligten kommen. Der Beteiligtenwechsel tritt ohne weiteres und allein aufgrund materiellen Rechts ein; der Vornahme irgendwelcher Prozesshandlungen bedarf es dazu nicht.[31]

---

13 BAG 29.9.2004 – 1 ABR 39/03 – AP § 99 BetrVG 1972 Versetzung Nr. 40 = NZA 2005, 420; BAG 12.1.2000 – 7 ABR 61/98 – AP § 24 BetrVG 1972 Nr. 5 = NZA 2000, 669.
14 BAG 12.1.2000 – 7 ABR 61/98 – AP § 24 BetrVG 1972 Nr. 5 = NZA 2000, 669.
15 BAG 9.7.1981 – 2 AZR 329/79 – AP § 50 ZPO Nr. 4 = NJW 1982, 1831.
16 BAG 19.6.2001 – 1 ABR 43/00 – AP § 87 BetrVG 1972 Leiharbeitnehmer Nr. 1 = NZA 2001, 1263; BAG 20.3.1996 – 7 ABR 41/95 – AP § 19 BetrVG 1972 Nr. 32 = NZA 1996, 1058.
17 BAG 12.1.2000 – 7 ABR 61/98 – AP § 24 BetrVG 1972 Nr. 5 = NZA 2000, 669; BAG 27.8.1996 – 3 ABR 21/95 – AP § 83a ArbGG 1979 Nr. 4 = NZA 1997, 623.
18 BAG 28.10.1992 – 10 ABR 75/91 – AP § 112 BetrVG 1972 Nr. 63 = NZA 1993, 420.
19 BAG 25.9.1986 – 6 ABR 68/84 – AP § 7 BetrVG 1972 Nr. 1 = NZA 1987, 708; LAG Nürnberg 4.1.2007 – 6 Ta 206 – NZA-RR 2007, 214.
20 BAG 25.8.1981 – 1 ABR 61/79 – AP § 83 ArbGG 1979 Nr. 2. = DB 1982, 546.
21 BAG 30.10.1986 – 6 ABR 52/83 – AP § 47 BetrVG 1972 Nr. 46 = NZA 1988, 27.
22 BAG 20.5.2008 – 1 ABR 19/07 – AP § 81 BetrVG 1972 Nr. 4 = EzA § 81 ArbGG 1979 Nr. 19.
23 BAG 13.3.1984 – 1 ABR 49/82 – AP § 83 ArbGG 1979 Nr. 9 = NZA 1984, 172.
24 BAG 30.10.1986 – 6 ABR 52/83 – AP § 47 BetrVG 1972 Nr. 46 = NZA 1988, 27.
25 BAG 13.3.1984 – 1 ABR 49/82 – AP § 83 ArbGG 1979 Nr. 9 = NZA 1984, 172.
26 BAG 25.9.1986 – 6 ABR 68/84 – AP § 7 BetrVG 1972 Nr. 1 = NZA 1987, 708; BAG 30.10.1986 – 6 ABR 52/83 – AP § 47 BetrVG 1972 Nr. 46 = NZA 1988, 27.
27 St. Rspr., BAG 10.2.2009 – 1 ABR 36708 – DB 2009, 1657; BAG 9.12.2008 – 1 ABR 75/07 – AP § 613a BGB Nr. 356 = EzA § 83 ArbGG 1979 Nr. 11; BAG 26.10.2004 – 1 ABR 31/03 (A) – AP § 87 ArbGG 1979 Arbeitszeit Nr. 113 = NZA 2005, 538; BAG 11.11.1998 – 7 ABR 47/97 – AP § 50 BetrVG 1972 Nr. 19 = NZA 1999, 947 m.w.N.
28 BAG 5.12.2007 – 7 ABR 72/06 – AP § 118 BetrVG 1972 Nr. 82 = EzA § 118 BetrVG 2001 Nr. 82; BAG 31.1.1989 – 1 ABR 60/87 – AP § 81 ArbGG 1981 Nr. 12 = EzA § 81 ArbGG 1979 Nr. 14.
29 BAG 31.1.1989 – 1 ABR 60/87 – AP § 81 ArbGG 1979 Nr. 12 = NZA 1989, 606.
30 BAG 5.12.2007 – 7 ABR 72/06 – AP § 118 BetrVG 1972 Nr. 82 = EzA § 118 BetrVG 2001 Nr. 82.
31 BAG 21.1.2003 – 1 ABR 9/02 – AP § 21a BetrVG 1972 Nr. 1 = NZA 2003, 1097; BAG 25.9.1996 – 1 ABR 25/96 – AP § 97 ArbGG Nr. 4 = NZA 1997, 668.

Ändert sich die materielle Betroffenheit einer Person oder einer Stelle im Verlauf des Verfahrens, kann dies zu einem **Wechsel der Beteiligten** oder zum **Verlust der Beteiligtenstellung** führen.[32] Geht während des Verfahrens das umstr. Beteiligungsrecht auf ein anderes betriebsverfassungsrechtliches Organ über, wird dieses Beteiligter.[33] Im Falle des Betriebsübergangs tritt der Erwerber an die Stelle des vormaligen AG. Der BR bleibt Beteiligter, sofern die Betriebsidentität fortbesteht.[34]

4. Einzelfälle. Der **AG** ist in betriebsverfassungsrechtlichen Streitigkeiten stets Beteiligter, weil er durch die betriebsverfassungsrechtliche Ordnung betroffen ist.[35] Das gilt auch bei betriebsratsinternen Auseinandersetzungen[36] oder der Anfechtung einer BR-Wahl.[37] Ist str., ob eine bestimmte natürliche oder juristische Person AG i.S.d. BetrVG ist, ist diese zu beteiligen.[38] Der AG ist nicht Beteiligter bei der Anerkennung von Schulungs- oder Bildungsveranstaltungen. Bei betriebsverfassungsrechtlichen Streitigkeiten, die einen Gemeinschaftsbetrieb betreffen, sind alle Unternehmen als Inhaber der tatsächlichen Leitungsmacht zu beteiligen.[39] Geht der Betrieb im Laufe des Verfahrens auf einen Erwerber über, nimmt dieser als neuer Inhaber automatisch die verfahrensrechtliche Stellung des bisherigen Betriebsinhabers ein.[40] Das Diakonische Werk ist nicht zu beteiligen, wenn über die BR-Fähigkeit eines Betriebes von einem ihm angehörenden AG zu entscheiden ist.[41]

Einzelne **AN** sind als Antragsteller beteiligt, i.Ü. nur, soweit um ihren Status in der Betriebsverfassung gestritten wird, etwa bei Unstimmigkeiten über das aktive oder passive Wahlrecht oder den Status als leitender Ang.[42] Bei einer personellen Einzelmaßnahme nach § 99 BetrVG ist der Betroffene nicht als Beteiligter anzusehen.[43] Gleiches gilt im Verfahren nach § 101 BetrVG.[44] Der AN ist auch Beteiligter in einem Verfahren nach § 85 Abs. 2 BetrVG über seine eigene Beschwerde.[45]

Der **BR** ist Beteiligter, wenn entweder sein Bestand,[46] seine Zusammensetzung, Kostenerstattungsansprüche[47] oder der Umfang seiner eigenen Beteiligungsrechte im Streit ist. Der GBR ist nicht in ein Verfahren um das Bestehen eines Mitbestimmungsrechts des örtlichen BR einbezogen.[48] Er ist aber bei einem Streit um die Bildung eines Wirtschaftsausschusses zu beteiligen.[49]

Bei der Beteiligung eines **GBR oder KBR** bestehen keine Besonderheiten. Maßgeblich ist, ob eine Entscheidung in die Rechtsstellung dieses Organs unmittelbar eingreift.[50] Beansprucht der GBR nach § 50 Abs. 1 BetrVG ein Beteiligungsrecht, sind die örtlichen BR dann nicht zu beteiligen, wenn es um die Mitbestimmung an einer Entscheidung des AG geht, die notwendig auf der Ebene oberhalb der einzelnen Betriebe getroffen wird und die Interessen der AN nicht mehr auf der einzelbetrieblichen Ebene wahrgenommen werden können.[51] Wird aber lediglich inzident über einen betriebsverfassungsrechtlichen Anspruch oder das Bestehen eines Mitbestimmungsrechts entschieden, führt dieser Umstand allein nicht zur Beteiligteneigenschaft anderer Stellen – etwa der einzelnen BR –, wenn nicht ernsthaft in Frage steht, wer als Inhaber des Anspruchs oder des Rechts – der GBR – in Frage kommt.[52] Bei Streitigkeiten

---

32 BAG 25.9.1996 – 1 ABR 25/96 – AP § 97 ArbGG 1979 Nr. 4 = NZA 1997, 668; BAG 18.10.1988 – 1 ABR 31/87 – AP § 81 ArbGG 1979 Nr. 10; BAG 15.8.2001 – 7 ABR 2/99 – AP § 47 BetrVG 1972 Nr. 10 = NZA 2002, 569.
33 BAG 11.6.2002 – 1 ABR 43/01 – AP § 99 BetrVG 1972 Nr. 118 = NZA 2003, 226; BAG 18.10.1988 – 1 ABR 31/87 – AP § 81 ArbGG 1979 Nr. 10 = NZA 1989, 396.
34 BAG 11.10.1995 – 7 ABR 17/95 – AP § 21 BetrVG Nr. 2 = NZA 1996, 495.
35 BAG 9.12.2008 – 1 ABR 75/07 – AP § 613a BGB Nr. 356 = EzA § 83 ArbGG 1979 Nr. 11.
36 BAG 16.3.2005 – 7 ABR 43/04 – AP § 28 BetrVG Nr. 6 = NZA 2005, 1072; BAG 16.3.2005 – 7 ABR 37/04 – AP § 51 BetrVG 1972 Nr. 5 = NZA 2005, 1069.
37 BAG 6.12.2000 – 7 ABR 34/99 – AP § 48 BetrVG Nr. 19 = DB 2001, 1422.
38 BAG 18.4.1989 – 1 ABR 97/87 – AP § 99 BetrVG Nr. 65 = 1989, 807.
39 BAG 15.2.2007 – 1 ABR 32/06 – AP § 1 BetrVG 1972 Gemeinsamer Betrieb Nr. 30 = EzA § 1 BetrVG 2001 Nr. 5.
40 BAG 9.12.2008 – 1 ABR 75/07 – AP § 613a BGB Nr. 356 = EzA § 83 ArbGG 1979 Nr. 11; BAG 2.10.2007 – 1 ABR 79/06 – EzA § 559 ZPO 2002 Nr. 1; BAG 22.11.2005 – 1 ABR 50/04 – AP § 85 BetrVG 1972 Nr. 2 = EzA § 85 BetrVG 2001 Nr. 1.
41 BAG 5.12.2007 – 7 ABR 72/06 – AP § 118 BetrVG Nr. 82 = EzA § 118 BetrVG 2001 Nr. 82.
42 BAG 23.1.1986 – 6 ABR 47/82 – AP § 5 BetrVG 1972 Nr. 31 = NZA 1986, 404.
43 BAG 12.12.2006 – 1 AR 38/05 – AP § 1 BetrVG Gemeinsamer Betrieb Nr. 27 = DB 2007, 1361; BAG 27.5.1982 – 6 ABR 105/79 – AP § 80 ArbGG 1979 Nr. 3 = DB 1982, 2410 (Versetzung); BAG 22.3.1983 – 1 ABR 49/81 – AP § 101 BetrVG 1972 Nr. 6 = DB 1983, 2313 (Eingruppierung); a.A. ArbGG/Koch, § 83 Rn 17.
44 BAG 22.3.1983 – 1 ABR 49/81 – AP § 101 BetrVG 1972 Nr. 6 = DB 1983, 2313.
45 BAG 28.6.1984 – 6 ABR 5/83 – AP § 85 BetrVG 1972 Nr. 1 = NZA 1985, 189.
46 BAG14.1.1983 – 6 ABR 39/82 – AP § 19 BetrVG Nr. 9 = DB 1983, 1412 (Wahlanfechtungsverfahren); BAG 30.10.1986 – 6 ABR 52/83 – AP § 47 BetrVG 1972 Nr. 46 = NZA 1988, 27 (Konstituierung des Gesamtbetriebsrats).
47 BAG 3.4.1979 – 6 ABR 64/76 – AP § 13 BetrVG Nr. 1 = DB 1979, 2091.
48 BAG 13.3.1984 – 1 ABR 49/82 – AP § 83 ArbGG 1979 Nr. 9 = NZA 1984, 172.
49 BAG 7.4.1981 – 1 ABR 83/78 – AP § 118 BetrVG 1972 Nr. 16 = DB 1981, 2623.
50 Vgl. BAG 10.9.1985 – 1 ABR 15/83 – AP § 117 BetrVG 1972 Nr. 2 = EzA § 117 BetrVG 1972 Nr. 1.
51 BAG 28.3.2006 – 1 ABR 59/04 – AP § 118 BetrVG Nr. 128 = EzA § 83 ArbGG 1979 Nr. 10.
52 BAG 28.3.2006 – 1 ABR 59/04 – AP § 87 BetrVG Lohngestaltung Nr. 128 = NZA 2006,137.

über die Errichtung eines KBR oder GBR sind diejenigen BR zu beteiligen, die bei einer wirksamen Errichtung zur Entsendung von Mitgliedern befugt wären.[53]

25 Die **JAV** ist regelmäßig nicht zu beteiligen, da sie kein selbstständiges Organ der Betriebsverfassung ist. Etwas anderes gilt nur, wenn der Verfahrensgegenstand den in § 60 Abs. 1 BetrVG genannten Personenkreis betrifft, sie im Verhältnis zum BR eigene Beteiligungsrechte wahrnimmt oder eines ihrer Mitglieder eigene Kostenerstattungsansprüche gegen den AG verfolgt.[54] Dann ist sie neben dem BR beteiligt. Sie ist ebenfalls in Verfahren nach § 78a BetrVG zu beteiligen, wenn durch die Entscheidung ihre personelle Zusammensetzung betroffen wird.[55]

26 Der **Wirtschaftsausschuss** ist gleichfalls kein eigenständiges betriebsverfassungsrechtliches Organ und daher grds. nicht Beteiligter. Abweichendes gilt, wenn er zu einem bestimmten Verhalten angehalten werden soll.[56] Der **Wahlvorstand** ist im Rahmen des Wahlverfahrens solange Verfahrensbeteiligter, bis die Wahl durchgeführt ist und sich der BR konstituiert hat.[57] Die **Einigungsstelle** ist nicht beteiligt; das gilt auch dann, wenn sie sich für unzuständig erklärt hat.[58]

27 Die **Gewerkschaft** ist im Verfahren über das Zugangsrecht von Beauftragten zu Sitzungen des BR und seiner Ausschüsse zu beteiligen.[59] Dagegen hat sie – sofern sie nicht Antragstellerin ist – weder in Wahlanfechtungsverfahren eine Beteiligtenstellung (siehe auch Rn 18),[60] noch beim Streit um den Betriebsbegriff,[61] über die Wirksamkeit von BR-Beschlüssen[62] oder die einer BV[63] sowie bei der Freistellung von BR-Mitgliedern für Schulungsveranstaltungen[64] oder deren Entsendung in einen KBR.[65] In einem Verfahren über die Tarifzuständigkeit nach § 97 sind es neben der Koalition, über deren Tarifzuständigkeit gestritten wird, die Stellen und Vereinigungen, die durch die Entscheidung rechtlich berührt werden (siehe auch § 97 Rn 5).[66]

IV. Beschwerde gegen nicht verfahrensbeendende Entscheidungen (Abs. 5)

28 Nach Abs. 5 ist gegen Beschlüsse und Verfügungen des Arbeitsgerichts oder seines Vorsitzenden im Beschlussverfahren die sofortige Beschwerde nach Maßgabe des § 78 statthaft. Abs. 5 bezieht sich nur auf **nicht verfahrensbeendende Entscheidungen** des Gerichts.

§ 83a Vergleich, Erledigung des Verfahrens

(1) Die Beteiligten können, um das Verfahren ganz oder zum Teil zu erledigen, zur Niederschrift des Gerichts oder des Vorsitzenden einen Vergleich schließen, soweit sie über den Gegenstand des Vergleichs verfügen können, oder das Verfahren für erledigt erklären.

(2) [1]Haben die Beteiligten das Verfahren für erledigt erklärt, so ist es vom Vorsitzenden des Arbeitsgerichts einzustellen. [2]§ 81 Abs. 2 Satz 3 ist entsprechend anzuwenden.

(3) [1]Hat der Antragsteller das Verfahren für erledigt erklärt, so sind die übrigen Beteiligten binnen einer von dem Vorsitzenden zu bestimmenden Frist von mindestens zwei Wochen aufzufordern, mitzuteilen, ob sie der Erledigung zustimmen. [2]Die Zustimmung gilt als erteilt, wenn sich der Beteiligte innerhalb der vom Vorsitzenden bestimmten Frist nicht äußert.

---

53 BAG 16.4.2007 – 7 ABR 63/06 – AP § 96a ArbGG 1979 Nr. 3.
54 BAG 30.3.1994 – 7 ABR 45/93 – AP § 40 BetrVG 1972 Nr. 42 = NZA 1995, 382.
55 BAG 15.11.2006 – 7 ABR 15/06 – AP § 78a BetrVG 1972 Nr. 38 = EzA § 78a BetrVG 2001 Nr. 3.
56 BAG 5.11.1985 – 1 ABR 56/83 – AP § 117 BetrVG 1972 Nr. 4 = EzA § 117 BetrVG 1972 Nr. 2.
57 BAG 14.1.1983 – 6 ABR 39/82 – AP § 19 BetrVG 1972 Nr. 9 = DB 1983, 1412; s. auch BAG 25.9.1986 – 6 ABR 68/84 – AP § 7 BetrVG 1972 Nr. 1 = NZA 1987, 708.
58 BAG 22.1.1980 – 1 ABR 28/78 – AP § 111 BetrVG 1972 Nr. 11 = DB 1980, 1402 (Sozialplan); BAG 22.1.1980 – 1 ABR 48/77 – AP § 87 BetrVG 1972 Lohngestaltung Nr. 3 = DB 1980, 1895 (Mitbestimmungsrecht); a.A. LAG Düsseldorf 24.1.1978 – 8 TaBV 33/77 – EzA § 87 BetrVG 1972 Vorschlagswesen Nr. 1; LAG Berlin 15.6.1977 – 9 TaBV 1/77 – EzA § 87 BetrVG 1972 Nr. 6 = DB 1978, 115.
59 BAG 18.11.1980 – 1 ABR 31/78 – AP § 72a ArbGG 1979 Nr. 19 = BB 1981, 853.
60 BAG 19.9.1985 – 6 ABR 4/85 – AP § 12 BetrVG 1972 Nr. 12 = NZA 1986, 368 (Betriebsratswahl); BAG 27.1.1993 – 7 ABR 37/92 (Arbeitnehmervertreter im Aufsichtsrat).
61 BAG 25.9.1986 – 6 ABR 68/84 – AP § 7 BetrVG 1972 Nr. 1 = NZA 1987, 708.
62 BAG 26.2.1987 – 6 ABR 55/85 – AP § 23 BetrVG 1972 Nr. 7 = NZA 1987, 786.
63 BAG 30.10.1986 – 6 ABR 52/83 – AP § 47 BetrVG 1972 Nr. 46 = NZA 1988, 27; w.N. bei ArbGG/Koch, § 83 Rn 25 ff.
64 BAG 28.1.1975 – 1 ABR 92/73 – AP § 37 BetrVG 1972 Nr. 20 = DB 1975, 1996.
65 BAG 14.2.2007 – 7 ABR 26/06 – AP § 54 BetrVG 1972 Nr. 13 = EzA § 54 BetrVG 2001 Nr. 3.
66 BAG 10.2.2009 – 1 ABR 36708 – DB 2009, 1657.

A. Allgemeines	1	II. Erledigungserklärung	5
B. Regelungsgehalt	2	1. Übereinstimmende Erledigungserklärung	5
I. Vergleich	2	2. Erledigungserklärung des Antragstellers	6
1. Grundsatz	2	3. Erledigungserklärung eines weiteren Beteiligten	8
2. Verfügungsmöglichkeit der Beteiligten	3		
3. Streitigkeiten	4		

A. Allgemeines

§ 83a regelt den gerichtlichen Vergleich und die Erledigungserklärung als Sonderformen der Verfahrensbeendigung im Beschlussverfahren. Abs. 2 und Abs. 3 enthalten nähere Verfahrensbestimmungen. **1**

B. Regelungsgehalt

I. Vergleich

1. Grundsatz. Über die Verweisungsnorm des § 80 Abs. 2 findet § 57 Abs. 2 auch im Beschlussverfahren Anwendung, der ein **Hinwirken** des Gerichts **auf einen Vergleichsabschluss** vorsieht. Voraussetzung eines gerichtlichen Vergleichs nach § 83a ist die Anhängigkeit des Verfahrens. Dem Abschluss des Vergleichs müssen stets Antragsteller und alle Beteiligten i.S.d § 83 Abs. 3 zustimmen, da nur so das Verfahren beendet wird. Der Vergleich hat wie im Urteilsverfahren eine Doppelnatur. Die Protokollierung kann vor dem Vorsitzenden allein erfolgen; i.Ü. gelten die allg. Grundsätze. § 278 Abs. 6 ZPO ist neben Abs. 1 anwendbar (siehe § 54 Rn 30).[1] Der Vergleich beendet das Verfahren und ist bei vollstreckungsfähigem Inhalt Vollstreckungstitel (siehe § 85 Rn 9). Die Beteiligten können in dem Vergleich etwa eine BV festhalten.[2] Abs. 3 ist nicht entsprechend anwendbar.[3] Ein **außergerichtlicher Vergleich** beendet das Verfahren nicht, bindet aber die Parteien des materiell-rechtlichen Vertrags.[4] **2**

2. Verfügungsmöglichkeit der Beteiligten. Nach Abs. 1 S. 1 setzt der Vergleich die **Verfügungsmöglichkeit** der Beteiligten **über den Vergleichsgegenstand**, der mit dem des Verfahrensgegenstands nicht identisch sein muss, voraus. Das richtet sich nach materiellem Recht. Keine Verfügungsmöglichkeit besteht über das gesetzlich geregelte **formelle Betriebsverfassungsrecht** (Betriebsbegriff, aktives und passives Wahlrecht, AN-Begriff); hier scheidet der Abschluss eines Vergleichs regelmäßig aus. Anderes gilt für die Regelungen, bei denen das BetrVG abweichende BV zulässt.[5] Bei vermögensrechtlichen Ansprüchen (Schulungskosten, Freistellungs- und Kostenerstattungsansprüche des BR) können die Beteiligten regelmäßig über den Verfahrensgegenstand verfügen.[6] Im Bereich des **materiellen Betriebsverfassungsrechts** kann der BR jedenfalls über Beteiligungsrechte für zukünftige Sachverhalte nicht verfügen.[7] Allerdings können sich sämtliche Beteiligten aus Gründen der Praktikabilität auf eine bestimmte Regelung verständigen und diese als gerichtlichen Vergleich abschließen. **3**

3. Streitigkeiten. Haben die Beteiligten einen gerichtlich protokollierten Vergleich abgeschlossen oder ist dieser durch Annahme eines Vorschlags des Gerichts zustande gekommen, sind Streitigkeiten um seinen Inhalt oder seine **Auslegung** zwischen den Beteiligten in einem neuen Beschlussverfahren auszutragen. Hingegen wird das ursprüngliche Verfahren fortgesetzt, wenn einer der am Vergleichsschluss Beteiligten die **Wirksamkeit** der Vereinbarung in Zweifel zieht.[8] **4**

II. Erledigungserklärung

1. Übereinstimmende Erledigungserklärung. Bei ausdrücklicher **Erledigungserklärung aller Beteiligten**[9] hat der Vorsitzende ohne nähere Sachprüfung das Verfahren durch Beschluss[10] förmlich einzustellen (Abs. 2 S. 1). Gleiches gilt, wenn es zum Wegfall der Rechtshängigkeit eines Antrags kommt.[11] Ihre Abgabe ist unwiderruf- **5**

---

1 *Bram*, FA 2007, 2 (Redaktionsversehen); ArbGG/*Koch*, § 83a Rn 2; GK-ArbGG/*Dörner*, § 83a Rn 3a.
2 LAG Hessen 14.9.2006 – 9 TaBV 2006 – n.v.
3 ErfK/*Eisemann/Koch*, § 83a ArbGG Rn 1; *Germelmann u.a.*, § 83a Rn 25; a.A. ArbGG/*Koch*, § 83a Rn 9.
4 BAG 29.1.1974 – 1 ABR 34/73 – AP § 37 BetrVG 1972 Nr. 8 = DB 1974, 1535.
5 GK-ArbGG/*Dörner*, § 83a Rn 13b.
6 GK-ArbGG/*Dörner*, § 83a Rn 13a.
7 BAG 23.6.1992 – 1 ABR 53/91 – AP § 87 BetrVG 1972 Arbeitszeit Nr. 51 = EzA § 87 BetrVG 1972 Arbeitszeit Nr. 50.
8 BAG 5.8.1982 – 2 AZR 199/80 – AP § 794 ZPO Nr. 31 = EzA § 794 ZPO Nr. 6.
9 ArbGG/*Koch*, § 83a Rn 7; GK-ArbGG/*Dörner*, § 83a Rn 23 m.w.N. zu abw. Auff.
10 BAG 16.11.2004 – 1 ABR 48/03 – AP § 99 BetrVG 1972 Einstellung Nr. 44 = DB 2005, 1469; BAG 16.1.2007 – 1 ABR 16/06 – juris.
11 BAG 10.3.2009 – 1 ABR 93/07 – NZA 2009, 622; BAG 16.1.2007 – 1 ABR 16/06 – AP § 99 BetrVG 1972 Einstellung Nr. 52 = EzA § 99 BetrVG 2001 Versetzung Nr. 3.

lich und bindend. Der Einstellungsbeschluss bedarf der Bekanntgabe an die Beteiligten (Abs. 2 S. 2 i.V.m. § 81 Abs. 2 S. 3). Gegen ihn ist die Beschwerde (§ 87) statthaft.[12]

6 **2. Erledigungserklärung des Antragstellers.** Erklärt nur der Antragsteller das Verfahren für erledigt, hat der Vorsitzende die übrigen Beteiligten zur **Stellungnahme aufzufordern**. Ihre Zustimmung zur Erledigung gilt als erteilt, wenn sie sich nicht innerhalb einer Frist von mind. zwei Wochen äußern und sie hierauf hingewiesen worden sind (Abs. 3 S. 2). Bei unterlassener Belehrung beginnt die Frist nicht zu laufen. Liegt die Zustimmung aller Beteiligten vor oder gilt sie als erteilt, ist wie bei der übereinstimmenden Erledigungserklärung das Verfahren ohne nähere Sachprüfung vom Vorsitzenden einzustellen.

7 Liegt **keine wirksame Zustimmung** der anderen Beteiligten vor, ist die einseitige Erledigungserklärung als eine nach § 264 Nr. 2 ZPO zulässige Änderung des ursprünglichen Sachantrags zu verstehen.[13] Das Gericht hat, da dem Beschluss eine materiell-rechtliche Erkenntnis zugrunde liegt, aufgrund einer Anhörung der Beteiligten (nur darüber) **zu entscheiden, ob ein erledigendes Ereignis** eingetreten ist.[14] Ein solches liegt vor, wenn nach Rechtshängigkeit[15] oder jedenfalls nach Anhängigkeit[16] tatsächliche Umstände auftreten, aufgrund derer der Antrag jedenfalls im Entscheidungszeitpunkt als unzulässig oder unbegründet abgewiesen werden müsste.[17] Ohne Bedeutung ist, ob der Antrag ursprünglich zulässig und begründet war.[18] Eine Entscheidung über einen einseitigen Erledigungsantrag ergeht durch Beschluss unter Mitwirkung der ehrenamtlichen Richter[19] und ist nach § 87 mit der Beschwerde anfechtbar. Fehlt es an einem erledigenden Ereignis, ist über den Antrag in der Sache zu entscheiden.[20] Anderenfalls ist das Verfahren einzustellen.[21]

8 **3. Erledigungserklärung eines weiteren Beteiligten.** Erklärt ein anderer Beteiligter als der Antragsteller das Verfahren für erledigt, ist das für den weiteren Ablauf des Verfahrens **ohne unmittelbare Bedeutung**.[22] Das Gericht hat allerdings zu prüfen, ob ein erledigendes Ereignis eingetreten ist. Fehlt es daran, kann es sich um eine Antragsrücknahme handeln.[23]

§ 84 Beschluß

[1]Das Gericht entscheidet nach seiner freien, aus dem Gesamtergebnis des Verfahrens gewonnenen Überzeugung. [2]Der Beschluß ist schriftlich abzufassen. [3]§ 60 ist entsprechend anzuwenden.

A. Allgemeines 1	3. Beschlussform 4
B. Regelungsgehalt 2	II. Wirkungen des Beschlusses 6
I. Beschluss 2	1. Rechtskraft 6
1. Grundsatz 2	2. Erweiterte, präjudizielle Bindungswirkung ... 8
2. Entscheidung durch die Kammer 3	

A. Allgemeines

1 Die **instanzbeendende Sachentscheidung** erfolgt im Beschlussverfahren nicht durch Urteil, sondern **durch Beschluss**. § 84 betrifft nur diese Entscheidung; sie findet keine Anwendung auf verfahrensleitende Beschlüsse, die der Endentscheidung vorausgehen – hier gilt § 78.

---

12 LAG Rheinland-Pfalz 25.6.1982 – 6 TaBV 10/82 – EzA § 92 ArbGG 1972 Nr. 1; ArbGG/*Koch*, § 83a Rn 7; GK-ArbGG/*Dörner*, § 83a Rn 24 m.w.N.; a.A. LAG Hamm 26.5.1989 – 8 TaBV 34/89 – LAGE § 81 ArbGG Nr. 5.
13 BAG 23.1.2008 – 1 ABR 64/06 – AP § 83a ArbGG 1979 Nr. 10 = EzA § 83a ArbGG 1979 Nr. 8.
14 BAG 9.12.2008 – 1 ABR 57/07 – AP § 613a BGB Nr. 356 = EzA § 1979 ArbGG § 83 Nr. 11; BAG 27.8.1996 – 3 ABR 21/95 – AP § 83a ArbGG 1979 Nr. 4 = NZA 1997, 623; Sächsisches LAG 12.5.2006 – 2 TaBV 16/05 – ZTR 2006, 610.
15 BAG 28.2.2006 – 1 ABR 1/05 – AP § 99 BetrVG 1972 Nr. 51 = EzA § 88 BetrVG 2001 Nr. 10 (Rücknahme des Zustimmungsersetzungsersuchens).
16 BAG 23.1.2008 – 1 ABR 64/06 – AP § 83a ArbGG 1979 Nr. 10 = EzA § 83a ArbGG 1979 Nr. 8 (auf einen Tag befristete Einstellung).
17 BAG 27.8.1996 – 3 ABR 21/95 – AP § 83a ArbGG 1979 Nr. 4 = NZA 1997, 623 (Amtszeitende).
18 BAG 19.2.2008 – 1 ABR 65/05 – AP § 83a ArbGG 1979 Nr. 11; BAG 26.4.1990 – 1 ABR 79/89 – AP § 83a ArbGG 1979 Nr. 3 = NZA 1990, 822.
19 BAG 23.1.2008 – 1 ABR 64/06 – AP § 83a ArbGG 1979 Nr. 10 = EzA § 83a ArbGG 1979 Nr. 8.
20 BAG 27.8.1996 – 3 ABR 21/95 – AP § 83a ArbGG 1979 Nr. 4 = NZA 1997, 623.
21 BAG 9.12.2008 – 1 ABR 57/07 – AP § 613a BGB Nr. 356 = EzA § 83 ArbGG 1979 Nr. 11, m.w.N.
22 BAG 26.3.1991 – 1 ABR 43/90 – AP § 75 BPersVG Nr. 32 = NZA 1991, 783; GK-ArbGG/*Dörner*, § 83a Rn 32; *Germelmann u.a.*, § 83a Rn 25; a.A. ArbGG/*Koch*, § 83a Rn 9: Abs. 3 S. 2 analog.
23 BAG 27.8.1996 – 3 ABR 21/95 – AP § 83a ArbGG 1979 Nr. 4 = NZA 1997, 623.

B. Regelungsgehalt

I. Beschluss

1. Grundsatz. S. 1 hat keinen eigenständigen Anwendungsbereich. Entgegen seinem missverständlichen Wortlaut ist die Entscheidung des Gerichts keine Ermessens-, sondern eine Rechtsentscheidung. Die §§ 280, 300 bis 307 ZPO sowie § 308 ZPO sind im gleichen Umfang wie im Urteilsverfahren anwendbar. Unzulässig ist aber ein Versäumnisbeschluss (§ 331 ZPO).

2. Entscheidung durch die Kammer. Die Endentscheidungen im Beschlussverfahren ergehen regelmäßig unter Mitwirkung der ehrenamtlichen Richter durch die Kammer. Das gilt auch in Fällen der einseitigen Erledigungserklärung.[1] **Ausnahmen** sind §§ 80 Abs. 2, 55 Abs. 1 Nr. 1 bis 3, 6 bis 8. Eine Alleinentscheidung des Vorsitzenden nach § 55 Abs. 3 ist zulässig (vgl. § 80 Rn 11). Die fehlende Mitwirkung der ehrenamtlichen Richter ist ein wesentlicher Verfahrensmangel, der zwar nicht zur Zurückverweisung nach § 68, aber zur Wiederaufnahme des Verfahrens (§ 579 Abs. 1 Nr. 1 ZPO) führen kann.[2]

3. Beschlussform. Der Beschluss ist **schriftlich** abzufassen. Nach der Verweisung in S. 3 gelten für die Verkündung, Abfassung und Unterschrift die Vorschriften des Urteilsverfahrens (siehe § 60 Rn 4 ff., 14 ff.). Im Rubrum sind sämtliche Beteiligten aufzunehmen, selbst wenn sie sich im Verfahren nicht geäußert haben. Die **Rechtsmittelbelehrung** ist Bestandteil der Entscheidung (im Einzelnen siehe § 9 Rn 15 ff.). Eine Kostenentscheidung erfolgt nicht, da Gerichtskosten im Beschlussverfahren nicht erhoben werden (§ 2 Abs. 2 GKG). Eine Festsetzung des Beschlussstreitwerts (§ 61 Abs. 1) entfällt, da nach § 87 die Beschwerde gegen verfahrensbeendende Beschlüsse stets statthaft ist. Der anwaltliche Gegenstandswert wird auf Antrag durch gesonderten Beschluss nach § 33 RVG festgesetzt.

Da Entscheidungen im Beschlussverfahren nur in vermögensrechtlichen Streitigkeiten vorläufig vollstreckbar sind (§ 85), empfiehlt es sich, in diesen Fällen die **Vollstreckbarkeit in den Tenor** deklaratorisch aufzunehmen. Die Entscheidung ist allen Beteiligten förmlich zuzustellen (§ 319 Abs. 1 ZPO), selbst wenn sie sich im Verfahren nicht geäußert haben.[3]

II. Wirkungen des Beschlusses

1. Rechtskraft. Die Entscheidung nach § 84 erwächst in **formelle und materielle Rechtskraft**.[4] Formelle Rechtskraft tritt ein, wenn durch Zeitablauf kein Rechtsmittel mehr eingelegt werden kann. Für den Umfang der materiellen Rechtskraft gelten die §§ 323, 325 ZPO. Der Beschluss wirkt gegenüber dem Antragsteller und sämtlichen in das Verfahren einbezogenen Beteiligten, selbst wenn sie sich nicht geäußert haben. Die materielle Rechtskraft eines Beschlusses führt zur **Unzulässigkeit eines erneuten Verfahrens** mit identischem Verfahrensgegenstand. Sie ist in zeitlicher Hinsicht grds. unbegrenzt.

Bei **Entscheidungen mit Dauerwirkung** gilt die Rechtskraft aber nur so lange, wie sich die tatsächlichen oder rechtlichen Verhältnisse nicht wesentlich ändern.[5] Eine Änderung der Rspr. reicht zur Durchbrechung der Rechtskraft ebenso wenig aus[6] wie eine des Gesetzes. Ein anderes kann gelten, wenn sich die wesentlichen rechtlichen Verhältnisse geändert haben.[7] Für ein neues Beschlussverfahrens ist es nicht erforderlich, dass die geänderten Verhältnisse nach einer in der Sache abweichende Entscheidung verlangen.[8] Die Rechtskraft erstreckt sich auf einen neu gewählten BR[9] oder auf den Betriebserwerber.[10]

2. Erweiterte, präjudizielle Bindungswirkung. Einigkeit besteht, dass **rechtsgestaltende Entscheidungen** (Wahlanfechtung) sowie **feststellende Statusentscheidungen** bei unveränderten tatsächlichen Umständen über den Kreis der Beteiligten hinaus gelten.[11] Ebenso kann in Fällen der **Präjudizialität**, also dann, wenn die in einem vorangegangenen Beschlussverfahren entschiedene betriebsverfassungsrechtliche Rechtsfrage Vorfrage für die Entscheidung eines nachfolgenden Verfahrens ist, insoweit keine abweichende Sachentscheidung getroffen wird.[12]

---

1 BAG 23.1.2008 – 1 ABR 64/06 – AP § 83a ArbGG 1979 Nr. 10 = EzA § 83a ArbGG 1979 Nr. 8.
2 LAG Köln 1.3.2001 – 3 TaBV 92/00 – AP § 98 ArbGG 1979 Nr. 11.
3 BAG 6.10.1978 – 1 ABR 75/76 – AP § 101 BetrVG 1972 Nr. 2 = DB 1979, 408.
4 BAG 20.3.1996 – 7 ABR 41/95 – AP § 19 BetrVG 1972 Nr. 32 = NZA 1996, 1058.
5 BAG 6.6.2000 – 1 ABR 21/99 – AP § 97 ArbGG 1979 Nr. 9 = NZA 2001, 156.
6 BAG 20.3.1996 – 7 ABR 41/95 – AP § 19 BetrVG 1972 Nr. 32 = NZA 1996, 1058.
7 BAG 6.6.2000 – 1 ABR 21/99 – AP § 97 ArbGG 1979 Nr. 9 = NZA 2001, 156.
8 BAG 1.2.1983 – 1 ABR 33/78 – AP § 322 ZPO Nr. 14 = DB 1983, 1660.
9 BAG 1.2.1983 – 1 ABR 33/78 – AP § 322 ZPO Nr. 14 = DB 1983, 1660.
10 BAG 5.2.1991 – 1 ABR 32/90 – AP § 613a BGB Nr. 89 = NZA 1991, 639.
11 Zum Betriebsbegriff: BAG 9.4.1991 – 1 AZR 488/90 – AP § 18 BetrVG 1972 Nr. 8 = NZA 1991, 812; BAG 1.12.2004 – 7 ABR 27/04 – EzA § 18 BetrVG 2001 Nr. 1; zum aktiven und passiven Wahlrecht vgl. BAG 20.3.1996 – 7 ABR 41/95 – AP § 19 BetrVG 1972 Nr. 32 = NZA 1996, 1058; zum Begriff des leitenden Ang vgl. BAG 5.3.1974 – 1 ABR 19/73 – AP § 5 BetrVG 1972 Nr. 1 = DB 1974, 826.
12 BAG 25.4.2007 – 10 AZR 586/06 – juris.

9 Eine über die Rechtskraftwirkung hinaus gehende, sog. **präjudizielle Bindungswirkung** gegenüber im Beschlussverfahren nicht beteiligten Dritten **für nachfolgende Individualverfahren** (Urteilsverfahren) hat die Rspr. für bestimmte Verfahrensgegenstände bejaht, bei denen ein Umstand Entscheidungsgegenstand war, der auch für das nachfolgende Urteilsverfahren entscheidungserheblich ist.[13] Der einzelne AN ist im Individualrechtsstreit an die Entscheidungen über das Bestehen eines **Mitbestimmungsrechts**, über Wirksamkeit und Inhalt einer BV,[14] eines Einigungsstellenspruchs zum Dotierungsrahmen eines Sozialplans[15] sowie über das Vorliegen einer Betriebsänderung bei einer Klage auf Nachteilsausgleich gebunden.[16] Gleiches gilt für die Selbstständigkeit eines Nebenbetriebs oder Betriebsteils[17] sowie für Freistellungsansprüche nach § 37 Abs. 2, 3, 6, 7 BetrVG.[18] Anders verhält es sich bei einer Entscheidung nach § 18 Abs. 2 BetrVG im Hinblick auf die Sozialauswahl in einem nachfolgenden Kündschutzverfahren, da hier die Rechtslage des AN nicht durch eine kollektivrechtliche, sondern primär individualrechtliche Vorfrage geprägt ist.[19]

10 Bei **personellen Einzelmaßnahmen** ist eine das Mitbestimmungsrecht verneinende Entscheidung im Individualprozess präjudiziell.[20] Eine rechtskräftige Ersetzung der Zustimmung des BR nach § 99 Abs. 4 BetrVG entfaltet keine präjudizielle Wirkung zu Lasten der von den personellen Maßnahmen betroffenen AN.[21] Bei einer gerichtlich ersetzten Zustimmung zur Eingruppierung eines AN besteht zumindest ein Anspruch auf die im Beschlussverfahren für zutreffend erkannte Vergütungsgruppe, die aber die individualrechtliche Geltendmachung einer höheren Vergütungsgruppe nicht ausschließt.[22] Der AG kann sich in einem nachfolgenden Individualprozess auch nicht auf die Maßgeblichkeit einer anderen Eingruppierung berufen.[23] Ausdrücklich geregelt ist die Präjudizwirkung im Beschlussverfahren nach § 126 Abs. 1 InsO (vgl. § 127 InsO Rn 5). Die **Zustimmungsersetzung bei außerordentlicher Künd** eines BR-Mitglieds nach § 103 Abs. 2 BetrVG bindet im nachfolgenden Individualprozess hinsichtlich des Vorliegens eines wichtigen Grundes.[24] Neue Tatsachen werden nur dann berücksichtigt, wenn sie im Beschlussverfahren noch nicht vorgebracht werden konnten.[25]

§ 85 Zwangsvollstreckung

(1) ¹Soweit sich aus Absatz 2 nichts anderes ergibt, findet aus rechtskräftigen Beschlüssen der Arbeitsgerichte oder gerichtlichen Vergleichen, durch die einem Beteiligten eine Verpflichtung auferlegt wird, die Zwangsvollstreckung statt. ²Beschlüsse der Arbeitsgerichte in vermögensrechtlichen Streitigkeiten sind vorläufig vollstreckbar; § 62 Abs. 1 Satz 2 bis 5 ist entsprechend anzuwenden. ³Für die Zwangsvollstreckung gelten die Vorschriften des Achten Buches der Zivilprozeßordnung entsprechend mit der Maßgabe, daß der nach dem Beschluß Verpflichtete als Schuldner, derjenige, der die Erfüllung der Verpflichtung auf Grund des Beschlusses verlangen kann, als Gläubiger gilt und in den Fällen des § 23 Abs. 3, des § 98 Abs. 5 sowie der §§ 101 und 104 des Betriebsverfassungsgesetzes eine Festsetzung von Ordnungs- oder Zwangshaft nicht erfolgt.

(2) ¹Der Erlaß einer einstweiligen Verfügung ist zulässig. ²Für das Verfahren gelten die Vorschriften des Achten Buches der Zivilprozeßordnung über die einstweilige Verfügung entsprechend mit der Maßgabe, daß die Entscheidungen durch Beschluß der Kammer ergehen, erforderliche Zustellungen von Amts wegen erfolgen und ein Anspruch auf Schadensersatz nach § 945 der Zivilprozeßordnung in Angelegenheiten des Betriebsverfassungsgesetzes nicht besteht.

---

13 *Becker*, ZZP 117 (2004), 58 ff.; *Nottebom*, RdA 2002, 292 ff.; *Ascheid*, in: FS Hanau, 1999, 685 ff., jew. m.w.N.
14 BAG 17.2.1992 – 10 AZR 448/91 – AP § 84 ArbGG 1979 Nr. 1 = NZA 1992, 999.
15 BAG 17.2.1981 – 1 AZR 290/78 – AP § 111 BetrVG 1972 Nr. 11 = DB 1981, 1414.
16 BAG 10.11.1987 – 1 AZR 360/86 – AP § 113 BetrVG 1972 Nr. 15 = NZA 1988, 287.
17 BAG 29.1.1987 – 6 ABR 23/85 – AP § 1 BetrVG 1972 Nr. 6 = NZA 1987, 707; BAG 9.4.1991 – 1 AZR 488/90 – AP § 18 BetrVG 1972 Nr. 8 = NZA 1991, 812.
18 BAG 6.5.1975 – 1 ABR 113/73 – AP § 65 BetrVG 1972 Nr. 5 = DB 1975, 1706.
19 BAG 18.10.2006 – 2 AZR 434/06 – AP § 92 BetrVG 1972 Nr. 1 = EzA § 1 KSchG Betriebsbedingte Kündigung Nr. 151.
20 BAG 21.9.1989 – 1 ABR 32/89 – AP § 99 BetrVG 1972 Nr. 72 = NZA 1990, 314.
21 BAG 13.3.2007 – 9 AZR 433/06 – AP § 307 BGB Nr. 26, m.w.N.; BAG 3.5.1994 – 1 ABR 58/93 – AP § 99 BetrVG 1972 Eingruppierung Nr. 2 = NZA 1995, 484.
22 BAG 3.5.1994 – 1 ABR 58/93 – AP § 99 BetrVG 1972 Eingruppierung Nr. 2 = NZA 1995, 484; abl. ArbGG/*Koch*, § 84 Rn 6.
23 BAG 28.8.2008 – 2 AZR 967/06 – NZA 2009, 505 = EzA § 2 KSchG Nr. 73.
24 BAG 24.4.1975 – 2 AZR 118/74 – AP § 103 BetrVG 1972 Nr. 3 = DB 1975, 1610; BAG 18.9.1997 – 2 ABR 15/97 – AP § 103 BetrVG 1972 Nr. 35 = NZA 1998, 189; BAG 11.5.2000 – 2 AZR 276/99 – AP § 103 BetrVG 1972 Nr. 42 = NZA 2000, 1106.
25 BAG 11.5.2000 – 2 AZR 276/99 – AP § 103 BetrVG 1972 Nr. 42 = NZA 2000, 1106.

A. Allgemeines	1	2. Einstweilige Verfügung	17
B. Regelungsgehalt	2	a) Verfügungsanspruch	17
I. Zwangsvollstreckung	2	b) Der Verfügungsgrund	19
1. Vollstreckungstitel	2	c) Ausschluss einstweiliger Verfügungen durch besonderes Verfahren	20
2. Beteiligte der Zwangsvollstreckung	8	d) Verfahren im Einzelnen	21
a) Grundsatz	8	e) Entscheidung und Rechtsmittel	24
b) Stellen als Vollstreckungsgläubiger	9	f) Zustellung und Vollziehung	28
c) Stellen als Vollstreckungsschuldner	10	g) Schadensersatz	29
3. Verfahren der Vollstreckung	14	3. Arrest	30
II. Arrest und einstweilige Verfügung	16		
1. Allgemeines	16		

A. Allgemeines

Nach Abs. 1 S. 1 findet **aus rechtskräftigen Beschlüssen** der ArbG oder gerichtlichen Vergleichen im Beschlussverfahren, durch die einem Beteiligten eine Verpflichtung auferlegt wird, die **Zwangsvollstreckung** statt. Nach S. 2 sind Beschlüsse in **vermögensrechtlichen Streitigkeiten vorläufig vollstreckbar**. Die Zwangsvollstreckung findet ferner aus einstweiligen Verfügungen im Beschlussverfahren statt, soweit sie einem Beteiligten eine Verpflichtung auferlegen.

Durch Abs. 2 wird die **Statthaftigkeit einstweiliger Verfügungen** im Beschlussverfahren klargestellt (S. 1) und – mit bestimmten Ausnahmen – auf die einschlägigen Vorschriften der Zivilprozessordnung verwiesen.

B. Regelungsgehalt

I. Zwangsvollstreckung

1. Vollstreckungstitel. Im arbeitsgerichtlichen Beschlussverfahren kommt eine Vollstreckung aus rechtskräftigen Beschlüssen,[1] vorläufig vollstreckbaren Beschlüssen in vermögensrechtlichen Streitigkeiten, aus Vergleichen,[2] wozu auch solche gehören, die im Erkenntnisverfahren nach § 23 Abs. 3 S. 1 BetrVG geschlossen wurden[3] und einstweiligen Verfügungen, vollstreckbar erklärten Schiedssprüchen oder Vergleichen (§ 109) in Betracht. Kein vollstreckungsfähiger Titel ist der Spruch der Einigungsstelle. Weitere Voraussetzung ist ein **vollstreckungsfähiger Inhalt des Titels**, der so hinreichend bestimmt sein muss, dass im Zwangsvollstreckungsverfahren keine Zweifel über seinen Inhalt aufkommen.[4]

Vollstreckungsfähig sind **rechtskräftige Beschlüsse**, die einem Beteiligten eine **Verpflichtung auferlegen**. Welche Verpflichtungen das sein können, ergibt sich aus dem materiellen Recht. Keiner Vollstreckung bedürfen gerichtliche Feststellungen oder Gestaltungsbeschlüsse; deren Wirkung tritt mit Rechtskraft ein. Bei Titeln auf Vornahme einer Handlung gilt § 61 Abs. 2 nicht.

Aus **Beschlüssen in vermögensrechtlichen Streitigkeiten** kann bereits vollstreckt werden, wenn diese noch nicht rechtskräftig sind. Eine vermögensrechtliche Streitigkeit liegt vor, wenn der Antragsteller mit dem Verfahren in erheblichem Umfang wirtschaftliche Zwecke verfolgt, wenn die Streitigkeit auf Geld oder Geldwert geht oder der Streitgegenstand auf einem vermögensrechtlichen Rechtsverhältnis beruht, das auf Gewinn in Geld oder geldwerten Gegenständen gerichtet ist.[5] Das ist bei Streitigkeiten über Sachmittel, über Ansprüche auf Erstattung der Kosten aus BR-Tätigkeit und der Wahlkosten gegenüber dem Arbeitgeber der Fall. Zwar kann die **Wahrnehmung und Beachtung von Beteiligungsrechten** des BR vermögensrechtliche Interessen des AN oder des AG sowie deren wirtschaftliche Zwecke betreffen – etwa bei der Mitwirkung im Rahmen einer Versetzung, Umgruppierung oder Einstellung, aber auch Ansprüche auf Unterrichtung. Gleichwohl geht es nicht um die Verfolgung wirtschaftlicher Zwecke, sondern um Teilhabe an der Gestaltung des Geschehens im Betrieb.[6]

Beschlüsse, die dem AG eine **Verpflichtung vermögensrechtlicher Art nach § 23 Abs. 3 BetrVG** auferlegen, sind erst dann vollstreckbar, wenn **Rechtskraft** eingetreten ist. § 23 Abs. 3 BetrVG schließt als spezielle Regelung Abs. 1

---

[1] S. etwa LAG Hessen 25.6.2007 – 4 Ta 92/07 -AuR 2008, 78 (LS): keine Klauselerteilung, wenn eine Nichtzulassungsbeschwerde eingelegt wurde.

[2] S. etwa BAG 28.2.2003 – 1 AZB 53/02 – AP § 78 ArbGG 1979 Nr. 13 = EzA § 78 ArbGG 1979 Nr. 5; BAG 25.8.2004 – 1 AZB 41/03 – AP § 23 BetrVG 1972 Nr. 41 = EzA § 78 ArbGG 1979 Nr. 7.

[3] LAG Baden-Württemberg 30.12.1993 – 15 TaBV 3/93 – BB 1994, 504; LAG Bremen 16.12.1988 – 4 TABV 30/88 – LAGE § 23 BetrVG 1972 Nr. 17; LAG Hamburg 27.1.1992 – 5 Ta 25/91 – NZA 1992, 568; a.A. GK-ArbGG/*Vossen*, § 85 Rn 17.

[4] BAG 25.8.2004 – 1 AZB 41/03 – AP § 23 BetrVG 1972 Nr. 41 = EzA § 78 ArbGG 1979 Nr. 7: die Begriffe „Arbeitnehmer" und „ordnungsgemäße Beteiligung des Betriebsrats" genügen den Anforderungen; BAG 13.12.2005 – 1 ABR 31/03 – juris.

[5] BAG 28.9.1989 – 5 AZB 8/89 – AP § 64 ArbGG 1979 Nr. 14 = NZA 1990, 202.

[6] So ArbGG/*Koch*, § 85 Rn 3; *Germelmann u.a.*, § 85 Rn 6; a.A. *Weth*, § 17 III 3; *Rudolf*, NZA 1988, 420; *Herbst/Bertelsmann/Reiter*, Rn 175.

S. 2 aus. I.Ü. gelten auch für eine auf § 23 Abs. 3 S. 2 BetrVG gestützte Zwangsvollstreckung die allgemeinen Voraussetzungen gem. Abs. 1 S. 3.[7] Ebenso setzt die Vollstreckung von Ansprüchen aus §§ 98, 101, 104 BetrVG nach dem Wortlaut der Vorschriften einen rechtskräftigen Beschluss voraus.

6 Die **vorläufige Vollstreckbarkeit** eines Beschlusses in vermögensrechtlichen Streitigkeiten ist nach wohl überwiegender Ansicht **im Tenor auszusprechen**.[8] Ob eine Ergänzung mit der Beschwerde gerügt werden kann, eine Beschlussergänzung nach § 321 ZPO möglich ist oder eine Klärung im Klauselerteilungsverfahren (§ 724 ZPO) erfolgt, ist umstr.[9]

7 Macht ein Beteiligter glaubhaft, dass die Vollstreckung ihm einen nicht zu ersetzenden Nachteil bringen würde, muss das Gericht auf seinen Antrag hin die **vorläufige Vollstreckbarkeit ausschließen** (Abs. 1 S. 2 Hs. 2 i.V.m. § 62 Abs. 1 S. 2). Es gelten die Grundsätze zum Urteilsverfahren (siehe § 62 Rn 16 ff.). Die Zwangsvollstreckung findet, wie Abs. 1 S. 1 klarstellt, auch aus gerichtlichen Vergleichen statt. Das können i.R.d. § 85 auch solche sein, die in einem Verfahren nach § 23 BetrVG geschlossen wurden,[10] nicht aber bei einer Vollstreckung nach § 23 Abs. 3 S. 2.

8 **2. Beteiligte der Zwangsvollstreckung. a) Grundsatz.** Für die Zwangsvollstreckung gelten nach Abs. 1 S. 3 die Vorschriften des Achten Buches der Zivilprozessordnung entsprechend. Während das Erkenntnisverfahren im Beschlussverfahren nur Antragsteller und Beteiligte kennt, ist das **Vollstreckungsverfahren ein Parteienverfahren**. Parteien der Zwangsvollstreckung nach der ZPO sind Gläubiger und Schuldner. Der nach dem Beschluss Verpflichtete gilt nach Abs. 1 S. 3 als Schuldner, derjenige, der die Erfüllung der Verpflichtung aufgrund des Beschlusses verlangen kann, als Gläubiger. Die Anwendung der Zwangsvollstreckungsvorschriften unterliegt keinen Besonderheiten, soweit die nach dem Beschluss Berechtigten oder Verpflichteten natürliche oder juristische Personen sind. Gleiches gilt für OHG, KG oder Koalitionen, soweit sie nichtrechtsfähige Vereine sind (siehe § 10 Rn 3 f.). Bei sonstigen Beteiligten bestehen indes Probleme wegen fehlender Rechts- und Vermögensfähigkeit (siehe Rn 12 f.).

9 **b) Stellen als Vollstreckungsgläubiger.** Als Vollstreckungsgläubiger kommen der **BR** oder andere **betriebsverfassungsrechtliche Stellen** in Betracht, denen § 10 Hs. 2 die Beteiligtenfähigkeit im Beschlussverfahren zuerkennt. Wer fähig ist, am Erkenntnisverfahren teilzunehmen, kann grds. auch Partei in der Zwangsvollstreckung sein. Der BR kann daher aus Beschlüssen vollstrecken, die er als Antragsteller erstritten hat. Dies gilt auch für Geldforderungen, wobei sich der Anspruch des BR auf Besitzübertragung und die Ermächtigung richtet, zweckgebunden für den AG verfügen zu dürfen.[11]

10 **c) Stellen als Vollstreckungsschuldner.** Möglich ist die Zwangsvollstreckung wegen **Herausgabe von Sachen** (§ 883 ZPO) und Räumen (§ 885 ZPO), da diese nur den Besitz voraussetzen. Ist der BR besitzfähig, können die in seinem Besitz befindlichen Sachen gepfändet werden.[12]

11 Ist der BR zur **Abgabe einer Willenserklärung** verpflichtet, entfällt eine Zwangsvollstreckung, da die Erklärung nach § 894 Abs. 1 S. 1 ZPO als abgegeben gilt, sobald der Beschluss rechtskräftig ist. § 894 ZPO ist gleichfalls einschlägig, wenn die Verpflichtung des BR dahin geht, einen Beschluss zu fassen. Dieser gilt mit Rechtskraft als gefasst.[13]

12 Komplizierter gestaltet sich die **Zwangsvollstreckung zur Erzwingung von Handlungen, Duldungen oder Unterlassungen** gegen eine betriebsverfassungsrechtliche Stelle, etwa den BR auf Duldung des Zutritts zu seinem Büro oder auf Unterlassung einer rechtswidrigen Maßnahme. Eine Zwangsvollstreckung nach §§ 887, 888, 890 ZPO scheidet aus, da eine Belastung der Stelle mit einer Geldschuld mangels eigener Vermögensfähigkeit nicht möglich ist und ihm zugewiesene Mittel, auch bei Budgetierung, zweckgebunden sind.[14]

13 Dem Betreiben der **Zwangsvollstreckung gegen Mitglieder der Stelle**, etwa den BR-Vorsitzenden, steht entgegen, dass der Vollstreckungstitel auf eine andere Stelle lautet.[15] Für eine Titelumschreibung fehlt es an einer Rechtsgrundlage.[16] Soll eine vertretbare oder unvertretbare Handlung durchgesetzt werden, ist bereits bei der Antragstellung im

---

7 BAG 25.8.2004 – 1 AZB 41/03 – AP § 23 BetrVG 1972 Nr. 41 = EzA § 78 ArbGG 1979 Nr. 7; BAG 2.6.2008 – 3 AZB 24/08 – AP § 85 ArbGG 1979 Nr. 11 = EzA § 23 BetrVG 2001 Nr. 1.
8 ArbGG/*Koch*, § 85 Rn 1; *Germelmann u.a.*, § 85 Rn 6; *Hauck/Helml*, § 85 Rn 4; GK-ArbGG/*Vossen*, § 85 Rn 13.
9 Dazu GK-ArbGG/*Vossen*, § 85 Rn 13; Schwab/Weth/*Walker*, § 85 Rn 10, m.w.N.
10 BAG 28.2.2003 – 1 AZB 53/02 – AP § 78 ArbGG 1979 n.F. Nr. 2 = NZA 2003, 516; BAG 25.8.2004 – 1 AZB 41/03 – AP § 23 BetrVG 1972 Nr. 41 = EzA § 78 ArbGG 1979 Nr. 7.
11 Ausf. Schwab/Weth/*Walker*, § 85 Rn 21; ArbGG/*Koch*, § 85 Rn 1.
12 *Weth*, § 17 III 2 bb, S. 351.
13 *Germelmann u.a.*, ArbGG, § 85 Rn 19; *Herbst/Bertelsmann/Reiter*, Rn 591.
14 H.M., aus der Rspr. LAG Baden-Württemberg 26.3.1996 – 7 TaBV 1/96 – DB 1996, 2084; LAG Berlin 26.3.1984 – 9 TaBV 4/84 – NZA 1984, 333; weiterhin GK-ArbGG/*Vossen*, § 85 Rn 24; ArbGG/*Koch*, § 85 Rn 13 f.; a.A *Weth*, § 17 III, S. 346 ff.
15 Str., wie hier ArbGG/*Koch*, § 85 Rn 14; *Herbst/Bertelsmann/Reiter*, Rn 590; GK-ArbGG/*Vossen*, § 85 Rn 25 m.w.N.; a.A. LAG Baden-Württemberg 26.3.1996 – 7 TaBV 1/96 – DB 1996, 2084; Schwab/Weth/*Walker*, § 85 Rn 36 m.w.N.
16 ArbGG/*Koch*, § 85 Rn 14; *Hauck/Helml*, § 85 Rn 5; GK-ArbGG/*Vossen*, § 85 Rn 26; anders *Germelmann u.a.*, § 85 Rn 19 (entsprechende Anwendung von § 731 ZPO).

Erkenntnisverfahren aufzunehmen, dass die Verpflichtung sich auch gegen die Mitglieder der betriebsverfassungsrechtlichen Stellen richtet. Ob die Verpflichtung besteht, ist für jede Person getrennt nach materiellem Recht und im Erkenntnisverfahren zu prüfen.[17]

3. Verfahren der Vollstreckung. Die Zwangsvollstreckung richtet sich nach den Vorschriften des **Achten Buches der ZPO**. Organe der Zwangsvollstreckung sind der Gerichtsvollzieher, das Amtsgericht als Vollstreckungsgericht oder das ArbG als Prozessgericht. Soweit nach den Vorschriften der §§ 731, 767, 771 ZPO das ArbG als Prozessgericht zuständig ist, entscheidet es auf entsprechenden Antrag im Beschlussverfahren, nicht aber nach den Vorschriften der ZPO. Wendet sich der Schuldner eines vollstreckungsfähigen Titels gegen dessen Vollstreckbarkeit, hat er einen Vollstreckungsabwehrantrag nach Abs. 1 S. 1 i.V.m. § 767 ZPO zu stellen.[18] Beschlüsse des ArbG als Prozessgericht nach §§ 887, 888, 890 ZPO ergehen ohne mündliche Verhandlung durch den Vorsitzenden.[19] Die **Kostenfreiheit** nach § 2 Abs. 2 GKG gilt auch für das Zwangsvollstreckungsverfahren.[20] Gleichfalls sind die §§ 91 ff. ZPO nicht heranzuziehen, weshalb auch keine Kostenentscheidung ergeht.[21]

14

Bei späterer **Aufhebung des Beschlusses** haftet der Vollstreckungsgläubiger in betriebsverfassungsrechtlichen Streitigkeiten nicht nach § 717 Abs. 2 ZPO.[22] Bei der Vollstreckung einstweiliger Verfügungen ist die Anwendbarkeit der entsprechenden Vorschrift von § 945 ZPO ausdrücklich ausgeschlossen (Abs. 2 S. 2). Für § 717 Abs. 2 ZPO gilt nichts anderes. Es verbleibt beim Bereicherungsanspruch nach § 717 Abs. 3 ZPO i.V.m. Abs. 1 S. 3. In den Fällen des § 23 Abs. 3, des § 98 Abs. 5 sowie der §§ 101, 104 BetrVG dürfen **Ordnungs- und Zwangshaft nicht festgesetzt** werden (Abs. 1 S. 3).

15

II. Arrest und einstweilige Verfügung

1. Allgemeines. Nach Abs. 2 S. 1 ist der Erlass einer **einstweiligen Verfügung zulässig.** Für das Verfahren gelten die Vorschriften des Achten Buches der ZPO nur entsprechend. Das trägt dem Umstand Rechnung, dass die Abweichungen des arbeitsgerichtlichen Beschlussverfahrens vom Urteilsverfahren und vom Verfahren des einstweiligen Rechtsschutzes zu berücksichtigen sind.

16

2. Einstweilige Verfügung. a) Verfügungsanspruch. Der Erlass einer einstweiligen Verfügung im Beschlussverfahren setzt wie im Urteilsverfahren das Bestehen eines **Verfügungsanspruchs** voraus. Dafür eignet sich grds. jeder Anspruch, der im Beschlussverfahren geltend gemacht werden kann und dessen Vereitelung oder Gefährdung durch Zeitablauf im Eilverfahren verhindert werden soll. Der zu sichernde Anspruch kann sich aus dem BetrVG, anderen Gesetzen, TV oder BV ergeben.

17

Einstweilige Verfügungen kommen in Betracht bei der Verschiebung oder Unterlassung einer Betriebsversammlung (siehe § 44 BetrVG Rn 3),[23] zur Durchsetzung des Zugangsrecht der Gewerkschaften (siehe § 2 BetrVG Rn 56),[24] unter besonderen Voraussetzungen zur Untersagung der weiteren Amtsausübung bis zum Ausschluss des BR-Mitglieds (siehe § 23 BetrVG Rn 59) oder bei BR-Wahlen (siehe § 18 BetrVG Rn 43 f., § 19 BetrVG Rn 26).[25] Ob und inwieweit zur Sicherung von Mitbestimmungsrechten oder anderer (Unterlassungs-)Ansprüche (etwa § 23 Abs. 3 BetrVG) einstweilige Verfügungen ergehen können, ist im Einzelnen umstr. (siehe § 23 BetrVG Rn 52, § 76 BetrVG Rn 52, § 78 BetrVG Rn 6, § 87 BetrVG Rn 209, § 99 BetrVG Rn 120, § 100 BetrVG Rn 61, § 111 BetrVG Rn 2, 28 f.).[26]

18

b) Der Verfügungsgrund. Die Anforderungen, die an den Verfügungsgrund zu stellen sind, richten sich auch im Beschlussverfahren nach dem Inhalt des begehrten Rechtsschutzes. Im Rahmen der **Interessenabwägung** bei Befriedigungsverfügungen sind Besonderheiten des arbeitsgerichtlichen Beschlussverfahrens zu beachten.[27] Nach Abs. 1 S. 1 sind Beschlüsse in nicht vermögensrechtlichen Streitigkeiten erst mit Rechtskraft vollstreckbar. Der An-

19

---

17 ArbGG/*Koch*, § 85 Rn 15.
18 BAG 18.3.2008 – 1 ABR 3/07 – AP § 3 BetrVG 1972 Nr. 6 = EzA § 3 BetrVG 2001 Nr. 2: Wegfall der Betriebsidentität.
19 BAG 2.6.2008 – 3 AZB 24/08 – AP § 85 BetrVG 1972 Nr. 11 = EzA § 23 BetrVG 2001 Nr. 2, m.w.N.; LAG Schleswig-Holstein 27.12.2001 – 1 TaBV 15c/01 – LAGE § 888 ZPO Nr. 48 = NZA-RR 2002, 357.
20 GK-ArbGG/*Dörner*, § 85 Rn 30.
21 BAG 2.6.2008 – 3 AZB 24/08 – AP § 85 BetrVG 1972 Nr. 11 = EzA § 23 BetrVG 2001 Nr. 2; BAG 19.2.2008 – 1 ABR 86/06 – AP § 99 BetrVG 1972 Nr. 97, m. Anm. *Loritz*, EzA § 85 ArbGG 1979 Nr. 2.
22 *Germelmann u.a.*, § 85 Rn 26; *Grunsky*, ArbGG, § 85 Rn 1; a.A. *Weth*, § 17 III 3, S. 354 f.; *Rudolf*, NZA 1988, 420, 424.

23 Jüngst *Rieble/Triskatis*, NZA 2006, 233 ff.
24 Sächsisches LAG 23.3.2006 – 3 TaBV 6/06 – AE 2006, 290.
25 S. etwa LAG Hamburg 26.4.2006 – 6 TaBV 6/06 – NZA-RR 2006, 413; Sächsisches LAG 19.4.2006 – 8 TaBV 10/06 – AE 2006, 282; s. auch *Veit/Wichert*, DB 2006, 390 ff.; *Bram*, FA 2006, 68.
26 S. auch *Schmädicke*, NZA 2004, 295 ff. (Betriebsänderungen); *Zabel*, AuR 2008, 173 (Betriebsänderung); *Worzalla*, BB 2005, 1737 (Regelungsverfügung i.R.d. § 87 Abs. 1 BetrVG); sowie *Walker*, ZfA 2005, 45, 57 ff.; *Schäfer*, Rn 184 ff.
27 S. etwa LAG Köln 13.8.2002 – 12 Ta 244/02 – NZA-RR 2003, 249; LAG Düsseldorf 12.12.2007 – 12 TaBVGa 8/07 – AuR 2008, 270.

tragsteller kann seine Rechte deshalb im Hauptsacheverfahren infolge des Zeitabläufs eventuell nicht wirksam durchsetzen. Andererseits muss aber der Grund, der der Beschränkung der Vollstreckbarkeit auf rechtskräftige Beschlüsse zugrunde liegt, auch im Eilverfahren berücksichtigt werden. Die Durchführung von Beschlüssen in nicht vermögensrechtlichen Streitigkeiten kann in aller Regel weder rückgängig gemacht noch ausgeglichen werden kann. Ferner sind sowohl der mutmaßliche Ausgang des Hauptsacheverfahrens, die Schutzbedürftigkeit und Schutzwürdigkeit der Beteiligten, die Höhe des jeweils drohenden Schadens und der Ausschluss des Schadenersatzanspruchs nach § 945 ZPO angemessen zu gewichten.

20 **c) Ausschluss einstweiliger Verfügungen durch besondere Verfahren.** Der Erlass einer einstweiligen Verfügung ist ausgeschlossen, wenn das **materielle BetrVG** für die Geltendmachung eines Rechts ein **besonderes Verfahren** vorsieht, das abschließenden Charakter hat.[28] Die §§ 100, 101 BetrVG enthalten spezielle Regelungen zur Vornahme vorläufiger Maßnahmen, die eine einstweilige Verfügung des AG, die verweigerte Zustimmung durch das Gericht ersetzen zu lassen, ausschließt (im Einzelnen siehe § 101 BetrVG Rn 42). Gleiches gilt für die **Bestellung und Abberufung von Ausbildern** nach § 98 Abs. 2, 5 BetrVG. Der Erlass einer einstweiligen Verfügung auf **vorläufige Regelung einer mitbestimmungspflichtigen Angelegenheit** ist vor Entscheidung der Einigungsstelle nicht möglich.

21 **d) Verfahren im Einzelnen.** Das einstweilige Verfügungsverfahren nach Abs. 2 folgt den Vorschriften über das Beschlussverfahren, soweit sich aus den §§ 916 bis 945 ZPO nicht ein anderes ergibt (siehe auch § 62 Rn 24 ff., 45 ff.). Die Beteiligten des Verfahrens bestimmen sich nach § 83 Abs. 3. Der **Amtsermittlungsgrundsatz** (§ 83 Abs. 1 S. 1) gilt auch im Eilverfahren.[29] Er entbindet den Antragsteller allerdings nicht von der Verpflichtung, seinen Anspruch zu begründen sowie den Sachverhaltskern vorzutragen und glaubhaft zu machen. Im Rahmen der Anträge und des Vorbringens der Beteiligten hat das Gericht den Sachverhalt von Amts wegen aufzuklären sowie alle erforderlichen Tatsachen und Mittel der Glaubhaftmachung zu prüfen. § 294 Abs. 2 ZPO ist nicht anzuwenden.[30] Der Untersuchungsgrundsatz liefe ins Leere, wenn das ArbG nur auf präsente Beweismittel zurückgreifen könnte.

22 Das einstweilige Verfügungsverfahren ist ein **summarisches Erkenntnisverfahren**. Die rechtliche Prüfung ist gegenüber dem Hauptsacheverfahren jedoch nicht eingeschränkt (siehe auch § 62 Rn 55). Der Untersuchungsgrundsatz hat keine Auswirkungen auf das geltende Beweismaß der Glaubhaftmachung. Das Gericht muss sich lediglich die Überzeugung von einer überwiegenden Wahrscheinlichkeit der zu ermittelnden Tatsache bilden.[31] An Geständnisse (§ 288 ZPO) oder als zugestanden geltende Tatsachen (§ 138 Abs. 3 ZPO) ist es dabei nicht gebunden. Bestehen an einem übereinstimmend vorgetragenen Sachverhalt keine Zweifel, bedarf es in der Regel keiner Beweisaufnahme.[32]

23 Nach Abs. 2 S. 2 ergehen Entscheidungen über den Erlass einer einstweiligen Verfügung „**durch Beschluss der Kammer**"; das Alleinentscheidungsrecht des Vorsitzenden gem. § 53 Abs. 1 besteht nach Abs. 2 S. 2 nicht. Ob der Vorsitzende unter den Voraussetzungen des § 944 ZPO, also in dringenden Fällen, allein entscheiden kann, ist umstr. So soll nach Abs. 2 S. 2 lediglich die Alleinentscheidungsbefugnis nach § 53 Abs. 1 ausgeschlossen werden, nicht jedoch die Befugnis zur **Alleinentscheidung in dringenden Fällen nach § 944 ZPO**.[33] Dem steht entgegen, dass sich der Wortlaut von Abs. 2 S. 2 auch auf diese Vorschrift bezieht. Durch gerichtsorganisatorische Maßnahmen (etwa durch Aufstellung einer Hilfsliste nach § 31 Abs. 2) ist sicherzustellen, dass ehrenamtliche Richter möglichst kurzfristig hinzugezogen werden können.[34] Eine Alleinentscheidung wird man aus Gründen effektiven Rechtsschutzes dann für zulässig erachten müssen, wenn die Zeit bis zum Zusammentreten der Kammer zur Vermeidung irreparabler Rechtsverluste nicht mehr abgewartet werden kann.[35]

24 **e) Entscheidung und Rechtsmittel.** Die Entscheidung über den Antrag auf Erlass einer einstweiligen Verfügung ergeht i.d.R. nur nach mündlicher Anhörung der Beteiligten, aber **stets durch Beschluss**. Die Notwendigkeit der mündlichen Verhandlung folgt trotz der in Abs. 2 S. 2 enthaltenen Verweisung auf die Vorschriften des Achten Buches der ZPO nicht aus § 937 Abs. 2 ZPO, sondern aus § 66 Abs. 2 S. 2. Sofern dem Antrag **ohne mündliche Anhörung stattgegeben** worden ist, ist hiergegen Widerspruch möglich. Auf den nicht fristgebundenen **Widerspruch** hat das Gericht Termin zur Anhörung der Beteiligten anzuberaumen (§§ 936, 924 Abs. 2 ZPO). Über ihn entscheidet das Gericht durch Beschluss (§ 84), gegen den das Rechtsmittel der Beschwerde nach § 87 gegeben ist.

25 Hat das ArbG den Antrag auf Erlass einer einstweiligen Verfügung **ohne mündliche Verhandlung zurückgewiesen**, ist gegen diese Entscheidung für den Antragsteller die **sofortige Beschwerde** nach § 567 ZPO gegeben, der das

---

[28] *Walker*, Rn 765; *Germelmann u.a.*, § 85 Rn 39.
[29] *Germelmann u.a.*, § 85 Rn 44; *Grunsky*, ArbGG, § 85 Rn 19; *Walker*, Rn 890.
[30] *Herbst/Bertelsmann/Reiter*, Rn 527.
[31] ArbGG/*Koch*, § 85 Rn 32.
[32] BAG 10.12.1992 – 2 ABR 32/92 – AP § 103 BetrVG 1972 Nr. 30 = NZA 1993, 501.
[33] *Grunsky*, ArbGG, § 85 Rn 18; *Herbst/Bertelsmann/Reiter*, Rn 531.
[34] BAG 28.8.1991 – 7 ABR 72/90 – AP § 85 ArbGG 1979 Nr. 2 = DB 1992, 380; GK-ArbGG/*Dörner*, § 85 Rn 80 m.w.N.
[35] ArbGG/*Koch*, § 85 Rn 33.

Verfügungsgericht abhelfen kann (§ 572 Abs. 1 S. 1 ZPO). Weist das LAG die Beschwerde zurück, ist dagegen keine weitere Beschwerde gegeben.

Entscheidet das ArbG **aufgrund mündlicher Anhörung** durch Beschluss, ist die **Beschwerde nach § 87** eröffnet. 26

Stattgebende Verfügungsbeschlüsse bedürfen im Interesse der Verfahrensbeschleunigung **keiner Begründung**, wenn sie ohne Anhörung der anderen Beteiligten erlassen werden.[36] Ergeht der Beschluss aufgrund eines Anhörungstermins, ist er zu begründen. Wird der Antrag ohne mündliche Anhörung zurückgewiesen – was nur bei besonderer Dringlichkeit zulässig ist –, ist der zurückweisende Beschluss zu begründen, um dem Antragsteller eine Prüfung seiner Erfolgsaussichten im Beschwerdeverfahren zu ermöglichen.[37] Eine **Rechtsbeschwerde** zum BAG ist nicht eröffnet (§ 92 Abs. 1 S. 3). Das gilt selbst dann, wenn das LAG sie rechtsfehlerhaft zugelassen hat.[38] 27

f) Zustellung und Vollziehung. Die erforderlichen **Zustellungen** werden im Beschlussverfahren **von Amts wegen** bewirkt (Abs. 2 S. 2). Das entbindet den Antragsteller nicht von der Verpflichtung der Vollziehung durch Zustellung im Parteibetrieb, um die Frist nach §§ 929 Abs. 2, 936 ZPO zu wahren.[39] Nach § 929 Abs. 3 i.V.m. § 936 ZPO ist die Vollziehung der einstweiligen Verfügung vor ihrer Zustellung an den Gegner zulässig.[40] 28

g) Schadensersatz. Abs. 2 S. 2 schließt eine Schadensersatzpflicht bei Vollzug einer zu Unrecht ergangenen einstweiligen Verfügung aus. BR und andere betriebsverfassungsrechtliche Stellen sind nicht rechtsfähig. Sie besitzen kein Vermögen, aus dem Schadensersatzansprüche befriedigt werden könnten.[41] 29

3. Arrest. Abs. 2 S. 1 erwähnt den **Arrest**, anders als § 62 Abs. 2 S. 1, nicht. Dieser hat im Beschlussverfahren kaum Bedeutung, ist aber gleichwohl statthaft,[42] etwa bei Kostenerstattungsansprüchen betriebsverfassungsrechtlicher Organe. 30

Zweiter Unterabschnitt: Zweiter Rechtszug

§ 87 Grundsatz

(1) Gegen die das Verfahren beendenden Beschlüsse der Arbeitsgerichte findet die Beschwerde an das Landesarbeitsgericht statt.

(2) [1]Für das Beschwerdeverfahren gelten die für das Berufungsverfahren maßgebenden Vorschriften über die Einlegung der Berufung und ihre Begründung, über Prozeßfähigkeit, Ladungen, Termine und Fristen, Ablehnung und Ausschließung von Gerichtspersonen, Zustellungen, persönliches Erscheinen der Parteien, Öffentlichkeit, Befugnisse des Vorsitzenden und der ehrenamtlichen Richter, Vorbereitung der streitigen Verhandlung, Verhandlung vor der Kammer, Beweisaufnahme, gütliche Erledigung des Rechtsstreits, Wiedereinsetzung in den vorigen Stand und Wiederaufnahme des Verfahrens sowie die Vorschriften des § 85 über die Zwangsvollstreckung entsprechend. [2]Für die Vertretung der Beteiligten gilt § 11 Abs. 1 bis 3 und 5 entsprechend. [3]Der Antrag kann jederzeit mit Zustimmung der anderen Beteiligten zurückgenommen werden; § 81 Abs. 2 Satz 2 und 3 und Absatz 3 ist entsprechend anzuwenden.

(3) [1]In erster Instanz zu Recht zurückgewiesenes Vorbringen bleibt ausgeschlossen. [2]Neues Vorbringen, das im ersten Rechtszug entgegen einer hierfür nach § 83 Abs. 1a gesetzten Frist nicht vorgebracht wurde, kann zurückgewiesen werden, wenn seine Zulassung nach der freien Überzeugung des Landesarbeitsgerichts die Erledigung des Beschlussverfahrens verzögern würde und der Beteiligte die Verzögerung nicht genügend entschuldigt. [3]Soweit neues Vorbringen nach Satz 2 zulässig ist, muss es der Beschwerdeführer in der Beschwerdebegründung, der Beschwerdegegner in der Beschwerdebeantwortung vortragen. [4]Wird es später vorgebracht, kann es zurückgewiesen werden, wenn die Möglichkeit es vorzutragen vor der Beschwerdebegründung oder der Beschwerdebeantwortung entstanden ist und das verspätete Vorbringen nach der freien Überzeugung des Landesarbeitsgerichts die Erledigung des Rechtsstreits verzögern würde und auf dem Verschulden des Beteiligten beruht.

(4) Die Einlegung der Beschwerde hat aufschiebende Wirkung; § 85 Abs. 1 Satz 2 bleibt unberührt.

---

36 *Walker*, Rn 898; *Germelmann u.a.*, § 85 Rn 46.
37 ArbG/*Koch*, § 85 Rn 34f.; GK-ArbGG/*Dörner*, § 85 Rn 81.
38 BAG 22.1.2003 – 9 AZB 7/03 – AP § 72 ArbGG 1979 Nr. 48 = NZA 2003, 399.
39 BAG 28.8.1991 – 7 ABR 72/90 – AP § 85 ArbGG 1979 Nr. 2 = DB 1992, 380; LAG Berlin 18.8.1987 – 3 TaBV 4/87 – NZA 1987, 825; LAG Hessen 20.2.1990 – 5 TaBVGa 171/89 – NZA 1991, 30; ArbGG/*Koch*, Rn 36; a.A. LAG Hamm 7.8.1987 – 8 Sa 1369/86 – NZA 1987, 825; *Germelmann u.a.*, ArbGG, § 85 Rn 46.
40 BAG 28.8.1991 – 7 ABR 72/90 – AP § 85 ArbGG 1979 Nr. 2 = DB 1992, 380.
41 *Walker*, Rn 902; *Germelmann u.a.*, § 85 Rn 51.
42 *Herbst/Reiter/Bertelsmann*, Rn 312; *Hauck/Helml*, § 85 Rn 8.

Literatur: *Düwell*, Die Auswirkungen der Reform des Zivilprozesses auf die Verfahren in Arbeitssachen, FA 2001, 294; *Künzl*, Die Reform des Zivilprozesses ZTR 2001, 492 und 533; vgl. grds. auch die Literaturhinweise zu § 64

A. Allgemeines	1	III. Antragsrücknahme und Antragsänderung	20
B. Regelungsgehalt	3	IV. Neues Vorbringen (Abs. 3)	22
I. Statthaftigkeit der Beschwerde	3	**C. Beraterhinweise**	28
II. Verfahrensablauf	6		

A. Allgemeines

1 Abs. 1 benennt als Rechtsmittel gegen die das Verfahren beendenden Beschlüsse der ArbG im Beschlussverfahren die Beschwerde zum LAG. Es handelt sich dabei um ein echtes Rechtsmittel mit Anfallwirkung (Devolutiveffekt) und, Abs. 4, aufschiebender Wirkung (Suspensiveffekt). Die aufschiebende Wirkung betrifft die materiellen Entscheidungen des ArbG, z.B. gilt die Zustimmung des BR gem. § 99 BetrVG bei Beschwerdeeinlegung auch weiterhin als nicht erteilt. Die aufschiebende Wirkung tritt auch ein, wenn die Beschwerde unzulässig, aber der Verwerfungsbeschluss gem. § 89 Abs. 3 S. 1 noch nicht gefasst ist. Durch die aufschiebende Wirkung wird die vorläufige Vollstreckbarkeit eines arbeitsgerichtlichen Beschlusses in vermögensrechtlichen Streitigkeiten, wie durch § 85 Abs. 1 S. 2 vorgesehen, nicht beseitigt (Abs. 4 Hs. 2).

Als Rechtsmittel mit Devolutiv- und Suspensiveffekt ist die Beschwerde im Beschlussverfahren nicht zu verwechseln mit der Beschwerde gegen verfahrensleitende Beschlüsse im Beschlussverfahren vor dem ArbG (§ 83 Abs. 5) oder gegen verfahrensleitende Beschlüsse im erstinstanzlichen Urteilsverfahren (§ 78), jeweils i.V.m. §§ 567 ff. ZPO.

2 Der angefochtene Beschluss des ArbG wird im Beschwerderechtszug in tatsächlicher und rechtlicher Hinsicht in vollem Umfang überprüft. Dies aber nur insoweit, als der arbeitsgerichtliche Beschluss mit der Beschwerde angefochten wird, wobei sich der Umfang der Anfechtung aus dem Beschwerdeantrag ergibt.[1]

B. Regelungsgehalt

I. Statthaftigkeit der Beschwerde

3 Die Beschwerde findet gegen die das Verfahren beendenden Beschlüsse des § 84 statt. Dabei kann der arbeitsgerichtliche Beschluss je nach seinem Inhalt die Instanz ganz oder teilweise beenden. Beschwerdefähig sind also auch Teil- und Zwischenbeschlüsse, soweit entsprechende Urteile im Urteilsverfahren selbstständig durch Rechtsmittel angefochten werden können. Das ist bei einem Zwischenbeschluss über die Zulässigkeit des Antrages (§ 280 Abs. 2 ZPO entsprechend), bei einer Vorbehaltsentscheidung (§ 302 Abs. 3 ZPO entsprechend) und einem Zwischenbeschluss über den Grund (§ 304 Abs. 2 ZPO entsprechend) der Fall. Im zweiten Rechtszug des Beschlussverfahrens gilt § 61 Abs. 3 nicht.

4 Ist erstinstanzlich der Antrag zurückgenommen worden (§ 81 Abs. 2 S. 1) oder das Verfahren von den Beteiligten für erledigt erklärt worden (§ 83a Abs. 1 Hs. 1), muss zur Beendigung das Beschlussverfahren vom Vorsitzenden des ArbG eingestellt werden (§§ 81 Abs. 2 S. 2, 83a Abs. 1 Hs. 2). Auch dieser verfahrensbeendende Beschluss ist beschwerdefähig.[2] Eine Ausnahme bilden Beschlüsse des ArbG nach §§ 122 Abs. 2 und 126 Abs. 2 InsO (abgedr. bei § 80). Gegen diese kann nur Rechtsbeschwerde eingelegt werden, sofern sie vom ArbG zugelassen worden ist.

5 Weitere Voraussetzungen für die Statthaftigkeit des Rechtsmittels der Beschwerde sieht das Gesetz auch in der Neufassung nicht vor. Es bedarf weder eines bestimmten Beschwerdewertes noch einer Zulassung oder eines bestimmten Verfahrensgegenstandes.[3] Dies entspricht der besonderen kollektivrechtlichen Bedeutung der im Beschlussverfahren zu betreibenden Angelegenheiten (§ 2a Abs. 1).

II. Verfahrensablauf

6 Auch ohne dass dies gesetzlich noch ausdrücklich erwähnt wäre, gelten für das Beschwerdeverfahren im Beschlussverfahren zunächst die §§ 88 bis 91 als Sonderregelungen. Sodann gelten die für das Berufungsverfahren des ArbGG maßgebenden Vorschriften (§§ 64 bis 69, auf die dortige Kommentierung wird verwiesen). Über die generelle Verweisung des arbeitsgerichtlichen Berufungsverfahrens auf die Bestimmungen der ZPO (§ 64 Abs. 6) gelten deren

---

1 BAG 3.12.1985 – 4 ABR 60/85 – BAGE 50, 258.
2 LAG Rheinland-Pfalz 25.6.1982 – 6 TaBV 10/82 – LAGE § 92 ArbGG 1979 Nr. 1; *Germelmann u.a.*, § 87 Rn 5; GK-ArbGG/*Dörner*, § 87 Rn 3; *Hauck/Helml*, § 87 Rn 2, a.A.

LAG Hamm 26.5.1989 – 8 TaBV 34/89 – LAGE § 81 ArbGG 1979 Nr. 1.
3 Entsprechenden Anregungen ist der Gesetzgeber nicht gefolgt, vgl. *Francken/Natter/Rieker*, NZA 2008, 377, 384.

Vorschriften über die Berufung. Außerdem verweist § 64 Abs. 7 auch für das arbeitsgerichtliche Berufungsverfahren auf eine Reihe von Vorschriften des erstinstanzlichen Urteilsverfahrens. Es gilt jedoch der Grundsatz, dass die Normen der in Bezug genommenen Regelungswerke nicht angewendet werden können, soweit die Besonderheiten des Beschlussverfahrens entgegenstehen.[4] Dies führt zu einem nur schwer überschaubaren Regelwerk, dessen wichtigste Elemente wie folgt zusammengestellt werden können:

Für die Einlegung und Begründung der Beschwerde gelten die §§ 89 und 88 sowie § 66 Abs. 1 und über § 64 Abs. 6 die §§ 517 bis 520 ZPO. Daher ist nach Zustellung des erstinstanzlichen Beschlusses die Beschwerde binnen eines Monats einzulegen und innerhalb von zwei Monaten zu begründen. **7**

Die Beteiligtenfähigkeit im Beschlussverfahren ist der Parteifähigkeit im Urteilsverfahren gleichzusetzen.[5] Die Parteifähigkeit ist wiederum Voraussetzung für die Prozessfähigkeit. Die Prozessfähigkeit ist in den §§ 51 ff. ZPO geregelt. Danach sind natürliche und juristische Personen, die rechtsfähig sind, auch parteifähig (§ 50 Abs. 1 ZPO). Dies genügt jedoch für das arbeitsgerichtliche Beschlussverfahren nicht. Deshalb bestimmt § 10 Hs. 2, dass auch die dort genannten Träger betriebsverfassungs- und mitbestimmungsrechtlicher Belange beteiligtenfähig sind. **8**

Gem. Abs. 2 S. 2 richtet sich die Vertretung der Beteiligten nach § 11 Abs. 1 bis 3 und Abs. 5. Diese mit der Verfahrensreform zum 1.7.2008 eingeführte Änderung bedeutet, dass die Beteiligten das Verfahren auch selbst führen können, also eine Vertretung durch einen RA oder einen Verbandsvertreter nicht erforderlich ist (denn auf § 11 Abs. 4 n.F., der den Vertretungszwang im Urteilsverfahren vor dem LAG regelt, wird nicht verwiesen). Daneben ist nunmehr nach § 11 Abs. 2 n.F. der Kreis der möglichen Bevollmächtigten auch für das Beschwerdeverfahren erweitert. Einlegung und Begründung der Beschwerde müssen jedoch nach § 89 Abs. 1 von einem Bevollmächtigten vorgenommen werden, der die Voraussetzungen von § 11 Abs. 4 und 5 erfüllt. Die auf den ersten Blick inkonsistente gesetzliche Regelung macht gleichwohl Sinn: Jedenfalls der Beschwerdeführer soll zumindest bei der Eröffnung des zweiten Rechtszuges im Beschwerdeverfahren fachkundig vertreten werden. Das Beschwerdegericht kann Bevollmächtigten i.S.d. § 11 Abs. 4 und 5 auch nicht die Vertretung nach § 11 Abs. 3 S. 3 untersagen. Die Einleitung des Beschwerdeverfahrens kann insoweit von ihm nicht beeinflusst werden. Danach liegt das Beschwerdeverfahren, in dem der Untersuchungsgrundsatz gilt, in hohem Maße beim Gericht, das auch die übrigen Beteiligten von Amts wegen festzustellen hat. Vertretungs- oder gar Anwaltszwang für alle diese Beteiligten wäre eine unnötige Komplikation, die zudem, etwa im Rahmen § 40 BetrVG, kostentreibend wirken würde. **9**

Für Ladungen, Termine und Fristen gelten nach § 64 Abs. 6 die §§ 523, 214 ff. ZPO. Nach § 66 Abs. 2 S. 1 ist der Termin zur mündlichen Anhörung unverzüglich zu bestimmen. Dabei sind die Ladungsfrist, die nach § 217 ZPO drei Tage beträgt, und die Einlassungsfrist (zwischen der Zustellung der Beschwerdeschrift und dem Anhörungstermin) zu wahren, die nach §§ 523 Abs. 2, 274 Abs. 3 S. 1 ZPO wenigstens zwei Wochen betragen muss. **10**

Für die Ablehnung und Ausschließung von Gerichtspersonen gilt nach §§ 64 Abs. 7, 49 Abs. 1 i.V.m. §§ 41 f. ZPO. Gegen den Beschluss über ein Ablehnungsgesuch ist ein Rechtsmittel nicht gegeben, das ergibt sich sowohl aus § 49 Abs. 3 als auch aus § 90 Abs. 3. **11**

Für Zustellungen gelten die §§ 64 Abs. 7, 50, 46 Abs. 2 i.V.m. mit den §§ 166 ff. ZPO. Auf die Kommentierung zu § 50 wird verwiesen.

Das persönliche Erscheinen der Beteiligten ist über § 64 Abs. 7 durch § 51 geregelt. Wegen des Untersuchungsgrundsatzes kommt aber § 51 Abs. 2 S. 1 nicht zur Anwendung, d.h. der Verfahrensbevollmächtigte kann bei Ausbleiben eines geladenen Beteiligten nicht ausgeschlossen werden.[6] **12**

Gem. § 64 Abs. 7 wird die Öffentlichkeit der Anhörung nach § 52 geregelt, die Befugnisse der ehrenamtlichen Richter nach § 53 und die des Vorsitzenden nach den §§ 53, 55 Abs. 1, 2 und 4. Auf die entsprechenden Erläuterungen wird verwiesen. **13**

Die Vorbereitung der mündlichen Anhörung richtet sich gem. § 90 Abs. 2 grds. nach § 83. Daneben kommt erst in zweiter Linie gem. § 64 Abs. 7 auch § 56 in Betracht. In jedem Fall ist zu beachten, dass seit dem 1.1.2002 durch Abs. 3 das Verfahren hinsichtlich neuen Vorbringens besonders geregelt ist. **14**

Für die Anhörung vor der Kammer gilt über §§ 90 Abs. 2, 83 und 83a wiederum in zweiter Linie über § 64 Abs. 7 auch § 57.

Für die Beweisaufnahme gilt § 90 Abs. 2 i.V.m. § 83 Abs. 2. Für die Durchführung sind die §§ 64 Abs. 7, 58 i.V.m. den §§ 356 ff. ZPO maßgeblich. Es gilt auch im Beschwerderechtszug der Untersuchungsgrundsatz. **15**

Nach §§ 64 Abs. 7, 57 Abs. 2 ist auch während des Beschwerdeverfahrens ständig eine gütliche Erledigung des Beschlussverfahrens anzustreben. Dies wird auch in § 83a Abs. 1 besonders als Möglichkeit, das Verfahren zu erledigen, hervorgehoben. **16**

---

[4] GK-ArbGG/*Dörner*, § 87 Rn 5; *Germelmann u.a.*, § 87 Rn 10.

[5] BAG 5.8.1981 – 1 ABR 61/79 – BAGE 37, 31.

[6] *Germelmann u.a.*, § 87 Rn 16.

17 In der Frage der Wiedereinsetzung in den vorigen Stand verweist Abs. 2 S. 1 über § 64 Abs. 6 auf die §§ 525, 233 ff. ZPO. Die Frist zur Einlegung der Beschwerde ist eine Notfrist, Wiedereinsetzung ist aber auch möglich, wenn die Frist zur Beschwerdebegründung unverschuldet nicht eingehalten wurde, das ergibt sich aus der entsprechenden Anwendung von § 233 ZPO, der die Frist zur Berufungsbegründung – ebenfalls keine Notfrist – ausdrücklich erwähnt.

18 Für die Wiederaufnahme des Verfahrens sind nach §§ 64 Abs. 6, 79 die §§ 578 ff. ZPO maßgeblich. Die Vorschrift ist nicht überflüssig, da § 80 Abs. 2 nur für das Beschlussverfahren erster Instanz auf § 79 verweist.

Die Zwangsvollstreckung richtet sich gem. Abs. 2 S. 1 a.E. ausdrücklich nach § 85 Abs. 1.

19 Im Eilverfahren ist das LAG zunächst einmal (letztinstanzliches) Beschwerdegericht gem. Abs. 1 i.V.m. § 574 Abs. 1 S. 2 ZPO. Abs. 2 S. 1 nimmt aber nicht nur (wegen der Zwangsvollstreckung) auf § 85 Abs. 1, sondern § 85 insg. in Bezug. Damit wurde seit den Bestimmungen zum einstweiligen Rechtsschutz in § 85 Abs. 2, also seit dem Betriebsverfassungsgesetz 1972, auch das LAG für den Erlass von einstweiligen Verfügungen zuständig. Und zwar dann, wenn das Beschlussverfahren in der Hauptsache bereits in der zweiten Instanz anhängig geworden ist, vgl. § 85 Abs. 2, §§ 937 Abs. 1, 943 Abs. 1 und Abs. 2 ZPO. Diese erstinstanzliche Zuständigkeit zum Erlass einer einstweiligen Verfügung ist zugleich auch die letztinstanzliche, nur wenn eine einstweilige Verfügung ohne mündliche Verhandlung erlassen wurde, ist dagegen noch der Rechtsbehelf des Widerspruchs gegeben (§§ 936, 924 ZPO). Ansonsten findet in den Fällen des § 85 Abs. 2 ein weiteres Rechtsmittel nicht statt (§ 92 Abs. 1 S. 3).

III. Antragsrücknahme und Antragsänderung

20 Mit Zustimmung aller Beteiligten kann nach Abs. 2 S. 3 der Antrag auch noch in der Beschwerdeinstanz zurückgenommen werden. Mit den „anderen Beteiligten" sind alle übrigen Beteiligten neben dem Antragsteller gemeint. Dies kann zu Problemen führen, wenn ein tatsächlich Beteiligter, also eine betriebsverfassungs- oder mitbestimmungsrechtliche Stelle, die in ihrer Rechtsstellung materiell durch das Verfahren betroffen wird, nicht zugleich Verfahrensbeteiligter war. Bis zur gesetzlichen Neuregelung 1979 lehnte die Rspr. die Möglichkeit ab, sich noch in der Beschwerdeinstanz durch Antragsrücknahme einer rechtskräftigen Entscheidung zu entziehen. Bei der Novellierung sah der Gesetzgeber die Interessen der Beteiligten durch das Erfordernis ihrer Zustimmung hinreichend geschützt.[7] Daher muss ein materiell Betroffener, der (fehlerhaft) nicht beteiligt wurde, die Möglichkeit haben, das infolge Antragsrücknahme eingestellte Verfahren wieder aufleben zu lassen. Der Einstellungsbeschluss ist gem. § 81 Abs. 2 S. 3 „den Beteiligten" bekannt zu geben, denen der Antrag bzw. die Beschwerde mitgeteilt wurde. Die Einstellung ist i.Ü. ein verfahrensbeendender Beschluss i.S.d. § 92 Abs. 1, so dass die Rechtsbeschwerde zugelassen werden kann.

Die Antragsrücknahme ist nicht zu verwechseln mit der Beschwerderücknahme, § 89 Abs. 4. Diese kann jederzeit, sogar noch bis eine etwa erlassene Entscheidung rechtskräftig geworden ist, ohne Zustimmung der anderen Beteiligten zurückgenommen werden (vgl. § 89 Rn 19).

21 In der Beschwerdeinstanz ist eine Antragsänderung zulässig, wenn entweder die anderen Beteiligten zustimmen oder das LAG die Änderung für sachdienlich hält (Abs. 2 S. 3 i.V.m. § 81 Abs. 3). Der Streitgegenstand des anhängigen Verfahrens muss geändert oder erweitert werden.[8] Die Zustimmung muss von allen Beteiligten dem Gericht gegenüber erteilt werden, dies wird gem. § 81 Abs. 3 S. 2 fingiert, wenn die Beteiligten sich, ohne zu widersprechen, in einem Schriftsatz oder in der mündlichen Anhörung auf den geänderten Antrag eingelassen haben. Gem. § 81 Abs. 3 S. 3 ist die Entscheidung des LAG, die eine Antragsänderung verneint oder nicht zulässt, unanfechtbar.

IV. Neues Vorbringen (Abs. 3)

22 Der mit dem ZPO-Reformgesetz zum 1.1.2002 neu gefasste Abs. 3 trifft zur Behandlung neuen Vorbringens im zweiten Rechtszug des Beschlussverfahrens eine eigenständige Regelung, die teilweise den Bestimmungen des arbeitsgerichtlichen Berufungsverfahrens entspricht, jedoch sind die wesentlich schärferen Bestimmungen der §§ 530, 531 ZPO nicht, auch nicht entsprechend, anzuwenden.

23 Abs. 3 S. 1 trifft eine mit § 67 Abs. 1 vergleichbare Regelung, wobei der Ausdruck „Vorbringen" dem geltenden Untersuchungsgrundsatz geschuldet sein dürfte. Die Zurückweisung des Vorbringens durch das ArbG ist gem. § 83 Abs. 1a S. 2 möglich. Das Beschwerdegericht wird also zu prüfen haben, ob das Vorbringen vom ArbG „zu Recht" zurückgewiesen wurde,
– ob also die Fristen erstinstanzlich ordnungsgemäß und wirksam gesetzt wurden,
– ob die klärungsbedürftigen Punkte genau bezeichnet worden waren,
– ob die Fristsetzung nach § 83 Abs. 1a eine Belehrung über die Folgen der Fristversäumnis enthielt,
– ob das ArbG zutreffend eine Verzögerung des Verfahrens angenommen hat,

---

[7] BT-Drucks 8/1567, 38.

[8] BAG 16.7.1991 – 1 ABR 69/90 – AP § 87 BetrVG 1972 Arbeitszeit Nr. 44; 19.2.1991 – 1 ABR 36/90 – BAGE 67, 236.

- ob der Beteiligte die Verspätung seines Vorbringens genügend entschuldigt hat und
- ob das Gericht die Verzögerung durch verfahrensleitende Maßnahmen hätte verhindern können.

Auf die Kommentierung zu §§ 56, 61a und 67 wird ergänzend verwiesen.

Abs. 3 S. 2 bis 4 regeln den Umgang mit neuem Vorbringen, das vor dem ArbG nicht vorgetragen worden war und dementsprechend auch nicht Gegenstand eines arbeitsgerichtlichen Zurückweisungsbeschlusses sein konnte. Abs. 3 S. 2 entspricht dabei weitgehend § 67 Abs. 2. Die Abs. 3 S. 3 und S. 4 orientieren sich an der Regelung des § 67 Abs. 4, so dass zunächst auf die Kommentierung zu § 67 (siehe § 67 Rn 12 ff.) verwiesen werden kann.

Neues Vorbringen kann im Beschwerderechtszug nur dann zurückgewiesen werden, wenn das zweitinstanzlich neue Vorbringen erstinstanzlich trotz einer nach § 83 Abs. 1a gesetzten Frist nicht vorgetragen worden war. Wiederum ist die Zurückweisung nur dann möglich, wenn nach dem freien Ermessen des LAG die Berücksichtigung des neuen Vorbringens die Erledigung des Beschlussverfahrens verzögern würde und der Beteiligte die Verzögerung nicht genügend entschuldigt. Es versteht sich von selbst, dass die erstinstanzliche Fristsetzung wirksam erfolgt sein muss, es ist also eine Prüfung nach den gleichen inhaltlichen Kriterien vorzunehmen, die schon das ArbG im Falle des Abs. 3 S. 1 anzuwenden hatte.

Abs. 3 S. 3 betrifft das nach S. 2 zulässige neue Vorbringen, also ein neues Vorbringen, für das erstinstanzlich keine Frist gesetzt worden war oder dessen Berücksichtigung die Erledigung nicht verzögerte oder bei dem der an der Berücksichtigung interessierte Beteiligte die Verzögerung genügend entschuldigt hat. Solch ein neues Vorbringen muss der Beschwerdeführer in der Beschwerdebegründung, der Beschwerdegegner in der Beschwerdebeantwortung vortragen. Das ist unglücklich, weil das Gesetz im zweiten Rechtszug den „Beschwerdegegner" so wenig kennt wie eine Frist zur „Beschwerdebeantwortung". Vielmehr wird gem. § 90 Abs. 1 „den Beteiligten" die Beschwerdeschrift und Beschwerdebegründung „zur Äußerung zugestellt". Für diese, die sogar durch Erklärung zur Niederschrift der Geschäftsstelle des ArbG abgegeben werden kann, gibt es keine Fristsetzung. Außerdem gibt es neben dem sog. Beschwerdegegner (das ist der durch den erstinstanzlichen Beschluss begünstigte Beteiligte) regelmäßig noch weitere Beteiligte, die ohne jegliche Zeitvorgabe mit ihrem Vorbringen anzuhören sind.

Wird das neue Vorbringen – mit den soeben gemachten Einschränkungen – später als in der Beschwerdebegründung oder der „Beschwerdebeantwortung" vorgebracht, kann es nunmehr vom LAG als verspätet zurückgewiesen werden. Das setzt allerdings voraus, dass
- schon vor Begründung oder „Beantwortung" die Möglichkeit zum Vortrag entstanden war,
- nach dem freien Ermessen des Gerichts die Erledigung des Beschlussverfahrens bei Berücksichtigung des Vorbringens verzögert würde und (kumulativ)
- der verzögerte Vortrag auf einem Verschulden des Beteiligten beruht.

C. Beraterhinweise

Da im Beschwerdeverfahren nach Abs. 2 S. 1 grds. auf das Berufungsverfahren (§§ 64 bis 69) zurückzugreifen ist, gelten die dort gegebenen Beraterhinweise entsprechend auch für die §§ 87–91.

Im gesamten Beschlussverfahren – also auch im Beschwerdeverfahren – gilt der Grundsatz, dass die Gerichte den Sachverhalt im Rahmen der gestellten Anträge von Amts wegen erforschen (§ 83 Abs. 1 S. 1). Daraus ergeben sich im Vergleich zum Berufungsverfahren gemilderte Vortragspflichten im Beschwerdeverfahren nach Abs. 3. Da es aber andererseits ebenso bei der Mitwirkungspflicht der Beteiligten an der Sachverhaltsaufklärung bleibt (§ 83 Abs. 1 S. 2) und die Unterschiede zum Berufungsverfahren eher marginaler Natur sind, wird ein kluger Verfahrensbevollmächtigter seine Sorgfalt von vornherein darauf verwenden, von Anfang an nach den Vorgaben des Urteilsverfahrens mitzuwirken. Die in § 83 festgelegten Grundsätze sind (im Verhältnis zum Beibringungsgrundsatz) eher eine Kompetenzzuweisung an die ArbG als eine Entlastungsklausel für die Verfahrensbevollmächtigten.

§ 88 Beschränkung der Beschwerde

§ 65 findet entsprechende Anwendung.

Literatur: Vgl. die Hinweise zu § 65

A. Allgemeines

Wie § 65 wurde auch § 88 durch das 4. VwGOÄndG vom 17.12.1990 (BGBl I S. 2809) grundlegend geändert. Der Rechtsweg und die Verweisung von Rechtsstreitigkeiten in einen anderen Rechtsweg wurde für alle Gerichtsbarkeiten einheitlich durch die §§ 17 bis 17b GVG geregelt. Da seither alle Rechtswege gleichwertig sind, ist die Prüfung

50 ArbGG § 89

1 des richtigen Rechtsweges schon zu einem möglichst frühen Zeitpunkt der ersten Instanz zugewiesen, die eine bindende Vorabentscheidung zu fällen hat.[1]

2 Gegen den Beschluss des ArbG ist die sofortige Beschwerde zum LAG statthaft, § 17a Abs. 4 S. 3 GVG i.V.m. § 48 Abs. 1 Nr. 2. Dieses kann im Rahmen des Vorabentscheidungsverfahrens gegen seinen Beschluss wiederum die Rechtsbeschwerde zulassen, § 17a Abs. 4 S. 4 GVG i.V.m. §§ 574 ff. ZPO i.d.F. des Zivilprozessreformgesetzes vom 27.7.2001 (BGBl I S. 1887).[2] Das Vorabentscheidungsverfahren gilt nach § 48 Abs. 1 auch hinsichtlich der **Verfahrensart** (Urteils- oder Beschlussverfahren).

B. Regelungsgehalt

3 Da auch im Beschlussverfahren möglichst frühzeitig über Rechtsweg und Verfahrensart im Wege des Vorabentscheidungsverfahrens entschieden werden soll, darf das LAG daher im Beschwerdeverfahren, also im Hauptsacheverfahren zweiter Instanz, nicht prüfen, ob der Rechtsweg zu den ArbG richtigerweise beschritten worden ist, ob bei der Berufung ehrenamtlicher Richter Verfahrensmängel unterlaufen sind oder ob das Beschlussverfahren überhaupt die richtige Verfahrensart ist. Auf die Kommentierung zu § 65 wird verwiesen.

4 Im Rahmen des § 88 kommt dem LAG aber für die gem. §§ 88, 65 ausgeschlossenen Beschwerdegründe dann eine Prüfungskompetenz zu, wenn das ArbG nach § 17a Abs. 2 und 3 GVG trotz diesbezüglich erhobener Rüge nicht vorab durch Beschluss, sondern in den Gründen des Hauptsache-Beschlusses entschieden hat. Nach der Meistbegünstigungsregel (vgl. § 65 Rn 8) kann der Betroffene dann gegen den Beschluss des ArbG entweder mit der sofortigen Beschwerde nach § 17a Abs. 4 S. 3 GVG i.V.m. § 78 und § 577 ZPO vorgehen (dann allerdings nur die Inzidententscheidung über Rechtsweg/Verfahrensart angreifen) oder im Rahmen der Beschwerde nach § 87 Abs. 1 das fehlerhafte Verfahren des ArbG angreifen. In diesem Fall muss die Prüfung des LAG gewährleisten, dass das Verfahren so eingerichtet wird, wie es ohne den Verfahrensfehler des ArbG zustande gekommen wäre.[3]

5 Für das Beschwerdeverfahren heißt dies, dass das LAG, wenn es inhaltlich mit dem ArbG hinsichtlich der Zulässigkeit des Rechtsweges oder der Verfahrensart „Beschlussverfahren" übereinstimmt, dies zunächst nach § 17a Abs. 3 S. 2, Abs. 4 S. 3 GVG, § 78 Abs. 1 i.V.m. § 568 ff. ZPO vorab durch Beschluss aussprechen muss.[4] Lässt das LAG eine weitere Beschwerde nicht zu, kann es in der Hauptsache gem. § 87 anschließend entscheiden. Bei zugelassener weiterer Beschwerde muss es das Hauptverfahren bis zur Entscheidung über dieselbe aussetzen (§ 148 ZPO).

6 Ist das LAG in seiner Vorabentscheidung der Auff., der Rechtsweg zu den ArbG sei nicht gegeben, so muss es einen entsprechenden Beschluss fassen und den Rechtsstreit unter Aufhebung des arbeitsgerichtlichen (Hauptsache-)Beschlusses an das zuständige Gericht erster Instanz verweisen (§ 17a Abs. 2 S. 1, Abs. 4 S. 3 GVG).[5]

7 Ist das LAG schließlich bei seinem Beschluss der Auff., nicht das Beschluss-, sondern das Urteilsverfahren sei die richtige Verfahrensart, darf es dennoch den arbeitsgerichtlichen Beschluss nicht aufheben und die Sache zur erneuten Verhandlung an das ArbG zurückverweisen. Denn die Wahl der falschen Verfahrensart erlaubt auch im zweiten Rechtszug des Beschwerdeverfahrens keine Zurückverweisung, § 91 Abs. 1 S. 2, vgl. auch § 68 für das Berufungsverfahren. Das LAG kann dann vielmehr die eingelegte Beschwerde als Berufung im Urteilsverfahren behandeln.[6]

8 Prüft das LAG gleichwohl, ohne dass eine Ausnahme vom Prüfungsverbot des § 88 i.V.m. § 65 vorläge, einen der gesperrten Beschwerdegründe und beruht seine spätere Entscheidung auf dieser unzulässigen Prüfung, so leidet das Beschwerdeverfahren an einem wesentlichen Mangel. Auf eine entsprechende Rüge kann die Entscheidung des LAG bei zugelassener Rechtsbeschwerde in der dritten Instanz aufgehoben werden. Außerdem wird durch solche Fälle der verfahrensfehlerhaften Verweisung das verwiesene Gericht nicht an die Entscheidung gem. § 17a Abs. 1 GVG gebunden.

---

§ 89 Einlegung

(1) Für die Einlegung und Begründung der Beschwerde gilt § 11 Abs. 4 und 5 entsprechend.

(2) [1]Die Beschwerdeschrift muß den Beschluß bezeichnen, gegen den die Beschwerde gerichtet ist, und die Erklärung enthalten, daß gegen diesen Beschluß die Beschwerde eingelegt wird. [2]Die Beschwerdebegründung muß angeben, auf welche im einzelnen anzuführenden Beschwerdegründe sowie auf welche neuen Tatsachen die Beschwerde gestützt wird.

---

1 BAG 14.12.1998 – 5 AS 8/98 – EzA § 65 ArbGG 1979 Nr. 4.
2 BAG 8.8.2005 – 5 AZB 31/05 – AP § 78a ArbGG 1979 Nr. 1.
3 BAG 21.5.1999 – 5 AZB 31/98 – AP § 611 BGB Zeitungsverlage Nr. 1.
4 BAG 26.3.1992 – 2 AZR 443/91 – AP § 48 ArbGG 1979 Nr. 7, unter III 1 der Gründe.
5 BAG 26.3.1992 – 2 AZR 443/91 – AP § 48 ArbGG 1979 Nr. 7, unter III 2 der Gründe; *Kissel*, NZA 1995, 345, 351.
6 *Germelmann u.a.*, § 88 Rn 7; GK-ArbGG/*Dörner*, § 88 Rn 12.

(3) ¹Ist die Beschwerde nicht in der gesetzlichen Form oder Frist eingelegt oder begründet, so ist sie als unzulässig zu verwerfen. ²Der Beschluss kann ohne vorherige mündliche Verhandlung durch den Vorsitzenden ergehen; er ist unanfechtbar. ³Der Beschluß kann ohne vorherige mündliche Verhandlung ergehen; er ist endgültig. ⁴Er ist dem Beschwerdeführer zuzustellen. ⁵§ 522 Abs. 2 und 3 der Zivilprozessordnung ist nicht anwendbar.

(4) ¹Die Beschwerde kann jederzeit in der für ihre Einlegung vorgeschriebenen Form zurückgenommen werden. ²Im Falle der Zurücknahme stellt der Vorsitzende das Verfahren ein. ³Er gibt hiervon den Beteiligten Kenntnis, soweit ihnen die Beschwerde zugestellt worden ist.

A. Allgemeines	1	II. Form, Inhalt und Frist	8
B. Regelungsgehalt	2	III. Anschlussbeschwerde	13
I. Statthaftigkeit	2	IV. Unzulässige Beschwerde (Abs. 3)	17
1. Beschwerdebefugnis	3	V. Beschwerderücknahme und -verzicht (Abs. 4)	18
2. Beschwer	6	C. Beraterhinweise	20

A. Allgemeines

§ 89 ist in seinen wesentlichen Bestimmungen auf das Arbeitsgerichtsänderungsgesetz vom 21.5.1979 (BGBl I S. 545) zurückzuführen. Die Reform diente dem Ziel, die Vorschriften über die Beschwerde denen der Berufung anzugleichen. Mit dem Arbeitsgerichtsbeschleunigungsgesetz vom 30.3.2000 ist durch den seit 1.5.2000 in Kraft befindlichen Abs. 3 die Verwerfungsmöglichkeit für eine nicht in der gesetzlichen Form oder Frist begründeten Beschwerde auch von Gesetzes wegen vorgesehen – eine weitere Parallele zum Berufungsverfahren.

Grds. sind die Regelungen des § 89 nicht abschließend zu verstehen, sie sind im Zweifel durch die Bestimmungen des § 66 Abs. 1 und die §§ 519, 520 ZPO zu ergänzen. Auf die Erläuterungen zu § 66 wird daher zusätzlich verwiesen.

B. Regelungsgehalt

I. Statthaftigkeit

§ 87 Abs. 1 lässt die Beschwerde gegen alle verfahrensbeendenden Beschlüsse des ArbG nach § 84 zu. Im Gegensatz zur Berufung müssen diese, außer der Eigenschaft verfahrensbeendend zu wirken, nicht weiter qualifiziert sein. Auf das Erreichen eines bestimmten Beschwerdewertes, bestimmte Inhalte oder die Zulassung der Beschwerde durch das ArbG kommt es nicht an. Eine Ausnahme gilt nur für Beschlüsse nach §§ 122 Abs. 3, 126 Abs. 2 InsO, die lediglich mit der Rechtsbeschwerde angefochten werden können, wenn diese zugelassen worden ist.

1. Beschwerdebefugnis. Anders als im Urteilsverfahren, bei dem im Wesentlichen nach der Dispositionsmaxime die streitenden Parteien durch den Inhalt der bestimmenden Schriftsätze definiert werden (Klage, Widerklage, Drittwiderklage, Streitverkündung, Streitbeitritt usw.), ist im Beschlussverfahren der Kreis der Beteiligten objektiv-materiellrechtlich festzulegen. Aus der Beteiligungsbefugnis folgt die Beschwerdebefugnis, d.h. alle am Verfahren zu Recht Beteiligten (oder zu Beteiligenden) sind beschwerdebefugt.¹ Beteiligte sind außer dem Antragsteller alle in ihrer betriebsverfassungs- oder mitbestimmungsrechtlichen Rechtsstellung durch das Beschlussverfahren unmittelbar Betroffenen, beschwerdebefugt sind demgemäß alle diejenigen, die in ihrer betriebsverfassungs- oder mitbestimmungsrechtlichen Rechtsstellung durch den erstinstanzlichen Beschluss des ArbG unmittelbar betroffen werden.²

Da es für die Beschwerdebefugnis auf die materielle Beteiligtenstellung ankommt, ist nicht beschwerdebefugt, wer erstinstanzlich fehlerhaft beteiligt wurde.³ Andererseits ist beschwerdebefugt, wer erstinstanzlich nicht am Verfahren beteiligt wurde, aber hätte beteiligt werden müssen.⁴ Eine fehlerhafte Rechtsmittelbelehrung verändert die materielle Beteiligtenstellung nicht, eröffnet also für einen Nicht-Beteiligten nicht die Befugnis, Beschwerde einzulegen.⁵ Bei der Wahlanfechtung sind beschwerdebefugt nur diejenigen, die erstinstanzlich von ihrem Anfechtungsrecht Gebrauch gemacht haben. Wer von einer Wahlanfechtung abgesehen hat, ist dagegen nicht Beteiligter und infolgedessen auch nicht zur Eröffnung der zweiten Instanz beschwerdebefugt.⁶ Wird ein Beteiligter in seiner materiellen Rechtsstellung nur durch einen (von mehreren) Antrag betroffen, so ist er zur Beschwerde nur gegen die Entscheidung über diesen Antrag befugt.⁷

---

1 BAG 4.12.1986 – 6 ABR 48/85 – BAGE 53, 385; 20.3.1996 – 7 ABR 34/95 – AP § 5 BetrVG 1972 Ausbildung Nr. 10.
2 BAG 25.8.1981 – 1 ABR 61/79 – BAGE 37, 31; 10.9.1985 – 1 ABR 32/83 – BAGE 49, 322; GK-ArbGG/*Dörner*, § 89 Rn 6; Germelmann u.a., § 89 Rn 3 ff.; a.A. nur *Grunsky*, ArbGG, § 87 Rn 6, beschwerdebefugt seien nur Antragsteller und Antragsgegner.
3 BAG 25.8.1981 – 1 ABR 61/79 – BAGE 37, 31.
4 BAG 10.9.1985 – 1 ABR 32/83 – BAGE 49, 322.
5 BAG 20.2.1986 – 6 ABR 5/85 – AP § 5 BetrVG 1972 Rotes Kreuz Nr. 2.
6 BAG 10.6.1983 – 6 ABR 50/82 – BAGE 44, 57; BVerwG 8.2.1982 – 6 P 43/80 – BVerwGE 65, 33.
7 BAG 31.1.1989 – 1 ABR 60/87 – AP § 81 ArbGG 1979 Nr. 12.

5 Beteiligt wird das Organ in seiner gesetzlichen Ausgestaltung, nicht die jeweiligen Amtsinhaber. Beschwerdebefugt ist daher der im Zeitpunkt der Beschwerdeeinlegung im Amt befindliche BR, nicht dagegen ehemalige BR-Mitglieder, deren Amtszeit zwischenzeitlich beendet worden ist.[8] Im Verfahren nach § 103 BetrVG ist der betroffene AN Beteiligter (§ 103 Abs. 2 S. 2 BetrVG) und als solcher auch beschwerdebefugt. Auch im Verfahren nach § 78a BetrVG ist die Beteiligtenstellung durch § 78a Abs. 4 S. 2 BetrVG gesetzlich definiert.

6 **2. Beschwer.** Wie für jedes Rechtsmittel ist auch bei der Beschwerde grds. Voraussetzung, dass der Beschwerdeführer durch den von ihm angegriffenen Beschluss des ArbG beschwert ist. Anderenfalls ist die Beschwerde mangels Rechtsschutzbedürfnisses unzulässig. Ob ein Beschwerdebefugter auch tatsächlich beschwert ist, muss nach Tenor und Gründen des angefochtenen Beschlusses beurteilt werden.[9]

7 Der Antragsteller ist beschwert, wenn die ergangene Entscheidung hinter seinem Antrag zurückbleibt. Die übrigen Beteiligten sind beschwert, wenn der arbeitsgerichtliche Beschluss sie in ihrer materiellen Rechtsstellung nachteilig betrifft.[10] Da sie keine Anträge stellen müssen, ist dafür nicht die Differenz zwischen Antrag und Entscheidung maßgeblich. Insb. wird eine Beschwer nicht allein dadurch begründet, dass ein Beteiligter um Zurückweisung des Antrags gebeten hatte, dem Antrag aber stattgegeben wurde.[11] Ebenso reicht für die Beschwer nicht aus, dass ein zu Beteiligender fälschlicherweise nicht am erstinstanzlichen Verfahren beteiligt worden ist. Vielmehr muss der bislang unberücksichtigte Beteiligte durch den arbeitsgerichtlichen Beschluss auch materiell beschwert sein. Dies gilt aber dann nicht, wenn die Beteiligtenstellung gerade die Streitfrage des Verfahrens ist.[12] I.Ü. wurde eine Beschwer bejaht
- wenn der Antrag als unzulässig statt als unbegründet abgewiesen wurde, da in diesem Fall keine Sachentscheidung ergangen ist,[13]
- im Wahlanfechtungsverfahren der AG, wenn die Wahl für unwirksam erklärt wurde,[14]
- im Zustimmungsersetzungsverfahren nach § 99 Abs. 4 BetrVG der BR, wenn der Antrag mit der Begründung zurückgewiesen wurde, die Zustimmung gelte als erteilt.[15]

II. Form, Inhalt und Frist

8 Die beim LAG als Beschwerdegericht gem. § 87 Abs. 1 einzureichende Beschwerdeschrift ist eigenhändig gem. Abs. 1 von einem Bevollmächtigten zu unterschreiben, der die Voraussetzungen des § 11 Abs. 4 i.V.m. § 11 Abs. 2 S. 2 Nr. 4 und 5 erfüllt.

Die Beschwerdefrist beträgt gem. § 87 Abs. 2 i.V.m. § 66 Abs. 1 S. 1 einen Monat ab Zustellung des in vollständiger Form abgefassten Beschlusses, spätestens aber ab Ablauf von fünf Monaten nach der Verkündung (§ 66 Abs. 1 S. 2). Als Notfrist kann sie weder verlängert noch abgekürzt werden, jedoch kann Wiedereinsetzung in den vorigen Stand gem. der §§ 233 ff. ZPO in Betracht kommen (zu den Einzelheiten der Fristberechnung vgl. § 66 Rn 8 ff.). Die Frist zur Beschwerdeeinlegung beginnt gesondert für jeden am Verfahren Beteiligten grds. mit der Zustellung des in vollständiger Form abgefassten arbeitsgerichtlichen Beschlusses, §§ 87 Abs. 2, Abs. 6 i.V.m. § 517 ZPO. Das führt bei einem materiell-rechtlich Beteiligten, der verfahrenstechnisch vom ArbG nicht einbezogen wurde, regelmäßig dazu, dass sich seine Berufungseinlegungsfrist auf sechs Monate ab Verkündung verlängert, da er den erstinstanzlichen Beschluss naturgemäß nicht zugestellt bekommt (§ 66 Abs. 1 S. 2 n.F.).[16]

9 Gem. §§ 87 Abs. 2, 66 Abs. 1 S. 1 Hs. 2 muss die Beschwerde binnen zweier Monate begründet werden, wobei die Frist im gleichen Zeitpunkt wie die Beschwerdefrist selbst zu laufen beginnt. Die Begründungsfrist ist damit unabhängig von der Beschwerdeeinlegung geworden, vielmehr wird auch ihr Beginn an den Zeitpunkt der Zustellung des vollständigen arbeitsgerichtlichen Beschlusses angeknüpft. Bei Fristversäumung ist die Beschwerde unzulässig.

10 Die Beschwerdebegründungsfrist ist aber keine Notfrist, sie kann vielmehr gem. §§ 87 Abs. 2, 66 Abs. 1 S. 5 einmal auf Antrag verlängert werden. Jedoch muss der Antrag innerhalb der Begründungsfrist bei Gericht eingehen, eine mehrmalige Verlängerung ist nicht möglich und die einmalige Verlängerung darf nach allg. Ansicht einen Monat nicht überschreiten.[17]

---

8 LAG Hamm 4.2.1977 – 3 TaBV 75/76 – EzA § 23 BetrVG 1972 Nr. 5.
9 BAG 29.1.1992 – 7 ABR 29/91 – AP § 11 ArbGG 1979 Prozeßvertreter Nr. 14.
10 BAG 29.1.1992 – 7 ABR 29/91 – AP § 11 ArbGG 1979 Prozeßvertreter Nr. 14.
11 ErfK/*Eisemann/Koch*, § 89 ArbGG Rn 3.
12 BAG 29.1.1992 – 7 ABR 29/91 – AP § 11 ArbGG 1979 Prozeßvertreter Nr. 14.
13 BAG 29.8.1985 – 6 ABR 63/82 – BAGE 49, 267.
14 BAG 4.12.1986 – 6 ABR 48/85 – BAGE 53, 385.
15 BAG 22.10.1985 – 1 ABR 81/83 – AP § 99 BetrVG 1972 Nr. 24.
16 A.A. GK-ArbGG/*Dörner*, § 89 Rn 24 f.
17 BAG 4.2.1994 – 8 AZB 16/93 – BAGE 75, 350; 6.12.1994 – 1 ABR 34/94 – BAGE 79, 1; *Germelmann u.a.*, § 66 Rn 31; GK-ArbGG/*Dörner*, § 89 Rn 28 ff.

Gem. Abs. 2 S. 2 muss die Beschwerdebegründung angeben, 11
- auf welche Beschwerdegründe die Beschwerde gestützt wird. Dabei reichen allg. Redewendungen oder pauschale Verweise auf das Vorbringen in erster Instanz nicht aus.[18] Die Begründung muss sich vielmehr mit dem Inhalt des Beschlusses sachlich auseinander setzen und die Einwände im Einzelnen formulieren.
- auf welche neuen Tatsachen die Beschwerde gestützt wird. Mit dem Beschwerdeverfahren wird vor dem LAG eine neue Tatsacheninstanz eröffnet. Abs. 2 S. 2 wiederholt die Regelung des § 87 Abs. 3 S. 3, dass neue Tatsachen in der Beschwerdebegründung vorzutragen sind. Es gilt jedoch in Anbetracht des Untersuchungsgrundsatzes das bereits zu § 87 Ausgeführte (vgl. § 87 Rn 26 ff.).
- Nach §§ 87 Abs. 2, 64 Abs. 6 i.V.m. § 520 Abs. 3 S. 2 Nr. 1 ZPO ergibt sich, dass ergänzend die Beschwerdebegründung einen Beschwerdeantrag enthalten muss. Nur so wird deutlich, in welchem Umfang der arbeitsgerichtliche Beschluss angefochten, welche Abänderung begehrt wird. Fehlt ein Beschwerdeantrag, so muss sich Anfechtungsumfang und Sachbegehren aus der sonstigen Begründung zweifelsfrei ergeben, anderenfalls wird die Beschwerde unzulässig.[19] Ist der Verfahrensgegenstand teilbar oder hat das ArbG mehrere selbständige Anträge beschieden, so ist auch eine nur teilweise Beschlussanfechtung zulässig.[20]

Für die Beschwerdebeantwortung gibt es keine Frist, da § 87 Abs. 2 S. 1 nur die Vorschriften über Einlegung und 12
Begründung der Berufung, nicht aber über die Berufungsbeantwortung in Bezug nimmt. Beschwerdeschrift und Beschwerdebegründung werden gem. § 90 Abs. 1 S. 1 von Amts wegen zur Äußerung zugestellt. Dafür kann gem. § 90 Abs. 2 i.V.m. § 83 Abs. 1a vom Vorsitzenden eine Frist gesetzt werden, die jedenfalls einen Monat betragen sollte. Die Äußerung erfolgt nach § 90 Abs. 1 S. 2 durch Einreichung eines Schriftsatzes beim Beschwerdegericht oder (selten) durch Erklärung zur Niederschrift der Geschäftsstelle des ArbG, das den angefochtenen Beschluss erlassen hat. Die Äußerungen der übrigen Beteiligten stehen nicht unter dem für die Beschwerdeeinlegung geltenden Anwaltszwang.[21]

III. Anschlussbeschwerde

Nach den Regeln der unselbstständigen Anschließung (vgl. § 64 Rn 39 ff.) ist für das Beschlussverfahren bei nachfolgenden Beschwerden darauf zu achten, ob es sich überhaupt um Anschließungen oder um selbstständige Beschwerden ohne Bezug auf eine bereits eingegangene Beschwerde handelt. Schließt sich ein materiell Beteiligter ausdrücklich einer Beschwerde an, so handelt es sich um eine unselbstständige Anschlussbeschwerde, die das Schicksal der Hauptbeschwerde teilt.[22] 13

Die Anschließung muss innerhalb der Beschwerdeerwiderungsfrist durch Einreichung einer Beschwerdeanschlussschrift beim Beschwerdegericht erklärt werden (§ 87 Abs. 2 S. 1 i.V.m. § 524 Abs. 2 S. 2 und Abs. 1 S. 2 ZPO). Im Beschwerdeverfahren gibt es allerdings keine gesetzliche Erwiderungsfrist. Sofern der Vorsitzende also keine Erwiderungsfrist gesetzt hat (§ 90 Abs. 2 i.V.m. § 83 Abs. 1a), ist die Anschlussbeschwerde bis zum Schluss der Anhörung vor dem LAG möglich. Im Hinblick auf den Anwaltsprozess muss die Belehrung nach § 83 Abs. 1a S. 2 keinen Hinweis auf die Gesetzeslage bezüglich der Anschlussbeschwerde enthalten. 14

Gem. § 524 Abs. 3 S. 2 ZPO gelten grds. die gleichen Regeln wie für die Beschwerdeeinlegung, d.h. die Anschlussbeschwerde ist durch einen RA oder eine gem. § 11 Abs. 2 S. 2 und 3 zur Vertretung befugte Person zu erklären, sie muss in der Anschlussschrift begründet werden (§ 524 Abs. 3 ZPO) und die Erklärung enthalten, dass Anschlussbeschwerde eingelegt wird und zu welchem und gegenüber welchem von mehreren Beschwerdeführern der Anschluss erfolgt.[23] 15

Die Anschlussbeschwerde teilt das Schicksal der Hauptbeschwerde, d.h. sie verliert gem. § 524 Abs. 4 ZPO ihre Wirkung, wenn die Beschwerde zurückgenommen oder als unzulässig verworfen wird. Erfolgte der Anschluss an mehrere Hauptbeschwerden, so müssen diese alle erledigt sein, um die Anhängigkeit der Anschlussbeschwerde zu beenden.[24] Im Einstellungsbeschluss des Vorsitzenden gem. Abs. 4 S. 2 muss die Wirkungslosigkeit der Anschließung gesondert festgestellt werden. 16

IV. Unzulässige Beschwerde (Abs. 3)

Eine nicht statthafte oder aus anderen Gründen unzulässige Beschwerde ist durch Beschluss zu verwerfen, Abs. 3 17
S. 1, wobei dieser Beschluss auch ohne vorherige mündliche Anhörung („Verhandlung", Abs. 3 S. 2) ergehen kann. Gem. Abs. 3 S. 2 Hs. 2 ist der Verwerfungsbeschluss des LAG unanfechtbar, Rechtsbeschwerde oder ein anderes Rechtsmittel sind also nicht statthaft. Das gilt nach dem Gesetzeswortlaut sowohl für den Verwerfungsbeschluss mit vorheriger mündlicher Anhörung als auch für denjenigen ohne Verhandlung, der nach der Verfahrensreform

---

18 BAG 31.10.1972 – 1 ABR 4/72 – AP § 89 ArbGG 1953 Nr. 7; 27.11.1973 – 1 ABR 5/73 – BAGE 25, 407; 27.10.1987 – 1 ABR 9/86 – BAGE 56, 270.
19 BAG 3.12.1985 – 4 ABR 60/85 – BAGE 50, 258.
20 *Germelmann u.a.*, § 89 Rn 27.
21 BAG 20.3.1990 – 1 ABR 20/89 – BAGE 64, 254.
22 GK-ArbGG/*Dörner*, § 89 Rn 40.
23 GK-ArbGG/*Dörner*, § 89 Rn 41.
24 *Germelmann u.a.*, § 89 Rn 38.

zum 1.7.2008 vom Vorsitzenden allein erlassen wird.[25] Wird versehentlich entgegen Abs. 3 S. 2 Hs. 2 vom LAG die Rechtsbeschwerde zugelassen, bindet dies das Rechtsbeschwerdegericht nicht, da so die gesetzliche Unanfechtbarkeit des Beschlusses nicht beseitigt werden kann.[26]

V. Beschwerderücknahme und -verzicht (Abs. 4)

18 Abs. 4 lässt die Rücknahme der Beschwerde (nicht des Antrages, dazu § 87 Abs. 2 S. 3) in der für ihre Einlegung vorgeschriebenen Form zu (Abs. 1, §§ 87 Abs. 2 S. 1, 64 Abs. 6 i.V.m. § 519 ZPO). Der Schriftsatz zur Beschwerderücknahme muss also von einem RA oder einem sonstigen Bevollmächtigten i.S.d. § 11 Abs. 4 unterzeichnet sein und die Rücknahme muss unbedingt und unwiderruflich erklärt werden. „Jederzeit" bedeutet: bis zur Rechtskraft einer evtl. schon ergangenen Entscheidung über die Beschwerde. Anders als bei der Antragsrücknahme bedarf es der Zustimmung der übrigen Beteiligten nicht. Der Vorsitzende muss durch Beschluss gem. Abs. 4 S. 2 das Verfahren im Fall der Beschwerderücknahme einstellen. Grds. ist das ein der Rechtsbeschwerde nach § 92 zugänglicher verfahrensbeendender Beschluss.[27] Die Beschwerderücknahme hat gem. § 516 Abs. 3 S. 1 ZPO die Folge, dass der Beschwerdeführer des zurückgenommenen Rechtsmittels verlustig wird. Das bezieht sich aber nur auf das eingelegte Rechtsmittel, binnen der Beschwerdefrist kann die Beschwerde wiederholt werden.

19 Im Gegensatz dazu bedeutet der Verzicht auf die Beschwerde (§ 515 ZPO) den endgültigen Verlust des Rechtsmittels, der eindeutig erklärt werden muss und gegenüber dem LAG erst nach Erlass des arbeitsgerichtlichen Beschlusses abgegeben werden kann.[28]

C. Beraterhinweise

20 Die Beschwerdeschrift muss gem. Abs. 2 S. 1 mind. folgende inhaltliche Anforderungen erfüllen:
– Die Bezeichnung des anzufechtenden Beschlusses mit Nennung des ArbG, des Verkündungsdatums und des Aktenzeichens. Fehlen diese Angaben und kommt die Geschäftsstelle des LAG binnen der Beschwerdefrist nicht zu entsprechenden Erkenntnissen (über den normalen Geschäftsgang hinaus ist aber das LAG nicht zu entsprechender Recherche verpflichtet!), so wird die Beschwerde unzulässig.[29]
– Die Erklärung, dass gegen den im Einzelnen bezeichneten Beschluss Beschwerde eingelegt wird.
– Die Bezeichnung des Beschwerdeführers nebst ladungsfähiger Anschrift, damit klargestellt wird, für wen die Beschwerde eingelegt wird.[30] Demgegenüber müssen die ladungsfähigen Anschriften der übrigen Verfahrensbeteiligten oder ihrer Prozessbevollmächtigten in der Beschwerdeschrift nicht enthalten sein.[31]

§ 90 Verfahren

(1) ¹Die Beschwerdeschrift und die Beschwerdebegründung werden den Beteiligten zur Äußerung zugestellt. ²Die Äußerung erfolgt durch Einreichung eines Schriftsatzes beim Beschwerdegericht oder durch Erklärung zur Niederschrift der Geschäftsstelle des Arbeitsgerichts, das den angefochtenen Beschluß erlassen hat.
(2) Für das Verfahren sind die §§ 83 und 83a entsprechend anzuwenden.
(3) Gegen Beschlüsse und Verfügungen des Landesarbeitsgerichts oder seines Vorsitzenden findet kein Rechtsmittel statt.

A. Allgemeines

1 Wie § 89 wurde auch § 90 durch das Arbeitsgerichtsänderungsgesetz vom 21.5.1979[1] mit dem Ziel einer Anpassung an die Vorschriften über das Berufungsverfahren geändert.

2 § 90 legt jedoch entgegen seiner Überschrift selbst nur wenige Regeln zum Ablauf des Beschwerdeverfahrens in Abs. 1 und Abs. 3 fest. Weitaus wichtiger ist die Verweisung in Abs. 2 auf § 83 und damit auf das Beschlussverfahren des ersten Rechtszuges. Die umfassenden Regelungen der ZPO zur Berufung gelten über §§ 64 Abs. 6, 87 Abs. 2 S. 1 (vgl. die Kommentierung zu § 87).

---

25 BAG 25.7.1989 – 1 ABR 48/88 – AP § 92 ArbGG 1979 Nr. 6.
26 BAG 25.7.1989 – 1 ABR 48/88 – AP § 92 ArbGG 1979 Nr. 6.
27 Germelmann u.a., § 89 Rn 57.
28 GK-ArbGG/*Dörner*, § 89 Rn 61 f.
29 BAG 18.2.1972 – 5 AZR 5/72 – AP § 553 ZPO Nr. 3; 15.2.1973 – 5 AZR 554/72 – BAGE 25, 55.
30 BAG 23.7.1975 – 5 AZR 27/75 – AP § 518 ZPO Nr. 31; 23.8.2001 – 7 ABR 15/01 – EzA § 518 ZPO Nr. 44.
31 BAG 16.9.1986 – GS 4/85 – BAGE 53, 30.
1 BGBl I S. 545.

B. Regelungsgehalt

Abs. 1 S. 1 sieht die Zustellung von Beschwerdeschrift und Beschwerdebegründung an die Beteiligten von Amts wegen vor (vgl. § 87). Zur Äußerung der Beteiligten („Beschwerdebeantwortung") vgl. die Kommentierung zu § 89. **3**

Das LAG kann ohne mündliche Anhörung im schriftlichen Verfahren entscheiden, wenn alle Beteiligten damit einverstanden sind (Abs. 2 i.V.m. § 83 Abs. 4 S. 3). Bleibt ein Beteiligter der Anhörung vor der Kammer trotz ordnungsgemäßer Ladung unentschuldigt fern, so ist der Pflicht zur Anhörung genügt, worauf schon bei der Terminsladung hinzuweisen ist, § 83 Abs. 4 S. 2. **4**

Gem. Abs. 2 i.V.m. § 83 Abs. 1 und 2 muss das Beschwerdegericht den Sachverhalt von Amts wegen erforschen, auch im Beschwerdeverfahren gilt damit der Untersuchungsgrundsatz (zur Zurückweisung verspäteten Vorbringens vgl. oben § 87 Rn 22 ff.). **5**

Die Verweisung durch Abs. 2 auch auf § 83a stellt klar, dass das Beschwerdeverfahren dem Vergleich und der übereinstimmenden Erledigungserklärung zugänglich ist. Mit der Erledigungserklärung und der Verfahrenseinstellung durch den Vorsitzenden des LAG (§ 83a Abs. 2) wird der angefochtene Beschluss unwirksam. Die Erledigungserklärung ist unbeachtlich, wenn die Beschwerde unzulässig ist, in diesem Fall ist sie immer als unzulässig zu verwerfen.[2] **6**

§ 83 Abs. 5 gilt trotz der Bezugnahme durch Abs. 2 nicht im Beschlussverfahren, vielmehr bestimmt Abs. 3 als Sonderregelung, dass verfahrenslenkende Beschlüsse und Verfügungen des LAG oder seines Vorsitzenden nicht mit einem Rechtsmittel angegriffen werden können. Das bezieht sich nur auf solche verfahrensbegleitenden Beschlüsse, die das Beschwerdeverfahren selbst betreffen. Soweit das LAG i.S.d. Beschwerderechts als Rechtsmittel über prozessleitende Beschlüsse und Verfügungen des ArbG befunden hat (§ 83 Abs. 5), ist die Rechtsbeschwerde möglich, wenn sie zugelassen wurde, § 78 S. 1 und 2 i.V.m. § 72 Abs. 2 und § 574 Abs. 1 Nr. 2 ZPO.[3] **7**

§ 91 Entscheidung

(1) [1]Über die Beschwerde entscheidet das Landesarbeitsgericht durch Beschluß. [2]Eine Zurückverweisung ist nicht zulässig. [3]§ 84 Satz 2 gilt entsprechend.

(2) [1]Der Beschluß nebst Gründen ist von den Mitgliedern der Kammer zu unterschreiben und den Beteiligten zuzustellen. [2]§ 69 Abs. 1 Satz 2 gilt entsprechend.

Literatur: *Rothländer*, Das Verbot der Zurückverweisung im arbeitsgerichtlichen Beschlussverfahren, PersV 1969, 113

A. Allgemeines	1	II. Inhalt des Beschlusses	3
B. Regelungsgehalt	2	III. Verkündung	7
I. Entscheidung durch Beschluss	2	C. Beraterhinweise	8

A. Allgemeines

Die Vorschrift behandelt Form, Inhalt, Verkündung und Zustellung der das zweitinstanzliche Beschwerdeverfahren abschließenden Sachentscheidung des LAG. Die Verwerfung der Beschwerde als unzulässig ist dagegen besonders in § 89 Abs. 3 geregelt.[1] Zu weiteren Beschlüssen, mit denen nicht „über die Beschwerde" entschieden wird (siehe Rn 2). **1**

B. Regelungsgehalt
I. Entscheidung durch Beschluss

Gem. Abs. 1 S. 1 ergeht die Entscheidung des LAG durch Beschluss, der unabhängig davon, ob eine mündliche Anhörung stattgefunden hat, durch die Kammer gefasst werden muss. Dies gilt nur, wenn „über die Beschwerde" entschieden wird, also nicht bei verfahrenslenkenden Beschlüssen und -begleitenden Beschlüssen des Vorsitzenden oder den allein durch ihn zu erlassenden Einstellungsbeschlüssen im Falle der Beschwerderücknahme (§ 89 Abs. 4 S. 2), der Antragsrücknahme (§§ 87 Abs. 2 S. 3, 81 Abs. 2 S. 2) oder der übereinstimmenden Erledigungserklärung (§§ 90 Abs. 2, 83a Abs. 2 S. 1). Der Beschluss ist gem. Abs. 1 S. 3 i.V.m. § 84 S. 2 schriftlich abzufassen. Er muss in vollständiger Form, also mit Tenor und 2Gründen" (Zusammenfassung von Sachverhalt und Entscheidungsgründen) von den Mitgliedern der Kammer unterschrieben werden (Abs. 2 S. 1 Hs. 1). Im Falle der Verhinderung eines Kammermitgliedes gilt § 315 Abs. 1 S. 2 ZPO. Für die Einzelheiten gilt das Gleiche wie im Berufungsverfahren **2**

---

2 BAG 17.8.1961 – 5 AZR 311/60 – AP § 91a ZPO Nr. 9.   1 *Germelmann u.a.*, § 91 Rn 1.
3 BAG 28.2.2003 – 1 AZB 53/02 – BB 2003, 1072.

(vgl. § 69 Rn 11). Auf die Darstellung des Sachverhaltes und der Gründe kann nicht verzichtet werden, es sei denn, **alle Beteiligten** hätten auf die Rechtsbeschwerde verzichtet, da nur dann sicher ist, dass ein Rechtsmittel nicht geben ist.[2]

II. Inhalt des Beschlusses

3 Anders als in § 68 für das Berufungsverfahren ist im Beschlussverfahren eine Zurückverweisung generell verboten, Abs. 1 S. 2, d.h. sie ist nicht nur für den Fall eines Verfahrensmangels ausgeschlossen. Das LAG hat deshalb in jedem Fall selbst zu entscheiden. Wird gleichwohl contra legem zurückverwiesen, hält eine beachtliche Meinung dies zwar für fehlerhaft, aber wirksam mit der Folge, dass das Verfahren wieder beim ArbG anhängig wird.

Der Beschluss muss sich im Rahmen des Beschwerdeantrags halten, d.h. über den Umfang der beantragten Abänderung hinaus darf der erstinstanzliche Beschluss nicht abgeändert werden, § 528 ZPO n.F.

4 Enthält der Beschluss in den Gründen keinen Sachverhalt, so ist im Rechtsbeschwerdeverfahren seine Aufhebung und die Zurückverweisung regelmäßig erforderlich, da dem BAG eine Überprüfung der angefochtenen Entscheidung nicht möglich ist. Eine Ausnahme gilt nur dann, wenn der Streitstoff auf andere Weise zuverlässig feststellbar ist, etwa weil er sich aus den Entscheidungsgründen in einem ausreichenden Umfang ergibt oder weil die Beteiligten den erstinstanzlich festgestellten Sachverhalt übereinstimmend für zutreffend erklären und sie im zweiten Rechtszug nichts anderes vorgetragen hatten.[3]

5 Auch bei nicht zugelassener Rechtsbeschwerde wird der Beschluss des LAG erst nach Ablauf der Frist für die Einlegung der Nichtzulassungsbeschwerde rechtskräftig, sofern nicht innerhalb der Frist Nichtzulassungsbeschwerde erhoben worden ist, die nach § 92a S. 2 i.V.m. § 72a Abs. 4 S. 1 aufschiebende Wirkung hat.[4] Daher muss auch im Tenor der Beschwerdeentscheidung zum Ausdruck gebracht werden, ob die Entscheidung vorläufig vollstreckbar ist oder nicht (§ 87 Abs. 2 S. 1 i.V.m. § 85). Da die Beschlüsse nur dann vorläufig vollstreckbar sind, wenn sie in vermögensrechtlichen Streitigkeiten entschieden haben (§ 85 Abs. 1 S. 2), muss diese Entscheidung für die Vollstreckungsorgane deutlich gemacht werden.[5]

6 Durch die Verweisung in § 92 Abs. 1 S. 2 auf § 72 Abs. 1 S. 2 i.V.m. § 64 Abs. 3a muss auch im Beschluss des LAG über die Beschwerde der Tenor einen Ausspruch über die Zulassung oder Nichtzulassung der Rechtsbeschwerde enthalten. Auch hier ist eine ergänzende Entscheidung möglich, auf die Kommentierung zu § 64 (siehe § 64 Rn 23) wird verwiesen.

III. Verkündung

7 Der Beschluss wird nur wirksam, wenn er verkündet wird, Abs. 2 S. 2 i.V.m. § 69 Abs. 1 S. 2 und § 60 Abs. 1 bis 3. Der Beschluss ist immer zu verkünden, auch dann, wenn ein schriftliches Verfahren stattgefunden hat (§ 60 Abs. 1 S. 3). Ist kein besonderer Verkündungstermin anberaumt, ist der Beschluss im Termin, in dem die mündliche Anhörung stattgefunden hat, zu verkünden und dann vollständig abgefasst innerhalb von vier Wochen nach der Verkündung der Geschäftsstelle zu übergeben, Abs. 2 S. 2, §§ 69 Abs. 1 S. 2, 60 Abs. 4 S. 3. Bei späterer Übergabe ist vorab der Beschluss ohne Gründe, nur vom Vorsitzenden unterschrieben, an die Geschäftsstelle zu übergeben, was aber an der Form der unverzüglich nachzureichenden vollständigen Entscheidung nichts weiter ändert. Bei besonderem Verkündungstermin muss der Beschluss im Zeitpunkt der Verkündung vollständig abgefasst sein, § 60 Abs. 4 S. 2. Nach Abs. 2 S. 1 i.V.m. §§ 87 Abs. 2, 50 Abs. 1 ist der vollständig abgefasste Beschluss allen Beteiligten von Amts wegen binnen drei Wochen seit Übergabe an die Geschäftsstelle zuzustellen.[6]

C. Beraterhinweise

8 Wird die Rechtsbeschwerde zugelassen, so muss der Beschluss über dieses Rechtsmittel belehren, § 9 Abs. 5. Anderenfalls muss über die Einlegung der Nichtzulassungsbeschwerde nicht belehrt werden, weil sie kein Rechtsmittel, sondern lediglich ein Rechtsbehelf ist.[7] Über die Zulassung ist von Amts wegen zu entscheiden, die Beteiligten können eine Zulassung lediglich anregen.

---

2 BAG 22.11.1984 – 6 AZR 103/82 – AP § 543 ZPO 1977 Nr. 5.
3 BAG 26.4.2005 – 1 ABR 1/04 – AP § 87 BetrVG 1972 Nr. 118.
4 BAG 25.1.1979 – 2 AZR 983/77 – BAGE 31, 253.
5 *Hauck/Helml*, § 84 Rn 6.
6 BAG 6.10.1978 – 1 ABR 75/76 – AP § 101 BetrVG 1972 Nr. 2.
7 BAG 1.4.1980 – 4 AZN 77/80 – BAGE 33, 79; a.A. *Germelmann u.a.*, § 91 Rn 9.

Dritter Unterabschnitt: Dritter Rechtszug

§ 92 Rechtsbeschwerdeverfahren, Grundsatz

(1) ¹Gegen den das Verfahren beendenden Beschluß eines Landesarbeitsgerichts findet die Rechtsbeschwerde an das Bundesarbeitsgericht statt, wenn sie in dem Beschluß des Landesarbeitsgerichts oder in dem Beschluß des Bundesarbeitsgerichts nach § 92a Satz 2 zugelassen wird. ²§ 72 Abs. 1 Satz 2, Abs. 2 und 3 ist entsprechend anzuwenden. ³In den Fällen des § 85 Abs. 2 findet die Rechtsbeschwerde nicht statt.
(2) ¹Für das Rechtsbeschwerdeverfahren gelten die für das Revisionsverfahren maßgebenden Vorschriften über Einlegung der Revision und ihre Begründung, Prozeßfähigkeit, Ladung, Termine und Fristen, Ablehnung und Ausschließung von Gerichtspersonen, Zustellungen, persönliches Erscheinen der Parteien, Öffentlichkeit, Befugnisse des Vorsitzenden und der Beisitzer, gütliche Erledigung des Rechtsstreits, Wiedereinsetzung in den vorigen Stand und Wiederaufnahme des Verfahrens sowie die Vorschriften des § 85 über die Zwangsvollstreckung entsprechend, soweit sich aus den §§ 93 bis 96 nichts anderes ergibt. ²Für die Vertretung der Beteiligten gilt § 11 Abs. 1 bis 3 und 5 entsprechend. ³Der Antrag kann jederzeit mit Zustimmung der anderen Beteiligten zurückgenommen werden; § 81 Abs. 2 Satz 2 und 3 ist entsprechend anzuwenden.
(3) ¹Die Einlegung der Rechtsbeschwerde hat aufschiebende Wirkung. ²§ 85 Abs. 1 Satz 2 bleibt unberührt.

Literatur: *Düwell*, Was ändert sich in den arbeitsgerichtlichen Verfahrensarten? AiB 2000, 243; *ders.*, Das Anhörungsrügengesetz – Mehr Rechtsschutz in den arbeitsgerichtlichen Verfahren!, FA 2005, 75; *ders.*, Die Neuregelung der Prozessvertretung, FA 2008, 200; *Etzel*, Das Beschlussverfahren, AR-Blattei SD 160.12; *Laux*, Die Antrags- und Beteiligungsbefugnis im arbeitsgerichtlichen Beschlußverfahren, Diss. 1985; *von Roetteken*, Änderungen im Beschlussverfahren nach dem ArbGG, PersR 2000, 220.

A. Allgemeines	1	3. Antragsänderung	14
I. Anwendbare Normen	1	III. Anschlussrechtsbeschwerde	15
II. Abgrenzung zu anderen Rechtsbeschwerden	3	**C. Verbindung zu anderen Rechtsgebieten**	16
B. Regelungsgehalt	5	I. Bundespersonalvertretungsangelegenheiten	17
I. Statthaftigkeit der Rechtsbeschwerde	5	II. Landespersonalvertretungsangelegenheiten	18
1. Anfechtbarkeit von verfahrensbeendenden Beschlüssen	5	III. Ausnahmen	19
		IV. Beteiligung des Oberbundesanwalts	20
2. Anfechtbarkeit verfahrensleitender Beschlüsse des LAG	8	**D. Beraterhinweise**	21
		I. Verlängerung der Rechtsbeschwerdefrist	21
3. Zulassung der Rechtsbeschwerde	9	II. Rechtsbeschwerdeantrag	22
II. Abweichungen vom Revisionsrecht	11	III. Zurückweisungsantrag	23
1. Partieller Bevollmächtigtenzwang	11	IV. Antragseinschränkung bei Globalantrag	24
2. Vertretung der Beteiligten bei der Anhörung	12		

A. Allgemeines

I. Anwendbare Normen

Das Rechtsbeschwerdeverfahren ist das Verfahren, das für den dritten Rechtszug des im 3. Teil 2. Abschnitt des ArbGG nach §§ 80 ff. geregelten besonderen arbeitsgerichtlichen Verfahrens, „Beschlussverfahren", einzuhalten ist. Dessen Bestimmungen gelten auch für die Sprungrechtsbeschwerde nach § 96a und den im Insolvenzverfahren gegen die Beschlüsse des ArbG verkürzten Instanzenzug wegen einer Zustimmung zur Durchführung einer Betriebsänderung (§ 122 Abs. 3 S. 2 InsO) oder wegen eines Beschlussverfahrens zum Künd-Schutz (§ 126 Abs. 2 S. 2 InsO). In allen Fällen wird das Rechtsbeschwerdeverfahren durch die Einlegung des Rechtsmittels der Rechtsbeschwerde (§ 94) oder der Sprungrechtsbeschwerde (§ 96a) eingeleitet. Das Verfahrensrecht ist in den §§ 92 bis 96a nur unvollständig wiedergegeben. In Abs. 2 S. 1 wird auf die Bestimmungen über die Revision in arbeitsgerichtlichen Urteilsverfahren verwiesen, die ihrerseits wiederum auf zivilprozessualen Vorschriften für Revision und Berufung verweisen (vgl. § 72 Rn 5). Das Ausmaß der Abweichungen vom Revisionsrecht entspricht dem, das der Gesetzgeber wegen der unterschiedlichen Verfahrensziele von Urteils- und Beschlussverfahren schon nach § 87 Abs. 2 S. 1 für den zweiten Rechtszug im Beschlussverfahren als erforderlich angesehen hat.

Kraft der Verweisung in Abs. 2 S. 1 und 2 gelten folgende allg. Bestimmungen:
– Ablehnung und Ausschließung von Gerichtspersonen: §§ 72 Abs. 6, 49 Abs. 1 i.V.m. § 41 ff. ZPO
– Befugnisse des Vorsitzenden und Hinzuziehung der ehrenamtlichen Richter: §§ 72 Abs. 6, 53
– Einlegung und Begründung des Rechtsmittels: §§ 77 Abs. 1, 72 Abs. 5 i.V.m. §§ 549 bis 551 ZPO
– gütliche Erledigung des Rechtsstreits: §§ 72 Abs. 6, 57 Abs. 2
– Ladung, Termine und Fristen: § 52 Abs. 5 i.V.m. §§ 557, 214 ff. ZPO; § 74 Abs. 2 S. 1 i.V.m. § 553 ZPO
– Öffentlichkeit: §§ 72 Abs. 6, 52

- persönliches Erscheinen der Parteien: § 72 Abs. 5 i.V.m. § 141 ZPO
- Prozessfähigkeit: § 50 ZPO i.V.m § 10
- Vertretung durch Verfahrensbevollmächtigte: §§ 92 Abs. 2 S. 2, 11 Abs. 1 bis 3 und 5,
- Wiederaufnahme: §§ 72 Abs. 5, 79 i.V.m. § 578 ZPO
- Wiedereinsetzung in den vorigen Stand: § 72 Abs. 5 i.V.m. §§ 565, 230 ff. ZPO
- Zustellung: §§ 72 Abs. 6, 50 i.V.m. §§ 166 ff. ZPO
- Zwangsvollstreckung: §§ 92 Abs. 2 S. 1, 85.

II. Abgrenzung zu anderen Rechtsbeschwerden

3   Zu Missverständnissen führt, dass der Gesetzgeber den Begriff der Rechtsbeschwerde im ArbGG doppelt besetzt hat: In § 77 für die Rechtsbeschwerde im Urteilsverfahren, die sich gegen eine durch Beschluss des LAG als unzulässig verworfene Berufung richtet, und in § 92 für die Rechtsbeschwerde im Beschlussverfahren, die dem Rechtsmittel der Revision im Urteilsverfahren entspricht.

4   Die Rechtsbeschwerde nach § 92 darf auch nicht mit der durch die ZPO-Reform eingeführten Rechtsbeschwerde verwechselt werden. Diese zur besseren Unterscheidung als „ZPO-Rechtsbeschwerde" zu bezeichnende Rechtsbeschwerde ist in § 574 ZPO geregelt und führt nur in den gesetzlich besonders geregelten Zulassungsfällen im Rahmen der Rechtsbeschwerde nach § 78 mit den Rechtsmitteln sofortige Beschwerde zum LAG und der Rechtsbeschwerde zum BAG. Diese ZPO-Rechtsbeschwerde findet in beiden arbeitsgerichtlichen Verfahrensarten statt, dient allerdings im Unterschied zur Rechtsbeschwerde nach § 92 nur zur Überprüfung von nicht verfahrensbeendenden Entscheidungen, wie z.B. in Entscheidungen über die Zulässigkeit des Rechtswegs[1] oder über die Festsetzung eines Ordnungsgeldes.[2]

B. Regelungsgehalt

I. Statthaftigkeit der Rechtsbeschwerde

5   **1. Anfechtbarkeit von verfahrensbeendenden Beschlüssen.** Die Rechtsbeschwerde findet ebenso wie die Revision nur aufgrund besonderer Zulassung (siehe Rn 9) durch das LAG oder auf Beschwerde gegen die Nichtzulassung durch den Zulassungsbeschluss des BAG statt. Eine Besonderheit der Rechtsbeschwerde im Beschlussverfahren ist, dass wegen des verkürzten Rechtswegs in insolvenzrechtlichen Angelegenheiten nach §§ 122, 126 InsO das ArbG über die Zulassung der Rechtsbeschwerde entscheidet. Der zweitinstanzliche Rechtszug entfällt in diesen eilbedürftigen Verfahren, weil die Beteiligten möglichst bald Klarheit über die Durchführung von Betriebsänderungen und Massenkündigungen haben sollen.

Anfechtbar sind mit der zugelassenen Rechtsbeschwerde Beschlüsse, mit denen für den betreffenden Streitgegenstand die Instanz im Beschlussverfahren beendet wird. Das sind Beschlüsse, mit denen das LAG über die Beschwerde im Beschlussverfahren entscheidet. Dazu gehören:
- Beschlüsse nach § 91,
- Einstellungsbeschlüsse nach § 89 Abs. 4 S. 2 wegen Rücknahme der Beschwerde,
- Einstellungsbeschlüsse nach §§ 81 Abs. 2 S. 2, 87 Abs. 2 S. 3 wegen Rücknahme des Antrags,
- Einstellungsbeschlüsse nach § 90 Abs. 2 sowie nach § 83a Abs. 2 S. 1 wegen Abschluss eines Vergleichs oder sonstiger Erledigung[3]
- Teil- und Zwischenbeschlüsse sind ebenso mit der Rechtsbeschwerde anfechtbar, sofern sie abschließend sind.[4]

6   In den Fällen der **Einstellungsbeschlüsse** kann es nur ausnahmsweise zur Statthaftigkeit der Rechtsbeschwerde kommen, denn sie setzt voraus, dass die Rechtsbeschwerde zugelassen ist. Deren Zulassung kommt insb. in Betracht, wenn die Beendigungswirkung der Rücknahme oder sonstigen Erledigung umstr. ist. Sofern die Ansicht vertreten wird, Einstellungsbeschlüsse seien per se unanfechtbar,[5] ist das abzulehnen. Diese Ansicht verkennt, dass die Einstellungsbeschlüsse konstitutive und nicht nur deklaratorische Wirkung haben.[6]

7   Obwohl sie verfahrensbeendend sind, können die folgenden Beschlüsse selbst dann nicht, wenn die Revision vom LAG zugelassen worden ist, mit der Rechtsbeschwerde angefochten werden:

Der Beschluss, mit dem die Beschwerde als unzulässig verworfen wird, ist unanfechtbar. Das folgt aus der besonderen gesetzlichen Bestimmung des § 89 Abs. 3 S. 2 Hs. 2.[7]

---

1 BAG 17.1.2007 – 5 AZB 43/06 – AP § 64 ArbGG 1979 Nr. 40.
2 BAG 28.2.2003 – 1 AZB 53/02 – AP § 78 ArbGG 1979 n.F. Nr. 2. Im Einzelnen zu der ZPO-Rechtsbeschwerde s. *Treber*, § 78 Rn 45.
3 LAG Rheinland-Pfalz 25.6.1982 – 6 TaBV 10/82 – EzA § 92 ArbGG 1979 Nr. 1.
4 *Germelmann u.a.*, § 92 Rn 5.
5 LAG Hamburg 27.8.1990 – 5 TaBV 3/90 – LAGE § 92 ArbGG 1979 Nr. 2.
6 *Hauck/Helml*, ArbGG § 92 Rn 2; Schwab/Weth/*Busemann*, § 92 Rn 3; ebenso LAG Rheinland-Pfalz 25.6.1982 – 6 TaBV 10/82 – EzA § 92 ArbGG 1979 Nr. 1.
7 GK-ArbGG/*Dörner*, § 92 Rn 5.

Der Beschluss, der im einstweiligen Verfügungsverfahren ergeht, ist unanfechtbar. Das Rechtsmittel ist nach Abs. 1 S. 3 ausgeschlossen: „§ 85 Abs. 2 findet keine Anwendung". Zur Beschleunigung stellt der Gesetzgeber das Verfahren des einstweiligen Rechtsschutzes nur zweizügig zur Verfügung.

Der Beschluss, mit dem das LAG über eine Beschwerde gegen die Bestimmung des Einigungsstellenvorsitzenden bzw. der Zahl der Beisitzer durch das ArbG nach § 98 Abs. 1 entscheidet, ist ebenfalls unanfechtbar. Es soll keine weitere Zeitverzögerung eintreten.[8]

2. Anfechtbarkeit verfahrensleitender Beschlüsse des LAG. Nicht mit der Rechtsbeschwerde i.S.v. § 92 anfechtbar sind **verfahrensleitende Beschlüsse** nach § 90 Abs. 3; denn sie beenden weder das Beschlussverfahren noch die Instanz. Auch wenn sie nicht mit der Rechtsbeschwerde nach § 92 anfechtbar sind, so besteht keine Rechtsschutzlücke. Sie können sie nach §§ 78, 83 Abs. 5 und nach näherer Maßgabe des § 574 ZPO Abs. 1 mit der ZPO-Rechtsbeschwerde angefochten werden.

8

Beispiel:
Das ArbG setzt im Laufe eines betriebsverfassungsrechtlichen Beschlussverfahrens gegen einen Zeugen ein Ordnungsgeld fest. Hat das LAG bei seiner Entscheidung über die sofortige Beschwerde des durch die Festsetzung beschwerten Zeugen die Rechtsbeschwerde an das BAG zugelassen, entscheidet das BAG letztinstanzlich über das Ordnungsmittel.[9] Soweit im Schrifttum die Rechtsbeschwerdefähigkeit verfahrensleitender Beschlüsse bejaht wird,[10] ist das missverständlich ausgedrückt. In diesen Fällen ist – wie oben in Rn 5 dargestellt – nicht die Rechtsbeschwerde nach § 92 statthaft, sondern es kommt nur die ZPO-Rechtsbeschwerde nach §§ 78, 83 Abs. 5 i.V.m. § 574 ZPO in Betracht.

3. Zulassung der Rechtsbeschwerde. Die Statthaftigkeit der Rechtsbeschwerde setzt stets ihre besondere Zulassung voraus. Sie ist **zwingend** in der Entscheidungsformel des LAG-Beschlusses zum Ausdruck zu bringen. Das war lange Zeit einhellige Ansicht und st. Rspr. Diese wurde allerdings durch eine Entscheidung des 6. Senats des BAG in Frage gestellt. Danach sollte die Zulassung in den Gründen genügen.[11] Diese Rspr. ist jedoch nach dem Inkrafttreten des Arbeitsgerichtsbeschleunigungsgesetzes[12] zum 1.5.2000 überholt. Seitdem ist Abs. 1 S. 1 um einen klarstellenden Halbsatz erweitert. Danach ist die Aufnahme der Zulassung in die Beschlussformel entscheidend.[13] Hat das LAG die Aufnahme der Zulassungsentscheidung in den Tenor unterlassen, so ist auf Antrag der Beteiligten nach Abs. 1 S. 2, §§ 72 Abs. 1 S. 2, 64 Abs. 3a eine entsprechende Ergänzung zu beschließen. Nach Abs. 1 S. 1 kann die Zulassung auch in dem gegen die Nichtzulassung der Rechtsbeschwerde statthaften Beschwerdeverfahren nach § 92a S. 2 vom BAG beschlossen werden. Von daher besteht eine Wahlmöglichkeit.

9

Abs. 1 S. 2 verweist hinsichtlich der Pflicht des LAG, bei einer instanzbeendenden Entscheidung über die Zulassung der Rechtsbeschwerde zu entscheiden und hinsichtlich der Zulassungsgründe auf die für die Revisionszulassung geltenden Vorschriften in § 72 Abs. 1 S. 2, Abs. 2 und 3 (vgl. § 72 Rn 2). Insoweit gelten keine Besonderheiten. Diese Vorgaben bestehen auch für das ArbG, wenn es in den insolvenzrechtlichen Beschlussverfahren über die Zulassung der Rechtsbeschwerde zu entscheiden hat (§§ 122 Abs. 3 S. 2 Hs. 2, 126 Abs. 2 S. 2 InsO)

10

II. Abweichungen vom Revisionsrecht

1. Partieller Bevollmächtigtenzwang. Abs. 2 S. 2 verweist für die Vertretung der Beteiligten auf § 11 Abs. 1 bis 3 und 5. Diese Verweisungsbestimmung wird ergänzt durch die Verweisung in § 94 Abs. 1, nach der für die Einlegung der Rechtsbeschwerde und deren Begründung § 11 Abs. 4 und 5 gelten. Aus dem Zusammenspiel dieser Vorschriften folgt ein partieller Zwang zur Bevollmächtigung besonderer in § 11 Abs. 4 S. 2 als postulationsfähig anerkannter Vertreter. Dieser Zwang ist auf diese Fertigung und Unterzeichnung der Rechtsbeschwerdeeinlegung und die Rechtsbeschwerdebegründung beschränkt. Diese Art der Beschränkung entspricht der Rechtslage nach dem alten Recht,[14] das galt, bevor es durch Art. 11 des Gesetzes zur Neuregelung des Rechtsberatungsrechts[15] zu einer Öffnung der Vertretungsbefugnis vor dem BAG für Nichtanwälte kam. Seit Inkrafttreten des neuen Rechts am 1.8.2008 bedarf es nicht mehr unbedingt der Unterschrift eines RA unter der Rechtsbeschwerdeeinlegung oder -begründung. Es genügt, wenn eine Person unterzeichnet, die für eine bevollmächtigte AG-Vereinigung als Gewerkschaftsorganisation (§ 11 Abs. 2 S. 2 Nr. 4) oder deren verselbstständigte Rechtsschutzgesellschaft (§ 11 Abs. 2 S. 2 Nr. 5) handelt, und diese Person die Befähigung zum Richteramt besitzt (§ 11 Abs. 4 S. 2).[16] Der weitere Verweis auf § 11 Abs. 5 S. 1 schließt aus, dass die für die Organisationen i.S.v. § 11 Abs. 2 S. 2 Nr. 4 oder 5 handelnde Person ein

11

---

8 BAG 25.7.1989 – 1 ABR 48/88 – AP § 92 ArbGG 1979 Nr. 6.
9 BAG 28.2.2003 – 1 AZB 53/02 – AP § 78 ArbGG 1979 n.F. Nr. 2.
10 Vgl. GK-ArbGG/*Dörner*, § 92 Rn 5.
11 BAG 11.12.1998 – 6 AZB 48/97 – AP § 64 ArbGG 1979 Nr. 30.
12 BGBl I 1999 S. 333.
13 Ebenso GK-ArbGG/*Dörner*, § 92 Rn 12; ErfK/*Eisemann/Koch*, § 92 ArbGG Rn 2; HWK/*Bepler*, § 91 Rn 5.
14 BAG 20.3.1990 – 1 ABR 20/89 – AP § 99 BetrVG 1972 Nr. 79.
15 BGBl I 2007, 2840.
16 *Düwell*, FA 2008, 200, ebenso BCF/*Bader*, ArbGG § 11 Rn 38.

Richter des BAG sein kann. Der Verweis auf § 11 Abs. 5 S. 2 verhindert, dass ehrenamtliche Richter des BAG von ihrer Postulationsfähigkeit für Rechtsbeschwerden Gebrauch machen, die bei dem Senat anhängig sind, dem sie nach dem Geschäftsverteilungsplan zugewiesen sind.

12 **2. Vertretung der Beteiligten bei der Anhörung.** Weder der Rechtsbeschwerdeführer noch die anderen am Rechtsbeschwerdeverfahren Beteiligten müssen im gesamten weiteren Rechtsbeschwerdeverfahren von Bevollmächtigten i.S.v. § 11 Abs. 4 S. 2 vertreten sein.[17] Das folgt aus Abs. 2 S. 2, der ausdrücklich bestimmt, dass für die Vertretung der Beteiligten § 11 Abs. 1 bis 3 und Abs. 5 entsprechend gelten. Deshalb können sich entsprechend § 11 Abs. 1 S. 1 alle Beteiligten sich wie vor dem ArbG selbst vertreten oder wahlweise sich gem. § 11 Abs. 2 S. 1 durch einen RA oder nach Abs. 2 S. 2 oder durch sozial- und berufspolitische Vereinigungen, Gewerkschaften, AG-Vereinigungen sowie deren verselbstständigte Rechtsschutzorganisationen vertreten lassen. Soweit in der Kommentarliteratur die Vertretung durch Verbandsvertreter[18] angeführt wird, entspricht das noch der überholten alten Rechtslage. Seit dem 1.8.2008 haben die Vereinigungen und Rechtsschutzorganisationen den Status des Bevollmächtigten. Diese besondere Regelung der Vertretung hat große praktische Bedeutung. So kann der „verbandsfreie" AG Kosten sparen, indem er seinen Leiter der Rechtsabteilung anstelle eines RA zur mündlichen Anhörung entsendet. Das ist nach § 92 Abs. 2 S. 2 i.V.m. § 11 Abs. 2 S. Nr. 1 zulässig.

13 In Abs. 2 S. 3 ist klargestellt, dass der Antrag (das ist das Gegenstück zur Klage im Urteilsverfahren und nicht zu verwechseln mit der Rechtsbeschwerde) auch noch während des Rechtsbeschwerdeverfahrens zurückgenommen werden kann. Dafür bedarf es allerdings nicht nur der Zustimmung des vom Antragsteller bezeichneten „Antragsgegners" sondern der **aller Beteiligten**.[19] In entsprechender Anwendung des § 81 Abs. 2 S. 2 und 3 stellt danach der Vorsitzende das Beschlussverfahren ein.

14 **3. Antragsänderung.** Da anders als in § 87 Abs. 2 S. 3 für das Verfahren des zweiten Rechtszugs in Abs. 2 S. 3 die Regelung zur Antragsänderung in § 81 Abs. 3 nicht in Bezug genommen wird, schließt das Schrifttum daraus, dass eine Antragsänderung im Rechtsbeschwerdeverfahren ausgeschlossen sein soll.[20] Die Rspr. hat bisher diesen Schluss nicht gezogen, sondern im Gleichlauf zur Revision im Urteilsverfahren den Ausschluss mit der Bindungswirkung des festgestellten Sachverhalts begründet.[21] Einzelheiten siehe unter § 94 Rn 13. Dabei werden die von der revisionsrechtlichen Rechtsprechung entwickelten Spielräume für die Fälle, in denen es keiner weiterer Feststellungen bedarf (vgl. § 73 Rn 52), nicht immer ausgeschöpft.

III. Anschlussrechtsbeschwerde

15 Die Anschlussrechtsbeschwerde ist auch im Beschlussverfahren zulässig.[22] Sie ist seit dem Inkrafttreten des ZPO-RG als unselbstständiges Rechtsmittel ausgestaltet, d.h. bei Rücknahme der Rechtsbeschwerde entfällt Ihre Wirkung. Sie bedarf keiner Zulassung.[23] Denn in der Neufassung des § 554 Abs. 2 ZPO durch das ZPO-RG ist die Anschlussrevision ausdrücklich auch dann für statthaft erklärt worden, wenn die Revision nicht zugelassen worden ist. Diese für die Revision geltende Bestimmung gilt über § 92 Abs. 2 S. 1 auch für das Rechtsbeschwerdeverfahren (zur Einlegung und Begründung der Anschlussrechtsbeschwerde vgl. § 94 Rn 10).

C. Verbindung zu anderen Rechtsgebieten

16 Die Vorschriften über die Rechtsbeschwerde im Beschlussverfahren werden auch von dem BVerwG angewandt.

I. Bundespersonalvertretungsangelegenheiten

17 Nach § 83 Abs. 1, § 106 BPersVG entscheiden die Verwaltungsgerichte, im dritten Rechtszug das BVerwG, außer in den Fällen der §§ 9, 25, 28 und 47 Abs. 1 BPersVG über Wahlberechtigung und Wählbarkeit, Wahl und Amtszeit der Personalvertretungen und der in den §§ 57, 65 BPersVG genannten Vertreter sowie die Zusammensetzung der Personalvertretungen und der JAV, Zuständigkeit, Geschäftsführung und Rechtsstellung der Personalvertretungen und der in den §§ 57, 65 BPersVG genannten Vertreter sowie über das Bestehen oder Nichtbestehen von Dienstvereinbarungen. Für das Verfahren sind nach § 83 Abs. 2 BPersVG die Vorschriften des ArbGG über das Beschlussverfahren entsprechend anzuwenden.

---

17 So noch zur alten Rechtslage BAG 20.3.1990–1 ABR 20/89 – AP Nr. 79 zu § 99 BetrVG 1972 = NZA 1990, 699.
18 BCF/*Friedrich*, ArbGG § 92 Rn 7; HWK/*Bepler*, § 92 ArbGG Rn 11.
19 GK-ArbGG/*Dörner*, § 92 Rn 24.
20 GK-ArbGG/*Dörner*, § 92 Rn 25.
21 BAG 11.12.2001 – 1 ABR 3/01 – AP § 87 BetrVG 1972 Arbeitszeit Nr. 93.
22 Zur Rechtslage vor Inkrafttreten des ZPO-RG: BAG 20.12.1988 – 1 ABR 63/87 – AP Nr. 5 zu § 92 ArbGG 1979 = NZA 1989, 393.
23 BCF/*Friedrich*, ArbGG § 94 Rn 10; HWK/*Bepler*, § 94 Rn. 12; BAG 3.12.2003 -10 AZR 124/03- AP Nr. 19 zu § 1 TVG Tarifverträge: Musiker.

II. Landespersonalvertretungsangelegenheiten

Nach § 86 Abs. 2 LPVG BW gelten für Verfahren vor den Verwaltungsgerichten aufgrund des § 86 Abs. 1 LPVG BW die Vorschriften des ArbGG über das Beschlussverfahren entsprechend. Diese Vorschriften treten daher an die Stelle der VwGO (Teil II und Teil III). Entsprechende Regelungen haben die übrigen Bundesländer für Ihre Landespersonalvertretungsgesetze. Eine Ausnahme bildet das PersVG RP vom 26.9.2000,[24] das anders als das Landespersonalvertretungsgesetz vom 5.7.1977, eine Verweisung auf die Vorschriften des ArbGG über das Beschlussverfahren nicht enthält. Deshalb ist in Rheinland-Pfalz das Streitverfahren nach § 123 VwGO abzuwickeln.[25]

18

III. Ausnahmen

Über die Anfechtung der Wahl eines Bezirksstaatsanwaltsrats entscheiden die Verwaltungsgerichte im Verfahren der VwGO, das im Gegensatz zum Beschlussverfahren nicht kostenfrei ist.[26] Die Gültigkeit einer Rechtsverordnung nach § 24 Abs. 6 HePersVG (juris: PersVG HE) kann zulässigerweise Gegenstand eines Normenkontrollantrages nach § 47 VwGO sein.[27] Deshalb ist über das Begehren, die VO über die Sicherstellung der Personalvertretung in den Universitätskliniken Gießen und Marburg vom 17. März 2004, in der die Amtszeit der zusammengeschlossenen Dienststellen geregelt wurde, für nichtig zu erklären, nicht im personalvertretungsrechtlichen Beschlussverfahren entschieden worden. § 111 Abs. 1 Nr. 2 HePersVG, der für Streitigkeiten über Wahl und Amtszeit von Personalvertretungen in einem konkreten Fall oder aus Anlass eines solchen auf die Anwendung der Verfahrensvorschriften des arbeitsgerichtlichen Beschlussverfahrens verweist, fand nach Ansicht der Rspr. keine Anwendung. Die Verweisung erstrecke sich nämlich nicht auf Fälle, in denen Streitgegenstand allein die Gültigkeit einer Rechts-VO nach § 24 Abs. 6 HePersVG ist, durch welche das zuständige Ministerium den Zeitpunkt für die Neuwahl der Personalvertretungen festgelegt und deren Amtszeit verlängert hat. Insoweit komme allein ein Normenkontrollverfahren nach § 47 VwGO in Betracht.[28]

19

IV. Beteiligung des Oberbundesanwalts

Die entsprechende Geltung der arbeitsgerichtlichen Vorschriften im personalvertretungsrechtlichen Beschlussverfahren hindert nicht die Beteiligung des Oberbundesanwalts im Rechtsbeschwerdeverfahren vor dem BVerwG; denn der in Teil I des Gesetzes enthaltene § 35 VwGO, der die Bestellung und Beteiligung des Oberbundesanwaltes bei dem BVerwG regelt, ist keine Verfahrensvorschrift, sondern – wie auch die Überschrift zum Teil I der Verwaltungsgerichtsordnung ausdrücklich besagt – eine solche der Gerichtsverfassung.[29]

20

D. Beraterhinweise

I. Verlängerung der Rechtsbeschwerdefrist

Es besteht eine Fristenfalle. Während für das Beschwerdeverfahren in § 87 Abs. 2 Satz 1 auf die Möglichkeit der unbegrenzten Dauer der Verlängerung der Begründungsfrist in § 66 Abs. 1 Satz 5 verwiesen wird, ist es für die Rechtsbeschwerdebegründungsfrist anders. § 92 Abs. 2 Satz 1 verweist auf § 74 Abs. 1 Satz 3. Danach kann die Frist für die Rechtsbeschwerdebegründung auf Antrag höchstens bis zu einem weiteren Monat verlängert werden.[30] Da es eine Notfrist ist, kommt bei unverschuldeter Fristversäumnis nur die Wiedereinsetzung in den vorigen Stand nach § 233 ZPO in Betracht.

21

II. Rechtsbeschwerdeantrag

Grds. gilt für die Antragstellung nichts anderes, als bereits zur Revisionsantragstellung erläutert worden ist (vgl. § 74 Rn 46, 129 ff.). Die Besonderheit besteht in der Begrifflichkeit der Rechtsmittel des Beschlussverfahrens. Es gibt nur Beteiligte. Der Antrag des in allen Vorinstanzen unterlegenen BR lautet daher:

„auf die Rechtsbeschwerde des Betriebsrats den Beschluss des LAG … vom … TaBV … aufzuheben und auf die Beschwerde des Betriebsrats den Beschluss des Arbeitsgerichts … vom … BV … wie folgt abzuändern: Es wird festgestellt, dass dem Betriebsrat ein Mitbestimmungsrecht hinsichtlich der Einführung und Ausgestaltung des betrieblichen Eingliederungsmanagements zusteht."[31]

22

III. Zurückweisungsantrag

Der Zurückweisungsantrag des in der Vorinstanz erfolgreichen Betriebsrats lautet:

23

---

24 GVBl S. 402.
25 VG Mainz 14.1.2005 – L 1238/04.MZ – juris.
26 Hessischer VGH 12.3.1980 – I OE 73/79 – PersV 1982, 194.
27 BVerwG 1.2.2005 – 6 BN 5/04 – PersR 2005, 157.
28 BVerwG 2.4.1980 – 6 P 4/79 – Buchholz 238.31 § 56 BaWüPersVG Nr. 1; BVerwG 1.2.2005 – 6 BN 5/04 – PersR 2005, 157.
29 BVerwG 8.11.1989 – 6 P 7/87 – PersR 1990, 102.
30 BAG 16.7.2008 – 7 ABR 13/07 – AP Nr. 50 zu § 78a BetrVG 1972.
31 Vgl. zu diesem Mitbestimmungstatbestand: ArbG Dortmund 20.6.2005 – 5 BV 48/05 – juris; LAG Schleswig-Holstein 19.12.2006 – 6 TaBV 14/06 – jurisPR-ArbR 18/2007 Anm. 1 *Gagel*; umfassend *Düwell*, in: FS für Küttner, S. 139.

„die Rechtsbeschwerde der Arbeitgeberin gegen den Beschluss des Landesarbeitsgerichts ... vom ... TaBV ... zurückzuweisen."

IV. Antragseinschränkung bei Globalantrag

24 Eine in der Praxis immer wieder unterschätzte Schwierigkeit besteht für den RA, der den BR vertritt, wenn er einen Unterlassungsantrag stellt, um ein mitbestimmungswidriges Verhalten zu untersagen. Wird sein Antrag als zu weit gehender Globalantrag vom BAG angesehen, so kann er nicht mehr in der Rechtsbeschwerdeinstanz eine Konkretisierung durch einen hilfsweisen Feststellungsantrag stellen. Das Feststellungsbegehren wird dann nicht etwa als ein Minus angesehen, dass bereits im Unterlassungsantrag enthalten ist. Nach Ansicht des 1. Senats sind Gegenstand eines globalen Unterlassungsantrags nämlich sämtliche tatsächlichen Fallgestaltungen, die vom Antrag erfasst werden. Einschränkende Voraussetzungen, die bislang nicht zum Inhalt des Antrags erhoben worden sind, stellen danach im Vergleich zu diesem nicht ein Minus, sondern etwas anderes dar.[32] Sie erweitern nämlich das für die Sachentscheidung erforderliche Prüfprogramm. Somit schließt der Erste Senat nicht nur aus, dass das Gericht von sich aus einen als Globalantrag unbegründeten Antrag auf die begründeten Fälle einschränkt, sondern auch, dass der antragstellende BR diese Einschränkungen in der Rechtsbeschwerdeinstanz zum Antragsinhalt machen kann. Deshalb ist dringend zu empfehlen, bereits in der Beschwerdeinstanz Hilfsanträge zur Einschränkung eines möglicherweise zu weit gefassten Unterlassungsantrags zu stellen.

§ 92a Nichtzulassungsbeschwerde

¹Die Nichtzulassung der Rechtsbeschwerde durch das Landesarbeitsgericht kann selbständig durch Beschwerde angefochten werden. ²§ 72a Abs. 2 bis 7 ist entsprechend anzuwenden.

Literatur *Baden*, Neu im Beschlussverfahren Nichtzulassungsbeschwerde auch bei Grundsatzfragen möglich!, PersR 200, 235; *Bepler*, Änderungen im arbeitsgerichtlichen Verfahren durch das Anhörungsgesetz, RdA 2005, 65; *ders.*, Revisionszugang und rechtliches Gehör, JbArbR 43, 45; *Düwell*, Das Anhörungsrügengesetz – Mehr Rechtsschutz in den arbeitsgerichtlichen Verfahren!, FA 2005, 75; *Fölsch*, Das Anhörungsrügengesetz in Verfahren der Zivil-, der Arbeits- und der freiwilligen Gerichtsbarkeit, SchlHA 2005, 68; *Laber*, Fallstricke beim Zustimmungsverfahren gem. § 103 BetrVG, ArbRB 2005, 314

A. Allgemeines ... 1	III. Partieller Vertretungszwang ... 7
B. Regelungsgehalt ... 3	IV. Wirkung der Nichtzulassungsbeschwerde ... 8
I. Beschwerdebefugnis ... 3	V. Kosten ... 10
II. Beschwerdebegründung ... 4	**C. Verbindung zu anderen Rechtsgebieten** ... 11
1. Darlegung eines Zulassungsgrundes als Zulässigkeitsvoraussetzung ... 4	I. Nichtzulassungsbeschwerde in personalvertretungsrechtlichen Verfahren ... 11
2. Grundsatz-, Divergenz- und Verfahrensbeschwerde ... 5	II. Kosten bei Beschwerde gegen Wertfestsetzung ... 12
	D. Beraterhinweise ... 13

A. Allgemeines

1 Seit Inkrafttreten der Beschleunigungsnovelle vom 21.5.1979 kann auch im arbeitsgerichtlichen Beschlussverfahren die Entscheidung des LAG, die Rechtsbeschwerde nicht zuzulassen, mit der Beschwerde nach § 92a angefochten werden. Diese Bestimmung entspricht der Vorschrift § 72a, welche die Nichtzulassungsbeschwerde im Urteilsverfahren regelt.

2 S. 2 verweist auf § 72a Abs. 2 bis 7. Die für das Urteilsverfahren geltenden Bestimmungen sind entsprechend anwendbar. Es besteht insoweit ein Gleichlauf zum Recht der Nichtzulassungsbeschwerde im Urteilsverfahren. Es kann daher grds. auf die Erläuterungen zu § 72a verwiesen werden. Auch wenn hier kein ausdrücklicher Verweis auf § 72 Abs. 2 und 3 enthalten ist, so ist das LAG in der Entscheidung über die Zulassung der Rechtsbeschwerde nicht frei. Die Bindung an die Zulassungsvoraussetzungen ergibt sich aus dem in § 92 Abs. 1 S. 2 enthaltenen Verweis. Die Verweiskette ist allerdings nicht perfekt. Der Bezug auf die in § 72 Abs. 2 genannten Beschwerdegründe wird nur mittelbar durch die in § 72 Abs. 3 S. 2 aufgeführten Begründungspflichten hergestellt. Außerdem fehlt ein Verweis auf den Vertretungszwang, der für das Rechtsbeschwerdeverfahren in § 94 Abs. 1 geregelt ist.

---

32 BAG 11.12.2001 – 1 ABR 3/01 – AP § 87 BetrVG 1972 Arbeitszeit Nr. 93.

B. Regelungsgehalt
I. Beschwerdebefugnis

Während im Urteilsverfahren die Bestimmung der Beschwerdebefugnis einfach nach der formellen Beschwer zu treffen ist, ist es im Beschlussverfahren wegen der unterschiedlichen Stellung der Beteiligten und Antragsbefugten (vgl. dazu § 83 Rn 13) schwieriger. Lässt der Beschluss, der das zweitinstanzliche Beschlussverfahren beendet, keine Rechtsbeschwerde zu, so kann jeder durch den Beschluss materiell beschwerte Beteiligte die Nichtzulassung dieses Rechtsmittels anfechten, sofern er auch zur Einlegung der zuzulassenden Rechtsbeschwerde befugt wäre. Nach § 83 Abs. 1 S. 1 sind im Beschlussverfahren der AG, die AN und die Stellen zu hören, die nach dem BetrVG, dem MitbestG, dem BetrVG 1952 und den zu diesen Gesetzen ergangenen Rechts-VO im einzelnen Fall beteiligt sind: Daraus wird gefolgert, dass die Beteiligtenstellung nicht erst durch einen Akt des Gerichts begründet wird.[1] Somit ist es für die Frage, ob jemand Beteiligter des Beschlussverfahrens ist, unerheblich, ob das LAG den AN oder die Stelle zum Verfahren hinzugezogen hat. Die verfahrensrechtliche Stellung ergibt sich allein aus dem materiellen Recht. Daher kann auch ein Beteiligter, der nicht vom LAG hinzugezogen wurde, zur Einlegung von Rechtsmitteln berechtigt sein.[2] Im Umkehrschluss bedeutet das: Ein zu Unrecht vom LAG zum Verfahren Hinzugezogener kann nicht die Stellung eines Beteiligten erlangt haben: Er kann daher nicht rechtsmittelbefugt sein,[3] soweit er nicht eine seine Antragsbefugnis verneinende Entscheidung anfechten will.[4] Daraus folgt: Die Rechtsmittelbefugnis der BR-Mitglieder entfällt regelmäßig, nachdem ihr Amt als Mitglied des GBR geendet hat.[5]

II. Beschwerdebegründung
1. Darlegung eines Zulassungsgrundes als Zulässigkeitsvoraussetzung.
In § 72a Abs. 3 S. 2 sind die Voraussetzungen für die dem Beschwerdeführer obliegende ausreichende Begründung der Beschwerde geregelt. Nur wenn diese Voraussetzungen erfüllt sind, kommt es zu einer Sachprüfung des Beschwerdevorbringens,, indem das BAG prüft ob der dargelegte Zulassungsgrund sich aus dem Inhalt der LAG-Entscheidung ergibt (vgl. § 72a Rn 62 f.). Sind die Sachprüfungsvoraussetzungen nicht erfüllt, wird die Beschwerde als unzulässig verworfen.

2. Grundsatz-, Divergenz- und Verfahrensbeschwerde.
Mittelbar verweist § 92 Abs. 1 S. 2 über die Verweisung auf § 72a Abs. 3 S. 2 auch auf die Zulassungsgründe in § 72 Abs. 2:
– grds. Bedeutung einer vom LAG aufgeworfenen Rechtsfrage (§ 72 Abs. 1 Nr. 1 Grundsatzbeschwerde),
– Rechtssatzdivergenz einer vom LAG aufgeworfenen Rechtsfrage (§ 72 Abs. 1 Nr. 2 Divergenzbeschwerde),
– Verstoß gegen Anspruch auf rechtliches Gehör oder Vorliegen absoluter Revisionsgründe (§ 72 Abs. 1 Nr. 3 Verfahrensbeschwerde).

Es wird insoweit auf die Erläuterungen zu § 72a Rn 2 ff. Bezug genommen.

Hat das LAG eine die Entscheidung tragende Rechtsfrage von grundsätzlicher Bedeutung beantwortet, so wird die zur höchstrichterlichen Klärung eingelegte Nichtzulassungsbeschwerde unbegründet, wenn
1. die Rechtsfrage zwischenzeitlich höchstrichterlich geklärt wird und so das Klärungsbedürfnis entfällt,
2. bei unterstellter Zulassung diese Rechtsfrage in dem erstrebten Rechtsbeschwerdeverfahren nicht mehr geklärt werden könnte, weil sich die Rechtsfrage wegen Änderung der Rechtslage (z.B. Aufhebung der Beurteilungsrichtlinien, um deren Mitbestimmungsbedürftigkeit das Beschlussverfahren geführt wird) nicht mehr stellt.[6]

Bei der Verfahrensbeschwerde nach § 72 Abs. 2 Nr. 3 (vgl. § 72 Rn 34 f. und § 72a Rn 57 f.) ist der Unterschied zwischen Beschluss- und Urteilsverfahren zu beachten. Im arbeitsgerichtlichen Beschlussverfahren gilt nicht der Beibringungsgrundsatz, sondern nach § 83 Abs. 1 S. 1 der Grundsatz: „Das Gericht erforscht den Sachverhalt ... von Amts wegen". Auch wenn § 83 Abs. 1 S. 2 den Beteiligten Mitwirkungspflichten auferlegt, wirkt sich der Amtsermittlungsgrundsatz dahin aus, dass im Unterschied zum Urteilsverfahren weitergehende gerichtliche Hinweis- und Aufklärungspflichten bestehen. Diese Wirkung geht jedoch nicht soweit, dass in der Beschwerdebegründung weniger als im Urteilsverfahren dargelegt werden müsste. So hat der Beschwerdeführer konkret darzulegen, welches wesentliche Vorbringen vom LAG vermeintlich übergangen worden sein soll.[7] Dementsprechend muss eine Beschwerdebegründung, die eine Verletzung des Anspruchs auf rechtliches Gehör durch eine **Überraschungsentscheidung** geltend machen will, nach § 72a Abs. 3 Nr. 3, § 92a S. 2 den Inhalt des Rechtsgesprächs im Anhörungstermin so darlegen, dass das Rechtsbeschwerdegericht beurteilen kann, ob die geltend gemachte Gehörsverletzung vorliegt.[8]

---

1 BAG 13.7.1977 – 1 ABR 19/75 – AP § 83 ArbGG 1953 Nr. 8.
2 BVerwG 18.9.1970 – VII P 1.70 – PersV 1971, 60.
3 BVerwG 15.12.1978 – 6 P 13/78 – PersV 1980, 145; BAG 14.11.1975 – 1 ABR 61/75 – AP § 18 BetrVG 1972 Nr. 1.
4 Insoweit teilweise Aufgabe des zu weit gefassten Ausschlusses in der Entscheidung BAG 14.11.1975 – 1 ABR 61/75 – AP § 18 BetrVG 1972 Nr. 1 durch BAG 25.8.1981 – 1 ABR 61/79 – AP § 83 ArbGG 1979 Nr. 2.
5 BAG 16.3.2005 – 7 ABR 37/04 – AP § 51 BetrVG 1972 Nr. 5.
6 BVerwG 28.7.2006 – 6 PB 6/06 – juris.
7 BAG 22.3.2005 – 1 ABN 1/05 – AP § 72a ArbGG 1979 Rechtliches Gehör Nr. 3.
8 BVerwG 10.7.2008 – 6 PB 10/08 – NZA-RR 2008, 659 unter Bezug auf BAG 1.3.2005 – 9 AZN 29/05 – BAGE 114, 57.

III. Partieller Vertretungszwang

7 Auch wenn in § 92a anders als in § 94 Abs. 1 der Vertretungszwang nicht geregelt ist, so geht die einhellige Meinung von einem Gleichlauf zwischen Rechtsbeschwerde und Nichtzulassungsbeschwerde aus. Die Lücke wird durch Analogie geschlossen. Bezogen auf die Unterzeichnung der Beschwerdeschrift und ihrer Begründung gilt der gleiche partielle Zwang zur Vertretung nach § 11 Abs. 4 S. 2 durch besondere postulationsfähige Personen wie für die Rechtsbeschwerde (vgl. § 92 Rn 11).[9] Das bedeutet: Die übrigen Beteiligten am Nichtzulassungsbeschwerdeverfahren können ihre Stellungnahmen oder Erklärungen ohne anwaltliche oder sonstige Vertretung abgeben. Der Beschwerde führende Beteiligte kann selbst, ohne dass ein RA oder sonstiger postulationsfähiger Bevollmächtigter unterschreiben muss, die Nichtzulassungsbeschwerde zurücknehmen.

IV. Wirkung der Nichtzulassungsbeschwerde

8 Die Beschwerdeeinlegung nach § 92a löst dieselben Wirkungen wie die nach § 72a Abs. 1, 2 (vgl. § 72a Rn 77 ff.) aus. Besonders zu beachten ist die aufschiebende Wirkung der Nichtzulassungsbeschwerde in Beschlussverfahren, § 92 Abs. 3 S. 1. Sie hat große praktische Bedeutung für das Beschlussverfahren, das nach § 103 Abs. 2 BetrVG zur Ersetzung der Zustimmung des BR zur außerordentlichen Künd eines BR-Mitglieds geführt wird. Insoweit wird auf die Erläuterungen zu § 72a Rn 17 f. verwiesen. Nach Einlegung der Nichtzulassungsbeschwerde tritt gem. § 322 Abs. 1 ZPO i.V.m. §§ 46 Abs. 2, 80 Abs. 2 mit Zustellung des die Nichtzulassungsbeschwerde zurückweisenden Beschlusses des BAG die materielle Rechtskraft ein. Die Rechtskraft umfasst nicht allein die Ersetzung der Zustimmung als solche, sondern auch die Feststellung der Berechtigung oder im Fall der Antragszurückweisung die Feststellung der Nichtberechtigung der Herbeiführung der Gestaltungswirkung, d.h. das Bestehen oder Nichtbestehen eines Künd-Grundes.[10]

9 Wird auf die Beschwerde eines Beteiligten vom BAG die Zulassung beschlossen, so bedarf es keiner Einlegung der Rechtsbeschwerde. Nach § 72a Abs. 6, 7 wird das Verfahren als Rechtsbeschwerdeverfahren fortgesetzt. Mit der Zustellung des Zulassungsbeschlusses beginnt der Lauf der zweimonatigen Frist zur Begründung der Rechtsbeschwerde, §§ 92 Abs. 2 S. 1, 74 Abs. 1 S. 1.

V. Kosten

10 Im Rahmen der Nichtzulassungsbeschwerde nach § 92a entscheidet das BAG nicht über die Kosten; denn nach § 2 Abs. 2 GKG werden im Beschlussverfahren keine Kosten erhoben. Das BAG setzt den Wert des Verfahrens nach § 33 Abs. 1 RVG auf Antrag fest.

C. Verbindung zu anderen Rechtsgebieten

I. Nichtzulassungsbeschwerde in personalvertretungsrechtlichen Verfahren

11 Nach § 83 Abs. 2 BPersVG i.V.m. S. 1 und aufgrund entsprechender Verweise in den Landespersonalvertretungsgesetzen findet das Nichtzulassungsbeschwerdeverfahren für die personalvertretungsrechtlichen Angelegenheiten auch vor dem BVerwG statt. Die umfangreiche Rspr. des BVerwG kann jedoch nicht für das Aufzeigen von Rechtssatzdivergenzen genutzt werden (vgl. Rn 14).

II. Kosten bei Beschwerde gegen Wertfestsetzung

12 Zu der nach § 33 Abs. 3 RVG erhobenen Streitwertbeschwerde wurde vertreten, diese habe ebenfalls an der Kostenfreiheit des § 2 Abs. 2 GKG teil.[11] Seit der Neuregelung des Kostenrechts mit Wirkung zum 1.1.2007 kann an dieser Auff. nicht mehr festgehalten werden. Ist eine nach § 33 Abs. 3 RVG gegen die Festsetzung des Gegenstandswertes erhobene Beschwerde erfolglos, so ist seitdem auch in arbeitsgerichtlichen Beschwerdeverfahren kostenpflichtig zurückzuweisen. Dies folgt aus § 1 S. 2 GKG i.d.F. des 2. JuMoG vom 22.12.2006.[12] Die Kostenfreiheit des § 2 Abs. 2 GKG für arbeitsgerichtliche Beschlussverfahren steht dem nicht mehr entgegen.[13]

D. Beraterhinweise

13 Für das Aufzeigen einer Rechtssatzdivergenz ist es unerheblich, in welcher Verfahrensart die divergenzfähigen Entscheidungen ergangen sind.[14] Unerheblich ist auch, ob die Beschwerde als Grundsatz-, Divergenz- oder Verfahrensbeschwerde bezeichnet wird. Entscheidend ist, ob die Beschwerdebegründung objektiv einen der in § 72 Abs. 2 Nr. 1 bis 3 genannten Zulassungsgründe darlegt.

---

9 GK-ArbGG/*Mikosch*, § 92a Rn 13; BCF/*Friederich*, § 92a Rn 3; Schwab/Weth/*Busemann*, ArbGG § 92 Rn 8.
10 BAG 8.6.2000 – 2 ABR 1/00 – AP § 2 BeschSchG Nr. 3.
11 LAG Hamm 14.10.1976 – 8 TaBV 52/76 – AR-Blattei ES 160.13 Nr. 78; LAG Hamm 13.9.1979 – 8 TaBV 63/79 – AR-Blattei ES 160.13 Nr. 97; so auch GK-ArbGG/*Wenzel*, § 12 Rn 105; a.A. LAG Köln 31.3.2000 – 10 Ta 50/00 – LAGE § 10 BRAGO Nr. 10,
12 BGBl I 2006 S. 3416.
13 LAG Hamm 19.3.2007 – 10 Ta 97/07 – juris.
14 ErfK/*Eisemann/Koch*, § 92 ArbGG Rn 2.

§ 72 Abs. 2 Nr. 2 enthält in der Aufzählung der Gerichte, deren Entscheidungen zum Aufzeigen einer Rechtssatz- 14
divergenz herangezogen werden dürfen, nicht das BVerwG. Damit wird ausgeschlossen, dass im arbeitsgerichtlichen Beschlussverfahren eine Nichtzulassungsbeschwerde mit einer Abweichung von der Rspr. des BVerwG zu Vorschriften des ArbGG begründet werden kann, obwohl das BVerwG auch diese Normen anwendet und auslegt (vgl. § 92 Rn 16). Diese Art von Divergenzen kann allein durch die Anrufung des Gemeinsamen Senats der obersten Gerichtshöfe des Bundes bereinigt werden.

§ 92b Sofortige Beschwerde wegen verspäteter Absetzung der Beschwerdeentscheidung

[1]Der Beschluss eines Landesarbeitsgerichts nach § 91 kann durch sofortige Beschwerde angefochten werden, wenn er nicht binnen fünf Monaten nach der Verkündung vollständig abgefasst und mit den Unterschriften sämtlicher Mitglieder der Kammer versehen der Geschäftsstelle übergeben worden ist. [2]§ 72b Abs. 2 bis 5 gilt entsprechend. [3]§ 92a findet keine Anwendung.

Literatur: *Düwell*, Das Anhörungsrügengesetz – Mehr Rechtsschutz in den arbeitsgerichtlichen Verfahren!, FA 2005, 75; *Ostrowicz/Künzl/Schäfer*, Handbuch des arbeitsgerichtlichen Verfahrens, 3. Aufl. 2006

A. Allgemeines	1	1. Unterschied zwischen Rechtsbeschwerdefrist und Absetzungsfrist	7
B. Regelungsgehalt	3	2. Missbräuchliche Verhinderungsvermerke	7a
C. Verbindung zu anderen Rechtsgebieten	6	II. Kassationsbeschwerde und Meistbegünstigung	8
D. Beraterhinweise	7	III. Ausschluss der Nichtzulassungsbeschwerde	9
I. Einhaltung der Absetzungsfrist	7		

A. Allgemeines

Das Gesetz über die Rechtsbehelfe bei Verletzung des Anspruchs auf rechtliches Gehör (Anhörungsrügengesetz) 1
vom 9.12.2004[1] hat für das Urteilsverfahren die **Kassationsbeschwerde**[2] in § 72b geschaffen. Das Gegenstück für das Beschlussverfahren ist in § 92b geregelt. Es steht als ein besonderes Rechtsmittel gegen einen das Beschlussverfahren beendenden Beschluss des LAG (§ 91) zur Verfügung, sobald der Beschluss nicht:

- **innerhalb von fünf Monaten nach seiner Verkündung** vollständig mit den Entscheidungsgründen abgefasst und
- mit den **Unterschriften** des berufsrichterlichen Mitglieds sowie der ehrenamtlichen Mitgliedern der Kammer versehen
- der **Geschäftsstelle** des LAG übergeben worden ist.

Diese Fünf-Monats-Frist für die Absetzung beruht auf einer Entscheidung des Gemeinsamen Senats der obersten Ge- 2
richtshöfe des Bundes.[3]

B. Regelungsgehalt

Im Beschlussverfahren können die Beschlüsse, mit denen das LAG über die Beschwerde im Beschlussverfahren ent- 3
schieden hat (vgl. § 91), durch sofortige Beschwerde („Kassationsbeschwerde") beim BAG angefochten werden, wenn die Fünf-Monats-Frist für die Absetzung der Entscheidung (siehe Rn 1) nicht gewahrt worden ist. Bei Begründetheit der sofortigen Beschwerde ist der angefochtene LAG-Beschluss durch die berufsrichterlichen Richter des zuständigen Senats ohne weiteres aufzuheben und die Sache an das LAG zurückzuverweisen. Sie kann auch auf Anregung eines Beteiligten oder von Amts wegen an eine andere Kammer verwiesen werden. Für das arbeitsgerichtliche Beschlussverfahren gelten insoweit keine Besonderheiten. Es kann daher auf die Kommentierung zu § 72b Bezug genommen werden.

Da nach §§ 94 Abs. 1, 11 Abs. 4 die Rechtsbeschwerdeschrift und die Rechtsbeschwerdebegründung von einem RA 4
oder einer sonstigen postulationsfähigen Person mit Befähigung zum Richteramt unterzeichnet werden muss (vgl. § 92 Rn 11), muss in diesem Umfang auch der Vertretungszwang für die Einlegung der sofortigen Beschwerde nach § 92b zur Anwendung kommen.[4] Das bedeutet: Die übrigen Beteiligten am Nichtzulassungsbeschwerdeverfahren können ihre Stellungnahmen oder Erklärungen ohne anwaltliche oder sonstige in § 11 Abs. 4 vorgeschriebene Vertretung abgeben.

---

1 BGBl I S. 3220, 3222.
2 So zutreffende Bezeichnung bei *BCF*, § 92b.
3 GmSOBG 27.4.1993 – GmSOBG 1/92 – BVerwGE 92, 367.
4 GK-ArbGG/*Mikosch*, § 92b Rn 8; HWK/*Bepler*, § 92b ArbGG Rn 1.

5 Berechtigt zur Einlegung der sofortigen Beschwerde nach § 92b ist jeder durch die Entscheidung i.S.v. § 91 beschwerte Beteiligte, der bei Zulassung der Rechtsbeschwerde zu deren Einlegung befugt wäre.[5]

C. Verbindung zu anderen Rechtsgebieten

6 Die Kassationsbeschwerde nach § 92b ist nach § 83 Abs. 2 BPersVG i.V.m. § 92a S. 1 und aufgrund entsprechender Verweise in den Landespersonalvertretungsgesetzen auch im personalvertretungsrechtlichen Beschlussverfahren vor dem BVerwG anwendbar. Rspr. dazu ist noch nicht veröffentlicht worden.

D. Beraterhinweise

I. Einhaltung der Absetzungsfrist

7 **1. Unterschied zwischen Rechtsbeschwerdefrist und Absetzungsfrist.** In der Praxis tauchen immer wieder Probleme auf, weil eine Verwechselung der Fünf-Monats-Frist für die Kassationsbeschwerde nach § 92b mit der für den Lauf der Rechtsbeschwerdefrist geltenden gleichlang bemessenen Fünf-Monats-Frist nach §§ 92 Abs. 1, 74 Abs. 1 S. 2 auftritt. Die Unterscheidung fällt offensichtlich schwer. Die Fünf-Monats-Frist nach § 92b dient dazu festzustellen, ob die Entscheidungsgründe so frühzeitig abgesetzt worden sind, dass noch zwischen Beratung und Unterschrift ein ausreichend enger zeitlicher Zusammenhang besteht. Dieser wird nicht mehr angenommen, wenn seit der Verkündung und der Übergabe der unterschriebenen vollständigen Entscheidung mehr als fünf Monate vergangen sind.[6] Da ein am letzten Tag der Fünf-Monats-Frist noch rechtzeitig der Geschäftsstelle übergebener vollständig abgesetzter Beschluss noch von der Geschäftsstelle ausgefertigt und zugestellt werden muss, können bis zur Zustellung an die Beteiligten noch einige Tage oder Wochen vergehen. Wird ein Beschluss nach fünf Monaten und zwei Wochen zugestellt, so kann daraus noch nicht auf die Nichteinhaltung der für die Kassationsbeschwerde maßgeblichen Fünf-Monats-Frist für die Absetzung der Entscheidung geschlossen werden. Dazu bedarf es vielmehr der Einholung einer schriftlichen Auskunft der Geschäftsstelle über das Datum der Übergabe der vollständig von allen Mitgliedern des Spruchkörpers unterschriebenen Entscheidung. Wer auf Nummer sicher gehen will, sollte auf der Geschäftsstelle Einblick in die Akte verlangen und sich den auf dem Original angebrachten Eingangsvermerk des Urkundsbeamten der Geschäftsstelle zeigen lassen.

7a **2. Missbräuchliche Verhinderungsvermerke.** Da die ehrenamtlichen Richter die Beschwerdeentscheidungen mit zu unterschreiben haben, muss der Vorsitzende Richter für die Einhaltung der Absetzungsfrist die nötige Versendung des Entscheidungsentwurfs an die ehrenamtlichen Richter einkalkulieren. Das wird in der Praxis nicht immer getan. Um die Unsitte verspäteter Entscheidungen abzustellen, werden nur zum Zwecke der Wahrung der Absetzungsfrist angebrachte Verhinderungsvermerke vom BAG inhaltlich überprüft. Wenn nach dem Vorbringen des Beschwerdeführers davon ausgegangen werden kann, dass der den Vermerk anbringende Berufsrichter den Rechtsbegriff der Verhinderung verkannt haben könnte, klärt das Rechtsbeschwerdegericht im Wege des Freibeweises, ob der betreffende Richter tatsächlich verhindert war und daher ein Grund für die Ersetzung seiner Unterschrift vorgelegen hat. Für die Feststellung, dass ein ehrenamtlicher Richter gemäß § 315 Abs. 1 S. 2 ZPO verhindert ist, dem Urteil seine Unterschrift beizufügen, wird dazu auf die Gesamtdauer der Ortsabwesenheit und nicht auf die Zeit der Verhinderung bis zum Ablauf der in § 92b bestimmten Frist zur Urteilsabsetzung abgestellt.[7]

Beispiel:
Aus den eingeholten dienstlichen Äußerungen der Kammervorsitzenden und der Geschäftsstellenverwalterin sowie dem Datumsvermerk auf dem Original des unterschriebenen Beschwerdebeschlusses ergibt sich, dass der Geschäftsstelle erst **am letzten Tag der Fünf-Monats-Frist** das unterschriebene Entscheidungsoriginal übergeben wurde. Wenn die ehrenamtlichen Richter wie im Vermerk niedergelegt tatsächlich an diesem Tag oder möglicherweise bereits einige Tagen zuvor urlaubsabwesend waren, so ist das nach der Rechtsprechung unerheblich. Der Vorsitzende hätte bei Absetzung der Entscheidung am letzten Tag der Frist nicht von den Voraussetzungen des § 315 Abs. 1 Satz 2 ZPO ausgehen dürfen.[8]

II. Kassationsbeschwerde und Meistbegünstigung

8 Hat das LAG die Rechtsbeschwerde zugelassen, so ist der beschwerte Beteiligte vorsorglich gehalten, zur Vermeidung des Ablaufs der Rechtsmittelfrist nach §§ 92 Abs. 1, 74 Abs. 1 S. 2 nach Ablauf von fünf Monaten nach Verkündung als Rechtsmittel die zugelassene Revisionsbeschwerde einzulegen. Ergibt die spätere Einsichtnahme auf der Geschäftsstelle, dass die Fünf-Monats-Frist für die Absetzung nicht eingehalten ist, so muss vom Rechtsmittel Rechtsbeschwerde auf das Rechtsmittel sofortige Beschwerde umgestiegen werden. Das Rechtsmittel Rechts-

---

5 GK-ArbGG/*Mikosch*, § 92b Rn 6; HWK/*Bepler*, § 92b ArbGG Rn 1.
6 GmSOBG 27.4.1993 – GmSOBG 1/92 – BVerwGE 92, 367.
7 BAG 24.6.2009 – 7 ABN 12/09 – juris.
8 BAG 24.6.2009 – 7 ABN 12/09 – NZA-RR 2009, 553.

beschwerde kann nicht erfolgreich sein; denn in § 93 Abs. 1 S. 2 ist ausdrücklich ausgeschlossen, die Rechtsbeschwerde auf den in § 92b geregelten Verspätungsgrund zu stützen. Soweit im Schrifttum dennoch der Versuch einer Verfahrensrüge im Rechtsbeschwerdeverfahren erörtert wird,[9] beruht das darauf, dass § 93 Abs. 1 S. 2 übersehen worden ist.[10] Für den Wechsel des Rechtsmittels bedarf es dann der Begründung, dass nach Lauf der Rechtsbeschwerdefrist die Einsichtnahme in die Verfahrensakte ergeben hat, dass der zugestellte Beschluss verspätet abgesetzt worden ist. Hier kommt der **Meistbegünstigungsgrundsatz** zur Anwendung. Danach steht den Parteien dasjenige Rechtsmittel zu, welches nach der Art der tatsächlich ergangenen Entscheidung statthaft ist; denn den Parteien dürfen durch das fehlerhafte Verfahren des Gerichts keine Nachteile entstehen.[11] So ist es hier.

III. Ausschluss der Nichtzulassungsbeschwerde

Sind fünf Monate nach Verkündung vergangen und hat das LAG in dem verkündeten Tenor die Rechtsbeschwerde nicht zugelassen, so könnte theoretisch eine Nichtzulassungsbeschwerde auf Verfahrensfehler oder auf die grds. Bedeutung einer vom LAG in der mündlichen Anhörung aufgeworfenen Rechtsfrage gestützt werden. Dieser Rechtsbehelf ist jedoch wie das Schrifttum meint nicht nur weniger „vorzugswürdig",[12] sondern ausdrücklich in S. 3 ausgeschlossen. Hat das LAG keine Rechtsbeschwerde zugelassen, so ist nur die sofortige Beschwerde nach § 92b statthaft. Zur Vermeidung unnötiger durch die Rücknahme der Beschwerde entstehender Kosten ist es ratsam, vor Einlegung der Beschwerde in die Gerichtsakte Einsicht zu nehmen. Dazu sollte eine Wiedervorlagefrist eingetragen werden, die ausreichend für ein mehrtägiges Einsichtsbegehren ist, weil Komplikationen nicht auszuschließen sind.

9

§ 93 Rechtsbeschwerdegründe

(1) ¹Die Rechtsbeschwerde kann nur darauf gestützt werden, daß der Beschluß des Landesarbeitsgerichts auf der Nichtanwendung oder der unrichtigen Anwendung einer Rechtsnorm beruht. ²Sie kann nicht auf die Gründe des § 92b gestützt werden.
(2) § 65 findet entsprechende Anwendung.

Literatur: *Etzel*, Das Beschlussverfahren, AR-Blattei SD 160.12; *Körnich*, Das arbeitsgerichtliche Beschlußverfahren in Betriebsverfassungssachen, Kiel 1969; *Wolf*, Vorschriftswidrige Besetzung des Gerichts als Revisionsgrund im Beschlußverfahren, SAE 1984, 292

A. Allgemeines 1	VI. Nachprüfbarkeit von Einigungsstellensprüchen .. 12
B. Regelungsgehalt 5	C. **Rechtsbeschwerdegründe in**
I. Geltendmachen von Rechtsfehlern 5	**Personalvertretungssachen** 15
II. Sachrüge 6	I. Revisibilität 15
III. Verfahrensrüge 6a	II. Sachentscheidung auch nach Erledigung 17
1. Von Amts wegen zu berücksichtigende Mängel 6a	III. Offizialmaxime 18
2. Auf Rüge zu berücksichtigende Mängel 7	D. **Beraterhinweise** 19
IV. Prüfungsumfang 10	I. LAG hat mehrfach begründet 19
V. Unbestimmte Rechtsbegriffe 11	II. LAG hat Antragsänderung nicht zugelassen 20

A. Allgemeines

Ebenso wie im Revisionsverfahren prüft das BAG im Rechtsbeschwerdeverfahren eines Beschlussverfahrens die angefochtene Entscheidung nur auf Rechtsfehler. Gegenstand der Prüfung ist die unterlassene oder fehlerhafte Anwendung einer formellen und materiellen Rechtsnorm i.S.d. § 73.

1

Die nach Abs. 1 von der Rechtsbeschwerde geltend zu machenden Rechtsbeschwerdegründe entsprechen inhaltlich den Revisionsgründen des § 73 Abs. 1 (ausführlich hierzu siehe § 73 Rn 9 ff.), Abs. 2.

2

Die Bestimmung in § 65, die in Abs. 2 für entsprechend anwendbar erklärt wird, ist identisch mit der Regelung in § 73 Abs. 2. Hiernach sind im Rechtsbeschwerdeverfahren – ebenso wie im Revisions- und Berufungsverfahren – Beschwerdegründe hinsichtlich Rechtsweg, Verfahrensart und Berufung der ehrenamtlichen Richter ausgeschlossen (ausführlich hierzu siehe § 73 Rn 61 f., § 65 Rn 2 ff., § 88 Rn 3). Die Prüfung der Frage, ob das LAG in der richtigen arbeitsgerichtlichen Verfahrensart (Beschluss- oder Urteilsverfahren) entschieden hat, ist seit dem Inkrafttreten der Neufassung des § 65 durch das Vierte VwGO-ÄndG vom 17. Dezember 1990[1] dem BAG verwehrt.[2] Zwar verpflich-

3

---

9 HWK/*Bepler*, § 92b ArbGG Rn 1.
10 So zu Recht *Ostrowicz/Künzl/Schäfer*, Rn 795.
11 BGH 17.10.1986 – V ZR 169/85 – NJW 1987, 442; BAG 14.10.1982 – 2 AZR 570/80 – AP § 72 ArbGG 1979 Nr. 2.

12 HWK/*Bepler*, § 92b ArbGG Rn 1.
1 BGBl I S. 2809.
2 BAG 5.5.1992 – 1 ABR 1/92 – NZA 1992, 1089.

tet § 17a Abs. 3 GVG das Gericht bei Erhebung einer Rüge über die Zulässigkeit des Rechtsweges vorab zu entscheiden. Ein Verstoß gegen diese Pflicht führt jedoch nicht dazu, dass die Prüfung entgegen § 17a Abs. 5 GVG vom Rechtsmittelgericht nachgeholt werden muss. Dies widerspräche dem Sinn der gesetzlichen Neuregelung, längere Streitigkeiten über den richtigen Rechtsweg zu verhindern.[3]

4   Nach S. 2 ist es ausgeschlossen, die Rechtsbeschwerde auf die verspätete Absetzung eines LAG-Beschlusses i.S.v. § 91 zu stützen. Für diesen Fall steht exklusiv die sofortige Beschwerde nach § 92b zur Verfügung (Einzelheiten siehe § 92b Rn 7).

B. Regelungsgehalt

I. Geltendmachen von Rechtsfehlern

5   Zur Geltendmachung von Rechtsfehlern in der Rechtsbeschwerdebegründung genügt es nach st. Rspr. zur Begründung eines Rechtsmittels nicht, auf die Ausführungen in den Vorinstanzen Bezug zu nehmen.[4] Jedoch kann nach § 551 Abs. 3 S. 2 ZPO auf die Begründung einer erfolgreichen Nichtzulassungsbeschwerde i.S.v. § 92a Bezug genommen werden.

II. Sachrüge

6   Nach § 551 Abs. 3 S. 1 Nr. 2a ZPO sind bei einer Sachrüge die Umstände zu bezeichnen, aus denen sich die Rechtsverletzung ergeben soll. Nach dem Inkrafttreten des Gesetzes zur Reform des Zivilprozesses vom 27. Juli 2001[5] ist zwar die Bezeichnung der verletzten Rechtsnorm nicht mehr vorgeschrieben. Die Rechtsbeschwerdebegründung hat jedoch den Rechtsfehler des LAG so aufzuzeigen, dass Gegenstand und Richtung des rechtsbeschwerdlichen Angriffs erkennbar sind. Dies erfordert eine Auseinandersetzung mit den tragenden Gründen der angefochtenen Entscheidung. Der Rechtsbeschwerdeführer muss darlegen, warum er die Begründung des Beschwerdegerichts für unrichtig hält. Er darf sich nicht darauf beschränken, seine Rechtsausführungen aus den Vorinstanzen zu wiederholen.[6] Darzulegen ist, weshalb der angefochtene Beschluss rechtsfehlerhaft sein soll.[7] Es soll u.a. sichergestellt werden, dass der Verfahrensbevollmächtigte des Rechtsbeschwerdeführers den angefochtenen Beschluss im Hinblick auf das Rechtsmittel überprüft und mit Blickrichtung auf die Rechtslage genau durchdenkt. Außerdem soll die Rechtsbeschwerdebegründung durch ihre Kritik der angefochtenen Entscheidung zur richtigen Rechtsfindung durch das Rechtsbeschwerdegericht beitragen.[8]

III. Verfahrensrüge

6a **1. Von Amts wegen zu berücksichtigende Mängel.** Von Amts wegen sind alle Verfahrensfortsetzungsvoraussetzungen zu prüfen. Dazu gehören insbesondere die schon vom LAG von Amts wegen zu prüfenden Zulässigkeitsvoraussetzungen der Beschwerde im Beschlussverfahren.[9]

Die Einleitung des arbeitsgerichtlichen Beschlussverfahrens und die Beauftragung des für ihn auftretenden RA bedarf eines Beschlusses des BR. Fehlt es daran, ist der Betriebsrat nicht wirksam gerichtlich vertreten.[10] Nach § 56 Abs. 1 ZPO, der gemäß § 80 Abs. 2 S. 1 i.V.m. § 46 Abs. 2 S. 1 im arbeitsgerichtlichen Beschlussverfahren entsprechend gilt, hat das Gericht den Mangel der Legitimation eines gesetzlichen Vertreters und der erforderlichen Ermächtigung zur Prozessführung von Amts wegen zu berücksichtigen.[11] Eine Heilung ist möglich, denn der BR kann durch eine nachträgliche Beschlussfassung eine von dem BR-Vorsitzenden zuvor ohne Rechtsgrundlage im Namen des BR abgegebene Erklärung genehmigen.[12]

Ein weiter Verfahrensmangel liegt vor, wenn die Beteiligung eines nach § 83 Abs. 3 ArbGG zu Beteiligenden in der Vorinstanz unterblieben ist. Dieser Verfahrensmangel ist jedoch nicht von Amts wegen sondern nur auf ausdrück-

---

3 BAG 28.4.1992 – 1 ABR 68/91 – AP § 50 BetrVG 1972 Nr. 11.
4 BAG 15.11.2006 – 7 ABR 6/06 – juris; BAG 11.2.2004 – 7 ABR 33/03 – AP § 94 ArbGG 1979 Nr. 3 = EzA § 94 ArbGG 1979 Nr. 4, zu II 2 der Gründe m.w.N.
5 BGBl I S. 1887.
6 BAG 10.4.1984 – 1 ABR 62/82 – AP § 94 ArbGG 1979 Nr. 1 = EzA § 94 ArbGG 1979 Nr. 2; BAG 27.10.1987 – 1 ABR 9/86 – BAGE 56, 270 = AP § 112 BetrVG 1972 Nr. 41 = EzA § 112 BetrVG 1972 Nr. 41.
7 BAG 29.10.1997 – 5 AZR 624/96 – BAGE 87, 41 = AP § 554 ZPO Nr. 30 = EzA § 554 ZPO Nr. 7.
8 BAG 6.1.2004 – 9 AZR 680/02 – BAGE 109, 145 = AP § 74 ArbGG 1979 Nr. 11 = EzA § 551 ZPO Nr. 1.
9 BAG 28.6.2005 – 1 ABR 26/04 – NZA 2006, 111, 113; BAG 27.1.2004 – 1 AZR 105/03 – AP ArbGG 1979 § 64 Nr. 35.
10 BAG 18.2.2003 – 1 ABR 17/02 – BAGE 105, 19 = AP BetrVG 1972 § 77 Betriebsvereinbarung Nr. 11; BAG 9.12.2003 – 1 ABR 44/02 – AP BetrVG 1972 § 33 Nr. 1 zu B.I.1.b. der Gründe.
11 BAG 19.1.2005 – 7 ABR 24/04 – juris = ZBVR online 2005, Nr. 9, 6.
12 BAG 10.10.2007 – 7 ABR 51/06 – BAGE 124, 188 = AP Nr. 17 zu § 26 BetrVG 1972.

liche Rüge zu berücksichtigen. Dennoch muss im Rechtsbeschwerdeverfahren die bislang zu Unrecht unterbliebene Beteiligung von Amts wegen nachgeholt werden[13]

2. Auf Rüge zu berücksichtigende Mängel. Eine Verfahrensrüge ist erst zulässig erhoben, wenn der Rechtsbeschwerdeführer die Tatsachen bezeichnet, die den Mangel ergeben, auf den sich die Rechtsbeschwerde stützen will (§ 551 Abs. 3 S. 1 Nr. 2b ZPO). Dabei ist darzulegen, dass der im Beschwerdeverfahren ergangene Beschluss auf dem Verfahrensmangel beruht, also bei richtigem Verhalten das LAG zu einer anderen Entscheidung gekommen wäre.[14]

Bei der auf § 286 ZPO gestützten Rüge, das LAG habe einen bestimmten Sachvortrag übersehen, ist anzugeben, aufgrund welchen Vortrags das LAG zu welcher anderen Tatsachenfeststellung hätte gelangen müssen.[15]

Eine Verfahrensrüge kann auch darauf gestützt werden, dass das LAG seiner Pflicht aus §§ 90 Abs. 2, 83 Abs. 1 zur Aufklärung des Sachverhalts nicht nachgekommen ist.[16] § 83 Abs. 2 verpflichtet das Gericht, den Sachverhalt von Amts wegen aufzuklären. Die Ermittlung ist jedoch nur soweit auszudehnen, als das bisherige Vorbringen der Beteiligten und der schon bekannte Sachverhalt bei pflichtgemäßer Würdigung Anhaltspunkte dafür bieten, dass der entscheidungserhebliche Sachverhalt noch weiterer Aufklärung bedarf. Bei der Aufklärung haben gem. § 83 Abs. 1 S. 2 neben dem Antragsteller alle am Verfahren Beteiligten mitzuwirken. Sie haben unabhängig von ihrer Stellung im Verfahren und von ihrem Interesse an seinem Ausgang alle entscheidungserheblichen Tatsachen vorzutragen. Kommen sie trotz entsprechender Hinweise des Gerichts ihrer Mitwirkungspflicht nicht nach, so kann dies je nach dem Grund der Weigerung dazu führen, dass auch das Gericht nicht mehr zu weiterer Aufklärung verpflichtet ist.[17] Da das Gericht den wahren Sachverhalt ermitteln soll, ist es an Geständnisse der Parteien nicht gebunden. Die Vorschriften des § 138 Abs. 3 und des § 288 ZPO finden keine Anwendung.[18] Jedoch folgt daraus nicht, dass über jede Tatsachenbehauptung Beweis zu erheben ist. Soweit die Beteiligten einen Sachverhalt übereinstimmend vortragen oder das substantiierte Vorbringen von anderen nicht bestritten wird oder sich an dessen Richtigkeit keine Zweifel aufdrängen, bedarf es i.d.R. keiner Beweisaufnahme.[19] Die Rechtsbeschwerde kann daher mit Erfolg rügen, das Beschwerdegericht habe bei der Feststellung des einem Beteiligten zur Last gelegten Verhaltens gegen den Untersuchungsgrundsatz des § 83 Abs. 1 verstoßen, weil es nicht ausreichend die Sachdarstellung eines Beteiligten gewürdigt und infolgedessen zu Unrecht die Sachdarstellung des Antragstellers als „unstreitig" angesehen habe.[20]

IV. Prüfungsumfang

Ist die Rechtsbeschwerdebegründung ausreichend, weil zumindest eine fehlerhafte Rechtsanwendung ordnungsgemäß (wenn auch nicht durchgreifend) gerügt worden ist, so ist das Rechtsbeschwerdegericht nicht darauf beschränkt, nur die geltend gemachten Rechtsbeschwerdegründe zu prüfen. Es ist insoweit bei der Prüfung der fehlerhaften Anwendung materiellen Rechts nicht gebunden (§§ 92 Abs. 2 S. 1, 72 Abs. 5, § 557 Abs. 3 S. 2 ZPO). Es ist befugt, jede materielle Rechtsnorm seiner Nachprüfung zu unterziehen. Im Rechtsbeschwerdeverfahren ist damit auch die richtige Anwendung und Auslegung von **Satzungen der Gewerkschaften** und AG-Verbände als Bestandteil des objektiven Rechts ohne Einschränkungen auf Rechtsverletzungen zu prüfen.[21] Das hat eine große praktische Bedeutung für Fragen der Tariffähig- und Tarifzuständigkeit.

BV stellen ebenfalls revisible Rechtsnormen i.S.v. Abs. 1 S. 1 dar.[22] Deren Anwendbarkeit setzt ihre Wirksamkeit voraus. Diese ist als Rechtstatsache von Amts wegen zu prüfen.[23] Rechtlich problematisch ist die Revisibilität der Regelungsabreden,[24] die der BR mit dem AG zur Ausübung des Mitbestimmungsrechts trifft, insb. um Kriterien für über-/außertarifliche Zulagen festzulegen.[25] Obwohl Regelungsabreden keine Normen darstellen, sondern nur nichttypische schuldrechtliche Vereinbarungen zwischen BR und AG sind, nimmt die Rspr. sie nicht von der Revisibilität aus.[26]

---

[13] BAG 15.1.2002 – 1 ABR 10/01 – BAGE 100, 157 = AP Nr. 23 zu § 50 BetrVG 1972; BAG 27.1.1998 – 1 ABR 35/97 – AP BetrVG 1972 § 87 Sozialeinrichtung Nr. 14 = EzA BetrVG 1972 § 87 Arbeitszeit Nr. 58, zu B.I. der Gründe.
[14] BAG 9.3.1972 – 1 AZR 261/71 – AP § 561 ZPO Nr. 2.
[15] BAG 29.1.1992 – 7 ABR 27/91 – BAGE 69, 286 = AP § 7 BetrVG 1972 Nr. 1.
[16] GK-ArbGG/*Dörner*, § 93 Rn 5; HWK/*Bepler*, § 93 ArbGG Rn 2.
[17] Vgl. *Germelmann u.a.*, § 83 Rn 85 bis 91.
[18] BAG 10.12.1992 – 2 ABR 32/92 – AP § 87 ArbGG 1979 Nr. 4.
[19] BAG 10.12.1992 – 2 ABR 32/92 – AP § 87 ArbGG 1979 Nr. 4.
[20] BAG 10.12.1992 – 2 ABR 32/92 – AP § 87 ArbGG 1979 Nr. 4.
[21] BVerwG 27.11.1981 – 6 P 38/79 – PersV 1983, 408.
[22] BAG 15.5.2007 – 1 ABR 32/06 Rn 38 – BAGE 122, 280 = AP Nr. 30 zu § 1 BetrVG 1972.
[23] BAG 15.5.2007 – 1 ABR 32/06 Rn 38 – BAGE 122, 280 = AP Nr. 30 zu § 1 BetrVG 1972.
[24] *Brune*, Betriebsvereinbarung, AR-Blattei SD 520 unter A.IV.
[25] BAG GS 3.12.1991 – GS 2/90 – BAGE 69, 134 = AP Nr. 51 zu § 87 BetrVG 1972 Lohngestaltung.
[26] Vgl. BAG 15.4.2008 – 1 AZR 86/07 Rn 27 – AP Nr. 96 zu § 77 BetrVG 1972.

V. Unbestimmte Rechtsbegriffe

11 Bei der Anwendung unbestimmter Rechtsbegriffe hat das Rechtsbeschwerdegericht nur zu prüfen, ob das Beschwerdegericht den Rechtsbegriff selbst verkannt hat, ob es bei der Unterordnung des Sachverhaltes unter die Rechtsnorm Denkgesetze und allg. Erfahrungssätze verletzt hat und ob es alle vernünftigerweise in Betracht kommenden Umstände widerspruchsfrei beachtet hat.[27]

VI. Nachprüfbarkeit von Einigungsstellensprüchen

12 Die Entscheidung der Einigungsstelle nach § 109 BetrVG darüber, ob, wann und in welcher Weise die Auskunft unter Vorlage welcher Unterlagen zu geben ist, also auch über die Frage, ob eine Gefährdung von Betriebs- oder Geschäftsgeheimnissen die Auskunft verbietet, unterliegt nicht nur einer eingeschränkten Ermessenskontrolle nach § 76 Abs. 5 BetrVG, sondern der Rechtskontrolle. Die Einigungsstelle trifft keine Ermessensentscheidung hinsichtlich des Umfangs der zu erteilenden Auskünfte, sondern wendet unbestimmte Rechtsbegriffe an. Die Abgrenzung dieser Begriffe obliegt im Streitfall den Gerichten. Dies ist gerade für den Begriff des „Betriebs- oder Geschäftsgeheimnisses" in anderen Vorschriften anerkannt.[28] Dies folgt schon daraus, dass die Einigungsstelle im Verfahren nach § 109 BetrVG über den Inhalt gesetzlich definierter Ansprüche befindet.[29]

13 Ein Spruch der Einigungsstelle über einen Sozialplan nach § 112 BetrVG unterliegt in vollem Umfang der arbeitsgerichtlichen Rechtskontrolle. Diese umfasst insb. die Beachtung der Kompetenz der Einigungsstelle, wenn diese gegen den Willen eines der Betriebspartner eine verbindliche Entscheidung trifft.[30] Bei einem Betriebsübergang, der mit Betriebsänderungsmaßnahmen i.S.v. § 111 BetrVG verbunden wird, ist ein von der Einigungsstelle durch Mehrheitsbeschluss aufgestellter Sozialplan nicht schon deshalb wegen Kompetenzüberschreitung unwirksam, weil in der Begründung des Spruchs ausschließlich Nachteile der AN aufgeführt sind, die auf dem Betriebsübergang beruhen. Ein Rechtsverstoß liegt erst dann vor, wenn bei Aufstellung des Sozialplans keine Nachteile zu erwarten waren, welche die vorgesehenen Ausgleichs- oder Milderungsmaßnahmen (z.B. Abfindungen) rechtfertigen konnten.[31]

14 Ermessensentscheidungen bei der Aufstellung eines Sozialplans sind unbeschränkt darauf überprüfbar, ob die durch den Spruch getroffene Regelung die Grenzen des der Einigungsstelle gesetzlich in § 112 Abs. 1 S. 2, Abs. 5 BetrVG eingeräumten Ermessens überschreitet. Es liegt grds. im Ermessen der Betriebsparteien bzw. der Einigungsstelle, ob und welche Nachteile der Betriebsänderung berücksichtigt werden sollen.[32] Die nach dem Spruch der Einigungsstelle auszugleichenden Nachteile dürfen jedoch nur solche sein, die gerade auf die mitbestimmungspflichtige Betriebsänderung zurückzuführen sind.[33] Wirtschaftliche Nachteile aus Vorgängen, die selbst keine Betriebsänderung und auch nicht deren notwendige Folge darstellen, sind dagegen einer erzwingbaren Regelung durch einen Spruch der Einigungsstelle nicht zugänglich.[34]

C. Rechtsbeschwerdegründe in Personalvertretungssachen

I. Revisibilität

15 Nach § 137 Abs. 1 Nr. 1 VwGO sind grds. nur Bundesrecht und nach Nr. 2 zusätzlich nur die Vorschriften des VwVfG eines Landes, die ihrem Wortlaut nach mit dem VwVfG des Bundes übereinstimmen, vor dem BVerwG revisibel. Das BVerwG kann dennoch Verletzungen des Landespersonalvertretungsrechts prüfen, soweit das durch ein anderes Bundesgesetz (z.B. Abs. 1 S. 1)[35] geregelt oder ihm die Zuständigkeit nach Art. 99 GG als obersten Gerichtshof durch Landesgesetz zugewiesen worden ist. Zumeist ist in den Landespersonalvertretungsgesetzen eine entsprechende Zuweisung enthalten und auch die Durchführung des Rechtsbeschwerdeverfahrens nach Maßgabe des arbeitsgerichtlichen Beschlussverfahrens geregelt.[36] Soweit das Personalvertretungsgesetz eines Landes keine Regelung des für revisibel erklärten Landesrechts enthält, kann die Rechtsbeschwerde in Anwendung der VwGO nur auf die Verletzung von Bundesrecht, aber nicht generell auf die Verletzung von Vorschriften dieses Personalvertretungsgesetzes gestützt werden.[37] Diese Rechtslage besteht in Rheinland-Pfalz.[38] Deshalb findet dort das arbeitsgerichtliche Beschlussverfahren keine Anwendung. Folglich ist für das dennoch mit der Revision angerufene BVerwG die Verletzung von Normen des LPersVG nicht überprüfbar.[39]

---

27 BAG 10.2.1999 – 2 ABR 31/98 – AP § 15 KSchG 1969 Nr. 42 = EzA § 15 KSchG n.F. Nr. 47.
28 Vgl. zu § 79 BetrVG: BAG 26.2.1987 – 6 ABR 46/84 – BAGE 55, 96; zu § 93 AktG: BGH 5.6.1975 – II ZR 156/73 – DB 1975, 1308, 1310.
29 BAG 11.7.2000 – 1 ABR 43/99 – BAGE 95, 228.
30 BAG 25.1.2000 – 1 ABR 1/99 – AP § 112 BetrVG 1972 Nr. 137.
31 BAG 11.7.2000 – 1 ABR 43/99 – BAGE 95, 228.
32 BAG 14.9.1994 – 10 ABR 7/94 – BAGE 78, 30.
33 BAG 10.12.1996 – 1 ABR 32/96 – AP § 112 BetrVG 1972 Nr. 110.
34 BAG 11.7.2000 – 1 ABR 43/99 – BAGE 95, 228.
35 BVerwG 30.4.2001 – 6 P 9/00 – ZTR 2001, 433.
36 Vgl. BVerwG 13.1.1961 – VII P 3.60 – BVerwGE 11, 336.
37 BVerwG 15.12.1995 – 6 B 63/95 – PersV 1998, 476.
38 BVerwG 9.10.1996 – 6 C 11/94 – BVerwGE 102, 95 = PersR 1997, 114.
39 BVerwG 9.10.1996 – 6 C 11/94 – BVerwGE 102, 95 = PersR 1997, 114.

Vorschriften des Landespersonalvertretungsrechts sind gem. § 127 Nr. 2 BRRG kraft Bundesrechts revisibel, soweit es sich um eine Streitigkeit „aus dem Beamtenverhältnis" handelt. Dies ist nur der Fall, wenn und soweit sich die für die Entscheidung maßgeblichen Vorschriften des LPersVG auf die Beteiligung des PR an beamtenrechtlichen Maßnahmen beziehen.[40]

II. Sachentscheidung auch nach Erledigung

Nach der Rspr. des BVerwG kann in personalvertretungsrechtlichen Beschlussverfahren auch nach Erledigung des Streitfalles die dem Vorgang zugrunde liegende personalvertretungsrechtliche Streitfrage noch der Klärung durch eine gerichtliche Feststellung zugeführt werden.[41] Dieses gilt allerdings im Rahmen des Verfügungsgrundsatzes nur, wenn und soweit Antrag und Sachvortrag des Rechtsmittelführers in diese Richtung weisen und wenn es mit einiger – mehr als nur geringfügiger – Wahrscheinlichkeit wiederum Streit darüber geben wird. Daher muss ein Antragsteller, der eine Entscheidung nicht nur über einen bestimmten konkreten Vorgang, sondern außerdem über die dahinter stehende personalvertretungsrechtliche Frage begehrt, dies spätestens mit seinem in der letzten Tatsacheninstanz gestellten Antrag deutlich gemacht haben.[42] Deren Möglichkeiten sind auch auszuschöpfen, soweit sich auf diese Weise eine hinreichend bestimmte Rechtsfrage als Streitgegenstand ermitteln lässt. Die Auslegung muss sich jedoch darauf beschränken, den eigentlichen Antragsinhalt anhand des Vorbringens der Verfahrensbeteiligten zu ermitteln, darf also den sich aus dem Wortlaut ergebenden Sinn nicht verkehren.[43] Für eine Übergangszeit hatte das BVerwG Erleichterungen gewährt und als Rechtsbeschwerdegericht die Sachentscheidung nicht mit der Begründung verweigert, der Rechtsmittelführer habe den Verfahrensgegenstand in seinen Anträgen nicht (mehr) zutreffend bezeichnet.[44] Diese Übergangszeit ist seit 1993 abgelaufen.[45]

III. Offizialmaxime

Die personalvertretungsrechtliche Rspr. der Verwaltungsgerichtsbarkeit sieht sich nach der „Offizialmaxime" i.S.v. § 83 Abs. 1 berechtigt und verpflichtet, bei ihrer Entscheidung über einen zulässig erhobenen Anfechtungsantrag auch nachträglich vorgetragene, ja sogar überhaupt nicht geltend gemachte Anfechtungsgründe zu berücksichtigen.[46]

D. Beraterhinweise

I. LAG hat mehrfach begründet

Hat das LAG die angefochtene Entscheidung auf zwei voneinander unabhängige, selbstständig tragende Erwägungen gestützt, muss die Rechtsmittelbegründung beide Erwägungen angreifen. Setzt sich die Begründung nur mit einer der beiden Erwägungen auseinander, ist das Rechtsmittel insg. unzulässig. Denn die Rechtsmittelbegründung muss geeignet sein, die gesamte Entscheidung in Frage zu stellen.[47]

II. LAG hat Antragsänderung nicht zugelassen

Hat das LAG die Zulassung eines erstmals in der Beschwerdeinstanz gestellten Antrags nach fehlender Zustimmung des AG mangels Sachdienlichkeit zurückgewiesen, ist das in der Rechtsbeschwerdeinstanz nur eingeschränkt überprüfbar. Die Entscheidung kann vom Rechtsmittelgericht nur daraufhin geprüft werden, ob die Vorinstanz den Begriff der Sachdienlichkeit verkannt und damit die Grenze seines Ermessens überschritten hat. Nach st. Rspr. kommt es für die Frage der Sachdienlichkeit nicht auf die subjektiven Interessen, sondern darauf an, ob und inwieweit die Zulassung der Antragsänderung den sachlichen Streitstoff im Rahmen des anhängigen Rechtsstreits ausräumt und einem anderenfalls zu gewärtigenden Rechtsstreit vorbeugt.[48] Maßgeblich ist der Gesichtspunkt der Prozesswirtschaftlichkeit. Gemessen an diesen Grundsätzen sah das BAG die Entscheidung des LAG, den neuen Antrag nicht zuzulassen, in folgendem Fall nicht als rechtsfehlerhaft an: Der BR hatte einzelne Befristungen für unwirksam gehalten und geltend gemacht, durch die unwirksame Befristungsklauseln in seinen betriebsverfassungsmäßigen Rechtspositionen dadurch unmittelbar betroffen zu sein, weil diese Befristungen seine Mitwirkungsrechte nach §§ 102, 103 BetrVG aushebelten. Da das LAG darauf abgestellt habe, dass der vom BR gestellte Hilfsantrag, den AG zu verpflichten, keine Fristverträge abzuschließen, wenn Drittmittelfinanzierung zur Erfüllung staatlicher Daueraufgaben diene, das künftige Einstellungsverhalten des AG betreffe und damit anders als die ersten Anträge sich nicht auf eine konkrete Befristungsklausel beziehe, habe das LAG mit der Entscheidung, den neuen Antrag nicht zuzulassen, den Begriff der Sachdienlichkeit weder verkannt noch die Grenze seines Ermessens überschritten.[49]

---

40 BVerwG 15.12.1995 – 6 B 63/95 – PersV 1998, 476.
41 BVerwG 1.10.1965 – VII P 1.65 – BVerwGE 22, 96, 97.
42 BVerwG 2.6.1993 – 6 P 23/91 – PersR 1993, 444.
43 BVerwG 2.6.1993 – 6 P 23/91 – PersR 1993, 444.
44 BVerwG 12.3.1986 – 6 P 5.85 – BVerwGE 74, 100, 102 f.
45 BVerwG 2.6.1993 – 6 P 23/91 – PersR 1993, 444.
46 BVerwG 13.5.1998 – 6 P 9/97 – BVerwGE 106, 378.
47 BAG 15.11.2006 – 7 ABR 6/06 – juris.
48 BAG 5.5.1992 – 1 ABR 1/92 – NZA 1992, 1089.
49 BAG 5.5.1992 – 1 ABR 1/92 – NZA 1992, 1089.

§ 94 Einlegung

(1) Für die Einlegung und Begründung der Rechtsbeschwerde gilt § 11 Absatz 4 und 5 entsprechend.

(2) ¹Die Rechtsbeschwerdeschrift muß den Beschluß bezeichnen, gegen den die Rechtsbeschwerde gerichtet ist, und die Erklärung enthalten, daß gegen diesen Beschluß die Rechtsbeschwerde eingelegt werde. ²Die Rechtsbeschwerdebegründung muß angeben, inwieweit die Abänderung des angefochtenen Beschlusses beantragt wird, welche Bestimmungen verletzt sein sollen und worin die Verletzung bestehen soll. ³§ 74 Abs. 2 ist entsprechend anzuwenden.

(3) ¹Die Rechtsbeschwerde kann jederzeit in der für ihre Einlegung vorgeschriebenen Form zurückgenommen werden. ²Im Falle der Zurücknahme stellt der Vorsitzende das Verfahren ein. ³Er gibt hiervon den Beteiligten Kenntnis, soweit ihnen die Rechtsbeschwerde zugestellt worden ist.

Literatur: *Düwell*, Die Schriftform für Rechtsmittel in den arbeitsgerichtlichen Verfahrensarten, NZA 1999, 291; *Kloppenburg*, Rechtsmittelbegründung nach erfolgreicher Nichtzulassungsbeschwerde, jurisPR-ArbR 36/2008 Anm. 2; *Linsenmaier*, Non volenti fit iniuria – Beschlussverfahren ohne Betriebsratsbeschluss, in: FS für Wißmann, 2005, S. 378; *Oetker*, Die Verwerfung unzulässiger Rechtsmittel und Rechtsbehelfe ohne mündliche Verhandlung im arbeitsgerichtlichen Verfahren, NZA 1989, 201

A.	Allgemeines	1	VIII. Anfall von Hilfsanträgen	11
B.	Regelungsgehalt	2	IX. Antragsänderung	12
	I. Schriftform- und Anwaltszwang	2	X. Verwerfung der unzulässigen Rechtsbeschwerde	13
	II. Einlegungsfrist	3	C. Rechtsbeschwerde in Personalvertretungssachen	14
	III. Begründungsfrist	5	D. Beraterhinweise	15
	IV. Rechtsbeschwerdebegründung	6	I. Muster der Einlegung einer Rechtsbeschwerde	15
	V. Mehrheit von Streitpunkten bei einheitlichem Verfahrensgegenstand	8	II. Rechtsbeschwerdeanträge	16
	VI. Legitimation des Betriebsrats	9	III. Bezugnahme auf Zulassungsgründe	17
	VII. Anschlussrechtsbeschwerde	10		

A. Allgemeines

1 Abs. 1 und 2 bestimmen Form und Inhalt der Einlegung der Rechtsbeschwerde durch die Rechtsbeschwerdeschrift mit ihrer Begründung. Die Vorschrift des § 94 wird aufgrund der Verweisung in § 92 Abs. 2 S. 1 durch die Bestimmungen über das Revisionsverfahren (§§ 74 Abs. 1, Abs. 5 i.V.m. §§ 552 bis 565 ZPO) ergänzt (siehe § 74 Rn 2 ff.).

B. Regelungsgehalt

I. Schriftform- und Anwaltszwang

2 Obwohl für die mündliche oder schriftliche Anhörung (vgl. § 95 Rn 3) kein Vertretungs- oder Anwaltszwang besteht, muss die Rechtsbeschwerdeschrift von einem RA oder einer sonst nach § 11 Abs. 4 vor dem BAG postulationsfähigen und nicht nach § 11 Abs. 5 von der Vertretung ausgeschlossenen Person eigenhändig unterschrieben sein (§ 94 Abs. 1 i.V.m. §§ 549 Abs. 2, 130 Nr. 6 ZPO). Dasselbe gilt für die Revisionsbegründungsschrift.[1] Einzelheiten zu der seit dem 1.8. geltenden Neufassung der Vertretungsbefugnis siehe § 92 Rn 11. Im Übrigen gelten die formellen und inhaltlichen Anforderungen, die auch an die Revisionsschrift gestellt werden (vgl. § 74 Rn 3 ff.).

II. Einlegungsfrist

3 Die Frist zur Einlegung der Rechtsbeschwerde beträgt einen Monat nach Zustellung des vollständig abgesetzten Beschwerdebeschlusses i.S.v. § 91. Ist binnen fünf Monaten nach Verkündung der Entscheidung noch kein entsprechender Beschluss zugestellt, so beginnt von diesem Zeitpunkt an der Lauf der Rechtsmittelfrist (§§ 92 Abs. 2 S. 1, 74 Abs. 1 S. 1, 72 Abs. 5 i.V.m. § 549 ZPO). Die unterbliebene Rechtsmittelbelehrung führt nicht gem. § 9 Abs. 5 S. 3 und 4 zu einer Verlängerung um ein Jahr. Nach der zum neuen Recht ergangenen Rspr. des BAG beginnen der Lauf der Rechtsmittelfrist und der Lauf der Rechtsmittelbegründungsfrist sämtlich bereits nach fünf Monaten. Die zum alten Recht ergangene Rspr.[2] nach der die Frist erst 17 Monate seit Verkündung des erstinstanzlichen Urteils zu laufen begann, ist überholt. Sie ist mit der vom Gesetzgeber beabsichtigten Verfahrensbeschleunigung nicht vereinbar.[3]

4 Die Frist zur Einlegung der Rechtsbeschwerde kann nicht verlängert werden. Das folgt daraus, dass der Gesetzgeber nur die Verlängerungsmöglichkeit für die Begründung des Rechtsmittels zugelassen hat.[4] Allerdings kann nach § 233

---

1 *Düwell*, NZA 1999, 291.
2 Z.B. BAG 8.6.2000 – 2 AZR 584/99 – BAGE 95, 73.
3 BAG 24.10.2006 – 9 AZR 709/05 – NJW 2007, 862.
4 GK-ArbGG/*Dörner*, § 94 Rn 11a.

ZPO die Wiedereinsetzung in den vorigen Stand zu gewähren sein, wenn eine Partei ohne ihr Verschulden oder ohne ein ihr zurechenbares Verschulden ihres Prozessbevollmächtigten (§ 85 Abs. 2 ZPO) verhindert war, diese Frist einzuhalten.[5]

III. Begründungsfrist
Die Frist zur Begründung der Rechtsbeschwerde beträgt zwei Monate ab Zustellung der Beschwerdeentscheidung i.S.v. § 91 (§§ 92 Abs. 2 S. 1, 74 Abs. 1 S. 2). Diese Frist kann nur einmal bis zu einem weiteren Monat verlängert werden (§§ 92 Abs. 2 S. 1, 74 Abs. 1 S. 2). Wird die Frist versäumt, kann auch hier nach § 233 ZPO die Wiedereinsetzung in den vorigen Stand gewähren werden.[6]

IV. Rechtsbeschwerdebegründung
Nach Abs. 2 S. 2 ist in der Rechtsbeschwerdebegründung anzugeben, inwieweit eine Abänderung der angefochtenen Entscheidung beantragt wird. Wenn ein Beteiligter in der Rechtsbeschwerdeinstanz keinen Sachantrag gestellt, sondern nur Aufhebung des Beschlusses des LAG beantragt hat, ist das kein Hindernis für eine Sachentscheidung. Voraussetzung ist, dass er seinem gesamten Vorbringen zu entnehmen ist, dass er alle in den Vorinstanzen gestellten Sachanträge, d.h. Haupt- und Hilfsanträge, weiterverfolgt. Den Anforderungen an einen Rechtsmittelantrag ist dann Genüge getan.[7]

Die Rechtsbeschwerdebegründung muss im Falle ihrer Berechtigung grundsätzlich geeignet sein, die gesamte Entscheidung in Frage zu stellen. Sie darf sich nicht darauf beschränken, die Ausführungen des Rechtsbeschwerdeführers aus den Vorinstanzen zu wiederholen.[8] Nach Abs. 2 S. 2 muss die Begründung der Rechtsbeschwerde angeben, welche Bestimmungen verletzt sein sollen und worin die Verletzung bestehen soll. Daraus folgt, dass der Rechtsbeschwerdeführer sich mit der angefochtenen Entscheidung in einer Weise auseinanderzusetzen hat, die erkennen lässt, in welchem Umfang und warum der Rechtsmittelführer die Erwägungen des Beschwerdegerichts für unrichtig hält.[9] Wegen der unterschiedlichen Anforderung an eine Verfahrens- und Sachrüge wird auf die Erläuterungen zu § 73 Rn 10 ff., 27 ff. verwiesen. Wird eine Verletzung der **Amtsaufklärungspflicht** durch das Beschwerdegericht gerügt, muss in der Rechtsbeschwerdebegründung dargelegt werden, welche weiteren Tatsachen in den Vorinstanzen hätten ermittelt und welche weiteren Beweismittel hätten herangezogen werden können und inwiefern sich dem Beschwerdegericht eine weitere Aufklärung des Sachverhalts hätte aufdrängen müssen.[10]

V. Mehrheit von Streitpunkten bei einheitlichem Verfahrensgegenstand
Hat das LAG über mehrere Anträge oder über einen teilbaren Verfahrensgegenstand entschieden, muss der Rechtsbeschwerdeführer in Bezug auf jeden Teil der Entscheidung darlegen, weshalb die vom LAG gegebene Begründung fehlerhaft sein soll. Andernfalls ist die Beschwerde für den nicht begründeten Teil unzulässig.[11] Bei einem einheitlichen Verfahrensgegenstand muss die Rechtsbeschwerde nicht zu allen für ihn nachteilig beurteilten Streitpunkten in der Begründung Stellung beziehen, wenn bereits ein einziger rechtsbeschwerderechtlicher Angriff geeignet ist, der Begründung des angefochtenen Beschlusses die Tragfähigkeit zu entziehen.[12] Das gilt insbesondere bei der Anfechtung des Spruchs einer Einigungsstelle, soweit es sich wie bei der Dienstplanerstellung um ein komplexes Regelwerk handelt, wenn die Wirksamkeit einer Bestimmung angegriffen wird, steht nach § 139 BGB die Wirksamkeit der Gesamtregelung auf dem Spiel.[13] Hat das LAG seine Entscheidung hinsichtlich eines Streitgegenstands auf mehrere voneinander unabhängige, die Entscheidung jeweils selbstständig tragende Erwägungen gestützt, muss die Rechtsbeschwerdebegründung beide Erwägungen angreifen. Setzt sich die Rechtsbeschwerdebegründung nur mit einer der beiden Erwägungen auseinander, ist die Rechtsbeschwerde insgesamt unzulässig, da der Angriff gegen eine der beiden Erwägungen nicht ausreicht, um die Entscheidung insgesamt in Frage zu stellen.[14]

VI. Legitimation des Betriebsrats
Haben die Vorinstanzen einen Antrag des BR als unzulässig zurückgewiesen, weil für eine die Einleitung eines Beschlussverfahrens keine ordnungsgemäße Beschlussfassung vorlag, so kann der BR in der Rechtsbeschwerde noch

---

5 BAG 24.10.2006 – 9 AZR 709/05 – NJW 2007, 862.
6 BAG 24.10.2006 – 9 AZR 709/05 – NJW 2007, 862.
7 BAG 22.10.1985 – 1 ABR 81/83 – AP § 99 BetrVG 1972 Nr. 24; BAG 5.5.1992 – 1 ABR 1/92 – NZA 1992, 1089.
8 BAG 13.3.2007 – 1 ABR 22/06 – AP Nr. 52 zu § 95 BetrVG 1972; BAG 15.11.2006 – 7 ABR 6/06 – juris zu II.1b der Gründe m.w.N.
9 BAG 10.10.2006 – 1 ABR 59/05 – AP Nr. 24 zu § 77 BetrVG 1972 Tarifvorbehalt; BAG 19.11.2003 – 7 ABR 25/03 – AP Nr. 58 zu § 19 BetrVG 1972.
10 BAG 16.5.2007 – 7 ABR 45/06 – BAGE 122, 293 = AP Nr. 90 zu § 40 BetrVG 1972; BAG 22.10.2003 – 7 ABR 18/03 – AP BetrVG 1972 § 1 Gemeinsamer Betrieb Nr. 21 = EzA BetrVG 2001 § 1 Nr. 1, zu C.II.3c. der Gründe.
11 BAG 16.5.2007 – 7 ABR 45/06 – BAGE 122, 293 = AP Nr. 90 zu § 40 BetrVG 1972.
12 BAG 16.5.2007 – 7 ABR 45/06 – BAGE 122, 293 = AP Nr. 90 zu § 40 BetrVG 1972.
13 BAG 22.7.2003 – 1 ABR 28/02 – BAGE 107, 78–90.
14 BAG 16.5.2007 – 7 ABR 45/06 – BAGE 122, 293 = AP Nr. 90 zu § 40 BetrVG 1972; BAG 15.11.2006 – 7 ABR 6/06 – juris zu II.1b. der Gründe.

obsiegen, wenn er nachweist, dass zwischenzeitlich die gebotene Beschlussfassung nachgeholt ist. Denn es handelt sich insoweit um den Nachweis der Legitimation i.S.v. § 56 ZPO, der im Wege des Freibeweises noch in dritter Instanz zu prüfen ist.[15]

VII. Anschlussrechtsbeschwerde

10 Die Anschlussrechtsbeschwerde, mit der sich ein Beteiligter der Rechtsbeschwerde noch nach Ablauf der Rechtsbeschwerdefrist unselbstständig dem Rechtsmittel anschließen kann, ist nach §§ 92 Abs. 2 S. 1, 72 Abs. 5 i.V.m. § 554 ZPO zulässig.[16] Die Anschlussrechtsbeschwerde ist beim BAG einzulegen. Sie ist fristgebunden. Die Anschließung ist innerhalb eines Monats nach Zustellung der Rechtsbeschwerdebegründung an die Beteiligten zulässig (§ 554 Abs. 2 S. 2 ZPO): Sie setzt keine Zulassung voraus (§ 554 Abs. 2 S. 1 ZPO). Es gelten dieselben Zulässigkeitsanforderungen wie bei der Anschlussrevision (vgl. § 74 Rn 104 ff.). Für ihre Einlegung und Begründung gilt der partielle Vertretungszwang aus § 11 Abs. 4 S. 2. Will ein Beteiligter Anschlussrechtsbeschwerde einlegen, muss er dazu einen RA oder eine Organisation i.S.v. § 11 Abs. 2 Nr. 4 oder Nr. 5 beauftragen (Einzelheiten zum Vertretungszwang vor dem BAG siehe § 92 Rn 11).

VIII. Anfall von Hilfsanträgen

11 Sind in den Vorinstanzen vom Antragsteller Hilfsanträge gestellt worden, können diese Hilfsanträge des BR auch ohne Anschlussrechtsmittel im Rechtsbeschwerdezug anfallen. Voraussetzung ist, dass das BAG in der Entscheidung über die Rechtsbeschwerde den Hauptantrag abweist und der Hilfsantrag in der Beschwerdeinstanz noch nicht beschieden worden ist.[17]

IX. Antragsänderung

12 In der Rechtsbeschwerdeinstanz schließt der für die Mitbestimmung zuständige Fachsenat eine Antragsänderung grundsätzlich aus. Er lässt Ausnahmen „insbesondere aus prozessökonomischen Gründen" zu (wegen des Urteilsverfahrens vgl. § 73 Rn 55 ff.).[18] Deshalb ist der für den Zivil- und Arbeitsgerichtsprozess wie für das arbeitsgerichtliche Beschlussverfahren geltende zweigliedrige Streitgegenstandsbegriff (Klageantrag und Lebenssachverhalt als Klagegrund) dafür maßgebend, welche Änderungen der Sach- und Rechtslage noch in der Rechtsbeschwerdeinstanz Berücksichtigung finden können. Da der Verfahrensgegenstand sich ändert, wenn zwar nicht der gestellte Antrag als solcher, aber der ihm zugrunde liegende Lebenssachverhalt ein anderer geworden ist, hat der Erste Senat eine Antragsänderung abgelehnt, die eine Anpassung des Antrags an die aufgrund eines Betriebsübergangs veränderten Beziehungen zwischen BR und Betriebsinhaber und der für zugewiesene Beamte zuständigen Dienststelle verfolgte.[19] Wenn nach Abschluss der Beschwerdeinstanz eine Änderung der Rechtslage zu einer Änderung des Verfahrensgegenstands führt, dann wird aus nicht näher angegebenen Gründen eine damit verbundene Antragsänderung für zulässig erachtet.[20] Weitere Ausnahmen sind aus prozessökonomischen Gründen zugelassen worden, wenn sich der geänderte Sachantrag auf den in der Beschwerdeinstanz festgestellten Sachverhalt stützen kann und der bisherige Streitstoff sowie das Verfahrensergebnis für die Entscheidung über den geänderten Antrag nutzbar gemacht werden können.[21] Diese Voraussetzungen werden als erfüllt angesehen, wenn ein in Form eines selbstständigen Rechtsmittelantrags bisher bereits formell- und materiell-rechtlich am Verfahren beteiligter AG erstmalig einen Sachantrag stellt.[22]

X. Verwerfung der unzulässigen Rechtsbeschwerde

13 Ist eine Rechtsbeschwerde wegen Nichteinhaltung von Fristen oder Formen unzulässig oder mangels Zulassung nicht statthaft, so ist sie nach Abs. 2 S. 3 i.V.m. § 74 Abs. 2 S. 2, § 552 Abs. 2 ZPO als unzulässig zu verwerfen (vgl. § 74 Rn 71). Sie kann ohne Hinzuziehung der ehrenamtlichen Richter durch Beschluss verworfen werden (§ 74 Abs. 2 S. 3). Da nach § 95 eine mündliche Verhandlung im Rechtsbeschwerdeverfahren nicht zwingend ist, hat die „Kann"-Bestimmung in § 552 Abs. 2 ZPO keine konstitutive Bedeutung. Hat bereits eine mündliche Anhörung stattgefunden, so sollen die ehrenamtlichen Richter an dem Verwerfungsbeschluss mitwirken,[23] weil im Beschlussverfahren die ehrenamtlichen Richter nach § 53 an allen Entscheidungen mitwirken, die nach mündlicher Anhörung der Beteiligten ergehen.[24]

---

15 Vgl. *Linsenmaier* in: FS für Wißmann, S. 378, 386.
16 BAG 20.12.1988 – 1 ABR 63/87 – NZA 1989, 393.
17 BAG 22.11.2005 – 1 ABR 49/04 – BAGE 116, 223 = AP Nr. 7 zu § 117 BetrVG 1972.
18 BAG 2.10.2007 – 1 ABR 79/06 – juris; BAG 26.10.2004 – 1 ABR 37/03 – BAGE 112, 238 = AP BetrVG 1972 § 99 Eingruppierung Nr. 29.
19 BAG 2.10.2007 – 1 ABR 79/06 – juris.
20 BAG 25.1.2005 – 1 ABR 61/03 – BAGE 113, 218 zu B.I.1. der Gründe = NZA 2005, 1199.
21 BAG 26.10.2004 – 1 ABR 37/03 – BAGE 112, 238.
22 BAG 16.5.2007 – 7 ABR 63/06 – AP Nr. 3 zu § 96a ArbGG 1979.
23 *Germelmann u.a.*, § 94 Rn 23; GK-ArbGG/*Dörner*, § 94 Rn 27.
24 Vgl. GK-ArbGG/*Dörner*, § 92 Rn 20.

C. Rechtsbeschwerde in Personalvertretungssachen

Ist im personalvertretungsrechtlichen Beschlussverfahren nach Ergehen der Entscheidung des Beschwerdegerichts ein erledigendes Ereignis eingetreten und erklärt der Antragsteller unter Hinweis darauf nach formgerechter Einlegung der Rechtsbeschwerde bis zum Ablauf der Rechtsbeschwerdebegründungsfrist die Hauptsache für erledigt, ohne das Rechtsmittel selbst noch zu begründen, so ist das Verfahren in entsprechender Anwendung des § 83a Abs. 2 S. 1 auch dann einzustellen, wenn sich nicht alle Beteiligten der Erledigungserklärung anschließen, der Eintritt der Erledigung als solcher aber unbestritten ist.[25]

14

D. Beraterhinweise

I. Muster der Einlegung einer Rechtsbeschwerde

Für die Einlegung der Rechtsbeschwerde bedarf es eines Mindestmaßes an Angaben und Förmlichkeiten. Dazu wird folgende Anregung gegeben:

15

„In dem Beschlussverfahren unter Beteiligung

der A-GmbH, vertreten durch den Geschäftsführer (…), Anschrift (…)

– Arbeitgeberin, Beschwerdeführerin und Rechtsbeschwerdeführerin –

Verfahrensbevollmächtigter: Rechtsanwalt (…), Anschrift (…)

des Betriebsrats der A-GmbH, vertreten durch dessen Vorsitzenden (…), Anschrift (…)

– Antragsteller –

Verfahrensbevollmächtigter: Rechtsanwalt (…), Anschrift (…)

lege ich namens der Arbeitgeberin gegen den Beschluss des Hessischen LAG vom (…) Az (…) TaBV (…), mir zugestellt am (…),

Rechtsbeschwerde

ein. Die Begründung bleibt einem gesonderten Schriftsatz vorbehalten. Die angefochtene Entscheidung ist in einer Kopie beigefügt.

(eigenhändige Namensunterschrift)"

II. Rechtsbeschwerdeanträge

Wegen der in der Rechtsbeschwerde zu stellenden Anträge s. die Muster unter § 92 Rn 22 f.

16

III. Bezugnahme auf Zulassungsgründe

War die Nichtzulassungsbeschwerde im Beschlussverfahren erfolgreich, so wird das Beschwerdeverfahren als Rechtsbeschwerdeverfahren fortgesetzt. Mit der Zustellung der Zulassungsentscheidung beginnt die Rechtsbeschwerdefrist. Mancher Verfahrensbevollmächtigter sonnt sich im Erfolg der Zulassungsbeschwerde und vernachlässigt die hohen Anforderungen, die das BAG wegen der erforderlichen Auseinandersetzung mit den Gründen der angefochtenen LAG-Entscheidung an die Rechtsbeschwerdebegründung stellt. Obwohl nach §§ 92a Abs. 2 S. 2, 72a Abs. 6 S. 2 die Einlegung der Nichtzulassungsbeschwerde auch als Einlegung der Rechtsbeschwerde gilt, soll nach der Rechtsprechung des Ersten Senats des BAG nicht von Amts wegen zu berücksichtigen sein, was bereits mit der Begründung der Nichtzulassungsbeschwerde vorgebracht wurde.[26] Denn dazu soll es gemäß § 92a Abs. 2 S. 2 i.V.m. § 551 Abs. 3 S. 2 ZPO noch einer ausdrücklichen Bezugnahme auf die Begründung der Nichtzulassungsbeschwerde bedürfen. Das erscheint in dieser Absolutheit zweifelhaft. Die Regelung in § 551 Abs. 3 S. 2 ZPO dient dazu, die Erstellung der Revisions- und Rechtsbeschwerdebegründung zu erleichtern. Unnötige Wiederholungen aus der Nichtzulassungsbegründungsschrift sollen entbehrlich sein. Nötig ist die Bezugnahme auf die Beschwerdebegründung im Nichtzulassungsverfahren, wenn der Rechtsmittelführer auf eine eigenständige Rechtsbeschwerdebegründung verzichtet, weil er meint, die Gründe, die er bereits zur Begründung der Nichtzulassungsbeschwerde vorgetragen hat, seien auch als Rechtsbeschwerdegründe geeignet. Hier dient die Notwendigkeit der Bezugnahme dazu, dass der Rechtsmittelführer bedenken muss, ob wirklich die Zulassungsgründe zugleich auch eine Verletzung des formellen oder materiellen Rechts darlegen. Das ist nur in seltenen Fällen, z.B. bei einer erfolgreich auf eine Verletzung des rechtlichen Gehörs oder auf einen absoluten Revisionsgrund gestützten Nichtzulassungsbeschwerde der Fall. Hat der Rechtsmittelführer dagegen eine eigenständige Rechtsbeschwerdebegründung eingereicht, so ist angesichts der Fiktion, dass das Beschwerdeverfahren als Rechtsbeschwerdeverfahren fortgesetzt wird, schwer verständlich, wenn z.B. die bereits im Nichtzulassungsbeschwerdeverfahren vorgebrachten Verfahrensmängel unbeachtet bleiben sollen, nur weil es unterlassen wurde, ausdrücklich auf sie Bezug zu nehmen.

17

---

[25] BVerwG 20.11.1998 – 6 P 8/98 – PersR 1999, 128.

[26] BAG 8.5.2008 – 1 ABR 56/06 – AP Nr. 62 zu § 72a ArbGG 1979.

Tipp: Bis zur Änderung der Rspr. ist deshalb dringend zu empfehlen, bei der Erstellung der Rechtsbeschwerdebegründung stets ergänzend auf die Begründung der Nichtzulassungsbeschwerde Bezug zu nehmen.[27]

§ 95 Verfahren

¹Die Rechtsbeschwerdeschrift und die Rechtsbeschwerdebegründung werden den Beteiligten zur Äußerung zugestellt. ²Die Äußerung erfolgt durch Einreichung eines Schriftsatzes beim Bundesarbeitsgericht oder durch Erklärung zur Niederschrift der Geschäftsstelle des Landesarbeitsgerichts, das den angefochtenen Beschluß erlassen hat. ³Geht von einem Beteiligten die Äußerung nicht rechtzeitig ein, so steht dies dem Fortgang des Verfahrens nicht entgegen. ⁴§ 83a ist entsprechend anzuwenden.

Literatur: *Etzel,* Das Beschlussverfahren, AR-Blattei SD 160.12; *Fischer,* Das arbeitsgerichtliche Beschlußverfahren – ein gebührenrechtliches Schattengewächs, auch nach RVG, FA 2005, 6; *Körnich,* Das arbeitsgerichtliche Beschlußverfahren in Betriebsverfassungssachen, Kiel 1969; *Laux,* Die Antrags- und Beteiligungsbefugnis im arbeitsgerichtlichen Beschlußverfahren, Diss. 1985; *Ostrowicz/Künzl/Schäfer,* Handbuch des arbeitsgerichtlichen Verfahrens, 3. Aufl. 2006

A. Allgemeines	1	II. Äußerung der Beteiligten	3
B. Regelungsgehalt	2	III. Erledigung des Verfahrens	6
I. Zustellung der Rechtsmittelschriften	2	IV. Vergleich	9

A. Allgemeines

1 § 95 enthält Sonderregelungen für das Rechtsbeschwerdeverfahren ergänzend zu den nach § 92 Abs. 2 anzuwendenden Bestimmungen über das Revisionsverfahren.

B. Regelungsgehalt

I. Zustellung der Rechtsmittelschriften

2 Die Rechtsbeschwerdeschrift und die Rechtsbeschwerdebegründung müssen an alle Beteiligten unabhängig davon zugestellt werden, ob diese bereits in einem früheren Stadium des Beschlussverfahrens beteiligt worden sind oder nicht.[1] Das BAG hat deshalb die Beteiligten in jeder Lage zu ermitteln und anzuhören.

Zu beachten ist in diesem Zusammenhang, dass die Rspr., nach der im Verfahren über die Anfechtung der Wahl der AN-Vertreter zum AR stets auch der BR und eine im Betrieb vertretene Gewerkschaft zu beteiligen sind, selbst wenn sie die Wahl nicht angefochten haben,[2] aufgegeben worden ist.[3] Nach dieser weisen Beschränkung reduziert sich die Anzahl der Beteiligten im Rechtsbeschwerdeverfahren.

II. Äußerung der Beteiligten

3 Nach S. 2 erfolgt die Äußerung der Beteiligten grundsätzlich schriftlich. Das geschieht entweder durch eigenen Schriftsatz oder durch Erklärung zur Niederschrift des LAG, dessen Beschluss angefochten ist. Für diese Äußerung besteht kein Anwalts- oder sonstiger Vertretungszwang (siehe § 92 Rn 11). Aus der Formulierung in S. 3 wird geschlossen, dass das BAG Äußerungsfristen setzen darf.[4] Auf die Rechtsfolgen nichtrechtzeitiger Äußerung hat das BAG hinzuweisen.[5] Die Äußerungsfrist beträgt nach Gerichtsbrauch mind. einen Monat.[6]

4 Die mündliche Anhörung ist nicht vom Gesetz als Regel aufgestellt. Ihrer bedarf es nur dann, wenn sie das Rechtsbeschwerdegericht zur Aufklärung von Unklarheiten für tunlich hält.[7] Das Rechtsbeschwerdeverfahren ist somit grds. als schriftliches Verfahren angelegt.[8] Das BAG trifft die Wahl nach pflichtgemäßem Ermessen.[9] Dass überhaupt eine mündliche Anhörung in Betracht kommt, ergibt sich nur aus dem Verweis auf die Bestimmungen zum persönlichen Erscheinen der Beteiligten in § 92 Abs. 2 S. 1.[10]

5 Zwar müssen nach § 94 Abs. 1 Rechtsbeschwerdeschrift und -begründung von einem RA oder von einer Person mit der Befähigung zum Richteramt unterzeichnet sein, die für eine von dem Rechtsmittelführer beauftragte Organisation i.S.v. § 11 Abs. 2 Nr. 4 oder 5 handelt. Der Rechtsbeschwerdeführer muss jedoch nicht im gesamten Rechts-

---

27 So auch *Kloppenburg,* jurisPR-ArbR 36/2008, Anm. 2.
1 BAG 20.7.1982 – 1 ABR 19/81 – AP § 76 BetrVG Nr. 26.
2 BAG 20.7.1982 – 1 ABR 19/81 – AP § 76 BetrVG Nr. 26; BAG 3.10.1989 – 1 ABR 12/88 – AP § 76 BetrVG 1952 Nr. 28.
3 BAG 27.1.1993 – 7 ABR 37/92 – BAGE 72, 161.
4 GK-ArbGG/*Dörner,* § 95 Rn 93.
5 GK-ArbGG/*Dörner,* § 95 Rn 3.
6 GK-ArbGG/*Dörner,* § 95 Rn 4.
7 BAG 24.8.1976 – 1 ABR 109/74 – AP § 95 ArbGG 1953 Nr. 2.
8 HWK/*Bepler,* § 95 ArbGG Rn 1.
9 GK-ArbGG/*Dörner,* § 95 Rn 9.
10 Zutreffender Hinweis bei ErfK/*Koch,* § 95 ArbGG Rn 1.

beschwerdeverfahren von diesen postulationsfähigen Bevollmächtigten vertreten sein. Er kann gem. § 92 Abs. 2 S. 2, § 11 Abs. 1 bis 3 ohne Vertretung handeln oder sich durch die zwar vor dem ArbG zugelassenen aber vom BAG nicht postulationsfähigen Bevollmächtigten vertreten lassen. Das hat seinen guten Sinn: Die Beteiligten sollen sich in einer vom Senat als erforderlich angesehenen mündlichen Anhörung selbst äußern können. Sie können auch durch Zwischenschaltung von Bevollmächtigten schriftlich Stellung beziehen.[11] Dadurch wird ein direktes Rechtsgespräch mit den Beteiligten ermöglicht. Das erleichtert die gütliche Verfahrenserledigung und verbilligt die Verfahrenskosten.

III. Erledigung des Verfahrens

Erklären die Beteiligten übereinstimmend die Erledigung eines Antrags, so ist die Einstellung des Verfahrens durch den Vorsitzenden geboten, S. 4 i.V.m. § 83a Abs. 2. Die Einstellung erfolgt durch Beschluss. Die Erledigungserklärung des Antragstellers ist Voraussetzung.[12] **6**

Das arbeitsgerichtliche Beschlussverfahren kann sich abweichend von § 91a ZPO schon durch ein Ereignis erledigen, das nach Anhängigkeit aber schon vor Rechtshängigkeit eingetreten ist; denn nach § 83a Abs. 2 besteht für die Beteiligten dagegen die Möglichkeit, „das Verfahren" für erledigt zu erklären.[13] **7**

Trotz der Erledigungserklärung des Verfahrensbevollmächtigten des antragstellenden BR kann ein Beschlussverfahren nicht nach S. 4, § 83a Abs. 2 S. 1 eingestellt werden, wenn die AG der Erledigungserklärung widerspricht. Zwar kann ein arbeitsgerichtliches Beschlussverfahren in den Rechtsmittelinstanzen aufgrund einer lediglich einseitigen Erledigungserklärung eingestellt werden, wenn nach der Entscheidung erster Instanz tatsächliche Umstände eintreten, die den Antragsteller hindern, seinen Antrag mit Aussicht auf Erfolg weiterzuverfolgen.[14] Darauf, ob der Antrag von Anfang an zulässig und begründet war, kommt es nicht an.[15] Voraussetzung für eine Einstellung ist eine wirksame Erledigungserklärung in der Rechtsmittelinstanz. Sie setzt voraus, dass das eingelegte Rechtsmittel zulässig war.[16] Ist dies nicht der Fall, ist das Rechtsmittel als unzulässig zu verwerfen. Ist vor Einlegung des Rechtsmittels im arbeitsgerichtlichen Beschlussverfahren das letzte Mitglied des von der Entscheidung der Vorinstanz betroffenen BR aus dem fortbestehenden Betrieb ausgeschieden, ohne dass ein neuer BR gewählt worden ist, ist ein gleichwohl eingelegtes Rechtsmittel unzulässig. Die ausgeschiedenen BR-Mitglieder haben kein Restmandat.[17] Bei Anwendung dieser Rspr. ist zu beachten, dass seit Inkrafttreten des BetrVG-RG in §§ 21a und 21b BetrVG das Rest- und Übergangsmandat des BR geregelt ist.[18] Ob in einem solchen Fall die Entscheidung der Vorinstanz rechtskräftig wird, hat das BAG offen gelassen. **8**

IV. Vergleich

S. 4 stellt durch den Verweis auf § 83a weiterhin klar, dass auch im Rechtsbeschwerdeverfahren eine Erledigung durch Vergleich in Betracht kommt. Die Beteiligten müssen dazu befugt sein, über den Verfahrensgegenstand zu verfügen (siehe § 83a Rn 3). **9**

§ 96 Entscheidung

(1) [1]Über die Rechtsbeschwerde entscheidet das Bundesarbeitsgericht durch Beschluß. [2]Die §§ 562 und 563 der Zivilprozeßordnung gelten entsprechend.

(2) Der Beschluß nebst Gründen ist von sämtlichen Mitgliedern des Senats zu unterschreiben und den Beteiligten zuzustellen.

Literatur: *Fischer*, Das arbeitsgerichtliche Beschlußverfahren – ein gebührenrechtliches Schattengewächs, auch nach RVG, FA 2005, 6; *Grunsky*, Verfahrensrechtliche Probleme des arbeitsgerichtlichen Beschlußverfahrens, SAE 1971, 24; *Körnich*, Das arbeitsgerichtliche Beschlußverfahren in Betriebsverfassungssachen, Kiel 1969; *Oetker*, Rechtskraft – Gewerkschaftseigenschaft einer Arbeitnehmervereinigung, AP Nr. 9 zu § 97 ArbGG 1979

---

11 GK-ArbGG/*Dörner*, § 95 Rn 6.
12 BAG 26.3.1991 – 1 ABR 43/90 – AP § 75 BPersVG Nr. 32.
13 BAG 23.1.2008 – 1 ABR 64/06 – AP Nr. 10 zu § 83a ArbGG 1979 = NJW 2008, 1977.
14 BAG 27.8.1996 – 3 ABR 21/95 – AP Nr. 4 zu § 83a ArbGG 1979.
15 BAG 27.8.1996 – 3 ABR 21/95 – AP Nr. 4 zu § 83a ArbGG 1979; BAG 26.4.1990 – 1 ABR 79/89 – BAGE 65, 105 = AP § 83a ArbGG 1979 Nr. 3.
16 BAG 27.8.1996 – 3 ABR 21/95 – AP § 83a ArbGG 1979 Nr. 4.
17 BAG 27.8.1996 – 3 ABR 21/95 – AP § 83a ArbGG 1979 Nr. 4.
18 Darauf weist zu Recht hin: Schwab/Weth/*Busemann*, § 95 Rn 10.

A. Allgemeines	1	IV. Zurückverweisung	11
B. Regelungsgehalt	5	V. Dauer der Rechtskraftwirkung	15
I. Bindung an tatsächliche Feststellungen	5	C. Verbindung zum Personalvertretungsrecht	16
II. Entscheidung durch Beschluss	6	I. Zustellung anstelle von Verkündung	16
III. Inhalt der Entscheidung	9	II. Gegenstandswert	17

A. Allgemeines

1 § 96 regelt die Entscheidung über die Rechtsbeschwerde für den Fall, dass eine abschließende Sachentscheidung getroffen wird. Ist die Rechtsbeschwerde als unzulässig zu verwerfen, so kommen die §§ 94 Abs. 2 S. 3, 74 Abs. 1 i.V.m. § 552 ZPO zur Anwendung (siehe § 94 Rn 4).

2 Nach Abs. 1 S. 2 kann das BAG den zweitinstanzlichen Beschluss aufheben und das Verfahren zurückverweisen oder eine eigene Endentscheidung in der Sache treffen; §§ 562, 563 ZPO gelten entsprechend (siehe § 75 Rn 6 f.). Durch das Erste Arbeitsrechtliche Bereinigungsgesetz vom 14.8.1969 ist das ehemals in S. 2 enthaltene Verbot der Zurückverweisung aufgehoben worden.

3 Der Gesetzgeber hat durch ein redaktionelles Versehen die Verweisung auf § 561 ZPO (siehe § 75 Rn 2) unterlassen. Ergeben die Entscheidungsgründe zwar eine Gesetzesverletzung, stellt sich die Entscheidung selbst aber aus anderen Gründen als richtig dar, so ist die Rechtsbeschwerde ebenso wie im Revisionsverfahren zurückzuweisen.[1] Weiter werden auch die §§ 557 bis 559 ZPO über den Umfang der Rechtsbeschwerdeprüfung, die vorläufige Vollstreckbarkeit, die tatsächlichen Grundlagen der Nachprüfung sowie über den Umfang der Begründung für anwendbar gehalten.

4 Über Form und Inhalt des Beschlusses über die Rechtsbeschwerde ist weder in § 92 Abs. 2 noch in § 96 eine Aussage getroffen. Die Lücke wird mit den allg. Vorschriften der ZPO über gerichtliche Entscheidungen (§§ 300 bis 329 ZPO) gefüllt, denn das Beschlussverfahren hat seine Grundlage im Verfahren der ZPO.[2]

B. Regelungsgehalt

I. Bindung an tatsächliche Feststellungen

5 Das Rechtsbeschwerdeverfahren führt nur zu einer rechtlichen Überprüfung. Grundlage der rechtsbeschwerderechtlichen Prüfung ist nach der im arbeitsgerichtlichen Beschlussverfahren entsprechend anwendbaren Bestimmung des § 559 ZPO[3] prinzipiell nur der Tatsachenstoff, der sich aus dem Beschwerdebeschluss einschließlich der in ihm enthaltenen wirksamen Bezugnahmen und aus dem Sitzungsprotokoll erschließt.[4] Neues Vorbringen von Tatsachen ist damit im Grundsatz ausgeschlossen (Ausnahmen siehe Rn 13).

II. Entscheidung durch Beschluss

6 Unabhängig davon, ob ein schriftliches Verfahren oder eine mündliche Anhörung stattgefunden hat, entscheidet der Senat unter Hinzuziehung der ehrenamtlichen Richter über die Rechtsbeschwerde durch Beschluss. Hinsichtlich Form und Inhalt des Beschlusses sind auch ohne Verweisung die Vorschriften über das Revisionsverfahren entsprechend anzuwenden (vgl. § 75 Rn 37 ff.).

7 Der Beschluss ist schriftlich abzufassen. Seine vollständige mit Gründen versehene Fassung wird „von sämtlichen Mitgliedern des Senats" unterschrieben. Diese missverständliche Formulierung soll sicherstellen, dass alle an der Beschlussfassung beteiligten Senatsmitglieder unterschreiben. Der Gesetzeswortlaut muss entsprechend einschränkend verstanden werden.[5]

8 Nach mündlicher Anhörung, die der mündlichen Verhandlung i.S.v. § 329 Abs. 1 ZPO entspricht, ist der Beschluss zu verkünden.[6] Fand keine mündliche Anhörung statt, genügt die Zustellung an alle Beteiligten. Nach einem Teil des Schrifttums soll von der zwingenden Vorschrift des § 329 Abs. 1 ZPO abgesehen werden können und stets die Zustellung an Verkündungs statt genügen.[7] Diese Ansicht hat sich nicht durchsetzen können.[8] Sie entspricht allerdings der Rspr. des BVerwG (vgl. Rn 15). Eine vermittelnde Ansicht hält dann eine Zustellung ohne vorherige Verkündung für ausreichend, wenn nach der mündlichen Anhörung noch ein gesonderter Beratungstermin stattgefunden habe.[9] Wird das Verfahren übereinstimmend für erledigt erklärt, so trifft nach § 83a Abs. 2 der „Vorsitzende des Arbeits-

---

1 *Germelmann u.a.*, § 96 Rn 2; GK-ArbGG/*Dörner*, § 96 Rn 2; *Grunsky*, ArbGG, § 96 Rn 1.
2 GK-ArbGG/*Dörner*, § 80 Rn 25; *Germelmann u.a.*, § 80 Rn 42.
3 GK-ArbGG/*Dörner*, § 96 Rn 8; *Germelmann u.a.*, § 96 Rn 13.
4 BAG 26.4.2005 – 1 ABR 1/04 – AP § 87 BetrVG 1972 Arbeitszeit Nr. 118.
5 Zu Recht GK-ArbGG/*Dörner*, § 96 Rn 10.
6 Schwab/Weth/*Busemann*, § 96 Rn 34.
7 *Grunsky*, ArbGG § 96 Rn 6; unklar: *Hauck/Helml*, § 96 Rn 3.
8 Vgl. GK-ArbGG/*Dörner*, § 96 Rn 10; ErfK/*Koch/Eisemann*, § 96 ArbGG Rn 2, HWK/*Bepler*, § 96 ArbGG Rn 8.
9 *BCF/Friedrich*, § 96 Rn 6.

gerichts" den Einstellungsbeschluss. Bei entsprechender Anwendung in der Rechtsbeschwerdeinstanz ist das der berufsrichterliche Spruchkörper. Das Verfahren bei einseitig bleibender Erledigungserklärung durch den Antragsteller ist gesetzlich nicht ausdrücklich geregelt. Es gelten die allgemeinen Bestimmungen. Da über die einseitige Erledigungserklärung durch Beschluss im Erkenntnisverfahren gem. § 84 entschieden wird, hat die Entscheidung unter Beteiligung der ehrenamtlichen Richter zu ergehen.[10]

III. Inhalt der Entscheidung

Ist die Entscheidung des LAG nicht frei von Rechtsfehlern, so ist die Rechtsbeschwerde auch dann als unbegründet zurückzuweisen, wenn sich die Entscheidung aus anderen Gründen als richtig darstellt (§ 561 ZPO). Ist die Rechtsbeschwerde begründet, so ist die Entscheidung des LAG aufzuheben (§ 562 Abs. 1 ZPO).

Bei Verfahrensverstößen ist außerdem das Verfahren insoweit aufzuheben, als es durch den Mangel betroffen ist (§ 562 Abs. 2 ZPO). Auf einem Mangel beruht die Entscheidung insb., wenn von Amts wegen zu berücksichtigende Mängel vorhanden sind. Beispiel: Der Beschluss des LAG über die Beschwerde enthält keine tatbestandsähnliche tatsächlichen Feststellungen.[11] Wurden in den Vorinstanzen notwendige Beteiligte nicht beteiligt, so beruht die Entscheidung nur dann auf dem Verfahrensfehler, wenn der nicht Beteiligte die fehlenden tatsächlichen Feststellungen rügt und die Möglichkeit besteht, dass die Beteiligung zur Feststellung eines entscheidungserheblichen anderen Sachverhalts geführt hätte.[12] Die Rüge kann deshalb auch von einem in den Vorinstanzen nicht Beteiligten erhoben werden.[13]

IV. Zurückverweisung

Das BAG hat im Falle der Aufhebung des Verfahrens zur neuen Anhörung und Entscheidung an das LAG zwingend zurückzuverweisen. Wird dagegen nur die angefochtene Sachentscheidung des LAG aufgehoben, muss nur dann zurückverwiesen werden, wenn die Sache nicht zur ersetzenden, eigenen Endentscheidung reif ist (§ 563 Abs. 1 und 3 ZPO). Eine Zurückverweisung an das ArbG kommt nicht in Betracht.[14] Bei einer erneuten Entscheidung über den „Rückläufer" ist das Beschwerdegericht an die rechtliche Beurteilung (sog. Vorgaben) durch das BAG gebunden (§ 563 Abs. 2 ZPO).

Nach § 565 Abs. 3 ZPO hat das Rechtsbeschwerdegericht selbst zu entscheiden, wenn das Verfahren zur Endentscheidung reif ist. Den Beteiligten ist vorher Gelegenheit zu geben, ihre Ausführungen zu ergänzen.[15] Zu beachten ist, dass der häufig im Beschlussverfahren zu stellende Unterlassungsantrag im Hinblick auf seine Bestimmtheit problematisch ist. Das Rechtsbeschwerdegericht darf, wenn es diese Probleme verkennt, nicht ohne weiteres den Unterlassungsantrag als unzulässig zurückweisen. Nach der Rspr. des BGH ist „ungeachtet der durchgreifenden Bedenken, die gegen die Zulässigkeit des Antrags bestehen" die Sache an die Vorinstanz zurückzuverweisen, damit der Antragsteller Gelegenheit erhält, die Stellung seines Unterlassungsantrags „gegebenenfalls unter Gebrauchmachen von der Möglichkeit des § 139 ZPO" zu überprüfen.[16]

Einer Zurückverweisung bedarf es auch dann nicht, wenn die Beteiligten ihr tatsächliches Vorbringen zu den neuen rechtlichen Gesichtspunkten ergänzen konnten und dieses unstr. Vorbringen vom Rechtsbeschwerdegericht berücksichtigt werden kann. So ist in der Rechtsbeschwerdeinstanz insb. das Vorbringen neuer Tatsachen zum Rechtsschutzinteresse zulässig.[17] Weiter können offenkundige neue Tatsachen berücksichtigt werden.[18] Wegen des im Beschlussverfahren geltenden Amtsermittlungsprinzips sind jedoch zugestandene Tatsachen dann nicht zu berücksichtigen, wenn Zweifel an deren Richtigkeit bestehen.[19]

Einem Beschwerdebeschluss ohne festgestellten Sachverhalt kann in der Regel nicht entnommen werden, welchen Streitstoff das Beschwerdegericht seiner Entscheidung zugrunde gelegt hat. Damit ist dem Rechtsbeschwerdegericht eine rechtsbeschwerderechtliche Prüfung regelmäßig verwehrt. Dies zwingt auch ohne Feststellung eines Rechtsfehlers des LAG und ohne entsprechende Rüge des Rechtsbeschwerdeführers i.d.R. zur Aufhebung der angefochtenen Entscheidung und zur Zurückverweisung. Von einer Aufhebung und Zurückverweisung kann ausnahmsweise abgesehen werden, wenn das tatsächliche Vorbringen der Beteiligten und deren im Beschwerdeverfahren gestellte Anträge auf andere Weise als durch einen (gesonderten) Tatbestand in der angefochtenen Entscheidung zuverlässig feststellbar sind. Dies kann der Fall sein, wenn sich der Sach- und Streitstand aus den Entscheidungsgründen des angefochtenen Beschlusses in einem für die Beurteilung der aufgeworfenen Rechtsfragen ausreichenden Umfang ergibt. Gleiches gilt nach dem Grundsatz der Prozessökonomie ausnahmsweise dann, wenn die Beteiligten im Rechtsbeschwerdeverfahren den der Entscheidung des LAG zugrunde liegenden Sachverhalt übereinstimmend un-

---

10 BAG 23.1.2008 – 1 ABR 64/06 – NJW 2008, 1977.
11 BAG 30.1.1985 – 6 ABR 25/82 – EzA § 91 ArbGG 1979 Nr. 1.
12 BAG 13.7.1977 – 1 ABR 19/75 – EzA § 83 ArbGG 1953 Nr. 24.
13 BAG 20.2.1986 – 6 ABR 25/85 – EzA § 64 BetrVG 1972 Nr. 2.
14 Hauck/Helml/*Hauck*, § 96 ArbGG Rn 4.
15 BAG 9.12.1975 – 1 ABR 37/74 – EzA § 118 BetrVG 1972 Nr. 10.
16 BGH 11.10.1990 – I ZR 35/89 – NJW 1991, 1114.
17 BAG 23.1.1986 – 6 R 47/82 – AP § 5 BetrVG 1979 Nr. 31.
18 BAG 8.10.1985 – 1 R 40/83 – AP § 99 BetrVG 1972 Nr. 22.
19 *Germelmann u.a.*, § 96 Rn 13; *Grunsky*, ArbGG, § 93 Rn 3.

streitig stellen und sich die vor dem LAG gestellten Anträge aus dessen Sitzungsprotokoll ergeben. Ein solcher Fall kann insb. dann vorliegen, wenn die Beteiligten den vom ArbG festgestellten Sachverhalt für zutreffend erklären und sich im zweiten Rechtszug an ihrem tatsächlichen Vorbringen nichts geändert hat.[20]

V. Dauer der Rechtskraftwirkung

15 Beschlüsse im arbeitsgerichtlichen Beschlussverfahren sind nach st. Rspr. des BAG[21] der formellen und materiellen Rechtskraft fähig. Bei Entscheidungen des BAG mit Dauerwirkung kommt die Beendigung der Rechtskraft dann in Betracht, wenn sich die maßgeblichen tatsächlichen oder rechtlichen Verhältnisse wesentlich ändern. Für Eigenschaften, wie z.B. Tariffähigkeit und Tarifzuständigkeit, die nach § 2a Ab. 4 im Beschlussverfahren festgestellt werden, gilt demzufolge, dass die Rechtskraft dann einer erneuten Entscheidung nicht mehr im Wege steht, wenn sich der entscheidungserhebliche Sachverhalt oder die Rechtslage wesentlich geändert haben. Es müssen sich gerade diejenigen Tatsachen oder Rechtsgrundlagen geändert haben, die für die in der früheren Entscheidung ausgesprochene Rechtsfolge als maßgeblich angesehen worden sind.[22]

C. Verbindung zum Personalvertretungsrecht

I. Zustellung anstelle von Verkündung

16 In personalvertretungsrechtlichen Angelegenheiten muss der Beschluss über die Rechtsbeschwerde auch dann, wenn er nach einer mündlichen Anhörung ergeht, nicht verkündet werden. Er kann ohne vorherige Verkündung den Beteiligten zugestellt werden.[23]

II. Gegenstandswert

17 In Rechtsbeschwerdeverfahren in Personalvertretungssachen entspricht es grds. der Billigkeit als Gegenstandswert den Auffangwert festzusetzen. Mögliche Folgewirkungen der erstrebten Entscheidung lässt das BVerwG bei der Wertfestsetzung außer Betracht.[24] Die gegen diese Entscheidung erhobene Verfassungsbeschwerde nahm das BVerfG nicht zur Entscheidung an.[25] Die Obergerichte bemessen den Gegenstandswert in entsprechender Anwendung von § 23 Abs. 1 S. 1 RVG nach den für die Gerichtsgebühren geltenden Wertvorschriften. Sie setzen ggf. den höheren Auffangwert von 5.000 EUR fest.[26]

§ 96a Sprungrechtsbeschwerde

(1) ¹Gegen den das Verfahren beendenden Beschluß eines Arbeitsgerichts kann unter Übergehung der Beschwerdeinstanz unmittelbar Rechtsbeschwerde eingelegt werden (Sprungrechtsbeschwerde), wenn die übrigen Beteiligten schriftlich zustimmen und wenn sie vom Arbeitsgericht wegen grundsätzlicher Bedeutung der Rechtssache auf Antrag in dem verfahrensbeendenden Beschluß oder nachträglich durch gesonderten Beschluß zugelassen wird. ²Der Antrag ist innerhalb einer Notfrist von einem Monat nach Zustellung des in vollständiger Form abgefaßten Beschlusses schriftlich zu stellen. ³Die Zustimmung der übrigen Beteiligten ist, wenn die Sprungrechtsbeschwerde in dem verfahrensbeendenden Beschluß zugelassen ist, der Rechtsbeschwerdeschrift, andernfalls dem Antrag beizufügen.

(2) § 76 Abs. 2 Satz 2, 3, Abs. 3 bis 6 ist entsprechend anzuwenden.

A. Allgemeines	1	IV. Zustimmung der Beteiligten	10
B. Regelungsgehalt	4	V. Materielle Zulassungsvoraussetzung	11
I. Das Zulassungsverfahren	4	VI. Durchführung des Rechtsbeschwerdeverfahrens	15
II. Zulassungsantrag	6	C. Verbindung zu anderen Rechtsgebieten	17
III. Zustimmungserklärung	8	D. Beraterhinweise	18

---

20 BAG 26.4.2005 – 1 ABR 1/04 – AP § 87 BetrVG 1972 Arbeitszeit Nr. 118.
21 BAG 6.6.2000 – ABR 21/99 – AP § 97 ArbGG 1979 Nr. 9; BAG 20.3.1996 – 7 ABR 41/95 – BAGE 82, 291, zu B II 1 der Gründe m.w.N.
22 BAG 20.3.1996 – 7 ABR 41/95 - AP § 19 BetrVG 1972 Nr. 32 zu B II 4 der Gründe.
23 BVerwG 16.9.1977 – VII P 10.75 – PersV 1979, 63.
24 BVerwG 29.9.2005 – 6 P 9/05 – PersR 2006, 344.
25 BVerfG 4.1.2006 – 1 BvR 2528/05 – juris.
26 Bayerischer VGH 29.12.2006 – 17 P 06.2136 – juris.

A. Allgemeines

Die Sprungrechtsbeschwerde ist nach dem Vorbild der Sprungrevision durch das Gesetz zur Beschleunigung und Bereinigung des arbeitsgerichtlichen Verfahrens vom 21.5.1979[1] in das ArbGG eingefügt worden.

Sie ist nur auf Antrag (vgl. Abs. 1 S. 1 und 2) und nach ausdrücklicher Zulassung durch das ArbG (vgl. Abs. 1 S. 1) statthaft. Ihre Ausgestaltung entspricht dem Verfahren der Sprungrevision. Insoweit wird auf die Kommentierung zu § 76 Bezug genommen.

Zu beachten sind Besonderheiten im Hinblick auf:
– Befugnis zur Beantragung der Zulassung,
– Zustimmung zur Einlegung der Sprungrechtsbeschwerde sowie
– Unbeschränkte Beschränkung der Zulassung nach Streitgegenständen.

B. Regelungsgehalt

I. Das Zulassungsverfahren

Übereinstimmend mit dem Recht der Sprungrevision bedarf es auch für die Sprungrechtsbeschwerde einer Zulassungsentscheidung. Diese kann mit der instanzabschließenden Entscheidung, dem Beschluss i.S.v. § 84, ergehen oder durch gesonderten Beschluss nach Abs. 1 S. 1 Alt. 2. über die nachträgliche Zulassung. Voraussetzung ist stets ein Antrag (siehe Rn 6 f.) und, soweit eine nachträgliche Zulassung der Sprungrechtsbeschwerde angestrebt wird, die Zustimmung zur Einlegung der Sprungrechtsbeschwerde durch die übrigen Beteiligten (siehe Rn 8 f.). Das ArbG ist nicht berechtigt, Opportunitätserwägungen anzustellen. Liegen die Voraussetzungen der Zulassung vor, muss es einem entsprechenden Antrag stattgeben.[2]

Sowohl die Zulassung als auch die Zurückweisung des Zulassungsantrages sind in die Beschlussformel aufzunehmen (vgl. § 76 Rn 6). Eine Zulassung der Sprungrechtsbeschwerde allein in den Gründen des Beschlusses nach § 84 ist wirkungslos.[3] Wegen des Vorgehens bei der Übergehung eines Zulassungsantrags siehe § 76 Rn 6.

II. Zulassungsantrag

Die Eigenheit im Verhältnis zur Sprungrevision ergibt sich aus dem besonderen Beteiligtenbegriff des Beschlussverfahrens. Der Zulassungsantrag kann grds. von jedem beteiligungsbefugten Beteiligten gestellt werden. Maßgebend ist der materielle Beteiligtenbegriff. Es kommt infolgedessen für die Frage der Antragsberechtigung nicht darauf an, ob das ArbG einen nach § 83 Abs. 3 materiell zu Beteiligenden auch tatsächlich beteiligt hat. Ist die Beteiligung fehlerhaft unterblieben, so kann ein nach materiellem Recht Beteiligter nachträglich noch innerhalb der hierfür geltenden Monatsfrist des Abs. 1 S. 2 die Zulassung der Sprungrechtsbeschwerde beantragen.

Weiteres Erfordernis ist, dass der Beteiligte, der den Zulassungsantrag stellt, durch den Beschluss nach § 84 auch beschwert ist. Dieses Erfordernis besteht nur für Zulassungsanträge, die nicht im laufenden Verfahren gestellt werden, sondern nur wenn nachträglich die Zulassung erreicht werden soll.

III. Zustimmungserklärung

Ebenso wie bei der Sprungrevision bedarf es der Zustimmung der Verfahrensbeteiligten. Diese Erklärung muss beinhalten, dass nicht nur der Zulassung, sondern auch der Einlegung dieses Sprungsrechtsmittels zugestimmt wird (siehe § 76 Rn 10 ff.).[4] Wenn die Sprungrechtsbeschwerde bereits durch den instanzabschließenden Beschluss zugelassen worden ist, muss diese Art der Zustimmung erst mit der Rechtsbeschwerdeschrift dem BAG zugeleitet werden.

Für die Abgabe der Zustimmungserklärung besteht Schriftform- aber kein Vertretungszwang.[5]

Wird eine nachträgliche Zulassung der Sprungrechtsbeschwerde durch gesonderten Beschluss angestrebt, muss die der Antragsschrift an das ArbG **im Original** beigefügt sein. Eine vom Beschwerdeführer selbst beglaubigte Kopie reicht nicht aus.[6] Ist die Zustimmungserklärung zu Protokoll erklärt worden, genügt die Beifügung des amtlich beglaubigten Protokolls. Ist die Zustimmungserklärung via Telefax abgegeben worden, muss der Originalfaxausdruck bei Gericht vorlegt werden.[7] Das Zustimmungsfax soll auch via Telefax dem Gericht weitergeleitet werden können.[8] In der Rspr. ist noch ungeklärt, wie diese Zustimmungserklärung im elektronischen Rechtsverkehr in einem elekt-

---

[1] BGBl I S. 545.
[2] HWK/*Bepler*, § 96 Rn 10; *Germelmann u.a.*, § 96a Rn 11; *Grunsky*, ArbGG, § 96a Rn 2.
[3] *Germelmann u.a.*, § 96a Rn 10.
[4] BAG 4.12.2002 – 10 AZR 83/02 – AP § 76 ArbGG 1979 Nr. 14; BAG 16.4.2003 – 7 ABR 27/02 – BAGE 106, 57–63.
[5] HWK/*Bepler*, § 96a ArbGG Rn 7.
[6] BAG 24.3.2001 – 4 AZR 367/00 – AR-Blattei ES 160.10.3 (1979) Nr. 68; jurisPR-ArbR 9/2004 Anm. 4 *Engel*.
[7] BAG 30.5.2001 – 4 AZR 269/00 – AP § 23b BAT Nr. 4; ArbRB 2001, 45 Anm. *Gilberg*.
[8] BAG 27.5.2004 – 6 AZR 6/03 – AP § 37 BAT Nr. 13; NJW 2005, 94 Anm. *Hantel*.

ronischen Dokument nach § 46c Abs. 1 wiedergegeben werden soll. Es sollte dann die Übermittlung des Originaldokuments in einem elektronischen Anhang ausreichen.

IV. Zustimmung der Beteiligten

10 Für die Zulässigkeit der Sprungrechtsbeschwerde ist Voraussetzung, dass alle materiell am Verfahren beteiligten Personen und Stellen zustimmen. Es kommt nicht etwa lediglich auf diejenigen an, die gegen den Beschluss des ArbG Beschwerde einlegen können.[9] Die Zustimmung derer, die nach materiellem Recht an sich zu beteiligen waren, die das ArbG nicht beteiligt hat, kann fehlen. Eine Sprungrechtsbeschwerde kann nicht mit der Begründung als unstatthaft verworfen werden, ein materiell zu Beteiligender, der bislang am Verfahren nicht beteiligt worden war, habe der Einlegung der Sprungrechtsbeschwerde nicht zugestimmt.[10] Der Sprungrechtsbeschwerdeführer muss nicht selbst ermitteln, ob das ArbG die Stellen oder Personen fehlerhaft nicht beteiligt hat und deren Zustimmung einholen.[11]

V. Materielle Zulassungsvoraussetzung

11 Bei der Sprungrechtsbeschwerde hat der Gesetzgeber keine Einschränkungen hinsichtlich der möglichen Verfahrensgegenstände vorgenommen. Die Zulassung der Sprungrechtsbeschwerde ist daher in allen Rechtsstreiten möglich, über die im Beschlussverfahren (§ 2a) entschieden wird.[12] Zusätzlich zu den formellen Anforderungen wird als materielles Erfordernis allein vorausgesetzt, dass die Rechtssache grds. Bedeutung hat. Der Begriff der grds. Bedeutung entspricht dem, wie er in den §§ 72, 76 und 92 verwendet wird (ausführlich dazu siehe § 72 Rn 14 ff.).

12 Hat nur einer von mehreren Verfahrensgegenständen grds. Bedeutung, kann das ArbG die Sprungrechtsbeschwerde nur für diesen Verfahrensgegenstand zulassen. Eine Beschränkung der Zulassung ist nur wirksam, wenn und soweit sie im Entscheidungsausspruch selbst zum Ausdruck gekommen ist. Spätere Einschränkungen in den Beschlussgründen sind wirkungslos.[13]

13 Da die Zulassung der Sprungrechtsbeschwerde im Beschluss des ArbG bereits nach § 84 ein Wahlrecht eröffnet, ob Beschwerde oder Sprungrechtsbeschwerde einlegt werden soll, muss eine zweifache Rechtsmittelbelehrung über Beschwerde (§ 87) und Sprungrechtsbeschwerde (§ 96a) erfolgen.

14 Die Entscheidung des ArbG, die Sprungrechtsbeschwerde zuzulassen oder nicht zuzulassen, ist nicht anfechtbar, vgl. Abs. 2, § 76 Abs. 2 S. 3.[14]

VI. Durchführung des Rechtsbeschwerdeverfahrens

15 Das BAG ist an die Zulassung der Sprungrechtsbeschwerde gebunden (vgl. Abs. 2 i.V.m. § 76 Abs. 2 S. 2). Überholt ist die Rspr. des 3., 6. und 8. Senats des BAG,[15] nach welcher der Beschluss, mit dem das Sprungrechtsmittel zugelassen wird, nur insoweit für das Revisionsgericht bindend sei, dass sich die Bindung nur auf die Feststellung des ArbG erstrecke, die Sache habe grds. Bedeutung. Das BAG hat diese im Lichte der Einfügung des § 96a nicht mehr haltbare Rspr. noch nicht förmlich aufgegeben.[16]

Mit der zulässigen Einlegung der Sprungsrechtsbeschwerde ist das Rechtsbeschwerdeverfahren eröffnet und wird nach den allg. Regeln durchgeführt.

16 Da Abs. 2 auf § 76 Abs. 6 verweist, hat das Rechtsbeschwerdegericht die Wahl, ob es das Verfahren an das ArbG oder an das für Beschwerden gegen den Beschluss erster Instanz zuständige LAG zurückverweisen will.

C. Verbindung zu anderen Rechtsgebieten

17 Ein gesetzlicher Sonderfall der Rechtsbeschwerde ist in §§ 122 Abs. 3, 126 Abs. 2 InsO geregelt. Nach dieser Vorschrift besteht keine Möglichkeit, gegen einen Beschluss des ArbG Beschwerde zum LAG einzulegen, wenn das ArbG über die Zustimmung zur Durchführung einer vom Insolvenzverwalter geplanten Betriebsänderung ohne – zuvor erfolglos versuchten – Interessenausgleich entschieden hat. Das ist kein Fall einer besonderen Sprungrechtsbeschwerde, sondern hier hat das ArbG nach den sonst für das LAG geltenden Vorschriften (§§ 92, 72 Abs. 2 und 3) darüber zu entscheiden, ob es die Rechtsbeschwerde gegen seine Entscheidung zulässt. Diese Rechtsbeschwerde ist wegen des hier geltenden besonderen Beschleunigungsgebotes innerhalb von einem Monat seit Zustellung der vollständigen Entscheidung einzulegen und innerhalb dieser Frist auch zu begründen (§ 122 Abs. 3 S. 3 InsO).

---

9 Germelmann u.a., § 96a Rn 8; a.A. Grunsky, ArbGG, § 96a Rn 1.
10 HWK/Bepler, § 96a ArbGG Rn 8.
11 ErfK/Eisemann/Koch, § 96a ArbGG Rn 1.
12 Hauck/Helml, § 96a Rn 1.
13 BAG 19.3.2003 – 5 AZN 751/02 – AP § 72 ArbGG 1979 Nr. 47; jurisPR-ArbR 26/2003 Anm. 2 Gravenhorst; BAG 5.11.2003 – 4 AZR 643/02 – BAGE 108, 239.
14 HWK/Bepler, § 96a ArbGG Rn 16.
15 BAG 16.11.1982 – 3 AZR 177/82 – BAGE 40, 355, 356 f.; BAG 12.2.1985 – 3 AZR 335/82 – AP § 76 ArbGG 1979 Nr. 4; BAG 12.1.1989 – 8 AZR 251/88 – BAGE 60, 362, 363; BAG 15.10.1992 – 6 AZR 349/91 – AP § 17 BAT Nr. 19.
16 Vgl. BAG 12.6.1996 – 4 ABR 1/95 – AP § 96a ArbGG 1979 Nr. 2.

I.Ü. gelten für dieses Rechtsmittel die allg. Grundsätze des Rechtsbeschwerdeverfahrens sowie, soweit die Verweisung in § 92 Abs. 2 reicht, des Revisionsverfahrens. Das bedeutet, dass auch die einmalige Verlängerungsmöglichkeit nach § 74 Abs. 1 S. 2 gilt. § 122 Abs. 3 S. 3 InsO ist nur eine Spezialvorschrift für die Frist zur Einlegung und Begründung dieses Sonderrechtsbehelfs, lässt aber die Regeln über die Behandlung der Begründungsfrist i.Ü. unberührt. Eine Besonderheit gibt es im Verfahren nach §§ 122 Abs. 3, 126 Abs. 2 InsO insoweit, als dort die Möglichkeit der nachträglichen Zulassung der Rechtsbeschwerde durch das BAG nicht besteht; § 122 Abs. 3 InsO verweist nur auf § 72, nicht auf § 72a oder § 92a.[17] Hat das ArbG die Rechtsbeschwerde nicht zugelassen, ist seine Entscheidung rechtskräftig.

D. Beraterhinweise

In der Praxis weitgehend unbekannt ist, dass auch im Sprungrechtsbeschwerdeverfahren Anschlussrechtsbeschwerde eingelegt werden kann, ohne dass der Rechtsbeschwerdeführer dem zustimmen müsste.[18] Der Zulässigkeit einer **selbstständigen Anschlusssprungrechtsbeschwerde** steht häufig entgegen, dass die Frist für die Einlegung einer selbstständigen Sprungrechtsbeschwerde von einem Monat nach Zustellung des Beschlusses des ArbG versäumt wird (Abs. 1, §§ 92 Abs. 2, 74 Abs. 1). Nur innerhalb dieser Frist kann der Beschwerte selbst Sprungrechtsbeschwerde oder Anschlusssprungrechtsbeschwerde einlegen, die entsprechend § 522 Abs. 2 ZPO so angesehen wird, als sei selbstständige Sprungrechtsbeschwerde eingelegt worden.[19] Der Sprungrechtsbeschwerdegegner hat ein Wahlrecht, ob er sich der Sprungrechtsbeschwerde selbstständig oder **unselbstständig** anschließen will. Er kann also bei Versäumung der Frist für die selbstständige Anschlussrechtsbeschwerde sich unselbstständig anschließen.[20] Für den Anschluss bedarf er dann weder der Zustimmung der übrigen Beteiligten noch einer gesonderten Rechtsbeschwerdezulassung.

18

Abweichend vom Rechtsbeschwerdeverfahren gilt hier im Grundsatz der Ausschluss von Verfahrensrügen (Abs. 2 i.V.m. § 76 Abs. 4). Diese Einschränkung darf sich jedoch nicht zu Lasten von materiell Beteiligten auswirken, die bislang am Verfahren nicht formell beteiligt worden waren. Ein erstmals in der Rechtsbeschwerdeinstanz Beteiligter kann so den Verfahrensmangel seiner Nichtbeteiligung rügen. Das führt zur Aufhebung des Beschlusses nach § 96, § 563 ZPO.

19

Vierter Unterabschnitt: Beschlußverfahren in besonderen Fällen

§ 97 Entscheidung über die Tariffähigkeit und Tarifzuständigkeit einer Vereinigung

(1) In den Fällen des § 2a Abs. 1 Nr. 4 wird das Verfahren auf Antrag einer räumlich und sachlich zuständigen Vereinigung von Arbeitnehmern oder von Arbeitgebern oder der obersten Arbeitsbehörde des Bundes oder der obersten Arbeitsbehörde eines Landes, auf dessen Gebiet sich die Tätigkeit der Vereinigung erstreckt, eingeleitet.
(2) Für das Verfahren sind die §§ 80 bis 84, 87 bis 96a entsprechend anzuwenden.
(3) Die Vorschrift des § 63 über die Übersendung von Urteilen gilt entsprechend für die rechtskräftigen Beschlüsse von Gerichten für Arbeitssachen im Verfahren nach § 2a Abs. 1 Nr. 4.
(4) ¹In den Fällen des § 2a Abs. 1 Nummer 4 findet eine Wiederaufnahme des Verfahrens auch dann statt, wenn die Entscheidung über die Tariffähigkeit und Tarifzuständigkeit darauf beruht, daß ein Beteiligter absichtlich unrichtige Angaben oder Aussagen gemacht hat. ²§ 581 der Zivilprozeßordnung findet keine Anwendung.
(5) ¹Hängt die Entscheidung eines Rechtsstreits davon ab, ob eine Vereinigung tariffähig oder ob die Tarifzuständigkeit der Vereinigung gegeben ist, so hat das Gericht das Verfahren bis zur Erledigung des Beschlußverfahrens nach § 2a Abs. 1 Nr. 4 auszusetzen. ²Im Falle des Satzes 1 sind die Parteien des Rechtsstreits auch im Beschlußverfahren nach § 2a Abs. 1 Nr. 4 antragsberechtigt.

A. Allgemeines	1	II. Einzelheiten	4
B. Regelungsgehalt	2	III. Aussetzung anderer Verfahren	9
I. Grundsatz	2		

---

17 BAG 14.8.2001 – 2 ABN 20/01 – EzA-SD 2001, Nr. 23.
18 BAG 12.6.1996 – 4 ABR 1/95 – AP § 96a ArbGG 1979 Nr. 2.
19 Vgl. *Germelmann u.a.*, § 89 Rn 43, zur selbstständigen Anschlussbeschwerde.
20 BAG 12.6.1996 – 4 ABR 1/95 – AP § 96a ArbGG 1979 Nr. 2.

A. Allgemeines

1 Nach den §§ 2a Abs. 1 Nr. 4, 97 entscheiden die Gerichte für Arbeitssachen bei Streitigkeiten über die Tariffähigkeit und Tarifzuständigkeit einer Vereinigung im Beschlussverfahren. Das **Urteilsverfahren** ist **ausgeschlossen**.[1] § 97 enthält dabei besondere Maßgaben, eröffnet aber kein besonderes Beschlussverfahren. Zu beachten sind die besonderen Bestimmungen in § 10 über die Beteiligtenfähigkeit.

B. Regelungsgehalt

I. Grundsatz

2 Nach der Verweisung in Abs. 2 auf die §§ 80 bis 84, 87 bis 96a sind die allg. Vorschriften über das Beschlussverfahren anwendbar. Eine Entscheidung im einstweiligen Verfügungsverfahren ist unzulässig, da eine Bezugnahme auf § 85 fehlt. Für die örtliche Zuständigkeit enthält § 97 keine Sonderregelung, es gilt insoweit § 82. Der Entscheidungstenor stellt die Tarifzuständigkeit oder Tariffähigkeit einer Vereinigung fest oder weist den Antrag ab.

3 **Tariffähig** ist, wer nach § 2 TVG für sich oder seine Mitglieder wirksam TV schließen kann (im Einzelnen siehe § 2 TVG Rn 2 ff.).[2] **Tarifzuständigkeit** ist die Fähigkeit eines tariffähigen Verbandes, TV mit einem bestimmten räumlichen, betrieblichen und persönlichen Geltungsbereich abzuschließen. Der Umfang der Tarifzuständigkeit wird von den AG- und AN-Koalitionen aufgrund freier Selbstbestimmung festgelegt und ergibt sich aus der Verbandssatzung (im Einzelnen siehe § 2 TVG Rn 84).

II. Einzelheiten

4 **Antragsteller** eines Verfahrens nach § 97 können die in Abs. 1 genannten **AN- oder AG-Vereinigungen** sowie die obersten Arbeitsbehörden des Bundes oder eines Bundeslandes sein. Hierzu zählen Spitzenorganisationen, wenn die Voraussetzungen des § 2 Abs. 2, 3 TVG gegeben sind. Das Antragsrecht steht auch derjenigen Vereinigung zu, deren Tariffähigkeit oder Tarifzuständigkeit bestritten wird.[3] Neben den in Abs. 1 ausdrücklich Genannten sind auch Innungen und Innungsverbände (§§ 54 Abs. 3 Nr. 1, 82 Abs. 3, 85 HandwO), nicht aber Kreishandwerkerschaften antragsberechtigt. Der einzelne **AG** ist in entsprechender Anwendung von § 97 Abs. 1 antragsbefugt, wenn er nicht Mitglied in einem AG-Verband und die Tariffähigkeit oder Tarifzuständigkeit einer Gewerkschaft fraglich ist, die einen Abschluss mit dem Unternehmen oder einem Betrieb davon anstrebt.[4] Der **BR** kann grds. **nicht** als Antragsteller im Verfahren nach § 97 die Unwirksamkeit eines TV feststellen lassen, obwohl er wegen § 77 Abs. 3 BetrVG hieran ein rechtliches Interesse hat.[5] Nur wenn ein anhängiges Beschlussverfahren nach Abs. 5 ausgesetzt wird, ist er antragsberechtigt. Weitere Antragsbefugte ergeben sich aus Abs. 5 S. 2.

5 Keine Sonderregelung enthält § 97 zur **Beteiligtenstellung** – insoweit gilt § 83.[6] Aus der Antragsberechtigung des Abs. 1 ergibt sich nicht notwendig die Beteiligtenstellung. Regelmäßig ist Beteiligter der soziale Gegenspieler der Koalition, deren Tariffähigkeit oder Tarifzuständigkeit in Zweifel gezogen wird.[7] Hierzu gehören die oberste Arbeitsbehörde und die jeweiligen tariflichen Spitzenorganisationen.[8] Ein anderes gilt, wenn nur die Zuständigkeit für einen Betrieb gestritten wird. Hier ist deren Beteiligung entbehrlich, weil es an darüber hinausgehenden rechtlichen Wirkungen fehlt. Allein die Antragsbefugnis nach § 5 TVG reicht für die Beteiligtenstellung nicht aus.[9] Bei Streitigkeiten zwischen konkurrierenden AG- oder AN-Verbänden ist ebenfalls der gegenüberstehende Verband zu beteiligen. Dabei kann es auch zur Beteiligung von mehreren Verbänden auf der Gegenseite kommen.[10] Nicht zu beteiligen sind einzelne AN.[11]

---

1 BAG 10.5.1989 – 4 AZR 80/89 – AP § 2 TVG Tarifzuständigkeit Nr. 6 = NZA 1989, 687.

2 S. nur BAG 28.3.2006 – 1 ABR 58/04 – AP § 2 TVG Tariffähigkeit Nr. 4 = EzA § 2 TVG Nr. 28; s.a. *Hümmerich/Holthausen*, NZA 2006, 1070; *Richardi*, RdA 2007, 118.

3 BAG 25.11.1986 – 1 ABR 22/85 – AP § 2 TVG Nr. 36 = NZA 1987, 492; BAG 13.3.2007 – 1 ABR 24/06 – AP § 2 TVG Tarifzuständigkeit Nr. 21 = EzA § 97 ArbGG 1979 Nr. 8, dazu *Kerwer*, RdA 2008, 242; BAG 10.2.2009 – 1 ABR 36/08 – DB 2009, 1657.

4 BAG 13.3.2007 – 1 ABR 24/06 – AP § 2 TVG Tarifzuständigkeit Nr. 21 = EzA § 97 ArbGG 1979 Nr. 8; BAG 27.9.2005 – 1 ABR 41/04 – AP § 2 TVG Tariffähigkeit Nr. 18 = EzA § 2 TVG Tarifzuständigkeit Nr. 9; BAG 17.2.1970 – 1 ABR 14/69 – AP § 2 TVG Tarifzuständigkeit Nr. 2 = BB 1970, 969.

5 BAG 13.3.2007 – 1 ABR 24/06 – AP § 2 TVG Tarifzuständigkeit Nr. 21 = EzA § 97 ArbGG 1979 Nr. 8; unter Aufgabe von BAG 25.11.1986 – 1 ABR 22/85 – AP § 2 TVG Nr. 36 = EzA § 2 TVG Nr. 17.

6 Vgl. BAG 10.2.2009 – 1 ABR 36/08 – DB 2009, 1657.

7 BAG 13.3.2007 – 1 ABR 24/06 – AP § 2 TVG Tarifzuständigkeit Nr. 21 = EzA § 97 ArbGG 1979 Nr. 8, dazu *Kerwer*, RdA 2008, 242; BAG 10.2.2009 – 1 ABR 36/08 – DB 2009, 1657.

8 BAG 10.2.2009 – 1 ABR 36/08 – DB 2009, 1657; BAG 28.3.2006 – 1 ABR 58/04 – AP § 2 TVG Tariffähigkeit Nr. 4 = EzA § 2 TVG Nr. 28.

9 BAG 13.3.2007 – 1 ABR 24/06 – AP § 2 TVG Tarifzuständigkeit Nr. 21 = EzA § 97 ArbGG 1979 Nr. 8; BAG 18.7.2006 – 1 ABR 36/05 – AP § 2 TVG Tarifzuständigkeit Nr. 19 = EzA § 2 TVG Tarifzuständigkeit Nr. 10.

10 BAG 25.11.1989 – 1 ABR 22/85 – AP § 2 TVG Nr. 36 = NZA 1987, 492.

11 ArbG Berlin 5.2.2008 – 54 BV 13961/06 – AuR 208, 314.

Für das Verfahren ist nach allg. Grundsätzen ein **Rechtsschutzinteresse** des Antragstellers erforderlich (siehe § 81 Rn 30 ff.). Es fehlt bei einem Streit von zwei DGB-Einzelgewerkschaften um ihre Tarifzuständigkeit, da §§ 15, 16 der DGB-Satzung in einem solchen Fall ein verbindliches Schiedsverfahren vorsehen.[12] Eine Einigung in einem Vermittlungsverfahren nach § 16 DGB-Satzung kommt die gleiche Bindungswirkung zu und ist auch für den AG verbindlich.[13]

Der Beschluss des ArbG **erwächst in Rechtskraft**. Er stellt die Tariffähigkeit oder -zuständigkeit fest, begründet oder beendet sie aber nicht erst.[14] Die objektive Rechtskraft betrifft nur die jeweilige Gewerkschaft, nicht aber einen Zusammenschluss, dem die betreffende Koalition angehört.[15] Dieser wirkt in subjektiver Hinsicht gegenüber jedermann.[16] Eine erneute gerichtliche Entscheidung ist ohne wesentliche Änderung der Sach- oder Rechtslage nicht möglich (siehe § 84 Rn 6 f.).[17] Gegen die Entscheidung sind die Rechtsmittel der Beschwerde und der Rechtsbeschwerde gegeben.

Abs. 4 enthält eine **Sonderregelung über die Wiederaufnahme des Verfahrens**. Abweichend von § 580 Nr. 1 ZPO reichen absichtliche – aber nicht nur lediglich fahrlässige – unrichtige Angaben oder Aussagen eines Beteiligten im Verfahren für die Wiederaufnahme aus (Abs. 4 S. 1). Nicht erforderlich ist dessen falsche Eidesleistung. Eine rechtskräftige strafrechtliche Verurteilung muss nicht abgewartet werden (Abs. 4 S. 2).

III. Aussetzung anderer Verfahren

Ist in einem Rechtsstreit die **Tariffähigkeit oder Tarifzuständigkeit** einer Vereinigung **entscheidungserheblich** (allein die Möglichkeit einer Entscheidungserheblichkeit reicht nicht aus[18]), hat das Gericht dieses **Verfahren auszusetzen**, und zwar nach Abs. 5 und nicht nach § 148 ZPO. Dagegen ist die **Beschwerde nach § 567 ZPO** möglich. Als Ausgangsverfahren kommt jedes gerichtliche Verfahren – auch in einem anderen Rechtsweg – in Betracht, die Aussetzung ist noch im Rechtsmittelverfahren möglich.[19] Im **einstweiligen Verfügungsverfahren** kann sich im Hinblick auf den Eilcharakter des Verfahrens ein anderes ergeben.[20] Eine sog. OT-Mitgliedschaft kann nicht im Verfahren nach § 97 überprüft werden, da sie nicht die personelle Tarifzuständigkeit regelt.[21] Eine Aussetzung kommt gleichfalls nicht in Betracht, wenn über die Gewerkschaftseigenschaft im Rahmen eines personalvertretungsrechtlichen Beschlussverfahrens gestritten wird.[22] Notwendig sind Zweifel über das Vorliegen der Tariffähigkeit oder Tarifzuständigkeit.[23] Bestehen solche, können die Parteien die Tariffähigkeit oder die Tarifzuständigkeit nicht unstreitig stellen.[24] Die **Aussetzung** erfolgt **von Amts wegen**. Die allein auf Abs. 5 S. 2 beruhende Befugnis einer Partei, die Tariffähigkeit oder Tarifzuständigkeit gerichtlich klären zu lassen, beschränkt sich auf die Vorfrage, wegen derer ausgesetzt worden ist.[25]

§ 98 Entscheidung über die Besetzung der Einigungsstelle

(1) ¹In den Fällen des § 76 Abs. 2 Satz 2 und 3 des Betriebsverfassungsgesetzes entscheidet der Vorsitzende allein. ²Wegen fehlender Zuständigkeit der Einigungsstelle können die Anträge nur zurückgewiesen werden, wenn die Einigungsstelle offensichtlich unzuständig ist. ³Für das Verfahren gelten die §§ 80 bis 84 entsprechend. ⁴Die Einlassungs- und Ladungsfristen betragen 48 Stunden. ⁵Ein Richter darf nur dann zum Vorsitzenden der Einigungsstelle bestellt werden, wenn aufgrund der Geschäftsverteilung ausgeschlossen ist, dass er mit der Überprüfung, der Auslegung oder der Anwendung des Spruchs der Einigungsstelle befasst wird. ⁶Der Be-

---

12 BAG 25.9.1996 – 1 ABR 4/96 – AP § 2 TVG Tarifzuständigkeit Nr. 10 = NZA 1997, 613; a.A. BCF/*Friedrich*, ArbGG, § 97 Rn 5; zum Schiedsverfahren des DGB *Feudner*, DB 2006, 1954.
13 BAG 14.12.1999 – 1 ABR 74/98 – AP § 2 TVG Tarifzuständigkeit Nr. 14 = NZA 2000, 949.
14 BAG 15.11.2006 – 10 AZR 665/05 – AP § 4 TVG Tarifkonkurrenz Nr. 34 = EzA § 4 TVG Bauindustrie Nr. 131.
15 ArbG Osnabrück 15.1.2007 – 3 Ca 353/06 – AuR 2007, 182.
16 BAG 15.11.2006 – 10 AZR 665/05 – AP § 4 TVG Tarifkonkurrenz Nr. 34 = NZA 2007, 448; BAG 28.3.2006 – 1 ABR 58/04 – AP § 2 TVG Tariffähigkeit Nr. 4 = EzA § 2 TVG Nr. 28; BAG 25.11.1986 – 1 ABR 22/85 – AP § 2 TVG Nr. 36 = NZA 1987, 492; allein krit. GK-ArbGG/*Ascheid*, § 97 Rn 71.
17 BAG 28.3.2006 – 1 ABR 58/04 – AP § 2 TVG Tariffähigkeit Nr. 4 = EzA § 2 TVG Nr. 28.
18 BAG 28.1.2008 – 3 AZB 30/07 – AP § 97 ArbGG 1979 Nr. 17 = EzA § 97 ArbGG 1979 Nr. 9; dazu *Lembke*, NZA 2008, 451; *Ulber*, AuR 2008, 297.
19 BAG 23.10.1996 – 4 AZR 409/95 – AP § 3 TVG Verbandszugehörigkeit Nr. 15 = NZA 1997, 383; s. auch LAG Düsseldorf 2.3.2006 – 6 Ta 89/06 – juris.
20 LAG Hessen 22.7.2004 – 9 Ga 593/04 – AP Art. 9 GG Arbeitskampf Nr. 169 = NZA 2005, 262.
21 BAG 18.7.2006 – 1 ABR 36/05 – AP § 2 TVG Tarifzuständigkeit Nr. 19 = EzA § 2 TVG Tarifzuständigkeit Nr. 10.
22 BVerwG 25.7.2006 – 6 P 17/05 – NZA 2006, 1371 = ZTR 2006, 607.
23 BAG 19.9.2006 – 1 ABR 53/05 – AP § 2 BetrVG 1972 Nr. 5 = EzA Art. 9 GG Nr. 89.
24 BAG 22.9.1993 – 10 AZR 535/91 – AP § 1 TVG Tarifverträge Bau Nr. 168 = NZA 1994, 562.
25 BAG 29.6.2004 – 1 ABR 14/03 – AP § 97 ArbGG 1979 Nr. 10 = NZA 2004, 1236.

schluss des Vorsitzenden soll den Beteiligten innerhalb von zwei Wochen nach Eingang des Antrags zugestellt werden; er ist den Beteiligten spätestens innerhalb von vier Wochen nach diesem Zeitpunkt zuzustellen.
(2) ¹Gegen die Entscheidungen des Vorsitzenden findet die Beschwerde an das Landesarbeitsgericht statt. ²Die Beschwerde ist innerhalb einer Frist von zwei Wochen einzulegen und zu begründen. ³Für das Verfahren gelten § 87 Abs. 2 und 3 und die §§ 88 bis 90 Abs. 1 und 2 sowie § 91 Abs. 1 und 2 entsprechend mit der Maßgabe, dass an die Stelle der Kammer des Landesarbeitsgerichts der Vorsitzende tritt. ⁴Gegen dessen Entscheidungen findet kein Rechtsmittel statt.

A.	Allgemeines	1	1. Keine offensichtliche Unzuständigkeit der Einigungsstelle	6
B.	Regelungsgehalt	2	2. Bestellung des Vorsitzenden	8
	I. Zulässigkeit des Antrags	2	3. Zahl der Beisitzer	9
	II. Verfahren	5	IV. Rechtsmittel	10
	III. Begründetheit des Antrags	6		

A. Allgemeines

1 Kommt in Fällen der gesetzlichen Zuständigkeit der Einigungsstelle eine Vereinbarung über deren Anrufung nicht zustande, können BR oder AG das ArbG **zur Bildung der Einigungsstelle** nach § 98 Abs. 1 anrufen. Es entscheidet über die offensichtliche Unzuständigkeit einer Einigungsstelle zu einem bestimmten Verfahrensgegenstand, über die Person des unparteiischen Vorsitzenden und die Zahl der Beisitzer.[1] Kann die Einigungsstelle nur von einer Seite angerufen werden (z.B. §§ 37 Abs. 6, 38 Abs. 2, 95 Abs. 2 BetrVG: AG, § 85 Abs. 2 BetrVG: BR), ist das Verfahren einzustellen, wenn die allein antragsbefugte Seite den Antrag zurückzieht.

B. Regelungsgehalt

I. Zulässigkeit des Antrags

2 Das Verfahren wird durch einen **Antrag** eingeleitet, für den eine besondere Form nicht vorgeschrieben ist. Der Antragsteller muss den **Gegenstand bezeichnen**, für den die gerichtliche Entscheidung beantragt wird. Der Verfahrensgegenstand der Einigungsstelle ist möglichst genau zu bezeichnen, damit das offensichtliche Nichtbestehen des Mitbestimmungsrechts[2] und anderenfalls der Kompetenzrahmen der Einigungsstelle festgestellt werden kann;[3] pauschale oder schlagwortartige Bezeichnungen wie „Arbeitszeit", „Lohngestaltung", „Überstunden" oder es gehe um eine „Betriebsänderung, bei der ein Interessenausgleich und ein Sozialplan anstehe",[4] sind als unbestimmt. Das Gericht hat den Antragsteller auf eine unzulässige Antragstellung hinzuweisen und auf eine Antragsänderung hinzuwirken. Auch muss erkennbar sein, ob die Einigungsstelle für einen Fall der notwendigen Mitbestimmung (§ 76 Abs. 5 BetrVG) oder als freiwillige (§ 76 Abs. 6 BetrVG) tätig werden soll. Ebenso muss die **Person des Vorsitzenden** namentlich im Antrag bezeichnet werden, sonst ist er unzulässig. Eine **Entscheidung** ergeht **nur über die tatsächlichen Streitpunkte** der Betriebsparteien. Bspw. fehlt es an einem Rechtsschutzinteresse für eine Entscheidung zur Person des Vorsitzenden und der Zahl der Beisitzer, wenn die Beteiligten ausschließlich über die Zuständigkeit der Einigungsstelle streiten. Umgekehrt kann der Antrag auf die Person des Vorsitzenden und die Zahl der Beisitzer beschränkt werden.[5]

3 Anzugeben ist, welche **innerbetrieblichen Verhandlungen** aus welchen Gründen als **gescheitert** angesehen werden. Ein Rechtsschutzinteresse liegt vor, wenn aus der subjektiven Sicht des Antragstellers eine innerbetriebliche Konfliktlösung in angemessener Zeit zu erwarten ist, wobei die vorangegangenen Verhandlungen ernsthaft gewesen sein müssen[6] oder aufgrund des bisherigen Verhaltens der anderen Betriebspartei als aussichtslos erscheinen[7] – etwa weil sich eine Betriebspartei trotz Bemühungen der anderen nicht auf Verhandlungen eingelassen hat.[8] Signalisiert der andere Beteiligte erst im gerichtlichen Bestellungsverfahren Verhandlungsbereitschaft, entfällt das Rechtsschutzinteresse nicht.[9] Soll ein unparteiischer Vorsitzender gerichtlich bestellt werden, besteht nur ein Rechtsschutz-

---

1 Zur Errichtung der Einigungsstelle *Clemenz*, FS ARGE Arbeitsrecht im DAV, 2006, S. 815 ff.; *Emmert*, FA 2006, 226 ff.
2 LAG Schleswig-Holstein 26.10.2006 – 4 TaBV 29/06 – juris; m. Anm. *Matthes*, jurisPR-ArbR 6/2007, Anm. 5.
3 LAG Hamburg 1.2.2007 – 8 TaBV 18/06 – MDR 2007, 1083; LAG Köln 2.3.2009 – 2 TaBV 111/08 – BB 2009 (LS); LAG Hessen 31.1.2006 – 4 TaBV 208/05 – AuR 2006, 214 (LS); LAG Hamburg 1.2.2007 – 9 TaBV 18/06 – n.v.
4 LAG Niedersachsen 7.8.2007 – 1 TaBV 63/07 – LAGE § 98 ArbGG 1979 Nr. 49a.
5 GK-ArbGG/*Leinemann*, § 98 Rn 22 m.w.N.
6 LAG Hessen 12.11.1991 – 4 TaBV 148/91 – NZA 1992, 853; LAG Niedersachsen 25.10.2005 – 1 TaBV 48/05 – juris; LAG Hamm 9.8.2004 – 10 TaBV 81/04 – AP § 98 ArbGG 1979 Nr. 35.
7 LAG Hamm 9.8.2004 – 10 TaBV 81/04 – AP § 98 ArbGG 1979 Nr. 14 = LAGE § 98 ArbGG 1979 Nr. 43.
8 LAG Rheinland-Pfalz 21.11.2008 – 6 TaBV 34/08 – juris; LAG Rheinland-Pfalz 3.8.2006 – 11 TaBV 23/06 – juris.
9 LAG Baden-Württemberg 16.10.1991 – 12 TaBV 10/91 – LAGE § 98 ArbGG 1979 Nr. 2 = NZA 1992, 186.

interesse, wenn dieser bis zum Entscheidungszeitpunkt im Bestellungsverfahren sein Einverständnis für die Übernahme der Tätigkeit erklärt hat, da sonst die Entscheidung wertlos ist.[10]

Parallel zum Verfahren nach § 98 kann in einem **allg. Beschlussverfahren** die Zuständigkeit der Einigungsstelle für den umstr. Verfahrensgegenstand festgestellt werden. Es steht wegen der unterschiedlichen Streitgegenstände (Zuständigkeit/offensichtliche Unzuständigkeit) dem Bestellungsverfahren nicht entgegen und darf nicht bis zur Entscheidung der Einigungsstelle ausgesetzt werden.[11]

II. Verfahren

Das ArbG entscheidet im **Beschlussverfahren ohne Mitwirkung der ehrenamtlichen Richter**. Es gelten nach der Verweisung in Abs. 1 S. 3 die §§ 80 bis 84 entsprechend. Der für die Offensichtlichkeitsprüfung maßgebende Sachverhalt ist von Amts wegen zu ermitteln; allein Hilfstatsachen reichen nicht aus.[12] Gegebenenfalls ist eine Beweisaufnahme durchzuführen.[13] Zu beteiligen sind regelmäßig nur AG und BR, da im Verfahren nach § 98 nur über die offensichtliche Unzuständigkeit und Besetzung der Einigungsstelle entschieden wird. Ein Gegenantrag auf Feststellung der Unzuständigkeit der Einigungsstelle ist im Verfahren nach § 98 ebenso unzulässig[14] wie ein Antrag im Wege der einstweiligen Verfügung, da § 85 von der Verweisung in Abs. 1 S. 3 nicht erfasst wird.[15] Nach § 98 Abs. 1 S. 6 soll der Beschluss des Gerichts den Beteiligten innerhalb von zwei Wochen nach Eingang des Antrags zugestellt werden; die Höchstfrist beträgt vier Wochen. Es fehlt aber an einer Rechtsfolge für den Fall der Fristüberschreitung.

III. Begründetheit des Antrags

1. Keine offensichtliche Unzuständigkeit der Einigungsstelle.
Der Antrag auf Einsetzung einer Einigungsstelle ist wegen fehlender Zuständigkeit nur dann unbegründet, wenn diese **für den beantragten Verfahrensgegenstand offensichtlich unzuständig** ist (Abs. 1 S. 2). Maßgebend ist der Zeitpunkt der Entscheidung.[16] Die Antragsbegründung muss dementsprechend Darlegungen zu konkreten Meinungsverschiedenheiten der Betriebsparteien enthalten, für deren Beilegung die Einigungsstelle nicht offensichtlich unzuständig ist.[17] Das ist nur dann der Fall, wenn ihre Zuständigkeit **unter keinem denkbaren rechtlichen Gesichtspunkt** als möglich erscheint,[18] so bei einem Tendenzbetrieb, wenn ein Interessenausgleich begehrt wird[19] oder wenn über einen solchen nach Abschluss einer Betriebsänderung verhandelt werden soll.[20] Gleiches gilt, wenn eine ungekündigte BV zu dem Mitbestimmungstatbestand besteht.[21] Anders verhält es sich, wenn diese bereits gekündigt ist und die Verhandlungen zwischen den Betriebsparteien ergebnislos verlaufen sind oder die Betriebsvereinbarung nicht abschließend und daher ergänzungsbedürftig ist.[22] Auch kann eine Einigungsstelle nicht zur Durchsetzung einer korrigierenden Rückgruppierung verlangt werden – hier ist der Weg über § 101 BetrVG einzuschlagen.[23] Allein das Vermittlungsersuchen des BR an den Vorstand der Bundesagentur für Arbeit hindert aber nicht die Anrufung der Einigungsstelle.[24] Die Streitigkeit darf sich bei fachkundiger Beurteilung durch das Gericht nicht unter einen mitbestimmungspflichtigen Tatbestand des BetrVG subsumieren lassen, was **sofort erkennbar** sein muss.[25] Das ist nicht der Fall, wenn der Bestand eines Mitbestimmungsrechts zu dem beantragten Verfahrensgegenstand umstr. ist und eine höchstrichterliche Entschei-

---

10 LAG Düsseldorf 11.5.1973 – 1 TaBV 17/73 – EzA § 76 BetrVG 1972 Nr. 1.
11 BAG 22.10.1981 – 6 ABR 69/79 – AP § 76 BetrVG 1972 Nr. 10 = DB 1982, 811.
12 LAG Niedersachsen 8.6.2007 – 1 TaBV 27/07 – LAGE § 98 ArbGG 1979 Nr. 49.
13 LAG Düsseldorf 21.8.1987 – 9 TaBV 132/86 – NZA 1988, 211; LAG Niedersachsen 8.6.2007 – 1 TaBV 27/07 – LAGE § 98 ArbGG 1979 Nr. 49.
14 LAG Hamm 7.7.2003 – 10 TaBV 85/03 – NZA-RR 2003, 637.
15 ArbGG/*Koch*, § 98 Rn 15; GK-ArbGG/*Leinemann*, § 98 Rn 8, jew. m.w.N.; a.A. *Bauer*, NZA 1992, 433, 436.
16 LAG Berlin-Brandenburg 19.8.2009 – 26 TaBV 1185/09 – juris; ArbGG/*Koch*, § 98 Rn 17.
17 LAG Hamm 16.8.1977 – 3 TaBV 40/77 – LAGE § 76 BetrVG 1972 Nr. 11.
18 LAG Rheinland-Pfalz 29.1.2009 – 3 TaBV 66/07 – EzAÜG BetrVG Nr. 102; LAG Hessen 3.3.2009 – 4 TaBV 14/09 – auR 2009, 181; LAG Hessen LAG 8.5.2007 – 4 TaBV 70/07 – NZA-RR 2007, 637; s. bereits LAG Düsseldorf 21.12.1981 – 20 TaBV 92/81 – LAGE § 98 BetrVG 1972 Nr. 4.
19 LAG Rheinland-Pfalz 20.12.2005 – 5 TaBV 54/05 – juris.
20 LAG Rheinland-Pfalz 14.2.2006 – 1 TaBV 105/05 – LAGE § 98 ArbGG 1979 Nr. 46.
21 LAG Hessen 20.5.2008 – 4 TaBV 97/08 – AuR 2008, 406 (LS); LAG Baden-Württemberg 18.11.2008 – 9 TaBV 6/08 – juris m.w.N.; dazu *Bertzbach*, jurisPR-ArbR 7/2009 Anm. 2.
22 LAG Niedersachsen 29.7.2008 – 1 TaBV 47/08 – LAGE § 98 ArbGG 1979 Nr. 51.
23 LAG Düsseldorf 29.2.2008 – 2 TaBV 7/08 – LAGE § 98 ArbGG 1979 Nr. 50a.
24 LAG Schleswig-Holstein 24.8.2007 – 3 TaBV 26/07 – juris; LAG Niedersachsen 30.1.2007 – 1 TaBV 106/06 – AE 2008, 114 (LS), dazu *Matthes*, jurisPR-ArbR 40/2007, Anm. 2.
25 LAG Hamm 7.7.2003 – 10 TaBV 85/03 – NZA-RR 2003, 637; LAG Hamm 21.12.2006 – 10 TaBV 173/05 – juris; zu § 13 AGG und dem Mitbestimmungsrecht nach § 87 Abs. 1 Nr. 1 BetrVG: LAG Hamburg 17.4.2007 – 3 TaBV 6/07 – DB 2007, 1417; ArbG Frankfurt/M. 23.10.2006 – 21 BV 690/06 – AiB 2007, 49.

dung noch aussteht.[26] Eine höchstrichterliche Rspr. führt nur dann zu einer offensichtlichen Unzuständigkeit, wenn diese als gefestigt angesehen werden kann und keine Anhaltspunkte für ein Abweichen erkennbar sind. Sie soll auch gegeben sein, wenn ein Instanzgericht an der Rspr. Kritik übt, und sich das BAG damit noch nicht auseinandergesetzt hat.[27] Hat das BAG zu einer Rechtsfrage nur am Rande entschieden und besteht beachtliche Kritik an dieser Rechtsprechung oder liegen unterschiedliche Instanzentscheidungen vor, kann nicht von einer offensichtlichen Unzuständigkeit ausgegangen werden.[28] Anders verhält es sich, wenn nicht der antragstellende BR, sondern eine **andere AN-Vertretung** für den Verfahrensgegenstand eindeutig **zuständig** ist.[29]

7 Sind zwischen den Beteiligten die **tatsächlichen Voraussetzungen** im Streit, hat das Gericht diese aufgrund des Untersuchungsgrundsatzes (siehe § 83 Rn 2) zu klären. Allein ein schlüssiger Sachvortrag reicht nicht aus. Die Offensichtlichkeit betrifft nur die zugrunde liegende Rechtsfrage, ob aus dem Sachverhalt ein Mitbestimmungsrecht folgt.[30]

8 2. Bestellung des Vorsitzenden. Bei der Bestellung des Vorsitzenden der Einigungsstelle ist das ArbG nicht an die **Anträge der Beteiligten gebunden**,[31] muss ihnen aber rechtliches Gehör gewähren. Der Antragsteller hat darzulegen, dass der Vorgeschlagene geeignet, d.h. unparteiisch und ausreichend sachkundig ist. Besondere Ausführungen sind bei Richtern aus der Arbeitsgerichtsbarkeit sowie bei RA, die häufig im Arbeitsrecht tätig sind, nicht erforderlich. Das Gericht darf eine vorgeschlagene Person nur dann ablehnen, wenn diese nicht die Gewähr für die **erforderliche Eignung** bietet. Einwände des anderen Beteiligten gegen die Unparteilichkeit des Vorsitzenden sind ausreichend, wenn die vorgebrachten subjektiven Vorbehalte für das Gericht zumindest nachvollziehbar sind.[32] Sie müssen aber nicht für seine Ablehnung wegen Befangenheit geeignet sein.[33] **Schlagwortartige Ablehnungen reichen nicht** aus.[34] Nach § 98 Abs. 1 S. 5 darf ein Richter nur zum Vorsitzenden der Einigungsstelle bestellt werden, wenn aufgrund der Geschäftsverteilung seines Gerichts ausgeschlossen ist, dass er mit der Überprüfung, der Auslegung oder der Anwendung des Spruchs der Einigungsstelle befasst wird.

9 3. Zahl der Beisitzer. Das ArbG hat die **Zahl der Beisitzer zu bestimmen**, wenn sich die Beteiligten hierüber nicht geeinigt haben. Dabei ist auf den Verfahrensgegenstand abzustellen. Überwiegend werden als Regelbesetzung zwei Beisitzer für jede Seite als erforderlich angesehen.[35] Eine größere Zahl ist in Fällen von besonderer Schwierigkeit oder Bedeutung angemessen, so wenn eine Vielzahl von AN betroffen ist oder schwierige Rechtsfragen im Raum stehen.[36] Der BR kann zu seiner Beratung eine betriebsfremde Person seines Vertrauens hinzuziehen.[37] Weicht das ArbG bei der Entscheidung über die Zahl der Beisitzer vom Antrag nach unten ab, hat es vorher dem Antragsteller rechtliches Gehör zu gewähren.

IV. Rechtsmittel

10 Nach Abs. 2 ist gegen Entscheidungen des ArbG die **Beschwerde** zum LAG statthaft.[38] Dies gilt auch, wenn das ArbG nur über einzelne Streitpunkte entschieden hat. Dem Beschwerdeführer steht für die Einlegung und Begründung seines Rechtsmittels insgesamt **nur eine Frist von zwei Wochen** zur Verfügung. Für die Form der Beschwerde-

---

26 LAG Schleswig-Holstein 19.12.2006 – 6 TaBV 14/06 – AiB 2007, 425; LAG Hessen 1.6.2006 – 4 TaBV 11/06 – NZA-RR 2007, 199; LAG Hamm 9.8.2004 – 10 TaBV 81/04 – LAGE § 98 ArbGG 1979 Nr. 43; LAG Schleswig-Holstein 19.12.2006 – 6 TaBV 14/06 – AiB 2007, 425; LAG Düsseldorf 22.7.2004 – 5 TaBV 38/04 – AiB 2005, 122; LAG Niedersachsen 11.11.1993 – 1 TaBV 59/93 – LAGE § 98 BetrVG 1972 Nr. 27.

27 LAG Köln 29.6.2009 – 3 TaBV 40/09 – juris.

28 LAG Baden-Württemberg 16.10.1991 – 12 TaBV 10/91 – LAGE § 98 BetrVG 1972 Nr. 2 = NZA 1992, 186; LAG Nürnberg 21.9.1992 – 7 TaBV 29/92 – LAGE § 98 BetrVG 1972 Nr. 23 = NZA 1993, 281; a.A. LAG München 13.3.1986 – 7 TaBV 5/86 – NZA 1987, 210 (LS).

29 LAG Hessen 15.6.1984 – 14 TaBV 8/84 – NZA 1985, 33; LAG Düsseldorf 4.3.1992 – 5 TaBV 116/91 – NZA 1992, 613; a.A. LAG Nürnberg 21.9.1992 – 7 TaBV 29/92 – LAGE § 98 BetrVG 1972 Nr. 23 = NZA 1993, 281.

30 LAG München 31.1.1985 – 9 TaBV 27/84 – LAGE ArbGG 1979 § 98 Nr. 5; BCF/*Friedrich*, ArbGG, § 98 Rn 5; einschränkend LAG Köln 5.12.2001 – 7 TaBV 71/01 – LAGE § 98 ArbGG 1979 Nr. 38 – NZA-RR 2002, 586.

31 LAG Rheinland-Pfalz 15.5.2009 – 9 TaBV 10/09 – juris; *Germelmann u.a.*, § 98 Rn 14; a.A. ArbGG/*Koch*, § 98 Rn 18 m.w.N.; s. auch *Tschöpe*, NZA 2004, 945, 947.

32 Vgl. etwa LAG Berlin-Brandenburg 7.8.2008 – 14 TaBV 1212/08 – juris; LAG Nürnberg 2.7.2004 – 7 TaBV 19/04 – LAGE Art. 101 GG Nr. 2 = NZA-RR 2005, 100.

33 LAG Hessen 28.6.1985 – 14 TaBV 61/85 – BB 1986, 200.

34 LAG Hessen 23.6.1988 – 12 TaBV 66/88 – LAGE § 98 ArbGG 1979 Nr. 12 = NZA 1988, 2173.

35 LAG Hamm 9.2.2009 – 10 TaBV 1891/08 – AuR 2009, 278; LAG Niedersachsen 15.8.2006 – 1 TaBV 43/06 – LAGE § 98 ArbGG 1979 Nr. 47; LAG Niedersachsen 7.8.2007 – 1 TaBV 63/07 – LAGE § 98 ArbGG 1979 Nr. 49a; LAG Schleswig-Holstein 4.2.1997 – 1 TaBV 3/97 – DB 1997, 832; LAG München 15.7.1991 – 4 TaBV 27/91 – LAGE § 76 BetrVG 1972 Nr. 38 = NZA 1992, 185; LAG Hessen 29.9.1992 – 4 TaBV 114/92 – NZA 1993, 1008; a.A. (ein Beisitzer) LAG Schleswig-Holstein 28.1.1993 – 4 TaBV 38/92 – LAGE § 98 ArbGG 1972 Nr. 24 = BB 1993, 1591; LAG Hamm 8.4.1987 – 12 TaBV 17/87 – NZA 1988, 210.

36 LAG Hamburg 13.1.1999 – 4 TaBV 9/98 – AiB 1999, 221; LAG Niedersachsen 15.8.2006 – 1 TaBV 43/06 – NZA-RR 2006, 644; s. auch *Tschöpe*, NZA 2004, 945.

37 BAG 4.7.1989 – 1 ABR 40/88 – AP § 87 BetrVG 1972 Tarifvorrang Nr. 20 = NZA 1990, 29.

38 Anders de lege ferenda *Francken*, NZA 2008, 750.

schrift gilt § 87 Abs. 2 (siehe § 87 Rn 7). Der **Vorsitzende entscheidet** stets **allein** (Abs. 2 S. 3). I.Ü. gelten für das Verfahren die Vorschriften über die Beschwerde im Beschlussverfahren (§§ 87 ff.) entsprechend. Gegenstand der Beschwerde können Fehler des ArbG bei der offensichtlichen Unzuständigkeit der Einigungsstelle, der Beisitzeranzahl oder der Person des Vorsitzenden sein. Das LAG ist nicht darauf beschränkt, die Ermessensentscheidung des ArbG zu überprüfen.[39] Beschwerdeberechtigt ist der Antragsteller bereits dann, wenn das ArbG nicht vollständig seinen Anträgen entsprochen hat. Gegen die Entscheidung des LAG ist nach Abs. 2 S. 4 kein weiteres Rechtsmittel mehr gegeben.

Fünfter Teil: Übergangs- und Schlußvorschriften

§ 111 Änderung von Vorschriften

(1) [1]Soweit nach anderen Rechtsvorschriften andere Gerichte, Behörden oder Stellen zur Entscheidung oder Beilegung von Arbeitssachen zuständig sind, treten an ihre Stelle die Arbeitsgerichte. [2]Dies gilt nicht für Seemannsämter, soweit sie zur vorläufigen Entscheidung von Arbeitssachen zuständig sind.

(2) [1]Zur Beilegung von Streitigkeiten zwischen Ausbildenden und Auszubildenden aus einem bestehenden Berufsausbildungsverhältnis können im Bereich des Handwerks die Handwerksinnungen, im übrigen die zuständigen Stellen im Sinne des Berufsbildungsgesetzes Ausschüsse bilden, denen Arbeitgeber und Arbeitnehmer in gleicher Zahl angehören müssen. [2]Der Ausschuß hat die Parteien mündlich zu hören. [3]Wird der von ihm gefällte Spruch nicht innerhalb einer Woche von beiden Parteien anerkannt, so kann binnen zwei Wochen nach ergangenem Spruch Klage beim zuständigen Arbeitsgericht erhoben werden. [4]§ 9 Abs. 5 gilt entsprechend. [5]Der Klage muß in allen Fällen die Verhandlung vor dem Ausschuß vorangegangen sein. [6]Aus Vergleichen, die vor dem Ausschuß geschlossen sind, und aus Sprüchen des Ausschusses, die von beiden Seiten anerkannt sind, findet die Zwangsvollstreckung statt. [7]Die §§ 107 und 109 gelten entsprechend.

A. Allgemeines	1	4. Anerkennung des Schlichtungsspruchs (S. 3)	8
B. Regelungsgehalt	2	5. Zwangsvollstreckung (S. 6)	9
I. Seemannsämter (Abs. 1)	2	III. Klage beim Arbeitsgericht	10
II. Ausbildungsstreitigkeiten (Abs. 2)	3	1. Vor Abschluss des Verfahrens	10
1. Bildung der Ausschüsse (S. 1)	3	2. Nach Abschluss des Verfahrens	11
2. Streitgegenstände des Schlichtungsverfahrens (S. 1)	4	a) Klage nach S. 3	11
		b) Klagefrist	12
3. Verfahren vor dem Ausschuss	6	C. Beraterhinweise	15

A. Allgemeines

Abs. 1 der Vorschrift ist heute nur noch deshalb von Bedeutung, weil S. 2 die weiter geltende Zuständigkeit der Seemannsämter klarstellt. Abs. 2 regelt für Ausbildungsstreitigkeiten ein umständliches Vorschaltverfahren, das nicht nur verfassungsrechtlicher Kritik ausgesetzt ist.[1]

B. Regelungsgehalt

I. Seemannsämter (Abs. 1)

Die Seemannsämter sind im Geltungsbereich des Grundgesetzes die von den Landesregierungen als Seemannsämter eingerichteten Verwaltungsbehörden und außerhalb davon die vom Bundesministerium des Auswärtigen Amtes bestimmten diplomatischen und konsularischen Vertretungen der Bundesrepublik Deutschland (§ 9 SeemG). In **Streitigkeiten** bestimmter Art **zwischen Schiffsbesatzungsmitgliedern** (§ 3 SeemG) und Reedern haben sie **arbeitsgerichtsähnliche Funktion** (vgl. § 14 SeemannsamtsVO). Sie können angerufen werden, um solche **Streitigkeiten „vorläufig", d.h.** bis zur Anrufung des ArbG **zu regeln**. Für Streitigkeiten aus dem Bereich der Binnenschiffahrt sind allein die ArbG zuständig.

---

[39] *Germelmann u.a.*, § 98 Rn 40, m.w.N.; ErfK/*Koch*, § 98 Rn 7; BCF/*Friedrich*, ArbGG, § 98 Rn 13; a.A. GK-ArbGG/*Leinemann*, § 98 Rn 71; *Hauck/Helml*, § 98 Rn 8. 318; s. auch Schwab/Weth/*Zimmerling*, § 111 Rn 31 ff.; krit. zum Vorschaltverfahren *Oppolony*, FS Leinemann, S. 607 ff.

[1] Zur Vereinbarkeit mit Art. 101 GG BAG 18.10.1961 – 1 AZR 437/60 – AP § 111 BetrVG Nr. 1 = NJW 1962,

II. Ausbildungsstreitigkeiten (Abs. 2)

3 **1. Bildung der Ausschüsse (S. 1).** Zuständig zur Bildung der Ausschüsse sind außer den für den Bereich des Handwerks ausdrücklich erwähnten Handwerksinnungen die nach dem Berufsbildungsgesetz (BBiG) für den jeweiligen Wirtschafts- und Berufszweig zuständigen Stellen (§§ 71 ff. BBiG). Im öffentlichen Dienst wird die zuständige Stelle vom Bund oder den Ländern für ihren Bereich bestimmt. Entsprechendes gilt für die Kirchen und sonstigen Religionsgemeinschaften (§§ 75 f. BBiG).[2] Das Verfahren bei der Bildung der Ausschüsse bestimmt sich nach den Statuten der Innung oder Berufskammer. Es besteht **keine Verpflichtung, Schlichtungsausschüsse zu bilden**.

4 **2. Streitgegenstände des Schlichtungsverfahrens (S. 1).** Zuständig ist der Ausschuss für „**Streitigkeiten** zwischen Ausbildenden und Auszubildenden **aus einem bestehenden Berufsausbildungsverhältnis**" nach den §§ 4 ff. BBiG. Berufsausbildungsverhältnis ist das Vertragsverhältnis, das durch einen Berufsausbildungsvertrag begründet wird (§ 3 Abs. 1 BBiG). Ob eine solche Streitigkeit vorliegt, kann anhand der Kriterien über die „Streitigkeiten aus dem Arbeitsverhältnis" (§ 2 Abs. 1 Nr. 3a, siehe § 2 Rn 9) bestimmt werden. Maßgebend ist der jeweilige Streitgegenstand.[3] Hierzu gehören auch Bestandsstreitigkeiten.[4] Aus dem Erfordernis eines „bestehenden" Berufsausbildungsverhältnisses folgt, dass für ein Schlichtungsverfahren kein Grund mehr besteht, wenn das Ausbildungsverhältnis mittlerweile beendet ist. Dann kann es nicht mehr zu dessen Belastung durch einen Rechtsstreit kommen.[5]

5 Es muss sich um Parteien eines **Berufsausbildungsverhältnisses i.S.d. BBiG** handeln. Praktikanten und Volontäre müssen deshalb keinen Ausschuss anrufen;[6] desgleichen nicht solche Auszubildenden, die wegen überwiegend schulisch ausgestalteter Ausbildung nicht dem BBiG unterfallen.[7] Für die Anrufung des Ausschusses im Falle einer **Kündigung gilt nicht die dreiwöchige Klagefrist** des KSchG gem. §§ 4, 13 Abs. 1 S. 2 KSchG.[8] Ihr kann nur der Einwand der Prozessverwirkung entgegengehalten werden.

6 **3. Verfahren vor dem Ausschuss.** Die **mündliche Anhörung** der Parteien ist ausdrücklich vorgeschrieben. Das entspricht § 105 Abs. 1 i.V.m. Abs. 2 S. 1. Nach mündlicher Anhörung kann das weitere Verfahren schriftlich durchgeführt werden, sofern jeder Partei ausreichend Gelegenheit zur Stellungnahme gegeben wird. Im Falle des unentschuldigten Ausbleibens einer Partei ist ein Schlichtungsspruch dennoch möglich, wobei nicht geklärt ist, ob ein „Versäumnisspruch" ergeht oder in entsprechender Anwendung von § 105 Abs. 3 nach Lage der Akten zu entscheiden ist.[9] Das Verfahren richtet sich i.Ü.[10] nach einer vorhandenen Verfahrensordnung, sonst nach dem Ermessen des Ausschusses, wobei es rechtsstaatlichen Grundsätzen genügen muss.[11]

7 Im Falle eines **Schlichtungsspruchs** ist dieser – § 108 entsprechend – **schriftlich abzufassen**, zu begründen, von den Mitgliedern des Ausschusses zu unterschreiben und jeder Streitpartei zuzustellen. Wie der Schieds- muss der Schlichtungsspruch nicht verkündet werden. Er ist mit einer Belehrung über die weiteren Verfahrensmöglichkeiten zu versehen, andernfalls beginnt die zweiwöchige Klagefrist nicht zu laufen (Abs. 2 S. 4 i.V.m. § 9 Abs. 5). § 9 Abs. 5 gilt nur entsprechend, da es gegen den Schlichtungsspruch kein Rechtsmittel gibt. Bei dem „**Vorgehen**" handelt es sich um die Möglichkeit nach S. 3, fristgebunden „Klage beim zuständigen Arbeitsgericht" zu erheben.

8 **4. Anerkennung des Schlichtungsspruchs (S. 3).** Für die Anerkennung des Schlichtungsspruchs durch die Parteien ist weder eine Form vorgesehen noch der Erklärungsempfänger bestimmt. Sie kann **formlos** erfolgen, und zwar sowohl gegenüber dem Ausschuss als auch gegenüber der anderen Partei. Die Grundsätze über Prozesserklärungen gelten nicht.[12] Für das **Vollstreckbarkeitsverfahren** (S. 6 und 7 i.V.m. § 109) ist allerdings **Nachweisbarkeit der Anerkennung** erforderlich. Sie muss „innerhalb einer Woche" dem Erklärungsempfänger zugehen. Nach Ablauf ist eine Anerkennung mit den in S. 6 und 7 genannten Folgen Vollstreckbarkeitsverfahren und Zwangsvollstreckung) nicht mehr möglich.

---

2 Ausf. Zusammenstellung bei ArbGG/*Schunck*, § 111 Rn 6.
3 BAG 15.3.2000 – 5 AZR 622/98 – AP § 14 BBiG Nr. 10 = EzA § 14 BBiG Nr. 10.
4 BAG 18.9.1975 – 2 AZR 602/74 – AP § 111 BetrVG 1972 Nr. 2 = NJW 1976, 909; BAG 9.10.1979 – 6 AZR 776/77 – AP § 111 BetrVG 1972 Nr. 3 = NJW 1980, 2095; s. auch *Germelmann u.a.,* § 111 Rn 17 m.w.N. zu den abw. (älteren) Auff.
5 BAG 19.2.2008 – 9 AZR 1092/06 – AP § 17 BBiG Nr. 8 = EzA § 10 BBiG Nr. 14; BAG 13.7.2007 – 9 AZR 494/06 – AP § 14 BBiG Nr. 13 = EzA § 14 BBiG Nr. 14.
6 S. dazu LAG Berlin 12.10.1998 – 9 Sa 73/98 – RzK IV 3 a Nr. 35.
7 Vgl. BAG 16.10.1974 – 5 AZR 575/73 – AP § 1 BBiG Nr. 1 = DB 1975, 262; BAG 16.12.1976 – 3 AZR 556/75 – AP § 611 BGB Ausbildungsverhältnis Nr. 3 = DB 1977,

1418; BAG 18.6.1980 – 4 AZR 545/78 – AP § 611 BGB Ausbildungsverhältnis Nr. 4 = DB 1980, 2531.
8 BAG 13.4.1989 – 2 AZR 441/88 – AP § 4 KSchG 1969 Nr. 21 = NZA 1990, 395; BAG 5.7.1990 – 2 AZR 53/90 – AP § 4 KSchG n.F. Nr. 23 = EzA § 4 KSchG n.F. Nr. 39; LAG Rheinland-Pfalz 23.5.2007 – 6 Ta 133/07 – juris; a.A. *Germelmann u.a.,* § 111 Rn 24 f.m.w.N.
9 Dazu *Germelmann u.a.,* § 111 Rn 31; ArbGG/*Schunck*, § 111 Rn 23: „Versäumnisspruch", gegen den es keinen Einspruch gibt.
10 Weitere Einzelheiten bei ArbGG/*Schunck*, § 111 Rn 23 ff.; s. auch *Opolony,* FA 2003, 133, 134 f.; *C. S. Hergenröder,* AGS 2007, 161 ff., dort auch zu Gebühren des Anwalts.
11 BAG 18.10.1961 – 1 AZR 437/60 – AP § 111 BetrVG Nr. 1 = NJW 1962, 318.
12 *Germelmann u.a.,* § 111 Rn 34; *Hauck/Helml,* § 111 Rn 9; a.A. *Opolony,* FA 2003, 133, 135.

5. Zwangsvollstreckung (S. 6). Die Zwangsvollstreckung findet sowohl aus Vergleichen statt, die vor dem Ausschuss geschlossen worden sind, als auch aus einem Spruch des Ausschusses, sofern er von beiden Seiten anerkannt worden ist. Ihr hat eine **Vollstreckbarkeitserklärung** durch das ArbG vorauszugehen. Für das Verfahren verweist das Gesetz in S. 7 auf § 109. Die beiderseitige **Anerkennung muss nachgewiesen werden**. Wird sie bestritten, muss das ArbG durch den zuständigen Kammervorsitzenden zu dieser Frage die angebotenen Beweise erheben.

III. Klage beim Arbeitsgericht

1. Vor Abschluss des Verfahrens. Die **Anrufung** eines existierenden Ausschusses und die vollständige Durchführung des Verfahrens sind **Zulässigkeitsvoraussetzungen** für eine Klage beim ArbG (S. 5). Sie sind **von Amts wegen zu prüfen**. Nach nicht unbestrittener Rspr. wird der Verfahrensmangel aber durch **rügelose Verhandlung zur Hauptsache** geheilt (§ 295 ZPO).[13] Eine zunächst unzulässige Klage wird ohne Neueinreichung nachträglich zulässig, wenn das Schlichtungsverfahren beendet und ein ergangener Spruch nicht anerkannt wurde,[14] andernfalls ist sie als unzulässig abzuweisen. **Existiert kein Ausschuss**, steht dem Auszubildenden der unmittelbare Gang zum Arbeitsgericht offen. Dem Fehlen steht dessen Weigerung gleich, das beantragte Schlichtungsverfahren durchzuführen.[15] Für **Arrest und einstweilige Verfügung** ist der Ausschuss nicht zuständig. Der Gläubiger kann sich insoweit unmittelbar an das ArbG werden.[16]

2. Nach Abschluss des Verfahrens. a) Klage nach S. 3. Bei der Klage nach S. 3 handelt es sich **nicht** um eine **Anfechtungsklage** der unterlegenen Partei gegen den Schlichtungsspruch. Ist der Antragsteller unterlegen, wird die Klage nichts anderes sein als die Wiederholung des Petitums in Form einer Klage mit dem üblichen Klageantrag vor dem ArbG. Es ist unnötig, auf Aufhebung oder Abänderung des – nicht anerkannten und damit nicht rechtskraftfähigen – Spruchs oder auf die Feststellung seiner Unwirksamkeit zu klagen.[17]

b) Klagefrist. Die Klage ist binnen **zwei Wochen nach „ergangenem" Spruch** zu erheben, sofern dieser eine entsprechende Belehrung enthält (S. 4 i.V.m. § 9 Abs. 5).[18] Die Klagefrist beträgt auch dann zwei Wochen, wenn es sich um eine **Künd-Schutzklage** handelt; die Zwei-Wochen-Frist nach Abs. 2 S. 3 wird nicht etwa durch die dreiwöchige Frist des § 4 KSchG verdrängt.[19] Die Frist gilt nur für denjenigen Streitgegenstand, der vor dem Ausschuss verhandelt wurde. Gegen ihre Versäumung ist ein Antrag auf Wiedereinsetzung in den vorigen Stand möglich.[20]

Die **Versäumung der Klagefrist** hat zur Folge, dass der vor dem Ausschuss verhandelte Streitgegenstand von keiner Partei mehr vor das ArbG gebracht werden kann; eine dennoch erhobene **Klage ist unzulässig**. Eine Wiedereinsetzung in Anwendung der §§ 233 ff. ZPO wird man in Anbetracht des Charakters der Klagefrist als möglich ansehen müssen.[21] Weitere – etwa materiell-rechtliche – Wirkungen hat die Fristversäumung nicht. Allerdings kann das ArbG die von dem Ausschuss entschiedene Frage als Vorfrage in einem Folgeprozess selbstständig und abweichend vom Ausschuss würdigen.[22] Der Spruch ist der Rechtskraft nicht fähig.[23]

Die Klage ist beim (örtlich) zuständigen ArbG zu erheben; also demjenigen, das auch ohne die Existenz eines Ausschusses zuständig wäre. Es gelten die §§ 46 ff. Entgegen der früheren Rechtslage ist nach Streichung von S. 8 a.F. ein **Güteverfahren** durchzuführen.

---

13 BAG 17.9.1987 – 2 AZR 654/86 – AP § 15 BBiG Nr. 7 = NZA 1988, 735; ebenso ArbGG/*Schunck*, § 111 Rn 18; GK-ArbGG/*Mikosch*, § 111 Rn 12; Schwab/Weth/*Zimmerling*, § 111 Rn 5; Germelmann u.a., § 111 Rn 20, jew. m.w.N.
14 BAG 25.11.1976 – 2 AZR 751/75 – AP § 15 BBiG Nr. 4 = DB 1977, 868.
15 BAG 17.9.1987 – 2 AZR 654/86 – AP § 15 BBiG Nr. 7 = EzA § 15 BBiG Nr. 6.
16 LAG Bremen 26.10.1982 – 4 Sa 185/82 – EzA § 611 BGB Beschäftigungsanspruch Nr. 18 = DB 1983, 345.
17 ArbGG/*Schunck*, § 111 Rn 48 ff.; BCF/*Friedrich*, ArbGG, Rn 5; Schwab/Weth/*Zimmerling*, § 111 Rn 28 f.
18 BAG 17.6.1998 – 2 AZR 741/97 – RzK IV 3a Nr. 30.
19 LAG Düsseldorf 3.5.1988 – 3 Sa 1824/87 – LAGE ArbGG § 111 Nr. 1; ArbGG/*Schunck*, § 111 Rn 54; anders wenn eine Ausschussverhandlung nach § 111 Abs. 2 nicht stattzufinden hat: LAG Köln 10.3.2006 – 3 Ta 47/06 – NZA-RR 2006, 319 = LAGE § 111 ArbGG 1979 Nr. 4.
20 GK-ArbGG/*Mikosch*, § 111 Rn 29.
21 Allg. Auffassung, s. nur GK-ArbGG/*Mikosch*, § 111 Rn 10.
22 BAG 9.10.1979 – 6 AZR 776/77 – AP § 111 BetrVG 1972 Nr. 3 = NJW 1980, 2095; BAG 13.4.1989 – 2 AZR 441/88 – AP § 4 KSchG 1969 Nr. 21 = EzA § 13 KSchG n.F. Nr. 4.
23 BAG 9.10.1979 – 6 AZR 776/77 – AP § 111 BetrVG 1972 Nr. 3 = NJW 1980, 2095.

C. Beraterhinweise

15 Für die Anrufung des Ausschusses im Falle einer **Künd gilt nicht die dreiwöchige Klagefrist** des KSchG gem. §§ 4, 13 Abs. 1 S. 2 KSchG.[24] Ihr kann nur der Einwand der Prozessverwirkung entgegen gehalten werden. Das gilt aber dann nicht, wenn ein Schlichtungsausschuss gar nicht gebildet worden ist, so dass der unmittelbare Weg zu den ArbG eröffnet ist.[25] Wegen der Unsicherheit, ob ein Ausschuss tatsächlich besteht, sollte in jedem Fall **vorsorglich** fristwahrend **Klage vor dem ArbG** erhoben werden. Die zunächst unzulässige Klage wahrt auch die zweiwöchige Klagefrist aus S. 3 (siehe Rn 10).[26]

---

[24] BAG 13.4.1989 – 2 AZR 441/88 – AP § 4 KSchG 1969 Nr. 21 = NZA 1990, 395; a.A. *Germelmann u.a.*, § 111 Rn 24 f. und die früher h.M.

[25] BAG 5.7.1990 – 2 AZR 53/90 – AP § 4 KSchG 1969 Nr. 23 = NZA 1991, 671; BAG 26.1.1999 – 2 AZR 134/98 – AP § 4 KSchG 1969 Nr. 43 = NZA 1999, 934.

[26] Zum Ganzen auch ArbGG/*Schunck*, § 111 Rn 15, sowie *Opolony*, FA 2003, 133, 134.

Gesetz über Arbeitnehmererfindungen

Vom 25.7.1957, BGBl I S. 756, BGBl III 422-1

Zuletzt geändert durch Gesetz zur Vereinfachung und Modernisierung des Patentrechts
vom 31.7.2009, BGBl I S. 2521

Erster Abschnitt: Anwendungsbereich und Begriffsbestimmungen

§ 1 Anwendungsbereich

Diesem Gesetz unterliegen die Erfindungen und technischen Verbesserungsvorschläge von Arbeitnehmern im privaten und im öffentlichen Dienst, von Beamten und Soldaten.

Literatur *Bartenbach/Volz*, Arbeitnehmererfindungsgesetz, 4. Aufl. 2002; *Benkard*, PatG, 10. Aufl. 2006; *Buchner*, Die Vergütung für Sonderleistungen des Arbeitnehmers – ein Problem der Äquivalenz der im Arbeitsverhältnis zu erbringenden Leistungen, GRUR 1985, 1; *Bühring*, GebrMR, 7. Aufl. 2007; *Däubler/Hjort/Hummel/Wolmerath*, Arbeitsrecht, Handkommentar, 2008; *Flume*, Allgemeiner Teil des Bürgerlichen Rechts II Das Rechtsgeschäft, 3. Aufl. 1979; *Friemel*, Die Betriebsvereinbarung über Arbeitnehmererfindungen und technische Verbesserungsvorschläge, 2004; *Friemel/Kamlah*, Der Geschäftsführer als Erfinder, BB 2008, 613; *Fuchs*, Arbeitnehmerurheber im System des § 43 UrhG, GRUR 2006, 561; *Gaul*, 20 Jahre Arbeitnehmererfinderrecht, GRUR 1977, 686; *Hubmann*, Das Recht am Arbeitsergebnis, in Festschrift für Alfred Hueck, 1959, S. 45 ff.; *Hueck*, Gedanken zur Neuregelung des Rechts der Arbeitnehmererfindungen, in: Festschrift für Arthur Nikisch, 1958, S. 63 ff.; *Hueck/Nipperdey*, Lehrbuch des Arbeitsrecht, Bd. 1, 7. Aufl. 1963; *Kraßer*, Patentrecht, 5. Aufl. 2004; *Lenhart*, Arbeitnehmer- und Arbeitgeberbegriff im Arbeitnehmererfindungsrecht, 2002; *Marquardt*, Freie Erfindungen im Arbeitsverhältnis, 2002; Münchner Handbuch zum Arbeitsrecht, 2. Aufl. 2000; *Nikisch*, Arbeitsrecht I – Allgemeine Lehren und Arbeitsvertragsrecht, 3. Aufl. 1961; *Pulte*, Beteiligungsrechte des Betriebsrats außerhalb der Betriebsverfassung, NZA-RR 2008, 113; *Reimer/Schade/Schippel*, ArbEG, 8. Aufl. 2007; *Schade*, Zu Fragen des Arbeitnehmererfinderrechts, GRUR 1958, 519; *ders.*, Arbeitnehmererfinder in Konzernunternehmen, insbesondere in multinationalen Konzernen, GRUR 1978, 569; *Schwab*, Arbeitnehmererfindungsrecht, Handkommentar, 2007; *Schultz-Süchting*, Der technische Verbesserungsvorschlag im System des Arbeitnehmererfindungsgesetzes, GRUR 1973, 293; *Ulrici*, Vermögensrechtliche Grundfragen des Arbeitnehmerurheberrechts, 2008; *Volmer/Gaul*, Arbeitnehmererfindungsgesetz, 2. Aufl. 1983

A. Allgemeines 1	C. Verbindung zu anderen Rechtsgebieten und zum Prozessrecht 7
B. Regelungsgehalt 3	D. Beraterhinweise 9
I. Allgemeines 3	
II. Persönlicher Anwendungsbereich 5	

A. Allgemeines

Das ArbnErfG gestaltet das Verhältnis der Parteien des Arbverh zu den vom AN hervorgebrachten **Arbeitsergebnissen**. Im Kern (Auftragserfindungen, siehe § 4 Rn 5 f.) wird das durch das Erfinderprinzip bedingte Auseinanderfallen des schuldrechtlichen Rechts auf das Arbeitsergebnis[1] und des dinglichen Rechts am Arbeitsergebnis[2] in Ausgleich gebracht, indem dem AG der Zugriff auf das Arbeitsergebnis ermöglicht wird.[3] Darüber hinaus sah sich der Gesetzgeber aufgrund der Reichweite des Patentrechts veranlasst, dem AG Rechte an einem weiteren Kreis an Neuerungen einzuräumen (Erfahrungs-, siehe § 4 Rn 7 f., und freie Erfindungen, siehe § 4 Rn 9 f.), um zu verhindern, dass die wirtschaftliche Betätigung des AG durch Erfindungen seiner AN übermäßig beschränkt wird.[4] Schließlich maß der Gesetzgeber technischen Neuerungen, zunächst für den Bereich der Rüstung, später generell, eine besondere **Bedeutung für den gesamtgesellschaftlichen Reichtum** zu.[5] Um das entsprechende Interesse der Allgemeinheit zu fördern, wurden dem **AG weitreichende Rechte** an den Neuerungen selbst (siehe §§ 6, 7 Rn 4 ff.) zuerkannt.[6] Dies soll sicherstellen, dass die Neuerungen wirtschaftlich verwertet werden. Als Ausgleich und als Ansporn für ihr Schaffen sind **für AN besondere Vergütungsansprüche** vorgesehen (siehe § 9 Rn 1).

In § 1 wird der persönliche Anwendungsbereich des Gesetzes geregelt. Der sachliche Anwendungsbereich ergibt sich aus § 1 i.V.m. §§ 2–4. Die §§ 5–39 regeln den Bereich des privaten Dienstes. In §§ 40–42 sind Sondervorschriften für den öffentlichen Dienst, Beamte und Soldaten enthalten. Innerhalb der §§ 5–39 regeln die §§ 5–20 den Kern der wechselseitigen Pflichten in Bezug auf die Neuerung und eine hierfür zu zahlende Vergütung. In den §§ 21–27 finden

---

1 Grundlegend hierzu *Ulrici*, S. 34 ff.
2 Grundlegend hierzu *Ulrici*, S. 42 ff., 59 f.
3 *Ulrici*, S. 60.
4 Vgl. *Ulrici*, S. 175 f.
5 *Ulrici*, S. 175 f., 401 ff.
6 Vgl. *Ulrici*, S. 401 ff.

sich ergänzende Vorschriften. Abgerundet werden die Regelungen durch Normen über den gerichtlichen Rechtsschutz und ein diesem vorgeschaltetes Schiedsstellenverfahren.

B. Regelungsgehalt

I. Allgemeines

3 Der persönliche Anwendungsbereich des ArbnErfG beschränkt sich auf AN im privaten und öffentlichen Dienst, Beamte und Soldaten. Maßgeblich ist die Stellung als AN usw. im Zeitpunkt der Fertigstellung der Neuerung.[7] Letzteres setzt voraus, dass der AN den Erfindergedanken, d.h. den Zusammenhang zwischen Ursache und Wirkung, klar erkannt hat[8] und die Lehre deshalb technisch ausführbar ist.[9] Die Nachwirkungen des § 26 (siehe § 26 Rn 3) greifen nur ein, wenn die Neuerung bereits im bestehenden Arbverh vollendet wurde.

4 Sachlich werden technische Erfindungen und Verbesserungsvorschläge erfasst (siehe §§ 2, 3 Rn 3 ff.). Keine Anwendung findet das ArbnErfG auf sonstige (schutzfähige oder schutzunfähige) Arbeitsergebnisse, wie z.B. Urheberrechte (siehe § 43 UrhG Rn 1 ff.),[10] Geschmacksmuster,[11] Topografien von Halbleitern[12] oder Sortenschutzrechte.[13]

II. Persönlicher Anwendungsbereich

5 Das ArbnErfG regelt die für den persönlichen Anwendungsbereich maßgeblichen Begriffe nicht selbst, sondern setzt diese voraus. Maßgeblich ist danach der **allgemeine AN-Begriff**. AN ist, wer auf privatrechtlicher Grundlage weisungsabhängige Dienste gegen Entgelt erbringt (siehe § 611 BGB Rn 58). Zentrales Merkmal des AN ist seine **persönliche Abhängigkeit** infolge Eingliederung in eine betriebliche Organisation. Erfasst werden danach Arbeiter, Angestellte, leitende Angestellte, Leih-AN (siehe § 11 AÜG Rn 28 ff.). Über seinen Wortlaut hinaus werden ebenfalls Auszubildende sowie Umschüler, Praktikanten, Volontäre und Werkstudenten erfasst.[14]

6 Nicht vom Gesetz erfasst (vgl. aber Rn 9) werden **Organe**, d.h. GmbH-Geschäftsführer,[15] AG-Vorstände u.Ä.,[16] arbeitnehmerähnliche Personen,[17] selbstständige Dienstnehmer (freie Mitarbeiter)[18] und Werkunternehmer.

C. Verbindung zu anderen Rechtsgebieten und zum Prozessrecht

7 Außerhalb des Anwendungsbereichs des ArbnErfG oder anderer Sondervorschriften (vgl. § 69b UrhG Rn 6 ff.) richtet sich das Verhältnis der Parteien des Arbverh zu den vom AN geschaffenen Arbeitsergebnissen nach allgemeinen Grundsätzen.[19] Dabei müssen **die dingliche und die obligatorische Ebene** voneinander unterschieden werden.[20] Vorschriften, welche die originäre dingliche Zuordnung eines Arbeitsergebnisses regeln, enthalten regelmäßig keine Aussage über die schuldrechtliche Verteilung des Arbeitsergebnisses.[21] Diese richtet sich vielmehr nach den zwischen den Parteien bestehenden schuldrechtlichen Beziehungen, d.h. dem Inhalt des Arbverh.

8 Innerhalb der vom Arbverh geprägten schuldrechtlichen Ebene ist zu unterscheiden zwischen der **Verteilung des Arbeitsergebnisses** als solchem und der **Verteilung des** in ihm **verkörperten wirtschaftlichen Werts**.[22] Zwischen beiden Aspekten muss kein Gleichlauf bestehen.[23] Nach **allgemeinen Grundsätzen** steht dem AG ein vom AN erzieltes Arbeitsergebnis insoweit zu, als der AG auf die Verwertung des Arbeitsergebnisses zur vertragszweckkonformen Nutzung der zum Ergebnis führenden Arbeitsleistung angewiesen ist.[24] Soweit der AG, insbesondere durch eine erfolgsunabhängige, schaffensbezogene Vergütung der Arbeitsleistung und die Stellung der betrieblichen Organisation, das Risiko der Erzielung eines Arbeitsergebnisses übernommen hat, steht ihm nach allgemeinen Grundsätzen auch vollumfänglich der in diesem verkörperte Wert zu.[25]

D. Beraterhinweise

9 Die Geltung des ArbnErfG im Arbverh ist einseitig zwingend (siehe § 22 Rn 2). Abweichungen zu Lasten des AN sind daher nicht möglich. Der Gestaltungsspielraum ist somit gering. Gestaltungen sind jedoch außerhalb des

---

7 Bartenbach/Volz, § 1 Rn 71.2; vgl. Schwab, § 26 Rn 1.
8 BAG 1.11.1956 – 2 AZR 268/54 – BAGE 3, 218.
9 BGH 10.11.1970 – X ZR 54/67 – GRUR 1971, 210.
10 Umfassend zum Urheberrecht Ulrici, S. 135 ff.
11 Vgl. Ulrici, S. 61 f.
12 Vgl. Ulrici, S. 61 f.
13 Vgl. Ulrici, S. 62.
14 DHHW/Kronisch, § 1 ArbnErfG Rn 1; Lenhart, S. 201 ff..
15 OLG Düsseldorf 10.6.1999 – 2 U 11/98 – GRUR 2000, 49.
16 Lenhart, S. 186 ff.; Volmer/Gaul, § 1 Rn 106 f.
17 Bartenbach/Volz, § 1 Rn 25; a.A. DHHW/Kronisch, § 1 ArbnErfG Rn 1; Volmer/Gaul, § 1 Rn 59 f.; differenzierend Lenhart, S. 174 ff.; RSS/Rother, § 1 Rn 6.
18 DHHW/Kronisch, § 1 ArbnErfG Rn 2.
19 Grundlegend hierzu Ulrici, S. 31 ff.
20 Ulrici, S. 32 ff.
21 Ulrici, S. 34; a.A. Fuchs, GRUR 2006, 561, der aus dem Schöpferprinzip unzutreffend ableitet, das Urheberrecht stehe schuldrechtlichem dem AN zu.
22 Ulrici, S. 34 ff.
23 Ulrici, S. 37; verkannt von BGH 24.10.2000 – X ZR 72/98 – NJW-RR 2001, 626.
24 BGH 21.3.1961 – I ZR 133/59 – NJW 1961, 1251; Ulrici, S. 37 ff., 170 ff.
25 BAG 5.4.1962 – 5 AZR 432/60 – UFITA 38 (1962), 95; Ulrici, S. 40 ff., 373 ff.

Arbverh möglich. So kann die **Anwendung** der schuldrechtlichen Vorschriften **des ArbnErfG** über den von § 1 vorgegebenen Anwendungsbereich hinaus ausdrücklich oder konkludent **vereinbart** werden.[26] Hierdurch lassen sich etwa in Bezug auf AG-Vorstände, GmbH-Geschäftsführer, arbeitnehmerähnliche Personen usw. ein rechtssicherer Umgang mit deren Erfindungen und Verbesserungsvorschlägen sowie ein Ansporn für ihre erfinderische Tätigkeit erreichen.[27] Der zwingende Charakter der Vorschriften des ArbnErfG sowie die Geltung der verfahrensrechtlichen Vorschriften wird von einer Inbezugnahme nicht erfasst.[28] Auch kann die Geltung dinglich wirkender Vorschriften, wie z.B. § 7 Abs. 2, nicht vereinbart werden (vgl. § 137 BGB).[29] Schutz vor Zwischenverfügungen kann partiell durch eine Vorausverfügung zugunsten des Dienstgebers erreicht werden.[30] Vor einer Inbezugnahme des ArbnErfG muss im Einzelfall aber kritisch geprüft werden, inwieweit dessen Regelungen für andere Personenkreise sachgerecht und wirtschaftlich angemessen sind.[31] Von **pauschalen Inbezugnahmen** ist abzuraten.[32]

§ 2 Erfindungen

Erfindungen im Sinne dieses Gesetzes sind nur Erfindungen, die patent- oder gebrauchsmusterfähig sind.

§ 3 Technische Verbesserungsvorschläge

Technische Verbesserungsvorschläge im Sinne dieses Gesetzes sind Vorschläge für sonstige technische Neuerungen, die nicht patent- oder gebrauchsmusterfähig sind.

A. Allgemeines 1	II. Schutzunfähige Neuerungen – Technische Verbesserungsvorschläge (§ 3) 8
B. Regelungsgehalt 3	C. Verbindung zu anderen Rechtsgebieten und zum Prozessrecht 9
I. Schutzfähige Neuerungen (§ 2) 3	
1. Allgemeines 3	
2. Patent 5	D. Beraterhinweise 11
3. Gebrauchsmuster 7	

A. Allgemeines

Die §§ 2, 3 regeln den **sachlichen Geltungsbereich**. Das ArbnErfG findet Anwendung auf patent- oder gebrauchsmusterfähige Erfindungen sowie auf technische Verbesserungsvorschläge. Keine (analoge) Anwendung findet es auf sonstige Arbeitsergebnisse (siehe § 1 Rn 4). Der Gesetzgeber verfolgt aus Gemeinwohlgründen mit dem ArbnErfG eine Förderung der von ihm als besonders bedeutsam angesehenen technischen Neuerungen. Hierüber hinaus hat der insoweit zuständige Gesetzgeber ein vergleichbares Förderinteresse nicht definiert.[1]

Die Anwendbarkeit des ArbnErfG auf technische Verbesserungsvorschläge soll im Zuge einer bereits mehrfach angestrengten, bislang jeweils aber gescheiterten Reform des ArbnErfG beseitigt und der Bereich der technischen Verbesserungsvorschläge allgemeinen rechtlichen Grundsätzen unterworfen werden (siehe § 20 Rn 7).[2]

B. Regelungsgehalt

I. Schutzfähige Neuerungen (§ 2)

1. Allgemeines. Nach § 2 werden als Erfindungen nur **patent- oder gebrauchsmusterschutzfähige Erfindungen** erfasst. Erforderlich ist, dass der Neuerung objektiv die Fähigkeit innewohnt, nach deutschem (bzw. europäischem) Recht als Gebrauchsmuster oder Patent erteilt zu werden.[3] Innerhalb dieses Bereichs werden Patent und Gebrauchsmuster vom ArbnErfG abstrakt gleich behandelt. Ihre unterschiedliche Wertigkeit wirkt sich aber im Einzelfall bei der Vergütungsbemessung aus (vgl. § 9 Rn 12 ff.).

Innerhalb der schutzfähigen Erfindungen wird von § 4 weiter zwischen Auftrags-, Erfahrungs- und freien Erfindungen differenziert. Die Begrifflichkeiten beziehen sich auf die Nähe der erfinderischen Tätigkeit zum Arbverh, ins-

---

26 RSS/*Rother*, § 1 Rn 11.
27 Vgl. *Friemel/Kamlah*, BB 2008, 613.
28 *Bartenbach/Volz*, § 1 Rn 73 und 75; DHHW/*Kronisch*, § 1 ArbnErfG Rn 3; RSS/*Rother*, § 1 Rn 11; *Schwab*, § 1 Rn 7.
29 Ohne diese Einschränkung DHHW/*Kronisch*, § 1 ArbnErfG Rn 3; *Schwab*, § 1 Rn 7.
30 Vgl. für das Urheberrecht *Ulrici*, S. 256 ff.
31 Verneinend für Geschäftsführer *Friemel/Kamlah*, BB 2008, 613.
32 *Bartenbach/Volz*, § 1 Rn 73; *Friemel/Kamlah*, BB 2008, 613.

1 *Ulrici*, S. 401 ff.
2 DHHW/*Kronisch*, § 3 ArbnErfG Rn 3.
3 OLG Düsseldorf 9.8.2007 – I-2 U 44/06 – juris; OLG Düsseldorf 15.3.2007 – I-2 U 108/05 – juris.

besondere zur Arbeitsleistung. Hinsichtlich der Rechtsfolgen fasst das Gesetz Auftrags- und Erfahrungserfindungen unter dem Begriff der **Diensterfindungen** zusammen und stellt ihnen die **freien Erfindungen** gegenüber (siehe § 4 Rn 2 ff.). Innerhalb der Diensterfindungen kann sich die unterschiedliche Nähe zur Arbeitsleistung auf die Höhe der Vergütung auswirken (siehe § 9 Rn 12 ff.).

5 **2. Patent.** Das ArbnErfG definiert den Begriff der patentfähigen Erfindung nicht selbst. Vielmehr verweist es insoweit auf das PatG. Dieses enthält nur Regelungen darüber, wann eine Erfindung schutzfähig ist (§§ 1–5 PatG). Eine allgemeine Definition der **Erfindung** ist nicht enthalten.[4] Nach h.A. ist eine Erfindung eine Lehre (Anweisung, Regel) zum planmäßigen Handeln unter Einsatz beherrschbarer Naturkräfte zur unmittelbaren Herbeiführung eines kausal übersehbaren Erfolgs.[5] Kurz gesagt ist eine Erfindung eine Lehre zum – im weiten Sinne – technischen Handeln. Ist diese Technizität i.w.S. vorhanden, wird das Merkmal unter Einsatz beherrschbarer Naturkräfte von der neueren Rspr. großzügig gehandhabt.[6] Keine Erfindungen sind **Entdeckungen** (§ 1 Abs. 3 Nr. 1 PatG).[7] So wird das Auffinden oder Erkennen bisher unbekannter, aber objektiv in der Natur schon vorhandener Gesetzmäßigkeiten bezeichnet.[8] Die Abgrenzung erfolgt danach, dass der Entdeckung das Merkmal einer zweckgerichteten Lösung mit konkretem Anwendungsbezug fehlt.[9]

6 **Patentfähig** ist eine Erfindung, wenn die ihr zugrunde liegende Lehre neu ist, auf einer erfinderischen Tätigkeit beruht und gewerblich anwendbar ist (§ 1 Abs. 1 PatG). Eine Erfindung gilt als **neu**, wenn sie nicht zum Stand der Technik gehört. Der **Stand der Technik** umfasst alle Kenntnisse, die vor dem für den Zeitrang der Anmeldung maßgeblichen Tag durch schriftliche oder mündliche Beschreibung, durch Benutzung oder in sonstiger Weise der Öffentlichkeit zugänglich gemacht worden sind (§ 3 Abs. 1 PatG). Eine Erfindung gilt als auf einer **erfinderischen Tätigkeit** beruhend, wenn sie sich für den Fachmann nicht in nahe liegender Weise aus dem Stand der Technik ergibt (§ 4 PatG). Eine Erfindung gilt als **gewerblich anwendbar**, wenn ihr Gegenstand auf irgendeinem gewerblichen Gebiet einschließlich der Landwirtschaft hergestellt oder benutzt werden kann (§ 5 PatG).

7 **3. Gebrauchsmuster.** **Gebrauchsmusterfähig** sind Erfindungen, die neu sind, auf einem erfinderischen Schritt beruhen und gewerblich nutzbar sind (§ 1 Abs. 1 GebrMG). Es gilt der gleiche Erfindungsbegriff wie im Patentrecht.[10] Auch im Übrigen gelten vergleichbare Maßstäbe (vgl. Rn 5 f.), weshalb Gebrauchsmuster- und Patenrecht im Wesentlichen die gleichen Arbeitsergebnisse erfassen. Unterschiede gibt es zunächst im Hinblick auf die **Höhe der erfinderischen Leistung**, in Bezug auf einige Ausschlüsse von der Schutzfähigkeit und vor allem im Bereich des Eintragungs- und Prüfungsverfahrens, was wiederum Folgewirkungen auf den Schutzumfang hat.

II. Schutzunfähige Neuerungen – Technische Verbesserungsvorschläge (§ 3)

8 Technische Verbesserungsvorschläge sind Neuerungen auf technischem Gebiet (vgl. Rn 5), die jedoch aufgrund ihres geringen Erfindungsgrads nicht als Patent oder Gebrauchsmuster schutzfähig sind.[11] Erfasst werden Lehren, die einerseits nicht schutzfähig sind und andererseits zumindest den internen Stand der Technik im Unternehmen[12] bereichern, d.h. unternehmensbezogen neu, fortschrittlich und gewerblich verwertbar sind.[13]

C. Verbindung zu anderen Rechtsgebieten und zum Prozessrecht

9 Die Schutzfähigkeit einer Erfindung wird beim Patent zunächst vom Patentamt im Erteilungsverfahren geklärt. Wird diese Entscheidung im Anschluss unmittelbar oder im Wege eines Nichtigkeitsverfahrens in Frage gestellt, entscheiden das BPatG bzw. der BGH verbindlich.[14] Beim Gebrauchsmuster erfolgt die Eintragung ohne inhaltliche Prüfung. Die Klärung der Schutzfähigkeit erfolgt erst nachgelagert im Rahmen eines etwaigen Löschungsverfahrens.[15] Dies führt zu Problemen, weil das ArbnErfG bereits zeitlich früher (z.B. Meldepflicht, siehe § 5 Rn 4 f.), d.h. zu einem Zeitpunkt eingreift, in dem die **Schutzfähigkeit noch nicht geklärt** ist. Die ganz h.A. geht insoweit davon aus, dass auch die Vorschriften des ArbnErfG, die an das Vorliegen einer schutzfähigen Erfindung anknüpfen, zunächst bis zur verbindlichen Klärung im Rahmen der hierfür vorgesehen patent- oder gebrauchsmusterrechtlichen Verfahren selbst dann gelten, wenn die Schutzfähigkeit der Erfindung zwischen den Parteien des Arbverh umstritten ist.[16] Abwei-

---

4 *Kraßer*, § 11 I 1, S. 119.
5 BGH 27.3.1969 – X ZR 15/67 – GRUR 1969, 672; BGH 16.9.1980 – X ZR 19/78 – GRUR 1980, 849; *Kraßer*, § 1 A II 1, S. 2, § 11 I 1, S. 119 f.
6 Vgl. BGH 17.10.2001 – X ZR 16/00 – GRUR 2002, 143.
7 *Kraßer*, § 11 II 1, S. 122.
8 Benkard/*Bacher/Melullis*, § 1 Rn 96; *Kraßer*, § 11 II 1, S. 122.
9 Benkard/*Bacher/Melullis*, § 1 Rn 96; *Kraßer*, § 11 II 1, S. 122.
10 *Kraßer*, § 11 I 1. S. 119; vgl. auch *Bühring*, § 1 Rn 121.
11 *Bartenbach/Volz*, § 3 Rn 3 ff.; DHHW/*Kronisch*, § 3 ArbnErfG Rn 1.
12 Abweichend, auf den Betrieb abstellend RSS/*Rother*, § 3 Rn 3; *Volmer/Gaul*, § 3 Rn 6, 8, 18 f.
13 *Schwab*, § 3, § 20 Rn 2.
14 Vgl. *Bartenbach/Volz*, § 2 Rn 12.
15 Vgl. *Bartenbach/Volz*, § 2 Rn 13.
16 BGH 2.12.1960 – I ZR 23/59 – GRUR 1961, 338; BGH 28.6.1962 – I ZR 28/61 – GRUR 1963, 135; BGH 2.6.1987 – X ZR 97/86 – GRUR 1987, 900; *Bartenbach/Volz*, § 2 Rn 16 ff.; DHHW/*Kronisch*, § 2 ArbnErfG Rn 5.

chendes gilt nur, wenn das Fehlen der Schutzfähigkeit offensichtlich ist[17] oder eine Norm in ihrem Tatbestand an die Schutzrechtserteilung anknüpft[18] und diese nicht gegeben ist. Wird später die Schutzunfähigkeit verbindlich festgestellt, entfällt die zunächst gegebene Anwendbarkeit mit Wirkung ex tunc.[19]

Die h.A. beruht darauf, dass das im ArbnErfG vorgesehene Verfahren (Meldung, Anmeldung, siehe §§ 13–16 Rn 2 ff.) u.a. darauf gerichtet ist, die Schutzfähigkeit durch den AG klären zu lassen. Der AN soll mit diesem Aufwand nicht belastet werden. Auch unterscheidet das ArbnErfG nicht zwischen Patent und Gebrauchsmuster, obwohl beim Gebrauchsmuster generell keine Vorabprüfung erfolgt. Vor allem ist aber zu berücksichtigen, dass das ArbnErfG, soweit es eine schutzfähige Erfindung voraussetzt, an das Vorliegen eines absoluten Rechts anknüpft. Ein solches absolutes Recht zeichnet sich durch seine Anerkennung durch Außenstehende aus. Um diesem Aspekt im Interesse der Parteien des Arbverh Rechnung zu tragen, muss, abgesehen von den Fällen einer Einigung über die Schutzfähigkeit sowie des § 17 (siehe § 17 Rn 2 ff.), vermieden werden, dass die für die Parteien des Arbverh maßgebliche Rechtslage von der Rechtslage im Außenverhältnis abweicht. Die Frage der Schutzfähigkeit kann daher nicht im Rahmen eines Streits der Parteien um die Anwendung des ArbnErfG, sondern nur in den hierfür speziell vorgesehenen Verfahren entschieden werden.

D. Beraterhinweise

Für die Beratung von AN ist zu empfehlen, eine technische Neuerung auch bei Zweifeln an ihrer Schutzfähigkeit zunächst als Diensterfindung zu behandeln und zu melden. Dies zwingt den AG faktisch dazu, die Neuerung durch Freigabe aus ihren Bindungen zu entlassen, dem AN die Zustimmung zum Verzicht auf ein Anmeldeverfahren abzukaufen oder ein Patentanmeldungsverfahren einzuleiten (vgl. §§ 13–16 Rn 2 ff.). Dies sichert dem AN weitestgehende Rechte an seiner Neuerung.

Bestehen seitens des AG **Zweifel an der Schutzfähigkeit** einer gemeldeten Diensterfindung, muss der AG gleichwohl ein Patentanmeldeverfahren einleiten. Diesem Zwang kann er nur ausweichen, wenn[20]

– er auf die Inanspruchnahme verzichtet. Hierdurch wird die Erfindung frei (siehe § 8 Rn 4). Wird nachfolgend dem AN ein Patent erteilt, hat der AG seine Rechte verloren.[21] Unterlässt der AN eine Patentanmeldung oder wird die Erteilung versagt, können dem AN gleichwohl Vergütungsansprüche zustehen (siehe § 20 Rn 8 ff.), wenn der AG die Lehre verwertet. Erfolgt keine Verwertung, stehen dem AN keine Ansprüche zu.
– er vom AN die Zustimmung erhält, auf eine Anmeldung zu verzichten (§ 13 Abs. 2 Nr. 2).
– er die Neuerung nach § 17 als Betriebsgeheimnis behandelt und zur Klärung der Schutzfähigkeit die Schiedsstelle anruft (siehe § 17 Rn 2 ff.).
– die Schutzfähigkeit offensichtlich fehlt (siehe Rn 9).

§ 4 Diensterfindungen und freie Erfindungen

(1) Erfindungen von Arbeitnehmern im Sinne dieses Gesetzes können gebundene oder freie Erfindungen sein.
(2) Gebundene Erfindungen (Diensterfindungen) sind während der Dauer des Arbeitsverhältnisses gemachte Erfindungen, die entweder
1. aus der dem Arbeitnehmer im Betrieb oder in der öffentlichen Verwaltung obliegenden Tätigkeit entstanden sind oder
2. maßgeblich auf Erfahrungen oder Arbeiten des Betriebs oder der öffentlichen Verwaltung beruhen.
(3) ¹Sonstige Erfindungen von Arbeitnehmern sind freie Erfindungen. ²Sie unterliegen jedoch den Beschränkungen der §§ 18 und 19.
(4) Die Absätze 1 bis 3 gelten entsprechend für Erfindungen von Beamten und Soldaten.

A. Allgemeines 1	C. Verbindung zu anderen Rechtsgebieten und zum Prozessrecht 11
B. Regelungsgehalt 2	I. Zweifel über die Einordnung einer Erfindung 11
I. Diensterfindung (Abs. 2) 2	II. Mehrere Erfinder 14
1. Zeitliche Reichweite (ELS) 3	III. Darlegungs- und Beweislast 15
2. Auftragserfindungen (Abs. 2 Nr. 1) ... 5	D. Beraterhinweise 17
3. Erfahrungserfindungen (Abs. 2 Nr. 2) . 7	
II. Freie Erfindung (Abs. 3) 9	

---

17 *Bartenbach/Volz*, § 2 Rn 19.
18 *Bartenbach/Volz*, § 2 Rn 16.
19 Vgl. OLG Düsseldorf 15.3.2007 – I-2 U 108/05 – juris.
20 Vgl. *Bartenbach/Volz*, § 2 Rn 19.
21 *Bartenbach/Volz*, § 2 Rn 21.

A. Allgemeines

1 In § 4 werden die schutzfähigen Erfindungen (siehe §§ 2, 3 Rn 3) weiter unterteilt in gebundene und freie Erfindungen. Unterscheidungskriterium ist ihre Nähe zum Arbverh, insbesondere zur Arbeitspflicht. Der **Unterscheidung** kommt für die Anwendung des ArbnErfG **zentrale Bedeutung** zu, weil Diensterfindungen erheblich stärkeren Bindungen unterliegen als freie Erfindungen. Erstere kann der AG einseitig in Anspruch nehmen; Letztere müssen ihm vom AN nur vorrangig angeboten werden. Für technische Verbesserungsvorschläge (siehe §§ 2, 3 Rn 8) sieht das Gesetz eine entsprechende Unterteilung nicht vor (siehe § 20 Rn 3 ff.).

B. Regelungsgehalt

I. Diensterfindung (Abs. 2)

2 Gebunden sind die während der **Dauer des Arbverh** gemachten schutzfähigen Erfindungen, die entweder aus der dem AN obliegenden Tätigkeit entstanden sind oder maßgeblich auf Erfahrungen oder Arbeiten des Betriebs beruhen.

3 **1. Zeitliche Reichweite (ELS).** Erfasst werden nur solche Erfindungen, die während der Dauer des Arbverh gemacht, d.h. fertig gestellt wurden. **Fertig gestellt** ist eine Erfindung, wenn der AN den Erfindergedanken, d.h. den Zusammenhang zwischen Ursache und Wirkung, klar erkannt hat[1] und die Lehre deshalb technisch ausführbar ist.[2] Dass wichtige **Vorarbeiten** hierfür vor Beginn des Arbverh erbracht wurden, schließt eine Diensterfindung nicht aus.[3]

4 Das Arbverh dauert i.S.d. Vorschrift von seinem **rechtlichen Beginn** bis zu seiner **Beendigung im Rechtssinne**.[4] Ob der AN im fraglichen Zeitraum tatsächlich Dienste geleistet hat, ist unerheblich.[5] Das Arbverh beginnt daher zum rechtlich vorgesehenen Beginn der Arbeitspflicht, auch wenn der AN seine Dienste z.B. infolge Krankheit nicht wie vorgesehen aufnehmen kann. Ebenso endet das Arbverh erst mit Auflösung der Pflichtbeziehung und nicht bereits mit Abbruch der Beschäftigung. Ein sog. **fehlerhaftes Arbverh** (siehe § 611 BGB Rn 42 ff.) beginnt mit tatsächlicher Dienstaufnahme und endet mit Einstellung der Dienstleistung. Eine Weiterbeschäftigung über das rechtliche Ende hinaus auf Grundlage des § 102 Abs. 5 BetrVG (siehe § 102 BetrVG Rn 86 ff.) zählt zum Arbverh. Dies gilt andererseits nicht im Falle einer **Prozessbeschäftigung** infolge oder zur Abwendung der Zwangsvollstreckung.

5 **2. Auftragserfindungen (Abs. 2 Nr. 1).** Auftragserfindungen zeichnen sich dadurch aus, dass sie aus der dem AN im Betrieb obliegenden, d.h. von ihm **geschuldeten Arbeitsleistung** entstanden sind. Die h.A. nimmt dabei eine weite Auslegung vor.[6] Danach kommt dem Merkmal Betrieb keine Bedeutung zu.[7] Vielmehr ist entscheidend, ob der AN dem AG die zur Erfindung führende Tätigkeit nach dem Inhalt des Arbverh schuldet.[8] Dabei stellt die ganz h.A. lediglich darauf ab, ob die zur Erfindung führende Tätigkeit ihrer Art nach geschuldet war.[9] Unerheblich soll sein, ob die Tätigkeit in **räumlich-zeitlicher Hinsicht** geschuldet war.[10] Dass eine Erfindung außerhalb des Betriebs oder außerhalb der persönlichen Arbeitszeit gemacht wird, schließt das Vorliegen einer Auftragserfindung danach nicht aus.[11] Nach dieser Ansicht bedarf es daher eines Abgleichs der – durch Ausübung des Direktionsrechts ggf. konkretisierten – Arbeitspflicht mit der zur Erfindung führenden Tätigkeit ausschließlich in Bezug auf die **Art der Tätigkeit**.

6 Die Auslegung durch die **h.A. ist inkonsequent**.[12] Vielmehr bedarf es eines Abgleichs der zum Werk führenden Tätigkeit mit der Arbeitspflicht im Hinblick auf Art, Zeit und Ort. Nur soweit die Leistung in jeder Hinsicht der Schuld entspricht, liegt eine Auftragserfindung vor.[13] Nur insoweit stehen sich die Beteiligten als Parteien eines Abverh gegenüber. Dies wird u.a. deutlich, wenn der AN in zwei (Teilzeit-)Arbverh steht und jeweils gleichartige Tätigkeiten schuldet. Zu berücksichtigen ist jedoch, dass vielfach eine konkludente Erweiterung des Arbverh erfolgt sein kann.[14] So lässt sich insbesondere die zu einer sog. Auftragserfindung im engeren Sinne[15] führende erfinderische Tätigkeit, auch soweit sie außerhalb der üblichen Arbeitszeit erbracht wird, regelmäßig einem jedenfalls konkludent erweiterten Arbverh zuordnen. Soweit die erfinderische Tätigkeit jedoch außerhalb der ggf. konkludent erweiterten Arbeitspflicht liegt, ist keine Auftragserfindung gegeben. Zu prüfen ist dann weiter, ob eine Erfahrungserfindung vorliegt (siehe Rn 7). Erweist sich eine Erfindung danach teilweise als Dienst- und teilweise als freie Erfindung, sind die

---

1 BAG 1.11.1956 – 2 AZR 268/54 – BAGE 3, 218.
2 BGH 10.11.1970 – X ZR 54/67 – GRUR 1971, 210.
3 MünchArbR/*Sack*, § 101 Rn 10.
4 BGH 18.5.1971 – X ZR 68/67 – GRUR 1971, 407; *Bartenbach/Volz*, § 4 Rn 10; DHHW/*Kronisch*, § 4 ArbnErfG Rn 2.
5 MünchArbR/*Sack*, § 101 Rn 8.
6 Vgl. LG Düsseldorf 4.12.1973 – 4 O 165/69 – GRUR 1974, 275.
7 Vgl. *Volmer/Gaul*, § 4 Rn 77.
8 Vgl. *Bartenbach/Volz*, § 4 Rn 20 (Gleichsetzung Betrieb und Unternehmen).
9 MünchArbR/*Sack*, § 101 Rn 11.
10 MünchArbR/*Sack*, § 101 Rn 8; *Schwab*, § 4 Rn 2.
11 RSS/*Rother*, § 4 Rn 16.
12 Vgl. zur Parallelfrage für den Arbeitnehmerurheber *Ulrici*, S. 113 ff., 202 ff.
13 Vgl. für den Arbeitnehmerurheber *Ulrici*, S. 119 ff., 202 ff.
14 Vgl. für den Arbeitnehmerurheber *Ulrici*, S. 119 ff., 202 ff.
15 Vgl. zum Begriff *Bartenbach/Volz*, § 4 Rn 22; RSS/*Rother*, § 4 Rn 8.

Bruchteile an der Erfindung getrennt zu behandeln. Die Rechtslage ist insoweit dem Fall vergleichbar, dass die Erfindung durch Miterfinder gemacht wurde (siehe Rn 14) und sich die Erfindung für einen als Dienst- und für andere Miterfinder als freie Erfindung erweist.

3. Erfahrungserfindungen (Abs. 2 Nr. 2). Erfahrungserfindungen zeichnen sich dadurch aus, dass sie kausal auf Erfahrungen oder Arbeiten des Betriebs beruhen. Die Begriffe **Erfahrungen und Arbeiten sind weit auszulegen** und erfassen jegliches Wissen, Know-how, Kniffe usw. Das bloße Zurverfügungstellen von **Betriebsmitteln** oder **Personal** genügt aber nicht.[16] Es muss sich um Know-how des Betriebs handeln, wobei die h.A. den Begriff des Betriebs untechnisch versteht und auf das Wissen im Unternehmen des AG abstellt. Ermöglicht der AG seinen AN Zugriff auf das Know-how verbundener Unternehmen, wird dieses hierdurch zu Know-how des AG. Eine Beschränkung auf das exklusiv dem AG bekannte Know-how besteht nicht.

Das betriebliche Know-how muss in erheblichem Maß zur Erfindung beigetragen haben. Grundvoraussetzung ist, dass die konkrete Erfindung ohne das Know-how des AG nicht, nicht so schnell oder nicht in diesem Ausmaß gemacht worden wäre. Die erforderliche **Kausalität** fehlt danach, wenn dem AN das betriebliche Know-how nicht zugänglich oder nicht bekannt war. Zusätzlich muss der Beitrag des Know-how zur Erfindungslösung maßgeblich, d.h. erheblich, sein.[17] Hieran fehlt es vielfach, wenn das eingeflossene Know-how ohne größere Schwierigkeiten auch aus anderen Quellen zu beziehen war oder lediglich den Anlass für die Erfindung[18] gegeben hat. Nicht erforderlich ist allerdings, dass das Know-how des AG andere Faktoren überwiegt.[19] Ausreichend ist ein Anteil, der bei einer Quantifizierung mit **10 %** anzusetzen wäre.

II. Freie Erfindung (Abs. 3)

Alle Erfindungen des AN, die dieser während der Dauer seines Arbverh fertig stellt und die keine Diensterfindungen sind, sind freie Erfindungen. Sie unterliegen nicht den engen Pflichten zur Meldung und Übertragung, sondern nur den Vorgaben der §§ 18, 19 (siehe §§ 18, 19 Rn 2 ff.) sowie den allgemeinen arbeitsrechtlichen Bindungen. Erfindungen, die ein AN vor oder nach Beendigung des Arbverh fertig stellt, werden vom ArbnErfG insgesamt nicht erfasst[20] und unterfallen daher auch nicht §§ 18, 19.

Keine freie Erfindung sind **frei gewordene** (siehe § 8 Rn 5) bzw. später **aufgegebene** (siehe §§ 13–16 Rn 12 ff.) **Diensterfindungen.**[21] Nach Freigabe und Aufgabe besteht demnach keine Melde- und Anbietungspflicht.

C. Verbindung zu anderen Rechtsgebieten und zum Prozessrecht

I. Zweifel über die Einordnung einer Erfindung

Bestehen Zweifel, ob eine Erfindung gebunden oder frei ist, können diese nach Anrufung der **Schiedsstelle** im Rahmen eines **Rechtsstreits** verbindlich geklärt werden. Möglich ist sowohl eine Klärung durch Feststellungsklage als auch eine inzidente Klärung im Rahmen einer Unterlassungs- oder Herausgabeklage aus dem originär eigenen oder infolge Inanspruchnahme übergeleiteten Erfinderrecht.

Hat der AN die Erfindung **als Diensterfindung gemeldet**, muss der AG diese nach h.A. im Weiteren zunächst als solche behandeln, auch wenn er der Ansicht ist, dass lediglich eine freie Erfindung vorliegt. Erzielt er mit dem AN keine Einigung über die Einordnung der Erfindung, muss er diese nach erklärter oder fingierter Inanspruchnahme (vgl. §§ 6, 7 Rn 4 ff.) insbesondere zum Patent anmelden. Will der AG dies vermeiden, muss er die Erfindung freigeben. Hierdurch wird die Erfindung jedoch insgesamt frei und der AG verliert auch seine Rechte nach § 19. Erfolgt keine Freigabe und meldet der AG die Erfindung im Anschluss zur Patenterteilung an, kann der AN unter Berufung auf seine Erfinderrechte hiergegen vorgehen (vgl. Rn 11).

Hat der AN dem AG lediglich **eine freie Erfindung angezeigt**, muss der AG rechtzeitig **widersprechen** (siehe §§ 18, 19 Rn 5 f.), will er sich die Möglichkeit erhalten, eine Einordnung als Diensterfindung zu erstreiten oder eine Anmeldung durch den AN abzuwehren (vgl. Rn 11).

II. Mehrere Erfinder

An der Erfindung können mehrere Personen mitgewirkt haben. Soweit sie nicht lediglich nichterfinderische Hilfsdienste leisten, sondern selbst erfinderische Tätigkeit entfalten, sind sie Miterfinder und stehen in einer **Bruchteilsgemeinschaft** i.S.d. § 741 BGB. In diesem Fall ist für jeden Bruchteil gesondert zu prüfen, ob er als AN-Erfindung, Diensterfindung bzw. freie Erfindung einzuordnen ist. Ist nur ein Bruchteil als AN-Erfindung einzuordnen, beziehen sich Melde- bzw. Anzeigepflichten zwar auf die gesamte Erfindung, Inanspruchnahmerecht bzw. Anbietungspflicht erfassen aber nur den jeweiligen Bruchteil.

---

16 *Bartenbach/Volz*, § 4 Rn 43; RSS/*Rother*, § 4 Rn 15.
17 RSS/*Rother*, § 4 Rn 13.
18 MünchArbR/*Sack*, § 101 Rn 12 f.; RSS/*Rother*, § 4 Rn 13.
19 *Volmer/Gaul*, § 4 Rn 125.
20 *Bartenbach/Volz*, § 4 Rn 47; *Volmer/Gaul*, § 4 Rn 135; a.A. DHHW/*Kronisch*, § 4 ArbnErfG Rn 2.
21 *Bartenbach/Volz*, § 4 Rn 47.

III. Darlegungs- und Beweislast

15 Der **AG**, der sich darauf beruft, dass eine Erfindung dem ArbnErfG unterfällt, muss darlegen und beweisen, dass die Erfindung während des rechtlichen Bestands des Arbverh fertig gestellt wurde.[22] Hierzu kann der AG auf **Indizien** zurückgreifen.[23] Bspw. spricht der Umstand, dass eine Erfindung in unmittelbarem zeitlichem Zusammenhang zur Beendigung des Arbverh angemeldet wird, dafür, dass sie während des Arbverh fertig gestellt wurde.[24] Zudem trifft den AN nach allgemeinen Grundsätzen eine **sekundäre Darlegungslast**, sich detailliert zum Vortrag des AG zu erklären.[25]

16 Der **AG**, der geltend macht, dass eine Erfindung als Diensterfindung einzuordnen ist, muss weiter darlegen und beweisen, dass die Voraussetzungen des § 4 Abs. 2 vorliegen.[26] Auch insoweit kann er sich auf Indizien stützen[27] und der AN muss sich substanziiert auf den Vortrag des AG einlassen.

D. Beraterhinweise

17 AN ist unter Beachtung der h.A. zu empfehlen, eine Erfindung im Zweifelsfall (siehe Rn 11 ff.) als Diensterfindung zu melden, um vorsorglich der Pflicht aus § 5 zu entsprechen, die Entscheidungsfrist des § 6 Abs. 2 in Gang zu setzen und die Anmeldepflicht des AG auszulösen. Zugleich kann der AN aber etwaige Zweifel an seiner Einordnung mitteilen, ohne hierdurch die Meldepflicht zu verletzen.

Zweiter Abschnitt: Erfindungen und technische Verbesserungsvorschläge von Arbeitnehmern im privaten Dienst

1. Diensterfindungen

§ 5 Meldepflicht (gültig ab 1.10.2009)

(1) ¹Der Arbeitnehmer, der eine Diensterfindung gemacht hat, ist verpflichtet, sie unverzüglich dem Arbeitgeber gesondert in Textform zu melden und hierbei kenntlich zu machen, daß es sich um die Meldung einer Erfindung handelt. ²Sind mehrere Arbeitnehmer an dem Zustandekommen der Erfindung beteiligt, so können sie die Meldung gemeinsam abgeben. ³Der Arbeitgeber hat den Zeitpunkt des Eingangs der Meldung dem Arbeitnehmer unverzüglich in Textform zu bestätigen.

(2) ¹In der Meldung hat der Arbeitnehmer die technische Aufgabe, ihre Lösung und das Zustandekommen der Diensterfindung zu beschreiben. ²Vorhandene Aufzeichnungen sollen beigefügt werden, soweit sie zum Verständnis der Erfindung erforderlich sind. ³Die Meldung soll dem Arbeitnehmer dienstlich erteilte Weisungen oder Richtlinien, die benutzten Erfahrungen oder Arbeiten des Betriebs, die Mitarbeiter sowie Art und Umfang ihrer Mitarbeit angeben und soll hervorheben, was der meldende Arbeitnehmer als seinen eigenen Anteil ansieht.

(3) ¹Eine Meldung, die den Anforderungen des Absatzes 2 nicht entspricht, gilt als ordnungsgemäß, wenn der Arbeitgeber nicht innerhalb von zwei Monaten erklärt, daß und in welcher Hinsicht die Meldung einer Ergänzung bedarf. ²Er hat den Arbeitnehmer, soweit erforderlich, bei der Ergänzung der Meldung zu unterstützen.

A. Allgemeines ... 1	2. Ausschlussfrist ... 13
B. Regelungsgehalt ... 2	3. Unterstützungspflicht ... 14
I. Meldepflicht (Abs. 1) ... 2	C. Verbindung zu anderen Rechtsgebieten und zum Prozessrecht ... 15
1. Allgemeines ... 2	I. Bedeutung der Meldung ... 15
2. Zeitpunkt ... 4	II. Verletzung der Meldepflicht ... 16
3. Form ... 6	D. Beraterhinweise ... 19
II. Inhalt der Meldung (Abs. 2) ... 9	I. Allgemeines ... 19
III. Beanstandungsrecht des AG (Abs. 3) ... 12	II. Muster für Erfindungsmeldung ... 20
1. Beanstandung ... 12	

---

[22] RG 12.12.1941 – I 24/41 – GRUR 1942, 210; *Volmer/Gaul*, § 4 Rn 71.
[23] Vgl. RSS/*Rother*, § 4 Rn 20; *Volmer/Gaul*, § 4 Rn 73.
[24] Vgl. BGH 16.11.1954 – I ZR 40/53 – GRUR 1955, 286; OLG München 27.1.1994 – 6 U 2685/93 – MDR 1995, 283; auf einen Schadenersatzanspruch ausweichend BGH 21.10.1980 – X ZR 56/78 – GRUR 1981, 128.
[25] Vgl. BGH 16.11.1954 – I ZR 40/53 – GRUR 1955, 286; OLG München 27.1.1994 – 6 U 2685/93 – MDR 1995, 283; *Volmer/Gaul*, § 4 Rn 73.
[26] *Volmer/Gaul*, § 4 Rn 106, 129.
[27] *Volmer/Gaul*, § 4 Rn 107, 130.

A. Allgemeines

Die Vorschrift des § 5 schafft für den AG die tatsächliche Voraussetzung zur Prüfung, ob er die Erfindungen verwerten kann und will oder ob er sie freigibt, sowie dafür, dass er die Erfindung auf sich überleiten kann (siehe §§ 6, 7 Rn 4 ff.). Zugleich gestaltet § 5 den Anknüpfungspunkt für das Eingreifen weiterer Vorschriften (z.B. Fristbeginn). 1

B. Regelungsgehalt
I. Meldepflicht (Abs. 1)

1. Allgemeines. Der AN ist verpflichtet, dem AG unverzüglich eine von ihm gemachte Diensterfindung (siehe § 4 Rn 2 ff.) zu melden. Die Meldepflicht bezieht sich danach nur auf die während der Dauer des Arbverh **vollendeten Aufgaben- und Erfahrungserfindungen**. Wurde die Erfindung während der Dauer des Arbverh fertig gestellt, besteht die Meldepflicht über das Ende des Arbverh hinaus fort (siehe § 26 Rn 3). 2

Die Meldung ist eine empfangsbedürftige **geschäftsähnliche Handlung**, auf welche die Vorschriften über Willenserklärungen (z.B. Stellvertretung, Zugang, Form) entsprechend anwendbar sind.[1] Erfüllt ist die Meldepflicht erst mit Zugang der Meldung. 3

2. Zeitpunkt. Die Meldung muss unverzüglich, d.h. ohne schuldhaftes Zögern, nach Fertigstellung der Erfindung erfolgen. Eine **Erfindung ist vollendet**, wenn der AN den Erfindergedanken, d.h. den Zusammenhang zwischen Ursache und Wirkung, klar erkannt hat[2] und die Lehre deshalb technisch ausführbar ist.[3] Hierfür ist nicht der subjektive Maßstab des AN-Erfinders, sondern die Erkenntnis eines Durchschnittsfachmanns entscheidend.[4] Eine vor Fertigstellung erfolgte Meldung ist nach Sinn und Zweck der Meldung rechtlich wirkungslos.[5] Sie muss nach Fertigstellung wiederholt werden. 4

Der AG muss dem AN den Zeitpunkt des Zugangs der Meldung unverzüglich bestätigen, damit dieser Gewissheit über den Beginn der Inanspruchnahmefrist (siehe §§ 6, 7 Rn 7 ff.) erhält. 5

3. Form. Die Meldung muss in Textform i.S.d. § 126b BGB und **gesondert von sonstigen Mitteilungen** erfolgen. Außerdem ist die Meldung als solche kenntlich zu machen, z.B. mit der Überschrift „Erfindungsmeldung". Es muss deutlich werden, dass nach den Vorstellungen des AN eine schutzfähige Erfindung gemeldet werden soll.[6] Eine diesen Anforderungen nicht entsprechende Meldung ist nach § 125 BGB unwirksam und muss wiederholt werden. 6

Im Falle einer **Miterfindung** (siehe § 4 Rn 14) steht es jedem Miterfinder frei, ob er eine eigene Meldung oder zusammen mit allen Miterfindern eine gemeinschaftliche Meldung abgeben will. Dieses Recht bezieht sich jedoch nur auf die konkrete gemeinschaftliche Erfindung. Entwickelt ein AN eine Erfindung, deren Miterfinder er ist, wesentlich fort, bedarf es seinerseits einer erneuten Meldung.[7] 7

Die Parteien können auf die **formellen Anforderungen** der Meldung ganz oder teilweise verzichten, weil ein entsprechender Verzicht zugunsten des AN wirkt.[8] Eine Verschärfung der formellen Anforderungen ist dagegen nicht möglich. Eine Erleichterung der formellen Anforderungen kann sowohl individual- als auch kollektivvertraglich erfolgen. Denkbar sind gleichermaßen ausdrückliche oder konkludente Regelungen, einschließlich einer Betrieblichen Übung.[9] Dabei sind bei konkludenten Vereinbarungen strenge Anforderungen an die Feststellung des Verzichtswillens des AG zu stellen.[10] 8

II. Inhalt der Meldung (Abs. 2)

Im Hinblick auf Sinn und Zweck der Meldung, dem AG eine Prüfung der Erfindung zu ermöglichen (siehe Rn 1), sieht Abs. 2 eine Reihe von Informationen als Inhalt der Meldung vor. Trotz des missverständlichen Wortlauts steht die Mitteilung der einzelnen Informationen nach allg. Ansicht **nicht im Ermessen des AN**.[11] Fehlen diese Angaben, treten im Falle einer Beanstandung die an die Meldung anknüpfenden Rechtsfolgen erst nach Ergänzung der Meldung ein.[12] 9

Zu den erforderlichen Angaben zählen solche zur technischen Aufgabe, ihre Lösung sowie das Zustandekommen der Diensterfindung. Auf Grund der Mitteilungen muss sich der Gegenstand der Erfindung bestimmen lassen. 10

Außerdem sollen vorhandene **Aufzeichnungen** beigefügt werden, sofern diese zum Verständnis der Erfindung erforderlich sind. Dem AG muss insgesamt die Möglichkeit gegeben werden, die Schutzfähigkeit abzuschätzen 11

---

1 BGH 4.4.2006 – X ZR 155/03 – GRUR 2006, 754; BGH 24.11.1961 – I ZR 156/59 – GRUR 1962, 305; vgl. ausführlich zu geschäftsähnlichen Handlungen *Ulrici*, NJW 2003, 2053.
2 BAG 1.11.1956 – 2 AZR 268/54 – BAGE 3, 218.
3 BGH 10.11.1970 – X ZR 54/67 – GRUR 1971, 210.
4 BGH 10.11.1970 – X ZR 54/67 – GRUR 1971, 210.
5 Vgl. BGH 30.3.1951 – I ZR 58/50 – GRUR 1951, 404.
6 BGH 17.1.1995 – X ZR 130/93 – NJW-RR 1995, 696.
7 BGH 5.10.2005 – X ZR 26/03 – NZA-RR 2006, 90.
8 Vgl. BGH 24.11.1961 – I ZR 156/59 – GRUR 1962, 305.
9 Vgl. BGH 17.1.1995 – X ZR 130/93 – NJW-RR 1995, 696.
10 BGH 24.11.1961 – I ZR 156/59 – GRUR 1962, 305.
11 BGH 18.3.2003 – X ZR 19/01 – GRUR 2003, 702.
12 RSS/*Rother*, § 5 Rn 33; *Schwab*, § 5 Rn 14.

und die Verwertbarkeit im Unternehmen zu beurteilen. Schließlich sollen weitere Angaben gemacht werden, welche dem AG eine Beurteilung ermöglichen, welcher Anteil an der Erfindung dem Betrieb, anderen Erfindern und dem meldenden AN zuzurechnen sind. Diese Informationen bilden die Grundlage für die Berechnung der dem AN zu zahlenden Vergütung (siehe § 9 Rn 12 ff.).

III. Beanstandungsrecht des AG (Abs. 3)

12 **1. Beanstandung.** Abs. 3 gewährt dem AG ein zeitlich befristetes Beanstandungsrecht, wenn eine Meldung nicht den Anforderungen des Abs. 2 entspricht (siehe Rn 9 ff.). Auf eine nicht den Anforderungen des Abs. 1 entsprechende Meldung findet Abs. 3 keine Anwendung.[13] Der AG muss die Meldung innerhalb von zwei Monaten ab Zugang beanstanden, indem er dem AN mitteilt, inwieweit er konkret weiterer Informationen bedarf. Die Beanstandung kann formfrei erfolgen.

13 **2. Ausschlussfrist.** Versäumt der AG die fristgerechte Beanstandung, gilt die Meldung als ordnungsgemäß. Damit können die an die Meldung knüpfenden Rechtsfolgen eintreten (siehe Rn 15). Nach ganz h.A. soll das Ablaufen der Ausschlussfrist aber nicht zum Erlöschen der **Informationspflichten** führen, weil der AG zur Behandlung der Erfindung auf vollständige Informationen angewiesen ist.[14] Nach Ansicht des BGH soll eine vorsätzlich unvollständige Meldung die in Abs. 3 geregelte Frist nicht in Gang setzen, weshalb in diesen Fällen bis zur Grenze der Verwirkung eine Ergänzung gefordert werden kann.[15] Auch soll die Rechtsfolge des S. 1 nach wohl h.A. nur in Bezug auf Ergänzungen und nicht bei Korrekturen eingreifen.[16]

14 **3. Unterstützungspflicht.** Der AG muss den AN, soweit erforderlich, bei der Ergänzung der Meldung unterstützen. Mit dieser Regelung greift S. 2 die nach allgemeinen Grundsätzen bestehende Beschränkung auf, wonach sich aus § 242 BGB keine Auskunftspflicht ergibt, soweit sich der Gläubiger die Informationen selbst beschaffen kann.

C. Verbindung zu anderen Rechtsgebieten und zum Prozessrecht

I. Bedeutung der Meldung

15 An die Meldung nach Abs. 1 anknüpfende Rechtsfolgen finden sich in §§ 5 Abs. 3 S. 1, 6 Abs. 2 sowie §§ 13, 17, 22, 24, 43 Abs. 3. Von diesen Vorschriften vorausgesetzt wird eine den Vorgaben des Abs. 1 sowie Abs. 2 entsprechende oder nicht beanstandete Meldung. Wird das Fehlen notwendiger Angaben beanstandet, treten die Rechtsfolgen der Meldung erst mit Zugang der Ergänzung ein (siehe Rn 9, 12 ff.).

II. Verletzung der Meldepflicht

16 Verletzt der AN seine Informationspflichten schuldhaft, muss er dem AG den diesem hieraus entstehenden **Schaden** nach Maßgabe der Grundsätze über den innerbetrieblichen Schadensausgleich (siehe § 611 BGB Rn 875 ff.) ersetzen. Umgekehrt muss der AG dem AN einen etwaigen aus der Verletzung der Unterstützungspflicht (siehe Rn 14) erwachsenden Schaden ersetzen.

17 Außerdem können vorstehende Pflichtverletzung Grundlage eines (wichtigen) **Kündigungsgrunds** sein.[17] Arglistig falsche Angaben können den AG zur Anfechtung in Bezug auf die Erfindung geschlossener (Vergütungs-)Vereinbarungen berechtigen.[18]

18 Abgesehen von zivilrechtlichen Sanktionen können Pflichtverletzungen im Zusammenhang mit der Meldepflicht als Betrug oder Untreue **strafbar** sein.

D. Beraterhinweise

I. Allgemeines

19 Auf die **Genauigkeit der Meldung** ist seitens beider Parteien des Arbverh höchste Sorgfalt zu verwenden, weil der Inhalt der Meldung die Grundlage für die nachfolgende Inanspruchnahme oder Freigabe bildet.[19] Auch richtet sich die Höhe einer dem AN zu zahlenden Vergütung nach dem Umfang seines Beitrags zur Erfindung. Je detaillierter der AN seine schöpferische Leistung darlegt, umso weniger kann der AG die Erfindung dem betrieblichen Bereich zuordnen.[20]

---

13 BGH 25.2.1958 – I ZR 181/56 – GRUR 1958, 334.
14 *Bartenbach/Volz*, § 5 Rn 84; *Volmer/Gaul*, § 5 Rn 187.
15 BGH 19.5.2005 – X ZR 152/01 – GRUR 2005, 761.
16 RSS/*Rother*, § 5 Rn 35; vgl. auch *Bartenbach/Volz*, § 5 Rn 83; *Volmer/Gaul*, § 5 Rn 187; offener BGH 18.3.2003 – X ZR 19/01 – GRUR 2003, 702: AG muss Richtigkeit und Vollständigkeit prüfen; offener auch BGH 19.5.2005
– X ZR 152/01 – GRUR 2005, 761: arglistig fehlerhafte Meldungen werden nicht erfasst.
17 LAG Baden-Württemberg 30.12.1966 – 4 Sa 64/66 – DB 1967, 344.
18 BGH 18.3.2003 – X ZR 19/01 – GRUR 2003, 702.
19 Vgl. RSS/*Rother*, § 5 Rn 29.
20 DHHW/*Kronisch*, § 5 ArbnErfG Rn 4.

II. Muster für Erfindungsmeldung

„*(Absender AN-Erfinder), (Adressat, AG), Betreff: Erfindungsmeldung gem. § 5 ArbnErfG, Sehr geehrte Damen und Herren, ich möchte Ihnen anzeigen, dass ich auf dem Gebiet ... nachstehend beschriebene Erfindung gemacht habe. Diese melde ich hiermit förmlich als Diensterfindung. [Ich erlaube mir jedoch anzumerken, dass es sich um eine vorsorgliche Meldung handelt und ich davon ausgehe, dass lediglich eine freie Erfindung gegeben ist, weil ... (vgl. § 4 Rn 9).] 1. Technische Aufgabe, 2. Lösung der technischen Aufgabe, 3. Erfindungsgeschichte, a.) Bisheriger Stand der Technik, b.) Mängel des vorhandenen Stands, c.) Frühere Lösungsversuche, d.) Beschreibung, auf welchem Weg Lösung entstanden ist, 4. Anteile an der Erfindung, a.) Vorgelegte Dienstanweisungen und Richtlinien, b.) Vorhandene betriebliche Erfahrungen, c.) Verwertete betriebliche Vorarbeiten, d.) Eigene Beiträge zur Erfindung, e.) Beiträge anderer Personen, die an der Lösung mitgewirkt haben (Miterfinder); Benennung der Miterfinder. (Abschluss/Name)*"

20

§ 6 Inanspruchnahme (gültig ab 1.10.2009)

(1) Der Arbeitgeber kann eine Diensterfindung durch Erklärung gegenüber dem Arbeitnehmer in Anspruch nehmen.
(2) Die Inanspruchnahme gilt als erklärt, wenn der Arbeitgeber die Diensterfindung nicht bis zum Ablauf von vier Monaten nach Eingang der ordnungsgemäßen Meldung (§ 5 Abs. 2 Satz 1 und 3) gegenüber dem Arbeitnehmer durch Erklärung in Textform freigibt.

§ 7 Wirkung der Inanspruchnahme (gültig ab 1.10.2009)

(1) Mit der Inanspruchnahme gehen alle vermögenswerten Rechte an der Diensterfindung auf den Arbeitgeber über.
(2) Verfügungen, die der Arbeitnehmer über eine Diensterfindung vor der Inanspruchnahme getroffen hat, sind dem Arbeitgeber gegenüber unwirksam, soweit seine Rechte beeinträchtigt werden.

A. Allgemeines 1	II. Wirkungen der Inanspruchnahme (§ 7) 10
B. Regelungsgehalt 4	1. Allgemeines 10
I. Inanspruchnahme (§ 6) 4	2. Schutz vor Zwischenverfügungen (Abs. 2) ... 11
1. Inanspruchnahmeerklärung (Abs. 1) 4	C. Verbindung zu anderen Rechtsgebieten und zum
2. Fiktion der Inanspruchnahme (Abs. 2) 7	Prozessrecht 12

A. Allgemeines

In §§ 6, 7 wird der Ausgleich zwischen dem aus dem Erfinderprinzip folgenden originären Erwerb des **Rechts am Arbeitsergebnis** durch den AN und dem Anspruch des AG auf das Recht am Arbeitsergebnis geregelt (siehe § 1 Rn 7 f.). Nach § 6 kann der AG seinen Anspruch durch eine einseitige Inanspruchnahme realisieren. Die (dinglichen) Rechtsfolgen der Inanspruchnahme regelt § 7, der den AG zugleich vor Zwischenverfügungen des AN schützt. 1

Im Rahmen einer **Reform des Patentverfahrens**[1] wurde das Verfahren der Inanspruchnahme reformiert. Kernpunkte waren der Wegfall der praktisch kaum relevanten beschränkten Inanspruchnahme sowie die Anordnung einer **Inanspruchnahmefiktion** für den Fall, dass die Erfindung nicht innerhalb von vier Monaten nach Meldung freigeben wird (Abs. 2). Durch Letzteres wurde die vorherige gesetzliche Konstruktion umgekehrt, weil die Inanspruchnahme als Regelfall und die Freigabe als gesondert zu erklärende Ausnahme ausgestaltet wurden.[2] 2

Für die bis zum 1.10.2009 (Inkrafttreten der Reform des Patentrechts) vollendeten und gemeldeten Erfindungen (**Altfälle**) gilt das ArbnErfG in seiner vorherigen Fassung weiter (§ 43 Abs. 3). Der AG muss die gemeldete Erfindung innerhalb von vier Monaten seit ihrer Meldung aktiv in Anspruch nehmen, wenn er Rechte an ihr erlangen will. Nach Ablauf dieser Frist wird die Erfindung frei (vgl. § 8 Rn 4). Neben der unbeschränkten Inanspruchnahme (vgl. Rn 4 ff.) kommt auch eine beschränkte Inanspruchnahme in Betracht. Durch diese erwirbt der AG ein **nichtausschließliches Nutzungsrecht** an der Diensterfindung (einfache Lizenz). Dieses Nutzungsrecht bedarf einer näheren Eingrenzung in verschiedener Hinsicht (räumlich, Nutzungsarten, Übertragbarkeit, Recht Unterlizenzen zu erteilen usw.), welche nicht einer Einigung der Parteien entnommen werden kann, weil der AG die Inanspruchnahme einseitig erklärt. Auch kann nicht einseitig auf die Vorstellungen des AG abgestellt werden, weil dieser die Gelegenheit hatte, sich durch 3

---

1 Vgl. BGBl. I 2009, S. 2521. 2 Vgl. BT-Drucks. 16/11339, S. 33.

eine unbeschränkte Inanspruchnahme alle Rechte zu sichern. Vielmehr ist von einem objektiven Maßstab auszugehen. Danach stehen dem AG **keine Verbietungsrechte** gegen den AN oder Dritte zu. Allerdings umfasst sein **Benutzungsrecht** alle Nutzungsarten[3] und ist räumlich nicht beschränkt.[4] Nach Ansicht des BGH ist das Nutzungsrecht auf den AG (Unternehmer)[5] bezogen und umfasst nicht das Recht, Unterlizenzen zu erteilen.[6] Allerdings darf sich der AG für die eigene Verwertung unternehmensfremder Gehilfen bedienen.[7] Wird durch das einfache Nutzungsrecht des AG eine **anderweitige Verwertung** durch den AN **unbillig erschwert**, kann der AN verlangen, dass der AG die Erfindung entweder unbeschränkt in Anspruch nimmt oder freigibt. Notwendig ist, dass gerade das für den AG bestehende Nutzungsrecht eine anderweitige Verwertung erheblich über das durchschnittliche Maß hinaus erschwert. Das entsprechende Verlangen des AN ist eine empfangsbedürftige Willenserklärung, die an keine Form oder Frist gebunden ist. Ab Zugang des Verlangens läuft für den AG eine Frist von zwei Monaten, innerhalb derer er sein Wahlrecht ausüben muss. Trifft der AG keine fristgemäße Entscheidung, wird die Erfindung frei (siehe § 8 Rn 4).

B. Regelungsgehalt

I. Inanspruchnahme (§ 6)

4   **1. Inanspruchnahmeerklärung (Abs. 1).** Durch die Inanspruchnahme kann der AG die **Rechte des AN-Erfinders auf sich überleiten** (siehe Rn 10). Die Inanspruchnahme ist in § 6 als **Gestaltungsrecht** des AG ausgestaltet. Sie ist mithin vom Willen des AN unabhängig. Notwendig ist grds. der Zugang einer Willenserklärung des AG beim AN; diese bedarf keiner Form und ist bedingungsfeindlich. Der Vorbehalt der Schutzfähigkeit der Erfindung ist allerdings möglich, weil es sich insoweit nicht um eine bloße Rechtsbedingung und nicht um eine Bedingung im Rechtssinne handelt. Wird die Inanspruchnahme mit einer unzulässigen Bedingung versehen, ist sie unwirksam. Mit Fristablauf können allerdings die Wirkungen einer fingierten unbedingten Inanspruchnahme eintreten (vgl. Rn 7 ff.).

5   **Gegenstand der Inanspruchnahme** ist die Diensterfindung als solche.[8] Die Inanspruchnahme muss sich somit auf eine bestimmte schutzfähige Diensterfindung beziehen. Eine fertig gestellte Erfindung wird demnach vorausgesetzt. Keine rechtliche Voraussetzung der Inanspruchnahme ist dagegen deren vorherige Meldung. Erlangt der AG auf anderem Weg als durch Meldung Kenntnis von der Erfindung, kann er sie gleichwohl in Anspruch nehmen.

6   Worauf sich eine Inanspruchnahmeerklärung bezieht, ist durch **Auslegung** zu ermitteln. Wichtigster Umstand ist regelmäßig die Meldung.[9] Andere Umstände können hinzugezogen werden. Wurde bspw. eine Erfindung nach ihrer ersten Meldung wesentlich weiterentwickelt und ist dem AG diese Weiterentwicklung – in welcher Form auch immer – mitgeteilt worden, kann der AN vernünftigerweise nicht annehmen, der AG wolle lediglich dasjenige in Anspruch nehmen, was Gegenstand der (ersten) Meldung war.[10] Der Umfang der nachfolgenden Patentanmeldung ist dagegen nicht maßgeblich.[11]

7   **2. Fiktion der Inanspruchnahme (Abs. 2).** Nach Abs. 2 gilt die Inanspruchnahme als erklärt, wenn der AG die Diensterfindung nicht innerhalb einer **Frist von vier Monaten** gegenüber dem AN durch Erklärung in Textform freigibt. Bei dieser Frist handelt es sich um eine Ausschlussfrist, die nach Meldung der Diensterfindung einvernehmlich verlängert werden kann. Eine Wiedereinsetzung ist dagegen nicht möglich.

8   **Fristbeginn** ist die ordnungsgemäße Meldung. Diesbezüglich verweist das Gesetz zwar ausdrücklich nur auf die Anforderungen des § 5 Abs. 2 S. 1 und 3 (siehe § 5 Rn 9 ff.). Jedoch muss die Meldung auch den Vorgaben des § 5 Abs. 1 genügen, um die Frist auszulösen. Eine nicht den Vorgaben des § 5 Abs. 1 entsprechende Meldung ist unwirksam (vgl. § 5 Rn. 6). Entspricht die Meldung nicht den Vorgaben des § 5 Abs. 2 S. 1 und 3, läuft die Frist gleichwohl ab Zugang der Meldung, wenn der AG die Mängel nicht fristgemäß beanstandet hat (vgl. § 5 Rn 12). In diesem Fall gilt die Meldung nach § 5 Abs. 3 rückwirkend als ordnungsgemäß (vgl. § 5 Rn 13). Hat der AG die Erfindung als Schutzrecht angemeldet, soll nach Ansicht des BGH die Frist ausnahmsweise unabhängig von einer Meldung anlaufen.[12]

9   Mit fruchtlosem Ablauf der Ausschlussfrist **fingiert** Abs. 2 die **Abgabe einer Inanspruchnahmeerklärung** durch den AG. Diese fingierte Erklärung löst unabhängig vom Willen des AG die gleichen Rechtsfolgen aus wie eine tatsächlich erfolgte Erklärung (vgl. Rn 4 ff.). Will der AG den Eintritt der Fiktionswirkung vermeiden, muss er die Erfindung durch Erklärung in Textform gegenüber dem AN freigeben (vgl. § 8 Rn 2). Er verliert hierdurch sämtliche Vorzugsstellungen in Bezug auf die gemeldete Erfindung.

---

3 *Bartenbach/Volz*, § 7 Rn 32.
4 *Bartenbach/Volz*, § 7 Rn 36 f.
5 *Bartenbach/Volz*, § 7 Rn 31; vgl. zur Begründung der Unternehmensbezogenheit auch *Ulrici*, S. 195 ff.
6 BGH 23.4.1974 – X ZR 4/71 – GRUR 1974, 463.
7 RSS/*Rother*, § 7 Rn 12.
8 BGH 5.10.2005 – X ZR 26/03 – NZA-RR 2003, 90.
9 Vgl. Schiedsstelle 23.4.1979 – ArbErf. 68/78 – Blatt 1980, 233.
10 BGH 5.10.2005 – X ZR 26/03 – NZA-RR 2003, 90.
11 BGH 5.10.2005 – X ZR 26/03 – NZA-RR 2003, 90.
12 BGH 4.4.2006 – X ZR 155/03 – GRUR 2006, 754; vgl. auch BT-Drucks. 16/11339, S. 33.

II. Wirkungen der Inanspruchnahme (§ 7)

1. Allgemeines. Die erklärte oder fingierte Inanspruchnahme zeitigt **dingliche Rechtswirkungen** (vgl. auch Rn 11). Sie leitet **sämtliche Vermögensrechte** an der Diensterfindung auf den AG über. Erfasst werden das aus dem Erfinderrecht fließende Recht auf Anmeldung, das aus der Anmeldung erwachsende Recht auf Erteilung sowie das Schutzrecht selbst mit den aus ihm fließenden Rechten. Der AG ist ausschließlich und umfassend berechtigt, – vorbehaltlich seiner Pflicht zur Anmeldung (siehe § 13 Rn 2 ff.) – über die auf ihn übergehenden Rechte zu verfügen, bspw. Lizenzen zu erteilen. Die durch die Erfindung begründeten **Persönlichkeitsrechte** des AN (siehe Rn 12) werden von der Inanspruchnahme nicht erfasst; sie verbleiben beim AN.[13]

10

2. Schutz vor Zwischenverfügungen (Abs. 2). Abs. 3 schützt davor, dass der AN das Recht des AG auf die Erfindung durch anderweitige Verfügung beeinträchtigt. Vom AN vor der Inanspruchnahme vorgenommene Verfügungen (Übertragungen, Lizenzierungen, etc.) sind im Falle der Inanspruchnahme zugunsten des AG unwirksam (**relative Unwirksamkeit**), soweit sie die Inanspruchnahme beeinträchtigen. Eine etwaige Gutgläubigkeit des Erwerbers hilft diesem nach § 135 Abs. 2 BGB nicht, weil Lizenzen nicht gutgläubig erworben werden können.

11

C. Verbindung zu anderen Rechtsgebieten und zum Prozessrecht

Unabhängig vom Recht auf Inanspruchnahme steht dem AN-Erfinder das **Erfinderpersönlichkeitsrecht**, insbesondere das Recht auf Anerkennung als Erfinder, zu. Dieses Recht ist nicht übertragbar und bleibt von der Inanspruchnahme unberührt.[14] Es umfasst allerdings keinen Anspruch, dass der AG bei der Patentanmeldung im Falle der Miterfindung angibt, in welchem Umfang der AN zur Erfindung beigetragen hat.[15] Die gerichtliche Geltendmachung der Persönlichkeitsrechte setzt keine Einleitung eines Schiedsstellenverfahrens (siehe §§ 37–39 Rn 2 f.) voraus, weil diese Aspekte nicht im ArbnErfG geregelt sind.[16]

12

---

§ 8 Frei gewordene Diensterfindungen (gültig ab 1.10.2009)

[1]Eine Diensterfindung wird frei, wenn der Arbeitgeber sie durch Erklärung in Textform freigibt. [2]Über eine frei gewordene Diensterfindung kann der Arbeitnehmer ohne die Beschränkungen der §§ 18 und 19 verfügen.

A. Allgemeines 1	II. Rechtsfolge (S. 2) 4
B. Regelungsgehalt 2	C. Verbindung zu anderen Rechtsgebieten und zum
I. Tatbestand (S. 1) 2	Prozessrecht 5

A. Allgemeines

Die Vorschrift des § 8 regelt das Freiwerden einer Diensterfindung, d.h. deren Entlastung vom Aneignungsrecht des AG.

1

B. Regelungsgehalt

I. Tatbestand (S. 1)

S. 1 regelt die Voraussetzungen, unter denen eine Diensterfindung frei wird. Notwendig ist eine Willenserklärung des AG in Textform, aus welcher hervorgeht, dass er auf sein Aneignungsrecht verzichtet (**Freigabeerklärung**). Die Parteien können – auch vor Vollendung der Erfindung – einvernehmlich auf die Textform verzichten. § 22 steht nicht entgegen, weil die Freigabe für den AN vorteilhaft ist, das Formerfordernis mithin nicht in seinem Interesse liegt.[1] Die Freigabe ist an keine Frist gebunden. Sie kann bereits vor der Meldung[2] und sogar vor Vollendung der Erfindung erklärt werden.[3] Da die Freigabe die Rechtslage unmittelbar gestaltet, ist sie bedingungsfeindlich.[4]

2

Die **Freigabeerklärung** kann nach allgemeinen Grundsätzen **unwirksam** sein oder werden. Bedeutung erlangt dies im Zusammenhang mit dem Ablauf der Frist des § 6 Abs. 2 (siehe §§ 6, 7 Rn 7 ff.), weil mit Ablauf dieser Frist ohne wirksame Freigabe die **Inanspruchnahmeerklärung fingiert wird**. In der Folge gehen die vermögenswerten Erfinderrechte auf den AG über (vgl. §§ 6, 7 Rn 10 f.).

3

---

13 BT-Drucks. 16/11339, S. 33.
14 BGH 20.6.1978 – X ZR 49/75 – GRUR 1978, 583.
15 BGH 30.8.1968 – X ZR 67/66 – GRUR 1969, 133.
16 *Schwab*, § 7 Rn 10.

1 A.A. DHHW/*Kronisch*, § 8 ArbnErfG Rn 1; RSS/*Rother*, § 8 Rn 15.
2 *Bartenbach/Volz*, § 8 Rn 20; RSS/*Rother*, § 8 Rn 16.
3 Vgl. BGH 19.5.2005 – X ZR 152/01 – GRUR 2005, 761.
4 *Bartenbach/Volz*, § 8 Rn 15; RSS/*Rother*, § 8 Rn 14.

II. Rechtsfolge (S. 2)

Frei gewordene Diensterfindungen unterliegen nicht mehr dem Aneignungsrecht des AG. Etwaige dem AG bereits zustehende Rechte gehen nach § 13 Abs. 4 auf den AN über (siehe §§ 13–16 Rn 6). Auch unterliegt die Erfindung nicht den Bindungen der §§ 18, 19. Sie wird nicht zur freien Erfindung (siehe § 4 Rn 10). Dem AN steht es frei, die Erfindung zu verwerten. Er wird in Bezug auf die Erfindung durch die dem Arbverh immanente **Treuepflicht** oder vertragliche **Geheimhaltungspflichten** hieran nicht gehindert, kann Lizenzen daher auch an Wettbewerber erteilen.[5] Dies folgt daraus, dass aufgrund der Nichtinanspruchnahme der Erfindung feststeht, dass die Erfindung für den AG insgesamt, d.h. auch als Sperrmittel gegenüber Wettbewerbern, nicht von Interesse ist. Allerdings ist zu beachten, dass das **tätigkeitsbezogene Wettbewerbsverbot** unberührt bleibt. Der eigenständige Betrieb eines Konkurrenzunternehmens ist dem AN daher nicht erlaubt.[6]

C. Verbindung zu anderen Rechtsgebieten und zum Prozessrecht

Sind mehrere AN an der Erfindung beteiligt (siehe § 4 Rn 14), ist für jeden Bruchteil an der Erfindung gesondert zu prüfen, ob er frei geworden ist.

---

§ 9 Vergütung bei Inanspruchnahme (gültig ab 1.10.2009)

(1) Der Arbeitnehmer hat gegen den Arbeitgeber einen Anspruch auf angemessene Vergütung, sobald der Arbeitgeber die Diensterfindung in Anspruch genommen hat.

(2) Für die Bemessung der Vergütung sind insbesondere die wirtschaftliche Verwertbarkeit der Diensterfindung, die Aufgaben und die Stellung des Arbeitnehmers im Betrieb sowie der Anteil des Betriebs an dem Zustandekommen der Diensterfindung maßgebend.

A. Allgemeines ... 1	(1) Lizenzanalogie ... 16
B. Regelungsgehalt ... 2	(2) Erfassbarer betrieblicher Nutzen ... 19
I. Anspruch ... 2	(3) Schätzung ... 21
1. Rechtsnatur ... 2	bb) Ausschließliche Verwertung außerhalb des Betriebs ... 22
2. Entstehung ... 3	cc) Sonderfälle zur Bestimmung des Erfindungswertes ... 23
3. Unsicherheit über Schutzrechtsfähigkeit und vorläufige Vergütung ... 4	b) Anteilsfaktor ... 25
4. Fälligkeit ... 7	c) Sonderfälle bei Bemessung ... 26
5. Ausschluss, Verjährung und Verwirkung ... 8	aa) Miterfinder ... 26
6. Bemessungszeitraum ... 9	bb) Nullfälle ... 27
7. Anspruchsinhalt ... 11	C. Verbindung zu anderen Rechtsgebieten und zum Prozessrecht ... 28
II. Bemessung der Vergütung/Angemessenheit ... 12	I. Beweislast ... 28
1. Allgemeines ... 12	II. Auskunftsanspruch ... 29
2. Berechnung ... 13	D. Beraterhinweise ... 30
a) Erfindungswert ... 14	
aa) Betriebliche Nutzung ... 15	

A. Allgemeines

Nach Abs. 1 erwirbt der AN-Erfinder mit der arbeitgeberseitigen Inanspruchnahme[1] der Erfindung einen Anspruch auf Entrichtung einer angemessenen Vergütung. Als Erklärung für den Grund der Anspruchsentstehung hat sich die Auffassung durchgesetzt, dass die Vergütung Gegenleistung für die Rechtsstellung des AG ist, die er von seinem AN erlangt und mittels der er andere von der Benutzung der technischen Neuerung ausschließen kann (Monopolprinzip).[2] Verdrängt wurde damit die Ansicht, die Vergütung sei Gegenleistung für eine über die arbeitsvertragliche Dienstverpflichtung hinausgehende Leistung des AN.[3] Allerdings findet das sog. Sonderleistungsprinzip Berücksichtigung bei Bemessung der Vergütungshöhe. Das BVerfG sieht die Vergütungspflicht des AG als Teil eines ausgewogenen Systems wechselseitiger Rechte und Pflichten und somit als zulässige Inhalts- und Schrankenbestimmung i.S.d. Art. 14 Abs. 1 GG.[4]

---

5 *Volmer/Gaul*, § 8 Rn 78 ff.
6 *Bartenbach/Volz*, § 8 Rn 53.
1 Mit Inkrafttreten des Gesetzes zur Vereinfachung und Modernisierung des Patentrechts v. 28.5.2009 besteht die Möglichkeit einer beschränkten Inanspruchnahme nicht mehr. Im Zuge dessen wird in § 9 Abs. 1 das Wort „unbeschränkt" gestrichen.
2 *Schade*, GRUR 1958, 519, 522 f.
3 So *Reimer/Schippel*, Die Vergütung von Arbeitnehmererfindungen, 1956, 18, 41 f.
4 BVerfG 24.4.1998 – AR-Blattei ES 670 Nr. 14 S. 6 ff.

B. Regelungsgehalt
I. Anspruch

1. Rechtsnatur. Der Vergütungsanspruch ist ein gesetzlicher Anspruch eigener Art, dessen Schuldner der AG ist. Die Erfindervergütung ist **kein Arbeitsentgelt**.[5] Etwas anderes gilt nach der Rechtsprechung nur im Rahmen des § 14 SGB IV,[6] so dass hieraus die Sozialversicherungspflichtigkeit folgt. Der Vergütungsanspruch ist uneingeschränkt übertragbar und damit auch vererbbar.

2. Entstehung. Der Anspruch entsteht mit der Inanspruchnahme der Erfindung durch den AG. Maßgeblich ist der **Zugang** der Erklärung i.S.d. § 6 Abs. 1 beim AN oder der Eintritt der Fiktionswirkung nach § 6 Abs. 2, wenn der AG nicht innerhalb von vier Monaten ab der Erfindungsmeldung die Freigabe erklärt. Unerheblich ist deshalb, dass eine Schutzrechtserteilung noch nicht erfolgt ist. Nach der amtl. Begr. entsteht der Vergütungsanspruch mit der Inanspruchnahme dem Grunde nach.[7] Richtig ist hingegen, dass der Anspruch nicht nur dem Grunde nach, sondern bereits in voller Höhe entsteht, diese jedoch durch das Verfahren nach § 12 ihre Konkretisierung erfährt.[8]

3. Unsicherheit über Schutzrechtsfähigkeit und vorläufige Vergütung. Die Entstehung des Vergütungsanspruchs nach Abs. 1 setzt voraus, dass sich die Inanspruchnahme durch den AG auf eine Diensterfindung i.S.d. § 4 Abs. 2 erstreckt. Eine solche liegt nach § 2 wiederum nur dann vor, wenn sie die notwendige Schutzrechtsfähigkeit innehat. Eine verbindliche Feststellung über das Bestehen der **Schutzrechtsfähigkeit** ist zum Zeitpunkt der Anspruchsentstehung allerdings noch nicht getroffen (vgl. hierzu § 2 Rn 9). Wird der technischen Neuerung später die Schutzrechtserteilung endgültig versagt, wird damit bei konsequenter Gesetzesanwendung auch festgestellt, dass ein Vergütungsanspruch i.S.d. Abs. 1 zu keinem Zeitpunkt entstanden ist. Eine dem § 10 Abs. 2 entsprechende Regelung, wonach die Schutzrechtsversagung für den Vergütungsanspruch nur ex nunc wirkt, enthält § 9 nicht. In praktischer Hinsicht ergäben sich hieraus keine Schwierigkeiten, weil die Festsetzung der Vergütungshöhe nach § 12 Abs. 3 an sich erst im Anschluss an diese Entscheidung erfolgen muss. Nach allgemeiner Ansicht ist es jedoch nicht hinzunehmen, dass der AG die in § 12 Abs. 3 genannte Frist zur Vergütungsfestsetzung ausschöpft („spätestens"), obwohl er die Erfindung bereits während des laufenden Schutzrechtserteilungsverfahrens in seinem Betrieb tatsächlich nutzt und der AN dennoch das häufig sehr langwierige Erteilungsverfahren abwarten muss, um in den Genuss einer Vergütungszahlung zu gelangen.[9] Nicht durchgesetzt hat sich für einen solchen Fall der Lösungsvorschlag, die technische Neuerung bis zur Entscheidung über die Schutzrechtsfähigkeit als technischen Verbesserungsvorschlag i.S.d. § 3 zu behandeln und damit vorläufig auf den Vergütungsanspruch des § 20 Abs. 1 S. 1 zurückzugreifen.[10]

Nach Ansicht des BGH entsteht der Vergütungsanspruch ungeachtet des bestehenden **Erteilungsrisikos** und beschränkt sich zunächst auf die Auszahlung einer nur **vorläufigen Vergütung**, sobald der AG die technische Neuerung nutzt.[11] Diesem Anspruch könne auch nicht das etwaige Fehlen der Schutzrechtsfähigkeit entgegengehalten werden.[12] Der Unsicherheit über das Bestehen der Schutzrechtsfähigkeit würde bei der Vergütungsbemessung ausreichend durch einen **Risikoabschlag** Rechnung getragen.[13] Zutreffenderweise sollte der Vergütungsanspruch arbeitgeberseitig versagt werden können, wenn das Fehlen der Schutzrechtsfähigkeit evident ist (siehe § 2 Rn 9).

Nach h.A. entfaltet die Entscheidung, dass die Erteilung eines Schutzrechts endgültig versagt wird, für den Vergütungsanspruch nur Wirkung **ex nunc**.[14] Eine **Rückforderung** bereits getätigter Vergütungszahlungen scheidet aus.[15] Dabei ist zwar das Argument, der AG habe bis zur Entscheidung über die Schutzrechtsfähigkeit gegenüber seinen Mitbewerbern eine faktische Vorzugsstellung innegehabt, nicht von der Hand zu weisen. Abweichend von der Rechtsprechung[16] kann allerdings nicht auf § 12 Abs. 6 zurückgegriffen werden, weil dieser Norm kein allgemeiner Rechtsgedanke zu entnehmen ist, zumal ein Vergütungsanspruch – wie bereits erwähnt – überhaupt nicht entstanden ist (siehe auch § 12 Rn 11).[17] Deshalb muss eine gezahlte Vergütung vielmehr nach § 812 Abs. 1 S. 1 Alt. 1 BGB

---

5 BGH 25.11.1980 – X ZR 12/80 – GRUR 1981, 263, 265; *Schwab*, § 9 Rn 3.
6 BSG 26.3.1998 – B 12 KR 17/97 R – NZA-RR 1998, 510, 511.
7 BegrRE Blatt 1957, 224, 232.
8 *Volmer/Gaul*, Rn 21 sprechen deshalb von einem latent vorhandenen Anspruch.
9 BGH 28.6.1962 – I ZR 28/61 – GRUR 1963, 135, 136 ff.; BGH 30.3.1971 – X ZR 8/68 – GRUR 1971, 475, 477; *Gaul*, GRUR 1977, 686, 698.
10 *Gaul*, GRUR 1977, 686, 698; *Schultz-Süchting*, GRUR 1973, 293, 295 ff.
11 BGH 28.6.1962 – I ZR 28/61 – GRUR 1963, 135, 136 ff.
12 BGH 2.6.1987 – X ZR 97/86 – GRUR 1987, 900, 902; BGH 15.5.1990 – X ZR 119/88 – GRUR 1990, 667,

668; BGH 6.2.2002 – X – ZR 215/00 – GRUR 2002, 609, 610; *Bartenbach/Volz*, § 9 Rn 14.
13 BGH 30.3.1971 – X ZR 8/68 – GRUR 1971, 475, 477.
14 BGH 6.2.2002 – X – ZR 215/00 – GRUR 2002, 609, 610; vgl. auch *Bartenbach/Volz*, § 9 Rn 14.
15 BGH 6.2.2002 – X – ZR 215/00 – GRUR 2002, 609 – DB 2002, 1772, 1773; zu weitgehend ist die von *Bartenbach/Volz*, § 12 Rn 65.1 aufgestellte These, die „vorläufige" Vergütung sei bereits ihrem Wesen nach nicht rückforderbar, weil damit verkannt wird, dass es sich um den originären Vergütungsanspruch handelt, der sich zunächst nur auf vorläufige Vergütung richtet.
16 BGH 28.6.1962 – I ZR 28/61 – GRUR 1963, 135, 138; BGH 2.6.1987 – X ZR 97/86 – GRUR 1987, 900, 902.
17 Im Ergebnis ebenso RSS/*Trimborn*, § 12 Rn 57, der auf die Gesetzesbegründung verweist.

kondizierbar sein. Dem Argument, der AG habe bis zur Entscheidung über die Schutzrechtsfähigkeit eine faktische Vorzugsstellung gehabt, kann durch einen Rückgriff auf die Vergütungsregelung des § 20 Abs. 1 ausreichend Rechnung getragen werden, weil dort gerade ein qualifizierter technischer Verbesserungsvorschlag vorausgesetzt ist, wofür wiederum die beschriebene Vorzugsstellung gegenüber Mitbewerbern erforderlich ist (vgl. § 20 Rn 1 f.). Die Rückforderung gezahlter Vergütungsleistungen könnte sich daher auf den Teil beschränken, welcher für die Vergangenheit über die Vergütungspflicht nach § 20 Abs. 1 hinausging.

7 **4. Fälligkeit.** Keine Regelung trifft § 9 zur **Fälligkeit** des Anspruchs. Für die Anwendung der in § 271 BGB enthaltenen Zweifelsregelung besteht kein Raum, weil § 12 eine andere Regelung trifft, wonach die Vergütungshöhe zunächst entweder zwischen den Parteien vereinbart oder einseitig vom AG **förmlich festgesetzt** wird (zum Zeitpunkt der Festsetzung siehe § 12 Rn 5). Allerdings ist zu beachten, dass die Fälligkeit nach der eben dargestellten Rechtsprechung (siehe Rn 5) weit vor der Schutzrechtserteilung eintreten kann und der Arbeitnehmererfinder im Falle eines gerichtlichen Vorgehens nicht zunächst die Festsetzung einfordern müsste, sondern sogleich die Zahlung einer angemessenen Vergütung verlangen könnte.[18] Die Vergütung ist hiernach sofort mit der Nutzungsaufnahme durch den AG fällig. Sie kann aber auch Gegenstand der Festlegung nach § 12 selbst sein, was insbesondere bei der Vereinbarung wiederkehrender Vergütungsteilzahlungen an Bedeutung gewinnt.

8 **5. Ausschluss, Verjährung und Verwirkung.** Tarifvertragliche **Ausschlussfristen** finden grundsätzlich auf den Vergütungsanspruch weder im Falle der beiderseitigen Tarifbindung noch im Falle der arbeitsvertraglichen Bezugnahme Anwendung.[19] Hinsichtlich der Verjährung greifen mangels einer Regelung im ArbnErfG die allgemeinen Bestimmungen der §§ 194 ff. BGB, so dass die **Regelverjährung** gem. § 195 BGB drei Jahre beträgt. Auch kann der Anspruch nach allgemeinen Grundsätzen verwirkt werden.

9 **6. Bemessungszeitraum.** Welcher **Zeitraum** für die Vergütungsbemessung maßgeblich ist, richtet sich regelmäßig nach der Laufzeit des Schutzrechts, welche zu dem Zeitraum, im Rahmen dessen eine vorläufige Vergütung gewährt wurde, hinzutritt.[20] **Fortlaufende Teilzahlungen** haben bis zum Wegfall des Schutzrechts zu erfolgen. Bei einer pauschalen Vergütung im Rahmen einer Einmalzahlung ist daher die zu erwartende Laufzeit maßgeblich.

10 Da der Anspruch des AN auf eine angemessene Vergütung gerichtet ist, kann der maßgebliche Bemessungszeitraum im Ausnahmefall über den Wegfall des Schutzrechts hinaus andauern (vgl. Vergütungsrichtlinie Nr. 42). Dies soll z.B. der Fall sein, wenn eine Auswertung der Erfindung erst in der letzten Phase der Schutzrechtslaufzeit erfolgt ist und die Vorzugsstellung des ursprünglichen Patentinhabers über den Zeitpunkt des Wegfalls faktisch weiterhin existiert.

11 **7. Anspruchsinhalt.** Das ArbnErfG trifft keine ausdrückliche Anordnung darüber, auf welche **Art und Weise** die Vergütung zu entrichten ist. Lediglich in § 12 Abs. 3 S. 1 und Abs. 6 S. 2 findet sich eine Andeutung, dass das Gesetz von einem **Geldleistungsanspruch** ausgeht. Abreden hierüber müssen sich an § 22 messen lassen, weshalb z.B. einer vorab getroffenen Vereinbarung über die Erfüllung mittels börsennotierter Wertpapiere (z.B. Aktienoptionen) erhebliche Bedenken entgegenstehen. Will der AG ohne vorherige Abrede etwas anderes als Geld leisten, richtet sich die Frage der Erfüllung im Übrigen nach den §§ 364 f. BGB.

II. Bemessung der Vergütung/Angemessenheit

12 **1. Allgemeines.** Der in Abs. 1 verankerte Anspruch richtet sich auf eine angemessene Vergütung. Zur näheren Ausfüllung des unbestimmten Rechtsbegriffs der **Angemessenheit** erschöpft sich das Gesetz in Abs. 2 in der nicht abschließenden Aufzählung dreier Bemessungskriterien, welche wiederum selbst ausfüllungsbedürftig sind. Letzteres bereitet in der Praxis die größten Schwierigkeiten. Hilfestellungen zur Feststellung des Vergütungsanspruchs leisten dabei die aufgrund des § 11 durch den Bundesarbeitsminister erlassenen **Richtlinien** für die Vergütung von Arbeitnehmererfindungen im privaten Dienst vom 20. Juli 1959.[21] Diese sind als solche zwar nicht verbindlich, eine sich hieran orientierende Vergütungsfestsetzung dürfte sich jedoch nur schwerlich dem Vorwurf fehlender Angemessenheit ausgesetzt sehen. Ausgangspunkt bei der Berechnung ist der Wert der Erfindung selbst.

13 **2. Berechnung.** Die Vergütung bemisst sich danach, in welchem Verhältnis der Anteil des AN-Erfinders also sein Beitrag zur Schaffung der technischen Neuerung zu diesem Erfindungswert, steht (RL Nr. 2). Dementsprechend lässt sich der Vergütungsanspruch (vgl. RL Nr. 39 [Dritter Teil]) an Hand folgender Formel ermitteln:

V (zu zahlende Vergütung) = E (Erfindungswert) × A (Anteilsfaktor in %)

---

18 Vgl. zuletzt BGH 4.12.2007 – X ZR 102/06 – GRUR 2008, 606, 607.
19 BAG 21.6.1979 – 3 AZR 855/78 DB 1979, 2187; *Bartenbach/Volz*, § 9 Rn 51; *Volmer/Gaul*, § 12 Rn 357 f.
20 RSS/*Himmelmann*, § 9 Rn 23.
21 Eine aktuelle Fassung der Vergütungsrichtlinien ist unter folgender Internetadresse verfügbar: http://www.bmas.de/coremedia/generator/2906/property=pdf/richtlinien__verguetung__arbeitnehmererfindungen.pdf.

a) Erfindungswert. Eine Orientierung zur Bestimmung des Erfindungswertes enthält der erste Teil der Vergütungsrichtlinien. Soweit bei der Ermittlung die seitens des AG zu erbringenden Aufwendungen (z.B. Umstellung der Produktion) Berücksichtigung finden, haben diejenigen Kosten unbeachtet zu bleiben, welche zur Fertigstellung der Erfindung aufgebracht wurden. Diese Aufwendungen sind gerade Gegenstand der Bestimmung des Anteilsfaktors (siehe Rn 25).

aa) Betriebliche Nutzung. Soweit die Erfindung betrieblich genutzt wird, bieten sich dabei folgende drei Berechnungsmethoden an: (1) Ermittlung nach Lizenzanalogie, (2) Ermittlung des erfassbaren betrieblichen Nutzens und (3) Schätzung. Daneben kann die Ermittlung aber auch auf andere Weise erfolgen (vgl. nur RL Nr. 4).

(1) Lizenzanalogie. Wegen der größtmöglichen Vermeidung von Ungenauigkeiten stellt die Lizenzanalogie die in der Praxis wohl gebräuchlichste Methode zur Ermittlung des Erfindungswertes dar.[22] Dabei wird ermittelt, welchen **Lizenzsatz** der AG als Lizenznehmer an einen freien Erfinder leisten würde.[23] Maßgeblich ist danach also das, was in vergleichbaren Fällen üblicherweise gezahlt wird (RL Nr. 10). Bei der Suche nach dem, was üblich ist (Vergleichsmaßstab), bietet es sich an, zunächst nach den gegenüber der konkreten Erfindung sachnächsten Anhaltspunkten, wie z.B. bereits bestehende Lizenzverträge des AG, zu suchen, um anschließend ersatzweise branchenübliche Lizenzsätze heranzuziehen.[24] Ist ein zur Wertermittlung vergleichbarer Lizenzsatz gefunden, bedarf es zur Ermittlung des Erfinderwertes ferner der Bestimmung der zutreffenden **Bezugsgröße** (vgl. RL Nr. 7), auf welche sich der herangezogene Lizenzsatz bezieht.

Die bloße Angabe eines Prozentsatzes oder eines absoluten Geldbetrages entfaltet keine Aussagekraft, ohne entsprechende Bezugsgröße (% von X oder 50 Cent pro Stück).[25] Die Richtlinie Nr. 7 nennt als in Betracht kommende Bezugsgrößen Umsatz und Erzeugung. Dabei ist insbesondere zu berücksichtigen, dass sich der Lizenzsatz entweder auf den Gesamtwert des Endproduktes oder nur auf einzelne Bestandteile dessen beziehen kann (RL Nr. 8).[26]

Weist die zu beurteilende Erfindung Besonderheiten gegenüber den gefundenen vergleichbaren Erfindungen auf, sind diese durch Erhöhung oder Ermäßigung zu berücksichtigen. Die RL Nr. 9 enthält insoweit ein **„Doppelverwertungs- oder Doppelabzugsverbot"**[27] (vgl. auch RL Nr. 2 Abs. 2), als dass die Eigenschaft der Erfindung als Diensterfindung bei der Ermittlung des Erfindungswertes zunächst unberücksichtigt bleibt, weil dies nach oben genannter Formel gerade Abdruck des Anteilsfaktors ist (hierzu siehe Rn 25). Die Richtlinien sehen unter Nr. 11 eine gestaffelte prozentuale Minderung (**„Abstaffelung"**) des Lizenzsatzes für den Fall besonders hoher Umsätze vor. Dem liegt die Vermutung einer **Kausalitätsverschiebung** zu Grunde.[28] Besonders hohe Umsätze seien zunehmend auf unternehmerische Maßnahmen wie Marketing oder Vertrieb und damit weniger auf eine Effizienzsteigerung mittels des Erfindungseinsatzes zurückzuführen.[29] Dabei besteht Uneinigkeit darüber, ob bei der Erfindungswertberechnung eine konkrete Kausalitätsverschiebung festgestellt werden muss[30] oder ob es unter Hinweis auf den Wortlaut der RL Nr. 11 genügt, die Üblichkeit einer Abstaffelung in dem betreffenden Industriezweig festzustellen.[31]

(2) Erfassbarer betrieblicher Nutzen. Eine wegen ihrer Schwierigkeiten in der Praxis nur selten zur Anwendung kommende Methode ist die Ermittlung des erfassbaren betrieblichen Nutzens (RL Nr. 12). Die auf den ersten Blick sehr einfach erscheinende Ermittlung der Differenz zwischen den zur Umsetzung der Erfindung aufzubringenden **Kosten** und den **Erträgen** entpuppt sich bei näherem Hinsehen als sehr kompliziert. Auf der Seite der Kosten müssen sämtliche Aufwendungen Berücksichtigung finden, welche direkt oder zumindest anteilig (Fixkosten) zur betrieblichen Umsetzung der fertiggestellten Erfindung aufgebracht werden mussten.[32] Auf der Seite der Erträge sind alle wirtschaftlichen Vorteile, welche auf den Einsatz der Erfindung zurückzuführen sind, zu berücksichtigen. Nach RL Nr. 12 Abs. 1 a.E. stellt die auf diesem Weg ermittelte Differenz den Erfindungswert dar. Gegen letztere Feststellung werden erhebliche Bedenken mit der Begründung erhoben, ein Unternehmer würde im Falle einer freien Erfindung nicht sämtliche zu erwartenden wirtschaftlichen Vorteile zugleich als „Kaufpreis" zum Erwerb der Erfindung aufbringen. Er würde vor seiner Erwerbsentscheidung vielmehr einen Gewinn einkalkulieren.[33] Dementsprechend wird der ermittelte Bruttonutzen um einen Abschlag gemindert. Diese im Ergebnis zutreffende Feststellung lässt jedoch unberücksichtigt, dass auch nach RL Nr. 12 Abs. 1 S. 3 auf Seiten der Kosten kalkulatorische Einzelwag-

---

22 *Bartenbach/Volz*, § 9 Rn 109 und 120.
23 BGH 13.11.1997 – X ZR 132/95 – BB 1998, 750.
24 *Bartenbach/Volz*, § 9 Rn 124.
25 RSS/*Himmelmann*, Anhang zu § 11 RL Nr. 7 Rn 1; die Bezugsgröße ist also an sich notwendiger Bestandteil des Lizenzsatzes.
26 Vgl. DHHW/*Kronisch*, § 9 Rn 125 f.
27 Vgl. RSS/*Himmelmann*, Anhang zu § 11 RL Nr. 9 Rn 2.
28 *Gaul/Bartenbach*, GRUR 1984, 11, 12.
29 DHHW/*Kronisch*, § 9 Rn 16.
30 Dabei müsste konkret die Frage beantwortet werden, ob und in welchem Maße die umsatzsteigernden Einflüsse eher aus der Sphäre des Arbeitgebers stammen – so z.B. RSS/*Himmelmann* Rn 2 mit Verweis auf die Schiedsstellenpraxis.
31 So BGH 4.10.1988 – X ZR 71/86 – GRUR 1990, 271, 273.
32 *Bartenbach/Volz*, § 9 Rn 162 ff.
33 *Bartenbach/Volz*, Rn 165; RSS/*Himmelmann*, Anhang zu § 11 RL Nr. 12 Rn 7.

20 Obwohl die RL Nr. 11 nur eine Abstaffelung (siehe Rn 18) für den Fall besonders hoher Umsätze im Rahmen der Lizenzsatzbestimmung vorsieht, korrigiert die Schiedsstelle den im Wege der Bestimmung des erfassbaren betrieblichen Nutzens ermittelten Erfindungswert, indem sie auch hier eine Abstaffelung vornimmt.[36] Anlass ist auch hierbei eine Kausalitätsverschiebung bei einem außergewöhnlich hohen Nutzen. Folgerichtig wird auch an dieser Stelle erörtert, ob in Streitfällen die konkrete Kausalitätsverschiebung oder nur die Branchenüblichkeit nachgewiesen werden muss.[37] Die RL sind insoweit jedoch nicht als unvollständig anzusehen, weil bei der Ermittlung des erfassbaren betrieblichen Nutzens konsequenterweise nur die konkreten Erträge berücksichtigt werden dürfen, die auch auf die Erfindung zurückzuführen sind, für welche die Erfindung also kausal war.[38]

Der Eingangstext beginnt mit: nisse sowie ein kalkulatorischer Unternehmerlohn in Ansatz zu bringen sind.[34] Der Erfindungswert bewegt sich nach der Schiedsstellenpraxis zwischen einem Achtel und einem Drittel des betrieblichen Nutzens.[35]

21 **(3) Schätzung.** Nur für den Fall, dass die Bestimmung des Erfindungswertes mittels der dargestellten Methoden nicht oder nur unter unverhältnismäßig hohem Aufwand möglich erscheint, sollte auf die auch in den RL Nr. 3a und 13 aufgeführte Schätzung zurückgegriffen werden. In Anlehnung an die Lizenzanalogie wird dabei im Wege der Schätzung ermittelt, was der Arbeitgeber zum Erwerb der technischen Neuerung von einem freien Erfinder hätte aufwenden müssen.

22 **bb) Ausschließliche Verwertung außerhalb des Betriebs.** Findet eine Verwertung in Form der betrieblichen Nutzung nicht statt, sondern erzielt der AG Erträge ausschließlich dadurch, dass er seine Rechte an der Erfindung entweder gänzlich veräußert oder Dritten Lizenzen einräumt, bilden die **tatsächlich erzielten Erlöse** den Ausgangspunkt für die Bestimmung des Erfindungswertes. Bei Lizenzeinnahmen sind nach RL Nr. 14 von den Bruttolizenzeinnahmen bestimmte, dort nicht abschließend aufgezählte Kosten wie z.B. Kosten der Patent- und Lizenzverwaltung abzuziehen, um auf die Nettolizenzeinnahmen schließen zu können, die nach dem Wortlaut der RL zugleich den Erfindungswert darstellen. Nach h.A. sind die Nettolizenzeinnahmen jedoch noch um einen kalkulatorischen unternehmerischen Gewinn zu mindern.[39] Eine Abstaffelung (zum Begriff siehe 18) des festgestellten Wertes erfolgt grundsätzlich nicht (vgl. RL Nr. 14 Abs. 3).[40] Ähnlich gestaltet sich die Erfindungswertbestimmung bei einer gänzlichen Veräußerung der Erfindung. Soweit der AG die Gegenleistung für die Veräußerung sofort erhält, sind bei der Bestimmung der Nettoeinnahmen neben den bereits angefallenen Aufwendungen auch der Wert etwaiger künftiger, vom AG gegenüber dem Erwerber zu erbringenden Leistungen zu berücksichtigen (vgl. RL Nr. 16 Abs. 1).[41]

23 **cc) Sonderfälle zur Bestimmung des Erfindungswertes.** Die RL Nr. 18 behandelt die so genannten **Sperrpatente.** Dabei handelt es sich um Patente, deren Anmeldung allein dazu dient, Mitbewerber von der Verwertung der technischen Neuerung auszuschließen. Eine Verwertung durch den AG selbst erfolgt dagegen nicht. Der Bestimmung des Erfindungswertes kann die Umsatzeinbuße zugrunde gelegt werden, die der AG erleiden würde, nutzte ein Mitbewerber die technische Neuerung.[42]

24 Auch wenn die Erfindung von anderen Unternehmen innerhalb des **Konzerns,** welchem der AG des Erfinders angehört, genutzt wird, schuldet weiterhin nur dieser AG die Vergütung. Mangels eines Schuldübernahmetatbestandes besteht kein Vergütungsanspruch gegen andere Konzernunternehmen.[43] Ferner bleibt der Erlös, den der AG bei der Einräumung von Rechten gegenüber anderen Unternehmen des Konzerns erzielt, grundsätzlich alleiniger Maßstab für die Bemessung des Erfindungswertes.[44] Erträge des erwerbenden Konzernunternehmens sind keine solchen des AG. Dem Umstand einer Konzernverbundenheit muss jedoch dann Rechnung getragen werden, wenn die Abgabe zu einem nicht marktgerechten Preis erfolgt. Da die Einräumung von Rechten innerhalb des Konzerns auch nicht zu einer Besserstellung des AN-Erfinders führen darf, verbietet sich die Hinzuziehung der durch das erwerbende Kon-

---

34 Worauf RSS/*Himmelmann,* Anhang zu § 11 RL Nr. 12 Rn 7 selbst schon zutreffend hinweist; der häufig zitierte Einigungsvorschlag der Schiedsstelle vom 9.11.1972 – (Arb.Erf. 81/70 – Blatt 1973, 261) stellt insoweit lediglich klar, dass ein kalkulatorischer Unternehmergewinn überhaupt Berücksichtigung finden muss, der AN-Erfinder hatte diesen im konkreten Fall dagegen bei seiner Forderung gänzlich vernachlässigt. Im Ergebnis besteht daher Einigkeit. Es darf lediglich keine doppelte Berücksichtigung stattfinden (vgl. RL 2 Abs. 2).

35 *Bartenbach/Volz,* § 9 Rn 165 (im Regelfall bei etwa 20 Prozent).

36 Schiedsstelle 8.5.1961 – Arb.Erf. 22/60 – GRUR 1962, 192.

37 *Bartenbach/Volz,* § 9 Rn 166.

38 Vgl. Definition der Erträge bei *Bartenbach/Volz,* § 9 Rn 163.1; eine etwaige Kausalitätsverschiebung hätte demnach schon an dieser Stelle (Ertragsermittlung) Berücksichtigung finden müssen. Wegen RL Nr. 2 Abs. 2 darf eine Kausalitätsverschiebung nicht doppelt in Ansatz gebracht werden.

39 RSS/*Himmelmann,* Anhang zu § 11 RL Nr. 14 Rn 4; *Bartenbach/Volz,* § 9 Rn 224.1.

40 BGH 4.10.1988 – X ZR 71/86 – GRUR 1990, 271, 273 f.

41 *Bartenbach/Volz,* § 9 Rn 252.1.

42 DHHW/*Kronisch,* § 9 Rn 18.

43 Vgl. nur *Bartenbach/Volz* § 9 Rn 185; DHHW/*Kronisch,* Rn 19.

44 Schiedsstelle 22.2.1991 – Arb.Erf. 79/89 – GRUR 1992, 390, 391; hinsichtlich eines entsprechenden Auskunftsanspruchs: OLG München 8.2.2001 – 6 U 5650/99 – GRUR-RR 2001, 103, 104.

zernunternehmen erzielten Umsätze.[45] Erhält der AG für die Veräußerung entweder überhaupt keine oder eine zu geringe Gegenleistung, sind der Bemessung stattdessen fiktive marktübliche Beträge zugrunde zu legen.[46] Dagegen erscheint nach h.A. die Heranziehung des Konzernumsatzes für die Berechnung des Erfindungswertes als sachgerecht, wenn sich der Konzern wirtschaftlich betrachtet als Einheit darstellt.[47] Anhaltspunkte hierfür wären z.B., dass der AG ein Tochterunternehmen ist, welches allein zu Zwecken der Forschung und Entwicklung ausgegründet wurde oder dass sämtliche Tochtergesellschaften wie unselbstständige Abteilungen eines Unternehmens geführt werden.[48]

b) Anteilsfaktor. Um aus dem ermittelten Erfindungswert auf die Vergütung schließen zu können, bedarf es entsprechend der angeführten Formel (siehe Rn 13) noch der Ermittlung des Anteilsfaktors, mittels dessen zum Ausdruck kommt, in welchem Umfang die Erfindung auf die überobligatorische Leistung des AN zurückzuführen ist (bei der Ermittlung der Vergütungshöhe findet damit ersichtlich das Sonderleistungsprinzip Berücksichtigung, siehe Rn 1). Vom Erfindungswert wird demnach ein Anteil abgezogen, der dem Vorteil entspricht, den der jeweilige AN-Erfinder gegenüber einem vergleichbaren freien Erfinder dadurch hat, dass er sich keinem wirtschaftlichen Risiko ausgesetzt sieht, erforderliche Materialien und Hilfsmittel zur Verfügung gestellt bekommt, auf den betrieblichen Erfahrungsschatz zurückgreifen kann.[49] Die Richtlinien bieten eine geeignete Handlungsanleitung zur Ermittlung des Anteilsfaktors. Sie führen unter Nr. 30 ff. als die zur Bestimmung maßgeblichen Faktoren (1) die Stellung der Aufgabe (RL Nr. 31; Berücksichtigung der Eigeninitiative des AN-Erfinders), (2) Lösung der Aufgabe (RL Nr. 32; Rückgriffsmöglichkeit des AN auf beschäftigungsbedingten Erfahrungsschatz) und (3) Aufgaben und Stellung des AN im Betrieb (RL Nr. 33; Nähe der Beschäftigung zu Forschung und Entwicklung) an. Den drei aufgeführten Beurteilungskriterien werden Maximalpunktzahlen zugeordnet. Für jedes der Kriterien wird der einschlägige Punktwert durch Subsumtion unter die jeweiligen Untergruppierungen ermittelt. Die Untergruppierungen bilden dabei nur Orientierungshilfen. Die besonderen Umstände des Einzelfalls sind stets zu berücksichtigen. Ist im Rahmen eines jeden der drei Kriterien die Punktzahl festgestellt, so werden diese addiert und der Anteilsfaktor (Prozentangabe) kann in der in RL Nr. 37 dargestellten Tabelle (Fundstelle siehe Rn 30) abgelesen werden.

c) Sonderfälle bei Bemessung. aa) Miterfinder. Haben mehrere AN an der Fertigstellung einer Erfindung mitgewirkt, stehen sie zwar in einer **Rechtsgemeinschaft**.[50] Mit dem durch die Inanspruchnahme einhergehenden Übergang der Rechte auf den AG wird diese Rechtsgemeinschaft jedoch aufgelöst.[51] Jeder Miterfinder erwirbt deshalb mit der Inanspruchnahme einen eigenen Vergütungsanspruch gerichtet auf Zahlung einer anteiligen Vergütung.[52] Der Vergütungsanspruch eines jeden Miterfinders ist nach § 12 Abs. 2 S. 2 für diesen gesondert zu ermitteln. Dabei ist der Erfindungswert einheitlich festzustellen. Anschließend wird die Höhe eines jeden Vergütungsanspruchs ermittelt, wobei die Beteiligung des jeweiligen AN-Erfinders maßgeblich ist.[53]

bb) Nullfälle. Weitestgehend anerkannt ist, dass sich im Einzelfall auch der Wegfall jeglicher Vergütungspflichten als angemessen i.S.d. Abs. 1[54] darstellen kann (Nullfall). Zur Begründung werden die amtliche Begründung[55] und die RL Nr. 38 angeführt. Nach der RL Nr. 38 müssen für einen gänzlichen Wegfall die Geringfügigkeit des Erfindungswertes und die des Anteilsfaktors kumulativ vorliegen. Noch nicht höchstrichterlich geklärt ist die Frage, ob und wann ein außergewöhnlich hohes Schutzrechtserteilungsrisiko den Wegfall des Anspruchs auf vorläufige Vergütung rechtfertigen kann.[56] Trotz des Vorliegens eines Nullfalles besteht nach § 12 Abs. 3 die Pflicht des AG, dies einseitig durch förmliche Erklärung festzusetzen, wenn eine Einigung mit dem AN nicht zu erzielen ist.[57]

---

45 OLG München 8.2.2001 – 6 U 5650/99 – GRUR-RR 2001, 103, 104.
46 OLG München 8.2.2001 – 6 U 5650/99 – GRUR-RR 2001, 103, 104; *Bartenbach/Volz*, § 9 Rn 187; *Schwab*, Rn 23.
47 *Bartenbach/Volz*, § 9 Rn 188; RSS/*Himmelmann* Anhang zu § 11 RL Nr. 17 Rn 1; DHHW/*Kronisch* § 9 Rn 19; ausführlich zur Problematik: *Schade*, GRUR 1978, 569 ff.
48 BGH 16.4.2002 – X ZR 127/99 – BB 2002, 1490, 1493.
49 Vgl. nur DHHW/*Kronisch*, § 9 Rn 14; RSS/*Himmelmann*, § 9 Rn 42.
50 RG 18.12.1937 – I 261/36 – GRUR 1938, 256.
51 RSS/*Trimborn*, § 12 Rn 24.
52 *Bartenbach/Volz*, § 12 Rn 28; RSS/*Trimborn*, § 12 Rn 24, fraglich ist, ob sich dies nicht auch aus dem Bruchteil ergäbe, bestünde die Erfindergemeinschaft fort.
53 RSS/*Himmelmann*, § 9 Rn 50; DHHW/*Kronisch*, § 9 Rn 20.
54 *Bartenbach/Volz*, § 9 Rn 321 f.; *Volmer/Gaul*, § 9 Rn 1031 ff.; *Schwab*, § 9 Rn 29 ff.; DHHW/*Kronisch*, § 9 Rn 28; zurückhaltender: RSS/*Himmelmann*, § 9 Rn 55; die Vereinbarkeit mit dem Monopolprinzip anzweifelnd: *Schade*, GRUR 1958, 519, 523.
55 BegrRE zu § 8 – nunmehr § 9, Blatt 1957, 224, 233.
56 Offengelassen: BGH 30.3.1971 – X ZR 8/68 – GRUR 1971, 475, 477: das „übliche" Versagungsrisiko begründe jedenfalls keinen Nullfall.
57 BGH 28.6.1962 – I ZR 28/61 – GRUR 1963, 135, 137; *Bartenbach/Volz*, § 9 Rn 326; *Schwab*, § 9 Rn 34.

C. Verbindung zu anderen Rechtsgebieten und zum Prozessrecht

I. Beweislast

28 Da der AN-Erfinder im Streitfall die Entstehung des Vergütungsanspruchs als Rechtsfolge des Abs. 1 für sich in Anspruch nimmt, obliegt ihm nach allgemeinen Grundsätzen[58] die Darlegungs- und Beweislast. Gleiches gilt auch für die Höhe des Anspruchs. Die Aspekte, welche für die Vergütungsbemessung maßgeblich sind, liegen jedoch weitestgehend in der Sphäre des AG, was dem AN-Erfinder die Darlegung und ggf. den Beweis erschwert. Ob es diese Situation rechtfertigt, die besagten allgemeinen Grundsätze auch auf die einzelnen in den Vergütungsrichtlinien aufgeführten Teilaspekte anzuwenden, so dass auch dem AG teilweise die Darlegungs- und Beweislast obläge, erscheint angesichts des unverbindlichen Charakters der Richtlinien zweifelhaft.[59] Dem fehlenden Einblick des AN-Erfinders bezüglich der in der Sphäre des AG liegenden Umstände kann ausreichend Rechnung getragen werden, indem man letzterem hinsichtlich dieser Faktoren eine gesteigerte Darlegungslast i.S.d. § 138 Abs. 2 ZPO auferlegt.

II. Auskunftsanspruch

29 Der AN-Erfinder verfügt regelmäßig nicht über die erforderlichen Informationen, um selbst den Wert der von ihm getätigten Erfindung ermitteln zu können. Deshalb steht ihm nach allgemeiner Ansicht neben den ausdrücklich normierten Rechten gegenüber seinem AG (z.B. § 15 Abs. 1) ein allgemeiner Auskunftsanspruch nach § 242 BGB[60] – ggf. gerichtet auf Rechnungslegung (§ 259 BGB) – zu. Der Umfang der Auskunftsverpflichtung richtet sich nach den Umständen des jeweiligen Einzelfalls.[61] Das Verlangen des AN muss sich jedoch im Rahmen des Erforderlichen und Zumutbaren bewegen.[62]

D. Beraterhinweise

30 Die aktuelle Fassung der Vergütungsrichtlinien, welche dem Anwender in der Praxis eine gute Orientierungshilfe bieten, ist unter folgender Internetadresse zu finden:

http://www.bmas.de/coremedia/generator/2906/property=pdf/richtlinien__verguetung__arbeitnehmererfindungen.pdf

31 Wegen der in der Sache liegenden Schwierigkeiten bei der Ermittlung des Erfindungswertes erscheint es hilfreich, unter dem Gesichtspunkt der Kontrolle die Berechnung soweit möglich und unter Berücksichtigung des erforderlichen Aufwandes nach allen drei Methoden durchzuführen (Vgl. Hinweis in RL Nr. 5). Dabei dürfte sich von selbst ergeben, dass zunächst eine Schätzung vorzunehmen ist, so dass am Ende festgestellt werden kann, ob sich das gefundene Ergebnis im Rahmen der Schätzung bewegt.

§ 10 Vergütung bei beschränkter Inanspruchnahme (gültig bis 30.9.2009)

(1) ¹Der Arbeitnehmer hat gegen den Arbeitgeber einen Anspruch auf angemessene Vergütung, sobald der Arbeitgeber die Diensterfindung beschränkt in Anspruch genommen hat und sie benutzt. ²§ 9 Abs. 2 ist entsprechend anzuwenden.

(2) ¹Nach Inanspruchnahme der Diensterfindung kann sich der Arbeitgeber dem Arbeitnehmer gegenüber nicht darauf berufen, daß die Erfindung zur Zeit der Inanspruchnahme nicht schutzfähig gewesen sei, es sei denn, daß sich dies aus einer Entscheidung des Patentamts oder eines Gerichts ergibt. ²Der Vergütungsanspruch des Arbeitnehmers bleibt unberührt, soweit er bis zur rechtskräftigen Entscheidung fällig geworden ist.

A. Allgemeines	1	II. Kein Einwand fehlender Schutzrechtsfähigkeit		
B. Regelungsgehalt	2	(Abs. 2)		3
I. Entstehung, Fälligkeit	2	III. Zeitraum		4
		IV. Umfang/Vergütungshöhe		5

A. Allgemeines

1 Die Vorschrift regelte die Vergütungsverpflichtung des AG gegenüber dem AN-Erfinder für den Fall einer beschränkten Inanspruchnahme nach §§ 6 Abs. 1 Alt. 2, 7 Abs. 2 a.F. Die Möglichkeit einer beschränkten Inanspruch-

---

58 Vgl. zur Beweislast allgemein: BGH 8.11.1951 – IV ZR 10/51 – BGHZ 3, 342, 345 f.
59 So obliegt z.B. nach *Bartenbach/Volz*, § 9 Rn 326 dem AG die Darlegungs- und Beweislast für das Vorliegen eines Nullfalles.
60 BGH 17.5.1994 – X ZR 82/92 – GRUR 1994, 898, 900; BGH 16.4.2002 – X ZR 127/99 – BB 2002, 1490, 1492.
61 *Schwab*, § 9 Rn 48.
62 BGH 16.4.2002 – X ZR 127/99 – BB 2002, 1490, 1492.

nahme entfällt mit Inkrafttreten des Gesetzes zur Vereinfachung und Modernisierung des Patentrechts v. 28.5.2009. Für die Vergütung von Diensterfindungen, die vor dem Inkrafttreten beschränkt in Anspruch genommen wurden, ist § 10 a.F. weiterhin zu berücksichtigen.

B. Regelungsgehalt

I. Entstehung, Fälligkeit

Die Entstehung des Vergütungsanspruchs bei beschränkter Inanspruchnahme setzt kumulativ den Zugang der Inanspruchnahmeerklärung beim AN-Erfinder und die tatsächliche Benutzung durch den AG voraus.[1] **Benutzung** i.d.S. bedeutet, die technische Neuerung in einem Betrieb des Unternehmens einzusetzen.[2] Bloße **Vorbereitungshandlungen** zur Nutzbarmachung sind nicht umfasst, weil damit noch keine Vorteile aus der Erfindung gezogen werden.[3] Für die Entstehung des Vergütungsanspruchs bei beschränkter Inanspruchnahme ist unbeachtlich, ob der AN-Erfinder die Erfindung zur **Schutzrechtserteilung** anmeldet.[4] Der Grund hierfür liegt darin, dass der AG den AN-Erfinder nicht mittels einer beschränkten Inanspruchnahme zur Durchführung des Schutzrechtserteilungsverfahrens zwingen können soll, was allerdings möglich erschiene, hinge der Vergütungsanspruch hiervon ab. Eine Verpflichtung des AG zur Benutzung erwächst ihm aus der beschränkten Inanspruchnahme nicht.[5] Die Fälligkeit des Vergütungsanspruchs richtet sich nach § 12.[6] Hinsichtlich der **Verjährung** gelten die allgemeinen Regeln des BGB.

II. Kein Einwand fehlender Schutzrechtsfähigkeit (Abs. 2)

Nach Abs. 2 kann der AG dem Vergütungsanspruch nicht entgegenhalten, der technischen Neuerung habe zum Zeitpunkt der Inanspruchnahme die **Schutzrechtsfähigkeit** gefehlt. Etwas anderes gilt ab dem Zeitpunkt, in dem bestands- oder rechtskräftig das Nichtbestehen der Schutzrechtsfähigkeit festgestellt ist. Nach Abs. 2 S. 2 bleibt der bis zu dieser Entscheidung entstandene und auch fällig gewordene Vergütungsanspruch des AN-Erfinders davon unberührt. Die verbindliche Entscheidung über das Fehlen der Schutzrechtsfähigkeit wirkt auf den Anspruch demnach **ex nunc**, so dass Abs. 2 S. 2 nicht nur ein Rückforderungsverbot statuiert.[7] Darüber hinaus kann der AN-Erfinder den bis zu diesem Zeitpunkt fällig gewordenen Teil seines Vergütungsanspruchs, welcher sich als Vergütung für Nutzungshandlungen bis zur Entscheidung darstellt, weiterhin verlangen.[8]

III. Zeitraum

Ergeht zu keinem Zeitpunkt eine verbindliche Entscheidung über die Schutzrechtsfähigkeit der technischen Neuerung, hat der AG die tatsächlichen Nutzungen der Erfindung innerhalb des **Zeitraums** zu vergüten, für welchen ein denkbares Schutzrecht bestehen würde.[9] Ferner sieht die RL Nr. 25 Abs. 3 a.E. vor, dass der Vergütungsanspruch entfällt, wenn die aus der beschränkten Inanspruchnahme resultierende faktische Monopolstellung wegfällt, weil die technische Neuerung den Mitbewerbern bekannt geworden ist und ihnen die Nutzung wegen des Nichtbestehens eines Schutzrechts nicht untersagt werden kann.[10]

IV. Umfang/Vergütungshöhe

Hinsichtlich der Ermittlung der **Vergütungshöhe** ist kraft der Verweisung in Abs. 1 S. 2 auf § 9 Abs. 2 auf die Grundsätze bei unbeschränkter Inanspruchnahme zurückzugreifen. Im Gegensatz zur unbeschränkten Inanspruchnahme kommt es bei der Ermittlung des Erfindungswertes nach RL Nr. 25 allein auf die tatsächlichen Nutzungen des AG an und nicht auf ein etwaiges unausgeschöpftes Potential.[11] Wertmindernd kann sich bei der Ermittlung die u.U. bestehende Wahrscheinlichkeit auswirken, dass Mitbewerber ebenfalls von der technischen Neuerung Gebrauch machen, insbesondere wenn der AN-Erfinder ein erlangtes Schutzrecht auf einen Dritten übertragen hat.[12] Im Übrigen unterscheidet sich die Ermittlung im Wege der Bestimmung des erfassbaren betrieblichen Nutzens nicht von der uneingeschränkten Inanspruchnahme (RL Nr. 25). Erfolgt die Bestimmung des Erfindungswertes im Wege der Lizenzanalogiemethode (siehe § 9 Rn 16 f.) ist zu berücksichtigen, dass vergleichbare nichtausschließliche Lizenzsätze regelmäßig niedriger sind als diejenigen für ausschließliche Benutzungsrechte.[13] Hinsichtlich des Anteilsfaktors ergeben sich bei der beschränkten Inanspruchnahme keine Besonderheiten.[14]

---

1 Bartenbach/Volz, § 10 Rn 7.
2 Bartenbach/Volz, § 10 Rn 8.
3 Bartenbach/Volz, § 10 Rn 9; RSS/Himmelmann, § 10 Rn 3.
4 BegrRE zu § 9 – nunmehr § 10, Blatt 1957, 224, 233.
5 RSS/Himmelmann, § 10 Rn 3; DHHW/Kronisch, § 10 Rn 1.
6 Bartenbach/Volz, § 10 Rn 13.
7 Zum Rückforderungsausschluss: BGH 17.1.1981 – X ZR 51/76 – GRUR 1981, 516, 517.
8 RSS/Himmelmann, § 10 Rn 20.
9 DHHW/Kronisch, § 10 Rn 2.
10 RSS/Himmelmann, § 10 Rn 9; DHHW/Kronisch, § 10 Rn 2.
11 Vgl. auch RSS/Himmelmann, § 10 Rn 13.
12 Bartenbach/Volz, § 10 Rn 40.
13 DHHW/Kronisch, § 10 Rn 3.
14 Vgl. DHHW/Kronisch, § 10 Rn 3.

§ 11 Vergütungsrichtlinien (gültig ab 1.10.2009)

Der Bundesminister für Arbeit erläßt nach Anhörung der Spitzenorganisationen der Arbeitgeber und der Arbeitnehmer (§ 12 des Tarifvertragsgesetzes) Richtlinien über die Bemessung der Vergütung.

§ 12 Feststellung oder Festsetzung der Vergütung (gültig ab 1.10.2009)

(1) Die Art und Höhe der Vergütung soll in angemessener Frist nach Inanspruchnahme der Diensterfindung durch Vereinbarung zwischen dem Arbeitgeber und dem Arbeitnehmer festgestellt werden.

(2) ¹Wenn mehrere Arbeitnehmer an der Diensterfindung beteiligt sind, ist die Vergütung für jeden gesondert festzustellen. ²Die Gesamthöhe der Vergütung und die Anteile der einzelnen Erfinder an der Diensterfindung hat der Arbeitgeber den Beteiligten bekanntzugeben.

(3) ¹Kommt eine Vereinbarung über die Vergütung in angemessener Frist nach Inanspruchnahme der Diensterfindung nicht zustande, so hat der Arbeitgeber die Vergütung durch eine begründete Erklärung in Textform an den Arbeitnehmer festzusetzen und entsprechend der Festsetzung zu zahlen. ²Die Vergütung ist spätestens bis zum Ablauf von drei Monaten nach Erteilung des Schutzrechts festzusetzen.

(4) ¹Der Arbeitnehmer kann der Festsetzung innerhalb von zwei Monaten durch Erklärung in Textform widersprechen, wenn er mit der Festsetzung nicht einverstanden ist. ²Widerspricht er nicht, so wird die Festsetzung für beide Teile verbindlich.

(5) ¹Sind mehrere Arbeitnehmer an der Diensterfindung beteiligt, so wird die Festsetzung für alle Beteiligten nicht verbindlich, wenn einer von ihnen der Festsetzung mit der Begründung widerspricht, daß sein Anteil an der Diensterfindung unrichtig festgesetzt sei. ²Der Arbeitgeber ist in diesem Falle berechtigt, die Vergütung für alle Beteiligten neu festzusetzen.

(6) ¹Arbeitgeber und Arbeitnehmer können voneinander die Einwilligung in eine andere Regelung der Vergütung verlangen, wenn sich Umstände wesentlich ändern, die für die Feststellung oder Festsetzung der Vergütung maßgebend waren. ²Rückzahlung einer bereits geleisteten Vergütung kann nicht verlangt werden. ³Die Absätze 1 bis 5 sind nicht anzuwenden.

A. Allgemeines ... 1	2. Widerspruch des AN-Erfinders (Abs. 4) ... 6
B. Regelungsgehalt ... 2	IV. Besonderheiten bei Miterfindern (Absätze 2 und 5) ... 7
I. Art und Höhe der Vergütung ... 2	V. Anpassung der Vergütung (Abs. 6) ... 9
II. Feststellungsverfahren ... 3	1. Voraussetzungen ... 10
III. Festsetzungsverfahren ... 4	2. Ausschluss der Rückzahlungspflicht ... 11
1. Einseitige Festsetzung (Abs. 3) ... 4	C. Beraterhinweise ... 12

A. Allgemeines

1 Die Entstehung des Vergütungsanspruchs des AN-Erfinders richtet sich nach §§ 9 Abs. 1 und 10 Abs. 1 a.F.[1] Wegen der besonderen Schwierigkeit bei der Bemessung des Vergütungsanspruchs regelt § 12 das Verfahren zur Festsetzung über die Art und die Höhe der Vergütung. Die Vorschrift räumt dabei einer einvernehmlichen Lösung zwischen den AV-Parteien den Vorrang ein.

B. Regelungsgehalt

I. Art und Höhe der Vergütung

2 Das in § 12 geregelte Verfahren zielt auf die Bestimmung von Art und Höhe der Vergütung ab. Gegenstand des Verfahrens ist damit neben der Höhe des Vergütungsanspruchs auch die Festlegung sämtlicher **Zahlungsmodalitäten** wie z.B. das Zahlungsmittel und die Entscheidung, ob der Anteil des AN-Erfinders pauschal durch Einmalzahlung oder im Wege wiederkehrender Leistungen abgegolten wird.[2] In letzterem Fall muss der Festlegung zu entnehmen sein, wie die Höhe der jeweiligen Teilzahlung ermittelt wird, was durch die Angabe der Bezugsgröße (Umsatz oder Erzeugung) und des jeweiligen Beteiligungssatzes (Prozent oder Betrag pro Stück) erfolgt. Ist eine Abstaffelung zulässig (siehe § 9 Rn 18, 20) und wird von ihr Gebrauch gemacht, ist sie ebenfalls Gegenstand der Festlegung.[3]

---

1 Selbst der Höhe nach besteht er bereits latent, vgl. *Volmer/Gaul*, § 9 Rn 21.

2 RSS/*Himmelmann*, § 12 Rn 23; *Bartenbach/Volz*, § 12 Rn 13.

3 *Bartenbach/Volz*, § 12 Rn 13.

II. Feststellungsverfahren

Zunächst sind die AV-Parteien nach Abs. 1 gehalten, eine **einvernehmliche Lösung** über die Art und Höhe der Vergütung innerhalb angemessener Frist zu suchen und diese zum Inhalt einer Vereinbarung zu machen, welche einen privatrechtlichen Vertrag darstellt.[4] Dieser Vertrag enthält die für beide Parteien verbindliche Konkretisierung des Vergütungsanspruchs.[5] Das Zustandekommen des Vertrags richtet sich nach den allgemeinen Regeln des bürgerlichen Rechts. Die Vereinbarung nach Abs. 1 bedarf zu ihrer Wirksamkeit keiner **Form** und kann deshalb auch mündlich oder gar konkludent geschlossen werden. Ob einer bestimmten Handlung wie der **widerspruchslosen Entgegennahme** einer vom AG errechneten Vergütungsleistung durch den AN der erforderliche Erklärungswert beigemessen werden kann, welcher den Schluss auf das Vorliegen des Erklärungsbewusstseins zuließe, richtet sich nach analoger Anwendung des § 157 BGB.[6] Bedenklich erscheint, dass die Schiedsstelle das Vorliegen einer Annahmeerklärung vom Untätigsein des AN-Erfinders innerhalb des Zeitraums zwischen zwei Vergütungsleistungen abhängig macht.[7] Einem bloßen Untätigsein ist grundsätzlich kein Erklärungswert beizumessen.[8] Anknüpfungspunkt für die Frage einer Annahmeerklärung kann folglich nur die Entgegennahme selbst sein. Selbst wenn man bei laufenden Vergütungsteilzahlungen das Institut der betrieblichen Übung (zur betrieblichen Übung siehe § 611 BGB Rn 182) anwenden wollte, wäre die Vergütungsvereinbarung nicht mit der ersten Teilzahlung zustande gekommen. Eine Vergütungsvereinbarung i.S.d. Abs. 1 setzt eine Einigung über alle zur Bestimmung der Vergütung relevanten Berechnungsfaktoren voraus.[9] Eine gesetzliche Pflicht der Parteien zum Abschluss einer Vergütungsvereinbarung besteht nicht.[10]

III. Festsetzungsverfahren

1. Einseitige Festsetzung (Abs. 3). Erzielen die Parteien keine einvernehmliche Lösung über Art und Höhe der Vergütung, ist der AG nach Abs. 3 zur **einseitigen Festsetzung** berechtigt und verpflichtet.[11] Uneinigkeit besteht darüber, ob die Festsetzung einen tatsächlichen Einigungsversuch voraussetzt,[12] was zutreffenderweise zu verneinen ist, weil sich die Aussichtslosigkeit einer etwaigen Verhandlung auch aus anderen Umständen – wie z.B. dem Vorverhalten der Parteien – ergeben kann. Die einseitige Festsetzung ist eine empfangsbedürftige Willenserklärung, deren Wirksamkeit die Einhaltung der Textform (§ 126b BGB) voraussetzt.[13] Ferner muss die Erklärung eine **Begründung** beinhalten, die alle zur Bestimmung der Erfindervergütung maßgeblichen Faktoren wiedergibt.[14] Die Begründung ist zutreffend als **Wirksamkeitsvoraussetzung** und nicht als bloße Ordnungsvorgabe zu qualifizieren, wobei nicht jeder Begründungsmangel zur Unwirksamkeit führt.[15] Der Vergütungsanspruch besteht zwar bereits ab Inanspruchnahme auch der Höhe nach, er erfährt jedoch durch die Festsetzung seitens des AG seine Konkretisierung, die im Falle des Unterbleibens eines Widerspruchs verbindlich wird (Abs. 4 S. 2). Der Festsetzungserklärung kommt daher eine gestaltende Wirkung zu, weshalb sie bedingungsfeindlich ist.[16]

Die Festsetzung hat nach Abs. 3 S. 2 spätestens bis zum Ablauf von drei Monaten nach der Schutzrechtserteilung zu erfolgen. Abs. 3 S. 2 a.F. sah für die inzwischen nicht mehr mögliche beschränkte Inanspruchnahme ebenfalls eine Drei-Monats-Frist zur Vergütungsfestsetzung vor. Fristauslösendes Ereignis war jedoch die Aufnahme der tatsächlichen Nutzung durch den AG, weshalb die Bestimmung auch nach der Gesetzesänderung vereinzelt noch Bedeutung erlangen kann. Nach st. Rspr. kann die Frist für die Vergütungsfestsetzung nach uneingeschränkter Inanspruchnahme nicht ausgeschöpft werden, wenn der AG während des noch laufenden Schutzrechtserteilungsverfahrens die technische Neuerung bereits tatsächlich nutzt[17] (siehe § 9 Rn 5). Unterbleibt eine fristgemäße Vergütungsfestsetzung durch den AG, ist der AN nicht gehalten, zunächst einen etwaigen Anspruch auf Festsetzung **gerichtlich geltend zu machen**. Vielmehr kann er nach Durchführung des Schiedsstellenverfahrens die Zahlung einer angemessenen Vergütung einklagen.[18]

2. Widerspruch des AN-Erfinders (Abs. 4). Ist der AN-Erfinder mit dem Inhalt der Festsetzung nicht einverstanden, kann er innerhalb von zwei Monaten **widersprechen**. Für den Fristbeginn ist der Zugang der Festsetzungserklä-

---

4 *Bartenbach/Volz*, § 12 Rn 16; DHHW/*Kronisch*, § 12 Rn 2.
5 DHHW/*Kronisch*, § 12 Rn 2.
6 In Zeiten des bargeldlosen Zahlungsverkehrs ist im Geldeingang auf dem Girokonto des Arbeitnehmererfinders kaum eine Annahmeerklärung zu erblicken.
7 Nachweise bei *Bartenbach/Volz*, § 12 Rn 18.1.
8 *Flume*, Allgemeiner Teil des Bürgerlichen Rechts II, Das Rechtsgeschäft, 3. Auflage 1979, § 5 2. a).
9 *Bartenbach/Volz*, § 12 Rn 17; DHHW/*Kronisch*, § 12 Rn 2.
10 BGH 2.12.1960 – I ZR 23/59 – GRUR 1961, 338, 339 f.; *Volmer/Gaul*, § 12 Rn 27.
11 DHHW/*Kronisch*, § 12 Rn 3.
12 Dafür *Schwab*, § 12 Rn 3; *Volmer/Gaul*, § 12 Rn 28; m.E. nicht eindeutig BGH 17.5.1994 – X ZR 82/92 – GRUR 1994, 898, 901; dagegen *Bartenbach/Volz*, § 12 Rn 42.
13 § 12 Abs. 3 S. 1 a.F. sah noch das Erfordernis der Schriftform i.S.d. § 126 BGB vor.
14 *Bartenbach/Volz*, § 12 Rn 52.
15 Ausführlich RSS/*Trimborn*, § 12 Rn 33.
16 *Bartenbach/Volz*, § 12 Rn 47; RSS/*Trimborn*, § 12 Rn 33 m. Hinweis auf die gestaltende Wirkung.
17 St. Rspr. seit BGH 28.6.1962 – I ZR 28/61 – GRUR 1963, 135, 138.
18 BGH 4.12.2007 – X ZR 102/06 – GRUR 2008, 606, 607; RSS/*Trimborn*, § 12 Rn 36.

rung maßgeblich. Der Widerspruch bedarf zu seiner Wirksamkeit der Einhaltung der Textform.[19] Unterbleibt ein Widerspruch oder erfolgt er nicht formgerecht, wird die Vergütungsfestsetzung nach Abs. 4 S. 2 für die Parteien verbindlich. Bei wirksamem Widerspruch ist der AG nicht in der Lage, die Vergütung erneut einseitig festzusetzen.[20] Sie kann dann allenfalls noch einvernehmlich festgelegt werden.

IV. Besonderheiten bei Miterfindern (Absätze 2 und 5)

7   Haben mehrere AN an der Fertigstellung der Erfindung mitgewirkt, wird den Besonderheiten durch die Abs. 2 und 5 Rechnung getragen. Der Versuch einer einvernehmlichen Vergütungslösung hat nach Abs. 2 mit jedem einzelnen Miterfinder gesondert zu erfolgen. Damit die Miterfinder überprüfen können, ob ihre Anteile an der Erfindung gerecht bemessen wurden, sind ihnen vom AG die **Gesamthöhe** der Vergütung und die jeweiligen Anteile an der Erfindung mitzuteilen. Die Pflicht erstreckt sich nicht auf die Bekanntgabe der persönlichen Anteilsfaktoren (siehe § 9 Rn 25) der übrigen Miterfinder.[21] Haben die Mitarbeiter ihre Anteile nach einer Verständigung untereinander im Vorfeld zum Gegenstand ihrer Erfindungsmeldung gemacht, kann der AG grundsätzlich auf die ihm mitgeteilten Quoten vertrauen, wenn keine Anhaltspunkte für die Unrichtigkeit oder Unverbindlichkeit bestehen.[22]

8   Auch die Festsetzung nach Abs. 3 hat gegenüber jedem Miterfinder gesondert zu erfolgen.[23] Der Widerspruch eines Miterfinders lässt die Festsetzung gegenüber den anderen Miterfindern grundsätzlich unberührt, so dass diese verbindlich werden, wenn ihnen selbst nicht widersprochen wird.[24] Eine Ausnahme hiervon sieht Abs. 5 für den Fall vor, dass der einzelne Miterfinder seinen Widerspruch darauf stützt, sein Erfindungsanteil sei fehlerhaft bemessen worden (**Quotenwiderspruch**). Damit soll eine Erhöhung der Gesamtvergütung vermieden werden, falls der Anteil des Widersprechenden gegenüber der ursprünglichen Festsetzung erhöht wird.[25] Nach Abs. 5 S. 2 darf der AG in diesem Fall die Vergütung auch gegenüber den übrigen Miterfindern neu festsetzen. Nach zutreffender Ansicht berührt allerdings der Quotenwiderspruch entgegen der h.M. die Wirksamkeit einer mit einem einzelnen Miterfinder nach den Abs. 1 und 2 getroffenen Vergütungsvereinbarung nicht mehr.[26] Hierfür spricht der Gesetzeswortlaut, der zwar in Abs. 5 „alle Beteiligten" nennt, sich dabei jedoch auf die Festsetzung und nicht ausschließlich auf die einseitige Festlegung seitens des AG i.S.d. Abs. 3 bezieht. Auch Abs. 5 S. 2 ist deshalb in diesem Sinne zu verstehen, so dass die Berechtigung zur Neufestsetzung nur gegenüber denjenigen Miterfindern besteht, mit denen eine Vereinbarung nicht zustande gekommen ist.[27] Neu festgesetzt werden kann nur das, was bereits einmal festgesetzt wurde. Zudem ist es gerade Zweck eines Vergleichsvertrages, etwaige Unsicherheiten zu überwinden,[28] selbst wenn dies im Ergebnis insgesamt zu einer Erhöhung der Gesamtzahlungsverpflichtung des AG führte. Hieraus entstehenden unbilligen Härten würde wiederum durch Abs. 6 S. 1 Rechnung getragen.[29]

V. Anpassung der Vergütung (Abs. 6)

9   Abs. 6 S. 1 sieht als besondere Ausprägung des Wegfalls der Geschäftsgrundlage einen **Vergütungsanpassungsanspruch** sowohl des AG als auch des AN-Erfinders vor, wenn sich Umstände wesentlich geändert haben, welche für die Vergütungsfestlegung maßgeblich waren. Anders als § 23, der auf ein Missverhältnis zum Zeitpunkt der Vergütungsfestlegung abstellt, kommt es für Abs. 6 auf eine nachträgliche Änderung an. Eher anfällig hierfür sind ursprünglich festgelegte pauschalierte Einmalzahlungen, wogegen regelmäßige Teilzahlungen, deren jeweilige Bemessung sich nach Bezugsgrößen richtet, naturgemäß automatisch eine Anpassung erfahren.[30] Andererseits dient die Pauschalabfindung gerade zur Überwindung unsicherer Prognosen.[31]

10 **1. Voraussetzungen.** Zur Frage, ob ein Anpassungsbegehren begründet ist, sind zunächst diejenigen Umstände heranzuziehen, welche die Parteien ihrer Bemessung ausdrücklich zugrunde gelegt haben. Sind solche in der Festlegung nicht ersichtlich, kommt es auf diejenigen an, die üblicherweise zum Maßstab erhoben werden.[32] Eine Änderung dieser Umstände ist nach der Rechtsprechung **wesentlich** i.S.d. Abs. 6, wenn durch sie ein **Missverhältnis** zwischen Leistung und Gegenleistung entstanden ist, so dass es dem AG oder dem AN **nicht mehr** zugemutet werden kann, an der bisherigen Regelung festzuhalten.[33] Die Rspr. stellt demnach zu Recht ergebnisorientiert auf das Vorliegen einer Äquivalenzstörung ab,[34] wohingegen es dem Wortlaut nach an sich allein auf die wesentliche Än-

---

19 § 12 Abs. 4 S. 1 a.F. sah noch das Erfordernis der Schriftform i.S.d. § 126 BGB vor.
20 DHHW/*Kronisch*, § 12 Rn 9.
21 *Bartenbach/Volz*, § 12 Rn 38; RSS/*Trimborn*, § 12 Rn 28.
22 BGH 17.5.1994 – X ZR 82/92 – GRUR 1994, 898, 902.
23 *Bartenbach/Volz*, § 12 Rn 88.
24 *Bartenbach/Volz*, § 12 Rn 89; DHHW/*Kronisch* § 12 Rn 10.
25 RSS/*Trimborn*, § 12 Rn 42
26 *Tetzner*, GRUR 1968, 292, 294; **a.A.** wohl die h.M. vgl. nur *Volmer/Gaul*, § 12 Rn 132; *Schwab*, § 12 Rn 9.
27 A.A. *Schwab*, § 12 Rn 9.
28 Zur Vergütungsvereinbarung als Vergleichsvertrag i.S.d. § 779 BGB vgl. nur *Bartenbach/Volz*, § 12 Rn 16; DHHW/*Kronisch*, § 12 Rn 2.
29 Der erfolgreiche Quotenwiderspruch des Miterfinders stellt richtigerweise ein nachträgliches Ereignis i.S.d. Abs. 6 dar. (Zur weiteren Voraussetzung der wesentlichen Abweichung siehe Rn 10).
30 Vgl. auch *Bartenbach/Volz*, § 12 Rn 131.
31 BGH 17.4.1973 – X ZR 59/69 – GRUR 1973, 649, 651 f.
32 BGH 17.4.1973 – X ZR 59/69 – GRUR 1973, 649, 652.
33 BGH 17.4.1973 – X ZR 59/69 – GRUR 1973, 649, 651.
34 *Bartenbach/Volz*, § 12 Rn 100; DHHW/*Kronisch*, § 12 Rn 14.

derung der zugrunde liegenden Umstände ankäme. Der Verzicht auf einen etwaigen Anpassungsanspruch ist grundsätzlich zulässig, muss sich jedoch an § 23 und ggf. an § 307 BGB messen lassen.

2. Ausschluss der Rückzahlungspflicht. Die Regelung des Abs. 6 S. 2 schließt die **Rückforderung** bereits geleisteter Vergütungszahlungen aus. Das Rückforderungsverbot setzt voraus, dass überhaupt eine wirksame Festlegung der Vergütung erfolgt ist, sei es durch Vereinbarung (Feststellung) oder sei es durch einseitige Festsetzung. Deshalb ist eine Rückforderung nicht ausgeschlossen, wenn die Festlegung nichtig ist oder eine Erklärung zur Vergütungsvereinbarung rückwirkend durch Anfechtung beseitigt wurde.[35] Unzutreffend ist es deshalb, wenn die Rspr. aus § 12 Abs. 6 S. 2 ein generelles Rückforderungsverbot hinsichtlich überzahlter Vergütungsleistungen herleitet und eine Kondiktion von Vergütungsleistungen selbst für den Fall ablehnt, dass das erstrebte Schutzrecht endgültig versagt wurde. Zu verweisen ist insoweit auf die Regierungsbegründung, wonach es unbillig erscheine, dass der AN eine rechtmäßig erhaltene Vergütung zurückzahlen müsste.[36] Die Zahlung erfolgte jedoch ersichtlich nicht rechtmäßig, wenn überhaupt kein Vergütungsanspruch entstanden war.

C. Beraterhinweise

Das Erwirken einer **Pauschalvergütung** im Rahmen einer Vergütungsvereinbarung hat für den AN-Erfinder den Vorteil, dass negative Marktentwicklungen zwar ein Anpassungsbegehren des AG nach Abs. 6 S. 1 begründen können, eine Rückforderung von Vergütungsleistungen für die Vergangenheit nach S. 2 jedoch ausgeschlossen ist.[37] Bei einer außergewöhnlich positiven Marktentwicklung erwüchse hingegen dem AN ein Anpassungsanspruch und dementsprechend auch ein Anspruch auf eine höhere Vergütung. Dabei ist jedoch zu berücksichtigen, dass die Vereinbarung einer Pauschalvergütung gerade darauf abzielt, gewisse Marktschwankungen abzudecken, weshalb z.B. nur erhebliche, unerwartete Umsatzzuwächse den Anpassungsanspruch begründen dürften.

Ist der AN-Erfinder mit der Vergütungsfestsetzung nach Abs. 3 S. 1 nicht einverstanden und weist die Festsetzung in ihrer Begründung zusätzlich Mängel auf, so ist dennoch dringend zu einem fristgemäßen Widerspruch i.S.d. Abs. 4 S. 1 zu raten, weil nicht jeder Begründungsmangel dem gänzlichen Fehlen einer Begründung gleichzusetzen ist.[38]

Da der AN-Erfinder nach st. Rspr. auch während eines laufenden Schutzrechtserteilungsverfahrens einen Anspruch auf Festsetzung einer vorläufigen Vergütung und entsprechende Zahlung hat, stellt sich die Frage der Berücksichtigung des **Schutzrechtserteilungsrisikos**. In der Praxis hat sich bei üblichem Schutzrechtserteilungsrisiko ein regelmäßiger Risikoabschlag von 50 % durchgesetzt, wovon jeweils nach oben oder nach unten abgewichen wird, wenn besondere Anhaltspunkte vorliegen, die für oder gegen die Schutzrechtserteilung sprechen.[39]

§ 13 Schutzrechtsanmeldung im Inland (gültig ab 1.10.2009)

(1) ¹Der Arbeitgeber ist verpflichtet und allein berechtigt, eine gemeldete Diensterfindung im Inland zur Erteilung eines Schutzrechts anzumelden. ²Eine patentfähige Diensterfindung hat er zur Erteilung eines Patents anzumelden, sofern nicht bei verständiger Würdigung der Verwertbarkeit der Erfindung der Gebrauchsmusterschutz zweckdienlicher erscheint. ³Die Anmeldung hat unverzüglich zu geschehen.
(2) Die Verpflichtung des Arbeitgebers zur Anmeldung entfällt,
1. wenn die Diensterfindung frei geworden ist (§ 8);
2. wenn der Arbeitnehmer der Nichtanmeldung zustimmt;
3. wenn die Voraussetzungen des § 17 vorliegen.
(3) Genügt der Arbeitgeber nach Inanspruchnahme der Diensterfindung seiner Anmeldepflicht nicht und bewirkt er die Anmeldung auch nicht innerhalb einer ihm vom Arbeitnehmer gesetzten angemessenen Nachfrist, so kann der Arbeitnehmer die Anmeldung der Diensterfindung für den Arbeitgeber auf dessen Namen und Kosten bewirken.
(4) ¹Ist die Diensterfindung frei geworden, so ist nur der Arbeitnehmer berechtigt, sie zur Erteilung eines Schutzrechts anzumelden. ²Hatte der Arbeitgeber die Diensterfindung bereits zur Erteilung eines Schutzrechts angemeldet, so gehen die Rechte aus der Anmeldung auf den Arbeitnehmer über.

---

35 So zutreffend RSS/*Trimborn*, § 12 Rn 57 m.H.a. die BegrRE zu § 11 – nunmehr § 12, Blatt 1957, 235.
36 RSS/*Trimborn*, § 12 Rn 57 m. H. a. BegrRE Blatt 1957, 224, 235.
37 DHHW/*Kronisch*, § 9 Rn 21.
38 RSS/*Trimborn*, § 12 Rn 33; DHHW/*Kronisch*, § 12 Rn 7.
39 *Bartenbach/Volz*, § 12 Rn 68 ff.

§ 14 Schutzrechtsanmeldung im Ausland (gültig ab 1.10.2009)

(1) Nach Inanspruchnahme der Diensterfindung ist der Arbeitgeber berechtigt, diese auch im Ausland zur Erteilung von Schutzrechten anzumelden.

(2) ¹Für ausländische Staaten, in denen der Arbeitgeber Schutzrechte nicht erwerben will, hat er dem Arbeitnehmer die Diensterfindung freizugeben und ihm auf Verlangen den Erwerb von Auslandsschutzrechten zu ermöglichen. ²Die Freigabe soll so rechtzeitig vorgenommen werden, daß der Arbeitnehmer die Prioritätsfristen der zwischenstaatlichen Verträge auf dem Gebiet des gewerblichen Rechtsschutzes ausnutzen kann.

(3) Der Arbeitgeber kann sich gleichzeitig mit der Freigabe nach Absatz 2 ein nichtausschließliches Recht zur Benutzung der Diensterfindung in den betreffenden ausländischen Staaten gegen angemessene Vergütung vorbehalten und verlangen, daß der Arbeitnehmer bei der Verwertung der freigegebenen Erfindung in den betreffenden ausländischen Staaten die Verpflichtungen des Arbeitgebers aus den im Zeitpunkt der Freigabe bestehenden Verträgen über die Diensterfindung gegen angemessene Vergütung berücksichtigt.

§ 15 Gegenseitige Rechte und Pflichten beim Erwerb von Schutzrechten

(1) ¹Der Arbeitgeber hat dem Arbeitnehmer zugleich mit der Anmeldung der Diensterfindung zur Erteilung eines Schutzrechts Abschriften der Anmeldeunterlagen zu geben. ²Er hat ihn von dem Fortgang des Verfahrens zu unterrichten und ihm auf Verlangen Einsicht in den Schriftwechsel zu gewähren.

(2) Der Arbeitnehmer hat den Arbeitgeber auf Verlangen beim Erwerb von Schutzrechten zu unterstützen und die erforderlichen Erklärungen abzugeben.

§ 16 Aufgabe der Schutzrechtsanmeldung oder des Schutzrechts

(1) Wenn der Arbeitgeber vor Erfüllung des Anspruchs des Arbeitnehmers auf angemessene Vergütung die Anmeldung der Diensterfindung zur Erteilung eines Schutzrechts nicht weiterverfolgen oder das auf die Diensterfindung erteilte Schutzrecht nicht aufrechterhalten will, hat er dies dem Arbeitnehmer mitzuteilen und ihm auf dessen Verlangen und Kosten das Recht zu übertragen sowie die zur Wahrung des Rechts erforderlichen Unterlagen auszuhändigen.

(2) Der Arbeitgeber ist berechtigt, das Recht aufzugeben, sofern der Arbeitnehmer nicht innerhalb von drei Monaten nach Zugang der Mitteilung die Übertragung des Rechts verlangt.

(3) Gleichzeitig mit der Mitteilung nach Absatz 1 kann sich der Arbeitgeber ein nichtausschließliches Recht zur Benutzung der Diensterfindung gegen angemessene Vergütung vorbehalten.

A. Allgemeines	1	III. Rechte und Pflichten beim Schutzrechtserwerb		
B. Regelungsgehalt	2	(§ 15)		9
I. Inlandsanmeldung (§ 13)	2	IV. Aufgabe von Schutzrecht oder Schutzrechts-		
II. Auslandsanmeldung (§ 14)	7	anmeldung (§ 16)		12
		C. Beraterhinweise		15

A. Allgemeines

1 Der AG ist nach § 13 Abs. 1 **verpflichtet**, eine ihm gemeldete Diensterfindung im **Inland** zum Patent oder Gebrauchsmuster anzumelden; Abs. 2 sieht Ausnahmen hiervon vor. Zu einer **Auslandsanmeldung** ist der AG nur **berechtigt**, aber nicht verpflichtet (§ 14 Abs. 1). Macht er hiervon keinen Gebrauch, trifft ihn gegenüber dem AN eine **Freigabepflicht** (§ 14 Abs. 2). § 15 ergänzt die Regelungen zur Schutzrechtsanmeldung durch gegenseitige Rechte und Pflichten von AN und AG für das gesamte Erteilungsverfahren. Mit Blick auf den Umstand, dass sich die Weiterverfolgung einer Anmeldung oder die Aufrechterhaltung eines Schutzrechtes bis zum Ablauf der gesetzlichen Schutzfrist für den AG wirtschaftlich nicht mehr lohnen kann, eröffnet § 16 die Möglichkeit der **Aufgabe einer Diensterfindung** nach Inanspruchnahme und Schutzrechtsanmeldung, aber noch vor[1] Erfüllung des Anspruchs auf angemessene Vergütung aus § 9.

---

1 Ist der Anspruch des AN auf angemessene Vergütung (§ 9) erfüllt, kann der AG die Schutzrechtsanmeldung oder das Schutzrecht ohne Weiteres aufgeben. BGH 10.5.1988 – X ZR 89/87 – AR-Blattei ES 670 Nr. 9.

B. Regelungsgehalt

I. Inlandsanmeldung (§ 13)

Der AG ist verpflichtet, **auf seine Kosten** eine gemeldete Diensterfindung beim DPMA zur Erteilung eines Schutzrechtes anzumelden, selbst wenn er sich noch nicht schlüssig ist, ob er sie in Anspruch nimmt (Abs. 1 S. 1). Eine patentfähige Diensterfindung ist **grundsätzlich zum Patent**, eine lediglich gebrauchsmusterfähige Diensterfindung zum Gebrauchsmuster anzumelden (Abs. 1 S. 2). Mit der Gebrauchsmusteranmeldung einer patentfähigen Diensterfindung verletzt der AG also seine Anmeldepflicht, es sei denn, er kann darlegen, dass bei verständiger Würdigung der Sach- und Rechtslage im Anmeldungszeitpunkt eine Gebrauchsmusteranmeldung zweckdienlicher als eine Patentanmeldung erschien, d.h. zumindest den gleichen wirtschaftlichen Erfolg versprach (Abs. 1 S. 2).[2] Die Schutzrechtsanmeldung hat **unverzüglich** (§ 121 BGB) nach Meldung der Diensterfindung (§ 5) zu erfolgen (Abs. 1 S. 3). Ein schuldhaftes Zögern liegt nicht vor, solange der AG die Prüfung, ob die gemeldete Erfindung schutzfähig ist, trotz Einleitung der gebotenen Maßnahmen noch nicht abschließen konnte.[3]

Abs. 2 fasst abschließend die drei Fälle zusammen, in denen die **Anmeldepflicht** des AG **entfällt**. Dies ist der Fall, wenn die Diensterfindung **frei wird** (§ 8 S. 1),[4] der AN nach[5] Erfindungsmeldung einer **Nichtanmeldung** (formlos) **zustimmt** oder die Erfindung als **Betriebsgeheimnis** i.S.v. § 17 zu behandeln ist.

Erfüllt der AG seine Anmeldepflicht aus Abs. 1 nicht, kann der AN nach erfolglosem Ablauf einer angemessenen Nachfrist die Anmeldung für den AG auf dessen Namen und Kosten bewirken (Abs. 3). Dieses Recht zur „**Ersatzvornahme**" setzt eine erklärte oder fingierte Inanspruchnahme (siehe §§ 6, 7 Rn 4 ff.) voraus. Im Übrigen kommen Schadensersatzansprüche des AN in Betracht.

Meldet dagegen der AN die Diensterfindung auf seinen eigenen Namen an, kann der AG vom AN **Schadensersatz** und **Unterlassung** verlangen. Zudem begeht der AN eine widerrechtliche Entnahme und löst damit das **Einspruchsrecht** nach § 21 Abs. 1 Nr. 3 PatG aus.

Abs. 4 stellt klar, dass eine frei gewordene Diensterfindung nicht mehr dem Aneignungsrecht des AG unterliegt (siehe § 8 Rn 2 ff.). Mit dem Freiwerden ist **ausschließlich der AN berechtigt**, die Diensterfindung zur Erteilung eines Schutzrechtes anzumelden (Abs. 4 S. 1). Der AN wird **kraft Gesetzes** Inhaber etwaiger Rechte, die dem AG bereits infolge erfolgter Schutzrechtsanmeldung zustehen (Abs. 4 S. 2). Für eine **Umschreibung** des Patentregisters hat der AN dem DPMA das Freiwerden der Diensterfindung nachzuweisen (§ 30 Abs. 3 S. 1 PatG). Der AG ist verpflichtet, der Umschreibung zuzustimmen und die erforderliche Erklärung abzugeben.[6]

II. Auslandsanmeldung (§ 14)

Der AG kann nach Inanspruchnahme einer Diensterfindung frei darüber entscheiden, ob und wie er für diese im Ausland Schutzrechte erwirbt (Abs. 1). Erfolgt eine Anmeldung vor Inanspruchnahme, kann der AN den AG auf **Schadensersatz** und **Unterlassung** in Anspruch nehmen.

Der AN hat einen **Anspruch auf Freigabe** für die Auslandsstaaten, in denen keine Schutzrechtsanmeldung erfolgen soll (Abs. 2). Der AG ist verpflichtet, dem AN mitzuteilen, inwieweit er die Erfindung im Ausland selbst anmeldet oder für Auslandsanmeldungen durch den AN freigibt. Eine (formlose) **Freigabeerklärung** des AG muss dem AN so **rechtzeitig zugehen**, dass sich dieser über das „Ob" und „Wo" der Auslandsanmeldung schlüssig werden und die Anmeldung ordnungsgemäß durchführen kann.[7] Bezüglich der freigegebenen Staaten kann sich der AG ein **nichtausschließliches Benutzungsrecht** vorbehalten (einfache Lizenz) bzw. verlangen, dass der AN Rücksicht auf etwaige Auslandsverträge nimmt (Abs. 3). Ein entsprechender Vorbehalt ist gleichzeitig mit der Freigabe nach Abs. 2 zu erklären; ein nach der Freigabe zugegangener Vorbehalt ist wirkungslos. Die wirksame Ausübung des Vorbehaltsrechtes begründet (für die Laufzeit des jeweiligen ausländischen Schutzrechtes) einen eigenständigen Anspruch des AN auf Zahlung einer i.S.v. § 9 angemessenen Vergütung (Abs. 3).[8] Der **Vergütungsanspruch** setzt keine Nutzungshandlungen des AG voraus.[9]

III. Rechte und Pflichten beim Schutzrechtserwerb (§ 15)

Ungeachtet des Umstandes, dass der AN wie jeder Dritte nach Offenlegung der Schutzrechtsanmeldung die Patentakten einsehen kann, ist der AG verpflichtet, von sich aus dem AN zugleich mit der Anmeldung der Diensterfindung **Abschriften der Anmeldeunterlagen** (einschließlich nachgereichter Unterlagen) zu **überlassen** (Abs. 1 S. 1). Darüber hinaus hat der AG den AN ebenfalls unaufgefordert über den Fortgang des Erteilungsverfahrens bis hin zur rechtsbeständigen Schutzrechtserteilung wahrheitsgemäß sowie vollständig zu **unterrichten** und dem AN **auf Ver-**

---

2 BegrRE Blatt 1957, 224, 235.
3 BegrRE Blatt 1957, 224, 235.
4 Mit dem Freiwerden der Diensterfindung ist der AN berechtigt, die Schutzrechtsanmeldung auf seinen Namen durchzuführen bzw. eine bereits vom AG eingeleitete Anmeldung zu übernehmen.
5 *Bartenbach/Volz*, § 13 Rn 33.1 m.w.N.
6 *Bartenbach/Volz*, § 13 Rn 75 m.w.N.
7 *Bartenbach/Volz*, § 14 Rn 20, 24 und 30.
8 *Bartenbach/Volz*, § 14 Rn 60 f.
9 DHHW/*Kronisch*, § 14 ArbEG Rn 5 m.w.N. auch zur a.A.

10 langen Einsicht in den gesamten, mit den Erteilungsbehörden geführten, Schriftwechsel zu gewähren (Abs. 1 S. 2). Der AG ist nach Abs. 1 S. 2 aber nicht zur Überlassung von Unterlagen verpflichtet.

10 Der AN ist, **soweit sachlich gerechtfertigt und zumutbar**, auf Verlangen des AG verpflichtet, diesen nach besten Kräften im Erteilungsverfahren zu **unterstützen** (z.B. durch die Erstellung von Modellen) und die zum Schutzrechtserwerb erforderlichen Erklärungen (z.B. einen Erfindungseid) abzugeben (Abs. 2). Diese Unterstützungspflicht besteht bis zur rechtsbeständigen Schutzrechtserteilung unabhängig vom Fortbestand des Arbverh (§ 26).

11 Bei einer Verletzung der Pflichten aus § 15, kann der Betroffene nach (erfolgloser) Anrufung der Schiedsstelle seine Rechte im Klageweg verfolgen (vgl. §§ 37–39 Rn 1 ff.). Neben **Leistungsansprüchen** (etwa einem Anspruch auf Abgabe einer Erklärung i.S.v. Abs. 2) kommen **Schadensersatzansprüche** in Betracht.

IV. Aufgabe von Schutzrecht oder Schutzrechtsanmeldung (§ 16)

12 Wenn der AG von seinem Aufgaberecht aus § 16 Gebrauch macht, muss er dem AN, bei mehreren Erfindern **jedem einzelnen Miterfinder**, (formlos) mitteilen, dass er sich dazu entschlossen hat, das Schutzrecht nicht weiter aufrechterhalten bzw. die Schutzrechtsanmeldung nicht weiter verfolgen zu wollen (Abs. 1). Eine Aufgabe ist – wie auch die Gesetzesbegründung belegt[10] – entgegen der vom BGH vertretenen Ansicht[11] auch dann möglich, wenn das (vorläufige) Schutzrecht aufgrund **Vermögensverfalls des AG** nicht weiter aufrecht erhalten werden soll.[12] Der AG kann sich gleichzeitig mit der Mitteilung nach Abs. 1 ein **nichtausschließliches Recht zur Benutzung** der Diensterfindung gegen i.S.v. § 9 **angemessene Vergütung** vorbehalten (Abs. 3). Der Vergütungsanspruch entsteht dem Grunde nach bereits mit Zugang eines wirksamen Vorbehaltes. Auf den Zeitpunkt der Übernahme oder der tatsächliche Nutzungsaufnahme kommt es insoweit nicht an; letzterer ist jedoch für die **Fälligkeit** der Vergütung von Bedeutung.[13]

13 Nach Mitteilung der Aufgabeabsicht hat der AG dem AN auf dessen Verlangen und Kosten das Schutzrecht bzw. die **Rechte aus der Schutzrechtsanmeldung abzutreten** (Abs. 1). Ein solches Verlangen muss (formlos) **innerhalb von drei Monaten** nach Zugang der Mitteilung der Aufgabeabsicht beim AG eingehen (Abs. 2). Während der dem AN nach Abs. 2 zustehenden Überlegungsfrist muss der AG alle ihm zumutbaren Maßnahmen treffen, um dem AN das zu übertragende Recht in dem (Rechts-) Zustand zu erhalten, in dem es sich zum Zeitpunkt des Zugangs der Mitteilung der Aufgabeabsicht befand.[14] Verlangt der AN die Übertragung, dann muss der AG **unverzüglich** (§ 121 BGB) die erforderlichen Erklärungen abgeben und sich bis zur wirksamen Übertragung des Schutzrechtes bzw. der Rechte aus der Schutzrechtsanmeldung mit allen ihm zur Verfügung stehenden Mitteln um die **Aufrechterhaltung der zu übertragenden Rechte** bemühen (z.B. auch ein Einspruchsverfahren führen).[15]

14 Eine schuldhafte Verletzung der Pflichten des AG aus § 16 begründet **Schadensersatzansprüche** des AN, denen der AG allerdings grundsätzlich die mangelnde Schutzfähigkeit der Diensterfindung entgegenhalten kann.[16]

C. Beraterhinweise

15 Die für eine Schutzrechtsanmeldung im Inland erforderlichen **Formulare** können unter http://www.dpma.de/service/formulare_merkblaetter/index.html abgerufen werden. Kann die Patentfähigkeit einer Diensterfindung nicht ausgeschlossen werden, sollte der AG eine **Patentanmeldung** einreichen. Ist diese nicht erfolgreich, kann für die Diensterfindung innerhalb der 2-Monats-Frist des § 5 Abs. 1 S. 3 GebrMG eine **Gebrauchsmusteranmeldung** unter Inanspruchnahme des für die Patentanmeldung maßgebenden Anmeldetages erfolgen (§ 5 Abs. 1 S. 1 GebrMG). Streiten sich die AV-Parteien darüber, ob ein Fall des Freiwerdens (§ 8) vorliegt, empfiehlt sich zur **Sicherung der Prioritätsrechte** eine Schutzrechtsanmeldung; allerdings hat die beantragende Partei die rechtlichen Folgen einer Fehlentscheidung zu tragen. Entsprechendes gilt, wenn unklar ist, ob eine freie oder eine gebundene Erfindung vorliegt. Herrscht Streit über die **Schutzfähigkeit der Diensterfindung**, muss der AG – wenn kein Fall des § 13 Abs. 2 vorliegt – die Anmeldung nach § 13 Abs. 1 vornehmen (siehe §§ 2, 3 Rn 9). Die Parteien können nach Meldung der Diensterfindung aber auch vereinbaren, dass von einer Anmeldung abgesehen wird.

16 Soweit der AG keine Schutzrechtsanmeldung im Ausland vornehmen will, sollte die Diensterfindung **unverzüglich** gegenüber dem AN nach § 14 Abs. 2 freigeben und **zugleich** einen etwaigen **Vorbehalt** i.S.v. § 14 Abs. 3 erklären. Nach Meldung der Diensterfindung (§ 5) kann mit dem AN auch vereinbart werden, dass dieser auf seine Freigaberechte (ggf. auch auf seine Rechte aus § 16) gegen Zahlung eines einmaligen (i.S.v. § 23 angemessenen) Pauschalbetrages (in der Praxis pro Diensterfindung zwischen 50,00 und 250,00 EUR; bei Einbeziehung der Rechte aus § 16 zwischen 150,00 EUR und 500,00 EUR) verzichtet (§ 22 S. 1).[17]

17 **Vor** einer Aufgabe i.S.v. § 16 Abs. 1 sollte der AG sorgfältig prüfen, ob ein Vorbehalt i.S.v. § 16 Abs. 3 erklärt werden soll, da dies nach Zugang der Aufgabeerklärung nicht mehr möglich ist. Der AN muss bei seiner Entscheidung, ob er

---

10 Der Gesetzgeber weist darauf hin, dass das Aufgaberecht insbesondere wirtschaftlichen Erwägungen des AG gerecht werden soll. Vgl. BegrRE Blatt 1957, 224, 236.
11 BGH 10.5.1988 – X ZR 89/87 – AR-Blattei ES 670 Nr. 9.
12 DHHW/*Kronisch*, § 16 ArbEG Rn 3 m.w.N.
13 OLG Düsseldorf 9.8.2007 – I-2 U 41/06 – juris.
14 BGH 6.2.2002 – X ZR 215/00 – AR-Blattei ES 670 Nr. 16.
15 BGH 6.2.2002 – X ZR 215/00 – AR-Blattei ES 670 Nr. 16.
16 BGH 6.2.2002 – X ZR 215/00 – AR-Blattei ES 670 Nr. 16.
17 Bartenbach/*Volz*, § 14 Rn 71.

eine Übertragung der Rechte verlangt, die **3-Monats-Frist** des § 16 Abs. 2 beachten. Um sich im Rahmen der Entscheidungsfindung ein hinreichendes Bild über die mit einer Rechteübertragung verbundenen möglichen wirtschaftlichen Vorteile der Diensterfindung zu verschaffen, kann er gem. § 16 i.V.m. § 242 BGB vom AG **Auskunft** über die Höhe der bislang aus der Diensterfindung gezogenen Vorteile verlangen.[18]

§ 17 Betriebsgeheimnisse

(1) Wenn berechtigte Belange des Betriebs es erfordern, eine gemeldete Diensterfindung nicht bekanntwerden zu lassen, kann der Arbeitgeber von der Erwirkung eines Schutzrechts absehen, sofern er die Schutzfähigkeit der Diensterfindung gegenüber dem Arbeitnehmer anerkennt.
(2) Erkennt der Arbeitgeber die Schutzfähigkeit der Diensterfindung nicht an, so kann er von der Erwirkung eines Schutzrechts absehen, wenn er zur Herbeiführung einer Einigung über die Schutzfähigkeit der Diensterfindung die Schiedsstelle (§ 29) anruft.
(3) Bei der Bemessung der Vergütung für eine Erfindung nach Absatz 1 sind auch die wirtschaftlichen Nachteile zu berücksichtigen, die sich für den Arbeitnehmer daraus ergeben, daß auf die Diensterfindung kein Schutzrecht erteilt worden ist.

A. Allgemeines

Bei Betriebsgeheimnissen i.S.v. § 17, welche nicht mit Geheimerfindungen i.S.d. §§ 50 ff. PatG, § 9 GebrMG identisch sind,[1] ist der AG weder zur Inlandsanmeldung (§ 13 Abs. 1) noch zur Auslandsfreigabe (§ 14 Abs. 2) verpflichtet. **1**

B. Regelungsgehalt

Die Vorschrift setzt neben einer Geheimhaltungserklärung und Inanspruchnahme voraus, dass berechtigte betriebliche Belange eine Geheimhaltung der Diensterfindung erfordern. Diese liegen vor, wenn die Geheimhaltung (von Teilen) der Diensterfindung dem AG in überschaubarer Zeit einen ins Gewicht fallenden (wirtschaftlichen oder technischen) Vorteil gegenüber Wettbewerbern vermittelt.[2] Entscheidend ist die objektive Sachlage zum Zeitpunkt des Zugangs der Geheimhaltungserklärung beim AN.[3] **2**

Der AG muss (formlos) gegenüber dem AN die Schutzfähigkeit der Diensterfindung als patent- oder gebrauchsmusterfähig anerkennen (Abs. 1). Damit wird im Verhältnis zwischen AG und AN die Frage der Schutzfähigkeit außer Streit gestellt. Das Anerkenntnis hat die Wirkung einer Schutzrechtserteilung.[4] Da § 17 im untrennbaren Zusammenhang zur Anmeldepflicht steht, hat sich der AG gegenüber dem AN unverzüglich nach der Meldung der Diensterfindung zu erklären.[5] **3**

Erkennt der AG die Schutzfähigkeit einer gemeldeten Diensterfindung nicht an, kann er die Schiedsstelle anrufen (Abs. 2); das Anrufungsrecht steht auch dem AN zu (§ 28). Der AG ist zur Anrufung der Schiedsstelle verpflichtet, wenn er (endgültig) von der Erwirkung eines Schutzrechts absehen will.[6] Die Anrufung hat entsprechend § 13 Abs. 1 S. 3 unverzüglich (§ 121 BGB) zu erfolgen, da der AG anderenfalls schadensersatzpflichtig macht (§ 280 BGB).[7] Bejaht die Schiedsstelle die Schutzfähigkeit, ist der AG von seiner Pflicht zum Anerkenntnis der Schutzfähigkeit nur befreit, wenn er Widerspruch einlegt (§ 34 Abs. 3) und die behauptete Schutzunfähigkeit gerichtlich klären lässt. Wurde hingegen die Schutzfähigkeit verneint, obliegt es dem AN, die Schutzfähigkeit vor den ordentlichen Gerichten klären zu lassen.[8] **4**

Liegen die Voraussetzungen des Abs. 1 vor oder wird die Schutzfähigkeit der Diensterfindung nach Abs. 2 verbindlich festgestellt, hat der AN einen Vergütungsanspruch nach § 9. Bei der Bemessung der Vergütungshöhe ist zu berücksichtigen, dass der AN keine wirtschaftlichen[9] Nachteile[10] dadurch erleiden soll, dass auf die Diensterfindung kein Schutzrecht angemeldet und damit die wirtschaftliche Verwertbarkeit und Nutzungsmöglichkeit der Diensterfindung eingeschränkt wird (Abs. 3). **5**

---

18 OLG Düsseldorf 9.8.2007 – I-2 U 41/06 – juris.
1 DHHW/*Kronisch*, § 17 ArbEG Rn 5.
2 *Volmer/Gaul*, § 17 Rn 28.
3 *Bartenbach/Volz*, § 17 Rn 7; a.A. RSS/*Trimborn*, § 17 Rn. 5, der (ohne Begründung) allein auf das „unternehmerische Ermessen" des AG abstellt.
4 BGH 29.9.1987 – X ZR 44/86 – LM Nr. 1 zu § 17 ArbEG.
5 *Bartenbach/Volz*, § 17 Rn 31 m.w.N.
6 DHHW/*Kronisch*, § 17 ArbEG Rn 3.
7 *Bartenbach/Volz*, § 17 Rn 48 m.w.N.
8 *Bartenbach/Volz*, § 17 Rn 55 und 57.
9 Ein Ausgleich für immaterielle Nachteile (z.B. infolge fehlender Erfindernennung) ist nicht vorgesehen.
10 Ein wirtschaftlicher Nachteil liegt z.B. vor, wenn infolge einer Geheimerfindung eine Fremdnutzung durch Lizenzvergabe und damit eine Beteiligung des AN an Lizenzeinnahmen entfällt.

C. Verbindung zu anderen Rechtsgebieten und zum Prozessrecht

6 Soweit sich der AG auf die Ausnahmevorschrift des Abs. 1 beruft, hat er deren Voraussetzungen, insbesondere das Vorliegen berechtigter Belange, darzulegen und zu beweisen. Im Rahmen eines nach Abs. 2 eingeleiteten Schiedsstellenverfahrens obliegt es dem AG, klären zu lassen, dass keine schutzwürdige Diensterfindung vorliegt. Dem AN steht es frei, sich auf das Antragsbegehren des AG einzulassen.[11] Dem Einigungsvorschlag der Schiedsstelle kann widersprochen und der ordentliche Rechtsweg beschritten werden (siehe §§ 28–36 Rn 20 ff.). Bei Streitigkeiten über die Höhe der vom AG geschuldeten Vergütung hat der AN das Vorliegen eines wirtschaftlichen Nachteils i.S.v. Abs. 3 darzulegen und ggf. zu beweisen.[12]

D. Beraterhinweise

7 Nach Meldung einer Diensterfindung sollte der AG sofort prüfen, ob die Voraussetzungen des Abs. 1 vorliegen und er von diesem Recht Gebrauch machen will. Er muss dann unverzüglich die Diensterfindung zum Betriebsgeheimnis erklären, deren **Schutzfähigkeit anerkennen** und die Erfindung in Anspruch nehmen. Die entsprechenden Erklärungen können zusammengefasst werden. Will der AG die Schutzfähigkeit einer Diensterfindung nicht anerkennen, muss er unverzüglich nach Meldung der Diensterfindung die Schiedsstelle anrufen. Nach Zugang einer Anerkenntniserklärung ist der AG grundsätzlich nicht mehr berechtigt, sich auf die Schutzunfähigkeit einer Geheimerfindung zu berufen.[13]

8 Da der AN bereits gemäß § 24 verpflichtet ist, von ihm entwickelte Diensterfindungen so lange geheim zu halten, wie sie nicht freigeworden sind (§ 24 Abs. 2),[14] bedarf es zur Sicherung der Geheimhaltungsinteressen des AG (außer einer zu erwägenden Vertragsstrafenklausel) keiner gesonderten Regelung.

2. Freie Erfindungen

§ 18 Mitteilungspflicht (gültig ab 1.10.2009)

(1) [1]Der Arbeitnehmer, der während der Dauer des Arbeitsverhältnisses eine freie Erfindung gemacht hat, hat dies dem Arbeitgeber unverzüglich durch Erklärung in Textform mitzuteilen. [2]Dabei muß über die Erfindung und, wenn dies erforderlich ist, auch über ihre Entstehung so viel mitgeteilt werden, daß der Arbeitgeber beurteilen kann, ob die Erfindung frei ist.

(2) Bestreitet der Arbeitgeber nicht innerhalb von drei Monaten nach Zugang der Mitteilung durch Erklärung in Textform an den Arbeitnehmer, daß die ihm mitgeteilte Erfindung frei sei, so kann die Erfindung nicht mehr als Diensterfindung in Anspruch genommen werden (§ 6).

(3) Eine Verpflichtung zur Mitteilung freier Erfindungen besteht nicht, wenn die Erfindung offensichtlich im Arbeitsbereich des Betriebes des Arbeitgebers nicht verwendbar ist.

§ 19 Anbietungspflicht

(1) [1]Bevor der Arbeitnehmer eine freie Erfindung während der Dauer des Arbeitsverhältnisses anderweitig verwertet, hat er zunächst dem Arbeitgeber mindestens ein nichtausschließliches Recht zur Benutzung der Erfindung zu angemessenen Bedingungen anzubieten, wenn die Erfindung im Zeitpunkt des Angebots in den vorhandenen oder vorbereiteten Arbeitsbereich des Betriebs des Arbeitgebers fällt. [2]Das Angebot kann gleichzeitig mit der Mitteilung nach § 18 abgegeben werden.

(2) Nimmt der Arbeitgeber das Angebot innerhalb von drei Monaten nicht an, so erlischt das Vorrecht.

(3) Erklärt sich der Arbeitgeber innerhalb der Frist des Absatzes 2 zum Erwerb des ihm angebotenen Rechts bereit, macht er jedoch geltend, daß die Bedingungen des Angebots nicht angemessen seien, so setzt das Gericht auf Antrag des Arbeitgebers oder des Arbeitnehmers die Bedingungen fest.

(4) Der Arbeitgeber oder der Arbeitnehmer kann eine andere Festsetzung der Bedingungen beantragen, wenn sich Umstände wesentlich ändern, die für die vereinbarten oder festgesetzten Bedingungen maßgebend waren.

---

11 *Volmer/Gaul*, § 17 Rn 76 und 73.
12 *Volmer/Gaul*, § 17 Rn 122.
13 BGH 29.9.1987 – X ZR 44/86 – LM Nr. 1 zu § 17 ArbEG.
14 *Volmer/Gaul*, § 17 Rn 11.

A. Allgemeines	1	2. Rechtsfolge	9
B. Regelungsgehalt	2	a) Allgemeines	9
I. Mitteilungspflicht (§ 18)	2	b) Mindestumfang der Anbietungspflicht	10
1. Voraussetzungen und Inhalt (Abs. 1)	2	c) Annahme unter Vorbehalt (Abs. 3)	12
2. Ausnahme (Abs. 3)	4	d) Vertragsanpassung (Abs. 4)	13
3. Widerspruch des AG (Abs. 2)	5	C. Verbindung zu anderen Rechtsgebieten und zum Prozessrecht	14
II. Anbietungspflicht (§ 19)	7	D. Beraterhinweise	16
1. Voraussetzungen	7		

A. Allgemeines

§§ 18, 19 regeln die Beziehung des AG zu den außerhalb des Arbverh stehenden Erfindungen (siehe § 4 Rn 9). Diese muss der AN dem AG anzeigen (siehe Rn 2 ff.). Will der AN eine freie Erfindung während des bestehenden Arbverh verwerten, muss er sie vorrangig dem AG anbieten. Mitteilungs- und insbesondere Anbietungspflicht werden von der ganz h.A. als Ausprägung der **allgemeinen Treuepflicht** des AN gesehen.[1] Diese Einordnung überzeugt nicht vollständig, weil die Treuepflicht keine allgemeine Unternehmensförderungspflicht begründet.[2] Die allgemeine Treuepflicht verpflichtet den AN daher nicht, außerhalb[3] des Arbverh stehende Leistungen dem AG anzubieten.[4]

B. Regelungsgehalt

I. Mitteilungspflicht (§ 18)

1. Voraussetzungen und Inhalt (Abs. 1). Während der Dauer des Arbverh (siehe § 4 Rn 3 f.) gemachte freie Erfindungen (siehe § 4 Rn 9) muss der AN dem AG unverzüglich, d.h. ohne schuldhaftes Zögern, in Textform mitteilen. Aus S. 2 sowie aus Abs. 3 lässt sich ableiten, dass diese **Mitteilungspflicht** u.a. dazu dient, dass der AG prüfen kann, ob eine freie oder eine gebundene Erfindung (siehe § 4 Rn 1 ff.) vorliegt.[5] Nach § 8 frei gewordene Erfindungen unterfallen nicht §§ 18, 19 (siehe § 4 Rn 10).

Die Mitteilung bedarf der **Textform** i.S.d. § 126b BGB; hierauf kann der AG verzichten.[6] Anzugeben ist die Erfindung, d.h. eine (grobe) Beschreibung der technischen Aufgabe und ihrer Lösung. Anzugeben sind weiterhin diejenigen Umstände zum Entstehen der Erfindung, die eine Prüfung ihrer Gebundenheit ermöglichen.[7] Dementsprechend müssen die Darstellungen des AN umso detaillierter sein, je näher die Erfindung zur betrieblichen Sphäre steht.[8]

2. Ausnahme (Abs. 3). Ausnahmsweise besteht keine Mitteilungspflicht, wenn die Erfindung im Zeitpunkt ihrer Vollendung **offensichtlich** im Arbeitsbereich des AG **nicht verwendbar** ist (Abs. 3). Die Unverwendbarkeit muss bei objektiv Betrachtung offen zutage treten.[9] Der AN trägt das Risiko, sich infolge einer unterlassenen Mitteilung schadenersatzpflichtig zu machen.[10]

3. Widerspruch des AG (Abs. 2). Abs. 2 begründet eine **Widerspruchsobliegenheit** des AG. Tritt der AG der Mitteilung einer freien Erfindung nicht entgegen, indem er innerhalb von drei Monaten geltend macht, dass es sich um eine Diensterfindung handelt, kann er diesen Einwand später nicht mehr geltend machen. Die Erfindung wird im Weiteren als freie Erfindung behandelt.

Die Obliegenheit zum Widerspruch besteht auch, wenn der AN selbst bereits Zweifel an seiner Einordnung verlautbart hat. Die dreimonatige Ausschlussfrist läuft ab Zugang der ordnungsgemäßen Mitteilung (siehe Rn 2 f.). Sie wird gewahrt durch eine Erklärung in Textform, aus welcher ersichtlich wird, dass der AG vom Vorliegen einer Diensterfindung ausgeht. Ein konkludenter Widerspruch liegt regelmäßig in einer Inanspruchnahmeerklärung (siehe §§ 6, 7 Rn 4 ff.) bzgl. der Erfindung;[11] diese muss jedoch die Textform wahren.

II. Anbietungspflicht (§ 19)

1. Voraussetzungen. Der **Anbietungspflicht** unterliegen nur freie Erfindungen, nicht aber frei gewordene Erfindungen (siehe § 4 Rn 10). Sie wird aktualisiert, wenn der AN beabsichtigt, die Erfindung während der Dauer des Arbverh anderweitig zu verwerten. **Anspruchsvoraussetzung** ist weiterhin, dass die Erfindung in den vorhandenen oder vorbereiteten Arbeitsbereich des AG fällt.

---

1 BGH 29.11.1984 – X ZR 39/83 – NJW 1985, 1031; *Bartenbach/Volz*, § 19 Rn 3; DHHW/*Kronisch*, § 19 ArbnErfG Rn 1; RSS/*Rother*, § 19 Rn 2; *Schwab*, § 19 Rn 1; krit. *Ulrici*, S. 173 ff.; *Volmer/Gaul*, § 19 Rn 19.
2 *Ulrici*, S. 183 f.
3 Vgl. BGH 29.11.1984 – X ZR 39/83 – NJW 1985, 1031.
4 Vgl. zu urheberrechtlich geschützten Werken umfassend *Ulrici*, S. 186 ff.
5 *Marquardt*, S. 69 f.
6 *Marquardt*, S. 76.
7 Vgl. BGH 25.2.1958 – I ZR 181/56 – AP § 43 ArbnErfG Nr. 1; *Marquardt*, S. 72.
8 *Bartenbach/Volz*, § 18 Rn 25; *Marquardt*, S. 72.
9 *Bartenbach/Volz*, § 18 Rn 31; *Marquardt*, S. 85.
10 *Marquardt*, S. 85.
11 Vgl. *Marquardt*, S. 93.

8 Der AN muss die Erfindung anderweitig verwerten wollen. Ob er eine solche Verwertung plant, steht in seinem freien Willen. Er muss eine **gewerbliche Verwertung** beabsichtigen.[12] Hierfür genügen weder die Anmeldung zum Schutzrecht, noch das Führen von Sondierungsgesprächen oder private Basteleien.[13] Die beabsichtigte Verwertung muss während der Dauer des Arbverh erfolgen.[14] Dass der AN während des Bestands seines Arbverh eine Verwertung nach Beendigung seines Arbverh bereits plant, löst keine Anbietungspflicht aus.[15] Die Anbietungspflicht ist auf diejenigen Fälle beschränkt, in denen die Erfindung im **vorhandenen** oder jedenfalls **vorbereiteten Arbeitsbereich** des AG liegt. Trotz des Wortlauts ist nicht auf den Betrieb im betriebsverfassungsrechtlichen Sinne, sondern auf das Unternehmen abzustellen.[16] Entscheidend ist das wirtschaftliche Gebiet, auf dem der AG tätig ist oder für welches er eine Tätigkeit vorbereitet hat.[17] Ein Arbeitsbereich ist vorbereitet, wenn der AG bereits entsprechende Planungen gefasst und jedenfalls begonnen hat, diese tatsächlich umzusetzen.[18]

9 **2. Rechtsfolge. a) Allgemeines.** Der AN ist verpflichtet, dem AG mindestens ein **nichtausschließliches Recht** zur Benutzung der Erfindung anzutragen. In der Rechtsfolge wird der AN schuldrechtlich verpflichtet, dem AG einen Antrag auf Abschluss eines (entgeltlichen) Lizenzvertrags zu unterbreiten.[19] Der Antrag muss ggf. nach Auslegung zumindest die essentialia negotii des Lizenzvertrags umfassen, d.h. Regelungen zum Umfang des Benutzungsrechts sowie zum Entgelt enthalten. Diesen Antrag kann der AG nach allgemeinen Regeln annehmen oder ablehnen.[20] Die Annahme kann nur innerhalb einer Frist von drei Monaten ab Zugang Antrags erfolgen (Abs. 2). Danach erlischt der Antrag (§ 148 BGB). Zusätzlich eröffnet Abs. 3 die Möglichkeit, das **Angebot unter dem Vorbehalt anzunehmen**, dass das Gericht die angemessenen Vertragsbedingungen festsetzt (siehe Rn 12).

10 **b) Mindestumfang der Anbietungspflicht.** Der AN muss dem AG mindestens eine **einfache Lizenz** zur Verwertung im Unternehmen des AG anbieten. Er ist befugt, dem AG weitergehende Rechte oder gar die Erfindung insgesamt anzubieten.[21] Hierdurch zwingt der AN den AG, die Erfindung ganz zu übernehmen oder auf diese zu verzichten. Umgekehrt **kann der AG** vom AN weitergehende Rechte, namentlich eine **ausschließliche Lizenz, nicht verlangen**.[22] Eine entsprechende Pflicht lässt sich auch nicht aus der allgemeinen **Treuepflicht** ableiten, weil diese nicht zur umfassenden Förderung des AG verpflichtet (siehe Rn 1).

11 Das Nutzungsrecht muss zu **angemessenen**, d.h. marktüblichen, Bedingungen angeboten werden. Der AN darf die Rechtseinräumung daher nicht von einem marktüblichen Entgelt abhängig machen. Er ist nicht verpflichtet, dem AG die Rechte zu Vorzugskonditionen einzuräumen.[23] Vielmehr ist auf die üblichen Bedingungen außerhalb des Arbverh abzustellen.[24] Zu den angemessenen Bedingungen zählen nicht allein das Entgelt, sondern auch **weitere Abreden eines Lizenzvertrags** (inhaltliche, räumliche und zeitliche Reichweite der Nutzungsrechte, Übertragbarkeit,[25] Ausübungspflicht, Anerkennung und Verteidigung des Schutzrechts, Regelungen zur Schutzrechtsanmeldung usw.).

12 **c) Annahme unter Vorbehalt (Abs. 3).** Abweichend von § 150 Abs. 2 BGB eröffnet Abs. 3 dem AG die Möglichkeit zur Annahme unter der Einschränkung, dass ein Dritter die Angemessenheit der Vertragsbedingungen bestätigt bzw. angemessene Bedingungen festsetzt.[26] Zu diesem Zweck können AG sowie AN nach Anrufung der Schiedsstelle (siehe § 37 Rn 2 f.) die angemessenen Bedingungen durch das zuständige Gericht festsetzen lassen (vgl. §§ 317, 319 BGB).

13 **d) Vertragsanpassung (Abs. 4).** Abs. 4 regelt Voraussetzungen für die **Anpassung der** vereinbarten oder festgesetzten **Vertragsbedingungen** an veränderte Umstände durch das Gericht. Die auf Festsetzung neuer, wieder angemessener Bedingungen gerichtete Klage kann nach Durchlaufen des Schiedsstellenverfahrens erhoben werden. Da Abs. 4 keine einschränkende Regelung enthält, kann die neue Festsetzung in den allgemeinen Grenzen auch rückwirkend erfolgen.

C. Verbindung zu anderen Rechtsgebieten und zum Prozessrecht

14 Abgesehen vom Vorrecht des AG aus § 19 (siehe Rn 7 ff.) unterliegt die Verwertung freier Erfindungen durch den AN auch während des bestehenden Arbverh keinen Schranken aus der Treuepflicht.[27] Soweit dem AG ein einfaches Nutzungsrecht eingeräumt wird oder er hierauf verzichtet, ist der AN frei, die Erfindung anderweitig zu verwerten, z.B.

---

12 *Bartenbach/Volz*, § 19 Rn 35; *Marquardt*, S. 112; RSS/*Rother*, § 19 Rn 10.
13 *Bartenbach/Volz*, § 19 Rn 35; RSS/*Rother*, § 19 Rn 10.
14 RSS/*Rother*, § 19 Rn 11.
15 Vgl. *Bartenbach/Volz*, § 19 Rn 33; *Marquardt*, S. 111.
16 RSS/*Rother*, § 19 Rn 12.
17 *Bartenbach/Volz*, § 19 Rn 42.
18 *Bartenbach/Volz*, § 19 Rn 42.
19 Vgl. BGH 29.11.1984 – X ZR 39/83 – NJW 1985, 1031.
20 BGH 29.11.1984 – X ZR 39/83 – NJW 1985, 1031.
21 RSS/*Rother*, § 19 Rn 8.
22 RSS/*Rother*, § 19 Rn 4; a.A. *Bartenbach/Volz*, § 19 Rn 16.
23 *Bartenbach/Volz*, § 19 Rn 20.
24 *Bartenbach/Volz*, § 19 Rn 23; RSS/*Rother*, § 19 Rn 18; vgl. auch BGH 29.11.1984 – X ZR 39/83 – NJW 1985, 1031.
25 Die Frage der Übertragbarkeit ist nicht untrennbar mit der Ausschließlichkeit der Lizenz verbunden. Zur Übertragbarkeit im Anlagengeschäft vgl. *Volmer/Gaul*, § 19 Rn 51 ff.
26 Vgl. *Marquardt*, S. 145.
27 Vgl. *Marquardt*, S. 158 f.

an einen Konkurrenten zu lizenzieren.[28] Er unterliegt für die Dauer seines Arbverh lediglich dem **tätigkeitsbezogenen Wettbewerbsverbot**, weshalb eine eigene Verwertung u.U. ausgeschlossen ist (vgl. § 8 Rn 4).

Die vereinbarte oder festgesetzte Vergütung für die Nutzung einer freien Erfindung ist **kein Arbeitseinkommen** i.S.d. § 850 ZPO und genießt keinen Pfändungsschutz.[29]

D. Beraterhinweise

Die Mitteilung einer freien Erfindung kann bspw. wie folgt erfolgen:

„(Absender AN-Erfinder), (Adressat, AG), Betreff: Mitteilung einer freien Erfindung gem. § 18 ArbnErfG, Sehr geehrte Damen und Herren, ich möchte Ihnen anzeigen, dass ich auf dem Gebiet ... nachstehend beschriebene Erfindung gemacht habe. Ich versichere Ihnen hiermit, dass die Erfindung weder aus meiner Ihnen geschuldeten Arbeitsleistung entstanden ist, noch auf Erfahrungen oder Arbeiten des Betriebs in irgendeiner Form beruht. Zur Erfindung: 1. Technische Aufgabe, 2. Lösung der technischen Aufgabe, 3. Grobe Erfindungsgeschichte, die eine Prüfung ermöglicht, ob eine Diensterfindung vorliegt. (Abschluss/Name)"

3. Technische Verbesserungsvorschläge

§ 20

(1) ¹Für technische Verbesserungsvorschläge, die dem Arbeitgeber eine ähnliche Vorzugsstellung gewähren wie ein gewerbliches Schutzrecht, hat der Arbeitnehmer gegen den Arbeitgeber einen Anspruch auf angemessene Vergütung, sobald dieser sie verwertet. ²Die Bestimmungen der §§ 9 und 12 sind sinngemäß anzuwenden.
(2) Im übrigen bleibt die Behandlung technischer Verbesserungsvorschläge der Regelung durch Tarifvertrag oder Betriebsvereinbarung überlassen.

A. Allgemeines 1	II. Einfache technische Verbesserungsvorschläge
B. Regelungsgehalt 3	(Abs. 2) 7
I. Vergütungspflicht für qualifizierte Verbesserungsvorschläge (Abs. 1) 3	C. **Verbindung zu anderen Rechtsgebieten und zum Prozessrecht** 8
1. Voraussetzungen 3	I. Sonderleistungstheorie 8
2. Rechtsfolge 6	II. Mitbestimmung 13

A. Allgemeines

Die Vorschrift begründet einen **Vergütungsanspruch** für die Nutzung **qualifizierter Verbesserungsvorschläge**. Verbesserungsvorschläge sind zwar keinem Schutz durch ein Ausschließlichkeitsrecht zugänglich (vgl. §§ 2, 3 Rn 8). Sie können jedoch im Einzelfall durch tatsächliche Umstände zugunsten des AG monopolisiert sein (siehe Rn 3) und daher für den AG, aber auch für das Allgemeininteresse am technischen Fortschritt, einen einer Erfindung vergleichbaren Wert darstellen. Vor diesem Hintergrund sah es der Gesetzgeber als gerechtfertigt an, AN auch insoweit durch eine besondere Vergütung anzusporen.

Im Zuge einer bereits mehrfach angestrengten, bislang aber jeweils gescheiterten **Reform des ArbnErfG** soll § 20 gestrichen und der Bereich der technischen Verbesserungsvorschläge allgemeinen rechtlichen Grundsätzen (vgl. Rn 7) unterworfen werden.[1]

B. Regelungsgehalt

I. Vergütungspflicht für qualifizierte Verbesserungsvorschläge (Abs. 1)

1. Voraussetzungen. Die Vergütungspflicht nach Abs. 1 setzt zunächst einen **technischen Verbesserungsvorschlag** voraus (siehe §§ 2, 3 Rn 8). Kaufmännische, organisatorische, schöpferische oder soziale Vorschläge werden nicht erfasst.[2] Zudem ist erforderlich, dass der Vorschlag dem AG eine einem Schutzrecht **vergleichbare Vorzugsstellung** vermittelt. Die Vergleichbarkeit muss nicht im Hinblick auf das Ausmaß der schöpferischen Leistung oder

---

28 *Marquardt*, S. 158 f.
29 BGH 29.11.1984 – X ZR 39/83 – NJW 1985, 1031.

1 DHHW/*Kronisch*, § 3 ArbnErfG Rn 3, § 20 ArbnErfG Rn 1.
2 *Schwab*, § 20 Rn 1.

die wirtschaftliche Bedeutung der Neuerung bestehen.[3] Entscheidend ist vielmehr, dass dem AG tatsächlich eine monopolähnliche Vorzugsstellung vermittelt wird,[4] d.h. allein für ihn die tatsächliche Möglichkeit zur Verwertung besteht.[5] Dies kann sich daraus ergeben, dass die Neuerung ein **Betriebsgeheimnis** ist. Voraussetzung ist dies jedoch nicht.[6] Ausreichend ist ebenso, dass die Neuerung aufgrund besonderer Eigenarten des Betriebs allein beim AG umgesetzt werden kann. Dass Mitbewerber eine ihnen bekannte Neuerung – aus welchen Gründen auch immer – nicht anwenden (wollen), ist nicht ausreichend.[7]

4 Die Vorzugsstellung muss im **Zeitpunkt der Anspruchsentstehung** bestehen (siehe Rn 5) und wenigstens für einen gewissen Zeitraum fortbestehen.[8] Durch das Entfallen der Vorzugsstellung wird der Vergütungsanspruch zeitlich begrenzt.[9]

5 Der Anspruch nach Abs. 1 entsteht erst, wenn der AG den Verbesserungsvorschlag **verwertet**. Die tatsächliche Prüfung und Erprobung der Neuerung begründet noch keine Verwertung.[10] Ob der AG den Vorschlag verwertet, steht in seinem Belieben.[11]

6 **2. Rechtsfolge.** Für die Dauer und die Bemessung der für einen qualifizierten Verbesserungsvorschlag zu zahlenden Vergütung gelten die für Diensterfindungen maßgeblichen Vorgaben entsprechend (siehe § 9 Rn 9 ff., 12 ff.).

II. Einfache technische Verbesserungsvorschläge (Abs. 2)

7 Für **technische Verbesserungsvorschläge**, die **keine monopolähnliche Vorzugsstellung** begründen, enthält § 20 keine ausdrückliche Vergütungsregelung. Vielmehr bestimmt Abs. 2, dass hierüber TV und BV eine Regelung treffen können. Trotz des missverständlichen Wortlauts besteht Einigkeit, dass ein Vergütungsanspruch auch individualrechtlich begründet werden kann.[12] Dabei erlangt die von BAG und h.M. vertretene sog. **Sonderleistungstheorie** Bedeutung. Hiernach steht dem AN auch ohne besondere Abrede für echte Sonderleistungen individualrechtlich eine zusätzliche, über das Arbeitsentgelt hinausgehende Vergütung zu (siehe Rn 8 ff.). Vor dem Hintergrund dieser Rspr. wird ersichtlich, warum im Rahmen einer Reform des ArbnErfG § 20 entfallen soll/kann (vgl. Rn 2).

C. Verbindung zu anderen Rechtsgebieten und zum Prozessrecht

I. Sonderleistungstheorie

8 Grundannahme ist, dass dem AN auch ohne besondere Abrede für **echte Sonderleistungen** eine zusätzliche, über das Arbeitsentgelt hinausgehende Vergütung zusteht.[13] Voraussetzung ist, dass der AN eine außergewöhnliche Leistung erbringt, welche der AG in Anspruch nimmt und hierdurch eine wertvolle Bereicherung erlangt.[14] Noch weitergehend ist das BAG später davon ausgegangen, dass jeder vom AG in Anspruch genommene Verbesserungsvorschlag zu vergüten ist.[15] Das Merkmal der außergewöhnlichen Leistung wurde damit praktisch fallen gelassen. Das Merkmal der Bereicherung des AG wird zwar ebenfalls nicht mehr gesondert erwähnt. Insoweit liegt es aber nahe, dass man auf eine solche Bereicherung schließt, wenn der AG die Sonderleistung in Anspruch nimmt.[16] Darin, dass der AG die Sonderleistung in Anspruch nehmen muss, zeigt sich, dass von einer erfolgsabhängigen und **ergebnisbezogenen Vergütung** ausgegangen wird.[17]

9 Zur Begründung der Sonderleistungstheorie wurde zunächst auf die **Fürsorgepflicht** des AG abgestellt.[18] Später wurde sie pauschal auf **Treu und Glauben** (§ 242 BGB) gestützt.[19] Daneben wird darauf verwiesen, dass derjenige, der ein fremdes Arbeitsergebnis in Anspruch nimmt, welches üblicherweise nur gegen eine angemessene Vergütung zur Verfügung gestellt wird, nach Treu und Glauben unter Berücksichtigung der Verkehrssitte aufgrund **schlüssigen**

---

3 *Bartenbach/Volz*, § 20 Rn 11.
4 *Bartenbach/Volz*, § 20 Rn 11.
5 BGH 26.11.1968 – X ZR 15/67 – GRUR 1969, 341; *Bartenbach/Volz*, § 20 Rn 15.
6 BGH 26.11.1968 – X ZR 15/67 – GRUR 1969, 341.
7 BGH 26.11.1968 – X ZR 15/67 – GRUR 1969, 341.
8 BGH 26.11.1968 – X ZR 15/67 – GRUR 1969, 341.
9 BGH 26.11.1968 – X ZR 15/67 – GRUR 1969, 341.
10 BAG 30.4.1965 – 3 AZR 291/63 – GRUR 1966, 88.
11 BAG 30.4.1965 – 3 AZR 291/63 – GRUR 1966, 88.
12 *Friemel*, S. 120.
13 BGH 13.7.1956 – I ZR 197/54 – GRUR 1956, 500; BAG 20.1.2004 – 9 AZR 393/03 – AP § 87 BetrVG 1972 Vorschlagswesen Nr. 3; BAG 28.4.1981 – 1 ABR 53/79 – AP § 87 BetrVG 1972 Vorschlagswesen Nr. 1; BAG 30.4.1965 – 3 AZR 291/63 – GRUR 1966, 88; BAG 1.11.1956 – 2 AZR 268/54 – GRUR 1957, 338; ArbG Berlin 29.9.1936 – 2 Ca 95/36 – GRUR 1937, 219; *Hubmann*, in: FS Hueck, S. 43; *Hueck/Nipperdey*, Arbeitsrecht I, S. 510 f.
14 BGH 13.7.1956 – I ZR 197/54 – GRUR 1956, 500; BAG 30.4.1965 – 3 AZR 291/63 – GRUR 1966, 88; BAG 1.11.1956 – 2 AZR 268/54 – GRUR 1957, 338; *Hubmann*, in: FS Hueck, S. 43; *Hueck/Nipperdey*, Arbeitsrecht I, S. 510 f.
15 BAG 20.1.2004 – 9 AZR 393/03 – AP § 87 BetrVG 1972 Vorschlagswesen Nr. 3 unter D.; BAG 28.4.1981 – 1 ABR 53/79 – AP § 87 BetrVG 1972 Vorschlagswesen Nr. 1.
16 Vgl. auch BAG 30.4.1965 – 3 AZR 291/63 – GRUR 1966, 88.
17 Vgl. BAG 28.4.1981 – 1 ABR 53/79 – AP § 87 BetrVG 1972 Vorschlagswesen Nr. 1. – Vgl. auch *Hueck*, in: FS Nikisch, S. 63.
18 *Hueck*, in: FS Nikisch, S. 63; *Nikisch*, Arbeitsrecht I, S. 320.
19 BGH 13.7.1956 – I ZR 197/54 – GRUR 1956, 500; BAG 30.4.1965 – 3 AZR 291/63 – GRUR 1966, 88.

Verhaltens zur Zahlung eines angemessenen Entgelts verpflichtet ist.[20] Schließlich verweist das BAG auf die Parallele zur **Vergütungspflicht bei Mehrarbeit**.[21]

Liegen die eingangs genannten Voraussetzungen vor, soll dem AN ein Anspruch auf eine zusätzliche, werkbezogene Vergütung auch ohne entsprechende Vereinbarung zustehen. Hinsichtlich der **Bemessung der Vergütung** haben sich noch keine einheitlichen Kriterien herausgebildet, weil die Gerichte häufig das Vorliegen der entsprechenden Voraussetzungen verneint haben und zur Vergütungshöhe nicht Stellung nehmen mussten.[22] Berücksichtigt man, dass zu den Anspruchsvoraussetzungen eine **Bereicherung des AG** zählt, die diesem durch die Inanspruchnahme der Sonderleistung zufließt, muss diese Bereicherung den wesentlichen Anknüpfungspunkt für die Bemessung der Anspruchshöhe bilden.[23] In diese Richtung lässt sich die zum Urheberrecht ergangene Entscheidung „Ratgeber für Tierheilkunde" deuten.[24]

Vorstehende **Ansicht überzeugt nicht vollständig**.[25] Insbesondere setzt sich das BAG nicht damit auseinander, dass nicht schutzfähige Leistungen grds. von Jedermann frei verwertet werden dürfen.[26] Dass der AG – im Unterschied zu Dritten – zu einer besonderen Vergütung verpflichtet sein soll, bedarf daher besonderer Begründung. Diese ist darin zu sehen, dass der AN aufgrund seiner Eingliederung in den Betrieb seine Leistung im Verhältnis zum AG häufig nicht durch Geheimhaltung monopolisieren und die Offenbarung von der Zahlung eines Entgelts abhängig machen kann. Dieser Gedanke trägt aber nur insoweit, als der AN nicht ohnehin zur Offenbarung seiner Leistung verpflichtet ist. Geht die Neuerung auf die **vom AN geschuldete Arbeitsleistung** zurück und fließt dem AG die zur Neuerung führende Arbeitsleistung nur vollständig zu, wenn er die Neuerung verwertet, muss der AN dem AG die Neuerung nach Treu und Glauben mit Rücksicht auf die Verkehrssitte als Arbeitsergebnis offenbaren.[27] Insoweit liegt im Sinne der Ausgangsthese keine echte Sonderleistung vor. Für die den **Aufgabenerfindungen** entsprechenden Neuerungen besteht hiernach ohne besondere Regelung keine ergebnisbezogene Vergütungspflicht. Dem AN steht allerdings eine **tätigkeitsbezogene Vergütung** für seine zur Neuerung führende Arbeitsleistung zu.[28]

Liegt dagegen in Gestalt der Offenbarung eine echte Sonderleistung vor, greift der Rechtsgedanke des § 612 BGB ein, weshalb der AG dem AN eine ergebnisbezogene Sondervergütung schuldet, soweit der AN diese erwarten darf.

II. Mitbestimmung

Auf der Grundlage der Sonderleistungstheorie (siehe Rn 8 ff.) und der Annahme, der AG müssen dem AN jeden verwerteten Verbesserungsvorschlag vergüten, gelangt das BAG zu dem Ergebnis, dass dem BR aus § 87 Abs. 1 Nr. 12 BetrVG **kein** erzwingbares **Mitbestimmungsrecht hinsichtlich der Vergütungshöhe** zusteht (siehe § 87 BetrVG Rn 200).

4. Gemeinsame Bestimmungen

§ 21 (weggefallen)

§ 22 Unabdingbarkeit

¹Die Vorschriften dieses Gesetzes können zuungunsten des Arbeitnehmers nicht abgedungen werden. ²Zulässig sind jedoch Vereinbarungen über Diensterfindungen nach ihrer Meldung, über freie Erfindungen und technische Verbesserungsvorschläge (§ 20 Abs. 1) nach ihrer Mitteilung.

---

20 BGH 13.7.1956 – I ZR 197/54 – GRUR 1956, 500: „Treu und Glauben" sowie „Mitarbeitervertrag ... ausgelegt"; ArbG Berlin 29.9.1936 – 2 Ca 95/36 – GRUR 1937, 219: „ausdrückliche" Vereinbarung entbehrlich; *Buchner*, GRUR 1985, 1; *Hubmann*, in: FS Hueck, S. 43. – Vgl. auch BGH 10.5.1984 – I ZR 85/82 – NJW 1986, 1045.
21 Vgl. BAG 30.4.1965 – 3 AZR 291/63 – GRUR 1966, 88 unter Bezugnahme auf BAG 10.5.1957 – 2 AZR 56/55 – AP § 611 BGB Lohnanspruch Nr. 5.
22 Vgl. auch die Einschätzung von *Buchner*, GRUR 1985, 1. – Keine Aussagen zur Vergütungshöhe z.B. bei BAG 21.3.2002 – 6 AZR 456/01 – AP § 1 TVG Tarifverträge: Musiker Nr. 17; BAG 12.3.1997 – 5 AZR 669/95 – NZA 1997, 765; BAG 13.9.1983 – 3 AZR 371/81 – GRUR 1984, 429; BAG 30.4.1965 – 3 AZR 291/63 – GRUR 1966, 88 mit zust. Anm. *Volmer*.
23 *Hueck*, in: FS Nikisch, S. 63; vgl. auch *Bartenbach/Volz*, § 20 Rn 61.
24 BGH 11.11.1977 – I ZR 56/75 – GRUR 1978, 244.
25 Vgl. ausführlich *Ulrici*, S. 345 ff.
26 BGH 21.3.1961 – I ZR 133/59 – NJW 1961, 1251; vgl. auch *Ulrici*, S. 345.
27 Vgl. ausführlich *Ulrici*, S. 169 ff., 180 ff., 186 ff.
28 Vgl. zu diesem Zusammenhang *Ulrici*, S. 410 f.

§ 23 Unbilligkeit (gültig ab 1.10.2009)

(1) ¹Vereinbarungen über Diensterfindungen, freie Erfindungen oder technische Verbesserungsvorschläge (§ 20 Abs. 1), die nach diesem Gesetz zulässig sind, sind unwirksam, soweit sie in erheblichem Maß unbillig sind. ²Das gleiche gilt für die Festsetzung der Vergütung (§ 12 Abs. 4).
(2) Auf die Unbilligkeit einer Vereinbarung oder einer Festsetzung der Vergütung können sich Arbeitgeber und Arbeitnehmer nur berufen, wenn sie die Unbilligkeit spätestens bis zum Ablauf von sechs Monaten nach Beendigung des Arbeitsverhältnisses durch Erklärung in Textform gegenüber dem anderen Teil geltend machen.

A. Allgemeines 1	C. Verbindung zu anderen Rechtsgebieten und zum
B. Regelungsgehalt 2	Prozessrecht 6
I. Unabdingbarkeit (§ 22) 2	D. Beraterhinweise 7
II. Unbilligkeit (§ 23) 4	

A. Allgemeines

1 Zum **Schutz des AN** vor übereilten Entscheidungen wird mit § 22 S. 1 der Grundsatz aufgestellt, dass Vorschriften des ArbnErfG nicht zuungunsten des AN abbedungen werden können. S. 2 enthält eine Ausnahmeregelung für Vereinbarungen, die **nach** der **Meldung** einer Diensterfindung bzw. **nach Mitteilung** einer freien Erfindung bzw. eines technischen Verbesserungsvorschlages getroffen werden. Für diese Vereinbarungen und für die (einseitige) Vergütungsfestsetzung (§ 12 Abs. 3) sieht § 23 eine **Billigkeitskontrolle** vor. Die Prüfung am Maßstab der §§ 22 und 23 erfolgt anhand der Sach- und Rechtslage zum Zeitpunkt des Abschlusses der jeweiligen Vereinbarung bzw. des Zugangs der Vergütungsfestsetzungserklärung.[1]

B. Regelungsgehalt

I. Unabdingbarkeit (§ 22)

2 Unter § 22 fallen nicht nur **Vereinbarungen von AG und AN** (z.B. im Arbeits- oder Aufhebungsvertrag), sondern auch die **der Betriebs- und Tarifvertragsparteien**.[2] Eine darin enthaltene Regelung wirkt „zuungunsten" des AN i.S.v. S. 1 und ist damit nichtig, wenn sie **geeignet** ist, eine dem AN nach dem ArbnErfG eingeräumte **Rechtsposition zu verschlechtern**. Dies ist grundsätzlich anhand eines auf die einzelne Regelung und nicht auf die gesamte Vereinbarung bezogenen **Günstigkeitsvergleiches** zu beurteilen.[3]

3 Soweit die Vereinbarung **nach** Zugang der Meldung/Mitteilung (§§ 5, 18) abgeschlossen wurde, greift der Grundsatz der Unabdingbarkeit nicht ein (S. 2). Insoweit können auch dem AN nachteilige Regelungen vereinbart werden, soweit nicht **zwingende Normen** des ArbnErfG (vgl. etwa §§ 23, 27) oder die verfahrensrechtlichen Vorschriften der §§ 28–39 betroffen sind.[4]

II. Unbilligkeit (§ 23)

4 Einer Billigkeitskontrolle nach § 23 unterliegen lediglich **Vereinbarungen der AV-Parteien** sowie **Vergütungsfestsetzungen** nach § 12 Abs. 3.[5] Diese sind nach Abs. 1 in erheblichem Maße unbillig und damit unwirksam, wenn sie bei einzelfallbezogener **objektiver Betrachtung** dem **Gerechtigkeitsempfinden** in besonderem, gesteigerten Maße entgegenstehen und mit den Grundsätzen aus **§ 242 BGB** unvereinbar sind.[6] Eine Unbilligkeit **zu Lasten des AN** wird bei Vergütungsvereinbarungen bzw. -festsetzungen angenommen, mit denen die gesetzliche **Erfindervergütung um 50 % und mehr** unterschritten wird.[7] **Zu Lasten des AG** kann die Vereinbarung oder Festsetzung einer Vergütung unbillig sein, wenn sie den AG zur **Zahlung des Doppelten (und mehr) der gesetzlichen Vergütung** verpflichtet.[8]

5 Die Unbilligkeit einer Vereinbarung können sowohl AN als auch AG geltend machen und zwar **in Textform** (§ 126b BGB), spätestens **innerhalb von 6 Monaten nach Beendigung** des zwischen AN und AG bestehenden Arbeitsverhältnisses (Abs. 2). Dabei handelt es sich um eine **materiell-rechtliche Ausschlussfrist**, die nach Maßgabe von § 22 verlängert werden kann.[9] Im bestehenden Arbeitsverhältnis ist die Geltendmachung nicht fristgebunden. **Allgemeine Ausschlussfristen** erfassen die Rechte aus § 23 nicht (vgl. bereits § 22 S. 1).

---

1 BGH 17.4.1973 – X ZR 59/69 – GRUR 1973, 649, 652 f.
2 Volmer/Gaul, § 22 Rn 29.
3 DHHW/Kronisch, § 22 ArbEG Rn 1 m.w.N.
4 Bartenbach/Volz, § 22 Rn 35.
5 Bartenbach/Volz, § 23 Rn 4; a.A. Volmer/Gaul, § 23 Rn 21.
6 OLG Düsseldorf 9.8.2007 – I-2 U 44/06 – juris.
7 DHHW/Kronisch, § 23 ArbEG Rn 2.
8 Bartenbach/Volz, § 23 Rn 22.2 m.w.N.
9 Abweichend u.a. OLG Düsseldorf 9.8.2007 – I-2 U 44/06 – juris.

C. Verbindung zu anderen Rechtsgebieten und zum Prozessrecht

Soweit AG und AN eine Vereinbarung i.S.d. §§ 22, 23 in vorformulierter Form abgeschlossen haben, ist diese nicht nur am Maßstab der §§ 22, 23 zu messen. Sie unterliegt zudem einer **AGB-Kontrolle** (§§ 305 ff. BGB). Beruft sich eine Arbeitsvertragspartei im Prozess auf die Unbilligkeit einer Vereinbarung i.S.v. § 23, dann obliegt ihr insoweit die **Darlegungs- und Beweislast**.[10]

D. Beraterhinweise

Im Rahmen der Vertragsgestaltung sollte der Unabdingbarkeitsgrundsatz beachtet und Vereinbarungen über Diensterfindungen, freie Erfindungen bzw. technische Verbesserungsvorschläge erst **nach** deren Meldung bzw. Mitteilung abgeschlossen werden.

Bei Beendigung des Arbeitsverhältnisses sollten AN und AG mit Blick auf die damit verbundene Auslösung der 6-monatigen Geltendmachungsfrist (§ 23 Abs. 2) prüfen, ob aus ihrer Sicht eine unbillige Vereinbarung bzw. Festsetzung der Vergütung vorliegt und bejahendenfalls die Unbilligkeit **fristgemäß** gegenüber der anderen Partei **in Textform** geltend machen.

§ 24 Geheimhaltungspflicht (gültig ab 1.10.2009)

(1) Der Arbeitgeber hat die ihm gemeldete oder mitgeteilte Erfindung eines Arbeitnehmers so lange geheimzuhalten, als dessen berechtigte Belange dies erfordern.
(2) Der Arbeitnehmer hat eine Diensterfindung so lange geheimzuhalten, als sie nicht frei geworden ist (§ 8).
(3) Sonstige Personen, die auf Grund dieses Gesetzes von einer Erfindung Kenntnis erlangt haben, dürfen ihre Kenntnis weder auswerten noch bekanntgeben.

§ 25 Verpflichtungen aus dem Arbeitsverhältnis (gültig ab 1.10.2009)

Sonstige Verpflichtungen, die sich für den Arbeitgeber und den Arbeitnehmer aus dem Arbeitsverhältnis ergeben, werden durch die Vorschriften dieses Gesetzes nicht berührt, soweit sich nicht daraus, daß die Erfindung frei geworden ist (§ 8), etwas anderes ergibt.

§ 26 Auflösung des Arbeitsverhältnisses

Die Rechte und Pflichten aus diesem Gesetz werden durch die Auflösung des Arbeitsverhältnisses nicht berührt.

A. Allgemeines

§ 25 stellt klar, dass neben den besonderen Pflichten von AN und AG aus dem ArbnErfG, die **allgemeinen Pflichten aus dem Arbverh** zu beachten sind. Eine Sonderstellung nehmen frei gewordene Diensterfindungen (§ 8) ein (§ 25 Hs. 2). § 26 stellt sicher, dass die Rechte und Pflichten aus dem ArbnErfG, die mit einer während des Arbverh vollendeten Erfindung begründet werden, über dessen Beendigung hinaus wirken.

B. Regelungsgehalt

Pflichten aus dem Arbverh i.S.v. § 25 sind **alle Pflichten** von AG und AN, unabhängig von ihrer Rechtsgrundlage (AV, BV, TV, Gesetz).[1] Diese Pflichten gelten **bei frei gewordenen Erfindungen** allerdings nur, soweit sich nicht aus § 8 etwas anderes ergibt. Der AN soll über eine frei gewordene Erfindung grds. frei verfügen können (§ 8 S. 2). Daher verstößt der AN nicht gegen seine Nebenpflichten aus dem Arbverh, wenn er eine frei gewordene Erfindung auf einen **Konkurrenten** des AG überträgt oder diesem eine **Lizenz** daran erteilt.[2] Ebenso ist vom Sinn und Zweck des § 8 S. 2 auch ein Recht des AN zur **Eigenverwertung** einer frei gewordenen Erfindung erfasst, soweit die Grenzen des arbeitsvertraglichen Konkurrenzverbotes (siehe § 60 HGB Rn 11 ff.) beachtet werden (§ 25 Hs. 2; siehe § 8 Rn 4).[3]

---

10 *Volmer/Gaul*, § 23 Rn 74.
1 *Bartenbach/Volz*, § 25 Rn 4.

2 *Bartenbach/Volz*, § 25 Rn 54.
3 DHHW/*Kronisch*, § 25 ArbEG Rn 4.

3 Die in § 26 vorgesehene **nachvertragliche Wirkung** erfasst grds. alle (materiellen) Rechte und Pflichten aus dem ArbnErfG, die **mit Vollendung** einer Erfindung **während** des bestehenden **Arbverh** (siehe § 1 Rn 3 und § 4 Rn 3 und 9) begründet werden.[4] Die Vollendung einer Erfindung setzt voraus, dass der AN den **Erfindungsgedanken**, d.h. den Zusammenhang zwischen Ursache und Wirkung, klar **erkannt** hat.[5]

§ 27 Insolvenzverfahren (gültig ab 1.10.2009)

Wird nach Inanspruchnahme der Diensterfindung das Insolvenzverfahren über das Vermögen des Arbeitgebers eröffnet, so gilt folgendes:
1. Veräußert der Insolvenzverwalter die Diensterfindung mit dem Geschäftsbetrieb, so tritt der Erwerber für die Zeit von der Eröffnung des Insolvenzverfahrens an in die Vergütungspflicht des Arbeitgebers ein.
2. Verwertet der Insolvenzverwalter die Diensterfindung im Unternehmen des Schuldners, so hat er dem Arbeitnehmer eine angemessene Vergütung für die Verwertung aus der Insolvenzmasse zu zahlen.
3. In allen anderen Fällen hat der Insolvenzverwalter dem Arbeitnehmer die Diensterfindung sowie darauf bezogene Schutzrechtspositionen spätestens nach Ablauf eines Jahres nach Eröffnung des Insolvenzverfahrens anzubieten; im Übrigen gilt § 16 entsprechend. Nimmt der Arbeitnehmer das Angebot innerhalb von zwei Monaten nach dessen Zugang nicht an, kann der Insolvenzverwalter die Erfindung ohne Geschäftsbetrieb veräußern oder das Recht aufgeben. Im Fall der Veräußerung kann der Insolvenzverwalter mit dem Erwerber vereinbaren, dass sich dieser verpflichtet, dem Arbeitnehmer die Vergütung nach § 9 zu zahlen. Wird eine solche Vereinbarung nicht getroffen, hat der Insolvenzverwalter dem Arbeitnehmer die Vergütung aus dem Veräußerungserlös zu zahlen.
4. Im Übrigen kann der Arbeitnehmer seine Vergütungsansprüche nach den §§ 9 bis 12 nur als Insolvenzgläubiger geltend machen.

A. Allgemeines

1 Die Vorschrift enthält für den Fall, dass **nach Inanspruchnahme** einer Diensterfindung das **Insolvenzverfahren** über das Vermögen des AG eröffnet wird, zwingende insolvenzrechtliche Regelungen zur Stärkung der Position des AN, soweit der Insolvenzmasse ein Gegenwert aus dessen Diensterfindung zufließt.[1]

B. Regelungsgehalt

2 Veräußert der Insolvenzverwalter die Diensterfindung zusammen mit dem Geschäftsbetrieb, sieht **Nr. 1** mit Wirkung ab Eröffnung des Insolvenzverfahrens den **Eintritt des Erwerbers in** die **Vergütungspflicht** vor. Nr. 1 setzt nicht voraus, dass das Arbverh des AN gem. § 613a BGB auf den Erwerber übergeht.[2] Auch ein AN, dessen Arbverh zum Zeitpunkt der Insolvenzeröffnung bereits beendet war, kann daher im Falle einer Veräußerung seiner Diensterfindung zusammen mit dem Geschäftsbetrieb Ansprüche aus Nr. 1 geltend machen (§ 26).

3 Nr. 2 stellt klar, dass der AN für die Verwertung der Diensterfindung durch den Insolvenzverwalter im insolventen Unternehmen des AG eine **angemessene Vergütung** (siehe § 9 Rn 12 ff.) als Massegläubiger (§§ 53, 209 InsO) beanspruchen kann.

4 Soweit der Insolvenzverwalter die Diensterfindung weder (mit dem Geschäftsbetrieb) veräußert (Nr. 1) noch verwertet (Nr. 2), greift **Nr. 3** als **Auffangtatbestand** ein.[3] In diesen Fällen hat der Insolvenzverwalter dem AN **innerhalb eines Jahres** nach Eröffnung des Insolvenzverfahrens die **Übernahme der Diensterfindung** sowie die darauf bezogenen Schutzrechtspositionen **anzubieten** (Nr. 3 S. 1). Ihn trifft dann gegenüber dem AN (auch gegenüber einem bereits ausgeschiedenen AN, siehe § 26 Rn 3) auf dessen Verlangen entsprechend § 16 Abs. 1 eine **Übertragungspflicht (Nr. 3 S. 1)**. Nimmt der AN das Übernahmeangebot des Insolvenzverwalters nicht innerhalb von **zwei Monaten** nach Zugang an, kann der Insolvenzverwalter die Diensterfindung ohne Geschäftsbetrieb veräußern oder das Recht aufgeben (Nr. 3 S. 2). Im Falle der Veräußerung kann der Insolvenzverwalter mit dem Erwerber (formlos) vereinbaren, dass sich dieser verpflichtet, dem AN eine **angemessene Vergütung** (siehe § 9 Rn 12 ff.) zu zahlen (Nr. 3 S. 3). Fehlt eine derartige Vereinbarung, verbleibt dem AN ein Anspruch auf Zahlung der nach § 9 geschuldeten **Vergütung aus dem Veräußerungserlös** (Nr. 3 S. 4).

---

4 Bartenbach/Volz, § 26 Rn 21 m.w.N.
5 Schwab, § 26 Rn 1 m.w.N.
1 BT-Drucks 12/3803, S. 99 sowie BT-Drucks. 16/11339, S. 34 f.
2 DHHW/Kronisch, § 27 ArbEG Rn 2; a.A. Bartenbach/Volz, § 27 n.F. Rn 61 jeweils m.w.N.
3 BT-Drucks 16/11339, S. 34.

Subsidiär zu Nr. 1 bis 3 greift **Nr. 4**, wonach der AN einfacher Insolvenzgläubiger (§ 38 InsO) wird und die Befriedigung seiner sonstigen Vergütungsansprüche aus §§ 9 bis 12 auf die Insolvenzmasse beschränkt ist.

5. Schiedsverfahren

§ 28 Gütliche Einigung

¹In allen Streitfällen zwischen Arbeitgeber und Arbeitnehmer auf Grund dieses Gesetzes kann jederzeit die Schiedsstelle angerufen werden. ²Die Schiedsstelle hat zu versuchen, eine gütliche Einigung herbeizuführen.

§ 29 Errichtung der Schiedsstelle

(1) Die Schiedsstelle wird beim Patentamt errichtet.
(2) Die Schiedsstelle kann außerhalb ihres Sitzes zusammentreten.

§ 30 Besetzung der Schiedsstelle (gültig ab 1.10.2009)

(1) Die Schiedsstelle besteht aus einem Vorsitzenden oder seinem Vertreter und zwei Beisitzern.
(2) ¹Der Vorsitzende und sein Vertreter sollen die Befähigung zum Richteramt nach dem Deutschen Richtergesetz besitzen. ²Sie werden vom Bundesminister der Justiz für die Dauer von vier Jahren berufen. ³Eine Wiederberufung ist zulässig.
(3) ¹Die Beisitzer sollen auf dem Gebiet der Technik, auf das sich die Erfindung oder der technische Verbesserungsvorschlag bezieht, besondere Erfahrung besitzen. ²Sie werden vom Präsidenten des Patentamts aus den Mitgliedern oder Hilfsmitgliedern des Patentamts für den einzelnen Streitfall berufen.
(4) ¹Auf Antrag eines Beteiligten ist die Besetzung der Schiedsstelle um je einen Beisitzer aus Kreisen der Arbeitgeber und der Arbeitnehmer zu erweitern. ²Diese Beisitzer werden vom Präsidenten des Patentamts aus Vorschlagslisten ausgewählt und für den einzelnen Streitfall bestellt. ³Zur Einreichung von Vorschlagslisten sind berechtigt die in § 11 genannten Spitzenorganisationen, ferner die Gewerkschaften und die selbständigen Vereinigungen von Arbeitnehmern mit sozial- oder berufspolitischer Zwecksetzung, die keiner dieser Spitzenorganisationen angeschlossen sind, wenn ihnen eine erhebliche Zahl von Arbeitnehmern angehört, von denen nach der ihnen im Betrieb obliegenden Tätigkeit erfinderische Leistungen erwartet werden.
(5) Der Präsident des Patentamts soll den Beisitzer nach Absatz 4 aus der Vorschlagsliste derjenigen Organisation auswählen, welcher der Beteiligte angehört, wenn der Beteiligte seine Zugehörigkeit zu einer Organisation vor der Auswahl der Schiedsstelle mitgeteilt hat.
(6) ¹Die Dienstaufsicht über die Schiedsstelle führt der Vorsitzende, die Dienstaufsicht über den Vorsitzenden der Präsident des Patentamts. ²Die Mitglieder der Schiedsstelle sind an Weisungen nicht gebunden.

§ 31 Anrufung der Schiedsstelle

(1) ¹Die Anrufung der Schiedsstelle erfolgt durch schriftlichen Antrag. ²Der Antrag soll in zwei Stücken eingereicht werden. ³Er soll eine kurze Darstellung des Sachverhalts sowie Namen und Anschrift des anderen Beteiligten enthalten.
(2) Der Antrag wird vom Vorsitzenden der Schiedsstelle dem anderen Beteiligten mit der Aufforderung zugestellt, sich innerhalb einer bestimmten Frist zu dem Antrag schriftlich zu äußern.

§ 32 Antrag auf Erweiterung der Schiedsstelle

Der Antrag auf Erweiterung der Besetzung der Schiedsstelle ist von demjenigen, der die Schiedsstelle anruft, zugleich mit der Anrufung (§ 31 Abs. 1), von dem anderen Beteiligten innerhalb von zwei Wochen nach Zustellung des die Anrufung enthaltenden Antrags (§ 31 Abs. 2) zu stellen.

§ 33 Verfahren vor der Schiedsstelle

(1) ¹Auf das Verfahren vor der Schiedsstelle sind §§ 41 bis 48, 1042 Abs. 1 und § 1050 der Zivilprozeßordnung sinngemäß anzuwenden. ²§ 1042 Abs. 2 der Zivilprozeßordnung ist mit der Maßgabe sinngemäß anzuwenden, daß auch Patentanwälte und Erlaubnisscheininhaber (Artikel 3 des Zweiten Gesetzes zur Änderung und Überleitung von Vorschriften auf dem Gebiet des gewerblichen Rechtsschutzes vom 2. Juli 1949 – WiGBl. S. 179) sowie Verbandsvertreter im Sinne des § 11 des Arbeitsgerichtsgesetzes von der Schiedsstelle nicht zurückgewiesen werden dürfen.
(2) Im übrigen bestimmt die Schiedsstelle das Verfahren selbst.

§ 34 Einigungsvorschlag der Schiedsstelle

(1) ¹Die Schiedsstelle faßt ihre Beschlüsse mit Stimmenmehrheit. ²§ 196 Abs. 2 des Gerichtsverfassungsgesetzes ist anzuwenden.
(2) ¹Die Schiedsstelle hat den Beteiligten einen Einigungsvorschlag zu machen. ²Der Einigungsvorschlag ist zu begründen und von sämtlichen Mitgliedern der Schiedsstelle zu unterschreiben. ³Auf die Möglichkeit des Widerspruchs und die Folgen bei Versäumung der Widerspruchsfrist ist in dem Einigungsvorschlag hinzuweisen. ⁴Der Einigungsvorschlag ist den Beteiligten zuzustellen.
(3) Der Einigungsvorschlag gilt als angenommen und eine dem Inhalt des Vorschlags entsprechende Vereinbarung als zustande gekommen, wenn nicht innerhalb eines Monats nach Zustellung des Vorschlages ein schriftlicher Widerspruch eines der Beteiligten bei der Schiedsstelle eingeht.
(4) ¹Ist einer der Beteiligten durch unabwendbaren Zufall verhindert worden, den Widerspruch rechtzeitig einzulegen, so ist er auf Antrag wieder in den vorigen Stand einzusetzen. ²Der Antrag muß innerhalb eines Monats nach Wegfall des Hindernisses schriftlich bei der Schiedsstelle eingereicht werden. ³Innerhalb dieser Frist ist der Widerspruch nachzuholen. ⁴Der Antrag muß die Tatsachen, auf die er gestützt wird, und die Mittel angeben, mit denen diese Tatsachen glaubhaft gemacht werden. ⁵Ein Jahr nach Zustellung des Einigungsvorschlages kann die Wiedereinsetzung nicht mehr beantragt und der Widerspruch nicht mehr nachgeholt werden.
(5) ¹Über den Wiedereinsetzungsantrag entscheidet die Schiedsstelle. ²Gegen die Entscheidung der Schiedsstelle findet die sofortige Beschwerde nach den Vorschriften der Zivilprozeßordnung an das für den Sitz des Antragstellers zuständige Landgericht statt.

§ 35 Erfolglose Beendigung des Schiedsverfahrens

(1) Das Verfahren vor der Schiedsstelle ist erfolglos beendet,
1. wenn sich der andere Beteiligte innerhalb der ihm nach § 31 Abs. 2 gesetzten Frist nicht geäußert hat;
2. wenn er es abgelehnt hat, sich auf das Verfahren vor der Schiedsstelle einzulassen;
3. wenn innerhalb der Frist des § 34 Abs. 3 ein schriftlicher Widerspruch eines der Beteiligten bei der Schiedsstelle eingegangen ist.

(2) Der Vorsitzende der Schiedsstelle teilt die erfolglose Beendigung des Schiedsverfahrens den Beteiligten mit.

§ 36 Kosten des Schiedsverfahrens

Im Verfahren vor der Schiedsstelle werden keine Gebühren oder Auslagen erhoben.

A. Allgemeines 1	cc) Amtliche Beisitzer 7
B. Regelungsgehalt 2	dd) Erweiterung der Schiedsstelle 8
I. Zuständigkeit, Errichtung und Zusammensetzung (§§ 28–30) 2	c) Pflichten der Mitglieder und Ablehnung . 9
1. Zuständigkeit der Schiedsstelle 2	II. Verfahren vor der Schiedsstelle (§§ 31–36) 10
2. Errichtung und Zusammensetzung 4	1. Einleitung des Verfahrens 10
a) Allgemeines 4	2. Verfahrensmaximen 11
b) Besetzung der Schiedsstelle 5	3. Zulässigkeit des Antrags 12
aa) Allgemeines 5	4. Durchführung des Verfahrens 13
bb) Vorsitzender und Vertreter 6	5. Einigungsvorschlag der Schiedsstelle 14
	a) Allgemeines 14

b) Verbindlichkeit der Einigung	15	I. Allgemeines	17
6. Beendigung des Verfahrens	16	II. Kosten und Vertreter	18
C. Verbindung zu anderen Rechtsgebieten und zum Prozessrecht	17	III. Rechtsbehelfe	20

A. Allgemeines

Im Interesse an der Erhaltung des Betriebsfriedens sowie der Geheimhaltung von Erfindungen sehen die §§ 28 ff. ein der Anrufung staatlicher Gerichte **vorgeschaltetes Schiedsverfahren** vor (siehe §§ 37–39 Rn 2). Das Verfahren vor der Schiedsstelle beim DPMA in München hat keine streitentscheidende, sondern eine streitschlichtende Funktion. Es wird als zweiseitiges Verfahren geführt. Auskünfte oder Gutachten werden nicht erteilt.[1]

B. Regelungsgehalt

I. Zuständigkeit, Errichtung und Zusammensetzung (§§ 28–30)

1. Zuständigkeit der Schiedsstelle. Die Schiedsstelle ist **zuständig für Streitigkeiten zwischen AG und AN** aufgrund dieses Gesetzes. Eine weitergehende Zuständigkeit kann weder durch Vereinbarung noch durch **rügeloses Einlassen** begründet werden.[2] AG- und AN-Eigenschaft richten sich nach den allgemeinen Definitionen (siehe § 611 BGB Rn 50 ff.), wobei ausreichend ist, dass die Eigenschaft in Bezug auf den Streitfall früher bestand. Pensionäre und Ruhegehaltsempfänger stehen daher AN gleich.[3] Keine Zuständigkeit besteht für Streitigkeiten unter Beteiligung von Organen,[4] freien Mitarbeitern, arbeitnehmerähnlichen Personen, dem Betriebsrat oder Dritten (Patentverletzern o.ä.).[5] Ebenfalls nicht zuständig ist die Schiedsstelle für Streitigkeiten zwischen **Miterfindern**.[6]

Erfasst werden sämtliche Meinungsverschiedenheiten zwischen den Beteiligten, einschließlich einer Untätigkeit.[7] Sachlich werden alle **im ArbnErfG geregelten Rechte** und Rechtsverh erfasst.[8] Außerhalb des ArbnErfG liegende (Erfindernennung)[9] oder diesem vorgelagerte Streitfälle (Patentfähigkeit)[10] unterliegen als solche nicht der Zuständigkeit der Schiedsstelle;[11] als Vorfragen einer im ArbnErfG wurzelnden Rechtsbeziehung sind sie aber ggf. inzident zu entscheiden.[12]

2. Errichtung und Zusammensetzung. a) Allgemeines. Bei der Schiedsstelle handelt es sich um eine **dauerhafte Einrichtung**, welche in Bezug auf die Person des Vorsitzenden einer gewissen Kontinuität unterliegt. Die Schiedsstelle ist eine eigenständige, unabhängige Behörde, die organisatorisch dem **DPMA** zugeordnet ist und wie dieses in München (Postanschrift: 80297 München) sitzt. Allerdings sieht § 29 Abs. 2 vor, dass die Schiedsstelle auch außerhalb ihres Sitzes tagen kann. An welchem Ort sie zusammentritt, entscheidet ihr Vorsitzender nach pflichtgemäßem Ermessen. Behördenleiter ist der Vorsitzende. Er führt die Dienstaufsicht über die Schiedsstelle.

b) Besetzung der Schiedsstelle. aa) Allgemeines. Die Schiedsstelle besteht aus drei („**kleine Besetzung**") oder fünf („**große Besetzung**") Mitgliedern (siehe Rn 8). Für die Dauer seiner Amtszeit ist der Vorsitzende bzw. sein Stellvertreter ständiges Mitglied. Die amtlichen und nichtamtlichen Beisitzer werden dagegen jeweils nur für einen einzelnen Streitfall bestellt.

bb) Vorsitzender und Vertreter. Ständige Mitglieder der Schiedsstelle sind ihr **Vorsitzender** und sein Vertreter. Beide sollen die **Befähigung zum Richteramt** haben, d.h. Volljuristen sein, und rechtlichen Sachverstand in die Schiedsstelle einbringen. Sie werden durch den Bundesminister für Justiz berufen. Der **Stellvertreter** wird nur im Rahmen einer Verhinderung des Vorsitzenden tätig. Ihm ist kein eigenes Dezernat zugewiesen; er ist im Rahmen seiner Tätigkeit nicht den Ansichten und Weisungen des Vorsitzenden unterworfen.[13] Die Verhinderung des Vorsitzenden kann sich aus tatsächlichen (Erkrankung) oder rechtlichen (Befangenheit) Gründen ergeben. Mit Eintritt eines **Verhinderungsfalls** wird der Stellvertreter automatisch zuständig.

cc) Amtliche Beisitzer. Neben dem Vorsitzenden bzw. seinem Vertreter werden zwei amtliche Beisitzer in der Schiedsstelle tätig, welche für den einzelnen Streitfall bestellt werden. Sie sollen ihren **technischen Sachverstand** in das Verfahren einbringen und deshalb die für das konkrete Verfahren relevante Sachkenntnis besitzen. Sie werden

---

1 *Bartenbach/Volz*, § 28 Rn 6.
2 Schiedsstelle 29.10.1958 – ArbErf. 23/58 – Blatt 1959, 16; *Bartenbach/Volz*, § 28 Rn 17.
3 *Bartenbach/Volz*, § 28 Rn 13.
4 Schiedsstelle 29.10.1958 – ArbErf. 23/58 – Blatt 1959, 16.
5 *Bartenbach/Volz*, § 28 Rn 13.1, 16.
6 *Volmer/Gaul*, § 20.
7 *Bartenbach/Volz*, § 28 Rn 19.
8 *Bartenbach/Volz*, § 28 Rn 19.
9 Schiedsstelle 23.4.1979 – ArbErf. 68/78 – Blatt 1980, 233.
10 Schiedsstelle 26.4.1976 – ArbErf. 64/75 – EGR § 13 ArbnErfG Nr. 5.
11 *Bartenbach/Volz*, § 28 Rn 19.
12 *Bartenbach/Volz*, § 28 Rn 19.
13 Teilweise a.A. *Volmer/Gaul*, § 30 Rn 13.

vom Präsidenten des DPMA nach pflichtgemäßem Ermessen aus dem Kreis der Mitglieder und Hilfsmitglieder des Amtes ausgewählt. Regelmäßig wird der mit der Bearbeitung der vom Streitfall betroffenen Klasse betraute Prüfer ausgewählt.[14]

dd) Erweiterung der Schiedsstelle. Zudem kann die Schiedsstelle auf **Antrag eines Beteiligten** (siehe Rn 10) um zwei nichtamtliche Beisitzer aus den Kreisen der AN und AG erweitert werden. Diese sollen ihren Sachverstand auf wirtschaftlichem, sozialem und arbeitsrechtlichem Gebiet einbringen. Dies ist z.B. sachdienlich, wenn die Vorfrage umstritten ist, ob der Erfinder AN ist.[15] Die nichtamtlichen Beisitzer werden für den einzelnen Streitfall bestellt und vom Präsidenten des DPMA aus Vorschlagslisten der arbeitsrechtlichen Koalitionen ausgewählt. Sie sollen der Liste derjenigen Organisation entnommen werden, deren Mitglied ein Beteiligter ist.

c) Pflichten der Mitglieder und Ablehnung. Die Mitglieder der Schiedsstelle entscheiden in eigener Verantwortung und sind **an Weisungen oder Aufträge nicht gebunden**; sie sind zur Verschwiegenheit verpflichtet.[16] Sie können entsprechend der für anwendbar erklärten Vorschriften der §§ 41–48 ZPO abgelehnt werden. Über die Ablehnung eines Mitglieds entscheidet die Schiedsstelle unter Hinzuziehung eines Vertreters des abgelehnten Mitglieds.[17] Die Bearbeitung der Patentakte durch einen Beisitzer begründet keine **Befangenheit** für seine Mitwirkung im Schiedsstellenverfahren.[18]

II. Verfahren vor der Schiedsstelle (§§ 31–36)

1. Einleitung des Verfahrens. Das Verfahren wird eingeleitet durch einen **schriftlichen Antrag**. Aus diesem muss sich ergeben, gegen wen und worüber ein Schiedsstellenverfahren begehrt wird. § 31 Abs. 1 formuliert zwar nur Soll-Anforderungen. Aus dem Antragsgrundsatz folgt allerdings, dass der Antragsteller den Verfahrensgegenstand bestimmt. Hierzu muss er diesen nach Inhalt und Gegner beschreiben. Soll die Schiedsstelle in großer Besetzung entscheiden, muss dies zugleich mit der Verfahrenseinleitung beantragt werden.

2. Verfahrensmaximen. Die Schiedsstelle muss den Beteiligten **rechtliches Gehör** verschaffen und diese fair und gleich behandeln. Der Sachverhalt ist **von Amts wegen aufzuklären**, allerdings nur soweit dies als Grundlage für einen Einigungsvorschlag notwendig ist. Eine umfassende Sachverhaltsaufklärung ist danach regelmäßig nicht erforderlich. Es gilt der Grundsatz der **Unmittelbarkeit**, d.h. die Verhandlungen finden vor der gesamten Schiedsstelle statt. Das Verfahren ist **nichtöffentlich**. Im Übrigen ist es durch die Schiedsstelle **einfach, zweckmäßig und beschleunigt** zu führen.

3. Zulässigkeit des Antrags. Die Schiedsstelle prüft die Zulässigkeit des eingereichten Antrags. Diese Prüfung umfasst neben der Zuständigkeit (siehe Rn 2 f.) die ordnungsgemäße Antragstellung (siehe Rn 10), die Statthaftigkeit, das Vorliegen eines Antragsinteresses sowie die Beteiligten- und Verfahrensfähigkeit. Eine Antragsfrist ist nicht zu beachten. Unstatthaft sind Anträge auf Erlass **einstweiliger Rechtsschutzmaßnahmen**.[19] Beteiligten- und Verfahrensfähigkeit richten sich nach prozessrechtlichen Grundsätzen (siehe § 10 ArbGG Rn 2 ff.).

4. Durchführung des Verfahrens. Nach Eingang des Antrags ist eine Abschrift durch den Vorsitzenden den anderen Beteiligten zuzustellen. Diese sind zugleich aufzufordern, sich innerhalb einer bestimmten Frist zum Verfahren zu äußern. Hierdurch wird die Frist des § 35 Abs. 1 Nr. 1 in Gang gesetzt (siehe Rn 16). Den weiteren Ablauf des Verfahrens bestimmt die Schiedsstelle (siehe Rn 11).

5. Einigungsvorschlag der Schiedsstelle. a) Allgemeines. Die Schiedsstelle hat den Beteiligten schriftlich einen begründeten Einigungsvorschlag zu unterbreiten, soweit nicht zuvor eine Einigung erzielt wurde. Der Vorschlag wird mit Stimmenmehrheit gefasst und ist von allen Mitgliedern zu unterzeichnen. Die Beteiligten sind auf die Möglichkeit des befristeten Widerspruchs (siehe Rn 20) hinzuweisen. Der Vorschlag ist zuzustellen.

b) Verbindlichkeit der Einigung. Der **Vorschlag** der Schiedsstelle **wird nur verbindlich**, wenn er von allen Beteiligten **angenommen** wird. Nach § 34 Abs. 3 steht das Unterlassen eines fristgemäßen Widerspruchs (siehe Rn 20) einer erklärten Annahme gleich. Durch die Annahme wird zwischen den Beteiligten ein privatrechtlicher Vergleich mit dem Inhalt des Einigungsvorschlags geschlossen.[20] Die materielle Rechtslage wird entsprechend umgestaltet. Eine Lösung von dieser Einigung ist nur nach den allgemeinen zivilrechtlichen Grundsätzen (Änderungs-/Aufhebungsvertrag, Anfechtung o.ä.) möglich. Der verbindlich gewordene Vorschlag ist **kein Vollstreckungstitel**. Wird er nicht erfüllt, bedarf es zu seiner Durchsetzung der Durchführung eines gerichtlichen Verfahrens.

---

14 RSS/*Trimborn*, § 30 Rn 5.
15 Vgl. Schiedsstelle 5.7.1991 – ArbErf. 43/90 – GRUR 1992, 499.
16 RSS/*Trimborn*, § 30 Rn 8.
17 RSS/*Trimborn*, § 33 Rn 10.
18 Schiedsstelle 17.7.1985 – Arb.Erf. 31/84 – n.v.; *Bartenbach/Volz*, § 30 Rn 9.
19 *Bartenbach/Volz*, § 33 Rn 49.
20 Schiedsstelle 15.2.1996 – Arb.Erf. 4(B)93 – n.v.; RSS/*Trimborn*, § 34 Rn 8.

6. Beendigung des Verfahrens. Außer durch einen Einigungsvorschlag kann das Schiedsstellenverfahren beendet werden, indem sich der andere Beteiligte nicht innerhalb der gesetzten Frist (siehe Rn 13) äußert; er es abgelehnt, sich auf das Verfahren einzulassen; die Schiedsstelle sich für unzuständig erklärt und das Verfahren einstellt. 16

C. Verbindung zu anderen Rechtsgebieten und zum Prozessrecht

I. Allgemeines

Nach § 37 ist die vorherige Durchführung des Schiedsstellenverfahrens nicht nachholbare **Verfahrensvoraussetzung** für den Zugang zu Gericht (siehe §§ 37–39 Rn 2). Während der Dauer des vorgeschriebenen (siehe §§ 37–39 Rn 3)[21] Schiedsstellenverfahrens wird die Verjährung gehemmt, wenn binnen drei Monaten nach Beendigung Klage erhoben wird. 17

II. Kosten und Vertreter

Das Verfahren vor der Schiedsstelle ist kostenfrei. Im Grundsatz bestehen **keine Ansprüche auf Ersatz von Parteikosten** und -auslagen. Ein Anspruch auf Kostenerstattung kann sich allerdings aus einer entsprechenden Einigung der Parteien ergeben.[22] Die Kosten können aber als notwendige Kosten eines anschließenden gerichtlichen Verfahrens erstattungsfähig sein.[23] Gewährung von **PKH** oder Beiordnung eines RA sind nicht möglich.[24] 18

Als Verfahrensbevollmächtigte sind RA, Patentanwälte, Erlaubnisinhaber und Verbandsvertreter zugelassen. Für die Einschaltung eines RA entsteht eine 1,5 Geschäftsgebühr nach RVG VV 2403 Nr. 4, die zur Hälfte auf die Verfahrensgebühr eines nachfolgenden Rechtsstreits angerechnet wird. 19

III. Rechtsbehelfe

Gegen einen Einigungsvorschlag der Schiedsstelle selbst ist es **kein Rechtsbehelf** gegeben. Der Vorschlag entfaltet Rechtwirkungen nur infolge Annahme (siehe Rn 15). Will ein Beteiligter den Vorschlag nicht annehmen, muss er allerdings innerhalb eines Monats ab Zustellung des Vorschlags Widerspruch einlegen. Die Frist wird gewahrt durch Eingang des Widerspruchsschreibens bei der Schiedsstelle. Wird die Frist versäumt, kann unter den Voraussetzungen des § 34 Abs. 4 **Wiedereinsetzung** in den vorigen Stand gewährt werden. Trotz des abweichenden Wortlauts wird § 34 Abs. 4 entsprechend §§ 233 ff. ZPO ausgelegt. Über die Wiedereinsetzung entscheidet die Schiedsstelle durch Beschluss, gegen den die sofortige Beschwerde zum Landgericht stattfindet. 20

Wird das Gesuch eines Beteiligten auf Ablehnung eines Mitglieds der Schiedsstelle abgelehnt, findet hiergegen – entgegen verbreiteter Annahme[25] – **kein verwaltungsgerichtlicher Rechtsschutz** statt. Vielmehr ist über § 33 Abs. 1 nach § 46 Abs. 2 ZPO die sofortige Beschwerde zum nach § 39 Abs. 1 für Patentstreitsachen zuständigen Gericht gegeben. 21

Entgegen ganz herrschender Annahme[26] findet auch im Übrigen gegen das verbindliche (hoheitliche) Handeln der Schiedsstelle (Ablehnung des Tätigwerdens, Ablehnung der Erweiterung der Schiedsstelle, Geltendmachung der Rechtsfehlerhaftigkeit eines verbindlich gewordenen Einigungsvorschlags, Feststellung der Verfristung des Widerspruchs) **kein eigenständiges**, insbesondere kein verwaltungsgerichtliches **Rechtsschutzverfahren** statt.[27] Der Verwaltungsrechtsweg wird durch § 39 Abs. 1 ausgeschlossen. Der eröffnete ordentliche Rechtsweg bietet keine einschlägige Rechtsschutzform. Diese ist im vorliegenden Zusammenhang auch nicht erforderlich, weil § 37 Abs. 2 Nr. 1 eine abschließende Regelung enthält. Sonstige Entscheidungen der Schiedsstelle bedürfen keiner eigenständigen gerichtlichen Überprüfung, weil sie sich entweder im Fall des Widerspruchs nicht auf das Ergebnis auswirken oder inzident im Rahmen des sich anschließenden Verfahrens vor den ordentlichen Gerichten geprüft werden. 22

6. Gerichtliches Verfahren

§ 37 Voraussetzungen für die Erhebung der Klage

(1) Rechte oder Rechtsverhältnisse, die in diesem Gesetz geregelt sind, können im Weg der Klage erst geltend gemacht werden, nachdem ein Verfahren vor der Schiedsstelle vorausgegangen ist.

---

21 OLG Düsseldorf 9.8.2007 – I-2 U 41/06 – juris.
22 Vgl. RSS/*Trimborn*, § 36 Rn 2.
23 RSS/*Trimborn*, § 36 Rn 2.
24 *Schwab*, § 36 Rn 17.
25 DHHW/*Kronisch*, § 33 ArbnErfG Rn 3; *Schwab*, § 36 Rn 21.
26 *Bartenbach/Volz*, § 28 Rn 8, § 35 Rn 10; DHHW/*Kronisch*, § 33 ArbnErfG Rn 3; *Schwab*, § 36 Rn 21.
27 *Volmer/Gaul*, § 28 Rn 105 ff.

(2) Dies gilt nicht,
1. wenn mit der Klage Rechte aus einer Vereinbarung (§§ 12, 19, 22, 34) geltend gemacht werden oder die Klage darauf gestützt wird, daß die Vereinbarung nicht rechtswirksam sei;
2. wenn seit der Anrufung der Schiedsstelle sechs Monate verstrichen sind;
3. wenn der Arbeitnehmer aus dem Betrieb des Arbeitgebers ausgeschieden ist;
4. wenn die Parteien vereinbart haben, von der Anrufung der Schiedsstelle abzusehen. Diese Vereinbarung kann erst getroffen werden, nachdem der Streitfall (§ 28) eingetreten ist. Sie bedarf der Schriftform.

(3) Einer Vereinbarung nach Absatz 2 Nr. 4 steht es gleich, wenn beide Parteien zur Hauptsache mündlich verhandelt haben, ohne geltend zu machen, daß die Schiedsstelle nicht angerufen worden ist.

(4) Der vorherigen Anrufung der Schiedsstelle bedarf es ferner nicht für Anträge auf Anordnung eines Arrestes oder einer einstweiligen Verfügung.

(5) Die Klage ist nach Erlaß eines Arrestes oder einer einstweiligen Verfügung ohne die Beschränkung des Absatzes 1 zulässig, wenn der Partei nach den §§ 926, 936 der Zivilprozeßordnung eine Frist zur Erhebung der Klage bestimmt worden ist.

§ 38 Klage auf angemessene Vergütung

Besteht Streit über die Höhe der Vergütung, so kann die Klage auch auf Zahlung eines vom Gericht zu bestimmenden angemessenen Betrags gerichtet werden.

§ 39 Zuständigkeit

(1) ¹Für alle Rechtsstreitigkeiten über Erfindungen eines Arbeitnehmers sind die für Patentstreitsachen zuständigen Gerichte (§ 143 des Patentgesetzes) ohne Rücksicht auf den Streitwert ausschließlich zuständig. ²Die Vorschriften über das Verfahren in Patentstreitsachen sind anzuwenden.

(2) Ausgenommen von der Regelung des Absatzes 1 sind Rechtsstreitigkeiten, die ausschließlich Ansprüche auf Leistung einer festgestellten oder festgesetzten Vergütung für eine Erfindung zum Gegenstand haben.

A. Allgemeines	1	II. Klageantrag (§ 38)	4
B. Regelungsgehalt	2	III. Rechtsweg und Zuständigkeit	6
I. Besondere Prozessvoraussetzung (§ 37)	2	C. Beraterhinweise	8

A. Allgemeines

1 Die §§ 37–39 regeln Besonderheiten des gerichtlichen Verfahrens über AN-erfinderrechtliche Ansprüche. In § 37 wird das Schiedsstellenverfahren als Prozessvoraussetzung ausgestaltet. § 38 dient der Vereinfachung der Verfahrenseinleitung. § 39 regelt den Rechtsweg und korrespondiert mit § 2 Abs. 2a ArbGG (siehe § 2 ArbGG Rn 31).

B. Regelungsgehalt

I. Besondere Prozessvoraussetzung (§ 37)

2 Im Interesse des Betriebsfriedens sowie der Geheimhaltung erhebt § 37 die Durchführung des Schiedsstellenverfahrens (siehe §§ 28–36 Rn 10 ff.) zur von Amts wegen zu prüfenden **Prozessvoraussetzung**. Liegt kein Ausnahmefall vor, ist die Klage zwischen den Parteien des Arbverh über im ArbnErfG geregelte erfindungsrechtliche Gegenstände (siehe §§ 28–36 Rn 2 f.) unzulässig, wenn nicht vor ihrer Erhebung das Schiedsstellenverfahren durchgeführt wurde. Im Hinblick auf Sinn und Zweck des Schiedsstellenverfahrens führt die **Nachholung** eines solchen Verfahrens nach Klageerhebung nicht zur Zulässigkeit der zuvor erhobenen Klage.[1]

3 § 37 Abs. 1 gilt für alle Klagen, einschließlich der **Widerklage**. Keine Anwendung findet die Vorschrift dagegen auf **einstweilige Rechtsschutzverfahren** und durch Fristsetzung im Eilverfahren bedingte Klagen. **Entbehrlich** ist die Durchführung des Schiedsstellenverfahrens außerdem, wenn

---

1 Vgl. BGH 23.11.2004 – VI ZR 336/03 – NJW 2005, 437; a.A. RSS/*Trimborn*, § 37 Rn 3.

- Rechte aus einer Vereinbarung geltend gemacht oder die Klage darauf gestützt wird, dass eine Vereinbarung unwirksam ist,
- seit Einleitung des Verfahrens (siehe §§ 28–36 Rn 10) mehr als sechs Monate vergangen sind,
- der AN aus dem Betrieb ausgeschieden, d.h. seine Eingliederung beendet ist (einseitige oder widerrufliche Freistellung genügt nicht, wohl aber einvernehmliche unwiderrufliche Freistellung; Ruhegehaltsempfänger),[2]
- die Parteien nach Entstehen der Streitigkeit vereinbart haben, dass von der Anrufung der Schiedsstelle abzusehen ist, oder sie sich rügelos auf die Klage eingelassen haben.

II. Klageantrag (§ 38)

Die Vorschrift des § 38 ermöglicht die Erhebung einer Klage, welche auf Zahlung einer nach Ansicht des Gerichts angemessenen Vergütung gerichtet ist. Der **Zahlungsantrag** muss **nicht beziffert** werden, wenn Streit über die Höhe der Vergütung besteht. Auch muss **keine Größenordnung** und **kein Mindestbetrag** angegeben werden.[3] Vielmehr ist ausreichend, aber auch erforderlich, dass der Kläger dem Gericht diejenigen Umstände mitteilt, auf welche das Gericht zur Bestimmung der Angemessenheit angewiesen ist.[4] Sind diese Umstände dem Kläger nicht bekannt, muss er eine Stufenklage erheben (siehe Rn 8).[5]

Die Vorschrift des § 38 erleichtert dem Kläger nicht lediglich die Antragstellung, vielmehr wird auch das **Kostenrisiko** des Klägers vermindert, weil er sich eine Teilabweisung erspart, solange er keinen Mindestbetrag und keine Größenordnung angibt. Im Gegenzug wird der Kläger, der keinen Mindestbetrag und auch keine Größenordnung angibt, durch ein Urteil, welches ihm überhaupt eine Vergütung zuspricht, aber nicht beschwert und kann keine Berufung einlegen.

III. Rechtsweg und Zuständigkeit

Der **Rechtsweg** für Streitigkeiten zwischen den Parteien des Arbverh im Zusammenhang mit Neuerungen **ist geteilt**. Die ordentlichen Gerichte (§ 143 PatG: **Landgericht** unabhängig vom Streitwert) sind zuständig für Rechtsstreitigkeiten über **schutzfähige Erfindungen** eines AN,[6] soweit nicht ausschließlich Ansprüche auf Leistung einer festgestellten und festgesetzten Vergütung verfolgt werden. Im Übrigen, d.h. für Rechtsstreitigkeiten über **Verbesserungsvorschläge** aller Art[7] und Leistung einer **festgestellten und festgesetzten Vergütung**, sind die **ArbG** zuständig (siehe § 2 ArbGG Rn 31).

Probleme ergeben sich, wenn die **Schutzfähigkeit umstritten** ist. Das angegangene Gericht muss in diesem Fall zunächst prüfen, ob die Schutzfähigkeit ausschließlich für den Rechtsweg oder auch für den Erfolg der Klage in der Sache (d.h. insgesamt doppelt) relevant ist. Ist die Schutzfähigkeit doppelt relevant, ist nach allgemeinen Grundsätzen ausreichend, dass der Kläger die Schutzfähigkeit geltend macht. Anderenfalls muss das angerufene Gericht über die Frage der Schutzfähigkeit von Amts wegen im Rahmen des Rechtswegs entscheiden. Sind hierfür bestimmte Tatsachen zwischen den Parteien streitig, müssen diese aufgeklärt werden, soweit diese nicht doppelt relevant sind. Wurde im Ergebnis das unzutreffende Gericht angerufen, ist der **Rechtsstreit von Amts wegen** in den richtigen Rechtsweg **zu verweisen**.[8]

C. Beraterhinweise

Sind dem AN die für die Vergütungsberechnung maßgeblichen Umstände unbekannt, kann er **Auskunfts- und Zahlungsansprüche** im Wege der **Stufenklage** geltend machen. Der entsprechende Antrag kann für die Geltendmachung eines Anspruchs auf angemessene Vergütung z.B. lauten:[9]

„1. Die Beklagte wird verurteilt, dem Kläger in schriftlicher Form Auskunft zu erteilen:
   a) in welchem Umfang der vom Kläger am … eingereichte Verbesserungsvorschlag mit der Nr. … und der Bezeichnung … für … bei der Beklagten Verwendung findet,
   b) welche Netto-Jahresersparnis mit der Durchführung bzw. Anwendung dieses Verbesserungsvorschlags für die Beklagte verbunden ist sowie
   c) welche voraussichtliche Nutzungsdauer sich für den Verbesserungsvorschlag bei der Beklagten ergibt.
2. Ggf. nach Erledigung von Ziffer 1 wird die Beklagte verurteilt, die Richtigkeit und Vollständigkeit der erteilten Auskünfte an Eides statt zu versichern.
3. Die Beklagte wird verurteilt, an den Kläger auf der Basis der nach Ziffer 1 erteilten Auskünfte eine angemessene Vergütung für die sich aus der nach Ziffer 1 erteilten Auskunft ergebende Nutzung des am … eingereichten Verbesserungsvorschlags mit der Nr. … und der Bezeichnung … für … zu zahlen."

---

2 OLG Düsseldorf 26.5.1961 – 2 U 190/60 – GRUR 1962, 193.
3 OLG Düsseldorf 22.2.1984 – 2 W 22/84 – GRUR 1984, 653.
4 DHHW/*Kronisch*, § 38 ArbnErfG Rn 1.
5 DHHW/*Kronisch*, § 38 ArbnErfG Rn 1.
6 Vgl. BAG 9.7.1997 – 9 AZB 14/97 – NZA 1997, 1181.
7 BAG 30.4.1965 – 3 AZR 291/63 – GRUR 1966, 88; LAG 27.8.2004 – 9 Ta 62/04 – AuR 2004, 439.
8 Unter Verkennung der seit 1990 geltenden Rechtslage a.A. *Bartenbach/Volz*, § 39 Rn 34 (Abweisung als unzulässig).
9 Vgl. auch die Anträge bei OLG Düsseldorf 9.8.2007 – I-2 U 41/06 – juris.

Gesetz über den Schutz des Arbeitsplatzes bei Einberufung zum Wehrdienst (Arbeitsplatzschutzgesetz – ArbPlSchG)

Vom 30.3.1957, BGBl I S. 293, BGBl III 53-2

Neugefasst durch Bekanntmachung vom 16.7.2009, BGBl I S. 2055

Erster Abschnitt: Grundwehrdienst und Wehrübungen

§ 1 Ruhen des Arbeitsverhältnisses

(1) Wird ein Arbeitnehmer zum Grundwehrdienst oder zu einer Wehrübung einberufen, so ruht das Arbeitsverhältnis während des Wehrdienstes.

(2) [1]Einem Arbeitnehmer im öffentlichen Dienst hat der Arbeitgeber während einer Wehrübung Arbeitsentgelt wie bei einem Erholungsurlaub zu zahlen. [2]Zum Arbeitsentgelt gehören nicht besondere Zuwendungen, die mit Rücksicht auf den Erholungsurlaub gewährt werden.

(3) Der Arbeitnehmer hat den Einberufungsbescheid unverzüglich seinem Arbeitgeber vorzulegen.

(4) Ein befristetes Arbeitsverhältnis wird durch Einberufung zum Grundwehrdienst oder zu einer Wehrübung nicht verlängert; das Gleiche gilt, wenn ein Arbeitsverhältnis aus anderen Gründen während des Wehrdienstes geendet hätte.

(5) [1]Wird der Einberufungsbescheid zum Grundwehrdienst oder zu einer Wehrübung vor Diensteintritt aufgehoben oder wird der Grundwehrdienst oder die Wehrübung vorzeitig beendet und muss der Arbeitgeber vorübergehend für zwei Personen am gleichen Arbeitsplatz Lohn oder Gehalt zahlen, so werden ihm die hierdurch ohne sein Verschulden entstandenen Mehraufwendungen vom Bund auf Antrag erstattet. [2]Der Antrag ist innerhalb von sechs Monaten, nachdem die Mehraufwendungen entstanden sind, bei der vom Bundesministerium der Verteidigung bestimmten Stelle zu stellen.

A. Allgemeines

1 Das ArbPlSchG gehört als Nebengesetz zum WPflG und zum SG. Ergänzt wird der Regelungskomplex durch das USG und das WSG, insb. in Fragen des Unterhalts. Das ArbPlSchG soll wesentliche Nachteile verhindern bzw. ausgleichen, die dem AN durch die Erfüllung seines Wehrdienstes entstehen können, schließlich kommt es durch den Wehrdienst zu Störungen im Arbverh. Es dient damit der Umsetzung des § 31 SG, wonach der Bund verpflichtet ist, für das Wohl der Soldaten – auch für die Zeit nach Beendigung des Dienstverhältnisses – zu sorgen. Das ArbPlSchG verhindert allerdings nicht alle Nachteile, beispielsweise nicht die Nachteile die durch den Wegfall des Lohnanspruchs bedingt sind. Ein beruflicher Nachteil, der nach den Regelungen des ArbPlSchG als zumutbar hinzunehmen ist, kann keine besondere Härte darstellen, die nach dem WPflG eine Wehrdienstausnahme rechtfertigt.[1] Dem AN, der im Anschluss an den Wehrdienst in seinem Betrieb die Arbeit wieder aufnimmt, soll aus der Abwesenheit, die durch den Wehrdienst veranlasst war, in beruflicher und betrieblicher Hinsicht kein Nachteil entstehen. Der AN muss so behandelt werden, als hätte er den Grundwehrdienst nicht geleistet.[2] Nach dem Wegfall von § 11 müssen auch die kurz Wehrdienst leistenden AN selbst Leistungen nach dem USG beantragen. Der Antrag auf Erstattung der Lohnfortzahlung entfällt.[3]

B. Regelungsgehalt

2 Das ArbPlSchG findet Anwendung auf **AN** (vgl. § 15), soweit sie dem deutschen Wehrrecht unterfallen. Gem. § 2 WPflG erfasst es damit auch Ausländer und Staatenlose, soweit sie in Deutschland zum Wehrdienst herangezogen werden können.[4] Für in Deutschland beschäftigte Ausländer, die Staatsangehörige der Vertragsparteien der Europäischen Sozialcharta vom 18.10.1961 sind und ihren rechtmäßigen Aufenthalt in Deutschland haben, gilt Abs. 1, 3 und 4 und die §§ 1 bis 8 (§ 16 Abs. 6).[5] In Deutschland beschäftigte AN aus anderen Staaten unterfallen dem ArbPlSchG dagegen nicht.[6]

---

1 VG Gelsenkirchen 28.12.2006 – 15 L 1730/06 – juris.
2 BAG 28.6.1994 – 3 AZR 988/93 – NZA 1995, 433.
3 BR-Drucks 782/04, S. 2.
4 BAG 30.7.1986 – 8 AZR 475/84 – NJW 1987, 13.
5 Zum 9.8.2008 in Kraft getretene Änderung (vgl. BGBl I S. 1629).
6 ErfK/*Gallner*, ArbPlSchG § 1 Rn 1.

Für in Heimarbeit Beschäftigte gilt § 7, für Handelsvertreter besteht eine Sonderregelung in § 8. Beamte und Richter werden in § 9 gesondert behandelt.

Erfasst werden die Wehrdienstarten des WPflG, d.h. der Grundwehrdienst, die Wehrübung, der Wehrdienst als Soldat auf Zeit mit einer Verpflichtung von insgesamt höchstens zwei Jahren, der Wehrdienst in Verfügungsbereitschaft sowie im Verteidigungsfall (§§ 4 ff. WPflG).

Zum Zeitpunkt der Einberufung (§ 21 WPflG) muss ein **Arbverh** bestehen. Erfasst werden alle Arbverh, d.h. unbefristete und befristete aber auch faktische. Wird das Arbverh erst während des Wehrdienstes begründet, entsteht es im Ruhezustand. Das Ruhen erfasst das Arbverh unabhängig davon, ob es nur rechtlich oder bereits tatsächlich bestand.[7] Bestehen mehrere Arbverh, werden alle vom Ruhen erfasst.

Das **Ruhen** tritt mit dem **Zeitpunkt** ein, in dem das Wehrdienstverhältnis rechtlich begründet wurde. Entscheidend ist gem. § 2 Abs. 1 SG dafür allein der im Einberufungsbescheid festgesetzte Zeitpunkt, nicht der Tag des tatsächlichen Dienstantritts. Das Ruhen tritt damit auch ein, wenn der Dienstantritt krankheitsbedingt zum vorgesehenen Zeitpunkt unterbleibt.[8] Das Ruhen endet mit dem Wehrdienstverhältnis, d.h. mit Ende des Tages, an dem der Wehrpflichtige aus der Bundeswehr ausscheidet, § 2 Abs. 2 SG. Beim Nachdienen gem. § 5 Abs. 3 WPflG erstreckt sich das Ruhen automatisch auf die nachzudienende Zeit. Vom rechtlichen ist das tatsächliche Ende des Wehrdienstes zu unterscheiden, das auch schon früher vorliegen kann. Wird der AN Berufssoldat, endet das Ruhen ebenfalls (§§ 40 f. SG). Das Wehrdienstverhältnis wird mit der Ernennung zum Berufssoldaten in ein Berufssoldatenverhältnis umgewandelt. Das ruhende Arbverh, das mit dem Ende des Wehrdienstes wieder auflebt, bleibt davon unberührt und muss ggf. gesondert gekündigt werden.

Ruhen des Arbverh bedeutet, dass die gegenseitig geschuldeten Hauptleistungspflichten – Arbeitspflicht und Pflicht zur Entgeltzahlung – entfallen. Einen Anspruch auf Entgelt hat der AN daher für diese Zeit nicht. Zum Entgelt gehören alle geldwerten Leistungen aus dem Arbverh, die der AG als Gegenleistung für die Arbeitsleistung schuldet. Während des Wehrdienstes erhält der AN Leistungen nach dem USG und dem WSG. Es ist allerdings zulässig, abweichende Vereinbarungen zugunsten des AN zu treffen. Welche Folgen das Ruhen des Arbverh auf die arbeitsvertraglichen Nebenpflichten hat, ergibt sich durch Auslegung. Die Verpflichtung zu einer Sonderzahlung kann bestehen bleiben, wenn sie keinen Entgeltcharakter hat wie bspw. eine Aufstiegsprämie für den Aufstieg in die 1. Handball-Bundesliga.[9] Die meisten Nebenpflichten, wie Wettbewerbsverbote oder Verschwiegenheitspflichten, bleiben bestehen.[10] Auch auf das Entstehen von Urlaubsansprüchen hat die Einberufung keinen Einfluss (zur Kürzungsmöglichkeit vgl. § 4). Für Werkmietwohnungen enthält § 3 eine Sonderregelung.

Trotz des Ruhens des Arbverh bleibt die Zugehörigkeit des AN zu seinem Betrieb oder zu seiner Dienststelle mit allen daran anknüpfenden Folgen erhalten. Damit ist bei allen Regelungen, die an die Betriebszugehörigkeit anknüpfen, die Zeit des Ruhens und damit die Wehrpflichtzeit zu berücksichtigen.

So hat das Ruhen des Arbverh keinen Einfluss auf die betriebsverfassungsrechtliche Stellung des AN. Er bleibt zum BR wahlberechtigt und kann als BR gewählt werden.[11] Etwas anderes gilt bei der Wahlberechtigung zu Wahlen zum PR gem. § 13 Abs. 1 S. 2 BPersVG, wonach für die Wahlberechtigung am Wahltag keine länger als sechs Monate dauernde Beurlaubung vorliegen darf.[12]

Nach dem Ruhen des Arbverh leben die Rechte und Pflichten in vollem Umfang wieder auf – sofern nicht zuvor das Arbverh beendet ist (bspw. durch Ende eines befristeten AV). Der AG kann sich darauf einstellen, dass der wehrpflichtige AN seine Arbeit nach dem Ende des Wehrdienstes wieder aufnehmen wird. Er hat dem AN die ursprüngliche Beschäftigungsmöglichkeit anzubieten, auch wenn diese zwischenzeitlich ein Ersatzmann innehatte. Der Weiterbeschäftigungsanspruch besteht auch gegenüber einem Betriebsnachfolger. Der AN ist verpflichtet, sich unverzüglich beim AG zurückzumelden und die Arbeit wieder aufzunehmen.[13]

Im Gegensatz zu den AN in der Privatwirtschaft ist den **AN im öffentlichen Dienst** (§ 15 Abs. 2) während des Ruhens des Arbverh das Entgelt fortzuzahlen. Diese Regelung verstößt nicht gegen den Gleichheitsgrundsatz.[14] Die dem öffentlichen Dienstherrn in Abs. 2 auferlegte Verpflichtung zur Weiterzahlung des Arbeitsentgeltes ist gegenüber den in der privaten Wirtschaft tätigen AN lediglich eine andere Art der Unterhaltssicherung.[15] Dem AN ist das zu zahlen, was er nach den für sein Arbverh geltenden Bedingungen während des Erholungsurlaubs fortzuzahlen ist. Nicht zu zahlen sind besondere Zuwendungen, die mit Rücksicht auf den Urlaub gewährt werden, bspw. tarifliches Urlaubsgeld. Bei den Zahlungen handelt es sich um Arbeitsentgelt, alle entsprechenden Vorschriften sind damit anwendbar.[16]

Der Wehrpflichtige erhält den Einberufungsbescheid i.d.R. vier Wochen vor dem Wehrdienst, § 21 Abs. 3 S. 1 WPflG, so dass bei sofortiger Vorlage auch den Interessen des AG weitgehend Genüge getan ist. Die Verletzung

---

7 *Sahmer/Busemann*, E § 1 Anm. 2.
8 VG Baden-Württemberg 24.2.1987 – II S. 1708/85 – juris.
9 LAG Düsseldorf – 9 Sa 1339/07 – LAGE § 1 ArbPlSchG Nr. 1.
10 *Sahmer/Busemann*, E § 1 Anm. 5.
11 H.M. Richardi/*Thüsing*, § 7 Rn 44; *Fitting u.a.*, § 7 Rn 30; a.A. GK-BetrVG/*Kreutz*, § 7 Rn 23.
12 *Sahmer/Busemann*, E § 1 Anm. 22.
13 *Sahmer/Busemann*, E § 1 Anm. 31.
14 BVerwG 28.11.1974 – VIII C 44/73 – Buchholz 448.3 § 13 VSG Nr. 5.
15 BAG 2.3.1971 – 1 AZR 284/70 – AP § 1 ArbPlSchG Nr. 1.
16 *Sahmer/Busemann*, E § 1 Anm. 18.

der Mitteilungspflicht gem. Abs. 3 hat keinen Einfluss auf den Eintritt des Ruhens des Arbverh. Der AG hat aber ggf. einen Anspruch auf Schadensersatz bei Verletzung dieser Vorlagepflicht.[17]

10 Abs. 4 erfasst **befristete und unbefristete Arbverh**, deren Beendigungszeitpunkt in die Zeit des Wehrdienstes fällt. Wenn die Befristung während der Dauer des Wehrdienstes endet, ruht das Arbverh bis zu diesem Zeitpunkt. Das ArbPlSchG hat keinen Einfluss auf die Befristung und führt insbesondere nicht zu deren Verlängerung. Gleiches gilt wenn das Ende des Arbverh wegen einer Auflösungsvereinbarung oder Künd in die Zeit des Wehrdienstes fällt. War die Befristung unzulässig, gilt das Arbverh auf unbestimmte Zeit geschlossen und fällt in vollem Umfang in den Regelungsbereich des ArbPlSchG.

11 Häufig wird der AG für den Wehrpflichtigen während des Wehrdienstes einen AN als Ersatz einstellen. Bei vorzeitiger Entlassung steht der AG damit u.U. vor dem Problem, den Wehrpflichtigen wieder beschäftigen zu müssen, das Arbverh zum Ersatz-AN aber nicht gleichzeitig beenden zu können. In diesen Fällen kann der AG – unter den Voraussetzungen des Abs. 5 – einen **Ersatzanspruch** geltend machen. Die Einberufung muss aufgehoben oder der Wehrdienst vorzeitig beendet worden sein. Die entstandenen Mehraufwendungen dürfen nicht verschuldet sein. Wann ein Verschulden anzunehmen ist, dürfte vom jeweiligen Einzelfall abhängig sein. Es fehlt, wenn der AG bei der Einstellung der Ersatzkraft die unter Berücksichtigung aller Umstände zu erwartende Sorgfalt beachtet hat.[18] Die erstattungsfähigen Mehraufwendungen beschränken sich auf die Auslagen für die Ersatzkraft.[19] Eine Erstattung erfolgt nur auf Antrag, der innerhalb von sechs Monaten nach dem Entstehen der Mehraufwendungen bei der zuständigen Wehrverwaltung zu stellen ist.

C. Verbindung zu anderen Rechtsgebieten

12 Das ArbPlSchG steht in einem engen Zusammenhang zum WPflG und zum SG. Ergänzt wird die Stellung des Wehrpflichtigen durch das UG und das Wehrsoldgesetz.

13 Das ArbPlSchG findet auch auf **Grenzschutzdienstpflichtige** (§ 59 BGSG) und auf Kriegsdienstverweigerer, sog. **Zivildienstleistende** (§ 78 Abs. 1 Nr. 1 ZDG) Anwendung. Keine Anwendung findet das ArbPlSchG auf diejenigen, die sowohl den Dienst mit der Waffe als auch den Ersatzdienst aus Gewissensgründen verweigern, aber freiwillig in einem Arbverh zu bestimmten Tätigkeiten bereit sind (§ 15a ZDG). Diese AN müssen ihr bisheriges Arbverh selber lösen oder entsprechenden Sonderurlaub beantragen. Eine spätere Anrechnung findet nicht statt. Gleiches gilt für Entwicklungshelfer, die statt des Wehrdienstes einen mindestens zweijährigen Entwicklungshilfedienst leisten (§ 1 Abs. 1 EhfG).

14 Für AN, die während ihrer Arbeitszeit im Katastrophen- oder Zivilschutz an Einsätzen oder Ausbildungsveranstaltungen teilnehmen, richten sich die Rechtsverhältnisse nach den bundes- oder landesrechtlichen Regelungen für den Katastrophenschutz.

§ 2 Kündigungsschutz für Arbeitnehmer, Weiterbeschäftigung nach der Berufsausbildung

(1) Von der Zustellung des Einberufungsbescheides bis zur Beendigung des Grundwehrdienstes sowie während einer Wehrübung darf der Arbeitgeber das Arbeitsverhältnis nicht kündigen.

(2) [1]Im Übrigen darf der Arbeitgeber das Arbeitsverhältnis nicht aus Anlass des Wehrdienstes kündigen. [2]Muss er aus dringenden betrieblichen Erfordernissen (§ 1 Absatz 2 des Kündigungsschutzgesetzes) Arbeitnehmer entlassen, so darf er bei der Auswahl der zu Entlassenden den Wehrdienst eines Arbeitnehmers nicht zu dessen Ungunsten berücksichtigen. [3]Ist streitig, ob der Arbeitgeber aus Anlass des Wehrdienstes gekündigt oder bei der Auswahl der zu Entlassenden den Wehrdienst zu Ungunsten des Arbeitnehmers berücksichtigt hat, so trifft die Beweislast den Arbeitgeber.

(3) [1]Das Recht zur Kündigung aus wichtigem Grund bleibt unberührt. [2]Die Einberufung des Arbeitnehmers zum Wehrdienst ist kein wichtiger Grund zur Kündigung; dies gilt im Falle des Grundwehrdienstes von mehr als sechs Monaten nicht für unverheiratete Arbeitnehmer in Betrieben mit in der Regel fünf oder weniger Arbeitnehmern ausschließlich der zu ihrer Berufsbildung Beschäftigten, wenn dem Arbeitgeber infolge Einstellung einer Ersatzkraft die Weiterbeschäftigung des Arbeitnehmers nach Entlassung aus dem Wehrdienst nicht zugemutet werden kann. [3]Bei der Feststellung der Zahl der beschäftigten Arbeitnehmer nach Satz 2 sind teilzeitbeschäftigte Arbeitnehmer mit einer regelmäßigen wöchentlichen Arbeitszeit von nicht mehr als 20 Stunden mit 0,5 und nicht mehr als 30 Stunden mit 0,75 zu berücksichtigen. [4]Eine nach Satz 2 zweiter Halbsatz zulässige Kündigung darf jedoch nur unter Einhaltung einer Frist von zwei Monaten für den Zeitpunkt der Entlassung aus dem Wehrdienst ausgesprochen werden.

---

17 *Sahmer/Busemann*, E § 1 Anm. 47.
18 BVerwG 2.7.1982 – 8 C 60/80 – MDR 1983,163.

19 *Sahmer/Busemann*, E § 1 Anm. 45.

(4) Geht dem Arbeitnehmer nach der Zustellung des Einberufungsbescheides oder während des Wehrdienstes eine Kündigung zu, so beginnt die Frist des § 4 Satz 1 des Kündigungsschutzgesetzes erst zwei Wochen nach Ende des Wehrdienstes.

(5) ¹Der Ausbildende darf die Übernahme eines Auszubildenden in ein Arbeitsverhältnis auf unbestimmte Zeit nach Beendigung des Berufsausbildungsverhältnisses nicht aus Anlass des Wehrdienstes ablehnen. ²Absatz 2 Satz 3 gilt entsprechend. ³Der Arbeitgeber darf die Verlängerung eines befristeten Arbeitsverhältnisses oder die Übernahme des Arbeitnehmers in ein unbefristetes Arbeitsverhältnis nicht aus Anlass des Wehrdienstes ablehnen.

A. Allgemeines

Die Anordnung des Ruhens des Arbverh gem. § 1 Abs. 1 lässt das Recht zur Künd unberührt. Zum Schutz des AN beschränkt § 2 daher zusätzlich das Künd-Recht des AG. Es handelt sich um einen **eigenständigen Künd-Schutz**, d.h. es berührt andere Künd-Schutzvorschriften nicht und bleibt auch von diesen unberührt. § 2 gilt damit auch, wenn das KSchG keine Anwendung findet, bspw. bei Kleinbetrieben oder während der Wartezeit gem. § 1 Abs. 1 KSchG. Für Kleinbetriebe sind jedoch Erleichterungen vorgesehen. Das Künd-Recht des AN bleibt unberührt (Abs. 3).

B. Regelungsgehalt

Der Künd-Schutz erstreckt sich im Geltungsbereich des Gesetzes auf **alle Arbverh** einschließlich Probe-Arbverh und Arbverh in Kleinbetrieben gem. § 23 KSchG. Das Künd-Verbot beim Wehrdienst beginnt mit der Zustellung des Einberufungsbescheides (§ 21 Abs. 3 WehrpflG) und endet mit der Entlassung aus dem Wehrdienst (Abs. 2 SG), d.h. dem Zeitpunkt des Wiederauflebens des Arbverh. Bei einer Wehrübung gilt das Künd-Verbot für die Zeit vom Beginn bis zur Beendigung der Übung. Erfasst werden alle Formen der ordentlichen Künd, auch die Änderungs-Künd. Ob die betriebsbedingte Künd auch bei einer Betriebsschließung ausgeschlossen ist, ist umstr.¹

Abs. 2 regelt den Künd-Schutz für die Zeiten vor der Einberufung oder nach Ableistung des Wehrdienstes. Soweit außerhalb des zeitlichen Rahmens des Abs. 1 eine Künd zulässig ist, darf das Arbverh nicht **aus Anlass des Wehrdienstes** gekündigt werden. Der Wehrdienst darf damit nicht das bestimmende Motiv für die Künd sein. Damit sind auch Künd wegen der Wehrerfassung, der Musterung oder anderer, mit dem Wehrdienst unmittelbar in Zusammenhang stehender Sachverhalte unzulässig. Darüber hinaus darf bei betriebsbedingten Künd – der Wortlaut des Gesetzes spricht zwar von Entlassung, gemeint ist aber nicht der Zeitpunkt des Ausscheidens, sondern der Zeitpunkt der Künd – der Wehrdienst (Grundwehrdienst bzw. Wehrübung) nicht zu Lasten des AN berücksichtigt werden.² Die Beweislast dafür, dass nicht wegen des Wehrdienstes gekündigt wurde, trägt gem. Abs. 2 S. 2 der AG.

Die **Künd aus wichtigem Grund** (bspw. gem. § 626 BGB oder § 15 Abs. 2 BBiG) bleibt gem. Abs. 3 auch während des Wehrdienstes zulässig. Der Zeitpunkt der Entstehung des Künd-Grundes spielt dabei keine Rolle.³ Die Einberufung zum Wehrdienst stellt grds. keinen wichtigen Grund dar. Eine Ausnahme gilt in Kleinbetrieben mit fünf oder weniger i.d.R. beschäftigten AN für unverheiratete Männer, wenn dem AG infolge Einstellung einer Ersatzkraft die Weiterbeschäftigung des AN nach der Entlassung aus dem Wehrdienst nicht mehr zugemutet werden kann. Für die Feststellung der Regelbeschäftigung ist auf entsprechende arbeitsrechtliche Grundsätze zurückzugreifen.

Ein **Verstoß gegen die Künd-Verbote** des § 2 macht die Künd gem. § 134 BGB unwirksam. Die Unwirksamkeit muss der AN innerhalb der dreiwöchigen Frist des § 4 S. 1 KSchG geltend machen. Geht dem AN die Künd erst nach der Zustellung des Einberufungsbescheids oder während des Wehrdienstes zu, beginnt die Frist erst zwei Wochen nach Ende des Wehrdienstes, Abs. 4. Damit soll eine Benachteiligung des AN verhindert werden, wenn er wegen des Wehrdienstes seine Rechte nicht ordnungsgemäß wahrnehmen kann.

Die Regelung des Abs. 5 gilt für Auszubildende i.S.d. BBiG und beschränkt die grundsätzliche Freiheit des Ausbildungsbetriebes, eine Übernahme abzulehnen. Wird dies aus Anlass des Wehrdienstes abgelehnt, kann ggf. ein Anspruch auf Schadenersatz bestehen.⁴ Ein Anspruch auf Begründung eines Arbverh besteht auch im Fall der Verletzung der Vorschrift nicht.

Die Regelung zu Gunsten befristet Beschäftigter wurde neu in Abs. 5 aufgenommen. Befristete Arbverh enden grds. zu dem vertraglich bestimmten Zeitpunkt, es sei denn, AG und AN vereinbaren eine Weiterbeschäftigung. Der Verzicht eines AG, befristet beschäftigte AN weiter zu beschäftigen, darf seinen Anlass nicht im Wehrdienst des Beschäftigten haben. Ein Rechtsanspruch auf Weiterbeschäftigung erwächst dem AN daraus aber nicht. Mit der Neuregelung ist nicht die Pflicht des AG verbunden, zukünftig den Verzicht auf die Weiterbeschäftigung zu begründen. Es kommt auch zu keiner Beweislastumkehr zulasten des AG, wonach er Gründe darlegen müsste, die einer Weiter-

---

1 Für einen Ausschluss ErfK/*Gallner*, § 2 ArbPlSchG Rn 1; einschränkend: *Sahmer/Busemann*, E § 2 Nr. 11.
2 *Sahmer/Busemann*, E § 2 Anm. 16a.
3 *Sahmer/Busemann*, E § 2 Anm. 12.
4 ErfK/*Gallner*, § 2 ArbPlSchG Rn 13.

beschäftigung entgegen- und nicht mit dem Wehrdienst im Zusammenhang stehen. Dies wird in der Begründung des Gesetzentwurfes ausdrücklich klargestellt.[5] Der AN trägt damit die Beweislast dafür, dass die Ablehnung der Verlängerung aus Anlass des Wehrdienstes erfolgt ist.

§ 3 Wohnraum und Sachbezüge

(1) Das Ruhen des Arbeitsverhältnisses (§ 1 Absatz 1) lässt eine Verpflichtung zum Überlassen von Wohnraum unberührt.
(2) [1]Für die Auflösung eines Mietverhältnisses über Wohnraum, der mit Rücksicht auf das Arbeitsverhältnis zur Unterbringung des Arbeitnehmers und seiner Familie überlassen ist, darf die durch den Grundwehrdienst oder eine Wehrübung veranlasste Abwesenheit des Arbeitnehmers nicht zu seinem Nachteil berücksichtigt werden. [2]Dies gilt entsprechend für allein stehende Arbeitnehmer, die den Wohnraum während ihrer Abwesenheit aus besonderen Gründen benötigen.
(3) [1]Bildet die Überlassung des Wohnraumes einen Teil des Arbeitsentgelts, so hat der Arbeitnehmer für die Weitergewährung an den Arbeitgeber eine Entschädigung zu zahlen, die diesem Teil des Arbeitsentgelts entspricht. [2]Ist kein bestimmter Betrag vereinbart, so hat der Arbeitnehmer eine angemessene Entschädigung zu zahlen.
(4) [1]Sachbezüge sind während des Grundwehrdienstes oder während einer Wehrübung auf Verlangen weiterzugewähren. [2]Absatz 3 gilt sinngemäß.
(5) Die Absätze 3 und 4 finden keine Anwendung, wenn der Arbeitgeber nach diesem Gesetz das Arbeitsentgelt während des Wehrdienstes weiterzuzahlen hat.

A. Allgemeines

1 In § 3 wird in Ergänzung zu § 1 geregelt, was mit überlassenem Wohnraum und anderen Sachbezügen anlässlich des Wehrdienstes zu geschehen hat. Dabei gelten die Abs. 1 und 4 als Ausnahmebestimmungen zu § 1 Abs. 1, insb. soweit es sich bei den überlassenen Gegenständen um Teile des Arbeitsentgelts handelt. Trotz ruhendem Arbverh bleibt nämlich die Pflicht zur Überlassung bzw. Weitergewährung unberührt.

B. Regelungsgehalt

2 Im Zusammenhang mit einem Arbverh überlassener **Wohnraum** sind Werkwohnungen i.S.d. §§ 576 ff. BGB (Werkmiet- oder Werkdienstwohnung). Grds. berührt das Ruhen des Arbverh das Mietverhältnis nicht, Abs. 1. Dem AN ist die Wohnung weiterhin gegen Zahlung des Mietzinses zu überlassen.
Das Künd-Recht des Vermieters wird durch Abs. 1 nicht berührt.

3 Kann der Vermieter nach den allg. Vorschriften für das Mietverhältnis dieses beenden, darf die durch den Wehrdienst veranlasste Abwesenheit des AN allerdings nicht nachteilig berücksichtigt werden. Abs. 2 ergänzt damit die allg. Vorschriften um diese Künd-Beschränkung. Das **Mietverhältnis** unterliegt damit einem **besonderen Künd-Schutz**. Eine Einschränkung gilt gem. Abs. 2 S. 2 für AN ohne Familie bzw. AN, die ihre Wohnung alleine nutzen. In diesem Fall bedarf es besonderer Gründe, weswegen der AN die Wohnung auch während der Abwesenheit benötigt. Besondere Gründe liegen vor, wenn bei verständiger Würdigung der Situation es angemessen erscheint, dem AN die Wohnung weiter zu überlassen. Besondere Gründe werden bspw. anzunehmen sein, wenn der AN sonst keine andere Unterkunft hat, wo er seine dienstfreien Wochenenden oder seinen Urlaub verbringen oder er anderenfalls seine eigenen Möbel nur mit erhöhtem Aufwand unterbringen kann.[1]

4 Die Künd der Werkswohnung eines AN, der zum Wehrdienst einberufen wird, ist unzulässig, wenn die betreffende Wohnung betriebsnotwendig zu der Stellung des AN gehört.[2]

5 Ist die **Überlassung des Wohnraums Teil des Arbeitsentgelts**, hat der AN gem. Abs. 3 eine Entschädigung für die weitere Überlassung des Wohnraums zu zahlen. Der Grund dafür besteht darin, dass mit dem Ruhen des Arbverh die Voraussetzung für die Verrechnung mit dem Arbeitsentgelt wegfällt. Beim Fehlen einer Vereinbarung ist auf die Angemessenheit der Entschädigung abzustellen. Sie muss allerdings nicht dem üblichen Mietzins, der auf dem freien Wohnungsmarkt zu zahlen ist, entsprechen. Entscheidend ist vielmehr der Anteil des Arbeitsentgelts, den der Mietzins ausmacht.[3] Hat der AG den Wohnraum – wie in vielen Fällen üblich – zu günstigeren Konditionen überlassen, ist

---

5 BR-Drs. 630/08 S. 36
1 Vgl. auch *Sahmer/Busemann*, E § 3 Anm. 10.

2 Hess. LAG 21.7.1966 – 3 Sa 215/66 – NJW 1967, 800.
3 *Sahmer/Busemann*, E § 3 Anm. 7.

auch die Entschädigung entsprechend geringer. Eine Zahlung der Entschädigung kommt nicht in Betracht, wenn der AG das Arbeitsentgelt weiterzuzahlen hat, § 3 Abs. 5.

Sachbezüge gem. Abs. 4 sind regelmäßige geldwerte Leistungen, die der AN neben seinem Entgelt oder als Teil desselben erhält, bspw. Nahrungsmittel und Kleidung. Die Verpflichtung zur Überlassung entfällt grds. mit Eintritt des Ruhens des Arbverh. Sie lebt jedoch wieder auf, wenn der AN die Sachleistung weiterhin verlangt. Der AN muss also ausdrücklich die Weitergewährung fordern. Ungeklärt ist die Behandlung von Sachbezügen, deren Anspruchsvoraussetzungen erst während des Wehrdienstes entstehen, bspw. durch Änderung eines TV. I.E. wird der AN auch dann die Gewährung der Sachbezüge fordern können.[4] Abs. 3 gilt aber auch in diesem Fall, d.h. es ist eine Entschädigung zu zahlen, die dem Anteil des Arbeitsentgelts entspricht, den die Sachbezüge ausmachen.

Der AG muss das Arbeitsentgelt in den Fällen der §§ 1 Abs. 2, 10, 14, 16 weiterzahlen. In diesen Fällen finden gem. Abs. 5 die Abs. 3 und 4 keine Anwendung, d.h. die Verpflichtung zur Entschädigungszahlung entfällt.

§ 4 Erholungsurlaub

(1) ¹Der Arbeitgeber kann den Erholungsurlaub, der dem Arbeitnehmer für ein Urlaubsjahr aus dem Arbeitsverhältnis zusteht, für jeden vollen Kalendermonat, den der Arbeitnehmer Wehrdienst leistet, um ein Zwölftel kürzen. ²Dem Arbeitnehmer ist der ihm zustehende Erholungsurlaub auf Verlangen vor Beginn des Wehrdienstes zu gewähren.
(2) Hat der Arbeitnehmer den ihm zustehenden Urlaub vor seiner Einberufung nicht oder nicht vollständig erhalten, so hat der Arbeitgeber den Resturlaub nach dem Wehrdienst im laufenden oder im nächsten Urlaubsjahr zu gewähren.
(3) Endet das Arbeitsverhältnis während des Wehrdienstes oder setzt der Arbeitnehmer im Anschluss an den Wehrdienst das Arbeitsverhältnis nicht fort, so hat der Arbeitgeber den noch nicht gewährten Urlaub abzugelten.
(4) Hat der Arbeitnehmer vor seiner Einberufung mehr Urlaub erhalten als ihm nach Absatz 1 zustand, so kann der Arbeitgeber den Urlaub, der dem Arbeitnehmer nach seiner Entlassung aus dem Wehrdienst zusteht, um die zu viel gewährten Urlaubstage kürzen.
(5) Für die Zeit des Wehrdienstes richtet sich der Urlaub nach den Urlaubsvorschriften für Soldaten.

A. Allgemeines

Das Ruhen des Arbverh gem. § 1 lässt das Entstehen und Erlöschen von Urlaubsansprüchen unberührt. Durch § 4 wird allerdings das **Urlaubsrecht des BUrlG modifiziert**, insb. bezüglich Dauer und Zeitpunkt der Abwicklung des Urlaubs. Durch diese Regelungen wird zugunsten des AG ein gewisser Ausgleich für die Folgen geschaffen, die er wegen des Wehrdienstes seines AN zu tragen hat. Soweit der AN Wehrdienst leistet, wird der AG von seiner Pflicht zur Gewährung des Jahresurlaubs „entlastet".[1] Durch die Möglichkeit zur Kürzung soll vermieden werden, dass Urlaub für Zeiten gewährt werden muss, in denen das Arbverh ruht und der AN als Soldat Urlaubsansprüche (§ 28 SG) hat. Die Regelung des § 4 entspricht **§ 17 BEEG**.

B. Regelungsgehalt

§ 4 findet nur bei **AN** Anwendung, die dem **deutschen Wehrrecht unterliegen**[2] und für in Deutschland beschäftigte Ausländer, die Staatsangehörige der Vertragsparteien der Europäischen Sozialcharta vom 18.10.1961 sind und ihren rechtmäßigen Aufenthalt in Deutschland haben (§ 16 Abs. 6). Wird ein anderer ausländischer AN aufgrund der für ihn geltenden nationalen Wehrgesetzgebung einberufen, scheidet eine Anwendung grds. aus. Der AG hat auch dann keine Kürzungsmöglichkeit auf Grundlage des § 4, wenn er seinen ausländischen AN einvernehmlich ohne Vergütung von seiner Arbeitspflicht befreit, damit dieser in seinem Heimatland Wehrdienst leistet.[3]

Dem AG gibt Abs. 1 die Möglichkeit, den Erholungsurlaub für die Zeit des Wehrdienstes zu kürzen. **Erholungsurlaub** ist der Urlaub, der dazu bestimmt ist, die Arbeitskraft des AN zu erhalten oder wieder herzustellen.[4] Die Kürzungsmöglichkeit besteht nicht nur für den gesetzlichen Mindesturlaub, sondern findet auch auf den Urlaub Anwendung, der nach Sonderregelungen, einzelvertraglich, tarifvertraglich oder aufgrund betrieblicher Normsetzung geschuldet ist.[5] Der AG muss den Jahresurlaub nur insoweit gewähren, als der AN auch zur Arbeitsleistung zur Ver-

---

4 *Sahmer/Busemann*, E § 3 Anm. 11.
1 BT-Drucks 2/3117.
2 BAG 30.7.1986 – 8 AZR 475/84 – NJW 1987, 602 = SAE 1987, 69 m. Anm. *Eich*.
3 BAG 30.7.1986 – 8 ABR 475/84 – NJW 1987, 602.
4 Vgl. ErfK/*Dörner*, § 1 BUrlG Rn 2 ff.
5 LAG Hamburg 5.6.2008 – 7 Sa 4/08 – juris.

fügung steht. Die Kürzungsbefugnis besteht für alle Wehrdienstarten (vgl. § 4 WPflG). Die Kürzungsbefugnis muss durch Erklärung (ausdrücklich oder stillschweigend) gegenüber dem AN ausgeübt werden, anderenfalls bleibt der Urlaubsanspruch in voller Höhe erhalten. Der AG ist aber nicht verpflichtet, dem AN vor Antritt des Wehrdienstes mitzuteilen, ob er den Erholungsurlaub anteilig kürzen will.[6] Ob im Einzelfall ein Verzicht auf die Kürzungsmöglichkeit vorliegt, muss durch Auslegung des Verhaltens des AG ermittelt werden.[7] Der AG ist zur Kürzung nicht verpflichtet.

4   Der Erholungsurlaub kann für jeden vollen Kalendermonat, in dem der AN Wehrdienst leistet, um ein Zwölftel gekürzt werden.[8] Was mit Bruchteilen von Urlaubstagen zu geschehen hat, ist gesetzlich nicht ausdrücklich geregelt. Ob halbe Tage in entsprechender Anwendung von § 5 Abs. 2 BUrlG aufzurunden sind, erscheint fraglich.[9] Ergeben sich weniger als halbe Tage, kann nach der Aufgabe des Ganztagsprinzips durch das BAG[10] davon ausgegangen werden, dass auch Bruchteile zu berücksichtigen sind, die auf Stunden umzurechnen sind.[11]

5   Während der AG die Urlaubswünsche der AN gem. § 7 Abs. 1 BUrlG im Hinblick auf den konkreten Urlaubszeitpunkt grds. ablehnen kann, gibt Abs. 1 S. 2 dem AN einen Anspruch auf Erteilung des Urlaubs in der Zeit zwischen Vorlage des Einberufungsbescheids und der Einberufung. Der Anspruch richtet sich auf den Urlaub, der ihm in diesem Zeitpunkt zusteht, d.h. den Anspruch auf den nach Abs. 1 S. 1 zu kürzenden Urlaub. Der AG muss den Urlaub während dieser Zeit gewähren. Ein Recht zur Selbstbeurlaubung ist damit aber nicht verbunden.[12] Der AN kann nur versuchen, seinen Anspruch gerichtlich im Wege des einstweiligen Rechtsschutzes geltend zu machen. In extremen Ausnahmesituationen hat der AG u.U. aus § 242 BGB das Recht, trotz des unbeschränkten Charakters der Vorschrift dem Wunsch des AN zu widersprechen.[13]

6   Die **Übertragung des Urlaubs** auf die Zeit nach dem Wehrdienst regelt Abs. 2. Die Regelung entspricht § 17 Abs. 2 BEEG. Es soll sichergestellt werden, dass der Wehrdienst nicht zum Verfall des Urlaubs gem. § 7 Abs. 3 BUrlG führt. Übertragen wird der Urlaub, der für den bereits vor dem Wehrdienst der Anspruch entstanden war. Die Übertragung findet automatisch statt. Der Zeitraum, in der Urlaub übertragen wird, hängt vom Ende des Wehrdienstes bzw. der Wehrübung ab. Es ist dies sowohl das Jahr, in das das Ende fällt als auch das darauf folgende Jahr. Der Urlaub ist mit dem Ende dieses Jahres befristet. Erfüllt wird der übertragene Urlaubsanspruch durch die Gewährung des Urlaubs. Eine analoge Anwendung des Abs. 2 auf Urlaubsansprüche, die ein AN im Anschluss an seinen Wehrdienst erwirbt, scheidet aus.[14]

7   Die Regelung des Abs. 3 entspricht § 17 Abs. 3 BEEG und regelt die **Abgeltung nicht gewährten Urlaubs** im Falle der Beendigung des Arbverh während oder unmittelbar in Anschluss an den Wehrdienst. Sie schließt sich an die Abgeltungsregelung des § 7 Abs. 4 BUrlG an. Der Abgeltungsanspruch entsteht zum Zeitpunkt der Beendigung des Arbverh in der Höhe des bestehenden Urlaubsanspruchs. Die Kürzungsmöglichkeit gem. Abs. 1 bleibt bestehen. Er ist nach den allg. Grundsätzen des Urlaubsrechts (§ 11 BUrlG) zu berechnen. Die Abgeltung ist ein Surrogat für den nicht gewährten Urlaub und ist daher wie dieser befristet. Er kann damit ebenfalls nur im laufenden oder im nächsten Jahr nach Ende des Wehrdienstes beansprucht werden. Ob er allerdings ausscheidet, wenn der AN bis zum Ende des Übertragungszeitraums arbeitsunfähig erkrankt war, erscheint vor dem Hintergrund der neuen Rspr. fraglich.[15] Der Abgeltungsanspruch unterliegt zumindest insofern tarifvertraglichen Ausschlussfristen, als er den gesetzlichen Mindestanspruch übersteigt.

8   Nach Abs. 4 kann der AG nach dem **Zwölftelungsprinzip** vor der Einberufung zum Wehrdienst etwa schon zuviel gewährten Urlaub auf den Urlaub anrechnen, der dem AN nach dem Grundwehrdienst neu erwächst.[16] Die Regelung entspricht § 17 Abs. 4 BEEG. Die Kürzung ist nicht nur in dem Jahr, in dem der Wehrdienst endet, sondern auch im nachfolgenden möglich.[17]

C. Verbindung zu anderen Rechtsgebieten

9   § 4 berührt nicht den Urlaubsanspruch, der einem Soldat gem. § 28 SG zusteht. Die Erteilung und die Dauer des Urlaubs regelt die SoldUrlVO. Für Zivildienstleistende gilt gem. § 78 Abs. 1 ZDG die Regelung des § 4 entsprechend. Kurze Wehrübungen, die nicht länger als drei Tage dauern, sind gem. § 11 Abs. 1 urlaubsrechtlich ohne Bedeutung.

---

6   Vgl. BAG 28.7.1992 – Az. 9 AZR 340/91 – AP § 17 BErzGG Nr. 3.
7   Vgl. *Sahmer/Busemann*, E § 4 Anm. 8; *Buchner/Becker*, § 17 BEEG Rn 5.
8   Zur Berechnung etc. *Buchner/Becker*, § 17 BEEG Rn 10 ff.
9   Verneinend: MünchArbR/*Leinemann*, § 89 Rn 108; Schaub/*Linck*, § 102 Rn 187; a.A. *Buchner/Becker*, § 17 BEEG Rn 16.
10 BAG 26.1.1989 – 8 AZR 730/87 – NZA 1989, 756.
11 Vgl. *Buchner/Becker*, § 17 BEEG Rn 16.
12 MünchArb/*Leinemann*, Bd. 1, § 92 Rn 76.
13 *Sahmer/Busemann*, E § 4 Anm. 14.
14 ArbG Kiel 16.8.1985 – 3b Ca 887/85 – NZA 1986, 234.
15 BAG 29.3.2009 – 9 AZR 983/07; EuGH 20.1.2009 – C-350/06 u. C-520/06 – NJW 2009, 495 ff.
16 BAG 14.11.1963 – 5 AZR 498/62 – NJW 1964, 742.
17 *Buchner/Becker*, § 17 BEEG Rn 27.

§ 5 (weggefallen)

§ 6 Fortsetzung des Arbeitsverhältnisses

(1) Nimmt der Arbeitnehmer im Anschluss an den Grundwehrdienst oder im Anschluss an eine Wehrübung in seinem bisherigen Betrieb die Arbeit wieder auf, so darf ihm aus der Abwesenheit, die durch den Wehrdienst veranlasst war, in beruflicher und betrieblicher Hinsicht kein Nachteil entstehen.
(2) ¹Die Zeit des Grundwehrdienstes oder einer Wehrübung wird auf die Berufs- und Betriebszugehörigkeit angerechnet; bei Auszubildenden und sonstigen in Berufsausbildung Beschäftigten wird die Wehrdienstzeit auf die Berufszugehörigkeit jedoch erst nach Abschluss der Ausbildung angerechnet. ²Die Zeit des Grundwehrdienstes oder einer Wehrübung gilt als Dienst- und Beschäftigungszeit im Sinne der Tarifordnungen und Tarifverträge des öffentlichen Dienstes.
(3) Auf Probe- und Ausbildungszeiten wird die Zeit des Grundwehrdienstes oder einer Wehrübung nicht angerechnet.
(4) ¹Auf Bewährungszeiten, die für die Einstufung in eine höhere Lohn- oder Vergütungsgruppe vereinbart sind, wird die Zeit des Grundwehrdienstes nicht angerechnet. ²Während der Zeit, um die sich die Einstufung in eine höhere Lohn- oder Vergütungsgruppe hierdurch verzögert, erhält der Arbeitnehmer von seinem Arbeitgeber zum Arbeitsentgelt eine Zulage in Höhe des Unterschiedsbetrages zwischen seinem Arbeitsentgelt und dem Arbeitsentgelt, das ihm bei der Einstufung in die höhere Lohn- oder Vergütungsgruppe zustehen würde.

A. Allgemeines

Insb. § 6 hat den Zweck, Benachteiligungen des einberufenen AN wegen der zwangsläufigen Abwesenheit vom Arbeitsplatz in seinem fortbestehenden Arbverh für die Zeit nach dem Wehrdienst zu vermeiden. Der Wehrpflichtige soll in seiner Rechtsstellung als AN so gestellt werden soll, als wäre er nicht zum Wehrdienst einberufen worden.[1] Die Abs. 2 bis 4 des § 6 konkretisieren das allg. Benachteiligungsverbot des § 6 Abs. 1. Das Benachteiligungsverbot des § 6 greift erst nach Wiederaufnahme der Arbeit, nicht während des Ruhens des Arbverh gem. § 1 Abs. 1.

B. Regelungsgehalt

Vom **Benachteiligungsverbot** des § 6 werden die AN erfasst, die nach dem Wehrdienst in ihren bisherigen Betrieb zurückkehren und die Arbeit im Anschluss an den Wehrdienst wieder aufnehmen. Im Fall eines Betriebsübergangs gem. § 613a BGB tritt der Erwerber in die Rechte und Pflichten aus dem Arbverh ein und damit auch aus § 6 ein. Beendet der AN während des Wehrdienstes das Arbverh, kann er sich später nicht auf das Benachteiligungsverbot des § 6 berufen. Gleiches gilt für den Fall der Neubegründung eines beendeten Arbverh mit dem alten AG (dann ggf. § 12).

Eine **Benachteiligung** gem. Abs. 1 ist jede Art einer Ungleichbehandlung im Betrieb oder Beruf. Die Begriffe Betrieb und Beruf sind weit auszulegen und dienen in erster Linie zur Abgrenzung von der privaten Sphäre des AN.[2] Als Benachteiligung erfasst werden alle Schlechterstellungen hinsichtlich rechtlicher und tatsächlicher Arbeitsbedingungen. Es kommt dabei nicht auf die Vorstellungen des AG an. Entscheidend ist ein objektiver Maßstab.[3] Benachteiligungen können bspw. die Zuweisung eines schlechteren Raumes oder der Ausschluss von einer Höhergruppierung sein. Die Vorschrift besagt aber nicht, dass ein AN lohnmäßig für die Zeit des Wehrdienstes so zu stellen ist, als ob er gearbeitet hätte. Das Ruhen des Lohnanspruchs nach § 1 erfasst auch die Eigenschaft des Lohns, Berechnungsgrundlage für den Durchschnittslohn eines späteren Lohnzeitraums zu sein.[4] § 6 schreibt damit nicht vor, dass ein AN nach Beendigung des Grundwehrdienstes vergütungsrechtlich so zu stellen ist, als hätte er auch während dieser Zeit Arbeitsentgelt erhalten.[5] Auch einer tarifvertraglichen Kürzung von Sonderzuwendungen nach dem Zwölftelprinzip steht das ArbPlSchG nicht entgegen.[6] Die Anrechnung der Wehrdienstzeiten wirkt sich auch nur insoweit aus, wie im neuen Beschäftigungsbetrieb Rechte dem Grunde oder der Höhe nach von der Dauer der Betriebs- und Berufszugehörigkeit abhängen. Es besteht kein Anspruch auf Leistungen aus einer vor dem Eintritt in den neuen Beschäftigungsbetrieb außer Kraft gesetzten einzelvertraglichen Regelung, die nur für Personen gelten, die vor dem geschützten AN eingestellt wurden.[7]

---

1 BT-Drucks 2/3117, S. 14.
2 *Sahmer/Busemann*, E § 6 Anm. 3.
3 BAG 4.11.1970 – 4 AZR 121/70 – AP § 1 TVG Auslegung Nr. 119.
4 BAG 27.1.1994 – 6 AZR 446/93 – NZA 1994, 1007.
5 *Sahmer/Busemann*, E § 6 Nr. 1.
6 BAG 13.5.1970 – 5 AZR 374/69 – BB 1970, 969.
7 BAG 25.7.2006 – 3 AZR 307/05 – AR-Blattei ES 1800 Nr. 28 = NZA 2007, 512.

4 Die Benachteiligung ist rechtlich nur relevant, wenn sie wegen der Abwesenheit aufgrund des Wehrdienstes veranlasst war. Das Benachteiligungsverbot ist nicht auf den AG beschränkt, sondern bezieht auch Dritte, bspw. Gewerkschaften mit ein.

5 Bei **AN des öffentlichen Dienstes** (§ 15 Abs. 3) gilt die Zeit des Wehrdienstes als Dienst- und Beschäftigungszeit im Sinne der einschlägigen Vorschrift.

6 Abs. 2 regelt die Anrechnung der Wehrdienstzeiten. Diese sind automatisch zu den Zeiten der Betriebs- und/oder Berufszugehörigkeit hinzuzuzählen. Dort, wo Rechtsfolgen von Berufs- oder Betriebszugehörigkeit abhängen, müssen AN so behandelt werden, als hätten sie auch während des Wehrdienstes dem Beruf und dem Betrieb angehört.[8] Berufs- und Betriebszugehörigkeitszeiten spielen an vielen Stellen eine Rolle, bspw. bei Eingruppierungen, Wahlberechtigungen, Jubiläumszuwendungen oder Gratifikationen. Auch auf die Wartezeit des § 1 KSchG ist der Wehrdienst anzurechnen. Eine Anrechnung des Wehrdienstes hat auch auf die Betriebszugehörigkeit als Voraussetzung der Unverfallbarkeit einer betrieblichen Altersversorgung zu erfolgen.[9] Auf die Dauer des Wehrdienstes kommt es nicht an. Die Anrechnung erfolgt automatisch – jedoch nur auf den bei Beginn des Wehrdienstes ausgeübten Beruf und nur auf eine Betriebszugehörigkeit, die schon bei Beginn des Wehrdienstes bestand.[10]

7 Zur Anrechnung auf ein erstmals nach dem Wehrdienst begründetes Arbverh vgl. § 12; zur Anrechnung im späteren Berufsleben vgl. § 13. Bei **AN des öffentlichen Dienstes** (§ 15 Abs. 3) gilt die Zeit des Wehrdienstes als Dienst- und Beschäftigungszeit i.S.d. einschlägigen Vorschrift.

Bei zur Ausbildung und zur Berufsausbildung Beschäftigten besteht gem. Abs. 2 S. 1 die Besonderheit, dass die Wehrdienstzeit erst nach Beendigung der Ausbildungszeit angerechnet wird. Voraussetzung ist, dass der erlernte Beruf in einem sich nahtlos anschließenden Arbverh mit dem Ausbildungsbetrieb fortgesetzt wird.[11]

8 Eine Ausnahme von der Anrechnung besteht gem. § 6 Abs. 3 bzgl. Probe- und Ausbildungszeiten, soweit der Wehrdienst länger als drei Tage dauert (§ 10 Abs. 1). Der Begriff des Probe-Arbverh ist weit auszulegen, i.Ü. bezieht sich die Vorschrift auf Ausbildungsverhältnisse i.S.d. BBiG. Mit der Regelung wird der Tatsache Rechnung getragen, dass es sowohl beim Probe-Arbverh als auch beim Ausbildungsverhältnis auf die tatsächliche Beschäftigungszeit ankommt, anderenfalls könnte es zu einer Gefährdung des Zwecks des Ausbildungs- bzw. Probe-Arbverh kommen. Abs. 3 geht § 1 Abs. 4 vor, d.h. Probe- und Bewährungszeiten, deren Ende in die Wehrdienstzeit fiele, enden nicht zu dem ursprünglichen Zeitpunkt.

Die Regelung des Abs. 4 entspricht derjenigen des Abs. 3 in Bezug auf die Bewährungszeiten.

§ 7 Vorschriften für in Heimarbeit Beschäftigte

(1) Für in Heimarbeit Beschäftigte, die ihren Lebensunterhalt überwiegend aus der Heimarbeit beziehen, gelten die §§ 1 bis 4 sowie 6 Absatz 2 sinngemäß.

(2) [1]Vor und nach dem Wehrdienst dürfen in Heimarbeit Beschäftigte aus Anlass des Wehrdienstes bei der Ausgabe von Heimarbeit im Vergleich zu den anderen in Heimarbeit Beschäftigten des gleichen Auftraggebers oder Zwischenmeisters nicht benachteiligt werden; andernfalls haben sie Anspruch auf das dadurch entgangene Entgelt. [2]Der Berechnung des entgangenen Entgelts ist das Entgelt zugrunde zu legen, das der in Heimarbeit Beschäftigte im Durchschnitt der letzten 52 Wochen vor der Vorlage des Einberufungsbescheides beim Auftraggeber oder Zwischenmeister erzielt hat.

A. Allgemeines

1 Das ArbPlSchG findet grds. nur auf AN Anwendung. § 7 regelt die Anwendung für in Heimarbeit Beschäftigte gem. § 1 Abs. 1 HAG. Gleichgestellte Personen gem. § 1 Abs. 2 HAG werden von § 7 nicht erfasst. Bis zum Wehrdienst müssen die Betroffenen aus der Heimarbeit überwiegend ihren Lebensunterhalt bezogen haben, d.h. die Heimarbeit muss ihre Existenzgrundlage gewesen sein.[1]

B. Regelungsgehalt

2 Auch bei den Heimarbeitern bzw. Hausgewerbetreibenden[2] ruhen in sinngemäßer Anwendung des § 1 Abs. 1 für die Dauer des Wehrdienstes die Rechte und Pflichten aus dem Auftragsverhältnis. Damit muss der Auftraggeber oder

---

8 BAG 28.6.1994 – 3 AZR 988/93 – NZA 1995, 433.
9 LAG Düsseldorf 20.7.2006 – 17 Sa 568/06 – DB 2007, 231.
10 *Sahmer/Busemann*, E § 6 Anm. 11.
11 *Sahmer/Busemann*, E § 6 Anm. 14.
1 *Sahmer/Busemann*, E § 7 Nr. 4.
2 Zur Def. *Schaub*, Arbeitsrechts-Handbuch, § 11 Rn 2.

Zwischenmeister keine Aufträge mehr ausgeben und der Heimarbeiter braucht auch keine mehr zu erledigen. Das Beschäftigungsverhältnis selbst bleibt aber bestehen. Ebenso gelten die Vorschriften zum Künd-Schutz (§ 2) für die Zeiten vor, während und nach dem Wehrdienst sinngemäß. Auch die Regelungen zu Wohnraum und Sachbezügen (§ 3) sowie zum Urlaub (§ 4) und zur Anrechnung des Wehrdienstes (§ 6 Abs. 2) gelten entsprechend.

Das allg. Benachteiligungsverbot wurde in Abs. 2 den Bedürfnissen angepasst und um einen Anspruch auf entgangenes Entgelt ergänzt. Für eine Benachteiligung ist ausreichend, dass objektiv eine schlechtere Lage wegen des Wehrdienstes geschaffen wird. Die Höhe eines ggf. bestehenden Ersatzanspruchs ist in Abs. 2 geregelt.

§ 8 Vorschriften für Handelsvertreter

(1) Das Vertragsverhältnis zwischen einem Handelsvertreter und einem Unternehmer wird durch Einberufung des Handelsvertreters zum Grundwehrdienst oder zu einer Wehrübung nicht gelöst.

(2) Der Handelsvertreter hat den Einberufungsbescheid unverzüglich den Unternehmern vorzulegen, mit denen er in einem Vertragsverhältnis steht.

(3) Ein befristetes Vertragsverhältnis wird durch Einberufung zum Grundwehrdienst oder zu einer Wehrübung nicht verlängert; das Gleiche gilt, wenn ein Vertragsverhältnis aus anderen Gründen während des Wehrdienstes geendet hätte.

(4) Der Unternehmer darf das Vertragsverhältnis aus Anlass der Einberufung des Handelsvertreters zum Grundwehrdienst oder zu einer Wehrübung nicht kündigen.

(5) ¹Ist dem Handelsvertreter ein bestimmter Bezirk oder ein bestimmter Kundenkreis zugewiesen und kann er während des Grundwehrdienstes oder während einer Wehrübung seine Vertragspflichten nicht in dem notwendigen Umfang erfüllen, so kann der Unternehmer aus diesem Grund erforderliche Aufwendungen von dem Handelsvertreter ersetzt verlangen. ²Zu ersetzen sind nur die Aufwendungen, die dem Unternehmer dadurch entstehen, dass er die dem Handelsvertreter obliegende Tätigkeit selbst ausübt oder durch Angestellte oder durch andere Handelsvertreter ausüben lässt; soweit der Unternehmer selbst die Tätigkeit ausübt, kann er nur die aufgewendeten Reisekosten ersetzt verlangen. ³Die Aufwendungen sind nur bis zur Höhe der Vergütung des Handelsvertreters zu ersetzen; sie können mit ihr verrechnet werden.

(6) Der Unternehmer ist, auch wenn der Handelsvertreter zum Alleinvertreter bestellt ist, während des Grundwehrdienstes oder einer Wehrübung des Handelsvertreters berechtigt, selbst oder durch Angestellte oder durch andere Handelsvertreter sich um die Vermittlung oder den Abschluss von Geschäften zu bemühen.

A. Allgemeines

Für Handelsvertreter findet wegen fehlender AN-Eigenschaft das ArbPlSchG grds. keine Anwendung. § 8 enthält aber Sonderregelungen für Handelsvertreter.

B. Regelungsgehalt

Handelsvertreter sind gem. § 84 Abs. 1 HGB selbstständige Gewerbetreibende, die ständig mit der Vermittlung oder dem Abschluss fremder Geschäfte von einem anderen Unternehmer betraut sind.[1] Auch Versicherungsvertreter (§ 92 Abs. 1 HGB) und Bausparkassenvertreter (§ 92 Abs. 5 HGB) sind Handelsvertreter.

Entsprechend dem in § 1 Abs. 1 niedergelegten Grundsatz bleibt auch das Dauerschuldverhältnis[2] des Handelsvertreters zu dem betrauenden Unternehmen von der Einberufung unberührt, Abs. 1. Das Gesetz ordnet aber kein Ruhen des Vertragsverhältnisses an, so dass der Handelsvertreter auch während des Wehrdienstes selbst oder durch Untervertreter tätig sein kann. Abs. 6 macht dies besonders deutlich. Danach kann sich auch ein zur Alleinvertretung bestellter Handelsvertreter durch Ang oder andere Handelsvertreter sich um die Vermittlung oder den Abschluss von Geschäften bemühen.

Die Vorlagepflicht des Abs. 2 entspricht § 1 Abs. 3 und die Regelung des Abs. 3 ist der Vorschrift des § 1 Abs. 4 nachempfunden, so dass die dortigen Ausführungen verwiesen werden kann.

Der **Künd-Schutz** beschränkt sich beim Handelsvertreter darauf, dass das Vertragsverhältnis aus Anlass der Einberufung nicht gekündigt werden darf. Es ist damit im Wesentlichen mit § 2 Abs. 2 S. 1 vergleichbar, wobei sich das Künd-Verbot nur auf das Motiv der Einberufung und nicht des Wehrdienstes insgesamt bezieht. Ebenso ist die besondere Beweisregel nicht normiert. Der Handelsvertreter muss daher im Streitfall beweisen, dass die Künd aus Anlass des Wehrdienstes erfolgt ist.

---

1 Zu den einzelnen Merkmalen *Baumbach/Hopt*, § 84 Rn 5.   2 Zum Rechtsverhältnis *Baumbach/Hopt*, § 84 Rn 41 ff.

§ 9 Vorschriften für Beamte und Richter

(1) Wird ein Beamter zum Grundwehrdienst einberufen, so ist er für die Dauer des Grundwehrdienstes ohne Bezüge beurlaubt.
(2) ¹Wird ein Beamter zu einer Wehrübung einberufen, so ist er für die Dauer der Wehrübung mit Bezügen beurlaubt. ²Der Dienstherr hat ihm während dieser Zeit die Bezüge wie bei einem Erholungsurlaub zu zahlen. ³Zu den Bezügen gehören nicht besondere Zuwendungen, die mit Rücksicht auf den Erholungsurlaub gewährt werden.
(3) ¹Absatz 2 Satz 2 gilt für die bei der Deutschen Post AG, der Deutschen Postbank AG und der Deutschen Telekom AG beschäftigten Beamten mit der Maßgabe, dass der Bund den Aktiengesellschaften die Bezüge der Beamten für die Dauer der Wehrübung zu erstatten hat. ²Der Antrag ist innerhalb von sechs Monaten nach Beendigung des Wehrdienstes bei der vom Bundesministerium der Verteidigung bestimmten Stelle zu stellen.
(4) Der Beamte hat den Einberufungsbescheid unverzüglich seinem Dienstvorgesetzten vorzulegen.
(5) Dienstverhältnisse auf Zeit werden durch Einberufung zum Grundwehrdienst oder zu einer Wehrübung nicht verlängert.
(6) Der Beamte darf aus Anlass der Einberufung zum Grundwehrdienst oder zu einer Wehrübung nicht entlassen werden.
(7) Dem Beamten dürfen aus der Abwesenheit, die durch den Wehrdienst veranlasst war, keine dienstlichen Nachteile entstehen.
(8) ¹Vorbereitungsdienst und Probezeiten werden um die Zeit des Grundwehrdienstes verlängert. ²Der Vorbereitungsdienst wird um die Zeit der Wehrübungen verlängert, die sechs Wochen im Kalenderjahr überschreitet. ³Die Verzögerungen, die sich daraus für den Beginn des Besoldungsdienstalters[1] ergeben, sind auszugleichen. ⁴Auch die sich daraus ergebenden beruflichen Verzögerungen sind angemessen auszugleichen.
(9) § 4 Absatz 1, 2, 4 und 5 gilt für Beamte entsprechend.
(10) ¹Die Einstellung als Beamter darf wegen der Einberufung zum Grundwehrdienst oder zu einer Wehrübung nicht verzögert werden. ²Wird ein Soldat während des Grundwehrdienstes oder einer Wehrübung eingestellt, so sind die Absätze 1, 2 und 4 bis 9 entsprechend anzuwenden.
(11) Die Absätze 1, 2 und 4 bis 10 gelten für Richter entsprechend.

1 Die Regelungen des Abs. 1 bis 9 gelten für Wehrpflichtige, die bereits Beamte sind, oder während des Wehrdienstes als Beamte eingestellt werden (Abs. 10). Für Richter gelten die Vorschriften gem. § 9 Abs. 11 entsprechend.

2 Die Beurlaubung ist eine besondere Art der Dienstbefreiung kraft Gesetzes. Sie tritt automatisch mit der Einberufung ein und dauert bis zur Entlassung fort. Es gelten die zum Ruhen des Arbverh (siehe § 1 Rn 4) gemachten Ausführungen entsprechend. Auch i.Ü. kann auf die entsprechenden Vorschriften des Gesetzes verwiesen werden. Das Entlassungsverbot gem. § 9 Abs. 6 ist wegen der beschränkten Entlassungsmöglichkeiten nur für Beamte auf Probe und Beamte auf Widerruf von Bedeutung.

Weitere Sonderregelungen für Beamte und Richter enthalten §§ 11a, 12 Abs. 2 bis 4 und § 13 Abs. 2 und 3.

§ 10 Freiwillige Wehrübungen

Wird der Wehrpflichtige zu einer Wehrübung auf Grund freiwilliger Verpflichtung (§ 4 Absatz 3 Satz 1 und 2 des Wehrpflichtgesetzes) einberufen, so gelten die §§ 1 bis 4 und 6 bis 9 nur, soweit diese Wehrübung allein oder zusammen mit anderen freiwilligen Wehrübungen im Kalenderjahr nicht länger als sechs Wochen dauert.

1 Mit § 10 werden wesentliche Grundsätze dieses Gesetzes auf Wehrübungen aufgrund freiwilliger Verpflichtung übertragen. Vom Sinn der Vorschrift ist die Vorschrift auf Veranstaltungen beschränkt, die von vornherein auf den geforderten zeitlichen Umfang begrenzt sind.[1] Überschreitet eine Wehrübung diese zeitliche Grenze, unterfällt die gesamte Übung nicht dem Schutz des § 10.

---

1 Gem. Art. 15 Abs. 74 Nr. 1 des Gesetzes vom 5.2.2009 (BGBl. I S. 160) wird in § 9 Abs. 8 S. 3 am 1.7.2009 nach dem Wort „Besoldungsdienstalters" die Angabe „oder, bei Beamten und Richtern des Bundes, für den Beginn der Erfahrungszeit" eingefügt.

1 Sahmer/Busemann, E § 10 Anm. 2.

§ 11 (weggefallen)

§ 11a Bevorzugte Einstellung in den öffentlichen Dienst

(1) ¹Bewirbt sich ein Soldat oder entlassener Soldat bis zum Ablauf von sechs Monaten nach Beendigung des Grundwehrdienstes um Einstellung in den öffentlichen Dienst, so hat er Vorrang vor gesetzlich nicht bevorrechtigten Bewerbern gleicher Eignung. ²Das Gleiche gilt für Wehrpflichtige, die im Anschluss an den Grundwehrdienst eine für den künftigen Beruf im öffentlichen Dienst vorgeschriebene, über die allgemein bildende Schulbildung hinausgehende Ausbildung ohne unzulässige Überschreitung der Regelzeit durchlaufen, wenn sie sich innerhalb von sechs Monaten nach Abschluss dieser Ausbildung um Einstellung bewerben.

(2) ¹Haben sich die Anforderungen an die fachliche Eignung für die Einstellung in den öffentlichen Dienst für Wehrpflichtige im Sinne des Absatzes 1 Satz 2 während der wehrdienstbedingten Verzögerung ihrer Bewerbung um Einstellung erhöht, so ist der Grad ihrer fachlichen Eignung nach den Anforderungen zu prüfen, die zu einem Zeitpunkt bestanden haben, zu dem sie sich ohne den Grundwehrdienst hätten bewerben können. ²Führt die Prüfung zu dem Ergebnis, dass ein Wehrpflichtiger ohne diese Verzögerung eingestellt worden wäre, kann er vor Bewerbern ohne Grundwehrdienst eingestellt werden. ³Die Zahl der Stellen, die Wehrpflichtigen in einem Einstellungstermin vorbehalten werden kann, bestimmt sich nach dem zahlenmäßigen Verhältnis der Bewerber mit wehrdienstbedingter Verzögerung zu denjenigen, bei denen eine solche nicht vorliegt; Bruchteile von Stellen sind zugunsten der Wehrpflichtigen aufzurunden.

A. Allgemeines

Grundgedanke der Regelung ist, eine Benachteiligung „gedienter" Bewerber gegenüber „nicht gedienten" Bewerbern zu vermeiden. Diese Benachteiligung soll durch die bevorzugte Einstellung ersterer bei gleicher Eignung verhindert werden.

1

B. Regelungsgehalt

Die **bevorzugte Einstellung** gem. Abs. 1 gilt nur im Anschluss an den Grundwehrdienst und nur für Einstellungen in den öffentlichen Dienst i.S.d. § 15 Abs. 2. Bewerbung ist jedes (meist schriftliche) Gesuchen, als AN, Beamter oder Richter oder zur beruflichen Ausbildung in den öffentlichen Dienst eingestellt zu werden. Der Anspruch auf vorrangige Einstellung gilt nur im Verhältnis zu anderen Bewerbern, die weder nach diesem Gesetz noch nach einem anderen Gesetz einen Anspruch auf bevorrechtigte Einstellung haben.[1] Die Frist von sechs Monaten, innerhalb derer sich der Soldat bzw. der entlassene Soldat nach Beendigung des Grundwehrdienstes bewerben muss, ist eine Ausschlussfrist, nach deren Ablauf das Recht auf bevorzugte Einstellung erlischt. Bei Konkurrenz mehrerer bevorrechtigter Bewerber und sonstiger Gleichwertigkeit erfolgt die Auswahl nach den üblichen Auswahlgrundsätzen.

2

Abs. 2 regelt den Fall, dass sich die fachliche Eignung während oder durch die Verzögerung des Grundwehrdienstes geändert hat und bestimmt, dass dann auf den Zeitpunkt ohne Grundwehrdienst abzustellen ist. Darüber hinaus kann gem. Abs. 2 S. 2 den Wehrpflichtigen eine sich nach dem Verhältnis zu den sonstigen Bewerbern sich bestimmende Anzahl von Stellen vorbehalten werden.

3

§ 12 Anrechnung der Wehrdienstzeit und der Zeit einer Berufsförderung bei Einstellung entlassener Soldaten

(1) ¹Wird ein entlassener Soldat im Anschluss an den Grundwehrdienst oder an eine Wehrübung als Arbeitnehmer eingestellt, gilt § 6 Absatz 2 bis 4, nachdem er sechs Monate lang dem Betrieb oder der Verwaltung angehört. ²Das Gleiche gilt für Wehrpflichtige, die im Anschluss an den Grundwehrdienst oder eine Wehrübung eine für den künftigen Beruf als Arbeitnehmer förderliche, über die allgemein bildende Schulbildung hinausgehende Ausbildung ohne unzulässige Überschreitung der Regelzeit durchlaufen und im Anschluss daran als Arbeitnehmer eingestellt werden. ³In einer betrieblichen oder überbetrieblichen Altersversorgung beschränkt sich eine Anrechnung nach Satz 1 auf die Berücksichtigung bei den Unverfallbarkeitsfristen nach dem Gesetz zur Verbesserung der betrieblichen Altersversorgung. ⁴Ist dem Soldaten infolge einer Wehrdienstbeschädigung nach Entlassung aus der Bundeswehr auf Grund des Soldatenversorgungsgesetzes Berufsumschulung oder Be-

---

1 ErfK/*Gallner*, § 11a ArbPlSchG Rn 2.

rufsfortbildung gewährt worden, so wird auch die hierfür erforderliche Zeit auf die Berufs- und Betriebszugehörigkeit oder als Dienst- und Beschäftigungszeit angerechnet.

(2) Die Besoldungsgesetze regeln unter Berücksichtigung des § 9 Absatz 7 und 11 die Anrechnung der Wehrdienstzeit auf das Besoldungsdienstalter für entlassene Soldaten, die nach dem Grundwehrdienst oder nach einer Wehrübung als Beamter oder Richter eingestellt werden.[1]

(3) Bewirbt sich ein Soldat oder entlassener Soldat bis zum Ablauf von sechs Monaten nach Beendigung des Grundwehrdienstes oder einer Wehrübung um Einstellung als Beamter und wird er in den Vorbereitungsdienst eingestellt, so gelten Absatz 2 und § 9 Absatz 8 Satz 4 entsprechend.

(4) Absatz 3 gilt entsprechend für einen Arbeitnehmer, dessen Ausbildung für ein späteres Beamtenverhältnis durch eine festgesetzte mehrjährige Tätigkeit im Arbeitsverhältnis an Stelle des sonst vorgeschriebenen Vorbereitungsdienstes durchgeführt wird.

A. Allgemeines

1 § 12 gewährt den Wehrpflichtigen die Anrechnung von Wehrdienstzeiten **im Anschluss an den Wehrdienst** für den Fall, dass erst dann ein Arbverh – ggf. nach Abschluss einer Ausbildung – begründet wird. Diese AN sollen die gleichen Vergünstigungen erhalten wie diejenigen, deren Arbverh während des Wehrdienstes ruht und im Anschluss daran fortgesetzt wird.[2] Es handelt sich insofern um eine Sonderregelung zu § 6 Abs. 2 bis 4.

B. Regelungsgehalt

2 Die Regelung des § 6 Abs. 2 bis 4 wird auf Wehrpflichtige übertragen, die im Anschluss an die Entlassung aus dem Wehrdienst (§ 29 WPflG) ein neues Arbverh begründen. Keine Rolle spielt, ob erstmals ein Arbverh oder ob einfach ein neues Arbverh, ggf. beim alten AG, begründet wird. Eine Anrechnung findet jedoch erst nach sechs Monaten statt, wobei nach Ablauf der Wartezeit diese in die Anrechnung einzubeziehen ist. Für die Feststellung dieses Zeitraums gelten die für andere Wartezeiten – bspw. im KSchG oder BUrlG – aufgestellten Grundsätze. Eine Anrechnung erfolgt auf das erste auf Dauer angelegte Arbverh nach der Entlassung der nach dem Wehrdienst ergriffen wurde.[3]

3 Es muss keinen nahtlosen Übergang vom Wehrdienst in das Arbverh gegeben sein. Die Begründung eines Arbverh **im Anschluss** wird nicht dadurch ausgeschlossen, dass eine kurze Unterbrechung zwischen Ende des Wehrdienstes und dem neuen Arbverh liegen, bspw. durch kurze Erholungsphasen, vorübergehende Arbeitslosigkeit oder Krankheit.[4] Es ist letztlich vom Einzelfall abhängig, wann ein innerer zeitlicher Zusammenhang zwischen Entlassung und Einstellung nicht mehr gegeben ist.[5]

Die Anrechnung der Wehrdienstzeit auf die Berufs- und Betriebszugehörigkeit (entsprechend § 6 Abs. 2 bis 4) erfolgt automatisch, muss also nicht vom AN geltend gemacht werden. Sie wirkt sich nur insoweit aus, wie im neuen Beschäftigungsbetrieb Rechte dem Grunde oder der Höhe nach von der Dauer der Betriebs- oder Berufszugehörigkeit abhängen. Es ist nicht erforderlich, den ehemaligen Soldaten in allen Punkten so zu behandeln, als ob er schon während der Wehrdienstzeit bei dem neuen AG beschäftigt worden wäre.[6]

4 Eine Anrechnung im Anschluss an eine Ausbildung i.S.d. Abs. 1 S. 2 erfolgt nur, wenn diese ohne unzulässige Überschreitung der Regelzeit durchlaufen und der AN anschließend eingestellt wurde. Für die Berufsbildung i.S.d. BBiG wird die Regelausbildungszeit durch die einzelnen Ausbildungsordnungen vorgegeben.[7] Der Begriff „Regelzeit" ist bei Hochschulstudien nicht die durchschnittliche Studienzeit, sondern die Regelstudienzeit.[8] Zulässig ist ein Überschreiten der Regelstudienzeit, wenn sie auf der Gestaltung der Prüfungsanforderungen und -verfahren beruht oder aus anderen besonderen Gründen zulässig ist. Damit kommt es nicht auf die subjektive Vorwerfbarkeit eines Verhaltens, sondern auf die objektive Rechtslage an.[9]

Im Falle einer Wehrdienstbeschädigung i.S.v. § 81 SVG gelten die ergänzenden Regelungen gem. Abs. 1 S. 3. Der Anspruch auf Anrechnung bezieht sich auf alle Maßnahmen, die der Erlangung und Wiedergewinnung der beruflichen Leistungsfähigkeit dienen und die den Beschäftigten befähigen, sich am Arbeitsplatz zu behaupten.[10] Die Erforderlichkeit beurteilt sich nach dem Einzelfall.

---

1 Gem. Art. 15 Abs. 74 Nr. 2 des Gesetzes vom 5.2.2009 (BGBl. I S. 160) wird am 1.7.2009 dem § 12 Abs. 2 der Satz „Bei Einstellung als Beamter oder Richter des Bundes gilt Satz 1 mit der Maßgabe, dass an die Stelle des Besoldungsdienstalters die Erfahrungszeit tritt." angefügt.
2 BT-Drucks 2/3117, S. 17.
3 BAG 22.5.1974 – 5 AZR 427/73 – AR Blattei Wehrdienst Entsch. 11. = SAE 1975, 24.
4 BAG 25.7.2006 – 3 AZR 307/05 – AR-Blattei ES 1800 Nr. 28 = NZA 2007, 512.
5 *Sahmer/Busemann*, E § 12 Anm. 1.
6 BAG 25.7.2006 – 3 AZR 307/05 – AR-Blattei ES 1800 Nr. 28 = NZA 2007, 512.
7 ErfK/*Gallner*, § 12 ArbPlSchG Rn 3.
8 BAG 19.8.2008 – 3 AZR 1063/06 – NZA 2009, 261.
9 BAG 19.8.2008 – 3 AZR 1063/06 – NZA 2009, 261.
10 ErfK/*Gallner*, § 12 ArbPlSchG Rn 4.

§ 13　Anrechnung des Wehrdienstes im späteren Berufsleben

(1) Die Zeit des Grundwehrdienstes und der Wehrübungen wird auf die bei der Zulassung zu weiterführenden Prüfungen im Beruf nachzuweisende Zeit einer mehrjährigen Tätigkeit nach der Lehrabschlussprüfung angerechnet, soweit eine Zeit von einem Jahr nicht unterschritten wird.

(2) Beginnt ein entlassener Soldat im Anschluss an den Grundwehrdienst oder eine Wehrübung eine für den künftigen Beruf als Beamter oder Richter über die allgemein bildende Schulbildung hinausgehende vorgeschriebene Ausbildung (Hochschul-, Fachhochschul-, Fachschul- oder andere berufliche Ausbildung) oder wird diese durch den Grundwehrdienst oder durch Wehrübungen unterbrochen, so gelten für Beamte § 9 Absatz 8 Satz 4 und § 12 Absatz 2, für Richter § 9 Absatz 11 und § 12 Absatz 2 entsprechend, wenn er sich bis zum Ablauf von sechs Monaten nach Abschluss der Ausbildung um Einstellung als Beamter oder Richter bewirbt und auf Grund dieser Bewerbung eingestellt wird.

(3) Für einen Arbeitnehmer, dessen Ausbildung für ein späteres Beamtenverhältnis durch eine festgesetzte mehrjährige Tätigkeit im Arbeitsverhältnis an Stelle des sonst vorgeschriebenen Vorbereitungsdiensts durchgeführt wird, gelten § 9 Absatz 8 Satz 4 und § 12 Absatz 2 entsprechend.

Bei einem AN ist es möglich, dass der Wehrdienst zu einer nachhaltige Verzögerung des beruflichen Werdegangs nach Abschluss der Ausbildung führt. Durch entsprechende Anrechnungen soll zumindest teilweise ein Ausgleich erreicht werden. Auf Zeiten unter einem Jahr werden die Wehrdienstzeiten nicht angerechnet, damit der Begünstige sich die erforderlichen Kenntnisse aneignen kann.[1]   1

Zweiter Abschnitt: Meldung bei den Erfassungsbehörden und Wehrersatzbehörden

§ 14　Weiterzahlung des Arbeitsentgelts

(1) Wird ein Arbeitnehmer nach Maßgabe des Wehrpflichtgesetzes von der Erfassungsbehörde oder einer Wehrersatzbehörde aufgefordert, sich persönlich zu melden oder vorzustellen, so hat der Arbeitgeber für die ausfallende Arbeitszeit das Arbeitsentgelt weiterzuzahlen.

(2) Der Arbeitnehmer hat die Ladung unverzüglich seinem Arbeitgeber vorzulegen.

(3) Die Absätze 1 und 2 gelten entsprechend für den Arbeitnehmer, der zu Dienstleistungen nach dem Vierten Abschnitt des Soldatengesetzes herangezogen werden soll.

A. Allgemeines

Bereits vor dem eigentlichen Wehrdienst entstehen für den wehrpflichtigen AN **Ausfallzeiten**, wenn er zum persönlichen Erscheinen aufgefordert ist (bspw. Wehrerfassung und Musterung, §§ 15, 16 ff. WPflG, Eignungsuntersuchung und Eignungsfeststellung nach der Musterung, § 20a WpflG). Für diese Fälle regelt § 14 die Weiterzahlung des Entgelts durch den AG. Es handelt sich um **zwingendes Recht**, dass weder durch Einzel- noch durch Kollektivvertrag beschränkt werden kann.   1

B. Regelungsgehalt

Die Verpflichtung, sich aufgrund der Wehrpflicht bei Erfassungs- oder Wehrbehörden zu melden, befreit den AN von seiner Arbeitspflicht. § 14 ist insofern eine gegenüber § 616 BGB speziellere Vorschrift.   2

Der AG ist gem. § 14 Abs. 1 zur **Entgeltfortzahlung** verpflichtet. Dieser Anspruch entspricht § 16 S. 3 MuSchG. Der Umfang bestimmt sich nach dem Lohnausfallprinzip.[1] Die Höhe des zu erstattenden Arbeitsentgelts ist damit vom Einzelfall abhängig. Erstattet wird nur das Arbeitsentgelt, nicht sonstige Aufwendungen, die dem AN entstehen. Weitergehende Aufwendungen werden von der öffentlichen Hand getragen, vgl. § 15 Abs. 5 S. 1 WPflG. Fällt der Melde- oder Vorstellungstermin nicht in die Arbeitszeit, sondern bspw. in die des Urlaubs, entsteht der Entgeltanspruch nicht.[2]   3

---

1 *Sahmer/Busemann*, E § 13 Rn 2.　　　　2 *Sahmer/Busemann*, E § 14 Anm. 6.
1 *Buchner/Becker*, § 16 MuSchG Rn 26 ff.

4 **Ausfallzeit** ist der gesamte Zeitraum, den der AN zur Wahrnehmung des entsprechenden Termins benötigt, also auch die Zeiten für An- und Abreise. Ist die Teilnahme an einer bereits begonnen Schicht praktisch unmöglich, gehört die ganze Schicht zur Ausfallzeit.[3]

5 Entgeltfortzahlung gem. § 14 ist nur beim Vorliegen einer behördlichen Aufforderung zu leisten. Die Ladung ist gem. Abs. 2 unverzüglich dem AG vorzulegen. Eine Verletzung dieser Pflicht kann Schadenersatzansprüche oder andere arbeitsrechtliche Konsequenzen auslösen. Die Ladung dient gleichzeitig als Nachweis für die zu vergütende Zeit.

Dritter Abschnitt: Alters- und Hinterbliebenenversorgung

§ 14a Zusätzliche Alters- und Hinterbliebenenversorgung für Arbeitnehmer

(1) Eine bestehende Versicherung in der zusätzlichen Alters- und Hinterbliebenenversorgung für Arbeitnehmer im öffentlichen Dienst wird durch Einberufung zum Grundwehrdienst oder zu einer Wehrübung nicht berührt.

(2) [1]Der Arbeitgeber hat während des Wehrdienstes die Beiträge (Arbeitgeber- und Arbeitnehmeranteil) weiterzuentrichten, und zwar in der Höhe, in der sie zu entrichten gewesen wären, wenn das Arbeitsverhältnis aus Anlass der Einberufung des Arbeitnehmers nicht ruhen würde. [2]Nach Ende des Wehrdienstes meldet der Arbeitgeber die auf die Zeit des Wehrdienstes entfallenden Beiträge beim Bundesministerium der Verteidigung oder der von ihm bestimmten Stelle zur Erstattung an. [3]Satz 2 gilt nicht im Falle des § 1 Absatz 2. [4]Veränderungen in der Beitragshöhe, die nach dem Wehrdienst eintreten, bleiben unberücksichtigt.

(3) Für Arbeitnehmer, die einer Pensionskasse angehören oder als Leistungsempfänger einer anderen Einrichtung oder Form der betrieblichen oder überbetrieblichen Alters- und Hinterbliebenenversorgung in Betracht kommen, gelten die Absätze 1 und 2 Satz 1, 2, und 4 sinngemäß.

(4) [1]Einem Arbeitnehmer, der aus seinem Arbeitseinkommen freiwillig Beiträge zur gesetzlichen Rentenversicherung oder zu einer sonstigen Alters- und Hinterbliebenenversorgung leistet, werden diese auf Antrag für die Zeit des Wehrdienstes in Höhe des Betrages erstattet, der für die letzten zwölf Monate vor Beginn des Wehrdienstes durchschnittlich entrichtet worden ist, wenn die den Aufwendungen zu Grunde liegende Versicherung bei Beginn des Wehrdienstes mindestens zwölf Monate besteht und der Arbeitgeber nach den Absätzen 1 bis 3 nicht zur Weiterentrichtung verpflichtet ist; Einkünfte aus geringfügiger Beschäftigung im Sinne des § 8 des Vierten Buches Sozialgesetzbuch bleiben außer Betracht. [2]Die Leistungen nach diesem Absatz dürfen, wenn Beiträge des Bundes zur gesetzlichen Rentenversicherung für die Zeit des Wehrdienstes entrichtet werden, 40 vom Hundert des Höchstbetrages, der für die freiwillige Versicherung in der allgemeinen Rentenversicherung entrichtet werden kann, ansonsten den Höchstbetrag nicht übersteigen. [3]Die Sätze 1 und 2 gelten nicht bei Zahlung des Arbeitsentgelts nach § 1 Absatz 2, bei Anspruch auf Leistungen nach den §§ 13 bis 13d des Unterhaltssicherungsgesetzes oder für Elternzeit.

(5) Anträge auf Erstattung sind innerhalb eines Jahres nach Beendigung des Wehrdienstes zu stellen.

(6) [1]Die Bundesregierung regelt durch Rechtsverordnung das Erstattungsverfahren sowie das Nähere hinsichtlich der betrieblichen oder überbetrieblichen Alters- und Hinterbliebenenversorgung; in ihr kann bestimmt werden, welche Einrichtungen als betriebliche oder überbetriebliche Alters- und Hinterbliebenenversorgung im Sinne des Gesetzes anzusehen sind. [2]Das Bundesministerium der Verteidigung kann im Einvernehmen mit dem Bundesministerium der Finanzen mit den Arbeitgebern eine pauschale Beitragserstattung und die Zahlungsweise vereinbaren.

A. Allgemeines

1 Mit den Regelungen in § 14a und § 14b soll sichergestellt werden, dass dem AN wegen des Wehrdienstes kein Nachteil hinsichtlich der Alters- und Hinterbliebenenversorgung entsteht. § 14a regelt den Umgang mit zusätzlichen Alters- und Hinterbliebenenversorgungen für die Zeit des Wehrdienstes. Der AG des Wehrpflichtigen hat – unabhängig vom Sicherungssystem – die Beiträge während des Wehrdienstes weiter zu entrichten, kann sich diese aber nach Ende des Wehrdienstes erstatten lassen.

---

3 LAG Niedersachsen 16.9.1968 – 6 Sa 414/68 – BB 1969, 1226.

B. Regelungsgehalt

Zusätzliche Versicherungen in der Alters- und Hinterbliebenenversorgung werden durch die Einberufung zum Wehrdienst nicht berührt, wenn die Versicherung zum Zeitpunkt der Einberufung bereits bestand.[1] Dies gilt auch für AN in der Privatwirtschaft, Abs. 3. **Zusätzliche Alters- und Hinterbliebenenversorgung** sind die die Gesamtheit der Maßnahmen, die AG und AN allein oder gemeinsam freiwillig und zusätzlich zur gesetzlichen Rentenversicherung treffen, um so den AN oder seine Hinterbliebenen für den Fall eines Ausscheidens wegen Erreichens der Altersgrenze, vorzeitiger Invalidität oder wegen Todes vor wirtschaftlichen Unsicherheiten zu bewahren und angemessen zu versorgen. Es kommen verschiedene Möglichkeiten und Wege in Betracht, vgl. § 1 der VO zum Dritten Abschnitt.[2] Beiträge für eine Kapitallebensversicherung sind während des Grundwehrdienstes nach dem ArbPlSchG nur dann als „sonstige Alters- und Hinterbliebenenversorgung" erstattungsfähig, wenn die Lebensversicherung frühestens mit Vollendung des 60. Lebensjahres fällig wird.[3]

Der AG hat während des Wehrdienstes die Beiträge (AN- und AG-Anteil) zu zahlen. Es handelt sich um eine besondere Verpflichtung des AG im bestehenden Recht der zusätzlichen Alters- und Hinterbliebenenversorgung.[4] Die Höhe der Beiträge richtet sich nach den Umständen des Einzelfalls.

In Höhe der tatsächlich gezahlten Beiträge erhält der AG einen Erstattungsanspruch, soweit er auch rechtlich zur Weiterzahlung verpflichtet war, Abs. 2 S. 2. Für private AG ergibt sich dieser Anspruch aus der Verweisung in Abs. 3. Das Verfahren über die Erstattung ist in § 3 der VO zum Dritten Abschnitt geregelt.

Der AN hat unter den Voraussetzungen des Abs. 4 einen eigenen Erstattungsanspruch für freiwillige Beiträge zur gesetzlichen Rentenversicherung oder zu einer sonstigen Alters- und Hinterbliebenenversorgung. Allerdings muss die den Aufwendungen zugrunde liegende Versicherung mindestens zwölf Monate bestehen. Maßgeblicher Zeitpunkt für den Beginn der Zwölf-Monats-Frist ist der Tag des Vertragsschlusses.[5]

§ 14b Alters- und Hinterbliebenenversorgung in besonderen Fällen

(1) [1]Einem Wehrpflichtigen, der am Tage vor Beginn des Wehrdienstverhältnisses (§ 2 des Soldatengesetzes) auf Grund einer durch Gesetz angeordneten oder auf Gesetz beruhenden Verpflichtung Mitglied einer öffentlichrechtlichen Versicherungs- oder Versorgungseinrichtung seiner Berufsgruppe ist und von der Versicherungspflicht in der gesetzlichen Rentenversicherung befreit ist oder vor der Wehrdienstleistung in einem Zweig der gesetzlichen Rentenversicherung freiwillig versichert war, werden die Beiträge zu dieser Einrichtung auf Antrag in der Höhe erstattet, in der sie nach der Satzung oder den Versicherungsbedingungen für die Zeit des Wehrdienstes zu zahlen sind. [2]Die Leistungen dürfen den Betrag nicht übersteigen, den der Bund für die Zeit des Wehrdienstes in der gesetzlichen Rentenversicherung zu entrichten hätte, wenn der Wehrpflichtige nicht von der Versicherungspflicht befreit worden wäre. [3]Die Sätze 1 und 2 gelten nicht bei Zahlung des Arbeitsentgelts nach § 1 Absatz 2, der Bezüge nach § 9 Absatz 2, bei Anspruch auf Leistungen nach § 13 Absatz 2 und nach den §§ 13a und 13b des Unterhaltssicherungsgesetzes oder für Elternzeit.

(2) [1]Einem Wehrpflichtigen, der nach § 14a nicht anspruchsberechtigt ist und Beiträge zur gesetzlichen Rentenversicherung oder zu einer sonstigen Alters- und Hinterbliebenenversorgung leistet, werden die Beiträge auf Antrag für die Zeit des Wehrdienstes erstattet. [2]Beiträge, die freiwillig zur gesetzlichen Rentenversicherung entrichtet werden, soweit sie die Beiträge des Bundes zur gesetzlichen Rentenversicherung für die Zeit des Wehrdienstes übersteigen, und Beiträge zu einer sonstigen Alters- und Hinterbliebenenversorgung, die freiwillig entrichtet werden, werden nur in Höhe des Betrages erstattet, der für die letzten zwölf Monate vor Beginn des Wehrdienstes durchschnittlich entrichtet worden ist, wenn die den Aufwendungen zu Grunde liegende Versicherung bei Beginn des Wehrdienstes mindestens zwölf Monate besteht. [3]Diese Beiträge müssen aus eigenen Einkünften aus Land- und Forstwirtschaft, Gewerbebetrieb, selbständiger Arbeit, nicht selbständiger Arbeit oder Lohnersatzleistungen geleistet worden sein; Einkünfte aus geringfügiger Beschäftigung im Sinne des § 8 des Vierten Buches Sozialgesetzbuch bleiben außer Betracht. [4]Sind Zuschüsse zum Beitrag nach § 32 des Gesetzes über die Alterssicherung der Landwirte gewährt worden, ist mit den für den gleichen Zeitraum gezahlten Zuschüssen gegen den Erstattungsanspruch aufzurechnen. [5]Die Sätze 1 bis 4 gelten nicht bei Zahlung des Arbeitsentgelts nach § 1 Absatz 2, der Bezüge nach § 9 Absatz 2, bei Anspruch auf Leistungen nach den §§ 13 bis 13d des Unterhaltssicherungsgesetzes oder für Elternzeit.

---

1 BVerwG 30.11.1977 – VIII C 29/76 – BVerwGE 55, 86.
2 VO zum Dritten Abschnitt des Arbeitsplatzschutzgesetzes v. 20.10.1980 (BGBl I S. 2006) geändert durch Art. 64 des Gesetzes v. 18.12.1989 (BGBl I S. 2261).
3 BVerwG 30.5.1997 – 8 C 50/95 – NVwZ-RR 1998, 46.
4 *Sahmer/Busemann*, E § 14a Anm. 14.
5 VG Karlsruhe 29.1.2009 – 9 K 2349/07 – juris.

(3) Die Leistungen nach Absatz 2 dürfen, wenn Beiträge des Bundes zur gesetzlichen Rentenversicherung für die Zeit des Wehrdienstes entrichtet oder Beiträge nach Absatz 1 erstattet werden, 40 vom Hundert des Höchstbeitrages, der für die freiwillige Versicherung in der allgemeinen Rentenversicherung entrichtet werden kann, ansonsten den Höchstbeitrag nicht übersteigen.
(4) Anträge auf Erstattung sind innerhalb eines Jahres nach Beendigung des Wehrdienstes zu stellen.
(5) Für das Erstattungsverfahren gilt § 14a Absatz 6 sinngemäß.

1 § 14b hat allein **Erstattungsansprüche** zum Gegenstand. Abs. 1 gilt für die Zwangsmitgliedschaft in öffentlich-rechtlichen Versicherungen oder Versorgungseinrichtungen. Eine Lebensversicherung stellt eine „sonstige Alters- und Hinterbliebenenversorgung" gem. Abs. 2 S. 1 dar, wenn sie der Altersversorgung und nicht der privaten Vermögensbildung des Wehrpflichtigen dient.[1] Bei freiwilligen Leistungen und einem Erstattungsanspruch gem. § 14a Abs. 4 scheidet ein Anspruch aus. Auf die Erstattung findet über Abs. 5 die VO zum Dritten Abschnitt entsprechende Anwendung.

Vierter Abschnitt: Schlussvorschriften

§ 15 Begriffsbestimmungen

(1) Arbeitnehmer im Sinne dieses Gesetzes sind Arbeiter und Angestellte sowie die zu ihrer Berufsausbildung Beschäftigten.
(2) Öffentlicher Dienst im Sinne dieses Gesetzes ist die Tätigkeit im Dienste des Bundes, eines Landes, einer Gemeinde (eines Gemeindeverbandes) oder anderer Körperschaften, Anstalten und Stiftungen des öffentlichen Rechts oder der Verbände von solchen; ausgenommen ist die Tätigkeit bei öffentlich-rechtlichen Religionsgesellschaften oder ihren Verbänden.

1 Wesentlicher Zweck des Abs. 1 ist, den Anwendungsbereich des Gesetzes auch auf zur Berufsausbildung Beschäftigte auszudehnen. Die AN-Eigenschaft bestimmt sich i.Ü. nach allg. arbeitsrechtlichen Grundsätzen. In Abs. 2 wird – wegen der zum Teil für diesen Bereich geltenden Sonderregelungen – definiert, was öffentlicher Dienst i.S.d. Gesetzes ist.

§ 16 Sonstige Geltung des Gesetzes

(1) Dieses Gesetz gilt auch im Falle des unbefristeten Wehrdienstes im Spannungs- oder Verteidigungsfall mit der Maßgabe, dass die Vorschriften über Wehrübungen anzuwenden sind.
(2) Dieses Gesetz gilt auch im Falle des sich an den Grundwehrdienst anschließenden freiwilligen zusätzlichen Wehrdienstes (§ 6b des Wehrpflichtgesetzes) mit der Maßgabe, dass die Vorschriften über den Grundwehrdienst anzuwenden sind.
(3) [1]Dieses Gesetz gilt auch im Falle des freiwilligen Wehrdienstes in besonderer Auslandsverwendung (§ 6a des Wehrpflichtgesetzes) mit der Maßgabe, dass die Vorschriften über Wehrübungen entsprechend anzuwenden sind. [2]§ 10 findet keine Anwendung.
(4) [1]Dieses Gesetz ist ferner anzuwenden auf Arbeits- und Dienstverhältnisse von Personen, die zu Dienstleistungen nach dem Vierten Abschnitt des Soldatengesetzes herangezogen werden, mit der Maßgabe, dass die Vorschriften über Wehrübungen entsprechend anzuwenden sind. [2]Absatz 3 Satz 2 gilt mit Ausnahme von Übungen (§ 61 des Soldatengesetzes) entsprechend.
(5) [1]Dieses Gesetz gilt auch im Falle der Hilfeleistung im Innern (§ 6c des Wehrpflichtgesetzes) und der Hilfeleistung im Ausland (§ 6d des Wehrpflichtgesetzes) mit der Maßgabe, dass die Vorschriften über Wehrübungen entsprechend anzuwenden sind. [2]Absatz 3 Satz 2 gilt entsprechend.
(6) [1]§ 1 Absatz 1, 3 und 4 und die §§ 2 bis 8 dieses Gesetzes gelten auch für in Deutschland beschäftigte Ausländer, wenn diese in ihrem Heimatstaat zur Erfüllung ihrer dort bestehenden Wehrpflicht zum Wehrdienst herangezogen werden. [2]Dies gilt nur für Ausländer, die Staatsangehörige der Vertragsparteien der Europä-

---

1 BVerwG 30.5.1997 – 8 C50/95 – NVwZ-RR 1998, 46.

ischen Sozialcharta vom 18. Oktober 1961 (BGBl. 1964 II S. 1262) sind und die ihren rechtmäßigen Aufenthalt in Deutschland haben.

§ 16a Wehrdienst als Soldat auf Zeit

(1) Dieses Gesetz gilt auch im Falle des Wehrdienstes als Soldat auf Zeit
1. für die zunächst auf sechs Monate festgesetzte Dienstzeit,
2. für die endgültig auf insgesamt nicht mehr als zwei Jahre festgesetzte Dienstzeit
mit der Maßgabe, dass die für den Grundwehrdienst der Wehrpflichtigen geltenden Vorschriften anzuwenden sind, ausgenommen § 9 Absatz 8 Satz 3, §§ 14a und 14b.
(2) In den Fällen des Absatzes 1 Nummer 1 und 2 sind § 125 Absatz 1 Satz 1 des Beamtenrechtsrahmengesetzes oder § 31 Absatz 1 Nummer 2 des Bundesbeamtengesetzes und § 22 Absatz 2 Satz 1 des Beamtenstatusgesetzes nicht anzuwenden.
(3) (weggefallen)
(4) [1]Wird die Dienstzeit auf insgesamt mehr als zwei Jahre festgesetzt, so ist der Arbeitgeber durch die zuständige Dienststelle der Streitkräfte unverzüglich zu benachrichtigen. [2]Das Gleiche gilt, wenn ein Wehrpflichtiger während des Grundwehrdienstes zum Soldaten auf Zeit ernannt wird.
(5) Die Absätze 1 bis 4 gelten entsprechend im Falle einer Verlängerung der Dienstzeit nach Absatz 1 aus zwingenden Gründen der Verteidigung (§ 54 Absatz 3 des Soldatengesetzes).

A. Allgemeines

Durch § 16a soll die Bereitschaft für eine weitere Verpflichtung außerhalb der Wehrdienstpflicht verstärkt werden. **1**

B. Regelungsgehalt

Im Gegensatz zu den übrigen Vorschriften des Gesetzes bezieht § 16a auch solche Wehrpflichtige in das Gesetz ein, **2**
die sich unabhängig von der Dienstpflicht freiwillig als Soldaten auf Zeit (§ 1 Abs. 1 S. 1, Abs. 3 Nr. 2, §§ 4, 37, 40 SG) verpflichtet haben. Auf Berufssoldaten findet die Vorschrift keine Anwendung.
Der Schutz dauert höchstens zwei Jahre. Er beginnt mit dem für den Dienstantritt festgesetzten Zeitpunkt und endet mit dem Ausscheiden aus der Bundeswehr.

§ 17 Übergangsvorschrift

(1) Für Anspruchsberechtigte, die vor dem 1. Januar 1990 als Soldat eingestellt worden sind, bleiben die Vorschriften des § 14a Absatz 4, des § 14b Absatz 1 und 2 sowie des § 16a Absatz 1 in der bis dahin geltenden Fassung maßgebend.
(2) Auf Bundesbeamte, denen mit der Begründung eines Beamtenverhältnisses auf Probe nicht gleichzeitig ein Amt verliehen wird, sind § 9 Absatz 8 Satz 4 bis 6, § 12 Absatz 3 und § 13 Absatz 2 und 3 in der bis zum 11. Februar 2009 geltenden Fassung anzuwenden.
(3) Bis zum Inkrafttreten von Vorschriften, die der Vorgabe des § 9 Absatz 8 Satz 4 Rechnung tragen, im jeweiligen Dienstrecht sind § 9 Absatz 8 Satz 4 bis 6 und Absatz 11, § 12 Absatz 3 und § 13 Absatz 2 und 3 in der bis zum 31. März 2009 geltenden Fassung anzuwenden.

Gesetz über die Durchführung von Maßnahmen des Arbeitsschutzes zur Verbesserung der Sicherheit und des Gesundheitsschutzes der Beschäftigten bei der Arbeit (Arbeitsschutzgesetz – ArbSchG)

Vom 7.8.1996, BGBl I S. 1246, BGBl III 805-3

Zuletzt geändert durch Gesetz zur Neuordnung und Modernisierung des Bundesdienstrechts (Dienstrechtsneuordnungsgesetz – DNeuG) vom 5.2.2009, BGBl I S. 160, 270

Erster Abschnitt: Allgemeine Vorschriften

§ 1 Zielsetzung und Anwendungsbereich

(1) [1]Dieses Gesetz dient dazu, Sicherheit und Gesundheitsschutz der Beschäftigten bei der Arbeit durch Maßnahmen des Arbeitsschutzes zu sichern und zu verbessern. [2]Es gilt in allen Tätigkeitsbereichen und findet im Rahmen der Vorgaben des Seerechtsübereinkommens der Vereinten Nationen vom 10. Dezember 1982 (BGBl. 1994 II S. 1799) auch in der ausschließlichen Wirtschaftszone Anwendung.

(2) [1]Dieses Gesetz gilt nicht für den Arbeitsschutz von Hausangestellten in privaten Haushalten. [2]Es gilt nicht für den Arbeitsschutz von Beschäftigten auf Seeschiffen und in Betrieben, die dem Bundesberggesetz unterliegen, soweit dafür entsprechende Rechtsvorschriften bestehen.

(3) [1]Pflichten, die die Arbeitgeber zur Gewährleistung von Sicherheit und Gesundheitsschutz der Beschäftigten bei der Arbeit nach sonstigen Rechtsvorschriften haben, bleiben unberührt. [2]Satz 1 gilt entsprechend für Pflichten und Rechte der Beschäftigten. [3]Unberührt bleiben Gesetze, die andere Personen als Arbeitgeber zu Maßnahmen des Arbeitsschutzes verpflichten.

(4) Bei öffentlich-rechtlichen Religionsgemeinschaften treten an die Stelle der Betriebs- oder Personalräte die Mitarbeitervertretungen entsprechend dem kirchlichen Recht.

Literatur: *Fabricius*, Keine Mitbestimmung bei Gefährdungsbeurteilung, BB 1997, 1259; *Gerhard*, Arbeitsschutzpflichten delegieren – ein Kann oder ein Muss?, AuA 1998, 236; *Koll/Janning/Pinter*, Arbeitsschutzgesetz, Loseblattausg. Stand Okt. 2005; *Kollmer*, Das neue Arbeitsschutzgesetz als „Grundgesetz des Arbeitsschutzes", WiB 1996, 825; *Siemes*, Die Neuregelung der Mitbestimmung des Betriebsrates nach § 87 Abs. 1 Nr. 7 BetrVG bei Bildschirmarbeit, NZA 1998, 232; *Wilrich*, Verantwortlichkeit und Haftung im Arbeitsschutz, NZA 2008, 182

A. Allgemeines

1 Das ArbSchG trat am 21.8.1996 in Kraft (BGBl I S. 1246). Das Gesetz beruht auf der EG-Rahmen-RL Arbeitsschutz (RL 89/391/EWG) über die Durchführung von Maßnahmen zur Verbesserung der Sicherheit und des Gesundheitsschutzes der AN am Arbeitsplatz vom 12.6.1989. Das ArbSchG bietet durch seine offene Gestaltung eine flexible Grundlage für die ständige Anpassung betrieblicher Arbeitsschutzmaßnahmen an den aktuellen Stand der Technik, wobei der Gesetzgeber weniger kategorisch strenge Vorgaben tätigt, als vielmehr die Eigenverantwortlichkeit der Unternehmen und ihrer Beschäftigten in den Vordergrund stellt. Weil das ArbSchG mehr als eine bloße Umsetzung der europarechtlichen RL darstellt und erstmals eine rechtliche Klammer für das deutsche dualorganisierte Arbeitsschutzsystem aufstellt, kann es auch als **Grundgesetz** für den deutschen Arbeitsschutz bezeichnet werden.[1]

B. Regelungsgehalt

2 Das Gesetz bietet den Beschäftigten in der modernen Arbeitswelt mit ihren technischen Fortschritten aber auch damit verbundenen Risiken, Schutz für ihre Sicherheit und Gesundheit. Demgegenüber dient das ArbSchG nicht dem Eigentumsschutz[2] und auch nicht dem Schutz des Vermögens der Mitarbeiter.[3] Es gilt sachlich für sämtliche Arbeitsbereiche mit Ausnahme der Hausangestellten in privaten Haushalten, der Heim-AN[4] und nur eingeschränkt für Be-

---

1 *Kollmer*, WiB 1996, 825.
2 BAG 25.5.2000 – 8 AZR 518/99 – AP § 611 BGB Parkplatz Nr. 8.
3 Kollmer/*Kollmer*, § 1 Rn 42.
4 Für diese gilt das HeimarbeitsG.

schäftigte auf Seeschiffen und in Bergbaubetrieben.[5] Die Einfügung von Abs. 1 S. 1 2. Hs. folgt aus der Umsetzung der Richtlinie des Rates über Schiffsausrüstung vom 20. Dezember 1996 (ABl EG Nr. L 46 S. 25) im SeeVerkRÄndG und erstreckt die Anwendung des Gesetzes nunmehr auf die ausschließliche Wirtschaftszone, d.h. die sog. „200-Meilen-Zone" des Küstenmeers.

Das ArbSchG hält auch weiterhin an dem **Dualismus** von staatlichem Arbeitsschutzrecht, d.h. Gesetze und VO einerseits und dem Recht der Unfallversicherungsträger andererseits, fest. Somit gilt für das ArbSchG – wie auch für die meisten anderen Arbeitsschutznormen – der Grundsatz der Transformation der öffentlich-rechtlichen Arbeitsschutzgesetze und VO in das private Arbeitsumfeld.[6]

C. Verbindung zu anderen Rechtsgebieten

Während das ArbSchG die Funktion eines „Allgemeinen Teils"[7] des Arbeitsschutzrechts besitzt, finden sich besondere tätigkeitsspezifische Arbeitsschutzvorschriften in Spezialgesetzen, wie dem ChemG, GPSG, ASiG, MPG, AZG, JArbSchG, MuSchG, ferner in den berufsgenossenschaftlichen Regeln des SGB VII sowie in diversen VO, wie der ArbStättV, BildscharbV, BetrSichV, BaustellV, LasthandhabV, GefStoffV, ChemVerbotsV, MaschinenV, SpielzeugV, PSA-BV und in verschiedenen Unfallverhütungsvorschriften der Berufsgenossenschaften (BGV und UVV).   3

D. Beraterhinweise

Das ArbSchG bestimmt zwar die Pflichten des AG, demgegenüber folgen die Rechte der AN bei Verletzung von Arbeitsschutzvorschriften weniger aus dem Gesetz selbst als vielmehr aus allg. Zivilrecht, wie dem Zurückbehaltungsrecht an der Arbeitskraft (§ 273 BGB), dem Recht zur fristlosen Eigen-Künd gem. § 626 BGB und dem Anspruch auf Schadensersatz nach § 628 BGB; ferner dem Anspruch auf Einrichtung eines normgemäßen Arbeitsplatzes (§§ 618f. BGB) und schließlich dem Unterlassungsanspruch nach § 1004 BGB. Das ArbSchG regelt unmittelbare Ansprüche der Mitarbeiter nur in §§ 3, 9 Abs. 2, 11 und 17.   4

§ 2 Begriffsbestimmungen

(1) Maßnahmen des Arbeitsschutzes im Sinne dieses Gesetzes sind Maßnahmen zur Verhütung von Unfällen bei der Arbeit und arbeitsbedingten Gesundheitsgefahren einschließlich Maßnahmen der menschengerechten Gestaltung der Arbeit.

(2) Beschäftigte im Sinne dieses Gesetzes sind:
1. Arbeitnehmerinnen und Arbeitnehmer,
2. die zu ihrer Berufsbildung Beschäftigten,
3. arbeitnehmerähnliche Personen im Sinne des § 5 Abs. 1 des Arbeitsgerichtsgesetzes, ausgenommen die in Heimarbeit Beschäftigten und die ihnen Gleichgestellten,
4. Beamtinnen und Beamte,
5. Richterinnen und Richter,
6. Soldatinnen und Soldaten,
7. die in Werkstätten für Behinderte Beschäftigten.

(3) Arbeitgeber im Sinne dieses Gesetzes sind natürliche und juristische Personen und rechtsfähige Personengesellschaften, die Personen nach Absatz 2 beschäftigen.

(4) Sonstige Rechtsvorschriften im Sinne dieses Gesetzes sind Regelungen über Maßnahmen des Arbeitsschutzes in anderen Gesetzen, in Rechtsverordnungen und Unfallverhütungsvorschriften.

(5) ¹Als Betriebe im Sinne dieses Gesetzes gelten für den Bereich des öffentlichen Dienstes die Dienststellen. ²Dienststellen sind die einzelnen Behörden, Verwaltungsstellen und Betriebe der Verwaltungen des Bundes, der Länder, der Gemeinden und der sonstigen Körperschaften, Anstalten und Stiftungen des öffentlichen Rechts, die Gerichte des Bundes und der Länder sowie die entsprechenden Einrichtungen der Streitkräfte.

A. Allgemeines

Das ArbSchG schützt sämtliche Beschäftigte in allen Tätigkeitsbereichen und gilt daher für sämtliche AG, Dienstleister, Werkunternehmer, landwirtschaftliche Betriebe, für alle gewerblichen Tätigkeiten, wie auch für den öffent-   1

---

5 Soweit keine Spezialvorschriften im SeemannsG und im BBergG greifen.

6 Kittner/*Pieper*, § 1 Rn 6.

7 Kollmer/*Kollmer*, vor § 1 Rn 2.

lichen Dienst und in kirchlichen oder sonstigen religiösen Einrichtungen, in gemeinnützigen Organisationen und für ehrenamtliche Tätigkeiten. Es gilt sogar für Tätigkeiten, die sozialversicherungsrechtlich nicht als Arbeitsleistung gelten, wie therapeutische Beschäftigungen von Behinderten in entsprechenden Werkstätten[1] oder für von der Sozialversicherung befreite Tätigkeiten, wie sog. ABM-Kräfte oder 1-Euro-Jobs.[2] Abs. 2 enthält eine beispielhafte Aufzählung der Beschäftigten i.S.d. ArbSchG. Ausdrücklich ausgenommen werden nur Hausangestellte in privaten Haushalten und die in Heimarbeit Beschäftigten. Der Anwendungsbereich erstreckt sich auch auf Beschäftigte in spezialgesetzlich geregelten Tätigkeitsbereichen, wie in der Seeschifffahrt und in Betrieben nach dem BBergG. Entscheidend ist in jedem Fall die tatsächliche Tätigkeit und weniger die vertragliche Gestaltung. Fraglich ist die Anwendung des Gesetzes auf Mitarbeiter von Werkunternehmern, die nach § 631 BGB in einem anderen Betrieb tätig werden. Nach allg. Ansicht werden in diesem Fall die öffentlich-rechtlichen Vorschriften, wie hier das Arbeitsschutzgesetz über die entsprechende Anwendung des § 618 BGB in das private Vertragsverhältnis, hier des Werkunternehmers, transformiert.[3]

B. Regelungsgehalt und Verbindung zu anderen Rechtsgebieten

2 Der Begriff des Beschäftigten wird in § 2 durch Beispiel weiter bestimmt. Die Abgrenzung wird nach allg. Ansicht nach § 84 Abs. 1 S. 2 HGB vorgenommen.[4] Beschäftigte sind somit solche Personen, die ihre Tätigkeit nicht im Wesentlichen frei gestalten und ihre Arbeitszeit nicht frei bestimmen können.

3 Für die Beamten nach Ziffer 4 gilt der statusrechtliche Beamtenbegriff nach § 2 BBG, § 2 BRRG, für die Kirchenbeamten § 135 S. 2 BRRG und als Richter nach Nr. 5 gelten auf der Grundlage von § 2 DRiG nur Berufsrichter, nicht die ehrenamtlichen Richter. Soldaten sind nach Nr. 6 solche nach § 1 SG. Die zur Berufsbildung Beschäftigten nach Nr. 2 sind sämtliche Praktikanten und Lehrlinge entsprechend § 23 Abs. 1 S. 2 KSchG, § 20 Abs. 1 S. 1 BEEG.[5] Im Wesentlichen sind dies die in § 10 BBiG genannten zur Berufsausbildung Beschäftigten. Der Schutzbereich umfasst nach § 26 BBiG auch die weiteren Praktikanten, Trainees, Referendare und Volontäre, bei denen die Ausbildung nicht oder teilweise nicht gesetzlich geregelt ist, jedoch dem Berufsbild immanent ist. Beschäftigte in einer Werkstatt für Behinderte nach Nr. 7 sind alle solche, die nur in einem arbeitnehmerähnlichen Rechtsverhältnis stehen, entsprechend der Neuregelung in § 138 Abs. 1 SGB IX. Hierbei ist zu beachten, dass der Anwendungsbereich nach Nr. 7 weiter gefasst ist als nach § 138 SGB IX. Er erfasst sämtliche Beschäftigungen nach §§ 3, 4, 5 SchwbWV.

C. Beraterhinweise

4 Anders als in anderen arbeits- und sozialrechtlichen Fragen wird eine Unterscheidung zwischen AN und arbeitnehmerähnlichen Personen (§ 5 Abs. 1 ArbGG) nicht vorgenommen. Der Begriff der Beschäftigten geht vielmehr weit über den üblichen AN-Begriff hinaus und erfasst damit auch alle Selbstständigen, deren Existenzsicherung im Wesentlichen von einem Auftraggeber abhängt. Dies können neben den typischen Fällen der „Freien Mitarbeiter" ausnahmsweise auch Franchisenehmer sein.[6]

Zweiter Abschnitt: Pflichten des Arbeitgebers

§ 3   Grundpflichten des Arbeitgebers

(1) ¹Der Arbeitgeber ist verpflichtet, die erforderlichen Maßnahmen des Arbeitsschutzes unter Berücksichtigung der Umstände zu treffen, die Sicherheit und Gesundheit der Beschäftigten bei der Arbeit beeinflussen. ²Er hat die Maßnahmen auf ihre Wirksamkeit zu überprüfen und erforderlichenfalls sich ändernden Gegebenheiten anzupassen. ³Dabei hat er eine Verbesserung von Sicherheit und Gesundheitsschutz der Beschäftigten anzustreben.

(2) Zur Planung und Durchführung der Maßnahmen nach Absatz 1 hat der Arbeitgeber unter Berücksichtigung der Art der Tätigkeiten und der Zahl der Beschäftigten

---

1 Auch wenn die aus therapeutischen Gründen Beschäftigten keine AN i.e.S. sind.
2 HaKo-ArbSchG *Heilmann/Aufhauser*, § 2 Rn 3.
3 Kittner/*Pieper*, § 2 Rn 18; MüKo-BGB/*Lorenz*, § 618 BGB Rn 8 m.w.N.
4 Kollmer/*Kothe*, § 2 Rn 48 m.w.N.
5 Der Begriff geht damit über in die § 5 BetrVG genannten zur Berufsausbildung Beschäftigten hinaus.
6 BAG 16.7.1997 – Az 5 AZB 29/96 – NZA 1997, 1126.

1. für eine geeignete Organisation zu sorgen und die erforderlichen Mittel bereitzustellen sowie
2. Vorkehrungen zu treffen, daß die Maßnahmen erforderlichenfalls bei allen Tätigkeiten und eingebunden in die betrieblichen Führungsstrukturen beachtet werden und die Beschäftigten ihren Mitwirkungspflichten nachkommen können.

(3) Kosten für Maßnahmen nach diesem Gesetz darf der Arbeitgeber nicht den Beschäftigten auferlegen.

A. Allgemeines 1	I. Spezielles Arbeitsschutz- und Unfallverhütungsrecht 6
B. Regelungsgehalt 2	II. Individualarbeitsrecht 7
I. Durchführung des Arbeitsschutzes (Abs. 1) 2	III. Betriebsverfassungsrecht 8
II. Organisation des Arbeitsschutzes (Abs. 2) 4	D. Beraterhinweise 9
III. Kosten des Arbeitsschutzes (Abs. 3) 5	
C. Verbindung zu anderen Rechtsgebieten 6	

A. Allgemeines

Der AG ist verantwortlich für die Planung, Durchführung und Überwachung des Schutzes, der Sicherheit und Gesundheit der Beschäftigten. § 3 regelt hierzu nicht nur die Verpflichtung des AG, den Status Quo zu sichern, sondern auch eine Verbesserung der Sicherheit und des Gesundheitsschutzes seiner Beschäftigten anzustreben, wobei sämtliche Maßnahmen nicht auf Kosten der Beschäftigten ergehen dürfen. § 3 stellt die Umsetzung der Art. 5 Abs. 1 und Art. 6 Abs. 1, 3 und 5 der EG-Rahmen-RL Arbeitsschutz (89/391/EWG) dar.

B. Regelungsgehalt

I. Durchführung des Arbeitsschutzes (Abs. 1)

Der AG ist nach Abs. 1 S. 1 verpflichtet, die erforderlichen Maßnahmen des Arbeitsschutzes, die in § 2 Abs. 1 definiert werden zu treffen. Hierbei hat er die Umstände zu berücksichtigen, welche die Sicherheit und Gesundheit der Beschäftigten bei der Arbeit beeinflussen. Abs. 1 S. 1 wird nach herrschender Meinung als **Generalklausel** und **Auffangtatbestand** für das gesamte Arbeitsschutzrecht interpretiert.[1] Nach richtlinienkonformer Auslegung begründet § 3 eine umfassende (öffentlich-rechtliche) Grundpflicht des AG für Arbeitsschutzmaßnahmen zu sorgen, auch wenn diese nicht durch Spezialgesetze geregelt sind. Beispielsweise müssen Schutzmaßnahmen, z.B. durch zusätzliche Pausen bei besonders hohen oder niedrigen Temperaturen am Arbeitsplatz zur Entlastung der Mitarbeiter geregelt werden, auch wenn diese nicht in § 3 ArbStättV i.V.m. Nr. 3.5 des Anhangs vorgesehen sind.[2] Soweit nicht Arbeitsschutzverpflichtungen durch spezielles Arbeitsschutz- und Unfallverhütungsrecht im Einzelfall geregelt sind, können sie aus Abs. 1 S. 1 abgeleitet werden, wobei dem AG der Ermessensspielraum bei der Gefährdungsbeurteilung nach § 5 zusteht. Der Einschränkung auf die „erforderlichen" Maßnahmen ist zu entnehmen, dass der Grundsatz der Verhältnismäßigkeit Anwendung findet und der AG z.B. den Kostenaufwand berücksichtigen darf.[3] Gelegentlich wird mit Blick auf die Personal-Injury-Claim-Rechtsprechung in England diskutiert, ob die Schutzpflicht des AG es auch umfasst, den AN vor übermäßigem Stress am Arbeitsplatz zu schützen;[4] etwa vor dem Lärm spielender Kinder in einer Kindertagesstätte. Im Hinblick auf den eingeräumten Ermessensspielraum des AG bei der Gefährdungsbeurteilung werden darauf abzielende Klagen jedoch die Ausnahme bleiben.

Abs. 1 S. 2 verpflichtet den AG, die getroffenen Arbeitsschutzmaßnahmen auf ihre Wirksamkeit zu überprüfen und erforderlichenfalls den sich ändernden Gegebenheiten anzupassen. Mit dieser **Überprüfungs- und Anpassungspflicht** soll nach Abs. 1 S. 3 sichergestellt werden, dass der AG entsprechend dem dynamisch formulierten Schutzziel des ArbSchG in § 1 Abs. 1 S. 1 eine (kontinuierliche) Verbesserung der Sicherheit und des Gesundheitsschutzes der Beschäftigten anstrebt. Das Gesetz selbst nennt in § 4 Nr. 3 Maßnahmen nach dem Stand der Technik, Arbeitsmedizin und Hygiene. Darüber hinaus sollen auch alle sonstigen gesicherten arbeitswissenschaftlichen Erkenntnisse berücksichtigt werden.[5] Die Überprüfung der getroffenen Arbeitsschutzmaßnahmen auf ihre Wirksamkeit ist ein Bestandteil der vom AG nach § 5 vorzunehmenden Gefährdungsbeurteilung. Mit dem Merkmal „erforderlichenfalls" hat der Gesetzgeber wiederum auf den Grundsatz der Verhältnismäßigkeit abgestellt und damit eine Kosten/Nutzen-Beurteilung des AG zugelassen.

II. Organisation des Arbeitsschutzes (Abs. 2)

Abs. 2 verlangt vom AG, für eine geeignete Arbeitsschutzorganisation im Betrieb bzw. Unternehmen zu sorgen, damit die Anforderungen des ArbSchG und der ergänzenden Arbeitsschutzvorschriften eingehalten und umgesetzt

---

1 Kollmer/*Kohte*, § 3 Rn 2; Münch Arb/*Wlotzke*, § 211 Rn 24.
2 Weitere Beispiele zur Arbeitszeitgestaltung u.a. vgl. Kollmer/*Kohte*, § 3 Rn 16 ff.
3 ErfK/*Wank*, § 3 Rn 3.
4 *Podehl*, DB 2007, 2090.
5 Kollmer/*Kohte*, § 3 Rn 35.

werden können. Das Gesetz beschränkt sich dabei auf die Normierung einiger grundlegender Organisationspflichten und überlässt die konkrete Ausgestaltung der Arbeitsschutzorganisation der Gestaltungsfreiheit des AG bzw. Unternehmers. Seit Inkrafttreten des ArbSchG sind zahlreiche Arbeitsschutzmanagementsysteme (AMS) und Organisationskonzepte entwickelt worden, auf die der AG bei der Umsetzung dieser Vorgaben zurückgreifen kann. Eine Zertifizierung für AMS besteht nicht, doch hat die Bundesanstalt für Arbeitsschutz und Arbeitsmedizin in 2002 einen Leitfaden verfasst.[6]

III. Kosten des Arbeitsschutzes (Abs. 3)

5   Abs. 3 enthält ein generelles, an den AG gerichtetes Verbot, den Beschäftigten die Kosten für Arbeitsschutzmaßnahmen aufzuerlegen. Diese **öffentlich-rechtliche Kostentragungspflicht** korrespondiert mit der schon vor dem Inkrafttreten des ArbSchG geltenden privatrechtlichen Rechtslage. Das BAG hat wiederholt für den praktisch bedeutsamen Fall der Zurverfügungstellung persönlicher Schutzausrüstungen (z.B. Sicherheitsschuhen) entschieden, dass der AG vertraglich gem. § 618 BGB zur Übernahme der Kosten für gesetzlich vorgeschriebene Arbeitsschutzmaßnahmen verpflichtet ist.[7] Diese **privatrechtliche Kostentragungspflicht** ist nach § 619 BGB unabdingbar und kann deshalb nicht im Voraus ganz oder teilweise auf die Beschäftigten abgewälzt werden; entgegenstehende Regelungen (Arbeitsvertrag, BV) sind gem. § 134 BGB unheilbar nichtig.[8] Vereinbarungen über eine **Kostenbeteiligung** der Beschäftigten (z.B. an den Kosten für die Beschaffung von Sicherheitsschuhen) sind nur unter der Voraussetzung zulässig, dass der AG den Beschäftigten einen über seine gesetzliche Verpflichtung hinausgehenden besonderen Gebrauchsvorteil einräumt (z.B. die Nutzung der Sicherheitsschuhe auch für private Zwecke) und der Beschäftigte dieses Angebot freiwillig annimmt, d.h. zwischen beiden Möglichkeiten (ausschließlich dienstliche Nutzung ohne Kostenbeteiligung oder privater Mitgebrauch gegen Kostenbeteiligung) frei wählen kann.[9] Die vereinbarte Kostenbeteiligung muss dem eingeräumten Gebrauchsvorteil entsprechen, darf also nicht unangemessen hoch angesetzt werden. Eine solche Vereinbarung ist allerdings nicht zulässig für spezielle Sehhilfen an Bildschirmarbeitsplätzen.[10]

C. Verbindung zu anderen Rechtsgebieten

I. Spezielles Arbeitsschutz- und Unfallverhütungsrecht

6   Die meisten **speziellen Arbeitsschutzvorschriften** enthalten eine mit Abs. 1 vergleichbare Generalklausel (vgl. etwa § 4 Abs. 1 BildscharbV, § 3 Abs. 1 ArbStättV, § 4 Abs. 1 BetrSichV, § 8 Abs. 1 GefStoffV, § 10 Abs. 1 BioStoffV). Das **Unfallverhütungsrecht** bestimmt in **§ 2 Abs. 1 S. 1 BGV A 1**, dass der Unternehmer die erforderlichen Maßnahmen zur Verhütung von Arbeitsunfällen, Berufskrankheiten und arbeitsbedingten Gesundheitsgefahren sowie für eine wirksame Erste Hilfe zu treffen hat. Welche konkreten Maßnahmen im Einzelfall zu treffen sind, ergibt sich nach § 2 Abs. 1 S. 2 BGV A 1 insb. aus den speziellen Bestimmungen dieser Unfallverhütungsvorschrift und anderer einschlägiger Unfallverhütungsvorschriften sowie den in Bezug genommenen staatlichen Arbeitsschutzvorschriften der Anlage 1 zur BGV A 1. Die Überprüfungs-, Anpassungs- und Organisationspflichten aus Abs. 1 S. 2 und 3 sowie Abs. 2 werden durch § 2 Abs. 3 BGV A 1 in das Unfallverhütungsrecht übertragen. § 2 Abs. 5 BGV A 1 übernimmt die Kostenregelung des Abs. 3.

II. Individualarbeitsrecht

7   Beschäftigte, die persönliche Schutzausrüstungsgegenstände (z.B. Sicherheitsschuhe) in Eigeninitiative beschaffen, weil sie der AG entsprechend beauftragt oder ihnen pflichtwidrig keine Schutzausrüstung zur Verfügung stellt hat, haben gegen den AG einen **Erstattungsanspruch** aus **§§ 662, 670 BGB** (Auftrag) bzw. **§§ 683 S. 1, 670 BGB** (Geschäftsführung ohne Auftrag).[11] Dieser Erstattungsanspruch ist der Höhe nach begrenzt auf die Aufwendungen, die der Beschäftigte den Umständen nach für erforderlich halten durfte; unangemessen hohe Aufwendungen gehen zu Lasten des Beschäftigten.[12]

---

6 Zum Download unter www.baua.de und hier unter Themen A-Z Arbeitsschutzmanagementsysteme.
7 Vgl. BAG 21.8.1985 – 7 AZR 199/83 – AP § 618 BGB Nr. 19 = NZA 1986, 324; BAG 18.8.1982 – 5 AZR 493/80 – BAGE 40, 50 = AP § 618 BGB Nr. 18; BAG 10.3.1976 – 5 AZR 34/75 – AP § 618 BGB Nr. 17 = EzA § 618 BGB Nr. 2; weiterführend Kollmer/Kohte, § 3 Rn 91 ff.
8 Vgl. LAG Düsseldorf 26.4.2001 – 13 Sa 1804/00 – LAGE § 618 BGB Nr. 10 = NZA-RR 2001, 409.
9 Vgl. BAG 18.8.1982 – 5 AZR 493/80 – BAGE 40, 50 = AP § 618 BGB Nr. 18 und BAG 21.8.1985 – 7 AZR 199/83 AP § 618 BGB Nr. 19 = NZA 1986, 324; LAG Hamm 9.12.1999 – 17 Sa 1455/99 – ZTR 2000, 182.
10 Vgl. Art. 9 Ziff. 3 EU-RL 90/270 (Bildschirmrichtlinie).
11 Vgl. BAG 19.5.1998 – 9 AZR 307/96 – BAGE 89, 26 = AP § 670 BGB Nr. 31; BAG 21.8.1985 – AP § 618 BGB Nr. 19 = NZA 1986, 324.
12 Vgl. BAG 21.8.1985 – AP § 618 BGB Nr. 19 = NZA 1986, 324; LAG Hamm 9.12.1999 – 17 Sa 1455/99 – ZTR 2000, 182; für Bildschirmarbeitsbrillen vgl. BVerwG 27.2.2003 – 2 C 2/02 – NZA-RR 2003, 651 = ZTR 2003, 422; LAG Hamm 29.10.1999 – 5 Sa 2158/98 – NZA-RR 2000, 351; ArbG Kaiserslautern 12.6.2001 – 5 Ca 316/01 – NZA-RR 2001, 628. ArbG Neumünster 20.1.2000 – 4 Ca 1034b/99 – LAGE § 618 BGB Nr. 9 = NZA-RR 2000, 237.

III. Betriebsverfassungsrecht

Nach der Rspr. der ArbG[13] und der überwiegenden Meinung im Schrifttum[14] handelt es sich auch bei den sog. **Generalklauseln des Arbeitsschutzes** um ausfüllungsbedürftige **Rahmenvorschriften i.S.d. § 87 Abs. 1 Nr. 7 BetrVG**. Maßnahmen, die der AG zur Umsetzung seiner Verpflichtungen aus Abs. 1 und 2 trifft, unterliegen daher der Mitbestimmung des BR. Entsprechendes gilt für Vereinbarungen über eine Kostenbeteiligung der Beschäftigten an Arbeitsschutzmaßnahmen im Rahmen des Abs. 3. Sofern eine Gesundheitsgefahr noch nicht konkretisierbar ist, gilt für allgemeine Maßnahmen des Gesundheitsschutzes der Mitarbeiter anstelle des Mitbestimmungsrechts nach § 87 Abs. 1 Nr. 7 BetrVG das Mitbestimmungsrecht nach § 91 BetrVG.[15]

D. Beraterhinweise

Neben dem Leitfaden für ein Arbeitsschutzmanagementsystem veröffentlicht die Bundesanstalt für Arbeitsschutz und Arbeitsmedizin auf ihrer Homepage auch erfolgreiche Praxisbeispiele in Klein- bis Großbetrieben, die als Planungsgrundlage für den Aufbau eines AMS nützlich sind.[16]

Eine Vereinbarung über eine Beteiligung der Beschäftigten an den Kosten der ihnen zur Verfügung gestellten persönlichen Schutzausrüstungen als Gegenleistung für die Gestattung der privaten Mitbenutzung könnte folgendermaßen formuliert werden:

„Der Mitarbeiter kann die ihm zur Verfügung gestellten Sicherheitsschuhe auch im privaten Bereich benutzen, wenn er dies ausdrücklich wünscht. Als Gegenleistung für die Gestattung der privaten Mitbenutzung wird vereinbart, dass der Mitarbeiter einen Betrag von 20 % der Anschaffungskosten der Sicherheitsschuhe zu tragen hat."

§ 4 Allgemeine Grundsätze

Der Arbeitgeber hat bei Maßnahmen des Arbeitsschutzes von folgenden allgemeinen Grundsätzen auszugehen:
1. Die Arbeit ist so zu gestalten, daß eine Gefährdung für Leben und Gesundheit möglichst vermieden und die verbleibende Gefährdung möglichst gering gehalten wird;
2. Gefahren sind an ihrer Quelle zu bekämpfen;
3. bei den Maßnahmen sind der Stand von Technik, Arbeitsmedizin und Hygiene sowie sonstige gesicherte arbeitswissenschaftliche Erkenntnisse zu berücksichtigen;
4. Maßnahmen sind mit dem Ziel zu planen, Technik, Arbeitsorganisation, sonstige Arbeitsbedingungen, soziale Beziehungen und Einfluß der Umwelt auf den Arbeitsplatz sachgerecht zu verknüpfen;
5. individuelle Schutzmaßnahmen sind nachrangig zu anderen Maßnahmen;
6. spezielle Gefahren für besonders schutzbedürftige Beschäftigtengruppen sind zu berücksichtigen;
7. den Beschäftigten sind geeignete Anweisungen zu erteilen;
8. mittelbar oder unmittelbar geschlechtsspezifisch wirkende Regelungen sind nur zulässig, wenn dies aus biologischen Gründen zwingend geboten ist.

A. Allgemeines … 1	VI. Nachrangigkeit individueller Schutzmaßnahmen (Nr. 5) … 8
B. Regelungsgehalt … 2	VII. Berücksichtigung spezieller Gefahren für besonders schutzbedürftige Beschäftigtengruppen (Nr. 6) … 9
I. Bedeutung der allgemeinen Grundsätze des Arbeitsschutzes … 2	VIII. Erteilung geeigneter Anweisungen an die Beschäftigten (Nr. 7) … 10
II. Vermeidung bzw. Minimierung der Gesundheitsgefährdung bei der Arbeit (Nr. 1) … 3	IX. Beschränkung der Zulässigkeit geschlechtsspezifischer Regelungen (Nr. 8) … 11
III. Bekämpfung der Gefahren an der Quelle (Nr. 2) … 4	C. Verbindung zu anderen Rechtsgebieten … 12
IV. Berücksichtigung des Standes von Technik, Arbeitsmedizin und Hygiene sowie sonstiger gesicherter arbeitswissenschaftlicher Erkenntnisse (Nr. 3) … 5	I. Spezielles Arbeitsschutz- und Unfallverhütungsrecht … 12
V. Ganzheitliche Planung von Arbeitsschutzmaßnahmen (Nr. 4) … 7	II. Betriebsverfassungsrecht … 13
	D. Beraterhinweise … 14

---

13 Vgl. BAG 16.6.1998 – 1 ABR 68/97 – BAGE 89, 139 = AP § 87 BetrVG 1972 Nr. 7 (zu § 2 Abs. 1 VBG 1); BAG 2.4.1996 – 1 ABR 47/95 – BAGE 82, 349 = AP § 87 BetrVG 1972 Gesundheitsschutz Nr. 5 (zu § 120a GewO); speziell zu § 3 vgl. LAG Nürnberg 4.2.2003 – 6 (2) TaBV 39/01 – LAGE § 87 BetrVG 2001 Gesundheitsschutz Nr. 1 = NZA-RR 2003, 588.

14 Vgl. GK-BetrVG/*Wiese*, § 87 Rn 600, 602 f.; *Fitting u.a.*, § 87 Rn 274, 295; einschränkend Richardi/*Richardi*, § 87 Rn 554 ff.

15 LAG Hamburg 17.8.2007 – 6 TaBV 9/07 – AiB 2008, 101.

16 www.baua.de unter Themen A–Z Arbeitsschutzmanagementsysteme.

A. Allgemeines

1 § 4 ergänzt die Grundpflichten des § 3 um allg. Grundsätze des Arbeitsschutzes, die der AG bei den zu treffenden Arbeitsschutzmaßnahmen zu beachten hat. Diese Grundsätze sind – abgesehen von Nr. 8 – aus Art. 6 Abs. 2 und Art. 15 der EG-Rahmen-RL Arbeitsschutz (RL 89/391/EWG), sinngemäß, wenn auch nicht inhaltsgleich übernommen worden. Im Zweifel sind sie im Lichte der Art. 6 und 15 dieser Richtlinie auszulegen.

B. Regelungsgehalt

I. Bedeutung der allgemeinen Grundsätze des Arbeitsschutzes

2 Die allg. Grundsätze des Arbeitsschutzes in § 4 enthalten generelle Vorgaben für die Planung, Gestaltung und Organisation der Arbeitsschutzmaßnahmen durch den AG. Sie konkretisieren die Grundpflichten des AG nach § 3 Abs. 1 (s. § 3 Rn 2 ff.) im Hinblick auf die Zielrichtung und Rangfolge der Maßnahmen des Arbeitsschutzes i.S.v. § 2 Abs. 1 (s. § 2 Rn 1). Die Grundsätze des § 4 sind vom AG bei allen Arbeitsschutzmaßnahmen kumulativ zu beachten und anzuwenden.

II. Vermeidung bzw. Minimierung der Gesundheitsgefährdung bei der Arbeit (Nr. 1)

3 Der AG ist primär verpflichtet, die Arbeit so zu gestalten, dass eine Gefährdung für Leben und Gesundheit der Beschäftigten möglichst vermieden wird (**Prinzip der Risikovermeidung**). Lässt sich eine Gefährdung nicht (völlig) vermeiden, muss der AG durch geeignete technische oder organisatorische Maßnahmen dafür sorgen, dass die verbleibende Gefährdung, d.h. das „Restrisiko", möglichst gering gehalten wird (**Prinzip der Risikominimierung**). Unter einer „Gefährdung" i.S.v. von Nr. 1 wird im Gegensatz zu einer „Gefahr" i.S.v. Nr. 2 ein Zustand verstanden, bei welchem nur allgemein die Möglichkeit eines Schadenseintritts oder einer gesundheitlichen Beeinträchtigung bestehen muss, ohne dass es auf die Wahrscheinlichkeit des Schadenseintritts ankommt. Demgegenüber erfordert der Zustand einer „Gefahr" eine Sachlage, die bei ungehindertem Ablauf des objektiv bevorstehenden Geschehens zu einem Schaden führt.[1] Bei einer „Gefahr" i.S.d. Arbeitsschutzrechts muss also nicht nur eine allgemeine, sondern eine hinreichende Wahrscheinlichkeit des Schadenseintritts bestehen. Die Ermittlung der vorhandenen Gefährdungspotenziale und die Festlegung der zur Vermeidung bzw. Minimierung der Gesundheitsrisiken für die Beschäftigten erforderlichen Maßnahmen des Arbeitsschutzes erfolgt im Rahmen der durch § 5 vorgeschriebenen Gefährdungsbeurteilung.

III. Bekämpfung der Gefahren an der Quelle (Nr. 2)

4 Der Grundsatz der Gefahrenbekämpfung an der Quelle begründet für den AG die Pflicht zu einem möglichst früh ansetzenden **präventiven Gefahrenschutz**. Gefahren für Leben und Gesundheit der Beschäftigten sind grds. dort zu bekämpfen, wo sie entstehen, d.h. durch Vermeidung oder Beseitigung der möglichen Gefahrenquellen der verwendeten Arbeitsmittel, Arbeitsstoffe und Arbeitsverfahren (z.B. Ausrüstung von Maschinen mit geeigneten Sicherheitsvorrichtungen, Substitution eines Gefahrstoffes durch einen ungefährlichen oder weniger gefährlichen Stoff, Absaugung von gefährlichen Gasen oder Dämpfen am Entstehungsort anstelle von Lüftungseinrichtungen).

IV. Berücksichtigung des Standes von Technik, Arbeitsmedizin und Hygiene sowie sonstiger gesicherter arbeitswissenschaftlicher Erkenntnisse (Nr. 3)

5 Der AG muss bei der Planung und Durchführung von Maßnahmen des Arbeitsschutzes bestimmte normative Standards berücksichtigen. **Stand der Technik** ist der Entwicklungsstand fortschrittlicher Verfahren, Einrichtungen oder Betriebsweisen, der die praktische Eignung einer Maßnahme zum Schutz der Gesundheit und zur Sicherheit der Beschäftigten gesichert erscheinen lässt (vgl. § 3 Nr. 10 GefStoffV und § 3 Abs. 6 BImSchG). Allgemein anerkannte Regeln der Technik folgen unter anderem den Technischen Regeln für Betriebssicherheit (TRBS) wie z.B. TRBS 1001 für die Betriebssicherheit, TRBS 1121 für Aufzugsanlagen, TRBS 1201 für explosionsgefährdete Bereiche, TRBS 2131 für elektrische Gefährdungen, TRBS 2141 für Dampf und Druck.[2] Bei der Bestimmung des Standes der Technik sind insb. vergleichbare Verfahren, Einrichtungen oder Betriebsweisen heranzuziehen, die mit Erfolg in der Praxis erprobt worden sind. Entsprechendes gilt für den Stand der Arbeitsmedizin und der Hygiene. Die **sonstigen arbeitswissenschaftlichen Erkenntnisse** betreffen vornehmlich die menschengerechte Gestaltung der Arbeit i.S.v. § 2 Abs. 1. Umstr. ist, ob diese Erkenntnisse bereits dann als **gesichert** gelten, wenn sie in der Fachwelt anerkannt sind oder ob zusätzlich noch eine praktische Erprobung erforderlich ist.[3]

6 **Berücksichtigen** bedeutet nicht, dass der AG die o.g. normativen Standards zwingend einhalten muss. Er muss sie kennen und in seine Überlegungen einbeziehen, darf aber in eigener Verantwortung davon abweichen, sofern das gleiche Schutzniveau durch andere Maßnahmen erreicht wird (vgl. § 3 Abs. 1 S. 4 ArbStättV, § 8 Abs. 1 S. 4 Gef-

---

1 Kollmer/*Wilhelm* § 4 Rn 2.
2 Als Download erhältlich unter www.baua.de/Themen von A-Z/Anlagen- und Betriebssicherheit.
3 Vgl. MünchArb/*Wlotzke*, Bd. 2, § 210 Rn 14; GK-BetrVG/*Wiese*, § 90 Rn 37.

StoffV). Umgekehrt gilt, dass der AG, der die vom Staat und den Unfallversicherungsträgern erstellten und bekannt gemachten Regelwerke einhält, davon ausgehen darf, dass die gesetzlichen Anforderungen erfüllt sind (vgl. § 3 Abs. 1 S. 3 ArbStättV, § 8 Abs. 1 S. 3 GefStoffV).

V. Ganzheitliche Planung von Arbeitsschutzmaßnahmen (Nr. 4)

Maßnahmen des Arbeitsschutzes dürfen nicht isoliert auf die Gegebenheiten des einzelnen Arbeitsplatzes ausgerichtet sein, sondern müssen die Wechselbeziehungen innerhalb des gesamten Arbeitssystems berücksichtigen. Der AG muss deshalb bereits bei der Planung von Arbeitsschutzmaßnahmen die Wechselwirkungen zwischen Technik, Arbeitsorganisation, sonstigen Arbeitsbedingungen, sozialen Beziehungen und Umwelteinflüssen am Arbeitsplatz ermitteln und sachgerecht miteinander verknüpfen. Dieser ganzheitliche Planungsansatz soll sicherstellen, dass die Arbeitsschutzmaßnahmen an das Arbeitsumfeld angepasst sind und dadurch ihre optimale Wirkung entfalten können.

VI. Nachrangigkeit individueller Schutzmaßnahmen (Nr. 5)

Der Vorrang der Maßnahmen des objektiven Arbeitsschutzes gegenüber den individuellen Schutzmaßnahmen korrespondiert mit dem Grundsatz der Gefahrenbekämpfung an der Quelle (Nr. 2) und war schon vor Erlass des ArbSchG allg. anerkannt. Zu den individuellen Schutzmaßnahmen gehören alle Maßnahmen, die auf die Person des einzelnen Beschäftigten bezogen sind (z.B. Tragen persönlicher Schutzausrüstungen wie etwa Atem- oder Gehörschutz, arbeitsmedizinische Vorsorgeuntersuchungen, sicherheitsbezogene Verhaltensregeln). Individuelle Schutzmaßnahmen sind nur als Ultima Ratio zulässig, d.h. erst, wenn alle technisch möglichen und finanziell zumutbaren Maßnahmen des objektiven Arbeitsschutzes (bauliche, technische und organisatorische Schutzmaßnahmen) ausgeschöpft sind.

VII. Berücksichtigung spezieller Gefahren für besonders schutzbedürftige Beschäftigtengruppen (Nr. 6)

Der AG muss bei der Planung und Durchführung von Arbeitsschutzmaßnahmen auch solche Gefahren berücksichtigen, die speziell besonders schutzbedürftige Beschäftigtengruppen betreffen können. Besonders schutzbedürftig sind insb. **Jugendliche**, werdende und stillende **Mütter** sowie **Behinderte**. Zwar gibt es für diese Personen bereits besondere Arbeitsschutzbestimmungen in den jeweiligen Spezialgesetzen (vgl. §§ 22 ff., 28 ff., 32 ff. JArbSchG; §§ 2 ff. MuSchG i.V.m. MuSchV; § 81 SGB IX), diese bleiben jedoch in ihrem persönlichen Anwendungsbereich z.T. hinter dem ArbSchG zurück (vgl. § 1 MuSchG mit der Beschränkung auf Frauen, die in einem Arbverh oder in Heimarbeit beschäftigt sind) und regeln auch nicht alle Aspekte des Arbeitsschutzes. Eigenständige Bedeutung könnte die Berücksichtigungspflicht des Nr. 6 für **ältere Beschäftigte** erlangen, die zwar im Hinblick auf die generell festzustellende altersbedingte Minderung der Leistungsfähigkeit und Belastbarkeit besonders schutzbedürftig sind, bisher aber kaum durch gesetzliche Sonderregelungen geschützt werden (vgl. z.B. § 9 Abs. 2 DruckluftV: Verbot der Beschäftigung in Druckluft für AN über 50 Jahren).

VIII. Erteilung geeigneter Anweisungen an die Beschäftigten (Nr. 7)

Die Verpflichtung des AG zur Erteilung geeigneter Anweisungen an die Beschäftigten korrespondiert mit der in § 12 geregelten Unterweisungspflicht. **Anweisungen** sind arbeitsplatz- und tätigkeitsbezogene verbindliche Anordnungen und Verhaltensregeln des AG an die Beschäftigten zum Schutz vor Unfall- und Gesundheitsgefahren. Ein gesetzlich geregelter Sonderfall ist die von verschiedenen Arbeitsschutzvorschriften vorgeschriebene **Betriebsanweisung** (vgl. § 9 Abs. 1 S. 1 Nr. 2 BetrSichV, § 14 Abs. 1 GefStoffV, § 12 Abs. 1 BioStoffV). Anweisungen müssen den Beschäftigten in einer für sie verständlichen Form und Sprache bekannt gegeben werden (vgl. § 9 Abs. 1 S. 1 BetrSichV, § 14 Abs. 1 S. 1 GefStoffV, § 12 Abs. 1 S. 4 BioStoffV).

IX. Beschränkung der Zulässigkeit geschlechtsspezifischer Regelungen (Nr. 8)

Nr. 8 stellt klar, dass der durch das Grundgesetz (Art. 3 Abs. 2 GG) und das europäische Recht (Art. 141 EWGV, RL 76/207/EWG) vorgegebene **Grundsatz der Gleichbehandlung** von Mann und Frau im Arbeitsleben auch für den Arbeitsschutz gilt. **Mittelbar oder unmittelbar geschlechtsspezifisch wirkende Regelungen** sind deshalb als Maßnahmen des Arbeitsschutzes **nur zulässig, wenn dies aus biologischen Gründen zwingend geboten ist**. Eine Regelung wirkt mittelbar geschlechtsspezifisch, wenn sie zwar unmittelbar für Männer und Frauen gleichermaßen gilt, in dem tatsächlich betroffenen Personenkreis aber die Frauen überwiegen. Geschlechtsspezifisch wirkende Regelungen sind insb. zulässig zum Schutz schwangerer oder stillender Frauen (vgl. die einschlägigen Arbeitsschutzvorschriften in §§ 4, 8 MuSchG, §§ 4 f. MuSchV, § 22 RöV).

C. Verbindung zu anderen Rechtsgebieten

I. Spezielles Arbeitsschutz- und Unfallverhütungsrecht

Die allg. Grundsätze des Arbeitsschutzes in § 4 sind auch im speziellen Arbeitsschutzrecht (vgl. § 2 Abs. 1 BauStellV, § 4 Abs. 1 BetrSichV für Arbeitsmittel) sowie im Unfallverhütungsrecht (vgl. § 2 Abs. 2 BGV A 1) zu beachten.

II. Betriebsverfassungsrecht

13 Der BR hat ein **Mitbestimmungsrecht nach § 87 Abs. 1 Nr. 7 BetrVG**, soweit bei der Anwendung und Umsetzung der allg. Grundsätze des § 4 Handlungsspielräume für den AG bestehen.

D. Beraterhinweise

14 Für den AG ist es oft schwierig, die für ihn maßgebenden normativen Standards i.S.v. Nr. 3 zu ermitteln. Eine wichtige Hilfe bilden dabei die von staatlicher Seite und von den Berufsgenossenschaften bekannt gemachten Regelwerke, wie z.B. die Technischen Regeln für Betriebssicherheit (TRBS).[4] Eine Zusammenstellung der aktuell gültigen Regeln enthält der **Unfallverhütungsbericht Arbeit** der Bundesregierung[5] sowie das vom Hauptverband der gewerblichen Berufsgenossenschaften herausgegebene **BGVR-Verzeichnis**.[6]

§ 5 Beurteilung der Arbeitsbedingungen

(1) Der Arbeitgeber hat durch eine Beurteilung der für die Beschäftigten mit ihrer Arbeit verbundenen Gefährdung zu ermitteln, welche Maßnahmen des Arbeitsschutzes erforderlich sind.
(2) [1]Der Arbeitgeber hat die Beurteilung je nach Art der Tätigkeiten vorzunehmen. [2]Bei gleichartigen Arbeitsbedingungen ist die Beurteilung eines Arbeitsplatzes oder einer Tätigkeit ausreichend.
(3) Eine Gefährdung kann sich insbesondere ergeben durch
1. die Gestaltung und die Einrichtung der Arbeitsstätte und des Arbeitsplatzes,
2. physikalische, chemische und biologische Einwirkungen,
3. die Gestaltung, die Auswahl und den Einsatz von Arbeitsmitteln, insbesondere von Arbeitsstoffen, Maschinen, Geräten und Anlagen sowie den Umgang damit,
4. die Gestaltung von Arbeits- und Fertigungsverfahren, Arbeitsabläufen und Arbeitszeit und deren Zusammenwirken,
5. unzureichende Qualifikation und Unterweisung der Beschäftigten.

A. Allgemeines

1 Die Gefährdungsbeurteilung nach § 5 – wie auch die in § 6 geforderte Dokumentaktion – obliegt dem AG als Maßnahme des präventiven Gesundheitsschutzes für seine Mitarbeiter. Diese Pflicht ist eine Umsetzung von Art. 6 Abs. 3 der Rahmen-RL 89/391/EWG.

B. Regelungsgehalt

2 Die Gefährdungsbeurteilung dient dazu, zunächst zu ermitteln, welche Maßnahmen des Arbeitsschutzgesetzes erforderlich sind. Diese Gefährdungsbeurteilung ist für die Gewährleistung des Arbeitsschutzes nach diesem Gesetz erforderlich, weil nur so eine den Besonderheiten der einzelnen Arbeitsplätze gerecht werdende Gefährdungsbeurteilung möglich ist und die mit diesen Arbeitsplätzen verbundenen Gefährdungen und deshalb erforderlichen Maßnahmen beurteilt werden können. Die Effektivität des Arbeitsschutzes hängt daher von der Qualität der Gefährdungsbeurteilung ab. Der Gesundheitsschutz fängt bereits mit der Ermittlung potenzieller Gefährdungen an. Diese können aus physischen, aber auch aus psychischen Belastungen resultieren, z.B. durch Lärm oder Nachtarbeit[1] oder besondere Temperaturen.[2] Je genauer und wirklichkeitsnäher im Betrieb die Gefährdungen ermittelt und beurteilt werden, desto zielsicherer können konkrete Maßnahmen getroffen werden.[3]

C. Verbindung zu anderen Rechtsgebieten

3 Nach der Rechtsprechung des BAG haben AN nach Abs. 1 in Verbindung mit § 618 Abs. 1 BGB einen Anspruch auf eine Beurteilung der mit ihrer Beschäftigung verbundenen Gefährdung.[4] Die Kriterien dieser Beurteilung liegen allerdings im Ermessen des AG (vgl. § 618 BGB Rn 39).

---

4 Als Download erhältlich unter www.baua.de/Themen von A-Z/Anlagen- und Betriebssicherheit.
5 Vgl. zuletzt Sicherheit und Gesundheit bei der Arbeit 2007.
6 Vgl. zuletzt BGVR-Verzeichnis September 2008.
1 *Rudow*, AiB 2007, 470; *Uhl*, *Polloczek*, BB 2007, 2401..

2 *Burgmer*, dbr 2007, 26.
3 BAG 8.6.2004 – 1 ABR 4/03 – AP § 76 BetrVG 1972 Einigungsstelle Nr. 20; *Kothe*, Anm. LAGE § 87 BetrVG 1972 Gesundheitsschutz Nr. 1.
4 BAG 12.8.2008 – 9 AZR 1117/06 – juris.

Für die Gefährdungsbeurteilung nach § 5 besteht ein Mitbestimmungsrecht des BR, welches dieser initiativ geltend machen kann.[5] Das Mitbestimmungsrecht des BR folgt aus § 87 Abs. 1 Nr. 7 BetrVG und umfasst die Festlegung der Einzelheiten der Gefährdungsbeurteilung nach § 5 und der Dokumentation nach § 6. Das Mitbestimmungsrecht des BR im Rahmen des § 5 setzt nicht voraus, dass eine konkrete Gesundheitsgefahr bereits hinreichend bestimmt ist.[6] § 5 ist eine ausfüllungsbedürftige Rahmenvorschrift, die keine zwingenden Vorgaben enthält, wie bei der Gefährdungsbeurteilung zu verfahren ist.[7] Demgegenüber hat das BVerwG[8] für das Personalvertretungsrecht entschieden, dass Befragungen von Dienststellenleitern im Rahmen der Gefährdungsbeurteilung nach § 5 keine Maßnahmen i.S.v. § 69 Abs. 1 und § 75 Abs. 3 Nr. 11 BPersVG sind und demnach nicht der Mitbestimmung unterliegen. Derartige Befragungen betreffen nach Ansicht des BVerwG nur den Erkenntnisprozess der Dienstbehörde zur Ermittlung, welche mitbestimmungspflichtigen Maßnahmen des Arbeitsschutzes erforderlich sind, die wie die in § 81 BPersVG normierten Rechtspositionen unterhalb der Schwelle der Mitbestimmung liegen.[9]

D. Beraterhinweise

Die Vorschrift räumt dem AG große Ermessensspielräume ein. Entsprechend schwierig gestaltet sich die Gefährdungsbeurteilung in der Praxis. Die Bundesanstalt für Arbeitsschutz und Arbeitsmedizin hat hierzu einen Ratgeber und praktische Hilfsmittel herausgegeben.[10] Es gibt im Ergebnis nicht nur eine einzige richtige Vorgabe, sondern der AG kann nach erfolgter Gefährdungsermittlung auf der Rechtsfolgenseite entscheiden, welche Art der Gefährdungsbeurteilung angemessen erscheint.[11] In Betrieben mit hohem Gefährdungspotential kann sich eine BV zur Gefährdungsbeurteilung und Unterweisung empfehlen, um die Vorgehensweise im Betrieb zu kategorisieren.[12]

4

§ 6 Dokumentation

(1) ¹Der Arbeitgeber muß über die je nach Art der Tätigkeiten und der Zahl der Beschäftigten erforderlichen Unterlagen verfügen, aus denen das Ergebnis der Gefährdungsbeurteilung, die von ihm festgelegten Maßnahmen des Arbeitsschutzes und das Ergebnis ihrer Überprüfung ersichtlich sind. ²Bei gleichartiger Gefährdungssituation ist es ausreichend, wenn die Unterlagen zusammengefaßte Angaben enthalten. ³Soweit in sonstigen Rechtsvorschriften nichts anderes bestimmt ist, gilt Satz 1 nicht für Arbeitgeber mit zehn oder weniger Beschäftigten; die zuständige Behörde kann, wenn besondere Gefährdungssituationen gegeben sind, anordnen, daß Unterlagen verfügbar sein müssen. ⁴Bei der Feststellung der Zahl der Beschäftigten nach Satz 3 sind Teilzeitbeschäftigte mit einer regelmäßigen wöchentlichen Arbeitszeit von nicht mehr als 20 Stunden mit 0,5 und nicht mehr als 30 Stunden mit 0,75 zu berücksichtigen.

(2) Unfälle in seinem Betrieb, bei denen ein Beschäftigter getötet oder so verletzt wird, daß er stirbt oder für mehr als drei Tage völlig oder teilweise arbeits- oder dienstunfähig wird, hat der Arbeitgeber zu erfassen.

A. Allgemeines 1	III. Erfassung schwerer Unfälle im Betrieb (Abs. 2) 6
B. Regelungsgehalt 2	C. Verbindung zu anderen Rechtsgebieten 8
I. Dokumentation der Gefährdungsbeurteilung	I. Spezielles Arbeitsschutz- und Unfallverhütungs-
(Abs. 1 S. 1 und 2) 2	recht 8
II. Ausnahmeregelung für Kleinarbeitgeber	II. Betriebsverfassungsrecht 9
(Abs. 1 S. 3 und 4) 4	D. Beraterhinweise 10

A. Allgemeines

§ 6 regelt in Umsetzung von Art. 9 der EG-Rahmen-RL Arbeitsschutz (RL 89/391/EWG) die Verpflichtung des AG zur Dokumentation der nach § 5 vorgeschriebenen Gefährdungsbeurteilung und zur Erfassung schwerer Arbeitsunfälle und solcher, die zu mehr als drei Tagen Arbeitsunfähigkeit geführt haben.

1

---

5 ArbG Hamburg 2.7.1998 – 4 BV 2/98 – AuR 1999, 115 ff.
6 BAG 8.6.2004 – 1 ABR 4/03 – AP § 76 BetrVG 1972 Einigungsstelle Nr. 20.
7 BAG 8.6.2004 – 1 ABR 4/03 – AP § 76 BetrVG 1972 Einigungsstelle Nr. 20; Kittner/Pieper, § 5 Rn 17; Heilmann/Aufhauser, § 5 Rn 16; Fabricius, BB 1997, 1254, 1257; Siemes, NZA 1998, 232, 235; vgl. auch BAG 8.6.2004 – 1 ABR 13/03 – AP § 76 BetrVG 1972 Einigungsstelle Nr. 20 m.w.N.
8 BVerwG 14.10.2002 – 6 P 7/01 – AP § 75 BPersVG Nr. 81.
9 BVerwG 14.10.2002 – 6 P 7/01 – AP § 75 BPersVG Nr. 81.
10 www.baua.de/Themen-von-A-Z/Gefaehrdungsbeurteilung.
11 BAG 8.6.2004 – 1 ABR 4/03 – AP § 76 BetrVG 1972 Einigungsstelle Nr. 20; Kohte, Anm. LAGE § 87 BetrVG 1972 Gesundheitsschutz Nr. 1.
12 Vgl. Martin, AiB 2007, 483 mit einem umfangreichen Praxisbeispiel.

B. Regelungsgehalt

I. Dokumentation der Gefährdungsbeurteilung (Abs. 1 S. 1 und 2)

2 Abs. 1 S. 1 verpflichtet den AG zur Dokumentation der Gefährdungsbeurteilung. Er muss über Unterlagen verfügen, aus denen sich folgender **Pflichtinhalt** ergibt: (1.) das Ergebnis der Gefährdungsbeurteilung nach § 5, (2.) die von ihm festgelegten Maßnahmen des Arbeitsschutzes i.S.v. § 3 Abs. 1 sowie (3.) das Ergebnis der Überprüfung dieser Arbeitsschutzmaßnahmen auf ihre Wirksamkeit nach § 3 Abs. 1 S. 2. Der Zweck der Dokumentationspflicht besteht darin, die betriebliche Arbeitsschutzsituation transparent zu machen und dadurch die Grundlage für eine kontinuierliche Fortentwicklung des Arbeitsschutzes im Betrieb zu schaffen. Die Verantwortlichen im Betrieb einschließlich BR und die zuständigen Überwachungsstellen (Arbeitsschutzbehörden, Unfallversicherungsträger) sollen erkennen können, wie die Gefährdungssituation im Betrieb eingeschätzt wird, welche Arbeitsschutzmaßnahmen getroffen worden sind und wie ihre Wirksamkeit beurteilt wird.

3 Bezüglich der **Durchführung der Dokumentation** beschränkt sich Abs. 1 S. 1 auf die Vorgabe, dass der AG über die je nach Art der Tätigkeiten und der Zahl der Beschäftigten erforderlichen Unterlagen verfügen muss. Der Umfang der Dokumentation ist damit von der Betriebsgröße und der Gefährlichkeit der dort ausgeführten Tätigkeiten abhängig. Eine wesentliche Erleichterung bedeutet die an § 5 Abs. 2 S. 2 anknüpfende Regelung des Abs. 1 S. 2, nach der bei gleichartigen Gefährdungssituationen zusammengefasste Angaben ausreichend sind. Es steht im **Ermessen des AG**, auf welche Art und Weise und in welchem Umfang er die Dokumentation vornimmt, aktualisiert und führt.[1] Die Unterlagen über die Dokumentation müssen nicht notwendig schriftlich bereitgehalten werden; es genügt auch, wenn sie auf einem Datenträger gespeichert sind. Wichtig ist jedoch, dass sie jederzeit verfügbar sind. Eine bestimmte Aufbewahrungsfrist ist nicht vorgeschrieben. Alte Unterlagen müssen deshalb nur so lange aufbewahrt werden, wie sie noch zur Wiedergabe des aktuellen Standes des Arbeitsschutzes im Betrieb benötigt werden. Zur Absicherung gegen etwaige Schadensfälle empfiehlt es sich jedoch, die Unterlagen über die Dokumentation der Gefährdungsbeurteilung über einen längeren Zeitraum verfügbar zu halten. Gegen behördliche Einzelfall-Anordnungen des zuständigen Amtes für Arbeitsschutz zur Dokumentation besonderer Gefährdungssituationen steht der Rechtsweg zu den Verwaltungsgerichten offen. Die Behörde darf lediglich anordnen, dass und in welchem Umfang eine Dokumentation zu erstellen ist, wobei die vorausgesetzte besondere Gefährdungssituation in vollem Umfang durch das Gericht nachprüfbar ist. Die Behörde darf allerdings nicht die Art und Weise der Dokumentation vorgeben.

II. Ausnahmeregelung für Kleinarbeitgeber (Abs. 1 S. 3 und 4)

4 **Kleinbetriebe** mit zehn oder weniger Beschäftigten i.S.v. § 2 Abs. 2 (vgl. Rn 2 f.) sind nach Abs. 1 S. 3 von der Dokumentationspflicht **befreit**. Das bedeutet allerdings nicht, dass sie auch von der Pflicht zur Vornahme von Arbeitsschutzmaßnahmen und der Gefährdungsbeurteilung befreit wären. Bei der Feststellung der für die Dokumentationspflicht maßgeblichen Beschäftigtenzahl werden Teilzeitbeschäftigte entsprechend ihrer regelmäßigen Wochenarbeitszeit anteilig mit einem bestimmten Faktor berücksichtigt (Abs. 1 S. 4). Teilzeitbeschäftigte mit bis zu 20 Stunden/Woche werden mit dem Faktor 0,5 angerechnet; bei maximal 30 Stunden/Woche beträgt der Faktor 0,75.

5 **Ausnahmen** bestehen auch für AG mit nicht mehr als zehn Beschäftigten in zwei Fällen eine Verpflichtung zur Dokumentation der Gefährdungsbeurteilung. Für bestimmte Bereiche gibt es spezialgesetzliche Sonderregelungen (vgl. § 7 Abs. 6 S. 1 GefStoffV, § 8 S. 4 BioStoffV, § 6 Abs. 1 BetrSichV), die jeden AG unabhängig von der Zahl der Beschäftigten der Dokumentationspflicht unterwerfen. Klein-AG können ferner nach Abs. 1 S. 3 Hs. 2 bei Vorliegen besonderer Gefährdungssituationen durch Anordnung der zuständigen Arbeitsschutzbehörden zur Dokumentation der Gefährdungsbeurteilung verpflichtet werden.

III. Erfassung schwerer Unfälle im Betrieb (Abs. 2)

6 § 6 Abs. 2 verpflichtet den AG zur Erfassung bestimmter Unfälle in seinem Betrieb. Erfassungspflichtig sind Arbeitsunfälle, die entweder den Tod eines Beschäftigten oder eine völlige bzw. teilweise Arbeits- oder Dienstunfähigkeit von mehr als drei Tagen zur Folge haben. Der Unfalltag wird dabei nicht mitgezählt (vgl. § 26 SGB X i.V.m. §§ 187 Abs. 1, 188 Abs. 1 BGB).

7 Die Erfassungspflicht nach Abs. 2 korrespondiert inhaltlich mit der Verpflichtung des Unternehmers zur Anzeige von Arbeitsunfällen gegenüber dem zuständigen Unfallversicherungsträger nach § 193 Abs. 1 S. 1 SGB VII. Sie ist jedoch im Unterschied dazu auf Unfälle im Betrieb beschränkt, so dass Wegeunfälle – ebenso wie Berufskrankheiten (vgl. § 193 Abs. 2 SGB VII) – zwar angezeigt, aber nicht erfasst werden müssen. Da Abs. 2 keine bestimmte Form der Erfassung vorgibt, kann der AG seine Verpflichtung auch dadurch erfüllen, dass er die Unfallanzeigen nach § 193 SGB VII sammelt und aufbewahrt.

---

1 Kollmer/*Kreitzberg*, § 6 Rn 17.

C. Verbindung zu anderen Rechtsgebieten

I. Spezielles Arbeitsschutz- und Unfallverhütungsrecht

Das Unfallverhütungsrecht verweist bezüglich der Dokumentation der Gefährdungsbeurteilung in § 3 Abs. 3 BGV A 1 auf § 6. Spezielle Dokumentationsregelungen für die Gefährdungsbeurteilung existieren für den Umgang mit Gefahrstoffen (§ 7 Abs. 6 GefStoffV) und biologischen Arbeitsstoffen (§ 8 S. 4 bis 6 BioStoffV), für explosionsgefährdete Bereiche (Explosionsschutzdokument nach § 6 BetrSichV) und nach § 2 Abs. 2 BaustellenV.

II. Betriebsverfassungsrecht

Der BR hat ein **Mitbestimmungsrecht nach § 87 Abs. 1 Nr. 7 BetrVG** bei der Ausfüllung der dem AG eingeräumten Handlungsspielräume im Hinblick auf die Art und Weise der Dokumentation der Gefährdungsbeurteilung.[2] Entsprechendes gilt für die Erfassung schwerer Unfälle nach Abs. 2.

D. Beraterhinweise

Die Erfüllung der Dokumentationspflicht ist nicht nur ein formaler Vorgang. Sie dient auch der rechtlichen Absicherung des AG bzw. der neben ihm verantwortlichen Personen i.S.v. § 13. Bei Arbeitsunfällen kann ggf. mithilfe der Dokumentation gegenüber den Arbeitsschutzbehörden, den Unfallversicherungsträgern und den strafrechtlichen Ermittlungsbehörden nachgewiesen werden, dass die Arbeitsschutzpflichten ordnungsgemäß erfüllt worden sind. Es empfiehlt sich, für die Dokumentation auf die von den zuständigen Arbeitsschutzbehörden und Berufsgenossenschaften empfohlenen Muster und Maßnahmepläne zurückzugreifen.[3] In der Praxis empfehlen sich tabellarische Erhebungsbögen mit den folgenden Basisdaten:

(1) Feststellung einer Gefährdung
(2) Grundlage des Untersuchungsergebnisses (z.B. Messung, Begehung)
(3) Getroffene Schutzmaßnahmen
(4) Verantwortlicher
(5) Datum
(6) Kontrolltermin.

§ 7 Übertragung von Aufgaben

Bei der Übertragung von Aufgaben auf Beschäftigte hat der Arbeitgeber je nach Art der Tätigkeiten zu berücksichtigen, ob die Beschäftigten befähigt sind, die für die Sicherheit und den Gesundheitsschutz bei der Aufgabenerfüllung zu beachtenden Bestimmungen und Maßnahmen einzuhalten.

A. Allgemeines 1	I. Spezielles Arbeitsschutz- und Unfallverhütungsrecht 4
B. Regelungsgehalt 2	II. Betriebsverfassungsrecht 5
C. Verbindung zu anderen Rechtsgebieten 4	D. Beraterhinweise 6

A. Allgemeines

§ 7 dient der Umsetzung von Art. 6 Abs. 3 Buchst. b der EG-Rahmen-RL Arbeitsschutz (89/391/EWG) und soll verhindern, dass der AG gefährliche Arbeiten auf Beschäftigte überträgt, die nicht befähigt sind, die dafür maßgeblichen Schutzvorschriften zu erfassen und die sich daraus ergebenden Schutzmaßnahmen durchzuführen.

B. Regelungsgehalt

Der AG wird durch § 7 verpflichtet, bei der Übertragung von Aufgaben auf Beschäftigte deren Befähigung zur Beachtung der sich daraus ergebenden Sicherheitsanforderungen zu berücksichtigen. Er muss darauf achten, dass die für bestimmte Arbeiten oder Tätigkeiten vorgesehenen Beschäftigten körperlich (z.B. Hör- oder Sehfähigkeit) und geistig (z.B. Auffassungsgabe) in der Lage sind, die einzuhaltenden Arbeitschutzvorschriften zu erfassen und die erforderlichen Schutzmaßnahmen durchzuführen. Durch diese Maßnahme des individuellen Arbeitsschutzes i.S.v. § 4 Nr. 5 (s. § 4 Rn 8) soll verhindert werden, dass ungeeignete oder überforderte Beschäftigte sich oder andere bei der Arbeit gefährden. Bei Arbeitnehmerüberlassung trifft diese Prüfungspflicht grds. den Verleiher.

---

2 Vgl. BAG 8.6.2004 – 1 ABR 13/03 – BAGE 111, 360 = AP § 87 BetrVG 1972 Gesundheitsschutz Nr. 13.

3 Z.B. unter www.lgl.bayern.de/arbeitsschutz/technischer_arbeitsschutz.

3 Der Begriff der Befähigung umfasst alle körperlichen und geistigen Fähigkeiten, Fertigkeiten und Eigenschaften, die notwendig sind, um die für die übertragene Arbeit bzw. Tätigkeit geltenden Arbeitsschutzvorschriften und Sicherheitsregeln zu verstehen und die sich daraus ergebenden Schutzmaßnahmen bzw. Verhaltensanforderungen zu beachten und umzusetzen.[1] Das fortgeschrittene **Alter** eines Mitarbeiters ist für sich kein Kriterium für die Befähigung, wie das BAG für Kabinenpersonal von Passagierflugzeugen festgestellt hat.[2]

Dem Interesse des AG, den AN durch eine umfassende Befragung und ärztliche Untersuchung auf seine Befähigung zu prüfen, steht grundsätzlich das Persönlichkeitsrecht des AN entgegen. Der AG darf daher nur solche Fragen stellen, für die er ein berechtigtes und schutzwürdiges Interesse vorweisen kann.[3] Dies kann allerdings bei gefährdungsträchtigen Tätigkeiten auch die Frage nach Alkohol- und Drogenkonsum bzw. -abhängigkeit rechtfertigen.[4] Ärztliche Untersuchungen bedürfen der Einwilligung des Bewerbers bzw. Mitarbeiters. Falschaussagen oder Verweigerungen berechtigter Untersuchungen rechtfertigen die Anfechtung oder Kündigung.

C. Verbindung zu anderen Rechtsgebieten

I. Spezielles Arbeitsschutz- und Unfallverhütungsrecht

4 Das Unfallverhütungsrecht hat die Verpflichtung aus § 7 in § 7 Abs. 1 BGV A 1 übernommen. Danach hat der Unternehmer bei der Übertragung von Aufgaben auf Versicherte je nach Art der Tätigkeiten zu berücksichtigen, ob die Versicherten befähigt sind, die für die Sicherheit und den Gesundheitsschutz bei der Aufgabenerfüllung zu beachtenden Bestimmungen und Maßnahmen einzuhalten. § 7 und § 7 Abs. 1 BGV A 1 werden ergänzt und ausgefüllt durch zahlreiche **spezielle Arbeitsschutz- und Unfallverhütungsvorschriften**, in denen für die Übertragung bestimmter Tätigkeiten auf Beschäftigte konkrete Befähigungsanforderungen festgelegt sind (vgl. § 3 LasthandhabV, § 10 Abs. 5 S. 1 BioStoffV, Anhang V Nr. 6.3.2 Abs. 4 und 6.4.1 GefStoffV, § 20 BGV D 6, § 24 BGV D 30).

Nach **§ 7 Abs. 2 BGV A 1** darf der Unternehmer Versicherte, die erkennbar nicht in der Lage sind, eine Gefahr für sich oder andere zu vermeiden, mit dieser Arbeit nicht beschäftigen.

Bei **Arbeitnehmerüberlassung** muss der Entleiher gegenüber dem Verleiher etwaige erhöhte Gefahren der Tätigkeit schriftlich darlegen unter Angabe erforderlicher Merkmale und Qualifikationen der Mitarbeiter, die entsprechend einzuweisen sind (§ 11 Abs. 6 S. 3 AÜG; § 12 AÜG).

II. Betriebsverfassungsrecht

5 Die Übertragung von Aufgaben auf Beschäftigte ist eine personelle Einzelmaßnahme, bei der **kein** Mitbestimmungsrecht nach § 87 Abs. 1 Nr. 7 BetrVG besteht. Ist die Aufgabenübertragung mit einer mitbestimmungspflichtigen Maßnahme nach § 99 Abs. 1 BetrVG (Einstellung, Eingruppierung, Umgruppierung oder Versetzung) verbunden, gibt der Verstoß gegen § 7 dem BR ein Zustimmungsverweigerungsrecht nach § 99 Abs. 2 Nr. 1 BetrVG

D. Beraterhinweise

6 Die Berufsgenossenschaften haben auf der Grundlage von § 7 dezidierte Regeln für die Befähigungsprüfungen aufgestellt, z.B. die arbeitsmedizinische Vorsorgeuntersuchung G 25 und die Unfallverhütungsvorschrift „Grundsätze der Prävention" BGV A 1,[5] welche die Befähigungskriterien spezifizieren.

§ 8 Zusammenarbeit mehrerer Arbeitgeber

(1) [1]Werden Beschäftigte mehrerer Arbeitgeber an einem Arbeitsplatz tätig, sind die Arbeitgeber verpflichtet, bei der Durchführung der Sicherheits- und Gesundheitsschutzbestimmungen zusammenzuarbeiten. [2]Soweit dies für die Sicherheit und den Gesundheitsschutz der Beschäftigten bei der Arbeit erforderlich ist, haben die Arbeitgeber je nach Art der Tätigkeiten insbesondere sich gegenseitig und ihre Beschäftigten über die mit den Arbeiten verbundenen Gefahren für Sicherheit und Gesundheit der Beschäftigten zu unterrichten und Maßnahmen zur Verhütung dieser Gefahren abzustimmen.

(2) Der Arbeitgeber muß sich je nach Art der Tätigkeit vergewissern, daß die Beschäftigten anderer Arbeitgeber, die in seinem Betrieb tätig werden, hinsichtlich der Gefahren für ihre Sicherheit und Gesundheit während ihrer Tätigkeit in seinem Betrieb angemessene Anweisungen erhalten haben.

---

1 Vgl. dazu die Erläuterungen in der BGR A 1 Nr. 2.6.1 (zu § 7 Abs. 1 BGV A 1).
2 BAG 31.7.2002 – AZR 140/01 – BB 2002, 2504.
3 BAG 7.6.1984, AP Nr. 26 zu § 123 BGB.
4 Kollmer/*Schack*, § 7 Rn 49.
5 Vgl. Internetseiten der BG und des Hauptverbandes der BG www.hvbg.de.

A. Allgemeines	1	I. Spezielles Arbeitsschutz- und Unfallverhütungsrecht	6
B. Regelungsgehalt	2	II. Sonderregelung für die Beschäftigung von Leiharbeitnehmern	8
I. Pflichten des Arbeitgebers gemäß Abs. 1	2		
II. Pflichten des Arbeitgebers gemäß Abs. 2	4	III. Individualarbeitsrecht	10
C. Verbindung zu anderen Rechtsgebieten und zum Prozessrecht	6	IV. Betriebsverfassungsrecht	11
		D. Beraterhinweise	12

A. Allgemeines

§ 8 regelt in Umsetzung von Art. 6 Abs. 4, 10 Abs. 2 und 12 Abs. 2 der EG-Rahmen-RL Arbeitsschutz (89/391/EWG) besondere Maßnahmen zur Vermeidung der Gefahren, die sich aus dem Zusammentreffen von Beschäftigten verschiedener AG an einem Arbeitsplatz oder aus dem Einsatz von Fremdpersonal im Betrieb ergeben können und sichert die Zusammenarbeit mehrerer verantwortlicher AG im Bereich des Arbeitsschutzes. **1**

B. Regelungsgehalt

I. Pflichten des Arbeitgebers gemäß Abs. 1

§ 8 Abs. 1 betrifft den Fall, dass **Beschäftigte mehrerer AG**, d.h. mind. zwei rechtlich verschiedener AG i.S.v. § 2 Abs. 3, an einem Arbeitsplatz i.S. einer Arbeitsstätte tätig werden. Das Tatbestandsmerkmal **„Tätigwerden an einem Arbeitsplatz"** ist weit auszulegen. Es genügt, dass Beschäftigte verschiedener AG ihre Tätigkeit innerhalb der gleichen Arbeitsumgebung (z.B. Bau- oder Montagestelle) in räumlicher oder zeitlicher Nähe verrichten; ein arbeitsteiliges Zusammenwirken wird nicht vorausgesetzt.[1] Unter den Anwendungsbereich des Abs. 1 fallen alle inner- und außerbetrieblichen Arbeitsstätten, an denen Beschäftigte im o.g. Sinn an einem Arbeitsplatz tätig werden. Die z.T. vertretene Beschränkung des Anwendungsbereichs der Norm auf Arbeitsstätten „außerhalb" des eigentlichen Betriebs widerspricht dem Wortlaut des § 8 und dem Schutzzweck dieser Bestimmung.[2] **2**

Abs. 1 S. 1 verpflichtet die AG zur **Zusammenarbeit** bei der Durchführung der Arbeitsschutzbestimmungen. Ein wesentlicher Bestandteil dieser allg. Zusammenarbeitspflicht ist die in Abs. 1 S. 2 geregelte Pflicht der AG zur gegenseitigen Unterrichtung über die Gefahren für die Beschäftigten und zur **Abstimmung** der notwendigen Schutzmaßnahmen. Danach muss jeder AG zunächst die anderen AG über die von seinen Beschäftigten auszuführenden Tätigkeiten und die damit verbundenen Gefahren für die Sicherheit und Gesundheit anderer, am Arbeitsplatz tätiger Beschäftigter unterrichten (z.B. durch Übermittlung einer Gefährdungsbeurteilung; zum Gefahrenbegriff vgl. § 4 Rn 3). Anschließend müssen die AG untereinander gemeinsame Maßnahmen zur Verhütung der vorhandenen Gefahren abstimmen (z.B. die Aufstellung von Regeln zur Koordination der Tätigkeit der Beschäftigten oder die Bestellung einer gemeinsamen Aufsichtsperson mit entsprechenden Weisungsbefugnissen). Jeder AG ist zudem verpflichtet, seine Beschäftigten über die Anwesenheit anderer Beschäftigter am Arbeitsplatz, die damit verbundenen Gefahren und die als Ergebnis der Abstimmung getroffenen Schutzmaßnahmen zu unterrichten. **3**

II. Pflichten des Arbeitgebers gemäß Abs. 2

Abs. 2 betrifft den Fall des Einsatzes von **Fremdfirmenbeschäftigten** anderer AG in demselben Betrieb des AG (z.B. für Wartungs-, Reparatur- oder Reinigungsarbeiten). Der AG hat in diesem Fall die Verpflichtung, sich zu vergewissern, dass die Fremdfirmenbeschäftigten hinsichtlich der Gefahren für ihre Sicherheit und Gesundheit während ihres Einsatzes im Beschäftigungsbetrieb **angemessene Anweisungen** erhalten haben. Diese Vergewisserungspflicht begründet für den AG des Beschäftigungsbetriebes eine Mitverantwortung dafür, dass der AG der Fremdbeschäftigten seiner Verpflichtung aus § 4 Nr. 7, den Beschäftigten geeignete Anweisungen zu erteilen, nachkommt. Sie trifft den AG, der Fremdfirmenbeschäftigte in seinem Betrieb einsetzt, zusätzlich zu der allg. Zusammenarbeitsverpflichtung nach Abs. 1 und den dort geregelten Unterrichtungs- und Abstimmungspflichten[3] (zur Sonderregelung für die Beschäftigung von Leih-AN vgl. unten Rn 8). **4**

Die Vergewisserungspflicht des Abs. 2 begründet für den AG des Beschäftigungsbetriebs eine Informationsverpflichtung bezüglich Inhalt und Umfang der den Fremdbeschäftigten von ihrem AG erteilten Anweisungen. Eine Anweisung beinhaltet konkrete Erläuterungen und Vorgaben für das sicherheitsgerechte Verhalten der Beschäftigten bei der Ausführung bestimmter Arbeiten bzw. Tätigkeiten. Die den Fremdbeschäftigten zu erteilenden Anweisungen müssen sich auf die Gefahren beziehen, denen diese bei ihrer Tätigkeit im Beschäftigungsbetrieb ausgesetzt sind. Dazu gehören v.a. die Gefahren, die von der Arbeitsstätte und den dort vorhandenen Einrichtungen ausgehen. **5**

---

1 Vgl. MünchArb/*Wlotzke*, Bd. 2, § 210 Rn 41; HaKo-ArbSchG/*Heilmann/Aufhauser*, § 8 Rn 3; *Kittner/Pieper*, § 8 Rn 4; BGR A 1 Anm. 2.5.1 zu § 6 Abs. 1 BGV A 1.
2 Vgl. MünchArb/*Wlotzke*, Bd. 2, § 210 Rn 41; *Kittner/Pieper*, § 8 Rn 4; *Koll/Janning/Pinter*, § 8 Rn 5 f.; a.A. Kollmer/*Schack*, § 8 Rn 1; *Schmatz/Nöthlichs*, Kennzahl 4024 Anm. 2.1; *Wank*, Kommentar zum technischen Arbeitsschutz, § 8 Rn 1.
3 Vgl. MünchArb/*Wlotzke*, Bd. 2, § 210 Rn 41; *Kittner/Pieper*, § 8 Rn 4; a.A. Kollmer/*Schack*, § 8 Rn 1.

Über diese Gefahren muss der AG des Beschäftigungsbetriebs den AG der Fremdbeschäftigten aufklären, damit dieser überhaupt in der Lage ist, geeignete Anweisungen zu erteilen. Er muss sich weiter vergewissern, dass die den Fremdbeschäftigten erteilten Anweisungen angemessen sind, d.h. einen ausreichenden Sicherheits- und Gesundheitsschutz bei der auszuführenden Tätigkeit gewährleisten können. Die Vergewisserung kann dadurch erfolgen, dass sich der AG des Beschäftigungsbetriebs bei den Fremdbeschäftigten vor Aufnahme der Tätigkeit über Inhalt und Umfang der erteilten Anweisungen erkundigt. Eine weitere, vorzugswürdige Möglichkeit besteht darin, dass der Auftraggeber vorab mit dem Auftragnehmer die zu erteilenden Anweisungen abspricht und sich dies schriftlich bestätigen lässt.

C. Verbindung zu anderen Rechtsgebieten und zum Prozessrecht

I. Spezielles Arbeitsschutz- und Unfallverhütungsrecht

6 Das **Unfallverhütungsrecht** hat die Verpflichtungen aus § 8 in **§ 6 BGV A 1** übernommen. Während § 6 Abs. 2 BGV A 1 mit Abs. 2 inhaltlich übereinstimmt, enthält § 6 Abs. 1 BGV A 1 gegenüber Abs. 1 **zwei weitergehende Regelungen**. Die Verpflichtung zur Zusammenarbeit gilt nach § 6 Abs. 1 S. 1 BGV A 1 nicht nur für Unternehmer, deren Beschäftigte an einem Arbeitsplatz tätig sind, sondern auch für selbständige Einzelunternehmer ohne Beschäftigte. § 6 Abs. 1 S. 2 BGV A 1 verpflichtet die beteiligten Unternehmer zur Bestimmung einer Person (Aufsichtsführender, Koordinator), deren Aufgabe darin besteht, die Arbeiten aufeinander abzustimmen. Diese Person ist zur Abwehr besonderer Gefahren mit entsprechender Weisungsbefugnis gegenüber den Beschäftigten auszustatten.

7 § 8 und 6 BGV A 1 werden ergänzt und konkretisiert durch verschiedene **Spezialvorschriften** für bestimmte Tätigkeitsbereiche. So enthält das Gefahrstoffrecht in **§ 17 GefStoffV** eine besondere Bestimmung über die Zusammenarbeit bei der Beauftragung von Fremdfirmen mit der Durchführung von Tätigkeiten mit Gefahrstoffen im Betrieb. **§ 5 BGV A 1** regelt die Pflichten des Auftraggebers bei der Vergabe von Aufträgen an Fremdfirmen im Hinblick auf Betriebseinrichtungen, Arbeitsmittel, Arbeitsstoffe und Arbeitsverfahren. Weitere Spezialregelungen gelten nach **§ 6 Abs. 4 BetrSichV** für explosionsgefährdete Bereiche und nach **§ 3 BauStellV** für Baustellen.

II. Sonderregelung für die Beschäftigung von Leiharbeitnehmern

8 Soweit es sich bei den Fremdbeschäftigten um Leih-AN i.S.d. AÜG handelt, wird Abs. 2 durch **§ 12 Abs. 2** als die speziellere und weitergehende Norm verdrängt verdrängt. Danach hat der **Entleiher** die Pflicht zur Unterweisung der Leih-AN (vgl. § 12 Rn 5 f.). Die Unterweisungspflicht des Entleihers beinhaltet auch die Erteilung geeigneter Anweisungen an die Leih-AN.

9 Für die Beschäftigung von Leih-AN im Betrieb enthält **§ 11 Abs. 6 AÜG** eine **arbeitsschutzrechtliche Sonderregelung**. Danach unterliegt die Tätigkeit des Leih-AN bei dem Entleiher den für den Betrieb des Entleihers geltenden öffentlich-rechtlichen Arbeitsschutzvorschriften. Die sich hieraus ergebenden Pflichten für den AG obliegen dem Entleiher unbeschadet der Pflichten des Verleihers, d.h. Verleiher und Entleiher sind kumulativ für den Arbeitsschutz der Leih-AN verantwortlich. Den Entleiher treffen zusätzlich spezielle Unterrichtungspflichten, die in § 11 Abs. 6 S. 2 und 3 AÜG näher geregelt sind.

III. Individualarbeitsrecht

10 § 8 ändert nichts daran, dass die beteiligten AG gem. § 618 BGB individualrechtlich nur gegenüber ihren eigenen Beschäftigten zum Arbeitsschutz verpflichtet sind.

IV. Betriebsverfassungsrecht

11 Ein Mitbestimmungsrecht des BR nach § 87 Abs. 1 Nr. 7 BetrVG kommt nur in Betracht, soweit im Rahmen der Abstimmungspflicht nach Abs. 1 Maßnahmen getroffen werden, die dem AG einen Handlungsspielraum eröffnen.

D. Beraterhinweise

12 Zur Vermeidung einer zivil- und strafrechtlichen Haftung empfiehlt es sich, die Maßnahmen zur Erfüllung der Unterrichtungs- und Abstimmungspflicht nach Abs. 1 bzw. der Vergewisserungspflicht nach Abs. 2 schriftlich zu dokumentieren. Sofern aufgrund der Zahl der Fremdbeschäftigten Einzelanweisungen nicht in Betracht kommen, sollte vom AG der Fremdbeschäftigten eine schriftliche Bestätigung der hinreichenden Information dessen AN eingeholt werden.

§ 9 Besondere Gefahren

(1) Der Arbeitgeber hat Maßnahmen zu treffen, damit nur Beschäftigte Zugang zu besonders gefährlichen Arbeitsbereichen haben, die zuvor geeignete Anweisungen erhalten haben.

(2) ¹Der Arbeitgeber hat Vorkehrungen zu treffen, daß alle Beschäftigten, die einer unmittelbaren erheblichen Gefahr ausgesetzt sind oder sein können, möglichst frühzeitig über diese Gefahr und die getroffenen oder zu treffenden Schutzmaßnahmen unterrichtet sind. ²Bei unmittelbarer erheblicher Gefahr für die eigene Sicherheit oder die Sicherheit anderer Personen müssen die Beschäftigten die geeigneten Maßnahmen zur Gefahrenabwehr und Schadensbegrenzung selbst treffen können, wenn der zuständige Vorgesetzte nicht erreichbar ist; dabei sind die Kenntnisse der Beschäftigten und die vorhandenen technischen Mittel zu berücksichtigen. ³Den Beschäftigten dürfen aus ihrem Handeln keine Nachteile entstehen, es sei denn, sie haben vorsätzlich oder grob fahrlässig ungeeignete Maßnahmen getroffen.

(3) ¹Der Arbeitgeber hat Maßnahmen zu treffen, die es den Beschäftigten bei unmittelbarer erheblicher Gefahr ermöglichen, sich durch sofortiges Verlassen der Arbeitsplätze in Sicherheit zu bringen. ²Den Beschäftigten dürfen hierdurch keine Nachteile entstehen. ³Hält die unmittelbare erhebliche Gefahr an, darf der Arbeitgeber die Beschäftigten nur in besonders begründeten Ausnahmefällen auffordern, ihre Tätigkeit wieder aufzunehmen. ⁴Gesetzliche Pflichten der Beschäftigten zur Abwehr von Gefahren für die öffentliche Sicherheit sowie die §§ 7 und 11 des Soldatengesetzes bleiben unberührt.

A. Allgemeines 1	C. Verbindung zu anderen Rechtsgebieten und zum Prozessrecht 10
B. Regelungsgehalt 2	I. Spezielles Arbeitsschutz- und Unfallverhütungsrecht 10
I. Zugang zu besonders gefährlichen Arbeitsbereichen (Abs. 1) 2	II. Individualarbeitsrecht 12
II. Besondere Vorkehrungen bei unmittelbaren erheblichen Gefahren (Abs. 2) 3	III. Betriebsratsverfassungsrecht 15
III. Entfernungsrecht der Beschäftigten (Abs. 3) 6	D. Beraterhinweise 16

A. Allgemeines

§ 9 regelt die zusätzlichen Schutzmaßnahmen für besondere Gefahren in Umsetzung von Art. 6 Abs. 3 Buchst. d und Art. 8 Abs. 3 bis 5 der EG-Rahmen-RL Arbeitsschutz (89/391/EWG). Die Norm stellt auf besondere, d.h. qualifizierte „Gefahren" ab. Im Gegensatz zu dem an anderer Stelle des Gesetzes verwendeten Begriff der Gefährdung setzt das Vorliegen einer Gefahr eine Sachlage voraus, die mit hinreichender Wahrscheinlichkeit zu einem Schaden führt.[1] Ferner erfordern die Qualifizierungen das Risiko erheblicher Schäden, etwa den Tod oder die dauerhafte Arbeitsunfähigkeit eines AN.

B. Regelungsgehalt

I. Zugang zu besonders gefährlichen Arbeitsbereichen (Abs. 1)

Abs. 1 verpflichtet den AG, die erforderlichen Maßnahmen zu treffen, damit **besonders gefährliche Arbeitsbereiche** nur von Beschäftigten betreten werden, die zuvor geeignete Anweisungen erhalten haben. Besonders gefährliche Arbeitsbereiche sind räumlich abgrenzbare Bereiche innerhalb der Arbeitsstätte, in denen die Beschäftigten Unfall- oder Gesundheitsrisiken ausgesetzt sind, die nach Art und Umfang zu schweren Schäden, wie Tod oder dauerhafte Arbeitsunfähigkeit führen können,[2] und die eine über die allg. Unterweisung nach § 12 hinausgehende spezielle Belehrung notwendig machen (z.B. Druckluftkammern, Röntgenräume und andere Strahlenschutzbereiche, Arbeitsplätze, an denen Tätigkeiten mit sog. Totenkopfstoffen oder krebserzeugenden Gefahrstoffen ausgeführt werden).

Abs. 1 begründet für den AG zwei Pflichten: Er muss zum einen durch geeignete Maßnahmen, z.B. durch Zutritts- und Aufenthaltsverbote, sicherstellen, dass besonders gefährliche Arbeitsbereiche nur für die Beschäftigten zugänglich sind, die sie zur Ausübung ihrer Arbeit oder zur Durchführung bestimmter Aufgaben betreten müssen. Er muss weiter die zugangsberechtigten Beschäftigten durch geeignete Anweisungen über die besonderen Gefahren in den betreffenden Arbeitsbereichen und die zu beachtenden Schutzmaßnahmen und Verhaltensregeln belehren.

II. Besondere Vorkehrungen bei unmittelbaren erheblichen Gefahren (Abs. 2)

Nach Abs. 2 hat der AG besondere Vorkehrungen zum Schutz der Beschäftigten zu treffen, die bei der Arbeit einer **unmittelbaren erheblichen Gefahr** ausgesetzt sind oder sein können. Der Begriff der unmittelbaren erheblichen

---

1 Vgl. die amtliche Begründung in BT-Drucks 13/3540, S. 18. Vgl. zur Abgrenzung oben § 4 Rn 3.
2 Vgl. die amtl. Begründung in BT-Drucks 13/3540, S. 18.

Gefahr bezeichnet einen Sachverhalt, bei dem der Eintritt eines Schadens sehr wahrscheinlich ist oder sein Eintritt nicht mehr abgewendet werden kann und der Schaden nach Art oder Umfang besonders schwer ist.[3] Darunter fallen insb. schwerwiegende Betriebsstörungen und sonstige irreguläre Betriebsabläufe (z.B. Brände, Explosionen, Austritt von Gefahrstoffen), die nicht vorhersehbar sind und ein sofortiges Handeln zur Gefahrenabwehr notwendig machen.

4   Abs. 2 begründet für den AG **zwei Verpflichtungen** zum Schutz der von einer unmittelbaren erheblichen Gefahr betroffenen Beschäftigten. Er muss nach Abs. 2 S. 1 die erforderlichen Vorkehrungen treffen, damit alle Beschäftigten, die einer unmittelbaren erheblichen Gefahr ausgesetzt sind oder sein können, möglichst frühzeitig über diese Gefahr und die getroffenen oder zu treffenden Schutzmaßnahmen unterrichtet sind. Diese spezielle **Warn- und Unterrichtungspflicht** wird in Abs. 2 S. 2 ergänzt durch die Verpflichtung, den Beschäftigten eine eigenständige **Gefahrenabwehr in Eilfällen** zu ermöglichen. Die Beschäftigten müssen im Fall einer unmittelbaren erheblichen Gefahr für ihre oder die Sicherheit anderer Personen befähigt sein, die geeigneten Maßnahmen zur Gefahrenabwehr und Schadensbegrenzung selbst treffen zu können, wenn der zuständige Vorgesetzte nicht erreichbar ist. Der AG hat dafür zu sorgen, dass die Beschäftigten über die zur eigenständigen Gefahrenabwehr erforderlichen Kenntnisse und technischen Mittel verfügen.

5   Nach Abs. 2 S. 3 dürfen den Beschäftigten aus ihrem Handeln zur Gefahrenabwehr keine Nachteile entstehen, soweit sie nicht vorsätzlich oder grob fahrlässig ungeeignete Maßnahmen getroffen haben. Dieses **Benachteiligungsverbot** schützt die Beschäftigten v.a. gegen Schadensersatzansprüche des AG und verdrängt insoweit die allg. Grundsätze für die AN-Haftung.[4] Grobe Fahrlässigkeit liegt vor, wenn die im Verkehr erforderliche Sorgfalt in besonders schwerem Maße verletzt worden ist (§ 276 Abs. 1 S. 2 BGB). Das in solchen Gefahrenlagen häufig auftretende Augenblicksversagen ist i.d.R. nicht als grob fahrlässig zu qualifizieren.[5] Umstr. ist, ob das Benachteiligungsverbot auch eingreift, wenn der Beschäftigte irrtümlich eine unmittelbare erhebliche Gefahr angenommen hat.[6]

III. Entfernungsrecht der Beschäftigten (Abs. 3)

6   Abs. 3 S. 1 verpflichtet den AG, die erforderlichen Maßnahmen zu treffen, damit die Beschäftigten bei unmittelbarer erheblicher Gefahr die Möglichkeit haben, die Arbeit einzustellen und sich durch sofortiges Verlassen der Arbeitsplätze in Sicherheit zu bringen. Dazu gehört u.a. die Aufstellung von Flucht- und Rettungsplänen, die Kennzeichnung und Freihaltung der Flucht- und Rettungswege, die Einrichtung von Sammelplätzen und die Durchführung praktischer Alarmübungen.

7   Die Regelung des Abs. 3 S. 1 begründet nicht nur eine AG-Pflicht, sondern zugleich ein spezielles Arbeitsverweigerungsrecht der Beschäftigten in Form eines aktiven Entfernungsrechts.[7] Dabei handelt es sich um eine gesetzliche Konkretisierung der allg. Einrede der Unzumutbarkeit der Arbeitsleistung in besonderen Gefahrenfällen, die in §§ 242, 275 Abs. 3 BGB ihre Grundlage hat.[8] Das Entfernungsrecht knüpft allein an eine objektiv bestehende Gefahrenlage an; nicht erforderlich ist, dass die unmittelbare erhebliche Gefahr vom AG herbeigeführt worden ist. Die subjektive Annahme einer Gefahrenlage durch Beschäftigte (sog. Putativgefahr) berechtigt diese (noch) nicht zum Verlassen des Arbeitsplatzes.[9]

8   Den Beschäftigten dürfen nach Abs. 3 S. 2 keine Nachteile aus der Wahrnehmung des Entfernungsrechts entstehen. Dieses Benachteiligungsverbot schützt die Beschäftigten insb. gegen den Verlust ihres Entgeltanspruchs für die Dauer der Entfernung und vor personalrechtlichen Maßnahmen (Abmahnung, Künd) als Folge der Arbeitseinstellung. Bei einem Irrtum des Beschäftigten über das Vorliegen der (objektiven) Voraussetzungen für das Entfernungsrecht ist Abs. 3 S. 2 nicht anwendbar; es bleibt nur der Rückgriff auf allg. Grundsätze (§§ 275 Abs. 3, 323 ff. BGB).[10]

9   Nach Abs. 3 S. 3 darf der AG die Beschäftigten nur in besonders begründeten Ausnahmefällen zur Wiederaufnahme ihrer Tätigkeit auffordern, solange die unmittelbare erhebliche Gefahr anhält. Diese Bestimmung begründet für den AG ein grundsätzliches Beschäftigungsverbot für die Dauer der besonderen Gefahrenlage, von dem nur in speziellen Ausnahmefällen (z.B. zur Durchführung von Rettungsmaßnahmen oder dringenden Reparaturen) abgewichen werden darf. Durch die besondere Pflichterfüllungsklausel in Abs. 3 S. 4 wird klargestellt, dass die gesetzlichen Pflichten

---

3   Vgl. die amtliche Begründung in BT-Drucks 13/3540, S. 18; Kollmer/*Vogl*, Rn 156; *Wank*, Kommentar zum technischen Arbeitsschutz, § 9 Rn 3; Kollmer/*Kohte*, § 9 Rn 11 ff., 41; *Kittner/Pieper*, § 9 Rn 1.

4   Vgl. die amtliche Begründung in BT-Drucks 13/3540, S. 18; Kollmer/*Kohte*, § 9 Rn 51; *Kittner/Pieper*, § 9 Rn 8; *Schmatz/Nöthlichs*, Kennzahl 4026 (§ 9) Anm. 3.4.

5   Vgl. Kollmer/*Kohte*, § 9 Rn 51; Kollmer/*Vogl*, Rn 161.

6   Vgl. Kollmer/*Kohte*, § 9 Rn 49; a.A. *Schmatz/Nöthlichs*, Kennzahl 4026 (§ 9) Anm. 3.4.

7   Vgl. Kollmer/*Kohte*, § 9 Rn 76; *Kittner/Pieper*, § 9 Rn 10; Kollmer/*Vogl*, Rn 230; MünchArb/*Wlotzke*, Bd. 2, § 209 Rn 33; a.A. *Schmatz/Nöthlichs*, Kennzahl 4026 (§ 9) Anm. 4.2.

8   Vgl. Kollmer/*Kohte*, § 9 Rn 78; *Kittner/Pieper*, § 9 Rn 10; MünchArb/*Wlotzke*, Bd. 2, § 209 Rn 33; Staudinger/*Oetker*, § 618 Rn 276.

9   Vgl. Kollmer/*Kohte*, § 9 Rn 77; *Kittner/Pieper*, § 9 Rn 11; MünchArb/*Wlotzke*, Bd. 2, § 209 Rn 35; *Wank*, Kommentar zum technischen Arbeitsschutz, § 9 Rn 9.

10 Vgl. Kollmer/*Kohte*, § 9 Rn 80; *Kittner/Pieper*, § 9 Rn 13; MünchArb/*Wlotzke*, Bd. 2, § 209 Rn 35.

der Beschäftigten zur Abwehr von Gefahren für die öffentliche Sicherheit (vgl. §§ 28 f. SeemG, § 22 ZivilschutzG) in jedem Fall vorgehen.

C. Verbindung zu anderen Rechtsgebieten und zum Prozessrecht

I. Spezielles Arbeitsschutz- und Unfallverhütungsrecht

Abs. 1 wird ergänzt durch **§ 18 BGV A 1**, nach denen sich Versicherte an gefährlichen Stellen nur im Rahmen der ihnen übertragenen Aufgaben aufhalten dürfen. Der Unternehmer muss ferner nach **§ 9 BGV A 1** dafür sorgen, dass Unbefugte Betriebsteile nicht betreten, wenn dadurch eine Gefahr für Sicherheit und Gesundheit entsteht. Daneben gibt es zahlreiche spezielle **Zutritts- und Aufenthaltsverbotsregelungen** für bestimmte Betriebsteile oder Arbeitsbereiche geregelt sind (vgl. Anhang Nr. 2.1 der ArbStättV, § 10 Abs. 3 GefStoffV, § 20 DruckluftV, § 37 StrlSchV, § 22 RöV).

Abs. 2 und 3 korrespondieren bezüglich der dort geregelten AG-Pflichten mit **§ 21 BGV A 1** und werden durch verschiedene Spezialvorschriften (vgl. z.B. § 4 Abs. 4 ArbStättV, § 13 GefStoffV) ergänzt und konkretisiert. Besondere Unterweisungspflichten folgen z.B. aus § 9 BetrSichV, § 20 DruckluftV, § 14 GefStoffV, § 12 GenTSV, § 18 RöV, § 38 StrahlenschutzV.

II. Individualarbeitsrecht

Erfüllt der AG die ihm obliegenden Schutzpflichten aus § 618 Abs. 1 und 2 BGB nicht, steht dem betroffenen AN ein **Recht zur Verweigerung der Arbeitsleistung** zu, das seine Grundlage im allg. Zurückbehaltungsrecht nach § 273 BGB hat.[11] Dieses Leistungsverweigerungsrecht zielt darauf ab, den AG zur Erfüllung seiner vertraglichen Arbeitsschutzpflichten zu veranlassen. Es setzt deshalb im Unterschied zum Entfernungsrecht nach Abs. 3 S. 1 das Bestehen eines Erfüllungsanspruchs des AN aus § 618 Abs. 1 und 2 BGB voraus. Das Leistungsverweigerungsrecht entsteht, wenn zwei Voraussetzungen objektiv vorliegen: eine **Pflichtverletzung des AG** durch die **Leben oder Gesundheit** des AN gefährdet ist.[12] Die subjektive Einschätzung des AN genügt insoweit nicht. Abweichend vom Entfernungsrecht bedarf es für die Ausübung des Leistungsverweigerungsrechts keiner besonderen Gefahrenlage in Form einer unmittelbaren erheblichen Gefahr für Leben und Gesundheit.[13]

Die Ausübung des Leistungsverweigerungsrechts wird durch den **Grundsatz der Verhältnismäßigkeit** begrenzt. Der AN ist daher grds. verpflichtet, dem AG die beabsichtigte Arbeitseinstellung vorher anzukündigen und ihm eine angemessene Frist zur Behebung des arbeitsschutzwidrigen Zustandes einzuräumen.[14] Dies gilt insb. dann, wenn nicht mit dem sofortigen Eintritt einer Gesundheitsgefahr zu rechnen ist. Zu berücksichtigen ist weiter, dass das Leistungsverweigerungsrecht nur soweit geht, als der AN bei der Arbeit einer Gesundheitsgefahr ausgesetzt ist. Er kann daher ggf. verpflichtet sein, auf Weisung des AG andere Arbeiten auszuführen, soweit dies ohne Gefährdung seiner Gesundheit möglich ist.[15]

Eine berechtigte Ausübung des Leistungsverweigerungsrechts bewirkt den **Annahmeverzug des AG** mit der Folge, dass der AN seinen Vergütungsanspruch nach § 615 BGB behält.[16] Dem AN dürfen dadurch keine Nachteile entstehen (§ 612a BGB); eine deswegen ausgesprochene Künd ist unwirksam.[17]

III. Betriebsratsverfassungsrecht

Der BR hat bei den vom AG zu treffenden Maßnahmen nach Abs. 1 bis 3 gem. **§ 87 Abs. 1 Nr. 7 BetrVG** mitzubestimmen.

D. Beraterhinweise

Für die Beurteilung besonders gefährlicher Arbeitsbereiche sind die Handlungsanleitungen des Länderausschusses für Arbeitsschutz und Sicherheitstechnik (LASI) sachdienlich.[18]

Nicht alle gefährlichen Stoffe werden durch Produktbezeichnungen hinreichend kenntlich gemacht. Für Stoffe, die krebserzeugend sind, gibt es außer für Asbest zurzeit kein Gefahrensymbol. Besondere Gefährdungspotentiale können aber über die jeweiligen Produktdatenblätter abgerufen werden oder über die GESTIS-Stoffdatenbank, das Ge-

---

11 Vgl. BAG 8.5.1996 – 5 AZR 315/95 – BAGE 83, 105 = AP § 618 BGB Nr. 23; BAG 19.2.1997 – 5 AZR 982/04 – BAGE 85, 155 = AP § 618 BGB Nr. 24; MünchArb/*Wlotzke*, Bd. 2, § 209 Rn 25; ErfK/*Wank*, § 618 BGB Rn 31; Staudinger/*Oetker*, § 618 Rn 257 ff.; Kittner/*Pieper*, § 9 Rn 16.
12 Vgl. MünchArbR/*Wlotzke*, Bd. 2, § 209 Rn 26; Staudinger/*Oetker*, § 618 Rn 264.
13 Vgl. ErfK/*Wank*, § 618 BGB Rn 32; MünchArbR/*Wlotzke*, Bd. 2, § 209 Rn 26.
14 Vgl. MünchArbR/*Wlotzke*, Bd. 2, § 209 Rn 27; Kittner/*Pieper*, § 9 Rn 19.
15 Vgl. BAG 19.2.1997 – 5 AZR 982/04 – BAGE 85, 155 = AP § 618 BGB Nr. 24.
16 Vgl. ErfK/*Wank*, § 618 BGB Rn 33; MünchArbR/*Wlotzke*, Bd. 2, § 209 Rn 28; Kittner/*Pieper*, § 9 Rn 20.
17 Vgl. BAG 9.5.1996 – 2 AZR 387/95 – AP § 273 BGB Nr. 5 = NZA 1996, 1085.
18 www.lasi.osha.de; www.baua.de.

fahrstoffinformationssystem der gewerblichen Berufsgenossenschaften.[19] Ferner hat die EU die Verordnung (EG) Nr. 1272/2008 über die Einstufung, Kennzeichnung und Verpackung von Stoffen und Gemischen erlassen, die sog. CLP-Verordnung, die zum 20.1.2009 in Kraft getreten ist und die einheitliche Kennzeichnung besonderer Gefahrenstoffe vorsieht.

18 Bei der Wahrnehmung des Entfernungsrechts nach Abs. 3 und des Leistungsverweigerungsrechts nach § 273 BGB ist zu beachten, dass der **AN** die **Darlegungs- und Beweislast** für das Vorliegen der tatsächlichen Voraussetzungen dieser Rechte trägt.[20] Er muss im Streitfall darlegen und beweisen, dass er objektiv einer Gefahr für Leben und Gesundheit, im Fall des Abs. 3 S. 1 sogar einer unmittelbaren erheblichen Gesundheitsgefahr, ausgesetzt war.

§ 10 Erste Hilfe und sonstige Notfallmaßnahmen

(1) ¹Der Arbeitgeber hat entsprechend der Art der Arbeitsstätte und der Tätigkeiten sowie der Zahl der Beschäftigten die Maßnahmen zu treffen, die zur Ersten Hilfe, Brandbekämpfung und Evakuierung der Beschäftigten erforderlich sind. ²Dabei hat er der Anwesenheit anderer Personen Rechnung zu tragen. ³Er hat auch dafür zu sorgen, daß im Notfall die erforderlichen Verbindungen zu außerbetrieblichen Stellen, insbesondere in den Bereichen der Ersten Hilfe, der medizinischen Notversorgung, der Bergung und der Brandbekämpfung eingerichtet sind.
(2) ¹Der Arbeitgeber hat diejenigen Beschäftigten zu benennen, die Aufgaben der Ersten Hilfe, Brandbekämpfung und Evakuierung der Beschäftigten übernehmen. ²Anzahl, Ausbildung und Ausrüstung der nach Satz 1 benannten Beschäftigten müssen in einem angemessenen Verhältnis zur Zahl der Beschäftigten und zu den bestehenden besonderen Gefahren stehen. ³Vor der Benennung hat der Arbeitgeber den Betriebs- oder Personalrat zu hören. ⁴Weitergehende Beteiligungsrechte bleiben unberührt. ⁵Der Arbeitgeber kann die in Satz 1 genannten Aufgaben auch selbst wahrnehmen, wenn er über die nach Satz 2 erforderliche Ausbildung und Ausrüstung verfügt.

A. Allgemeines 1	I. Spezielles Arbeitsschutz- und Unfallverhütungsrecht 8
B. Regelungsgehalt 2	II. Individualarbeitsrecht 9
I. Sachbezogene Notfallmaßnahmen (Abs. 1) 2	III. Betriebsverfassungsrecht 10
II. Personenbezogene Notfallmaßnahmen (Abs. 2) .. 6	D. Beraterhinweise 11
C. Verbindung zu anderen Rechtsgebieten und zum Prozessrecht 8	

A. Allgemeines

1 § 10 regelt in Umsetzung von Art. 8 Abs. 1 und 2 der EG-Rahmen-RL Arbeitsschutz (89/391/EWG) die Maßnahmen, die der AG im Notfall zur Ersten Hilfe, Brandbekämpfung und Evakuierung der Beschäftigten zu treffen hat.

B. Regelungsgehalt

I. Sachbezogene Notfallmaßnahmen (Abs. 1)

2 Abs. 1 S. 1 verpflichtet den AG, die erforderlichen Maßnahmen zur **Ersten Hilfe, Brandbekämpfung** und **Evakuierung** der Beschäftigten zu treffen. Bei der Festlegung der konkreten Notfallmaßnahmen muss der AG die Art der Arbeitsstätte, deren Besonderheiten (Büro, Produktionshalle oder Baustelle) die dort ausgeübten Tätigkeiten und die Zahl der Beschäftigten berücksichtigen. Sind in der Arbeitsstätte regelmäßig andere, nicht im Betrieb beschäftigte Personen (z.B. Kunden, Besucher) anwesend, müssen auch diese nach Abs. 1 S. 2 in die zu treffenden Notfallmaßnahmen einbezogen werden. Nach Abs. 1 S. 3 muss der AG dafür sorgen, dass im Notfall die erforderlichen Verbindungen zu außerbetrieblichen Stellen, insb. in den Bereichen der Ersten Hilfe, der medizinischen Notversorgung, der Bergung und der Brandbekämpfung eingerichtet sind.

3 Die **Erste Hilfe** umfasst alle Maßnahmen zur medizinischen Erstversorgung von Beschäftigten im Notfall, d.h. bei Eintritt eines Arbeitsunfalls oder einer sonstigen Erkrankung am Arbeitsplatz. Dazu gehören insb. die Bereitstellung der erforderlichen Einrichtungen und Sachmittel (z.B. Meldeeinrichtungen, Erste-Hilfe-Material, Rettungsgeräte, Transportmittel und Sanitätsräume, vgl. §§ 24 f. BGV A 1) und die Bereithaltung einer ausreichenden Zahl ausgebildeter Ersthelfer und Betriebssanitäter (vgl. §§ 26 f. BGV A 1).[1] Die für Pkw üblichen Verbandskästen genügen nicht

---

19 www.dguv.de/bgia/stoffdatenbank.
20 Vgl. BAG 9.5.1996 – 2 AZR 387/95 – AP § 273 BGB Nr. 5 = NZA 1996, 1085; BAG 19.2.1997 – 5 AZR 982/04 – BAGE 85, 155 = AP § 618 BGB Nr. 24.

1 Vgl. zu §§ 24 bis 27 BGV A 1 die Erläuterungen in Nr. 4.6 bis 4.9 der BGVR A 1 und die BG-Information „Erste Hilfe im Betrieb" (BGI 509, Fassung 10.04).

den Anforderungen des § 10. In Verwaltungs- und Handelsbetrieben bis 50 Mitarbeitern, in Produktionsbetrieben bis 20 Mitarbeitern und auf Baustellen bis 10 Mitarbeitern genügt ein kleiner Verbandskasten nach DIN 13 157, darüber hinaus sind die großen Verbandskästen nach DIN 13 169 erforderlich.[2]

Die **Brandbekämpfung** betrifft alle Einrichtungen und Maßnahmen zum Löschen von Entstehungsbränden. Dazu gehört insb. die Ausrüstung der Arbeitsstätte mit einer ausreichenden Anzahl geeigneter Feuerlöscheinrichtungen sowie erforderlichenfalls Brandmeldern und Alarmanlagen entsprechend Anhang 2.2 ArbStättV.[3]   4

Als vorsorgende Maßnahme zur **Evakuierung von Beschäftigten** in Notfällen kommt v.a. die Aufstellung eines Flucht- und Rettungsplanes[4] in Betracht. Nach § 4 Abs. 4 S. 3 ArbStättV muss der AG einen Flucht- und Rettungsplan aufstellen, wenn Lage, Ausdehnung und Art der Benutzung der Arbeitsstätte dies erfordern. Der Flucht- und Rettungsplan ist an geeigneten Stellen in der Arbeitsstätte auszuhängen oder auszulegen (§ 4 Abs. 4 S. 4 ArbStättV). Ferner müssen in angemessenen Zeitabständen praktische Notfallübungen durchgeführt werden (§ 4 Abs. 4 S. 5 ArbStättV).   5

II. Personenbezogene Notfallmaßnahmen (Abs. 2)

Abs. 2 S. 1 verpflichtet den AG zur **Benennung** derjenigen **Beschäftigten**, die im Betrieb die Aufgaben der Ersten Hilfe, Brandbekämpfung und Evakuierung der Beschäftigten übernehmen sollen. Benennung ist i.S.v. Ernennung bzw. Aufgabenübertragung zu verstehen, d.h. der AG muss die Beschäftigten mit der Wahrnehmung der betreffenden Aufgaben ausdrücklich beauftragen. Das ArbSchG begründet keine öffentlich-rechtliche Verpflichtung der Beschäftigten zur Übernahme dieser Aufgaben; eine derartige Rechtspflicht lässt sich weder aus § 10 noch aus der in § 16 Abs. 2 S. 1 geregelten Unterstützungspflicht herleiten.[5] Anders ist die Rechtslage im Unfallverhütungsrecht. Nach § 28 Abs. 1 BGV A 1 müssen sich Versicherte im Rahmen ihrer Unterstützungspflichten nach § 15 Abs. 1 BGV A 1 zum Ersthelfer ausbilden und nach Abschluss der Ausbildung für Erste-Hilfe-Leistungen zur Verfügung stellen, soweit nicht persönliche Gründe (z.B. Krankheit, Behinderung) entgegenstehen. Diese Bestimmung begründet eine **öffentlich-rechtliche Verpflichtung zur Übernahme der Aufgabe** als Ersthelfer für entsprechend geeignete Beschäftigte, die ggf. von den zuständigen Unfallversicherungsträgern durch Einzelfallanordnung gem. § 17 Abs. 1 S. 2 Nr. 1 SGB VII durchgesetzt werden kann.   6

Anzahl, Ausbildung und Ausrüstung der zu benennenden Beschäftigten müssen nach Abs. 2 S. 2 in einem angemessenen Verhältnis zur Zahl der Beschäftigten im Betrieb und zu den dort vorhandenen besonderen Gefahren stehen.   7

Hinsichtlich der Zahl der Ersthelfer ist zu beachten, dass in kleineren Betrieben bis zu 20 Versicherten ein Ersthelfer zu benennen ist, darüber hinaus in Verwaltungs- und Handelsbetrieben 5 % der Versicherten und in sonstigen Betrieben 10 % der Versicherten.

Diese Anforderungen werden hinsichtlich der Anzahl und Ausbildung der zu bestellenden Ersthelfer und Betriebssanitäter durch §§ 26 f. BGV A 1 konkretisiert.[6] In welcher Anzahl der AG Beschäftigte für die Aufgaben der Brandbekämpfung und Evakuierung im Notfall zu bestellen hat, richtet sich nach dem Ergebnis der gem. § 5 durchzuführenden Gefährdungsbeurteilung.

In **Kleinbetrieben** mit nur wenigen Beschäftigten kann der AG nach Abs. 2 S. 5 die betreffenden Aufgaben selbst wahrnehmen, sofern er über die erforderliche Ausbildung und Ausrüstung verfügt.

C. Verbindung zu anderen Rechtsgebieten und zum Prozessrecht

I. Spezielles Arbeitsschutz- und Unfallverhütungsrecht

Die Verpflichtungen aus § 10 werden ergänzt und konkretisiert durch zahlreiche Spezialregelungen in den besonderen Arbeitsschutz- und Unfallverhütungsvorschriften (vgl. z.B. § 4 Abs. 3 bis 5 ArbStättV, § 13 GefStoffV, § 10 Abs. 6 S. 3 Nr. 2 und 3 BioStoffV). Das Unfallverhütungsrecht hat die Bestimmung des § 10 in **§ 22 Abs. 1 BGV A 1** übernommen. Danach hat der Unternehmer entsprechend § 10 die Maßnahmen zu planen, zu treffen und zu überwachen, die insb. für den Fall des Entstehens von Bränden, von Explosionen, des unkontrollierten Austretens von Stoffen und von sonstigen gefährlichen Störungen des Betriebsablaufs geboten sind. Ergänzend dazu bestimmt § 22 Abs. 2 BGV A 1, dass der Unternehmer eine ausreichende Anzahl von Versicherten durch Unterweisung und Übung im Umgang mit Feuerlöscheinrichtungen zur Bekämpfung von Entstehungsbränden vertraut zu machen hat.   8

---

2 BGI 512 Merkblatt für Erste-Hilfe-Material.
3 Vgl. dazu die Arbeitsstätten-RL ASR 13/1, 2 „Feuerlöscheinrichtungen" vom 5.6.1997 (BArbBl. 7–8/1997, S. 70) und die BG-Regel „Ausrüstung von Arbeitsstätten mit Feuerlöschern" (BGR 133, Fassung 10.04) sowie die BG-Information „Brandschutz" (BGI 562, Fassung 3.05).

4 Vgl. die Empfehlung des BMA zur Aufstellung von Flucht- und Rettungsplänen nach § 55 ArbStättV a.F. v. 10.12.1987, BArbBl. 3/1988, S. 89.
5 Vgl. MünchArb/*Wlotzke*, Bd. 2, § 210 Rn 88; *Kittner/Pieper*, § 10 Rn 3.
6 Abzurufen unter www.regelwerk.unfallkassen.de.

II. Individualarbeitsrecht

9 Für die Beschäftigten besteht nur dann eine **arbeitsvertragliche Verpflichtung** zur Übernahme von Aufgaben nach Abs. 2 S. 1, wenn dies durch eine entsprechende Vereinbarung im Einzelarbeitsvertrag oder in einem TV bzw. einer BV geregelt ist.[7]

III. Betriebsverfassungsrecht

10 Der BR ist nach Abs. 2 S. 3 vor der Benennung zu hören. Diese Bestimmung gewährt dem BR ein **Anhörungsrecht bei der Auswahl der Beschäftigten**, die Aufgaben der Ersten Hilfe, Brandbekämpfung und Evakuierung von Beschäftigten übernehmen sollen. Weitergehende Beteiligungsrechte bleiben nach Abs. 2 S. 4 unberührt. Im Hinblick auf die **sachbezogenen Notstandsmaßnahmen** des Abs. 1 ist das Mitbestimmungsrecht nach § 87 Abs. 1 Nr. 7 BetrVG zu beachten, soweit dem AG bei der Umsetzung ein Handlungsspielraum i.S.d. Wahl zwischen mehreren Möglichkeiten bzw. Mitteln eröffnet ist. Bei den **personenbezogenen Notstandsmaßnahmen** des Abs. 2 S. 1 kann ggf. eine Mitbestimmung nach § 99 BetrVG in Betracht kommen.

D. Beraterhinweise

11 Damit der AG die Erfüllung seiner Pflichten aus §§ 10 und 22 BGV A 1 gegenüber den zuständigen Arbeitsschutzbehörden und Unfallversicherungsträgern nachweisen kann, sollte er schriftlich in einem **Alarmplan** festlegen, welche Maßnahmen in Notfällen (z.B. Arbeitsunfall, Brand, Explosion, Austreten von gefährlichen Arbeitsstoffen) durchgeführt werden müssen. Soweit dies nach dem Ergebnis der Gefährdungsbeurteilung erforderlich ist, sollten zusätzlich noch ein **Brandschutzplan** sowie ein **Flucht- und Rettungsplan** aufgestellt werden.[8]

§ 11 Arbeitsmedizinische Vorsorge

Der Arbeitgeber hat den Beschäftigten auf ihren Wunsch unbeschadet der Pflichten aus anderen Rechtsvorschriften zu ermöglichen, sich je nach den Gefahren für ihre Sicherheit und Gesundheit bei der Arbeit regelmäßig arbeitsmedizinisch untersuchen zu lassen, es sei denn, auf Grund der Beurteilung der Arbeitsbedingungen und der getroffenen Schutzmaßnahmen ist nicht mit einem Gesundheitsschaden zu rechnen.

A. Allgemeines 1	C. Verbindung zu anderen Rechtsgebieten 5
B. Regelungsgehalt 2	I. Spezielles Arbeitsschutz- und Unfallverhütungsrecht 5
I. Recht der Beschäftigten auf eine regelmäßige arbeitsmedizinische Untersuchung 2	II. Individualarbeitsrecht 6
II. Durchführung und Kosten der Untersuchung 3	III. Betriebsverfassungsrecht 7
III. Rechtsfolgen der Untersuchung 4	D. Beraterhinweise 8

A. Allgemeines

1 § 11 regelt den öffentlich-rechtlichen Anspruch der Beschäftigten, vom AG unter bestimmten Voraussetzungen eine regelmäßige arbeitsmedizinische Untersuchung verlangen zu können. Diese Bestimmung setzt Art 14 Abs. 2 der EG-Rahmen-RL Arbeitsschutz (RL 89/391/EWG) um und ergänzt das bestehende System der gesetzlich vorgeschriebenen arbeitsmedizinischen Vorsorgeuntersuchungen.

B. Regelungsgehalt

I. Recht der Beschäftigten auf eine regelmäßige arbeitsmedizinische Untersuchung

2 Der AG wird durch § 11 verpflichtet, den Beschäftigten auf ihren **Wunsch** hin zu ermöglichen, sich je nach den Gefahren für ihre Sicherheit und Gesundheit bei der Arbeit einer **regelmäßigen arbeitsmedizinischen Untersuchung zu** unterziehen. Die Beschäftigten sollen die Möglichkeit erhalten, durch eine arbeitsmedizinische Untersuchung klären zu lassen, ob die Ausübung ihrer Tätigkeit mit gesundheitlichen Risiken verbunden ist, und sich ggf. entsprechend beraten zu lassen. § 11 gewährt den Beschäftigten gegenüber dem AG ein **subjektives öffentliches Recht** auf regelmäßige arbeitsmedizinische Untersuchungen. Dieses Recht entsteht mit seiner Geltendmachung durch eine entsprechende Erklärung des Beschäftigten gegenüber dem AG, die keiner bestimmten Form bedarf, aber dem AG bzw. seinen Repräsentanten zugehen muss. Es entfällt, wenn aufgrund der Beurteilung der Arbeitsbedingungen nach § 5

---

[7] Vgl. BSG 28.5.1975 – 2 RU 79/72 – BSGE 37, 262 (für die Bestellung zum Sicherheitsbeauftragten). MünchArbR/Wlotzke, Bd. 2, § 210 Rn 88; Kittner/Pieper, § 10 Rn 3.

[8] Einen Überblick über Hersteller und Bezugsquellen von Erste-Hilfe-Material gibt der Bundesfachverband Medizinprodukte e.V. (BVMed) unter www.bvmed.de.

und der getroffenen Schutzmaßnahmen nicht mit einem Gesundheitsschaden des Beschäftigten zu rechnen ist. Der AG ist in diesem Fall zur Ablehnung der begehrten arbeitsmedizinischen Untersuchungen berechtigt. Eine Einstellungsuntersuchung auf Arbeitstauglichkeit des AN ersetzt nicht die Untersuchung nach § 11. Auf der anderen Seite ist der AG nicht berechtigt, den AN zur Wahrnehmung seiner Rechte aus § 11 anzuweisen.[1]

II. Durchführung und Kosten der Untersuchung

Die Untersuchung kann nur durch einen Arzt durchgeführt werden, der über die erforderliche arbeitsmedizinische Fachkunde verfügt. Die **Kosten der Untersuchung** hat nach § 3 Abs. 3 (vgl. § 3 Rn 5) der **AG zu tragen**. Etwas anderes gilt nur dann, wenn der AG die Untersuchung durch einen Betriebsarzt anbietet, der Beschäftigte jedoch einen Arzt seiner Wahl mit deren Durchführung beauftragt.[2] Die Untersuchung ist grds. **während der Arbeitszeit** des Beschäftigten durchzuführen, sofern dem nicht eine BV oder eine Einzelvereinbarung entgegensteht. Aus dem Wortlaut der Norm folgt, dass regelmäßige Untersuchungen und Wiederholungen durch den AN eingefordert werden können, insbesondere bei Änderungen der Arbeitsbedingungen.

III. Rechtsfolgen der Untersuchung

Das **Untersuchungsergebnis** unterliegt der strafrechtlich durch § 203 Abs. 1 Nr. 1 StGB abgesicherten **ärztlichen Schweigepflicht** (§ 8 Abs. 1 S. 3 ASiG, § 2 Abs. 1 der Berufsordnung für Ärzte – BOÄ), darf also auch bei Vorliegen gesundheitlicher Bedenken vom Arzt nicht dem AG offenbart werden. Eine Ausnahme gilt nur, wenn der Beschäftigte den Arzt ausdrücklich von der Schweigepflicht entbindet und zur Weitergabe des Untersuchungsergebnisses ermächtigt (§ 2 Abs. 4 S. 1 BOÄ). Ergibt die Untersuchung, dass der Beschäftigte am Arbeitsplatz in seiner Gesundheit gefährdet ist und informiert er den AG über das Untersuchungsergebnis, hat dieser die erforderlichen Schutzmaßnahmen nach § 3 vorzunehmen.

C. Verbindung zu anderen Rechtsgebieten

I. Spezielles Arbeitsschutz- und Unfallverhütungsrecht

Das geltende Arbeitsschutzrecht normiert in zahlreichen Gesetzen (vgl. §§ 15, 16 GefStoffV, §§ 15, 15a BiostoffV, § 6 Abs. 1 BildscharbV, §§ 10 ff. DruckluftV, §§ 60 ff. StrlSchV, §§ 37 ff. RöV, §§ 32 ff. JArbSchG) und Unfallverhütungsvorschriften (vgl. § 2a BGV C 8 „Gesundheitsdienst")[3] die Verpflichtung des AG bzw. Unternehmers, Beschäftigte, die bei ihrer Tätigkeit **besonderen Gesundheitsgefahren** ausgesetzt sind (z.B. durch belastende Arbeitsbedingungen oder gefährliche Arbeitsstoffe bzw. Strahlen), regelmäßig in **bestimmten Zeitabständen** arbeitsmedizinisch untersuchen zu lassen. Dabei ist zwischen Pflicht- und Angebotsuntersuchungen zu unterscheiden. Bei **Pflichtuntersuchungen** ist die fristgemäße Durchführung der arbeitsmedizinischen Vorsorgeuntersuchung Voraussetzung für die Beschäftigung oder Weiterbeschäftigung mit der betreffenden Tätigkeit. Ihre Versäumung löst ein Beschäftigungsverbot für den zu untersuchenden Beschäftigten aus. Bei **Angebotsuntersuchungen** genügt es, wenn der AG den Beschäftigten die Teilnahme an der arbeitsmedizinischen Vorsorgeuntersuchung ermöglicht; ob diese davon Gebrauch machen, bleibt ihnen überlassen.

II. Individualarbeitsrecht

Wird die **Untersuchung während der üblichen Arbeitszeit** durchgeführt, hat der AN einen **Anspruch auf Entgeltfortzahlung nach § 616 BGB**.[4] Entsprechendes muss auch dann gelten, wenn der Untersuchungstermin auf Veranlassung des AG während der Freizeit des AN stattfindet. Soweit der AN nicht bereits öffentlich-rechtlich zur Mitwirkung verpflichtet ist (vgl. § 60 Abs. 4 StrlSchV; §§ 37 Abs. 6, 40 Abs. 4 RöV), besteht eine **arbeitsvertragliche Nebenpflicht zur Teilnahme** an den arbeitsmedizinischen Pflichtuntersuchungen, deren Verletzung eine verhaltensbedingte Künd durch den AG rechtfertigen kann.[5] Folgen aus der Untersuchung Bedenken für die Gesundheit des AN, muss diesem ein anderer Arbeitsplatz zugewiesen werden, bevor als ultima ratio eine Kündigung in Betracht kommt. Ein Beschäftigungsverbot resultiert hieraus indes nicht.[6]

III. Betriebsverfassungsrecht

§ 11 eröffnet dem AG keinen Regelungsspielraum und begründet daher **kein Mitbestimmungsrecht des BR** nach § 87 Abs. 1 Nr. 7 BetrVG.

---

1 Kollmer/*Leube*, § 11 Rn 13.
2 Vgl. *Wank*, Kommentar zum technischen Arbeitsschutz, § 11 Rn 6.
3 Vgl. weiterführend die BGG 904 „Berufsgenossenschaftliche arbeitsmedizinische Vorsorgeuntersuchungen."
4 Vgl. MünchArbR/*Wlotzke*, Bd. 2, § 216 Rn 48; *Kittner*/*Pieper*, § 11 Rn 12; *Wank*, Kommentar zum technischen Arbeitsschutz, § 11 Rn 6.
5 Vgl. LAG Düsseldorf 31.5.1996 – 15 Sa 180/94 – NZA-RR 1997, 88.
6 Kollmer/*Leube*, § 11 Rn 32.

D. Beraterhinweise

8 Bei jugendlichen Mitarbeitern sind zu Beginn der Beschäftigung und sodann jährlich Untersuchungen nach § 32 ff. JArbSchG erforderlich. Legt der Jugendliche die Bescheinigung über die Nachuntersuchung nicht vor, darf er nach Ablauf von 14 Monaten nicht mehr beschäftigt werden. Die Kosten der Untersuchungen bei Jugendlichen trägt nach 44 JArbSchG das Land.

§ 12 Unterweisung

(1) ¹Der Arbeitgeber hat die Beschäftigten über Sicherheit und Gesundheitsschutz bei der Arbeit während ihrer Arbeitszeit ausreichend und angemessen zu unterweisen. ²Die Unterweisung umfaßt Anweisungen und Erläuterungen, die eigens auf den Arbeitsplatz oder den Aufgabenbereich der Beschäftigten ausgerichtet sind. ³Die Unterweisung muß bei der Einstellung, bei Veränderungen im Aufgabenbereich, der Einführung neuer Arbeitsmittel oder einer neuen Technologie vor Aufnahme der Tätigkeit der Beschäftigten erfolgen. ⁴Die Unterweisung muß an die Gefährdungsentwicklung angepaßt sein und erforderlichenfalls regelmäßig wiederholt werden.

(2) ¹Bei einer Arbeitnehmerüberlassung trifft die Pflicht zur Unterweisung nach Absatz 1 den Entleiher. ²Er hat die Unterweisung unter Berücksichtigung der Qualifikation und der Erfahrung der Personen, die ihm zur Arbeitsleistung überlassen werden, vorzunehmen. ³Die sonstigen Arbeitsschutzpflichten des Verleihers bleiben unberührt.

A. Allgemeines	1	I. Spezielles Arbeitsschutz- und Unfallverhütungsrecht	8
B. Regelungsgehalt	2	II. Individualarbeitsrecht	9
I. Unterweisungspflicht des Arbeitgebers (Abs. 1)	2	III. Betriebsverfassungsrecht	10
II. Unterweisung bei der Arbeitnehmerüberlassung (Abs. 2)	5	D. Beraterhinweise	11
C. Verbindung zu anderen Rechtsgebieten	8		

A. Allgemeines

1 § 12 regelt in Umsetzung von Art. 12 der EG-Rahmen-RL Arbeitsschutz (89/391/EWG) die Verpflichtung des AG zur Unterweisung der Beschäftigten über Sicherheit und Gesundheitsschutz bei der Arbeit. Diese Bestimmung korrespondiert mit der in § 4 Nr. 7 enthaltenen Pflicht des AG, den Beschäftigten geeignete Anweisungen zu erteilen (vgl. § 4 Rn 10). Abs. 1 beinhaltet grundlegende Vorgaben für die Unterweisung der Beschäftigten durch den AG, während Abs. 2 eine Sonderregelung für den Fall der AÜ trifft. Die Unterweisungspflicht des AG wird als **tragender Grundsatz des Arbeitsschutzrechts** angesehen,¹ zumal die überwiegende Anzahl der Arbeitsunfälle durch menschliches Fehlverhalten bedingt sind. Typische Unterweisungen sind für Arbeiten am Bau, Lastaufnahmemittel, Baumaschinen, Ladungssicherung, Gefahrengüter, Gabelstapler, Bildschirmarbeiten, in engen und geschlossenen wie auch auf hoch gelegenen Arbeitsplätzen erforderlich.

B. Regelungsgehalt

I. Unterweisungspflicht des Arbeitgebers (Abs. 1)

2 Die Unterweisung ist das wichtigste Instrument, um die Beschäftigten in den Stand zu versetzen, Arbeitsschutzanordnungen richtig zu erfassen und sich sicherheitsgerecht zu verhalten. Abs. 1 S. 1 begründet deshalb für den AG die Pflicht, seine Beschäftigten über **Sicherheit und Gesundheitsschutz** bei der Arbeit zu unterweisen. Diese Verpflichtung wird in Abs. 1 S. 1 bis 4 bezüglich Durchführung und Inhalt sowie Anlass und Zeitpunkt der Unterweisung näher konkretisiert.

3 Zu **Durchführung und Inhalt der Unterweisung** enthält § 12 nur wenige allg. gehaltene Vorgaben. Die Unterweisung muss nach Abs. 1 S. 1 **während der Arbeitszeit** der Beschäftigten vorgenommen werden. Sie muss ausreichend und angemessen sein (Abs. 1 S. 1) sowie Anweisungen und Erläuterungen umfassen, die eigens auf den Arbeitsplatz oder den Aufgabenbereich der Beschäftigten ausgerichtet sind (Abs. 1 S. 2). Inhalt und Umfang sind nicht konkret festgelegt, sondern abhängig von der jeweiligen Gefährdungssituation und der Qualifikation des unterwiesenen Beschäftigten. Zum notwendigen **Mindestinhalt** einer Unterweisung gehören Informationen über die konkreten arbeitsplatzbezogenen Gefährdungen, die vorhandenen technischen und organisatorischen Schutz- und Notfallmaßnahmen, die tätigkeitsrelevanten Inhalte der einschlägigen Arbeitsschutz- und Unfallverhütungsvorschriften (vgl.

---

1 Kollmer/*Albertz*, § 12 Rn 1.

§ 4 Abs. 2 BGV A 1) sowie die sich daraus ergebenden Verhaltensregeln. Die Unterweisung muss in einer für den Unterwiesenen **verständlichen Form und Sprache** vorgenommen werden (vgl. z.B. § 14 Abs. 2 S. 3 GefStoffV). Die Unterweisung ist kein einmaliger Vorgang. Neben der **Erstunterweisung**, die vor der Einstellung des Beschäftigten sowie bei wesentlichen Veränderungen im Aufgabenbereich oder in den Arbeitsabläufen (z.B. der Einführung neuer Arbeitsmittel oder Arbeitsverfahren) vor Aufnahme der Tätigkeit durchgeführt werden muss (vgl. Abs. 1 S. 3), muss der AG erforderlichenfalls eine **Wiederholungsunterweisung** vornehmen (vgl. Abs. 1 S. 4 und § 4 Abs. 1 BGV A 1). Dadurch sollen die Beschäftigten an den Unterweisungsinhalt erinnert und die vermittelten Informationen aufgefrischt werden. Während § 12 für die Wiederholungsunterweisung keinen festen Zeitraum vorgibt, bestimmt § 4 Abs. 1 BGV A 1 (vgl. ferner § 14 Abs. 2 S. 2 GefStoffV), dass die **Unterweisung mind. einmal jährlich** zu erfolgen hat. Kürzere Unterweisungsintervalle können sich aus besonderen Gefährdungssituationen oder speziellen Arbeitsschutzvorschriften (vgl. etwa § 20 Abs. 1 S. 2 DruckluftV und § 29 Abs. 2 JArbSchG: mind. einmal pro Halbjahr) ergeben. 4

II. Unterweisung bei der Arbeitnehmerüberlassung (Abs. 2)

Nach Abs. 2 S. 1 trifft die **Unterweisungspflicht bei der AÜ** nicht den AG der Beschäftigten, den Verleiher, sondern den **Entleiher**, in dessen Betrieb die Beschäftigten tätig werden. Diese Regelung gilt für alle Fälle der AÜ, d.h. auch dann, wenn ein AG außerhalb des Anwendungsbereichs der gewerbsmäßigen AÜ nach dem AÜG Beschäftigte einem anderen AG zur Arbeitsleistung zur Verfügung stellt und diesen zur Ausübung des arbeitsvertraglichen Weisungsrechts ermächtigt.[2] Nicht erfasst wird der Einsatz von nicht weisungsunterworfenen Fremdfirmenbeschäftigten im Betrieb; den AG des Beschäftigungsbetriebes treffen in diesem Fall die Informationspflichten nach § 8 Abs. 2 (vgl. § 8 Rn 4 f.). 5

Abs. 2 S. 1 verweist bezüglich der Anforderungen an den **Inhalt und die Durchführung** der Unterweisung auf Abs. 1. Ergänzend dazu verpflichtet Abs. 1 S. 2 den Entleiher zur Berücksichtigung der Qualifikation und Erfahrung der ihm überlassenen Beschäftigten bei der Vornahme der Unterweisung. Konkrete Vorgaben für den Inhalt der vom Entleiher durchzuführenden Unterweisung ergeben sich aus § 11 Abs. 6 S. 2 und 3 AÜG. Danach hat der Entleiher den Leih-AN vor Beginn der Beschäftigung und bei Veränderungen in seinem Arbeitsbereich über Gefahren für Sicherheit und Gesundheit, denen er bei der Arbeit ausgesetzt sein kann, sowie über die Maßnahmen und Einrichtungen zur Abwendung dieser Gefahren zu unterrichten. Zusätzlich muss erforderlichenfalls auf die Notwendigkeit besonderer Qualifikationen bzw. beruflicher Fähigkeiten oder einer besonderen ärztlichen Überwachung sowie auf erhöhte besondere Gefahren des Arbeitsplatzes hingewiesen werden. 6

Durch Abs. 1 S. 3 wird klargestellt, dass der **Verleiher als AG** für die Erfüllung der sonstigen Arbeitsschutzpflichten verantwortlich ist. Dabei ist zu beachten, dass nach § 11 Abs. 6 S. 1 AÜG die Tätigkeit des Leih-AN bei dem Entleiher den für den Beschäftigungsbetrieb geltenden öffentlich-rechtlichen Arbeitsschutzvorschriften unterliegt und die sich daraus ergebenden Pflichten dem Entleiher unbeschadet der Pflichten des Verleihers obliegen. Diese Regelung begründet eine **gemeinsame Verantwortung des Entleihers und des Verleihers** für die Einhaltung der Arbeitsschutzpflichten mit Ausnahme der Unterweisungspflicht, die primär dem Entleiher obliegt. Der Verleiher kann zwar nicht unmittelbar dafür sorgen, dass die öffentlich-rechtlichen Arbeitsschutzbestimmungen im Betrieb des Entleihers eingehalten werden. Er muss aber zumindest durch entsprechende Regelungen im AN-Überlassungsvertrag gewährleisten, dass der Entleiher seine Arbeitsschutzpflichten gegenüber den Leih-AN kennt und durch gelegentliche Kontrollen und erforderlichenfalls weitergehende Maßnahmen sicherstellen, dass diese auch erfüllt werden.[3] 7

C. Verbindung zu anderen Rechtsgebieten

I. Spezielles Arbeitsschutz- und Unfallverhütungsrecht

§ 12 wird ergänzt durch § 4 BGV A 1 und spezielle Sonderregelungen für bestimmte Arbeitsmittel, Tätigkeiten oder Beschäftigtengruppen (vgl. § 4 LasthandhabV, § 3 PSA-BV, § 9 BetrSichV, § 14 GefStoffV, § 12 BiostoffV, § 20 DruckluftV, § 5 Abs. 2 BaustellV, § 29 JArbSchG). § 4 BGV A 1 bestimmt über § 12 hinaus, dass die Unterweisung mind. einmal halbjährlich bzw. jährlich zu erfolgen hat und vom Unternehmer dokumentiert werden muss. 8

II. Individualarbeitsrecht

Eine **unterbliebene oder unzureichende Unterweisung** kann in Schadensfällen dazu führen, dass das Fehlverhalten des Beschäftigten von den Gerichten milder beurteilt wird. So hat das LAG Hamm[4] entschieden, dass die Künd eines AN wegen sicherheitswidrigen Verhaltens (Überbrückung eines sog. Totmannschalters) unwirksam ist, wenn eine Unterweisung durch Vorgesetzte nicht stattgefunden hat. Das BAG[5] hat in einem Haftungsprozess gegen einen AN, der durch unsachgemäßes Bedienen eines Gabelstaplers einen erheblichen Sachschaden verursacht hatte, festgestellt, dass diesem bei unterbliebener Belehrung kein haftungsbegründendes Verschulden vorgeworfen werden kann. 9

---

2 Vgl. HaKo-ArbSchG/*Aufhauser*, § 12 Rn 7; *Kittner/Pieper*, § 12 Rn 18a.
3 Vgl. *Kittner/Pieper*, AÜG Rn 2;
4 Vgl. LAG Hamm 11.9.1997 – 12 Sa 964/97 – AiB 1998, 596.
5 Vgl. BAG 23.6.1994 – 8 AZR 599/92 (n.v.).

III. Betriebsverfassungsrecht

10 Der BR hat bei der Umsetzung von § 12 ein **Mitbestimmungsrecht nach § 87 Abs. 1 Nr. 7 BetrVG**, das sich insb. auf die Festlegung von Art, Umfang und Inhalt der Unterweisung bezieht.[6] Eine feststellbare konkrete Gefahr ist hierfür nicht erforderlich.[7]

D. Beraterhinweise

11 Der AG ist nach § 4 Abs. 1 BGV A 1 verpflichtet, die Unterweisung schriftlich oder auf andere geeignete Weise zu dokumentieren. Die **Dokumentation der Unterweisung** dient als Nachweis dafür, dass der AG seine Unterweisungsverpflichtung erfüllt hat. Für Form und Inhalt der Dokumentation gelten – von den Spezialregelungen in § 14 Abs. 2 S. 3 GefStoffV und § 12 Abs. 2 S. 3 BioStoffV abgesehen – keine bestimmten Vorgaben. Es empfiehlt sich, die Dokumentation entsprechend dem in der BGV A 1[8] enthaltenen Muster vorzunehmen. Ferner empfiehlt es sich, die unterwiesenen AN auf einem Formblatt die erhaltene Unterweisung quittieren zu lassen und diesen Nachweis im betrieblichen Arbeitsschutzhandbuch abzulegen.

§ 13 Verantwortliche Personen

(1) Verantwortlich für die Erfüllung der sich aus diesem Abschnitt ergebenden Pflichten sind neben dem Arbeitgeber
1. sein gesetzlicher Vertreter,
2. das vertretungsberechtigte Organ einer juristischen Person,
3. der vertretungsberechtigte Gesellschafter einer Personenhandelsgesellschaft,
4. Personen, die mit der Leitung eines Unternehmens oder eines Betriebes beauftragt sind, im Rahmen der ihnen übertragenen Aufgaben und Befugnisse,
5. sonstige nach Absatz 2 oder nach einer auf Grund dieses Gesetzes erlassenen Rechtsverordnung oder nach einer Unfallverhütungsvorschrift beauftragte Personen im Rahmen ihrer Aufgaben und Befugnisse.

(2) Der Arbeitgeber kann zuverlässige und fachkundige Personen schriftlich damit beauftragen, ihm obliegende Aufgaben nach diesem Gesetz in eigener Verantwortung wahrzunehmen.

A. Allgemeines

1 § 13 dient der Umsetzung und Konkretisierung von Art. 3 der EG-Rahmen-RL Arbeitsschutz (89/391/EWG). Verantwortliche Personen i.S.d. ArbSchG sind stets die AG als Individuen, sofern sie unter einer Einzelfirma auftreten oder als Gesellschafter einer BGB-Gesellschaft oder als i.Ü. unter eigenem Namen tätige Dienstleister oder Werkunternehmer. Schließlich kann der AG nach Abs. 2 zuverlässige und fachkundige Personen mit der Wahrnehmung der durch dieses Gesetz vorzunehmenden Arbeitsschutzverpflichtungen beauftragen. In diesem Fall sind die Rechte des Betriebs- bzw. Personalrats zu wahren.[1]

B. Regelungsgehalt

2 Abs. 1 stellt sicher, dass neben dem AG auch Personen in die Verantwortung mit einbezogen werden, die im Betrieb des AG in **leitender Funktion** tätig sind, wie **GmbH-Geschäftsführer** (§ 35 GmbHG), deren Stellvertreter (§ 44 GmbHG), der Vorstand der AG (§§ 76, 78, 82 AktG), der persönlich haftende **Gesellschafter** der KGaA (§ 278 Abs. 2 AktG), der **Vorstand** des eingetragenen Vereins (§ 26 BGB) und dessen bestellter Vertreter (§ 30 BGB), der Vorstand der Stiftung (§§ 86, 26 BGB) und der Vorstand der Genossenschaft (§ 24 GenG).[2] Bei Personenhandelsgesellschaften sind die vertretungsberechtigten Gesellschafter, wie sämtliche Gesellschafter der OHG (§ 125 HGB), der persönlich haftende Gesellschafter (**Komplementär**) der KG (§§ 161 Abs. 2, 125 HGB), der GmbH-Geschäftsführer bei der GmbH & Co. KG (§§ 161 Abs. 2, 125 HGB, § 35 GmbHG). **Prokuristen**, sofern sie vertretungsberechtigt sind. Problematisch, da sehr offen formuliert, ist der Personenkreis nach Abs. 1 Nr. 4, der „mit der Leitung eines

---

[6] Vgl. BAG 8.6.2004 – 1 ABR 13/03 – BAGE 111, 36 = AP § 87 BetrVG 1972 Nr. 12; BAG 8.6.2004 – 1 ABR 4/03 – BAGE 111,48 = AP § 76 BetrVG 1972 Einigungsstelle Nr. 20.

[7] BAG 8.6.2004 – 1 ABR 13/03 – BAGE 111, 36 = AP § 87 BetrVG 1972 Nr. 12.

[8] Vgl. Nr. 2.3 zu § 4 Abs. 1 BGV A 1 (Seite 13); http://www.hvbg.de/d/bgz/entwicklung/pdf_bild_bgvr/bg-ra1_pdf.pdf.

[1] §§ 80 Abs. 1 Nr. 1, 89 BetrVG bzw. §§ 68 Abs. 1 Nr. 2, 81 PersVG.

[2] Vgl. zur Verantwortlichkeit i.S.v. § 13 *Wilrich*, DB 2008, 182.

Unternehmens oder eines Betriebes" beauftragt ist. Nach allg. Ansicht wird davon nicht jeder leitende Ang oder in der Unternehmenshierarchie höher gestellte Mitarbeiter erfasst, sondern nur Mitarbeiter in tatsächlichen Führungspositionen, wie ein **Werksdirektor** oder ein **Filialleiter**.[3] Nachgeordnete leitende Ang aus mittleren Führungsebenen haften nur nach Abs. 1 Nr. 5. Die Haftung der einzelnen unter Abs. 1 bis Abs. 5 genannten Personenkreise führt nicht dazu, dass die Verantwortung des AG darüber hinaus ausgeschlossen wird. Es bleibt eine Restverantwortung bei dem AG i.S.d. OWi- bzw. Strafrechts.[4] Bspw. kann sich ein Bauunternehmer nicht von seiner Verkehrssicherungspflicht auf einer Baustelle dadurch befreien, dass er einen Sicherheits- und Gesundheitskoordinator (**SiGeKo**) beauftragt, weil er nach § 278 BGB für dessen Verschulden wie für eigenes Verschulden haftet und nicht nur für eine ordnungsgemäße Auswahl und Kontrolle des SiGeKo.[5] Allerdings ist der Vertrag zwischen Auftragnehmer und dem SiGeKo ein Vertrag mit Schutzwirkung zugunsten derjenigen Personen, die sich bestimmungsgemäß und berechtigt auf der Baustelle aufhalten. Daher haftet auch der SiGeKo gegenüber diesen Personen, wenn es zu einem Unfall auf der Baustelle kommt.[6]

C. Verbindung zu anderen Rechtsgebieten

Abs. 5 verweist auf **Spezialregelungen**, die insb. die Stellung von Beauftragten erfordern. Gem. § 22 SGB VII muss in Betrieben von mehr als 20 AN mind. ein Sicherheitsbeauftragter bestellt werden, zur Abwehr von Unfall- und Gesundheitsgefahren. Nach § 6 Abs. 1 S. 1 ASiG sind überdies **Fachkräfte für Arbeitssicherheit** zu stellen. Weitere betriebliche Arbeitsschutzbeauftragte sind ferner der Betriebsarzt (§ 2 ff. ASiG), der Strahlenschutzbeauftragte (§§ 31 ff. StrlSchV, § 13 ff. RöV), der Störfallbeauftragte (§§ 58a bis d BImSchG), der Gefahrgutbeauftragte (§ 1 ff. GbV), der Laserschutzbeauftragte (§ 6 UVV), der Beauftragte für die biologische Sicherheit (§ 3 Nr. 11 GenTG, §§ 16 ff. GenTSV, § 16 UVV) sowie der Schwerbehindertenbeauftragte nach § 98 SGB IX.

Sofern der AG nach Abs. 2 externe Dritte beauftragt, die ihm obliegenden Aufgaben nach dem ArbSchG in eigener Verantwortung wahrzunehmen, besteht ein **Mitbestimmungsrecht** des BR nach § 87 Abs. 1 Nr. 7 BetrVG.[7]

D. Beraterhinweise

Für die Haftung des in Abs. 1 genannten Personenkreises ist eine **schriftliche Übertragung** der Verantwortung nicht erforderlich, wird aber zur Klarstellung allg. befürwortet.[8] Das Muster einer Übertragungsbestätigung findet sich in der BGI 508–1 aus Mai 2005.[9] Die Übertragung der Verantwortung wird häufig an Externe vergeben, wozu nach Abs. 2 stets eine **schriftliche Vereinbarung** notwendig ist. Bei der Beauftragung **externer Fachfirmen** ist darauf zu achten, dass diese nicht nur eine reine Beratungsfunktion ausüben, sondern auch eigene Entscheidungs- und Weisungsbefugnisse im Betrieb für die Durchsetzung ihrer Aufgaben erhalten,[10] um wirksam die Verantwortung auf die Fachfirmen delegieren zu können.

§ 14 Unterrichtung und Anhörung der Beschäftigten des öffentlichen Dienstes

(1) Die Beschäftigten des öffentlichen Dienstes sind vor Beginn der Beschäftigung und bei Veränderungen in ihren Arbeitsbereichen über Gefahren für Sicherheit und Gesundheit, denen sie bei der Arbeit ausgesetzt sein können, sowie über die Maßnahmen und Einrichtungen zur Verhütung dieser Gefahren und die nach § 10 Abs. 2 getroffenen Maßnahmen zu unterrichten.

(2) Soweit in Betrieben des öffentlichen Dienstes keine Vertretung der Beschäftigten besteht, hat der Arbeitgeber die Beschäftigten zu allen Maßnahmen zu hören, die Auswirkungen auf Sicherheit und Gesundheit der Beschäftigten haben können.

§ 14 dient der Umsetzung von Art. 11 Abs. 1 und 2 der EG-Rahmen-RL Arbeitsschutz (89/391/EWG) für die Beschäftigten (vgl. § 2 Abs. 2) des **öffentlichen Dienstes**. Abs. 1 normiert die Verpflichtung des AG des öffentlichen Dienstes bzw. Dienstherrn, wie Bund, Länder, Kreise, Gemeinden, Anstalten und Stiftungen des öffentlichen Rechts zur Unterrichtung der Beschäftigten über die Unfall- und Gesundheitsgefahren sowie die Maßnahmen und Einrichtungen zur Verhütung dieser Gefahren einschließlich der nach § 10 Abs. 2 getroffenen Notfallmaßnahmen. Abs. 2 bestimmt für Betriebe ohne Personalvertretung, dass der AG bzw. Dienstherr die Beschäftigten zu allen Maßnahmen des Arbeits- und Gesundheitsschutzes anzuhören hat. In Betrieben mit Personalvertretung besteht die Anhörungs-

---

3 ErfK/*Wank*, § 13 ArbSchG Rn 1.
4 MünchArb/*Wlotzke*, Bd. 2, § 208 Rn 18; *Gerhard*, AuA 1998, 239; Kittner/*Pieper*, § 13 Rn 5.
5 OLG Celle 3.3.2004 – 9 U 208/03 – BauR 2006, 133.
6 OLG Celle 3.3.2004 – 9 U 208/03 – BauR 2006, 133.
7 LAG Niedersachsen 4.4.2008 – 16 TaBV 110/07 – juris.
8 MünchArb/*Wlotzke*, Bd. 2, § 208 Rn 4.
9 Abrufbar über die Internetseiten der BG, z.B. www.bgetf.de.
10 Kollmer/*Lorenz*, § 13 Rn 51 m.w.N.

pflicht nur gegenüber dem PR (vgl. § 81 Abs. 2 BPersVG bzw. die entsprechenden Bestimmungen der Landespersonalvertretungsgesetze). Für den Bereich der Privatwirtschaft enthält § 81 Abs. 1 S. 2 i.V.m. Abs. 2 sowie Abs. 3 BetrVG eine inhaltlich entsprechende Verpflichtung des AG zur Unterrichtung und Anhörung der AN, die nach § 5 Abs. 1 BetrVG unter den Geltungsbereich des BetrVG fallen.

Dritter Abschnitt: Pflichten und Rechte der Beschäftigten

§ 15 Pflichten der Beschäftigten

(1) ¹Die Beschäftigten sind verpflichtet, nach ihren Möglichkeiten sowie gemäß der Unterweisung und Weisung des Arbeitgebers für ihre Sicherheit und Gesundheit bei der Arbeit Sorge zu tragen. ²Entsprechend Satz 1 haben die Beschäftigten auch für die Sicherheit und Gesundheit der Personen zu sorgen, die von ihren Handlungen oder Unterlassungen bei der Arbeit betroffen sind.

(2) Im Rahmen des Absatzes 1 haben die Beschäftigten insbesondere Maschinen, Geräte, Werkzeuge, Arbeitsstoffe, Transportmittel und sonstige Arbeitsmittel sowie Schutzvorrichtungen und die ihnen zur Verfügung gestellte persönliche Schutzausrüstung bestimmungsgemäß zu verwenden.

A. Allgemeines	1	C. Verbindung zu anderen Rechtsgebieten	5
B. Regelungsgehalt	2	I. Spezielles Arbeitsschutz- und Unfallverhütungsrecht	5
I. Pflicht zu sicherheitsgerechtem Verhalten (Abs. 1)	2	II. Individualarbeitsrecht	8
II. Pflicht zur bestimmungsgemäßen Verwendung von Arbeitsmitteln und Schutzausrüstungen (Abs. 2)	4	D. Beraterhinweise	12

A. Allgemeines

1 Das ArbSchG regelt in §§ 15 f. die **arbeitsschutzbezogenen Mitwirkungspflichten der Beschäftigten** und setzt insoweit Art. 13 der EG-Rahmen-RL Arbeitsschutz (391/89/91) um. § 15 beinhaltet die allg. Verpflichtung der Beschäftigten zu sicherheitsgerechtem Verhalten, die in § 16 durch besondere Melde- und Unterstützungspflichten ergänzt wird. Diese Bestimmungen begründen **öffentlich-rechtliche Verhaltenspflichten der Beschäftigten**, deren Einhaltung von den staatlichen Arbeitsschutzbehörden überwacht und erforderlichenfalls durch Einzelfallanordnungen nach § 22 Abs. 3 S. 1 Nr. 1 durchgesetzt werden kann.

B. Regelungsgehalt

I. Pflicht zu sicherheitsgerechtem Verhalten (Abs. 1)

2 Abs. 1 begründet für die Beschäftigten die **Verpflichtung, sich bei der Arbeit sicherheits- bzw. arbeitsschutzgerecht zu verhalten**. Dazu gehört nach Abs. 1 S. 1 zunächst die Sorge um die eigene Sicherheit und Gesundheit (**Verpflichtung zum Eigenschutz – Eigenvorsorge**). Durch Abs. 1 S. 2 werden die Beschäftigten verpflichtet, auch für die Sicherheit und Gesundheit derjenigen Personen zu sorgen, die von ihren Handlungen oder Unterlassungen bei der Arbeit betroffen sind (**Verpflichtung zum Schutz anderer betroffener Personen – Fremdvorsorge**). Zu den geschützten Personen gehören neben den im Betrieb Beschäftigten auch Dritte wie z.B. Kunden, Lieferanten oder Besucher.[1]

3 Der **Umfang der Verpflichtung zu sicherheitsgerechtem Verhalten** bestimmt sich gem. Abs. 1 S. 1 nach den **Möglichkeiten der Beschäftigten** sowie der **Unterweisung und Weisung des AG**. Inwieweit dem einzelnen Beschäftigten eine Eigen- bzw. Fremdvorsorge möglich ist, hängt von seiner individuellen körperlichen und geistigen Befähigung (vgl. § 7) sowie den konkreten Verhältnissen am Arbeitsplatz bzw. Tätigkeitsort ab. Maßgeblich ist ferner, ob der AG seine Verpflichtung zur Unterweisung des Beschäftigten (§ 12) und zur Erteilung geeigneter Anweisungen (§ 4 Nr. 7) ordnungsgemäß erfüllt und ihm die für ein sicherheitsgerechtes Verhalten notwendigen Informationen und Kenntnisse vermittelt hat.

---

1 Vgl. Kollmer/*Oppenauer*, § 15 Rn 38; *Kittner/Pieper*, § 15 Rn 10; HaKo-ArbSchG/*Aufhauser*, § 15 Rn 4; a.A. Münch-Arb/*Wlotzke*, Bd. 2, § 210 Rn 63; *Wank*, Kommentar zum technischen Arbeitsschutz, § 15 Rn 4.

II. Pflicht zur bestimmungsgemäßen Verwendung von Arbeitsmitteln und Schutzausrüstungen (Abs. 2)

Abs. 2 konkretisiert die grundlegende Verpflichtung der Beschäftigten zu einem sicherheits- bzw. arbeitsschutzgerechten Verhalten für den besonders wichtigen Bereich der Benutzung von Arbeitsmitteln und persönlichen Schutzausrüstungen. **Bestimmungsgemäße Verwendung** bedeutet, dass die Beschäftigten Arbeitsmittel und Schutzausrüstungen nur entsprechend ihrem Verwendungs- bzw. Gebrauchszweck und im Rahmen der ihnen übertragenen Arbeitsaufgaben benutzen dürfen. Sie müssen ferner die einschlägigen Sicherheitshinweise in Betriebsanweisungen, Gebrauchsanleitungen und sonstigen Benutzerinformationen beachten. Eine wichtige Voraussetzung dafür ist, dass der AG seine Verpflichtung zur Unterrichtung der Beschäftigten zum ordnungsgemäßen Gebrauch der Arbeitsmittel und Schutzausrüstungen erfüllt (vgl. z.B. § 9 BetrSichV, § 3 PSA-BV, § 14 GefStoffV) erfüllt. Soweit Arbeitsmittel mit Schutzvorrichtungen ausgerüstet sind, müssen auch diese von den Beschäftigten bestimmungsgemäß verwendet werden. Untersagt sind insb. Manipulationen an Schutzvorrichtungen, durch die deren Funktionsfähigkeit aufgehoben oder beeinträchtigt wird.

C. Verbindung zu anderen Rechtsgebieten

I. Spezielles Arbeitsschutz- und Unfallverhütungsrecht

Das Unfallversicherungsrecht regelt die **arbeitsschutzbezogenen Mitwirkungspflichten der Versicherten** in § 21 Abs. 3 SGB VII und §§ **15 bis 18 BGV A 1**. Dabei korrespondieren § 15 Abs. 1 S. 1 BGV A 1 mit Abs. 1, § 17 BGV A 1 mit Abs. 2, § 16 Abs. 1 BGV A 1 mit § 16 Abs. 1 (s. § 16 Rn 2) sowie § 21 Abs. 3 SGB VII und § 15 Abs. 1 S. 2 BGV A 1 mit § 16 Abs. 2 S. 1 (s. § 16 Rn 3).

Die **Verpflichtung der Versicherten zu sicherheitsgerechtem Verhalten** ist in § 15 Abs. 1 S. 1 BGV A 1 inhaltsgleich mit Abs. 1 geregelt. Ergänzend dazu bestimmt § 15 Abs. 2 BGV A 1, dass sich die Versicherten durch den Konsum von Alkohol, Drogen oder anderen berauschenden Mitteln nicht in einen Zustand versetzen dürfen, durch den sie sich oder andere gefährden können. Entsprechendes gilt nach § 15 Abs. 3 BGV A 1 auch für die Einnahme von Medikamenten. § 18 BGV A 1 bestimmt, dass sich die Versicherten an gefährlichen Stellen nur im Rahmen der ihnen übertragenen Arbeitsaufgaben aufhalten dürfen.

§ 17 BGV A 1 übernimmt die Regelung des Abs. 2 über die **bestimmungsgemäße Benutzung von Arbeitsmitteln** und konkretisiert sie dahingehend, dass die Versicherten Einrichtungen, Arbeitsmittel und Arbeitsstoffe sowie Schutzvorrichtungen bestimmungsgemäß und **im Rahmen der ihnen übertragenen Arbeitsaufgaben** zu benutzen haben.

II. Individualarbeitsrecht

Durch §§ 15 f. sowie § 21 Abs. 3 SGB VII und §§ 15 ff. BGV A 1 werden entsprechende **arbeitsvertragliche Nebenpflichten für die AN** begründet.[2] Rechtswidrige und schuldhafte Verletzungen der Arbeitsschutzpflichten durch AN können **arbeitsrechtlichen und haftungsrechtliche Rechtsfolgen** auslösen.

Der AN kann seinen **Anspruch auf Entgeltfortzahlung im Krankheitsfall** nach § 3 Abs. 1 S. 1 EFZG (siehe § 3 EFZG Rn 15 ff.) **verlieren**, wenn er seine Arbeitsunfähigkeit durch ein **grob sicherheits- bzw. arbeitsschutzwidriges Verhalten** selbst verschuldet hat.[3] Dies ist insb. dann der Fall, wenn der AN verletzt wird, weil er entgegen Abs. 2 und § 17 BGV A 1 bei der Arbeit die vorgeschriebene und vom AG zur Verfügung gestellte persönliche Schutzausrüstung nicht benutzt hat.[4]

Wenn der AN durch **sicherheits- bzw. arbeitsschutzwidriges Verhalten** einen **Arbeitsunfall verursacht**, kommt ihm zwar die **Beschränkung der Haftung für Personenschäden** auf die vorsätzliche Herbeiführung des Versicherungsfalls nach § 105 Abs. 1 SGB VII zugute. Er bleibt jedoch den Geschädigten zum **Ersatz der entstandenen Sachschäden** aus pVV (§§ 611 i.V.m. 280 Abs. 1 BGB) und unerlaubter Handlung (§ 823 Abs. 1 BGB) verpflichtet. Bei vorsätzlicher oder grob fahrlässiger Herbeiführung des Schadensfalles ist der AN einem **Regressanspruch des Unfallversicherungsträgers** nach § 110 SGB VII ausgesetzt.[5]

Verstöße des AN gegen seine arbeitsvertragliche Nebenpflicht zur Einhaltung der Arbeitsschutz- und Unfallverhütungsvorschriften können den AG zur **verhaltensbedingten Künd des Arbverh** berechtigen.[6] Voraussetzung da-

---

2 Vgl. weiterführend MünchArb/*Wlotzke*, Bd. 2, § 209 Rn 49 ff.
3 Vgl. BAG 25.6.1964 – 2 AZR 421/63 – AP § 1 ArbKrankG Nr. 38; LAG Saarland 25.6.1975 – 2 Sa 157/74 – AP § 1 LohnFG Nr. 37; MünchArb/*Wlotzke*, Bd. 2, § 209 Rn 55.
4 Vgl. BAG 16.9.1982 – 2 AZR 266/80 – juris; LAG Nürnberg 14.8.1996 – 3 Sa 55/96 – juris; LAG Baden-Württemberg 26.9.1978 – 7 Sa 18/78 – DB 1979, 1044 = BB 1979, 1040; Hessisches LAG 6.9.1965 – 1 Sa 237/65 – BB 1966, 497; ArbG Passau 18.11.1988 – 2 Ca 344/88 D – BB 1989, 70; ArbG Bielefeld 1.10.1980 – 4 Ca 1123/80 – BB 1981, 496.
5 Vgl. OLG Brandenburg 16.3.1999 – 2 U 87/98 – HVBG-INFO 1999, 2295.
6 Vgl. weiterführend MünchArb/*Wlotzke*, Bd. 2, § 209 Rn 57.

für ist i.d.R. die vorherige erfolglose **Abmahnung** des AN.[7] Vorsätzliche schwere und wiederholte Verletzungen der Sicherheitsvorschriften trotz einschlägiger Abmahnung können auch eine **außerordentliche Künd** des Arbverh rechtfertigen.[8]

D. Beraterhinweise

12 Müssen Beschäftigte bei der Arbeit Medikamente einnehmen, die nach Angabe des Herstellers zu Müdigkeit oder Beeinträchtigung der Reaktionsfähigkeit führen können, sollten sie zur Vermeidung einer möglichen Haftung wegen Verletzung der Bestimmung des § 15 Abs. 3 BGV A 1 und der dadurch konkretisierten Verpflichtung zu sicherheitsgerechtem Verhalten durch den verordnenden Arzt oder den Betriebsarzt klären lassen, ob dadurch ihre Einsatzfähigkeit am Arbeitsplatz beeinträchtigt werden kann.

§ 16 Besondere Unterstützungspflichten

(1) Die Beschäftigten haben dem Arbeitgeber oder dem zuständigen Vorgesetzten jede von ihnen festgestellte unmittelbare erhebliche Gefahr für die Sicherheit und Gesundheit sowie jeden an den Schutzsystemen festgestellten Defekt unverzüglich zu melden.

(2) [1]Die Beschäftigten haben gemeinsam mit dem Betriebsarzt und der Fachkraft für Arbeitssicherheit den Arbeitgeber darin zu unterstützen, die Sicherheit und den Gesundheitsschutz der Beschäftigten bei der Arbeit zu gewährleisten und seine Pflichten entsprechend den behördlichen Auflagen zu erfüllen. [2]Unbeschadet ihrer Pflicht nach Absatz 1 sollen die Beschäftigten von ihnen festgestellte Gefahren für Sicherheit und Gesundheit und Mängel an den Schutzsystemen auch der Fachkraft für Arbeitssicherheit, dem Betriebsarzt oder dem Sicherheitsbeauftragten nach § 22 des Siebten Buches Sozialgesetzbuch mitteilen.

A. Allgemeines 1	III. Mitteilungspflicht gegenüber der Fachkraft für Arbeitssicherheit, dem Betriebsarzt und dem Sicherheitsbeauftragten (Abs. 2 S. 2) 5
B. Regelungsgehalt 2	
I. Meldepflicht gegenüber dem Arbeitgeber (Abs. 1) .. 2	
II. Pflicht zur Unterstützung des Arbeitgebers (Abs. 2 S. 1) 4	C. Verbindung zu anderen Rechtsgebieten 6
	I. Unfallverhütungsrecht 6
	II. Individualarbeitsrecht 9

A. Allgemeines

1 § 16 regelt ergänzend zu § 15 die Melde- und Unterstützungspflichten der Beschäftigten und setzt insoweit Art. 13 Abs. 2 Buchst. d, e und i der EG-Rahmen-RL Arbeitsschutz (89/391/EWG) um.

B. Regelungsgehalt

I. Meldepflicht gegenüber dem Arbeitgeber (Abs. 1)

2 Abs. 1 begründet für die Beschäftigten eine öffentlich-rechtliche Meldepflicht gegenüber ihrem AG. Meldepflichtig ist jede festgestellte unmittelbare erhebliche Gefahr für die Sicherheit und Gesundheit sowie jeder an den Schutzsystemen festgestellte Defekt. Eine unmittelbare erhebliche Gefahr liegt vor, wenn eine besondere Gefahrenlage besteht, bei der der Eintritt eines nach Art und Umfang schweren Schadens sehr wahrscheinlich ist oder nicht mehr abgewendet werden kann (z.B. Brände, Explosionen, erhebliche Betriebsstörungen; vgl. auch § 9 Rn 3). Defekte an Schutzsystemen sind aufgrund der dadurch begründeten Gefahr für die Sicherheit und Gesundheit der Beschäftigten in jedem Fall zu melden.

3 Die Beschäftigten sind nur zur Meldung der von ihnen festgestellten Gefahren und Defekte verpflichtet. Voraussetzung dafür ist, dass der Beschäftigte die Gefahr oder den Defekt wahrnimmt und als solchen erkennt, wobei ein konkreter Anhaltspunkt oder ein begründeter Verdacht ausreicht. Der Beschäftigte muss die Meldung unverzüglich, d.h. ohne schuldhaftes Zögern (vgl. § 121 BGB) abgeben. Als Adressaten der Meldung kommen neben dem AG auch die Verantwortlichen i.S.v. § 13 sowie die Vorgesetzten des Beschäftigten in Betracht.

---

[7] Vgl. BAG 16.9.1982 – 2 AZR 266/80 – juris; LAG Hamm 11.9.1997 – 12 Sa 964/97 – AiB 1998, 596; zur Entbehrlichkeit einer Abmahnung vgl. LAG Hamm 17.11.1989 – 12 Sa 787/89 – LAGE § 626 BGB Nr. 48.

[8] Vgl. LAG Rheinland-Pfalz 14.4.2005 – 11 Sa 810/04 – juris; LAG Köln 17.3.1993 – 7 Sa 13/93 – LAGE § 626 BGB Nr. 71.

II. Pflicht zur Unterstützung des Arbeitgebers (Abs. 2 S. 1)

Abs. 2 S. 1 verpflichtet die Beschäftigten, den AG gemeinsam mit dem Betriebsarzt und der Fachkraft für Arbeitssicherheit bei der Wahrnehmung seiner Arbeitsschutzaufgaben und der Erfüllung seiner Pflichten gegenüber den zuständigen Arbeitsschutzbehörden zu unterstützen. Diese **allg. Unterstützungspflicht** der Beschäftigten hat eine **Auffangfunktion**; ihre Ausfüllung richtet sich nach den Gegebenheiten des Einzelfalles. Als mögliche Unterstützungsmaßnahmen kommen z.B. die Beseitigung kleinerer Mängel (vgl. § 16 Abs. 2 BGV A 1) oder die Bereitschaft, Aufgaben als Ersthelfer zu übernehmen (vgl. § 28 BGV A 1), in Betracht. Abs. 2 S. 1 macht ferner deutlich, dass die Beschäftigten mit den betrieblichen Arbeitsschutzfachleuten (Betriebsarzt, Fachkraft für Arbeitssicherheit) zusammenzuarbeiten haben.

III. Mitteilungspflicht gegenüber der Fachkraft für Arbeitssicherheit, dem Betriebsarzt und dem Sicherheitsbeauftragten (Abs. 2 S. 2)

Abs. 2 S. 2 ergänzt die arbeitgeberbezogene Meldepflicht der Beschäftigten nach Abs. 1 um eine zusätzliche Mitteilungspflicht gegenüber den betrieblichen Arbeitsschutzfachleuten. Danach **sollen** die Beschäftigten die von ihnen **festgestellten Gefahren für Sicherheit und Gesundheit und Mängel an Schutzsystemen** auch der **Fachkraft für Arbeitssicherheit**, dem **Betriebsarzt** oder dem **Sicherheitsbeauftragten** mitteilen. Diese Regelung hat den Zweck, die Zusammenarbeit der Beschäftigten mit den betrieblichen Arbeitsschutzfachleuten zu fördern und zu gewährleisten, dass letztere über bestehende Gefahrenlagen unmittelbar informiert werden, um erforderlichenfalls schnell tätig werden können. Abweichend von Abs. 1 sind alle festgestellten Gefahren für Sicherheit und Gesundheit mitzuteilen; eine besondere Gefahrenlage wird nicht vorausgesetzt.

C. Verbindung zu anderen Rechtsgebieten

I. Unfallverhütungsrecht

Das Unfallverhütungsrecht regelt die Melde- und Unterstützungspflichten der Beschäftigten in § 21 Abs. 3 SGB VII sowie §§ 15 f. BGV A 1.

§ 21 Abs. 3 SGB VII und § 15 Abs. 1 S. 2 verpflichten die Versicherten, nach ihren Möglichkeiten alle Maßnahmen zur Verhütung von Arbeitsunfällen, Berufskrankheiten und arbeitsbedingten Gesundheitsgefahren sowie für eine wirksame Erste Hilfe zu unterstützen. Ergänzend dazu bestimmt § 28 Abs. 1 BGV A 1, dass sich die Versicherten im Rahmen ihrer Unterstützungspflicht zum Ersthelfer ausbilden und nach der Ausbildung für Erste-Hilfe-Leistungen zur Verfügung stellen müssen. Von dieser Verpflichtung sind die Versicherten nur ausgenommen, soweit persönliche Gründe entgegenstehen.

§ 16 Abs. 1 BGV A 1 regelt die Meldepflicht der Versicherten inhaltsgleich mit Abs. 1. Ergänzend dazu verpflichtet Abs. 2 BGV A 1 die Versicherten zur unverzüglichen Beseitigung festgestellter Mängel an Arbeitsmitteln, Arbeitsstoffen oder Arbeitsverfahren, soweit dies zu ihren Arbeitsaufgaben gehört und sie über die notwendige Befähigung zur Mängelbeseitigung verfügen. Andernfalls haben sie den Mangel unverzüglich ihrem Vorgesetzten zu melden. § 28 Abs. 2 verpflichtet die Versicherten, unverzüglich jeden Unfall der zuständigen betrieblichen Stelle zu melden. Nach § 30 Abs. 2 BGV A 1 haben die Versicherten persönliche Schutzausrüstungen regelmäßig auf ihren ordnungsgemäßen Zustand zu prüfen und festgestellte Mängel dem Unternehmer unverzüglich zu melden.

II. Individualarbeitsrecht

Ausführung zum Individualarbeitsrecht finden sich in § 15 Rn 8 ff.

§ 17 Rechte der Beschäftigten

(1) ¹Die Beschäftigten sind berechtigt, dem Arbeitgeber Vorschläge zu allen Fragen der Sicherheit und des Gesundheitsschutzes bei der Arbeit zu machen. ²Für Beamtinnen und Beamte des Bundes ist § 125 des Bundesbeamtengesetzes anzuwenden. ³Entsprechendes Landesrecht bleiben unberührt.

(2) ¹Sind Beschäftigte auf Grund konkreter Anhaltspunkte der Auffassung, daß die vom Arbeitgeber getroffenen Maßnahmen und bereitgestellten Mittel nicht ausreichen, um die Sicherheit und den Gesundheitsschutz bei der Arbeit zu gewährleisten, und hilft der Arbeitgeber darauf gerichteten Beschwerden von Beschäftigten nicht ab, können sich diese an die zuständige Behörde wenden. ²Hierdurch dürfen den Beschäftigten keine Nachteile entstehen. ³Die in Absatz 1 Satz 2 und 3 genannten Vorschriften sowie die Vorschriften der Wehrbeschwerdeordnung und des Gesetzes über den Wehrbeauftragten des Deutschen Bundestages bleiben unberührt.

A. Allgemeines	1	C. Verbindung zu anderen Rechtsgebieten	11
B. Regelungsgehalt	2	I. Spezielles Arbeitsschutz- und Unfallverhütungsrecht	11
I. Vorschlagsrecht (Abs. 1 S. 1)	2	II. Betriebsverfassungsrecht	12
II. Außerbetriebliches Beschwerderecht (Abs. 2 S. 1 und 2)	3	III. Individualarbeitsrecht	13
III. Sonderregelungen für den öffentlichen Dienst (Abs. 1 S. 2 und 3 sowie Abs. 2 S. 3)	10	D. Beraterhinweise	14

A. Allgemeines

1 § 17 regelt in Abs. 1 das Vorschlagsrecht und in Abs. 2 das außerbetriebliche Beschwerderecht der Beschäftigten. Umgesetzt werden damit Art. 11 Abs. 1 und Abs. 6 der EG-Rahmen-RL Arbeitsschutz (389/91/EWG).

B. Regelungsgehalt

I. Vorschlagsrecht (Abs. 1 S. 1)

2 Abs. 1 S. 1 gibt den Beschäftigten das Recht, dem AG **Vorschläge zu allen Fragen der Sicherheit und des Gesundheitsschutzes bei der Arbeit** zu machen. Im Unterschied zum betriebsverfassungsrechtlichen Vorschlagsrecht nach § 82 Abs. 1 S. 2 BetrVG ist das öffentlich-rechtliche Vorschlagsrecht nach Abs. 1 nicht auf die Sicherheit des eigenen Arbeitsplatzes beschränkt, sondern bezieht sich auf alle Fragen und Probleme des Arbeits- und Gesundheitsschutzes im Beschäftigungsbetrieb.[1] Für die Ausübung des Vorschlagsrechts ist **keine bestimmte Form** vorgeschrieben. Der Vorschlag kann dem AG deshalb sowohl mündlich als auch schriftlich unterbreitet werden. § 17 begründet für den AG **keine Verpflichtung, zu dem Vorschlag Stellung zu nehmen** oder dessen Nichtberücksichtigung gegenüber dem Beschäftigten näher zu begründen.[2] Der AG ist jedoch zur Entgegennahme und Prüfung des Vorschlags verpflichtet.

II. Außerbetriebliches Beschwerderecht (Abs. 2 S. 1 und 2)

3 Abs. 2 S. 1 räumt den Beschäftigten ein **außerbetriebliches Beschwerderecht** ein. Sie sind berechtigt, sich an die zuständige Behörde zu wenden, wenn sie aufgrund konkreter Anhaltspunkte der Auffassung sind, dass die vom AG getroffenen Maßnahmen und bereitgestellten Mittel nicht ausreichen, um die Sicherheit und den Gesundheitsschutz bei der Arbeit zu gewährleisten, und der AG den darauf gerichteten Beschwerden der Beschäftigten nicht abhilft. Aus der berechtigten Wahrnehmung dieses Beschwerderechts dürfen den Beschäftigten nach Abs. 2 S. 2 keine Nachteile entstehen.

4 Die **Ausübung des Beschwerderechts** ist nach Abs. 1 S. 2 an **zwei Voraussetzungen** geknüpft: Erste Voraussetzung ist, dass der AG seine Arbeitsschutzpflichten gegenüber dem Beschäftigten nicht oder nicht ausreichend erfüllt hat. Maßgebend ist dabei die subjektive Einschätzung des beschwerdeführenden Beschäftigten; eine objektive Pflichtverletzung bzw. Gefahrenlage muss nicht vorliegen.[3] Vorausgesetzt wird allerdings, dass der Beschäftigte aufgrund konkreter Anhaltspunkte zu der Auffassung gelangt ist, die vom AG getroffenen Maßnahmen und bereitgestellten Mittel seien nicht ausreichend, um die Sicherheit und den Gesundheitsschutz bei der Arbeit zu gewährleisten. Bloße Vermutungen oder pauschale Behauptungen über angebliche Sicherheitsmängel oder Gesundheitsgefahren genügen deshalb nicht. Der Beschäftigte muss vielmehr seine Annahme einer Gefahrenlage durch konkrete Tatsachen belegen können, die eine Verletzung der Arbeitsschutzpflichten durch den AG möglich erscheinen lassen. Solche Tatsachen können z.B. darin bestehen, dass der Beschäftigte in seiner Beschwerde auf bestimmte Mängel (z.B. das Fehlen oder die mangelhafte Funktionsfähigkeit von Schutzvorrichtungen oder persönlichen Schutzausrüstungen) oder sonstige auffällige Ereignisse (z.B. Geräusche oder Gerüche) hinweist.

5 **Zweite Voraussetzung** für das außerbetriebliche Beschwerderecht ist, dass der **AG** einer vorausgegangenen **innerbetrieblichen Beschwerde des Beschäftigten nicht abgeholfen hat**. Der Beschäftigte muss sich zunächst beim AG beschweren und ihm Gelegenheit zur Beseitigung des pflichtwidrigen Zustandes zu geben, bevor er zur Anrufung der zuständigen Behörden berechtigt ist. Diese **Verpflichtung des Beschäftigten zur vorherigen erfolglosen Durchführung eines innerbetrieblichen Abhilfeverfahrens** beruht auf dem Ultima-Ratio-Grundsatz und entspricht der Rechtslage vor Inkrafttreten des ArbSchG. Sie ist mit dem europäischen Recht vereinbar, da das außerbetriebliche Beschwerderecht in Art. 11 Abs. 6 der EG-Rahmen-RL Arbeitsschutz (RL 389/91/EGW) ausdrücklich unter dem Vorbehalt der „nationalen Rechtsvorschriften bzw. Praktiken" steht.[4] Der Grundsatz des Vorrangs der innerbetrieb-

---

1 Vgl. *Wank*, Kommentar zum technischen Arbeitsschutz, § 17 Rn 1; Kollmer/*Oppenauer*, § 17 Rn 29; MünchArb/*Wlotzke*, Bd. 2, § 211 Rn 68; a.A. *Schmatz/Nöthlichs*, Kennzahl 4042 (§ 17) Anm. 2.

2 Vgl. *Wank*, Kommentar zum technischen Arbeitsschutz, § 17 Rn 2; Kollmer/*Oppenauer*, § 17 Rn 30; MünchArb/*Wlotzke*, Bd. 2, § 211 Rn 68; a.A. HaKo-ArbSchG/*Aufhauser*, § 17 Rn 1.

3 Vgl. *Wank*, Kommentar zum technischen Arbeitsschutz, § 17 Rn 6; Kollmer/*Oppenauer*, § 17 Rn 19; MünchArb/*Wlotzke*, Nd. 2, § 209 Rn 42.

4 Vgl. *Wank*, Kommentar zum technischen Arbeitsschutz, § 17 Rn 7; MünchArb/*Wlotzke*, Bd. 2, § 209 Rn 43.

lichen Abhilfe steht unter dem Vorbehalt der Zumutbarkeit.[5] Der Beschäftigte kann deshalb ausnahmsweise von einer vorherigen Beschwerde gegenüber dem AG absehen, wenn diese offensichtlich keinen Erfolg verspricht (z.B. weil der AG nichts unternommen hat, obwohl ihm der betreffende Arbeitsschutzmangel bereits seit langem bekannt war) oder ihm dies nicht zugemutet werden kann (z.B. bei vorsätzlichen Straftaten des AG gegen den Beschäftigten).

Der **Beschwerde wird abgeholfen**, wenn der AG entweder dem Verlangen des Beschwerdeführers nachkommt und einen objektiv bestehenden Arbeitsschutzmangel beseitigt oder ihm in verständlicher Form mitteilt und ggf. durch konkrete Tatsachen erläutert, dass die Arbeitsschutzpflichten bereits vollständig erfüllt sind und keine weiteren Maßnahmen getroffen werden müssen. Eine **Nichtabhilfe** liegt vor, wenn der AG innerhalb einer angemessenen Frist auf die Beschwerde überhaupt nicht oder nur mit unzureichenden bzw. nichts sagenden Antworten reagiert, die Berechtigung der Beschwerde bezweifelt und deshalb nichts unternimmt oder trotz Zusage einer Abhilfe untätig bleibt. Problematisch sind die Fälle, in dem der Beschwerdeführer auch nach der Stellungnahme des AG noch Zweifel an der ordnungsgemäßen Erfüllung der Arbeitsschutzpflichten hat. In diesem Fall wird man dem Beschäftigten das Recht zur außerbetrieblichen Beschwerdeerhebung zubilligen müssen, sofern er seine verbleibenden Zweifel auf entsprechende konkrete Anhaltspunkte stützen kann.[6] **6**

Die **Einlegung der innerbetrieblichen Beschwerde** ist an **keine bestimmte Form** gebunden. Aus Beweisgründen empfiehlt sich jedoch eine schriftliche Beschwerdeerhebung. **Adressat der innerbetrieblichen Beschwerde** können neben dem **AG** auch die für den Arbeitsschutz **verantwortlichen Personen i.S.v. § 13 Abs. 1** sein, nicht jedoch der Betriebsarzt, die Fachkraft für Arbeitssicherheit oder der BR. Das Beschwerderecht setzt **keine persönliche Betroffenheit des Beschwerdeführers** voraus, sondern kann auch zugunsten von Arbeitskollegen oder im Betrieb tätigen Beschäftigten anderer AG ausgeübt werden.[7] **7**

Adressat der außerbetrieblichen Beschwerde ist die zuständige Behörde. Gemeint sind damit ausschließlich die für den Arbeitsschutz zuständigen **staatlichen Aufsichtsbehörden** (Ämter für Arbeitsschutz bzw. Gewerbeaufsichtsämter) und **gesetzlichen Unfallversicherungsträger**. Beschwerden und Anzeigen gegenüber anderen Behörden oder Stellen (z.B. Polizei, Ordnungsamt, Gewerkschaften, Presse) können nicht auf Abs. 2 S. 1 gestützt werden, sondern sind nach den Grundsätzen zu beurteilen, die von der arbeitsgerichtlichen Rspr. für das Anzeigerecht des AN entwickelt worden sind. **8**

Nach Abs. 1 S. 2 dürfen den Beschäftigten durch **eine berechtigte Beschwerdeerhebung** bei der zuständigen Arbeitsschutzbehörde **keine Nachteile** entstehen. Dieses **Benachteiligungsverbot** ist insb. dann von praktischer Bedeutung, wenn sich nachträglich herausstellt, dass die Beschwerde objektiv nicht berechtigt war, der Beschwerdeführer jedoch konkrete Anhaltspunkte für seine gegenteilige Auffassung anführen kann. Verboten sind alle Maßnahmen tatsächlicher oder rechtlicher Natur, die objektiv eine Schlechterstellung des Beschwerdeführers gegenüber anderen vergleichbaren Beschäftigten beinhalten. Neben unmittelbar benachteiligenden Maßnahmen (z.B. Abmahnung, Versetzung, Künd,[8] Entgeltkürzung) werden auch mittelbare Formen der Nachteilszufügung wie das Vorenthalten von Vorteilen und Vergünstigungen (z.B. Ausschluss von Prämien oder Überstundenzuweisungen, Unterlassen einer Beförderung) erfasst. Ein **Verstoß gegen das Benachteiligungsverbot** hat die **Nichtigkeit** der betreffenden Maßnahme zur Folge (§ 134 BGB). Dem Betroffenen kann ferner ein **Schadensersatzanspruch** aus § 280 Abs. 1 BGB oder § 823 Abs. 2 BGB i.V.m. **§ 17 Abs. 1 S. 2** zustehen. Die Darlegungs- und Beweislast für das Vorliegen einer benachteiligenden Maßnahme trägt der Betroffene. Ihm kommen dabei Beweiserleichterungen nach den Grundsätzen des Anscheinsbeweises zugute, wenn ein offensichtlicher Zusammenhang zwischen der benachteiligenden Maßnahme und der Aufgabenwahrnehmung besteht. **9**

III. Sonderregelungen für den öffentlichen Dienst (Abs. 1 S. 2 und 3 sowie Abs. 2 S. 3)

Durch Abs. 1 S. 2 und 3 sowie Abs. 2 S. 3 wird klargestellt, dass Beamte und Soldaten bei der Ausübung ihres Vorschlags- bzw. Beschwerderechts die für sie geltenden öffentlich-rechtlichen Sonderregelungen beachten müssen. Dazu gehört v.a. die Einhaltung des Dienstwegs. Abs. 1 S. 3 ist auf der Grundlage der Neuregelungen des BeamtenstatusG v. 17.6.2008 (BGBl I S. 1010) mit Wirkung zum 1.4.2009 neu gefasst worden. **10**

---

5 Vgl. BAG 3.7.2003 – 2 AZR 235/02 – BAGE 107, 36 = AP § 1 KSchG 1969 Verhaltensbedingte Kündigung Nr. 45; MünchArb/*Wlotzke*, Bd. 2, § 209 Rn 44; *Kittner/Pieper*, § 17 Rn 7.

6 Vgl. *Kollmer/Vogl*, Rn 240; *Schmatz/Nöthlichs*, Kennzahl 4042 (§ 17) Anm. 3.2.

7 Vgl. *Kollmer/Vogl*, Rn 240; *Kollmer/Oppenauer*, § 17 Rn 20; MünchArb/*Wlotzke*, Bd. 2, § 209 Rn 42; a.A. *Schmatz/Nöthlichs*, Kennzahl 4042 (§ 17) Anm. 3.2.

8 Vgl. LAG Köln 10.7.2003 – 5 Sa 151/03 – LAGE § 626 BGB 2002 Nr. 1b = MDR 2004, 41; LAG Köln 23.2.1996 – 11 (13) Sa 976/95 – LAGE § 626 BGB Nr. 94.

C. Verbindung zu anderen Rechtsgebieten

I. Spezielles Arbeitsschutz- und Unfallverhütungsrecht

11 Das Unfallverhütungsrecht enthält keine mit § 17 korrespondierende Bestimmung. Die schon vor Inkrafttreten des ArbSchG bestehende Sonderregelung des außerbetrieblichen Beschwerderechts der Beschäftigten im Gefahrstoffrecht (vgl. § 21 Abs. 6 S. 1 GefStoffV a.F.) ist nicht in die seit 1.1.2005 geltende Gefahrstoff-VO übernommen worden.

II. Betriebsverfassungsrecht

12 § 82 Abs. 1 S. 2 gewährt dem AN ein **arbeitsplatzbezogenes Vorschlagsrecht**, das ihn berechtigt, Vorschläge für die Gestaltung des Arbeitsplatzes und des Arbeitsablaufs zu machen. §§ 84 f. BetrVG regelt das **innerbetriebliche Beschwerderecht** der AN.

III. Individualarbeitsrecht

13 Ein AN, der seinen AG bei den zuständigen Arbeitsschutzbehörden **anzeigt, ohne zur außerbetrieblichen Beschwerdeerhebung nach Abs. 2 berechtigt zu sein**, begeht eine Verletzung seiner vertraglichen Nebenpflicht zur Rücksichtnahme auf die berechtigten Interessen des AG (§ 241 Abs. 2 BGB), die je nach Lage des Einzelfalles eine **verhaltensbedingte ordentliche oder außerordentliche Künd** rechtfertigen kann.[9]

D. Beraterhinweise

14 Der **Unternehmer bzw. AG** hat i.d.R. **keinen Rechtsanspruch auf Bekanntgabe des Namens eines Behördeninformanten** bzw. auf entsprechende Einsicht in die Verwaltungsakte.[10] Die Behörden sind grds. verpflichtet, die Namen und Personalien von Informanten und Anzeigeerstattern vertraulich zu behandeln. Eine Ausnahme gilt nur für den Fall, dass der Anzeigeerstatter bewusst wahrheitswidrig oder leichtfertig falsche Behauptungen aufgestellt hat und der Betroffene diesen deshalb zivil- oder strafrechtlich in Anspruch nehmen will.[11]

15 **Beschäftigte**, die ihr außerbetriebliches Beschwerderecht wahrnehmen wollen, sollten zur Vermeidung arbeitsrechtlicher Konflikte bei der zuständigen Arbeitsschutzbehörde bzw. Berufsgenossenschaft **ausdrücklich um eine vertrauliche Behandlung ihrer Anzeige** bitten, damit sichergestellt ist, dass die zuständige Arbeitsschutzbehörde ihrer Verpflichtung zur Geheimhaltung der Personalien des Anzeigeerstatters nachkommt.

Vierter Abschnitt: Verordnungsermächtigungen

§ 18 Verordnungsermächtigungen

(1) ¹Die Bundesregierung wird ermächtigt, durch Rechtsverordnung mit Zustimmung des Bundesrates vorzuschreiben, welche Maßnahmen der Arbeitgeber und die sonstigen verantwortlichen Personen zu treffen haben und wie sich die Beschäftigten zu verhalten haben, um ihre jeweiligen Pflichten, die sich aus diesem Gesetz ergeben, zu erfüllen. ²In diesen Rechtsverordnungen kann auch bestimmt werden, daß bestimmte Vorschriften des Gesetzes zum Schutz anderer als in § 2 Abs. 2 genannter Personen anzuwenden sind.

(2) Durch Rechtsverordnungen nach Absatz 1 kann insbesondere bestimmt werden,
1. daß und wie zur Abwehr bestimmter Gefahren Dauer oder Lage der Beschäftigung oder die Zahl der Beschäftigten begrenzt werden muß,
2. daß der Einsatz bestimmter Arbeitsmittel oder -verfahren mit besonderen Gefahren für die Beschäftigten verboten ist oder der zuständigen Behörde angezeigt oder von ihr erlaubt sein muß oder besonders gefährdete Personen dabei nicht beschäftigt werden dürfen,
3. daß bestimmte, besonders gefährliche Betriebsanlagen einschließlich der Arbeits- und Fertigungsverfahren vor Inbetriebnahme, in regelmäßigen Abständen oder auf behördliche Anordnung fachkundig geprüft werden müssen,

---

9 Vgl. BAG 3.7.2003 – 2 AZR 235/02 – BAGE 107, 36 = AP § 1 KSchG 1969 Verhaltensbedingte Kündigung Nr. 45.
10 Vgl. BVerwG 30.4.1965 – VII C 83.63 – DÖV 1965, 488 = DVBl. 1965, 647; VG Ansbach 16.2.1995 – An 4 K 94.01275 – GewArch 1995, 202; VG Ansbach 26.10.1978 – An 8782 IV/77 – GewArch 1979, 20.
11 Vgl. BVerwG 4.9.2003 – 5 C 48/02 – BVerwGE 119, 11 = NJW 2005, 1543; VerfGH Rheinland-Pfalz 4.11.1998 – B 5/98 – NJW 1999, 2264.

4. daß Beschäftigte, bevor sie eine bestimmte gefährdende Tätigkeit aufnehmen oder fortsetzen oder nachdem sie sie beendet haben, arbeitsmedizinisch zu untersuchen sind und welche besonderen Pflichten der Arzt dabei zu beachten hat,
5. dass Ausschüsse zu bilden sind, denen die Aufgabe übertragen wird, die Bundesregierung oder das zuständige Bundesministerium zur Anwendung der Rechtsverordnungen zu beraten, dem Stand der Technik, Arbeitsmedizin und Hygiene entsprechende Regeln und sonstige gesicherte arbeitswissenschaftliche Erkenntnisse zu ermitteln sowie Regeln zu ermitteln, wie die in den Rechtsverordnungen gestellten Anforderungen erfüllt werden können. Das Bundesministerium für Arbeit und Soziales kann die Regeln und Erkenntnisse amtlich bekannt machen.

§ 19 Rechtsakte der Europäischen Gemeinschaften und zwischenstaatliche Vereinbarungen

Rechtsverordnungen nach § 18 können auch erlassen werden, soweit dies zur Durchführung von Rechtsakten des Rates oder der Kommission der Europäischen Gemeinschaften oder von Beschlüssen internationaler Organisationen oder von zwischenstaatlichen Vereinbarungen, die Sachbereiche dieses Gesetzes betreffen, erforderlich ist, insbesondere um Arbeitsschutzpflichten für andere als in § 2 Abs. 3 genannte Personen zu regeln.

Der Bundesgesetzgeber hat in das ArbSchG zwei VO-Ermächtigungen aufgenommen, die eine Konkretisierung der in §§ 3 bis 17 geregelten Pflichten (vgl. § 18) sowie die Umsetzung von Rechtsakten der EG, insb. EG-RL, und Beschlüssen internationaler Organisationen (z.B. Übereinkommen der Internationalen Arbeitsorganisation IAO) oder zwischenstaatlicher Vereinbarungen durch den Erlass von Rechts-VO ermöglichen sollen. Auf der Grundlage dieser Bestimmungen – z.T. ergänzt durch weitere spezialgesetzliche VO-Ermächtigungen (§ 19 ChemG, § 11 GSG bzw. § 14 GPSG) – sind bisher **zehn Arbeitsschutz-VO** erlassen worden:

– die VO zum Schutz der Beschäftigten vor Gefährdungen durch Lärm und Vibrationen (**Lärm- und Vibrations-Arbeitsschutz-VO – LärmVibrationsArbSchV**) v. 6.3.2007,[1] in Kraft getreten am 9.3.2007,
– die VO zum Schutz vor Gefahrstoffen (**Gefahrstoff-VO – GefStoffV**) v. 23.12.2004,[2] in Kraft getreten am 1.1.2005,
– die VO über Arbeitsstätten (**Arbeitsstätten-VO – ArbStättV**) v. 12.8.2004,[3] in Kraft getreten am 25.8.2004,
– die VO über Sicherheit und Gesundheitsschutz bei der Bereitstellung von Arbeitsmitteln und deren Benutzung bei der Arbeit, über Sicherheit beim Betrieb überwachungsbedürftiger Anlagen und über die Organisation des betrieblichen Arbeitsschutzes (**Betriebssicherheits-VO – BetrSichV**) v. 27.9.2002,[4] in Kraft getreten am 3.10.2002 mit Ausnahme des Abschnitts 3, der seit 1.1.2003 gültig ist,
– die VO über Sicherheit und Gesundheitsschutz bei Tätigkeiten mit biologischen Arbeitsstoffen (**Biostoff-VO – BiostoffV**) vom 27.1.1999,[5] in Kraft getreten am 1.4.1999,
– die VO über Sicherheit und Gesundheitsschutz auf Baustellen (**Baustellen-VO – BauStellV**) vom 10.6.1998,[6] in Kraft getreten am 1.7.1998,
– die VO über Sicherheit und Gesundheitsschutz bei der Arbeit an Bildschirmgeräten (**Bildschirmarbeits-VO – BildscharbV**) v. 4.12.1996,[7] in Kraft getreten am 20.12.1996,
– die VO über Sicherheit und Gesundheitsschutz bei der manuellen Handhabung von Lasten bei der Arbeit (**Lastenhandhabungs-VO – LasthandhabV**) vom 4.12.1996,[8] in Kraft getreten am 20.12.1996,
– die VO über Sicherheit und Gesundheitsschutz bei der Benutzung persönlicher Schutzausrüstungen bei der Arbeit (**PSA-Benutzungs-VO – PSA-BV**) vom 4.12.1996,[9] in Kraft getreten am 20.12.1996,
– die durch die Betriebssicherheits-VO abgelöste VO über Sicherheit und Gesundheitsschutz bei der Benutzung von Arbeitsmitteln bei der Arbeit (**Arbeitsmittelbenutzungs-VO – AMBV**) vom 11.3.1997,[10] gültig vom 1.4.1997 bis 2.10.2002.

---

1 BGBl I S. 261.
2 BGBl I S. 3759.
3 BGBl I S. 2179.
4 BGBl I S. 3777, zuletzt geändert am 7.7.2005, BGBl I S. 1970.
5 BGBl I S. 50, zuletzt geändert am 23.12.2004, BGBl I S. 3758.
6 BGBl I S. 1283, zuletzt geändert am 23.12.2004, BGBl I S. 3758.
7 BGBl I S. 1843, zuletzt geändert am 25.11.2003, BGBl I S. 2304.
8 BGBl I S. 1843, zuletzt geändert am 25.11.2003, BGBl I S. 2304.
9 BGBl I S. 1843, zuletzt geändert am 25.11.2003, BGBl I S. 2304.
10 BGBl I S. 450.

§ 20 Regelungen für den öffentlichen Dienst

(1) Für die Beamten der Länder, Gemeinden und sonstigen Körperschaften, Anstalten und Stiftungen des öffentlichen Rechts regelt das Landesrecht, ob und inwieweit die nach § 18 erlassenen Rechtsverordnungen gelten.

(2) ¹Für bestimmte Tätigkeiten im öffentlichen Dienst des Bundes, insbesondere bei der Bundeswehr, der Polizei, den Zivil- und Katastrophenschutzdiensten, dem Zoll oder den Nachrichtendiensten, können das Bundeskanzleramt, das Bundesministerium des Innern, das Bundesministerium für Verkehr, Bau und Stadtentwicklung, das Bundesministerium der Verteidigung oder das Bundesministerium der Finanzen, soweit sie hierfür jeweils zuständig sind, durch Rechtsverordnung ohne Zustimmung des Bundesrates bestimmen, daß Vorschriften dieses Gesetzes ganz oder zum Teil nicht anzuwenden sind, soweit öffentliche Belange dies zwingend erfordern, insbesondere zur Aufrechterhaltung oder Wiederherstellung der öffentlichen Sicherheit. ²Rechtsverordnungen nach Satz 1 werden im Einvernehmen mit dem Bundesministerium für Arbeit und Soziales und, soweit nicht das Bundesministerium des Innern selbst ermächtigt ist, im Einvernehmen mit diesem Ministerium erlassen. ³In den Rechtsverordnungen ist gleichzeitig festzulegen, wie die Sicherheit und der Gesundheitsschutz bei der Arbeit unter Berücksichtigung der Ziele dieses Gesetzes auf andere Weise gewährleistet werden. ⁴Für Tätigkeiten im öffentlichen Dienst der Länder, Gemeinden und sonstigen landesunmittelbaren Körperschaften, Anstalten und Stiftungen des öffentlichen Rechts können den Sätzen 1 und 3 entsprechende Regelungen durch Landesrecht getroffen werden.

A. Allgemeines

1 Die Norm setzt die EG-Rahmen-RL 89/391 EWG um und begründet erstmals eine umfassende Einbeziehung der Beamten und Beschäftigten im öffentlichen Dienst in den Geltungsbereich der Arbeitsschutzvorschriften.[1]

B. Regelungsgehalt

2 Abs. 1 gibt den Ländern das Recht zu entscheiden, ob sie die Arbeitsschutz-VO des Bundes in das Landesrecht implementieren. Um bestimmten, insb. risikoträchtigen Tätigkeitsbereichen wie z.B. Polizei oder Bundeswehr gerecht zu werden, eröffnet Abs. 2 die Möglichkeit, den Anwendungsbereich des Gesetzes einzuschränken.

C. Verbindung zu anderen Rechtsgebieten

3 Der Arbeitsschutz für Beamte ist bereits als Grundverpflichtung in der beamtenrechtlichen Fürsorgepflicht enthalten (§ 48 BRRG, § 79 BBG bzw. in den entsprechenden landesrechtlichen Vorschriften).[2]

Im Bereich der Mitbestimmung ist zu beachten, dass im Personalvertretungsrecht häufig weitergehende Mitbestimmungsrechte des PR bestehen, als dies im BetrVG vorgesehen wird. Z.B. hat der PR nach § 72 Abs. 4 S. 1 Nr. 7 PersVG NW bei der Bestellung von Strahlenschutzbeauftragten und -bevollmächtigten in einem Klinikum[3] ein Mitbestimmungsrecht.

D. Beraterhinweise

4 Für die Einhaltung der Arbeitsschutzvorschriften im öffentlichen Dienst ist die sog. Zentralstelle für Arbeitsschutz im Bundesministerium des Innern zuständig. Die Zentralstelle gibt detaillierte Informationen unter www.bmi.bund.de heraus. Beamte müssen beachten, dass sie bei der Anzeige von Verstößen gegen Arbeitsschutzvorschriften stets den „Dienstweg" einzuhalten haben (§ 17 Abs. 1 S. 2 und 3).

---

1 Vgl. insb. § 2 Abs. 2 und Abs. 5.
2 Kollmer/*Dörfler*, § 20 Rn 19 ff. mit ausführlichen Hinweisen.
3 OVG NRW 13.7.2006 – 1 A 990/05.PVL jurisPR-ArbR 3/2007 Anm. 2.

Fünfter Abschnitt: Gemeinsame deutsche Arbeitsschutzstrategie

§ 20a Gemeinsame deutsche Arbeitsschutzstrategie

(1) [1]Nach den Bestimmungen dieses Abschnitts entwickeln Bund, Länder und Unfallversicherungsträger im Interesse eines wirksamen Arbeitsschutzes eine gemeinsame deutsche Arbeitsschutzstrategie und gewährleisten ihre Umsetzung und Fortschreibung. [2]Mit der Wahrnehmung der ihnen gesetzlich zugewiesenen Aufgaben zur Verhütung von Arbeitsunfällen, Berufskrankheiten und arbeitsbedingten Gesundheitsgefahren sowie zur menschengerechten Gestaltung der Arbeit tragen Bund, Länder und Unfallversicherungsträger dazu bei, die Ziele der gemeinsamen deutschen Arbeitsschutzstrategie zu erreichen.

(2) Die gemeinsame deutsche Arbeitsschutzstrategie umfasst
1. die Entwicklung gemeinsamer Arbeitsschutzziele,
2. die Festlegung vorrangiger Handlungsfelder und von Eckpunkten für Arbeitsprogramme sowie deren Ausführung nach einheitlichen Grundsätzen,
3. die Evaluierung der Arbeitsschutzziele, Handlungsfelder und Arbeitsprogramme mit geeigneten Kennziffern,
4. die Festlegung eines abgestimmten Vorgehens der für den Arbeitsschutz zuständigen Landesbehörden und der Unfallversicherungsträger bei der Beratung und Überwachung der Betriebe,
5. die Herstellung eines verständlichen, überschaubaren und abgestimmten Vorschriften- und Regelwerks.

§ 20b Nationale Arbeitsschutzkonferenz

(1) [1]Die Aufgabe der Entwicklung, Steuerung und Fortschreibung der gemeinsamen deutschen Arbeitsschutzstrategie nach § 20a Abs. 1 Satz 1 wird von der Nationalen Arbeitsschutzkonferenz wahrgenommen. [2]Sie setzt sich aus jeweils drei stimmberechtigten Vertretern von Bund, Ländern und den Unfallversicherungsträgern zusammen und bestimmt für jede Gruppe drei Stellvertreter. [3]Außerdem entsenden die Spitzenorganisationen der Arbeitgeber und Arbeitnehmer für die Behandlung von Angelegenheiten nach § 20a Abs. 2 Nr. 1 bis 3 und 5 jeweils bis zu drei Vertreter in die Nationale Arbeitsschutzkonferenz; sie nehmen mit beratender Stimme an den Sitzungen teil. [4]Die Nationale Arbeitsschutzkonferenz gibt sich eine Geschäftsordnung; darin werden insbesondere die Arbeitsweise und das Beschlussverfahren festgelegt. [5]Die Geschäftsordnung muss einstimmig angenommen werden.

(2) Alle Einrichtungen, die mit Sicherheit und Gesundheit bei der Arbeit befasst sind, können der Nationalen Arbeitsschutzkonferenz Vorschläge für Arbeitsschutzziele, Handlungsfelder und Arbeitsprogramme unterbreiten.

(3) [1]Die Nationale Arbeitsschutzkonferenz wird durch ein Arbeitsschutzforum unterstützt, das in der Regel einmal jährlich stattfindet. [2]Am Arbeitsschutzforum sollen sachverständige Vertreter der Spitzenorganisationen der Arbeitgeber und Arbeitnehmer, der Berufs- und Wirtschaftsverbände, der Wissenschaft, der Kranken- und Rentenversicherungsträger, von Einrichtungen im Bereich Sicherheit und Gesundheit bei der Arbeit sowie von Einrichtungen, die der Förderung der Beschäftigungsfähigkeit dienen, teilnehmen. [3]Das Arbeitsschutzforum hat die Aufgabe, eine frühzeitige und aktive Teilhabe der sachverständigen Fachöffentlichkeit an der Entwicklung und Fortschreibung der gemeinsamen deutschen Arbeitsschutzstrategie sicherzustellen und die Nationale Arbeitsschutzkonferenz entsprechend zu beraten.

(4) Einzelheiten zum Verfahren der Einreichung von Vorschlägen nach Absatz 2 und zur Durchführung des Arbeitsschutzforums nach Absatz 3 werden in der Geschäftsordnung der Nationalen Arbeitsschutzkonferenz geregelt.

(5) [1]Die Geschäfte der Nationalen Arbeitsschutzkonferenz und des Arbeitsschutzforums führt die Bundesanstalt für Arbeitsschutz und Arbeitsmedizin. [2]Einzelheiten zu Arbeitsweise und Verfahren werden in der Geschäftsordnung der Nationalen Arbeitsschutzkonferenz festgelegt.

Sechster Abschnitt: Schlußvorschriften

§ 21 — Zuständige Behörden; Zusammenwirken mit den Trägern der gesetzlichen Unfallversicherung

(1) ¹Die Überwachung des Arbeitsschutzes nach diesem Gesetz ist staatliche Aufgabe. ²Die zuständigen Behörden haben die Einhaltung dieses Gesetzes und der auf Grund dieses Gesetzes erlassenen Rechtsverordnungen zu überwachen und die Arbeitgeber bei der Erfüllung ihrer Pflichten zu beraten.

(2) ¹Die Aufgaben und Befugnisse der Träger der gesetzlichen Unfallversicherung richten sich, soweit nichts anderes bestimmt ist, nach den Vorschriften des Sozialgesetzbuchs. ²Soweit die Träger der gesetzlichen Unfallversicherung nach dem Sozialgesetzbuch im Rahmen ihres Präventionsauftrags auch Aufgaben zur Gewährleistung von Sicherheit und Gesundheitsschutz der Beschäftigten wahrnehmen, werden sie ausschließlich im Rahmen ihrer autonomen Befugnisse tätig.

(3) ¹Die zuständigen Landesbehörden und die Unfallversicherungsträger wirken auf der Grundlage einer gemeinsamen Beratungs- und Überwachungsstrategie nach § 20a Abs. 2 Nr. 4 eng zusammen und stellen den Erfahrungsaustausch sicher. ²Diese Strategie umfasst die Abstimmung allgemeiner Grundsätze zur methodischen Vorgehensweise bei

1. der Beratung und Überwachung der Betriebe,
2. der Festlegung inhaltlicher Beratungs- und Überwachungsschwerpunkte, aufeinander abgestimmter oder gemeinsamer Schwerpunktaktionen und Arbeitsprogramme und
3. der Förderung eines Daten- und sonstigen Informationsaustausches, insbesondere über Betriebsbesichtigungen und deren wesentliche Ergebnisse.

Die zuständigen Landesbehörden vereinbaren mit den Unfallversicherungsträgern nach § 20 Abs. 2 Satz 3 des Siebten Buches Sozialgesetzbuch die Maßnahmen, die zur Umsetzung der gemeinsamen Arbeitsprogramme nach § 20a Abs. 2 Nr. 2 und der gemeinsamen Beratungs- und Überwachungsstrategie notwendig sind; sie evaluieren deren Zielerreichung mit den von der Nationalen Arbeitsschutzkonferenz nach § 20a Abs. 2 Nr. 3 bestimmten Kennziffern.

(4) ¹Die für den Arbeitsschutz zuständige oberste Landesbehörde kann mit Trägern der gesetzlichen Unfallversicherung vereinbaren, daß diese in näher zu bestimmenden Tätigkeitsbereichen die Einhaltung dieses Gesetzes, bestimmter Vorschriften dieses Gesetzes oder der auf Grund dieses Gesetzes erlassenen Rechtsverordnungen überwachen. ²In der Vereinbarung sind Art und Umfang der Überwachung sowie die Zusammenarbeit mit den staatlichen Arbeitsschutzbehörden festzulegen.

(5) ¹Soweit nachfolgend nichts anderes bestimmt ist, ist zuständige Behörde für die Durchführung dieses Gesetzes und der auf dieses Gesetz gestützten Rechtsverordnungen in den Betrieben und Verwaltungen des Bundes die Zentralstelle für Arbeitsschutz beim Bundesministerium des Innern. ²Im Auftrag der Zentralstelle handelt, soweit nichts anderes bestimmt ist, die Unfallkasse des Bundes, die insoweit der Aufsicht des Bundesministeriums des Innern unterliegt; Aufwendungen werden nicht erstattet. ³Im öffentlichen Dienst im Geschäftsbereich des Bundesministeriums für Verkehr, Bau und Stadtentwicklung führt die Eisenbahn-Unfallkasse, soweit diese Träger der Unfallversicherung ist, dieses Gesetz durch. ⁴Für Betriebe und Verwaltungen in den Geschäftsbereichen des Bundesministeriums der Verteidigung und des Auswärtigen Amtes hinsichtlich seiner Auslandsvertretungen führt das jeweilige Bundesministerium, soweit es jeweils zuständig ist, oder die von ihm jeweils bestimmte Stelle dieses Gesetz durch. ⁵Im Geschäftsbereich des Bundesministeriums der Finanzen führt die Unfallkasse Post und Telekom dieses Gesetz durch, soweit der Geschäftsbereich des ehemaligen Bundesministeriums für Post und Telekommunikation betroffen ist. ⁶Die Sätze 1 bis 4 gelten auch für Betriebe und Verwaltungen, die zur Bundesverwaltung gehören, für die aber eine Berufsgenossenschaft Träger der Unfallversicherung ist. ⁷Die zuständigen Bundesministerien können mit den Berufsgenossenschaften für diese Betriebe und Verwaltungen vereinbaren, daß das Gesetz von den Berufsgenossenschaften durchgeführt wird; Aufwendungen werden nicht erstattet.

A. Allgemeines

1   Die Vorschrift verkörpert den im Arbeitsschutzrecht geltenden Grundsatz des Dualismus von staatlichem Arbeitsschutz und gleichzeitiger Verantwortung der Träger der Unfallversicherung. Die Vorschrift regelt Zuständigkeiten, Aufgaben und Kooperation der verantwortlichen Stellen.[1]

---

1 Eine ausführliche Darstellung hierzu findet sich in Kollmer/*Getsberger*, § 21 m.w.N.

B. Regelungsgehalt

Die staatliche Überwachung in den Ländern erfolgt über die Gewerbeaufsichtsämter bzw. die staatlichen Ämter für Arbeitsschutz. Für die Aufgaben und Verantwortung der Träger der Unfallversicherung verweist Abs. 2 auf Regeln des Sozialgesetzbuchs. So findet sich eine entsprechende Kooperationsverpflichtung in § 20 Abs. 3 SGB III.

C. Verbindung zu anderen Rechtsgebieten

Das Recht der Träger der Unfallversicherung findet sich im SGB VII. Für die Aufstellung und Überwachung von Arbeitsschutz- und gleichermaßen Unfallverhütungsvorschriften für die Bundesbehörden ist nach Abs. 5 die „Zentralstelle für Arbeitsschutz" im Bundesministerium des Innern zuständig. Ausnahmen finden sich für bestimmte Unternehmen bzw. Behörden nach § 115 Abs. 2 SGB VII. Besondere Unfallkassen bestehen als Körperschaften öffentlichen Rechts für die Privatisierung von Bahn (Eisenbahn-Unfallkasse EUK) sowie Post und Telekommunikation (UK PT).[2]

D. Beraterhinweise

Weiterführende Hinweise und aktuelle Entwicklungen dokumentieren die Internetseiten der jeweiligen zuständigen Ämter bzw. Aufsichtsbehörden in den einzelnen Bundesländern:

– Baden-Württemberg: Ämter für Arbeits- und Immissionsschutz: www.gewerbeaufsicht.baden-wuerttemberg.de
– Bayern: Gewerbeaufsichtsämter: www.gaa-m-s.bayern.de
– Berlin: Landesamt für Arbeitsschutz und technische Sicherheit: www.berlin.de/lagetsi
– Brandenburg: Ämter für Arbeitsschutz und Sicherheitstechnik: www.brandenburg.de
– Bremen: Gewerbeaufsichtsamt: www.bremen.de
– Hamburg: Amt für Arbeitsschutz: www.arbeitsschutz.hamburg.de
– Hessen: Staatliche Ämter für Arbeitsschutz und Sicherheitstechnik: www.rp-darmstadt.hessen.de
– Mecklenburg-Vorpommern: Ämter für Arbeitsschutz und technische Sicherheit/Gewerbeaufsicht: www.lagus.mv-regierung.de
– Nordrhein-Westfalen: Staatliche Ämter für Arbeitsschutz: www.arbeitsschutz.nrw.de
– Saarland: Gewerbeaufsichtsämter: www.lua.saarland.de
– Sachsen: Gewerbeaufsichtsämter: www.arbeitsschutz-sachsen.de
– Sachsen-Anhalt: Gewerbeaufsichtsämter: www.sachsen-anhalt.de
– Schleswig-Holstein: Gewerbeaufsichtsämter: www.landesregierung.schleswig-holstein.de
– Thüringen: Landesbetrieb für Arbeitsschutz und technischen Verbraucherschutz: www.thueringen.de

§ 22 Befugnisse der zuständigen Behörden

(1) ¹Die zuständige Behörde kann vom Arbeitgeber oder von den verantwortlichen Personen die zur Durchführung ihrer Überwachungsaufgabe erforderlichen Auskünfte und die Überlassung von entsprechenden Unterlagen verlangen. ²Die auskunftspflichtige Person kann die Auskunft auf solche Fragen oder die Vorlage derjenigen Unterlagen verweigern, deren Beantwortung oder Vorlage sie selbst oder einen ihrer in § 383 Abs. 1 Nr. 1 bis 3 der Zivilprozeßordnung bezeichneten Angehörigen der Gefahr der Verfolgung wegen einer Straftat oder Ordnungswidrigkeit aussetzen würde. ³Die auskunftspflichtige Person ist darauf hinzuweisen.

(2) ¹Die mit der Überwachung beauftragten Personen sind befugt, zu den Betriebs- und Arbeitszeiten Betriebsstätten, Geschäfts- und Betriebsräume zu betreten, zu besichtigen und zu prüfen sowie in die geschäftlichen Unterlagen der auskunftspflichtigen Person Einsicht zu nehmen, soweit dies zur Erfüllung ihrer Aufgaben erforderlich ist. ²Außerdem sind sie befugt, Betriebsanlagen, Arbeitsmittel und persönliche Schutzausrüstungen zu prüfen, Arbeitsverfahren und Arbeitsabläufe zu untersuchen, Messungen vorzunehmen und insbesondere arbeitsbedingte Gesundheitsgefahren festzustellen und zu untersuchen, auf welche Ursachen ein Arbeitsunfall, eine arbeitsbedingte Erkrankung oder ein Schadensfall zurückzuführen ist. ³Sie sind berechtigt, die Begleitung durch den Arbeitgeber oder eine von ihm beauftragte Person zu verlangen. ⁴Der Arbeitgeber oder die verantwortlichen Personen haben die mit der Überwachung beauftragten Personen bei der Wahrnehmung ihrer Befugnisse nach den Sätzen 1 und 2 zu unterstützen. ⁵Außerhalb der in Satz 1 genannten Zeiten, oder wenn die Arbeitsstätte sich in einer Wohnung befindet, dürfen die mit der Überwachung beauftragten Personen ohne Einverständnis des Arbeitgebers die Maßnahmen nach den Sätzen 1 und 2 nur zur Verhütung dringender Gefahren für die öffentliche Sicherheit oder Ordnung treffen. ⁶Die auskunftspflichtige Person hat die Maßnahmen nach den Sätzen 1, 2 und 5 zu dulden. ⁷Die Sätze 1 und 5 gelten entsprechend, wenn nicht feststeht, ob in der Arbeitsstätte Personen

---

2 Ausf. Hinweise in Kollmer/*Getsberger*, § 21 Rn 28 ff.

beschäftigt werden, jedoch Tatsachen gegeben sind, die diese Annahme rechtfertigen. [8]Das Grundrecht der Unverletzlichkeit der Wohnung (Artikel 13 des Grundgesetzes) wird insoweit eingeschränkt.

(3) Die zuständige Behörde kann im Einzelfall anordnen,
1. welche Maßnahmen der Arbeitgeber und die verantwortlichen Personen oder die Beschäftigten zur Erfüllung der Pflichten zu treffen haben, die sich aus diesem Gesetz und den auf Grund dieses Gesetzes erlassenen Rechtsverordnungen ergeben,
2. welche Maßnahmen der Arbeitgeber und die verantwortlichen Personen zur Abwendung einer besonderen Gefahr für Leben und Gesundheit der Beschäftigten zu treffen haben.

[2]Die zuständige Behörde hat, wenn nicht Gefahr im Verzug ist, zur Ausführung der Anordnung eine angemessene Frist zu setzen. [3]Wird eine Anordnung nach Satz 1 nicht innerhalb einer gesetzten Frist oder eine für sofort vollziehbar erklärte Anordnung nicht sofort ausgeführt, kann die zuständige Behörde die von der Anordnung betroffene Arbeit oder die Verwendung oder den Betrieb der von der Anordnung betroffenen Arbeitsmittel untersagen. [4]Maßnahmen der zuständigen Behörde im Bereich des öffentlichen Dienstes, die den Dienstbetrieb wesentlich beeinträchtigen, sollen im Einvernehmen mit der obersten Bundes- oder Landesbehörde oder dem Hauptverwaltungsbeamten der Gemeinde getroffen werden.

A. Allgemeines

1 Würde sich der Gesetzgeber allein auf die Anzeigen der Arbeitnehmerschaft verlassen, wäre es um die praktische Umsetzung und Kontrolle des Arbeitsschutzes schlecht bestellt. Aus diesem Grund regelt die Vorschrift umfassende Kontrollrechte der zuständigen Aufsichtsbehörde.

B. Regelungsgehalt

2 Die Regelung enthält im Wesentlichen Auskunfts- und Besichtigungsrechte der zuständigen Behörden. Der AG hat auf Anfrage Auskunft über seine Arbeitnehmerschaft und die Arbeitsplatzgestaltung zu geben, hierzu auf Verlangen der Behörde Unterlagen vorzulegen und ihr Zutritt zu den Arbeitsstätten zu gewähren. Bei Bedarf kann die Behörde unmittelbar Anordnungen zum Arbeitsschutz geben, z.B. für Sicherheitsuntersuchungen oder für Maßnahmen zur Gefahrenprävention (Abs. 3 Nr. 1) bis hin zu Arbeitsverboten an bestimmten Arbeitsplätzen, Maschinen oder mit bestimmten Arbeitsmitteln (Abs. 3 Nr. 2).

C. Verbindung zu anderen Rechtsgebieten

3 Bei der Besichtigung von Arbeitsstätten sind die BR bzw. PR hinzuzuziehen, zumindest aber anschließend zu informieren, wenn sie nicht zur Verfügung stehen.

D. Beraterhinweise

4 Anordnungen der Behörden müssen – außer bei Gefahr in Verzug – unter angemessener Fristsetzung erfolgen und eine Rechtsmittelbelehrung enthalten (§§ 58, 59 VwGO).[1] Die Behörde hat – zumindest einem einmaligen – Fristverlängerungsantrag des AG stattzugeben, wenn der AG stichhaltige Gründe vorträgt und mit einem Schadenseintritt innerhalb der Frist nicht gerechnet werden muss. Weigerungen des AG, Anordnungen der Behörde durchzuführen, wird die Behörde mit Verwaltungszwang (Zwangsgeld) begegnen und kann bei Vorliegen der Voraussetzungen Bußgeld- und Strafverfahren einleiten (§§ 25, 26). Sofern sich der AG durch die Erteilung der Auskunft in die Gefahr der Strafverfolgung einschließlich eines OWi-Verfahrens begeben würde, steht ihm ein Auskunftsverweigerungsrecht nach § 383 Abs. 1 Nr. 1 bis 3 ZPO zu.

§ 23	**Betriebliche Daten; Zusammenarbeit mit anderen Behörden; Jahresbericht**

(1) Der Arbeitgeber hat der zuständigen Behörde zu einem von ihr bestimmten Zeitpunkt Mitteilungen über
1. die Zahl der Beschäftigten und derer, an die er Heimarbeit vergibt, aufgegliedert nach Geschlecht, Alter und Staatsangehörigkeit,
2. den Namen oder die Bezeichnung und Anschrift des Betriebs, in dem er sie beschäftigt,

---

1 Zum Rechtsmittelverfahren vgl. Kollmer/*Kunz*, § 22 Rn 155 ff.

3. seinen Namen, seine Firma und seine Anschrift sowie
4. den Wirtschaftszweig, dem sein Betrieb angehört,

zu machen. ²Das Bundesministerium für Arbeit und Soziales wird ermächtigt, durch Rechtsverordnung mit Zustimmung des Bundesrates zu bestimmen, daß die Stellen der Bundesverwaltung, denen der Arbeitgeber die in Satz 1 genannten Mitteilungen bereits auf Grund einer Rechtsvorschrift mitgeteilt hat, diese Angaben an die für die Behörden nach Satz 1 zuständigen obersten Landesbehörden als Schreiben oder auf maschinell verwertbaren Datenträgern oder durch Datenübertragung weiterzuleiten haben. ³In der Rechtsverordnung können das Nähere über die Form der weiterzuleitenden Angaben sowie die Frist für die Weiterleitung bestimmt werden. ⁴Die weitergeleiteten Angaben dürfen nur zur Erfüllung der in der Zuständigkeit der Behörden nach § 21 Abs. 1 liegenden Arbeitsschutzaufgaben verwendet sowie in Datenverarbeitungssystemen gespeichert oder verarbeitet werden.

(2) ¹Die mit der Überwachung beauftragten Personen dürfen die ihnen bei ihrer Überwachungstätigkeit zur Kenntnis gelangenden Geschäfts- und Betriebsgeheimnisse nur in den gesetzlich geregelten Fällen oder zur Verfolgung von Gesetzwidrigkeiten oder zur Erfüllung von gesetzlich geregelten Aufgaben zum Schutz der Versicherten dem Träger der gesetzlichen Unfallversicherung oder zum Schutz der Umwelt den dafür zuständigen Behörden offenbaren. ²Soweit es sich bei Geschäfts- und Betriebsgeheimnissen um Informationen über die Umwelt im Sinne des Umweltinformationsgesetzes handelt, richtet sich die Befugnis zu ihrer Offenbarung nach dem Umweltinformationsgesetz.

(3) Ergeben sich im Einzelfall für die zuständigen Behörden konkrete Anhaltspunkte für
1. eine Beschäftigung oder Tätigkeit von Ausländern ohne den erforderlichen Aufenthaltstitel nach § 4 Abs. 3 des Aufenthaltsgesetzes, eine Aufenthaltsgestattung oder eine Duldung, die zur Ausübung der Beschäftigung berechtigen, oder eine Genehmigung nach § 284 Abs. 1 des Dritten Buches Sozialgesetzbuch,
2. Verstöße gegen die Mitwirkungspflicht nach § 60 Abs. 1 Satz 1 Nummer 2 des Ersten Buches Sozialgesetzbuch gegenüber einer Dienststelle der Bundesagentur für Arbeit, einem Träger der gesetzlichen Kranken-, Pflege-, Unfall- oder Rentenversicherung oder einem Träger der Sozialhilfe oder gegen die Meldepflicht nach § 8a des Asylbewerberleistungsgesetzes,
3. Verstöße gegen das Gesetz zur Bekämpfung der Schwarzarbeit,
4. Verstöße gegen das Arbeitnehmerüberlassungsgesetz,
5. Verstöße gegen die Vorschriften des Vierten und Siebten Buches Sozialgesetzbuch über die Verpflichtung zur Zahlung von Sozialversicherungsbeiträgen,
6. Verstöße gegen das Aufenthaltsgesetz,
7. Verstöße gegen die Steuergesetze,

unterrichten sie die für die Verfolgung und Ahndung der Verstöße nach den Nummern 1 bis 7 zuständigen Behörden sowie die Behörden nach § 71 des Aufenthaltsgesetzes. In den Fällen des Satzes 1 arbeiten die zuständigen Behörden insbesondere mit den Agenturen für Arbeit, den Hauptzollämtern, den Rentenversicherungsträgern, den Krankenkassen als Einzugsstellen für die Sozialversicherungsbeiträge, den Trägern der gesetzlichen Unfallversicherung, den nach Landesrecht für die Verfolgung und Ahndung von Verstößen gegen das Gesetz zur Bekämpfung der Schwarzarbeit zuständigen Behörden, den Trägern der Sozialhilfe, den in § 71 des Aufenthaltsgesetzes genannten Behörden und den Finanzbehörden zusammen.

(4) ¹Die zuständigen obersten Landesbehörden haben über die Überwachungstätigkeit der ihnen unterstellten Behörden einen Jahresbericht zu veröffentlichen. ²Der Jahresbericht umfaßt auch Angaben zur Erfüllung von Unterrichtungspflichten aus internationalen Übereinkommen oder Rechtsakten der Europäischen Gemeinschaften, soweit sie den Arbeitsschutz betreffen.

Die Vorschrift regelt, wie früher die GewO in § 139b, die Mitteilungspflicht des AG für – im Wesentlichen statistische – Angaben zum Betrieb und seinen Mitarbeitern sowie Geheimhaltungspflichten der beauftragten Personen, soweit Geschäfts- und Betriebsgeheimnisse berührt werden. Spezialregeln über Auskunftspflichten enthält das Umweltinformationsgesetz (§§ 4, 8 UIG, BGBl I S. 1490). Die Geheimhaltungspflichten der Berufsgenossenschaften finden sich in §§ 199 ff. SGB VII.

§ 24 Ermächtigung zum Erlaß von allgemeinen Verwaltungsvorschriften

Das Bundesministerium für Arbeit und Soziales kann mit Zustimmung des Bundesrates allgemeine Verwaltungsvorschriften erlassen
1. zur Durchführung dieses Gesetzes und der auf Grund dieses Gesetzes erlassenen Rechtsverordnungen, soweit die Bundesregierung zu ihrem Erlaß ermächtigt ist,

2. über die Gestaltung der Jahresberichte nach § 23 Abs. 4 und
3. über die Angaben, die die zuständigen obersten Landesbehörden dem Bundesministerium für Arbeit und Soziales für den Unfallverhütungsbericht nach § 25 Abs. 2 des Siebten Buches Sozialgesetzbuch bis zu einem bestimmten Zeitpunkt mitzuteilen haben.

Verwaltungsvorschriften, die Bereiche des öffentlichen Dienstes einbeziehen, werden im Einvernehmen mit dem Bundesministerium des Innern erlassen.

1   Abs. 1 ermächtigt das BMAS zum Erlass allg. Verwaltungsvorschriften, um die Grundsätze des ArbSchG in eine bundesweit einheitliche Verwaltungspraxis zu implementieren, wovon das BMAS aber bisher noch keinen Gebrauch gemacht hat. Die Vorschrift hat für die Praxis daher keine Bedeutung. Solange das BMAS die Ermächtigung nach § 24 nicht nutzt, besitzen allein die Länder die Kompetenz für allg. Verwaltungsvorschriften. Als allg. Verwaltungsvorschriften gelten sämtliche generelle Weisungen an nachgeordnete Behörden, die deren Organisation oder Aufgaben betreffen und können in Form von RL, Erlassen, Dienstanweisungen oder Durchführungsvorschriften ergehen.[1] Aktuelle Entwicklungen hierzu können auf der Internetpräsenz des BMAS unter: www.bmas.de verfolgt werden.

§ 25 Bußgeldvorschriften

(1) Ordnungswidrig handelt, wer vorsätzlich oder fahrlässig
1. einer Rechtsverordnung nach § 18 Abs. 1 oder § 19 zuwiderhandelt, soweit sie für einen bestimmten Tatbestand auf diese Bußgeldvorschrift verweist, oder
2. a) als Arbeitgeber oder als verantwortliche Person einer vollziehbaren Anordnung nach § 22 Abs. 3 oder
   b) als Beschäftigter einer vollziehbaren Anordnung nach § 22 Abs. 3 Satz 1 Nr. 1
zuwiderhandelt.
(2) Die Ordnungswidrigkeit kann in den Fällen des Absatzes 1 Nr. 1 und 2 Buchstabe b mit einer Geldbuße bis zu fünftausend Euro, in den Fällen des Absatzes 1 Nr. 2 Buchstabe a mit einer Geldbuße bis zu fünfundzwanzigtausend Euro geahndet werden.

A. Allgemeines

1   Die Vorschrift soll die AG unter Androhung empfindlicher Bußgelder anhalten, die nach §§ 18 f. erlassenen Rechts-VO sowie nach § 22 Abs. 3 ergangene Anordnungen im Arbeitsalltag umzusetzen und deren Einhaltung zu überwachen.[1]

B. Regelungsgehalt

2   Verstöße gegen Arbeitsschutz-VO sind bspw. nach § 7 BildscharbV, § 7 BaustVO, § 6 MuSchArbV, § 25 BetrSichV, § 22 DruckLV bußgeldbewehrt. Täter von Verstößen gegen Rechts-VO oder Anordnungen von Arbeitsschutzvorschriften können nur die nach dem ArbSchG (§ 13) bzw. nach den Spezialvorschriften verantwortlichen oder qualifizierten Personen sein. Im Falle der Delegation der Verantwortung nach § 13 Abs. 2 haftet zusätzlich der AG bzw. haften die Organmitglieder juristischer Personen stets für die ordnungsgemäße Überwachung (§ 130 OWiG). Bei fehlerhafter Überwachung der Verantwortlichen durch ihre Organe kann eine Geldbuße auch gegen die juristische Person verhängt werden (§ 30 OWiG).

C. Verbindung zu anderen Rechtsgebieten

3   Zu beachten sind die oft gleichermaßen vorliegenden Tatbestände in Spezialnormen, wie § 18 Abs. 1 Nr. 11 und 13 BioStoffV oder § 26 Abs. 1 Nr. 10a Abs. 2 ChemG[2] und § 2 Abs. 3, § 7 Abs. 1 BaustVO. I.Ü. gelten die Vorschriften des OWiG (insb. gilt bei Handeln für einen anderen § 9 OWiG). Neben den OWi-Tatbeständen kommen auch Zwangsmaßnahmen der Berufsgenossenschaften in Betracht (§ 19 Abs. 2 SGB VII).

---

1 Kollmer/Schlüter/Janzarik, § 24 Rn 4 m.w.H.
1 Zu Einzelheiten siehe unter §§ 18, 19, 22.

2 BayObLG 24.1.2001 – 3 ObOWi 119/2000 – NStZ-RR 2001, 248.

D. Beraterhinweise

Die Rechtsbehelfe gegen Bußgeldbescheide richten sich nach dem OWiG. Einspruch ist gem. § 67 OWiG innerhalb von zwei Wochen einzulegen. Sodann erfolgt das Zwischenverfahren nach § 69 OWiG. Wenn die Behörde dem Einspruch nicht stattgibt, leitet sie das Verfahren über die zuständige Staatsanwaltschaft an das Amtsgericht weiter. Angesichts der kurzen Einspruchsfrist sind Säumnisfälle nicht selten. Die Wiedereinsetzung in den vorigen Stand erfolgt unter begründeten Umständen nach § 52 OWiG.

§ 26 Strafvorschriften

Mit Freiheitsstrafe bis zu einem Jahr oder mit Geldstrafe wird bestraft, wer
1. eine in § 25 Abs. 1 Nr. 2 Buchstabe a bezeichnete Handlung beharrlich wiederholt oder
2. durch eine in § 25 Abs. 1 Nr. 1 oder Nr. 2 Buchstabe a bezeichnete vorsätzliche Handlung Leben oder Gesundheit eines Beschäftigten gefährdet.

A. Allgemeines

Während die Bußgeldtatbestände nach § 25; einmalige und einfache Verstöße gegen bestimmte Arbeitsschutz-VO sanktionieren, regelt § 26 Qualifizierungen dieser Verstöße, entweder durch beharrliche Wiederholung nach Nr. 1 oder durch besondere Gefährdung von Leben oder Gesundheit eines Beschäftigten nach Nr. 2 i.V.m. § 25 Abs. 1 Nr. 1 oder § 25 Abs. 1 Nr. 2a. I.Ü. gelten die allg. Vorschriften für Straftaten und OWi.

B. Regelungsgehalt

Die beharrliche Wiederholung nach Nr. 1 setzt voraus, dass gegen eine Arbeitsschutzvorschrift mehrfach aus Gleichgültigkeit oder vorsätzlich verstoßen wird. Ein einmaliges Zuwiderhandeln reicht für die Erfüllung des Tatbestandsmerkmals „beharrlich" nicht aus.[1] Entscheidend ist eine Gesamtwürdigung der Umstände, wobei eine bereits erfolgte Handlung oder Abmahnung erschwerend wirkt.[2] Fahrlässigkeit ist nicht strafbar.[3] Eine Gefährdung von Leben oder Gesundheit eines Beschäftigten nach Nr. 2 erfordert das Eintreten einer konkreten Gefahr durch die Tathandlung. Es muss eine Wahrscheinlichkeit für den Schadenseintritt bestehen, eine abstrakte Gefährdung genügt nicht.[4] Allerdings muss sich der Vorsatz nicht auf den zu erwartenden Schadenseintritt beziehen.[5] Nr. 2 ist damit ein konkretes Gefährdungsdelikt.[6]

C. Verbindung zu anderen Rechtsgebieten

Regelmäßig kann auch eine Strafbarkeit aus §§ 223, 224 StGB in Frage kommen. Auch die Gewerbeordnung regelt in § 148 GewO die Strafbarkeit arbeitsschutzrechtlicher Vorschriften mit einigen Unterschieden. § 148 GewO erfasst als Straftat auch die Gefährdung fremder Sachen von bedeutendem Wert und nicht nur die Gefährdung von Leben und Gesundheit, andererseits führen beharrliche Verstöße nach § 148 Nr. 1 GewO nicht zu der Annahme einer Straftat.

D. Beraterhinweise

In der Praxis fallen weniger die Fälle der Tatverwirklichung durch aktives Handeln auf, als vielmehr die Begehung durch Unterlassen von Schutzmaßnahmen durch den AG (§ 13 StGB).[7]

---

1 Kollmer/Wieser/Janzarik, § 26 Rn 12.
2 Kollmer/Wieser/Janzarik, § 26 Rn 12; Schmatz/Nöthlichs, Nr. 4058, S. 1.
3 HaKo-ArbschG/Aufhauser, § 26 Rn 2.
4 Kollmer/Wieser/Janzarik, § 26 Rn 14.
5 Kollmer/Wieser/Janzarik, § 26 Rn 15.
6 Kollmer/Wieser/Janzarik, § 26 Rn 14.
7 HaKo-ArbschG/Aufhauser, § 26 Rn 2.

Arbeitszeitgesetz (ArbZG)

Vom 6.6.1994, BGBl I S. 1170, BGBl III 8050-21

Zuletzt geändert durch Gesetz zur Änderung des Vierten Buches Sozialgesetzbuch, zur Errichtung einer Versorgungsausgleichskasse und anderer Gesetze vom 15.7.2009, BGBl I S. 1939, 1946

Erster Abschnitt: Allgemeine Vorschriften

§ 1 Zweck des Gesetzes

Zweck des Gesetzes ist es,
1. die Sicherheit und den Gesundheitsschutz der Arbeitnehmer bei der Arbeitszeitgestaltung zu gewährleisten und die Rahmenbedingungen für flexible Arbeitszeiten zu verbessern sowie
2. den Sonntag und die staatlich anerkannten Feiertage als Tage der Arbeitsruhe und der seelischen Erhebung der Arbeitnehmer zu schützen.

Literatur: *Abeln/Repey*, Die Revision der EU-Arbeitszeitrichtlinie und der Bereitschaftsdienst der Ärzte, AuR 2005, 20; *Bepler*, Mitbestimmung des Betriebsrats bei der Regelung der Arbeitszeit, NZA-Beilage 1/2006, 45; *Erasmy*, Ausgewählte Fragen zum neuen Arbeitszeitrecht, NZA 1994, 1105; NZA 1995, 1997; *Glöckner*, Wettbewerbsbezogenes Verständnis der Unlauterbarkeit und Vorsprungserlangung durch Rechtsbruch, GRUR 2008, 960; *Junker*, Brennpunkte des Arbeitszeitgesetzes, ZfA 1998, 105; *Kempter*, Auswirkungen des Arbeitszeitgesetzes auf die Arbeitszeitregelungen in Kliniken, NZA 1996, 1190; *Köhler*, Der Rechtsbruchtatbestand im neuen UWG, GRUR 2004, 381; *Kohte*, Beitrag der Betriebsverfassung zur Realisierung des Arbeitszeitrechts, in: FS für Wissmann 2005, S. 331; *Matthiessen/Shea*, Europarechtswidrige tarifliche Arbeitszeitregelung, DB 2005, 106; *Reichhold*, Zeitsouveränität im Arbeitsverhältnis: Strukturen und Konsequenzen, NZA 1998, 393; *Reusch*, EU-Arbeitszeitrichtlinie – Das EU-Parlament stoppt den Einstieg in die 65-Stunden-Woche, AiB 2009, 78; *Sack*, Gesetzeswidrige Wettbewerbshandlungen nach der UWG-Novelle, WRP 2004, 1307; *Schliemann*, Bereitschaftsdienst im EG-Recht, NZA 2006, 1009; *Schlottfeldt*, Das novellierte Arbeitszeitgesetz nach der Jaeger-Entscheidung des EuGH, ZESAR 2004, 160; *ders.*, Novellierung der EU-Arbeitszeitrichtlinie – Perspektiven des deutschen Arbeitsrechts, ZESAR 2008, 492; *Weck/Lösler*, Neue Entwicklungen im Arbeitszeitrecht, NZA 2005, 247; *Zwanziger*, Das BAG und das Arbeitszeitgesetz – Aktuelle Tendenzen, DB 2007, 1356

A. Allgemeines ... 1	**C. Verbindung zu anderen Rechtsgebieten und zum Prozessrecht** ... 17
I. Entstehungsgeschichte des ArbZG ... 1	I. Bußgeld und Strafe ... 17
II. Verhältnis des ArbZG zu europäischen Arbeitszeitregelungen ... 3	II. Mitbestimmung des Betriebsrats ... 18
III. Öffentlich-rechtlicher Charakter des ArbZG ... 6	III. Privatrechtliche Auswirkungen auf das Arbeitsverhältnis ... 22
IV. Geltungsbereich des ArbZG ... 7	IV. Darlegungs- und Beweislast bei privatrechtlichen Ansprüchen des Arbeitnehmers ... 27
V. Bedeutung des § 1 ArbZG ... 8	V. Wettbewerbsrechtliche Auswirkungen gegenüber Dritten ... 28
B. Regelungsgehalt ... 11	VI. Sondervorschriften zum Arbeitszeitrecht ... 31
I. Sicherheit und Gesundheitsschutz ... 11	**D. Beraterhinweise** ... 32
II. Flexibilisierung der Arbeitszeit ... 13	
III. Schutz der Sonn- und Feiertage ... 14	
IV. Verhältnis der unterschiedlichen Zwecke zueinander ... 16	

A. Allgemeines

I. Entstehungsgeschichte des ArbZG

1 Das ArbZG ist am **1.7.1994** als Artikel 1 des Gesetzes zur Vereinheitlichung und Flexibilisierung des Arbeitszeitrechts in Kraft getreten. Es löste die aus dem Jahre 1938 stammende Arbeitszeitordnung ab, beseitigte das Arbeitszeitrecht von der bis dahin fortgeführten NS-Terminologie und fasste verschiedene arbeitszeitrechtliche Regelungen aus verschiedenen Gesetzen und Rechts-VO zusammen.[1] Damit wurde zugleich die Vorgabe des **Art. 30 Abs. 1 Nr. 1 des Einigungsvertrags** erfüllt, das öffentlich-rechtliche Arbeitszeitrecht, die Zulässigkeit von Sonn- und Feiertagsarbeit und den besonderen Frauenschutz in einem **gesamtdeutschen Gesetz zu vereinheitlichen**. Auch das **BVerfG**

---

1 Zur Entstehungsgeschichte des ArbZG vgl. *Anzinger/Koberski*, Einführung Rn 9 ff.

hatte in zwei Entscheidungen aus dem Jahre 1979 und 1992 auf eine Neuregelung verschiedener Teilbereiche des Arbeitszeitrechts gedrängt.[2]

Das ArbZG wurde mehrfach geändert, teilweise aufgrund europäischer Vorgaben. Folgende Gesetzesänderungen sind zu verzeichnen:

– Gesetz zur Änderung des Gesetzes über den Ladenschluss und zur Neuregelung der Arbeitszeit in Bäckereien und Konditoreien vom 30.7.1996;
– Gesetz zur Einführung des EUR vom 9.6.1998;
– Gesetz zur Einführung des EUR im Sozial- und Arbeitsrecht sowie zur Änderung anderer Vorschriften vom 2.12.2000;
– Gesetz zu Reformen am Arbeitsmarkt vom 2.12.2003;
– Fünftes Gesetz zur Änderung des SGB III und anderer Gesetze vom 22.12.2005;
– Gesetz zur Änderung personenbeförderungsrechtlicher Vorschriften und arbeitszeitrechtlicher Vorschriften für das Fahrpersonal vom 14.8.2006 (u.a. Einführung des § 21a ArbZG; Aufhebung des § 5 Abs. 4 ArbZG).

II. Verhältnis des ArbZG zu europäischen Arbeitszeitregelungen

Auch das **europäische Recht** enthält Regelungen über die Arbeitszeit von AN. Am **23.11.1993**, also kurz vor Inkrafttreten des ArbZG, wurde die **Arbeitszeit-RL 93/104/EG** im Amtsblatt der EU verkündet.[3] Ab dann hatten die Mitgliedstaaten drei Jahre Zeit, die RL in das jeweilige nationale Recht zu übernehmen. Die Bundesrepublik Deutschland ist dieser Verpflichtung durch das ArbZG nachgekommen. Allerdings war die Arbeitszeit-RL nicht unangefochten. Großbritannien erhob Nichtigkeitsklage, die aber vom **EuGH** weitgehend zurückgewiesen wurde.[4] Eine erste Änderung ergab sich durch die **RL 2000/34/EG** vom 22.6.2000. Durch die **Änderungs-RL 2003/88/EG** vom 4.11.2003 wurde der Geltungsbereich der Arbeitszeit-RL dann auf Bereiche ausgeweitet, die ursprünglich von ihr ausgenommen waren. Derzeit wird diskutiert, die Arbeitszeit-RL hinsichtlich der Ausnahmen von der regulären Arbeitszeit (sog. „Opt-Outs") und der Bereitschaftsdienste zu ändern. Der Europäische Rat und die Kommission möchten die Opt-Outs erweitern und bei dem Bereitschaftsdienst zwischen inaktivem und aktivem Bereitschaftsdienst unterscheiden; allerdings hat das Europäische Parlament beide Forderungen zurückgewiesen.[5] Wie das enden wird, ist noch offen.

Von erheblicher – auch praktischer – Bedeutung ist das **Verhältnis von nationalem und europäischem Arbeitszeitrecht**. Dabei ist zunächst festzuhalten, dass eine nationale Vorschrift, die EU-Recht widerspricht, nicht angewendet werden darf (**Anwendungsvorrang des europäischen Rechts**). In erster Linie hat das Auswirkungen auf die Auslegung nationaler Arbeitszeitregelungen. Gibt es mehrere Auslegungsmöglichkeiten, so muss diejenige gewählt werden, welche in Einklang mit dem europäischen Arbeitszeitrecht steht (**europarechtskonforme Auslegung**).[6] Eine europarechtskonforme Auslegung ist allerdings dann nicht mehr möglich, wenn dadurch der **Sinn der nationalen Arbeitszeitregelung entstellt** wird.[7] In einem solchen Fall darf die betreffende europarechtswidrige Regelung von den nationalen ArbG nicht angewandt werden. Ob dies bedeutet, dass fehlerhaft oder auch nicht umgesetzte RL **unmittelbar** zwischen privatem AG und AN wirken,[8] ist umstr. Die Entwicklung scheint hier noch nicht abgeschlossen. Dagegen ist unstreitig, dass sich **AN des Staates, einer staatlichen Organisation oder einer privaten, aber vom Staat betriebenen Einrichtung** unmittelbar auf eine fehlerhaft oder nicht umgesetzte europäische RL berufen können.[9] **Begründung**: Es darf nicht sein, dass dem Staat aus eigenem europarechtswidrigem Handeln Vorteile erwachsen.

Der **EuGH** hat bereits mehrfach zur Auslegung des europäischen Arbeitszeitrechts Stellung genommen. Im **SIMAP-Urteil** hat er den Bereitschaftsdienst spanischer Ärzte in der Gesundheitseinrichtung als Arbeitszeit im Sinne der Arbeitszeit-RL gewertet.[10] Im **Jaeger-Urteil** hat er entschieden, dass der Bereitschaftsdienst eines Arztes im Krankenhaus auch dann Arbeitszeit im Sinne der Arbeitszeit-RL sei, wenn der Arzt in dieser Zeit nicht schlafe, sondern sich ausruhe.[11] Im **Pfeiffer-Urteil** hat er befunden, dass der DRK-TV, der bis zu 60 Stunden Arbeitszeit pro Woche vorsah, gegen die Arbeitszeit-RL verstößt.[12] Mit weiteren wichtigen Entscheidungen ist zu rechnen.

---

2 BVerfG 13.11.1979 – 1 BvR 631/78 – NJW 1980, 823; BVerfG 28.1.1992 – 1 BvR 1025/82 – NZA 1992, 270.
3 ABl EG L 307 v. 13.12.1993, S. 18.
4 EuGH 12.11.1996 – Rs C-84/94 – Vereinigtes Königreich/Rat – DB 1997, 175.
5 Dazu näher *Reusch*, AiB 2009, 78; *Schlottfeldt*, ZESAR 2008, 492; vgl. auch *Abeln/Repey*, AuR 2005, 20; *Baeck/Löser*, NZA 2005, 247, 248; *Schliemann*, NZA 2006, 1009, 1011.
6 ErfK/*Wank*, § 1 ArbZG Rn 2.
7 BAG 18.2.2003 – 1 ABR 2/02 – NZA 2003, 742.
8 Verneinend die bisher ganz h.M., vgl. BAG 18.2.2003 – 1 ABR 2/02 – DB 2003, 1378; HWK/*Gäntgen*, § 1 ArbZG Rn 1a; zwei neuere Entscheidungen des EuGH weisen allerdings in die andere Richtung (= unmittelbare Geltung auch zwischen Privaten): EuGH 5.10.2004 – RS C-151/02 – Pfeiffer – DB 2004, 2270; EuGH 22.11.2005 – Rs C-144/04 – Mangold vs. Helm – NZA 2005, 1345; vgl. auch *Matthiessen/Shea*, DB 2005, 106, 107; *Schliemann*, ArbZG, Vorbem, Rn 4.
9 BAG 18.2.2003 – 1 ABR 2/02 – NZA 2003, 742; *Anzinger/Koberski*, Einführung, Rn 65.
10 EuGH 3.10.2000 – Rs C-303/98 – NZA 2000, 1227.
11 EuGH 9.9.2003 – Rs C-151/02 – NJW 2003, 2971.
12 EuGH 5.10.2004 – Rs C-397/01 – NZA 2004, 1145.

III. Öffentlich-rechtlicher Charakter des ArbZG

6 Bei dem ArbZG handelt es sich um ein Gesetz öffentlich-rechtlichen Charakters. Es legt höchstzulässige Arbeitsbedingungen im Bereich Arbeitszeit fest. **Normadressat** ist der **AG**, nicht der AN.[13] Die Vorschriften des ArbZG sind für AG und AN grds. **nicht disponibel**.[14] Es spielt also keine Rolle, ob der AN mit einem Verstoß gegen arbeitszeitrechtliche Normen einverstanden ist.

IV. Geltungsbereich des ArbZG

7 Das ArbZG gilt grds. für alle AN, die in der Bundesrepublik Deutschland arbeiten (**Territorialitätsprinzip**). Maßgeblich ist, wo der AN die Arbeitsleistung erbringt.[15] Auch AN eines ausländischen Unternehmens unterliegen, sofern sie in Deutschland ihre Arbeitsleistungen erbringen, dem ArbZG.[16] Dagegen ist für **AN**, die im **Ausland** arbeiten, das ArbZG nicht anwendbar.[17] Das gilt auch dann, wenn der AN nur vorübergehend in das Ausland entsandt ist, sich etwa auf einer Dienstreise befindet.[18]

Vom **sachlichen Geltungsbereich** des ArbZG sind bestimmte AN und Beschäftigungsbereiche ausdrücklich ausgenommen. Die Einzelheiten ergeben sich aus §§ 18 bis 21.

V. Bedeutung des § 1 ArbZG

8 § 1 legt **ausdrücklich** die **verschiedenen Zwecke** des ArbZG fest. Im Bereich des Gesundheits-Umwelt- und Arbeitsschutzes ist diese Gesetzestechnik seit einiger Zeit üblich, vgl. § 1 Bundesberggesetz, § 1 Chemikaliengesetz, § 1 Arzneimittelgesetz und § 1 Bundes-Immissionsschutzgesetz. Eine solche Festlegung der Zwecke eines Gesetzes erscheint auch durchaus sinnvoll. Wird dadurch doch verhindert, dass die Rechtsanwender, v.a. die Gerichte, das Gesetz unter Rückgriff auf selbst definierte Zwecke und die sog. objektive Gesetzesauslegung in eine vom Gesetzgeber nicht beabsichtigte Richtung weiterentwickeln.[19]

9 In § 1 nicht genannte Zwecke sind grds. nicht berücksichtigungsfähig. So dürfen etwa **arbeitsmarktpolitische Zwecke** von vornherein keine Rolle spielen.[20] Auch tarifliche oder vertragliche Fragen – zu welchen Arbeitszeiten ist der AN verpflichtet, welches Entgelt erhält er für welche Tätigkeiten – werden vom ArbZG nicht berührt. Im Schrifttum ist allerdings häufig die Rede davon, dass auch in § 1 nicht erwähnte Zwecke berücksichtigungsfähig seien.[21] Das ist aber abzulehnen. Die Gerichte sind an die vom Gesetzgeber festgelegten Zwecke gebunden, das gebietet der Grundsatz der **Gewaltenteilung**.

10 Aus den in § 1 genannten Zwecken erwachsen AG und AN **keine eigenständigen Rechte und Pflichten**; auch die staatlichen Behörden können darauf keine Maßnahmen oder Entscheidungen stützen.[22] Die Zwecke sind ausschließlich bei der **Auslegung des Arbeitszeitgesetzes** zu beachten.[23] Zudem sind sie bei **Ermessensentscheidungen der staatlichen Behörden** von Bedeutung. Diese haben dabei stets die in § 1 festgelegten Zwecke in Rechnung zu stellen.

B. Regelungsgehalt

I. Sicherheit und Gesundheitsschutz

11 Nr. 1 nennt als den ersten Zweck des Gesetzes, dass die Sicherheit und der Gesundheitsschutz der AN zu gewährleisten ist. Die AN sollen vor **Überbeanspruchung** durch ihre Arbeit geschützt werden. Gleichzeitig soll den AN genügend Freizeit für ihre private Lebensgestaltung verbleiben.[24] Schließlich dient dieser Zweck der **Unfallverhütung**. Dem entspricht die verfassungsrechtliche Pflicht des Staates aus Art. 2 Abs. 2 S. 1 GG, die Gesundheit und körperliche Unversehrtheit der AN sicherzustellen.[25]

12 Die europäische Arbeitszeit-RL nennt als Zweck, Sicherheit, Arbeitshygiene und Gesundheitsschutz zu „**verbessern**". Dass § 1 Nr. 1 ArbZG demgegenüber von „**gewährleisten**" spricht, ist europarechtlich unproblematisch. Insb. bleibt die Zwecksetzung des ArbZG nicht hinter den europarechtlichen Vorgaben zurück.[26]

---

13 *Zwanziger*, DB 2007, 1356, 1357.
14 *Anzinger/Koberski*, § 1 Rn 24.
15 HWK/*Gäntgen*, § 1 ArbZG Rn 6.
16 *Baeck/Deutsch*, § 18 Rn 13.
17 BAG 12.12.1990 – 4 AZR 238/90 – NZA 1991, 386; ErfK/*Wank*, § 2 ArbZG Rn 7.
18 BAG 12.12.1990 – 4 AZR 238/90 – NZA 1991, 386; Küttner/*Reinecke*, Personalbuch 2009, Arbeitszeit Rn 3.
19 Ähnlich ErfK/*Wank*, § 1 ArbZG Rn 4.
20 *Baeck/Deutsch*, § 1 Rn 4.
21 Etwa *Junker*, ZfA 1998, 105, 107, mit dem etwas merkwürdigen Argument, dass eine ausdrückliche Zweckbestimmung ungewöhnlich und dem deutschen Recht fremd sei; vgl. auch *Schliemann*, ArbZG, § 1 Rn 11 f.
22 Allg. Meinung, vgl. *Baeck/Deutsch*, § 1 Rn 6.
23 Dazu *Schliemann*, ArbZG, § 1 Rn 3.
24 BVerwG 19.9.2000 – 1 C 17/99 – NZA 2000, 1233.
25 *Anzinger/Koberski*, § 1 Rn 4.
26 ErfK/*Wank*, § 1 ArbzG Rn 5; a.M. *Buschmann/Ulber*, § 1 Rn 6, die sich deshalb insofern für eine europarechtskonforme Auslegung aussprechen.

II. Flexibilisierung der Arbeitszeit

Der zweite in **Nr. 1** genannte Zweck des ArbZG ist es, die Rahmenbedingung für flexible Arbeitszeit zu verbessern. Dies soll den betrieblichen Bedürfnissen nach Auslastung der Betriebsmittel dienen und damit die Wettbewerbsfähigkeit der Unternehmen verbessern.[27] Aber dieser Zweck soll auch den Interessen der AN nach einer individuellen Arbeitszeitgestaltung Rechnung tragen.

Zur Erreichung dieses Zwecks hat das ArbZG den Ausgleichszeitraum zur Einhaltung des Acht-Stunden-Tages von bisher zwei Wochen (so § 4 Abs. 1 AZO) auf sechs Monate verlängert (so jetzt § 3 ArbZG) und zudem die Gestaltungsmöglichkeit der TV-Parteien erweitert.

III. Schutz der Sonn- und Feiertage

In **Nr. 2** wird als dritter Zweck des ArbZG festgelegt, dass die **Sonn-** und **staatlich anerkannten Feiertage** als Tage der Arbeitsruhe und der seelischen Erhebung der AN zu schützen sind. Der Wortlaut dieses Zwecks entspricht Art. 140 GG, Art. 139 Weimarer Reichsverfassung. Diese Artikel enthalten eine **institutionelle Garantie** der Sonn- und staatlichen Feiertage.[28]

Nr. 2 nennt ausschließlich die staatlich anerkannten Feiertage. Zuständig für die Festlegung dieser Feiertage sind nach **Art. 70 GG** die Bundesländer. Die staatlich anerkannten Feiertage ergeben sich also aus den jeweiligen **Feiertagsgesetzen** (dazu die Tabelle der Feiertage siehe § 9 Rn 30). Davon abweichende kirchliche oder religiöse Feiertage sind also für Nr. 2 nicht zu berücksichtigen.

IV. Verhältnis der unterschiedlichen Zwecke zueinander

§ 1 benennt lediglich die verschiedenen Zwecke des Gesetzes, bringt sie jedoch nicht in ein Rangverhältnis. Ob dennoch ein solches Rangverhältnis anzunehmen ist, wird unterschiedlich beurteilt. Nach einer Auff. steht der Gesundheitsschutz an oberster Stelle;[29] nach einer anderen Auff. stehen alle Zwecke gleichberechtigt nebeneinander.[30] Richtig scheint die dritte – vermittelnde – Auff. Danach ist bei einer Kollision der verschiedenen Zwecke für jeden Einzelfall zu entscheiden, welchem Zweck der Vorrang gebührt.[31]

C. Verbindung zu anderen Rechtsgebieten und zum Prozessrecht

I. Bußgeld und Strafe

Bestimmte Verstöße des AG bzw. dessen Vertreters sind bußgeld- und strafbewehrt. Die Einzelheiten ergeben sich aus §§ 21, 22 sowie aus dem OWiG und dem StGB. Der gegen das Gesetz verstoßende AN kann dagegen weder eine OWi noch eine Straftat begehen.

II. Mitbestimmung des Betriebsrats

Gem. **§ 80 Abs. 1 BetrVG** hat der BR u.a. darüber zu wachen, dass alle Arbeitsschutzgesetze, also auch das ArbZG, eingehalten werden. Entsprechende Überwachungsbefugnisse hat gem. **§ 68 BPersVG** und den Landespersonalvertretungsgesetzen auch der PR. Weiterhin hat der BR nach **§ 89 Abs. 1 BetrVG** die Pflicht, die für Arbeitsschutz zuständigen Behörden zu unterstützen. Allerdings bedeutet dies nicht, dass der BR die Behörden ohne weiteres auf vermeintliche Verstöße gegen das ArbZG hinweisen und so den AG in Schwierigkeiten bringen darf. Vielmehr hat er zunächst intern auf Abhilfe zu drängen. Dies gebietet der Grundsatz der vertrauensvollen Zusammenarbeit der Betriebsparteien (§ 2 Abs. 1 BetrVG).[32]

Der BR hat bei der Festlegung der Arbeitszeiten Mitbestimmungsrechte. Dies betrifft gem. **§ 87 Abs. 1 Nr. 2 BetrVG** Beginn und Ende der täglichen Arbeitszeit einschließlich Pause und die Verteilung der Arbeitszeit auf die Wochentage. Darüber hinaus hat der BR gem. **§ 87 Abs. 1 Nr. 3 BetrVG** über die vorübergehende Verkürzung oder Verlängerung der Arbeitszeit mitzubestimmen. Das bedeutet zugleich: Alle Modelle zur Flexibilisierung der Arbeitszeit können daher nur mit Zustimmung des BR eingeführt werden. Auch die Anordnung von Bereitschaftsdiensten und Rufbereitschaft ist mitbestimmungspflichtig.[33]

Allerdings besteht kein Mitbestimmungsrecht des BR bei der Festlegung der **Dauer der wöchentlichen Arbeitszeit**.[34] Dies ist allein Sache des Arbeitsvertrags oder eines TV.

Der BR kann auch gem. § 80 BetrVG gewisse **Auskünfte und Unterlagen zu Beginn und Ende der Arbeitszeit der AN** verlangen (vgl. § 16 Rn 16).

---

[27] *Baeck/Deutsch*, § 1 Rn 12.
[28] *Anzinger/Koberski*, § 1 Rn 12.
[29] So *Anzinger/Koberski*, § 1 Rn 9; *Linnenkohl/Rauschenberg*, § 1 Rn 3.
[30] So im Widerspruch zu ihren Aussagen in der vorgehenden Fn *Anzinger/Koberski*, § 1 Rn 3; *Linnenkohl/Rauschenberg*, § 1 Rn 2.
[31] So wohl die überwiegende Auffassung, vgl. *Baeck/Deutsch*, § 1 Rn 10; ErfK/*Wank*, § 1 ArbZG Rn 9.
[32] BAG 3.6.2003 – 1 ABR 19/02 – DB 2003, 2496; krit. *Buschmann/Ulber*, § 1 Rn 14.
[33] *Bepler*, NZA-Beilage 1/2006, 45, 48.
[34] Hierzu *Bepler*, NZA-Beilage 1/2006, 45, 48; *Richardi/Richardi*, BetrVG, § 87 Rn 267 ff.

80 ArbZG § 1

III. Privatrechtliche Auswirkungen auf das Arbeitsverhältnis

22 Bei dem Arbeitszeitgesetz handelt es sich zwar um **öffentlich-rechtliches** Arbeitszeitrecht. Es hat aber auch privatrechtliche Konsequenzen.

Privatrechtliche **Vereinbarungen** der Parteien, die gegen das ArbZG verstoßen (Beispiel: Vereinbarung, länger als zehn Stunden täglich zu arbeiten), verstoßen gegen **§ 134 BGB** und sind damit nichtig.[35] Entsprechendes gilt für **Weisungen** des AG, die Verstöße gegen das ArbZG enthalten.[36] I.d.R. führen solche Verstöße allerdings nur zur **Teilnichtigkeit** der entsprechenden Vereinbarung bzw. der Weisung, nicht aber zur Gesamtnichtigkeit des Arbeitsvertrags.[37]

23 Verstöße gegen das ArbZG können ferner über **§ 823 Abs. 2 BGB** privatrechtliche Auswirkungen haben. Denn überwiegend handelt es sich bei den Regelungen des ArbZG um Schutzgesetze des § 823 Abs. 2 BGB. Der AN kann also bei Verstößen **Schadensersatz** und auch **Schmerzensgeld** beanspruchen. Bei Arbeitsunfällen sind allerdings die Einschränkungen der §§ 45 ff. SGB VII zu beachten.[38] Allerdings ist zu berücksichtigen, dass die Nichtgewährung von Freizeit noch nicht ohne weiteres einen Schaden darstellt.[39]

24 Anders ist es, wenn der AG zwar nicht gegen das ArbZG, aber gegen die **europäische Arbeitszeit-RL** verstößt. Diese wird vom BAG nicht als Schutzgesetz i.S.v. § 823 Abs. 2 BGB gewertet.[40]

25 Schließlich hat der AN aus dem Arbeitsvertrag noch folgende Ansprüche/Rechte gegen den AG:[41]
- über § 618 BGB einen Anspruch auf **Erfüllung** der Verpflichtungen des ArbZG
- einen Anspruch auf **Unterlassung** von Maßnahmen, die gegen das ArbZG verstoßen
- ein Recht auf **Zurückbehaltung** der Arbeitskraft gem. § 273 BGB
- ein Recht, bei fortgesetzten Verstößen gegen das ArbZG den Arbeitsvertrag gem. § 626 BGB **außerordentlich zu kündigen**
- einen **vertraglichen Schadensersatzanspruch** aus pVV, jetzt §§ 280, 281 BGB.

26 Der AN hat grds. die Möglichkeit, Verstöße gegen das ArbZG den zuständigen Behörden anzuzeigen. Allerdings hat er zuvor den AG auf die Missstände hinzuweisen und zur Abhilfe aufzufordern.[42] Kommt der AG dem nicht nach, kann der AN die zuständigen Behörden einschalten. Damit begeht er keinen Verstoß gegen seine **arbeitsvertraglichen Treuepflichten**.[43] Dem AN dürfen aufgrund einer berechtigten Anzeige auch keine Nachteile entstehen (§ 612a BGB). Insb. ist eine Künd. des Arbverh durch den AG nicht gerechtfertigt.[44] Dennoch dürfte es in solchen Fällen mit dem Arbverh bald vorbei sein. Der AG wird die Anzeige regelmäßig als irreparablen Vertrauensbruch empfinden.

Nicht zulässig ist es, den AG durch Drohung mit einer Anzeige zu der Zahlung einer (höheren) Abfindung zu veranlassen. Solche Verhaltensweisen sind mitunter bei der streitigen Beendigung eines Arbverh zu beobachten.

IV. Darlegungs- und Beweislast bei privatrechtlichen Ansprüchen des Arbeitnehmers

27 Macht der AN privatrechtliche Ansprüche gegen den AG wegen Verstoßes gegen das ArbZG geltend oder erhebt er ein Zurückbehaltungsrecht, so hat er für den Verstoß die Darlegungs- und Beweislast.

V. Wettbewerbsrechtliche Auswirkungen gegenüber Dritten

28 Ob der Verstoß gegen arbeitszeitrechtliche Vorschriften wettbewerbsrechtliche Konsequenzen haben kann, ist auch nach Inkrafttreten des 1. Gesetzes zur Änderung des Gesetzes gegen den unlauteren Wettbewerb (UWG) am 30.12.2008 nicht eindeutig geklärt. Insb. kann nicht ohne weiteres die Rspr. zum alten Recht vor der letzten UWG-Novelle vom 3.7.2004 herangezogen werden.

29 Gem. **§ 4 Nr. 11 UWG** handelt wettbewerbswidrig, wer einer gesetzlichen Vorschrift zuwider handelt, die auch dazu bestimmt ist, im Interesse der Marktteilnehmer das **Marktverhalten zu regeln**. Damit ist klargestellt, dass der verletzten Norm zumindest eine **sekundäre Schutzfunktion** zugunsten des Wettbewerbs zukommen muss. Erst dann

---

35 Dazu BAG 28.10.1971 – 2 AZR 15/71 – DB 1972, 489; *Buschmann/Ulber*, § 1 Rn 12.
36 *Buschmann/Ulber*, § 1 Rn 13; *Linnenkohl/Rauschenberg*, § 1 Rn 77.
37 *Anzinger/Koberski*, § 1 Rn 31 ff.
38 *Linnenkohl/Rauschenberg*, § 1 Rn 78.
39 *Tschöpe/Zerbe*, Arbeitsrecht, Teil 6 A Rn 23 a.
40 BAG 14.10.2004 – 6 AZR 564/03 – DB 2005, 834, 836; BAG 5.6.2003 – 6 AZR 114/02 – DB 2004, 138.
41 Zum Folgenden *Anzinger/Koberski*, § 1 Rn 37 ff.; *Buschmann/Ulber*, § 1 Rn 12.
42 *Anzinger/Koberski*, § 1 Rn 49; *Baeck/Deutsch*, Einführung Rn 63; kritisch *Buschmann/Ulber*, § 1 Rn 14, wonach der Arbeitnehmer durch eine Anzeige einen (positiv zu bewertenden) „Beitrag ... zur Verteidigung der Rechtsordnung" leiste.
43 *Anzinger/Koberski*, § 1 Rn 49; differenzierend *Baeck/Deutsch*, Einführung Rn 63.
44 LAG Baden Württemberg 3.2.1987 – 7 (13) Sa 95/86 – NZA 1987, 756.

kann in dem Gesetzesverstoß auch ein unlauteres Wettbewerbsverhalten gesehen werden.[45] Das ArbZG soll gem. § 1 die AN und die Sonntagsruhe schützen, nicht aber die Marktteilnehmer.[46] Daher fällt ein Verstoß gegen Normen des ArbZG regelmäßig nicht unter § 4 Nr. 11 UWG.

Fraglich ist, ob unter bestimmten Umständen nicht die **Generalklausel** des § 3 UWG eingreift. Die Rspr. zum alten UWG hielt den Verstoß gegen sog. wertneutrale Normen dann für wettbewerbswidrig, wenn sich der Verletzer über das Gesetz bewusst und planmäßig und in der Absicht hinweg gesetzt hatte, sich dadurch einen **Vorsprung vor gesetzestreuen Wettbewerbern** zu schaffen.[47] Nach wohl überwiegender Auff. im wettbewerbsrechtlichen Schrifttum ist diese Rspr. überholt. Insb. kann die Zielrichtung des Gesetzesverstoßes keine Wettbewerbswidrigkeit i.S.d. § 3 UWG begründen.[48] Unbestritten ist dies aber nicht.[49] Einschlägige neue Rspr. zu dieser Frage gibt es, soweit ersichtlich, noch nicht. Man wird also die weitere Rechtsentwicklung abwarten müssen.

Folgt man der Auff., dass der bewusste und planmäßige Verstoß gegen ein nicht wettbewerbsschützendes Gesetz unter die Generalklausel des § 3 UWG fällt, so kann ein Mitbewerber dem mit Beseitigungs- und Unterlassungsklage begegnen (§§ 8, 9 UWG). Außerdem kann er den Ersatz des aus der wettbewerbswidrigen Handlung entstandenen Schaden verlangen.

VI. Sondervorschriften zum Arbeitszeitrecht

Neben dem ArbZG gibt es für spezielle Gruppen von AN einige Sondervorschriften zum Arbeitszeitrecht. Einige Gruppen sind besonders geschützt, insb. Jugendliche, Auszubildende, Mütter und Schwerbehinderte. Andere Gruppen unterliegen eigenen Gesetzen. Im Einzelnen sind hier folgende Sondervorschriften zu nennen:

- für Jugendliche: §§ 4, 8 ff. des JArSchG
- für Auszubildende: § 11 BBiG
- für werdende und stillende Mütter: § 8 MuSchG
- für Schwerbehinderte: § 124 SGB IX
- für AN im Verkauf: § 17 Ladenschlussgesetz
- für Kraftfahrer: FahrpersonalVO, VO (EWG) Nr. 3820/85 des Rates vom 20.12.1985 über die Harmonisierung bestimmter Sozialvorschriften im Sozialverkehr
- für Beamte: ArbeitszeitVO des Bundes und der Länder
- für Besatzungsmitglieder der Luftfahrt: 2. DVO zur Betriebsordnung für Luftfahrtgeräte
- für Besatzungsmitglieder von Kauffahrteischiffen: SeemG

D. Beraterhinweise

Hinsichtlich der **Flexibilisierung der Arbeitszeit** hat die Praxis einige mit dem ArbZG kompatible Ansätze entwickelt, die der Berater im Bedarfsfall kennen sollte. Folgende Stichworte seien genannt:[50]

- **Gleitzeit**: Charakteristisch für Gleitzeitmodelle ist, dass die AN zu bestimmten **Kernarbeitszeiten** anwesend sein müssen. Die übrige vertragliche Arbeitszeit kann sich der AN in der Gleitzeitspanne selbst einteilen. Diese Möglichkeit der AN kann ausschließlich die Lage oder zusätzlich die Dauer der täglichen Arbeitszeit betreffen. Im zweiten Fall werden Zeitguthaben oder Zeitdefizite innerhalb eines bestimmten Zeitrahmens ausgeglichen.
- **Variable Arbeitszeit**: Dies stellt eine Steigerung der Gleitzeit dar. Der AN hat auch keine Kernzeiten mehr, sondern kann jeden Tag selbst bestimmen, wann und wie lange er arbeitet. Der AG legt nur noch bestimmte **Funktionszeiten** fest, an denen eine bestimmte Anzahl AN für eine bestimmte Zeit zur Erfüllung bestimmter Aufgaben anwesend sein müssen.
- **Arbeitszeitkonten**:[51] In Gleitzeitmodellen, in denen der AN auch die Dauer der täglichen Arbeitszeit bestimmt, werden zum Ausgleich der Plus- oder Minusstunden regelmäßig Arbeitszeitkonten geführt. Häufig geschieht dies durch Jahresarbeitszeitkonten. Darüber hinaus gibt es aber auch Modelle, in denen der AN Überstunden, Urlaub und ggf. auch umgerechnete Lohnbestandteile auf das Arbeitszeitkonto transferieren und **ansparen** kann. Mit der angesparten Arbeitszeit kann er einen vorübergehenden Ausstieg (sog. Sabbatical) oder einen vorzeitigen Ruhestand finanzieren.

---

45 Siehe Begründung der Bundesregierung zur Novelle des UWG Drs. 15/1487, S. 19.
46 Hierzu *Kotthoff*, in: Ekey u.a., Wettbewerbsrecht, 2. Aufl. 2005, UWG, § 4 Rn 557, 562; *Köhler*, in: Hefermehl u.a., UWG, 27. Aufl. 2009, § 4 Rn 11.38; differenzierend *v. Jagow*, in: Harte-Bavendamm/Henning-Bodewig, UWG, 2004, § 4 Rn 65.
47 BGH 26.11.1987 – I ZR 178/85 – NJW 1988, 2243, 2244; BGH 3.11.1988 – I ZR 12/87 – GRUR 1989, 116, 118; vgl. zur Rechtsentwicklung auch *Köhler*, GRUR 2004, 381.
48 *Köhler*, in: Hefermehl u.a., UWG, 27. Aufl. 2009, § 3 Rn 65; *Kotthoff*, in: Ekey u.a., Wettbewerbsrecht, 2. Aufl. 2005, UWG, § 4 Rn 562; vgl. auch OLG Stuttgart 17.3.2005 – 2 U 173/04 – WRP 2005, 919, 920.
49 Vgl. *Sack*, WRP 2004, 1307, 1315 f.; *ders.*, WRP 2005, 531, 540; *Glöckner*, GRUR 2008, 960.
50 Vgl. auch *Anzinger/Koberski*, § 2 Rn 97 ff.; *Schliemann/Meyer*, Rn 1082 ff; *Reichhold*, NZA 1998, 393, 395 ff.; *Straub/Stief*, Arbeits-Handbuch Personal, 6. Aufl. 2008, F 487 ff.
51 Hierzu ausführlich *Hamm*, Arbeitszeitkonten, 2003.

- **Jahresarbeitszeitkontingent**: Die Vertragsparteien legen keine wöchentliche Arbeitszeit, sondern ein Jahresarbeitszeitkontingent fest, welches flexibel abgerufen werden kann.[52] Das nach dem ArbZG in Verbindung mit dem BUrlG höchstzulässige Jahreskontingent beträgt überschlägig 2.304 Stunden (52 Arbeitswochen – 4 Arbeitswochen Mindesturlaub = 48 Arbeitswochen; 48 Arbeitswochen × 48 Arbeitsstunden).[53]
- **Vertrauensarbeitszeit**: Diese wird insb. außertariflichen Ang und AN in gehobenen Positionen eingeräumt und ist dadurch gekennzeichnet, dass der AG auf die konkrete Festlegung und Kontrolle der Arbeitszeit verzichtet. Maßgeblich ist vielmehr, dass konkrete Projekte innerhalb bestimmter Fristen erledigt werden.[54]
- **Schichtarbeit**: Die Arbeitszeiten der Mitarbeiter werden auf verschiedene Schichten verteilt. Beginn und Ende der Schicht sowie die Anzahl und Verteilung der Schichten sind festgelegt.

Daneben kann die Arbeitszeit etwa durch regelmäßig anfallende **Überstunden**, durch **Arbeit auf Abruf** oder durch verschiedene **Teilzeitmodelle** (z.B. „Job Sharing", „Altersteilzeit") flexibilisiert werden.

§ 2 Begriffsbestimmungen

(1) ¹Arbeitszeit im Sinne dieses Gesetzes ist die Zeit vom Beginn bis zum Ende der Arbeit ohne die Ruhepausen; Arbeitszeiten bei mehreren Arbeitgebern sind zusammenzurechnen. ²Im Bergbau unter Tage zählen die Ruhepausen zur Arbeitszeit.
(2) Arbeitnehmer im Sinne dieses Gesetzes sind Arbeiter und Angestellte sowie die zu ihrer Berufsbildung Beschäftigten.
(3) Nachtzeit im Sinne dieses Gesetzes ist die Zeit von 23 bis 6 Uhr, in Bäckereien und Konditoreien die Zeit von 22 bis 5 Uhr.
(4) Nachtarbeit im Sinne dieses Gesetzes ist jede Arbeit, die mehr als zwei Stunden der Nachtzeit umfaßt.
(5) Nachtarbeitnehmer im Sinne dieses Gesetzes sind Arbeitnehmer, die
1. auf Grund ihrer Arbeitszeitgestaltung normalerweise Nachtarbeit in Wechselschicht zu leisten haben oder
2. Nachtarbeit an mindestens 48 Tagen im Kalenderjahr leisten.

Literatur: *Abele*, BB-Forum: Bereitschaftsdienst nächste Runde – Kommt die horizontale Drittwirkung von Richtlinien?, BB 2004, 55; *Adam*, Die Bestimmung des Umfangs der zu vergütenden Arbeitszeit, AuR 2001, 481; *Baeck/Lösler*, Neue Entwicklungen im Arbeitszeitrecht, NZA 2005, 247; *Bauer/Günther*, Heute lang, morgen kurz – Arbeitszeit nach Maß, DB 2006, 950; *Bauer/Krieger*, Bereitschaftsdienst – (un-)geklärte Fragen zu Arbeitszeit und Vergütung, BB 2004, 549; *Bengelsdorf*, Betriebsratssitzungen im Schichtbetrieb, AuA 2001, 71; *Decruppe/Utess*, Arbeitszeitpolitik durch die Judikatur, AuR 2006, 347; *Gutzeit*, Die Mitbestimmung des Betriebsrats bei Dienstreisen, Der Personalleiter 2007, 157; *Halder*, Arbeitszeitschutz – ein aktueller Überblick, GewArch 2009, 189; *Heins/Leder*, Die arbeitsrechtliche Behandlung von Wegezeiten bei Dienstreisen, NZA 2007, 249; *Hohenstatt/Schramm*, Neue Gestaltungsmöglichkeiten zur Flexibilisierung der Arbeitszeit, NZA 2007, 238; *Hunold*, Nebentätigkeit und Arbeitszeitgesetz, NZA 1995, 558; *ders.*, Aktenlesen in der Bahn – Probleme von Arbeitszeit und Vergütung bei Dienstreisen, NZA-Beilage 1/2006, 38; *ders.*, Dienstreise als Arbeitszeit, AuA 2007, 341; *Kock*, Arbeitszeitflexibilisierung – Gestaltung einer Betriebsvereinbarung zur Anordnung von Überstunden, MDR 2005, 1261; *Linsenmaier*, Normsetzung der Betriebsparteien und Individualrechte der Arbeitnehmer, RdA 2008, 1; *Preis/Lindemann*, Änderungsvorbehalte – Das BAG durchschlägt den gordischen Knoten, NZA 2006, 632; *Schliemann*, Allzeit bereit, NZA 2004, 513; *Seel*, Wirksamkeit von Überstundenregelungen in Formulararbeitsverträgen, DB 2005, 1330; *Schreiner/Kuhn*, Gerichtliche Durchsetzung von Mehrarbeitsvergütung, ArbRB 2005, 153; *Stamm*, Arbeitszeitregelungen in Allgemeinen Geschäftsbedingungen, RdA 2006, 288; *Wulff*, Wenn Arbeitnehmer und Betriebsräte eine Reise tun – Wer soll das bezahlen, AiB 2009, 91.

A. Allgemeines 1	e) Beschäftigung mit privaten Dingen während der Arbeitszeit 24
B. Regelungsgehalt 3	f) Betriebsratstätigkeit, Aufsuchen des Betriebsrats 27
I. Arbeitszeit (Abs. 1) 3	4. Zusammenrechnung der Arbeitszeiten bei mehreren Arbeitgebern (Abs. 1 S. 1 Hs. 2) ... 28
1. Abgrenzung zu Arbeitszeit" im Sinne des ArbZG und Arbeitszeit im arbeitsvertraglichen, tarif- und betriebsverfassungsrechtlichen Sinne 3	5. Besonderheiten beim Bergbau (Abs. 1 S. 2) .. 31
2. Beginn bis Ende der Arbeit ohne Ruhepausen 5	II. Arbeitnehmer (Abs. 2) 32
3. „Arbeit" im Sinne des ArbZG 8	III. Nachtzeit (Abs. 3) 37
a) Vollarbeit 9	IV. Nachtarbeit (Abs. 4) 39
b) Arbeitsbereitschaft 12	V. Nachtarbeitnehmer (Abs. 5) 40
c) Bereitschaftsdienst und Rufbereitschaft ... 16	C. Verbindung zu anderen Rechtsgebieten und zum Prozessrecht 43
d) Arbeitsvertragliche Nebenleistungen 19	I. Mitbestimmung des Betriebsrats 43
aa) Reisezeiten 20	
bb) Sonstige Nebenleistungen 23	

---

52 Hierzu *Stamm*, RdA 2006, 288, 295 ff.
53 *Schliemann/Meyer*, Rn 194.

54 *Schliemann/Meyer*, Rn 88.

II. Privatrechtliche Auswirkungen auf das Arbeitsverhältnis	44	D. Beraterhinweise	55
1. Vergütungsrechtliche Aspekte der Arbeitszeit	44	I. Vergütungsrechtliche Gestaltungen von Dienstreisen	55
2. Arbeitszeit und Überstunden	49	II. Gestaltung zur Verhinderung von mehreren Arbeitsverhältnissen	57
3. Neue Flexibilisierungsmöglichkeiten bei der Arbeit auf Abruf	51	III. Gestaltung von Regelungen zur pauschalen Abgeltung von Überstunden	59
III. Darlegungs- und Beweislast bei der Geltendmachung von Überstundenvergütung	52	IV. Vertragsgestaltung zur Flexibilisierung bei der Arbeit auf Abruf	62
IV. Zusammenrechnung der Arbeitszeiten mehrerer Arbeitsverhältnisse: zivilrechtliche Konsequenzen	53		

A. Allgemeines

§ 2 enthält arbeitszeitrechtliche Definitionen der Begriffe „Arbeitszeit", „Arbeitnehmer", „Nachtzeit", „Nachtarbeit" und „Nachtarbeitnehmer". Dadurch will das Gesetz **Klarheit** über den Inhalt wichtiger Begriffe schaffen.[1] Allerdings sind die Definitionen eher **formal**, geben also inhaltlich wenig vor und schaffen insofern auch nicht allzu viel Klarheit. Zudem sind wichtige andere arbeitszeitrechtliche Begriffe nicht definiert, etwa „Arbeitsbereitschaft", „Bereitschaftsdienst", „Rufbereitschaft", „Schichtarbeit" oder „Dienstreise".[2]

Auch die **EG-Arbeitszeit-RL** enthält in § 2 **Definitionen**. Dies betrifft die Begriffe: „Arbeitszeit", „Ruhezeit", „Nachtzeit", „Nachtarbeiter", „Schichtarbeit", „Schichtarbeiter", „mobiler Arbeitnehmer".[3] Es handelt sich also z.T. um Begriffe, die das ArbZG auch definiert, z.T. aber auch um Begriffe, bei denen gesetzliche Definitionen im ArbZG fehlen. Die Definitionen des ArbZG sind an den europäischen Vorgaben zu messen. Sofern es sich um Begriffe handelt, die im ArbZG nicht gesetzlich definiert sind, hat die Rspr. bei der Rechtsanwendung die Definitionen der EG-Arbeitszeit-RL zu berücksichtigen.

B. Regelungsgehalt

I. Arbeitszeit (Abs. 1)

1. Abgrenzung zu Arbeitszeit" im Sinne des ArbZG und Arbeitszeit im arbeitsvertraglichen, tarif- und betriebsverfassungsrechtlichen Sinne. Abs. 1 definiert „Arbeitszeit im **Sinne dieses Gesetzes**". Es geht also nicht darum, welche Arbeitszeit der AN vertraglich schuldet, welche Überstunden er zu leisten hat, ob und wie Arbeitszeit zu vergüten ist oder wie flexibel der Arbeitsvertrag im Hinblick auf die Arbeitszeit gestaltet werden kann (Stichwort: Arbeit auf Abruf). Ebenso wenig geht es darum, ob und wann Arbeitszeit einem TV oder der Mitbestimmung des BR unterliegt. Vielmehr betrifft die Definition des Abs. 1 ausschließlich „Arbeitszeit" i.S.d. **öffentlich-rechtlichen Arbeitsschutzrechtes**.

Das bedeutet: Das ArbZG legt **zwingend** (siehe oben § 1 Rn 6) fest, wie lange ein AN im Sinne des ArbZG (siehe unten Rn 33) **höchstens** arbeiten darf. Es betrifft also nicht die Frage, ob und wie lange der AN aufgrund vertraglicher, tarifvertraglicher oder betriebsverfassungsrechtlicher Regelungen arbeiten muss und welches Entgelt er dafür erhält.[4]

2. Beginn bis Ende der Arbeit ohne Ruhepausen. Das ArbZG legt zunächst einen formalen Begriff der „Arbeitszeit" zugrunde. Maßgeblich sind danach Beginn und Ende der Arbeit, die Ruhepausen sind nicht mitzuzählen. Diese Definition schließt zunächst folgende Zeiten aus: Die **Wegezeiten**, also die Zeiten vom Wohnort des AN zum Betrieb oder zu einer davon abweichenden Arbeitsstätte und zurück, zählen nicht als „Arbeit". Keine Arbeit sind nach dem Gesetzeswortlaut auch die **Ruhepausen** i.S.d. § 4 ArbZG.

Fraglich ist, ob der Beginn der Arbeitszeit mit dem Betreten und Verlassen des Betriebsgeländes einsetzt und aufhört oder ob es auf die Aufnahme und das Beenden der Arbeit am Arbeitsplatz ankommt. Das kann bei einem großen Betriebsgelände eine nicht unerhebliche Zeit bedeuten. Vorzuziehen ist die zweite Alternative, es kommt also auf die **Aufnahme** und das **Beenden der Arbeit am Arbeitsplatz** an.[5]

Aufgrund der eher lückenhaften, formalen Definition von Arbeitszeit bleibt eine ganze Reihe von inhaltlichen Fragen offen:
– Was ist mit Zeiten zum Erreichen verschiedener Betriebe des Unternehmens?
– Wie sind Pausen zu berücksichtigen, die nicht unter § 4 zu subsumieren sind?
– Müssen betriebsbedingte Wartezeiten berücksichtigt werden?
– Was ist, wenn der AN während der Arbeitszeiten nicht arbeitet, sondern privaten Dingen nachgeht?

---

1 Schliemann, ArbZG, § 2 Rn 2.
2 Vgl. Baeck/Deutsch § 2 Rn 2.
3 Vgl. auch Baeck/Deutsch, § 2 Rn 3.
4 Vgl. BAG 12.3.2008 – 4 AZR 616/06 – DB 2009, 122; ErfK/Wank, § 2 ArbZG Rn 14 f.
5 Baeck/Deutsch, § 2 Rn 9; a.M. Buschmann/Ulber, § 2 Rn 10.

- Wie sind Bereitschaftsdienste oder Rufbereitschaft zu beurteilen?
- Was bedeutet es arbeitszeitrechtlich, wenn der AN Nebenleistungen erbringt, etwa an einer Dienstreise, an einem Geschäftsessen oder einer Schulungsveranstaltung teilnimmt?

Bei all diesen Fragen kommt es im Wesentlichen darauf an, was genau das ArbZG unter „Arbeit" versteht. Hier bedarf es also der **Auslegung des Gesetzes**, und zwar unter besonderer Berücksichtigung der **europarechtlichen Vorgaben**.

Art. 2 Nr. 1 RL 2003/88/EG definiert Arbeitszeit als „jede Zeitspanne, während der ein Arbeitnehmer gemäß den einzelstaatlichen Vorschriften und/oder Gepflogenheiten arbeitet, dem Arbeitgeber zur Verfügung steht und seine Tätigkeit ausübt oder Aufgaben wahrnimmt." Auch diese Definition ist eher allgemein und muss mit Wertungen konkretisiert werten.

8 3. **„Arbeit" im Sinne des ArbZG.** Das ArbZG legt nicht gesondert fest, was es unter „Arbeit" versteht. Dies ist also anhand der Schutzzwecke des § 1 ArbZG durch Auslegung zu ermitteln. Danach ist von folgenden Grundsätzen auszugehen:

9 a) **Vollarbeit.** Arbeit liegt dann vor, wenn der AN die **vertraglich geschuldete Tätigkeit erbringt**. Aber auch dann, wenn der AN auf Weisung oder mit Duldung des AG eine Tätigkeit erbringt, die er nach dem Arbeitsvertrag eigentlich nicht schuldet, ist dies Arbeit i.S.d. Arbeitszeitrechts.[6] Anders kann dies aber bei der Erbringung bestimmter vertraglicher Nebenleistungen sein (siehe Rn 19 ff.). Mit welcher **Anstrengung** und welchem **Erfolg** die Arbeit ausgeführt wird, ob die gesetzten **Ziele erreicht** oder **Schaden beim AG** angerichtet wird: all dies spielt für das Arbeitszeitrecht keine Rolle. Ebenfalls unerheblich ist, wo der AN die Arbeitsleistung erbringt. Auch dann, wenn er **Arbeiten mit nach Hause** nimmt, sind die Zeiten Arbeitszeit.[7]

10 Auch **kurze betriebsbedingte Wartezeiten** sind als Arbeit zu berücksichtigen.[8] Wartet der AN etwa auf die Ankunft eines Flugzeugs, welches er zu be- oder entladen hat, wartet er auf Anweisungen des AG oder auf die Vorleistung anderer AN, muss er seine Arbeit wegen eines Defektes einer notwendigen Maschine unterbrechen: in all diesen Fällen handelt es sich um Arbeit. Maßgeblich ist nämlich, dass sich der **AN** in all diesen Fällen **für den AG zur Erfüllung seiner vertraglichen Pflichten bereithält**.[9] Allerdings kann sich die Frage stellen, ob es sich bei diesen betriebsbedingten Wartezeiten um (Voll-)Arbeit oder Arbeitsbereitschaft handelt (siehe unten Rn 14).

11 **Vor-** und **Abschlussarbeiten** – Vorbereitung von Geräten, Aufräumen etc. – sind ebenfalls Arbeit i.S.d. ArbZG. Dies ergibt sich aus § 14 Abs. 2 Nr. 2 ArbZG. Eine andere Frage ist, ob aufgrund solcher Arbeiten eine Verlängerung der Arbeitszeit möglich ist (vgl. § 14 Rn 26). **Umkleide-** und **Waschzeiten** werden dagegen üblicherweise nicht zu den Arbeitszeiten gezählt.[10] Ausnahme: Umkleide- und Waschzeiten sind aus gesundheitlichen und/oder hygienischen Gründen **gesetzlich vorgeschrieben**.[11]

12 b) **Arbeitsbereitschaft.** Der Begriff Arbeitsbereitschaft ist wegen § 7 Abs. 1 Nr. 1 von Bedeutung. Danach kann die Arbeitszeit über zehn Stunden hinaus verlängert werden, wenn dabei regelmäßig und in erheblichem Umfang Arbeitsbereitschaft anfällt. Daraus folgt zunächst, dass es sich bei Arbeitsbereitschaft um Arbeit i.S.d. ArbZG handelt.[12] Zugleich muss Arbeitsbereitschaft aber wegen § 7 Abs. 1 Nr. 1 von sonstiger Arbeit („Vollarbeit") abgegrenzt werden.

13 Arbeitsbereitschaft wird überwiegend als „**Zeit der wachen Achtsamkeit im Zustand der Entspannung**" definiert.[13] Mit dieser Definition ist allerdings wenig gewonnen. Denn es bleibt offen, was darunter konkret zu verstehen ist und wie Arbeitsbereitschaft von sonstiger Arbeit abgegrenzt werden kann.[14] Zur Ausfüllung der Definition und zur Abgrenzung von Arbeit und Arbeitsbereitschaft ist auf den Grad der Beanspruchung des AN abzustellen („**Beanspruchungstheorie**").[15] Dies folgt aus den Schutzzwecken des ArbZG, in erster Linie aus dem Gesundheitsschutz der AN. Arbeitsbereitschaft liegt dann vor, wenn es um Zeiten geht, in denen ein **deutlich geringerer** Grad der Beanspruchung als bei der normalen Arbeit gefordert ist. Dagegen spielt für Arbeitsbereitschaft i.S.d. ArbZG keine Rolle, welche Tätigkeit der AN schuldet und ob die konkrete Tätigkeit dem entspricht oder nur eine mindere Leistung

---

6 *Schliemann*, ArbZG, § 2 Rn 8.
7 HWK/*Gäntgen*, § 2 Rn 7; *Schliemann*, ArbZG, § 2 Rn 10.
8 *Baeck/Deutsch*, § 2 Rn 4.
9 BayObLG 23.3.1992 – 3 ObOWi 18/92 – NZA 1992, 811; *Schliemann*, ArbZG, § 2 Rn 14 f.
10 BAG 22.3.1995 – 5 AZR 934/93 – DB 1995, 2073; *Anzinger/Koberski*, § 2 Rn 26; a.M. *Buschmann/Ulber*, § 2 Rn 10.
11 LAG Baden-Württemberg 12.2.1987 – 13 (7) Sa 92/86 – AiB 1987, 246, 247.
12 Unstr., vgl. BVerwG 19.1.1988 – 1 C 11/85 – NZA 1988, 881; *Neumann/Biebl*, § 2 Rn 12.
13 BAG 10.1.1991 – 6 AZR 352/89 – NZA 1991, 516; ErfK/*Wank*, § 2 ArbZG Rn 21 m.w.N.
14 *Baeck/Deutsch*, § 2 Rn 33.
15 BAG 28.1.1981 – 4 AZR 892/78 – AP § 18 MTL II Nr. 1; BVerwG 19.1.1988 – 1 C 11/85 – NZA 1988, 881; *Schliemann*, ArbZG, § 2 Rn 17; ErfK/*Wank*, § 2 ArbZG Rn 21.

darstellt („**Dienstleistungstheorie**").[16] Diese Unterscheidung kann allenfalls für die hier nicht interessierende Frage herangezogen werden, ob der AN die volle Vergütung beanspruchen kann.[17]

Zur **Beurteilung** des Grads der Beanspruchung bei der konkreten Tätigkeit sind **alle Umstände** zu berücksichtigen, v.a.: Grad der erforderlichen Aufmerksamkeit, Häufigkeit, Dauer und Lage der Inanspruchnahme durch Vollarbeit und deren Unterbrechungen, Entspannungsmöglichkeiten, Eintreten von Fehlern bei der Arbeit, für die der AN verantwortlich ist, Belastungsfaktoren wie Lärm, Gerüche und Erschütterungen.[18] Danach können – je nach Umständen des Einzelfalls – als Arbeitsbereitschaft einzuordnen sein:[19] Nachtportier in einem Hotel, Pförtner, Rettungssanitäter in einer Rettungswache.[20] Keine Arbeitsbereitschaft ist das Abhören von Funkkanälen und das Überwachen der Kontrolleinrichtungen der Leitstelle für den Feuerschutz.[21]

Ob **längere betriebsbedingte Wartezeiten** (vgl. oben Rn 14) als Vollarbeit oder Arbeitsbereitschaft einzuordnen sind, ist eine Frage des Einzelfalls. Wartezeiten von wenigen Minuten zählen noch zur (Voll-)Arbeit und nicht zur Arbeitsbereitschaft.[22] Wo genau die Grenze zur Arbeitsbereitschaft verläuft, lässt sich abstrakt kaum bestimmen. Einen Anhaltspunkt hat das BAG in einer Entscheidung gegeben, wonach **zehnminütige Wartezeiten** von Rettungssanitätern als Arbeitsbereitschaft zu werten seien.[23]

c) **Bereitschaftsdienst und Rufbereitschaft. Bereitschaftsdienste** sind Zeiten, in denen sich der AN an einer vom AG bestimmten Stelle innerhalb oder außerhalb des Betriebs aufhalten muss, um ggf. seine Arbeitsleistung zu erbringen.[24] Solche Zeiten wurden früher nur dann als Arbeit gewertet, wenn der Betroffene im Bereitschaftsdienst tatsächlich arbeitete; die bloße Bereitschaft selbst zählte also nicht.[25] Dies änderte sich aufgrund der Rspr. des EuGH, der Bereitschaftsdienste **generell als Arbeitszeit** einstufte.[26] **Begründung**: Der Mitarbeiter muss sich **außerhalb seines familiären und sozialen Umfelds** aufhalten und kann über seine **Zeit weniger frei verfügen**.[27]

Dem hat der Gesetzgeber durch das Änderungsgesetz 2003, wirksam seit dem 1.1.2004, Rechnung getragen. Dabei ist er allerdings eher umständlich vorgegangen. Er hat nämlich nicht die Bereitschaftsdienste definiert. Stattdessen hat er in § 5 Abs. 3 das Wort „Bereitschaftsdienst" gestrichen. Im **Umkehrschluss** dazu ergibt sich, dass Bereitschaftsdienste wie Arbeit bzw. Arbeitsbereitschaft zu behandeln sind.[28]

Bereitschaftsdienst ist abzugrenzen von der Rufbereitschaft. Diese ist dadurch gekennzeichnet, dass sich der AN **zu Hause oder an einem Ort eigener Wahl** aufhält, für den AG erreichbar ist und auf Abruf die Arbeit aufnehmen muss.[29] Bei dem Bereitschaftsdienst bestimmt also der AG, wo sich der AN bereithalten muss, bei der Rufbereitschaft ist dies Sache des AN. Diese Unterscheidung wird allerdings eingeebnet, wenn der AG enge zeitliche Vorgaben macht, innerhalb derer der AN nach Abruf bei der Arbeit erscheinen muss. In dem Fall kann die Freiheit des AN, sich bis zum Abruf an einem Ort seiner Wahl aufzuhalten, erheblich eingeschränkt sein. Muss sich der AN spätestens **20 Minuten** nach Abruf bei der Arbeit einfinden, so handelt es sich nicht mehr um Rufbereitschaft. Der AG muss dann Schicht- oder Bereitschaftsdienst einführen.[30] Auf der anderen Seite muss der AN sicherstellen, dass er rechtzeitig am Arbeitsort ankommt.[31] I.d.R. muss der AG eine Zeitspanne von **mehr als einer Stunde** zwischen Abruf und Eintreffen bei der Arbeit nicht akzeptieren.[32] Alles andere ist eine Frage des Einzelfalls. Seinen Aufenthaltsort braucht der AN dem AG nur mitzuteilen, wenn er nicht über Mobiltelefon oder Blackberry oder anders erreichbar ist.[33] Muss der AN über Mobiltelefon oder Blackberry erreichbar sein, so ist dies i.d.R. Rufbereitschaft, auch wenn der AN bei Anruf nicht am Arbeitsort erscheinen muss, sondern nur Nachrichten weiterleitet oder telefonisch Anordnungen trifft.[34]

---

16 BAG 5.5.1988 – 6 AZR 658/85 – NZA 1989, 138.
17 So auch *Anzinger/Koberski*, § 2 Rn 42; *Baeck/Deutsch*, § 2 Rn 35, beide m.w.N.
18 ErfK/*Wank*, § 2 ArbZG Rn 21.
19 Vgl. auch *Anzinger/Koberski*, § 2 Rn 46.
20 Zu Letzterem BAG 24.9.1992 – 6 AZR 101/90 – NZA 1993, 517.
21 LAG Hamm 22.4.1988 – 17 Sa 2000/87 – DB 1988, 1856.
22 *Baeck/Deutsch*, § 2 Rn 37.
23 BAG 24.9.1992 – 6 AZR 101/90 – NZA 1993, 517.
24 BAG 18.2.2003 – 1 ABR 2/02 – NZA 2003, 72; BVerwG 19.1.1988 – 1 C 11/85 – NZA 1988, 881; ErfK/*Wank*, § 2 ArbZG Rn 28.
25 Vgl. nur *Neumann/Biebl*, Einl. Rn 30.
26 EuGH 9.9.2003 – Rs C-151/02 – NJW 2003, 2971.
27 EuGH 9.9.2003 – Rs C-151/02 – NJW 2003, 2971; vgl. auch *Schlottfeldt*, ZESAR 2004, 160, 161.
28 LAG Schleswig-Holstein 14.1.2009 – 6 Sa 347/08 – BeckRS 2009 56439, 7 f.; *Schlottfeldt*, ZESAR 2004, 1, 161; *Schütt/Schulte*, § 2 Rn 22.
29 BAG 3.12.1986 – 4 AZR 7/86 – AP § 3 MTB II Nr. 1; BVerwG 19.1.1988 – 1 C 11/85 – NZA 1988, 881; ArbG Lübeck 11.5.1989 – 1b Ca 460/89 – NZA 1990, 481; *Buschman/Ulber*, § 2 Rn 18.
30 BAG 31.1.2002 – 6 AZR 214/00 – NZA 2002, 871; *Schütt/Schulte*, § 2 Rn 27.
31 BAG 31.1.2002 – 6 AZR 214/00 – NZA 2002, 871; *Halder*, GewArch 2009, 189, 191.
32 ArbG Marburg 4.11.2003 – 2 CA 212/03 – DB 2004, 1563.
33 Vgl. *Baeck/Deutsch*, § 2 Rn 49.
34 BAG 29.6.2000 – 6 AZR 900/98 – NZA 2001, 165; *Halder*, GewArch 2009, 189, 191.

18a Zeiten der Rufbereitschaft sind **nicht** der **Arbeit**, sondern der **Ruhezeit** zuzurechnen.[35] Es zählt also nur die Zeit, in denen der AN nach Abruf tatsächlich arbeitet. Auch der EuGH sieht in der bloßen Rufbereitschaft keine Arbeitszeit.[36]

19 **d) Arbeitsvertragliche Nebenleistungen.** Fraglich ist weiterhin, wie Nebenleistungen zu bewerten sind, die der AN für den AG erbringt, die aber deutlich **weniger anstrengen**.
Beispiele: Dienstreisen, Geschäftsessen, Teilnahme mit einem Kunden an einer kulturellen Veranstaltung, Teilnahme einer Führungskraft an einem externen Seminar über Arbeitsrecht.
Ob diese Tätigkeiten Arbeit i.S.d. ArbZG darstellen, richtet sich danach, ob sie den AN vergleichbar beanspruchen wie Vollarbeit, Arbeitsbereitschaft oder Bereitschaftsdienst.[37]

20 **aa) Reisezeiten.** Bei Reisezeiten ist zunächst auf die etwas verwirrenden Begrifflichkeiten einzugehen. Bisweilen wird nach der Entfernung unterschieden: Reisen innerhalb der Gemeindegrenzen sollen Wegzeiten, solche über die Gemeindegrenzen hinaus Dienstreisezeiten sein.[38] Diese Unterscheidung beruht auf einer steuerlichen Vorschrift, nämlich auf § 119 Abs. 2 Nr. 1 EStR, die allerdings seit 1996 nicht mehr gültig ist. Schon aus dem Grund ist von dieser Unterscheidung Abstand zu nehmen. Auch sonst erscheint eine Differenzierung danach, ob die Gemeindegrenzen verlassen werden, wenig ergiebig.[39] Wegzeiten sind danach ausschließlich die Strecke von dem Wohnort zur Arbeitsstätte (siehe oben Rn 5), alles andere sind Reisezeiten bzw. Dienstreisen.[40]

21 Bei Reisezeiten/Dienstreisen selbst ist wie folgt zu unterscheiden: Handelt es sich um die Hauptleistungspflicht des AN – der Betreffende ist Chauffeur, Bus- oder Taxifahrer –, zählen diese Zeiten i.d.R. als Vollarbeit.[41] In allen anderen Fällen ist Dienstreisezeit keine Arbeitszeit i.S.d. ArbZG.[42] Dies rechtfertigt sich durch die deutlich geringere Beanspruchung des AN. Auch im Vergleich zu Bereitschaftsdiensten ist der AN geringer beansprucht, da er bei Dienstreisen freier ist, sich also nicht dauernd zur Verfügung halten muss. Auch im Hinblick auf den **europäischen Arbeitszeitbegriff** dürfte diese Einordnung der Dienstreise als Ruhezeit und nicht als Arbeitszeit also unproblematisch sein.[43]

22 Allerdings gibt es von diesem Grundsatz zwei Ausnahmen:
– Der AG gibt dem AN vor, dass er eine Dienstreise mit dem Auto machen muss.[44] In dem Fall wird der AN durch den Straßenverkehr erzwungenermaßen so beansprucht, dass von Arbeit ausgegangen werden muss. Dies gilt unabhängig von den konkreten Verkehrsverhältnissen.[45] Hat der AN dagegen die Wahl, welches Reisemittel er nimmt, und wählt er das Auto, so ist das seine private Entscheidung. Die Fahrtzeiten sind dann keine Arbeitszeiten i.S.d. ArbZG. Fährt ein AN als Beifahrer, so sollte dies nicht als Arbeitszeit zu werten sein.[46] Immerhin muss der Beifahrer nicht fahren, wird also nicht von dem Verkehr beansprucht.
– Der AG ordnet an, dass der AN bei der Dienstreise arbeitet (Abhalten einer Konferenz im Bahnabteil; Aktenstudium, um einen Termin vorzubereiten; Nutzung des Laptops während der Reise).[47] Ähnlich liegt der Fall, wenn der AG die Arbeit zwar nicht anordnet, aber von vornherein klar ist, dass der AN arbeitet, etwa um sich auf einen Termin vorzubereiten. Ordnet der AG dagegen keine Arbeit an und ist ihm auch nicht klar, dass der AN arbeiten wird, ist die Dienstreise nicht als Arbeitszeit, sondern als Ruhezeit zu behandeln. Das gilt sogar dann, wenn der AN, statt Zeitung zu lesen, zu dösen oder die Zeit bei einem privaten Gespräch am Handy zu verbringen, freiwillig arbeitet, ohne dass der AG dies wusste.

Diese Grundsätze gelten auch, wenn der AN von einem Betrieb zu einem anderen Betrieb des AG reist. Hierbei handelt es sich nicht um Wegzeiten vom Wohnort zum Betrieb, sondern um Reisezeit nach obigen Grundsätzen.
Ist nach den obigen Grundsätzen die Dienstreise nicht als Arbeitszeit einzuordnen, so ist aber noch § 618 Abs. 1 BGB zu beachten.[48] Danach obliegen dem AG Schutzpflichten gegen Gefahren für Leben und Gesundheit des AN. Das bedeutet etwa, dass der AN nach einer langen Flugreise nicht ohne weiteres sofort anfangen darf zu arbeiten,[49]

---

35 BAG 12.2.1969 – 4AZR 308/68 – AP § 9 TVG Al II Nr. 1; BVerwG 19.1.1988 – 1 C 11/85 – NZA 1988, 881; *Buschmann/Ulber*, § 2 Rn 18.
36 EuGH 3.10.2000 – Rs C-303/98 – NZA 2000, 1227; *Schliemann*, ArbZG, § 2 Rn 23.
37 *Baeck/Deutsch*, § 2 Rn 59.
38 *Anzinger/Koberski*, § 2 Rn 17.
39 *Baeck/Deutsch*, § 2 Rn 67 ff.; *Hunold*, NZA-Beilage 1/2006, S. 38 f.
40 So auch *Baeck/Deutsch*, § 2 Rn 70; *Hunold*, NZA-Beilage 1/2006, S. 38 f.
41 *Anzinger/Koberski*, § 2 Rn 21.
42 BAG 11.7.2007 – 9 AZR 535/05 – DB 2007, 115; *Neumann/Biebl*, § 2 Rn 15; *Schliemann*, ArbZG, § 2 Rn 41 ff.; a.M. *Wulff*, AiB 2009, 91, 92.
43 *Schlottfeldt*, ZESAR 2004, 16, 162.
44 BAG 11.7.2007 – 9 AZR 535/05 – DB 2007, 115; *Baeck/Deutsch*, § 2 Rn 71; *Baeck/Lösler*, NZA 247, 249.
45 *Heins/Leder*, NZA 2007, 249, 250.
46 Diese Frage ist noch nicht geklärt, unentschieden *Hunold*, AuA 2007, 341.
47 BAG 11.7.2006 – 9 AZR 519/05 – DB 2007, 115; BAG 14.11.2006 – 1 ABR 5/06 – NZA 2007, 458; *Heins/Leder*, NZA 2007, 249, 250; *Hunold*, AuA 2007, 341.
48 BAG 11.7.2006 – 9 AZR 535/05 – DB 2007, 115, 117.
49 *Hunold*, AuA 2007, 341.

oder auch, dass der AG nach einem langen auswärtigen Geschäftstermin darauf dringen muss, dass der AN im Hotel übernachtet und erst am anderen Morgen zurückfährt.[50]

bb) Sonstige Nebenleistungen. Bei sonstigen Nebenleistungen kommt es auf die konkreten Umstände des Einzelfalls an. I.d.R. dürfte es sich aber bei Geschäftsessen, Teilnahme an kulturellen Veranstaltungen mit Kunden oder auch Seminarteilnahmen nicht um Arbeit i.S.d. ArbZG handeln.[51] Denn üblicherweise wird ein AN dabei weit weniger beansprucht als bei Vollarbeit, Arbeitsbereitschaft oder Bereitschaftsdiensten.

e) Beschäftigung mit privaten Dingen während der Arbeitszeit. Beschäftigt sich der AN während der Arbeitszeit mit privaten Dingen – er surft im Internet, er versendet private E-Mails, er liest zu privaten Zwecken die Zeitung, er legt kurze Rauchpausen ein – so handelt es sich grds. **nicht** um **Arbeit**.[52] Zu diesen Zeiten erbringt er keine Arbeitsleistung und hält sich auch nicht zur Erfüllung seiner vertraglichen Pflichten bereit. Anderes gilt nur bei **Bereitschaftsdiensten**, die aufgrund europarechtlicher Vorgaben stets als Arbeitszeiten anzurechnen sind (siehe Rn 16). Was der AN in den Zeiten, in denen er sich lediglich bereithält, tatsächlich macht, spielt dort keine Rolle.

Allerdings dürfte es nicht selten zu **Abgrenzungsproblemen** kommen. Auch der **Nachweis**, dass der AN zu bestimmten Zeiten nicht gearbeitet und sich auch nicht zur Erfüllung der Arbeit bereitgehalten hat, dürfte dem AG regelmäßig schwer fallen.

Fehlzeiten des AN werden ebenfalls nicht als Arbeitszeiten berücksichtigt.[53] Das gilt etwa für Arztbesuche während der Arbeitszeit, für Zeiten, in denen er aus privaten Gründen Behörden oder Gerichte aufsucht, oder für sonstige private Gänge.

f) Betriebsratstätigkeit, Aufsuchen des Betriebsrats. BR-Tätigkeit ist **keine Arbeit** i.S.d. ArbZG. Leistet also ein BR-Mitglied während oder außerhalb der Arbeitszeit BR-Arbeit oder reist er für den BR, so ist dies nicht zu berücksichtigen.[54] Dies beruht auf zwei Gründen:
- BR-Tätigkeit ist als ehrenamtliche Tätigkeit ausgestaltet und deshalb keine Arbeit i.S.d. ArbZG.
- Der BR entscheidet in eigener Verantwortung über das „Ob", das „Wie" und das „Wie lange" der BR-Tätigkeit. Das arbeitsrechtliche Direktionsrecht gilt nicht; dem AG stehen auch keinerlei Kontrollbefugnisse zu. Aus all dem folgt: Arbeit i.S.d. ArbZG und BR-Tätigkeit sind also unter Schutzgesichtspunkten nicht vergleichbar.

Sucht der **AN** den BR auf, etwa in der **BR-Sprechstunde**, so handelt es sich auch für ihn, den AN, **nicht** um **Arbeit** i.S.d. ArbZG. Er führt weder seine vertragliche Tätigkeit aus noch hält er sich dafür bereit. Er ist also in dieser Zeit nicht beansprucht, wie während der normalen Arbeitszeiten. Die Teilnahme an einer Betriebsversammlung soll dagegen Arbeit i.S.d. ArbZG sein.[55] Das ist aber fraglich. Denn auch bei der Teilnahme an einer Betriebsversammlung wird der Arbeitnehmer nicht beansprucht wie während der normalen Arbeitszeit. Außerdem ist die Teilnahme an einer Betriebsversammlung freiwillig.

4. Zusammenrechnung der Arbeitszeiten bei mehreren Arbeitgebern (Abs. 1 S. 1 Hs. 2). Arbeitszeiten mehrerer AG sind zusammenzurechnen. Grund: Für den Gesundheitsschutz des AN ist es unerheblich, ob er für einen oder mehrere AG arbeitet. Deshalb sind die Vorgaben des ArbZG auch im zweiten Fall einzuhalten.

Es muss sich allerdings jeweils um **Arbverh i.S.d. ArbZG** handeln. Zeiten, die der AN als freier Mitarbeiter, als Geschäftsführer oder Selbstständiger, arbeitnehmerähnliche Person oder Ähnliches aufbringt (zum AN-Begriff i.S.d. ArbZG siehe Rn 33), werden nicht mitgezählt.[56] Dagegen ist es ohne Belang, ob es sich um Haupt-, Neben- oder Aushilfs-Arbverh handelt.[57]

Verantwortlich für die Einhaltung des ArbZG, also auch i.S.d. §§ 22, 23, ist jeder **AG**.[58] Auch für die **Ausgleichszeiträume des § 3** müssen alle AG gleichermaßen sorgen.[59] Allerdings treffen den AN, der mehrere Arbverh eingegangen ist, entsprechende **Auskunftspflichten** (siehe Rn 56).

5. Besonderheiten beim Bergbau (Abs. 1 S. 2). Im Bergbau unter Tage zählen die Ruhepausen zur Arbeitszeit. Das bedeutet im Ergebnis, dass dort die zulässigen Höchstarbeitszeiten verkürzt sind. Andere Sonderregelungen enthält das ArbZG für den Bergbau nicht mehr.

---

50 *Hunold*, AuA 2007, 341.
51 Vgl. auch *Schliemann*, ArbZG, § 2 Rn 12.
52 *Baeck/Deutsch*, § 2 Rn 7; *Baeck/Lösler*, NZA 2005, 247.
53 *Anzinger/Koberski*, § 2 Rn 11.
54 LAG Baden-Württemberg 26.8.1988 – 1 Sa 14/88 – AiB 1989, 79, 70; ArbG Lübeck 7.12.1999 – 6 Ca 2589/99 – DB 2000, 2074; *Bengelsdorf*, AuA 2001, 71, 72; *Mannstetten*, AiB 1996, 214; in diese Richtung auch BAG 7.6.1989 – 7 AZR 500/99 – EzA § 37 BetrVG 1972 Nr. 102, S. 5; *Wulff*, AiB 2009, 91, 93 f.
55 VG Düsseldorf 15.4.2008 – 3 K 4887/07 – juris; *Halder*, GewArch 2009, 189, 190.
56 *Baeck/Deutsch*, § 2 Rn 16 f.; *Hunold*, NZA 1995, 558; ErfK/*Wank*, § 2 Rn 18; differenzierend *Buschmann/Ulber*, § 2 Rn 14.
57 *Schütt/Schulte*, § 2 Rn 11.
58 BAG 11.12.2001 – 9 AZR 464/00 – NZA 2002, 965, 967.
59 *Anzinger/Koberski*, § 2 Rn 13.

II. Arbeitnehmer (Abs. 2)

32 Abs. 2 legt den **persönlichen Anwendungsbereich** des ArbZG fest. Im Zusammenhang damit ist allerdings auch § 18 zu beachten, der bestimmte Personengruppen aus dem Anwendungsbereich des ArbZG heraus nimmt.

Das ArbZG ist anwendbar für AN. Abs. 2 beschreibt AN als Arb, Ang und die zur Berufsbildung Beschäftigten. Ähnlich lautet § 5 Abs. 1 S. 1 BetrVG, dort heißt es allerdings „die zur Berufs**aus**bildung Beschäftigten". Abs. 2 enthält eine **bloße Aufzählung** ohne inhaltliche Definition. Zugrunde zu legen ist daher der **allg. AN-Begriff**, wie er in Rspr. und Lit. entwickelt wurde.

33 **Arb** und **Ang** fallen unter den einheitlichen Begriff des AN. Nach st. Rspr. des BAG ist AN, wer aufgrund eines privatrechtlichen Vertrags zur Arbeit im Dienste eines anderen zur Leistung weisungsgebundener, fremdbestimmter Arbeit in persönlicher Abhängigkeit verpflichtet ist.[60] Maßgeblich ist der Grad der persönlichen Abhängigkeit, die aufgrund einer Gesamtwürdigung aller Umstände zu überprüfen ist. Kriterien dafür sind v.a., aber nicht ausschließlich:[61]

- Weisungsgebundenheit hinsichtlich Zeit, Ort und Art der Tätigkeit
- Eingliederung in eine fremde betriebliche Organisation
- Höchstpersönlichkeit der Verpflichtung
- Übernahme eines Unternehmerrisikos.

34 **Keine AN** sind demnach:[62]

- Organmitglieder,
- Selbstständige,
- Handelsvertreter,
- arbeitnehmerähnliche Personen,
- freie Mitarbeiter, Heimarbeiter.

35 Auch **leitende Ang** sind vom Anwendungsbereich des ArbZG ausgenommen (vgl. § 18 Abs. 1 Nr. 1). Dagegen sind **Leih-AN**, Personen in einem faktischen Arbverh oder auch außertarifliche Ang allesamt **AN** i.S.d. ArbZG.

36 Das ArbZG gilt weiter für diejenigen, die zur Berufsbildung beschäftigt werden. Dies ist weit zu verstehen. **Berufsbildung** ist jede Art der betrieblichen Ausbildung.[63] Dazu gehören nicht nur die **Auszubildenden** gem. § 10 BBiG. Auch für **Studenten** im Berufspraktikum, sonstige **Praktikanten** und **Volontäre** ist der Anwendungsbereich des ArbZG eröffnet.[64] Allerdings müssen die Betreffenden das **18. Lebensjahr** vollendet haben, anderenfalls ist das Jugendarbeitsschutzgesetz anwendbar (§ 18 Abs. 2).

III. Nachtzeit (Abs. 3)

37 Nachtzeit ist die Zeit von 23:00 bis 6:00 Uhr. In Bäckereien und Konditoreien gilt eine leicht abweichende Nachtzeit, nämlich von 22:00 bis 5:00 Uhr. Gem. § 7 Abs. 1 Nr. 5 kann durch oder aufgrund TV die siebenstündige Nachtzeit auf eine Zeit zwischen 22:00 und 24:00 Uhr vor- oder zurückverlegt werden.

38 Eine Differenzierung der Nachtzeit für Frauen und Männer, wie sie noch die AZO enthielt, gibt es nicht mehr. Die Definition des ArbZG entspricht Art. 2 Nr. 3 der europäischen Arbeitszeit-RL. Danach ist Nachtzeit jede Regelung in den Mitgliedstaaten, welche eine Zeitspanne von mind. **sieben Stunden** umfasst, die sich auf jeden Fall im Zeitraum von **24:00 bis 5:00** Uhr befinden muss.

IV. Nachtarbeit (Abs. 4)

39 Nachtarbeit ist die Arbeit, die mehr als **zwei Stunden** der Nachtzeit umfasst. Dagegen nimmt die europäische Arbeitszeit-RL in Art. 2 Nr. 4a Nachtarbeit erst bei **drei Arbeitsstunden** in der Nachtzeit an. An dieser Stelle ist das deutsche Recht also restriktiver als das europäische Recht.

V. Nachtarbeitnehmer (Abs. 5)

40 Abs. 5 definiert den Begriff „Nacht-AN". Für sie enthält § 6 besondere Schutzvorschriften. Die Definition des ArbZG entspricht den Vorgaben des Art. 2 Nr. 4 der europäischen Arbeitszeit-RL.[65]

Das Gesetz unterscheidet zwei Arten von Nacht-AN. Danach ist nach **Abs. 5 Nr. 1** einmal Nacht-AN, wer aufgrund der Arbeitszeitgestaltung normalerweise Nachtarbeit in Wechselschicht zu leisten hat. **Wechselschicht** heißt, dass sich die AN regelmäßig oder unregelmäßig ablösen, wobei eine Schicht auch nur aus einer Person bestehen kann.[66]

---

[60] BAG 19.11.1997 – 5 AZR 653/96 – NZA 1998, 364; BAG 16.2.2000 – 5 AZR 71/99 – NZA 2000, 829; *Schütt/Schulte*, § 2 Rn 33.
[61] *Baeck/Deutsch*, § 2 Rn 90; *Schliemann*, ArbZG, Rn 94 ff.
[62] *Anzinger/Koberski*, § 2 Rn 71; HWK/*Gäntgen*, § 2 ArbZG Rn 11.
[63] Vgl. Gesetzesbegründung, BT-Drucks 12/5888, S. 23.
[64] *Schliemann*, ArbZG, § 2 Rn 108.
[65] Dazu näher *Baeck/Deutsch*, § 2 Rn 106.
[66] ErfK/*Wank*, § 2 ArbZG Rn 19.

Aufgrund des Wortlauts „zu leisten hat" kommt es auf die Verpflichtung des AN, nicht auf den tatsächlichen Arbeitsablauf an.[67]

Nachtarbeiter ist nach § 2 Abs. 5 Nr. 2 aber auch, wer Nachtarbeit an mind. 48 Tagen im Kalenderjahr leistet. Hier kommt es auf die tatsächliche und nicht auf die geplante Leistung an.[68] Die Schutzvorschrift des § 6 kann danach erst nach dem 48. Arbeitstag im Kalenderjahr angewendet werden. In der Lit. wird dies z.T. als unangemessen empfunden, weswegen schon ausreichen soll, dass mit Sicherheit eine Nachtarbeit in dem erforderlichen Umfang zu erwarten ist.[69] Angesichts des klaren Wortlauts des § 2 Abs. 5 Nr. 2 kann dem aber nicht beigetreten werden. 41

Auch AN, die nachts **Arbeitsbereitschaft** oder **Bereitschaftsdienste** leisten, werden als Nacht-AN behandelt, sofern die Voraussetzungen des Abs. 5 Nr. 1 oder Nr. 2 vorliegen. Dies ergibt sich aus der Definition der „Arbeitszeit" (vgl. oben Rn 3 ff.). 42

C. Verbindung zu anderen Rechtsgebieten und zum Prozessrecht

I. Mitbestimmung des Betriebsrats

Wegen der Mitbestimmung des BR/PR bei **Fragen der Arbeitszeit** wird auf § 1 und § 3 (siehe § 1 Rn 19 ff. und vgl. auch § 3 Rn 28 ff.) verwiesen. 43

II. Privatrechtliche Auswirkungen auf das Arbeitsverhältnis

1. Vergütungsrechtliche Aspekte der Arbeitszeit. Ob der AN einen Anspruch auf Vergütung von Arbeitszeit hat, richtet sich nicht nach dem ArbZG. Maßgeblich sind vielmehr in erster Linie die vertraglichen Abreden, ergänzend tarifvertragliche Regelungen oder BV, hilfsweise gem. § 612 BGB die berechtigte Erwartung des AN bzw. die Üblichkeit. U.a. gelten folgende Grundsätze: 44

Zeiten der **Arbeitsbereitschaft** und des **Bereitschaftsdienstes** sind zu vergüten. Angesichts der verminderten Arbeitsleistungen können vertraglich oder tarifvertraglich aber Abschläge gemacht werden.[70] Enthalten Arbeitsvertrag oder TV keine Regelungen, bestimmt sich die Vergütung nach § 612 BGB.[71] Im Zweifel ist von einer normalen Vergütung wie Vollarbeit auszugehen. **Rufbereitschaft** ist ebenfalls eine vertragliche Arbeitsleistung und als solche zu vergüten.[72] Üblicherweise enthalten Vertrag oder TV entsprechende Regelungen. Da der AN hier eine deutlich verminderte Arbeitsleistung erbringt, können auch deutliche Vergütungsabschläge gemacht werden.[73] Auch die Abgeltung durch eine Pauschale ist zulässig.[74] Existieren keine Vergütungsregelungen, richtet sich der Anspruch des AN nach § 612 BGB. Wird der AN zur Vollarbeit gerufen, ist dies natürlich stets normal zu bezahlen. 45

Dienstreisen, die **während der vertraglichen Arbeitszeiten** unternommen werden, sind grds. als normale Arbeitszeit zu **vergüten**. Einer gesonderten vertraglichen oder tariflichen Absprache bedarf es dazu nicht.[75] Anders sieht es bei **Dienstreisen außerhalb der vertraglichen Arbeitszeiten** aus. Diese sind zu vergüten, wenn entsprechende vertragliche oder tarifvertragliche Regelungen vorliegen. Auch eine Vergütung aufgrund BV oder GBV ist zulässig, insb. besteht keine Sperrung durch § 77 Abs. 3 BetrVG.[76] Fehlen solche Regelungen, so richtet sich der Vergütungsanspruch nach **§ 612 BGB**.[77] Stets sind alle Umstände des Einzelfalls zu überprüfen. Es kann also keinesfalls ohne weiteres angenommen werden, dass eine solche Reisezeit stets vergütungspflichtig ist.[78] Erbringt der AN auf der Dienstreise allerdings seine vertragliche Leistung – Aktenstudium etc. –, so ist diese Zeit in vollem Umfang zu vergüten.[79] 46

Auch bei **Umkleide-** und **Waschzeiten** ist zu differenzieren. Enthalten Arbeitsvertrag oder TV entsprechende Regelungen, so gelten diese. Ansonsten ist § 612 BGB einschlägig. Dabei muss immer eine Überprüfung anhand aller Umstände des Einzelfalls stattfinden. Es kann also nicht ohne weiteres davon ausgegangen werden, dass diese Zeiten zu vergüten sind.[80] 47

Rauchpausen müssen nicht vergütet werden. Dennoch scheuen viele AG den Konflikt mit den Rauchern und den Aufwand, Rauchpausen aus den Arbeitszeiten herauszustechen. Eine betriebliche Übung, auf die sich die Raucher be- 48

---

67 HWK/*Gäntgen*, § 2 Rn 14.
68 *Schliemann*, ArbZG, § 2 Rn 137.
69 So etwa *Neumann/Biebl*, § 2 Rn 30; ErfK/*Wank*, § 2 ArbZG Rn 19; a.M. *Anzinger/Koberski*, § 2 Rn 96; *Baeck/Deutsch*, § 2 Rn 113; *Junker*, ZfA 1998, 105, 110 f.
70 BAG 28.1.2004 – 5 AZR 530/02 – DB 2004, 2051; BAG 12.3.2008 – 4 AZR 616/06 – DB 2009, 122; vgl. auch LAG Berlin-Brandenburg 17.10.2008 – 6 Sa 1777/08 – NZA-RR 2009, 319; *Bauer/Krieger*, BB 2004, 549.
71 *Baeck/Deutsch*, § 2 Rn 46.
72 *Anzinger/Koberski*, § 2 Rn 58.
73 Vgl. etwa § 8 Abs. 3 TVöD und dazu BAG 5.2.2009 – 6 AZR 114/08 – NZA 2009, 559.
74 *Küttner/Reinecke*, Personalbuch 2009, Rufbereitschaft Rn 5.
75 *Anzinger/Koberski*, § 2 Rn 23; *Baeck/Deutsch*, § 2 Rn 84.
76 BAG 10.10.2006 – 1 ABR 59/05 – ArbRB 2007, 103.
77 BAG 3.9.1997 – 5 AZR 428/96 – DB 1998, 264.
78 BAG 3.9.1997 – 5 AZR 428/96 – DB 1998, 264; *Heins/Leder*, NZA 2007, 249, 250; a.M. *Adam*, AuR 2001, 481, 483; *Wulff*, AiB 2009, 91 f.
79 *Baeck/Deutsch*, § 2 Rn 85.
80 BAG 11.10.2000 – 5 AZR 122/99 – BB 2001, 473, 474 f.; *Schliemann*, ArbZG, § 2 Rn 33; differenzierend *Anzinger/Koberski*, § 2 Rn 28.

rufen könnten, erwächst daraus freilich nicht.[81] Auch kann der AG nicht über die Einigungsstelle gezwungen werden, Rauchpausen zu bezahlen; dies überschritte die Zuständigkeit der Einigungsstelle.[82]

Geschäftsessen oder **Teilnahme an kulturellen Veranstaltungen mit Kunden**, die außerhalb der vertraglichen Arbeitszeiten stattfinden, dürften bei fehlenden vertraglichen Regelungen grds. nicht vergütungspflichtig sein. I.d.R. nehmen nur Mitarbeiter in gehobenen Positionen solche Termine wahr. Eine gesonderte Vergütung dürfte nicht zu erwarten bzw. üblich sein.

49 **2. Arbeitszeit und Überstunden.** Das ArbZG regelt nur die zulässige Höchstarbeitszeit. Über die vertragliche Befugnis und die vergütungsrechtliche Behandlung enthält es keine Vorgaben. Dies ist Gegenstand **vertraglicher** oder **tariflicher** Regelungen. Auch eine **BV** kann Ermächtigungsgrundlage von Überstunden sein.[83] Fehlen solche Regelungen, ist der AG zur Anordnung von Überstunden nicht berechtigt, auch nicht über das allgemeine Direktionsrecht gem. § 106 GewO.[84] Besonderheiten gelten bei schwerbehinderten AN. Diese können gem. § 124 SGB IX verlangen, von Mehrarbeit freigestellt zu werden.

50 Überstunden sind bei der Berechnung der zulässigen Höchstarbeit, bei Ruhepausen oder Ruhezeiten zu berücksichtigen. Darüber hinaus ist das ArbZG aber auch hinsichtlich der pauschalierten Abgeltung von Überstunden von Bedeutung. Enthält der Arbeitsvertrag nämlich eine Regelung, wonach alle Überstunden mit dem Gehalt abgegolten sind, werden davon jedenfalls nicht die Überstunden erfasst, die über die nach § 3 zulässige Höchstarbeitszeit von 48 Stunden hinausgehen.[85] Entspricht die (tarifvertraglich vereinbarte) Arbeitszeit zwar dem ArbZG, aber nicht der europäischen Arbeitszeit-RL, so folgen daraus nach der Rspr. des BAG keine finanziellen Ansprüche des AN (wegen möglicher Arbeitsvertragsgestaltungen zur Abgeltung von Überstunden siehe Rn 59 ff.).[86]

Die Anordnung von Überstunden ist gem. § 87 Abs. 1 Nr. 3 BetrVG mitbestimmungspflichtig. Häufig ist es sinnvoll, eine BV abzuschließen.[87] Über die Bezahlung, die Abgeltung und den Abbau von Überstunden kann der AG ohne BR entscheiden, das fällt nicht unter § 87 Abs. 1 Nr. 3 BetrVG.[88]

51 **3. Neue Flexibilisierungsmöglichkeiten bei der Arbeit auf Abruf.** Das BAG hat in einer neuen Entscheidung festgestellt, dass der Arbeitsvertrag einen bestimmten Anteil der Arbeitszeit flexibel gestalten kann.[89] Dieser Anteil darf bis zu 25 % der vertraglichen Arbeitszeit betreffen. Der Arbeitsvertrag kann drei Gestaltungsmöglichkeiten vorsehen:

- Er legt eine Mindestarbeitszeit fest, der AG kann darüber hinaus bis zu 25 % mehr abrufen.
  Beispiel: Mindestarbeitszeit beträgt 32 Stunden; AG kann bis zu acht Stunden mehr in der Woche abrufen.
- Er legt eine Höchstarbeitszeit fest; der AG kann diese Arbeitszeit um 20 % reduzieren (entspricht rechnerisch der Erhöhung der Mindestarbeitszeit).
  Beispiel: Höchstarbeitszeit beträgt 40 Stunden; AG kann bis zu acht Stunden in der Woche reduzieren.
- Er legt eine Regelarbeitszeit fest. Der AG kann diese Arbeitszeit erhöhen oder reduzieren.
  Beispiel: Regelarbeitszeit beträgt 40 Stunden; AG kann in der Woche bis zu fünf Stunden erhöhen und bis zu vier Stunden reduzieren; Schwankungsbreite 36 bis 45 Stunden.

Da neben der Arbeit auf Abruf auch noch Überstunden vereinbart werden können, kann dieses Modell noch weiter flexibilisiert werden.

III. Darlegungs- und Beweislast bei der Geltendmachung von Überstundenvergütung

52 Verlangt der AN Überstundenvergütung, so hat er jede einzelne Überstunde darzulegen und zu beweisen, ebenso dass der AG diese angeordnet oder zumindest geduldet hat.[90] Das wird regelmäßig sehr schwer fallen. Aus dem Grund verlieren AN solche Prozesse recht häufig.

---

81 LAG Schleswig-Holstein 21.6.2007 – 4 TaBV 12/07 – BeckRs 2007, 46032.
82 LAG Schleswig-Holstein 21.6.2007 – 4 TaBV 12/07 – BeckRs 2007, 46032.
83 *Kock*, MDR 2005, 1261, 1264; *Bepler*, NZA-Beilage 1/206, 45, 56; *Linsenmaier*, RdA 2008, 1, 11; Richardi/ *Richardi*, BetrVG, § 87 Rn 335, dort auch Nachweise zur abweichenden Auff.
84 Küttner/*Reinecke*, Personalbuch 2009, Überstunden Rn 4 f.
85 BAG 28.9.2005 – 5 AZR 52/05 – NZA 2006, 149, 150.
86 BAG 14.10.2005 – 6 AZR 564/03 – DB 2005, 834.
87 Hierzu *Kock*, MDR 2005, 1261.
88 LAG Köln 14.6.1989 – 2 Ta BV 17/89 – NZA 1989, 939; *Anzinger/Koberski*, § 3 Rn 85; Hess u.a./*Worzalla*, § 87 Rn 192; a.M. DKK/*Klebe*, § 87 Rn 100.
89 BAG 7.12.2005 – 5 AZR 535/04 – DB 2006, 897; dazu positiv Bauer/*Günther*, DB 2006, 950; *Hohenstatt/Schramm*, NZA 2007, 238 ff.; *Preis/Lindemann*, NZA 2006, 632; *Schmitt-Rolfes*, NZA 2006, 319; *Stamm*, RdA 2006, 288, 293 ff.; krit. *Decruppe/Utess*, AuR 2006, 347.
90 Vgl. hierzu *Schreiner/Kuhn*, ArbRB 2009, 153.

IV. Zusammenrechnung der Arbeitszeiten mehrerer Arbeitsverhältnisse: zivilrechtliche Konsequenzen

Führt die Zusammenrechnung der Arbeitszeiten zu einem Verstoß gegen das ArbZG, so ist das spätere Arbverh gem. § 134 BGB **nichtig (Prioritätsprinzip)**.[91] Das ist auch dann der Fall, wenn das erste Arbverh ein Neben- oder Aushilfs-Arbverh und das zweite das Haupt-Arbverh ist.[92] Führt das zweite Arbverh allerdings zu einem geringfügigen oder nur gelegentlichen Verstoß gegen das ArbZG, so führt das nicht zur Nichtigkeit. Es besteht aber ein **Beschäftigungsverbot** und ein damit korrespondierendes **Leistungsverweigerungsrecht** hinsichtlich der Zeiten, die über die Höchstarbeitszeiten des ArbZG hinausgehen.[93]

Der AG hat gegen den AN einen **Auskunftsanspruch** hinsichtlich des Bestehens und der zeitlichen Ausgestaltung weiterer Arbverh.[94] Eine **Erkundigungspflicht** des AG besteht aber nur dann, wenn es **Anhaltspunkte** gibt, dass der AN mehrere Arbverh hat. Legt der AN keine Lohnsteuerkarte vor oder wird er zu Randzeiten beschäftigt, so sind das ausreichende Anhaltspunkte, aufgrund derer der AG nachfragen muss.[95] In allen anderen Fällen muss der **AN** von sich aus **offenbaren**, wenn er mehrere Arbverh eingegangen ist. Tut er das nicht, ist der AG für Verstöße gegen das ArbZG nicht verantwortlich i.S.d. §§ 21, 22 ArbZG. Zudem können dem AG Schadensersatzansprüche wegen Verletzung der Aufklärungspflichten zustehen, er kann eine Abmahnung und ggf. – wenn das Arbverh nicht nichtig ist – eine Künd aussprechen.[96]

D. Beraterhinweise

I. Vergütungsrechtliche Gestaltungen von Dienstreisen

Die arbeitsschutz- wie vergütungsrechtliche Einordnung von Dienstreisen ist außerordentlich kompliziert und vielschichtig (siehe Rn 46). Während das Arbeitsschutzrecht zwingend ist, kann die vergütungsrechtliche Einordnung vertraglich gestaltet werden. Von dieser Möglichkeit sollte auch Gebrauch gemacht werden. Existieren keine entsprechenden tariflichen Vorgaben oder BV, kann Dienstreisezeit außerhalb der normalen Arbeitszeit geregelt werden. Die Vergütung für diese Reisezeit kann mit dem normalen Gehalt abgegolten (= ausgeschlossen) werden, sie kann teilweise oder in vollem Umfang vergütet werden.

Bei einem Ausschluss gesonderter Vergütung können allerdings AGB-rechtliche Probleme entstehen. Wenn der Umfang der voraussichtlichen Reisezeiten nicht erkennbar ist, könnte dies als Verstoß gegen das Transparenzgebot angesehen werden (§ 307 BGB). Insofern dürfte es sinnvoll sein, die abgegoltenen Dienstreisezeiten im Vertrag zu benennen. Zudem kann es zu Kumulierungseffekten kommen, wenn zugleich ein Teil oder alle Überstunden mit dem Gehalt abgegolten sind. Dies kann unter dem Aspekt der unangemessene Benachteiligung i.S.d. § 307 BGB problematisch sein.

II. Gestaltung zur Verhinderung von mehreren Arbeitsverhältnissen

Die Arbeitszeiten mehrerer Arbverh werden zusammengerechnet (siehe Rn 28). Dies kann für den AG problematisch werden, u.a. auch unter Haftungsaspekten nach §§ 21, 22. Daher empfiehlt es sich, in den Arbeitsvertrag eine Klausel aufzunehmen, wonach der AN ausdrücklich bestätigt, dass kein weiteres Arbverh besteht.

Zur Ergänzung sollte in den Arbeitsvertrag aufgenommen werden, dass der AN im Verlauf des Arbverh ohne Zustimmung des AG kein weiteres Arbverh aufnehmen darf und dass sich der AN verpflichtet, jedes geplante weitere Arbverh vor Aufnahme dem AG unter Benennung der Details der Arbeitszeit anzuzeigen.

III. Gestaltung von Regelungen zur pauschalen Abgeltung von Überstunden

Die pauschale Abgeltung **aller** Überstunden mit dem Gehalt ist in aller Regel AGB-widrig.[97] Anders mag es nur bei einem Geschäftsführer oder leitendem Angestellten sein, für die ja auch das ArbZG nicht gilt. Soll ein Arbeitsvertrag gestaltet werden, wonach mit dem Gehalt zwar nicht alle, aber zumindest einige Überstunden abgegolten sein sollen, so sind drei Dinge zu berücksichtigen: Zum einen gilt eine solche Klausel nicht für Überstunden, die über die zulässige Höchstarbeitszeit von zehn Stunden am Tag und 48 Stunden in der Woche hinausgehen (siehe Rn 50). Zum anderen sind AGB-rechtliche Vorgaben, insb. das **Transparenzgebot**, zu beachten.[98] Schließlich müssen Regelarbeitszeit und Überstunden in einem angemessenen Verhältnis stehen. Auch insofern dürfte die vom BAG in anderen Zusammen-

---

[91] BAG 19.6.1959 – 1 AZR 57/57 -NJW 1959, 2036; Schliemann, ArbZG, § 2 Rn 54 ff.
[92] Baeck/Deutsch, § 2 Rn 20; Schliemann, ArbZG, § 2 Rn 55.
[93] BAG 14.12.1967 – 5 AZR 74/67 – BB 1968, 206; Schütt/Schulte, § 2 Rn 13.
[94] BAG 11.122001 – 9 AZR 464/00 – NZA 2002, 965; Hunold, NZA 1995, 558, 561.
[95] Schütt/Schulte, § 2 Rn 14; ErfK/Wank, § 2 ArbZG Rn 18; weitergehend etwa Anzinger/Koberski, § 2 Rn 13; Neumann/Biebl, § 2 Rn 19.
[96] Baeck/Deutsch, § 2 Rn 25.
[97] LAG Düsseldorf 11.7.2008 – 9 Sa 1958/07 – AuA 2009, 442; LAG Hamm 16.11.2004 – 19 Sa 1424/04 – ArbRB 2005, 168.
[98] Dazu Seel, DB 2005, 1330.

hängen herangezogene Grenze von 25–30 % eine Orientierungsmarke sein.[99] Allerdings dürfen dadurch die arbeitszeitrechtlichen Beschränkungen nicht überspielt werden; ArbZG-widrige Überstunden müssen bezahlt werden.[100] Schließlich ist darauf hinzuweisen, dass es auch Stimmen gibt, welche die Angemessenheitsgrenze deutlich enger ziehen, nämlich bei 10 % der Regelarbeitszeit.[101]

60 Vor diesem Hintergrund sollte eine Überstundenabgeltungsregelung genau aufführen, wie viele Überstunden in der Woche mit dem Gehalt abgegolten werden. Dabei ist die Höchstgrenze (bis zu 48 Stunden) ausdrücklich zu benennen. Zudem erscheint es sinnvoll, im Arbeitsvertrag für die pauschal abzugeltenden Überstunden einen Teil der Vergütung gesondert als Pauschalvergütung für die Überstunden auszuweisen.[102]

61 Vorsorglich sollte der Arbeitsvertrag auch eine **wirksame Ausschlussklausel** enthalten.[103] Dann reduziert sich nämlich das Risiko, im Nachhinein in erheblichem Umfang auf Überstundenvergütung verklagt zu werden, ganz erheblich.

IV. Vertragsgestaltung zur Flexibilisierung bei der Arbeit auf Abruf

62 Die neuen Flexibilisierungsmöglichkeiten bei der Arbeit auf Abruf (siehe Rn 51) bestehen nur dann, wenn der Arbeitsvertrag eine entsprechende Klausel enthält. Hier ist angesichts des AGB-rechtlichen Transparenzgebots eine eindeutige Formulierung vonnöten.[104]

Zweiter Abschnitt: Werktägliche Arbeitszeit und arbeitsfreie Zeiten

§ 3 Arbeitszeit der Arbeitnehmer

¹Die werktägliche Arbeitszeit der Arbeitnehmer darf acht Stunden nicht überschreiten. ²Sie kann auf bis zu zehn Stunden nur verlängert werden, wenn innerhalb von sechs Kalendermonaten oder innerhalb von 24 Wochen im Durchschnitt acht Stunden werktäglich nicht überschritten werden.

Literatur: *Bepler*, Mitbestimmung des Betriebsrats bei der Regelung der Arbeitszeit, NZA-Beilage 1/2006, 45; *Gutzeit*, Die Mitbestimmung des Betriebsrats bei Dienstreisen, Der Personalleiter 2007, 157; *ders.*, Aktenlesen in der Bahn – Probleme von Arbeitszeit und Vergütung bei Dienstreisen, NZA-Beilage 1/2006, 38; *ders.*, Dienstreise als Arbeitszeit, AuA 2007, 341; *Halder*, Arbeitszeitschutz – ein aktueller Überblick, GewArch 2009, 189; *Junker*, Brennpunkte des Arbeitszeitgesetzes, ZfA 1998, 105; *Wulff*, Wenn Arbeitnehmer und Betriebsräte eine Reise tun – Wer soll das bezahlen, AiB 2009, 91.

A. Allgemeines 1	C. Verbindung zu anderen Rechtsgebieten und zum Prozessrecht
B. Regelungsgehalt 4	Prozessrecht 26
I. Werktägliche Höchstarbeitszeit: Acht Stunden (S. 1) 4	I. Gesetzliche Ausnahmevorschriften 26
II. Verlängerung der werktäglichen Höchstarbeitszeit auf zehn Stunden und Ausgleich (S. 2) 13	II. Bußgeld und Strafe 27
1. Allgemeiner Zusammenhang zwischen Verlängerung und Ausgleich 13	III. Mitbestimmung des Betriebsrats 28
2. Definition Kalendermonat; Vereinbarkeit mit EU-Recht 15	IV. Zivilrechtliche Auswirkungen 32
3. Konkrete Durchführung des Ausgleichs 18	V. Sondervorschriften für bestimmte Berufs- und Personengruppen 34
	1. Kraftfahrer 34
	2. Schwerbehinderte, werdende und stillende Mütter, Jugendliche 35

A. Allgemeines

1 § 3 soll die AN vor einer übermäßigen Belastung durch lange Arbeitszeiten schützen. Deshalb ist dort die werktägliche Arbeitszeit auf **acht Stunden** begrenzt, verbunden mit der Möglichkeit, die Arbeitszeit bis auf **zehn Stunden** zu

---

99 Ähnlich *Hohenstatt/Schramm*, NZA 2007, 238, 243; vgl. zu der Grenze 25 bis 20 % auch BAG 7.12.2005 – 5 AZR 535/04 – DB 2006, 897 (Arbeit auf Abruf); BAG 12.1.2005 – 5 AZR 364/04 – DB 2005, 669 (Widerrufsvorbehalt); ferner *Schul/Wichert*, DB 2005, 1906, 1908 (kündigungsrelevante Schlechtleistungsquote).
100 BAG 28.9.2005 – 5 AZR 52/05 – NZA 2006, 149, 150.
101 *Däubler/Dorndorf/Bonin*, § 307 Rn 182 a; ErfK/*Preis*, §§ 305–310 BGB Rn 92; wohl auch LAG Hamm 16.11.2004 – 19 Sa 1424/04 – BeckRS 2006, 40441.
102 Eine Klausel enthält *Lakies*, AGB im Arbeitsrecht, 2006, Rn 712; vgl. auch *Hümmerich*, Gestaltung von Arbeitsverträgen, 2006, Teil 1 Rn 2561 ff.
103 Hierzu BAG 28.9.2005 – 5 AZR 52/05 – NZA 2006, 149; *Lakies*, AGB im Arbeitsrecht, 2006, Rn 518 ff.
104 Zu den verschiedenen Klauseltypen etwa *Lakies*, AGB im Arbeitsrecht, 2006, Rn 487 ff.; *Hohenstatt/Schramm*, NZA 2007, 238.

verlängern. In einigen Sonderfällen ist eine darüber hinausgehende Verlängerung möglich (§§ 7, 12, 14, 15, 19). Diese Begrenzung auf acht bzw. zehn Stunden wird vom Gesetzgeber **arbeitswissenschaftlich** und **arbeitsmedizinisch** begründet.[1] Danach sinke die Konzentrations- und Arbeitsfähigkeit nach acht Stunden; bei dauernder Überschreitung der Acht-Stunden-Grenze seien Gesundheitsschäden zu befürchten.[2]

§ 3 beschränkt die **AG** in ihrer **grundrechtlich abgesicherten Berufsausübung**. Diese Beschränkung wird jedoch allg. für zulässig gehalten.[3] Allerdings ist nicht zu übersehen, dass die Begrenzung auf einen Acht-Stunden-Tag in manchen Branchen kaum vermittelbar ist, übrigens auch den AN in gehobenen Positionen unterhalb der Schwelle zum leitenden Ang nicht. Deshalb wäre durchaus zu erwägen, künftig neben den leitenden Ang auch Mitarbeiter mit leitender Funktion aus dem Bereich des ArbZG herauszunehmen bzw. die Höchststundenzahl an die tatsächlichen Verhältnisse anzupassen.[4]   2

Die europäische Arbeitszeit-RL sieht in Art. 6 eine **wöchentliche** Höchstarbeitszeit von **48 Stunden** vor, eine Regelung der täglichen Höchstarbeitszeit findet sich dagegen nicht. Insofern ist das deutsche Recht also strenger. Der regelmäßige Ausgleichzeitraum beträgt nach Art. 16 Buchst. b Arbeitszeit-RL vier Monate, während das deutsche Recht einen Ausgleichszeitraum von sechs Monaten gewährt (siehe unten Rn 14).   3

Statistisch gesehen arbeiten die deutschen AN im europäischen Vergleich recht lange. Nach einer neuen Studie[5] betrug die durchschnittliche Wochenarbeitszeit der deutschen AN im Jahr 2008 insgesamt 41,2 Stunden. Mehr arbeiteten im Jahr 2008 die rumänischen AN (41,8 Stunden), die tschechischen, lettischen, polnischen und österreichischen AN (alle 41,7 Stunden) und die bulgarischen AN (41,5 Stunden). Die französischen AN arbeiteten im Jahr 2008 insgesamt 38,4 Stunden, die belgischen AN 38,6 Stunden. Die durchschnittliche Arbeitszeit in der EU betrug 40,4 Stunden. Allerdings haben die deutschen AN auch deutlich mehr Freizeit als ihre EU-Kollegen, nämlich im Durchschnitt 30 Urlaubstage und 10,5 Feiertage pro Jahr. In der EU ist der Durchschnittsurlaub dagegen nur 23,7 Tage, Feiertage gibt es im Durchschnitt 10,4.   3a

B. Regelungsgehalt

I. Werktägliche Höchstarbeitszeit: Acht Stunden (S. 1)

Die zulässige Höchstarbeitszeit beträgt acht Stunden. Hinsichtlich des Begriffs „**Arbeitszeit**" ist auf § 2 zu verweisen. Dazu gehört also auch Arbeitsbereitschaft und Bereitschaftsdienst, nicht aber die bloße Rufbereitschaft (vgl. § 2 Rn 19).   4

Werktag bedeutet auch im Arbeitszeitrecht zunächst **Montag bis einschließlich Samstag** (vgl. § 3 Abs. 2 BUrlG).[6] Sonntage und gesetzliche Feiertage sind keine Werktage. Kirchliche Feiertage, die nicht zugleich gesetzliche Feiertage sind, zählen als Werktag, es sei denn, sie fallen auf einen Sonntag.   5

Allerdings ist zu beachten, dass Werktag i.S.d. Arbeitszeitrechts nicht der Kalendertag ist, also nicht um 0:00 Uhr beginnt und um 24:00 Uhr endet. Maßgeblich ist vielmehr der **individuelle Werktag** eines jeden AN.[7] Das bedeutet: Nimmt ein AN die Arbeit am Montag um 9:00 Uhr auf, endet der Werktag am darauf folgenden Dienstag um 9:00 Uhr. Innerhalb dieser Zeit darf die Acht-Stunden-Grenze nicht überschritten werden. Arbeitet er also bei einer einstündigen Pause von 9:00 Uhr bis 18:00 Uhr und hält er danach die elfstündige Ruhezeit des § 5 ein, so könnte er an und für sich am Dienstag um 5:00 Uhr wieder beginnen. Da der Werktag aber erst am Dienstag um 9:00 Uhr endet, würden die Zeiten von 5:00 Uhr bis 9:00 Uhr noch zu dem ersten Werktag zählen. Der AN würde also die Höchstarbeitszeit von acht bzw. zehn Stunden (S. 2) überschreiten.[8] Daher darf er frühestens um 7:00 Uhr beginnen (Arbeitszeit in dem Fall: zehn Stunden).   6

Begründet wird die Maßgeblichkeit des individuellen Werktags mit drei Argumenten: Zum Einen enthalte **§ 3 keine Angaben über die Uhrzeiten** und weiche insofern bewusst von § 9 ab, der die Sonn- und Feiertage unter Angaben der Uhrzeit festlege.[9] Zum Zweiten ist auch die **Ruhezeit des § 5 individuell** ausgestaltet.[10] Zum Dritten gebiete der **Gesundheitsschutz** der AN, von deren **konkreten Arbeitstag** auszugehen und nicht von einem abstrakt definierten Zeitraum.[11]   7

Beginnt am Montag der individuelle Werktag um 9:00 Uhr, so heißt das nicht, dass alle folgenden Werktage dieser Woche ebenfalls um 9:00 Uhr beginnen müssen. Es ist **eine Vorwärts- oder Rückwärtsverlegung** möglich. Das sollen folgende **Beispiele** zeigen:[12]   8

---

1 Siehe Regierungsbegründung BT-Drucks 12/5888, 24.
2 *Neumann/Biebl*, § 3 Rn 3.
3 BVerfG 3.5.1967 – 2 BvR 134/63 – BVerfGE 22, 1, 21; *Linnenkohl/Rauschenberg*, § 3 Rn 2.
4 Ähnlich *Hunold*, NZA-Beilage 1/2006, 38, 40.
5 Vgl. die Angaben bei AuA 2009, 501 „Arbeitszeiten im EU-Vergleich".
6 Allg. Meinung, vgl. *Buschmann/Ulber*, § 3 Rn 4.
7 *Buschmann/Ulber*, § 3 Rn 4; *Linnenkohl/Rauschenberg*, § 3 Rn 6.
8 *Schütt/Schulte*, § 3 Rn 9.
9 *Schliemann*, ArbZG, § 3 Rn 6.
10 *Anzinger/Koberski*, § 3 Rn 10.
11 *Buschmann/Ulber*, § 3 Rn 4.
12 Vgl. *Schliemann*, ArbZG, § 3 Rn 10 ff.

9 Der AN beginnt seine Arbeit am Montag um 9:00 Uhr und beendet sie am Dienstag um 9:00 Uhr. Am Dienstag nimmt er aber erst um 10:00 Uhr die Arbeit auf; dieser Werktag endet am Mittwoch um 10:00 Uhr (**Vorwärtsverlegung**). Nimmt er dagegen am Dienstag schon um 8:00 Uhr die Arbeit auf, endet dieser Werktag am Mittwoch um 8:00 Uhr (**Rückwärtsverlegung**).

10 Bei der Rückwärtsverlegung ist allerdings auf Überschneidungen zu achten. Dies soll anhand des eben dargestellten Beispiels verdeutlicht werden. Nimmt der AN am Dienstag um 8:00 Uhr die Arbeit auf, zählt die Arbeitsstunde von 8:00 Uhr bis 9:00 Uhr auch noch für den ersten Werktag mit, der ja erst um 9:00 Uhr endet. Diese Stunde darf also für den Montag nicht zu einer Überschreitung der Höchstarbeitsgrenze von acht bzw. zehn Stunden führen.[13]

10a In diesem Zusammenhang ist allerdings auf den nicht veröffentlichten Beschluss des Länderausschusses für Arbeitsschutz und Sicherheitstechnik vom 15./16.2.2000 hinzuweisen. Danach ist es nicht zu beanstanden, wenn nach einer zehnstündigen Arbeitszeit und einer darauf folgenden elfstündigen Ruhezeit die Arbeit wieder aufgenommen wird, auch wenn dann innerhalb des 24-Stunden-Zeitraums die Höchstarbeitszeit von zehn Stunden überschritten wird.[14] Die Bundesländer haben sich dann im Jahre 2008 noch einmal mit dieser Thematik beschäftigt und sind in Absprache mit dem Bundesministerium für Arbeit und Sozialordnung bei diesem Ergebnis geblieben.[15]

11 Möglich ist es auch, die Arbeit an einem Werktag zu **teilen**. Das soll folgendes **Beispiel** verdeutlichen: Der AN beginnt seine Arbeit am Montag um 9:00 Uhr und beendet sie zunächst um 13:00 Uhr. Er arbeitet dann am Montag von 18:00 Uhr bis 22:00 Uhr weiter. Der Werktag endet am Dienstag um 9:00 Uhr. Da um 9:00 Uhr auch die elfstündige Ruhezeit beendet ist, kann die Arbeit am zweiten Werktag ebenfalls um 9:00 Uhr beginnen. Hat der AN allerdings den zweiten Teil der Arbeit erst um 19:00 Uhr aufgenommen und endet dieser Teil um 23:00 Uhr, so darf er die Arbeit am Dienstag erst um 10:00 Uhr aufnehmen. Denn erst dann ist die elfstündige Ruhezeit beendet.

12 Im Falle der geteilten Arbeit wird auch nicht etwa durch den zweiten Teil der Arbeit ein neuer werktäglicher 24-Stunden-Rahmen begonnen.

Beispiel: Der AN beginnt am Montag um 9:00 Uhr, arbeitet zunächst bis 13:00 Uhr, arbeitet dann wieder von 18:00 Uhr bis 22:00 Uhr. Am Dienstag arbeitet er von 9:00 Uhr bis 18:00 Uhr, wobei eine Stunde Pause enthalten ist. Von dem betreffenden Montag 18:00 Uhr bis Dienstag 18:00 Uhr hat der AN dann insgesamt zwölf Stunden (Montag von 18:00 bis 22:00 Uhr: vier Stunden, Dienstag acht Stunden) gearbeitet. Dies ist unproblematisch.[16] Denn es kommt allein auf den werktäglichen Rahmen an.

Die Arbeit am **letzten Werktag**, also am Samstag, oder am **Werktag vor einem Feiertag** muss spätestens um 0:00 Uhr enden. Denn Sonn- und Feiertage beginnen gem. § 9 Abs. 1 um 0:00 Uhr.

II. Verlängerung der werktäglichen Höchstarbeitszeit auf zehn Stunden und Ausgleich (S. 2)

13 **1. Allgemeiner Zusammenhang zwischen Verlängerung und Ausgleich.** Die werktägliche Höchstarbeitszeit kann auf bis zu zehn Stunden verlängert werden. Einer Begründung dafür bedarf es nicht. Die höchstzulässige **Wochenarbeitszeit** beträgt danach **60 Stunden**. Allerdings muss bei Verlängerung der Arbeitszeit ein Ausgleich geschaffen werden, der es gewährleistet, dass im Durchschnitt die achtstündige Arbeitszeit am Werktag eingehalten ist.

14 Der Ausgleich ist so durchzuführen, dass entweder innerhalb von **sechs Kalendermonaten** oder innerhalb von **24 Wochen** im **Durchschnitt acht Stunden** werktäglich nicht überschritten werden. Die Berechnung kann **je nach Wahl** erfolgen, was dem AG einen gewissen Spielraum lässt. Ist der Ausgleich innerhalb von 24 Wochen nicht geschafft, kann auf den Sechs-Monats-Zeitraum ausgewichen werden.

15 **2. Definition Kalendermonat; Vereinbarkeit mit EU-Recht.** Umstr. ist, was der Gesetzgeber mit dem Begriff „Kalendermonat" gemeint hat. An und für sich ist dies eindeutig. Kalendermonat bedeutet, dass der Ausgleichszeitraum am ersten eines Monats beginnt und am letzten Tag des darauf folgenden sechsten Monats endet. Es handelt sich also **nicht** um sog. **Zeitmonate** i.S.d. § 188 BGB, die irgendwann im Monat beginnen und entsprechend nach sechs Monaten enden. Trotz des eindeutigen Wortlauts spricht sich ein Teil der Fachliteratur für Zeitmonate als Ausgleichszeitraum aus.[17] Zur Begründung wird unterstellt, dass der Gesetzgeber einem Irrtum unterlegen sei bzw. einen „lapsus linguae" begangen habe. Dem kann aber angesichts des eindeutigen Wortlauts nicht beigetreten werden.[18] Kalendermonat ist eben Kalendermonat und nicht Zeitmonat.

16 Der Ausgleichszeitraum sechs Monate ist länger als die zulässige EU-rechtliche Ausgleichsfrist. Diese beträgt nämlich gem. Art. 16 lit. b Arbeitszeit-RL nur vier Monate. Fraglich ist, ob das bedeutet, dass der längere Ausgleichs-

---

[13] Buschmann/Ulber, § 3 Rn 5; Schliemann, ArbZG, Rn 12, 16.
[14] Vgl. auch ArbG Hannover 27.10.2000 – 1 BV 3/00; ErfK/Wank, § 3 Rn 2; Halder, GewArch 2009, 189, 193.
[15] So auf Nachfrage die Auskunft der Behörde für Soziales, Familie, Gesundheit und Verbraucherschutz, Billstr. 80, 20539 Hamburg.
[16] Anzinger/Koberski, § 3 Rn 14; a.M. Buschmann/Ulber, § 3 Rn 6.
[17] Neumann/Biebl, § 3 Rn 8; Schliemann, ArbZG, Rn 32 ff.
[18] So auch Baeck/Deutsch, § 3 Rn 28; Buschmann/Ulber, § 3 Rn 7; HWK/Gäntgen, § 3 ArbZG Rn 4.

zeitraum gemeinschaftswidrig ist und geändert werden muss. Nach einer Auff. ist dies der Fall.[19] Dabei wird alleine der kürzere Vier-Monats-Zeitraum mit dem längeren Sechs-Monats-Zeitraum verglichen.

Dieser isolierte Vergleich scheint aber zu kurz gegriffen.[20] Es ist nämlich zum einen in Rechnung zu stellen, dass Art. 19 Arbeitszeit-RL in bestimmten Fällen selbst einen Ausgleichszeitraum von **sechs Monaten** vorsieht. Zum anderen lässt die Arbeitszeit-RL eine auszugleichende Wochenarbeitszeit von bis zu **78 Stunden** (6 × 13 Stunden) zu, während die höchstzulässige auszugleichende Arbeitszeit nach dem ArbZG nur **60 Stunden** (6 × 10 Stunden) beträgt. Eine differenzierte Betrachtungsweise sollte berücksichtigen, dass der kürzere europäische Ausgleichszeitraum deutlich längere Wochenarbeitszeiten betrifft. Es liegt deshalb nahe, bei dem Ausgleichszeitraum der deutlich kürzeren Wochenarbeitszeit gem. § 3 auf den sechsmonatigen Ausgleich in Art. 19 Arbeitszeit-RL abzustellen.

3. Konkrete Durchführung des Ausgleichs. Der Ausgleich ist realisiert, wenn innerhalb des betreffenden Zeitraums die **Summe der erbrachten Arbeitsstunden die Summe der zulässigen Arbeitsstunden nicht übersteigt**. Dieser Grundsatz klingt einfach. Im Detail stellen sich aber doch einige schwierige Fragen.

Der AG muss den Ausgleichszeitraum nicht von vornherein festlegen. Vielmehr ist bei einer Verlängerung der werktäglichen Arbeitszeit zu überprüfen, ob die gesetzlichen Ausgleichszeiträume eingehalten werden.[21]

Umstr. ist, ob der Ausgleichszeitraum stets der Verlängerung nachfolgen muss oder ob auch davor liegende Zeiten, in denen die werktägliche Arbeitszeit nicht verlängert wurde, einbezogen werden können. Vorzugswürdig erscheint die zweite Auff.[22] Dafür sprechen folgende Erwägungen:

Aus dem **Wortlaut von S. 2** kommt nicht zum Ausdruck, dass der Ausgleichszeitraum der Verlängerung nachfolgen muss. Er formuliert insofern neutral. Dass die Begründung des Regierungsentwurfs möglicherweise anders verstanden werden kann, spielt dagegen keine Rolle. Denn eine etwaige abweichende Regierungsbegründung hat nicht ihren Niederschlag im Gesetz selbst gefunden und ist deshalb unbeachtlich. Auch der **Gesundheitsschutz** der betroffenen AN erfordert dies nicht. Danach ist es nämlich nur maßgeblich, dass innerhalb eines der beiden Ausgleichszeiträume die Durchschnittsgrenze von acht Stunden erreicht sein muss. Ob der Ausgleich vor oder nach der Verlängerung liegt, ist aus Gesundheitsgründen ohne Belang. Auf der anderen Seite würde eine Festlegung des Ausgleichszeitraums auf nach der Verlängerung der Arbeitszeit eine **empfindliche Einschränkung für die Flexibilisierung der Arbeitszeit** – immerhin auch ein Gesetzeszweck – bedeuten. Auch unter diesem Gesichtspunkt kann die Gegenauff. nicht überzeugen.

Weiterhin besteht keine Einigkeit darüber, welche Tage innerhalb des Ausgleichszeitraums zu berücksichtigen sind. Klar ist nur, dass arbeitsfreie **Sonntage und gesetzliche Feiertage** nicht mitzählen. Das folgt unmittelbar aus dem Wortlaut der Vorschrift. Klar ist auch, dass die tatsächlichen Arbeitszeiten an Werktagen anzusetzen sind. Wird etwa an einem Freitag, wie vielerorts üblich, nur verkürzt gearbeitet, so ist die **verkürzte Arbeitszeit** maßgeblich.[23] Schwieriger ist es bei den Werktagen, an denen der AN aus besonderen Gründen nicht arbeitet. Im Einzelnen ist von Folgendem auszugehen:

Zunächst sind innerhalb des Ausgleichszeitraums alle sechs Werktage zu berücksichtigen. Arbeitet der AN nur, wie üblich, an fünf Tagen, so ist gleichwohl der **sechste arbeitsfreie Werktag** zu berücksichtigen. Der in aller Regel arbeitsfreie **Samstag** zählt also mit.[24] Auch arbeitsfreie Tage wegen **regionaler Feiertage** – Rosenmontag in Köln oder Aachen, Wäldchestag in Frankfurt – sind in Rechnung zu stellen.

Fraglich ist, ob **Urlaubs- und Krankheitstage** als Ausgleichstage herangezogen werden können. Das ArbZG enthält dazu keine ausdrückliche Regelung. Aufgrund der in § 1 genannten Zwecke wäre es durchaus gedeckt, diese zu berücksichtigen. Denn Urlaubs- und Krankheitstage gleichen faktisch besondere Beanspruchung aus, was dem Gesundheitsschutz genügt. Und sie dienen der Flexibilisierung der Arbeitszeit. Aus **EU-rechtlichen Gründen** muss aber von ihrer Berücksichtigung als Ausgleichstage Abstand genommen werden.[25] Denn in Art. 16 Nr. 2 Arbeitszeit-RL sind Zeiten des bezahlten Jahresurlaubs sowie Krankheitszeiten explizit herausgenommen.

Allerdings ist zweierlei zu berücksichtigen: Ist der AN an einem Tag krank, an dem er sowieso nicht arbeiten musste, etwa an einem arbeitsfreien Samstag, so kann dieser als Ausgleich herangezogen werden.[26] Beim bezahlten Jahresurlaub könnte danach unterschieden werden, ob es sich um den gesetzlichen Mindesturlaub (= 24 Werktage oder 20 Arbeitstage) oder um darüber hinausgehenden tariflichen oder vertraglichen Urlaub handelt. Ersterer darf aufgrund

---

19 Buschmann/Ulber, § 3 Rn 12; ErfK/Wank, § 3 ArbZG Rn 7.
20 So auch Baeck/Deutsch, § 3 Rn 8; Linnenkohl/Rauschenberg, § 3 Rn 18; Neumann/Biebl, § 3 Rn 2.
21 HWK/Gäntgen, § 3 ArbZG Rn 6; Schliemann, ArbZG, § 3 Rn 46; a.M. Buschmann/Ulber, § 3 Rn 13.
22 So auch die h.M., vgl. Baeck/Deutsch, § 3 Rn 34; Neumann/Biebl, § 3 Rn 9; ErfK/Wank, § 3 ArbZG Rn 9; a.M. etwa Buschmann/Ulber, § 3 Rn 13.
23 Neumann/Biebl, § 13 Rn 10.
24 Neumann/Biebl, § 3 Rn 10; Schliemann, ArbZG, § 3 Rn 83.
25 So auch Baeck/Deutsch, § 3 Rn 43; Junker, ZfA 1998, 105, 112; ErfK/Wank, § 3 Rn 10.
26 Schliemann, ArbZG, § 3 Rn 88.

der genannten EU-rechtlichen Gründe nicht als Ausgleich herangezogen werden; beim darüber hinausgehenden Urlaub spricht eigentlich nichts dagegen, ihn als Ausgleich zu berücksichtigen.

24 Eine andere Frage ist es, ob die Krankheits- und Urlaubstage für die Berechnung des Ausgleichszeitraums nicht berücksichtigt werden, dadurch also den Ausgleichszeitraum verlängern, oder neutral mit acht Stunden bzw. der regelmäßigen Arbeitszeit anzusetzen sind. Richtigerweise ist hier dem AG ein **Wahlrecht** zuzubilligen.[27]

25 Als Ausgleichstage sind aber Tage heranzuziehen, an denen der AN **bezahlt freigestellt** ist, etwa wegen Arztbesuchs, Gerichtstermins, Hochzeit etc.[28] Dem steht auch nicht europäisches Recht entgegen, da es insofern nur um die Nicht-Berücksichtigung von Erholungsurlaub geht (siehe Rn 23 f.). Das gleiche gilt für **unbezahlte Freistellungen**, sie sind demgemäß als Ausgleichstage anzusetzen und senken den Durchschnitt.[29]

C. Verbindung zu anderen Rechtsgebieten und zum Prozessrecht
I. Gesetzliche Ausnahmevorschriften

26 Die in § 3 festgelegte Grenze kann ausnahmsweise zu Lasten des AN erweitert werden. Das Gesetz selbst sieht folgende Fälle vor:
- Abweichung aufgrund eines außergewöhnlichen Falles (§ 14)
- Abweichung in einem TV oder aufgrund eines TV (§ 7 Abs. 1 Nr. 1 und Abs. 2a, Abs. 2 Nr. 2, 3 und 4)
- Abweichung durch Ausnahmebewilligung der Aufsichtsbehörden (§ 15 Abs. 1 Nr. 1 und 2)
- Abweichung durch Rechts-VO der Bundesregierung (§ 8).

II. Bußgeld und Strafe

27 Verstöße gegen § 3 sind bußgeld- und strafbewehrt (§§ 22 Abs. 1 Nr. 1, 23). Beschäftigt der AG also den AN über die Zehn-Stunden-Grenze hinaus, ohne dass ein Ausnahmetatbestand (siehe Rn 26) vorliegt, so begeht er eine OWi und unter den Voraussetzungen des § 23 eine Straftat.

III. Mitbestimmung des Betriebsrats

28 Der BR hat hinsichtlich des Beginns und des Endes der täglichen Arbeitszeit mitzubestimmen (§ 87 Abs. 1 Nr. 2 BetrVG), ebenso über vorübergehende Verlängerungen und Verkürzungen der Arbeitszeit (§ 87 Abs. 1 Nr. 3 BetrVG). Überstunden sind also regelmäßig nur mit Zustimmung des BR zulässig (vgl. auch § 2 Rn 50). Hinsichtlich der wöchentlichen Arbeitszeit besteht dagegen kein Mitbestimmungsrecht. Auch bei Dienstreisen, die keine Arbeitszeiten sind (vgl. § 2 Rn 22 ff.), hat der BR kein Mitbestimmungsrecht. Dies hat das BAG jüngst in einer wichtigen Entscheidung ausdrücklich klargestellt.[30]

Hinsichtlich des Ausgleichszeitraums kann der BR mitbestimmen. Das betrifft die Art des Ausgleichs und dessen Festlegung sowie Änderungen an beidem.[31]

29 Die zwischen AG und AN vereinbarte einvernehmliche **Erhöhung** der Arbeitszeit, die **länger als einen Monat** dauern soll, bedarf der Mitbestimmung des BR nach § 99 BetrVG. Dies gilt zumindest dann, wenn die Erhöhung auf einer vorherigen **Ausschreibung** beruht.[32] Wie sich dieses Merkmal der vorherigen Ausschreibung künftig auswirkt, v.a. ob es überhaupt von Belang ist, wird die künftige Rechtsentwicklung zeigen.[33] Noch nicht ganz klar ist ferner, wie viele Stunden die Erhöhung der wöchentlichen Arbeitszeit umfassen muss, damit von einem Mitbestimmungstatbestand des § 99 BetrVG ausgegangen werden kann.[34]

30 Allerdings hat das BAG jetzt in einer ganz neuen Entscheidung Folgendes befunden: Eine Arbeitszeiterhöhung von mindestens 10 Stunden pro Monat stellt mitbestimmungsrechtlich eine Einstellung nach § 99 BetrVG dar.[35] Danach kommt es nicht darauf an, ob die Position vorher ausgeschrieben worden ist.

31 Eine Erhöhung der Arbeitszeit ohne vollen Lohnausgleich führt zu einer **faktischen Reduzierung der Vergütung**. Dennoch folgt daraus **kein Verweigerungsrecht** i.S.d. § 99 BetrVG und auch **kein Mitbestimmungsrecht** gem. § 87 Abs. 1 Nr. 10 BetrVG.[36]

Dagegen ist die einvernehmliche Reduzierung der Arbeitszeit nicht nach § 99 BetrVG mitbestimmungspflichtig.

---

27 *Baeck/Deutsch*, § 3 Rn 44; differenzierend *Junker*, ZfA 198, 105, 112 und *Neumann/Biebl*, § 3 Rn 10, die nur bei langanhaltender Krankheit eine Verlängerung des Ausgleichszeitraums zulassen möchten.
28 *Schliemann*, ArbZG, § 3 Rn 89; a.M. etwa *Neumann/Biebl*, § 3 Rn 10; HWK/*Gäntgen*, § 3 ArbZG Rn 10.
29 *Anzinger/Koberski*, § 3 Rn 64; HWK/*Gäntgen*, § 3 ArbZG Rn 10.
30 BAG 14.11.2006 – 1 ABR 5/06 – NZA 2007, 458; dazu auch *Gutzeit*, Der Personalleiter 2007, 157; *Hunold*, AuA 2007, 341, 343 f.; kritisch *Wulff*, AiB 2009, 91 ff.
31 *Schliemann*, ArbZG, § 3 Rn 79; ErfK/*Wank*, § 3 ArbZG Rn 15.
32 BAG 25.1.2005 – 1 ABR 59/03 – BB 2006, 2421; strenger jetzt: LAG München 11.4.2007 – 9 TaBV 127/06 – AiB 2007, 365; hierzu *Bepler*, NZA-Beilage 1/2006, 45 ff.
33 *Bepler*, NZA-Beilage 1/2006, 45, 46 f.
34 *Bepler*, NZA-Beilage 1/2006, 45, 46.
35 BAG 9.12.2008 – 1 ABR 74/07 – NZA-RR 2009, 260.
36 BAG 30.10.2001 – 1 ABR 8/01 – NZA 2002, 919; *Bepler*, NZA-Beilage 1/2006, 45, 47.

IV. Zivilrechtliche Auswirkungen

Der AG ist dafür verantwortlich, dass die AN die Höchstarbeitszeiten des § 3 einhalten. Er hat seinen Betrieb so zu organisieren, dass die zwingenden arbeitszeitrechtlichen Vorgaben eingehalten werden.[37] Das bedeutet zunächst, dass er sich die erforderlichen Daten und Informationen beschafft. Dies gilt auch bei der sog. **Vertrauensarbeitszeit**. Auch in solchen Fällen hat der AG die **Einhaltung der Höchstarbeitszeiten** zu überwachen.[38] Er darf das nicht auf die betreffenden AN delegieren. Die zu erhebenden Daten sind dem BR im Rahmen von § 80 BetrVG zur Verfügung zu stellen.

AN, die von sich aus die Höchstarbeitszeiten des § 3 überschreiten, verstoßen gegen ihre arbeitsvertraglichen Pflichten. Der AG hat dem durch Ausübung seines arbeitsrechtlichen Direktionsrechts zu begegnen. Nutzt dies nichts, müsste er theoretisch eine Abmahnung erteilen und im Wiederholungsfall ggf. sogar eine verhaltensbedingte Künd. aussprechen. Aber welcher AG möchte schon seine leistungsbereiten und engagierten Mitarbeiter demotivieren? Aus praktischer Sicht sind hier Gespräche zu führen und zu dokumentieren, gemeinsam die Ursachen für die Überschreitungen zu ermitteln und Vermeidungsstrategien festzulegen.

V. Sondervorschriften für bestimmte Berufs- und Personengruppen

1. Kraftfahrer. Das ArbZG ist auch für Kraftfahrer und Beifahrer anwendbar. Für sie gelten aber zusätzlich einige Sonderregelungen. Diese sind in § 21a (vgl. § 21a Rn 1 ff.), aber auch auf europäischer Ebene festgelegt. Damit soll den besonderen Belastungen und Gefährdungen des Straßenverkehrs Rechnung getragen werden. Zu beachten ist in erster Linie **VO (EG) Nr. 561/2006**, die Regelungen zu Lenk- und Ruhezeiten enthält.[39] Ergänzend gilt das Europäische Übereinkommen über die Arbeitszeit des im internationalen Straßenverkehr beschäftigten Fahrpersonals (AETR).[40]

2. Schwerbehinderte, werdende und stillende Mütter, Jugendliche. Für die werktägliche Arbeitszeit von Schwerbehinderten und Gleichgestellten ist **§ 124 SGB IX** zu beachten. Danach können diese Personengruppen verlangen, von Mehrarbeit freigestellt zu werden. Unter Mehrarbeit versteht das BAG die Arbeit, die über die werktäglichen acht Stunden hinausgeht; es kommt also nicht auf die individuelle Arbeitszeit des Schwerbehinderten an.[41] Der Schwerbehinderte, der Entsprechendes verlangt, darf also nicht mehr über acht Stunden beschäftig werden. Eine Verlängerung auf zehn Stunden kommt nicht in Betracht.

Werdende und stillende Mütter sind in § 8 Abs. 1 und 2 MuSchG besonders geschützt. Danach dürfen sie nicht mit Mehrarbeit belastet werden. Mehrarbeit bedeutet für Frauen unter 18 Jahren über acht Stunden täglich oder 80 Stunden in der Doppelwoche, für die übrigen Frauen über 8,5 Stunden täglich oder 90 Stunden in der Doppelwoche.

Auch für Jugendliche bestehen Sonderregelungen. Gem. **§ 8 Abs. 1 JArbSchG** ist die Arbeitszeit von Jugendlichen auf acht Stunden am Tag und 40 Stunden die Woche beschränkt. Unter bestimmten Voraussetzungen lässt § 8 Abs. 2 JArbSchG eine Verlängerung der werktäglichen Arbeit auf 8,5 Stunden zu.

---

§ 4 Ruhepausen

¹Die Arbeit ist durch im voraus feststehende Ruhepausen von mindestens 30 Minuten bei einer Arbeitszeit von mehr als sechs bis zu neun Stunden und 45 Minuten bei einer Arbeitszeit von mehr als neun Stunden insgesamt zu unterbrechen. ²Die Ruhepausen nach Satz 1 können in Zeitabschnitte von jeweils mindestens 15 Minuten aufgeteilt werden. ³Länger als sechs Stunden hintereinander dürfen Arbeitnehmer nicht ohne Ruhepause beschäftigt werden.

Literatur: *Bepler*, Mitbestimmung des Betriebsrats bei der Regelung der Arbeitszeit, NZA-Beilage 1/2006, 45; *Erasmy*, Ausgewählte Fragen zum neuen Arbeitszeitrecht, NZA 1994, 1105; *ders.*, Ausgewählte Fragen zum neuen Arbeitszeitrecht (Teil 2), NZA 1995, 97; *Halder*, Arbeitszeitschutz – ein aktueller Überblick, GewArch 2009, 189; *Schlottfeldt*, Das novellierte Arbeitszeitgesetz nach der Jaeger-Entscheidung des EuGH, ZESAR 2004, 160.

A. Allgemeines ... 1	I. Gesetzliche Ausnahmevorschriften ... 11
B. Regelungsgehalt ... 2	II. Bußgeld und Strafe ... 12
I. Begriff der Ruhepause ... 2	III. Mitbestimmung des Betriebsrats ... 13
II. Dauer und Lage der Ruhepausen ... 4	IV. Zivilrechtliche Auswirkungen ... 14
III. Gestaltung der Ruhepausen ... 9	V. Sondervorschriften für bestimmte Berufs- und Personengruppen ... 16
C. Verbindung zu anderen Rechtsgebieten und zum Prozessrecht ... 11	

---

37 BAG 6.5.2003 – 1 ABR 13/02 – AuR 2004, 70; vgl. auch BAG 24.3.1998 – 9 AZR 172/97 – DB 1998, 2536.
38 BAG 6.5.2003 – 1 ABR 13/02 – AuR 2004, 70; *Buschmann/Ulber*, § 3 Rn 20a.
39 *Neumann/Biebl*, § 3 Rn 11; *Schliemann*, ArbZG, § 3 Rn 111.
40 *Schliemann*, ArbZG, § 3 Rn 112.
41 BAG 3.12.2002 – 9 AZR 462/01 – MDR 2003, 1059.

A. Allgemeines

1 § 4 enthält eine **einheitliche Pausenregelung** für Männer und Frauen. Die frühere Differenzierung in §§ 12 Abs. 2, 18 AZO hat das ArbZG nicht übernommen. § 4 dient dem **Zweck**, den AN vor **Überbeanspruchung zu schützen** und **Betriebsunfällen vorzubeugen**, indem die Arbeitszeit nach einer bestimmten Dauer unterbrochen werden muss und sich der AN erholen kann.[1]

Auch das **EU-Recht** enthält Regelungen über Ruhepausen. Art. 4 Arbeitszeit-RL gibt den Mitgliedstaaten vor, bestimmte Maßnahmen zu treffen, damit den AN bei einer täglichen **Arbeitszeit von mehr als sechs Stunden** eine Ruhepause gewährt wird. Dem entspricht § 4.

B. Regelungsgehalt

I. Begriff der Ruhepause

2 Ruhepausen sind im Voraus feststehende Unterbrechungen der Arbeitszeit, die der Erholung dienen. Im Voraus feststehen müssen die Ruhepausen, damit sich die AN auf sie einstellen können. Das bedeutet nach herrschender Auffassung: **Zu Beginn der Arbeit** müsse geklärt sein, wann die Ruhepause stattfindet. Es reiche aber aus, wenn zu Beginn der Arbeit ein Rahmen feststeht.[2]

Beispiel: Die einstündige Mittagspause findet zwischen 12:00 Uhr und 14:00 Uhr statt.

Nach anderer Auffassung muss der Zeitraum der Ruhepause zu Beginn der Arbeit noch nicht feststehen.[3] Es reiche aus, dass zu Beginn der Pause geklärt sei, wie lange diese dauere. Der Rahmen, innerhalb derer die Pause gewährt werden muss, sei schon durch § 4 vorgegeben. Das BAG hat diese Frage in einer neuen Entscheidung ausdrücklich offen gelassen. Es hat dort lediglich festgelegt, dass jedenfalls bei Antritt der Ruhepause genau feststehen muss, wie lange sie dauert.[4]

3 In den Ruhepausen braucht der AN **nicht zu arbeiten**. Er hat auch **keine Nebenleistungen** auszuführen oder sich **zur Arbeit bereitzuhalten**. Letzteres kann etwa der Fall sein, wenn der AN in der Pause auf einen Anruf oder eine E-Mail eines Kunden wartet und sich entsprechend bereit hält.[5] All dies liefe dem Erholungszweck der Ruhepause zuwider. Der AG darf sich also auch nicht vorbehalten, den AN jederzeit zurückzurufen.[6] Bei absehbaren Notfällen mag das ausnahmsweise anders sein (vgl. Rn 11). Zeiten der Arbeitsbereitschaft oder des Bereitschaftsdienstes sind deshalb Arbeitszeiten, keine Ruhepausen.[7] Arbeitsbereitschaft und Bereitschaftsdienste müssen vielmehr selbst durch gesonderte Ruhepausen unterbrochen werden, innerhalb derer sich der AN nicht bereithalten muss.[8] Dagegen können Ruhepausen in Zeiten der Rufbereitschaft gelegt werden.[9]

II. Dauer und Lage der Ruhepausen

4 Hinsichtlich der (Mindest-) Dauer der Ruhepausen trifft § 4 eine genaue Festlegung. Danach gilt:
– Arbeitszeit bis zu sechs Stunden: keine Ruhepause erforderlich
– Arbeitszeit von mehr als sechs Stunden bis zu neun Stunden: Ruhepause von 30 Minuten
– Arbeitszeit von mehr als neun Stunden: Ruhepause von 45 Minuten.

5 Stellt sich am betreffenden Arbeitstag kurz vor Schluss der Arbeit heraus, dass die Grenze von sechs oder neun Stunden **um wenige Minuten überschritten wird**, braucht allerdings keine weitere Ruhepause mehr gewährt zu werden.[10] Das würde nämlich nur dazu führen, dass der AN länger im Betrieb ist, was kaum dem Gesundheitsschutz diente.

6 Die Mindestdauer der Ruhepause muss **15 Minuten** betragen. Damit ist klargestellt, dass kürzere Pausen – Zigarettenpausen, Zeitunglesen, Internetsurfen etc. – nicht darunter fallen.[11] Solche Zeiten sind zwar zumindest dann, wenn der AN darin private Dinge erledigt, keine Arbeitszeiten i.S.d ArbZG (siehe § 2 Rn 24). Aber sie können eben auch nicht als Ruhepausen i.S.d. § 4 gewertet werden.

7 Hinsichtlich der **Lage der Ruhepausen** enthält § 4 keine Festlegungen. Fraglich ist, ob die Ruhepausen auch am **Beginn oder Ende der Arbeitszeit** erfolgen können. Das ist zu verneinen.[12] Einmal folgt dies aus dem Wortlaut

---

1 *Linnenkohl/Rauschenberg*, § 4 Rn 3.
2 So schon die Gesetzesbegründung, BT-Drucks 12/5888, S. 4; vgl. auch BAG 28.9.1972 – 5 AZR 198/72 – AP § 12 AZO Nr. 9; *Baeck/Deutsch*, § 4 Rn 24; HWK/*Gäntgen*, § 4 ArbZG Rn 4.
3 *Schliemann*, ArbZG, § 4 Rn 20.
4 BAG 29.10.2002 – 1 AZR 603/01 – NZA 2003, 1212.
5 *Halder*, GewArch 2009, 189, 193.
6 BAG 29.10.2002 – 1 AZR 603/01 – NZA 2003, 1212.
7 LAG Schleswig-Holstein 14.1.2009 – 6 Sa 347/08 – BeckRS 2009 56439; *Neumann/Biebl*, § 4 Rn 2; *Schütt/Schulte*, § 4 Rn 3 f.
8 LAG Schleswig-Holstein 14.1.2009 – 6 Sa 347/08 – BeckRS 2009 56439; *Halder*, GewArch 2009, 189, 194; *Schlottfeldt*, ZESAR 2004, 160, 168.
9 *Baeck/Deutsch*, § 4 Rn 11; ErfK/*Wank*, ArbZG, § 4 Rn 1.
10 *Baeck/Deutsch*, § 4 Rn 17; *Erasmy*, NZA 1994, 1105 1107.
11 *Buschmann/Ulber*, § 4 Rn 6; *Linnenkohl/Rauschenberg*, § 4 Rn 6.
12 Allg.M., vgl. *Baeck/Deutsch*, § 4 Rn 23.

der Vorschrift, wonach die Arbeitszeit durch die Ruhepausen „unterbrochen" werden muss. Es stellt keine „Unterbrechung" dar, wenn die Ruhepausen auf den Beginn oder das Ende der Arbeitszeit gelegt werden. Aber auch der Zweck der Ruhepausenregelung dürfte dem entgegenstehen. Denn ein effektiver Schutz vor Überbeanspruchung dürfte kaum erreicht werden, wenn die Ruhepausen am Beginn oder Ende der Arbeit liegen.

Weitere Vorgaben über die Lage der Ruhepausen sind indes nicht anzuerkennen. Insb. kann die Regelung des § 11 Abs. 2 JArbSchG nicht dahingehend verallgemeinert werden, dass innerhalb der ersten Stunde nach Arbeitsbeginn und der letzten Stunde vor Arbeitsende generell keine Ruhepausen gelegt werden dürfen.[13] Der Gesetzgeber hat dies nämlich ausdrücklich nur für Jugendliche festgelegt, von einer entsprechenden Regelung im ArbZG aber abgesehen. Somit gelten ausschließlich die in Rn 7 skizzierten Grundsätze.

Unter Beachtung dieser Vorgaben (und ggf. der Beteiligungsrechte des BR, siehe Rn 13) bestimmt der AG die Pausenzeiten nach billigem Ermessen (§ 315 BGB).[14] Dabei hat er nicht ausschließlich die betrieblichen Belange, sondern auch das Erholungsbedürfnis seiner AN zu beachten.[15] Sein Ermessen kann der AG aber auch so ausüben, dass er den AN einen gewissen Spielraum bei der Lage der Pausen lässt.[16] Allerdings ist er dafür verantwortlich, dass die AN diesen Spielraum auch ausfüllen, also tatsächlich die Ruhepausen nehmen.[17] Bisweilen ist die Tendenz zu beobachten, durchzuarbeiten, um früher nach Hause zu kommen, besonders an Freitagen. Das ist zwar durchaus nachvollziehbar, rechtfertigt aber nicht den Verstoß gegen § 4.

III. Gestaltung der Ruhepausen

Zu den weiteren Einzelheiten der Ruhepausen enthält § 4 keine Vorgaben. Der AN ist deshalb grds. berechtigt, das Betriebsgelände zu verlassen. Im Einzelfall, insb. zur Begegnung von Notfällen, kann der AG aber das Verbleiben auf dem Betriebsgelände verlangen.[18]

Die Einrichtung eines Pausenraums schreibt § 4 nicht vor. Allerdings ist § 6 Abs. 3 **Arbeitsstätten-VO** zu beachten. Danach ist der AG, der mehr als zehn Mitarbeiter beschäftigt, grds. verpflichtet einen Pausenraum einzurichten. Entsprechendes gilt, wenn gesundheitliche Gründe und Art der Tätigkeit dies erfordern. Die Arbeitsstätten-VO trifft darüber hinaus auch Festlegung über Höhe und Größe der Pausenräume.

C. Verbindung zu anderen Rechtsgebieten und zum Prozessrecht
I. Gesetzliche Ausnahmevorschriften

Von § 4 kann ausnahmsweise zu Lasten des AN abgewichen werden. Das Gesetz sieht folgende Fälle vor:
- Abweichung aufgrund eines außergewöhnlichen Falles (§ 14)
- Abweichung in einem TV oder aufgrund eines TV (§ 7 Abs. 1 Nr. 1 und Abs. 2a, Abs. 2 Nr. 2, 3 und 4)
- Abweichung durch Rechts-VO der Bundesregierung (§ 8)

II. Bußgeld und Strafe

Der AG ist für die Einhaltung der Ruhepausen verantwortlich. Die Einzelheiten darf er zwar seinen AN überlassen (vgl. Rn 8). Aber er hat sicherzustellen, dass diese die Ruhepausen auch tatsächlich nehmen.[19] Verstöße des AG gegen § 4 sind bußgeld- und strafbewehrt (§§ 22 Abs. 1 Nr. 2, 23). Gewährt er also nicht die vorgeschriebenen Ruhepausen, ohne dass ein Ausnahmetatbestand vorliegt (siehe Rn 11), so begeht er eine OWi und unter den zusätzlichen Voraussetzungen des § 23 eine Straftat. Entsprechendes gilt, wenn der AG Ruhepausen nicht im Voraus festsetzt.[20]

III. Mitbestimmung des Betriebsrats

Der BR hat hinsichtlich der Pausen mitzubestimmen (§ 87 Abs. 1 Nr. 2). Das gilt für jede Pause, also für jede **Kurzpause** als auch für **Ruhepausen i.S.d. § 4**.[21] Allerdings kann der BR nicht über sein Mitbestimmungsrecht verlangen, dass die Ruhepausen auch bezahlt werden.[22] Ebenso wenig kann er bezahlte Rauchpausen erzwingen, auch nicht über die Einigungsstelle.[23] Dem PR stehen über § 75 Abs. 3 Nr. 1 BPersVG vergleichbare Mitbestimmungsrechte zu.

---

13 So auch die h.M. vgl. *Baeck/Deutsch*, § 4 Rn 23; *Neumann/Biebl*, § 4 Rn 6; a.M. *Buschmann/Ulber*, § 4 Rn 10.
14 *Buschmann/Ulber*, § 4 Rn 10a.
15 BAG 19.5.1992 – 1 AZR 418/91 – AuR 1993, 307 mit Anmerkung *Hammer*; vgl. auch BAG 5.6.2003 – 6 AZR 114/02 – DB 2004, 138.
16 *Schliemann*, ArbZG, § 4 Rn 14.
17 BAG 27.2.1992 – 6 AZR 478/90 – AP § 3 AZO Nr. 5.
18 *Neumann/Biebl*, § 4 Rn 9; vgl. auch ErfK/*Wank*, § 4 ArbZG Rn 5.
19 BAG 27.2.1992 – AZR 478/90 – BB 1993, 1086; *Schliemann*, ArbZG, § 4 Rn 15.
20 *Anzinger/Koberski*, § 4 Rn 55.
21 Hierzu *Bepler*, NZA-Beilage 1/2006, 45, 49.
22 *Baeck/Deutsch*, § 4 Rn 41.
23 LAG Schleswig-Holstein 21.6.2007 – 4 TaBV 12/07 – BeckRS 2007 46031.

IV. Zivilrechtliche Auswirkungen

14 Da Ruhepausen keine Arbeitszeiten sind, muss der AG sie auch nicht vergüten.[24] Es können aber entgegenstehende Vereinbarungen getroffen werden. Eine Vergütungspflicht kann auch durch betriebliche Übung begründet werden.[25] Eine Abschaffung einer solchen betrieblichen Übung durch gegenläufige betriebliche Übung kommt seit der maßgeblichen Entscheidung des BAG dazu wohl nicht mehr in Betracht, obwohl es dort nicht um Pausenzeiten, sondern um die Zahlung einer Gratifikation ging.[26]

Der AN braucht Verstöße gegen die Ruhepausenregelungen nicht zu dulden. Enthält der Arbeitsvertrag entgegenstehende Regelungen, ist er insofern gem. § 134 BGB nichtig. Arbeitsrechtliche Weisungen, die gegen § 4 verstoßen, brauchen nicht befolgt zu werden. Bei kontinuierlichen Verstößen kommt eine fristlose Künd. des Arbeitsvertrags durch den AN in Betracht.

15 Gewährt der AG keine oder nur zu kurze Ruhepausen, so kann der AN dafür aber **keine finanzielle Abgeltung** fordern.[27] Denn Pausen sind – anders als Urlaub – keine bezahlte Freizeit. Etwas anderes gilt nur, wenn Pausen aufgrund vertraglicher oder sonstiger gesonderter Regelungen, etwa in einem TV, vergütungspflichtig sind. Auch ein Schadensersatzanspruch kommt regelmäßig nicht in Betracht. Verlorene Freizeit ist regelmäßig kein ersatzfähiger Schaden.[28] Auch ein Anspruch auf Ersatzfreizeit besteht nicht.[29]

Arbeitet der AN aufgrund der nicht genommenen Pause länger als arbeitsvertraglich geschuldet, kann aber ein Anspruch auf **Überstundenvergütung** in Betracht kommen.[30]

V. Sondervorschriften für bestimmte Berufs- und Personengruppen

16 Die Ruhepausen für **Jugendliche** sind in § 11 JArbSchG geregelt. Diese Regelungen sind zugunsten der Jugendlichen weitergehend.

Für **werdende und stillende Mütter** enthält das MuSchG zwar keine besondere Regelung über Ruhezeiten. Der AG hat aber weitergehende Kurzpausen zu gewähren (§§ 2 Abs. 2 und 3, 7 MuSchG).

Für Fahrpersonal im Straßenverkehr gilt auch hinsichtlich der Pausenregelung vorrangig § 21a.[31]

§ 5 Ruhezeit

(1) Die Arbeitnehmer müssen nach Beendigung der täglichen Arbeitszeit eine ununterbrochene Ruhezeit von mindestens elf Stunden haben.

(2) Die Dauer der Ruhezeit des Absatzes 1 kann in Krankenhäusern und anderen Einrichtungen zur Behandlung, Pflege und Betreuung von Personen, in Gaststätten und anderen Einrichtungen zur Bewirtung und Beherbergung, in Verkehrsbetrieben, beim Rundfunk sowie in der Landwirtschaft und in der Tierhaltung um bis zu eine Stunde verkürzt werden, wenn jede Verkürzung der Ruhezeit innerhalb eines Kalendermonats oder innerhalb von vier Wochen durch Verlängerung einer anderen Ruhezeit auf mindestens zwölf Stunden ausgeglichen wird.

(3) Abweichend von Absatz 1 können in Krankenhäusern und anderen Einrichtungen zur Behandlung, Pflege und Betreuung von Personen Kürzungen der Ruhezeit durch Inanspruchnahmen während der Rufbereitschaft, die nicht mehr als die Hälfte der Ruhezeit betragen, zu anderen Zeiten ausgeglichen werden.

(4) (aufgehoben)

Literatur: *Erasmy*, Ausgewählte Fragen zum neuen Arbeitszeitrecht, NZA 1994, 1105; *ders.*, Ausgewählte Fragen zum Arbeitsrecht (Teil 2), NZA 1995, 97; *Junker*, Brennpunkte des Arbeitszeitgesetzes, ZfA 1998, 105

A. Allgemeines 1	2. Verkürzung und Durchführung des Ausgleichs ... 16
B. Regelungsgehalt 3	III. Kürzungen der Ruhezeiten durch Inanspruchnahme von Rufbereitschaft (Abs. 3) 19
I. Elfstündige Ruhezeit (Abs. 1) 3	
1. Begriff Ruhezeit 3	IV. Sonderregelungen für Kraftfahrer und Beifahrer (ehemals Abs. 4) 24
2. Dauer und Lage der Ruhezeit 6	
II. Verkürzung der Ruhezeit auf zehn Stunden (Abs. 2) ... 9	C. **Verbindung zu anderen Rechtsgebieten und zum Prozessrecht** 25
1. Anwendungsbereich 9	

---

24 BAG 23.1.2001 – 9 AZR 4/00 – NZA 2002, 224.
25 LAG Köln 29.5.2006 – 14 (12) Sa 56/06 – NZA-RR 2006, 633.
26 BAG 18.3.2009 – 10 AZR 281/08 – NZA 2009, 601.
27 BAG 28.9.1972 – 5 AZR 198/72 – DB 1972, 2404; *Anzinger/Koberski*, § 4 Rn 38.
28 *Baeck/Deutsch*, § 4 Rn 27.
29 *Anzinger/Koberski*, § 4 Rn 39.
30 *Baeck/Deutsch*, § 4 Rn 29.
31 *Schliemann*, ArbZG, § 4 Rn 32.

I. Gesetzliche Ausnahmevorschriften	25
II. Bußgeld und Strafe	26
III. Mitbestimmung des Betriebsrates	27
IV. Privatrechtliche Auswirkungen auf das Arbeitsverhältnis	28
V. Sondervorschriften	29

A. Allgemeines

Die in § 5 geregelte Ruhezeit soll den AN nach der täglichen Arbeit die Möglichkeit zu Erholung, Entspannung und ausreichendem Schlaf geben. Es geht also um den **Gesundheitsschutz** der AN.[1] **1**

Das EU-Recht enthält einige Regelungen über Ruhezeiten. Zunächst wird dort, anders als im deutschen Recht, der Begriff der Ruhezeit definiert. Gem. **Art. 2 Nr. 2 Arbeitszeit-RL** ist **Ruhezeit** jede Zeitspanne außerhalb der Arbeitszeit. Art. 2 Nr. 9 beschreibt die Dauer der Ruhezeiten abstrakt. § 3 schreibt den Mitgliedstaaten vor, die erforderlichen Maßnahmen für eine Mindestruhezeit von elf Stunden zu treffen. Art. 17 enthält einige Ausnahmen von der elfstündigen Ruhezeit. Diese Vorgaben des europäischen Rechts erfüllt das ArbZG. **2**

B. Regelungsgehalt

I. Elfstündige Ruhezeit (Abs. 1)

1. Begriff Ruhezeit. Ruhezeit ist im ArbZG nicht definiert. Es bietet sich an, die Definition der europäischen Arbeitszeit-RL zu übernehmen und Ruhezeit als jede Zeitspanne außerhalb der Arbeitszeit zu bestimmen. Ähnlich definieren auch Rspr. und Lit. die Ruhezeit. Danach ist Ruhezeit der Zeitraum zwischen dem Ende der täglichen Arbeitszeit und dem Beginn der nächsten Arbeitszeit.[2] **3**

In der Ruhezeit darf der AN nicht arbeiten. Das liefe dem Gesundheitszweck zuwider. Zeiten der **Arbeitsbereitschaft** oder des **Bereitschaftsdienstes** sind deshalb keine Ruhezeiten.[3] Anders sieht es mit der Rufbereitschaft aus. Solange der AN nicht beansprucht wird, ist **Rufbereitschaft** als Ruhezeit einzustufen.[4] Wird der AN aber während der Rufbereitschaft gerufen, so ist die Ruhezeit unterbrochen. Konsequenz: Der Zeitraum der elfstündigen Ruhezeit beginnt nach dem Einsatz erneut.[5] **4**

Der AN ist zwar gehalten, die Ruhezeit zweckentsprechend zu nutzen. Er darf in diesem Zeitraum aber seine Freizeit auf jede Art gestalten. Auch eine selbstständige Tätigkeit, die keine Arbeit im Sinne des ArbZG darstellt, ist grundsätzlich zulässig (aber vgl. unten Rn 28a).[6] **4a**

Wegezeiten sind als Ruhezeiten einzuordnen. Ebenfalls alle arbeitsfreien Tage, nicht nur Werktage. **Arbeitsfreie Sonn- und Feiertage, Urlaub, Krankheit, Freistellung durch den AG**: all dies stellt Ruhezeit dar.[7] Denn in diesen Zeiten arbeiten die AN nicht und werden deshalb auch nicht durch die Arbeit beansprucht. Bei Sonn- und Feiertagen ist allerdings § 11 Abs. 4 zu berücksichtigen, wonach Sonn- und Feiertage unmittelbar in Verbindung mit einer Ruhezeit gewährt werden müssen (vgl. § 11 Rn 13). **5**

2. Dauer und Lage der Ruhezeit. Die Mindestruhezeit beträgt **elf Stunden**. Sie darf nicht durch Arbeitszeiten unterbrochen werden. Wird sie unterbrochen, muss sie danach wieder im vollen elfstündigen Umfang gewährt werden. **6**

Fraglich ist, ob **kurze, den AN nicht wesentlich beanspruchende Tätigkeiten** die Ruhezeiten unterbrechen. Ruft etwa nach der Arbeitszeit ein Kunde auf dem Handy des Vertriebsmitarbeiters zwecks Vereinbarung eines Termins an, will der AG telefonisch den Ort einer Akte erfragen, beantwortet der AN zu Hause noch eine späte E-Mail des AG: sind dies Arbeiten, welche die Ruhezeit unterbrechen? Die Antwortet lautet „nein".[8] Eine **gewisse Erheblichkeitsschwelle** ist erforderlich, erst wenn diese erreicht ist, handelt es sich um Ruhezeit unterbrechende Arbeit. In den genannten Beispielen ist das indessen nicht der Fall. **7**

Die Ruhezeit muss nach Beendigung der täglichen Arbeitszeit gewährt werden. Maßgeblich ist die **individuelle Arbeitszeit** des jeweiligen AN.[9] Wird die Arbeitszeit auf mehrere Abschnitte des Tages verteilt, ist erst im Anschluss an den letzten Abschnitt die Ruhezeit zu gewähren.[10] **8**

---

1 BT-Drucks 12/5888, S. 24; *Anzinger/Koberski*, § 5 Rn 3.
2 BAG 13.12.1992 – 6 AZR 638/89 – NZA 1992, 891; *Baeck/Deutsch*, § 5 Rn 6; *Buschmann/Ulber*, § 2 Rn 2.
3 *Anzinger/Koberski*, § 5 Rn 8; *Baeck/Deutsch*, § 5 Rn 7; *Buschmann/Ulber*, § 5 Rn 4.
4 *Neumann/Biebl*, § 5 Rn 2; *Schliemann*, ArbZG, § 5 Rn 11; *Schütt/Schulte*, § 5 Rn 8; a.M. *Anzinger/Koberski*, § 5 Rn 9; *Buschmann/Ulber*, § 5 Rn 4: Rufbereitschaft sei zwar keine Arbeitszeit, aber auch keine Ruhezeit.
5 *Schütt/Schulte*, § 5 Rn 10.
6 *Anzinger/Koberski*, § 5 Rn 16 f.
7 BAG 13.2.1992 – 6 AZR 638/89 – BB 1992, 1890; *Schliemann*, ArbZG, § 5 Rn 13; ErfK/*Wank*, § 5 ArbZG Rn 3.
8 *Anzinger/Koberski*, § 5 Rn 13 f.; *Baeck/Deutsch*, § 5 Rn 14; HWK/*Gäntgen*, § 5 ArbZG Rn 2.
9 *Anzinger/Koberski*, § 5 Rn 18 ff.
10 *Baeck/Deutsch*, § 5 Rn 10.

Beispiel: Arbeitet der AN Montag von 9:00 bis 13:00 und von 18:00 bis 22:00 Uhr, muss die Ruhezeit nicht schon nach dem ersten Teilabschnitt ab 13:00 Uhr, sondern erst nach dem zweiten Abschnitt, also ab 22:00 Uhr gewährt werden. Der AN kann dann am Dienstag nach der elfstündigen Ruhezeit um 9:00 Uhr mit der weiteren Arbeit beginnen.

II. Verkürzung der Ruhezeit auf zehn Stunden (Abs. 2)

1. Anwendungsbereich. In verschiedenen Bereichen ist eine Verkürzung der Ruhezeit auf zehn Stunden zulässig, nämlich:
- in Krankenhäusern und anderen Einrichtungen zur Behandlung, Pflege und Betreuung von Personen,
- in Gaststätten und anderen Einrichtungen zur Bewirtung und Beherbergung,
- in Verkehrsbetrieben,
- beim Rundfunk,
- in der Landwirtschaft,
- in der Tierhaltung.

Unter **Krankenhäuser** und vergleichbare Einrichtungen fallen nicht nur die Krankenhäuser gem. § 107 Abs. 2 SGB V. Vielmehr fallen auch Kurheime, Tageskliniken, Arztpraxen, Altenheime und Jugend- oder Kinderheime darunter; ebenso ambulante Pflegedienste.[11]

Gaststätten sind in § 1 GastG definiert. Es handelt sich um Einrichtungen, die jedermann oder bestimmten Personenkreisen Getränke oder zubereitete Speisen verabreichen oder beherbergen. Zu den Gaststätten und vergleichbaren Einrichtungen gehören etwa: Hotels, Restaurants, Kantinen, Pizza- und Partyservice, Speisewagen der Bahn, Essen auf Rädern etc.[12]

Verkehrsbetriebe sind in der Gesetzesbegründung wie folgt bestimmt: Öffentliche und private Betriebe, deren Zweck auf die Beförderung von Personen, Gütern oder Nachrichten gerichtet ist, sowie die dazugehörigen selbstständigen oder unselbstständigen Hilfs- und Nebenbetriebe.[13] Dazu gehören Eisenbahn-, Straßenbahn- oder Omnibusunternehmen, Taxi, Zeitungs- und Zeitschriftenvertrieb etc.[14]

Rundfunk ist Hörfunk, Fernsehen, Kabel- und Satellitenfunk, gleich ob öffentlich-rechtlich oder privat organisiert. Auch entsprechende Produktionsfirmen, die Beiträge für Hörfunk und Fernsehen produzieren, können sich auf diese Fallgruppe berufen.[15]

Unter **Landwirtschaft** sind laut Gesetzesbegründung die Unternehmen und Personen zu fassen, die der landwirtschaftlichen Unfallversicherung unterliegen.[16] Es handelt sich um Unternehmen und Personen, die Land- und Forstwirtschaft betreiben, ebenso Imker, Weinbau, Binnenfischerei, Park- und Gartenpflege.[17]

Betriebe der **Tierhaltung** sind schließlich solche, welche Tiere zur Fleisch- und Eierversorgung, aber auch zu anderen Zwecken halten, etwa sportliche, wissenschaftliche oder unterhaltende Zwecke.[18]

2. Verkürzung und Durchführung des Ausgleichs. Die Ruhezeit kann **bis zu einer Stunde**, also auch um weniger, verkürzt werden. Die Kürzungsspanne beträgt also **eine bis 60 Minuten**. Mindestens zehn Stunden Ruhezeit müssen demnach gewährleistet sein.

Jede Verkürzung der Ruhezeit muss aber durch **Verlängerung einer anderen Ruhezeit** ausgeglichen werden. Nach dem insofern eindeutigen Wortlaut muss die verlängerte Ruhezeit mindestens zwölf Stunden betragen. Das ist auch der Fall, wenn die Verkürzung **weniger als eine Stunde** betrug. Dieses Ergebnis kommt zwar zu einer Überkompensation und ist deshalb wenig überzeugend, aber angesichts des **klaren Wortlauts** nicht zu vermeiden.[19] Auch die **Gesetzgebungsgeschichte** stützt dieses Ergebnis. Trotz entsprechender Einwände hielt der Gesetzgeber nämlich an seiner Formulierung fest und bestätigte so das Gewollte. Deshalb können verschiedene Verkürzungen der Ruhezeit von unter einer Stunde auch nicht zusammengerechnet und durch eine Verlängerung einer Ruhezeit auf zwölf Stunden ausgeglichen werden.[20]

Die Verlängerung der Ruhezeit muss innerhalb eines Ausgleichszeitraums von entweder **einem Kalendermonat** – also nicht: Zeitmonat –[21] oder **vier Wochen** erfolgen. Ob die Verlängerung vor oder nach der Verkürzung erfolgt, ist unerheblich. Es muss nur der Ausgleichszeitraum gewahrt sein.[22]

---

11 Vgl. *Schliemann*, ArbZG, § 5 Rn 25 ff.; *Schütt/Schulte*, § 5 Rn 20.
12 *Anzinger/Koberski*, § 5 Rn 40 ff.
13 BT-Drucks 12/588, S. 25.
14 *Schliemann*, ArbZG, § 5 Rn 32 ff.
15 *Baeck/Deutsch*, § 5 Rn 35; *Schliemann*, ArbZG, § 5 Rn 39; differenzierend *Neumann/Biebl*, § 5 Rn 13.
16 BT-Drucks 12/5888, S. 27.
17 *Baeck/Deutsch*, § 5 Rn 36.
18 *Schütt/Schulte*, § 5 Rn 29 f.
19 *Anzinger/Koberski*, § 5 Rn 31; *Erasmus*, NZA 1994, 1105, 1107; *Junker*, ZfA 1998, 105, 118; *Schliemann*, ArbZG, § 5 Rn 18 f.
20 So aber *Linnenkohl/Rauschenberg*, § 5 Rn 15; ErfK/*Wank*, § 5 ArbZG Rn 5.
21 *Baeck/Deutsch*, § 5 Rn 23; a.M. *Schliemann*, ArbZG, § 5 Rn 22.
22 *Schliemann*, ArbZG, § 5 Rn 23; ErfK/*Wank*, § 5 ArbZG Rn 6.

III. Kürzungen der Ruhezeiten durch Inanspruchnahme von Rufbereitschaft (Abs. 3)

In **Krankenhäusern und vergleichbaren Einrichtungen** (vgl. oben Rn 10) kann im Zusammenhang mit Rufbereitschaften eine Kürzung der Ruhezeiten auf **bis zu 5,5 Stunden** erfolgen. Damit wird gewährleistet, dass Mitarbeiter von Krankenhäusern, die in der Rufbereitschaft tatsächlich arbeiten mussten, nicht eine elfstündige, sondern nur eine verkürzte Ruhezeit beanspruchen können und so besser einsetzbar sind.[23] Bis 1.1.2004 galt die Regelung nicht nur für Rufbereitschaft, sondern auch für den Bereitschaftsdienst. Aufgrund der EuGH-Rspr. zur Wertung des Bereitschaftsdienstes als Arbeitszeit (vgl. § 2 Rn 17 f.) hat der Gesetzgeber dies jedoch geändert.

Die Kürzungsmöglichkeit des **Abs. 3** bezieht sich nur auf die allgemeine elfstündige Ruhezeit des **Abs. 1**, nicht aber auf die schon verkürzte Ruhezeit des Abs. 2. Wenn in Abs. 3 also von der Hälfte der Ruhezeit die Rede ist, sind damit 5,5 Stunden gemeint.[24]

Die Kürzungsmöglichkeit setzt voraus, dass im Anschluss an die werktägliche Arbeitszeit eine Rufbereitschaft erfolgt und dass der Betreffende innerhalb dieser Rufbereitschaft tatsächlich arbeiten musste. Die Arbeit darf **nicht länger als 5,5 Stunden** der Rufbereitschaft beansprucht haben. Mehrere Arbeitsperioden innerhalb der Rufbereitschaft sind zusammenzurechnen.[25]

Auch diese Verkürzung der Ruhezeit muss ausgeglichen werden. Allerdings nennt das Gesetz keine Zeiträume. Es muss also nur irgendwann ausgeglichen werden. Jedoch darf der AG nicht zu lange warten. Die **arbeitsrechtliche Fürsorgepflicht** fordert einen Ausgleich in **angemessener Zeit**.[26]

Abs. 3 sieht, anders als Abs. 2, **keinen Ausgleich** durch eine Ruhezeit von zwölf Stunden vor. Es ist also nur die **tatsächliche Differenz** zwischen der elfstündigen Ruhezeit und der verkürzten Ruhezeit auszugleichen.[27]

Arbeitet der AN in der Rufbereitschaft insgesamt mehr als 5,5 Stunden, so ist Abs. 3 nicht anwendbar. Der Betreffende darf gem. Abs. 1 erst wieder nach Ablauf des vollen elfstündigen Ruhezeitraums beschäftigt werden.[28]

IV. Sonderregelungen für Kraftfahrer und Beifahrer (ehemals Abs. 4)

Die bislang enthaltene Sonderreglung in Abs. 4 ist durch Art. 5 Nr. 1 des Gesetzes zur Änderung personenbeförderungsrechtlicher Vorschriften und arbeitszeitrechtlicher Vorschriften vom 14.8.2006 aufgehoben worden. An dessen Stelle ist § 21a getreten (vgl. Kommentierung dort).

C. Verbindung zu anderen Rechtsgebieten und zum Prozessrecht

I. Gesetzliche Ausnahmevorschriften

Von § 5 kann ausnahmsweise zu Lasten des AN abgewichen werden. Das Gesetz sieht folgende Fälle vor:
– Abweichung aufgrund eines außergewöhnlichen Falles (§ 14)
– Abweichung in einem TV oder aufgrund eines TV (§ 7 Abs. 1 Nr. 1 und Abs. 2a, Abs. 2 Nr. 2, 3 und 4)
– Abweichung durch Ausnahmebewilligung der Behörde (§ 15 Abs. 1 Nr. 3 und 4)
– Abweichung durch Rechts-VO der Bundesregierung (§ 8).

II. Bußgeld und Strafe

Gem. § 22 Abs. 1 Nr. 3 handelt **ordnungswidrig**, wer die Mindestruhezeiten des Abs. 1 oder den Ausgleich des Abs. 2 nicht gewährt. Geschieht dies vorsätzlich und unter Gefährdung der Gesundheit und der Arbeitskraft des Betroffenen oder verstößt der AG beharrlich gegen § 22 Abs. 1 Nr. 3, so liegt gem. § 23 Abs. 1 sogar eine Straftat vor.

Verstöße gegen die Lenkzeit-VO (EWG) Nr. 3820/85 i.V.m. Abs. 4, die im EU-Ausland erfolgt sind, werden nur gegenüber einer inländischen Person als OWi verfolgt.[29]

III. Mitbestimmung des Betriebsrates

Der BR hat kein unmittelbares Mitbestimmungsrecht hinsichtlich der Ruhezeiten. Allerdings hat er nach § 87 Abs. 1 Nr. 2 BetrVG über Beginn und Ende der täglichen Arbeitszeiten mitzubestimmen, ferner über die Verteilung der Arbeitszeit auf die einzelnen Wochentage. Mittelbar kann er damit auch auf die Ruhezeiten Einfluss nehmen.

IV. Privatrechtliche Auswirkungen auf das Arbeitsverhältnis

Der AN braucht Verstöße gegen die Ruhezeitregelung nicht zu dulden. Enthält der Arbeitsvertrag entgegenstehende Regelungen, ist er insofern gem. § 134 BGB nichtig. Arbeitsrechtliche Weisungen, die gegen § 5 verstoßen, brauchen

---

23 Vgl. BT-Drucks 12/5888, S. 25.
24 *Baeck/Deutsch*, § 5 Rn 5; *Neumann/Biebl*, § 5 Rn 8; a.M. *Schliemann*, ArbZG, § 5 Rn 51.
25 *Schliemann*, ArbZG, § 5 Rn 51.
26 *Baeck/Deutsch*, § 5 Rn 46; HWK/*Gäntgen*, § 5 ArbZG Rn 4.
27 *Baeck/Deutsch*, § 5 Rn 46.
28 *Anzinger/Koberski*, § 5 Rn 68.
29 BayObLG 28.2.2001 – 2 ObOWi 13/2001 – DB 2001, 985; *Baeck/Deutsch*, § 5 Rn 48.

nicht befolgt zu werden. Bei kontinuierlichen Verstößen kommt eine fristlose Künd des Arbeitsvertrags durch den AN in Betracht. In diesen und anderen Fällen kann der AN auch Schadensersatzansprüche wegen Vertragsverletzung haben. Schließlich kann der AN auch Feststellungsklage erheben, wonach der AG ihm die gesetzliche Ruhezeit gewähren muss.[30]

28a Auf der anderen Seite ist der AN aber auch verpflichtet, die Ruhezeit zweckentsprechend zu nutzen. Ist dies nicht der Fall und führt dies zu einer Übermüdung während der Arbeit, können daraus Ansprüche des AG erwachsen, etwa ein Anspruch auf Unterlassung einer selbstständigen Nebentätigkeit.[31] In der Praxis kommt ein solcher Fall aber so gut wie nie vor.

V. Sondervorschriften

29 Die Ruhezeit von **Jugendlichen** ist in § 13 JArbSchG geregelt. Sie beträgt nicht elf, sondern zwölf Stunden. Eine Verkürzung dieser Ruhezeit ist nur in Notfällen zulässig (§ 21 Abs. 1 JArbSchG).

Für **werdende und stillende Mütter** enthält das MuSchG zwar keine besondere Regelung über Ruhezeiten. Aber aufgrund des Verbots in § 5 MuSchG, diesen Personenkreis zwischen 20:00 und 6:00 Uhr zu beschäftigen, ergeben sich mittelbar Auswirkungen auf die Ruhezeiten. Auch das individuelle Beschäftigungsverbot des § 3 Abs. 1 MuSchG kann zu einer Verlängerung der Ruhezeiten führen.[32]

§ 6 Nacht- und Schichtarbeit

(1) Die Arbeitszeit der Nacht- und Schichtarbeitnehmer ist nach den gesicherten arbeitswissenschaftlichen Erkenntnissen über die menschengerechte Gestaltung der Arbeit festzulegen.

(2) [1]Die werktägliche Arbeitszeit der Nachtarbeitnehmer darf acht Stunden nicht überschreiten. [2]Sie kann auf bis zu zehn Stunden nur verlängert werden, wenn abweichend von § 3 innerhalb von einem Kalendermonat oder innerhalb von vier Wochen im Durchschnitt acht Stunden werktäglich nicht überschritten werden. [3]Für Zeiträume, in denen Nachtarbeitnehmer im Sinne des § 2 Abs. 5 Nr. 2 nicht zur Nachtarbeit herangezogen werden, findet § 3 Satz 2 Anwendung.

(3) [1]Nachtarbeitnehmer sind berechtigt, sich vor Beginn der Beschäftigung und danach in regelmäßigen Zeitabständen von nicht weniger als drei Jahren arbeitsmedizinisch untersuchen zu lassen. [2]Nach Vollendung des 50. Lebensjahres steht Nachtarbeitnehmern dieses Recht in Zeitabständen von einem Jahr zu. [3]Die Kosten der Untersuchungen hat der Arbeitgeber zu tragen, sofern er die Untersuchungen den Nachtarbeitnehmern nicht kostenlos durch einen Betriebsarzt oder einen überbetrieblichen Dienst von Betriebsärzten anbietet.

(4) Der Arbeitgeber hat den Nachtarbeitnehmer auf dessen Verlangen auf einen für ihn geeigneten Tagesarbeitsplatz umzusetzen, wenn

a) nach arbeitsmedizinischer Feststellung die weitere Verrichtung von Nachtarbeit den Arbeitnehmer in seiner Gesundheit gefährdet oder

b) im Haushalt des Arbeitnehmers ein Kind unter zwölf Jahren lebt, das nicht von einer anderen im Haushalt lebenden Person betreut werden kann, oder

c) der Arbeitnehmer einen schwerpflegebedürftigen Angehörigen zu versorgen hat, der nicht von einem anderen im Haushalt lebenden Angehörigen versorgt werden kann,

sofern dem nicht dringende betriebliche Erfordernisse entgegenstehen. [2]Stehen der Umsetzung des Nachtarbeitnehmers auf einen für ihn geeigneten Tagesarbeitsplatz nach Auffassung des Arbeitgebers dringende betriebliche Erfordernisse entgegen, so ist der Betriebs- oder Personalrat zu hören. [3]Der Betriebs- oder Personalrat kann dem Arbeitgeber Vorschläge für eine Umsetzung unterbreiten.

(5) Soweit keine tarifvertraglichen Ausgleichsregelungen bestehen, hat der Arbeitgeber dem Nachtarbeitnehmer für die während der Nachtzeit geleisteten Arbeitsstunden eine angemessene Zahl bezahlter freier Tage oder einen angemessenen Zuschlag auf das ihm hierfür zustehende Bruttoarbeitsentgelt zu gewähren.

(6) Es ist sicherzustellen, daß Nachtarbeitnehmer den gleichen Zugang zur betrieblichen Weiterbildung und zu aufstiegsfördernden Maßnahmen haben wie die übrigen Arbeitnehmer.

Literatur: *Diller*, Fortschritt oder Rückschritt? – Das neue Arbeitszeitrecht, NJW 1994, 2726; *Erasmy*, Ausgewählte Fragen zum neuen Arbeitszeitrecht (I.), NZA 1994, 1105; *Halder*, Arbeitsschutz – ein aktueller Überblick, GewArch 2009, 189; *Kemper*, Auswirkungen des Arbeitszeitgesetzes auf die Arbeitszeitregelungen in Kliniken, NZA 1996, 1194; *Kleinebrink*, Die materielle und prozessuale Bedeutung von Verschlimmbesserungsattesten, NZA 2002, 716; *Junker*, Brennpunkte des Arbeitszeitgesetzes, ZfA 1998, 105

---

30 BAG 24.3.1998 – 9 AZR 172/97 – DB 1998, 2536.
31 *Anzinger/Koberski*, § 5 Rn 17.
32 Vgl. *Anzinger/Koberski*, § 5 Rn 78.

A. Allgemeines 1	4. Keine entgegenstehenden dringenden betrieblichen Erfordernisse 37
B. Regelungsgehalt 2	5. Anhörung des Betriebs- oder Personalrats 40
I. Menschengerechte Gestaltung der Arbeitszeit der Nacht- und Schichtarbeitnehmer (Abs. 1) 2	V. Ausgleich für die in Nachtzeit geleisteten Arbeitsstunden (Abs. 5) 43
II. Höchstarbeitszeit der Nachtarbeitnehmer und Ausgleichspflichten (Abs. 2) 9	VI. Gleichbehandlungsgebot (Abs. 6) 50
1. Ausnahmeregelung gemäß Abs. 2 S. 1 und 2 . 9	C. Verbindung zu anderen Rechtsgebieten und zum Prozessrecht 52
2. Differenzierung in Abs. 2 S. 3 11	I. Gesetzliche Ausnahmevorschriften 52
III. Arbeitsmedizinische Untersuchung (Abs. 3) 14	II. Bußgeld und Strafe 53
IV. Umsetzung auf einen Tagesarbeitsplatz (Abs. 4) .. 19	III. Mitbestimmung des Betriebsrats 54
1. Anspruch des Nachtarbeitnehmers auf Umsetzung 19	IV. Privatrechtliche Auswirkungen auf den Arbeitsvertrag 55
2. Geeigneter Tagesarbeitsplatz 21	V. Darlegungs- und Beweislast im Prozess 59
3. Umsetzungsgründe 24	VI. Sondervorschriften für bestimmte Berufs- und Personengruppen 60
a) Gesundheitsgefährdung 25	
b) Kinderbetreuung 28	
c) Versorgung schwerpflegebedürftiger Angehöriger 32	

A. Allgemeines

Nacht- und Schichtarbeit, wenn sie kontinuierlich oder häufiger geleistet wird, kann in besonderem Maße die Gesundheit gefährden. Etwaige Schäden sind: Schlafstörungen, Appetitmangel, Störungen des Magen-Darm-Traktes, erhöhte Nervosität und Reizbarkeit. Aufgrund dessen hat der Staat für einen **effektiven Schutz vor den Gefahren von Nacht- und Schichtarbeit zu sorgen.**[1] Auf dieser Schutzpflicht basiert § 6. **1**

Natürlich enthält auch die **Arbeitszeit-RL** (RL 2003/88/EG) Regelungen und Vorgaben für Nacht- und Schichtarbeit. Zu nennen sind hier Art. 8a, 8b, 9, 10, 11, 12 der RL.[2] Das ArbZG entspricht diesen Vorgaben.[3]

B. Regelungsgehalt

I. Menschengerechte Gestaltung der Arbeitszeit der Nacht- und Schichtarbeitnehmer (Abs. 1)

Abs. 1 enthält Verpflichtungen des AG im Hinblick auf die Arbeitszeit der Nacht- und Schicht-AN. **Nacht-AN** ist in § 2 Abs. 5 definiert. Danach führt nicht jede kurzfristige oder geringfügige Nachtarbeit dazu, dass der Betreffende Nacht-AN ist. Voraussetzung ist vielmehr, dass der AN normalerweise Nachtarbeit in Wechselschichten oder an mind. 48 Tagen im Kalenderjahr leistet. **2**

Der **Schicht-AN** hat dagegen keine gesetzliche Definition erfahren. Das BAG versteht darunter Folgendes: Mind. zwei AN erfüllen dieselbe Arbeitsaufgabe, indem sie sich nach einem feststehenden und für sie überschaubaren Plan ablösen, so dass der eine AN arbeitet, während der andere arbeitsfreie Zeit hat; der Arbeitsplatz muss nicht identisch, aber die jeweils betroffenen AN untereinander austauschbar sein.[4] **3**

Ähnlich ist die Definition von Schichtarbeit in Art. 2 Nr. 6 der Arbeitszeit-RL. Sie lautet: Jede Form der Arbeitszeitgestaltung kontinuierlicher oder nichtkontinuierlicher Art mit Belegschaften, bei der AN nach einem bestimmten Zeitplan, auch im Rotationsturnus, sukzessive an den gleichen Arbeitsstellen eingesetzt werden, so dass sie ihre Arbeit innerhalb eines Tages oder Wochen umfassenden Zeitraumes zu unterschiedlichen Zeiten verrichten müssen. **4**

Ähnlich wie bei der Nachtarbeit muss die Schichtarbeit einen **gewissen Umfang und eine gewisse Regelmäßigkeit** haben.[5] Es reicht also nicht aus, dass der betreffende AN hin und wieder in Schichten arbeitet. Weiterhin fällt auch nicht jede Schichtarbeit unter Abs. 1. AN, die ständig in der gleichen Schicht zu bestimmten Tageszeiten zu arbeiten haben, sind keine Schicht-AN i.S.d. Abs. 1. Voraussetzung ist vielmehr, dass die Schichtarbeit in **Wechselschichten, d.h. zu unterschiedlichen Tageszeiten,** erfolgt.[6] Dies ergibt sich aus einem Vergleich mit der gesetzlichen Definition des Nacht-AN und daraus, dass nur die in Wechselschicht arbeitenden AN besonders schutzbedürftig sind. **5**

Der AG hat die Arbeitszeiten der Nacht- und Schicht-AN nach den **gesicherten arbeitswissenschaftlichen Erkenntnissen** über die menschengerechte Gestaltung der Arbeit festzulegen. Die Formulierung klingt wie ein **Programmsatz.**[7] Sie ist nicht nur, wie bei Programmsätzen üblich, reichlich abstrakt. Darüber hinaus ist fraglich, ob **6**

---

1 BVerfG 28.1.1992 – 1 BVR 1025/82 – NZA 1992, 270.
2 Hierzu im Einzelnen *Baeck/Deutsch*, § 6 Rn 5 ff.
3 So auch *Baeck/Deutsch*, § 6 Rn 10; a.M. hinsichtlich der Regelung über Nachtarbeit: *Buschmann/Ulber*, § 6 Rn 13 ff.
4 BAG 18.7.1990 – 4 AZR 295/89 – NZA 1991, 23; vgl. auch ErfK/*Wank*, § 6 ArbZG Rn 2.
5 *Linnenkohl/Rauschenberg*, § 6 Rn 24.
6 *Baeck/Deutsch*, § 6 Rn 15; *Neumann/Biebl*, § 6 Rn 5; *Schliemann*, ArbZG § 6 Rn 11; a.M. *Buschmann/Ulber*, § 6 Rn 6.
7 Ähnlich *Junker*, ZfA 1998, 105, 120; die überwiegende Auff. sieht darin aber mehr als einen bloßen Programmsatz, vgl. *Neumann/Biebl*, § 6 Rn 9.

solche gesicherten Erkenntnisse überhaupt existieren.[8] Allerdings finden sich eine Vielzahl verschiedener Untersuchungen verschiedener Stellen, etwa des Bundesministeriums für Arbeit, der Bundesanstalt für Arbeitsmedizin oder der Europäischen Stiftung zur Verbesserung der Lebens- und Arbeitsbedingungen.[9] Bestimmte allg. Leitlinien finden sich in nahezu allen Untersuchungen, etwa:[10]
- keine dauerhaften Nachtschichten,
- nicht mehr als zwei bis vier Nachtschichten in Folge,
- regelmäßig freie Wochenenden,
- angemessene Ruhezeiten zwischen den Schichten,
- nicht mehr als acht Arbeitsperioden in Folge,
- Schichtlänge sollte körperlicher oder geistiger Beanspruchung angepasst sein,
- rechtzeitiges Ankündigen von Schichtfolgen,
- keine kurzfristigen Änderungen.

7 Der AG hat die Arbeitszeiten entsprechend solchen Erkenntnissen festzulegen. Dies ist eine **öffentlich-rechtliche Verpflichtung**, deren Einhaltung von den Aufsichtsbehörden überprüft werden kann.[11] Allerdings ist die menschengerechte Gestaltung des Arbeitsplatzes nicht das ausschließliche Kriterium. Sonst gibt es bald kaum noch Arbeitsplätze. Der AG darf auch die wirtschaftlichen und betrieblichen Rahmenbedingungen in Rechnung stellen.[12]

8 Umstr. ist, ob der einzelne AN **individuelle Ansprüche** aus § 6 Abs. 1 herleiten kann. Angesichts der weiten Formulierung der Vorschrift und der Schwierigkeiten bei der Gewinnung wissenschaftlicher Erkenntnisse zur menschengerechten Gestaltung des Arbeitsplatzes ist dies aber zu verneinen (zu möglichen zivilrechtlichen Folgen bei einem Verstoß gegen § 6 Abs. 1 vgl. unten Rn 56).[13]

II. Höchstarbeitszeit der Nachtarbeitnehmer und Ausgleichspflichten (Abs. 2)

9 **1. Ausnahmeregelung gemäß Abs. 2 S. 1 und 2.** Abs. 2 S. 1 und 2 enthält für **Nacht-AN**, nicht für Schicht-AN, eine Abweichung zu der allg. Vorschrift des § 3 über Höchstarbeitszeiten. Allerdings beträgt auch die werktägliche Höchstarbeitszeit der Nacht-AN **acht Stunden** und kann auf **zehn Stunden** verlängert werden. Insofern gibt es keinen Unterschied zu den anderen AN. Aber im Falle der Verlängerung auf zehn Arbeitsstunden ist der Ausgleichszeitraum für Nacht-AN deutlich kürzer. Er beträgt nicht sechs Kalendermonate oder 24 Wochen (so § 3), sondern nur **einen Kalendermonat oder vier Wochen**. Wie bei § 3 meint § 7 den „Kalendermonat" und nicht den „Zeitmonat."[14]

10 Die verkürzte Ausgleichsfrist gilt erst ab dem Zeitpunkt, ab dem der AN als Nacht-AN zu qualifizieren ist. Die Verlängerung der Arbeit muss also zu einem Zeitpunkt erfolgt sein, in dem der Betreffende schon Nacht-AN war.[15] In dem Fall allerdings ist die verkürzte Ausgleichsfrist auch dann anzuwenden, wenn die Verlängerung der Arbeitszeit nicht in der Nachtarbeit, sondern in der Tagarbeit erfolgt.[16]

Abs. 2 sieht keine weiteren Abweichungen von § 3 vor. Insofern gelten also die allg. Grundsätze für Höchstarbeitszeiten und Ausgleich. Insb. kann auch bei Nacht-AN der Ausgleich durch Vor- oder Nacharbeiten durchgeführt werden (vgl. § 3 Rn 8).[17]

11 **2. Differenzierung in Abs. 2 S. 3.** Abs. 2 S. 3 enthält eine **Differenzierung** zu der Ausnahmeregelung des Abs. 2 S. 1 und 2. Diese Differenzierung gilt nur für Nacht-AN gem. § 2 Abs. 5 Nr. 2, also für diejenigen **Nacht-AN**, die mind. an **48 Kalendertagen Nachtarbeit** leisten. Bei Nacht-AN i.S.v. § 2 Abs. 5 Nr. 1 bleibt es bei der Ausnahmeregelung des Abs. 2 S. 1 und 2.

12 Nacht-AN i.S.d. § 2 Abs. 5 Nr. 2 können, ohne den Nachtarbeiterstatus zu verlieren, über lange Zeiträume hinweg ausschließlich tagsüber arbeiten. Wird etwa in der ersten Hälfte des Kalenderjahres an mind. 48 Kalendertagen Nachtarbeit geleistet, so ist der Betreffende Nachtarbeiter für das ganze Kalenderjahr, auch wenn er in der zweiten Jahreshälfte überhaupt nicht mehr zur Nachtarbeit herangezogen wird. Dem Gesetzgeber erschien es unangemessen, für solche langen Zeiträume, in denen keine Nachtarbeit erbracht wird, nur den verkürzten Ausgleichszeitraum zuzulassen.

13 Deshalb enthält Abs. 2 S. 3 die Differenzierung, dass für Zeiträume, in denen Nacht-AN i.S.d. § 2 Abs. 5 Nr. 2 nicht zur Nachtarbeit herangezogen werden, nicht Abs. 2, sondern die allg. Regelung des § 3 gilt. Aber wann liegen solche

---

8 Verneint von BAG 11.2.1998 – 5 AZR 472/97 – NZA 1998, 647.
9 *Schliemann*, ArbZG, § 6 Rn 14.
10 Vgl. *Schliemann*, ArbZG, § 6 Rn 14; dazu auch HWK/*Gäntgen*, § 6 ArbZG Rn 4, der Empfehlungen des nordrhein-westfälischen Arbeitsministerium zitiert.
11 *Baeck/Deutsch*, § 6 Rn 26.
12 So zutreffend *Baeck/Deutsch*, § 6 Rn 27.
13 Wie hier etwa *Neumann/Biebl*, § 6 Rn 8; *Junker*, ZfA 1998, 105; *Schütt/Schulte*, § 6 Rn 12; a.M. *Buschmann/Ulber*, § 6 Rn 8; differenzierend *Schliemann*, ArbZG, § 6 Rn 18 ff.
14 *Anzinger/Koberski*, § 6 Rn 33; a.M. *Schliemann*, ArbZG, § 6 Rn 31.
15 *Schliemann*, ArbZG, § 6 Rn 39.
16 *Schütt/Schulte*, § 6 Rn 15 f.
17 *Neumann/Biebl*, § 6 Rn 12.

Zeiträume vor? Nach zutreffender Auff. kann damit nicht jeder Zeitraum zwischen der Beendigung der letzten und dem Beginn der nächsten Nachtschicht gemeint sein. Der Zeitraum muss vielmehr hinreichend lang und planbar sein.[18] Das ist jedenfalls dann der Fall, so eine Daumenregel, wenn der Zeitraum, in dem keine Nachtarbeit geleistet wurde, länger ist als der Zeitraum der Nachtarbeit.[19]

III. Arbeitsmedizinische Untersuchung (Abs. 3)

Gem. Abs. 3 sind Nacht-AN berechtigt, sich arbeitsmedizinisch untersuchen zu lassen. Allerdings sind solche Untersuchungen nur dann zwingend, wenn der betreffende AN sie geltend macht. Macht er das nicht, kann ihn der AG gleichwohl als Nacht-AN beschäftigen.

Bei dem Recht auf arbeitsmedizinische Untersuchung ist zeitlich wie folgt zu unterscheiden: Zunächst kann sich der AN vor Beginn der Beschäftigung untersuchen lassen. Das bedeutet: **Nacht-AN** i.S.d. **§ 2 Abs. 5 Nr. 1** – leisten aufgrund Arbeitszeitgestaltung normalerweise Nachtarbeit in Wechselschicht – können vor dem Beginn der Beschäftigung eine arbeitsmedizinische Untersuchung verlangen. Bei Nacht-AN i.S.d. **§ 2 Abs. 5 Nr. 2** – leisten an mindestens 48 Kalendertagen im Jahr Nachtarbeit – sieht es anders aus. Der Nachtarbeiterstatus entsteht bei Heranziehung zum 48sten Mal zur Nachtarbeit. Somit hat er erst dann einen Anspruch auf eine arbeitsmedizinische Untersuchung, nachdem er 48 Nachtarbeitsdienste geleistet hat.[20]

Nach Beginn der Tätigkeit kann der Nacht-AN eine medizinische Untersuchung in regelmäßigen Abständen von **drei Jahren** verlangen. Nach Vollendung des **50. Lebensjahres** verkürzen sich die Untersuchungsabstände auf **ein Jahr**. Voraussetzung ist aber jeweils, dass der AN **zum Zeitpunkt der Untersuchung** noch Nacht-AN ist.[21] Bei Nachtarbeitern i.S.d. § 2 Abs. 5 Nr. 2 kann es dazu kommen, dass sie im dritten Jahr unter 48 Kalendertage Nachtarbeit leisten und so ihren Status als Nacht-AN verlieren. Dann kann der Betreffende auch keine Wiederholungsuntersuchung verlangen.[22]

Durchzuführen ist die Untersuchung von einem Arzt mit Tätigkeitsschwerpunkt in Arbeitsmedizin. Die Untersuchung betrifft die typischen Risiken bei Nachtarbeit. Eine darüber hinausgehende Untersuchung steht dem AN nicht zu.[23]

Hinsichtlich der Kosten der Untersuchung gilt Folgendes: Häufig werden keine gesonderten Kosten entstehen, weil der AG die Untersuchung durch einen **Betriebsarzt** oder einen **überbetrieblichen Dienst** von Betriebsärzten anbietet. Besteht diese Möglichkeit nicht, so hat der **AG** die Kosten für die Untersuchung zu tragen. Aber was ist, wenn der AG einen Betriebsarzt oder innerbetrieblichen Dienst von Betriebsärzten hat, der AN sich aber lieber von einem Arzt seiner Wahl und seines Vertrauens untersuchen lassen möchte? Dann hat er und nicht der AG dafür die Kosten zu tragen.[24] Dieses Ergebnis verstößt weder gegen das Recht auf freie Arztwahl noch gegen Art. 9 Abs. 1 Buchst. A der RL 2003/88 EG.[25] Denn die freie Arztwahl wird in Abs. 3 gerade vorausgesetzt, der AN hat nur, wenn ihm der Betriebsarzt nicht zusagt, die Kosten für die Untersuchung zu tragen.

Wegen des Untersuchungsergebnisses muss der Arzt die **ärztliche Schweigepflicht** wahren (§ 203 Abs. 1 S. 1 StGB). Selbstverständlich hat er das Ergebnis dem AN mitzuteilen; dem AG darf er aber nur **Bescheid** geben, wenn der AN dem **ausdrücklich zustimmt**.[26]

IV. Umsetzung auf einen Tagesarbeitsplatz (Abs. 4)

1. Anspruch des Nachtarbeitnehmers auf Umsetzung. Der Nacht-AN hat einen Anspruch auf Umsetzung auf einen Tagesarbeitsplatz, sofern er sich auf die im Gesetz genannten Gründe (siehe unten Rn 24 ff.) berufen kann. Allerdings muss der AN die Umsetzung auch **verlangen**. Einer besonderen Form bedarf es nicht. Aus Beweis- und Dokumentationsgründen ist es aber empfehlenswert, das Verlangen schriftlich kundzutun.

Von sich aus ist der AG nicht verpflichtet, eine Umsetzung zu prüfen und ggf. vorzunehmen.[27] Eine solche Verpflichtung kann nur ausnahmsweise aus der **arbeitsrechtlichen Fürsorgepflicht** resultieren.[28]

Der Begriff Umsetzung ist **weit auszulegen**.[29] Unerheblich ist, ob der Tagesarbeitsplatz im Wege des Direktionsrechts zugewiesen werden kann oder ob es einer Veränderung des Arbeitsvertrags bedarf. Auch die betriebsverfassungsrechtliche Wertung – Umsetzung als mitbestimmungspflichtige Versetzung des § 99 BetrVG oder mitbestimmungsfrei möglich – ist ohne Bedeutung.

---

18 Ähnlich *Neumann/Biebl*, § 6 Rn 13; *Schliemann/Meyer*, ArbZG, § 6 Rn 40.
19 *Anzinger/Koberski*, § 6 Rn 36 f.; vgl. auch *Buschmann/Ulber*, § 6 Rn 14.
20 *Schliemann*, ArbZG, § 6 Rn 50; *Schütt/Schulte*, § 6 Rn 21; a.M. *Anzinger/Koberski*, § 6 Rn 40.
21 *Schliemann*, ArbZG, § 6 Rn 52.
22 *Schütt/Schulte*, § 6 Rn 23.
23 *Baeck/Deutsch*, § 6 Rn 45.
24 *Anzinger/Koberski*, § 6 Rn 47; ErfK/*Wank*, § 6 ArbZG Rn 8.
25 So aber *Buschmann/Ulber*, § 6 Rn 18.
26 HWK/*Gäntgen*, § 6 ArbZG Rn 12.
27 *Anzinger/Koberski*, § 6 Rn 52.
28 BAG 17.2.1998 – 9 AZR 130/97 – BB 1998, 2477, 2478.
29 *Baeck/Deutsch*, § 6 Rn 55; *Schütt/Schulte*, § 6 Rn 27.

21 **2. Geeigneter Tagesarbeitsplatz.** Tagesarbeitsplatz ist jeder Arbeitsplatz, der nicht in der **Nachtzeit** i.S.d. § 2 Abs. 3 liegt. Das bedeutet, dass der AN dort im Regelfall seine Arbeit außerhalb der Zeit von 23:00 bis 6:00 Uhr erbringt. Wird diese Zeit hin und wieder nicht eingehalten, so ist dies unschädlich.[30] Ein Arbeitsplatz, der häufiger Arbeit in der Nachtzeit erfordert, ohne unter § 2 Abs. 5 Nr. 2 zu fallen, ist aber kein Tagesarbeitsplatz mehr.[31]

22 Der Tagesarbeitspatz muss auch geeignet sein. Das ist er dann, wenn er in seinem **Gesamtbild der bisherigen Tätigkeit** des AN entspricht. Abgesehen von der Arbeitszeit muss der Tagesarbeitsplatz mit der **vertraglich übernommenen Tätigkeit** also **vergleichbar** sein.[32] Gibt es einen solchen Tagesarbeitsplatz nicht, kann ausnahmsweise ein Tagesarbeitsplatz mit abgewandelten Arbeitsplatzbedingungen geeignet sein.[33] In Betracht kann deshalb auch ein Tagesarbeitsplatz kommen, der **ungünstigere Arbeitsbedingungen** aufweist.[34] Dagegen hat der AN auch im Rahmen des Abs. 4 keinen Anspruch auf einen Arbeitsplatz mit besseren Arbeitsbedingungen, also keinen Anspruch auf Beförderung.[35]

23 Der geeignete Tagesarbeitsplatz muss im Betrieb auch zur Verfügung stehen. Der AG ist also nicht verpflichtet, einen solchen Arbeitsplatz zu schaffen oder einen anderen AN herauszukündigen.[36] Ausnahmsweise kann aber die Pflicht bestehen, einen anderen AN **kraft Direktionsrechts** zu versetzen und so einen geeigneten Tagesarbeitsplatz freizumachen.[37]

Freie Tagesarbeitsplätze in anderen Betrieben des Unternehmens oder gar im Konzern müssen nicht berücksichtigt werden. Es kommt nur auf die Verhältnisse des **Betriebs** an, in denen der betreffende AN tätig ist.[38]

24 **3. Umsetzungsgründe.** Ein Nacht-AN kann nur dann Umsetzung auf einen geeigneten Tagesarbeitsplatz verlangen, wenn einer der im Gesetz aufgezählten drei Gründe vorliegt. Die Aufzählung ist abschließend, andere Gründe, seien sie den aufgezählten Gründen auch vergleichbar, sind unbeachtlich.[39]

25 **a) Gesundheitsgefährdung.** Ein Anspruch auf Umsetzung besteht dann, wenn „nach arbeitsmedizinischer Feststellung die weitere Verrichtung von Nachtarbeit den Arbeitnehmer in seiner Gesundheit gefährdet." Die mit der Nachtarbeit immer verbundene abstrakte Gesundheitsgefährdung reicht nicht aus. Erforderlich ist vielmehr eine **konkrete** Gesundheitsgefährdung. Das bedeutet: Bei weiterer Verrichtung von Nachtarbeit muss hinreichend wahrscheinlich sein, dass die Gesundheit des betreffenden AN ernsthaft Schaden nehmen wird.[40]

26 Die konkrete Gesundheitsgefährdung muss **arbeitsmedizinisch festgestellt** sein. Die bloße Behauptung des AN oder die Benennung bestimmter Symptome reicht also nicht aus. Eine arbeitsmedizinische Feststellung kann auf einer **Untersuchung gem. Abs. 3**, aber auch auf jeder anderen **ärztlichen Untersuchung** beruhen.[41] Erforderlich ist allerdings, dass der untersuchende Arzt arbeitsmedizinische Kenntnisse hat.[42]

27 Umstr. ist, ob der bloße arbeitsmedizinische Befund ausreicht oder ob der betreffende AN auch die zugrunde liegende Beurteilung benennen und den Arzt insoweit auch von der Schweigepflicht befreien muss. Letzteres ist richtig. Der AG muss nicht nur das arbeitsmedizinische Ergebnis, sondern auch die **genaueren Gründe** kennen.[43] Nur dann kann er beurteilen, ob das Verlangen des AN **auch berechtigt** ist. Zudem kann dadurch verhindert werden, dass **Ärzte vorschnell entsprechende Bescheinigungen** ausfüllen. Dass das Vertrauen in die ärztliche Integrität alleine nicht ausreicht, ist jedem Praktiker leider bekannt.

28 **b) Kinderbetreuung.** Ein Grund für den Anspruch auf Umsetzung ist weiterhin dann gegeben, wenn „im Haushalt des Arbeitnehmers ein Kind unter zwölf Jahren lebt, das nicht von einer anderen im Haushalt lebenden Person betreut werden kann". Die **Altersgrenze zwölf Jahre** findet seine Entsprechung in der Altersgrenze in **§ 45 SGB V** (Krankengeld bei Krankheit eines Kindes im Alter bis zu zwölf Jahren).[44]

29 Maßgeblich ist, dass das Kind **im Haushalt des AN lebt**. Dagegen spielt keine Rolle, ob es sein eheliches Kind ist, ob es überhaupt sein Kind ist, ob er das Kind adoptiert hat oder ob das Kind sonst in irgendeinem Näheverhältnis zu ihm

---

30 *Anzinger/Koberski*, § 6 Rn 54; a.M. *Linnenkohl/Rauschenberg*, § 6 Rn 73.
31 *Buschmann/Ulber*, § 6 Rn 20; a.A. *Kemper*, NZA 1996, 1194; unklar *Baeck/Deutsch*, § 6 Rn 56.
32 *Anzinger/Koberski*, § 6 Rn 56; *Linnenkohl/Rauschenberg*, § 6 Rn 74; ErfK/*Wank*, § 6 ArbZG Rn 10; a.M *Buschmann/Ulber*, § 6 Rn 21, die ausschließlich auf die individuellen Voraussetzungen des AN abstellen.
33 *Anzinger/Koberski*, § 6 Rn 56.
34 *Baeck/Deutsch*, § 6 Rn 57.
35 *Baeck/Deutsch*, § 6 Rn 57; *Schliemann*, ArbZG, § 6 Rn 63.
36 *Kleinebrink*, NZA 2002, 716, 717; *Linnenkohl/Rauschenberg*, § 6 Rn 79; ErfK/*Wank*, § 6 ArbZG Rn 10; weitergehend *Buschmann/Ulber*, § 6 Rn 24.
37 *Baeck/Deutsch*, § 6 Rn 58; *Neumann/Biebl*, § 6 Rn 22; a.M. *Kleinebrink*, NZA 2002, 716, 717; *Junker*, ZfA 1998, 105, 124.
38 *Schliemann*, ArbZG, § 6 Rn 62; *Schütt/Schulte*, § 6 Rn 29; a.M. *Buschmann/Ulber*, § 6 Rn 24.
39 *Schliemann*, ArbZG, § 6 Rn 64.
40 Dazu Regierungsbegründung, BT-Drucks 12/5888, S. 40.
41 *Baeck/Deutsch*, § 6 Rn 65.
42 *Kleinebrink*, NZA 2002, 716, 717.
43 Wie hier *Anzinger/Koberski*, § 6 Rn 71; *Baeck/Deutsch*, § 6 Rn 65; *Kleinebrink*, NZA 2002, 716, 717; a.M. *Neumann/Biebl*, § 6 Rn 19; *Schliemann*, ArbZG, § 6 Rn 65.
44 Dieser Zusammenhang zeigt sich auch aus der Gesetzesbegründung, BT-Drucks 12/5888, S. 26.

steht.[45] Im Haushalt des AN bedeutet, dass die Betreffenden **gemeinsam wohnen und gemeinsam wirtschaften**. Wer nur zusammen wohnt, aber nicht zusammen wirtschaftet, bildet keinen gemeinsamen Haushalt.

Der Umsetzungsanspruch besteht aber nur, **sofern und solange** keine Person, die im Haushalt des AN lebt, die Betreuung übernehmen könnte. Auch hier ist alleinige Voraussetzung, dass diese Person im Haushalt des AN lebt. Ob sie ein verwandtschaftliches Verhältnis zu diesem oder dem Kind hat, ist ohne Belang. Gibt es eine oder mehrere solcher Personen im Haushalt des AN, die **objektiv** in der Lage wären, das Kind zu betreuen, so schließt das den Umsetzungsanspruch aus.[46] Es kommt also nicht darauf an, ob diese Person dazu auch bereit wäre oder irgendwelche subjektiven Voraussetzungen erfüllt, die dem AN wichtig sind. Solche Gegengründe müssen sich vielmehr auch **sachlich rechtfertigen** lassen. Arbeitet die in Frage kommende Person selbst und kann deshalb das Kind nicht betreuen, so ist dies als sachlicher Grund zu akzeptieren.[47] Der AG kann also nicht verlangen, dass die betreffende Person zugunsten der Betreuung den Arbeitsplatz aufgibt. 30

Mit dem Abstellen auf die objektive Lage wird auch nicht in etwaige Erziehungs- und Betreuungsbefugnisse des AN eingegriffen. Denn solche Befugnisse kann er stets ausüben. Lediglich der Anspruch gegen den AG auf Umsetzung findet in den objektiven Betreuungsmöglichkeiten seine Grenze. Eine **darüber hinausgehende Verantwortung** hat der AG nicht. Dies ist Sache des Staates und der Allgemeinheit. 31

c) Versorgung schwerpflegebedürftiger Angehöriger. Auch die Versorgung eines schwerpflegebedürftigen Angehörigen kann einen Umsetzungsanspruch rechtfertigen. Der Begriff „schwerpflegebedürftiger Angehöriger" bezog sich ursprünglich auf den heute nicht mehr geltenden § 53 SGB V.[48] Dieser ist durch **§ 15 Abs. 1 SGB VI** abgelöst worden. Dort sind den Pflegebedürftigen drei Pflegestufen zugeordnet: 32

– Pflegestufe I, erheblich pflegebedürftige Personen
– Pflegestufe II, **schwerpflegebedürftige Personen**: bedürfen bei Körperpflege, Ernährung oder Mobilität mind. dreimal täglich zu verschiedenen Tageszeiten Hilfe und benötigen darüber hinaus mehrfach in der Woche Hilfen bei der hauswirtschaftlichen Versorgung (§ 15 Abs. 1 Nr. 2 SGB VI)
– Pflegestufe III, **schwerstpflegebedürftige Personen**: bedürfen bei Körperpflege, Ernährung oder Mobilität rund um die Uhr Tag und Nacht der Hilfe und benötigen darüber hinaus mehrfach in der Woche Hilfen bei der hauswirtschaftlichen Versorgung (§ 15 Abs. 1 Nr. 3 SGB VI)

Der Begriff „Schwerpflegebedürftige" des § 53 Abs. 1 SGB V ist durch die Pflegebedürftigen aller 3 Pflegestufen in § 15 Abs. 1 SGB VI ersetzt worden. Daher bezieht sich auch der Umsetzungsanspruch des Nacht-AN auf **Pflegebedürftige aller drei Pflegestufen**.[49] 33

Es muss sich dabei allerdings um einen **Angehörigen** des Nacht-AN handeln. Zur näheren Bestimmung dessen kann auf die Definition des **§ 11 Nr. 1 StGB** zurückgegriffen werden. Angehörige sind danach Verwandte, Ehegatten, Verschwägerte, Pflegeeltern und Pflegekinder, Partner einer nichtehelichen Lebensgemeinschaft.[50] 34

Umstr. ist, ob der Pflegebedürftige im Haushalt des Nacht-AN leben muss. Dem Wortlaut der Vorschrift ist das nicht zu entnehmen. Dies ist bei der Gesetzesanwendung zu respektieren und kann nicht einfach mit einem nicht näher belegten „redaktionellen Versehen" beiseite geschoben werden.[51] Der Pflegebedürftige muss also **nicht im Haushalt** des Nacht-AN leben.[52] 35

Der Anspruch des Nacht-AN entfällt dann, wenn ein **Angehöriger, der in seinem Haushalt lebt, den Pflegebedürftigen versorgen kann**. Wegen des Angehörigenbegriffs ist wiederum auf § 11 Nr. 1 StGB zu verweisen (siehe oben Rn 34). Maßgeblich ist, ob der Angehörige objektiv zur Versorgung in der Lage ist (siehe oben Rn 30). 36

4. Keine entgegenstehenden dringenden betrieblichen Erfordernisse. Der Umsetzungsanspruch des Nacht-AN besteht nicht, wenn dringende betriebliche Erfordernisse entgegenstehen. Diese Einschränkung besteht für alle drei Umsetzungsgründe, auch für eine Umsetzung wegen Gesundheitsgefährdung.[53] 37

Die Formulierung „dringende betriebliche Erfordernisse" entspricht der Formulierung in § 1 Abs. 2 KSchG. Die überwiegende Auff. spricht sich dennoch mit Recht gegen eine Gleichsetzung aus.[54] Denn bei § 1 Abs. 2 KSchG 38

---

45 *Baeck/Deutsch*, § 6 Rn 67.
46 *Baeck/Deutsch*, § 6 Rn 70; *Schliemann*, ArbZG, § 6 Rn 68; a.M. *Buschmann/Ulber*, § 6 Rn 23.
47 *Baeck/Deutsch*, § 6 Rn 70.
48 So Regierungsbegründung BT-Drucks 12/5888, S. 26.
49 So auch *Anzinger/Koberski*, § 6 Rn 74; *Neumann/Biebl*, § 6 Rn 21; a.M: *Baeck/Deutsch*, § 6 Rn 71; *Schliemann*, ArbZG, § 6 Rn 71, nach denen es sich um einen Pflegebedürftigen der Stufen II und III handeln muss.
50 *Baeck/Deutsch*, § 6 Rn 72; *Neumann/Biebl*, § 6 Rn 21; zweifelnd hinsichtlich Partner einer eheähnlichen Lebensgemeinschaft *Schliemann*, ArbZG, § 6 Rn 71.
51 So aber *Baeck/Deutsch*, § 6 Rn 73; *Schliemann*, ArbZG, § 6 Rn 71.
52 *Anzinger/Koberski*, § 6 Rn 76; *Linnenkohl/Rauschenberg*, § 6 Rn 102.
53 So auch die h.M., vgl. *Erasmy*, NZA 1994, 1105, 1109; *Schliemann*, ArbZG, § 6 Rn 74; a.M. *Buschmann/Ulber*, § 6 Rn 24.
54 *Anzinger/Koberski*, § 6 Rn 58; *Schliemann*, ArbZG, § 6 Rn 73; ErfK/*Wank*, § 6 ArbZG Rn 12; a.M *Diller*, NJW 1994, 2726, 2727; HWK/*Gäntgen*, § 6 ArbZG Rn 14; *Neumann/Biebl*, § 6 Rn 22.

geht es um die Künd. des Arbverh, bei Abs. 4 lediglich um die Umsetzungsmöglichkeit. Daher sind an „dringende betriebliche Erfordernisse" i.S.d. Abs. 4 geringere Anforderungen zu stellen. Als weitere Stütze dafür kann auch § 7 Abs. 1 BUrlG herangezogen werden, der ebenfalls von „dringenden betrieblichen" Belangen spricht.[55] Auch dort werden – trotz entsprechender Formulierung – geringere Anforderungen verlangt als bei § 1 Abs. 2 KSchG.

39 Betriebliche Erfordernisse liegen immer dann vor, wenn zwar ein geeigneter Tagesarbeitsplatz vorhanden ist, einer Umsetzung des Nacht-AN aber **technische, wirtschaftliche oder organisatorische Belange des AG von einigem Gewicht** entgegenstehen.[56] Ob diese Belange „**dringend**" sind, ist durch eine **Interessenabwägung** mit den Belangen des Nacht-AN zu ermitteln.[57] Dabei ist durchaus in Rechnung zu stellen, dass die Umsetzungsgründe für den Nacht-AN im konkreten Fall von erheblichem Gewicht sein können. Für den Betroffenen kann sogar sein Arbeitsplatz auf dem Spiel stehen, etwa wenn es ihm aus gesundheitlichen Gründen unmöglich ist, Nachtarbeit zu leisten, oder weil ihn diese an der ausreichenden Betreuung seiner pflegebedürftigen Eltern hindert. Obwohl „dringende betriebliche Belange" grds. nicht den Anforderungen des § 1 Abs. 2 KSchG entsprechen müssen (siehe oben Rn 38), darf das nicht dazu führen, dass die Interessen des AN vorschnell als nachrangig bewertet werden.

40 **5. Anhörung des Betriebs- oder Personalrats.** Abs. 4 sieht vor, dass der AG, wenn dem Umsetzungsanspruch dringende betriebliche Belange entgegenstehen, den BR oder PR anhören muss. Das bedeutet: Der AG muss dem BR oder PR über das Verlangen des Nacht-AN, dessen Begründung und die entgegenstehenden dringenden betrieblichen Belange informieren. Zwar unterliegt die Anhörung **keinem Formerfordernis**; aus Dokumentations- und Beweisgründen ist aber eine schriftliche Anhörung empfehlenswert.

41 Der BR oder PR kann dem AG **Vorschläge** hinsichtlich der Umsetzung machen. Der AG hat diese Vorschläge in seine Erwägungen aufzunehmen. Daran gebunden ist er aber nicht. Er muss die Vorschläge auch **nicht** mit BR oder PR **beraten**. Allerdings sollte ein AG, der um ein gutes Betriebsklima und ein gutes Verhältnis zum BR oder PR bemüht ist, durchaus eine solche Beratung in Betracht ziehen.

42 Solange der AG den BR/PR nicht oder nicht ordnungsgemäß anhört, ist seine Ablehnung des Umsetzungsverlangens **unwirksam**.[58] Er gerät dann hinsichtlich des betroffenen AN in Annahmeverzug. Allerdings kann der AG die **Anhörung** jederzeit **nachholen** und den Mangel seiner Ablehnung mit Wirkung **ex nunc** beheben.

V. Ausgleich für die in Nachtzeit geleisteten Arbeitsstunden (Abs. 5)

43 Der AG muss dem **Nacht-AN** – also dem AN, die unterhalb der Schwelle des § 2 Abs. 5 Nachtarbeit leisten –[59] einen Ausgleich für die in Nachtzeit geleisteten Arbeitsstunden gewähren. Damit soll im Interesse der Gesundheit der AN die Nachtarbeit verteuert und weniger attraktiv gemacht werden.[60] Ein solcher Ausgleich kann sich aus **tarifvertraglichen Regelungen** ergeben, welche dann der gesetzlichen Ausgleichsverpflichtung vorgeht. Eine tarifliche Regelung, die bloß den Nachtarbeitszuschlag ausschließt, ist keine Ausgleichsregelung i.S.d. Abs. 5.[61] Allerdings führt dies dazu, dass sich das Wahlrecht des AG hinsichtlich des Ausgleichs (siehe Rn 45) reduziert und zwar auf die Gewährung eines Freizeitausgleichs.[62] Unterliegt das betreffende Arbverh keinem entsprechenden TV, etwa weil der AG nicht tarifgebunden ist, folgt die Ausgleichspflicht aus Abs. 5.

44 Ausgleichspflichtig sind die in der Nachtzeit geleisteten Arbeitsstunden. Dies ist gem. der Definition des **§ 2 Abs. 3 jede Arbeitsstunde zwischen 23:00 und 6:00 Uhr**. Abs. 5 betrifft also nicht die Nachtarbeit i.S.d. § 2 Abs. 4, also die Arbeit, die mehr als zwei Stunden Nachtzeit umfasst.[63]

45 Hinsichtlich der Ausgleichs hat der AG ein **Wahlrecht** i.S.d. **§ 262 BGB**. Er kann dem Nacht-AN **Freizeitausgleich**, einen Ausgleich in **Geld** oder eine **Kombination** von beidem gewähren.[64] Übt der AG das Wahlrecht nicht aus, erlischt es zunächst nicht.[65] Fordert der AN aber den AG zur Ausübung auf und kommt der AG dem nicht in angemessener Zeit nach, geht das Wahlrecht auf den AN über (§ 264 Abs. 2 BGB).[66] Ist das **Arbverh beendet** und hat der AG noch keine Ausgleichsform gewählt, scheidet der Freizeitausgleich aus; der AG hat dann Ausgleich in Geld zu gewähren.[67]

---

55 So auch *Anzinger/Koberski*, § 6 Rn 58.
56 *Baeck/Deutsch*, § 6 Rn 61.
57 *Erasmy*, NZA 1994, 1105, 1110; *Schliemann*, ArbZG, § 6 Rn 74.
58 Str., wie hier: *Buschmann/Ulber*, § 6 Rn 26; *Neumann/Biebl*, § 6 Rn 23; *ErfK/Wank*, § 6 ArbZG Rn 13; a.M. *Baeck/Deutsch*, § 6 Rn 62; wohl auch *Schliemann*, ArbZG, § 6 Rn 81.
59 *Buschmann/Ulber*, § 6 Rn 27 b, der das allerdings aus europarechtlicher Perspektive kritisiert.
60 BAG 31.8.2005 – 5 AZR 545/04 – NZA 2006, 324; BAG 11.2.2009 – 5 AZR 148/08 – BeckRS 2009 62856; *Halder*, GewArch 2009, 189, 194.
61 BAG 12.3.2008 – 4 AZR 616/06 – AP § 1 TVG Tarifverträge: Chemie Nr. 18.
62 BAG 12.3.2008 – 4 AZR 616/06 – AP § 1 TVG Tarifverträge: Chemie Nr. 18.
63 *Schliemann*, ArbZG, § 6 Rn 87.
64 BAG 1.2.2006 – 5 AZR 422/04 – AuA 2006, 426; a.A. *Buschmann/Ulber*, § 6 Rn 28: Vorrang des Freizeitausgleichs.
65 BAG 1.2.2006 – 5 AZR 422/04 – AuA 2006, 426; BAG 5.9.2002 – 9 AZR 202/01 – NZA 2003, 563.
66 BAG 5.9.2002 – 9 AZR 202/01 – NZA 2003, 563.
67 BAG 5.9.2002 – 9 AZR 202/01 – NZA 2003, 563; BAG 11.2.2009 – 5 AZR 148/08 – BeckRS 2009 62856.

Der Ausgleich kann bereits im **Arbeitsvertrag** festgelegt sein.[68] In der Praxis geschieht das v.a. dadurch, dass ein angemessener Zuschlag zum Lohn vorgesehen ist. Allerdings muss aus dem Arbeitsvertrag hinreichend **deutlich** hervorgehen, dass sich der **Zuschlag auf die Nachtarbeit** bezieht. Daran mangelt es, wenn der Arbeitsvertrag lediglich bestimmt, dass der Lohn auch Nachtarbeitszuschläge umfasst.[69]

Der AG schuldet einen **angemessenen Ausgleich**. Ob der Ausgleich angemessen ist, richtet sich nach der **Gegenleistung**, die der AN dafür erbringen muss. Maßgeblich sind stets alle **Umstände des Einzelfalls**, in erster Linie die Belastungen des jeweiligen AN durch die Nachtarbeit. Es kann eine Rolle spielen, ob der AN in Dauernachtschicht oder Wechselschicht tätig ist oder ob in die Nachtzeit Arbeitsbereitschaft oder Bereitschaftsdienst fällt.[70] Zu berücksichtigen ist auch, ob die betreffende Tätigkeit tagsüber geleistet werden kann. Wenn dies nicht der Fall ist, kann der Zweck des Ausgleichs – Verteuerung der Nachtarbeit, um diese unattraktiv zu machen – nicht erreicht werden. Das kann für die Höhe des Ausgleichs von Bedeutung sein.[71] Aufgrund der somit erforderlichen Einzelfallwürdigung für die Höhe des Ausgleichs können zwar keine **festen verbindlichen Sätze** bestimmt werden.[72] Rspr. und Lit. haben aber gewisse Regeln entwickelt, die jedenfalls als Anhaltspunkte herangezogen werden können.

Einen solchen **Anhaltspunkt** kann ein etwaiger Ausgleich des maßgeblichen **TV** für die jeweilige Branche bieten. Im Rahmen des Abs. 5 sind diese Werte aber nicht verbindlich, sie können also, je nach Umständen, unter- oder überschritten werden. Weiterhin haben Rspr. und Lit. **gewisse Werte** zur Ermittlung eines angemessenen Ausgleichs entwickelt, die ebenfalls nur Anhaltspunkte sind und einer Überprüfung anhand der **Umstände des Einzelfalls** bedürfen (siehe oben Rn 47). Danach kann bei einem **Ausgleich in Geld** zunächst, von einem Zuschlag von **25 %** ausgegangen werden.[73] Bei Dauernachtdienst dürfte dieser Wert auf 30 % zu erhöhen sein.[74]

Dem müssen die Werte für **Freizeitausgleich** entsprechen, denn dieser und der Ausgleich in Geld sind **gleichwertig**.[75] Vor diesem Hintergrund wäre es unangemessen, wenn der AG, wie in der Lit. vielfach vorgeschlagen, für neunzig Stunden Nachtarbeit (nur) einen freien Tag zu gewähren hätte.[76] Zwar sind im Gesetzgebungsverfahren solche Zahlen genannt worden, sie sind aber nicht ins Gesetz eingeflossen.[77] Bei Zugrundelegung dieses Verhältnisses von einem freien Tag für neunzig Stunden Nachtarbeit würde sich umgerechnet ein **finanzieller Zuschlag von 10 % statt 25 %** (siehe oben Rn 48) ergeben; das wird vom BAG in der Regel als **unangemessen** empfunden.[78] Maßgeblich ist vielmehr ein Ausgangswert, der umgerechnet einem finanziellen Zuschlag von 25 % entspricht. Das bedeutet bei einem Acht-Stunden-Tag: Vorbehaltlich der Umstände des Einzelfalls ist für 32 Stunden Nachtarbeit ein freier Arbeitstag zu gewähren.[79]

Diese Werte sind Regelwerte, die über- oder unterschritten werden können. Abweichend davon hat etwa das BAG für Angehörige des Rettungsdienstes einen Nachtarbeitszuschlag von 10 % und im Bewachungsgewerbe einen Nachtarbeitszuschlag von 10 bis 12 % nicht beanstandet.[80] Das LAG Köln hat für Zeitungszusteller einen Nachtarbeitszuschlag von 10 % für angemessen gehalten.[81] In allen Fällen lagen Gründe für eine Abweichung des Regelzuschlags von 25 % vor. In solchen Fällen ist natürlich auch der Freizeitausgleich entsprechend geringer anzusetzen.

VI. Gleichbehandlungsgebot (Abs. 6)

Gem. **Abs. 6** hat der AG sicherzustellen, dass Nacht-AN aufgrund ihrer Arbeitszeiten keine Nachteile bei der **betrieblichen Weiterbildung** und bei **aufstiegsfördernden Maßnahmen** haben. Diese Regelung ist Ausprägung des allg. Gleichheitssatzes. Sie begründet **keine individuellen Ansprüche** des Nacht-AN.[82]

Der AG wird durch Abs. 6 verpflichtet, zur Wahrung der Gleichbehandlung die entsprechenden **organisatorischen Maßnahmen** hinsichtlich betrieblicher Weiterbildung und aufstiegsfördernder Maßnahmen zu treffen. Solche Maßnahmen sind zeitlich so zu legen, dass auch die Nacht-AN daran teilnehmen können. Ggf. ist einem Nacht-AN die

---

68 BAG 5.9.2002 – 9 AZR 202/01 – NZA 2003, 563; *Halder*, GewArch 2009, 189, 194.
69 BAG 27.5.2003 – 9 AZR 180/02 – AP § 6 ArbZG Nr. 5; BAG 5.9.2002 – 9 AZR 202/01 – NZA 2003, 563.
70 Vgl. BAG 11.2.2009 – 5 AZR 148/08 – BeckRS 2009 62856; *Schütt/Schulte*, § 6 Rn 73.
71 BAG 11.2.2009 – 5 AZR 148/08 – BeckRS 2009 62856.
72 BAG 5.9.2002 – 9AZR 202/01 – NZA 2003, 563; *Baeck/Deutsch*, § 6 Rn 85.
73 Vgl. BAG, 1.2.2006 – 5 AZR 422/04 – NZA 2006, 494; BAG 11.2.2009 – 5 AZR 148/08 – BeckRS 2009 62856; *Anzinger/Koberski*, § 6 Rn 82; HWK/*Gäntgen*, § 7 ArbZG Rn 20.
74 BAG 5.9.2002 – 9 AZR 202/01 – NZA 2003, 563; *Baeck/Deutsch*, § 6 Rn 85.
75 BAG 1.2.2006 – 5 AZR 422/04 – AuA 2006, 426; *Halder*, GewArch 2009, 189, 194.
76 So etwa *Anzinger/Koberski*, § 6 Rn 81; HWK/*Gäntgen*, § 6 ArbZG Rn 19 m.w.N.
77 BAG 5.9.2002 – 9AZR 202/01 – NZA 2003, 563; HWK/*Gäntgen*, § 6 ArbZG Rn 19.
78 BAG 1.2.2006 – 5 AZR 422/04 – AuA 2006, 426; BAG 5.9.2002 – 9AZR 202/01 – NZA 2003, 563, dort auch zur Umrechnung des Freizeitausgleichs in Geldausgleich.
79 Vgl. auch BAG 1.2.2006 – 5 AZR 422/04 – AuA 2006, 426, das bei einem Neun-Stunden-Tag für 36 Stunden Nachtarbeit einen freien Arbeitstag für angemessen hält.
80 BAG 31.8.2005 – 5 AZR 545/04 – BB 2006, 443; BAG 11.2.2009 – 5 AZR 148/08 – BeckRS 2009 62856.
81 LAG Köln 2.9.2005 – 12 SA 132/05 – juris.
82 *Linnenkohl/Rauschenberg*, § 6 Rn 116.

Teilnahme durch entsprechende Gestaltung des Schichtplans oder vorübergehende Umsetzung in den Tagesdienst zu ermöglichen.[83]

C. Verbindung zu anderen Rechtsgebieten und zum Prozessrecht

I. Gesetzliche Ausnahmevorschriften

52 Von der Höchstarbeitszeit gem. Abs. 2 kann ausnahmsweise zu Lasten des AN abgewichen werden. Das Gesetz sieht folgende Fälle vor:
- Abweichung aufgrund eines außergewöhnlichen Falles (§ 14)
- Abweichung in einem TV oder aufgrund eines TV (§ 7 Abs. 1 Nr. 4, Abs. 2 Nr. 2, 3 und 4)
- Abweichung durch Ausnahmebewilligung der Behörde (§ 15 Abs. 1 Nr. 3 und 4).

Zudem kann durch Rechts-VO gem. § 8 von den Regelungen zum Schutz der Nacht- und Schicht-AN abgewichen werden.

II. Bußgeld und Strafe

53 Verstöße gegen Abs. 2 können als OWi und bei Hinzukommen weiterer Voraussetzungen als Straftat geahndet werden (§§ 22 Abs. 1 Nr. 1, 23). Die übrigen Vorgaben für den AG hinsichtlich Nacht- und Schichtarbeiter sind **nicht straf- oder bußgeldbewehrt**.

III. Mitbestimmung des Betriebsrats

54 Über § 87 Abs. 1 Nr. 2 BetrVG unterliegt die Einführung und zeitliche Ausgestaltung der Nacht- und Schichtarbeit der Mitbestimmung des BR. Somit hat sich der BR auch über die Einhaltung der arbeitswissenschaftlichen Erkenntnisse gem. § 6 Abs. 1 ArbZG Gedanken zu machen.[84] Hinsichtlich der arbeitsmedizinischen Untersuchungen (Abs. 3) kann der BR nicht mitbestimmen.[85] Versetzungen von der Nacht- zur Tagesschicht (Abs. 4) können nicht nur anhörungspflichtig (§ 6 Abs. 4 S. 2), sondern nach § 99 BetrVG auch mitbestimmungspflichtig sein.[86] Die Ausgleichspflicht (Abs. 5) unterliegt nach § 87 Abs. 1 Nr. 10 und Nr. 7 BetrVG der Mitbestimmung.[87] Hinsichtlich der Bildungsmaßnahmen (Abs. 6) ist § 98 BetrVG einschlägig.

Nicht mitzubestimmen hat der BR über die Zuweisung der Arbeit innerhalb einer Schicht.[88] Ausnahme: Es handelt sich um eine Versetzung i.S.d. § 99 BetrVG. Ebenso wenig steht dem BR ein Mitbestimmungsrecht zu, wenn zur Schicht eingeplante AN (ersatzlos) ausfallen und dadurch die übrigen AN mehr belastet werden; in solchen Fällen mangelt es an einer Maßnahme des AG.[89]

IV. Privatrechtliche Auswirkungen auf den Arbeitsvertrag

55 Die Auswirkungen von **Abs. 1** auf den Arbeitsvertrag sind umstr. Dabei geht es darum, ob der AN einen **individuellen Anspruch** auf Einhaltung der **gesicherten wissenschaftlichen Erkenntnisse über die menschengerechte Arbeit** hat. Richtigerweise ist dies zu verneinen.[90] Die Formulierung ist zu allg., um daraus individuelle Ansprüche abzuleiten. Der AN kann also auch kein Zurückbehaltungsrecht oder Schadensersatzanspruch geltend machen. Allenfalls in **Extremfällen** mag ein Zurückbehaltungsrecht in Betracht kommen.[91]

56 Verlangt der AG, dass der Nacht-AN länger arbeitet, als in **Abs. 2** vorgesehen, so braucht dieser dem nicht nachkommen. Die Weisung ist unwirksam. Auch eine entsprechende vertragliche Regelung ist unwirksam.

57 Nimmt der AN an einer arbeitsmedizinischen Untersuchung gem. **Abs. 3** teil, so kann er, wenn die Untersuchung **außerhalb der Arbeitszeit** stattfindet, keine Entgeltfortzahlung verlangen.[92] Anders mag der Fall liegen, wenn es keine Möglichkeit gibt, die Untersuchung innerhalb der Arbeitszeit durchführen zu lassen.[93] Aber dies ist sicher ein Ausnahmefall.

58 Der Umsetzungsanspruch des **Abs. 4** schließt andere arbeitsvertragliche Rechte des AN nicht aus. Insb. kann er, wenn der AG dem Umsetzungsverlangen nicht nachkommt, ein **Leistungsverweigerungsrecht oder Zurückbehaltungsrecht** haben. Ob der AN dann aber auch immer einen Lohnanspruch hat, ist fraglich. Zumindest dann, wenn der AG keine Umsetzungsmöglichkeit hat, wird dies verneint.[94]

---

83 *Neumann/Biebl*, § 6 Rn 27.
84 *Schliemann*, ArbZG, § 6 Rn 23.
85 *Anzinger/Koberski*, § 6 Rn 94.
86 Hierzu näher *Anzinger/Koberski*, § 6 Rn 95 f.; Tschöpe/ Zerbe, Teil 6 A Rn 65.
87 BAG 26.4.2005 – 1 ABR 1/04 – NZA 2005, 884; *Buschmann/Ulber*, § 6 Rn 34 c, 36.
88 BAG 29.9.2004 – 1 ABR 29/03 – NZA 2005, 313;
89 BAG 28.5.2002 – 1 ABR 40/01 – NZA 2003, 1352.
90 *Baeck/Deutsch*, § 6 Rn 28; a.M. *Buschmann/Ulber*, § 6 Rn 8; *Linnenkohl/Rauschenberg*, § 6 Rn 28 ff.
91 *Schütt/Schulte*, § 6 Rn 13.
92 *Junker*, ZFA 1998, 105, 122; *Linnenkohl/Rauschenberg*, § 6 Rn 63; a.M. *Buschmann/Ulber*, § 6 Rn 17.
93 In diese Richtung auch *Anzinger/Koberski*, § 6 Rn 49.
94 *Erasmy*, NZA 1994, 1105, 1110; *Schliemann*, ArbZG, § 6 Rn 78 f.

V. Darlegungs- und Beweislast im Prozess

Macht der AN Umsetzung auf einen Tagesarbeitsplatz gem. Abs. 4 geltend, so trägt er die Darlegungs- und Beweislast für die **Umsetzungsgründe**. Es ist dann Sache des AG, die entgegenstehenden **betrieblichen Gründe** darzulegen und zu beweisen.[95]

Verlangt der AN einen Nachtzuschlag gem. Abs. 5, so muss er die Nachtarbeit darlegen und beweisen. Dem AG obliegt die Darlegungs- und Beweislast für Erfüllung oder Unmöglichkeit.

VI. Sondervorschriften für bestimmte Berufs- und Personengruppen

Jugendliche dürfen nachts grds. nicht beschäftigt werden (§ 14 Abs. 1 JArbSchG). Bestimmte **Ausnahmen** lässt das Gesetz bei **Jugendlichen über 16 Jahren** zu, wenn die **Eigenart der Tätigkeit** dies mit sich bringt (§ 14 Abs. 2 und 3 JArbSchG). Es handelt sich um folgende Ausnahmen:

– In **Gaststätten** und **Schaustellerbetrieben** dürfen Jugendliche bis 22:00 Uhr,
– in Mehrschichtbetrieben bis 23:00 Uhr,
– in der **Landwirtschaft** von 5:00 bis 21:00 Uhr,
– in **Bäckereien** und **Konditoreien** ab 5:00 bzw. 4:00 Uhr

arbeiten. Allerdings darf auch in den entsprechenden Ausnahmefällen dann nicht länger als bis 20:00 Uhr gearbeitet werden, wenn am nächsten Tag der Berufsschulunterricht vor 9:00 Uhr beginnt.

Werdende und **stillende Mütter** dürfen nicht zwischen 20:00 und 6:00 Uhr beschäftigt werden (§ 8 MuSchG). Ausnahmen gibt es für bestimmte Branchen (§ 8 Abs. 3 MuSchG). In den ersten vier Monaten der Schwangerschaft dürfen werdende Mütter

– in Betrieben der Gast- und Schankwirtschaft sowie der Beherbergung bis 22:00 Uhr,
– in der Landwirtschaft beim Viehmelken ab 5:00 Uhr,
– als Künstlerin bei Musik- oder Theatervorstellungen oder bei ähnlichen Aufführungen bis 23:00 Uhr

arbeiten. Zudem kann die zuständige Behörde gem. § 8 Abs. 6 MuSchG weitere Ausnahmen von dem Nachtarbeitsverbot zulassen.

§ 7 Abweichende Regelungen

(1) In einem Tarifvertrag oder auf Grund eines Tarifvertrags in einer Betriebs- oder Dienstvereinbarung kann zugelassen werden,

1. abweichend von § 3
   a) die Arbeitszeit über zehn Stunden werktäglich zu verlängern, wenn in die Arbeitszeit regelmäßig und in erheblichem Umfang Arbeitsbereitschaft oder Bereitschaftsdienst fällt,
   b) einen anderen Ausgleichszeitraum festzulegen,
2. abweichend von § 4 Satz 2 die Gesamtdauer der Ruhepausen in Schichtbetrieben und Verkehrsbetrieben auf Kurzpausen von angemessener Dauer aufzuteilen,
3. abweichend von § 5 Abs. 1 die Ruhezeit um bis zu zwei Stunden zu kürzen, wenn die Art der Arbeit dies erfordert und die Kürzung der Ruhezeit innerhalb eines festzulegenden Ausgleichszeitraums ausgeglichen wird,
4. abweichend von § 6 Abs. 2
   a) die Arbeitszeit über zehn Stunden werktäglich hinaus zu verlängern, wenn in die Arbeitszeit regelmäßig und in erheblichem Umfang Arbeitsbereitschaft oder Bereitschaftsdienst fällt,
   b) einen anderen Ausgleichszeitraum festzulegen,
5. den Beginn des siebenstündigen Nachtzeitraums des § 2 Abs. 3 auf die Zeit zwischen 22 und 24 Uhr festzulegen.

(2) Sofern der Gesundheitsschutz der Arbeitnehmer durch einen entsprechenden Zeitausgleich gewährleistet wird, kann in einem Tarifvertrag oder auf Grund eines Tarifvertrags in einer Betriebs- oder Dienstvereinbarung ferner zugelassen werden,

1. abweichend von § 5 Abs. 1 die Ruhezeiten bei Rufbereitschaft den Besonderheiten dieses Diensts anzupassen, insbesondere Kürzungen der Ruhezeit infolge von Inanspruchnahmen während dieses Diensts zu anderen Zeiten auszugleichen,

---

[95] Tschöpe/*Zerbe*, Teil 6 A Rn 63.

2. die Regelungen der §§ 3, 5 Abs. 1 und § 6 Abs. 2 in der Landwirtschaft der Bestellungs- und Erntezeit sowie den Witterungseinflüssen anzupassen,
3. die Regelungen der §§ 3, 4, 5 Abs. 1 und § 6 Abs. 2 bei der Behandlung, Pflege und Betreuung von Personen der Eigenart dieser Tätigkeit und dem Wohl dieser Personen entsprechend anzupassen,
4. die Regelungen der §§ 3, 4, 5 Abs. 1 und § 6 Abs. 2 bei Verwaltungen und Betrieben des Bundes, der Länder, der Gemeinden und sonstigen Körperschaften, Anstalten und Stiftungen des öffentlichen Rechts sowie bei anderen Arbeitgebern, die der Tarifbindung eines für den öffentlichen Dienst geltenden oder eines im wesentlichen inhaltsgleichen Tarifvertrags unterliegen, der Eigenart der Tätigkeit bei diesen Stellen anzupassen.

(2a) In einem Tarifvertrag oder auf Grund eines Tarifvertrags in einer Betriebs- oder Dienstvereinbarung kann abweichend von den §§ 3, 5 Abs. 1 und § 6 Abs. 2 zugelassen werden, die werktägliche Arbeitszeit auch ohne Ausgleich über acht Stunden zu verlängern, wenn in die Arbeitszeit regelmäßig und in erheblichem Umfang Arbeitsbereitschaft oder Bereitschaftsdienst fällt und durch besondere Regelungen sichergestellt wird, dass die Gesundheit der Arbeitnehmer nicht gefährdet wird.

(3) ¹Im Geltungsbereich eines Tarifvertrags nach Absatz 1, 2 oder 2a können abweichende tarifvertragliche Regelungen im Betrieb eines nicht tarifgebundenen Arbeitgebers durch Betriebs- oder Dienstvereinbarung oder, wenn ein Betriebs- oder Personalrat nicht besteht, durch schriftliche Vereinbarung zwischen dem Arbeitgeber und dem Arbeitnehmer übernommen werden. ²Können auf Grund eines solchen Tarifvertrags abweichende Regelungen in einer Betriebs- oder Dienstvereinbarung getroffen werden, kann auch in Betrieben eines nicht tarifgebundenen Arbeitgebers davon Gebrauch gemacht werden. ³Eine nach Absatz 2 Nr. 4 getroffene abweichende tarifvertragliche Regelung hat zwischen nicht tarifgebundenen Arbeitgebern und Arbeitnehmern Geltung, wenn zwischen ihnen die Anwendung der für den öffentlichen Dienst geltenden tarifvertraglichen Bestimmungen vereinbart ist und die Arbeitgeber die Kosten des Betriebs überwiegend mit Zuwendungen im Sinne des Haushaltsrechts decken.

(4) Die Kirchen und die öffentlich-rechtlichen Religionsgesellschaften können die in Absatz 1, 2 oder 2a genannten Abweichungen in ihren Regelungen vorsehen.

(5) In einem Bereich, in dem Regelungen durch Tarifvertrag üblicherweise nicht getroffen werden, können Ausnahmen im Rahmen des Absatzes 1, 2 oder 2a durch die Aufsichtsbehörde bewilligt werden, wenn dies aus betrieblichen Gründen erforderlich ist und die Gesundheit der Arbeitnehmer nicht gefährdet wird.

(6) Die Bundesregierung kann durch Rechtsverordnung mit Zustimmung des Bundesrats Ausnahmen im Rahmen des Absatzes 1 oder 2 zulassen, sofern dies aus betrieblichen Gründen erforderlich ist und die Gesundheit der Arbeitnehmer nicht gefährdet wird.

(7) ¹Auf Grund einer Regelung nach Absatz 2a oder den Absätzen 3 bis 5 jeweils in Verbindung mit Absatz 2a darf die Arbeitszeit nur verlängert werden, wenn der Arbeitnehmer schriftlich eingewilligt hat. ²Der Arbeitnehmer kann die Einwilligung mit einer Frist von sechs Monaten schriftlich widerrufen. ³Der Arbeitgeber darf einen Arbeitnehmer nicht benachteiligen, weil dieser die Einwilligung zur Verlängerung der Arbeitszeit nicht erklärt oder die Einwilligung widerrufen hat.

(8) ¹Werden Regelungen nach Absatz 1 Nr. 1 und 4, Absatz 2 Nr. 2 bis 4 oder solche Regelungen auf Grund der Absätze 3 und 4 zugelassen, darf die Arbeitszeit 48 Stunden wöchentlich im Durchschnitt von zwölf Kalendermonaten nicht überschreiten. ²Erfolgt die Zulassung auf Grund des Absatzes 5, darf die Arbeitszeit 48 Stunden wöchentlich im Durchschnitt von sechs Kalendermonaten oder 24 Wochen nicht überschreiten.

(9) Wird die werktägliche Arbeitszeit über zwölf Stunden hinaus verlängert, muss im unmittelbaren Anschluss an die Beendigung der Arbeitszeit eine Ruhezeit von mindestens elf Stunden gewährt werden.

Literatur: *Bernig*, Die Änderung des Arbeitszeitgesetzes durch das Gesetz zu Reformen am Arbeitsmarkt, BB 2004, 101; *Boerner*, Anpassung des Arbeitszeitgesetzes an das Gemeinschaftsrecht, NJW 2004, 1559; *Buschmann*, Zum Gesetzesvorrang bei der betrieblichen Arbeitszeitgestaltung, in: FS für Wissmann, 2005, S. 252; *Buschmann*, Abbau des gesetzlichen Arbeitnehmerschutzes durch kollektives Arbeitsrecht?, FS für Richardi, 2007, S. 93; *Reim*, Die Neuregelung im Arbeitszeitgesetz zum 1.1.2004, DB 2004, 186; *Schliemann*, Allzeit bereit – Bereitschaftsdienst und Arbeitsbereitschaft zwischen Europarecht, Arbeitszeitgesetz und Tarifvertrag, NZA 2004, 517; *Schlottfeldt*, Das novellierte Arbeitszeitgesetz nach der Jaeger-Entscheidung des EuGH, ZESAR 2004, 169; *Schlottfeldt/Kutscher*, Freizeitausgleich für Bereitschaftsdienst: Arbeitszeitrechtliche Aspekte der Anrechnung von Bereitschaftsdienstzeit auf die Regelarbeitszeit, NZA 2009, 697

A. Allgemeines	1
B. Regelungsgehalt	4
I. Abweichungen gemäß Abs. 1	4
1. Grundlage: Tarifvertrag	4
2. Grundlage: Betriebs- oder Dienstvereinbarung	8
3. Inhaltliche Abweichungsmöglichkeiten	13
a) Abweichungen von der werktäglichen Arbeitszeit (Abs. 1 Nr. 1)	13
aa) Verlängerung der werktäglichen Arbeitszeit über zehn Stunden (Abs. 1 Nr. 1a)	13
bb) Veränderung des Ausgleichszeitraums (Abs. 1 Nr. 1b)	18
b) Abweichungen von den Ruhepausen (Abs. 1 Nr. 2)	20
c) Abweichungen von den Ruhezeiten (Abs. 1 Nr. 3)	23
d) Abweichungen von der Arbeitszeit der Nachtarbeitnehmer (Abs. 1 Nr. 4)	26
aa) Verlängerung der werktäglichen Arbeitszeit über zehn Stunden (Abs. 1 Nr. 4a)	26
bb) Veränderung des Ausgleichszeitraums (Abs. 1 Nr. 4b)	28
e) Abweichungen vom Nachtzeitraum (Abs. 1 Nr. 5)	29
II. Abweichungen gemäß Abs. 2	31
1. Grundlage: Tarifvertrag bzw. Betriebs- oder Dienstvereinbarung	31
2. Gewährleistung des Gesundheitsschutzes durch Zeitausgleich	32
3. Inhaltliche Abweichungsmöglichkeiten	33
a) Abweichungen von den Ruhezeiten bei Rufbereitschaft (Abs. 2 Nr. 1)	33
b) Abweichungen in der Landwirtschaft (Abs. 2 Nr. 2)	35
c) Abweichungen bei der Behandlung, Pflege und Betreuung von Personen (Abs. 2 Nr. 3)	36
d) Abweichungen für den öffentlichen Dienst (Abs. 2 Nr. 4)	38
III. Abweichungen ohne Zeitausgleich gemäß Abs. 2a	41
IV. Verhältnis der Abs. 1, 2 und 2a	49
V. Abweichungen bei fehlender Tarifbindung des Arbeitgebers gemäß Abs. 3	50
1. Fehlende Tarifbindung des Arbeitgebers	50
2. Abweichungsmöglichkeiten	52
a) Betriebs- oder Dienstvereinbarung	52
b) Arbeitsvertrag	57
VI. Abweichungen für Kirchen und öffentlich-rechtliche Religionsgemeinschaften (Abs. 4)	59
VII. Ausnahmen durch die Aufsichtsbehörde (Abs. 5)	61
VIII. Abweichungen durch Rechtsverordnung der Bundesregierung (Abs. 6)	63
IX. Einwilligung des Arbeitnehmers bei Abweichungen ohne Zeitausgleich (Abs. 7)	66
1. Erfordernis vorheriger schriftlicher Einwilligung	66
2. Widerruf der Einwilligung durch den Arbeitnehmer	71
3. Benachteiligungsverbot	73
4. Verstoß gegen die Arbeitszeitrichtlinie?	76
X. Durchschnittliche wöchentliche Höchstarbeitszeit und Bezugszeitraum (Abs. 8)	79
XI. Mindestruhezeit bei Arbeitszeit von mehr als zwölf Stunden (Abs. 9)	83
C. Verbindung zu anderen Rechtsgebieten und zum Prozessrecht	84
I. Bußgeld und Strafe	84
II. Uneinigkeit zwischen den Tarifvertragsparteien	85
III. Sondervorschrift für bestimmte Personengruppen	86

A. Allgemeines

§ 7 lässt Abweichungen der ansonsten zwingenden §§ 3 bis 6 zu. Voraussetzung ist, dass diese Abweichungen in einem TV oder auf der Basis eines TV in einer Betriebs- oder Personalvereinbarung geschieht. § 7 soll den **TV-Parteien** oder den **Betriebsparteien** ermöglichen, von den abstrakten Regelungen des ArbZG abzuweichen und **konkrete, betriebsnahe, sachgerechte und effiziente Regelungen über Arbeitszeiten** zu treffen.[1] Eine Reihe von TV enthält auch gesonderte Arbeitszeitregelungen.[2]   **1**

Auch die **Arbeitszeit-RL 2003/884/EG** lässt in Art. 17 **Abweichungen** der Regelungen über Arbeitszeiten durch die TV-Parteien zu. Deshalb lassen sich gegen § 7 auch keine europarechtlichen Einwände erheben. Dies gilt jedenfalls seit der Anpassung der Vorschrift zum 1.1.2004 an die Rspr. des EuGH zu der Einordnung von Bereitschaftsdienst als Arbeitszeit (vgl. § 2 Rn 10).[3]   **2**

§ 7 ist auch **verfassungsrechtlich unbedenklich**. Das betrifft zum einen den Umstand, dass § 7 **tarifdispositiv** ausgestaltet ist. Grundrechtliche Einwände sind dagegen nicht zu erheben.[4] Insbesondere kommt es nicht darauf an, ob es sich um einen TV mit einer herkömmlichen Gewerkschaft oder um einen solchen mit einer neuen, in Konkurrenz zu den herkömmlichen Gewerkschaften stehenden Gewerkschaft handelt.[5] Des Weiteren erlaubt § 7 den Betriebsparteien, auf der Grundlage eines TV oder im Geltungsbereich eines TV vom Gesetz abweichende Regelungen zu schaffen oder zu übernehmen. Wegen der unmittelbaren Geltung der entsprechenden Betriebs- oder Personalvereinbarung trifft diese **Abweichung** dann auch AN, die **nicht gewerkschaftlich** organisiert sind. Aber auch dies ist verfassungsrechtlich nicht zu beanstanden.[6] Denn dies beruht nicht auf dem TV, sondern ist schlicht Folge der norma-   **3**

---

1 *Anzinger/Koberski*, § 7 Rn 3; *Neumann/Biebl*, § 7 Rn 1.
2 Vgl. die Übersicht bei *Neumann/Biebl*, § 7 Anhang „Tarifliche Arbeitszeitregelungen".
3 Die Anpassung erfolgte durch Art. 4 b des Gesetzes zu Reformen am Arbeitsmarkt v. 24.12.2003, BGBl I, 3002, 3005.
4 *Anzinger/Koberski*, § 7 Rn 6; *Linnenkohl/Rauschenberg*, § 7 Rn 3; *Schliemann*, ArbZG, § 7 Rn 7; kritisch *Buschmann/Ulber*, § 7 Rn 2b.
5 Anders wohl *Buschmann/Ulber*, § 7 Rn 2.
6 *Anzinger/Koberski*, § 7 Rn 7 f.; *Neumann/Biebl*, § 7 Rn 4; *Linnenkohl/Rauschenberg*, § 7 Rn 3; *Schliemann*, ArbZG, § 7 Rn 13 ff.; a.M. *Buschmann*, in: FS Wissmann, S. 251, 265; ErfK/*Wank*, § 7 ArbZG Rn 3.

tiven Wirkung des § 77 Abs. 4 BetrVG.[7] I.Ü. gelten auch die **Abweichungen,** die unmittelbar durch den TV erfolgen, als **Betriebsnormen** für alle AN des Betriebs, auch für die **tarifungebundenen** (siehe unten Rn 5). Insofern besteht also kein maßgeblicher Unterschied, ob die Abweichung unmittelbar durch den TV oder aufgrund TV in einer Betriebs- oder Personalvereinbarung erfolgt.

B. Regelungsgehalt
I. Abweichungen gemäß Abs. 1

4   1. **Grundlage: Tarifvertrag.** Die Abweichungen müssen auf einem TV beruhen. Das ist der Fall, wenn der TV selbst die Abweichungen regelt. Diese müssen sich dann konkret aus dem TV ergeben, eine **Delegation** auf die Arbeitsvertragsparteien ist **nicht zulässig.**[8] Solche Abweichungen durch TV können nicht erzwungen werden. Insbesondere unterliegt die jeweilige Gewerkschaft keinem Verhandlungs- oder Abschlusszwang.[9]
Was ein TV ist, ergibt sich aus **§ 1 TVG.** Danach bedarf es insb. der **Schriftform** (§ 1 Abs. 2 TVG). Wegen des **räumlichen, fachlichen** und **persönlichen Anwendungsbereichs** gelten die allg. Grundsätze.

5   Der **AG** muss **tarifgebunden** sein. Das ist er, wenn er Mitglied des AG-Verbandes ist, der den TV abgeschlossen hat, oder wenn es sich um einen Haus-TV handelt (§ 3 Abs. 1 TVG). Dagegen müssen die **AN nicht tarifgebunden** sein. Die zugelassenen Abweichungen von dem Arbeitszeitgesetz sind nämlich als **Betriebsnormen** i.S.d. **§ 3 Abs. 2 TVG** zu werten. Das bedeutet: Sie gelten für alle AN, gleich ob tarifgebunden oder nicht, in den Betrieben des tarifgebundenen AG.[10]

6   Nach Beendigung des TV **wirken** die dort getroffenen Abweichungen vom ArbZG gem. § 4 Abs. 5 TVG **nach.** Diese Nachwirkung wird ihrerseits durch eine neue Regelung durch die TV-Parteien beendet. Während der Nachwirkung gilt der TV allerdings nicht mehr zwingend, sondern ist **dispositiv.** Die Arbeitsvertragsparteien können also andere Regelungen treffen. Das gilt nicht nur für Arbeitsverträge, die im Nachwirkungszeitraum geschlossen werden, sondern auch für laufende Arbeitsverträge.

7   Das bedeutet aber nicht, dass die Arbeitsvertragsparteien im Nachwirkungszeitraum noch weitergehende Abweichungen vom ArbZG vereinbaren können. Sie können lediglich vereinbaren, dass statt dem nachwirkenden TV die gesetzlichen Regelungen des ArbZG gelten.[11]

8   2. **Grundlage: Betriebs- oder Dienstvereinbarung.** Abweichungen vom ArbZG können auch in einer Betriebs- oder Dienstvereinbarung getroffen werden. Dies setzt voraus, dass ein TV dies **eindeutig** vorsieht (sog. **Öffnungsklausel**).[12] Ob dem so ist, muss ggf. durch **Auslegung** ermittelt werden.[13] Im Zweifel liegt keine Regelungsbefugnis für BR oder PR vor. Dies gilt v.a., wenn im TV lediglich kein Gebrauch von der Abweichungsmöglichkeit gemacht wird. Damit werden nämlich nicht automatisch den Betriebsparteien entsprechende Befugnisse eingeräumt.

9   Auch über den **Umfang der Abweichungsmöglichkeiten** durch Betriebs- oder Dienstvereinbarung muss Klarheit herrschen. Auch insofern muss der TV eindeutig sein. Er kann die Abweichungsmöglichkeiten **vollständig oder teilweise** delegieren.[14] Jedoch dürfen den Betriebsparteien **nicht mehr Abweichungsmöglichkeiten** übertragen werden, als den TV-Parteien selbst zustehen.[15]

10 Hinsichtlich der **BV** sind die Vorgaben des BetrVG zu beachten. Insb. muss **§ 77 BetrVG** eingehalten werden. Danach muss die BV u.a. **schriftlich** getroffen werden (§ 77 Abs. 2 BetrVG). Die Abweichungen vom ArbZG müssen in der BV **klar** und **eindeutig** ersichtlich sein.

11 Die BV **endet** durch Zeitablauf oder Künd. Eine BV gem. Abs. 1 endet darüber hinaus dann, wenn der zugrunde liegende TV nicht mehr gilt, also auch keine Nachwirkung mehr entfaltet. Im Falle der Beendigung der BV **wirken** die Abweichungen zum ArbZG grds. **nicht nach,** es sei denn, die Betriebsparteien hätten anderes vereinbart.[16] Begründung: Diese Regelungsgegenstände gehören nicht zur erzwingbaren Mitbestimmung.

12 Dass eine Änderung aufgrund eines TV auch durch **Dienstvereinbarung** erfolgen kann, wurde durch das Gesetz zu Reformen am Arbeitsmarkt vom 24.12.2003 klargestellt.[17] Vorher war dies str., da das Gesetz dem Wortlaut nach nur eine Abweichung durch Betriebsvereinbarung zuließ.

13 3. **Inhaltliche Abweichungsmöglichkeiten.** a) Abweichungen von der werktäglichen Arbeitszeit (Abs. 1 Nr. 1). aa) Verlängerung der werktäglichen Arbeitszeit über zehn Stunden (Abs. 1 Nr. 1a). Der TV bzw. die

---

7 Dazu BAG 18.8.1987 – 1 ABR 30/86 – NZA 1987, 779, 782.
8 *Schütt/Schulte*, § 7 Rn 10 f.
9 *Anzinger/Koberski*, § 7 Rn 16; *Buschmann/Ulber*, § 7 Rn 2c.
10 *Baeck/Deutsch*, § 7 Rn 22; *Neumann/Biebl*, § 7 Rn 3; *Schliemann*, ArbZG, § 7 Rn 13 ff.; a.M. *Buschmann/Ulber*, § 7 Rn 2 ff.
11 *Baeck/Deutsch*, § 7 Rn 33.
12 *Schliemann*, ArbZG, § 7 Rn 24 f.
13 *Baeck/Deutsch*, § 7 Rn 34.
14 *Neumann/Biebl*, § 7 Rn 4.
15 *Schliemann*, ArbZG, § 7 Rn 26.
16 *Schliemann*, ArbZG, § 7 Rn 32 ff.
17 BT-Drucks 15/1587, S 30.

BV oder Dienstvereinbarung kann eine Verlängerung der werktäglichen Arbeitszeit vorsehen. Diese Abweichungsmöglichkeit bezieht sich auf § 3 S. 2, wonach die werktägliche Arbeitszeit auf bis zu zehn Stunden verlängert werden kann, wenn der dort genannte Ausgleich erfolgt. Der TV kann also eine Arbeitszeit von mehr als zehn Stunden vorsehen. Voraussetzung dafür ist, dass in der Arbeitszeit **regelmäßig** und **in erheblichem Umfang Arbeitsbereitschaft** oder **Bereitschaftsdienst** anfällt. Arbeitsbereitschaft wie Bereitschaftsdienst sind zwar in vollem Umfang als Arbeitszeit zu werten (siehe oben § 2 Rn 12 und vgl. auch § 2 Rn 16). Sie sind aber weniger belastend als normale Arbeit. Daraus erklärt sich die Abweichungsmöglichkeit.

Regelmäßige Arbeitsbereitschaft oder regelmäßiger Bereitschaftsdienst bedeutet, dass diese Formen der Arbeitszeit das **jeweilige Berufsbild** zumindest mitprägen und dass sie erfahrungsgemäß in gleichmäßigen Abständen auftreten.[18]

Beispiele: Taxifahrer, Tankstellenpersonal, Nachtportier in einem Hotel.[19]

Arbeitsbereitschaft oder Bereitschaftsdienst sind in **erheblichem Umfang** zu leisten, wenn sie mind. **25 bis 30 % der Arbeitszeit** ausmachen.[20] Der genaue Umfang ermittelt sich aus den **Umständen des Einzelfalls**, insb. aus der Belastung des AN und den Entspannungsmöglichkeiten.[21] Die Arbeitsbereitschaft oder der Bereitschaftsdienst brauchen nicht zusammenhängend gewährt werden. Verschiedene Zeiten der Arbeitsbereitschaft oder des Bereitschaftsdiensts an einem Werktag sind also zusammenzurechnen, wobei aber Zeiten unter 15 Minuten unberücksichtigt bleiben.[22]

Das Gesetz legt für die Abweichung von dem werktäglichen Zehn-Stunden-Tag **keine Obergrenze** fest. Daher kann die Arbeitszeit bis zu **24 Stunden** betragen.[23] Dem steht auch nicht die einzuhaltende Ruhezeit gem. § 5 entgegen.[24] Denn diese muss erst am Ende der werktäglichen Arbeitszeit, also ggf. nach 24 Stunden, genommen werden.

Die Verlängerung der Arbeitszeiten ist nur zulässig, wenn der **Zeitausgleich** des **Abs. 8** gewahrt ist. Danach darf die Arbeitszeit 48 Stunden wöchentlich im Durchschnitt von 12 Kalendermonaten nicht überschreiten (siehe unten Rn 79 ff.). Eine **Verlängerung der Arbeitszeit ohne Zeitausgleich** ist aufgrund Gesetzesänderung, die auf der neusten EuGH-Rspr. beruhte, seit dem 1.1.2004 nicht mehr zulässig.[25]

bb) Veränderung des Ausgleichszeitraums (Abs. 1 Nr. 1b). Der TV bzw. die BV oder Dienstvereinbarung kann auch den Ausgleichszeitraum des § 3 S. 2 verändern. Dort ist ein Ausgleichszeitraum von sechs Kalendermonaten oder 24 Wochen vorgeschrieben. Dieser kann bis auf maximal **zwölf Kalendermonate verlängert** werden. Diese Grenze zieht Abs. 8. Der Ausgleichszeitraum des § 3 S. 2 kann aber auch **verkürzt** werden.

Diese Abweichungsmöglichkeit ist **europarechtlich unproblematisch**.[26] Denn auch Art. 19 Arbeitszeit-RL 2003/88/EG lässt einen Ausgleichszeitraum von bis zu zwölf Kalendermonaten durch Vereinbarung durch die TV-Parteien oder Sozialpartner zu. Diese zeitliche Begrenzung auf zwölf Kalendermonate hat der deutsche Gesetzgeber in Abs. 8 übernommen.[27]

b) Abweichungen von den Ruhepausen (Abs. 1 Nr. 2). Die in § 4 vorgeschriebenen Ruhepausen sind zwingend einzuhalten. Eine Abweichung durch die Tarif- oder ggf. die Betriebsparteien erlaubt indes Abs. 1 Nr. 2. Danach kann in **Schichtbetrieben** und **Verkehrsbetrieben** die Gesamtdauer der Ruhepausen auf Kurzpausen von **angemessener Dauer** aufgeteilt werden. Zur Klarstellung: Die in § 4 S. 1 festgelegte **Gesamtdauer** der Ruhepausen darf **nicht abgeändert** werden. Sie beträgt bei einer Arbeitszeit von mehr als sechs Stunden 30 Minuten und von mehr als neun Stunden 45 Minuten. Aber die **Mindestzeitabschnitte von 15 Minuten**, die § 4 S. 2 für Pausen festlegt, können unterschritten werden.

Das Gesetz präzisiert allerdings nicht, wie kurz die Kurzpausen sein können, was also unter „angemessener Dauer" zu verstehen ist. Maßgeblich dürfte sein, dass auch die kürzeren Pausen ihren **Erholungszweck** erfüllen müssen. Nach überwiegender Auff. darf deshalb eine Kurzpause die Zeitdauer von **fünf Minuten** nicht unterschreiten.[28] Es können demnach Kurzpausen zwischen fünf und 15 Minuten festgelegt werden.

---

18 *Neumann/Biebl*, § 7 Rn 18; *Schütt/Schulte*, § 7 Rn 25.
19 *Linnekohl/Rauschenberg*, § 7 Rn 32.
20 Ähnlich *Schliemann*, ArbZG, § 7 Rn 41; *Schütt/Schulte*, § 7 Rn 28; *Schlottfeldt*, ZESAR 2004, 160, 163; auf 30 % als Untergrenze stellen *Neumann/Biebl*, § 7 Rn 18, und ErfK/*Wank*, § 7 ArbZG Rn 6 ab; noch strenger *Buschmann/Ulber*, § 7 Rn 8, die eine Untergrenze von 50 % fordern.
21 *Baeck/Deutsch*, § 7 Rn 51.
22 *Anzinger/Koberski*, § 7 Rn 24.
23 *Baeck/Deutsch*, § 7 Rn 55; *Schliemann*, ArbZG, § 7 Rn 43 f.
24 So aber *Neumann/Biebl*, § 7 Rn 19; *Schütt/Schulte*, § 7 Rn 23.
25 Vgl. Art. 4 b des Gesetzes zu Reformen am Arbeitsmarkt vom 24.12.2003, BT-Drucks 15/1587.
26 A.M. etwa *Buschmann/Ulber*, § 7 Rn 11.
27 *Schliemann*, ArbZG, § 7 Rn 46.
28 So auch *Neumann/Biebl*, § 7 Rn 24; *Schliemann*, ArbZG, § 7 Rn 55; ErfK/*Wank*, § 7 ArbZG Rn 9; Pausen von drei Minuten lassen ausreichen: *Anzinger/Koberski*, § 7 Rn 29; *Baeck/Deutsch*, § 7 Rn 69.

22 Diese Abweichungsmöglichkeit besteht nur in Schichtbetrieben und Verkehrsbetrieben. Ein **Schichtbetrieb** liegt immer schon dann vor, wenn dort überhaupt in Schichten gearbeitet wird. Was für Schichten das sind, wie viele AN in Schicht arbeiten und welchen Umfang die Schichtarbeit im Vergleich zur sonstigen Arbeit erreicht, ist ohne Bedeutung.[29] Unter einem **Verkehrsbetrieb** versteht man – wie in § 5 Abs. 2 – öffentliche und private Betriebe, deren Zweck auf die Beförderung von Personen, Gütern oder Nachrichten gerichtet ist, sowie die dazugehörigen selbstständigen oder unselbstständigen Hilfs- und Nebenbetriebe (vgl. § 5 Rn 12). Allerdings gelten die Abweichungsmöglichkeiten nicht für das Fahrpersonal im Straßenverkehr. Insofern ist Art. 7 der VO (EWG) Nr. 3820/85, der die Lenkpausen festlegt, vorrangig.

23 **c) Abweichungen von den Ruhezeiten (Abs. 1 Nr. 3).** Eine Abweichung von den in § 5 festgelegten Ruhezeiten ermöglicht Abs. 1 Nr. 2. Danach kann die **elfstündige Ruhezeit** um bis zu zwei Stunden auf **neun Stunden** gekürzt werden. Diese Kürzungsmöglichkeit gilt auch für Betriebe gem. **§ 5 Abs. 2**, die dort schon auf zehn Stunden verkürzt werden kann. Insofern ist durch TV bzw. BV oder Dienstvereinbarung eine weitere **Kürzung von zehn Stunden auf neun Stunden** möglich.[30]

24 Voraussetzung für die Kürzung der Ruhezeit ist zum einen, dass die **Art der Arbeit** die Kürzung erfordert. Dies kann auf **arbeitsorganisatorischen Besonderheiten** beruhen, etwa bei Wechseln von Früh- zur Spätschicht.[31] Aber auch **branchenspezifische Besonderheiten** können eine Verkürzung der Ruhezeit rechtfertigen, etwa im Gesundheitswesen, bei Notdiensten oder Gaststätten.[32] Ob im konkreten Fall die Art der Arbeit eine Verkürzung der Ruhezeit erfordert, unterliegt dem **Beurteilungsspielraum** der TV- bzw. Betriebsparteien.[33]

25 Weiterhin muss die Kürzung der Ruhezeiten entsprechend ausgeglichen werden. Den Ausgleichszeitraum legen die TV- bzw. Betriebsparteien fest. Dabei sind sie an die Grenze des **Abs. 8** gebunden. Der Ausgleich muss also spätestens binnen **zwölf Kalendermonaten** erfolgen. Für die Wahl des konkreten Zeitraums innerhalb dieser Grenze ist maßgeblich, dass dieser ausreicht, um den Erholungszweck der Ruhezeit zu wahren. Auch insofern steht den TV- bzw. Betriebsparteien ein Beurteilungsspielraum zu.[34]

26 **d) Abweichungen von der Arbeitszeit der Nachtarbeitnehmer (Abs. 1 Nr. 4). aa) Verlängerung der werktäglichen Arbeitszeit über zehn Stunden (Abs. 1 Nr. 4a).** Die TV-Parteien, ggf. die Betriebsparteien, können auch die **werktägliche Arbeitszeit der Nacht-AN** verlängern. Gem. § 6 Abs. 2 beträgt deren Höchstarbeitzeit zehn Stunden. Diese Höchstarbeitszeit kann auf bis zu 24 Stunden verlängert werden (vgl. Rn 16).

27 Voraussetzung ist, wie bei der Verlängerung der werktäglichen Arbeitszeit der sonstigen AN in Abs. 1a, dass **regelmäßig** und in **erheblichem Umfang Arbeitsbereitschaft** oder **Bereitschaftsdienst** geleistet wird. Insofern kann auf die Kommentierung zu Nr. 1a verwiesen werden (siehe Rn 13 und vgl. auch 15 f.).

28 **bb) Veränderung des Ausgleichszeitraums (Abs. 1 Nr. 4b).** Auch der Ausgleichszeitraum der Nacht-AN kann geändert werden. Er ist angesichts der besonderen Belastungen sehr viel kürzer als der Ausgleichszeitraum der übrigen AN, er beträgt gem. § 6 Abs. 2 einen Kalendermonat oder vier Wochen. Abs. 1 Nr. 4b lässt **ohne inhaltliche Vorgaben** eine wesentliche Verlängerung zu. Die Höchstgrenze des Ausgleichszeitraums beträgt **zwölf Kalendermonate** (Abs. 8). Bis zu dieser Grenze sind grds. alle Verlängerungen des Ausgleichszeitraums zulässig. Dadurch können die Arbeitszeiten der Nacht-AN weitgehend denen der übrigen AN angeglichen werden.[35]

29 **e) Abweichungen vom Nachtzeitraum (Abs. 1 Nr. 5).** Der Nachtzeitraum ist in § 2 Abs. 3 festgelegt. Er beginnt um 23:00 Uhr und endet um 6:00 Uhr. In Bäckereien ist er von 22:00 Uhr bis 5:00 Uhr. Die TV-Parteien, ggf. die Betriebsparteien, können den Beginn des Nachtzeitraums verschieben, nämlich auf eine Zeit von 22:00 bis 24:00 Uhr. Aber auch bei einer solchen Verschiebung muss der Nachtzeitraum sieben Stunden betragen.

30 Ausweislich der Gesetzesbegründung sollen durch diese Abweichungsmöglichkeit **branchenspezifische Bedürfnisse** berücksichtigt werden können.[36] Europarechtlich ist dies unbedenklich. Denn nach Art. 2 Nr. 3 der Arbeitszeit-RL (RL 2003/88/EG) muss die Nachtzeit mindestens sieben Stunden betragen und zwischen 24:00 Uhr und 5:00 Uhr liegen. Dem wird Abs. 1 Nr. 5 gerecht.

II. Abweichungen gemäß Abs. 2

31 **1. Grundlage: Tarifvertrag bzw. Betriebs- oder Dienstvereinbarung.** Auch die Abweichungsmöglichkeiten des Abs. 2 können nur durch TV oder aufgrund eines TV in einer BV oder Dienstvereinbarung genutzt werden. Insofern kann auf die Ausführungen oben (siehe Rn 4 u. vgl. auch Rn 8 ff.) verwiesen werden.

---

29 *Baeck/Deutsch*, § 7 Rn 68; *Schütt/Schulte*, § 7 Rn 35 f.
30 *Neumann/Biebl*, § 7 Rn 26.
31 *Neumann/Biebl*, § 7 Rn 27.
32 *Baeck/Deutsch*, § 7 Rn 74.
33 ErfK/*Wank*, § 7 ArbZG Rn 10.
34 *Linnenkohl/Rauschenberg*, § 7 Rn 44; *Neumann/Biebl*, § 7, Rn 27; a.M. *Buschmann/Ulber*, § 7 Rn 16, die einen Ausgleichszeitraum von nur einer Woche fordern.
35 *Baeck/Deutsch*, § 7 Rn 78; kritisch dazu *Buschmann/Ulber*, § 7 Rn 18.
36 BT-Drucks 12/5888, S. 27.

2. Gewährleistung des Gesundheitsschutzes durch Zeitausgleich.
Abweichungen können nur erfolgen, wenn der Gesundheitsschutz der betroffenen AN durch Zeitausgleich gewährleistet ist. Dies ist ausdrücklich in **Abs. 2** vorgesehen. Ein anderer Ausgleich, etwa in Geld, darf nicht erfolgen.[37] Welcher Zeitausgleich zur Wahrung des Gesundheitsschutzes angemessen ist, obliegt dem Beurteilungsermessen der TV- bzw. Betriebsparteien. In **Abs. 1** ist diese Voraussetzung nicht enthalten. Aufgrund des ab 1.1.2004 geltenden Abs. 8, nach dem ein Zeitausgleich auch für Abs. 1 zwingend ist, sind Abs. 1 und Abs. 2 aber insofern angeglichen.[38]

3. Inhaltliche Abweichungsmöglichkeiten. a) Abweichungen von den Ruhezeiten bei Rufbereitschaft (Abs. 2 Nr. 1).
Anders als Bereitschaftsdienst oder Arbeitsbereitschaft gehört Rufbereitschaft nicht zur Arbeitszeit (vgl. § 2 Rn 19). Solange die Rufbereitschaft nicht durch Arbeit unterbrochen wird, ist sie Ruhezeit. Wird sie durch Arbeit unterbrochen, so müsste nach Beendigung der Arbeit die elfstündige Ruhezeit des § 5 eingehalten werden. Hier setzt die Abweichungsmöglichkeit des Abs. 2 Nr. 1 an.

Die TV-Parteien und ggf. die Betriebsparteien haben es in der Hand, die Ruhezeit nach Inanspruchnahme in der Rufbereitschaft zu **verkürzen**. Diese Verkürzungen müssen dann aber zu anderen Zeiten ausgeglichen werden. Die Ruhezeit kann aber nicht nur „verkürzt" werden, das Gesetz spricht ausdrücklich von „**anpassen**". Die TV-Parteien, ggf. die Betriebsparteien können die Ruhezeit also auch ansonsten anders gestalten. So kann etwa die Voraussetzung „unterbrochen" variiert werden.[39]

Inhaltliche Grenzen für die Anpassung, insb. für die Kürzung der Ruhezeit setzt das Gesetz nicht. Jedoch muss der **Erholungszweck** der Ruhezeit auch bei etwaigen Abweichungen gewahrt bleiben.[40]

b) Abweichungen in der Landwirtschaft (Abs. 2 Nr. 2). Abs. 2 Nr. 2 erlaubt **branchenbezogene** Abweichungen. Danach können in der Landwirtschaft die §§ 3, 5 Abs. 1 und 6 der Bestellungs- und Erntezeit sowie den **Witterungseinflüssen** angepasst werden. Die Abweichungsmöglichkeit gilt nicht generell für die Landwirtschaft, sondern nur für die genannten Bereiche. Nicht zur Landwirtschaft gehört die bloße Tierhaltung.[41]

Abs. 2 Nr. 2 enthält keine inhaltlichen Grenzen für die Abweichungen. Zu beachten ist aber, dass der **Ausgleichszeitraum des Abs. 8** eingehalten werden muss. Und die Abweichungen dürfen die **Gesundheit der betroffenen AN** nicht gefährden.

c) Abweichungen bei der Behandlung, Pflege und Betreuung von Personen (Abs. 2 Nr. 3). Eine weitere branchenbezogene Abweichungsmöglichkeit enthält Abs. 2 Nr. 3. Danach können die §§ 3, 4, 5 Abs. 1 und 6 Abs. 2 bei der Behandlung, Pflege und Betreuung von Personen der Eigenart der Tätigkeit und dem Wohl dieser Personen angepasst werden. Gemeint sind damit insb. Krankenhäuser, aber auch sonstige Einrichtungen wie Alters-, Behinderten- oder Jugendheime (vgl. § 5 Rn 10).

Abs. 2 Nr. 3 enthält keine inhaltlichen Grenzen für die Abweichungen. Zu beachten ist aber, dass der **Ausgleichszeitraum des Abs. 8** eingehalten werden muss. Und die Abweichungen dürfen die **Gesundheit der betroffenen AN** nicht gefährden.

d) Abweichungen für den öffentlichen Dienst (Abs. 2 Nr. 4). Abweichungsmöglichkeiten gibt es auch im öffentlichen Dienst. Diese betreffen §§ 3, 4, 5 Abs. 1 und 6 Abs. 2. Abweichungen können vereinbart werden bei Verwaltungen und Betrieben des Bundes, der Länder, der Gemeinden und sonstigen Körperschaften, bei Anstalten und Stiftungen des öffentlichen Rechts sowie bei anderen AG, die der Tarifbindung eines für den öffentlichen Dienst geltenden oder eines wesentlichen inhaltsgleichen TV unterliegen. Erforderlich ist allerdings, dass die Abweichungen durch die Eigenart der Tätigkeit bedingt sind.

Abs. 2 Nr. 4 enthält keine inhaltlichen Grenzen für die Abweichungen. Zu beachten ist aber, dass der **Ausgleichszeitraum des Abs. 8** eingehalten werden muss. Und die Abweichungen dürfen die **Gesundheit der betroffenen AN** nicht gefährden.

Gegen **Abs. 2 Nr. 4** werden in der Lit. vereinzelt **verfassungsrechtliche Bedenken** geäußert.[42] Der öffentliche Dienst sei zu vielgestaltig, als dass von einer Eigenart gesprochen werden könne, die Abweichungen rechtfertige. Zudem sei diese Regelung unter Gleichbehandlungsgesichtspunkten fragwürdig. Solche Bedenken verfangen allerdings nicht. Der öffentliche Dienst unterscheidet sich in mancherlei Hinsicht merklich von der Privatwirtschaft. Zu nennen ist einmal die unmittelbare Bindung an Grundrechte und an das Allgemeinwohl.[43] Zum anderen darf hier durchaus die Arbeitsplatzsicherheit im öffentlichen Dienst angeführt werden.[44]

---

37 *Schliemann*, ArbZG, § 7 Rn 66.
38 Ähnlich auch *Schütt/Schulte*, § 7 Rn 58.
39 *Anzinger/Koberski*, § 7 Rn 43; *Baeck/Deutsch*, § 7 Rn 87.
40 Vgl. BAG 24.2.1982 – 4 AZR 223/80 – NJW 1982, 2140; *Anzinger/Koberski*, § 7 Rn 44.
41 Hierzu BT-Drucks 12/5888, S. 27.
42 *Buschmann/Ulber*, § 7 Rn 24.
43 *Anzinger/Koberski*, § 7 Rn 62.
44 Vgl. *Linnenkohl/Rauschenberg*, § 7 Rn 58.

III. Abweichungen ohne Zeitausgleich gemäß Abs. 2a

41 Abs. 2a, der seit dem 1.1.2004 gilt, eröffnet einem TV, ggf. einer BV oder Dienstvereinbarung, die Möglichkeit, die Arbeitszeit ohne Zeitausgleich zu verlängern. Folgende Voraussetzungen müssen eingehalten werden:

42 Zunächst muss die Abweichung durch einen **TV** selbst oder auf der **Grundlage eines TV** durch **BV** oder **Dienstvereinbarung** erfolgen (siehe oben Rn 4 ff.).

43 Weiterhin muss in die Arbeitszeit **regelmäßig** und in **erheblichem Umfang Arbeitsbereitschaft** oder **Bereitschaftsdienst** fallen (zu den Begriffen „Arbeitsbereitschaft" und „Bereitschaftsdienst" siehe § 2 Rn 13 und vgl. auch § 2 Rn 17; zu den Voraussetzungen „regelmäßig und in erheblichem Umfang" siehe oben Rn 13 ff.).

44 Ferner muss der TV durch **besondere Regelungen** sicherstellen, dass die **Gesundheit der AN nicht gefährdet** wird. Er kann dies aber auch den Betriebsparteien überlassen.[45] Welche Regelungen dies sein können, liegt im Ermessen der TV-Parteien. In Betracht kommen:[46]
- häufige arbeitsmedizinische Untersuchung der Betroffenen,
- Festlegung von Höchstarbeitszeiten,
- Verlängerung der Ruhezeiten, ggf. auch für bestimmte Zeitperioden,
- Verlängerung der Pausen oder Gewährung zusätzlicher Pausen,
- Befristung der Abweichungen.

45 Schließlich muss der jeweilige AN **schriftlich** seine Einwilligung zu den Abweichungen erklären (**Abs. 7**). Der Einwilligungsvorbehalt muss nicht in den TV aufgenommen werden, da er sich unmittelbar aus dem Gesetz selber ergibt (wegen der weiteren Einzelheiten zum Merkmal „Einwilligung" siehe Rn 66 ff.).[47]

46 Inhaltlich kann der TV, ggf. die BV oder Dienstvereinbarung, von **§§ 3 und 5** abweichen, also die Arbeitszeit verlängern und die Ruhezeit verkürzen.[48] **Höchstgrenzen** setzt Abs. 2a nicht. Insb. ist kein Zeitausgleich vorgesehen. Grenzen für die Abweichungen werden aber durch den Gesundheitsschutz gesetzt und durch die Tarif- und Betriebsparteien in eigener Verantwortung aufgestellt.[49]

47 Abs. 2a stützt sich auf **Art. 22 Abs. 1 Arbeitszeit-RL 2003/88/EG**. Danach können die Mitgliedsstaaten unter bestimmten Voraussetzungen von der durchschnittlichen Arbeitszeit von 48 Stunden ohne Zeitausgleich abweichen (sog. **opt out**). Ob Abs. 2a den **europarechtlichen Vorgaben** gerecht wird, ist umstr. Nach einer Auff. war der deutsche Gesetzgeber zu vorsichtig.[50] Insb. hätte er die Zuständigkeit für Abweichungen nach Abs. 2a noch mehr auf die Betriebsparteien verlagern können. Nach einer anderen Auff. ist der deutsche Gesetzgeber zu weit gegangen.[51] Insofern wird kritisiert, dass Abs. 2a den Gesundheitsschutz nicht selbst gewährleistet, sondern den TV-Parteien überträgt. Auch der Freiwilligkeitsvorbehalt sei nicht ausreichend ausgestaltet.

48 Ob Art. 22 Arbeitszeit-RL **in Zukunft Bestand** haben wird, ist unsicher. Auf europäischer Ebene gibt es seit längerem Bestrebungen, die Möglichkeiten des „opt out" zu erschweren oder ganz abzuschaffen (ergänzend hierzu vgl. § 1 Rn 3).[52]

IV. Verhältnis der Abs. 1, 2 und 2a

49 Die in Abs. 1, 2 und 2a zugelassenen Abweichungsmöglichkeiten stehen nebeneinander. Es besteht also kein irgend geartetes Vorrangverhältnis. Das bedeutet: Die TV-Parteien können frei entscheiden, ob und von welcher Möglichkeit sie Gebrauch machen.[53] Die Betriebsparteien sind dagegen daran gebunden, welche Abweichungsmöglichkeiten der TV zulässt.

V. Abweichungen bei fehlender Tarifbindung des Arbeitgebers gemäß Abs. 3

50 **1. Fehlende Tarifbindung des Arbeitgebers.** Die Abweichungsmöglichkeiten der Abs. 1, 2 und 2a setzen voraus, dass der AG tarifgebunden ist. **Abs. 3** regelt die Abweichungsmöglichkeiten des nicht tarifgebundenen AG. D.h.: Der AG ist weder tarifgebundenes Mitglied des entsprechenden AG-Verbandes noch selbst Vertragspartei eines Haus-TV.

51 Ist ein TV für **allgemeinverbindlich** erklärt worden, erzeugt er in seinem Geltungsbereich Rechtsbindung auch für tarifungebundene AG. In dem Fall ist eine Anwendung des **Abs. 3 ausgeschlossen**. Es besteht nämlich keine Notwendigkeit der Übernahme der Tarifregelungen über Abs. 3.[54]

52 **2. Abweichungsmöglichkeiten. a) Betriebs- oder Dienstvereinbarung.** Eine Abweichungsmöglichkeit gilt für tarifungebundene AG **mit BR oder PR**. Folgende drei Voraussetzungen müssen vorliegen:

---

45 *Baeck/Deutsch*, § 7 Rn 116.
46 Vgl. HWK/*Gäntgen*, § 7 ArbZG Rn 11; *Schlottfeldt*, ZESAR 2004, 160, 166; ErfK/*Wank*, § 7 ArbZG Rn 18.
47 HWK/*Gäntgen*, § 7 ArbZG Rn 11.
48 *Baeck/Deutsch*, § 7 Rn 110; *Bernig*, BB 2004, 2001.
49 *Schliemann*, ArbZG, § 7 Rn 77.
50 *Baeck/Deutsch*, § 7 Rn 112.
51 So v.a. *Buschmann/Ulber*, § 7 Rn 24 c; krit. auch ErfK/*Wank*, § 7 ArbZG Rn 18.
52 Hierzu *Schütt/Schulte*, § 7 Rn 91.
53 *Anzinger/Koberski*, § 7 Rn 70.
54 *Baeck/Deutsch*, § 7 Rn 119.

- Ein **TV** weicht gem. Abs. 1, 2, 2a von dem ArbZG ab (Abs. 3 S. 1) oder lässt eine Abweichung durch BV oder Dienstvereinbarung zu (Abs. 3 S. 2).
- Der AG ist tarifungebunden (siehe oben Rn 50).
- Der betreffende Betrieb liegt aber im **Geltungsbereich des abweichenden TV**. Das bedeutet, dass der TV bei Tarifbindung des AG auf den Betrieb anzuwenden wäre. Allerdings ist für Abs. 3 auch ein beendeter, aber **nachwirkender TV** geeignet.[55]

Liegen alle drei Voraussetzungen vor, kann die Abweichung des TV durch **BV** oder **Dienstvereinbarung** übernommen werden. Eine Übernahme durch bloße **Regelungsabrede** ist **nicht zulässig**.[56] Die Abweichungen müssen aber so übernommen werden, wie im TV vorgesehen. Eine **Abänderung zu Lasten** der AN ist nicht möglich, es sei denn, sie ist durch den TV selbst vorgesehen.[57] Eine Abänderung zugunsten der AN kann aber vorgenommen werden. Lässt der TV mehrere Abweichungen zu, können einzelne davon übernommen werden.[58]

Aus der BV oder Dienstvereinbarung müssen die zugelassenen Abweichungen **eindeutig** zu ersehen sein. Das kann durch wörtliche Wiedergabe der Abweichungen oder konkrete Bezugnahme geschehen. Dagegen reicht eine **Blankettverweisung** nicht aus.[59] Weitere Regelungen des TV müssen nicht zum Gegenstand der BV oder Dienstvereinbarung gemacht werden.

Die Übernahme der tariflichen Abweichungen durch BV oder Dienstvereinbarung ist **freiwillig**. Sie kann nicht gegen den Willen des BR oder des PR durch eine Einigungsstelle erzwungen werden.[60] Die Betriebsparteien können allerdings eine freiwillige Einigungsstelle gem. § 76 Abs. 6 BetrVG einrichten.[61]

Gegen die Übernahme tarifvertraglicher Abweichungen durch die Betriebsparteien werden von Teilen des Schrifttums **Bedenken** geäußert. Dadurch werde der Tarifvorrang des § 77 Abs. 3 BetrVG unterlaufen und auch die grundrechtlich gewährleistete Tarifautonomie (Art. 9 Abs. 3 GG) gefährdet.[62] Diese Bedenken sind jedoch **unbegründet**.[63] Ein Widerspruch zu § 77 Abs. 3 BetrVG besteht nicht, denn dem Gesetzgeber steht es frei, Ausnahmen vom Vorrang des TV zu schaffen. Auch die Tarifautonomie ist nicht gefährdet. Wenn in einem Einzelbereich betriebliche Regelungen zugelassen werden, welche tarifliche Regelungen übernehmen (also nicht unterschreiten), so ist dies grundrechtlich unproblematisch.

b) Arbeitsvertrag. In Betrieben ohne BR oder PR können Abweichungen, die der TV trifft oder zulässt, durch Einzelvereinbarung mit den AN übernommen werden. Bis auf den Umstand, dass der Betrieb betriebsrats- bzw. personalratslos ist, entsprechen die **Voraussetzungen** denen der Übernahme durch BV oder Dienstvereinbarung (insofern kann auf die Ausführungen verwiesen werden, vgl. Rn 8).

Die Vereinbarung mit den AN bedarf der **Schriftform**. Dieses Schriftformerfordernis ist Wirksamkeitserfordernis. Maßgeblich ist **§ 126 BGB**.[64] Vereinbarungen, welche die Voraussetzungen des § 126 BGB nicht erfüllen, sind unwirksam. Aus dem Grund scheidet auch eine Übernahme tarifvertraglicher Abweichungen durch **betriebliche Übung** aus.[65]

VI. Abweichungen für Kirchen und öffentlich-rechtliche Religionsgemeinschaften (Abs. 4)

Kirchen und öffentlich-rechtliche Religionsgemeinschaften können Abweichungen gem. Abs. 1, 2 und 2a in ihren Regelungen vorsehen. Damit wird dem Art. 140 GG i.V.m. 137 Abs. 3 WRV Rechnung getragen. Auch **Weltanschauungsgemeinschaften** fallen unter Abs. 4.[66]

Nach der Gesetzesbegründung kann diese Abweichungsmöglichkeit auch im **karitativ-diakonischen und erzieherischen Bereich** der Kirchen in Anspruch genommen werden.[67] Allerdings müssen die Abweichungen in einem kirchengesetzlichen Arbeitsrechtsregelungsverfahren zustande gekommen sein.[68]

---

55 Streitig, wie hier *Baeck/Deutsch*, § 7 Rn 111; *Neumann/Biebl*, § 7 Rn 46; a.M. *Anzinger/Koberski*, § 7 Rn 75; ErfK/*Wank*, § 7 ArbZG Rn 19.
56 So auch *Buschmann/Ulber*, § 7 Rn 30, die eine förmliche BV oder Dienstvereinbarung fordern.
57 *Linnenkohl/Rauschenberg*, § 7 Rn 15.
58 ErfK/*Wank*, § 7 ArbZG Rn 20.
59 *Anzinger/Koberski*, § 7 Rn 79; *Linnenkohl/Rauschenberg*, § 7 Rn 15; a.M. *Baeck/Deutsch*, § 7 Rn 110.
60 LAG Hamburg 17.12.2008 – 5 TaBV 8/08 – BeckRS 51877; *Anzinger/Koberski*, § 7 Rn 76; *Buschmann*, FS für Richardi, 2007, S. 93, 111; *Buschmann/Ulber*, § 7 Rn 25; ErfK/*Wank*, § 7 ArbZG Rn 20; vgl. auch BAG 22.7.2003 – 1 ABR 28/02 – NZA 2004, 507, 509; a.A. *Neumann/Biebl*, § 7 Rn 43.
61 *Schliemann*, ArbZG, § 7 Rn 28; ErfK/*Wank*, § 7 ArbZG Rn 20.
62 *Buschmann/Ulber*, § 7 Rn 4; *Linnenkohl/Rauschenberg*, § 7 Rn 19.
63 *Schliemann*, ArbZG, § 7 Rn 23.
64 *Anzinger/Koberski*, § 7 Rn 84.
65 *Baeck/Deutsch*, § 7 Rn 122.
66 BT-Drucks 12/5888, S. 28.
67 BT-Drucks 12/5888, S. 28.
68 BAG 16.3.2004 – 9 AZR 93/03 – BB 2004, 1860.

VII. Ausnahmen durch die Aufsichtsbehörde (Abs. 5)

61 In Bereichen, in denen üblicherweise keine TV bestehen, können Ausnahmen entsprechend der Abs. 1, 2, 2a durch die Aufsichtsbehörde bewilligt werden. Als **Beispiele** für solche Bereiche nennt die Gesetzesbegründung: RA, Notare, Wirtschaftsprüfer, Unternehmens- und Steuerberater, AG- und Unternehmensverbände, Gewerkschaften, IHK.[69]

62 Die Aufsichtsbehörden entscheiden in einem förmlichen **Verwaltungsverfahren**. Die Behörde hat nach **pflichtgemäßem Ermessen** zu entscheiden. Dabei hat sie zu überprüfen, ob die Abweichungen aus **betrieblichen Gründen erforderlich** und die **Gesundheit** der AN nicht gefährdet ist.

VIII. Abweichungen durch Rechtsverordnung der Bundesregierung (Abs. 6)

63 Gem. Abs. 6 kann die Bundesregierung mit Zustimmung des Bundesrats durch Rechts-VO **Ausnahmen** im Bereich der **Abs. 1 und 2** zulassen. Diese Befugnis bezieht sich also **nicht** auf den Bereich des Abs. 2a. Eine Verlängerung der Arbeitszeit oder Kürzung der Ruhezeit **ohne Zeitausgleich** kann demnach nicht durch Rechts-VO erreicht werden. Bisher gibt es keine auf Abs. 6 gestützte Rechts-VO.

64 Voraussetzung für den Erlass einer solchen Rechts-VO ist, dass die betreffenden Abweichungen aus **betrieblichen Gründen erforderlich** sind und die **Gesundheit der AN** dadurch nicht gefährdet wird. Weitere Voraussetzungen stellt Abs. 6 nicht auf. V.a. schränkt Abs. 6 die Befugnis der Bundesregierung nicht insofern ein, als die Entscheidung der TV-Parteien vorginge, ob und welche Abweichungen zulässig sind.[70] Im Gegenteil, auch dort, wo die TV-Parteien die Möglichkeiten zu Abweichungen hätten, kann die Bundesregierung eine Rechts-VO gem. Abs. 6 erlassen. **Diese geht dann abweichenden TV vor.**[71]

65 Gegen Abs. 6 werden von Gewerkschaftsseite **verfassungsrechtliche Bedenken** erhoben.[72] Es soll ein Verstoß gegen **Art. 80 Abs. 1 Nr. 2 GG** vorliegen, da die Ermächtigungsnorm nicht ausreichend bestimmt sei. Dem ist jedoch **nicht zu folgen**.[73] Abs. 6 schränkt die Befugnis zum Erlass von Rechts-VO in ausreichender Weise und bestimmt genug ein.

IX. Einwilligung des Arbeitnehmers bei Abweichungen ohne Zeitausgleich (Abs. 7)

66 **1. Erfordernis vorheriger schriftlicher Einwilligung.** Aufgrund Abs. 2a und Abs. 3 bis 5 kann die Arbeitszeit der AN ohne Zeitausgleich verlängert werden. Abs. 7 bestimmt, dass solche Möglichkeiten nur wirksam sind, wenn der AN in die Arbeitszeitverlängerung vorher schriftlich einwilligt. Eine nachträglich erteilte Genehmigung reicht nicht aus.[74]

67 Hinsichtlich der Schriftform gilt **§ 126 BGB**. Eine dieser Form nicht genügende Einwilligung ist gem. § 125 BGB unwirksam. Die Einwilligung kann also auch nicht konkludent durch Arbeitsaufnahme erklärt werden.

68 Der AN muss die Einwilligung selbst erteilen. Im **TV** oder in **BV** und **Dienstvereinbarung** kann die Einwilligung der betreffenden AN also nicht stellvertretend erklärt werden.[75] Stellt die **Einwilligungserklärung eine AGB** i.S.d. §§ 305 ff. BGB dar, ist dies **nicht schädlich**.

69 Inhaltlich muss die Einwilligung **ausreichend bestimmt bzw. transparent** sein. Es muss klar hervorgehen, dass der AN der Arbeitszeitverlängerung zustimmt und dass ein Zeitausgleich nicht stattfindet. Allerdings muss noch nicht feststehen, in welchem Umfang es tatsächlich zu einer Arbeitszeitverlängerung kommen wird.[76]

70 Schließlich darf der AG **keinen Zwang** einsetzen, um die Einwilligung des AN zu erreichen. Der AG darf die AN also **nicht unmittelbar** vor die Alternative stellen, entweder in die Arbeitszeitverlängerung einzuwilligen oder den Arbeitsplatz zu verlieren.[77] Allerdings kann der AG auf eine etwaige **schwierige Lage** aufmerksam machen und darlegen, dass er andere Maßnahmen in Betracht ziehen muss, wenn er die Arbeitszeit nicht ohne Zeitausgleich verlängern kann.

71 **2. Widerruf der Einwilligung durch den Arbeitnehmer.** Der AN kann seine Einwilligung jederzeit widerrufen. Dieser Widerruf muss, wie die Einwilligung, **schriftlich** erklärt werden, anderenfalls ist er gem. **§ 125 BGB** unwirksam. Eine **Begründung** braucht der Widerruf **nicht anzugeben**.

72 Der wirksam erklärte Widerruf beseitigt die Einwilligung allerdings nicht sofort, sondern mit einer **Frist von sechs Monaten**. Damit soll der AG die Möglichkeit haben, sich organisatorisch auf die neue Lage einzustellen.[78] Die Zeitspanne von sechs Monaten sollte dafür i.d.R. ausreichend sein.[79] Dem AN ist diese Frist zumutbar.[80]

---

69 BT-Drucks 12/5888, S. 28.
70 Wie hier *Anzinger/Koberski*, § 7 Rn 106; a.M. *Buschmann/Ulber*, § 7 Rn 34.
71 *Anzinger/Koberski*, § 7 Rn 106; ErfK/*Wank*, § 7 ArbZG Rn 24.
72 *Buschmann/Ulber*, § 7 Rn 33.
73 *Neumann/Biebl*, § 7 Rn 54; *Schliemann*, ArbzG, § 7 Rn 85.
74 *Anzinger/Koberski*, § 7 Rn 109; *Reim*, DB 2004, 186.
75 *Baeck/Deutsch*, § 7 Rn 142.
76 *Baeck/Deutsch*, § 7 Rn 145.
77 *Anzinger/Koberski*, § 7 Rn 111; *Reim*, DB 2004, 186.
78 BT-Drucks 15/1587, S. 17.
79 *Baeck/Deutsch*, § 7 Rn 147, halten die Frist für zu knapp; *Bernig*, BB 2004, 101, und *Reim*, DB 2004, 186, für zu lang.
80 *Schütt/Schulte*, § 7 Rn 88; a.M. *Buschmann/Ulber*, § 7 Rn 24c.

3. Benachteiligungsverbot. Weigert sich der AN, seine Einwilligung zu erklären, oder widerruft er sie, so darf 73
der AG ihn deswegen in keiner Weise benachteiligen. Dies bestimmt **Abs. 7 S. 3**, der damit § 612 BGB konkretisiert.
Allerdings ist nicht jede Maßnahme des AG untersagt. Versetzt etwa der AG den AN, der einer Arbeitszeitverlänge- 74
rung nicht zustimmt oder seine Zustimmung widerruft, und ist dies durch sachliche Gründe gerechtfertigt – **Beispiel**:
Schwierigkeiten aufgrund der geringeren Arbeitszeiten bei der Einsetzung in Schichtplan –, so ist dies kein Verstoß
gegen das Benachteiligungsverbot.[81]

Willigt der AN **vor Begründung des Arbverh** nicht in eine Verlängerung der Arbeitszeiten ein und sieht der AG 75
deshalb davon ab ihn einzustellen, so wird darin teilweise ein Verstoß gegen das Benachteiligungsverbot gesehen.[82]
Ein solcher Verstoß könnte sogar zu einem **Einstellungsanspruch** führen. Dies ist indes zweifelhaft. Es spricht einiges dafür, dass das Benachteiligungsverbot ein bestehendes Arbverh voraussetzt.[83]

4. Verstoß gegen die Arbeitszeitrichtlinie? Das Einwilligungserfordernis des Abs. 7 beruht auf **Art. 22 Abs. 1** 76
lit. a Arbeitszeit-RL 2003/88. Danach kann der AG vom AN keine Arbeitszeitverlängerung ohne Zeitausgleich fordern, es sei denn, dieser habe sich damit **einverstanden** erklärt. An die Einverständniserklärung stellt die Arbeitszeit-RL keine näheren Anforderungen.

Teile des Schrifttums sehen in Abs. 7 insofern einen Verstoß gegen Art. 22 Abs. 1 lit. a Arbeitszeit-RL 2003/88, als 77
der Widerruf der **Einwilligung erst nach sechs Monaten wirksam** wird.[84] Die Arbeitszeit-RL erfordere, dass der
AN jederzeit seine Einwilligung mit sofortiger Wirkung widerrufen kann.

Dem kann indes nicht beigepflichtet werden.[85] Die Arbeitszeit-RL schreibt lediglich vor, dass eine Einverständnis- 78
erklärung des AN erforderlich ist; die nähere Ausgestaltung überlässt sie dem nationalen Gesetzgeber. Dem ist der
deutsche Gesetzgeber **ausreichend nachgekommen**. Die Sechs-Monats-Frist beruht auf der legitimen Erwägung,
dass der AG bei Widerruf der Einwilligung eine gewisse Zeit für die Umstellung benötigt.

X. Durchschnittliche wöchentliche Höchstarbeitszeit und Bezugszeitraum (Abs. 8)

Abs. 8 legt fest, dass bei Arbeitszeitverlängerungen grds. eine **Höchstarbeitszeit von 48 Wochenstunden im** 79
Durchschnitt einzuhalten ist. Der Bezugszeitraum zur Berechnung der Höchstarbeitszeit beträgt **zwölf oder sechs**
Kalendermonate.

Der Bezugszeitraum von **zwölf Kalendermonaten** gilt bei Arbeitszeitverlängerungen durch TV-Parteien, ggf. Be- 80
triebsparteien, also nach Abs. 1 Nr. 1 und 4, Abs. 2 Nr. 2 bis 4, Abs. 3 und Abs. 4. Der Bezugszeitraum von **sechs**
Kalendermonaten gilt bei Arbeitszeitverlängerungen durch die Aufsichtsbehörde, also nach Abs. 5.

Abs. 8 bezieht sich nicht auf Abs. 2a. Arbeitszeitverlängerungen, die darauf gestützt sind, müssen nicht ausgeglichen 81
werden. Deshalb bedarf es auch keiner Durchschnittsberechnung und keines Bezugszeitraums.

Abs. 8 basiert auf **Art. 6b, 19 Unterabschnitt 2 Arbeitszeit-RL 2003/88**. Danach beträgt die wöchentliche Höchst- 82
arbeitszeit 48 Stunden. Der Bezugszeitraum für die Durchschnittsberechnung darf bis zu zwölf Kalendermonate betragen, wenn die allg. Grundsätze der Sicherheit und des Gesundheitsschutzes der AN gewahrt werden. Weil Letzteres in Abs. 8 nicht ausdrücklich festgelegt ist, bezweifeln Teile des Schrifttums, dass die Vorgaben der
Arbeitszeit-RL eingehalten worden sind.[86] Dem ist jedoch zu widersprechen. Etwaigen europarechtlichen Bedenken
kann durch eine richtlinienkonforme Auslegung des Abs. 8 begegnet werden.

XI. Mindestruhezeit bei Arbeitszeit von mehr als zwölf Stunden (Abs. 9)

Abs. 9 bestimmt, dass **im Anschluss** an eine **Arbeitszeit** von **mehr als zwölf Stunden** eine **Ruhezeit** von **elf Stunden** 83
einzuhalten ist. Damit kam der Gesetzgeber einer Entscheidung des EuGH nach.[87] Abs. 9 ist zwingend, jegliche Abweichung wäre unzulässig.[88]

C. Verbindung zu anderen Rechtsgebieten und zum Prozessrecht

I. Bußgeld und Strafe

Liegt eine wirksame abweichende Regelung i.S.d. § 7 vor und überschreitet der AG den dort vorgesehenen Rahmen, 84
so kann er eine OWi oder Straftat begehen. Maßgeblich ist, von welcher Grundnorm § 7 abweicht und welche Sanktionen das Gesetz in §§ 22, 23 für einen Verstoß bereithält.

---

81 *Baeck/Deutsch*, § 7 Rn 148.
82 HWK/*Gäntgen*, § 7 ArbZG Rn 19; *Neumann/Biebl*, § 7 Rn 57.
83 Ähnlich *Schliemann*, ArbZG, § 7 Rn 89; ErfK/*Wank*, § 7 ArbZG Rn 27.
84 *Buschmann/Ulber*, § 7 Rn 24c; *Linnenkohl/Rauschenberg*, § 7 Rn 67.
85 Zum folgenden auch ErfK/*Wank*, § 7 ArbZG Rn 25 f.
86 *Boerner*, NJW 2004, 1560; *Buschmann/Ulber*, § 7 Rn 10a; *Linnenkohl/Rauschenberg*, § 7 Rn 72; *Schliemann*, NZA 2004, 517.
87 EuGH 9.9.2003 – Rs. C-151/02 – NZA 2003, 1019.
88 *Schütt/Schulte*, § 7 Rn 98.

II. Uneinigkeit zwischen den Tarifvertragsparteien

85 Besteht zwischen den TV-Parteien Uneinigkeit über den Umfang einer tarifvertraglichen Abweichung, so können sie dies durch die ArbG klären lassen. I.d.R. wird dies durch eine **Feststellungsklage** geschehen.[89]

III. Sondervorschrift für bestimmte Personengruppen

86 Bei Jugendlichen kann § 7 nicht angewandt werden. Maßgeblich ist ausschließlich § 21 JArbSchG.

§ 8 Gefährliche Arbeiten

¹Die Bundesregierung kann durch Rechtsverordnung mit Zustimmung des Bundesrats für einzelne Beschäftigungsbereiche, für bestimmte Arbeiten oder für bestimmte Arbeitnehmergruppen, bei denen besondere Gefahren für die Gesundheit der Arbeitnehmer zu erwarten sind, die Arbeitszeit über § 3 hinaus beschränken, die Ruhepausen und Ruhezeiten über die §§ 4 und 5 hinaus ausdehnen, die Regelungen zum Schutz der Nacht- und Schichtarbeitnehmer in § 6 erweitern und die Abweichungsmöglichkeiten nach § 7 beschränken, soweit dies zum Schutz der Gesundheit der Arbeitnehmer erforderlich ist. ²Satz 1 gilt nicht für Beschäftigungsbereiche und Arbeiten in Betrieben, die der Bergaufsicht unterliegen.

1 Durch § 8 wird die Bundesregierung ermächtigt, bei gefährlichen Arbeiten mittels Rechts-VO zugunsten der AN strengere Regelungen über Arbeitszeit, Ruhepausen, Ruhezeiten sowie Nacht- und Schichtarbeit einzuführen. Damit kann den besonderen **Gefährdungen der Gesundheit der AN** bei bestimmten Arbeiten oder in bestimmten Beschäftigungsbereichen begegnet werden. § 8 ersetzte und erweiterte die vormals geltende Ermächtigung in § 9 Abs. 2 AZO, die sich nicht auf Ruhepausen und Ruhezeiten bezog. Die unter § 9 Abs. 2 AZO erlassenen Rechtsverordnungen (siehe unten Rn 4) sind bis auf zwei Ausnahmen durch das ArbZG aufgehoben worden.[1]

2 Ob die Bundesregierung eine auf § 8 gestützte Rechts-VO erlässt, liegt in ihrem pflichtgemäßen **Ermessen**. Der Einzelne hat **keinen individuellen Anspruch** darauf.[2] Allerdings kann das Ermessen in extremen Fällen bis auf Null schrumpfen; dann muss eine entsprechende Rechts-VO erlassen werden.[3] Wenn die Bundesregierung eine solche Rechts-VO erlassen will, bedarf dies der **Zustimmung des Bundesrats**.[4]

3 Voraussetzung für den Erlass einer Rechts-VO ist, dass bei bestimmten Arbeiten oder bei bestimmten Beschäftigungsbereichen eine **besondere Gefahr** für die **Gesundheit** der AN zu erwarten ist. Aus Gründen der Flexibilisierung der Arbeitszeit oder des Schutzes der Sonn- und Feiertagsruhe (vgl. § 1) darf dagegen keine Rechts-VO gem. § 8 erlassen werden.

4 Eine besondere Gefahr für die Gesundheit der betreffenden AN liegt dann vor, wenn im Vergleich zu anderen AN eine erhöhte Gesundheitsgefahr besteht, etwa aufgrund der Bearbeitung bestimmter gefährlicher Chemikalien.[5] Eine **abstrakte Gesundheitsgefährdung** reicht aus.[6]
Derzeit gilt eine auf § 8 bzw. auf die Vorgängerregelung gem. § 9 Abs. 2 AZO gestützte Rechts-VO, nämlich **§ 21 Druckluft-VO**.[7] Ursprünglich existierte auch noch § 15a Abs. 5 Gefahrstoff-VO, der allerdings zum 31.12.2004 entfallen ist.

5 Besonderheiten gelten im Bereich des Bergbaus. Dort ist § 8 nicht anwendbar. Stattdessen gilt § 68 BBergB, aufgrund dessen vergleichbare Rechts-VO erlassen werden können. Auf dieser Ermächtigungsgrundlage basiert die **Bergbau-VO zum Schutz der Gesundheit gegen Klimaeinwirkungen**.[8]

6 Besondere Regelungen sind bei der Beschäftigung von **Jugendlichen** zu beachten. Auch bei gefährlichen Arbeiten sind **§§ 22 bis 27 JArbSchG** vorrangig.

7 Verstößt der AG gegen Regelungen einer auf § 8 gestützten Rechts-VO, so stellt dies eine OWi gem. § 22 Abs. 1 Nr. 4 dar, sofern die Rechts-VO auf die Bußgeldvorschrift verweist. Ein solcher Verstoß ist aber **nicht strafbewehrt**, § 23 ist nicht anwendbar.

---

89 *Anzinger/Koberski*, § 7 Rn 153.
1 HWK/*Gäntgen*, § 8 ArbZG Rn 1; *Neumann/Biebl*, § 7 Rn 2.
2 *Baeck/Deutsch*, § 8 Rn 11.
3 Im Grundsatz ähnlich *Buschmann/Ulber*, § 8 Rn 4.
4 *Schliemann*, ArbZG, § 8 Rn 4.
5 *Baeck/Deutsch*, § 8 Rn 13.
6 *Buschmann/Ulber*, § 8 Rn 2; ErfK/*Wank*, § 8 ArbZG Rn 4.
7 Druckluft-VO v. 4.12.1972, BGBl I S. 1909, zuletzt geändert durch Art. 6 der Verordnung zur Rechtsvereinfachung und Stärkung der arbeitsmedizinischen Vorsorge vom 1.12.2008, BGBl I, S. 2768.; hierzu *Anzinger/Koberski*, § 8 Rn 2.
8 Klima-Berg-VO v. 9.6.1983, BGBl I S. 685, dazu eingehend *Anzinger/Koberski*, § 8 Rn 11 f.; HWK/*Gäntgen*, § 8 ArbZG Rn 4 ff.

Dritter Abschnitt: Sonn- und Feiertagsruhe

§ 9 Sonn- und Feiertagsruhe

(1) Arbeitnehmer dürfen an Sonn- und gesetzlichen Feiertagen von 0 bis 24 Uhr nicht beschäftigt werden.
(2) In mehrschichtigen Betrieben mit regelmäßiger Tag- und Nachtschicht kann Beginn oder Ende der Sonn- und Feiertagsruhe um bis zu sechs Stunden vor- oder zurückverlegt werden, wenn für die auf den Beginn der Ruhezeit folgenden 24 Stunden der Betrieb ruht.
(3) Für Kraftfahrer und Beifahrer kann der Beginn der 24 stündigen Sonn- und Feiertagsruhe um bis zu zwei Stunden vorverlegt werden.

Literatur: *Beyerlein/Lach*, Warenautomaten im Lichte der Neuregelungen zum Ladenschluss, GewArch 2007, 461; *Buschmann*, Ohne Sonntage gibt es nur noch Werktage, AiB 2007, 197; *Höfling/Rixen*, Die Landes-Gesetzgebungskompetenz im Gewerberecht nach der Föderalismusreform, GewArch 2008, 1; *Humberg*, Automaten-Videotheken und DVD-Verleih-Automaten versus Sonn- und Feiertagsrecht – eine Analyse der aktuellen Rechtsprechung, GewArch 2008, 233; *Kappus*, Wirtschaftliche und technische Notwendigkeiten als Ausnahme vom gewerberechtlichen Verbot der Sonntagsarbeit, BB 1987, 20; *Kingreen/Pieroth*, Personale und kalendarische Arbeitszeitbeschränkungen, 2007; *Kuhr*, Die Sonntagsruhe im Arbeitszeitgesetz aus verfassungsrechtlicher Sicht, DB 1994, 2186; *Loritz*, Möglichkeiten und Grenzen der Sonntagsarbeit, 1989; *Neumann*, Ladenschlussrecht, 5. Aufl. 2008; *Richardi*, Sonn- und Feiertagsruhe im Arbeitsleben, AuR 2006, 379; *Richardi/Annuß*, Bedarfsgewerbeverordnungen: Sonn- und Feiertagsarbeit ohne Grenzen?, NZA 1999, 953; *Rose*, Die uneingeschränkte Erlaubnis der Sonn- und Feiertagsarbeit nach § 13 Abs. 5 ArbZG, DB 2000, 1662; *Tegebauer*, Die Entwicklung des Ladenschlussrechts seit dem Jahr 2004, GewArch 2007, 49; *Zmarzlik*, Zur Zulässigkeit industrieller Sonntagsarbeit, RdA 1988, 257

A. Allgemeines 1	II. Strafe und Bußgeld 18
B. Regelungsgehalt 4	III. Mitbestimmung des Betriebsrats/Klagerechte der Gewerkschaften 19
I. Beschäftigungsverbot an Sonn- und gesetzlichen Feiertagen (Abs. 1) 4	IV. Zivilrechtliche Auswirkungen auf das Arbeitsverhältnis 20
II. Verschiebungen in mehrschichtigen Betrieben (Abs. 2) 10	V. Sondervorschriften für bestimmte Personengruppen 22
III. Sonderregelung für Kraftfahrer und Beifahrer (Abs. 3) 15	VI. Ladenschlussgesetz 24
C. **Verbindung zu anderen Rechtsgebieten und zum Prozessrecht** 17	VII. Sonstige Verbote der Sonn- und Feiertagsarbeit .. 26
I. Gesetzliche Ausnahmevorschriften 17	**D. Beraterhinweise** 29

A. Allgemeines

Die §§ 9 bis 13 enthalten besondere Regelungen zum Sonn- und Feiertagsschutz. Dahinter steht das verfassungsrechtliche Gebot der **Art. 140 GG i.V.m. Art. 139 WRV**, Sonn- und Feiertage als „**Tage der Arbeitsruhe und der seelischen Erhebung**" zu schützen. Der Zweck der §§ 9 bis 13 besteht darin, diesen **Schutzauftrag** umzusetzen. Gleichzeitig dienen sie der **Gesundheit** und dem **Erholungsbedürfnis** der AN.[1] Schließlich wird den §§ 9 bis 13 der etwas antiquiert anmutende Zweck beigemessen, die **öffentliche Ruhe und Ordnung** an Sonn- und Feiertagen zu schützen.[2]

§§ 9 bis 13 greifen in die **Berufsausübungsfreiheit** der AG wie der AN ein. Dieser Grundrechtseingriff wird wegen Art. 140 GG i.V.m. Art. 139 WRV überwiegend für zulässig gehalten.[3] Richtig überzeugend ist dies nicht.[4] Dem Schutzgebot des Art. 140 GG i.V.m. Art. 139 WRV kann nämlich durchaus mit weniger einschneidenden Mitteln als einem Arbeitsverbot an Sonn- und Feiertagen angemessene Rechnung getragen werden. Auch der **Vergleich mit anderen Ländern** macht deutlich, dass das Sonn- und Feiertagsrecht in Deutschland überbetont ist.[5]

Vor diesem Hintergrund besteht keine Veranlassung pauschal vorzugeben, dass die in den §§ 10 bis 13 enthaltenen Ausnahmen vom Verbot der Sonn- und Feiertagsarbeit restriktiv gehandhabt werden müssten.[6] Ebenso wenig gibt es Veranlassung den §§ 9 ff. zu attestieren, sie schützten die Sonn- und Feiertagsruhe nur unzulänglich und seien deshalb verfassungsrechtlich zweifelhaft.[7] Tatsächlich gebieten Art. 140 GG i.V.m. Art. 139 WRV nur, einen Kernbestand

---

1 BVerwG 19.9.2000 – 1 C 17/99 – NZA 2000, 1232; *Anzinger/Koberski*, § 9 Rn 2.
2 OVG Münster 22.2.1994 – 4 B 2309/93 – NVwZ-RR 1994, 439; *Baeck/Deutsch*, § 9 Rn 1.
3 *Anzinger/Koberski*, § 7 Rn 3; *Richardi/Annuß*, NZA 1999, 953, 954.
4 *Loritz*, Möglichkeiten und Grenzen der Sonntagsarbeit, 1989, S. 77 ff.; *Kappus*, BB 1987, 120, 124.
5 Vgl. zu den Regelungen in anderen Ländern *Baeck/Deutsch*, Vor 9–13 Rn 22; *Zmarzlik*, RdA 1988, 257, 259.
6 Anders etwa HWK/*Gäntgen*, § 9 ArbZG Rn 1.
7 So aber *Buschmann/Ulber*, § 9 Rn 1.

der Sonn- und Feiertagsruhe zu schützen.[8] Im Übrigen sollte es durchaus zu denken geben, dass zum Schutz der Sonn- und Feiertagsruhe auf die Weimarer Reichsverfassung aus dem Jahre 1919 zurückgegriffen werden muss.

3 Auf der **Ebene der EG** gibt es keine Regelungen, welche Sonn- und Feiertage schützen. Der ehemalige Art. 5 Abs. 2 der Arbeitszeit-RL 93/104/EG, nach dem sich die wöchentliche Mindestruhezeit auch auf den Sonntag erstrecke, ist vom **EuGH für nichtig erklärt worden**.[9] Da nicht ersichtlich sei, warum gerade der Sonntag Gesundheit und Sicherheit der AN schützen solle, könne die entsprechende Regelung nicht auf die Ermächtigungsgrundlage des Art. 118a EGV gestützt werden.

B. Regelungsgehalt

I. Beschäftigungsverbot an Sonn- und gesetzlichen Feiertagen (Abs. 1)

4 Abs. 1 legt den Grundsatz fest, dass es an Sonn- und gesetzlichen Feiertagen von 0:00 bis 24:00 Uhr untersagt ist, AN zu beschäftigen. Darunter fällt jede **Art von Beschäftigung**, auch Bereitschaftsdienst, Arbeitsbereitschaft oder Rufbereitschaft. Desgleichen ist die **Schulung** von AN an Sonn- und gesetzlichen Feiertagen untersagt. Der AN darf die Beschäftigung auch **nicht zu Hause** ausüben.[10] Auch dann, wenn der AN freiwillig oder aus Interesse an einem Sonn- oder Feiertag arbeitet, d.h. Aufgaben aus seinem Arbverh ausführt, soll dies unzulässig sein.[11]

5 **Keine Beschäftigung** stellt es dar, wenn der AN **Wegezeiten** vom oder zum Betrieb an Sonn- oder gesetzlichen Feiertagen hat. Auch das bloße **Laufenlassen von Produktionsmaschinen ohne AN-Beteiligung** ist keine Beschäftigung i.S.d. Abs. 1.[12] Freiwillige betriebliche Feiern oder betriebliche Wochenendausfahrten an Sonn- und gesetzlichen Feiertagen sind ebenfalls erlaubt, es handelt sich dabei um Freizeitgestaltung und nicht um Beschäftigung.[13]

6 Das Beschäftigungsverbot gilt nur für Arbeit in Deutschland (**Territorialitätsprinzip**).[14] Maßgeblich dafür ist, wo die Beschäftigung konkret ausgeübt wird. Wird der AN auf einer **Dienstreise außerhalb Deutschlands** an Sonn- oder gesetzlichen Feiertagen tätig, so fällt das nicht unter Abs. 1. Der Beschäftigungsort ist auch maßgeblich, wenn es um **Feiertage** geht, die nicht in allen Bundesländern gelten.[15] So ist etwa Fronleichnam ein gesetzlicher Feiertag in Bayern, nicht aber in Berlin. Ein AG in München kann an diesem Tag einen AN nach Berlin auf Dienstreise schicken. Diese Beschäftigung ist nicht verboten, da in Berlin Fronleichnam kein gesetzlich geschützter Feiertag ist.

7 Das Beschäftigungsverbot gilt an **Sonn-** und **gesetzlichen Feiertagen**. Wegen letzterer sind die **Feiertagsgesetze der Länder** maßgeblich. Dazu kommt ein durch Bundesgesetz bestimmter Feiertag, nämlich der Tag der deutschen Einheit am 3. Oktober (zur Übersicht der gesetzlichen Feiertage siehe Rn 29 und vgl. Rn 30). Das Beschäftigungsverbot bezieht sich jeweils auf den gesamten Tag, also von **0:00 bis 24:00 Uhr.**

8 Das Beschäftigungsverbot gilt nur hinsichtlich **AN (§ 2 Abs. 2)**. **Leitende Ang** fallen nicht darunter (§ 18 Abs. 1 Nr. 1), ebenso wenig **freie Mitarbeiter** oder **Selbstständige**.[16] Auch die **Eigenarbeit des AG** an Sonn- und gesetzlichen Feiertagen ist zulässig.[17] Allerdings können sich Arbeitsverbote aus anderen Vorschriften ergeben (siehe unten Rn 26).

9 Der AG darf eine unzulässige Beschäftigung des AN an Sonn- und Feiertagen nicht anordnen. Schwieriger ist die Antwort auf die Frage, ob der AG dagegen vorgehen muss, wenn der AN freiwillig an einem Sonn- oder Feiertag arbeitet, womöglich zu Hause. Die h.M. verlangt von dem AG, dass er, wenn er davon **Kenntnis** erlangt, **aktiv vorgehen und Sonn- und Feiertagsarbeit verhindern muss**.[18] An dieser rigiden und praxisfernen Auffassung sind Zweifel durchaus angebracht.[19] Was ist etwa dagegen einzuwenden, wenn ein AN an einem Sonn- oder Feiertag aus eigenem Antrieb Liegengebliebenes aufarbeitet oder berufliche E-Mails verschickt? Damit sind natürlich nicht die Fälle gemeint, in denen eine vom AG verursachte Arbeitsüberlastung Sonn- und Feiertagsarbeit erzwingt.

II. Verschiebungen in mehrschichtigen Betrieben (Abs. 2)

10 Abs. 2 lässt für mehrschichtige Betriebe mit regelmäßiger Tag- und Nachtschicht eine Verschiebung der 24-stündigen Sonn- und Feiertagsruhe zu. Damit soll die Möglichkeit geschaffen werden, den **üblichen Schichtwechsel beizubehalten**.[20] Andernfalls müsste die Schicht vor Sonn- und Feiertagen stets um 0:00 Uhr enden. Die Möglichkeit der Schichtverschiebung besteht aber auch dann, wenn vor Sonn- oder Feiertag nicht gearbeitet wurde.[21] Auch wenn

---

8 BVerfG 9.6.2004 – 1 BvR 636/02 – NJW 2004, 2363, 2370.
9 EuGH 12.11.1996 – Rs. C-84/96 – DB 1997, 175.
10 *Anzinger/Koberski*, § 9 Rn 4.
11 *ErfK/Wank*, § 9 ArbZG Rn 1.
12 *Linnenkohl/Rauschenberg*, § 9 Rn 8; *ErfK/Wank*, § 9 ArbZG Rn 2.
13 *Anzinger/Koberski*, § 9 Rn 9.
14 *Baeck/Deutsch*, § 9 Rn 10.
15 *Baeck/Deutsch*, § 9 Rn 10; *Linnenkohl/Rauschenberg*, § 9 Rn 13.
16 *Buschmann/Ulber*, § 9 Rn 2.
17 *ErfK/Wank*, § 9 ArbZG Rn 2.
18 BayObLG 17.9.1981 – 3 ObOWi 132/81 – GewArch 1981, 386; *Neumann/Biebl*, § 9 Rn 3; *Schütt/Schulte*, § 9 Rn 10.
19 So auch *Schliemann*, ArbZG, § 9 Rn 7.
20 Vgl. BT-Drucks 12/5888, S. 28.
21 *Baeck/Deutsch*, § 9 Rn 22; a.M. *Buschmann/Ulber*, § 9 Rn 6.

etwa die letzte Schicht Freitag endet, Samstag also nicht gearbeitet wird, kann die Sonntagsruhe aufgrund Abs. 2 verschoben werden.

Mehrschichtige Betriebe mit regelmäßiger Tag- und Nachtschicht i.S.d. Abs. 2 bedeutet, dass **üblicherweise** mind. in **einer Tag- und einer Nachtschicht gearbeitet wird**.[22] Es ist also **nicht** erforderlich, dass **ständig** in Tag- und Nachtschicht gearbeitet wird; auf der anderen Seite fällt **gelegentliche Schichtarbeit** nicht unter Abs. 2. Die Dauer der Schichten ist ohne Belang.[23]

Die Sonn- und Feiertagsruhe kann aufgrund Abs. 2 verschoben, **nicht** aber **verkürzt** werden. Sie muss also stets 24 Stunden betragen. Die Verschiebungsmöglichkeit umfasst sechs Stunden. Um diese Zeitspanne kann der Beginn oder das Ende der Sonn- und Feiertagsruhe vor- oder zurückverlegt werden.

Beispiel: Die Sonntagsruhe beginnt nicht am Sonntag um 0:00 Uhr, sondern schon Samstag um 20:00 Uhr; sie endet dann auch am Sonntag um 20:00 Uhr.

Eine Verschiebung der Sonn- und Feiertagsruhe setzt voraus, dass nach Ende der Verschiebung eine 24-stündige Ruhezeit folgt. Was darunter zu verstehen ist, ist umstr. Die wohl überwiegende Auff. verlangt, dass eine **objektive Betriebsruhe** eingehalten werden, der **Gesamtbetrieb also 24 Stunden ruhen** muss.[24] Das ist aber zu weitgehend und auch nicht mehr vom Zweck der Sonn- und Feiertagsruhe gedeckt.[25] Es reicht vollkommen aus, dass in dieser 24-stündigen Ruhezeit keine AN des Betriebs beschäftigt werden. Eine Differenzierung nach Betriebsabteilungen ist nicht möglich. Aber warum sollen in dieser Zeit automatisierte Maschinen nicht weiterlaufen, der AG selbst oder Nicht-AN nicht tätig werden dürfen? Das ist nicht nachvollziehbar und schränkt die Unternehmergrundrechte unnötig weit ein.

Die Verschiebung kann der AG bei Vorliegen der Voraussetzungen des Abs. 2 aufgrund seines **Direktionsrechts** anordnen.[26] Es bedarf also keiner irgend gearteten **behördlichen Genehmigung**.

III. Sonderregelung für Kraftfahrer und Beifahrer (Abs. 3)

Für Kraftfahrer und Beifahrer kann die Sonn- und Feiertagsruhe um bis zu zwei Stunden vorverlegt werden. Diese Berufsgruppe kann also an Sonn- und Feiertagen ab 22:00 Uhr tätig werden. Ausweislich der Gesetzesbegründung soll dem **Sonntagsfahrverbot des § 30 Abs. 3 S. 1 StVO** Rechnung getragen werden, welches bestimmt, dass LKW über 7,5 Tonnen Gewicht sowie Anhänger hinter LKW an Sonn- und Feiertagen erst ab 22:00 Uhr fahren dürfen.[27] Allerdings führt dies nicht dazu, dass Abs. 3 nur Kraftfahrer und Beifahrer solcher LKW betrifft, eine solche Einschränkung findet im Gesetzeswortlaut keine Stütze.[28]

Die Vorverlegungsmöglichkeit des **Abs. 3** betrifft nicht den gesamten Betrieb, sondern nur die Kraftfahrer und Beifahrer. Die Vorverlegung muss nicht den Zweck erfüllen, dass die Betreffenden zu diesen Zeiten am Straßenverkehr teilnehmen. Auch eine Vorverlegung zur Erledigung von Vorbereitungsarbeiten ist zulässig.[29] Schließlich muss sich die Vorverlegung nicht auf alle Kraftfahrer und Beifahrer des Betriebes beziehen.[30] Sie kann auch für einen oder einzelne AN angeordnet werden.

Die Vorverlegung ordnet der AG kraft seines Direktionsrechts an. Erforderlich ist, dass die Betroffenen eine Ruhezeit von mind. 24 Stunden haben.[31]

C. Verbindung zu anderen Rechtsgebieten und zum Prozessrecht

I. Gesetzliche Ausnahmevorschriften

Das in § 9 festgelegte grundsätzliche Verbot der Arbeiten an Sonn- und Feiertagen erfährt allerdings weitere Ausnahmen. Das Gesetz selbst sieht folgende Fälle vor:

- Abweichung aufgrund § 10
- Abweichung aufgrund eines außergewöhnlichen Falles (§ 14)
- Abweichung durch Ausnahmebewilligung der Aufsichtsbehörden oder Rechts-VO (§ 15).

II. Strafe und Bußgeld

Verstöße gegen Abs. 1, die nicht durch einen Ausnahmetatbestand gerechtfertigt sind, werden als OWi i.S.d. § 22 Abs. 1 Nr. 5 behandelt. Vorsätzliche oder gesundheitsgefährdende Verstöße stellen eine Straftat gem. § 23 Abs. 1 dar.

---

22 BAG 14.12.1993 – 10 AZR 386/93 – NZA 1994, 804; *Anzinger/Koberski*, § 9 Rn 40.
23 *Baeck/Deutsch*, § 9 Rn 23.
24 *Buschmann/Ulber*, § 9 Rn 7; *Neumann/Biebl*, § 9 Rn 6; *ErfK/Wank*, § 9 ArbZG Rn 7.
25 Ähnlich *Baeck/Deutsch*, § 7 Rn 25; *Linnenkohl/Rauschenberg*, § 9 Rn 17.
26 *Schütt/Schulte*, § 9 Rn 19 ff.
27 BT-Drucks 12/5888, S. 28.
28 *Baeck/Deutsch*, § 9 Rn 29; *Neumann/Biebl*, § 9 Rn 7; a.M. *Anzinger/Koberski*, § 9 Rn 49.
29 *Schliemann*, ArbZG, § 9 Rn 15.
30 *Schliemann*, ArbZG, § 9 Rn 15.
31 Dazu *Baeck/Deutsch*, § 9 Rn 30.

III. Mitbestimmung des Betriebsrats/Klagerechte der Gewerkschaften

19 Der AG kann mitbestimmungsfrei entscheiden, dass künftig auch an Sonntagen gearbeitet wird.[32] Mitbestimmungspflichtig sind dann aber die daraus resultierenden Änderungen der Arbeitszeiten, § 87 Abs. 1 Nr. 2 BetrVG.[33] **Verschiebungen** gem. **Abs. 2 und Abs. 3** fallen unter § 87 Abs. 1 Nr. 2 BetrVG und § 75 Abs. 3 Nr. 1 BPersVG, sind also mitbestimmungspflichtig. Dies betrifft sowohl die Lage als auch den Zeitraum der Sonn- und Feiertagsarbeit.[34]

Gewerkschaften haben keine Klagebefugnisse gegen Ausnahmen vom Verbot der Sonn- und Feiertagsarbeit. Denn dieses Verbot dient nicht dem Schutz gewerkschaftlicher Rechte.[35]

IV. Zivilrechtliche Auswirkungen auf das Arbeitsverhältnis

20 Wird der AN zulässigerweise an einem Sonn- oder Feiertag beschäftigt, hat er **keinen gesetzlichen Anspruch auf einen Zuschlag**.[36] Als Vergütung erhält er seinen regulären Lohn. Anders ist es nur, wenn vertraglich oder tarifvertraglich Abweichendes vereinbart wurde.

Fällt infolge eines gesetzlichen Feiertages Arbeitszeit aus, so hat der AN einen Entgeltfortzahlungsanspruch, vgl. § 2 EFZG. Wegen der Einzelheiten wird auf die Kommentierung dort verwiesen.

21 Ordnet der AG unzulässigerweise Sonntagsarbeit an, so braucht der AN dem nicht nachzukommen. Die Weisung ist unwirksam. Ggf. hat der AN einen Anspruch auf Schadensersatz. Diesen kann er auf Vertragsverletzung, aber auch auf § 823 Abs. 2 BGB stützen. Abs. 1 ist ein Schutzgesetz i.S.d. § 823 Abs. 2 BGB. Bei häufiger unzulässig angeordneter Sonntagsarbeit kann der AN ein Recht zum Ausspruch einer außerordentlichen Künd i.S.d. § 626 BGB haben.

V. Sondervorschriften für bestimmte Personengruppen

22 Für **Jugendliche** sind §§ 17 Abs. 1, 18 Abs. 1 JArbSchG zu beachten. Danach dürfen sie an Sonntagen grds. nicht beschäftigt werden. Für gewisse Bereiche gibt es ausdrücklich zugelassene Ausnahmen (Beispiele: Krankenhäuser, Gaststätten, Landwirtschaft).

23 **Werdende und stillende Mütter** dürfen an Sonn- und Feiertagen nicht beschäftigt werden (vgl. § 8 Abs. 1 S. 1 MuSchG). Auch hier existieren für einzelne Bereiche ausdrücklich zugelassene Ausnahmen (vgl. § 8 Abs. 4 MuSchG).

VI. Ladenschlussgesetz

24 Für **AN in Verkaufsstellen** galt bisher § 17 LSchlG. Danach war eine Beschäftigung an Sonn- oder Feiertagen nur ausnahmsweise während der zugelassenen Öffnungszeiten möglich. Die Beschäftigungsdauer durfte acht Stunden nicht überschreiten. Besonderheiten galten bei Verkaufsstellen in Kur- und Erholungsorten. Bei Sonn- und Feiertagsarbeit musste Ersatzfreistellung gewährt werden.

Im Rahmen der **Förderalismusreform** ist mit Wirkung zum **1.9.2006** die Bundeszuständigkeit für den Ladenschluss aufgehoben und die Zuständigkeit der Länder begründet worden. Das bedeutet: Das Ladenschlussgesetz bleibt zwar zunächst bestehen, kann aber durch Landesrecht ersetzt werden (Art. 125a Abs. 1 GG).[37] Von dieser Ersetzungsbefugnis haben alle Bundesländer bis auf Bayern Gebrauch gemacht. Im Einzelnen ergibt sich folgendes Bild:[38]

Baden-Württemberg	Gesetz vom 14.2.2007 In Kraft seit 6.3.2007 Gesetz über die Ladenöffnung in Baden-Württemberg Artikel 1 des Gesetzes v. 14.2.2007 (GBl, S. 135) http://dejure.org/gesetze/LadOEG http://beck-online.beck.de/?typ=reference&y=100&g=BWLadOeG
Bayern	Bisher keine landesrechtliche Regelung vorhanden, nach der Landtagswahl 2008 drängt die FDP auf eine Änderung der Öffnungszeiten. http://www.focus.de/politik/deutschland/bayern/bayern-ladenschluss-und-schulpolitik-strittig_aid_340739.html

---

32 OVG Lüneburg 24.1.2008 – 18 MP 14/07 – NZA-RR 2008, 391; *Buschmann/Ulber*, § 9 Rn 11.
33 BAG 25.2.1997 – 1 ABR 69/96 – NZA 1997, 955, 956 f.
34 ErfK/*Wank*, § 9 ArbZG Rn 11.
35 VGH München 13.2.2008 – 22 ZB 06.1921 – BayVerwBl 2008, 413.
36 BAG 11.1.2006 – 5 AZR 97/05 – NZA 2006, 372; *Anzinger/Koberski*, § 9 Rn 20.
37 Vgl. *Kühling*, AuR 2006, 384, 385.
38 Siehe hierzu auch: http://beck-online.beck.de/?bcid=Y-100-G-LadSchlG; http://de.wikipedia.org/wiki/Ladenschluss; *Neumann*, Ladenschlussrecht, dort unter „Vorschriften der Länder".

Berlin	Gesetz vom 14.11.2006 In Kraft seit 15.11.2006 Berliner Ladenöffnungsgesetz (BerlLadÖffG) GVBl. I/06 (Nr. 38), S. 1045 www.berlin.de/imperia/md/content/balichtenberghohenschoenhausen/wirtschaft/gesetze/berllad_ffg.pdf http://beck-online.beck.de/?typ=reference&y=100&g=BlnLadOeffG
Brandenburg	Gesetz vom 27.11.2006 In Kraft seit 1.12.2006 Brandenburgisches Ladenöffnungsgesetz (BbgLöG) GVBl. I/06 (Nr. 15), S. 158 http://www.landesrecht.brandenburg.de/sixcms/detail.php?gsid=land_bb_bravors_01.c.24245.de http://beck-online.beck.de/?typ=reference&y=100&g=BbgLoeG
Bremen	Gesetz vom 22.3.2007 In Kraft seit 1.4.2007 Bremisches Ladenschlussgesetz (Brem. GBl, S. 221) http://beck-online.beck.de/?typ=reference&y=100&g=BrLadSchlG
Hamburg	Gesetz vom 22.12.2006 In Kraft seit 1.1.2007 Hamburgisches Gesetz zur Regelung der Ladenöffnungszeiten (Ladenöffnungsgesetz) (HmbGVBl., S. 611), BS Hbg 8050–20–1 http://beck-online.beck.de/?typ=reference&y=100&g=HbgLadOeffG
Hessen	Gesetz vom 23.11.2006 In Kraft seit 1.12.2006 Hessisches Ladenöffnungsgesetz (HLöG), (GVBl. I, S. 606), GVBl. II, S. 513–13 http://beck-online.beck.de/?typ=reference&y=100&g=HESLoeG
Mecklenburg-Vorpommern	Gesetz vom 18.6.2007 In Kraft seit 2.7.2007 Gesetz über die Ladenöffnungszeiten für das Land Mecklenburg-Vorpommern (Ladenöffnungsgesetz – LöffG M-V), (GVOBl. M-V S. 226), GS Meckl.-Vorp. Gl. Nr. 7128–2 http://beck-online.beck.de/?typ=reference&y=100&g=MVLoeffG
Niedersachsen	Gesetz vom 8.3.2007 In Kraft seit 1.4.2007 Niedersächsisches Gesetz über Ladenöffnungs- und Verkaufszeiten (NLöffVZG), (Nds. GVBl. Nr. 6/2007, S. 111), geändert durch Gesetz v. 20.2.2009 (Nds.GVBl. Nr. 3/2009, S. 31) – VORIS 81610 – http://www.recht-niedersachsen.de/81610/nloeffvzg.htm http://beck-online.beck.de/?typ=reference&y=100&g=NdsLoeffVZG
Nordrhein-Westfalen	Gesetz vom 16.11.2006 In Kraft seit 21.11.2006 Gesetz zur Regelung der Ladenöffnungszeiten (Ladenöffnungsgesetz – LÖG NRW), (GV. NRW., S. 516), SGV. NRW. 7113 http://beck-online.beck.de/?typ=reference&y=100&g=NRWLOeG

Rheinland-Pfalz	**Gesetz vom 16.11.2006** **In Kraft seit 21.11.2006** Ladenöffnungsgesetz Rheinland-Pfalz (LadöffnG), GVBl 2006, S. 351 www.rhein-hessen.ihk24.de/produktmarken/fairplay/Anhaengsel/Landesladenoeffnungszeiten_Rheinland-Pfalz.pdf http://beck-online.beck.de/?typ=reference&y=100&g=RPLadoeffnG
Saarland	**Gesetz vom 15.11.2006** **In Kraft seit 15.11.2006** Gesetz zur Regelung der Ladenöffnungszeiten (Ladenöffnungsgesetz – LÖG Saarland), zuletzt geändert durch Art. 3 G über Zuständigkeiten nach der Energieeinspar VO, zur Bereinigung berufsrechtl. Vorschriften und zur Änd. des Ladenöffnungs Gs v. 20.8.2008 (Amtsbl., S. 1760) http://beck-online.beck.de/?typ=reference&y=100&g=SaarLOeG
Sachsen	**Gesetz vom 16.3.2007** **In Kraft seit 1.4.2007** Sächsisches Gesetz über die Ladenöffnungszeiten (Sächsisches Ladenöffnungsgesetz – SächsLadÖffG), zuletzt geändert durch Art. 1 ÄndG v. 17.4.2008 (SächsGVBl., S. 274), SächsGVBl., S. 42 http://beck-online.beck.de/?bcid=Y-100-G-SaLadOeffG
Sachsen-Anhalt	**Gesetz vom 22.11.2006** **In Kraft seit 27.11.2006** Gesetz über die Ladenöffnungszeiten im Land Sachsen-Anhalt (Ladenöffnungszeitengesetz Sachsen-Anhalt – LÖffzeitG LSA), (GVBl. LSA, S. 528) BS LSA 8050.4 http://beck-online.beck.de/?typ=reference&y=100&g=LSALOeffzeitG
Schleswig-Holstein	**Gesetz vom 29.11.2006** **In Kraft seit 1.12.2006** Gesetz über die Ladenöffnungszeiten (Ladenöffnungszeitengesetz – LÖffZG), (GVOBl. Schl.-H., S. 243) http://beck-http://beck-online.beck.de/?typ=reference&y=100&g=SHLoeffZG
Thüringen	**Gesetz vom 24.11.2006** **In Kraft seit 24.11.2006** Thüringer Ladenöffnungsgesetz (GVBl., S. 541) BS Thür 8050–1 www.thueringen.de/imperia/md/content/tmsfg/abteilung5/th__ringer_landen__ffnungsgesetz.pdf http://beck-online.beck.de/?bcid=Y-100-G-THLadOeffG

25 In aller Regel werden in den Ländergesetzen die Öffnungszeiten erweitert.[39] Dies stellt keinen Verstoß gegen die verfassungsrechtlich geschützte Sonn- und Feiertagsruhe (Art. 140 GG i.V.m. Art. 139 WRV) dar. Denn der Gesetzgeber hat einen weiten Gestaltungsspielraum, aufgrund dessen er die Ladenöffnungszeiten deutlich erweitern kann.[40] Schließlich sind insofern auch die gegenläufigen Grundrechte der Bürger auf freien Einkauf (Art. 2 Abs. 1 GG) und die Berufsfreiheit der Betreiber von Verkaufsstellen betroffen.[41]

Es ist noch nicht ausreichend geklärt, ob den Ländern durch die Föderalismusreform auch die **Kompetenz** zugewachsen ist, die **Arbeitszeit der AN in Verkaufsstellen an Sonn- und Feiertagen zu regeln**, oder ob es insofern bei den restriktiven Regelungen des § 17 des bisherigen Ladenschlussgesetzes und dem ArbZG bleibt. Die Bundesländer gehen überwiegend davon aus, dass sie seit der Föderalismusreform auch die Kompetenz zur Regelung der Arbeitszeiten

---

39 Vgl. hierzu die Übersicht bei *Schliemann*, ArbZG, LadÖffR Rn 31 ff.

40 In diese Richtung auch *Kingreen/Pieroth*, Personale und kalendarische Arbeitszeitbeschränkungen, 2007, S. 71 ff.;

Tegebauer, GewArch 2007, 49, 53 f.; a.A.: *Buschmann*, AiB 2007, 197, 202.

41 Vgl. zu diesem Gesichtspunkt auch BVerfG 9.6.2004 – 1 BVR 636/02 – NJW 2004, 2363.

an Sonn- und Feiertagen haben, sofern es die Ladenöffnungszeiten der Verkaufsstellen betrifft.[42] Für diese Auffassung spricht auch einiges. So stehen etwa Ladenöffnungszeiten an Sonn- und Feiertagen und Arbeitszeiten der AN in den entsprechenden Verkaufsstellen in einem **engen sachlichen Zusammenhang**. Auch das Argument, das bisher schon das Ladenschlussgesetz hinsichtlich der arbeitsschutzrechtlichen Bestimmungen als das **speziellere Gesetz** das ArbZG verdrängte,[43] geht in diese Richtung. In der bisherigen juristischen Diskussion ist dies alles aber noch sehr umstritten.[44]

Inzwischen gibt es auch schon erste Urteile zu den Ladenöffnungszeiten nach den neuen Landesgesetzen: Der **VerfGH Berlin** hält die Beschränkungen der Einkaufsmöglichkeiten an Sonn- und Feiertagen für gerechtfertigt.[45] Dabei stellt das Gericht auch auf die gesetzlichen Ausnahmemöglichkeiten ab: Öffnungen an bis zu zehn Sonntagen im Jahr möglich (§§ 3 Abs. 1, 6 Abs. 1 S. 1, 6 Abs. 2 Berliner Ladenöffnungsgesetz). Diese Ausnahmen empfinden andere wiederum als zu weitgehend, weswegen eine Verfassungsbeschwerde bei dem BVerfG anhängig ist.[46] Das **OVG Bautzen** hält es für unzulässig, die nach dem Sächsischen Ladenöffnungsgesetz zulässigen Öffnungen an vier Sonntagen durch Verordnung zu erweitern.[47] Der **VGH Mannheim** hat festgestellt, dass ein Zusammentreffen von Pfingstsonntag und Muttertag eine Ausnahme vom Ladenöffnungsverbot nicht rechtfertige.[48] Das **OVG Koblenz** ist der Auff., dass an Tankstellen während der allgemeinen Ladenschlusszeiten in Rheinland-Pfalz (werktags zwischen 22:00 und 6:00 Uhr, sonn- und feiertags ganztägig) Reisebedarf ausschließlich an Reisende verkauft werden darf.[49]

VII. Sonstige Verbote der Sonn- und Feiertagsarbeit

Die **Feiertagsgesetze der Länder** untersagen an Sonn- und Feiertagen alle **öffentlich bemerkbaren Arbeiten**, die geeignet sind, die **äußere Ruhe dieser Tage zu stören**.[50] Dieses Verbot beruht auf dem Schutzauftrag des Art. 140 GG i.V.m. Art. 139 WRV. Es richtet sich gegen jeden und wird umfassend verstanden.[51]

Dabei werden z.T. Auff. vertreten, die heutzutage antiquiert wirken und durchaus als staatliche Bevormundung wahrgenommen werden können. Dies mögen einige **Beispiele** aus der Rspr. belegen:[52] So sollen Videotheken bzw. DVD-Verleiher an Sonn- und Feiertagen nicht geöffnet sein, weil dies die Sonntagsruhe störe.[53] Auch das Ausleihen von Videofilmen und DVD von einem Automaten wird als Verstoß gegen die Sonntagsruhe eingeschätzt, obwohl damit doch gerade das Bedürfnis nach Unterhaltung befriedigt werden soll.[54] Berufliche Fortbildungsveranstaltungen sollen die Sonntagsruhe stören.[55] Das gewerbliche Autowaschen an Sonn- und Feiertagen ist untersagt,[56] auch wenn es durch eine vollautomatische Waschanlage erfolgt.[57] Gewerbliche Waschsalons sind ebenfalls an Sonn- und Feiertagen geschlossen zu halten, auch hinsichtlich der Wäsche von Privatleuten.[58]

In Hessen wird jetzt freilich erwogen, das dortige Feiertagsgesetz zumindest ein wenig zu liberalisieren. Künftig sollen Videotheken sonntags ab 13:00 Uhr öffnen können; zudem soll der Feiertagsbetrieb von Autowaschanlagen erleichtert werden. Das sieht jedenfalls die Koalitionsvereinbarung von CDU und FDP vor.[59]

Angesichts der **Grundrechte der betroffenen Unternehmen** und der **gewandelten Bedürfnisse** weiter Teile der Bevölkerung scheint eine etwas weniger restriktive Auslegung der Sonn- und Feiertagsgesetze mehr als wünschenswert.

---

42 Dazu *Sigmund* in: Handelsblatt v. 19.7.2006.
43 *Schliemann*, ArbZG, LadÖffR Rn 22.
44 Für Vorrang des Ladenöffnungsrechts der Länder: *Anzinger/Koberski*, § 18 Rn 32; *Horstmann*, NZA 2006, 1246, 1249 f.; *Kingreen/Pieroth*, Personale und kalendarische Arbeitszeitbeschränkungen, 2007, S. 41 f.; *dies.*, NVwZ 2006, 1223, 1224; *Schliemann*, ArbZG, LadÖffR Rn 21 f.; für Vorrang des § 17 des bisherigen Ladenschlussgesetzes und des ArbZG: *Buschmann*, AiB 2007, 197, 202; *Buschmann/Ulber*, § 9 Rn 1 c; *Höfling/Rixen*, GewArch 2008, 1, 5 f.; *Kämmerer/Thüsing*, GewArch 2006, 266; *Kühling*, AuR 2006, 384, 385; *Neumann*, Ladenschlussrecht, § 17 Ladenschlussgesetz Rn 1.
45 VerfGh Berlin, 1.4.2008 – VerfGH 120/07 – GewArch 2008, 348.
46 Siehe die Mitteilung in AuR 2008, 227.
47 OVG Bautzen 8.5.2008 – 3 D 33/07 – GewArch 2008, 368.
48 VGH Mannheim 5.5.2008 – 1 S 1167/08 – GewArch 2008, 312 mit zustimmender Anmerkung *Tegebauer*.
49 OVG Koblenz 19.3.2009 – 6 A 11324/08.OVG – GewArch 2009, 249; vfl. Auch VG Neustadt/Weinstr. 13.11.2008 – 4 K 802/08.NW – GewArch 2009, 262.
50 Fundstellen für die in den Ländern einschlägige Gesetze finden sich bei *Anzinger/Koberski*, § 9 Rn 16.
51 VGH Mannheim 22.9.1987 – 10 S 2647/86 – NJW 1988, 2258.
52 Weitere Rspr.-Nachweise bei *Anzinger/Koberski*, § 9 Rn 26 ff.
53 BVerwG 19.4.1988 – 1 C 50/86 – BVerwGE 79, 236, 241 ff.; OVG NW 10.12.1990 – 4 A 2183/89 – GewArch 1991, 239.
54 So VGH Mannheim 9.7.2007 – 9 S 594/07 – NVwZ 2007, 1333; OLG Düsseldorf 19.5.2007 – 20 U 36/07 – NJW 2008, 158; VG Stuttgart 18.5.2006 – 4 K 3175/05 – BeckRS 2006 23990; zutreffend a.M. aber OLG Stuttgart 5.11.2007 – 2 U 26/07 – NJW 2008, 159; *Humberg*, GewArch 2008, 233.
55 OVG Koblenz 11.3.1992 – 11 A 11202/91 – GewArch 1993, 16.
56 VGH Kassel 28.4.1988 – 8 TH 1084/88 – NJW 1988, 2257.
57 VG Schleswig-Holstein 16.1.1997 – 12 B 155/96 – GewArch 1997, 262.
58 OVG NW 22.2.1994 – 4 B 2309/93 – DB 1994, 1580.
59 Vgl. Faz.Net vom 9.9.2009.

D. Beraterhinweise

29 Da es bei den gesetzlichen Feiertagen auf die Situation in den Bundesländern ankommt, sollte man als Berater die verschiedenen Feiertage in den verschiedenen Bundesländern kennen.[60] Es gibt neun gesetzliche Feiertage, die in allen 16 Bundesländern gelten, und zwar: **Neujahr, Karfreitag, Ostermontag, 1. Mai, Christi Himmelfahrt, 3. Oktober, 1. Weihnachtsfeiertag, 2. Weihnachtsfeiertag, Pfingstmontag.** Zusätzlich gelten in den verschiedenen Bundesländern folgende gesetzliche Feiertage:[61]

30 **Übersicht über zusätzliche gesetzliche Feiertage in einzelnen Bundesländern**

	Heilige Drei Könige	Fronleichnam	Allerheiligen	Mariä Himmelfahrt	Reformationstag	Buß- und Bettag	Zahl der Feiertage insg.
Baden-Württemberg	X	X	X				12
Bayern	X	X	X	Nur in Gebieten mit überw. kath. Bevölkerung			12 (13)
Brandenburg					X		10
Hessen		X					10
Mecklenburg-Vorpommern					X		10
Nordrhein-Westfalen		X	X				11
Rheinland-Pfalz		X	X				11
Saarland		X	X	X			12
Sachsen		Nur in einigen Gemeinden im Landkreis Bautzen und im Westlausitzkreis			X	X	11 (12)
Sachsen-Anhalt	X				X		11
Thüringen		Besonderer gesetzl. Schutz in Gemeinden, in denen Fronleichnam als gesetzl. Feiertag bestimmt ist			X		10 (12)
Berlin, Bremen, Hamburg, Niedersachsen, Schleswig-Holstein							9

---

60 Fundstellen für die in den Ländern einschlägigen Gesetze finden sich bei *Anzinger/Koberski*, § 9 Rn 16.
61 In den meisten Landesfeiertagsgesetzen wird zwischen gesetzlichen und kirchlichen Feiertagen unterschieden. Kirchliche Feiertage sind keine gesetzlichen Feiertage und begründen damit kein generelles Recht zum Fernbleiben von Arbeit, Schule etc. Dennoch ist der AG, sofern es keine entgegenstehende betrieblichen Belange gibt, zur Rücksicht auf die religiösen Belange der AN verpflichtet. Dies kann z.B. die Erlaubnis zum Besuch des Gottesdienstes beinhalten.

§ 10 Sonn- und Feiertagsbeschäftigung

(1) Sofern die Arbeiten nicht an Werktagen vorgenommen werden können, dürfen Arbeitnehmer an Sonn- und Feiertagen abweichend von § 9 beschäftigt werden
1. in Not- und Rettungsdiensten sowie bei der Feuerwehr,
2. zur Aufrechterhaltung der öffentlichen Sicherheit und Ordnung sowie der Funktionsfähigkeit von Gerichten und Behörden und für Zwecke der Verteidigung,
3. in Krankenhäusern und anderen Einrichtungen zur Behandlung, Pflege und Betreuung von Personen,
4. in Gaststätten und anderen Einrichtungen zur Bewirtung und Beherbergung sowie im Haushalt,
5. bei Musikaufführungen, Theatervorstellungen, Filmvorführungen, Schaustellungen, Darbietungen und anderen ähnlichen Veranstaltungen,
6. bei nichtgewerblichen Aktionen und Veranstaltungen der Kirchen, Religionsgesellschaften, Verbände, Vereine, Parteien und anderer ähnlicher Vereinigungen,
7. beim Sport und in Freizeit-, Erholungs- und Vergnügungseinrichtungen, beim Fremdenverkehr sowie in Museen und wissenschaftlichen Präsenzbibliotheken,
8. beim Rundfunk, bei der Tages- und Sportpresse, bei Nachrichtenagenturen sowie bei den der Tagesaktualität dienenden Tätigkeiten für andere Presseerzeugnisse einschließlich des Austragens, bei der Herstellung von Satz, Filmen und Druckformen für tagesaktuelle Nachrichten und Bilder, bei tagesaktuellen Aufnahmen auf Ton- und Bildträger sowie beim Transport und Kommissionieren von Presseerzeugnissen, deren Ersterscheinungstag am Montag oder am Tag nach einem Feiertag liegt,
9. bei Messen, Ausstellungen und Märkten im Sinne des Titels IV der Gewerbeordnung sowie bei Volksfesten,
10. in Verkehrsbetrieben sowie beim Transport und Kommissionieren von leichtverderblichen Waren im Sinne des § 30 Abs. 3 Nr. 2 der Straßenverkehrsordnung,
11. in den Energie- und Wasserversorgungsbetrieben sowie in Abfall- und Abwasserentsorgungsbetrieben,
12. in der Landwirtschaft und in der Tierhaltung sowie in Einrichtungen zur Behandlung und Pflege von Tieren,
13. im Bewachungsgewerbe und bei der Bewachung von Betriebsanlagen,
14. bei der Reinigung und Instandhaltung von Betriebseinrichtungen, soweit hierdurch der regelmäßige Fortgang des eigenen oder eines fremden Betriebs bedingt ist, bei der Vorbereitung der Wiederaufnahme des vollen werktägigen Betriebs sowie bei der Aufrechterhaltung der Funktionsfähigkeit von Datennetzen und Rechnersystemen,
15. zur Verhütung des Verderbens von Naturerzeugnissen oder Rohstoffen oder des Mißlingens von Arbeitsergebnissen sowie bei kontinuierlich durchzuführenden Forschungsarbeiten,
16. zur Vermeidung einer Zerstörung oder erheblichen Beschädigung der Produktionseinrichtungen.

(2) Abweichend von § 9 dürfen Arbeitnehmer an Sonn- und Feiertagen mit den Produktionsarbeiten beschäftigt werden, wenn die infolge der Unterbrechung der Produktion nach Absatz 1 Nummer 14 zulässigen Arbeiten den Einsatz von mehr Arbeitnehmern als bei durchgehender Produktion erfordern.

(3) Abweichend von § 9 dürfen Arbeitnehmer an Sonn- und Feiertagen in Bäckereien und Konditoreien für bis zu drei Stunden mit der Herstellung und dem Austragen oder Ausfahren von Konditorwaren und an diesem Tag zum Verkauf kommenden Bäckerwaren beschäftigt werden.

(4) Sofern die Arbeiten nicht an Werktagen vorgenommen werden können, dürfen Arbeitnehmer zur Durchführung des Eil- und Großbetragszahlungsverkehrs und des Geld-, Devisen-, Wertpapier- und Derivatehandels abweichend von § 9 Abs. 1 an den auf einen Werktag fallenden Feiertagen beschäftigt werden, die nicht in allen Mitgliedstaaten der Europäischen Union Feiertage sind.

Literatur: *Anzinger*, Ergänzung des Arbeitszeitgesetzes durch das Euro-Einführungsgesetz, NZA 1998, 845; *Berger-Delhey*, Der Entwurf eines Arbeitszeitrechtsgesetzes (E ArbZRG), ZTR 1994, 105; *Erasmy*, Ausgewählte Fragen zum neuen Arbeitszeitrecht, NZA 1995, 97; *Junker*, Brennpunkte des Arbeitszeitgesetzes, ZfA 1998, 105; *Richardi/Annuß*, Bedarfsgewerbeverordnungen: Sonn- und Feiertagsarbeit ohne Grenzen?, NZA 1999, 953; *Stückmann*, Wartungsarbeiten an Sonntagen bei vollkontinuierlichem Schichtbetrieb, DB 1998, 1462.

A. Allgemeines 1	3. Öffentliche Sicherheit (Abs. 1 Nr. 2) 10
B. Regelungsgehalt 5	4. Krankenhäuser und vergleichbare Einrichtungen (Abs. 1 Nr. 3) 12
I. Ausnahmen gemäß Abs. 1 5	
1. Gemeinsame Voraussetzung: Arbeiten können nicht an Werktagen ausgeführt werden 5	5. Gaststätten und vergleichbare Einrichtungen (Abs. 1 Nr. 4) 14
2. Not- und Rettungsdienste (Abs. 1 Nr. 1) 8	

6. Musikaufführungen und vergleichbare Veranstaltungen (Abs. 1 Nr. 5) 16
 7. Nichtgewerbliche Aktionen und Veranstaltungen der Kirchen, Religionsgemeinschaften, Verbände, Vereine, Parteien und vergleichbarer Vereinigungen (Abs. 1 Nr. 6) 19
 8. Sport, Freizeit-, Erholungs- und Vergnügungseinrichtungen, Museen, wissenschaftliche Präsenzbibliotheken (Abs. 1 Nr. 7) 21
 9. Rundfunk, Presse, tagesaktuelle Berichterstattung, Verbreitung tagesaktueller Nachrichten (Abs. 1 Nr. 8) 24
 10. Messen, Ausstellungen, Märkte, Volksfeste (Abs. 1 Nr. 9) 28
 11. Verkehrsbetriebe sowie Transport und Kommissionierung leicht verderblicher Ware (Abs. 1 Nr. 10) 33
 12. Energie- und Wasserversorgung sowie Abfall- und Abwasserentsorgung (Abs. 1 Nr. 11) 37
 13. Landwirtschaft, Tierhaltung, Behandlung und Pflege von Tieren (Abs. 1 Nr. 12) 41
 14. Bewachungsgewerbe, Bewachung von Betriebsanlagen (Abs. 1 Nr. 13) 44
 15. Reinigung und Instandhaltung von Betriebseinrichtungen; Vorbereitung der Wiederaufnahme des vollen werktäglichen Betriebs; Funktionsfähigkeit von Datennetzen und Rechnersystemen (Abs. 1 Nr. 14) 48
   a) Reinigung und Instandhaltung von Betriebseinrichtungen 49
   b) Vorbereitung der Wiederaufnahme des vollen werktäglichen Betriebs 53
   c) Funktionsfähigkeit von Datennetzen und Rechnersystemen 56
 16. Verderben von Naturerzeugnissen oder Rohstoffen; Misslingen von Arbeitsergebnissen; kontinuierliche Forschungsarbeiten (Abs. 1 Nr. 15) 61
   a) Verderben von Naturerzeugnissen oder Rohstoffen 62
   b) Misslingen von Arbeitsergebnissen 65
   c) Kontinuierliche Forschungsarbeiten 69
 17. Zerstörung oder erhebliche Beschädigung der Produktionseinrichtung (Abs. 1 Nr. 16) 72
 II. Ausnahmen zur Verringerung der Arbeitnehmer an Sonn- und Feiertagen (Abs. 2) 75
 III. Ausnahme für Bäckereien und Konditoreien (Abs. 3) 78
 IV. Ausnahmen für bestimmte Geldgeschäfte an Nicht-Feiertagen der EU (Abs. 4) 81
C. **Verbindung zu anderen Rechtsgebieten und zum Prozessrecht** 85
 I. Weitere gesetzliche Ausnahmevorschriften 85
 II. Strafe und Bußgeld 86
 III. Mitbestimmung des Betriebsrats 87
 IV. Zivilrechtliche Auswirkungen auf das Arbeitsverhältnis 88
 V. Sonderregelungen für besondere Personengruppen 89
D. **Beraterhinweise** 90

A. Allgemeines

1 § 10 legt Ausnahmen vom Verbot der Sonn- und Feiertagsarbeit fest. Damit soll sichergestellt werden, dass gewisse Tätigkeiten weiterhin an Sonn- und Feiertagen ausgeübt werden können.[1] Für ein **funktionierendes Gemeinwesen** und zur **Wettbewerbsfähigkeit der Wirtschaft** sind solche Arbeiten unerlässlich.[2]

2 Die in § 10 aufgeführten Ausnahmen sind nicht beispielhaft, sondern **abschließend** zu verstehen.[3] Eine Erweiterung durch **Analogie** scheidet damit nicht aus, ist aber nur in **Grenzen** möglich.[4]

3 Der AG prüft und entscheidet in **eigener Verantwortung**, ob eine Ausnahme i.S.d. § 10 vorliegt.[5] Eine **behördliche Genehmigung** ist nicht erforderlich. Allerdings geht der AG damit auch Risiken ein. Schätzt er eine Ausnahmemöglichkeit falsch ein, kann dies eine OWi oder gar Straftat sein (siehe Rn 87). Um solche Risiken zu vermeiden, kann sich der AG an die zuständige Behörde wenden und beantragen, die Zulässigkeit der Sonn- oder Feiertagsarbeit feststellen zu lassen (§ 13 Abs. 3 S. 1).

4 § 10 ist **EU-rechtlich unproblematisch**.[6] Gesonderte Regelungen über Arbeiten an Sonn- und Feiertagen enthält die Arbeitszeit-RL nicht. Unproblematisch ist auch der Ausnahmetatbestand des Abs. 2. Er verstößt nicht gegen Art. 17 Abs. 3c Arbeitszeit-RL 200/88 EG, da dort Sonn- und Feiertagsarbeit nicht geregelt werden.[7]

B. Regelungsgehalt

I. Ausnahmen gemäß Abs. 1

5 **1. Gemeinsame Voraussetzung: Arbeiten können nicht an Werktagen ausgeführt werden.** Abs. 1 enthält 16 Ausnahmen vom Verbot der Sonn- und Feiertagsarbeit. Voraussetzung für jede dieser Ausnahmen ist, dass die betreffenden Arbeiten nicht an Werktagen vorgenommen werden können. Diese Voraussetzung ist nicht nur dann zu bejahen, wenn es aus **technischen Gründen unmöglich** ist, die Arbeiten werktags auszuführen, sondern auch

---

1 BT-Drucks 12/5888, S. 29.
2 *Anzinger/Koberski*, § 10 Rn 2.
3 BT-Drucks 12/5888, S. 29; *Linnenkohl/Rauschberg*, § 10 Rn 3; *Schliemann*, ArbZG, § 10 Rn 3.
4 Vgl. *Stückmann*, DB 1998, 1462; gegen jede Analogie *Buschmann/Ulber*, § 10 Rn 1.
5 *Buschmann/Ulber*, § 10 Rn 2; ErfK/*Wank*, § 10 ArbZG Rn 1.
6 Dazu *Baeck/Deutsch*, § 10 Rn 6 f.
7 *Anzinger/Koberski*, § 10 Rn 243; *Baeck/Deutsch*, § 10 Rn 7; *Schliemann*, ArbZG, § 10 Rn 74; a.M. *Buschmann/Ulber*, § 10 Rn 19 hinsichtlich § 10 Abs. 2.

dann, wenn die Ausführung der Arbeiten an Werktagen aus **wirtschaftlichen oder sozialen Gründen unverhältnismäßig** ist.[8]

Beispiele: Einschränkung bei der Produktion; erhöhte Produktionskosten; drohende Unwetter; erhöhte Unfallgefahr; Erschwerungen jeder Art für die AN.

Hinsichtlich der Entscheidung, ob bestimmte Arbeiten werktags nicht ausgeführt werden können, hat der AG einen **Beurteilungsspielraum**. Maßgeblich sind die **konkreten Verhältnisse** des jeweiligen **Betriebs**. Dem AG kann nicht entgegengehalten werden, dass er durch eine andere Herstellungs- oder Produktionsweise Sonn- und Feiertagsarbeit vermeiden könnte.[9] Auf der anderen Seite hat er aber **zumutbare Vorkehrungen** zu treffen, um solche Arbeiten möglichst an Werktagen ausführen zu lassen.

2. Not- und Rettungsdienste (Abs. 1 Nr. 1). AN in Not- und Rettungsdienst sowie bei der Feuerwehr fallen unter den Ausnahmetatbestand des Abs. 1 Nr. 1. Damit sind **nicht nur staatliche oder institutionalisierte Stellen** gemeint. Unter Not- und Rettungsdienst fallen **vielmehr alle Dienste zur Begegnung von Not- oder Unglücksfällen**, egal in welcher Form der betreffende AG organisiert ist (öffentlich-rechtlich, privatrechtlich gewerblich, gemeinnützig).[10]

Der Ausnahmetatbestand des Abs. 1 Nr. 1 erstreckt sich auch auf **handwerkliche Notdienste**, etwa Schlüsseldienst, Elektroinstallationen, Sperrannahmedienst von Banken und Kreditorganisationen.[11]

Mit Feuerwehr ist die **Berufs-, Werks- und freiwillige Feuerwehr** gemeint. Auch insoweit ist die Formulierung also weit zu verstehen. An Sonn- und Feiertagen können nicht nur unmittelbare Einsätze durchgeführt werden; zulässig sind auch andere Arbeiten, die der **Funktionsfähigkeit** der Feuerwehr dienen.[12]

3. Öffentliche Sicherheit (Abs. 1 Nr. 2). Gem. Abs. 1 Nr. 2 sind Arbeiten an Sonn- und Feiertagen zulässig, die der öffentlichen Sicherheit und Ordnung sowie der **Aufrechterhaltung von Gerichten und Behörden** dienen; außerdem Arbeiten zum **Zwecke der Verteidigung**. Allerdings ist die **praktische Bedeutung** dieses Ausnahmetatbestands gering, die betreffenden Arbeiten werden i.d.R. von Beamten, Richtern und Soldaten ausgeübt, auf die das ArbZG von vornherein nicht anwendbar ist. Zudem können auf AN des öffentlichen Dienstes gem. § 19 die Arbeitszeitbestimmungen für Beamte übertragen werden. Soweit davon Gebrauch gemacht wird, gilt für die Betreffenden das Beschäftigungsverbot an Sonn- und Feiertagen ebenfalls nicht.

Soweit ausnahmsweise private AG Arbeiten im Bereich des Abs. 1 Nr. 2 wahrnehmen – etwa aufgrund **Auslagerung unterstützender Tätigkeiten** wie Reparaturdienst, Kantine etc. – können unaufschiebbare Arbeiten an Sonn- und Feiertagen ausgeübt werden.[13] Allerdings muss dies aufgrund der **Funktionsfähigkeit** der jeweiligen Einrichtung erforderlich sein.[14]

4. Krankenhäuser und vergleichbare Einrichtungen (Abs. 1 Nr. 3). Krankenhäuser sowie Einrichtungen zur Behandlung, Pflege und Betreuung von Personen sind ebenfalls ausnahmefähig. Die Definition von „Krankenhaus" ergibt sich aus **§ 107 SGB V**. Zu den Einrichtungen zur Behandlung, Pflege und Betreuung von Personen gehören u.a. Rehabilitationseinrichtungen, Sanatorien, Kurkliniken, Alten- und Behindertenpflegeheime, Obdachlosenheime, Jugendheime, Frauenhäuser.[15]

Auch in diesen Krankenhäusern und vergleichbaren Einrichtungen können an Sonn- und Feiertagen unaufschiebbare Arbeiten erledigt werden. Dabei muss nicht nur ein Mindeststandard gewährleistet sein, zulässig sind auch Arbeiten zur Aufrechterhaltung des **normalen Standards**.[16] Wie dieser normale Standard aussieht, bestimmt sich auch nach den Verhältnissen in der betreffenden Einrichtung selbst.

5. Gaststätten und vergleichbare Einrichtungen (Abs. 1 Nr. 4). Ausnahmefähig sind auch Gaststätten und andere Einrichtungen zur Bewirtung und Beherbergung sowie der Haushalt. Zur Definition von „Gaststätte" kann **§ 1 Abs. 1 GastG** herangezogen werden. Zu den Gaststätten gehören auch Rasthäuser, Kantinen, Trinkhallen, Eisdielen. **Einrichtungen zur Bewirtung und Beherbergung** sind etwa Jugendherbergen, Wohnheime oder neue Vertriebsformen wie Caterer Dienste und Pizzaservice.[17] An Sonn- und Feiertagen können die Arbeiten erledigt werden, die zur **Aufrechterhaltung des Betriebes erforderlich** sind. Was im Einzelfall dazu gehört, bestimmt sich nach den jeweiligen betrieblichen Verhältnissen.

---

8 BVerwG 19.9.2000 – 1 C 17/99 – NZA 2000, 1232; *Erasmy*, NZA 1995, 97, 98; *Schliemann*, ArbZG, § 10 Rn 9; *Schütt/Schulte*, § 10 Rn 7; tendenziell a.M. *Buschmann/Ulber*, § 10 Rn 5.
9 *Neumann/Biebl*, § 10 Rn 5.
10 *Anzinger/Koberski*, § 10 Rn 30.
11 *Neumann/Biebl*, § 10 Rn 7.
12 *Schütt/Schulte*, § 10 Rn 19.
13 *Baeck/Deutsch*, § 10 Rn 25; *Schütt/Schulte*, § 10 Rn 20.
14 *Baeck/Deutsch*, § 10 Rn 26.
15 BAG 9.3.1993 – 1 ABR 41/92 – AP § 1 AZO Kr Nr. 1; *Anzinger/Koberski*, § 10 Rn 35.
16 *Linnenkohl/Rauschenberg*, § 10 Rn 26.
17 *Baeck/Deutsch*, § 10 Rn 34.

15 Mit **Haushalt** ist in erster Linie der Familienhaushalt gemeint. Aber auch der Haushalt anderer Personen fällt unter Abs. 1 Nr. 4.[18] Erfasst sind alle Arbeiten, die zur normalen Lebensführung erforderlich sind. Dazu gehört nicht nur Betreuung von Kindern, sondern auch Putz- und Instandsetzungsarbeiten, Kochen, Waschen etc.[19] Zu beachten ist, dass das ArbZG gemäß § 18 Abs. 1 Nr. 3 generell nicht für AN gilt, die in häuslicher Gemeinschaft mit den ihnen anvertrauten Personen zusammenleben und sie eigenverantwortlich erziehen, pflegen oder betreuen.

16 **6. Musikaufführungen und vergleichbare Veranstaltungen (Abs. 1 Nr. 5).** Ausnahmen vom Beschäftigungsverbot an Sonn- und Feiertagen gelten auch für Musikaufführungen, Theatervorstellungen, Filmvorführungen, Schaustellungen, Darbietungen und vergleichbare Veranstaltungen. Solche Veranstaltungen erfüllen das **Unterhaltungsbedürfnis** des interessierten Publikums und werden **typischerweise an Sonn- und Feiertagen** besucht. Das rechtfertigt den Ausnahmetatbestand.[20]

17 Erfasst sind alle Vokal- und Instrumentalaufführungen, Opern, Schauspiele, Operetten, Singspiele, Marionettentheater, Kabaretts, Varietés, Zirkusvorstellungen, Vorträge, Filmvorführungen etc.[21] Maßgeblich ist weiterhin, dass die betreffende Veranstaltung zu einem bestimmten Zeitpunkt vor **Publikum** stattfindet oder stattfinden soll.[22] Ob sie gewerbsmäßig oder laienhaft betrieben wird, künstlerischen oder rein unterhaltenden Anspruch hat, ist dagegen unerheblich.[23]

18 Unter den Ausnahmetatbestand des Abs. 1 Nr. 5 fallen auch: öffentliche Proben,[24] das Betreiben von Musik- und sonstigen Unterhaltungsautomaten (etwa in Spielhallen),[25] das Abspielen von Videofilmen.[26] Dagegen lässt sich Sonn- und Feiertagsarbeit wegen gewerblicher Modenschauen,[27] gewerblicher Flohmärkte[28] oder gewerblicher Vermietung von Videokassetten[29] nach der Rspr. nicht mit Abs. 1 Nr. 5 rechtfertigen.

An Sonn- und Feiertagen sind nicht nur die aufführenden Tätigkeiten selbst, sondern auch alle erforderlichen **Hilfs- und Servicetätigkeiten** erlaubt.[30]

19 **7. Nichtgewerbliche Aktionen und Veranstaltungen der Kirchen, Religionsgemeinschaften, Verbände, Vereine, Parteien und vergleichbarer Vereinigungen (Abs. 1 Nr. 6).** Ausnahmen von dem Beschäftigungsverbot an Sonn- und Feiertagen sind auch gewisse Veranstaltungen der genannten und vergleichbarer Vereinigungen. Solche vergleichbaren Vereinigungen sind auch **Sport-, Heimat- oder Brauchtumsvereinigungen**.[31]

20 Die Veranstaltungen dürfen nicht gewerblich sein. **Gewerblich** ist jede selbstständige Tätigkeit, die auf Gewinnerzielung ausgerichtet und auf Dauer angelegt ist; nicht gewerblich sind demzufolge Tätigkeiten, die nicht auf Gewinnerzielung oder aber nicht auf Dauer angelegt sind.[32] Nicht gewerblich sind danach etwa Wohltätigkeitsveranstaltungen, gemeinnützige Veranstaltungen, Sozialdienste.[33]

21 **8. Sport, Freizeit-, Erholungs- und Vergnügungseinrichtungen, Museen, wissenschaftliche Präsenzbibliotheken (Abs. 1 Nr. 7).** Auch dieser Ausnahmetatbestand zielt auf das Erholungs- und Unterhaltungsbedürfnis sowie auf kulturelle Bedürfnisse an Sonn- und Feiertagen ab. Diese Bedürfnisse sollen erfüllt werden, dazu bedarf man der Beschäftigungsmöglichkeit an Sonn- und Feiertagen.

22 Mit „**Sport**" sind **Amateur- wie Profiveranstaltungen** gemeint. Ob es sich um Wettkampf oder eine Schauvorführung handelt, ist ohne Belang. Auch **geistige Sportarten** wie Schach zählen dazu.

23 Einrichtungen zum Zwecke der **Freizeit**, der **Erholung** und des **Vergnügens** sind etwa zoologische Gärten, Freizeitparks, Zirkusse, Saunas oder Fitness-Studios.[34] **Fremdenverkehr** bezieht sich auf alle Einrichtungen und Betätigungen zum Zwecke der Betreuung von Touristen und Besuchern. Dazu gehören z.B. Gästeinformation, Stadtführung, Zimmer- und Hotelvermittlung, besondere touristische Veranstaltungen. Der Begriff **Museen** ist weit zu verstehen, alle Arten von Sammlungen und Präsentationen der unterschiedlichsten Gegenstände sind hiermit gemeint. Dagegen bezieht sich der Ausnahmetatbestand bei Bibliotheken nach dem Gesetzeswortlaut nur auf bestimmte Bibliotheken, nämlich **wissenschaftliche Präsenzbibliotheken**. Es muss sich also in erster Linie um einen wissenschaftlichen Buchbestand handeln. Die Bücher sind zu einem großen Teil nicht ausleihbar, sondern müssen in der Bibliothek gelesen werden.[35]

---

18 *Baeck/Deutsch*, § 10 Rn 36.
19 *Schütt/Schulte*, § 10 Rn 28.
20 *Baeck/Deutsch*, § 10 Rn 37.
21 BAG 26.4.1990 – 6 AZR 462/88 – NZA 1990, 979.
22 *Linnenkohl/Rauschenberg*, § 10 Rn 32.
23 *Neumann/Biebl*, § 10 Rn 14.
24 BAG 26.4.1990 – 6 AZR 462/88 – NZA 1990, 979.
25 BVerwG 7.10.1965 – I C 61.63 – BVerwGE 22, 144, 149 f.
26 VG Berlin 27.6.1990 – VG 4 A 757.87 – GewArch 1990, 359.
27 OLG Karlsruhe 22.5.1981 – 1 Ss 9/81 – GewArch 1981, 268, 269; *Anzinger/Koberski*, § 10 Rn 42.
28 OVG Schleswig 25.3.1994 – 3 C 180/93 – NVwZ-RR 1994, 440.
29 BVerwG 11.9.1998 – 1 B 8.98 – GewArch 1998, 24; *Baeck/Deutsch*, § 10 Rn 41.
30 *Baeck/Deutsch*, § 10 Rn 44 f.; *Neumann/Biebl*, § 10 Rn 15.
31 *Schütt/Schulte*, § 10 Rn 35.
32 *Schliemann*, ArbZG, § 10 Rn 19.
33 *Baeck/Deutsch*, § 10 Rn 49.
34 *Neumann/Biebl*, § 10 Rn 20.
35 *Schliemann*, ArbZG, § 10 Rn 22.

9. Rundfunk, Presse, tagesaktuelle Berichterstattung, Verbreitung tagesaktueller Nachrichten (Abs. 1 Nr. 8).
Der Ausnahmetatbestand des Abs. 1 Nr. 8 rechtfertigt sich aus der grundrechtlich gewährleisteten **Presse- und Berichterstattungsfreiheit** (Art. 5 Abs. 1 GG).[36] Nicht ganz nachvollziehbar ist allerdings die Differenzierung, die im Hinblick auf das Erfordernis der **Tagesaktualität** zwischen den verschiedenen Medienprodukten getroffen werden.[37] Im Einzelnen gilt Folgendes:

Keine Tagesaktualität ist erforderlich bei Rundfunk, Tages- und Sportpresse sowie den Nachrichtenagenturen. Die Beschäftigung an Sonn- und Feiertagen ist also erlaubt, soweit das Kriterium der Unaufschiebbarkeit erfüllt ist (siehe oben Rn 5). Dabei versteht man unter **„Rundfunk"** auch das Fernsehen einschließlich Video- und Fernsehtext, Kabel- und Satellitenfernsehen etc.[38] Zur „**Tagespresse**" zählen auch die **Sonntagszeitungen**.[39] Nicht zur Tagespresse gehören **Zeitschriften** (siehe unten Rn 26) und reines **Werbematerial**. In der „**Sportpresse**" wird überwiegend über sportliche Informationen berichtet, „**Nachrichtenagenturen**" sammeln und verteilen Nachrichten für andere Medien.

Bei allen anderen Presseerzeugnissen setzt eine Beschäftigung an Sonn- und Feiertagen die sog. **Tagesaktualität** voraus. Was genau mit dieser Formulierung gemeint ist und welchen Zwecken sie dient, ist schwer verständlich. Dem lässt sich damit begegnen, dass dieser Begriff weit ausgelegt wird.[40] Tagesaktualität liegt demnach schon dann vor, wenn überhaupt **über aktuelle Ereignisse berichtet** wird.[41] Zu den anderen Presseerzeugnissen zählen Zeitschriften, Anzeigenblätter mit redaktionellem Teil, Flugblätter, Wurfsendungen, sofern sie nicht nur reine Werbung enthalten.[42]

Abs. 1 Nr. 8 greift bei den anderen Presseerzeugnissen auch beim **Austragen**, bei der **Herstellung** im weiteren Sinne für tagesaktuelle Nachrichten und Bilder sowie bei tagesaktuellen **Aufnahmen** auf Ton- und Bildträger ein. Schließlich erlaubt er Sonn- und Feiertagsarbeit bei **Transport und Kommissionieren von Presseerzeugnissen**, wenn der Ersterscheinungstag am Montag oder dem Tag nach einem Feiertag liegt. Ob das Presseerzeugnis zwingend an einem solchen Tag erscheinen muss oder aufgeschoben werden könnte, ist unerheblich und kann auch nicht objektivierbar beurteilt werden.[43]

10. Messen, Ausstellungen, Märkte, Volksfeste (Abs. 1 Nr. 9).
Messen, Ausstellungen, Märkte und Volksfeste sind Veranstaltungen, die in der Vergangenheit häufig gerade an Sonn- und Feiertagen stattfanden und stattfinden durften („**Marktprivilegien**"). Dieser **Tradition** trägt der Ausnahmetatbestand des Abs. 1 Nr. 9 Rechnung.[44]

Was eine „**Messe**" ist, ergibt sich aus § 64 Abs. 1 GewO. Danach muss es sich um eine zeitlich begrenzte, grds. regelmäßig wiederkehrende Veranstaltung handeln, auf der eine Vielzahl von Ausstellern das wesentliche Angebot eines oder mehrerer Wirtschaftszweige ausstellt und dabei überwiegend nach Muster an gewerbliche Großabnehmer vertreibt. Stellt nur **ein Aussteller oder einige wenige Aussteller** Ware für die Kunden aus (sog. Haus- und Ordermessen), so fällt dies nicht unter Abs. 1 Nr. 9.[45]

„**Ausstellungen**" sind nach § 65 GewO zeitlich begrenzte Veranstaltungen, auf denen eine Vielzahl von Ausstellern ein repräsentatives Angebot eines oder mehrerer Wirtschaftszweige ausstellt. Im Gegensatz zur Messe braucht die Veranstaltung nicht regelmäßig wiederzukehren. Reine Informationsveranstaltungen sind keine Ausstellungen.[46] Für „**Marktveranstaltungen**" ist charakteristisch, dass eine Vielzahl von Anbietern eine Reihe von Produkten vertreibt oder Dienstleistungen anbietet. Dazu zählen Großmärkte (§ 7 GewO), Wochenmärkte (§ 67 GewO) und Spezialmärkte (§ 68 GewO).

„**Volksfeste**" sind gem. § 60 Abs. 1 GewO regelmäßig wiederkehrende, zeitlich begrenzte Veranstaltungen, auf denen eine Vielzahl von Anbietern Unterhaltungsleistungen und Waren anbietet. Typische **Beispiele** sind Oktoberfest oder Love Parade. **Dauerveranstaltungen** wie etwa in Vergnügungsparks sind damit nicht gemeint.[47] Bei Volksfesten können auch die Ausnahmetatbestände des Abs. 1 Nr. 5 und 6 eingreifen.[48]

Bei den genannten Veranstaltungen können alle dazugehörigen Arbeiten an Sonn- und Feiertagen ausgeführt werden. Dazu gehören nicht nur Verkaufstätigkeiten, sondern insb. auch der Auf- und Abbau.[49]

---

[36] *Baeck/Deutsch*, § 10 Rn 59; *Linnenkohl/Rauschenberg*, § 10 Rn 43 f.
[37] *Berger-Delhey*, ZTR 1994, 105, 109; *Schliemann*, ArbZG, § 10 Rn 23.
[38] *Baeck/Deutsch*, § 10 Rn 61; *Schütt/Schulte*, § 10 Rn 42 ff.
[39] BT-Drucks 12/5888, S. 29.
[40] *Baeck/Deutsch*, § 10 Rn 65.
[41] Ähnlich *Schliemann*, ArbZG, § 10 Rn 26; enger etwa *Neumann/Biebl*, § 10 Rn 27.
[42] *Anzinger/Koberski*, § 10 Rn 63 f.
[43] *Neumann/Biebl*, § 10 Rn 28; *Schliemann*, ArbZG, § 10 Rn 26; a.M. *Buschmann/Ulber*, § 10 Rn 9.
[44] BT-Drucks 12/5888, S. 29.
[45] *Neumann/Biebl*, § 10 Rn 29; *ErfK/Wank*, § 10 ArbZG Rn 12.
[46] *Baeck/Deutsch*, § 10 Rn 72.
[47] *Baeck/Deutsch*, § 10 Rn 74.
[48] *Anzinger/Koberski*, § 10 Rn 75.
[49] *Schütt/Schulte*, § 10 Rn 57.

33 **11. Verkehrsbetriebe sowie Transport und Kommissionierung leicht verderblicher Ware (Abs. 1 Nr. 10).** Der Ausnahmetatbestand des Abs. 1 Nr. 10 berücksichtigt das **Mobilitätsinteresse** und das Interesse des **Verbrauchers** am Erhalt frischer Ware schon am Montagmorgen.[50]

34 **Verkehrsbetriebe** sind alle diejenigen Betriebe, die dem Zweck dienen, Personen, Waren oder Nachrichten zu befördern.[51] **Beispiele** sind Luftverkehr, Eisenbahnen, Straßenbahnen, Taxibetriebe, Fahrradverleih.[52] Alle erforderlichen Arbeiten sind vom Beschäftigungsverbot an Sonn- und Feiertagen ausgenommen.

35 Zu der **leicht verderblichen Ware**, deren Transport und Kommissionierung ebenfalls an Sonn- und Feiertagen erlaubt ist, gehören: Fleisch und Fisch, frische Milch und Frischmilcherzeugnisse, leicht verderbliches Obst und Gemüse.[53] Angesichts des Verbraucherinteresses gerade auch an frischer Ware kommt es nicht darauf an, dass die Ware durch bestimmte Behandlung (Frosten, Gefrieren) haltbar gemacht werden kann.[54]

36 Zu dem Transport und **Kommissionieren** gehört die Aufbereitung, Verpackung, Zusammenstellung und Beförderung dieser Ware.[55] Auch die Auslieferung an den Kunden fällt unter Abs. 1 Nr. 10.

37 **12. Energie- und Wasserversorgung sowie Abfall- und Abwasserentsorgung (Abs. 1 Nr. 11).** Dieser Ausnahmetatbestand rechtfertigt sich aus dem **öffentlichen Interesse** an einer funktionierenden Energie-, Wasser und Abfallentsorgung.[56] Dies alles muss auch an Sonn- und Feiertagen gewährleistet sein. Grundrechtlich lässt sich dies aus der staatlichen Verpflichtung zur **Daseinsvorsorge** ableiten.[57]

38 **Energieversorgungsbetriebe** sind alle Betriebe, gleich ob öffentlich-rechtlich oder privat organisiert, die andere mit elektrischer **Energie**, **Gas** oder **Wärme** versorgen.[58] Dazu gehören Gaswerke, Kernkraftwerke, Fernheizwerke oder Windkraftanlagen. **Wasserversorgungswerke** versorgen andere mit **Trink-** oder **Brauchwasser**.[59] Auch hier kommt es auf die Rechtsform des Unternehmens nicht an. **Beispiele** sind Wasserwerke und Aufbereitungsanlagen. Auch Betriebe, die **Zuliefer- oder Wartungsdienste** bei der Energie- und Wasserversorgung leisten, können sich auf den Ausnahmetatbestand berufen.[60] Das ist etwa bei einem Unternehmen, welches ein Elektrizitätswerk mit Öl oder Gas versorgt, der Fall.[61]

39 **Abfallentsorgungsbetriebe** sind die Betriebe, die Abfälle sammeln, befördern, lagern, behandeln, umschlagen oder beseitigen.[62] Als **Beispiel** können Müllabfuhr, Müllverbrennungs- oder Tierkörperbeseitigungsanlagen genannt werden. **Abwasserentsorgungsbetriebe** sammeln, befördern oder klären private wie gewerbliche Abwässer.[63] Hierzu gehören insb. Klärwerke.

40 Zulässig sind alle erforderlichen Arbeiten, etwa Wartung, Umrüstung oder Instandhaltung. Bei der Beurteilung, ob Arbeiten erforderlich sind, können auch **wirtschaftliche Gesichtspunkte** eine Rolle spielen.[64] Hätte etwa eine Unterbrechung bestimmter Arbeiten hohe Kosten für das Unternehmen zur Folge, muss dies bei der Frage der Erforderlichkeit bzw. Unaufschiebbarkeit berücksichtigt werden.

41 **13. Landwirtschaft, Tierhaltung, Behandlung und Pflege von Tieren (Abs. 1 Nr. 12).** Arbeiten in der Landwirtschaft oder mit Tieren können nicht ohne weiteres an Sonn- und Feiertagen unterbrochen werden. Dem trägt der Ausnahmetatbestand des Abs. 1 Nr. 12 Rechnung.

42 Unter **Landwirtschaft** ist die planmäßige Nutzung des Bodens zur Gewinnung pflanzlicher oder tierischer Erzeugnisse sowie deren Verwertung zu verstehen.[65] **Beispiele** sind Ackerbau, Garten- und Weinbau, Imkerei oder Binnenfischerei. Tierhaltung, die nicht von der Landwirtschaft umfasst ist, fällt ebenfalls unter Abs. 1 Nr. 12. Gemeint sind v.a. die gewerbliche Tierhaltung zur Fleischversorgung, Zucht oder dem Verkauf.[66] Auch die Haltung von Tieren in einem Zoo gehört dazu. Einrichtungen zur Behandlung und Pflege von Tieren sind etwa Tierheime, Tierarztpraxen oder vergleichbare Einrichtungen.

43 Zu den unaufschiebbaren Arbeiten, die an Sonn- und Feiertagen ausgeführt werden können, gehören nicht nur sog. **naturnotwendige Arbeiten**, also solche, die aus biologischen oder technischen Gründen ausgeführt werden müssen.[67] Vielmehr ist auch bei diesem Ausnahmetatbestand die **wirtschaftliche Zumutbarkeit** zu berücksichtigen. Zulässige Arbeiten sind etwa witterungsbedingte Tätigkeiten, das Füttern, Tränken, Versorgen und Pflegen von Tie-

---

[50] *Baeck/Deutsch*, § 10 Rn 76; *ErfK/Wank*, § 10 ArbZG Rn 14.
[51] BAG 4.5.1993 – 1 ABR 57/92 – NZA 1993, 856, 858 f.
[52] *Schütt/Schulte*, § 10 Rn 59.
[53] OVG NW 7.10.1993 – 4 A 129/90 – GewArch 1994, 170; *Schliemann*, ArbZG, § 10 Rn 34.
[54] *Anzinger/Koberski*, § 10 Rn 80.
[55] *Anzinger/Koberski*, § 10 Rn 79.
[56] *Baeck/Deutsch*, § 10 Rn 80.
[57] *Schütt/Schulte*, § 10 Rn 64.
[58] *Anzinger/Koberski*, § 10 Rn 83.
[59] *Baeck/Deutsch*, § 10 Rn 82.
[60] BT-Drucks 12/6990, S. 40; *Neumann/Biebl*, § 10 Rn 33.
[61] Beispiel nach *Schliemann*, ArbZG, § 10 Rn 36, der selbst allerdings zurückhaltend ist.
[62] *Schliemann*, ArbZG, § 10 Rn 37.
[63] *Linnenkohl/Rauschenberg*, § 10 Rn 63.
[64] *Baeck/Deutsch*, § 10 Rn 86; vgl. auch *Linnenkohl/Rauschenberg*, § 10 Rn 65.
[65] BAG 25.4.1995 – AZR 528/94 – NZA 1995, 1205; *Schütt/Schulte*, § 10 Rn 71.
[66] *Baeck/Deutsch*, § 10 Rn 89.
[67] *Linnenkohl/Rauschenberg*, § 10 Rn 68; *Schliemann*, ArbZG, § 10 Rn 39.

ren. Dagegen dürften **Verwaltungstätigkeiten** oder **routinemäßige Untersuchungen** regelmäßig auch an Werktagen durchgeführt werden können.[68]

14. Bewachungsgewerbe, Bewachung von Betriebsanlagen (Abs. 1 Nr. 13). Auch im Bewachungsgewerbe sind Arbeiten an Sonn- und Feiertagen zulässig. Dadurch sollen **Schäden an Leib und Eigentum anderer** verhindert werden. Dass dies auch dem **öffentlichen Interesse** dient, liegt auf der Hand.

Dem **Bewachungsgewerbe** sind alle Unternehmen zuzuordnen, die **gewerbsmäßig Personen-** und/oder **Objektschutz** betreiben (vgl. § 34a GewO).[69] Dazu gehören vor allem Wach- und Schließgesellschaften, Personenschutz und Werttransporte. **Auskunfteien** und **Detekteien** können sich dagegen nicht auf die Ausnahmevorschrift des Abs. 1 Nr. 13 berufen.[70]

Zulässig ist es aber auch, dass ein Unternehmen an Sonn- und Feiertagen **eigene AN** einsetzt, um **Betriebsanlagen** zu bewachen. Zu denken ist an **Pförtner, Nachtwächter, Werksschutz** etc.[71] Die **Überwachung vollautomatischer Abläufe** ist allerdings kein Bewachen von Betriebsanlagen.[72] Denn in diesen Fällen geht es nicht um Objektschutz, sondern um das Überprüfen des ordnungsgemäßen Funktionierens der Anlagen.

Die an Sonn- und Feiertagen mögliche Tätigkeit beschränkt sich nicht auf die **unmittelbare Bewachung** vor Ort. Zulässig sind auch **Telefonüberwachung, Kontrollgänge** oder **Koordinierungstätigkeiten**.[73] Dagegen sind **Verwaltungs-** oder **Ausbildungstätigkeiten** i.d.R. nicht zulässig, da sie auch an Werktagen ausführbar sind. Ob und warum eine Person oder ein Objekt bewachungsbedürftig ist, entscheidet das jeweilige Unternehmen selbst.[74]

15. Reinigung und Instandhaltung von Betriebseinrichtungen; Vorbereitung der Wiederaufnahme des vollen werktäglichen Betriebs; Funktionsfähigkeit von Datennetzen und Rechnersystemen (Abs. 1 Nr. 14). Der Ausnahmetatbestand des Abs. 1 Nr. 14 deckt **drei Fallgruppen** ab. Jede Fallgruppe berücksichtigt wichtige **wirtschaftliche Interessen** der betroffenen Unternehmen: Die möglichen wöchentlichen Betriebslaufzeiten von **144 Stunden** (sechs Tage à 24 Stunden) sollen durch erforderliche Vorbereitungs- und Instandhaltungsarbeiten **nicht verkürzt** werden.[75]

a) Reinigung und Instandhaltung von Betriebseinrichtungen. Reinigungsarbeiten umfassen solche Arbeiten, welche die Säuberung der Betriebseinrichtungen von Schmutz, Abfällen oder sonstigen Fremdkörpern bezwecken.[76] Der Begriff **Betriebseinrichtungen** ist weit zu verstehen. Darunter fallen Maschinen, Fahrzeuge, Geräte, Versorgungsleitungen etc.[77] Keine Betriebseinrichtungen sind dagegen das zu verarbeitende Material, also Rohstoffe, Zwischen- oder Fertigprodukte.[78]

Instandhaltungsarbeiten halten die Betriebseinrichtungen einsatzbereit. Zu ihnen gehören die Wartung und Pflege der Betriebseinrichtungen, die Beseitigung von Störungen, die Auswechslung von defekten Teilen und sonstige Reparaturarbeiten.[79] Keine Instandhaltungsarbeiten sind das Aufstellen neuer Maschinen oder die Auswechslung ganzer Betriebseinrichtungen.[80]

Reinigungs- und Instandhaltungsarbeiten dürfen an Sonn- und Feiertagen aber nur ausgeführt werden, soweit von ihnen der **regelmäßige Fortgang des eigenen oder eines fremden Betriebs** abhängt. Dies bedeutet: Aufgrund der Reinigungs- und/oder Instandhaltungsarbeiten muss gewährleistet sein, dass der Betrieb am folgenden Werktag – bzw. am Sonn- und Feiertag selbst, sofern Arbeiten zulässig sind – im üblichen Umfang fortgeführt werden kann.[81] Oder umgekehrt: Ohne die jeweiligen Arbeiten darf der Betrieb am folgenden Werktag nicht im üblichen Umfang fortgeführt werden können. Diese Voraussetzung ist schon dann erfüllt, wenn ein **Teil der üblichen Arbeiten** nicht fortgesetzt werden kann oder ein **Teil der beschäftigten AN** nicht eingesetzt werden kann.[82]

Außerdem müssen die Arbeiten **unaufschiebbar** sein, dürften also nicht werktags erledigt werden können (§ 10 Abs. 1, vgl. oben Rn 5). Diese einschränkende Voraussetzung darf auch bei diesem Ausnahmetatbestand **nicht zu restriktiv gehandhabt** werden. Es sind also nicht nur die Fälle der **technischen oder organisatorischen Unmöglichkeit** gemeint.[83] Vielmehr dürfen die betreffenden Arbeiten schon dann, wenn sie werktags aus **wirtschaftlichen**

---

68 *Baeck/Deutsch*, § 10 Rn 88.
69 *Neumann/Biebl*, § 10 Rn 36.
70 HWK/*Gäntgen*, § 10 Rn 14; *Schliemann*, ArbZG, § 10 Rn 42.
71 *Schütt/Schulte*, § 10 Rn 80.
72 OVG NW 16.12.1993 – 4 A 779/91 – GewArch 1994, 241, 242; *Baeck/Deutsch*, § 10 Rn 95.
73 *Anzinger/Koberski*, § 10 Rn 92.
74 *Anzinger/Koberski*, § 10 Rn 92; *Baeck/Deutsch*, § 10 Rn 95.
75 *Baeck/Deutsch*, § 10 Rn 97; *Schütt/Schulte*, § 10 Rn 82.
76 *Anzinger/Koberski*, § 10 Rn 98.
77 *Baeck/Deutsch*, § 10 Rn 99.
78 *Schliemann*, ArbZG, § 10 Rn 46.
79 *Schütt/Schulte*, § 10 Rn 85.
80 *Baeck/Deutsch*, § 10 Rn 100.
81 OVG Hamburg 22.2.196 – Bf. I 54/62 – GewArch 1964, 59; *Anzinger/Koberski*, § 10 Rn 29.
82 *Baeck/Deutsch*, § 10 Rn 101.
83 In diese Richtung aber *Buschmann/Ulber*, § 10 Rn 13 a.

Gründen nicht zumutbar sind, an Sonn- und Feiertagen erledigt werden.[84] Das ist etwa dann zu bejahen, wenn für Reinigungs- oder Instandhaltungsarbeiten an Werktagen wegen des laufenden Betriebs **mehr Personal oder mehr Zeit** benötigt wird.[85]

Auch Unternehmen mit **vollkontinuierlichem Schichtbetrieb** können diesen Ausnahmetatbestand in Anspruch nehmen. Erforderlich ist in dem Fall, dass aufgrund der Unterbrechung an einem Sonn- oder Feiertag weniger AN (mit Reinigungs- und Instandhaltungsarbeiten) beschäftigt sind als bei vollkontinuierlichem Schichtbetrieb.[86]

53 b) **Vorbereitung der Wiederaufnahme des vollen werktäglichen Betriebs.** Diese **zweite Fallgruppe** des Abs. 1 Nr. 14 bezieht sich auf bestimmte Vorbereitungshandlungen wie das Be- und Entladen von Fahrzeugen und Maschinen, das Ingangsetzen von Maschinen, die Inbetriebnahme von Förder- und Aufzugsanlagen etc.[87] Diesen Arbeiten ist gemeinsam, dass sie **erforderlich** sind, um die Wiederaufnahme des üblichen Betriebs am folgenden Werktag zu gewährleisten.[88] Oder umgekehrt: Ohne diese Arbeiten kann der übliche Betrieb nicht in vollem Umfang wieder aufgenommen werden. Schon wenn ein Teil der AN oder der Maschinen nicht oder nur mit Verzögerungen einsetzbar ist, kann der übliche Betrieb nicht in vollem Umfang aufgenommen werden.

54 Erlaubt sind nur Vorbereitungsarbeiten, nicht **Betriebstätigkeit**. Die Abgrenzung richtet sich nach dem **konkreten Betriebsablauf**. Allerdings lassen sich Vorbereitungsarbeiten und Betriebstätigkeit nicht immer klar **abgrenzen**. In diesen Fällen gilt: Erlaubt sind auch solche Vorbereitungsarbeiten, die gleichzeitig in die Betriebstätigkeit selbst führen.[89] Es ist also kein zu strenger Maßstab anzulegen.

55 Auch bei dieser Fallgruppe müssen die Arbeiten unaufschiebbar sein, dürfen also nicht an Werktagen ausgeführt werden können (Abs. 1, vgl. oben Rn 5). Dies ist bei **technischer** oder **organisatorischer Unmöglichkeit**, aber auch bei **wirtschaftlicher Unzumutbarkeit** zu bejahen.[90] Die Anforderungen dürfen nicht überspannt werden.

56 c) **Funktionsfähigkeit von Datennetzen und Rechnersystemen.** Dieser Ausnahmetatbestand berücksichtigt in erster Linie die Bedeutung des **bargeldlosen Zahlungsverkehrs durch Kartensysteme**.[91] Diese erfordern u.a. den Einsatz von Datennetzen und Rechnersystemen. Aber auch außerhalb des bargeldlosen Zahlungsverkehrs dürfen bestimmte Arbeiten für die Funktionsfähigkeit von Datennetzen und Rechnersystemen ausgeführt werden.[92]

57 Dieser Ausnahmetatbestand ist auch **verfassungsgemäß**. Die **extrem gestiegene Bedeutung** von Datennetzen und Rechnersystemen rechtfertigt eine Ausnahme von dem Beschäftigungsverbot an Sonn- und Feiertagen.[93]

58 Unter **Datennetzen** und **Rechnersystemen** versteht man alle Komponenten einer EDV-Anlage einschließlich aller mit dem System verbundenen Einrichtungen.[94] Darunter fallen etwa:[95] Geldausgabeautomaten, Sperrannahmedienste, Netzwerkserver und ähnliche Einrichtungen. Auch die Übertragungstechnik und zugehörige Soft- und Hardwarekomponenten gehören dazu.

59 Erlaubt sind alle Arbeiten, die der **Aufrechterhaltung** der **Funktionsfähigkeit** der Datennetze und Rechnersysteme dienen. Das sind etwa:[96] Eingabe, Übermittlung, Ausgabe und Auswertung, Kontrollaufgaben einschließlich Sperrung sowie alle Koordinierungsarbeiten. Auch **Hilfs- und Unterstützungsarbeiten** wie Strom-, Wasserversorgung oder Klimatisierung können an Sonn- und Feiertagen ausgeführt werden.[97]

60 Auch diese Arbeiten müssen unaufschiebbar sein (Abs. 1, vgl. oben Rn 5). Das ist aber nicht erst dann der Fall, wenn sie aus **technischen** oder **organisatorischen** Gründen nicht an Werktagen ausgeführt werden können. Auch **wirtschaftliche** Gründe reichen aus.[98] Führten etwa die betreffenden Arbeiten an Werktagen zu einer reduzierten Auslastung, so können sie an Sonn- und Feiertagen ausgeführt werden.

61 16. **Verderben von Naturerzeugnissen oder Rohstoffen; Misslingen von Arbeitsergebnissen; kontinuierliche Forschungsarbeiten (Abs. 1 Nr. 15).** Der Ausnahmetatbestand des Abs. 1 Nr. 15 deckt **drei Fallgruppen** ab. Die beiden ersten Fallgruppen berücksichtigen wichtige **wirtschaftliche Interessen** der betroffenen Unternehmen: Maßnahmen, die das Verderben von Naturerzeugnissen oder das Misslingen von Arbeitsergebnissen vermeiden, müssen auch an Sonn- und Feiertagen zulässig sein. Die Unternehmen werden nicht darauf verwiesen, solche Maßnahmen nur an Werktagen auszuführen. Die dritte Fallgruppe berücksichtigt besondere Interessen der **Wissenschaft**. Alle drei

---

[84] Baeck/Deutsch, § 10 Rn 102.
[85] Schütt/Schulte, § 10 Rn 91.
[86] Baeck/Deutsch, § 10 Rn 102; Neumann/Biebl, § 10 Rn 39; Stückmann, DB 1998, 1462; a.M. Buschmann/Ulber, § 10 Rn 13b.
[87] Neumann/Biebl, § 10 Rn 40.
[88] Schütt/Schulte, § 10 Rn 94.
[89] In diese Richtung Baeck/Deutsch, § 10 Rn 105; Schütt/Schulte, § 10 Rn 100; restriktiver Buschmann/Ulber, § 10 Rn 13 b.
[90] Baeck/Deutsch, § 10 Rn 106; strenger Buschmann/Ulber, § 10 Rn 13 b.
[91] BT-Drucks 12/5888, S. 8, 29; BT-Drucks 12/6990, S. 14, 43.
[92] Allg. M., vgl. nur Buschmann/Ulber, § 10 Rn 13 c; Schliemann, ArbZG, § 10 Rn 52; Erfk/Wank, § 10 ArbZG Rn 20.
[93] Anzinger/Koberski, § 10 Rn 122.
[94] Anzinger/Koberski, § 10 Rn 123; Baeck/Deutsch, § 10 Rn 108.
[95] Neumann/Biebl, § 10 Rn 42.
[96] Baeck/Deutsch, § 10 Rn 110.
[97] Schütt/Schulte, § 10 Rn 105.
[98] Baeck/Deutsch, § 10 Rn 111.

Fallgruppen sind **verfassungsgemäß**. Die beiden Ersten sind durch **Art. 2 Abs. 1, 14 Abs. 1 GG** (Berufs- und Eigentumsfreiheit), die Dritte durch **Art. 5 Abs. 3 GG** (Wissenschafts- und Forschungsfreiheit) gedeckt.[99]

a) Verderben von Naturerzeugnissen oder Rohstoffen. **Naturerzeugnisse** sind tierische oder pflanzliche Produkte, die in ihrem natürlichen Zustand verbraucht oder verarbeitet werden sollen.[100] **Rohstoffe** sind Zwischenprodukte tierischer, pflanzlicher oder mineralischer Herkunft.[101] Ob ein Naturerzeugnis oder Rohstoff **verdirbt**, beurteilt sich nach **Verwendungsmöglichkeit** und **Zweckbestimmung**.[102] Aus Sicht eines **potenziellen Abnehmers** darf die Verwendungsmöglichkeit nicht mehr gewährleistet sein. Auch eine **wesentliche Verschlechterung der Qualität und somit der Absatzmöglichkeiten** des Produkts kann ein Verderben im Sinne dieses Ausnahmetatbestands sein. 62

Das Unternehmen darf solche Arbeiten ausführen lassen, die das Verderben von Naturerzeugnissen und Rohstoffen **verhindern**. Es kann nicht darauf verwiesen werden, dass es eventuelle andere Möglichkeiten gibt (Einfrieren, Konservierung, besondere Verpackung), das Verderben ohne Sonn- und Feiertagsarbeit zu verhindern.[103] Die Auswahl der verschiedenen Möglichkeiten obliegt nämlich dem **unternehmerischen Ermessen**. 63

Allerdings müssen die betreffenden Arbeiten **unaufschiebbar** sein, dürfen also nicht werktags ausgeführt werden können (Abs. 1, vgl. oben Rn 5). Damit ist nicht nur technische oder organisatorische Unmöglichkeit, sondern auch wirtschaftliche Zumutbarkeit gemeint.[104] 64

b) Misslingen von Arbeitsergebnissen. Arbeitsergebnisse sind **misslungen**, wenn sie zu dem beabsichtigten Zweck nicht oder im Wesentlichen nicht brauchbar sind.[105] Auch ein teilweises Misslingen ist also ein Misslingen. Maßgeblich für die Beurteilung sind die **Qualitätsanforderungen des Unternehmens und die Sicht der angesprochenen Verbraucherkreise**.[106] Zu berücksichtigen sind auch die jeweilige Branche, die Produktpalette des Unternehmens sowie alle Umstände des Einzelfalls. 65

Laut **Gesetzesbegründung** ist von einem Misslingen auszugehen, wenn bei Massenfertigung **5 % der wöchentlich produzierten Ware** Ausschuss und somit nicht brauchbar ist.[107] Diese Zahl kann indes nur einen **Anhalt** geben. Bei der jeweiligen konkreten Beurteilung kommt es auf die jeweilige Branche und auf die jeweiligen Standards des Unternehmens an. Deshalb kann ein Misslingen auch **bei einer Ausschussquote von unter 5 %** vorliegen.[108] 66

An Sonn- und Feiertagen dürfen Arbeiten ausgeführt werden, **die das Misslingen der Arbeitsergebnisse verhindern können**. Dagegen sollen Arbeiten, die der **Qualitätssteigerung** oder der besseren **Auslastung** dienen, nicht unter Abs. 1 Nr. 15 fallen.[109] Dies will nicht so recht einleuchten. Denn maßgeblich für die Prüfung des Merkmals „Misslingen" sind die Qualitätsanforderungen des Unternehmens (siehe oben Rn 66). Daher dürfte eine sinnvolle **Abgrenzung von Verhinderung des Misslingens einerseits und Qualitätssteigerung im Einzelfall** andererseits in aller Regel kaum zu leisten sein, zumindest aber von dem Argumentationsgeschick des jeweiligen Unternehmens abhängen.[110] 67

Zulässige Arbeiten können Beobachtungen, Kontrollen, Wartungen, Transport und Bereitschaftsdienst aber auch Koordinierungstätigkeiten etc. sein.[111] Solche Arbeiten müssen aber **unaufschiebbar** sein, dürfen also nicht werktags ausgeführt werden können (Abs. 1, vgl. oben Rn 5). Damit ist nicht nur technische oder organisatorische Unmöglichkeit, sondern auch wirtschaftliche Zumutbarkeit gemeint.[112] 68

c) Kontinuierliche Forschungsarbeiten. An Sonn- und Feiertagen dürfen AN zu kontinuierlich durchzuführenden Forschungsarbeiten beschäftigt werden. Solche Forschungsarbeiten liegen jedenfalls dann vor, wenn sie bereits werktags begonnen wurden und fortgesetzt werden müssen.[113] Dagegen sollen Forschungsarbeiten, die an dem betreffenden Sonn- oder Feiertag begonnen wurden, nicht darunter fallen.[114] Diese einschränkende Auff. lässt sich aus dem Wortlaut des Gesetzes indes nicht ableiten, sie ist deshalb abzulehnen.[115] 69

Umstr. ist, was mit der Formulierung „kontinuierlich" gemeint ist. Nach einer restriktiven Auff. hat dies die gleiche Bedeutung wie in der **gewerblichen Wirtschaft**. Dort bedeutet „kontinuierliche Arbeitsweise", dass der Betrieb von 70

---

99 *Baeck/Deutsch*, § 10 Rn 113 f.
100 *Anzinger/Koberski*, § 10 Rn 141.
101 *Anzinger/Koberski*, § 10 Rn 142.
102 *Schliemann*, ArbZG, § 10 Rn 56.
103 So auch *Baeck/Deutsch*, § 10 Rn 117; *Schliemann*, ArbZG, § 10 Rn 58; a.M. etwa *Neumann/Biebl*, § 10 Rn 44; ErfK/*Wank*, § 10 ArbZG Rn 21.
104 *Baeck/Deutsch*, § 10 Rn 123.
105 BVerwG 19.9.2000 – 1 C 17.99 – NZA 2000, 1232, 1234; *Neumann/Biebl*, § 10 Rn 46.
106 Ähnlich *Schütt/Schulte*, § 10 Rn 111.
107 BT-Drucks 12/5888, S. 29; vgl. auch BVerwG 19.9.2000 – 1 C 17.99 – NZA 2000, 1232, 1234.
108 BT-Drucks 12/5888, S. 29; *Schliemann*, ArbZG, § 10 Rn 63; ErfK/*Wank*, § 10 ArbZG Rn 24.
109 BVerwG 19.9.2000 – 1 C 17.99 – NZA 2000, 1232; 1234; *Schütt/Schulte*, § 10 Rn 114.
110 Vor diesem Hintergrund wird die Kritik von *Baeck/Deutsch*, § 10 Rn 130, verständlich.
111 *Baeck/Deutsch*, § 10 Rn 130.
112 BVerwG 19.9.2000 – 1 C 17.99 – NZA 2000, 1232, 1234.
113 ErfK/*Wank*, § 10 ArbZG Rn 23.
114 *Buschmann/Ulber*, § 10 Rn 14; *Neumann/Biebl*, § 10 Rn 50.
115 *Baeck/Deutsch*, § 10 Rn 133; *Schliemann*, ArbZG, § 10 Rn 67.

Montag bis einschließlich Sonntag kontinuierlich, also 168 Stunden pro Woche, genutzt wird. Übertragen auf kontinuierliche Forschungsarbeiten soll das heißen, dass es sich um Forschungsarbeiten handeln muss, die in der gesamten Woche, also während der gesamten 168 Arbeitsstunden, nicht unterbrochen werden können.[116] Das ist jedoch nicht richtig. Gewerbliche Arbeit und wissenschaftliches Arbeiten können insofern nicht gleichgesetzt werden. Daher bedeutet „**kontinuierlich**", dass die **Kontinuität des Forschungsvorgangs** die Arbeiten an Sonn- und Feiertagen erfordert.[117] Ob solche kontinuierlichen Forschungsarbeiten vorliegen, beurteilt der jeweilige Forscher bzw. das jeweilige Forscherteam anhand objektivierbarer Maßstäbe.[118]

71 Solche kontinuierlichen Forschungsarbeiten kommen v.a. in der **Naturwissenschaft** vor. Zu nennen sind biologische, chemische, physikalische oder sonstige wissenschaftliche **Experimente oder Versuchsreihen**, die kontinuierlich bearbeitet, beobachtet oder ausgewertet werden müssen.[119] Auch erforderliche **Hilfs-** und **Nebentätigkeiten** können an Sonn- und Feiertagen ausgeführt werden.[120]

72 **17. Zerstörung oder erhebliche Beschädigung der Produktionseinrichtung (Abs. 1 Nr. 16).** Die Beschäftigung an Sonn- und Feiertagen ist nach diesem Ausnahmetatbestand erlaubt, wenn anderenfalls Produktionseinrichtungen zerstört oder erheblich beschädigt würden. Dies ist durch die **Eigentumsinteressen** des AG gerechtfertigt und **grundrechtlich** unproblematisch.[121]

73 Unter **Produktionseinrichtungen** sind Maschinen, Geräte, Produktionsanlagen, Fertigungsstraßen und alle anderen Produktionsmittel zu verstehen.[122] Die Produktionseinrichtungen müssten **aufgrund einer Betriebsunterbrechung** an Sonn- oder Feiertagen entweder zerstört oder erheblich beschädigt werden. **Zerstört** bedeutet, dass sie aufgrund der Betriebsunterbrechung entweder sofort oder später unbrauchbar werden.[123] Produktionseinrichtungen sind **beschädigt**, wenn deren Substanz oder Funktionsfähigkeit beeinträchtigt ist.[124] Ob eine Beschädigung **erheblich** ist, richtet sich nach den **Umständen des Einzelfalls**, v.a. nach den zu befürchtenden **unmittelbaren wie mittelbaren Schäden**.[125]

74 Zulässig sind alle Arbeiten, die **voraussichtlich** die Zerstörung oder erhebliche Beschädigung vermeiden oder den Schaden in Grenzen halten können.[126] Dem Unternehmen ist hier ein nicht zu enger **Beurteilungsspielraum** einzuräumen. Stellt sich später heraus, dass die Zerstörung oder Schäden nicht vermieden werden konnten, berührt dies nicht die Rechtmäßigkeit der betreffenden Sonn- oder Feiertagsarbeiten.

II. Ausnahmen zur Verringerung der Arbeitnehmer an Sonn- und Feiertagen (Abs. 2)

75 Abs. 2 normiert eine weitere Ausnahme vom Beschäftigungsverbot an Sonn- und Feiertagen. Danach dürfen AN an diesen Tagen beschäftigt werden, wenn bei einer Unterbrechung der Produktion mehr AN nach Abs. 1 Nr. 14 an Sonn- und Feiertagen zum Einsatz kämen. Es ist also folgender Vergleich anzustellen: Wie viele Mitarbeiter würden bei einer Betriebsunterbrechung aufgrund des Ausnahmetatbestands des Abs. 1 Nr. 14 an Sonn- und Feiertagen beschäftigt? Wie viele Mitarbeiter würden ohne Betriebsunterbrechung an Sonn- und Feiertagen beschäftigt? Sind es im ersten Fall mehr Mitarbeiter als im Zweiten, so greift der Ausnahmetatbestand des Abs. 2.[127]

76 Die überwiegende Auff. in der Lit. stellt allerdings nicht nur auf die Anzahl der AN, sondern auch auf die **anfallenden Arbeitsstunden** ab.[128]

Beispiel: Bei einer Arbeitsunterbrechung an Sonn- und Feiertagen würden vier Mitarbeiter à acht Stunden aufgrund des **Ausnahmetatbestands des Abs. 1 Nr. 14 beschäftigt.** Das sind vier Mitarbeiter und 32 Arbeitsstunden. Wird die Arbeit an Sonn- und Feiertagen nicht unterbrochen, kämen sechs Mitarbeiter à fünf Stunden aufgrund des Abs. 2 zum Einsatz. Das sind **sechs Mitarbeiter und 30 Arbeitsstunden**. Stellt man nur auf die Anzahl der AN ab, ist im Beispielsfall der Ausnahmetatbestand des Abs. 2 nicht einschlägig. Genau umgekehrt sieht das Ergebnis aus, wenn es auf die Arbeitsstunden ankommt. Angesichts des eindeutigen Wortlauts der Vorschrift ist ein Vergleich der Arbeitsstunden zweifelhaft.[129]

77 Zweck dieses Ausnahmetatbestands ist es, **die Anzahl der AN, die an Sonn- und Feiertagen arbeiten müssen, zu verringern**.[130] Angesichts dieses Zwecks ist es allerdings schwer verständlich, warum der Gesetzgeber alleine auf die AN abstellt, die ansonsten gem. Abs. 1 Nr. 14 zum Einsatz kämen. Warum soll nicht der Einsatz aufgrund anderer Ausnahmetatbestände, insb. aufgrund Abs. 1 Nr. 15 und 16, in die Berechnung eingehen? Der **Wortlaut** des Abs. 2 ist

---

116 Buschmann/Ulber, § 10 Rn 14.
117 Baeck/Deutsch, § 10 Rn 133; ähnlich Anzinger/Koberski, § 10 Rn 206; Schütt/Schulte, § 10 Rn 117 f.
118 Schliemann, ArbZG, § 10 Rn 67.
119 Hierzu Anzinger/Koberski, § 10 Rn 207 f.
120 Baeck/Deutsch, § 10 Rn 134.
121 Baeck/Deutsch, § 10 Rn 135.
122 Neumann/Biebl, § 10 Rn 52.
123 HWK/Gäntgen, § 10 Rn 28; Schliemann, ArbZG, § 10 Rn 71.
124 Linnenkohl/Rauschenberg, § 10 Rn 89.
125 Baeck/Deutsch, § 10 Rn 139.
126 Ähnlich Baeck/Deutsch, § 10 Rn 141; Schliemann/Meyer, Rn 671.
127 Schliemann, ArbZG, § 10 Rn 75.
128 Erasmy, NZA 1995, 97, 100; HWK/Gäntgen, § 10 Rn 29; Linnenkohl/Rauschenberg, § 10 Rn 92; ErfK/Wank, § 10 ArbZG Rn 25.
129 Schliemann, ArbZG, § 10 Rn 75.
130 BT-Drucks 12/5888, S. 29.

allerdings **eindeutig**. Deshalb kann – trotz der Ungereimtheit – eine Berücksichtigung aller anderen Ausnahmetatbestände des Abs. 1 nicht in Betracht kommen.[131]

III. Ausnahme für Bäckereien und Konditoreien (Abs. 3)

Abs. 3 enthält einen weiteren Ausnahmetatbestand. Danach dürfen AN in Bäckereien und Konditoreien an Sonn- und Feiertagen bis zu drei Stunden mit gewissen Arbeiten beschäftigt werden. Der Gesetzgeber rechtfertigt dies mit einem **zunehmenden Bedürfnis der Bevölkerung, Brot und Backwaren auch an Sonn- und Feiertagen zu erstehen**. Zugleich sollen Bäckereien und Konditoreien **nicht gegenüber Tankstellen, Geschäften an Bahnhöfen etc. benachteiligt** werden.[132] Auch dieser Ausnahmetatbestand ist verfassungsrechtlich unbedenklich. Er basiert auf **sozialstaatlichen Erwägungen** und trägt mittelbar auch den Interessen der betreffenden Unternehmer Rechnung.[133]

Bäckereien und **Konditoreien** sind Betriebe, in denen Brot-, Back- oder Konditorwaren jeder Art hergestellt werden. Ob es sich um **verderbliche Ware** handelt, spielt keine Rolle.[134] Werden Produkte **vorbereitet**, die der Verbraucher aufbacken muss (Brot, Brötchen, Croissants etc.), so fällt auch dies unter den Ausnahmetatbestand des Abs. 3.[135]

An Sonn- und Feiertagen dürfen AN nur mit bestimmten Tätigkeiten beschäftigt werden, und zwar der **Herstellung**, dem **Austragen** und dem **Ausfahren** von Bäckerei- und Konditorwaren. Nach dem Gesetzeswortlaut muss es sich um Bäckereiwaren handeln, die am **selben Tag verkauft** werden. Diese Einschränkung fehlt merkwürdigerweise bei der Konditorware. Dennoch überträgt die h.M. diese Einschränkung (Verkauf am selben Tag) auch auf die **Konditorware**.[136] Der Verkauf der Ware selbst ist dann allerdings nicht in Abs. 3, sondern in § 17 Abs. 3 LSchlG geregelt. Die **Beschäftigungsdauer** ist beschränkt, sie beträgt **drei Stunden**.

IV. Ausnahmen für bestimmte Geldgeschäfte an Nicht-Feiertagen der EU (Abs. 4)

Dieser Ausnahmetatbestand beruht auf Art. 14a des Euro-Einführungsgesetzes vom 9.6.1998. Danach dürfen AN für bestimmte EU-weite Finanzaktionen an bestimmten **Feiertagen** beschäftigt werden. Der Gesetzgeber wollte damit der Kreditwirtschaft ermöglichen, an diesen Tagen **EU-weite Finanzaktionen** durchzuführen und so einen befürchteten **Wettbewerbsnachteil** zu verhindern.[137]

Der Ausnahmetatbestand des Abs. 4 wird von einigen Autoren als zu weit empfunden und deshalb als **verfassungsrechtlich bedenklich** eingestuft.[138] Dem ist jedoch nicht zu folgen.[139] Dem Gesetzgeber ist es nicht verwehrt, im Rahmen seines (weiten) Beurteilungsermessens das Beschäftigungsverbot an Sonn- und Feiertagen zu modifizieren. Die Verbesserung der Wettbewerbsfähigkeit der deutschen Wirtschaft und die Erleichterung EU-weiter Finanztransaktionen ist ein **berechtigter Grund** für den Ausnahmetatbestand des Abs. 4.

Der gewöhnliche **Massenzahlungsverkehr** wird vom Ausnahmetatbestand des Abs. 4 **nicht** erfasst.[140] Vielmehr bezieht sich **Abs. 4** ausschließlich auf die Durchführung des Eil- und Großbetragszahlungsverkehrs sowie des Geld-, Devisen-, Wertpapier- und Derivatenhandels. Hintergrund dafür ist das Eil- und Großbetragssystem **TARGET** (Transeuropean Automatic Realtime Gross Settlement Express Transfer), das den bargeldlosen Zahlungsverkehr der EURO-Währung innerhalb der EU-Mitgliedstaaten sicherstellen soll.[141] Dieses System ist Samstag, Sonntag und an **gemeinschaftsweiten Feiertagen** (= **1. Weihnachtstag und Neujahr**) geschlossen. Der Ausnahmetatbestand des Abs. 4 beruht auf der Überlegung, dass AN an den nicht gemeinschaftsweiten Feiertagen (also an allen Feiertagen außer 1. Weihnachtstag und Neujahr), an denen TARGET nicht geschlossen ist, beschäftigt werden können.

Zulässig sind alle Arbeiten, die zur Durchführung des Eil- und Großbetragszahlungsverkehrs und des Geld-, Devisen-, Wertpapier-, und Derivatenhandels erforderlich sind. Dazu zählen auch erforderliche **Hilfs- und Nebengeschäfte**.[142] All diese Arbeiten dürfen nicht oder nur mit unzumutbarem Aufwand an Werktagen ausgeführt werden können.[143]

---

131 *Neumann/Biebl*, § 10 Rn 54; ErfK/*Wank*, § 10 ArbZG Rn 25; a.M. *Baeck/Deutsch*, § 10 Rn 148; *Junker*, ZfA 1998, 105, 125.
132 BT-Drucks 13/4245, S. 10.
133 *Baeck/Deutsch*, § 10 Rn 151.
134 *Anzinger/Koberski*, § 10 Rn 248.
135 OVG NW 9.6.1993 – 4 A 2279/92 – NVwZ-RR 1994, 82, 83; *Neumann/Biebl*, § 10 Rn 57.
136 HWK/*Gäntgen*, § 10 ArbZG Rn 30; *Neumann/Biebl*, § 10 Rn 58; *Schliemann*, ArbZG, § 10 Rn 77.
137 BT-Drucks 13/10334, S. 42.
138 *Buschmann/Ulber*, § 10 Rn 21; *Richardi/Annuß*, NZA 1999, 953, 955.
139 *Baeck/Deutsch*, § 10 Rn 158.
140 HWK/*Gäntgen*, § 10 ArbZG Rn 31.
141 Hierzu näher *Anzinger*, NZA 1998, 845; *Baeck/Deutsch*, § 10 Rn 160.
142 *Anzinger*, NZA 1998, 845, 846.
143 *Anzinger*, NZA 1998, 845, 846; *Neumann/Biebl*, § 10 Rn 60.

C. Verbindung zu anderen Rechtsgebieten und zum Prozessrecht

I. Weitere gesetzliche Ausnahmevorschriften

85 Weitere Ausnahmen vom Sonn- und Feiertagsverbot können durch Rechts-VO oder behördliche Bewilligungen zugelassen werden (§ 13). Schließlich sind in engen Grenzen Ausnahmen wegen außergewöhnlicher Fälle möglich (§ 14). In solchen außergewöhnlichen Fällen kann auch von den Beschränkungen des § 10 abgewichen werden.[144]

II. Strafe und Bußgeld

86 Werden Mitarbeiter an Sonn- und Feiertagen beschäftigt, ohne dass ein Ausnahmetatbestand des § 10 oder der §§ 13, 14 vorliegt, so stellt das eine **OWi** i.S.d. § 22 Abs. 1 Nr. 5 dar. Vorsätzliche oder gesundheitsgefährdende Verstöße sind sogar strafbar.

III. Mitbestimmung des Betriebsrats

87 § 10 regelt nur die **öffentlich-rechtliche Zulässigkeit von Sonn- und Feiertagsarbeit**. Darüber hinaus hat der AG die Mitbestimmung des BR bzw. PR zu beachten (§ 87 Abs. 1 Nr. 2 BetrVG und § 75 Abs. 3 Nr. 1 BPersVG). Hält sich der AG nicht daran, so macht dies die Beschäftigung aber nicht öffentlich-rechtlich unzulässig.[145] Dem BR stehen die **betriebsverfassungsrechtlichen Instrumente** zur Verfügung (ergänzend hierzu siehe § 9 Rn 19).

IV. Zivilrechtliche Auswirkungen auf das Arbeitsverhältnis

88 Liegt ein Ausnahmetatbestand des § 10 vor, so heißt das noch nicht, dass der AG arbeitsvertraglich zur Anordnung von Sonntags- und Feiertagsarbeit berechtigt ist. Dies richtet sich vielmehr danach, ob der Arbeitsvertrag dies zulässt. Enthält der Arbeitsvertrag ausdrücklich die Befugnis des AG, Sonntags- und Feiertagsarbeit anzuordnen, ist das sicherlich der Fall.[146] Aber auch dann, wenn es keine ausdrückliche Vertragsregelung gibt, kann der AG Sonn- und Feiertagsarbeit anordnen, wenn das in der betreffenden Branche üblich ist.[147] Enthält der Arbeitsvertrag keine Regelung zur Lage der Arbeitszeit und handelt es sich nicht um eine Branche, in der Sonn- und Feiertagsarbeit üblich ist, ist immer noch zu erwägen, ob der AG dies nicht aufgrund des Direktionsrechts des § 106 GewO anordnen darf. Die Befugnis zur Anordnung von Sonn- und Feiertagsarbeit kann im Übrigen auch aus einem TV oder einer BV folgen.[148]

V. Sonderregelungen für besondere Personengruppen

89 Für **Jugendliche** und **werdende/stillende Mütter** gilt § 10 nicht. Die Zulässigkeit von Sonn- und Feiertagsarbeit richtet sich nach besonderen Regelungen (siehe oben Rn 5 ff.).

D. Beraterhinweise

90 Hält der AG einen der Ausnahmetatbestände des § 10 für einschlägig und beschäftigt er deshalb AN an Sonn- und Feiertagen, so trägt er ein **Risiko**. Hat er sich nämlich geirrt, so begeht er durch die Beschäftigung eine OWi, möglicherweise sogar eine Straftat.

91 Um dieses Risiko zu vermeiden, kann der AG vorab von der **Aufsichtsbehörde** die Feststellung beantragen, ob die beabsichtigte Beschäftigung nach § 10 zulässig ist (**§ 13 Abs. 3 Nr. 1**).[149] Wird die Behörde trotz Antrags nicht tätig, kann **Untätigkeitsklage** bzw. **Verpflichtungsklage** erhoben werden.[150] Ob dieser Weg sinnvoll oder eher kontraproduktiv ist, hängt von den jeweiligen Umständen ab. Nicht immer mag man sich die Aufsichtsbehörden freiwillig ins Haus holen.

§ 11 Ausgleich für Sonn- und Feiertagsbeschäftigung

(1) Mindestens 15 Sonntage im Jahr müssen beschäftigungsfrei bleiben.
(2) Für die Beschäftigung an Sonn- und Feiertagen gelten die §§ 3 bis 8 entsprechend, jedoch dürfen durch die Arbeitszeit an Sonn- und Feiertagen die in den §§ 3, 6 Abs. 2, §§ 7 und 21a Abs. 4 bestimmten Höchstarbeitszeiten und Ausgleichszeiträume nicht überschritten werden.
(3) [1]Werden Arbeitnehmer an einem Sonntag beschäftigt, müssen sie einen Ersatzruhetag haben, der innerhalb eines den Beschäftigungstag einschließenden Zeitraums von zwei Wochen zu gewähren ist. [2]Werden Arbeitnehmer an einem auf einen Werktag fallenden Feiertag beschäftigt, müssen sie einen Ersatzruhetag haben, der innerhalb eines den Beschäftigungstag einschließenden Zeitraums von acht Wochen zu gewähren ist.

---

144 Schliemann, ArbZG, § 10 Rn 80.
145 Baeck/Deutsch, § 10 Rn 168.
146 Buschmann/Ulber, § 10 Rn 22.
147 Buschmann/Ulber, § 10 Rn 23.
148 Anzinger/Koberski, § 10 Rn 16; Neumann/Biebl, § 10 Rn 61; a.M. Buschmann/Ulber, § 10 Rn 22.
149 BVerwG 19.9.2000 – 1 C 17.99 – NZA 2000, 1232, 1233.
150 Tschöpe/Zerbe, Teil 6 A Rn 86.

(4) Die Sonn- oder Feiertagsruhe des § 9 oder der Ersatzruhetag des Absatzes 3 ist den Arbeitnehmern unmittelbar in Verbindung mit einer Ruhezeit nach § 5 zu gewähren, soweit dem technische oder arbeitsorganisatorische Gründe nicht entgegenstehen.

Literatur: *Junker*, Brennpunkte des Arbeitszeitgesetzes, ZfA 1998, 105

A. Allgemeines 1	C. Verbindung zu anderen Rechtsgebieten und zum
B. Regelungsgehalt 3	Prozessrecht 17
I. Mindestens 15 beschäftigungsfreie Sonntage im Jahr	I. Gesetzliche Ausnahmevorschriften 17
(Abs. 1) 3	II. Strafe und Bußgeld 18
II. Arbeitszeitgrenzen an Sonn- und Feiertagen	III. Mitbestimmung des Betriebsrats 19
(Abs. 2) 7	IV. Zivilrechtliche Auswirkungen auf das Arbeits-
III. Ersatzruhetag (Abs. 3) 9	verhältnis 20
IV. Dauer der Arbeitsruhe an Sonn- und Feiertag oder	V. Sondervorschriften für bestimmte Personen-
am Ersatzruhetag (Abs. 4) 13	gruppen 22

A. Allgemeines

§ 11 setzt der zulässigen Sonntagsarbeit zeitliche Grenzen und schützt so die AN vor zu großen Belastungen. Damit werden z.T. auch Vorgaben **der EG-Arbeitszeit-RL 2003/88/EG** umgesetzt. Dies betrifft allerdings nicht Abs. 1 und 2, da es kein EU-rechtliches Beschäftigungsverbot an Sonn- und Feiertagen gibt. Maßgeblich sind aber die Ruhezeitregelungen in Art. 5 und 16a Arbeitszeit-RL 2003/88/EG. In Art. 5 ist festgelegt, dass jedem AN pro Siebentageszeitraum eine kontinuierliche **Mindestruhezeit** von 24 Stunden zuzüglich der täglichen Ruhezeit von elf Stunden gewährt wird. Eine Reduzierung der Mindestruhezeit kann unter gewissen Umständen gewährt werden. Art. 16a Arbeitszeit-RL trifft Regelungen über den **Bezugszeitraum der wöchentlichen Arbeitszeit**. Dem tragen Abs. 3 und 4 Rechnung.[1]

§ 11 wird bisweilen für **verfassungsrechtlich** bedenklich gehalten. Der Gesetzgeber habe den aus Art. 140 GG i.V.m. Art. 137 WRV abzuleitenden Schutzauftrag nicht angemessen umgesetzt.[2] Auch sei das gemeinschaftsrechtliche Gebot sozialen Fortschritts nicht angemessen berücksichtigt.[3] Diese Bedenken können jedoch nicht überzeugen. Der Gesetzgeber hat bei der Ausgestaltung des § 11 seinen **Ermessensspielraum** eingehalten.[4] Dabei ist nämlich auch zu berücksichtigen, dass Art. 140 GG i.V.m. Art. 137 WRV sowie ein etwaiges europarechtliches Gebot des sozialen Fortschritts in Einklang zu bringen sind mit den **wirtschaftlichen Grundrechten** der Unternehmen.

B. Regelungsgehalt

I. Mindestens 15 beschäftigungsfreie Sonntage im Jahr (Abs. 1)

Gem. Abs. 1 müssen mind. 15 Sonntage im Jahr beschäftigungsfrei sein. Das bedeutet umgekehrt, dass AN an 37 **Sonntagen** beschäftigt werden dürfen, sofern die Voraussetzungen des § 10 vorliegen. Die Mindestzahl von 15 Sonntagen darf grds. nicht unterschritten werden, auch **nicht bei außergewöhnlichen Fällen i.S.d. § 14**. Nur in den engen Grenzen des § 12 S. 1 Nr. 1 ist ein Unterschreiten der Mindestzahl zulässig.

Beschäftigungsfrei heißt nicht, dass der gesamte Betrieb ruhen muss.[5] Es kommt vielmehr auf den jeweiligen AN an. Untersagt ist nicht nur die normale Beschäftigung, sondern auch Arbeitsbereitschaft, Bereitschaftsdienst oder Rufbereitschaft.[6] Bei der Berechnung der 15 Sonntage zählen auch **Krankheits**- und **Urlaubszeiten** des betreffenden AN mit, die auf einen Sonntag fallen.[7] Es kommt also nicht darauf an, warum der jeweilige Sonntag beschäftigungsfrei war.

Der Bezugszeitraum ist **individuell zu bestimmen**. Der AG kann also auf das **Kalenderjahr** abstellen oder einen **abweichenden Jahreszeitraum** wählen.[8]

Abs. 1 bezieht sich ausdrücklich nur auf Sonn- und **nicht auf Feiertage**. Auch eine **analoge Anwendung** kommt nicht in Betracht. Es gibt daher keine Mindestanzahl gesetzlicher Feiertage, die beschäftigungsfrei bleiben müssten.[9]

---

1 *Baeck/Deutsch*, § 11 Rn 3.
2 *Buschmann/Ulber*, § 11 Rn 4.
3 *Buschmann/Ulber*, § 11 Rn 4.
4 *Anzinger/Koberski*, § 11 Rn 9 f.
5 *Neumann/Biebl*, § 11 Rn 2; *Schütt/Schulte*, § 11 Rn 2; a.M. *Buschmann/Ulber*, § 11 Rn 2, weil sonst die institutionelle Garantie der Sonntagsruhe beeinträchtigt werde.
6 *ErfK/Wank*, § 11 ArbZG Rn 1.
7 *Neumann/Biebl*, § 11 Rn 4; *HWK/Gäntgen*, § 11 ArbZG Rn 2; a.M. *Buschmann/Ulber*, § 11 Rn 3.
8 *Anzinger/Koberski*, § 11 Rn 15; *Junker*, ZfA 1998, 105, 127.
9 *Anzinger/Koberski*, § 11 Rn 18.

II. Arbeitszeitgrenzen an Sonn- und Feiertagen (Abs. 2)

7 Gem. Abs. 2 gelten an Sonn- und Feiertagen die Regelungen der §§ 3 bis 8. Das bedeutet: Auch an Sonn- und Feiertagen darf die Arbeitszeit nicht länger als **acht Stunden** betragen; sie kann gem. § 3 auf bis zu **zehn Stunden** verlängert werden. Es sind die gleichen **Pausen** und **Ruhezeiten** wie an Werktagen einzuhalten (§§ 4, 5). Auch die Begrenzungen für **Schicht-** und **Nachtarbeit** sind einzuhalten (§ 6). Allerdings hat der AN keinen Anspruch auf einen gesetzlichen Sonn- oder Feiertagszuschlag als solchen entsprechend § 6 Abs. 5, denn es handelt sich insofern um einen bloßen Rechtsgrundverweis.[10] Leistet der AN an einem Sonn- oder Feiertag Nachtarbeit, so hat er Anspruch auf eine angemessene Zahl freier Tage oder einen angemessenen Zuschlag.[11] Ein Zuschlag für Nachtarbeit an einem Sonn- oder Feiertag ist auch nicht höher als für Nachtarbeit an einem Werktag.[12]

8 Das Gesetz lässt somit, sofern die **gesetzlichen Ausgleichszeiträume** eingehalten sind, eine vorübergehende wöchentliche Arbeitszeit von bis zu **70 Stunden** zu (sieben Tage à zehn Stunden).[13] Eine Beschränkung auf wöchentlich 48 bzw. 60 Stunden lässt sich dem Gesetz dagegen nicht entnehmen.[14]

III. Ersatzruhetag (Abs. 3)

9 Gem. Abs. 3 ist dem AN für jeden Fall der **Sonntagsbeschäftigung** und für jeden Fall der **Beschäftigung** an einem auf einen **Werktag** fallenden Feiertag ein Ersatzruhetag zu gewähren. Damit soll dem **Gesundheitsschutz** und der **Gleichbehandlung** Rechnung getragen werden.[15]

10 Ein Ersatzruhetag ist bei jeder Art von Beschäftigung an einem Sonntag zu gewähren. Dies gilt auch dann, wenn der betreffende AN **nur kurz** gearbeitet, **Arbeitsbereitschaft**, **Bereitschaftsdienst** oder **Rufbereitschaft** geleistet hat.[16] Letztere ist zwar keine Arbeit i.S.d. ArbZG (vgl. § 2 Rn 19). Sie wird aber als Beschäftigung i.S.d. § 9 verstanden.[17]

11 Als Ersatzruhetag kommt jeder **Werktag** der Woche in Betracht, auch ein nach Schichtplan arbeitsfreier Werktag oder ein ohnehin arbeitsfreier Samstag.[18] Der AN hat also keinen Anspruch auf bezahlte Freistellung.[19] An diesem Ersatzruhetag darf der AN von **0:00 bis 24:00 Uhr** nicht beschäftigt werden. Auch Arbeitsbereitschaft, Bereitschaftsdienst oder Rufbereitschaft sind unzulässig (siehe auch Rn 10).[20]

12 Bei Sonntagsbeschäftigung muss der Ersatzruhetag innerhalb einer Frist von **zwei Wochen**, bei Feiertagsbeschäftigung innerhalb einer Frist von **acht Wochen** gewährt werden. Der AN kann nicht bestimmen, auf welchen Tag der Ersatzruhetag fallen soll, dies ist Sache des AG. Es ist nicht notwendig, dass der Ersatzruhetag der Beschäftigung **nachfolgt**. Er kann auch innerhalb der jeweiligen Frist vorab gewährt werden.[21] Es ist weiterhin nicht erforderlich, dass der Ersatzruhetag vom AG ausdrücklich als Ersatzruhetag bezeichnet wird.[22] Gewährt der AG innerhalb der jeweiligen Frist keinen Ersatzruhetag, so ist ihm von da an die Erfüllung unmöglich (siehe auch Rn 21).[23]

IV. Dauer der Arbeitsruhe an Sonn- und Feiertag oder am Ersatzruhetag (Abs. 4)

13 Abs. 4 bestimmt, dass die Sonn- und Feiertagsruhe grds. im Zusammenhang mit einer **elfstündigen Ruhezeit** zu gewähren ist. Das gilt auch bei einem Ersatzruhetag i.S.d. Abs. 3. Das Gesetz geht also davon aus, dass dem AN einmal wöchentlich eine **zusammenhängende Arbeitsruhe von 35 Stunden** zusteht (elfstündige Ruhezeit, dann 24-stündige Sonn- und Feiertagsruhe).

14 Ob die (normalerweise) elfstündige Ruhezeit dem Sonn- oder Feiertag bzw. dem Ersatzruhetag vorausgeht oder nachfolgt, ist unerheblich; auch eine Kombination (Teil der Ruhezeit geht voraus, Teil der Ruhezeit folgt) ist zulässig.[24] Abs. 4 schränkt also nicht die Samstagsarbeit ein, indem die Ruhezeit zwingend vor dem Sonntag (bzw. Feiertag, Ersatzruhetag) genommen werden müsste.[25] Der AG erfüllt seine Verpflichtung bspw. dann, wenn

---

10 BAG 11.1.2006 – 5 AZR 97/05 – BB 2006, 783; HWK/*Gäntgen*, ArbZG, § 11 Rn 9; a.M. *Buschmann/Ulber*, § 11 Rn 4a.
11 BAG 11.1.2006 – 5 AZR 97/05 – BB 2006, 783; HWK/*Gäntgen*, ArbZG, § 11 Rn 9; a.M. *Buschmann/Ulber*, § 11 Rn 4a.
12 A.M. *Buschmann/Ulber*, § 11 Rn 4a.
13 *Anzinger/Koberski*, § 11 Rn 21; *Baeck/Deutsch*, § 11 Rn 14; HWK/*Gäntgen*, ArbZG, § 11 Rn 3.
14 So aber *Buschmann/Ulber*, § 11 Rn 5; *Schliemann*, ArbZG, § 11 Rn 10.
15 *Baeck/Deutsch*, § 11 Rn 17.
16 *Neumann/Biebl*, § 11 Rn 9.
17 BAG 22.9.2005 – 6 AZR 579/04 – NZA 2006, 329; *Schliemann*, ArbZG, § 11 Rn 15.
18 BAG 12.12.2001 – 5 AZR 294/00 – NZA 2002, 505, 506; BAG 23.3.2006 – 6 AZR 497/05 – AuA 2006, 620 mit zust. Anm. *Stück*; *Neumann/Biebl*, § 11 Rn 8; a.M. *Buschmann/Ulber*, § 11 Rn 6 a; *Linnenkohl/Rauschenberg*, § 11 Rn 12.
19 BAG 12.12.2001 – 5 AZR 294/00 – NZA 2002, 505; *Schliemann*, ArbZG, § 11 Rn 17; a.M. *Buschmüller/Ulber*, § 11 Rn 6.
20 *Schliemann*, ArbZG, § 11 Rn 15.
21 HWK/*Gäntgen*, § 11 ArbZG Rn 5; ErfK/*Wank*, § 11 ArbZG Rn 4; *Schliemann*, ArbZG, § 11 Rn 18; a.M. *Buschmann/Ulber*, § 11 Rn 6a.
22 BAG 12.12.2001 – 5 AZR 294/00 – NZA 2002, 505, 506.
23 *Schütt/Schulte*, § 11 Rn 14.
24 *Schliemann*, ArbZG, § 11 Rn 22.
25 *Anzinger/Koberski*, § 11 Rn 38; *Schliemann*, ArbZG, § 11 Rn 22; a.M. *Buschmann/Ulber*, § 11 Rn 8.

- die Arbeitszeit am Tag vor dem Sonn- oder Feiertag bzw. Ersatzruhetag um 13:00 Uhr endet,
- die Arbeitszeit am Tag nach dem Sonn- oder Feiertag bzw. Ersatzruhetag um 11:00 Uhr beginnt,
- die Arbeitszeit am Tag vor dem Sonn- oder Feiertag bzw. Ersatzruhetag um 20:00 Uhr endet und am Tag nach dem Sonn- oder Feiertag bzw. Ersatzruhetag um 7:00 Uhr beginnt.

Im letzten Fall sind auch die Vorgaben des § 5 Abs. 1 gewahrt. Die Ruhezeit wird nämlich nur durch Arbeit, nicht aber durch den Zeitraum des Ruhetags unterbrochen.[26]

Ist die **Ruhezeit zulässigerweise verkürzt oder verschoben** (§ 5 Abs. 2 bis 4), so ist dies auch im Rahmen des Abs. 4 zu berücksichtigen.[27]

Abs. 4 lässt Ausnahmen zu, wenn **technische** oder **organisatorische** Gründe dagegen sprechen, dass der AG die Sonn- und Feiertagsruhe in Verbindung mit einer Ruhezeit nach § 5 gewähren muss. In solchen Fällen kann die Mindestruhezeit **bis auf 24 Stunden** verkürzt werden.[28] Diese Ausnahme ist v.a. in **Schichtbetrieben** wichtig. Unter **technischen Gründen** versteht das Gesetz solche Gründe, die im weiteren Sinne durch die Produktion bedingt sind.[29] **Arbeitsorganisatorische Gründe** betreffen die Arbeitsorganisation, v.a. das Funktionieren eines Schichtbetriebs.[30] Daher sind die **üblichen Schichtzeiten** – Ende der Spätschicht am Samstag um 22:00 Uhr, Beginn der Frühschicht am Montag um 6:00 Uhr – aus arbeitsorganisatorischen Gründen zulässig, auch wenn die Mindestruhezeit von 35 Stunden unterschritten wird.[31] Generell sind an die technischen und organisatorischen Anforderungen keine zu hohen Anforderungen zu stellen.[32]

C. Verbindung zu anderen Rechtsgebieten und zum Prozessrecht

I. Gesetzliche Ausnahmevorschriften

Von § 11 kann ausnahmsweise zu Lasten des AN abgewichen werden. Das Gesetz sieht folgende Fälle vor:
- Abweichung aufgrund eines außergewöhnlichen Falles (§ 14 Abs. 1)
- Abweichung von Abs. 1 bis 3 aufgrund § 14 Abs. 2
- Abweichung/von Abs. 1 bis 3 in einem TV oder aufgrund eines TV (§ 12)
- Abweichung von Abs. 2 durch behördliche Ausnahmen (§ 15 Abs. 1 Nr. 1).

II. Strafe und Bußgeld

Verstöße gegen Abs. **1 und Abs. 3** werden als OWi i.S.d. § 22 Abs. 1 Nr. 6 behandelt. Wobei eine OWi im Hinblick auf **Abs. 1** nur dann vorliegt, wenn der AN an allen Sonntagen im Jahr beschäftigt wird. Verstöße gegen **Abs. 2 und 4** können mittelbar als OWi geahndet werden (§ 22 Abs. 1 Nr. 1 und 3). Vorsätzliche oder gesundheitsgefährdende Verstöße stellen eine Straftat gem. § 23 Abs. 1 Nr. 1 und 2 dar.

III. Mitbestimmung des Betriebsrats

Der **BR** hat gem. § 87 Abs. 1 Nr. 2 BetrVG ein Mitbestimmungsrecht über die beschäftigungsfreien Sonntage (Abs. 1), über die Arbeitszeiten an Sonn- und Feiertagen (Abs. 2), über die Lage des Ersatzruhetages (Abs. 3) sowie über Festlegungen sowie Abweichungen der Ruhezeiten (Abs. 4).[33] Mittelbar kann er über die **Schichtplangestaltung** auch Einfluss nehmen, dass der Ersatzruhetag tatsächlich gewährt wird.[34] Die Mitbestimmung des **PR** ergibt sich aus § 75 Abs. 3 Nr. 1, Abs. 4 BPersVG (vgl. § 10 Rn 87).

IV. Zivilrechtliche Auswirkungen auf das Arbeitsverhältnis

Beschäftigt der AG einen AN ausschließlich an Sonntagen und ist die Gewährung eines Ersatzruhetags **dauerhaft unmöglich**, weil der AN von Montag bis Samstag bei einem anderen AG beschäftigt ist, so ist dies ein Grund für eine **personenbedingte Künd.**[35]

Gewährt der AG keinen Ersatzruhetag i.S.d. Abs. 4, so hat der AN **keinen Anspruch auf eine Abgeltung** in Geld und auch keinen Anspruch auf einen sonstigen Freizeitausgleich.[36] Dies folgt schon daraus, dass der Ersatzruhetag i.S.d. § 11 keine bezahlte Freistellung bedeutet (siehe Rn 11). Der AN kann nur **Schadensersatz** geltend machen, sofern er

---

26 *Schliemann*, ArbZG, § 11 Rn 22.
27 *Buschmann/Ulber*, § 11 Rn 8.
28 *Linnenkohl/Rauschenberg*, § 11 Rn 18.
29 *Anzinger/Koberski*, § 11 Rn 46.
30 *Baeck/Deutsch*, § 11 Rn 29; *Schütt/Schulte*, § 11 Rn 21.
31 *Neumann/Biebl*, § 11 Rn 15; ErfK/*Wank*, § 11 ArbZG Rn 5.
32 In diese Richtung auch *Baeck/Deutsch*, § 11 Rn 30 ff.; a.M. *Buschmann/Ulber*, § 11 Rn 9.
33 *Buschmann/Ulber*, § 11 Rn 10.
34 LAG Köln 24.9.1998 – 10 TaBV 57/97 – NZA-RR 1999 194.
35 BAG 24.2.2005 –2 AZR 211/04 – AP § 1 KSchG 1969 Nr. 51; ErfK/*Wank*, § 11 ArbZG Rn 4.
36 Vgl. *Anzinger/Koberski*, § 11 Rn 53, § 9 Rn 60, § 4 Rn 38 ff.

wegen der Nichtgewährung des Ersatzruhetags einen Gesundheitsschaden erlitten hat. Dies dürfte aber regelmäßig schwer nachzuweisen sein.[37]

V. Sondervorschriften für bestimmte Personengruppen

22 Für Jugendliche sind §§ 17 Abs. 1, 18 Abs. 1 JArbSchG, für werdende und stillende Mütter ist § 8 Abs. 1 S. 1 MuSchG zu beachten.

§ 12 Abweichende Regelungen

In einem Tarifvertrag oder auf Grund eines Tarifvertrags in einer Betriebs- oder Dienstvereinbarung kann zugelassen werden,
1. abweichend von § 11 Abs. 1 die Anzahl der beschäftigungsfreien Sonntage in den Einrichtungen des § 10 Abs. 1 Nr. 2, 3, 4 und 10 auf mindestens zehn Sonntage, im Rundfunk, in Theaterbetrieben, Orchestern sowie bei Schaustellungen auf mindestens acht Sonntage, in Filmtheatern und in der Tierhaltung auf mindestens sechs Sonntage im Jahr zu verringern,
2. abweichend von § 11 Abs. 3 den Wegfall von Ersatzruhetagen für auf Werktage fallende Feiertage zu vereinbaren oder Arbeitnehmer innerhalb eines festzulegenden Ausgleichszeitraums beschäftigungsfrei zu stellen,
3. abweichend von § 11 Abs. 1 bis 3 in der Seeschiffahrt die den Arbeitnehmern nach diesen Vorschriften zustehenden freien Tage zusammenhängend zu geben,
4. abweichend von § 11 Abs. 2 die Arbeitszeit in vollkontinuierlichen Schichtbetrieben an Sonn- und Feiertagen auf bis zu zwölf Stunden zu verlängern, wenn dadurch zusätzliche freie Schichten an Sonn- und Feiertagen erreicht werden.

§ 7 Abs. 3 bis 6 findet Anwendung.

Literatur *Erasmy*, Ausgewählte Fragen zum neuen Arbeitszeitrecht, NZA 1995, 97; *Kuhr*, Die Sonntagsruhe im Arbeitszeitgesetz aus verfassungsrechtlicher Sicht, DB 1994, 2186.

A. Allgemeines 1	4. Abweichungen in vollkontinuierlichen Schichtbetrieben (S. 1 Nr. 4) 11
B. Regelungsgehalt 3	5. Anwendung des § 7 Abs. 3 bis 6 (S. 2) 13
I. Grundlage Tarifvertrag, Betriebsvereinbarungen, Dienstvereinbarung 3	C. Verbindung zu anderen Rechtsgebieten und zum Prozessrecht 18
II. Inhaltliche Abweichungsmöglichkeiten 4	I. Gesetzliche Ausnahmevorschriften 18
1. Reduzierung der beschäftigungsfreien Sonntage (S. 1 Nr. 1) 4	II. Strafe und Bußgeld 19
2. Wegfall von Ersatzruhetagen für auf Werktage fallende Feiertage (S. 1 Nr. 2) 7	III. Mitbestimmung des Betriebsrats 20
3. Abweichungen bei der Seeschifffahrt (S. 1 Nr. 3) 10	IV. Sondervorschriften für bestimmte Personengruppen 21

A. Allgemeines

1 § 12 lässt **Ausnahmen** von den Vorgaben des **§ 11** zu, und zwar durch **TV** oder **Betriebs-** bzw. **Dienstvereinbarung**, aber unter bestimmten Voraussetzungen auch durch Arbeitsvertrag. Damit soll den Bedürfnissen und Interessen bestimmter Betriebe und Tätigkeitsgebiete Rechnung getragen und flexible Arbeitszeitgestaltungen zugelassen werden.[1] § 12 begegnet **keinen EU-rechtlichen Bedenken**.[2] Auch Art. 18 der Arbeitszeit-RL 2003/88/EG lässt entsprechende Ausnahmen über Ruhezeiten und wöchentliche Höchstarbeitszeiten zu.

2 Bisweilen wird § 12 aus **verfassungsrechtlicher Perspektive** kritisiert. Der Gesetzgeber hätte die Ausnahmen von § 11 selbst regeln müssen, statt dies auf die TV- bzw. Betriebsparteien zu delegieren.[3] Diese Kritik ist indes nicht berechtigt. Der Gesetzgeber hat den **Spielraum**, innerhalb dessen TV- und Betriebsparteien agieren können, ausrei-

---

[37] A.M. *Buschmann/Ulber*, § 11 Rn 7: Wenn AN Ersatzruhetag rechtzeitig geltend gemacht und AG nicht reagiert hat, besteht ein Anspruch aus §§ 280 Abs. 1 und 2, 286 Abs. 1 BGB zur Gewährung eines anderen Ersatzruhetags.

[1] Vgl. BT-Drucks 12/5888, S. 30.
[2] *Baeck/Deutsch*, § 11 Rn 3.
[3] *Buschmann/Ulber*, § 12 Rn 1; *Kuhr*, DB 1994, 2186, 2188 f.

chend abgesteckt. Verfassungsrechtlich ist dies nicht zu beanstanden, auch nicht unter dem Aspekt der Wesentlichkeitstheorie.[4] Dass die TV-Parteien überhaupt einen gewissen Spielraum haben, ist aufgrund der **Sach- und Betriebsnähe** gerechtfertigt.

B. Regelungsgehalt

I. Grundlage Tarifvertrag, Betriebsvereinbarungen, Dienstvereinbarung

Die Abweichungen müssen entweder auf einem TV beruhen. Das ist dann der Fall, wenn der TV selbst die Abweichungen regelt. Oder aber der TV sieht ausdrücklich vor, dass Abweichungen durch BV oder Dienstvereinbarung möglich sind. Wegen der weiteren Einzelheiten siehe § 7 Rn 4 ff.

II. Inhaltliche Abweichungsmöglichkeiten

1. Reduzierung der beschäftigungsfreien Sonntage (S. 1 Nr. 1). Durch TV oder BV/Dienstvereinbarung, die auf einem TV beruht, kann die Mindestanzahl der beschäftigungsfreien Sonntage auf weniger als 15 reduziert werden. Im Einzelnen gilt:
- Eine Reduzierung auf bis zu **zehn beschäftigungsfreie Sonntage** im Jahr ist in den Bereichen des § 10 Abs. 1 Nr. 2, 3, 4 und 10 möglich.
- Eine Reduzierung auf bis zu **acht beschäftigungsfreie Sonntage** im Jahr ist im Rundfunk, in Theaterbetrieben, Orchestern und Schaustellungen möglich.
- Eine Reduzierung auf bis zu **sechs beschäftigungsfreie Sonntage** im Jahr ist im Filmtheater und in der Tierhaltung möglich.

In all diesen Bereichen ist **Sonntagsarbeit typisch**. Deshalb ist die Mindestanzahl von 15 Sonntagen nicht ohne weiteres einzuhalten, was die Abweichungsmöglichkeit rechtfertigt.[5] Die aufgezählten Bereiche sind abschließend zu verstehen[6] eine analoge Erweiterung ist also nur in engen Grenzen möglich.

Bei Abweichungen nach Abs. 1 Nr. 1 ist kein erhöhter Erforderlichkeitsmaßstab anzulegen.[7] Ein solches verschärftes Erfordernis ergibt sich weder aus dem Gesetz noch aus verfassungsrechtlichen Gründen.

2. Wegfall von Ersatzruhetagen für auf Werktage fallende Feiertage (S. 1 Nr. 2). Nr. 2 ermächtigt die Tarif- bzw. Betriebsparteien, bei Feiertagen, die auf einen Werktag gefallen sind, die **Ersatzruhetage zu streichen** oder die Ausgleichszeiträume für die Ersatzruhetage **abweichend zu regeln**. Ersatzruhetage für Sonntage sind dagegen **dispositionsfest**, sie dürfen also nicht entfallen. Das gilt auch dann, wenn ein Feiertag auf einen Sonntag fällt.[8]

Grund für die Abweichungsmöglichkeit der Nr. 2 ist, dass in einigen Branchen und insb. in Saisonbetrieben Ersatzruhetage nicht ohne weiteres gewährt oder die Ausgleichszeiträume nicht ohne weiteres eingehalten werden können.[9] Die Abweichungsmöglichkeiten gelten aber für alle Betriebe und alle Branchen.

Die Ersatzruhetage können **z.T. oder vollständig entfallen**.[10] Hinsichtlich der Ausgleichszeiträume von zwei oder acht Wochen kennt das Gesetz **keine zeitliche Grenze**. Sie können **verkürzt** oder **verlängert** werden.[11] Die TV- bzw. Betriebsparteien haben also einen weiten Gestaltungsspielraum. Der TV (oder die BV) muss nicht ausdrücklich den Wegfall von Ersatzruhetagen anordnen; dies kann sich auch aufgrund einer Auslegung der entsprechenden Regelung ergeben.[12]

3. Abweichungen bei der Seeschifffahrt (S. 1 Nr. 3). Nr. 3 trifft eine Sonderregelung für die Beschäftigten der Seeschifffahrt, die **nicht** unter das SeemG fallen. Zu nennen sind etwa die Seefischerei, Küstenwache, Seenotrettung. Für diese Bereiche können die TV-Parteien bzw. Betriebsparteien die **Ersatzruhetage zusammenhängend gewähren**. Das bedeutet gleichzeitig, dass auch die Ausgleichszeiträume verlängert werden können. Eine Reduzierung der Ersatzruhetage ist dagegen nicht zulässig.

4. Abweichungen in vollkontinuierlichen Schichtbetrieben (S. 1 Nr. 4). Unter **vollkontinuierlichen Schichtbetrieben** versteht man solche Betriebe, in denen die ganze Woche durchgehend gearbeitet wird, insgesamt also **168 Stunden wöchentlich (sieben Tage à 24 Stunden)**. Unterbrechungen wegen Betriebsferien oder technischer Störungen bleiben außer Betracht. Welcher Branche oder welchem Beschäftigungsbereich der Betrieb zuzuordnen ist, ist unerheblich.[13]

---

4 *Anzinger/Koberski*, § 12 Rn 3 f.; *Erasmy*, NZA 1995, 97, 103; *Neumann/Biebl*, § 11 Rn 2; *Schliemann*, ArbZG, § 12 Rn 3.
5 BT-Drucks 12/6990, S. 43.
6 *Neumann/Biebl*, § 12 Rn 4; *Schliemann*, ArbZG, § 12 Rn 6.
7 So aber *Buschmann/Ulber*, § 12 Rn 4; a.M. zu Recht *Baeck/Deutsch*, Rn 11.
8 *Schliemann*, ArbZG, § 12 Rn 11.
9 BT-Drucks 12/5888, S. 30; vgl. auch HWK/*Gäntgen*, § 12 ArbZG Rn 6.
10 *Anzinger/Koberski*, § 12 Rn 14.
11 *Schütt/Schulte*, § 12 Rn 8.
12 BAG 22.9.2005 – 6 AZR 579/04 – NZA 2006, 329, 330 f.; kritisch *Buschmann/Ulber*, § 12 Rn 5.
13 *Schliemann*, ArbZG, § 12 Rn 15.

12 In vollkontinuierlichen Schichtbetrieben besteht die Möglichkeit, an Sonn- und Feiertagen die Arbeitszeit auf **bis zu zwölf Stunden** zu verlängern. Voraussetzung ist allerdings, dass dadurch **zusätzliche freie Schichten** an Sonn- und Feiertagen geschaffen werden. Das bedeutet: Aufgrund der Verlängerung der Arbeitszeiten an Sonn- und Feiertagen müssen die AN mehr Sonn- und Feiertage frei haben, als es ohne Verlängerung der Fall wäre.[14]

13 **5. Anwendung des § 7 Abs. 3 bis 6 (S. 2).** Gem. S. 2 ist § 7 Abs. 3 bis 6 entsprechend anwendbar. Das bedeutet:

14 Im **Geltungsbereich eines TV** kann ein **Unternehmen**, das nicht tarifgebunden ist, die im Tarif festgelegten oder ermöglichten Abweichungen durch **BV** oder **Dienstvereinbarung** übernehmen. Ist in einem Betrieb kein BR oder PR vorhanden, ist auch eine Übernahme durch **Einzelvereinbarung** möglich (S. 2 i.V.m. § 7 Abs. 3).

15 Kirchen und öffentlich-rechtliche Religionsgesellschaften können die Abweichungsmöglichkeiten des S. 1 Nr. 1 bis 4 in ihr eigenes Regelwerk übernehmen (S. 2 i.V.m. § 7 Abs. 4).

16 In Bereichen, in denen TV üblicherweise nicht getroffen werden, kann die **Aufsichtsbehörde** die in S. 1 Nr. 1 bis 4 geregelten Abweichungen bewilligen. Voraussetzung dafür ist, dass **betriebliche Gründe** dies erfordern und die **Gesundheit der AN** nicht gefährdet ist (S. 2 i.V.m. § 7 Abs. 5).

17 Durch **Rechts-VO** kann die Bundesregierung mit Zustimmung des Bundesrates Abweichungen gem. S. 1 Nr. 1 bis 4 beschließen. Voraussetzung dafür ist, dass **betriebliche Gründe** dies erfordern und die **Gesundheit der AN** nicht gefährdet ist (S. 2 i.V.m. § 7 Abs. 6).

C. Verbindung zu anderen Rechtsgebieten und zum Prozessrecht
I. Gesetzliche Ausnahmevorschriften

18 Von § 12 darf in den Fällen des § 14 Abs. 2, nicht aber in Notfällen oder außergewöhnlichen Fällen des § 14 Abs. 1 abgewichen werden.

II. Strafe und Bußgeld

19 Verstöße gegen § 12 stellen gleichzeitig Verstöße gegen § 11 dar und zwar, je nach Variante, gegen **Abs. 1, Abs. 2 und Abs. 3** (wegen der Einzelheiten siehe § 11 Rn 18).

III. Mitbestimmung des Betriebsrats

20 Der BR hat im Rahmen des § 87 Abs. 1 Nr. 2 BetrVG ein Mitbestimmungsrecht über die Abweichungen. Entsprechendes gilt gem. § 75 Abs. 3 Nr. 1 BPersVG für den PR (ergänzend siehe § 9 Rn 19).

IV. Sondervorschriften für bestimmte Personengruppen

21 Für Jugendliche sind §§ 17 Abs. 1, 18 Abs. 1 JArbSchG, für werdende und stillende Mütter ist § 8 Abs. 1 S. 1 MuSchG zu beachten.

---

§ 13 Ermächtigung, Anordnung, Bewilligung

(1) Die Bundesregierung kann durch Rechtsverordnung mit Zustimmung des Bundesrats zur Vermeidung erheblicher Schäden unter Berücksichtigung des Schutzes der Arbeitnehmer und der Sonn- und Feiertagsruhe
1. die Bereiche mit Sonn- und Feiertagsbeschäftigung nach § 10 sowie die dort zugelassenen Arbeiten näher bestimmen,
2. über die Ausnahmen nach § 10 hinaus weitere Ausnahmen abweichend von § 9
   a) für Betriebe, in denen die Beschäftigung von Arbeitnehmern an Sonn- oder Feiertagen zur Befriedigung täglicher oder an diesen Tagen besonders hervortretender Bedürfnisse der Bevölkerung erforderlich ist,
   b) für Betriebe, in denen Arbeiten vorkommen, deren Unterbrechung oder Aufschub
      aa) nach dem Stand der Technik ihrer Art nach nicht oder nur mit erheblichen Schwierigkeiten möglich ist,
      bb) besondere Gefahren für Leben oder Gesundheit der Arbeitnehmer zur Folge hätte,
      cc) zu erheblichen Belastungen der Umwelt oder der Energie- oder Wasserversorgung führen würde,
   c) aus Gründen des Gemeinwohls, insbesondere auch zur Sicherung der Beschäftigung,
   zulassen und die zum Schutz der Arbeitnehmer und der Sonn- und Feiertagsruhe notwendigen Bedingungen bestimmen.

---

14 *Neumann/Biebl*, § 12 Rn 8.

(2) ¹Soweit die Bundesregierung von der Ermächtigung des Absatzes 1 Nr. 2 Buchstabe a keinen Gebrauch gemacht hat, können die Landesregierungen durch Rechtsverordnung entsprechende Bestimmungen erlassen. ²Die Landesregierungen können diese Ermächtigung durch Rechtsverordnung auf oberste Landesbehörden übertragen.

(3) Die Aufsichtsbehörde kann
1. feststellen, ob eine Beschäftigung nach § 10 zulässig ist,
2. abweichend von § 9 bewilligen, Arbeitnehmer zu beschäftigen
   a) im Handelsgewerbe an bis zu zehn Sonn- und Feiertagen im Jahr, an denen besondere Verhältnisse einen erweiterten Geschäftsverkehr erforderlich machen,
   b) an bis zu fünf Sonn- und Feiertagen im Jahr, wenn besondere Verhältnisse zur Verhütung eines unverhältnismäßigen Schadens dies erfordern,
   c) an einem Sonntag im Jahr zur Durchführung einer gesetzlich vorgeschriebenen Inventur,
und Anordnungen über die Beschäftigungszeit unter Berücksichtigung der für den öffentlichen Gottesdienst bestimmten Zeit treffen.

(4) Die Aufsichtsbehörde soll abweichend von § 9 bewilligen, daß Arbeitnehmer an Sonn- und Feiertagen mit Arbeiten beschäftigt werden, die aus chemischen, biologischen, technischen oder physikalischen Gründen einen ununterbrochenen Fortgang auch an Sonn- und Feiertagen erfordern.

(5) Die Aufsichtsbehörde hat abweichend von § 9 die Beschäftigung von Arbeitnehmern an Sonn- und Feiertagen zu bewilligen, wenn bei einer weitgehenden Ausnutzung der gesetzlich zulässigen wöchentlichen Betriebszeiten und bei längeren Betriebszeiten im Ausland die Konkurrenzfähigkeit unzumutbar beeinträchtigt ist und durch die Genehmigung von Sonn- und Feiertagsarbeit die Beschäftigung gesichert werden kann.

Literatur *Anzinger*, Neues Arbeitszeitgesetz in Kraft getreten, BB 1994, 1492; *Erasmy*, Ausgewählte Rechtsfragen zum neuen Arbeitszeitrecht (II), NZA 1995, 97; *Kuhr*, Die Sonntagsruhe im Arbeitszeitgesetz aus verfassungsrechtlicher Sicht, DB 1994, 2186; *Rose*, Die uneingeschränkte Erlaubnis der Sonn- und Feiertagsarbeit nach § 13 Abs. 5 ArbZG, DB 2000, 1662

A. Allgemeines 1	V. Sicherung der Konkurrenzfähigkeit (Abs. 5) 35
B. Regelungsgehalt 3	1. Allgemeines 35
I. Rechtsverordnung der Bundesregierung (Abs. 1) . 3	2. Weitgehende Ausnutzung der zulässigen
1. Allgemeine Voraussetzungen 3	Betriebszeiten 38
2. Konkretisierung der Ausnahmetatbestände des	3. Längere Betriebszeiten im Ausland 41
§ 10 (Abs. 1 Nr. 1) 6	4. Unzumutbare Beeinträchtigung der Konkurrenzfähigkeit 43
3. Schaffung weiterer Ausnahmetatbestände (Abs. 1 Nr. 2) 7	5. Beschäftigungssicherung 48
II. Rechtsverordnung der Landesregierungen (Abs. 2) 12	6. Einzelheiten des Verwaltungsverfahrens 49
III. Befugnisse der Aufsichtsbehörde (Abs. 3) 15	C. Verbindung zu anderen Rechtsgebieten und zum Prozessrecht 55
1. Feststellung der Zulässigkeit einer Beschäftigung nach § 10 (Abs. 3 Nr. 1) 15	I. Vorliegen mehrerer Ausnahmetatbestände 55
2. Behördliche Ausnahmebewilligungen (Abs. 3 Nr. 2) 19	II. Strafe und Bußgeld 56
a) Allgemeines 19	III. Mitbestimmung des Betriebsrats 58
b) Erforderlichkeit erweiterten Geschäftsverkehrs im Handelsgewerbe (Abs. 3 Nr. 2a) 22	IV. Verwaltungsrechtsschutz im Hinblick auf Entscheidungen der Behörde gemäß Abs. 3 bis 5 60
c) Verhütung eines unverhältnismäßigen Schadens (Abs. 3 Nr. 2b) 28	1. Feststellung gemäß Abs. 3 Nr. 1 60
d) Inventur (Abs. 3 Nr. 2c) 32	2. Bewilligung gemäß Abs. 3 Nr. 2, Abs. 4 und 5 63
IV. Behördliche Ausnahmebewilligung aus naturwissenschaftlichen oder technischen Gründen (Abs. 4) 33	V. Sondervorschriften für bestimmte Personengruppen 67

A. Allgemeines

Das Beschäftigungsverbot an Sonn- und Feiertagen (§ 9) wird durch die Ausnahmetatbestände des § 10 aufgelockert. Darüber hinausgehende Ausnahmen sieht § 13 vor. Die Abs. 1 und 2 ermächtigen die **Bundesregierung** und **subsidiär** die **Landesregierungen** zum Erlass von entsprechenden **Rechts-VO**. Die Abs. 3 bis 5 sehen Ausnahmen durch **Genehmigung der Aufsichtsbehörden** vor. **1**

§ 13 ermöglicht einerseits eine **Konkretisierung** der ausnahmsweise zulässigen Beschäftigung an Sonn- und Feiertagen, um **Rechtssicherheit herzustellen** und **Missbräuchen vorzubeugen**. Andererseits lässt § 13 auch weitere Sonn- und Feiertagsarbeit zu. **2**

B. Regelungsgehalt

I. Rechtsverordnung der Bundesregierung (Abs. 1)

3 **1. Allgemeine Voraussetzungen.** Abs. 1 ermächtigt die **Bundesregierung** zum Erlass von Rechts-VO betreffend § 10. Dabei ist zu unterscheiden zwischen Rechts-VO, welche die Voraussetzungen des § 10 konkretisieren (Abs. 1 Nr. 1) und Rechts-VO, welche über § 10 hinaus weitere Ausnahmen schaffen (Abs. 1 Nr. 2). Beide Arten der Rechts-VO bedürfen der **Zustimmung des Bundesrates**. Und sie dürfen nur mit drei einschränkenden Voraussetzungen erlassen werden, nämlich wenn sie
- erstens zur Vermeidung erheblicher Schäden erforderlich sind,
- zweitens der Schutz der AN und
- drittens die Sonn- und Feiertagsruhe ausreichend berücksichtigt werden.

4 Ob auf der Grundlage des Abs. 1 Rechts-VO zu erlassen sind, obliegt dem **Ermessen** der Bundesregierung.[1]

5 Auf der Grundlage der **Vorgängerregelung des § 105d GewO** sind zwei Rechts-VO erlassen worden, die nunmehr ihre Stütze in Abs. 1 finden: die VO über Ausnahmen vom Verbot der Beschäftigung von AN an Sonn- und Feiertagen in der Eisen- und Stahlindustrie i.d.F. der Bekanntmachung vom 31.7.1968 (BGBl I S. 885) und die VO über Ausnahmen vom Verbot der Beschäftigung von AN an Sonn- und Feiertagen in der Papierindustrie vom 20.7.1963 (BGBl I S. 491). Weitere Rechts-VO hat die Bundesregierung bisher nicht erlassen.

6 **2. Konkretisierung der Ausnahmetatbestände des § 10 (Abs. 1 Nr. 1).** Abs. 1 Nr. 1 ermächtigt zu Rechts-VO, welche die **Bereiche mit Sonn- und Feiertagsbeschäftigung nach § 10** sowie die **dort zugelassenen Arbeiten** näher bestimmen.[2] Eine auf Abs. 1 Nr. 1 gestützte Rechts-VO **konkretisiert** also § 10 und beseitigt **Auslegungsprobleme**. Dagegen darf sie § 10 weder erweitern noch einschränken.[3]

7 **3. Schaffung weiterer Ausnahmetatbestände (Abs. 1 Nr. 2).** Abs. 1 Nr. 2 ermächtigt zu Rechts-VO, die über § 10 hinaus weitere Ausnahmen vom Beschäftigungsverbot an Sonn- und Feiertagen festlegen. Allerdings müssen die in Abs. 1 Nr. 2 **gesondert genannten Voraussetzungen** eingehalten werden. Danach dürfen in folgenden **drei Bereichen** weitere Ausnahmeregelungen geschaffen werden:

8 Abs. 1 Nr. 2a lässt Ausnahmen für **Betriebe** zu, in denen die Beschäftigung von AN an Sonn- oder Feiertagen zur Befriedigung täglicher oder an diesen Tagen besonders hervortretender Bedürfnisse der Bevölkerung erforderlich ist (sog. **Bedürfnisgewerbe**). Es reicht nicht aus, dass die Bevölkerung ein vorhandenes Warenangebot an Sonn- und Feiertagen **begrüßen** und **nutzen** würde; dies stellt noch kein Bedürfnis im Sinne dieser Ausnahmevorschrift dar. Vielmehr muss von der **Mehrheit der Bevölkerung** ein echter **Mangel** empfunden werden.[4] Danach zählt zum Bedürfnisgewerbe: Blumengeschäfte, Parkhäuser, Bestattungsgewerbe, Brauereien.[5]

9 Abs. 1 Nr. 2b gilt für Betriebe, in denen Arbeiten vorkommen, deren Unterbrechung oder Aufschub
- nicht oder nur mit erheblichen Schwierigkeiten möglich ist,
- besondere Gefahren für Leib und Leben der AN zur Folge hätte,
- zu erheblichen Belastungen von Umwelt oder Energie- und Wasserversorgung führten.

10 Schließlich kann eine Rechts-VO auf Abs. **1 Nr. 2c** gestützt werden, wenn dies aus Gründen des **Gemeinwohls**, v.a. zur **Beschäftigungssicherung** erforderlich ist. Die Voraussetzung „Gemeinwohl" ist zwar recht unbestimmt. Dies führt aber nicht zur Verfassungswidrigkeit dieser Ermächtigungsnorm.[6] Die Bundesregierung hat einen Beurteilungsspielraum, in den auch politische Erwägungen einfließen können.[7] Als Gemeinwohlgründe i.S.d. Abs. 1 Nr. 2c kommen gesamtwirtschaftliche Gründe in Betracht, auch die internationale Wettbewerbslage in den jeweiligen Branchen.[8]

11 Eine auf Abs. 1 Nr. 2 gestützte Rechts-VO muss **Anordnungen über die Beschäftigungszeit** treffen und die für den **öffentlichen Gottesdienst** bestimmte Zeit berücksichtigen.

II. Rechtsverordnung der Landesregierungen (Abs. 2)

12 Gem. Abs. 2 können die Landesregierungen eine Rechts-VO erlassen, wenn die Bundesregierung selbst keine Rechts-VO gem. Abs. 1 Nr. 2a erlassen hat. Die subsidiäre Befugnis der Länder gilt also nur für das sog. **Bedürfnis-**

---

1 Vgl. *Anzinger/Koberski*, § 13 Rn 6.
2 BT-Drucks 12/5888, S. 30.
3 *Anzinger/Koberski*, § 13 Rn 6; *Baeck/Deutsch*, § 13 Rn 13; *Linnenkohl/Rauschenberg*, § 13 Rn 6; a.M. *Buschmann/Ulber*, § 13 Rn 3; *Schliemann*, ArbZG, § 13 Rn 11; die eine Einschränkung des § 10 durch Rechtsverordnungen nach Abs. 1 Nr. 1 zulassen wollen.
4 Vgl. BVerwG 14.11.1989 – 1 C 14/88 – DB 1990, 1244; OVG NW 7.10.1993 – 4 A 129/90 – GewArch 1994, 174.
5 Vgl. die Aufzählung bei HWK/*Gäntgen*, § 13 ArbZG Rn 4.
6 *Baeck/Deutsch*, § 13 Rn 20; *Linnenkohl/Rauschenberg*, § 13 Rn 15; a.M. *Buschmann/Ulber*, § 13 Rn 8.
7 *Anzinger/Koberski*, § 13 Rn 22.
8 BT-Drucks 12/5888, S. 30; krit. *Buschmann/Ulber*, § 13 Rn 8.

gewerbe (siehe oben Rn 8), nicht aber für die Bereiche des Abs. 1 Nr. 2b und c. Es muss dann aber auch ein **regionales Regelungsbedürfnis** vorliegen.[9]

Die Bundesregierung hat bisher keine Rechts-VO aufgrund Abs. 1 Nr. 2a erlassen. Einige Bundesländer haben deshalb eine im Wesentlichen einheitliche VO über das Bedürfnisgewerbe geschaffen. Diese beruhen auf einem Musterentwurf, der vom Länderausschuss für Arbeitsschutz und Sicherheitstechnik entworfen worden ist.[10] Ausnahmen werden etwa in den Bereichen Blumengeschäfte, Bestattungsgewerbe, Garagen und Parkhäuser sowie in bestimmten Bereichen von Banken und Versicherungen zugelassen.

In folgenden Ländern sind entsprechende Bedürfnis-VO erlassen worden:[11]

- **Baden Württemberg**: Bedarfsgewerbe-VO vom 16.11.1998 (GBl, S. 616),[12]
- **Bayern**: Bedürfnisgewerbe-VO vom 29.7.1997 (GVBl, S. 395),[13]
- **Berlin**: Bedürfnisgewerbe-VO vom 3.4.1997 (GVBl, S. 270), geändert durch VO vom 23.7.2002 (GVBl S. 236),[14]
- **Brandenburg**: Bedarfsgewerbe-VO vom 13.11.1998 (GVOBl II, S. 622),[15]
- **Bremen**: Bedarfsgewerbe-VO vom 18.11.1997 (GBl, S. 577),
- **Hamburg**: VO über die Zulassung der Beschäftigung von Arbeitnehmerinnen und Arbeitnehmern an Sonn- und Feiertagen vom 9.8.2005 (GVBl, S. 349),[16]
- **Mecklenburg-Vorpommern**: Bedarfsgewerbe-VO vom 31.8.1998 (GVBl, S. 802),[17]
- **Niedersachsen**: Niedersächsische VO über die Beschäftigung an Sonn- und Feiertagen vom 12.7.1999 (GVBl, S. 161) geändert durch VO vom 28.8.2002 (GVBl, S. 373),[18]
- **Nordrhein-Westfalen**: Bedarfsgewerbe-VO vom 5.5.1998 (NRW, S. 381),[19]
- **Rheinland-Pfalz**: Landes-VO über die Zulassung der Sonn- und Feiertagsarbeit zur Befriedigung der Bedürfnisse der Bevölkerung (Bedarfsgewerbe-VO) vom 30.6.1999 (GVBl, S. 147), zuletzt geändert durch Gesetz vom 22.12.2003 (GVBl, S. 396),[20]
- **Saarland**: Bedürfnis-Gewerbe-VO vom 4.9.1997 (Abl., S. 890),[21]
- **Sachsen-Anhalt**: Bedarfsgewerbe-VO vom 4.5.2000 (GVBl, S. 230),[22]
- **Schleswig-Holstein**: Bedarfsgewerbe-VO vom 9.3.1999 (GVBl, S. 82), zuletzt geändert durch VO vom 25.11.2004 (GV NRW 2004, S. 447),[23]
- **Thüringen**: Thüringer Bedarfsgewerbe-VO vom 8.4.1998 (GVBl, S. 140).

III. Befugnisse der Aufsichtsbehörde (Abs. 3)

1. Feststellung der Zulässigkeit einer Beschäftigung nach § 10 (Abs. 3 Nr. 1). Der AG entscheidet in eigener Verantwortung, ob ein Ausnahmetatbestand des § 10 eine Beschäftigung an Sonn- oder Feiertagen rechtfertigt. Irrt er, so begeht er womöglich eine OWi oder eine Straftat (§§ 22, 23). Dieses **Risiko** lässt sich dadurch **vermeiden**, dass die Aufsichtsbehörde die Rechtmäßigkeit der Beschäftigung gem. § 10 feststellt. So kann, was auch Zweck des Abs. 3 Nr. 1 ist,[24] die **Rechtslage** schnell geklärt werden.

Die Aufsichtsbehörde wird auf **Antrag** des AG tätig. Dieser bedarf **keiner besonderen Form**, wenngleich **Schriftform** aus Dokumentationsgründen **zweckmäßig** ist. Die Aufsichtsbehörde kann aber auch von **Amts wegen** ermitteln, wenn sie von einer Beschäftigung an Sonn- und Feiertagen erfährt, die möglicherweise nicht von § 10 gedeckt ist.[25] Die Behörde hat durch **VA** zu entscheiden. Hinsichtlich des Verwaltungsverfahrens gelten die Verwaltungsverfahrensgesetze der Länder.

Gegenstand des VA ist die **Feststellung**, ob die jeweilige Beschäftigung an Sonn- und Feiertagen gem. § 10 zulässig ist. Erlässt die Aufsichtsbehörde einen entsprechenden positiven Bescheid, so steht im Verhältnis zwischen ihr und dem AG die Zulässigkeit der jeweiligen Beschäftigung an Sonn- und Feiertag **verbindlich** fest.

---

9 BT-Drucks 12/5888, S. 30.
10 Hierzu näher *Anzinger/Koberski*, § 13 Rn 27; krit. *Richardi/Annuß*, NZA 1999, 953.
11 *Anzinger/Koberski*, § 13 Rn 27.
12 Siehe unter: http://www.rechtliches.de/BaWue/info_BedGVO.html.
13 Siehe unter: http://www.rechtliches.de/bayern/info_BedV.html.
14 Siehe unter: http://www.berlin.de/imperia/md/content/balichtenberghohenschoenhausen/wirtschaft/gesetze/beduerfnisgewerbevo.pdf.
15 Siehe unter: http://www.landesrecht.brandenburg.de/sixcms/detail.php?gsid=land_bb_bravors_01.c.15900.de.
16 Siehe unter: http://hh.juris.de/hh/gesamt/BedGewV_HA.htm.
17 Siehe unter: http://mv.juris.de/mv/gesamt/BedGewV_MV.htm.
18 Siehe unter: http://www.rechtliches.de/Nds/info_SFB-VO.html.
19 Siehe unter: http://www.arbeitszeiten.nrw.de/pdf/Bedarfsgewerbeverordnung.PDF.
20 Siehe unter: http://www.rechtliches.de/RLP/info_BedGewVO.html.
21 Siehe unter: http://www.rechtliches.de/Saar/info_BedGewVO.html.
22 Siehe unter: http://www.rechtliches.de/LSA/info_BedGewV.html.
23 Siehe unter: http://sh.juris.de/sh/gesamt/BedGewV_SH.htm.
24 BT-Drucks 12/5888, S. 30.
25 *Buschmann/Ulber*, § 13 Rn 13.

18 Dem Wortlaut nach beschränkt sich Abs. 3 Nr. 1 auf Feststellungen zur Zulässigkeit nach § 10. Aber auch wenn es um die Zulässigkeit nach einer auf § 13 gestützten Rechts-VO geht, sollte in **analoger Anwendung** des Abs. 3 Nr. 1 eine behördliche Feststellung beantragt werden können.[26]

19 **2. Behördliche Ausnahmebewilligungen (Abs. 3 Nr. 2). a) Allgemeines.** Gem. Abs. 3 Nr. 2 kann die jeweils zuständige Aufsichtsbehörde auch **Ausnahmebewilligungen** für die Beschäftigung an Sonn- und Feiertagen erteilen. Die genannten Bewilligungstatbestände sind **abschließend**.[27]

20 Ob eine Ausnahmebewilligung erteilt wird, entscheidet die Aufsichtsbehörde nach pflichtgemäßem Ermessen („**kann**"). Der AG hat deshalb auch keinen **Anspruch** auf eine Bewilligung, wohl aber einen auf **pflichtgemäße Ermessensentscheidung**.[28] Die Aufsichtsbehörde entscheidet durch VA. Sie kann die Bewilligung auch mit (**belastenden**) **Nebenbestimmungen** versehen. Die Entscheidung bezieht sich auf den Betrieb oder einen Betriebsteil des AG, nicht auf einzelne AN.[29]

21 Die Behörde kann hinsichtlich aller Ausnahmetatbestände bei einer positiven Entscheidung Anordnungen über die Beschäftigungszeiten unter Berücksichtigung der Zeiten für den öffentlichen Gottesdienst treffen. Dies legt Abs. 3 letzter Hs. fest.

22 **b) Erforderlichkeit erweiterten Geschäftsverkehrs im Handelsgewerbe (Abs. 3 Nr. 2a).** Gem. Abs. 3 Nr. 2a kann die Behörde im **Handelsgewerbe** eine Ausnahme vom Beschäftigungsverbot an Sonn- und Feiertagen bewilligen. Erforderlich ist ein **nicht formbedürftiger Antrag**.[30] Aus Dokumentations- und Beweisgründen ist aber ein schriftlicher Antrag dringend anzuraten.

23 Der Begriff „Handelsgewerbe" ist nicht gesondert definiert. Die Rspr. und überwiegende Auff. der Lit. legt den Begriff **weit** aus und versteht darunter den **Umsatz von Waren aller Art und von Geld**.[31] Es ist also **nicht** erforderlich, dass der AG **Kaufmann** i.S.d. HGB ist.

Zum Handelsgewerbe **gehören** etwa Groß- und Einzelhandel, Geld- und Kredithandel, Buch-, Presse- und Zeitungsverlage etc.[32] Auch **Speditionen** und **Lagerbetriebe** sind „Handelsgewerbe".[33] Allerdings gehören Speditionen und Lagerbetriebe auch zu den Verkehrsbetrieben des § 10 Abs. 1 Nr. 10, so dass dort auch ohne behördliche Bewilligung Beschäftigung an Sonn- und Feiertagen erfolgen kann.

24 Weitere Voraussetzung ist, dass **besondere Verhältnisse** bestehen, die einen erweiterten Geschäftsverkehr erforderlich machen. Diese besonderen Verhältnisse können **externe Umstände** sein.[34] Sie müssen einiges Gewicht aufweisen, um eine Ausnahme vom Beschäftigungsverbot an Sonn- und Feiertagen zu rechtfertigen.

25 **Beispiele:**[35]
- Unvorhersehbare Kursentwicklungen an Sonn- und Feiertagen für international tätige Brokerfirmen;[36]
- Betriebe, die Ware an Unternehmen abgeben, die sie an Sonn- und Feiertagen an den Verbraucher verkaufen;[37]
- Datenverarbeitungsanlagen, die auch Daten aus dem Ausland verarbeiten;[38]
- Termine im Zusammenhang mit Fachmessen.[39]

26 Nach überwiegender Auff. können besondere Verhältnisse, die auf **internen Umständen** beruhen, nicht berücksichtigt werden.[40] Das steht aber weder mit dem **Wortlaut** der Vorschrift noch mit deren **Zweck** in Einklang.[41] Auch den AN wird aus gutem Grund die **Sicherung ihres Arbeitsplatzes** mindestens ebenso wichtig sein wie die Ruhe an Sonn- und Feiertagen. Deshalb sind grds. auch besondere Verhältnisse, die auf internen Umständen beruhen, in Rechnung zu stellen. Das können etwa Umsatzrückgang, Absatzschwierigkeiten oder nicht erledigte Aufträge sein. Aber auch diese internen Umstände müssen ein **bestimmtes Gewicht** haben, sonst rechtfertigen sie keine Ausnahmebewilligung.

27 Liegen die Voraussetzungen des Abs. 3 Nr. 2a vor, kann die Behörde an bis zu **zehn Sonn- und Feiertagen** die Beschäftigung von AN bewilligen. Eine dauerhafte Ausnahmeregelung kann die Behörde also nicht treffen.

---

26 *Schliemann*, ArbZG, § 13 Rn 28.
27 *Schliemann*, ArbZG, § 13 Rn 30.
28 *Neumann/Biebl*, § 13 Rn 13.
29 *Baeck/Deutsch*, § 13 Rn 34; *Schliemann*, ArbZG, § 13 Rn 38.
30 *Anzinger/Koberski*, § 13 Rn 61.
31 BVerwG 14.11.1989 – 1 C 29/88 – NJW 1990, 1059; BAG 4.5.1993 – 1 ABR 57/92 – DB 1993, 1881; HWK/*Gäntgen*, § 13 ArbZG Rn 11; ErfK/*Wank*, § 13 ArbZG Rn 6.
32 BVerwG 14.11.1989 – 1 C 29/88 – NJW 1990, 1059; vgl. auch *Schliemann*, ArbZG, § 13 Rn 40.
33 Dazu auch *Baeck/Deutsch*, § 13 Rn 36 m.w.N.
34 *Neumann/Biebl*, § 13 Rn 15; ErfK/*Wank*, § 13 ArbZG Rn 7.
35 Dazu auch *Baeck/Deutsch*, § 13 Rn 37.
36 BVerwG 29.4.1983 – 1 C 140/80 – NJW 1984, 1318.
37 BVerwG 29.3.1966 – I C 8/65 – GewArch 1966, 226.
38 VG Düsseldorf 18.10.1977 – 3 K 2879/77 – GewArch 1978, 93.
39 VG Düsseldorf 2.10.1987 – 3 L 1793/87 – GewArch 1988, 300.
40 VGH Mannheim, 23.3.1977 – VI 1498/76 – GewArch 1978, 24; *Buschmann/Ulber*, § 13 Rn 16; *Schliemann*, ArbZG, § 13 Rn 41.
41 So auch *Baeck/Deutsch*, § 13 Rn 37.

c) Verhütung eines unverhältnismäßigen Schadens (Abs. 3 Nr. 2b). Abs. 3 Nr. 2b ist einschlägig, wenn die beantragte Sonn- und Feiertagsarbeit aufgrund **besonderer Verhältnisse** zur Verhütung eines unverhältnismäßigen Schadens erforderlich ist.

Im Gegensatz zu Abs. 3 Nr. 2a werden von der überwiegenden Auff. die **besonderen Verhältnisse** nicht auf externe Umstände beschränkt. Vielmehr können alle **externen wie internen Besonderheiten** berücksichtigt werden. Es muss sich lediglich um ein vorübergehendes nicht unerhebliches Abweichen vom üblichen Betriebsablauf handeln.[42] Ob dieses Abweichen **vorhersehbar** war oder ob den AG sonst ein **Verschulden** trifft, ist unerheblich.[43] Als **Beispiele** für solche besonderen Umstände sind zu nennen:[44] äußere Notfälle wie Brand, Explosion etc., Unterbrechung der Produktion aufgrund Schäden an Maschinen oder baulichen Anlagen, Erkrankung von Mitarbeitern, besondere Auftragslage etc. Ob **Arbeitskämpfe** eine besondere Situation i.S.d. Abs. 3 Nr. 2a begründen können, ist str.[45]

Weitere Voraussetzung ist, dass die besonderen Umstände ohne die beantragte Beschäftigung an Sonn- und Feiertagen zu einem unverhältnismäßigen Schaden führen würden. Ob ein Schaden entstünde, ist nach **wirtschaftlichen Kriterien** zu beurteilen. Jeder **wirtschaftliche Nachteil** kann eine Rolle spielen.[46] Es kommt also nicht darauf an, ob das Vermögen des AG vermindert würde, ihm Gewinn entginge oder Kunden abspringen. All dies stellt einen Schaden dar.[47] Auch ein möglicher Schaden bei einem mit dem **AG verbundenen Konzernunternehmen** kann berücksichtigt werden.[48]

Der zu befürchtende Schaden muss **unverhältnismäßig** sein. Ihm muss also, gemessen an den betrieblichen Verhältnissen, einiges Gewicht zukommen. Wann dies der Fall ist, ist eine **Frage des Einzelfalls**. Kann der Schaden durch zumutbare andere Maßnahmen verhütet werden, so ist er nicht unverhältnismäßig.[49]

Liegen die Voraussetzungen des Abs. 3 Nr. 2b vor, kann die Behörde an bis zu **fünf Sonn- und Feiertagen** die Beschäftigung von AN bewilligen. Gemeint ist nicht das Kalenderjahr. Vielmehr kommt es für den Fristbeginn darauf an, wann die erste Ausnahmebewilligung vorliegt.[50] Eine dauerhafte Ausnahmeregelung kann die Behörde nicht treffen.

d) Inventur (Abs. 3 Nr. 2c). Schließlich kann die Behörde an **einem Sonntag im Jahr** eine Ausnahme für die Durchführung einer Inventur bewilligen. Eine Ausnahmebewilligung für einen **Feiertag** ist also **nicht** möglich.

Eine **Inventur** ist etwa nach **§ 240 HGB** oder **§ 153 Abs. 1 S. 1 InsO** vorgeschrieben. Die Erteilung einer Ausnahmebewilligung setzt voraus, dass die Inventur **nicht** oder nur unter **erschwerten Bedingungen** an einem Werktag möglich ist. Da es sich um eine einmalige Ausnahme handelt, sind die Voraussetzungen nicht zu hoch anzusetzen. Jede **tatsächliche Schwierigkeit**, die Inventur an einem Werktag auszuführen, reicht aus.[51]

IV. Behördliche Ausnahmebewilligung aus naturwissenschaftlichen oder technischen Gründen (Abs. 4)

Die Aufsichtsbehörde **soll** ferner eine Ausnahme vom Beschäftigungsverbot an Sonn- und Feiertagen bewilligen, wenn **chemische**, **biologische**, **technische** oder **physikalische Gründe** einen Fortgang des Betriebs erfordern. Auch Abs. 4 ist verfassungsrechtlich unproblematisch.[52]

Die genannten Gründe lassen i.d.R. bereits eine Beschäftigung an Sonn- und Feiertagen gem. § 10 Nr. 15 und 16 zu. Deshalb besteht derzeit nur ein **geringes praktisches Bedürfnis** an der Ausnahmevorschrift des Abs. 4.[53] Sie ist lediglich eine Auffangvorschrift ohne relevanten Anwendungsbereich.[54] In Zukunft, bei **neuen Produktionstechniken**, ist das womöglich anders. Eher für diese **zukünftigen Fälle** ist Abs. 4 gedacht.[55]

Liegen die Voraussetzungen des Abs. 4 vor, muss die Behörde die Ausnahme regelmäßig bewilligen. Dies kommt durch die Formulierung „soll" zum Ausdruck. Nur ausnahmsweise, wenn besondere Umstände vorliegen, kann sie eine andere Entscheidung treffen.

---

42 *Linnenkohl/Rauschenberg*, § 13 Rn 24.
43 HWK/*Gäntgen*, § 13 ArbZG Rn 15; *Schliemann*, ArbZG, § 13 Rn 46.
44 *Anzinger/Koberski*, § 13 Rn 70; *Neumann/Biebl*, § 13 Rn 16.
45 Dafür *Baeck/Deutsch*, § 13 Rn 40; dagegen *Anzinger/Koberski*, § 13 Rn 72.
46 *Linnenkohl/Rauschenberg*, § 13 Rn 25.
47 *Schliemann*, ArbZG, § 13 Rn 47.
48 Vgl. BVerwG 23.6.1992 – 1 C 29/90 – GewArch 1992, 383; *Anzinger/Koberski*, § 13 Rn 76; *Schliemann*, ArbZG, § 13 Rn 47.
49 *Anzinger/Koberski*, § 13 Rn 75; ErfK/*Wank*, § 13 ArbZG Rn 7.
50 *Baeck/Deutsch*, § 13 Rn 44.
51 *Schliemann*, ArbZG, § 13 Rn 52.
52 *Baeck/Deutsch*, § 13 Rn 50; a.M. *Buschmann/Ulber*, § 13 Rn 20.
53 ErfK/*Wank*, § 13 ArbZG Rn 9.
54 *Neumann/Biebl*, § 13 Rn 17; *Schliemann*, ArbZG, § 13 Rn 54; a.M. *Buschmann/Ulber*, § 13 Rn 20.
55 BT-Drucks 12/6990, S. 41.

V. Sicherung der Konkurrenzfähigkeit (Abs. 5)

35 **1. Allgemeines.** Dieser Ausnahmetatbestand war bereits im Gesetzgebungsverfahren sehr umstr. Sein Zweck besteht darin, die in Deutschland tätigen AG vor **Wettbewerbsnachteilen** zu schützen, die sie erleiden können, weil ausländische Konkurrenten aufgrund liberalerer Gesetzgebung auch an Sonn- und Feiertagen arbeiten können.[56] Damit verbunden ist der weitere Zweck dieses Ausnahmetatbestands, nämlich die **Arbeitsplatzsicherung**.

36 Abs. 5 war im Gesetzgebungsverfahren **verfassungsrechtlichen Bedenken** ausgesetzt, die auch heute noch von Teilen der Lit. geäußert werden.[57] Die Kritik kommt aus zwei Richtungen: Zum einen stört es die betreffenden Autoren, dass das auf Art. 140 GG i.V.m. Art. 137 WRV basierende Beschäftigungsverbot an Sonn- und Feiertagen aus **wirtschaftlichen Gründen** eingeschränkt werden kann. Zum anderen werden die unbestimmten und damit **schwer justitiablen Rechtsbegriffe** gerügt.

37 Diese Kritik ist jedoch zurückzuweisen.[58] Das Beschäftigungsverbot an Sonn- und Feiertagen ist zwar verfassungsrechtlich begründet, es muss aber abgewogen werden mit anderen Verfassungsgütern, etwa der **Berufs- und Eigentumsfreiheit** der AG. Aber auch die Beschäftigungssicherung, die letztlich aus dem **Sozialstaatsgebot** abzuleiten ist, spielt eine Rolle. Vor diesem Hintergrund hält der Ausnahmetatbestand des Abs. 5 einer verfassungsrechtlichen Überprüfung stand. Entsprechendes gilt auch für die dort benutzten unbestimmten Rechtsbegriffe. Diese können anhand der üblichen Methoden ausgelegt werden, Abs. 5 ist daher auch hinreichend bestimmt.

38 **2. Weitgehende Ausnutzung der zulässigen Betriebszeiten.** Abs. 5 setzt zunächst voraus, dass die zulässigen Betriebszeiten bereits weitgehend ausgenutzt werden. Auszugehen ist zunächst von einer Ausnutzung von **montags** bis **samstags** von 24 Stunden, also wöchentlich **144 Stunden**.[59] Der betreffende Betrieb muss diese Ausnutzung weitgehend erreichen. Eine bestimmte **Mindestausnutzung** ist nicht vorgeschrieben. Bestimmte Stillstandzeiten – Betriebsurlaub, Umrüstungsarbeiten etc. – sind daher unschädlich.[60]

39 Es ist nicht erforderlich, dass in dem betreffenden Betrieb gerade die **Produktion** an nahezu 144 Stunden erfolgt.[61] Auch **Abschluss-** und **Reinigungsarbeiten** sind zu berücksichtigen. Der AG ist auch nicht verpflichtet, Beginn und Ende der Schichten mit Beginn und Ende der Sonn- und Feiertagsruhe nach § 9 Abs. 1 zusammenzulegen oder eine Verschiebung nach § 9 Abs. 2 durchzuführen.[62]

40 Gem. OVG Münster ist eine weitgehende Ausnutzung der zulässigen Betriebszeiten etwa dann zu bejahen, wenn in den vier vorangegangenen Quartalen durchschnittlich 121, 127, 124 und 137 Wochenstunden gearbeitet wurde.[63] Allerdings kommt es i.d.R. nicht auf die Ausnutzung in der Vergangenheit an, sondern auf **den Zeitraum, für den die Ausnahmebewilligung gem. Abs. 5 gelten soll**. In **dieser Zeit** muss die höchstzulässige Betriebszeit also weitgehend ausgenutzt werden.[64] Die hohe Ausnutzung in der Vergangenheit ist aber eine gute Argumentationshilfe gegenüber der Aufsichtsbehörde.

41 **3. Längere Betriebszeiten im Ausland.** Weitere Voraussetzung für eine Ausnahmebewilligung gem. Abs. 5 ist, dass im Ausland längere Betriebszeiten bestehen. Auszugehen ist von **vergleichbaren Betrieben** im Ausland. Diese müssen tatsächlich längere Betriebszeiten haben als (nahezu) 144 Stunden.[65] Ob dies tatsächlich der Fall ist, dürfte in aller Regel schwierig zu ermitteln sein. Daher ist zu unterstellen, dass die nach Gesetz und sonstigen Regelungen zulässigen Arbeitszeiten auch tatsächlich genutzt werden.[66] Gibt es Anhaltspunkte dafür, dass diese Unterstellung nicht gerechtfertigt ist, hat dem die Behörde aber nachzugehen.

42 Es ist nicht erforderlich, dass alle ausländischen Betriebe eine längere Betriebszeit haben. Auch die längeren Betriebszeiten einiger weniger oder auch nur eines Unternehmens im Ausland können ausreichen, wenn dieses eine **marktbeherrschende Stellung** hat.[67] Zu berücksichtigen sind auch Betriebe des antragstellenden Unternehmens selbst oder von konzernangehörigen Unternehmen, soweit sie sich im Ausland befinden.[68] Dagegen kann nicht mit der Situation inländischer Betriebe argumentiert werden.

---

56 So auch ErfK/*Wank*, § 13 ArbZG Rn 11.
57 *Buschmann/Ulber*, § 13 Rn 22; *Kuhr*, DB 1994, 2186.
58 *Anzinger/Koberski*, § 13 Rn 100 f.; *Baeck/Deutsch*, § 13 Rn 67.
59 *Linnenkohl/Rauschenberg*, § 13 Rn 41; *Schliemann*, ArbZG, § 13 Rn 69; a.M. *Buschmann/Ulber*, § 13 Rn 25, die auch die Zeiten mitzählen wollen, an denen Sonn- und Feiertagsarbeit nach § 10 gestattet ist.
60 BT-Drucks 12/6990, S. 41.
61 *Anzinger/Koberski*, § 13 Rn 106 f.
62 *Neumann/Biebl*, § 13 Rn 23.
63 OVG NW 10.4.2000 – 4 A 756/97 – NZA-RR 2000, 491; dazu *Rose*, DB 2000, 1662.
64 *Baeck/Deutsch*, § 13 Rn 73; *Schliemann*, ArbZG, § 13 Rn 73.
65 Auf die tatsächlichen Verhältnisse stellen auch *Baeck/Deutsch*, § 13 Rn 75 ab; dagegen legen andere Autoren die zulässige Arbeitszeit zugrunde, vgl. *Schliemann*, ArbZG, § 13 Rn 75; ErfK/*Wank*, § 13 ArbZG Rn 13; nach *Buschmann/Ulber*, § 13 Rn 26, müssen die Stunden tatsächlich geleistet werden und rechtlich zulässig sein.
66 *Neumann/Biebl*, § 13 Rn 24.
67 *Baeck/Deutsch*, § 13 Rn 77; *Neumann/Biebl*, § 13 Rn 25.
68 *Anzinger/Koberski*, § 13 Rn 112; a.M. *Buschmann/Ulber*, § 13 Rn 27.

4. Unzumutbare Beeinträchtigung der Konkurrenzfähigkeit. Die Konkurrenzfähigkeit des beantragenden Unternehmens muss unzumutbar beeinträchtigt sein. Dazu muss zunächst eine **Konkurrenzsituation** mit den betreffenden ausländischen Betrieben bestehen. Das ist der Fall wenn **gleiche oder ähnliche Produkte** angeboten werden.[69]

Eine Beeinträchtigung der Konkurrenzfähigkeit besteht insb. dann, wenn die betreffenden ausländischen Betriebe **geringere Produktionskosten** haben.[70] Aber auch **kürzere Lieferzeiten** oder sonstige Nachteile sind zu berücksichtigen.[71]

Diese Beeinträchtigung der Konkurrenzfähigkeit muss unzumutbar sein. Erforderlich ist eine **Prognoseentscheidung** aus Sicht des Antragstellers.[72] Danach liegt Unzumutbarkeit vor, wenn auf längere Sicht mit einem **Verlust von Marktanteilen** gerechnet werden muss.[73] Einer **Existenzgefährdung** des Antragsstellers bedarf es aber nicht.[74] Ebenso wenig ist erforderlich, dass vergleichbare inländische Betriebe eine Ausnahmebewilligung gem. Abs. 5 beantragt oder sogar schon erhalten haben.[75] Wenn das aber der Fall ist, ist dies als Argumentationshilfe gegenüber der Behörde sehr nützlich.

Zwischen den längeren Betriebszeiten und der unzumutbaren Beeinträchtigung der Konkurrenzfähigkeit muss **keine strenge Kausalität** herrschen.[76] Dies kommt im Gesetz durch die Formulierung „bei längeren Betriebszeiten" – nicht „durch längere Betriebszeiten" – zum Ausdruck. Ausreichend ist, dass zwischen längeren Betriebslaufzeiten und unzumutbarer Beeinträchtigung der Konkurrenzfähigkeit ein **Zusammenhang** besteht.[77] Spielen daneben noch andere Gründe eine Rolle, etwa veraltete Produktionsanlagen, billigere Arbeitskräfte etc., ist das unschädlich.

Der Zusammenhang zwischen längeren Betriebszeiten und der unzumutbaren Beeinträchtigung der Konkurrenzfähigkeit ist regelmäßig zu **vermuten**.[78] Einer besonderen Prüfung durch die Behörde bedarf es also nicht. Auch obliegt dem Antragsteller **keine Darlegungs- und Beweislast**. Allerdings kann die Vermutung im Ausnahmefall widerlegt werden. An eine solche Widerlegung sind allerdings strenge Anforderungen zu stellen. Es muss sicher feststehen, dass die unzumutbare Beeinträchtigung der Konkurrenzfähigkeit auf anderen Gründen als den unterschiedlichen Betriebszeiten beruht. Denn im Gesetzgebungsverfahren wurde die zunächst vorgesehene Formulierung, dass die Beeinträchtigung der Konkurrenzfähigkeit „nachweisbar" sein müsse, eigens gestrichen.[79]

5. Beschäftigungssicherung. Durch die Ausnahmebewilligung muss schließlich die Beschäftigung gesichert werden. Das ist bei dem **Erhalt von Arbeitsplätzen**, aber auch bei **Neueinstellungen** der Fall.[80] Auch insofern bedarf es keines Kausalitätsnachweises. Vielmehr ist dies ebenfalls zu **vermuten**.[81] Diese Vermutung kann aber auch widerlegt werden, etwa wenn der betreffende Betrieb sowieso kurz vor der Schließung steht.[82]

6. Einzelheiten des Verwaltungsverfahrens. Eine Ausnahmebewilligung nach Abs. 5 setzt einen **Antrag** voraus. Besondere Formerfordernisse bestehen zwar nicht; dennoch sollte der Antrag **schriftlich** gestellt und möglichst klar begründet werden.[83] Dies ist nicht nur aus Dokumentations- und Beweisgründen erforderlich, sondern auch um die Ernsthaftigkeit des Begehrens zu unterstreichen. I.Ü. obliegen dem Antragsteller nach § 26 Abs. 2 VwVfG gewisse Mitwirkungspflichten.

Die Begründung des Antrags nach Abs. 5 sollte den **„Kriterienkatalog für Entscheidungen nach § 13 Abs. 5 ArbZG"** berücksichtigen.[84] Dabei handelt es sich um eine RL, welche die Bundesländer am 6.10.1994 beschlossen haben, um eine möglichst einheitliche und länderübergreifende Anwendung des Abs. 5 zu gewährleisten.

Sinnvollerweise hat der Antragsteller für eine Ausnahmebewilligung gem. Abs. 5 Ausführungen zu folgenden Punkten zu machen:[85]

– Um welchen Betrieb geht es?
– Wie lange soll die Maßnahme dauern?

---

69 *Schliemann*, ArbZG, § 13 Rn 81.
70 *Neumann/Biebl*, § 13 Rn 26; ErfK/*Wank*, § 13 ArbZG Rn 14.
71 VG Arnsberg 11.12.1996 – 1K 4697/96 – DB 1997, 580; *Baeck/Deutsch*, § 13 Rn 81.
72 *Schliemann/Meyer*, Rn 807.
73 *Neumann/Biebl*, § 13 Rn 27; ErfK/*Wank*, § 13 ArbZG Rn 14.
74 *Anzinger/Koberski*, § 13 Rn 124.
75 *Baeck/Deutsch*, § 13 Rn 84; *Schliemann*, ArbZG, § 13 Rn 88; a.M. *Buschmann/Ulber*, § 13 Rn 29.
76 *Baeck/Deutsch*, § 13 Rn 82; *Linnenkohl/Rauschenberg*, § 13 Rn 44.
77 In diese Richtung auch *Neumann/Biebl*, § 13 Rn 26.
78 *Schliemann*, ArbZG, § 13 Rn 84; *Schütt/Schulte*, § 13 Rn 25.
79 BT-Drucks 12/6990, S. 17 und S. 41.
80 BT-Drucks 12/5888, S. 31; *Anzinger/Koberski*, § 13 Rn 128; *Rose*, DB 2000, 1662.
81 *Anzinger/Koberski*, § 13 Rn 129; *Erasmy*, NZA 1995, 97, 102.
82 *Baeck/Deutsch*, § 13 Rn 87.
83 Ähnlich *Anzinger/Koberski*, § 13 Rn 130.
84 BT-Drucks 13/2581, S. 12; abgedr. bei *Schliemann/Meyer*, Rn 788; *Schliemann*, ArbZG, § 13 Rn 65; siehe am Bsp. des Landes NRW: http://www.bezreg-koeln.nrw.de/html/service/downloads/05-55-09-00_erlass_arbeitszeitgesetz.pdf.
85 Vgl. *Schliemann/Meyer*, Rn 815; *Schliemann*, ArbZG, § 13 Rn 91; *Tschöpe/Zerbe*, Teil 6 A Rn 102.

- Wie viele Mitarbeiter sind betroffen?
- Welche Betriebszeiten galten bisher, welche Betriebszeiten sollen während der Maßnahme gelten?
- Welche Betriebszeiten gelten für Konkurrenzunternehmen im Ausland?
- Warum besteht eine unzumutbare Beeinträchtigung der Wettbewerbsfähigkeit?
- Inwieweit kann die Maßnahme zur Beschäftigungssicherung beitragen?
- Befürwortet der BR die Maßnahme? (Dies ist zwar nicht Voraussetzung für Erteilung der Ausnahmebewilligung (siehe oben Rn 53 und vgl. auch Rn 54), die Aufsichtsämter fragen aber regelmäßig danach.)

52 Die Aufsichtsbehörde hat den Sachverhalt zwar **von Amts** wegen zu ermitteln.[86] Dennoch ist es unabdingbar, im Antrag die genannten Punkte anzusprechen und möglichst auch mit aussagekräftigen Unterlagen und ggf. Gutachten zu untermauern. Dabei ist es i.d.R. hilfreich, den entsprechenden AG-Verband um Unterstützung zu bitten.

53 Die Behörde hat bei Vorliegen der Voraussetzungen des Abs. 5 die Ausnahmebewilligung zu erteilen, ein **Ermessensspielraum** steht ihr **nicht** zu[87] Der Antragsteller hat also einen Anspruch auf die Ausnahmebewilligung. Für eine Differenzierung zwischen sog. **hohen Feiertagen** (Ostern, Weihnachten etc.) und sonstigen Feiertagen gibt es im Gesetz keinen Anhaltspunkt, deshalb darf auch die Behörde eine solche Differenzierung nicht vornehmen.[88] Ebenso wenig darf die Behörde die Erteilung des Bescheids von der Zustimmung des BR abhängig machen.[89]

54 Die Ausnahmebewilligung kann mit Nebenbestimmungen versehen werden. So kann dem Antragsteller aufgegeben werden, über die Maßnahme und deren Auswirkungen zu **berichten**. Allerdings muss eine solche Berichtpflicht im Einzelfall auch erforderlich sein.[90] Nicht zulässig ist es, die Ausnahmebewilligung an die Auflage zu knüpfen, **keine betriebsbedingten Künd oder sonstigen Rationalisierungsmaßnahmen** durchzuführen.[91]

C. Verbindung zu anderen Rechtsgebieten und zum Prozessrecht

I. Vorliegen mehrerer Ausnahmetatbestände

55 Es kann vorkommen, dass gleichzeitig die Ausnahmetatbestände der Abs. 2 Nr. 2, Abs. 3 und 5 vorliegen. In dem Fall kann der Antragsteller auch mehrere Ausnahmebewilligungen bei der Behörde beantragen.[92]

II. Strafe und Bußgeld

56 Verstöße gegen eine **Rechts-VO**, die auf Abs. 1 oder Abs. 2 beruht, können eine OWi darstellen. Voraussetzung ist allerdings, dass die jeweilige **VO** auf die Bußgeldvorschrift des § 22 Abs. 1 Nr. 4 verweist.[93]

57 Überschreitet der AG die **Befugnisse aus einer Bewilligung** gem. Abs. 3 Nr. 2, 4 oder 5, so verstößt er gegen das Beschäftigungsverbot an Sonn- und Feiertagen. Das stellt gem. **§ 22 Abs. 1 Nr. 5** eine OWi dar. Verstößt der AG gegen eine vollziehbare Anordnung gem. Abs. 3 Nr. 2, so ist dies nach **§ 22 Abs. 1 Nr. 7** bußgeldbewehrt.

III. Mitbestimmung des Betriebsrats

58 In dem Verfahren zum Erlass einer **Rechts-VO** gem. Abs. **1 und 2** oder zum Erlass einer **behördlichen Ausnahmebewilligung gem. Abs. 3, 4 und 5** muss der BR nicht beteiligt werden. Dennoch hört die Aufsichtsbehörde vor Erlass einer Ausnahmebewilligung den BR an oder holt von ihm Auskünfte ein. Erforderlich ist dies aber nicht.

59 Existiert eine Rechts-VO gem. Abs. 1 oder 2 oder hat die Behörde eine Ausnahmebewilligung erteilt, hat der BR wegen der konkreten Arbeitszeiten gem. § 87 Abs. 1 Nr. 2 BetrVG ein Mitbestimmungsrecht über: die beschäftigungsfreien Sonntage (Abs. 1), über die Arbeitszeiten an Sonn- und Feiertagen (Abs. 2), über die Lage des Ersatzruhetages (Abs. 3) sowie über Festlegungen und Abweichungen der Ruhezeiten (Abs. 4).[94] Mittelbar kann er auch über die **Schichtplangestaltung** Einfluss nehmen, dass der Ersatzruhetag tatsächlich gewährt wird.[95] Die Mitbestimmung des **PR** ergibt sich aus § 75 Abs. 3 Nr. 1, Abs. 4 BPersVG (ergänzend siehe § 9 Rn 19).

IV. Verwaltungsrechtsschutz im Hinblick auf Entscheidungen der Behörde gemäß Abs. 3 bis 5

60 **1. Feststellung gemäß Abs. 3 Nr. 1.** Wird ein nach **Abs. 3 Nr. 1** beantragter Feststellungsbescheid verweigert, so kann der Antragsteller Widerspruch einlegen und danach Verpflichtungsklage vor dem Verwaltungsgericht erheben. Bleibt die Behörde trotz Antrags untätig, kann der Antragsteller Untätigkeitsklage erheben.

---

[86] BT-Drucks 12/6990, S. 41.
[87] *Schliemann*, ArbZG, § 13 Rn 95; *Schütt/Schulte*, § 13 Rn 28.
[88] OVG NW 10.4.2000 – 4 A 76/97 – NZA-RR 2000, 491, 492 f.; *Rose*, DB 2000, 1662; ErfK/*Wank*, § 13 ArbZG Rn 16.
[89] *Neumann/Biebl*, § 13 Rn 30; *Schliemann*, ArbZG, § 13 Rn 92; a.M. *Buschmann/Ulber*, § 13 Rn 33.
[90] BT-Drucks 12/6990, S. 41; *Anzinger*, BB 1994, 1492, 1498.
[91] *Anzinger/Koberski*, § 13 Rn 136; *Schliemann*, § 13 Rn 98; a.M. *Buschmann/Ulber*, § 13 Rn 33; vgl. auch VG Arnsberg 11.12.1996 – 1 K 4697/96 – DB 1997, 580 m. Anm. *Schiefer*.
[92] *Schliemann*, ArbZG, § 13 Rn 100.
[93] *Baeck/Deutsch*, § 13 Rn 99.
[94] *Buschmann/Ulber*, § 11 Rn 10.
[95] LAG Köln 24.9.1998 – 10 TaBV 57/97 – NZA-RR 1999, 194.

61 Gegen einen erteilten Feststellungsbescheid können die betroffenen AN nach erfolglosem Widerspruchsverfahren **Anfechtungsklage** erheben.[96] Dagegen hat der **BR** im verwaltungsgerichtlichen Verfahren keine Klagebefugnis.[97] Auch die Gewerkschaft kann mangels Klagebefugnis keine Klage erheben.[98]

62 **Konkurrenten** des Antragstellers haben keine Klagebefugnisse, da sie durch das Beschäftigungsverbot an Sonn- und Feiertagen nicht geschützt werden sollen.[99] Nach der Novelle des UWG kann der Konkurrent regelmäßig auch **keine wettbewerbsrechtlichen Ansprüche** geltend machen (vgl. oben § 1 Rn 28 ff.).

63 **2. Bewilligung gemäß Abs. 3 Nr. 2, Abs. 4 und 5.** Wird eine Ausnahmebewilligung gem. Abs. 3 Nr. 2 oder Abs. 4 verweigert, so kann der Antragsteller Widerspruch einlegen und danach Klage vor dem Verwaltungsgericht erheben. Sie ist gerichtet auf Verbescheidung oder, bei Ermessensreduzierung auf Null, auf Verpflichtung der Behörde.[100] Bleibt die Behörde trotz Antrags untätig, kann der Antragsteller Untätigkeitsklage erheben.

64 Wird eine Ausnahmebewilligung **gem. Abs. 5** verweigert, so kann der Antragsteller nach Widerspruch Verpflichtungsklage erheben. Bei einem **besonderen Eilbedürfnis** kommt auch eine **einstweilige Anordnung gem. § 123 VwGO** in Betracht.[101] **Belastende Nebenbestimmungen** können isoliert angefochten werden. Bleibt die Behörde trotz Antrags untätig, kann der Antragsteller Untätigkeitsklage erheben.

65 Gegen eine Ausnahmebewilligung gem. Abs. 3 Nr. 2, Abs. 4 oder 5 können die AN mittels Widerspruch und Anfechtungsklage vorgehen. Diese Rechtsbehelfe haben aufschiebende Wirkung. Deshalb kann der AG die Bewilligung nicht nutzen. Will er das dennoch, so muss er die **Anordnung der sofortigen Vollziehung** der Ausnahmebewilligung gem. § 80 Abs. 4 und 5 beantragen.[102] Um dies zu verhindern, können die AN wiederum gem. §§ 80a, 80 Abs. 5 VwGO die Anordnung der aufschiebenden Wirkung beantragen. Der **BR** hat im verwaltungsgerichtlichen Verfahren keine Klagebefugnis, ebenso wenig die Gewerkschaft (siehe oben Rn 61).

66 **Konkurrenten** des Antragstellers können gegen die Erteilung einer Ausnahmebewilligung nicht den Verwaltungsgerichtsweg beschreiten. Denn das ArbZG bezweckt nicht den Schutz ihrer Interessen.[103] Nach der Novelle des UWG kann der Konkurrent regelmäßig auch **keine wettbewerbsrechtlichen Ansprüche** geltend machen (vgl. oben § 1 Rn 28 ff.).

V. Sondervorschriften für bestimmte Personengruppen

67 Für Jugendliche sind §§ 17 Abs. 1, 18 Abs. 1 JArbSchG, für werdende und stillende Mütter ist § 8 Abs. 1 S. 1 MuSchG zu beachten.

Vierter Abschnitt: Ausnahmen in besonderen Fällen

§ 14 Außergewöhnliche Fälle

(1) Von den §§ 3 bis 5, 6 Abs. 2, §§ 7, 9 bis 11 darf abgewichen werden bei vorübergehenden Arbeiten in Notfällen und in außergewöhnlichen Fällen, die unabhängig vom Willen der Betroffenen eintreten und deren Folgen nicht auf andere Weise zu beseitigen sind, besonders wenn Rohstoffe oder Lebensmittel zu verderben oder Arbeitsergebnisse zu mißlingen drohen.

(2) Von den §§ 3 bis 5, 6 Abs. 2, §§ 7, 11 Abs. 1 bis 3 und § 12 darf ferner abgewichen werden,
1. wenn eine verhältnismäßig geringe Zahl von Arbeitnehmern vorübergehend mit Arbeiten beschäftigt wird, deren Nichterledigung das Ergebnis der Arbeiten gefährden oder einen unverhältnismäßigen Schaden zur Folge haben würden,
2. bei Forschung und Lehre, bei unaufschiebbaren Vor- und Abschlußarbeiten sowie bei unaufschiebbaren Arbeiten zur Behandlung, Pflege und Betreuung von Personen oder zur Behandlung und Pflege von Tieren an einzelnen Tagen,

wenn dem Arbeitgeber andere Vorkehrungen nicht zugemutet werden können.

(3) Wird von den Befugnissen nach Absatz 1 oder 2 Gebrauch gemacht, darf die Arbeitszeit 48 Stunden wöchentlich im Durchschnitt von sechs Kalendermonaten oder 24 Wochen nicht überschreiten.

---

96 BVerwG 19.9.2000 – 1 C 17/99 – NZA 2000, 1232.
97 A.M. *Buschmann/Ulber*, § 13 Rn 34.
98 BayVGH 13.2.2008 – 22 ZB 06.1921 – BayVBl 2008, 413; *Schliemann*, ArbZG, § 13 Rn 94; a.M. *Buschmann/Ulber*, § 13 Rn 34.
99 *Buschmann/Ulber*, § 13 Rn 34.
100 *Baeck/Deutsch*, § 13 Rn 49, 61.
101 *Baeck/Deutsch*, § 13 Rn 96.
102 *Baeck/Deutsch*, § 13 Rn 49, 63, 97.
103 *Buschmann/Ulber*, § 13 Rn 34; *Schliemann*, ArbZG, § 13 Rn 96.

A. Allgemeines	1	c) Behandlung, Pflege und Betreuung von Personen	27
B. Regelungsgehalt	4	d) Behandlung und Pflege von Tieren	29
I. Ausnahmen bei Notfällen und außergewöhnlichen Fällen (Abs. 1)	4	e) Beschränkung auf einzelne Tage bei Ausnahmen gemäß Abs. 2 Nr. 2	30
1. Notfall	4	3. Keine anderen zumutbaren Vorkehrungen bei Ausnahmen gemäß Abs. 2 Nr. 1 und 2	31
2. Außergewöhnliche Fälle	7	4. Abweichungsmöglichkeiten bei Ausnahmen nach Abs. 2 Nr. 1 und 2	35
3. Abweichungsmöglichkeiten bei Ausnahmen nach Abs. 1	11	III. Durchschnittliche wöchentliche Arbeitszeit von acht Stunden bei Abweichungen gemäß Abs. 1 und 2 (§ 14 Abs. 3)	36
II. Weitere außergewöhnliche Fälle (Abs. 2)	14	C. Verbindung zu anderen Rechtsgebieten und zum Prozessrecht	37
1. Vorübergehende Mehrarbeit (Abs. 2 Nr. 1)	14	I. Strafe und Bußgeld	37
a) Verhältnismäßig geringe Zahl von Arbeitnehmern	15	II. Mitbestimmung des Betriebsrats	39
b) Vorübergehende Beschäftigung	16	III. Zivilrechtliche Auswirkungen auf das Arbeitsverhältnis	41
c) Gefährdung Arbeitsergebnis oder unverhältnismäßiger Schaden	17	IV. Sondervorschriften für bestimmte Personengruppen	43
2. Ausnahmen gemäß Abs. 2 Nr. 2	21		
a) Forschung und Lehre	21		
b) Unaufschiebbare Vor- und Abschlussarbeiten	24		

A. Allgemeines

1 In **Notfällen** und **außergewöhnlichen Fällen** kann der AG von zwingenden Vorgaben des ArbZG abweichen. Damit wird dem Umstand Rechnung getragen, dass nicht alles planbar ist und in jedem Betrieb Unvorhergesehenes passieren kann. Dem kann der AG mit der Anordnung von Mehrarbeit begegnen.

2 Mittels § 14 dürfen allerdings nicht bestimmte zwingende Vorgaben des ArbZG ausgehebelt werden. Es handelt sich um eine Vorschrift mit **Ausnahmecharakter**, an das Vorliegen der Tatbestandvoraussetzungen sind **strenge Anforderungen** zu stellen.[1] Der AG kann sich auf § 14 nur berufen, wenn er zur Bewältigung von Notfällen und außergewöhnlichen Fällen entsprechende organisatorische Vorkehrungen getroffen hat, die im Einzelfall nicht ausreichen.

3 § 14 ist **europarechtlich unproblematisch**. Er entspricht der Ausnahmevorschrift des Art. 17 Abs. 2 Arbeitszeit-RL 2003/88/EG.[2]

B. Regelungsgehalt

I. Ausnahmen bei Notfällen und außergewöhnlichen Fällen (Abs. 1)

4 **1. Notfall.** Ein Notfall ist ein plötzlich eintretendes unerwartetes Ereignis, das die Gefahr eines erheblichen Schadens mit sich bringt.[3] Es handelt sich i.d.R. um Fälle **höherer Gewalt** wie Brände, Überschwemmungen, Totalausfall von Maschinen, plötzlicher Frost, Sturm, Wasserrohrbruch etc.[4] Auch **streikbedingte Ausfälle**, die das übliche Maß überschreiten, können einen Notfall darstellen.[5]

5 Dagegen liegt kein Notfall vor, wenn der AG den Auswirkungen mit ausreichenden organisatorischen Maßnahmen hätte begegnen können. Dies gilt etwa für regelmäßig auftretende Krisensituationen, auf die sich der AG einrichten könnte. Wie z.B. für im normalen Betrieb auftretende Störungen einer EDV-Anlage.[6] Auch die üblichen Krankheitsausfälle, insb. in kalten Jahreszeiten, sind keine Notfälle.[7] Ebenso wenig ist der üblicherweise vermehrte Arbeitsanfall zu bestimmten Zeiten – etwa vor Feiertagen – ein Notfall i.S.d. § 14, denn der AG kann sich i.d.R. darauf einstellen.[8]

6 Aber auch **schuldhafte Fehldispositionen** können regelmäßig keinen Notfall begründen.[9] Eine solche schuldhafte Fehldisposition kann etwa in der Übernahme eiliger Aufträge bei fehlenden Kapazitäten liegen. Allerdings ist nicht vorschnell von einer schuldhaften Fehldisposition des AG auszugehen, schließlich entspricht die Übernahme von Aufträgen auch dem Interesse der AN an der Sicherung ihres Arbeitsplatzes.

---

1 *Schliemann*, ArbZG, § 14 Rn 3.
2 *Baeck/Deutsch*, § 14 Rn 3.
3 OLG Düsseldorf 13.4.1992 – 5 Ss (OWi) 106/92 – GewArch 1992, 382; *Neumann/Biebl*, § 14 Rn 3.
4 *Neumann/Biebl*, § 14 Rn 4; ErfK/*Wank*, § 14 ArbZG Rn 2.
5 OLG Celle 8.10.1986 – 2 Ss (OWi) 53/86 – NZA 1987, 283; *Baeck/Deutsch*, § 14 Rn 10; *Neumann/Biebl*, § 13 Rn 4; a.M. *Buschmann/Ulber*, § 14 Rn 6.
6 VG Köln 5.6.1989 – 1 K 1753/88 – GewArch 1990, 360.
7 OLG Karlsruhe 22.5.1981 – 1 Ss 9/81 – GewArch 1981, 268.
8 OLG Bremen 16.2.1955 – Ss 137/54 – BB 1955, 225; HWK/*Gäntgen*, § 14 ArbZG Rn 5.
9 Vgl. BAG 28.2.1958 – 1 AZR 491/56 – BB 1958, 558; LAG Baden-Württemberg 23.11.2000 – 4 Sa 81/00 – AuR 2001, 512; *Neumann/Biebl*, § 13 Rn 3; großzügiger *Baeck/Deutsch*, § 13 Rn 8.

Der Notfall muss nicht zwangsläufig in dem betreffenden Betrieb auftreten. Auch Notfälle bei einem **Kunden** können zu berücksichtigen sein.[10]

2. Außergewöhnliche Fälle. Außergewöhnliche Fälle sind besonders schadensträchtige Situationen, die nicht regelmäßig eintreten und nicht vorhersehbar sind.[11] Außergewöhnliche Fälle müssen **nicht die Ausmaße eines Notfalls** haben. Die Unterscheidung zwischen beiden ist allerdings fließend.

Das Gesetz selbst charakterisiert außergewöhnliche Fälle dadurch, dass sie unabhängig vom Willen der Betroffenen eintreten und dass deren Folgen nicht auf andere Weise zu beseitigen sind. Als nicht abschließende **Beispiele** werden dort genannt, dass Rohstoffe oder Lebensmittel zu verderben oder Arbeitsergebnisse zu misslingen drohen.

Ein außergewöhnlicher Fall kann also vorliegen, wenn **verderbliche Ware** geliefert wird, die sofort bearbeitet werden muss.[12] Auch **kurzfristige Betriebsunterbrechungen** können einen außergewöhnlichen Fall begründen. Ein außergewöhnlicher Fall liegt etwa vor, wenn ein Schulhausmeister **Schnee und Eis auf dem Schulgelände beseitigen** muss.[13] Dagegen sind vorhersehbare Eilfälle, Messen oder saisonale Schwankungen keine außergewöhnlichen Fälle i.S.d. Abs. 1.[14]

Der außergewöhnliche Fall muss nicht zwangsläufig in dem betreffenden Betrieb auftreten. Auch außergewöhnliche Fälle bei einem **Kunden** können zu berücksichtigen sein (siehe oben Rn 6).

3. Abweichungsmöglichkeiten bei Ausnahmen nach Abs. 1. Liegt ein Notfall oder ein außergewöhnlicher Fall vor, so kann der AG von den §§ 3 bis 5, 6 Abs. 2, 7, 9 bis 11 ArbZG abweichen. Erlaubt sind nach dem Gesetzeswortlaut aber nur **vorübergehende Arbeiten**. Eine feste zeitliche Grenze lässt sich nicht markieren. Es kann sich, je nach Fall, um Arbeiten **von einigen Stunden** oder **einigen Tagen** handeln.[15]

Außerdem müssen die (vorübergehenden) Arbeiten zur Abwendung des Schadens erforderlich sein. Es darf also **keine zumutbaren anderen Möglichkeiten** geben. Was noch zumutbare andere Maßnahmen sind, den Schaden abzuwenden, ist eine Frage des **Einzelfalls**. In Betracht kommen:[16]
– der Abzug von AN aus einem anderen Betrieb des AG,
– das Anfordern zusätzlicher AN von der A.A.,
– die befristete Einstellung neuer AN,
– oder – das sollte aber im Interesse auch der beschäftigten AN der absolute Ausnahmefall sein – der Verzicht auf einen Auftrag mangels ausreichender Kapazitäten.

Abs. 1 beschränkt den AG **nicht** von vornherein auf **unaufschiebbare Arbeiten**.[17] Aber die Frage, ob die Arbeiten auch später verrichtet werden können, spielt bei der Beurteilung der Erforderlichkeit eine Rolle.

II. Weitere außergewöhnliche Fälle (Abs. 2)

1. Vorübergehende Mehrarbeit (Abs. 2 Nr. 1). Abweichungen von zwingenden Vorgaben des ArbZG sind ferner bei vorübergehender Mehrarbeit erlaubt. Folgende Voraussetzungen müssen vorliegen:

a) Verhältnismäßig geringe Zahl von Arbeitnehmern. Die Mehrarbeit darf nur eine verhältnismäßig geringe Zahl von AN betreffen. Das Gesetz selbst setzt keine feste Zahlengrenze. Es kommt also auf die Anzahl der beschäftigten AN in dem jeweiligen Betrieb an. Häufig wird bei kleineren Betrieben auf eine Zahl von **drei bis fünf Mitarbeitern** abgestellt.[18] In großen Betrieben kommt es darauf an, dass die Anzahl der beschäftigten Mitarbeiter im Vergleich zur Gesamtzahl der AN **prozentual** gering ist.[19]

b) Vorübergehende Beschäftigung. Weiterhin darf die Beschäftigung nur vorübergehend sein. Sie darf nur an **einzelnen Tagen** erfolgen, ggf. aber auch **einige Tage hintereinander** dauern.[20]

c) Gefährdung Arbeitsergebnis oder unverhältnismäßiger Schaden. Schließlich setzt Abs. 2 Nr. 1 voraus, dass entweder das Ergebnis der Arbeit gefährdet ist oder ein unverhältnismäßiger Schaden eintritt. Es braucht also nur eine der beiden Alternativen vorzuliegen.

---

10 BVerwG 23.6.1992 – 1 C 29.90 – GewArch 1992, 382; *Schliemann*, ArbZG, § 14 Rn 6; ErfK/*Wank*, § 14 ArbZG Rn 4.
11 BAG 28.2.1958 – 1 AZR 491/56 – BB 1958, 558; *Schliemann*, ArbZG, § 14 Rn 7.
12 *Baeck/Deutsch*, § 14 Rn 11.
13 BAG 17.9.1986 – 5 AZR 369/85 – juris.
14 *Baeck/Deutsch*, § 14 Rn 12.
15 *Schliemann*, ArbZG, § 14 Rn 9.
16 *Neumann/Biebl*, § 14 Rn 6.
17 *Schliemann*, ArbZG, § 14 Rn 10; a.M. *Anzinger/Koberski*, § 14 Rn 9.
18 *Anzinger/Koberski*, § 14 Rn 13.
19 *Neumann/Biebl*, § 14 Rn 7; a.M. HWK/*Gäntgen*, § 14 ArbZG Rn 14, der immer die Grenze von fünf Mitarbeitern eingehalten wissen will.
20 *Buschmann/Ulber*, § 14 Rn 14; ErfK/*Wank*, § 14 ArbZG Rn 8.

18 Das **Ergebnis der Arbeit** ist gefährdet, wenn eine **Nichtbeendigung der bereits begonnenen Arbeit** am selben Tag dazu führen würde, dass deren Zweck nicht erreicht werden kann.[21] Der **Beginn einer neuen Arbeit** wird von Abs. 2 Nr. 1 also **nicht** erfasst.

19 Unter **unverhältnismäßigem Schaden** ist jede erhebliche Vermögensminderung zu verstehen. Ein solcher Schaden kann in Substanzschäden, in zusätzlichen Kosten, oder auch in entgangenem Gewinn liegen.[22] Maßgeblich ist eine **wirtschaftliche Betrachtungsweise**. Der Schaden ist unverhältnismäßig, wenn er gemessen an den Verhältnissen des Betriebs hoch ist und mehr wiegt, als die Einbußen der AN durch die vorübergehende Mehrarbeit.[23] Je geringer die Einbuße der AN ist, desto geringer braucht auch nur der Schaden zu sein. Als **Beispiele** kommen in Betracht:[24]
- Teure Produkte würden verderben, wenn sie nicht am gleichen Tag verarbeitet werden.
- Eine Baustelle muss angefahren werden, um dort angefangene Arbeiten zu erledigen.
- Begonnene Reparaturarbeiten müssen beendet werden.
- Die Produktion muss fertig gestellt werden, anderenfalls drohen Kundenverluste.

20 Gefährdung der Arbeitsergebnisse oder unverhältnismäßiger Schaden müssen nicht in dem jeweiligen Betrieb zu befürchten sein. Auch **andere Betriebe des AG**, sogar solche im **Ausland**, können zu berücksichtigen sein.[25]

21 **2. Ausnahmen gemäß Abs. 2 Nr. 2. a) Forschung und Lehre.** Abweichungen von zwingenden Vorgaben des ArbZG sind in Forschung und Lehre zulässig. In diesem Bereich sollen mit **eigenständiger kreativer Tätigkeit besondere Erkenntnisse** gewonnen werden. Diese Besonderheit ist bei der Anwendung des ArbZG zu berücksichtigen und rechtfertigt die Ausnahme gem. Abs. 2 Nr. 2.[26]

22 Allerdings haben auch Forschung und Lehre auf den durch das ArbZG vermittelten **Gesundheitsschutz** Rücksicht zu nehmen. Die verschiedenen Ziele sind in einen **vernünftigen Ausgleich** zu bringen.[27] D.h., dass Abweichungen nur in **Sonderkonstellationen** zulässig sind.[28] Allerdings sind die Anforderungen an eine Sonderkonstellation auch nicht zu überspannen. Immerhin verzichtet das Gesetz ja auch auf das einschränkende Merkmal der „Unaufschiebbarkeit". Eine Sonderkonstellation kann etwa bei andauernden Experimenten oder Versuchsreihen zu bejahen sein.

23 Liegt eine solche Sonderkonstellation vor, greift Abs. 2 Nr. 2 nicht nur für die kreativen AN, die **Forschenden und Lehrenden** ein. Auch auf **alle anderen AN**, die in Forschung und Lehre beschäftigt sind, kann sich der Ausnahmetatbestand erstrecken.[29]

24 **b) Unaufschiebbare Vor- und Abschlussarbeiten.** Auch bei unaufschiebbaren Vor- und Abschlussarbeiten sieht das Gesetz Ausnahmen vom ArbZG vor. Unter solchen Arbeiten werden **Reinigungs-** und **Instandhaltungsarbeiten** verstanden, die nicht oder nur mit erheblichen Beeinträchtigungen während des laufenden Betriebs ausgeführt werden können.[30] Nur dann sind sie auch unaufschiebbar.

25 Zu den **Vorarbeiten** gehören[31] Inbetriebnahme von Maschinen, Hochfahren der EDV, Auffüllen der Regale etc. **Abschlussarbeiten** sind[32] Reinigung des Arbeitsplatzes und von Maschinen, Aufräumarbeiten, Beseitigung von Müll, Wartung und Pflege von Maschinen, Kunden zu Ende bedienen.

26 Feste zeitliche Grenzen für die Vor- und Abschlussarbeiten sieht das Gesetz nicht vor. Das gilt auch für das Zuendebedienen von Kunden, das nach überwiegender, aber nicht stichhaltiger Auff. nur **längstens eine halbe Stunde zulässig** sein soll.[33] Dass sich in der Gesetzesbegründung eine entsprechende Erwähnung findet, ist unerheblich. Sie hat nämlich keinen Eingang in das Gesetz gefunden.

27 **c) Behandlung, Pflege und Betreuung von Personen.** Ausnahmen von bestimmten Vorgaben sind auch bei der Behandlung, Pflege und Betreuung von Personen möglich. Der Arbeitszeitschutz der AN kann in einem gewissen Widerspruch zu den Belangen der kranken Personen stehen. Die unterschiedlichen Interessen soll Abs. Nr. 2 in Einklang bringen.

28 Unter Abs. 2 Nr. 2 fällt nicht nur die **stationäre**, sondern auch die **ambulante** Behandlung, Pflege und Betreuung.[34] Zulässig sind sämtliche Arbeiten, die unaufschiebbar sind, deren Nichtausführung die kranke Person **unangemessen in ihrem Wohlbefinden beeinträchtigt**.[35] Das können sein: Krankentransport, pflegerische Versorgung, ärztliche Behandlung, psychische Betreuung etc.

---

21 *Neumann/Biebl*, § 14 Rn 8.
22 *Baeck/Deutsch* § 14 Rn 28.
23 ErfK/*Wank*, § 14 ArbZG Rn 6.
24 Vgl. *Anzinger/Koberski*, § 14 Rn 16; *Schliemann*, ArbZG, § 14 Rn 15.
25 BVerwG 23.6.1992 – 1 C 29.90 – BVerwGE 90, 238, 240; *Schliemann*, ArbZG, § 14 Rn 16.
26 *Schliemann*, ArbZG, § 14 Rn 18.
27 BT-Drucks 12/6990, S. 44.
28 *Baeck/Deutsch*, § 1 Rn 32.
29 HWK/*Gäntgen*, § 14 ArbZG Rn 15; *Neumann/Biebl*, § 14 Rn 16; a.M. *Buschmann/Ulber*, § 14 Rn 18.
30 *Anzinger/Koberski*, § 14 Rn 18.
31 *Neumann/Biebl*, § 14 Rn 11.
32 *Baeck/Deutsch*, § 14 Rn 35.
33 Wie hier *Baeck/Deutsch*, § 14 Rn 37; a.M. etwa *Buschmann/Ulber*, § 14 Rn 19; ErfK/*Wank*, § 14 ArbZG Rn 8.
34 *Baeck/Deutsch*, § 14 Rn 40.
35 *Baeck/Deutsch*, § 14 Rn 41 f.; *Neumann/Biebl*, § 14 Rn 15.

d) Behandlung und Pflege von Tieren. Ausnahmen von bestimmten Vorgaben des ArbZG sind auch zur Behandlung und Pflege von Tieren möglich. Solche Arbeiten müssen der Behandlung und Pflege der Tiere dienen, sonstige Arbeiten für die Tierhaltung sind damit nicht gemeint.[36] Diese Arbeiten müssen weiterhin unaufschiebbar sein, was bedeutet, dass die Nichtausführung dieser Tätigkeit die Tiere unangemessen in ihrem Wohlbefinden beeinträchtigt.[37] In Betracht kommen Untersuchung oder Beobachtung kranker Tiere, Fütterung, Reinigung, Auslauf etc. 29

e) Beschränkung auf einzelne Tage bei Ausnahmen gemäß Abs. 2 Nr. 2. Die Mehrarbeit aller Ausnahmetatbestände nach Abs. 2 Nr. 2 darf sich nur auf einzelne Tage beschränken. Das können auch **mehrere Tage hintereinander** sein.[38] Eine feste Grenze enthält das Gesetz nicht. Es kommt also auf den jeweiligen Ausnahmetatbestand und die Umstände des Einzelfalls an. Die bisweilen angenommene Beschränkung auf längstens **60 Tage im Jahr** ist deshalb abzulehnen.[39] 30

3. Keine anderen zumutbaren Vorkehrungen bei Ausnahmen gemäß Abs. 2 Nr. 1 und 2. Alle Ausnahmetatbestände des Abs. 2 – sowohl Nr. 1 als auch Nr. 2 – stehen unter der einschränkenden Voraussetzung, dass es keine zumutbaren anderen Vorkehrungen gibt, aufgrund derer die Mehrarbeit vermieden werden könnte. 31

Solche Vorkehrungen können **organisatorischer, technischer oder personeller Art** sein, etwa die Benutzung leistungsfähigerer Maschinen oder die Heranziehung von Aushilfskräften.[40] 32

Diese sind dann **zumutbar**, wenn sie bei wirtschaftlicher Betrachtungsweise nicht außer Verhältnis zu der Belastung der Mitarbeiter durch die vorübergehende Mehrarbeit stehen.[41] Zu berücksichtigen sind alle Umstände des Einzelfalls. Betriebswirtschaftlich unangemessene Maßnahmen sind i.d.R. nicht zumutbar.[42] 33

Anders als bei Abs. 1 ist es **nicht** erforderlich, dass die Mehrarbeit **unvorhergesehen** war.[43] Auch in regelmäßigen Abständen anfallender Mehrarbeit – Buchhaltungsarbeiten etc. – kann mit Abs. 2 begegnet werden. Allerdings: Wenn die Mehrarbeit vorhersehbar ist, spielt dies ggf. bei der Frage eine Rolle, ob es zumutbare alternative Vorkehrungen gibt.[44] 34

4. Abweichungsmöglichkeiten bei Ausnahmen nach Abs. 2 Nr. 1 und 2. Bei den Ausnahmen nach Abs. 2 kann von den §§ 3 bis 5, 6 Abs. 2, 7, 11 Abs. 1 bis 3 und 12 abgewichen werden. Abweichungen vom Beschäftigungsverbot an Sonn- und Feiertagen sind also nicht möglich. Nur dann, wenn die Beschäftigung an Sonn- und Feiertagen aus anderen Gründen zulässig ist, erlaubt Abs. 2 Abweichungen von § 11 Abs. 1 bis 3. 35

III. Durchschnittliche wöchentliche Arbeitszeit von acht Stunden bei Abweichungen gemäß Abs. 1 und 2 (§ 14 Abs. 3)

Macht der AG von den Befugnissen des Abs. 1 oder 2 Gebrauch, muss gewährleistet sein, dass die durchschnittliche wöchentliche Arbeitszeit 48 Stunden nicht überschreitet. Der Ausgleichszeitraum beträgt sechs Kalendermonate oder 24 Wochen. 36

C. Verbindung zu anderen Rechtsgebieten und zum Prozessrecht

I. Strafe und Bußgeld

Der AG muss in eigener Verantwortung entscheiden, ob er Mehrarbeit nach § 14 anordnet oder wissend duldet. Geschieht dies, ohne dass die Voraussetzungen für einen Ausnahmefall vorliegen, begeht der AG eine OWi gem. § 22 Abs. 1 Nr. 1 bis 6 i.V.m. der jeweiligen verletzten Vorschrift. Er kann sich auch gem. § 23 strafbar machen. 37

Hat der AG fälschlich angenommen, dass die Voraussetzungen des § 14 vorliegen, so stellt dies einen den Vorsatz ausschließenden **Tatbestandsirrtum** dar.[45] Eine Bestrafung wegen fahrlässigen Verstoßes gegen Vorschriften des ArbZG wird dadurch aber nicht ausgeschlossen.[46] 38

II. Mitbestimmung des Betriebsrats

§ 14 dispensiert den AG nicht von der Einhaltung der betrieblichen Mitbestimmung. Soweit die Voraussetzungen des § 87 Abs. 1 Nr. 2 und 3 BetrVG vorliegen, muss der BR also seine Zustimmung erteilen. Entsprechendes gilt gem. 39

---

[36] *Schliemann*, ArbZG, § 14 Rn 22.
[37] *Neumann/Biebl*, § 4 Rn 15.
[38] ErfK/*Wank*, § 14 ArbZG Rn 9.
[39] *Baeck/Deutsch*, § 14 Rn 43; a.M. *Anzinger/Koberski*, § 14 Rn 21.
[40] *Neumann/Biebl*, § 14 Rn 9.
[41] *Schliemann*, ArbZG, § 14 Rn 25.
[42] *Neumann/Biebl*, § 14 Rn 9; *Schliemann*, ArbZG, § 14 Rn 25.
[43] *Baeck/Deutsch*, § 14 Rn 27; ErfK/*Wank*, § 14 ArbZG Rn 5.
[44] *Neumann/Biebl*, § 14 Rn 7; weitergehend *Buschmann/Ulber*, § 14 Rn 16.
[45] *Anzinger/Koberski*, § 14 Rn 32; *Baeck/Deutsch*, § 14 Rn 47.
[46] OLG Düsseldorf 13.4.1992 – 5 Ss (OWi) 106/92 – DB 1992, 2148.

§ 75 Abs. 3 Nr. 1 BPersVG für den PR. Geht es um **Mehrarbeit eines oder einzelner Mitarbeiter**, liegt ggf. **kein kollektiver Tatbestand** vor; dann ist die Maßnahme auch nicht mitbestimmungspflichtig.[47]

40 Allerdings sind Not- und Ausnahmefälle vorstellbar, in denen das Gremium BR **nicht rechtzeitig angehört** werden kann. Dann muss der AG **ein BR-Mitglied**, möglichst den Vorsitzenden, informieren und sich mit diesem abstimmen.[48] Ist sogar das nicht möglich, kann der AG die Mehrarbeit ohne Beteiligung des BR anordnen, muss diesen aber so rasch wie möglich **nachträglich** informieren.[49] In Betrieben, in denen Not- und Ausnahmefälle häufiger eintreten und vorhersehbar sind, sollten für diese Fälle möglichst eine **BV** oder (formlose) **Regelungsabrede** getroffen werden.[50] Dies liegt auch im Interesse des AG. Denn bei **vorhersehbaren** Notfällen wird die Mitbestimmung nicht ohne weiteres nach den obigen Grundsätzen modifiziert.[51]

III. Zivilrechtliche Auswirkungen auf das Arbeitsverhältnis

41 § 14 lässt Ausnahmen von ansonsten zwingenden arbeitszeitrechtlichen Vorschriften zu. Damit ist aber noch nicht gesagt, dass der **AN solche Mehrarbeit auch leisten muss**. Diese Frage richtet sich vielmehr danach, ob der AG laut **Arbeitsvertrag**, ggf. auch laut **TV** oder **BV**, zur Anordnung von Überstunden (Mehrarbeit) berechtigt ist.

42 In echten Notfällen ist der AN allerdings auch dann zur Leistung von Mehrarbeit/Überstunden verpflichtet, wenn Arbeitsvertrag bzw. TV/BV keine entsprechende Anordnungsbefugnis des AG vorsehen. Dies folgt aus der **arbeitsvertraglichen Treuepflicht** des AN.[52]

IV. Sondervorschriften für bestimmte Personengruppen

43 Für **Jugendliche** ist nicht § 14, sondern § 21 JArbSchG maßgeblich. Danach kann in Notfällen unter bestimmten Voraussetzungen und in gewissem Umfang von arbeitszeitrechtlichen Vorschriften abgewichen werden.

§ 15 Bewilligung, Ermächtigung

(1) Die Aufsichtsbehörde kann
1. eine von den §§ 3, 6 Abs. 2 und § 11 Abs. 2 abweichende längere tägliche Arbeitszeit bewilligen
    a) für kontinuierliche Schichtbetriebe zur Erreichung zusätzlicher Freischichten,
    b) für Bau- und Montagestellen,
2. eine von den §§ 3, 6 Abs. 2 und § 11 Abs. 2 abweichende längere tägliche Arbeitszeit für Saison- und Kampagnebetriebe für die Zeit der Saison oder Kampagne bewilligen, wenn die Verlängerung der Arbeitszeit über acht Stunden werktäglich durch eine entsprechende Verkürzung der Arbeitszeit zu anderen Zeiten ausgeglichen wird,
3. eine von den §§ 5 und 11 Abs. 2 abweichende Dauer und Lage der Ruhezeit bei Arbeitsbereitschaft, Bereitschaftsdienst und Rufbereitschaft den Besonderheiten dieser Inanspruchnahmen im öffentlichen Dienst entsprechend bewilligen,
4. eine von den §§ 5 und 11 Abs. 2 abweichende Ruhezeit zur Herbeiführung eines regelmäßigen wöchentlichen Schichtwechsels zweimal innerhalb eines Zeitraums von drei Wochen bewilligen.

(2) Die Aufsichtsbehörde kann über die in diesem Gesetz vorgesehenen Ausnahmen hinaus weitergehende Ausnahmen zulassen, soweit sie im öffentlichen Interesse dringend nötig werden.

(3) Das Bundesministerium der Verteidigung kann in seinem Geschäftsbereich durch Rechtsverordnung mit Zustimmung des Bundesministeriums für Arbeit und Soziales aus zwingenden Gründen der Verteidigung Arbeitnehmer verpflichten, über die in diesem Gesetz und in den auf Grund dieses Gesetzes erlassenen Rechtsverordnungen und Tarifverträgen festgelegten Arbeitszeitgrenzen und -beschränkungen hinaus Arbeit zu leisten.

(4) Werden Ausnahmen nach Absatz 1 oder 2 zugelassen, darf die Arbeitszeit 48 Stunden wöchentlich im Durchschnitt von sechs Kalendermonaten oder 24 Wochen nicht überschreiten.

---

47 *Anzinger/Koberski*, § 14 Rn 29.
48 *Baeck/Deutsch*, § 14 Rn 46.
49 BAG 17.11.1998 – 1 ABR 12/98 – NZA 1999, 662; *Neumann/Biebl*, § 14 Rn 20.
50 Dazu BAG 28.2.1958 – AZR91/56 – AP § 14 AZO Nr. 1.
51 LAG Baden-Württemberg 23.11.2000 – 4 Sa 81/00 – AuR 2001, 512.
52 LAG Schleswig-Holstein 26.6.2001 – 3 Sa 224/01 – AuA 2001, 517; *Neumann/Biebl*, § 14 Rn 19; einschränkend *Buschmann/Ulber*, § 14 Rn 23.

A. Allgemeines	1	III. Zulassung weiterer Ausnahmen durch die Aufsichtsbehörde (Abs. 2)	13
B. Regelungsgehalt	3	IV. Ausnahmen zur Verteidigung (Abs. 3)	16
I. Bewilligung längerer Arbeitszeiten durch die Aufsichtsbehörde (Abs. 1 Nr. 1 und 2)	3	V. Durchschnittliche Arbeitszeit (Abs. 4)	19
1. Kontinuierliche Schichtbetriebe; Bau- und Montagestellen (Abs. 1 Nr. 1a und b)	3	C. Verbindung zu anderen Rechtsgebieten und zum Prozessrecht	20
a) Kontinuierliche Schichtbetriebe (Nr. 1a)	3	I. Strafe und Bußgeld	20
b) Bau- und Montagestellen (Nr. 1b)	6	II. Mitbestimmung des Betriebsrats	21
c) Umfang der Ausnahme	7	III. Verwaltungsverfahren und Verwaltungsrechtsschutz bei Ausnahmebewilligungen gemäß Abs. 1 und 2	22
2. Saison- und Kampagnebetriebe (Abs. 1 Nr. 2)	8	1. Verwaltungsverfahren	22
II. Bewilligung abweichender Ruhezeiten durch die Aufsichtsbehörde (Abs. 1 Nr. 3 und 4)	10	2. Verwaltungsrechtsschutz	25
1. Öffentlicher Dienst (Abs. 1 Nr. 3)	10		
2. Herbeiführung eines regelmäßigen wöchentlichen Schichtwechsels (Abs. 1 Nr. 4)	12		

A. Allgemeines

Bei § 15 handelt es sich um eine weitere Ausnahmevorschrift, aufgrund derer von bestimmten Vorschriften des ArbZG abgewichen werden kann. Die Ausnahmen müssen von der **Aufsichtsbehörde** zugelassen werden (Abs. 1 und 2); schließlich kann das **Bundesverteidigungsministerium** Ausnahmen in seinem Bereich festlegen (Abs. 3). § 15 ist europarechtlich unproblematisch.[1] Die Abs. 1 und 2 entsprechen **Art. 17 Abs. 2 bis 5 EG-Arbeitszeit-RL** (2003/88/EG). Abs. 3 ist unbedenklich, weil die RL nicht anzuwenden ist, wenn **besondere Gründe im öffentlichen Dienst** dem entgegenstehen.[2]

Ebenso wenig begegnet § 15 **verfassungsrechtlichen Bedenken**. **Abs. 1** stellt keinen Verstoß gegen die Tarifautonomie (Art. 9 Abs. 3 GG) dar. Die Gefahr, dass die Aufsichtsbehörden die TV-Parteien durch Ausnahmebewilligungen unzulässig unter Druck setzen, besteht nicht.[3] Tatsächlich haben die Aufsichtsbehörden bei ihrer Entscheidung auch die tariflichen Auswirkungen zu berücksichtigen.[4] **Abs. 2** ist auch ausreichend bestimmt, ein Verstoß gegen das rechtsstaatliche Bestimmtheitsgebot liegt also nicht vor.[5] **Abs. 3** entspricht den Vorgaben des Art. 80 GG.[6]

B. Regelungsgehalt

I. Bewilligung längerer Arbeitszeiten durch die Aufsichtsbehörde (Abs. 1 Nr. 1 und 2)

1. Kontinuierliche Schichtbetriebe; Bau- und Montagestellen (Abs. 1 Nr. 1a und b). a) Kontinuierliche Schichtbetriebe (Nr. 1a). Die Aufsichtsbehörden können für kontinuierliche Schichtbetriebe Ausnahmen bewilligen (Abs. 1 Nr. 1a). In kontinuierlichen Schichtbetrieben wird in mehreren Schichten gearbeitet. Dabei arbeiten **vollkontinuierliche Schichtbetriebe** i.d.R. von Montag 0:00 Uhr bis Sonntag 24:00 Uhr, **teilkontinuierliche Schichtbetriebe** von Montag 6:00 Uhr bis Samstag 14:00 oder 22:00 Uhr. Für voll- wie teilkontinuierliche Betriebe gilt die Ausnahmebefugnis des Abs. 1 Nr. 1a.[7]

Zweck der Abweichung muss es sein, **zusätzliche Freischichten** zu erreichen. Der einzelne AN muss aufgrund der Verlängerung der Arbeitszeit mehr freie Tage haben, als er ohne Verlängerung gehabt hätte.[8] Auf **welchen Tag** die zusätzlichen freien Schichten fallen, ist ohne Belang.[9] Wie viele Freischichten entstehen müssen, schreibt das Gesetz nicht vor. Zwischen Arbeitszeitverlängerung und Freischichten muss aber ein **angemessenes Verhältnis** bestehen.[10]

Unschädlich ist es, wenn der AG mit der Verlängerung der Arbeitszeit auch noch **weitere Zwecke** verfolgt. Solche zusätzlichen Ziele können Kostensenkung, Produktionserweiterung oder auch Schaffung neuer Arbeitsplätze sein.[11] Kritisch ist es aber, wenn die Verlängerung der Arbeitszeit i.V.m. einer Maßnahme zum **Personalabbau** steht.[12]

b) Bau- und Montagestellen (Nr. 1b). Eine weitere Ausnahmemöglichkeit sieht das Gesetz bei Bau- und Montagestellen vor. Nach einer gängigen Definition sind **Baustellen** zeitlich begrenzte oder örtlich veränderliche Arbeitsstellen, an denen Hoch- und Tiefbauarbeiten ausgeführt werden.[13] Unter **Montagestellen** versteht man Arbeitsstellen, auf denen vorgefertigte Teile oder Baugruppen zusammenmontiert werden.[14]

---

1 Dazu *Baeck/Deutsch*, § 15 Rn 6; a.M. *Buschmann/Ulber*, § 15 Rn 4.
2 *Baeck/Deutsch*, § 15 Rn 6.
3 So aber *Buschmann/Ulber*, § 15 Rn 18.
4 *Baeck/Deutsch*, § 15 Rn 7.
5 *Baeck/Deutsch*, § 15 Rn 7; a.M. *Buschmann/Ulber*, § 15 Rn 12.
6 *Baeck/Deutsch*, § 15 Rn 7.
7 *Schliemann*, ArbZG, § 15 Rn 6; ErfK/*Wank*, § 15 ArbZG Rn 1.
8 HWK/*Gäntgen*, § 15 ArbZG Rn 4.
9 *Schliemann*, ArbZG, § 15 Rn 6.
10 *Linnenkohl/Rauschenberg*, § 15 Rn 4.
11 *Baeck/Deutsch*, § 15 Rn 12.
12 Dazu *Schütt/Schulte*, § 15 Rn 5.
13 *Neumann/Biebl*, § 15 Rn 4.
14 *Schliemann*, ArbZG, § 15 Rn 7.

Eine Ausnahme nach Abs. 1 Nr. 1b kann zu jedem beliebigen Zweck erfolgen. Eine Einschränkung des Zwecks wie bei den Schichtbetrieben (Abs. 1 Nr. 1a) gibt es nicht.

7 **c) Umfang der Ausnahme.** Abgewichen werden kann von den §§ 3, 6 Abs. 2 und 11 Abs. 2. Es ist also eine Verlängerung der Arbeitszeit auf **mehr als zehn Stunden** möglich, und zwar an Werk- wie an Sonn- und Feiertagen. Eine **Höchstgrenze sieht das Gesetz** zwar nicht vor. Allerdings dürfte ein Überschreiten von **zwölf Stunden** Arbeitszeit schon aus Gründen des Gesundheitsschutzes im Regelfall **nicht bewilligungsfähig** sein.[15] Anderes kann gelten, wenn in diese Zeit Arbeitsbereitschaft oder Bereitschaftsdienst fällt.

8 **2. Saison- und Kampagnebetriebe (Abs. 1 Nr. 2).** Behördliche Ausnahmebewilligungen können auch in Saison- und Kampagnebetrieben erteilt werden. **Saisonbetriebe** sind Betriebe, die in gewissen **Jahreszeiten** („Saison") zu einer **verstärkten Tätigkeit** gezwungen sind, etwa Textilindustrie, Geschenkindustrie (Schokolade, Printen, Honigkuchen etc.) oder Fremdenverkehr.[16] **Kampagnebetriebe** entfalten Ihre Tätigkeit von vornherein nur zu **gewissen Jahreszeiten**, etwa Rübenzuckerfabriken, Fischräuchereien etc.[17]

9 Die Arbeitszeitverlängerung ist nur für die Saison- oder Kampagnezeiten zulässig. Der Umfang der Arbeitszeitverlängerung entspricht dem des Abs. 1. Er kann also an allen Tagen mehr als zehn Stunden betragen. Allerdings ist nach dem ausdrücklichen Wortlaut **ein Ausgleich** durch Verkürzung der Arbeitszeiten an anderen Tagen erforderlich. Ein **Bezugszeitraum** wird nicht genannt; allerdings ist Abs. 4 zu beachten.

II. Bewilligung abweichender Ruhezeiten durch die Aufsichtsbehörde (Abs. 1 Nr. 3 und 4)

10 **1. Öffentlicher Dienst (Abs. 1 Nr. 3).** Eine weitere Ausnahmemöglichkeit besteht für den öffentlichen Dienst. Darunter sind die Verwaltungen und Betriebe des Bundes, der Länder und Gemeinden zu verstehen sowie sonstige Körperschaften, Anstalten und Stiftungen des öffentlichen Rechts (vgl. § 7 Abs. 2 Nr. 4).[18] Nicht zum öffentlichen Dienst gehören privatrechtlich organisierte Unternehmen – auch wenn die öffentliche Hand Mehrheits- oder Alleingesellschafter ist – sowie Kirchen und öffentlich-rechtliche Religionsgemeinschaften.[19]

11 Im öffentlichen Dienst können Abweichungen von §§ 5 und 11 Abs. 2, also zur **Lage und Dauer der Ruhezeit**, bewilligt werden. Dies gilt jedoch nur für Zeiten der **Arbeitsbereitschaft**, des **Bereitschaftsdienstes** und der **Rufbereitschaft**. Dabei sind die **Besonderheiten des öffentlichen Dienstes** zu berücksichtigen. Damit ist gemeint, dass aus Gründen der öffentlichen Sicherheit und Ordnung oder der Daseinsvorsorge ein flexibler Arbeitseinsatz erforderlich ist.[20] Ist dies berücksichtigt, kann die Ruhezeit bis auf null gekürzt werden.[21]

12 **2. Herbeiführung eines regelmäßigen wöchentlichen Schichtwechsels (Abs. 1 Nr. 4).** Die Aufsichtsbehörde kann Abweichungen von §§ 5 und 11 Abs. 2 zur Herbeiführung eines regelmäßigen wöchentlichen Schichtwechsels bewilligen. Diese Möglichkeit besteht **zweimal innerhalb eines Zeitraums von drei Wochen**. Nach überwiegender Auff. kann die Ruhezeit verkürzt, aber nicht deren Lage verändert werden.[22]

III. Zulassung weiterer Ausnahmen durch die Aufsichtsbehörde (Abs. 2)

13 Die Aufsichtsbehörde kann weitere Ausnahmen vom ArbZG zulassen, wenn **diese im öffentlichen Interesse dringend nötig** werden. Öffentliches Interesse heißt, dass die Ausnahme im Interesse der **Allgemeinheit** und nicht im privaten Interesse liegt.[23] Ein solches öffentliches Interesse kann bspw. in folgenden Fällen bestehen:[24]
- Sicherung der Ernährung
- Sicherung der Energieversorgung
- Maßnahmen zum Schutz von Lebensmitteln
- Maßnahmen zur Landesverteidigung
- drohende Existenzgefährdung eines wichtigen Unternehmens (Stichwort: Arbeitsplätze)
- Maßnahmen von wichtiger arbeitsmarkt- oder strukturpolitischer Bedeutung.

14 Die Ausnahme muss aber nicht nur im öffentlichen Interesse liegen, sondern sie muss auch dringend nötig sein. Dies ist dann zu bejahen, wenn ohne die Ausnahmebewilligung erhebliche, nicht hinnehmbare Nachteile entstünden.[25] Dabei ist auch zu überprüfen, ob nicht **andere Ausnahmetatbestände** des ArbZG zur Verhinderung dieser Nachteile ausreichen.[26]

---

15 Ähnlich *Anzinger/Koberski*, § 15 Rn 9; HWK/*Gäntgen*, § 15 ArbZG Rn 3.
16 *Baeck/Deutsch*, § 15 Rn 19.
17 *Schliemann*, ArbZG, § 15 Rn 8.
18 *Schliemann*, ArbZG, § 15 Rn 11.
19 *Baeck/Deutsch*, § 15 Rn 24; *Schütt/Schulte*, § 15 Rn 12.
20 BT-Drucks 12/5888, S. 31.
21 *Anzinger/Koberski*, § 15 Rn 16; *Neumann/Biebl*, § 15 Rn 6.
22 *Buschmann/Ulber*, § 15 Rn 11; ErfK/*Wank*, § 15 ArbZG Rn 7.
23 *Anzinger/Koberski*, § 15 Rn 27.
24 Vgl. *Baeck/Deutsch*, § 15 Rn 33; HWK/*Gäntgen*, § 15 ArbZG Rn 10.
25 *Anzinger/Koberski*, § 15 Rn 30.
26 *Schliemann*, ArbZG, § 15 Rn 19.

Sind die Voraussetzungen des Abs. 2 gegeben, so kann die Aufsichtsbehörde grds. **Abweichungen** von allen Vorgaben des ArbZG zulassen. Die jeweilige Abweichung muss geeignet und erforderlich sein, die befürchteten Nachteile zu vermeiden. Zudem ist die ins Auge gefasste Abweichung abzuwägen mit den Belangen der betroffenen AN, v.a. unter dem Gesichtspunkt des Gesundheitsschutzes.[27]

IV. Ausnahmen zur Verteidigung (Abs. 3)

Abs. 3 enthält eine Ermächtigung des Bundesverteidigungsministeriums, aus **zwingenden Gründen der Verteidigung** durch **Rechts-VO** von Vorgaben des ArbZG abzuweichen. Eine solche Rechts-VO bedarf der Zustimmung des Bundesministeriums für Wirtschaft und Arbeit. Bislang ist von dieser Ermächtigung **kein Gebrauch** gemacht worden.

Voraussetzung für den Erlass einer Rechts-VO ist, dass zwingende Gründe der Verteidigung angenommen werden können. Dies ist im **Verteidigungsfall** nach Art. 115a GG und im **Spannungsfall** nach Art. 80a Abs. 1 oder 3 GG stets zu bejahen.[28] Aber auch in der Phase, die einem Verteidigungs- oder Spannungsfall vorausgeht, kann eine entsprechende Rechts-VO erlassen werden.[29] Schließlich kann auch die Erprobung der Einsatzbereitschaft einen Fall des Abs. 3 darstellen.[30]

Wird eine Rechts-VO erlassen, so kann diese grds. von allen Vorgaben des ArbZG abweichen. Die Belange der Betroffenen sind aber ausreichend zu berücksichtigen, v.a. der Gesundheitsschutz. Von der Rechts-VO werden die in dem Geschäftsbereich tätigen **AN** erfasst, dagegen nicht Beamte und Soldaten, für die Sonderregelungen gelten.[31] Entsprechend Art. 56 Abs. 1a des Zusatzabkommens zum NATO-Truppenstatut erstreckt sich eine Rechts-VO gem. Abs. 3 auch auf die **zivilen Arbeitskräfte bei den Stationierungsstreitkräften**.[32]

V. Durchschnittliche Arbeitszeit (Abs. 4)

Abs. 4 legt fest, dass bei Bewilligungen gem. Abs. 1 und 2 die durchschnittliche wöchentliche Arbeitszeit 48 Stunden nicht überschreiten darf. Der Ausgleichszeitraum beträgt sechs Kalendermonate oder 24 Wochen.

C. Verbindung zu anderen Rechtsgebieten und zum Prozessrecht

I. Strafe und Bußgeld

Verstößt der AG gegen Vorschriften des ArbZG (etwa: §§ 3, 6 Abs. 2, 11 Abs. 2), ohne eine Ausnahmebewilligung gem. Abs. 1 oder 2 zu haben, begeht er eine OWi, sofern die betreffende Vorschrift in § 22 genannt ist. Entsprechendes gilt, wenn zwar eine Ausnahmebewilligung vorliegt, der AG aber darüber hinausgeht. Unter den Voraussetzungen des § 23 macht sich der AG sogar strafbar. Verstöße gegen Abs. 3 und Abs. 4 sind dagegen nicht straf- oder bußgeldbewehrt.[33]

II. Mitbestimmung des Betriebsrats

In dem Verfahren zur Erlangung einer **behördlichen Ausnahmebewilligung** gem. **Abs. 1 und 2** muss der BR nicht beteiligt werden. Ist eine Ausnahmebewilligung erteilt, hat der BR wegen der konkreten Arbeitszeiten gem. § 87 Abs. 1 Nr. 2 und 3 BetrVG ein Mitbestimmungsrecht. Die Mitbestimmung des **PR** ergibt sich aus § 75 Abs. 3 Nr. 1, Abs. 4 BPersVG.

III. Verwaltungsverfahren und Verwaltungsrechtsschutz bei Ausnahmebewilligungen gemäß Abs. 1 und 2

1. Verwaltungsverfahren. Das Verfahren bestimmt sich nach den **Verwaltungsverfahrensgesetzen** der **Länder**. Eine Bewilligung setzt einen **Antrag** voraus. Dieser ist formlos möglich, aus Gründen der Dokumentation ist aber empfehlenswert, den Antrag schriftlich zu stellen und zu begründen. Die Behörde hat den Sachverhalt von Amts wegen zu überprüfen und nach pflichtgemäßem Ermessen über die Ausnahmebewilligung zu entscheiden. Sie kann den BR anhören, muss dies aber nicht. Bei der Entscheidung muss sie die Belange des Gesundheitsschutzes ausreichend berücksichtigen. Die Behörde entscheidet mittels VA.

Die Behörde kann die Bewilligung mit (belastenden) Nebenbestimmungen versehen. Sie kann unter Widerruf oder befristet erteilt werden. Besonders schützenswerte AN oder AN-Gruppen kann die Behörde in der Ausnahmebewilligung ausnehmen.

---

27 *Neumann/Biebl*, § 15 Rn 10.
28 *Anzinger/Koberski*, § 15 Rn 42.
29 *Baeck/Deutsch*, § 15 Rn 42; ErfK/*Wank*, § 15 ArbZG Rn 10; a.M. *Buschmann/Ulber*, § 15 Rn 19.
30 *Schliemann*, ArbZG, § 15 Rn 23; a.M. *Buschmann/Ulber*, § 15 Rn 19.
31 *Anzinger/Koberski*, § 15 Rn 39.
32 *Linnenkohl/Rauschenberg*, § 15 Rn 20.
33 *Baeck/Deutsch*, § 15 Rn 48.

24 Die Aufsichtsbehörde kann grds. auch dann eine Ausnahmebewilligung gem. Abs. 1 und 2 erteilen, wenn es in dem konkreten Fall **widersprechende TV oder BV** gibt.[34] § 15 ist nämlich nicht zu entnehmen, dass sich die Aufsichtsbehörden dem Willen von TV- oder Betriebsparteien unterordnen müssen. Allerdings wird sie solche entgegenstehenden Vereinbarungen auf Tarif- oder Betriebsebene bei ihrer Ermessensentscheidung zu berücksichtigen haben. Der jeweilige AG hat **keinen Rechtsanspruch** auf Erteilung einer Genehmigung, wohl aber einen Anspruch auf **ermessensfehlerfreie Entscheidung**.[35]

25 **2. Verwaltungsrechtsschutz.** Wird eine Ausnahmebewilligung gem. Abs. 1 und 2 verweigert, so kann der Antragsteller Widerspruch einlegen und danach Klage vor dem Verwaltungsgericht erheben. Sie ist gerichtet auf Verbescheidung oder, bei Ermessensreduzierung auf Null, auf Verpflichtung der Behörde. Bleibt die Behörde trotz Antrags untätig, kann der Antragsteller Untätigkeitsklage erheben. **Belastende Nebenbestimmungen** können isoliert angefochten werden.

26 Gegen eine Ausnahmebewilligung gem. Abs. 1 und 2 können die AN mittels Widerspruch und Anfechtungsklage vorgehen.[36] Diese Rechtsbehelfe haben aufschiebende Wirkung. Deshalb kann der AG die Bewilligung nicht nutzen. Will er das dennoch, so muss er die **Anordnung der sofortigen Vollziehung** der Ausnahmebewilligung gem. § 80 Abs. 4 und 5 beantragen. Um dies zu verhindern, können die AN wiederum gem. §§ 80a, 80 Abs. 5 VwGO die Anordnung der aufschiebenden Wirkung beantragen.

Dagegen steht dem **BR** im verwaltungsgerichtlichen Verfahren keine Klagebefugnis zu (vgl. § 13 Rn 61, 65).

27 **Konkurrenten** des Antragstellers können gegen die Erteilung einer Ausnahmebewilligung nicht den Verwaltungsgerichtsweg beschreiten. Denn das ArbZG bezweckt nicht den Schutz ihrer Interessen.[37] Nach der Novelle des UWG kann der Konkurrent regelmäßig auch **keine wettbewerbsrechtlichen Ansprüche** geltend machen (vgl. oben § 1 Rn 28 ff.).

Fünfter Abschnitt: Durchführung des Gesetzes

§ 16 Aushang und Arbeitszeitnachweise

(1) Der Arbeitgeber ist verpflichtet, einen Abdruck dieses Gesetzes, der auf Grund dieses Gesetzes erlassenen, für den Betrieb geltenden Rechtsverordnungen und der für den Betrieb geltenden Tarifverträge und Betriebs- oder Dienstvereinbarungen im Sinne des § 7 Abs. 1 bis 3, §§ 12 und 21a Abs. 6 an geeigneter Stelle im Betrieb zur Einsichtnahme auszulegen oder auszuhängen.

(2) ¹Der Arbeitgeber ist verpflichtet, die über die werktägliche Arbeitszeit des § 3 Satz 1 hinausgehende Arbeitszeit der Arbeitnehmer aufzuzeichnen und ein Verzeichnis der Arbeitnehmer zu führen, die in eine Verlängerung der Arbeitszeit gemäß § 7 Abs. 7 eingewilligt haben. ²Die Nachweise sind mindestens zwei Jahre aufzubewahren.

Literatur: *Bepler*, Mitbestimmung des Betriebsrats bei der Regelung der Arbeitszeit, NZA-Beilage 1/2006, 45; *Schlottfeldt/Hoff*, „Vertrauensarbeitszeit" und arbeitszeitrechtliche Aufzeichnungspflicht nach § 16 II ArbZG, NZA 2001, 530

A.	Allgemeines	1	I. Strafe und Bußgeld	15
B.	Regelungsgehalt	3	II. Mitbestimmung des Betriebsrats	16
	I. Verpflichtung zur Auslage oder Aushang (Abs. 1)	3	III. Zivilrechtliche Auswirkungen auf das Arbeitsverhältnis	17
	II. Verpflichtung zu Aufzeichnung und Aufbewahrung (Abs. 2)	6	D. Beraterhinweise	18
C.	Verbindung zu anderen Rechtsgebieten und zum Prozessrecht	15		

A. Allgemeines

1 § 16 legt dem AG Informations- und Nachweispflichten auf. Damit ist bezweckt, dem AN die Möglichkeit zu verschaffen, sich über die geltenden betrieblichen Arbeitszeitregelungen und deren Einhaltung zu informieren.[1] Zudem soll den Aufsichtsbehörden die Erfüllung ihrer Aufgaben ermöglicht werden.[2]

---

34 A.M. *Buschmann/Ulber*, § 15 Rn 17.
35 *Neumann/Biebl*, § 15 Rn 10.
36 *Baeck/Deutsch*, § 15 Rn 39.

37 *Baeck/Deutsch*, § 15 Rn 40.
1 BT-Drucks 12/5888, S. 31.
2 BT-Drucks 12/5888, S. 31, *Anzinger/Koberski*, § 16 Rn 3.

Die Verpflichtung des § 16 gilt für jeden AG. Die **Zahl der beschäftigten AN ist unerheblich**.[3] Werden AN nur im **Familienhaushalt** beschäftigt, ist § 16 allerdings nicht anwendbar.[4]

Auch die **Arbeitszeit-RL 2003/88/EG** normiert in Art. 11 und 22 Abs. 1 gewisse Informations- und Nachweispflichten.[5] § 16 bleibt dahinter nicht zurück.

B. Regelungsgehalt

I. Verpflichtung zur Auslage oder Aushang (Abs. 1)

Die Verpflichtung des AG bezieht sich auf folgende Unterlagen:
– komplettes Exemplar des **ArbZG**,
– aufgrund des ArbZG erlassene und für den Betrieb geltende **Rechts-VO**,
– **TV** i.S.d. §§ 7 Abs. 1 bis 3, 12, die für den Betrieb gelten,
– **BV/Dienstvereinbarungen** i.S.d. §§ 7 Abs. 1 bis 3, 12, die für den Betrieb gelten.

Die Unterlagen müssen nur in **deutscher Sprache** vorhanden sein, sie brauchen, auch wenn im Betrieb viele ausländische Mitarbeiter beschäftigt sind, nicht in andere Sprachen übersetzt zu werden.[6]

Diese Unterlagen müssen an geeigneter Stelle im Betrieb ausgehängt oder ausgelegt werden. Die Verpflichtung bezieht sich zunächst auf den **Hauptbetrieb**. Allerdings gilt sie auch für **Nebenbetriebe** und **Betriebsteile**, die weit entfernt vom Hauptbetrieb sind.[7] Eine geeignete Stelle ist jede Stelle innerhalb des Betriebs, die für die AN frei zugänglich ist. Das können sein: Schwarzes Brett, Aufenthaltsraum, Kantine, BR-Büro etc. Das Büro des Vorgesetzten oder der Personalabteilung ist keine geeignete Stelle zum Aushang.[8] Denn der AN, der sich informieren will, muss ggf. damit rechnen, dass er beobachtet wird und sein Verhalten womöglich Konsequenzen hat. Auch das Einstellen der Unterlagen in das Intranet ist möglich, sofern alle Mitarbeiter über einen Zugang verfügen.[9]

Die Verpflichtung besteht **dauerhaft**. Ein einmaliges oder kurzfristiges Aushängen/Auslegen genügt nicht. Der AG muss die Unterlagen auch **aktualisieren**, etwa nach einer Gesetzesänderung.

II. Verpflichtung zu Aufzeichnung und Aufbewahrung (Abs. 2)

Der AG hat nach Abs. 2 bestimmte Informationen über die Arbeitszeit seiner AN aufzuzeichnen und aufzubewahren.

Dies ist zum einen die Arbeitszeit an Werktagen, die über acht Stunden hinausgeht. Dabei sollte angesichts des Aufwands und angesichts der immer vorkommenden kleineren Pausen durch Rauchen, Surfen im Internet etc. eine **geringfügige Überschreitung** nicht aufzeichnungspflichtig sein; die **Toleranzgrenze** ist bei **15 Minuten** anzusetzen.[10] Bleibt die werktägliche Arbeitszeit im Rahmen von acht Stunden (plus Toleranzgrenze), besteht auch keine Aufzeichnungspflicht.

Zum anderen muss **jegliche** Arbeitszeit an **Sonn- und Feiertagen** aufgezeichnet werden.[11] Dies folgt daraus, dass es sich auch insofern um Arbeitszeit handelt, die über die werktägliche Arbeitszeit von acht Stunden hinausgeht. Zum dritten muss ein Verzeichnis der AN geführt werden, die in eine Verlängerung der Arbeitszeit gem. § 7 Abs. 7 eingewilligt haben. Ob die betreffenden AN tatsächlich länger gearbeitet haben, spielt keine Rolle.[12]

Weitere Aufzeichnungspflichten sieht Abs. 2 nicht vor. Deshalb muss auch nicht dokumentiert werden, ob und wann die **Ausgleichszeiten** der §§ 3, 6 Abs. 2, 11 Abs. 2 erfolgt sind.[13] Auch hinsichtlich **Rufbereitschaft** oder **bloßer Anwesenheitszeiten**, die nicht als Arbeitszeit zu qualifizieren sind, besteht keine Aufzeichnungspflicht.[14] Besonderheiten gelten allerdings beim Fahrpersonal (vgl. § 21a).

Verantwortlich für die Aufzeichnung ist der AG. Das bedeutet aber nicht, dass er diese Verpflichtung nicht auf die AN übertragen dürfte. Eine solche **Übertragung** ist also zulässig.[15] Allerdings muss der AG dann **sicherstellen**, dass die AN die betreffenden Informationen auch tatsächlich aufzeichnen. Er hat die erforderlichen Aufzeichnungsmittel zur Verfügung zu stellen, die Aufzeichnung zu kontrollieren, etwa mittels Stichproben, und bei Unterlassungen des AN entsprechende Maßnahmen zu treffen.[16]

---

3 *Schütt/Schulte*, § 16 Rn 7.
4 *Baeck/Deutsch*, § 16 Rn 16; a.M. *Anzinger/Koberski*, § 16 Rn 4.
5 Näher *Baeck/Deutsch*, § 16 Rn 5.
6 *Neumann/Biebl*, § 16 Rn 3; *Schliemann*, ArbZG, § 16 Rn 3; ErfK/*Wank*, § 16 ArbZG Rn 1.
7 *Anzinger/Koberski*, § 16 Rn 5.
8 *Neumann/Biebl*, § 16 Rn 1; ErfK/*Wank*, § 16 ArbZG Rn 15; a.M. *Baeck/Deutsch*, § 16 Rn 18.
9 *Anzinger/Koberski*, § 16 Rn 8.
10 *Schlottfeld/Hoff*, NZA 2001, 530; *Schütt/Schulte*, § 16 Rn 9; a.M. *Buschmann/Ulber*, § 16 Rn 8: Schon eine Sekunde (!) über acht Stunden begründet die Aufzeichnungspflicht.
11 *Neumann/Biebl*, § 16 Rn 5; ErfK/*Wank*, § 16 ArbZG Rn 4.
12 *Buschmann/Ulber*, § 16 Rn 5.
13 *Schütt/Schulte*, § 16 Rn 11; ErfK/*Wank*, § 16 ArbZG Rn 4; a.M. etwa *Neumann/Biebl*, § 16 Rn 6.
14 *Baeck/Deutsch*, § 16 Rn 24.
15 *Schliemann*, ArbZG, § 16 Rn 8; *Schlottfeldt/Hoff*, NZA 2001, 530, 532; a.M. *Buschmann/Ulber*, § 16 Rn 6.
16 *Schlottfeldt/Hoff*, NZA 2001, 530, 532.

10 In welcher **Form** die Aufzeichnungen erfolgen, kann der AG entscheiden. In Betracht kommen Stempeluhrbögen, Stundenzettel, Lohnlisten, Karteikarten etc.[17] Auch jegliche Form der **elektronischen Aufzeichnung** ist zulässig.

11 Arbeiten die AN auf der Basis von **Vertrauensarbeitszeit** – der AG kontrolliert die Arbeitszeit nicht, sondern vertraut auf die Einhaltung der vertraglichen Verpflichtung durch den AN – so müssen gleichwohl die Aufzeichnungspflichten erfüllt werden.[18] Das Gesetz sieht insofern keine Ausnahme vor.

12 Hat ein AN **mehrere Arbverh**, so sind alle Arbeitszeiten zusammenzurechnen (§ 2 Abs. 1). Wird dabei die Acht-Stunden-Grenze des Abs. 2 überschritten, muss dies auch aufgezeichnet werden. Aufzeichnungspflichtig ist der AG, bei dem die Überschreitung am jeweiligen Tag auftritt, auch wenn der AN dort weniger als acht Stunden gearbeitet hat.[19] Dagegen ist der AG nicht verpflichtet, die Arbeitszeiten des Vor-Arbverh aufzuzeichnen.[20]

13 Die Aufzeichnungen über die Arbeitszeit und das Verzeichnis über die Mitarbeiter, die in eine Verlängerung der Arbeitszeit gem. § 7 Abs. 7 eingewilligt haben, müssen **mind. zwei Jahre aufbewahrt** werden. Die Fristberechnung erfolgt gem. **§§ 187 Abs. 1, 188 BGB**. Beispiel: Arbeitet ein AN am Montag, den 7.12.2009, mehr als acht Stunden, so endet die Aufbewahrungsfrist für diese konkrete Aufzeichnung am 7.12.2011. Diese zweijährige Frist entspricht der Frist für die Verjährung der OWi des ArbZG (§ 31 Abs. 2 OWiG i.V.m. § 22 Abs. 2).

14 Wie der AG die Aufbewahrungsverpflichtung erfüllt, ist seine Sache.[21] Auch eine elektronische Aufbewahrung ist möglich. Es muss nur gewährleistet sein, dass die Aufzeichnungen den Aufsichtsbehörden jederzeit ohne weiteres zur Verfügung gestellt werden können.

C. Verbindung zu anderen Rechtsgebieten und zum Prozessrecht
I. Strafe und Bußgeld

15 Verstößt der AG gegen Abs. 1 und 2, so begeht er eine **OWi** (§ 22 Abs. 1 Nr. 8 und 9). Allerdings gilt dies nicht, wenn der AG kein Verzeichnis der AN geführt hat, die in eine Verlängerung der Arbeitszeit gem. § 7 Abs. 7 eingewilligt haben. Ein solcher Verstoß ist von § 22 Abs. 1 Nr. 9, der ausdrücklich die Formulierung „Aufzeichnungen" und nicht „Verzeichnis" benutzt, nicht umfasst.[22]

Verstöße gegen die Verpflichtungen des § 16 sind nicht strafbar. § 23 enthält insofern keinen Verweis.

II. Mitbestimmung des Betriebsrats

16 Der BR hat gem. § 80 Abs. 2 S. 1, Abs. 1 Nr. 1 BetrVG darüber zu wachen, dass die Vorgaben des ArbZG eingehalten werden. Im Rahmen dessen hat er einen Anspruch gegen den AG auf **Überlassung der Aufzeichnungen und des Verzeichnisses** gem. Abs. 2. Dies gilt auch für AN, die auf der Basis von **Vertrauensarbeitszeit** beschäftigt sind.[23] Allerdings kann der AG seine Verpflichtung auch so erfüllen, dass er die eine geeignete Zeiterfassung der Mitarbeiter in Vertrauenszeit stichprobenhaft überprüft und die Überprüfungsergebnisse dem BR zur Verfügung stellt.[24] Schließlich kann der BR verlangen, dass er **Auskunft** über **Beginn und Ende der täglichen Arbeitszeit** erhält.[25]

III. Zivilrechtliche Auswirkungen auf das Arbeitsverhältnis

17 § 16 ist **kein Schutzgesetz** gem. **§ 823 Abs. 2 BGB**.[26] Verstößt der AG also gegen seine Verpflichtungen aus Abs. 1 oder 2, kann der einzelne AN daraus keine Schadensersatzansprüche ableiten. Auch ein **Zurückbehaltungsrecht** an seiner Arbeitsleistung steht dem AN **nicht** zu.

D. Beraterhinweise

18 Ein Gestaltungsvorschlag für die Arbeitszeiterfassung und -aufzeichnung findet sich bei *Schlottfeldt/Hoff*, NZA 2001, 530.

---

17 *Schütt/Schulte*, § 16 Rn 11.
18 *Buschmann/Ulber*, § 16 Rn 6; ErfK/*Wank*, § 16 ArbZG Rn 4.
19 *Baeck/Deutsch*, § 16 Rn 29.
20 *Baeck/Deutsch*, § 16 Rn 29.
21 *Anzinger/Koberski*, § 16 Rn 18; *Buschmann/Ulber*, § 16 Rn 5b; *Schliemann*, ArbZG, § 16 Rn 8.
22 *Baeck/Deutsch*, § 16 Rn 37.

23 BAG 6.5.2003 – 1 ABR 13/02 – NZA 2003, 348; ArbG Braunschweig 30.3.2007 – 4 BV 130/06 – AfP 2007, 392; dazu auch *Bepler*, NZA-Beilage 1/2006, 45, 50 f.
24 *Bepler*, NZA-Beilage 1/2006, 45, 51.
25 BAG 6.5.2003 – 1 ABR 13/02 – NZA 2003, 1348; dazu auch *Bepler*, NZA-Beilage 1/2006, 45, 50; *Schöne*, SAE 2004, 119, 123.
26 *Neumann/Biebl*, § 16 Rn 4.

§ 17 Aufsichtsbehörde

(1) Die Einhaltung dieses Gesetzes und der auf Grund dieses Gesetzes erlassenen Rechtsverordnungen wird von den nach Landesrecht zuständigen Behörden (Aufsichtsbehörden) überwacht.

(2) Die Aufsichtsbehörde kann die erforderlichen Maßnahmen anordnen, die der Arbeitgeber zur Erfüllung der sich aus diesem Gesetz und den auf Grund dieses Gesetzes erlassenen Rechtsverordnungen ergebenden Pflichten zu treffen hat.

(3) Für den öffentlichen Dienst des Bundes sowie für die bundesunmittelbaren Körperschaften, Anstalten und Stiftungen des öffentlichen Rechts werden die Aufgaben und Befugnisse der Aufsichtsbehörde vom zuständigen Bundesministerium oder den von ihm bestimmten Stellen wahrgenommen; das gleiche gilt für die Befugnisse nach § 15 Abs. 1 und 2.

(4) [1]Die Aufsichtsbehörde kann vom Arbeitgeber die für die Durchführung dieses Gesetzes und der auf Grund dieses Gesetzes erlassenen Rechtsverordnungen erforderlichen Auskünfte verlangen. [2]Sie kann ferner vom Arbeitgeber verlangen, die Arbeitszeitnachweise und Tarifverträge oder Betriebs- oder Dienstvereinbarungen im Sinne des § 7 Abs. 1 bis 3, §§ 12 und 21a Abs. 6 vorzulegen oder zur Einsicht einzusenden.

(5) [1]Die Beauftragten der Aufsichtsbehörde sind berechtigt, die Arbeitsstätten während der Betriebs- und Arbeitszeit zu betreten und zu besichtigen; außerhalb dieser Zeit oder wenn sich die Arbeitsstätten in einer Wohnung befinden, dürfen sie ohne Einverständnis des Inhabers nur zur Verhütung von dringenden Gefahren für die öffentliche Sicherheit und Ordnung betreten und besichtigt werden. [2]Der Arbeitgeber hat das Betreten und Besichtigen der Arbeitsstätten zu gestatten. [3]Das Grundrecht der Unverletzlichkeit der Wohnung (Artikel 13 des Grundgesetzes) wird insoweit eingeschränkt.

(6) Der zur Auskunft Verpflichtete kann die Auskunft auf solche Fragen verweigern, deren Beantwortung ihn selbst oder einen der in § 383 Abs. 1 Nr. 1 bis 3 der Zivilprozeßordnung bezeichneten Angehörigen der Gefahr strafgerichtlicher Verfolgung oder eines Verfahrens nach dem Gesetz über Ordnungswidrigkeiten aussetzen würde.

A. Allgemeines 1	VI. Betretungs- und Besichtigungsrecht der Aufsichtsbehörde (Abs. 5) 18
I. Zuständige Behörden 2	VII. Auskunftsverweigerungsrecht (Abs. 6) 23
II. Aufgabe der Aufsichtsbehörden 4	**B. Verbindung zu anderen Rechtsgebieten und zum Prozessrecht** 26
III. Maßnahmen der Aufsichtsbehörden (Abs. 2) 7	I. Strafe und Bußgeld 26
IV. Aufsichtsbehörden des Bundes (Abs. 3) 11	II. Mitbestimmung des Betriebsrats 27
V. Auskunfts- und Einsichtsrechte (Abs. 4) 12	III. Verwaltungsrechtsschutz 29
1. Auskunftsrecht 12	
2. Einsichtsrecht 15	

A. Allgemeines

§ 17 regelt die Zuständigkeit der Aufsichtsbehörden und deren Befugnisse. Das ArbZG kann die zuständige Aufsichtsbehörde nicht selbst bestimmen, dies verstieße gegen die **Verwaltungskompetenz der Länder** (Art. 84 Abs. 1 GG). Nur bei der **bundeseigenen Verwaltung** ist das anders, so versteht sich die Regelung in Abs. 3.[1]

I. Zuständige Behörden

Die jeweils zuständige Landesbehörde ermittelt sich nach Landesrecht. Überwiegend sind die **Gewerbeaufsichtsämter** oder die **Ämter für Arbeitsschutz** zuständig; handelt es sich um bergbauliche Betriebe ist zuständige Behörde das Bergamt. Im Einzelnen sind folgende Behörden **sachlich** zuständig:[2]

- **Baden-Württemberg**: Staatliche Gewerbeaufsichtsämter (§ 1 der Arbeitszuständigkeits-VO vom 8.2.1999, GBl S. 87, zuletzt geändert am 25.4.2007, GBl S. 252, 261),[3]
- **Bayern**: Gewerbeaufsichtsämter (§ 1 ASiMV vom 2.12.1998, GVBl, S. 956, zuletzt geändert am 16.8.2008, GVBl, S. 783),[4]
- **Berlin**: Landesamt für Arbeitsschutz, Gesundheitsschutz und technische Sicherheit Berlin (§ 2 ASOG vom 14.4.1992 (GVBl S. 119), zuletzt geändert am 15.12.2007 (GVBl, S. 604)),[5]

---

1 Dazu auch *Baeck/Deutsch*, § 17 Rn 2.
2 Vgl. auch *Baeck/Deutsch*, § 17 Rn 5; Gewerbeaufsichtsbehörden aller Bundesländer: http://www.ni-d.de/Doc/gewauf.html.
3 http://www.landesrecht-bw.de/jportal/?quelle=jlink&query=ArbZZustV+BW&psml=bsbawue-prod.psml&max=true&aiz=true.
4 Http://by.juris.de/by/gesamt/ArbSchSiTChemMedZust-V_BY.htm.
5 Http://beck-online.beck.de/Default.aspx?vpath=bibdata%2Fges%2FBlnASOG%2Fcont%2FBlnASOG%2Ehtm.

- **Brandenburg**: Ämter für Arbeitsschutz und Sicherheitstechnik und Bergamt (§ 1 der VO i.V.m. Anlage Ziff. 1.1.6 der VO vom 25.9.1999 (GVBl II, S. 539) vom 25.9.1999, GVBl II, S. 539),
- **Bremen**: Gewerbeaufsicht des Landes Bremen (§ 1 Abs. 1 Nr. 4 der Bekanntmachung vom 21.12.1999, Amtsbl. 2000, S. 64),
- **Hamburg**: Behörde für Umwelt und Gesundheit, Amt für Arbeitsschutz (Anordnung vom 27.8.1997, Amtl. Anz., S. 2041),
- **Hessen**: Regierungspräsidien (§ 1 Abs. 1 Nr. 2 Arbeitsschutzzuständigkeit-VO vom 8.7.2003, GVBl I, S. 206, zuletzt geändert am 17.12.2008 GVBl I, S. 1045),[6]
- **Mecklenburg-Vorpommern**: Sozialministerium, Ämter für Arbeitsschutz und technische Sicherheit (§ 1 Arbeitsschutzzuständigkeits-VO vom 28.9.1994, GVOBl M-V, S. 952, zuletzt geändert durch VO vom 15.12.1999, GVOBl M-V, S. 189),[7]
- **Niedersachsen**: Gewerbeaufsichtsamt, Bergamt, Sozialministerium, Ministerium für Wirtschaft, Technologie und Verzehr (Ziffer 4.1 der VO vom 14.8.2003, NdsGVBl Nr. 20 vom 20.8.2003),
- **Nordrhein-Westfalen**: Staatliche Ämter für Arbeitsschutz oder Bezirksregierungen (§ 1 der VO zur Regelung von Zuständigkeiten auf dem Gebiet des Arbeits- und des technischen Gefahrenschutzes vom 13.11.2007, GVBl Nr. 28 vom 30.11.2007, S. 561),[8]
- **Rheinland-Pfalz**: Struktur- und Genehmigungsdirektion oder Regionalstellen Gewerbeaufsicht (Ziffer 5.1 der VO vom 26.9.2000, GVBl, S. 379),
- **Saarland**: Landesamt für Verbraucher-, Gesundheits- und Arbeitsschutz (Art. 1 § 2 Nr. 2 der VO vom 4.12.1996, Amtsbl., S. 1507),
- **Sachsen**: Staatliche Gewerbeaufsichtsämter (§ 2 Abs. 3 Ziffer 4 des Gesetzes zur Ergänzung der Rechtsgrundlagen des Verwaltungsaufbaus vom 16.4.1999, SächsGVBl, S. 1847 zuletzt geändert am 5.5.2004 SächsGVBl, S. 148),[9]
- **Sachsen-Anhalt**: Landesamt für Verbraucherschutz (§ 1 Abs. 4 der VO vom 14.6.1994, GVBl, S. 636),
- **Schleswig-Holstein**: Landesamt für Gesundheit und Arbeitssicherheit (§ 1 Abs. 1 der VO vom 9.7.1996, GVOBl., S. 527 i.V.m. Art. 18 der VO vom 9.12.1997, GVOBl., S. 511),
- **Thüringen**: Ämter für Arbeitsschutz (§ 2 der Thüringer VO zur Regelung von Zuständigkeiten und zur Übertragung von Ermächtigungen auf dem Gebiet des Arbeitsschutzes vom 11.1.1993, GVBl, S. 111, zuletzt geändert am 15.4.2008, GVBl, S. 105).[10]

3   Für die **örtliche Zuständigkeit** ist das jeweilige Verwaltungsverfahrensgesetz der Länder maßgebend. Danach kommt es darauf an, in welchem Bezirk der betreffende Betrieb seinen Sitz hat.[11]

II. Aufgabe der Aufsichtsbehörden

4   Die Aufsichtsbehörden haben die Einhaltung des ArbZG und der erlassenen Rechts-VO zu überwachen. Das bedeutet, dass sie **präventiv** und **gefahrenabwehrend** tätig werden. Sie haben die Unternehmen zu beraten, Anträge zu bescheiden, Gesetzesverstöße zu verhindern. Die **Befugnisse** der Aufsichtsbehörden ergeben sich aus Abs. 2, 4 und 5 sowie aus einer Reihe weiterer Vorschriften, etwa §§ 13 Abs. 3, 15 Abs. 1 und 2. Allerdings obliegen den Aufsichtsbehörden auch **repressive** Aufgaben, nämlich im Rahmen des § 22 Verstöße, die OWi sind, zu verfolgen (vgl. § 22 Rn 16).

5   Die Aufsichtsbehörden werden in erster Linie tätig, wenn es Anhaltspunkte für Gesetzesverstöße gibt. Das können Anzeigen von Dritten sein, insbesondere von AN oder des BR.[12] Aber auch Presseberichte können Anhaltspunkte für Gesetzesverstöße geben.[13] Zurückhaltung ist allerdings bei anonymen Anzeigen geboten; dabei werden erfahrungsgemäß häufig andere Zwecke verfolgt oder es handelt sich um bloße Denunziationen ohne jeden Wahrheitsgehalt. Die Aufsichtsbehörden können aber auch ohne entsprechende Anhaltspunkte tätig werden.[14] Das folgt aus ihrer auch präventiven Aufgabe.

6   Auf der Basis von Abs. 1 können die Aufsichtsbehörden nur allgemeine Maßnahmen zur Einhaltung des Gesetzes ergreifen, wie etwa Informationen einholen oder Nachforschungen vornehmen.[15] Dagegen dürfen sie auf der Grund-

---

[6] Http://www.umwelt-online.de/recht/arbeitss/arbeitsrecht/laender/he/zust.htm.
[7] Http://beck-online.beck.de/default.aspx?vpath=bibdata%2Fges%2FMVArbZGZust-VO%2Fcont%2FMVArbZGZustVO%2Ehtm.
[8] Http://beck-online.beck.de/Default.aspx?vpath=bibdata÷es¬rwzustvoarbtg\cont¬rwzustvoarbtg.htm&pos=0&hlwords=Verordnung%c3%90zur%c3%90Regelung%c3%90Zust%c3%a4ndigkeiten%c3%90Gebiet%c3%90Arbeits-%c3%90technischen%c3%90Gefahrenschutzes#.xhlhit.
[9] Http://arbeitsschutz-sachsen.de/legislation/saechsischesrecht/saechsvworg.pdf.
[10] Http://beck-online.beck.de/?WORDS=Th%C3%BCrAS-ZustVO&BTSEARCH.X=42&txtAmbigiousDomain=THASZustVO%3A100.
[11] *Schliemann*, ArbZG, § 17 Rn 5.
[12] Dazu *Buschmann/Ulber*, § 17 Rn 5.
[13] VGH Baden-Württemberg 13.6.2006 – 6 S 517/06 – BeckRS 2006, 23998.
[14] *Buschmann/Ulber*, § 17 Rn 3.
[15] *Buschmann/Ulber*, § 17 Rn 3.

lage von Abs. 1 nichts tun, was in die Grundrechte der betroffenen Unternehmen eingreift.[16] Denn dazu bedarf es einer besonderen Befugnisnorm.

III. Maßnahmen der Aufsichtsbehörden (Abs. 2)

Die Aufsichtsbehörden können nach der **Generalklausel** in Abs. 2 alle erforderlichen Maßnahmen treffen, um sicherzustellen, dass der AG seine Pflichten aus dem ArbZG und den entsprechenden Rechts-VO erfüllt. Insb. sollen die Aufsichtsbehörden **Gefahren** für die **öffentliche Sicherheit und Ordnung** abwehren.[17] Ihnen stehen dabei alle Befugnisse der Ortspolizeibehörde zu.[18]

Adressat der jeweiligen Maßnahmen ist der **AG**. Bei Anordnungen haben die Aufsichtsbehörden stets den **Gleichbehandlungs-** und den **Verhältnismäßigkeitsgrundsatz** zu beachten.[19]

Welche Maßnahme erforderlich ist, richtet sich jeweils nach den Umständen des Einzelfalls. Stellt die Behörde erstmals Verstöße des AG fest, so hat sie ihn zunächst auf die Rechtswidrigkeit des Tuns hinzuweisen und aufzufordern, sich künftig gesetzeskonform zu verhalten.[20] Das gebietet schon der Verhältnismäßigkeitsgrundsatz. Im Übrigen kommen auch folgende Maßnahmen in Betracht:
- Erlass gesetzeswiederholender VA zur Beseitigung von Meinungsverschiedenheiten,[21]
- Erlass von Untersagungsverfügungen, etwa Untersagung der Beschäftigung von AN über den zulässigen Rahmen des ArbZG,[22]
- Anordnungen zur Erfüllung der Aufzeichnungspflicht gem. § 16 Abs. 2.[23]

Die Aufsichtsbehörden entscheiden i.d.R. durch **VA**. Dessen **Durchsetzung** richtet sich nach den Verwaltungsvollstreckungsgesetzen der Länder. Als **Zwangsmittel** sind dort Ersatzvornahmen, Zwangsgeld und unmittelbarer Zwang vorgesehen.[24]

IV. Aufsichtsbehörden des Bundes (Abs. 3)

Für den öffentlichen Dienst des Bundes sowie die bundesunmittelbaren Körperschaften, Anstalten und Stiftungen des öffentlichen Rechts sind nicht die Aufsichtsbehörden der Länder zuständig. Gem. Abs. 3 ist dies vielmehr Sache des jeweils zuständigen Bundesministeriums oder den von ihm bestimmten Stellen. Diese Behörden nehmen auch die Befugnisse des § 15 Abs. 1 und 2 wahr.

Nicht unter Abs. 3 fallen Verwaltungen und Betriebe des Bundes, **die privatrechtlich organisiert** sind.[25] Dafür sind also gem. Abs. 1 die Landesbehörden zuständig.

V. Auskunfts- und Einsichtsrechte (Abs. 4)

1. Auskunftsrecht. Nach Abs. 4 haben die Aufsichtsbehörden die Befugnis, vom AG alle Auskünfte zu verlangen, die für die Durchführung des ArbZG nebst entsprechender Rechts-VO erforderlich sind. Welche Auskünfte die Aufsichtsbehörde einholt, entscheidet sie nach **pflichtgemäßem Ermessen**. Sie darf zwar grds. auch dann gewisse Auskünfte verlangen, wenn kein Verdacht auf einen Gesetzesverstoß besteht.[26] Aber das Auskunftsverlangen darf nicht dazu dienen, allg. und ohne jeden Anlass zu überprüfen, ob die Aufsichtsbehörde einschreiten kann.[27] Die Grenzen sind fließend. Nicht zulässig ist es, den AG ohne besonderen Anlass zu verpflichten, für eine längere Zeit fortlaufend Auskünfte zu erteilen.[28] Der AG muss auch nicht von sich aus, also ohne Verlangen der Aufsichtsbehörde, Auskunft erteilen.

Adressat des Auskunftsverlangens ist der AG. Handelt es sich um eine juristische Person, so sind die Geschäftsführungsorgane auskunftspflichtig. Hat der AG bestimmte Verpflichtungen des ArbZG auf Vertreter mit entsprechenden Leitungsbefugnissen übertragen, so müssen auch diese Auskunft erteilen (Beispiel: Betriebsleiter).[29] Ansonsten sind **AN** genauso wenig zur Auskunft **verpflichtet** wie **BR** oder **PR**.[30]

---

16 Baeck/Deutsch, § 17 Rn 4; Buschmann/Ulber, § 17 Rn 3.
17 BVerwG 4.7.1989 – 1 C 3/87 – NJW 1990, 529; Schliemann, ArbZG, § 17 Rn 8.
18 BVerwG 4.7.1989 – 1 C 3/87 – GewArch 1990, 25; ErfK/Wank, § 17 ArbZG Rn 3.
19 Anzinger/Koberski, § 17 Rn 9.
20 HWK/Gäntgen, § 17 ArbZG Rn 3; Schliemann, ArbZG, § 17 Rn 10.
21 VGH München 18.8.1980 – Nr. 22 B – 1410/79 – NJW 1981, 2076; VGH München 28.10.1993 – 22 B 90.3225 – GewArch 1994, 192.
22 Linnenkohl/Rauschenberg, § 17 Rn 4.
23 BVerwG 4.7.1989 – 1 C 3/87 – NJW 1990, 529; VGH München 14.3.2008 – 22 CS 07.2968 – GewArch 2008, 371; Anzinger/Koberski, § 16 Rn 15.
24 Neumann/Biebl, § 17 Rn 2.
25 Baeck/Deutsch, § 17 Rn 14.
26 Anzinger/Koberski, § 17 Rn 19.
27 OVG Berlin 18.3.1982 – OVG 2 B 24.79 – GewArch 1982, 279.
28 Schliemann, ArbZG, § 17 Rn 17.
29 Schliemann, ArbZG, § 17 Rn 18.
30 Anzinger/Koberski, § 17 Rn 21a f.; Buschmann/Ulber, § 17 Rn 6.

14 I.d.R. wird die Behörde das Auskunftsverlangen schriftlich erstellen. Es kann dann als VA zu qualifizieren sein.[31] Das Auskunftsverlangen kann aber auch mündlich oder telefonisch erfolgen.[32]
Der AG kann die Auskunft **verweigern**, wenn die Voraussetzungen des Abs. 6 vorliegen (siehe unten Rn 20).

15 **2. Einsichtsrecht.** Die Aufsichtsbehörden können auch verlangen, dass Ihnen gewisse Unterlagen vorgelegt oder zur Einsicht zugeschickt werden. Das setzt voraus, dass die Aufsichtsbehörde ihr Informationsinteresse nicht durch Auskunft erfüllen kann.[33] Das Vorlage- bzw. Einsichtsrecht bezieht sich auf folgende Unterlagen:
- Arbeitszeitnachweise gem. § 16 Abs. 2 und Verzeichnis der AN gem. § 7 Abs. 7,
- TV i.S.d. §§ 7 Abs. 1 bis 3, 12, 21a Abs. 6
- Betriebs- oder Personalvereinbarungen i.S.d. §§ 7 Abs. 1 bis 3, 12, 21a Abs. 6.

Andere als die genannten Unterlagen kann die Aufsichtsbehörde nicht verlangen.[34]

16 Der AG kann regelmäßig **Kopien** zur Verfügung stellen. Nur wenn die Aufsichtsbehörde gerade aus den Originalen gewisse Schlussfolgerungen ziehen möchte, kann sie diese auch verlangen.[35] Müssen die Unterlagen im Betrieb bleiben, kann die Behörde ein Versenden nicht verlangen. Die Einsichtnahme hat dann **im Betrieb** stattzufinden.[36]

17 Entstehen durch die Vorlage der Unterlagen **Kosten** (Kopier- und Versendekosten), so hat diese der **AG** zu tragen.[37] Das **Auskunftsverweigerungsrecht** des Abs. 6 bezieht sich nicht auf die Verpflichtung zur Vorlage der genannten Unterlagen (vgl. unten Rn 22).

VI. Betretungs- und Besichtigungsrecht der Aufsichtsbehörde (Abs. 5)

18 Gem. Abs. 5 können Beauftragte der Behörde die Arbeitsstätte während der Betriebs- und Arbeitszeit betreten. Der Begriff **Arbeitsstätte** ist **weit auszulegen**, er erstreckt sich auf alle Arbeitsplätze und Arbeitsräume.[38] Mit **Betriebs- und Arbeitszeit** ist diejenige des konkreten Betriebs bzw. der Betriebsstätte gemeint, nicht die übliche.[39] Wird dort an Sonn- oder Feiertagen gearbeitet, besteht das Besichtigungsrecht auch zu diesen Zeiten.[40]

19 Abs. 5 legt ausdrücklich eine Einschränkung des Besichtigungsrechts fest: Soll die Besichtigung außerhalb der Betriebs- und Arbeitszeiten erfolgen oder befindet sich die betreffende Arbeitsstätte in einer Wohnung, so bedarf es entweder des **Einverständnisses** des Inhabers oder die Besichtigung muss der Verhütung einer **dringenden Gefahr für die öffentliche Sicherheit und Ordnung** dienen.[41] Letzteres kann etwa bei einer konkreten Gesundheitsgefährdung von AN bejaht werden.[42]

20 Nach überwiegender Auff. muss die Aufsichtsbehörde die Besichtigung **nicht ankündigen**.[43] Das erscheint zu weit. Deshalb ist folgende Differenzierung angebracht:[44] Bei bloßen **Routinekontrollen**, bei denen kein Verdacht auf einen Arbeitszeitverstoß besteht, ist eine vorherige Ankündigung erforderlich. Hat dagegen die Behörde augrund bestimmter Umstände den Verdacht von Arbeitszeitverstößen, so muss eine vorherige Ankündigung nicht erfolgen. Eine solche Ankündigung wäre dann auch zweckwidrig, weil der AG dadurch Zeit gewänne, die befürchteten Missstände für die Zeit der Besichtigung abzustellen.

21 Der AG muss Eintritt und Besichtigung **gestatten**. Anderenfalls kann die Verwaltungsbehörde eine **Duldungsverfügung** erlassen und mittels des vorgesehenen **Zwangsmittels** durchsetzen.[45] Zudem riskiert der AG ein Bußgeld von bis zu 15.000 EUR (§ 22 Abs. 1 Nr. 10).

22 Abs. 5 gibt der Verwaltungsbehörde ein Eintritts- und Besichtigungsrecht, Eine weitergehende Durchsuchung der Arbeitsstätte ist ihr indes nicht erlaubt.[46]

VII. Auskunftsverweigerungsrecht (Abs. 6)

23 Dem Auskunftspflichtigen steht ein Auskunftsverweigerungsrecht zu, wenn er sich durch die Auskunft der Gefahr der strafrechtlichen oder ordnungswidrigen Verfolgung aussetzte. Entsprechendes gilt, wenn diese Gefahr für **Angehörige** des Auskunftspflichtigen i.S.d. **§ 383 Abs. 1 bis 3 ZPO** – Verlobte, (ehemaliger) Ehegatte, (ehemaliger) Lebenspartner, in gerader Linie verwandte oder verschwägerte Personen – bestünde. Dieses Verweigerungsrecht basiert auf dem rechtsstaatlichen Grundsatz, dass sich niemand selbst belasten muss.

---

[31] *Baeck/Deutsch*, § 17 Rn 25; a.M. *Buschmann/Ulber*, § 17 Rn 7.
[32] BT-Drucks 12/5888, S. 32; *Neumann/Biebl*, § 17 Rn 3.
[33] *Schütt/Schulte*, § 17 Rn 8.
[34] *Schliemann*, ArbZG, § 17 Rn 20.
[35] *Baeck/Deutsch*, § 17 Rn 26.
[36] *Anzinger/Koberski*, § 17 Rn 20.
[37] *ErfK/Wank*, § 17 ArbZG Rn 4.
[38] *Schliemann*, ArbZG, § 17 Rn 23.
[39] *Anzinger/Koberski*, § 17 Rn 26.
[40] *HWK/Gäntgen*, § 17 ArbZG Rn 6.
[41] *Buschmann/Ulber*, § 17 Rn 8.
[42] *Baeck/Deutsch*, § 17 Rn 30.
[43] *Anzinger/Koberski*, § 17 Rn 27; *Neumann/Biebl*, § 17 Rn 5.
[44] *Schliemann*, ArbZG, § 17 Rn 25.
[45] *Anzinger/Koberski*, § 17 Rn 29.
[46] VGH Baden-Württemberg 13.6.2006 – 6 S 517/06 – BeckRS 2006, 23998; *Buschmann/Ulber*, § 17 Rn 8.

Das Auskunftverweigerungsrecht gilt **nicht pauschal** für alle Auskünfte. Nur bei einzelnen Fragen, bei denen die Gefahr der Verfolgung besteht, kann der Auskunftspflichtige die Auskunft verweigern.[47] Die Aufsichtsämter brauchen **nicht** auf das Auskunftserweigerungsrecht **hinzuweisen**.[48] 24

Das Auskunftsverweigerungsrecht bezieht sich nur auf Auskünfte gem. Abs. 4 S. 1. Die Verpflichtung des AG zur Herausgabe von Unterlagen gem. Abs. 4 S. 2 fällt nicht darunter. Verfassungsrechtlich ist daran nichts auszusetzen.[49] 25

B. Verbindung zu anderen Rechtsgebieten und zum Prozessrecht

I. Strafe und Bußgeld

Kommt der AG einem Auskunfts- oder Einsichtsverlangen nach Abs. 4 nicht nach oder gestattet er nicht das Betreten und die Besichtigung einer Arbeitsstätte, begeht er eine OWi (§ 22 Abs. 1 Nr. 10). Solche Verstöße sind aber nicht strafbewehrt, § 23 ist nicht einschlägig. 26

II. Mitbestimmung des Betriebsrats

Dem BR stehen Beteiligungsbefugnisse gem. **§ 89 Abs. 2 S. 2 BetrVG** zu. Danach muss der AG:[50] 27
- den BR bei Besichtigungen der Aufsichtsbehörde hinzuziehen,
- dem BR etwaige behördliche Besichtigungsprotokolle zusenden,
- dem BR Auflagen und Anordnungen der Aufsichtsbehörde mitteilen.

Entsprechende Rechte hat der PR gem. **§ 81 Abs. 2 BPersVG**.

Der BR ist gem. **§ 89 Abs. 1 S. 2 BetrVG** gehalten, die Aufsichtsbehörden durch Anregung, Beratung und Auskunft zu unterstützen. Aufgrund dessen kann er die Aufsichtsbehörde auch über Verstöße des AG informieren. Allerdings hat er zunächst **intern** darauf hinzuwirken, dass die Verstöße abgestellt werden, dies gebietet der Grundsatz der **vertrauensvollen Zusammenarbeit**. 28

III. Verwaltungsrechtsschutz

Der AG kann 29
- gegen Anordnungen der Aufsichtsbehörde,
- gegen ein Verlangen auf Auskunft und Einsichtnahme oder
- gegen das Betreten oder die Besichtigung der Arbeitsstätte

verwaltungsrechtlich vorgehen.[51]

I.d.R. handelt die Aufsichtsbehörde mittels VA. Dem AG stehen dagegen **Widerspruch** und **Anfechtungsklage** zu Gebote (§ 42 Abs. 1 VwGO). Diese Rechtsbehelfe haben aufschiebende Wirkung (§ 80 Abs. 1 VwGO). Doch kann die Aufsichtsbehörde die **sofortige Vollziehung** anordnen (§ 80 Abs. 2 Nr. 4 VwGO).[52] In dem Fall kann der AG versuchen, die **aufschiebende Wirkung wiederherzustellen** (§ 80 Abs. 4, 5 VwGO). 30

Der **BR** kann gegen behördliche Anordnungen und Maßnahmen nicht verwaltungsrechtlich vorgehen. Denn er wird dadurch **nicht in seinen eigenen Rechten** verletzt.[53]

Sechster Abschnitt: Sonderregelungen

§ 18 Nichtanwendung des Gesetzes

(1) Dieses Gesetz ist nicht anzuwenden auf
1. leitende Angestellte im Sinne des § 5 Absatz 3 des Betriebsverfassungsgesetzes sowie Chefärzte,
2. Leiter von öffentlichen Dienststellen und deren Vertreter sowie Arbeitnehmer im öffentlichen Dienst, die zu selbständigen Entscheidungen in Personalangelegenheiten befugt sind,

---

47 *Neumann/Biebl*, § 17 Rn 6.
48 BayObLG 11.10.1968 – BWReg 4 b St 14/68 – GewArch 1969, 41; ErfK/*Wank*, § 17 ArbZG Rn 7.
49 Vgl. BVerfG 22.10.1980 – 2 BvR 1172, 1238/79 – BVerfGE 55, 144, 151; VGH Baden-Württemberg 13.6.2006 – 6 S 517/06 – BeckRS 2006, 23998; VGH München 14.3.2008–22 CS 07.2968 – GewArch 2008, 371; *Baeck/Deutsch*, § 17 Rn 39 m.w.N.
50 Dazu *Anzinger/Koberski*, § 17 Rn 34; *Baeck/Deutsch*, § 17 Rn 40.
51 Zum Folgenden *Baeck/Deutsch*, § 17 Rn 36.
52 Vgl. die Fallgestaltungen in VGH Baden-Württemberg 13.6.2006 – 6 S 517/06 – BeckRS 2006, 23998; VGH München 14.3.2008 – 22 CS 07.2968 – GewArch 2008, 371.
53 BVerwG 9.7.1992 – 7 C 32/91 – BVerwGE 90, 304, 306; *Anzinger/Koberski*, § 17 Rn 35.

3. Arbeitnehmer, die in häuslicher Gemeinschaft mit den ihnen anvertrauten Personen zusammenleben und sie eigenverantwortlich erziehen, pflegen oder betreuen,
4. den liturgischen Bereich der Kirchen und der Religionsgemeinschaften.

(2) Für die Beschäftigung von Personen unter 18 Jahren gilt anstelle dieses Gesetzes das Jugendarbeitsschutzgesetz.

(3) Für die Beschäftigung von Arbeitnehmern auf Kauffahrteischiffen als Besatzungsmitglieder im Sinne des § 3 des Seemannsgesetzes gilt anstelle dieses Gesetzes das Seemannsgesetz.

(4) (aufgehoben)

A. Allgemeines 1	4. Arbeitnehmer in häuslicher Gemeinschaft (Nr. 3) 7
B. Regelungsgehalt 3	5. Liturgischer Bereich von Kirchen und Religionsgemeinschaften (Nr. 4) 9
I. Nichtanwendung auf bestimmte Personengruppen (Abs. 1) 3	II. Jugendliche unter 18 Jahren (Abs. 2) 10
1. Leitende Angestellte im Sinne des § 5 Abs. 3 Nr. 1 BetrVG 3	III. Arbeitnehmer auf Kauffahrteischiffen als Besatzungsmitglieder (Abs. 3) 11
2. Chefärzte (noch Nr. 1) 5	
3. Dienststellenleiter, deren Vertreter und leitende Arbeitnehmer im öffentlichen Dienst (Nr. 2) .. 6	

A. Allgemeines

1 Das ArbZG gilt grds. für alle AN in allen Beschäftigungsbereichen. Allerdings nimmt § 18 bestimmte **AN-Gruppen** und bestimmte **Beschäftigungsbereiche** vom Geltungsbereich des ArbZG aus. Dadurch wird den **Besonderheiten bei der Arbeitszeit** für diese AN-Gruppen und Beschäftigungsbereiche Rechnung getragen.[1]

2 Die Nichtanwendung des ArbZG für die in § 18 genannten AN-Gruppen und Beschäftigungsbereiche ist **EU-rechtlich unproblematisch**.[2] Auch die Arbeitszeit-RL 2003/88/EG sieht in Art. 17 Abs. 1 vor, dass die Mitgliedstaaten insofern abweichende Regelungen treffen können.

B. Regelungsgehalt

I. Nichtanwendung auf bestimmte Personengruppen (Abs. 1)

3 **1. Leitende Angestellte im Sinne des § 5 Abs. 3 Nr. 1 BetrVG.** Das ArbZG gilt nicht für leitende Ang i.S.d. § 5 Abs. 3 BetrVG. Diese nehmen AG-Funktionen wahr, daher passen die Schutzvorschriften des ArbZG nicht. Mit leitenden Ang nicht zu verwechseln sind **außertarifliche Ang**; diese unterfallen wie alle anderen AN dem ArbZG. Ob diese pauschale Zuordnung der außertariflichen Ang sinnvoll und handhabbar ist, lässt sich allerdings bezweifeln.

4 Leitende Ang sind AN, die
– zur selbständigen Einstellung und Entlassung berechtigt sind oder
– Generalvollmacht oder Prokura haben, die auch im Verhältnis zum AG nicht unbedeutend ist, oder
– regelmäßig sonstige Arbeiten wahrnehmen, die für den Bestand und die Entwicklung des Unternehmens oder Betriebs von Bedeutung sind, deren Erfüllung besondere Erfahrungen und Kenntnisse voraussetzt, und die im Wesentlichen weisungsfreie Entscheidungen treffen oder sie maßgeblich beeinflussen.

Wegen der Einzelheiten wird auf die Kommentierung zu § 5 Abs. 3 BetrVG (siehe § 5 BetrVG Rn 46 ff.) verwiesen.

5 **2. Chefärzte (noch Nr. 1).** Auch Chefärzte wurden aus dem Anwendungsbereich des ArbZG herausgenommen. Eine Definition von „Chefarzt" enthält weder das ArbZG noch ein anderes Gesetz. Allg. wird darunter der ärztliche Leiter eines Krankenhauses oder einer Krankenhausabteilung verstanden, der die ärztliche Gesamtverantwortung für seine Patienten trägt und Vorgesetzter der AN seiner Abteilung ist.[3]

Alle anderen Ärzte sind keine Chefärzte, also auch nicht Oberärzte, Assistenzärzte, Ärzte im Praktikum oder Werksärzte.[4]

6 **3. Dienststellenleiter, deren Vertreter und leitende Arbeitnehmer im öffentlichen Dienst (Nr. 2).** Auch auf Dienststellenleiter, deren Vertreter sowie AN im öffentlichen Dienst, die zu selbstständigen Entscheidungen in Personalangelegenheiten befugt sind, ist das ArbZG nicht anwendbar. Wer Dienststellenleiter und dessen Vertreter ist,

---

[1] Vgl. BT-Drucks 12/5888, S. 32.
[2] *Baeck/Deutsch*, § 18 Rn 12; *Neumann/Biebl*, § 18 Rn 1.
[3] *Anzinger/Koberski*, § 18 Rn 11; *Schliemann*, ArbZG, § 18 Rn 18 f.
[4] *Anzinger/Koberski*, § 18 Rn 12.

ergibt sich aus § 7 BPersVG.[5] AN mit selbstständiger Entscheidungsbefugnis in Personalangelegenheiten sind regelmäßig nur die Leiter der Personalstellen.[6]

4. Arbeitnehmer in häuslicher Gemeinschaft (Nr. 3). Vom Anwendungsbereich des ArbZG ausgenommen sind auch AN, die in häuslicher Gemeinschaft mit denen ihnen anvertrauten Personen zusammenleben und sie eigenverantwortlich erziehen, pflegen oder betreuen. Diese Ausnahme rechtfertigt sich durch die besonderen Arbeitsbedingungen dieser AN, etwa Kinderdorfeltern in SOS-Kinderdörfern, bei denen die Grenzen von Arbeit und Freizeit verschwimmen.[7]

Erforderlich ist, dass die AN mit den ihnen Anvertrauten (Kinder, Senioren, Drogenabhänge etc.) zusammenleben, was bedeutet, dass sie **gemeinsam wohnen und wirtschaften**.[8] Andere AN, welche nicht Mitglieder der häuslichen Gemeinschaft sind, fallen nicht unter die Ausnahme. Deshalb können sich Pflege- und Betreuungsheime, in denen die Betreuer und Betreuten nicht unter einem Dach wohnen, nicht auf Nr. 3 berufen.[9]

5. Liturgischer Bereich von Kirchen und Religionsgemeinschaften (Nr. 4). Diese Ausnahme beruht auf Art. 4 Abs. 2 GG und soll die **ungestörte Religionsausübung** gewährleisten.[10] Sie betrifft deshalb auch nur den **liturgischen Bereich**. Dazu zählen vor allem Gottesdienste, gemeinschaftliches Gebet, Seelsorge.[11] Im Ergebnis kommt es für die Bestimmung des liturgischen Bereichs auf das **Selbstverständnis** der Kirchen und Religionsgemeinschaften an.[12] AN im liturgischen Bereich (etwa Küster, Kantor, Organist) unterliegen also nicht dem ArbZG.[13] Für AN im außerliturgischen Bereich, etwa in kirchlichen Krankenhäusern und Kindergärten, gilt diese Ausnahme aber nicht.

Auf diese Ausnahme können sich nicht nur Kirchen und öffentlich-rechtliche Religionsgemeinschaften berufen, sondern auch private Religionsgemeinschaften. Maßgeblich ist, dass es sich nach geistigem Gehalt und Erscheinungsbild um eine Religionsgemeinschaft handelt.[14]

II. Jugendliche unter 18 Jahren (Abs. 2)

Für Jugendliche unter 18 Jahren ist nicht das ArbZG, sondern das Jugendarbeitsschutzgesetz einschlägig. Für Personen über 18 Jahren gilt, auch wenn sie sich in einem Berufsausbildungsverhältnis befinden, grds. das ArbZG.

III. Arbeitnehmer auf Kauffahrteischiffen als Besatzungsmitglieder (Abs. 3)

Für diese Personengruppe gilt nicht das ArbZG, sondern das Seemannsgesetz. **Nicht-Besatzungsmitglieder**, etwa Verkaufspersonal in Ladengeschäften auf Schiffen, sind von Abs. 3 nicht erfasst.[15] Für sie also gilt das ArbZG.

§ 19 Beschäftigung im öffentlichen Dienst

Bei der Wahrnehmung hoheitlicher Aufgaben im öffentlichen Dienst können, soweit keine tarifvertragliche Regelung besteht, durch die zuständige Dienstbehörde die für Beamte geltenden Bestimmungen über die Arbeitszeit auf die Arbeitnehmer übertragen werden; insoweit finden die §§ 3 bis 13 keine Anwendung.

§ 19 soll der **erleichterten Zusammenarbeit** zwischen AN und Beamten im öffentlichen Dienst dienen.[1] Für die AN gilt nämlich grds. das ArbZG, für Beamte dagegen ausschließlich Beamtenrecht und nicht das ArbZG. Die jeweils zuständige Dienstbehörde kann aber mittels § 19 die für die Beamten geltenden Regelungen auch für die AN verbindlich festlegen und diese so auch aus dem Geltungsbereich des ArbZG herausnehmen.

Diese Möglichkeit besteht indes nur insofern, als der öffentliche Dienst **hoheitliche Aufgaben** wahrnimmt und auch **öffentlich-rechtlich organisiert** ist, also als Gebietskörperschaft, Anstalt, Stiftung oder Körperschaft des öffentlichen Rechts.[2] In dem Fall kann auch auf AN, die selbst keine hoheitlichen Aufgaben erfüllen, § 19 angewendet werden.[3]

Geht es dagegen um die Erfüllung **privater Aufgaben** oder nutzt der öffentliche Dienst eine privatrechtliche Organisationsform (AG, GmbH etc.), ist § 19 nicht einschlägig. In diesen Fällen steht nämlich der öffentliche Dienst **in Wettbewerb mit der Privatwirtschaft** und soll sich mittels § 19 keine Wettbewerbsvorteile verschaffen können.

---

5 Dazu *Schliemann*, ArbZG, § 18 Rn 21 ff.
6 *Anzinger/Koberski*, § 18 Rn 18; *Schliemann*, § 18 Rn 23.
7 Vgl. BT-Drucks 12/6990, S. 44.
8 *Neumann/Biebl*, § 18 Rn 7; *ErfK/Wank*, § 18 ArbZG Rn 5; differenzierend *Baeck/Deutsch*, § 18 Rn 22.
9 *Anzinger/Koberski*, § 18 Rn 21; *Schütt/Schulte*, § 18 Rn 8.
10 BT-Drucks 1/5888, S. 33.
11 *Schliemann*, ArbZG, § 18 Rn 25.
12 *Neumann/Biebl*, § 18 Rn 8.
13 *Anzinger/Koberski*, § 18 Rn 23.
14 *Schliemann*, ArbZG, § 18 Rn 25.
15 *Baeck/Deutsch*, § 18 Rn 31.
1 BT-Drucks 12/5888, S. 33.
2 *Schliemann*, ArbZG, § 19 Rn 2; *Schütt/Schulte* § 19 Rn 3 f.
3 *Baeck/Deutsch*, § 19 Rn 15.

4 Die Anwendung des § 19 setzt allerdings voraus, dass **keine tarifvertragliche Regelung** besteht. Solche tariflichen Regelungen sind etwa in §§ 6 ff. TVöD (früher: §§ 15 bis 17 BAT) enthalten. Deshalb kommt in diesem Bereich eine Übertragung der Arbeitszeitregelung für Beamte nicht in Betracht.[4] Aus dem Grund hat § 19 nur **geringe praktische Bedeutung**.

5 Die **Übertragung** der Arbeitszeit der Beamten auf die übrigen AN ist nicht an eine besondere Form gebunden. Sie kann durch Verwaltungsanordnung, durch einen anderen allg. Übertragungsakt oder auch durch TV erfolgen.[5] Nicht möglich ist eine Übertragung mittels Rechts-VO oder V.A.[6]

6 Die Dienstbehörde kann die Arbeitszeit für Beamte auf **alle AN** oder auf **abgrenzbare Gruppen** von AN übertragen.[7] Dagegen ist eine Übertragung auf einen oder einzelne AN nicht möglich. Die Übertragung bedarf **nicht der Zustimmung des PR**.[8]

7 Im Falle einer Übertragung gelten für die betroffenen AN die entsprechenden beamtenrechtlichen Regelungen des Bundes oder der Länder.[9] Sie ersetzen die **§§ 3 bis 13**. Dagegen sind die **§§ 1, 2, 14 ff.** weiter anzuwenden.[10] Die Dauer der Übertragung richtet sich nach dem zugrunde liegenden Übertragungsakt. Ist dort keine Dauer festgelegt, gilt die Übertragung solange, bis sie durch die zuständige Behörde aufgehoben wird.[11]

§ 20 Beschäftigung in der Luftfahrt

Für die Beschäftigung von Arbeitnehmern als Besatzungsmitglieder von Luftfahrzeugen gelten anstelle der Vorschriften dieses Gesetzes über Arbeits- und Ruhezeiten die Vorschriften über Flug-, Flugdienst- und Ruhezeiten der Zweiten Durchführungsverordnung zur Betriebsordnung für Luftfahrtgerät in der jeweils geltenden Fassung.

1 § 20 soll die Besonderheiten der Arbeitszeit bei der Luftfahrt berücksichtigen. Deshalb sind **Besatzungsmitglieder** von Luftfahrzeugen von den Vorschriften des ArbZG ausgenommen, welche Arbeits- und Ruhezeiten betreffen. Das sind: **§§ 3, 5, 6 Abs. 2, 9 bis 13**.[1] Aber auch **§ 4** gehört dazu.[2] Statt dieser Vorschriften des ArbZG gelten die Vorschriften der genannten Durchführungs-VO.[3] Soweit diese keine Regelung enthält, ist insofern wieder das ArbZG anzuwenden.

2 § 20 gilt nur für Besatzungsmitglieder. Das sind nach **§ 41 LuftBO** der **Luftfahrzeugführer** und die **Flugbesatzung**. Andere AN, etwa das Bodenpersonal, gehören nicht dazu. Auf sie ist das ArbZG in vollem Umfang anzuwenden.[4]

3 In einem neueren Urteil hat das BAG entschieden, dass Transferzeiten nach einer Hotelübernachtung zu einem anderen Flughafen zur Ruhezeit und nicht zur Arbeitszeit eines Besatzungsmitglieds gehören.[5]

§ 21 Beschäftigung in der Binnenschiffahrt

¹Die Vorschriften dieses Gesetzes gelten für die Beschäftigung von Fahrpersonal in der Binnenschiffahrt, soweit die Vorschriften über Ruhezeiten der Binnenschiffsuntersuchungsordnung in der jeweils geltenden Fassung dem nicht entgegenstehen. ²Sie können durch Tarifvertrag der Eigenart der Binnenschiffahrt angepaßt werden.

1 § 21 berücksichtigt Besonderheiten der Arbeitszeit in der Binnenschifffahrt. Zwar gilt das ArbZG grds. auch dort. Es wird aber von den Vorschriften über **Ruhezeiten** der **Binnenschiffsuntersuchungsordnung** verdrängt. Diese Verordnung fasste die früher geltenden Rheinschiffs-Untersuchungsordnung und Binnenschiffsuntersuchungsordnung zusammen (Verordnung über die Schiffsicherheit in die Binnenschifffahrt, 6.12.2008, BGBl I, S. 2450).[1]

---

4 *Neumann/Biebl*, § 19 Rn 5; *ErfK/Wank*, § 19 ArbZG Rn 4; teilweise anders *Baeck/Deutsch*, § 19 Rn 17.
5 *Anzinger/Koberski*, § 19 Rn 25 f.
6 *Baeck/Deutsch*, § 19 Rn 23.
7 *Anzinger/Koberski*, § 1 Rn 14 f.
8 *Anzinger/Koberski*, § 19 Rn 34 f.; *Schliemann*, ArbZG, § 19 Rn 10.
9 Dazu näher *Schliemann*, ArbZG, § 19 Rn 5.
10 *Buschmann/Ulber*, § 19 Rn 4; *Schliemann*, ArbZG, § 19 Rn 8; a.M. VG Potsdam 15.1.1999 – 3 L 1290/97 – NZA-RR 2000, 33.

11 *Anzinger/Koberski*, § 19 Rn 33.
1 *Neumann/Biebl*, § 20 Rn 1.
2 Hess. LAG 21.12.2006 – 5 TaBV 103/06 – Beck RS 2009 56019; *Baeck/Deutsch*, § 20 Rn 7; *Buschmann/Ulber*, § 20 Rn 3.
3 Hierzu *Anzinger/Koberski*, § 20 Rn 3 ff.
4 *Baeck/Deutsch*, § 20 Rn 6.
5 BAG 21.1.2003 – 9 AZR 600/01 – NZA 2003, 930.
1 Vgl. *Anzinger/Koberski*, § 21 Rn 1a.

Weiterhin können die Vorschriften des ArbZG durch **TV** auf die Binnenschifffahrt angepasst werden. Die Abweichungsmöglichkeiten gehen über die in §§ 7 und 12 hinaus.² Allerdings bedarf es eines TV, eine Abweichung durch Betriebs- oder Dienstvereinbarung ist nicht zulässig. 1a

§ 21 betrifft nur das **Fahrpersonal** in der Binnenschifffahrt. Das sind die auf dem Schiff beschäftigten AN.³ Auf AN, die im Hafen, an Werften etc. arbeiten, gilt das ArbZG in vollem Umfang. 2

§ 21a Beschäftigung im Straßentransport

(1) ¹Für die Beschäftigung von Arbeitnehmern als Fahrer oder Beifahrer bei Straßenverkehrstätigkeiten im Sinne der Verordnung (EG) Nr. 561/2006 des Europäischen Parlaments und des Rates vom 15. März 2006 zur Harmonisierung bestimmter Sozialvorschriften im Straßenverkehr und zur Änderung der Verordnungen (EWG) Nr. 3821/85 und (EG) Nr. 2135/98 des Rates sowie zur Aufhebung der Verordnung (EWG) Nr. 3820/85 des Rates (ABl. EG Nr. L 102 S. 1) oder des Europäischen Übereinkommens über die Arbeit des im internationalen Straßenverkehr beschäftigten Fahrpersonals (AETR) vom 1. Juli 1970 (BGBl. II 1974 S. 1473) in ihren jeweiligen Fassungen gelten die Vorschriften dieses Gesetzes, soweit nicht die folgenden Absätze abweichende Regelungen enthalten. ²Die Vorschriften der Verordnung (EG) Nr. 561/2006 und des AETR bleiben unberührt.

(2) Eine Woche im Sinne dieser Vorschriften ist der Zeitraum von Montag 0 Uhr bis Sonntag 24 Uhr.

(3) Abweichend von § 2 Abs. 1 ist keine Arbeitszeit:
1. die Zeit, während derer sich ein Arbeitnehmer am Arbeitsplatz bereithalten muss, um seine Tätigkeit aufzunehmen,
2. die Zeit, während derer sich ein Arbeitnehmer bereithalten muss, um seine Tätigkeit auf Anweisung aufnehmen zu können, ohne sich an seinem Arbeitsplatz aufhalten zu müssen;
3. für Arbeitnehmer, die sich beim Fahren abwechseln, die während der Fahrt neben dem Fahrer oder in einer Schlafkabine verbrachte Zeit.

²Für die Zeiten nach Satz 1 Nr. 1 und 2 gilt dies nur, wenn der Zeitraum und dessen voraussichtliche Dauer im Voraus, spätestens unmittelbar vor Beginn des betreffenden Zeitraums bekannt ist. ³Die in Satz 1 genannten Zeiten sind keine Ruhezeiten. ⁴Die in Satz 1 Nr. 1 und 2 genannten Zeiten sind keine Ruhepausen.

(4) ¹Die Arbeitszeit darf 48 Stunden wöchentlich nicht überschreiten. ²Sie kann auf bis zu 60 Stunden verlängert werden, wenn innerhalb von vier Kalendermonaten oder 16 Wochen im Durchschnitt 48 Stunden wöchentlich nicht überschritten werden.

(5) ¹Die Ruhezeiten bestimmen sich nach den Vorschriften der Europäischen Gemeinschaften für Kraftfahrer und Beifahrer sowie nach dem AETR. ²Dies gilt auch für Auszubildende und Praktikanten.

(6) In einem Tarifvertrag oder auf Grund eines Tarifvertrags in einer Betriebs- oder Dienstvereinbarung kann zugelassen werden,
1. nähere Einzelheiten zu den in Absatz 3 Satz 1 Nr. 1, 2 und Satz 2 genannten Voraussetzungen zu regeln,
2. abweichend von Absatz 4 sowie den §§ 3 und 6 Abs. 2 die Arbeitszeit festzulegen, wenn objektive, technische oder arbeitszeitorganisatorische Gründe vorliegen. Dabei darf die Arbeitszeit 48 Stunden wöchentlich im Durchschnitt von sechs Kalendermonaten nicht überschreiten.

²§ 7 Abs. 1 Nr. 2 und Abs. 2a gilt nicht. ³§ 7 Abs. 3 gilt entsprechend.

(7) ¹Der Arbeitgeber ist verpflichtet, die Arbeitszeit der Arbeitnehmer aufzuzeichnen. ²Die Aufzeichnungen sind mindestens zwei Jahre aufzubewahren. ³Der Arbeitgeber hat dem Arbeitnehmer auf Verlangen eine Kopie der Aufzeichnungen seiner Arbeitszeit auszuhändigen.

(8) ¹Zur Berechnung der Arbeitszeit fordert der Arbeitgeber den Arbeitnehmer schriftlich auf, ihm eine Aufstellung der bei einem anderen Arbeitgeber geleisteten Arbeitszeit vorzulegen. ²Der Arbeitnehmer legt diese Angaben schriftlich vor.

Literatur: *Buschmann*, Lebenslügen im Arbeitszeitrecht, AuR 2006, 417; *Didier*, Arbeitszeit im Straßentransport, NZA 2007, 120

---

2 *Buschmann/Ulber*, § 21 Rn 2; *Schliemann*, ArbZG, § 21 Rn 5; a.M. ErfK/*Wank*, § 21 ArbZG Rn 1.

3 *Baeck/Deutsch*, § 21 Rn 8.

A. Allgemeines	1	VI.	Abweichungen durch Tarifvertrag oder aufgrund Tarifvertrages in Betriebs- oder Verdienstvereinbarung (Abs. 6)	10
B. Regelungsgehalt	3			
I. Anwendungsbereich (Abs. 1)	3			
II. Definition „Woche" (Abs. 2)	4	VII.	Aufzeichnungspflichten (Abs. 7)	12
III. Abweichender Arbeitszeitbegriff (Abs. 3)	5	VIII.	Vorlagepflichten bei Zeitarbeitsverhältnis (Abs. 8)	14
IV. Höchstdauer der Arbeitszeit (Abs. 4)	7	C. Verbindung zu anderen Rechtsgebieten und zum Prozessrecht		15
V. Ruhezeiten (Abs. 5)	9			

A. Allgemeines

1 Mit § 21a ArbZG hat der Gesetzgeber die Europäische RL 2002/15/EG zur Regelung der Arbeitszeit von Fahrpersonal im Straßenverkehr umgesetzt. Die Bestimmung wurde mit Wirkung zum 1.9.2006 und in der derzeitigen Fassung mit Wirkung zum 11.4.2007 in das ArbZG eingefügt.[1] Vorher galten überwiegend die Arbeitszeitvorschriften des Bundes-MTV für den gewerblichen Güter- und Möbelfernverkehr für Fahrpersonal, und zwar über die Übergangsvorschrift des § 25. Aufgrund dessen bestand die monatliche Höchstarbeitsgrenze bei 244 Stunden.

2 Im Wesentlichen ist § 21a einschlägig für Fahrer und Beifahrer von Fahrzeugen zur Güterbeförderung mit Fahrzeugen **von mehr als 3,5 t zulässigem Gesamtgewicht** und für die Personenbeförderung durch **Busse mit mehr als acht Fahrgastplätzen**.[2] Für die Personenbeförderung im Linienverkehr im Umkreis von 50 km und die Beförderung mit besonderen Fahrzeugen gilt § 21a aber nicht. Die Arbeitszeiten der AN im Straßenverkehr, die nicht unter § 21a fallen, richten sich nach den übrigen Regelungen des ArbZG.

Der Zweck des § 21a besteht im Wesentlichen darin, für die Fahrer und Beifahrer (siehe Rn 1) die Regelung über Arbeitszeiten zusammenzufassen und europarechtlichen Vorgaben anzupassen.[3] Ob das gut gelungen ist, darf schon wegen der komplizierten Formulierungen in § 21a und den daneben weiterhin anzuwendenden europarechtlichen Normen durchaus bezweifelt werden. Inhaltlich dient § 21a der Sicherheit des Straßenverkehrs, dem Gesundheitsschutz des Fahrpersonals und der Vermeidung von Wettbewerbsverzerrungen.[4]

B. Regelungsgehalt

I. Anwendungsbereich (Abs. 1)

3 Abs. 1 bestimmt den Anwendungsbereich des § 21a. Er gilt für Arbeitnehmer, die als Fahrer oder Beifahrer beschäftigt sind, sofern es sich um Straßenverkehrstätigkeiten im Sinne der VO (EWG) Nr. 3820/85 oder das AETR handelt (siehe Rn 2). Danach ist für diese AN das ArbZG und insbesondere § 21a einschlägig, der den übrigen Vorschriften des ArbZG als lex specialis vorgeht.

Für die betreffenden AN gelten neben § 21a die VO (EWG) Nr. 3820/85 und das AETR. Das wird in Abs. 1 S. 2 so ausgedrückt, dass deren Vorschriften durch § 21a nicht berührt werden. In erster Linie geht es dort um Lenkzeitrecht, welches durch den nationalen Gesetzgeber nicht verschlechtert werden darf.[5]

Die Regelungen der VO (EWG) Nr. 3820/85 und das AETR werden in Deutschland durch das Fahrpersonalgesetz und die Fahrpersonalverordnung flankiert. Auch diese Regelungen gehen dem ArbZG und § 21a vor.[6]

II. Definition „Woche" (Abs. 2)

4 § 21a definiert die Woche als den Zeitraum von Montag 0:00 Uhr bis Sonntag 24:00 Uhr. Dies entspricht Art. 4 i der VO (EG) Nr. 561/2006. Maßgeblich ist also die Kalenderwoche. Ansonsten wird im ArbZG unter „Woche" ein Zeitraum von sieben Tagen verstanden, der an jedem Tag der Woche beginnen und enden kann (vgl. § 3 Rn 14).[7] Die abweichende Definition ist vor allem wichtig für die Überschreitung der Höchstgrenzen der täglichen Lenkzeit, die höchstens zweimal in der Woche vorkommen darf (Art. 6 Abs. 1 der VO (EG) Nr. 561/2006).

III. Abweichender Arbeitszeitbegriff (Abs. 3)

5 Abs. 3 definiert Zeiten, die abweichend zu § 2 Abs. 1 keine Arbeitszeiten sind. Dabei ist zunächst zu konstatieren, dass auch im Straßentransport der Arbeitszeitbegriff des § 2 Abs. 1 maßgeblich ist. Allerdings sind dabei die Abweichungen des Abs. 3 zu berücksichtigen, welche den besonderen Bedürfnissen des Straßentransports Rechnung tragen. Im Wesentlichen nimmt Abs. 3 Zeiten heraus, die bei Anwendung des § 2 als Arbeitsbereitschaft oder Bereitschaftsdienst Arbeitszeit wären.

Im Straßentransport zählen nach Abs. 3 demnach nicht zur Arbeitszeit: Zeiten, zu denen sich der AN am Arbeitsplatz (Nr. 1) oder an einem anderen Ort (Nr. 2) bereithalten muss, um seine Arbeit aufzunehmen. Das Hauptbeispiel für

---

1 *Buschmann/Ulber*, ArbZG, § 21a Rn 1.
2 *Didier*, NZA 2007, 120, 121.
3 *Schliemann*, ArbZG, § 21a Rn 4.
4 *Anzinger/Koberski*, § 21a Rn 4.
5 *Buschmann/Ulber*, ArbZG, § 21a Rn 6; ähnlich *Schliemann*, ArbZG, § 21a Rn 18.
6 *Schliemann*, ArbZG, § 21a Rn 17.
7 Vgl. auch *Schliemann*, ArbZG, § 21a Rn 20.

Nr. 1 dürfte das Beladen und Entladen sein, auf das Fahrer und Beifahrer warten müssen. Anderes gilt allerdings, wenn sie das Be- oder Entladen überwachen müssen.[8] Beispiele für Nr. 2 sind das Abwarten während langer Grenzabfertigungen oder das Begleiten des Fahrzeugs bei Schiffstransporten.[9]

Voraussetzung dafür, dass diese Zeiten nicht zur Arbeitszeit zählen, ist allerdings, dass dem AN der Zeitraum und die Dauer des Bereithaltens vorher – spätestens unmittelbar vor Beginn des Zeitraums – bekannt sind (Abs. 3 S. 2). Das setzt nicht voraus, dass der AG jedes Mal Zeitraum und Dauer des Bereithaltens ankündigen müsste. Es reicht aus, dass der AN die voraussichtliche Dauer kennt, etwa aufgrund allgemeiner Erfahrungswerte oder durch Nachfrage bei den Lagerarbeitern.[10] Zu große Anforderungen sind an dieses Tatbestandsmerkmal jedenfalls nicht zu stellen, sonst liefe Abs. 3 ins Leere.[11] Vor diesem Hintergrund ist es kritisch, wenn darüber hinaus gefordert wird, dass der AN über die Zeiten auch frei verfügen kann.[12] Das lässt sich dem Gesetz nicht entnehmen.

Das ArbZG enthält ebenso wenig wie die europarechtlichen Vorgaben eine Mindestdauer für die Bereithaltezeit gem. Abs. 3 Nr. 1 und 2. Deshalb können auch ganz kurze Zeiten zu berücksichtigen und von der Arbeitszeit abzuziehen sein.[13]

Die Bereithaltezeiten gem. Nr. 1 und 2 sind allerdings nicht als Ruhezeiten oder Ruhepausen zu werten, das legt Abs. 3 S. 3 ausdrücklich fest. Soll das anders sein, dann muss sichergestellt sein, dass sich der AN in dieser Zeit nicht bereithalten muss.[14]

Abs. 3 enthält noch eine dritte Abweichung: Wechseln sich Fahrer ab, so sind die Zeiten als Beifahrer oder die Zeiten in der Schlafkabine keine Arbeitszeiten (Nr. 3). Der Zeitraum und die Dauer dieser Ausnahme müssen nicht vorher bekannt sein, insofern verweist Abs. 3 S. 2 nicht auf Nr. 3. Diese Zeiten als Beifahrer sind ebenfalls keine Ruhezeiten, können aber Ruhepausen sein.

Ob diese abweichenden Arbeitszeiten in Abs. 3 in Gänze europarechtskonform sind, wird bezweifelt. Insofern wird ein Verstoß gegen Art. 3 der RL 2002/15/EG geltend gemacht.[15]

IV. Höchstdauer der Arbeitszeit (Abs. 4)

Abs. 4 legt die wöchentliche Höchstarbeitszeit auf 48 Stunden fest. Allerdings können diese 48 Stunden auf 60 Stunden verlängert werden, wenn innerhalb des in Abs. 4 genannten Zeitraums Ausgleich geschaffen wird. Das bedeutet: Die monatliche Höchstarbeitzeit beträgt 260 Stunden im Monat. Unter Berücksichtigung des Ausgleichszeitraums reduziert sich diese Zeit allerdings auf 208 Stunden monatlich.[16] Der Ausgleichszeitraum selbst ist kürzer als der in § 3, er beträgt vier Kalendermonate oder 16 Kalenderwochen (statt sechs Kalendermonate oder 24 Wochen). Abgesehen von dieser Abweichung gelten in vollem Umfang die Ausführungen zum Ausgleich in § 3 (vgl. § 3 Rn 13 ff.).

Zu beachten ist ferner Art. 6 der VO (EG) Nr. 561/2006. Danach darf die tägliche **Lenkzeit** neun Stunden, die wöchentliche Lenkzeit 56 Stunden und die Gesamtlenkzeit innerhalb von zwei zusammenhängenden Wochen 90 Stunden nicht überschreiten. Es müssen also Arbeits– und Lenkzeiten unterschieden werden.[17]

V. Ruhezeiten (Abs. 5)

Abs. 5 nimmt für die Bestimmung der Ruhezeiten auf die VO (EG) Nr. 561/2006, die RL 2002/15/EG und das AETR Bezug. Das gilt auch für Auszubildende und Praktikanten. Wegen der Einzelheiten wird insbesondere auf Art. 8 und Art. 4 g und h der VO (EG) Nr. 561/2006 verwiesen.

VI. Abweichungen durch Tarifvertrag oder aufgrund Tarifvertrages in Betriebs- oder Verdienstvereinbarung (Abs. 6)

Abs. 6 lässt Abweichungen in einem TV oder aufgrund eines TV zu. Dort können Einzelheiten zu der abweichenden Bestimmung der Arbeitszeit gem. Abs. 3 Nr. 1 und 2 (des Bereithaltens) geregelt werden.

Ferner dürfen die Höchstarbeitszeiten des Abs. 4 und der §§ 3, 6 Abs. 2 ArbZG abweichend festgelegt werden, sofern objektive, technische oder arbeitszeitbezogene Gründe vorliegen. Allerdings darf die Arbeitszeit von 48 Stunden wöchentlich im Durchschnitt innerhalb von sechs Kalendermonaten nicht überschritten werden.

Für nicht tarifgebundene Arbeitgeber erlaubt Abs. 6 S. 3 entsprechende betriebliche Regelungen nach Maßgabe von § 7 Abs. 3. Ob diese Bezugnahme auf § 7 Abs. 3 europarechtlich zulässig ist, wird bezweifelt.[18]

---

8 *Didier*, NZA 2007, 120, 122.
9 *Didier*, NZA 2007, 120, 122.
10 *Schliemann*, ArbZG, § 21a Rn 28.
11 *Didier*, NZA 2007, 120, 122.
12 So aber *Anzinger/Koberski*, § 21a Rn 12; *Buschmann/Ulber*, § 21a Rn 16. Im Widerspruch dazu werden in beiden Kommentaren die entsprechenden Zeiten nicht als Ruhezeit oder Ruhepause anerkannt, vgl. *Anzinger/Koberski*, § 21a Rn 13; *Buschmann/Ulber*, § 21a Rn 17 f.
13 *Didier*, NZA 2007, 120, 122; *Schliemann*, ArbZG, § 21a Rn 29.
14 HWK/*Gäntgen*, § 21a ArbZG Rn 5.
15 *Buschmann/Ulber*, ArbZG, § 21a Rn 13; *Buschmann*, AuR 2006, 418.
16 *Didier*, NZA 2007, 120.
17 Dazu auch *Buschmann/Ulber*, ArbZG, § 21a Rn 19 f.; *Didier*, NZA 2007, 120, 123.
18 *Schliemann*, ArbZG, § 21a Rn 38.

VII. Aufzeichnungspflichten (Abs. 7)

12 Abs. 7 legt Aufzeichnungspflichten des AG fest. Danach muss, abweichend von § 16 Abs. 2, die **gesamte Arbeitszeit** dokumentiert werden, nicht nur diejenige, die über acht Stunden hinausgeht. Die Aufzeichnung unterliegt nicht der Schriftform im Sinne des § 126 BGB. Aus der Formulierung „Buch geführt" wird allerdings ersichtlich, dass die Aufzeichnungspflicht auf irgend eine Art niedergelegt werden muss. Das kann auch durch Schaublätter und digitale Fahrdaten durchgeführt werden.[19] Der AG kann die Aufzeichnungspflicht auch auf die Arbeitnehmer delegieren.[20]

13 Zu oder bis zu welchen Zeiten die Aufzeichnungen erfolgen müssen, ist nicht geregelt. Ursprünglich war eine Zeitspanne von zwei Wochen vorgesehen, das ist aber nicht in das Gesetz übernommen worden. Die Aufzeichnungen müssen zwei Jahre aufbewahrt werden, auf Verlangen sind dem AN Kopien auszuhändigen.

VIII. Vorlagepflichten bei Zeitarbeitsverhältnis (Abs. 8)

14 Abs. 8 **verpflichtet** den AG dazu, sich vom AN die Arbeitszeiten vorlegen zu lassen, die dieser bei einem anderen AG geleistet hat. Dabei geht es nicht nur um Arbeitszeiten im Straßentransport, sondern um alle Arbeitszeiten.[21] Zweck dessen ist es, die Einhaltung der Höchstarbeitszeit und der anderen Vorschriften des ArbZG zu gewährleisten.

Abs. 8 enthält ein **Schriftformerfordernis** und zwar sowohl für den AG (schriftlich aufzufordern) als auch für den AN (Aufstellung der Arbeitszeiten schriftlich zu erstellen).

C. Verbindung zu anderen Rechtsgebieten und zum Prozessrecht

15 Der Verstoß gegen Abs. 4 und 7 ist bußgeldbewehrt (vgl. § 22 Abs. 1 Nr. 1 und 9). Unter den Voraussetzungen des § 22 ist ein Verstoß gegen Abs. 4 auch strafbar.

16 Die VO (EG) Nr. 561/2006 schreibt für alle ab dem 1.5.2006 zugelassenen Fahrzeuge digitale Tachografen vor. Zu deren Betrieb ist auch eine Fahrerkarte (Chipkarte) erforderlich. Die Chipkarte wird vom Kraftfahrtbundesamt gegen eine Gebühr erstellt; sie ist dann Eigentum des Fahrers. Diese Fahrerkarte ist nicht vom AG zu beschaffen; er hat auch nicht die Kosten zu tragen, es sei denn, er hat dies zugesagt.[22]

Siebter Abschnitt: Straf- und Bußgeldvorschriften

§ 22 Bußgeldvorschriften

(1) Ordnungswidrig handelt, wer als Arbeitgeber vorsätzlich oder fahrlässig

1. entgegen §§ 3, 6 Abs. 2 oder § 21a Abs. 4, jeweils auch in Verbindung mit § 11 Abs. 2, einen Arbeitnehmer über die Grenzen der Arbeitszeit hinaus beschäftigt,
2. entgegen § 4 Ruhepausen nicht, nicht mit der vorgeschriebenen Mindestdauer oder nicht rechtzeitig gewährt,
3. entgegen § 5 Abs. 1 die Mindestruhezeit nicht gewährt oder entgegen § 5 Abs. 2 die Verkürzung der Ruhezeit durch Verlängerung einer anderen Ruhezeit nicht oder nicht rechtzeitig ausgleicht,
4. einer Rechtsverordnung nach § 8 Satz 1, § 13 Abs. 1 oder 2 oder § 24 zuwiderhandelt, soweit sie für einen bestimmten Tatbestand auf diese Bußgeldvorschrift verweist,
5. entgegen § 9 Abs. 1 einen Arbeitnehmer an Sonn- oder Feiertagen beschäftigt,
6. entgegen § 11 Abs. 1 einen Arbeitnehmer an allen Sonntagen beschäftigt oder entgegen § 11 Abs. 3 einen Ersatzruhetag nicht oder nicht rechtzeitig gewährt,
7. einer vollziehbaren Anordnung nach § 13 Abs. 3 Nummer 2 zuwiderhandelt,
8. entgegen § 16 Abs. 1 die dort bezeichnete Auslage oder den dort bezeichneten Aushang nicht vornimmt,
9. entgegen § 16 Abs. 2 oder § 21a Abs. 7 Aufzeichnungen nicht oder nicht richtig erstellt oder nicht für die vorgeschriebene Dauer aufbewahrt oder
10. entgegen § 17 Abs. 4 eine Auskunft nicht, nicht richtig oder nicht vollständig erteilt, Unterlagen nicht oder nicht vollständig vorlegt oder nicht einsendet oder entgegen § 17 Abs. 5 Satz 2 eine Maßnahme nicht gestattet.

---

19 *Didier*, NZA 2007, 120, 123.
20 So auch die Begründung des Gesetzesentwurfs, BT-Drucks 16/1685, S. 18.
21 *Buschmann/Ulber*, § 21a Rn 41.
22 BAG 16.10.2007 – 9 AZR 170/07 – DB 2008, 933; a.M. *Buschmann/Ulber*, § 21a Rn 35.

(2) Die Ordnungswidrigkeit kann in den Fällen des Absatzes 1 Nr. 1 bis 7, 9 und 10 mit einer Geldbuße bis zu fünfzehntausend Euro, in den Fällen des Absatzes 1 Nr. 8 mit einer Geldbuße bis zu zweitausendfünfhundert Euro geahndet werden.

Literatur: *Ignor/Rixen*, Handbuch des Arbeitsstrafrechts, 2. Aufl. 2008

A. Allgemeines 1	4. Verschulden 10
B. Regelungsgehalt 3	5. Verjährung 12
I. Ordnungswidrigkeit (Abs. 1) 3	II. Geldbuße (Abs. 2) 13
1. Täter 3	C. Verbindung zu anderen Rechtsgebieten und zum
2. Tatbestand 7	Prozessrecht 16
3. Rechtswidrigkeit 8	

A. Allgemeines

§ 22 qualifiziert bestimmte Verstöße gegen das ArbZG als OWi. Diese Verstöße sind **abschließend aufgezählt**, sie können nicht durch Analogie erweitert werden. Aufgrund § 22 können die genannten Verstöße **nachträglich mit einer Geldbuße geahndet** und so der AG zu rechtstreuem Handeln angehalten werden. **1**

Ein Bußgeld kann grds. nur gegen den AG verhängt werden.[1] Üben AN allerdings als Stellvertreter gewisse AG-Funktionen aus, so kann dies auch zu einer bußgeldrechtlichen Verantwortung führen (siehe Rn 4). Dies gilt allerdings nicht, wenn der AG Aufzeichnungspflichten gem. § 16 auf den AN übertragen hat (siehe § 16 Rn 9) oder wenn AN Arbeitszeitverstöße in der Vertrauensarbeitszeit (siehe § 16 Rn 11) begehen.[2] **2**

B. Regelungsgehalt

I. Ordnungswidrigkeit (Abs. 1)

1. Täter. Als Täter kommt grds. nur der AG in Betracht. Das kann eine **natürliche Person, eine rechtsfähige Personengesellschaft oder eine juristische Person** sein. Geht es um eine rechtsfähige Personengesellschaft oder eine juristische Person, so ist **§ 9 Abs. 1 OWiG** zu beachten. Täter ist dann ein vertretungsberechtigter Gesellschafter oder das vertretungsberechtigte Organ oder das Mitglied eines vertretungsberechtigten Organs. **3**

Weiterhin kann auch ein Vertreter des AG eine OWi begehen. Dies legt § 9 Abs. 2 OWiG fest. Voraussetzung für eine solche Haftung ist, **4**

– dass ein AN mit der **(Teil-)Leitung des Betriebs** beauftragt ist, wobei **konkludente** Beauftragung ausreicht, oder
– dass ein AN **ausdrücklich** beauftragt ist, **AG-Aufgaben** wahrzunehmen, wobei die Beauftragung schriftlich oder mündlich erfolgen kann.

Letzteres kommt schon bei der ausdrücklichen Beauftragung mit der **Vorgesetztenrolle** in Betracht, soweit sie sich auch auf die **Arbeitszeit** der AN erstreckt.[3] Dabei ist nicht erforderlich, dass der Vorgesetzte leitender Ang ist. In der Praxis kommt es durchaus vor, dass gegen solche Vorgesetzten ein Bußgeld wegen Arbeitszeitverstößen verhängt wird.[4] **5**

Hat der AG Aufgaben mit arbeitszeitrechtlichem Bezug auf vorgesetzte Mitarbeiter delegiert, ist er zur **Aufsicht** des Vertreters verpflichtet. Übt er diese nicht aus, kann er neben dem Vertreter selbst eine OWi gem. **§ 130 OWiG** begehen. Denn: Begehen mehrere Täter eine Ordnungswidrigkeit, so kann jeder von ihnen belangt werden (§ 14 OWiG). **6**

2. Tatbestand. Es muss ein Verstoß gegen eine Vorschrift des ArbZG vorliegen, die in Abs. 1 Nr. 1 bis 10 ausdrücklich genannt ist. Der objektive Tatbestand kann durch aktives Tun, aber auch durch ein Unterlassen erfüllt werden. Bei Letzterem ist aber eine Garantenpflicht, also eine Pflicht zum Handeln, erforderlich. Den AG, der verantwortlich für die Einhaltung des ArbZG ist, wird regelmäßig eine Garantenpflicht treffen.[5] **7**

3. Rechtswidrigkeit. Der Verstoß muss rechtswidrig sein. Dies ist regelmäßig der Fall, es sei denn, es liegt ein Rechtfertigungsgrund vor. Rechtfertigungsgründe sind **Notwehr** (§ 15 OWiG) oder **rechtfertigender Notstand** (§ 16 OWiG). Bei Arbeitszeitverstößen lassen sich allerdings kaum Fälle von Notwehr oder Notstand vorstellen. **8**

---

1 ErfK/*Wank*, § 22 ArbZG Rn 1.
2 *Buschmann/Ulber*, § 22 Rn 3.
3 Vgl. *Baeck/Deutsch*, § 22 Rn 13; *Neumann/Biebl*, § 22 Rn 6.
4 *Schlottfeldt*, in: Igor/Rixen, Handbuch Arbeitsstrafrecht, § 9 Rn 70 Fn 153.
5 *Buschmann/Ulber*, § 22 Rn 2.

9 Umstr. ist, ob ein **Notfall** i.S.d. § 14 als Rechtfertigungsgrund einzustufen ist oder ob bereits kein Verstoß vorliegt.[6] Unabhängig von diesem dogmatischen Streit wird der AG nicht nach § 22 belangt. Aber an das Vorliegen eines solchen Notfalls sind eher hohe Anforderungen zu stellen.

Die **Einwilligung** des von dem Arbeitszeitverstoß betroffenen AN stellt keinen Rechtfertigungsgrund dar.[7] Die Vorschriften des ArbZG sind nicht disponibel.

10 **4. Verschulden.** Der Verstoß muss auf Vorsatz oder Fahrlässigkeit beruhen. **Vorsatz** heißt, dass der Verstoß bewusst und gewollt erfolgt. Bedingter Vorsatz – der Verstoß wird billigend in Kauf genommen – reicht aus. **Fahrlässigkeit** heißt, der Verstoß beruht darauf, dass der Täter die nach den Umständen erforderliche und ihm mögliche Sorgfalt außer Acht lässt.[8]

11 Ein **Verbotsirrtum** (§ 11 Abs. 2 OWiG) schließt in aller Regel das Verschulden nicht aus. Ein solcher Verbotsirrtum müsste nämlich **unvermeidbar** sein. Es lassen sich aber kaum Fälle vorstellen, wo das bejaht werden könnte. Der AG hat sich nämlich von sich aus Kenntnis über das ArbZG zu verschaffen und diese Kenntnisse auch aktuell zu halten.[9] Bei Zweifeln hat er sich unverzüglich mit der Aufsichtsbehörde in Verbindung zu setzen.[10]

12 **5. Verjährung.** OWi i.S.d. § 22 verjähren in **zwei Jahren** (§ 31 Abs. 2 Nr. 2 OWiG).

II. Geldbuße (Abs. 2)

13 Bei Verstößen gem. Abs. 1 Nr. 1 bis 7, 9 und 10 kann die Behörde ein Bußgeld von bis zu **15.000 EUR** verhängen. Ein Verstoß gem. Abs. 1 Nr. 8 kann mit einer Geldbuße von bis zu **2.500 EUR** geahndet werden. Diese Abstufung beruht darauf, dass es sich bei **Abs. 1 Nr. 8** um einen bloß formalen Verstoß über die Aushangs- bzw. Auslegeverpflichtung handelt, der weniger schwer erscheint.

14 Die Höchstsumme wird regelmäßig nur bei **vorsätzlichen Verstößen** in Betracht kommen. Bei fahrlässiger Begehungsweise ermäßigt sich die Höchstsumme um die Hälfte, also auf **7.500 EUR** und **1.250 EUR**. Dies ergibt sich aus § 17 Abs. 2 OWiG.

15 Übersteigt der wirtschaftliche Vorteil, den der AG aus den Verstößen gezogen hat, den Rahmen des Abs. 2, kann das Bußgeld ebenfalls höher sein. Dies ist in § 17 Abs. 4 S. 2 OWiG festgelegt.

Ist gegen den Vertreter einer juristischen Person ein Bußgeld verhängt worden, so kann auch diese selber mit einem Bußgeld belangt werden (**§ 30 OWiG**).

C. Verbindung zu anderen Rechtsgebieten und zum Prozessrecht

16 Verfolgungsbehörde ist grds. die **Aufsichtsbehörde** gem. § 17.[11] Deren Aufgaben sind also nicht nur präventiv, sondern auch **repressiv**. Stellt sich allerdings im Laufe der Ermittlungen heraus, dass das Vorliegen einer Straftat i.S.d. § 22 wahrscheinlich ist, hat die Aufsichtsbehörde die Angelegenheit an die zuständige Staatsanwaltschaft weiterzuleiten.[12]

17 Liegt ein bußgeldbewehrter Verstoß vor, muss die Verfolgungsbehörde nicht zwangsläufig ein Bußgeld erlassen. Vielmehr entscheidet sie darüber nach pflichtgemäßem Ermessen. Es gilt das **Opportunitätsprinzip**.[13] Bei weniger gravierenden Fällen kann die Aufsichtsbehörde auch im Einverständnis mit dem Betroffenen eine gebührenpflichtige Verwarnung erlassen (§ 56 Abs. 2 OWiG).

18 Erlässt die Behörde einen Bußgeldbescheid, kann der AG binnen zwei Wochen Einspruch einlegen (§ 67 OWiG). Legt er keinen ein, wird der Bescheid rechtskräftig. Bei Einspruch überprüft die Aufsichtsbehörde den Bescheid nochmals. Will sie ihn aufrechterhalten, übernimmt die Staatsanwaltschaft die Angelegenheit (§ 67 OWiG).

§ 23 Strafvorschriften

(1) Wer eine der in § 22 Abs. 1 Nr. 1 bis 3, 5 bis 7 bezeichneten Handlungen
1. vorsätzlich begeht und dadurch Gesundheit oder Arbeitskraft eines Arbeitnehmers gefährdet oder
2. beharrlich wiederholt,
wird mit Freiheitsstrafe bis zu einem Jahr oder mit Geldstrafe bestraft.

---

6 Für Ersteres *Schliemann*, ArbZG, § 22 Rn 8; für Zweites *Baeck/Deutsch*, § 22 Rn 6.
7 *Schliemann*, ArbZG, § 22 Rn 8.
8 Dazu näher *Anzinger/Koberski*, § 22 Rn 11.
9 *Neumann/Biebl*, § 22 Rn 3.
10 OLG Düsseldorf 13.4.1992 – 5 Ss (OWi) 06/92 – DB 1992, 2148.
11 *Schliemann*, ArbZG, § 22 Rn 15.
12 *Schliemann*, ArbZG, § 22 Rn 16.
13 *Anzinger/Koberski*, § 22 Rn 21.

(2) Wer in den Fällen des Absatzes 1 Nr. 1 die Gefahr fahrlässig verursacht, wird mit Freiheitsstrafe bis zu sechs Monaten oder mit Geldstrafe bis zu 180 Tagessätzen bestraft.

Literatur: *Ignor/Rixen*, Handbuch Arbeitsstrafrecht, 2. Aufl. 2008

A. Allgemeines 1	3. Fahrlässige Gefährdung von Gesundheit oder Arbeitskraft (Abs. 2) 10
B. Regelungsgehalt 2	III. Rechtswidrigkeit, Verjährung 11
I. Täter 2	IV. Strafmaß 12
II. Tatbestände 3	C. Verbindung zu anderen Rechtsgebieten und zum Prozessrecht 13
1. Vorsätzliche Gefährdung von Gesundheit oder Arbeitskraft (Abs. 1 Nr. 1) 3	
2. Beharrliche Wiederholung (Abs. 1 Nr. 2) 7	

A. Allgemeines

Besonders schwere Verstöße gegen das ArbZG sind strafbar. Damit soll die Bedeutung des Arbeitszeitrechts unterstrichen werden. Dort kann nach Meinung des Gesetzgebers auf die Strafe als Reaktion für besonders schweres Fehlverhalten nicht verzichtet werden.[1] **1**

Gesetzestechnisch ist § 23 so gestaltet, dass zu bestimmten bußgeldbewehrten Verstößen qualifizierende Umstände hinzutreten müssen; dann handelt es sich nicht bloß um eine OWi, sondern um eine Straftat.

B. Regelungsgehalt

I. Täter

Täter einer Straftat nach § 23 kann zwar grds. nur der AG sein.[2] Allerdings kann sich, ähnlich wie bei § 22, auch ein **organschaftlicher oder sonstiger Vertreter** strafbar machen. Für die Strafvorschrift des § 23 folgt das nicht aus § 9 OWiG, sondern aus **§ 14 StGB**. **2**

II. Tatbestände

1. Vorsätzliche Gefährdung von Gesundheit oder Arbeitskraft (Abs. 1 Nr. 1). Nach Abs. 1 Nr. 1 macht sich strafbar, wer eine in § 22 Abs. 1 Nr. 1 bis 3 oder 5 bis 7 bezeichnete Handlung vorsätzlich begeht und dadurch die Gesundheit oder Arbeitskraft eines AN gefährdet. **3**

Voraussetzung ist also zunächst eine vorsätzliche Begehungsweise. **Vorsatz** heißt, dass der Verstoß bewusst und gewollt erfolgt. Bedingter Vorsatz – der Verstoß wird billigend in Kauf genommen – reicht aus. Der Vorsatz muss sich auch auf die Gefährdung der Gesundheit oder Arbeitskraft des betroffenen AN beziehen. **4**

Weiterhin muss durch den Verstoß die Gesundheit oder Arbeitskraft des AN gefährdet worden sein. **Gesundheit** ist nach der allg. geteilten Definition der intakte körperliche, geistige und seelische Zustand des AN.[3] **Arbeitskraft** ist die natürliche oder erworbene Fähigkeit des AN, in bestimmtem Umfang Arbeit zu leisten.[4] **5**

Gesundheit oder Arbeitskraft des AN müssen **konkret gefährdet** worden sein. Das bedeutet, dass der betreffende Verstoß nach **allg. Erfahrung voraussichtlich** zu einer Beeinträchtigung von Gesundheit oder Arbeitskraft führt.[5] Eine **hohe Wahrscheinlichkeit** muss **nicht** vorliegen.[6] Erst recht muss noch keine reale Beeinträchtigung eingetreten sein. Maßgeblich ist die konkrete Beanspruchung des AN. Eine konkrete Gefährdung kann schon bei einer übermäßigen Ermüdung des AN vorliegen, die auf den Arbeitszeitverstoß zurückzuführen ist.[7] Allerdings darf eine solche konkrete Gefährdung durch Ermüdung auch nicht zu schnell angenommen werden; außerdem sind die betrieblichen Gegebenheiten zu berücksichtigen. Schließlich muss ausgeschlossen sein, dass sie (auch) auf privatem Verhalten des AN beruht. **6**

2. Beharrliche Wiederholung (Abs. 1 Nr. 2). Nach Abs. 1 Nr. 2 ist unter Strafe gestellt, wenn eine der in § 22 Abs. 1 Nr. 1 bis 3 und 5 bis 7 bezeichneten Handlungen beharrlich wiederholt wird. Eine beharrliche Wiederholung setzt jedenfalls mehr als **zwei Verstöße** voraus.[8] **7**

---

1 *Anzinger/Koberski*, § 23 Rn 1.
2 *Buschmann/Ulber*, § 23 Rn 2.
3 *Schütt/Schulte*, § 23 Rn 3.
4 *Anzinger/Koberski*, § 23 Rn 5.
5 *Baeck/Deutsch*, § 23 Rn 9; *Schütt/Schulte*, § 23 Rn 4.
6 *Anzinger/Koberski*, § 23 Rn 6.
7 *Neumann/Biebl*, § 23 Rn 2; *Schliemann*, ArbZG, § 23 Rn 4; *Schlottfeldt*, in: Ignor/Rixen, Handbuch Arbeitsstrafrecht, § 9 Rn 151.
8 *Schliemann*, ArbZG, § 23 Rn 6; *Schütt/Schulte*, § 23 Rn 5; schon zwei Verstöße lassen ausreichen: *Baeck/Deutsch*, § 23 Rn 13; *Buschmann/Ulber*, § 23 Rn 5.

8 In der Anzahl der Verstöße muss sich eine **rechtsfeindliche Gesinnung** des Täters manifestieren.[9] Daher bedarf es sogar **deutlich mehr als zwei Verstöße**. Es kommt auf alle Umstände, v.a. auf die Schwere der Verstöße an. Zu berücksichtigen ist auch, dass von einigen Bereichen der Wirtschaft die Einschränkungen des ArbZG als belastend und wirklichkeitsfern empfunden und deshalb nicht akzeptiert werden. Dem ist nicht vorschnell mit strafrechtlicher Ahndung zu begegnen.

9 Die Verstöße müssen gleichartig, d.h. es muss die gleiche Bestimmung des § 22 verletzt worden sein.[10] Hinzukommende andere Verstöße können aber für die Feststellung der rechtsfeindlichen Gesinnung von Belang sein.

10 **3. Fahrlässige Gefährdung von Gesundheit oder Arbeitskraft (Abs. 2).** Strafbar ist auch der AG, der vorsätzlich gegen § 22 Abs. 1 bis 3 und 5 bis 7 verstößt und dabei fahrlässig die Gesundheit oder Arbeitskraft des betroffenen AN gefährdet. Der Unterschied zu Abs. 1 Nr. 1 besteht also nur darin, dass sich der Vorsatz des AG nicht auf die konkrete Gefährdung beziehen muss.

III. Rechtswidrigkeit, Verjährung

11 Der jeweilige Tatbestand muss rechtswidrig verletzt worden sein. Das ist regelmäßig der Fall, es sei denn, dem Täter stehen **ausnahmsweise Rechtfertigungsgründe** zur Seite.

Die Verjährungsfrist für Verstöße nach Abs. 1 und 2 beträgt **drei Jahre** (§ 78 Abs. 3 Nr. 5 StGB).

IV. Strafmaß

12 Straftaten gem. **Abs. 1** können mit **Freiheitsstrafe von bis zu einem Jahr** oder mit **Geldstrafe bis zu 360 Tagessätzen** (vgl. § 40 Abs. 1 S. 2 StGB) geahndet werden. Bei Straftaten gem. **Abs. 2** ist das Strafmaß im Hinblick darauf, dass die Gefährdung fahrlässig und nicht vorsätzlich erfolgt, um die Hälfte reduziert. Es beträgt also **Freiheitsstrafe von bis zu sechs Monaten** und **Geldstrafe bis zu 180 Tagessätzen**.

C. Verbindung zu anderen Rechtsgebieten und zum Prozessrecht

13 Stehen Straftaten im Raum, sind nicht die Aufsichtsbehörden **zuständig**, sondern die **Staatsanwaltschaft**. Für diese gilt das Legalitätsprinzip. Anders als die Aufsichtsbehörden muss die Staatsanwaltschaft also tätig werden, sie hat kein Ermessen. Wird sie tätig, kann sie sich bei den Ermittlungen der Aufsichtsämter bedienen.[11]

In der Praxis erfährt die Staatsanwaltschaft entweder von den Aufsichtsbehörden oder durch eine Strafanzeige von dem Verdacht. Die Aufsichtsbehörden sind verpflichtet, bei entsprechendem Strafverdacht die Staatsanwaltschaft zu informieren (vgl. auch § 22 Rn 16).[12]

Achter Abschnitt: Schlußvorschriften

§ 24 Umsetzung von zwischenstaatlichen Vereinbarungen und Rechtsakten der EG

Die Bundesregierung kann mit Zustimmung des Bundesrats zur Erfüllung von Verpflichtungen aus zwischenstaatlichen Vereinbarungen oder zur Umsetzung von Rechtsakten des Rates oder der Kommission der Europäischen Gemeinschaften, die Sachbereiche dieses Gesetzes betreffen, Rechtsverordnungen nach diesem Gesetz erlassen.

1 § 24 enthält die **Ermächtigung** zum Erlass von Rechts-VO, um Verpflichtungen aus zwischenstaatlichen Vereinbarungen zu erfüllen oder zur Umsetzung von Rechtsakten des Rats oder der Kommission der EG. Zu Letzterem ist die Bundesregierung aufgrund von **europarechtlichen Vorschriften** verpflichtet (Art. 189 Abs. 3 EWGV, Art. 249 Abs. 3 EWGV). Andere zwischenstaatliche Vereinbarungen müssen i.d.R. **ratifiziert** werden (Art. 59 Abs. 2 GG). Deshalb kommt § 24 kaum eine praktische Bedeutung zu.[1]

2 Verstöße gegen die Regelungen einer Rechtsverordnung sind bußgeldbewehrt, sofern die Rechtsverordnung selbst auf die Bußgeldvorschriften des ArbZG verweist (§ 22 Abs. 1 Nr. 4).

---

[9] *Neumann/Biebl*, § 23 Rn 3; *Schlottfeldt*, in: Igor/Rixen, Handbuch Arbeitsstrafrecht, § 9 Rn 150; ErfK/*Wank*, § 23 ArbZG Rn 3.

[10] *Baeck/Deutsch*, § 23 Rn 13; *Buschmann/Ulber*, § 23 Rn 5; *Schlottfeldt*, in: Igor/Rixen, Handbuch Arbeitsstrafrecht, § 9 Rn 150; a.M. *Schliemann*, ArbZG, § 23 Rn 6.

[11] *Anzinger/Koberski*, § 23 Rn 13.

[12] *Baeck/Deutsch*, § 23 Rn 20; *Schliemann*, ArbZG, § 23 Rn 9.

[1] *Schütt/Schulte*, § 24 Rn 2; ErfK/*Wank*, § 24 ArbZG Rn 1.

§ 25 Übergangsregelung für Tarifverträge

¹Enthält ein am 1. Januar 2004 bestehender oder nachwirkender Tarifvertrag abweichende Regelungen nach § 7 Abs. 1 oder 2 oder § 12 Satz 1, die den in diesen Vorschriften festgelegten Höchstrahmen überschreiten, bleiben diese tarifvertraglichen Bestimmungen bis zum 31. Dezember 2006 unberührt. ²Tarifverträgen nach Satz 1 stehen durch Tarifvertrag zugelassene Betriebsvereinbarungen sowie Regelungen nach § 7 Abs. 4 gleich.

Literatur: *Bauer/Krieger*, Bereitschaftsdienste, – (un-) geklärte Fragen zu Arbeitszeit und Vergütung, BB 2004, 549; *Matthiessen/Shea*, Europarechtswidrige, tarifliche Arbeitszeitregelungen, DB 2005, 106; *Schliemann*, Allzeit bereit – Bereitschaftsdienst und Arbeitsbereitschaft zwischen Europarecht, Arbeitszeitgesetz und Tarifvertrag, NZA 2004, 513; *ders.*, Bereitschaftsdienste im EG-Recht, NZA 2006, 1009; *Simon*, „Marathon-Dienste" passé, AuA 2007, 228; *Worzalla*, Bereitschaftsdienst: Auslaufen der Übergangsregelung im Arbeitszeitgesetz, FA 2007, 77

A. Allgemeines	1	II. Betriebsvereinbarungen und kirchlicher Bereich	
B. Regelungsgehalt	6	(S. 2)	7
I. Tarifvertrag (S. 1)	6	III. Rechtslage seit 1.1.2007	8

A. Allgemeines

Ursprünglich enthielt § 25 eine **unbefristete** Übergangsvorschrift für TV, die am 1.7.1994 bestanden oder nachwirkten und die von § 7 Abs. 1 und 2 oder § 12 S. 1 abwichen. Diese Übergangsregelung sollte durch das Gesetz zu Reformen am Arbeitsmarkt vom 24.12.2003 ganz aufgehoben werden, weil die **TV-Parteien genug Zeit gehabt hätten, die TV der Gesetzeslage anzupassen**.[1] Es kam anders. Aufgrund eines **Vorschlags des Vermittlungsausschusses** wurde die Übergangsregelung nicht gestrichen, sondern modifiziert.   **1**

Diese modifizierte Form sollte dann eigentlich nur bis zum **31.12.2005** gelten. Der Gesetzgeber beschloss aber noch einmal eine Verlängerung. Durch Art. 5 des Fünften Gesetzes zur Änderung des dritten Buchs Sozialgesetzbuch und anderer Gesetze vom 22.12.2005 (BGBl I S. 3676) wurde die Übergangsfrist bis zum **31.12.2006** verlängert. Eine weitere Verlängerung erfolgte dann nicht mehr.   **2**

Der Zweck der Übergansvorschrift bestand darin, solche **TV für eine gewisse Zeit zu schützen**, welche die Bereitschaftsdienste entsprechend der vor 2004 geltenden deutschen Rechtslage noch nicht als Arbeitszeit einstuften und deshalb ab dem 1.1.2004 die 48 Stunden-Grenze des § 7 Abs. 8 überschreiten.[2] Zudem hofft der Gesetzgeber, durch die Übergangsregelung die Zeit bis zu einer Änderung der europäischen Arbeitszeit-RL im Hinblick auf die Bereitschaftsdienste zu überbrücken.[3]   **3**

§ 25 wird überwiegend als **europarechtswidrig** eingestuft.[4] Nach der Arbeitszeit-RL 2003/88/EG muss die durchschnittliche Höchstarbeitszeit von 48 Stunden eingehalten werden. Dies ergibt sich aus Art. 6b, 16b und 19b.[5] Das kann durch (Alt-)TV nicht unterlaufen werden. Auch sieht die Arbeitszeit-RL keine Übergangsfristen vor. Und wenn sie Übergangsfristen vorsähe, wären diese mittlerweile lange abgelaufen. Seit der SIMAP-Entscheidung des EuGH aus dem Jahr 2000 ist die Rechtslage geklärt.[6] Die TV-Parteien hatten also ausreichend Zeit, die TV der Rechtslage anzupassen.[7]   **4**

Aufgrund dessen galt die Übergangsregelung des § 25 von vornherein nicht für AG im **öffentlichen Dienst**; denn diese sind unmittelbar an die europäischen Vorgaben gebunden.[8] Umstritten war, ob § 25 wenigstens für europarechtswidrige (Alt-)TV im **privatwirtschaftlichen Bereich** gilt.[9] Mittlerweile hat dies aber eine neue Entscheidung des BAG weitgehend geklärt.[10] Danach rechtfertige § 25 nämlich von vornherein keine (Alt-)TV, welche die Grenze der **höchstzulässigen jahresdurchschnittlichen Wochenarbeitszeit von 48 Stunden inklusive Arbeitsbereitschaft und Bereitschaftsdienst** nicht beachten. Das ergebe sich schon aus einer **rein am Wortlaut orientierenden Auslegung**. § 25 erlaube nämlich dem Wortlaut nach keine Ausnahme von §§ 3 S. 2 und 7 Abs. 8; dort aber sei die   **5**

---

1 BT-Drucks 15/1587, S. 19 und 37; *Baeck/Deutsch*, § 25 Rn 1.
2 *Baeck/Deutsch*, § 25 Rn 13; *Bauer/Krieger*, BB 2004, 549, 550; HWK/*Gäntgen*, § 25 ArbZG Rn 2; *Neumann/Biebl*, § 25 Rn 3; a.M. *Buschmann/Ulber*, § 25 Rn 6; *Linnenkohl/Rauschenberg*, § 25 Rn 1.
3 BT-Drucks 16/219, S. 1; *Schliemann*, NZA 2004, 513, 518; *Schliemann*, NZA 2006, 1009, 1011.
4 *Bauer/Krieger*, BB 2004, 549, 550 f.; HWK/*Gäntgen*, § 25 ArbZG Rn 3; *Neumann/Biebl*, § 25 Rn 2; *Matthiesen/Shea*, DB 2005, 106 f.; ErfK/*Wank*, § 25 ArbZG Rn 4.
5 Hierzu näher Gaul/*Boewer*, Aktuelles Arbeitsrecht 2006, S. 98.
6 EuGH 3.10.2000 – Rs. C-303/98 – ZTR 2000, 564.
7 Ähnlich ErfK/*Wank*, § 25 ArbZG Rn 4; *Neumann/Biebl*, § 25 Rn 2.
8 *Buschmann/Ulber*, § 25 Rn 2a; HWK/*Gäntgen*, § 25 ArbZG Rn 3; Erk/*Wank*, § 25 ArbZG Rn 4.
9 Einerseits *Neumann/Biebl*, § 25 Rn 2 f.; andererseits *Matthiessen/Shea*, DB 2005, 106, 107.
10 BAG 24.1.2006 – 1 ABR 6/05 – BB 2006, 1685, mit i.E. zust. Anm. *Meinel*; vgl. auch Gaul/*Boewer*, Aktuelles Arbeitsrecht 2006, S. 101 f.

durchschnittliche Höchstarbeitszeit von 48 Stunden geregelt. Diese Auslegung am Wortlaut werde durch eine europarechtskonforme Auslegung des § 25 bestätigt. Im Ergebnis bedeutet dies, dass öffentlicher Dienst und Privatwirtschaft im Hinblick auf § 25 gleich zu behandeln sind.

B. Regelungsgehalt
I. Tarifvertrag (S. 1)

6 § 25 betrifft TV, die seit dem 1.1.2004 noch bestehen oder nachwirken. Solche TV sind auch dann wirksam, wenn sie von § 7 Abs. 1 oder 2 oder § 12 S. 1 abweichen. Allerdings muss auch dann gewährleistet sein, dass die Arbeitszeit einschließlich Arbeitsbereitschaft und Bereitschaftsdienst im Durchschnitt von zwölf Monaten 48 Wochenstunden nicht übersteigt (siehe Rn 5).

II. Betriebsvereinbarungen und kirchlicher Bereich (S. 2)

7 Auch **BV**, die durch TV zugelassen sind und am 1.1.2004 noch bestehen oder nachwirken, sind aufgrund der Privilegierung des § 25 wirksam, selbst wenn sie von §§ 7 Abs. 1 oder 2 oder 12 S. 1 abweichen. Auf andere BV erstreckt sich S. 2 nicht.

Auch Regelungen von Kirchen und öffentlich-rechtlichen Religionsgemeinschaften i.S.v. § 7 Abs. 4 werden von der Übergangsregelung des § 25 begünstigt.

III. Rechtslage seit 1.1.2007

8 Die Übergangsfrist endete am 31.12.2006. Eine neue Übergangsregelung wurde nicht mehr erlassen. Das bedeutet: TV, BV und kirchliche Regelungen i.S.d. § 7 Abs. 4 müssen nunmehr auch den Vorgaben der §§ 7 Abs. 1 und 2, 12 S. 1 entsprechen. Anderenfalls sind sie (teil-) nichtig. Die entstandenen Lücken sind durch ergänzende Vertragsauslegung zu schließen.[11] Insbesondere in Kliniken besteht verstärkt Handlungsbedarf (Stichwort „Marathon-Dienste für Klinikärzte"), in erster Linie für die TV-Parteien.[12]

§ 26 (weggefallen)

---

[11] *Buschmann/Ulber*, § 25 Rn 2; *HWK/Gäntgen*, § 25 ArbZG Rn 5; *Neumann/Biebl*, § 25 Rn 3; vgl. zur ergänzenden Vertragsauslegung in solchen Fällen auch BAG 14.10.2004 – 6 AZR 564/03 – AuR 2005, 442.

[12] Dazu *Simon*, AuA 2007, 228; vgl. auch schon *Herrmann*, Krankenhaus und Recht 2004, 7.

Gesetz über Betriebsärzte, Sicherheitsingenieure und andere Fachkräfte für Arbeitssicherheit

Vom 12.12.1973, BGBl I S. 1885, BGBl III 805-2

Zuletzt geändert durch Neunte Zuständigkeitsanpassungsverordnung
vom 31.10.2006, BGBl I S. 2407, 2434

Erster Abschnitt:

§ 1 Grundsatz

¹Der Arbeitgeber hat nach Maßgabe dieses Gesetzes Betriebsärzte und Fachkräfte für Arbeitssicherheit zu bestellen. ²Diese sollen ihn beim Arbeitsschutz und bei der Unfallverhütung unterstützen. ³Damit soll erreicht werden, daß

1. die dem Arbeitsschutz und der Unfallverhütung dienenden Vorschriften den besonderen Betriebsverhältnissen entsprechend angewandt werden,
2. gesicherte arbeitsmedizinische und sicherheitstechnische Erkenntnisse zur Verbesserung des Arbeitsschutzes und der Unfallverhütung verwirklicht werden können,
3. die dem Arbeitsschutz und der Unfallverhütung dienenden Maßnahmen einen möglichst hohen Wirkungsgrad erreichen.

A. Allgemeines ... 1	B. Regelungsgehalt ... 4
I. Zweck des Gesetzes ... 1	I. Bestimmung des Zwecks (S. 1) ... 4
II. Internationale Anforderungen ... 2	II. Unterstützung durch Arbeitsschutzexperten (S. 2) ... 5
III. Überblick über Regelungsinhalte und Geltungsbereich des ASiG ... 3	III. Ziele des ASiG (S. 3) ... 7
	C. Verbindung zu anderen Rechtsgebieten und zum Prozessrecht ... 8

A. Allgemeines

I. Zweck des Gesetzes

Leitidee des ASiG ist es, durch eine **innerbetriebliche Arbeitsschutzorganisation** den Schutz von Sicherheit und Gesundheit der AN zu gewährleisten und kontinuierlich zu verbessern.[1] Der AG ist für den Arbeitsschutz und das Funktionieren der innerbetrieblichen Arbeitsschutzorganisation verantwortlich. Er hat **Betriebsärzte** und **Fachkräfte für Arbeitssicherheit** (Sicherheitsfachkräfte) zu bestellen, damit diese ihn bei der Verhütung von Gefahren für die Gesundheit und Sicherheit der AN im Betrieb fachlich fundiert und zielgerichtet, bezogen auf die betrieblichen Verhältnisse beraten und unterstützen. Die grds. Pflicht zur Bestellung von Betriebsärzten und Sicherheitsfachkräften besteht **ab dem ersten AN**. Sie ist in ihrem Umfang abhängig von der Zahl der AN und den betriebsspezifischen Gefährdungen.[2] Das ASiG ist in weiten Teilen als **Rahmengesetz** gestaltet und ermächtigt primär die Unfallversicherungsträger, diesen Rahmen durch UVV (vgl. § 2 Rn 6 ff.) auszufüllen.

1

II. Internationale Anforderungen

Die **Arbeitsschutzrahmen-RL 89/391/EWG** des Rates vom 12.6.1989 über die Durchführung von Maßnahmen zur Verbesserung der Sicherheit und des Gesundheitsschutzes der AN bei der Arbeit enthält verbindliche europarechtliche Vorgaben zum Erfordernis einer Arbeitsschutzorganisation im Betrieb; Art. 7 der RL sieht die Beauftragung inner- oder außerbetrieblicher Fachleute bzw. Dienste zur Beratung des AG im Arbeitsschutz vor.[3] Eine besondere Umsetzung des Art. 7 der RL in deutsches Recht war nicht erforderlich, weil das ASiG diesen Anforderungen bereits entsprach.[4] Das ASiG entspricht auch dem Übereinkommen der IAO über die betriebsärztlichen Dienste von 1985 (**IAO-Übereinkommen Nr. 161**), das für den präventiven Arbeitsschutz und zur Beratung im Arbeitsschutz schrittweise die Einrichtung sog. betriebsärztlicher Dienste vorsieht und von Deutschland 1994 ratifiziert wurde.[5]

2

---

1 Vgl. BT-Drucks 7/260, S. 9 ff.; BSG 2.11.1999 – B 2 U 25/98 R – BSGE 85, 98 = NZS 2000, 254; *Anzinger/Bieneck*, vor § 1 Rn 1 ff.; *Bieneck*, in: FS für Wlotzke, 1996, S. 465; *Janning/Vleurinck*, BArbBl 12/1999, S. 17.
2 Vgl. BSG 2.11.1999 – B 2 U 25/98 R – BSGE 85, 98 = NZS 2000, 254.
3 Vgl. ABl L Nr. 183 v. 29.6.1989, S. 1.
4 Vgl. *Anzinger/Bieneck*, vor § 1 Rn 29; *Janning/Vleurinck*, BArbBl 12/1999, S. 17.
5 Vgl. *Anzinger/Bieneck*, vor § 1 Rn 30.

J. Schmidt

III. Überblick über Regelungsinhalte und Geltungsbereich des ASiG

3 Das ASiG enthält **parallele Regelungen** zur **Bestellung** von Betriebsärzten und Fachkräften für Arbeitssicherheit (vgl. § 2 bzw. § 5) und zu ihren **Aufgaben** (vgl. § 3 bzw. § 6). Außerdem stellt es Anforderungen an ihre **Fachkunde** (vgl. § 4 bzw. § 7); für den Fall, dass diese noch nicht vorliegt, kann die Behörde Ausnahmen zulassen (vgl. § 18). Die Verpflichtung zur Bestellung der Arbeitsschutzexperten kann gem. § 19 durch Beauftragung eines **überbetrieblichen Dienstes** erfüllt werden. Das ASiG sieht die **Zusammenarbeit** der Betriebsärzte und Fachkräfte für Arbeitssicherheit untereinander und mit anderen Beauftragten im Betrieb (vgl. § 10) sowie mit dem BR vor; § 9 enthält außerdem **Mitbestimmungs- und Anhörungsrechte des BR**. Das ASiG regelt die fachliche Weisungsfreiheit und enthält ein spezialgesetzliches **Benachteiligungsverbot** der Arbeitsschutzexperten (vgl. § 8). Es verpflichtet den AG unter den Voraussetzungen des § 11 zur Bildung eines **Arbeitsschutzausschusses**. Dass die Bestimmungen des ASiG als **Norm mit öffentlich-rechtlichem Charakter** zur Gewährleistung seiner Schutzziele der behördlichen Überwachung unterliegen, folgt aus §§ 12, 13. § 20 normiert OWi-Tatbestände. §§ 14, 15 ermächtigen subsidiär zum Erlass von Rechtsverordnungen und allgemeinen Verwaltungsvorschriften. **Sachlich** findet das ASiG grds. auf **alle AG** (zum AG-Begriff vgl. § 611 BGB Rn 126 ff.), d.h. in Betrieben jeder Größe und Branche, auch für Betriebe mit reinen Büroarbeitsplätzen,[6] Anwendung.[7] Sein Geltungsbereich ist lediglich bei Beschäftigung bestimmter AN-Gruppen ausgeschlossen bzw. eingeschränkt (vgl. § 17). Im Gegensatz zum ArbSchG, das sämtliche Beschäftigte schützt (vgl. § 3 ArbSchG Rn 1 ff.), findet das ASiG nur auf **AN** Anwendung (zum AN-Begriff vgl. § 611 Rn 58 ff.). Der **öffentliche Dienst** ist vom Anwendungsbereich des ASiG ausgenommen, allerdings ist dort ein **gleichwertiger** arbeitsmedizinischer und sicherheitstechnischer **Arbeitsschutz** zu gewährleisten (vgl. § 16).

B. Regelungsgehalt

I. Bestimmung des Zwecks (S. 1)

4 S. 1 normiert die grds. Pflicht des AG zur Bestellung von Betriebsärzten und Fachkräften für Arbeitssicherheit. Aus dem Zusatz „nach Maßgabe dieses Gesetzes" folgt, dass erst die folgenden Paragrafen konkrete AG-Verpflichtungen regeln (zur Bestellung von Betriebsärzten bzw. Sicherheitsfachkräften vgl. § 2 bzw. § 5).[8]

II. Unterstützung durch Arbeitsschutzexperten (S. 2)

5 S. 2 begründet die aus §§ 3 und 6 folgende Pflicht der Betriebsärzte und Sicherheitsfachkräfte, den AG beim Arbeitsschutz und bei der Unfallverhütung zu unterstützen. **Unterstützen** bedeutet, dass sie dem AG bei der Erfüllung seiner Aufgaben mit ihrer Expertise behilflich sind, ohne damit die **Grundsatzverantwortung des AG** abzulösen.[9] Als Arbeitsschutzexperten sind Betriebsärzte und Fachkräfte für Arbeitssicherheit jedoch dafür verantwortlich, dass sie ihre Fachkunde ordnungsgemäß anwenden.[10]

6 Entsprechend dem Schutzzweck des öffentlich-rechtlichen Arbeitsschutzrechts, die AN vor Lebens- und Gesundheitsgefahren bei ihrer bzw. durch ihre Arbeit zu schützen, ist der **Arbeitsschutzbegriff umfassend** zu verstehen.[11] § 2 Abs. 1 ArbSchG definiert Maßnahmen des Arbeitsschutzes als solche zur Verhütung von Unfällen bei der Arbeit und arbeitsbedingten Gesundheitsgefahren, einschließlich der menschengerechten Gestaltung der Arbeit. Dass bei der Gefahrenverhütung der Faktor Mensch bei der Arbeit zu berücksichtigen ist, folgt bereits aus Art. 6 Abs. 2d der Arbeitsschutzrahmen-RL 89/391/EWG.[12] Unter Maßnahmen zur Verhütung von Unfällen bei der Arbeit bzw. arbeitsbedingten Gesundheitsgefahren fallen sämtliche Maßnahmen, die solche Unfälle bzw. Gefahren verhindern oder die Wahrscheinlichkeit ihres Eintritts verringern.[13] Im Unterschied zu Arbeitsunfällen gem. § 8 Abs. 1 SGB VII sind mit **Unfällen bei der Arbeit** Unfälle anlässlich der Arbeit (ohne Wegeunfälle) zu verstehen, wobei sowohl zwischen Arbeit und Unfallereignis als auch zwischen Ereignis und Schaden Kausalität bestehen muss.[14] **Arbeitsbedingte Gesundheitsgefahren** sind die Berufskrankheiten gem. § 9 Abs. 1 S. 1 SGB VII i.V.m. der Berufskrankheiten-Verordnung und sonstige Erkrankungen, die bei der Arbeit erstmals oder erneut entstehen oder sich bei der Arbeit verschlimmern.[15] **Arbeitsbedingte Erkrankungen** sind solche, die durch Arbeitseinflüsse zumindest mitverursacht werden oder sich durch die Arbeitsbedingungen verschlimmern.[16] Unter **menschengerechter Gestaltung der Arbeit** versteht man, dass insb. bei der Arbeitsplatzgestaltung sowie bei der Auswahl von Arbeitsmitteln und Arbeits- sowie Fertigungsverfahren, vor allem zur Erleichterung bei monotoner Arbeit und bei maschinenbestimmtem Rhythmus, auf eine Reduzierung ihrer gesundheitsschädlichen Auswirkungen hingewirkt wird, wobei

---

6 Vgl. OVG Hamburg 19.2.2004 – 1 Bf 484/03 – GewArch 2004, 351.
7 Vgl. *Janning/Vleurinck*, BArbBl 12/1999, S. 17.
8 Vgl. *Anzinger/Bieneck*, § 1 Rn 2 ff.
9 Vgl. *Anzinger/Bieneck*, § 1 Rn 5; HaKo-ASiG/*Aufhauser*, § 1 Rn 4 f. und vor § 1 Rn 26; MünchArb/*Wlotzke*, § 210 Rn 44.
10 Vgl. *Anzinger/Bieneck*, § 1 Rn 6; HaKo-ASiG/*Aufhauser* vor § 1 Rn 26.
11 Vgl. *Anzinger/Bieneck*, § 1 Rn 7 ff.; *Janning/Vleurinck*, BArbBl 12/1999, S. 17; *Wank*, § 1 Rn 4.
12 Vgl. ABl L Nr. 183 v. 29.6.1989, S. 1.
13 Vgl. *Anzinger/Bieneck*, § 1 Rn 15.
14 Vgl. *Anzinger/Bieneck*, § 1 Rn 15.
15 Vgl. *Anzinger/Bieneck*, § 1 Rn 16.
16 Vgl. *Anzinger/Bieneck*, § 1 Rn 18.

auch individuelle Beeinträchtigungen zu berücksichtigen sind.[17] D.h., dass bereits bei der Arbeitsplatzgestaltung und Arbeitsorganisation u.a. ergonomische, arbeitsmedizinische und -psychologische Erkenntnisse zu beachten sind.[18]

III. Ziele des ASiG (S. 3)

S. 3 formuliert in den Nr. 1 bis 3 die wesentlichen Ziele des ASiG, die durch den Einsatz der Arbeitsschutzexperten verwirklicht werden sollen. Zu den **dem Arbeitsschutz und der Unfallverhütung dienenden Vorschriften** nach Nr. 1 gehören die staatlichen Vorschriften des öffentlich-rechtlichen Arbeitsschutzes und die UVV der Unfallversicherungsträger (vgl. Rn 1, § 2 Rn 6 ff.). Diese Bestimmungen sind entsprechend den jeweiligen betrieblichen Verhältnissen, d.h. angepasst an betriebsspezifische Unfall- und Gesundheitsgefahren, anzuwenden.[19] Die Arbeitsschutzexperten können mit ihrer Fachkunde optimale, passgenau auf die betrieblichen Bedürfnisse bezogene Lösungen unterbreiten.[20] Ziel nach Nr. 2 ist die Verbesserung des Arbeitsschutzes und der Unfallverhütung durch Anwendung gesicherter **arbeitsmedizinischer** und **sicherheitstechnischer Erkenntnisse**.[21] Mit der Zielvorgabe der Nr. 3, dass die Maßnahmen des Arbeitsschutzes und der Unfallverhütung **einen möglichst hohen Wirkungsgrad** erlangen sollen, soll ein bestmöglicher Einsatz der Mittel bewirkt werden und wird durch eine rechtzeitige Beteiligung der Arbeitsschutzexperten an der Erledigung der in §§ 3 und 6 genannten Aufgaben gewährleistet.[22]

C. Verbindung zu anderen Rechtsgebieten und zum Prozessrecht

Das ASiG enthält Rahmenanforderungen an die innerbetriebliche Organisation des Arbeitsschutzes und unterstützt den AG bei der Erfüllung seiner materiellen öffentlich-rechtlichen Arbeitsschutzpflichten aus dem ArbSchG und den gem. §§ 18, 19 ArbSchG erlassenen Arbeitsschutzverordnungen.[23] Es ist neben dem Arbeitsschutzgesetz ein Grundlagengesetz des betrieblichen Arbeitsschutzes und könnte auch als „Gesetz über die Organisation des betrieblichen Arbeitsschutzes" bezeichnet werden.[24] Daneben bestehen Verbindungen z.B. zum individuellen und kollektiven Arbeitsrecht, insb. BetrVG, zum ärztlichen Berufsrecht und SGB VII, privatrechtlichen Haftungsrecht, Ordnungswidrigkeiten- und Strafrecht.

Der durch das ASiG vorgegebene rechtliche Rahmen wird nach § 14 S. 2 i.V.m. § 15 Abs. 1 S. 2 Nr. 6 SGB VII vorrangig durch **UVV** konkretisiert (vgl. § 2 Rn 6 ff.).

Zweiter Abschnitt: Betriebsärzte

§ 2 Bestellung von Betriebsärzten

(1) Der Arbeitgeber hat Betriebsärzte schriftlich zu bestellen und ihnen die in § 3 genannten Aufgaben zu übertragen, soweit dies erforderlich ist im Hinblick auf
1. die Betriebsart und die damit für die Arbeitnehmer verbundenen Unfall- und Gesundheitsgefahren,
2. die Zahl der beschäftigten Arbeitnehmer und die Zusammensetzung der Arbeitnehmerschaft und
3. die Betriebsorganisation, insbesondere im Hinblick auf die Zahl und die Art der für den Arbeitsschutz und die Unfallverhütung verantwortlichen Personen.

(2) [1]Der Arbeitgeber hat dafür zu sorgen, daß die von ihm bestellten Betriebsärzte ihre Aufgaben erfüllen. [2]Er hat sie bei der Erfüllung ihrer Aufgaben zu unterstützen; insbesondere ist er verpflichtet, ihnen, soweit dies zur Erfüllung ihrer Aufgaben erforderlich ist, Hilfspersonal sowie Räume, Einrichtungen, Geräte und Mittel zur Verfügung zu stellen. [3]Er hat sie über den Einsatz von Personen zu unterrichten, die mit einem befristeten Arbeitsvertrag beschäftigt oder ihm zur Arbeitsleistung überlassen sind.

(3) [1]Der Arbeitgeber hat den Betriebsärzten die zur Erfüllung ihrer Aufgaben erforderliche Fortbildung unter Berücksichtigung der betrieblichen Belange zu ermöglichen. [2]Ist der Betriebsarzt als Arbeitnehmer eingestellt, so ist er für die Zeit der Fortbildung unter Fortentrichtung der Arbeitsvergütung von der Arbeit freizustellen. [3]Die Kosten der Fortbildung trägt der Arbeitgeber. [4]Ist der Betriebsarzt nicht als Arbeitnehmer eingestellt, so ist er für die Zeit der Fortbildung von der Erfüllung der ihm übertragenen Aufgaben freizustellen.

---

[17] Vgl. BT-Drucks 12/6752, S. 34 f.; ABl L Nr. 183 v. 29.6.1989, S. 1; *Anzinger/Bieneck*, § 1 Rn 20 f. m.w.H.
[18] Vgl. *Janning/Vleurinck*, BArbBl 12/1999, S. 17.
[19] Vgl. BT-Drucks 7/260, S. 1; *Anzinger/Bieneck*, § 1 Rn 81.
[20] Vgl. *Anzinger/Bieneck*, § 1 Rn 81.
[21] Vgl. *Anzinger/Bieneck*, § 1 Rn 82 ff. m.w.N.
[22] Vgl. *Anzinger/Bieneck*, § 1 Rn 87; HaKo-ASiG/*Aufhauser*, § 1 Rn 10.
[23] Vgl. *Bieneck*, in: FS für Wlotzke, 1996, S. 465.
[24] So der Vorschlag in *Kittner/Pieper*, ASiG Rn 1.

A. Allgemeines	1	b) Unfallverhütungsvorschriften der Unfallkassen und landwirtschaftlichen Berufsgenossenschaften	11
I. Einwirkung der nichtarbeitsrechtlichen Norm auf das Arbeitsverhältnis	1	c) Anschlusszwang an überbetrieblichen Dienst	12
II. Zweck	2	II. Verantwortung des AG für die Durchführung des ASiG (Abs. 2)	13
B. Regelungsgehalt	3	III. AG-Pflichten bei Fortbildung (Abs. 3)	16
I. Bestellung und Aufgabenübertragung (Abs. 1)	3	IV. Rechtsfolge: Behördliche Anordnung	18
1. Schriftliche Bestellung und Aufgabenübertragung	4	V. Arbeitsrechtliche Fragestellungen	19
2. Erforderlichkeit	5	1. Arbeitnehmereigenschaft und Anwendbarkeit des Arbeitsrechts	19
3. Konkretisierung der Rahmenvorgaben durch Unfallverhütungsvorschriften	6	2. Befristung	20
a) Unfallverhütungsvorschriften der gewerblichen Berufsgenossenschaften	7	3. Leiharbeitnehmer	21
aa) Betriebe mit bis zu zehn Arbeitnehmern	8	**C. Verbindung zu anderen Rechtsgebieten und zum Prozessrecht**	22
bb) Betriebe mit mehr als zehn Arbeitnehmern	9	I. Fortbildungen	22
cc) Betriebe mit bis zu 50 Arbeitnehmern	10	II. Betriebsverfassungsrecht	24
		D. Beraterhinweise	25

A. Allgemeines

I. Einwirkung der nichtarbeitsrechtlichen Norm auf das Arbeitsverhältnis

1 § 2 wirkt auf das Arbverh mit dem Betriebsarzt ein, indem der AG ihm bestimmte Aufgaben zu übertragen (Abs. 1) und ihn zu unterstützen hat (Abs. 2). Außerdem treffen den AG Pflichten im Zusammenhang mit betriebsärztlichen Fortbildungen (Abs. 3).

II. Zweck

2 Abs. 1 begründet für den AG grds. die **Verpflichtung zur Bestellung** von Betriebsärzten, die ihn beim Arbeitsschutz und bei der Unfallverhütung in allen Fragen des Gesundheitsschutzes beraten und unterstützen sollen. Aufgrund der Verantwortung des AG für den betrieblichen Arbeitsschutz ordnet Abs. 2 an, dass er sich von der Aufgabenerfüllung der Betriebsärzte überzeugen und sie darin personell, materiell, organisatorisch und informativ unterstützen muss. Abs. 3 regelt die AG-Pflichten im Zusammenhang mit der Fortbildung von Betriebsärzten und differenziert dabei zwischen im Betrieb angestellten und externen Medizinern (vgl. § 9 Rn 6). Grund für die Aufnahme der Vorschriften zur Fortbildung war, dass eine sachgerechte Wahrnehmung der betriebsärztlichen Aufgaben nur mit aktueller Kenntnis der sich ständig fortentwickelnden Erkenntnisse in der Arbeitsmedizin möglich ist.[1] **§ 5** regelt die Pflicht zur Bestellung von **Fachkräften für Arbeitssicherheit** im Wesentlichen parallel.

B. Regelungsgehalt

I. Bestellung und Aufgabenübertragung (Abs. 1)

3 Der AG hat Betriebsärzte (zu den Anforderungen an sie vgl. § 4) **schriftlich zu bestellen**. Nur für den Fall der Verpflichtung eines überbetrieblichen Dienstes gem. § 19 besteht kein Schriftformerfordernis (vgl. § 19 Rn 3, 7).

4 **1. Schriftliche Bestellung und Aufgabenübertragung.** Nach § 126 Abs. 2 bzw. 3 BGB ist die **Schriftform** gewahrt, wenn beide Parteien, AG und Betriebsarzt, einen Vertrag unterzeichnen bzw. der Vertrag notariell beurkundet wird; anderenfalls ist er gem. § 125 BGB wegen Formmangels nichtig. Die Bestellung als einseitige mitwirkungsbedürftige Willenserklärung erfolgt regelmäßig durch Annahme der Bestellungsurkunde.[2] Auch die **Übertragung der Aufgaben** gem. § 3 Abs. 1 hat schriftlich zu erfolgen.[3] Die Bestellung, als gesetzlich vorgeschriebener Organisationsakt, ist vom zugrunde liegenden **Vertrags- bzw. Verpflichtungsverhältnis** mit der bestellten Person bzw. dem Dienst zu unterscheiden.[4] Soll ein Betriebsarzt angestellt bzw. versetzt werden, ist zwischen dem arbeitsvertraglichen Akt der Einstellung bzw. Versetzung und der Bestellung zu differenzieren.[5]

5 **2. Erforderlichkeit.** Ob und inwieweit ein AG Betriebsärzte bestellen muss, folgt aus den unter den Nr. 1 bis 3 aufgeführten, **gleichrangig** nebeneinander stehenden Kriterien.[6] Der **Betrieb** (nicht das Unternehmen) stellt gem. Nr. 1

---

1 Vgl. BT-Drucks 7/260, S. 11.
2 Vgl. *Anzinger/Bieneck*, § 5 Rn 27.
3 Vgl. *Anzinger/Bieneck*, § 2 Rn 26.
4 Vgl. BAG 24.3.1988 – 2 AZR 369/87 – BAGE 1958, 69 = AP § 9 ASiG Nr. 1; BAG 23.6.1994 – 2 AZR 640/93 – juris.
5 Vgl. BAG 24.3.1988 – 2 AZR 369/87 – BAGE 1958, 69 = AP § 9 ASiG Nr. 1 = DB 1989 227; *Anzinger/Bieneck*, § 2 Rn 22.
6 Vgl. OVG Hamburg 19.2.2004 – 1 Bf 484/03 – GewArch 2004, 351 (zur Erforderlichkeit der Bestellung von Sicherheitsfachkräften); näher zu den Kriterien der Nr. 1 bis 3 vgl. *Anzinger/Bieneck*, § 2 Rn 27 ff.; *Kittner/Pieper*, ASiG 40; MünchArb/*Wlotzke*, § 210 Rn 46; nach *Nöthlichs*, Kennzahl 4064 § 2 Anm. 1.2.1 S. 2 hat das Kriterium der Nr. 1 Vorrang.

die Bezugsgröße dar.[7] Nach der Rspr. des BSG ist unter Betrieb i.S.d. ASiG grds. der Betriebsbegriff des BAG i.S.d. BetrVG (vgl. § 1 BetrVG Rn 4 ff.) zu verstehen.[8]

3. Konkretisierung der Rahmenvorgaben durch Unfallverhütungsvorschriften. Das ASiG, insb. der **Umfang der betriebsärztlichen und sicherheitstechnischen Betreuung,** wird durch **UVV** präzisiert. Die Träger der gesetzlichen Unfallversicherung (vgl. § 114 SGB VII) haben im Rahmen ihres Präventionsauftrags gem. § 14 Abs. 1 S. 1 SGB VII mit allen geeigneten Mitteln für die Verhütung von Arbeitsunfällen, Berufskrankheiten und arbeitsbedingten Erkrankungen und für eine wirksame Erste Hilfe zu sorgen. Gem. § 15 Abs. 1 Nr. 6 SGB VII können die Unfallversicherungsträger als **autonomes Recht** UVV über die Maßnahmen, die der Unternehmer (im SGB VII und den UVV wird der AG als Unternehmer bezeichnet) zur Erfüllung der sich aus dem ASiG ergebenden Pflichten zu treffen hat, erlassen. Ob Regelungen in den UVV von der gesetzlichen Ermächtigung gedeckt sind, entscheidet sich wegen der engen Verbindung des § 15 Abs. 1 Nr. 6 SGB VII mit den Vorschriften des ASiG nach dessen Vorgaben;[9] seine Regelungen konkretisieren die Ermächtigungsgrundlage ausreichend.[10] Die UVV bedürfen nach § 15 Abs. 4 S. 1, 2 SGB VII der staatlichen **Genehmigung** durch das BMAS, das die Entscheidung im Benehmen mit den Ländern trifft. Soweit ein Unfallversicherungsträger der Aufsicht eines Landes untersteht (vgl. § 90 Abs. 3 SGB IV), entscheidet gem. § 15 Abs. 4 S. 3 SGB VII die zuständige oberste Landesbehörde im Benehmen mit dem BMAS über die Genehmigung. Die UVV werden nach den Satzungen der Unfallversicherungsträger öffentlich bekannt gegeben. Die Unternehmer sind gem. § 15 Abs. 5 SGB VII über die UVV zu unterrichten und müssen ihrerseits die Versicherten informieren. UVV sind für die Mitglieder der Unfallversicherungsträger und für die Versicherten **verbindlich**.[11] Der Unternehmer ist gem. § 21 Abs. 1 SGB VII gegenüber dem Unfallversicherungsträger für die Durchführung der Präventionsmaßnahmen verwaltungsrechtlich verantwortlich.[12] § 17 SGB VII regelt die Beratung der Unternehmer und Versicherten sowie die Überwachung in den Unternehmen, § 19 SGB VII normiert die Befugnisse der Aufsichtspersonen der Unfallversicherungsträger (zu ihren Kompetenzen bei der Überwachung, vgl. § 12 Rn 3 ff. und § 13 Rn 2 ff.). Damit wird die **duale Rechtsetzung** durch staatliche Behörden und Unfallversicherungsträger mit einer **dualen Aufsicht** flankiert. Nach § 20 Abs. 1 SGB VII wirken die Unfallversicherungsträger und die für den Arbeitsschutz zuständigen Behörden bei der Beratung und Überwachung der Unternehmen auf der Grundlage einer gemeinsamen Beratungs- und Überwachungsstrategie gem. § 20a Abs. 2 Nr. 4 ArbSchG (Gemeinsame deutsche Arbeitsschutzstrategie) eng zusammen und stellen den Erfahrungsaustausch sicher. § 21 Abs. 3 ArbSchG enthält eine entsprechende Regelung.

a) Unfallverhütungsvorschriften der gewerblichen Berufsgenossenschaften. Bei der Beurteilung des im konkreten Betrieb erforderlichen Betreuungsumfangs erhalten die AG, die Mitglied der gewerblichen BG sind, Unterstützung durch die **UVV „Betriebsärzte und Fachkräfte für Arbeitssicherheit" (BGV A2)**. Sie ist bei den einzelnen BG sukzessive ab 1.1.2005 in Kraft getreten und ersetzt die UVV „Fachkräfte für Arbeitssicherheit" (BGV A6) und „Betriebsärzte" (BGV A7); bei der See-BG gilt vorübergehend noch die UVV See, Abschnitt III „Betriebsärzte und Fachkräfte für Arbeitssicherheit". Die BGV A2 trifft insb. Regelungen zur Bestellung von Betriebsärzten und Sicherheitsfachkräften, zum Umfang der sicherheitstechnischen und betriebsärztlichen Betreuung sowie zur Frage, wann ein Unternehmer vom Vorliegen der arbeitsmedizinischen bzw. sicherheitstechnischen Fachkunde ausgehen kann. Je nach Beschäftigtenzahl hat der Unternehmer nach der BGV A2 die **Wahl zwischen verschiedenen Betreuungsmodellen.** Bei der Berechnung der AN-Zahl im Betrieb sind nach der BGV A2 jährliche Durchschnittszahlen zugrunde zu legen, wobei teilzeitbeschäftigte AN mit einer regelmäßigen Arbeitszeit von nicht mehr als 20 bzw. 30 Wochenarbeitsstunden anteilig mit dem Faktor 0,5 bzw. 0,75 berücksichtigt werden. Die AN sind nach den Anlagen 1 bis 3 der BGV A2 über die Art der praktizierten betriebsärztlichen und sicherheitstechnischen Betreuung zu informieren und darüber in Kenntnis zu setzen, welcher Betriebsarzt und welche Fachkraft für Arbeitssicherheit anzusprechen sind.

aa) Betriebe mit bis zu zehn Arbeitnehmern. Für Betriebe mit bis zu zehn AN richtet sich die Betreuung nach § 2 Abs. 2 i.V.m. der **Anlage 1 der BGV A2,** sog. **einsatzzeitfreie Kleinbetriebsbetreuung.** Die Betreuung dieser Kleinstbetriebe ist durch eine Kombination von Grundbetreuung und anlassbezogenen Betreuungen gekennzeichnet. Der Unternehmer wird i.R.d. Grundbetreuung in regelmäßigen sich nach der Gefährdungseingruppierung der Branche richtenden Abständen (spätestens alle drei bzw. fünf Jahre) durch Betriebsarzt und Fachkraft für Arbeitssicherheit unterstützt. Dabei können sich die Arbeitsschutzexperten gegenseitig vertreten, wenn sichergestellt ist, dass die Expertise des jeweils anderen vom Erstberatenden hinzugezogen wird. Der Unternehmer ist außerdem verpflichtet, sich bei besonderen Anlässen durch einen Betriebsarzt oder eine Fachkraft für Arbeitssicherheit betreuen zu lassen. Die Anlage 1 der BGV A2 enthält hierzu einen nicht abschließenden Katalog möglicher besonderer Betreuungs-

---

7 Vgl. BSG 8.5.1980 – 8a RU 44/79 – BSGE 1950, 107 = SozR 2200, § 708 Nr. 1; BSG 26.6.1980 – 8a RU 106/79 – BSGE 1950, 171 = SozR 2200 § 708 Nr. 2; BSG 1.3.1989 – 2 RU 51/88 – BSGE 1965, 5 = SozR 2200 § 708 Nr. 4.

8 Vgl. BSG 26.6.1980 – 8a RU 106/79 – BSGE 1950, 171 = SozR 2200, § 708 Nr. 2.

9 Vgl. nur BSG 1.3.1989 – 2 RU 51/88 – BSGE 1965, 5.

10 Vgl. OVG Hamburg 19.2.2004 – 1 Bf 34/03 – DB 2004, 1676 = DB 2004, 2819.

11 Vgl. nur BSG 24.10.1985 – 2 RU 13/85 – BSGE 59, 55 = NZA 1986, 204 = SozR 2200 § 708 Nr. 3.

12 Vgl. MünchArb/*Wlotzke*, § 208 Rn 9.

anlässe (z.B. Planung, Errichtung und wesentliche Änderung von Betriebsanlagen, Einführung neuer Arbeitsmittel mit erhöhtem Gefährdungspotenzial, Gestaltung neuer Arbeitsplätze und -abläufe). Einen besonderen Anlass betriebsärztlicher Betreuung stellt auch die Erforderlichkeit der Durchführung arbeitsmedizinischer Vorsorgeuntersuchungen (vgl. § 3 Rn 5 ff.) dar. Zudem können sich Betriebe mit bis zu zehn AN zur gemeinsamen Regelbetreuung nach der **„Pooling-Regelung"** der BGV A2 Anlage 1 zusammenschließen. Bei einigen BG besteht aufgrund der besonderen strukturellen Situation einiger Branchen die Möglichkeit der Betreuung durch **Kompetenzzentren**.

9 bb) Betriebe mit mehr als zehn Arbeitnehmern. Für Betriebe mit **mehr als zehn AN** gelten nach § 2 Abs. 3 BGV A2 grds. die **Mindesteinsatzzeiten der Anlage 2 der BGV A2**, sog. Regelbetreuung.[13] Darunter ist der zeitliche Umfang zu verstehen, den die betriebsärztlichen bzw. sicherheitstechnischen Tätigkeiten zur Aufgabenerfüllung nach § 3 bzw. § 6 mindestens erfordern.[14] Die Mindesteinsatzzeiten differieren je nach Gefährdungspotenzial der verschiedenen Branchen und sind jeweils für die Betreuung durch Betriebsärzte und Sicherheitsfachkräfte je Jahr und AN geregelt. Sie sind ein Anhaltspunkt der durchschnittlich erforderlichen Betreuungszeit.[15] Die UVV sehen vor, dass im Einzelfall bei über- wie unterdurchschnittlichen Gesundheits- und Unfallgefahren im Betrieb Abweichungen von den Mindesteinsatzzeiten zugelassen werden können (vgl. § 2 Abs. 6 BGV A2). Zum Teil gibt es in den UVV anstelle von Mindesteinsatzzeiten gefährdungsorientierte Ansatzpunkte. Derzeit wird die Anlage 2 der BGV A2 reformiert. Ziel ist eine stärkere Bedarfsorientierung bzw. Flexibilisierung und Rechtsvereinfachung. Die Reform soll Ende 2010 umgesetzt sein.

10 cc) Betriebe mit bis zu 50 Arbeitnehmern. Für die Betreuung von Betrieben mit **bis zu 50 AN** (einige UVV sehen eine geringere Schwellenzahl vor) eröffnet die BGV A2 eine alternative, bedarfsorientierte und einsatzzeitenfreie Betreuungsvariante für den Fall, dass der Unternehmer selbst aktiv in das Betriebsgeschehen eingebunden ist, sog. **Unternehmermodell** gemäß § 2 Abs. 3 i.V.m. **Anlage 3 BGV A2**. Es besteht aus Motivations-, Informations- und Fortbildungsmaßnahmen, deren Umfang abhängig ist von der Gefährdungseingruppierung der Branche sowie der Inanspruchnahme bedarfsorientierter betriebsärztlicher und sicherheitstechnischer Betreuung. Die Informationen sollen die teilnehmenden AG für Arbeitsschutzfragen sensibilisieren und sie dazu befähigen zu erkennen, wann eine Betreuung durch Arbeitsschutzexperten erforderlich ist, so dass die AG selbst über den Zeitpunkt einer externen Betreuung entscheiden können.[16] Die bedarfsorientierte Betreuung im Betrieb erfolgt nach der Anlage 3 der BGV A2, einschließlich eines nicht abschließenden Katalogs besonderer Betreuungsanlässe, auf der Grundlage der Gefährdungsbeurteilung gem. § 5 ArbSchG, bei der sich der Unternehmer erforderlichenfalls gem. § 3 Abs. 1 Nr. 1g durch Betriebsarzt oder Sicherheitsfachkraft unterstützen lässt. Für den Fall, dass der Unternehmer seinen Verpflichtungen i.R.d. Unternehmermodells (z.B. Seminarteilnahme) nicht nachkommt, regelt die BGV A2, dass er der Regelbetreuung (vgl. Rn 2) unterfällt.

11 b) Unfallverhütungsvorschriften der Unfallkassen und landwirtschaftlichen Berufsgenossenschaften. Im Zuständigkeitsbereich der **Unfallkassen** gelten die UVV GUV-V A6/7 (bisherige GUV 0.5; Eisenbahn-Unfallkasse: GUV-V A2, Unfallkasse Post und Telekom: GUV-V A6 und GUV-V A7). Sie reformieren ihre UVV zur betriebsärztlichen und sicherheitstechnischen Betreuung derzeit nach dem Modell der gewerblichen BG (BGV A2, vgl. Rn 9). Bei den **landwirtschaftlichen BG** gilt die 2004/2005 novellierte UVV VSG 1.2.

12 c) Anschlusszwang an überbetrieblichen Dienst. Der Unfallversicherungsträger kann Unternehmer, die binnen einer von ihm gesetzten angemessenen Frist keine oder nicht in ausreichendem Umfang Betriebsärzte und Fachkräfte für Arbeitssicherheit bestellen, durch eine Regelung in seiner Satzung gem. § 24 Abs. 2 SGB VII verpflichten, sich einem überbetrieblichen arbeitsmedizinischen und/oder sicherheitstechnischen Dienst anzuschließen (vgl. § 19 Rn 2).

II. Verantwortung des AG für die Durchführung des ASiG (Abs. 2)

13 S. 1 stellt klar, dass der AG die **Verantwortung** dafür trägt, dass die von ihm bestellten Betriebsärzte die ihnen übertragenen Aufgaben erfüllen.[17] Aus der amtlichen Begründung zu Abs. 2, wonach sich die Überwachungsbehörde bei Beanstandungen an den AG und nicht an den Betriebsarzt oder überbetrieblichen Dienst zu wenden hat, folgt, dass es dem AG nicht möglich ist, seine Verantwortung für den betrieblichen Arbeitsschutz auf sie abzuwälzen.[18] Der AG hat sich von der Aufgabenerfüllung zu vergewissern und ggf. von seinem Direktionsrecht gem. § 106 GewO Gebrauch zu machen. Dabei hat er allerdings die Unabhängigkeit der Arbeitsschutzexperten bei der Fachkundeanwendung gem. § 8 Abs. 1 S. 1 zu beachten. Gegenüber externen Betriebsärzten und überbetrieblichen Diensten hat der AG

---

13 Vgl. zur Regelungsbefugnis der Unfallversicherungsträger von Mindesteinsatzzeiten für Betriebsärzte und Sicherheitsfachkräfte in UVV BSG 24.10.1985 – 2 RU 13/85 – BSGE 59, 55 = NZA 1986, 204.
14 Vgl. *Anzinger/Bieneck*, § 2 Rn 39 und § 5 Rn 53.
15 Vgl. BSG 24.10.1985 – 2 RU 13/85 – BSGE 59, 55; BSG 2.11.1999 – B 2 U 25/98 R – BSGE 85, 98 = SozR 3–2200 § 708 Nr. 1.
16 Vgl. *Janning/Vleurinck*, BArbBl 12/1999, S. 17.
17 Vgl. BT-Drucks 7/260, S. 11; *Bieneck*, in: FS für Wlotzke 1996, S. 465.
18 Vgl. BT-Drucks 7/260, S. 11.

einen vertraglichen Erfüllungsanspruch.[19] Zur Erleichterung seiner Überwachungspflicht hat der Unternehmer nach § 5 BGV A2 (zu dieser UVV vgl. Rn 7) die von ihm bestellten Betriebsärzte zu verpflichten, insb. über die Erfüllung der übertragenen Aufgaben regelmäßig schriftlich zu berichten. Diese Berichte sind dem BR auf sein Verlangen im Rahmen seiner Überwachungsaufgabe gem. § 80 Abs. 1 Nr. 1, Abs. 2 S. 2 Hs. 1 BetrVG zur Verfügung zu stellen (vgl. § 80 BetrVG Rn 19 ff.).

Damit der Betriebsarzt seine Aufgaben im Betrieb sinnvoll nachkommen kann, hat ihm der AG gem. S. 2 alle dafür **erforderlichen** personellen und sächlichen **Mittel zur Verfügung zu stellen** und ihm alle nach den betrieblichen Erfordernissen notwendigen **Informationen** zu geben.[20] Hinweise für die Praxis enthalten die Grundsätze über Hilfspersonal, Räume, Einrichtungen, Geräte und Mittel für Betriebsärzte im Betrieb, herausgegeben vom Hauptverband der gewerblichen BG, jetzt Deutsche Gesetzliche Unfallversicherung e.V. (DGUV).[21] Mit freiberuflich tätigen Betriebsärzten bzw. überbetrieblichen Diensten kann der AG vertraglich regeln, dass und welche Mittel von ihnen vorzuhalten sind.[22]

14

Zur Sicherstellung der Information des Betriebsarztes über den Einsatz **befristet beschäftigter AN** sowie von **Leih-AN**, hat der AG ihn darüber gem. S. 3 zu unterrichten. Zum einen kann der Betriebsarzt seinen Aufgaben nur nachkommen, wenn er vom Einsatz dieser AN-Gruppen weiß, zum anderen werden sie bei der Mindesteinsatzzeitenbemessung nach der UVV BGV A2 nicht berücksichtigt, wenn ihr Einsatz weniger als ein Jahr beträgt, so dass eine Erhöhung der Betreuungszeiten in Betracht kommt.

15

III. AG-Pflichten bei Fortbildung (Abs. 3)

Für den Betriebsarzt folgt aus Abs. 3 keine neue Pflicht, sich fortzubilden (zur ärztlichen Fortbildungsverpflichtung vgl. Rn 23). Die **Fortbildung** nach Abs. 3 umfasst die **zusätzlichen Qualifizierungen** nach bereits erworbener arbeitsmedizinischer Fachkunde (vgl. § 4 Rn 2).[23] **Erforderlich** ist eine Fortbildung, wenn ihre Inhalte für die vom Betriebsarzt im Betrieb zu erfüllenden Aufgaben von Bedeutung sind.[24] Das Tatbestandsmerkmal der Erforderlichkeit grenzt von allgemeinen Fortbildungen ab.[25] Die Berücksichtigung **betrieblicher Belange** kann dazu führen, dass eine Fortbildungsmaßnahme zu verschieben ist, wenn der Betriebsarzt wegen besonderer Umstände im Betrieb unabkömmlich ist.[26]

16

S. 2 gewährt dem als **AN** angestellten Betriebsarzt für die Zeit der Fortbildung einen **gesetzlichen Freistellungsanspruch unter Vergütungsfortzahlung**. Ggf. muss der AG einen Vertreter für den Betriebsarzt bestellen.[27] Bei arbeitsvertraglich angestellten Betriebsärzten hat der AG nach S. 3 außerdem die **Fortbildungskosten** zu tragen. Neben den Teilnahmekosten für die Fortbildung zählen indirekte Kosten wie Reise-, Unterbringungs- und Verpflegungskosten sowie Kosten für erforderliche Fachliteratur dazu.[28] Unter bestimmten Umständen hat der gesetzliche Unfallversicherungsträger diese Kosten zu tragen (vgl. Rn 22). Gegenüber einem **freiberuflich tätigen Betriebsarzt** bzw. **überbetrieblichen Dienst** ist der AG gem. S. 4 lediglich zur Freistellung verpflichtet, wenn die Voraussetzungen des S. 1 vorliegen. Die Parteien können vertraglich weitere Ansprüche gegen den AG vereinbaren.

17

IV. Rechtsfolge: Behördliche Anordnung

Verstößt der AG gegen seine Pflichten aus diesem Gesetz bzw. die das Gesetz konkretisierenden UVV, kann die zuständige Aufsichtsbehörde gegen ihn eine Anordnung gem. § 12 Abs. 1 erlassen; auch die Aufsichtsperson des zuständigen Unfallversicherungsträgers ist gem. § 19 Abs. 1 SGB VII zu Anordnungen befugt (vgl. § 12 Rn 11). Der Unfallversicherungsträger ist insb. berechtigt, einen Unternehmer durch Einzelanordnung zu verpflichten, einen Betriebsarzt zu bestellen; auch für nicht am Betriebsort tätige AN, z.B. bundesweit eingesetzte LKW-Fahrer.[29]

18

V. Arbeitsrechtliche Fragestellungen

1. Arbeitnehmereigenschaft und Anwendbarkeit des Arbeitsrechts. Betriebsärzte können ebenso wie Sicherheitsfachkräfte als **AN** (zum AN-Begriff vgl. § 611 BGB Rn 58 ff.) oder **freie Mitarbeiter** beschäftigt werden. Dies folgt aus § 9 Abs. 3. Maßgebend für die Abgrenzung der Vertragsformen sind die Umstände (Weisungsgebundenheit, Einbindung in die betriebliche Organisation), unter denen die Dienstleistung zu erbringen ist.[30] Kein Anhaltspunkt zur Klärung der AN-Eigenschaft eines Betriebsarztes ist das zur Verfügung stellen von Hilfspersonen oder Hilfsmitteln, etwa medizinischer Instrumente oder eines Arztraumes im Betrieb durch einen AG, weil diese

19

---

19 Vgl. *Anzinger/Bieneck*, § 2 Rn 53; *Kittner/Pieper*, ASiG Rn 51.
20 Vgl. MünchArb/*Wlotzke*, § 210 Rn 71.
21 Vgl. im Internet unter www.dguv.de.
22 Vgl. *Anzinger/Bieneck*, § 2 Rn 60; *Nöthlichs*, Kennzahl 4064 § 2 Anm. 3 S. 9.
23 Vgl. *Anzinger/Bieneck*, § 2 Rn 71.
24 Vgl. *Anzinger/Bieneck*, § 2 Rn 74.
25 Vgl. BT-Drucks 7/1085, S. 5.

26 Vgl. *Anzinger/Bieneck*, § 2 Rn 77 f.; MünchArb/*Wlotzke*, § 210 Rn 72.
27 Vgl. *Anzinger/Bieneck*, § 2 Rn 79; *Nöthlichs*, Kennzahl 4064 § 2 Anm. 5.2 S. 11.
28 Vgl. *Anzinger/Bieneck*, § 2 Rn 81.
29 Vgl. LAG Rheinland-Pfalz 12.3.2002 – L 2 U 320/01 – juris.
30 Zur Abgrenzung eines Arbeitsvertrages von einem Vertrag eines freien Mitarbeiters vgl. auch LAG Köln 25.8.1999 – 2 Sa 611/99 – DB 1999, 2648.

Pflicht bereits aus Abs. 2 folgt.[31] Beschränkt sich die Ableistung betriebsärztlicher Aufgaben auf die Abhaltung bestimmter Sprechstunden im Betrieb und steht es dem Arzt frei, Zeit und Dauer seines Urlaubs selbst zu bestimmen, spricht dies gegen seine AN-Eigenschaft.[32] Bei der Vertragsauslegung ist im Zweifel der objektiv zum Ausdruck kommende Parteiwille zu berücksichtigen.[33] Betriebsärzte sind regelmäßig keine leitenden Ang i.S.d. § 5 Abs. 3 BetrVG.[34] Der AG bzw. dessen gesetzlicher Vertreter darf zur Vermeidung von Interessenkollisionen gegenüber den zu untersuchenden Beschäftigten in seinem Betrieb nicht zugleich die Funktion eines Betriebsarztes ausüben.[35] Für den Bereich der arbeitsmedizinischen Vorsorge stellt § 7 Abs. 1 S. 2 der Verordnung zur arbeitsmedizinischen Vorsorge vom 18.12.2008 (BGBl I, S. 2768), in Kraft getreten am 24.12.2008, nun ausdrücklich klar, dass der Arzt **keine AG-Funktion** ausüben darf. Auf das Arbverh eines im Betrieb als **AN** angestellten Betriebsarztes (zu den möglichen Betreuungsvarianten und den BR-Beteiligungen vgl. § 9 Rn 7 ff.) findet das **Arbeitsrecht** Anwendung (zur rechtlichen Stellung der angestellten Arbeitsschutzexperten vgl. § 9 Rn 13). **Besonderheiten** bestehen insb. beim Direktionsrecht, das bzgl. der Fachkundeanwendung eingeschränkt ist und beim Erfordernis, einen Betriebsarzt in bestimmter Weise in die betriebliche Organisation einzubinden (vgl. § 8 Rn 3; zu den AG-Pflichten bei Fortbildungen gem. Abs. 3 vgl. Rn 16 f.).

20 **2. Befristung.** Für eine wirkungsvolle Ausübung der Tätigkeit des Betriebsarztes ist das Vertrauen der Belegschaft, der AN-Vertretung und des AG unerlässlich. Fällt das Vertrauen weg, kann die Abberufung des Betriebsarztes in Betracht kommen (vgl. § 9 Rn 15). Ein potentiell wegfallendes Vertrauen rechtfertigt aber nicht, den Arbeitsvertrag des Betriebsarztes zu befristen, denn seine Aufgaben sind grds. auf Dauer angelegt (zur Zulässigkeit der Befristung von Arbeitsverträgen vgl. § 14 TzBfG Rn 20 ff.).[36]

21 **3. Leiharbeitnehmer.** Werden im Betrieb **Leih-AN** beschäftigt, beurteilt sich die Frage nach den AG-Pflichten aus diesem Gesetz nach § 11 Abs. 6 S. 1 AÜG. Danach unterliegt die Tätigkeit des Leih-AN bei dem Entleiher den für den Betrieb des Entleihers geltenden öffentlich-rechtlichen Vorschriften des Arbeitsschutzrechts; die hieraus sich ergebenden AG-Pflichten obliegen dem Entleiher unbeschadet der Pflichten des Verleihers (vgl. § 11 AÜG Rn 25).[37]

C. Verbindung zu anderen Rechtsgebieten und zum Prozessrecht

I. Fortbildungen

22 Führen **Unfallversicherungsträger** Fortbildungsveranstaltungen nach § 23 Abs. 1 S. 1 SGB VII für Personen durch, die in den Unternehmen mit der Durchführung der Maßnahmen zur Verhütung von Arbeitsunfällen, Berufskrankheiten und arbeitsbedingten Gesundheitsgefahren sowie mit der Ersten Hilfe betraut sind, haben sie gem. § 23 Abs. 2 S. 1 SGB VII die unmittelbaren **Kosten** der Fortbildungsmaßnahmen sowie die erforderlichen Fahr-, Verpflegungs- und Unterbringungskosten zu tragen. Da Betriebsärzte ebenso wie Fachkräfte für Arbeitssicherheit dieser Personengruppe angehören, entfällt die Kostentragungspflicht des AG nach Abs. 3 S. 3.[38] Nach § 23 Abs. 1 S. 2 SGB VII können die Unfallversicherungsträger für externe Betriebsärzte und Sicherheitsfachkräfte entsprechende Maßnahmen durchführen und haben dafür gem. § 23 Abs. 2 S. 1 SGB VII ebenfalls die Kosten zu tragen. Nach § 23 Abs. 3 SGB VII besteht gegenüber dem Unternehmer ein **Vergütungsfortzahlungsanspruch** für die wegen der Teilnahme an einem Lehrgang ausgefallene Arbeitszeit.

23 Die **Fortbildungsverpflichtung** aller Ärzte, also auch der Betriebsärzte, folgt aus dem **ärztlichen Standesrecht**, so dass das ASiG keine neue Arztpflicht normiert.[39]

II. Betriebsverfassungsrecht

24 Das erzwingbare Mitbestimmungsrecht des BR gem. **§ 87 Abs. 1 Nr. 7 BetrVG** (vgl. § 87 BetrVG Rn 107 ff.) erstreckt sich auch auf die Frage ob und wie viele Betriebsärzte bzw. Sicherheitsfachkräfte zu bestellen sind, sofern im ASiG bzw. in den konkretisierenden UVVen keine abschließende Regelung getroffen wurde.[40] Zusätzlich zu den Beteiligungsrechten des BR bei personellen Einzelmaßnahmen nach §§ 99 ff. BetrVG wird ihm bei der Bestellung von Betriebsärzten ein Zustimmungsrecht gem. **§ 9 Abs. 3 S. 1** eingeräumt (vgl. § 9 Rn 7 ff.).

---

31 Vgl. LAG München 2.8.1984 – 7 Sa 632/83 – BB 1985, 198 = NJW 1985, 696; LAG Köln 25.8.1999 – 2 Sa 611/99 – DB 1999, 2648.
32 Vgl. BSG 9.12.1981 – 12 RK 4/81 – SozR 2400 § 2 Nr. 19.
33 Vgl. LAG Köln 25.8.1999 – 2 Sa 611/99 – DB 1999, 2648.
34 Vgl. *Anzinger/Bieneck*, § 2 Rn 15.
35 Vgl. OVG NRW 8.4.1987 – 4 A 1015/86 – BB 1987, 1534 = DÖV 1987, 1068; *Anzinger/Bieneck*, § 2 Rn 15.
36 Vgl. LAG Köln 18.4.1986 – 4 Sa 35/86 – DB 1987, 542.
37 Vgl. auch *Anzinger/Bieneck*, § 2 Rn 67.
38 Vgl. *Anzinger/Bieneck*, § 2 Rn 83.
39 Vgl. § 4 Abs. 1 der (Muster-)Berufsordnung für die deutschen Ärztinnen und Ärzte – MBO-Ä 1997 – i.d.F. v. 24.11.2006.
40 Vgl. *Fitting* u.a., § 87 Rn 325; a.A. GK-*Wiese*, § 87 Rn 649.

D. Beraterhinweise

Mustervertäge zur betriebsärztlichen Betreuung von Kleinbetrieben für die Vertragspartner Betrieb und Betriebsarzt bzw. arbeitsmedizinischem Dienst hat die Bundesärztekammer ins Internet gestellt.[41]

§ 3 Aufgaben der Betriebsärzte

(1) ¹Die Betriebsärzte haben die Aufgabe, den Arbeitgeber beim Arbeitsschutz und bei der Unfallverhütung in allen Fragen des Gesundheitsschutzes zu unterstützen. ²Sie haben insbesondere
1. den Arbeitgeber und die sonst für den Arbeitsschutz und die Unfallverhütung verantwortlichen Personen zu beraten, insbesondere bei
   a) der Planung, Ausführung und Unterhaltung von Betriebsanlagen und von sozialen und sanitären Einrichtungen,
   b) der Beschaffung von technischen Arbeitsmitteln und der Einführung von Arbeitsverfahren und Arbeitsstoffen,
   c) der Auswahl und Erprobung von Körperschutzmitteln,
   d) arbeitsphysiologischen, arbeitspsychologischen und sonstigen ergonomischen sowie arbeitshygienischen Fragen, insbesondere des Arbeitsrhythmus, der Arbeitszeit und der Pausenregelung, der Gestaltung der Arbeitsplätze, des Arbeitsablaufs und der Arbeitsumgebung,
   e) der Organisation der „Ersten Hilfe" im Betrieb,
   f) Fragen des Arbeitsplatzwechsels sowie der Eingliederung und Wiedereingliederung Behinderter in den Arbeitsprozeß,
   g) der Beurteilung der Arbeitsbedingungen,
2. die Arbeitnehmer zu untersuchen, arbeitsmedizinisch zu beurteilen und zu beraten sowie die Untersuchungsergebnisse zu erfassen und auszuwerten,
3. die Durchführung des Arbeitsschutzes und der Unfallverhütung zu beobachten und im Zusammenhang damit
   a) die Arbeitsstätten in regelmäßigen Abständen zu begehen und festgestellte Mängel dem Arbeitgeber oder der sonst für den Arbeitsschutz und die Unfallverhütung verantwortlichen Personen mitzuteilen, Maßnahmen zur Beseitigung dieser Mängel vorzuschlagen und auf deren Durchführung hinzuwirken,
   b) auf die Benutzung der Körperschutzmittel zu achten,
   c) Ursachen von arbeitsbedingten Erkrankungen zu untersuchen, die Untersuchungsergebnisse zu erfassen und auszuwerten und dem Arbeitgeber Maßnahmen zur Verhütung dieser Erkrankungen vorzuschlagen,
4. darauf hinzuwirken, daß sich alle im Betrieb Beschäftigten den Anforderungen des Arbeitsschutzes und der Unfallverhütung entsprechend verhalten, insbesondere sie über die Unfall- und Gesundheitsgefahren, denen sie bei der Arbeit ausgesetzt sind, sowie über die Einrichtungen und Maßnahmen zur Abwendung dieser Gefahren zu belehren und bei der Einsatzplanung und Schulung der Helfer in „Erster Hilfe" und des medizinischen Hilfspersonals mitzuwirken.

(2) Die Betriebsärzte haben auf Wunsch des Arbeitnehmers diesem das Ergebnis arbeitsmedizinischer Untersuchungen mitzuteilen; § 8 Abs. 1 Satz 3 bleibt unberührt.

(3) Zu den Aufgaben der Betriebsärzte gehört es nicht, Krankmeldungen der Arbeitnehmer auf ihre Berechtigung zu überprüfen.

A. Allgemeines 1	II. Mitteilung des Untersuchungsergebnisses an den Arbeitnehmer (Abs. 2) 10
I. Einwirkung der nichtarbeitsrechtlichen Norm auf das Arbeitsverhältnis 1	III. Keine Überprüfung von Krankmeldungen (Abs. 3) 11
II. Zweck 2	IV. Rechtsfolge: Behördliche Anordnung 12
B. Regelungsgehalt 3	V. Arbeitsrechtliche Fragestellungen 13
I. Aufgaben des Betriebsarztes (Abs. 1) 3	**C. Verbindung zu anderen Rechtsgebieten und zum Prozessrecht** 14
1. Allgemein (S. 1) 3	I. Ärztliche Schweigepflicht 14
2. Katalog nicht abschließender Aufgaben (S. 2) 4	II. Haftung 15
a) Fachkundespezifische Aufgabe (Nr. 2) ... 5	
b) Weitere betriebsärztliche Aufgaben 9	

---

41 Vgl. www.bundesaerztekammer.de unter dem Stichwort „Musterverträge".

III.	Kontinuierliche Verbesserung von Sicherheit und Gesundheitsschutz	17	V. Umsatzsteuerrechtliche Behandlung arbeitsmedizinischer Vorsorgeuntersuchungen	19
IV.	Betriebsverfassungsrecht	18		

A. Allgemeines

I. Einwirkung der nichtarbeitsrechtlichen Norm auf das Arbeitsverhältnis

1 Aufgrund der Aufgabenfestlegung der Betriebsärzte in Abs. 1 ist der AG verpflichtet, den angestellten Betriebsärzten diese Aufgaben arbeitsvertraglich zu übertragen.[1] Wegen des nicht abschließenden Charakters des Aufgabenkatalogs können dem Betriebsarzt arbeitsvertraglich weitere Aufgaben übertragen werden (vgl. Rn 9), allerdings nicht die Überprüfung von Krankmeldungen der AN wie Abs. 3 klarstellt.

II. Zweck

2 Abs. 1 bezweckt neben der Regelung der betriebsärztlichen Aufgaben die Trennung der **Verantwortlichkeiten**: Während der AG die grds. Verantwortung für den innerbetrieblichen Arbeits- und Gesundheitsschutz trägt, sind die Betriebsärzte für die ordnungsgemäße Fachkundeanwendung verantwortlich.[2] Abs. 2 verschafft den AN zu ihrer Information einen Auskunftsanspruch. Abs. 3 dient der Stärkung des Vertrauens der AN in die gem. § 8 normierte Unabhängigkeit der Betriebsärzte bei Anwendung ihrer Fachkunde; gleichzeitig ist das Verbot der Überprüfung von Arbeitsunfähigkeitsbescheinigungen der AN grundlegend für eine erfolgreiche betriebsärztliche Tätigkeit, für die ein Vertrauensverhältnis zwischen der AN-Schaft und dem Betriebsarzt unerlässlich ist.

B. Regelungsgehalt

I. Aufgaben des Betriebsarztes (Abs. 1)

3 **1. Allgemein (S. 1).** S. 1 normiert die betriebsärztlichen Aufgaben allgemein mit der **Unterstützung** (vgl. § 2 Rn 2) des AG beim Arbeitsschutz und bei der Unfallverhütung (zum Arbeitsschutzbegriff vgl. § 1 Rn 6) in allen Fragen des Gesundheitsschutzes. Der **Gesundheitsbegriff** ist nach der Rspr. des BVerwG ausgehend vom Fürsorgegedanken im Arbeitsschutz weit auszulegen. Danach erstreckt er sich jedenfalls im Bereich gesetzlich geregelter Fürsorge zum AN-Schutz auch auf das psychische Wohlbefinden, soweit es durch die Gestaltung der Arbverh und -bedingungen betroffen werden kann.[3] Nach Art. 3e des IAO-Übereinkommens Nr. 155 über Arbeitsschutz und Arbeitsumwelt umfasst Gesundheit im Zusammenhang mit der Arbeit neben dem Freisein von Krankheit oder Gebrechen auch die physischen und geistig-seelischen Faktoren, die sich auf die Gesundheit auswirken und in unmittelbarem Zusammenhang mit Sicherheit und Gesundheit bei der Arbeit stehen.

4 **2. Katalog nicht abschließender Aufgaben (S. 2).** Nach dem nicht abschließenden, präventiv ausgerichteten Aufgabenkatalog des S. 2 reichen die Tätigkeitsfelder des Betriebsarztes von einer umfassenden, bereits bei der Planung von Betriebsanlagen beginnenden betriebsärztlichen **Beratung** (Nr. 1), über **arbeitsmedizinische Untersuchungen** (Nr. 2) und **Beobachtungen** (Nr. 3) bis zur **Hinwirkung auf das dem Arbeitsschutz und der Unfallverhütung entsprechende Verhalten** (Nr. 4).[4] Dass dieser **Aufgabenkatalog nicht abschließend** ist, folgt aus dem die Aufzählung einleitenden Wort „insbesondere". § 6 normiert einen im Wesentlichen identischen Aufgabenkatalog für Sicherheitsfachkräfte; Betriebsärzte und Fachkräfte für Arbeitssicherheit haben zur Umsetzung ihrer Aufgaben zusammenzuarbeiten (vgl. § 10).

5 **a) Fachkundespezifische Aufgabe (Nr. 2).** Eine wichtige spezifisch betriebsärztliche Aufgabe regelt Nr. 2. Danach haben Betriebsärzte **AN zu untersuchen, arbeitsmedizinisch zu beurteilen und zu beraten** sowie die **Untersuchungsergebnisse** zu erfassen und auszuwerten. Weitere Bestimmungen hierzu enthält das ASiG nicht. Es schreibt weder arbeitsmedizinische Vorsorgeuntersuchungen vor noch enthält es für die AN eine Anspruchsgrundlage für die Durchführung solcher Untersuchungen, wenn sie dies wünschen.[5] Arbeitsmedizinische Vorsorgeuntersuchungen dienen primär dem **Schutz des untersuchten AN**.[6] Er wird arbeitsmedizinisch über **individuelle Wechselwirkungen** zwischen seiner **Arbeit** und **Gesundheit** beraten und kann sein Verhalten auf die spezifischen Belastungen und Gefährdungen am konkreten Arbeitsplatz einstellen.[7] Die Kosten arbeitsmedizinischer Vorsorgeuntersuchungen dürfen nicht dem AN auferlegt werden, vgl. § 3 Abs. 3 ArbSchG.

6 Die **Verordnung zur arbeitsmedizinischen Vorsorge (ArbMedVV)** vom 18.12.2008,[8] die am 24.12.2008 in Kraft getreten ist, regelt die arbeitsmedizinische Vorsorge systematisch, enthält Begriffsdefinitionen, Pflichten für AG

---

1 Vgl. *Anzinger/Bieneck*, § 3 Rn 5.
2 Vgl. *Anzinger/Bieneck*, § 3 Rn 6.
3 Vgl. BVerwG 31.1.1997 – 1 D 20/95 – NZA 1997, 482.
4 Vgl. zu den betriebsärztlichen Aufgaben im Einzelnen die ausführliche Darstellung in *Anzinger/Bieneck*, § 3 Rn 6 ff.
5 Vgl. *Janning*, Zbl Arbeitsmed 1997, 358.
6 Vgl. *Janning*, Zbl Arbeitsmed 1997, 358; *Giesen*, Zbl Arbeitsmed 1996, 287.
7 Vgl. *Anzinger/Bieneck*, § 3 Rn 95.
8 Vgl. BGBl 2008 I, S. 2768.

und Ärzte, normiert Rechte der Beschäftigten und zählt in ihrem Anhang abschließend **alle Anlässe für Pflicht- und Angebotsuntersuchungen** im Geltungsbereich des ArbSchG auf. Pflichtuntersuchungen sind arbeitsmedizinische Vorsorgeuntersuchungen, die der AG bei bestimmten besonders gefährdenden Tätigkeiten zu veranlassen hat (vgl. § 2 Abs. 3 ArbMedVV). Angebotsuntersuchungen sind arbeitsmedizinische Vorsorgeuntersuchungen, die der AG bei bestimmten gefährdenden Tätigkeiten anzubieten hat (vgl. § 2 Abs. 4 ArbMedVV). Die bislang in Fachverordnungen zum ArbSchG und in UVV der Träger der gesetzlichen Unfallversicherung normierten Teilbereiche der arbeitsmedizinischen Vorsorge und darin enthaltene Anlässe für arbeitsmedizinische Vorsorgeuntersuchungen (z.B. §§ 15, 16 i.V.m. Anh. V GefStoffV a.F., §§ 15, 15a i.V.m. Anh. IV BioStoffV a.F., UVV „Arbeitsmedizinische Vorsorge" (BGV A4)) sind i.R.d. Rechtsreform zur arbeitsmedizinischen Vorsorge systematisiert und in die ArbMedVV überführt worden. Einen weiteren Anlass für eine arbeitsmedizinische Vorsorgeuntersuchung außerhalb des Geltungsbereichs des ArbSchG enthält z.B. § 6 Abs. 3 ArbZG für die Nachtarbeit.

Daneben haben Beschäftigte gem. **§ 11 ArbSchG** grds. einen gesetzlichen Anspruch auf die Durchführung von **Wunschuntersuchungen** (vgl. § 2 Abs. 5 ArbMedVV). D.h. der AG hat einem Beschäftigten auf seinen Wunsch arbeitsmedizinische Vorsorgeuntersuchungen zu ermöglichen, es sei denn, aufgrund der Beurteilung der Arbeitsbedingungen und der getroffenen Schutzmaßnahmen ist nicht mit einem Gesundheitsschaden zu rechnen (vgl. § 11 ArbSchG Rn 2 ff.). Der Arzt wird hierbei beratend und aufklärend tätig werden. Dass zu den Aufgaben des Betriebsarztes die Beratung der AN und die Durchführung arbeitsmedizinischer Vorsorgeuntersuchungen gehören, folgt aus dem Aufgabenkatalog des Abs. 1. Das ASiG selbst enthält aber keine Untersuchungsanlässe, sondern in Nr. 2 des Katalogs eine **Aufgabenzuweisung** an Betriebsärzte.

Einstellungsuntersuchungen (vgl. § 611 BGB Rn 315 ff.; Art. 1, 2 GG Rn 64 ff.) gehören **nicht** zu den arbeitsmedizinischen Vorsorgeuntersuchungen bzw. den betriebsärztlichen Aufgaben nach dem ASiG. Sie werden vor Abschluss eines Arbeitsvertrags im Interesse des AG zur Personalauswahl durchgeführt.[9] Bei ihnen steht die Frage der Eignung eines Bewerbers für die zu besetzende Stelle im Vordergrund, nicht sein Gesundheitsschutz.[10] Auch die im bestehenden Arbverh unter bestimmten Voraussetzungen zulässigen **Eignungs- bzw. Tauglichkeitsuntersuchungen** erfolgen vorrangig im Interesse des AG oder zum Schutz Dritter bzw. der Allgemeinheit (vgl. z.B. Seediensttauglichkeitsuntersuchung, § 81 Abs. 1 SeemG; Eignungsuntersuchung für die Erlaubnis der Fahrgastbeförderung, § 48 Abs. 4, 5 i.V.m. § 11 Abs. 9, Anl. 5 FeV) und sind ebenfalls **keine** arbeitsmedizinischen Vorsorgeuntersuchungen.[11] Diese Untersuchungsarten sind grds. getrennt von arbeitsmedizinischen Vorsorgeuntersuchungen durchzuführen; nur wenn betriebliche Gründe dies ausnahmsweise erfordern, dürfen die Untersuchungen gemeinsam durchgeführt werden, wobei ihre unterschiedlichen Zwecke offen zu legen sind (vgl. § 3 Abs. 3 S. 2 ArbMedVV).[12]

b) Weitere betriebsärztliche Aufgaben. Dem Betriebsarzt können weitere Aufgaben, mit Ausnahme der Überprüfung von Krankmeldungen gem. Abs. 3, übertragen werden.[13] Sie dürfen nur dann innerhalb der in den UVV zum ASiG festgelegten Mindesteinsatzzeit (vgl. § 2 Rn 9) wahrgenommen werden, wenn sie der Zielrichtung des ASiG entsprechen, d.h. präventiv ausgerichtet sind; anderenfalls müssen die Aufgaben zusätzlich erbracht werden.[14] Dass arbeitsmedizinische Vorsorgeuntersuchungen nach speziellen Rechtsvorschriften zusätzlich zur Einsatzzeit zu erbringen sind, schreibt die UVV BGV A2 in ihrer Anlage 2 (zur UVV vgl. § 2 Rn 6 ff.) vor.

II. Mitteilung des Untersuchungsergebnisses an den Arbeitnehmer (Abs. 2)

Nach Abs. 2 hat der AN einen **Auskunftsanspruch**, jedoch keinen Anspruch auf Einsichtnahme in die ärztlichen Unterlagen.[15] § 8 Abs. 1 S. 3 bleibt unberührt.

III. Keine Überprüfung von Krankmeldungen (Abs. 3)

Nach Abs. 3 gehört es **nicht** zu den betriebsärztlichen Aufgaben, **Arbeitsunfähigkeitsbescheinigungen** der AN auf ihre Berechtigung zu **überprüfen**. Dies widerspräche den präventiv ausgerichteten betriebsärztlichen Aufgaben nach dem ASiG und liefe dem Vertrauensverhältnis zwischen Betriebsarzt und Arbeitnehmerschaft zuwider.

IV. Rechtsfolge: Behördliche Anordnung

Verstößt der AG gegen seine Pflichten aus diesem Gesetz bzw. die das Gesetz konkretisierenden UVV, kann die zuständige Aufsichtsbehörde gegen ihn eine Anordnung gem. § 12 Abs. 1 erlassen; auch die Aufsichtsperson des zuständigen Unfallversicherungsträgers ist gem. § 19 Abs. 1 SGB VII zu Anordnungen befugt (vgl. § 12 Rn 11).

---

9 Vgl. *Anzinger/Bieneck*, § 3 Rn 90; *Janning*, Zbl Arbeitsmed 1997, 358; MünchArb/*Wlotzke*, § 216 Rn 32.
10 Vgl. *Janning*, Zbl Arbeitsmed 1997, 358.
11 Vgl. *Anzinger/Bieneck*, § 3 Rn 86 f.; *Giesen*, Zbl Arbeitsmed 1996, 287; *Giesen*, ASU 2007, 646, 653; MünchArb/ *Wlotzke*, § 216 Rn 31; *Koll/Janning/Pinter*, § 11 Rn 9; *Janning*, Zbl Arbeitsmed 1997, 358.
12 Vgl. BGBl 2008 I, S. 2768.
13 Vgl. BGH 11.2.1988 – I ZR 117/86 – NJW-RR 1989, 550 = MDR 1988, 835, wonach kein Verbot besteht, auf Wunsch der Unternehmensangehörigen bei akuten Erkrankungen eine Erstbehandlung vorzunehmen.
14 Vgl. *Anzinger/Bieneck*, § 3 Rn 124.
15 Vgl. *Anzinger/Bieneck*, § 3 Rn 120.

V. Arbeitsrechtliche Fragestellungen

13 Betriebsärzte haben gegenüber den im Betrieb beschäftigten AN kein Weisungsrecht.[16]

C. Verbindung zu anderen Rechtsgebieten und zum Prozessrecht

I. Ärztliche Schweigepflicht

14 Der Betriebsarzt unterliegt der ärztlichen Schweigepflicht (vgl. § 8 Rn 7).

II. Haftung

15 Verursacht z.B. ein angestellter Betriebsarzt in Ausübung seiner Tätigkeit, etwa bei der Vornahme arbeitsmedizinischer Vorsorgeuntersuchungen gem. Abs. 1 S. 2 Nr. 2, bei einem AN einen Schaden, können für den geschädigten AN sowohl gegenüber dem Betriebsarzt als auch gegenüber dem AG zivilrechtliche Schadensersatz- und Schmerzensgeldansprüche in Betracht kommen. Mangels Vertragsbeziehung zwischen geschädigtem AN und Betriebsarzt scheiden vertragliche Ansprüche zwischen ihnen aus.[17] Handelt es sich um einen

- **Sachschaden**, kommt ein **vertraglicher Schadensersatzanspruch** gem. § 280 Abs. 1 BGB i.V.m. § 278 BGB gegenüber dem AG wegen einer Pflichtverletzung des Betriebsarztes als seines **Erfüllungsgehilfen**[18] in Betracht; als **deliktische Anspruchsgrundlage** kommt gegen den Betriebsarzt § 823 Abs. 1 BGB infrage[19] (zum innerbetrieblichen Schadensausgleich, vgl. § 611 BGB Rn 875 ff.) und gegen den AG § 831 Abs. 1 BGB i.V.m. § 823 Abs. 1 BGB, wobei für diesen die Möglichkeit zur Exkulpation gem. § 831 Abs. 1 S. 2 BGB besteht;[20]
- **Vermögensschaden**, kommt ebenfalls der vorgenannte **vertragliche Schadensersatzanspruch** gegen den AG in Betracht; deliktische Ansprüche auf Schadensersatz bestehen nicht, da das Vermögen kein von § 823 Abs. 1 BGB geschütztes Rechtsgut[21] und das ASiG kein Schutzgesetz i.S.d. § 823 Abs. 2 BGB ist;[22]
- **Personenschaden**, kommen neben dem vorgenannten **vertraglichen Anspruch auf Schadensersatz** ein **Schmerzensgeldanspruch** gem. §§ 280 Abs. 1, 278 BGB i.V.m. § 253 Abs. 2 BGB und die vorgenannten deliktischen Schadensersatzansprüche gegen AG und Betriebsarzt in Betracht; bei Vorliegen der Voraussetzungen der **§§ 104 f. SGB VII** sind diese Ansprüche jedoch **ausgeschlossen** (vgl. § 104 SGB VII Rn 1 ff., § 105 SGB VII Rn 1 ff.).[23]

(Zur Haftung bei überbetrieblichen Diensten vgl. § 19 Rn 6.)

16 Verursacht der Betriebsarzt einen Personenschaden, kann er die **Straftatbestände** der fahrlässigen Körperverletzung bzw. Tötung gem. § 230 bzw. § 222 StGB verwirklichen, durch ein Unterlassen (§ 13 StGB) jedoch nur, wenn er Beschützergarant ist.[24]

III. Kontinuierliche Verbesserung von Sicherheit und Gesundheitsschutz

17 Dass die Aufgaben der Arbeitsschutzexperten kontinuierlich durchzuführen und an sich wandelnde Arbeitsumstände bzw. neue Erkenntnisse anzupassen sind, folgt auch aus § 3 Abs. 1 S. 3 ArbSchG, wonach der AG eine Verbesserung von Sicherheit und Gesundheitsschutz der Beschäftigten anzustreben hat (vgl. § 3 ArbSchG Rn 3).

IV. Betriebsverfassungsrecht

18 Über das Mitbestimmungsrecht gem. § 87 Abs. 1 Nr. 7 BetrVG kann der BR den Aufgabenkatalog des Abs. 1 konkretisieren.[25] Kommt keine Einigung mit dem AG zustande, kann der BR gem. § 87 Abs. 2 BetrVG die Einigungsstelle anrufen, deren Spruch die fehlende Einigung der Betriebsparteien ersetzt (vgl. § 76 BetrVG).

---

16 Vgl. *Anzinger/Bieneck*, § 6 Rn 5.
17 Vgl. *Anzinger/Bieneck*, § 3 Rn 130; *Gitter*, RdA 1983, 156; *Nöthlichs*, Kennzahl 4065 § 3 Anm. 9 S. 27; *Palandt/Heinrichs*, § 278 Rn 40 wonach der Erfüllungsgehilfe allgemein i.d.R. nicht aus Vertrag haftet, ggf. aber aus unerlaubter Handlung.
18 Vgl. LAG 9.7.2004 – 6 Sa 486/04 – MDR 2005, 99 = ArztR 2005, 96; *Herzberg*, BG 1997, 632; *Herzberg*, BG 1997, 1666.
19 Vgl. *Anzinger/Bieneck*, § 3 Rn 131 ff.; *Gitter*, RdA 1983, 156; *Nöthlichs*, Kennzahl 4065 § 3 Anm. 9 S. 27.
20 Vgl. *Anzinger/Bieneck*, § 3 Rn 133; *Gitter*, RdA 1983, 156; *Nöthlichs*, Kennzahl 4065 § 3 Anm. 9 S. 27.
21 Vgl. *Palandt/Sprau*, § 823 Rn 11; BGH 4.2.1964 – VI ZR 25/63 – BGHZ 1941, 123.
22 Vgl. *Anzinger/Bieneck*, § 3 Rn 139.
23 Vgl. *Anzinger/Bieneck*, § 3 Rn 128 ff.; *Herzberg*, BG 1997, 1666; *Nöthlichs*, Kennzahl 4065 § 3 Anm. 9 S. 27.
24 Vgl. *Anzinger/Bieneck*, § 3 Rn 140 f.; *Benz*, BB 1991, 1185; ausführlich *Herzberg*, BG 1997, 632; *Kittner/Pieper*, ASiG Rn 63.
25 Vgl. *Fitting u.a.*, § 87 Rn 325.

V. Umsatzsteuerrechtliche Behandlung arbeitsmedizinischer Vorsorgeuntersuchungen

Betriebsärztliche Leistungen gem. Abs. 1 S. 2 Nr. 2, die ein Unternehmer gegenüber einem AG erbringt, sind – soweit die Leistungen nicht auf Einstellungsuntersuchungen entfallen – gem. § 4 Nr. 14 UStG **steuerfreie Heilbehandlungen**, weil ihr **Hauptziel** der **Gesundheitsschutz** ist.[26]

19

---

§ 4 Anforderungen an Betriebsärzte

Der Arbeitgeber darf als Betriebsärzte nur Personen bestellen, die berechtigt sind, den ärztlichen Beruf auszuüben, und die über die zur Erfüllung der ihnen übertragenen Aufgaben erforderliche arbeitsmedizinische Fachkunde verfügen.

A. Allgemeines 1	C. Verbindung zu anderen Rechtsgebieten und zum Prozessrecht 5
B. Regelungsgehalt 2	D. Beraterhinweise 6
I. Anforderungen an Betriebsärzte 2	
II. Rechtsfolge: Behördliche Anordnung ... 3	
III. Arbeitsrechtliche Fragestellungen 4	

A. Allgemeines

§ 4 normiert den vom AG bei der Bestellung von Betriebsärzten zu beachtenden Rahmen der an die Ärzte gestellten fachlichen Anforderungen. Die an Sicherheitsfachkräfte gestellten Anforderungen regelt § 7.

1

B. Regelungsgehalt

I. Anforderungen an Betriebsärzte

Der AG darf eine Person unter den Voraussetzungen als Betriebsarzt bestellen, dass sie berechtigt ist, den **ärztlichen Beruf** auszuüben und über die zur Erfüllung der ihr übertragenen Aufgaben erforderliche **arbeitsmedizinische Fachkunde** verfügt. Wer den ärztlichen Beruf ausüben will, bedarf gem. § 2 BÄO der Approbation als Arzt. Die erforderliche Fachkunde kann der Unternehmer gem. den das ASiG konkretisierenden UVV (vgl. § 2 Rn 6 ff.) als gegeben ansehen bei Ärzten, die nachweisen, dass sie berechtigt sind, die **Gebietsbezeichnung Arbeitsmedizin** (Facharztbezeichnung Arbeitsmedizin) oder die **Zusatzbezeichnung Betriebsmedizin** zu führen (vgl. z.B. für den gewerblichen Bereich § 3 UVV „Betriebsärzte und Fachkräfte für Arbeitssicherheit" (BGV A2); zu Übergangsbestimmungen vgl. § 6 Abs. 1, 2 BGV A2).

2

II. Rechtsfolge: Behördliche Anordnung

Die zuständige Behörde kann gem. § 12 Abs. 1 anordnen, dass der AG einen Betriebsarzt abzuberufen hat, wenn weder die Voraussetzungen des § 4 noch des § 18 erfüllt sind[1] und verlangen, einen fachkundigen Betriebsarzt zu bestellen.[2] Auch die Aufsichtsperson des zuständigen Unfallversicherungsträgers ist gem. § 19 Abs. 1 SGB VII zu Anordnungen befugt (vgl. § 12 Rn 11).

3

III. Arbeitsrechtliche Fragestellungen

Betriebsärzte müssen bei ihrer Bestellung die erforderliche Fachkunde aufweisen. Gem. § 2 Abs. 3 S. 1 und 3 hat der AG den Betriebsärzten die zur Erfüllung ihrer Aufgaben erforderliche **Fortbildung** unter Berücksichtigung der betrieblichen Belange auf seine Kosten zu ermöglichen; für den Fall, dass ein Arbverh besteht, regelt § 2 Abs. 3 S. 2 ferner, dass die Betriebsärzte für die Zeit der Fortbildung unter Entgeltfortzahlung von der Arbeitsleistung freizustellen sind (vgl. § 2 Rn 17). Hat die Behörde dem AG gestattet, einen Betriebsarzt zu bestellen, der noch nicht über die erforderliche Fachkunde verfügt, ist der AG verpflichtet, ihn innerhalb einer festzulegenden Frist entsprechend fortbilden zu lassen (vgl. § 18).

4

C. Verbindung zu anderen Rechtsgebieten und zum Prozessrecht

Die Anforderungen für den Erwerb der arbeitsmedizinischen Fachkunde legt die ärztliche Selbstverwaltung in den Berufsordnungen der Landesärztekammern mit Genehmigung der zuständigen Landesbehörden fest.[3] Besondere Rege-

5

---

[26] Vgl. BFH 13.7.2006 – V R 7/05 – BFHE 214458 = DB 2007, 840.
[1] Vgl. *Nöthlichs*, Kennzahl 4067 § 4 Anm. 3 S. 3.
[2] Vgl. *Wank*, § 18 Rn 1.
[3] Vgl. *Anzinger/Bieneck*, § 4 Rn 8; *Janning/Vleurinck*, BArbBl 12/1999, S. 17; *Nöthlichs*, Kennzahl 4067 § 4 Anm. 2.2 S. 2.

lungen zum Fachkundenachweis für Betriebsärzte aus dem Gebiet der ehemaligen DDR enthält der Einigungsvertrag (vgl. Einigungsvertrag Anlage I Kapitel VIII Sachgebiet B – Technischer Arbeitsschutz – Abschnitt III Nummer 12).[4]

D. Beraterhinweise

6 Anbieter betriebsärztlicher Dienstleistungen können sich einer freiwilligen und unabhängigen **Qualitätsprüfung** durch die Gesellschaft zur Qualitätssicherung in der betriebsärztlichen Betreuung mbH (GQB) unterziehen. Nach Bestehen der Güteprüfung verleiht die GQB das Recht zum Tragen ihres Gütesiegels, mit dem nach außen eine qualitativ hochwertige betriebsärztliche Betreuung erkennbar wird. Die GQB wurde vom Verband Deutscher Betriebs- und Werksärzte e.V., Berufsverband deutscher Arbeitsmediziner, gegründet und wird von einem Beirat, u.a. bestehend aus Vertretern des BMAS, der Länder, gesetzlichen Unfallversicherung und Sozialpartner, begleitet.

Dritter Abschnitt: Fachkräfte für Arbeitssicherheit

§ 5 Bestellung von Fachkräften für Arbeitssicherheit

(1) Der Arbeitgeber hat Fachkräfte für Arbeitssicherheit (Sicherheitsingenieure, -techniker, -meister) schriftlich zu bestellen und ihnen die in § 6 genannten Aufgaben zu übertragen, soweit dies erforderlich ist im Hinblick auf
1. die Betriebsart und die damit für die Arbeitnehmer verbundenen Unfall- und Gesundheitsgefahren,
2. die Zahl der beschäftigten Arbeitnehmer und die Zusammensetzung der Arbeitnehmerschaft,
3. die Betriebsorganisation, insbesondere im Hinblick auf die Zahl und Art der für den Arbeitsschutz und die Unfallverhütung verantwortlichen Personen,
4. die Kenntnisse und die Schulung des Arbeitgebers oder der nach § 13 Abs. 1 Nr. 1, 2 oder 3 des Arbeitsschutzgesetzes verantwortlichen Personen in Fragen des Arbeitsschutzes.

(2) [1]Der Arbeitgeber hat dafür zu sorgen, daß die von ihm bestellten Fachkräfte für Arbeitssicherheit ihre Aufgaben erfüllen. [2]Er hat sie bei der Erfüllung ihrer Aufgaben zu unterstützen; insbesondere ist er verpflichtet, ihnen, soweit dies zur Erfüllung ihrer Aufgaben erforderlich ist, Hilfspersonal sowie Räume, Einrichtungen, Geräte und Mittel zur Verfügung zu stellen. [3]Er hat sie über den Einsatz von Personen zu unterrichten, die mit einem befristeten Arbeitsvertrag beschäftigt oder ihm zur Arbeitsleistung überlassen sind.

(3) [1]Der Arbeitgeber hat den Fachkräften für Arbeitssicherheit die zur Erfüllung ihrer Aufgaben erforderliche Fortbildung unter Berücksichtigung der betrieblichen Belange zu ermöglichen. [2]Ist die Fachkraft für Arbeitssicherheit als Arbeitnehmer eingestellt, so ist sie für die Zeit der Fortbildung unter Fortentrichtung der Arbeitsvergütung von der Arbeit freizustellen. [3]Die Kosten der Fortbildung trägt der Arbeitgeber. [4]Ist die Fachkraft für Arbeitssicherheit nicht als Arbeitnehmer eingestellt, so ist sie für die Zeit der Fortbildung von der Erfüllung der ihr übertragenen Aufgaben freizustellen.

A. Allgemeines 1	III. Arbeitgeberpflichten bei Fortbildung (Abs. 3) 5
I. Einwirkung der nichtarbeitsrechtlichen Norm auf das Arbeitsverhältnis 1	IV. Rechtsfolge: Behördliche Anordnung 6
II. Zweck 2	V. Arbeitsrechtliche Fragestellungen 7
B. Regelungsgehalt 3	C. Verbindung zu anderen Rechtsgebieten und zum Prozessrecht 8
I. Bestellung und Aufgabenübertragung (Abs. 1) ... 3	I. Fortbildung 8
II. Verantwortung des Arbeitgebers für die Durchführung des ASiG (Abs. 2) 4	II. Betriebsverfassungsrecht 9

A. Allgemeines

I. Einwirkung der nichtarbeitsrechtlichen Norm auf das Arbeitsverhältnis

1 § 5 wirkt auf das Arbvh mit der Sicherheitsfachkraft ein, indem der AG ihr bestimmte Aufgaben zu übertragen (Abs. 1) und sie zu unterstützen hat (Abs. 2). Außerdem treffen den AG Pflichten im Zusammenhang mit Fortbildungen (Abs. 3).

II. Zweck

2 § 5 regelt im Wesentlichen **parallel zu § 2** (Bestellung von Betriebsärzten) die grds. **AG-Pflicht zur Bestellung** von Sicherheitsfachkräften, um sich, bezogen auf ihre spezifische Fachkompetenz, beim Arbeitsschutz und bei der Un-

---

[4] Vgl. ausführlich *Anzinger/Bieneck*, § 4 Rn 23 ff. m.w.H.

fallverhütung beraten und unterstützen zu lassen (Abs. 1). Abs. 2 verpflichtet den AG, Sicherheitsfachkräfte bei der Erfüllung ihrer Aufgaben zu überwachen und sie darin zu unterstützen; Abs. 3 regelt die AG-Pflichten im Zusammenhang mit der Fortbildung von Sicherheitsfachkräften und differenziert dabei zwischen angestellten und externen Fachkräften für Arbeitssicherheit (vgl. § 9 Rn 6).

B. Regelungsgehalt

I. Bestellung und Aufgabenübertragung (Abs. 1)

Der AG hat Sicherheitsfachkräfte **schriftlich zu bestellen und ihnen die Aufgaben nach § 6 zu übertragen** (zur identischen Verpflichtung zur Bestellung von Betriebsärzten vgl. § 2 Rn 3 f.). Als Fachkraft für Arbeitssicherheit können Sicherheitsingenieure, Sicherheitstechniker und Sicherheitsmeister bestellt werden (zu den Anforderungen an Sicherheitsfachkräfte vgl. § 7 Rn 2 f.).[1] Die Bestellung, als gesetzlich vorgeschriebener Organisationsakt, ist vom zugrunde liegenden **Vertrags- bzw. Verpflichtungsverhältnis** mit der bestellten Person bzw. dem Dienst zu unterscheiden.[2] Die **Erforderlichkeit** der Bestellung von Sicherheitsfachkräften für den Betrieb regelt sich parallel zur Pflicht zur Bestellung von Betriebsärzten grds. nach den gleichrangig nebeneinander stehenden betriebsbezogenen Kriterien der Nr. 1 bis 3 (vgl. § 2 Rn 5).[3] Für den Fall, dass sich ein AG bei der sicherheitstechnischen Betreuung für die alternative Betreuungsform des **Unternehmermodells** (vgl. § 2 Rn 10) entschieden hat, richtet sich die Beurteilung der Frage, ob und inwieweit Sicherheitsfachkräfte zu bestellen sind, zusätzlich nach dem **weiteren Kriterium der Nr. 4**, d.h. den Kenntnissen und der Schulung des AG oder den nach § 13 Abs. 1 Nr. 1, 2 od. 3 ArbSchG verantwortlichen Personen in Fragen des Arbeitsschutzes.[4]

II. Verantwortung des Arbeitgebers für die Durchführung des ASiG (Abs. 2)

Abs. 2 regelt parallel zu § 2 Abs. 2 die **AG-Pflichten** der Überwachung (S. 1), Unterstützung (S. 2) und Information (S. 3) der Sicherheitsfachkräfte, so dass auch insoweit auf die dortigen Erläuterungen verwiesen wird (vgl. § 2 Rn 13). In einer gemeinsamen Empfehlung des Bundesarbeitsministeriums, der Länder, Sozialpartner und Fachkreise zu Qualitätsmerkmalen und Anforderungen an Sicherheitsfachkräfte für deren Aufgabenwahrnehmung sind u.a. Hinweise zu ihrer sachlichen Ausstattung enthalten.[5]

III. Arbeitgeberpflichten bei Fortbildung (Abs. 3)

Wegen der sich ständig fortentwickelnden Erkenntnisse im breit gefächerten Aufgabenspektrum der Sicherheitsfachkräfte gem. § 6 ist eine adäquate Unterstützung des AG durch sie nur möglich, wenn sie sich regelmäßig fortbilden.[6] Grds. entscheidet die Sicherheitsfachkraft, ob sie an einer Fortbildung teilnimmt. Die Pflicht des AG zur Ermöglichung der Fortbildung wird gem. S. 1 wie bei Betriebsärzten durch die Tatbestandsmerkmale der **sachlichen Erforderlichkeit** zur Erfüllung ihrer Aufgaben und der Berücksichtigung der **betrieblichen Belange** eingeschränkt (vgl. § 2 Rn 16). Da die Regelungen des Abs. 3 S. 2 bis 4 identisch zu § 2 Abs. 3 S. 2 bis 4 sind, wird ebenfalls auf die dortigen Erläuterungen verwiesen (vgl. § 2 Rn 17).

IV. Rechtsfolge: Behördliche Anordnung

Verstößt der AG gegen seine Pflichten aus diesem Gesetz bzw. die das Gesetz konkretisierenden UVV, kann die zuständige Aufsichtsbehörde gegen ihn eine Anordnung gem. § 12 Abs. 1 erlassen; auch die Aufsichtsperson des zuständigen Unfallversicherungsträgers ist gem. § 19 Abs. 1 SGB VII zu Anordnungen befugt (vgl. § 12 Rn 11).

V. Arbeitsrechtliche Fragestellungen

Sicherheitsfachkräfte können als **AN** oder **freie Mitarbeiter** beschäftigt werden (auch zu Fragen der Abgrenzung vgl. § 2 Rn 19). Wie Betriebsärzte sind Sicherheitsfachkräfte regelmäßig keine leitenden Ang i.S.d. § 5 Abs. 3 BetrVG[7] und müssen gegenüber der Geschäftsleitung des Betriebs unabhängig sein.[8] Haben sich AG und BR bei der Wahl zwischen den drei möglichen Betreuungsformen auf die arbeitsvertragliche Anstellung einer Fachkraft geeinigt (vgl. § 9 Rn 6 ff.), findet auf ihr Arbverh das Arbeitsrecht Anwendung. Besonderheiten bestehen insb. beim Direktionsrecht gem. § 106 GewO, das bzgl. der Fachkundeanwendung eingeschränkt ist und bei dem Erfordernis, eine Fachkraft für Arbeitssicherheit in bestimmter Weise in die betriebliche Organisation einzubinden (vgl. § 8 Rn 3 ff.) (zu den AG-Pflichten bei Fortbildungen gem. Abs. 3 vgl. Rn 5). Werden im Betrieb **Leih-AN** beschäftigt, richtet sich die Frage nach den AG-Pflichten aus dem ASiG nach § 11 Abs. 6 S. 1 AÜG (vgl. § 2 Rn 15).

---

1 Vgl. *Anzinger/Bieneck*, § 5 Rn 4.
2 Vgl. BAG 24.3.1988 – 2 AZR 369/87 – BAGE 1958, 69 = AP § 9 ASiG Nr. 1; BAG 23.6.1994 – 2 AZR 640/93 – juris.
3 Vgl. zur Frage der Erforderlichkeit der Bestellung von Sicherheitsfachkräften OVG Hamburg 19.2.2004 – 1 Bf 484/03 – GewArch 2004, 351.
4 Vgl. *Anzinger/Bieneck*, § 5 Rn 30 ff.
5 Vgl. BArbBl 2/1994, S. 70.
6 Vgl. *Anzinger/Bieneck*, § 5 Rn 58.
7 Vgl. *Anzinger/Bieneck*, § 5 Rn 18.
8 Vgl. VG Ansbach 29.7.1994 – AN 4 K 93.01391 – GewArch 1995, 419.

C. Verbindung zu anderen Rechtsgebieten und zum Prozessrecht

I. Fortbildung

8 Führt ein **Unfallversicherungsträger** Fortbildungsveranstaltungen nach § 23 Abs. 1 SGB VII durch, hat er die Kosten gem. § 23 Abs. 2 SGB VII zu tragen. Wie Betriebsärzte gehören auch Sicherheitsfachkräfte zum Personenkreis des § 23 Abs. 1 SGB VII. Für die Arbeitszeit, die wegen der Lehrgangsteilnahme ausgefallen ist, besteht gegenüber dem Unternehmer ein **Vergütungsfortzahlungsanspruch** gem. § 23 Abs. 3 SGB VII (vgl. § 2 Rn 22).

II. Betriebsverfassungsrecht

9 Das erzwingbare Mitbestimmungsrecht des BR gem. § 87 Abs. 1 Nr. 7 BetrVG (vgl. § 87 BetrVG Rn 107 ff.) erstreckt sich auch auf die Frage, ob und wie viele Betriebsärzte bzw. Sicherheitsfachkräfte zu bestellen sind, sofern im ASiG oder den konkretisierenden UVV keine abschließenden Regelungen getroffen wurden.[9] Zusätzlich zu den Beteiligungsrechten bei personellen Einzelmaßnahmen nach §§ 99 ff. BetrVG wird dem BR bei der Bestellung von Sicherheitsfachkräften ein Zustimmungsrecht gem. **§ 9 Abs. 3 S. 1** eingeräumt (vgl. § 9 Rn 7 ff.).

§ 6 Aufgaben der Fachkräfte für Arbeitssicherheit

¹Die Fachkräfte für Arbeitssicherheit haben die Aufgabe, den Arbeitgeber beim Arbeitsschutz und bei der Unfallverhütung in allen Fragen der Arbeitssicherheit einschließlich der menschengerechten Gestaltung der Arbeit zu unterstützen. ²Sie haben insbesondere
1. den Arbeitgeber und die sonst für den Arbeitsschutz und die Unfallverhütung verantwortlichen Personen zu beraten, insbesondere bei
    a) der Planung, Ausführung und Unterhaltung von Betriebsanlagen und von sozialen und sanitären Einrichtungen,
    b) der Beschaffung von technischen Arbeitsmitteln und der Einführung von Arbeitsverfahren und Arbeitsstoffen,
    c) der Auswahl und Erprobung von Körperschutzmitteln,
    d) der Gestaltung der Arbeitsplätze, des Arbeitsablaufs, der Arbeitsumgebung und in sonstigen Fragen der Ergonomie,
    e) der Beurteilung der Arbeitsbedingungen,
2. die Betriebsanlagen und die technischen Arbeitsmittel insbesondere vor der Inbetriebnahme und Arbeitsverfahren insbesondere vor ihrer Einführung sicherheitstechnisch zu überprüfen,
3. die Durchführung des Arbeitsschutzes und der Unfallverhütung zu beobachten und im Zusammenhang damit
    a) die Arbeitsstätten in regelmäßigen Abständen zu begehen und festgestellte Mängel dem Arbeitgeber oder der sonst für den Arbeitsschutz und die Unfallverhütung verantwortlichen Person mitzuteilen, Maßnahmen zur Beseitigung dieser Mängel vorzuschlagen und auf deren Durchführung hinzuwirken,
    b) auf die Benutzung der Körperschutzmittel zu achten,
    c) Ursachen von Arbeitsunfällen zu untersuchen, die Untersuchungsergebnisse zu erfassen und auszuwerten und dem Arbeitgeber Maßnahmen zur Verhütung dieser Arbeitsunfälle vorzuschlagen,
4. darauf hinzuwirken, daß sich alle im Betrieb Beschäftigten den Anforderungen des Arbeitsschutzes und der Unfallverhütung entsprechend verhalten, insbesondere sie über die Unfall- und Gesundheitsgefahren, denen sie bei der Arbeit ausgesetzt sind, sowie über die Einrichtungen und Maßnahmen zur Abwendung dieser Gefahren zu belehren und bei der Schulung der Sicherheitsbeauftragten mitzuwirken.

A. Allgemeines 1	II. Arbeitsrechtliche Fragestellungen 7
I. Einwirkung der nichtarbeitsrechtlichen Norm auf das Arbeitsverhältnis 1	C. Verbindung zu anderen Rechtsgebieten und zum Prozessrecht 8
II. Zweck 2	I. Haftung 8
B. Regelungsgehalt 3	II. Kontinuierliche Verbesserung von Sicherheit und Gesundheitsschutz 9
I. Aufgaben der Fachkräfte für Arbeitssicherheit (Abs. 1) 3	III. Betriebsverfassungsrecht 10
1. Allgemein (S. 1) 3	D. Beraterhinweise 11
2. Katalog nicht abschließender Aufgaben (S. 2) 4	
3. Rechtsfolge: Behördliche Anordnung 6	

---

[9] Vgl. *Fitting* u.a., § 87 Rn 325; a.A. GK-*Wiese*, § 87 Rn 649.

A. Allgemeines

I. Einwirkung der nichtarbeitsrechtlichen Norm auf das Arbeitsverhältnis

Aufgrund der Aufgabenfestlegung in dieser Norm ist der AG verpflichtet, arbeitsvertraglich angestellten Sicherheitsfachkräften diese Aufgaben zu übertragen. Wegen des nicht abschließenden Charakters des Aufgabenkatalogs können ihnen weitere Aufgaben übertragen werden.[1] Nur Aufgaben, die entsprechend dem Zweck des ASiG präventiv ausgerichtet sind, dürfen innerhalb der Mindesteinsatzzeiten ausgeführt werden (für die entsprechenden Erläuterungen vgl. § 3 Rn 9). 1

II. Zweck

§ 6 regelt Aufgaben der Fachkräfte für Arbeitssicherheit, die in weiten Teilen dem in **§ 3 Abs. 1** aufgeführten betriebsärztlichen Tätigkeitsspektrum entsprechen (vgl. § 3 Rn 3 f.). 2

B. Regelungsgehalt

I. Aufgaben der Fachkräfte für Arbeitssicherheit (Abs. 1)

1. Allgemein (S. 1). S. 1 normiert allgemein, dass Sicherheitsfachkräfte den AG beim Arbeitsschutz und bei der Unfallverhütung (zum Arbeitsschutzbegriff vgl. § 1 Rn 6) in allen Fragen der Arbeitssicherheit einschließlich der menschengerechten Gestaltung der Arbeit zu **unterstützen** (vgl. § 1 Rn 5 f.) haben. **Arbeitssicherheitsmaßnahmen** schützen AN vor Arbeitsunfällen.[2] Der Aspekt der **menschengerechten Gestaltung der Arbeit** (vgl. § 1 Rn 6) erweitert das Aufgabenspektrum der Sicherheitsfachkräfte über die spezifisch sicherheitstechnischen bzw. ingenieurwissenschaftlichen Kenntnisse und erfordert eine enge interdisziplinäre Zusammenarbeit insb. mit den Betriebsärzten.[3] Gleichzeitig trennt das Gesetz klar die Verantwortlichkeiten: Der AG trägt die grds. Verantwortung für den betrieblichen Arbeits- und Gesundheitsschutz, während die Arbeitsschutzexperten für die ordnungsgemäße Anwendung ihrer Fachkunde verantwortlich sind (vgl. § 3 Rn 2). 3

2. Katalog nicht abschließender Aufgaben (S. 2). S. 2 enthält einen nicht abschließenden Aufgabenkatalog („insbesondere"), der ein weites Spektrum sicherheitsrelevanter Faktoren bei der Arbeit aufführt: Umfassende, bereits bei der Planung von Betriebsanlagen beginnende **Beratung** (Nr. 1), **sicherheitstechnische Überprüfung** (Nr. 2), **Beobachtung** (Nr. 3) und **Hinwirken auf das dem Arbeitsschutz und die Unfallverhütung entsprechende Verhalten** (Nr. 4).[4] Einen im Wesentlichen parallelen, ebenfalls nicht abschließenden Katalog normiert § 3 Abs. 1 S. 2 für Betriebsärzte. Die Arbeitsschutzexperten haben zur Umsetzung ihrer Aufgaben nach diesem Gesetz zusammenzuarbeiten (vgl. § 10). 4

Sicherheitsfachkräften können weitere Aufgaben übertragen werden; nicht präventive sind zusätzlich zu den Mindesteinsatzzeiten gem. den das ASiG konkretisierenden UVV zu erbringen (vgl. § 3 Rn 9).[5] 5

3. Rechtsfolge: Behördliche Anordnung. Verstößt der AG gegen seine Pflichten aus diesem Gesetz bzw. die das Gesetz konkretisierenden UVV, kann die zuständige Aufsichtsbehörde gegen ihn eine Anordnung gem. § 12 Abs. 1 erlassen. Auch die Aufsichtsperson des zuständigen Unfallversicherungsträgers ist gem. § 19 Abs. 1 SGB VII zu Anordnungen befugt (vgl. § 12 Rn 11). 6

II. Arbeitsrechtliche Fragestellungen

Sicherheitsfachkräfte sind gegenüber AN im Betrieb nicht weisungsbefugt.[6] 7

C. Verbindung zu anderen Rechtsgebieten und zum Prozessrecht

I. Haftung

Fügt z.B. eine angestellte Sicherheitsfachkraft in Ausübung ihrer Tätigkeit einem AN einen Schaden zu, können für den Geschädigten sowohl gegenüber der Fachkraft als auch dem AG **Schadensersatz- und Schmerzensgeldansprüche** in Betracht kommen (vgl. § 3 Rn 15). Sind Geräte mit einem GS-Zeichen versehen, besteht Vermutungswirkung für deren Sicherheit.[7] Auch zur **Strafbarkeit** von Sicherheitsfachkräften gelten die Ausführungen zu Betriebsärzten entsprechend (vgl. § 3 Rn 16); im Gegensatz zu diesen kommt bei Sicherheitsfachkräften jedoch mangels Beschützergarantenstellung keine Strafbarkeit wegen fahrlässiger Körperverletzung bzw. Tötung durch Unterlassen gem. § 230 StGB i.V.m. § 13 StGB bzw. § 222 StGB i.V.m. § 13 StGB in Betracht.[8] 8

---

1 Vgl. *Anzinger/Bieneck*, § 6 Rn 31 ff.
2 Vgl. *Anzinger/Bieneck*, § 6 Rn 5.
3 Vgl. *Anzinger/Bieneck*, § 6 Rn 11.
4 Vgl. *Janning/Vleurinck*, BArbBl 12/1999, S. 17; Näheres zu den Aufgaben der Sicherheitsfachkräfte vgl. die ausführliche Darstellung in *Anzinger/Bieneck*, § 6 Rn 12 ff.
5 Vgl. *Anzinger/Bieneck*, § 6 Rn 32.
6 Vgl. *Anzinger/Bieneck*, § 6 Rn 6.
7 Vgl. *Anzinger/Bieneck*, § 6 Rn 24.
8 Vgl. *Herzberg*, DB 1997, 632.

II. Kontinuierliche Verbesserung von Sicherheit und Gesundheitsschutz

9 Die Aufgaben der Arbeitsschutzexperten sind auf Dauer angelegt und verfolgen das Ziel, den AG bei der Verbesserung von Sicherheit und Gesundheitsschutz der AN zu unterstützen (vgl. § 3 Rn 17).

III. Betriebsverfassungsrecht

10 Der BR kann den Aufgabenkatalog dieses Paragrafen über sein Mitbestimmungsrecht gem. § 87 Abs. 1 Nr. 7 BetrVG konkretisieren.[9] Kommt keine Einigung mit dem AG zustande, kann der BR gem. § 87 Abs. 2 BetrVG die Einigungsstelle anrufen. Ihr Spruch ersetzt die fehlende Einigung der Betriebsparteien (vgl. § 76 BetrVG).

D. Beraterhinweise

11 Das Gesetz ordnet den im Betrieb zu erfüllenden sicherheitstechnischen Aufgaben keine bestimmte berufliche Qualifikation zu. Insb. bestimmt es nicht, wann ein abgeschlossenes Ingenieurstudium vorausgesetzt wird. Der AG hat anhand der in § 5 Abs. 1 aufgeführten Kriterien zu prüfen, ob er für seinen Betrieb einen Ingenieur, Techniker oder Meister als Sicherheitsfachkraft zu bestellen hat.[10] Ein Ingenieur ist als Sicherheitsfachkraft zu bestellen, wenn die im konkreten Betrieb zu lösenden Aufgaben im Arbeitsschutz und in der Unfallverhütung nur mit seinen Kenntnissen bewältigt werden können (vgl. § 7 Rn 5). Erforderlichenfalls kann die zuständige Behörde bzw. die Aufsichtsperson des zuständigen gesetzlichen Unfallversicherungsträgers eine Anordnung gem. § 12 Abs. 1 bzw. § 19 SGB VII treffen.

§ 7 Anforderungen an Fachkräfte für Arbeitssicherheit

(1) ¹Der Arbeitgeber darf als Fachkräfte für Arbeitssicherheit nur Personen bestellen, die den nachstehenden Anforderungen genügen: Der Sicherheitsingenieur muß berechtigt sein, die Berufsbezeichnung Ingenieur zu führen und über die zur Erfüllung der ihm übertragenen Aufgaben erforderliche sicherheitstechnische Fachkunde verfügen. ²Der Sicherheitstechniker oder -meister muß über die zur Erfüllung der ihm übertragenen Aufgaben erforderliche sicherheitstechnische Fachkunde verfügen.

(2) Die zuständige Behörde kann es im Einzelfall zulassen, daß an Stelle eines Sicherheitsingenieurs, der berechtigt ist, die Berufsbezeichnung Ingenieur zu führen, jemand bestellt werden darf, der zur Erfüllung der sich aus § 6 ergebenden Aufgaben über entsprechende Fachkenntnisse verfügt.

A. Allgemeines 1	2. Fortbildung 6
B. Regelungsgehalt 2	C. Verbindung zu anderen Rechtsgebieten und zum Prozessrecht 7
I. Anforderungen an Sicherheitsfachkräfte (Abs. 1) . 2	I. Fachkundenachweis gem. Einigungsvertrag 7
II. Ausnahme (Abs. 2) 3	II. Überprüfung der Ermessensentscheidung durch das VG 8
III. Rechtsfolge: Behördliche Anordnung 4	
IV. Arbeitsrechtliche Fragestellungen 5	
1. Betriebsverfassungsrecht 5	D. Beraterhinweise 9

A. Allgemeines

1 Abs. 1 normiert den vom AG bei der Bestellung von Sicherheitsfachkräften zu beachtenden Rahmen der an sie gestellten Anforderungen. Die Ausnahmeregelung (Abs. 2) dient der praxisgerechten und flexiblen Handhabung bzw. der Vermeidung unbilliger Härten im Einzelfall.[1] Die an Betriebsärzte gestellten Anforderungen regelt § 4.

B. Regelungsgehalt

I. Anforderungen an Sicherheitsfachkräfte (Abs. 1)

2 Der AG darf nach S. 1 bis 3 als Fachkräfte für Arbeitssicherheit nur Sicherheitsingenieure, die die Berufsbezeichnung Ingenieur führen dürfen bzw. Sicherheitstechniker oder -meister bestellen. Sie müssen über die zur Erfüllung der ihnen übertragenen Aufgaben erforderliche **sicherheitstechnische Fachkunde** verfügen. Die UVV zum ASiG (vgl. § 2 Rn 6 ff.) konkretisieren die Anforderungen.[2] So regelt § 4 der UVV „Betriebsärzte und Fachkräfte für Arbeitssicherheit" (BGV A2) für den gewerblichen Bereich die Voraussetzungen, unter denen Unternehmer die erforderliche sicherheitstechnische Fachkunde bei Sicherheitsingenieuren, -technikern und -meistern als gegeben ansehen können; § 6

---

9 Vgl. *Fitting* u.a., § 87 Rn 325.
10 Vgl. *Anzinger/Bieneck*, § 6 Rn 37 ff.; *Nöthlichs*, Kennzahl 4068 § 5 Anm. 1.1 S. 2.

1 Vgl. BT-Drucks 7/1085, S. 6; *Anzinger/Bieneck*, § 7 Rn 2 56.
2 Vgl. VG Ansbach 29.7.1994 – AN 4 K 93.01391 – GewArch 1995, 419.

Abs. 3 BGV A2 enthält zur Vermeidung unbilliger Härten Übergangsbestimmungen. Die **Ausbildungslehrgänge** der Sicherheitsfachkräfte sehen eine dreistufige, aufeinander aufbauende theoretische Ausbildung, bestehend aus Grundausbildung, vertiefender Ausbildung und bereichsbezogener Ausbildung, mit Präsens- und Selbstlernphasen sowie begleitendem Praktikum vor.[3] Auch in den UVV der Unfallkassen (GUV 0.5) und der landwirtschaftlichen BG (VSG 1.2) werden die Fachkundeanforderungen konkretisiert. **Sicherheitsingenieure** müssen zudem gem. S. 2 zum Führen der **Berufsbezeichnung Ingenieur** berechtigt sein. Diese Befugnis folgt aus den Ingenieurgesetzen der Bundesländer. **Sicherheitstechniker** und **-meister** gem. S. 3 sind gehobene Fachkräfte mit der Fähigkeit zum Lösen technischer Aufgaben im mittleren Funktionsbereich, wobei es entscheidend darauf ankommt, dass sie über die einem Techniker oder Meister entsprechende **berufliche Qualifikation** verfügen; eine entsprechende Prüfung müssen sie nicht zwingend abgelegt haben.[4]

II. Ausnahme (Abs. 2)
Die zuständige Behörde kann gem. Abs. 2 im Einzelfall zulassen, dass anstelle eines Sicherheitsingenieurs, der zum Führen der Berufsbezeichnung Ingenieur berechtigt ist, jemand bestellt werden darf, der zur Erfüllung der sich aus § 6 ergebenden Aufgaben über **entsprechende Fachkenntnisse** verfügt.[5] Die Qualifikation muss mindestens mit der eines Sicherheitsingenieurs vergleichbar sein.[6]

III. Rechtsfolge: Behördliche Anordnung
Die zuständige Behörde kann gem. § 12 Abs. 1 anordnen, dass der AG eine Fachkraft abzuberufen hat, wenn weder die Voraussetzungen des § 7 noch des § 18 erfüllt sind und die Bestellung einer fachkundigen Sicherheitsfachkraft verlangen. Auch die Aufsichtsperson des zuständigen Unfallversicherungsträgers ist gem. § 19 Abs. 1 SGB VII zu Anordnungen befugt (vgl. § 12 Rn 11).

IV. Arbeitsrechtliche Fragestellungen
1. Betriebsverfassungsrecht. Ob als Sicherheitsfachkräfte Sicherheitsingenieure, -techniker oder -meister zu bestellen sind, hängt von den spezifischen Verhältnissen des Betriebs ab.[7] Maßgebend ist, dass die Fachkraft den möglicherweise auftretenden betriebsspezifischen Sicherheitsfragen gewachsen ist.[8] Welche berufliche **Qualifikation** und **Fachkunde** erforderlich ist, hat der AG für seinen Betrieb anhand des Aufgabenkatalogs des § 6 zu prüfen.[9] Bei der Festlegung dieser Fragen hat der BR ein erzwingbares Mitbestimmungsrecht gem. **§ 87 Abs. 1 Nr. 7 BetrVG**.[10] Auch bei der abstrakten Auswahl des Betreuungsmodells (Anstellung als AN, Beauftragung einer freiberuflichen Sicherheitsfachkraft oder eines überbetrieblichen Dienstes) hat der BR nach § 87 Abs. 1 Nr. 7 BetrVG mitzubestimmen (vgl. § 9 Rn 6). Die Rechte des BR bei der konkreten Bestellung, Aufgabenerweiterung bzw. -einschränkung oder Abberufung von Sicherheitsfachkräften folgen aus **§ 9 Abs. 3** (vgl. § 9 Rn 7).

2. Fortbildung. Gem. § 5 Abs. 3 hat der AG den Fachkräften im Laufe ihrer Tätigkeit die zur Erfüllung ihrer Aufgaben erforderliche **Fortbildung** unter Berücksichtigung der betrieblichen Belange zu ermöglichen. Bei ihrer Bestellung müssen sie grds. die fachlichen Anforderungen gem. § 7 erfüllen. Hat die Behörde dem AG gem. § 18 gestattet, eine Fachkraft zu bestellen, die noch nicht über die sicherheitstechnische Fachkunde verfügt, ist der AG verpflichtet, sie innerhalb einer bestimmten Frist entsprechend fortbilden zu lassen (vgl. § 18 Rn 2).

C. Verbindung zu anderen Rechtsgebieten und zum Prozessrecht
I. Fachkundenachweis gem. Einigungsvertrag
Der Einigungsvertrag enthält die Voraussetzungen, unter denen Fachkräfte aus der ehemaligen DDR als fachkundig i.S.d. ASiG angesehen werden (vgl. Einigungsvertrag Anlage I Kapitel VIII Sachgebiet B – Technischer Arbeitsschutz – Abschnitt III Nummer 12).[11]

---

3 Zu den Grundsätzen der Ausbildung vgl. Fachaufsichtsschreiben des BMA an die Träger der gesetzlichen Unfallversicherung vom 29.12.1997, BArbBl 3/1998, S. 71; weitere Informationen zur Ausbildung von Sicherheitsfachkräften, z.B. zu den Rahmenbedingungen, Inhalten und der Struktur sowie eine aktuelle Liste der Bildungsträger, sind auf den Internetseiten der Bundesanstalt für Arbeitsschutz und Arbeitsmedizin, www.baua.bund.de, unter dem Stichwort „Fachkräfte für Arbeitssicherheit" verfügbar.
4 Vgl. BT-Drucks 7/260, S. 14.
5 Vgl. VG Ansbach 29.7.1994 – AN 4 K 93.01391 – GewArch 1995, 419.
6 Vgl. BT-Drucks 7/1085, S. 6.
7 Vgl. VG Ansbach 29.7.1994 – AN 4 K 93.01391 – GewArch 1995, 419; *Anzinger/Bieneck*, § 7 Rn 5.
8 Vgl. VG Ansbach 29.7.1994 – AN 4 K 93.01391 – GewArch 1995, 419; *Anzinger/Bieneck*, § 5 Rn 7; *Anzinger/Bieneck*, § 6 Rn 38.
9 Vgl. *Anzinger/Bieneck*, § 7 Rn 6 ff.
10 Vgl. *Fitting* u.a., § 87 Rn 325.
11 Vgl. *Anzinger/Bieneck*, § 7 Rn 43 ff. m.w.H.

II. Überprüfung der Ermessensentscheidung durch das VG

8 Bei der behördlichen Entscheidung auf Erteilung einer Ausnahmegenehmigung nach Abs. 2 handelt es sich um eine Ermessensentscheidung, die im verwaltungsgerichtlichen Verfahren lediglich auf Ermessensfehler überprüft wird.[12]

D. Beraterhinweise

9 Die Gesellschaft für Qualität im Arbeitsschutz mbH (GQA) unterzieht Anbieter sicherheitstechnischer Dienstleistungen einer freiwilligen und unabhängigen **Qualitätsprüfung**. Mit Bestehen der Güteprüfung und der Verleihung des Rechts zum Tragen eines Gütesiegels der GQA wird nach außen eine qualitativ hochwertige sicherheitstechnische Betreuung erkennbar. Die GQA wurde vom Verband Deutscher Sicherheitsingenieure e.V. gegründet und wird von einem Beirat, u.a. bestehend aus Vertretern des BMAS, der Länder, der gesetzlichen Unfallversicherung und der Sozialpartner, begleitet.

Vierter Abschnitt: Gemeinsame Vorschriften

§ 8 Unabhängigkeit bei der Anwendung der Fachkunde

(1) [1]Betriebsärzte und Fachkräfte für Arbeitssicherheit sind bei der Anwendung ihrer arbeitsmedizinischen und sicherheitstechnischen Fachkunde weisungsfrei. [2]Sie dürfen wegen der Erfüllung der ihnen übertragenen Aufgaben nicht benachteiligt werden. [3]Betriebsärzte sind nur ihrem ärztlichen Gewissen unterworfen und haben die Regeln der ärztlichen Schweigepflicht zu beachten.

(2) Betriebsärzte und Fachkräfte für Arbeitssicherheit oder, wenn für einen Betrieb mehrere Betriebsärzte oder Fachkräfte für Arbeitssicherheit bestellt sind, der leitende Betriebsarzt und die leitende Fachkraft für Arbeitssicherheit, unterstehen unmittelbar dem Leiter des Betriebs.

(3) [1]Können sich Betriebsärzte oder Fachkräfte für Arbeitssicherheit über eine von ihnen vorgeschlagene arbeitsmedizinische oder sicherheitstechnische Maßnahme mit dem Leiter des Betriebs nicht verständigen, so können sie ihren Vorschlag unmittelbar dem Arbeitgeber und, wenn dieser eine juristische Person ist, dem zuständigen Mitglied des zur gesetzlichen Vertretung berufenen Organs unterbreiten. [2]Ist für einen Betrieb oder ein Unternehmen ein leitender Betriebsarzt oder eine leitende Fachkraft für Arbeitssicherheit bestellt, steht diesen das Vorschlagsrecht nach Satz 1 zu. [3]Lehnt der Arbeitgeber oder das zuständige Mitglied des zur gesetzlichen Vertretung berufenen Organs den Vorschlag ab, so ist dies den Vorschlagenden schriftlich mitzuteilen und zu begründen; der Betriebsrat erhält eine Abschrift.

A. Allgemeines	....	1	IV. Rechtsfolge: Behördliche Anordnung	10
I. Einwirkung der nichtarbeitsrechtlichen Norm auf das Arbeitsverhältnis	....	1	C. Verbindung zu anderen Rechtsgebieten und zum Prozessrecht	11
II. Zweck	....	2	I. Darlegungs- und Beweislast	11
B. Regelungsgehalt	....	3	II. Rechte des Arbeitnehmers	12
I. Fachliche Unabhängigkeit (Abs. 1)	....	3	III. Beteiligung des BR und Arbeitsschutzausschusses	13
II. Hierarchische Einbindung in den Betrieb (Abs. 2)	....	8	D. Beraterhinweise	14
III. Vorschlagsrecht (Abs. 3)	....	9		

A. Allgemeines

I. Einwirkung der nichtarbeitsrechtlichen Norm auf das Arbeitsverhältnis

1 Abs. 1 S. 1 schränkt das arbeitsvertragliche Direktionsrecht des AG ein, soweit es sich um die Fachkundeanwendung der ihn unterstützenden Arbeitsschutzexperten handelt. Abs. 1 S. 2 verbietet, die Arbeitsschutzfachleute wegen der Erfüllung der ihnen übertragenen Aufgaben zu benachteiligen. Abs. 2 hat Einfluss auf die Betriebsorganisation. Abs. 3 berechtigt die Arbeitsschutzexperten, sich in bestimmten Fällen unmittelbar an den AG zu wenden.

II. Zweck

2 § 8 regelt betriebsorganisatorische Anforderungen, um die Unabhängigkeit bei der Anwendung der betriebsärztlichen und sicherheitstechnischen Fachkunde im Interesse des betrieblichen Arbeitsschutzes und der Unfallver-

---

[12] Vgl. VG Ansbach 29.7.1994 – AN 4 K 93.01391 – GewArch 1995, 419.

hütung möglichst optimal, d.h. objektiv und frei von sachfremden Erwägungen, sicherzustellen.[1] Diese fachliche Unabhängigkeit wird über Abs. 1 dadurch gewährleistet, dass die Arbeitsschutzexperten ihre Fachkunde weisungsfrei anwenden können (S. 1), ohne dadurch Nachteile befürchten zu müssen (S. 2). Dass Betriebsärzte nur ihrem ärztlichen Gewissen unterworfen sind und der ärztlichen Schweigepflicht unterliegen, stellt Abs. 1 S. 3 deklaratorisch klar. Zur weiteren Absicherung des Grundsatzes der Unabhängigkeit der Arbeitsschutzexperten ist vorgeschrieben, dass sie unmittelbar dem Betriebsleiter unterstehen (Abs. 2) und dem AG unmittelbar arbeitsmedizinische bzw. sicherheitstechnische Maßnahmen vorschlagen können (Abs. 3).

B. Regelungsgehalt
I. Fachliche Unabhängigkeit (Abs. 1)

Betriebsärzte und Sicherheitsfachkräfte sind nach S. 1 bei der Anwendung ihrer arbeitsmedizinischen und sicherheitstechnischen Fachkunde weisungsfrei. Die **Weisungsfreiheit** bezieht sich nur auf die **Anwendung der Fachkunde bei der Wahrnehmung der gesetzlichen Aufgaben**. Weisungen hinsichtlich der Fachkundeanwendung sind wegen Verstoßes gegen das gesetzliche Verbot nach S. 1 gem. § 134 BGB unwirksam und brauchen nicht beachtet zu werden.[2] Darüber hinaus bleibt das Recht des AG, den angestellten Arbeitsschutzfachleuten im Rahmen seines nach billigem Ermessen (vgl. § 315 BGB Rn 12, 17) auszuübenden Direktionsrechts gem. § 106 GewO Weisungen zu Inhalt, Ort und Zeit ihrer Arbeitsleistung zu erteilen (vgl. § 106 GewO Rn 7 ff.; § 611 BGB Rn 64 ff.), unberührt.[3] Da es im Verhältnis zwischen AG und selbstständigen Arbeitsschutzexperten bzw. solchen, die einem überbetrieblichen Dienst angehören, an einem Über-/Unterordnungsverhältnis, in dessen Rahmen Weisungen erteilt werden könnten, fehlt (vgl. § 611 BGB Rn 141), ist S. 1 nur im Rahmen eines Arbverh relevant.[4]

Nach S. 2 dürfen Betriebsärzte und Fachkräfte für Arbeitssicherheit wegen der Erfüllung der ihnen übertragenen Aufgaben nicht benachteiligt werden. Diese Bestimmung konkretisiert das allg. Maßregelungsverbot des § 612a BGB. Das **Benachteiligungsverbot** untersagt alle Maßnahmen tatsächlicher oder rechtlicher Natur, die objektiv eine Schlechterstellung der angestellten Betriebsärzte und Fachkräfte für Arbeitssicherheit gegenüber vergleichbaren AN beinhalten.[5] Neben unmittelbar benachteiligenden Maßnahmen (z.B. Abmahnung, Versetzung, Künd, Entgeltkürzung) werden auch mittelbare Formen der Nachteilszufügung, wie das Vorenthalten von Vorteilen und Vergünstigungen (z.B. Ausschluss von Prämien oder Unterlassen einer Beförderung) erfasst (vgl. § 612a BGB Rn 7). Die Schlechterstellung muss **kausal** auf der Erfüllung der den Arbeitsschutzexperten übertragenen arbeitsmedizinischen bzw. sicherheitstechnischen Aufgaben beruhen. Dies folgt aus der wörtlichen Auslegung des S. 2 („wegen"). Wie bei § 612a BGB muss auch hier das unzulässige Differenzierungsmerkmal das **wesentliche Motiv** für die Benachteiligung bilden, d.h. es darf nicht nur den äußeren Anlass bilden (vgl. § 612a BGB Rn 9). Einer Benachteiligungsabsicht bedarf es nicht.[6] Das Benachteiligungsverbot ist ebenso wie das Maßregelungsverbot **nicht dispositiv**, d.h. von ihm kann zu Lasten des AN nicht abgewichen werden.[7]

Ein **Verstoß** gegen das Benachteiligungsverbot hat die **Nichtigkeit** der betreffenden Maßnahme gem. § 134 BGB zur Folge und der Betroffene ist so zu stellen, wie er ohne die Benachteiligung stünde, d.h. er kann die **Leistung** bzw. **Unterlassung** nach § 1004 BGB **fordern** oder es kann ihm ein **Schadensersatzanspruch gem. § 280 Abs. 1 BGB** oder **§ 823 Abs. 2 BGB i.V.m. § 8 Abs. 1 S. 2** zustehen (vgl. § 612a BGB Rn 10).

Nach S. 3 sind Betriebsärzte nur ihrem **ärztlichen Gewissen** unterworfen und haben die Regeln der ärztlichen Schweigepflicht zu beachten.[8] Eine Gewissensentscheidung ist nach der Definition des BVerfG jede ernste sittliche, d.h. an den Kategorien von Gut und Böse orientierte Entscheidung, die der einzelne in einer bestimmten Lage als für sich bindend und unbedingt verpflichtend innerlich erfährt, so dass er gegen sie nicht ohne ernste Gewissensnot handeln könnte.[9] Dass Ärzte ihren Beruf nach ihrem Gewissen auszuüben haben, folgt bereits aus dem ärztlichen Standesrecht (vgl. § 2 Abs. 1 der (Muster-) Berufsordnung für die deutschen Ärztinnen und Ärzte – MBO-Ä 1997). Die auf Tatsachen beruhende Gewissensentscheidung unterliegt nicht der gerichtlichen Kontrolle.[10]

Betriebsärzte unterliegen ebenso wie andere Ärzte der strafrechtlich durch § 203 Abs. 1 Nr. 1 StGB abgesicherten **ärztlichen Schweigepflicht** (vgl. auch § 9 der (Muster-)Berufsordnung für die deutschen Ärztinnen und Ärzte – MBO-Ä 1997).[11] Die Schweigepflicht erstreckt sich auf alle Tatsachen, die Aussagen über den Gesundheitszustand

---

1 Vgl. BT-Drucks 7/260, S. 14; *Anzinger/Bieneck*, § 8 Rn 3; *Nöthlichs*, Kennzahl 4071 § 8 Anm. 1 S. 1 f.
2 Vgl. *Anzinger/Bieneck*, § 8 Rn 9.
3 Vgl. *Anzinger/Bieneck*, § 8 Rn 10; *Wank*, § 8 Rn 1; *Nöthlichs*, Kennzahl 4071 § 8 Anm. 2 S. 3.
4 Vgl. *Anzinger/Bieneck*, § 8 Rn 7 f.; *Kittner/Pieper*, ASiG Rn 106; *Wank*, § 8 Rn 2; a.A. *Nöthlichs*, Kennzahl 4071 § 8 Anm. 2 S. 3.
5 Vgl. *Nöthlichs*, Kennzahl 4071 § 8 Anm. 3 S. 4; *Wank*, § 8 Rn 3.
6 Vgl. *Nöthlichs*, Kennzahl 4071 § 8 Anm. 3 S. 4; *Wank*, § 8 Rn 3.
7 Vgl. *Nöthlichs*, Kennzahl 4071 § 8 Anm. 3 S. 4.
8 Vgl. zum Umfang der Schweigepflicht MünchArb/*Wlotzke*, § 210 Rn 66.
9 Vgl. BVerfG 20.12.1960 – 1 BvL 21/60 – BVerfGE 12, 45.
10 Vgl. BAG 24.5.1989 – 2 AZR 285/88 – BB 1990, 212.
11 Vgl. *Budde/Witting*, MedR 1987, 23.

eines Beschäftigten zulassen, d.h. insb. die im Rahmen einer arbeitsmedizinischen Untersuchung erhobenen Befunddaten und Diagnosen und die daraus gewonnenen ärztlichen Schlussfolgerungen.[12] § 203 Abs. 3 S. 2 StGB erstreckt die Schweigepflicht auch auf **nichtärztliche Heil- und Hilfsberufe**. Nur wenn und soweit der untersuchte AN den Betriebsarzt ausdrücklich von der Schweigepflicht entbunden hat, ist der Betriebsarzt gegenüber dem AG zur Offenbarung dieser Tatsachen befugt. Eine **umfassende Schweigepflichtsentbindung** für die Zukunft ist wegen Verstoßes gegen die guten Sitten gem. § 138 BGB **unwirksam**.[13] AN sind nicht dazu verpflichtet, den Arzt von dessen Berufsgeheimnis zu befreien, weil dies nicht mit dem **Recht auf informationelle Selbstbestimmung** gem. Art. 2 Abs. 1 GG i.V.m. Art. 1 Abs. 1 GG zu vereinbaren wäre.[14] Die Schweigepflicht wird ausnahmsweise durchbrochen bei Bestehen besonderer gesetzlicher Aussage- oder Anzeigepflichten (vgl. z.B. §§ 202 f. SGB VII, §§ 6, 8 IfSG) oder soweit die Offenbarung zum Schutz eines höheren Rechtsgutes gem. § 34 StGB erforderlich ist (vgl. auch § 9 Abs. 2 der (Muster-) Berufsordnung für die deutschen Ärztinnen und Ärzte – MBO-Ä 1997).

II. Hierarchische Einbindung in den Betrieb (Abs. 2)

8   Betriebsärzte und Fachkräfte für Arbeitssicherheit müssen nach Abs. 2 **unmittelbar dem Leiter des Betriebs unterstehen** (zum Betriebsbegriff vgl. § 2 Rn 5). Wer **Leiter einer Behörde** ist, regelt sich bei Bundesbehörden nach § 12 der RL für den betriebsärztlichen und sicherheitstechnischen Dienst in Verwaltungen und Betrieben des Bundes (vgl. § 16 Rn 4). Die für den Bereich des Bundes geltenden Regelungen zur Unabhängigkeit bei der Anwendung der Fachkunde folgen aus § 7 dieser RL. Den Arbeitsschutzexperten ist in der hierarchischen Organisationsstruktur des Betriebs mindestens eine **Stabsstelle unmittelbar unter der Betriebs- bzw. Geschäftsleitung** zuzuweisen; eine bloße Linienfunktion genügt den Anforderungen des Abs. 2 nicht.[15] Betriebsärzte und Fachkräfte für Arbeitssicherheit dürfen daher organisatorisch und disziplinarisch einem Abteilungsleiter nicht unterstellt sein.[16] Möglich ist es dagegen, sie oberhalb der Betriebsleitungsebene anzusiedeln.[17] Abs. 2 gewährt den Betriebsärzten und Fachkräften einen individuellen Anspruch auf die Zuweisung einer Stabsstelle unmittelbar unter der Betriebs- bzw. Geschäftsleitung.[18] Sind in einem Betrieb mehrere Betriebsärzte oder Fachkräfte für Arbeitssicherheit bestellt, kann der AG von einen von ihnen zum **leitenden Betriebsarzt** bzw. **zur leitenden Fachkraft für Arbeitssicherheit** bestellen.[19] In diesem Fall muss nur der leitende Betriebsarzt bzw. die leitende Fachkraft für Arbeitssicherheit nach § 8 Abs. 2 unmittelbar dem Betriebsleiter unterstellt sein.

III. Vorschlagsrecht (Abs. 3)

9   Für den Fall, dass Betriebsärzte und Fachkräfte sich mit dem Leiter des Betriebs nicht über eine von ihnen vorgeschlagene arbeitsmedizinische oder sicherheitstechnische Maßnahme verständigen können, gibt ihnen S. 1 das **Recht, ihren Vorschlag unmittelbar dem AG zu unterbreiten**. Ist der AG eine juristische Person, besteht dieses Recht gegenüber dem zuständigen Mitglied des gesetzlichen Vertretungsorgans. Wer innerhalb des Organs zuständig ist, ergibt sich aus Gesetz bzw. Satzung. Hat der AG für seinen Betrieb einen leitenden Betriebsarzt oder eine leitende Sicherheitsfachkraft bestellt, steht dieser Person das Vorschlagsrecht zu. Wird der **Vorschlag abgelehnt**, so ist dies gem. S. 3 dem **Vorschlagenden schriftlich mitzuteilen und zu begründen**. Der BR erhält davon gem. S. 3 Hs. 2 eine Abschrift.

IV. Rechtsfolge: Behördliche Anordnung

10 Verstößt der AG gegen seine Pflichten aus diesem Gesetz bzw. die das Gesetz konkretisierenden UVV (vgl. § 2 Rn 6 ff.), kann die zuständige Aufsichtsbehörde gegen ihn eine Anordnung gem. § 12 Abs. 1 erlassen; auch die Aufsichtsperson des zuständigen Unfallversicherungsträgers ist gem. § 19 Abs. 1 SGB VII zu Anordnungen befugt (vgl. § 12 Rn 11).

---

12 Vgl. *Anzinger/Bieneck*, § 8 Rn 22 f.; *Nöthlichs*, Kennzahl 4071 § 8 Anm. 5 S. 5.

13 Vgl. *Anzinger/Bieneck*, § 8 Rn 25; *Budde/Witting*, MedR 1987, 23; *Däubler*, BB 1989, 282; *Hinrichs*, DB 1980, 2287; *Nöthlichs*, Kennzahl 4071 § 8 Anm. 5 S. 5.

14 Vgl. *Anzinger/Bieneck*, § 8 Rn 24; zu arbeitsmedizinischen Vorsorgeuntersuchungen und dem Recht auf informationelle Selbstbestimmung vgl. auch *Janning*, Zbl Arbeitsmed 1997, 358.

15 Vgl. ArbG Osnabrück 15.6.1993 – 3 Ca 36/93 E – AuR 1996, 29; *Anzinger/Bieneck*, § 8 Rn 34; MünchArbR/*Wlotzke*, § 210 Rn 67; *Nöthlichs*, Kennzahl 4071 § 8 Anm. 6.2 S. 7.

16 LAG Köln 3.4.2003 – 10 (1) Sa 1231/02 – NZA-RR 2004, 319; VG Münster 16.1.2002 – 9 K 2097/99 – juris.

17 Vgl. BT-Drucks 7/1085, S. 6; *Anzinger/Bieneck*, § 8 Rn 36 ff.; HaKo-ASiG/*Aufhauser*, § 8 Rn 4; *Nöthlichs*, Kennzahl 4071 § 8 Anm. 6.2 S. 8.

18 LAG Köln 3.4.2003 – 10 (1) Sa 1231/02 – NZA-RR 2004, 319.

19 Vgl. LAG Berlin 2.2.1998 – 9 Sa 114/97 – NZA-RR 1998, 437 = AR-Blattei ES 250 Nr. 51.

C. Verbindung zu anderen Rechtsgebieten und zum Prozessrecht

I. Darlegungs- und Beweislast

Die Darlegungs- und Beweislast für das Vorliegen einer benachteiligenden Maßnahme nach Abs. 1 S. 2 trägt der Betroffene. Ihm kommen dabei Beweiserleichterungen nach den Grundsätzen des **Anscheinsbeweises** zugute, wenn ein offensichtlicher Zusammenhang zwischen der benachteiligenden Maßnahme und der Aufgabenwahrnehmung besteht (vgl. § 612a BGB Rn 19). 11

II. Rechte des Arbeitnehmers

Nach § 3 Abs. 2 hat der AN Anspruch auf Mitteilung des Ergebnisses arbeitsmedizinischer Untersuchungen. Speichert der Betriebsarzt Gesundheitsdaten, kann der AN über seine personenbezogenen Daten nach § 34 BDSG Auskunft verlangen. 12

III. Beteiligung des BR und Arbeitsschutzausschusses

Betriebsarzt bzw. Fachkraft für Arbeitssicherheit sind gem. § 9 Abs. 2 S. 1 Hs. 2 verpflichtet, dem BR den Inhalt des an den AG gerichteten Vorschlags nach Abs. 3 mitzuteilen. Der BR kann sich mit seinen betriebsverfassungsrechtlichen Rechten für den Vorschlag einsetzen und die Umsetzung ggf. erzwingen (vgl. § 87 BetrVG Rn 107 ff.).[20] Auch der Arbeitsschutzausschuss (vgl. § 11) kann sich mit der Ablehnung des Vorschlags befassen. 13

D. Beraterhinweise

Da Betriebsärzte und Sicherheitsfachkräfte bei Ausübung ihrer Fachkunde unmittelbar dem Leiter des Betriebs unterstehen, i.Ü. aber einem anderen Vorgesetzten im Betrieb unterstellt sein können, besteht die Gefahr, dass sie widersprüchliche Weisungen erhalten.[21] Die Vorgesetzten sollten sich darüber bewusst sein, um Konflikte durch unterschiedliche Weisungen zu vermeiden. 14

---

§ 9   Zusammenarbeit mit dem Betriebsrat

(1) Die Betriebsärzte und die Fachkräfte für Arbeitssicherheit haben bei der Erfüllung ihrer Aufgaben mit dem Betriebsrat zusammenzuarbeiten.

(2) ¹Die Betriebsärzte und die Fachkräfte für Arbeitssicherheit haben den Betriebsrat über wichtige Angelegenheiten des Arbeitsschutzes und der Unfallverhütung zu unterrichten; sie haben ihm den Inhalt eines Vorschlages mitzuteilen, den sie nach § 8 Abs. 3 dem Arbeitgeber machen. ²Sie haben den Betriebsrat auf sein Verlangen in Angelegenheiten des Arbeitsschutzes und der Unfallverhütung zu beraten.

(3) ¹Die Betriebsärzte und Fachkräfte für Arbeitssicherheit sind mit Zustimmung des Betriebsrats zu bestellen und abzuberufen. ²Das gleiche gilt, wenn deren Aufgaben erweitert oder eingeschränkt werden sollen; im übrigen gilt § 87 in Verbindung mit § 76 des Betriebsverfassungsgesetzes. ³Vor der Verpflichtung oder Entpflichtung eines freiberuflich tätigen Arztes, einer freiberuflich tätigen Fachkraft für Arbeitssicherheit oder eines überbetrieblichen Dienstes ist der Betriebsrat zu hören.

A. Allgemeines 1	III. Beteiligungsrechte des Betriebsrats (Abs. 3) 6
I. Einwirkung der nichtarbeitsrechtlichen Norm auf das Arbeitsverhältnis 1	IV. Rechtsfolge: Behördliche Anordnung 12
II. Zweck 2	C. Verbindung zu anderen Rechtsgebieten und zum Prozessrecht 13
B. Regelungsgehalt 3	I. Rechtliche Stellung der angestellten Betriebsärzte und Fachkräfte für Arbeitssicherheit 13
I. Verpflichtung zur Zusammenarbeit (Abs. 1) 3	II. Mitbestimmung des Betriebsrats 18
II. Unterrichtungs- und Beratungspflichten (Abs. 2) . 4	D. Beraterhinweise 21

A. Allgemeines

I. Einwirkung der nichtarbeitsrechtlichen Norm auf das Arbeitsverhältnis

§ 9 regelt in Abs. 1 und 2 die Zusammenarbeit der Betriebsärzte und Fachkräfte für Arbeitssicherheit mit dem BR. Abs. 3 enthält eine an die jeweilige Vertragsform anknüpfende, differenzierte Regelung der Beteiligungsrechte des BR im Zusammenhang mit der Bestellung und Abberufung von Betriebsärzten und Fachkräften für Arbeitssicherheit. 1

---

20 Vgl. *Anzinger/Bieneck*, § 8 Rn 53.   21 Vgl. *Wank*, § 8 Rn 9.

II. Zweck

2 Mit der Norm wird eine enge Zusammenarbeit der im Betrieb mit Arbeitsschutz- und Unfallverhütungsfragen befassten Stellen bezweckt.[1]

B. Regelungsgehalt

I. Verpflichtung zur Zusammenarbeit (Abs. 1)

3 Durch § 9 Abs. 1 werden die Betriebsärzte und Fachkräfte für Arbeitssicherheit **verpflichtet, bei der Erfüllung ihrer Aufgaben mit dem BR zusammenzuarbeiten**. Die Pflicht zur Zusammenarbeit mit dem BR betrifft alle Aufgaben, die von den Betriebsärzten und Fachkräften für Arbeitssicherheit nach § 3 Abs. 1 bzw. § 6 im Bereich des Arbeits- und Gesundheitsschutzes wahrzunehmen sind. Mängel in der Zusammenarbeit mit dem BR berechtigen den AG zur Abberufung des Betriebsarztes bzw. der Fachkraft für Arbeitssicherheit.[2]

II. Unterrichtungs- und Beratungspflichten (Abs. 2)

4 § 9 Abs. 2 konkretisiert die allg. Zusammenarbeitsverpflichtung in Abs. 1 durch Begründung spezieller Unterrichtungs- und Beratungspflichten gegenüber dem BR.

Nach § 9 Abs. 2 S. 1 Hs. 1 haben die Betriebsärzte und Fachkräfte für Arbeitssicherheit den **BR** über wichtige Angelegenheiten des Arbeitsschutzes und der Unfallverhütung **zu unterrichten**. „Wichtig" sind alle Angelegenheiten von besonderer betrieblicher Bedeutung, z.B. die Feststellung bedeutender Sicherheitsmängel oder die Ergebnisse der Gefährdungsbeurteilung. Bei der Ausübung des den Betriebsärzten und Fachkräften für Arbeitssicherheit eingeräumten Ermessens hinsichtlich der Frage, welche Angelegenheiten „wichtig" sind, haben sie darauf abzustellen, welche Kenntnisse für den BR zur Erfüllung seiner Aufgaben erforderlich sind.[3] Dieser Ermessensspielraum kann durch freiwillige Betriebsvereinbarungen verdeutlicht werden.[4] Zur Unterrichtungspflicht der Betriebsärzte und Fachkräfte für Arbeitssicherheit gehört nach § 9 Abs. 2 S. 1 Hs. 2 auch, dass sie dem BR den **Inhalt** von Vorschlägen gem. § 8 Abs. 3 (vgl. § 8 Rn 9) **mitteilen**.

5 § 9 Abs. 2 S. 2 verpflichtet die Betriebsärzte und Fachkräfte für Arbeitssicherheit, den **BR** auf sein Verlangen in Angelegenheiten des Arbeitsschutzes und der Unfallverhütung **zu beraten**. Anders als die Unterrichtungspflicht ist die Beratungspflicht nicht auf wichtige Angelegenheiten beschränkt, so dass der BR berechtigt ist, sich jederzeit ohne Einschaltung des AG zu diesen Fragen von den Betriebsärzten und Fachkräften für Arbeitssicherheit sach- und fachkundig beraten zu lassen. Eine bestimmte Form der Beratung ist – ebenso wie im Fall der Unterrichtung – nicht vorgeschrieben, so dass es dem Ermessen der Betriebsärzte und Fachkräfte überlassen bleibt, ob sie sich schriftlich oder mündlich äußern wollen.

III. Beteiligungsrechte des Betriebsrats (Abs. 3)

6 Das ASiG begründet für den AG in § 2 Abs. 1 und § 5 Abs. 1 die Verpflichtung zur Bestellung von Betriebsärzten und Fachkräften für Arbeitssicherheit (zur Bestellpflicht und zu ihrem Umfang vgl. § 1 Rn 1, § 2 Rn 5 ff.). Von der Bestellung als dem gesetzlich vorgeschriebenen Organisationsakt ist das zugrunde liegende Vertrags- bzw. Verpflichtungsverhältnis mit der bestellten Person zu unterscheiden. Das ASiG räumt dem AG die **Wahl zwischen drei möglichen Gestaltungs- bzw. Vertragsformen** der betriebsärztlichen bzw. sicherheitstechnischen Betreuung ein: er kann die betreffenden Arbeitsschutzfachleute als AN im Rahmen eines **ArbVerh** beschäftigen, einen **Dienstvertrag** mit einem freiberuflich bzw. selbstständig tätigen Arbeitsmediziner oder einer Fachkraft für Arbeitssicherheit abschließen oder einen **überbetrieblichen, arbeitsmedizinischen bzw. sicherheitstechnischen Dienst** (vgl. § 19) mit der Aufgabenwahrnehmung beauftragen. Bei der Entscheidung der abstrakten Frage, in welcher dieser drei möglichen Varianten die Aufgaben nach dem ASiG wahrgenommen werden sollen, hat der BR ein Mitbestimmungsrecht gem. **§ 87 Abs. 1 Nr. 7 BetrVG** (vgl. Rn 18 f.).

7 Abs. 3 regelt die **Beteiligungsrechte des BR** im Zusammenhang mit der **Bestellung und Abberufung** von Betriebsärzten und Sicherheitsfachkräften sowie mit ihrer **Aufgabenerweiterung und -einschränkung** und räumt dem BR damit über den Mitbestimmungstatbestand des § 87 Abs. 1 Nr. 7 BetrVG hinausgehende Beteiligungsrechte ein.[5] Die **Art der Beteiligung** (Zustimmung oder Anhörung) ist abhängig von dem der Bestellung zugrunde liegenden Vertrags- bzw. Verpflichtungsverhältnis:

Bei **arbeitsvertraglich angestellten Betriebsärzten und Fachkräften für Arbeitssicherheit** benötigt der AG für die **Bestellung und Abberufung** nach S. 1 die **Zustimmung des BR**. Das Gleiche gilt nach S. 2, wenn deren **Aufgaben erweitert oder eingeschränkt** werden sollen. Der BR hat dadurch auch über den Umfang der den angestellten Betriebsärzten und Fachkräften für Arbeitssicherheit übertragenen Aufgaben mitzubestimmen. Das Zustimmungs-

---

1 Vgl. BT-Drucks 7/260, S. 14.
2 Vgl. LAG Brandenburg 2.4.1998 – 3 Sa 477/96 – ZTR 1998, 526 = AuR 1998, 331.
3 Vgl. *Wank*, § 9 Rn 2.
4 Vgl. *Fitting u.a.*, § 87 Rn 329 f.
5 Vgl. BT-Drucks 7/1085, S. 7; *Anzinger/Bieneck*, § 9 Rn 2; *Fitting u.a.*, § 87 Rn 319.

erfordernis entfällt nicht dadurch, dass die betreffenden Arbeitsschutzfachleute die Stellung eines leitenden Ang i.S.v. § 5 Abs. 3, 4 BetrVG haben.[6] Die Ernennung leitender Betriebsärzte bzw. Fachkräfte für Arbeitssicherheit ist dagegen keine Bestellung i.S.v. §§ 2, 5, sondern nur eine ergänzende betriebsorganisatorische Maßnahme und bedarf deshalb nicht der Zustimmung des BR; Entsprechendes gilt für die Abberufung von der leitenden Stellung.[7]

Die **Zustimmung des BR** ist eine **Wirksamkeitsvoraussetzung** für die Bestellung, Abberufung, Aufgabenerweiterung oder -einschränkung. Ihr Fehlen führt zur **Unwirksamkeit** der betreffenden Maßnahme (zur Frage, welche Auswirkung eine fehlende Zustimmung zur Abberufung auf eine Künd hat, vgl. Rn 10).[8] Fehler des BR bei der Beschlussfassung führen dann nicht zur individualrechtlichen Unwirksamkeit der Bestellung bzw. Abberufung, wenn der AG auf die Wirksamkeit des Beschlusses vertrauen konnte und durfte.[9] Bei **Zustimmungsverweigerung** des BR entscheidet auf Antrag des AG nach § 87 Abs. 2 i.V.m. § 76 Abs. 5 S. 1 BetrVG die **Einigungsstelle**. Der BR ist bei der Verweigerung der Zustimmung im Unterschied zu § 99 Abs. 2 BetrVG nicht an bestimmte Gründe gebunden. Er kann daher alle Gründe geltend machen, die unter Berücksichtigung der Belange des Betriebs und der betroffenen AN sachlich begründet sind (z.B. mangelnde fachliche Qualifikation).[10]

8

Fraglich ist, ob und inwieweit S. 1 bzw. 2 auch ein **Initiativrecht des BR** begründet. Nach zutreffender h.A. steht dem BR ein Initiativrecht bei der **Abberufung** von angestellten Betriebsärzten und Fachkräften für Arbeitssicherheit sowie der Erweiterung oder Einschränkung ihrer Aufgaben zu.[11] Er kann dadurch erreichen, dass die betreffenden Arbeitsschutzfachleute von ihrer Funktion entbunden werden, wenn sie ihre Aufgaben mangelhaft erfüllen oder sonstige Umstände vorliegen, die einer vertrauensvollen Zusammenarbeit mit dem BR entgegenstehen. Streitig ist, ob dem BR auch **ein Initiativrecht bei der Bestellung** von angestellten Betriebsärzten und Fachkräften für Arbeitssicherheit zusteht.[12] Dagegen wird eingewandt, dass der AG weder nach § 99 BetrVG noch nach Abs. 3 zum Abschluss eines Arbeitsvertrages mit einer bestimmten Person gezwungen werden kann. Für das Initiativrecht spricht eine einheitliche Auslegung von S. 1 und 2 als echtes Mitbestimmungsrecht einschließlich Initiativrecht, das sich nicht nur auf einige, sondern alle dort genannten Einzelmaßnahmen erstreckt. Dieser Auffassung ist zu folgen. Die von der erstgenannten Ansicht besorgte Gefahr der Erzwingung der Einstellung eines bestimmten Arbeitsschutzexperten durch den BR gegen den Willen des AG besteht nicht, weil sich der Regelungsumfang des S. 1 Alt. 1 lediglich auf die Bestellung (nicht Einstellung) erstreckt.[13]

9

Die **Beteiligungsrechte des BR** bei den der Bestellung und Abberufung angestellter Betriebsärzte und Fachkräfte für Arbeitssicherheit zugrunde liegenden personellen **Einzelmaßnahmen** (Einstellung, Versetzung, Ein- oder Umgruppierung, Künd) bestimmen sich nicht nach § 9 Abs. 3, sondern nach **§§ 99, 102 BetrVG**.[14] Praktisch bedeutsam ist dabei die Frage, welche **Auswirkungen** die **fehlende Zustimmung** des BR zur Abberufung auf die Wirksamkeit einer Künd des Arbverh mit einem Betriebsarzt bzw. einer Fachkraft für Arbeitssicherheit durch den AG hat. Nach Auff. des BAG[15] soll die fehlende und nicht ersetzte Zustimmung des BR wegen objektiver Umgehung der Mitbestimmung nach § 9 Abs. 3 zumindest dann zur Unwirksamkeit einer vom AG erklärten Beendigungs-Künd führen, wenn diese auf Gründe gestützt wird, die sachlich mit der Tätigkeit des Betriebsarztes bzw. der Fachkraft für Arbeitssicherheit im untrennbaren Zusammenhang stehen, d.h. eine Bewertung dieser Tätigkeit beinhalten. Ausdrücklich offen gelassen hat das BAG, ob dies auch für den Fall gilt, dass der AG aus betriebsbedingten oder solchen personen- oder verhaltensbedingten Gründen kündigt, die in keinem Bezug zur Tätigkeit des Betriebsarztes bzw. der Fachkraft für Arbeitssicherheit stehen. Ein Teil des Schrifttums vertritt die Auff., dass die Zustimmung des BR zur Abberufung stets eine zwingende Wirksamkeitsvoraussetzung der Künd des Arbverh ist.[16] Das LAG Hamm ist die-

10

---

6 Vgl. LAG Berlin 2.2.1998 – 9 Sa 114/97 – NZA-RR 1998, 437; GK-BetrVG/*Wiese*, § 87 Rn 653; MünchArbR/*Mattes*, Bd. 3, § 344 Rn 29; *Wank*, § 9 Rn 9.
7 Vgl. LAG Berlin 2.2.1998 – 9 Sa 114/97 – NZA-RR 1998, 437 = AR-Blattei ES 250 Nr. 51.
8 Vgl. BAG 24.3.1988 – 2 AZR 369/87 – AP § 9 ASiG Nr. 1 = NZA 1989, 60; LAG Bremen 9.1.1998 – 4 Sa 11/97 – AP § 9 ASiG Nr. 3 = NZA-RR 1998, 250; GK-BetrVG/*Wiese*, § 87 Rn 656; *Wank*, § 9 Rn 7.
9 Vgl. LAG Brandenburg 2.4.1998 – 3 Sa 477/96 – ZTR 1998, 526 = AuR 1998, 331.
10 GK-BetrVG/*Wiese*, § 87 Rn 657; *Richardi*, § 87 Rn 580; *Wank*, § 9 Rn 11.
11 Vgl. GK-BetrVG/*Wiese*, § 87 Rn 673 f.; *Richardi*, § 87 Rn 581, 589; MünchArbR/*Mattes*, Bd. 3, § 344 Rn 36; *Anzinger/Bieneck*, § 9 Rn 66; *Wank*, § 9 Rn 13.
12 Verneinend: GK-BetrVG/*Wiese*, § 87 Rn 674; *Richardi*, § 87 Rn 582; *Wank*, § 9 Rn 14; bejahend: *Fitting u.a.*, § 87 Rn 321; *Anzinger/Bieneck*, § 9 Rn 66; *Kittner/Pieper*, ASiG Rn 125; einschränkend MünchArbR/*Mattes*, Bd. 3, § 344 Rn 35 für den Fall, dass noch kein Arbeitsvertrag mit der zu bestellenden Person besteht; offen gelassen: BAG 6.12.1983 – 1 ABR 43/81 – BAGE 44, 285 = DB 1984, 775 = BB 1984, 850.
13 Vgl. *Anzinger/Bieneck*, § 9 Rn 66; *Fitting u.a.*, § 87 Rn 323.
14 Vgl. *Fitting u.a.*, § 87 Rn 322 ff.; GK-BetrVG/*Wiese*, § 87 Rn 654 ff.; *Richardi*, § 87 Rn 576 ff.; a.A. MünchArbR/*Mattes*, Bd. 3, § 344 Rn 29.
15 Vgl. BAG 24.3.1988 – 2 AZR 369/87 – AP § 9 ASiG Nr. 1 = NZA 1989, 60; *Fitting u.a.*, § 87 Rn 324; GK-BetrVG/*Wiese*, § 87 Rn 655; *Richardi*, § 87 Rn 584; a.A. *Bloesinger*, NZA 2004, 467, 468 ff.
16 Vgl. MünchArbR/*Matthes*, Bd. 3, § 344 Rn 31; DKK/*Klebe*, § 87 Rn 190; *Kittner/Pieper*, ASiG Rn 123.

ser Meinung nicht gefolgt und hat entschieden, dass die betriebsbedingte Künd einer Fachkraft für Arbeitssicherheit nicht wegen fehlender Zustimmung des BR zur Abberufung unwirksam ist.[17]

11 Vor der Verpflichtung oder Entpflichtung eines **freiberuflich tätigen** Arztes, einer freiberuflich tätigen Fachkraft für Arbeitssicherheit oder eines **überbetrieblichen Dienstes** ist der BR nach S. 3 zu hören. Das **Anhörungsrecht des BR** besteht nicht nur bei der Bestellung und Abberufung selbstständig tätiger Betriebsärzte und Fachkräfte für Arbeitssicherheit bzw. überbetrieblicher Dienste, sondern auch im Fall einer **Erweiterung oder Einschränkung ihrer Aufgaben**.[18] Die Anhörung erfordert eine umfassende Unterrichtung des BR über die Einzelheiten der beabsichtigten Maßnahme, die vor der Ver- bzw. Entpflichtung erfolgen muss, sowie die Einräumung einer angemessenen Frist zur Prüfung und Stellungnahme.[19] Eine **Verletzung des Anhörungsrechts** hat mangels einer § 102 Abs. 1 S. 3 BetrVG entsprechenden Regelung **keine Unwirksamkeit** der Bestellung, Abberufung bzw. Aufgabenänderung zur Folge.[20]

IV. Rechtsfolge: Behördliche Anordnung

12 Kommt der AG seinen öffentlich-rechtlichen Pflichten nicht nach, kann die Aufsichtsbehörde eine Anordnung gem. § 12 erlassen; auch die Aufsichtspersonen der Unfallversicherungsträger sind gem. § 19 Abs. 1 SGB VII anordnungsbefugt (vgl. § 12 Rn 11).

C. Verbindung zu anderen Rechtsgebieten und zum Prozessrecht

I. Rechtliche Stellung der angestellten Betriebsärzte und Fachkräfte für Arbeitssicherheit

13 Betriebsärzte und Fachkräfte für Arbeitssicherheit können gem. Abs. 3 sowohl als AN als auch als freie Mitarbeiter beschäftigt werden (zur AN-Eigenschaft der Arbeitsschutzfachleute vgl. § 2 Rn 19).

Das ASiG enthält verschiedene Bestimmungen, mit denen die Stellung der Betriebsärzte und Fachkräfte für Arbeitssicherheit im Betrieb bzw. Unternehmen gestärkt und ihre fachliche Unabhängigkeit bei der Ausübung ihrer Tätigkeit abgesichert werden soll, z.B. die fachliche Weisungsfreiheit gem. § 8 Abs. 1 S. 1 (vgl. § 8 Rn 3), das Benachteiligungsverbot gem. § 8 Abs. 1 S. 2 (vgl. § 8 Rn 4) oder das Vorschlagsrecht gegenüber dem Leiter des Betriebs gem. § 8 Abs. 3 (vgl. § 8 Rn 9). Diese Regelungen sind v.a. für die angestellten Betriebsärzte und Fachkräfte für Arbeitssicherheit von praktischer Bedeutung.

14 Die **Abberufung** eines Betriebsarztes oder einer Fachkraft für Arbeitssicherheit kann **arbeitsgerichtlich** nur darauf überprüft werden, ob sie gegen das Benachteiligungsverbot des § 8 Abs. 1 S. 2 (vgl. § 8 Rn 4 f.) verstößt oder nicht billigem Ermessen gem. § 315 Abs. 3 BGB entspricht.[21] Eine zusätzliche Voraussetzung ist, dass der Zustimmungsbeschluss des BR zur Abberufung wirksam ist. Denn die Zustimmung ist Wirksamkeitsvoraussetzung für den individualrechtlichen Gestaltungsakt.[22] Daher muss der Zustimmungsbeschluss des BR ordnungsgemäß zustande gekommen sein. Das ist z.B. nicht der Fall, wenn es an einer gem. § 29 Abs. 2 S. 3 BetrVG notwendigen ordnungsgemäßen Ladung aller BR-Mitglieder unter Mitteilung der Tagesordnung zur BR-Sitzung fehlt (vgl. § 33 BetrVG Rn 15 f.). Allerdings wird von der Rspr. angenommen, ein unwirksamer Beschluss führt dann nicht zur individualrechtlichen Unwirksamkeit der Abberufung, wenn der AG auf die Wirksamkeit des Beschlusses vertrauen konnte und durfte.[23] Zu prüfen ist auch, ob der Zustimmungsbeschluss vom zuständigen BR gefasst worden ist. Findet die betriebsärztliche Betreuung sämtlicher Betriebe eines Unternehmens statt, kann sich nach § 50 Abs. 1 BetrVG die Zuständigkeit des GBR ergeben.[24] Grds. ist nach der Kompetenzverteilung der Betriebsverfassung jedoch der unmittelbar gewählte BR zuständig. So hat das LAG Köln zur Frage der Zuständigkeit für Regelungen in Bezug auf Arbeitsschutztatbestände entschieden, in dem BR übergeordneten BR-Gremium sei erst zuständig, wenn es sich um eine mehrere Betriebe betreffende Angelegenheit handele und ein objektiv zwingendes Erfordernis für eine betriebsübergreifende oder unternehmenseinheitliche Regelung bestehe.[25]

15 Äußert der **BR Kritik** an der Arbeit des Betriebsarztes bzw. der Fachkraft für Arbeitssicherheit, so ist es i.d.R. nicht unbillig, wenn der AG zur Bewältigung der bestehenden oder vermeintlichen Konfliktlage eine Abberufung vornimmt.[26]

---

17 Vgl. LAG Hamm 14.6.2005 – 19 Sa 287/05 – NZA-RR 2005, 640; *Anzinger/Bieneck*, § 9 Rn 64; *Wank*, § 9 Rn 10.
18 Vgl. *Richardi*, § 87 Rn 592; GK-BetrVG/*Wiese*, § 87 Rn 662; *Wank*, § 9 Rn 15, 18; a.A. MünchArbR/*Matthes*, Bd. 3, § 344 Rn 50.
19 Vgl. *Anzinger/Bieneck*, § 9 Rn 68 f.
20 Vgl. GK-BetrVG/*Wiese*, § 87 Rn 659; *Richardi*, § 87 Rn 593; *Anzinger/Bieneck*, § 9 Rn 70; *Wank*, § 9 Rn 17; a.A. HaKo-ASiG/*Aufhauser*, § 9 Rn 8.
21 Vgl. BAG 12.9.1996 – 5 AZR 30/95 – NZA 1997, 381; LAG Bremen 9.1.1998 – 4 Sa 11/97 – AP § 9 ASiG Nr. 3 = NZA-RR 1998, 250; LAG Brandenburg 2.4.1998 – 3 Sa 47796 – ZTR 1998, 526 = AuR 1998, 331.
22 LAG Brandenburg 2.4.1998 – 3 Sa 47796 – ZTR 1998, 526 = AuR 1998, 331.
23 LAG Brandenburg 2.4.1998 – 3 Sa 47796 – ZTR 1998, 526 = AuR 1998, 331.
24 Vgl. für die vergleichbare Zuständigkeit des unmittelbar von den Mitarbeitern gewählten GPR nach dem Mitbestimmungsgesetz Schleswig-Holstein: ArbG Kiel 1.7.1999 – ö.D. 1 Ca 2633 c/98 – NZA-RR 1999, 670.
25 Vgl. LAG Köln 28.1.2008 – 14 TaBV 70/07 = juris.
26 Vgl. LAG Brandenburg 2.4.1998 – 3 Sa 477/96 – ZTR 1998, 526 = AuR 1998, 331.

Die Abberufung eines Betriebsarztes bzw. einer Fachkraft für Arbeitssicherheit genügt allein noch nicht für die soziale Rechtfertigung der Künd des zugrunde liegenden Arbverh; erforderlich ist vielmehr, dass der AG über keine andere Möglichkeit der Weiterbeschäftigung verfügt oder ihm dies nicht zugemutet werden kann.[27]

Vor der Künd des Arbverh des angestellten Betriebsarztes oder der angestellten Fachkraft für Arbeitssicherheit ist auf die ordnungsgemäße Beteiligung des zuständigen BR oder PR zu achten. Das ist ein Problem, weil die **Zuständigkeit für personelle Einzelmaßnahmen** von derjenigen für die Bestellung und Abberufung abweichen kann. So ist der PR der Dienststelle, dem der Ang zugeordnet ist, und nicht etwa der GPR für die nach dem personalvertretungsrechtlichen MitbestimmungsG Schleswig-Holstein an der Entscheidung über die beabsichtigte Künd des Arbverh eines Betriebsarztes zu beteiligen. Ebenso ist nach § 102 BetrVG immer der BR des Betriebs, dem der Betriebsarzt als Ang zugeordnet ist, vor der Künd anzuhören.

Ist vertraglich nur die Beschäftigung als Fachkraft für Arbeitssicherheit vereinbart, hat der AG auch dann kein Recht, eine gänzlich andere Tätigkeit zu übertragen, wenn die Fachkraft nach Abs. 3 S. 1 abberufen worden ist.[28] Allerdings hat die Fachkraft auch keinen durchsetzbaren Anspruch, dass der AG seine arbeitsvertragliche Beschäftigungspflicht erfüllt. Diese setzt nämlich eine erneute Bestellung zur Fachkraft für Arbeitssicherheit voraus. Ohne Zustimmung des BR zur Neubestellung darf der AG sie nicht beschäftigen. Dem AG ist es auch nicht analog § 162 Abs. 1 BGB versagt, sich auf das Fehlen der Zustimmung des BR zu berufen: Zwar hat er aufgrund der Verweisung in Abs. 3 S. 2 Hs. 2 auf §§ 76, 87 BetrVG die Möglichkeit, die Einigungsstelle anzurufen, um die fehlende Zustimmung des BR durch deren Spruch ersetzen zu lassen. Es kann i.d.R. jedoch nicht als treuwidrig angesehen werden, wenn der AG davon absieht.

II. Mitbestimmung des Betriebsrats

Der BR hat bei der **Entscheidung des AG** über die Gestaltung der betriebsärztlichen und sicherheitstechnischen Betreuung, d.h. der Wahl zwischen den drei möglichen Modellen bzw. Vertragsformen (Anstellung des Betriebsarztes bzw. der Fachkraft für Arbeitssicherheit als AN, Verpflichtung eines freiberuflich bzw. selbstständig tätigen Arbeitsschutzexperten oder Beauftragung eines überbetrieblichen arbeitsmedizinischen oder sicherheitstechnischen Dienstes) ein **Mitbestimmungsrecht nach § 87 Abs. 1 Nr. 7 BetrVG**.[29] Das Mitbestimmungsrecht des BR wird nicht dadurch ausgeschlossen, dass die BG, deren Mitglied der AG ist, in ihrer Satzung eine **Anschlusspflicht an ihren arbeitsmedizinischen oder sicherheitstechnischen Dienst** vorgesehen hat (zum Anschlusszwang vgl. § 2 Rn 12).[30] Da der AG von der Anschlusspflicht wieder zu befreien ist, wenn er nachweist, dass er seiner Bestellpflicht in anderer Form nachgekommen ist (vgl. § 19 Rn 2), hat die Anschlusspflicht nicht zur Folge, dass der AG zwingend auf die Betreuung durch den überbetrieblichen Dienst seiner BG festgelegt wird, sondern belässt ihm die Möglichkeit der Entscheidung für ein anderes Betreuungsmodell.

§ 87 Abs. 1 Nr. 7 BetrVG begründet für den BR nicht nur ein Zustimmungs-, sondern auch ein **Initiativrecht**.[31] Der BR kann dadurch auch eine Änderung der bestehenden Betreuungsform (z.B. Anstellung eines Betriebsarztes anstelle der Verpflichtung eines selbstständig tätigen Arbeitsmediziners) verlangen und notfalls durch Anrufung der Einigungsstelle durchsetzen. Für Streitigkeiten über das Bestehen eines Mitbestimmungsrechts gem. § 87 Abs. 1 Nr. 7 BetrVG ist das ArbG im **Beschlussverfahren** zuständig (vgl. § 2a Abs. 1 Nr. 1, Abs. 2 ArbGG).

Zusätzliche Maßnahmen zur Verhütung von Arbeitsunfällen und Gesundheitsschädigungen können die Betriebsparteien durch **freiwillige BV** gem. § 88 BetrVG regeln.[32] Daneben regelt das **BetrVG weitere Aufgaben und Rechte des BR** beim Arbeitsschutz, insb. die Überwachungsaufgabe nach § 80 Abs. 1 Nr. 1 BetrVG (vgl. § 80 BetrVG Rn 2), Beteiligungsrechte zum Arbeitsschutz und zur Unfallverhütung gem. § 89 BetrVG (vgl. § 89 BetrVG Rn 5 ff.) und die in § 90 BetrVG normierten Unterrichtungs- und Beratungsrechte (vgl. § 90 BetrVG Rn 1 ff.). Im öffentlichen Dienst finden die **Personalvertretungsgesetze** des Bundes bzw. der Länder Anwendung (zum öffentlichen Dienst vgl. § 16 Rn 1 ff.).

D. Beraterhinweise

Der AG sollte sich aufgrund der noch ungeklärten Rechtslage nicht darauf beschränken, den BR vor der Künd eines angestellten Betriebsarztes bzw. einer angestellten Fachkraft für Arbeitssicherheit nach § 102 BetrVG anzuhören,

---

27 Vgl. LAG Bremen 9.1.1998 – 4 Sa 11/97 – AP § 9 ASiG Nr. 3 = NZA-RR 1998, 250.
28 LAG Berlin 17.12.1999 – 6 Sa 1728/99 – ZTR 2000, 274.
29 Vgl. BAG 10.4.1979 – 1 ABR 34/77 – AP § 82 BetrVG 1972 Nr. 1 = NJW 1979, 2362 = BB 1979, 1713; LAG Hamm 7.1.2008 – 10 TaBV 125/07 – juris; *Anzinger/Bieneck*, § 9 Rn 31 f.; *Fitting u.a.*, § 87 Rn 316; GK-BetrVG/*Wiese*, § 87 Rn 650 f.; HaKo-ASiG/*Aufhauser*, § 9 Rn 8; *Kittner/Pieper*, ASiG Rn 119; MünchArbR/*Matthes*, Bd. 3, § 344 Rn 26; *Wank*, § 9 Rn 5; vgl. auch Kirchengerichtshof der Evangelischen Kirche in Deutschland – Senate für mitarbeitervertretungsrechtliche Streitigkeiten 29.5.2006 – II 0124/L78–05 – AuR 2007, 146 zur Mitbestimmung bei Bestellung von Fachkräften für Arbeitssicherheit.
30 Vgl. MünchArbR/*Matthes*, Bd. 3, § 344 Rn 26; *Fitting u.a.*, § 87 Rn 316; GK-BetrVG/*Wiese*, § 87 Rn 652; *Anzinger/Bieneck*, § 9 Rn 35.
31 Vgl. *Fitting u.a.*, § 87 Rn 316; *Richardi*, § 87 Rn 574.
32 Vgl. *Anzinger/Bieneck*, § 9 Rn 43 ff.; *Fitting u.a.*, § 87 Rn 329.

sondern in jedem Fall auch dessen Zustimmung zur Abberufung nach Abs. 3 S. 1 einholen, um nicht die Unwirksamkeit der Künd zu riskieren. Dabei ist darauf zu achten, dass im Antrag an den BR deutlich zwischen der Künd und der Abberufung unterschieden wird, damit dieser erkennen kann, dass der AG sowohl das Verfahren der Anhörung nach § 102 BetrVG durchführen als auch die Zustimmung gem. Abs. 3 S. 1 einholen will.[33]

22 Bei der Vertragsgestaltung empfiehlt es sich, für angestellte Betriebsärzte bzw. Fachkräfte für Arbeitssicherheit das Direktionsrecht für den Fall der Abberufung vertraglich zu erweitern. Nur dann kann sichergestellt werden, dass verbindlich eine andere Aufgabe zugewiesen werden kann (siehe Rn 17).

§ 10 Zusammenarbeit der Betriebsärzte und der Fachkräfte für Arbeitssicherheit

[1]Die Betriebsärzte und die Fachkräfte für Arbeitssicherheit haben bei der Erfüllung ihrer Aufgaben zusammenzuarbeiten. [2]Dazu gehört es insbesondere, gemeinsame Betriebsbegehungen vorzunehmen. [3]Die Betriebsärzte und die Fachkräfte für Arbeitssicherheit arbeiten bei der Erfüllung ihrer Aufgaben mit den anderen im Betrieb für Angelegenheiten der technischen Sicherheit, des Gesundheits- und des Umweltschutzes beauftragten Personen zusammen.

A. Allgemeines 1	IV. Rechtsfolge: Behördliche Anordnung 6
I. Einwirkung der nichtarbeitsrechtlichen Norm auf das Arbeitsverhältnis 1	V. Arbeitsrechtliche Fragestellungen 7
II. Zweck 2	C. Verbindung zu anderen Rechtsgebieten und zum Prozessrecht 8
B. Regelungsgehalt 3	I. Betriebsverfassungsrecht 8
I. Zusammenarbeitsverpflichtung (S. 1) 3	II. Zusammenarbeitsverpflichtungen aus anderen Gesetzen 9
II. Inhalt der Zusammenarbeitsverpflichtung (S. 2) .. 4	D. Beraterhinweise 10
III. Zusammenarbeit mit weiteren im Betrieb Beauftragten (S. 3) 5	

A. Allgemeines

I. Einwirkung der nichtarbeitsrechtlichen Norm auf das Arbeitsverhältnis

1 Der AG hat als Adressat dieser Norm für die Zusammenarbeit der Betriebsärzte und Sicherheitsfachkräfte zu sorgen.[1]

II. Zweck

2 Hintergrund der Pflicht zur Zusammenarbeit ist, dass die den Arbeitsschutzfachleuten zugewiesenen, weitgehend identischen Aufgaben nach den §§ 3, 6 stark miteinander verflochten sind und der Arbeitsschutz sowie die Unfallverhütung im Betrieb nur bei **enger Kooperation** wirkungsvoll verbessert werden können.[2] S. 3 dient der Gewährleistung einer abgestimmten Aufgabenwahrnehmung von Betriebsärzten und Sicherheitsfachkräften mit anderen im Betrieb Beauftragten und erweitert so die Zusammenarbeitsverpflichtung auf Beratungskräfte außerhalb des ASiG zu Fragen der technischen Sicherheit, des Gesundheits- und Umweltschutzes.[3]

B. Regelungsgehalt

I. Zusammenarbeitsverpflichtung (S. 1)

3 Nach S. 1 haben Betriebsärzte und Sicherheitsfachkräfte bei Erfüllung ihrer Aufgaben zusammenzuarbeiten. Diese Verpflichtung gilt ungeachtet dessen, ob sie ihre Aufgaben im Betrieb als AN, Selbstständige oder Angehörige eines überbetrieblichen Dienstes wahrnehmen.

II. Inhalt der Zusammenarbeitsverpflichtung (S. 2)

4 S. 2 nennt als Beispiel der Zusammenarbeitsverpflichtung gemeinsame Betriebsbegehungen. D.h., entsprechend den betrieblichen Erfordernissen und in regelmäßigen Abständen sind neben den Betriebsbegehungen durch Betriebsarzt bzw. Sicherheitsfachkraft nach §§ 3 S. 2 Nr. 3a, 6 S. 2 Nr. 3a gemeinsame Begehungen der Arbeitsschutzfachleute durchzuführen. Nicht ausdrücklich gesetzlich normiert ist der weitere Inhalt der Zusammenarbeitsverpflichtung, z.B. die möglichst frühzeitige, erforderlichenfalls Betriebs- und Geschäftsgeheimnisse beinhaltende gegenseitige Infor-

---

33 Vgl. LAG Bremen 9.1.1998 – 4 Sa 11/97 – AP § 9 ASiG Nr. 3 = NZA-RR 1998, 250.
1 Vgl. *Anzinger/Bieneck*, § 10 Rn 9; *Kittner/Pieper*, ASiG Rn 110; *Nöthlichs*, Kennzahl 4073 § 10 Anm. 1 S. 11; *Wank*, § 10 Rn 2.

2 Vgl. BT-Drucks 7/260, S. 14.
3 Vgl. *Anzinger/Bieneck*, § 10 Rn 2, 5; BT-Drucks 13/3540, S. 22.

mation einschließlich der Vorlage etwaiger Unterlagen und die gemeinsame Beratung von Arbeitsschutz- und Unfallverhütungsmaßnahmen.[4]

III. Zusammenarbeit mit weiteren im Betrieb Beauftragten (S. 3)
Nach S. 3 arbeiten Betriebsärzte und Fachkräfte für Arbeitssicherheit bei der Erfüllung ihrer Aufgaben mit den anderen im Betrieb für Angelegenheiten der technischen Sicherheit, des Gesundheits- und des Umweltschutzes beauftragten Personen zusammen, wobei ein Bezug zum Arbeitsschutz bestehen muss.[5] Zu diesen Personen zählen z.B. Sicherheitsbeauftragte gem. § 20 SGB VII (vgl. § 11 Rn 9), Immissionsschutz- sowie Störfallbeauftragte gem. §§ 53 Abs. 1, 58a BImSchG und Beauftragte für die biologische Sicherheit gem. § 16 Abs. 1 S. 1 GenTSV.

IV. Rechtsfolge: Behördliche Anordnung
Verstößt der AG gegen seine Pflichten aus diesem Gesetz bzw. die das Gesetz konkretisierenden UVV, kann die zuständige Aufsichtsbehörde gegen ihn eine Anordnung gem. § 12 Abs. 1 erlassen. Auch die Aufsichtsperson des zuständigen Unfallversicherungsträgers ist gem. § 19 Abs. 1 SGB VII zu Anordnungen befugt (vgl. § 12 Rn 11).

V. Arbeitsrechtliche Fragestellungen
Der AG hat dafür zu sorgen, dass die Arbeitsschutzexperten bei der Erfüllung ihrer Aufgaben zusammenarbeiten, d.h. die angestellten Arbeitsschutzfachleute arbeitsvertraglich zur Zusammenarbeit zu verpflichten. Erforderlichenfalls hat er von seinem Weisungsrecht gem. § 106 GewO (vgl. § 8 Rn 3) Gebrauch zu machen.

C. Verbindung zu anderen Rechtsgebieten und zum Prozessrecht
I. Betriebsverfassungsrecht
Die Zusammenarbeitspflicht mit dem BR ist nicht Gegenstand des § 10; sie folgt aus § 9 Abs. 1, 2. Für den BR besteht i.R.d. § 10 das Mitbestimmungsrecht gem. **§ 87 Abs. 1 Nr. 7 BetrVG**, wenn der Rahmen zur Zusammenarbeit im Betrieb konkretisiert werden soll.[6]

II. Zusammenarbeitsverpflichtungen aus anderen Gesetzen
Vorschriften außerhalb des ASiG enthalten spiegelbildliche Zusammenarbeitspflichten zu S. 3, z.B. §§ 55 Abs. 3 bzw. 58a Abs. 1 BImSchG, wonach Immissionsschutz- bzw. Störfallbeauftragte mit den Betriebsärzten und Sicherheitsfachkräften zusammenzuarbeiten haben.

D. Beraterhinweise
Bedient sich der AG zur Erfüllung der sich aus dem ASiG ergebenden Pflichten selbstständiger Arbeitsschutzexperten oder eines überbetrieblichen Dienstes, ist in den Vertrag mit ihnen ebenfalls eine Klausel zur Zusammenarbeitspflicht gem. § 10 aufzunehmen. Der AG hat auf die Erfüllung der Kooperationsverpflichtung zu achten.

---

§ 11   Arbeitsschutzausschuß

[1]Soweit in einer sonstigen Rechtsvorschrift nichts anderes bestimmt ist, hat der Arbeitgeber in Betrieben mit mehr als zwanzig Beschäftigten einen Arbeitsschutzausschuß zu bilden; bei der Feststellung der Zahl der Beschäftigten sind Teilzeitbeschäftigte mit einer regelmäßigen wöchentlichen Arbeitszeit von nicht mehr als 20 Stunden mit 0,5 und nicht mehr als 30 Stunden mit 0,75 zu berücksichtigen. [2]Dieser Ausschuß setzt sich zusammen aus:
dem Arbeitgeber oder einem von ihm Beauftragten,
zwei vom Betriebsrat bestimmten Betriebsratsmitgliedern,
Betriebsärzten,
Fachkräften für Arbeitssicherheit und Sicherheitsbeauftragten nach § 22 des Siebten Buches Sozialgesetzbuch.
[3]Der Arbeitsschutzausschuß hat die Aufgabe, Anliegen des Arbeitsschutzes und der Unfallverhütung zu beraten. [4]Der Arbeitsschutzausschuß tritt mindestens einmal vierteljährlich zusammen.

---

4 Vgl. ausführlich *Anzinger/Bieneck*, § 10 Rn 10 ff.; *Kittner/Pieper*, ASiG Rn 111.
5 Vgl. *Nöthlichs*, Kennzahl 4073 § 10 Anm. 3 S. 12; zur Zusammenarbeitspflicht einer Sicherheitsfachkraft mit einem Beauftragten Sicherheit, vgl. LAG Rheinland-Pfalz 10.3.2008 – 5 Sa 751/07 – juris.
6 Vgl. *Fitting* u.a., § 87 Rn 311 ff.

A. Allgemeines	1	IV. Turnusmäßiges Zusammentreten des Ausschusses (S. 4)	6
B. Regelungsgehalt	2	V. Behördliche Anordnung	7
I. Bildung eines betrieblichen Arbeitsschutzausschusses (S. 1)	2	VI. Arbeitsrechtliche Fragestellungen	8
II. Mitglieder des Arbeitsschutzausschusses (S. 2)	4	C. Verbindung zu anderen Rechtsgebieten und zum Prozessrecht	9
III. Aufgaben des Arbeitsschutzausschusses (S. 3)	5	D. Beraterhinweise	10

A. Allgemeines

1 Diese Vorschrift verpflichtet den AG bei mehr als 20 Beschäftigten im Betrieb zur Bildung eines Arbeitsschutzausschusses und organisiert damit die Zusammenarbeit der mit dem betrieblichen Arbeitsschutz und der Unfallverhütung befassten Personen. Der Ausschuss dient dem Erfahrungsaustausch und der Beratung gemeinsamer Anliegen des Arbeitsschutzes und der Unfallverhütung im Betrieb.[1]

B. Regelungsgehalt

I. Bildung eines betrieblichen Arbeitsschutzausschusses (S. 1)

2 Mangels anderweitiger Vorschriften ist für jeden AG mit jahresdurchschnittlich **mehr als 20 Beschäftigten im Betrieb** (zum Betriebsbegriff vgl. § 2 Rn 5) die Bildung eines Arbeitsschutzausschusses obligatorisch.[2] Beschäftigte i.S.d. ASiG sind ausschließlich **AN** und die zu ihrer **Berufsausbildung Beschäftigten**.[3] Der weitere Beschäftigtenbegriff gem. § 2 Abs. 2 ArbSchG ist nicht anzuwenden (vgl. § 1 Rn 3). Bei der Feststellung der Zahl der Beschäftigten sind Teilzeitbeschäftigte gem. S. 1 Hs. 2 anteilig mit dem Faktor 0,5 bzw. 0,75 zu berücksichtigen. Besonderheiten bestehen bei der Ermittlung der Beschäftigtenzahl gem. § 21 Abs. 7 BEEG, wenn sich AN in der Elternzeit befinden oder zur Kinderbetreuung freigestellt sind (vgl. § 21 BEEG Rn 34 ff.). Das ASiG verpflichtet dagegen nicht zur Einrichtung eines Arbeitsschutzausschusses auf Unternehmensebene. Zur unternehmensweit einheitlichen Gestaltung des Arbeitsschutzes kann dies jedoch als Ergänzung zum betrieblichen Arbeitsschutzausschuss sinnvoll sein.[4] Arbeitsschutzausschüsse können auch in Betrieben mit einer geringeren Beschäftigtenzahl gebildet werden. Auch in diesen Betrieben ist gem. § 3 Abs. 2 ArbSchG für eine geeignete Arbeitsschutzorganisation zu sorgen.

3 In der **Seeschifffahrt** ist auf jedem Schiff ein Arbeitsschutzausschuss zu bilden, in den die Bordvertretung (nicht der See-BR) zwei Mitglieder entsendet, denn sie ist zuständig für die an Bord mit dem Kapitän zu regelnden Fragen des Arbeitsschutzes und der Unfallverhütung.[5] Dies entspricht dem Grundsatz, dass Arbeitsschutz in erster Linie „vor Ort", d.h. am Arbeitsplatz erfolgen muss, weil er so die beste Wirksamkeit entfaltet.[6]

II. Mitglieder des Arbeitsschutzausschusses (S. 2)

4 Der Arbeitsschutzausschuss setzt sich gem. S. 2 aus dem **AG,** zwei vom BR bestimmten **BR-Mitgliedern,** aus **Betriebsärzten, Sicherheitsfachkräften** und **Sicherheitsbeauftragten** nach § 22 SGB VII (vgl. Rn 9) zusammen. Diese Aufzählung ist nicht abschließend.[7] Der AG kann an seiner Stelle einen mit den Betriebsverhältnissen Vertrauten beauftragen.[8] Der BR entscheidet gem. § 33 Abs. 1 BetrVG durch Beschluss, welche BR-Mitglieder er in den Ausschuss entsendet und darüber, ob und wann ein BR-Mitglied abberufen wird.[9] Die Mitgliedschaft eines BR im Arbeitsschutzausschuss endet mit der Beendigung seines BR-Mandats gem. § 24 BetrVG.[10] Mangels Normierung der **Zahl** der zu berufenden Betriebsärzte, Sicherheitsfachkräfte und Sicherheitsbeauftragten sowie etwaiger **weiterer Personen**, die dem Ausschuss angehören können und mangels Festlegung von Auswahlkriterien oder -verfahren besteht hierzu für den BR ein erzwingbares **Mitbestimmungsrecht** (vgl. § 87 BetrVG Rn 107 ff.; zum ggf. einzuleitenden Einigungsstellenverfahren gem. § 87 Abs. 2 BetrVG vgl. § 87 BetrVG Rn 210 ff.).[11] Der AG hat die Ausschussmitglieder unter Beachtung der Vereinbarungen mit dem BR bzw. der durch die Einigungsstelle festgeleg-

---

1 Vgl. BT-Drucks 7/260, S. 14 f.
2 Vgl. *Anzinger/Bieneck*, § 11 Rn 11, 14; *Wank*, § 11 Rn 3.
3 Vgl. *Anzinger/Bieneck*, § 11 Rn 15.
4 Vgl. LAG Hessen 1.2.1996 – 12 TaBV 32/95 – NZA 1997, 114.
5 Vgl. BAG 10.8.1994 – 7 ABR 48/93 – NZA 1995, 284.
6 Vgl. BAG 10.8.1994 – 7 ABR 48/93 – NZA 1995, 284; LAG Hessen 1.2.1996 – 12 TaBV 32/95 – NZA 1997, 114.
7 Vgl. *Anzinger/Bieneck*, § 11 Rn 18; HaKo-ASiG/*Aufhauser*, § 11 Rn 4; *Kittner/Pieper*, ASiG Rn 135 f., Rn 136; *Wank*, § 11 Rn 6.
8 Vgl. *Anzinger/Bieneck*, § 11 Rn 25.
9 Vgl. LAG Düsseldorf 25.3.1977 – 4 SA 171/177 – DB 1977, 915.
10 Vgl. *Anzinger/Bieneck*, § 11 Rn 26.
11 Vgl. *Anzinger/Bieneck*, § 11 Rn 18, 27 f.; ebenso bzgl. der Anzahl der Ausschussmitglieder und Stimmgewichtung *Nöthlichs*, Kennzahl 4074 § 11 Anm. 1 S. 2; *Wank*, § 11 Rn 5; a.A. LAG Düsseldorf 25.3.1977 – 4 Sa 171/77 – DB 1977, 915, wonach allein der AG zur Berufung und Abberufung der übrigen Mitglieder des Ausschusses befugt ist.

ten Punkte zu berufen und kann sie nach billigem Ermessen abberufen.[12] Gem. § 95 Abs. 4 S. 1 SGB IX kann die **Schwerbehindertenvertretung** beratend an den Sitzungen des Arbeitsschutzausschusses teilnehmen.

III. Aufgaben des Arbeitsschutzausschusses (S. 3)

Der Ausschuss hat die Aufgabe, alle **Angelegenheiten des Arbeitsschutzes und der Unfallverhütung im Betrieb** zu beraten (zu den Begriffen Arbeitsschutz und Unfallverhütung vgl. § 1 Rn 6 f.). Er kann so gegenüber dem nach § 3 ArbSchG für die Sicherheit und den Gesundheitsschutz der Beschäftigten im Betrieb verantwortlichen AG **Empfehlungen** abgeben und ihn so bei der Erfüllung seiner arbeitsschutzrechtlichen Pflichten unterstützen, ohne ihn rechtlich zu binden.[13]

IV. Turnusmäßiges Zusammentreten des Ausschusses (S. 4)

Der Ausschuss tritt gem. S. 4 **mindestens einmal vierteljährlich** zusammen. Bei Bedarf kann er häufiger tagen. Der AG lädt zu den Sitzungen des Ausschusses ein. Rechtsstreitigkeiten wegen der Teilnahme sind deshalb gegen den AG zu führen.

V. Behördliche Anordnung

Normadressat der öffentlich-rechtlichen Pflicht zur Bildung und regelmäßigen Einberufung des Arbeitsschutzausschusses ist der AG.[14] Verstößt er gegen diese Pflichten, kann die zuständige Behörde gem. § 12 die erforderlichen Maßnahmen anordnen und erforderlichenfalls erzwingen (vgl. § 12 Rn 3 ff.). Sie kann z.B. anordnen, dass ein AG einen Arbeitsschutzausschuss zu bilden und dafür zu sorgen hat, dass dieser mindestens einmal im Vierteljahr tagt, vorausgesetzt, der AG hat in der Vergangenheit seine Pflichten gem. § 11 verletzt.[15]

VI. Arbeitsrechtliche Fragestellungen

Die Ausschusssitzungen haben während der **Arbeitszeit** unter **Fortzahlung des Entgelts** einschließlich etwaiger Aufwandsentschädigungen stattzufinden.[16] Die Teilnahme an den Sitzungen zählt zu den gesetzlichen Aufgaben der berufenen BR-Mitglieder.[17] Da die Wahrnehmung dieser Aufgabe zur ordnungsgemäßen Durchführung der BR-Aufgaben auch erforderlich ist, haben die BR-Mitglieder für die Zeit der Teilnahme einen Vergütungsfortzahlungsanspruch gem. § 37 Abs. 2 BetrVG. Der BR kann sich bei Vorliegen der Voraussetzungen des § 11 gem. § 89 Abs. 1 S. 1 BetrVG bei der zuständigen Behörde für die Bildung eines Arbeitsschutzausschusses im Betrieb einsetzen, wenn er den AG zuvor erfolglos zur Erfüllung seiner gesetzlichen Pflicht aufgefordert hat (vgl. § 89 BetrVG Rn 1 ff., 10).[18] Der BR hat jedoch mangels ausfüllungsbedürftiger Rahmenregelung gem. § 87 Abs. 1 Nr. 7 BetrVG keinen Anspruch auf Verpflichtung des AG bzgl. der Einrichtung des Ausschusses im Betrieb.[19] Dagegen hat das LAG Hessen den Anspruch eines BR auf Einrichtung des Ausschusses bejaht.[20] Zu weiteren Rechten des BR vgl. auch die Erläuterungen zu S. 2 (siehe Rn 4).

C. Verbindung zu anderen Rechtsgebieten und zum Prozessrecht

Unternehmen mit mehr als 20 Beschäftigten haben unter Beteiligung des BR oder PR **Sicherheitsbeauftragte** zu bestellen, die den Unternehmer bei der Durchführung der Maßnahmen zur Verhütung von Arbeitsunfällen und Berufskrankheiten unterstützen (vgl. § 22 Abs. 2 S. 1 SGB VII). Die Zahl der zu bestellenden betrieblichen Sicherheitsbeauftragten richtet sich zum einen nach der Anzahl der Beschäftigten, zum anderen nach den Unfall- und Gesundheitsgefahren im jeweiligen Betrieb und ist von den Unfallversicherungsträgern über Bestellstaffeln gem. § 20 der UVV „Grundsätze der Prävention" (BGV A1) i.V.m. ihrer Anlage 2 konkretisiert worden.[21]

D. Beraterhinweise

Die Zeit, die Betriebsärzte und Sicherheitsfachkräfte für die Teilnahme an den Ausschusssitzungen aufwenden, ist auf ihre Einsatzzeit nach der UVV „Betriebsärzte und Fachkräfte für Arbeitssicherheit" (BGV A2, vgl. § 2 Rn 6 ff.)

---

12 Vgl. *Anzinger/Bieneck*, § 11 Rn 20 f.; HaKo-ASiG/*Aufhauser*, § 11 Rn 5; *Nöthlichs*, Kennzahl 4074 § 11 Anm. 3 S. 3 f.; a.A. LAG Düsseldorf 25.3.1977 – 4 Sa 171/177 – DB 1977, 915, wonach der AG die von ihm berufenen Mitglieder jederzeit ohne besonderen Grund abberufen kann.

13 Vgl. *Anzinger/Bieneck*, § 11 Rn 33; *Kittner/Pieper*, ASiG Rn 136; *Nöthlichs*, Kennzahl 4074 § 11 Anm. 5 S. 4; *Wank*, § 11 Rn 7.

14 Vgl. *Anzinger/Bieneck*, § 11 Rn 17.

15 Vgl. VG Hannover 6.10.1995 – 7 A 4246/95 – GewArch 1996, 28.

16 Vgl. *Anzinger/Bieneck*, § 11 Rn 43; HaKo-ASiG/*Aufhauser*, § 11 Rn 6; *Kittner/Pieper*, ASiG Rn 135; *Nöthlichs*, Kennzahl 4074 § 11 Anm. 6 S. 4.

17 Vgl. BAG 21.6.2006 – 7 AZR 418/05 – juris.

18 Vgl. *Anzinger/Bieneck*, § 11 Rn 47; *Fitting* u.a., § 87 Rn 327; *Nöthlichs*, Kennzahl 4074 § 11 Anm. 7 S. 4.

19 Vgl. LAG Hamburg 27.9.1995 – 4 TaBV 2/95 – NZA-RR 1996, 213; *Fitting* u.a., § 87 Rn 327.

20 Vgl. LAG Hessen 1.2.1996 – 12 TaBV 32/95 – NZA 1997, 114; zustimmend *Anzinger/Bieneck*, § 11 Rn 46; *Kittner/Pieper*, ASiG Rn 134.

21 Vgl. *Anzinger/Bieneck*, § 1 Rn 63 ff.

anzurechnen.[22] Da es sich dabei um Mindesteinsatzzeiten handelt, bietet es sich an, die Sitzungsteilnahme mit selbstständigen Betriebsärzten oder Fachkräften für Arbeitssicherheit bzw. Angehörigen überbetrieblicher Dienste vertraglich gesondert zu regeln, z.B. durch eine zusätzliche Vergütung für die Sitzungen.

§ 12 Behördliche Anordnungen

(1) Die zuständige Behörde kann im Einzelfall anordnen, welche Maßnahmen der Arbeitgeber zur Erfüllung der sich aus diesem Gesetz und den die gesetzlichen Pflichten näher bestimmenden Rechtsverordnungen und Unfallverhütungsvorschriften ergebenden Pflichten, insbesondere hinsichtlich der Bestellung von Betriebsärzten und Fachkräften für Arbeitssicherheit, zu treffen hat.

(2) Die zuständige Behörde hat, bevor sie eine Anordnung trifft,
1. den Arbeitgeber und den Betriebsrat zu hören und mit ihnen zu erörtern, welche Maßnahmen angebracht erscheinen und
2. dem zuständigen Träger der gesetzlichen Unfallversicherung Gelegenheit zu geben, an der Erörterung mit dem Arbeitgeber teilzunehmen und zu der von der Behörde in Aussicht genommenen Anordnung Stellung zu nehmen.

(3) Die zuständige Behörde hat dem Arbeitgeber zur Ausführung der Anordnung eine angemessene Frist zu setzen.

(4) Die zuständige Behörde hat den Betriebsrat über eine gegenüber dem Arbeitgeber getroffene Anordnung schriftlich in Kenntnis zu setzen.

A. Allgemeines 1	**C. Verbindung zu anderen Rechtsgebieten und zum Prozessrecht** 6
I. Einwirkung der nichtarbeitsrechtlichen Norm auf das Arbeitsverhältnis 1	I. Ermittlungsbefugnisse gemäß § 13 bzw. § 19 SGB VII 6
II. Normzweck 2	II. Zwangsweise Durchsetzung durch die Behörde .. 7
B. Regelungsgehalt 3	III. Ordnungswidrigkeit 8
I. Anordnungsbefugnis der zuständigen Behörde (Abs. 1) 3	IV. Rechtsbehelfe und Rechtsmittel 9
II. Verfahren und Fristsetzung (Abs. 2, 3) 4	V. Betriebsverfassungsrecht 10
III. Behördliche Unterrichtung des BR (Abs. 4) 5	VI. Überwachung von Unfallverhütungsvorschriften . 11

A. Allgemeines

I. Einwirkung der nichtarbeitsrechtlichen Norm auf das Arbeitsverhältnis

1 Verstößt der **AG** objektiv gegen seine gesetzlichen Pflichten nach dem ASiG bzw. die dieses Gesetz konkretisierenden UVV (vgl. § 2 Rn 6 ff.), kann ihm die **zuständige Behörde** im Einzelfall durch **Verwaltungsakt** aufgeben, welche Maßnahmen er zu treffen hat (z.B. Weisungen, die nicht mit § 8 Abs. 1 vereinbar sind, gegenüber den Arbeitsschutzfachleuten zu unterlassen; die Experten gem. § 8 Abs. 2 in die Betriebshierarchie einzubinden; ihnen bestimmte Hilfsmittel gem. § 2 Abs. 2 bzw. § 5 Abs. 2 zur Verfügung zu stellen oder Fortbildungen zu ermöglichen und sie für diese Zeit gem. § 2 Abs. 3 bzw. § 5 Abs. 3 freizustellen).

II. Normzweck

2 § 12 dient der Behörde zur Überwachung, ob der AG seinen Pflichten nach dem ASiG bzw. den UVV zu diesem Gesetz (vgl. § 2 Rn 6 ff.) nachkommt und ermächtigt sie zu Anordnungen ihm gegenüber. Abs. 4 bezweckt die Unterrichtung des BR.

B. Regelungsgehalt

I. Anordnungsbefugnis der zuständigen Behörde (Abs. 1)

3 Nach Abs. 1 kann die zuständige Behörde im Einzelfall anordnen, welche Maßnahmen der **AG** zur Erfüllung der sich aus diesem Gesetz und den die gesetzlichen Pflichten näher bestimmenden Rechtsverordnungen und UVV zu treffen hat. Die Länder führen die Bundesgesetze gem. Art. 83 GG grds. als eigene Angelegenheiten aus, so dass sich die **sachliche Zuständigkeit** nach Landesrecht regelt (überwiegend staatliche Ämter für Arbeitsschutz, Gewerbeauf-

---

22 Vgl. *Anzinger/Bieneck*, § 11 Rn 31; *Nöthlichs*, Kennzahl 4074 § 11 Anm. 4 S. 4.

sichtsämter).¹ Auch die **örtliche Zuständigkeit** folgt aus den Landesgesetzen. Sofern darin auf das Verwaltungsverfahrensgesetz des Bundes verwiesen wird, ist dessen § 3 einschlägig. Da bislang keine Rechtsverordnungen zur Konkretisierung des ASiG erlassen worden sind, ergeben sich die **Verpflichtungen des AG aus dem ASiG und** den zu seiner Konkretisierung erlassenen **UVV** (vgl. § 2 Rn 6 ff.). **Jede AG-Verpflichtung** nach dem ASiG oder den konkretisierenden UVV **kann Gegenstand einer behördlichen Anordnung sein**. Das mit dem Wort „insbesondere" eingeleitete Beispiel der Pflicht zur Bestellung der Arbeitsschutzexperten nimmt keine abschließende Regelung vor. Dies folgt bereits aus der wörtlichen Auslegung. Die Anordnung bedarf grds. keiner bestimmten Form (vgl. § 37 Abs. 2 S. 1 VwVfG). Ob die Behörde im Einzelfall eine Anordnung nach Abs. 1 erlässt, liegt in ihrem **pflichtgemäßen Ermessen**. Im verwaltungsgerichtlichen Verfahren kann ihre Ermessensentscheidung lediglich auf Ermessensfehler überprüft werden (vgl. § 114 S. 1 VwGO).

II. Verfahren und Fristsetzung (Abs. 2, 3)

Bevor die Behörde eine Anordnung trifft, hat sie nach **Abs. 2** den **AG** und **BR** zu **hören**. Sie hat mit ihnen zu erörtern, welche Maßnahmen angebracht erscheinen (Nr. 1). Dem zuständigen **Träger der gesetzlichen Unfallversicherung** (vgl. § 114 SGB VII) hat sie Gelegenheit zu geben, an der Erörterung mit dem AG teilzunehmen und zu der von ihr in Aussicht genommenen Anordnung Stellung zu nehmen (Nr. 2). Denn die Behörde kann erst nach umfassender und sorgfältiger Prüfung der spezifischen betrieblichen Verhältnisse entscheiden, welche Maßnahmen der AG zur Erfüllung seiner Aufgaben zu treffen hat.² Die Unfallversicherungsträger sollen im Interesse einer engen Zusammenarbeit in das behördliche Verfahren einbezogen werden und können die Kenntnisse ihrer Aufsichtsdienste bzgl. ihrer Mitgliedsunternehmen einbringen.³ **Abs. 3** verpflichtet die Behörde dazu, dem AG zur Ausführung der Anordnung eine **angemessene Frist** zu setzen. D.h., die dem AG zur Umsetzung der Anordnung gewährte Zeit muss in einem nachvollziehbaren Verhältnis zum staatlichen Interesse an einer zügigen Erfüllung der Pflichten stehen.⁴

III. Behördliche Unterrichtung des BR (Abs. 4)

Nach Abs. 4 hat die zuständige Behörde den **BR** über eine gegenüber dem AG getroffene **Anordnung** schriftlich zu informieren, z.B. durch Übersendung einer Kopie der Anordnung.⁵

C. Verbindung zu anderen Rechtsgebieten und zum Prozessrecht

I. Ermittlungsbefugnisse gemäß § 13 bzw. § 19 SGB VII

Für die Erfüllung ihrer Aufgaben stehen der Behörde **Auskunfts- und Besichtigungsrechte** gem. § 13 zu; § 19 SGB VII regelt die Befugnisse der Aufsichtspersonen der Unfallversicherungsträger zur Überwachung der UVV (vgl. § 13 Rn 6).

II. Zwangsweise Durchsetzung durch die Behörde

Ist die Frist zur Durchführung der angeordneten Maßnahme fruchtlos verstrichen, kann die Behörde die Anordnung nach den Regelungen des Verwaltungs-Vollstreckungsgesetzes des jeweiligen Landes erzwingen.⁶ D.h., die Behörde, die die Anordnung getroffen hat, kann das angeordnete Verhalten des AG mit **Zwangsmitteln** durchsetzen.⁷

III. Ordnungswidrigkeit

Die zuständige Behörde kann den Verstoß eines AG gegen eine vollziehbare Anordnung nach § 12 Abs. 1 mit einer **Geldbuße** sanktionieren.⁸ Nach § 20 Abs. 1 Nr. 1 handelt ordnungswidrig, wer vorsätzlich oder fahrlässig einer vollziehbaren Anordnung nach § 12 Abs. 1 zuwiderhandelt (vgl. § 20 Rn 2). Im Gegensatz zum Zwangsgeld ist eine Geldbuße auch bei späterer Erfüllung der Anordnung zu zahlen.⁹

IV. Rechtsbehelfe und Rechtsmittel

Eine Anordnung kann als belastender Verwaltungsakt innerhalb eines Monats nach Bekanntgabe mit dem Rechtsbehelf des **Widerspruchs** angefochten werden.¹⁰ Hilft die Behörde dem Widerspruch nicht ab, erteilt sie einen Widerspruchsbescheid, gegen den die Beschwerte gem. § 74 Abs. 1 VwGO binnen eines Monats nach Zustellung **Anfechtungsklage** nach § 42 Abs. 1 VwGO vor dem VG erheben kann. Widerspruch und Anfechtungsklage haben

---

1 Vgl. MünchArb/*Wlotzke*, § 208 Rn 54 ff.; zum Überblick über die Landesarbeitsschutzbehörden vgl. *Koll/Janning/Pinter*, Adressen/Behörden, S. 1 ff.
2 Vgl. BT-Drucks 7/260, S. 15.
3 Vgl. BT-Drucks 7/260, S. 15.
4 Vgl. *Anzinger/Bieneck*, § 12 Rn 24; *Kittner/Pieper*, ASiG Rn 145.
5 Vgl. *Anzinger/Bieneck*, § 12 Rn 26.
6 Vgl. *Anzinger/Bieneck*, § 12 Rn 28 f.; HaKo-ASiG/*Aufhauser*, § 12 Rn 8; *Wank*, § 12 Rn 6.
7 Vgl. zu den Zwangsmitteln MünchArbR/*Wlotzke*, § 208 Rn 72.
8 Vgl. *Anzinger/Bieneck*, § 12 Rn 30; *Wank*, § 12 Rn 6.
9 Vgl. HaKo-ASiG/*Aufhauser*, § 12 Rn 8; *Nöthlichs*, Kennzahl 4079 § 20 Anm. 1 S. 1 f.
10 Vgl. *Anzinger/Bieneck*, § 12 Rn 23 ff.; MünchArb/*Wlotzke*, § 208 Rn 70 f.

aufschiebende Wirkung, es sei denn, die sofortige Vollziehung ist nach § 80 Abs. 2 Nr. 4, Abs. 3 VwGO angeordnet worden. Wirkt sich eine behördliche Anordnung belastend auf **Dritte**, z.B. Betriebsärzte oder Sicherheitsfachkräfte, aus, sind sie im behördlichen und verwaltungsgerichtlichen Verfahren zu beteiligen bzw. beizuladen.[11]

V. Betriebsverfassungsrecht

10 Der BR hat sich gem. **§ 89 Abs. 1 BetrVG** u.a. dafür einzusetzen, dass die Vorschriften über den Arbeitsschutz und die Unfallverhütung im Betrieb durchgeführt werden und die Behörden und Unfallversicherungsträger durch Anregung, Beratung und Auskunft zu unterstützen. Bevor er sich an sie wenden darf, muss er allerdings einen innerbetrieblichen Versuch zur Mängelbeseitigung erfolglos unternommen haben (vgl. § 89 BetrVG Rn 10).

VI. Überwachung von Unfallverhütungsvorschriften

11 Neben den staatlichen Landesarbeitsschutzbehörden sind die **Aufsichtspersonen der Unfallversicherungsträger** gem. **§ 19 SGB VII** anordnungs- und überwachungsbefugt bzgl. der Maßnahmen, die die Unternehmer zur Erfüllung ihrer Pflichten aufgrund der das ASiG konkretisierenden **UVV** (vgl. § 2 Rn 6 ff.) zu treffen haben.[12] Gem. § 31 S. 1 SGB X handelt es sich bei einer solchen Anordnung um einen Verwaltungsakt, gegen den **Widerspruch** eingelegt und **Anfechtungsklage** vor dem **VG** erhoben werden kann (nicht vor dem SG, vgl. § 51 Abs. 1 Nr. 3 SGG, wonach die SG über öffentlich-rechtliche Streitigkeiten zwar in Angelegenheiten der gesetzlichen Unfallversicherung entscheiden, jedoch mit Ausnahme der Streitigkeiten aufgrund der Überwachung der Maßnahmen zur Prävention durch die Träger der gesetzlichen Unfallversicherung).[13] Eine Zuwiderhandlung gegen eine vollziehbare Anordnung ist bußgeldbewährt, vgl. auch zu weiteren **OWi-Tatbeständen § 209 Abs. 1 SGB VII** (vgl. § 20 Rn 4). Die Pflicht zur engen Zusammenarbeit von Unfallversicherungsträgern mit den staatlichen Arbeitsschutzbehörden i.R.d. gemeinsamen deutschen Arbeitsschutzstrategie ist in § 20 Abs. 3 ArbSchG und entsprechend in § 20 SGB VII geregelt.

§ 13 Auskunfts- und Besichtigungsrechte

(1) ¹Der Arbeitgeber hat der zuständigen Behörde auf deren Verlangen die zur Durchführung des Gesetzes erforderlichen Auskünfte zu erteilen. ²Er kann die Auskunft auf solche Fragen verweigern, deren Beantwortung ihn selbst oder einen der in § 383 Abs. 1 Nr. 1 bis 3 der Zivilprozeßordnung bezeichneten Angehörigen der Gefahr strafgerichtlicher Verfolgung oder eines Verfahrens nach dem Gesetz über Ordnungswidrigkeiten aussetzen würde.

(2) ¹Die Beauftragten der zuständigen Behörde sind berechtigt, die Arbeitsstätten während der üblichen Betriebs- und Arbeitszeit zu betreten und zu besichtigen; außerhalb dieser Zeit oder wenn sich die Arbeitsstätten in einer Wohnung befinden, dürfen sie nur zur Verhütung von dringenden Gefahren für die öffentliche Sicherheit und Ordnung betreten und besichtigt werden. ²Das Grundrecht der Unverletzlichkeit der Wohnung (Artikel 13 des Grundgesetzes) wird insoweit eingeschränkt.

A. Allgemeines 1	C. Verbindung zu anderen Rechtsgebieten und zum Prozessrecht 5
B. Regelungsgehalt 2	I. Ordnungswidrigkeitenverfahren 5
I. Auskunftspflicht des AG (§ 13 Abs. 1) 2	II. Befugnisse der Aufsichtspersonen der Unfallversicherungsträger 6
II. Zutritts- und Besichtigungsrecht der Behörde (§ 13 Abs. 2) 3	
III. Arbeitsrechtliche Fragestellungen 4	

A. Allgemeines

1 Abs. 1 befugt die **staatlichen Überwachungsbehörden**, sich durch ein Auskunftsverlangen einen Überblick über die betrieblichen Verhältnisse zu verschaffen. Abs. 2 ermächtigt sie, die Arbeitsstätte zu betreten und zu besichtigen. Die Behörden können sich so über die besonderen betrieblichen Verhältnisse informieren, um ihren Aufgaben nach § 12 nachkommen zu können.[1]

---

11 Vgl. *Nöthlichs*, Kennzahl 4074 § 12 Anm. 1.1.2. S. 2.
12 Vgl. auch zur Möglichkeit der Vollstreckung der Anordnungen und zum Bußgeldverfahren MünchArb/*Wlotzke*, § 208 Rn 79 ff.; *Nöthlichs*, Kennzahl 4074 § 12 Anm. 3 S. 11 m.w.H.

13 Vgl. LSG Rheinland-Pfalz 12.3.2002 – L 2 U 320/01 – juris; MünchArbR/*Wlotzke*, § 208 Rn 84.
1 Vgl. BT-Drucks 7/260, S. 15; OLG Hamm 6.5.2008 – 3 Ss OWi 277/08 – juris.

B. Regelungsgehalt

I. Auskunftspflicht des AG (§ 13 Abs. 1)

Die Pflicht des AG oder seines Vertreters, der Behörde alle erforderlichen **Auskünfte** zu erteilen, entsteht durch ein darauf gerichtetes **Verlangen der Behörde**.[2] Dabei handelt es sich um schlichtes Verwaltungshandeln, das der Behörde zur Prüfung dient, ob das ASiG ordnungsgemäß angewandt wird oder eine behördliche Anordnung erforderlich ist.[3] Einerseits darf es sich nicht um ein die Aufsicht erleichterndes ungezieltes Ausforschen des AG handeln, andererseits ist kein konkreter Verdacht eines gesetzwidrigen Verhaltens erforderlich.[4] Zu den erforderlichen Auskünften gehören die, die die Behörde zur Erfüllung ihrer Aufsichtsaufgabe benötigt.[5] Der AG muss keine Unterlagen vorlegen.[6] Die Behörde muss ihn nicht auf das **Auskunftsverweigerungsrecht** gem. Abs. 1 S. 2 hinweisen.[7]

II. Zutritts- und Besichtigungsrecht der Behörde (§ 13 Abs. 2)

Reine Arbeitsstätten können von den Beauftragten der zuständigen Behörde gem. S. 1 Hs. 1 während der üblichen Betriebs- und Arbeitszeit betreten und besichtigt werden. Außerhalb dieser Zeit oder wenn sich Arbeitsstätten in einer Wohnung befinden gestattet Hs. 2 den **Zutritt** und die **Besichtigung** nur zur Verhütung dringender Gefahren für die öffentliche Sicherheit und Ordnung und trägt damit der Einschränkung des Grundrechts der Unverletzlichkeit der Wohnung (Art. 13 GG) Rechnung.[8] Die Voraussetzungen des Hs. 2 liegen z.B. bei einer konkreten Gesundheitsgefahr von AN vor, ohne dass sich eine dringende Gefahr für die öffentliche Sicherheit und Ordnung schon verwirklicht haben muss.[9] Mit dem Zutritts- und Besichtigungsrecht korrespondiert die darauf gerichtete **Gestattungspflicht** des AG.[10] Kommt er dieser Pflicht nicht nach, kann die Behörde gem. Abs. 2 eine Duldungsverfügung erlassen und sie erforderlichenfalls zwangsweise durchsetzen.[11]

III. Arbeitsrechtliche Fragestellungen

Nach § 89 Abs. 2 S. 1 BetrVG ist der **BR** vom AG und der Behörde zur Besichtigung der Arbeitsstätte nach Abs. 2 hinzuzuziehen.

C. Verbindung zu anderen Rechtsgebieten und zum Prozessrecht

I. Ordnungswidrigkeitenverfahren

Verstößt ein AG vorwerfbar gegen § 13, handelt er ordnungswidrig gem. § 20 Abs. 1 Nr. 2 bzw. 3 und kann mit einem Bußgeld belegt werden.

II. Befugnisse der Aufsichtspersonen der Unfallversicherungsträger

Auskunfts- und besichtigungsberechtigt gem. § 13 sind nur die staatlichen Behörden.[12] Die **Aufsichtspersonen der Unfallversicherungsträger** (§ 18 SGB VII) können aber gem. § 19 Abs. 1 S. 1 Nr. 1 SGB VII anordnen, welche Maßnahmen ein Unternehmer zur Erfüllung seiner Pflichten aufgrund der **UVVen** u.a. nach § 15 Abs. 1 Nr. 6 SGB VII (zur UVV „Betriebsärzte und Fachkräfte für Arbeitssicherheit" vgl. § 2 Rn 6 ff.) zu treffen hat. Überwachungsbefugnisse, z.B. Auskunfts- und Besichtigungsrechtrechte, enthält § 19 Abs. 2 SGB VII.

§ 14 Ermächtigung zum Erlaß von Rechtsverordnungen

¹Das Bundesministerium für Arbeit und Soziales kann mit Zustimmung des Bundesrats durch Rechtsverordnung bestimmen, welche Maßnahmen der Arbeitgeber zur Erfüllung der sich aus diesem Gesetz ergebenden Pflichten zu treffen hat. ²Soweit die Träger der gesetzlichen Unfallversicherung ermächtigt sind, die gesetzlichen Pflichten durch Unfallverhütungsvorschriften näher zu bestimmen, macht das Bundesministerium für Arbeit und Soziales von der Ermächtigung erst Gebrauch, nachdem innerhalb einer von ihm gesetzten ange-

---

2 Vgl. *Anzinger/Bieneck*, § 13 Rn 4, 8; *Wank*, § 13 Rn 1.
3 Vgl. OLG Düsseldorf 2.2.1982 – 5 Ss (OWi) 643/81 I – DB 1982, 1616; a.A. OLG Hamm 7.6.1994 – 3 Ss (OWi) 509/94 – GewA 1994, 471.
4 Vgl. *Anzinger/Bieneck*, § 13 Rn 6; *Wank*, § 13 Rn 2.
5 Vgl. *Anzinger/Bieneck*, § 13 Rn 6.
6 Vgl. OVG Rheinland-Pfalz 16.1.1986 – 12 A 115/85 – GewA 1986, 136 zur Auskunftspflicht gem. § 17 Abs. 1 Handwerksordnung.
7 Vgl. BayObLG 11.10.1968 – BWReg 4bSt14/68 – GewA 1969, 41; *Anzinger/Bieneck*, § 13 Rn 14; *Wank*, § 13 Rn 2.
8 Vgl. BVerfG 13.10.1971 – 1 BvR 280/66 – BVerfGE 32, 54.
9 Vgl. BVerfG 13.2.1964 – 1 BvL 17/61, 1 BvR 494/60, 1 BvR 128/61 – BVerfGE 17, 232; *Anzinger/Bieneck*, § 13 Rn 18.
10 Vgl. *Anzinger/Bieneck*, § 13 Rn 23; *Wank*, § 13 Rn 6.
11 Vgl. *Anzinger/Bieneck*, § 13 Rn 24 f.
12 Vgl. OLG Düsseldorf 2.2.1982 – 5 Ss (Owi) 643/81 I – GewArch 1983, 154 = DB 1982, 1616.

messenen Frist der Träger der gesetzlichen Unfallversicherung eine entsprechende Unfallverhütungsvorschrift nicht erlassen hat oder eine unzureichend gewordene Unfallverhütungsvorschrift nicht ändert.

§ 15 Ermächtigung zum Erlaß von allgemeinen Verwaltungsvorschriften

Das Bundesministerium für Arbeit und Soziales erläßt mit Zustimmung des Bundesrats allgemeine Verwaltungsvorschriften zu diesem Gesetz und den auf Grund des Gesetzes erlassenen Rechtsverordnungen.

1 § 14 ermächtigt das BMAS mit Zustimmung des Bundesrats **subsidiär** zum Erlass von Rechtsverordnungen zur Konkretisierung der Maßnahmen, die der AG zur Erfüllung der sich aus dem ASiG ergebenden Pflichten zu treffen hat.[1] Von dieser **Verordnungsermächtigung** hat es bislang keinen Gebrauch gemacht. Denn die nach S. 2 vorrangig zur näheren Bestimmung der gesetzlichen Pflichten berufenen Träger der gesetzlichen Unfallversicherung (vgl. § 114 SGB VII) haben das ASiG durch den Erlass von **UVV** gem. § 15 Abs. 1 Nr. 6 SGB VII präzisiert (vgl. § 2 Rn 6 ff.). Das BMAS hat bislang auch noch keine **allgemeinen Verwaltungsvorschriften** gem. **§ 15** erlassen.

§ 16 Öffentliche Verwaltung

In Verwaltungen und Betrieben des Bundes, der Länder, der Gemeinden und der sonstigen Körperschaften, Anstalten und Stiftungen des öffentlichen Rechts ist ein den Grundsätzen dieses Gesetzes gleichwertiger arbeitsmedizinischer und sicherheitstechnischer Arbeitsschutz zu gewährleisten.

A. Allgemeines 1	I. Öffentlicher Dienst 3
I. Einwirkung der nichtarbeitsrechtlichen Norm auf das Arbeitsverhältnis 1	II. Gleichwertigkeit des betriebsärztlichen und sicherheitstechnischen Arbeitsschutzes 4
II. Zweck 2	C. Verbindung zu anderen Rechtsgebieten und zum
B. Regelungsgehalt 3	Prozessrecht 5

A. Allgemeines

I. Einwirkung der nichtarbeitsrechtlichen Norm auf das Arbeitsverhältnis

1 Das ASiG ist nicht unmittelbar auf die Beschäftigten des **öffentlichen Dienstes** anwendbar. Über die gem. § 16 erlassenen Regelungen wirken jedoch auch auf die Beschäftigungsverhältnisse des öffentlichen Dienstes den Grundsätzen des ASiG **gleichwertige** arbeitsmedizinische und sicherheitstechnische **Arbeitsschutzvorschriften** ein, die von den öffentlich-rechtlichen Arbeitgebern und Dienstherren zu befolgen sind.[1]

II. Zweck

2 § 16 bezweckt für die im öffentlichen Dienst Beschäftigten, **AN** und **Beamte**, einen dem ASiG **gleichwertigen arbeitsmedizinischen und sicherheitstechnischen Arbeitsschutz**.[2] Unmittelbar gilt das ASiG nur in der Privatwirtschaft. Das ASiG bezieht den öffentlichen Dienst nicht unmittelbar ein, weil wegen unterschiedlicher Gesetzgebungskompetenzen zwischen Bundesbeamten und anderen Beamten hätte unterschieden werden müssen.[3]

B. Regelungsgehalt

I. Öffentlicher Dienst

3 Der Geltungsbereich des § 16 umfasst Verwaltungen und Betriebe des Bundes, der Länder, Gemeinden und der sonstigen Körperschaften, Anstalten und Stiftungen des öffentlichen Rechts. Entscheidend ist, dass die Organisation in **öffentlich-rechtlicher Rechtsform** betrieben wird.[4] Dagegen gilt das ASiG unmittelbar für alle privatrechtlich organisierten Betriebe, auch wenn sie ein Träger der öffentlichen Verwaltung betreibt, z.B. Entsorgungsunternehmen in Form einer GmbH (zum identisch formulierten Geltungsbereich des § 130 BetrVG vgl. § 130 BetrVG Rn 3).[5]

---

1 Vgl. *Anzinger/Bieneck*, § 14 Rn 3.
1 Vgl. *Anzinger/Bieneck*, § 16 Rn 5, 20.
2 Vgl. *Anzinger/Bieneck*, § 16 Rn 5, 20; *Wank*, § 16 Rn 1.
3 Vgl. BT-Drucks 7/1085, S. 8 f.; *Anzinger/Bieneck*, § 16 Rn 1 ff.; *Wank*, § 16 Rn 2.
4 Vgl. *Anzinger/Bieneck*, § 16 Rn 6 ff.; *Wank*, § 16 Rn 3.
5 Vgl. zur Abgrenzung (auch nach dem insoweit identisch formulierten § 130 BetrVG) BAG 7.11.1975 – 1 AZR 74/74 – AP § 130 BetrVG 1972 Nr. 1; BAG 30.7.1987 – 6 ABR 78/85 – AP § 130 BetrVG 1972 Nr. 3; *Anzinger/Bieneck*, § 16 Rn 6 ff.; *Wank*, § 16 Rn 3; HaKo-ASiG/*Aufhauser*, § 16 Rn 11 f.

II. Gleichwertigkeit des betriebsärztlichen und sicherheitstechnischen Arbeitsschutzes

Für die **Regelungen** zur Gewährleistung eines dem ASiG gleichwertigen Arbeitsschutzes ist keine bestimmte Form vorgeschrieben, sie können als Gesetz, Rechtsverordnung, Satzung oder allgemeine Verwaltungsvorschrift erlassen werden.[6] **Gleichwertigkeit** bezieht sich auf das zu erzielende Ergebnis[7] und besteht, wenn darin die **Grundsätze des ASiG**, d.h. die Regelungen der §§ 1 bis 11 und 19, enthalten sind.[8] Gleichwertige Vorschriften bestehen für die Bundesbeschäftigten mit der RL für den betriebsärztlichen und sicherheitstechnischen Dienst in den Verwaltungen und Betrieben des Bundes des BMI vom 28.1.1978 in der Fassung vom 10.11.1981.[9] Die Länder haben auf Grundlage eines Musterentwurfs gleichwertige Vorschriften erlassen.[10] Sie werden im Bereich der Länder und Kommunen gem. § 15 Abs. 1 Nr. 6 SGB VII durch UVV (GUV-V A 2 bzw. GUV-V A6/7, vgl. § 2 Rn 6 ff.) ausgefüllt, für den Bund erfolgt die Konkretisierung durch das BMI (Zentralstelle für Arbeitsschutz) im Einvernehmen mit dem BMAS.[11]

C. Verbindung zu anderen Rechtsgebieten und zum Prozessrecht

Der PR ist gem. den Personalvertretungsgesetzen des Bundes und der Länder zu beteiligen.[12] Das BVerwG hat entschieden, dass die Bestellung freiberuflicher Betriebsärzte der Mitbestimmung des PR unterliegt.[13] Dies gilt auch für die Bestellung überbetrieblicher Dienste.[14]

§ 17 Nichtanwendung des Gesetzes

(1) Dieses Gesetz ist nicht anzuwenden, soweit Arbeitnehmer im Haushalt beschäftigt werden.
(2) ¹Soweit im Bereich der Seeschiffahrt die Vorschriften der Verordnung über die Seediensttauglichkeit und der Verordnung über die Krankenfürsorge auf Kauffahrteischiffen gleichwertige Regelungen enthalten, gelten diese Regelungen für die beschäftigten Kapitäne, Besatzungsmitglieder und sonstige an Bord tätigen Personen deutscher Seeschiffe. ²Soweit dieses Gesetz auf die Seeschiffahrt nicht anwendbar ist, wird das Nähere durch Rechtsverordnung geregelt.
(3) ¹Soweit das Bergrecht diesem Gesetz gleichwertige Regelungen enthält, gelten diese Regelungen. ²Im übrigen gilt dieses Gesetz.

Das ASiG ist nach Abs. 1 nicht anzuwenden auf **AN im Haushalt**, d.h. auf in einen Privathaushalt integrierte Hausangestellte.[1] Entscheidend ist, dass persönliche Bedürfnisse einer Familie oder häuslichen Gemeinschaft, wie Wohnen, Essen, Schlafen oder die Kindererziehung, befriedigt werden.[2] Dagegen unterfallen Dienstleistungen im gewerblichen Bereich, z.B. in ambulanten Pflegediensten, direkt den Regelungen des ASiG.[3]

Abs. 2 S. 1 regelt die Nichtanwendung des ASiG auf die **Seeschifffahrt** soweit dort gleichwertige Regelungen bestehen. Dies gilt nicht für den Landbetrieb von Seeschifffahrtsunternehmen; hier gilt das ASiG uneingeschränkt.[4] Für den Seebetrieb sind die Vorschriften des ASiG über die Bestellung von Betriebsärzten und Sicherheitsfachkräften mangels gleichwertiger Regelungen in der Verordnung über die Seediensttauglichkeit bzw. der Verordnung über die Krankenfürsorge auf Kauffahrteischiffen ebenfalls anzuwenden.[5] **Betrieb** i.S.d. ASiG ist im Bereich der Seeschiffahrt das ein-

---

[6] Vgl. *Wank*, § 16 Rn 4; *Nöthlichs*, Kennzahl 4076 § 16 Anm. 1 S. 1 f.
[7] Vgl. BVerwG 25.1.1995 – 6 P 19/93 – ZTR 1995, 439 = AP § 9 ASiG Nr. 2.
[8] Vgl. *Anzinger/Bieneck*, § 16 Rn 20 f.; *Kittner/Pieper*, ASiG Rn 18 f.; MünchArb/*Wlotzke*, § 210 Rn 45; *Wank*, § 16 Rn 4.
[9] Vgl. BAnz 1978 Nr. 48 S. 1 ff., GMBl 1978, S. 114., GMBl 1981, S. 516.
[10] Vgl. *Anzinger/Bieneck*, § 16 Rn 22 f.; *Nöthlichs*, Kennzahl 4076 § 16 Anm. 2.2 S. 2.
[11] Vgl. *Anzinger/Bieneck*, § 16 Rn 24; *Kittner/Pieper*, ASiG Rn 19; MünchArb/*Wlotzke*, § 208 Rn 77 f.; *Nöthlichs*, Kennzahl 4076 § 16 Anm. 4 S. 3 f. mit Abdruck der Bundesunternehmen- Unfallverhütungsverordnung; aktuelle Vorschriften für den Bund und weitere Informationen sind im Internet: www.bmi.bund.de, unter dem Thema „Arbeits- und Gesundheitsschutz und Unfallverhütung im Bundesdienst" eingestellt.

[12] Vgl. *Anzinger/Bieneck*, § 16 Rn 26 ff.; zu den aus dem ASiG bzw. gleichwertigen Normen für den öffentlichen Dienst folgenden Rechten von BR bzw. PR vgl. auch *Kittner/Pieper*, ASiG Rn 114 ff.
[13] Vgl. BVerwG 25.1.1995 – 6 P 19/93 – ZTR 1995, 524 = AP § 9 ASiG Nr. 2; zu den Besonderheiten der Beteiligungsrechte des PR gegenüber dem BR vgl. auch MünchArb/*Wlotzke*, § 208 Rn 37.
[14] Vgl. OVG NRW 10.12.2003 – 1 A 556/02. PVL – ZTR 2004, 328 = PersR 2004, 227; VG Oldenburg 4.11.2004 – 9 A 4325/04 – PersR 2005, 247.
[1] Vgl. *Wank*, § 17 Rn 2.
[2] Vgl. *Anzinger/Bieneck*, § 17 Rn 5; *Nöthlichs*, Kennzahl 4010 § 1 Anm. 5.1 S. 14.
[3] Vgl. HaKo-ASiG/*Aufhauser* § 17 Rn 2; *Nöthlichs* Kennzahl 4077 § 17 S. 1.
[4] Vgl. *Anzinger/Bieneck*, § 17 Rn 9; *Wank*, § 17 Rn 3.
[5] Vgl. *Anzinger/Bieneck*, § 17 Rn 12, wonach insb. die §§ 5 bis 11 anwendbar sind.

zelne **Schiff**.⁶ Rechtsverordnungen gem. Abs. 2 S. 2 sind bislang nicht erlassen worden. Bei der See-BG gilt die „UVV-See", Abschnitt III „Betriebsärzte und Fachkräfte für Arbeitssicherheit" (zu UVV vgl. § 2 Rn 6 ff.).

3 Abs. 3 nimmt **Bergbaubetriebe** vom Anwendungsbereich des ASiG aus, soweit das Bergrecht gleichwertige Regelungen trifft. Soweit in Bergpolizeiverordnungen **gleichwertige Regelungen** enthaltenen sind, haben diese Vorang.⁷ Auch die Bergbau-BG hat die UVV „Betriebsärzte und Fachkräfte für Arbeitssicherheit" (BGV A2, vgl. § 2 Rn 6 ff.) erlassen.

4 Im Übrigen gilt dieses Gesetz für alle Branchen und Tätigkeitsbereiche (mit Ausnahme der öffentlichen Verwaltungen gem. § 16), auch für Betriebe mit reinen Büroarbeitsplätzen.⁸ Macht ein AG zu Unrecht von § 17 Gebrauch, kann die zuständige Behörde oder die Aufsichtsperson des zuständigen Unfallversicherungsträgers eine **Anordnung** treffen (vgl. § 12 Rn 11); ihn z.B. verpflichten, Arbeitsschutzexperten nach §§ 2, 5 zu bestellen.⁹

§ 18 Ausnahmen

Die zuständige Behörde kann dem Arbeitgeber gestatten, auch solche Betriebsärzte und Fachkräfte für Arbeitssicherheit zu bestellen, die noch nicht über die erforderliche Fachkunde im Sinne des § 4 oder § 7 verfügen, wenn der Arbeitgeber sich verpflichtet, in einer festzulegenden Frist den Betriebsarzt oder die Fachkraft für Arbeitssicherheit entsprechend fortbilden zu lassen.

A. Allgemeines 1	C. Verbindung zu anderen Rechtsgebieten und zum Prozessrecht 4
B. Regelungsgehalt 2	D. Beraterhinweise 5
I. Tatbestandsvoraussetzungen und Rechtsfolgen ... 2	
II. Arbeitsrechtliche Fragestellungen 3	

A. Allgemeines

1 Diese Ausnahmeregelung bietet die Möglichkeit, den Bedarf an Betriebsärzten und Sicherheitsfachkräften sicherzustellen.¹

B. Regelungsgehalt

I. Tatbestandsvoraussetzungen und Rechtsfolgen

2 Der AG darf ausnahmsweise Betriebsärzte bzw. Sicherheitsfachkräfte bestellen, die noch nicht über die erforderliche Fachkunde i.S.d. § 4 bzw. § 7 verfügen. Voraussetzung ist ein hierauf gerichteter **Antrag** des AG, in dem er sich verpflichtet, den Betriebsarzt bzw. die Sicherheitsfachkraft innerhalb einer bestimmten Frist entsprechend fortbilden zu lassen und die **Genehmigung** durch die zuständige Landesbehörde (vgl. § 12 Rn 3).² Sie kann per Verwaltungsakt erteilt werden oder Gegenstand eines öffentlich-rechtlichen Vertrags sein. Der AG muss den darin enthaltenen Maßgaben nachkommen und grds. auch die **Fortbildungskosten** tragen.³ Da die gesetzlichen Unfallversicherungsträger aber für ihre Aus- und Fortbildungsmaßnahmen gem. § 23 Abs. 2 SGB VII die Kosten tragen (vgl. § 2 Rn 22), fallen dem AG die Fortbildungskosten nicht zwingend zur Last. Kommt der AG der Fortbildungsverpflichtung nicht oder nicht fristgerecht nach, verliert der Verwaltungsakt seine Wirksamkeit, es sei denn die Behörde entspricht einem Antrag auf Fristverlängerung.⁴ Mit dem **Wegfall der Ausnahmegenehmigung** gem. § 18 unterfällt der AG automatisch der Pflicht zur Bestellung von Arbeitsschutzexperten gem. §§ 2, 5. Verstößt der AG dagegen, kann die Behörde eine darauf gerichtete **Anordnung** treffen (vgl. § 12 Rn 11).

II. Arbeitsrechtliche Fragestellungen

3 Ist ein Betriebsarzt bzw. eine Sicherheitsfachkraft als AN angestellt, ist das **Arbeitsrecht anwendbar** (vgl. § 2 Rn 19, siehe § 5 Rn 7). Für die Arbeitszeit, die wegen der Teilnahme an einem Lehrgang ausgefallen ist, besteht gem. § 23 Abs. 3 SGB VII gegen den Unternehmer ein Anspruch auf **Fortzahlung des Arbeitsentgelts**.

---

6 Vgl. *Anzinger/Bieneck*, § 17 Rn 13.
7 Vgl. *Anzinger/Bieneck*, § 17 Rn 14 f.; HaKo-ASiG/*Aufhauser*, § 17 Rn 5; *Wank*, § 17 Rn 4.
8 Vgl. OVG Hamburg 19.2.2004 – 1 Bf 484/03 – GewArch 2004, 351; LAG Rheinland-Pfalz 12.3.2002 – L 2 U 320/01 – juris.
9 LAG Rheinland-Pfalz 12.3.2002 – L 2 U 320/01 – juris, zur Befugnis des Unfallversicherungsträgers, den Unternehmer zur Bestellung eines Betriebsarztes zu verpflichten; *Anzinger/Bieneck*, § 17 Rn 16 f.

1 Vgl. *Anzinger/Bieneck*, § 18 Rn 2 f.; HaKo-ASiG/*Aufhauser*, § 18 Rn 1.
2 Vgl. *Anzinger/Bieneck*, § 18 Rn 4 ff.; HaKo-ASiG/*Aufhauser*, § 18 Rn 2 ff.
3 Vgl. *Anzinger/Bieneck*, § 18 Rn 14; HaKo-ASiG/*Aufhauser*, § 18 Rn 4; differenziert: *Nöthlichs*, Kennzahl 4007 § 18 Anm. 2 S. 2 f.; a.A. *Wank*, § 18 Rn 1.
4 Vgl. *Anzinger/Bieneck*, § 18 Rn 9.

C. Verbindung zu anderen Rechtsgebieten und zum Prozessrecht

Ob einem Antrag auf Erteilung der Ausnahmegenehmigung entsprochen werden kann, prüft die zuständige Behörde nach **pflichtgemäßem Ermessen**. Gegen einen ablehnenden Bescheid (Verwaltungsakt) oder eine belastende Nebenbestimmung kann nach erfolglos durchgeführtem Widerspruchsverfahren eine Anfechtungsklage gem. § 42 Abs. 1 VwGO vor dem VG erhoben werden.[5] Die Ermessensentscheidung kann lediglich auf Ermessensfehler überprüft werden (vgl. § 114 S. 1 VwGO). 4

D. Beraterhinweise

Wegen des Mitbestimmungsrechts des BR bei der abstrakten Entscheidung über die Betreuungsform (vgl. § 9 Rn 6) und des Erfordernisses seiner Zustimmung zur Bestellung für den Fall, dass ein Arbeitsschutzexperte als AN eingestellt werden soll (vgl. § 9 Rn 7), ist es ratsam, dass der AG sich zur Vermeidung einer späteren Zustimmungsversagung über diese Fragen schon im Vorfeld mit dem BR verständigt und dem Antrag auf Ausnahmebewilligung die BR-Stellungnahme beifügt.[6] 5

---

§ 19 Überbetriebliche Dienste

Die Verpflichtung des Arbeitgebers, Betriebsärzte und Fachkräfte für Arbeitssicherheit zu bestellen, kann auch dadurch erfüllt werden, daß der Arbeitgeber einen überbetrieblichen Dienst von Betriebsärzten oder Fachkräften für Arbeitssicherheit zur Wahrnehmung der Aufgaben nach § 3 oder § 6 verpflichtet.

A. Allgemeines 1	III. Rechtsfolge: Behördliche Anordnung 4
B. Regelungsgehalt 2	IV. Arbeitsrechtliche Fragestellungen 5
I. Überbetrieblicher Dienst 2	C. Verbindung zu anderen Rechtsgebieten und zum Prozessrecht 6
II. Verpflichtung zur Wahrnehmung der betriebsärztlichen und/oder sicherheitstechnischen Aufgaben nach dem ASiG 3	D. Beraterhinweise 7

A. Allgemeines

Die Regelung dient dazu, die Durchführung des ASiG in breitem Umfang zu gewährleisten.[1] Gerade für AG kleiner und mittlerer Betriebe kann sich die Bestellung eines überbetrieblichen Dienstes anbieten, um die gesetzlich geforderte betriebsärztliche und sicherheitstechnische Betreuung umzusetzen.[2] 1

B. Regelungsgehalt

I. Überbetrieblicher Dienst

Überbetriebliche Dienste werden nicht legal definiert. Aus ihrer Aufgabenstellung folgt, dass sie mindestens einen **Betriebsarzt** und/oder eine **Sicherheitsfachkraft** mit den Qualifikationen gem. § 4 und/oder § 7 beschäftigen müssen.[3] Interdisziplinäre betriebsärztliche und sicherheitstechnische Dienste sind möglich.[4] Überbetriebliche Dienste müssen den Arbeitsschutzexperten das zur Erfüllung ihrer Aufgaben gem. §§ 3 und 6 erforderliche Hilfspersonal sowie Räume, Einrichtungen, Geräte und Mittel zur Verfügung stellen und für die Fortbildung der Arbeitsschutzexperten sorgen (vgl. § 2 Rn 14 ff., siehe § 5 Rn 4 f.).[5] Eine bestimmte Rechtsform ist für die Errichtung überbetrieblicher Dienste nicht vorgeschrieben.[6] § 24 SGB VII ermächtigt die Unfallversicherungsträger, überbetriebliche Dienste einzurichten und in ihren Satzungen subsidiär einen **Anschlusszwang** vorzusehen (vgl. § 2 Rn 12).[7] Die Beitragspflicht entsteht gem. § 151 SGB VII bei den diesen Diensten angeschlossenen Unternehmen. Die Satzungen der Unfallversicherungsträger müssen für den Fall, dass die angeschlossenen Unternehmen nachträglich Betriebsärzte und Sicherheitsfachkräfte bestellen, innerhalb einer angemessenen Künd-Frist eine Befreiung vom Anschlusszwang vorsehen. 2

---

5 Vgl. BVerwG 22.11.2000 – 11 C 2.00 – BVerwGE 112, 221.
6 Vgl. *Anzinger/Bieneck*, § 18 Rn 18 ff.; *Wank*, § 18 Rn 2.
1 Vgl. BT-Drucks 7/1085, S. 9.
2 Vgl. *Anzinger/Bieneck*, § 19 Rn 4; *Kittner/Pieper*, ASiG Rn 34; *Wank*, § 19 Rn 1.
3 Vgl. OLG Hamburg 5.5.1994 – 3 U 281/93 – MedR 1994, 451.

4 Vgl. OLG Hamburg 5.5.1994 – 3 U 281/93 – MedR 1994, 451; OLG München 16.4.1992 – 6 U 4140/91 – NJW 1993, 800.
5 Vgl. *Anzinger/Bieneck*, § 19 Rn 30 ff. m.w.N.
6 Vgl. *Anzinger/Bieneck*, § 19 Rn 6 ff.; *Kittner/Pieper*, ASiG Rn 36 f.
7 Zur Rechtmäßigkeit solcher Satzungen und UVV, vgl. BSG 2.11.1999 – B 2 U 25/98 R – BSGE 85, 98 = NZS 2000, 254.

II. Verpflichtung zur Wahrnehmung der betriebsärztlichen und/oder sicherheitstechnischen Aufgaben nach dem ASiG

3 Der AG verpflichtet einen überbetrieblichen Dienst, indem er mit diesem einen **Vertrag** über die vom Dienst zu erfüllenden Aufgaben schließt oder, soweit der Dienst in Form eines Vereins betrieben wird, indem er dem **Verein** beitritt; aus der Vereinssatzung müssen sich die Aufgaben eindeutig ergeben.[8] Der **AG** bleibt für die Durchführung des ASiG **verantwortlich**, d.h. er muss überwachen, ob der Dienst die ihm übertragenen Aufgaben erfüllt. Der AG ist zudem verpflichtet, die gem. § 8 in fachlicher Hinsicht weisungsfreien Arbeitsschutzexperten zu **unterstützen** (vgl. die Erläuterungen zu § 2 Abs. 2 bzw. § 5 Abs. 2) und sie gem. § 2 Abs. 3 S. 4 bzw. § 5 Abs. 3 S. 4 **für Fortbildungen freistellen** (vgl. § 2 Rn 13 ff., § 5 Rn 4 f.).[9]

III. Rechtsfolge: Behördliche Anordnung

4 Verstößt der AG gegen seine Pflichten aus diesem Gesetz bzw. die das Gesetz konkretisierenden UVV, kann die zuständige Aufsichtsbehörde gegen ihn eine Anordnung gem. § 12 Abs. 1 erlassen; auch die Aufsichtsperson des zuständigen Unfallversicherungsträgers ist gem. § 19 Abs. 1 SGB VII zu Anordnungen befugt (vgl. § 12 Rn 11). Die erforderlichen Maßnahmen können nur gegenüber dem AG, nicht gegen den überbetrieblichen Dienst oder die Arbeitsschutzexperten, angeordnet werden.

IV. Arbeitsrechtliche Fragestellungen

5 Der BR hat bei der abstrakten Entscheidung über die Beauftragung eines überbetrieblichen Dienstes gem. **§ 87 Abs. 1 Nr. 7 BetrVG** mitzubestimmen.[10] Vor der konkreten Verpflichtung eines solchen Dienstes ist er gem. **§ 9 Abs. 3 S. 3** anzuhören (vgl. § 9 Rn 11).[11]

C. Verbindung zu anderen Rechtsgebieten und zum Prozessrecht

6 Fügt ein Betriebsarzt bzw. eine Sicherheitsfachkraft bei der arbeitsmedizinischen bzw. sicherheitstechnischen Betreuung einem AN einen Schaden zu, kommen für den geschädigten AN **Schadensersatz- und Schmerzensgeldansprüche** in Betracht (für den Fall, dass ein arbeitsvertraglich angestellter Betriebsarzt einen AN schädigt vgl. § 3 Rn 15). Ist der Arbeitsschutzexperte bei einem überbetrieblichen Dienst angestellt, kommt auch eine Haftung des überbetrieblichen Dienstes in Betracht.[12]

D. Beraterhinweise

7 Für die Verpflichtung überbetrieblicher Dienste ist im Gegensatz zur Bestellung von Arbeitsschutzexperten gem. §§ 2 Abs. 1 und 5 Abs. 1 zwar keine Schriftform vorgeschrieben.[13] Die **Schriftform** bietet sich aber zu Dokumentationszwecken an. Ein schriftlich fixierter Vertragsinhalt ermöglicht dem AG zum einen problemlos den Nachweis gegenüber den Aufsichtsbehörden, dass er seine aus dem ASiG folgenden Pflichten und den dieses Gesetz konkretisierenden UVV erfüllt. Zum anderen ist die Schriftform eher geeignet, Missverständnisse der Vertragsparteien gar nicht erst entstehen zu lassen bzw. erleichtert ihnen im Streitfall die Durchsetzung ihrer vertraglichen Ansprüche (zur umsatzsteuerrechtlichen Behandlung arbeitsmedizinischer Vorsorgeuntersuchungen vgl. § 3 Rn 19).

8 **Qualitativ hochwertige** betriebsärztliche bzw. sicherheitstechnische **Betreuungen** eines Anbieters können durch das Recht zum Tragen von Gütesiegeln nach außen erkennbar werden (vgl. § 4 Rn 6, § 7 Rn 9).

§ 20 Ordnungswidrigkeiten

(1) Ordnungswidrig handelt, wer vorsätzlich oder fahrlässig
1. einer vollziehbaren Anordnung nach § 12 Abs. 1 zuwiderhandelt,
2. entgegen § 13 Abs. 1 Satz 1 eine Auskunft nicht, nicht richtig oder nicht vollständig erteilt oder
3. entgegen § 13 Abs. 2 Satz 1 eine Besichtigung nicht duldet.

(2) Eine Ordnungswidrigkeit nach Absatz 1 Nr. 1 kann mit einer Geldbuße bis zu fünfundzwanzigtausend Euro, eine Ordnungswidrigkeit nach Absatz 1 Nr. 2 und 3 mit einer Geldbuße bis zu fünfhundert Euro geahndet werden.

---

8 Dass Betriebsarztzentren als nicht wirtschaftliche Vereine in das Vereinsregister gem. § 21 BGB eingetragen werden können, vgl. OLG Oldenburg 6.11.1975 – 5 Wx 53/75 – Rechtspfleger 1976, 11.
9 Vgl. *Anzinger/Bieneck*, § 19 Rn 43.
10 Zum Mitbestimmungsrecht des PR gem. § 72 Abs. 4 S. 1 Nr. 6 LPVG NRW vgl. OVG NRW 10.12.2003 – 1 A 556/02.PVL – ZTR 2004, 328 = PersR 2004, 227.
11 Vgl. *Anzinger/Bieneck*, § 19 Rn 35 ff.
12 Zur zivil- und sozialrechtlichen Haftung überbetrieblicher Dienste und für diese tätige Betriebsärzte bzw. Sicherheitsfachkräfte vgl. ausführlich *Herzberg*, DB 1997, 1666.
13 Vgl. *Anzinger/Bieneck*, § 19 Rn 40; *Wank*, § 2 Rn 13; a.A. *Nöthlichs*, Kennzahl 4078 § 19 Anm. 2.3 S. 5.

A. Allgemeines	1	I. Rechtsbehelf und Rechtsmittel	3
B. Regelungsgehalt	2	II. Ordnungswidrigkeiten nach § 209 SGB VII	4
C. Verbindung zu anderen Rechtsgebieten und zum Prozessrecht	3		

A. Allgemeines

Abs. 1 normiert abschließend OWi-Tatbestände, deren Verwirklichung mit einem Bußgeld gem. Abs. 2 geahndet werden kann. **1**

B. Regelungsgehalt

Zur tatbestandlichen Verwirklichung des Abs. 1 **Nr. 1** ist es erforderlich, dass die **Anordnung vollziehbar**, also rechts- **2** kräftig oder ihre sofortige Vollziehbarkeit angeordnet worden ist. Abs. 1 **Nr. 2** ist einschlägig, wenn der AG bzw. sein Vertreter einem konkreten **Auskunftsverlangen** der zuständigen Behörde nicht, nicht richtig oder unvollständig nachkommt, es sei denn, er ist auskunftsverweigerungsberechtigt (vgl. § 13 Abs. 1 S. 2). Abs. 1 **Nr. 3** liegt vor, wenn der Verpflichtete der zuständigen Behörde auf ihr Verlangen keinen **Zutritt** bzw. keine **Besichtigung** gewährt.[1] Für die Ahndung mit einer Geldbuße ist **rechtswidriges** und **vorwerfbares** Handeln erforderlich (vgl. § 1 Abs. 1 OWiG). Eine fahrlässige Begehung kann geahndet werden, wenn das Gesetz dies ausdrücklich mit Geldbuße bedroht (vgl. § 10 OWiG). Abs. 1 umfasst neben **vorsätzlichem** auch **fahrlässiges** Verhalten. **Adressat** der OWi-Vorschrift ist der **AG** als Verantwortlicher für die Erfüllung der Vorschriften des ASiG (zur Verantwortlichkeit vgl. § 1 Rn 1, § 2 Rn 13); zu beachten sind insb. § 9 OWiG (Handeln für einen anderen), § 30 OWiG (Geldbuße gegen juristische Personen oder Personenvereinigungen) und § 130 OWiG (Aufsichtspflichtverletzung in Betrieben und Unternehmen durch den Inhaber). Die Ordnungswidrigkeit kann mit einer **Geldbuße** bis zu den in **Abs. 2** genannten Beträgen geahndet werden, bei fahrlässigem Verhalten jedoch nur bis zur Hälfte dieser Höchstbeträge (vgl. § 17 Abs. 2 OWiG).

C. Verbindung zu anderen Rechtsgebieten und zum Prozessrecht

I. Rechtsbehelf und Rechtsmittel

Gegen einen Bußgeldbescheid kann der Betroffene gem. § 67 Abs. 1 S. 1 OWiG innerhalb von zwei Wochen nach **3** Zustellung **Einspruch** einlegen (zur Wiedereinsetzung in den vorigen Stand vgl. § 52 OWiG). Gegen die Entscheidung des AG ist Rechtsbeschwerde gem. § 79 OWiG möglich.

II. Ordnungswidrigkeiten nach § 209 SGB VII

OWi-Tatbestände normiert ferner **§ 209 SGB VII**, für deren Ahndung die Unfallversicherungsträger (§ 114 SGB VII) **4** zuständig sind (§ 210 SGB VII).

| § 21 | Änderung der Reichsversicherungsordnung |

| § 22 | (gegenstandslos) |

| § 23 | Inkrafttreten |

(1) [1]Dieses Gesetz, ausgenommen § 14 und § 21, tritt am ersten Tage des auf die Verkündung folgenden zwölften Kalendermonats in Kraft. [2]§ 14 und § 21 treten am Tag nach der Verkündung des Gesetzes in Kraft.
(2) [1]§ 6 Abs. 3 Satz 2 und § 7 des Berliner Gesetzes über die Durchführung des Arbeitsschutzes vom 9. August 1949 (VOBl. I S. 265), zuletzt geändert durch Artikel LVIII des Gesetzes vom 6. März 1970 (GVBl. S. 474), treten außer Kraft. [2]Im übrigen bleibt das Gesetz unberührt. [3]Das vorstehende Gesetz wird hiermit verkündet.

Das ASiG vom 12.12.1973 ist am 15.12.1973 verkündet (BGBl I Nr. 105, S. 1885) und am 1.12.1974, § 14 bereits am **1** 16.12.1973, in Kraft getreten.

---

1 Vgl. ausführlich zu Abs. 1 Nr. 1 bis 3 *Anzinger/Bieneck*, § 20 Rn 7 ff.; *Nöthlichs*, Kennzahl 4079 § 20 Anm. 2.2 S. 2 f.

Gesetz zur Regelung der gewerbsmäßigen Arbeitnehmerüberlassung (Arbeitnehmerüberlassungsgesetz – AÜG)

Vom 7.8.1972, BGBl I S. 1393, BGBl III 810-31

Zuletzt geändert durch Gesetz zur Sicherung von Beschäftigung und Stabilität in Deutschland vom 2.3.2009, BGBl I S. 416, 432

§ 1 Erlaubnispflicht

(1) [1]Arbeitgeber, die als Verleiher Dritten (Entleihern) Arbeitnehmer (Leiharbeitnehmer) gewerbsmäßig zur Arbeitsleistung überlassen wollen, bedürfen der Erlaubnis. [2]Die Abordnung von Arbeitnehmern zu einer zur Herstellung eines Werkes gebildeten Arbeitsgemeinschaft ist keine Arbeitnehmerüberlassung, wenn der Arbeitgeber Mitglied der Arbeitsgemeinschaft ist, für alle Mitglieder der Arbeitsgemeinschaft Tarifverträge desselben Wirtschaftszweiges gelten und alle Mitglieder auf Grund des Arbeitsgemeinschaftsvertrages zur selbständigen Erbringung von Vertragsleistungen verpflichtet sind. [3]Für einen Arbeitgeber mit Geschäftssitz in einem anderen Mitgliedstaat des Europäischen Wirtschaftsraumes ist die Abordnung von Arbeitnehmern zu einer zur Herstellung eines Werkes gebildeten Arbeitsgemeinschaft auch dann keine Arbeitnehmerüberlassung, wenn für ihn deutsche Tarifverträge desselben Wirtschaftszweiges wie für die anderen Mitglieder der Arbeitsgemeinschaft nicht gelten, er aber die übrigen Voraussetzungen des Satzes 2 erfüllt.

(2) Werden Arbeitnehmer Dritten zur Arbeitsleistung überlassen und übernimmt der Überlassende nicht die üblichen Arbeitgeberpflichten oder das Arbeitgeberrisiko (§ 3 Abs. 1 Nr. 1 bis 3), so wird vermutet, daß der Überlassende Arbeitsvermittlung betreibt.

(3) Dieses Gesetz ist mit Ausnahme des § 1b Satz 1, des § 16 Abs. 1 Nr. 1b und Abs. 2 bis 5 sowie der §§ 17 und 18 nicht anzuwenden auf die Arbeitnehmerüberlassung

1. zwischen Arbeitgebern desselben Wirtschaftszweiges zur Vermeidung von Kurzarbeit oder Entlassungen, wenn ein für den Entleiher und Verleiher geltender Tarifvertrag dies vorsieht,
2. zwischen Konzernunternehmen im Sinne des § 18 des Aktiengesetzes, wenn der Arbeitnehmer seine Arbeit vorübergehend nicht bei seinem Arbeitgeber leistet, oder
3. in das Ausland, wenn der Leiharbeitnehmer in ein auf der Grundlage zwischenstaatlicher Vereinbarungen begründetes deutsch-ausländisches Gemeinschaftsunternehmen verliehen wird, an dem der Verleiher beteiligt ist.

Literatur: *Ankersen*, Neues AÜG seit 1.3.2003 bundesweit in Kraft, NZA 2003, 421; *Bauer/Krets*, Gesetze für moderne Dienstleistungen am Arbeitsmarkt, NJW 2003, 537; *Bayreuther*, Tarifpolitik im Spiegel der verfassungsgerichtlichen Rechtsprechung, NZA 2005, 341; *Becker/Wulfgramm*, AÜG, Kommentar, 3. Aufl. 1985; *Behrend*, Neues zum Scheinwerkvertrag: Die vermutete Arbeitsvermittlung im AÜG, BB 2001, 2641; *Benkert*, Änderungen im Arbeitnehmerüberlassungsgesetz durch „Hartz III", BB 2004, 998; *Böhm*, Demontage der „Billig-Tarifverträge" in der Zeitarbeit: Wachsende Risiken für die Kunden, DB 2005, 2023; *ders.*, Gesetzgebung korrigiert Rechtsprechung zur Provision für Arbeitsvermittlung nach Arbeitnehmerüberlassung, DB 2004, 1150; *ders.*, „Billig-Tarifverträge" in der Zeitarbeit – Risiken für die Kunden, DB 2003, 2598; *Boemke*, EU-Osterweiterung und grenzüberschreitende Arbeitnehmerüberlassung, BB 2005, 266; *Boemke/Lembke*, AÜG, Kommentar, 2. Aufl. 2005; *dies.*, Änderung im AÜG durch das „Job-AQTIV-Gesetz", DB 2002, 893; *Brors*, „Fremdpersonaleinsatz" – Wer ist gemäß § 7 Abs. 2 S. 2 BetrVG wahlberechtigt?, NZA 2002, 123; *dies.*, Zweifelhafte Zulässigkeit der gestaffelten individualvertraglichen Verweisung auf die Zeitarbeitstarifverträge der Christlichen Gewerkschaft und des DGB, BB 2006, 101; *Brors/Schüren*, Konzerninterne Arbeitnehmerüberlassung zur Kostensenkung, BB 2004, 2745; *Brose*, Sachgrundlose Befristung und betriebsbedingte Kündigung von Leiharbeitnehmern – Ein unausgewogenes Rechtsprechungskonzept, DB 2008, 1378; *Däubler*, Totale Verdrängung von Equal Pay durch Leiharbeitstarife?, DB 2008, 1914; *Düwell*, Arbeitnehmerüberlassung in Betriebe des Baugewerbes, BB 1995, 1082; *Düwell/Dahl*, Arbeitnehmerüberlassung und Befristung, NZA 2007, 889; *dies.*, Aktuelle Gesetzes- und Tariflage in der Arbeitnehmerüberlassung, DB 2009, 1070; *Erdlenbruch*, Die betriebsverfassungsrechtliche Stellung gewerbsmäßig überlassener Arbeitnehmer, 1992; *Fastrich*, Gleichbehandlung und Gleichstellung, RdA 2000, 65; *Frik*, Die Befristung von Leiharbeitsverträgen nach dem Teilzeit- und Befristungsgesetz, NZA 2005, 386; *Grimm/Brock*, Praxis der Arbeitnehmerüberlassung, 2004; *Hamann*, Gleichbehandlungsgrundsatz im AÜG, BB 2005, 2185; *dies.*, Werkvertrag oder Arbeitnehmerüberlassung?, AuA 2003, 20; *Jarass/Pieroth*, GG, Kommentar, 7. Aufl. 2004; *Knack*, VwVfG, Kommentar, 8. Aufl. 2003; *Kokemoor*, Neuregelung der Arbeitnehmerüberlassungsgesetze – Überblick über das seit dem 1.1.2003 geltende Recht der Arbeitnehmerüberlassung, NZA 2003, 238; *Kopp/Ramsauer*, VwVfG, Kommentar, 9. Aufl. 2005; *Landmann/Rohmer*, Gewerbeordnung, 48. EL Juni 2006; *Lembke*, Die „Hartz-Reform" des Arbeitnehmerüberlassungsgesetzes, BB 2003, 98; *ders.*, Die Tariffähigkeit und Tarifzuständigkeit der Tarifgemeinschaft Christlicher Gewerkschaften für Zeitarbeit und Personalserviceagenturen, NZA 2007, 1333; Lembke/*Fesenmeyer*, Abreden über Vermittlungsprovisionen in Arbeitnehmerüberlassungsverträgen, DB 2007, 801; *Löwisch*, Änderungen der Betriebsverfassung durch das Betriebsverfassungs-Reformgesetz, Teil I und Teil II, BB 2001, 1734; *Lux*, Die Einleitung der Arbeitnehmervertreter-Wahl nach dem Mitbestimmungsgesetz, BB 1977, 905; *Melms/Lipinksi*, Absenkung des Tarifniveaus durch die Gründung von AÜG-Gesellschaften als alternative oder flankierende Maßnahme zum Personalabbau, BB 2004, 2409; *Preis/Bender*, Die Befristung einzelner Arbeitsbedingungen – Kontrolle durch Gesetz oder Richterrecht?, NZA-RR 2005, 337; *Raab*, Europäische und nationale Entwicklungen im Recht der Arbeitnehmerüberlassung, ZfA 2003, 389; *Reipen*, Dubiose Gewerkschaften – Sozialversicherungsrechtliche Risiken für Zeitarbeitsunternehmen und ihre Kunden, NZS 2005, 407; *ders.*, Vermittlungsorientierte Arbeitnehmerüberlassung durch die Personal-Service-Agentur (PSA), BB 2003, 787; *Riebel/Klebeck*, Lohngleichheit für Leiharbeit, NZA 2003, 23; *Sandmann/Marschall*, AÜG, Kommentar, 40. Ergänzungslieferung 2006; *Schindele*, Tarifpolitik auf den Kopf gestellt, AuR 2008, 31; *Schneider*, Handbuch Zeitarbeit, 12. Ergänzung Januar 2005; *Schüren*, Tarifunfähigkeit der CGZP wegen Missbrauchs der tariflichen Normsetzungsbefugnis in der Leiharbeit, AuR 2008, 239; *ders.*, Tarifunfähigkeit der Tarifgemeinschaft Christlicher Gewerkschaften für die Leiharbeitsbranche, NZA 2008, 453; *Schüren/Behrend*, Arbeitnehmerüberlassung nach der Reform – Risiken der Neuen Freiheit, NZA 2003, 521; *Schüren/Brors*, Kostensenkung durch konzerninterne Arbeitnehmerüberlassung, BB 2005, 437; *Tettinger/Wank*, Gewerbordnung, Kommentar, 7. Aufl. 2004; *Thüsing*, Equal pay bei Leiharbeit, DB 2003, 446; *D. Ulber*, Tariffähigkeit und Tarifzuständigkeit der CGZP als Spitzenorganisation, NZA 2008, 438; *J. Ulber*, Personal-Service-Agenturen und Neuregelung der Arbeitnehmerüberlassung – Änderungen des AÜG durch das Erste Gesetz für moderne Dienstleistungen am Arbeitsmarkt, AuR 2003, 7; *Urban-Crell/Schulz*, Arbeitnehmerüberlassung und Arbeitsvermittlung, 2003; *Wensing/Freise*, Beteiligungsrechte des Betriebsrats bei der Übernahme von Leiharbeiternehmern, BB 2004, 2238; *Werthebach*, Die Befristung von Leiharbeitsverträgen nach dem Teilzeit- und Befristungsgesetz, NZA 2005, 1044; *Willemsen/Annuß*, Kostensenkung durch konzerninterne Arbeitnehmerüberlassung, BB 2005, 2745; *Ziemann*, Betriebsbegriff – Betriebszugehörigkeit – drittbezogener Personaleinsatz, AuR 1990, 58

A. Allgemeines 1	2. Tatbestandsvoraussetzungen der Fiktion 29
I. Normzweck und Struktur 1	a) Arbeitsgemeinschaft zur Herstellung eines Werkes 29
II. Änderungen durch jüngere Arbeitsmarktreformen .. 6	b) Verpflichtung zur selbstständigen Erbringung von Vertragsleistungen 30
B. Regelungsgehalt 7	c) Mitgliedschaft in der ARGE 31
I. Räumlicher Anwendungsbereich der Erlaubnispflicht/Arbeitnehmerüberlassung mit Auslandsbezug 7	d) Abordnung von Arbeitnehmern 32
	e) Geltung von Tarifverträgen desselben Wirtschaftszweiges 33
II. Strukturen der gewerblichen Arbeitnehmerüberlassung 8	f) Geltung auch für Unternehmen aus dem Europäischen Wirtschaftsraum (Abs. 1 S. 3) 34
1. Arbeitnehmerüberlassung als Dreiecksbeziehung 8	3. Rechtsfolge 35
2. Die Rechtsbeziehungen im Einzelnen 10	V. Arbeitnehmerüberlassung und Arbeitsvermittlung (Abs. 2) 36
a) Verleiher-Leiharbeitnehmer 10	VI. Ausnahmen von der Geltung des Gesetzes (Abs. 3) 37
b) Entleiher-Leiharbeitnehmer 12	1. Allgemeines 37
c) Verleiher-Entleiher 14	2. Arbeitnehmerüberlassung zur Vermeidung von Kurzarbeit und Entlassungen (Abs. 3 Nr. 1) .. 38
III. Die Tatbestandsmerkmale der Erlaubnispflicht (Abs. 1) 15	a) Arbeitgeber desselben Wirtschaftszweiges 39
1. Arbeitsverhältnis zwischen Verleiher und Leiharbeitnehmer (Leiharbeitsverhältnis) 15	b) Überlassung zur Vermeidung von Kurzarbeit oder Entlassungen 40
2. Überlassung an Dritten zur Arbeitsleistung ... 18	c) Zulassung durch Tarifvertrag 41
a) Abgrenzung zum Werk- und Dienstvertrag 19	3. Konzerninterne Arbeitnehmerüberlassung (Abs. 3 Nr. 2) 42
aa) Allgemeines 19	a) Überlassung an ein Konzernunternehmen 43
bb) Tatsächliche Eingliederung in den Betrieb des Entleihers 20	b) Vorübergehende Überlassung 44
cc) Arbeitsrechtliches Weisungsrecht ... 21	VII. Überlassung ins Ausland (Abs. 3 Nr. 3) 45
dd) Weitere Indizien 23	**C. Verbindung zu anderen Rechtsgebieten und zum Prozessrecht** 46
b) Dienstverschaffungsvertrag 24	**D. Beraterhinweise** 47
c) Geschäftsbesorgungsvertrag 25	I. Vertragsgestaltung 47
d) Abgrenzung zum Gebrauchsüberlassungsvertrag mit Personalstellung 26	II. Praktische Durchführung 48
3. Gewerbsmäßigkeit 27	III. Vorsorgliche Beantragung einer Verleiherlaubnis 49
IV. Abordnung zu einer Arbeitsgemeinschaft (Abs. 1 S. 2 und 3) 28	
1. Allgemeines 28	

A. Allgemeines

I. Normzweck und Struktur

§ 1 Abs. 1 S. 1 stellt für die gewerbliche AÜ eine Erlaubnispflicht auf, um der für die Erlaubniserteilung zuständigen BA eine vorbeugende Kontrolle der Verleihunternehmen zu ermöglichen. Dieses präventive Verbot mit Erlaubnisvorbehalt dient insb. dem Zweck, die Einhaltung der arbeitsvertraglichen Rechte der (Leih-)AN sicherzustellen und Erscheinungsformen der illegalen AÜ zu verhindern.[1] Gleichzeitig bietet § 1 Abs. 1 S. 1 in Ansätzen eine Definition der gewerblichen AÜ und grenzt diese von anderen Formen drittbezogenen Personaleinsatzes ab, wie etwa Werk- und Dienstvertrag (siehe Rn 19 ff.). Zu weiten Teilen wird hierdurch der Geltungsbereich der weiteren Vorschriften

1 BT-Drucks 6/2303, S. 9 f.

des AÜG festgelegt. Liegt gewerbliche AÜ vor und sind keine Versagungsgründe des § 3 ersichtlich, so hat die BA die Erlaubnis zu erteilen. Wegen der Berufsfreiheit des Art. 12 GG besteht bei der Entscheidung über die Erlaubniserteilung kein Ermessen.

2 Jedenfalls nach den letzten Änderungen des AÜG durch das Erste Gesetz für Moderne Dienstleistungen am Arbeitsmarkt vom 23.12.2003,[2] durch das u.a. die Überlassungshöchstdauer und das Synchronisationsverbot der Leiharbeitsverträge mit der Dauer des AÜ-Vertrags aufgehoben wurde, ist eine der ursprünglichen gesetzgeberischen Zwecksetzungen, nämlich die Ausweitung von AÜ zu Lasten von Festanstellungen zu erschweren, entfallen. Leiharbeit wird vom Gesetzgeber vielmehr als eine Möglichkeit zur Bekämpfung der Massenarbeitslosigkeit angesehen.[3]

3 Weiterhin nimmt § 1 einige Fallgestaltungen ausdrücklich von der Erlaubnispflicht des Abs. 1 S. 1 aus. Abs. 1 S. 2 legt fest, dass die Abordnung von AN zwischen Mitgliedern von ARGE im Geltungsbereich bestimmter TVe keine gewerbliche AÜ darstellt und damit nicht erlaubnispflichtig ist (siehe Rn 28 ff.). Die von Abs. 1 S. 2 erfassten ARGE sind insb. in der Bauwirtschaft anzutreffen. S. 3 dehnt diese Privilegierung auch auf AG aus EU-Mitgliedstaaten aus, sofern diese die übrigen Voraussetzungen des Abs. 1 S. 2 erfüllen (siehe Rn 34).

4 Abs. 2 stellt eine Vermutungsregel zur Abgrenzung der gewerblichen AÜ zur Arbeitsvermittlung auf. Der praktische Nutzen dieser Abgrenzung ist nach dem Entfall des Verbots der Arbeitsvermittlung gering (siehe Rn 36).

5 In Abs. 3 sind schließlich Bereichsausnahmen für besondere Formen der AÜ geregelt, bei denen eine Gefährdung der sozialen Sicherheit der betroffenen AN nach Ansicht des Gesetzgebers nicht besteht und die AÜ deshalb nicht unnötig erschwert werden soll.[4]

II. Änderungen durch jüngere Arbeitsmarktreformen

6 § 1 ist auch im Zuge der jüngsten Reformvorhaben der früheren Bundesregierung nicht grundlegend geändert worden. Durch das Erste Gesetz für moderne Dienstleistungen am Arbeitsmarkt[5] wurde in der Vermutungsregel des Abs. 2 die Voraussetzung gestrichen, dass die Dauer des Leih-Arbverh zwölf Monate übersteigt. Dies musste zwangsläufig nach der Aufhebung der Befristungshöchstdauer in § 3 erfolgen. Durch dasselbe Gesetz wurde auch Abs. 1 S. 3 angefügt. Allerdings steht diese Änderung nicht im unmittelbaren Zusammenhang mit den Arbeitsmarktreformen, sondern beruht auf der Rspr. des EuGH,[6] der in der bestehenden Regelung des Abs. 1 S. 2 eine Verletzung der Rechte von Unternehmen aus dem EU-Ausland gesehen hatte.

B. Regelungsgehalt

I. Räumlicher Anwendungsbereich der Erlaubnispflicht/Arbeitnehmerüberlassung mit Auslandsbezug

7 Die Erlaubnispflicht ist als gewerberechtliche Vorschrift Teil des öffentlichen Rechts und unterliegt somit dem Territorialitätsprinzip. Dies bedeutet, dass eine Erlaubnispflicht immer dann begründet wird, sobald die AÜ einen **Inlandsbezug** aufweist.[7] Von der Erlaubnispflicht erfasst sind deshalb sowohl rein nationale Sachverhalte als auch alle Fälle, in denen ein deutscher oder ausländischer Verleiher grenzüberschreitende AÜ **nach Deutschland hinein oder aus Deutschland heraus betreiben will**.[8] Ist die gewerbsmäßige AÜ – wie in der Regel – auch in dem betroffenen ausländischen Staat besonderen gewerberechtlichen Regelungen und Erlaubnispflichten unterworfen, müssen bei grenzüberschreitenden Sachverhalten auch die dort geltenden gewerberechtlichen Bestimmungen und eine ggf. bestehende Erlaubnispflicht beachtet werden (sog. **doppeltes Zulässigkeitserfordernis**).[9]

II. Strukturen der gewerblichen Arbeitnehmerüberlassung

8 **1. Arbeitnehmerüberlassung als Dreiecksbeziehung.** Aus der Regelung des § 1 Abs. 1 S. 1 geht hervor, dass erlaubnispflichtige AÜ in einem **Drei-Personen-Verhältnis** zwischen Verleiher, Leih-AN und Entleiher stattfindet. Es bestehen unabhängig voneinander zwei schuldrechtliche Beziehungen: ein Arbeitsvertrag zwischen Leih-AN und Verleiher (sog. **Leiharbeitsvertrag**) sowie ein Vertrag zwischen Verleiher und Entleiher (sog. **AÜ-Vertrag**). Bei Letzterem handelt es sich um einen Vertrag sui generis, in dem sich der Verleiher verpflichtet, dem Entleiher einen oder mehrere AN zur Arbeitsleistung zur Verfügung zu stellen. Die Hauptleistungspflicht des Verleihers beschränkt sich dabei auf das Auswählen und das Zurverfügungstellen des AN, umfasst jedoch nicht die Arbeitsleistung als solche.[10]

9 Durch den AÜ-Vertrag geht das arbeitsvertragliche Weisungsrecht gegenüber dem Leih-AN vom Verleiher auf den Entleiher über. Dies ist der wichtigste Unterschied und das entscheidende Abgrenzungskriterium zu anderen Formen

---

2 BGBl I S. 4607.
3 Vgl. BT-Drucks 15/25 S. 23 f.
4 Vgl. BT-Drucks 10/3206, S. 32.
5 BGBl I S. 4607.
6 EuGH 25.10.2001 – C-493/99 – Slg. I-2001, 8163–8193 = NZA 2001, 1299.
7 Vgl. Schüren/*Riederer von Paar*, Einl. Rn 613 f.
8 Schüren/*Riederer von Paar*, Einl. Rn 614.
9 Eine Literaturübersicht zu Vorschriften zur AÜ in den (alten) EG-Mitgliedsstaaten gibt Schüren/*Riederer von Paar*, Einl. Rn 594 ff.
10 Thüsing/*Thüsing*, Einführung Rn 41.

drittbezogenen Personaleinsatzes, insb. zum Einsatz von AN in einem fremden Betrieb zur Erfüllung eines Werk- und Dienstvertrags (siehe Rn 19 ff.). Zwischen dem Entleiher und dem Leih-AN liegt im Fall einer rechtmäßigen AÜ kein eigenes vertragliches Verhältnis vor. Ein Arbverh zwischen Entleiher und Leih-AN wird nur im Fall der **illegalen AÜ** gem. § 10 Abs. 1 fingiert.

2. Die Rechtsbeziehungen im Einzelnen. a) Verleiher-Leiharbeitnehmer. Zwischen Verleiher und Leih-AN besteht ein gewöhnliches **Arbverh** mit der Maßgabe, dass der Leih-AN die Arbeitsleistung gem. § 613 S. 2 BGB bei einem Dritten – dem Entleiher – erbringen muss. Trotz des hiermit verbundenen Übergangs wesentlicher AG-Rechte und -pflichten auf den Entleiher (siehe Rn 12 f.) bleibt der Verleiher auch während der laufenden AÜ AG des Leih-AN. Der Verleiher schuldet die Vergütung, hat Einkommenssteuer und Sozialversicherungsbeiträge für den Leih-AN abzuführen und trägt das Beschäftigungsrisiko gem. § 615 BGB. Der Leih-AN hat gegenüber dem Verleiher die gewöhnlichen arbeitsrechtlichen Leistungsansprüche, z.B. aus BUrlG, EFZG, MuSchG oder BEEG. Darüber hinaus trifft den Verleiher weiterhin auch die arbeitsrechtliche Fürsorgepflicht. Besondere Informationspflichten des Verleihers gegenüber dem Leih-AN sind in § 11 Abs. 2 und 3 geregelt (siehe § 11 Rn 13 ff.).

Für das Leih-Arbverh gelten die **allgemeinen Künd-Vorschriften**. Sofern das KSchG auf das Leih-Arbverh anwendbar ist, bedarf eine ordentliche Künd somit einer sozialen Rechtfertigung gem. § 1 KSchG. Eine **verhaltensbedingte Künd** kann sowohl bei Pflichtverletzungen gegenüber dem Verleiher als auch bei Fehlverhalten gegenüber dem Entleiher gerechtfertigt sein.[11] Bei der **betriebsbedingten Künd** ist zu beachten, dass nicht jede fehlende Beschäftigungsmöglichkeit wegen ausbleibender Überlassungsaufträge eine Künd rechtfertigen kann. Der Beschäftigungsbedarf entfällt vielmehr erst, wenn der betroffene Leih-AN auf absehbare Zeit nicht eingesetzt werden kann. Im Falle eines Auftragsrückgangs muss der Verleiher darlegen, dass dieser dauerhaft ist und der Leih-AN auch nicht nach entsprechenden Anpassungsfortbildungen z.B. bei einem anderen Kunden eingesetzt werden kann.[12]

b) Entleiher-Leiharbeitnehmer. Ein eigener (Arbeits-)Vertrag zwischen Leih-AN und Entleiher wird durch die AÜ nicht begründet. Jedoch übernimmt der Entleiher bestimmte AG-Rechte und -Pflichten. Dies drückt sich dadurch aus, dass der Entleiher für die Dauer der AÜ den zur konkreten Steuerung des Arbeitseinsatzes nötigen Teil des arbeitsvertraglichen Direktionsrechtes, nämlich das **arbeitsbezogene Weisungsrecht**, ausüben darf. Der Entleiher ist dem Leih-AN gegenüber gem. § 11 Abs. 6 unbeschadet der Pflichten des Verleihers zur Einhaltung der Arbeitsschutzvorschriften verpflichtet. Gem. § 11 Abs. 7 gilt er als AG i.S.d. ArbNErfG. Auch trifft den Entleiher für die Zeit der AÜ neben dem Verleiher die arbeitsrechtliche Fürsorgepflicht, während dem Leih-AN im Gegenzug die arbeitsrechtliche Treuepflicht auch dem Entleiher gegenüber obliegt.

Von der überwiegenden Meinung wird dem Entleiher ein **eigenes Forderungsrecht** gegenüber dem Leih-AN zugebilligt, was den AÜ-Vertrag als echten Vertrag zugunsten Dritter qualifiziert.[13] Dementsprechend gelten im Verhältnis zwischen Entleiher und Leih-AN auch die allgemeinen Schadensersatzvorschriften der §§ 280 ff. bei Leistungsstörungen. Eingeschränkt werden diese gegenüber dem Leih-AN durch die Anwendung der Grundsätze des innerbetrieblichen Schadensausgleichs, so dass der AN im Verhältnis zum Entleiher bei leichtester Fahrlässigkeit nicht und nur bei grober Fahrlässigkeit oder Vorsatz i.d.R. in vollem Umfang haftet.[14] Bei Personenschäden des Leih-AN greift zugunsten des Entleihers § 104 SGB VII ein, der eine Haftung weitestgehend ausschließt. Allerdings gilt dieser Haftungsausschluss bei Personenschäden des Leih-AN nicht auch im Verhältnis zum Verleiher.[15]

c) Verleiher-Entleiher. Durch den AÜ-Vertrag verpflichtet sich der Verleiher, dem Entleiher einen oder mehrere AN zur Arbeitsleistung zu überlassen. Dies beinhaltet nur die Pflicht, die AN ordnungsgemäß auszuwählen und dem Verleiher zur Verfügung zu stellen.[16] Für die Qualität der vom Leih-AN erbrachten Arbeitsleistungen haftet der Verleiher hingegen außer im Falle einer anders lautenden Vereinbarung nicht. Für den Fall, dass der Verleiher seinen Verpflichtungen zur AÜ nicht, nicht hinreichend oder nicht rechtzeitig nachkommt, greifen die allgemeinen schuldrechtlichen Schadensersatzansprüche der §§ 280 ff. BGB ein. Kann der Verleiher dauerhaft seiner Überlassungspflicht nicht wie vereinbart nachkommen, weil ihm etwa keine geeigneten AN zur Verfügung stehen, liegt Unmöglichkeit gem. § 275 BGB mit der Folge der Haftung gem. §§ 280 Abs. 1 und 3, 283 BGB vor. § 12 formuliert zusätzliche Formvorschriften des AÜ-Vertags sowie Ver- und Entleiher treffende **Erklärungs- und Unterrichtungspflichten**. Diese dienen der Einhaltung der Vorschriften des AÜG bei der Durchführung der AÜ.

---

11 ErfK/*Wank*, Einl AÜG Rn 27.
12 BAG v. 18.5.2006 – 2 AZR 412/05 – DB 2006, 1962 ff.
13 Schüren/*Schüren*, Einl. Rn 161; ErfK/*Wank*, Einl. AÜG Rn 33; a.A. *Becker/Wulfgramm*, Einl. Rn 13.
14 Allgemein zum innerbetrieblichen Schadensausgleich siehe MünchArb/*Blomeyer*, Bd. 1, § 59 Rn 23 ff.
15 ErfK/*Wank* Einl, AÜG Rn 35.
16 BAG 5.5.1992 – 1 ABR 78/91 – AP § 99 BetrVG 1972 Nr. 97 = NZA 1992, 1044; ausführlich hierzu: Schüren/ *Brors*, Einl, Rn 369 ff.

III. Die Tatbestandsmerkmale der Erlaubnispflicht (Abs. 1)

15 **1. Arbeitsverhältnis zwischen Verleiher und Leiharbeitnehmer (Leiharbeitsverhältnis).** Zwischen Verleiher und Leih-AN muss ein Arbverh bestehen, d.h. der Verleiher muss AG und der zu Überlassende AN sein. **AG** kann dabei jede natürliche oder juristische Person sein, die in der Lage ist, arbeitsrechtliche Weisungsbefugnisse gegenüber dem Leih-AN auszuüben. Dies kann insb. auch bei **Personalführungsgesellschaften** innerhalb eines Konzerns der Fall sein, sofern diese Gesellschaften Leih-AN zum Zwecke der Personalbeschaffung für andere Konzernunternehmen beschäftigen und nicht lediglich die Personalbuchhaltung erledigen.[17] Allerdings fehlt es bei einem Verleih auf Selbstkostenbasis an andere Konzerngesellschaften regelmäßig an der Gewerbsmäßigkeit (siehe auch Rn 27).

16 Gewerbsmäßige AÜ ist ausgeschlossen, wenn dem zu Überlassenden die **AN-Eigenschaft** fehlt. Zugrunde zu legen ist die allgemeine Definition, wonach AN ist, wer aufgrund eines privatrechtlichen Vertrages gegenüber einem anderen zur Leistung unselbstständiger Dienste gegen Zahlung einer Vergütung verpflichtet ist.[18] Kennzeichnendes Merkmal ist die persönliche Abhängigkeit des AN, die sich insb. durch die **Weisungsgebundenheit** ausdrückt. Beispiele: Keine AÜ liegt vor, wenn Beamte, Richter oder Soldaten aufgrund einer Vereinbarung für einen anderen Dienstherren tätig werden[19] oder wenn die zu überlassende Person bestimmte Tätigkeiten bei einem Dritten auf mitgliedschaftlicher Grundlage vornimmt, z.B. Mitglieder eines Vereins oder Gesellschafter eines Unternehmens, sofern sie aufgrund einer vereins- bzw. gesellschaftsrechtlichen Verpflichtung tätig werden. Gleiches gilt für die Mitglieder von Ordens- oder Schwesternschaften, die nicht aufgrund arbeitsvertraglicher Verpflichtungen, sondern aufgrund der Zugehörigkeit zur religiösen bzw. karitativen Organisation in einer fremden Einrichtung tätig sind.[20] AÜ liegt in den letztgenannten Fällen nach zutreffender Auffassung hingegen vor, wenn das Weisungsrecht während der Überlassung vom Träger der Einrichtung selbst und nicht vom entsendenden Orden bzw. der Schwesternschaft ausgeübt wird.[21] Freilich wird es in solchen Fällen häufig an der Gewerbsmäßigkeit mangeln (siehe Rn 27). Keine AÜ liegt ferner vor beim Einsatz von Organen juristischer Personen aufgrund deren Organschaft[22] sowie bei der Überlassung **freier Mitarbeiter** und **Selbstständiger**. In diesem Fall liegt lediglich ein allgemeiner Dienstverschaffungsvertrag vor, nicht jedoch die (speziellere) AÜ. Um AÜ handelt es sich jedoch, wenn freie Mitarbeiter des Verleihers beim Entleiher **weisungsgebundene AN-Tätigkeiten** erbringen sollen.[23] Bei allen angesprochenen Beispielen für fehlende AN-Stellung ist in jedem Einzelfall genau zu prüfen, ob trotz anders lautender vertraglicher Deklarierung nicht doch ein Fall von verdeckter AN-Eigenschaft vorliegt. Dies gilt insb. für den Fall der **Scheinselbstständigkeit** (vermeintlich) freier Mitarbeiter.[24] In diesem Fall liegt bei Vorliegen der übrigen Voraussetzungen erlaubnispflichtige AÜ vor. Keine AN sind ferner **Heimarbeiter und Hausgewerbetreibende**, da sie gem. § 2 HAG nur einem eingeschränkten Weisungsrecht unterliegen.

17 Umstritten ist, ob **Auszubildende** Beteiligte eines AÜ-Vertrags i.S.d. § 1 sein können. Nach wohl h.M. ist hier zu differenzieren, ob die Überlassung zu Ausbildungszwecken oder zum Zweck der Arbeitsleitung erfolgt. Während im ersten Fall schon begrifflich keine AÜ vorliegen kann, da es am Merkmal „Überlassung zur Arbeitsleistung" fehlt (siehe Rn 18), ist eine Überlassung zur reinen Arbeitsleistung grds. als AÜ einzustufen.[25] Eine Überlassung, die nicht Ausbildungszwecken dient, stellt allerdings einen Verstoß gegen § 14 Abs. 2 BBiG und damit eine Ordnungswidrigkeit gem. § 102 Abs. 1 Nr. 3 dar, was wiederum einen Grund für die Erlaubnisversagung gem. § 3 Abs. 1 Nr. 1 darstellen dürfte.

18 **2. Überlassung an Dritten zur Arbeitsleistung.** Der Leih-AN muss dem Dritten zur Arbeitsleistung überlassen werden. Dieses Tatbestandsmerkmal bereitet in der Praxis die meisten Schwierigkeiten, da sich hier Abgrenzungsproblematiken zu den übrigen Formen des drittbezogenen Personaleinsatzes, wie z.B. Werk- und Dienstvertrag, Geschäftsbesorgungsvertrag, Dienstverschaffungsvertrag und Gebrauchsüberlassungsvertrag mit Personalgestellung ergeben. Bei all diesen Vertragstypen kann es vorkommen, dass AN des Schuldners als Hilfspersonen im Bereich des Gläubigers tätig werden. Allerdings wird unter dem Deckmantel der oben erwähnten erlaubnisfreien Verträge bisweilen AÜ betrieben. Eine Überlassung zur Arbeitsleistung bei einem Dritten liegt nach der Rspr. immer dann vor, wenn der Leih-AN **im Einsatzbetrieb eingegliedert** und dem **arbeitsrechtlichen Weisungsrecht des Entleihers unterstellt** wird.[26] Bei der Beurteilung, ob eine solche Eingliederung in den Betrieb des Entleihers und eine Übertragung des arbeitsrechtlichen Weisungsrechts vorliegen, kommt es nicht alleine auf die Bezeichnung oder den Wortlaut des zwischen den Beteiligten geschlossenen Vertrages an. Maßgeblich ist vielmehr der **objektive Vertragsinhalt**, der sich sowohl aus der vertraglichen Gestaltung als auch aus der tatsächlichen Handhabung ergibt.[27] Widersprechen sich Vertragswortlaut und tatsächliche Handhabung, so ist die Letztere maßgeblich, sofern diese ab-

---

17 Boemke/*Lembke*, § 1 Rn 22.
18 Zum AN-Begriff vgl. nur BAG 28.3.2001 – 7 ABR 21/00 – AP § 7 BetrVG Nr. 5 = NZA 2002, 1294.
19 Boemke/*Lembke*, § 1 Rn 26.
20 Vgl. BAG 22.4.1997 – 1 ABR 74/96 – NZA 1997, 1297.
21 Boemke/*Lembke*, § 1 Rn 27.
22 BAG 26.5.1999 – 5 AZR 664/98 – NZA 1999, 987–989.
23 Boemke/*Lembke*, § 1 Rn 34.
24 Vgl. hierzu ausführlicher Thüsing/*Waas*, § 1 Rn 35.
25 So wohl auch Boemke/*Lembke*, § 1 Rn 25; Thüsing/*Waas*, § 1 Rn 34; a.A. Schüren/*Hamann*, § 1 Rn 39.
26 Vgl. nur BAG 31.3.1993 – 7 AZR 338/92 – AP § 9 AÜG Nr. 2; Thüsing/*Waas*, § 1 Rn 56.
27 BAG 30.1.1991 – 7 AZR 497/89 – AP § 10 AÜG Nr. 8 = NZA 1992, 19 = BB 1991, 2375, 2377.

weichende Vertragspraxis den Parteien bekannt gewesen und von ihnen zumindest geduldet worden ist.[28] Dies kann freilich nur gelten, sofern sich aus der praktischen Durchführung auch tatsächlich Rückschlüsse auf den wirklichen Willen der Beteiligten ziehen lassen.[29] Am Ende entscheidet die Rspr. aufgrund einer **umfassenden Gesamtbetrachtung unter Abwägung der Umstände des Einzelfalls** und der verschiedenen Indizien, ob AÜ vorliegt.[30]

a) Abgrenzung zum Werk- und Dienstvertrag. aa) Allgemeines. Die in der Praxis größte Bedeutung hat die Abgrenzung von erlaubnispflichtiger AÜ zum Einsatz von AN im Rahmen eines Werk- oder Dienstvertrages. Eine Abgrenzungsproblematik zur AÜ entsteht, sobald AN des Auftragnehmers als Erfüllungsgehilfen im Betrieb des Auftraggebers tätig werden. Theoretisch ist werk- oder dienstvertragliches (und damit erlaubnisfreies) Tätigwerden anhand der typischen Merkmale der beiden Vertragstypen gem. §§ 611 ff. und §§ 631 ff. BGB zu identifizieren. Der Werkunternehmer schuldet gem. § 631 Abs. 1 BGB die Erstellung eines Werkes und damit einen konkreten Erfolg, der Dienstverpflichtete eine konkrete Dienstleistung. Demgegenüber verpflichtet sich der Verleiher im Rahmen des AÜ-Vertrages nur zur Auswahl und Überlassung von AN zur Arbeitsleistung. Während also beim Werk- oder Dienstvertrag der Auftragnehmer die zu erbringenden Leistungen selbst schuldet und sich hierzu lediglich Erfüllungsgehilfen bedient, die seiner eigenen Arbeitsorganisation unterworfen sind, gliedert der Entleiher die überlassenen AN in seine Arbeitsorganisation ein und beschäftigt sie im Rahmen seiner Erfordernisse und Vorstellungen nach seinen Weisungen.[31]

bb) Tatsächliche Eingliederung in den Betrieb des Entleihers. Eine von der Rspr. aufgestellte Voraussetzung für das Vorliegen von AÜ ist die tatsächliche Eingliederung in den Betrieb des Entleihers. Für eine solche Eingliederung in den Betrieb und die Arbeitsorganisation des Entleihers sprechen eine Unterstellung der Mitarbeiter des Verleihers unter die im Entleiherbetrieb geltende **Arbeitsordnung,**[32] die **Übernahme von Tätigkeiten, die vormals von Beschäftigten des Entleihers ausgeübt wurden,**[33] oder wenn der Auftraggeber die für ein Arbverh wesentlichen **Entscheidungen über Einsatz, Zeit, Ort, Anordnung von Mehrarbeit und Überwachung der Arbeitsabläufe** trifft; **Stellung von Material und Gerätschaften durch das Beschäftigungsunternehmen.**[34]

cc) Arbeitsrechtliches Weisungsrecht. Wichtigstes Abgrenzungskriterium ist die **Ausübung des arbeitsvertraglichen Weisungsrechts.**[35] Eine Unterscheidung ist in der Praxis häufig schwierig, weil auch der Auftraggeber im Rahmen eines Werk- oder Dienstvertrages gegenüber dem Auftragnehmer Einfluss auf das zu erstellende Werk oder die zu erbringenden Dienste nehmen kann. Dies kann – sofern die Anweisungen nicht gegenüber dem Werkunternehmer oder dem Dienstverpflichteten selbst, sondern gegenüber den als Erfüllungsgehilfen eingesetzten AN ergehen – dem arbeitsrechtlichen Weisungsrecht de facto sehr nahe kommen. Nach der Rspr. des BAG kommt es bei der Abgrenzung maßgeblich auf die Qualität der zu erteilenden Weisungen an. Handelt es sich lediglich um **werkbezogene Anweisungen,** liegt keine AÜ vor. Solche werkbezogenen Anweisungen zeichnen sich dadurch aus, dass sie **projekt- und ergebnisorientiert** sind. Beispiele sind Anweisungen bezüglich Fertigungsmethoden, Anforderungen an die Qualität bzw. die zu erbringende Stückzahl.[36] Nimmt der Besteller hingegen auch Einfluss auf vorgelagerte Aspekte wie Arbeitszeit, Arbeitsablauf oder Arbeitsverhalten, handelt es sich um arbeitsrechtliche Weisungen, was auf AÜ hindeutet.[37]

Beispiele von Abgrenzungsmerkmalen sind:
– Die Beschreibung des genauen **Vertragsgegenstandes: Ist dieser nur allgemein umschrieben,** so dass der Inhalt der konkreten Tätigkeit erst durch Weisungen des Entleihers bestimmt werden kann oder es hierzu der Zusammenarbeit mit dessen AN bedarf, spricht dies für AN-Überlassung.[38]
– Das Vorhandensein einer **Betriebsorganisation auf Seiten des Auftragnehmers**: Fehlt es an einer solchen, so dass der Auftragnehmer gar keine eigenen arbeitsvertraglichen Weisungen erteilen kann, spricht dies für AÜ.[39]

---

28 BAG 6.8.2003 – 7 AZR 180/03 – AP § 9 AÜG Nr. 6 = BB 2004, 669.
29 *Boemke/Lembke*, § 1 Rn 84; *Thüsing/Waas*, § 1 Rn 82.
30 Vgl. nur BAG 31.3.1993 – 7 AZR 338/92 – AP § 9 AÜG Nr. 2; BAG 22.6.1994 – 7 AZR 506/93 – EzAÜG § 13 AÜG Nr. 4; BAG 9.11.1994 – 7 AZR 217/94 – AP § 1 AÜG Nr. 18 = NZA 1995, 572.
31 BAG 30.1.1991 – 7 AZR 497/89 – AP § 10 AÜG Nr. 8 = NZA 1992, 19 = BB 1991, 2375, 2377; BAG 31.3.1993 – 7 AZR 338/92 – AP § 9 AÜG Nr. 2; BAG 9.11.1994 – 7 AZR 217/94 – AP § 1 AÜG Nr. 18 = NZA 1995, 572.
32 LAG Baden-Württemberg 25.1.1991 – 15 Sa 104/90 – EzAÜG § 631 BGB Werkvertrag Nr. 38.
33 BAG 14.6.1984 – 2 AZR 215/83 – EzAÜG § 631 BGB Werkvertrag Nr. 7.
34 BAG 15.6.1983 – 5 AZR 111/81 – AP § 10 AÜG Nr. 5 = NJW 1984, 2912.
35 So auch *Boemke/Lembke*, § 1 Rn 78, die in der Ausübung des Weisungsrechts sogar das einzige zuverlässige Abgrenzungskriterium sehen.
36 BAG 30.1.1991 – 7 AZR 497/89 – AP § 10 AÜG Nr. 8 = NZA 1992, 19 = BB 1991, 2375, 2377.
37 BAG 30.1.1991 – 7 AZR 497/89 – AP § 10 AÜG Nr. 8 = NZA 1992, 19 = BB 1991, 2375, 2377.
38 BAG 1.12.1992 – 1 ABR 30/92 – EzA § 99 BetrVG 1972 Nr. 110 = EzAÜG § 14 AÜG Betriebsverfassung Nr. 35; BAG 9.11.1994 – 7 AZR 217/94 – AP § 1 AÜG Nr. 18 = NZA 1995, 572.
39 BAG 9.11.1994 – 7 AZR 217/94 – AP § 1 AÜG Nr. 18 = NZA 1995, 572.

- Die **Beaufsichtigung der entsandten AN durch Personal des Auftraggebers**: Eine solche Praxis deutet ebenfalls auf ein arbeitsrechtliches Weisungsrecht des Auftragnehmers hin.[40] Hingegen spricht die bloße Tatsache, dass Arbeitskräfte des Auftragnehmers durch Personal des Auftragnehmers **eingearbeitet** werden, nicht zwangsläufig für AÜ.[41] Dasselbe muss gelten, wenn arbeitsbezogene Weisungen aus einem besonderen Anlass erteilt werden und es sich um **atypische Einzelfälle** handelt, die nicht einer durchgehend geübten Praxis entsprechen.[42]
- Die Entscheidungsbefugnis bezüglich **Anzahl und Einsatzzeit der AN sowie der zu benutzenden Geräte**: Liegt diese beim Auftragnehmer, so spricht dies gegen AÜ.[43]
- Kommt es lediglich zur vereinzelten Erteilung von Weisungen und handelt es sich hierbei um atypische Einzelfälle, ist nicht von einer relevanten Verlagerung des arbeitsrechtlichen Weisungsrechts vom Verleiher auf den Entleiher auszugehen.[44]

23 **dd) Weitere Indizien.** Bei der Abgrenzung zwischen Werkvertrag und AÜ greift die Rspr. noch auf **weitere Indizien** als die Übertragung des arbeitsrechtlichen Weisungsrechts und die Eingliederung in den Betrieb zurück. So spricht es für einen Werkvertrag, wenn die AN des Auftraggebers in ihrem Betrieb einen anderen arbeitstechnischen Zweck verfolgen als die AN des Werkunternehmers,[45] der Werkunternehmer Gewährleitung für das zu erstellende Werk übernimmt,[46] oder die vereinbarte **Gefahrtragung** den Regeln der §§ 633 ff. BGB entspricht.[47] Teilweise wird auch auf die Organisationsgewalt des Einsatzes der AN als Abgrenzungsmerkmal abgestellt. Über Organisationsgewalt verfügt, wer über den Einsatz des Personals bzgl. Anzahl, Schicht- und Urlaubszeiten der eingesetzten AN disponieren kann.[48] Liegt die Organisationsgewalt beim Auftraggeber, deutet dies auf verdeckte AÜ hin. In diesem Zusammenhang ist es jedoch unschädlich, wenn z.B. bei der Vergabe eines Bewachungsauftrags Einsatzzeiten und Pflichten der eingesetzten Wachleute bis ins kleinste Detail nach den Wünschen des Dienstberechtigten vertraglich festgelegt wurden, sofern die Kontrolle der ordnungsgemäßen Durchführung durch die Erfüllungsgehilfen ausschließlich dem Auftragnehmer obliegt.[49]

24 **b) Dienstverschaffungsvertrag.** Die AÜ stellt eine Sonderform des Dienstverschaffungsvertrages dar, nämlich die Verschaffung unselbstständiger Dienste von AN. Ein erlaubnisfreier Dienstverschaffungsvertrag im engeren Sinne liegt hingegen vor, wenn die Verschaffung selbstständiger Dienstleistungen etwa eines freiberuflichen Ingenieurs, Wirtschaftsprüfers oder Unternehmensberaters geschuldet ist.

25 **c) Geschäftsbesorgungsvertrag.** Ein Geschäftsbesorgungsvertrag i.S.d. § 675 BGB hat eine selbstständige Tätigkeit wirtschaftlicher Art im Interesse eines anderen zum Inhalt, z.B. die Tätigkeit eines Rechtsanwalts bei der Prozessführung oder eines Kreditinstituts bei der Vermögensverwaltung. Bei Tätigkeiten dieser Art ist eine Eingliederung eines Erfüllungsgehilfen in die Betriebsorganisation des Auftraggebers in aller Regel nicht erforderlich, so dass es in der Praxis kaum zu Abgrenzungsfragen kommen dürfte. Ist dies dennoch erforderlich, so lassen sich die für den Werk- und Dienstvertrag aufgestellten Grundsätze anwenden.[50]

26 **d) Abgrenzung zum Gebrauchsüberlassungsvertrag mit Personalstellung.** Nicht selten werden technische Geräte oder Fahrzeuge gleich zusammen mit dem für die Bedienung oder Einweisung erforderlichen Personal überlassen. Geht in diesen Fällen – wie häufig – auch das Weisungsrecht auf den Mieter, Leasingnehmer oder Pächter über, liegt die Annahme einer (erlaubnispflichtigen) AÜ nahe. Eine Anwendung des AÜG widerspräche jedoch dem Gesetzeszweck, sofern es sich bei der Personalgestellung um eine reine Nebenleistung handelt.[51] Nach der Rspr. sind gemischte Verträge deshalb aufgrund einer wertenden Betrachtung daraufhin zu überprüfen, ob der AÜ-Anteil dem Gesamtvertrag sein Gepräge gibt.[52] Dies soll nicht der Fall sein bei der Überlassung von Flugzeugen samt Besatzung[53] oder von Baumaschinen samt Personal.[54] In der Lit. wird dieser Ansatz kritisiert und stattdessen alleine auf den Übergang des arbeitsrechtlichen Weisungsrechts abgestellt.[55]

---

40 LAG Berlin 1.2.1988 – 9 TaBV 6/87 – EzAÜG BetrVG Nr. 28.
41 BAG 28.11.1989 – 1 ABR 90/88 – AP § 14 AÜG Nr. 5 = BB 1990, 1343–1345.
42 KassArbR/*Düwell*, 4.5 Rn 154.
43 BAG 14.8.1985 – 5 AZR 225/84 – EzAÜG § 10 AÜG Fiktion Nr. 42.
44 BAG 6.8.2003 – 7 AZR 180/03 – AP § 9 AÜG Nr. 6.
45 BAG 31.3.1993 – 7 AZR 338/92 – AP § 9 AÜG Nr. 2.
46 BGH 12.2.2003 – 5 StR 165/02 – NJW 2003, 1821.
47 BAG 30.1.1991 – 7 AZR 497/89 – AP § 10 AÜG Nr. 8 = NZA 1992, 19 = BB 1991, 2375.
48 Vgl. bzgl. der Anzahl der eingesetzten AN BAG 14.8.1985 – 5 AZR 225/84 – EzAÜG § 10 AÜG Fiktion Nr. 42; Thüsing/*Waas*, § 1 Rn 78; Schüren/*Hamann*, § 1 Rn 145 m.w.N.
49 BAG 31.3.1993 – 7 AZR 338/92 – AP § 9 AÜG Nr. 2.
50 *Boemke/Lembke*, § 1 Rn 75.
51 Vgl. BT-Drucks 6/3505, S. 2.
52 BAG 17.2.1993 – 7 AZR 167/92 – AP § 10 AÜG Nr. 9 = NZA 1993, 1125 = DB 1993, 2287.
53 BAG 17.2.1993 – 7 AZR 167/92 – AP § 10 AÜG Nr. 9 = NZA 1993, 1125 = DB 1993, 2287.
54 BAG 16.6.1982 – 4 AZR 862/79 – AP § 1 TVG Tarifverträge Bau Nr. 41 = BB 1982, 1343.
55 *Boemke/Lembke*, § 1 Rn 35; Schüren/*Hamann*, § 1 Rn 255 ff.

3. Gewerbsmäßigkeit. Gewerbsmäßig i.S.d. § 1 Abs. 1 ist jede auf eine gewisse Dauer angelegte und auf die Erzielung unmittelbarer oder mittelbarer wirtschaftlicher Vorteile gerichtete selbstständige Überlassungstätigkeit.[56] Die Tätigkeit ist **selbstständig**, wenn die zugrunde liegenden Verträge auf eigene Rechnung und im eigenen Namen abgeschlossen werden. Arbeitsvermittlung muss dagegen nicht der Hauptzweck des Unternehmens sein, so dass auch **Mischbetriebe** gewerbsmäßige AÜ betreiben können.[57] **Auf Dauer angelegt** ist die Tätigkeit, wenn die Überlassung von AN nachhaltig, planmäßig und nicht nur gelegentlich, zufällig oder vorübergehend stattfinden soll.[58] Dies kann beim Vorliegen entsprechender Wiederholungsabsicht bereits beim ersten Verleihen gegeben sein.[59] Für das entscheidende Merkmal der **Gewinnerzielungsabsicht** ist es nicht erforderlich, dass tatsächlich Gewinn erzielt wird, ausreichend ist die bloße Absicht hierzu. Gewinnerzielungsabsicht ist gegeben, wenn durch die Überlassung von AN ein über die eigentlichen Arbeitskosten reichender Erlös erzielt werden soll, liegt aber auch dann vor, wenn der Verleiher durch die Überlassung eigene Personalkosten sparen will, etwa weil er die betroffenen AN ansonsten nicht beschäftigen könnte.[60] Selbst ein bloß mittelbarer Gewinn soll nach der Rspr. des BAG genügen.[61] Dieser kann bspw. in verbesserten Geschäftsbeziehungen zum Entleiher oder der Möglichkeit steuerlicher Geltendmachung bestehen.[62] Keine Gewinnerzielungsabsicht und damit keine gewerbsmäßige AÜ liegt jedoch vor, wenn die Überlassung lediglich gegen Erstattung der Personalkosten erfolgen soll und daraus dem Verleiher auch keine mittelbaren wirtschaftlichen Vorteile erwachsen sollen.[63] Ein Beispiel hierfür ist die Überlassung von AN durch eine Tochtergesellschaft des Roten Kreuzes, um Personalkosten in der Altenpflege zu senken.[64] Nach zutreffender Auffassung des BAG fehlt die Gewerbsmäßigkeit auch im Falle einer konzernangehörigen Verleihgesellschaft, welche die bei ihr beschäftigten AN zum Selbstkostenpreis ausschließlich an andere Konzerngesellschaften verleiht.[65] Einer solchen rein konzernintern agierenden Verleihgesellschaft fehlt es i.d.R. an einer eigenen Gewinnerzielungsabsicht. Die möglicherweise mit dem Einsatz einer solchen Gesellschaft verfolgten Einsparungseffekte kommen ausschließlich den entleihenden Konzerngesellschaften bzw. der Konzernobergesellschaft zugute.[66]

IV. Abordnung zu einer Arbeitsgemeinschaft (Abs. 1 S. 2 und 3)

1. Allgemeines. Gem. Abs. 1 S. 2 liegt keine AÜ und damit auch keine Erlaubnispflicht vor, wenn AN zu einer zur Herstellung eines Werks gebildeten ARGE abgeordnet werden, in der der AG Mitglied ist, für alle Mitglieder der ARGE TV desselben Wirtschaftszweiges gelten und alle Mitglieder aufgrund des ARGE-Vertrages zur selbstständigen Erbringung von Vertragsleistungen verpflichtet sind. Ohne die Regelung des Abs. 1 S. 2 wäre die Abordnung von AN zu einer ARGE stets als erlaubnispflichtige AÜ anzusehen, da in diesen Fällen der Arbverh zu dem entsendenden Mitglied der ARGE bestehen bleiben und bei der ARGE i.d.R. eine eigene Betriebsorganisation besteht. Gleichwohl hat sich der Gesetzgeber für die unwiderlegliche Fiktion des Abs. 1 Satz entschieden, um Erschwernisse für sinnvolle Zusammenarbeit bei Großprojekten zu beseitigen.[67] Der Schutz der abgeordneten AN wird durch das Erfordernis einer einheitlichen Tarifgeltung sichergestellt. Reine Verleihfirmen können zudem die Tatbestandsmerkmale des Abs. 1 S. 2 nicht erfüllen.

2. Tatbestandsvoraussetzungen der Fiktion. a) Arbeitsgemeinschaft zur Herstellung eines Werkes. Die Abordnung muss zu einer ARGE erfolgen, deren Zweck die Herstellung eines konkreten Werkes ist. Grundlage einer solchen ARGE ist ein Vertrag zwischen den beteiligten Unternehmen. Die Rechtsform der ARGE ist nicht entscheidend, in der Praxis wird freilich aus Einfachheitsgründen i.d.R. eine Gesellschaft bürgerlichen Rechts (GbR) vorliegen. Eine bloße tatsächliche Kooperation der verschiedenen AN, etwa durch die wechselseitige Überlassung von Baumaschinen etc., reicht hingegen noch nicht aus.[68] Ebenfalls nicht entscheidend ist der jeweilige Gewerbezweig, auch wenn die Gründung von ARGE und die Überlassung von AN an diese fast ausschließlich in der Bauwirtschaft anzutreffen ist. Die ARGE muss zur Erstellung eines konkreten Werks i.S.d. § 631 BGB gegründet werden. Die Gründung zur Erbringung von Dienstleistungen oder mehrerer, noch unbestimmter Werke, genügt nicht,[69] ebenso wenig andere Formen der Zusammenarbeit wie Joint Ventures.[70]

b) Verpflichtung zur selbstständigen Erbringung von Vertragsleistungen. Die Mitglieder der ARGE müssen zur selbstständigen Erbringung der Vertragsleistungen verpflichtet sein. Damit sind die Leistungspflichten gegenüber dem Auftraggeber der ARGE gemeint. Die von den einzelnen Mitgliedsunternehmen geschuldeten Teilleistungen müssen von diesen in eigener Verantwortung erbracht werden.[71] Ausgeschlossen von der Privilegierung des

---

56 BAG 25.1.2005 – 1 ABR 61/03 – BB 2005, 2189, 2192; BAG 21.3.1990 – 7 AZR 198/89 – BB 1991, 275.
57 *Boemke/Lembke*, § 1 Rn 44.
58 *Boemke/Lembke*, § 1 Rn 44.
59 OLG Koblenz 16.1.2003 – 5 U 885/02 – EzA § 1 AÜG Nr. 11.
60 *Schüren/Hamann*, § 1 Rn 311.
61 BAG 25.1.2005 – 1 ABR 61/03 – BB 2005, 2189, 2192.
62 *Boemke/Lembke*, Rn 51.
63 BAG 25.1.2005 – 1 ABR 61/03 – BB 2005, 2189, 2192.
64 BAG 25.1.2005 – 1 ABR 61/03 – BB 2005, 2189.
65 BAG v. 20.4.2005 – 7 ABR 20/04 – NZA 2005, 1006 ff.
66 A.A. LAG Schleswig-Holstein 18.6.2008 – 3 TaBV 8/08 – EzAÜG § 1 AÜG Konzerninterne Arbeitnehmerüberlassung Nr. 19.
67 BT-Drucks 10/4211, S. 32 f.
68 *Schüren/Hamann*, § 1 Rn 355.
69 HWK/*Pods*, § 1 AÜG Rn 38.
70 *Boemke/Lembke*, § 1 Rn 109.
71 BAG 1.6.1994 – 7 AZR 7/93 – NZA 1995, 465, 466.

§ 1 Abs. 1 S. 2 sind deshalb Unternehmen, deren Verpflichtung alleine in der Überlassung von AN an einzelne ARGE-Unternehmen besteht.

31 **c) Mitgliedschaft in der ARGE.** Das abordnende Unternehmen muss Mitglied der ARGE sein. Es genügt kein bloßes Auftrags- oder Kooperationsverhältnis.

32 **d) Abordnung von Arbeitnehmern.** Eine Abordnung von AN i.S.d. § 1 Abs. 1 S. 2 liegt vor, wenn das Arbverh des AN zum Mitglied der ARGE in vollem Umfang bestehen bleibt und der AN lediglich vorübergehend bei der ARGE eingesetzt wird.[72] Abzugrenzen ist eine solche Abordnung von den Fällen, in denen der AN weiterhin dem Weisungsrecht des Mitglieds der ARGE untersteht oder aber während der Dauer der Tätigkeit gänzlich freigestellt wird. In diesen Fällen liegt freilich mangels Vorliegens der Tatbestandsvoraussetzungen (siehe Rn 15 ff.) auch gar keine AÜ vor, so dass es der Privilegierung des § 1 Abs. 1 S. 2 nicht bedarf.

33 **e) Geltung von Tarifverträgen desselben Wirtschaftszweiges.** Durch das Erfordernis der Geltung von TV desselben Wirtschaftszweigs für alle Mitglieder der ARGE soll das Umgehen geltenden Tarifrechts verhindert werden. Dabei ist ausdrücklich nicht vorausgesetzt, dass für sämtliche Mitglieder der ARGE derselbe TV gilt. Ausreichend ist vielmehr, dass die anzuwendenden TV demselben Wirtschaftszweig zuzuordnen sind. Abweichungen sind u.a. durch die Zugehörigkeit zu unterschiedlichen Tarifbezirken oder AG-Verbänden möglich. Der Begriff **Wirtschaftszweig** ist weit zu verstehen und richtet sich nach der Zuständigkeit der Tarifparteien.[73] So ist es unschädlich, wenn ein Mitglied der ARGE dem Bauhaupt- und ein anderes dem Baunebengewerbe angehört, nicht hingegen, wenn bei einem Mitglied z.B. ein TV der Metallindustrie gilt.[74] Bei Mischbetrieben gilt das Überwiegensprinzip.[75] Die **Geltung der TV** kann sich aus der Mitgliedschaft im AG-Verband sowie. § 3 Abs. 1 TVG oder einer Allgemeinverbindlichkeitserklärung gem. § 5 TVG ergeben. Ausreichend ist nach Wortlaut und Schutzzweck der Norm auch, wenn die Geltung des TV einzelvertraglich mit dem abzuordnenden AN vereinbart wurde.[76] Die Tarifgeltung muss für alle Mitglieder der ARGE bestehen. Die gesetzliche Fiktion entfällt, soweit die beschriebene Tarifgeltung auch nur bei einem einzelnen Mitglied der ARGE nicht besteht.

34 **f) Geltung auch für Unternehmen aus dem Europäischen Wirtschaftsraum (Abs. 1 S. 3).** Das Erfordernis der Geltung eines TV desselben Wirtschaftszweiges wie dem der anderen Mitglieder der ARGE hat es für ausländische Unternehmen faktisch unmöglich gemacht, sich auf das Privileg des Abs. 1 S. 2 zu berufen. Der EuGH hat hierin einen Verstoß gegen die Dienstleistungsfreiheit der Art. 52, 59 EG gesehen.[77] Der neu hinzu gefügte S. 3 verzichtet deshalb nunmehr auf die Tarifgeltung für ausländische ARGE-Mitglieder aus einem EWR-Mitgliedstaat. Erfasst sind neben den EU-Staaten auch die EWR-Staaten Norwegen, Island und Liechtenstein.[78] Die Regelung des S. 3 entbindet hingegen nicht von den übrigen Voraussetzungen des S. 2 (siehe Rn 28 ff.). Aufgrund der Zielsetzung des Gesetzgebers, Unternehmen aus dem EWR mit deutschen Unternehmen gleichzustellen, ist über den Wortlaut des Gesetzes hinaus zu fordern, dass die durch das ausländische Unternehmen ausgeübten Tätigkeiten von den für die übrigen ARGE-Mitglieder geltenden TV desselben Wirtschaftszweigs erfasst werden.[79]

35 **3. Rechtsfolge.** Liegen die Voraussetzungen des Abs. 1 S. 2 bzw. S. 3 vor, so wird unwiderleglich vermutet, dass die Abordnung zur ARGE keine gewerbsmäßige AÜ darstellt.[80] Einer Erlaubnis bedürfen die abordnenden Unternehmen folglich nicht. Ebenfalls nicht zur Anwendung kommen sonstige Vorschriften, die an das Vorliegen von AÜ anknüpfen,[81] wie bspw. sozialversicherungsrechtliche (z.B. § 28e Abs. 2 SGB IV) und steuerrechtliche (§§ 38 Abs. 1 S. 1, 41 Abs. 2 S. 2, 42d Abs. 6 bis 8, 51 Abs. 1 Nr. 2d EStG) Vorschriften.[82]

V. Arbeitnehmerüberlassung und Arbeitsvermittlung (Abs. 2)

36 Abs. 2 stellt unter bestimmten Voraussetzungen die widerlegbare Vermutung auf, dass statt AÜ in Wirklichkeit Arbeitsvermittlung vorliegt. Voraussetzung für die Vermutungswirkung ist zum einen, dass **AÜ** betrieben wird (siehe Rn 8 ff., 15 ff.). Dabei werden sowohl die gewerbsmäßige als auch die nichtgewerbsmäßige AÜ erfasst.[83] Zum anderen darf der Überlassende nicht die üblichen AG-Pflichten bzw. das AG-Risiko übernehmen. Hierzu verweist Abs. 2 abschließend auf § 3 Abs. 1 Nr. 1 bis 3. Die Vermutungswirkung kommt somit nur zum Tragen, wenn einer der dort genannten Tatbestände erfüllt ist.[84] Übliche AG-Pflichten des § 3 Abs. 1 Nr. 1 u. 2 sind insb. die arbeitsvertraglichen Haupt- und Nebenpflichten (z.B. regelmäßige Lohnzahlung) sowie die Einhaltung sonstiger arbeits-, steu-

---

72 *Boemke/Lembke*, § 1 Rn 121; ErfK/*Wank*, § 1 AÜG Rn 43.
73 *Schüren/Hamann*, § 1 Rn 364 ff.
74 *Boemke/Lembke*, § 1 Rn 117 f.
75 *Boemke/Lembke*, § 1 Rn 117.
76 So auch *Boemke/Lembke*, § 1 Rn 119; ErfK/*Wank*, § 1 AÜG Rn 41; HWK/*Pods*, § 1 AÜG Rn 40.
77 EuGH 25.10.2002 – Rs. C-493/99 – BB 2001, 2427 ff.
78 S. ausführlich auch zu bestehenden Ausnahmen *Boemke/Lembke*, § 1 Rn 129 f.
79 *Boemke/Lembke*, § 1 Rn 134.
80 BT-Drucks 10/3923, S. 32.
81 BT-Drucks 10/3921, S. 32.
82 *Schüren/Hamann*, § 1 Rn 396.
83 BAG 21.3.1990 – 7 AZR 198/89 – BB 1991, 275; BAG 26.4.1995 – 7 AZR 850/94 – AP § 1 AÜG Nr. 19 = DB 1995, 2427.
84 *Boemke/Lembke*, § 1 Rn 148.

er- und sozialversicherungsrechtlicher Vorschriften (siehe § 3 Rn 4 ff.). Nach den jüngsten Änderungen des AÜG durch das Erste Gesetz für Moderne Dienstleistungen am Arbeitsmarkt[85] ist auch eine Nichtbeachtung des Equal-Pay-Grundsatzes bei der Beschäftigung von Leih-AN über die Verweisung auf § 3 Abs. 1 Nr. 3 ein möglicher Auslöser der Vermutungswirkung (siehe § 3 Rn 24 ff.). Demgegenüber hat das Tatbestandsmerkmal der Nichtübernahme des AG-Risikos nach der Aufhebung von Befristungs-, Kündigungs- und Synchronisationsgebot durch das Erste Gesetz für Moderne Dienstleistungen am Arbeitsmarkt[86] keinen Anwendungsbereich mehr.[87] Aufgrund der jüngeren Gesetzesänderungen, die u.a. eine Abschaffung des Arbeitsvermittlungsmonopols der BA zum Inhalt hatten, kommt der Vermutungswirkung des § 1 Abs. 2 **keine praktische Bedeutung** mehr zu,[88] seine Existenz ist nur noch historisch erklärbar.[89] Insb. wird nach der neueren Rspr. des BAG aufgrund der Vermutung des Abs. 2 kein Arbvverh mehr zwischen Leih-AN und Entleiher fingiert.[90] Umgekehrt kann die Vermutungswirkung aber auch nicht zu Ungunsten des Leih-AN ein Arbverh zu dem (seine Pflichten vernachlässigenden) Verleiher beseitigen.[91] Vereinzelt wird in der Vermutung des Abs. 2 neuerdings eine Beweislastregel zur Aufdeckung von „Strohmannkonstruktionen" gesehen, welche sich insbesondere gegen den Einsatz konzerninterner Verleihgesellschaften zur Kostensenkung richten soll[92] (siehe unten Rn 44).

VI. Ausnahmen von der Geltung des Gesetzes (Abs. 3)

1. Allgemeines. Abs. 3 nimmt drei Sondertatbestände von der Erlaubnispflicht des Abs. 1 S. 1 und der Geltung des AÜG insgesamt aus: die arbeitsplatzsichernde AÜ (Nr. 1), die konzerninterne AÜ (Nr. 2) und die AÜ ins Ausland (Nr. 3). Die drei im Gesetz genannten Ausnahmen von der Geltung des AÜG, die auf unterschiedlichen wirtschafts- und arbeitsmarktpolitischen Erwägungen beruhen, sind abschließende Regelungen und deshalb nicht analogiefähig. Die Ausnahmetatbestände gelten sowohl für die gewerbliche als auch für die nichtgewerbliche AÜ.[93] Abs. 3 enthält zu Beginn eine Rückausnahme. Demnach sind die speziellen Vorschriften über die gewerbsmäßige AÜ im Baugewerbe (§§ 1b S. 2, 16 Abs. 1 Nr. 1b, Abs. 2 und 5, 17 und 18) trotz Vorliegens der Ausnahmetatbestände anwendbar. Im Ergebnis bedeutet dies, dass Überlassungen in das Baugewerbe auch bei Erfüllung eines der Ausnahmetatbestände nur unter den Voraussetzungen des § 1b S. 2 bzw. S. 3 zulässig sind. 37

2. Arbeitnehmerüberlassung zur Vermeidung von Kurzarbeit und Entlassungen (Abs. 3 Nr. 1). Abs. 3 Nr. 1 ermöglicht es Unternehmen desselben Wirtschaftszweiges zur Vermeidung von Kurzarbeit und Entlassungen AN auch ohne Geltung des AÜG auszutauschen, wenn ein TV dies vorsieht. Diese Ausnahmevorschrift hat ihren Ursprung in der Norddeutschen Werftindustrie, wo die je nach Auftragsbestand stattfindende „Nachbarschaftshilfe" der Werften legalisiert werden sollte.[94] In der Praxis hat die arbeitsplatzerhaltende AÜ jedoch kaum Bedeutung erlangt, da bisher nur wenige TV von der Möglichkeit des Abs. 3 Nr. 1 Gebrauch gemacht haben.[95] 38

a) Arbeitgeber desselben Wirtschaftszweiges. Die Zugehörigkeit zum selben Wirtschaftszweig richtet sich nach den gleichen Voraussetzungen wie im Fall des Abs. 1 S. 2. Bei Mischbetrieben gilt auch hier das Überwiegensprinzip (siehe Rn 33). 39

b) Überlassung zur Vermeidung von Kurzarbeit oder Entlassungen. Die Überlassung muss die Vermeidung von Kurzarbeit oder Entlassungen bezwecken. **Kurzarbeit** ist dabei einschränkend i.S.d. §§ 169 ff. SGB III zu verstehen, so dass die Verkürzung der Arbeitszeit auf wirtschaftlichen Gründen oder unabwendbaren Ereignissen beruhen sowie vorübergehend und unvermeidbar sein muss. Ferner müssen auch die übrigen sozialrechtlichen Voraussetzungen für den Bezug von Kurzarbeitergeld gegeben sein, so z.B. ein drohender Entgeltausfall von jeweils mehr als 10 % des Bruttoentgelts.[96] Branchentypische Formen des Arbeitsausfalls werden von der Ausnahmeregelung des Abs. 3 Nr. 1 somit nicht erfasst. Auch der Begriff der **Entlassungen** erfährt Einschränkungen durch den Gesetzeszweck, so dass nur betriebsbedingte Künd aufgrund eines vorübergehenden Arbeitsausfalls beim Verleiher erfasst sind. Abs. 3 Nr. 1 greift nicht ein, wenn Arbeitsplätze dauerhaft ohnehin entfallen sollen oder durch die Überlassung lediglich Saisonspitzen abgefedert werden.[97] Die zu vermeidenden Entlassungen müssen ferner von bedeutendem Umfang sein, wobei die Eckdaten des § 17 Abs. 1 KSchG herangezogen werden können.[98] Die Überlassung der AN muss unter Zugrundelegung einer Ex-Ante-Prognose **objektiv geeignet** sein, um die Einführung von Kurzarbeit oder Entlassungen zu vermeiden.[99] 40

---

85 BGBl I S. 4607.
86 BGBl I S. 4607.
87 *Boemke/Lembke*, § 1 Rn 152.
88 S. hierzu ausführlich *Boemke/Lembke*, § 1 Rn 164 ff.; a.A. *Schüren/Schüren*, § 1 Rn 408 ff.
89 ErfK/*Wank*, § 1 AÜG Rn 46 ff.
90 BAG 28.6.2000 – 7 AZR 100/99 – BB 2000, 2522 = AP § 13 AÜG Nr. 3.
91 *Boemke/Lembke*, § 1 Rn 156.

92 *Schüren/Schüren*, § 1 Rn 408 ff.
93 *Thüsing/Waas*, § 1 Rn 161.
94 HWK/*Pods*, § 1 AÜG Rn 50.
95 *Boemke/Lembke*, § 1 Rn 187.
96 *Boemke/Lembke*, § 1 Rn 179.
97 HWK/*Pods*, § 1 AÜG Rn 51.
98 *Boemke/Lembke*, § 1 Rn 180; *Schüren/Hamann*, § 1 Rn 484.
99 *Thüsing/Waas*, § 1 Rn 174.

41 **c) Zulassung durch Tarifvertrag.** Die AÜ zum Zweck der Vermeidung von Kurzarbeit und Entlassungen muss ausdrücklich in einem TV zugelassen sein, der sowohl für den Ver- als auch für den Entleiherbetrieb gilt. Dabei muss es sich nicht um ein und denselben TV handeln, da andernfalls das Merkmal desselben Wirtschaftszweiges leer laufen würde.[100] Allerdings muss bei Vorliegen unterschiedlicher TV für Ver- und Entleiherbetrieb in beiden Tarifwerken die Erlaubnis zur AÜ i.S.d. Abs. 3 Nr. 1 enthalten sein. Eine Tarifgeltung kann sich aus einer Tarifgebundenheit der beteiligten Unternehmen gem. § 3 Abs. 1 TVG oder aus einer Allgemeinverbindlichkeitserklärung gem. § 5 TVG ergeben. Eine bloß arbeitsvertragliche Inbezugnahme genügt nach zutreffender Auffassung hingegen nicht.[101]

42 **3. Konzerninterne Arbeitnehmerüberlassung (Abs. 3 Nr. 2).** Ausgenommen von der Geltung des AÜG ist die vorübergehende AÜ an ein anderes Konzernunternehmen. Hintergrund dieser Ausnahme ist, dass der Sozialschutz der AN bei dieser Art der AÜ auch ohne die Geltung des AÜG gewährleistet ist.[102]

43 **a) Überlassung an ein Konzernunternehmen.** Voraussetzung ist zum einen eine Überlassung an ein Unternehmen des**selben Konzerns**. Zugrunde zu legen ist nach dem Gesetzeswortlaut der Konzernbegriff des § 18 AktG. Ein Konzern liegt demnach vor, wenn zwei rechtlich selbstständige Unternehmen unter einheitlicher Leitung stehen. Dies kann sowohl im Rahmen eines Unterordnungskonzerns zwischen einem herrschenden und einem oder mehreren abhängigen Unternehmen (§§ 17, 18 Abs. 1 AktG) als auch bei einem Gleichordnungskonzern (§ 18 Abs. 2 AktG) der Fall sein. Die einheitliche Leitung drückt sich dadurch aus, dass planmäßig und auf gewisse Dauer angelegt gezielt auf wesentliche Bereiche der Geschäftsführung Einfluss genommen wird.[103] Die Rechtsform der beteiligten Unternehmen ist unerheblich, ebenso die Tatsache, dass sich das aufnehmende oder abgebende Konzernunternehmen im Ausland befindet.[104]

44 **b) Vorübergehende Überlassung.** Die AÜ ist vorübergehend, wenn sie zeitlich begrenzt und nicht als endgültig geplant ist. Voraussetzung ist, dass der betroffene AN wieder an seinen Stammarbeitsplatz im überlassenden Unternehmen zurückkehren soll. Der Ausnahmetatbestand greift somit selbst bei einer langfristigen AÜ ein, denkbar sind auch mehrjährige Zeiträume.[105] Nicht vorübergehend sind i.d.R. AÜ, die durch Personalführungsgesellschaften oder **konzerninterne Verleihgesellschaften** zur Deckung des Personalbedarfs der Konzernunternehmen ausgeführt werden. In diesen Fällen ist eine Rückkehr der betroffenen AN an das überlassende Konzernunternehmen nicht geplant.[106] Der Einsatz einer solchen konzerninternen Verleihgesellschaft kann insb. auch dazu dienen, AN über die Verleihgesellschaft zu den (für den AG i.d.R. günstigeren) Tarifbedingungen der Zeitarbeitsbranche in den entleihenden Konzernunternehmen zu beschäftigen.[107] Über die Zulässigkeit des Einsatzes einer solchen konzerninternen Verleihgesellschaft hat sich in der instanzgerichtlichen Rspr. und der Lit. eine lebendige Diskussion entsponnen.[108] Die Gegner der Zulässigkeit einer konzerninternen Verleihgesellschaft argumentieren teilweise, es liege wegen angeblich fehlender Übernahme des AG-Risikos durch die konzerninterne Verleihgesellschaft ein unwirksames Strohmanngeschäft vor.[109] Für eine solche Annahme bietet das Gesetz jedoch keine Anhaltspunkte. Auch das BAG hat jüngst – freilich in Form eines obiter dictum – die Annahme einer „Strohmannkonstruktion" im Falle des Einsatzes einer konzerninternen Verleihgesellschaft zurückgewiesen.[110]

VII. Überlassung ins Ausland (Abs. 3 Nr. 3)

45 Das AÜG findet keine Anwendung auf die AÜ an ein deutsch-ausländisches Gemeinschaftsunternehmen, an dem der Verleiher selbst beteiligt ist und das auf Grundlage zwischenstaatlicher Vereinbarungen gegründet wurde. Ziel dieser Ausnahme ist es, die Gründung von Joint Ventures mit ausländischen Unternehmen zu fördern und die Anwendbarkeit deutschen Arbeits- und Sozialrechts sicherzustellen.[111] Voraussetzung ist, dass die AÜ aus einem deutschen Betrieb ins Ausland erfolgt, das Gemeinschaftsunternehmen auf Grundlage eines zwischenstaatlichen Vertrages gegründet wurde und der Verleiher hieran Anteile hält. Ein Beispiel für eine zwischenstaatliche Vereinbarung i.S.d. Abs. 3 Nr. 3 ist der deutsch-chinesische Investitionsförderungs- und Investitionsschutzvertrag vom 7.10.1983.[112]

---

100 Thüsing/*Waas*, § 1 Rn 182; *Boemke/Lembke*, § 1 Rn 184; a.A.: ErfK/*Wank*, § 1 AÜG Rn 53.
101 KassArbR/*Düwell*, 4.5 Rn 194; *Boemke/Lembke*, § 1 Rn 186; a.A. Schüren/*Hamann*, § 1 Rn 516 ff.; ErfK/*Wank*, § 1 AÜG Rn 53.
102 BT-Drucks 10/3206, S. 33.
103 Schüren/*Hamann*, § 1 Rn 544.
104 Schüren/*Hamann*, § 1 Rn 536; a.A. *Ulber*, § 1 Rn 246.
105 BAG 21.3.1990 – 7 AZR 198/89 – BB 1991, 275.
106 BAG 20.4.2005 – 7 ABR 20/04 – NZA 2005, 1006 ff.
107 Ausführlich hierzu *Melms/Lipinski*, BB 2004, 2409 ff.

108 Für Zulässigkeit: LAG Niedersachsen 28.2.2006 – 6 BV 1/05 – AuA 2006, 753; LAG Düsseldorf 30.10.2008 – 15 TaBV 114/08 – LAGE § 14 AÜG Nr. 4; *Willemsen/Annuß*, BB 2005, 437 ff.; dagegen: LAG Schleswig-Holstein 18.6.2008 – 3 TaBV 8/08 – EzAÜG § 1 AÜG Konzerninterne Arbeitnehmerüberlassung Nr. 19; *Brors/Schüren*, BB 2004, 2745; *Schüren/Brors*, BB 2005, 494; *Ulber*, § 1 Rn 250a ff.
109 Schüren/*Schüren*, § 1 Rn 408 ff.
110 BAG 21.7.2009 – 1 ABR 35/08 – DB 2009, 2157 ff.
111 BT Drucks 13/4941, S. 248.
112 BGBl 1985 II S. 30.

C. Verbindung zu anderen Rechtsgebieten und zum Prozessrecht

Neben der in § 1 Abs. 1 geregelten gewerberechtlichen Erlaubnispflicht werden von der Frage, ob gewerbsmäßige AÜ vorliegt, auch Rechtsbeziehungen außerhalb des Gewerberechts beeinflusst. Illegale AÜ erfüllt zum einen die **Straf- und Ordnungswidrigkeitstatbestände** der §§ 15 ff. Zudem kommen in diesem Fall die **arbeitsrechtlichen Folgen** des § 10 zum Tragen, wonach ein Arbverh zum Entleiher entstehen kann. Auf die **sozialversicherungsrechtlichen Rechtsbeziehungen** hat das Vorliegen illegaler AÜ grds. keine Folgen, da gem. den arbeitsrechtlichen Grundsätzen zum Verleiher trotz der Nichtigkeitsfolge des § 9 Nr. 1 ein fehlerhaftes Arbverh bestehen bleibt, das für die Abführung des Gesamtsozialversicherungsbeitrags maßgeblich bleibt.[113] Eine sozialversicherungsrechtliche Haftung des Entleihers entsteht nur, sofern der (illegale) Verleiher kein Arbeitsentgelt an den Leih-AN gezahlt hat und dieser seine Ansprüche gegen den Entleiher geltend macht.[114]

46

D. Beraterhinweise

I. Vertragsgestaltung

Um Auseinandersetzungen bezüglich der Einstufung eines drittbezogenen Personaleinsatzes als AÜ vorzubeugen, sollte bereits bei der Gestaltung des zugrunde liegenden Vertrages (z.B. Werk- oder Dienstvertrag) mit drittbezogenem Personaleinsatz die Abgrenzungsproblematik berücksichtigt werden. So ist etwa beim Werkvertrag, bei dem es in der Praxis am häufigsten zu Abgrenzungsproblemen zur AÜ kommt, unbedingt darauf zu achten, sich hinsichtlich des Sprachgebrauchs und des Regelungsinhalts an den §§ 631 ff. BGB zu orientieren.[115] Die Beteiligten sollten folglich in der Vertragsurkunde als „Werkunternehmer" und „Besteller" bezeichnet und das zu erstellende Werk möglichst genau beschrieben werden. Die zu erbringenden Leistungen sollten als einzeln abnahmefähige Werkerfolge bezeichnet werden. Der Besteller sollte vor Vertragsschluss ferner darauf achten, dass der Werkunternehmer auch tatsächlich über eine hinreichende Betriebsorganisation zur eigenständigen Durchführung des Auftrags verfügt.

47

II. Praktische Durchführung

Bei der praktischen Durchführung der AÜ muss unbedingt das eigenständige arbeitsrechtliche Weisungsrecht des Werkunternehmers durch den Besteller beachtet werden, da diesem in Zweifelsfällen entscheidende Bedeutung zukommen kann.[116] Um den Anschein arbeitsbezogener Weisungen an einzelne Mitarbeiter des Werkunternehmers zu vermeiden, sollte der Werkunternehmer eine verantwortliche Führungskraft benennen, an die sich der Besteller im Bedarfsfall zur Erteilung werkbezogener Anweisungen wenden kann. Um dem Eindruck einer **Eingliederung** der eingesetzten AN in den Betrieb des Auftraggebers entgegenzuwirken, sollten diese von den Stamm-AN deutlich zu unterscheiden sein, z.B. durch unterschiedliche Arbeitskleidung, Ausweise, Aufenthaltsräume, Parkplätze etc.[117]

48

III. Vorsorgliche Beantragung einer Verleiherlaubnis

Dennoch kann es aufgrund der stark einzelfallbezogenen und mithin nur schwer zu prognostizierenden Rspr. zur Abgrenzung zwischen AÜ und anderen Formen drittbezogenen Personaleinsatzes (siehe Rn 19 ff.) für den Auftraggeber ratsam sein, vorsorglich auf das Vorliegen einer Überlassungserlaubnis beim Auftragnehmer zu bestehen. Dies gilt insb. in Fällen, in denen Mischformen praktiziert werden, die sowohl Elemente eines Werk-, Dienst- oder Geschäftsbesorgungsverhältnisses als auch der AÜ enthalten. Das Vorliegen einer gültigen Erlaubnis beim Auftragnehmer würde zumindest das Entstehen einer illegalen AÜ und damit den Eintritt der Fiktion des § 10 Abs. 1 praktisch ausschließen.[118]

49

§ 1a Anzeige der Überlassung

(1) Keiner Erlaubnis bedarf ein Arbeitgeber mit weniger als 50 Beschäftigten, der zur Vermeidung von Kurzarbeit oder Entlassungen an einen Arbeitgeber einen Arbeitnehmer bis zur Dauer von zwölf Monaten überläßt, wenn er die Überlassung vorher schriftlich der Bundesagentur für Arbeit angezeigt hat.

(2) In der Anzeige sind anzugeben
1. Vor- und Familiennamen, Wohnort und Wohnung, Tag und Ort der Geburt des Leiharbeitnehmers,
2. Art der vom Leiharbeitnehmer zu leistenden Tätigkeit und etwaige Pflicht zur auswärtigen Leistung,
3. Beginn und Dauer der Überlassung,
4. Firma und Anschrift des Entleihers.

---

113 ErfK/*Wank*, Einl, AÜG Rn 38 ff.
114 ErfK/*Wank*, Einl, AÜG Rn 40.
115 KassArbR/*Düwell*, 4.5 Rn 138.
116 Siehe nur BAG 6.8.2003 – 7 AZR 180/03 – AP § 9 AÜG Nr. 6.
117 Ausführlichere Hinweise hierzu in KassArbR/*Düwell*, 4.5 Rn 138.
118 Hierzu ausführlich *Hamann*, AuA 2003, 20.

A. Allgemeines	1	II. Tatbestandsvoraussetzungen	3
B. Regelungsgehalt	2	III. Rechtsfolgen	6
I. Geltung für Kleinbetriebe	2		

A. Allgemeines

1 § 1a ermöglicht es Kleinbetrieben, zur Erhaltung von Arbeitsplätzen unter bestimmten Voraussetzungen AN auch ohne Erlaubnis der BA zu überlassen, sofern die AÜ zuvor ordnungsgemäß angezeigt worden ist. Zweck dieser Ausnahmeregelung ist – ähnlich wie bei § 1 Abs. 3 Nr. 1 – die Vereinfachung von „Nachbarschaftshilfe" zwischen kleinen Unternehmen, hierdurch auf Schwankungen des Arbeitsvolumens reagieren können sollen.[1] Anders als in § 1 Abs. 3 Nr. 1 ist es bei § 1a nicht nötig, dass die beteiligten Unternehmen zum selben Wirtschaftszweig gehören oder ein TV die erlaubnisfreie AÜ vorsieht. Allerdings sind als Höchstdauer der Überlassung zwölf Monate vorgesehen.

B. Regelungsgehalt

I. Geltung für Kleinbetriebe

2 Eine erlaubnisfreie AÜ ist nur AG mit nicht mehr als 50 Beschäftigten gestattet. Maßgeblich ist die Größe des Unternehmens, nicht des Betriebs. Bei der Ermittlung der Beschäftigtenzahl ist auf den Zeitpunkt der Überlassung abzustellen. Dabei sind neben Arbeitern und Angestellten auch Auszubildende und Heimarbeiter, Teilzeitkräfte und geringfügig Beschäftigte mitzuzählen.[2] Die Privilegierung des § 1a gilt nicht für solche AG, die bereits eine Erlaubnis zur gewerblichen AÜ haben.[3]

II. Tatbestandsvoraussetzungen

3 Die AÜ muss die **Vermeidung von Kurzarbeit und Entlassungen** bezwecken. Wie bei der insoweit wortlautgleichen Vorschrift des § 1 Abs. 3 Nr. 1 muss entsprechend dem Sinn und Zweck des § 1a bei beiden Tatbestandsalternativen eine gewisse Tragweite gegeben sein. Kurzarbeit i.S.d. Vorschrift ist erst gegeben, wenn die Voraussetzungen der §§ 169 ff. SGB III gegeben sind; bezüglich des erforderlichen Umfangs der Entlassungen gelten die Mindestzahlen des § 17 KSchG entsprechend.[4] Dies gilt freilich mit der Maßgabe, dass der Schwellenwert des § 17 Abs. 1 KSchG von 20 Arbeitnehmern nicht überschritten sein muss (ausführlich zu den Voraussetzungen siehe § 1 Rn 40).

4 Die Überlassung darf die **Höchstdauer von zwölf Monaten** nicht überschreiten. Innerhalb dieses Zeitraums ist auch die mehrfache Überlassung desselben AN zulässig, sofern diese in jedem einzelnen Fall gem. Abs. 2 bei der BA angezeigt wird.[5] Wird der Zwölf-Monats-Zeitraum bei der mehrfachen Überlassung überschritten, soll dies dennoch zulässig sein, wenn für jeden über den ursprünglichen Einsatzplan hinausgehenden Einsatz erneut die Voraussetzungen des Abs. 1 vorliegen und diese zudem auf neu eingetretenen Umständen beruhen.[6] Die Wahrscheinlichkeit, dass der Verleiher unter diesen Umständen jedoch die Voraussetzungen des § 1a erfüllt, dürfte freilich mit jeder neu zu prüfenden Überlassung geringer werden. Keine Auswirkungen auf die Berechnung des Zwölf-Monats-Zeitraums hat die gleichzeitige oder aufeinander folgende Überlassung **verschiedener** AN.[7]

5 Die Anforderungen an die gegenüber der BA zu erstattende **schriftliche Anzeige** sind in Abs. 2 abschließend aufgeführt. Eine Übermittlung der Anzeige ist zwar in elektronischer Form (§ 126a BGB), nicht jedoch per Telefax zulässig.[8]

III. Rechtsfolgen

6 Sind die Tatbestandsvoraussetzungen des Abs. 1 erfüllt, so darf der AG auch ohne Erlaubnis gewerbliche AÜ betreiben. Gem. § 1b gilt dies jedoch nicht für bestimmte Überlassungen ins Baugewerbe (siehe § 1b Rn 2 ff.). Befreit wird der AG gem. § 1a allerdings nur von der Erlaubnispflicht. Die übrigen Bestimmungen des AÜG und sonstige mit der AÜ verbundene Vorschriften hat er gleichwohl zu beachten.

7 Liegen die Tatbestandsvoraussetzungen des § 1a hingegen nicht vor und betreibt das Unternehmen dennoch gewerbsmäßige AÜ gem. § 1 Abs. 1 S. 1, so handelt es sich im Falle einer fehlenden Erlaubnis um illegale AÜ. In der Folge werden gem. § 9 Nr. 1 Leiharbeitsvertrag und Überlassungsvertrag unwirksam und es wird gem. § 10 Abs. 1 S. 1 ein Arbeitsvertrag zwischen AN und Entleiher fingiert.[9] Die nachträgliche Anzeige wirkt nicht zurück und kann auch keine Heilung für die Zukunft herbeiführen.[10] Demgegenüber soll ein Verstoß gegen einzelne Anzei-

---

1 BT-Drucks 11/4952, S. 9.
2 HWK/*Pods*, § 1a AÜG Rn 3.
3 BT-Drucks 11/4952, S. 12.
4 ErfK/*Wank*, § 1a AÜG Rn 4.
5 Schüren/*Hamann*, § 1a Rn 35.
6 Schüren/*Hamann*, § 1a Rn 36; zustimmend auch ErfK/ *Wank*, § 1a AÜG Rn 5.
7 Schüren/*Hamann*, § 1a Rn 37 ff.; a.A. *Ulber*, § 1a Rn 16.
8 Thüsing/*Waas*, § 1a Rn 26.
9 *Boemke*/*Lembke*, § 1a Rn 22 f.
10 ErfK/*Wank*, § 1 AÜG Rn 8.

gepflichten des Abs. 2 nicht zur Erlaubnispflicht der AÜ führen, sofern überhaupt eine (wenn auch fehlerhafte) Anzeige erfolgt ist und die übrigen Voraussetzungen des § 1a vorliegen.[11] In diesem Fall handelt es sich aber dennoch um eine Ordnungswidrigkeit gem. § 16 Abs. 1 Nr. 2a.

§ 1b   Einschränkungen im Baugewerbe

¹Gewerbsmäßige Arbeitnehmerüberlassung in Betriebe des Baugewerbes für Arbeiten, die üblicherweise von Arbeitern verrichtet werden, ist unzulässig.
²Sie ist gestattet
a) zwischen Betrieben des Baugewerbes und anderen Betrieben, wenn diese Betriebe erfassende, für allgemeinverbindlich erklärte Tarifverträge dies bestimmen,
b) zwischen Betrieben des Baugewerbes, wenn der verleihende Betrieb nachweislich seit mindestens drei Jahren von denselben Rahmen- und Sozialkassentarifverträgen oder von deren Allgemeinverbindlichkeit erfasst wird.

Abweichend von Satz 2 ist für Betriebe des Baugewerbes mit Geschäftssitz in einem anderen Mitgliedstaat des Europäischen Wirtschaftsraumes gewerbsmäßige Arbeitnehmerüberlassung auch gestattet, wenn die ausländischen Betriebe nicht von deutschen Rahmen- und Sozialkassentarifverträgen oder für allgemeinverbindlich erklärten Tarifverträgen erfasst werden, sie aber nachweislich seit mindestens drei Jahren überwiegend Tätigkeiten ausüben, die unter den Geltungsbereich derselben Rahmen- und Sozialkassentarifverträge fallen, von denen der Betrieb des Entleihers erfasst wird.

A. Allgemeines 1	II. Ausnahmen des Verbots (S. 2) 6
B. Regelungsgehalt 2	1. Allgemeinverbindlich erklärter Tarifvertrag
I. Geltungsbereich des Verbots (S. 1) 2	(Alt. 1) 7
1. Räumlicher Geltungsbereich 2	2. Geltung eines Rahmen- und Sozialkassentarif-
2. Gewerbsmäßige Arbeitnehmerüberlassung ... 3	vertrags (Alt. 2) 8
3. Betriebe des Baugewerbes 4	3. Unternehmen aus dem Europäischen Wirt-
4. Üblicherweise von Arbeitern verrichtete Tätigkeiten 5	schaftsraum (S. 3) 9
	III. Rechtsfolgen bei Verstößen 10

A. Allgemeines

Durch § 1b wird die gewerbliche AÜ in Betriebe des Baugewerbes stark eingeschränkt. Sie ist für Arbeiten, die üblicherweise von Arbeitern ausgeführt werden, grds. verboten und nur unter den engen Voraussetzungen des S. 2 zulässig. Das Verbot wird u.a. mit der besonderen Häufigkeit illegaler Praktiken der gewerbsmäßigen AÜ in der Baubranche begründet,[1] stößt allerdings auf verfassungsrechtliche Bedenken in der Lit.[2] Die Vorschrift wurde zuletzt durch das Erste Gesetz für Moderne Dienstleistungen am Arbeitsmarkt vom 23.12.2003 geändert.[3] Dabei wurde S. 2 neu gefasst und die dort geregelten Ausnahmen vom Verbot der gewerbsmäßigen AÜ erweitert. Ferner wurde S. 3 angefügt, um europarechtlichen Vorgaben gerecht zu werden (siehe § 1 Rn 34).

1

B. Regelungsgehalt

I. Geltungsbereich des Verbots (S. 1)

1. Räumlicher Geltungsbereich. Das Verbot des § 1b gilt für die gewerbsmäßige AÜ in inländische Betriebe des Baugewerbes, d.h. auch für eine AÜ aus dem Ausland, nicht hingegen für eine AÜ in ein ausländisches Unternehmen,[4] selbst wenn dieses auf einer deutschen Baustelle tätig ist.[5]

2

2. Gewerbsmäßige Arbeitnehmerüberlassung. Verboten ist nach dem Gesetzeswortlaut nur die gewerbsmäßige AÜ. Nichtgewerbsmäßige AÜ ist hingegen auch in das Baugewerbe zulässig.[6] Dasselbe gilt für das Tätigwerden von AN auf der Grundlage von Dienst- oder Werkverträgen oder bei Gebrauchsüberlassungsverträgen von Baumaschinen mit Personal, bei denen die Überlassung der Geräte und nicht der Personaleinsatz prägendes Merkmal ist und deshalb keine AÜ vorliegt. Zur Abgrenzung in den oben genannten Fällen s. die Ausführungen unter

3

---

11 Schüren/*Hamann*, § 1a Rn 78; ErfK/*Wank*, § 1a AÜG Rn 9; a.A. *Ulber*, § 1a Rn 28.
1 Vgl. BT-Drucks 9/846, S. 35 f., BT-Drucks 14/4220, S. 30 f.
2 *Boemke/Lembke*, § 1b Rn 4f.
3 BGBl I S. 4607.
4 Thüsing/*Waas*, § 1b Rn 28.
5 *Boemke/Lembke*, § 1b Rn 6.
6 Thüsing/*Waas*, § 1b Rn 12.

§ 1 Rn 19 ff. Vom Verbot ebenfalls nicht erfasst ist unter bestimmten Voraussetzungen die Abordnung von AN an eine ARGE gem. § 1 Abs. 1 S. 2 und 3 (siehe § 1 Rn 28 ff.).

3. Betriebe des Baugewerbes. Das Verbot gilt nur für die AÜ in Betriebe des Baugewerbes. Eine Überlassung aus einem Baubetrieb in einen Betrieb einer anderen Branche ist somit nicht von § 1b erfasst. Für die Definition des Baubetriebs i.S.d. Verbotsnorm kann § 175 Abs. 2 SGB III herangezogen werden.[7] Gem. § 175 Abs. 2 SGB III sind dies Betriebe, die gewerblich überwiegend **Bauleistungen** auf dem Baumarkt erbringen. Bauleistungen wiederum sind nach dieser Vorschrift alle Leistungen, die der Herstellung, Instandsetzung, Instandhaltung, Änderung oder Beseitigung von Bauwerken dienen. Eine abschließende Aufzählung dieser Betriebe enthält die Baubetriebe-VO vom 28.10.1980 i.d.F. vom 26.4.2006.[8] Diese Aufzählung legt den sachlichen Geltungsbereich des § 1b fest.[9] Daraus folgt, dass vom Verbot des § 1b nur Betriebe des Bauhauptgewerbes, nicht aber des Baunebengewerbes erfasst sind.[10] Bei **Mischbetrieben** gilt das Verbot gem. dem Überwiegensprinzip nur dann, wenn mehr als die Hälfte der Gesamtarbeitszeit auf baugewerbliche Tätigkeiten entfallen.[11]

4. Üblicherweise von Arbeitern verrichtete Tätigkeiten. Die im Entleiherbetrieb auszuübenden Tätigkeiten müssen üblicherweise von Arbeitern verrichtet werden. AÜ für Arbeiten, die typischerweise durch Angestellte erledigt werden, wie etwa Bürotätigkeiten etc., fallen somit nicht unter das Verbot. Dies gilt selbst dann, wenn der zu überlassende AN als Arbeiter zu klassifizieren ist.[12] Bei der Frage, welche Tätigkeiten üblicherweise von Arbeitern verrichtet werden, ist auf die **TV des Baugewerbes** und dabei insb. auf das Berufsgruppenverzeichnis des Bundesrahmen-TV Bau abzustellen.[13]

II. Ausnahmen des Verbots (S. 2)

Eine AÜ ist auch in Betriebe des Baugewerbes ausnahmsweise gestattet, wenn dies entweder in einem für allgemeinverbindlich erklärten TV vorgesehen ist (Alt. 1) oder der verleihende Betrieb seit mindestens drei Jahren von denselben Rahmen- und Sozialkassen-TV erfasst wird (Alt. 2).

1. Allgemeinverbindlich erklärter Tarifvertrag (Alt. 1). Die an der AÜ beteiligten Betriebe müssen beide von für allgemeinverbindlich erklärten TV (§ 5 TVG) erfasst sein, d.h. dem räumlichen, fachlichen und zeitlichen Geltungsbereich unterfallen. Dabei muss es sich im Unterschied zu der früheren Regelung des S. 2 a.F. nicht mehr um ein und denselben TV handeln.[14] Da Alt. 1 nicht erfordert, dass beide beteiligten Betriebe der Baubranche angehören (so aber Alt. 2, siehe Rn 8) können die geltenden TV auch bezüglich des fachlichen Geltungsbereichs voneinander abweichen. Beide TV müssen **ausdrücklich bestimmen**, dass AÜ in Betriebe des Baugewerbes zulässig ist.

2. Geltung eines Rahmen- und Sozialkassentarifvertrags (Alt. 2). Ferner ist gewerbsmäßige AÜ in Betriebe des Baugewerbes auch dann zulässig, wenn der verleihende Betrieb nachweislich seit mindestens drei Jahren von denselben Rahmen- und Sozialkassen-TV erfasst ist. Für Alt. 2 ist ausdrücklich geregelt, dass die AÜ **zwischen Betrieben des Baugewerbes** stattfinden muss. Dies bedeutet, dass sowohl der verleihende als auch der aufnehmende Betrieb dem Baugewerbe gem. S. 1 zuzuordnen sein muss (siehe Rn 4). Damit kommt eine Geltung der Alt. 2 für reine **Verleihfirmen** nicht in Frage, selbst wenn sie überwiegend AN aus dem Baubereich beschäftigen.[15] Der Verleiher muss von denselben Rahmen- und Sozialkassen-TV erfasst werden wie der Verleiher.[16] Dies schließt eine AÜ in einen Betrieb eines anderen Tarifbereichs des Baugewerbes aus.[17] Die Geltung des TV kann auf der Tarifbindung des Verleihers (§ 3 Abs. 1 TVG) oder einer Allgemeinverbindlichkeitserklärung gem. § 5 TVG beruhen; einzelvertragliche Bezugnahmeklauseln genügen nicht. Allerdings werden die in Betracht kommenden TV traditionell für allgemeinverbindlich erklärt.[18] Die Geltung des TV muss für den Verleiher drei Jahre lang bestanden haben. Dies soll verhindern, dass Baubetriebe eigens für den Zweck gegründet werden, um AÜ betreiben zu können.

3. Unternehmen aus dem Europäischen Wirtschaftsraum (S. 3). Betriebe des Baugewerbes aus dem EWR (siehe § 1 Rn 34) können unter bestimmten Umständen auch unabhängig davon, ob sie eine Niederlassung in Deutschland (und damit möglicherweise im Geltungsbereich eines für allgemeinverbindlich erklärten TV oder eines Rahmen- und Sozialkassen-TV) AÜ ins Baugewerbe betreiben. Dazu müssen sie seit mindestens drei Jahren überwiegend Tätigkeiten ausüben, die unter den Geltungsbereich derselben Rahmen- und Sozialkassen-TV fallen, von denen der Betrieb des Entleihers erfasst wird. Die Änderung war aufgrund der Rspr. des EuGH notwendig geworden,

---

[7] ErfK/*Wank*, § 1b AÜG Rn 2.
[8] BGBl I S. 2230, letzte Änderung: BGBl I S. 1085.
[9] BGH 17.2.2000 – III ZR 78/99 – AP § 12a AFG Nr. 1 = NJW 2000, 1557.
[10] BGH 17.2.2000 – III ZR 78/99 – AP § 12a AFG Nr. 1 = NJW 2000, 1557.
[11] BAG 24.8.1994 – 10 AZR 980/93 – DB 1995, 329 = AP § 1 TVG Tarifverträge: Bau Nr. 181; *Düwell*, BB 1995, 1082.
[12] Thüsing/*Waas*, § 1b Rn 27.
[13] *Boemke/Lembke*, § 1b Rn 18.
[14] A.A. Thüsing/*Waas*, § 1b Rn 34.
[15] *Boemke/Lembke*, § 1b Rn 36.
[16] Thüsing/*Waas*, § 1b Rn 37f.; so auch HWK/*Pods*, § 1b AÜG Rn 7; a.A.: *Boemke/Lembke*, § 1b Rn 38.
[17] Thüsing/*Waas*, § 1b Rn 38a.
[18] Thüsing/*Waas*, § 1b Rn 40.

der ausländische Unternehmer in ihrer Dienstleistungs- und Niederlassungsfreiheit verletzt sah.[19] Es muss sich bei den ausländischen Unternehmen um Betriebe des Baugewerbes handeln (siehe Rn 4). Bei Mischbetrieben ist es somit entscheidend, dass mehr als die Hälfte der betrieblichen Gesamtarbeitszeit auf bauliche Leistungen entfallen, unabhängig davon, ob dies im EWR oder anderswo geschieht.[20]

III. Rechtsfolgen bei Verstößen

Findet gewerbsmäßige AÜ entgegen § 1b in Betriebe des Baugewerbes statt, ohne dass eine Ausnahme der S. 2 oder 3 greift, ist der AÜ-Vertrag gem. § 134 BGB nichtig. Die Wirksamkeit des Leiharbeitsvertrags wird grds. nicht berührt.[21] Wurde der Leih-AN hingegen ausschließlich zur Überlassung in fremde Baubetriebe eingestellt, ist auch der Leiharbeitsvertrag nach überwiegender Ansicht gem. § 134 BGB nichtig. Auch eine analoge Anwendung des § 10 Abs. 1 mit der Folge der Entstehung eines Arbverh zum Entleiher kommt nicht in Frage.[22] Ein schuldhafter Verstoß gegen § 1b stellt eine Ordnungswidrigkeit gem. § 16 dar und kann zur Nichterteilung der Erlaubnis gem. § 3 Abs. 1 Nr. 1 bzw. zum Widerruf gem. § 5 Abs. 1 Nr. 3 führen. **10**

§ 2 Erteilung und Erlöschen der Erlaubnis

(1) Die Erlaubnis wird auf schriftlichen Antrag erteilt.
(2) ¹Die Erlaubnis kann unter Bedingungen erteilt und mit Auflagen verbunden werden, um sicherzustellen, daß keine Tatsachen eintreten, die nach § 3 die Versagung der Erlaubnis rechtfertigen. ²Die Aufnahme, Änderung oder Ergänzung von Auflagen sind auch nach Erteilung der Erlaubnis zulässig.
(3) Die Erlaubnis kann unter dem Vorbehalt des Widerrufs erteilt werden, wenn eine abschließende Beurteilung des Antrags noch nicht möglich ist.
(4) ¹Die Erlaubnis ist auf ein Jahr zu befristen. ²Der Antrag auf Verlängerung der Erlaubnis ist spätestens drei Monate vor Ablauf des Jahres zu stellen. ³Die Erlaubnis verlängert sich um ein weiteres Jahr, wenn die Erlaubnisbehörde die Verlängerung nicht vor Ablauf des Jahres ablehnt. ⁴Im Fall der Ablehnung gilt die Erlaubnis für die Abwicklung der nach § 1 erlaubt abgeschlossenen Verträge als fortbestehend, jedoch nicht länger als zwölf Monate.
(5) ¹Die Erlaubnis kann unbefristet erteilt werden, wenn der Verleiher drei aufeinanderfolgende Jahre lang nach § 1 erlaubt tätig war. ²Sie erlischt, wenn der Verleiher von der Erlaubnis drei Jahre lang keinen Gebrauch gemacht hat.

A. Allgemeines 1	4. Befristung (Abs. 4 S. 1) 20
B. Regelungsgehalt 3	IV. Verlängerung (Abs. 4 S. 2, 3) 21
I. Allgemeines 3	V. Erlöschen der Erlaubnis und Nachwirkung (Abs. 4 S. 4) 23
II. Erteilung der Erlaubnis (Abs. 1) 4	1. Erlöschen 23
1. Antrag 4	2. Nachwirkung 24
2. Verfahren 8	VI. Unbefristete Erlaubnis (Abs. 5) 27
3. Erlaubnis 10	**C. Verbindung zu anderen Rechtsgebieten und zum Prozessrecht** 28
4. Inhaber der Erlaubnis und Rechtsnachfolge ... 11	I. Allgemein 28
III. Nebenbestimmungen (Abs. 2 bis 4 S. 1) 12	II. Rechtsschutz gegen die Versagung der Erlaubnis 29
1. Allgemeines 12	III. Rechtsschutz gegen die Ablehnung der Verlängerung 32
2. Bedingung und Auflage (Abs. 2) 13	IV. Rechtsschutz gegen Nebenbestimmungen 35
a) Bedingung (Abs. 2 S. 1 Alt. 1) 13	**D. Beraterhinweise** 37
b) Auflage (Abs. 2 S. 1 Alt. 2) 14	
c) Verhältnis von Auflage und Bedingung ... 16	
d) Modifizierende Auflage 17	
3. Widerrufsvorbehalt (Abs. 3) 18	

A. Allgemeines

Die Vorschrift regelt das Verfahren zur Erteilung der nach § 1 erforderlichen Erlaubnis. Im Erteilungsverfahren soll die zuständige Behörde prüfen, ob der Verleiher die Voraussetzungen des § 3 erfüllt, und dadurch sicherstellen, dass der Verleiher in der Lage ist, seine Verpflichtungen gegenüber Behörden, Leih-AN und Entleihern zu erfüllen.[1] Um **1**

---

19 EuGH 25.10.2001 – RS C-493/99 – Slg. I 2001, 8163–8193 = NZA 2001, 1299.
20 *Boemkel/Lembke*, § 1b Rn 48; HWK/*Pods*, § 1b Rn 8.
21 *Boemkel/Lembke*, § 1b Rn 25.

22 BAG v. 13.12.2006 – 10 AZR 674/05 – BB 2007, 610 ff.
1 Vgl. *Boemkel/Lembke*, § 2 Rn 2; ErfK/*Wank*, § 2 AÜG Rn 1.

die fortwährende Kontrolle des Verleihers zu sichern, darf die Erlaubnis mit Nebenbestimmungen versehen und zunächst nur befristet erteilt werden.

2 Die Vorschrift des § 2 regelt nur Einzelfragen des Erteilungsverfahrens. Ergänzend findet das **VwVfG** Anwendung, weil dessen Anwendung seit der Neufassung des § 2 Nr. 4 VwVfG nicht mehr ausgeschlossen ist.[2] Keine Anwendung findet das SGB X, weil das AÜG nicht in der abschließenden Aufzählung des § 68 SGB I enthalten ist.[3] Auf das VwVfG darf nur zurückgegriffen werden, soweit das AÜG keine Sondervorschriften enthält (§ 1 Abs. 1 VwVfG a.E.). Vorrangig gegenüber den allgemeinen Regelungen im VwVfG sind daher insb. die Vorschriften über Rücknahme (§ 4) und Widerruf (§ 5).

B. Regelungsgehalt
I. Allgemeines

3 Das AÜG regelt in § 1 ein **präventives Verbot mit Erlaubnisvorbehalt** (siehe § 1 Rn 1).[4] Auf die erforderliche Erlaubnis besteht ein Anspruch, wenn kein Versagungsgrund nach § 3 besteht.[5] § 2 regelt in Abs. 1 das Verfahren der Erlaubniserteilung, in Abs. 2 bis 5 die Verbindung der Erlaubnis mit Nebenbestimmungen.

II. Erteilung der Erlaubnis (Abs. 1)

4 **1. Antrag.** Die Erlaubniserteilung ist ein mitwirkungsbedürftiger, begünstigender Verwaltungsakt, welcher nur auf Antrag erteilt wird. Der Antrag bedarf der **Schriftform**. Ein Telefax soll nach h.M. entsprechend § 126 BGB nicht genügen.[6] Allerdings ist die Antragstellung keine zivilrechtliche Willenserklärung, sondern eine Erklärung im Verwaltungsverfahren. Nach den für förmliche Verwaltungsverfahren (§ 64 VwVfG) geltenden Maßstäben genügt auch ein Telefax der Schriftform.[7] Entgegen der h.M. kann der Antrag daher auch per Telefax fristwahrend gestellt werden.

5 Den **Antrag** kann und muss derjenige **stellen**, der die erlaubnispflichtige AÜ betreiben will.[8] In Betracht kommen natürliche und juristische Personen, Personengesellschaften und Personengesamtheiten (§ 7 Abs. 1 S. 2).[9] Stellvertretung ist möglich (§ 14 Abs. 1 S. 1 VwVfG), wobei die Vollmacht nur auf Verlangen schriftlich nachgewiesen werden muss (§ 14 Abs. 1 S. 3 VwVfG).

6 Der Antrag unterliegt **keiner Frist**, muss jedoch so rechtzeitig gestellt werden, dass die Erlaubnis vor dem geplanten Beginn der AÜ erteilt werden kann. Inhaltliche Anforderungen an den Antrag stellt § 2 nicht. Die Behörden halten Formulare für die Antragstellung bereit, deren Verwendung jedoch keine Erteilungsvoraussetzung ist.[10] Ein nicht formgerechter Antrag ist nicht bedeutungslos. Vielmehr muss die Behörde tätig werden und auf eine formgerechte Antragstellung hinwirken (§ 25 VwVfG).

7 Die ohne Antrag erteilte Erlaubnis ist nicht unwirksam, sondern nur rechtswidrig und kann nach § 45 Abs. 1 Nr. 1 VwVfG geheilt werden.[11]

8 **2. Verfahren.** Zuständig für das Erteilungsverfahren ist die Bundesagentur für Arbeit (§ 17). Diese bestimmt kraft ihres Organisationsrechts, welche Stelle für die Bearbeitung intern zuständig ist. Die Angelegenheiten nach dem AÜG werden grds. von den Regionaldirektionen bearbeitet.

9 Der Antrag verpflichtet die Behörde zur Einleitung eines Verwaltungsverfahrens (§ 22 VwVfG). In diesem gilt nach § 24 VwVfG der **Untersuchungsgrundsatz**. Die Behörde hat den für die Erteilung maßgeblichen Sachverhalt von Amts wegen zu ermitteln. Den Antragsteller trifft nach § 26 Abs. 2 VwVfG jedoch eine **Mitwirkungsobliegenheit**. Die Erfüllung dieser Mitwirkungsobliegenheit kann nicht zwangsweise durchgesetzt werden. Ihre Verletzung kann jedoch zur Antragsablehnung führen.[12]

10 **3. Erlaubnis.** Das Gesetz sieht eine bestimmte **Form** für die Erlaubnis nicht vor. Nach § 37 Abs. 2 S. 1 VwVfG kann sie schriftlich, elektronisch, mündlich oder in sonstiger Weise erteilt werden. Die für die Erteilungsbehörden maßgebliche Dienstanweisung der BA sieht für die Erlaubnis Schriftform vor; dies begründet jedoch keine Wirksamkeitsvoraussetzung.[13] Wirksam wird die Erlaubnis mit ihrer Bekanntgabe gegenüber dem Erlaubnisinhaber (§ 43

---

[2] *Boemke/Lembke*, § 2 Rn 5; ErfK/*Wank*, § 2 AÜG Rn 4; *Thüsing/Kämmerer*, § 2 Rn 1; unzutreffend *Grimm/Brock*, § 6 Rn 4; HWK/*Kalb*, § 2 AÜG Rn 3 f.
[3] *Grimm/Brock*, § 6 Rn 4; *Schüren/Schüren*, § 2 Rn 9; vgl. auch *Boemke/Lembke*, § 2 Rn 5; *Thüsing/Kämmerer*, § 2 Rn 1, wo noch auf Art. 2 § 1 SGB verwiesen wird.
[4] *Grimm/Brock*, § 6 Rn 2.
[5] *Grimm/Brock*, § 6 Rn 2.
[6] *Boemke/Lembke*, § 2 Rn 8; auf § 126 BGB verweisen auch *Sandmann/Marschall*, Art. 1 § 2 Rn 9; DA AÜG Nr. 2.1.1.
[7] Vgl. *Knack/Dürr*, § 64 Rn 7; *Kopp/Ramsauer*, § 64 Rn 10.
[8] Vgl. *Ulber*, § 2 Rn 8.
[9] *Boemke/Lembke*, § 2 Rn 7; ErfK/*Wank*, § 2 AÜG Rn 2.
[10] *Grimm/Brock*, § 6 Rn 9.
[11] *Boemke/Lembke*, § 2 Rn 11.
[12] *Thüsing/Kämmerer*, § 2 Rn 3; *Ulber*, § 2 Rn 15.
[13] *Sandmann/Marschall*, Art. 1 § 2 Rn 5; *Ulber*, § 2 Rn 17.

Abs. 1 S. 1 VwVfG.[14] Sie muss ihrem Inhalt nach hinreichend bestimmt sein, d.h. insb. die Erlaubnis zur AÜ und den Erlaubnisinhaber erkennen lassen.[15]

4. Inhaber der Erlaubnis und Rechtsnachfolge. Inhaber der Erlaubnis wird der Antragsteller.[16] Die Erlaubnis wird nicht betriebs-, sondern **rechtsträgerbezogen** erteilt.[17] Aus diesem Grund ist die Erlaubnis nicht übertragbar; eine Rechtsnachfolge findet nicht statt.[18] Damit scheidet auch die Einbringung in eine Gesellschaft aus.[19] Veränderungen im Bestand der Gesellschafter und vertretungsberechtigten Organe einer **juristischen Person** lassen die Erlaubnis unberührt, weil Inhaber die juristische Person ist, deren Identität durch den Wechsel nicht berührt wird.[20] Soweit dagegen eine **Personengesellschaft** (OHG, KG, GbR) Erlaubnisinhaber ist, soll nach ganz h.M. eine Änderung im Bestand der Gesellschafter eine neue Erlaubnis erforderlich machen.[21] Diese Ansicht ist inkonsequent, weil die Personengesellschaft selbst Erlaubnisinhaber ist und ein Gesellschafterwechsel die Identität der Gesellschaft unberührt lässt.[22] Entgegen der h.M. berührt daher auch bei Personengesellschaften ein Gesellschafterwechsel die Erlaubnis nicht.

III. Nebenbestimmungen (Abs. 2 bis 4 S. 1)

1. Allgemeines. Die Erlaubnis kann erteilt (§ 2) oder abgelehnt (§ 3) werden. Kann der Versagungsgrund durch eine Nebenbestimmung ausgeräumt werden, muss die Erlaubnis unter Aufnahme geeigneter Nebenbestimmungen erteilt werden.[23] Als Spezialregelung zu § 36 VwVfG regeln Abs. 2 bis 4 die Verbindung der Erlaubnis mit Nebenbestimmungen. In Betracht kommen insoweit: Bedingung, Auflage, Widerrufsvorbehalt und Befristung. Hinsichtlich der Art der Nebenbestimmung gelten die Legaldefinitionen des § 36 VwVfG. Die materiellen Zulässigkeitsvoraussetzungen für Nebenbestimmungen regelt dagegen § 2 abschließend.

2. Bedingung und Auflage (Abs. 2). a) Bedingung (Abs. 2 S. 1 Alt. 1). Durch eine Bedingung wird der Eintritt oder der Wegfall der Erlaubniswirkung von einem zukünftigen ungewissen Ereignis abhängig gemacht (§ 36 Abs. 2 Nr. 2 VwVfG). Nach Abs. 2 kann die Erlaubnis mit einer aufschiebenden Bedingung verbunden werden, um sicherzustellen, dass kein Versagungsgrund vorliegt.[24] In diesem Fall wird die Erlaubnis erst mit Eintritt der **aufschiebenden Bedingung** wirksam.[25] Eine **auflösende Bedingung**, welche eine zunächst bestehende Erlaubnis mit Bedingungseintritt automatisch entfallen lässt, ist dagegen grds. unzulässig.[26] Ihre Funktion erfüllt der Widerrufsvorbehalt (siehe Rn 18).

b) Auflage (Abs. 2 S. 1 Alt. 2). Durch eine Auflage wird dem Erlaubnisinhaber ein Tun, Dulden oder Unterlassen aufgegeben (§ 36 Abs. 2 Nr. 4 VwVfG). Wie die Bedingung darf eine Auflage nur angeordnet werden, um Versagungsgründe auszuschließen. Dies ist auch der Fall, wenn durch die Auflage umstrittene **gesetzliche Verpflichtungen konkretisiert** werden.[27]

Anders als die Bedingung lässt die Auflage den Bestand der Erlaubnis zunächst unberührt.[28] Die Behörde kann die Auflage vielmehr im Wege des Verwaltungszwangs (§ 6) durchsetzen.[29] Zudem kann die Nichterfüllung der Auflage mit einer Buße (§ 16 Abs. 1 Nr. 3) geahndet und schließlich der Widerruf der Erlaubnis (siehe § 5 Rn 7) hierauf gestützt werden (§ 5 Abs. 1 Nr. 2). Im Unterschied zu den anderen Nebenbestimmungen kann die Auflage nach Abs. 2 S. 2 auch **nachträglich angeordnet** und geändert werden, um Versagungsgründe auszuschließen. Ein Auflagenvorbehalt (§ 36 Abs. 2 Nr. 5 VwVfG) ist hierfür nicht erforderlich.[30]

c) Verhältnis von Auflage und Bedingung. Die Auflage stellt gegenüber der Bedingung die weniger belastende Nebenbestimmung dar, weil sie als Zusatzverpflichtung zur Erlaubnis deren Ausübung unberührt lässt.[31] Aufgrund des Verhältnismäßigkeitsprinzips gilt daher, dass die Auflage Vorrang gegenüber der Bedingung genießt, soweit

---

14 *Hamann*, jurisPR-ArbR 49/2008 Anm. 3; abw. LAG Düsseldorf 10.3.2008 – 17 Sa 856/07 – EzAÜG § 10 AÜG Fiktion Nr. 120.
15 *Boemke/Lembke*, § 2 Rn 15.
16 *Ulber*, § 2 Rn 17.
17 *Boemke/Lembke*, § 2 Rn 16; *Schüren/Schüren*, § 2 Rn 24; *Ulber*, § 2 Rn 21.
18 BSG 12.12.1991 – 7 RAr 56/90 – NZA 1992, 668; *Boemke/Lembke*, § 2 Rn 16; *Ulber*, § 2 Rn 21.
19 *Ulber*, § 2 Rn 21.
20 *Boemke/Lembke*, § 2 Rn 18; *Ulber*, § 2 Rn 21.
21 *Boemke/Lembke*, § 2 Rn 18; *Grimm/Brock*, § 6 Rn 6; *Schüren/Schüren*, § 2 Rn 26; *Ulber*, § 2 Rn 21.
22 *Hueck/Windbichler*, § 10 Rn 4, 11; *Kübler/Assmann*, Gesellschaftsrecht, § 6 IV 3 a), S. 65; a.A. *Boemke/Lembke*, § 2 Rn 18.
23 Vgl. BSG 21.7.1988 – 7 RAr 60/86 – NZA 1989, 74.
24 *Grimm/Brock*, § 6 Rn 12; *Thüsing/Kämmerer*, § 2 Rn 14; a.A. HWK/*Kalb*, § 2 AÜG Rn 8; *Ulber*, § 2 Rn 23.
25 *Boemke/Lembke*, § 2 Rn 21; *Grimm/Brock*, § 6 Rn 12.
26 *Boemke/Lembke*, § 2 Rn 20; *Thüsing/Kämmerer*, § 2 Rn 14; a.A. *Ulber*, § 2 Rn 24.
27 BSG 6.4.2000 – B 11/7 AL 10/99 R – AP § 11 AÜG Nr. 1; vgl. auch BSG 14.6.1983 – 7 RAr 114/81 – EzAÜG § 2 AÜG Erlaubnisarten Nr. 3.
28 *Boemke/Lembke*, § 2 Rn 22.
29 BSG 6.4.2000 – B 11/7 AL 10/99 R – AP § 11 AÜG Nr. 1; BSG 19.3.1992 – 7 RAr 34/91 – NZA 1993, 95.
30 *Thüsing/Kämmerer*, § 2 Rn 12.
31 *Thüsing/Kämmerer*, § 2 Rn 11; *Kopp/Ramsauer*, § 36 Rn 34.

beide zur Sicherung gesetzmäßiger Zustände gleich geeignet sind.[32] Ob von der Behörde eine Auflage oder eine Bedingung angeordnet wurde, ist durch Auslegung zu ermitteln. Im Zweifel ist von einer Auflage als dem milderen Mittel auszugehen.[33]

17 **d) Modifizierende Auflage.** Von der Auflage im Rechtssinne ist die modifizierende Auflage zu unterscheiden, welche mit der echten Auflage nur den Namen gemeinsam hat.[34] Eine modifizierende Auflage liegt vor, wenn der Erlaubnis nicht ein Zusatz beigefügt wird, sondern die erteilte Erlaubnis selbst eine vom Antrag abweichende Regelung enthält.[35] Die Erlaubnis stellt in diesem Fall ein **aliud** zur beantragten Erlaubnis dar (zum Rechtsschutz gegen modifizierende Auflagen siehe Rn 36).

18 **3. Widerrufsvorbehalt (Abs. 3).** Der Widerrufsvorbehalt dient der Verfahrensbeschleunigung.[36] So kann eine Erlaubnis unter Widerrufsvorbehalt erteilt werden, obwohl eine abschließende Beurteilung des Antrags noch nicht möglich ist. **Mangelnde Beurteilungsreife** liegt vor, wenn die Behörde noch nicht über alle Sachkenntnisse verfügt, um über die Erteilung der Erlaubnis abschließend zu entscheiden.[37] In diesem Fall steht es im pflichtgemäßen Ermessen der Behörde, ob sie die Sachverhaltsaufklärung fortsetzt oder zunächst eine Erlaubnis unter Widerrufsvorbehalt erteilt.[38] Dieses Ermessen kann sich zugunsten des Antragstellers auf Null reduzieren.[39] Dagegen kann der Antrag nicht wegen fehlender Beurteilungsreife abgelehnt werden.[40] Mit der Erlaubniserteilung unter Widerrufsvorbehalt ist das Verfahren nicht abgeschlossen. Die Behörde muss weiter prüfen und eine endgültige Entscheidung (Widerruf der Erlaubnis oder Aufhebung des Vorbehalts) treffen.[41]

19 Wird eine unter Widerrufsvorbehalt stehende Erlaubnis nach Abs. 4 verlängert, bleibt der Vorbehalt bestehen.[42]

20 **4. Befristung (Abs. 4 S. 1).** Die Befristung der Verleihererlaubnis auf ein Jahr ist nach Abs. 4 S. 1 grds. zwingend vorgeschrieben. Nach der Konzeption des Gesetzes kann eine unbefristete (siehe Rn 27) Erlaubnis erst nach Ablauf einer „Bewährungszeit" erteilt werden.

IV. Verlängerung (Abs. 4 S. 2, 3)

21 Die befristete Erlaubnis erlischt mit Fristablauf. Sie kann jedoch nach Maßgabe des Abs. 4 verlängert werden. Der **Verlängerungsantrag** muss spätestens drei Monate vor Ablauf der Erlaubnis gestellt werden. Er bedarf entsprechend Abs. 1 der Schriftform (siehe Rn 4). Ein verspätet gestellter Antrag ist als Antrag auf Neuerteilung zu behandeln, für den Abs. 4 nicht gilt.[43]

22 Die Verlängerung tritt nicht nur bei ausdrücklicher Entscheidung der Behörde, sondern auch bei **Nichtbescheidung** bis zum Auslaufen der Erlaubnis ein (Abs. 4 S. 3). Sie lässt den Inhalt der Erlaubnis (Nebenbestimmungen) unverändert und verschiebt nur den Zeitpunkt des Erlöschens.[44] Bestehen Versagungsgründe nach § 3, kann die Behörde die Verlängerung versagen oder unter den Voraussetzungen der Abs. 2 und 3 Nebenbestimmungen ändern und aufnehmen.

V. Erlöschen der Erlaubnis und Nachwirkung (Abs. 4 S. 4)

23 **1. Erlöschen.** Die Erlaubnis erlischt mit Fristablauf, wenn sie nicht verlängert wird. Eine unbefristete Erlaubnis erlischt, wenn von ihr drei Jahre lang kein Gebrauch gemacht wurde. Weitere Erlöschensgründe sind Rücknahme (§ 4), Widerruf (§ 5) sowie Tod bzw. Auflösung einschließlich Verschmelzung (vgl. § 20 Abs. 1 Nr. 2 S. 1 UmwG),[45] des Erlaubnisinhabers.[46] Nicht zum automatischen Erlöschen der Erlaubnis führen dagegen Geschäftsunfähigkeit und Insolvenz des Erlaubnisinhabers oder ein gegen diesen gerichtetes Berufsverbot.[47]

24 **2. Nachwirkung.** Erlischt die Erlaubnis durch Ablehnung des fristgemäßen[48] Verlängerungsantrags, gilt sie im Wege der Fiktion nach Abs. 4 S. 4 für **zwölf Monate** als **fortbestehend**. Die Frist beginnt mit Auslaufen der Erlaubnis und nicht bereits mit Zugang der Ablehnung.[49]

---

32 BSG 22.3.1979 – 7 RAr 47/78 – EzAÜG § 2 AÜG Erlaubnisverfahren Nr. 1; BVerwG 17.7.1995 – 1 B 23/95 – NVwZ-RR 1996, 20; Thüsing/*Kämmerer*, § 2 Rn 11.
33 Knack/*Henneke*, § 36 Rn 43; Kopp/*Ramsauer*, § 36 Rn 34.
34 Kopp/*Ramsauer*, § 36 Rn 35; Thüsing/*Kämmerer*, § 2 Rn 20.
35 BVerwG 8.2.1974 – IV C 73.72 – DÖV 1974, 380.
36 Boemke/*Lembke*, § 2 Rn 26.
37 Thüsing/*Kämmerer*, § 2 Rn 15.
38 Thüsing/*Kämmerer*, § 2 Rn 16.
39 Thüsing/*Kämmerer*, § 2 Rn 16.
40 Thüsing/*Kämmerer*, § 2 Rn 16.
41 Thüsing/*Kämmerer*, § 2 Rn 18; Ulber, § 2 Rn 38.

42 Thüsing/*Kämmerer*, § 2 Rn 19; Schüren/*Schüren*, § 2 Rn 71; a.A. Boemke/*Lembke*, § 2 Rn 31; Ulber, § 2 Rn 44.
43 Thüsing/*Kämmerer*, § 2 Rn 21.
44 Ulber, § 2 Rn 41.
45 LAG Düsseldorf 10.3.2008 – 17 Sa 856/07 – EzAÜG § 10 AÜG Fiktion Nr. 120; Hamann, jurisPR-ArbR 49/2008 Anm. 3.
46 Boemke/*Lembke*, § 2 Rn 40.
47 Schüren/*Schüren*, § 2 Rn 103.
48 LAG Schleswig-Holstein 6.4.1984 – 3 (4) Sa 597/82 – EzAÜG § 10 AÜG Fiktion Nr. 35; Boemke/*Lembke*, § 2 Rn 35.
49 Boemke/*Lembke*, § 2 Rn 32; Thüsing/*Kämmerer*, § 2 Rn 22; a.A. Schüren/*Schüren*, § 2 Rn 72.

Nach h.A. wirkt Abs. 4 S. 4 in entsprechender Anwendung auch zugunsten der Erben, wenn die Erlaubnis durch den **Tod des Erlaubnisinhabers** erlischt.[50]

Die Fortbestehensfiktion dient lediglich der Abwicklung laufender Verträge. Der Verleiher darf daher in diesem Zeitraum keine **AÜ-Verträge** verlängern oder neu abschließen.[51] Nach h.A. soll der Verleiher auch keine neuen **Leih-Arbeitsverträge** abschließen dürfen.[52] Die bestehenden Arbverh enden nach h.A. nicht automatisch mit dem Abwicklungszeitraum.[53] Sie können aber aus betrieblichen Gründen – im Fall unkündbarer AN auch außerordentlich – gekündigt werden.[54] Im Hinblick auf § 9 Nr. 1 (vgl. § 9 Rn 12) ist diese Interpretation durch die h.A. aber inkonsequent.[55]

VI. Unbefristete Erlaubnis (Abs. 5)

Nach Abs. 5 kann die Behörde eine unbefristete Erlaubnis erteilen, wenn der Verleiher drei aufeinander folgende Jahre erlaubt tätig gewesen ist. Der Behörde wird hinsichtlich der Nichtbefristung **Ermessen** eingeräumt. Soweit der Verleiher jedoch drei Jahre ununterbrochen tätig war und keinen Grund zur Beanstandung gegeben hat, verdichtet sich dieses Ermessen zugunsten des Verleihers auf Null.[56] Ihm ist dann eine unbefristete Erlaubnis zu erteilen.

C. Verbindung zu anderen Rechtsgebieten und zum Prozessrecht

I. Allgemein

Obwohl es sich beim **AÜG-Verfahren** um ein Verfahren nach dem VwVfG handelt, richtet sich der Rechtsschutz nicht nach der VwGO, sondern nach dem **SGG** (§ 51 Abs. 1 Nr. 4 SGG). Die Rechtmäßigkeitskontrolle der Entscheidungen erfolgt zunächst im **Widerspruchsverfahren** nach § 83 SGG[57] und erst anschließend im gerichtlichen Verfahren. Hinsichtlich der konkreten Art des gerichtlichen Rechtsschutzes sind in Abhängigkeit vom jeweils verfolgten Begehren verschiedene Konstellationen zu unterscheiden:

II. Rechtsschutz gegen die Versagung der Erlaubnis

Gegen die Versagung der Erlaubnis ist die **kombinierte Anfechtungs- und Verpflichtungsklage** statthaft (§ 54 Abs. 1 S. 1 Var. 3 SGG).[58] Steht der Erlass der Erlaubnis ausnahmsweise im Ermessen der Behörde und ist das Ermessen nicht auf Null reduziert, kommt eine **kombinierte Anfechtungs- und Bescheidungsklage** (vgl. § 131 Abs. 3 SGG) in Betracht.

Sachurteilsvoraussetzung ist zunächst die erfolglose Durchführung des **Widerspruchverfahrens** (§ 78 SGG). Der Widerspruch muss innerhalb eines Monats ab Bekanntgabe des Bescheids (§ 84 Abs. 1 SGG) erhoben werden. Nach umstr.[59] Rspr. des BSG ist eine Verfristung des Widerspruchs für die Zulässigkeit der Klage unschädlich, wenn die Widerspruchsbehörde trotz Verfristung in der Sache entschieden hat.[60] Die **Klage** ist grds. innerhalb eines Monats ab Bekanntgabe des Widerspruchsbescheids zu erheben (§ 87 Abs. 2 SGG). Enthält der Widerspruchsbescheid keine ordnungsgemäße Rechtsbehelfsbelehrung, läuft statt der Monatsfrist eine Ausschlussfrist von einem Jahr (§ 66 Abs. 2 SGG).

Kann der Verleiher im Verpflichtungsverfahren effektiven Rechtsschutz nicht erlangen, weil dieser zu spät käme, kann er eine vorläufige Gestattung durch **einstweilige Anordnung** beantragen. Der Rechtsschutz richtet sich in diesem Fall nach § 86b Abs. 2 SGG.[61] An die Glaubhaftmachung von Anordnungsanspruch und -grund sind in diesem Fall hohe Anforderungen zu stellen, weil eine Vorwegnahme der Hauptsache nur ausnahmsweise[62] zulässig ist.

III. Rechtsschutz gegen die Ablehnung der Verlängerung

Gegen die Ablehnung der Verlängerung sind sowohl die Anfechtungs- (§ 54 Abs. 1 S. 1 Var. 1 SGG) als auch die kombinierte Anfechtungs- und Verpflichtungsklage (§ 54 Abs. 1 S. 1 Var. 3 SGG) statthaft.[63] Eine kombinierte Klage ist jedoch mangels Rechtsschutzbedürfnisses regelmäßig unzulässig, weil eine isolierte **Anfechtungsklage** das

---

50 Schüren/*Schüren*, § 2 Rn 100 f.; *Hamann*, jurisPR-ArbR 49/2008 Anm. 3.
51 Vgl. Thüsing/*Kämmerer*, § 2 Rn 27; Schüren/*Schüren*, § 2 Rn 86; a.A. *Boemke/Lembke*, § 2 Rn 33.
52 *Grimm/Brock*, § 6 Rn 18; Thüsing/*Kämmerer*, § 2 Rn 23, 27; HWK/*Kalb*, § 2 AÜG Rn 12; a.A. *Boemke/Lembke*, § 2 Rn 34.
53 Schüren/*Schüren*, § 2 Rn 80; a.A. Thüsing/*Kämmerer*, § 2 Rn 26.
54 *Boemke/Lembke*, § 2 Rn 34; *Grimm/Brock*, § 6 Rn 18.
55 Vgl. Thüsing/*Kämmerer*, § 2 Rn 26; konsequent aber *Boemke/Lembke*, § 2 Rn 34 i.V.m. § 9 Rn 31 ff.
56 *Boemke/Lembke*, § 2 Rn 37.
57 *Grimm/Brock*, § 6 Rn 5; Thüsing/*Kämmerer*, § 2 Rn 36.
58 A.A. *Boemke/Lembke*, § 2 Rn 44 (Verpflichtungsklage).
59 Thüsing/*Kämmerer*, § 2 Rn 36.
60 BSG 12.10.1979 – 12 RK 19/78 – BSGE 49, 85 = MDR 1980, 699.
61 I.E. ebenso, aber von einer – nicht mehr bestehenden – Regelungslücke ausgehend *Boemke/Lembke*, § 2 Rn 48; *Sandmann/Marschall*, Art. 2 Rn 18 und *Schneider*, Rn 169.
62 Regelmäßig für ausgeschlossen halten eine einstweilige Anordnung LSG Hamburg 16.5.1991 – V EABs 41/91 – EzAÜG § 1 AÜG Erlaubnispflicht Nr. 20; Schüren/*Schüren*, § 2 Rn 126.
63 Thüsing/*Kämmerer*, § 2 Rn 37; *Schneider*, Rn 161.

Rechtsschutzbegehren vollständig ausschöpft.[64] Wird der Bescheid über die Versagung der Verlängerung aufgehoben, gilt die Verlängerung infolge Fristablaufs nach Abs. 4 S. 2 als erteilt.[65]

33 Sachurteilsvoraussetzungen der Anfechtungsklage sind insb. die erfolglose Durchführung des Widerspruchverfahrens und die Einhaltung der Klagefrist (siehe Rn 30).

34 Aufgrund der regelmäßigen Verfahrensdauer ist der praktische Nutzen der Anfechtungsklage für den Verleiher gering.[66] Weder Klage noch Widerspruch haben aufschiebende Wirkung (§ 86a Abs. 4 SGG). Der Verleiher ist daher gehalten, nach § 86b Abs. 1 Nr. 2 SGG bzw. § 86a Abs. 4 S. 2 i.V.m. Abs. 3 SGG die **Herstellung der aufschiebenden Wirkung** seines Widerspruchs zu beantragen. Ist sein Antrag erfolgreich, tritt ebenfalls die Rechtsfolge des Abs. 4 S. 2 ein.[67]

IV. Rechtsschutz gegen Nebenbestimmungen

35 Umstritten ist der Rechtsschutz gegen **belastende Nebenbestimmungen**.[68] Nach Ansicht des BSG können belastende Nebenbestimmungen isoliert **angefochten** werden, sofern es sich bei der Erlaubniserteilung um eine gebundene Entscheidung handelt.[69] Dies ermöglicht es dem Verleiher, auch isoliert die aufschiebende Wirkung seines Widerspruchs gegen eine Nebenbestimmung herstellen zu lassen (siehe Rn 34).

36 Vorstehendes gilt jedoch nicht bei der **modifizierenden Auflage** (siehe Rn 17), welche keine echte Nebenbestimmung ist. Zulässig ist insoweit allein die kombinierte Anfechtungs- und Verpflichtungsklage wie im Fall der Antragsablehnung (siehe Rn 29).[70]

D. Beraterhinweise

37 Der Antrag auf Erlaubniserteilung kann ebenso wie der Verlängerungsantrag (fristwahrend) bei jeder Agentur für Arbeit gestellt werden.[71] Die Agentur für Arbeit ist nur eine unselbstständige Verwaltungseinheit der nach § 17 für die Erlaubniserteilung zuständigen Bundesagentur für Arbeit (§ 367 Abs. 2 SGB III). Der jährliche Termin für den Antrag auf Erlaubnisverlängerung sollte durch Aufnahme in den Fristenkalender sorgfältig überwacht werden.[72] Das Antragsformular der BA steht kostenlos im Internet zur Verfügung.[73]

38 Bei der Gründung eines Verleihunternehmens empfiehlt es sich auf der Grundlage der h.M. (siehe Rn 11), für dieses die Rechtsform einer juristischen Person (AG oder GmbH) zu wählen.[74] Erlaubnisinhaber ist in diesem Fall die juristische Person und ein Wechsel der Gesellschafter oder vertretungsberechtigter Organe ist nur anzeigepflichtig (§ 7 Abs. 1 S. 2), eine neue Erlaubnis wird aber nicht erforderlich (siehe Rn 11). Dies spart Verwaltungsaufwand und Kosten.[75]

§ 2a Kosten

(1) Für die Bearbeitung von Anträgen auf Erteilung und Verlängerung der Erlaubnis werden vom Antragsteller Kosten (Gebühren und Auslagen) erhoben.

(2) ¹Die Vorschriften des Verwaltungskostengesetzes sind anzuwenden. ²Die Bundesregierung wird ermächtigt, durch Rechtsverordnung die gebührenpflichtigen Tatbestände näher zu bestimmen und dabei feste Sätze und Rahmensätze vorzusehen. ³Die Gebühr darf im Einzelfall 2 500 Euro nicht überschreiten.

1 Die Vorschrift regelt entsprechend dem **Verursacherprinzip** die Kostenpflichtigkeit der Bearbeitung von Anträgen auf Erlass oder Verlängerung einer AÜ-Erlaubnis.[1] Zugleich wird verhindert, dass Erlaubnisse auf Vorrat beantragt werden.[2] Dabei gilt § 2a ausschließlich für die Erteilung und Verlängerung, nicht jedoch für sonstige Verwaltungsmaßnahmen nach oder im Zusammenhang mit dem AÜG.[3] Nach § 2a werden Kosten und Auslagen erhoben. Die Begriffsbestimmung richtet sich nach dem VwKG des Bundes. Die Gebühr darf 2.500 EUR im Einzelfall nicht übersteigen. Derzeit werden aufgrund der AÜKostV vom 15.6.1999[4] für die Erteilung oder Verlängerung einer **befris-**

---

64 Vgl. Thüsing/*Kämmerer*, § 2 Rn 37; *Schneider*, Rn 161.
65 LSG Hamburg 26.4.1991 – V ARBs 24/91 – EzAÜG § 2 AÜG Erlaubnisarten Nr. 6.
66 Thüsing/*Kämmerer*, § 2 Rn 37.
67 LSG Hamburg 26.4.1991 – V ARBs 24/91 – EzAÜG § 2 AÜG Erlaubnisarten Nr. 6; *Boemkel/Lembke*, § 2 Rn 47.
68 Vgl. die Darstellung bei Thüsing/*Kämmerer*, § 2 Rn 38.
69 BSG 30.1.2002 – B 6 KA 20/01 R – NSZ 2003, 270; BSG 27.2.1992 – 6 RKa 15/91 – NJW 1992, 2981; BSG 13.11.1985 – 6 RKa 15/84 – BSGE 59, 137.
70 Thüsing/*Kämmerer*, § 2 Rn 38 (nur Verpflichtungsklage).
71 *Grimm/Brock*, § 6 Rn 8.
72 *Grimm/Brock*, § 6 Rn 17.
73 http://www.arbeitsagentur.de; Menüpunkt „Formulare", Suche: „aüg + antrag".
74 *Grimm/Brock*, § 6 Rn 7.
75 *Grimm/Brock*, § 6 Rn 7.
1 Thüsing/*Kämmerer*, § 2a Rn 1.
2 Schüren/*Schüren*, § 2a Rn 2.
3 Thüsing/*Kämmerer*, § 2a Rn 2.
4 BGBl I S. 1327 i.V.m. Art. 42 des 4. EUR-Einführungsgesetzes vom 21.12.2000.

teten Erlaubnis 750 EUR und für eine **unbefristete Erlaubnis** 2.000 EUR als Gebühren erhoben. Wird die Erlaubnis oder Verlängerung **versagt**, sind vorstehende Gebühren nach § 15 Abs. 2 S. 1 VwKG um ein Viertel zu ermäßigen. Die Kostenentscheidung kann nach § 22 Abs. 1 VwKG selbstständig oder zusammen mit der Sachentscheidung angefochten werden.

2

§ 3 Versagung

(1) Die Erlaubnis oder ihre Verlängerung ist zu versagen, wenn Tatsachen die Annahme rechtfertigen, daß der Antragsteller
1. die für die Ausübung der Tätigkeit nach § 1 erforderliche Zuverlässigkeit nicht besitzt, insbesondere weil er die Vorschriften des Sozialversicherungsrechts, über die Einbehaltung und Abführung der Lohnsteuer, über die Arbeitsvermittlung, über die Anwerbung im Ausland oder über die Ausländerbeschäftigung, die Vorschriften des Arbeitsschutzrechts oder die arbeitsrechtlichen Pflichten nicht einhält;
2. nach der Gestaltung seiner Betriebsorganisation nicht in der Lage ist, die üblichen Arbeitgeberpflichten ordnungsgemäß zu erfüllen;
3. dem Leiharbeitnehmer für die Zeit der Überlassung an einen Entleiher die im Betrieb dieses Entleihers für einen vergleichbaren Arbeitnehmer des Entleihers geltenden wesentlichen Arbeitsbedingungen einschließlich des Arbeitsentgelts nicht gewährt, es sei denn, der Verleiher gewährt dem zuvor arbeitslosen Leiharbeitnehmer für die Überlassung an einen Entleiher für die Dauer von insgesamt höchstens sechs Wochen mindestens ein Nettoarbeitsentgelt in Höhe des Betrages, den der Leiharbeitnehmer zuletzt als Arbeitslosengeld erhalten hat; Letzteres gilt nicht, wenn mit demselben Verleiher bereits ein Leiharbeitsverhältnis bestanden hat. Ein Tarifvertrag kann abweichende Regelungen zulassen. Im Geltungsbereich eines solchen Tarifvertrages können nicht tarifgebundene Arbeitgeber und Arbeitnehmer die Anwendung der tariflichen Regelungen vereinbaren.

(2) Die Erlaubnis oder ihre Verlängerung ist ferner zu versagen, wenn für die Ausübung der Tätigkeit nach § 1 Betriebe, Betriebsteile oder Nebenbetriebe vorgesehen sind, die nicht in einem Mitgliedstaat der Europäischen Wirtschaftsgemeinschaft oder einem anderen Vertragsstaat des Abkommens über den Europäischen Wirtschaftsraum liegen.

(3) Die Erlaubnis kann versagt werden, wenn der Antragsteller nicht Deutscher im Sinne des Artikels 116 des Grundgesetzes ist oder wenn eine Gesellschaft oder juristische Person den Antrag stellt, die entweder nicht nach deutschem Recht gegründet ist oder die weder ihren satzungsmäßigen Sitz noch ihre Hauptverwaltung noch ihre Hauptniederlassung im Geltungsbereich dieses Gesetzes hat.

(4) [1]Staatsangehörige der Mitgliedstaaten der Europäischen Wirtschaftsgemeinschaft oder eines anderen Vertragsstaates des Abkommens über den Europäischen Wirtschaftsraum erhalten die Erlaubnis unter den gleichen Voraussetzungen wie deutsche Staatsangehörige. [2]Den Staatsangehörigen dieser Staaten stehen gleich Gesellschaften und juristische Personen, die nach den Rechtsvorschriften dieser Staaten gegründet sind und ihren satzungsgemäßen Sitz, ihre Hauptverwaltung oder ihre Hauptniederlassung innerhalb dieser Staaten haben. [3]Soweit diese Gesellschaften oder juristischen Personen zwar ihren satzungsmäßigen Sitz, jedoch weder ihre Hauptverwaltung noch ihre Hauptniederlassung innerhalb dieser Staaten haben, gilt Satz 2 nur, wenn ihre Tätigkeit in tatsächlicher und dauerhafter Verbindung mit der Wirtschaft eines Mitgliedstaates oder eines Vertragsstaates des Abkommens über den Europäischen Wirtschaftsraum steht.

(5) [1]Staatsangehörige anderer als der in Absatz 4 genannten Staaten, die sich aufgrund eines internationalen Abkommens im Geltungsbereich dieses Gesetzes niederlassen und hierbei sowie bei ihrer Geschäftstätigkeit nicht weniger günstig behandelt werden dürfen als deutsche Staatsangehörige, erhalten die Erlaubnis unter den gleichen Voraussetzungen wie deutsche Staatsangehörige. [2]Den Staatsangehörigen nach Satz 1 stehen gleich Gesellschaften, die nach den Rechtsvorschriften des anderen Staates gegründet sind.

A. Allgemeines 1	cc) Arbeitsvermittlung und Anwerbung im Ausland 16
B. Regelungsgehalt 3	dd) Ausländerbeschäftigung 17
I. Allgemeine Versagungsgründe (Abs. 1) 4	ee) Arbeitsschutz 18
1. Unzuverlässigkeit (Nr. 1) 4	ff) Arbeitsrechtliche Pflichten 19
a) Begriff 5	c) Sonstige Anhaltspunkte 20
aa) Allgemeines 5	2. Mangelnde Betriebsorganisation (Nr. 2) 22
bb) Definition 6	3. Verletzung des Schlechterstellungsverbots
cc) Bezugsperson 9	(Nr. 3) 24
b) Regelbeispiele 13	a) Allgemeines 24
aa) Sozialversicherungsrecht 14	
bb) Lohnsteuer 15	

b) Inhalt des Schlechterstellungsverbots (Nr. 3 S. 1 Hs. 1)	25
aa) Wesentliche Arbeitsbedingungen	26
bb) Im Entleiherbetrieb geltend	29
cc) Vergleichbarer Arbeitnehmer	30
dd) Günstigkeitsvergleich	32
ee) Während der Überlassung	35
c) Abweichung bei Neueinstellung (Nr. 3 S. 1 Hs. 2)	36
aa) Arbeitslosigkeit	37
bb) Neueinstellung	38
cc) Dauer	39
dd) Entgelthöhe	40
d) Abweichung durch Tarifvertrag (Nr. 3 S. 2, 3)	42
aa) Abweichung	43
bb) Wirksamkeit des Tarifvertrags	45
(1) Tariffähigkeit	45
(2) Vereinbarkeit mit höherrangigem Recht	45
cc) Geltung des Tarifvertrags	49
(1) Unmittelbare Geltung	49
(2) Inbezugnahme	49
(3) Arbeitnehmer-Entsendegesetz	49
II. Grenzüberschreitende Sachverhalte (Abs. 2 bis 5)	56
1. Grenzüberschreitende Arbeitnehmerüberlassung (Abs. 2)	57
a) Allgemeines	57
b) Tatbestand	58
c) Rechtsfolge	59
2. Ausländische Antragsteller (Abs. 3 bis 5)	60
a) Allgemeines	60
b) Tatbestand	61
aa) Nichtdeutscher Antragsteller (Abs. 3)	61
(1) Natürliche Personen	61
(2) Gesellschaften und juristische Personen	61
bb) Antragsteller aus dem Europäischen Wirtschaftsraum und Gleichgestellte (Abs. 4, 5)	64
(1) Natürliche Personen	64
(2) Gesellschaften und juristische Personen	64
c) Rechtsfolge	67
C. Verbindung zu anderen Rechtsgebieten und zum Prozessrecht	68
I. Rechtsschutz	68
II. Bestandsschutz	70
1. Befristung	70
a) Allgemeines	70
b) Geltung des TzBfG	71
2. Kündigungsschutz	73

A. Allgemeines

1 Die Vorschrift des § 3 ist die Kernvorschrift des gewerberechtlichen Teils des AÜG. Sie regelt die materiellen Voraussetzungen für die Erteilung der nach § 1 notwendigen Verleihererlaubnis. Das Erteilungsverfahren wird in § 2 geregelt.

2 Die materiellen Erlaubnisvoraussetzungen dienen dem Schutz der Leih-AN, der Entleiher und des Steuer- und Sozialversicherungsaufkommens vor unzuverlässigen Verleihern.[1] Da das Ausüben des Verleihergewerbes vom Grundrecht der Berufsfreiheit geschützt wird, müssen sich die Erlaubnisvoraussetzungen an Art. 12 GG messen lassen. Bei der Auslegung der in § 3 enthaltenen Versagungsgründe ist zu berücksichtigen, dass sie als subjektive Zulassungsregelung[2] durch den Schutz wichtiger Gemeinschaftsgüter gerechtfertigt sein müssen.[3]

B. Regelungsgehalt

3 Nach § 1 bedarf die AÜ der Erlaubnis. Diese ist auf Antrag zu erteilen, wenn kein Versagungsgrund besteht. § 3 regelt **abschließend** die zur Versagung der Verleihererlaubnis berechtigenden Gründe.[4] In Abs. 1 werden die allgemeinen, in den weiteren Abs. die besonderen Versagungsgründe für die AÜ mit Auslandsbezug geregelt. Das **Vorliegen eines Grunds** reicht aus, um die Erlaubnis zu versagen, soweit der Versagungsgrund nicht durch Nebenbestimmungen (siehe § 2 Rn 12) ausgeräumt werden kann.

I. Allgemeine Versagungsgründe (Abs. 1)

4 **1. Unzuverlässigkeit (Nr. 1).** Nach Nr. 1 ist die Erlaubnis zu versagen, wenn der Antragsteller unzuverlässig ist. Die Regelung verdrängt als **Spezialvorschrift** (§ 35 Abs. 8 GewO) die gewerberechtliche Generalklausel des § 35 GewO.[5]

5 **a) Begriff. aa) Allgemeines.** Der Begriff der Unzuverlässigkeit ist ein zentraler Begriff des Gewerberechts und findet sich neben Nr. 1 insb. auch in § 35 GewO. Es handelt sich um einen **unbestimmten Rechtsbegriff**, der jedoch vollständig gerichtlich nachprüfbar ist.[6] Ein kontrollfreier Raum zur Beurteilung besteht für die BA nicht.

6 **bb) Definition. Unzuverlässig** ist allgemein, wer keine Gewähr dafür bietet, dass er in Zukunft sein Gewerbe ordnungsgemäß ausüben wird.[7] Im Rahmen von Nr. 1 ist entscheidend, ob das Gewerbe der AÜ ordnungsgemäß aus-

---

[1] Zehnter AÜG-Bericht, BT-Drucks 15/6008, S. 6; *Boemke/Lembke*, § 3 Rn 4.
[2] BSG 6.2.1992 – 7 RAr 140/90 – NZA 1992, 1006.
[3] *Boemke/Lembke*, § 3 Rn 4.
[4] *Boemke/Lembke*, § 3 Rn 8; Thüsing/*Pelzner*, § 3 Rn 5.
[5] OVG Hamburg 5.4.2005 – 1 Bs 64/05 – GewArch 2005, 257.
[6] BSG 6.2.1992 – 7 RAr 140/90 – NZA 1992, 1006.
[7] *Tettinger/Wank*, § 35 Rn 26.

geübt werden wird. Unzuverlässig ist danach, wer nicht die Gewähr dafür bietet, die AÜ unter Einhaltung sämtlicher hierfür geltenden gesetzlichen Bestimmungen auszuführen.[8]

Allerdings begründet nicht bereits jeder **Gesetzesverstoß** die Unzuverlässigkeit.[9] Entscheidend sind vielmehr Schwere und Häufigkeit der Verstöße sowie der Schutzzweck der gesetzlichen Vorschrift.[10] **Verschulden** ist dabei nicht erforderlich.[11] 7

Maßgeblich ist die **Prognose** für die Zukunft, welche auf vergangene oder gegenwärtige Tatsachen gestützt sein muss.[12] Bloße Vermutungen genügen nicht. Im Zweifel ist die Erlaubnis zu erteilen.[13] 8

cc) **Bezugsperson.** Maßgeblich für die Bestimmung der Unzuverlässigkeit ist die Person des **Antragstellers**. Antragsteller ist zunächst diejenige natürliche Person, welche eine Verleihererlaubnis erhalten will. 9

Wird die Erlaubnis für eine **juristische Person** beantragt, müssen die jeweils vertretungsberechtigten Personen zuverlässig sein,[14] weil der Begriff der Unzuverlässigkeit an Eigenschaften anknüpft, die nur natürlichen Personen zukommen. Soweit für die Geschäftsführung mehrere Personen zuständig sind, schadet regelmäßig bereits die Unzuverlässigkeit einer von ihnen.[15] 10

Bei **Personengesellschaften** und -gesamtheiten ist auf die zur Geschäftsführung berechtigten Personen abzustellen.[16] Fehlt die Zuverlässigkeit eines Geschäftsführers, ist die Erlaubnis regelmäßig insg. zu versagen.[17] 11

Gewähren vorstehende Personen einem **Dritten** (Führungspersonal) maßgeblichen Einfluss auf den Geschäftsbetrieb, kann die Unzuverlässigkeit dieses Dritten die Unzuverlässigkeit des Antragstellers begründen.[18] Entsprechendes gilt, wenn der Antragsteller nur Strohmann ist, die Geschäfte aber faktisch von einem unzuverlässigen Hintermann geführt werden.[19] 12

b) **Regelbeispiele.** Durch die in Nr. 1 genannten Regelbeispiele wird der Begriff der Unzuverlässigkeit konkretisiert. Diese Aufzählung möglicher Verstöße ist **nicht abschließend**.[20] Die Regelbeispiele haben Indizwirkung, führen aber nicht zwingend zur Unzuverlässigkeit.[21] Entscheidend sind auch insoweit die Umstände des Einzelfalls.[22] 13

aa) **Sozialversicherungsrecht.** Die einzuhaltenden Vorschriften des Sozialversicherungsrechts umfassen sämtliche Zweige der Sozialversicherung, aber auch Pflichten aus sozialrechtlichen Nebengesetzen.[23] In Betracht kommen Pflichten zur Abführung von Beiträgen (§ 28e SGB IV)[24] und Umlagen, Melde- (§ 28a SGB IV), Anzeige-, Auskunfts- und Bescheinigungspflichten.[25] 14

bb) **Lohnsteuer.** Pflichten zur Einbehaltung und Abführung von Lohnsteuer begründen für den Verleiher die §§ 38 Abs. 3, 41a Abs. 1 Nr. 2 EStG. Eine vorsätzliche Hinterziehung der Lohnsteuer oder ihre nicht unerhebliche Verkürzung begründen sogar dann die Unzuverlässigkeit, wenn sie in einem von der AÜ unabhängigen Betrieb erfolgt sind.[26] Verstöße im Bereich anderer Steuerarten begründen zwar nicht das Regelbeispiel, können aber die allgemeinen Voraussetzungen des Begriffs der Unzuverlässigkeit erfüllen.[27] 15

cc) **Arbeitsvermittlung und Anwerbung im Ausland.** Verstößen gegen das Recht der Arbeitsvermittlung kommt seit der Aufhebung des Vermittlungsmonopols der BA nur noch geringe Bedeutung zu. Der Verleiher kann zulässigerweise neben dem Verleiherbetrieb eine private Arbeitsvermittlung betreiben.[28] Diese muss ordnungsgemäß angemeldet und durchgeführt werden. Die Unzuverlässigkeit kann in diesem Bereich z.B. durch die rechtswidrige Einlösung von Vermittlungsgutscheinen (§ 421g SGB III) erfolgen.[29] Außerdem kann für die Aus- 16

---

8 BSG 6.2.1992 – 7 RAr 140/90 – NZA 1992, 1006.
9 Thüsing/*Pelzner*, § 3 Rn 12.
10 Bayrisches LSG 14.3.1985 – L 9/Al 146/83 – NZA 1986, 109; Thüsing/*Pelzner*, § 3 Rn 12.
11 Tettinger/*Wank*, § 35 Rn 33.
12 Thüsing/*Pelzner*, § 3 Rn 11; allg.: Tettinger/*Wank*, § 35 Rn 27 ff.
13 Vgl. BSG 6.2.1992 – 7 RAr 140/90 – NZA 1992, 1006.
14 Bayrisches LSG 29.7.1986 – L 8 Al 40/83 – EzAÜG § 3 AÜG Versagungsgründe Nr. 9; Thüsing/*Pelzner*, § 3 Rn 14.
15 *Boemke/Lembke*, § 3 Rn 20; vgl. Landmann/Rohmer/*Marcks*, § 35 Rn 64.
16 Thüsing/*Pelzner*, § 3 Rn 15.
17 HWK/*Kalb*, § 3 AÜG Rn 12; Thüsing/*Pelzner*, § 3 Rn 15.
18 LSG Rheinland-Pfalz 16.1.1981 – L 6 Ar 65/80 – EzAÜG § 3 AÜG Versagungsgründe Nr. 5; SG Koblenz 3.12.1980 – S 4 Ar 121/80 – EzAÜG § 3 AÜG Versagungsgründe Nr. 4; Landmann/Rohmer/*Marcks*, § 35 Rn 69.

19 BSG 6.2.1992 – 7 RAr 140/90 – NZA 1992, 1006; Landmann/Rohmer/*Marcks*, § 35 Rn 72; Thüsing/*Pelzner*, § 3 Rn 18.
20 Thüsing/*Pelzner*, § 3 Rn 19; HWK/*Kalb*, § 3 AÜG Rn 14.
21 Bayrisches LSG 14.3.1985 – L 9/Al 146/83 – NZA 1986, 109; HWK/*Kalb*, § 3 AÜG Rn 13; ErfK/*Wank*, § 3 AÜG Rn 7.
22 Bayrisches LSG 14.3.1985 – L 9/Al 146/83 – NZA 1986, 109; HWK/*Kalb*, § 3 AÜG Rn 13; ErfK/*Wank*, § 3 AÜG Rn 7.
23 *Boemke/Lembke*, § 3 Rn 25.
24 SG Köln 11.8.1977 – S 10 Ar 183/74 – EzAÜG § 3 AÜG Versagungsgründe Nr. 3.
25 *Boemke/Lembke*, § 3 Rn 25; Urban-Crell/*Schulz*, Rn 628.
26 LSG Niedersachsen 22.7.1977 – L 7 S (Ar) 31/77 – EzAÜG § 4 AÜG Rücknahme Nr. 1.
27 *Boemke/Lembke*, § 3 Rn 22.
28 Thüsing/*Pelzner*, § 3 Rn 22.
29 Thüsing/*Pelzner*, § 3 Rn 22.

landsvermittlung das BMAS nach § 292 SGB III durch Rechtsverordnung ein Vermittlungsmonopol der BA begründen, welches dann vom Antragsteller zu respektieren ist.

17 **dd) Ausländerbeschäftigung.** Verletzungen der Vorschriften über die Beschäftigung von Ausländern können die Unzuverlässigkeit begründen. Zu beachten sind in diesem Bereich namentlich § 284 SGB III und §§ 18 ff., 39 ff. AufenthG. Nach § 40 Abs. 1 Nr. 2 AufenthG kann eine Beschäftigung von Ausländern als Leih-AN nicht genehmigt werden.

18 **ee) Arbeitsschutz.** Das einzuhaltende Arbeitsschutzrecht umfasst alle öffentlich-rechtlichen Bestimmungen, die der Sicherheit und dem Gesundheitsschutz am Arbeitsplatz dienen.[30] Hierzu zählen insb. das Arbeitsschutz- und das Arbeitszeitgesetz sowie die Unfallverhütungsvorschriften der Berufsgenossenschaften. Hierher gehört auch der zusätzliche Schutz von besonders schutzbedürftigen Personen: Jugendarbeitsschutz-, Mutterschutzgesetz und SGB IX.

19 **ff) Arbeitsrechtliche Pflichten.** Der Verleiher muss gegenüber seinen AN sämtliche arbeitsrechtlichen **Haupt- und Nebenpflichten** einhalten, die sich aus Gesetz, TV, BV oder Arbeitsvertrag ergeben.[31] Hierzu gehören die Pflichten zur Lohnzahlung, zur Urlaubsgewährung und zur Lohnfortzahlung, aber auch die Beachtung des Befristungs- und Künd-Schutzrechts.[32] Ebenfalls zu beachten sind bestehende Diskriminierungsverbote nach dem AGG[33] und der allgemeine arbeitsrechtliche Gleichbehandlungsgrundsatz.[34] Schließlich kann auch die Nichterfüllung über die **Mindestarbeitsbedingungen** hinausgehender arbeitsvertraglicher Pflichten die Unzuverlässigkeit begründen.[35] Allerdings führt nicht jeder Verstoß zur Unzuverlässigkeit. Entscheidend ist dessen Schwere, die sich danach bestimmt, wie wesentlich die verletzte Pflicht für den AN ist[36] und ob beharrlich gegen diese verstoßen wurde.

20 **c) Sonstige Anhaltspunkte.** Weiterer Anhaltspunkt für die Unzuverlässigkeit des Antragstellers ist das Fehlen grundlegender **Rechtskenntnisse** auf dem Gebiet der AÜ, dem Arbeits- oder Sozialrecht.[37] Zu nennen sind zudem charakterliche Mängel, psychische Erkrankungen, **Alkohol- oder Drogensucht**.[38] Außerdem kann sich die Unzuverlässigkeit des Antragstellers aus **ungeordneten Vermögensverhältnissen** ergeben, welche durch die Eröffnung des Insolvenzverfahrens, die Eintragung in das Schuldnerverzeichnis (§ 26 Abs. 2 InsO) oder die Abgabe der eidesstattlichen Versicherung nach § 807 ZPO zum Ausdruck kommen.[39] Schließlich können einschlägige **Straftaten**[40] aber auch Ordnungswidrigkeiten[40] die Versagung der Erlaubnis ebenso rechtfertigen wie sonstige Rechtsverstöße.[41] Zu nennen sind namentlich Verstöße gegen das AÜ-Recht[42] oder das AN-Entsenderecht.[43]

21 Die Tatsache, dass ein Verleiher sich wiederholt gegen Bescheide der Erlaubnisbehörde wendet, begründet dagegen keine Unzuverlässigkeit.[44]

22 **2. Mangelnde Betriebsorganisation (Nr. 2).** Während Nr. 1 die persönlichen Anforderungen an den Verleiher betrifft, bezieht sich Nr. 2 auf die betriebsorganisatorischen Anforderungen. Die Betriebsorganisation des Verleihers muss so gestaltet sein, dass er die ihm obliegenden AG-Pflichten erfüllen kann.

23 Die üblichen AG-Pflichten ergeben sich aus dem Arbeits-, Sozial- und Steuerrecht. Sie stellen an den AG **finanzielle, personelle** und **sachliche Anforderungen**. In finanzieller Hinsicht ist ein bestimmtes **Betriebsvermögen** erforderlich. Die BA fordert vom Antragsteller den Nachweis eines liquiden Vermögens von 2.000 EUR je Leih-AN, mindestens aber 10.000 EUR.[45] Der geforderte Nachweis kann auch durch die Finanzierungszusage einer Bank erbracht werden. In sachlicher Hinsicht werden feste **Geschäftsräume** und ein Mindestmaß an materieller Ausstattung (z.B. Telefon) gefordert, damit die BA und die Sozialversicherungsträger den Verleiher zuverlässig erreichen können.[46] Schließlich muss der Verleiher entsprechend der Betriebsgröße über das notwendige **Personal** zum Führen des Ge-

---

30 Thüsing/*Pelzner*, § 3 Rn 24; *Urban-Crell/Schulz*, Rn 633.
31 HWK/*Kalb*, § 3 AÜG Rn 22.
32 DA AÜG Nr. 3.1.1.
33 Vgl. BSG 6.4.2000 – 11/7 AL 10/99 R – AP § 11 AÜG Nr. 1.
34 DHHW/*Lorenz*, § 3 AÜG Rn 16.
35 A.A. Thüsing/*Pelzner*, § 3 Rn 26; *Urban-Crell/Schulz*, Rn 634.
36 Bayrisches LSG 14.3.1985 – L 9/Al 146/83 – NZA 1986, 109; vgl. auch Zehnter AÜG-Bericht, BT-Drucks 15/6008, S. 20.
37 BSG 6.2.1992 – 7 RAr 140/90 – NZA 1992, 1006; SG Berlin 29.11.1989 – S 51 Ar 1794/89 – DB 1990, 691.
38 *Boemke/Lembke*, § 3 AÜG Rn 45.
39 Bayrisches LSG 8.11.2002 – L 8 AL 268/99 – EzAÜG § 3 AÜG Versagungsgründe Nr. 20; Thüsing/*Pelzner*, § 3 Rn 34.
40 Bayrisches LSG 8.11.2002 – L 8 AL 268/99 – EzAÜG § 3 AÜG Versagungsgründe Nr. 20; SG Speyer 16.9.1981 – S 3 Ar 84/81 – EzAÜG § 3 AÜG Versagungsgründe Nr. 7; DA AÜG Nr. 3.1.3.
41 SG Speyer 16.9.1981 – S 3 Ar 84/81 – EzAÜG § 3 AÜG Versagungsgründe Nr. 7.
42 SG Koblenz 3.12.1980 – S 4 Ar 121/80 – EzAÜG § 3 AÜG Versagungsgründe Nr. 4; SG Köln 11.8.1977 – S 10 Ar 183/74 – EzAÜG § 3 AÜG Versagungsgründe Nr. 3.
43 Thüsing/*Pelzner*, § 3 Rn 29 f.
44 LSG Hamburg 27.1.1994 – V ARBf 84/92 – EzAÜG § 2 AÜG Erlaubnisverfahren Nr. 5.
45 DA AÜG Nr. 2.1.4; Thüsing/*Pelzner*, § 3 Rn 34.
46 DA AÜG Nr. 3.1.4; Thüsing/*Pelzner*, § 3 Rn 38.

schäftsbetriebs verfügen, d.h. z.B. eine ordnungsgemäße Buchhaltung sicherstellen.[47] Er kann sich hierzu aber externer Dienstleister bedienen, wenn vertragliche Beziehungen zu diesen die Aufgabenerledigung sicherstellen.[48]

3. Verletzung des Schlechterstellungsverbots (Nr. 3). a) Allgemeines. Durch das Erste Gesetz für moderne Dienstleistungen am Arbeitsmarkt vom 23.12.2002[49] wurde der Versagungsgrund nach Nr. 3 eingeführt und der Schutz der Leih-AN grundlegend umgestaltet.[50] Vor der gesetzlichen Änderung enthielt Nr. 3 a.F. ein Befristungs-, Nr. 4 a.F. ein Wiedereinstellungs- und Nr. 5 a.F. ein Synchronisationsverbot. Zusätzlich bestimmte Nr. 6 a.F. die zulässige Höchstdauer der AÜ. Diesen am Bestandsinteresse des Leih-AN orientierten Schutz hat der Gesetzgeber aufgegeben (siehe Rn 70). Für die Befristung des Leih-Arbverh gelten somit die allgemeinen Vorschriften des TzBfG.[51] Nach der Neufassung wird der Leih-AN durch das nunmehr in Nr. 3 sowie § 9 Nr. 2 (siehe § 9 Rn 14) und § 10 Abs. 4 (siehe § 10 Rn 61) geregelte und zukünftig durch Art. 5 Ziff. 1 der AÜ-Richtlinie vorgegebene Schlechterstellungsverbot geschützt.[52] Dieses sichert dem Leih-AN für den Zeitraum der Überlassung die gleichen Arbeitsbedingungen wie das Stamm-AN des Entleihers, soweit nicht durch TV Abweichendes geregelt wird. Das Schlechterstellungsverbot ist verfassungsgemäß[53] und gilt – jedenfalls mit Ablaufen der Umsetzungsfrist der AÜ-Richtlinie (vgl. dort Art. 1 Ziff. 2) – nicht nur für die nach § 1 **erlaubnispflichtige** AÜ.[54] Verstöße gegen das Schlechterstellungsverbot werden gewerberechtlich von Nr. 3 als Versagungsgrund behandelt und arbeitsrechtlich in § 9 Nr. 2 und § 10 Abs. 4 sanktioniert.

b) Inhalt des Schlechterstellungsverbots (Nr. 3 S. 1 Hs. 1). Das Schlechterstellungsverbot gebietet dem Verleiher, dass er dem Leih-AN für den Zeitraum des Einsatzes im Entleiherbetrieb mindestens die gleichen wesentlichen Arbeitsbedingungen gewährt, wie sie im Entleiherbetrieb für vergleichbare AN gelten. Der Leih-AN soll so gestellt werden, als sei er unmittelbar beim Entleiher eingestellt worden.[55] Damit der Verleiher seiner Pflicht nachkommen und der AN die Einhaltung überprüfen kann, sehen § 12 (siehe § 12 Rn 6) und § 13 (siehe § 13 Rn 1) Auskunftsansprüche vor.

aa) Wesentliche Arbeitsbedingungen. Arbeitsbedingungen sind alle nach dem allgemeinen Arbeitsrecht geltenden **Bedingungen**, die sich aus Gesetz, TV, BV oder Arbeitsvertrag ergeben[56] und den Leistungsaustausch im Arbverh gestalten. Keine Arbeitsbedingungen sind dagegen Regelungen über die Begründung und Beendigung des Arbverh, weil diese in keinem Bezug zur Überlassung an den Entleiher stehen. Entgegen teilweiser Annahme[57] handelt es sich daher insbesondere bei den anwendbaren **Künd-Fristen** nicht um Arbeitsbedingungen. Vielmehr richten sich die maßgeblichen Künd-Fristen ausschließlich nach dem Verhältnis Verleiher und Leih-AN, weil der Verleiher den Leih-AN vor Ausspruch einer Künd ohnehin aus dem Entleiherbetrieb abziehen und somit die Geltung des Schlechterstellungsverbots beenden kann. Keine Arbeitsbedingungen sind demnach auch Vereinbarungen zum **Künd-Schutz**.[58]

Für die Frage, wann eine Arbeitsbedingung **wesentlich** ist, liefern Art. 3 Ziff. 1 f) und Art. 5 Ziff. 1 a) und b) AÜ-Richtlinie sowie ergänzend die Aufzählung in § 2 Abs. 1 NachwG einen Anhaltspunkt.[59] Wesentlich sind danach insb. Arbeitsort, Arbeitsentgelt, Dauer der Arbeitszeit, Überstunden, Pausen, Ruhezeiten, Nachtarbeit, arbeitsfreie Tage und Urlaub.[60] Als **unwesentlich** können dagegen diejenigen Arbeitsbedingungen angesehen werden, die üblicherweise nicht Gegenstand arbeitsvertraglicher Regelung sind (z.B. Nutzung des Firmenparkplatzes).[61] Außerdem werden als unwesentlich Qualifizierungsansprüche und Betriebsverfassungsrechte genannt.[62]

Ausdrücklich als wesentlich wird das **Arbeitsentgelt** bezeichnet. Dieses erfasst sämtliche Vergütungsformen, nicht nur das laufende Entgelt, sondern auch (freiwillige) Zuschläge, Zulagen, Prämien, Gratifikationen, Tantiemen, Auslösungen und Personalrabatte.[63] Erfasst werden zudem Sachleistungen, wie z.B. ein zur Privatnutzung überlassener

---

47 DA AÜG Nr. 3.1.4; Thüsing/*Pelzner*, § 3 Rn 39.
48 DHHW/*Lorenz*, § 3 AÜG Rn 18.
49 BGBl I S. 4607.
50 BT-Drucks 15/25, S. 39; Zehnter AÜG-Bericht, BT-Drucks 15/6008, S. 8.
51 BT-Drucks 15/25, S. 39; *Grimm/Brock*, § 7 Rn 103; Thüsing/*Pelzner*, § 3 Rn 102.
52 Zehnter AÜG-Bericht, BT-Drucks 15/6008, S. 8.
53 BVerfG 29.12.2004 – 1 BvR 2283/03 u.a. – NZA 2005, 153.
54 *Kokemoor*, NZA 2003, 238; Thüsing/*Pelzner*, § 3 Rn 59; *Ulber*, § 9 Rn 73; offengelassen: BAG 25.1.2005 – 1 ABR 61/03 – DB 2005, 1693; a.A. *Boemke/Lembke*, § 9 Rn 42; HWK/*Kalb*, § 3 AÜG Rn 28; HWK/*Gotthardt*,

§ 9 AÜG Rn 12; tendenziell a.A. auch Zehnter AÜG-Bericht, BT-Drucks 15/6008, S. 17 f.
55 Art. 5 Ziff. 1 ELS AÜ-Richtlinie.
56 BT-Drucks 15/25, S. 38; DA AÜG Nr. 3.1.5.
57 DHHW/*Lorenz*, § 3 AÜG Rn 22; offengelassen von *Däubler*, DB 2008, 1914.
58 *Grimm/Brock*, § 7 Rn 22; *Thüsing*, DB 2003, 446.
59 *Boemke/Lembke*, § 9 Rn 62; *Grimm/Brock*, § 7 Rn 20 f.
60 Zehnter AÜG-Bericht, BT-Drucks 15/6008, S. 9.
61 Thüsing/*Pelzner*, § 3 Rn 67; vgl. auch Zehnter AÜG-Bericht, BT-Drucks 15/6008, S. 9.
62 *Grimm/Brock*, § 7 Rn 22; *Thüsing*, DB 2003, 446.
63 BT-Drucks 15/25, S. 38; DA AÜG Nr. 3.1.5; *Däubler*, DB 2008, 1914; Thüsing/*Pelzner*, § 3 Rn 61; *Rieble/Klebeck*, NZA 2003, 23.

Dienstwagen, soweit sie Gegenleistung für die erbrachte Arbeitsleistung sind.[64] Schließlich sind vom Begriff des Arbeitsentgelts auch Sozialleistungen und die betriebliche Altersversorgung umfasst.[65]

29 **bb) Im Entleiherbetrieb geltend.** Abzustellen ist auf die im Entleiherbetrieb geltenden Arbeitsbedingungen. Dieses – regelmäßig übersehene[66] – Tatbestandsmerkmal soll sicherstellen, dass der Leih-AN so gestellt wird, als würde er als Stamm-AN beim Entleiher neu eingestellt.[67] Maßgeblich sind deshalb nur die betrieblichen, d.h. allgemeinen, **stellenbezogenen** Arbeitsbedingungen.[68] Nicht zu berücksichtigen sind dagegen die an persönliche Eigenschaften eines vergleichbaren Stamm-AN anknüpfenden individuellen Arbeitsbedingungen.[69] Hat sich der Entleiher z.B. zum Ausgleich bestimmter Nachteile einer Umstrukturierung gegenüber einem Stamm-AN zu einer übertariflichen Eingruppierung verpflichtet, muss der Leih-AN gleichwohl nur tariflich eingruppiert werden.

30 **cc) Vergleichbarer Arbeitnehmer.** Vergleichbar ist ein AN mit identischer oder ähnlicher Tätigkeit.[70] Identisch sind einander entsprechende Tätigkeiten. Ähnlich sind Tätigkeiten, die nicht identisch sind, jedoch im Hinblick auf Verantwortung, Hierarchie, Qualifikation, Fähigkeiten und körperliche Belastungen vergleichbare Anforderungen stellen (vgl. § 2 TzBfG Rn 2).[71]

31 Der vergleichbare AN muss beim Entleiher beschäftigt werden. Gibt es im Entleiherbetrieb **mehrere vergleichbare AN**, sind die in ihrer Gesamtheit ungünstigeren Arbeitsbedingungen maßgeblich.[72] Wird im Entleiherbetrieb **kein vergleichbarer AN** beschäftigt, geht das Schlechterstellungsverbot eigentlich ins Leere. Nach Sinn und Zweck der Norm ist in diesem Fall auf die im Fall einer hypothetischen Einstellung als Stamm-AN im Betrieb oder Wirtschaftszweig geltenden (tariflichen) Arbeitsbedingungen abzustellen.[73]

32 **dd) Günstigkeitsvergleich.** Dem Schlechterstellungsverbot wird entsprochen, wenn der Leih-AN unter den gleichen Voraussetzungen wie die vergleichbaren Stamm-AN die gleichen Arbeitsbedingungen erhält. Die Eigenschaft als Leih-AN scheidet als **Differenzierungskriterium** für eine unterschiedliche Behandlung der AN aus. Dies gilt selbst dann, wenn **sachliche Gründe** für eine Ungleichbehandlung vorliegen,[74] weil Nr. 3 im Mindestmaß nicht Gleichbehandlung, sondern Gleichstellung fordert.[75] Die Gegenansicht[76] übersieht, dass der Gleichbehandlungsgrundsatz nur kompetenzbezogen gilt.[77] Die von Nr. 3 geforderte Gleichstellung gilt dagegen kompetenzübergreifend, weil der Verleiher, dem die Zuständigkeit für die Stamm-AN fehlt, verpflichtet ist, die Leih-AN wie die Stamm-AN zu behandeln. Die Gegenansicht übersieht zudem, dass der Verleiher aufgrund der ihm in Bezug auf die Stamm-AN fehlenden Kompetenz nicht in der Lage ist, einen für Stamm-AN und Leih-AN gleichermaßen geltenden sachlichen Grund zu setzen. Die Gründe für Leistungen an die Stamm-AN setzt vielmehr allein der Entleiher, der seinerseits keine Kompetenz gegenüber den Leih-AN besitzt.

33 Knüpft eine Leistung nicht an die Eigenschaft als Stamm-AN, sondern an ein **sonstiges Differenzierungskriterium**, z.B. eine besondere Qualifikation, Leistung, ein Alter, eine bestimmte Dauer der Betriebszugehörigkeit oder Ähnliches an, muss diese Leistung dem Leih-AN nur gewährt werden, wenn er seinerseits diese Anspruchsvoraussetzungen erfüllt. Wird im Entleiherbetrieb **zulässig differenziert**, gelten die entsprechenden Differenzierungsmerkmale somit auch gegenüber Leih-AN.[78] Gewährt der Entleiher bei Neueinstellungen z.B. kein Weihnachtsgeld mehr, können nun auch neu eingestellte Leih-AN hiervon ausgenommen werden.[79]

34 Entsprechend § 4 Abs. 3 TVG (siehe § 4 TVG Rn 16) erfolgt der Günstigkeitsvergleich im Wege eines **Sachgruppenvergleichs**.[80] Schlechterstellungen können durch Besserstellungen innerhalb sachlich im Zusammenhang stehender Regelungen ausgeglichen werden. Danach können insb. der Stammbelegschaft gewährte Sachleistungen gegenüber den Leih-AN durch zusätzliche Geldzahlungen abgegolten werden.

---

64 Thüsing/*Pelzner*, § 3 Rn 62.
65 Thüsing/*Pelzner*, § 3 Rn 63 f.
66 Übersehen von *Boemke/Lembke*, § 9 Rn 60 ff.; *Däubler*, DB 2008, 1914; DHHW/*Lorenz*, § 3 AÜG Rn 19 ff.; *Grimm/Brock*, § 7 Rn 19 ff.; Thüsing/*Mengel*, § 9 Rn 23 ff.; Thüsing/*Pelzner*, § 3 Rn 60 ff.; HWK/*Kalb*, § 3 AÜG Rn 28 ff.; *Schüren/Schüren*, § 9 Rn 125 ff.; ErfK/*Wank*, § 3 AÜG Rn 13 ff.; *Ulber*, § 9 Rn 82 ff.; zutreffend dagegen *Raab*, ZfA 2003, 389.
67 DA AÜG Nr. 3.1.5; *Raab*, ZfA 2003, 389. Vgl. Art. 5 Ziff. 1 ELS AÜ-Richtlinie.
68 *Raab*, ZfA 2003, 389.
69 *Raab*, ZfA 2003, 389.
70 BT-Drucks 15/25, S. 38; DA AÜG Nr. 3.1.5.
71 *Boemke/Lembke*, § 9 Rn 53; HWK/*Kalb*, § 3 AÜG Rn 32; Thüsing/*Pelzner*, § 3 Rn 68.
72 *Bauer/Krets*, NJW 2003, 537; *Küttner/Röller*, Leiharbeitnehmer Rn 6; *Thüsing*, DB 2003, 446.
73 *Boemke/Lembke*, § 9 Rn 57; *Däubler*, DB 2008, 1914; Thüsing/*Pelzner*, § 3 Rn 68; HWK/*Kalb*, § 3 AÜG Rn 33; *Raab*, ZfA 2003, 389; a.A. *Rieble/Klebeck*, NZA 2003, 23; *Küttner/Röller*, Leiharbeitnehmer Rn 6; *Thüsing*, DB 2003, 446.
74 A.A. *Lembke*, BB 2003, 98; ErfK/*Wank*, § 3 AÜG Rn 13; Thüsing/*Mengel*, § 9 Rn 47.
75 Vgl. *Fastrich*, RdA 2000, 65.
76 *Lembke*, BB 2003, 98; ErfK/*Wank*, § 3 AÜG Rn 13; Thüsing/*Mengel*, § 9 Rn 47.
77 Vgl. BVerfG 1.10.2004 – 1 BvR 2221/03 – NZA 2005, 102; *Jarass/Pieroth*, Art. 3 GG Rn 8a; vgl. auch BAG 17.10.1995 – 3 AZR 882/94 – NZA 1996, 656; *Rieble/Klebeck*, NZA 2003, 23.
78 *Grimm/Brock*, § 7 Rn 34.
79 *Boemke/Lembke*, § 9 Rn 59.
80 DA AÜG Nr. 3.1.5; *Boemke/Lembke*, § 9 Rn 68; Thüsing/*Pelzner*, § 3 Rn 55.

ee) Während der Überlassung. Das Schlechterstellungsverbot gilt nur für die Dauer der Überlassung an den Entleiher. Für die verleihfreien Zeiten enthält Nr. 3 keinerlei Anforderungen (vgl. § 9 Rn 22), insoweit ist jedoch § 11 Abs. 4 S. 2 (siehe § 11 Rn 19) zu beachten. **35**

c) Abweichung bei Neueinstellung (Nr. 3 S. 1 Hs. 2). Eine Abweichung vom Schlechterstellungsverbot ist einmalig bis zu einer Dauer von sechs Wochen zulässig, wenn der Leih-AN vor Aufnahme des Leih-Arbverh arbeitslos war, zwischen Leih-AN und Verleiher zuvor noch kein Leih-Arbverh bestanden hat und dem Leih-AN ein Nettoentgelt mindestens in Höhe des zuletzt bezogenen Arbeitslosengelds gewährt wird. **36**

aa) Arbeitslosigkeit. Der Leih-AN muss zuvor arbeitslos gewesen sein. **Arbeitslos** ist, wer vorübergehend nicht in einem Beschäftigungsverhältnis steht, eine versicherungspflichtige Beschäftigung sucht, dabei den Vermittlungsbemühungen der Agentur für Arbeit zur Verfügung steht und sich bei der Agentur für Arbeit arbeitslos gemeldet hat (§ 16 SGB III). Weitere Anforderungen werden an die Arbeitslosigkeit nicht gestellt; ausreichend ist die Arbeitslosigkeit für einen einzigen Tag.[81] **37**

bb) Neueinstellung. Bei der Einstellung des zuvor arbeitslosen Leih-AN muss es sich um eine **Neueinstellung** handeln. Vergleichbar zu § 14 Abs. 2 S. 2 TzBfG darf zwischen dem Verleiher und dem Leih-AN noch nie ein Leih-Arbverh bestanden haben.[82] Der frühere Bestand eines anderen Arbverh schadet dagegen ebenso wenig wie der Umstand, dass der Leih-AN bereits einmal zu einem anderen Verleiher in einem Leih-Arbverh stand.[83] **38**

cc) Dauer. Die Ausnahme besteht einmalig bis zur Dauer von **sechs Wochen**. Auf diesen Zeitraum werden nur Zeiten der Überlassung angerechnet. Überlassungsfreie Zeiten werden nicht einbezogen. Eine **Aufteilung** des Zeitraums auf den Einsatz bei verschiedenen Entleihern ist möglich.[84] **39**

dd) Entgelthöhe. Der Verleiher muss mit dem Leih-AN ein **Nettoarbeitsentgelt** in Höhe des zuletzt vom Leih-AN bezogenen Arbeitslosengelds vereinbaren. Nettoarbeitsentgelt ist das nach Abzug von Steuern, Sozialversicherungsbeiträgen und sonstigen gesetzlichen Abzügen verbleibende Arbeitsentgelt. Wird im Arbeitsvertrag ein Bruttoentgelt vereinbart, muss dieses so berechnet werden, dass das Nettoarbeitsentgelt in entsprechender Höhe verbleibt.[85] Verleiher und Leih-AN können aber auch gleich eine Nettolohnvereinbarung treffen.[86] **40**

Hat der Leih-AN zuvor kein Arbeitslosengeld bezogen, soll mit ihm nach h.A. ein Entgelt in Höhe eines fiktiven Arbeitslosengelds vereinbart werden können.[87] **41**

d) Abweichung durch Tarifvertrag (Nr. 3 S. 2, 3). Das Schlechterstellungsverbot gilt nicht, soweit ein geltender TV Abweichungen zulässt. **42**

aa) Abweichung. Abweichungen lässt ein TV zu, der entweder selbst **abweichende Arbeitsbedingungen** für Leih-AN regelt oder für Betriebspartner oder Arbeitsvertragsparteien eine **Öffnungsklausel** enthält.[88] Im ersten Fall ist nicht erforderlich, dass der TV ausdrücklich vom Schlechterstellungsverbot befreit.[89] Durch TV können auch die Voraussetzungen der Ausnahme bei Neueinstellung Arbeitsloser modifiziert werden.[90] **43**

Der TV muss nicht alle wesentlichen Arbeitsbedingungen regeln.[91] Soweit der TV **einzelne Arbeitsbedingungen** regelt, gilt die abweichende tarifliche Regelung. I.Ü. verbleibt es bei der Geltung des Schlechterstellungsverbots.[92] Die Auslegung des TV kann ergeben, dass er eine Sachgruppe von Regelungen oder gar sämtliche wesentlichen Arbeitsbedingungen abschließend regelt. In diesem Fall gilt innerhalb der Sachgruppe bzw. insg. das Schlechterstellungsverbot nicht.[93] **44**

bb) Wirksamkeit des Tarifvertrags. Abweichungen können nur durch einen wirksamen TV zugelassen werden.[94] Nur ein wirksamer TV bietet die von Nr. 3 S. 2, 3 vorausgesetzte Angemessenheitsgewähr. Die Wirksamkeit des TV richtet sich nach den allgemeinen Regeln (siehe § 1 TVG Rn 35 ff., 105 ff. und 109 ff.). **45**

---

81 *Boemke/Lembke*, § 9 Rn 79.
82 Thüsing/*Pelzner*, § 3 Rn 75.
83 Thüsing/*Pelzner*, § 3 Rn 75.
84 DA AÜG Nr. 3.1.6.
85 Thüsing/*Pelzner*, § 3 Rn 76.
86 *Boemke/Lembke*, § 9 Rn 89.
87 DA AÜG Nr. 3.1.6.; Thüsing/*Pelzner*, § 3 Rn 77; a.A. Schüren/*Schüren*, § 9 Rn 151.
88 *Ankersen*, NZA 2003, 421; *Boemke/Lembke*, § 9 Rn 113, 116; Thüsing/*Mengel*, § 9 Rn 41; a.A. *Böhm*, DB 2005, 2023; *Raab*, ZfA 2003, 389 (Unzulässigkeit von Öffnungsklauseln).
89 *Boemke/Lembke*, § 9 Rn 108; Thüsing/*Mengel*, § 9 Rn 43; a.A. HWK/*Kalb*, § 3 AÜG Rn 37.
90 Thüsing/*Pelzner*, § 3 Rn 84.
91 DA AÜG Nr. 3.1.7; *Boemke/Lembke*, § 9 Rn 117; Thüsing/*Pelzner*, § 3 Rn 83; a.A. HWK/*Kalb*, § 3 AÜG Rn 37; *Reipen*, BB 2003, 787.
92 DA AÜG Nr. 3.1.7; Thüsing/*Pelzner*, § 3 Rn 83.
93 Thüsing/*Pelzner*, § 3 Rn 83; umfassend *Däubler*, DB 2008, 1914, der auch Hinweise zur Bestimmung der Reichweite einer TV-Regelung gibt.
94 *Boemke/Lembke*, § 9 Rn 120; Thüsing/*Pelzner*, § 3 Rn 79a.

46 **(1) Tariffähigkeit.** TV können nur von tariffähigen Vereinigungen innerhalb ihrer Tarifzuständigkeit abgeschlossen werden (vgl. § 2 TVG Rn 2 ff.). Die Tariffähigkeit wird für die Tarifgemeinschaft CGZP bestritten.[95] Hieraus ergeben sich für Verleiher bei Anwendung von CGZP-Tarifen erhebliche finanzielle Risiken, die nur partiell begrenzt werden können (siehe § 10 Rn 68). Geprägt wird die Diskussion zunächst vom Streit um die rechtlichen Anforderungen in Bezug auf Tariffähigkeit und -zuständigkeit einer Spitzenorganisation im Rahmen von § 2 Abs. 3 TVG (siehe § 2 TVG Rn 57 f.).[96] Außerdem ist umstritten, ob und inwieweit für den Bereich der AÜ besondere Grundsätze gelten.[97] Eine abschließende Entscheidung vorstehender Streitpunkte kann an dieser Stelle, auch im Hinblick auf den umfangreichen Sachverhalt,[98] nicht erfolgen. Hinzuweisen ist jedoch darauf, dass das Argument, im Bereich der AÜ seien AN-Koalitionen bereits aufgrund der besonderen gesetzlichen Konstruktion sozial mächtig,[99] im Zusammenhang mit der Frage steht, ob und inwieweit ein TV im Rahmen der Nachwirkung vom Schlechterstellungsverbot befreit (siehe Rn 50).[100] Geht man davon aus, dass ein TV auch im Rahmen seiner Nachwirkung vom Schlechterstellungsverbot befreit, begründet die gesetzliche Konstruktion allenfalls für das erstmalige Aushandeln eines TV die soziale Mächtigkeit. Umgekehrt steht die pauschale Annahme, die CGZP sei nicht sozial mächtig, weil sie nur verschlechternde TV abschließt,[101] in einem gewissen Widerspruch zu den Aussagen des BVerfG[102] zur Rechtfertigung des Schlechterstellungsverbots.

47 **(2) Vereinbarkeit mit höherrangigem Recht.** Außerdem dürfen TV nicht gegen **höherrangiges Recht** verstoßen. So wird vertreten, dass eine generelle Abweichung vom Schlechterstellungsverbot durch TV unzulässig sei.[103] Diese Ansicht ist abzulehnen; sie verkennt die Reichweite der den Tarifpartnern eingeräumten Gestaltungsmacht.[104] Erforderlich ist lediglich, dass für Leih-AN ein insgesamt angemessenes Schutzniveau gewährleistet bleibt (vgl. Art. 5 Ziff. 3 AÜ-Richtlinie).[105]

48 Zudem wird vertreten, dass die Tarifpartner an den **Gleichheitssatz** des Art. 3 GG gebunden seien und deshalb Leih-AN nicht gegenüber Stamm-AN sachgrundlos schlechter stellen dürften.[106] Diese Ansicht ist abzulehnen. Sie verkennt zunächst, dass der Gleichheitssatz stets nur kompetenzbezogen gilt.[107] Soweit – wie regelmäßig – am Abschluss des TV eine ausschließlich für Leih-AN zuständige Gewerkschaft oder ein ausschließlich für die Zeitarbeitsbranche zuständiger AG-Verband beteiligt sind, scheidet eine Ungleichbehandlung bereits deshalb aus, weil den Tarifpartnern die Zuständigkeit für die Stamm-AN in den Entleiherbetrieben fehlt. Überdies sind Leih-AN und Stamm-AN nicht vergleichbar.[108]

49 **cc) Geltung des Tarifvertrags. (1) Unmittelbare Geltung.** Ein TV gilt unmittelbar, wenn Tarifbindung besteht und das betroffene Arbverh in den Anwendungsbereich des TV fällt.

50 Nach § 4 Abs. 1 TVG muss **beiderseitige Tarifbindung** (siehe § 3 TVG Rn 3 ff.) bestehen.[109] Notwendig ist dafür, dass der AG den TV selbst abschließt[110] oder Mitglied des vertragsschließenden AG-Verbands ist. Außerdem gilt der TV nur gegenüber den in der vertragsschließenden Gewerkschaft organisierten Leih-AN. Auch ohne beiderseitige Tarifbindung gilt ein für **allgemeinverbindlich** erklärter TV nach § 5 Abs. 4 TVG für alle Arbverh, die in seinen Anwendungsbereich fallen.[111] Ein TV befreit vom Schlechterstellungsverbot auch im Rahmen seiner Nachwirkung (vgl. § 4 TVG Rn 37 ff.),[112] weil – bei fortbestehender Tariffähigkeit der vertragsschließenden AN-Koalition – auch insoweit noch die von Nr. 3 vorausgesetzte Angemessenheitsgewähr des TV besteht. Dies ergibt sich daraus, dass

---

95 ArbG Berlin 5.2.2008 – 54 BV 13961/06 – AuR 2008, 314; ArbG Berlin 1.4.2009 – 35 BV 17008/08 – NZA 2009, 740; Böhm, DB 2003, 2598; Schüren, NZA 2008, 453; Schüren/Schüren, § 9 Rn 119; Schüren/Behrend, NZA 2003, 521; D. Ulber, NZA 2008, 438; a.A. Ankersen, NZA 2003, 421; Boemke/Lembke, § 9 Rn 130; Grimm/Brock, § 7 Rn 85; Thüsing/Mengel, § 9 Rn 46; so wohl auch Zehnter AÜG-Bericht, BT-Drucks 15/6008, S. 10; vgl. auch BAG 28.3.2006 – 1 ABR 58/04 – NZA 2006, 1112.
96 ArbG Berlin 5.2.2008 – 54 BV 13961/06 – AuR 2008, 314; ArbG Berlin 1.4.2009 – 35 BV 17008/08 – NZA 2009, 740; Franzen, BB 2008, 1472; Lembke, NZA 2007, 1333; Schindele, AuR 2008, 31; D. Ulber, NZA 2008, 438.
97 Grundlegend Ankersen, NZA 2003, 421; im Anschluss auch Bayreuther, NZA 2005, 341; Boemke/Lembke, § 9 Rn 130; dagegen ArbG Osnabrück 15.1.2007 – 3 Ca 535/06 – AuR 2007, 182; Schüren/Schüren, § 9 Rn 119.
98 Vgl. Schindele, AuR 2008, 31.
99 Grundlegend Ankersen, NZA 2003, 421; im Anschluss auch Bayreuther, NZA 2005, 341; Boemke/Lembke, § 9 Rn 130; Thüsing/Mengel, § 9 Rn 46.
100 Ulrici, jurisPR-ArbR 33/2009 Anm. 1.
101 Schüren, AuR 2008, 239; krit. Ulrici, jurisPR-ArbR 33/2009 Anm. 1.
102 BVerfG 29.12.2004 – 1 BvR 2283/03 – NZA 2005, 153.
103 Schüren/Behrend, NZA 2003, 521; vgl. auch Thüsing/Pelzner, § 3 Rn 82.
104 Boemke/Lembke, § 9 Rn 110; Böhm, DB 2003, 2598; Grimm/Brock, § 7 Rn 74; Raab, ZfA 2003, 389; vgl. auch BAG 24.3.2004 – 5 AZR 303/03 – NZA 2004, 971.
105 Vgl. hierzu Düwell/Dahl, DB 2009, 1070.
106 Grimm/Brock, § 7 Rn 74; HWK/Kalb, § 3 AÜG Rn 37.
107 Vgl. BVerfG 1.10.2004 – 1 BvR 2221/03 – NZA 2005, 102; Jarass/Pieroth, Art. 3 GG Rn 8a; vgl. auch BAG 17.10.1995 – 5 AZR 882/94 – NZA 1996, 656; Rieble/Klebeck, NZA 2003, 23.
108 Vgl. BAG 24.3.2004 – 5 AZR 303/03 – NZA 2004, 971.
109 Boemke/Lembke, § 9 Rn 137.
110 A.A. Reipen, BB 2003, 787.
111 Boemke/Lembke, § 9 Rn 137.
112 Grimm/Brock, § 7 Rn 73; Hamann, BB 2005, 2185; HWK/Kalb, § 3 AÜG Rn 38; Thüsing, DB 2003, 446.

eine tariffähige, d.h. insbesondere sozial mächtige, AN-Koalition einen Anschluss-TV erkämpfen würde, wenn sich der nachwirkende TV nicht mehr als inhaltlich gerecht erweist.

Das betroffene Arbverh muss zudem in den fachlichen, persönlichen, zeitlichen und räumlichen Geltungsbereich des TV fallen. Probleme bereitet die Zuordnung zum fachlichen Geltungsbereich bei **Mischbetrieben**, die neben dem Verleihgewerbe noch andere Betriebszwecke verfolgen.[113] Entsprechend dem Grundsatz der Tarifeinheit (vgl. § 4 TVG Rn 20) ist nach h.A. maßgeblich, welchem Betriebszweck der Schwerpunkt zukommt.[114] Nur wenn entsprechend der Jahresarbeitszeit überwiegend AÜ betrieben wird, ist ein Zeitarbeits-TV anwendbar.[115] Der Grundsatz der Tarifeinheit gilt nach umstrittener Ansicht des BAG auch in Fällen der **Tarifpluralität** (siehe § 4 TVG Rn 21).[116] Für diejenigen AN, deren TV danach verdrängt wird, wäre eine Abweichung vom Schlechterstellungsverbot danach nur durch Inbezugnahme (vgl. Rn 52) des einheitlich geltenden TV möglich.

(2) Inbezugnahme. Nach Nr. 3 S. 3 kann vom Schlechterstellungsverbot auch durch Inbezugnahme eines TV abgewichen werden, soweit hierdurch noch der von Nr. 3 vorausgesetzten Richtigkeitsgewähr des TV Rechnung getragen wird. Entgegen dem missverständlichen Wortlaut wird die Inbezugnahme nach Sinn und Zweck der Norm nicht dadurch ausgeschlossen, dass eine Arbeitsvertragspartei bereits einseitig kraft Gesetzes an einen TV gebunden ist.[117] Möglich ist nur die Inbezugnahme eines TV, der **inhaltlich abweichende Arbeitsbedingungen** regelt. Ein ausschließlich vom Schlechterstellungsverbot dispensierender TV kann nicht in Bezug genommen werden.[118] Außerdem befreit nur die Inbezugnahme auf den räumlich, fachlich, zeitlich und persönlich anwendbaren TV vom Schlechterstellungsverbot.[119] Eine Bezugnahme auf einen branchenfremden oder zeitlich nicht mehr geltenden TV ist daher nicht möglich,[120] sieht man von der Möglichkeit der Inbezugnahme eines nachwirkenden Tarifvertrags (siehe Rn 50) ab.[121] Dies versperrt unter Beachtung der h.A. (siehe Rn 51) **Mischbetrieben** häufig die Inbezugnahme eines TV der Zeitarbeitsbranche.[122]

Die Bezugnahme muss **nicht** den **gesamten TV** erfassen.[123] Es ist ausreichend, wenn die Bezugnahme sich auf sachlich zusammenhängende Regelungsbereiche erstreckt.[124] Für die nicht erfassten Regelungsbereiche verbleibt es bei der Geltung des Schlechterstellungsverbots.[125]

(3) Arbeitnehmer-Entsendegesetz. Während seines Einsatzes im Bereich eines für allgemeinverbindlich erklärten TV nach §§ 3 ff. AEntG oder einer Rechtsverordnung nach § 7 AEntG richten sich die Mindestarbeitsbedingungen eines Leih-AN in Bezug auf Arbeitsentgelt und Urlaub zwingend nach den Regelungen dieses TV oder der gleichgestellten Rechtsverordnung. Hiervon kann auch nicht durch einen für die Zeitarbeitsbranche geltenden TV nach § 3 Abs. 1 Nr. 3 S. 2 zu Lasten der AN abgewichen werden, weil §§ 3, 7 AEntG die **spezielleren Normen** sind.[126]

Die Geltung eines TV nach §§ 3, 7 AEntG befreit allerdings noch nicht vom Schlechterstellungsverbot, weil sich dieser TV nicht an Leih-AN richtet. Vielmehr sind das Schlechterstellungsverbot des Abs. 1 Nr. 3 S. 2 und die Mindestarbeitsbedingungen nach §§ 3, 7 AEntG nebeneinander zu beachten.

II. Grenzüberschreitende Sachverhalte (Abs. 2 bis 5)

Die Abs. 2 bis 5 regeln Versagungsgründe im Zusammenhang mit grenzüberschreitenden Sachverhalten.

1. Grenzüberschreitende Arbeitnehmerüberlassung (Abs. 2). a) Allgemeines. Auch die grenzüberschreitende AÜ bedarf der Erlaubnis nach § 1. Besondere Anforderungen an die AÜ von Deutschland in das Ausland regelt das AÜG nicht.[127] Dagegen enthält Abs. 2 einen zwingenden Versagungsgrund für die AÜ aus dem Ausland nach Deutschland.[128]

b) Tatbestand. Abs. 2 setzt voraus, dass für die erlaubnispflichtige AÜ ein Betrieb, Betriebsteil oder Nebenbetrieb außerhalb des Europäischen Wirtschaftsraums vorgesehen ist. Die **Staatsangehörigkeit** des Antragstellers ist unerheblich.[129] Das AÜG definiert die Begriffe **Betrieb**, Betriebsteil und Nebenbetrieb nicht. Die h.M. legt diese Begriffe entsprechend ihrer Bedeutung im Betriebsverfassungsrecht (siehe § 1 BetrVG Rn 4) aus.[130] Eine **Betriebsstätte** ist für die Ausübung des Verleihergewerbes vorgesehen, wenn sie unmittelbar an der Verleihtätigkeit beteiligt ist.[131]

---

113 Ausführlich Lembke/Distler, NZA 2006, 952.
114 DA AÜG Nr. 3.1.6 und 3.1.7; Thüsing/Pelzner, § 3 Rn 86; a.A. HWK/Kalb, § 3 AÜG Rn 39; Lembke/Distler, NZA 2006, 952; offener Däubler, DB 2008, 1914.
115 DA AÜG Nr. 3.1.6 und 3.1.7; Thüsing/Pelzner, § 3 Rn 86.
116 DA AÜG Nr. 3.1.7.
117 A.A. Schindele, AuR 2008, 31.
118 Thüsing/Mengel, § 9 Rn 41.
119 HWK/Kalb, § 3 AÜG Rn 39; Thüsing/Pelzner, § 3 Rn 89.
120 Däubler, DB 2008, 1914; Thüsing/Pelzner, § 3 Rn 89.
121 Hamann, BB 2005, 2185.
122 Kritisch daher Lembke/Distler, NZA 2006, 952.
123 Thüsing/Pelzner, § 3 Rn 89; a.A. DA AÜG Nr. 3.1.6; Küttner/Röller, Leiharbeitnehmer Rn 9.
124 Boemke/Lembke, § 9 Rn 147; Hamann, BB 2005, 2185; HWK/Kalb, § 3 AÜG Rn 39; Thüsing, DB 2003, 446.
125 Thüsing/Pelzner, § 3 Rn 89.
126 DA AÜG Nr. 3.1.7; Thüsing/Pelzner, § 3 Rn 93.
127 Boemke, BB 2005, 266.
128 Boemke, BB 2005, 266.
129 Boemke, BB 2005, 266; Boemke/Lembke, § 3 Rn 78.
130 Ulber, § 3 Rn 133 ff.
131 Boemke/Lembke, § 3 Rn 80.

Dies ist der Fall, wenn Leih-AN von der außerhalb des Europäischen Wirtschaftsraums gelegenen Betriebsstätte in das Inland verliehen werden. Nach h.M. ist dies u.a. der Fall, wenn die ausländische Betriebsstätte die Geschäftsunterlagen führt.[132]

59 **c) Rechtsfolge.** Ist der Versagungsgrund nach Abs. 2 gegeben, sind die Erlaubnis oder ihre Verlängerung zwingend zu versagen.[133] Ein Ermessen steht der Behörde nicht zu.

60 **2. Ausländische Antragsteller (Abs. 3 bis 5). a) Allgemeines.** Abs. 3 bis 5 befassen sich mit nichtdeutschen Antragstellern, die eine Verleiherlaubnis für das Gebiet der Bundesrepublik Deutschland beantragen. Im Unterschied zu Abs. 1 und 2 regelt Abs. 3 einen fakultativen Versagungsgrund. D.h. er erfasst nur die Versagung, nicht aber die Verlängerung und stellt die Versagung in das Ermessen der BA. Die Abs. 4 und 5 regeln Ausnahmetatbestände vom Versagungsgrund des Abs. 3.

61 **b) Tatbestand. aa) Nichtdeutscher Antragsteller (Abs. 3). (1) Natürliche Personen.** Ist Antragsteller eine natürliche Person, kann die Erlaubnis nach Abs. 3 versagt werden, wenn die Person nicht Deutscher i.S.v. Art. 116 GG ist. Zu den Deutschen i.S.v. Art. 116 GG zählen neben den **Staatsangehörigen** nach dem Staatsangehörigkeitsgesetz auch Flüchtlinge und Vertriebene deutscher Volkszugehörigkeit oder deren Ehegatten und Abkömmlinge, sofern sie im Gebiet des Deutschen Reichs in den Grenzen vom 31.12.1937 Aufnahme gefunden haben (Art. 116 Abs. 1 GG), und zwischen dem 30.1.1933 und dem 8.5.1945 Ausgebürgerte, soweit sie nach dem 8.5.1945 ihren Wohnsitz in Deutschland genommen und keinen entgegengesetzten Willen geäußert haben (Art. 116 Abs. 2 GG). **Heimatlose** Ausländer stehen unter den Voraussetzungen des § 17 Abs. 2 S. 1 des Gesetzes über die Rechtsstellung heimatloser Ausländer im Bundesgebiet Deutschen gleich. Anerkannte **Asylberechtigte** stehen Deutschen dagegen nicht gleich.

62 **(2) Gesellschaften und juristische Personen.** Bei juristischen Personen und Personengesellschaften kann die Erlaubnis versagt werden, wenn die **Gründung** nicht nach deutschem Recht erfolgt ist oder sich weder **Sitz** noch Hauptverwaltung oder -niederlassung im Inland befinden. Nur wenn der Antragsteller nach deutschem Recht gegründet wurde und Sitz, Hauptverwaltung oder -niederlassung im Inland hat, ist der Versagungsgrund nach Abs. 3 ausgeschlossen.[134] Die Staatsangehörigkeit der Gesellschafter oder der Geschäftsführer ist ohne Bedeutung.

63 Der Sitz wird durch die Satzung der Gesellschaft oder juristischen Person formal bestimmt. Die Hauptverwaltung bezeichnet den Ort, von dem aus die Leitungsmacht tatsächlich ausgeübt wird. Hauptniederlassung ist der Ort, an dem der Schwerpunkt der gewerblichen Tätigkeit liegt, d.h. wo sich die wesentlichen personellen und sachlichen Mittel befinden.

64 **bb) Antragsteller aus dem Europäischen Wirtschaftsraum und Gleichgestellte (Abs. 4, 5). (1) Natürliche Personen.** Abs. 4, 5 regeln die Gleichstellung privilegierter Ausländer mit Deutschen. Soweit Antragsteller eine natürliche Person ist, stehen Staatsangehörige der Mitgliedstaaten des Europäischen Wirtschaftsraums Deutschen gleich (Abs. 4 S. 1). Das Gleiche gilt für Angehörige von Staaten, welche aufgrund internationaler Abkommen im Inland wie ein Inländer behandelt werden müssen (Abs. 5 S. 1).

65 **(2) Gesellschaften und juristische Personen.** Ausländische juristische Personen und Gesellschaften sind privilegiert, wenn sie nach dem Recht eines Mitgliedstaats der EU oder des Europäischen Wirtschaftsraums gegründet sind und ihren satzungsmäßigen Sitz, ihre Hauptverwaltung oder -niederlassung in einem der Mitgliedstaaten haben (Abs. 4 S. 2, 3). Soweit sich weder Hauptverwaltung noch -niederlassung innerhalb eines Mitgliedstaats befinden, ist erforderlich, dass ihre Tätigkeit in tatsächlicher und **dauerhafter Verbindung** mit der Wirtschaft eines Mitgliedstaats steht.

66 Ausländische juristische Gesellschaften, die nach dem Recht eines Staats außerhalb des Europäischen Wirtschaftsraums gegründet wurden, stehen einem deutschen Antragsteller gleich, soweit **internationale Abkommen** eine Inländergleichbehandlung vorsehen (Abs. 5 S. 2).

67 **c) Rechtsfolge.** Der Versagungsgrund nach Abs. 3 verpflichtet nicht zur Versagung, sondern stellt diese in das pflichtgemäße **Ermessen** der Behörde.[135] Diese muss das Ermessen entsprechend dem Sinn und Zweck des Abs. 3 ausüben. Maßgeblich ist insoweit zunächst, ob gegenüber dem ausländischen Antragsteller eine ausreichende Kontrolle durch die BA möglich ist.[136] Außerdem kann berücksichtigt werden, inwieweit ein Interesse an dem Verleih von AN durch nichtprivilegierte Ausländer besteht.[137]

---

132 HWK/*Kalb*, § 3 AÜG Rn 46; Thüsing/*Pelzner*, § 3 Rn 127; a.A. *Boemke/Lembke*, § 3 Rn 80.
133 *Boemke/Lembke*, § 3 Rn 78.
134 Schüren/*Schüren*, § 3 Rn 209; *Ulber*, § 3 Rn 140a; a.A. *Boemke/Lembke*, § 3 Rn 88.
135 BSG 12.12.1990 – 11 RAr 49/90 – NZA 1991, 951; DA AÜG Nr. 3.4.
136 BSG 12.12.1990 – 11 RAr 49/90 – NZA 1991, 951.
137 DA AÜG Nr. 3.4; *Boemke/Lembke*, § 3 Rn 93.

C. Verbindung zu anderen Rechtsgebieten und zum Prozessrecht
I. Rechtsschutz

Der Rechtsschutz gegen die Versagung der Erlaubnis oder ihrer Verlängerung richtet sich nach dem **SGG** (siehe § 2 Rn 29). Die materielle Beweislast für das Vorliegen eines Versagungsgrunds trägt die Behörde. Im Zweifel ist die Erlaubnis zu erteilen.[138] Notwendig ist nicht, dass die Behörde den Versagungsgrund selbst nachweist. Ausreichend ist vielmehr, dass die Behörde Tatsachen beweist, die die Annahme rechtfertigen, dass ein Versagungsgrund besteht.[139] Gerüchte genügen hierfür ebenso wenig wie bloße Vermutungen.

68

Die Erlaubnis muss erteilt werden, wenn im **Zeitpunkt** der Entscheidung kein Versagungsgrund besteht. Maßgeblich ist somit zunächst der Zeitpunkt der Antragsbescheidung, danach der der Widerspruchsentscheidung und im Falle einer gerichtlichen Kontrolle der Zeitpunkt der letzten mündlichen Verhandlung in der Tatsacheninstanz.[140]

69

II. Bestandsschutz

1. Befristung. a) Allgemeines. Bis zur Reform durch das Erste Gesetz für moderne Dienstleistungen auf dem Arbeitsmarkt vom 23.12.2002 enthielt das AÜG in Abs. 1 Nr. 3 bis 5 a.F. dem Bestandsschutz der Leih-AN dienende Versagungsgründe. Danach war eine Synchronisation des Leih-Arbeitsvertrags mit der Überlassung durch Befristung ebenso unzulässig, wie eine wiederholte Einstellung. Diese Vorschriften verdrängten das allgemeine Befristungsrecht des TzBfG.

70

b) Geltung des TzBfG. Die Befristung von Leih-Arbverh richtet sich nunmehr nach dem TzBfG.[141] Unter den Voraussetzungen des § 14 Abs. 2 bis 3 TzBfG[142] ist eine **sachgrundlose Befristung** des Leih-Arbverh möglich. Dabei eröffnet die Rspr. bis zur Grenze des Rechtsmissbrauchs, insbesondere innerhalb eines Konzerns, die Möglichkeit, § 14 Abs. 2 TzBfG durch Einstellung bei Verleihunternehmen wiederholt in Anspruch zu nehmen.[143] I.Ü. bedarf es nach § 14 Abs. 1 TzBfG eines Sachgrunds (siehe § 14 TzBfG Rn 5 ff.). Bei der Prüfung, ob ein Sachgrund vorliegt, ist das Verhältnis des Leih-AN zum Verleiher, nicht das **Verhältnis** zum Entleiher maßgeblich.[144] Für die Anwendung des § 14 Abs. 1 S. 2 Nr. 1 TzBfG ist maßgeblich, ob beim Verleiher ein **nur vorübergehender Arbeitsbedarf** besteht.[145] Der Arbeitsbedarf beim Verleiher richtet sich zwar typischerweise nach entsprechenden Aufträgen der Entleiher. Dass nach Auslaufen eines Einsatzes im Entleiherbetrieb ein Folgeeinsatz noch unsicher ist, genügt nach allgemeinen Grundsätzen nicht den Anforderungen des § 14 Abs. 1 S. 2 Nr. 1 TzBfG.[146] Diese allgemeinen Grundsätze gelten uneingeschränkt auch für Leih-AN,[147] weshalb § 14 Abs. 1 S. 2 Nr. 1 TzBfG im Bereich der AÜ kaum Bedeutung zukommt.

71

Die Befristung eines Leih-Arbeitsvertrags kann auch nicht nach § 14 Abs. 1 S. 2 Nr. 4 TzBfG mit der **Eigenart der Leiharbeit** gerechtfertigt werden, weil die Befristung eines Leih-Arbeitsvertrags anderenfalls stets möglich wäre.[148]

72

2. Kündigungsschutz. Der Künd-Schutz unterliegt keinen Besonderheiten. Leih-AN genießen **Sonderkünd-Schutz**, soweit sie die dafür erforderlichen Voraussetzungen erfüllen.

73

Allgemeinen Künd-Schutz genießen Leih-AN, wenn der betriebliche (siehe § 23 KSchG Rn 21 ff.) und zeitliche (siehe § 1 KSchG Rn 158 ff.) Anwendungsbereich hierfür eröffnet ist. Soll aus betriebsbedingten Gründen gekündigt werden, ist zu beachten, dass die Beschäftigungsmöglichkeit erst entfällt, wenn aufgrund von Tatsachen feststeht, dass der Leih-AN zum Ende der Künd-Frist wahrscheinlich nicht mehr beschäftigt werden kann. Bei Leih-AN zählen naturgemäß auch kürzere überlassungsfreie Zeiten zur Beschäftigung und lassen den Beschäftigungsbedarf nicht entfallen.[149] Erst wenn feststeht, dass der Leih-AN für eine längere Zeit nicht einsetzbar ist, gerät der Arbeitsplatz in Fortfall.[150] Da der Abruf von Leih-AN typischerweise sehr kurzfristig erfolgt, lässt sich diese vom Verleiher dar-

74

---

138 BSG 6.2.1992 – 7 RAr 140/90 – NZA 1992, 1006.
139 *Boemke/Lembke*, § 3 Rn 11.
140 BSG 6.2.1992 – 7 RAr 140/90 – NZA 1992, 1006; LSG Rheinland-Pfalz 19.12.2002 – L 1 AL 4/01 – EzAÜG § 1 AÜG Gewerbsmäßige Arbeitnehmerüberlassung Nr. 37; *Thüsing/Pelzner*, § 3 Rn 6.
141 BT-Drucks 15/25, S. 39; *Frik*, NZA 2005, 386; *Werthebach*, NZA 2005, 1044.
142 Hierzu vgl. *Frik*, NZA 2005, 386; *Werthebach*, NZA 2005, 1044.
143 Vgl. BAG 18.10.2006 – 7 AZR 145/06 – NZA 2007, 443; *Düwell/Dahl*, NZA 2007, 889; kritisch hierzu *Brose*, DB 2008, 1378.
144 *Düwell/Dahl*, NZA 2007, 889; *Thüsing/Pelzner*, § 3 Rn 103; *Werthebach*, NZA 2005, 1044; a.A. *Frik*, NZA 2005, 386.

145 *Bauer/Krets*, NJW 2003, 537; *Boemke/Lembke*, § 9 Rn 226.
146 DA AÜG Nr. 3.1.1; *Boemke/Lembke*, § 9 Rn 225; *Werthebach*, NZA 2005, 1044.
147 Zehnter AÜG-Bericht, BT-Drucks 15/6008, S. 9; *Thüsing/Pelzner*, § 3 Rn 104; *Raab*, ZfA 2003, 389; *Werthebach*, NZA 2005, 1044; a.A. *Bauer/Krets*, NJW 2003, 537; *Boemke/Lembke*, § 9 Rn 226.
148 *Frik*, NZA 2005, 386; *Raab*, ZfA 2003, 389; *Schüren/Behrend*, NZA 2003, 521.
149 BAG 18.5.2006 – 2 AZR 412/05 – DB 2006, 1962; *Brose*, DB 2008, 1378; *Grimm/Brock*, § 7 Rn 115; *Urban-Crell/Schulz*, Rn 454.
150 BAG 18.5.2006 – 2 AZR 412/05 – DB 2006, 1962; *Urban-Crell/Schulz*, Rn 454.

zulegende und zu beweisende Prognose nur schwer stellen.[151] Der allgemeine Künd-Schutz steht regelmäßig einer **Änderungskünd** entgegen, die mit dem Ziel erfolgt, zukünftig einen vom **Schlechterstellungsverbot** abweichenden TV in Bezug zu nehmen.[152]

§ 4 Rücknahme

(1) [1]Eine rechtswidrige Erlaubnis kann mit Wirkung für die Zukunft zurückgenommen werden. [2]§ 2 Abs. 4 Satz 4 gilt entsprechend.

(2) [1]Die Erlaubnisbehörde hat dem Verleiher auf Antrag den Vermögensnachteil auszugleichen, den dieser dadurch erleidet, daß er auf den Bestand der Erlaubnis vertraut hat, soweit sein Vertrauen unter Abwägung mit dem öffentlichen Interesse schutzwürdig ist. [2]Auf Vertrauen kann sich der Verleiher nicht berufen, wenn er

1. die Erlaubnis durch arglistige Täuschung, Drohung oder eine strafbare Handlung erwirkt hat;
2. die Erlaubnis durch Angaben erwirkt hat, die in wesentlicher Beziehung unrichtig oder unvollständig waren, oder
3. die Rechtswidrigkeit der Erlaubnis kannte oder infolge grober Fahrlässigkeit nicht kannte.

[3]Der Vermögensnachteil ist jedoch nicht über den Betrag des Interesses hinaus zu ersetzen, das der Verleiher an dem Bestand der Erlaubnis hat. [4]Der auszugleichende Vermögensnachteil wird durch die Erlaubnisbehörde festgesetzt. [5]Der Anspruch kann nur innerhalb eines Jahres geltend gemacht werden; die Frist beginnt, sobald die Erlaubnisbehörde den Verleiher auf sie hingewiesen hat.

(3) Die Rücknahme ist nur innerhalb eines Jahres seit dem Zeitpunkt zulässig, in dem die Erlaubnisbehörde von den Tatsachen Kenntnis erhalten hat, die die Rücknahme der Erlaubnis rechtfertigen.

A. Allgemeines 1	a) Nachwirkung (Abs. 1 S. 2) 12
B. Regelungsgehalt 2	b) Vermögensausgleich (Abs. 2) 13
I. Tatbestandsvoraussetzungen 2	aa) Tatbestand 14
II. Rechtsfolgen 5	bb) Rechtsfolge 16
1. Primärebene 6	C. Verbindung zu anderen Rechtsgebieten und zum Prozessrecht 17
a) Rücknahme ex-nunc 6	
b) Ermessensentscheidung 7	I. Rechtsschutz gegen die Rücknahme 17
c) Ausschlussfrist (Abs. 3) 9	II. Rechtsschutz hinsichtlich Entschädigung 19
2. Sekundärebene 11	

A. Allgemeines

1 Die Vorschrift regelt die Rücknahme einer anfänglich rechtswidrigen Verleihererlaubnis und verdrängt insoweit als Sondervorschrift § 48 VwVfG.[1] Sie ermöglicht die Durchbrechung der Bestandskraft der Verleihererlaubnis zu Lasten des Erlaubnisinhabers. § 4 ist Ausdruck des Grundsatzes der Gesetzmäßigkeit der Verwaltung und stellt einen Ausgleich zwischen dem öffentlichen Interesse am rechtmäßigen Verwaltungshandeln und dem Vertrauensschutz des Erlaubnisinhabers her. Auf der Primärebene räumt § 4 der Gesetzmäßigkeit der Verwaltung innerhalb bestimmter Fristen grds. Vorrang ein. Der Vertrauensschutz des Erlaubnisinhabers wird auf der Sekundärebene durch Gewährung eines Entschädigungsanspruchs berücksichtigt.

B. Regelungsgehalt

I. Tatbestandsvoraussetzungen

2 Nach § 4 kann nur die rechtswidrige Erlaubnis zurückgenommen werden. Im Unterschied zu § 5 (siehe § 5 Rn 2) erfasst § 4 nur die **anfänglich rechtswidrige** Erlaubnis.[2] Entscheidend ist, ob die Erlaubnis nicht hätte erteilt werden dürfen, weil im **Zeitpunkt** ihrer Erteilung die entsprechenden Voraussetzungen nicht gegeben waren, insb. ein Versagungsgrund bestand.[3] Wird der Versagungsgrund nach § 3 Abs. 1 Nr. 1 z.B. auf eine Straftat des Erlaubnisinhabers gestützt, ist maßgeblich der Zeitpunkt der Tatbegehung und nicht der Verurteilung.[4] Unerheblich ist, warum die Er-

---

151 Vgl. BAG 18.5.2006 – 2 AZR 412/05 – DB 2006, 1962; *Urban-Crell/Schulz*, Rn 453.
152 BAG 12.1.2006 – 2 AZR 126/05 – NZA 2006, 587.
1 *Boemke/Lembke*, § 4 Rn 2; *Thüsing/Kämmerer*, § 4 Rn 1.
2 LSG Niedersachsen 22.7.1977 – L 7 S (Ar) 31/77 – EzAÜG § 4 AÜG Rücknahme Nr. 1; *Boemke/Lembke*, § 4 Rn 6; *Grimm/Brock*, § 6 Rn 22.
3 *Boemke/Lembke*, § 4 Rn 4.
4 LSG Niedersachsen 22.7.1977 – L 7 S (Ar) 31/77 – EzAÜG § 4 AÜG Rücknahme Nr. 1; HWK/*Kalb*, § 4 AÜG Rn 5.

laubnis gleichwohl erteilt wurde, d.h. ob dies auf unzutreffenden Angaben des Verleihers oder auf einer fehlerhaften Prüfung durch die Behörde beruht.[5] Dabei kann auch eine nachträgliche Änderung der höchstrichterlichen Rechtsprechung eine anfängliche Rechtswidrigkeit aufdecken.[6]

Weiterhin ist Voraussetzung, dass die Erlaubnis im Zeitpunkt der Rücknahmeentscheidung **noch rechtswidrig** ist.[7] Liegen die Erteilungsvoraussetzungen im Zeitpunkt der Rücknahmeentscheidung vor, so dass die Erlaubnis erneut zu erteilen wäre, ist eine Rücknahme nicht möglich.[8]

Entsprechend anwendbar ist § 4 auf die **nichtige Verleihererlaubnis**.[9] Diese kann deklaratorisch zurückgenommen werden. Nichtig ist die Verleihererlaubnis nur, wenn sie an einem besonders schwerwiegenden Fehler leidet und dies offenkundig ist (§ 44 VwVfG). Bei Rücknahme einer nichtigen Verleihererlaubnis treten jedoch auf der Sekundärebene (siehe Rn 11) nicht die Rechtsfolgen des § 4 ein.[10]

II. Rechtsfolgen

Hinsichtlich der Rechtsfolgen der Rücknahme sind Primär- und Sekundärebene zu unterscheiden. Auf der Primärebene wird entschieden, ob die Erlaubnis beseitigt wird. Hieran anknüpfend regelt die Sekundärebene die sich an die Rücknahme anschließenden Rechtsfolgen.

1. Primärebene. a) Rücknahme ex-nunc. Abweichend von § 48 VwVfG kann die Rücknahme der Verleihererlaubnis nach § 4 nur mit Wirkung für die Zukunft erfolgen. Eine Rücknahme für die Vergangenheit ist nicht möglich. Mit der Rücknahme der Erlaubnis entfällt diese; der Verleiher handelt dann ohne Erlaubnis (siehe aber Rn 12).

b) Ermessensentscheidung. Die Rücknahme der Erlaubnis steht im pflichtgemäßen **Ermessen** der Behörde. Dieses Ermessen muss die Behörde entsprechend dem Zweck des § 4 ausüben (§ 40 VwVfG). Liegen die Tatbestandsvoraussetzungen vor, geht der Gesetzgeber von der Rücknahmeentscheidung als Regelfall aus. Allerdings kann zugunsten des Verleihers dessen schutzwürdiges Vertrauen in den Fortbestand der Erlaubnis zu berücksichtigen sein.[11] Dem steht nicht entgegen, dass der Verleiher nach Abs. 2 einen Vermögensausgleich erlangen kann, weil sein Vertrauen vorrangig auf den Fortbestand der Erlaubnis und nicht nur auf bloßen Geldersatz gerichtet ist.[12]

Außerdem ist der **Verhältnismäßigkeitsgrundsatz** als Ermessensgrenze zu beachten. Eine Rücknahme der Erlaubnis kommt danach nur in Betracht, wenn gleich geeignete, mildere Mittel nicht zur Verfügung stehen. Vorrangig gegenüber dem Widerruf der Erlaubnis ist somit die nachträgliche Anordnung einer Auflage (siehe § 2 Rn 15).[13] Das Gleiche gilt für eine Heilung von Bagatellfehlern[14] oder die Umdeutung der rechtswidrigen in eine rechtmäßige Erlaubnis.

c) Ausschlussfrist (Abs. 3). Im Interesse der Rechtssicherheit und des Vertrauensschutzes unterliegt die Rücknahme einer Ausschlussfrist von einem Jahr. Die Frist beginnt mit positiver Kenntnis der Behörde. Abzustellen ist auf die **Kenntnis** des in der zuständigen Behörde in der für die Rücknahme zuständigen Abteilung mit der Rücknahme befassten **Sachbearbeiters**.[15] Die Kenntnis irgendeines Mitarbeiters der Behörde genügt nicht. Notwendig ist die Kenntnis der die Rechtswidrigkeit begründenden **Tatsachen**.[16] Nicht erforderlich ist, dass die Rechtswidrigkeit rechtlich zutreffend erkannt wird.[17] Im Falle eines Rechtsanwendungsfehlers auf der Grundlage bereits anfänglich bekannter Tatsachen beginnt die Frist mithin bereits mit Erteilung der Erlaubnis.

2. Sekundärebene. An den mit der Rücknahme verbundenen ex-nunc-Wegfall der Erlaubnis knüpft das Gesetz weitere Rechtsfolgen:

a) Nachwirkung (Abs. 1 S. 2). Mit dem Wegfall der Erlaubnis infolge Rücknahme greift nach Abs. 1 S. 2 die Nachwirkung nach § 2 Abs. 4 S. 4, welche dem Erlaubnisinhaber auch nach Rücknahme noch eine ordnungsgemäße Abwicklung innerhalb von zwölf Monaten erlaubt (siehe § 2 Rn 24).

---

5 Boemke/Lembke, § 4 Rn 4.
6 Ulber, § 4 Rn 6.
7 Boemke/Lembke, § 4 Rn 5; HWK/Kalb, § 4 AÜG Rn 8; a.A. Ulber, § 4 Rn 3 (Ermessensfrage).
8 Grimm/Brock, § 6 Rn 22.
9 HWK/Kalb, § 4 AÜG Rn 2; Schüren/Schüren, § 4 Rn 11; Ulber, § 4 Rn 5.
10 Schüren/Schüren, § 4 Rn 11; Ulber, § 4 Rn 5.
11 Vgl. BVerwG 7.11.2000 – 8 B 137/00 – NVwZ-RR 2001, 198; OVG Hamburg 28.8.2001 – 3 Bs 102/01 – NVwZ 2002, 885; Thüsing/Kämmerer, § 4 Rn 3; a.A. Boemke/Lembke, § 4 Rn 7.
12 Vgl. OVG Münster 14.7.2004 – 10 A 4471/01 – BauR 2005, 696.
13 HWK/Kalb, § 4 AÜG Rn 9.
14 Vgl. Boemke/Lembke, § 4 Rn 4.
15 Vgl. BSG 9.9.1986 – 11a RA 2/85 – NVwZ 1988, 765; weiter Boemke/Lembke, § 4 Rn 12; Grimm/Brock, § 6 Rn 23.
16 LSG Niedersachsen 25.11.1993 – L 10 Ar 219/92 – EzAÜG § 5 AÜG Nr. 1; LSG Niedersachsen 25.11.1993 – L 10 Ar 218/92 – EzAÜG § 5 AÜG Nr. 3; Boemke/Lembke, § 4 Rn 11.
17 LSG Niedersachsen 25.11.1993 – L 10 Ar 219/92 – EzAÜG § 5 AÜG Nr. 1; LSG Niedersachsen 25.11.1993 – L 10 Ar 218/92 – EzAÜG § 5 AÜG Nr. 3 zu § 5 AÜG; Boemke/Lembke, § 4 Rn 11.

13 b) **Vermögensausgleich (Abs. 2).** Durch den in Abs. 2 vorgesehenen Vermögensausgleich wird das Vertrauen des Erlaubnisinhabers vermögensmäßig berücksichtigt.

14 aa) **Tatbestand.** Positiv setzt der Anspruch auf Vermögensausgleich voraus, dass ein **rechtmäßiger Rücknahmebescheid** vorliegt. Der Erlaubnisinhaber darf daher eine rechtswidrige Rücknahme nicht mit dem Ziel hinnehmen, den Vermögensausgleich geltend zu machen. Weiterhin erfolgt der Vermögensausgleich nur auf **Antrag** des Erlaubnisinhabers gegenüber der Rücknahmebehörde. Dieser Antrag muss innerhalb eines Jahres gestellt werden (Abs. 2 S. 5). Zudem muss der Erlaubnisinhaber auf den Bestand der Erlaubnis vertraut haben und sein **Vertrauen** muss schutzwürdig sein.

15 **Ausgeschlossen** ist der Anspruch in den in Abs. 2 S. 2 genannten Fällen. Diese Aufzählung ist nicht abschließend, weshalb der Vertrauensschutz auch aus anderen – vergleichbaren – Gründen ausgeschlossen sein kann.

16 bb) **Rechtsfolge.** Der Vermögensausgleich nach Abs. 2 ist auf das **negative Interesse** gerichtet (Entschädigung).[18] Ein **entgangener Gewinn** ist nicht zu ersetzen. Übersteigt das negative Interesse das positive Interesse, ist der Ersatzanspruch auf das positive Interesse begrenzt (Abs. 2 S. 3).

C. Verbindung zu anderen Rechtsgebieten und zum Prozessrecht

I. Rechtsschutz gegen die Rücknahme

17 Statthafte Rechtsbehelfe gegen die Rücknahme sind **Anfechtungswiderspruch** (§ 78 Abs. 1 SGG) und **Anfechtungsklage** (§ 54 Abs. 1 S. 1 Var. 1 SGG). Widerspruch und Anfechtungsklage gegen den Rücknahmebescheid haben keine **aufschiebende Wirkung** (§ 86a Abs. 4 SGG). Nach § 86b Abs. 1 Nr. 2 SGG bzw. § 86a Abs. 4 S. 2 i.V.m. Abs. 3 SGG können jedoch Behörde oder Sozialgericht die aufschiebende Wirkung anordnen. Voraussetzung ist, dass das Aussetzungsinteresse des Erlaubnisinhabers das öffentliche Vollzugsinteresse überwiegt. Dies ist insb. der Fall, wenn der Rücknahmebescheid bei summarischer Prüfung rechtswidrig ist.

18 Die materielle Beweislast für die anfängliche und fortbestehende Rechtswidrigkeit der Erlaubnis trägt die Behörde.[19] Im Zweifel ist die Rücknahme ausgeschlossen. Nach h.M. trägt die Behörde auch die materielle Beweislast für die Einhaltung der Ausschlussfrist (siehe Rn 9).[20]

II. Rechtsschutz hinsichtlich Entschädigung

19 Lehnt die Behörde eine Entschädigung ab oder setzt sie eine zu geringe Entschädigung fest, ist hiergegen nach Durchführung des Widerspruchsverfahrens die kombinierte Anfechtungs- und Leistungsklage (§ 54 Abs. 4 SGG)[21] zum Sozialgericht[22] statthaft. Die ganz herrschende Gegenansicht[23] übersieht, dass sich das Klagesystem des SGG von demjenigen der VwGO unterscheidet.

§ 5 Widerruf

(1) Die Erlaubnis kann mit Wirkung für die Zukunft widerrufen werden, wenn
1. der Widerruf bei ihrer Erteilung nach § 2 Abs. 3 vorbehalten worden ist;
2. der Verleiher eine Auflage nach § 2 nicht innerhalb einer ihm gesetzten Frist erfüllt hat;
3. die Erlaubnisbehörde auf Grund nachträglich eingetretener Tatsachen berechtigt wäre, die Erlaubnis zu versagen, oder
4. die Erlaubnisbehörde auf Grund einer geänderten Rechtslage berechtigt wäre, die Erlaubnis zu versagen; § 4 Abs. 2 gilt entsprechend.

(2) ¹Die Erlaubnis wird mit dem Wirksamwerden des Widerrufs unwirksam. ²§ 2 Abs. 4 Satz 4 gilt entsprechend.

(3) Der Widerruf ist unzulässig, wenn eine Erlaubnis gleichen Inhalts erneut erteilt werden müßte.

(4) Der Widerruf ist nur innerhalb eines Jahres seit dem Zeitpunkt zulässig, in dem die Erlaubnisbehörde von den Tatsachen Kenntnis erhalten hat, die den Widerruf der Erlaubnis rechtfertigen.

---

18 *Grimm/Brock*, § 6 Rn 24; *Thüsing/Kämmerer*, § 4 Rn 10.
19 *Boemke/Lembke*, § 4 Rn 8; HWK/*Kalb*, § 4 AÜG Rn 10.
20 *Kopp/Ramsauer*, § 48 Rn 160.
21 So wohl auch *Boemke/Lembke*, § 4 Rn 14.
22 *Thüsing/Kämmerer*, § 4 Rn 11; a.A. *Schüren/Schüren*, § 4 Rn 28 (VwGO: Verwaltungsrechtsweg, ohne Begründung).
23 Für Verpflichtungsklage: DHHW/*Lorenz*, § 4 AÜG Rn 8; *Schüren/Schüren*, § 4 Rn 28; *Thüsing/Kämmerer*, § 4 Rn 11.

A. Allgemeines	1	a) Widerruf ex-nunc (Abs. 2)	12
B. Regelungsgehalt	2	b) Ermessensentscheidung	13
I. Tatbestandsvoraussetzungen (Abs. 1, 3)	2	c) Ausschlussfrist (Abs. 4)	16
1. Rechtmäßige oder rechtswidrige Erlaubnis	2	2. Sekundärebene	17
2. Widerrufsgrund (Abs. 1)	4	a) Nachwirkung (Abs. 2 S. 2)	17
a) Widerrufsvorbehalt (Nr. 1)	5	b) Vermögensausgleich (Abs. 2 Nr. 4 Hs. 2)	18
b) Nichterfüllung einer Auflage (Nr. 2)	7	C. Verbindung zu anderen Rechtsgebieten und zum Prozessrecht	20
c) Eintritt eines Versagungsgrunds (Nr. 3)	10	I. Rechtsschutz gegen den Widerruf	20
d) Änderung der Rechtslage (Nr. 4)	11	II. Rechtsschutz hinsichtlich Entschädigung	22
II. Rechtsfolgen (Abs. 2, 4)	12		
1. Primärebene	12		

A. Allgemeines

Die Vorschrift regelt den Widerruf einer anfänglich rechtmäßigen Verleihererlaubnis und verdrängt insoweit als Sondervorschrift § 49 VwVfG.[1] § 5 ermöglicht in bestimmten Fällen die Durchbrechung der Bestandskraft der Verleihererlaubnis zu Lasten des Erlaubnisinhabers. Hierdurch werden das öffentliche Interesse an einer effektiven Kontrolle der Verleiher und der Vertrauensschutz des Erlaubnisinhabers in Ausgleich gebracht. Die praktische Bedeutung des § 5 übersteigt die des § 4 erheblich.[2] **1**

B. Regelungsgehalt

I. Tatbestandsvoraussetzungen (Abs. 1, 3)

1. Rechtmäßige oder rechtswidrige Erlaubnis. Die **rechtmäßige Verleihererlaubnis** kann durch einen Widerruf aufgehoben werden. Rechtmäßig ist eine Erlaubnis, wenn die Voraussetzungen für ihren Erlass vorlagen. Entscheidend ist die Rechtmäßigkeit im Zeitpunkt der Erlaubniserteilung, wie ein Vergleich mit Abs. 1 Nr. 3 und Abs. 3 zeigt. Neben rechtmäßigen können im Wege eines Erst-Recht-Schlusses auch **rechtswidrige Erlaubnisse** widerrufen werden.[3] Ist die ursprüngliche Rechtswidrigkeit fraglich, kommt somit ein Widerruf in Betracht, soweit ein Widerrufsgrund besteht. **2**

Ausgeschlossen ist der Widerruf nach Abs. 3, wenn im Zeitpunkt der Widerrufsentscheidung sofort eine Erlaubnis gleichen Inhalts erteilt werden müsste. Steht dem Erlaubnisinhaber ein Anspruch auf eine **inhaltsgleiche Erlaubnis** zu, würde die Behörde mit einem Widerruf widersprüchlich handeln.[4] **3**

2. Widerrufsgrund (Abs. 1). Zentrale Voraussetzung für einen Widerruf der Verleihererlaubnis ist das Vorliegen eines der in Abs. 1 abschließend aufgezählten Widerrufsgründe. **4**

a) Widerrufsvorbehalt (Nr. 1). Nach Nr. 1 ist ein Widerruf möglich, wenn die Behörde die Erlaubnis mit einem Widerrufsvorbehalt nach § 2 Abs. 3 (siehe § 2 Rn 18) versehen hat. Die **Rechtmäßigkeit** des Widerrufsvorbehalts ist nicht erforderlich, soweit der Vorbehalt bestandskräftig geworden ist.[5] **5**

Der Widerruf kann nur insoweit auf Nr. 1 gestützt werden, als er gerade zu dem **Zweck** erfolgt, zu dem der Vorbehalt aufgenommen wurde. Nach § 2 Abs. 3 wird ein Widerrufsvorbehalt angeordnet, wenn eine **abschließende Beurteilung** des Erlaubnisantrags noch nicht möglich ist (siehe § 2 Rn 18). Ein entsprechender Widerruf ist somit nur möglich, wenn die weiteren Ermittlungen der Behörde endgültig ergeben, dass ein Versagungsgrund besteht. Dem steht es gleich, wenn die weiteren Ermittlungen ergeben, dass eine abschließende Beurteilung noch nicht möglich ist, das Risiko einer „vorläufigen" Erlaubnis jedoch aufgrund neuer Erkenntnisse nicht weiter tragbar ist und dem Antragsteller daher gegenwärtig kein Anspruch auf Erlaubniserteilung zusteht.[6] **6**

b) Nichterfüllung einer Auflage (Nr. 2). Nach Nr. 2 kann der Widerruf erfolgen, wenn der Erlaubnisinhaber eine Auflage nicht oder nicht in der ihm hierfür gesetzten Frist erfüllt hat. Der **Nichterfüllung** einer Auflage steht ein grober Verstoß gegen eine Auflage gleich. Die Auflage kann sowohl in einem positiven Tun als auch in einem **Unterlassen** bestehen.[7] Eine Fristsetzung kann bei einem Unterlassungsgebot entbehrlich sein. **7**

Die Auflage muss nicht **bestandskräftig**, sondern nur vollziehbar sein. Da Rechtsmittel nach § 86a Abs. 4 SGG keine aufschiebende Wirkung haben, sind Auflagen vollziehbar, soweit die aufschiebende Wirkung nicht ausnahmsweise angeordnet wurde. **8**

---

1 *Boemke/Lembke*, § 5 Rn 2; *Thüsing/Kämmerer*, § 5 Rn 1.
2 Vgl. Zehnter AÜG-Bericht, BT-Drucks 15/6008, S. 13; *Thüsing/Kämmerer*, § 5 Rn 1.
3 *Thüsing/Kämmerer*, § 5 Rn 2.
4 *Boemke/Lembke*, § 5 Rn 16.
5 *Boemke/Lembke*, § 5 Rn 6; *Thüsing/Kämmerer*, § 5 Rn 5; a.A. *Schüren/Stracke*, § 5 Rn 12 ff.
6 *Boemke/Lembke*, § 5 Rn 8; *Schüren/Stracke*, § 5 Rn 16; HWK/*Kalb*, § 5 AÜG Rn 3.
7 *Thüsing/Kämmerer*, § 5 Rn 6; *Ulber*, § 5 Rn 6; a.A. (kein Unterlassen) *Boemke/Lembke*, § 5 Rn 9; *Schüren/Stracke*, § 5 Rn 18.

9 Ob die Auflage **rechtmäßig** angeordnet wurde, ist unerheblich, wenn sie bestandskräftig ist.[8] Der Verstoß gegen die Auflage muss nicht schuldhaft erfolgen.[9] Ebenso ist nicht erforderlich, dass die Behörde vor Erlass des Widerrufs erfolglos versucht hat, die Auflage im Wege des Verwaltungszwangs zu vollstrecken. Diese Aspekte sind jedoch im Rahmen der Ermessensentscheidung (siehe Rn 15) zu berücksichtigen.[10]

10 c) Eintritt eines Versagungsgrunds (Nr. 3). Nach Nr. 3 kann ein Widerruf erfolgen, wenn nachträglich ein Umstand eingetreten ist, der zur Versagung der Erlaubnis berechtigen würde. Es muss sich dabei um einen nach Erlaubniserteilung eingetretenen Umstand handeln.[11] Dieser muss einen **Versagungsgrund** nach § 3 (siehe § 3 Rn 4) begründen. Beispiele sind etwa die Eröffnung des Insolvenzverfahrens oder die Begehung einer Straftat.[12] Ein Widerruf nach Nr. 3 kommt weiterhin in Betracht, wenn der Verleiher unter Verstoß gegen § 1b Leih-AN in Betriebe des Baugewerbes überlässt[13] oder der Verleiher nachträglich seinen Sitz aus dem Gebiet des EWR bzw. gleichgestellter Staaten heraus verlegt.[14] Lag der Versagungsgrund bereits bei Erlaubniserteilung vor, wird er aber erst später bekannt, rechtfertigt dies keinen Widerruf, sondern eine Rücknahme.[15] Ein Widerruf kann aber in eine Rücknahme umgedeutet werden.[16]

11 d) Änderung der Rechtslage (Nr. 4). Der Widerruf kann nach Nr. 4 auch auf eine veränderte Rechtslage gestützt werden, wenn die Erlaubnis nach der veränderten Rechtslage nicht mehr erteilt werden dürfte. Eine **Änderung** der höchstrichterlichen Rechtsprechung steht dem nicht gleich.[17] Die Rechtsprechung wendet das bestehende Recht an, legt es aus, ändert es aber nicht.

II. Rechtsfolgen (Abs. 2, 4)

12 1. Primärebene. a) Widerruf ex-nunc (Abs. 2). Entsprechend § 49 Abs. 1 VwVfG kann der Widerruf nach § 5 nur mit Wirkung für die Zukunft erfolgen. Mit dem Widerruf der Erlaubnis entfällt diese; der Verleiher handelt dann ohne Erlaubnis (aber siehe Rn 17).

13 b) Ermessensentscheidung. Wie die Rücknahme (siehe § 4 Rn 7) steht auch der Widerruf der Erlaubnis im pflichtgemäßen Ermessen der Behörde. Dieses Ermessen muss die Behörde entsprechend dem Zweck des § 5 ausüben (§ 40 VwVfG).

14 Dabei ist das Vertrauen des Erlaubnisinhabers in den Fortbestand der Erlaubnis im Rahmen des Ermessens besonders zu berücksichtigen, weil es – anders als bei der Rücknahme (siehe § 4 Rn 13) – an einer generellen Geldentschädigung fehlt. Selbst wenn in den Fällen des Abs. 1 Nr. 4 eine Geldentschädigung zu zahlen ist, schließt dies die Berücksichtigung des Vertrauens des Erlaubnisinhabers nicht vollständig aus.[18]

15 Zudem ist der **Verhältnismäßigkeitsgrundsatz** als Ermessensgrenze zu beachten.[19] Ein Widerruf der Erlaubnis kommt danach nur in Betracht, wenn gleich geeignete mildere Mittel nicht zur Verfügung stehen (siehe § 4 Rn 8). Vor einem Widerruf der Erlaubnis muss daher regelmäßig versucht werden, eine nicht erfüllte Auflage zu vollstrecken.[20]

16 c) Ausschlussfrist (Abs. 4). Im Interesse der Rechtssicherheit und des Vertrauensschutzes unterliegt der Widerruf einer Ausschlussfrist von einem Jahr. Die Frist beginnt mit positiver **Kenntnis** der Behörde (siehe § 4 Rn 9). Notwendig ist die Kenntnis der den Widerruf begründenden Tatsachen.[21] Nicht erforderlich ist, dass das Vorliegen des Widerrufsgrunds rechtlich zutreffend erfasst wird.[22]

17 2. Sekundärebene. a) Nachwirkung (Abs. 2 S. 2). Mit dem Wegfall der Erlaubnis infolge Widerrufs greift nach Abs. 2 S. 2 die Nachwirkung nach § 2 Abs. 4 S. 4, welche dem Erlaubnisinhaber auch nach Widerruf noch eine ordnungsgemäße Abwicklung innerhalb von zwölf Monaten erlaubt (siehe § 2 Rn 24).

18 b) Vermögensausgleich (Abs. 2 Nr. 4 Hs. 2). Anders als bei der Rücknahme erfolgt beim Widerruf keine generelle Entschädigung des enttäuschten Vertrauens in Geld. Vielmehr ist eine Entschädigung in Geld nur für den auf

---

8 Thüsing/Kämmerer, § 5 Rn 5.
9 Boemke/Lembke, § 5 Rn 9.
10 Thüsing/Kämmerer, § 5 Rn 6 f.
11 Schüren/Stracke, § 5 Rn 23.
12 Thüsing/Kämmerer, § 5 Rn 8.
13 BAG 13.12.2006 – 10 AZR 674/05 – NZA 2007, 751.
14 DHHW/Lorenz, § 3 AÜG Rn 47.
15 Schüren/Stracke, § 5 Rn 24.
16 LSG Niedersachsen 22.7.1977 – L 7 S (Ar) 31/77 – EzAÜG § 4 AÜG Rücknahme Nr. 1; Boemke/Lembke, § 5 Rn 13.
17 Boemke/Lembke, § 5 Rn 15; Thüsing/Kämmerer, § 5 Rn 10.
18 Thüsing/Kämmerer, § 5 Rn 14.
19 Schüren/Stracke, § 5 Rn 30.
20 Boemke/Lembke, § 5 Rn 17.
21 LSG Niedersachsen 25.11.1993 – L 10 Ar 219/92 – EzAÜG § 5 AÜG Nr. 1; LSG Niedersachsen 25.11.1993 – L 10 Ar 218/92 – EzAÜG § 5 AÜG Nr. 3.
22 LSG Niedersachsen 25.11.1993 – L 10 Ar 219/92 – EzAÜG § 5 AÜG Nr. 1; LSG Niedersachsen 25.11.1993 – L 10 Ar 218/92 – EzAÜG § 5 AÜG Nr. 3.

Abs. 1 Nr. 4 gestützten Widerruf vorgesehen. In den übrigen Fällen geht der Gesetzgeber davon aus, dass der Widerruf dem Verleiher zurechenbar ist, weshalb schutzwürdiges Vertrauen nicht bestehen kann.[23]

Hinsichtlich Voraussetzungen und Rechtsfolge der Entschädigung verweist Abs. 1 Nr. 4 auf die für die Rücknahme geltende Regelung (siehe § 4 Rn 13). 19

C. Verbindung zu anderen Rechtsgebieten und zum Prozessrecht

I. Rechtsschutz gegen den Widerruf

Statthafte Rechtsbehelfe gegen den Widerruf sind **Anfechtungswiderspruch** (§ 78 Abs. 1 SGG) und **Anfechtungsklage** (§ 54 Abs. 1 S. 1 Var. 1 SGG). Widerspruch und Anfechtungsklage gegen den Widerrufsbescheid haben **keine aufschiebende Wirkung** (§ 86a Abs. 4 SGG). Nach § 86b Abs. 1 Nr. 2 SGG bzw. § 86a Abs. 4 S. 2 i.V.m. Abs. 3 SGG können jedoch Behörde oder Sozialgericht die aufschiebende Wirkung anordnen (siehe § 4 Rn 17). Für die **Streitwertbemessung** ist der Regelstreitwert anzusetzen, wenn nachvollziehbare Anhaltspunkte für einen konkreten Umsatzverlust fehlen.[24] Für Verfahren des einstweiligen Rechtsschutzes beträgt der Streitwert die Hälfte des Hauptsacheverfahrens.[25] 20

Die **materielle Beweislast** für das Bestehen eines Widerrufsgrunds trägt die Behörde.[26] Macht die Behörde von einem Widerrufsvorbehalt Gebrauch, trägt sie die materielle Beweislast dafür, dass der bei Erlaubniserteilung noch unsichere Versagungsgrund nunmehr tatsächlich vorliegt.[27] Nach h.M. obliegt der Behörde die materielle Beweislast auch hinsichtlich der Wahrung der Ausschlussfrist (siehe Rn 16).[28] 21

II. Rechtsschutz hinsichtlich Entschädigung

Für den Rechtsschutz hinsichtlich der Entschädigung sind nicht die ordentlichen Gerichte, sondern die **Sozialgerichte** zuständig.[29] Dies folgt daraus, dass dem SGG eine § 40 Abs. 2 VwGO entsprechende Regelung fehlt und der Widerruf auch keine Enteignung i.S.v. Art. 14 Abs. 3 GG darstellt. Lehnt die Behörde eine Entschädigung ab oder setzt sie zu geringe Entschädigung fest, ist hiergegen nach Durchführung des Widerspruchverfahrens die kombinierte **Anfechtungs- und Leistungsklage** (§ 54 Abs. 4 SGG) statthaft. 22

§ 6 Verwaltungszwang

Werden Leiharbeitnehmer von einem Verleiher ohne die erforderliche Erlaubnis überlassen, so hat die Erlaubnisbehörde dem Verleiher dies zu untersagen und das weitere Überlassen nach den Vorschriften des Verwaltungsvollstreckungsgesetzes zu verhindern.

A. Allgemeines 1	II. Verwaltungsvollstreckung 4
B. Regelungsgehalt 2	III. Rechtsschutz 5
I. Untersagungsverfügung 2	

A. Allgemeines

§ 6 stellt die Ermächtigungsgrundlage der BA dar, Verleihern ohne eine gem. § 1 Abs. 1 S. 1 erforderliche Erlaubnis die weitere gewerbsmäßige AÜ zu untersagen und diese Untersagungsverfügung mit den Mitteln der Verwaltungsvollstreckung gem. den Vorschriften des VwVG durchzusetzen. 1

B. Regelungsgehalt

I. Untersagungsverfügung

Tatbestandsvoraussetzung für den Erlass einer Untersagungsverfügung ist das Betreiben gewerbsmäßiger AÜ ohne die gem. § 1 Abs. 1 S. 1 erforderliche Erlaubnis. Zum Schutz des Rechtsverkehrs vor illegalen Praktiken der AÜ kann eine Untersagungsverfügung bereits dann ergehen, wenn noch keine Überlassung, sondern lediglich Vorbereitungshandlungen zur Überlassung (werbendes Auftreten am Markt, Anwerben von AN, Vertragsverhandlungen 2

---

23 Schüren/Stracke, § 5 Rn 36.
24 LSG Niedersachsen 26.2.2003 – L 8 Al 336/02 ER – juris.
25 LSG Niedersachsen 26.2.2003 – L 8 Al 336/02 ER – juris.
26 Boemke/Lembke, § 5 Rn 20; Thüsing/Kämmerer, § 5 Rn 12.
27 Boemke/Lembke, § 5 Rn 20; Thüsing/Kämmerer, § 5 Rn 12; a.A. Schüren/Stracke, § 5 Rn 28.
28 Boemke/Lembke, § 5 Rn 20; vgl. auch Kopp/Ramsauer, § 48 Rn 160.
29 A.A. Thüsing/Kämmerer, § 5 Rn 19.

mit potenziellen Entleihern) stattgefunden haben.[1] Liegen diese Voraussetzungen vor, so liegt der Erlass der Untersagungsverfügung nicht im Ermessen der BA, sondern diese ist zum Einschreiten verpflichtet. Dies folgt aus dem klaren Wortlaut des § 6.[2]

3 Die gem. § 6 zu erlassende Untersagungsverfügung stellt einen **Verwaltungsakt** i.S.d. § 35 VwVfG dar und muss gem. den allgemeinen verwaltungsrechtlichen Grundsätzen inhaltlich hinreichend bestimmt sein und eine Begründung sowie Rechtsbehelfsbelehrung enthalten. Zuständige Behörde ist gem. § 17 die BA bzw. ihre Dienststellen. **Adressat** der Verfügung ist nach dem Wortlaut des Gesetzes nur der Verleiher und nicht etwa der Entleiher oder der Leih-AN. Handelt es sich bei dem Verleiher um eine juristische Person, ist die Verfügung gegen diese selbst und nicht gegen die sie vertretenden natürlichen Personen (z.B. Geschäftsführer) zu richten.[3] Im Falle eines Strohmannverhältnisses sind sowohl Strohmann als auch Hintermann richtige Adressaten der Verfügung.[4]

II. Verwaltungsvollstreckung

4 Die Verwaltungsvollstreckung richtet sich nach dem VwVG des Bundes, da ausführende Behörde gem. § 17 die BA ist. Die BA ist gem. § 7 Abs. 1 VwVG i.V.m. §§ 6, 17 S. 1 auch für die Vollstreckung zuständig. Untersagungsverfügungen i.S.d. § 6 sind ab ihrem Erlass geeignete Vollstreckungstitel i.S.d. § 6 Abs. 2 VwVG, weil Widerspruch und Anfechtungsklage keine aufschiebende Wirkung entfalten.[5] Als **Zwangsmittel** zur Durchsetzung der Unterlassungspflicht kommen die Verhängung von Zwangsgeld und unmittelbarer Zwang in Betracht, nicht jedoch eine Ersatzvornahme, da es sich bei der zu erzwingenden Unterlassung nicht um eine vertretbare Handlung handelt. Das festzusetzende **Zwangsgeld** kann gem. § 11 Abs. 3 VwVG zwischen 3 und 2.000 DM betragen (bzw. den entsprechenden Betrag in EUR), es wird gem. § 4 lit. b VwVG durch die Hauptzollämter als Vollstreckungsbehörden der Bundesfinanzverwaltung beigetrieben.[6] Bei Uneinbringlichkeit kann Zwangshaft angeordnet werden, § 16 VwVG. **Unmittelbarer Zwang** gem. § 12 VwVG kann etwa in der Schließung von Büros des Verleihers bestehen. Nach den allgemeinen verwaltungsrechtlichen Grundsätzen ist bei der Auswahl des Zwangsmittels der Verhältnismäßigkeitsgrundsatz zu beachten. Die Anwendung von Zwangsmitteln muss gem. § 13 Abs. 1 VwVG **schriftlich angedroht** werden und kann mit der Untersagungsverfügung verbunden werden (§ 13 Abs. 2 VwVG). Ausnahmsweise kann die Verwaltungsvollstreckung auch ohne vorherige Untersagungsverfügung gem. § 6 Abs. 2 VwVG erfolgen, wenn dies zur **Abwendung einer drohenden Gefahr** notwendig ist, etwa wenn aufgrund besonderer Umstände zu befürchten ist, dass sich der Verleiher bei weiterem Zuwarten den Maßnahmen der BA entziehen könnte.[7]

III. Rechtsschutz

5 Gegen die Untersagungsverfügung sind Widerspruch und Anfechtungsklage statthaft, zuständig sind gem. § 51 Abs. 1 SGG die Sozialgerichte. Die Rechtsbehelfe haben jedoch keine aufschiebende Wirkung.[8] Für Anfechtungsklagen gegen die Beitreibung von Zwangsgeldern durch die Hauptzollämter ist hingegen die Finanzgerichtsbarkeit zuständig.[9]

§ 7 Anzeigen und Auskünfte

(1) [1]Der Verleiher hat der Erlaubnisbehörde nach Erteilung der Erlaubnis unaufgefordert die Verlegung, Schließung und Errichtung von Betrieben, Betriebsteilen oder Nebenbetrieben vorher anzuzeigen, soweit diese die Ausübung der Arbeitnehmerüberlassung zum Gegenstand haben. [2]Wenn die Erlaubnis Personengesamtheiten, Personengesellschaften oder juristischen Personen erteilt ist und nach ihrer Erteilung eine andere Person zur Geschäftsführung oder Vertretung nach Gesetz, Satzung oder Gesellschaftsvertrag berufen wird, ist auch dies unaufgefordert anzuzeigen.

(2) [1]Der Verleiher hat der Erlaubnisbehörde auf Verlangen die Auskünfte zu erteilen, die zur Durchführung des Gesetzes erforderlich sind. [2]Die Auskünfte sind wahrheitsgemäß, vollständig, fristgemäß und unentgeltlich zu erteilen. [3]Auf Verlangen der Erlaubnisbehörde hat der Verleiher die geschäftlichen Unterlagen vorzulegen, aus denen sich die Richtigkeit seiner Angaben ergibt, oder seine Angaben auf sonstige Weise glaubhaft zu machen. [4]Der Verleiher hat seine Geschäftsunterlagen drei Jahre lang aufzubewahren.

(3) [1]In begründeten Einzelfällen sind die von der Erlaubnisbehörde beauftragten Personen befugt, Grundstücke und Geschäftsräume des Verleihers zu betreten und dort Prüfungen vorzunehmen. [2]Der Verleiher hat die

---

1 *Boemke/Lembke*, § 6 Rn 4; HWK/*Pods*, § 6 AÜG Rn 4; Thüsing/*Kämmerer*, § 6 Rn 2.
2 A.A. *Sandmann/Marschall*, § 6 Rn 3.
3 LSG Niedersachsen. 24.2.1981 – L 7 Ar 78/79 – EzAÜG § 1 AÜG Erlaubnispflicht Nr. 7; SG Frankfurt a.M. 22.8.1986 – S 14 Ar 373/79 – NZA 1987, 40.
4 BVerwG 2.2.1982 – 1 C 14/78 – MDR 1982, 1046 = DÖV 1982, 902.
5 Schüren/*Stracke*, § 6 Rn 28.
6 *Boemke/Lembke*, § 6 Rn 13.
7 *Boemke/Lembke*, § 6 Rn 15.
8 Schüren/*Stracke*, § 6 Rn 43.
9 *Boemke/Lembke*, § 6 Rn 22.

Maßnahmen nach Satz 1 zu dulden. ³Das Grundrecht der Unverletzlichkeit der Wohnung (Artikel 13 des Grundgesetzes) wird insoweit eingeschränkt.

(4) ¹Durchsuchungen können nur auf Anordnung des Richters bei dem Amtsgericht, in dessen Bezirk die Durchsuchung erfolgen soll, vorgenommen werden. ²Auf die Anfechtung dieser Anordnung finden die §§ 304 bis 310 der Strafprozeßordnung entsprechende Anwendung. ³Bei Gefahr im Verzug können die von der Erlaubnisbehörde beauftragten Personen während der Geschäftszeit die erforderlichen Durchsuchungen ohne richterliche Anordnung vornehmen. ⁴An Ort und Stelle ist eine Niederschrift über die Durchsuchung und ihr wesentliches Ergebnis aufzunehmen, aus der sich, falls keine richterliche Anordnung ergangen ist, auch die Tatsachen ergeben, die zur Annahme einer Gefahr im Verzug geführt haben.

(5) Der Verleiher kann die Auskunft auf solche Fragen verweigern, deren Beantwortung ihn selbst oder einen der in § 383 Abs. 1 Nr. 1 bis 3 der Zivilprozeßordnung bezeichneten Angehörigen der Gefahr strafgerichtlicher Verfolgung oder eines Verfahrens nach dem Gesetz über Ordnungswidrigkeiten aussetzen würde.

A. Allgemeines 1	IV. Betretungs- und Prüfungsrecht (Abs. 3) 11
B. Regelungsgehalt 2	1. Voraussetzungen 12
I. Geltung nur für legale Verleiher 2	2. Ausführung und Umfang der Nachschau/
II. Anzeigepflichten (Abs. 1) 3	Durchsetzung 13
1. Betriebliche Veränderungen (S. 1) 3	V. Durchsuchungsrecht (Abs. 4) 18
2. Personelle Veränderungen (S. 2) 5	1. Allgemeine Voraussetzungen 18
3. Rechtsfolgen 6	2. Richterliche Anordnung und Gefahr im Verzug
III. Auskunftspflichten (Abs. 2) 7	(S. 1 und 2) 19
1. Pflicht zur Erteilung von Auskünften (S. 1 und 2) 7	3. Gefahr im Verzug (S. 3) 20
	4. Niederschrift (S. 4) 21
2. Vorlage von Geschäftsunterlagen (S. 3 und 4) 9	VI. Auskunftsverweigerungsrecht (Abs. 5) 22
3. Rechtsfolgen 10	VII. Rechtsschutz 23

A. Allgemeines

§ 7 regelt Anzeige- und Auskunftspflichten der Verleiher gegenüber der BA nach Erteilung der Erlaubnis (Abs. 1 und 2). Gleichzeitig ist die Norm Ermächtigungsgrundlage der BA für die Durchführung von Überprüfungen in den Geschäftsräumen der Verleiher bis hin zu Durchsuchungen (Abs. 3 und 4). Durch die Vorschrift wird die BA in die Lage versetzt, die gesetzmäßige Durchführung der gewerbsmäßigen AÜ zu kontrollieren und dadurch insb. den sozialen Schutz der Leih-AN sicherzustellen. § 7 gilt seit Inkrafttreten des AÜG unverändert.[1]

1

B. Regelungsgehalt

I. Geltung nur für legale Verleiher

Die Regelungen des § 7 betreffen nur solche Verleiher, die über eine Erlaubnis für die gewerbsmäßige AÜ gem. § 1 Abs. 1 S. 1 verfügen.[2] Für die **illegale AÜ** gilt die Vorschrift nicht. Verleiher ohne die erforderliche Erlaubnis treffen daher weder Anzeige- noch Auskunftspflichten gegenüber der BA gem. den Abs. 1 und 2.[3] Auch können auf die Abs. 3 und 4 keine Betretungen und Durchsuchungen zu Prüfungszwecken gestützt werden. Die Nichtgeltung für illegale Verleiher folgt für die Anzeigepflichten bereits aus dem Wortlaut des Abs. 1, der auf den Zeitraum nach Erlaubniserteilung abstellt. Für die übrigen Abs. ergibt sie sich aus dem Sinn und Zweck der Vorschrift, die eine Kontrolle der legalen AÜ sicherstellen will (siehe Rn 1). Wären illegale Verleiher gegenüber der BA zur Erteilung von Auskünften verpflichtet, würde dies zudem einer mit rechtsstaatlichen Grundsätzen nicht zu vereinbarenden Pflicht zur Selbstanzeige gleichkommen. Gegenüber illegalen Verleihern kann die BA vielmehr auf der Grundlage des § 6 mittels einer Untersagungsverfügung und Maßnahmen der Verwaltungsvollstreckung vorgehen sowie im Rahmen von Ermittlungen Eingriffe auf die entsprechenden Vorschriften des OWiG stützen.[4]

2

II. Anzeigepflichten (Abs. 1)

1. Betriebliche Veränderungen (S. 1). Der Verleiher muss der BA bestimmte betriebliche Veränderungen nach der Erlaubniserteilung unaufgefordert mitteilen, soweit sie Auswirkungen auf die AÜ zum Gegenstand haben. Die Anzeige hat vor Eintritt der Veränderungen zu erfolgen. Um der BA Gelegenheit zu geben, auf die mitgeteilten Sachverhalte ggf. reagieren zu können, hat die Anzeige **rechtzeitig vor Eintritt der Veränderungen** zu erfolgen.[5] Eine bestimmte Form ist für die Anzeige nicht vorgeschrieben, aus Beweisgründen sollte sie allerdings schriftlich erfolgen.[6]

3

---

1 Thüsing/*Thüsing*, § 7 Rn 1.
2 So auch *Boemke/Lembke*, § 7 Rn 3; HWK/*Pods* § 7 AÜG Rn 1; Schüren/*Stracke*, § 7 Rn 6; a.A. *Ulber*, § 7 Rn 2.
3 Schüren/*Stracke*, § 7 Rn 6.
4 *Boemke/Lembke*, § 7 Rn 3.
5 HWK/*Pods*, § 7 AÜG Rn 3.
6 Thüsing/*Thüsing*, § 7 Rn 5.

4 Der Verleiher muss die beabsichtigte Verlegung, Schließung oder Errichtung von Betrieben, Betriebsteilen oder Nebenbetrieben mitteilen. Ob ein Betrieb, Betriebsteil oder Nebenbetrieb vorliegt, bestimmt sich nach den betriebsverfassungsrechtlichen Vorschriften (u.a. §§ 1, 4 BetrVG).[7] Eine **Verlegung** liegt vor, wenn sich unter Wahrung der Identität des Betriebs bzw. des Betriebsteils oder des Nebenbetriebs dessen örtliche Lage ändert.[8] Mit **Schließung** ist die endgültige und nicht nur vorübergehende Einstellung des Betriebs, Betriebsteils oder Nebenbetriebs durch den Verleiher gemeint. Dies schließt nach allgemeiner Ansicht auch die Veräußerung oder Verpachtung mit der Folge eines Betriebsübergangs gem. § 613a BGB ein, da die Erlaubnis auf den Verleiher bezogen ist.[9] Eine **Errichtung** ist gegeben, wenn ein neuer Betrieb, Betriebsteil oder Nebenbetrieb innerhalb eines bestehenden (und mit einer Erlaubnis versehenen) Verleihunternehmens eröffnet wird.[10] Eine solche Errichtung kann auch in einer Neustrukturierung einer bestehenden betrieblichen Einheit liegen, sofern dadurch deren Identität verloren geht.[11]

5 **2. Personelle Veränderungen (S. 2).** Eine Anzeigepflicht gilt gem. S. 2 auch für bestimmte personelle Veränderungen bei Personengesamtheiten (z.B. nichtrechtsfähiger Verein, Erbengemeinschaft), Personengesellschaften (z.B. OHG, KG und GbR) sowie juristischen Personen (z.B. AG, GmbH, KGaA, eingetragener Verein). Dies soll die Zuverlässigkeit eines Verleihers sichern, der keine natürliche Person ist.[12] Ausweislich des Wortlauts muss die Anzeige im Gegensatz zu S. 1 nicht bereits vorab erfolgen, sondern es genügt eine Mitteilung nach Eintritt der Veränderung.[13] Von der Anzeigepflicht umfasst sind Veränderungen in der Geschäftsführung oder der Vertretung kraft Gesetzes, z.B. der Wechsel des GmbH-Geschäftsführers oder Veränderungen in der Zusammensetzung des Vorstandes einer AG.[14] Keine Anzeigepflicht lösen hingegen Veränderungen im Bereich rechtsgeschäftlicher Vertretungsmacht aus, wie z.B. die Erteilung von Prokura oder einer Handlungsvollmacht.[15]

6 **3. Rechtsfolgen.** Verstößt der Verleiher gegen die Anzeigepflichten des Abs. 1, kann die BA diesen zur Abgabe einer Anzeige verpflichten und dies notfalls im Wege des Verwaltungszwangs durchsetzen.[16] Der Verstoß gegen die Anzeigepflicht ist ferner eine Ordnungswidrigkeit gem. § 16 Abs. 4, und kann in schwerwiegenden Fällen wegen der hieraus regelmäßig zu folgernden Unzuverlässigkeit i.S.d. § 3 Abs. 1 Nr. 1 zum Widerruf der Erlaubnis gem. § 5 Abs. 1 Nr. 3 führen.[17]

III. Auskunftspflichten (Abs. 2)

7 **1. Pflicht zur Erteilung von Auskünften (S. 1 und 2).** Der Verleiher ist verpflichtet, der BA auf Verlangen alle Auskünfte zu erteilen, die zur Durchführung des Gesetzes erforderlich sind (S. 1). Dies sind in erster Linie Auskünfte, die sich auf die **Erfüllung der gesetzlichen Pflichten des Verleihers** (§ 3) und damit die Gewährleistung der materiellrechtlichen Voraussetzungen für die Erteilung der Verleiherlaubnis beziehen.[18] Z.B. kann die BA sog. Mischunternehmen zu einer namentlichen Aufstellung aller Beschäftigten getrennt nach Leih-AN und anderen AN unter Angabe der jeweiligen Beschäftigungsdauer verpflichten, um Leih-AN eindeutig dem Schutzbereich des AÜG zuordnen zu können.[19] Hingegen ist die BA nicht zu solchen Auskunftsverlangen berechtigt, die sich auf Vorgänge bei Dritten beziehen, mit denen der Verleiher in geschäftlichem Kontakt steht oder die zur Erfüllung sonstiger Aufgaben der Arbeitsverwaltung nützlich sein könnten.[20] Die Geltendmachung des Auskunftsanspruchs steht im **Ermessen der BA** und bedarf **keines besonderen Anlasses**. Gem. den allgemeinen verwaltungsrechtlichen Grundsätzen muss die BA bei der Ausübung des Ermessens jedoch den Gleichbehandlungs- und den Verhältnismäßigkeitsgrundsatz beachten.[21]

8 Der Verleiher ist verpflichtet, die Auskünfte **wahrheitsgemäß, vollständig, fristgemäß und unentgeltlich zu erteilen (S. 2)**. Die Auskünfte müssen in deutscher Sprache erteilt werden. Ein ausländischer Verleiher muss deshalb ggf. anfallende Kosten für Übersetzungen selbst tragen.[22]

9 **2. Vorlage von Geschäftsunterlagen (S. 3 und 4).** Auf Verlangen muss der Verleiher zudem die Richtigkeit seiner Auskünfte durch die Vorlage von Geschäftsunterlagen nachweisen oder auf andere Weise glaubhaft machen (S. 3). **Geschäftsunterlagen** sind alle schriftlichen Unterlagen, Datenträger oder Tonbandaufzeichnungen, die im Zusammenhang mit der AÜ stehen, z.B. Geschäftsbücher, Überlassungsverträge, Leiharbeitsverträge, Korrespondenz mit Vertragspartnern und Behörden, Lohnlisten, Belege über die Abführung von Einkommensteuer und Sozialabgaben.[23] Bei gemischten Unternehmen sind von der Vorlagepflicht solche Dokumente nicht umfasst, die kei-

---

7 Schüren/*Stracke*, § 7 Rn 13; Thüsing/*Thüsing*, § 7 Rn 8.
8 Boemke/Lembke, § 7 Rn 5.
9 Boemke/Lembke, § 7 Rn 6; Schüren/*Stracke*, § 7 Rn 14; Thüsing/*Thüsing*, § 7 Rn 9.
10 Boemke/Lembke, § 7 Rn 7.
11 Thüsing/*Thüsing*, § 7 Rn 9.
12 ErfK/*Wank*, § 7 AÜG Rn 6.
13 Boemke/Lembke, § 7 Rn 16.
14 Boemke/Lembke, § 7 Rn 14.
15 Thüsing/*Thüsing*, § 7 Rn 11; ErfK/*Wank*, § 7 AÜG Rn 6.
16 Vgl. BSG 12.7.1989 – 7 RAr 46/88 – NZA 1990, 157 f.; HWK/*Pods*, § 7 AÜG Rn 8.
17 Thüsing/*Thüsing*, § 7 Rn 12; HWK/*Pods*, § 7 AÜG Rn 8.
18 HWK/*Pods*, § 7 AÜG Rn 9.
19 LSG Berlin 26.1.1988 – L 14 Ar 7/86 – EzAÜG § 7 AÜG Auskunftspflichten Nr. 7.
20 Boemke/Lembke, § 7 Rn 19.
21 Boemke/Lembke, § 7 Rn 21.
22 Thüsing/*Thüsing*, § 7 Rn 18.
23 ErfK/*Wank*, § 7 AÜG Rn 7; Thüsing/*Thüsing*, § 7 Rn 19.

nen Bezug zur AÜ aufweisen.²⁴ Gem. S. 4 muss der Verleiher diese Dokumente **drei Jahre lang aufbewahren**. Bei der Glaubhaftmachung kann sich der Verleiher aller im Einzelfall zur Verfügung stehenden Mittel bedienen, eine Versicherung an Eides statt kann wegen fehlender gesetzlicher Regelung aber nicht verlangt werden.²⁵

3. Rechtsfolgen. Bei Verstößen gegen die Auskunftspflicht oder die Pflicht zur Aufbewahrung liegt eine Ordnungswidrigkeit gem. § 16 Abs. 1 Nr. 5 und 6 vor. Auskunfts- und Vorlagepflicht kann die BA im Wege des Verwaltungszwangs durchsetzen; ebenso wie bei der Verletzung der Anzeigepflicht können schwerwiegende Verstöße zur Annahme der Unzuverlässigkeit und zu einem Widerruf der Erlaubnis gem. § 5 Abs. 1 Nr. 3 i.V.m. § 3 Abs. 1 Nr. 1 führen.

IV. Betretungs- und Prüfungsrecht (Abs. 3)

Die BA ist in begründeten Einzelfällen befugt, Grundstücke und Geschäftsräume des Verleihers durch beauftragte Personen zu betreten, um dort Prüfungen vorzunehmen. Es handelt sich um ein behördliches Nachschaurecht.

1. Voraussetzungen. Im Unterschied zur Auskunftspflicht des Abs. 2 darf die behördliche Nachschau nicht verdachtsunabhängig, sondern nur in begründeten Einzelfällen stattfinden. Ein begründeter Einzelfall ist nur dann gegeben, wenn Tatsachen vorliegen, die den konkreten Verdacht begründen, dass eine Prüfung gesetzeswidrige Zustände ergibt, die das Betreten der Geschäftsräume erforderlich ist.²⁶ Solche Tatsachen können z.B. Beschwerden von Leih-AN sein.²⁷ Stichprobenartige Kontrollen dürfen nicht stattfinden. Die BA hat bei der Entscheidung, ob und auf welche Weise sie gem. Abs. 3 vorgeht, den Grundsatz der Verhältnismäßigkeit zu beachten. Dies erfordert jedoch nicht in allen Fällen, dass der Verleiher zunächst erfolglos zur Auskunftserteilung gem. Abs. 2 aufgefordert worden ist.²⁸ Es ist für eine Betretung und Überprüfung der Geschäftsräume ebenfalls nicht erforderlich, dass die Nachschau vorher angekündigt wird, wenn dies den Erfolg der Maßnahme beeinträchtigen könnte.²⁹

2. Ausführung und Umfang der Nachschau/Durchsetzung. Die Nachschau darf durch die von der BA beauftragten Personen durchgeführt werden. Dies können neben den Bediensteten der BA auch Vertreter anderer Behörden oder Private sein, die über Spezialkenntnisse verfügen, wie etwa EDV-SV.³⁰

Es ist der BA nach dem Wortlaut des Abs. 3 lediglich gestattet, Geschäftsräume des Verleihers zu betreten. Dies schließt ein Betretungsrecht der Wohnung des Verleihers aus, selbst wenn diese gleichzeitig zu Geschäftszwecken genutzt werden sollte.³¹ Ferner folgt aus Art. 13 GG, dass auch ein Betreten der Geschäftsräume nur innerhalb der üblichen Geschäftszeiten gestattet ist.³²

Im Rahmen der Nachschau des Abs. 3 darf nur geprüft werden, ob sich der Verleiher an die gesetzlichen Vorgaben des AÜG hält,³³ hier kommt etwa eine Überprüfung der Geschäftsunterlagen in Betracht. Eine **weitergehende Durchsuchung** von Wohn- und Geschäftsräumen ist nur auf Grundlage des Abs. 4 oder im Rahmen eines Ordnungswidrigkeitsverfahrens zulässig.

Der Verleiher hat die Nachschau der BA gem. S. 2 zu dulden. Dies umfasst über den Wortlaut hinaus auch die notwendigen Mitwirkungshandlungen, um der BA die Nachschau zu ermöglichen.³⁴ Die Behörde kann etwa Auskünfte über den Aufbewahrungsort der Geschäftsunterlagen, das Aufschließen von Türen und Schränken und die Zurverfügungstellung des Arbeitsplatzes verlangen. Abs. 3 ermächtigt die BA auch, Geschäftsunterlagen vorübergehend mitzunehmen, wenn die Prüfung abschließend nicht vor Ort möglich ist.³⁵

Zur Durchsetzung der Nachschau kann sich die BA den Mitteln des **Verwaltungszwangs** bedienen. Als Zwangsmittel kommt jedoch nur Zwangsgeld und nicht unmittelbarer Zwang in Betracht, da andernfalls eine Umgehung der für Durchsuchungen geltenden strengeren Voraussetzungen des Abs. 4 möglich wäre.³⁶

V. Durchsuchungsrecht (Abs. 4)

1. Allgemeine Voraussetzungen. Unter bestimmten Voraussetzungen kommt der BA über das Recht zur Nachschau sogar ein Durchsuchungsrecht beim Verleiher zu. Unter Durchsuchung versteht man die ohne oder gegen den Willen des Betroffenen durchgeführte zwangsweise Suche zur Sicherstellung von Geschäftsunterlagen.³⁷ Dabei muss es sich nach dem Gesetzeszweck um Geschäftsunterlagen handeln, die im Zusammenhang mit der AÜ stehen.³⁸

---

24 ErfK/*Wank*, § 7 AÜG Rn 7.
25 Thüsing/*Thüsing*, § 7 Rn 22.
26 BSG 29.7.1992 – 11 RAr 57/91 – NZA 1993, 524.
27 *Boemke/Lembke*, § 7 Rn 33.
28 BSG 29.7.1992 –11 RAr 57/91 – NZA 1993, 524; Thüsing/*Thüsing*, § 7 Rn 28.
29 BSG 29.7.1992 –11 RAr 57/91 – NZA 1993, 524.
30 Thüsing/*Thüsing*, § 7 Rn 29; so auch HWK/*Pods*, § 7 AÜG Rn 17.
31 BVerfG 13.10.1971 – 1 BvR 280/66 – BVerfGE 32, 54, 75 f. = NJW 1971, 2299; *Boemke/Lembke*, § 7 Rn 36.
32 BSG 29.7.1992 – 11 RAr 57/91 – NZA 1993, 524, 526.
33 Thüsing/*Thüsing*, § 7 Rn 30.
34 Schüren/*Stracke*, § 7 Rn 50; ErfK/*Wank*, § 7 AÜG Rn 13; Thüsing/*Thüsing*, § 7 Rn 31.
35 Thüsing/*Thüsing*, § 7 Rn 31.
36 ErfK/*Wank*, § 7 AÜG Rn 14; Schüren/*Stracke*, § 7 Rn 52.
37 Thüsing/*Thüsing*, § 7 Rn 33.
38 Vgl. *Boemke/Lembke*, § 7 Rn 42.

Im Gegensatz zum Nachschaurecht des Abs. 3 werden vom Durchsuchungsrecht auch die Wohnräume des Verleihers erfasst.[39] Voraussetzung für die materielle Rechtmäßigkeit einer Durchsuchung ist neben einem konkreten Verdacht (siehe Rn 12) die Einhaltung des Verhältnismäßigkeitsprinzips. Weniger einschneidende Maßnahmen wie etwa das Vorgehen gem. den Abs. 2 und 3 dürfen keinen Erfolg versprechen, müssen jedoch zuvor nicht unbedingt auch erfolglos durchgeführt worden sein.[40]

19 **2. Richterliche Anordnung und Gefahr im Verzug (S. 1 und 2).** Die Durchsuchung ist außer in den Fällen, in denen Gefahr im Verzug ist (S. 3), nur aufgrund einer richterlichen Anordnung zulässig. Zuständig ist der Richter am Amtsgericht, in dessen Bezirk die Durchsuchung stattfinden soll. Weil S. 1 im Gegensatz zu S. 2 keine Einschränkung auf die Geschäftszeit enthält, darf die Durchsuchung auf richterliche Anordnung auch außerhalb der Geschäftszeiten stattfinden. Für eine Durchsuchung zur Nachtzeit gilt jedoch wegen der besonderen Schwere des Grundrechtseingriffs ein strenger Maßstab im Rahmen der Verhältnismäßigkeitsprüfung, so dass eine Zulässigkeit nur in Ausnahmefällen gegeben sein dürfte.[41] Die Durchsuchung darf nur innerhalb eines halben Jahres nach dem Erlass der richterlichen Anordnung durchgeführt werden.[42]

20 **3. Gefahr im Verzug (S. 3).** Ohne richterliche Anordnung ist eine Durchsuchung nur bei Gefahr im Verzug gestattet. Dies ist der Fall, wenn die vorherige Einholung der richterlichen Anordnung den Durchsuchungszweck gefährden würde.[43] Beispiele hierfür sind der auf Tatsachen basierende konkrete Verdacht, dass der Verleiher die von der Durchsuchung betroffenen Geschäftsunterlagen oder sich selbst dem Zugriff der BA entziehen oder Unterlagen verfälschen will.[44] Eine nachträgliche Einholung der richterlichen Anordnung ist nicht vorgesehen. Von S. 3 sind auch die Wohnräume des Verleihers umfasst. Allerdings scheidet aufgrund des Wortlautes der Vorschrift eine Durchsuchung außerhalb der Geschäftszeiten aus; maßgeblich sind hierbei die in der Verleihbranche üblichen Geschäftszeiten und nicht die konkreten Geschäftszeiten des betroffenen Verleihers.[45]

21 **4. Niederschrift (S. 4).** Sowohl bei der Durchsuchung auf richterliche Anordnung als auch bei Gefahr im Verzug ist bei der Durchsuchung eine Niederschrift anzufertigen. Die Anfertigung des Protokolls muss an Ort und Stelle geschehen und kann nicht nachgeholt werden. Mindestinhalt sind Zeit und Ort der Durchsuchung, anwesende Personen, Gegenstand und Grund der Durchsuchung (sofern dieser nicht bereits aus der richterlichen Anordnung ersichtlich ist) sowie das wesentliche Ergebnis der Durchsuchung. Bei einer Durchsuchung ohne richterliche Anordnung muss das Protokoll zudem die Tatsachen enthalten, die zur Annahme einer Gefahr im Verzug geführt haben.[46] Wird gegen eine der genannten Formvorschriften verstoßen, ist die Durchsuchung rechtswidrig. Die Untersuchungsergebnisse dürfen in diesem Fall nicht als Beweismittel gegen den Verleiher verwendet werden.[47]

VI. Auskunftsverweigerungsrecht (Abs. 5)

22 Der Verleiher kann Auskunft auf solche Fragen verweigern, deren Beantwortung ihn selbst oder einen Angehörigen der Gefahr von Strafverfolgung oder eines Ordnungswidrigkeitsverfahrens aussetzen würde. Die von diesem Auskunftsverweigerungsrecht umfassten Angehörigen sind in § 383 Abs. 1 Nr. 1 bis 3 ZPO abschließend aufgezählt. Als Straf- und Ordnungswidrigkeitstatbestände kommen insb. §§ 15 ff. in Betracht. Der Verleiher muss sich auf sein Auskunftsverweigerungsrecht ausdrücklich berufen, um nicht ein Ordnungswidrigkeitsverfahren gem. § 16 Abs. 1 Nr. 5 zu riskieren. Macht der Verleiher von seinem Auskunftsverweigerungsrecht Gebrauch, so kann die BA die benötigten Informationen bei Vorliegen der Voraussetzungen auch auf andere Art und Weise, etwa durch Nachschau gem. Abs. 3 oder Durchsuchung gem. Abs. 4, beschaffen.[48]

VII. Rechtsschutz

23 Dem Verleiher stehen als Rechtsmittel gegen unberechtigte Auskunfts- und Vorlagebegehren sowie Verfügungen zur Duldung des Betretens und der Überprüfung Widerspruch und Anfechtungsklage zum Sozialgericht zur Verfügung. Gegen eine richterliche **Durchsuchungsanordnung** steht dem Verleiher gem. Abs. 4 S. 2 die Beschwerde beim Amtsgericht (§§ 304 ff. StPO) mit der Möglichkeit der Aussetzung der Vollziehung gem. § 307 Abs. 2 StPO offen. Ist die Durchsuchung bereits vollzogen, so kann deren Rechtmäßigkeit mittels einer Fortsetzungsfeststellungsklage beim Sozialgericht überprüft werden.

---

39 *Boemke*/Lembke, § 7 Rn 42.
40 BSG 29.7.1992 – 11 RAr 57/91 – NZA 1993, 524, 526 f.
41 ErfK/*Wank*, § 7 AÜG Rn 16.
42 BVerfG 27.5.1997 – 2 BvR 1992/92 – BVerfGE 96, 44 ff. = NJW 1997, 2165; Thüsing/*Thüsing*, § 7 Rn 35.
43 BVerwG 12.12.1967 – I C 112/64 – NJW 1968, 563 = DVBl 1968, 752.
44 Schüren/*Stracke*, § 7 Rn 62; Thüsing/*Thüsing*, § 7 Rn 36.
45 Thüsing/*Thüsing*, § 7 Rn 37.
46 Schüren/*Stracke*, § 7 Rn 65; *Boemke*/Lembke, § 7 Rn 48.
47 *Boemke*/Lembke, § 7 Rn 55.
48 Schüren/*Stracke*, § 7 Rn 29.

§ 8 Statistische Meldungen

(1) Der Verleiher hat der Erlaubnisbehörde halbjährlich statistische Meldungen über
1. die Zahl der überlassenen Leiharbeitnehmer getrennt nach Geschlecht, nach der Staatsangehörigkeit, nach Berufsgruppen und nach der Art der vor der Begründung des Vertragsverhältnisses zum Verleiher ausgeübten Beschäftigung,
2. die Zahl der Überlassungsfälle, gegliedert nach Wirtschaftsgruppen,
3. die Zahl der Entleiher, denen er Leiharbeitnehmer überlassen hat, gegliedert nach Wirtschaftsgruppen,
4. die Zahl und die Dauer der Arbeitsverhältnisse, die er mit jedem überlassenen Leiharbeitnehmer eingegangen ist,
5. die Zahl der Beschäftigungstage jedes überlassenen Leiharbeitnehmers, gegliedert nach Überlassungsfällen,

zu erstatten. Die Erlaubnisbehörde kann die Meldepflicht nach Satz 1 einschränken.

(2) Die Meldungen sind für das erste Kalenderhalbjahr bis zum 1. September des laufenden Jahres, für das zweite Kalenderhalbjahr bis zum 1. März des folgenden Jahres zu erstatten.

(3) ^{1}Die Erlaubnisbehörde gibt zur Durchführung des Absatzes 1 Erhebungsvordrucke aus. ^{2}Die Meldungen sind auf diesen Vordrucken zu erstatten. ^{3}Die Richtigkeit der Angaben ist durch Unterschrift zu bestätigen.

(4) ^{1}Einzelangaben nach Absatz 1 sind von der Erlaubnisbehörde geheimzuhalten. ^{2}Die §§ 93, 97, 105 Abs. 1, § 111 Abs. 5 in Verbindung mit § 105 Abs. 1 sowie § 116 Abs. 1 der Abgabenordnung gelten nicht. ^{3}Dies gilt nicht, soweit die Finanzbehörden die Kenntnisse für die Durchführung eines Verfahrens wegen einer Steuerstraftat sowie eines damit zusammenhängenden Besteuerungsverfahrens benötigen, an deren Verfolgung ein zwingendes öffentliches Interesse besteht, oder soweit es sich um vorsätzlich falsche Angaben des Auskunftspflichtigen oder der für ihn tätigen Personen handelt. ^{4}Veröffentlichungen von Ergebnissen auf Grund von Meldungen nach Absatz 1 dürfen keine Einzelangaben enthalten. ^{5}Eine Zusammenfassung von Angaben mehrerer Auskunftspflichtiger ist keine Einzelangabe im Sinne dieses Absatzes.

A. Allgemeines	1	II. Geheimhaltungspflicht (Abs. 4)	4
B. Regelungsgehalt	2	III. Rechtsfolgen bei Verstößen gegen die Meldepflicht	7
I. Pflicht zur Erstattung statistischer Meldungen	2		

A. Allgemeines

Die Pflicht des Verleihers zur regelmäßigen Erstattung statistischer Meldungen soll es der BA ermöglichen, die Marktentwicklung im Bereich der gewerbsmäßigen AÜ überblicken und umfassend analysieren zu können. Aus dem aufbereiteten Datenmaterial werden alle vier Jahre Erfahrungsberichte an die Bundesregierung erstellt.[1] Indirekt kann durch die Statistiken zudem die Einhaltung der Pflichten des AÜG durch die Verleiher überprüft werden.[2]

1

B. Regelungsgehalt

I. Pflicht zur Erstattung statistischer Meldungen

Der Verleiher hat der BA die statistischen Meldungen unaufgefordert und unentgeltlich zweimal im Jahr zu übermitteln. Zuständige Behörde ist die Regionaldirektion, in deren Bezirk der Geschäftssitz – bzw. bei mehreren Niederlassungen – der Hauptsitz des Verleihers liegt. Bei ausländischen Verleihern ist die Regionaldirektion Hessen zuständig.[3] **Der Inhalt der Meldepflicht** ist in Abs. 1 detailliert geregelt. Von der Möglichkeit des Abs. 1 S. 2, die Meldepflicht einzuschränken, hat die BA Gebrauch gemacht. Für die Angaben bezüglich Zahl, Geschlecht, Staatsangehörigkeit und Berufszugehörigkeit der Leih-AN genügen Stichtagserhebungen, zudem wird auf die Unterteilung nach Berufs- und Wirtschaftsgruppen verzichtet. Eine weitere Einschränkung erfährt die Meldepflicht des Abs. 1 dadurch, dass im Falle der grenzüberschreitenden AÜ aus Deutschland heraus zu den jeweiligen Meldeterminen nur formlose und nach Geschlecht unterteilte Stichtagsmeldungen abzugeben sind.[4]

2

Die in Abs. 2 genannten **Meldefristen** sind bindend und dürfen nicht überschritten werden, um die Aktualität der Arbeitsmarktbeobachtung nicht zu gefährden. Wird die Verleiherlaubnis im Laufe eines Kalenderhalbjahres erteilt oder erlischt sie in diesem Zeitraum, so sind die Meldungen gleichwohl für den verbleibenden Teil des Erhebungs-

3

---

1 Vgl. BT-Drucks 14/6008.
2 ErfK/*Wank*, § 8 AÜG Rn 1.
3 HWK/*Pods*, § 8 AÜG Rn 5.
4 Schüren/*Stracke*, § 8 Rn 6.

zeitraumes zu erstatten.[5] Zur Vereinheitlichung des Verfahrens gibt die BA **Erhebungsvordrucke** aus (Abs. 3). Die Verwendung dieser Vordrucke ist verpflichtend.[6]

II. Geheimhaltungspflicht (Abs. 4)

4 Einzelangaben des Verleihers gegenüber der BA hat diese gem. Abs. 4 geheim zu halten. Damit soll der Verleiher vor der Preisgabe von Unternehmensdaten an Dritte sowie an andere Behörden geschützt werden. Die Geheimhaltungspflicht bezieht sich nicht auf die Übermittlung von Daten innerhalb der BA bzw. den verschiedenen Dienststellen.[7] Geschützt sind nur **Einzelangaben**. Darunter fallen Angaben über die persönlichen und sachlichen Verhältnisse des Verleihers wie z.B. Art und Umfang des Betriebs, Umsatz und Gewinnspannen.[8] Gem. S. 4 liegen keine Einzelangaben mehr vor, sobald die Angaben in den statistischen Meldungen mehrerer Verleiher zusammengefasst werden. Dies kann freilich nur für solche Fälle gelten, in denen die Anonymität der einzelnen Verleiher durch die Zusammenfassung ausreichend gewahrt ist und Dritte keine Rückschlüsse ziehen können, wer die Meldungen erstattet hat oder auf wen sich die Angaben beziehen.[9]

5 Gem. Abs. 4 S. 2 gilt die Geheimhaltungspflicht nicht gegenüber Finanzbehörden, wenn diese die Angaben für die Durchführung eines Verfahrens wegen einer Steuerstraftat oder eines damit zusammenhängenden Besteuerungsverfahrens benötigen. An der Verfolgung durch die Finanzbehörden muss zudem ein zwingendes öffentliches Interesse bestehen oder der Verleiher bzw. die für ihn tätige Person muss vorsätzlich falsche Angaben gemacht haben. Um dem Schutzzweck des Abs. 4 gerecht zu werden, ist es erforderlich, dass der Verdacht einer Steuerstraftat bereits durch andere Feststellungen begründet ist und zudem die Aufklärung nicht auch durch andere, in gleichem Maße erfolgversprechende Maßnahmen geschehen kann.[10] Das geforderte zwingende öffentliche Interesse wird zudem nur bei Steuerstraftaten von erheblichem Umfang oder erheblichem Gewicht anzunehmen sein.[11]

6 Neben Abs. 4 gelten für die Behandlung der durch die Verleiher gelieferten Daten auch die **allgemeinen datenschutzrechtlichen Bestimmungen**, insb. Vorschriften zum Schutz des Sozialgeheimnisses gem. § 35 Abs. 1 SGB I und §§ 67 ff. SGB X sowie die Vorschriften des Bundesdatenschutzgesetzes bei der Übermittlung personenbezogener Daten, §§ 15 f. BDSG.

III. Rechtsfolgen bei Verstößen gegen die Meldepflicht

7 Erstattet der Verleiher die obligatorische Meldung nicht, unrichtig oder nicht fristgemäß, stellt dies eine Ordnungswidrigkeit gem. § 16 Abs. 1 Nr. 7 dar, die mit Geldbuße geahndet wird. Im Falle mehrfachen Verstoßes gegen die Meldepflicht kann dies wegen der hieraus ggf. zu folgernden Unzuverlässigkeit des Verleihers auch zu einem Widerruf der Verleiherlaubnis gem. § 5 Abs. 1 Nr. 3 führen.[12]

§ 9 Unwirksamkeit

Unwirksam sind:
1. Verträge zwischen Verleihern und Entleihern sowie zwischen Verleihern und Leiharbeitnehmern, wenn der Verleiher nicht die nach § 1 erforderliche Erlaubnis hat,
2. Vereinbarungen, die für den Leiharbeitnehmer für die Zeit der Überlassung an einen Entleiher schlechtere als die im Betrieb des Entleihers für einen vergleichbaren Arbeitnehmer des Entleihers geltenden wesentlichen Arbeitsbedingungen einschließlich des Arbeitsentgelts vorsehen, es sei denn, der Verleiher gewährt dem zuvor arbeitslosen Leiharbeitnehmer für die Überlassung an einen Entleiher für die Dauer von insgesamt höchstens sechs Wochen mindestens ein Nettoarbeitsentgelt in Höhe des Betrages, den der Leiharbeitnehmer zuletzt als Arbeitslosengeld erhalten hat; Letzteres gilt nicht, wenn mit demselben Verleiher bereits ein Leiharbeitsverhältnis bestanden hat; ein Tarifvertrag kann abweichende Regelungen zulassen; im Geltungsbereich eines solchen Tarifvertrages können nicht tarifgebundene Arbeitgeber und Arbeitnehmer die Anwendung der tariflichen Regelungen vereinbaren.
3. Vereinbarungen, die dem Entleiher untersagen, den Leiharbeitnehmer zu einem Zeitpunkt einzustellen, in dem dessen Arbeitsverhältnis zum Verleiher nicht mehr besteht; dies schließt die Vereinbarung einer angemessenen Vergütung zwischen Verleiher und Entleiher für die nach vorangegangenem Verleih oder mittels vorangegangenem Verleih erfolgte Vermittlung nicht aus,

---

5 HWK/*Pods*, § 8 AÜG Rn 3.
6 *Boemke/Lembke*, § 8 Rn 6; Schüren/*Stracke*, § 8 Rn 11; a.A. ErfK/*Wank*, § 8 AÜG Rn 2.
7 ErfK/*Wank*, § 8 AÜG Rn 4.
8 *Boemke/Lembke*, § 8 Rn 10.
9 *Boemke/Lembke*, § 8 Rn 10.
10 Schüren/*Stracke*, § 8 Rn 18.
11 HWK/*Pods*, § 8 AÜG Rn 7.
12 *Boemke/Lembke*, § 8 Rn 18.

4. Vereinbarungen, die dem Leiharbeitnehmer untersagen, mit dem Entleiher zu einem Zeitpunkt, in dem das Arbeitsverhältnis zwischen Verleiher und Leiharbeitnehmer nicht mehr besteht, ein Arbeitsverhältnis einzugehen.

A. Allgemeines	1
B. Regelungsgehalt	2
I. Fehlende Verleihererlaubnis (Nr. 1)	3
1. Tatbestand	4
a) Vertragsschluss	5
b) Fehlende Erlaubnis	6
2. Rechtsfolge	8
a) Arbeitnehmerüberlassungsvertrag	8
aa) Unwirksamkeit	8
bb) Abwicklung	9
b) Leiharbeitsvertrag	12
aa) Unwirksamkeit	12
bb) Abwicklung	13
II. Schlechterstellungsverbot (Nr. 2)	14
1. Tatbestand	15
a) Schlechterstellungsverbot	15
aa) Vereinbarungen	16
bb) Wesentliche Arbeitsbedingungen	17
cc) Im Entleiherbetrieb geltend	18
dd) Vergleichbarer Arbeitnehmer	19
ee) Schlechterstellung	20
ff) Während der Überlassung	22
b) Ausnahmen	23
aa) Neueinstellung Arbeitsloser (Nr. 2 Hs. 2, 3)	23
bb) Tarifvertrag (Nr. 2 Hs. 4, 5)	24
2. Rechtsfolge	25
a) Unwirksamkeit	25
b) Lückenschließung	26
III. Einstellungsverbot für Entleiher (Nr. 3)	27
1. Tatbestand	28
a) Grundsatz (Nr. 3 Hs. 1)	28
b) Ausnahme (Nr. 3 Hs. 2)	30
2. Rechtsfolge	31
IV. Abschlussverbot für Leiharbeitnehmer (Nr. 4)	32
1. Tatbestand	32
2. Rechtsfolge	35
C. Beraterhinweise	36
I. Bezugnahme auf einen Tarifvertrag	37
II. Verleihfreie Zeiten	38
1. Allgemeines	38
2. Vertragsgestaltung	39
a) Befristung von Arbeitsbedingungen	39
b) Keine Umgehung des Schlechterstellungsverbots	41
III. Neueinstellung Arbeitsloser	42
IV. Bewertung	44

A. Allgemeines

Die Vorschrift leitet den arbeitsrechtlichen Teil des AÜG (§§ 9 bis 14) ein. Sie verbietet unerwünschte Vertragsgestaltungen im Bereich der AÜ und belegt sie mit der Rechtsfolge der Unwirksamkeit. Zudem ist § 9 gleichsam Scharnier zwischen den gewerberechtlichen Vorschriften und dem Privatrecht, weil er in Nr. 1 und Nr. 2 die privatrechtlichen Folgen von Verstößen gegen die zentralen gewerberechtlichen Vorgaben für die AÜ regelt.[1] Außerdem bereitet die Vorschrift in Nr. 1 und Nr. 2 das Eingreifen des § 10 (siehe § 10 Rn 1) vor.[2] Indem Verstöße gegen das Gewerberecht privatrechtlich sanktioniert werden und nach § 10 auch der Entleiher von diesen Sanktionen betroffen ist, wird die Effektivität der gewerberechtlichen Überwachung gesteigert. Neben der BA muss der Entleiher im eigenen Interesse auf die Einhaltung des Gewerberechts durch den Verleiher achten.

B. Regelungsgehalt

Die Vorschrift fasst unter der Rechtsfolge Unwirksamkeit verschiedene unerwünschte Vertragsgestaltungen im Bereich der AÜ zusammen. Dabei bezieht sich die Unwirksamkeit in den einzelnen Tatbeständen auf verschiedene Abreden des die AÜ prägenden Dreiecksverhältnisses, weshalb die aus der Unwirksamkeit folgenden Konsequenzen verschieden sind.[3]

I. Fehlende Verleihererlaubnis (Nr. 1)

Der wohl wichtigste Unwirksamkeitsgrund knüpft an das Fehlen der nach § 1 erforderlichen Erlaubnis an. Die Unwirksamkeitsfolge betrifft in diesem Fall sowohl den AÜ-Vertrag als auch den Leiharbeitsvertrag.

1. Tatbestand. Nr. 1 setzt voraus, dass der Verleiher einen AÜ-Vertrag oder einen Leiharbeitsvertrag abschließt, ohne über die nach § 1 erforderliche Erlaubnis zu verfügen.

a) Vertragsschluss. Der Verleiher muss einen AÜ-Vertrag und/oder einen Leiharbeitsvertrag abgeschlossen haben, der – abgesehen von § 9 – nicht bereits aus **anderen Gründen** (Willensmängel, Mangel der Geschäftsfähigkeit, Dissens, Formmangel, Sittenwidrigkeit oder Gesetzesverstoß) unwirksam ist.[4] Bei Abschluss echter Dienst-, Werk- oder Geschäftsbesorgungsverträge gilt Nr. 1 ebenso wenig (siehe § 1 Rn 19)[5] wie bei der Einstellung von Stammkräften zum Einsatz beim Verleiher.

---

1 Thüsing/Mengel, § 9 Rn 1.
2 Schüren/Schüren, § 9 Rn 1; ErfK/Wank, § 9 AÜG Rn 1.
3 Vgl. Thüsing/Mengel, § 9 Rn 5.
4 Boemke/Lembke, § 9 Rn 20, 29; Schüren/Schüren, § 10 Rn 34.
5 Thüsing/Mengel, § 9 Rn 8.

6 b) Fehlende Erlaubnis. Wann eine Erlaubnis erforderlich ist, regelt § 1 (siehe § 1 Rn 15). Auf die nicht **erlaubnispflichtige AÜ** findet Nr. 1 keine Anwendung. Nr. 1 kommt somit in den Fällen des § 1 Abs. 1 S. 2, 3 und Abs. 3 sowie in den Fällen des § 1a, soweit dessen materielle Voraussetzungen nebst rechtzeitiger Anzeige vorliegen (siehe § 1a Rn 2 ff.), nicht zur Anwendung.[6]

7 Dem Verleiher **fehlt** die **erforderliche Erlaubnis**, wenn ihm eine solche nicht erteilt, eine ausgelaufene nicht verlängert oder eine erteilte Erlaubnis zurückgenommen oder widerrufen wurde.[7] Im Falle von Rücknahme, Widerruf, Nichtverlängerung oder Tod des Erlaubnisinhabers wird das Vorliegen einer Erlaubnis in gewissem Umfang für einen Nachwirkungszeitraum fingiert (siehe § 2 Rn 24). Ohne Bedeutung ist, ob die Erlaubnis bereits anfänglich gefehlt hat oder nachträglich entfallen ist.[8] Unerheblich ist schließlich, ob dem Verleiher oder einem anderen Beteiligten das Fehlen der Erlaubnis bekannt ist.[9]

8 **2. Rechtsfolge. a) Arbeitnehmerüberlassungsvertrag. aa) Unwirksamkeit.** Der von einem Verleiher ohne erforderliche Genehmigung abgeschlossene AÜ-Vertrag ist unwirksam. Zwischen den Parteien bestehen keine gegenseitigen **Leistungspflichten**, jedoch u.U. Schadensersatzansprüche aus §§ 280, 311 Abs. 2 BGB oder nach Deliktsrecht.[10] Fehlte die AÜ-Erlaubnis bereits bei Abschluss des Vertrags, ist er **anfänglich** unwirksam. Fällt die Erlaubnis zu einem **späteren Zeitpunkt** weg, tritt die Unwirksamkeit in diesem Zeitpunkt und nicht rückwirkend ein. Eine **Heilung** durch spätere Erlaubniserteilung kommt weder für die Vergangenheit noch für die Zukunft in Betracht.[11] Vielmehr muss der AÜ-Vertrag für die Zukunft neu abgeschlossen werden. Hierbei ist die Schriftform nach § 12 Abs. 1 S. 1 (siehe § 12 Rn 2) zu beachten,[12] weshalb ein **konkludenter Abschluss** nicht möglich ist.[13]

9 **bb) Abwicklung.** Die Abwicklung eines unwirksamen, aber gleichwohl tatsächlich vollzogenen AÜ-Vertrags richtet sich nach **Bereicherungsrecht**.[14] Eine Übertragung der Grundsätze des fehlerhaften Arbverh (siehe § 611 BGB Rn 42 ff.) erfolgt nicht.[15] Ab Eintritt der Unwirksamkeit des AÜ-Vertrags fehlt der Rechtsgrund für die ausgetauschten Leistungen. Wechselseitige Ausgleichsansprüche aus Leistungskondiktion sind zu saldieren.

10 Der Verleiher kann vom Entleiher **Wertersatz** (§ 818 Abs. 2 BGB) für die Überlassung des Leih-AN verlangen. Der Wertersatz berechnet sich nach dem üblichen Überlassungsentgelt einschließlich Gewinnanteil.[16] Dieser Anspruch ist jedoch nach § 817 S. 2 BGB ausgeschlossen, wenn der Verleiher **positive Kenntnis** von der Illegalität der Überlassung hatte. In diesem Fall steht dem Verleiher gegen den Entleiher jedoch ein von § 817 S. 2 BGB nicht ausgeschlossener Anspruch aus Rückgriffskondiktion zu, soweit der Verleiher an den Leih-AN Leistungen erbracht hat, deren Schuldner infolge § 10 Abs. 1 der Entleiher ist.[17]

11 Der Entleiher kann vom Verleiher eine bereits gezahlte Überlassungsvergütung zurückfordern. Wusste der Entleiher seinerseits von der Illegalität der Überlassung, ist nach h.M. sein Rückforderungsanspruch ebenfalls nach § 817 S. 2 BGB ausgeschlossen.[18] Hiergegen spricht jedoch, dass dadurch der gesetzwidrige Zustand perpetuiert und dem Verleiher ein Anreiz zur illegalen AÜ gegeben würde.[19]

12 **b) Leiharbeitsvertrag. aa) Unwirksamkeit.** Der von einem Verleiher ohne AÜ-Erlaubnis geschlossene Leiharbeitsvertrag ist unwirksam. Zwischen den Parteien ergeben sich aus diesem Vertrag keine **Leistungspflichten**, denkbar sind aber Schadenersatzansprüche aus §§ 280, 311 Abs. 2 BGB oder nach Deliktsrecht. Fehlt die Erlaubnis bereits bei Abschluss des Leiharbeitsvertrags, ist dieser **anfänglich** und nicht erst mit Überlassung des Leih-AN unwirksam.[20] Fällt die Erlaubnis zu einem **späteren Zeitpunkt** weg, tritt die Unwirksamkeit in diesem Zeitpunkt und nicht rückwirkend ein. Eine **Heilung** durch spätere Erlaubniserteilung kommt nicht in Betracht.[21] Allerdings kann in der Fortführung des Leih-Arbverh der konkludente Neuabschluss eines Leiharbeitsvertrags liegen.[22]

13 **bb) Abwicklung.** Nach h.A. richtet sich die Abwicklung eines unwirksamen und vollzogenen Leih-Arbverh nicht nach Bereicherungsrecht. Vielmehr soll zum Schutz des Leih-AN zwischen diesem und dem Verleiher ein **fehler-**

---

6 Vgl. Grimm/Brock, § 9 Rn 1.
7 ErfK/Wank, § 9 AÜG Rn 3.
8 ErfK/Wank, § 9 AÜG Rn 3.
9 Thüsing/Mengel, § 9 Rn 9; ErfK/Wank, § 9 AÜG Rn 3.
10 Boemke/Lembke, § 9 Rn 27, 39.
11 Boemke/Lembke, § 9 Rn 22.
12 Boemke/Lembke, § 9 Rn 22.
13 Thüsing/Mengel, § 9 Rn 12; Urban-Crell/Schulz, Rn 779; a.A. Erfk/Wank, § 9 AÜG Rn 6.
14 BGH 8.11.1979 – VII ZR 337/78 – NJW 1980, 452; ErfK/Wank, § 9 AÜG Rn 5.
15 Thüsing/Mengel, § 9 Rn 14; Urban-Crell/Schulz, Rn 833; ErfK/Wank, § 9 Rn 5; a.A. OLG Hamburg 13.1.1993 – 13 U 26/92 – NJW-RR 1993, 1524.
16 BGH 17.2.2000 – III ZR 78/99 – NJW 2000, 1557.
17 BGH 18.7.2000 – X ZR 62/98 – NJW 2000, 3492; BGH 8.11.1979 – VII ZR 337/78 – NJW 1980, 452; Boemke/Lembke, § 9 Rn 25; Thüsing/Mengel, § 9 Rn 14; abweichend HWK/Gotthardt, § 9 AÜG Rn 6; Schüren/Schüren, § 9 Rn 56 ff.
18 Schüren/Schüren, § 9 Rn 54 f.; Ulber, § 9 Rn 16.
19 Vgl. Boemke/Lembke, § 9 Rn 26.
20 DHHW/Lorenz, § 9 AÜG Rn 5; a.A. Boemke/Lembke, § 9 Rn 31.
21 Grimm/Brock, § 9 Rn 3; HWK/Gotthardt, § 9 AÜG Rn 11.
22 HWK/Gotthardt, § 9 AÜG Rn 11.

haftes Arbverh (siehe § 611 BGB Rn 42 ff.) entstehen.[23] Nach a.A. entsteht kein fehlerhaftes Arbverh, weil die Rechtsfolge des § 10 (siehe § 10 Rn 6) abschließend ist.[24] Nach dieser Ansicht richtet sich die Rückabwicklung nach Bereicherungsrecht.[25] Vorzugswürdig erscheint eine **differenzierte Lösung**. Danach entsteht ein fehlerhaftes Arbverh, soweit die Unwirksamkeit nach § 9 eintritt, ohne dass nach § 10 Abs. 1 ein Arbverh zum Entleiher begründet wird (verleihfreie Zeiten, in denen sich der Leih-AN bereithält).[26] I.Ü. findet Bereicherungsrecht Anwendung. Den Schutz des Leih-AN ergänzt § 10 Abs. 2 (siehe § 10 Rn 46).

II. Schlechterstellungsverbot (Nr. 2)

Nr. 2 setzt das in § 3 Abs. 1 Nr. 3 als Erlaubnisversagungsgrund ausgestaltete Schlechterstellungsverbot (siehe § 3 Rn 24) arbeitsrechtlich um. Gegen das Schlechterstellungsverbot verstoßende Vereinbarungen sind unwirksam. Ergänzend hierzu kann der Leih-AN vom Verleiher nach § 10 Abs. 4 (siehe § 10 Rn 61) die der Gleichbehandlung entsprechenden Leistungen verlangen. **14**

1. Tatbestand. a) Schlechterstellungsverbot. Nr. 2 erfasst Vereinbarungen, welche für den Leih-AN für die Dauer seiner Überlassung an den Entleiher schlechtere wesentliche Arbeitsbedingungen vorsehen, als sie im Betrieb des Entleihers für vergleichbare Stamm-AN gelten. **15**

aa) Vereinbarungen. Erfasst werden sowohl arbeitsvertragliche Vereinbarungen als auch BV, nicht aber TV (siehe Rn 24). **16**

bb) Wesentliche Arbeitsbedingungen. Arbeitsbedingungen sind alle Bedingungen, die sich aus Gesetz, TV, BV oder Arbeitsvertrag ergeben und den Leistungsaustausch regeln. Wesentlich (siehe § 3 Rn 26) sind insb. Arbeitszeit, Arbeitsort, Arbeitsentgelt (festes Entgelt, aber auch Zuschläge, Zulagen, Prämien Gratifikationen, Altersversorgung etc.) und Urlaub. Als nicht wesentlich werden Qualifizierungsansprüche und Betriebsverfassungsrechte genannt.[27] **17**

cc) Im Entleiherbetrieb geltend. Maßgeblich sind nur die betrieblichen, d.h. allgemeinen, stellenbezogenen Arbeitsbedingungen. Personenbezogene, individuelle Arbeitsbedingungen einzelner Stamm-AN des Entleihers bleiben unberücksichtigt (siehe § 3 Rn 29). **18**

dd) Vergleichbarer Arbeitnehmer. Vergleichbar ist ein AN mit identischer oder ähnlicher Tätigkeit (siehe § 3 Rn 30). **19**

ee) Schlechterstellung. Eine Vereinbarung stellt den Leih-AN schlechter, wenn sie ihn von Leistungen ausdrücklich oder konkludent ausnimmt oder eine wesentliche Arbeitsbedingung konkret ungünstiger ausgestaltet. Eine Vereinbarung stellt den Leih-AN dagegen nicht i.S.v. Nr. 2 schlechter, wenn der Leih-AN eine Leistung aufgrund einer **Regelungslücke** nicht erhält.[28] Die Nichtigkeitsfolge kann nur eine positive Regelung vernichten, nicht jedoch eine Lücke füllen. **20**

Eine Vereinbarung ist nicht ungünstiger, wenn dem Leih-AN unter den gleichen Voraussetzungen mindestens die gleichen Leistungen wie einem Stamm-AN des Entleihers gewährt werden (siehe § 3 Rn 32). Erforderlich ist zunächst ein **Einzelvergleich** der jeweils geltenden Arbeitsbedingungen. Eine dabei festgestellte Schlechterstellung des Leih-AN kann innerhalb sachlich zusammenhängender Regelungen durch **Besserstellungen** in anderen Punkten ausgeglichen werden (siehe § 3 Rn 33). **21**

ff) Während der Überlassung. Die Vereinbarung muss zur Schlechterstellung für die Dauer der Überlassung führen. Von Nr. 2 werden Vereinbarungen nicht erfasst, welche die Arbeitsbedingungen in den verleihfreien Zeiten zum Gegenstand haben. Hierauf ist bei der Ausgestaltung der Leiharbeitsverträge zu achten (siehe Rn 38). **22**

b) Ausnahmen. aa) Neueinstellung Arbeitsloser (Nr. 2 Hs. 2, 3). Das Schlechterstellungsverbot gilt für einen Zeitraum von höchstens sechs Wochen nicht, soweit ein Arbeitsloser erstmalig eingestellt wird und ihm ein Nettoarbeitsentgelt zumindest in Höhe des zuletzt bezogenen Arbeitslosengelds gewährt wird (siehe § 3 Rn 36). Unter dieser Voraussetzung gilt das Schlechterstellungsverbot auch nicht für die anderen wesentlichen Arbeitsbedingungen.[29] **23**

bb) Tarifvertrag (Nr. 2 Hs. 4, 5). Ein TV kann Ausnahmen vom Schlechterstellungsverbot zulassen (siehe § 3 Rn 42). Dies ist der Fall, wenn der TV durch eine **Öffnungsklausel** das Schlechterstellungsverbot aufhebt oder selbst **24**

---

23 BAG 26.7.1984 – 2 AZR 471/83 – EzAÜG § 1 AÜG Gewerbsmäßige Arbeitnehmerüberlassung Nr. 18; Schüren/Schüren, § 9 Rn 28; ErfK/Wank, § 9 AÜG Rn 5.
24 BGH 18.7.2000 – X ZR 62/98 – NJW 2000, 3492; Boemke/Lembke, § 9 Rn 37; offen gelassen: BAG 20.4.2005 – 7 ABR 20/04 – NZA 2005, 1006.
25 Vgl. BGH 18.7.2000 – X ZR 62/98 – NJW 2000, 3492; Boemke/Lembke, § 9 Rn 37.
26 Vgl. ErfK/Wank, § 10 AÜG Rn 5.
27 Grimm/Brock, § 7 Rn 22.
28 A.A. Thüsing/Mengel, § 10 Rn 68 (stillschweigende Abbedingung).
29 Thüsing/Pelzner, § 3 Rn 73.

vom Schlechterstellungsverbot **abweichende Arbeitsbedingungen** regelt (siehe § 3 Rn 43). Der TV kann die Befreiung insg., für einzelne Arbeitsbedingungen oder für Gruppen von Arbeitsbedingungen zulassen (siehe Rn 44). Vom Schlechterstellungsverbot kann schließlich auch durch **Inbezugnahme** der in einem räumlich, fachlich, zeitlich und persönlich geltenden TV geregelten Arbeitsbedingungen ganz oder teilweise abgewichen werden (siehe § 3 Rn 52).

25 **2. Rechtsfolge. a) Unwirksamkeit.** Eine den Leih-AN gegenüber vergleichbaren Stamm-AN schlechter stellende Vereinbarung ist insoweit unwirksam, als sie gegen Nr. 2 verstößt. I.Ü. bleibt die Vereinbarung wirksam.[30] Diese **Teilnichtigkeit** ist zunächst in sachlicher Hinsicht auf die konkret schlechtere Regelung begrenzt. Zudem ist sie in zeitlicher Hinsicht auf den Einsatz beim Entleiher beschränkt. Für die **verleihfreien Zeiten** bleibt die Geltung der Vereinbarung unberührt.[31] Gegenteiliges folgt auch nicht aus § 306 Abs. 2 BGB,[32] weil dieser nur eingreifen kann, soweit Nr. 2 die Unwirksamkeit anordnet.

26 **b) Lückenschließung.** Die durch die Unwirksamkeit der Vereinbarung entstehende Lücke schließt § 10 Abs. 4 (siehe § 10 Rn 61). Danach kann der Leih-AN vom Verleiher die Gewährung der vergleichbaren wesentlichen Arbeitsbedingungen fordern.

III. Einstellungsverbot für Entleiher (Nr. 3)

27 Die Verbotstatbestände nach Nr. 3 und Nr. 4 sollen dem Leih-AN die freie Wahl des Arbeitsplatzes sichern. Dabei knüpft Nr. 3 an die Person des Entleihers und Nr. 4 an die des Leih-AN an. Beide Vorschriften stellen sicher, dass die AÜ die ihr zugedachte Funktion erfüllen und dem Leih-AN ein Sprungbrett[33] zu einer Festanstellung sein kann.

28 **1. Tatbestand. a) Grundsatz (Nr. 3 Hs. 1).** Nr. 3 erfasst Vereinbarungen, welche es dem Entleiher untersagen, den Leih-AN nach der Beendigung des Leih-Arbverh einzustellen. Nach Sinn und Zweck werden auch alle Abreden mit **vergleichbarer Wirkung** erfasst. Entscheidend ist, ob die Abrede geeignet ist, den Wechsel des Leih-AN zu verhindern oder wesentlich zu erschweren.[34] Dies gilt z.B. für eine Vereinbarung, die dem Entleiher verbietet, dem Leih-AN eine Einstellung anzubieten.[35]

29 Nicht erfasst werden Abreden, welche lediglich die **ohnehin bestehenden Grenzen** für einen Wechsel des Leih-AN wiedergeben.[36] Solche Grenzen ergeben sich aus dem UWG, vom AN zu beachtenden Künd-Fristen oder wirksamen Konkurrenzverboten.

30 **b) Ausnahme (Nr. 3 Hs. 2).** Ausgenommen von diesem umfassenden Verbot sind lediglich solche Abreden, nach denen der Entleiher dem Verleiher für den Fall der Vermittlung des Leih-AN eine angemessene **Vermittlungsprovision** verspricht. Eine solche Abrede kann nach h.A. auch wirksam in AGB getroffen werden.[37] Eine Vermittlungsprovision ist angemessen, wenn sie sich im Rahmen marktüblicher Provisionen hält und den Entleiher wirtschaftlich nicht so stark belastet, dass sie diesen von der Einstellung des Leih-AN abhält.[38] Maßgeblich sind dabei die Kosten für die Gewinnung der AN ebenso wie die vorangegangene Verleihdauer und die Höhe des vom Entleiher bereits gezahlten Überlassungsentgelts.[39] Nach h.A. sollte die Provision den Betrag von einem Bruttomonatsgehalt nicht übersteigen und sich nach einer Entleihzeit von einem Monat auf Null reduzieren.[40] Vom BGH als wirksam erachtet wurde aber auch eine Vereinbarung, nach der sich die Provision bei einer Überlassungsdauer von bis zu drei Monaten auf 3.000 EUR, bis zu einer Überlassungsdauer von sechs Monaten auf 2.000 EUR beläuft und erst nach einer Überlassungsdauer von mehr als sechs Monaten ganz entfällt.[41]

31 **2. Rechtsfolge.** Das Einstellungsverbot ist unwirksam. Der übrige AÜ-Vertrag bleibt wirksam.[42] Lediglich das Einstellungsverbot flankierende Abreden, wie z.B. Vertragsstrafen, sind ebenfalls unwirksam (§ 344 BGB). Haben die Parteien eine unangemessene Vermittlungsprovision vereinbart, ist die Provisionsabrede insg. unwirksam. Eine geltungserhaltende Reduktion findet nicht statt.[43]

---

30 *Boemke/Lembke*, § 9 Rn 157; Thüsing/*Mengel*, § 9 Rn 48.
31 *Boemke/Lembke*, § 9 Rn 158; Thüsing/*Mengel*, § 9 Rn 48; a.A. *Brors*, BB 2006, 101.
32 A.A. *Brors*, BB 2006, 101.
33 ErfK/*Wank*, § 9 AÜG Rn 8.
34 BGH 3.7.2003 – III ZR 348/02 – NJW 2003, 2906; *Boemke/Lembke*, § 9 Rn 177.
35 HWK/*Gotthardt*, § 9 AÜG Rn 13; ErfK/*Wank*, § 9 AÜG Rn 8.
36 *Boemke/Lembke*, § 9 Rn 178.
37 BGH 7.12.2006 – III ZR 82/06 – BB 2007, 332.
38 *Böhm*, DB 2004, 1150; *Grimm/Brock*, § 7 Rn 134; ErfK/*Wank*, § 9 AÜG Rn 10.
39 Zehnter AÜG-Bericht, BT-Drucks 15/6008, S. 11; *Boemke/Lembke*, § 9 Rn 188; *Böhm*, DB 2004, 1150; *Grimm/Brock*, § 7 Rn 134; *Lembke/Fesenmeyer*, DB 2007, 801.
40 *Boemke/Lembke*, § 9 Rn 189; *Grimm/Brock*, § 7 Rn 134 ff.; *Lembke/Fesenmeyer*, DB 2007, 801.
41 BGH 7.12.2006 – III ZR 82/06 – BB 2007, 332; kritisch *Lembke/Fesenmeyer*, DB 2007, 801.
42 HWK/*Gotthardt*, § 9 AÜG Rn 14; Schüren/*Schüren*, § 9 Rn 76.
43 *Boemke/Lembke*, § 9 Rn 192.

IV. Abschlussverbot für Leiharbeitnehmer (Nr. 4)

1. Tatbestand. Nr. 4 verbietet Abreden, die dem Leih-AN den Abschluss eines Arbeitsvertrags mit dem Entleiher nach dem Ende des Leih-Arbverh untersagen. Darüber hinaus werden alle Abreden **gleicher Wirkung** erfasst,[44] wie z.B. Rückzahlungsklauseln.[45] Entscheidend ist insoweit, ob dem Leih-AN der Abschluss eines Arbeitsvertrags mit dem Entleiher für die Zeit nach dem Ausscheiden aus dem Leih-Arbverh unmöglich oder wesentlich erschwert wird.[46] Eine solche Abrede unterfällt auch dann Nr. 4, wenn der Verleiher dem Leih-AN eine Entschädigung zahlt.[47]

Umstritten ist das Verhältnis von Nr. 4 zu § 110 GewO i.V.m. §§ 74 ff. HGB. Nach h.M. ist Nr. 4 spezieller und verbietet auch **nachvertragliche Wettbewerbsverbote**.[48] Nach a.A. hindert Nr. 4 nicht den Abschluss eines nachvertraglichen Wettbewerbsverbots gegen Zahlung einer angemessenen Karenzentschädigung.[49] Nach zutreffender Ansicht gelten Nr. 4 und § 110 GewO i.V.m. §§ 74 ff. HGB nebeneinander. Soweit ein nachvertragliches Wettbewerbsverbot dem Leih-AN den Aufbau eines eigenen Verleihbetriebs untersagt, findet Nr. 4 bereits tatbestandlich keine Anwendung.[50] Eine solche Abrede ist allerdings regelmäßig nach § 110 GewO unverbindlich. Soweit ein nachvertragliches Wettbewerbsverbot dem Leih-AN untersagt, für einen anderen Verleiher als Leih-AN zu arbeiten, ist es u.U. nach Nr. 4 (Ketten-AÜ), regelmäßig aber nach § 110 GewO unwirksam, weil der Verleiher an einem solchen Verbot kein schützenswertes Interesse hat.

Von Nr. 4 nicht erfasst werden Abreden, die ohnehin bestehende Schranken für einen Wechsel festschreiben, insb. dem Leih-AN einen Wechsel während des bestehenden Leih-Arbverh erschweren (z.B. Vertragsstrafen), oder die Beendigung des Leih-Arbverh erschweren (z.B. Künd-Erschwerungen).

2. Rechtsfolge. Wie beim Einstellungsverbot (siehe Rn 31) ist die Unwirksamkeit auf das Abschlussverbot und dieses flankierende Abreden beschränkt.[51] Hat der Verleiher dem Leih-AN eine Entschädigung als Gegenleistung für das Abschlussverbot gezahlt, kann diese wegen § 817 S. 2 BGB auch dann nicht zurückgefordert werden, wenn der Leih-AN das Abschlussverbot missachtet.[52]

C. Beraterhinweise

Das in Nr. 2 verankerte Schlechterstellungsverbot (siehe Rn 14) wirft Fragen der Gestaltung des Leih-Arbeitsvertrags auf, soweit ein TV nicht unmittelbar gilt. Grds. ausgeschlossen ist dabei im Anwendungsbereich des KSchG eine Änderungs-Künd, die darauf abzielt, zukünftig vom Schlechterstellungsverbot abzuweichen.[53]

I. Bezugnahme auf einen Tarifvertrag

Findet auf das Leih-Arbverh ein TV nicht unmittelbar Anwendung (siehe § 3 Rn 49), besteht nach Nr. 2 Hs. 5 die Möglichkeit, einen anwendbaren TV in Bezug zu nehmen (siehe Rn 24). Die Bezugnahme muss nicht ausdrücklich, sondern kann auch stillschweigend, z.B. durch betriebliche Übung erfolgen.[54] Allerdings befreit nur die Inbezugnahme des räumlich, fachlich, zeitlich und persönlich einschlägigen TV vom Schlechterstellungsverbot.[55] Erforderlich ist damit letztlich eine **dynamische Verweisung** auf den TV in seiner jeweils geltenden Form, weil eine Fortschreibung des TV bei statischer Verweisung dazu führt, dass der Leih-Arbeitsvertrag im Wege der Vertragsänderung angepasst werden muss, um den Verweis auf einen zeitlich nicht mehr geltenden TV zu verhindern.[56] Eine entsprechende Klausel lautet: „Auf das Arbverh finden die TV der Zeitarbeit, abgeschlossen zwischen dem Bundesverband Zeitarbeit Personal-Dienstleistungen e.V. (BZA) und den DGB-Gewerkschaften, in ihrer jeweils geltenden Fassung Anwendung. Es handelt sich um TV i.S.v. §§ 3 Abs. 1 Nr. 3, 9 Nr. 2 AÜG."

II. Verleihfreie Zeiten

1. Allgemeines. Das Schlechterstellungsverbot gilt nur während der Dauer der Überlassung an den Entleiher.[57] Es umfasst nicht, dass dem Leih-AN in der verleihfreien Zeit nach dem Ende des Einsatzes beim ersten Entleiher bis zum Beginn des Einsatzes beim zweiten Entleiher die Arbeitsbedingungen des ersten Entleihers und nach dem Einsatz beim zweiten Entleiher dessen Arbeitsbedingungen usw. zu gewähren sind.[58] Bis zur **Grenze** von § 138 BGB und § 11 Abs. 4 S. 2 (siehe § 11 Rn 19) können die in den verleihfreien Zeiten geltenden Arbeitsbedingungen vielmehr frei vereinbart werden.[59] Hinsichtlich der wesentlichen Arbeitsbedingungen kann somit zwischen verleihfreien Zeiten und den Zeiten des Einsatzes beim Entleiher differenziert werden.

---

44 Boemke/Lembke, § 9 Rn 194.
45 Vgl. HWK/Gotthardt, § 9 AÜG Rn 16.
46 Thüsing/Mengel, § 9 Rn 59.
47 ErfK/Wank, § 9 AÜG Rn 11.
48 Thüsing/Mengel, § 9 Rn 60; HWK/Gotthardt, § 9 AÜG Rn 15; ErfK/Wank, § 9 AÜG Rn 11.
49 Boemke/Lembke, § 9 Rn 195; Schüren/Schüren, § 9 Rn 92.
50 Boemke/Lembke, § 9 Rn 195.
51 ErfK/Wank, § 9 AÜG Rn 13.
52 LAG Köln 22.8.1984 – 5 Sa 1306/83 – DB 1985, 445.
53 BAG 12.1.2006 – 2 AZR 126/05 – NZA 2006, 587.
54 Thüsing/Pelzner, § 3 Rn 88.
55 Hamann, BB 2005, 2185.
56 Vgl. Hamann, BB 2005, 2185.
57 Grimm/Brock, § 7 Rn 46.
58 ErfK/Wank, § 3 AÜG Rn 17.
59 Thüsing/Pelzner, § 3 Rn 71; ErfK/Wank, § 3 AÜG Rn 17.

39 **2. Vertragsgestaltung. a) Befristung von Arbeitsbedingungen.** Eine Differenzierung für verleihfreie Zeiten ist möglich mit folgender Vertragsklausel:

„(1) Auf das Arbverh finden keine TV Anwendung. Während des Einsatzes bei Entleihern gelten die §§ ... des Arbeitsvertrags nicht. An ihre Stelle treten die nachfolgenden Absätze. In verleihfreien Zeiten gelten die Arbeitsbedingungen nach §§ ... des Arbeitsvertrags.

(2) Für Zeiträume der Überlassung des Leih-AN an Entleiher richten sich das Arbeitsentgelt einschließlich Weihnachtsgeld, Urlaubsgeld, betrieblicher Altersversorgung und sonstiger Zulagen, Zuschläge und Gratifikationen, der Urlaubsanspruch und die Dauer und Lage der Arbeitzeit einschließlich arbeitsfreier Tage, Überstunden, Nachtarbeit, Pausen und Ruhezeiten nach den für einen vergleichbaren AN des Entleihers geltenden Arbeitsbedingungen. Gewährt der Entleiher dem vergleichbaren AN Sachleistungen (z.B. Dienstwagen), werden diese vom Verleiher gegenüber dem Leih-AN entsprechend ihrem wirtschaftlichen Wert durch zusätzliche Geldzahlungen abgegolten, sofern der Leih-AN von diesen Leistungen ausgeschlossen ist. Das Gleiche gilt, wenn der vergleichbare AN des Entleihers Zugang zu sozialen Einrichtungen (z.B. Kantine) hat und dem Leih-AN kein entsprechender Zugang gewährt wird.

(3) Dem Leih-AN vergleichbar ist ein AN des Entleihers, der eine identische oder vergleichbare Tätigkeit ausübt. Beschäftigt der Entleiher mehrere vergleichbare AN mit unterschiedlichen Arbeitsbedingungen, sind für Abs. 2 die in ihrer Gesamtheit für den Leih-AN ungünstigeren Arbeitsbedingungen maßgebend. Beschäftigt der Entleiher keinen vergleichbaren AN, ist abzustellen auf einen fiktiven AN, der zu den Bedingungen des für den Entleiher fachlich, räumlich, zeitlich und persönlich geltenden TV beschäftigt wird."

40 Vorstehende Klausel enthält der Sache nach eine Befristung einzelner Arbeitsbedingungen.[60] Diese ist zwar nicht an § 14 TzBfG zu messen,[61] unterliegt aber regelmäßig einer Angemessenheitskontrolle nach § 307 Abs. 1 BGB.[62] Die Angemessenheit der Befristung als solcher ergibt sich hier daraus, dass das AÜG sowohl bei der Reichweite des Schlechterstellungsverbots als auch in § 11 Abs. 1 Nr. 2 selbst zwischen verleihfreien und Zeiten der Überlassung differenziert.[63]

41 **b) Keine Umgehung des Schlechterstellungsverbots.** Nicht zulässig ist eine Gestaltung, nach der das Entgelt in den verleihfreien Zeiten nach einem Einsatz umso geringer ist, je höher das Entgelt während des vorangegangen Einsatzes war.[64] Werden die für die verleihfreien Zeiten geltenden Arbeitsbedingungen in negativer Abhängigkeit von den während des Fremdeinsatzes geltenden Arbeitsbedingungen vereinbart, liegt darin eine unzulässige Umgehung des Schlechterstellungsverbots.[65]

III. Neueinstellung Arbeitsloser

42 Liegen die Voraussetzungen für eine Ausnahme vom Schlechterstellungsverbot nach Nr. 2 Hs. 2 vor, muss dies im Arbeitsvertrag umgesetzt werden. Möglich ist dies mit folgender Klausel: „Für die Dauer von insgesamt sechs Wochen des Einsatzes bei einem Entleiher gelten die §§ ... dieses Arbeitsvertrags nicht. Dies gilt auch dann, wenn sich der Zeitraum von sechs Wochen auf den Einsatz bei mehreren Entleihern verteilt. Das Arbeitsentgelt des AN berechnet sich in diesem Überlassungszeitraum auf der Basis eines Nettoarbeitsentgelts von ... EUR/Monat."

43 Nach dieser Klausel gelten die vom Schlechterstellungsverbot abweichenden Arbeitsbedingungen befristet. Da Nr. 2 Hs. 2 diese befristete Geltung abweichender Arbeitsbedingungen ausdrücklich zulässt, ist eine entsprechende Regelung nicht unangemessen i.S.v. § 307 Abs. 1 BGB.

IV. Bewertung

44 **Vorzugswürdig** gegenüber der Differenzierung zwischen verleihfreien Zeiten und Zeiten des Einsatzes beim Entleiher (siehe Rn 38) ist die Bezugnahme auf einen anwendbaren TV der Zeitarbeitsbranche (siehe Rn 37). Jedenfalls bei nur kurzen und mittleren verleihfreien Zeiten dürfte das Durchschnittsentgelt nach einem solchen TV unterhalb des sich bei Differenzierung ergebenden Durchschnittsentgelts liegen. Zudem führt die Differenzierung zu einem erheblichen Verwaltungsaufwand beim Verleiher. Mit jedem Wechsel des Entleihers ändern sich die Arbeitsbedingungen und dies muss in der Personalabteilung des Verleihers umgesetzt und dem Leih-AN nach § 11 Abs. 1 S. 1 i.V.m. § 3 NachwG nachgewiesen werden.[66] Außerdem löst die Änderung der Arbeitsbedingungen Mitbestimmungsrechte des BR des Verleihers nach § 99 BetrVG aus.[67]

45 Von der Möglichkeit zur Abweichung vom Schlechterstellungsverbot bei Neueinstellung Arbeitsloser (siehe Rn 42) sollte Gebrauch gemacht werden. Diese Möglichkeit kann sowohl mit der Bezugnahme auf einen TV als auch mit der

---

60 *Lembke*, BB 2003, 98.
61 BAG 14.1.2004 – 7 AZR 213/03 – NZA 2004, 719; *Preis/Bender*, NZA-RR 2005, 337.
62 BAG 27.7.2005 – 7 AZR 486/04 – NZA 2006, 40; *Preis/Bender*, NZA-RR 2005, 337.
63 Vgl. *Grimm/Brock*, § 7 Rn 47; *Lembke*, BB 2003, 98; *Thüsing/Pelzner*, § 3 Rn 70.
64 ErfK/*Wank*, § 3 AÜG Rn 17.
65 ErfK/*Wank*, § 3 AÜG Rn 17.
66 *Thüsing/Mengel*, § 11 Rn 16.
67 *Lembke*, BB 2003, 98.

Differenzierung hinsichtlich des Einsatzes beim Entleiher **kombiniert** werden, indem z.B. die Bezugnahme auf den TV erst nach Ausschöpfung der Sechswochenfrist nach Nr. 2 Hs. 2 eingreift.

§ 10 Rechtsfolgen bei Unwirksamkeit

(1) ¹Ist der Vertrag zwischen einem Verleiher und einem Leiharbeitnehmer nach § 9 Nr. 1 unwirksam, so gilt ein Arbeitsverhältnis zwischen Entleiher und Leiharbeitnehmer zu dem zwischen dem Entleiher und dem Verleiher für den Beginn der Tätigkeit vorgesehenen Zeitpunkt als zustande gekommen; tritt die Unwirksamkeit erst nach Aufnahme der Tätigkeit beim Entleiher ein, so gilt das Arbeitsverhältnis zwischen Entleiher und Leiharbeitnehmer mit dem Eintritt der Unwirksamkeit als zustande gekommen. ²Das Arbeitsverhältnis nach Satz 1 gilt als befristet, wenn die Tätigkeit des Leiharbeitnehmers bei dem Entleiher nur befristet vorgesehen war und ein die Befristung des Arbeitsverhältnisses sachlich rechtfertigender Grund vorliegt. ³Für das Arbeitsverhältnis nach Satz 1 gilt die zwischen dem Verleiher und dem Entleiher vorgesehene Arbeitszeit als vereinbart. ⁴Im übrigen bestimmen sich Inhalt und Dauer dieses Arbeitsverhältnisses nach den für den Betrieb des Entleihers geltenden Vorschriften und sonstigen Regelungen; sind solche nicht vorhanden, gelten diejenigen vergleichbarer Betriebe. ⁵Der Leiharbeitnehmer hat gegen den Entleiher mindestens Anspruch auf das mit dem Verleiher vereinbarte Arbeitsentgelt.

(2) ¹Der Leiharbeitnehmer kann im Falle der Unwirksamkeit seines Vertrags mit dem Verleiher nach § 9 Nr. 1 von diesem Ersatz des Schadens verlangen, den er dadurch erleidet, daß er auf die Gültigkeit des Vertrags vertraut. ²Die Ersatzpflicht tritt nicht ein, wenn der Leiharbeitnehmer den Grund der Unwirksamkeit kannte.

(3) ¹Zahlt der Verleiher das vereinbarte Arbeitsentgelt oder Teile des Arbeitsentgelts an den Leiharbeitnehmer, obwohl der Vertrag nach § 9 Nr. 1 unwirksam ist, so hat er auch sonstige Teile des Arbeitsentgelts, die bei einem wirksamen Arbeitsvertrag für den Leiharbeitnehmer an einen anderen zu zahlen wären, an den anderen zu zahlen. ²Hinsichtlich dieser Zahlungspflicht gilt der Verleiher neben dem Entleiher als Arbeitgeber; beide haften insoweit als Gesamtschuldner.

(4) Der Leiharbeitnehmer kann im Falle der Unwirksamkeit der Vereinbarung mit dem Verleiher nach § 9 Nr. 2 von diesem die Gewährung der im Betrieb des Entleihers für einen vergleichbaren Arbeitnehmer des Entleihers geltenden wesentlichen Arbeitsbedingungen einschließlich des Arbeitsentgelts verlangen.

A. Allgemeines 1	cc) Kündigung 37
B. Gesetzliches Arbeitsverhältnis (Abs. 1) 2	(1) Außerordentliche Kündigung .. 37
I. Allgemeines 2	(2) Ordentliche Kündigung 39
II. Regelungsgehalt 3	III. Verbindung zu anderen Rechtsgebieten und zum
1. Tatbestand 3	Prozessrecht 41
2. Rechtsfolge 6	1. Bestehensstreit 41
a) Allgemeines 6	2. Befristungsstreit 43
b) Beginn des fingierten Arbeitsverhältnisses	IV. Beraterhinweise 45
(S. 1) 11	C. Ersatz des Vertrauensschadens (Abs. 2) 46
aa) Anfänglich fehlende AÜ-Erlaubnis	I. Allgemeines 46
(Alt. 1) 11	II. Regelungsgehalt 47
bb) Nachträglicher Wegfall der AÜ-	1. Tatbestand 47
Erlaubnis (Alt. 2) 12	2. Rechtsfolge 49
c) Inhalt des gesetzlichen Arbeitsverhältnisses	III. Verbindungen zu anderen Rechtsgebieten und zum
(S. 3 bis 5) 13	Prozessrecht 52
aa) Allgemeines 13	D. Verleiherhaftung, Gesamtschuldnerschaft
bb) Geschuldete Tätigkeit 16	(Abs. 3) 53
cc) Arbeitszeit (S. 3) 17	I. Allgemeines 53
dd) Arbeitsentgelt (S. 4, 5) 19	II. Regelungsgehalt 54
(1) Allgemeines 19	1. Tatbestand 54
(2) Begriff des Arbeitsentgelts 22	2. Rechtsfolge 56
(3) Bemessung (S. 4) 23	III. Verbindungen zu anderen Rechtsgebieten und zum
(4) Entgeltsicherung (S. 5) 26	Prozessrecht 58
ee) Sonstige Arbeitsbedingungen und	E. Gleichstellungsanspruch (Abs. 4) 61
Direktionsrecht (S. 4) 28	I. Allgemeines 61
d) Beendigung des fingierten Arbeitsverhält-	II. Regelungsgehalt 62
nisses (S. 2, 4) 30	1. Tatbestand 62
aa) Allgemeines 30	2. Rechtsfolge 64
bb) Befristung (S. 2) 31	III. Verbindungen zu anderen Rechtsgebieten und zum
(1) Tatbestand 32	Prozessrecht 65
(2) Rechtsfolge 34	IV. Beraterhinweise 68

A. Allgemeines

1 Die Vorschrift bildet zusammen mit § 9 den Kern der arbeitsrechtlichen Vorschriften des AÜG.[1] Während § 9 Nr. 1 und Nr. 2 die Unwirksamkeit des Leih-Arbeitsvertrags anordnen, knüpft § 10 hieran an und regelt die weiteren Folgen der illegalen AÜ.[2] Mit der von § 9 angeordneten Unwirksamkeit des Leih-Arbeitsvertrags allein kann der vom Gesetz bezweckte soziale Schutz des Leih-AN nicht erreicht werden. Dementsprechend ordnet § 10 weitergehende Folgen im Interesse des Leih-AN an (Abs. 1, 2 und 4). Ergänzend regelt Abs. 3 das Verhältnis von Verleiher und Entleiher gegenüber Dritten (z.B. Sozialversicherung, Finanzamt).

B. Gesetzliches Arbeitsverhältnis (Abs. 1)

I. Allgemeines

2 In den Fällen illegaler AÜ ordnet § 9 Nr. 1 die Unwirksamkeit des Leih-Arbeitsvertrags an. Der Leih-AN verliert hierdurch sein Arbverh mit dem Verleiher. Als Ausgleich kommt über die Fiktion des Abs. 1 kraft Gesetzes ein Arbverh zum Entleiher zustande. Insoweit bezweckt Abs. 1 den sozialen Schutz des Leih-AN. Zugleich soll der Entleiher dadurch in die Überwachung der AÜ eingeschaltet werden; er soll das Vorliegen einer AÜ-Erlaubnis im eigenen Interesse überprüfen.[3]

II. Regelungsgehalt

3 **1. Tatbestand.** S. 1 setzt zunächst voraus, dass der Leih-Arbeitsvertrag zwischen Verleiher und Leih-AN nach § 9 Nr. 1, d.h. aufgrund **fehlender AÜ-Erlaubnis** unwirksam ist. S. 1 inkorporiert damit sämtliche Voraussetzungen von § 9 Nr. 1 (s. § 9 Rn 4), insbesondere das Vorliegen einer (unerlaubten) AÜ.[4] Ist der Leih-Arbeitsvertrag aus **anderen Gründen** (z.B. Vertretungsmängel, Mangel der Geschäftsfähigkeit, Formunwirksamkeit) unwirksam, findet Abs. 1 dagegen keine Anwendung.[5] Auch wenn die Unwirksamkeit nach § 9 Nr. 1 mit sonstigen Wirksamkeitsmängeln zusammentrifft, tritt die Rechtsfolge des Abs. 1 grds. nicht ein. Nach h.A. ist hiervon eine **Ausnahme** zu machen, wenn der Leih-Arbeitsvertrag zugleich aus anderen AÜ-spezifischen Gründen, z.B. nach § 134 BGB i.V.m. § 1b S. 1[6] oder §§ 15, 15a unwirksam ist.[7] In diesen Fällen greift die Rechtsfolge des Abs. 1 ausnahmsweise trotz des weiteren Unwirksamkeitsgrunds. Ist der Verleiher dagegen im Besitz einer AÜ-Erlaubnis und verstößt die AÜ daher allein gegen § 1b S. 1, gilt Abs. 1 auch nicht analog.[8] Auch zieht der Vermutungstatbestand des § 1 Abs. 2 keine analoge Anwendung des Abs. 1 nach sich.[9]

4 Daneben ist nach h.A. erforderlich, dass der Leih-AN in einem Zeitraum, für den keine AÜ-Erlaubnis besteht, **tatsächlich beim Entleiher tätig** wird.[10] Dies ergibt sich zwar nicht aus dem Gesetzeswortlaut, der in seiner Rechtsfolgenanordnung lediglich den Zeitpunkt der geplanten Überlassung in Bezug nimmt. Allerdings muss das Selbstbestimmungsrecht des Leih-AN berücksichtigt werden. Der Leih-AN muss durch Nichtaufnahme der Arbeit ein Arbverh zum Entleiher vermeiden können. Außerdem gebietet es die mit §§ 9, 10 verfolgte Einbeziehung des Entleihers in die Überwachung der AÜ, dass der Entleiher die Rechtsfolge des Abs. 1 durch Zurückweisung des Leih-AN verhindern kann. Schließlich ist zu berücksichtigen, dass anderenfalls bei Nichterscheinen des Leih-AN und tatsächlicher Überlassung einer Ersatzkraft zwei gesetzliche Arbverh zum Entleiher begründet würden.[11]

5 Weitere Voraussetzungen kennt Abs. 1 nicht. Unerheblich ist insb. der **Wille der Beteiligten**.[12] Der Rechtsfolge des Abs. 1 steht auch nicht die fehlende **Beteiligung des BR** beim Entleiher entgegen,[13] weil der BR auch sonst nur über die tatsächliche Eingliederung, nicht aber den Abschluss des Arbeitsvertrags nach § 99 BetrVG mitbestimmt (vgl. § 99 BetrVG Rn 115).

6 **2. Rechtsfolge. a) Allgemeines.** Abs. 1 fingiert die Begründung eines Arbverh zwischen Entleiher und Leih-AN, d.h. es entsteht **kraft Gesetzes** ein Arbverh.[14] Die Rechtsfolge des Abs. 1 ist auf den Geltungsbereich des **deutschen Rechts** beschränkt und tritt daher nicht ein, soweit AN ins Ausland an einen ausländischen Entleiher überlassen werden.[15]

---

1 HWK/*Gotthardt*, § 10 AÜG Rn 2.
2 HWK/*Gotthardt*, § 10 AÜG Rn 1.
3 HWK/*Gotthardt*, § 10 AÜG Rn 2.
4 Vgl. hierzu auch LAG Düsseldorf 27.8.2007 – 17 Sa 270/07 – EzAÜG § 10 AÜG Fiktion Nr. 119.
5 Thüsing/*Mengel*, § 10 Rn 5; Schüren/*Schüren*, § 10 Rn 34.
6 BAG 8.7.1998 – 10 AZR 274/97 – NZA 1999, 493; HWK/*Gotthardt*, § 10 AÜG Rn 3a.
7 Thüsing/*Mengel*, § 10 Rn 5; Schüren/*Schüren*, § 10 Rn 35; a.A. Boemke/*Lembke*, § 10 Rn 15.
8 BAG 13.12.2006 – 10 AZR 674/05 – BB 2007, 610.
9 LAG Niedersachsen 26.11.2007 – 6 TaBV 32/07 – EzAÜG § 9 AÜG Nr. 25.
10 Boemke/*Lembke*, § 10 Rn 10, § 9 Rn 31 ff.; HWK/*Gotthardt*, § 10 AÜG Rn 5; Schüren/*Schüren*, § 10 Rn 36; a.A. Thüsing/*Mengel*, § 10 Rn 9; widersprüchlich ErfK/*Wank*, § 10 AÜG Rn 3 einerseits und Rn 4 andererseits.
11 Schüren/*Schüren*, § 10 Rn 48.
12 Vgl. BGH 8.11.1979 – VII ZR 337/78 – NJW 1980, 452; Schüren/*Schüren*, § 10 Rn 37.
13 Schüren/*Schüren*, § 10 Rn 38.
14 Boemke/*Lembke*, § 10 Rn 7; vgl. auch BAG 20.4.2005 – 7 ABR 20/04 – NZA 2005, 1006.
15 Boemke/*Lembke*, § 10 Rn 9; *Ulber*, § 10 Rn 4; vgl. auch LSG Thüringen 10.3.2004 – L 1 U 560/00 – EzAÜG Sozialversicherungsrecht Nr. 44.

Das gesetzlich begründete Arbverh wird grundsätzlich in allen Rechtsgebieten wie ein **rechtsgeschäftlich** begründetes **Arbverh** behandelt.[16] Den Entleiher treffen daher die üblichen AG-Pflichten aus dem Bereich des Arbeits- (z.B. § 2 NachwG),[17] Sozial- und Steuerrechts, soweit das AÜG keine Sonderregelungen trifft.[18] Auch können sich andere AN im Entleiherbetrieb zum eigenen Vorteil auf Abs. 1 berufen.[19] Danach kann z.B. durch Berufung auf Abs. 1 das Erreichen des Schwellenwerts nach § 23 Abs. 1 S. 2 ff. KSchG für Stamm-AN begründet werden.[20]

Soweit für die Bemessung des Arbeitsentgelts oder den Ablauf einer Wartefrist (z.B. § 1 Abs. 1 KSchG) auf die **Dauer des Bestands** des Arbverh abgestellt wird, sind für den Leih-AN nur die Zeiten ab Eintritt der Fiktion des Abs. 1 anzurechnen.[21] Vor diesem Zeitpunkt im Rahmen legaler AÜ geleistete Einsatzzeiten werden nicht eingerechnet. Knüpft eine Norm dagegen an die Dauer der Eingliederung im Betrieb (Betriebszugehörigkeit) an (z.B. § 8 Abs. 1 BetrVG), sind auch etwaige vorherige Einsatzzeiten beim betroffenen Entleiher zu berücksichtigen.

Die Rechtsfolge des Abs. 1 ist **unabdingbar**.[22] Auch steht dem Leih-AN weder ein **Widerspruchsrecht** analog § 613a Abs. 6 BGB zu,[23] noch kommt eine **Anfechtung** des gesetzlich fingierten Arbverh in Betracht.[24] Verleiher und Leih-AN können jedoch bei Vorliegen eines Grunds nach allgemeinen Grundsätzen den Leih-Arbeitsvertrag anfechten, was den Tatbestand des Abs. 1 entfallen lässt (siehe Rn 3).

Nach allgemeinen Grundsätzen kann es den Beteiligten nach **§ 242 BGB** verwehrt sein, sich auf die Rechtsfolge des Abs. 1 zu berufen.[25] Der Leih-AN kann sich nicht auf Abs. 1 berufen, wenn sich der Entleiher rechtstreu verhält und der Leih-AN in Kenntnis der illegalen AÜ gearbeitet hat.[26] Außerdem ist es dem Verleiher verwehrt, sich auf §§ 9, 10 zu berufen, wenn er die illegale AÜ bewusst herbeiführt, um den Leih-AN loszuwerden.[27] Schließlich können der Leih-AN aber auch der Entleiher[28] das Recht **verwirken**, sich auf die Rechtsfolge des Abs. 1 zu berufen,[29] wobei von der neueren Rspr. hohe Anforderungen an das hierfür erforderliche Umstandsmoment gestellt werden.[30]

b) Beginn des fingierten Arbeitsverhältnisses (S. 1). aa) Anfänglich fehlende AÜ-Erlaubnis (Alt. 1). Die Fiktion des Abs. 1 begründet das Arbverh zum Entleiher zu dem **für die Überlassung im AÜ-Vertrag vorgesehenen Zeitpunkt**, wenn die AÜ-Erlaubnis bereits anfänglich fehlt. Das gesetzliche Arbverh entsteht also in dem Zeitpunkt, zu dem der Leih-AN nach dem AÜ-Vertrag an den Entleiher überlassen werden sollte.[31] Der Zeitpunkt der tatsächlichen Überlassung ist dagegen grds. nicht maßgeblich.[32] Allerdings kann eine von dem im AÜ-Vertrag vereinbarten Zeitpunkt **abweichende tatsächliche Überlassung** ein Indiz für eine konkludente Änderung des vorgesehenen Überlassungsbeginns sein. Entsprechende Änderungen des Überlassungsbeginns sind, soweit sie vor Vollendung des Tatbestands des Abs. 1, insb. vor tatsächlicher Arbeitsaufnahme erfolgen, zu berücksichtigen. Dementsprechend ist in den Fällen, in denen sich der vorgesehene Zeitpunkt der Überlassung nicht anhand anderer Umstände feststellen lässt, auf den Beginn der tatsächlichen Überlassung abzustellen.[33]

bb) Nachträglicher Wegfall der AÜ-Erlaubnis (Alt. 2). Fällt die AÜ-Erlaubnis nach Beginn aber vor Beendigung (s. Rn 4) des Einsatzes des Leih-AN beim Entleiher weg, entsteht das gesetzlich begründete Arbverh erst im **Zeitpunkt des Erlaubniswegfalls**.[34] Schließt sich an den Wegfall der Erlaubnis die **Nachwirkung** nach § 2 Abs. 4 S. 4 (vgl. § 2 Rn 24) an, tritt an die Stelle des Erlaubniswegfalls der Ablauf des Nachwirkungszeitraums.[35]

c) Inhalt des gesetzlichen Arbeitsverhältnisses (S. 3 bis 5). aa) Allgemeines. Das nach Abs. 1 gesetzlich begründete Arbverh beruht nicht auf einem Vertragsschluss, weshalb sich der Inhalt des Rechtsverhältnisses nicht nach dem Vertrag richtet. Anders als bei § 613a BGB kommt es nicht zu einem Übergang des Arbverh vom Verleiher auf den Entleiher, weshalb auch nicht auf den Leih-Arbeitsvertrag zwischen Verleiher und Leih-AN abgestellt wer-

---

16 BAG 30.1.1991 – 7 AZR 497/89 – AP § 10 AÜG Nr. 8; *Boemke/Lembke*, § 10 Rn 8.
17 *Boemke/Lembke*, § 10 Rn 34.
18 ErfK/*Wank*, § 10 AÜG Rn 9.
19 *Grimm/Brock*, § 9 Rn 18.
20 Vgl. LAG Frankfurt/Main 18.9.1987 – 13 Sa 153/87 – EzAÜG BeschFG Nr. 1; *Grimm/Brock*, § 10 Rn 18.
21 *Boemke/Lembke*, § 10 Rn 52; ErfK/*Wank*, § 10 AÜG Rn 9; a.A. *Ulber*, § 10 Rn 39.
22 Thüsing/*Mengel*, § 10 Rn 6; Schüren/*Schüren*, § 10 Rn 41.
23 HWK/*Gotthardt*, § 10 AÜG Rn 3a; Schüren/*Schüren*, § 10 Rn 42; ErfK/*Wank*, § 10 AÜG Rn 8; a.A. LAG Frankfurt/Main 6.3.2001 – 2/9 Sa 1246/00 – NZA-RR 2002, 73; ArbG Köln 7.3.1996 – 17 Ca 6257/95 – DB 1996, 1342.
24 *Boemke/Lembke*, § 10 Rn 23; Thüsing/*Mengel*, § 10 Rn 47; *Urban-Crell/Schulz*, Rn 815.
25 Thüsing/*Mengel*, § 10 Rn 48.
26 Thüsing/*Mengel*, § 10 Rn 8.
27 *Boemke/Lembke*, § 10 Rn 30.
28 LAG München 26.10.2006 – 4 Sa 1324/05 – EzAÜG AÜG Fiktion Nr. 115.
29 BAG 19.3.2003 – 7 AZR 267/02 – AP § 13 AÜG Nr. 4; LAG Düsseldorf 2.6.2005 – 11 Sa 218/05 – DB 2005, 2529; *Boemke/Lembke*, § 10 Rn 31.
30 BAG 10.10.2006 – 7 AZR 448/06 – EzAÜG § 10 AÜG Verwirkung Nr. 4; vgl. auch LAG Düsseldorf 27.8.2007 – 17 Sa 270/07, EzAÜG § 10 AÜG Fiktion Nr. 119.
31 HWK/*Gotthardt*, § 10 AÜG Rn 4; ErfK/*Wank*, § 10 AÜG Rn 3.
32 Thüsing/*Mengel*, § 10 Rn 9; *Urban-Crell/Schulz*, Rn 791; a.A. *Ulber*, § 10 Rn 21.
33 Vgl. BAG 10.2.1977 – 2 ABR 80/76 – NJW 1977, 1413; HWK/*Gotthardt*, § 10 AÜG Rn 4; *Urban-Crell/Schulz*, Rn 791.
34 ErfK/*Wank*, § 10 AÜG Rn 7.
35 Thüsing/*Mengel*, § 10 Rn 13; *Urban-Crell/Schulz*, Rn 793.

den kann. Vielmehr regelt Abs. 1 in den S. 2 bis 5 punktuell und nicht abschließend den Inhalt des Arbverh. Abgestellt wird dabei auf Tätigkeitsmerkmale im AÜ-Vertrag sowie auf die beim Entleiher üblichen Arbeitsbedingungen.

14 So wie allgemein der Arbeitsvertrag durch dispositives und zwingendes Gesetzes- oder Richterrecht (z.B. arbeitsrechtlicher Gleichbehandlungsgrundsatz, eingeschränkte AN-Haftung), TV und BV ergänzt und beeinflusst wird, wird auch der Inhalt des nach Abs. 1 begründeten Arbverh durch diese **Gestaltungsfaktoren** bestimmt.[36]

15 Entleiher und Leih-AN können den Inhalt des gesetzlich begründeten Arbverh durch **Änderungsvertrag** in den allgemeinen Grenzen frei abändern.[37] Entgegen teilweise vertretener Ansicht bedarf der Änderungsvertrag nicht der Schriftform des § 623 BGB,[38] weil das gesetzliche Arbverh für eine Inhaltsänderung nicht beendet werden muss. Der Entleiher kann auf die Vertragsänderung nach allgemeinen Grundsätzen durch **Änderungs-Künd** hinwirken.[39] Eine § 613a Abs. 1 S. 2 BGB entsprechende Änderungssperre besteht nicht. Bis zum Ablauf der vorgesehenen Überlassungsdauer (vgl. Rn 35) ist eine Änderungs-Künd jedoch durch §§ 15 Abs. 3, 16 S. 1 TzBfG ausgeschlossen.[40]

16 **bb) Geschuldete Tätigkeit.** Hinsichtlich der vom Leih-AN im Rahmen des gesetzlich begründeten Arbverh geschuldeten Tätigkeit enthält das Gesetz keine ausdrückliche Regelung. Einen Anhaltspunkt liefern jedoch S. 3 und der Gesetzeszweck. Abs. 1 bezweckt die Begründung einer Rechtsgrundlage für die tatsächlich erbrachten Dienste. Die geschuldete Tätigkeit richtet sich daher nach der **tatsächlich** vom Leih-AN beim Entleiher **erbrachten Tätigkeit**[41] sowie ergänzend nach der im AÜ-Vertrag nach § 12 Abs. 1 S. 3 niedergelegten Tätigkeitsbeschreibung.

17 **cc) Arbeitszeit (S. 3).** Gem. S. 3 richten sich Dauer und Lage der Arbeitszeit nach der zwischen Verleiher und Entleiher **im AÜ-Vertrag getroffenen Festlegung**. Erfolgt der Einsatz des Leih-AN z.B. nur im Rahmen einer **Teilzeitbeschäftigung**, handelt es sich bei dem nach Abs. 1 begründeten Arbverh ebenfalls nur um ein Teilzeit-Arbverh.[42] Fehlen im AÜ-Vertrag Festlegungen hinsichtlich Dauer und Lage der Arbeitszeit, ist auf die beim Entleiher nach TV oder BV geltende, hilfsweise auf die beim Entleiher **betriebsübliche Arbeitszeit** abzustellen.[43] In jedem Fall sind gesetzliche Beschränkungen von Dauer und Lage der Arbeitszeit, z.B. nach ArbZG oder JArbSchG, zu beachten.[44]

18 Nach h.A. soll der Entleiher die Lage der Arbeitszeit innerhalb gesetzlicher, tarifvertraglicher oder betriebsverfassungsrechtlicher Grenzen durch Ausübung seines **Direktionsrechts** nach § 106 GewO ändern können.[45] Da ein Direktionsrecht nach § 106 S. 1 GewO nur insoweit besteht, als keine abschließende Regelung existiert, und S. 3 eine solche abschließende Regelung trifft, steht dem Entleiher entgegen der h.A. kein Direktionsrecht zu (siehe Rn 29). Änderungen der Arbeitszeit kann der Entleiher nur durch Abschluss eines Änderungsvertrags erreichen (siehe Rn 15).

19 **dd) Arbeitsentgelt (S. 4, 5). (1) Allgemeines.** Das dem Leih-AN vom Entleiher aufgrund des fingierten Arbverh zu zahlende Arbeitsentgelt richtet sich wie die sonstigen Arbeitsbedingungen (siehe Rn 28) primär nach den im Entleiherbetrieb maßgeblichen Regeln. Ergänzend hierzu sichert S. 5 dem Leih-AN ein Arbeitsentgelt in Höhe der mit dem Verleiher getroffenen Vereinbarung.

20 S. 4 und 5 begründen einen **gesetzlichen Lohnanspruch**, der mit anderen Rechtsgründen (TV oder BV) konkurriert.[46] Dem Leih-AN steht ein Lohnanspruch nach der jeweils günstigsten Anspruchsgrundlage zu. Soweit die normative Wirkung von TV oder BV nicht entgegensteht, kann der nach den S. 4 und 5 begründete gesetzliche Lohnanspruch durch Änderungsvertrag abgesenkt werden (siehe Rn 15).

21 Aufgrund des im Entleiherbetrieb regelmäßig höheren Lohnniveaus sind für die Vergangenheit regelmäßig hohe **Nachzahlungen** zu leisten. Eine im Entleiherbetrieb geltende **Ausschlussfrist** soll nach früherer Rspr. des BAG erst dann anlaufen, wenn der Entleiher seine AG-Stellung anerkannt hat.[47] Richtigerweise ist insoweit jedoch auf die neuere Rspr. des BAG[48] zur Verletzung der Pflicht nach § 2 NachwG mit letztlich ähnlichen Ergebnissen zurückzugreifen (vgl. Rn 68).

22 **(2) Begriff des Arbeitsentgelts.** Der Begriff Arbeitsentgelt ist wie z.B. in § 3 Abs. 1 Nr. 3 (siehe § 3 Rn 28) umfassend zu verstehen und erfasst jegliche Gegenleistung zur Arbeitspflicht des Leih-AN. Neben dem laufenden Gehalt gehören zum Arbeitsentgelt auch Gratifikationen, Zulagen, Provisionen, Ansprüche aus einer Zielvereinbarung usw.[49]

---

36 Thüsing/*Mengel*, § 10 Rn 16; *Urban-Crell/Schulz*, Rn 794 ff.
37 BAG 19.12.1979 – 4 AZR 901/77 – AP § 10 AÜG Nr. 1; *Boemke/Lembke*, § 10 Rn 33; *Urban-Crell/Schulz*, Rn 816.
38 A.A. Thüsing/*Mengel*, § 10 Rn 17.
39 *Boemke/Lembke*, § 10 Rn 33.
40 HWK/*Gotthardt*, § 10 AÜG Rn 10; Schüren/*Schüren*, § 10 Rn 107.
41 *Boemke/Lembke*, § 10 Rn 33.
42 Thüsing/*Mengel*, § 10 Rn 18.
43 *Boemke/Lembke*, § 10 Rn 49.
44 Thüsing/*Mengel*, § 10 Rn 19; ErfK/*Wank*, § 10 AÜG Rn 12.
45 *Boemke/Lembke*, § 10 Rn 48; Thüsing/*Mengel*, § 10 Rn 20; *Urban-Crell/Schulz*, Rn 806; ErfK/*Wank*, § 10 AÜG Rn 10.
46 Vgl. Thüsing/*Mengel*, § 10 Rn 22, 24.
47 BAG 27.7.1983 – 5 AZR 194/81 – AP § 10 AÜG Nr. 6; Thüsing/*Mengel*, § 10 Rn 26; Schüren/*Schüren*, AÜG, § 10 Rn 100; kritisch *Boemke/Lembke*, § 10 Rn 36.
48 Vgl. BAG 17.4.2002 – 5 AZR 89/01 – NZA 2002, 1096.
49 *Boemke/Lembke*, § 10 Rn 56; Thüsing/*Mengel*, § 10 Rn 23.

(3) Bemessung (S. 4). Das vom Entleiher geschuldete Arbeitsentgelt richtet sich primär nach den auf das nach Abs. 1 fingierte Arbverh **normativ anwendbaren Kollektivvereinbarungen.**[50] Ist ein TV kraft zwischen Entleiher und Leih-AN bestehender Tarifbindung oder Allgemeinverbindlicherklärung anwendbar, ist dieser maßgeblich. Wird im Entleiherbetrieb **übertariflich** vergütet, indem z.B. neben den tariflichen Leistungen weitere Sozialleistungen erbracht werden, ist die übertarifliche Vergütung neben dem TV maßgeblich.[51]

Soweit für das gesetzlich begründete Arbverh ein **TV nicht normativ gilt**, ist auf die **im Entleiherbetrieb** für nichttarifgebundene AN **übliche Vergütung** abzustellen.[52] Stellt der Entleiher nichttarifgebundene den tarifgebundenen AN gleich, ist der TV auch für das nach Abs. 1 fingierte Arbverh maßgeblich.

Fehlen im Entleiherbetrieb für **vergleichbare AN** geltende Entgeltregelungen, ist entsprechend § 612 Abs. 2 BGB auf die taxmäßige oder übliche Vergütung abzustellen (vgl. § 612 BGB Rn 28 ff.).[53] Die Üblichkeit richtet sich nach den in vergleichbaren Betrieben geltenden Entgeltregelungen.[54] Im Zweifel ist auf die tarifübliche Vergütung abzustellen.[55]

(4) Entgeltsicherung (S. 5). Der Leih-AN soll hinsichtlich des Arbeitsentgelts im Rahmen des gesetzlich begründeten Arbverh nicht schlechter stehen, als er gegenüber dem Verleiher stand. Deshalb sichert ihm S. 5 das Arbeitsentgelt zumindest in der mit dem Verleiher vereinbarten Höhe. Über den Wortlaut des S. 5 hinaus wird nicht nur ein einzelvertraglich vereinbartes, sondern auch ein **normativ** (TV und BV) im unwirksamen Leih-Arbverh vom Entleiher eigentlich **geschuldetes Arbeitsentgelt** – allerdings nur individualrechtlich – gesichert.[56] Ein Anspruch auf Erhalt eines etwaigen **Vergütungsabstands** wird durch S. 5 aber nicht begründet.[57] Durch nachfolgende Lohnerhöhungen beim Entleiher wird der durch S. 5 begründete Vorteil (teilweise) aufgesogen.

Nach h.A. gewährt S. 5 dem Leih-AN keinen Anspruch auf das durch einen **breiten Günstigkeitsvergleich** insg. höhere Arbeitsentgelt.[58] Vielmehr soll der Leih-AN einen Anspruch auf die jeweils **höhere Einzelleistung** haben.[59] Sind im Entleiherbetrieb ein geringes laufendes Gehalt aber hohe Zulagen üblich, soll der Leih-AN nach h.A. Anspruch auf das höhere mit dem Verleiher vereinbarte laufende Gehalt sowie die höheren Zulagen des Entleihers haben.[60]

ee) Sonstige Arbeitsbedingungen und Direktionsrecht (S. 4). Der Leih-AN soll insg. so gestellt werden, als wäre er als Stamm-AN zu den beim Entleiher üblichen Arbeitsbedingungen eingestellt worden. Dementsprechend richten sich die sonstigen Arbeitsbedingungen nach den für vergleichbare Stamm-AN **im Entleiherbetrieb geltenden Arbeitsbedingungen**, die sich aus Gesetz, Richterrecht, TV, BV oder Arbeitsvertrag ergeben.[61] Hinsichtlich der Geltung arbeitsrechtlicher Gesetze oder entsprechenden Richterrechts ist S. 4 lediglich deklaratorisch, weil sich die entsprechende Geltung bereits daraus ergibt, dass es sich bei dem gesetzlichen Arbverh nach Abs. 1 um ein vollwertiges Arbverh handelt (siehe Rn 7).[62] Wie beim Entgelt sind bei normativer Geltung eines TV neben dem Gesetz primär die tariflichen Arbeitsbedingungen anzuwenden, soweit der Entleiher keine günstigeren Arbeitsbedingungen gewährt. Soweit TV nicht normativ gelten, ist neben dem Gesetz auf die für nichttarifgebundene AN im Entleiherbetrieb geltenden Arbeitsbedingungen abzustellen.

Durch den gesetzlich vorgegebenen Inhalt des Arbverh in Bezug auf Arbeitsleistung, Arbeitszeit und Arbeitsentgelt wird für diese Bereiche zugleich das nach § 106 GewO bestehende **Direktionsrecht** des Entleihers beschränkt bzw. ausgeschlossen.[63] Soweit sich der Inhalt des gesetzlich begründeten Arbverh dagegen nach S. 4 richtet, besitzt der Entleiher ein Direktionsrecht in dem Umfang, wie es ihm auch gegenüber vergleichbaren Stamm-AN zusteht. Daneben verbleibt dem Entleiher die Möglichkeit zur Vertragsänderung (siehe Rn 15) nach allgemeinen Grundsätzen.[64]

d) Beendigung des fingierten Arbeitsverhältnisses (S. 2, 4). aa) Allgemeines. Da das gesetzlich begründete Arbverh einem vollwertigen Arbverh gleichsteht, richtet sich seine Beendigung nach den allgemeinen Regeln. In Betracht kommen insb. Befristung und Künd. Außerdem können sowohl befristetes als auch unbefristetes Arbverh jederzeit durch schriftlichen **Aufhebungsvertrag** beendet werden.[65]

---

50 ErfK/*Wank*, § 10 AÜG Rn 13.
51 Thüsing/*Mengel*, § 10 Rn 25; ErfK/*Wank*, § 10 AÜG Rn 13.
52 Vgl. BAG 21.7.1993 – 5 AZR 554/92 – AP § 10 AÜG Nr. 10; *Boemke/Lembke*, § 10 Rn 51; Thüsing/*Mengel*, § 10 Rn 26.
53 Vgl. Thüsing/*Mengel*, § 10 Rn 27.
54 Vgl. *Boemke/Lembke*, § 10 Rn 53 f.; Thüsing/*Mengel*, § 10 Rn 27 f.
55 Vgl. *Boemke/Lembke*, § 10 Rn 54.
56 *Boemke/Lembke*, § 10 Rn 55; Thüsing/*Mengel*, § 10 Rn 29.
57 BAG 21.7.1993 – 5 AZR 554/92 – AP § 10 AÜG Nr. 10; Thüsing/*Mengel*, § 10 Rn 22.
58 Schüren/*Schüren*, § 10 Rn 96; *Ulber*, AÜG, § 10 Rn 59a; a.A. *Boemke/Lembke*, § 10 Rn 57.
59 Schüren/*Schüren*, § 10 Rn 96; vgl. auch EuGH 26.6.2001 – Rs. C-381/99 – NZA 2001, 883.
60 Schüren/*Schüren*, § 10 Rn 96.
61 Vgl. ErfK/*Wank*, § 10 AÜG Rn 9.
62 *Boemke/Lembke*, § 10 Rn 50; Thüsing/*Mengel*, § 10 Rn 32.
63 Vgl. *Boemke/Lembke*, § 10 Rn 33.
64 Thüsing/*Mengel*, § 10 Rn 34.
65 BAG 19.12.1979 – 4 AZR 901/77 – AP § 10 AÜG Nr. 1; Schüren/*Schüren*, § 10 Rn 117 f.; *Ulber*, § 10 Rn 36, 38.

31 **bb) Befristung (S. 2).** Nach S. 2 wird das fingierte Arbverh als auf die Dauer der vorgesehenen Überlassung befristetes Arbverh begründet, sofern für den Leih-AN nur ein befristeter Einsatz beim Entleiher vorgesehen war und die Befristung durch einen sachlichen Grund gerechtfertigt ist.

32 **(1) Tatbestand.** Erste Voraussetzung ist, dass der **Einsatz** des Leih-AN beim Entleiher als **befristet** vorgesehen war. Möglich sind sowohl Zeit- als auch Zweckbefristung.[66] Abzustellen ist auf die Vereinbarung zwischen Verleiher und Entleiher über den konkreten Einsatz des Leih-AN.[67] Unerheblich sind dagegen die Befristung des Leih-Arbeitsvertrags oder ein etwaiger Rahmenvertrag zwischen Verleiher und Entleiher.[68]

33 Weitere Voraussetzung ist, dass der befristete Einsatz beim Entleiher **sachlich gerechtfertigt** ist. Erforderlich ist hierfür, dass im **Verhältnis** zwischen **Entleiher und Leih-AN** ein Befristungsgrund nach § 14 Abs. 1 TzBfG (vgl. § 14 TzBfG Rn 5 ff.) vorliegt.[69] Der **Befristungsgrund** kann sich aus der Situation des Entleihers (z.B. § 14 Abs. 1 S. 2 Nr. 1 vorübergehender Arbeitsbedarf oder § 14 Abs. 1 S. 2 Nr. 3 Vertretung) oder aus der Situation des Leih-AN (§ 14 Abs. 1 S. 2 Nr. 6 TzBfG) ergeben.[70] Entscheidend ist das Vorliegen des Sachgrunds im **Zeitpunkt** des Eintritts der Rechtsfolge des Abs. 1; der spätere Wegfall des Sachgrunds ist unschädlich.[71] Auf die Zulässigkeit **sachgrundloser Befristungen** nach § 14 Abs. 2 bis 3 TzBfG kann sich der Entleiher im Verhältnis zum Leih-AN nicht berufen.[72]

34 **(2) Rechtsfolge.** Mit Auslaufen einer wirksamen Befristung endet das gesetzlich begründete Arbverh (§ 15 Abs. 1, 2 TzBfG). Liegen die Tatbestandsvoraussetzungen nach S. 2 dagegen nicht vor, ist das fingierte Arbverh unbefristet.[73]

35 Die **Dauer der Befristung** richtet sich nach h.A. ausnahmslos nach der zwischen Entleiher und Verleiher vorgesehenen Überlassungsdauer (siehe Rn 32).[74] Um jedoch eine übermäßige Bindung des Entleihers sowie eine Bindung des Leih-AN über das Maß einer etwaigen Befristung seines Leih-Arbeitsverh hinaus zu verhindern,[75] ist abweichend zur h.A. auf die Leistungsbestimmung zwischen Verleiher und Leih-AN abzustellen, wenn diese von kürzerer Dauer als die im AÜ-Vertrag vorgesehene Überlassungsdauer ist.[76]

36 Wird die **Beschäftigung** des Leih-AN mit Wissen des Entleihers über das Ende der Befristung hinaus **fortgesetzt**, kommt zwischen Entleiher und Leih-AN nach § 15 Abs. 5 TzBfG ein unbefristetes Arbverh zustande.[77]

37 **cc) Kündigung. (1) Außerordentliche Kündigung.** Das gesetzliche Arbverh kann – unabhängig von einer etwaigen Befristung – nach § 626 BGB außerordentlich gekündigt werden, sofern ein wichtiger Grund besteht und die Ausschlussfrist des § 626 Abs. 2 BGB beachtet wird.

38 Die (nicht gewollte) Begründung eines Arbverh zwischen **Entleiher** und Leih-AN nach Abs. 1 begründet für den Entleiher keinen wichtigen Grund i.S.v. § 626 BGB. Entgegen teilweise vertretener Ansicht[78] begründet der Eintritt der Rechtsfolge des Abs. 1 auch für den **Leih-AN** keinen wichtigen Grund zur außerordentlichen Künd,[79] weil eine gesetzlich vorgesehene Rechtsfolge grds. nicht zur Unzumutbarkeit i.S.v. § 626 BGB führen kann.[80] Außerdem hat der Leih-AN einem AG-Wechsel i.S.v. § 613 S. 2 BGB mit Abschluss des Leih-Arbeitsvertrags zugestimmt, weshalb ihm die Rechtsfolge des Abs. 1 zumutbar ist.[81]

39 **(2) Ordentliche Kündigung.** Das nach Abs. 1 fingierte Arbverh kann nach allgemeinen Grundsätzen von beiden Parteien ordentlich gekündigt werden.[82] Für die Bemessung der **Künd-Frist** ist nur der Zeitraum ab Eintritt der Rechtsfolge des Abs. 1 maßgeblich (vgl. Rn 8). Soweit das Arbverh nach S. 2 als wirksam **befristet** gilt, ist das Recht zur ordentlichen Künd nach § 15 Abs. 3 TzBfG ausgeschlossen, sofern nicht ausnahmsweise ein ordentliches Künd-Recht aus TV oder infolge S. 4 besteht.[83]

40 Der **Entleiher** muss die Grenzen des allgemeinen und besonderen Künd-Schutzes beachten.[84] Auf die Wartefrist des § 1 Abs. 1 KSchG wird nur die Zeit ab Beginn der Fiktion des Abs. 1 angerechnet (vgl. Rn 8). Außerdem ist für den

---

66 ArbG Oberhausen 9.4.1985 – 2 Ca 83/85 – EzAÜG AÜG Fiktion Nr. 38; HWK/*Gotthardt*, § 10 AÜG Rn 10.
67 *Boemke/Lembke*, § 10 Rn 38; Thüsing/*Mengel*, § 10 Rn 36.
68 Thüsing/*Mengel*, § 10 Rn 36.
69 *Boemke/Lembke*, § 10 Rn 39; a.A. Thüsing/*Mengel*, § 10 Rn 39 (Sachgrund kann sich auch aus Verhältnis zum Verleiher ergeben).
70 *Boemke/Lembke*, § 10 Rn 39.
71 *Boemke/Lembke*, § 10 Rn 40.
72 Vgl. Thüsing/*Mengel*, § 10 Rn 41.
73 *Boemke/Lembke*, § 10 Rn 44.
74 LAG Düsseldorf 26.1.1984 – 2 (16) Sa 1177/83 – EzAÜG § 10 AÜG Fiktion Nr. 23; Thüsing/*Mengel*, § 10 Rn 42; HWK/*Gotthardt*, § 10 AÜG Rn 10; Urban-Crell/*Schulz*, Rn 811 ff.; ErfK/*Wank*, § 10 AÜG Rn 16; a.A. *Boemke/Lembke*, § 10 Rn 42 (differenzierend); Schüren/*Schüren*, § 10 Rn 63 (Leistungsbestimmung zwischen Leih-AN und Verleiher); *Ulber*, § 10 Rn 32 (differenzierend).
75 Vgl. *Boemke/Lembke*, § 10 Rn 42.
76 Vgl. Schüren/*Schüren*, § 10 Rn 63 ff.
77 *Boemke/Lembke*, § 10 Rn 43.
78 Thüsing/*Mengel*, § 10 Rn 45; *Ulber*, § 10 Rn 34.
79 *Boemke/Lembke*, § 10 Rn 26; Schüren/*Schüren*, § 10 Rn 113; ErfK/*Wank*, § 10 AÜG Rn 19.
80 *Boemke/Lembke*, § 10 Rn 26.
81 Vgl. Schüren/*Schüren*, § 10 Rn 113.
82 *Boemke/Lembke*, § 10 Rn 46.
83 *Boemke/Lembke*, § 10 Rn 26.
84 Thüsing/*Mengel*, § 10 Rn 44.

Entleiher die ordentliche Künd nach § 16 S. 1 TzBfG frühestens zum Ende der zwischen Verleiher und Entleiher vorgesehenen Einsatzdauer möglich.

III. Verbindung zu anderen Rechtsgebieten und zum Prozessrecht

1. Bestehensstreit. Besteht Streit über die Begründung eines Arbverh nach Abs. 1, kann der **Leih-AN** eine Klärung durch eine Klage mit folgendem Antrag erreichen: „Es wird festgestellt, dass zwischen dem Kläger und dem Beklagten ein Arbeitsverhältnis besteht." Der **Entleiher** kann Rechtssicherheit durch eine negative Feststellungsklage mit folgendem Antrag erreichen: „Es wird festgestellt, dass zwischen den Parteien kein Arbeitsverhältnis besteht."

Derjenige, der sich auf die Rechtsfolge des § 10 Abs. 1 beruft, muss nach allgemeinen Grundsätzen sämtliche Tatbestandsvoraussetzungen des Abs. 1 darlegen und **beweisen**.[85]

2. Befristungsstreit. Will der Leih-AN geltend machen, dass das nach Abs. 1 fingierte Arbverh nicht nach S. 2 wirksam befristet ist, muss er innerhalb von drei Wochen ab Ablauf der Befristung **Entfristungsklage** zum Arbeitsgericht erheben (vgl. § 17 TzBfG).[86] Anderenfalls wird die Befristung wirksam.

Nach allgemeinen Grundsätzen ist der Entleiher hinsichtlich der Voraussetzungen einer wirksamen Befristung darlegungs- und **beweisbelastet**.

IV. Beraterhinweise

Soweit nach Abs. 1 zwischen Entleiher und Leih-AN ein (unbefristetes) Arbverh gesetzlich begründet wird, sollte der Entleiher prüfen, inwieweit es wirtschaftlich sinnvoll ist, mit dem Leih-AN frühzeitig einen (wirksam befristeten) Arbeitsvertrag (mit abweichenden Arbeitsbedingungen) abzuschließen.

C. Ersatz des Vertrauensschadens (Abs. 2)

I. Allgemeines

Abs. 2 begründet für den Leih-AN einen besonderen Schadenersatzanspruch gegen den Verleiher, der auf Ersatz desjenigen Schadens gerichtet ist, der dem Leih-AN dadurch entsteht, dass sein Arbeitsvertrag zum Verleiher nach § 9 Nr. 1 unwirksam ist.

II. Regelungsgehalt

1. Tatbestand. Positiv setzt der Anspruch nach S. 1 voraus, dass der Leih-Arbeitsvertrag zwischen Leih-AN und Verleiher wegen **fehlender AÜ-Erlaubnis** unwirksam ist. Der Leih-Arbeitsvertrag darf nicht (zugleich) aus anderen Gründen unwirksam sein. Unschädlich ist, wenn der Leih-Arbeitsvertrag zugleich aus anderen AÜG-spezifischen Gründen unwirksam ist (vgl. Rn 3).

Ausgeschlossen ist der Anspruch nach S. 2, wenn der Leih-AN den Grund der Unwirksamkeit kannte. Notwendig ist die **positive Kenntnis** des Leih-AN; grob fahrlässige Unkenntnis genügt nicht.[87] Die Kenntnis des Leih-AN muss in tatsächlicher und rechtlicher Hinsicht die Erforderlichkeit einer AÜ-Erlaubnis und deren Fehlen umfassen.[88]

2. Rechtsfolge. Der Anspruch nach Abs. 2 ist auf Ersatz desjenigen Schadens gerichtet, der dem Leih-AN dadurch entstanden ist, dass er auf die Wirksamkeit des Leih-Arbeitsvertrags vertraut hat (**Vertrauensschaden**). Der Leih-AN ist nicht so zu stellen, als sei der Leih-Arbeitsvertrag wirksam.[89] Vielmehr ist der Leih-AN so zu stellen, als hätte er die Unwirksamkeit des Leih-Arbeitsvertrags von Anfang an gekannt.[90] Erforderlich ist zunächst **Kausalität** zwischen dem Schaden und der Unkenntnis der Unwirksamkeit. Wäre der Schaden auch bei Kenntnis der Unwirksamkeit eingetreten, ist er nicht ersatzfähig. Außerdem muss der Schaden vom **Schutzzweck** des Abs. 2 umfasst sein. Im Unterschied zu §§ 122, 179 BGB ist der Ersatz des **negativen Interesses** nicht auf das positive Interesse begrenzt.[91]

Erfasst wird zunächst der Schaden, den der Leih-AN dadurch erleidet, dass er im Vertrauen auf den Leih-Arbeitsvertrag ein anderes Arbverh beendet hat.[92] Ersatzfähig ist zudem der Schaden, den der Leih-AN dadurch erleidet, dass er einen anderen Arbeitsvertrag nicht abschließt.[93] Weiter sind vom Leih-AN zur Aufnahme seiner Tätigkeit getätigte Umzugskosten zu nennen,[94] nicht aber im Vorfeld des Vertragsschlusses getätigte Bewerbungskosten.[95]

---

85 BAG 30.1.1991 – 7 AZR 497/89 – BB 1991, 2375; BAG 3.12.1997 – 7 AZR 764/96 – BB 1998, 1640.
86 *Boemke/Lembke*, § 10 Rn 45.
87 *Thüsing/Mengel*, § 10 Rn 54.
88 *Thüsing/Mengel*, § 10 Rn 54.
89 A.A. DHHW/*Lorenz*, § 10 AÜG Rn 23; *Thüsing/Mengel*, § 10 Rn 56; *Ulber*, § 10 Rn 73; *Urban-Crell/Schulz*, Rn 828.
90 *Boemke/Lembke*, § 10 Rn 91 f.
91 *Schüren/Schüren*, § 10 Rn 200.
92 *Ulber*, § 10 Rn 73.
93 *Ulber*, § 10 Rn 73.
94 *Schüren/Schüren*, § 10 Rn 203; *Ulber*, § 10 Rn 73.
95 A.A. *Boemke/Lembke*, § 10 Rn 94; *Schüren/Schüren*, § 10 Rn 203.

51 Dagegen umfasst der Schadenersatzanspruch nicht den infolge der Unwirksamkeit des Leih-Arbeitsvertrags entgangenen **Lohnanspruch** des Leih-AN, weil der Lohnanspruch auch bei anfänglicher Kenntnis des Leih-AN von der Unwirksamkeit des Leih-Arbeitsvertrags nicht bestünde (siehe Rn 49).[96] Ein ersatzfähiger Vertrauensschaden kann dem Leih-AN aber u.U. dadurch entstehen, dass er bei Entleihern Arbeitsleistungen erbringt, die von diesen nicht entsprechend dem Leih-Arbeitsvertrag vergütet werden. In verleihfreien Zeiten entsteht ein entsprechender Schaden nicht; insoweit besteht jedoch u.U. zum Verleiher ein fehlerhaftes Arbverh (siehe § 9 Rn 13).

III. Verbindungen zu anderen Rechtsgebieten und zum Prozessrecht

52 Nach allgemeinen Regeln muss der Leih-AN die positiven Voraussetzungen des Schadensersatzanspruchs, d.h. den Abschluss des Leih-Arbeitsvertrags, das Fehlen der AÜ-Erlaubnis, das Fehlen sonstiger Unwirksamkeitsgründe und den Schaden einschließlich der Kausalität darlegen und beweisen. Den Verleiher trifft dagegen die Darlegungs- und **Beweislast** für die Kenntnis des Leih-AN nach S. 2.

D. Verleiherhaftung, Gesamtschuldnerschaft (Abs. 3)

I. Allgemeines

53 Abs. 3 erweitert die Haftung des Verleihers zum Schutz des Finanzamts, der Sozialkassen und z.B. von Pfändungsgläubigern.

II. Regelungsgehalt

54 **1. Tatbestand.** Zunächst setzt Abs. 3 wie Abs. 2 (siehe Rn 3) voraus, dass der Leih-Arbeitsvertrag wegen **Fehlens der AÜ-Erlaubnis** unwirksam ist. Hinsichtlich des Vorliegens anderer bzw. weiterer Unwirksamkeitsgründe gilt das zu Abs. 2 Gesagte (siehe Rn 3). Auf die **Bösgläubigkeit** der Beteiligten hinsichtlich des Fehlens der AÜ-Erlaubnis kommt es nicht an.[97]

55 Außerdem setzt Abs. 3 voraus, dass der Verleiher trotz der Unwirksamkeit des Leih-Arbeitsvertrags **Arbeitsentgelt** oder **Teile** davon an den Leih-AN zahlt. Arbeitsentgelt ist – wie auch nach Abs. 1 (siehe Rn 22) – in einem umfassenden Sinn zu verstehen. Ausreichend ist daher auch die Zahlung von Auslösen etc. Die Wahrnehmung **sonstiger AG-Befugnisse** durch den Verleiher genügt dagegen nach h.A. nicht.[98] Die Zahlung muss sich auf den Zeitabschnitt beziehen, für den der Leih-Arbeitsvertrag wegen Fehlens der AÜ-Erlaubnis unwirksam ist. Eine Zahlung durch den Verleiher liegt auch vor, wenn ein **Dritter** als Zahlstelle (z.B. Bank) des Verleihers tätig wird.[99]

56 **2. Rechtsfolge.** Ist der Tatbestand erfüllt, haftet der Verleiher wie ein AG auch hinsichtlich der Entgeltanteile, die an Dritte abzuführen sind. Die Haftung des Verleihers wird auf das **gesamte Bruttoarbeitsentgelt** einschließlich des AN-Anteils am Gesamtsozialversicherungsbeitrag, der Lohnsteuer und vermögenswirksamer Leistungen usw. erstreckt.[100] Der Verleiher haftet zudem für die an Pfändungsgläubiger oder Zessionare zu zahlenden Entgeltanteile.[101]

57 Soweit auch der Entleiher aus dem nach Abs. 1 fingierten Arbverh zu Leistungen an Dritte verpflichtet ist, haften Verleiher und Entleiher nach S. 2 als **Gesamtschuldner**, mit der Folge, dass Dritte nach ihrer Wahl Verleiher und/oder Entleiher in Anspruch nehmen können. Im Innenverhältnis haftet allein der Entleiher als gesetzlicher AG.[102]

III. Verbindungen zu anderen Rechtsgebieten und zum Prozessrecht

58 Liegen die Voraussetzungen des Abs. 3 vor, ergibt sich die Verpflichtung des Verleihers zum Entrichten des **Gesamtsozialversicherungsbeitrags** bereits aus § 28e Abs. 2 S. 3 SGB IV. Die Haftung nach § 28e Abs. 2 S. 3 SGB IV geht sogar über die nach Abs. 3 hinaus, weil Abs. 3 nicht den AG-Anteil am Gesamtsozialversicherungsbeitrag erfasst. Abs. 3 kommt daher nur klarstellende Bedeutung zu.

59 Die Verpflichtung zur Abführung der **Lohnsteuer** ergibt sich neben Abs. 3 auch bereits aus § 42d Abs. 1 EStG i.V.m. § 41 Abs. 1 AO.[103] Nach § 42d Abs. 7 i.V.m. Abs. 6 EStG haftet der Verleiher für die Abführung der Lohnsteuer sogar dann subsidiär, wenn allein der Entleiher das Arbeitsentgelt zahlt.

60 Führt der illegale Verleiher vorsätzlich den Gesamtsozialversicherungsbeitrag nicht ab, macht er sich nach § 266a StGB **strafbar**.[104]

---

96 *Boemke/Lembke*, § 10 Rn 92; *Schüren/Schüren*, § 10 Rn 184, 199, 201; a.A. BSG 20.3.1984 – 10 RAr 11/83 – EzAÜG § 10 AÜG Fiktion Nr. 25; *Thüsing/Mengel*, § 10 Rn 56; *Urban-Crell/Schulz*, Rn 830.
97 *Thüsing/Mengel*, § 10 Rn 62.
98 *Boemke/Lembke*, § 10 Rn 101; *Thüsing/Mengel*, § 10 Rn 61; a.A. DHHW/*Lorenz*, § 10 AÜG Rn 26; HWK/*Gotthardt*, § 10 Rn 26; für Ansprüche aus einem fehlerhaften Arbeitsverhältnis *Schüren/Schüren*, § 10 Rn 222.
99 Vgl. *Boemke/Lembke*, § 10 Rn 102.
100 *Boemke/Lembke*, § 10 Rn 103.
101 *Boemke/Lembke*, § 10 Rn 103.
102 *Boemke/Lembke*, § 10 Rn 103.
103 *Grimm/Brock*, § 9 Rn 21.
104 *Thüsing/Mengel*, § 10 Rn 60; *Schüren/Schüren*, § 10 Rn 213.

E. Gleichstellungsanspruch (Abs. 4)

I. Allgemeines

Knüpfen Abs. 1 bis 3 an die illegale AÜ nach § 9 Nr. 1 an, regelt Abs. 4 die weiteren Rechtsfolgen des nach § 9 Nr. 2 teilunwirksamen Leih-Arbeitsvertrags bei legaler AÜ. Wie § 3 Abs. 1 Nr. 3 und § 9 Nr. 2 gilt auch Abs. 4 – jedenfalls nach Ablauf der Umsetzungsfrist der AÜ-Richtlinie – unabhängig von der Erlaubnispflichtigkeit der AÜ (vgl. § 3 Rn 24).[105]

II. Regelungsgehalt

1. Tatbestand. Voraussetzung ist zunächst, dass eine Vereinbarung nach § 9 Nr. 2 unwirksam ist, weil sie das nur für die Dauer der Überlassung geltende **Schlechterstellungsverbot** verletzt (siehe § 9 Rn 14, vgl. § 3 Rn 24) und die Schlechterstellung nicht ausnahmsweise zulässig (siehe § 9 Rn 23, vgl. § 3 Rn 36) ist. Erfasst werden sowohl die mit dem Verleiher getroffenen arbeitsvertraglichen Vereinbarungen als auch die im Verleiherbetrieb geltenden BV.[106]

Nach Sinn und Zweck der Norm findet Abs. 4 entsprechende Anwendung, wenn die nicht erlaubte Schlechterstellung des Leih-AN (vgl. § 3 Rn 24) nicht durch eine positive Regelung, sondern durch das **Fehlen einer Regelung**, d.h. das Vorliegen einer **Regelungslücke** (siehe § 9 Rn 20) bewirkt wird.[107] Dies erfasst z.B. den Fall, dass die Schlechterstellung in einer im Betrieb des Entleihers geltenden, lückenhaften BV fußt.

2. Rechtsfolge. Die Rechtsfolge des Abs. 4 ist darauf gerichtet, dass der Verleiher dem Leih-AN für die Dauer der Überlassung mindestens die im Betrieb des Entleihers geltenden (siehe § 3 Rn 29) wesentlichen Arbeitsbedingungen einschließlich des Arbeitsentgelts (siehe § 3 Rn 28) eines vergleichbaren AN des Entleihers (siehe § 3 Rn 30) gewährt. Abs. 4 ergänzt mithin die dem Leih-AN gegenüber dem Verleiher zustehenden Ansprüche aus Gesetz, TV (soweit nicht vom Schlechterstellungsgebot dispensierend), BV und Arbeitsvertrag, soweit diese hinter dem Schlechterstellungsverbot zurückbleiben. Durch den Anspruch nach Abs. 4 wird der von § 3 Abs. 1 Nr. 3 geforderte Standard (siehe § 3 Rn 24) hergestellt. Der Leih-AN soll insg. so stehen, als sei er beim Entleiher als Stamm-AN eingestellt worden. Einen Anspruch auf das für eine Tätigkeit generell übliche Entgelt begründet Abs. 4 darüber hinaus nicht.[108]

III. Verbindungen zu anderen Rechtsgebieten und zum Prozessrecht

Zur Durchsetzung seines Gleichstellungsanspruchs steht dem Leih-AN ein **Auskunftsanspruch** gegenüber dem Entleiher nach § 13 (siehe § 13 Rn 1) zu. Da sich Auskunftsanspruch und der Anspruch nach Abs. 4 gegen verschiedene Schuldner richten, ist eine Verbindung beider Anträge durch eine **Stufenklage** nicht möglich. Auch kann § 254 ZPO entgegen einer verbreiteten Gegenansicht (siehe § 13 Rn 5) keine analoge Anwendung finden, weil es an einer planwidrigen Regelungslücke fehlt.[109] Will der Leih-AN verhindern, dass der Anspruch auf Gleichstellung vor Auskunftserteilung verjährt oder eine maßgebliche Ausschlussfrist abläuft, ist er auf eine entsprechende **Feststellungsklage** verwiesen. Deren rechtzeitige Erhebung erlangt Bedeutung auch für den Auskunftsanspruch, wenn man zutreffend davon ausgeht, dass der Anspruch aus § 13 erlischt, soweit der Leih-AN der Auskunft nicht mehr bedarf.[110]

Hinsichtlich der Voraussetzungen des Anspruchs auf Gleichstellung ist der Leih-AN **darlegungs- und beweisbelastet**. Den Verleiher trifft jedoch eine sekundäre Darlegungslast, welche eingreift, wenn der AN zunächst die Voraussetzungen des Gleichstellungsanspruchs dargelegt hat. Hierzu kann der Leih-AN insbesondere Bezug auf die ihm nach § 13 vom Entleiher erteilte Auskunft nehmen.[111] Hat der Leih-AN den Entleiher aufgefordert, ihm die Arbeitsbedingungen eines vergleichbaren AN mitzuteilen, genügt der Leih-AN mit Vorlage der hierauf erteilten Auskunft den Darlegungserfordernisse sowohl im Hinblick auf die **Vergleichbarkeit** als auch im Hinblick auf den **Inhalt der Arbeitsbedingungen**.[112] Der Verleiher kann sich in diesem Fall nicht darauf zurückziehen, dass er lediglich einwendet, der Entleiher habe die Vergleichbarkeit unzutreffend beurteilt oder unzutreffende Arbeitsbedingungen angegeben. Vielmehr muss der Verleiher seinerseits substantiiert darlegen, warum der Leih-AN nicht mit den vom Entleiher betrachteten AN vergleichbar ist oder die benannten Arbeitsbedingungen sonst nicht zutreffen.[113]

Hat der Entleiher gegenüber dem Verleiher schuldhaft falsche Angaben über die bei ihm geltenden Arbeitsbedingungen gemacht (vgl. auch § 12 Rn 6, 8), kann der Verleiher den ihm hieraus erwachsenden **Schaden** beim Entleiher liquidieren.[114]

---

105 LAG Niedersachsen 26.11.2007 – 6 TaBV 32/07 – EzAÜG § 9 AÜG Nr. 25.
106 A.A. Thüsing/*Mengel*, § 10 Rn 69 (keine Geltung für BV).
107 *Boemkel/Lembke*, § 10 Rn 107; a.A. Thüsing/*Mengel*, § 10 Rn 68 (§ 612 BGB).
108 BAG 28.1.2008 – 3 AZB 30/07 – NZA 2008, 489.
109 Vgl. BGH 26.5.1994 – IX ZR 39/93 – NJW 1994, 3102; a.A. *Boemke/Lembke*, § 13 Rn 19; DHHW/*Lorenz*, § 13 AÜG Rn 7.
110 Vgl. HWK/*Gotthardt*, § 13 AÜG Rn 2; Thüsing/*Mengel*, § 10 Rn 66; Thüsing/*Pelzner*, § 13 Rn 8.
111 BAG 19.9.2007 – 4 AZR 656/06 – NZA-RR 2008, 231.
112 BAG 19.9.2007 – 4 AZR 656/06 – NZA-RR 2008, 231.
113 BAG 19.9.2007 – 4 AZR 656/06 – NZA-RR 2008, 231.
114 Thüsing/*Mengel*, § 10 Rn 72; ErfK/*Wank*, § 10 AÜG Rn 27.

IV. Beraterhinweise

68 Die Gefahr, nach Abs. 4 mit **Nachforderungen** in Anspruch genommen zu werden, sollte bereits bei der Gestaltung des Leih-Arbeitsvertrages begrenzt werden. Bedeutung erlangt dies insbesondere für Verleiher, welche ihre Leih-AN nach TV der CGZP vergüten, weil nur ein wirksamer TV vom Schlechterstellungsverbot befreien kann und die Tariffähigkeit der CGZP umstritten ist (siehe § 3 Rn 46). Eine Risikobegrenzung kann in diesem Fall nicht dadurch erfolgen, dass ersatzweise auf die DGB-TV verwiesen wird,[115] weil eine derartige **Ersatzverweisungsklausel** eine unzulässige Abweichung von § 306 Abs. 2 BGB darstellt. Eine Risikobegrenzung kann allerdings – nicht jedoch bzgl. Nachzahlungspflichten gegenüber der Sozialversicherung[116] – vielfach dadurch erfolgen, dass im Leih-AV **Ausschlussfristen** vereinbart werden, welche das Inanspruchnahmerisiko zeitlich begrenzen. Entgegen teilweiser Ansicht tritt diese Risikobegrenzung nicht automatisch als Folge des Abs. 4 ein.[117] Zwar gelten über Abs. 4 für den Leih-AN automatisch die etwaig für Stamm-AN geltenden Ausschlussfristen. Jedoch bleiben diese Ausschlussfristen im Ergebnis wirkungslos, weil sie dem Leih-AN entgegen §§ 2, 3 NachwG nicht nachgewiesen wurden.[118]

69 Bei der eigenständigen Vereinbarung von Ausschlussfristen im Leih-Arbeitsvertrag muss jedoch beachtet werden, dass die Vereinbarung einer Ausschlussfrist nicht ihrerseits einen Verstoß gegen das Schlechterstellungsverbot begründet. Die Verfallklausel darf daher für den Leih-AN weder einschneidender sein als die entsprechenden Klauseln des in Bezug genommenen CGZP-TV noch als die für einen Stamm-AN geltenden Ausschlussfristen. Über die für Stamm-AN geltenden Ausschlussfristen muss sich der Verleiher vorab beim Entleiher informieren.

---

§ 11 Sonstige Vorschriften über das Leiharbeitsverhältnis (gültig bis 31.12.2010)

(1) ¹Der Nachweis der wesentlichen Vertragsbedingungen des Leiharbeitsverhältnisses richtet sich nach den Bestimmungen des Nachweisgesetzes. ²Zusätzlich zu den in § 2 Abs. 1 des Nachweisgesetzes genannten Angaben sind in die Niederschrift aufzunehmen:

1. Firma und Anschrift des Verleihers, die Erlaubnisbehörde sowie Ort und Datum der Erteilung der Erlaubnis nach § 1,
2. Art und Höhe der Leistungen für Zeiten, in denen der Leiharbeitnehmer nicht verliehen ist.

(2) ¹Der Verleiher ist ferner verpflichtet, dem Leiharbeitnehmer bei Vertragsschluß ein Merkblatt der Erlaubnisbehörde über den wesentlichen Inhalt dieses Gesetzes auszuhändigen. ²Nichtdeutsche Leiharbeitnehmer erhalten das Merkblatt und den Nachweis nach Absatz 1 auf Verlangen in ihrer Muttersprache. ³Die Kosten des Merkblatts trägt der Verleiher.

(3) ¹Der Verleiher hat den Leiharbeitnehmer unverzüglich über den Zeitpunkt des Wegfalls der Erlaubnis zu unterrichten. ²In den Fällen der Nichtverlängerung (§ 2 Abs. 4 Satz 3), der Rücknahme (§ 4) oder des Widerrufs (§ 5) hat er ihn ferner auf das voraussichtliche Ende der Abwicklung (§ 2 Abs. 4 Satz 4) und die gesetzliche Abwicklungsfrist (§ 2 Abs. 4 Satz 4 letzter Halbsatz) hinzuweisen.

(4) ¹§ 622 Abs. 5 Nr. 1 des Bürgerlichen Gesetzbuchs ist nicht auf Arbeitsverhältnisse zwischen Verleihern und Leiharbeitnehmern anzuwenden. ²Das Recht des Leiharbeitnehmers auf Vergütung bei Annahmeverzug des Verleihers (§ 615 Satz 1 des Bürgerlichen Gesetzbuchs) kann nicht durch Vertrag aufgehoben oder beschränkt werden; § 615 Satz 2 des Bürgerlichen Gesetzbuchs bleibt unberührt. ³Das Recht des Leiharbeitnehmers auf Vergütung kann durch Vereinbarung von Kurzarbeit für die Zeit aufgehoben werden, für die dem Leiharbeitnehmer Kurzarbeitergeld nach dem Dritten Buch Sozialgesetzbuch gezahlt wird; eine solche Vereinbarung kann das Recht des Leiharbeitnehmers auf Vergütung bis längstens zum 31. Dezember 2010 ausschließen.

(5) ¹Der Leiharbeitnehmer ist nicht verpflichtet, bei einem Entleiher tätig zu sein, soweit dieser durch einen Arbeitskampf unmittelbar betroffen ist. ²In den Fällen eines Arbeitskampfs nach Satz 1 hat der Verleiher den Leiharbeitnehmer auf das Recht, die Arbeitsleistung zu verweigern, hinzuweisen.

(6) ¹Die Tätigkeit des Leiharbeitnehmers bei dem Entleiher unterliegt den für den Betrieb des Entleihers geltenden öffentlich-rechtlichen Vorschriften des Arbeitsschutzrechts; die hieraus sich ergebenden Pflichten für den Arbeitgeber obliegen dem Entleiher unbeschadet der Pflichten des Verleihers. ²Insbesondere hat der Entleiher den Leiharbeitnehmer vor Beginn der Beschäftigung und bei Veränderungen in seinem Arbeitsbereich über Gefahren für Sicherheit und Gesundheit, denen er bei der Arbeit ausgesetzt sein kann, sowie über die Maßnahmen und Einrichtungen zur Abwendung dieser Gefahren zu unterrichten. ³Der Entleiher hat den Leiharbeitnehmer zusätzlich über die Notwendigkeit besonderer Qualifikationen oder beruflicher Fähigkeiten oder einer besonderen ärztlichen Überwachung sowie über erhöhte besondere Gefahren des Arbeitsplatzes zu unterrichten.

---

115 *Brors*, BB 2006, 101; a.A. Thüsing/*Mengel*, § 9 Rn 46b.
116 *Reipen*, NZS 2005, 407.
117 *Reipen*, NZS 2005, 407.
118 Vgl. BAG 17.4.2002 – 5 AZR 89/01 – NZA 2002, 1096.

(7) Hat der Leiharbeitnehmer während der Dauer der Tätigkeit bei dem Entleiher eine Erfindung oder einen technischen Verbesserungsvorschlag gemacht, so gilt der Entleiher als Arbeitgeber im Sinne des Gesetzes über Arbeitnehmererfindungen.

§ 11 Sonstige Vorschriften über das Leiharbeitsverhältnis (gültig ab 1.1.2011)

(1) ¹Der Nachweis der wesentlichen Vertragsbedingungen des Leiharbeitsverhältnisses richtet sich nach den Bestimmungen des Nachweisgesetzes. ²Zusätzlich zu den in § 2 Abs. 1 des Nachweisgesetzes genannten Angaben sind in die Niederschrift aufzunehmen:
1. Firma und Anschrift des Verleihers, die Erlaubnisbehörde sowie Ort und Datum der Erteilung der Erlaubnis nach § 1,
2. Art und Höhe der Leistungen für Zeiten, in denen der Leiharbeitnehmer nicht verliehen ist.

(2) ¹Der Verleiher ist ferner verpflichtet, dem Leiharbeitnehmer bei Vertragsschluß ein Merkblatt der Erlaubnisbehörde über den wesentlichen Inhalt dieses Gesetzes auszuhändigen. ²Nichtdeutsche Leiharbeitnehmer erhalten das Merkblatt und den Nachweis nach Absatz 1 auf Verlangen in ihrer Muttersprache. ³Die Kosten des Merkblatts trägt der Verleiher.

(3) ¹Der Verleiher hat den Leiharbeitnehmer unverzüglich über den Zeitpunkt des Wegfalls der Erlaubnis zu unterrichten. ²In den Fällen der Nichtverlängerung (§ 2 Abs. 4 Satz 3), der Rücknahme (§ 4) oder des Widerrufs (§ 5) hat er ihn ferner auf das voraussichtliche Ende der Abwicklung (§ 2 Abs. 4 Satz 4) und die gesetzliche Abwicklungsfrist (§ 2 Abs. 4 Satz 4 letzter Halbsatz) hinzuweisen.

(4) ¹§ 622 Abs. 5 Nr. 1 des Bürgerlichen Gesetzbuchs ist nicht auf Arbeitsverhältnisse zwischen Verleihern und Leiharbeitnehmern anzuwenden. ²Das Recht des Leiharbeitnehmers auf Vergütung bei Annahmeverzug des Verleihers (§ 615 Satz 1 des Bürgerlichen Gesetzbuchs) kann nicht durch Vertrag aufgehoben oder beschränkt werden; § 615 Satz 2 des Bürgerlichen Gesetzbuchs bleibt unberührt.

(5) ¹Der Leiharbeitnehmer ist nicht verpflichtet, bei einem Entleiher tätig zu sein, soweit dieser durch einen Arbeitskampf unmittelbar betroffen ist. ²In den Fällen eines Arbeitskampfs nach Satz 1 hat der Verleiher den Leiharbeitnehmer auf das Recht, die Arbeitsleistung zu verweigern, hinzuweisen.

(6) ¹Die Tätigkeit des Leiharbeitnehmers bei dem Entleiher unterliegt den für den Betrieb des Entleihers geltenden öffentlich-rechtlichen Vorschriften des Arbeitsschutzrechts; die hieraus sich ergebenden Pflichten für den Arbeitgeber obliegen dem Entleiher unbeschadet der Pflichten des Verleihers. ²Insbesondere hat der Entleiher den Leiharbeitnehmer vor Beginn der Beschäftigung und bei Veränderungen in seinem Arbeitsbereich über Gefahren für Sicherheit und Gesundheit, denen er bei der Arbeit ausgesetzt sein kann, sowie über die Maßnahmen und Einrichtungen zur Abwendung dieser Gefahren zu unterrichten. ³Der Entleiher hat den Leiharbeitnehmer zusätzlich über die Notwendigkeit besonderer Qualifikationen oder beruflicher Fähigkeiten oder einer besonderen ärztlichen Überwachung sowie über erhöhte besondere Gefahren des Arbeitsplatzes zu unterrichten.

(7) Hat der Leiharbeitnehmer während der Dauer der Tätigkeit bei dem Entleiher eine Erfindung oder einen technischen Verbesserungsvorschlag gemacht, so gilt der Entleiher als Arbeitgeber im Sinne des Gesetzes über Arbeitnehmererfindungen.

A. Allgemeines	1
B. Regelungsgehalt	2
I. Nachweis der wesentlichen Vertragsbedingungen (Abs. 1)	2
1. Allgemeines	2
2. Verweis auf die Bestimmungen des NachwG (S. 1)	3
3. Zusätzliche Angaben (S. 2)	10
a) Verleiher und Erlaubnis (Nr. 1)	10
b) Leistungen für verleihfreie Zeiten (Nr. 2)	12
II. Merkblatt für Leiharbeitnehmer (Abs. 2)	13
1. Aushändigungspflicht (S. 1)	13
2. Sprache (S. 2)	14
3. Kosten (S. 3)	15
III. Hinweispflicht bzgl. Erlaubnis (Abs. 3)	16
1. Erlaubniswegfall (S. 1)	16
2. Nichtverlängerung, Rücknahme, Widerruf (S. 2)	17
IV. Unanwendbarkeit und Unabdingbarkeit (Abs. 4)	18
1. Unanwendbarkeit von § 622 Abs. 5 S. 1 Nr. 1 BGB (S. 1)	18
2. Unabdingbarkeit von § 615 S. 1 BGB (S. 2)	19
V. Leistungsverweigerungsrecht im Arbeitskampf (Abs. 5)	21
1. Leistungsverweigerungsrecht (S. 1)	21
2. Hinweispflicht des Verleihers (S. 2)	24
VI. Öffentlich-rechtlicher Arbeitsschutz (Abs. 6)	25
1. Maßgebliche Bestimmungen des öffentlich-rechtlichen Arbeitsschutzes (S. 1)	25
2. Unterrichtungspflicht (S. 2)	26
3. Unterrichtungspflicht (S. 3)	27
VII. Arbeitnehmererfindungen (Abs. 7)	28
C. Verbindung zu anderen Rechtsgebieten und zum Prozessrecht	31
D. Beraterhinweise	37

A. Allgemeines

1 Die Vorschrift ergänzt §§ 9 und 10 und damit den Schutz des Leih-AN. Die Stellung des Leih-AN wird durch die zahlreichen Informations- und Hinweispflichten des Verleihers verbessert. Die Regelungen des § 11 sind nur auf die **gewerbsmäßige AÜ** anwendbar.[1] Sie gehen denen des NachwG vor, die für andere Leiharbverh und sonstige Arbverh gelten.[2] Der gewerbsmäßige Verleiher muss die Voraussetzungen des NachwG berücksichtigen, dabei aber die Besonderheiten des § 11 beachten.

B. Regelungsgehalt
I. Nachweis der wesentlichen Vertragsbedingungen (Abs. 1)

2 **1. Allgemeines.** Die Pflicht zur Beurkundung der wesentlichen Arbeitsbedingungen durch den Verleiher soll primär für den Leih-AN mehr Rechtssicherheit und Rechtsklarheit schaffen. Abs. 1 verweist für den Umfang der Nachweispflicht auf die Vorschriften des NachwG. Die Vorschriften des NachwG sind einseitig zwingend zugunsten des AN.

3 **2. Verweis auf die Bestimmungen des NachwG (S. 1).** Nach § 2 Abs. 1 S. 1 NachwG muss der Verleiher die wesentlichen Vertragsbedingungen schriftlich niederlegen. Er muss sie dem Leih-AN spätestens einen Monat nach dem vereinbarten Beginn des Arbverh, im Falle eines **Auslandseinsatzes** spätestens vor der Abreise,[3] aushändigen. Insoweit handelt es sich nicht um ein Schriftformerfordernis nach § 125 BGB, ein mündlich geschlossener Leihvertrag bleibt wirksam.[4] Die Nichtbeachtung erfüllt aber den Ordnungswidrigkeitstatbestand des § 16 Abs. 1 Nr. 8. Nach § 2 Abs. 1 S. 3 NachwG darf der Nachweis nicht in **elektronischer Form** erfolgen. Die Vertragsbedingungen sind schriftlich abzufassen, wobei die Unterzeichnung durch den AG nicht persönlich erfolgen muss. Er kann einen Vertreter beauftragen.

4 Wesentlich sind die Vertragsbedingungen, die üblicherweise in Arbeitsverträgen bestimmter AN vereinbart werden.[5] § 2 Abs. 1 S. 2 Nr. 1 bis 10 NachwG enthält nur (zwingende) Mindestbestimmungen (dazu im Einzelnen vgl. § 2 NachwG Rn 24 ff.). In die Niederschrift können weitere für den Inhalt des Leiharbverh wesentliche Abreden aufgenommen werden. Dazu zählt etwa die Vereinbarung einer **Vertragsstrafe** für den Fall, dass der Leih-AN seine Arbeit nicht oder nicht rechtzeitig aufnimmt oder sich sonst vertragsbrüchig verhält.[6]

5 Nach § 3 S. 1 NachwG ist dem Leih-AN eine nachträgliche Änderung der wesentlichen Vertragbedingungen spätestens einen Monat nach der Änderung schriftlich mitzuteilen.

6 Einem **ausländischen Leih-AN** ist auf sein Verlangen hin die Niederschrift nach Abs. 2 S. 2 in seiner Muttersprache auszuhändigen.

7 Wird ein Leih-AN zur Erbringung seiner Arbeitsleistung länger als einen Monat außerhalb der BRD eingesetzt, muss die Niederschrift die in § 2 Abs. 2 NachwG normierten zusätzlichen Angaben zwingend enthalten. Der Leih-AN muss Kenntnis haben über den ersten und letzten Tag seines Auslandseinsatzes bzw. auf eine unbestimmte Dauer hingewiesen werden. Er muss auch Kenntnis haben über die Währung, in der ihm das **Arbeitsentgelt** ausgezahlt wird und darüber, ob er im Zusammenhang mit dem Auslandseinsatz zusätzliches Arbeitsentgelt oder zusätzliche Sachleistungen erhält bzw. wie die Bedingungen für seine **Rückkehr** ausgestaltet sind.

8 Von den wesentlichen Vertragsbedingungen umfasst ist die in §§ 3 Abs. 1 Nr. 3, 9 Nr. 2 normierte unabdingbare Verpflichtung des Verleihers, dem überlassenen Leih-AN mindestens die für vergleichbare AN im Entleiherbetrieb geltenden Arbeitsbedingungen zu gewähren. Etwas anderes gilt nur, wenn ein einschlägiger TV etwas Abweichendes regelt. Da der Verleiher zumeist nicht voraussagen kann, bei welchem Entleiher der Leih-AN eingesetzt wird, sollte er, um der Frist des § 2 Abs. 1 S. 1 NachwG zu genügen, zunächst den Gesetzestext von §§ 3 Abs. 1 Nr. 3, 9 Nr. 2 in der Niederschrift wiedergeben und später die Angaben entsprechend § 3 NachwG ändern (konkretisieren). Soweit es um die Arbeitsbedingungen nach § 2 Abs. 1 Nr. 6 bis 9 NachwG geht und diese im Entleiherbetrieb in einem einschlägigen TV oder in einer BV geregelt sind, genügt nach § 2 Abs. 3 NachwG ein Hinweis auf den TV oder die BV.[7]

9 Nach § 2 Abs. 4 NachwG entfällt die Verpflichtung zur Ausfertigung einer Niederschrift, wenn die Parteien einen **schriftlichen Arbeitsvertrag** (§ 126 Abs. 2 BGB) geschlossen haben, der die gem. S. 2 erforderlichen Mindestangaben enthält. Besteht ein schriftlicher Arbeitsvertrag, der die Mindestangaben nicht umfassend berücksichtigt, ist es ausreichend, wenn die fehlenden Angaben in der Niederschrift ergänzt werden.[8]

---

1 A.A. *Ulber*, § 11 Rn 6.
2 *Boemkel/Lembke*, § 11 Rn 3, 40; Schüren/*Feuerborn*, § 11 Rn 16; HWK/*Gotthardt*, § 11 AÜG Rn 2.
3 HWK/*Gotthardt*, § 11 AÜG Rn 19.
4 ArbG Stuttgart 18.3.1976 – 10 Ca 895/75 – juris; Schüren/*Feuerborn*, § 11 Rn 21; KassArbR/*Düwell*, 4.5 Rn 329.
5 LAG Niedersachsen 7.12.2000 – 10 Sa 1505/00 – NZA-RR 2001, 145; ErfK/*Preis*, § 2 NachwG Rn 8.
6 BAG 20.4.1989 – 2 AZR 511/88 – EzAÜG § 611 BGB Leiharbeitsverhältnis Nr. 7.
7 BAG 17.4.2002 – 5 AZR 89/01 – AP § 2 NachwG Nr. 6 = BB 2002, 2023.
8 BT-Drucks 13/668, S. 11.

3. Zusätzliche Angaben (S. 2). a) Verleiher und Erlaubnis (Nr. 1). Zusätzlich zu den im NachwG normierten Angaben sind in die Niederschrift die Firma (vgl. § 17 Abs. 1 HGB) und Anschrift des Verleihers, die Erlaubnisbehörde sowie Ort und Datum der Erteilung der Erlaubnis nach § 1 aufzunehmen. Nachdem die aktive und passive Parteifähigkeit der **BGB-Gesellschaft** durch BGH[9] und BAG[10] bejaht wurde, reicht es aus, lediglich die BGB-Gesellschaft selbst als Verleiher aufzuführen. Die Auflistung aller BGB-Gesellschafter ist nicht erforderlich.

Die Angaben zur Erlaubnis sollen es dem Leih-AN wegen der Rechtsfolgen der §§ 9 Nr. 1, 10 Abs. 1 S. 1 ermöglichen, das Vorliegen der Erlaubnis selbst zu prüfen und ihn so vor einem fingierten Arbverh schützen.[11]

b) Leistungen für verleihfreie Zeiten (Nr. 2). Ergänzend zu den Angaben entsprechend dem NachwG muss der Verleiher dem Leih-AN auch Angaben darüber machen, wie dieser vergütet wird, wenn ihn der Verleiher mangels eines Überlassungsvertrages nicht einsetzen kann. Nach Abs. 4 S. 2 ist die Verpflichtung zur Fortzahlung der Vergütung bei **Annahmeverzug** unabdingbar. Abs. 4 S. 2 greift nur bei vorübergehender Nichtbeschäftigung, d.h. wenn der Verleiher den Leih-AN trotz bestehender Arbeitspflicht und Arbeitsbereitschaft nicht beschäftigen kann oder will. Abs. 1 Nr. 2 bestätigt (ebenso wie Abs. 4) das Leitbild des AÜG, dass der Verleiher das **Risiko der Nichteinsatzzeiten** des Leih-AN trägt.[12]

II. Merkblatt für Leiharbeitnehmer (Abs. 2)

1. Aushändigungspflicht (S. 1). Nach Abs. 2 S. 1 muss der Verleiher dem Leih-AN bei Vertragsschluss das Merkblatt der BA über den wesentlichen Inhalt des AÜG aushändigen. Ihn trifft insoweit eine Weiterleitungspflicht.

2. Sprache (S. 2). Das Merkblatt ist nichtdeutschen AN nach Abs. 2 S. 2 auf ihr Verlangen hin in ihrer **Muttersprache** auszuhändigen. Muttersprache ist im Zweifel die Amtsprache des Landes, dessen Staatsangehörigkeit der Leih-AN besitzt. Die BA hält Merkblätter in den verschiedensten Sprachen bereit. Verfügt sie über ein vom Verleiher benötigtes Fremdsprachen-Merkblatt nicht, ist dieser nach § 275 Abs. 1 BGB von seiner Übergabepflicht befreit. Die **Übersetzung des Merkblattes** in eine von der BA nicht angebotene Sprache auf eigene Kosten ist dem Verleiher unzumutbar.

3. Kosten (S. 3). Nach Abs. 2 S. 3 trägt der Verleiher die Kosten für das Merkblatt. Er darf die Kosten weder auf die BA noch auf den Leih-AN abwälzen.

III. Hinweispflicht bzgl. Erlaubnis (Abs. 3)

1. Erlaubniswegfall (S. 1). Nach Abs. 3 S. 1 muss der Verleiher den Leih-AN bei Erlaubniswegfall ohne schuldhaftes Zögern (§ 121 Abs. 1 S. 1 BGB) unterrichten. Aus Beweisgründen sollte die Unterrichtung schriftlich erfolgen.

2. Nichtverlängerung, Rücknahme, Widerruf (S. 2). Im Fall der Nichtverlängerung, der Rücknahme oder des Widerrufs der Erlaubnis muss der Verleiher den Leih-AN gem. Abs. 3 S. 2 zusätzlich auf das voraussichtliche Ende und die gesetzliche **Abwicklungsfrist** von höchstens sechs Monaten hinweisen. Aus Beweisgründen ist anzuraten, den Hinweis schriftlich zu erteilen.

IV. Unanwendbarkeit und Unabdingbarkeit (Abs. 4)

1. Unanwendbarkeit von § 622 Abs. 5 S. 1 Nr. 1 BGB (S. 1). Um zu verhindern, dass der Verleiher das von ihm zu tragende Beschäftigungsrisiko auf den Leih-AN abwälzt,[13] dürfen nach Abs. 4 S. 1 zwischen den Vertragsparteien kürzere als die in § 622 Abs. 1 BGB normierten Künd-Fristen nicht vereinbart werden. Von den sonstigen in § 622 BGB genannten Regelungen betreffend die Verkürzung der Künd-Frist kann der Verleiher Gebrauch machen. Er kann eine Probezeit vereinbaren (§ 622 Abs. 3 BGB), in Kleinbetrieben kann er die Möglichkeit des § 622 Abs. 5 S. 1 Nr. 2 BGB nutzen, oder es können sich kürzere Künd-Fristen aus TV ergeben (§ 622 Abs. 4 BGB).

2. Unabdingbarkeit von § 615 S. 1 BGB (S. 2). Abs. 4 S. 2 bestimmt, dass der Vergütungsanspruch des Leih-AN (§ 615 S. 1 BGB) bei Annahmeverzug des Verleihers (§§ 293 ff. BGB) durch Vertrag weder aufgehoben noch beschränkt werden kann. Der Verleiher muss die vereinbarte Vergütung auch dann zahlen, wenn er den Leih-AN nicht bei einem Entleiher einsetzen kann. Der **Annahmeverzugslohn** während der verleihfreien Zeit beschränkt sich auf die mit dem Verleiher vereinbarte Vergütung. § 10 Abs. 4 gilt nicht. Eine arbeitsvertragliche Regelung, wonach der Verleiher berechtigt ist, in einsatzfreien Zeiten ein Arbeitszeitkonto bis auf Null abzuschmelzen, verstößt gegen Abs. 4 S. 2 und ist deshalb nach § 134 BGB nichtig.[14]

---

9 BGH 29.1.2001 – II ZR 331/00 – BB 2001, 374.
10 BAG 1.12.2004 – 5 AZR 597/03 – NZA 2005, 1004.
11 BT-Drucks 6/2303, S. 14.
12 BAG 24.3.2004 – 5 AZR 303/03 – AP § 138 BGB Nr. 59 = NZA 2004, 971.
13 Schüren/*Feuerborn*, § 11 Rn 88; ErfK/*Wank*, § 11 AÜG Rn 16.
14 LAG Rheinland-Pfalz 24.4.2008 – 10 Sa 19/08 – juris.

20 Abs. 4 S. 2 regelt auch, dass Abweichungen von § 615 S. 2 BGB vereinbart werden können. Nach § 615 S. 2 BGB muss sich der AN auf den Verzugslohn grundsätzlich das **anrechnen** lassen, was er in Folge des Unterbleibens seiner Arbeitsleistung erspart, durch anderweitige Verwendung seiner Arbeitsleistung erwirbt oder zu erwerben böswillig unterlässt. Die Abbedingung kann sich demnach nur zugunsten des Leih-AN auswirken.

V. Leistungsverweigerungsrecht im Arbeitskampf (Abs. 5)

21 **1. Leistungsverweigerungsrecht (S. 1).** Nach Abs. 5 hat der Leih-AN ein individuelles Leistungsverweigerungsrecht bei Arbeitskämpfen (unmittelbar) im Entleiherbetrieb. Der Leih-AN soll nicht gegen seinen Willen als **Streikbrecher** eingesetzt werden können.[15] Das Leistungsverweigerungsrecht ist ein Gestaltungsrecht, das durch empfangsbedürftige Willenserklärung gegenüber dem Verleiher oder gegenüber dem Entleiher ausgeübt wird.[16]

22 Macht der Leih-AN von dem Leistungsverweigerungsrecht keinen Gebrauch, ist er trotz des Arbeitskampfes zur Erbringung seiner Arbeitsleistung im Entleiherbetrieb verpflichtet. An Arbeitskampfmaßnahmen darf er sich nicht beteiligen. Tut er es dennoch, verletzt er seine Leistungspflicht gegenüber dem Entleiher und seine **Treuepflicht** gegenüber dem Verleiher.[17]

23 Übt der Leih-AN das Leistungsverweigerungsrecht aus, wird die Pflicht im Entleiherbetrieb zu arbeiten auch gegenüber dem Entleiher beendet. Der Verleiher kann in diesem Fall gegenüber dem Entleiher seine Pflichten aus dem AÜ-Vertrag nicht mehr erfüllen. Er muss dem Entleiher einen anderen leistungsbereiten AN zur Verfügung stellen. Kommt er dieser Verpflichtung nicht nach, verliert er zeitanteilig seinen Anspruch auf **Überlassungsvergütung** (§ 326 Abs. 1 BGB). Da der Arbeitskampf in die Risikosphäre des Entleihers fällt, geht der Überlassungsanspruch des Entleihers ersatzlos unter, wenn der Verleiher trotz zumutbarer Anstrengungen keinen anderen AN findet, den er dem Entleiher zur Verfügung stellen kann (§ 275 Abs. 1 BGB).[18] Im Verhältnis Verleiher-Leih-AN ist der Verleiher berechtigt, dem Leih-AN eine Tätigkeit in einem anderen Entleiherbetrieb zuzuweisen. Ist dies nicht möglich, trägt der Verleiher das **Lohnrisiko**.[19]

24 **2. Hinweispflicht des Verleihers (S. 2).** S. 2 bestimmt, dass der Verleiher den Leih-AN auf sein Leistungsverweigerungsrecht im Fall des Arbeitskampfes beim Entleiher hinweisen muss. Ist der Entleiherbetrieb von einem Arbeitskampf betroffen, muss der Hinweis vor dem geplanten Arbeitseinsatz erfolgen. Beginnt der Arbeitskampf während der Überlassungsdauer hat der Verleiher unverzüglich bei Beginn auf das Leistungsverweigerungsrecht hinzuweisen.[20]

VI. Öffentlich-rechtlicher Arbeitsschutz (Abs. 6)

25 **1. Maßgebliche Bestimmungen des öffentlich-rechtlichen Arbeitsschutzes (S. 1).** Abs. 6 regelt als Spezialvorschrift zu § 8 Abs. 2 ArbSchG Verpflichtungen des Entleihers gegenüber dem Leih-AN betreffend den öffentlich-rechtlichen Arbeitsschutz. Umfasst sind Regelungen für eine möglichst gefahrlose Ausgestaltung der Arbeitsumgebung und des Arbeitsablaufs hinsichtlich Leib, Leben und Gesundheit des AN. Es sind allein die **für den Entleiherbetrieb geltenden Vorschriften anzuwenden**.[21] Zu den öffentlich-rechtlichen Vorschriften des Arbeitsschutzrechts gehören u.a. die Regelungen des ArbSchG, ArbZG, MuSchG, SGB IX oder die UVV der BG nach §§ 15 ff. SGB VII. Für die Einhaltung der Vorschriften sind Entleiher und Verleiher gemeinsam verantwortlich.

26 **2. Unterrichtungspflicht (S. 2).** Nach Abs. 6 S. 2 hat der Entleiher den Leih-AN vor Beginn der Beschäftigung und bei Veränderungen in seinem Arbeitsbereich über Gefahren für Sicherheit und Gesundheit sowie über Möglichkeiten zur Abwendung der Gefahren zu unterrichten. Erforderlich ist eine arbeitsplatzspezifische Unterrichtung.[22] Ein **bloßer Hinweis** genügt nicht.

27 **3. Unterrichtungspflicht (S. 3).** Nach Abs. 6 S. 3 erstreckt sich die Unterrichtung zusätzlich auf die Notwendigkeit besonderer Qualifikationen oder beruflicher Fähigkeiten oder einer besonderen ärztlichen Überwachung sowie auf erhöhte besondere Gefahren am Arbeitsplatz. Ebenso wie nach S. 2 werden auch durch S. 3 die allgemeinen Verpflichtungen des Entleihers aus § 12 Abs. 2 ArbSchG und § 81 Abs. 1 BetrVG konkretisiert.

VII. Arbeitnehmererfindungen (Abs. 7)

28 Abs. 7 bestimmt, dass der Entleiher während der Überlassungsdauer als AG i.S.d. ArbNErfG gilt, wenn der Leih-AN während seiner Tätigkeit bei dem Entleiher eine Erfindung oder einen technischen Verbesserungsvorschlag macht. Die Vorschrift dient einer interessengerechten Zuordnung der Verwertungsrechte.[23] Das ArbNErfG gibt dem AG

---

15 BT-Drucks 6/2302, S. 14.
16 *Ulber*, § 11 Rn 83; *Boemke/Lembke*, § 11 Rn 133.
17 KassArbR/*Düwell*, 4.5 Rn 400; *Schüren/Feuerborn*, § 11 Rn 107; ErfK/*Wank*, § 11 AÜG Rn 19.
18 *Boemke/Lembke*, § 11 Rn 137.
19 *Schüren/Feuerborn*, § 11 Rn 105 f.; ErfK/*Wank*, § 11 AÜG Rn 19; a.A. *Boemke/Lembke*, § 11 Rn 138.
20 KassArbR/*Düwell*, 4.5 Rn 401; *Schüren/Feuerborn*, § 11 Rn 109.
21 *Grimm/Brock*, S. 153 Rn 158; *Boemke/Lembke*, § 11 Rn 151.
22 *Schüren/Feuerborn*, § 11 Rn 116.
23 HWK/*Gotthardt*, § 11 AÜG Rn 33.

eine Vorzugsstellung, weil nicht auszuschließen ist, dass der Erfindungsvorgang durch die im Betrieb gewonnenen Erfahrungen und Erkenntnisse gefördert worden ist. Zu unterscheiden ist zwischen **Diensterfindungen** (§§ 2, 4 Abs. 2 ArbNErfG), freien Erfindungen (§§ 2, 4 Abs. 3 ArbNErfG) und technischen Verbesserungsvorschlägen (§ 3 ArbNErfG).

Diensterfindungen kann der AG durch einseitige, schriftliche Gestaltungserklärung mit der Folge in Anspruch nehmen, dass alle Rechte darin auf ihn übergehen und er dem Leih-AN eine angemessene Vergütung zu zahlen hat.

Bei **freien Erfindungen** besteht eine Pflicht zum Anbieten durch den AN. Vor einer freien Verwertung ist der AG bevorzugt (§ 19 ArbNErfG). **Technische Verbesserungsvorschläge** stehen als Arbeitsergebnis dem AG zu. Bei Verwertung ist er aber nach § 20 ArbNErfG zu einer angemessenen Vergütung verpflichtet.

C. Verbindung zu anderen Rechtsgebieten und zum Prozessrecht

Dokumentiert der Verleiher die Angaben nach Abs. 1 i.V.m. NachwG nicht richtig, nicht vollständig oder nicht rechtzeitig, kann dies zivil-, straf- und öffentlich-rechtliche Folgen haben.

Abs. 1 gibt dem Leih-AN einen einklagbaren Anspruch auf Ausstellung und Aushändigung der entsprechenden Urkunde. Diesen Anspruch kann der AN mittels **Leistungsklage** vor dem ArbG im **Urteilsverfahren** durchsetzen. Die **Vollstreckung** bestimmt sich nach § 888 ZPO.

Nach § 273 Abs. 1 BGB steht dem Leih-AN ein **Zurückbehaltungsrecht** mit der Arbeitsleistung zu, wenn der Verleiher trotz Aufforderung die Urkunde nicht unverzüglich ausstellt und dem AN aushändigt.[24]

Verletzt der Verleiher schuldhaft die Nachweispflicht, kann dies grundsätzlich **Schadensersatzansprüche** nach § 280 Abs. 1 BGB auslösen. Häufig wird es aber an einem konkret nachweisbaren Schaden fehlen. Kann der Leih-AN wegen Verstoßes gegen die Nachweispflicht Fristen zur Geltendmachung von Ansprüchen nicht einhalten, steht dem AN ein Schadensersatzanspruch nach §§ 280 Abs. 1 und 2 i.V.m. 286 BGB zu.[25] Hinsichtlich der **Darlegungs- und Beweislast** gelten für den Leih-AN Erleichterungen betreffend die Verletzung einer bestehenden Dokumentationspflicht des Verleihers.[26] Der Beweis für eine streitige Vereinbarung kann im Einzelfall dann als geführt angesehen werden, wenn sie aufgrund von Indizien plausibel erscheint.[27]

Die Verletzung der Nachweispflicht kann unter Beachtung des Grundsatzes der Verhältnismäßigkeit auch dazu führen, dass die BA die **Erlaubnis** nicht verlängert (§ 3 Abs. 1 Nr. 1) oder widerruft (§ 5 Abs. 1 Nr. 3). Zudem droht dem Verleiher wegen Verletzung des Ordnungswidrigkeitstatbestandes des § 16 Abs. 1 Nr. 8 ein **Bußgeld** von bis zu 500 EUR.

Verletzt der Entleiher die sich aus Abs. 6 S. 2 und 3 ergebenden Pflichten kann dem Leih-AN ein Leistungsverweigerungsrecht (§ 273 Abs. 1 BGB) zustehen. Erleidet der Leih-AN in Folge der Pflichtverletzung einen Schaden, kann er den Entleiher nach § 280 Abs. 1 BGB in Anspruch nehmen.

D. Beraterhinweise

Über die in die Niederschrift nach Abs. 1 S. 1 i.V.m. § 2 NachwG bzw. Abs. 1 S. 2 aufzunehmenden Mindestangaben hinaus, empfiehlt es sich für den Verleiher aus Gründen der Rechtssicherheit weitere ergänzende (und tatsächlich getroffene) Angaben aufzunehmen. Hierzu zählen Angaben zu **Sonder- bzw. Zusatzurlaub** sowie etwa diesbezüglich gewährter AG-Leistungen, **Ausschlussfristen** für die Geltendmachung von Ansprüchen und Rechten, **Vertragsstrafenklauseln**, Angaben zur Arbeitsberechtigung ausländischer Leih-AN oder **Freiwilligkeits- und Widerrufsvorbehalte** bei Sonderleistungen.

Der Verleiher hat darauf zu achten, dass er die Niederschrift i.S.d. Abs. 1 i.V.m. NachwG aufbewahrt. Sie gehört zu den Geschäftsunterlagen i.S.v. § 7 Abs. 2 S. 4. Ein Verstoß gegen die Aufbewahrungspflicht erfüllt den Ordnungswidrigkeitstatbestand des § 16 Abs. 1 Nr. 6.

Abs. 4 S. 2 verbietet nur die Abbedingung der Verpflichtung des Verleihers zur Fortzahlung der Vergütung bei Annahmeverzug im Leih-Arbvh. Der Verleiher kann aber auf andere Weise auf fehlende Einsatzmöglichkeiten des Leih-AN reagieren. Er kann etwa mit dem Leih-AN ein **Arbeitszeitkontingent** vereinbaren und die Arbeitszeit auf ein monatliches Arbeitsvolumen bestimmen.[28] Denkbar ist auch der Ausspruch einer **betriebsbedingten Künd** oder bei Vorliegen der arbeitsrechtlichen Voraussetzungen die Anordnung von **Kurzarbeit**. Der Verleiher

---

24 ErfK/*Preis*, EinfNachwG Rn 15; *Ulber*, § 11 Rn 11; *Boemke/Lembke*, § 11 Rn 97.
25 BAG 17.4.2002 – 5 AZR 89/01 – AP § 2 NachwG Nr. 6 = NZA 2002, 1096.
26 LAG Köln 25.7.1997 – 11 Sa 138/97 – BB 1998, 590; LAG Köln 9.1.1998 – 11 Sa 155/97 – BB 1998, 1643; LAG Köln 31.7.1998 – 11 Sa 1484/97 – NZA 1999, 545; ErfK/*Preis*, Einf NachwG, Rn 23.
27 LAG Köln 31.7.1998 – 11 Sa 1484/97 – NZA 1999, 545.
28 KassArbR/*Düwell*, 4.5 Rn 372 f.

kann den Annahmeverzug auch dadurch vermeiden, dass er rechtswirksamen **Freizeitausgleich** anordnet oder mit dem Leih-AN **Beschäftigungspausen** vereinbart.[29]

§ 12 Rechtsbeziehungen zwischen Verleiher und Entleiher

(1) ¹Der Vertrag zwischen dem Verleiher und dem Entleiher bedarf der Schriftform. ²In der Urkunde hat der Verleiher zu erklären, ob er die Erlaubnis nach § 1 besitzt. ³Der Entleiher hat in der Urkunde anzugeben, welche besonderen Merkmale die für den Leiharbeitnehmer vorgesehene Tätigkeit hat und welche berufliche Qualifikation dafür erforderlich ist sowie welche im Betrieb des Entleihers für einen vergleichbaren Arbeitnehmer des Entleihers wesentlichen Arbeitsbedingungen einschließlich des Arbeitsentgelts gelten; Letzteres gilt nicht, soweit die Voraussetzungen einer der beiden in § 3 Abs. 1 Nr. 3 und § 9 Nr. 2 genannten Ausnahmen vorliegen.

(2) ¹Der Verleiher hat den Entleiher unverzüglich über den Zeitpunkt des Wegfalls der Erlaubnis zu unterrichten. ²In den Fällen der Nichtverlängerung (§ 2 Abs. 4 Satz 3), der Rücknahme (§ 4) oder des Widerrufs (§ 5) hat er ihn ferner auf das voraussichtliche Ende der Abwicklung (§ 2 Abs. 4 Satz 4) und die gesetzliche Abwicklungsfrist (§ 2 Abs. 4 Satz 4 letzter Halbsatz) hinzuweisen.

A. Allgemeines 1	4. Nebenpflichten aus dem Arbeitnehmerüberlassungsvertrag 14
B. Regelungsgehalt 2	a) Verleiher 14
I. Arbeitnehmerüberlassungsvertrag (Abs. 1) ... 2	b) Entleiher 15
1. Schriftform (S. 1) 2	II. Unterrichtungs- und Hinweispflichten des Verleihers (Abs. 2) 18
2. Inhalt des Arbeitnehmerüberlassungsvertrages (S. 2 und 3) 5	1. Unterrichtung über den Wegfall der Erlaubnis (S. 1) 18
a) Erklärung des Verleihers zum Erlaubnisbesitz (S. 2) 5	2. Hinweis auf Abwicklungsende und -frist (S. 2) ... 21
b) Angaben des Entleihers (S. 3) 6	C. Verbindung zu anderen Rechtsgebieten und zum Prozessrecht 22
3. Hauptpflichten aus dem Arbeitnehmerüberlassungsvertrag 9	D. Beraterhinweise 25
a) Verleiher 9	
b) Entleiher 13	

A. Allgemeines

1 Die Vorschrift regelt die Form des AÜ-Vertrages. Den Inhalt bestimmt sie nicht abschließend. Festgelegt werden lediglich Mindestanforderungen. Die Norm dient dem Schutz des Entleihers. Zudem soll die Sicherung der Überwachung von Verleiher und Entleiher durch die Erlaubnisbehörde (§ 17) gewährleistet werden. Abs. 1 S. 3 enthält einen Auskunftsanspruch des Verleihers gegen den Entleiher.[1] Dieser wurde durch das Gesetz für moderne Dienstleistungen am Arbeitsmarkt[2] dahingehend modifiziert, dass er nur in dem Umfang besteht, wie dies für die Bestimmung der Arbeitsbedingungen des Leih-AN im konkreten Einzelfall erforderlich ist.

B. Regelungsgehalt

I. Arbeitnehmerüberlassungsvertrag (Abs. 1)

2 1. **Schriftform (S. 1).** Die Einhaltung der **Schriftform** bestimmt sich nach § 126 BGB. Die Vertragsparteien müssen die Urkunde (persönlich oder durch Stellvertreter) eigenhändig durch Namensunterschrift oder durch notariell beglaubigtes Handzeichen unterzeichnen. Bei mehreren gleich lautenden Urkunden genügt es, wenn jede Partei die für die andere Partei bestimmte Urkunde unterzeichnet, § 126 Abs. 2 BGB. Gem. § 126 Abs. 3 BGB kann die schriftliche Form durch die in § 126a BGB fixierte **elektronische Form** ersetzt werden.[3] Das Formerfordernis umfasst nicht nur die Hauptpflichten, sondern grundsätzlich auch **Nebenabreden**.[4] Alle wesentlichen Abreden müssen in der Urkunde enthalten sein. Es gilt das Prinzip der Einheitlichkeit der Vertragsurkunde.[5] Dieses ist ebenso anwendbar auf **AGB**,[6] wenn sie Vertragsbestandteil sein sollen. Für die AGB ist es ausreichend, wenn sie durch die unterschriebene Haupturkunde in Bezug genommen werden und beide Schriftstücke nach dem Willen der Parteien er-

---

29 Kass ArbR/*Düwell*, 4.5 Rn 375; a.A. *Ulber*, § 11 Rn 62.
1 Begründung zu dem Entwurf eines Dritten Gesetz für moderne Dienstleistungen am Arbeitsmarkt: BT-Drucks 15/1515, S. 132.
2 BGBl I 2003 S. 2848.
3 *Boemke/Lembke*, § 12 Rn 10; *Grimm/Brock*, S. 142 Rn 120; Schüren/*Feuerborn*, § 12 Rn 12.
4 *Grimm/Brock*, S. 141 Rn 120; Palandt/*Ellenberger*, § 125 Rn 9.
5 BGH 2.12.2004 – IX ZR 200/03 – WM 2005, 82.
6 *Boemke/Lembke*, § 12 Rn 8; Schüren/*Feuerborn*, § 12 Rn 13.

kennbar eine Einheit bilden.[7] Dem Formzwang des § 126 BGB unterliegen nicht nur der AÜ-Vertrag selbst, sondern auch Rahmen- und Vorverträge sowie Änderungs- und Verlängerungsverträge.[8] Nicht erfasst sind aber die Erklärung des Verleihers nach Abs. 1 S. 2[9] und die Erklärung des Entleihers nach Abs. 1 S. 3. Insoweit handelt es sich nicht um Willens-, sondern um Wissenserklärungen.[10] In sachlicher Hinsicht gilt das Formerfordernis nur für die **gewerbsmäßige AÜ**.[11]

Entspricht der AÜ-Vertrag der Schriftform nicht, ist er gem. § 125 S. 1 BGB (teil-)nichtig, es sei denn, der Ausnahmetatbestand des § 242 BGB greift ein.[12] Eine **Heilung** durch Vertragserfüllung sieht das AÜG nicht vor. Trotz Formnichtigkeit erbrachte Leistungen sind nach §§ 812 ff. BGB rückabzuwickeln. Im Verhältnis zwischen Verleiher und Entleiher sind die Grundsätze des fehlerhaften Arbverh nicht anwendbar.[13] Beide Vertragsparteien sind einem AN nicht vergleichbar sozial schutzwürdig.[14] Hat der Entleiher die Nichteinhaltung der Schriftform mangels Gegenzeichnung verursacht und die nach Abs. 1 S. 3 erforderlichen Angaben nicht gemacht, kann er Schäden, die ihm wegen mangelnder Qualifikation des Leih-AN entstanden sind, nicht mit dem Bereicherungsanspruch des Verleihers saldieren.[15] Er kann sich hinsichtlich des Anspruchs auf **Überlassungsvergütung** auch nicht auf den Formmangel des Vertrages berufen, wenn er die ihm übersandten Vertragsformulare nicht unterschrieben, dennoch aber die Leistungen des Verleihers auch nach Rechnungsstellung längere Zeit in Anspruch genommen hat. Ein solches Verhalten ist treuwidrig.[16] Auf das Verhältnis zwischen Verleiher und Leih-AN sowie Entleiher und Leih-AN hat die Nichtigkeit des AÜ-Vertrages nach § 125 S. 1 BGB keine Auswirkungen.[17] Es ist kein fehlerhaftes Arbverh zwischen Entleiher und Leih-AN anzunehmen.[18]

Gewerberechtlich können bewusste und wiederholte Verstöße gegen das Schriftformerfordernis Zweifel an der Zuverlässigkeit des Verleihers begründen. Dem Verleiher können Auflagen erteilt werden (§ 2 Abs. 2 S. 2), die erteilte Erlaubnis kann widerrufen (§ 5 Abs. 1 Nr. 3) oder die Verlängerung versagt werden.[19]

2. Inhalt des Arbeitnehmerüberlassungsvertrages (S. 2 und 3). a) Erklärung des Verleihers zum Erlaubnisbesitz (S. 2). Der gewerbsmäßige Verleiher hat in der Urkunde gem. Abs. 1 S. 2 zu erklären, ob er über die nach § 1 erforderliche AÜ-Erlaubnis verfügt. Macht er wahrheitswidrig **falsche Angaben**, kann er sich gegenüber dem Entleiher nach §§ 280 Abs. 1, 823 Abs. 2 BGB i.V.m. § 263 StGB schadensersatzpflichtig machen.[20] Enthält die Vertragsurkunde keine Erklärung des Verleihers, trifft den Entleiher hinsichtlich des aus der AÜ folgenden Schadens ein **Mitverschulden**, § 254 Abs. 1 BGB. Zudem kann ihm bei Durchführung eines Ordnungswidrigkeitsverfahrens nach § 16 Abs. 1 Nr. 1a mindestens ein Fahrlässigkeitsvorwurf gemacht werden, denn der Entleiher kann jederzeit seinen Anspruch auf Abgabe der Erklärung oder Ergänzung des Vertrages durchsetzen. Nach § 273 Abs. 1 BGB steht ihm bis zur Erklärung zum Erlaubnisbesitz ein **Leistungsverweigerungsrecht** zu.[21]

b) Angaben des Entleihers (S. 3). Der Entleiher hat nach Abs. 1 S. 3 zu erklären, welche besonderen Merkmale die für den Leih-AN vorgesehene Tätigkeit hat. Insoweit wird festgelegt, welche Qualifikation ein vom Verleiher zur Verfügung zu stellender AN schuldet. Der Entleiher muss die wesentlichen Tätigkeitsmerkmale und Aufgabengebiete zumindest **stichwortartig** umschreiben. Eine **schlagwortartige Angabe** reicht nicht. Der Entleiher muss auch angeben, welche berufliche Qualifikation erforderlich ist und welche im Betrieb des Entleihers für einen vergleichbaren AN wesentlichen Arbeitsbedingungen einschließlich des Arbeitsentgelts gelten. Der Verleiher kann nur mit Hilfe dieser Angaben seiner Verpflichtung zur Gleichbehandlung des Leih-AN (§§ 3 Abs. 1 Nr. 3, 9 Nr. 2, 10 Abs. 4) bezüglich vergleichbarer AN des Entleihers nachkommen. Sind im Entleiherbetrieb keine vergleichbaren AN vorhanden, sind die Angaben entbehrlich.[22] Da die Auskunftspflicht des Entleihers umfangreiche Angaben erfordern kann, wurde sie zum 1.1.2004 durch die Einführung von Abs. 1 S. 3 letzter Hs. begrenzt. Voraussetzung für den Auskunftsanspruch des Verleihers ist danach, dass dieser für die Bestimmung der Arbeitsbedingungen des Leih-AN im konkreten Einzelfall erforderlich ist. Maßgeblich hierfür ist, ob der **Equal Treatment-Grundsatz** zu beachten ist. Die Auskunftspflicht des Entleihers besteht danach nicht, wenn der Verleiher mit einem zuvor Arbeitslosen eine **Abrede** gem. § 9 Nr. 2 Hs. 1 geschlossen hat, wenn ein vom Equal Treatment-Grundsatz abweichender TV

---

7 Palandt/*Ellenberger*, § 126 Rn 4.
8 *Boemke/Lembke*, § 12 Rn 7; Schüren/*Feuerborn*, § 12 Rn 14 f.
9 A.A. *Ulber*, § 12 Rn 27.
10 *Boemke/Lembke*, § 12 Rn 9.
11 A.A. *Ulber*, § 12 Rn 3.
12 Vgl. OLG München 12.5.1993 – 7 U 5740/92 – EzAÜG § 12 AÜG Nr. 2 und Nr. 3.
13 A.A. OLG Hamburg 13.1.1993 – 13 U 26/92 – EZAÜG § 9 AÜG Nr. 7; *Becker/Wulfgramm*, § 12 Rn 16a.
14 BGH 17.1.1985 – VI ZR 187/82 – DB 1984, 1194; BGH 17.2.2000 – III ZR 78/99 – NJW 2000, 1557; BAG 8.11.1978 – 5 AZR 261/77 – AP § 1 AÜG Nr. 2 = NJW 1979, 2636; *Grimm/Brock*, S. 142 Rn 121; HWK/*Gotthardt*, § 12 AÜG Rn 3.
15 ArbG Neuruppin 10.3.2000 – 42 C 216/99 – NZA-RR 2000, 524.
16 OLG München 12.5.1993 – 7 U 5740/92 – EzAÜG § 12 AÜG Nr. 2 und Nr. 3.
17 *Boemke/Lembke*, § 12 Rn 13.
18 A.A. Schaub/*Schaub*, Arbeitsrechts-Handbuch, § 120 Rn 81.
19 *Boemke/Lembke*, § 12 Rn 14.
20 *Boemke/Lembke*, § 12 Rn 16.
21 *Boemke/Lembke*, § 12 Rn 17.
22 HWK/*Gotthardt*, § 12 AÜG Rn 9.

Anwendung findet oder eine Abweichung vom Equal Treatment-Grundsatz durch Eingreifen eines Sachgrundes[23] gerechtfertigt ist. Wird der vom Equal Treatment-Grundsatz abweichende TV nur teilweise in Bezug genommen, ist die Auskunftspflicht des Entleihers entsprechend eingeschränkt.[24]

7 Da den Verleiher die Verantwortung für die Erfüllung des Gleichbehandlungsgrundsatzes trifft, ist er verpflichtet, die vom Entleiher geschuldeten Auskünfte zu erfragen.

8 Kommt der Entleiher der Auskunftspflicht des Abs. 1 S. 3 nicht oder verspätet nach bzw. erteilt der Entleiher schuldhaft unrichtige Angaben, kann dies zu **Schadensersatzansprüchen** des Verleihers nach §§ 280 Abs. 1, 241 Abs. 2 bzw. 286 BGB führen.[25] Der Verleiher kann sich auch auf ein **Leistungsverweigerungsrecht** nach § 273 Abs. 1 BGB berufen.[26]

9 **3. Hauptpflichten aus dem Arbeitnehmerüberlassungsvertrag. a) Verleiher.** Hauptleistungspflicht des Verleihers ist die AÜ. Diese stellt sich grundsätzlich als **Gattungsschuld** dar,[27] es sei denn, es ist die Überlassung eines bestimmten AN vereinbart. Geschuldet ist die Auswahl und Zurverfügungstellung eines arbeitsbereiten und für die vorgesehene Tätigkeit ausreichend qualifizierten AN für die gesamte Überlassungsdauer.[28] Die Überlassungsdauer richtet sich nach den vertraglichen Vereinbarungen. Der Wegfall der Erlaubnis berührt den Fortbestand des AÜ-Vertrages nicht (vgl. §§ 2 Abs. 4 S. 4, 4 Abs. 1 S. 2, 5 Abs. 2 S. 2). Unwirksam wird der AÜ-Vertrag nach § 9 Nr. 1 nur dann, wenn die Erlaubnis wegen **Zeitablaufs** erlischt und die Voraussetzungen des § 2 Abs. 4 S. 4 nicht vorliegen. Der **Tod** des Verleihers oder des Leih-AN beenden den AÜ-Vertrag grundsätzlich nicht.[29]

10 Das **Personalbeschaffungsrisiko** trägt der Verleiher. Bei Ausfall (Krankheit, Urlaub etc.) eines zunächst entsandten AN, muss der Verleiher eine Ersatzkraft stellen.[30] Bei Nichtleistung der Arbeit durch einen Leih-AN verletzt der Verleiher seine Pflicht zur Überlassung. Die Überlassung wird unmöglich (§ 275 Abs. 1 BGB) und der Verleiher setzt sich **Schadensersatzansprüchen** aus (§§ 283, 280 Abs. 1 und 3, 276 Abs. 1 S. 1 BGB). Für Schlechtleistungen muss der Verleiher nicht unmittelbar einstehen. Er schuldet nicht die Arbeitsleistung als solche. Der Leih-AN ist nicht sein **Erfüllungsgehilfe**.[31]

11 Hinsichtlich der **Beweislast** muss sich der Verleiher exkulpieren. Nach der in § 280 Abs. 1 BGB geregelten Beweislastumkehr ist es Sache des Schuldners, sich nachgewiesenen Pflichtverletzungen vom Vorwurf des Verschuldens zu entlasten. Entgegen der überwiegenden Ansicht[32] ist nicht davon auszugehen, dass der Leih-AN während seiner Tätigkeit für den Entleiher **Verrichtungsgehilfe** des Verleihers ist. Die Möglichkeit der Exkulpation nach § 831 Abs. 1 S. 2 BGB ist nicht eröffnet. Der Leih-AN ist in den Betrieb des Entleihers eingegliedert und erbringt allein unter dessen Anweisung die konkrete Arbeitsleistung.[33]

12 Reduziert sich die Pflicht des Verleihers nach der vertraglichen Vereinbarung auf die Bereitstellung eines bestimmten AN, muss er lediglich dafür Sorge tragen, dass dieser während der Überlassungszeit für den Entleiher arbeitet.[34]

13 **b) Entleiher.** Die einzige im Gegenseitigkeitsverhältnis zur Überlassungspflicht des Verleihers stehende Hauptleistungspflicht des Entleihers liegt darin, die vereinbarte **Überlassungsvergütung** zu zahlen. Der Verleiher ist aber entsprechend § 614 BGB vorleistungspflichtig. Nicht zu den Hauptleistungspflichten des Entleihers zählt die **tatsächliche Beschäftigung** des Leih-AN.[35] Sie ist bloße Obliegenheit.[36] Die Pflicht zur Zahlung der vereinbarten Überlassungsvergütung besteht unabhängig davon, ob der Entleiher den ordnungsgemäß angebotenen AN einsetzt.

14 **4. Nebenpflichten aus dem Arbeitnehmerüberlassungsvertrag. a) Verleiher.** Die wesentlichen Nebenpflichten des Verleihers stellen die in Abs. 1 S. 2 und Abs. 2 geregelten Auskunftspflichten dar. Neben der Auskunft über Anwendbarkeit und Umfang des Gleichbehandlungsgebotes treffen den Verleiher die bei jedem Arbverh üblichen **Schutz- und Sorgfaltspflichten**. Weitere Pflichten können vertraglich vereinbart werden. neben der gesetzlichen Pflicht zur Abführung des **Gesamtsozialversicherungsbeitrages** trifft den Verleiher insoweit auch eine vertragliche Nebenpflicht gegenüber dem Entleiher, diesen Beitrag an die Einzugsstelle (§ 28h Abs. 1 SGB IV) abzuführen. Verletzt der Verleiher diese Pflicht, und hat der Entleiher vor Eröffnung des Insolvenzverfahrens über das Vermögen des Verleihers hinsichtlich seiner sozialversicherungsrechtlichen Subsidiärhaftung (§ 28e

---

23 Vgl. *Boemke/Lembke*, § 9 Rn 156.
24 BT-Drucks 15/1515, S. 132; *Benkert*, BB 2004, 998.
25 *Schüren*, § 10 Rn 289; *ErfK/Wank*, § 10 AÜG Rn 27.
26 *Boemke/Lembke*, § 12 Rn 30.
27 AG Solingen 8.8.2000 – 13 C 236/00 – NZA-RR 2000 579; KassArbR/*Düwell*, 4.5 Rn 424; *Grimm/Brock*, S. 143 Rn 127.
28 BAG 18.1.1989 – 7 ABR 21/88 – BB 1989, 1406; BAG 5.5.1992 – 1 ABR 78/91 – BB 1992, 1999.
29 *Schüren/Feuerborn*, § 12 Rn 44; *Ulber*, § 12 Rn 37.
30 *Grimm/Brock*, S. 144 Rn 127; *Schüren/Feuerborn*, § 12 Rn 27.
31 BAG 27.5.1983 – 7 AZR 1210/79 – EzAÜG § 611 BGB Haftung Nr. 7; BGH 13.5.1975 – VI ZR 247/73 – AP § 12 AÜG Nr. 1.
32 BAG 5.5.1988 – 8 AZR 484/85 – NZA 1989, 340; BGH 9.3.1971 – VI ZR 138/69 – BB 1971, 521; BGH 26.1.1995 – VII ZR 240/93 – NJW-RR 1995, 659; *Ulber*, § 12 Rn 15.
33 *Boemke/Lembke*, § 12 Rn 36.
34 *Grimm/Brock*, S. 144 Rn 128; *ErfK/Wank*, § 12 AÜG Rn 6.
35 A.A. *Boemke/Lembke*, § 12 Rn 41; *Ulber*, § 12 Rn 19.
36 *Schüren/Feuerborn*, § 12 Rn 35; *ErfK/Wank*, § 12 AÜG Rn 9, *Grimm/Brock*, S. 144 Rn 129.

Abs. 2 SGB IV) an die Einzugsstelle noch keine Zahlung erbracht, steht dem Entleiher in der Insolvenz des Verleihers weder ein insolvenzfestes Leistungsverweigerungsrecht (§ 51 Nr. 2 und 3 InsO) noch eine insolvenzbeständige Aufrechnungs- oder Verrechnungsposition (§§ 94 bis 96 InsO) zu.[37]

b) Entleiher. Den Entleiher treffen vielfältige Nebenpflichten. Er muss die in Abs. 1 S. 3 normierten Auskunftspflichten erfüllen. Wichtigste Nebenpflicht ist die Gewährleistung der **Sicherheit des** von dem Leih-AN eingenommenen **Arbeitsplatzes** (§ 11 Abs. 6). Diese Pflicht trifft ihn auch im Verhältnis zum Verleiher. Der Verleiher benötigt arbeitsfähige und gesunde AN, um Gewinne zu erwirtschaften.[38] Bei der Durchführung von Sicherheits- und **Gesundheitsbestimmungen** haben Entleiher und Verleiher nach der allgemeinen Vorschrift des § 8 ArbSchG zusammenzuarbeiten.

Der Verleiher hat gegen den Entleiher einen Auskunftsanspruch, soweit er Informationen über die Leistungen des Leih-AN und dessen Führung im Dienst (auch im Hinblick auf ein zu erstellendes Zeugnis) benötigt.[39] Ein **Zeugnisanspruch** steht dem Verleiher gegenüber dem Entleiher ausnahmsweise nur zu, wenn er hierfür ein berechtigtes Interesse nachweisen kann. Ein solches kann vorliegen, wenn der Verleiher nicht mehr erreichbar ist oder sich pflichtwidrig weigert, ein Zeugnis zu erteilen.[40] Grundsätzlich muss sich der Leih-AN nach § 630 S. 4 BGB i.V.m. § 109 GewO an den Verleiher als seinen Vertrags-AG halten.

Der Entleiher darf den Leih-AN nicht zum **Vertragsbruch** verleiten, in dem er versucht, diesen schon während der Überlassungszeit abzuwerben.[41] Dies stellt sich als Nebenpflichtverletzung des Entleihers aus dem Überlassungsvertrag mit dem Verleiher dar.[42] Der Entleiher darf dem Leih-AN aber einen Arbeitsvertrag für die Zeit anbieten, in der das Arbverh zum Verleiher nicht mehr besteht, § 9 Nr. 3. Weitere Pflichten können vertraglich vereinbart werden.

II. Unterrichtungs- und Hinweispflichten des Verleihers (Abs. 2)

1. Unterrichtung über den Wegfall der Erlaubnis (S. 1). Der Verleiher hat den Entleiher unabhängig vom Erlöschensgrund über den Zeitpunkt des Wegfalls der Erlaubnis zu unterrichten. Die Unterrichtungspflicht setzt unverzüglich (§ 121 Abs. 1 S. 1 BGB) mit der sicheren Kenntnis des Verleihers ein, dass die Erlaubnis wegfällt. Endet die AÜ vor dem Zeitpunkt des Wegfalls, ist die Unterrichtung ausnahmsweise entbehrlich.[43] Die Unterrichtung muss nicht zwingend schriftlich erfolgen,[44] aus Beweisgründen ist dies aber sinnvoll.

Abs. 2 S. 1 entspricht der Vorschrift des § 11 Abs. 3, die das Verhältnis des Verleihers zum Leih-AN betrifft.

Abs. 2 S. 1 ist **Schutzgesetz** i.S.d. § 823 Abs. 2 BGB.[45] Bei Verletzung der Unterrichtungspflicht haftet der Verleiher dem Entleiher aus §§ 280 Abs. 1 und 823 Abs. 2 BGB.

2. Hinweis auf Abwicklungsende und -frist (S. 2). Wegen der im Gesetz vorgesehenen Abwicklungsfristen (§§ 2 Abs. 4 S. 4, 4 Abs. 1 S. 2, 5 Abs. 2 S. 2) hat der Verleiher den Entleiher auf das voraussichtliche Ende der Abwicklung und die gesetzliche Abwicklungsfrist hinzuweisen. Auf sonstige Umstände, die für den Entleiher bedeutsam sein können (z.B. Gründe für den Wegfall der Erlaubnis) muss der Verleiher nicht hinweisen.[46] Ein bestimmtes **Formerfordernis** besteht für den Hinweis nicht. Aus Beweisgründen sollte er schriftlich erfolgen.

C. Verbindung zu anderen Rechtsgebieten und zum Prozessrecht

Für Streitigkeiten zwischen Verleiher und Entleiher aus dem AÜ-Vertrag oder hinsichtlich der Pflichten aus § 12 ist der **ordentliche Rechtsweg** eröffnet, § 13 GVG.[47] Die Verletzung der in § 12 genannten Pflichten hat das Eingreifen der dargestellten Vorschriften des BGB zur Folge.

Setzt der Entleiher einen ausländischen Leih-AN ein, sind die Vorschriften des AufenthG zu beachten. Insbesondere muss der Leih-AN über den nach § 4 Abs. 3 AufenthG erforderlichen **Aufenthaltstitel** verfügen, damit der Entleiher der Gefahr einer **Geldbuße** (§§ 15a, 16 Abs. 1 Nr. 2, Abs. 2) oder der Haftung für die Kosten einer **Abschiebung** oder Zurückschiebung (§ 66 Abs. 4 AufenthG) nicht ausgesetzt ist. Bei einer Verurteilung nach § 15a drohen dem Entleiher zugleich ein Eintrag ins **Gewerbezentralregister** (§ 149 Abs. 2 Nr. 4 GewO) und das Risiko des Ausschlusses von öffentlichen Aufträgen (§ 21 Abs. 1 Nr. 3 SchwarzArbG).

---

37 BGH 14.7.2005 – IX ZR 142/02 – ZIP 2005, 1559.
38 *Grimm/Brock*, S. 147 Rn 139; *Urban-Crell/Schulz*, S. 64 Rn 226.
39 KassArbR/*Düwell*, 4.5 Rn 441; *Grimm/Brock*, S. 148 Rn 140.
40 *Ulber*, § 12 Rn 20.
41 *Boemke/Lembke*, § 12 Rn 44; *Urban-Crell/Schulz*, S. 57 Rn 201.
42 ArbG Düsseldorf 17.1.2001 – 25 C 14262/00 – NZA-RR 2001, 297.
43 *Boemke/Lembke*, § 12 Rn 51; *Ulber*, § 12 Rn 40.
44 KassArbR/*Düwell*, 4.5 Rn 421; Schüren/*Feuerborn*, § 12 Rn 51.
45 *Ulber*, § 12 Rn 38, *Boemke/Lembke*, § 12 Rn 53.
46 A.A. *Ulber*, § 12 Rn 41.
47 *Schaub*, Arbeitsrechts-Handbuch, 10. Aufl. 2002, § 120 Rn 86.

24 Sozialversicherungsrechtlich ist grundsätzlich der Verleiher verpflichtet, die Beiträge abzuführen (§§ 28d, 28e Abs. 1, 28g SGB IV). Der Entleiher kann jedoch aufgrund der in § 28e Abs. 2 S. 1 und 2 SGB IV geregelten Subsidiärhaftung zur Zahlung der **Sozialversicherungsbeiträge** herangezogen werden, wenn und soweit sie in die Zeit der entgeltlichen Überlassung an ihn fallen und der Verleiher trotz Mahnung nicht zahlt.[48]

D. Beraterhinweise

25 Bei Abschluss eines AÜ-Vertrages sollte wegen der dargestellten weitreichenden Folgen unbedingt auf die Einhaltung der Schriftform geachtet werden. Auch Vorverträge sowie die eine Rahmenvereinbarung konkretisierenden Abmachungen sind hiervon erfasst.[49] Zur Vermeidung der Risiken einer AÜ ohne Erlaubnis ist dem Entleiher zu raten, den Verleiher über die Erklärung nach § 12 Abs. 1 S. 2 hinaus vertraglich zu verpflichten, seine AÜ-Erlaubnis bzw. deren Verlängerung durch Aushändigung einer beglaubigten Kopie nachzuweisen.

26 Bei der Beschäftigung von ausländischen Leih-AN, sollte der Entleiher mit dem Verleiher vereinbaren, dass dieser den Nachweis für das Vorliegen des Aufenthaltstitels oder der Voraussetzungen für die Genehmigungsfreiheit des Ausländers erbringt.

27 Die in Abs. 1 S. 3 normierte Auskunftspflicht des Entleihers kann umfangreiche Angaben erfordern und einen erheblichen Aufwand auslösen. Es bietet sich ggf. an, auf einschlägige TV zu verweisen oder dem AÜ-Vertrag BV in Kopie beizufügen.[50] Da der Verleiher grundsätzlich nur für eine Nichtleistung des AN einzustehen hat und ihn bei einer **Schlechtleistung** allenfalls ein Auswahlverschulden treffen kann, empfiehlt es sich aus seiner Sicht, eine Haftungserleichterung sowie eine **Rügeobliegenheit** des Entleihers in den AÜ-Vertrag aufzunehmen. Aus Sicht des Entleihers ist auf ein möglichst detailliertes Anforderungsprofil des Leih-AN im AÜ-Vertrag zu achten.[51]

28 Zur Vermeidung der **sozialversicherungsrechtlichen Subsidiärhaftung** des Entleihers sollte in den AÜ-Vertrag die Pflicht des Verleihers aufgenommen werden, die ordnungsgemäße Abführung der Sozialversicherungsbeiträge durch Vorlage einer Bescheinigung der zuständigen Einzugsstelle (§ 28i SGB IV) auf Verlangen des Entleihers nachzuweisen. Ist die Zuverlässigkeit des Verleihers zweifelhaft, sollten künftige Regressansprüche gegen den Verleiher durch Sicherheiten geschützt werden.[52]

§ 13 Auskunftsanspruch des Leiharbeitnehmers

Der Leiharbeitnehmer kann im Falle der Überlassung von seinem Entleiher Auskunft über die im Betrieb des Entleihers für einen vergleichbaren Arbeitnehmer des Entleihers geltenden wesentlichen Arbeitsbedingungen einschließlich des Arbeitsentgelts verlangen; dies gilt nicht, soweit die Voraussetzungen einer der beiden in § 3 Abs. 1 Nr. 3 und § 9 Nr. 2 genannten Ausnahmen vorliegen.

A. Allgemeines 1	II. Grenzen des Auskunftsanspruchs (Hs. 2) 4
B. Regelungsgehalt 3	C. Verbindung zu anderen Rechtsgebieten und zum
I. Tatbestandsvoraussetzungen des Auskunftsanspruchs (Hs. 1) 3	Prozessrecht 5
	D. Beraterhinweise 7

A. Allgemeines

1 Die zum 1.1.2003[1] neu eingeführte und zum 1.1.2004[2] eingeschränkte Vorschrift steht im Zusammenhang mit dem in § 3 Abs. 1 Nr. 3 verankerten Equal Treatment-Grundsatz und ergänzt die Regelungen der §§ 9 Nr. 2 und 10 Abs. 4. Sie will dem Leih-AN einen Vergleich zwischen tatsächlich gewährten und geschuldeten Arbeitsbedingungen ermöglichen. Die Einhaltung des Gleichbehandlungsgrundsatzes wird doppelt abgesichert.[3] § 12 verpflichtet den Entleiher zur Auskunft gegenüber dem Verleiher. § 13 gewährt dem Leih-AN einen entsprechenden Anspruch gegen den Entleiher auf Auskunft über die im Entleiherbetrieb für einen vergleichbaren AN des Entleihers geltenden wesentlichen Arbeitsbedingungen. Der Leih-AN muss zur Durchsetzung seines Gleichbehandlungsanspruches wissen, welche Arbeitsbedingungen vergleichbare AN des Entleihers haben.[4]

---

48 *Boemke/Lembke*, § 12 Rn 49.
49 *Grimm/Brock*, S. 142 Rn 122.
50 *Boemke/Lembke*, § 12 Rn 23; HWK/*Gotthardt*, § 12 AÜG Rn 9.
51 *Grimm/Brock*, S. 149 Rn 145.
52 *Boemke/Lembke*, § 12 Rn 49.

1 BGBl I 2002 S. 4607, 4619.
2 BGBl I 2003 S. 2848, 2910.
3 ErfK/*Wank*, § 13 AÜG Rn 2.
4 BAG 19.9.2007 – 4 AZR 656/06 – AP § 10 AÜG Nr. 17 = NZA-RR 2008, 243.

Der Anspruch wurde durch das Gesetz für moderne Dienstleistungen am Arbeitsmarkt[5] dahingehend modifiziert, dass er nur in dem Umfang besteht, wie dies für die Bestimmung der Arbeitsbedingungen des Leih-AN im konkreten Einzelfall erforderlich ist.[6]

B. Regelungsgehalt

I. Tatbestandsvoraussetzungen des Auskunftsanspruchs (Hs. 1)

Der Auskunftsanspruch nach § 13 besteht nur bei **erlaubter gewerbsmäßiger AÜ**.[7] Im Fall unerlaubter gewerbsmäßiger AÜ kommt nicht der besondere, sondern der allgemeine Auskunftsanspruch nach § 242 BGB zur Anwendung.[8] Der Leih-AN kann sich auf § 13 berufen, sobald er im Entleiherbetrieb eingesetzt ist. Gleiches gilt, wenn er nach der Überlassung noch Ansprüche auf Gewährung der im Entleiherbetrieb für vergleichbare AN geltenden Arbeitsbedingungen (z.B. Arbeitsentgelt) beanspruchen will. Sind im Entleiherbetrieb keine vergleichbaren AN vorhanden, sind die Angaben entbehrlich.[9]

II. Grenzen des Auskunftsanspruchs (Hs. 2)

Der Auskunftsanspruch des Leih-AN besteht nicht, wenn das **Schlechterstellungsverbot** im Arbverh zwischen Verleiher und Leih-AN nicht zur Anwendung gelangt. Dies ist der Fall, wenn der Verleiher mit einem zuvor Arbeitslosen eine Abrede gem. § 9 Nr. 2 Hs. 1 geschlossen hat, wenn ein vom Equal Treatment-Grundsatz abweichender TV Anwendung findet oder eine Abweichung vom Equal Treatmant-Grundsatz durch Eingreifen eines Sachgrundes[10] gerechtfertigt ist. Wird der vom Equal Treatment-Grundsatz abweichende TV nur teilweise in Bezug genommen, ist die Auskunftspflicht des Entleihers entsprechend eingeschränkt.[11]

C. Verbindung zu anderen Rechtsgebieten und zum Prozessrecht

Anders als bei § 12 sind für die **Auskunftsklage** nach § 13 die ArbG zuständig.[12] Die Zuständigkeit ergibt sich zumindest im Wege der **Zusammenhangsklage** aus § 2 Abs. 3 ArbGG. Macht der Leih-AN neben dem Auskunftsanspruch Zahlungsansprüche gegen den Verleiher geltend, kann er seine Ansprüche im Wege der **Stufenklage** (§ 254 ZPO analog) durchsetzen. Um eine höhere Vergütung schlüssig einzuklagen, kann sich der Leih-AN auf die ihm erteilte Auskunft zur Vergütung vergleichbarer Mitarbeiter berufen. Eine tatsächlich fehlende Vergleichbarkeit hat im Anschluss der Verleiher vorzutragen.[13] Außergerichtlich kann der Leih-AN bei Nichterfüllung seines Auskunftsanspruchs im Entleiherbetrieb das individuelle (§ 84 BetrVG) oder kollektive (§ 85 BetrVG) **Beschwerdeverfahren** betreiben, § 14 Abs. 2 S. 3.[14]

Hat der Leih-AN einen Grund an der Wahrheit der Auskunft des Entleihers zu zweifeln, kann er von dem Entleiher verlangen, eine **eidesstattliche Versicherung** nach §§ 260 Abs. 2, 261 BGB betreffend seine Angaben abzugeben.[15] Entsteht dem Leih-AN durch die Unvollständigkeit oder Fehlerhaftigkeit der Auskunft des Entleihers ein Schaden, kann er diesen nach §§ 280 Abs. 1, 241 Abs. 2 BGB gegenüber dem Entleiher geltend machen. Daneben ist § 13 **Schutzgesetz** i.S.d. § 823 Abs. 2 BGB. Zusätzlich steht dem Leih-AN bei fehlerhafter Auskunft ein **Zurückbehaltungsrecht** nach § 273 Abs. 1 BGB hinsichtlich seiner Arbeitsleistung zu.[16]

D. Beraterhinweise

Dem Leih-AN ist anzuraten, seinen Auskunftsanspruch frühzeitig geltend zu machen, um Klarheit über die für ihn geltenden Arbeitsbedingungen (einschließlich Arbeitsentgelt) zu erlangen.

§ 14 Mitwirkungs- und Mitbestimmungsrechte

(1) Leiharbeitnehmer bleiben auch während der Zeit ihrer Arbeitsleistung bei einem Entleiher Angehörige des entsendenden Betriebs des Verleihers.

(2) ¹Leiharbeitnehmer sind bei der Wahl der Arbeitnehmervertreter in den Aufsichtsrat im Entleiherunternehmen und bei der Wahl der betriebsverfassungsrechtlichen Arbeitnehmervertretungen im Entleiherbetrieb nicht wählbar. ²Sie sind berechtigt, die Sprechstunden dieser Arbeitnehmervertretungen aufzusuchen und an den

---

5 BGBl I 2003 S. 2848 ff.
6 BT-Drucks 15/1515, S. 133.
7 HWK/*Gotthardt*, § 13 AÜG Rn 2.
8 *Boemke/Lembke*, § 13 Rn 6.
9 Vgl. HWK/*Gotthardt*, § 12 AÜG Rn 9.
10 Vgl. *Boemke/Lembke*, § 9 Rn 156.
11 BT-Drucks 15/1515, S. 132; *Benkert*, BB 2004, 998.
12 *Boemke/Lembke*, § 13 Rn 17; *Sandmann/Marschall*, § 13 Rn 4.
13 BAG 19.9.2007 – 4 AZR 656/06 – AP § 10 AÜG Nr. 17 = NZA-RR 2008, 231.
14 *Boemke/Lembke*, § 13 Rn 20.
15 Palandt/*Heinrichs*, § 261 Rn 29.
16 *Boemke/Lembke*, § 13 Rn 16.

Betriebs- und Jugendversammlungen im Entleiherbetrieb teilzunehmen. ³Die §§ 81, 82 Abs. 1 und die §§ 84 bis 86 des Betriebsverfassungsgesetzes gelten im Entleiherbetrieb auch in bezug auf die dort tätigen Leiharbeitnehmer.

(3) ¹Vor der Übernahme eines Leiharbeitnehmers zur Arbeitsleistung ist der Betriebsrat des Entleiherbetriebs nach § 99 des Betriebsverfassungsgesetzes zu beteiligen. ²Dabei hat der Entleiher dem Betriebsrat auch die schriftliche Erklärung des Verleihers nach § 12 Abs. 1 Satz 2 vorzulegen. ³Er ist ferner verpflichtet, Mitteilungen des Verleihers nach § 12 Abs. 2 unverzüglich dem Betriebsrat bekanntzugeben.

(4) Die Absätze 1 und 2 Satz 1 und 2 sowie Absatz 3 gelten für die Anwendung des Bundespersonalvertretungsgesetzes sinngemäß.

A. Allgemeines 1	b) Individualrechte gemäß §§ 81 ff. BetrVG (S. 3) 12
B. Regelungsgehalt 3	III. Mitwirkung des Entleiherbetriebsrats bei Einstellungen (Abs. 3) 17
I. Betriebsverfassungsrechtliche Zuordnung der Leiharbeitnehmer (Abs. 1) 3	1. Übernahme (S. 1) 17
II. Betriebsverfassungsrechtliche Rechte der Leiharbeitnehmer im Entleiherbetrieb (Abs. 2) 8	2. Art und Weise der Beteiligung (S. 2) 19
1. Wahlrecht (S. 1) 8	3. Mitteilungspflicht des Entleihers (S. 3) 23
2. Betriebsverfassungsrechtliche Individualrechte (S. 2 und 3) 11	IV. Rechte der Personalvertretung (Abs. 4) 24
a) Teilnahme an Sprechstunden und Betriebsversammlungen (S. 2) 11	**C. Verbindung zu anderen Rechtsgebieten und zum Prozessrecht** 27
	D. Beraterhinweise 28

A. Allgemeines

1 Die Vorschrift trägt der besonderen Eigenart der Leiharbeit, die in einer Aufspaltung der AG-Rechte liegt, betriebsverfassungsrechtlich Rechnung.¹ Trifft die Vorschrift keine betriebsverfassungsrechtliche Sonderregelung, ist auf die allgemeinen Bestimmungen zurückzugreifen. In dem am 1.1.1982 in Kraft getretenen § 14² wurde die bis 1981 vorliegende Rspr. des BAG zur betriebsverfassungsrechtlichen Stellung der Leih-AN gesetzlich fixiert.³ Später wurden das aktive Wahlrecht der Leih-AN im Entleiherbetrieb für die betriebsverfassungsrechtlichen AN-Vertretungen⁴ und für die AN-Vertreter in den AR aufgenommen.⁵

2 Unmittelbar erfasst die Vorschrift lediglich die erlaubte gewerbsmäßige AÜ.⁶ Nach st. Rspr.⁷ soll § 14 daneben auf die nicht **gewerbsmäßige AÜ** analog anzuwenden sein.⁸ Dies soll auch für die nicht mit Gewinnerzielungsabsicht durchgeführte konzerninterne AÜ gelten.⁹ Die Voraussetzungen für eine **Analogie** liegen nicht vor. Der Gesetzgeber wollte mit dem AÜG lediglich die gewerbsmäßige AÜ regeln und die Rechtsstellung der Leih-AN verbessern, so dass es an einer planwidrigen Regelungslücke fehlt. Bei der unerlaubten gewerbsmäßigen AÜ ist zu unterscheiden: Wird die Rechtsbeziehung zwischen Verleiher und Entleiher wie ein wirksames Rechtsverhältnis vollzogen, besteht eine doppelte Betriebszugehörigkeit des Leih-AN.¹⁰ Der Leih-AN ist zum einen sowohl in der Betriebsverfassung des Verleiher- als auch des Entleiherbetriebs zu berücksichtigen, zum anderen können in beiden Betrieben **Mitbestimmungsrechte** bestehen. Werden von den Beteiligten die Konsequenzen aus der illegalen Überlassung gezogen, gehört der Leih-AN ausschließlich zum Entleiherbetrieb und dessen Betriebsverfassung.¹¹

B. Regelungsgehalt

I. Betriebsverfassungsrechtliche Zuordnung der Leiharbeitnehmer (Abs. 1)

3 Abs. 1 bestimmt, dass Leih-AN während der Zeit ihrer Überlassung an den Entleiher betriebsverfassungsrechtlich Angehörige des Verleiherbetriebs bleiben. Der Inhalt dieser Vorschrift ergibt sich bereits daraus, dass dem Verleiher trotz Entsendung die primäre **Weisungszuständigkeit** obliegt. Die Zugehörigkeit zum Verleiherbetrieb besteht dem-

---

1 Schüren/Hamann, § 14 Rn 7.
2 Gesetz zur Bekämpfung illegaler Beschäftigung: BGBl I 1981 S. 1390.
3 Schüren/Hamann, § 14 Rn 4 m.w.N.
4 Betriebsverfassungsreformgesetz: BGBl I 2001 S. 1852.
5 Job-AQTIV-Gesetz: BGBl I 2001 S. 3443.
6 BAG 18.1.1989 – 7 ABR 62/87 – AP § 14 AÜG Nr. 2 = NZA 1989, 728; BAG 18.1.1989 – 7 ABR 21/88 – AP § 9 BetrVG 1972 Nr. 1 =NZA 1989, 724; Schüren/Hamann, § 14 Rn 14; a.A. Ulber, § 14 Rn 4.
7 BAG 10.3.2004 – 7 ABR 49/03 – AP § 7 BetrVG 1972 Nr. 8 = NZA 2004, 1340; BAG 22.3.2000 – 7 ABR 34/98 – AP § 14 AÜG Nr. 2 = NZA 2000, 1119; BAG 18.1.1989
– 7 ABR 62/87 – AP § 14 AÜG Nr. 2 = NZA 1989, 728; BAG 18.1.1989 – 7 ABR 21/88 – AP § 9 BetrVG 1972 Nr. 1 = NZA 1989, 724.
8 A.A. ArbG Bielefeld 1.2.1989 – 2 BV 42/88 – EzAÜG § 14 AÜG Betriebsverfassung Nr. 25; Boemke/Lembke, § 14 Rn 4; DKK/Trümner, § 5 Rn 84; Ziemann, AuR 1990, 58; differenzierend: Schüren/Hamann, § 14 Rn 412 ff.
9 BAG 20.4.2005 – 7 ABR 20/04 – NZA 2005, 1006.
10 Boemke/Lembke, § 14 Rn 6, Schüren/Hamann, § 14 Rn 477 ff., Ulber, § 14 Rn 5; a.A. BAG 10.2.1977 – 2 ABR 80/76 – DB 1977, 1273; GK-BetrVG/Kreutz, § 7 Rn 42.
11 Boemke/Lembke, § 14 Rn 7.

entsprechend nach den allgemeinen Bestimmungen auch bei der **konzerninternen** oder der nicht gewerbsmäßigen AÜ sowie wenn der AN dauerhaft an ein Unternehmen überlassen wird.[12] Für die Bestimmung der Unternehmensgröße sind Leih-AN etwa im Hinblick auf die Bildung betriebsverfassungsrechtlicher Einrichtungen oder den Bestand von Mitbestimmungsrechten uneingeschränkt zu berücksichtigen. Die betriebsverfassungsrechtliche Repräsentation von Leih-AN durch den BR des Entleiherbetriebs kommt nur ausnahmsweise in Betracht, und zwar dann, wenn aufgrund des Normzwecks des Mitbestimmungsrechts einerseits und der Gestaltungsbefugnisse des AG des Entleiherbetriebs andererseits eine betriebsverfassungsrechtliche Zuordnung der Leih-AN auch zum Entleiherbetrieb erforderlich ist, weil sonst die Schutzfunktion des Betriebsverfassungsrechts außer Kraft gesetzt würde.[13]

Leih-AN stehen im Verleiherbetrieb aufgrund ihrer Zuordnung alle betriebsverfassungsrechtlichen Rechte zu. Obwohl sie ihre Arbeitsleistung im Entleiherbetrieb erbringen, sind sie im Verleiherbetrieb für die Wahl des BR nach § 7 f. BetrVG wahlberechtigt und wählbar.[14] Leih-AN dürfen, soweit dies nach § 39 Abs. 3 BetrVG erforderlich ist, die **Sprechstunden des BR** im Verleiherbetrieb aufsuchen und an **Betriebsversammlungen** (§ 42 BetrVG) im Verleiherbetrieb teilnehmen. Der Verleiher hat die für Letztere erforderlichen **Fahrtkosten** zu erstatten und die Teilnahme- und Fahrtzeit wie normale Arbeitszeit zu vergüten.[15] Ob er berechtigt ist, dem Entleiher diese Zeiten zu berechnen, richtet sich nach der vertraglichen Vereinbarung im AÜ-Vertrag.

Zwischen Leih-AN und Verleiher finden auch die §§ 81 bis 86 BetrVG Anwendung. Der Verleiher muss den Aufgabenbereich des AN sowie eventuelle Veränderungen der Arbeitsabläufe erörtern und über damit einhergehende **Unfall- und Gesundheitsgefahren** unterrichten (§ 81 BetrVG). Der Leih-AN hat das Recht, in allen betrieblichen und seine Person betreffenden Angelegenheiten (z.B. Möglichkeiten eines beruflichen Aufstiegs, **Leistungsbeurteilung, Entgeltzusammensetzung**) angehört zu werden. Er kann verlangen, dass ihm der Verleiher die geplanten Maßnahmen erörtert (§ 82 BetrVG). Nach § 83 BetrVG steht ihm das Recht auf **Einsichtnahme in seine Personalakte** zu, nach §§ 84 ff. BetrVG kann er von dem betriebsverfassungsrechtlichen Beschwerderecht Gebrauch machen. Das **Beschwerderecht** steht ihm auch bei Beeinträchtigungen aus dem Entleiherbetrieb gegenüber dem Verleiher zu. Er muss abwägen, in welchem Betrieb ihm die Geltendmachung des Beschwerderechts Erfolg versprechender erscheint.[16]

Da Leih-AN dem Verleiherbetrieb angehören, sind auch die allgemeinen Grundsätze über die Mitwirkung (§§ 75, 77, 80 BetrVG) sowie die einzelnen Mitbestimmungsrechte des BR zu beachten. Nach dem betriebsverfassungsrechtlichen Gleichbehandlungsgrundsatz (§ 75 BetrVG) müssen Leih-AN etwa hinsichtlich der **Zahlung von Weihnachtsgeld** mit dem Stammpersonal im Verleiherbetrieb gleichbehandelt werden. Soweit Arbvernh von Leih-AN nicht von BV im Verleiherbetrieb ausgenommen sind, unterfallen sie deren Geltungsbereich (§ 77 Abs. 4 BetrVG). Der BR des Verleiherbetriebs hat auch insoweit ein Mitwirkungsrecht hinsichtlich des Leih-Arbvernh, als er die in § 80 BetrVG normierten allgemeinen Aufgaben wahrzunehmen hat. Insoweit kann er beispielsweise vom Verleiher die **Vorlage der AÜ-Verträge** verlangen.[17]

Mitbestimmungsrechte bezüglich Maßnahmen gegenüber Leih-AN kommen dem BR des Verleiherbetriebs in sozialen, wirtschaftlichen und personellen Angelegenheiten zu. Voraussetzung ist, dass der Verleiher mitbestimmungspflichtige Maßnahmen (z.B. **Auszahlung des Arbeitsentgelts, Urlaubsgewährung, Künd**) treffen will, die den Bestand der arbeitsrechtlichen Hauptleistungspflichten betreffen oder deren Bestand erfordern. Bei der Mitbestimmung in sozialen Angelegenheiten ist § 87 BetrVG ist bei den einzelnen Beteiligungstatbeständen entsprechend der Reichweite des Direktionsrechts und der Hauptleistungspflicht des Verleihers zu differenzieren.[18] **Freiwillige BV**, die nach § 88 BetrVG zwischen dem Verleiher und dem Verleiher-BR abgeschlossen werden, können auch Leih-AN erfassen, wenn sie sich nicht auf die Erbringung der Arbeitsleistung unter unmittelbarer Weisung des Verleihers beziehen.[19] Die Mitbestimmungsrechte des Verleiher-BR nach §§ 89 bis 91 BetrVG berühren das Leih-Arbvernh nicht, da der Leih-AN seine Arbeitsleistung grundsätzlich im Betrieb des Entleihers erbringt. In personellen Angelegenheiten hat der Verleiher-BR ein Mitbestimmungsrecht, soweit sich die Mitbestimmungsrechte nach §§ 92 ff. BetrVG im Verleiherbetrieb auf Leih-AN beziehen. Bei **personellen Einzelmaßnahmen** gelten die allgemeinen Grundsätzen, d.h., entscheidend ist, wer die Maßnahmen durchführen will. Für Maßnahmen des Verleihers im Verleiherbetrieb ist der Verleiher-BR zuständig, für Maßnahmen des Entleihers im Entleiherbetrieb ist der Entleiher-BR zuständig.[20] Soll das Leih-Arbver gekündigt werden, muss der Verleiher-BR nach § 102 Abs. 1 BetrVG angehört

---

12 *Boemke/Lembke*, § 14 Rn 12; *Schüren/Hamann*, § 14 Rn 467; GK-BetrVG/*Kreutz*, § 7 Rn 43 ff; LAG Thüringen 29.3.2007 – 8 TaBV 12/06 – EzAÜG BetrVG Nr. 97; a.A. LAG Schleswig-Holstein 24.5.2007 – 1 TaBV 64/06 – EzAÜG BetrVG Nr. 98.
13 BAG 19.6.2007 – 1 ABR 43/00 – AP § 87 BetrVG 1972 Nr. 1; LAG Düsseldorf 26.1.2007 – 17 TaBV 109/06 – EzAÜG § 14 AÜG Betriebsverfassung Nr. 67.
14 BT-Drucks 9/847, S. 8.
15 *Schüren/Hamann*, § 14 Rn 121; *Ulber*, § 14 Rn 15.
16 *Boemke/Lembke*, § 14 Rn 22; *Schüren/Hamann*, § 14 Rn 133.
17 *Schüren/Hamann*, § 14 Rn 351; *Ulber*, § 14 Rn 25.
18 Vgl. im Einzelnen: *Schüren/Hamann*, § 14 Rn 354 ff.; *Boemke/Lembke*, § 14 Rn 29 ff.
19 *Schüren/Hamann*, § 14 Rn 380; *Boemke/Lembke*, § 14 Rn 43.
20 *Boemke/Lembke*, § 14 Rn 48.

werden. Einer **Anhörung** des Entleiher-BR bedarf es nicht. Hinsichtlich der Mitbestimmung in wirtschaftlichen Angelegenheiten kann der Abbau von Leih-AN eine Betriebsänderung nach §§ 111 S. 2 Nr. 1, 112a BetrVG darstellen.

II. Betriebsverfassungsrechtliche Rechte der Leiharbeitnehmer im Entleiherbetrieb (Abs. 2)

8 **1. Wahlrecht (S. 1).** Neben der Zugehörigkeit zum Verleiherbetrieb ist mit der Rspr.[21] eine (partielle) Zugehörigkeit des Leih-AN auch zum Entleiherbetrieb abzulehnen.[22] Nach der Gesetzessystematik ist der AN-Begriff in § 5 Abs. 1 BetrVG abschließend geregelt. Er setzt ein Arbverh zum Betriebsinhaber voraus.[23] Zudem differenziert § 7 BetrVG zwischen AN des Betriebes und AN eines anderen AG, die zur Arbeitsleistung überlassen werden. Die Unterscheidung zeigt, dass auch der Gesetzgeber überlassene AN als nicht zum Entleiher angehörig ansieht, sonst hätte er keine Differenzierung vornehmen müssen. Die überlassenen AN zählen daher bei der Bestimmung der zahlreichen **Schwellenwerte** des BetrVG im Entleiherbetrieb nicht mit.[24]

9 Leih-AN haben bei der Wahl der AN-Vertreter in den AR im Entleiherunternehmen und bei der Wahl der betriebsverfassungsrechtlichen AN-Vertretung im Entleiherbetrieb kein **passives Wahlrecht**. Auch im Rahmen nichtgewerbsmäßiger Leiharbeit sind Leih-AN nicht passiv zum BR wählbar, unabhängig von der Überlassungsdauer. Abs. 2 S. 1 verstößt nicht gegen Art. 3 Abs. 1 GG.[25] Hinsichtlich des **aktiven Wahlrechts** gilt § 7 S. 2 BetrVG, der bei der Wahl der AN zum AR entsprechend anwendbar ist (vgl. § 5 Abs. 2 S. 2 DrittelbG, §§ 10 Abs. 2 S. 2 und 18 S. 2 MitbestG, §§ 8 Abs. 2 S. 2 und 10g S. 2 MitbestErgG). Bei den unter das MitbestG fallenden Unternehmen bestimmt sich die Größe des AR nach der Unternehmensgröße. Leih-AN sind bei der Bestimmung der Unternehmensgröße zu berücksichtigen, wenn sie auf Arbeitsplätzen beschäftigt werden, die regelmäßig im Unternehmen bestehen,[26] d.h. im Allgemeinen von Stamm-AN besetzt sind. Positionen, auf denen regelmäßig Leih-AN beschäftigt werden, sind nicht berücksichtigungsfähig. Nach § 7 S. 2 BetrVG besteht das aktive Wahlrecht, wenn die Leih-AN länger als drei Monate im Betrieb eingesetzt werden. Maßgebend für die Dreimonatsfrist ist die geplante Überlassungsdauer.[27] Dem überlassenen AN kann das aktive Wahlrecht bereits ab dem ersten Arbeitstag im Entleiherbetrieb zustehen.[28] Erstreckt sich die Wahl über mehrere Tage, reicht es aus, wenn der Arbeitseinsatz am letzten Tag der Wahl beginnen soll.[29]

10 Wird der Leih-AN vom Entleiher nach Beendigung des Leih-Arbverh übernommen, werden auf die **Wartezeit** betreffend das passive Wahlrecht nach § 8 BetrVG die Einsatzzeiten als Leih-AN angerechnet, wenn die Übernahme in das Arbverh in einem unmittelbaren zeitlichen Zusammenhang mit dem Einsatz als Leih-AN steht.[30]

11 **2. Betriebsverfassungsrechtliche Individualrechte (S. 2 und 3). a) Teilnahme an Sprechstunden und Betriebsversammlungen (S. 2).** Nach Abs. 2 S. 2 dürfen Leih-AN an Sprechstunden der AN-Vertretungen im Entleiherbetrieb (BR, JAV, SBV) teilnehmen und die entsprechenden Betriebs- und Jugendversammlungen besuchen. Gegenüber dem Entleiher steht ihnen hierfür ein **Freistellungsanspruch** zu. Der Entleiher hat für die erforderlichen Freistellungszeiten auch das **Überlassungsentgelt** an den Verleiher zu zahlen, wenn im AÜ-Vertrag keine anderweitige Regelung getroffen wurde.[31]

12 **b) Individualrechte gemäß §§ 81 ff. BetrVG (S. 3).** Nach § 14 Abs. 2 S. 3 i.V.m. § 81 BetrVG ist der Entleiher verpflichtet, den Leih-AN über dessen Aufgabenbereich und den damit zusammenhängenden Sicherheits- und Gesundheitsschutz zu unterrichten (vgl. § 11 Abs. 6 S. 2 und 3 i.V.m. § 12 ArbSchG). Praktisch geringe Bedeutung im Entleiherbetrieb hat § 81 Abs. 4 BetrVG, da der Verleiher dem Entleiher geeignete Arbeitskräfte zur Verfügung stellen muss.[32] Eine Qualifizierung durch den Entleiher ist ausnahmsweise nur dann sinnvoll, wenn der Leih-AN später vom Entleiher übernommen werden soll.

13 Nach Abs. 2 S. 3 i.V.m. § 82 Abs. 1 BetrVG hat der entliehene AN das Recht, in betrieblichen Angelegenheiten (z.B. **Arbeitsablauf, Arbeitsmethoden, Verbesserungsvorschläge**), die seine Person betreffen, von der im Entleiherbetrieb zuständigen Stelle gehört zu werden. Voraussetzung ist, dass ein Bezug zum Entleiherbetrieb besteht. Das **Erörterungsrecht** nach § 82 Abs. 2 BetrVG ist demgegenüber im Verhältnis zum Entleiherbetrieb ausgeschlossen (vgl. Abs. 2 S. 3). Hinsichtlich des Arbeitsentgelts ist nur der Verleiher Ansprechpartner.[33] Obwohl Abs. 2 S. 3 (auch)

---

21 BAG 10.3.2004 – 7 ABR 49/03 – AP § 7 BetrVG 1972 Nr. 8 = NZA 2004, 1340; BAG 16.4.2003 – 7 ABR 53/02 – AP § 9 BetrVG 2002 Nr. 1 = NZA 2003, 1345; BAG 22.10.2003 – 7 ABR 3/03 – AP § 38 BetrVG 1972 Nr. 28 = NZA 2004, 1052.
22 A.A. *Boemke/Lembke*, § 14 Rn 57 f.; *Schüren/Hamann*, § 14 Rn 29 ff.; KassArbR/*Düwell*, 4.5 Rn 464.
23 *Grimm/Brock*, S. 162 Rn 12.
24 HWK/*Gotthardt*, § 14 AÜG Rn 9; ErfK/*Wank*, § 14 AÜG Rn 7.
25 LAG Hamburg 26.5.2008 – 5 TaBV 12/07 – juris.
26 *Boemke/Lembke*, § 14 Rn 63; *Lux*, BB 1977, 905.
27 *Schüren/Hamann*, § 14 Rn 52; *Boemke/Lembke*, DB 2002, 893; *Brors*, NZA 2002, 123.
28 BT-Drucks 14/5741, S. 36.
29 *Boemke/Lembke*, § 14 Rn 67.
30 *Fitting u.a.*, § 8 Rn 37; *Schüren/Hamann*, § 14 Rn 50; *Boemke/Lembke*, § 14 Rn 69; a.A. zum alten Recht: ArbG Berlin 23.5.1990 – 6 BV 7/90 – NZA 1990, 788.
31 *Grimm/Brock*, S. 163 Rn 16.
32 *Schüren/Hamann*, § 14 Rn 89.
33 *Grimm/Brock*, S. 164 Rn 19.

nicht auf § 83 BetrVG verweist, geht die Lit. zum Teil[34] zu Recht davon aus, dass der Leih-AN wegen des Schutzes des Persönlichkeitsrechts auch ein **Einsichtsrecht in die Personalunterlagen** gegenüber dem Entleiher haben muss, wenn dieser solche führt.[35] Abs. 2 regelt die Rechte des Leih-AN im Entleiherbetrieb nicht abschließend.[36]

Nach Abs. 2 S. 3 i.V.m. § 84 BetrVG kann sich der Leih-AN bei der zuständigen Stelle des Entleiherbetriebs beschweren, wenn er sich benachteiligt, ungerechtfertigt behandelt oder sonst beeinträchtigt fühlt. Voraussetzung ist aber, dass die Beeinträchtigung auf Ursachen im Entleiherbetrieb basiert.[37] Für das weitere Verfahren gelten die §§ 85f. BetrVG. Das in § 86a BetrVG normierte **Vorschlagsrecht** findet auf Leih-AN keine Anwendung, da sie keine AN des Entleihers sind.[38]

Da die Rechte der Leih-AN in Abs. 2 nur beispielhaft aufgezählt sind, gelten dafür die Grundsätze der Behandlung von Betriebsangehörigen nach § 75 BetrVG.[39]

Der Entleiher und der Entleiher-BR haben darüber zu wachen, dass nach § 80 Abs. 1 Nr. 1 BetrVG die AN-Schutzvorschriften auch zugunsten der Leih-AN eingehalten werden oder nach § 80 Abs. 1 Nr. 2a BetrVG die Gleichstellung von Männern und Frauen gewahrt ist.[40]

III. Mitwirkung des Entleiherbetriebsrats bei Einstellungen (Abs. 3)

1. Übernahme (S. 1). Nach Abs. 3 S. 1 ist der Entleiher-BR vor der Übernahme eines Leih-AN zur Arbeitsleistung nach § 99 BetrVG zu beteiligen. Voraussetzung für die Anwendung von § 99 BetrVG ist, dass es sich um ein Unternehmen mit i.d.R. mehr als zwanzig wahlberechtigten AN handelt. Umstritten ist, ob für kleinere Unternehmen Abs. 3 S. 1 als Rechtsfolgenverweisung auf § 99 BetrVG eine eigenständige **Unterrichtungs- und Zustimmungspflicht** begründet[41] oder ob eine **Rechtsgrundverweisung** vorliegt, d.h. das Beteiligungsrecht in kleineren Unternehmen nicht besteht.[42] Da Abs. 3 S. 1 vorrangig der Inkrafttreten der Vorschrift bestehende Rspr. festschreiben (und nicht erweitern) wollte,[43] ist von einer Rechtsgrundverweisung auszugehen. Die Annahme einer Rechtsfolgenverweisung würde zu dem Ergebnis führen, dass die Beteiligungsrechte des BR bei Leih-AN weit reichender sind als bei Einstellung von Stammpersonal.[44]

Die Aufnahme von Leih-AN in einen Stellenpool, aus dem der Verleiher auf Anforderung des Entleihers Kräfte für die Einsätze im Entleiherbetrieb auswählt, ist noch keine nach § 99 Abs. 1 BetrVG mitbestimmungspflichtige Übernahme i.S.v. Abs. 3 S. 1. Mitbestimmungspflichtig ist erst der jeweilige konkrete Einsatz von Leih-AN im Entleiherbetrieb.[45] D.h., der Leih-AN muss zur Arbeitsleistung tatsächlich eingegliedert werden. Der abgeschlossene Überlassungsvertrag löst noch keine Beteiligungsrechte des Entleiher-BR aus. Auf die Dauer des geplanten Einsatzes kommt es nicht an. Wird ein **Einsatz** über den zunächst festgelegten Zeitraum hinaus **verlängert**, stellt dies eine erneute Übernahme dar, in deren Rahmen der BR nach § 99 BetrVG zu beteiligen ist.[46] Gleiches gilt, wenn ein Leih-AN gegen einen anderen **ausgetauscht** wird.[47] Soll einem Leih-AN während eines Einsatzes ein **anderer Arbeitsplatz** zugewiesen werden, ist der Entleiher-BR bei Vorliegen der Voraussetzungen wegen einer geplanten Versetzung nach § 95 Abs. 3 S. 1 BetrVG zu beteiligen.[48] Wird ein Leih-AN von dem Entleiher übernommen, liegt grundsätzlich eine **Einstellung** nach § 99 BetrVG vor, die (wie bei der Versetzung) zu einer direkten Anwendung der Vorschrift führt.[49]

2. Art und Weise der Beteiligung (S. 2). Der Inhalt des Beteiligungsrechts bestimmt sich nach § 99 BetrVG. Der Entleiher hat danach seinen BR von der geplanten Beschäftigung des Leih-AN zu unterrichten, Auskunft über die beteiligten Personen sowie über die Auswirkungen der geplanten Maßnahme zu geben und die Zustimmung des BR einzuholen. Der Entleiher muss dabei Angaben machen über die Anzahl der Leih-AN und deren Einsatzdauer,

---

34 A.A. Schüren/*Hamann*, § 14 Rn 96; HWK/*Gotthardt*, § 14 AÜG Rn 11.
35 Schüren/*Hamann*, § 14 Rn 131; *Ulber*, § 14 Rn 21, 56; Boemke/*Lembke*, § 14 Rn 80; *Erdlenbruch*, S. 109.
36 Schüren/*Hamann*, § 14 Rn 73; ErfK/*Wank*, § 14 AÜG Rn 13; HWK/*Gotthardt*, § 14 AÜG Rn 11.
37 Schüren/*Hamann*, § 14 Rn 103; Boemke/*Lembke*, § 14 Rn 81.
38 Grimm/*Brock*, S. 165 Rn 23; *Löwisch*, BB 2001, 1734; a.A. Boemke/*Lembke*, § 14 Rn 82; Fitting u.a., § 86a Rn 4.
39 ErfK/*Wank*, § 14 AÜG Rn 13; HKW/*Gotthardt*, § 14 AÜG Rn 11; Schüren/*Hamann*, § 14 Rn 214.
40 Vgl. Boemke/*Lembke*, § 14 Rn 87 ff.; Schüren/*Hamann*, § 14 Rn 215 ff.
41 ErfK/*Wank*, § 14 AÜG Rn 18; HWK/*Gotthardt*, § 14 AÜG Rn 14; *Ulber*, § 14 Rn 134; Sandmann/Marschall/*Schneider*, § 14 Rn 16; Grimm/*Brock*, S. 166 Rn 26.
42 Schüren/*Hamann*, § 14 Rn 141 ff.; KassArbR/*Düwell*, 4.5 Rn 476; Urban-Crell/*Schulz*, S. 275 Rn 1097; *Erdlenbruch*, S. 182; Wensing/*Freise*, BB 2004, 2238.
43 BT-Drucks 9/800, S. 8; BT-Drucks 9/847, S. 8 f.
44 Vgl. Boemke/*Lembke*, § 14 Rn 98; Urban-Crell/*Schulz*, S. 275 Rn 1097; *Erdlenbruch*, S. 181 f.
45 BAG 23.1.2008 – 1 ABR 74/06 – AP § 14 AÜG Nr. 14 = NZA 2008, 822.
46 LAG Frankfurt 9.2.1988 – 5 TaBV 113/87 – BB 1988, 1956; KassArbR/*Düwell*, 4.5 Rn 480; ErfK/*Wank*, § 14 AÜG Rn 20; für die Verlängerung einer Befristung BAG 7.8.1990 – 1 ABR 68/89 – NZA 1991, 150.
47 LAG Hessen 16.1.2007 – 4 TaBV 203/06 – EzAÜG Betriebsverfassung Nr. 66.
48 Boemke/*Lembke*, § 14 Rn 100; *Erdlenbruch*, S. 184 ff.; Urban-Crell/*Schulz*, S. 277 Rn 1101, 1113.
49 ErfK/*Wank*, § 14 AÜG Rn 20; Grimm/*Brock*, S. 168 Rn 33.

den vorgesehenen Arbeitsplatz, die Art der Tätigkeit und die Arbeitszeit, die fachliche Qualifikation des AN.[50] Da sich das Mitbestimmungsrecht nach § 99 BetrVG zur Einstellung auf die Beschäftigung des AN im Betrieb bezieht, nicht auf den Abschluss des Arbeitsvertrages und seinen Inhalt, muss der AG dem BR im Rahmen des Mitbestimmungsverfahrens keine detaillierten Auskünfte über einzelne Bestimmungen des Arbeitsvertrages geben, erst recht hat er nicht den Arbeitsvertrag vorzulegen.[51] Insbesondere gilt dies auch für die Höhe der Vergütung des Leih-AN. Der Entleiher-BR hat bei der Eingruppierung der eingesetzten Leih-AN kein Mitbestimmungsrecht nach § 99 BetrVG i.V.m. Abs. 3.[52]

20 Nach Abs. 3 S. 2 hat der Entleiher dem BR die schriftliche Erklärung des Verleihers über die Verleiherlaubnis (§ 12 Abs. 1 S. 2) vorzulegen. Nicht vorzulegen ist dem BR im Rahmen der Unterrichtung nach § 99 BetrVG bei der Einstellung von Leih-AN hingegen der AÜ-Vertrag i.S.d. § 12.[53] Der AÜ-Vertrag regelt allein die Rechtsbeziehungen zwischen Verleiher und Entleiher. Zudem wäre eine solche Vorlagepflicht auch nicht von dem eindeutigen Wortlaut des § 14 gedeckt. Ein Auskunftsrecht des BR kann sich allenfalls aus § 80 BetrVG ergeben, ein solcher Anspruch hat aber keine Auswirkungen auf das Mitbestimmungsverfahren nach § 99 BetrVG.

21 Unterrichtet der Entleiher den BR nicht oder nicht vollständig, bestimmen sich die Rechtsfolgen nach § 99 BetrVG. Die Wochen-Frist des § 99 Abs. 3 BetrVG zur Stellungnahme des BR wird nicht ausgelöst und der Entleiher darf den Leih-AN nicht in seinem Betrieb tätig werden lassen. Setzt er ihn dennoch ein, kann der Entleiher-BR den Entleiher über § 101 BetrVG zur Aufhebung der betriebsverfassungswidrigen Maßnahme veranlassen.[54] Wird der BR vom Entleiher ordnungsgemäß unterrichtet, beginnt der Fristablauf nach § 99 Abs. 3 S. 1 BetrVG. Widerspricht der BR der geplanten Einstellung des Leih-AN innerhalb der Frist nicht, gilt die Zustimmung als erteilt. Will der BR widersprechen, kann er sich nur auf die in § 99 Abs. 2 Nr. 1 bis 6 BetrVG abschließend aufgezählten Gründe stützen.[55] Insbesondere kann er nach § 99 Abs. 2 Nr. 1 BetrVG bei Verstößen gegen das AÜG, die die Kollektivinteressen der Belegschaft berühren, seine Zustimmung verweigern.[56] Auch Verstöße gegen andere Rechtsvorschriften rechtfertigen eine Zustimmungsverweigerung. Der Kreis der in Betracht kommenden Vorschriften ist weit zu ziehen.[57] Ein Zustimmungsverweigerungsrecht kann etwa bei Verstößen gegen Beschäftigungsverbote nach MuSchG oder JArbSchG sowie das ArbZG bestehen. Der Entleiher kann bei Zustimmungsverweigerung beim ArbG nach § 99 Abs. 4 BetrVG das **Zustimmungsersetzungsverfahren** betreiben. Bis zur rechtskräftigen Entscheidung ist dem Entleiher der Einsatz des Leih-AN betriebsverfassungsrechtlich untersagt.[58]

22 Da ein Leih-AN für die Zeit seiner Überlassung in die Betriebsorganisation des Entleihers eingegliedert ist und unter dem Direktionsrecht des Entleihers Arbeitsleistung erbringt, können sich auf ihn auch die Mitbestimmungsrechte des Entleiher-BR in sozialen Angelegenheiten erstrecken. Voraussetzung ist, dass der Entleiher Maßnahmen trifft, welche die Leih-AN berühren und in den Katalog der mitbestimmungspflichtigen Tatbestände nach § 87 Abs. 1 BetrVG fallen. Dies gilt etwa im Hinblick auf den Beginn und das Ende der täglichen Arbeitszeit von Leih-AN im Entleiherbetrieb.[59] Leih-AN können abhängig vom Gegenstand und dem Zweck der geregelten Angelegenheit auch in **freiwillige BV** nach § 88 BetrVG einbezogen werden.[60] Der Entleiher-BR hat daneben die ihm nach § 89 BetrVG obliegenden Aufgaben des Arbeits- und Umweltschutzes unter Einbezug der Leih-AN zu erfüllen. Die Beteiligung des BR im Entleiherbetrieb kommt auch in personellen Angelegenheiten betreffend den Einsatz von Leih-AN in Betracht.[61] Der Einsatz von Leih-AN ist hingegen keine wirtschaftliche Angelegenheit i.S.d. §§ 106 ff. BetrVG, die Gegenstand der Beratung des **Wirtschaftsausschusses** ist. Die Interessen der Stammbelegschaft sind durch die Beteiligung des BR im Entleiherbetrieb im Rahmen der Personalplanung nach §§ 92 ff. BetrVG hinreichend gewahrt.[62]

23 **3. Mitteilungspflicht des Entleihers (S. 3).** Nach Abs. 3 S. 3 muss der Entleiher den BR unverzüglich unterrichten, wenn ihm der Verleiher den Wegfall der Erlaubnis mitgeteilt hat. Unterlässt dies der Entleiher, hat der BR aber nicht die Möglichkeit, der bereits erfolgten Übernahme zu widersprechen, sofern die Auslauffrist des § 2 Abs. 4 S. 4

---

[50] Schüren/Hamann, § 14 Rn 155 ff.; Boemke/Lembke, § 14 Rn 102; Grimm/Brock, S. 169 Rn 36.
[51] LAG Niedersachsen 28.2.2006 – 13 TaBV 56/05 – AuA 2006, 753; Schüren/Hamann, § 14 Rn 165; Boemke/Lembke, § 14 Rn 104; Wensing/Freise, BB 2004, 2241.
[52] LAG Düsseldorf 26.1.2007 – 17 TaBV 109/06 – EzAÜG § 14 Betriebsverfassung Nr. 67.
[53] LAG Niedersachsen 28.2.2006 – 13 TaBV 56/05 – AuA 2006, 753; a.A. BAG 6.6.1978 – 1 ABR 66/75 – EzAÜG § 14 AÜG Betriebsverfassung Nr. 2 = DB 1978, 1841; Ulber, § 14 Rn 151.
[54] Boemke/Lembke, § 14 Rn 101.
[55] Vgl. Boemke/Lembke, § 14 Rn 106 ff.; Schüren/Hamann, § 14 Rn 180 ff.; Grimm/Brock, S. 170 f. Rn 41 ff.
[56] BAG 28.9.1988 – 1 ABR 85/87 – NZA 1989, 358; Grimm/Brock, DB 2003, 1113; Grimm/Brock, S. 170 f. Rn 41.
ErfK/Wank, § 14 AÜG, Rn 25; ähnlich LAG Düsseldorf 4.10.2001 – 11 (17) TaBV 23/01 – DB 2002, 328; einschränkend BAG 12.11.2002 – 1 ABR 1/02 – DB 2003, 1228.
[57] BAG 25.1.2005 – 1 ABR 61/03 – DB 2005, 1693.
[58] Boemke/Lembke, § 14 Rn 115.
[59] BAG 19.6.2001 – 1 ABR 43/00 – EWiR 2002, 229; BAG 15.12.1992 – 1 ABR 38/92 – NZA 1993, 513.
[60] Boemke/Lembke, § 14 Rn 129.
[61] Vgl. Grimm/Brock, S. 176 ff. Rn 61 ff.; Boemke/Lembke, § 14 Rn 132 ff.
[62] Schüren/Hamann, § 14 Rn 322; Boemke/Lembke, § 14 Rn 145; Grimm/Brock, S. 179 Rn 70; Urban-Crell/Schulz, S. 280 f. Rn 1135; a.A. ErfK/Wank, § 14 AÜG Rn 28; HWK/Gotthardt, § 14 AÜG Rn 21; Sandmann/Marschall, § 14 Rn 18a.

nicht überschritten wird. Er kann lediglich nach § 23 Abs. 3 BetrVG vorgehen, wenn der Entleiher wiederholt seine Unterrichtungspflicht aus Abs. 3 S. 3 verletzen sollte.[63] Die Verletzung der Unterrichtungspflichten nach Abs. 3 ist wegen des abschließenden Katalogs des § 16 Abs. 1 nicht bußgeldbewährt.[64]

IV. Rechte der Personalvertretung (Abs. 4)

Die Regelungen des Abs. 1 und 3 sowie des Abs. 2 S. 1 und 2 gelten für den Anwendungsbereich des BPersVG entsprechend. Für den Bereich der LPVG ist es Sache der Länder, den Einsatz von Leih-AN sowie die damit zusammenhängenden Mitwirkungs- und Mitbestimmungsrechte der PR zu regeln.[65] Existiert keine landesrechtliche Regelung ist die Aufnahme eines Leih-AN in eine Dienststelle als **Einstellung** zu behandeln.[66] Gem. Abs. 4 i.V.m. Abs. 1 bleiben Leih-AN im Personalvertretungsrecht auch während ihres Einsatzes beim Entleiher Angehörige der verleihenden Dienststelle. Hinsichtlich des Wahlrechts ist zu differenzieren, zwischen welchen Beteiligten die Überlassung stattfindet. Erfolgt die Überlassung von Leih-AN zwischen zwei Dienststellen wird die allgemeine Vorschrift des § 14 Abs. 2 von § 13 Abs. 2 S. 1 BPersVG verdrängt.[67] § 14 Abs. 2 S. 1 soll nur angewandt werden, soweit nicht Besonderheiten des Personalvertretungsrechts entgegenstehen.[68] Nach § 13 Abs. 2 BPersVG verliert der Leih-AN seine Wahlberechtigung in der verleihenden Dienststelle und wird bei der neuen Dienststelle wahlberechtigt, wenn die Überlassung länger als drei Monate gedauert hat und nicht auf neun Monate befristet ist. Werden AN eines privaten Verleihers an eine **öffentliche Dienststelle** verliehen oder von einer öffentlichen Dienststelle an einen privaten Entleiher überlassen, bleiben sie während der Überlassung im Betrieb bzw. in der Dienststelle des Verleihers gem. Abs. 1 aktiv und passiv wahlberechtigt. 24

Die Leih-AN können in der entleihenden Dienststelle während der Dienstzeit die Sprechstunden des PR und der JAV aufsuchen oder an Betriebs- und Jugendversammlungen teilnehmen. Abs. 2 ist nicht abschließend. Insbesondere gelten die §§ 67 ff. BPersVG auch für die Behandlung der Leih-AN.[69] 25

Nach Abs. 4 i.V.m. Abs. 3 i.V.m. § 75 Abs. 1 Nr. 1 BPersVG ist bei der Einstellung eines Leih-AN der PR zu beteiligen. Die Zustimmungsverweigerung kann nur auf die in § 77 Abs. 2 BPersVG genannten Gründe gestützt werden, die im Wesentlichen § 99 Abs. 2 Nr. 1 bis Nr. 4 und Nr. 6 BetrVG entsprechen. Weitere Befugnisse des PR (vgl. § 75 Abs. 3 Nr. 5, 8, 11 und 12, 15 bis 17 BPersVG) können sich aus der nicht abschließenden Vorschrift des Abs. 3 ergeben.[70] 26

C. Verbindung zu anderen Rechtsgebieten und zum Prozessrecht

Streiten sich Verleiher und Entleiher über die Auslegung einer Regelung aus dem AÜ-Vertrag oder hat die Streitigkeit einen unmittelbaren Bezug zum AÜ-Vertrag ist der **ordentliche Rechtsweg** eröffnet, § 13 GVG. I.Ü. sind die ArbG zuständig. § 14 steht hinsichtlich Abs. 4 im Zusammenhang mit dem dem Betriebsverfassungsrecht artverwandten Bundespersonalvertretungsrecht. 27

D. Beraterhinweise

Nimmt der Leih-AN im Verleiherbetrieb an einer Betriebsversammlung teil und findet sich im AÜ-Vertrag keine Regelung dahingehend, dass der Entleiher für diesen Zeitraum zur Zahlung der Überlassungsvergütung verpflichtet bleibt, kann der Entleiher für die Ausfallzeit eine anteilige Kürzung der Überlassungsvergütung nach § 326 Abs. 1 BGB vornehmen, wenn der Verleiher keine Ersatzkraft zur Verfügung gestellt hat.[71] Anders ist es, wenn Leih-AN an Sprechstunden und Betriebsversammlungen im Entleiherbetrieb teilnehmen. Ist im AÜ-Vertrag nicht geregelt, wer für die Freistellungszeit das Überlassungsentgelt zahlt, zahlt der Entleiher in vollem Umfang.[72] 28

Da überlassene AN im Entleiherbetrieb nach der BAG-Rspr.[73] im Einsatzbetrieb (anders als im Verleiherbetrieb) bei der Bestimmung der zahlreichen **Schwellenwerte** nicht mitzählen, bietet es sich aus Unternehmersicht an, bei bevorstehenden **Neueinstellungen** aus Kostengründen verstärkt auf den Einsatz von Leih-AN zu setzen, um das Erreichen bestimmter Schwellenwerte zu vermeiden.[74] 29

---

63 Schüren/Hamann, § 14 Rn 178.
64 Schüren/Hamann, § 14 Rn 179.
65 BT-Drucks 9/847, S. 9; BVerwG 20.5.1992 – 6 P 4/90 – AP § 99 BetrVG 1972 Nr. 92.
66 Grimm/Brock, S. 185 Rn 90; HWK/Gotthardt, § 14 AÜG Rn 22; ErfK/Wank, § 14 AÜG Rn 29.
67 Schüren/Hamann, § 14 Rn 565; Boemke/Lembke, § 14 Rn 154; Grimm/Brock, S. 186 Rn 92; a.A. Ulber, § 14 Rn 197.
68 BT-Drucks 9/847, S. 9.
69 Boemke/Lembke, § 14 Rn 157.
70 Schüren/Hamann, § 14 Rn 579.
71 Boemke/Lembke, § 14 Rn 17, Ulber, § 14 Rn 44; a.A. Schüren/Hamann, § 121 Rn 122.
72 Grimm/Brock, S. 163 Rn 17.
73 BAG 10.3.2004 – 7 ABR 49/03 – AP § 7 BetrVG 1972 Nr. 8 = NZA 2004, 1340; BAG 16.4.2003 – 7 ABR 53/02 – AP § 9 BetrVG 2002 Nr. 1 = NZA 2003, 1345; BAG 22.10.2003 – 7 ABR 3/03 – AP § 38 BetrVG 1972 Nr. 28 = NZA 2004, 1052.
74 Grimm/Brock, S. 162 Rn 13.

30 Im Vorfeld der Einstellung eines Leih-AN hat der Entleiher-BR ein Mitbestimmungsrecht nach § 14 Abs. 3 i.V.m. § 99 BetrVG. Der BR kann seine Zustimmung nach § 99 Abs. 2 BetrVG verweigern. Um den Widerspruchsgrund des § 99 Abs. 2 Nr. 3 BetrVG, der ausdrücklich die unbefristete Einstellung von AN verlangt, zu umgehen, kann versucht werden, die Leih-AN zunächst lediglich befristet einzustellen.[75]

31 Vorsicht geboten ist aus Entleihersicht bei der **Ausschreibung von Arbeitsplätzen** nach § 93 BetrVG. Verstöße gegen ein Ausschreibungsverlangen des BR berechtigen den BR zur Zustimmungsverweigerung nach § 99 Abs. 2 Nr. 5 BetrVG. Der AG hat aber die Möglichkeit, die interne Stellenausschreibung noch während des **Zustimmungsersetzungsverfahrens** nachzuholen.[76]

32 Da die Frage, ob es sich bei einem Einsatz von Leih-AN um eine wirtschaftliche Angelegenheit i.S.d. § 106 BetrVG handelt, nicht abschließend geklärt ist, sollte der Entleiher vor dem Einsatz von Leih-AN eine anwaltliche Stellungnahme einholen, aus der sich ergibt, dass der im Entleiherbetrieb bestehende **Wirtschaftsausschuss** über den bevorstehenden Einsatz nicht zu unterrichten ist. Andernfalls riskiert er gem. § 121 Abs. 2 BetrVG ein Bußgeld in Höhe von bis zu 10.000 EUR.[77]

§ 15 Ausländische Leiharbeitnehmer ohne Genehmigung

(1) Wer als Verleiher einen Ausländer, der einen erforderlichen Aufenthaltstitel nach § 4 Abs. 3 des Aufenthaltsgesetzes, eine Aufenthaltsgestattung oder eine Duldung, die zur Ausübung der Beschäftigung berechtigen, oder eine Genehmigung nach § 284 Abs. 1 des Dritten Buches Sozialgesetzbuch nicht besitzt, entgegen § 1 einem Dritten ohne Erlaubnis überläßt, wird mit Freiheitsstrafe bis zu drei Jahren oder mit Geldstrafe bestraft.
(2) [1]In besonders schweren Fällen ist die Strafe Freiheitsstrafe von sechs Monaten bis zu fünf Jahren. [2]Ein besonders schwerer Fall liegt in der Regel vor, wenn der Täter gewerbsmäßig oder aus grobem Eigennutz handelt.

A. Allgemeines	1	2. Regelbeispiele im engeren Sinne (S. 2)	11
B. Regelungsgehalt	2	a) Gewerbsmäßiges Handeln (1. Alt.)	11
I. Verleih von Ausländern ohne Genehmigung (Abs. 1)	2	b) Handeln aus grobem Eigennutz (2. Alt.)	12
II. Regelbeispiele (Abs. 2)	9	C. Verbindung zu anderen Rechtsgebieten und zum Prozessrecht	13
1. Besonders schwerer Fall (S. 1)	9	D. Beraterhinweise	16

A. Allgemeines

1 § 15 leitet die Straf- und Ordnungswidrigkeitstatbestände des AÜG ein. Die Vorschrift soll die besondere Verwerflichkeit der illegalen Überlassung ausländischer AN ohne Arbeitserlaubnis unter Strafe stellen. Für besonders schwere Fälle sieht Abs. 2 eine weitere Strafschärfung vor. Die dort genannten Regelbeispiele sind nicht abschließend.[1] Bei Verwirklichung eines Regelbeispiels drohen Freiheitsstrafen von bis zu fünf Jahren. Nachdem zuletzt im Jahr 1975[2] Abs. 2 angefügt wurde, hat der Gesetzgeber mit Wirkung zum 1.1.2005 Abs. 1 durch Art. 21 Nr. 11 Zuwanderungsgesetz[3] an die neuen Bestimmungen zur Ausländerbeschäftigung angepasst.

B. Regelungsgehalt

I. Verleih von Ausländern ohne Genehmigung (Abs. 1)

2 Täter im Sinne des § 15 kann nur der Verleiher sein, der im Zeitpunkt der Überlassung[4] die nach § 1 erforderliche Erlaubnis nicht besitzt. Verfügt der Verleiher über die Erlaubnis kann im Fall der Beschäftigung eines Ausländers ohne Genehmigung der Ordnungswidrigkeitstatbestand des § 404 Abs. 2 Nr. 3 SGB III einschlägig sein, der unter den Voraussetzungen der §§ 406 f. SGB III zum Straftatbestand werden kann. Erlischt die Erlaubnis vor oder während der Überlassung, wirkt sie ggf. gem. §§ 2 Abs. 4 S. 4, 5 Abs. 2 S. 2 nach. Kommt eine **Nachwirkung** nicht in Betracht, macht sich der Verleiher ab dem Zeitpunkt des Erlöschens strafbar. Ist der Verleiher **juristische Person** oder **Personenhandelsgesellschaft** ist § 14 StGB als Grundlage für die Strafbarkeit heranzuziehen.[5] Hinsichtlich Entleiher und Leih-AN gilt, dass sie als notwendige Beteiligte nicht Teilnehmer einer Straftat nach Abs. 1 sein können.

---

75 *Grimm/Brock*, S. 172 Rn 46.
76 LAG Berlin 26.9.2003 – 6 TaBV 609/03 und 633/03 – ArbRB 2004, 43; HWK/*Ricken*, § 99 BetrVG Rn 85.
77 *Grimm/Brock*, S. 180 Rn 72.
1 BGH 24.6.1987 – 3 StR 200/87 – EzAÜG § 15 AÜG Nr. 1 = wistra 1988, 27.
2 Art. 2 Nr. 1 des Gesetzes zur Änderung des AFG und des AÜG.
3 BGBl I 2004 Nr. 41 S. 1950.
4 *Grimm/Brock*, S. 231 Rn 5; *Boemke/Lembke*, § 15 Rn 4.
5 HWK/*Kalb*, § 15 AÜG Rn 6; ErfK/*Wank*, § 15 AÜG Rn 3.

Die Strafbarkeit nach § 15 setzt voraus, dass der Verleiher einen Ausländer überlässt, der einen **Aufenthaltstitel** nach § 4 Abs. 3 AufenthG, eine **Aufenthaltsgestattung** oder eine Duldung, die zur Ausübung der Beschäftigung berechtigen, oder eine Genehmigung nach § 284 SGB III nicht besitzt. Ausländer in diesem Sinne ist, wer weder die deutsche Staatsangehörigkeit noch die Rechtsstellung eines Deutschen nach Art. 116 Abs. 1 GG besitzt.[6] Nach § 4 Abs. 3 AufenthG dürfen Ausländer vom AG nur beschäftigt werden, wenn sie über einen Aufenthaltstitel verfügen, der ihnen eine Beschäftigung erlaubt oder wenn ihnen aufgrund einer zwischenstaatlichen Vereinbarung, eines Gesetzes oder einer Rechtsverordnung die Erwerbstätigkeit ohne den Besitz eines Aufenthaltstitels gestattet ist. Danach bedürfen grundsätzlich **Unionsbürger** aus den Mitgliedstaaten der EU und deren Familienangehörige sowie **Staatsangehörige der EWR-Staaten einschließlich der Schweiz**[7] und deren Familienangehörige keiner besonderen Arbeitsberechtigung. Gleiches gilt für **heimatlose Ausländer**, § 17 Abs. 1 HAuslG. Eine Übergangsregelung ergibt sich aus dem Beitrittsvertrag mit Ausnahmen für **Malta und Zypern**[8] für Unionsbürger der Mitgliedstaaten, die der EU zum 1.5.2004 beigetreten sind. Nach dem Beitrittsvertrag kann die AN-Freizügigkeit für eine Dauer von bis zu sieben Jahren eingeschränkt werden.[9] Sonstige Ausländer müssen immer über einen Aufenthaltstitel verfügen, der sie zur Ausübung einer Beschäftigung in Deutschland berechtigt. Erforderlich ist, dass die (materiell-rechtlich berechtigte oder unberechtigte) Arbeitsberechtigung zum Zeitpunkt der Überlassung vorliegt. Auch für den Fall, dass der Verleiher den Ausländer ins Ausland überlässt, bedarf es zur Vermeidung einer Strafbarkeit nach § 15 einer Arbeitsberechtigung.[10] Der ausländische Leih-AN wird auch in diesem Fall für einen deutschen Verleiher tätig, der den Ausländer nur mit einem entsprechenden Aufenthaltstitel überlassen darf.

Neben § 4 Abs. 3 AufenthG kann eine Arbeitsgenehmigung i.S.d. § 284 Abs. 1 SGB III vorliegen. Ausnahmen von dem Erfordernis der Arbeitsgenehmigung ergeben sich aus § 284 Abs. 1 S. 2 Nr. 2 und 3 SGB III.

Der Straftatbestand des § 15 wird erst mit dem Überlassen selbst verwirklicht. Zur Tatbestandsverwirklichung reicht aus, dass ein einziger ausländischer AN überlassen wird, der nicht im Besitz der erforderlichen Arbeitsberechtigung ist.[11]

Der illegale Verleiher macht sich nur dann nach § 15 strafbar, wenn er hinsichtlich aller objektiven Tatbestandsmerkmale vorsätzlich gehandelt hat. Er muss wissen, dass er keine Verleihererlaubnis besitzt und einen ausländischen AN ohne Arbeitserlaubnis überlässt. Die bloße fahrlässige Unkenntnis (**Tatbestandsirrtum** nach § 16 StGB) ist nicht strafbar. Die irrtümliche Annahme, dass ein Verleihen ohne Erlaubnis möglich ist oder dass ein ausländischer AN ohne Genehmigung tätig werden kann, führt zu einem **Verbotsirrtum** (§ 17 StGB). Straffreiheit kommt in einem solchen Fall nur dann in Betracht, wenn der Verleiher diesen Irrtum nicht vermeiden konnte. Dies wird häufig nicht der Fall sein. Der Verleiher ist verpflichtet, sich im Vorfeld der Überlassung zuverlässig zu erkundigen[12] und einen ausländischen AN nach seiner konkreten Staatsangehörigkeit zu befragen.[13]

Die Verwirklichung des Abs. 1 kann für den Verleiher zu einer Freiheitsstrafe von bis zu drei Jahren oder einer Geldstrafe führen. Hat der Verleiher in der Absicht gehandelt, sich zu bereichern, können nach § 41 StGB **Freiheits- und Geldstrafe** nebeneinander verhängt werden. Überlässt der illegale Verleiher mehrere Ausländer ohne die erforderliche Arbeitsgenehmigung, liegt Tatmehrheit nach § 53 Abs. 1 StGB vor.

Die neben dem Straftatbestand des Abs. 1 verwirklichten Ordnungswidrigkeitstatbestände des § 16 Abs. 1 Nr. 1, Nr. 2 und des § 404 Abs. 2 Nr. 3 SGB III treten nach § 21 OWiG hinter die Straftat zurück. Sie haben nur dann Auswirkungen, wenn keine Strafe verhängt werden kann.

II. Regelbeispiele (Abs. 2)

1. Besonders schwerer Fall (S. 1).
Ein besonders schwerer Fall ist anzunehmen, wenn die objektiven und subjektiven Tatumstände die üblicherweise vorkommenden Fälle an Strafwürdigkeit so übertreffen, dass der Strafrahmen zur Ahndung der Tat nicht mehr ausreicht.[14] Dies gilt insbesondere dann, wenn der verbrecherische Wille des Verleihers außergewöhnlich stark ist, er sich außergewöhnlich niederträchtig verhalten hat, der durch die Tat verursachte Schaden sehr groß ist oder die Verleihmethode sich stark negativ auf einen größeren Personenkreis auswirkt.[15]

---

6 Schüren/*Feuerborn*, § 14 Rn 15; HWK/*Kalb*, § 15 AÜG Rn 7; *Boemke/Lembke*, § 15 Rn 7.
7 Freizügigkeitsabkommen zwischen der EU und der Schweiz vom 24.5.2003.
8 Siehe für Malta Anhang XI und für Zypern Anhang VII zu Art. 24 der Beitrittsakte zum Beitrittsvertrag.
9 Vgl. *Boemke/Lembke*, § 15 Rn 9.
10 *Boemke/Lembke*, § 15 Rn 12; a.A. Schüren/*Feuerborn*, § 15 Rn 10; *Sandmann/Marschall*, § 15 Rn 11.
11 BGH 14.4.1981 – 1 StR 676/80 – BB 1981, 1219.
12 OLG Hamm 14.11.1980 – 5 Ss OWi 1967/80 – BB 1981, 122.
13 OLG Düsseldorf 4.9.1979 – 5 Ss OWi 480/79 – EzAÜG § 1 AÜG Gewerbsmäßige Arbeitnehmerüberlassung Nr. 10; AG Gießen 13.4.1987 – 54 OWi 15 Js 22376/86 – EzAÜG § 1 AÜG Gewerbsmäßige Arbeitnehmerüberlassung Nr. 24.
14 BGH 24.6.1987 – 3 StR 200/87 – EzAÜG § 15 AÜG Nr. 1 = wistra 1988, 27.
15 *Sandmann/Marschall*, § 15 Rn 16.

10 Abweichend von Abs. 1 ist ein besonders schwerer Fall mit einer Mindestfreiheitsstrafe von sechs Monaten zu ahnden. Neben der Freiheitsstrafe kommt eine Geldstrafe in Betracht (§ 41 StGB), wenn sich der Verleiher an der Tat **bereichert** hat oder versucht hat, sich zu bereichern.

11 **2. Regelbeispiele im engeren Sinne (S. 2). a) Gewerbsmäßiges Handeln (1. Alt.).** Für den besonders schweren Fall der 1. Alt. ist der strafrechtliche Begriff der Gewerbsmäßigkeit heranzuziehen.[16] Der Verleiher muss sich durch wiederholte Überlassung ausländischer AN ohne Arbeitserlaubnis eine nicht nur vorübergehende Einnahmequelle verschaffen wollen. Entscheidend ist, dass sich dieses strafschärfende Merkmal konkret auf den Verleih ausländischer Leih-AN ohne Erlaubnis bezieht.[17] Der BGH verlangt zusätzlich, dass sich die Tat über das gewerbsmäßige Handeln hinaus insgesamt als besonders strafwürdig erweisen muss, etwa die ausländischen AN ausgebeutet oder erheblich benachteiligt werden.[18]

12 **b) Handeln aus grobem Eigennutz (2. Alt.).** Das Regelbeispiel der 2. Alt. ist verwirklicht, wenn der Täter in besonders anstößigem Maße nach eigenen wirtschaftlichen Vorteilen strebt,[19] bspw. durch eine rücksichtslose Ausbeutung der **Zwangslage** ausländischer AN.

C. Verbindung zu anderen Rechtsgebieten und zum Prozessrecht

13 Wird wegen einer Straftat nach § 15 durch die Staatsanwaltschaft öffentliche Klage erhoben, ist für das sich anschließende **Erkenntnisverfahren** das AG zuständig, § 24 GVG. Nach § 25 GVG entscheidet der **Strafrichter** allein, wenn eine höhere Strafe als Freiheitsstrafe von zwei Jahren nicht zu erwarten ist.

14 § 15 ist nicht abschließend. Daneben finden die allgemeinen strafrechtlichen und strafprozessualen Bestimmungen Anwendung. Die Straftatbestände des § 15 sind aufgrund ihrer hohen Bedeutung[20] sowohl in den Richtlinien für das Straf- und Bußgeldverfahren (RiStBV) als auch in der Anordnung über Mitteilungen in Strafsachen (MiStra) ausdrücklich erwähnt. In der Praxis treten im Zusammenhang mit der illegalen AÜ die Straftatbestände der §§ 266a Abs. 1, 263 StGB, § 370 Abs. 1 AO sowie § 96 AufenthG besonders häufig auf. Bei Vorliegen der besonderen Bedingungen kommt auch eine Straftat nach § 10 Abs. 1, 2 SchwarzArbG in Betracht. Daneben führen Bestrafungen von Bewerbern oder nach Gesetz oder Satzung Vertretungsberechtigter nach § 15 zum **Ausschluss von öffentlichen Aufträgen**, § 21 Abs. 1 S. 1 Nr. 3 SchwarzArbG.

15 § 15 steht im Zusammenhang mit §§ 406 f. SGB III, die die illegale Vermittlung und Beschäftigung von Ausländern ohne Arbeitsgenehmigung nach § 284 SGB III betreffen. Zivilrechtlich führt das Fehlen der Verleiherlaubnis dazu, dass nach § 9 Nr. 1 sowohl der Arbeitsvertrag zwischen Verleiher und Leih-AN als auch der AÜ-Vertrag unwirksam sind. Zwischen Entleiher und Leih-AN kommt trotz Fehlens von Verleih- und Arbeitserlaubnis nach §§ 10 Abs. 1, 9 Nr. 1 ein Arbvrh zustande. Der Entleiher kann dieses aber aus personenbedingten Gründen kündigen, da er den ausländischen AN ohne Arbeitserlaubnis nicht beschäftigen darf.

D. Beraterhinweise

16 Um die aufgezeigten strafrechtlichen und sonstigen Konsequenzen zu vermeiden, sollte der Verleiher stets prüfen, ob er über die erforderliche Verleiherlaubnis verfügt und der ausländische Leih-AN eine Arbeitsberechtigung besitzt.

---

§ 15a Entleih von Ausländern ohne Genehmigung

(1) ¹Wer als Entleiher einen ihm überlassenen Ausländer, der einen erforderlichen Aufenthaltstitel nach § 4 Abs. 3 des Aufenthaltsgesetzes, eine Aufenthaltsgestattung oder eine Duldung, die zur Ausübung der Beschäftigung berechtigen, oder eine Genehmigung nach § 284 Abs. 1 des Dritten Buches Sozialgesetzbuch nicht besitzt, zu Arbeitsbedingungen des Leiharbeitsverhältnisses tätig werden läßt, die in einem auffälligen Mißverhältnis zu den Arbeitsbedingungen deutscher Leiharbeitnehmer stehen, die die gleiche oder eine vergleichbare Tätigkeit ausüben, wird mit Freiheitsstrafe bis zu drei Jahren oder mit Geldstrafe bestraft. ²In besonders schweren Fällen ist die Strafe Freiheitsstrafe von sechs Monaten bis zu fünf Jahren; ein besonders schwerer Fall liegt in der Regel vor, wenn der Täter gewerbsmäßig oder aus grobem Eigennutz handelt.

(2) Wer als Entleiher

1. gleichzeitig mehr als fünf Ausländer, die einen erforderlichen Aufenthaltstitel nach § 4 Abs. 3 des Aufenthaltsgesetzes, eine Aufenthaltsgestattung oder eine Duldung, die zur Ausübung der Beschäftigung berech-

---

16 BT-Drucks 7/3100, S. 6.
17 BT-Drucks 7/3100, S. 6 f.
18 BGH 14.4.1981 – 1 StR 676/80 – DB 1981, 1568.
19 BT-Drucks 7/3100, S. 6.
20 Boemkel/Lembke, vor §§ 15, 15a, 16 Rn 2; HWK/Kalb, § 15 AÜG Rn 2.

tigen, oder eine Genehmigung nach § 284 Abs. 1 des Dritten Buches Sozialgesetzbuch nicht besitzen, tätig werden läßt oder
2. eine in § 16 Abs. 1 Nr. 2 bezeichnete vorsätzliche Zuwiderhandlung beharrlich wiederholt,

wird mit Freiheitsstrafe bis zu einem Jahr oder mit Geldstrafe bestraft. Handelt der Täter aus grobem Eigennutz, ist die Strafe Freiheitsstrafe bis zu drei Jahren oder Geldstrafe.

A. Allgemeines 1	1. Umfangreicher Entleih (S. 1 Nr. 1) 7
B. Regelungsgehalt 2	2. Beharrlicher wiederholter Entleih (S. 1 Nr. 2) 8
I. Beschäftigung zu ausbeuterischen Bedingungen (Abs. 1) 2	3. Handeln aus grobem Eigennutz (S. 2) 9
1. Grundtatbestand (S. 1) 2	C. Verbindung zu anderen Rechtsgebieten und zum Prozessrecht 10
2. Regelbeispiele (S. 2) 6	D. Beraterhinweise 13
II. Umfangreicher und beharrlich wiederholter Entleih (Abs. 2) 7	

A. Allgemeines

Die Vorschrift regelt die Strafbarkeit des Entleihers bei Einsatz eines ausländischen AN ohne Arbeitsberechtigung. Der Straftatbestand soll die Entleiher erfassen, die es illegalen Verleihern durch kollusive Zusammenarbeit ermöglichen, Sozialversicherungsbeiträge vorzuenthalten und Steuern zu hinterziehen.[1] Mit Wirkung zum 1.1.2005 hat der Gesetzgeber Abs. 1 und Abs. 2 durch Art. 21 Nr. 11 Zuwanderungsgesetz[2] an die neuen Bestimmungen zur Ausländerbeschäftigung angepasst.

1

B. Regelungsgehalt

I. Beschäftigung zu ausbeuterischen Bedingungen (Abs. 1)

1. Grundtatbestand (S. 1). Täter kann nur der Entleiher selbst sein. Eine Strafbarkeit nach Abs. 1 kommt aber nicht in Betracht, wenn der Verleiher nicht über die nach § 1 erforderliche Erlaubnis verfügt.[3] In diesem Fall ist der Entleiher nach §§ 9 Nr. 1, 10 Abs. 1 AG des Leih-AN und kann nur die Straftatbestände der §§ 406 Abs. 1, 407 Abs. 1 SGB III oder der §§ 10, 11 SchwarzArbG verwirklichen. Voraussetzung für eine Strafbarkeit nach § 15a ist, dass der Entleiher einen Ausländer ohne Arbeitsberechtigung tätig werden lässt (vgl. § 15 Rn 3). Entscheidend ist der **tatsächliche Arbeitseinsatz** im Entleiherbetrieb.[4]

2

§ 15a verlangt weiter, dass zwischen den konkreten[5] Arbeitsbedingungen des ausländischen Leih-AN und denen der vergleichbaren deutschen Leih-AN ein **auffälliges Missverhältnis** besteht. Maßgebend sind die tatsächlich gewährten Arbeitsbedingungen. In den Vergleich sind alle formellen und materiellen Arbeitbedingungen einzubeziehen. Dazu gehören neben **Leistungen mit Entgeltcharakter** auch **Arbeitszeit**, **Urlaubsdauer** oder **Künd-Schutz**. Ein auffälliges Missverhältnis liegt etwa dann vor, wenn der ausländische AN eine um 20 % geringere Entlohnung erhält.[6] Es ist aber jeweils eine **Einzelfallprüfung** vorzunehmen, bei der festzustellen ist, ob die Schlechterstellung durch andere Vorteile oder eine schlechtere Arbeitsleistung[7] kompensiert wird.

3

§ 15a erfordert vorsätzliches Handeln des Entleihers hinsichtlich aller Tatbestandsmerkmale, auch hinsichtlich der Beschäftigung zu ausbeuterischen Arbeitsbedingungen. Bedingter Vorsatz, d.h. die billigende Inkaufnahme der Ausbeutung genügt. Fehlt der Vorsatz, kommt eine Ordnungswidrigkeit nach § 16 Abs. 1 Nr. 2 in Betracht. Befindet sich der Entleiher im Irrtum über die Notwendigkeit einer Arbeitsberechtigung stellt dies lediglich einen (i.d.R. vermeidbaren) **Verbotsirrtum** i.S.d. § 17 StGB dar (vgl. § 15 Rn 6).

4

Der Strafrahmen stimmt mit dem des § 15 Abs. 1 überein (vgl. § 15 Rn 7).

5

2. Regelbeispiele (S. 2). Hinsichtlich der Regelbeispiele Gewerbsmäßigkeit und Handeln aus grobem Eigennutz gelten die zu § 15 Abs. 2 gemachten Ausführungen (vgl. § 15 Rn 11, 12).

6

II. Umfangreicher und beharrlich wiederholter Entleih (Abs. 2)

1. Umfangreicher Entleih (S. 1 Nr. 1). Der Entleiher macht sich strafbar, wenn er gleichzeitig mehr als fünf ausländische Leih-AN ohne Arbeitsberechtigung tätig werden lässt. Abs. 2 S. 1 Nr. 2 greift auch bei der Überlassung von

7

---

1 BT-Drucks 10/2102, S. 32.
2 BGBl I 2004 S. 1950.
3 HWK/*Kalb*, § 15a AÜG Rn 5; *Grimm/Brock*, S. 232, Rn 10.
4 *Boemke/Lembke*, § 15a Rn 5.
5 BT-Drucks 7/3100, S. 7.
6 Schüren/*Feuerborn*, § 15a Rn 20; ErfK/*Wank*, § 15a AÜG Rn 4; *Grimm/Brock*, S. 233 Rn 11.
7 *Boemke/Lembke*, § 15a Rn 9; *Grimm/Brock*, S. 233 Rn 11.

mehr als fünf Teilzeitkräften, wobei diese von unterschiedlichen Verleihern überlassen sein können.[8] Angedroht ist Freiheitsstrafe von bis zu einem Jahr oder Geldstrafe.

8 2. Beharrlicher wiederholter Entleih (S. 1 Nr. 2). Mit gleichem Strafrahmen wird der Entleiher bestraft, wenn er sich mindestens zweimal über das Beschäftigungsverbot ausländischer AN ohne Arbeitsberechtigung hinwegsetzt und dabei trotz Abmahnung, Ahndung oder sonst hemmend wirkender Erkenntnisses an der illegalen Beschäftigung festhält.[9] Beharrlichkeit liegt auch dann vor, wenn der Entleiher das Unrecht kennt und planmäßig auf Dauer angelegt ausländische Leih-AN ohne Arbeitsberechtigung beschäftigt.[10]

9 3. Handeln aus grobem Eigennutz (S. 2). Eine Strafschärfung auf bis zu drei Jahre Freiheitsstrafe oder Geldstrafe erfolgt, wenn der Entleiher zusätzlich aus grobem Eigennutz handelt (zum Begriff vgl. § 15 Rn 12).

C. Verbindung zu anderen Rechtsgebieten und zum Prozessrecht

10 Erhebt die Staatsanwaltschaft wegen einer Straftat nach § 15a öffentliche Klage, ist für das sich anschließende **Erkenntnisverfahren** das AG zuständig, § 24 GVG. Nach § 25 GVG entscheidet der **Strafrichter** allein, wenn eine höhere Strafe als Freiheitsstrafe von zwei Jahren nicht zu erwarten ist.

11 § 15a ist nicht abschließend. Daneben finden die allgemeinen strafrechtlichen und strafprozessualen Bestimmungen Anwendung. Die Straftatbestände des § 15a sind aufgrund ihrer hohen Bedeutung[11] sowohl in den Richtlinien für das Straf- und Bußgeldverfahren (RiStBV) als auch in der Anordnung über die Mitteilungen in Strafsachen (MiStra) ausdrücklich erwähnt. In der Praxis treten im Zusammenhang mit der illegalen AÜ die Straftatbestände der §§ 266a Abs. 1, 263 StGB, § 370 Abs. 1 AO sowie § 96 AufenthG besonders häufig auf.

12 § 15a steht im Zusammenhang mit §§ 406 f. SGB III, die die illegale Vermittlung und Beschäftigung von Ausländern ohne Arbeitsgenehmigung nach § 284 SGB III betreffen. Bei Vorliegen der besonderen Bedingungen kommt auch eine Straftat nach §§ 10, 11 SchwarzArbG in Betracht. Daneben führen Bestrafungen von Bewerbern oder nach Gesetz oder Satzung Vertretungsberechtigter nach § 15a zum **Ausschluss von öffentlichen Aufträgen**, § 21 Abs. 1 S. 1 Nr. 3 SchwarzArbG.

D. Beraterhinweise

13 Zur Vermeidung der aufgezeigten strafrechtlichen und sonstigen Konsequenzen sollte der Entleiher hinsichtlich der Prüfung der Notwendigkeit einer Arbeitsberechtigung von ausländischen AN stets erhebliche Sorgfalt aufweisen.

§ 16 Ordnungswidrigkeiten

(1) Ordnungswidrig handelt, wer vorsätzlich oder fahrlässig
1. entgegen § 1 einen Leiharbeitnehmer einem Dritten ohne Erlaubnis überläßt,
1a. einen ihm von einem Verleiher ohne Erlaubnis überlassenen Leiharbeitnehmer tätig werden läßt,
1b. entgegen § 1b Satz 1 gewerbsmäßig Arbeitnehmer überläßt oder tätig werden läßt,
2. einen ihm überlassenen ausländischen Leiharbeitnehmer, der einen erforderlichen Aufenthaltstitel nach § 4 Abs. 3 des Aufenthaltsgesetzes, eine Aufenthaltsgestattung oder eine Duldung, die zur Ausübung der Beschäftigung berechtigen, oder eine Genehmigung nach § 284 Abs. 1 des Dritten Buches Sozialgesetzbuch nicht besitzt, tätig werden läßt,
2a. eine Anzeige nach § 1a nicht richtig, nicht vollständig oder nicht rechtzeitig erstattet,
3. einer Auflage nach § 2 Abs. 2 nicht, nicht vollständig oder nicht rechtzeitig nachkommt,
4. eine Anzeige nach § 7 Abs. 1 nicht, nicht richtig, nicht vollständig oder nicht rechtzeitig erstattet,
5. eine Auskunft nach § 7 Abs. 2 Satz 1 nicht, nicht richtig, nicht vollständig oder nicht rechtzeitig erteilt,
6. seiner Aufbewahrungspflicht nach § 7 Abs. 2 Satz 4 nicht nachkommt,
6a. entgegen § 7 Absatz 3 Satz 2 eine dort genannte Maßnahme nicht duldet,
7. eine statistische Meldung nach § 8 Abs. 1 nicht, nicht richtig, nicht vollständig oder nicht rechtzeitig erteilt,
8. einer Pflicht nach § 11 Abs. 1 oder Abs. 2 nicht nachkommt.

---

8 ErfK/*Wank*, § 15a AÜG Rn 5; HWK/*Kalb*, § 15a AÜG Rn 8; Schüren/*Feuerborn*, § 15a Rn 23.
9 BT-Drucks 10/2102, S. 32.
10 *Grimm/Brock*, S. 233 Rn 15; *Boemke/Lembke*, § 15a Rn 17.
11 *Boemke/Lembke*, vor §§ 15, 15a, 16 Rn 2; HWK/*Kalb*, § 15 AÜG Rn 2.

(2) Die Ordnungswidrigkeit nach Absatz 1 Nr. 1 bis 1b kann mit einer Geldbuße bis zu fünfundzwanzigtausend Euro, die Ordnungswidrigkeit nach Absatz 1 Nr. 2 mit einer Geldbuße bis zu fünfhunderttausend Euro, die Ordnungswidrigkeit nach Absatz 1 Nr. 2a und 3 mit einer Geldbuße bis zu zweitausendfünfhundert Euro Deutsche Mark, die Ordnungswidrigkeit nach Absatz 1 Nr. 4 bis 8 mit einer Geldbuße bis zu fünfhundert Euro geahndet werden.

(3) Verwaltungsbehörden im Sinne des § 36 Abs. 1 Nr. 1 des Gesetzes über Ordnungswidrigkeiten sind für die Ordnungswidrigkeiten nach Absatz 1 Nr. 1 bis 2a die Behörden der Zollverwaltung, für die Ordnungswidrigkeiten nach Absatz 1 Nr. 3 bis 8 die Bundesagentur für Arbeit.

(4) § 66 des Zehnten Buches Sozialgesetzbuch gilt entsprechend.

(5) [1]Die Geldbußen fließen in die Kasse der zuständigen Verwaltungsbehörde. [2]Sie trägt abweichend von § 105 Abs. 2 des Gesetzes über Ordnungswidrigkeiten die notwendigen Auslagen und ist auch ersatzpflichtig im Sinne des § 110 Abs. 4 des Gesetzes über Ordnungswidrigkeiten.

A. Allgemeines 1	9. Verstoß gegen die Aufbewahrungspflicht (Nr. 6) 14
B. Regelungsgehalt 6	10. Nichtduldung einer Maßnahme nach § 7 Abs. 3 S. 2 (Nr. 6a) 15
I. Ordnungswidrigkeitstatbestände (Abs. 1) 6	11. Verstoß gegen die statistische Meldepflicht (Nr. 7) 16
1. Verleih ohne Erlaubnis (Nr. 1) 6	12. Verstoß gegen Beurkundungs- und Aushändigungspflichten (Nr. 8) 17
2. Entleih von Verleihern ohne Erlaubnis (Nr. 1a) ... 7	II. Höhe der Geldbuße (Abs. 2) 18
3. Verleih und Entleih bei Betrieben des Baugewerbes (Nr. 1b) 8	III. Zuständige Verfolgungsbehörde (Abs. 3) 19
4. Entleih von ausländischen Arbeitnehmern ohne Arbeitsberechtigung (Nr. 2) 9	IV. Vollstreckung (Abs. 4) 21
5. Verstoß gegen die Anzeigepflicht nach § 1a (Nr. 2a) 10	V. Verbleib der Geldbuße und Entschädigungspflicht (Abs. 5) 22
6. Nichtbefolgung einer Auflage (Nr. 3) 11	C. Verbindung zu anderen Rechtsgebieten und zum Prozessrecht 23
7. Nicht ordnungsgemäße Erstattung einer Anzeige (Nr. 4) 12	D. Beraterhinweise 25
8. Nicht ordnungsgemäße Erteilung einer Auskunft (Nr. 5) 13	

A. Allgemeines

Die Vorschrift enthält Ordnungswidrigkeitstatbestände, die die Einhaltung der Bestimmungen des AÜG sichern sollen. Daneben soll durch § 16 der Schutz der Leih-AN gewährleistet sein.[1] § 16 erlangt Bedeutung unter Beachtung des Grundsatzes der Verhältnismäßigkeit, da die BA bemüht sein muss, geringfügige Verstöße gegen das AÜG zunächst mit einem Bußgeld zu sanktionieren, bevor sie die Verleiherlaubnis widerruft (§ 5) oder Verwaltungszwang anwendet (§ 6).[2]

Neben § 16 gilt das OWiG. Dieses kommt zur Anwendung, wenn der Verleiher keine natürliche Person ist. In diesen Fällen richtet sich das **Bußgeldverfahren** gem. §§ 9, 29 OWiG gegen die Geschäftsführung oder die zur Vertretung berufene Person. Nach § 30 Abs. 1 OWiG kann auch gegen die juristische Person oder Personengesellschaft selbst eine Buße festgesetzt werden, wenn diese bereichert worden ist oder bereichert worden wäre oder wenn die Pflichten des Unternehmens verletzt wurden.[3] Daneben kann der **Betriebsinhaber** nach § 130 OWiG verfolgt werden, wenn er erforderliche Aufsichtsmaßnahmen vorsätzlich oder fahrlässig unterlassen hat.[4] Beteiligen sich mehrere Personen (Mittäter, Anstifter, Gehilfen) an der Verwirklichung der Tatbestände des § 16, handelt jeder Einzelne ordnungswidrig, § 14 Abs. 1 OWiG. Eine Ausnahme gilt für den Leih-AN, soweit er notwendiger Teilnehmer einer Ordnungswidrigkeit des Verleihers oder des Entleihers ist.[5]

Die Ordnungswidrigkeiten des § 16 können vorsätzlich und fahrlässig verwirklicht werden. Nach § 17 Abs. 2 OWiG kann fahrlässiges Handeln aber nur mit der Hälfte des angedrohten Höchstbetrages der Geldbuße geahndet werden. Ein **Tatbestandsirrtum** (§ 16 StGB) führt bei Vermeidbarkeit des Irrtums zur Ahndung wegen fahrlässigen Handelns. Der Versuch einer Ordnungswidrigkeit hat nicht die Zahlung einer Geldbuße zur Folge, da in § 16 keine diesbezügliche Regelung enthalten ist, § 13 Abs. 2 OWiG.

Für die Verfolgung der Ordnungswidrigkeitstatbestände des § 16 gilt das **Opportunitätsprinzip**, § 47 Abs. 1 OWiG. Die BA und die Behörden der Zollverwaltung müssen nach pflichtgemäßem Ermessen entscheiden, ob sie ein Buß-

---

1 Schüren/*Feuerborn*, § 16 Rn 13; Grimm/*Brock*, S. 215 Rn 1.
2 Vgl. BT-Drucks 6/2303, S. 15.
3 OLG Düsseldorf 16.11.1995 – 5 Ss OWi 387/95 – BB 1996, 79.
4 Sandmann/*Marschall*, § 16 Rn 3a; HWK/*Kalb*, § 16 AÜG Rn 4.
5 Schüren/*Feuerborn*, § 16 Rn 21; Boemke/*Lembke*, § 16 Rn 5.

geldverfahren durchführen. Im Zweifel werden sie die Ordnungswidrigkeit verfolgen müssen.[6] Die **Verfolgungsverjährungsfristen** reichen je nach Tatbestand von sechs Monaten bis zu drei Jahren, § 31 Abs. 2 OWiG.

5 Handelt es sich bei einer Ordnungswidrigkeit nach § 16 gleichzeitig um eine Straftat nach § 15 oder § 15a, wird die Ordnungswidrigkeit nicht geahndet, wenn eine Strafe verhängt wird, § 21 OWiG.

B. Regelungsgehalt

I. Ordnungswidrigkeitstatbestände (Abs. 1)

6 **1. Verleih ohne Erlaubnis (Nr. 1).** Vom Ordnungswidrigkeitstatbestand erfasst ist der Verleiher, der ohne die erforderliche Erlaubnis nach § 1 Abs. 1 gewerbsmäßige AÜ betreibt. Ausreichend ist, wenn er mit der überlassenen Person in einem Arbverh steht.[7] Sonstige Pflichtverletzungen sind nicht erforderlich. Überlässt der Verleiher mehrere AN, stellt dies jeweils eine eigene Ordnungswidrigkeit dar. Werden die AN gleichzeitig an denselben Entleiher überlassen, liegt Tateinheit vor, § 19 OWiG. Bei der Überlassung an verschiedene Entleiher oder bei Überlassung aufgrund mehrerer Vereinbarungen ist Tatmehrheit mit der Folge gesonderter Geldbußen anzunehmen, § 20 OWiG.

7 **2. Entleih von Verleihern ohne Erlaubnis (Nr. 1a).** Der Entleiher handelt ordnungswidrig, wenn er (vorsätzlich oder fahrlässig) einen ihm vom illegalen Verleiher überlassenen AN tätig werden lässt, d.h. tatsächlich beschäftigt. Liegen keine entgegenstehenden konkreten Anhaltspunkte vor, kann der Entleiher auf die Erklärung des Verleihers nach § 12 Abs. 1 S. 2 vertrauen,[8] ohne den Tatbestand zu erfüllen. Konkrete Anhaltspunkte wurden für den Fall bejaht, dass die AN nach der Ausrichtung des Unternehmens offensichtlich einen **Nebenzweck** darstellt.[9] Arbeiten Entleiher und Verleiher längerfristig zusammen, stellt das Tätigwerden von ohne Erlaubnis überlassenen Leih-AN kein Dauerdelikt des Entleihers dar. Vielmehr handelt es sich bei jedem Akt des Tätigwerdenlassens grds. um eine selbstständige Tat. Für die Beurteilung von Tatmehrheit und Tateinheit ist auf den Entschluss des Entleihers abzustellen, der dem Einsatz der Leih-AN jeweils zugrunde liegt.[10]

8 **3. Verleih und Entleih bei Betrieben des Baugewerbes (Nr. 1b).** Verleiher oder Entleiher handeln ordnungswidrig, wenn sie gegen das Sonderverbot der AÜ in Betrieben des Baugewerbes nach § 1b S. 1 verstoßen. Der Entleiher erfüllt den Tatbestand nur dann, wenn er ebenso wie der Verleiher gewerbsmäßig handelt.[11] Der Verleiher kann eine Ordnungswidrigkeit nach Nr. 1b vermeiden, wenn er unverzüglich, nachdem er festgestellt hat, dass der Leih-AN für eine Tätigkeit eingesetzt wird, für die er nicht überlassen werden darf, für die **Beendigung des Einsatzes** sorgt.[12]

9 **4. Entleih von ausländischen Arbeitnehmern ohne Arbeitsberechtigung (Nr. 2).** Eine Geldbuße bis zu 500.000 EUR droht dem Entleiher, der einen ausländischen Leih-AN ohne die erforderliche Arbeitsberechtigung beschäftigt. (Zum Begriff des ausländischen Leih-AN s. § 15 Rn 3, zur Erforderlichkeit einer besonderen Arbeitsberechtigung s. § 15 Rn 3.) Abs. 1 Nr. 2 erfasst nur die **legale gewerbsmäßige AÜ**. Besitzt der Verleiher die nach § 1 Abs. 1 notwendige Erlaubnis nicht, entsteht zwischen Entleiher und ausländischem Leih-AN ein Arbverh nach §§ 9 Nr. 1, 10 Abs. 1, so dass nicht § 16 Abs. 1 Nr. 2, sondern § 404 Abs. 2 Nr. 3 SGB III anwendbar ist.[13]

10 **5. Verstoß gegen die Anzeigepflicht nach § 1a (Nr. 2a).** Erstattet der Verleiher eine Anzeige für eine erlaubnisfreie Tätigkeit nach § 1a, handelt er ordnungswidrig, wenn diese nicht richtig, nicht rechtzeitig oder unvollständig ist. Keine Ordnungswidrigkeit liegt vor, wenn sich die falschen/fehlenden Ausführungen auf dem Vordruck der BA nicht auf die nach § 1a erforderlichen Angaben beziehen.[14]

11 **6. Nichtbefolgung einer Auflage (Nr. 3).** Der Verleiher muss mit einer Geldbuße von bis zu 2.500 EUR rechnen, wenn er die Überlassungstätigkeit aufnimmt und einer Auflage nach § 2 Abs. 2 nicht, nicht vollständig oder nicht rechtzeitig nachkommt. Die Anfechtung einer Auflage nach § 2 Abs. 2 hat nach § 86a Abs. 1 SGG aufschiebende Wirkung.

12 **7. Nicht ordnungsgemäße Erstattung einer Anzeige (Nr. 4).** Nach Nr. 4 handelt der Verleiher ordnungswidrig, wenn er eine Anzeige nach § 7 Abs. 1 nicht, nicht richtig, nicht vollständig oder nicht rechtzeitig erstattet. Nicht unter

---

[6] Boemke/Lembke, § 16 Rn 10; Schüren/Feuerborn, § 16 Rn 89.
[7] BayObLG 25.1.1991 – 5 ObWi 149/90 – AP § 16 AÜG Nr. 1.
[8] KassArbR/Düwell, 4.5 Rn 290; Schüren/Feuerborn, § 16 Rn 25.
[9] OLG Hamm 14.11.1980 – 5 Ss OWi 1967/80 – BB 1981, 122.
[10] OLG Düsseldorf 7.4.2006 – IV-2 Ss (OWi) 170/04 – (OWi) 15/06 III, 2 Ss (OWi) 170/04 – (OWi) 15/06 III – NJW 2006, 2647.
[11] Boemke/Lembke, § 16 Rn 18.
[12] BayObLG 26.2.1999 – 3 ObOWi 4/99 – DB 1999, 1019.
[13] OLG Hamm 14.11.1980 – 5 Ss OWi 1967/80 – BB 1981, 122; Sandmann/Marschall, § 16 Rn 29.
[14] Boemke/Lembke, § 16 Rn 25; ErfK/Wank, § 16 AÜG Rn 9; HWK/Kalb, § 16 AÜG Rn 13.

Nr. 4 fällt die **Nichtvorlage geschäftlicher Unterlagen** und die **Verweigerung der Glaubhaftmachung** nach § 7 Abs. 2 S. 2.[15] In diesen Fällen kann die BA aber **Verwaltungszwang** nach § 2 Abs. 2 S. 2 oder § 5 Abs. 1 Nr. 3 ausüben.

8. Nicht ordnungsgemäße Erteilung einer Auskunft (Nr. 5). Nach Nr. 5 handelt der Verleiher ordnungswidrig, wenn er seiner Auskunftspflicht nach § 7 Abs. 2 S. 1 nicht, nicht richtig, nicht vollständig oder nicht rechtzeitig nachkommt. Nicht unter Nr. 5 fällt die **Nichtvorlage geschäftlicher Unterlagen** und die **Verweigerung der Glaubhaftmachung** nach § 7 Abs. 2 S. 3.[16] In diesen Fällen kann die BA aber **Verwaltungszwang** nach § 2 Abs. 2 S. 2 oder § 5 Abs. 1 Nr. 3 ausüben. Eine Ahndung nach Nr. 5 scheidet aus, wenn der Verleiher gem. § 7 Abs. 5 von seinem Auskunftsverweigerungsrecht Gebrauch macht.

9. Verstoß gegen die Aufbewahrungspflicht (Nr. 6). Nr. 6 sanktioniert Verstöße des Verleihers gegen die Pflicht, die im Zusammenhang mit der AÜ stehenden Geschäftsunterlagen und die Arbeitsverträge mit den Leih-AN oder deren Kopie aufzubewahren.

10. Nichtduldung einer Maßnahme nach § 7 Abs. 3 S. 2 (Nr. 6a). Nach Nr. 6a droht dem Verleiher eine Geldbuße bis zu 500 EUR, wenn er es nicht duldet, dass durch die BA beauftragte Personen Grundstücke und Geschäftsräume des Verleihers betreten und dort Prüfungen vornehmen. Voraussetzung ist aber, dass das Betretungs- und Prüfungsrecht der BA nach § 7 Abs. 3 S. 1 tatsächlich besteht (zu den Voraussetzungen siehe § 7 Rn 12).

11. Verstoß gegen die statistische Meldepflicht (Nr. 7). Nr. 7 ahndet Verstöße gegen die in § 8 Abs. 1 normierte Pflicht zur Abgabe statistischer Meldungen. Die Meldungen sind auf den von der BA nach § 8 Abs. 3 S. 1 ausgegebenen Erhebungsvordrucken zu erstatten.

12. Verstoß gegen Beurkundungs- und Aushändigungspflichten (Nr. 8). Der Verleiher, der seinen Nachweispflichten nach § 11 Abs. 1 sowie der Pflicht zur Aushändigung des Merkblatts der Erlaubnisbehörde nach § 11 Abs. 2 nicht nachkommt, muss mit einer **Geldbuße** von bis zu 500 EUR rechnen.

II. Höhe der Geldbuße (Abs. 2)

Abs. 2 bestimmt die jeweiligen Geldbußen für die verschiedenen Ordnungswidrigkeitstatbestände. Insoweit handelt es sich jeweils um einen Bußgeldrahmen. Bei der Bemessung sind die Umstände des Einzelfalls zu berücksichtigen.[17] Maßgebend sind die Bedeutung der Ordnungswidrigkeit, der den Täter treffende Vorwurf, die wirtschaftlichen Verhältnisse des Täters und der aus dem Verstoß resultierende wirtschaftliche Vorteil. Die Geldbuße soll zumindest den wirtschaftlichen Vorteil des Täters übersteigen. Reicht das gesetzliche Höchstmaß nicht aus, kann es nach § 17 Abs. 4 OWiG überschritten werden. In der Vergangenheit legten die Arbeitsbehörden bei illegaler Leiharbeit für den Verleiher einen wirtschaftlichen Wert von 1,50 EUR (3 DM) und für den Verleiher einen von 0,50 EUR (1 DM) pro Arbeitsstunde zugrunde.[18] Möglich ist auch ein Abstellen auf die **Bruttolohnsumme** und eine darauf basierende **Gewinnabschätzung**.

III. Zuständige Verfolgungsbehörde (Abs. 3)

Sachlich zuständig für die Verfolgung einer Ordnungswidrigkeit nach § 16 Abs. 1 Nr. 1 bis 2a sind die Behörden der Zollverwaltung, d.h., grundsätzlich die Hauptzollämter, für die sonstigen Ordnungswidrigkeitstatbestände die Zentrale der BA, die Regionaldirektionen der BA sowie die AA in ihrem Geschäftsbereich. Bei **Gefahr im Verzug** kann nach § 46 OWiG i.V.m. § 143 GVG jede Dienststelle der BA die erforderlichen Ermittlungen durchführen.

Örtlich zuständig ist nach § 37 OWiG die Behörde, in deren Bezirk die Ordnungswidrigkeit begangen oder entdeckt wurde oder in deren Bezirk der Täter zur Zeit der Einleitung des Verfahrens seinen Wohnsitz hat. **Hilfsweise** ist der **gewöhnliche Aufenthaltsort** maßgeblich, § 37 Abs. 3 OWiG. Bei mehreren örtlich zuständigen Stellen, ist letztlich die Verfolgungsbehörde zuständig, die die Ermittlungen zuerst aufgenommen hat.[19]

IV. Vollstreckung (Abs. 4)

Die Geldbuße wird nach §§ 89 ff. OWiG beigetrieben. Abweichend von § 92 OWiG richtet sich die Zuständigkeit für die Beitreibung nach § 66 SGB X. Die Vollstreckung obliegt auf Ersuchen der BA der nach § 66 Abs. 4 SGB X zuständigen Behörde.

---

15 Schüren/*Feuerborn*, § 16 Rn 38; *Boemke/Lembke*, § 16 Rn 28.
16 Schüren/*Feuerborn*, § 16 Rn 38; *Boemke/Lembke*, § 16 Rn 28.
17 BayObLG 8.2.1990 – 3 ObOWi 5/90 – EzAÜG § 1 AÜG Erlaubnispflicht Nr. 21.
18 *Grimm/Brock*, S. 215 Rn 3; *Urban-Crell/Schulz*, S. 235 Rn 880.
19 *Boemke/Lembke*, § 16 Rn 46.

V. Verbleib der Geldbuße und Entschädigungspflicht (Abs. 5)

22 Die beigetriebenen Geldbußen fließen nach Abs. 5 in die Kasse der BA. Abweichend von §§ 105 Abs. 2 und 110 Abs. 4 OWiG hat die BA als Ausgleich die notwendigen Auslagen des Verfahrens zu tragen und die Vermögensschäden zu ersetzen, die durch eine Verfolgungsmaßnahme im Bußgeldverfahren zu Unrecht verursacht wurden.

C. Verbindung zu anderen Rechtsgebieten und zum Prozessrecht

23 Für die Verfolgung von Ordnungswidrigkeiten sind die Verwaltungsbehörden zuständig, § 35 OWiG. Nach § 36 Abs. 1 Nr. 1 OWiG i.V.m. § 16 Abs. 3 sind dies im Fall des § 16 Abs. 1 Nr. 1 bis 2a die Behörden der Zollverwaltung. Im Fall des § 16 Abs. 1 Nr. 3 bis 8 ist die BA zuständig.

24 Bestrafungen von Bewerbern oder nach Gesetz oder Satzung Vertretungsberechtigter nach Abs. 1 Nr. 1, 1b oder 2 führen zum **Ausschluss von öffentlichen Aufträgen**, § 21 Abs. 1 S. 1 Nr. 3 SchwarzArbG.

D. Beraterhinweise

25 Abs. 1 Nr. 2 normiert eine Geldbuße von bis zu 250.000 EUR, wenn der Entleiher fahrlässig einen ausländischen Leih-AN ohne die erforderliche Arbeitsberechtigung tätig werden lässt. **Fahrlässigkeit** liegt bereits vor, wenn sich der Entleiher die Arbeitsberechtigung nicht vorzeigen lässt. Bei EU-Bürgern, die grundsätzlich keine Arbeitserlaubnis benötigen, sollte sich der Entleiher eine Kopie des Passes vorlegen lassen. Vorsicht ist bei ausländischen AN aus den zum 1.5.2004 der EU beigetretenen Staaten geboten. Für diese Staaten gilt (mit Ausnahme von Malta und Zypern) die **AN-Freizügigkeit** noch nicht.[20] Da der Entleiher in besonders schwerwiegenden Fällen auch den Straftatbestand des § 15a verwirklichen kann, sollte er im Zusammenhang mit der Beschäftigung von Ausländern stets erhebliche Sorgfalt und Vorsicht walten lassen.

§ 17 Durchführung

¹Die Bundesagentur für Arbeit führt dieses Gesetz nach fachlichen Weisungen des Bundesministeriums für Arbeit und Soziales durch. ²Verwaltungskosten werden nicht erstattet.

A. Allgemeines 1	II. Verwaltungskosten (S. 2) 4
B. Regelungsgehalt 2	C. Verbindung zu anderen Rechtsgebieten und zum
I. Durchführung des AÜG (S. 1) 2	Prozessrecht 5

A. Allgemeines

1 Die Vorschrift regelt die Zuständigkeit der BA für die Überwachung und Kontrolle der rechtmäßigen Anwendung des AÜG. Dem BMWA obliegt neben der Rechtsaufsicht auch die Fachaufsicht.

B. Regelungsgehalt

I. Durchführung des AÜG (S. 1)

2 Die BA führt das AÜG nach fachlichen Weisungen des BMWA aus. Die Verwaltungsaufgaben bestimmen sich mangels eigener Organisationsvorschriften des AÜG nach der Satzung der BA. Die Durchführung des AÜG obliegt danach den Regionaldirektionen der BA, sog. Stützpunkt-AA und im Umfang beschränkt allen AA.[1]

3 Das Weisungsrecht des BMWA gegenüber der BA geht über die allgemeine Aufsicht hinaus. Es erstreckt sich neben der Überprüfung der Beachtung von Satzung und Gesetz auch auf die Anwendung des AÜG durch die BA und auf die Zweckmäßigkeit der Durchführung. Es können auch konkrete Anweisungen zur Durchführung des AÜG erteilt werden.[2] Eine Ausnahme gilt, wenn die Erlaubnisbehörde eine Entscheidung nach pflichtgemäßem Ermessen zu treffen hat. In diesen Fällen kann das BMAS nur Richtlinien aufstellen, die eine Einzelfallentscheidung ermöglichen.[3]

---

20 *Grimm/Brock*, S. 225 Rn 30.
1 *Sandmann/Marschall*, § 17 Rn 3, 3a; *Boemke/Lembke*, § 17 Rn 4; HWK/*Kalb*, § 17 AÜG Rn 2.
2 *Sandmann/Marschall*, § 17 Rn 1; ErfK/*Wank*, § 17 AÜG Rn 1; HWK/*Kalb*, § 17 AÜG Rn 3.
3 BSG 12.12.1990 – 11 RAr 49/90 – NZA 1992, 335.

II. Verwaltungskosten (S. 2)

Die BA hat die ihr bei der Durchführung des AÜG entstehenden persönlichen und sachlichen Verwaltungskosten selbst zu tragen. Zum Teil werden die Kosten durch Gebühren und Auslagen nach § 2a sowie durch die der BA nach § 16 Abs. 5 zufließenden Geldbußen gedeckt.[4]

4

C. Verbindung zu anderen Rechtsgebieten und zum Prozessrecht

Aus der Aufgabenübertragung an die BA folgt die einheitliche Zuständigkeit der **SozG** für Entscheidungen über öffentlich-rechtliche Streitigkeiten aus dem AÜG.[5]

5

§ 18 Zusammenarbeit mit anderen Behörden

(1) Zur Verfolgung und Ahndung der Ordnungswidrigkeiten nach § 16 arbeiten die Bundesagentur für Arbeit und die Behörden der Zollverwaltung insbesondere mit folgenden Behörden zusammen:
1. den Trägern der Krankenversicherung als Einzugsstellen für die Sozialversicherungsbeiträge,
2. den in § 71 des Aufenthaltsgesetzes genannten Behörden,
3. den Finanzbehörden,
4. den nach Landesrecht für die Verfolgung und Ahndung von Ordnungswidrigkeiten nach dem Schwarzarbeitsbekämpfungsgesetz zuständigen Behörden,
5. den Trägern der Unfallversicherung,
6. den für den Arbeitsschutz zuständigen Landesbehörden,
7. den Rentenversicherungsträgern,
8. den Trägern der Sozialhilfe.

(2) Ergeben sich für die Bundesagentur für Arbeit oder die Behörden der Zollverwaltung bei der Durchführung dieses Gesetzes im Einzelfall konkrete Anhaltspunkte für
1. Verstöße gegen das Schwarzarbeitsbekämpfungsgesetz,
2. eine Beschäftigung oder Tätigkeit von Ausländern ohne erforderlichen Aufenthaltstitel nach § 4 Abs. 3 des Aufenthaltsgesetzes, eine Aufenthaltsgestattung oder eine Duldung, die zur Ausübung der Beschäftigung berechtigen, oder eine Genehmigung nach § 284 Abs. 1 des Dritten Buches Sozialgesetzbuch des Dritten Buches Sozialgesetzbuch,
3. Verstöße gegen die Mitwirkungspflicht nach § 60 Abs. 1 Satz 1 Nr. 2 des Ersten Buches Sozialgesetzbuch gegenüber einer Dienststelle der Bundesagentur für Arbeit, einem Träger der gesetzlichen Kranken-, Pflege-, Unfall- oder Rentenversicherung oder einem Träger der Sozialhilfe oder gegen die Meldepflicht nach § 8a des Asylbewerberleistungsgesetzes,
4. Verstöße gegen die Vorschriften des Vierten und Siebten Buches Sozialgesetzbuch über die Verpflichtung zur Zahlung von Sozialversicherungsbeiträgen, soweit sie im Zusammenhang mit den in den Nummern 1 bis 3 genannten Verstößen sowie mit Arbeitnehmerüberlassung entgegen § 1 stehen,
5. Verstöße gegen die Steuergesetze,
6. Verstöße gegen das Aufenthaltsgesetz,

unterrichten sie die für die Verfolgung und Ahndung zuständigen Behörden, die Träger der Sozialhilfe sowie die Behörden nach § 71 des Aufenthaltsgesetzes.

(3) In Strafsachen, die Straftaten nach den §§ 15 und 15a zum Gegenstand haben, sind der Bundesagentur für Arbeit und den Behörden der Zollverwaltung zur Verfolgung von Ordnungswidrigkeiten
1. bei Einleitung des Strafverfahrens die Personendaten des Beschuldigten, der Straftatbestand, die Tatzeit und der Tatort,
2. im Falle der Erhebung der öffentlichen Klage die das Verfahren abschließende Entscheidung mit Begründung

zu übermitteln. ²Ist mit der in Nummer 2 genannten Entscheidung ein Rechtsmittel verworfen worden oder wird darin auf die angefochtene Entscheidung Bezug genommen, so ist auch die angefochtene Entscheidung zu übermitteln. ³Die Übermittlung veranlaßt die Strafvollstreckungs- oder die Strafverfolgungsbehörde. ⁴Eine Verwendung

---

4 *Boemke/Lembke*, § 17 Rn 18; *Schüren/Hamann*, § 17 Rn 8.   5 BT-Drucks 6/2303, S. 16.

1. der Daten der Arbeitnehmer für Maßnahmen zu ihren Gunsten,
2. der Daten des Arbeitgebers zur Besetzung seiner offenen Arbeitsplätze, die im Zusammenhang mit dem Strafverfahren bekanntgeworden sind,
3. der in den Nummern 1 und 2 genannten Daten für Entscheidungen über die Einstellung oder Rückforderung von Leistungen der Bundesagentur für Arbeit

ist zulässig.

(4) ¹Gerichte, Strafverfolgungs- oder Strafvollstreckungsbehörden sollen den Behörden der Zollverwaltung Erkenntnisse aus sonstigen Verfahren, die aus ihrer Sicht zur Verfolgung von Ordnungswidrigkeiten nach § 16 Abs. 1 Nr. 1 bis 2 erforderlich sind, übermitteln, soweit nicht für die übermittelnde Stelle erkennbar ist, daß schutzwürdige Interessen des Betroffenen oder anderer Verfahrensbeteiligter an dem Ausschluß der Übermittlung überwiegen. ²Dabei ist zu berücksichtigen, wie gesichert die zu übermittelnden Erkenntnisse sind.

A. Allgemeines	1
B. Regelungsgehalt	2
I. Zusammenarbeit bei Ordnungswidrigkeiten nach § 16 (Abs. 1)	2
1. Allgemeines	2
2. Einbezogene Behörden (Nr. 1 bis Nr. 8)	3
II. Unterrichtungspflicht gegenüber anderen Behörden (Abs. 2)	10
1. Allgemeines	10
2. Einzelne Unterrichtungspflichten (Nr. 1 bis Nr. 6)	11
a) Verstöße gegen das Schwarzarbeitsgesetz (Nr. 1)	11
b) Beschäftigung von Ausländern ohne Arbeitsberechtigung (Nr. 2)	12
c) Verstöße gegen Mitwirkungs- und Meldepflichten (Nr. 3)	13
d) Verstöße gegen die Vorschriften über die Zahlung von Sozialversicherungsbeiträgen (Nr. 4)	14
e) Verstöße gegen Steuergesetze (Nr. 5)	15
f) Verstöße gegen das Aufenthaltsgesetz (Nr. 6)	16
III. Datenübermittlung an die Bundesagentur für Arbeit/Zollbehörden in Strafsachen (Abs. 3)	17
1. Unterrichtspflicht zur Verfolgung von Ordnungswidrigkeiten (S. 1)	17
a) Allgemeines	17
b) Einleitung eines Strafverfahrens (Nr. 1)	18
c) Erhebung der öffentlichen Klage (Nr. 2)	19
2. Übermittlung der angefochtenen Entscheidung (S. 2)	20
3. Unterrichtungspflichtige Behörde (S. 3)	21
4. Nutzung der Daten zu sonstigen Zwecken (S. 4)	22
IV. Datenübermittlung zur Verfolgung von Ordnungswidrigkeiten (Abs. 4)	23
C. Verbindung zu anderen Rechtsgebieten und zum Prozessrecht	24

A. Allgemeines

1 Die Vorschrift soll die Defizite in der Zusammenarbeit der Behörden der BA mit anderen Behörden beheben.[1] Bezweckt ist, Verstöße im Zusammenhang mit der AÜ durch koordinierte Zusammenarbeit und Informationsaustausch effektiver zu verfolgen und zu ahnden.

B. Regelungsgehalt

I. Zusammenarbeit bei Ordnungswidrigkeiten nach § 16 (Abs. 1)

2 **1. Allgemeines.** Die BA und die Behörden der Zollverwaltung sind nach Abs. 1 verpflichtet bei der Verfolgung und Ahndung von Ordnungswidrigkeiten i.S.d. § 16 mit den in Nr. 1 bis 8 genannten Behörden zusammenzuarbeiten. Obwohl die Straftatbestände der §§ 15, 15a in Abs. 1 nicht erwähnt sind, bezieht sich die Zusammenarbeit auch hierauf.[2] Die Auflistung der Behörden in Abs. 1 Nr. 1 bis 8 ist nicht abschließend. Als weitere Behörden kommen etwa die Gerichte, die Staatsanwaltschaften, der BGS, das BKA oder die Handelskammern in Betracht.[3] Die Pflicht zur Zusammenarbeit geht über die in Art. 35 Abs. 1 GG normierte Pflicht zur **Amtshilfe** hinaus. Die Pflicht setzt ein, sobald konkrete Anhaltspunkte für eine Ordnungswidrigkeit vorliegen. Gegenstand der Zusammenarbeit sind beispielsweise der gegenseitige Austausch von Informationen, gemeinsame Schulungsmaßnahmen, Gesprächskreise, Grenzkontrollen oder gemeinsame Überprüfungen von Baustellen.[4]

3 **2. Einbezogene Behörden (Nr. 1 bis Nr. 8).** Nr. 1 bestimmt die Zusammenarbeit mit den Trägern der Krankenversicherung als Einzugsstellen für die Sozialversicherungsbeiträge. Dazu gehören die Orts-, Betriebs, Innungs- und Seekrankenkassen sowie die landwirtschaftlichen Krankenkassen, die Bundesknappschaft und die Ersatzkassen (vgl. § 21 Abs. 2 SGB I, §§ 143 ff. SGB III).

---

1 Vgl. BT-Drucks 9/847, S. 8, 10.
2 ErfK/*Wank*, § 18 AÜG Rn 3; HWK/*Kalb*, § 18 AÜG Rn 2; *Sandmann/Marschall*, § 18 Rn 7.
3 *Boemke/Lembke*, § 18 Rn 14; ErfK/*Wank*, § 18 AÜG Rn 10.
4 *Schüren/Hamann*, § 18 Rn 47; *Sandmann/Marschall*, § 18 Rn 25, HWK/*Kalb*, § 18 AÜG Rn 12.

Eine Zusammenarbeit mit den in § 71 AufenthG genannten Ausländerbehörden regelt Nr. 2. § 71 AufenthG beinhaltet aber nur eine **Rahmenvorschrift**. Nach § 71 Abs. 1 S. 1 AufenthG ergeben sich die zuständigen Ausländerbehörden aus dem jeweiligen Landesrecht.

Nach Nr. 3 sind die Finanzbehörden in die Zusammenarbeit einbezogen. Hierzu zählen neben den Finanzämtern, Oberfinanzdirektionen und dem Bundesamt für Finanzen auch die Länderministerien für Finanzen und das BMF.

Träger der Unfallversicherung nach Nr. 5 sind nach § 22 Abs. 2 SGB I, §§ 114 ff. SGB VII die Berufsgenossenschaften, die Feuerwehr – und Eisenbahn-Unfallkassen, die Unfallkasse Post und Telekom, die Unfallkassen der Länder und Gemeinden, die gemeinsamen Unfallkassen für den Landes- und kommunalen Bereich und die Unfallkasse des Bundes.

Die für den Arbeitsschutz zuständigen Landesbehörden (staatliche Gewerbeaufsichtsämter, Ämter für Arbeitsschutz oder Sonderbehörden) sind über Nr. 6 in die Zusammenarbeit einbezogen.

Nr. 7 regelt die Zusammenarbeit mit den Rentenversicherungsträgern, d.h., mit den Landesversicherungsanstalten, der Seekasse, der Bahnversicherungsanstalt, der BfA, der Bundesknappschaft sowie der landwirtschaftlichen Alterskassen (§ 23 Abs. 2 SGB I, §§ 125 ff. SGB VI).

Die Träger der Sozialhilfe schließt Nr. 9 in die Zusammenarbeit ein. Dadurch kann den verschiedenen Formen des Leistungsmissbrauchs besser entgegengewirkt werden.[5]

II. Unterrichtungspflicht gegenüber anderen Behörden (Abs. 2)

1. Allgemeines. Abs. 2 regelt abschließend die (einseitige) Unterrichtungspflicht der BA und der Behörden der Zollverwaltung als gesetzlich normierte Form der Zusammenarbeit. Die Unterrichtungspflicht setzt ein, wenn ein Verstoß der in Abs. 2 Nr. 1 bis 6 genannten Art zumindest möglich erscheint. Die Form der Unterrichtung steht im **Ermessen** der BA/Zollbehörden. Im Rahmen der Unterrichtung sind grds. die Grenzen des **Daten- und Sozialgeheimnisschutzes** (§ 8 Abs. 4 bzw. § 35 SGB I) und des **Steuergeheimnisses** (§ 30 AO) zu beachten.

2. Einzelne Unterrichtungspflichten (Nr. 1 bis Nr. 6). a) Verstöße gegen das Schwarzarbeitsgesetz (Nr. 1). Nr. 1 bestimmt eine Unterrichtungspflicht bei einem konkreten Anfangsverdacht für einen Verstoß gegen das SchwarzArbG. Nach § 12 SchwarzArbG trifft die Unterrichtungspflicht vornehmlich die Behörden der Zollverwaltung.

b) Beschäftigung von Ausländern ohne Arbeitsberechtigung (Nr. 2). Liegen Anhaltspunkte dafür vor, dass ein ausländischer Leih-AN ohne Arbeitsberechtigung beschäftigt wird, sind bei der Verfolgung einer Ordnungswidrigkeit nach § 404 Abs. 2 Nr. 3 SGB III gem. § 405 Abs. 1 SGB III die Zollbehörden für die Unterrichtung zwischen ihren verschiedenen Dienststellen und Abteilungen sowie gegenüber der BA zuständig. Besteht ein konkreter Anfangsverdacht für das Vorliegen einer Straftat nach §§ 15, 15a ist die zuständige Staatsanwaltschaft zu unterrichten.[6] Für die Staatsanwaltschaft selbst ergibt sich die entsprechende Unterrichtungspflicht aus § 18 Abs. 4.

c) Verstöße gegen Mitwirkungs- und Meldepflichten (Nr. 3). Die Unterrichtungspflicht nach Nr. 3 setzt konkrete Anhaltspunkte für einen Verstoß gegen die Pflicht zur Änderungsmitteilung nach § 60 Abs. 1 Nr. 2 SGB I oder für einen Verstoß gegen die Meldepflicht nach § 8a AsylbLG voraus. Erhält die mit der Durchführung des AÜG betraute Stelle der BA Kenntnis von einem Verstoß gegen diese Pflichten, muss sie den zuständigen Sozialleistungsträger benachrichtigen.

d) Verstöße gegen die Vorschriften über die Zahlung von Sozialversicherungsbeiträgen (Nr. 4). Nr. 4 regelt eine Unterrichtungspflicht bei einem **Anfangsverdacht** betreffend einen Verstoß gegen die Pflicht zur Entrichtung des Gesamtsozialversicherungsbeitrages (§§ 28 ff. SGB IV) oder der Beiträge zur Unfallversicherung (§§ 150 ff. SGB VII) durch den jeweiligen AG. Hinzukommen müssen Anhaltspunkte dafür, dass der Verleiher illegale AÜ betreibt und dass ein Verstoß gegen die Vorschriften des SchwarzArbG vorliegt. Die Unterrichtungspflicht der BA besteht gegenüber den Krankenkassen als Einzugsstelle für den Gesamtsozialversicherungsbeitrag (§ 28h SGB IV) sowie den Trägern der gesetzlichen Unfallversicherung.

e) Verstöße gegen Steuergesetze (Nr. 5). Anhaltspunkte für einen Verstoß gegen Steuergesetze führen nach Nr. 5 zu einer Unterrichtungspflicht der BA und der Zollbehörden gegenüber den Finanzbehörden. Umfasst sind Verstöße gegen alle bundes- und landesrechtlichen Vorschriften über Steuern und Abgaben.

f) Verstöße gegen das Aufenthaltsgesetz (Nr. 6). Nach Nr. 6 sind die BA und die Behörden der Zollverwaltung bei Verstößen gegen das AufenthaltsG verpflichtet, die zuständige Ausländerbehörde hiervon zu unterrichten. Erfasst ist jede Art von Verstößen. Ein Zusammenhang mit illegaler Beschäftigung von Leih-AN ist nicht erforderlich.[7]

---

5 BT-Drucks 13/8994, S. 2.
6 *Boemke/Lembke*, § 18 Rn 21.
7 HWK/*Kalb*, § 18 AÜG Rn 20; *Boemke/Lembke*, § 18 Rn 33.

III. Datenübermittlung an die Bundesagentur für Arbeit/Zollbehörden in Strafsachen (Abs. 3)

17 **1. Unterrichtungspflicht zur Verfolgung von Ordnungswidrigkeiten (S. 1). a) Allgemeines.** Zum Zweck der Verfolgung von Ordnungswidrigkeiten sind die BA und die Zollbehörden von bestimmten Vorgängen, die Straftaten nach den §§ 15, 15a zum Gegenstand haben, zu unterrichten. Ist die Datenübermittlung in zulässiger Art und Weise erfolgt, können auf die erlangten Erkenntnisse auch sonstige Maßnahmen nach dem AÜG gestützt werden, etwa der **Widerruf der Erlaubnis**.[8]

18 **b) Einleitung eines Strafverfahrens (Nr. 1).** Nr. 1 normiert die Unterrichtungspflicht bei Einleitung eines Strafverfahrens (§ 160 StPO). In diesem Fall sind die Personaldaten des Beschuldigten (§ 111 Abs. 1 OWiG), der mit einer Ordnungswidrigkeit nach § 16 im Zusammenhang stehende Straftatbestand sowie die Tatzeit und der Tatort anzugeben.

19 **c) Erhebung der öffentlichen Klage (Nr. 2).** Bei Erhebung der öffentlichen Klage ist der BA bzw. den Zollbehörden die das Verfahren abschließende Entscheidung mit Begründung zu übermitteln.

20 **2. Übermittlung der angefochtenen Entscheidung (S. 2).** Nach S. 2 ist bei der Verwerfung eines Rechtsmittels oder bei Inbezugnahme einer angefochtenen Entscheidung diese gleichfalls zu übermitteln. Wird das **Verfahren eingestellt**, ist der Einstellungsbeschluss mitzuteilen, sobald dieser unanfechtbar geworden ist.

21 **3. Unterrichtungspflichtige Behörde (S. 3).** Zur Übermittlung verpflichtet sind die Strafvollstreckungs- und die Strafverfolgungsbehörden. Die Staatsanwaltschaft übt beide Funktionen aus (vgl. §§ 451 Abs. 1, 152 StPO).

22 **4. Nutzung der Daten zu sonstigen Zwecken (S. 4).** Der abschließende Katalog in S. 4 enthält Tatbestände, bei deren Vorliegen die nach Abs. 3 erlangten Daten ausnahmsweise über die Verfolgung einer Ordnungswidrigkeit hinaus verwendet werden dürfen. Nr. 1 gestattet die Verwendung der Daten zugunsten des AN. Nr. 2 gestattet die Verwendung der Daten des AG zur Besetzung seiner offenen Arbeitsplätze, die im Zusammenhang mit dem Strafverfahren bekannt geworden sind. Insoweit soll eine Verbesserung der Vermittlungstätigkeit der BA nach §§ 35 ff. SGB III erreicht werden.[9] Nr. 3 bestimmt, dass die Verwendung der Daten des AN und des AG für Entscheidungen über die Einstellung oder Rückforderung von Leistungen der BA zulässig ist. Sinn und Zweck dieser Vorschrift ist die Erleichterung der Prüfung für die BA bei Leistungsmissbrauch (§ 304 Abs. 1 Nr. 1 SGB III).

IV. Datenübermittlung zur Verfolgung von Ordnungswidrigkeiten (Abs. 4)

23 Durch Abs. 4 werden neben den Strafverfolgungs- und Strafvollstreckungsbehörden auch die Gerichte ermächtigt, den Behörden der Zollverwaltung Daten zu übermitteln, die aus ihrer Sicht zur Verfolgung von Ordnungswidrigkeiten nach § 16 Abs. 1 Nr. 1 bis 2 erforderlich sind. Wegen des Verhältnismäßigkeitsgrundsatzes ist nach Abs. 4 S. 2 eine Übermittlung zu unterlassen, wenn dieser überwiegende Interessen des Betroffenen oder anderer Verfahrensbeteiligter entgegenstehen.

C. Verbindung zu anderen Rechtsgebieten und zum Prozessrecht

24 § 18 steht in enger Verbindung zum Sozialversicherungsrecht und zum Strafrecht. Die Vorschrift selbst verweist in den einzelnen Absätzen auf die einschlägigen Gesetze anderer Rechtsgebiete.

---

§ 19 Übergangsvorschrift

[1]§ 1 Abs. 2, § 1b Satz 2, die §§ 3, 9, 10, 12, 13 und 16 in der vor dem 1. Januar 2003 geltenden Fassung sind auf Leiharbeitsverhältnisse, die vor dem 1. Januar 2004 begründet worden sind, bis zum 31. Dezember 2003 weiterhin anzuwenden. [2]Dies gilt nicht für Leiharbeitsverhältnisse im Geltungsbereich eines nach dem 15. November 2002 in Kraft tretenden Tarifvertrages, der die wesentlichen Arbeitsbedingungen einschließlich des Arbeitsentgelts im Sinne des § 3 Abs. 1 Nummer 3 und des § 9 Nr. 2 regelt.

A. Allgemeines 1	II. Ausnahme: Tarifvertrag (S. 2) 3
B. Regelungsgehalt 2	C. Beraterhinweise 4
I. Grundsatz (S. 1) 2	

---

8 *Boemke/Lembke*, § 18 Rn 39.   9 *Boemke/Lembke*, § 18 Rn 42.

A. Allgemeines

Die Vorschrift wurde durch Art. 6 Nr. 10 des Ersten Gesetzes für moderne Dienstleistungen am Arbeitsmarkt vom 23.12.2002[1] neu eingeführt und regelte für eine Übergangsfrist vom 1.1.2003 bis 31.12.2003, dass entgegen Art. 14 Abs. 1 des Ersten Gesetzes für moderne Dienstleistungen am Arbeitsmarkt bestimmte Änderungen des AÜG noch nicht in Kraft treten.

B. Regelungsgehalt

I. Grundsatz (S. 1)

§§ 1 Abs. 2, 1b S. 2 und §§ 3, 9, 10, 12, 13, 16 gelten in ihrer geänderten Fassung grundsätzlich erst seit dem 1.1.2004. D.h., auch das besondere **Befristungsverbot**, das **Synchronisationsverbot**, das **Wiedereinstellungsverbot** und die Beschränkung der **Überlassungshöchstdauer** entfielen grds. erst zum 1.1.2004.

II. Ausnahme: Tarifvertrag (S. 2)

S. 2 enthält eine Tariföffnungsklausel. Danach sollten die in S. 1 genannten Gesetzesänderungen bereits vor dem 1.1.2004 auf Leih-Arbverh anwendbar sein, wenn diese in den Geltungsbereich eines nach dem 15.11.2002 in Kraft getretenen TV fielen, der die wesentlichen Arbeitsbedingungen einschließlich des Arbeitsentgelts i.S.d. § 3 Abs. 1 Nr. 3 und § 9 Nr. 2 regelt. Das Leih-Arbverh liegt im Geltungsbereich eines TV, wenn es diesem räumlich, zeitlich, persönlich und betriebsfachlich unterfällt. Tarifbindung oder eine Inbezugnahme des TV waren für das vorzeitige Inkrafttreten der geänderten Bestimmungen des AÜG nicht erforderlich.[2] War der TV bereits vor dem 15.11.2002 in Kraft, konnte er den Ausnahmetatbestand nicht erfüllen, es sei denn, zwischen den TV-Parteien bestand eine klärende Vereinbarung.

C. Beraterhinweise

Seit 1.1.2004 hat § 19 keine praktische Bedeutung mehr.

---

§ 20   (weggefallen)

---

[1] BGBl I S. 4607, 4619.

[2] *Kokemoor*, NZA 2003, 238; *Boemkel/Lembke*, § 19 Rn 9; a.A. *Ulber*, AuR 2003, 7.

Berufsbildungsgesetz

Vom 14.8.1969, BGBl I S. 1112, BGBl III 806-22

Zuletzt geändert durch Gesetz zur Neuordnung und Modernisierung des Bundesdienstrechts (Dienstrechtsneuordnungsgesetz – DNeuG) vom 5.2.2009, BGBl I S. 160, 270

– Auszug –

Teil 1: Allgemeine Vorschriften

§ 1 Ziele und Begriffe der Berufsbildung

(1) Berufsbildung im Sinne dieses Gesetzes sind die Berufsausbildungsvorbereitung, die Berufsausbildung, die berufliche Fortbildung und die berufliche Umschulung.

(2) Die Berufsausbildungsvorbereitung dient dem Ziel, durch die Vermittlung von Grundlagen für den Erwerb beruflicher Handlungsfähigkeit an eine Berufsausbildung in einem anerkannten Ausbildungsberuf heranzuführen.

(3) ¹Die Berufsausbildung hat die für die Ausübung einer qualifizierten beruflichen Tätigkeit in einer sich wandelnden Arbeitswelt notwendigen beruflichen Fertigkeiten, Kenntnisse und Fähigkeiten (berufliche Handlungsfähigkeit) in einem geordneten Ausbildungsgang zu vermitteln. ²Sie hat ferner den Erwerb der erforderlichen Berufserfahrungen zu ermöglichen.

(4) Die berufliche Fortbildung soll es ermöglichen, die berufliche Handlungsfähigkeit zu erhalten und anzupassen oder zu erweitern und beruflich aufzusteigen.

(5) Die berufliche Umschulung soll zu einer anderen beruflichen Tätigkeit befähigen.

§ 2 Lernorte der Berufsbildung

(1) Berufsbildung wird durchgeführt
1. in Betrieben der Wirtschaft, in vergleichbaren Einrichtungen außerhalb der Wirtschaft, insbesondere des öffentlichen Dienstes, der Angehörigen freier Berufe und in Haushalten (betriebliche Berufsbildung),
2. in berufsbildenden Schulen (schulische Berufsbildung) und
3. in sonstigen Berufsbildungseinrichtungen außerhalb der schulischen und betrieblichen Berufsbildung (außerbetriebliche Berufsbildung).

(2) Die Lernorte nach Absatz 1 wirken bei der Durchführung der Berufsbildung zusammen (Lernortkooperation).

(3) ¹Teile der Berufsausbildung können im Ausland durchgeführt werden, wenn dies dem Ausbildungsziel dient. ²Ihre Gesamtdauer soll ein Viertel der in der Ausbildungsordnung festgelegten Ausbildungsdauer nicht überschreiten.

§ 3 Anwendungsbereich

(1) Dieses Gesetz gilt für die Berufsbildung, soweit sie nicht in berufsbildenden Schulen durchgeführt wird, die den Schulgesetzen der Länder unterstehen.

(2) Dieses Gesetz gilt nicht für
1. die Berufsbildung, die in berufsqualifizierenden oder vergleichbaren Studiengängen an Hochschulen auf der Grundlage des Hochschulrahmengesetzes und der Hochschulgesetze der Länder durchgeführt wird,
2. die Berufsbildung in einem öffentlich-rechtlichen Dienstverhältnis,
3. die Berufsbildung auf Kauffahrteischiffen, die nach dem Flaggenrechtsgesetz die Bundesflagge führen, soweit es sich nicht um Schiffe der kleinen Hochseefischerei oder der Küstenfischerei handelt.

(3) Für die Berufsbildung in Berufen der Handwerksordnung gelten die §§ 4 bis 9, 27 bis 49, 53 bis 70, 76 bis 80 sowie 102 nicht; insoweit gilt die Handwerksordnung.

Literatur zu den §§ 1–3: *Alexander*, Das weite Verständnis der betrieblichen Berufsbildung, NZA 1992, 1057; *Bichel*, Sind Lehrlinge Arbeitnehmer?, in: FS Wolf, S. 35; *Fredebeul*, Ausbildungsverträge mit überbetrieblichen Ausbildungsstätten als betriebliche Berufsausbildung; BB 1982, 1493; *Friedemann*, Können Zeiten, die ein Auszubildender im Betrieb verbracht hat, auf die Wartezeit gem. § 1 Abs. 1 KSchG angerechnet werden?, BB 1985, 1541; *Hirdina*, Rechtsfragen zur Kündigung eines Praktikumvertrages, NZA 2008, 916; *Leinemann/Taubert*, BBiG, 2. Aufl., 2008; *Lepke*, Begünstigter Personenkreis bei Betriebsübergang, BB 1979, 526; *Mehlich*, Betriebsübergang in der Ausbildungswerkstatt, NZA 2002, 824; *B. Natzel*, Berufsbildungsrecht, 3. Aufl., 1982; *I. Natzel*, Das Berufsausbildungsvorbereitungsverhältnis, DB 2003, 719; *ders.*, Das neue Berufsbildungsgesetz, DB 2005, 610; *ders.*, Die Betriebszugehörigkeit im Arbeitsrecht, Diss., 2000; *ders.*, Duale Studiengänge – arbeitsrechtliches Neuland?, NZA 2008, 567; *Raab*, Betriebliche und außerbetriebliche Bildungsmaßnahmen, NZA 2008, 270; *Rohlfing*, Die Arbeitnehmereigenschaft von Auszubildenden und Umschülern im Sinne des Arbeitsgerichtsgesetzes und des Betriebsverfassungsgesetzes, NZA 1997, 365; *Schmidt*, Das Praktikantenverhältnis nach dem Berufsbildungsgesetz, BB 1971, 313; *ders.*, Der Volontär nach dem Berufsbildungsgesetz, BB 1971, 622; *Spirtz/Bedon*, Berufsbildungsrecht, Loseblattkomm; *Stuhr/Stuhr*, Anspruch des Studenten auf Urlaub und Entgelt für die Tätigkeit im praktischen Studienjahr, BB 1981, 916

A. Allgemeines 1	5. Weitere Formen beruflicher Bildung 18
B. Regelungsgehalt 2	II. Lernorte der Berufsbildung (§ 2) 21
I. Ziele und Begriffe der Berufsbildung (§ 1) 2	III. Anwendungsbereich (§ 3) 23
1. Berufsausbildungsvorbereitung (§ 1 Abs. 2) .. 4	C. Verbindung zu anderen Rechtsgebieten und zum
2. Berufsausbildung (§ 1 Abs. 3) 7	Prozessrecht 26
3. Berufliche Fortbildung (§ 1 Abs. 4) 13	D. Beraterhinweise 28
4. Berufliche Umschulung (§ 1 Abs. 5) 15	

A. Allgemeines

In seinem 1. Teil enthält das BBiG Grundbegriffe des Berufsbildungsrechts und bestimmt seinen Anwendungsbereich. Es dient dem Erwerb bzw. der Aufrechterhaltung **beruflicher Handlungsfähigkeit**, also der Vermittlung von Fertigkeiten und Kenntnissen sowie für die Berufsausübung erforderliche Fähigkeiten wie Team- oder Kommunikationsfähigkeiten. **1**

B. Regelungsgehalt

I. Ziele und Begriffe der Berufsbildung (§ 1)

Der Begriff der Berufsbildung, wie er in § 1 Abs. 1 definiert ist, ist als Oberbegriff für verschiedene Facetten beruflicher Bildung zu verstehen. Das Gesetz rechnet ihr die Berufsausbildungsvorbereitung, die Berufsausbildung, die berufliche Fortbildung und die berufliche Umschulung zu. Mit der Kodifizierung bestimmter Formen der Berufsbildung werden andere Formen der Vermittlung beruflicher Kenntnisse und Fertigkeiten nicht ausgeschlossen. **2**

Der Begriff der Berufsbildung i.S.d. BBiG ist nicht deckungsgleich mit an anderer Stelle enthaltenen Begriffen, die an Maßnahmen beruflicher Bildung anknüpfen. So ist etwa der in §§ 96 ff. BetrVG enthaltene Begriff der betrieblichen Bildungsmaßnahme weiter zu verstehen als der dem BBiG zugrunde liegende.[1] Um eine solche handelt es sich, wenn der AG Träger bzw. Veranstalter der Maßnahme ist und die Berufsbildungsmaßnahme für seine AN durchführt.[2] Die bloße Einweisung in eine bestimmte Tätigkeit stellt auch i.S.d. BetrVG keine betriebliche Berufsbildung dar.[3] **3**

1. Berufsausbildungsvorbereitung (§ 1 Abs. 2). Die Berufsausbildungsvorbereitung soll durch Vermittlung von Grundlagen für den Erwerb beruflicher Handlungsfähigkeit an eine Berufsausbildung in einem anerkannten Ausbildungsberuf heranzuführen. Sie stellt als gesetzlich geregelte Lernform andere Programme der Berufsausbildungsvorbereitung nicht in Frage.[4] **4**

Das Berufsausbildungsvorbereitungsverhältnis stellt ein **Qualifizierungsverhältnis sui generis** dar. Es kann – ebenso wie das Berufsausbildungsverhältnis – nicht einem Arbverh gleichgesetzt werden.[5] Entgegen der Gesetzesbegründung[6] beruht die Berufsausbildungsvorbereitung auch nicht auf einem „anderen Vertragsverhältnis", wie es in § 26 erwähnt ist. Sie dient nicht der Vermittlung beruflicher Handlungsfähigkeiten, sondern soll für ihren Erwerb erst die notwendigen Grundlagen geben und damit die Befähigung fördern, ein Berufsausbildungsverhältnis aufnehmen zu können. In diesem Sinne war auch vor Inkrafttreten der Regelungen über die Berufsausbildungsvorbereitung durch die Rspr. anerkannt, dass berufsausbildungsvorbereitende Maßnahmen nicht den inhaltlichen Beschränkungen der vertragsrechtlichen Bestimmungen des BBiG unterworfen sind.[7] Der in der Gesetzesbegründung **5**

---

1 BAG 5.11.1985 – 1 ABR 49/83 – NZA 1986, 535; BAG 10.2.1988 – 1 ABR 39/86 – NZA 1988, 549; BAG 23.4.1991 – 1 ABR 49/90 – NZA 1991, 817; vgl. hierzu auch *Alexander*, NZA 1992, 1057; *Raab*, NZA 2008, 270.
2 BAG 4.12.1990 – 1 ABR 10/90 – NZA 1991, 388.
3 LAG Hamm 8.11.2002 – 10 (13) TaBV 59/02 – NZA 2004, 113.
4 Vgl. insoweit auch Ges.-Begr., BT-Drucks 16/26, S. 30.
5 *I. Natzel*, DB 2003, 720.
6 BT-Drucks 15/26, S. 30.
7 BAG 10.2.1981 – 6 ABR 86/78 – AP § 5 BetrVG Nr. 25.

enthaltene Verweis auf „andere Vertragsverhältnisse" kann daher nur als Fehlinterpretation der bestehenden Rechtslage angesehen werden und nicht zur Auslegung des Gesetzes herangezogen werden.[8]

6 Einzelheiten der Berufsausbildungsvorbereitung regelt das Gesetz in §§ 68 bis 70. Die **Anbieter von Maßnahmen der Berufsausbildungsvorbereitung**[9] sollen die Vermittlung von Grundlagen für den Erwerb beruflicher Handlungsfähigkeit insb. durch inhaltlich und zeitlich abgegrenzte Lerneinheiten vornehmen, die aus sog. **Qualifizierungsbausteinen** entwickelt werden sollen (§ 69 Abs. 1). Mit ihnen soll einerseits eine Verknüpfung zur angestrebten Berufsausbildung hergestellt werden. Andererseits soll mit ihrer Hilfe die anschließende Berufsausbildung selbst in Anwendung des § 8 Abs. 2 verkürzt werden können.[10] Grundsätze über den Erwerb von Qualifizierungsbausteinen (Beschreibung eines Qualifizierungsbildes, Zeugnis, Teilnahmebescheinigung) sind entsprechend der nach § 69 Abs. 2 zu entwickelnden Rechts-VO zum 1.8.2003 in Kraft getreten.[11] Die VO weist dabei den Kammern als zuständigen Stellen die Aufgabe zu, auf Antrag des Anbieters die Übereinstimmung des Qualifizierungsbildes mit den Vorgaben der BAVBO zu bestätigen.[12]

7 **2. Berufsausbildung (§ 1 Abs. 3).** Die Berufsausbildung dient der Vermittlung von für die Ausübung einer qualifizierten beruflichen Tätigkeit in einer sich wandelnden Arbeitswelt notwendigen beruflichen Fertigkeiten, Kenntnisse und Fähigkeiten. Auch wenn der Gesetzgeber des BBiG 2005 insoweit auf den Begriff der beruflichen Grundbildung glaubte verzichten zu müssen, da die Vermittlung von Fertigkeiten, Kenntnissen und Fähigkeiten „in berufspraktischen Lernzusammenhängen im ganzheitlichen Arbeitsprozess" stattfinde, ändert dies nichts an dem Umstand, dass die Berufsausbildung durch dreierlei Segmente geprägt ist. Dies sind die breit angelegte Vermittlung grundlegender beruflicher Fertigkeiten, Kenntnisse und Fähigkeiten (**berufliche Grundbildung**), deren Fortentwicklung durch Vermittlung fachspezifischer, auf den angestrebten Beruf ausgerichteter Fertigkeiten, Kenntnisse und Fähigkeiten (**berufliche Fachbildung**) sowie die Aneignung erster erforderlicher beruflicher Erfahrungen (**erste Berufserfahrung**). Im Regelfall handelt es sich bei der Berufsausbildung um eine an die Beendigung der allgemeinen Schulausbildung anschließende Erstausbildung.

8 An diesen Regelfall knüpft auch das BAG in seiner Rspr. an, indem es zwischen der erstmals vermittelten beruflichen Grundbildung und der Weiterbildung nach vorhergehender Betätigung im erlernten Beruf unterscheidet.[13] Mit Letzterem sind die berufliche Fortbildung (§§ 53 ff.), die berufliche Umschulung (§§ 58 ff.) sowie mannigfaltige andere Formen der beruflichen Weiterbildung angesprochen. Die vorstehend nachgezeichnete Differenzierung schließt nicht aus, dass eine zweite berufliche Ausbildung in einem anderen als dem ursprünglich erlernten Ausbildungsberuf als erneute Berufsausbildung anzusehen ist; dies gilt insbesondere dann, wenn es an einer erheblichen zwischenzeitlichen beruflichen Betätigung zwischen der Erst- und der Zweitausbildung fehlt.[14] Sie unterliegt in diesem Fall als erneute Berufsausbildung uneingeschränkt den Vorschriften des BBiG.

9 Der Gesetzgeber geht davon aus, dass die Berufsausbildung grds. im **dualen System** erfolgt.[15] Dieses ist durch betriebliche sowie schulische Ausbildungsteile geprägt. Unter Zugrundelegung dieser Zweigleisigkeit der Ausbildung besteht im Schrifttum[16] Übereinstimmung darüber, dass die Bestimmungen über die vertraglichen Rechtsbeziehungen nur auf das betriebliche Ausbildungsverhältnis anzuwenden sind. Der Teil der schulischen Ausbildung richtet sich nach den öffentlich-rechtlichen Vorschriften der jeweiligen Länder.

10 Die Berufsausbildung hat in einem **geordneten Ausbildungsgang** zu erfolgen. Sie soll klar gegliedert und sachlich wie zeitlich in einen konkreten Rahmen gestellt werden. Hierzu sehen die einschlägigen Ausbildungsordnungen eine zeitlich gegliederte Verteilung der Vermittlung von Fertigkeiten und Kenntnissen sowie Erfahrungen vor, die eine systematische Ausbildung im Rahmen der vorgegebenen Ausbildungszeit gewährleisten. Der Erlass einer Ausbildungsordnung ist Voraussetzung für die **Anerkennung des Ausbildungsberufs**. Außerhalb anerkannter Ausbildungsberufe ist eine Ausbildung von Jugendlichen unter 18 Jahren unzulässig (§ 4 Abs. 3).

11 Das Ausbildungsverhältnis stellt **kein Arbverh** dar und kann diesem auch nicht gleichgesetzt werden.[17] Dies ist zuletzt auch über den Befristungstatbestand des § 14 Abs. 1 Nr. 2 TzBfG durch den Gesetzgeber ausdrücklich bestätigt worden. Zwar sieht § 10 Abs. 2 vor, dass auf den Berufsausbildungsvertrag die für den Arbeitsvertrag – also nicht generell für das durch Vertrag begründete Ausbildungsverhältnis – geltendenden Rechtsvorschriften und Rechts-

---

8 *I. Natzel*, DB 2003, 720.
9 Zu den an den Anbieter zu stellenden Voraussetzungen vgl. *I. Natzel*, DB 2003, 720.
10 Vgl. hierzu die Ges.-Begr., BT-Drucks 15/26, S. 30.
11 Berufsausbildungsvorbereitungs-Bescheinigungsverordnung (BAVBVO) 16.7.2003, BGBl I S. 1472 ff.
12 Eine Datenbank seitens der zuständigen Stellen bestätigter Qualifizierungsbausteine ist unter www.good-practice.de/bbigbausteine einsehbar.
13 So in BAG 3.6.1987 – 5 AZR 285/86 – NZA 1988, 66.
14 BAG 3.6.1987 – 5 AZR 285/86 – NZA 1988, 66.
15 Vgl. auch BT-Drucks V/4260, S. 2.
16 Vgl. nur *Leinemann/Taubert*, § 1 Rn 3.
17 BAG 17.8.2000 – 8 AZR 578/99 – NZA 2001, 150; BAG 10.7.2003 – 6 AZR 348/02 – NZA 2004, 269; *Bichel*, in: FS für Wolf, S. 35; *Friedemann*, BB 1985, 1541 ff.; *Hurlebaus*, § 3 Rn 20; *Lepke*, BB 1979, 528; *Mehlich*, NZA 2002, 824; MünchArb/*B. Natzel*, Bd. 2, § 177, Rn 145 ff.; *B. Natzel/I. Natzel*, SAE 1997, 121; a.A.: MünchArb/*Richardi*, § 28 Rn 23 m.w.N. für die gegenteilige Auffassung.

grundsätze anzuwenden seien. Diese Regelung enthält aber lediglich einen technischen Verweis, dessen es i.Ü. nicht bedürfte, sähe man das Berufsausbildungsverhältnis von vornherein als Arbverh an. Der Verweis macht aber nicht das Ausbildungsverhältnis zu einem Arbverh und stellt daher auch nur die Anwendung arbeitsrechtlicher Vorschriften und Grundsätze unter den Vorbehalt, dass sich nicht aus Wesen und Zweck und aus dem Gesetz selbst etwas anderes ergibt. Etwas anderes ergibt sich aber aus den besonderen Rechten und Pflichten beider Vertragsparteien.[18] Die rechtliche Einordnung des Berufsausbildungsverhältnisses hat mannigfaltige Auswirkungen bspw. für die Stellung des Auszubildenden im Arbeitskampf,[19] für die Frage nach dem rechtlichen Charakter der Ausbildungsvergütung,[20] die Beurteilung von Kurz- oder Mehrarbeit,[21] die Frage nach Zuschlägen, die im Zusammenhang mit der Arbeitsleistung stehen, sowie für die Beurteilung von Rechtspositionen im nachfolgenden Arbverh, die von der Betriebszugehörigkeit abhängen, wie es bspw. bei der arbeitsrechtlichen Wartezeitregelung der § 1 Abs. 1 KSchG der Fall ist, auf die die Zeit der Berufsausbildung nach bestrittener Auffassung nicht anzurechnen ist.[22]

Auf das Ausbildungsverhältnis finden – aufgrund des in § 26 enthaltenen **Unabdingbarkeitsgrundsatzes** zwingend – die **privatrechtlichen Bestimmungen der §§ 10 bis 26** über Beginn, Inhalt und Ende des Berufsausbildungsverhältnisses Anwendung. Weiter sind diverse Schutzvorschriften wie die der GewO, des JArbSchG, AGG, BUrlG, ArbPlSchG, EFZG, BEEG oder ArbZG zu beachten. Auszubildende sind auch in den Schutz der verschiedenen Zweige der Sozialversicherung einbezogen.

3. Berufliche Fortbildung (§ 1 Abs. 4). Die berufliche Fortbildung soll es ermöglichen, die berufliche Handlungsfähigkeit zu erhalten und anzupassen (**Anpassungsfortbildung**). Sie kann aber auch zu Zwecken der Erweiterung der beruflichen Handlungsfähigkeit oder des beruflichen Aufstiegs durchgeführt werden (**Aufstiegsfortbildung**). Nicht unter den Begriff der beruflichen Fortbildung fällt indes die bloße Einarbeitung in bestimmte Arbeitsgebiete oder Anweisung zur Erledigung von Aufgaben.[23] Es ist nicht erforderlich, dass die Fortbildung auf eine abgeschlossene Berufsausbildung aufbaut. Vielmehr ist auch eine langjährige berufliche Tätigkeit hinreichend.

Das Gesetz gibt mit den Regelungen der §§ 53 bis 57 lediglich einen gesetzlichen Rahmen für die berufliche Fortbildung vor, enthält jedoch mit der Beschränkung auf Grundsätze des Prüfungswesens weder arbeitsrechtliche noch ordnungsrechtliche Regelungen. Insbesondere finden daher die Vorschriften über das Berufsausbildungsverhältnis (§§ 10 ff.) keine Anwendung. Insoweit sind daher die Vertragsparteien bei der vertraglichen Gestaltung der Rahmenbedingungen frei; sie können die Fortbildung im Rahmen eines zur Fortbildung verpflichtenden Arbeitsvertrags, einer insoweit den Arbeitsvertrag ergänzenden Regelung oder eines eigenständigen Fortbildungsvertrag erfolgen lassen.[24] Für die Abgrenzung ist stets der Inhalt des die Fortbildung regelnden Vertrags, nicht jedoch der Lernort oder die Lehrmethode von Ausschlag gebender Bedeutung.[25]

4. Berufliche Umschulung (§ 1 Abs. 5). Die berufliche Umschulung soll zu einer anderen beruflichen Tätigkeit befähigen. Sie kann auch in der Weise erfolgen, dass nicht auf einer beruflichen Erstausbildung aufgebaut wird.

Um das Umschulungsverhältnis von einer (weiteren) Berufsausbildung zu unterscheiden, differenziert das BAG zwischen einer erstmals vermittelten beruflichen Grundbildung und der Umschulung nach vorhergehender Betätigung im erlernten Beruf. Eine Zweitausbildung zu einem anerkannten Ausbildungsberuf im Anschluss an eine vorhergehende abgeschlossene Berufsausbildung kann demnach nicht als Umschulung i.S.d. BBiG angesehen werden, wenn es an einer erheblichen zwischenzeitlichen beruflichen Betätigung in dem zuerst erlernten Beruf fehlt. Die zweite Berufsausbildung im Anschluss an eine vorhergehende Berufsausbildung in einem anderen Ausbildungsberuf ist dann als die erneute Berufsausbildung anzusehen.[26] Gleiches gilt i.Ü., wenn der Auszubildende eine Erstausbildung zum Zweck der Aufnahme einer Zweitausbildung abbricht.[27]

Die berufliche Umschulung ist in den §§ 58 bis 63 geregelt. Auch hier hat sich der Gesetzgeber auf die Regelung des Prüfungswesens beschränkt. Die Vorschriften über das Berufsausbildungsverhältnis (§§ 10 ff.) finden keine Anwendung.

5. Weitere Formen beruflicher Bildung. Ohne dass es sich um ein Berufsausbildungsverhältnis, ein Fort- oder Umschulungsverhältnis handelt, kann der Erwerb von beruflichen Fertigkeiten, Kenntnissen, Fähigkeiten oder beruflicher Erfahrungen auch in sog. **anderen Vertragsverhältnissen i.S.d. § 26** erfolgen. Auch diese Personen werden nicht im Rahmen eines Arbverh eingestellt; der Lernzweck steht auch hier im Vordergrund.[28] Mindestvoraus-

---

18 Des Weiteren zum Rechtscharakter des Ausbildungsverhältnisses MünchArb/*B. Natzel*, Bd. 2, § 177 Rn 145 ff.
19 Dazu MünchArb/*B. Natzel*, Bd. 2, § 177 Rn 183 ff.
20 Dazu MünchArb/*B. Natzel*, Bd. 2, § 177 Rn 194.
21 Dazu MünchArb/*B. Natzel*, Bd. 2, § 177 Rn 195 (zur Kurzarbeit).
22 *Friedemann*, BB 1985, 1541. *Natzel*, Die Betriebszugehörigkeit im ArbR, S. 240 f.; *I. Natzel*, SAE 2000, 350; *I. Natzel*, SAE 2004, 185 ff.
23 *B. Natzel*, Berufsbildungsrecht, S. 327.
24 Zu Einzelheiten vgl. Erl. zu §§ 53 ff.
25 So für die Stellung als „Beschäftigter" i.s.d § 5 Abs. 1 S. 1 ArbGG: BAG 24.2.1999 – 4 AZR 419/01 – NZA 1999, 557.
26 BAG 3.6.1987 – 5 AZR 285/86 – NZA 1988, 66.
27 *Leinemann/Taubert*, § 1 Rn 53.
28 Dazu BAG 5.12.2002 – 6 AZR 216/01 – DB 2004, 141.

setzung der Anwendung des § 26 ist, dass der von § 19 iVm §§ 3–18 BBiG aF zu schützende Vertragspartner durch ein Mindestmaß an Pflichtenbindung am Betriebszweck mitwirkt.[29] Damit ist § 26 nicht zugeschnitten auf jedweden Erwerb von Fertigkeiten.[30] Die Regelung des § 26 ist somit primär zugeschnitten auf Anlernlinge, Volontäre und Praktikanten, nicht jedoch etwa auf die Weiterbildung von bereits ausgebildeten Fachkräften für bestimmte Aufgaben.[31] **Anlernlingen** werden berufliche Kenntnisse zum Zwecke der Ausübung einer beruflichen Tätigkeit vermittelt, für die der Abschluss einer Berufsausbildung regelmäßig nicht erforderlich ist. **Volontäre** werden zu Zwecken der beruflichen Ausbildung außerhalb eines Ausbildungsverhältnisses in einem anerkannten Ausbildungsberuf beschäftigt.[32] Als **Praktikant** ist anzusehen, wer sich zur Vorbereitung auf den Hauptberuf in einem Betrieb betätigt, um dort praktische Kenntnisse und Erfahrungen zu sammeln, die er für die Gesamtausbildung benötigt.[33] Der Praktikant unterzieht sich, ohne eine systematische Berufsausbildung i.S.d. BBiG zu absolvieren, einer bestimmten betrieblichen Tätigkeit und Ausbildung im Rahmen einer Gesamtausbildung, weil er diese z.B. für die Zulassung zum Studium oder zu einer Prüfung nachweisen muss. Nicht jedoch ist eine Praktikantenstellung i.S.d. BBiG gegeben, wenn die Ausbildung einen Bestandteil eines in einer Studienordnung geregelten Ausbildungsgangs darstellt, wie es vielfach bei sog. **dualen Studiengängen** der Fall ist.[34] Auf die Rechtsverhältnisse solcher Personen finden arbeitsrechtliche Regelungen nur bedingt Anwendung.[35] Bestimmte arbeitsrechtliche Grundsätze wie etwa die durch die Rspr. zu Rückzahlungsklauseln herausgebildeten Grenzen, werden aber auch hier bei der Vertragsgestaltung zu berücksichtigen sein.[36]

19 Auf die anderen Vertragsverhältnisse sind die Bestimmungen der §§ 10 bis 23 sowie § 25 mit der Maßgabe anzuwenden, dass die gesetzliche Probezeit abgekürzt, auf die Vertragsniederschrift verzichtet wird und bei vorzeitiger Auflösung des Vertragsverhältnisses nach Ablauf der Probezeit abweichend von § 23 Abs. 1 S. 1 Schadensersatz nicht verlangt werden kann.

20 Neben den beschriebenen Formen sind in vielfacher Weise **weitere Formen beruflicher Bildung** möglich. Indes enthält § 4 Abs. 3 insoweit eine Beschränkung: In anderen als den nach § 4 anerkannten Ausbildungsberufen dürfen Jugendliche unter 18 Jahren nur ausgebildet werden, soweit die Berufsausbildung nicht auf den Besuch weiterführender Bildungsgänge vorbereitet.

II. Lernorte der Berufsbildung (§ 2)

21 § 2 Abs. 1 beschreibt die Lernorte der Berufsbildung. Die **betriebliche Berufsbildung** wird durchgeführt in Betrieben der Wirtschaft, in vergleichbaren Einrichtungen außerhalb der Wirtschaft, insb. des öffentlichen Dienstes, der Angehörigen freier Berufe und in Haushalten. Soweit „Betriebe der Wirtschaft" angesprochen sind, gilt der allgemeine Betriebsbegriff (Nr. 1). Betriebliche Berufsbildung i.S.d. BBiG liegt auch vor, wenn Betriebe der Wirtschaft oder vergleichbarer Einrichtungen innerbetriebliche oder überbetriebliche Stätten zur Vermittlung einer berufspraktischen Ausbildung errichten, in denen Auszubildende ausgebildet werden, etwa Lehrwerkstätten oder Ausbildungszentren.[37] **Schulische Berufsbildung** findet in berufsbildenden Schulen statt (Nr. 2). Dabei meint der Begriff „schulisch" eine bestimmte Organisationsform der Ausbildungsstätte und nicht eine bestimmte Lehrmethode.[38] Die Ausbildung in berufsbildenden Schulen untersteht der Regelung durch den jeweiligen Landesgesetzgeber (§ 3 Abs. 1). Aber auch solche Schuleinrichtungen bilden berufsbildende Schulen, die nicht in die Gesetzgebungskompetenz der Länder, sondern – insbes. über Art. 74 Abs. 1 Nr. 11 GG – in die des Bundes fallen.[39] Von einer **außerbetrieblichen Berufsbildung** i.S.d. Nr. 3 ist zu sprechen, wenn die Berufsbildung in sonstigen, zumeist von privaten Trägern getragenen Berufsbildungseinrichtungen außerhalb der schulischen und betrieblichen Berufsbildung durchgeführt wird.[40] All die aufgeführten Lernorte wirken bei der Berufsbildung als **Lernortkooperation** zusammen (§ 1 Abs. 2).

22 Durch die Regelung des § 2 Abs. 3 wird die Möglichkeit eröffnet, zeitlich begrenzte Abschnitte der **Berufsausbildung auch im Ausland** zu absolvieren. Voraussetzung hierfür ist, dass dies dem Ausbildungsziel dient. Zudem soll die Gesamtdauer von regelmäßig einem Viertel der in der Ausbildungsordnung festgelegten Ausbildungsdauer nicht

---

29 BAG 17.7.2007 – 9 AZR 1031/06 – NZA 2008, 416.
30 Dementsprechend ließ das BAG a.a.O. ein Rechtsverhältnis, das dem Erwerb von Kenntnissen einer Tätowiererin/Piercerin diente, nicht unter den Anwendungsbereich des § 26 fallen, weshalb es in diesem Fall auch eine vereinbarte Rückzahlungsklausel als zulässig erachtete.
31 BAG 21.11.2001 – 5 AZR 296/00 – DB 2002, 745.
32 Zum Rechtsverhältnis des Volontärs vgl. i.E. *Schmidt*, BB 1971, 622.
33 Zum Praktikantenverhältnis vgl. i.E. *Schmidt*, BB 1971, 313; *Stuhr/Stuhr*, BB 1981, 916; Rechtsfragen zur Künd von Praktikantenverhältnissen s. *Hirdina*, NZA 2008, 916.
34 S. dazu ausführl. bei *I. Natzel*, NZA 2008, 567 ff.; aus der Rspr. vgl. für Medizinstudenten in einem der Approbationsordnung vorgesehenen praktischen Jahr: BAG 25.3.1981 – 5 AZR 353/74 – AP § 19 BBiG Nr. 1; vgl. ferner für Studenten einer Berufsakademie: BAG 16.10.2002 – 4 AZR 429/01 – BB 2003, 906.
35 LAG Hamburg 5.9.1980 – 3 Sa 37/80 – Ez.B. § 19 BBiG Nr. 1.
36 Dazu und Empfehlungen für die Vertragsgestaltung: *I. Natzel*, NZA 2008. 567 ff., insbes. 570 f.
37 BAG 24.2.1999 – 5 AZB 10/98 – NZA 1999, 557.
38 BAG 24.2.1999 – 5 AZB 10/98 – NZA 1999, 557.
39 BAG 24.2.1999 – 5 AZB 10/98 – NZA 1999, 557, unter Hinw. auf die bei *Fredebeul*, BB 1982, 1494, aufgeführten Beispiele.
40 BAG 24.2.1999 – 5 AZB 10/98 – NZA 1999, 557.

überschritten werden; Anrechnungen oder Verkürzungen nach §§ 7, 8 bleiben insoweit unberücksichtigt. Mit dieser Regelung ist klargestellt, dass das Berufsausbildungsverhältnis mit all seinen Rechten und Pflichten durch den Auslandaufenthalt dem Grunde nach unberührt bleibt; dies gilt auch in sozialversicherungs- wie steuerrechtlicher Hinsicht.[41]

III. Anwendungsbereich (§ 3)

Die Regelung des § 3 Abs. 1 ist unter dem Gesichtspunkt der Kulturhoheit zu verstehen, die durch Art. 30 und 70 GG den Ländern zugewiesen ist. Sie beschränkt den Anwendungsbereich des Gesetzes auf die in § 1 definierte Berufsbildung, soweit sie nicht in berufsbildenden Schulen durchgeführt wird, die den Schulgesetzen der Länder unterstehen.

§ 3 Abs. 2 nimmt bestimmte Formen der Berufsbildung ausdrücklich aus dem Anwendungsbereich des Gesetzes heraus. Wie bislang auch,[42] gilt das Gesetz nicht für die **Berufsbildung, die in berufsqualifizierenden Studiengängen an Hochschulen** auf der Grundlage des HRG und der Hochschulgesetze der Länder durchgeführt wird (Nr. 1). Die **Berufsausbildung in einem öffentlich-rechtlichen Dienstverhältnis** unterliegt dem öffentlichen Dienstrecht und ist daher aus dem Anwendungsbereich des BBiG ausgenommen (Nr. 2). Das Gesetz findet ferner keine Anwendung auf die in der Nr. 3 näher bezeichneten **Kauffahrteischiffe**; hier gilt Seemannsrecht.

Für die **Berufsausbildung im Handwerk** bestimmt § 3 Abs. 3 für die dort aufgeführten Materien die Unanwendbarkeit der Bestimmungen des BBiG und ordnet insoweit die Anwendung der HwO an. Die übrigen Vorschriften – insbes. auch die der §§ 10 ff. – zur Regelung des Berufsausbildungsverhältnisses sind i.Ü. aber auch bei der Ausbildung im Handwerk anwendbar.

C. Verbindung zu anderen Rechtsgebieten und zum Prozessrecht

Soweit außerhalb des BBiG von beruflicher Bildung die Rede ist, ist aus dem Blickwinkel des jeweiligen Gesetzes heraus zu prüfen, welcher der Begriff der Berufsbildung dem Gesetz zugrunde liegt. § 20 BEEG oder § 23 KSchG entsprechen bspw. mit der Formulierung „zu ihrer Berufsausbildung Beschäftigten" dem Berufsbildungsbegriff des § 1 Abs. 1. § 5 Abs. 1 BetrVG erfasst mit der Formulierung „zu ihrer Berufsausbildung Beschäftigte" auch Personen außerhalb eines Berufsausbildungsverhältnisses i.S.d. § 1 Abs. 3;[43] gleiches gilt für § 5 ArbGG.[44] Das BAG hat insoweit darauf hingewiesen dass eine „Beschäftigung zur Berufsausbildung" regelmäßig dann vorliege, wenn der Auszubildende, der Fortzubildende oder der Umzuschulende einem Weisungsrecht des Ausbildenden hinsichtlich des Inhalts, der Zeit und des Ortes der Tätigkeit unterworfen ist.[45] Auf einen wirtschaftlichen Wert der Tätigkeit, der auch in einer Rekrutierung von Nachwuchskräften gesehen werden könne, komme es jedenfalls für die Bestimmung der arbeitsgerichtlichen Zuständigkeit nicht an.

Nicht zwingend ist es, die Begriffe Berufsausbildungsvorbereitung, Berufsausbildung, berufliche Fortbildung und Umschulung, wie sie im BBiG verwandt werden, auch den Regelungen des Sozialversicherungsrechts zugrunde zu legen. Vielmehr soll nach der Rspr. des BSG auf den Sinn und Zweck des jeweiligen Gesetzes abzustellen sein.[46] So geht das Förderungsrecht des SGB III über die im BBiG geregelten Arten beruflicher Bildung vielfach hinaus. §§ 77 ff. SGB III regeln das Recht der Förderung beruflicher Weiterbildung und sprechen damit jegliche Formen beruflicher Weiterbildung an, also auch solche, die nicht dem Bereich der beruflichen Fortbildung oder Umschulung i.S.d. BBiG zuzurechnen sind. Andererseits kann aber auch der dem Förderungsrecht zugrunde liegende Begriff beruflicher Bildung enger sein als der des BBiG.[47]

D. Beraterhinweise

Die **Zuständigkeit der Arbeitsgerichtsbarkeit** für Streitigkeiten aus dem Berufsausbildungsverhältnis ergibt sich aus § 2 Abs. 1 Nr. 3a i.V.m. § 5 ArbGG. In die Definition des AN werden auch „die zu ihrer Berufsausbildung Beschäftigten" mit eingeschlossen. Dabei erstreckt sich der Begriff „Berufsausbildung" auf alle Bereiche der Berufsbildung nach § 1 Abs. 1.[48] Der Rechtsweg zur Arbeitsgerichtsbarkeit ist auch für Streitigkeiten zwischen Auszubildenden bzw. Umschülern und sonstigen Bildungseinrichtungen i.S.d. § 1 Abs. 5 gegeben, wenn das Rechtsverhältnis

---

41 Vgl. auch Ges.-Begr. BT-Drucks 15/3980, S. 43 zu § 2.
42 Vgl. insoweit BAG 16.10.2002 – 4 AZR 429/01 – BB 2003, 906.
43 BAG 25.10.1989 – 7 ABR 1/88 – AP § 5 BetrVG Nr. 40 m. Anm. *B. Natzel*.
44 BAG 24.2.1999 – 5 AZB 10/98 – DB 1999, 1019; BAG 24.9.2002 – 5 AZB 12/02 – DB 2003, 348.
45 BAG 24.2.1999 – 5 AZB 10/98 – DB 1999, 1019; BAG 24.9.2002 – 5 AZB 12/02 – DB 2003, 348.
46 Vgl. etwa BAG 24.2.1999 – 5 AZB 10/98 – DB 1999, 1019; BAG 24.9.2002 – 5 AZB 12/02 – DB 2003, 348.
47 So etwa zum § 40 AFG a.F.: BSG 19.3.1974 – 7 Rar 9/73 – BB 1974, 1303.
48 BAG 21.5.1997 – 5 AZB 30/96 – NZA 1997, 1013; 26.1.1994, AP § 5 BetrVG 1972 Nr. 54; 24.2.1999 – 5 AZB 10/98 – NZA 1999, 557; vgl. ferner: *Rohlfing*, NZA 1997, 365, m.w.N.

auf einem privatrechtlichen Vertrag beruht.[49] Entscheidend ist insoweit, dass im Rahmen der beruflichen Bildung ein Weisungsrecht hinsichtlich Inhalt, Zeit und Ort der Tätigkeit besteht.[50] Das hinter der Ausbildung steckende Motiv – etwa das der gemeinnützigen Berufsbildung – schließt die arbeitsgerichtliche Zuständigkeit nicht aus.[51]

29 Zur Beilegung von **Streitigkeiten zwischen Ausbildenden und Auszubildenden aus einem bestehenden Berufsausbildungsverhältnis** können nach § 111 Abs. 2 ArbGG im Bereich des Handwerks die Handwerksinnungen und i.Ü. die zuständigen Stellen i.S.d. BBiG Ausschüsse bilden, denen AG und AN in gleicher Zahl angehören müssen. Die Durchführung eines Streitschlichtungsverfahrens vor einem solchen Ausschuss hat zwingend einer etwaigen Klage voranzugehen und stellt damit eine unverzichtbare Prozessvoraussetzung dar (§ 111 Abs. 2 S. 5 ArbGG).[52] Der Mangel der Nichtanhörung des Ausschusses kann aber im Laufe des Verfahrens geheilt werden.[53]

30 Der Ausschuss ist nur zuständig für **Streitigkeiten aus einem „bestehenden" Berufsausbildungsverhältnis**. Keine Zuständigkeit besteht für Streitigkeiten aus sonstigen Vertragsverhältnissen i.S.d. § 26 (Fortbildungs- oder Umschulungsverhältnisse). Liegt der Streitgegenstand gerade in der Frage des Bestandes des Ausbildungsverhältnisses, ist der Ausschuss auch dann zuständig.[54] Nicht zuständig ist der Ausschuss jedoch für die Beilegung von Streitigkeiten über Zeugnisse nach § 16. Auch besteht keine Zuständigkeit des Schlichtungsausschusses, soweit eine Angelegenheit lediglich anlässlich des Berufsausbildungsverhältnisses zum Streit geführt hat, sie somit nicht aus dem Berufsausbildungsverhältnis selbst herrührt.[55] Schließlich besitzt der Ausschuss keine Zuständigkeit für die Gewährung einstweiligen Rechtsschutzes; hier ist die ausschließliche Zuständigkeit der Arbeitsgerichtsbarkeit gegeben.

31 Eine **Frist für die Anrufung des Ausschusses** ist gesetzlich nicht vorgesehen. Insb. sind auch nicht in bestandsschutzrechtlichen Streitigkeiten die Vorschriften des § 13 Abs. 1 S. 2 i.V.m. § 4 KSchG anzuwenden, wenn gem. § 111 Abs. 2 S. 5 ArbGG eine Verhandlung vor einem zur Beilegung von Streitigkeiten aus einem Berufsausbildungsverhältnis gebildeten Ausschuss stattfinden muss.[56] Ist dies jedoch nicht der Fall, ist bei Anrufung der Arbeitsgerichte die Drei-Wochen-Frist zwingend zu beachten.[57]

Abschnitt 2: Berufsausbildungsverhältnis

Unterabschnitt 1: Begründung des Ausbildungsverhältnisses

§ 10 Vertrag

(1) Wer andere Personen zur Berufsausbildung einstellt (Ausbildende), hat mit den Auszubildenden einen Berufsausbildungsvertrag zu schließen.

(2) Auf den Berufsausbildungsvertrag sind, soweit sich aus seinem Wesen und Zweck und aus diesem Gesetz nichts anderes ergibt, die für den Arbeitsvertrag geltenden Rechtsvorschriften und Rechtsgrundsätze anzuwenden.

(3) Schließen die gesetzlichen Vertreter oder Vertreterinnen mit ihrem Kind einen Berufsausbildungsvertrag, so sind sie von dem Verbot des § 181 des Bürgerlichen Gesetzbuchs befreit.

(4) Ein Mangel in der Berechtigung, Auszubildende einzustellen oder auszubilden, berührt die Wirksamkeit des Berufsausbildungsvertrages nicht.

(5) Zur Erfüllung der vertraglichen Verpflichtungen der Ausbildenden können mehrere natürliche oder juristische Personen in einem Ausbildungsverbund zusammenwirken, soweit die Verantwortlichkeit für die einzelnen Ausbildungsabschnitte sowie für die Ausbildungszeit insgesamt sichergestellt ist (Verbundausbildung).

---

[49] BAG 21.5.1997 – 5 AZB 30/96 – NZA 1997, 1013; 24.2.1999 – 5 AZB 10/98 – DB 1999, 1019; 24.9.2002, DB 2003, 348.
[50] BAG 24.2.1999 – 5 AZB 10/98 – DB 1999, 1019; 24.9.2002 – 5 AZB 12/02 – DB 2003, 348.
[51] BAG 24.9.2002 – 5 AZB 12/02 – DB 2003, 348.
[52] BAG 13.4.1989 – 2 AZR 609/88 – juris. Die Pflicht zur Anrufung des Ausschusses gilt selbstverständlich nur, soweit ein solcher eingerichtet ist; vgl. auch BAG 26.11.1999 – 2 AZR 134/98 – AP § 4 KSchG Nr. 43.
[53] BAG 25.11.1976 – 2 AZR 751/75 – AP § 15 BBiG Nr. 4.
[54] BAG 18.9.1975 – 2 AZR 602/74 – AP § 111 ArbGG Nr. 2.
[55] B. Natzel, Berufsbildungsrecht, S. 484.
[56] BAG 13.4.1989 – 2 AZR 609/88 – AP § 4 KSchG Nr. 21.
[57] BAG 5.7.1990 – 2 AZR 53/90 – AP § 4 KSchG Nr. 23; BAG 26.1.1999 – 2 AZR 134/98 – AP § 4 KSchG Nr. 43.

§ 11 Vertragsniederschrift

(1) ¹Ausbildende haben unverzüglich nach Abschluss des Berufsausbildungsvertrages, spätestens vor Beginn der Berufsausbildung, den wesentlichen Inhalt des Vertrages gemäß Satz 2 schriftlich niederzulegen; die elektronische Form ist ausgeschlossen. ²In die Niederschrift sind mindestens aufzunehmen
1. Art, sachliche und zeitliche Gliederung sowie Ziel der Berufsausbildung, insbesondere die Berufstätigkeit, für die ausgebildet werden soll,
2. Beginn und Dauer der Berufsausbildung,
3. Ausbildungsmaßnahmen außerhalb der Ausbildungsstätte,
4. Dauer der regelmäßigen täglichen Ausbildungszeit,
5. Dauer der Probezeit,
6. Zahlung und Höhe der Vergütung,
7. Dauer des Urlaubs,
8. Voraussetzungen, unter denen der Berufsausbildungsvertrag gekündigt werden kann,
9. ein in allgemeiner Form gehaltener Hinweis auf die Tarifverträge, Betriebs- oder Dienstvereinbarungen, die auf das Berufsausbildungsverhältnis anzuwenden sind.

(2) Die Niederschrift ist von den Ausbildenden, den Auszubildenden und deren gesetzlichen Vertretern und Vertreterinnen zu unterzeichnen.
(3) Ausbildende haben den Auszubildenden und deren gesetzlichen Vertretern und Vertreterinnen eine Ausfertigung der unterzeichneten Niederschrift unverzüglich auszuhändigen.
(4) Bei Änderungen des Berufsausbildungsvertrages gelten die Absätze 1 bis 3 entsprechend.

§ 12 Nichtige Vereinbarungen

(1) ¹Eine Vereinbarung, die Auszubildende für die Zeit nach Beendigung des Berufsausbildungsverhältnisses in der Ausübung ihrer beruflichen Tätigkeit beschränkt, ist nichtig. ²Dies gilt nicht, wenn sich Auszubildende innerhalb der letzten sechs Monate des Berufsausbildungsverhältnisses dazu verpflichten, nach dessen Beendigung mit den Ausbildenden ein Arbeitsverhältnis einzugehen.
(2) Nichtig ist eine Vereinbarung über
1. die Verpflichtung Auszubildender, für die Berufsausbildung eine Entschädigung zu zahlen,
2. Vertragsstrafen,
3. den Ausschluss oder die Beschränkung von Schadensersatzansprüchen,
4. die Festsetzung der Höhe eines Schadensersatzes in Pauschbeträgen.

Literatur zu den §§ 10–12: *Annuß*, AGB-Kontrolle im Arbeitsrecht: Wo geht die Reise hin?, BB 2002, 463; *Bartz*, „AGB"-Kontrolle nun auch im Arbeitsrecht, AuA 2002, 138; *Däubler*, Die Auswirkungen der Schuldrechtsmodernisierung auf das Arbeitsrecht, NZA 2001, 1329; *Demme*, Das Streikrecht des Auszubildenden, RdA 1973, 370; *Henssler*, Arbeitsrecht und Schuldrechtsreform, RdA 2002, 138; *Hromadka*, Streikrecht für Auszubildende?, DB 1972, 870; *ders.*, Schuldrechtsmodernisierung und Vertragskontrolle im Arbeitsrecht, NJW 2002, 2528; *Koppenfels*, Vertragsstrafen im Arbeitsrecht nach der Schuldrechtsmodernisierung, NZA 2002, 598; *Leinemann/Taubert*, BBiG; *Lepke*, Begünstigter Personenkreis bei Betriebsübergang, BB 1979, 526; *Lingemann*, Allgemeine Geschäftsbedingungen und Arbeitsvertrag, NZA 2002, 191; *Mehlich*, Betriebsübergang in der Ausbildungswerkstatt, NZA 2002, 824; *B. Natzel*, Berufsbildungsrecht, 3. Aufl., 1982; *ders.*, Zur Angemessenheit der Ausbildungsvergütung, DB 1992, 1521; *ders.*, Kein Streikrecht für Lehrlinge, DB 1983, 1488; *Opolony*, Die angemessene Ausbildungsvergütung gemäß § 10 Abs. 1 BBiG, BB 2000, 510; *Stück/Mühlhausen*, Aktuelle Rechtsfragen der Verbundsausbildung, Ausbildungspartnerschaften und Ausbildungsverbände, NZA-RR 2006, 169

A. Allgemeines 1	3. Mangelnde Berechtigung (§ 10 Abs. 4) 10
B. Regelungsgehalt 2	II. Vertragsniederschrift (§ 11) 11
I. Abschluss des Berufsausbildungsvertrages (§ 10) . 2	III. Nichtige Vereinbarungen (§ 12) 14
1. Abschlussvoraussetzungen (§ 10 Abs. 1) 2	C. Verbindung zu anderen Rechtsgebieten und zum
2. Anzuwendende arbeitsvertragsrechtliche Vorschriften (§ 10 Abs. 2) 7	Prozessrecht 22
	D. Beraterhinweise 23

A. Allgemeines

1 §§ 10 bis 12 regeln die Begründung des Berufsausbildungsverhältnisses. Sie unterliegt dem **Privatrecht** und ist grds. **formfrei** möglich. Daran ändert auch das Wesen des Ausbildungsvertrags als ein befristeter Vertrag nichts. Denn die Befristung folgt aus dem besonderen Wesen des Ausbildungsverhältnisses. Den kraft Gesetz befristeten Arbeitsvertrag unter ein Formerfordernis zu stellen, würde den Besonderheiten des Ausbildungsverhältnisses entgegenstehen.[1] Wie der Arbeitsvertrag auch ist der Berufsausbildungsvertrag allerdings mit dem in § 11 festgelegten Inhalt **schriftlich niederzulegen**. Seinem Inhalt nach unterliegt der Berufsausbildungsvertrag der **Inhaltskontrolle**, für die der Gesetzgeber in § 12 zum Schutze des Auszubildenden besondere Maßstäbe festgelegt hat.

B. Regelungsgehalt

I. Abschluss des Berufsausbildungsvertrages (§ 10)

2 **1. Abschlussvoraussetzungen (§ 10 Abs. 1).** § 10 Abs. 1 benennt die **Parteien des Ausbildungsvertrages**. Es sind der Ausbildende auf der einen und der Auszubildende auf der anderen Seite.

3 Der Berufsausbildungsvertrag unterliegt **keinem Formerfordernis**.[2] Wohl aber ist er entsprechend den Bestimmungen des § 11 schriftlich niederzulegen. Ist der Auszubildende minderjährig, bedarf es einer Einwilligung des gesetzlichen Vertreters nach § 107 BGB bzw. einer entsprechenden Genehmigung nach § 108 BGB; die Regelung des auf Dienst- und Arbverh abstellenden § 113 BGB findet keine Anwendung.[3] Sind die gesetzlichen Vertreter selbst Ausbildende, können sie auch dann mit ihrem minderjährigen Kind einen Ausbildungsvertrag abschließen; sie sind dann vom Selbstkontrahierungsverbot des § 181 BGB befreit (§ 10 Abs. 3).

4 **Abfassung wie Durchführung des Berufsausbildungsvertrags** bestimmen sich zwingend nach Maßgabe der §§ 10 ff. Jede davon zum Nachteil des Auszubildenden abweichende Vereinbarung ist nichtig (§ 25).

5 Der **BR** ist vor der Einstellung nach Maßgabe der §§ 99 ff. BetrVG zu beteiligen.[4] Zudem hat sich der noch jugendliche Auszubildende vor Durchführung des Ausbildungsverhältnisses einer ärztlichen Untersuchung zu unterziehen und diese dem Ausbildenden nachzuweisen (§ 32 JArbSchG). Ohne diesen Nachweis ist die Beschäftigung im Rahmen des Ausbildungsverhältnisses unzulässig.[5]

6 Die durch den Berufsausbildungsvertrag begründeten Hauptpflichten sind zum einen die Verpflichtung des Ausbildenden zur Ausbildung (§ 14) sowie zum anderen die Pflicht des Auszubildenden zum Bemühen, sich die berufliche Handlungsfähigkeit anzueignen, die für das Erreichen des Ausbildungsziels erforderlich ist (§ 13). Die Pflicht zur Vergütung (§ 17) bzw. ihre Fortzahlung (§ 19) stellt demgegenüber eine Nebenpflicht dar.[6]

7 **2. Anzuwendende arbeitsvertragsrechtliche Vorschriften (§ 10 Abs. 2).** Auf den Ausbildungsvertrag sind, soweit sich aus dem Wesen und Zweck dieses Vertrages sowie den gesetzlichen Bestimmungen selbst nichts anderes ergibt, die für den Arbeitsvertrag geltenden Rechtsvorschriften und -grundsätze anzuwenden. Es gelten damit die **Grundsätze des BGB** über das Zustandekommen des Vertrages. Auch die **Haftung im Ausbildungsverhältnis** richtet sich nach den allgemeinen, aus dem BGB abgeleiteten Haftungsgrundsätzen.[7] Ebenfalls aus dem Verweis von § 10 Abs. 2 sowie der einem jeden Vertragsverhältnis in persönlicher Abhängigkeit immanenten Treuepflicht folgt die Pflicht des Auszubildenden, **Wettbewerb zu Lasten seines Ausbildungsbetriebs zu unterlassen**. Im Falle einer Verletzung dieser Pflicht hat der Auszubildende wie jeder AN auch Schadensersatz zu leisten, ohne dass ihm die Grundsätze der eingeschränkten AN-Haftung zugute kommen; Unerfahrenheit und Jugend des Auszubildenden können aber im Falle der Prüfung eines Mitverschuldens seitens des Ausbilders zu berücksichtigen sein.[8] Ebenfalls finden die **Regelungen zum Betriebsübergang (§ 613a BGB)** unbeschadet seines auf den AN-Begriff abstellenden Wortlauts auf das Ausbildungsverhältnis Anwendung.[9] Schwierigkeiten kann die Anwendung des § 613a BGB bereiten, soweit die Ausbildung in reinen Ausbildungswerkstätten stattfindet. Betriebsverfassungsrechtlich sind diese inzwischen als eigenständige Einheiten durch § 51 anerkannt. Die anerkannte Eigenständigkeit des reinen Ausbildungsbetriebes spricht dafür, dass das Ausbildungsverhältnis von einem anderweitig erfolgenden Betriebsübergang nicht erfasst wird und somit Vertragskontinuität gegeben ist. Dies kann mit erheblichen Risiken für die weitere Durchführung der Berufsausbildung verbunden sein.[10] Vielfach wird nämlich dem Veräußerer die Fortsetzung

---

1 APS/*Biebl*, § 14 BBiG Rn 3.
2 BAG 21.8.1997 – 5 AZR 713/96 – NZA 1998, 37.
3 ErfK/*Schlachter*, § 3 BBiG Rn 6.
4 Dies gilt nicht für Fälle der Ausbildung in sog. reinen Ausbildungsbetrieben; BAG 21.7.1993 – 7 ABR 35/92 – AP § 5 BetrVG 1972 Ausbildung Nr. 8; BAG 20.3.1996 – 7 ABR 34/95 – AP § 5 BetrVG 1972 Ausbildung Nr. 10; hier kann aber die nach § 51 BetrVG gebildete Interessenvertretung zum Tragen kommen.
5 BAG 22.2.1972 – 2 AZR 205/71 – AP § 15 BBiG Nr. 1; zu weiteren ärztlichen Untersuchungen vgl. §§ 33 ff. JArbSchG.
6 BAG 10.2.1981 – 6 ABR 86/78 – AP § 5 BetrVG Nr. 26 m. Anm. *B. Natzel*; *B. Natzel*, DB 1992, 1524; *Opolony*, BB 2000, 511.
7 BAG 18.4.2002 – 8 AZR 348/01 – DB 2002, 2050.
8 BAG 20.9.2006 – 10 AZR 439/05 – NZA 2007, 977.
9 *Lepke*, BB 1979, 528.
10 Hierauf hinweisend *Mehlich*, NZA 2002, 825.

des Ausbildungsverhältnisses unmöglich, was ihn zu einer nach § 22 Abs. 2 – ausnahmsweise – zulässigen und mit einer Auslauffrist versehenen Künd veranlassen mag. Jedoch sind die Anforderungen an die Zulässigkeit einer Künd angesichts der besonderen Verantwortung des Ausbildenden hoch, was die Künd-Möglichkeit des Veräußerers auf begrenzte Ausnahmefälle beschränkt. Erwirbt der Erwerber nicht zugleich auch den Ausbildungsbetrieb, kann der Veräußerer verpflichtet sein, alle ihm zumutbaren Anstrengungen zu unternehmen, um eine Fortsetzung der Ausbildung zu ermöglichen. Es empfiehlt sich daher, im Rahmen der Verhandlungen über den Betriebsübergang auch den gleichzeitigen Übergang des Ausbildungsbetriebes abzuklären.

Nach der Rspr. des BAG ist der Auszubildende zur Teilnahme an einem **Streik** berechtigt.[11] Der Streik soll damit eine Suspendierung der Hauptpflichten aus dem Ausbildungsverhältnis auslösen können. Diese Rspr. ist mit dem Wesen des Ausbildungsverhältnisses nur schwer in Einklang zu bringen.[12] Auch die Rspr. sieht diese Problematik, stellte doch das BAG in seiner Entscheidung vom 12.9.1984[13] fest, dass Auszubildende zwar zu kurzfristigen (Warn-)Streiks aufgefordert werden dürften, wenn in Tarifverhandlungen Forderungen der Gewerkschaft nach verbesserten Ausbildungsbedingungen verhandelt werden. Ob dies jedoch auch für die Teilnahme an längerfristigen Streiks gelten könne, ließ das Gericht ausdrücklich offen. Kommt es zu einer Verwicklung in einen Arbeitskampf, verliert der Auszubildende seinen Vergütungsanspruch.[14]

Da das Ausbildungsverhältnis durch die Vermittlung von Fertigkeiten und Kenntnissen, nicht jedoch durch das Erbringen von Arbeitsleistung geprägt ist, finden die Regeln über **Kurzarbeit** keine Anwendung.[15] Der Ausbildende hat alle ihm zumutbaren Maßnahmen zu ergreifen, die eine ordnungsgemäße Fortsetzung der Ausbildung ermöglichen. Kann allerdings der Ausbildungsbetrieb wegen Kurzarbeit nicht aufrecht erhalten werden, greift § 19 Abs. 1 Nr. 2; d.h. der Auszubildende erhält bis zur Dauer von sechs Wochen die ungekürzte Ausbildungsvergütung.

3. Mangelnde Berechtigung (§ 10 Abs. 4). Die mangelnde Berechtigung, Auszubildende einzustellen oder auszubilden, berührt die Wirksamkeit des Berufsausbildungsverhältnisses nicht. Ein Mangel ist bei fehlender persönlicher und fachlicher Eignung des Ausbilders bzw. der Ausbildungsstätte anzunehmen (vgl. dazu §§ 27 ff.). Eine bereits bei Vertragsschluss mangelnde Berechtigung berechtigt den Auszubildenden zur Anfechtung oder fristlosen Künd. Stellt sich erst danach ein Mangel ein, kann das Ausbildungsverhältnis nach Maßgabe des § 22 gekündigt werden. Der Ausbildende kann dann Schadensersatzansprüchen nach § 23 ausgesetzt sein.

II. Vertragsniederschrift (§ 11)

Nach **§ 11 Abs. 1** hat der Ausbildende unverzüglich nach Abschluss des Berufsausbildungsvertrages, spätestens vor Beginn der Berufsausbildung den wesentlichen Inhalt des Vertrages schriftlich niederzulegen. Die Niederschrift ist von dem Ausbildenden, dem Auszubildenden und dessen gesetzlichem Vertreter zu unterzeichnen; **§ 11 Abs. 2**. Eine Ausfertigung der unterzeichneten Niederschrift ist sodann den Benannten unverzüglich auszuhändigen; **§ 11 Abs. 3**. Dieses Prozedere gilt entsprechend nach **§ 11 Abs. 4** auch für den Fall von Änderungen des Berufsausbildungsvertrages.

Mit seinen Bestimmungen, was in einer Niederschrift „mindestens" aufzunehmen ist, geht das Gesetz über die Regelungen des NachwG hinaus; es ist damit gegenüber diesen als **lex specialis** anzusehen. Die Mindestangaben erstrecken sich auf die **Art, sachliche und zeitliche Gliederung sowie Ziel der Berufsausbildung, insb. die Berufstätigkeit, für die ausgebildet werden soll** (Nr. 1). All dies geschieht auf der Grundlage der § 4 erlassenen Ausbildungsordnung einschließlich des dort vorgesehenen Ausbildungsrahmenplans. **Beginn und Dauer der Berufsausbildung** (Nr. 2) sind anzugeben. Auch dies folgt den Festlegungen in der Ausbildungsordnung. Gem. § 5 Abs. 1 Nr. 2 soll die Dauer der Berufsausbildung nicht mehr als drei und nicht weniger als zwei Jahre betragen. Regelmäßig richtet sich die Zeit der Berufsausbildung nach der für den jeweiligen Ausbildungsberuf geltenden Ausbildungsordnung. Eine längere Dauer als in der Ausbildungsordnung vorgesehen, darf nicht vereinbart werden.[16] Davon unbenommen sind Abkürzungen der Ausbildung durch Anrechnung beruflicher Vorbildungen entsprechend den Regelungen des § 7 oder Abkürzungen und Verlängerungen nach Maßgabe des § 8.[17] Soweit **Ausbildungsmaßnahmen außerhalb der Ausbildungsstätte** stattfinden, ist dies anzugeben (Nr. 3). Insoweit ist auf § 5 Abs. 2 Nr. 6 zu verweisen, wonach die Ausbildungsordnung festlegen kann, dass die Berufsausbildung in geeigneten Einrichtungen außerhalb der Ausbildungsstätte durchgeführt wird, wenn und soweit es die Berufsausbildung erfordert. Die **Dauer der regelmäßigen täglichen Ausbildungszeit** ist nachzuweisen (Nr. 4). Dabei sind die Vorschriften des ArbZG (hier insb. § 3 ArbZG) sowie bei der Ausbildung Jugendlicher des JArbSchG (hier insb. § 8 JArbSchG) zu berück-

---

[11] Vgl. etwa BAG 12.9.1984 – 1 AZR 432/83 – NZA 1984, 393; BAG 30.8.1994 – 1 AZR 765/93 – NZA 1995, 32.
[12] Vgl. daher etwa die Bedenken bei *Demme*, RdA 1973, 372; *Hromadka*, DB 1972, 876; *B. Natzel*, DB 1983, 1495; *B. Natzel*, Berufsbildungsrecht, S. 133.
[13] BAG 12.9.1984 – 1 AZR 342/83 – NZA 1984, 393.
[14] BAG 30.8.1994 – 1 AZR 765/93 – NZA 1995, 32, mit dem Zusatz, „obwohl es sich insoweit nur um eine Nebenpflicht des AG handelt".
[15] *B. Natzel*, Berufsbildungsrecht, S. 137.
[16] *B. Natzel*, Berufsbildungsrecht, S. 159.
[17] Hierzu hat der Hauptausschuss des Bundesinstituts für Berufsbildung (BiBB) am 27.6.2008 Empfehlungen herausgegeben (abrufbar über www.bibb.de).

sichtigen. Die **Dauer der Probezeit**, die nach § 20 zwischen einem und vier Monaten betragen kann, ist zwingend festzulegen und nachzuweisen (Nr. 5). Über **Zahlung und Höhe der Vergütung** ist der Auszubildende zu informieren (Nr. 6). Diese ist in „angemessener" Höhe zu gewähren (§ 17) und nach Maßgabe des § 18 zu bemessen und auszuzahlen. Die **Dauer des Urlaubs** (Nr. 7) ist konkret in Tagen auszudrücken; ein Verweis auf den gesetzlichen oder kollektivvertraglich festgelegten Mindesturlaub genügt insoweit nicht. Die Niederschrift muss Aussagen über die **Künd** des Berufsausbildungsverhältnisses enthalten (Nr. 8). Nach Ablauf der Probezeit ist eine Künd nur nach Maßgabe des § 22 Abs. 2, 3 möglich. Schließlich hat die Niederschrift einen in allgemeiner Form gehaltenen Hinweis auf die **anzuwendenden Kollektivverträge, BV oder Dienstvereinbarungen** zu enthalten (Nr. 9). Ist in einem TV eine Ausschlussfrist auch mit Wirkung für die Beteiligten eines Ausbildungsverhältnisses geregelt, genügt der Ausbildende seiner gesetzlichen Hinweispflicht nach Nr. 9 mit dem schriftlichen Hinweis auf den TV. Eines besonderen Hinweises auf die Ausschlussfrist bedarf es hier also nicht. Etwas anderes gilt nur, wenn sich die Einschlägigkeit einer Ausschlussfrist aus einer einzelvertraglichen Vereinbarung ergibt.[18] Erlangt ein TV erst nach dem Beginn des Ausbildungsverhältnisses etwa infolge einer Allgemeinverbindlichkeitserklärung Normwirkung, enthebt dieser Umstand den Ausbildenden nicht von seiner gesetzlichen Nachweispflicht nach § 11 Abs. 1 S. 2 Nr. 9.[19] Unterlässt er den Nachweis dennoch, kann dem Auszubildenden ein Schadensersatzanspruch nach Maßgabe des § 280 BGB zustehen. Dieser ist begründet, wenn eine geltend gemachte Forderung bestanden und bei gesetzmäßigem Nachweis des Ausbilders nicht erloschen wäre; ein Mitverschulden des Auszubildenden oder eines vom ihm Bevollmächtigten kann schadensmindernd wirken.[20]

13 Ein **Verstoß gegen das Gebot der Vertragsniederschrift** stellt eine Ordnungswidrigkeit i.S.d. § 109 Abs. 1 Nr. 1, 2 dar, führt aber nicht zur Unwirksamkeit des Vertrags als solchem.[21] Mit seinem wesentlichen Inhalt ist der abgeschlossene Berufsausbildungsvertrag zugleich in das bei der zuständigen Stelle zu führende **Verzeichnis der Berufsausbildungsverhältnisse** einzutragen (§ 34). Antragspflichtig ist insofern der Ausbildende (§ 36). **Fehlt ein wesentlicher Inhaltsteil**, muss der Antrag auf Eintragung in das Verzeichnis der Berufsausbildungsverhältnisse von der zuständigen Stelle abgelehnt werden (§ 35 Abs. 2). Damit können die Voraussetzungen für die Zulassung zur Abschlussprüfung entfallen (§ 43).

III. Nichtige Vereinbarungen (§ 12)

14 Der Berufsausbildungsvertrag unterliegt der Inhaltskontrolle. § 12 legt insoweit Kontrollmaßstäbe fest. So ist nach § 12 Abs. 1 eine Vereinbarung nichtig, die den Auszubildenden für die Zeit nach Beendigung seiner Ausbildung in der beruflichen Tätigkeit beschränkt. Um aber dem Auszubildenden die Chance auf eine Übernahme in ein anschließendes Arbvreh zu ermöglichen, gilt das Bindungsverbot nicht für den Fall, dass sich der Auszubildende innerhalb der letzten sechs Monate des Berufsausbildungsverhältnisses dem Ausbildenden gegenüber verpflichtet, nach dessen Beendigung ein Arbvreh mit dem Ausbildenden einzugehen. Solche Vereinbarungen können auch mit einem Vertragsstrafenversprechen für den Fall des Nichtantritts der Stelle abgesichert werden.[22] Sie widersprechen i.Ü. nicht dem Klauselverbot des § 12 Abs. 2 Nr. 2, das sich auf den Berufsausbildungsvertrag selbst, nicht jedoch einen etwaig nachfolgenden Arbeitsvertrag bezieht.[23]

15 Nach der Rspr. des BAG verbietet § 12 Abs. 1 S. 1 nicht jede mittelbar wirkende Beeinträchtigung der Entscheidungsfreiheit des Auszubildenden. Allerdings hat stets jede Vereinbarung den Verhältnismäßigkeitsgrundsatz zu wahren, für dessen Anwendung wiederum die Maßstäbe des § 12 Abs. 2 heranzuziehen sind.[24] Zu einer mittelbar beschränkenden Klausel gehört etwa eine Regelung, die den Auszubildenden verpflichtet, drei Monate vor Beendigung des Ausbildungsverhältnisses dem Ausbildenden schriftlich anzuzeigen, falls er nach Beendigung der Ausbildung mit dem Ausbildenden kein Arbeitsverhältnis einzugehen gewillt ist.[25]

16 Nichtig ist eine **Vereinbarung über die Verpflichtung des Auszubildenden, eine Entschädigung für die Berufsausbildung zu zahlen (Abs. 2 Nr. 1)**. Über den Wortlaut hinaus ist auch eine Verpflichtung der Eltern des Auszubildenden zur Zahlung einer Entschädigung unzulässig. Die mit einer Ausbildung einhergehenden finanziellen Belastungen sollen möglichst gering gehalten werden.[26]

17 Mit der Regelung, Entschädigungszahlen nicht vorsehen zu können, geht die Regelung über die Kostentragungspflicht hinsichtlich der beruflichen Ausbildung (§ 14 Abs. 1 Nr. 3) einher. Hiernach hat der Ausbildende dem Auszubildenden die Mittel für die betriebliche Ausbildung kostenlos zur Verfügung zu stellen. Zu den Kosten gehören

---

18 BAG 17.4.2002 – 5 AZR 89/01 – NZA 2002, 1096.
19 BAG 24.10.2002 – 6 AZR 743/00 – NZA 2004, 105.
20 BAG 24.10.2002 – 6 AZR 743/00 – NZA 2004, 105.
21 BAG 22.2.1972 – 2 AZR 205/71 – AP § 15 BBiG Nr. 1; BAG 21.8.1997 – 5 AZR 713/96 – NZA 1998, 37.
22 ErfK/*Schlachter*, § 5 BBiG Rn 7; vgl. allg. zur Zulässigkeit von Vertragsstrafen nach dem SchuldRModG: BAG 4.3.2004 – 8 AZR 196/03 – NZA 2004, 727; *Annuß*, BB 2002, 463; *Bartz*, AuA 2002, 138; *Henssler*, RdA 2002,

138; *Hromadka*, NJW 2002, 2528; *Lingemann*, NZA 2002, 191; a.A. *Däubler*, NZA 2001, 1336; *Koppenfels*, NZA 2002, 598.
23 Vgl. auch BAG 23.6.1982 – 5 AZR 168/80 – AP § 5 BBiG Nr. 4.
24 BAG 25.4.2001 – 5 AZR 509/99 – AP § 5 BBiG Nr. 8.
25 BAG 31.1.1974 – 3 AZR 58/73 – AP § 5 BBiG Nr. 1.
26 Vgl. etwa BAG 28.7.1982 – 5 AZR 46/81 – SAE 1983, 213 m. Anm. *Gast*.

betriebliche Sach- und Personalkosten. Auch für Ausbildungsmaßnahmen und sonstige in die Ausbildung einbezogene Ausbildungsveranstaltungen außerhalb der Ausbildungsstätte kann der Ausbildende einzustehen haben.[27] Anderes gilt für die im schulischen Bereich anfallenden Kosten. Hier gelten die privatrechtlichen Bestimmungen der Vorschriften des 2. Teils des BBiG nicht.[28]

Ausdrücklich offen hat es das BAG für den Fall einer weit über das Angemessene i.S.d. § 10 gehenden Ausbildungsvergütung bislang gelassen, ob eine Klausel zulässig ist, aufgrund derer jedenfalls der Differenzbetrag zwischen dem Angemessenen und der tatsächlich gezahlten Ausbildungsvergütung zurückverlangt werden kann.[29] Dies wird aufgrund des Zusammenspiels zwischen den Regelungen über die Kostentragungspflicht einerseits und die Gewährung einer angemessenen Vergütung andererseits zu bejahen sein.[30]

Die **Vereinbarung von Vertragsstrafen** im Berufsausbildungsverhältnis ist unzulässig (**Abs. 2 Nr. 2**).[31] Der Auszubildende soll keinem mittelbaren Druck ausgesetzt sein, an dem mit der Ausbildung angestrebten Beruf aus finanziellen Gründen festhalten zu müssen.[32]

Nach § 12 Abs. 2 Nr. 3 sind **Vereinbarungen über Ausschluss oder Beschränkungen von Schadensersatzansprüchen** nichtig. Das Klauselverbot hindert nicht daran, nachträglich auf einen entstandenen Schadensersatzanspruch zu verzichten. Aus dem Schutzzweck wird überdies abgeleitet, dass das Klauselverbot des § 12 Abs. 2 Nr. 3 haftungsbeschränkende Regelungen zugunsten des Auszubildenden nicht ausschließt.[33]

Das in **Abs. 2 Nr. 4** enthaltene Klauselverbot erklärt die **Festlegung pauschalierter Entschädigungssätze** für nichtig. Dieser Bestimmung kommt eine besondere Bedeutung im Hinblick auf die Schadensersatzvorschrift des § 23 zu.

C. Verbindung zu anderen Rechtsgebieten und zum Prozessrecht

Vielfach beziehen arbeitsrechtliche Gesetze Auszubildende ausdrücklich mit ein. So ist das **BUrlG** nach § 2 auf die zu ihrer Berufsausbildung Beschäftigten anzuwenden. Das **ArbPlSchG** bezieht Auszubildende durch § 15 mit in den Geltungsbereich ein. Berufsausbildungsverhältnisse stehen Arbverh nach dem **BetrAVG** gleich (vgl. § 17 Abs. 1). Ebenso erfasst § 1 Abs. 2 **VermögensbildungsG** diese Personengruppe. Diverse Schutzgesetze (**ArbZG, JArbSchG, BEEG, MuSchG, SchwbG** etc.) sind im Berufsausbildungsverhältnis zu berücksichtigen. Schließlich werden Berufsausbildungsverhältnisse auch im Bereich des **BetrVG** erfasst. Auch wenn das **TVG** Auszubildende nicht erwähnt, können die TV-Parteien ihre Tarifregelungen auch auf Auszubildende erstrecken oder für diese gesonderte TV unter Beachtung des Unabdingbarkeitsgrundsatzes (§ 25) abschließen.[34] Auch **sozialversicherungsrechtlich** sind Auszubildende anderen AN über gleichgestellt (vgl. insoweit § 1 SGB IV).

D. Beraterhinweise

Der Bundesausschuss für Berufsbildung hält ein Vertragsmuster bereit.[35] Es setzt die Bestimmungen des BBiG sowie die sonstigen, im Rahmen der Berufsausbildung relevanten Schutzgesetze um.

Unterabschnitt 2: Pflichten der Auszubildenden

§ 13 Verhalten während der Berufsausbildung

[1]Auszubildende haben sich zu bemühen, die berufliche Handlungsfähigkeit zu erwerben, die zum Erreichen des Ausbildungsziels erforderlich ist. [2]Sie sind insbesondere verpflichtet,
1. die ihnen im Rahmen ihrer Berufsausbildung aufgetragenen Aufgaben sorgfältig auszuführen,
2. an Ausbildungsmaßnahmen teilzunehmen, für die sie nach § 15 freigestellt werden,

---

27 Vgl. insofern BAG 25.4.1984 – 5 AZR 386/83 – AP § 5 BBiG Nr. 5; BAG 21.9.1995 – 5 AZR 94/94 – AP § 5 BBiG Nr. 6.
28 BAG 16.10.1974 – 5 AZR 575/73 – AP § 1 BBiG Nr. 1; BAG 24.6.1999 – 8 AZR 339/98 – NZA 1999, 1275; BAG 25.7.2002 – 6 AZR 381/00 – SAE 2003, 149 m. Anm. *I. Natzel*; 26.9.2002 – 6 AZR 486/00 – DB 2003, 1123.
29 BAG 25.7.2002 – 6 AZR 381/00 – SAE 2003, 149 m. Anm. *I. Natzel*.
30 *I. Natzel*, SAE 2003, 156.
31 Zur Zulässigkeit eines auf das nachfolgende Arbverh bezogenen Strafversprechens vgl. BAG 23.6.1982 – 5 AZR 168/80 – AP § 5 BBiG Nr. 4.
32 Vgl. auch Ausschussbericht BT-Drucks V/4260, S. 7.
33 *Leinemann/Taubert*, § 5 Rn 31.
34 MünchArb/*B. Natzel*, Bd. 2, § 177 Rn 114.
35 Abrufbar unter www.bibb.de/dokumente/pdf/ausbildungsvertrag.pdf.

3. den Weisungen zu folgen, die ihnen im Rahmen der Berufsausbildung von Ausbildenden, von Ausbildern oder Ausbilderinnen oder von anderen weisungsberechtigten Personen erteilt werden,
4. die für die Ausbildungsstätte geltende Ordnung zu beachten,
5. Werkzeug, Maschinen und sonstige Einrichtungen pfleglich zu behandeln,
6. über Betriebs- und Geschäftsgeheimnisse Stillschweigen zu wahren.

Unterabschnitt 3: Pflichten der Ausbildenden

§ 14 Berufsausbildung

(1) Ausbildende haben
1. dafür zu sorgen, dass den Auszubildenden die berufliche Handlungsfähigkeit vermittelt wird, die zum Erreichen des Ausbildungsziels erforderlich ist, und die Berufsausbildung in einer durch ihren Zweck gebotenen Form planmäßig, zeitlich und sachlich gegliedert so durchzuführen, dass das Ausbildungsziel in der vorgesehenen Ausbildungszeit erreicht werden kann,
2. selbst auszubilden oder einen Ausbilder oder eine Ausbilderin ausdrücklich damit zu beauftragen,
3. Auszubildenden kostenlos die Ausbildungsmittel, insbesondere Werkzeuge und Werkstoffe zur Verfügung zu stellen, die zur Berufsausbildung und zum Ablegen von Zwischen- und Abschlussprüfungen, auch soweit solche nach Beendigung des Berufsausbildungsverhältnisses stattfinden, erforderlich sind,
4. Auszubildende zum Besuch der Berufsschule sowie zum Führen von schriftlichen Ausbildungsnachweisen anzuhalten, soweit solche im Rahmen der Berufsausbildung verlangt werden, und diese durchzusehen,
5. dafür zu sorgen, dass Auszubildende charakterlich gefördert sowie sittlich und körperlich nicht gefährdet werden.

(2) Auszubildenden dürfen nur Aufgaben übertragen werden, die dem Ausbildungszweck dienen und ihren körperlichen Kräften angemessen sind.

§ 15 Freistellung

[1]Ausbildende haben Auszubildende für die Teilnahme am Berufsschulunterricht und an Prüfungen freizustellen. [2]Das Gleiche gilt, wenn Ausbildungsmaßnahmen außerhalb der Ausbildungsstätte durchzuführen sind.

§ 16 Zeugnis

(1) [1]Ausbildende haben den Auszubildenden bei Beendigung des Berufsausbildungsverhältnisses ein schriftliches Zeugnis auszustellen. [2]Die elektronische Form ist ausgeschlossen. [3]Haben Ausbildende die Berufsausbildung nicht selbst durchgeführt, so soll auch der Ausbilder oder die Ausbilderin das Zeugnis unterschreiben.

(2) [1]Das Zeugnis muss Angaben enthalten über Art, Dauer und Ziel der Berufsausbildung sowie über die erworbenen beruflichen Fertigkeiten, Kenntnisse und Fähigkeiten der Auszubildenden. [2]Auf Verlangen Auszubildender sind auch Angaben über Verhalten und Leistung aufzunehmen.

Literatur zu den §§ 13–16: *Eule*, Der Begriff des Ausbilders nach dem Berufsbildungsgesetz, BB 1991, 2366; *Leinemann/Taubert*, BBiG; *B. Natzel*, Berufsbildungsrecht, 3. Aufl., 1982; *ders.*, Zur Angemessenheit der Ausbildungsvergütung, DB 1992, 1521; *Sowka*, Änderungen im Mutterschutzrecht und im Jugendarbeitsschutzrecht, NZA 1997, 296

A. Allgemeines 1	2. Freistellungspflicht (§ 15) 17
B. Regelungsgehalt 2	3. Zeugnispflicht (§ 16) 18
I. Pflichten des Auszubildenden (§ 13) 2	C. Verbindung zu anderen Rechtsgebieten und zum
II. Pflichten des Ausbildenden 7	Prozessrecht 21
1. Ausbildungspflicht (§ 14) 7	D. Beraterhinweise 23

A. Allgemeines

Die §§ 13 bis 16 behandeln in einem nicht als abschließend anzusehenden Katalog die Pflichten der Parteien des Ausbildungsvertrags. Sie sind auf ein Ziel hin ausgerichtet: die Vermittlung beruflicher Handlungsfähigkeit. Gerade darin unterscheidet sich das Berufsausbildungsverhältnis in seinem Kern vom Wesen des Arbverh, das auf den Austausch von Arbeitsleistung gegen Entgelt ausgerichtet ist.

B. Regelungsgehalt

I. Pflichten des Auszubildenden (§ 13)

§ 13 legt die Hauptpflichten[1] des Auszubildenden fest, die unmittelbar mit denen des Ausbildenden korrespondieren, wie sie in § 6 festgelegt sind. Seine Hauptpflicht ist es, sich zu bemühen, die berufliche Handlungsfähigkeit zu erwerben, die zum Erreichen des Ausbildungsziels erforderlich ist. Diese Pflicht kann auch außerhalb der betrieblichen Ausbildungszeit zu beachten sein.[2]

Durch § 13 S. 2 wird die Hauptpflicht in nicht abschließender Form konkretisiert. Der Auszubildende hat zunächst die im Rahmen seiner Berufsausbildung, also die nach Maßgabe des § 14 aufgetragenen Verrichtungen sorgfältig auszuführen; **Nr. 1**. Dabei ist hinsichtlich des Sorgfaltsmaßstabes dem jeweiligen Entwicklungs- und Ausbildungsstand Rechnung zu tragen.

Der Auszubildende hat am Berufsschulunterricht sowie den außerhalb der Ausbildungsstätte durchgeführten Maßnahmen teilzunehmen; **Nr. 2**. Fraglich ist insoweit, ob ein Teilnahmezwang auch im Hinblick auf Prüfungen besteht. Der Wortlaut der Nr. 2 i.V.m. § 7 mag einen solchen nahe legen. Dagegen spricht indes das Ausbildungsziel, das in der Vermittlung der in der Ausbildungsordnung festgelegten Fertigkeiten und Kenntnisse, nicht indes in der Dokumentation durch ein erfolgreiches Bestehen der Abschlussprüfung zu sehen ist.[3] Hat sich aber der Auszubildende zu Zwecken der Prüfungsteilnahme freistellen lassen, nimmt er jedoch daran nicht teil, stellt dies einen Verstoß gegen seine Pflichten im Ausbildungsverhältnis dar, der mit den allgemeinen Instrumentarien sanktionierbar ist. So kann bei schuldhafter Nichtteilnahme am Berufsschulunterricht trotz Freistellung die Vergütung für jeden einzelnen Fehltag um $1/30$ gekürzt werden.[4]

Den Weisungen des Ausbildenden bzw. der ihn vertretenden Personen hat der Auszubildende Folge zu leisten; **Nr. 3**. Diese Pflicht besteht nur bzgl. der Weisungen, die vom Direktionsrecht gedeckt sind. Sie müssen sich also im Rahmen des § 14 Abs. 2 halten und i.Ü. den Grundsätzen der Billigkeit entsprechen. Die für die Ausbildungsstätte geltende Ordnung, insb. die Ordnungsvorschriften etwa der ArbStättVO sowie die betrieblich vorgegebenen Ordnungsregeln sind zu beachten; **Nr. 4**. Werkzeuge, Maschinen und sonstige Einrichtungen sind pfleglich zu behandeln; **Nr. 5**. Über Betriebs- und Geschäftsgeheimnisse ist Stillschweigen zu bewahren; **Nr. 6**.

Der in § 13 enthaltene Katalog von Pflichten ist nicht abschließend. Weitere Pflichten, wie etwa Wettbewerb zu unterlassen, können sich aus anderen gesetzlichen Vorschriften oder Rechtsgrundsätzen ergeben.[5] Die Verletzung der durch § 13 spezifizierten Pflichten kann je nach Einzelfall einen Grund zur fristlosen Künd nach § 22 Abs. 2 abgeben. I.Ü. kann der Auszubildende für Pflichtverletzungen nach allgemeinen arbeitsrechtlichen Haftungsgrundsätzen einzustehen haben; dabei kann der Auszubildende sich allerdings wie sonst auch nur dann auf eine Haftungserleichterung berufen, wenn der Haftungstatbestand betrieblich veranlasst ist. Einsichtsfähigkeit und Ausbildungsstand sind hier jedoch ebenso zu berücksichtigen wie ein etwaiges Mitverschulden des Ausbildenden, der seine eigenen Einweisungs-, Hinweis- oder sonstige Aufsichtspflichten verletzt hat.[6]

II. Pflichten des Ausbildenden

1. Ausbildungspflicht (§ 14). Der Ausbildende hat dafür zu sorgen, dass dem Auszubildenden die berufliche Handlungsfähigkeit vermittelt wird, die zum Erreichen des Ausbildungsziels, wie es durch die Ausbildungsordnung vorgegeben wird und in der Niederschrift zu dokumentieren ist, erforderlich ist; **Abs. 1 Nr. 1**. Ein inhaltliches Abweichen von den Vorgaben der Ausbildungsordnung ist unzulässig. Soweit es sich mit dem Inhalt der Ausbildung vereinbaren lässt, ist aber u.U. eine andere sachliche und zeitliche Ordnung der Ausbildungsabschnitte als zulässig anzusehen.[7]

---

1 Lediglich von „Mitwirkungspflichten" zu sprechen (so ErfK/*Schlachter*, § 9 BBiG Rn 1), wird Kern und Bedeutung der vom Auszubildenden abverlangten Pflichten nicht gerecht.
2 So für das Führen von Berichtsheften: BAG 11.1.1973 – 5 AZR 467/72 – AP § 6 BBiG Nr. 1.
3 *B. Natzel*, Berufsbildungsrecht, S. 213 f.
4 Dieser Faktor folgt der Berechnungsformel des § 18 Abs. 1.
5 BAG 20.9.2006 – 10 AZR 439/05 – DB 2007, 346.
6 BAG 7.7.1970 – 1 AZR 507/69 – AP § 611 BGB Haftung des Arbeitnehmers Nr. 59; v. 20.9.2006 – 10 AZR 439/05 – DB 2007, 346.
7 ErfK/*Schlachter*, § 6 BBiG Rn 2; zum Streitstand insgesamt mit abw. Auffassung: Leinemann/Taubert, § 6 Rn 11.

8 Die in Nr. 1 auf die betriebliche Ausbildung bezogene Pflicht gibt dem Auszubildenden zugleich einen Anspruch auf Ausbildung durch tatsächliche Beschäftigung zu Zwecken seiner Ausbildung. Kommt der Ausbildende ihr nicht nach, kann dies zu einem Entzug der Ausbildungsbefugnis (§ 33) sowie zur Verhängung eines Ordnungsgeldes (§ 102) führen.[8] I.Ü. kommt bei Verletzung der Ausbildungspflicht auch eine Haftung des Ausbildenden in Betracht, sofern diese für das Nichtbestehen der Abschlussprüfung kausal ist.[9] Der Auszubildende muss sich gem. § 254 BGB mitwirkendes Verschulden zurechnen lassen, wenn er sich nicht entsprechend § 13 bemüht hat, das Ausbildungsziel zu erreichen. Zur Darlegung eines Mitverschuldens genügt nicht der pauschale Vorwurf der Faulheit oder Lernunwilligkeit; es muss konkret vorgetragen werden, was der Auszubildende oder dessen gesetzlichen Vertreter versäumt haben.[10]

9 Bildet der Ausbildende nicht selbst aus, kann er sich eines Ausbilders bedienen; **Abs. 1 Nr. 2**. Dieser muss nach Maßgabe der §§ 28 ff. eine persönliche wie fachliche Eignung aufweisen.[11] Der Ausbildung durch den Ausbilder muss eine **ausdrückliche Beauftragung** zugrunde liegen. I.Ü. sind die Mitbestimmungsrechte des BR (vgl. § 98 Abs. 2 BetrVG) sowie die Anzeigepflicht gegenüber der nach §§ 71 ff. jeweils zuständigen Stelle (§ 36 Abs. 2 Nr. 2) zu beachten.

10 Gleichermaßen ist es möglich, **Ausbildungsmaßnahmen außerhalb der Ausbildungsstätte** durchzuführen (§ 27 Abs. 2). Auch die außerbetriebliche Ausbildungsstätte fungiert als Erfüllungsgehilfe des Ausbildenden, der weiterhin für die Erfüllung seiner sich aus Gesetz und Vertrag ergebenden Pflichten einzustehen hat. Eine besondere Form der über die Grenzen eines Betriebes hinausgehenden Ausbildung stellt die **Verbundausbildung** dar (§ 10 Abs. 5).[12] Hier richtet sich die Frage nach den Rechten und Pflichten der jeweiligen Ausbildungsbeteiligten danach, wer als Vertragspartner gegenüber dem Auszubildenden auftritt.

11 Der Ausbildende hat dem Auszubildenden **kostenlos die Ausbildungsmittel zur Verfügung zu stellen**, die zur Berufsausbildung und zum Ablegen von Zwischen- und Abschlussprüfungen erforderlich sind, auch soweit diese nach Beendigung des Berufsausbildungsverhältnisses stattfinden; **Abs. 1 Nr. 3**. Ihn trifft also die Last der Kostentragung. Diese Kosten können nicht auf den Auszubildenden oder dessen Eltern abgewälzt werden (vgl. insoweit auch § 12 Abs. 2). Zu den Kosten gehören betriebliche Sach- und Personalkosten, soweit sie mit dem betrieblichen Teil der Ausbildung anfallen. Aber auch für Ausbildungsmaßnahmen und sonstige in die Ausbildung einbezogene Ausbildungsveranstaltungen außerhalb der Ausbildungsstätte kann der Ausbildende einzustehen haben.[13] Entscheidend ist insoweit, ob es sich um Kosten handelt, die mit einer gesetzlichen oder vertraglichen Ausbildungsverpflichtung im Zusammenhang stehen, oder um Kosten anlässlich von Maßnahmen, die der Ausbildende im Einverständnis mit dem Auszubildenden in seine Ausbildungspflicht einbezieht.[14]

12 Keine Kostentragungspflicht besteht den schulischen Bereich betreffend. Schon frühzeitig hat insoweit das BAG darauf verwiesen, dass die für die vertraglichen Beziehungen zwischen dem Ausbildenden und dem Auszubildenden maßgeblichen Vorschriften nur für die betriebliche Berufsausbildung, nicht jedoch für den Bereich der schulischen Bildung gelten.[15] Kosten für Lehrmittel, die im Rahmen der Ausbildung im dualen System für die schulische Ausbildung gebraucht werden, sowie Fahrtkosten zur Berufsschule, etwaige Verpflegungs- oder Unterbringungskosten hat daher der Auszubildende zu tragen.[16] Hieraus rechtfertigt sich auch sein Anspruch auf angemessene Vergütung (§ 17); sie dient der Bestreitung auch dieser Kosten.[17]

13 Die zur Verfügung zu stellenden Ausbildungsmittel hat der Auszubildende sorgsam zu behandeln. Im Falle deren Schädigung haftet er nach den allgemeinen arbeitsrechtlichen Haftungsgrundsätzen. Die mit den Ausbildungsmitteln erstellten Arbeitsergebnisse bleiben im Eigentum des Ausbildenden.[18]

14 Der Ausbildende hat nach **Abs. 1 Nr. 4** zum Besuch der Berufsschule anzuhalten. Für die Teilnahme am Berufsschulunterricht und an Prüfungen ist der Auszubildende gegen Fortzahlung seiner Vergütung freizustellen (§ 19). Soweit dies in der Ausbildungsordnung vorgesehen ist, ist der Ausbildende ebenso verpflichtet, den Auszubildenden zum

---

8 Zum Schadensersatzanspruch bei Ausbildungspflicht, die zum Abbruch der Ausbildung geführt hat vgl. LAG Köln 30.10.1998 – 11 Sa 180/98 – NZA 1999, 317.
9 BAG 10.6.1976 – 3 AZR 412/75 – AP § 6 BBiG Nr. 2.
10 BAG 10.6.1976 – 3 AZR 412/75 – AP § 6 BBiG Nr. 2.
11 Zum Begriff des Ausbilder und seiner Rolle vgl. *Eule*, BB 1991, 2366.
12 Vgl. zu dieser eingehend *Stück/Mühlhausen*, NZA-RR 2006, 169 ff.
13 Vgl. insofern BAG 25.4.1984 – 5 AZR 386/83 – AP § 5 BBiG Nr. 5; BAG 21.9.1995 – 5 AZR 994/94 – AP § 5 BBiG Nr. 6.
14 So ausdrücklich BAG 25.4.1984 – 5 AZR 386/83 – AP § 5 BBiG Nr. 5.
15 BAG 16.10.1974 – 5 AZR 75/73 – AP § 1 BBiG Nr. 1.
16 BAG 16.12.1976 – 3 AZR 556/75 – AP § 611 BGB Ausbildungsverhältnis Nr. 1; BAG 25.4.2001 – 5 AZR 509/99 – RdA 2002, 184; BAG 26.9.2002 – 6 AZR 486/00 – DB 2003, 1123; zur Abgrenzung vom Ausbildenden zu tragender Kosten der betrieblichen zur schulischen Ausbildung vgl. *I. Natzel*, SAE 2003, 153.
17 Vgl. hierzu auch *B. Natzel/I. Natzel*, SAE 1997, 116; *B. Natzel*, DB 1992,1521.
18 Je nach Einzelfallgestaltung ist aber dem Auszubildenden das Eigentum an Prüfungsstücken zu gewähren; vgl. dazu: BAG 3.3.1960 – 5 AZR 352/58 – DB 1960, 643; LAG Köln 20.12.2001 – 10 Sa 430/01 – MDR 2002, 1016; zum Recht am Prüfungsstück vgl. i.Ü. MünchArb/*B. Natzel*, Bd. 2, § 178 Rn 99 f.

Führen schriftlicher Ausbildungsnachweise anzuhalten und diese zu prüfen. Insoweit besteht allerdings kein Anspruch des Auszubildenden, die Nachweise während der Ausbildungszeit zu erstellen.[19] Ausbildungsnachweise sind der zuständigen Stelle als Zulassungsvoraussetzung für die Abschlussprüfung vorzulegen (§ 43).

Dem Ausbildenden erwächst gegenüber dem regelmäßig noch jungen Auszubildenden eine besondere Fürsorgepflicht. Er hat dafür zu sorgen, dass der Auszubildende charakterlich gefördert sowie sittlich und körperlich nicht gefährdet wird; **Abs. 1 Nr. 5**. Diese Sorgepflicht beinhaltet nicht die Pflicht oder auch das Recht zur Erziehung der Gesamtpersönlichkeit, sondern muss einen Bezug zum Ausbildungszweck selbst aufweisen.[20]

Das Ausbildungsverhältnis ist geprägt durch die Vermittlung von Fertigkeiten, Kenntnissen und Fähigkeiten sowie dem Bemühen, sich diese anzueignen. Nicht jedoch ist es auf den Austausch von Arbeitsleistung gegen Entgelt ausgerichtet. Dementsprechend sieht § 14 Abs. 2 vor, dass dem Auszubildenden nur **Verrichtungen übertragen werden, die dem Ausbildungszweck dienen** und seinen körperlichen Kräften angemessen sind. In positiver Hinsicht bedeutet dies, dass der Ausbildende dem Auszubildenden alle im Rahmen der zu erlernenden Tätigkeiten erforderlichen beruflichen Handlungsfähigkeiten zu vermitteln hat und die Aufgabenübertragung zu allen berufspädagogisch sinnvollen Lernzielen somit erfolgen darf. Dies schließt im Rahmen des normalen Betriebsablaufs anfallende Zusammenhangstätigkeiten (z.B. übliche Wartungs-, Pflege- und Reinigungsarbeiten) mit ein.[21] Soweit gegen das Verbot der Übertragung ausbildungsungeeigneter Tätigkeiten verstoßen wird, kann dies nach § 102 Abs. 1 Nr. 3 als Ordnungswidrigkeit geahndet werden.

2. Freistellungspflicht (§ 15). Mit der in § 14 Abs. 1 Nr. 4 enthaltenen Verpflichtung, zum Besuch der Berufsschule anzuhalten, korrespondiert die in § 15 gesetzlich festgeschriebene Pflicht, den Auszubildenden für die Teilnahme am Berufsschulunterricht und an Prüfungen freizustellen, ohne dass der Auszubildende insoweit zum Nachholen betrieblicher Ausbildung verpflichtet werden kann.[22] Die Freistellungspflicht ist umfassend und kann über die Zeit, zu der der Auszubildende zwingend zur Teilnahme am Berufsschulunterricht verpflichtet ist, hinausgehen. Sie umfasst auch die Zeiträume, in denen der Auszubildende zwar nicht am Berufsschulunterricht teilnehmen muss, er aber wegen des Schulbesuchs aus tatsächlichen Gründen (Verbleib an der Berufsschule zwecks Überbrückung einer unterrichtsfreien Zeit, notwendige Wegezeiten etc.) gehindert ist, im Ausbildungsbetrieb an der betrieblichen Ausbildung teilzunehmen.[23] Während der Freistellung ist dem Auszubildenden die Vergütung fortzuzahlen (§ 19 Abs. 1 Nr. 1). Darüber hinaus besteht jedoch kein Anspruch auf Erstattung von Fahrtkosten oder Freizeitausgleich wegen der aufgewandten Wegezeit außerhalb der Zeit der betrieblichen Ausbildung.[24]

3. Zeugnispflicht (§ 16). Der Ausbildende hat dem Auszubildenden bei Beendigung des Berufsausbildungsverhältnisses ein schriftliches Zeugnis zwingend auszustellen. Hat der Ausbildende die Berufsausbildung nicht selbst durchgeführt, so soll auch der Ausbilder das Zeugnis unterschreiben. Die Nichtbefolgung dieser Soll-Vorschrift des § 16 Abs. 1 S. 2 führt nicht zur Unwirksamkeit des Zeugnisses. Jedoch darf der Ausbilder insoweit auch nicht willkürlich seine Unterschriftsleistung verweigern. Soweit der Auszubildende mehrere Ausbilder hatte, sollte im Zweifelsfall die Unterschriftsleistung eines jeden auf dem Zeugnis vorhanden sein.

Das Zeugnis muss Angaben enthalten über Art, Dauer und Ziel der Berufsausbildung sowie über die erworbenen Fertigkeiten und Kenntnisse des Auszubildenden. Auf Verlangen des Auszubildenden hat der Ausbildende auch ein qualifiziertes Zeugnis zu erstellen, das sich auch auf Verhalten und Leistung erstreckt. Stellt der Auszubildende ein solches Verlangen nicht, soll ihm ein solches auch nicht aufgedrängt werden können.[25]

I.Ü. gelten die allgemeinen Zeugnisgrundsätze. Das Zeugnis muss also den Grundsätzen der Wahrheit und des Wohlwollens entsprechen. Letzteres schließt auch für die Beurteilung des Auszubildenden nachteilige Tatsachen mit ein, und zwar auch dann, wenn der Auszubildende gerade ein qualifiziertes Zeugnis verlangt hat. Insofern hat der Ausbildende im Streitfall für die Tatsachen Beweis zu erbringen, die er seiner Bewertung zugrundegelegt hat.

C. Verbindung zu anderen Rechtsgebieten und zum Prozessrecht

Neben der Freistellungspflicht nach § 15 kann auch eine **Freistellungspflicht zur Teilnahme am Berufsschulunterricht aus § 9 Abs. 1 S. 1 JArbSchG** gegeben sein. Die dort enthaltenen besonderen Anrechnungsvorschriften sind bei Ausbildungsverhältnissen mit Minderjährigen zu berücksichtigen. Die früher noch im Gesetz enthaltene Erstreckung der besonderen arbeitszeitrechtlichen Regelungen auf berufsschulpflichtige Personen über 18 Jahren (§ 9 Abs. 4 JArbSchG a.F.) ist gestrichen.[26] § 9 Abs. 1 S. 2 JArbSchG legt im Einzelnen fest, wann neben der Berufsschule

---

19 BAG 11.1.1973 – 5 AZR 467/72 – AP § 6 BBiG Nr. 1.
20 So auch BVerwG 9.11.1962 – VII P 13/61 – AP Art. 4 GG Nr. 1.
21 MünchArb/*B. Natzel*, Bd. 2, § 178 Rn 132.
22 Vgl. dazu auch *B. Natzel*, Berufsbildungsrecht, S. 193 f.
23 BAG 26.3.2001 – 5 AZR 413/99 – NZA 2001, 892.
24 BAG 26.3.2001 – 5 AZR 413/99 – NZA 2001, 892; BAG 11.1.1973 – 5 AZR 467/72 – DB 1973, 831.
25 So jedenfalls LAG Hamm 30.1.2002 – 4 Ta 286/01 – juris.
26 Zu den Beschäftigungsmöglichkeiten volljähriger Auszubildender nach Streichung des § 9 Abs. 4 JArbSchG vgl. *Mitsch/Richter*, AuA 1997, 256.

eine Beschäftigung nicht stattfinden darf. Schließlich enthält § 9 Abs. 2 JArbSchG[27] eine besondere Anrechnungsregelung von Berufsschulzeiten auf betriebliche Ausbildungszeiten. Hierauf bezogen hat das BAG ausdrücklich festgestellt, dass diese Anrechnungsregelung mit Außerkrafttreten des § 9 Abs. 4 JArbSchG auf volljährige Auszubildende nicht mehr anzuwenden sei. Für diese Auszubildenden könne deshalb die Summe von Berufsschul- und betrieblichen Ausbildungszeiten kalenderwöchentlich größer als die regelmäßige tarifliche Ausbildungszeit sein.[28]

22 Die Frage der Anrechenbarkeit von Berufsschulzeiten kann sich nur stellen, soweit schulische und betriebliche Ausbildungszeiten miteinander kollidieren. Nicht jedoch kann dem Auszubildenden, dessen individual- oder kollektivvertraglich festgelegte Ausbildungszeit aufgrund des Schulbesuches überschritten wird, ein Anspruch auf Freizeitausgleich erwachsen.[29] Berufsschultage werden damit nach § 9 Abs. 2 Nr. 1 JArbSchG Berufsschultage mit acht Stunden auf die gesetzliche Höchstarbeitszeit von 40 Stunden, nicht aber auf die jeweilige individual- oder tarifvertraglich festgelegte Ausbildungszeit angerechnet.

D. Beraterhinweise

23 Die Ausbildungspflicht und damit verbunden der Anspruch auf Ausbildung stellen eine **unvertretbare Handlung** dar; beides kann ausschließlich nach Maßgabe des § 888 Abs. 1 ZPO vollstreckt werden.[30]

Unterabschnitt 4: Vergütung

§ 17 Vergütungsanspruch

(1) ¹Ausbildende haben Auszubildenden eine angemessene Vergütung zu gewähren. ²Sie ist nach dem Lebensalter der Auszubildenden so zu bemessen, dass sie mit fortschreitender Berufsausbildung, mindestens jährlich, ansteigt.
(2) Sachleistungen können in Höhe der nach § 17 Abs. 1 Satz 1 Nr. 4 des Vierten Buches Sozialgesetzbuch festgesetzten Sachbezugswerte angerechnet werden, jedoch nicht über 75 Prozent der Bruttovergütung hinaus.
(3) Eine über die vereinbarte regelmäßige tägliche Ausbildungszeit hinausgehende Beschäftigung ist besonders zu vergüten oder durch entsprechende Freizeit auszugleichen.

§ 18 Bemessung und Fälligkeit der Vergütung

(1) ¹Die Vergütung bemisst sich nach Monaten. ²Bei Berechnung der Vergütung für einzelne Tage wird der Monat zu 30 Tagen gerechnet.
(2) Die Vergütung für den laufenden Kalendermonat ist spätestens am letzten Arbeitstag des Monats zu zahlen.

§ 19 Fortzahlung der Vergütung

(1) Auszubildenden ist die Vergütung auch zu zahlen
1. für die Zeit der Freistellung (§ 15),
2. bis zur Dauer von sechs Wochen, wenn sie
   a) sich für die Berufsausbildung bereithalten, diese aber ausfällt oder
   b) aus einem sonstigen, in ihrer Person liegenden Grund unverschuldet verhindert sind, ihre Pflichten aus dem Berufsausbildungsverhältnis zu erfüllen.
(2) Können Auszubildende während der Zeit, für welche die Vergütung fortzuzahlen ist, aus berechtigtem Grund Sachleistungen nicht abnehmen, so sind diese nach den Sachbezugswerten (§ 17 Abs. 2) abzugelten.

---

27 Für die Teilnahme an Prüfungen und außerbetrieblichen Ausbildungsmaßnahmen gilt § 10 JarbSchG.
28 BAG 26.3.2001 – 5 AZR 413/99 – NZA 2001, 892; 13.2.2003– 6 AZR 537/01 – DB 2003, 1743; vgl. hierzu bereits auch *Sowka*, NZA 1997, 298.
29 BAG 27.5.1992 – 5 AZR 252/91 SAE 1993, 204 m. Anm. *B. Natzel*.
30 LAG Berlin 19.1.1978 – 9 Ta 1/78 – AP § 888 ZPO Nr. 9.

Literatur zu den §§ 17–19: *Littenscheid*, NZA 2006, 639; *B. Natzel*, Berufsbildungsrecht, 3. Aufl., 1982; *ders.*, Die Vergütung des Auszubildenden, DB 1970, 2267; *ders.*, Zur Angemessenheit der Ausbildungsvergütung, DB 1992,1521; *Opolony*, Die angemessene Ausbildungsvergütung gemäß § 10 Abs. 1 BBiG, BB 2000, 511

A. Allgemeines	1	III. Fortzahlung der Vergütung (§ 19)	11
B. Regelungsgehalt	2	C. Verbindung zu anderen Rechtsgebieten und zum Prozessrecht	14
I. Angemessene Ausbildungsvergütung (§ 17 Abs. 1)	2	D. Beraterhinweise	16
II. Beschäftigung über die vereinbarte regelmäßige tägliche Ausbildungszeit hinaus (§ 17 Abs. 3)	8		

A. Allgemeines

§§ 17 ff. enthalten die wesentlichen Vergütungsregelungen. Mit der Zahlung einer Auszubildendenvergütung wird **vertragliche Nebenpflicht** erfüllt.[1] Die Vergütung selbst ist damit kein Entgelt für Arbeitsleistung.[2] Allerdings misst das BAG ihr neben der Funktion der finanziellen Hilfestellung für den Auszubildenden die Funktion zu, die Heranbildung eines ausreichenden Nachwuchses an qualifizierten Fachkräften zu gewährleisten und eine gewisse Entlohnung darzustellen.[3] Wenn überhaupt, dürfte letzterem Gesichtspunkt nur eine untergeordnete Rolle zukommen, ist doch der Auszubildende nicht zum Abruf von Arbeitsleistungen berechtigt, sondern darf lediglich Verrichtungen übertragen, die dem Ausbildungszweck dienen und den körperlichen Kräften angemessen sind (§ 14 Abs. 2). Richtigerweise ist daher davon zu sprechen, dass es sich bei der Ausbildungsvergütung primär um einen **Beitrag zur Durchführung der Ausbildung** handelt.[4] Der Auszubildende soll so finanzielle Mittel in der Hand haben, die er für seine berufliche Ausbildung benötigt. Auch hat die Ausbildungsvergütung die Funktion einer gewissen Grundabsicherung, die es dem Auszubildenden ermöglicht, seine Kräfte angemessen auf die Ausbildung zu konzentrieren.

B. Regelungsgehalt

I. Angemessene Ausbildungsvergütung (§ 17 Abs. 1)

Dem Auszubildenden ist nach § 17 Abs. 1 S. 1 eine angemessene Ausbildungsvergütung zu gewähren. Der **unbestimmte Rechtsbegriff der Angemessenheit** bedingt, dass ein Anspruch auf eine von vornherein bestimmte fixierte Vergütung nicht besteht. Mangels einer Arbeitsleistung, die vergütet werden könnte, können regelmäßig Entlohnungsgesichtspunkte zur Beurteilung der Angemessenheit ebenso wenig eine Rolle spielen wie Erwägungen hinsichtlich der Absicherung eines gewissen Lebensstandards oder eines Zuschusses hierfür.[5] Richtigerweise ist daher auf die vom Auszubildenden im Zusammenhang mit seiner Ausbildung im unmittelbaren Zusammenhang stehenden Aufwendungen abzustellen.[6]

Besteht bereits ein TV, an den die Vertragspartner gebunden sind, ist dieser maßgeblich. Schließen die TV-Parteien im Nachwirkungszeitraum rückwirkend einen für den Auszubildenden ungünstigeren TV ab, ist dieser maßgeblich; insoweit ist also der Auszubildende – ebenso wie der tarifunterworfene AN – nicht in seinem Vertrauen auf die für ihn günstigere Regelung geschützt.[7] Indes mindert aufgrund des eigenständigen Charakters der Vereinbarung eine nach Vertragsschluss erfolgte Absenkung von Tarifsätzen die vertraglich geschuldete Ausbildungsvergütung dann nicht, wenn im Vertrag konkret bezifferte Vergütungssätze für das jeweilige Ausbildungsjahr als angemessene Ausbildungsvergütung vereinbart und zudem bestimmt ist, dass mindestens die jeweils gültigen Tarifsätze gelten, und der Klausel aus diesem Grunde ein nicht nur deklaratorischer Charakter zuzumessen ist.[8]

Aus dem Vorhandensein eines TV, an den die Vertragsparteien selbst nicht gebunden sind, kann nicht gefolgert werden, dieser sei selbst angemessen; dies wird auch durch die erheblichen Differenzen bei den Ausbildungsvergütungen der jeweiligen Branchen belegt.[9] Die Rspr. des BAG orientiert sich allerdings an TV, soweit diese einschlägig sind. Daneben zieht sie als unverbindliche Richtsätze die in einschlägigen und verwandten Berufen gewährte Vergütung oder die örtliche Praxis heran.[10] Um welchen Satz die herangezogenen Tarifvergütungen unterschritten werden können, ist einzelfallbezogen zu beurteilen. So hat das BAG ein **Unterschreiten der Höhe der tariflich festgelegten Ausbildungsvergütung** um nicht mehr als 20 % gegenüber dem einschlägigen TV bei fehlender Tarifbindung i.d.R.

---

1 BAG 10.2.1981 – 6 ABR 86/71 – AP § 5 BetrVG Nr. 6 m.Anm. *B. Natzel*; *B. Natzel*, DB 1992, 1524; *Opolony*, BB 2000, 511.
2 BAG 20.10.1983 – 6 AZR 590/80 – DB 1984, 1306; wohl aber den Aspekt kommerzieller Verwertbarkeit heranziehend: BAG 8.5.2003 – 6 AZR 191/62 – NZA 2003, 1343.
3 BAG 15.11.2000 – 5 AZR 296/99 – BB 2001, 1481; v. 22.1.2008 – 9 AZR 999/06 – DB 2008, 1326.
4 Ebenso i.d.S.: *B. Natzel*, DB 1992, 1524.
5 *B. Natzel/I. Natzel*, SAE 1997, 120.
6 *B. Natzel*, DB 1992, 1527.
7 BAG 8.9.1999 – 4 AZR 661/98 – BB 2000, 99; BAG 13.12.2000 – 5 AZR 336/99 – juris.
8 BAG 26.9.2002 – 6 AZR 434/00 – NZA 2003, 435.
9 Mit Beispielen hierzu: *B. Natzel/I. Natzel*, SAE 1997, 119.
10 So etwa die Empfehlungen von Kammern und Innungen BAG 30.9.1998 – 5 AZR 690/97 – AP § 10 BBiG Nr. 8.

noch als zulässig angesehen.[11] Diese von der Rspr. aufgestellte Grenze gilt allerdings nicht ausnahmslos. Vielmehr ist nach der Rspr. bei der Angemessenheitsprüfung der mit der Ausbildung verfolgte Zweck zu berücksichtigen. Dieser könne etwa darin liegen, Jugendarbeitslosigkeit zu bekämpfen und auch solchen Jugendlichen eine qualifizierte Ausbildung zu vermitteln, die sie ohne eine staatliche Förderung – etwa nach §§ 240 ff. SGB III – nicht erlangen könnten.[12] Ein „erhebliches" Unterschreiten soll auch dann noch als angemessen gelten, wenn die Ausbildung zu 100 % durch die öffentliche Hand finanziert wird.[13] In einem ausschließlich durch öffentliche Gelder und private Spenden geförderten Ausbildungsverhältnis soll eine Vergütung angemessen sein, die etwa 35 % unter der tariflich geregelten Ausbildungsvergütung liegt.[14] Mit Urteil vom 15.11.2000 stellte das BAG sogar fest, dass in einem vollständig von der BA finanzierten Ausbildungsverhältnis zwischen einer überbetrieblichen Bildungseinrichtung und einem beruflichen Rehabilitanden die Nichtanwendung der vergütungsrechtlichen Vorschriften mit der Folge geboten sein kann, dass Vergütungsansprüche des auszubildenden Rehabilitanden nicht bestehen.[15] Allerdings kann alleine die Tatsache, dass ein Ausbildungsträger – etwa im Krankenhausbereich – nur über beschränkte finanzielle Mittel in Form eines ihm zugewiesenen Budgets verfügt, alleine nicht als Maßstab zur Beurteilung der Angemessenheit herangezogen werden, da der reguläre Ausbildungsmarkt nicht durch derartige Annahmen verfälscht werden dürfe.[16] Das gilt auch, soweit die Ausbildung in einer als gemeinnützig anerkannten Einrichtung stattfindet; der Gemeinnützigkeit allein kommt insoweit im Rahmen der Angemessenheitskontrolle allenfalls eine indizielle Wirkung im Hinblick auf den besonderen Ausbildungszweck zu, der ein Unterschreiten des Üblichen rechtfertigt.[17] Der Rspr. ist im Grundsatz beizupflichten, wenngleich ihre Begründung Schwierigkeiten bereitet.[18] Wie dem auch sei: Fest steht, dass dann, wenn eine Umgehung tariflicher Bindungen ausgeschlossen ist und eine kommerzielle Verwertung der Leistungen des Auszubildenden unterbleibt, sich die Ausbildungsvergütung nicht an dem tariflich Üblichen zu orientieren hat.[19] Aber auch dann, wenn das tariflich Übliche erheblich unterschritten wird, spricht lediglich eine Vermutung für die Unangemessenheit der Ausbildung; sie kann widerlegt werden.[20]

5 Die angemessene Vergütung ist nach **§ 17 Abs. 1 S. 2** nach dem Lebensalter des Auszubildenden so zu bemessen, dass sie mit fortschreitender Berufsausbildung mindestens jährlich steigt. Dabei kann ein zwischenzeitlich eingetretener Prüfungserfolg auch eine vorzeitige Anhebung der Ausbildungsvergütung rechtfertigen.[21] Soweit es im Rahmen des § 7 zu einer Anrechnung vorangegangener beruflicher oder schulischer Vorbildungen kommt, führt diese nicht dazu, dass die Ausbildungsvergütung für ein späteres Ausbildungsjahr bereits um den Verkürzungszeitraum früher gezahlt werden muss.[22]

6 Eine **Anrechnung von Sachwerten** kann nach Maßgabe des § 17 Abs. 2 bis zu einer Höhe von 75 % der Vergütung erfolgen. Der Sachbezugswert ist entsprechend der SachBezV zu ermitteln.

7 Die Vergütung ist **monatsbezogen** zu gewähren, wobei § 18 Abs. 1 zur Erleichterung der Entgeltabrechnung festgelegt, dass für die Vergütungsberechnung der Monat zu 30 Tagen gerechnet wird. Sie wird spätestens am letzten Arbeitstag im Monat fällig; § 18 Abs. 2.

II. Beschäftigung über die vereinbarte regelmäßige tägliche Ausbildungszeit hinaus (§ 17 Abs. 3)

8 Eine über die vereinbarte regelmäßige tägliche Ausbildungszeit hinausgehende Beschäftigung ist nach § 17 Abs. 3 besonders zu vergüten oder durch entsprechende Freizeit auszugleichen. Damit einher geht jedoch – vorbehaltlich anderweitiger individual- oder kollektivvertraglicher Regelungen – kein Anspruch auf gesonderte Zuschläge.[23] Tarifvertragliche Regelungen über Mehrarbeitszuschläge können nicht entsprechend herangezogen werden, setzen diese regelmäßig eine über die regelmäßige tarifliche Arbeitszeit hinausgehende Arbeitsleistung voraus, die vom Berufsauszubildenden gerade nicht abgefordert werden kann. I.Ü. ist bei Heranziehung jugendlicher Auszubildender über die vereinbarte Ausbildungszeit hinaus zu beachten, dass diese stets nach Maßgabe des § 21 JArbSchG durch Freizeit auszugleichen ist.

9 Keine zusätzlich zu vergütende oder durch Freizeit auszugleichende Ausbildungszeit liegt vor, wenn der Auszubildende in einem Ausbildungsverbund ausgebildet wird, dem Unternehmen mit verschiedenen Arbeitszeit-

---

11 BAG 22.1.2008 – 9 AZR 999/06 – DB 2008, 1326.
12 BAG 22.1.2008 – 9 AZR 999/06 – DB 2008, 1326.
13 BAG 11.10.1995 – 5 AZR 258/94 – SAE 1997, 113 m.Anm. *B. Natzel/I. Natzel*; ferner für die Unterschreitung einer Kammerempfehlung um mehr als 20 % BAG 30.9.1998 – 5 AZR 690/97 – DB 1999, 338; BAG 8.5.2003 – 6 AZR 191/62 – NZA 2003, 1343.
14 BAG 24.10.2002 – 6 AZR 262/00 – DB 2003, 1002.
15 BAG 15.11.2000 – 5 AZR 296/99 – NZA 2001, 1248; BAG 16.1.2003 – 6 AZR 325/01 – AP § 10 BBiG Nr. 13; diese Rspr. auf die Ausbildung in einem vom AG-Verband initiierten gemeinnützigen Verein übertragend: BAG 8.5.2003 – 6 AZR 191/62 – NZA 2003, 1343.
16 BAG 19.2.2008 – 9 AZR 1091/06 – DB 2008, 1684.
17 BAG 19.2.2008 – 9 AZR 1091/06 – DB 2008, 1684.
18 Vgl. insoweit auch die Ausführungen bei *B. Natzel/I. Natzel*, SAE 1997, 116.
19 Vgl. insoweit auch BAG 8.5.2003 – 6 AZR 191/62 – NZA 2003, 1343.
20 BAG 11.10.1995 – 5 AZR 258/94 – SAE 1997, 113; *Opolony*, BB 2000, 512.
21 So für eine bestandene Zwischenprüfung, der sich der Auszubildende vorzeitig unterzogen hat: ArbG Bochum 17.10.1978 – 4 Ca 136/78 – DB 1979, 172.
22 BAG 8.12.1982 – 5 AZR 484/80 – Ez.B. § 10 BBiG Nr. 31; BAHG 8.12.1982 – 5 AZR 474/80 – AP § 29 BBiG Nr. 1.
23 *Litterscheid*, NZA 2006, 639.

regelungen angehören, und der Auszubildende entsprechend dieser – ggf. auch höheren – Zeiten ausgebildet wird. Hier gehört es gerade zum Wesen des Ausbildungsverhältnisses, dass der Auszubildende während seiner Ausbildung unterschiedlichen Arbeitszeitregimen unterworfen ist.

Dergleichen führt auch die Tatsache, dass ein **Berufsschulunterricht über die vereinbarte regelmäßige Ausbildungszeit hinaus** geht oder an einem ansonsten freien Tag stattfindet, nicht zu einem zusätzlichen Vergütungsanspruch.[24]

III. Fortzahlung der Vergütung (§ 19)

§ 19 regelt die **Fortzahlung der Auszubildendenvergütung** für die Zeit der Freistellung für die Teilnahme am Berufsschulunterricht und an Prüfungen sowie für die Dauer von bis zu sechs Wochen, wenn sich der Auszubildende für die Berufsausbildung bereithält, diese aber ausfällt, oder er aus einem sonstigen, in seiner Person liegenden Grund unverschuldet verhindert ist, seine Pflichten aus dem Berufsausbildungsverhältnis zu erfüllen. Gleiches gilt für Krankheits- und diesen gleichgestellte Fälle. Die für das Arbeitsverhältnis maßgeblichen Grundsätze des Entgeltfortzahlungsrechts finden insofern entsprechende Anwendung; auf sie ist damit zu verweisen. Dies gilt auch für den Verzicht; dieser kann erst nach Abschluss des Ausbildungsverhältnisses wirksam erklärt werden.[25]

Kein Vergütungsanspruch besteht für Zeiten des unentschuldigten Fernbleibens von der beruflichen oder schulischen Ausbildung. Hier kann der Ausbildende für jeden Tag des Fernbleibens die Ausbildungsvergütung um 1/30 kürzen.

§ 19 Abs. 3 sieht eine **Abgeltungspflicht** für den Fall vor, dass der Auszubildende während der Zeit, für welche die Vergütung fortzuzahlen ist, Sachleistungen nicht annehmen kann. Es sind die Werte der SachBezVO dabei zugrunde zu legen.

C. Verbindung zu anderen Rechtsgebieten und zum Prozessrecht

Mit dem aus einem Beschäftigungsverhältnis i.S.d. § 7 SGB IV herrührenden Anspruch auf Ausbildungsvergütung sind die zu ihrer Berufsausbildung Beschäftigten in das Sozialversicherungssystem eingebunden. Die Auszubildendenvergütung ist damit sozialversicherungsrechtlich als **beitragspflichtiges Entgelt** anzusehen. Gleichermaßen ist sie in **steuerrechtlicher Hinsicht** als Einkunft aus nichtselbständiger Arbeit (§ 19 EStG) anzusehen, der gegenüber Aufwendungen für die Ausbildung seitens des Auszubildenden steuerrechtlich als Werbungskosten geltend gemacht werden kann.

Nicht zuletzt wegen ihres besonderen Charakters ist die Ausbildungsvergütung auch **unpfändbar**. Sie kann weder abgetreten werden (§ 400 BGB), noch kann unter Berufung auf sie aufgerechnet werden (§ 394 BGB).[26]

D. Beraterhinweise

§ 17 findet ausschließlich auf Berufsausbildungsverhältnisse Anwendung, nicht jedoch auf die in § 1 Abs. 1 angesprochenen weiteren Formen der beruflichen Bildung (Berufsausbildungsvorbereitung, berufliche Fortbildung und Umschulung) sowie die sonstige berufliche Weiterbildung außerhalb des BBiG. Der Charakter des der Bildungsmaßnahme zugrunde liegenden Rechtsverhältnisses ist damit vorab zu klären.

Unterabschnitt 5: Beginn und Beendigung des Ausbildungsverhältnisses

§ 20 Probezeit

¹Das Berufsausbildungsverhältnis beginnt mit der Probezeit. ²Sie muss mindestens einen Monat und darf höchstens vier Monate betragen.

§ 21 Beendigung

(1) ¹Das Berufsausbildungsverhältnis endet mit dem Ablauf der Ausbildungszeit. ²Im Falle der Stufenausbildung endet es mit Ablauf der letzten Stufe.

---

24 BAG 17.11.1972 – 3 AZR 112/72 – AP § 13 JArbSchG Nr. 3; BAG 13.2.2003 – 6 AZR 537/01 – DB 2003, 1743.
25 BAG 20.8.1980 – 5 AZR 995/78 – DB 1981, 222.
26 B. Natzel, DB 1970, 2267.

(2) Bestehen Auszubildende vor Ablauf der Ausbildungszeit die Abschlussprüfung, so endet das Berufsausbildungsverhältnis mit Bekanntgabe des Ergebnisses durch den Prüfungsausschuss.

(3) Bestehen Auszubildende die Abschlussprüfung nicht, so verlängert sich das Berufsausbildungsverhältnis auf ihr Verlangen bis zur nächstmöglichen Wiederholungsprüfung, höchstens um ein Jahr.

§ 22 Kündigung

(1) Während der Probezeit kann das Berufsausbildungsverhältnis jederzeit ohne Einhalten einer Kündigungsfrist gekündigt werden.

(2) Nach der Probezeit kann das Berufsausbildungsverhältnis nur gekündigt werden
1. aus einem wichtigen Grund ohne Einhalten einer Kündigungsfrist,
2. von Auszubildenden mit einer Kündigungsfrist von vier Wochen, wenn sie die Berufsausbildung aufgeben oder sich für eine andere Berufstätigkeit ausbilden lassen wollen.

(3) Die Kündigung muss schriftlich und in den Fällen des Absatzes 2 unter Angabe der Kündigungsgründe erfolgen.

(4) [1]Eine Kündigung aus einem wichtigen Grund ist unwirksam, wenn die ihr zugrunde liegenden Tatsachen dem zur Kündigung Berechtigten länger als zwei Wochen bekannt sind. [2]Ist ein vorgesehenes Güteverfahren vor einer außergerichtlichen Stelle eingeleitet, so wird bis zu dessen Beendigung der Lauf dieser Frist gehemmt.

§ 23 Schadensersatz bei vorzeitiger Beendigung

(1) [1]Wird das Berufsausbildungsverhältnis nach der Probezeit vorzeitig gelöst, so können Ausbildende oder Auszubildende Ersatz des Schadens verlangen, wenn die andere Person den Grund für die Auflösung zu vertreten hat. [2]Dies gilt nicht im Falle des § 22 Abs. 2 Nr. 2.

(2) Der Anspruch erlischt, wenn er nicht innerhalb von drei Monaten nach Beendigung des Berufsausbildungsverhältnisses geltend gemacht wird.

Literatur zu den §§ 20–23: *Brill,* Zur Verlängerung von Berufsausbildungsverhältnissen bei Nichtbestehen der Abschlussprüfung, BB 1978, 208; *Heinze,* Verdachtskündigung im Berufsausbildungsverhältnis?, AuR 1984, 237; *Herkert,* BBiG, Loseblattsammlung; *Lakies,* Zu den seit 1.10.1996 geltenden arbeitsrechtlichen Vorschriften der Insolvenzordnung, RdA 1997, 146; *Monjau,* Das neue Berufsbildungsgesetz, DB 1969, 1841; *B. Natzel,* Berufsbildungsrecht, 3. Aufl., 1982; *Opolony,* Die Beendigung von Berufsausbildungsverhältnissen, BB 1999, 1706; *Preis/Gotthardt,* Schriftformerfordernis für Kündigungen, Aufhebungsverträge und Befristungen nach § 623 BGB, NZA 2000, 348; *Wohlgemuth,* Kommentar zum Berufsbildungsgesetz, 2. Aufl., 1994

A. Allgemeines 1	2. Kündigung nach Ablauf der Probezeit
B. Regelungsgehalt 2	(§ 22 Abs. 2) 27
I. Probezeit (§ 20) 2	a) Kündigung durch den Ausbildenden 27
II. Beendigung des Berufsausbildungsverhältnisses .. 12	b) Kündigung durch den Auszubildenden ... 30
1. Ende des Berufsausbildungsverhältnisses	3. Schriftform (§ 22 Abs. 3) 33
(§ 21 Abs. 1) 12	4. Frist bei außerordentlicher Kündigung
2. Bestehen der Abschlussprüfung vor Ablauf der	(§ 22 Abs. 4) 35
Ausbildungszeit (§ 21 Abs. 2) 17	5. Schadensersatz bei vorzeitiger Beendigung
3. Nichtbestehen der Abschlussprüfung	(§ 23) 36
(§ 21 Abs. 3) 20	C. Verbindung zu anderen Rechtsgebieten und zum
III. Kündigung und Schadensersatz bei vorzeitiger	Prozessrecht 41
Beendigung (§§ 22, 23) 22	D. Beraterhinweise 42
1. Kündigung während Probezeit (§ 22 Abs. 1) .. 24	

A. Allgemeines

1 §§ 20 bis 23 regeln – aufgrund des Unabdingbarkeitsgrundsatzes des § 25 zwingend – Beginn und Ende des Berufsausbildungsverhältnisses.

B. Regelungsgehalt

I. Probezeit (§ 20)

Das Berufsausbildungsverhältnis und demzufolge auch die **Probezeit beginnen mit der vereinbarten Aufnahme des Berufsausbildungsverhältnisses**, wie sie entsprechend § 11 Abs. 1 Nr. 2 vertraglich niedergelegt ist. Die Probezeit darf die Dauer von mindestens einem Monat nicht unter- und höchstens vier Monate nicht überschreiten. Der zwingende Charakter des § 20 bedingt es, dass auch ohne gesonderte Vereinbarung der erste Ausbildungsmonat stets als Probezeit anzusehen ist. Wurde eine Probezeitvereinbarung getroffen, die einen kürzeren oder längeren Zeitraum als den zwischen einem und vier Monaten bestimmt, ist diese unwirksam.[1] Desgleichen unzulässig ist die Vereinbarung einer der eigentlichen Ausbildung vorgeschalteten selbstständigen Probezeit.

Die Probezeit dient der **beiderseitigen Prüfung**, ob der Auszubildende für den erwählten Beruf eine Neigung besitzt, auf die im Rahmen der Ausbildung aufgebaut werden kann.[2] Führt diese Prüfung zu einem negativen Ergebnis, kann das Berufsausbildungsverhältnis innerhalb der Probezeit beiderseitig fristlos gekündigt werden (§ 22 Abs. 1).

Der Wortlaut des § 20 stellt auf den **Bestand des Berufsausbildungsverhältnisses** und nicht dessen Konkretisierung durch ausbildungsspezifische Leistungen ab. Damit steht diese Vorschrift in Übereinstimmung mit den nachfolgenden Regelungen (§§ 21 ff.), die sich mit der Beendigung des Berufsausbildungsverhältnisses beschäftigen und dafür ebenfalls den Begriff des Berufsausbildungsverhältnisses zur Beschreibung des rechtlichen Bandes zwischen Ausbildenden und Auszubildenden benutzten.[3]

Auf den Bestand des Berufsausbildungsverhältnisses sind grds. **tatsächliche Unterbrechungen der Ausbildung** ohne Einfluss. Dieser Feststellung steht eine Stellungnahme im Bericht des Ausschusses für Arbeit zum seinerzeitigen Entwurf des BBiG[4] entgegen, in dem es heißt, dass im Falle einer Unterbrechung der Ausbildung während der Probezeit (etwa wegen Erkrankung des Auszubildenden) diese (nicht jedoch die Ausbildungszeit) unterbrochen werde. Die im Bericht geäußerte Vorstellung hat aber im Gesetz keinen Niederschlag gefunden, weshalb auch das BAG[5] ihr keine selbstständige Bedeutung zumessen wollte. Damit ist vom Grundsatz auszugehen, dass eine automatische Verlängerung der Probezeit um die Dauer einer Ausbildungsunterbrechung nicht erfolgt.[6]

Der Gesetzgeber hat verschiedene Tatbestände bestimmt, die zu einer **Verlängerung der Probezeit kraft Gesetzes** führen. Zeiten des Grundwehr- oder Zivildienstes, der Wehr- oder Eignungsübung oder des Wehrdienstes in der besonderen Auslandsverwendung finden gem. § 6 Abs. 3 ArbPlSchG (i.V.m. § 78 ZDG) keine Anrechnung auf die Probezeit. Deren Lauf ist während jener Zeiträume gehemmt. Gleiches gilt aufgrund § 20 Abs. 1 S. 2 BEEG für Auszubildende in Elternzeit.

Die **vertraglich vereinbarte Verlängerung der Probezeit** um die Zeit ihrer Unterbrechung ist dem Grundsatz nach möglich. Allerdings sind die Vertragsparteien insoweit an die Grenzen des § 20 gebunden. Damit sind jedenfalls solche Regelungen zulässig, nach denen mittels der Nichtanrechnung von Unterbrechungszeiträumen die Probezeit zwar verlängert wird, die Erprobungsphase aber nicht über den Zeitpunkt von vier Monaten nach dem rechtlichen Beginn des Berufsausbildungsverhältnisses hinaus dauert.[7] Auf der anderen Seite als gänzlich unzulässig ist es anzusehen, wenn die tatsächliche Probezeit auf einen Zeitraum von über vier Monaten ausgedehnt wird.

Problematisch können Fälle sein, in denen mittels der Unterbrechungsregelung und der darauf beruhenden Verlängerung der Probezeit die Grenze des drei-monatigen rechtlichen Bestandes des Ausbildungsverhältnisses überschritten wird, wobei die tatsächlich absolvierte Erprobungszeit innerhalb der Vier-Monatsgrenze verbleibt. *Herkert*[8] hat insoweit gegen eine vertragliche Verlängerung der Probezeit im gesetzlich vorgegebenen Rahmen eingewendet, eine solche Regelung sei aufgrund ihrer belastenden Wirkung zum Nachteil des Auszubildenden unzulässig. Dem kann nicht gefolgt werden, wird doch verkannt, dass für den Auszubildenden mit einer Verlängerungsoption zugleich auch der Vorteil verbunden ist, weiter sich selbst im Hinblick auf seine Geeignetheit für den Ausbildungsberuf zu prüfen, ohne der erschwerten Künd-Regelung ausgesetzt zu sein. Dementsprechend muss eine Vereinbarung über die Probezeitverlängerung als eine dem Unabdingbarkeitsgrundsatz konforme Regelung angesehen werden.[9]

Sofern eine Vereinbarung über die Behandlung von Zeiten der Ausbildungsunterbrechung getroffen worden ist, kann diese nicht dazu führen, dass die Phase der Erprobung um solche Zeiträume verlängert wird, in denen der Auszubildende von der betrieblichen Ausbildung fernbleibt, um an dem **Berufsschulunterricht** teilzunehmen. In diesem Fall

---

1 *B. Natzel*, Berufsbildungsrecht, S. 167.
2 *B. Natzel*, Berufsbildungsrecht, S. 166 f.
3 I.d.S. auch BAG 15.1.1981, AP Nr. 1 zu § 13 BBiG.
4 BT-Drucks V/4260, S. 103 f.
5 BAG 15.1.1981 – 2 AZR 943/78 – AP Nr. 1 zu § 13 BBiG mit zust. Anm. *B. Natzel*; dgl. bereits: *Monjau*, DB 1969· 1846.
6 So auch die überwiegende Literaturauffassung; vgl. nur *Monjau*, DB 1969, 1846; *B. Natzel*, Berufsbildungsrecht, S. 167 f.; MünchArb/*B. Natzel*, § 171 Rn 46.
7 *Herkert*, § 13 Rn 6.
8 *Herkert*, § 13 Rn 6.
9 So auch BAG 15.1.81 – AP Nr. 1 zu § 13 BBiG; *Monjau*, DB 1969, 1846; *B. Natzel*, Berufsbildungsrecht, S. 167 f.; MünchArb/*Natzel*, B. § 171 Rn 46; Wohlgemuth u.a./*Sarge*, § 13 Rn 3.

liegt keine Unterbrechung der Ausbildung vor. Dies gilt auch für den Fall, dass der Auszubildende während der Probezeit an einem mehrwöchigen Blockunterricht teilnimmt.[10]

10 Bezüglich **anderweitiger Unterbrechungen** kommt es im Wesentlichen auf die vertragliche Vereinbarung an. Nimmt diese nur allgemein auf Unterbrechungstatbestände Bezug, so wird auch dann jeweils zu prüfen sein, ob die Verlängerung der Erprobungsphase wegen der Geringfügigkeit der Unterbrechungszeit dem Verhältnismäßigkeitsgrundsatz entspricht.[11] Dies gilt unabhängig von der Frage, auf welchem Grunde die Unterbrechung der Ausbildung beruht. Dennoch kann im Einzelfall die Berufung auf die Verlängerung der Probezeit sich dann als rechtsmissbräuchlich erweisen, wenn eine Partei die Bedingung für die Ausdehnung der Erprobungsphase – nämlich den unterbrechungsbegründenden Tatbestand – in vertragswidriger Weise herbeiführt.[12]

11 **Vordienst- oder Vorausbildungszeiten** ersetzen nicht die Probezeit, da aufgrund der Tatsache von Vorerfahrungen nicht auf die Geeignetheit des angestrebten Berufes sowie der Ausbildungsfähigkeit geschlossen werden kann. So wird nicht auf die Zeit der Erprobung angerechnet, wenn der Auszubildende vor Antritt der Berufsausbildung bereits eine **Berufsfachschulzeit** absolviert hat[13] oder als **Praktikant** erste Erfahrungen hat sammeln können.[14] Gleiches gilt für die in einem vorangegangenen Arbeitsverhältnis zurückgelegte Zeit, soweit die gesetzliche Mindestfrist von einem Monat überschritten wird.[15] Die Anerkennung eines vorangegangenen Ausbildungsjahres bei einem anderen Ausbilder hindert nicht, eine erneute Probezeit für das anschließende Ausbildungsverhältnis zu vereinbaren.[16] Auch ist eine andere Berufsausbildung, die bei demselben Ausbildenden ganz oder teilweise absolviert wurde, nicht anzurechnen.[17] Dies ergibt sich aus dem Grundsatz der Unabdingbarkeit der gesetzlichen Vorschrift über die Mindestdauer der Probezeit sowie ihrem Zweck, der Erprobung des konkreten Berufes sowie der Ausbildungsfähigkeit hierzu.[18]

II. Beendigung des Berufsausbildungsverhältnisses

12 **1. Ende des Berufsausbildungsverhältnisses (§ 21 Abs. 1).** Das Berufsausbildungsverhältnis endet grds. **mit dem Ablauf der Ausbildungszeit** (§ 21 Abs. 1). Findet die **Abschlussprüfung erst nach Ablauf der Ausbildungszeit** statt, so verlängert sich das Berufsausbildungsverhältnis weder von selbst noch auf Verlangen des Auszubildenden; insoweit ist die Lage des Auszubildenden nicht mit desjenigen vergleichbar, dessen Berufsausbildungsverhältnis sich wegen Nichtbestehens der Abschlussprüfung auf sein Verlangen hin bis zur nächsten Wiederholungsprüfung verlängert.[19] Insoweit hat das BAG mit Urt. vom 14.1.2009[20] auch festgestellt, dass eine ergänzende Auslegung des § 21 Abs. 3 dahingehend, dass sich das Berufsausbildungsverhältnis immer dann verlängert, wenn das Prüfungsergebnis erst nach Abschluss der vereinbarten Ausbildungszeit bekannt gegeben wird, nicht geboten sei. Allerdings erwägt das Gericht eine erweiternde oder analoge Anwendung für den Fall, dass der Auszubildende die Verlängerung des Berufsausbildungsverhältnisses bis zur Bekanntgabe des Prüfungsergebnisses verlangt. Entschieden ist das allerdings nicht.

Im Falle der **Stufenausbildung** endet das Ausbildungsverhältnis mit Ablauf der letzten Stufe. Diese erst im Verlaufe des Gesetzgebungsverfahren zum neuen BBiG aufgenommene Regelung verhindert den Abschluss einzelner, jeweils auf die nächste Stufe bezogener Verträge; solche Kurzfristverträge, deren Zulässigkeit gemeinhin anerkannt war,[21] sind damit nicht mehr möglich.

13 **Vor Ablauf des Ausbildungsverhältnisses** kann dieses nur nach Maßgabe des § 22 oder ggf. auch durch gesonderte, aufgrund § 623 BGB schriftlich[22] zu treffende Aufhebungsvereinbarung aufgehoben werden. Soweit der Endpunkt für die Beendigung des Ausbildungsverhältnisses feststeht, bedarf es indes keiner weiteren Mitteilung, Vereinbarung oder Künd des Vertragsverhältnisses.

14 Das Ausbildungsverhältnis kann sich bei einer **Unterbrechung** aufgrund spezialgesetzlicher Regelungen (vgl. z.B. § 20 Abs. 1 BEEG, § 6 Abs. 3 ArbPlSchG) verlängern. Es wird damit um diese Zeiten, in denen es nicht vollzogen werden kann, gehemmt. Jedoch hindert eine **Schwangerschaft** das Auslaufen des Ausbildungsverhältnisses zum

---

10 ArbG Mainz 10.4.1980, BB 1980, 781; MünchArb/*B. Natzel*, § 171 Rn 48.
11 I.d.S. auch die Verlängerung bei geringfügigen, tageweisen Unterbrechungen ablehnend: BAG 15.01.81 – AP 1 zu § 13 BBiG.
12 So zutreffend BAG 15.1.1981 – 2 AZR 943/78 – AP § 13 BBiG Nr. 1 unter Verweis auf § 162 BGB.
13 *B. Natzel*, Berufsbildungsrecht, S. 168; MünchArb/*B. Natzel*, Bd. 2, § 171 Rn 49.
14 *B. Natzel*, Berufsbildungsrecht, S. 168; a.A.: KR/*Weigand*, §§ 14, 15 BBiG Rn 43 unter Berufung auf ArbG Wetzlar 24.10.1989 – 1 Ca 317/89 – EzA § 15 BBiG Nr. 12; ebenso: APS/*Biebl*, § 15 BBiG Rn 5.
15 BAG 16.12.2004 – 6 AZR 127/04 – DB 2005, 1009.
16 LAG Rheinland-Pfalz 19.4.2001 – 9 Sa 1507/00 – EzBAT § 2 MTV Auszubildende Probezeit Nr. 1.
17 Wohlgemuth u.a./*Sarge*, § 13 Rn 4.
18 Insofern bedenklich ArbG Wiesbaden 17.1.1996 – 6 Ca 3242/95 – BB 1996, 700. Dort bestand zwischen den späteren Parteien des Ausbildungsvertrages zunächst ein „vorläufiges Arbverh", welches mit Beginn des neuen Lehrjahres in einen Lehrvertrag übergehen" sollte. Soweit die Parteien eine Probezeit von über einem Monat vereinbart hatten, betrachtete das Gericht diese Vereinbarung insoweit als unwirksam.
19 BAG 13.3.2007 – 9 AZR 494/06 – DB 2007, 2156.
20 BAG 14.1.2009 – 3 AZR 427/07 – NZA 2009, 1738.
21 Vgl. etwa *B. Natzel*, Berufsbildungsrecht, S. 140 f. m.w.N.
22 Dazu: *Preis/Gotthardt*, NZA 2000, 354.

vereinbarten Zeitpunkt nicht. Dies folgt aus dem Wesen des Ausbildungsverhältnisses als ein kraft Gesetz befristetes Rechtsverhältnis.[23]

Im Regelfall führt das Bestehen der vor den zuständigen Stellen nach dem BBiG abzulegenden **Abschlussprüfung** zur Beendigung des Ausbildungsverhältnisses. Diese muss inhaltlich so gestaltet sein, dass Betriebs- und Berufspraxis sowie die anerkannten Prüfungskriterien (Objektivität, Reliabilität, Validität, Ökonomie) beachtet werden. Über die Bestimmungen der §§ 37 ff.[24] hinaus bestimmen die in den jeweiligen Ausbildungsordnungen enthaltenen Prüfungsvorschriften den Inhalt der Prüfungen. Da die Feststellung des Bestehens oder Nichtbestehens der Abschlussprüfung ein dem öffentlichen Recht unterliegender Verwaltungsakt darstellt, ist im Streitfall über das festgestellte Prüfungsergebnis der Rechtsweg der Verwaltungsgerichtsbarkeit gegeben.

Außerhalb der in § 21 Abs. 2, 3 geregelten Fälle kann sich der **Ausbildungszeit nach Maßgabe des § 8** abkürzen oder verlängern, ohne dass dies Auswirkungen auf die nach Ausbildungsjahren zu bemessende Ausbildungsvergütung hat. Der BR soll nach der nicht ganz unproblematischen Rspr. des BAG nach § 98 Abs. 1 BetrVG mitbestimmen können, wenn der AG generell eine nach den Bestimmungen des BBiG verkürzte Ausbildung vorsehen will.[25]

2. Bestehen der Abschlussprüfung vor Ablauf der Ausbildungszeit (§ 21 Abs. 2). Der Auszubildende kann sich **vor Ablauf der regelmäßigen Dauer der Ausbildung zur Abschlussprüfung melden**. Er ist dann zuzulassen, wenn die Ausbildungszeit nicht später als drei Monate nach dem Prüfungstermin endet (§ 43 Abs. 1). Besteht der Auszubildende in diesem Fall vor Ablauf der maßgeblichen Ausbildungszeit die Abschlussprüfung, endet das Ausbildungsverhältnis mit Bestehen derselben (§ 21 Abs. 2).

Der Auszubildende hat die **Abschlussprüfung bestanden**, wenn das Prüfungsverfahren abgeschlossen und das Gesamtergebnis der Prüfung mitgeteilt worden ist.[26] Dies stellt nunmehr auch anknüpfend an die bisherige BAG-Rspr. der Wortlaut des § 21 Abs. 2 klar: Das Berufsausbildungsverhältnis endet vor Ablauf der Ausbildungszeit, wenn das Ergebnis der Abschlussprüfung durch den Prüfungsausschuss bekannt gegeben worden ist.

Stellt sich der Auszubildende der Prüfung nicht oder wird er erst gar nicht zu ihr zugelassen, endet auch dann das Ausbildungsverhältnis mit Ablauf der vereinbarten Frist.[27]

3. Nichtbestehen der Abschlussprüfung (§ 21 Abs. 3). Besteht ein Auszubildender die **Abschlussprüfung nicht**, verlängert sich auf sein Verlangen hin das Berufsausbildungsverhältnis bis zur nächstmöglichen Wiederholungsprüfung, längstens jedoch bis zu einem Jahr (§ 21 Abs. 3). Diese Regelung gilt entsprechend, soweit der Auszubildende wegen Krankheit an der Abschlussprüfung nicht hat teilnehmen können.[28] Besteht der Auszubildende die erste Wiederholungsprüfung nicht und stellt er ein Verlängerungsverlangen, ist eine Verlängerung des Ausbildungsverhältnisses bis zur zweiten Wiederholungsprüfung möglich, wenn diese noch innerhalb der gesetzlichen Höchstfrist von einem Jahr abgelegt wird. Die Beendigungswirkung tritt dann unabhängig davon ein, ob die zweite Wiederholungsprüfung bestanden oder nicht bestanden wird.[29] Das **Verlängerungsverlangen** ist vor Ablauf der vereinbarten Ausbildungszeit nicht fristgebunden. Danach verlängert sich das Berufsausbildungsverhältnis nur dann bis zur nächstmöglichen Wiederholungsprüfung, wenn das Verlangen unverzüglich, also ohne schuldhaftes Zögern, erklärt wird.[30] Stimmt er dem Verlangen zu, wozu er im Regelfall verpflichtet ist, kommt es zu einem den ursprünglichen Vertrag abändernden Fortsetzungsvertrag, der schriftlich niederzulegen und bei der zuständigen Stelle anzumelden ist.[31] Ob die Regelung des § 23 Abs. 3 wider ihren Wortlaut, Sinn und Zweck auch dann herangezogen werden kann, wenn die Prüfung erst nach Abschluss der vereinbarten Ausbildungszeit – etwa infolge einer verspäteten Bekanntgabe des Prüfungsergebnisses – endet, hat das BAG bislang offen gelassen.[32]

Wird ein dreijähriges Berufsausbildungsverhältnis wegen nicht bestandener Abschlussprüfung auf Verlangen des Auszubildenden bis zur nächstmöglichen Wiederholungsprüfung nach § 21 Abs. 3 verlängert, wird er dadurch nicht so gestellt, als befände er sich im vierten Ausbildungsjahr. Es besteht deshalb kein Anspruch auf die für ein viertes Ausbildungsjahr vertraglich oder tariflich vorgesehene Vergütung; es ist vielmehr vorbehaltlich einer anderweitigen Vereinbarung die Vergütung in der zuletzt gewährten Höhe weiterzuzahlen.[33]

---

23 APS/*Biebl*, § 14 BBiG Rn 8.
24 Entsprechend: §§ 31 ff. HwO.
25 BAG 24.8.2004 – 1 ABR 28/03 – SAE 2005, 244.
26 So bereits BAG 7.10.1971 – 5 AZR 265/71 – AP § 14 BBiG Nr. 1; BAG 12.9.1979 – 5 AZR 733/77 – AP § 14 BBiG Nr. 2.
27 *B. Natzel*, Berufsbildungsrecht, S. 266.
28 BAG 30.9.1998 – 5 AZR 58/98 – AP § 14 BBiG Nr. 9.
29 BAG 15.3.2000 – 5 AZR 622/98 – SAE 2001, 273 ff.; 26.9.2001– 5 AZR 630/00 – NZA 2002, 232.
30 BAG 23.9.2004 – 6 AZR 519/03 – AP Nr. 11 zu § 14 BBiG.
31 *Brill*, BB 1978, 209; *B. Natzel*, Berufsbildungsrecht, S. 270.
32 Dazu: BAG 14.1.2009 – 3 AZR 427/07 – NZA 2009, 1738.
33 LAG Hamm 14.7.1976 – 2 Sa 662/72 – DB 1977, 126.

III. Kündigung und Schadensersatz bei vorzeitiger Beendigung (§§ 22, 23)

22 Das Berufsausbildungsverhältnis kann jederzeit **im gegenseitigen Einvernehmen aufgehoben** werden.[34] Der Zustimmung durch den BR bedarf es hierzu im Gegensatz zum Künd-Fall nicht. Im Übrigen ist eine ordentliche Künd des Berufsausbildungsverhältnisses durch den Ausbildenden nur innerhalb der Probezeit von zwischen einem bis vier Monaten zulässig. Die schriftlich abzufassende Künd-Erklärung bedarf keiner Begründung.[35] Soweit nach Ablauf der Probezeit eine Künd erfolgt, erstreckt sich das Schriftformerfordernis auch auf die Angabe der Künd-Gründe (§ 22 Abs. 3).[36] Die Nichtberücksichtigung der Schriftform macht eine ausgesprochene Künd unwirksam; sie kann auch nicht nachgeholt werden.[37] Die Künd kann gegenüber einem **minderjährigen Auszubildenden** nur dann wirksam werden kann, wenn sie gegenüber dem gesetzlichen Vertreter bzw. Vertretern erklärt wird.[38] Gleichermaßen kann der Minderjährige selbst nur mit Einwilligung oder Zustimmung seiner Erziehungsberechtigten das Berufsausbildungsverhältnis rechtswirksam auflösen.

23 Neben der Bestimmung des § 22 sind die **besonderen Künd-Schutzbestimmungen**, bspw. § 22 KSchG, § 9 MuSchG, § 18 BEEG sowie § 85 SGB IX zu beachten.[39] Auch ist der BR nach Maßgabe der §§ 102f. BetrVG zu beteiligen, sofern die Auszubildenden dem Betrieb zuzurechnen sind, für den der BR seine Zuständigkeit beansprucht.[40] Ihm ist eine Frist von einer Woche zur Stellungnahme der beabsichtigten und vom Ausbildenden begründeten Künd einzuräumen.[41] Handelt es sich um eine außerordentliche Künd kann der BR, auch wenn eine soziale Auslauffrist gewährt wird, innerhalb von drei Tagen zur Künd Stellung nehmen.[42]

24 1. Kündigung während Probezeit (§ 22 Abs. 1). Entsprechend dem Zweck der Probezeit, mittels derer eine gegenseitige Prüfung auch im Hinblick auf die Eignung für den angestrebten Beruf erfolgen soll,[43] ermöglicht es § 22 Abs. 1 beiden Vertragsparteien, das Berufsausbildungsverhältnis während dieser Zeit **ohne Einhaltung einer Künd-Frist und ohne Angaben von Künd-Gründen** zu kündigen.[44] Dabei kann die Künd-Erklärung auch eine Auslauffrist vorsehen, soweit diese mit einer unangemessen langen Fortsetzung des Ausbildungsverhältnisses verbunden ist.[45] Ob dies sinnvoll ist, sei jedoch dahingestellt. Immerhin hat das BAG[46] in diesem Zusammenhang auch darauf verwiesen, dass der Gekündigte hinreichend dadurch geschützt sei, dass er seinerseits das Ausbildungsverhältnis nach § 22 Abs. 1 sofort beenden kann. Soll dies aber möglich sein, macht die Vereinbarung einer Auslauffrist keinen Sinn.

25 Durch das BAG ist auch anerkannt, dass das Berufsausbildungsverhältnis bereits vor dessen Beginn ordentlich entfristet gekündigt werden kann, wenn die Parteien keine abweichende Regelung vereinbart haben und sich der Ausschluss der Künd vor Beginn der Ausbildung für den Ausbilder auch nicht aus den konkreten Umständen (z.B. der Abrede oder dem ersichtlichen gemeinsamen Interesse, die Ausbildung jedenfalls für einen bestimmten Teil der Probezeit tatsächlich durchzuführen) ergibt.[47]

26 Das Gesetz stellt in § 20 auf den Bestand des Berufsausbildungsverhältnisses während der Erprobungsphase ab. Auf dieses sind **tatsächliche Unterbrechungen der Ausbildung** ohne Einfluss. Dieser wortgetreuen Gesetzesauslegung steht allerdings eine Stellungnahme im Bericht des Ausschusses für Arbeit zum Entwurf der Vorgängerregelung zum heutigen § 20[48] entgegen, in dem es heißt, dass im Falle einer Unterbrechung der Ausbildung während der Probezeit (etwa wegen Erkrankung des Auszubildenden) diese (nicht jedoch die Ausbildungszeit) unterbrochen werde. Die im Bericht geäußerte Vorstellung hat aber im Gesetz keinen Niederschlag gefunden, weshalb auch das BAG[49] dieser Stellungnahme im Rahmen der Gesetzesauslegung keine selbstständige Bedeutung zumessen wollte. Dementsprechend ist von dem Grundsatz auszugehen, dass eine automatische Verlängerung der Probezeit um die Dauer der Ausbildungsunterbrechung nicht erfolgt. Davon zu trennen ist allerdings die Frage, ob die Probezeit verlängernde Ver-

---

[34] Die noch bei LAG München 2.11.1977 – 7 Sa 705/77 – Ez.B. § 305 BGB Nr. 3 vertretene Auffassung, die Aufhebung sei auch formfrei möglich, ist nach Einfügung des § 623 BGB nicht mehr haltbar; vgl. auch *Preis/Gotthardt*, NZA 2000, 354.

[35] Künd-Gründe müssen allerdings im Rahmen der BR-Anhörung nach § 102 Abs. 1 S. 1 BetrVG angegeben werden.

[36] Die schriftliche Begründung kann insofern auch nicht nachgeholt werden; vgl. BAG 25.11.1976 – 2 AZR 751/75 – AP § 15 BBiG Nr. 4.

[37] *Opolony*, BB 1999, 1707.

[38] BAG 25.11.1976 – 2 AZR 751/75 – AP § 15 BBiG Nr. 4; vgl. ferner *Opolony*, BB 1999, 1707, der insofern auch auf die Nichtanwendbarkeit des § 113 BGB verweist; vgl. ferner APS/*Biebl* § 15 BBiG Rn 29 f., mit Verweis auf das beide Elternteile betreffende Mitwirkungserfordernis.

[39] So für die Anhörung der SBV: BAG 10.12.1987 – 2 AZR 385/87 – AP § 18 SchwbG Nr. 11; vgl. i.Ü. hierzu auch *Opolony*, BB 1999, 1708.

[40] Dies ist nicht der Fall in sog. reinen Ausbildungsbetrieben; BAG 21.7.1993 – 7 ABR 35/92 – AP § 5 BetrVG 1972 Ausbildung Nr. 8.

[41] *Opolony*, BB 1999, 1706.

[42] *Opolony*, BB 1999, 1708.

[43] *B. Natzel*, Berufsbildungsrecht, S. 166 f.

[44] Vgl. auch BAG 10.11.1988 – 2 AZR 26/88 – AP § 15 BBiG Nr. 8, wonach es sich hierbei nicht um eine außerordentliche Künd, sondern um eine entfristete ordentliche Künd handelt.

[45] BAG 10.11.1988 – 2 AZR 26/88 – AP§ 15 BBiG Nr. 8.

[46] BAG 10.11.1988 – 2 AZR 26/88 – AP § 15 BBiG Nr. 8.

[47] BAG 17.9.1987 – 2 AZR 654/86 – AP § 15 BBiG Nr. 7.

[48] BT-Drucks 5/4260, S. 103 f.

[49] BAG 15.1.1981 – 2 AZR 943/78 – AP § 13 BBiG Nr. 7 m. zust. Anm. *B. Natzel*.

einbarungen zulässig sind. Die ist zu bejahen, sofern mittels der Verlängerungsvereinbarung die gesetzliche Vier-Monatsgrenze nicht überschritten wird (i.Ü. zu dieser Problematik vgl. oben Rn 8).

2. Kündigung nach Ablauf der Probezeit (§ 22 Abs. 2). a) Kündigung durch den Ausbildenden. Dem Ausbildenden ist eine (außerordentliche) Künd nach Ablauf der Probezeit nur bei Vorliegen eines wichtigen Grundes möglich, sofern die Künd innerhalb einer Frist von zwei Wochen nach Kenntniserlangung der zur Künd führenden Tatsachen ausgesprochen wird (§ 22 Abs. 2 Nr. 1, Abs. 4 S. 1).[50] Bei dauerhaftem Fehlverhalten ist auf den Zeitpunkt der Einstellung dieses Verhaltens abzustellen. Erforderlich ist eine positive Kenntnis; das Kennenmüssen kündigungsrelevanter Tatsachen setzt die Zwei-Wochen-Frist nicht in Lauf.[51] Liegen kündigungsrelevante Tatsachen vor, müssen diese von einem solchem Gewicht sein, das die Annahme rechtfertigt, dass dem Ausbildenden unter Berücksichtigung des Einzelfalls und unter Abwägung beider Vertragsteile die **Fortsetzung des Vertragsverhältnisses bis zum Ablauf der Ausbildungszeit nicht zugemutet** werden kann. Die „Berücksichtigung des Einzelfalls" erfordert insb. auch eine Abwägung der Chancen und Risiken eines Abbruchs der Ausbildung für den Auszubildenden. Dabei sind das Stadium der Ausbildung sowie damit verbunden die Nähe zum Prüfungstermin,[52] der Entwicklungsstand des Auszubildenden ebenso in die Abwägung mit einzubeziehen wie die besondere Fürsorgepflicht auch im Hinblick auf die charakterliche Förderung (§ 14 Abs. 1 Nr. 5).[53] Bei Störungen im Leistungsbereich, also der Verletzung der in § 13 festgelegten Pflichten, hat der Künd stets eine Abmahnung vorauszugehen. Im sonstigen Verhaltensbereich kann eine Abmahnung jedenfalls dann als entbehrlich gelten, wenn die Schwere eines oder mehrerer Verhaltensverstöße auf eine fehlende Einsichtsfähigkeit schließen lassen und auch sonst eine weitere Akzeptanz des Fehlverhaltens unzumutbar ist.[54] Dergleichen sind aufgrund der pädagogischen Verantwortung des Ausbildenden **Verdachts-Künd** nur in besonderen Fällen zulässig, wie etwa in Rechtsverhältnissen, die eines besonderen gegenseitigen Vertrauens bedürfen, wie es z.B. im Bankenwesen der Fall ist.[55]

Die im Rahmen der außerordentlichen Künd **anzugebenden Künd-Gründe** müssen durch Darlegung von Tatsachen erkennen lassen, warum der Vertrag gelöst werden soll. Allgemeine Werturteile genügen indes nicht.[56] Um die Künd anfechtungssicher zu machen, sollten die zur Künd führenden Tatsachen hinsichtlich Datum, Uhrzeit, Ort und sonstigen Einzelheiten in groben Zügen bezeichnet werden. Ein Nachschieben von Künd-Gründen ist aufgrund des unabdingbaren Erfordernisses des § 22 Abs. 3 unzulässig.

Die Frage, wann eine **Fortsetzung der Ausbildung bis zu deren regulärem Ende als unzumutbar anzusehen** ist, ist unter Rückgriff auf die zu § 626 BGB entwickelten Fallgruppen unter besonderer Berücksichtigung der Situation im Ausbildungsverhältnis zu beurteilen. So hat der Ausbildende Straftaten allgemeiner oder gegen seine Person gerichteter Art nicht zu dulden.[57] Die nachhaltige Nichterfüllung von Ausbildungspflichten kann eine Künd rechtfertigen, sofern unbeschadet entsprechender Abmahnungen mit einer Verhaltensänderung nicht zu rechnen ist.[58] Eine außerordentliche Künd kommt auch im Fall der Stilllegung des Ausbildungsbetriebes in Betracht.[59] Allerdings ist der Auszubildende aufgrund seiner besonderen pädagogischen Fürsorgepflichten gehalten, eine notwendige Künd mit einer Auslauffrist zu versehen und diese auf den letztmöglichen Zeitpunkt zu fixieren. Die Auslauffrist ist auch im Rahmen des § 113 Abs. 1 InsO zu beachten.[60]

b) Kündigung durch den Auszubildenden. Ebenso wie der Ausbildende kann auch der Auszubildende das Ausbildungsverhältnis außerordentlich kündigen, etwa wenn sich der Ausbildende als persönlich oder fachlich ungeeignet erweist,[61] er die weitere Ausbildung verweigert[62] oder gegen Arbeitsschutzvorschriften im erheblichen Maße verstößt.[63] Das Recht zur Künd kann nicht durch Fixierung einzelner Künd-Tatbestände erweitert oder beschränkt werden.[64]

Nach Ablauf der Probezeit kann der Auszubildende das Ausbildungsverhältnis ordentlich mit einer Frist von vier Wochen unter der Voraussetzung kündigen, dass er die **Berufsausbildung aufgeben** oder sich **für eine andere Be-**

---

50 Die Frist des § 15 Abs. 4 S. 1 ist eine der abändernden Vereinbarung durch die Vertragsparteien entzogene Ausschlussfrist: BAG 22.2.1972 – 2 AZR 205/71 – AP § 15 BBiG Nr. 1; BAG 25.11.1976 – 2 AZR 205/71 – AP § 15 BBiG Nr. 4.
51 BAG 6.7.1972 – 2 AZR 386/71 – AP § 626 BGB Ausschlussfrist Nr. 3.
52 Vgl. insoweit auch BAG 10.5.1973 – 2 AZR 328/72 – AP § 15 BBiG Nr. 3.
53 *Opolony*, BB 1999, 1707.
54 BAG 1.7.1999 – 2 AZR 328/72 – AP § 15 BBiG Nr. 11.
55 *Heinze*, AuR 1984, 237; KR/*Weigand*, §§ 14, 15 BBiG Rn 48.
56 BAG 25.11.1976 – 2 AZR 251/75 – AP § 15 BBiG Nr. 4.
57 So BAG 1.7.1999 – 2 AZR 676/98 – AP § 15 BBiG Nr. 11 sowie LAG Köln 11.8.1995 – 12 Sa 426/95 – NZA-RR 1996, 128 für die Verbreitung neonazistischen oder sonst rassistischen Gedankenguts; LAG Düsseldorf 6.11.1973 – 11 Sa 561/73 – DB 1974, 928 für die Entwendung von Geld.
58 So z.B. LAG Frankfurt 26.9.1977 – 16 Sa 657/97 – BB 1998, 2268 für die standhafte Weigerung zum ordnungsgemäßen Führen eines Berichtsheftes.
59 GK-KSchG/*Weigand*, §§ 14, 15 BBiG Rn 71.
60 BAG 27.5.1993 – 2 AZR 601/92 – AP § 22 KO Nr. 9; vgl. ferner dazu *Lakies*, RdA 1997, 146.
61 LAG Stuttgart 28.2.1955 – II Sa 165/54 – AP § 77 HGB Nr. 1 für den Fall des Entzugs der Ausbildereigenschaft.
62 BAG 11.8.1987 – 8 AZR 93/95 – AP § 16 BBiG Nr. 1.
63 BAG 28.10.1971 – 2 AZR 32/71 – AP § 626 BGB Nr. 62.
64 APS/*Biebl*, § 15 BBiG Rn 22.

rufstätigkeit ausbilden lassen will (§ 22 Abs. 2 Nr. 2). Dabei kann sich der Auszubildende nur darauf berufen, er wolle die Berufsausbildung aufgeben oder sich für eine andere Berufstätigkeit ausbilden lassen. Ein solcher Fall kann auch bei einer Aufhebung der Anerkennung als Ausbildungsberuf gegeben sein (vgl. auch § 25 Abs. 3). Die Berechnung der Vier-Wochen-Frist richtet sich nach den allgemeinen Bestimmungen des BGB.

32 Die Berufung auf einen beabsichtigten Ausbildungsabbruch oder den Willen, sich für eine andere Berufstätigkeit ausbilden zu lassen, muss der **Wahrheit entsprechen**.[65] Es mag zwar sein, dass dies in der Praxis zu Nachweisproblemen führt. Jedoch muss sich auch der Auszubildende nach rechtlichen Vorschriften richten.

33 **3. Schriftform (§ 22 Abs. 3).** Die Künd muss nach Abs. 3 **schriftlich** und in den Fällen nach Abs. 2 unter Angabe von Künd-Gründen erfolgen. Die Nichteinhaltung des Formgebots führt zur Unwirksamkeit nach § 125 BGB. Dies schließt zugleich ein Nachschieben im Künd-Schreiben nicht erwähnter Künd-Gründe aus.[66] Wohl aber können bereits mitgeteilte Künd-Gründe späterhin erläutert und ergänzt werden.[67]

34 Im Fall der Künd eines minderjährigen Auszubildenden muss den Erfordernissen des § 22 Abs. 3 gegenüber den Erziehungsberechtigten Rechnung getragen werden.[68]

35 **4. Frist bei außerordentlicher Kündigung (§ 22 Abs. 4).** Wie auch im Fall des § 626 Abs. 2 BGB muss die außerordentliche Künd innerhalb von zwei Wochen nach Erlangung der Kenntnis über die zur Künd berechtigenden Tatsachen ausgesprochen werden; ansonsten ist sie unwirksam (§ 22 Abs. 4 S. 1). Ist ein Güteverfahren vor einer Schiedsstelle eingeleitet, wird die Frist bis zu dessen Beendigung gehemmt.

36 **5. Schadensersatz bei vorzeitiger Beendigung (§ 23).** Über den Schadensersatzanspruch des § 23 werden die sekundärrechtlichen Rechtsfolgen der vorzeitigen Beendigung des Ausbildungsverhältnisses für beide Seiten in nicht abschließender Form geregelt; weitere Anspruchsgrundlagen sind daher nicht ausgeschlossen.[69]

37 **Voraussetzung des Schadensersatzanspruchs** ist, dass das Berufsausbildungsverhältnis nach Ablauf der Probezeit durch einen Umstand, den der andere Teil zu vertreten hat, vorzeitig beendet wird. Die tatsächliche Beendigung, z.B. durch Ausscheiden unter Vertragsbruch, genügt. Auf die rechtliche Zulässigkeit der Auflösung kommt es somit nicht an.[70] Anderes gilt aufgrund § 23 Abs. 1 S. 2 nur für den Fall der Auflösung des Ausbildungsverhältnisses durch den Auszubildenden wegen Aufgabe oder Wechsel der Berufsausbildung nach Maßgabe des § 22 Abs. 2 Nr. 2.

38 **Vor Ablauf der Probezeit** kann ein Schadensersatzanspruch nicht erwachsen. Daraus folgt zugleich, dass ein Schadensersatzanspruch von vornherein nicht im Fall des Nichtantritts der Ausbildung entstehen kann.[71]

39 Für die **Schadensbemessung** gelten §§ 249 ff. BGB. Das nicht ordnungsgemäß erfüllte Ausbildungsverhältnis ist dabei mit einem ordnungsgemäß erfüllten zu vergleichen.[72] Der das Vertragsverhältnis Auflösende hat also den Zustand herzustellen, der bestehen würde, wenn der zum Ersatz verpflichtende Umstand nicht eingetreten wäre (§ 249 S. 1 BGB). Das BAG hat insoweit zu Recht auf die unterschiedliche Pflichtenstellung im Ausbildungs- sowie im Arbeitsverhältnis verwiesen und festgestellt, dass der Entgang von nach § 13 zu erbringenden Leistungen nicht ohne weiteres einen zu ersetzenden Schaden darstellt. Denn unabhängig von der Frage, ob eine kommerzielle Verwertbarkeit der im Ausbildungsprozess erstellten Werke oder Dienste gegeben ist, sei auch zu berücksichtigen, dass sich der Ausbildende entsprechende Aufwendungen erspart. Die Beschäftigung eines Auszubildenden sei – so das BAG – weder zwangsläufig mit einem Verlustgeschäft noch mit einem Gewinn verbunden.[73] Als ersatzfähig hat das BAG Aufwendungen für die Begründung eines neuen Berufsausbildungsverhältnisses sowie Mehrkosten anerkannt, die durch die Ausbildung an einem anderen Ort verursacht werden. Dies gelte – so das BAG – auch, soweit sie vor der rechtlichen Beendigung des alten Berufsausbildungsverhältnisses entstanden sind.[74] Im Rahmen der Schadensbemessung hat sich der Auszubildende allerdings das anrechnen zu lassen, was er durch eine anderweitige Tätigkeit erworben hat, die er bei Fortsetzung des Berufsausbildungsverhältnisses nicht hätte ausüben können.[75]

40 Kommt ein Schadensersatzanspruch in Betracht, ist dieser innerhalb einer **Ausschlussfrist von drei Monaten** geltend zu machen (§ 23 Abs. 2). Einer Anrufung des vor der zuständigen Stelle gebildeten Schlichtungsausschusses ist insoweit nicht erforderlich.[76] Die Ausschlussfrist beginnt mit dem rechtlichen Ende des Ausbildungsverhältnisses zu laufen.[77]

---

65 So zutreffend APS/*Biebl* § 15 BBiG Rn 11.
66 BAG 25.11.1976 – 2 AZR 751/75 – AP § 15 BBiG Nr. 4.
67 APS/*Biebl* § 15 BBiG Rn 27.
68 LAG Düsseldorf 14.5.1970 – 3 Sa 73/70 – DB 1970, 1135.
69 B. Natzel, Berufsbildungsrecht, S. 300.
70 BAG 17.8.2000 – 8 AZR 578/99 – NZA 2001, 150.
71 Die Vereinbarung von Vertragsstrafen für diesen Fall ist ohnehin nach § 12 Abs. 2 Nr. 2 nichtig.
72 BAG 11.8.1987 – 8 AZR 93/85 – NZA 1988, 93.
73 BAG 17.8.2000 – 8 AZR 578/99 – NZA 2001, 150.
74 BAG 11.8.1987 – 8 AZR 93/85 – NZA 1988, 93.
75 BAG 8.5.2007 – 9 AZR 527/06 – NJW 2007, 3594.
76 APS/*Biebl*, § 15 BBiG Rn 41.
77 BAG 17.7.2007 – 9 AZR 103/07 – DB 2008, 709.

C. Verbindung zu anderen Rechtsgebieten und zum Prozessrecht

Der Gekündigte hat die **Vorschriften des KSchG über die fristgebundene Klageerhebung** (§ 4, § 13 Abs. 1 S. 2 KSchG) zu beachten. Sie sind auch auf außerordentliche Künd von Berufsausbildungsverhältnissen anzuwenden, sofern nicht gemäß § 111 Abs. 2 S. 5 ArbGG eine Verhandlung vor einem zur Beilegung von Streitigkeiten aus einem Berufsausbildungsverhältnis gebildeten Ausschuss stattfinden muss.[78] Kommt es zum Spruch durch den Schlichtungsausschuss, ist dieser binnen zwei Wochen vor dem Arbeitsgericht anzugreifen (§ 111 Abs. 2 S. 3 ArbGG). Dabei ersetzt das vor der Schlichtungsstelle durchgeführte Verfahren nach Streichung des § 111 Abs. 2 S. 8 ArbGG a.F. die arbeitsgerichtliche Güteverhandlung nicht. Im Übrigen richtet sich das Verfahren vor dem ArbG nach den allgemeinen Grundsätzen des arbeitsgerichtlichen Urteilsverfahrens. Besonderheiten des Berufsausbildungsverhältnisses sind aber zu berücksichtigen. So kommt hier eine Auflösung des Ausbildungsverhältnisses gegen Zahlung einer Abfindung entsprechend § 13 Abs. 1 S. 3 KSchG nicht in Betracht.[79]

41

D. Beraterhinweise

Stets ist darauf zu achten, dass sich die Parteien vor Beendigung der Berufsausbildung darüber klar werden, ob und zu welchen Bedingungen eine Weiterbeschäftigung erfolgen soll. Ohne eine gesonderte Vereinbarung gilt im Falle einer **Weiterbeschäftigung** ein Arbverh als auf unbestimmte Zeit geschlossen (§ 24). Eine Weiterbeschäftigung liegt vor, wenn der Auszubildende weisungsgebundene Tätigkeiten durchführt und damit Arbeitsleistung erbringt. Sie erfolgt „im Anschluss an das Berufsausbildungsverhältnis", wenn sie im unmittelbar an das abgeschlossene Ausbildungsverhältnis anschließenden Zeitraum liegt. Dies schließt eine stillschweigende Verlängerung des Ausbildungsverhältnisses über den ursprünglich vereinbarten Zeitpunkt hinaus nicht aus, wenn die Abschlussprüfung kurze Zeit nach Anlauf der Vertragsfrist stattfindet und die Ausbildung gerade wegen der bevorstehenden Prüfung fortgesetzt wird oder die Bekanntgabe des Prüfungsergebnisses erst nach Ablauf der vereinbarten Ausbildungszeit stattfindet.[80]

42

Die Weiterbeschäftigung muss zumindest **unter Duldung des Ausbildenden** erfolgen. Er muss also von der Weiterbeschäftigung im Anschluss an die Ausbildung Kenntnis haben bzw. muss ihr im Falle seiner Unkenntnis unverzüglich widersprechen, sobald er von ihr erfährt.[81]

43

Kein Arbverh auf unbestimmte Zeit wird begründet, wenn der Ausbildende zuvor ausdrücklich erklärt hatte, sich nach Bestehen der Abschlussprüfung vom Auszubildenden trennen zu wollen.[82] Erfolgt dennoch eine Beschäftigung, ohne dass der Ausbildende von der Beendigung des Berufsausbildungsverhältnisses bzw. der Beschäftigung im Anschluss daran Kenntnis hat, ist dieses nach bereicherungsrechtlichen Grundsätzen rückabzuwickeln.[83]

44

Soll der Auszubildende zwar in ein Arbverh übernommen werden, jedoch nur befristet, ist dies vor einer Beschäftigung mit Arbeitsaufgaben schriftlich festzuhalten. Ansonsten schnappt die „Befristungsfalle" zu; das Arbverh gilt als auf unbestimmte Zeit geschlossen (§ 16 TzBfG).

45

Außerhalb des BBiG sind die Kündigungsvorschriften nicht einschlägig. Das ist insbes. bei Pflichtpraktika im Rahmen sog. dualer Studiengänge zu berücksichtigen, die entsprechend einer Studienordnung durchgeführt werden.[84] Allerdings wird die Auffassung vertreten, dass die Vertrags- und damit auch die Kündigungsklauseln sich an den Vorgaben des allgemeinen Zivilrechts auszurichten haben, auch wenn die einschlägigen Vorschriften über die Absolvierung von Pflichtpraktika dem öffentlichen Recht entstammen.[85]

46

Kapitel 2: Berufliche Fortbildung

§ 53 Fortbildungsordnung

(1) Als Grundlage für eine einheitliche berufliche Fortbildung kann das Bundesministerium für Bildung und Forschung im Einvernehmen mit dem Bundesministerium für Wirtschaft und Technologie oder dem sonst zuständigen Fachministerium nach Anhörung des Hauptausschusses des Bundesinstituts für Berufsbildung

---

78 BAG 5.7.1990 – 3 Sa 73/70 – NZA 1991, 671; BAG 26.1.1999 – 2 AZR 134/98 – NZA 1999, 934.
79 APS/*Biebl*, § 15 BBiG Rn 34.
80 *B. Natzel*, Berufsbildungsrecht, S. 266; kritisch ErfK/*Schlachter*, § 14 BBiG Rn 2.
81 APS/*Biebl*, § 17 BBiG Rn 3.
82 LAG Frankfurt 14.6.1982 – 11 Sa 141/81 – Ez.B. § 17 BBiG Nr. 8.
83 Zur Rückabwicklung ohne vertragliche Rechtsgrundlage vollzogener Arbverh (unter gleichzeitiger Ablehnung des Rechtsinstituts des sog. faktischen Arbverh) vgl. *I. Natzel*, SAE 1999, 220.
84 Hierzu: *I. Natzel*, NZA 2008, 567.
85 *Hirdina*, NZA 2008, 916.

durch Rechtsverordnung, die nicht der Zustimmung des Bundesrates bedarf, Fortbildungsabschlüsse anerkennen und hierfür Prüfungsregelungen erlassen (Fortbildungsordnung).

(2) Die Fortbildungsordnung hat festzulegen
1. die Bezeichnung des Fortbildungsabschlusses,
2. das Ziel, den Inhalt und die Anforderungen der Prüfung,
3. die Zulassungsvoraussetzungen sowie
4. das Prüfungsverfahren.

(3) Abweichend von Absatz 1 werden Fortbildungsordnungen in Berufen der Landwirtschaft, einschließlich der ländlichen Hauswirtschaft, durch das Bundesministerium für Ernährung, Landwirtschaft und Verbraucherschutz im Einvernehmen mit dem Bundesministerium für Bildung und Forschung, Fortbildungsordnungen in Berufen der Hauswirtschaft durch das Bundesministerium für Wirtschaft und Technologie im Einvernehmen mit dem Bundesministerium für Bildung und Forschung erlassen.

§ 54 Fortbildungsprüfungsregelungen der zuständigen Stellen

[1]Soweit Rechtsverordnungen nach § 53 nicht erlassen sind, kann die zuständige Stelle Fortbildungsprüfungsregelungen erlassen. [2]Die zuständige Stelle regelt die Bezeichnung des Fortbildungsabschlusses, Ziel, Inhalt und Anforderungen der Prüfungen, die Zulassungsvoraussetzungen sowie das Prüfungsverfahren.

§ 55 Berücksichtigung ausländischer Vorqualifikationen

Sofern die Fortbildungsordnung (§ 53) oder eine Regelung der zuständigen Stelle (§ 54) Zulassungsvoraussetzungen vorsieht, sind ausländische Bildungsabschlüsse und Zeiten der Berufstätigkeit im Ausland zu berücksichtigen.

§ 56 Fortbildungsprüfungen

(1) [1]Für die Durchführung von Prüfungen im Bereich der beruflichen Fortbildung errichtet die zuständige Stelle Prüfungsausschüsse. [2]§ 37 Abs. 2 und 3 sowie die §§ 40 bis 42, 46 und 47 gelten entsprechend.

(2) Der Prüfling ist auf Antrag von der Ablegung einzelner Prüfungsbestandteile durch die zuständige Stelle zu befreien, wenn er eine andere vergleichbare Prüfung vor einer öffentlichen oder staatlich anerkannten Bildungseinrichtung oder vor einem staatlichen Prüfungsausschuss erfolgreich abgelegt hat und die Anmeldung zur Fortbildungsprüfung innerhalb von fünf Jahren nach der Bekanntgabe des Bestehens der anderen Prüfung erfolgt.

§ 57 Gleichstellung von Prüfungszeugnissen

Das Bundesministerium für Wirtschaft und Technologie oder das sonst zuständige Fachministerium kann im Einvernehmen mit dem Bundesministerium für Bildung und Forschung nach Anhörung des Hauptausschusses des Bundesinstituts für Berufsbildung durch Rechtsverordnung außerhalb des Anwendungsbereichs dieses Gesetzes oder im Ausland erworbene Prüfungszeugnisse den entsprechenden Zeugnissen über das Bestehen einer Fortbildungsprüfung auf der Grundlage der §§ 53 und 54 gleichstellen, wenn die in der Prüfung nachzuweisenden beruflichen Fertigkeiten, Kenntnisse und Fähigkeiten gleichwertig sind.

Kapitel 3: Berufliche Umschulung

§ 58 Umschulungsordnung

Als Grundlage für eine geordnete und einheitliche berufliche Umschulung kann das Bundesministerium für Bildung und Forschung im Einvernehmen mit dem Bundesministerium für Wirtschaft und Technologie oder dem sonst zuständigen Fachministerium nach Anhörung des Hauptausschusses des Bundesinstituts für Berufsbildung durch Rechtsverordnung, die nicht der Zustimmung des Bundesrates bedarf,
1. die Bezeichnung des Umschulungsabschlusses,
2. das Ziel, den Inhalt, die Art und Dauer der Umschulung,
3. die Anforderungen der Umschulungsprüfung und die Zulassungsvoraussetzungen sowie
4. das Prüfungsverfahren der Umschulung

unter Berücksichtigung der besonderen Erfordernisse der beruflichen Erwachsenenbildung bestimmen (Umschulungsordnung).

§ 59 Umschulungsprüfungsregelungen der zuständigen Stellen

[1]Soweit Rechtsverordnungen nach § 58 nicht erlassen sind, kann die zuständige Stelle Umschulungsprüfungsregelungen erlassen. [2]Die zuständige Stelle regelt die Bezeichnung des Umschulungsabschlusses, Ziel, Inhalt und Anforderungen der Prüfungen, die Zulassungsvoraussetzungen sowie das Prüfungsverfahren unter Berücksichtigung der besonderen Erfordernisse beruflicher Erwachsenenbildung.

§ 60 Umschulung für einen anerkannten Ausbildungsberuf

[1]Sofern sich die Umschulungsordnung (§ 58) oder eine Regelung der zuständigen Stelle (§ 59) auf die Umschulung für einen anerkannten Ausbildungsberuf richtet, sind das Ausbildungsberufsbild (§ 5 Abs. 1 Nr. 3), der Ausbildungsrahmenplan (§ 5 Abs. 1 Nr. 4) und die Prüfungsanforderungen (§ 5 Abs. 1 Nr. 5) zugrunde zu legen. [2]Die §§ 27 bis 33 gelten entsprechend.

§ 61 Berücksichtigung ausländischer Vorqualifikationen

Sofern die Umschulungsordnung (§ 58) oder eine Regelung der zuständigen Stelle (§ 59) Zulassungsvoraussetzungen vorsieht, sind ausländische Bildungsabschlüsse und Zeiten der Berufstätigkeit im Ausland zu berücksichtigen.

§ 62 Umschulungsmaßnahmen; Umschulungsprüfungen

(1) Maßnahmen der beruflichen Umschulung müssen nach Inhalt, Art, Ziel und Dauer den besonderen Erfordernissen der beruflichen Erwachsenenbildung entsprechen.
(2) [1]Umschulende haben die Durchführung der beruflichen Umschulung vor Beginn der Maßnahme der zuständigen Stelle schriftlich anzuzeigen. [2]Die Anzeigepflicht erstreckt sich auf den wesentlichen Inhalt des Umschulungsverhältnisses. [3]Bei Abschluss eines Umschulungsvertrages ist eine Ausfertigung der Vertragsniederschrift beizufügen.
(3) [1]Für die Durchführung von Prüfungen im Bereich der beruflichen Umschulung errichtet die zuständige Stelle Prüfungsausschüsse. [2]§ 37 Abs. 2 und 3 sowie die §§ 40 bis 42, 46 und 47 gelten entsprechend.
(4) Der Prüfling ist auf Antrag von der Ablegung einzelner Prüfungsbestandteile durch die zuständige Stelle zu befreien, wenn er eine andere vergleichbare Prüfung vor einer öffentlichen oder staatlich anerkannten Bildungseinrichtung oder vor einem staatlichen Prüfungsausschuss erfolgreich abgelegt hat und die Anmeldung zur Umschulungsprüfung innerhalb von fünf Jahren nach der Bekanntgabe des Bestehens der anderen Prüfung erfolgt.

§ 63 Gleichstellung von Prüfungszeugnissen

Das Bundesministerium für Wirtschaft und Technologie oder das sonst zuständige Fachministerium kann im Einvernehmen mit dem Bundesministerium für Bildung und Forschung nach Anhörung des Hauptausschusses des Bundesinstituts für Berufsbildung durch Rechtsverordnung außerhalb des Anwendungsbereichs dieses Gesetzes oder im Ausland erworbene Prüfungszeugnisse den entsprechenden Zeugnissen über das Bestehen einer Umschulungsprüfung auf der Grundlage der §§ 58 und 59 gleichstellen, wenn die in der Prüfung nachzuweisenden beruflichen Fertigkeiten, Kenntnisse und Fähigkeiten gleichwertig sind.

Literatur zu den §§ 53–63: *Becker-Schaffner*, Die Rechtsprechung zur Rückerstattung von Ausbildungskosten, DB 1991, 1016; *Düwell/Eberling*, Rückzahlung von verauslagten Bildungsinvestitionen, DB 2008, 406; *Griebeling*, Bindungs- und Rückzahlungsklauseln bei arbeitgeberfinanzierter Fort- und Weiterbildung, in: FS Schaub, S. 219; *Hennige*, Rückzahlung von Aus- und Fortbildungskosten, NZA-RR 2000, 622; *Huber/Blömeke*, Rückzahlung von Fortbildungskosten im Arbeitsverhältnis, BB 1998, 2157; *Lakies*, AGB-Kontrolle von Rückzahlungsvereinbarungen über Weiterbildungskosten, BB 2004, 1903; *Leinemann/Taubert*, BBiG; 2. Aufl. 2008; *Lingemann*, Allgemeine Geschäftsbedingungen und Arbeitsvertrag, NZA 2002, 181; *Meyer/Schulz*, Die Rückzahlung von Ausbildungskosten bei vorzeitiger oder erfolgloser Beendigung der Ausbildung, NZA 1996, 742; *B. Natzel*, Berufsbildungsrecht, 3. Aufl., 1982; *I. Natzel*, Äpfel oder Birnen? Beschäftigung oder Arbeitsrecht?, NZA 2003, 835; *Rischar*, Arbeitsrechtliche Klauseln zur Rückzahlung von Fortbildungskosten, BB 2002, 2550

A.	Allgemeines	1	4. Aufwendungen für berufliche Fortbildung	12
B.	Regelungsgehalt	2	5. Rückzahlungsklauseln	14
I.	Berufliche Fortbildung	2	II. Berufliche Umschulung	17
	1. Rechtsverhältnisse im Recht der beruflichen Fortbildung	5	C. Verbindung zu anderen Rechtsgebieten und zum Prozessrecht	20
	2. Vertragsgestaltung	8	D. Beraterhinweise	26
	3. Dauer der Fortbildung	11		

A. Allgemeines

1 §§ 53 ff. regeln das Recht der beruflichen Weiterbildung. Sie kann als berufliche Fortbildung i.S.d. § 1 Abs. 4 oder berufliche Umschulung i.S.d. § 1 Abs. 5 oder aber auch außerhalb dieser gesetzlich durch Rahmenregelungen vorgegebenen Formen erfolgen.

B. Regelungsgehalt

I. Berufliche Fortbildung

2 Der **Begriff der beruflichen Fortbildung** ist in § 1 Abs. 4 definiert. Sie zeichnet sich dadurch aus, dass an eine bereits erlangte berufliche Handlungsfähigkeit angeknüpft wird, um diese zu erhalten, zu erweitern, der technischen Entwicklung anzupassen (Anpassungsfortbildung) oder zu erweitern und beruflich aufzusteigen (Aufstiegsfortbildung).

3 Das BBiG enthält lediglich Rahmenregelungen für das Prüfungswesen. Gegenüber der Vorgängerregelung des § 46 a.F. wurden die Rechtsgrundlagen zwar entzerrt. Eine materielle Veränderung ist damit aber nur geringfügig eingetreten.

4 Als Grundlage für eine geordnete und einheitliche berufliche Fortbildung sowie zu ihrer Anpassung an die technischen, wirtschaftlichen und gesellschaftlichen Erfordernisse und Entwicklungen können die für zuständig erklärten Bundesministerien nach Anhören des Hauptausschusses des Bundesinstituts für Berufsbildung durch nicht zustimmungsbedürftige Rechts-VO die Anerkennung von Fortbildungsabschlüssen und den Erlass von Prüfungsregelungen vornehmen (§ 53). Soweit eine solche Rechts-VO nicht besteht, kann auch die zuständige Stelle Fortbildungsprüfungsregelungen erlassen (§ 54).

5 **1. Rechtsverhältnisse im Recht der beruflichen Fortbildung.** Berufliche Fortbildung kann entweder im Rahmen eines zur Fortbildung verpflichtenden Arbeitsvertrags, einer insoweit den Arbeitsvertrag ergänzenden Regelung oder einem eigenständigen Fortbildungsvertrag erfolgen.

6 Findet die **Fortbildung im Rahmen eines bestehenden Arbverh** statt, wandelt sich die ursprünglich bestehende Arbeitsverpflichtung ganz oder teilweise in eine Fortbildungsverpflichtung. Das Arbverh als solches bleibt erhalten; die Bestimmungen der §§ 10 bis 26 finden daher keine Anwendung.[1] Unbeschadet davon, ob die Maßnahme in- oder außerhalb des Betriebes durchgeführt wird, bleibt die Betriebszugehörigkeit des sich fortbildenden AN bestehen.

---

1 Vgl. hierzu auch BAG 21.11.2001 – 5 AZR 158/00 – DB 2002, 744.

Auch soweit die **Fortbildung im Rahmen eines reinen Fortbildungsvertrags erfolgt**, gelten die Regeln der §§ 10 bis 25 nicht.[2] Insb. kann das Fortbildungsverhältnis auch nicht als „anderes Vertragsverhältnis" i.S.d. § 26 angesehen werden.

2. Vertragsgestaltung. Die Hauptpflicht eines Fortbildungsvertrages liegt in der Pflicht begründet, sich selbst fortzubilden oder fortzubilden zu lassen. Soweit die Fortbildung zu einem beruflichen Ziel geführt werden soll, das einem in einer Rechts-VO nach § 53 bezeichneten entspricht, richten sich mangels anderweitiger Bestimmungen Inhalt wie Umfang der Fortbildungspflicht nach dieser.

Der Fortbildungspflicht ist in gleicher Weise wie sonst auch im Arbverh in gewissenhafter Weise nachzukommen. Vorgesehene Kurse und Lehrgänge sind zu besuchen. Alles Zumutbare ist zu tun, um sich den Fortbildungsstoff anzueignen.

Für die Fortbildung ist der Fortzubildende freizustellen. Ob die Freistellung gegen oder ohne Vergütung zu erfolgen hat, ist anhand des Einzelfalls zu bestimmen. Erfolgt die Fortbildung im Rahmen des Arbverh und wandelt sich dabei die ansonsten bestehende Arbeitsverpflichtung in eine Fortbildungsverpflichtung, ist die Vergütung fortzuzahlen. Im Übrigen richtet sich die Antwort auf die Vergütungsfrage nach der Parteivereinbarung im Einzelfall; § 17 findet keine Anwendung. Der Einzelvereinbarung unterliegt es ferner, zu bestimmen, inwieweit der AN einen Eigenanteil in Form von Zeitguthaben für seine Freistellung einbringt. Ggf. kann es sich auch empfehlen, das Arbverh ruhend zu stellen und daneben ein eigenständiges Fortbildungsverhältnis zu begründen. Dann stellen sich die erörterten Fragen nach Entgeltfortzahlung und Einbringung von Zeitguthaben nicht.[3]

3. Dauer der Fortbildung. Die Fortbildungsdauer ist entweder durch Vereinbarung der Vertragspartner oder durch eine Rechts-VO i.S.d. § 46 festgelegt. Eine Besonderheit enthält § 13 Abs. 1 ArbPlSchG, der für Zeiten des **Grundwehrdienstes** sowie der **Wehrübungen** anordnet, dass diese zu berücksichtigen sind, soweit die Zulassung zu weiterführenden Prüfungen im Beruf den Nachweis einer mehrjährigen Tätigkeit nach der Lehrabschlussprüfung erfordert und eine Zeit von drei Jahren nicht unterschritten wird.

4. Aufwendungen für berufliche Fortbildung. Je nach den konkreten Verhältnissen sind die Aufwendungen für die berufliche Fortbildung vom AG oder dem Fortzubildenden ganz oder anteilig zu tragen. Dabei gilt es zu berücksichtigen, dass berufliche Fortbildung regelmäßig im beiderseitigen Interesse ist. Es ist daher keineswegs selbstverständlich, dass der AG die Kosten der beruflichen Fortbildung zu tragen hat.[4] Erfolgt eine Beteiligung an Ausbildungskosten, ist zu berücksichtigen, dass diese den gleichen Kriterien der Inhaltskontrolle unterliegt wie Rückzahlungsklauseln. Es muss also der Beteiligung des AN ein angemessener Gegenwert in Gestalt der Aus- und Weiterbildung gegenüberstehen. Dabei ist insb. der Aspekt der Verbesserung von Chancen auf dem Arbeitsmarkt im Rahmen der Interessensabwägung zu würdigen.[5]

Unbeschadet der zwischen den Parteien des Fortbildungsvertrages zu klärenden Frage der Kostentragung kann nach Maßgabe der §§ 77 ff. SGB III die BA Kosten ganz oder teilweise übernehmen.

5. Rückzahlungsklauseln. Übernimmt der AG die Kosten der Ausbildung, werden Fortbildungsverträge regelmäßig mit Rückzahlungsklauseln versehen, da eine Übernahme von Fortbildungskosten regelmäßig in der Erwartung erfolgt, die Kosten der Fortbildung würden sich im Verlaufe des weiteren Arbverh amortisieren. Solche Rückzahlungsklauseln sind nach der Rspr. vor Beginn der Fortbildungsmaßnahme zu vereinbaren.[6] Sie unterliegen der Inhaltskontrolle dahingehend, ob über diese der AN unter Berücksichtigung der Grundsätze von Treu und Glauben sowie des Rechts auf freie Arbeitsplatzwahl (Art. 12 GG) in zumutbarer Weise an den AG gebunden wird.[7] Diese Rspr. ist auch angesichts der §§ 305 ff. BGB weiterhin zu berücksichtigen. Generell unzulässig sind Rückzahlungsklauseln weiterhin nicht; § 12 findet keine Anwendung.[8] Die Vereinbarung von Rückzahlungsklauseln in Formulararbeitsverträgen muss aber so gefasst sein, dass die Rückzahlungspflicht nicht ohne Rücksicht auf den jeweiligen Grund für die Beendigung des Arbverh ausgelöst werden soll. So ist die Vereinbarung, nach welcher ein AN vom

---

2 Vgl. insoweit auch den schriftlichen Bericht, BT-Drucks V/4260, S. 12.
3 Vgl. zu Alledem auch *Sandmann/Schmitt-Rolfes*, ZfA 2002, 295 ff.
4 I.d.S. aber *Leinemann/Taubert*, § 1 Rn 24.
5 Zu Einzelheiten s. noch im Folgenden.
6 BAG 19.3.1980 – 5 AZR 362/78 – DB 1980, 1703; kritisch hierzu Westfalen/*Thüsing*, Vertragsrecht und AGB-Klauselwerke, Arbeitsverträge Rn 152.
7 Vgl. z.B. BAG 29.6.1962 – 1 AZR 350/61 – AP Art. 12 GG Nr. 25; BAG 20.2.1975 – 5 AZR 240/74 – AP § 611 BGB Ausbildungsbeihilfe Nr. 2; BAG 24.7.1991 – 5 AZR 443/90 – AP § 611 BGB Ausbildungsbeihilfe Nr. 16; BAG 5.12.2002 – 6 AZR 216/01 – DB 2004, 141.; ferner BAG 24.10.2002 – 6 AZR 632/00 – NZA 2003, 668, wonach die Rspr. zur Inhaltskontrolle nicht auf mit einem selbstständigen Handelsvertreter getroffene Rückzahlungsklauseln erstreckt; vgl. grds. zu Rückzahlungsklauseln: *Becker-Schaffner*, DB 1991, 1016; *Düwell/Eberling*, DB 2008, 406 ff.; *Griebeling*, in: FS für Schaub, S. 219 ff., *Huber/Blömeke*, BB 1998, 2157; *Lakies*, BB 2004, 1903; *Meyer/Schulz*, NZA 1996, 742; *Rischar*, BB 2002, 2550.
8 BAG 23.6.1992 – 5 AZR 168/80 – AP § 5 BBiG Nr. 4; 14.1.2009 – 3 AZR 900/07 – DB 2009, 1127.

AG übernommene Kosten für ein Studium in jedem Fall anteilig zurückzahlen muss, wenn das Arbverh vor Ablauf einer bestimmten Frist endet, zu weit gefasst; dies gilt nach Auff. des BAG auch dann, wenn unter Voranstellung des Wortes „insbesondere" zwei Beispielsfälle genannt sind, für welche wirksam eine Rückzahlungsverpflichtung begründet werden könnte.[9] Auch erfordert die nicht unbedenkliche Rspr. des BAG, dass die Rückzahlungsklausel klar und verständlich zum Ausdruck bringen müsse, ob überhaupt und – wenn ja – mit welcher Tätigkeit und Vergütung eine Übernahme eines zunächst als Volontär Eingestellten in ein Arbverh erfolgen solle.[10] Damit überspannt die Konkretisierungsschwelle, da hiermit vom AG eine Prognose im Hinblick auf Beschäftigungsmöglichkeiten und -bedingungen abverlangt werden, die ihm i.d.R. zum Zeitpunkt der Zusage der Studienförderung nicht möglich sein dürfte.

Zudem kann der AG von einem AN, der vor Ablauf einer bestimmten Frist aus einem von ihm zu vertretenden Grund ausscheidet, die Erstattung von Ausbildungskosten aufgrund einer entsprechenden Vereinbarung regelmäßig nur dann verlangen, wenn der AN mit der Ausbildung eine angemessene Gegenleistung erhalten hat.[11] Die Gegenleistung für die durch die Rückzahlungsklausel bewirkte Bindung kann darin liegen, dass der AN eine Ausbildung erhält, die ihm zuvor verschlossene berufliche Möglichkeiten auf dem allgemeinen Arbeitsmarkt eröffnet.[12] Dient die Fortbildung jedoch der Vertiefung von Kenntnissen und Fertigkeiten, wie sie für den betrieblichen Arbeitsablauf erforderlich sind, wird regelmäßig von einem überwiegenden Interesse des AG auszugehen sein, welches eine Rückzahlungsverpflichtung ausschließt.[13] Neben der Interessenabwägung und der damit verbundenen Frage, ob und inwieweit der AN mit der Fortbildung einen geldwerten Vorteil aufgrund der Verbesserung seiner beruflichen Möglichkeiten erlangt, kommt es bei der Überprüfung von Rückzahlungsklauseln maßgeblich auch auf das Verhältnis von Ausbildungsdauer sowie der damit verbundenen Kosten und die mit der Klausel verbundene Bindungsdauer an.[14] Eine Lehrgangsdauer bis zu zwei Monaten rechtfertigt nach der am Einzelfall orientierten Rspr. i.d.R. nur dann eine längere Bindung als ein Jahr nach Abschluss der Ausbildung, wenn durch die Teilnahme am Lehrgang eine besonders hohe Qualifikation verbunden mit überdurchschnittlichen Vorteilen für den AN entsteht oder wenn die Fortbildung besonders kostenintensiv ist.[15] Anerkannt ist durch die Rspr. eine Bindungsdauer von einem Jahr nach einer Ausbildung von ebenfalls einem Jahr insb. für den Fall, dass sich die Pflicht zur Erstattung von Ausbildungskosten entsprechend der späteren Beschäftigungsdauer monatlich anteilig kürzt.[16] Gleichermaßen hat das BAG die Zulässigkeit einer zweijährigen Bindungsfrist für den Fall einer Fortbildungsmaßnahme mit einer Dauer von drei bis vier Monaten bestätigt. So ließ das BAG eine Regelung zu darlehensweise für die Ausbildung an einer Berufsakademie zum Betriebswirt übernommenen Studiengebühren mit einer Bindungsdauer von 24 Monaten unbeanstandet.[17] Gleichermaßen ließ es eine Bindungsdauer von zwei Jahren bei einer über drei Jahren andauernden Schulungsmaßnahme durchgehen, die zu einem Ausfall von ca. 25 % der Arbeitszeit führte.[18] Eine Bindungsdauer über die Grenzen des § 624 BGB ist indes stets als unzulässig anzusehen.

15 Haben AG und AN einzelvertraglich eine zu lange Bindungsfrist für die Rückzahlung von Fortbildungskosten vereinbart, war sie nach der bisherigen Rspr. des BAG auf das zulässige Maß zurückzuführen.[19] Trotz der zutreffend vorgebrachten Bedenken[20] hat das BAG inzwischen der geltungserhaltenden Reduktion einer zu weit gefassten Klausel eine Absage erteilt.[21] Auch wenn es für den einen AG beratenden Kautelarjuristen unbefriedigend ist, ängstlich an die Vertragsgestaltung heranzugehen und nicht das Bestmögliche für seinen Mandanten herauszuholen, um damit das wirtschaftlich sinnvollste Ergebnis herauszuholen, sollte er Vorsicht walten lassen. Die Rspr. lässt die damit einhergehenden Risiken weitgehend unbeeindruckt und weist das Risiko einer Klauselwirksamkeit in vollem Umfang dem Verwender der Klausel zu.[22] Lediglich für den Fall, dass es wegen der einzelfallbezogenen Betrach-

---

9 BAG 23.1.2007 – 9 AZR 482/06 – NZA 2008, 748.
10 BAG 18.3.2008 – 9 AZR 186/07 – SAE 2008, 280 ff. m. Anm. *I. Natzel*.
11 BAG 16.3.1994 – 5 AZR 339/92 – NZA 1994, 937; *Hennige*, NZA-RR 2000, 622; *Huber/Blömeke*, BB 1998, 2157.
12 BAG 18.8.1976 – 5 AZR 399/75 – AP § 611 BGB Ausbildungsbeihilfe Nr. 3; BAG 21.11.2001 – 5 AZR 158/00 – DB 2002, 744; BAG 19.2.2004 – 6 AZR 552/02 – AP § 611 BGB Nr. 33 Ausbildungsbeihilfe; vgl. hierzu auch *I. Natzel*, NZA 2003, 836.
13 LAG Frankfurt 7.11.1988 – 2 Sa 359/88 – NZA 1989, 392; LAG Rheinland-Pfalz 23.10.1981 – 6 Sa 353/81 – BB 1982, 991; LAG Düsseldorf 29.3.2001 – 11 Sa 1760/00 – NZA-RR 2002, 292.
14 BAG 16.3.1994 – 5 AZR 339/92 – AP § 611 BGB Ausbildungsbeihilfe Nr. 18; BAG 6.9.1995 – 5 AZR 241/94 – AP § 611 BGB Ausbildungsbeihilfe Nr. 23; BAG 5.12.2002 – 6 AZR 539/01 – DB 2003, 887; BAG 21.7.2005 – 6 AZR 452/04 – NZA 2006, 542; *Huber/Blömeke*, BB 1998, 1258.
15 BAG 15.12.1993 –15.12.1993– AP § 611 BGB Ausbildungsbeihilfe Nr. 17.
16 BAG 5.12.2002 – 6 AZR 216/01 – DB 2004, 141.
17 BAG 25.4.2001 – 5 AZR 509/99 – RdA 2002, 184.
18 BAG – 6 AZR 452/04 – NZA 2006, 559.
19 BAG 16.3.1994 – 5 AZR 339/92 – AP § 611 BGB Ausbildungsbeihilfe Nr. 18; BAG 6.9.1995 – 5 AZR 241/94 – AP § 611 BGB Ausbildungsbeihilfe Nr. 23; ebenso *Huber/Blömeke*, BB 1998, 2158.
20 Vgl. nur *Lingemann*, NZA 2002, 186 m.w.N. in Fn 81.
21 BAG 11.4.2006 – 9 AZR 610/05 – FA 2006, 185; 14.1.2009 – 3 AZR 900/07 – DB 2009, 1129.
22 So eindeutig BAG 11.4.2006 – 9 AZR 610/05 – FA 2006, 185.

tungsweise für den AG objektiv schwierig ist, die zulässige Bindungsdauer zu bestimmen, lässt das BAG eine ergänzende Vertragsauslegung zu, wenn sich das Prognoserisiko verwirklicht.[23]

Scheidet der AN vor der bestimmten Bindungsfrist aus, hat er dem AG die Ausbildungskosten in Höhe und auf der Grundlage der an diesen Maßstäben zu messenden Rückzahlungsklauseln zurückzuzahlen.[24] Der Rückzahlungsanspruch entsteht dabei mit Beendigung des Arbeitsverhältnisses und nicht bereits mit Zugang der Kündigungserklärung.[25] Der Zweck von Rückzahlungsklauseln, der auf eine Bindung des AN aufgrund der ihm gewährten Vorteile gerichtet ist, gebietet allerdings nach der Rspr. des BAG, dass der AN nicht zur Rückzahlung von Fortbildungskosten verpflichtet werden kann, wenn das Arbverh vor Ablauf der Bindungsfrist durch den AG betriebsbedingt aufgelöst wird.[26] Gleiches gilt etwa für ein arbeitnehmerseitig aufgelöstes Arbverh, wenn der AG durch ein eigenes Fehlverhalten den Anlass für die Künd gesetzt hat.[27]

II. Berufliche Umschulung

Die Umschulung soll gem. § 1 Abs. 5 **zu einer anderen beruflichen Tätigkeit befähigen**.[28] Wie aus dem Wort „andere" hervorgeht, baut die Umschulung nicht auf eine vorhandene Ausbildung auf, sondern beinhaltet eine neue Berufsausbildung i.S.d. BBiG.[29] Mit dem Begriff „Tätigkeit" ist das gesamte Spektrum beruflicher Umschulung gemeint.[30] Stets muss die Umschulung den besonderen Erfordernissen der Erwachsenenbildung entsprechen. Zu diesem Zwecke können Umschulungsordnungen bestehen, die den Umschulungsabschluss bezeichnen, Ziel, Inhalt, Art und Dauer der Umschulung regeln und die Anforderungen an das Prüfungsverfahren festlegen (§ 58). Soweit eine Umschulungsordnung nicht besteht, können die zuständigen Stellen eigene Prüfungsordnungen erlassen (§ 59).

Die Umschulung kann auf einem eigenständigen Berufsbildungsvertrag beruhen oder aber auch im Rahmen eines bestehenden oder neu zu begründenden Arbverh durchgeführt werden.[31] Unabhängig von der rechtlichen Einordnung des Umschulungsverhältnisses im Einzelnen steht fest, dass die Vorschriften des BBiG über das Berufsausbildungsverhältnis i.S.d. §§ 10 ff. auf Umschulungsverhältnisse nicht anwendbar sind.[32] In diesem Sinne hat auch das BAG in seiner ständigen Rspr. darauf verwiesen, dass der **anderweitige Charakter der Umschulung** die Anwendung der für das Berufsausbildungsverhältnis geltenden Vorschriften nicht zulasse.[33] Mit dieser Rspr. hat sich das BAG insb. auch gegen eine unmittelbare oder analoge Anwendung der Beendigungsregeln (§§ 21, 22) ausgesprochen.[34] Diese seien auch nicht über die Regelung anderer Vertragsverhältnisse (§ 26) anwendbar. Denn diese Bestimmung gelte gerade für solche Personen, die erstmals Kenntnisse, Fertigkeiten und Erfahrungen in einer der Berufsausbildung angenäherten Form erwerben wollten, nicht jedoch für Fortbildende oder Umschüler.[35] Ebenso aus selben Grunde unterliegt auch die Aufhebung des Umschulungsvertrags nicht dem Formgebot des § 623 BGB.[36]

Im Umschulungsverhältnis gelten i.Ü. die zu Fortbildungsverträgen entwickelten Rechtsgrundsätze entsprechend. Neu ist die in § 47 Abs. 3a eingefügte Anzeigepflicht für den Umschulenden, die sich auf den wesentlichen Inhalt des Umschulungsverhältnisses erstreckt.

C. Verbindung zu anderen Rechtsgebieten und zum Prozessrecht

Maßnahmen der beruflichen Fortbildung können durch Mittel der **freien Förderung nach Maßgabe des § 10 SGB III** unterstützt werden. Die Leistungen müssen den Zielen und Grundsätzen der gesetzlichen Leistungen entsprechen und dürfen diese nicht aufstocken.

Ebenfalls der Verbesserung von Eingliederungsaussichten dienen die sog. **Trainingsmaßnahmen i.S.d. § 48 SGB III**.

Im Gegensatz zu der Vorgängerregelung im AFG werden mit den **Förderungsregelungen der §§ 77 ff. SGB III** nicht mehr die berufliche Fortbildung, sondern allgemein die berufliche Weiterbildung angesprochen. So können AN bei Teilnahme an Maßnahmen der berufliche Weiterbildung durch Übernahme der Weiterbildung und Leistun-

---

23 BAG 14.1.2009 – 3 AZR 900/07 – DB 2009, 1129.
24 Zur Begrenzung der Rückzahlungslast vgl. auch BAG 16.3.1994 – 5 AZR 339/92 – AP § 611 BGB Ausbildungsbeihilfe Nr. 18.
25 BAG 18.11.2004 – 6 AZR 651/03 – NZA 2005, 516.
26 BAG 6.5.1998 – 5 AZR 535/97 – AP § 611 BGB Ausbildungsbeihilfe Nr. 28, i.E. bestätigt durch BAG 26.2.2004, NZA 2004, 1035; BAG 24.6.2004 – 6 AZR 320/03, NZA 2004, 1295; BAG 24.6.2004 – 6 AZR 383/03 – NZA 2004, 1035.
27 LAG Bremen 25.2.1994 – 4 Sa 13/93 – BB 1994, 1150; Meier/Schulz, NZA 1996, 748.
28 MünchArb/B. Natzel, Bd. 2, § 171 Rn 378 ff.
29 BAG 3.6.1987 – 5 AZR 285/86 – AP§ 1 TVG Tarifverträge Bau Nr. 85.
30 BAG 18.2.1997 – 9 AZR 96/96 -NZA 1997, 1357.
31 BAG 18.2.1997 – 9 AZR 96/96 – NZA 1997, 1357.
32 BAG 20.2.1975 – 5 AZR 240/74 – AP § 611 BGB Ausbildungsbeihilfe Nr. 2; B. Natzel, Berufsbildungsrecht, S. 336.
33 BAG 15.3.1991 – 2 AZR 516/90 – AP § 47 BBiG Nr. 2.
34 BAG 15.3.1991 – 2 AZR 516/90 – AP § 47 BBiG Nr. 2.
35 So auch unter Verweis auf den schriftlichen Bericht, BT-Drucks V/4260, S. 12: BAG 15.3.1991 – 2 AZR 516/90 – AP § 47 BBiG Nr. 2.
36 BAG 19.1.2006 – 6 AZR 638/04 – DB 2006, 1739.

gen von Unterhaltsgeld gefördert werden.[37] Voraussetzung ist, dass die Weiterbildung notwendig ist. Die Notwendigkeit ist zu bejahen, wenn die Maßnahme geeignet ist, den Arbeitslosen wieder einzugliedern, eine drohende Arbeitslosigkeit abzuwenden oder bei Ausübung einer Teilzeitbeschäftigung eine Vollzeitbeschäftigung zu erlangen, oder wenn wegen eine fehlenden Berufsabschlusses die Notwendigkeit der Weiterbildung nach Maßgabe des § 77 Abs. 2 SGB III anerkannt ist. Des Weiteren muss die Vorbeschäftigungszeit nach § 78 erfüllt sein. Ist sie es nicht, kann der AN lediglich durch Übernahme der Weiterbildungskosten gefördert werden. Schließlich muss vor Beginn der Teilnahme eine Beratung durch die AA erfolgt sein und die Maßnahme und ihr Träger für die Förderung zugelassen sind.

23 Mit der durch die sog. Hartz-Gesetzgebung neu in das SGB III aufgenommenen Regelung des § 77 Abs. 3 wird das Vorliegen der Voraussetzungen für eine Förderung durch einen Bildungsgutschein bescheinigt. Dieser dokumentiert das Bildungsziel, die Qualifizierungsschwerpunkte sowie die vorgesehene Weiterbildungsdauer. Er kann eine Gültigkeitsdauer bis zu drei Monaten haben. Den Bildungsgutschein kann der Erwerber innerhalb der Gültigkeitsfrist bei einem zugelassenen Träger seiner Wahl zwecks Teilnahme an einer dem Bildungsschein entsprechenden Maßnahme einlösen.[38]

24 Die Bildungsträger selbst können Zuschüsse für den Aufbau, die Erweiterung und Ausstattung von Einrichtungen bis zur Höhe von 50 % der Gesamtkosten erhalten, wenn dies für andere Leistungen der aktiven Arbeitsförderung erforderlich ist. Einzelheiten sind in den §§ 248 ff. SGB III geregelt.

25 Über die Regelungen des **Aufstiegsfortbildungsförderungsgesetzes (AFBG)** wird die Fortbildung von Fachkräften durch Beiträge zu den Kosten der Maßnahme und zum Lebensunterhalt finanziell gefördert. Es handelt sich hier nicht um eine Versicherungsleistung, die eine vorangegangene sozialversicherungspflichtige Beschäftigung erfordert und am früheren Einkommen orientiert ist.

D. Beraterhinweise

26 Regelungen zu Zwecken der Weiterbildung sollten stets unter Wahrung der Grundsätze einer fairen Kostenverteilung erfolgen. Bei der Gestaltung von Weiterbildungsvereinbarungen sollte auch geprüft werden, ob und inwieweit ein AN in einer Qualifizierungsmaßnahme an den Aufwendungen für diese Maßnahme durch Einbringung von Zeit zu beteiligen ist. Soweit die Kosten der Qualifizierungsmaßnahme es bedingen, sollte stets an die Vereinbarung einer Rückzahlungsklausel gedacht werden. Die Bindungsdauer und der Nutzen der Qualifizierung für die Verwendbarkeit am Markt bilden für die Zulässigkeit solcher Klauseln die maßgeblichen Prüfungskriterien.

---

[37] Der Erhalt von Unterhaltsgeld schließt die Gewährung von Förderleistungen nach dem AufstiegsfortbildungsförderungsG (AFBG) gem. dem dortigen § 3 aus.

[38] Weitere Informationen hält die BA im Internet unter www.arbeitsagentur.de bereit.

Bundesdatenschutzgesetz (BDSG)

Vom 20.12.1990, BGBl I S. 2954, BGBl III 204-3

Zuletzt geändert durch Gesetz zur Änderung datenschutzrechtlicher Vorschriften vom 14.8.2009, BGBl I S. 2814
– Auszug –

Erster Abschnitt: Allgemeine und gemeinsame Bestimmungen

§ 1 Zweck und Anwendungsbereich des Gesetzes

(1) Zweck dieses Gesetzes ist es, den Einzelnen davor zu schützen, dass er durch den Umgang mit seinen personenbezogenen Daten in seinem Persönlichkeitsrecht beeinträchtigt wird.
(2) Dieses Gesetz gilt für die Erhebung, Verarbeitung und Nutzung personenbezogener Daten durch
1. öffentliche Stellen des Bundes,
2. öffentliche Stellen der Länder, soweit der Datenschutz nicht durch Landesgesetz geregelt ist und soweit sie
   a) Bundesrecht ausführen oder
   b) als Organe der Rechtspflege tätig werden und es sich nicht um Verwaltungsangelegenheiten handelt,
3. nicht-öffentliche Stellen, soweit sie die Daten unter Einsatz von Datenverarbeitungsanlagen verarbeiten, nutzen oder dafür erheben oder die Daten in oder aus nicht automatisierten Dateien verarbeiten, nutzen oder dafür erheben, es sei denn, die Erhebung, Verarbeitung oder Nutzung der Daten erfolgt ausschließlich für persönliche oder familiäre Tätigkeiten.
(3) [1]Soweit andere Rechtsvorschriften des Bundes auf personenbezogene Daten einschließlich deren Veröffentlichung anzuwenden sind, gehen sie den Vorschriften dieses Gesetzes vor. [2]Die Verpflichtung zur Wahrung gesetzlicher Geheimhaltungspflichten oder von Berufs- oder besonderen Amtsgeheimnissen, die nicht auf gesetzlichen Vorschriften beruhen, bleibt unberührt.
(4) Die Vorschriften dieses Gesetzes gehen denen des Verwaltungsverfahrensgesetzes vor, soweit bei der Ermittlung des Sachverhalts personenbezogene Daten verarbeitet werden.
(5) [1]Dieses Gesetz findet keine Anwendung, sofern eine in einem anderen Mitgliedstaat der Europäischen Union oder in einem anderen Vertragsstaat des Abkommens über den Europäischen Wirtschaftsraum belegene verantwortliche Stelle personenbezogene Daten im Inland erhebt, verarbeitet oder nutzt, es sei denn, dies erfolgt durch eine Niederlassung im Inland. [2]Dieses Gesetz findet Anwendung, sofern eine verantwortliche Stelle, die nicht in einem Mitgliedstaat der Europäischen Union oder in einem anderen Vertragsstaat des Abkommens über den Europäischen Wirtschaftsraum belegen ist, personenbezogene Daten im Inland erhebt, verarbeitet oder nutzt. [3]Soweit die verantwortliche Stelle nach diesem Gesetz zu nennen ist, sind auch Angaben über im Inland ansässige Vertreter zu machen. [4]Die Sätze 2 und 3 gelten nicht, sofern Datenträger nur zum Zweck des Transits durch das Inland eingesetzt werden. [5]§ 38 Abs. 1 Satz 1 bleibt unberührt.

Literatur: *Besgen/Prinz*, Handbuch Internet.Arbeitsrecht, 2. Aufl. 2009; *Däubler*, Gläserne Belegschaften?, 4. Aufl. 2002; *Däubler*, Internet und Arbeitsrecht, 3. Aufl. 2004; *Gola*, Datenschutz und Multimedia am Arbeitsplatz 2006

A. Allgemeines	1	II. Die Subsidiarität des BDSG (Abs. 3 S. 1)	4
B. Regelungsgehalt	3	III. Datenverarbeitungen im EU-Ausland (Abs. 5)	5
I. Der Arbeitgeber als Normadressat (Abs. 2)	3	**C. Verbindung zu anderen Rechtsgebieten**	7

A. Allgemeines

Abs. 1 enthält mit der Festlegung des Gesetzeszwecks zugleich eine Art **Legaldefinition** des Begriffs „**Datenschutz**". Gegenstand des Schutzes ist der einzelne Betroffene, der vor den Gefahren, die die Datenverarbeitung für die freie Entfaltung seines Persönlichkeitsrechts mit sich bringt, geschützt werden soll. Das BVerfG[1] hat für diesen Aspekt des Persönlichkeitsrechts den Begriff des **Rechts auf informationelle Selbstbestimmung** geprägt. Für

---

[1] BVerfG 15.12.1983 – 1 BvR 209/83 – BVerfGE 65, 1 = NJW 1984, 419.

das Arbverh ist diese Schutzpflicht des AG in § 75 Abs. 2 BetrVG verankert. Daraus abgeleitet gewährt es das Recht auf informationellen Selbstschutz, nach dem die Einholung einer erforderlichen Einwilligung so gestaltet sein muss, dass sie auch den Schutzinteressen des Betroffenen Rechnung trägt.[2]

2 Das BDSG ist zum einen ein – auch AN betreffendes – **Schutzgesetz,** auf dessen Einhaltung der Betriebsrat nach § 80 Abs. 1 Nr. 1 BetrVG zu achten hat (siehe § 4g Rn 14). Zum anderen ist es ein **Eingriffsgesetz**, da es dem AG unter bestimmten Voraussetzungen auch gestattet, personenbezogene Daten ohne oder auch gegen den Willen des Beschäftigten zu verarbeiten.

B. Regelungsgehalt

I. Der Arbeitgeber als Normadressat (Abs. 2)

3 Der unter dem Begriff der **nicht öffentlichen Stelle** (siehe die Definition in § 2 Abs. 4) angesprochene private AG unterliegt dem Gesetz, wenn er personenbezogene Daten automatisiert oder ansonsten dateigebunden verarbeitet. Die Verarbeitung in **Akten** – sofern sie nicht den Dateibegriff erfüllen (siehe § 3 Rn 7) – ist nur im Hinblick auf die Zulässigkeitsregelung des § 32 Abs. 1 und unter den Voraussetzungen des § 27 Abs. 2 (siehe § 27 Rn 3) in die für die Privatwirtschaft geltenden Regelungen einbezogen. Das BDSG findet für die nicht öffentliche Stelle keine Anwendung, wenn sie Daten zu privat-persönlichen Zwecken verarbeitet oder nutzt (§§ 1 Abs. 2 Nr. 3, 27 Abs. 1), was bei der Verarbeitung von Daten aus einem Arbverh jedoch selbst dann nicht der Fall ist, wenn es sich um eine Beschäftigung in einem **Privathaushalt** handelt.

II. Die Subsidiarität des BDSG (Abs. 3 S. 1)

4 In Abs. 3 ist das Prinzip der Subsidiarität des BDSG, sein Charakter als „Auffanggesetz" wiedergegeben. Nach S. 1 sind alle Vorschriften des Bundes vorrangig, die den Umgang mit personenbezogenen Daten regeln. Tarifverträge, Betriebsvereinbarungen und Sprüche von Einigungsstellen stellen keine vorrangigen Rechtsnormen i.S.v. Abs. 3 S. 1 dar. Sie werden jedoch im Rahmen der in § 4 Abs. 1 genannten anderweitigen Erlaubnisnormen relevant (siehe § 4 Rn 2). Mit dem Wort „soweit" wird ausgedrückt, dass der Vorrang einer anderweitigen Bundesnorm nur dann in Betracht kommen kann, wenn und soweit diese genau den Sachverhalt anspricht, der auch Gegenstand der Regelung des BDSG ist. Demgemäß verdrängt das in § 83 Abs. 1 BetrVG in Form des Einsichtsrechts gewährte Personalaktenauskunftsrecht die Rechte aus § 34 BDSG nicht, soweit diese weitergehend sind (siehe § 34 Rn 1). Für den öffentlichen Dienst gelten vorrangig die zu Beginn 2009 überarbeiteten personalaktenrechtlichen Regelungen des Beamtenrechts.[3]

III. Datenverarbeitungen im EU-Ausland (Abs. 5)

5 Nach Abs. 5 gilt im EU-internen grenzüberschreitenden Datenverkehr im Grundsatz nicht das Territorialprinzip, sondern das **Sitzprinzip**, d.h. das insoweit anzuwendende nationale Recht richtet sich nicht nach dem am Ort der Erhebung, Verarbeitung oder Nutzung geltenden Recht, sondern nach dem Recht des Ortes, an dem der AG seinen Sitz hat. Damit muss sich ein international tätiges Unternehmen – jedenfalls für Aktivitäten innerhalb der EU bzw. einem anderen Vertragsstaat des Abkommens über den Europäischen Wirtschaftsraum (das sind Norwegen, Island und Liechtenstein) – nicht mit vielen, ggf. unterschiedlichen Datenschutzrechten auseinander setzen. Vielmehr kann es sein Handeln an seinem gewohnten Datenschutzrecht ausrichten.

6 Das Territorialprinzip kommt jedoch wieder zum Tragen, wenn die aus einem EU-Staat tätige Stelle eine Niederlassung im Inland hat und von dieser Niederlassung aus agiert. Für die Erhebungen, Verarbeitungen und Nutzungen durch diese Niederlassung gilt dann wieder deutsches Datenschutzrecht. AG, die aus dem Nicht-EU-Gebiet heraus in Deutschland operieren, haben hierbei immer das BDSG zu beachten (Abs. 5 S. 2).

C. Verbindung zu anderen Rechtsgebieten

7 Innerhalb und außerhalb des Geltungsbereichs des BDSG gelten die allgemeinen Grundsätze des Persönlichkeitsrechts im Arbverh,[4] indem die sich aus der Zweckbestimmung des Arbverh ergebenden Informationsinteressen des AG durch das auch dem AN gegenüber dem AG zustehende **Rechte auf informationelle Selbstbestimmung**[5] und Wahrung seiner **Intimsphäre**[6] begrenzt werden, wobei die Rspr. Sachverhalte, die unter das BDSG fallen bzw. fallen könnten, gleichwohl auch allein unter diesem Aspekt[7] oder alternativ[8] entscheidet.

---

2 BVerfG 23.10.2006 – 1 BvR 2027/02 – RDV 2007, 20.
3 Vgl. §§ 106 ff. BBG, BGBl vom 11.2.2009, 183.
4 BAG 6.6.1984 – 5 AZR 286/81 – NZA 1984, 321 = NJW 1984, 2910.
5 BAG 22.10.1986 – 5 AZR 660/85 – NZA 1987, 415 = NJW 1987, 2489 = RDV 1987, 129.
6 BAG 12.8.1999 – 2 AZR 55/99 – NZA 1999, 1209 = AuR 1999, 468 = RDV 2000, 66.
7 Zur Videoüberwachung BAG 27.3.2003 – 2 AZR 51/02 – NZA 2003, 1193 = NJW 2003, 3436 = RDV 2003, 293.
8 Zur Videoüberwachung ArbG Düsseldorf 5.11.2003 – 10 Ca 8003/03 – RDV 2004, 225.

§ 2 Öffentliche und nicht-öffentliche Stellen

(1) ¹Öffentliche Stellen des Bundes sind die Behörden, die Organe der Rechtspflege und andere öffentlich-rechtlich organisierte Einrichtungen des Bundes, der bundesunmittelbaren Körperschaften, Anstalten und Stiftungen des öffentlichen Rechts sowie deren Vereinigungen ungeachtet ihrer Rechtsform. ²Als öffentliche Stellen gelten die aus dem Sondervermögen Deutsche Bundespost durch Gesetz hervorgegangenen Unternehmen, solange ihnen ein ausschließliches Recht nach dem Postgesetz zusteht.

(2) Öffentliche Stellen der Länder sind die Behörden, die Organe der Rechtspflege und andere öffentlich-rechtlich organisierte Einrichtungen eines Landes, einer Gemeinde, eines Gemeindeverbandes und sonstiger der Aufsicht des Landes unterstehender juristischer Personen des öffentlichen Rechts sowie deren Vereinigungen ungeachtet ihrer Rechtsform.

(3) Vereinigungen des privaten Rechts von öffentlichen Stellen des Bundes und der Länder, die Aufgaben der öffentlichen Verwaltung wahrnehmen, gelten ungeachtet der Beteiligung nicht-öffentlicher Stellen als öffentliche Stellen des Bundes, wenn
1. sie über den Bereich eines Landes hinaus tätig werden oder
2. dem Bund die absolute Mehrheit der Anteile gehört oder die absolute Mehrheit der Stimmen zusteht.

Andernfalls gelten sie als öffentliche Stellen der Länder.

(4) ¹Nichtöffentliche Stellen sind natürliche und juristische Personen, Gesellschaften und andere Personenvereinigungen des privaten Rechts, soweit sie nicht unter die Absätze 1 bis 3 fallen. ²Nimmt eine nicht-öffentliche Stelle hoheitliche Aufgaben der öffentlichen Verwaltung wahr, ist sie insoweit öffentliche Stelle im Sinne dieses Gesetzes.

Literatur: *Engelien-Schulz*, Zum Umgang mit Personalakten und Personendaten auf Bundesebene im Zusammenhang mit der Privatisierung, RDV 2004, 112; *Ruppmann*, Der konzerninterne Austausch personenbezogener Daten, 2000; *Schild*, Die Flucht ins Privatrecht, NVwZ 1990, 339; *Zillkens/Klett*, Datenschutz im Personalwesen, DuD 2008, 41

Die Vorschrift des § 2 ergänzt § 1 dadurch, dass sie für die **Normadressaten** des Gesetzes, die öffentlichen und nicht-öffentlichen Daten verarbeitenden Stellen abgrenzt.[1] So definiert Abs. 4 die **nicht-öffentliche Stelle** und grenzt sie von der öffentlichen Stelle ab. Ob und hinsichtlich welcher Vorschriften das BDSG auf die beschriebenen Stellen Anwendung findet, richtet sich nach § 1. Die zunehmende **Privatisierung** öffentlicher Aufgaben im Rahmen der Reorganisation der öffentlichen Verwaltung löst insoweit nicht unerhebliche Zuordnungsfragen auch im Bereich der Personaldatenverarbeitung aus.[2]

Maßgebend dafür, dass eine Stelle dem privaten Bereich zuzuordnen ist, ist zunächst allein die privatrechtliche Organisationsform. Natürliche Personen – gleichgültig ob sie als Privatperson auftreten oder bei der Ausübung einer selbstständigen Tätigkeit (Einzelfirma, Freie Berufe) – sowie alle privatrechtlich organisierten Unternehmen und Vereinigungen (GmbH, OHG, KG, Verein, Stiftung, Partei etc.) gehören hierzu, es sei denn, dass sie ausnahmsweise wegen der Wahrnehmung öffentlicher Aufgaben dem öffentlichen Bereich zugerechnet werden. Normadressat bei Personaldatenverarbeitungen ist damit der AG, d.h. die natürliche oder juristische Person mit der das Beschäftigungsverhältnis besteht. Besitzverhältnisse oder **konzernmäßige Verflechtungen** spielen insoweit keine Rolle.[3] Andererseits ist der **Betriebsrat** trotz der Unabhängigkeit vom AG keine eigenständige nicht öffentliche Stelle, sondern Teil des Unternehmens.[4]

Für die Anwendung des BDSG beim AN-Datenschutz ist die Trennung der beiden Normadressaten weniger relevant, da aufgrund der Verweisung in § 12 Abs. 4 für AN des Bundes und der Privatwirtschaft weitgehend die gleichen Normen gelten.

§ 3 Weitere Begriffsbestimmungen

(1) Personenbezogene Daten sind Einzelangaben über persönliche oder sachliche Verhältnisse einer bestimmten oder bestimmbaren natürlichen Person (Betroffener).

(2) ¹Automatisierte Verarbeitung ist die Erhebung, Verarbeitung oder Nutzung personenbezogener Daten unter Einsatz von Datenverarbeitungsanlagen. ²Eine nicht automatisierte Datei ist jede nicht automatisierte

---

1 *Gola/Schomerus*, BDSG, § 2 Rn 19a.
2 *Engelien-Schulz*, RDV 2004, 112; *Schild*, NVwZ 1990, 339.
3 Vgl. ausführlich bei Simitis/*Simitis*, § 2 Rn 139 f.
4 *Gola/Schomerus*, § 27 Rn 3.

Sammlung personenbezogener Daten, die gleichartig aufgebaut ist und nach bestimmten Merkmalen zugänglich ist und ausgewertet werden kann.

(3) Erheben ist das Beschaffen von Daten über den Betroffenen.

(4) ¹Verarbeiten ist das Speichern, Verändern, Übermitteln, Sperren und Löschen personenbezogener Daten. ²Im Einzelnen ist, ungeachtet der dabei angewendeten Verfahren:

1. Speichern das Erfassen, Aufnehmen oder Aufbewahren personenbezogener Daten auf einem Datenträger zum Zweck ihrer weiteren Verarbeitung oder Nutzung,
2. Verändern das inhaltliche Umgestalten gespeicherter personenbezogener Daten,
3. Übermitteln das Bekanntgeben gespeicherter oder durch Datenverarbeitung gewonnener personenbezogener Daten an einen Dritten in der Weise, dass
    a) die Daten an den Dritten weitergegeben werden oder
    b) der Dritte zur Einsicht oder zum Abruf bereitgehaltene Daten einsieht oder abruft,
4. Sperren das Kennzeichnen gespeicherter personenbezogener Daten, um ihre weitere Verarbeitung oder Nutzung einzuschränken,
5. Löschen das Unkenntlichmachen gespeicherter personenbezogener Daten.

(5) Nutzen ist jede Verwendung personenbezogener Daten, soweit es sich nicht um Verarbeitung handelt.

(6) Anonymisieren ist das Verändern personenbezogener Daten derart, dass die Einzelangaben über persönliche oder sachliche Verhältnisse nicht mehr oder nur mit einem unverhältnismäßig großen Aufwand an Zeit, Kosten und Arbeitskraft einer bestimmten oder bestimmbaren natürlichen Person zugeordnet werden können.

(6a) Pseudonymisieren ist das Ersetzen des Namens und anderer Identifikationsmerkmale durch ein Kennzeichen zu dem Zweck, die Bestimmung des Betroffenen auszuschließen oder wesentlich zu erschweren.

(7) Verantwortliche Stelle ist jede Person oder Stelle, die personenbezogene Daten für sich selbst erhebt, verarbeitet oder nutzt oder dies durch andere im Auftrag vornehmen lässt.

(8) ¹Empfänger ist jede Person oder Stelle, die Daten erhält. ²Dritter ist jede Person oder Stelle außerhalb der verantwortlichen Stelle. ³Dritte sind nicht der Betroffene sowie Personen und Stellen, die im Inland, in einem anderen Mitgliedstaat der Europäischen Union oder in einem anderen Vertragsstaat des Abkommens über den Europäischen Wirtschaftsraum personenbezogene Daten im Auftrag erheben, verarbeiten oder nutzen.

(9) Besondere Arten personenbezogener Daten sind Angaben über die rassische und ethnische Herkunft, politische Meinungen, religiöse oder philosophische Überzeugungen, Gewerkschaftszugehörigkeit, Gesundheit oder Sexualleben.

(10) Mobile personenbezogene Speicher- und Verarbeitungsmedien sind Datenträger,

1. die an den Betroffenen ausgegeben werden,
2. auf denen personenbezogene Daten über die Speicherung hinaus durch die ausgebende oder eine andere Stelle automatisiert verarbeitet werden können und
3. bei denen der Betroffene diese Verarbeitung nur durch den Gebrauch des Mediums beeinflussen kann.

(11) Beschäftigte sind:

1. Arbeitnehmerinnen und Arbeitnehmer,
2. zu ihrer Berufsbildung Beschäftigte,
3. Teilnehmerinnen und Teilnehmer an Leistungen zur Teilhabe am Arbeitsleben sowie an Abklärungen der beruflichen Eignung oder Arbeitserprobung (Rehabilitandinnen und Rehabilitanden),
4. in anerkannten Werkstätten für behinderte Menschen Beschäftigte,
5. nach dem Jugendfreiwilligendienstegesetz Beschäftigte,
6. Personen, die wegen ihrer wirtschaftlichen Unselbständigkeit als arbeitnehmerähnliche Personen anzusehen sind; zu diesen gehören auch die in Heimarbeit Beschäftigten und die ihnen Gleichgestellten,
7. Bewerberinnen und Bewerber für ein Beschäftigungsverhältnis sowie Personen, deren Beschäftigungsverhältnis beendet ist,
8. Beamtinnen, Beamte, Richterinnen und Richter des Bundes, Soldatinnen und Soldaten sowie Zivildienstleistende.

A. Allgemeines 1	1. Das Erheben (Abs. 3) 9
B. Regelungsgehalt 2	2. Das Verarbeiten (Abs. 4) 10
I. Personenbezogene Daten (Abs. 1) 2	a) Das Speichern (Nr. 1) 10
II. Die Adressaten des Gesetzes (Abs. 1, Abs. 7, Abs. 8) ... 4	b) Das Verändern (Nr. 2) 11
III. Automatisierte Verarbeitung/Datei (Abs. 2) 6	c) Das Übermitteln (Nr. 3) 12
IV. Die verschiedenen Phasen des Umgangs mit personenbezogen Daten 9	d) Das Sperren (Nr. 4) 13
	e) Das Löschen (Nr. 5) 14

3. Das Nutzen (Abs. 5)	15	V. Besondere Arten personenbezogener Daten (Abs. 9)	19
4. Das Anonymisieren (Abs. 6)	16	VI. Chipkarten (Abs. 10)	20
5. Pseudonymisieren (Abs. 6a)	18	VII. Beschäftigte	21

A. Allgemeines

In § 3 sind Begriffsdefinitionen wiedergegeben. Nicht übernommen wurde der in der EU-DatSchRl und einer Reihe von Landesdatenschutzgesetzen enthaltene „weite" Verarbeitungsbegriff, der jeden mit oder ohne Hilfe automatisierter Verfahren ausgeführten Vorgang im Zusammenhang mit personenbezogenen Daten umfasst. **1**

B. Regelungsgehalt

I. Personenbezogene Daten (Abs. 1)

Das BDSG will sein Ziel des Persönlichkeitsrechtsschutzes dadurch erreichen, dass es den Umgang mit **personenbezogenen Daten**, d.h. Informationen, die sich auf eine bestimmte oder bestimmbare – einzelne – lebende natürliche Person beziehen oder geeignet sind, einen Bezug zu ihr herzustellen (z.B. Name, Ausweis-Nr., Versicherungs-Nr., Telefon-Nr., Fotographie, Fingerabdruck), reglementiert. Für die **Bestimmbarkeit** kommt es auf die Kenntnisse, Mittel und Möglichkeiten der speichernden Stelle an. Sie muss den Bezug mit den ihr normalerweise zur Verfügung stehenden Hilfsmitteln und ohne unverhältnismäßigen Aufwand herstellen können. Der Begriff des **Personenbezugs** ist daher relativ, d.h. dieselben Daten können für den einen anonym und für den anderen der betroffenen Person zuordenbar sein. **Einzelangaben** sind nicht mehr gegeben bei aggregierten oder anonymisierten Daten sowie bei Sammelangaben über Personengruppen. Wird jedoch eine Einzelperson als Mitglied einer **Personengruppe** gekennzeichnet, über die bestimmte Angaben gemacht werden, so handelt es sich auch um Einzelangaben zu dieser Person, wenn die Daten auf die Einzelperson „durchschlagen".[1] Dies gilt selbst dann, wenn es sich bei den Angaben zur Beschreibung der Personengruppe um statistische oder im Rahmen eines **Scoringverfahrens** ermittelte Erfahrungswerte handelt. Derartige Schätz- oder auf Erfahrungswerte gestützte Daten sind im Hinblick auf ihre eventuelle Unrichtigkeit als solche zu kennzeichnen (§ 35 Abs. 1 S. 2). Auch können Angaben über eine GmbH zu den Gesellschaftern oder GF dieser GmbH Bezug haben, sofern zwischen der GmbH und den „hinter" ihr stehenden Personen – wie es häufig bei der „Ein-Mann-GmbH" oder einer **Einzelfirma** der Fall ist – eine enge finanzielle, personelle oder wirtschaftliche Verflechtung besteht.[2] **2**

Es muss sich um Daten handeln, die Informationen über den Betroffenen selbst oder über einen auf ihn beziehbaren Sachverhalt enthalten (z.B. Anschrift, Familienstand, Geburtsdatum, Staatsangehörigkeit, Konfession, Beruf, Fähigkeiten, Gesundheitszustand, Überzeugungen). Auch **Personalplanungsdaten**,[3] d.h. Angaben über in der Zukunft liegende Verhältnisse, auch wenn sie hinsichtlich ihrer Realisierung noch ungewiss sind, beschreiben ggf. schon Verhältnisse des Betroffenen. **3**

II. Die Adressaten des Gesetzes (Abs. 1, Abs. 7, Abs. 8)

Das BDSG wendet sich als Normadressat an die **„verantwortliche Stelle"** (Abs. 7), d.h. z.B. an den AG, der Personaldaten im Geltungsbereich des Gesetzes erhebt, verarbeitet oder nutzt, und räumt dem **Betroffenen** (Abs. 1), d.h. demjenigen, um dessen Daten es sich hierbei handelt, unabdingbare Rechtspositionen gegenüber der verantwortlichen Stelle ein. „Betroffene" sind nicht nur Deutsche. Auch **Ausländer** – unabhängig davon, ob sie in Deutschland oder im Ausland leben – sind dazuzurechnen, wenn die Daten nur im Geltungsbereich des BDSG verarbeitet werden. **4**

Werden Daten nicht an den Betroffenen, sondern an interne (z.B. an den Betriebsrat) oder externe Stellen (z.B. Auftragsdatenverarbeiter) weitergegeben, so werden diese Stellen als **Empfänger** bezeichnet (Abs. 8). Ein Unterfall des Empfängers ist der **„Dritte"**, d.h. jede natürliche oder juristische Person außerhalb des Unternehmens, mit Ausnahme von Dienstleistern, die **im Auftrag** der verantwortlichen Stelle tätig werden (siehe § 11 Rn 1 ff.). **5**

III. Automatisierte Verarbeitung/Datei (Abs. 2)

Abs. 2 definiert die für die Anwendung des BDSG bei nicht öffentlichen Stellen (§ 1 Rn 3) maßgebenden Begriffe. Voraussetzung ist zunächst eine mithilfe von **Datenverarbeitungsanlagen** durchgeführte **automatisierte Verarbeitung**, wobei der Begriff der Datenverarbeitungsanlage nicht nur das Speichern, sondern auch die Möglichkeit des Verarbeitens in irgendeiner Form voraussetzt. **6**

Nur bei nicht automatisierter Erhebung, Verarbeitung oder Nutzung ist relevant, ob diese Vorgänge für, in oder aus Dateien geschehen. Eine **Datei** ist jede strukturierte Sammlung personenbezogener Daten, die nach bestimmten Kri- **7**

---

1 *Gola/Schomerus*, § 3 Rn 12a.
2 BAG 26.7.1994 – 1 ABR 6/94 – NZA 1995, 185 = RDV 1995, 29.
3 *Gola/Schomerus*, § 3 Rn 8.

terien zugänglich ist. Erforderlich ist ein gleichartiger Aufbau, der einen leichten Zugriff auf die Daten ermöglicht. Abgestellt wird auf die Auswertbarkeit der Sammlung nach bestimmten Merkmalen, d.h. nach gemeinsamen, den aufgezeigten Sinnzusammenhang herstellenden Kriterien, wie es bei Karteikarten, Formularsammlungen oder auch einer **Gehaltsliste** der Fall ist.

8   **Bild- und Tonträger** unterfallen ebenfalls dem BDSG, wenn sie von dem Begriff der automatisierten Verarbeitung oder der nicht automatisierten Datei erfasst werden. Daher können auch **Videoaufzeichnungen** dem BDSG unterliegende automatisierte Verarbeitungen personenbezogener Daten bzw. als sortierte Sammlung verschiedener Bänder eine Datei darstellen.

Datenerhebungen, -verarbeitungen und -nutzungen, die im Rahmen der Begründung, Durchführung oder Beendigung eines Beschäftigungsverhältnisses erforderlich sind, d.h. für eine sachgerechte Entscheidung benötigt werden, unterliegen hinsichtlich der Verarbeitungserlaubnis § 32 Abs. 1, der nach Abs. 2 unabhängig von der Art der Verarbeitung der Beschäftigtendaten (vgl. § 3 Abs. 11) gilt. Somit kann § 32 ggf. auch bei einer Videoüberwachung Anwendung finden.[4]

IV. Die verschiedenen Phasen des Umgangs mit personenbezogen Daten

9   **1. Das Erheben (Abs. 3).** Das Erheben, d.h. das zielgerichtete **Beschaffen der Daten** über den Betroffenen, wird in Abs. 3 als Vorphase, d.h. als Voraussetzung für die nachfolgende Verarbeitung angesehen. Bei **automatisierter Erhebung** (z.B. im Rahmen automatisierter Zeit- oder Telefondatenerfassung) ist die weitere Verarbeitung, die zumindest eine Speicherung voraussetzt, gleichzeitig erfüllt. Gleichgültig ist, ob die Daten mündlich oder schriftlich beschafft werden, ob der Betroffene befragt wird oder die Daten beibringen soll oder ob Dritte befragt oder Unterlagen eingesehen werden. Werden Daten bei Dritten beschafft, so liegt gleichzeitig der ggf. an den Zulässigkeitstatbeständen zu messende Tatbestand der Datenübermittlung vor.

10 **2. Das Verarbeiten (Abs. 4). a) Das Speichern (Nr. 1).** In Abs. 4 werden die einzelnen Phasen des **Verarbeitens** in den Phasen des Speicherns, Veränderns, Übermittelns und Löschens definiert. Der Begriff des **Speicherns** wird in Nr. 1 durch die Erfüllung der ihn prägenden Merkmale Erfassen, Aufnehmen oder Aufbewahren bestimmt. **Erfassen** ist das schriftliche Fixieren der Daten. Das **Aufnehmen** kennzeichnet primär das Fixieren der Daten mit Aufnahmetechniken, d.h. per Tonband, Film, Video etc. Das gesonderte Erwähnen des **Aufbewahrens** soll deutlich machen, dass auch das bloße Aufbewahren anderweitig fixierter Daten den Tatbestand des Speicherns erfüllt.

11 **b) Das Verändern (Nr. 2).** Unter den Begriff des **Veränderns** von Daten fällt jede inhaltliche Umgestaltung von gespeicherten Daten. Verändern ist – abgesehen von dem sonst gegebenen Tatbestand des Nutzens der Daten – auch das **Verknüpfen von Daten** aus verschiedenen Dateien, wenn die Daten hierdurch einen neuen, abgewandelten Informationswert erhalten haben. Hierfür kann auch die Zweckbestimmung der Datei maßgebend sein, in die die Daten von einer anderen Datei überspielt werden (z.B. Daten aus der Datei säumiger Kunden der Kantine in die Personaldatei). Die Abgrenzung des Begriffs des Veränderns ist nicht erheblich, da eine Auswertung der Daten, die sich – noch – nicht als Veränderung darstellt, den Tatbestand des Nutzens erfüllt und somit auch unter dem Grundsatz des Verbots mit Erlaubnisvorbehalt (§ 4 Abs. 1) steht. Führt die Löschung von Daten zu einer Neuaussage (z.B. Löschung der Angabe „Spanisch" in dem Personalinformationssystem besagt gleichzeitig, dass der Betroffene keine Fremdsprache beherrscht), so ist auch dies eine Veränderung.

12 **c) Das Übermitteln (Nr. 3).** Der Tatbestand der **Übermittlung** von Daten, d.h. deren Weitergabe an einen **Dritten** kann dadurch erfüllt werden, dass der AG die Daten an den Dritten weitergibt oder dadurch, dass der Dritte (so z.B. bei konzernweiten **human resource system**) dazu bereitgestellte Daten einsieht oder abruft. In welcher Form die Weitergabe erfolgt (schriftlich oder mündlich, per Telefax, durch Weitergabe des Datenträgers selbst) ist unerheblich. Auch wenn die Weitergabe der Daten nicht an einen einzelnen, bestimmten Dritten erfolgt (z.B. durch Anschlag am Schwarzen Brett zur Kenntnisnahme durch die Belegschaft) ist der Tatbestand erfüllt.[5] Demgemäß ist auch das Einstellen von **Personaldaten in das Internet** eine – zudem **grenzüberschreitende** – Übermittlung, die nur ausnahmsweise ohne Einwilligung der Betroffenen zulässig ist.[6] Keine Übermittlung liegt vor, wenn Daten nicht an einen Dritten, sondern an den Betroffenen, einen **Auftragsdatenverarbeiter** oder Personen oder Stellen innerhalb des Betriebes weitergegeben werden.

13 **d) Das Sperren (Nr. 4).** Die **Sperrung** von Daten ist als eigenständige Phase der Verarbeitung der Daten definiert. Das Sperren von Daten (das können einzelne Daten, Datensätze oder Dateien sein) hat zum Inhalt, dass diese nur noch eingeschränkt verarbeitet oder genutzt werden dürfen, wobei diese Beschränkung kenntlich zu machen ist. Darf eine begehrte Auskunft wegen einer Sperrung von Daten nicht stattfinden, darf auch die Tatsache der Sperrung nicht mit-

---

4 *Forst*, RDV 2009, 221.

5 Vgl. Aufsichtsbehörde Baden-Württemberg, Hinweis zum BDSG Nr. 17, StAnz Nr. 52 v. 3.7.1982, S. 6 zum unzulässigen Aushang von Fehlzeitendaten.

6 *Gola/Wronka*, Rn 1038f f.

geteilt werden (§ 35 Abs. 4a). Wie die Kennzeichnung der Sperrung zu erfolgen hat, wird wesentlich von der Art des Mediums abhängen, mithilfe dessen die Daten gespeichert sind; so kann der **Sperrvermerk** bei dem betroffenen Datum oder dem fraglichen Datensatz gespeichert werden. Wird ein ganzer Datenbestand gesperrt, so kann dies in Form eines Vermerks (Aufkleber etc.) auf dem Datenträger (Band etc.) geschehen. Wann Sperrverpflichtungen bestehen und welche Verarbeitungs- und Nutzungsbeschränkungen dann bestehen, regelt für nicht öffentliche Stellen § 35 Abs. 3, 4 und 7.

e) Das Löschen (Nr. 5). Die Phase des **Löschens** von Daten beendet die Verarbeitung der Daten. Unter Löschung ist jede Form der Unkenntlichmachung zu verstehen, von der physischen Vernichtung bis hin zu den üblichen Hinweisen, die kennzeichnen, dass ein Text nicht mehr gelten soll. Verlangt das Gesetz Löschung nach § 35, so dürfen die Daten jedoch nicht mehr kenntlich sein. 14

3. Das Nutzen (Abs. 5). Nach der Definition des **Nutzens** wird hiervon jede Verwendung der Daten erfasst, die nicht bereits als Verarbeitung der Daten definiert ist. Ein Nutzen von Daten liegt dann vor, wenn sie mit einer bestimmten Zweckbestimmung ausgewertet, zusammengestellt, abgerufen oder auch nur ansonsten zielgerichtet zur Kenntnis genommen werden sollen. Das Nutzen greift als **Auffangtatbestand** immer dann, wenn die Verwendung der Daten keiner der Phasen der Verarbeitung von Daten zugewiesen werden kann. Dem Nutzen ist auch der Datenfluss zwischen AG und **Betriebsrat** zuzuordnen. 15

4. Das Anonymisieren (Abs. 6). Das **Anonymisieren** kann dadurch geschehen, dass aus einem Bestand personenbezogener Daten Angaben ohne Personenbezug per entsprechender Auswertung herausgefiltert und für planerische oder statistische Zwecke genutzt werden – wobei die diesbezügliche „Veränderung" und die nachfolgende Nutzung oder Verarbeitung mangels Personenbezug der Daten nicht mehr den Regeln des BDSG unterliegen. 16

Die Daten sind jedoch nur dann anonym, wenn der Personenbezug nicht mehr herstellbar ist. Es genügt, wenn eine **Reanonymisierung** unter normalen Bedingungen nicht mehr, d.h. nur noch bei einem unverhältnismäßig großen Aufwand an Zeit, Kosten und Arbeitskraft möglich ist. Insoweit ist das mögliche Interesse der speichernden Stelle an einer Reanonymisierung einzelner Daten und der damit gewonnene wirtschaftliche Nutzen, der ggf. auch hohe Kosten gerechtfertigt erscheinen lässt, zu bewerten. 17

5. Pseudonymisieren (Abs. 6a). Das **Pseudonymisieren** hat das Ziel, die unmittelbare Kenntnis der vollen Identität der Betroffenen während solcher Verarbeitungs- und Nutzungsvorgänge, bei denen der Personenbezug nicht zwingend erforderlich ist, auszuschließen. Die Daten werden durch eine **Zuordnungsvorschrift** derart verändert, dass die Einzelangaben ohne Kenntnis oder Nutzung der Zuordnungsvorschrift nicht mehr einer natürlichen Person zugeordnet werden können. Das Pseudonymisieren oder Handeln unter Pseudonym stellt keine Anonymität her. Die verantwortliche Stelle verfügt über eine **Referenzdatei,** mit deren Hilfe das Pseudonym aufgelöst werden kann.[7] 18

V. Besondere Arten personenbezogener Daten (Abs. 9)

In Abs. 9 werden einige für den Betroffenen in der Regel besonders **sensible Angaben** unter dem Begriff **„besondere Arten von personenbezogenen Daten"** wiedergegeben. Diese Definition gewinnt dadurch Bedeutung, dass die Erhebung, Verarbeitung und Nutzung dieser Daten besonderen Restriktionen unterworfen sind (§ 28 Abs. 6 f.). Die Information über die besonders sensiblen Gegebenheiten kann sich auch mittelbar aus dem Gesamtzusammenhang ergeben. So können bereits Informationen über Abwesenheit wegen Arztbesuchen Angaben über die Gesundheit enthalten. Die „Schwerbehinderteneigenschaft" zählt in jedem Fall hierzu. Arbeitsrechtlich ergibt sich ein besonderer Schutz dieser Daten weitgehend auch daraus, dass ihre Verarbeitung zu einer nach dem **AGG** unzulässigen Diskriminierung führt.[8] 19

VI. Chipkarten (Abs. 10)

Die Definition der **mobilen personenbezogenen Speicher- und Verarbeitungsmedien** ergibt sich aus den in § 6c geregelten speziellen Verpflichtungen der insoweit verantwortlichen Stellen. Erfasst werden ausschließlich Medien, auf denen personenbezogene Daten über die Speicherung hinaus automatisiert verarbeitet werden können, die also mit einem **Prozessorchip** ausgestattet sind. Maßgebend ist, dass der Betroffene zwar ggf. über den „Gebrauch" des Mediums – z.B. durch Eingeben in ein Lesegerät – entscheidet, er aber die Verarbeitung der Daten selbst nicht steuern kann. Besondere Problematik birgt insoweit die ggf. vom Mitarbeiter unbemerkt durchführbare Überwachung mit Hilfe der RFID-Technik.[9] 20

---

[7] Hinsichtlich der verschiedenen Arten und Verfahren der Pseudonymisierung vgl. Hinweise des AK „Technische und organisatorische Datenschutzfragen" der Konferenz der Datenschutzbeauftragten in BfD, 17. Tätigkeitsbericht (1997/98), S. 601 = RDV 1999, 277.
[8] *Gola/Jaspers*, RDV 2007, 111.
[9] *Gola*, NZA 2007, 1139.

VII. Beschäftigte

21 Die Definition des Begriffs der Beschäftigten bezieht sich einzig auf § 32, der ohne Änderung der Rechtslage im Grunde nichts anderes enthält, als den Willen des Gesetzgebers den AN-Datenschutz demnächst speziell zu regeln. Der u.a. für § 5 relevante Kreis der bei der Datenverarbeitung „Beschäftigten" greift ggf. weiter. Die Reichweite des Begriffs macht deutlich, dass die mit dem Titel „Beschäftigtendatenschutzgesetz" angedachte Regelung, weitgehend alle in abhängiger Rechtsstellung Beschäftigte erfassen soll; angefangen von den AN im eigentlichen Sinne bis hin zu den Beamten. Einbezogen sind auch Bewerber oder ehemalige Angehörige eines der genannten Beschäftigungsverhältnisse.

§ 3a Datenvermeidung und Datensparsamkeit

¹Die Erhebung, Verarbeitung und Nutzung personenbezogener Daten und die Auswahl und Gestaltung von Datenverarbeitungssystemen sind an dem Ziel auszurichten, so wenig personenbezogene Daten wie möglich zu erheben, zu verarbeiten oder zu nutzen. ²Insbesondere sind personenbezogene Daten zu anonymisieren oder zu pseudonymisieren, soweit dies nach dem Verwendungszweck möglich ist und keinen im Verhältnis zu dem angestrebten Schutzzweck unverhältnismäßigen Aufwand erfordert.

Literatur: *Bäumler*, Datenschutz durch Technikgestaltung, in: *Bäumler* (Hrsg.), Datenschutz der Dritten Generation, 1999; *Borking*, Einsatz datenschutzfreundlicher Technologien in der Praxis, DuD 1998, 636; *Jacob*, Perspektiven des neuen Datenschutzrechts, DuD 2000, 5; *Pfitzmann*, Datenschutz durch Technik, DuD 1999, 405; *Roßnagel/Schulz*, Datenschutz durch Anonymität und Pseudonymität, MMR 2000, 721.

1 Mit der Forderung nach einer datenschutzfreundlichen Technikgestaltung hat der Gesetzgeber ein Grundprinzip eines „modernen" Datenschutzes aufgegriffen. Durch entsprechende Technikgestaltung sollen Gefährdungen des informationellen Selbstbestimmungsrechts bereits präventiv reduziert werden. Weitere Aspekte dieses modernen „**Systemdatenschutzes**" spiegeln Stichworte wie Förderung des Selbstdatenschutzes, Datenvermeidung, Verschlüsselung, Anonymisierung und Pseudonymisierung sowie das Datenschutzaudit wieder.

2 Bereits durch die Gestaltung der technischen Systeme soll die Erhebung und Verwendung personenbezogener Daten begrenzt und ggf. ganz vermieden werden; dies natürlich unter der Prämisse, dass das angestrebte Ziel auch ohne die Verarbeitung erreichbar ist. Der AG soll daher beim unbaren Einkauf in der Kantine statt der Abbuchung vom Gehalt die Verwendung von **anonymen Geldkarten** zumindest anbieten. Ferner führen beispielsweise neue Angebots- und Abrechnungsmodelle für den Zugang und die Nutzung des **Internets** dazu, dass ausschließlich Verbindungsdaten für Abrechnungszwecke verwendet werden müssen, so dass sich die Notwendigkeit des Vorhaltens von Nutzungsdaten nicht mehr stellt. Mit der Vergabe wechselnder IP-Adressen für die Nutzung des Internets kann dazu beigetragen werden, dass eine zumindest teilweise pseudonyme Nutzung von Telediensten ermöglicht wird. Die Kontrolle des Verbots der privaten Nutzung des Internets soll zunächst durch die nicht personenbezogene Ermittlung der Anwahl unzulässiger Internetadressen und den Ausschluss des Missbrauchs durch den Einsatz von Sperrprogrammen erfolgen, bevor personenbezogene Auswertungen erfolgen.

3 Die Bestimmung enthält – jedenfalls im Hinblick auf ihre Sanktionierung – einen reinen Programmsatz, dessen Nichtbeachtung keine Rechtswidrigkeit der gleichwohl verarbeiteten Daten zu Folge hat, sofern das in den Zulässigkeitstatbeständen verankerte Erforderlichkeits- und das Verhältnismäßigkeitsprinzip gewahrt sind.[1] Auch den Aufsichtsbehörden stehen insoweit nur beratende Einwirkungsmöglichkeiten zu. Zwangsmaßnahmen, wie § 38 Abs. 5 sie der Aufsichtsbehörde bei rechtswidriger Datenverarbeitung oder mangelnder Datensicherung einräumt, oder Bußgelder können jedenfalls nicht verhängt werden.

4 Das bereits allg. in S. 1 zum Ausdruck gebrachte Prinzip der Datenvermeidung wird in S. 2 konkretisiert, indem die Daten der Betroffenen nach Möglichkeit in anonymisierter oder pseudonymisierter Form erhoben oder verarbeitet werden sollen. Ein Beispiel sind **biometrische Zugangskontrollsysteme**, die den auf einer Chipkarte abgespeicherten **Fingerabdruck** mit dem des Zutrittsbegehrenden vergleichen, so dass eine personenbezogene Speicherung des Fingerabdrucks beim AG unterbleiben kann.

---

1 Simitis/*Bizer*, § 3a Rn 41 u. 83 spricht von einer in einem „Korridor" zu realisierende aber gleichwohl sanktionslosen Rechtspflicht.

§ 4 Zulässigkeit der Datenerhebung, -verarbeitung und -nutzung

(1) Die Erhebung, Verarbeitung und Nutzung personenbezogener Daten sind nur zulässig, soweit dieses Gesetz oder eine andere Rechtsvorschrift dies erlaubt oder anordnet oder der Betroffene eingewilligt hat.

(2) ¹Personenbezogene Daten sind beim Betroffenen zu erheben. ²Ohne seine Mitwirkung dürfen sie nur erhoben werden, wenn
1. eine Rechtsvorschrift dies vorsieht oder zwingend voraussetzt oder
2. a) die zu erfüllende Verwaltungsaufgabe ihrer Art nach oder der Geschäftszweck eine Erhebung bei anderen Personen oder Stellen erforderlich macht oder
   b) die Erhebung beim Betroffenen einen unverhältnismäßigen Aufwand erfordern würde

   und keine Anhaltspunkte dafür bestehen, dass überwiegende schutzwürdige Interessen des Betroffenen beeinträchtigt werden.

(3) Werden personenbezogene Daten beim Betroffenen erhoben, so ist er, sofern er nicht bereits auf andere Weise Kenntnis erlangt hat, von der verantwortlichen Stelle über
1. die Identität der verantwortlichen Stelle,
2. die Zweckbestimmungen der Erhebung, Verarbeitung oder Nutzung und
3. die Kategorien von Empfängern nur, soweit der Betroffene nach den Umständen des Einzelfalles nicht mit der Übermittlung an diese rechnen muss,

zu unterrichten. ²Werden personenbezogene Daten beim Betroffenen aufgrund einer Rechtsvorschrift erhoben, die zur Auskunft verpflichtet, oder ist die Erteilung der Auskunft Voraussetzung für die Gewährung von Rechtsvorteilen, so ist der Betroffene hierauf, sonst auf die Freiwilligkeit seiner Angaben hinzuweisen. ³Soweit nach den Umständen des Einzelfalles erforderlich oder auf Verlangen, ist er über die Rechtsvorschrift und über die Folgen der Verweigerung von Angaben aufzuklären.

A. Allgemeines 1	2. Der Grundsatz der Direkterhebung (Abs. 2) .. 7
B. Regelungsgehalt 2	3. Hinweis- und Aufklärungspflichten (Abs. 3) . 10
I. Die Aufhebung des Verarbeitungsverbots (Abs. 1) 2	C. Verbindung zu anderen Rechtsgebieten 13
1. Vorrangige Erlaubnisnormen 2	D. Beraterhinweise 14
2. Erlaubnisnormen des BDSG 4	I. Die Einwilligung als „ultima ratio" 14
3. Die Einwilligung 5	II. Die Folgen zu Unrecht unterbliebener Unterrichtung 15
II. Verfahren beim Erheben von Daten (Abs. 2, Abs. 3) 6	
1. Allgemeines 6	

A. Allgemeines

Abs. 1 enthält als prägenden Grundsatz des BDSG ein „**Verbot mit Erlaubnisvorbehalt**". Danach ist die Erhebung, Verarbeitung und Nutzung personenbezogener Daten grds. verboten und nur erlaubt, wenn das BDSG oder eine andere Rechtsvorschrift dies erlaubt oder anordnet oder der Betroffene eingewilligt hat. Bei der Aufzählung der Zulässigkeitsvoraussetzungen ist zwar „dieses Gesetz" an erster Stelle genannt, gem. dem Charakter des BDSG als Auffanggesetz wird jedoch zunächst die „andere Rechtsvorschrift", also die vorrangige bereichsspezifische Norm relevant, wobei sich die Vorrangigkeit von Erlaubnisregelungen des Bundesrecht bereits aus § 1 Abs. 3 S. 1 ergibt.

B. Regelungsgehalt

I. Die Aufhebung des Verarbeitungsverbots (Abs. 1)

1. Vorrangige Erlaubnisnormen. § 1 Abs. 3 S. 1 bzw. § 4 Abs. 1 verlangen eine Norm, die die Verarbeitung personenbezogener Daten eindeutig, d.h. unter Nennung zumindest der Art der Daten und des Zwecks der Verarbeitung für zulässig erklärt. Hierzu zählen die zahlreichen Vorschriften, die dem AG die Speicherung und Übermittlung von Personaldaten für staatliche Zwecke auferlegen.[1] Andererseits sind § 1 Abs. 4 KSchG, der die Kenntnis von Sozialdaten voraussetzt, oder Art. 33 Abs. 2 GG, der Daten über Eignung, Befähigung und fachliche Leistung als Entscheidungsgrundlage fordert, keine vorrangige Erlaubnisnormen i.S.v. § 1 Abs. 3. Sie beschreiben zwar gesetzliche Verpflichtungen des AG, die ohne Kenntnis von entsprechenden personenbezogenen Daten nicht erfüllt werden können. Jedoch ist nichts dazu gesagt, welche Daten insoweit relevant werden dürfen und in welcher Weise sie verarbeitet

---

1 Vgl. die wichtigsten Speicherungs- und Aufbewahrungsvorschriften, RDV 2006, 227.

werden. Diese Fragen können nur im Rahmen der nach § 28 Abs. 1 S. 1 erforderlichen Abwägungen entschieden werden.

3 Vorrangige Erlaubnisnormen i.S.v. Abs. 1 stellen auch die ggf. in Betriebs- und Dienstvereinbarungen[2] und Tarifverträgen[3] enthaltenen Regelungen über die Zu- bzw. Unzulässigkeit der Verarbeitung von Personaldaten durch den AG dar. Der Gestaltungsfreiraum der Parteien der Betriebsvereinbarung ist jedoch begrenzt, da sie den Datenschutzstandard der Beschäftigten schon im Hinblick auf ihren Schutzauftrag aus § 75 Abs. 2 BetrVG nicht minimieren können.[4]

4 **2. Erlaubnisnormen des BDSG.** Die maßgebenden Normen, mit der das BDSG selbst dem AG die Erhebung, Verarbeitung und Nutzung von Personaldaten gestattet, sind §§ 32 Abs. 1, 28 Abs. 1 S. 1 Nr. 2 und 3 und Abs. 2 Nr. 1 und 2. Besondere Verarbeitungsbedingungen bestehen daneben u.a. für „besondere Arten personenbezogener Daten" gem. § 3 Abs. 9 in § 28 Abs. 6 oder bei der Verwendung von Personaldaten im Rahmen automatisierter Einzelentscheidungen in § 6a.

5 **3. Die Einwilligung.** Wenn keine Rechtsnorm die Verarbeitung der Daten erlaubt, ist die Erlaubnis durch den Betroffenen, d.h. seine vorherige Einverständniserklärung erforderlich. Die Anforderungen an eine wirksame Einwilligung stellt § 4a auf. Im Arbverh wird die Einwilligung zudem nur ausnahmsweise in Betracht kommen, da es häufig an der erforderlichen Freiwilligkeit des AN fehlen wird und der AG die ihm arbeitsrechtlich gezogenen Datenerhebungs- und Verarbeitungsgrenzen nicht durch Einwilligung des Bewerbers oder AN erweitern kann.[5] Bei der Einholung einer für die Durchführung des Arbverh erforderlichen Einwilligung (z.B. Betreten der Wohnung bei Telearbeit; Mithören im Call Center) ist dem informationellen Selbstschutz Rechnung zu tragen (vgl. § 1 Nr. 1).

II. Verfahren beim Erheben von Daten (Abs. 2, Abs. 3)

6 **1. Allgemeines.** Abs. 2 und 3 enthalten bei der Datenerhebung zu beachtende Verfahrensweisen. Dabei geht es einmal um den Grundsatz der Direkterhebung in Abs. 2 und zum anderen um die Vorverlagerung der Benachrichtigungspflicht in die Phase der Erhebung in Abs. 3.

7 **2. Der Grundsatz der Direkterhebung (Abs. 2).** Sollen Daten zur Verarbeitung im Geltungsbereich des BDSG erhoben, d.h. gem. § 3 Abs. 4 durch Befragen, Anfordern von Unterlagen, Anhören und Beobachten beschafft werden, so ist zunächst das Verbot mit Erlaubnisvorbehalt des Abs. 1 zu beachten. Bei der Erhebung der Daten über einen Bewerber ist somit festzustellen, ob die Daten zur sachgerechten Entscheidung über die Begründung des Beschäftigungsverhältnisses erforderlich sind (§ 32 Abs. 1 S. 1). Ist dies der Fall, so muss der AG gem. dem Grundsatz der **Direkterhebung** (S. 1) seinen Informationsbedarf bei dem Bewerber zu decken versuchen. Nur ausnahmsweise (S. 2) ist die Erhebung „hinter dem Rücken" des Betroffenen zulässig.

8 Keine Erhebung bei Dritten bzw. ohne Mitwirkung des Betroffenen liegt vor, wenn Daten mit Doppelbezug erhoben werden. Die Frage nach dem **Ehepartner** in einem Personalfragebogen, das Verlangen nach Vorlage einer Heiratsurkunde zwecks Gewährung hiervon anhängiger Leistungen an den Betroffenen ist keine „Dritterhebung" im Hinblick auf die Daten des Ehepartners.

9 Vom Grundsatz der Direkterhebung darf nach S. 2 u.a. abgewichen werden, wenn nach einer Abwägung mit eventuellen überwiegenden schutzwürdigen Interessen des Betroffenen der Geschäftszweck es erfordert. Eine Datenerhebung bei Dritten wird durch den Geschäftszweck gedeckt, wenn es um eine erforderliche Überprüfung von Angaben des Betroffenen geht. Insoweit kann ggf. auch die Tätigkeit des Detektivgewerbes z.B. im Rahmen der Krankenkontrolle gerechtfertigt sein.[6]

10 **3. Hinweis- und Aufklärungspflichten (Abs. 3).** Durch die Hinweis- und Aufklärungspflichten des Abs. 3 soll der Betroffene in die Lage versetzt werden, darüber zu entscheiden, ob er die Daten preisgeben will oder nicht. Abs. 3 gilt mithin nur für den Fall der Erhebung beim Betroffenen selbst (mit seiner Kenntnis). Mitzuteilen sind neben der regelmäßig sich aus der Natur der Sache ergebenden Information über die verantwortliche Stelle die Zweckbestimmungen und ggf. die Kategorien von Datenempfängern.

11 Der Hinweis auf den **Zweck der Erhebung** soll die betroffene Person darüber unterrichten, wozu die Daten benötigt werden. Die Zweckbestimmung der Erhebung kann nach den Gegebenheiten so offenkundig sein, dass auf eine gesonderte Unterrichtung verzichtet werden kann.[7] Die Angabe der Kategorien von Empfängern (S. 1 Nr. 3) kann entfallen, wenn der Betroffene nach den Umständen des Einzelfalls und der Lebenserfahrung mit der Weitergabe an den oder die Empfänger rechnen muss. So muss ein Bewerber damit rechnen, dass seine Personaldaten dem **Betriebsrat**

---

[2] BAG 27.5.1986 – 1 ABR 48/84 – NZA 1986, 643 = DB 1986, 2080 = RDV 1986, 199.
[3] BAG 25.6.2002 – 9 AZR 405/00 – NZA 2003, 275 = RDV 2004, 269.
[4] S. i.E. bei *Gola/Wronka*, Rn 210 f.
[5] *Gola*, RDV 2002, 109.
[6] Bln. DSB, Materialien zum Datenschutz Nr. 30, S. 25.
[7] So bei Erhebungen im Bewerbungsverfahren, Bln. DSB, Materialien zum Datenschutz Nr. 30, S. 24.

zwecks Mitbestimmung bei der Einstellungsentscheidung mitgeteilt werden. Nicht dagegen muss er damit rechnen, dass der AG einen externen **Personalberater** einschaltet. Hierüber ist er somit zu informieren, ohne dass jedoch der Personalberater namentlich zu benennen ist. Geschieht Letzteres, so entfällt jedoch für den Berater, sofern dieser die Daten im Geltungsbereich des BDSG speichert, die ansonsten nach § 33 entstehende Benachrichtigungspflicht.

Fraglich ist, ob auch über die Weitergabe der Daten an **Auftragsdatenverarbeiter** zu informieren ist. Eine Auffassung, dass hiermit im Rahmen der allgemeinen Outsourcing-Tendenz der Wirtschaft in der Regel gerechnet werden müsste, wäre jedenfalls in dieser allgemeinen Form nicht haltbar. Lässt der AG die Personaldatenverarbeitung – gleichgültig ob im Wege der Funktionsübertragung oder als Auftragsdatenverarbeitung – z.B. bei der Konzernmutter durchführen, – so ist dies offen zu legen. Werden mehrere Auftragsdatenverarbeiter tätig – von der Gehaltsabrechnung bis zur Entsorgung – so wird der Hinweis auf die Einschaltung von diesbezüglichen Dienstleistungsunternehmen der Hinweispflicht genügen. Geht es aber um einen spezifischen Datenempfänger, besteht kein Anlass, den Hinweis zu abstrahieren und diesen Empfänger nur unter Nennung „seiner Kategorie" offen zu legen.

C. Verbindung zu anderen Rechtsgebieten

Die Erhebung von Bewerber- und AN-Daten unterliegt ggf. der **Mitbestimmung**. Formalisierte Erhebungen können den Tatbestand der Verwendung von Personalfragebogen (§ 94 BetrVG) erfüllen. Ferner kann eine Regelung zur Datenerhebung (so z.B. zur Attestvorlage,[8] zur Führung von Krankengesprächen)[9] der Mitbestimmung nach § 87 Abs. 1 Nr. 1 BetrVG unterliegen, wobei die fehlende Zustimmung der Mitarbeitervertretung zur Unzulässigkeit der Verarbeitung führt, mit der Folge, dass dem Betroffenen ein Löschungsanspruch nach § 35 Abs. 2 S. 2 Nr. 1 zusteht.[10] Andererseits kann das Gericht vorgetragene unstrittige Erkenntnisse, auch wenn diese unter Mitbestimmungsverstoß gewonnen wurden, verwerten.[11] Mitbestimmungspflichtig sind auch Regelungen zur Datenerhebung im Rahmen des sog. Whistleblowing.[12]

D. Beraterhinweise

I. Die Einwilligung als „ultima ratio"

Die Einwilligung sollte nur dann eingeholt werden, wenn ansonsten kein Erlaubnistatbestand zu finden ist, damit nicht bei dem Betroffenen der Eindruck entsteht, dass die Verarbeitung tatsächlich voll und ganz im Rahmen seines informationellen Selbstbestimmungsrechts liegt. Zudem ist fraglich, ob für den Fall, dass die Einwilligung unwirksam ist oder vom Betroffenen widerrufen wird, unter Beachtung von § 242 BGB noch auf die Erlaubnistatbestände z.B. des § 28 BDSG zurückgegriffen werden kann.

II. Die Folgen zu Unrecht unterbliebener Unterrichtung

Ob eine unterbliebene Unterrichtung zur Unzulässigkeit der nachfolgenden Verarbeitung und einem Beweisverwertungsverbot führt, wird unterschiedlich bewertet. Dementsprechend ist bei den Rechtsfolgen zu differenzieren: Das Fehlen der Hinweise nach S. 1 hat auf die Zulässigkeit der Erhebung und der anschließenden Speicherung zunächst selbst keinen Einfluss, solange und soweit die Zweckbestimmung der Erhebung selbst rechtlich nicht zu beanstanden ist. Ist hingegen der Hinweis auf die Freiwilligkeit unterblieben und macht der Betroffene geltend, er hätte die Daten in Kenntnis der Freiwilligkeit nicht preisgegeben, war die Erhebung und damit auch die nachfolgende Verarbeitung unzulässig. Gleiches gilt, wenn der Betroffene geltend macht, dass er bei Kenntnis der Zweckbestimmung – mag diese auch legitim sein – die Daten nicht mitgeteilt hätte.[13]

§ 4a Einwilligung

(1) [1]Die Einwilligung ist nur wirksam, wenn sie auf der freien Entscheidung des Betroffenen beruht. [2]Er ist auf den vorgesehenen Zweck der Erhebung, Verarbeitung oder Nutzung sowie, soweit nach den Umständen des Einzelfalles erforderlich oder auf Verlangen, auf die Folgen der Verweigerung der Einwilligung hinzuweisen. [3]Die Einwilligung bedarf der Schriftform, soweit nicht wegen besonderer Umstände eine andere Form ange-

---

8 BAG 25.1.2000 – 1 ABR 3/99 – NZA 2000, 665 = DB 2000, 1128 = RDV 2000, 164.
9 BAG 8.11.1994 – 1 ABR 22/94 – NZA 1995, 857 = BB 1985, 1188 = RDV 1995, 175.
10 Vgl. aber auch BAG Fn 10 sowie BAG 27.3.2003 – 2 AZR 51/02 – NZA 2003, 1193 = NJW 2003, 3436 = DB 2003, 2230 = RDV 2003, 293, wonach die nachträglich Zustimmung das Beweisverwertungsverbot hinsichtlich einer unzulässigen Videoaufzeichnung aufhebt.
11 BAG 13.12.2007 – 2 AZR 537/06 – RDV 2008, 207 zu bei nicht mitbestimmter Taschenkontrolle festgestellten Erkenntnissen; vgl. aber auch LAG Hamm 25.1.2008 – 10 Sa 169/07 – RDV 2008, 210.
12 BAG 22.7.2008 – 1 ABR 40707 – RDV 2008, 25.
13 Vgl. Aufsichtsbehörde Baden-Württemberg, Hinweis zum BDSG für die Privatwirtschaft Nr. 41, RDV 2004, 234, die darauf abstellt, ob die Erhebung mangels Aufklärung gegen Treu und Glauben verstößt.

messen ist. ⁴Soll die Einwilligung zusammen mit anderen Erklärungen schriftlich erteilt werden, ist sie besonders hervorzuheben.

(2) ¹Im Bereich der wissenschaftlichen Forschung liegt ein besonderer Umstand im Sinne von Absatz 1 Satz 3 auch dann vor, wenn durch die Schriftform der bestimmte Forschungszweck erheblich beeinträchtigt würde. ²In diesem Fall sind der Hinweis nach Absatz 1 Satz 2 und die Gründe, aus denen sich die erhebliche Beeinträchtigung des bestimmten Forschungszwecks ergibt, schriftlich festzuhalten.

(3) Soweit besondere Arten personenbezogener Daten (§ 3 Abs. 9) erhoben, verarbeitet oder genutzt werden, muss sich die Einwilligung darüber hinaus ausdrücklich auf diese Daten beziehen.

Literatur: *Geiger*, Die Einwilligung in die Verarbeitung personenbezogener Daten als Ausübung des Rechts auf informationelle Selbstbestimmung, NVwZ 1989, 35; *Gola*, Informationelle Selbstbestimmung in Form des Widerspruchsrechts, DuD 2001, 278; *Gola*, Die Einwilligung als Legitimation zur Verarbeitung von Arbeitnehmerdaten, RDV 2002, 109; *Menzel*, Datenschutzrechtliche Einwilligung, DuD 2008, 400; *Wächter*, Datenschutz im Unternehmen, 3. Aufl. 2003; *Wedde*, Die wirksame Einwilligung im Arbeitnehmerschutzrecht, DuD 2004, 169

A. Allgemeines 1	IV. Widerspruch gegen die Verarbeitung/Widerruf der Einwilligung 9
B. Regelungsgehalt 2	C. **Verbindung zu anderen Rechtsgebieten** 11
I. Die Einwilligung als Ausübung des Selbstbestimmungsrechts (Abs. 1 S. 1) 2	I. Mitbestimmung bei Einholung der Einwilligung . 11
II. Die informierte Einwilligung (Abs. 1 S. 2) 4	II. Die Einwilligung als Allgemeine Geschäftsbedingung 12
III. Form und Zeitpunkt der Einwilligung (Abs. 1 S. 3) 7	

A. Allgemeines

1 Wenn keine Rechtsnorm die Verarbeitung der Daten erlaubt, wobei der Begriff „erlaubt" neben der Anordnung auch das freie Ermessen beinhaltet, ist die „Erlaubnis" durch den Betroffenen erforderlich (§ 4 Abs. 1). Das Gesetz fordert die Einwilligung, d.h. die vorherige Einverständniserklärung des Betroffenen, wobei § 4a nähere Anforderungen an eine wirksame Erklärung stellt.

B. Regelungsgehalt

I. Die Einwilligung als Ausübung des Selbstbestimmungsrechts (Abs. 1 S. 1)

2 Voraussetzung ist, dass die Entscheidung des Betroffenen **freiwillig** erfolgt, er sich also ohne „Druck" auch anders entscheiden kann. Unwirksam sind Einwilligungen, die unter Ausnutzung einer wirtschaftlichen Machtposition „abgepresst" oder durch **arglistige Täuschung** erschlichen wurden. Gleiches gilt, wenn die Einwilligung Verarbeitungen gestatten soll, die gegen **zwingende Schutznormen** bzw. -prinzipien verstoßen. Ein AG kann nicht über die Einwilligung des AN Informationen verarbeiten, die ihm nach den für das Arbeitsrecht geltenden Grundsätzen unzugänglich sind. Das **Fragerecht** des AG kann durch die Einwilligung des Bewerbers oder AN nicht wirksam erweitert werden, da dies den arbeitsrechtlich gewährte Diskriminierungs- und Persönlichkeitsschutz unterlaufen würde.[1] Demgemäß sind Einwilligungen, nach denen AG von Bewerbern oder neu eingestellten AN Arbeitsunfähigkeitszeiten und **Krankheitsdiagnosen** bei der **Krankenkasse** erheben dürfen, einmal wegen unzulässiger Aufhebung des Persönlichkeitsschutzes, zum anderen aber vielfach auch deshalb unwirksam, weil die Einwilligung wegen des bestehenden Abhängigkeitsverhältnisses nicht freiwillig erteilt worden ist. Gleiches gilt, wenn der AG eine **Schufa-Auskunft** über den Bewerber auf dem Wege zu erhalten versucht, dass er den Betroffenen auffordert eine Selbstauskunft nach § 34 einzuholen und vorzulegen. Zulässig ist es, die Nutzung der betrieblichen Kommunikationstechnik zu privaten Zwecken von der Einwilligung in das Fernmeldegeheimnis tangierende Überwachungsmaßnahmen abhängig zu machen.[2]

3 Gleichwohl wäre es mit dem Recht auf informationelle Selbstbestimmung unvereinbar, den Betroffenen in der Weise zu entmündigen, dass er nicht mehr berechtigt wäre, eine Verarbeitung seiner Daten zu billigen und für deren Zulässigkeit nur noch objektive Kriterien und nicht sein subjektives Empfinden maßgebend sein zu lassen. Der Betroffene muss auch berechtigt sein, eine Datenverarbeitung zu billigen, an der er selbst kein Interesse hat oder die dem äußeren Anschein nach gegen sein Interesse gerichtet sein mag. Unter diesem Aspekt als besonders problematisch müssen auch **Betriebs- und Dienstvereinbarungen** angesehen werden, die die zulässigen Verarbeitungen der AN-Daten abschließend festlegen und damit eine ggf. von einem einzelnen AN gewünschte Verarbeitung oder Nutzung nicht zulassen.[3]

---

1 Vgl. Aufsichtsbehörde Baden-Württemberg, Hinweis zum BDSG Nr. 34, StAnz Nr. 1 v. 2.1.1996, S. 10 = RDV 1996, 44.

2 *Gola*, Datenschutz und Multimedia am Arbeitsplatz, Rn 288 ff.

3 Vgl. hierzu *Gola/Wronka*, NZA 1991, 790.

II. Die informierte Einwilligung (Abs. 1 S. 2)

Ob der Betroffene einwilligt oder nicht, muss seiner freien Entscheidung unterliegen. Demgemäß muss er wissen, worin er einwilligt. Dazu muss er zunächst wissen, auf welche personenbezogenen Daten sich die Einwilligung bezieht. Der Betroffene ist ferner über den **Zweck der Speicherung** aufzuklären sowie über den Zweck und Empfänger ggf. vorgesehener Übermittlungen. Eine Erklärung „Ich willige ein, dass meine Daten auch an andere konzernangehörige Firmen weitergegeben werden" genügt nicht.

Ein Hinweis darauf, welche Folgen eine **Verweigerung der Einwilligung** hat, ist nur zu geben, wenn es nach den Umständen des Einzelfalls erforderlich ist oder der Betroffene es verlangt. Ist die Erteilung der Einwilligung Voraussetzung für den Abschluss des Arbeitsvertrages, so ist das deutlich zu machen.

Die Hinweispflicht setzt voraus, dass die Einwilligung beim Betroffenen „eingeholt" wird, d.h. beim Ausfüllen eines Antragsformulars, eines Datenerhebungsbogens etc. von ihm erbeten bzw. von ihm abverlangt wird. Die Pflicht besteht nicht, wenn der Betroffene seine Daten von sich aus zur Verfügung stellt und dabei ausdrücklich oder – ausnahmsweise – konkludent für bestimmte Zwecke seine Einwilligung erklärt.

III. Form und Zeitpunkt der Einwilligung (Abs. 1 S. 3)

Gem. Abs. 1 S. 3 bedarf die Einwilligung grds. der **Schriftform**. Ein Verstoß dagegen würde die Einwilligung unwirksam machen und zur Unzulässigkeit der darauf basierenden Datenverarbeitungen führen. Nur unter besonderen Umständen kann eine andere Form angemessen sein.

Durch Abs. 1 S. 4 soll weiterhin verhindert werden, dass die Einwilligung bei **Formularverträgen** im sog. „Kleingedruckten" versteckt wird und der Betroffene sie durch seine Unterschrift erteilt, ohne sich dessen bewusst zu sein. Die Einwilligungsklausel ist also in derartigen Fällen an deutlich sichtbarer Stelle und z.B. drucktechnisch von dem anderen Text abgesetzt darzustellen. Bildet sie einen eigenständigen Paragrafen eines Arbeitsvertrages, so ist dies ausreichend.

IV. Widerspruch gegen die Verarbeitung/Widerruf der Einwilligung

Grundsätzlich kann der Betroffene eine einmal erteilte Genehmigung auch wieder zurücknehmen.[4] Der mit dem **Widerruf der Einwilligung** zum Ausdruck kommende Widerspruch gegen weitere Verarbeitungen ist für die Zukunft zu beachten, d.h. der Widerruf der Einwilligung entzieht den Verarbeitungen ex nunc die erforderliche Rechtsgrundlage. Allerdings kann die Einwilligung nicht willkürlich, sondern entsprechend den Grundsätzen von Treu und Glauben nur dann zurückgenommen werden, wenn die für ihre Erteilung maßgebenden Gründe entfallen sind bzw. sich wesentlich geändert haben. Ein Widerruf wird nach Vertragsabschluss jedenfalls dann nicht mehr möglich sein, wenn damit die weitere Abwicklung des Vertrages mit dem Betroffenen in Frage gestellt oder unbillig erschwert wird.

Die Nichtausübung eines **ausdrücklich eingeräumten Widerspruchsrechts** ersetzt nicht die Einwilligung. Es kann jedoch für die Beurteilung der Zulässigkeit der Verarbeitung relevant sein. Das BDSG macht die Zulässigkeit mehrfach davon abhängig, dass schutzwürdige Interessen des Betroffenen nicht beeinträchtigt werden. Für die verantwortliche Stelle ist es oft schwierig, dies zu beurteilen, insb. dann, wenn eine Einzelfallprüfung erforderlich ist. Hier kann es hilfreich sein, dem Betroffenen die Möglichkeit des Widerspruchs einzuräumen. Ist wegen der Art der zu verarbeitenden Daten oder wegen der beabsichtigten Nutzung davon auszugehen, dass schutzwürdige Interessen im Regelfall nicht beeinträchtigt werden, so kann aus der Tatsache, dass von der ausdrücklich eingeräumten Widerspruchsmöglichkeit kein Gebrauch gemacht wurde, darauf geschlossen werden, dass eventuelle, der verantwortliche Stelle nicht erkennbare, entgegenstehende Interessen Einzelner nicht vorliegen.[5] Ein solches Verfahren kann ggf. bei der Veröffentlichung von Personalia in einer **Werkszeitung** praktiziert werden. Nicht ausreichend ist jedoch bspw. das Einräumen eines Widerspruchsrechts bei der Weitergabe von AN-Daten an ein Versicherungsunternehmen, selbst wenn dieses in diesem Fall einen Firmenrabatt einräumen will.

C. Verbindung zu anderen Rechtsgebieten

I. Mitbestimmung bei Einholung der Einwilligung

Ggf. unterliegt die formularmäßige Einholung von Einwilligungen der Mitbestimmung des Betriebsrats nach § 94 Abs. 1 BetrVG. Der in der Lit.[6] vertretenen Auffassung ist insoweit zuzustimmen, als durch die Einwilligung eine ansonsten nicht realisierbare Datenerhebung ermöglicht werden soll. Will der AG z.B. im Rahmen eines standardisierten „Anwesenheitsverbesserungsprozess" Krankheitsdaten der AN unter bestimmten Bedingungen bei deren Arzt erheben, so ist die Erfragung der dafür erforderlichen Entbindung von der Schweigepflicht – die Zulässigkeit

---

4 Die Vereinbarung eines Verzichts auf den Widerruf bejaht Wächter, Rn 232; a.A. *Schaffland/Wiltfang*, § 4 Rn 21.
5 So z.B. für die vereinsinterne Veröffentlichung von Vereinsmitgliederlisten: Weichert, DuD 1994, 200; für betriebliche Geburtstage: *Gola/Wronka*, Rn 832; ablehnend Simitis/*Simitis*, § 4a Rn 76.
6 *Fitting*, § 94 BetrVG Rn 11; DKK/*Klebe*, § 94 BetrVG Rn 11 m.w.N.; a.A. *Lambrich/Cahlik*, RDV 2002, 287.

des Vorgehens einmal unterstellt – mitbestimmungspflichtig.[7] Soll die Einwilligung nicht für eine Erhebung, sondern für andere Verarbeitungs- oder Nutzungsschritte, z.B. die Übermittlung an die Konzernmutter eingeholt werden, so wird zwar an alle Beschäftigten formularmäßig eine Frage gestellt; gleichwohl ist die Zustimmung oder Ablehnung keine den Inhalt eines Personalfragebogens i.S.v. § 94 BetrVG ausmachende Information. Daran ändert nichts, dass aus der Erteilung der Einwilligung z.B. erkennbar wird, dass der Mitarbeiter an einem konzernweiten Einsatz interessiert ist.

II. Die Einwilligung als Allgemeine Geschäftsbedingung

12   Problematisch ist es, wenn Einwilligungen in **Allgemeinen Geschäftsbedingungen** als Ermächtigungen für bestimmte Datenverarbeitungen enthalten sind. Derartige Klauseln können als unangemessen oder überraschend nach § 305 bzw. § 307 BGB unwirksam sein. Dies gilt mit Einschränkungen auch für Einwilligungsklauseln in Arbeitsverträgen (§ 310 Abs. 4 BGB).[8]

§ 4b Übermittlung personenbezogener Daten ins Ausland sowie an über- oder zwischenstaatliche Stellen

(1) Für die Übermittlung personenbezogener Daten an Stellen
1. in anderen Mitgliedstaaten der Europäischen Union,
2. in anderen Vertragsstaaten des Abkommens über den Europäischen Wirtschaftsraum oder
3. der Organe und Einrichtungen der Europäischen Gemeinschaften

gelten § 15 Abs. 1, § 16 Abs. 1 und §§ 28 bis 30a nach Maßgabe der für diese Übermittlung geltenden Gesetze und Vereinbarungen, soweit die Übermittlung im Rahmen von Tätigkeiten erfolgt, die ganz oder teilweise in den Anwendungsbereich des Rechts der Europäischen Gemeinschaften fallen.
(2) ¹Für die Übermittlung personenbezogener Daten an Stellen nach Absatz 1, die nicht im Rahmen von Tätigkeiten erfolgt, die ganz oder teilweise in den Anwendungsbereich des Rechts der Europäischen Gemeinschaften fallen, sowie an sonstige ausländische oder über- oder zwischenstaatliche Stellen gilt Absatz 1 entsprechend. ²Die Übermittlung unterbleibt, soweit der Betroffene ein schutzwürdiges Interesse an dem Ausschluss der Übermittlung hat, insbesondere wenn bei den in Satz 1 genannten Stellen ein angemessenes Datenschutzniveau nicht gewährleistet ist. ³Satz 2 gilt nicht, wenn die Übermittlung zur Erfüllung eigener Aufgaben einer öffentlichen Stelle des Bundes aus zwingenden Gründen der Verteidigung oder der Erfüllung über- oder zwischenstaatlicher Verpflichtungen auf dem Gebiet der Krisenbewältigung oder Konfliktverhinderung oder für humanitäre Maßnahmen erforderlich ist.
(3) Die Angemessenheit des Schutzniveaus wird unter Berücksichtigung aller Umstände beurteilt, die bei einer Datenübermittlung oder einer Kategorie von Datenübermittlungen von Bedeutung sind; insbesondere können die Art der Daten, die Zweckbestimmung, die Dauer der geplanten Verarbeitung, das Herkunfts- und das Endbestimmungsland, die für den betreffenden Empfänger geltenden Rechtsnormen sowie die für ihn geltenden Standesregeln und Sicherheitsmaßnahmen herangezogen werden.
(4) ¹In den Fällen des § 16 Abs. 1 Nr. 2 unterrichtet die übermittelnde Stelle den Betroffenen von der Übermittlung seiner Daten. ²Dies gilt nicht, wenn damit zu rechnen ist, dass er davon auf andere Weise Kenntnis erlangt, oder wenn die Unterrichtung die öffentliche Sicherheit gefährden oder sonst dem Wohl des Bundes oder eines Landes Nachteile bereiten würde.
(5) Die Verantwortung für die Zulässigkeit der Übermittlung trägt die übermittelnde Stelle.
(6) Die Stelle, an die die Daten übermittelt werden, ist auf den Zweck hinzuweisen, zu dessen Erfüllung die Daten übermittelt werden.

§ 4c Ausnahmen

(1) Im Rahmen von Tätigkeiten, die ganz oder teilweise in den Anwendungsbereich des Rechts der Europäischen Gemeinschaften fallen, ist eine Übermittlung personenbezogener Daten an andere als die in § 4b Abs. 1 genannten Stellen, auch wenn bei ihnen ein angemessenes Datenschutzniveau nicht gewährleistet ist, zulässig, sofern
1. der Betroffene seine Einwilligung gegeben hat,

---

7 *Gola/Wronka*, Rn 1566.   8 Vgl. *Hümmerich*, AnwaltFormulare ArbR, § 1 Rn 66.

2. die Übermittlung für die Erfüllung eines Vertrags zwischen dem Betroffenen und der verantwortlichen Stelle oder zur Durchführung von vorvertraglichen Maßnahmen, die auf Veranlassung des Betroffenen getroffen worden sind, erforderlich ist,
3. die Übermittlung zum Abschluss oder zur Erfüllung eines Vertrags erforderlich ist, der im Interesse des Betroffenen von der verantwortlichen Stelle mit einem Dritten geschlossen wurde oder geschlossen werden soll,
4. die Übermittlung für die Wahrung eines wichtigen öffentlichen Interesses oder zur Geltendmachung, Ausübung oder Verteidigung von Rechtsansprüchen vor Gericht erforderlich ist,
5. die Übermittlung für die Wahrung lebenswichtiger Interessen des Betroffenen erforderlich ist oder
6. die Übermittlung aus einem Register erfolgt, das zur Information der Öffentlichkeit bestimmt ist und entweder der gesamten Öffentlichkeit oder allen Personen, die ein berechtigtes Interesse nachweisen können, zur Einsichtnahme offen steht, soweit die gesetzlichen Voraussetzungen im Einzelfall gegeben sind.

Die Stelle, an die die Daten übermittelt werden, ist darauf hinzuweisen, dass die übermittelten Daten nur zu dem Zweck verarbeitet oder genutzt werden dürfen, zu dessen Erfüllung sie übermittelt werden.

(2) [1]Unbeschadet des Absatzes 1 Satz 1 kann die zuständige Aufsichtsbehörde einzelne Übermittlungen oder bestimmte Arten von Übermittlungen personenbezogener Daten an andere als die in § 4b Abs. 1 genannten Stellen genehmigen, wenn die verantwortliche Stelle ausreichende Garantien hinsichtlich des Schutzes des Persönlichkeitsrechts und der Ausübung der damit verbundenen Rechte vorweist; die Garantien können sich insbesondere aus Vertragsklauseln oder verbindlichen Unternehmensregelungen ergeben. [2]Bei den Post- und Telekommunikationsunternehmen ist der Bundesbeauftragte für den Datenschutz und die Informationsfreiheit zuständig. [3]Sofern die Übermittlung durch öffentliche Stellen erfolgen soll, nehmen diese die Prüfung nach Satz 1 vor.

(3) Die Länder teilen dem Bund die nach Absatz 2 Satz 1 ergangenen Entscheidungen mit.

Literatur: *Büllesbach*, Datenschutz in einem globalen Unternehmen, RDV 2000, 1; *Däubler*, Grenzüberschreitender Datenschutz – Handlungsmöglichkeiten des Betriebsrats, RDV 1998, 96; *Däubler*, Übermittlung von Arbeitnehmerdaten ins Ausland, in: Büllesbach (Hrsg.), Datenverkehr ohne Datenschutz, S. 71; *Hillenbrand-Beck*, Aktuelle Fragen des internationalen Datenverkehrs, RDV 2007, 231; *Klug*, Globaler Arbeitnehmerdatenschutz – Ausstrahlungswirkung der EG-Datenschutzrichtlinie auf Drittländer am Beispiel der USA, RDV 1999, 109; *Meyer*, Ethikrichtlinien internationaler Unternehmen und deutsches Arbeitsrecht, NJW 2006, 3605; *Schröder*, Verbindliche Unternehmensregelungen – Binding Corporate Rules – Zur Verbindlichkeit nach § 4c II BDSG, DuD 2004, 462; *Wisskirchen*, Grenzüberschreitender Verkehr von Arbeitnehmerdaten, CR 2004, 863

A. Allgemeines	1	II. Übermittlung ohne angemessenes Schutzniveau (Abs. 1)	3
B. Regelungsgehalt	2		
I. Die Feststellung des angemessenen Schutzniveaus (§ 4b Abs. 2 S. 2, Abs. 3)	2	C. Verbindung zu anderen Rechtsgebieten	4

A. Allgemeines

§§ 4b und 4c regeln die Übermittlung personenbezogener Daten sowohl durch öffentliche als auch durch nicht öffentliche Stellen ins Ausland und auch hier insb. in Länder außerhalb der EU. Aufgrund des durch die EU-DatSchRl geschaffenen einheitlichen Datenschutzstandards in der EU wird hier der **freie Datenverkehr** gewährleistet. Sollen Daten an ausländische Stellen außerhalb des Geltungsbereich der EU-Richtlinie übermittelt werden, darf die Übermittlung nur stattfinden, wenn dadurch keine schutzwürdigen Interessen des Betroffenen verletzt werden, was regelmäßig dann nicht gegeben ist, wenn bei den empfangenden Stellen kein **angemessenes Datenschutzniveau** i.S.v. § 4b Abs. 3 gegeben ist.

B. Regelungsgehalt

I. Die Feststellung des angemessenen Schutzniveaus (§ 4b Abs. 2 S. 2, Abs. 3)

Die EU-Kommission kann (Art. 31 Abs. 2 EU-DatSchRl) feststellen, dass ein Drittland ein angemessenes Datenschutzniveau aufweist. Für Übermittlungen in die USA hat sie dies für Unternehmen getan, die sich dem **„Safe-Harbor"-Verfahren** unterworfen haben, wobei besondere Regelungen für den Datentransfer von Personaldaten greifen.[1] Selbstverständlich kann aber auch der AG selbst die Rechtslage beim Empfänger der Daten beurteilen. Ein angemessenes Schutzniveau besteht auch dann, wenn zwischen den verantwortlichen Stellen die von der Kommission verabschiedeten **„Standardvertragsregelungen"**[2] zur Gewährleistung der Schutzinteressen der Betroffenen

---

1 Im Einzelnen bei *Klug*, RDV 2000, 212; *Heil*, DuD 2000, 444.

2 V. 18.6.2001, ABl EG Nr. L 181 = RDV 2001, 192; s. hierzu *Räther/Seitz*, MMR 2002, 431.

vereinbart werden bzw. die übermittelnde Stelle unter Einschaltung der Aufsichtsbehörde[3] **"ausreichende Garantien"** zur Gewährleistung der Schutzansprüche der Betroffenen schafft. Hierzu bietet das Gesetz in § 4b Abs. 2 u.a. die sog. **Vertragslösung** oder für internationale Konzerne auch das Inkraftsetzen verbindlicher Unternehmensregelungen[4] (**codes of conduct**) an.

II. Übermittlung ohne angemessenes Schutzniveau (Abs. 1)

3 Auch ohne angemessenes Datenschutzniveau ist die Übermittlung zulässig, wenn einer der Ausnahmetatbestände des Abs. 1 vorliegt. U.a. ist die Übermittlung zulässig, wenn sie im Rahmen der **Erfüllung eines Vertrages** erfolgt (Abs. 1 S. 1 Nr. 2 und 3). Enthält der Arbeitsvertrag eine Klausel über eine konzernweite Verwendung oder über Einsätze im Ausland, so sind damit die auch insoweit erforderlichen Datenübermittlungen gerechtfertigt. Müssen Mitarbeiter im weltweiten Konzern telefonisch erreichbar sein, ist die Einstellung des **Telefonverzeichnisses** in das Unternehmens-**Intranet** zulässig. Soll die Übermittlung auf eine Einwilligung des AN gestützt werden, ist deren Freiwilligkeit[5] Voraussetzung (siehe § 4a Rn 4).

C. Verbindung zu anderen Rechtsgebieten

4 Eine **Betriebsvereinbarung** kann nicht Grundlage der Übermittlung in ein Drittland sein, da diese nur Rechtsverpflichtungen des AG nicht aber der z.B. in den USA ansässigen Mutter begründen kann. Bestandteil der Vereinbarung müssen die von dem Empfänger der Daten gegenüber dem AG zugunsten der Beschäftigten verbindlich erklärten Datenschutzverpflichtungen sein.

§ 4d Meldepflicht (gültig bis 31.3.2010)

(1) Verfahren automatisierter Verarbeitungen sind vor ihrer Inbetriebnahme von nicht-öffentlichen verantwortlichen Stellen der zuständigen Aufsichtsbehörde und von öffentlichen verantwortlichen Stellen des Bundes sowie von den Post- und Telekommunikationsunternehmen dem Bundesbeauftragten für den Datenschutz und die Informationsfreiheit nach Maßgabe von § 4e zu melden.
(2) Die Meldepflicht entfällt, wenn die verantwortliche Stelle einen Beauftragten für den Datenschutz und die Informationsfreiheit bestellt hat.
(3) Die Meldepflicht entfällt ferner, wenn die verantwortliche Stelle personenbezogene Daten für eigene Zwecke erhebt, verarbeitet oder nutzt, hierbei höchstens neun Personen mit der Erhebung, Verarbeitung oder Nutzung personenbezogener Daten beschäftigt und entweder eine Einwilligung des Betroffenen vorliegt oder die Erhebung, Verarbeitung oder Nutzung für die Begründung, Durchführung oder Beendigung eines rechtsgeschäftlichen oder rechtsgeschäftsähnlichen Schuldverhältnisses mit dem Betroffenen erforderlich ist.
(4) Die Absätze 2 und 3 gelten nicht, wenn es sich um automatisierte Verarbeitungen handelt, in denen geschäftsmäßig personenbezogene Daten von der jeweiligen Stelle
1. zum Zweck der Übermittlung,
2. zum Zweck der anonymisierten Übermittlung oder
3. für Zwecke der Markt- oder Meinungsforschung
gespeichert werden.
(5) [1]Soweit automatisierte Verarbeitungen besondere Risiken für die Rechte und Freiheiten der Betroffenen aufweisen, unterliegen sie der Prüfung vor Beginn der Verarbeitung (Vorabkontrolle). [2]Eine Vorabkontrolle ist insbesondere durchzuführen, wenn
1. besondere Arten personenbezogener Daten (§ 3 Abs. 9) verarbeitet werden oder
2. die Verarbeitung personenbezogener Daten dazu bestimmt ist, die Persönlichkeit des Betroffenen zu bewerten einschließlich seiner Fähigkeiten, seiner Leistung oder seines Verhaltens,
es sei denn, dass eine gesetzliche Verpflichtung oder eine Einwilligung des Betroffenen vorliegt oder die Erhebung, Verarbeitung oder Nutzung für die Begründung, Durchführung oder Beendigung eines rechtsgeschäftlichen oder rechtsgeschäftsähnlichen Schuldverhältnisses mit dem Betroffenen erforderlich ist.
(6) [1]Zuständig für die Vorabkontrolle ist der Beauftragte für den Datenschutz und die Informationsfreiheit. [2]Dieser nimmt die Vorabkontrolle nach Empfang der Übersicht nach § 4g Abs. 2 Satz 1 vor. [3]Er hat sich in Zwei-

---

3 Aufsichtsbehörde Baden-Württemberg, Hinweis zum BDSG Nr. 40 Ziff. 22, StAnz v. 18.2.2002 = RDV 2002, 138;.*Hillenbrand-Beck*, RDV 2007, 231.

4 *Gackenholz*, DuD 2000, 727.

5 S. das Praxisbeispiel bei *Gola/Wronka*, Rn 1015 f.

felsfällen an die Aufsichtsbehörde oder bei den Post- und Telekommunikationsunternehmen an den Bundesbeauftragten für den Datenschutz und die Informationsfreiheit zu wenden.

§ 4d Meldepflicht (gültig ab 1.4.2010)

(1) Verfahren automatisierter Verarbeitungen sind vor ihrer Inbetriebnahme von nicht-öffentlichen verantwortlichen Stellen der zuständigen Aufsichtsbehörde und von öffentlichen verantwortlichen Stellen des Bundes sowie von den Post- und Telekommunikationsunternehmen dem Bundesbeauftragten für den Datenschutz und die Informationsfreiheit nach Maßgabe von § 4e zu melden.
(2) Die Meldepflicht entfällt, wenn die verantwortliche Stelle einen Beauftragten für den Datenschutz und die Informationsfreiheit bestellt hat.
(3) Die Meldepflicht entfällt ferner, wenn die verantwortliche Stelle personenbezogene Daten für eigene Zwecke erhebt, verarbeitet oder nutzt, hierbei in der Regel höchstens neun Personen ständig mit der Erhebung, Verarbeitung oder Nutzung personenbezogener Daten beschäftigt und entweder eine Einwilligung des Betroffenen vorliegt oder die Erhebung, Verarbeitung oder Nutzung für die Begründung, Durchführung oder Beendigung eines rechtsgeschäftlichen oder rechtsgeschäftsähnlichen Schuldverhältnisses mit dem Betroffenen erforderlich ist.
(4) Die Absätze 2 und 3 gelten nicht, wenn es sich um automatisierte Verarbeitungen handelt, in denen geschäftsmäßig personenbezogene Daten von der jeweiligen Stelle
1. zum Zweck der Übermittlung,
2. zum Zweck der anonymisierten Übermittlung oder
3. für Zwecke der Markt- oder Meinungsforschung
gespeichert werden.
(5) [1]Soweit automatisierte Verarbeitungen besondere Risiken für die Rechte und Freiheiten der Betroffenen aufweisen, unterliegen sie der Prüfung vor Beginn der Verarbeitung (Vorabkontrolle). [2]Eine Vorabkontrolle ist insbesondere durchzuführen, wenn
1. besondere Arten personenbezogener Daten (§ 3 Abs. 9) verarbeitet werden oder
2. die Verarbeitung personenbezogener Daten dazu bestimmt ist, die Persönlichkeit des Betroffenen zu bewerten einschließlich seiner Fähigkeiten, seiner Leistung oder seines Verhaltens,

es sei denn, dass eine gesetzliche Verpflichtung oder eine Einwilligung des Betroffenen vorliegt oder die Erhebung, Verarbeitung oder Nutzung für die Begründung, Durchführung oder Beendigung eines rechtsgeschäftlichen oder rechtsgeschäftsähnlichen Schuldverhältnisses mit dem Betroffenen erforderlich ist.
(6) [1]Zuständig für die Vorabkontrolle ist der Beauftragte für den Datenschutz und die Informationsfreiheit. [2]Dieser nimmt die Vorabkontrolle nach Empfang der Übersicht nach § 4g Abs. 2 Satz 1 vor. [3]Er hat sich in Zweifelsfällen an die Aufsichtsbehörde oder bei den Post- und Telekommunikationsunternehmen an den Bundesbeauftragten für den Datenschutz und die Informationsfreiheit zu wenden.

Literatur: *Klug*, Die Vorabkontrolle – Eine neue Aufgabe für betriebliche und behördliche Datenschutzbeauftragte, RDV 2000, 12; *Schild*, Meldepflicht und Vorabkontrolle, DuD 2001, 282

§ 4d enthält eine **Meldepflicht** für automatisierte Verarbeitungen, deren regelmäßiger Adressat der betriebliche Datenschutzbeauftragte ist. Meldepflichtig ist der AG.[1] Der Inhalt der Meldung ergibt sich aus § 4e. Nur noch ausnahmsweise hat die Meldung gegenüber der Aufsichtsbehörde zu erfolgen. Im privaten Bereich gilt das zum einem für kleine Betriebe oder Gewerbetreibende, die keinen betrieblichen Datenschutzbeauftragten bestellen müssen und die Grenzen des Abs. 3 überschreiten und zum anderen für solche, die geschäftsmäßig personenbezogene Daten zum Zwecke der Übermittlung gem. §§ 29, 30, 30a speichern.

Des Weiteren wird dem betrieblichen Datenschutzbeauftragten die **Vorabkontrolle** besonders persönlichkeitsrelevanter Verfahren übertragen. Beispiele hierfür können **Personalinformations- und -auswahlsysteme** sein. Ebenso soll die Vorabkontrolle vor einem übermäßigen Einsatz der **Videoüberwachung** schützen.[2]

---

[1] Zur Problematik der Meldung und Vorabkontrolle der Verfahren des Betriebsrats *Gola/Wronka*, Rn 1396 f., 1863.

[2] *Jacob*, RDV 2000, 5.

3 Die in Abs. 6 S. 2 als Auslöser der Vorabkontrolle angesprochene Meldung kann nicht losgelöst von der parallelen und umfassenderen Informationspflicht des § 4g S. 2 Nr. 1 Hs. 2 gesehen werden, nach der der Datenschutzbeauftragte vor dem Einsatz neuer automatisierter Verarbeitungsvorhaben rechtzeitig zu unterrichten ist.

4 Im Gegensatz zu der allgemeinen Regelung des § 4g Abs. 1 S. 4, nach der der Datenschutzbeauftragte das Recht, aber nicht die Pflicht hat, sich in **Zweifelsfällen**[3] **bzw. zu einer allg. Beratung** an die zuständige **Aufsichtsbehörde** zu wenden, schreibt Abs. 6 S. 3 die Einschaltung der Aufsichtsbehörde in bei sich im Rahmen der Vorabkontrolle ergebenden Zweifelsfällen als verbindliche Verpflichtung fest. Schaltet der Datenschutzbeauftragte gegen den Willen seines AG die Aufsichtsbehörde ein, so ist die damit verbundene Konfliktsituation nicht zu verkennen.[4]

5 Da dem betrieblichen Datenschutzbeauftragten im Rahmen der Vorabkontrolle kein **formales Genehmigungsrecht** eingeräumt ist, ist weder das Plazet des Datenschutzbeauftragten noch die ordnungsgemäße Durchführung der Vorabkontrolle überhaupt zusätzliche Rechtmäßigkeitsvoraussetzung für die Verarbeitung.[5] Rechtliche Konsequenzen entstehen jedoch im Bereich mitbestimmungspflichtiger **Personaldatenverarbeitung**, da die Mitarbeitervertretung ihre Zustimmung erst nach der Mitteilung des Ergebnisses der Vorabkontrolle erteilen braucht und darf (vgl. § 80 Abs. 1 Nr. 1 BetrVG).

§ 4e Inhalt der Meldepflicht

Sofern Verfahren automatisierter Verarbeitungen meldepflichtig sind, sind folgende Angaben zu machen:
1. Name oder Firma der verantwortlichen Stelle,
2. Inhaber, Vorstände, Geschäftsführer oder sonstige gesetzliche oder nach der Verfassung des Unternehmens berufene Leiter und die mit der Leitung der Datenverarbeitung beauftragten Personen,
3. Anschrift der verantwortlichen Stelle,
4. Zweckbestimmungen der Datenerhebung, -verarbeitung oder -nutzung,
5. eine Beschreibung der betroffenen Personengruppen und der diesbezüglichen Daten oder Datenkategorien,
6. Empfänger oder Kategorien von Empfängern, denen die Daten mitgeteilt werden können,
7. Regelfristen für die Löschung der Daten,
8. eine geplante Datenübermittlung in Drittstaaten,
9. eine allgemeine Beschreibung, die es ermöglicht, vorläufig zu beurteilen, ob die Maßnahmen nach § 9 zur Gewährleistung der Sicherheit der Verarbeitung angemessen sind.

§ 4d Abs. 1 und 4 gilt für die Änderung der nach Satz 1 mitgeteilten Angaben sowie für den Zeitpunkt der Aufnahme und der Beendigung der meldepflichtigen Tätigkeit entsprechend.

1 § 4e ergänzt die Regelung des § 4d Abs. 1 um die Aussage zum Inhalt der der Aufsichtsbehörde zu erstattenden Meldung. Die gleichgelagerte Meldepflicht gegenüber dem betrieblichen Datenschutzbeauftragten begründet § 4g Abs. 2 S. 1. Z.T. entspricht der Inhalt der Meldung den Informationen, die die verantwortliche Stelle bereits bei der Erhebung (§ 4 Abs. 3) bzw. bei der erstmaligen Speicherung bzw. Übermittlung (§ 33 Abs. 1) dem Betroffenen (§ 4 Abs. 3) zu geben hat. Durch die vor Inbetriebnahme einer automatisierten Verarbeitung zu erfolgende Meldung soll der Aufsichtsbehörde bzw. der Datenschutzbeauftragte jenes Minimum an Informationen erhalten, das zumindest im Rahmen einer pauschalen Prüfung die Bewertung der Zulässigkeit der beabsichtigten Verfahren ermöglicht.

2 Die Angaben über die Meldung führt die Aufsichtsbehörde in einem für **jedermann einsehbaren Register** (§ 38 Abs. 2). Bei der Meldung an den Datenschutzbeauftragten wird eine Publizität durch die Führung des von jedermann einsehbaren **Verfahrensverzeichnisses**[1] (§ 4g Abs. 2 S. 2) geschaffen.

Verarbeitungen von Mitarbeiterdaten werden zudem – und dies ausführlicher als in der Verfahrensübersicht – betriebsintern publik durch die Veröffentlichung der hierzu regelmäßig abgeschlossenen BV (§ 77 Abs. 2 S. 3 BetrVG).

---

3 Siehe hierzu im Einzelnen *Gola/Schomerus*, § 4d Rn 18.
4 *Gola/Jaspers*, RDV 1998, 47; *Klug*, RDV 2001, 12.
5 A.A. VG Giessen 16.7.2004 – 22 L 2286/04 – RDV 2004, 275.

1 Vgl. hierzu das Muster zur Videoüberwachung: Aufsichtsbehörde Baden-Württemberg, Hinweis zum BDSG Nr. 40, StAnz v. 18.2.2002 = RDV 2002,148; zur Datenverarbeitung bei Internetnutzung: *Wilde u.a.*, Bayerisches Datenschutzgesetz, Kap. XIV. 10, 92.15.

§ 4f Beauftragter für den Datenschutz

(1) ¹Öffentliche und nicht-öffentliche Stellen, die personenbezogene Daten automatisiert verarbeiten, haben einen Beauftragten für den Datenschutz schriftlich zu bestellen. ²Nichtöffentliche Stellen sind hierzu spätestens innerhalb eines Monats nach Aufnahme ihrer Tätigkeit verpflichtet. ³Das Gleiche gilt, wenn personenbezogene Daten auf andere Weise erhoben, verarbeitet oder genutzt werden und damit in der Regel mindestens 20 Personen beschäftigt sind. ⁴Die Sätze 1 und 2 gelten nicht für die nichtöffentlichen Stellen, die in der Regel höchstens neun Personen ständig mit der automatisierten Verarbeitung personenbezogener Daten beschäftigen. ⁵Soweit aufgrund der Struktur einer öffentlichen Stelle erforderlich, genügt die Bestellung eines Beauftragten für den Datenschutz für mehrere Bereiche. ⁶Soweit nicht-öffentliche Stellen automatisierte Verarbeitungen vornehmen, die einer Vorabkontrolle unterliegen, oder personenbezogene Daten geschäftsmäßig zum Zweck der Übermittlung, der anonymisierten Übermittlung oder für Zwecke der Markt- oder Meinungsforschung automatisiert verarbeiten, haben sie unabhängig von der Anzahl der mit der automatisierten Verarbeitung beschäftigten Personen einen Beauftragten für den Datenschutz zu bestellen.

(2) ¹Zum Beauftragten für den Datenschutz darf nur bestellt werden, wer die zur Erfüllung seiner Aufgaben erforderliche Fachkunde und Zuverlässigkeit besitzt. ²Das Maß der erforderlichen Fachkunde bestimmt sich insbesondere nach dem Umfang der Datenverarbeitung der verantwortlichen Stelle und dem Schutzbedarf der personenbezogenen Daten, die die verantwortliche Stelle erhebt oder verwendet. ³Zum Beauftragten für den Datenschutz kann auch eine Person außerhalb der verantwortlichen Stelle bestellt werden; die Kontrolle erstreckt sich auch auf personenbezogene Daten, die einem Berufs- oder besonderen Amtsgeheimnis, insbesondere dem Steuergeheimnis nach § 30 der Abgabenordnung, unterliegen. ⁴Öffentliche Stellen können mit Zustimmung ihrer Aufsichtsbehörde einen Bediensteten aus einer anderen öffentlichen Stelle zum Beauftragten für den Datenschutz bestellen.

(3) ¹Der Beauftragte für den Datenschutz ist dem Leiter der öffentlichen oder nicht-öffentlichen Stelle unmittelbar zu unterstellen. ²Er ist in Ausübung seiner Fachkunde auf dem Gebiet des Datenschutzes weisungsfrei. ³Er darf wegen der Erfüllung seiner Aufgaben nicht benachteiligt werden. ⁴Die Bestellung zum Beauftragten für den Datenschutz kann in entsprechender Anwendung von § 626 des Bürgerlichen Gesetzbuchs, bei nicht-öffentlichen Stellen auch auf Verlangen der Aufsichtsbehörde, widerrufen werden. ⁵Ist nach Absatz 1 ein Beauftragter für den Datenschutz zu bestellen, so ist die Kündigung des Arbeitsverhältnisses unzulässig, es sei denn, dass Tatsachen vorliegen, welche die verantwortliche Stelle zur Kündigung aus wichtigem Grund ohne Einhaltung einer Kündigungsfrist berechtigen. ⁶Nach der Abberufung als Beauftragter für den Datenschutz ist die Kündigung innerhalb eines Jahres nach der Beendigung der Bestellung unzulässig, es sei denn, dass die verantwortliche Stelle zur Kündigung aus wichtigem Grund ohne Einhaltung einer Kündigungsfrist berechtigt ist. ⁷Zur Erhaltung der zur Erfüllung seiner Aufgaben erforderlichen Fachkunde hat die verantwortliche Stelle dem Beauftragten für den Datenschutz die Teilnahme an Fort- und Weiterbildungsveranstaltungen zu ermöglichen und deren Kosten zu übernehmen.

(4) Der Beauftragte für den Datenschutz ist zur Verschwiegenheit über die Identität des Betroffenen sowie über Umstände, die Rückschlüsse auf den Betroffenen zulassen, verpflichtet, soweit er nicht davon durch den Betroffenen befreit wird.

(4a) ¹Soweit der Beauftragte für den Datenschutz bei seiner Tätigkeit Kenntnis von Daten erhält, für die dem Leiter oder einer bei der öffentlichen oder nichtöffentlichen Stelle beschäftigten Person aus beruflichen Gründen ein Zeugnisverweigerungsrecht zusteht, steht dieses Recht auch dem Beauftragten für den Datenschutz und dessen Hilfspersonal zu. ²Über die Ausübung dieses Rechts entscheidet die Person, der das Zeugnisverweigerungsrecht aus beruflichen Gründen zusteht, es sei denn, dass diese Entscheidung in absehbarer Zeit nicht herbeigeführt werden kann. ³Soweit das Zeugnisverweigerungsrecht des Beauftragten für den Datenschutz reicht, unterliegen seine Akten und andere Schriftstücke einem Beschlagnahmeverbot.

(5) ¹Die öffentlichen und nicht-öffentlichen Stellen haben den Beauftragten für den Datenschutz bei der Erfüllung seiner Aufgaben zu unterstützen und ihm insbesondere, soweit dies zur Erfüllung seiner Aufgaben erforderlich ist, Hilfspersonal sowie Räume, Einrichtungen, Geräte und Mittel zur Verfügung zu stellen. ²Betroffene können sich jederzeit an den Beauftragten für den Datenschutz wenden.

Literatur: *Büllesbach*, Konzeption und Funktion des Datenschutzbeauftragten vor dem Hintergrund der EG-Richtlinie und der Novellierung des BDSG, RDV 2001, 1; *Gola*, Mitarbeitervertretung und Datenschutzbeauftragter – Kontrolle und/oder Kooperation beim Personaldatenschutz, ZfPR 1997, 94; *Gola/Jaspers*, Das novellierte BDSG im Überblick, 6. Aufl. 2009; *Gola/Jaspers*, Von der Unabhängigkeit des betrieblichen Datenschutzbeauftragten – Erkenntnisse aus der aktuellen Rechtsprechung, RDV 1998, 47; *Gola/Klug*, Neuregelung zur Bestellung betrieblicher Datenschutzbeauftragter, NJW 2007, 118; *Kuring/Thomas*, Kontrolle des Betriebsrats durch den betrieblichen Datenschutzbeauftragten, DuD 2000, 159; *Natzel*, Widerruf zur Bestellung zum Betriebsbeauftragten, SAE 2008, 6;

Simitis, Die betrieblichen Datenschutzbeauftragten – Zur notwendigen Korrektur einer notwendigen Kontrollinstanz, NJW 1998, 1395; *Wedde*, Der betriebliche Datenschutzbeauftragte – Eine rechtliche Analyse der betrieblichen Realität, DuD 2004, 670

A. Allgemeines 1	VII. Die Verschwiegenheitspflicht (Abs. 4) 12
B. Regelungsgehalt 2	VIII. Benachteiligungsverbot und Unterstützungspflicht (Abs. 5 S. 1) 13
I. Voraussetzung für die Bestellung (Abs. 1) 2	IX. Anwalt der Betroffenen (Abs. 5 S. 2) 14
II. Die Bestellung des DSB (Abs. 1 S. 1) 4	C. Verbindung zu anderen Rechtsgebieten 15
III. Die erforderliche Fachkunde und Zuverlässigkeit (Abs. 2 S. 1) 5	D. Beraterhinweise 16
IV. Die Person des Beauftragten (Abs. 2 S. 2) 7	I. Der Datenschutzbeauftragte in der Anwaltskanzlei 16
V. Die organisatorische Stellung (Abs. 3 S. 1, 2) ... 9	II. Der Anwalt als externer Datenschutzbeauftragter 17
VI. Der Widerruf der Bestellung, Kündigung des Arbeitsverhältnisses (Abs. 3 S. 4 und 5) 11	

A. Allgemeines

1 Die Verantwortung für die Durchführung der nach dem Gesetz notwendigen Datenschutzmaßnahmen obliegt der Leitung der jeweiligen Daten verarbeitenden Stelle. Ergänzend schreibt das Gesetz für private Unternehmen ab einer gewissen Größenordnung bzw. abhängig von der Art der Datenverarbeitung und nunmehr für öffentliche Stellen generell in § 4f als Instrument der Selbstkontrolle die Bestellung eines **Beauftragten für den Datenschutz** vor.

B. Regelungsgehalt

I. Voraussetzung für die Bestellung (Abs. 1)

2 Bei nicht öffentlichen Stellen ist die Bestellpflicht an einen Mindestumfang der Datenverarbeitung und damit an ein bestimmtes Gefährdungspotenzial geknüpft. Der AG muss in der Regel im Falle automatisierter Datenverarbeitung zehn oder im Falle herkömmlicher Verarbeitung zwanzig Personen ständig mit der Verarbeitung personenbezogener Daten betraut haben.[1] Diese Mindestvoraussetzungen entfallen zum einen, wenn die nicht öffentliche Stelle Datenverarbeitungen vornimmt, die einer **Vorabkontrolle** (§ 4d Rn 2) unterliegen, und zum anderen, wenn personenbezogene Daten geschäftsmäßig zum Zwecke der personenbezogenen oder auch nur anonymisierten Übermittlung erhoben, verarbeitet oder genutzt werden (Abs. 1 S. 6). Bei den mit dieser Regelung gemeinten **Auskunfteien, Adresshandelsunternehmen und Markt- und Meinungsforschungsinstituten** sieht der Gesetzgeber ein besonderes Gefährdungspotenzial für die Betroffenenrechte, dem durch verstärkte Kontrolle begegnet werden soll. Diese wird einmal durch den in jedem Falle zu bestellenden internen Datenschutzbeauftragten und zum anderen durch die ergänzend in § 4d Abs. 4 begründete Pflicht zur Meldung bei der Aufsichtsbehörde geschaffen.

3 § 4g Abs. 2a stellt klar, dass bei Stellen, die nicht der Bestellpflicht unterliegen, deren Leiter die Erfüllung der Kontroll- und Schulungsaufgaben in anderer Weise sicherzustellen hat.

II. Die Bestellung des DSB (Abs. 1 S. 1)

4 Die Bestellung des Datenschutzbeauftragten muss schriftlich erfolgen, wobei auch Aufgabe und organisatorische Stellung zu konkretisieren sind. Dabei ist zu beachten, dass das schriftlich zu übertragene Amt und das zugrunde liegende Beschäftigungsverhältnis zwar getrennt zu betrachten sind, dass aber die Bestellung durch den AG nur erfolgen kann, wenn dies arbeitsvertraglich zulässig ist. Wird einem AN die Tätigkeit zu den bisherigen Aufgaben zusätzlich übertragen, so hängt es von den Bedingungen des Arbeitsvertrags ab, ob die Bestellung im Rahmen des Direktionsrechts[2] einseitig durch den AN durch ein nur aus Beweisgründen zu quittierendes Ernennungsschreiben verfügt werden kann, oder ob die Bestellung wegen der erforderlichen gleichzeitigen Änderung des Arbeitsvertrags der Zustimmung des betroffenen Mitarbeiters bedarf.

III. Die erforderliche Fachkunde und Zuverlässigkeit (Abs. 2 S. 1)

5 Als Bestellungsvoraussetzung fordert Abs. 2 S. 1 Fachkunde und Zuverlässigkeit. Das Fachwissen umfasst sowohl das allgemeine Grundwissen, das jeder Beauftragte aufweisen muss, als auch die den jeweiligen betrieblichen Gegebenheiten entsprechenden spezifischen Kenntnisse. Wer eine Person bestellt, der ersichtlich Fachkunde und Zuverlässigkeit fehlen, hat keinen Datenschutzbeauftragten bestellt und begeht eine **Ordnungswidrigkeit** nach § 43 Abs. 1 Nr. 2.

6 Die Zuverlässigkeit bedingt, dass dem Beauftragten – wird ihm die Aufgabe nebenamtlich zu einer bisher full-time ausgeübten Tätigkeit übertragen – die hierfür erforderliche Arbeitszeit, d.h. Freistellung von der bisherigen Tätigkeit

---

[1] Vgl. zu der zum 26.8.2006 in Kraft getretenen Änderungen der Bestellpflicht *Gola/Klug*, NJW 2007, 118.

[2] Nach Auff. des BAG scheidet dieser Fall jedoch regelmäßig aus: BAG 13.3.2007 – 9 AZR 612/05 – RDV 2007, 123 = NZA 2007, 862 = DB 2007, 198.

gewährt wird. Wird ein Beschäftigter „nebenamtlich" mit der Aufgabe betraut, so darf die Zuverlässigkeit nicht durch eine eventuelle **Interessenkollision** in Frage gestellt sein, die dadurch entsteht, dass gleichzeitig der Kontrollpflicht unterliegende Tätigkeiten ausgeübt werden. Das kann der Fall sein, wenn der Leiter der EDV[3] oder bei Direktvertrieb der Vertriebsleiter zum Datenschutzbeauftragten bestellt werden soll. Als empfehlenswerte Kombination verschiedener Tätigkeiten ist die von Revision, Organisation oder Rechtsabteilung und Datenschutzbeauftragten anzusehen. Unterschiedlich beantwortet wird insoweit die Frage, ob ein Betriebsrats-/Personalratsmitglied zum DSB bestellt werden kann.[4]

IV. Die Person des Beauftragten (Abs. 2 S. 2)

Die Aufgabe kann sowohl einem AN als **„internen"** Datenschutzbeauftragten als auch einem Dritten als **„externen" Datenschutzbeauftragten** übertragen werden. In der Regel wird ein Angehöriger des Unternehmens, der den „Betrieb" kennt, bestellt, wobei in der weit überwiegenden Mehrzahl der Betriebe die Aufgabe des DSB neben einer bisher full-time wahrgenommenen Aufgabe zu erledigen ist. Andererseits bedienen sich insb. kleinere Unternehmen auch einem der zahlreich auf dem Markt vorhandenen Dienstleister.

Abs. 1 S. 3 u. Abs. 4a stellen klar, dass auch einer besonderen Schweigepflicht unterliegende Berufe einen externen Datenschutzbeauftragten bestellen können, für den ebenfalls das Zeugnisverweigerungsrecht und auch die Strafandrohung (§ 203 Abs. 2a StGB) gelten.

V. Die organisatorische Stellung (Abs. 3 S. 1, 2)

Mit der **unmittelbaren Unterstellung** unter die Leitung der verantwortlichen Stelle nach Abs. 3 S. 1 wird verdeutlicht, dass der Datenschutz deren originäre Aufgabe ist. Die Unterstellung ist nur funktionsbezogen, sie bleibt also grundsätzlich ohne Auswirkungen auf die rangmäßige Eingliederung des Datenschutzbeauftragten in die Hierarchie des Unternehmens und seine tarifliche Eingruppierung. Der Beauftragte erhält ein **direktes Vortragsrecht** und kann in datenschutzrelevanten Angelegenheiten die Entscheidung der Leitung ohne Einhaltung des Dienstweges herbeiführen.

Die zur Erfüllung seiner gesetzlichen Aufgaben benötigte Unabhängigkeit und die in Abs. 3 S. 2 gewährte **Weisungsfreiheit** sind ebenfalls nur auf die Funktion d.h. seine Kontroll- und Beratungstätigkeit bezogen. **Entscheidungsbefugnisse** sind damit nicht übertragen. Weisungsfreiheit bedeutet auch nicht, dass der Beauftragte der allgemeinen Dienstaufsicht entzogen wäre oder dass ihm nicht bestimmte Prüfaufträge erteilt werden dürften. Seine Tätigkeit kann per **Stellenbeschreibung**[5] so geregelt sein, dass er in reiner Stabsfunktion Überwachungs-, Koordinierungs-, Vorschlags- und Berichtsfunktionen hat. Es können ihm aber auch eigene Linienaufgaben mit Weisungsrechten zugewiesen werden, was im Einzelfall sicher zweckmäßig sein kann.[6]

VI. Der Widerruf der Bestellung, Kündigung des Arbeitsverhältnisses (Abs. 3 S. 4 und 5)

Die Bestellung kann nur widerrufen werden, wenn die Aufsichtsbehörde dies verlangt oder ein **wichtiger Grund** i.S.v. § 626 BGB gegeben ist. Das BAG[7] hat aus der Tatsache, dass der Widerruf regelmäßig ohne Änderung des Arbeitsvertrages nicht erfolgen kann, insofern auch hierbei Künd-Schutz bejaht und im hier vorliegenden Fall „nebenamtlicher" Tätigkeit eine Teil-Künd als zulässig angesehen.

Mit Abs. 3 S. 5 wird die Künd eines im Arbverh beschäftigten DSB ebenfalls an das Vorliegen eines wichtigen Grundes geknüpft. Die Vorschrift, die der Künd-Schutzregelung des § 15 KSchG für BR entspricht, gilt auch für den nicht hauptamtlich beschäftigten DSB. Der Schutz besteht selbst dann, wenn die Bestellung zum DSB nicht der Form des Abs. 1 S. 1 entspricht.[8] Kein wichtiger Grund liegt vor, wenn das Unternehmen die Datenschutzkontrolle nunmehr extern erledigen lassen will.[9]

VII. Die Verschwiegenheitspflicht (Abs. 4)

Die unabhängige Stellung des Datenschutzbeauftragten wird auch durch die Verschwiegenheitsregelung des Abs. 4 gefördert. Die **Verschwiegenheitspflicht** betrifft den Fall, dass ein Betroffener sich mit einer Beschwerde oder Anfrage an den Beauftragten wendet. Ein Recht zur Verschwiegenheit gegenüber der Leitung der verantwortlichen Stelle besteht aber unter Beachtung der Weisungsunabhängigkeit auch dann, wenn sich ein Nicht-Betroffener an den Datenschutzbeauftragten wendet. Demgemäß ist der Datenschutzbeauftragte auch berechtigt und ggf. verpflich-

---

3 Bedenken meldet das BAG 22.3.1994 – 1 ABR 51/93 – NZA 1994, 1049 = DB 1994, 1678 = RDV 1994, 182 bereits bei einem Mitarbeiter der EDV-Abteilung an.
4 Vgl. die diesbezüglichen Argumente bei *Gola/Wronka*, Rn 1321 f.
5 Vgl. Muster bei *Gola/Jaspers*, BDSG im Überblick, S. 48; Hinweise des Sächsischen Landesdatenschutzbeauftragten, RDV 1992, 268; Aufsichtsbehörde Baden-Württemberg, Hinweis zum BDSG Nr. 31, StAnz v. 9.1.1993 Nr. 1/2 S. 5 = RDV 1993, 54.
6 Zur negativ beantworteten Frage, ob er externe Datenschutzansprechstelle sein sollte vgl. *Dorn*, DSB 2006, 9
7 BAG 13, 3. 2007–9 AZR 612/o5 – RDV 2007, 123 = NZA 2007, 862 = DB 2007, 198.
8 BAG 26.3.2009 – 2 AZR 633/07 – RDV 2009, 214.
9 LAG Berlin-Brandenburg 28.5.2009 – 5 Sa 425/09.

tet, Informationen vertraulich zu behandeln, die ihm im Rahmen einer Kooperation mit dem **Betriebs-/Personalrat** bekannt geworden sind.

VIII. Benachteiligungsverbot und Unterstützungspflicht (Abs. 5 S. 1)

13 Der Datenschutzbeauftragte darf nicht nur nicht benachteiligt werden (Abs. 3 S. 2), vielmehr ist ihm die für die Wahrnehmung seiner Aufgabe benötigte Unterstützung zu gewähren, wobei ihm „insbesondere" **personelle, sachliche und finanzielle Mittel** zur Verfügung zu stellen sind. Besonders betont wird in Abs. 3 S. 5 das Recht auf Teilnahme an Fort- und Weiterbildungsveranstaltungen. Eine Konkretisierung der Unterstützungspflicht bedeutet auch die Regelung in § 4g Abs. 1 S. 5 Nr. 1, nach der ihm neue Vorhaben der automatisierten Verarbeitung personenbezogener Daten rechtzeitig mitzuteilen sind, und die in § 4g Abs. 2 der verantwortlichen Stelle auferlegte Pflicht, dem Datenschutzbeauftragten eine Verfahrensübersicht zur Verfügung zu stellen.

IX. Anwalt der Betroffenen (Abs. 5 S. 2)

14 In Abs. 5 S. 2 wird jedem Betroffenen ausdrücklich das uneingeschränkte **Recht zur Anrufung** des Datenschutzbeauftragten eingeräumt. Diese Rechtsposition kann erst dann Bedeutung erlangen, wenn sie sich nicht nur als Recht des Betroffenen, sondern auch als Pflicht des Beauftragten darstellt, d.h. den Beauftragten verpflichtet, das Anliegen des Betroffenen zu prüfen, der Sache ggf. nachzugehen und wenn er Datenschutzverletzungen zum Nachteil des Betroffenen feststellt, diese abzustellen und den Betroffenen auch über das Geschehene zu informieren.

C. Verbindung zu anderen Rechtsgebieten

15 Obwohl weder das BDSG noch das BetrVG eine Beteiligung des Betriebsrats bei der Bestellung des Datenschutzbeauftragten vorsehen, besteht ein **Mitbestimmungsrecht** im Fall der Bestellung eines nicht leitenden Angestellten vor dem Hintergrund des § 99 BetrVG, d.h. wenn die Bestellung verknüpft ist mit einer Einstellung oder Versetzung. Klargestellt hat das BAG,[10] dass die Mitarbeitervertretung ihre Zustimmung zur Einstellung oder Versetzung im Hinblick auf ihr diesbezügliches Kontrollrecht aus § 80 Abs. 1 BetrVG auch mit der Begründung verweigern kann, dem AN fehle die erforderliche Fachkunde oder Zuverlässigkeit.

D. Beraterhinweise

I. Der Datenschutzbeauftragte in der Anwaltskanzlei

16 Unterschiedlich bewertet wird, ob die gesetzliche Bestellpflicht auch uneingeschränkt für Anwaltskanzleien gilt, oder ob im Bereich der mandatsbezogenen Datenverarbeitung das Berufsrecht eine Kontrolle zumindest durch externe Dritte ausschließt.[11] Die Aufsichtsbehörden[12] bejahen die Bestellpflicht uneingeschränkt. Allein schon im Hinblick auf die in jedem Falle der Kontrollpflicht unterliegenden Daten des Personals, von Lieferanten oder sonstigen Geschäftspartnern und die Einheitlichkeit der internen Datenschutzorganisation kann die Bestellung eines kompetenten externen Datenschutzbeauftragten eine sinnvolle Lösung sein. Zudem ist auf das Zeugnisverweigerungsrecht nach § 4 Abs. 2a BDSG und den Einbezug in die Schweigepflicht (§ 203 Abs. 1 Nr. 7 StGB) hinzuweisen.[13]

II. Der Anwalt als externer Datenschutzbeauftragter

17 Die Tätigkeit als externer Datenschutzbeauftragter kann auch von Anwälten wahrgenommen werden. Die Vermittlung der für diese Tätigkeit erforderlichen Grundkenntnisse wird von verschiedenen Institutionen angeboten. Hierzu zählen verschiedene IHKs und die TÜV-Akademie Rheinland. Anerkennung gefunden hat der von der Gesellschaft für Datenschutz und Datensicherung e.V., Bonn – GDD – durchgeführte Seminarcyclus, der mit einer Prüfung (GDD-cert.) abgeschlossen werden kann. Die Technische Akademie Ulm e.V. führt einen 16-tägigen Kurs mit Abschlussprüfung durch.

§ 4g Aufgaben des Beauftragten für den Datenschutz

(1) ¹Der Beauftragte für den Datenschutz wirkt auf die Einhaltung dieses Gesetzes und anderer Vorschriften über den Datenschutz hin. ²Zu diesem Zweck kann sich der Beauftragte für den Datenschutz in Zweifelsfällen an die für die Datenschutzkontrolle bei der verantwortlichen Stelle zuständige Behörde wenden. ³Er kann die Beratung nach § 38 Abs. 1 Satz 2 in Anspruch nehmen. ⁴Er hat insbesondere

---

10 BAG 22.3.1994 – 1 ABR 51/93 – NZA 1994, 1049 = DB 1994, 1678 = RDV 1994, 182.

11 Vgl. hierzu im Einzelnen *Rüpke*, RDV 2004, 252; BRAK-Stellungnahme Nr. 31/2004.

12 Siehe die Nachweise in der GDD-Stellungnahme, RDV 2004, 284.

13 *Karper/Stutz*, DuD 2006, 789.

1. die ordnungsgemäße Anwendung der Datenverarbeitungsprogramme, mit deren Hilfe personenbezogene Daten verarbeitet werden sollen, zu überwachen; zu diesem Zweck ist er über Vorhaben der automatisierten Verarbeitung personenbezogener Daten rechtzeitig zu unterrichten,
2. die bei der Verarbeitung personenbezogener Daten tätigen Personen durch geeignete Maßnahmen mit den Vorschriften dieses Gesetzes sowie anderen Vorschriften über den Datenschutz und mit den jeweiligen besonderen Erfordernissen des Datenschutzes vertraut zu machen.

(2) [1]Dem Beauftragten für den Datenschutz ist von der verantwortlichen Stelle eine Übersicht über die in § 4e Satz 1 genannten Angaben sowie über zugriffsberechtigte Personen zur Verfügung zu stellen. [2]Der Beauftragte für den Datenschutz macht die Angaben nach § 4e Satz 1 Nr. 1 bis 8 auf Antrag jedermann in geeigneter Weise verfügbar.

(2a) Soweit bei einer nichtöffentlichen Stelle keine Verpflichtung zur Bestellung eines Beauftragten für den Datenschutz besteht, hat der Leiter der nichtöffentlichen Stelle die Erfüllung der Aufgaben nach den Absätzen 1 und 2 in anderer Weise sicherzustellen.

(3) [1]Auf die in § 6 Abs. 2 Satz 4 genannten Behörden findet Absatz 2 Satz 2 keine Anwendung. [2]Absatz 1 Satz 2 findet mit der Maßgabe Anwendung, dass der behördliche Beauftragte für den Datenschutz das Benehmen mit dem Behördenleiter herstellt; bei Unstimmigkeiten zwischen dem behördlichen Beauftragten für den Datenschutz und dem Behördenleiter entscheidet die oberste Bundesbehörde.

Literatur: *Haaz*, Tätigkeitsfeld Datenschutzbeauftragter, 2000; *Koch* (Hrsg.), Der betriebliche Datenschutzbeauftragte, 6. Aufl. 2006; *Vossbein* (Hrsg.), Datenschutz Best Practice, 4. Aufl. 2008

A. Allgemeines 1	2. Der Auftrag des Persönlichkeitsschutzes 12
B. Regelungsgehalt 2	3. Der Kontrollauftrag nach § 80 BetrVG 14
I. Die speziell genannten Aufgaben (Abs. 1 S. 3) ... 2	a) Die Einhaltung der Datenschutzgesetze .. 14
II. Das „Verfahrensverzeichnis" (Abs. 2 S. 1) 4	b) Bestellung und Tätigkeit des Datenschutzbeauftragten 15
III. Die Einschaltung der Aufsichtsbehörde (Abs. 1 S. 2) 7	c) Informationspflichten des Arbeitgebers (Abs. 2 S. 1, 2) 19
C. Verbindung zu anderen Rechtgebieten 8	d) Der für die Kontrolle erforderliche Sachverstand (Abs. 2 S. 3, Abs. 3) 22
I. Haftung des Datenschutzbeauftragten 8	D. Beraterhinweise 23
II. Parallele Kontrollfunktion des Betriebsrats 11	
1. Allgemeines 11	

A. Allgemeines

Die Aufgabe des Beauftragten für den Datenschutz ist seinen Kompetenzen nach § 4f entsprechend dahin beschrieben, dass er auf die Einhaltung dieses Gesetzes und anderer Vorschriften über den Datenschutz „hinzuwirken" hat. Die **Hinwirkungspflicht** bezieht sich zunächst auf die Umsetzung des BDSG; gleichgewichtig sind auch die „**anderen Vorschriften**" zu beachten, wobei hier nur automatisierte bzw. dateimäßige Verarbeitung reglementierende Vorschriften relevant sind. In die **Kompetenz des Datenschutzbeauftragten** fällt daher auch nicht durch § 6b erfasste Videobeobachtung bzw. -aufzeichnung ebenso wie etwa das Mithören oder Aufzeichnen von Telefongesprächen der Bediensteten oder die **Personalaktenkontrolle**, d.h. die Überwachung der arbeitsrechtlichen Vorschriften zur Erhebung, Speicherung, Übermittlung etc. von Personaldaten bei herkömmlicher **Personalaktenführung**. Insoweit kann dem Datenschutzbeauftragten – trotz der auch internen Vertraulichkeit von Personaldaten – eine unter Beachtung des Verhältnismäßigkeitsprinzips begehrte Einsicht in Personaldaten nicht versagt werden.[1] Zu dem Recht des DSB gehört auch die Einschaltung bei der Entscheidung über eine Benachrichtigung über Datenschutzpannen nach § 42a. Von der Kontrolle ausgenommen ist nach Auffassung des BAG[2] die **Datenverarbeitung der Mitarbeitervertretung**, obwohl der Betriebsrat andererseits nach wie vor als Teil der verantwortlichen Stelle betrachtet wird.

B. Regelungsgehalt

I. Die speziell genannten Aufgaben (Abs. 1 S. 3)

Zwei von dem Datenschutzbeauftragten im Rahmen seiner Hinwirkungspflicht wahrzunehmende Aufgaben werden ausdrücklich benannt: Die **Überwachung der Datenverarbeitungsprogramme** und die **Schulung der Mitarbeiter**. Die Prüfung und Kontrolle der ordnungsgemäßen Anwendung der Programme, mit deren Hilfe personenbezo-

---

1 Bln. DSB, Jahresbericht 1992, 96.
2 BAG 11.11.1997 – 1 ABR 21/97 – NJW 1998, 2466 = DB 1998, 627 = RDV 1998, 64; zustimmend z.B. *Simitis*, NJW 1998, 2395; *Wedde*, AiB 1999, 695; zur Gegenmeinung *Gola/Jaspers*, RDV 1998, 47; *Kuhrung/Werner*, DuD 2000, 159.

gene Daten verarbeitet werden, gehört zu den Schwerpunkten der Tätigkeit des Beauftragten. Durch diese begleitende Kontrolle soll verhindert werden, dass es überhaupt zu gesetzwidriger Verarbeitung personenbezogener Daten kommt. Die gesetzlich vorgeschriebene **„rechtzeitige" Unterrichtung** des Datenschutzbeauftragten über neue Vorhaben des EDV-Einsatzes ist nur gewahrt, wenn er ausreichend Zeit zur Stellungnahme hat und seine Stellungnahme die Planungen auch noch beeinflussen kann.

3 Des Weiteren gehört es zu den eigenständigen Aufgaben des Datenschutzbeauftragten, alle an der Datenverarbeitung beteiligten und damit für den Datenschutz verantwortlichen Mitarbeiter mit Ziel und Inhalt des Datenschutzes vertraut zu machen. Die Möglichkeiten zur Information und **Schulung** der Mitarbeiter sind vielfältig. Sie reichen von Veranstaltungen, Seminaren bis hin zum persönlichen Gespräch, von der Herausgabe allgemeiner Lehr- und Schulungsunterlagen bis hin zu aktuellen arbeitsplatzbezogenen Informationen und Verfahrensrichtlinien. Im Rahmen seiner Weisungsfreiheit ist er berechtigt, unter Berücksichtigung der Erfordernisse und Möglichkeiten des Betriebes selbst zu bestimmen, welches die geeigneten Maßnahmen zur Schulung der Mitarbeiter sind. Die Unternehmens- bzw. Behördenleitung hat hierfür die erforderlichen Räume, Mittel, Materialien etc. zur Verfügung zu stellen und ggf. die Teilnahme an der Schulungsveranstaltung für die in Betracht kommenden Mitarbeiter anzuordnen. Dabei ist den insoweit bestehenden **Mitbestimmungsrechten** der Mitarbeitervertretung Rechnung zu tragen (§§ 96–98 BetrVG, §§ 75 Abs. 3 Nr. 7, 76 Abs. 2 Nr. 1 BPersVG).

II. Das „Verfahrensverzeichnis" (Abs. 2 S. 1)

4 Gem. Abs. 2 S. 1 ist dem Beauftragten von der verantwortlichen Stelle eine „Übersicht" zur Verfügung zu stellen, die einmal die ansonsten zum Inhalt einer Meldung gegenüber der Aufsichtsbehörde nach § 4e zu machenden Angaben enthält und hierzu ergänzend die zugriffsberechtigten Personen benennen soll (siehe § 4e Rn 1). Dem Datenschutzbeauftragten obliegt es nach dem Wortlaut des BDSG nicht, selbst diese **„Übersicht"** zu erstellen; sie ist ihm vielmehr unaufgefordert bereitzustellen. In welcher Art und Weise dies erfolgt, z.B. auf Formularen oder in automatisierter Form, überlässt das Gesetz der Leitung der verantwortlichen Stelle, wobei § 4d so zu verstehen ist, dass sich die Meldepflicht nicht auf jeden einzelnen Verarbeitungsvorgang sondern auf den Einsatz eines **automatisierten Verfahrens** als Ganzes bezieht.

5 Der Beauftragte hat die Angaben der Übersicht – mit Ausnahme der Beurteilung der angemessenen Sicherheitsmaßnahmen (§ 4e S. 1 Nr. 9) und den zugriffsberechtigten Personen (Abs. 2 S. 2) – jedem Interessierten in geeigneter Weise **verfügbar zu machen.** Wie die „Verfügbarkeit" hergestellt wird, ist somit dem Datenschutzbeauftragten überlassen. Er kann die Übersicht zur Einsicht bereithalten, wobei das Verlangen nach einer vorherigen Anmeldung bzw. Terminvereinbarung mit dem Interessenten nicht unangemessen ist. Die Übersicht kann auch automatisiert geführt werden und dem Interessenten per Internet zugänglich gemacht werden.

6 Die Übersicht dient dem Beauftragten und auch der Aufsichtsbehörde als erstes Informationsmittel im Rahmen ihrer Kontrolltätigkeit. Um seiner Kontrollpflicht hinreichend nachkommen zu können, sind die beschriebenen Verfahren dann in einer **„internen" Verarbeitungsübersicht** detaillierter zu erfassen. Zur Erfüllung des Rechts der **Mitarbeitervertretung** im Rahmen ihrer Unterrichtungs- und Kontrollrechte nach § 80 Abs. 1 und 2 BetrVG bzw. § 68 Abs. 2 Nr. 2 BPersVG über die stattfindenden Personaldatenverarbeitungen informiert zu werden, kann die Übersicht ein guter Ausgangspunkt sein.

III. Die Einschaltung der Aufsichtsbehörde (Abs. 1 S. 2)

7 Während § 4d Abs. 6 den Beauftragten verpflichtet, bei im Rahmen der Vorabkontrolle aufgetretenen Zweifelsfällen die Aufsichtsbehörde zu konsultieren, belässt es Abs. 1 S. 2 im Übrigen bei einem **Anfragerecht**. Da die Tätigkeit der Aufsichtsbehörde im Wesentlichen in einer Beratungsfunktion liegt – worauf in § 38 Abs. 1 S. 2 ausdrücklich hingewiesen wird –, werden dadurch innerbetriebliche Konflikte nur eintreten, wenn der AG bezüglich des Sachverhalts eine andere Meinung hat und die Einschaltung der Aufsichtsbehörde gegen seinen Willen geschieht.

C. Verbindung zu anderen Rechtgebieten

I. Haftung des Datenschutzbeauftragten

8 Ob der Datenschutzbeauftragte für von ihm nicht verhinderte Datenschutzverstöße und insoweit bei Betroffenen oder dem AG eingetretene Schäden haftbar gemacht werden kann, regelt sich nach allgemeinen Zivil- bzw. Arbeitsrecht. Zu beachten ist, dass die Pflicht, seinen Aufgaben sorgfältig und gewissenhaft nachzugehen, nur gegenüber dem ihn bestellenden Unternehmen, d.h. also i.d.R. als arbeitsvertragliche Verpflichtung gegenüber seinem AG besteht und nicht etwa gegenüber den Betroffenen. Einen vertraglichen oder gesetzlichen Erfüllungsanspruch gegenüber dem Datenschutzbeauftragten hat der Betroffene nicht.[3]

---

[3] *Gola/Schomerus*, § 4g Rn 32.

Für eine eventuelle **Haftung gegenüber dem Betroffenen** wegen nicht abgestellter oder selbst initiierter Datenschutzverstöße kommen § 823 Abs. 1 und Abs. 2 BGB in Betracht. Hat der Beauftragte die ihm nach § 4g obliegenden Aufgaben nicht oder nur unzulänglich erfüllt, werden jedoch sowohl die Ursächlichkeit für den Schadenseintritt als auch die Vorwerfbarkeit sehr sorgfältig zu prüfen sein. Insoweit ist relevant, dass der Datenschutzbeauftragte jedenfalls von Gesetzes wegen keine Handhabe hat, seine Anregungen und Vorstellungen durchzusetzen und die primäre Verantwortung und auch die Letztentscheidung bei der Unternehmensleitung liegt.

Für die Haftung für einen dem AG unmittelbar oder mittelbar zugefügten Schaden ist zunächst das der Tätigkeit des Beauftragten zugrunde liegende Vertragsverhältnis maßgebend Haftungsgrundlage in einem Arbverh bildet § 280 BGB, wobei jedoch aufgrund des vom AG zu tragenden **Betriebsrisikos** und des i.d.R. zu bejahendes **Mitverschuldens** der Unternehmensleitung (§ 254 BGB) die volle Haftung des Datenschutzbeauftragten regelmäßig nicht begründet sein wird.

II. Parallele Kontrollfunktion des Betriebsrats

1. Allgemeines. Für die Einhaltung des Datenschutzes bei der Verarbeitung von AN-Daten kommt neben der primär verantwortlichen Unternehmensleitung und ihrem Datenschutzbeauftragten der Mitarbeitervertretung (§§ 75 Abs. 2, 80 Abs. 1 Nr. 1, Abs. 2 BetrVG) eine gewichtige Rolle zu, wobei – auch wenn weder das BDSG noch das BetrVG Aussagen über das Miteinander von Datenschutzbeauftragten und Mitarbeitervertretung machen – die von der Sache her gebotene Zusammenarbeit[4] selbstverständlich sein sollte. Dies gilt unabhängig davon, dass sich diese Kontrollinstanzen ggf. auch gegenseitig zu überwachen haben.

2. Der Auftrag des Persönlichkeitsschutzes. Der Betriebsrat wird in § 75 Abs. 2 BetrVG verpflichtet, sich aktiv für die Förderung der freien Entfaltung des Persönlichkeit der AN und damit vorrangig auch für den Persönlichkeitsrechtsschutz bei den durch automatisierte Datenverarbeitung eröffneten Möglichkeiten der Mitarbeiterkontrolle einzusetzen.

Damit sind ihm bereits inzidenter Überwachungsaufgaben hinsichtlich des Datenschutzes der Beschäftigten übertragen. § 75 Abs. 2 BetrVG stellt aber nicht nur auf die Abwehr möglicher Gefahren ab sondern verpflichtet den Betriebsrat – und auch den AG – aktiv auf die Rahmenbedingungen für die betrieblichen Abläufe mit dem Ziel der Sicherung des AN-Datenschutzes hinzuwirken. Ein Mitbestimmungsrecht leitet sich hieraus jedoch nicht ab.[5]

3. Der Kontrollauftrag nach § 80 BetrVG. a) Die Einhaltung der Datenschutzgesetze. Nach § 80 Abs. 1 Nr. 1 BetrVG gehört es zu den grundlegenden Aufgaben der Mitarbeitervertretung, die Durchführung der zugunsten der Beschäftigten geltenden Normen zu überwachen. Dass zu den AN-Schützenden Gesetzen auch das Bundesdatenschutzgesetz gehört, steht außer Frage.[6] Das BDSG enthält zwar auch in seiner derzeitigen Fassung – im Gegensatz zu der Mehrzahl der Landesdatenschutzgesetze – keine bemerkenswerten speziellen Aussagen zum AN-Datenschutz, es regelt mit seinen allgemein geltenden Datenschutznormen aber eben auch den Schutz der Daten der in den Betrieben Beschäftigten. Das bedeutet, dass die Mitarbeitervertretung nicht nur die Rechtmäßigkeit der Personaldatenverarbeitung oder die Art und Weise, in den Rechten der AN entsprochen wird, sondern auch die Ordnungsgemäßheit der Datensicherung und der betrieblichen Datenschutzkontrolle überprüfen kann und auch, wie sie ihren Aufgaben ordnungsgemäß nachkommen, überprüfen muss.

b) Bestellung und Tätigkeit des Datenschutzbeauftragten. Die Mitarbeitervertretung hat zunächst darüber zu wachen, dass bei Erfüllung der gesetzlichen Tatbestände ein Datenschutzbeauftragter bestellt wird, der den Ansprüchen des § 4f Abs. 2 genügt. Bei der Bestellung eines nicht den gesetzlichen Vorgaben entsprechenden Mitarbeiter hat sie das Recht und die Pflicht zur Gegenvorstellung, der dann, wenn diese fruchtlos bleibt, ggf. die Einschaltung der Aufsichtsbehörde bzw. des Arbeitsgerichts (siehe zur Mitbestimmung bei der Bestellung § 4f Rn 15) folgen kann.

Erweist sich ein Datenschutzbeauftragter bei der Wahrnehmung seines Amtes als untätig, unzuverlässig oder nicht ausreichend fachkundig, so hat der Betriebsrat zunächst auch hier das Recht und die Pflicht, dessen **Abberufung** bei dem AG zu verlangen. Die dem Beauftragten vorzuwerfenden „Mängel" müssen aber derart sein, dass der nach § 4f Abs. 3 S. 4 den Widerruf der Bestellung rechtfertigende **wichtige Grund** vorliegt. Auch hier kann die Einschaltung der Aufsichtsbehörde in Betracht kommen, da auch diese gem. § 38 Abs. 5 S. 3 die Abberufung verlangen kann.

Das Kontrollrecht des Betriebsrats wird nicht dadurch eingeschränkt, dass der Datenschutzbeauftragte bei der Wahrnehmung seiner Kontrolltätigkeit weisungsfrei (§ 4f Abs. 3 S. 2) ist. Seine **Weisungsfreiheit** wird dadurch, dass er über seine Aktivitäten dem AG und im Bereich des AN-Datenschutzes auch der Mitarbeitervertretung Rechenschaft schuldet, nicht tangiert.[7]

---

4 Siehe bei *Schierbaum*, PersR 2001, 454 oder Simitis/*Simitis*, § 28 Rn 40: „Für den internen Beauftragten folgt daraus die Verpflichtung, mit dem Betriebs-/Personalrat zusammenzuarbeiten, um den bestmöglichen Schutz der AN-Daten sicherzustellen.".

5 Vgl. BAG 8.6.1999 – 1 ABR 67/69 – RDV 2000, 23 = ZTR 1999, 573.

6 *Däubler*, Gläserne Belegschaften?, Rn 630 f. m.w.N.

7 Simitis/*Simitis*, § 4g Rn 8.

18 Der Betriebsrat hat aber nicht nur Überwachungsrechte und -pflichten sondern auch **Schutzpflichten** gegenüber dem Datenschutzbeauftragten. Sieht er dessen Weisungsfreiheit tangiert oder sind Verstöße gegen das Benachteiligungsverbot zu erkennen, so muss er zugunsten des Beauftragten aktiv werden. Wenn der Datenschutzbeauftragte „nebenamtlich" bestellt ist, so wird die Mitarbeitervertretung auch darauf zu achten haben, dass ihm auch tatsächlich neben seiner Hauptfunktion noch genügend Zeit für die wahrzunehmenden Aufgaben verbleibt.[8]

19 **c) Informationspflichten des Arbeitgebers (Abs. 2 S. 1, 2).** Um seine Überwachungsfunktion effektiv wahrnehmen zu können, ist der Betriebsrat rechtzeitig und umfassend, ggf. unter Vorlage der erforderlichen Unterlagen, vom AG zu unterrichten (§§ 80 Abs. 2 S. 1 und 2 BetrVG). Das **Informationsrecht der Mitarbeitervertretung** besteht also nicht nur im Rahmen der Ausübung von beim Einsatz der EDV ggf. bestehenden Mitbestimmungs- und Mitwirkungsrechten, bei denen es zum Teil dann auch noch einmal gesondert normiert ist (vgl. §§ 90, 92 Abs. 1, 99 Abs. 1, 100 Abs. 2, 102 Abs. 1 BetrVG).

20 Im Rahmen der ihr gesetzlich zugewiesenen Datenschutzkontrolle soll die Mitarbeitervertretung vielmehr einen Überblick über alle die Kontrollfunktion betreffenden Fakten[9] und Vorhaben erhalten, um Rechtsverstößen und Unbilligkeiten nach Möglichkeit bereits im Vorfeld entgegenwirken zu können. Somit obliegt dem AG eine „Vorleistungspflicht"; er hat zu agieren und nicht etwa erst auf Nachfrage und Anforderung der Mitarbeitervertretung zu reagieren.

21 Insoweit stellt sich die Frage, ob die Mitarbeitervertretung im Rahmen ihres Kontrollrechts auch durch Einsichtnahme in Dateien, Programmläufe und Ergebnisse der Verarbeitungsvorgänge „Echtdaten" der Beschäftigten ohne Einwilligung der Betroffenen zur Kenntnis nehmen kann oder ob ein solches Verfahren mit dem dem Betroffenen bezüglich seiner Personalakte eingeräumten **Selbstbestimmungsrecht** (§ 83 Abs. 1 S. 2 und 3 BetrVG) kollidiert. Es wäre eine Missachtung dieses letztlich verfassungsrechtlich verbürgten Selbstbestimmungsrechts des Mitarbeiters, wenn ohne sein Wissen – und nicht selten auch gegen seinen Willen – die Mitarbeitervertretung die Möglichkeit hätte, jederzeit nach ihrem Gutdünken die Personalakten und -dateien zu durchforsten. Die wohl überwiegende Literaturmeinung[10] lässt hingegen zu, dass im Rahmen des Kontrollrechts Personaldaten stichprobenweise zur Kenntnis genommen werden dürfen; so z.B. wenn bei der Kontrolle von Programmabläufen „Echtdaten" zwangsläufig zur Kenntnis gelangen. Grds. ist jedoch bei der Abwägung zwischen den Rechten des einzelnen AN und dem von der Mitarbeitervertretung wahrzunehmenden kollektiven Schutzauftrag dem Individualrechtsschutz Vorrang einzuräumen.

22 **d) Der für die Kontrolle erforderliche Sachverstand (Abs. 2 S. 3, Abs. 3).** Die Mitglieder der Mitarbeitervertretung benötigen jedoch auch die erforderlichen Sach- und Rechtskenntnisse, um die ihnen gegebenen Informationen bewerten zu können. Nach § 80 Abs. 2 S. 3 und Abs. 3 BetrVG kann der Betriebsrat hierzu sachkundigen Rat in Anspruch nehmen. Bevor sich die Mitarbeitervertretung des Rates eines externen Sachverständigen bedienen kann, müssen – jedenfalls wenn durch die Inanspruchnahme des Sachverständigen vom AG nach § 40 BetrVG zu tragende Kosten entstehen – unter Beachtung des Prinzips der Verhältnismäßigkeit andere interne[11] und externe Informationsmöglichkeiten ausgeschöpft werden. So können bereits ergänzende Auskünfte des AG oder der von ihm nach § 80 Abs. 2 S. 3 BetrVG bereitzustellenden betriebsinternen Experten weiterhelfen. Zu den internen Unterrichtungsmöglichkeiten gehört somit auch die Befragung des Datenschutzbeauftragten.

D. Beraterhinweise

23 Die Kooperation zwischen Datenschutzbeauftragten und Betriebsrat und die Tätigkeit des Datenschutzbeauftragten als sachverständige Auskunftsperson können per Betriebsvereinbarung geregelt werden. Dabei können dem Datenschutzbeauftragten auch Kontroll- und Berichtspflichten hinsichtlich der Einhaltung der über die Verarbeitung von Personaldaten abgeschlossenen Betriebsvereinbarungen übertragen werden, ohne dass dies die Weisungsunabhängigkeit des Datenschutzbeauftragten berühren würde.

§ 5 Datengeheimnis

[1]Den bei der Datenverarbeitung beschäftigten Personen ist untersagt, personenbezogene Daten unbefugt zu erheben, zu verarbeiten oder zu nutzen (Datengeheimnis). [2]Diese Personen sind, soweit sie bei nicht-öffentlichen

---

8 ArbG Offenbach 19.2.1992 – 1 BV 79/91 – RDV 1993, 1.
9 BAG 17.3.1987 – 1 ABR 59/85 – DB 1987, 1491 = RDV 1987, 189.
10 DKK/*Buschmann*, § 80 Rn 47; *Fitting*, § 80 BetrVG Rn 65 f.; *Däubler*, Gläserne Belegschaften?, Rn 637; Simitis/*Simitis*, § 28 Rn 52.

11 BAG 17.3.1987 – 1 ABR 59/85 – DB 1987, 1491 = RDV 1987, 189 sowie NZA 1988, 208 = DB 1988, 50 = RDV 1988, 38; zur überwiegenden Ablehnung dieser „ultima ratio" Anforderung in der Lit.: DKK/*Buschmann*, § 80 Rn 132 ff.; *Däubler*, Gläserne Belegschaften?, Rn 646.

Stellen beschäftigt werden, bei der Aufnahme ihrer Tätigkeit auf das Datengeheimnis zu verpflichten. [3]Das Datengeheimnis besteht auch nach Beendigung ihrer Tätigkeit fort.

Literatur: *Wächter*, Datenschutz im Unternehmen, 3. Aufl. 2003

A. Allgemeines	1	III. „Förmliche" Verpflichtung der Beschäftigten (S. 2)	6
B. Regelungsgehalt	2	C. Verbindung zu anderen Rechtsgebieten	8
I. Der Adressatenkreis (S. 1)	2	D. Beraterhinweise	9
II. Umfang der Verpflichtung (S. 1, 2)	5		

A. Allgemeines

Die Regelung des § 5 ist mit dem Begriff „**Datengeheimnis**" nur unvollständig erfasst. Sie enthält nicht nur die in der Regel schon aufgrund dienst- und arbeitsvertraglicher Vorschriften bestehenden **Geheimhaltungspflichten**, sondern untersagt jedwede unbefugte Verwendung. Die Regelung unterliegt daher nicht der Subsidiarität des BDSG (§ 1 Abs. 3 S. 2) gegenüber speziellen Geheimhaltungspflichten (z.B. aus § 17 UWG, § 203 StGB).

1

B. Regelungsgehalt

I. Der Adressatenkreis (S. 1)

Angesprochen sind die bei der Datenverarbeitung beschäftigten Personen, d.h. § 5 legt den Beschäftigten persönlich unmittelbar Pflichten auf, während sich das BDSG ansonsten – abgesehen von den Strafregelungen des § 43 – an die Daten verarbeitenden Stellen (§ 1 Abs. 2) wendet. Gleichwohl ist die Vorschrift von verhältnismäßig geringer praktischer Bedeutung, denn das Gesetz ist als Ganzes ein Schutzgesetz, das die missbräuchliche Verarbeitung nach § 44 unter Strafe stellt.

2

Bei der Datenverarbeitung beschäftigt und damit ggf. auch auf das Datengeheimnis zu verpflichten, sind zunächst die Personen, die Tätigkeiten gem. § 3 Abs. 4 zu verrichten haben. Aber auch das alleinige Erheben oder Nutzen von Daten ist nach dem Sinn der Norm als erfasst zu werten. In welchem Umfang diese Tätigkeiten anfallen oder andere Tätigkeiten für das Beschäftigungsverhältnis bestimmend sind, ist unerheblich. Unerheblich ist auch die Rechtsgrundlage, aufgrund der die Beschäftigung erfolgt, so dass AN, freie Mitarbeiter, Praktikanten und auch Leih-Arb gleichermaßen betroffen sind. Auch Angehörige solcher Abteilungen, die durch fachliche Weisungen auf die Verarbeitung Einfluss nehmen, sind angesprochen.

3

Zweifel können auftreten bei Personen, die im Rahmen ihrer Aufgaben personenbezogene Daten lediglich zur Kenntnis nehmen müssen, aber keine Befugnisse zur Verarbeitung der Daten haben, wie z.B. die Revision oder der betriebliche **Datenschutzbeauftragte**. Regelmäßig wird eine Verpflichtung auch dieser Personen angezeigt sein.[1] Daher werden auch Boten, Schreibkräfte oder Wartungspersonal betroffen sein können.

4

II. Umfang der Verpflichtung (S. 1, 2)

Den Mitarbeitern ist jedwede unbefugte Verarbeitung und Nutzung der ihnen „anvertrauten" Daten verboten. Eine Nutzung ist in jedem Falle unbefugt, wenn sie rechtswidrig ist. Die Rechtswidrigkeit kann sich aus datenschutzrechtlichen Normen ergeben, aber auch aufgrund anderer rechtlicher Vorgaben. Unbefugt handeln Mitarbeiter im Übrigen schon dann, wenn sie die ihnen intern zugewiesenen „Zugriffsberechtigungen" überschreiten. Die Verpflichtung besteht – dann i.d.R. nur noch als Schweigepflicht – auch noch nach dem Ausscheiden des Mitarbeiters.

5

III. „Förmliche" Verpflichtung der Beschäftigten (S. 2)

In S. 2 ist den nicht öffentlichen Stellen aufgegeben, den angesprochenen Personenkreis „zu verpflichten". Die **Verpflichtung** ist an keine besonderen Formvorschriften geb... sie durch Aushang am Schwarzen Brett oder in der Arbeitsordnung beka... „persönliche" Verpflichtung in jedem Einzelfall. Sie ist aktenkun... zwecken – vom Betroffenen durch Unterschrift bestätigt werden. ... setzgeber beabsichtigten Zweck, wenn sie mit einer Belehrung des... tungen nach dem BDSG verbunden ist.

Durch § 5 auf das Datengeheimnis verpflichtet sind auch Mitglieder d... tung nach § 5 tritt nicht hinter die speziellen betriebsverfassungs- un...

---

1 Vgl. auch Aufsichtsbehörde Baden-Württemberg, Hinweis zum BDSG Nr. 33, StAnz v. 4.1.1995, Nr. 1/2, S. 2 = RDV 1995, 94.

2 ArbG Stad...

tungspflichten zurück.³ Die Betriebsratsmitglieder müssen jedoch aufgrund der „unabhängigen Stellung" des Betriebsrats keine formelle Erklärung gegenüber dem AG abgeben.⁴

C. Verbindung zu anderen Rechtsgebieten

8 Der vorsätzliche Verstoß gegen § 5 wird regelmäßig **arbeitsrechtliche Konsequenzen** auslösen, seien sie disziplinarischer oder dienstvertraglicher Art. Regelmäßig wird eine Künd ohne vorherige Abmahnung erfolgen können.⁵

Ein Mitbestimmungsrecht besteht bei der Einholung der Verschwiegenheitserklärung nicht, da es allein um den förmlichen Hinweis auf eine bestehende gesetzliche Verpflichtung geht und ihr Inhalt das Arbverh betrifft.⁶ Mitbestimmungspflichtig sein kann jedoch ein spezielles Verfahren für die Einholung der Erklärung nach § 87 Abs. 1 Nr. 1 BetrVG.

D. Beraterhinweise

9 Je nach Art der Tätigkeit kann die Verpflichtungserklärung Inhalt des Arbeitsvertrages oder einer gesondert abzugebenden Erklärung sein. Gleichzeitig sollte zumindest ein Merkblatt die ersten Grundkenntnisse der mit dem Arbeitsplatz verbunden Verantwortlichkeiten vermitteln.⁷

---

§ 6   Unabdingbare Rechte des Betroffenen (gültig bis 31.3.2010)

(1) Die Rechte des Betroffenen auf Auskunft (§§ 19, 34) und auf Berichtigung, Löschung oder Sperrung (§§ 20, 35) können nicht durch Rechtsgeschäft ausgeschlossen oder beschränkt werden.

(2) ¹Sind die Daten des Betroffenen automatisiert in der Weise gespeichert, dass mehrere Stellen speicherungsberechtigt sind, und ist der Betroffene nicht in der Lage festzustellen, welche Stelle die Daten gespeichert hat, so kann er sich an jede dieser Stellen wenden. ²Diese ist verpflichtet, das Vorbringen des Betroffenen an die Stelle, die die Daten gespeichert hat, weiterzuleiten. ³Der Betroffene ist über die Weiterleitung und jene Stelle zu unterrichten. ⁴Die in § 19 Abs. 3 genannten Stellen, die Behörden der Staatsanwaltschaft und der Polizei sowie öffentliche Stellen der Finanzverwaltung, soweit sie personenbezogene Daten in Erfüllung ihrer gesetzlichen Aufgaben im Anwendungsbereich der Abgabenordnung zur Überwachung und Prüfung speichern, können statt des Betroffenen den Bundesbeauftragten für den Datenschutz und die Informationsfreiheit unterrichten. ⁵In diesem Fall richtet sich das weitere Verfahren nach § 19 Abs. 6.

---

§ 6   Rechte des Betroffenen (gültig ab 1.4.2010)

(1) Die Rechte des Betroffenen auf Auskunft (§§ 19, 34) und auf Berichtigung, Löschung oder Sperrung (§§ 20, 35) können nicht durch Rechtsgeschäft ausgeschlossen oder beschränkt werden.

(2) ¹Sind die Daten des Betroffenen automatisiert in der Weise gespeichert, dass mehrere Stellen speicherungsberechtigt sind, und ist der Betroffene nicht in der Lage festzustellen, welche Stelle die Daten gespeichert hat, so kann er sich an jede dieser Stellen wenden. ²Diese ist verpflichtet, das Vorbringen des Betroffenen an die Stelle, die die Daten gespeichert hat, weiterzuleiten. ³Der Betroffene ist über die Weiterleitung und jene Stelle zu unterrichten. ⁴Die in § 19 Abs. 3 genannten Stellen, die Behörden der Staatsanwaltschaft und der Polizei sowie öffentliche Stellen der Finanzverwaltung, soweit sie personenbezogene Daten in Erfüllung ihrer gesetzlichen Aufgaben im Anwendungsbereich der Abgabenordnung zur Überwachung und Prüfung speichern, können statt des Betroffenen den Bundesbeauftragten für den Datenschutz und die Informationsfreiheit unterrichten. ⁵In diesem Fall richtet sich das weitere Verfahren nach § 19 Abs. 6.

(3) Personenbezogene Daten über die Ausübung eines Rechts des Betroffenen, das sich aus diesem Gesetz oder aus einer anderen Vorschrift über den Datenschutz ergibt, dürfen nur zur Erfüllung der sich aus der Ausübung des Rechts ergebenden Pflichten der verantwortlichen Stelle verwendet werden.

Walz, § 5 Rn 19; *Fitting*, § 79 BetrVG Rn 32 f.
BAG 11.11.1997 – 1 ABR 21/97 – NZA 1998, 1998, 2466 = RDV 1998, 64 zur fehlenden ...is des DSB beim Betriebsrat.
... der Rspr. bei *Gola/Wronka*, Rn 1185 f.

6 BAG 10.3.2009 – 1 ABR 87/07.
7 Siehe die Muster bei *Wächter*, Datenschutz im Unternehmen, Rn 417 ff.; *Hümmerich*, Arbeitsrecht, § 3 Rn 157; *Gola/Wronka*, Rn 1210 f.

Literatur: *Däubler*, Individualrechte des Arbeitnehmers nach dem neuen BDSG, CR 1991, 475; *Schierbaum*, Rechte der Beschäftigung im novellierten BDSG, Computer-Fachwissen 4/2002, 20

A. Allgemeines	1	II. Unabdingbarkeit (Abs. 1)	3
B. Regelungsgehalt	2	III. Verbunddateien (Abs. 2)	5
I. Keine abschließende Regelung (Abs. 1)	2	IV. Zweckbindung und Maßregelungsverbot	6

A. Allgemeines

Abs. 1 schreibt die Rechtspositionen des Betroffenen auf Auskunft und Korrektur grds. fest und stellt klar, dass bestimmte Rechte des Betroffenen unabdingbar sind, d.h. nicht durch Rechtsgeschäft ausgeschlossen werden können. Abs. 2 will sicherstellen, dass der Betroffene diese Rechte auch in dem Falle wahrnehmen kann, wenn mehrere Stellen hinsichtlich der fraglichen Daten speicherungsberechtigt sind. Abs. 3 enthält ein Zweckbindungsgebot hinsichtlich der bei der Wahrnehmung von Datenschutzrechten angefallenen Daten. **1**

B. Regelungsgehalt

I. Keine abschließende Regelung (Abs. 1)

Abs. 1 enthält keine abschließende Aufzählung der einem Betroffenen aus dem BDSG ggf. zustehenden unabdingbaren Rechte. So ist u.a. nicht erwähnt das Recht auf Benachrichtigung (§ 33), das Widerspruchsrecht gegenüber Werbung (§ 28 Abs. 3), das allgemeine Widerspruchsrecht der §§ 20 Abs. 5, 35 Abs. 5 oder das Recht auf Stellung eines Strafantrags bei Datenschutzverstößen. **2**

II. Unabdingbarkeit (Abs. 1)

Unabdingbarkeit bedeutet, dass die Rechte nicht durch Vereinbarung mit dem AG oder einem Dritten ausgeschlossen oder eingeschränkt werden können. Dies bedeutet auch, dass den Betroffenenrechten seitens des AG nicht mit einem **Zurückhaltungsrecht** wegen anderer Forderungen begegnet werden kann. Eine Erweiterung oder Verstärkung der Rechte kann jedoch rechtsgeschäftlich vereinbart werden. **3**

Das Gebot betrifft Vereinbarungen jeglicher Art, also Einzelverträge, allgemeine Geschäftsbedingungen und auch **BV**, wobei sich dies auch daraus ergibt, dass die Betriebsvereinbarung zwar das BDSG hinsichtlich der Zulässigkeitsregelungen gem. § 4 Abs. 1 verdrängt, im Übrigen das Schutzgesetz BDSG jedoch nur verbessern kann. Die Rechte aus Abs. 1 sind nicht nur unabdingbar, sondern auch **höchstpersönlich.** Sie können nicht übertragen oder abgetreten werden und sind auch nicht vererblich. **4**

III. Verbunddateien (Abs. 2)

Durch die Regelung des Abs. 2 S. 1 bis 3 soll sichergestellt werden, dass der Betroffene auch bei Verbunddateien und bei vernetzten Systemen seine Rechte wirksam geltend machen kann. Bei derartigen Datenspeicherungen ist für ihn nicht ohne Weiteres erkennbar, wer hinsichtlich der ihn betreffenden Daten verantwortliche Stelle ist. Wendet sich der Betroffene an die falsche Stelle, so ist diese nach S. 2 verpflichtet, sein Begehren an die „zuständige" Stelle weiterzuleiten und den Betroffenen hierüber zu unterrichten. Auch wenn Abs. 2 den Fall nicht ausdrücklich regelt, so wird man eine entsprechende Weiterleitungs- und Hinweispflicht unter dem Gesichtspunkt von Treu und Glauben auch im Falle der **Auftragsdatenverarbeitung** bejahen müssen, wenn der Betroffene nicht erkennen kann, dass die von ihm vermutete speichernde Stelle nur Auftragnehmer ist. **5**

IV. Zweckbindung und Maßregelungsverbot

Abs. 3 enthält ein Zweckbindungsge- bzw. Nutzungsverbot und indirekt auch ein arbeitsrechtliches Maßregelungsgebot. Macht der Betroffene von seinen Datenschutzrechten Gebrauch – und damit sind nicht nur die in Abs. 1 als unabdingbar aufgeführten Rechte erfasst, –, so dürfen die insoweit anfallenden Daten nur zur Erfüllung des Rechtsanspruchs Verwendung finden. Der Verwendungsschutz – gemeint sind hiermit die Phasen der Verarbeitung und Nutzung (vgl. § 3 Rn 10 ff.) – besteht nicht nur bei der Wahrnehmung von Rechten aus dem BDSG, sondern z.B. auch aus dem BetrVG (§ 83) oder aus BV. Für das Arbverh ergibt sich die Folge, dass es unzulässig ist, die Einsichtnahme in Personalakten in der Akte zu dokumentieren. Ein berechtigtes Interesse im Hinblick auf die Gewährung zukünftiger Auskünfte besteht nicht. **6**

Die Regelung beinhaltet auch, dass die Daten erst gar nicht zur Verfügung stehen, um den AN wegen der Wahrnehmung seiner Datenschutzrechte zu benachteiligen. Das Maßregelungsverbot des § 612a BGB untersagt es einen AN zu benachteiligen, weil er zulässig seine Rechte ausübt. Dazu gehört auch die Wahrnehmung von Beschwerderechten beim DSB, dem BR oder der Datenschutzaufsichtsbehörde. **7**

| § 6a | **Automatisierte Einzelentscheidung (gültig bis 31.3.2010)** |

(1) Entscheidungen, die für den Betroffenen eine rechtliche Folge nach sich ziehen oder ihn erheblich beeinträchtigen, dürfen nicht ausschließlich auf eine automatisierte Verarbeitung personenbezogener Daten gestützt werden, die der Bewertung einzelner Persönlichkeitsmerkmale dienen.

(2) Dies gilt nicht, wenn
1. die Entscheidung im Rahmen des Abschlusses oder der Erfüllung eines Vertragsverhältnisses oder eines sonstigen Rechtsverhältnisses ergeht und dem Begehren des Betroffenen stattgegeben wurde oder
2. die Wahrung der berechtigten Interessen des Betroffenen durch geeignete Maßnahmen gewährleistet und dem Betroffenen von der verantwortlichen Stelle die Tatsache des Vorliegens einer Entscheidung im Sinne des Absatzes 1 mitgeteilt wird. Als geeignete Maßnahme gilt insbesondere die Möglichkeit des Betroffenen, seinen Standpunkt geltend zu machen. Die verantwortliche Stelle ist verpflichtet, ihre Entscheidung erneut zu prüfen.

(3) Das Recht des Betroffenen auf Auskunft nach den §§ 19 und 34 erstreckt sich auch auf den logischen Aufbau der automatisierten Verarbeitung der ihn betreffenden Daten.

| § 6a | **Automatisierte Einzelentscheidung (gültig ab 1.4.2010)** |

(1) ¹Entscheidungen, die für den Betroffenen eine rechtliche Folge nach sich ziehen oder ihn erheblich beeinträchtigen, dürfen nicht ausschließlich auf eine automatisierte Verarbeitung personenbezogener Daten gestützt werden, die der Bewertung einzelner Persönlichkeitsmerkmale dienen. ²Eine ausschließlich auf eine automatisierte Verarbeitung gestützte Entscheidung liegt insbesondere dann vor, wenn keine inhaltliche Bewertung und darauf gestützte Entscheidung durch eine natürliche Person stattgefunden hat.

(2) Dies gilt nicht, wenn
1. die Entscheidung im Rahmen des Abschlusses oder der Erfüllung eines Vertragsverhältnisses oder eines sonstigen Rechtsverhältnisses ergeht und dem Begehren des Betroffenen stattgegeben wurde oder
2. die Wahrung der berechtigten Interessen des Betroffenen durch geeignete Maßnahmen gewährleistet ist und die verantwortliche Stelle dem Betroffenen die Tatsache des Vorliegens einer Entscheidung im Sinne des Absatzes 1 mitteilt sowie auf Verlangen die wesentlichen Gründe dieser Entscheidung mitteilt und erläutert.

(3) Das Recht des Betroffenen auf Auskunft nach den §§ 19 und 34 erstreckt sich auch auf den logischen Aufbau der automatisierten Verarbeitung der ihn betreffenden Daten.

Literatur: *Abel*, Rechtsfragen von Scoring und Rating, RDV 2006, 108; *Globig*, Checkliste für Einzelentscheidungen, DuD 2003, 4; *Gola*, Personalentscheidungen per Computer, CF 7–8/2000, 44; *Koch*, Scoringsysteme der Kreditwirtschaft, MMR 1998, 458; *Wuermeling*, Scoring von Kreditrisiken, NJW 2002, 3508

A. Allgemeines	1	II. Konsequenzen für den Betroffenen (Abs. 2)	7
B. Regelungsgehalt	2	III. Die erweiterte Auskunftspflicht (Abs. 3)	8
I. Die Voraussetzungen (Abs. 1)	2	**C. Verbindung zu anderen Rechtsgebieten**	9
1. Die automatisierte Entscheidung	2	**D. Bearbeiterhinweise**	10
2. Die Bewertung einzelner Persönlichkeitsmerkmale	5		

A. Allgemeines

1 Die Regelung zur Zulässigkeit von und zum Auskunftsrecht bei **„automatisierten Einzelentscheidungen"** will den Betroffenen vor automatisierten Entscheidungen schützen, die – die Rechtmäßigkeit der Erhebung und Speicherung der betreffenden Daten vorausgesetzt – ausschließlich auf der Grundlage der Auswertung von **Persönlichkeitsprofilen** ergehen, ohne dass der Betroffene die Möglichkeit hat, die zugrunde liegenden Angaben und Bewertungsmaßstäbe zu erfahren und ggf. auf die Entscheidung noch nachträglich Einfluss zu nehmen. Die Bestimmung enthält in Abs. 1 ein Verbot der dort näher definierten „automatisierten Einzelentscheidungen" und damit auch ein Verbot von Verarbeitungen, die zu derartigen Entscheidungen führen. Dieses Verbot wird in Abs. 2 jedoch in bestimmten Fällen wieder aufgehoben.

Automatisierte Einzelentscheidung beruhen ggf. auf dem Ergebnis eines Scorings gem. § 29b. Dort geregelte Transparenzpflichten, ergänzen sich mit denen des § 6a.

B. Regelungsgehalt

I. Die Voraussetzungen (Abs. 1)

1. Die automatisierte Entscheidung. Erfasst werden durch § 6a nur Verarbeitungen, die einzelne **Persönlichkeitsmerkmale** des Betroffenen bewerten und ausschließlich hierauf beruhend zu einer „einseitigen", d.h. vom Betroffenen nicht beeinflussten Entscheidung führen, die eine rechtliche Folge für den Betroffenen nach sich zieht oder ihn erheblich beeinträchtigt. Ein Beispiel hierfür ist das Kreditscoring.[1]

Keine automatisierten Einzelentscheidungen i.S.v. § 6a liegen somit vor, wenn der Computer lediglich etwas ausführt, was zuvor mit dem Betroffenen vereinbart worden war oder von ihm angeordnet wurde. Beispiel hierfür bilden Vorgänge wie etwa Abhebungen am Geldausgabeautomaten oder automatisierte Genehmigungen von Kreditkartenverfügungen. Wenn dem Begehren des Betroffenen nicht stattgegeben wird, weil z.B. der Versuch der **Geldabhebung** am Automaten mangels entsprechendem Guthaben erfolglos bleibt, so handelt es sich nicht um eine – negative – automatisierte Entscheidung über eine Kreditgewährung, sondern um die bloße Überprüfung des Kontos und die sich daraus im Rahmen der mit der Bank getroffenen Vereinbarungen ergebenden zwingenden Folge. Gleiches gilt z.B. für ein **Gehaltsprogramm,** das nach dem AN bekannten Kriterien eine dem AN zu gewährende Leistungszulage ermittelt. Auch hier wurde die Entscheidung über die Gewährung bereits zuvor im Arbeitsvertrag, in einer Betriebsvereinbarung oder einem Tarifvertrag getroffen. Der Computer dient dann allein dazu, die Entscheidung unter Auswertung der maßgebenden Daten zu vollziehen.

Voraussetzung ist weiter, dass die per Computer aus den gespeicherten Persönlichkeitsmerkmalen gewonnenen Erkenntnisse unmittelbar zu einer Entscheidung führen. Bilden die mit Hilfe des Computers gewonnenen Erkenntnisse die Grundlage einer noch von einem Menschen zu treffenden abschließenden Entscheidung, findet § 6a keine Anwendung. Es darf sich jedoch nicht um einen rein formalen Akt handeln. Der Entscheider muss sachkundig und entscheidungsbefugt sein. Demgemäß sind Auswertungen, wie etwa die automatisierte Vorauswahl im Vorfeld einer Personalentscheidung, die erst als Grundlage der Entscheidung mit herangezogen werden soll, nicht betroffen. Eindeutig ist es jedoch, wenn der Bewerber im Rahmen sog. E-Recruitings per Internet seine Daten eingibt und sofort die ablehnende Entscheidung aufgrund einer Bewertung der einzelnen Daten durch das Systems unmittelbar erhält.

2. Die Bewertung einzelner Persönlichkeitsmerkmale. Obwohl die Bestimmung den Begriff aufgrund seiner Ungenauigkeit sinnvollerweise selbst nicht erwähnt, zielt sie ab auf die Erstellung von **Persönlichkeitsprofilen,** d.h. die Entscheidung muss auf der Bewertung „einzelner Persönlichkeitsmerkmale" beruhen, was ein gewisses „Mindestmaß an Komplexität" der Angaben beinhaltet. Art. 15 Abs. 1 EU-DatSchRl nennt insoweit beispielhaft die berufliche Leistungsfähigkeit, die Kreditwürdigkeit, die Zuverlässigkeit oder das Verhalten einer Person.

Damit erfasst Abs. 1 nicht jegliche zu einer abschließenden, endgültigen Entscheidung führende Auswertung personenbezogener Daten. Trifft beispielsweise der Computer die abschließende Entscheidung über einen freiwillig, einseitig vom AG gewährten Fahrtkostenzuschuss oder die **Zuteilung eines Parkplatzes** an einen AN ausschließlich aufgrund seiner Adresse, d.h. der Entfernung des Wohnorts vom Arbeitsplatz, so liegt eine Bewertung von Persönlichkeitsmerkmalen i.S.v. Abs. 1 nicht vor. Gleichfalls erfolgt keine Auswertung von Persönlichkeitsmerkmalen durch sog. **biometrische Identifikationsverfahren,** die z.B. durch bloßen Abgleich der Stimme, des Fingerabdrucks etc. entscheiden, ob Zugang, Zugriff etc. gewährt werden. In diesen Fällen geht es um die Identität des Betroffenen; eine Bewertung der Persönlichkeit erfolgt nicht.

II. Konsequenzen für den Betroffenen (Abs. 2)

Das Verbot der automatisierten Einzelentscheidung kann auch dadurch „geheilt" werden, dass der Betroffene seine berechtigten Interessen nachträglich durch geeignete Maßnahmen wahren kann. Dazu gehört zunächst einmal, dass ihm die Tatsache der automatisierten Entscheidung mitgeteilt wird. Auf Verlangen sind ihm dann auch die wesentlichen Gründe für den Negativbescheid so detailliert mitzuteilen, dass er Anhaltspunkte für eine eventuelle Gegendarstellung erhält. Der AG hat diese Gegendarstellung zu prüfen und den Betroffenen zu bescheiden.

III. Die erweiterte Auskunftspflicht (Abs. 3)

Über die allgemeinen **Auskunftsansprüche** nach § 34, die sich auf die zu seiner Person gespeicherten Daten, den Zweck der Speicherung und potenzielle Empfänger erstrecken, sind nach Abs. 3 auch Angaben zu machen über den **logischen Aufbau** der automatisierten Verarbeitung. Dem Betroffenen soll in erster Linie veranschaulicht werden, was mit seinen Daten geschieht. Er soll in die Lage versetzt werden, Gesichtspunkte vorzubringen, die die inhaltliche Überprüfung der automatisiert vorgenommen „vermuteten" Bewertung ermöglichen.

---

[1] Zu den insoweit bestehenden Streitfragen vgl. *Gola/Schomerus,* § 6a Rn 15; *Koch,* MMR 1998, 458; *Wuermeling,* NJW 2002, 3508.

C. Verbindung zu anderen Rechtsgebieten

9 Entsprechende Regelungen enthält das Beamtenrecht für die Verarbeitung von Personaldaten (§ 106 Abs. 4 BBG) und § 67b Abs. 4 SGB X für den Sozialdatenschutz.

D. Bearbeiterhinweise

10 Automatisierte Einzelentscheidungen im Rahmen der Personaldatenverarbeitung unterliegen der Mitbestimmung nach § 87 Abs. 1 Nr. 6 BetrVG. Aufgrund der betriebsinternen Publizität der dazu regelmäßig abgeschlossenen Betriebsvereinbarung ist der AG bereits insoweit zur Transparenz bezüglich der Angaben nach Abs. 3 verpflichtet.

§ 6b Beobachtung öffentlich zugänglicher Räume mit optisch-elektronischen Einrichtungen

(1) Die Beobachtung öffentlich zugänglicher Räume mit optischelektronischen Einrichtungen (Videoüberwachung) ist nur zulässig, soweit sie
1. zur Aufgabenerfüllung öffentlicher Stellen,
2. zur Wahrnehmung des Hausrechts oder
3. zur Wahrnehmung berechtigter Interessen für konkret festgelegte Zwecke

erforderlich ist und keine Anhaltspunkte bestehen, dass schutzwürdige Interessen der Betroffenen überwiegen.

(2) Der Umstand der Beobachtung und die verantwortliche Stelle sind durch geeignete Maßnahmen erkennbar zu machen.

(3) [1]Die Verarbeitung oder Nutzung von nach Absatz 1 erhobenen Daten ist zulässig, wenn sie zum Erreichen des verfolgten Zwecks erforderlich ist und keine Anhaltspunkte bestehen, dass schutzwürdige Interessen der Betroffenen überwiegen. [2]Für einen anderen Zweck dürfen sie nur verarbeitet oder genutzt werden, soweit dies zur Abwehr von Gefahren für die staatliche und öffentliche Sicherheit sowie zur Verfolgung von Straftaten erforderlich ist.

(4) Werden durch Videoüberwachung erhobene Daten einer bestimmten Person zugeordnet, ist diese über eine Verarbeitung oder Nutzung entsprechend den §§ 19a und 33 zu benachrichtigen.

(5) Die Daten sind unverzüglich zu löschen, wenn sie zur Erreichung des Zwecks nicht mehr erforderlich sind oder schutzwürdige Interessen der Betroffenen einer weiteren Speicherung entgegenstehen.

Literatur: *Edenfeld*, Videoüberwachung am Arbeitsplatz: „Big Brother im Büro?", PersR 2000, 323; *Gola,* Datenschutzkontrolle bei der Überwachung mobiler Arbeitnehmer – Zulässigkeit und Transparenz, NZA 2007, 1139; *Gola/Klug*, Videoüberwachung gemäß § 6b BDSG – Anmerkungen zu einer verunglückten Gesetzeslage, RDV 2004, 65; *Königshofen*, Neue datenschutzrechtliche Regelungen zur Videoüberwachung, RDV 2001, 220; *Maties*, Arbeitnehmerüberwachung mittels Kamera, NJW 2008, 2219; *Schmitz/ Eckardt*, Einsatz von RFID nach dem BDSG, CR 2007,171; *Tammen*, Video– und Kameraüberwachung am Arbeitsplatz: Hinweise für Betriebs– und Personalräte, RDV 2000, 1; *Zillkens*, Videoüberwachung – Eine rechtliche Bestandsaufnahme, DuD 2007, 279

A. Allgemeines 1	4. Interessenabwägung 5
B. Regelungsgehalt 2	II. Kenntlichmachung der Beobachtung (Abs. 2) 7
I. Der Anwendungsbereich (Abs. 1) 2	III. Zweckbindung/Löschungspflicht (Abs. 3, 5) 10
1. Öffentlich zugängliche Räume 2	IV. Benachrichtigungspflicht (Abs. 4) 11
2. Beobachten und Aufzeichnen 3	C. Verbindung zu anderen Rechtsgebieten 12
3. Zweckbestimmung der Beobachtung und Aufzeichnung 4	D. Beraterhinweise 14

A. Allgemeines

1 Die **Videoüberwachung** von AN erfasst § 6b nur, wenn der Arbeitsplatz öffentlich zugänglich ist (z.B. Videoüberwachung in Banken, Museen, Kaufhäusern). Ansonsten ist die Überwachung an dem Anspruch auf Persönlichkeitsrechtsschutz (§ 75 Abs. 2 BetrVG) und dem **Recht am eigenen Bild** (§§ 22 f. KUG, § 201a StGB) auszurichten, wobei zwischen nur ausnahmsweise im Rahmen von **Notwehrsituationen** zulässiger heimlicher Überwachung[1] und bei

---

[1] BAG 27.3.2003 – 2 AZR 51/02 – NZA 2003, 1193 = NJW 2003, 3436 = DB 2003, 2230 = RDV 2003, 293.

überwiegenden Sicherheitsinteressen[2] offen durchzuführender Überwachung zu unterscheiden ist. Regelmäßig ist davon auszugehen, dass der von einer dauerhaften Überwachung ausgehende „ständige, lückenlose Überwachungsdruck"[3] mit dem Persönlichkeitsrecht der Beschäftigten unvereinbar ist und diesbezügliche Aufzeichnungen einem **Verwertungsverbot**[4] unterliegen.

B. Regelungsgehalt
I. Der Anwendungsbereich (Abs. 1)

1. Öffentlich zugängliche Räume. Reglementiert ist die Überwachung von sich in **öffentlich zugänglichen Räumen** aufhaltenden Personen. Der Begriff Räume ist i.S.v. öffentlich zugänglicher „Bereiche" zu verstehen. Relevant ist, ob die Räume entweder dem öffentlichen Verkehr gewidmet sind oder nach dem erkennbaren Willen des Berechtigten von jedermann genutzt oder betreten werden können. Entscheidend ist die durch den Berechtigten eröffnete tatsächliche Nutzungsmöglichkeit durch die Allgemeinheit. Hierunter fallen z.B. Ausstellungsräume eines Museums, Verkaufsräume eines Warenhauses, Schalterhallen eines Bahnhofs ebenso wie der Bahnsteig oder der Bahnhofsvorplatz. Auch wenn ein **Firmengelände** keine Kontrolle an der Pforte hat, d.h. tatsächlich jeder das Gelände betreten kann, ist es nicht öffentlich zugänglich, da der Berechtigte den Zugang regelmäßig nur für Personen gestattet, die in einer Beziehung zu ihm stehen. Für nicht öffentlich zugängliche Arbeitsplätze ist § 6b auch nicht mittelbar anwendbar.[5] Hier entscheidet sich deren Zulässigkeit nach dem Grad des Kontrollinteresses, der Wahrung des Verhältnismäßigkeitsgebots insbesondere unter dem Aspekt der Intensität des Eingriffs.[6] Gleiche Kriterien sind für den Einsatz gleichgelagerter Überwachungstechniken wie RFID, GPS oder Handyortung anzulegen.[7]

2. Beobachten und Aufzeichnen. § 6b unterscheidet bei der Zulässigkeit der Überwachung zwischen dem Beobachten und dem Aufzeichnen (Verarbeiten). Das Beobachten setzt die Erfassung von Bildern für gewisse Dauer voraus. Eine einmalige Aufnahme des Bildes per Videotechnik, wie es per Film ebenfalls geschehen könnte, kann nicht unter den Begriff „Beobachtung" bzw. Aufzeichnung gefasst werden. Auch wenn erst das Beobachten der Zulässigkeitsregelung unterworfen ist, begründet bereits das Installieren einer Kamera, d.h. die Schaffung der **Möglichkeit der Beobachtung** und Aufzeichnung ggf. einen Abwehranspruch des Betroffenen.[8]

3. Zweckbestimmung der Beobachtung und Aufzeichnung. In Abs. 1 werden drei Zweckbestimmungen genannt, die die Beobachtung und auch die Verarbeitung rechtfertigen können, wobei die **zielgerichtete Mitarbeiterüberwachung** sich nur aus Alt. 3, d.h. zur Erfüllung berechtigter Interessen für konkret festgelegte Zwecke ergeben kann. Das Hausrecht allein vermag eine gezielte Mitarbeiterwachung nicht zu rechtfertigen.[9] Dieses greift nur dann, wenn die Überwachung Unbefugter beabsichtigt ist und Mitarbeiter zwangsläufig als Nebenprodukt mit erfasst werden. Berechtigt kann die Videoüberwachung sein, wenn sie zum Schutz des Betriebes und der sich dort aufhaltenden Personen (so z.B. bei der Videoüberwachung in einem Kernkraftwerk) das geeignete und unter dem Verhältnismäßigkeitsprinzip schonendste Mittel ist.[10] Die Überwachung der Beschäftigten zu dem Zweck, einen ordnungsgemäßen Dienstablauf zu gewährleisten, kann diese nicht rechtfertigen.[11]

4. Interessenabwägung. **Abzuwägen** ist das Interesse an der Überwachung mit entgegenstehenden schutzwürdigen Interessen des Betroffenen. Da der weniger gravierende Eingriff Vorrang hat, ist die bloße Beobachtung von dem Betroffenen u.U. noch hinzunehmen, während er gegenüber einer Speicherung/Aufzeichnung entgegenstehende **schutzwürdige Interessen** geltend machen kann. Handelt es sich bei den „öffentlichen Räumen" gleichzeitig um **Arbeitsplätze** von Mitarbeitern, so werden bereits durch die bloße Beobachtung von Mitarbeitern am Arbeitsplatz regelmäßig deren schutzwürdige Interessen verletzt. Dient die Überwachung nur der Abwehr von dritter Seite drohender Gefahr ist eine missbräuchliche Auswertung zwecks Mitarbeiterkontrolle durch entsprechende Zugriffsregelungen etc. auszuschließen. Bei der Abwägung der Zulässigkeit ist auch die Intensität der Beobachtung relevant, also ob der Mitarbeiter nur gelegentlich (z.B. bei Betreten eines öffentlichen zugänglichen Flures) oder dauernd erfasst wird.

Nicht vom BDSG erfasst wird die vorgetäuschte Überwachung mit Attrappen. Gleichwohl ist der für den AN entstehende Überwachungsdruck der nämliche. Vorgetäuschte Überwachung durch Attrappen ist unter Beachtung

---

2 Zum dabei zu beachtenden Verhältnismäßigkeitsprinzip: BAG 29.6.2004 – 1 ABR 21/03 – NZA 2004, 1278 = RDV 2005, 21.
3 BAG 7.10.1987 – 5 AZR 116/86 – NZA 1998, 92 = DB 1988, 403 = RDV 1988, 137.
4 LAG Hamm 24.1.2001 – 11 Sa 1524/00 – NZA-RR 2002, 464 = RDV 2001, 288; Hess. LAG 2.10.2001 – 2 Sa 879/01 – RDV 2002, 86 zum Verwertungsverbot strafbarer heimlicher Video- und Tonbandaufzeichnung.
5 Nach BAG 29.6.2004 – 1 ABR 21/03 – RDV 2005, 21.
6 BAG 14.12.2004 – 1 ABR 34/03 – RDV 2005, 216; BAG 26.8.2008 – 1 ABR 15/07 – RDV 2008, 238.
7 *Gola*, NZA 2007, 1139.
8 *Weichert*, DuD 2000, 662.
9 BAG 29.6.2004 – 1 ABR 21/03 – NZA 2004, 1278 = RDV 2005, 21.
10 *Weichert*, DuD 2000, 662.
11 *Edenfeld*, PersR 2000, 323.

des Persönlichkeitsrechts des § 75 Abs. 2 BetrVG nur in den Fällen zulässig, in denen eine echte Überwachung zulässig wäre.

II. Kenntlichmachung der Beobachtung (Abs. 2)

7 Videobeobachtung ist Datenerhebung bei der betroffenen Person, die nach Abs. 2 dem Betroffenen transparent zu machen ist. Die Bestimmung der insoweit geeigneten Maßnahmen bleibt der beobachtenden Stelle überlassen. Häufig wird die Tatsache der Beobachtung bereits dadurch erkennbar sein, dass die Videokamera für jedermann sichtbar installiert ist.

8 Kenntlich zu machen ist nach dem Wortlaut der Norm nur der Tatbestand der Beobachtung, so dass für den Betroffenen offen bleibt, ob auch Verarbeitungen erfolgen. Da die Überwachung mitbestimmungspflichtig ist, werden die Mitarbeiter über Art und Details der Überwachung auch durch die Regelungen der Betriebsvereinbarung informiert.

9 Fraglich ist, ob die Erfüllung der **Hinweispflicht** Rechtmäßigkeitsvoraussetzung ist, d.h. heimliche Überwachungen nicht mehr zulässig sind und damit ihre Erkenntnisse einem **Verwertungsverbot** unterliegen.[12]

III. Zweckbindung/Löschungspflicht (Abs. 3, 5)

10 Abs. 3 S. 1 regelt, unter welchen Voraussetzungen die durch die Beobachtung gewonnenen (erhobenen) Daten verarbeitet und genutzt werden dürfen. Verläuft ein Arbeitstag in einer Bank oder auf einem Bahnhof ohne „besondere Vorkommnisse", können und müssen die aufgezeichneten Daten nach Abs. 5 gelöscht werden. Zeigen sich Auffälligkeiten – z.B. betritt dieselbe Person eine Bank mehrmals am Tage – kann es notwendig sein, diesen Teil der Aufzeichnung weiter auszuwerten. Dies ist von Abs. 3 S. 1 gedeckt, weil es zur Zweckbestimmung der Videoüberwachung einer Bank gehört, **Banküberfälle** zu verhindern. Eine unverzügliche Löschung der Speichermedien sollte durch eine automatisierte Technik unterstützt werden.

IV. Benachrichtigungspflicht (Abs. 4)

11 Die bei automatisierter oder dateimäßiger Speicherung bereits nach § 33 anfallende **Benachrichtigungspflicht** wird in Abs. 4 wiederholt bzw. auf nicht unter das BDSG fallende Aufzeichnungstechnik ausgedehnt. Die die Benachrichtigungspflicht auslösende **personenbezogene Zuordnung** der Bilder, setzt eine tatsächliche Nutzung der Aufzeichnungen voraus. Werden sich in öffentlich zugänglichen Räumen aufhaltende AN (z.B. bei einer Videoüberwachung des Schalterraums einer Bank) aufgezeichnet, ohne dass eine Auswertung der Daten vor ihrer nachfolgenden Löschung erfolgt, wird die individuelle Benachrichtigungspflicht nicht ausgelöst. Die nach Abs. 4 bzw. § 33 bestehende Benachrichtigungspflicht entfällt, wenn und soweit der AN Kenntnis von der Aufzeichnung, ihrer Zweckbestimmung und den eventuellen Kategorien von **Empfängern**[13] hat.

C. Verbindung zu anderen Rechtsgebieten

12 Die Zulässigkeit der Herstellung und Weitergabe von Bildern ist auch am strafrechtlich sanktionierten Schutz des **Rechts am eigenen Bild** gem. §§ 22 f. KUG und § 201a StGB[14] zu messen. Dem unbefugt überwachten Mitarbeiter steht ggf. ein Anspruch auf Zahlung eines Schmerzensgeldes[15] und ein Zurückbehaltungsrecht[16] zu, solange die unzulässige Überwachung seines Arbeitsplatzes andauert.[17]

13 Die Beobachtung der Mitarbeiter per Video[18] und die ggf. gleichzeitige Speicherung der Bilder stellen der **Mitbestimmung** unterliegende technische Überwachungsmaßnahmen (§ 87 Abs. 1 Nr. 6 BetrVG, § 75 Abs. 3 Nr. 17 BPersVG) dar,[19] wobei jedoch eine mit dem Anspruch des Mitarbeiters auf Persönlichkeitsrechtsschutz nicht vereinbare Videoüberwachung nicht durch Zustimmung des Personalrats legitim werden kann.[20] Ist die Mitbestimmung nicht beachtet worden und akzeptiert der Betriebsrat nachträglich die Aufzeichnung als Beweismittel, so ergibt sich aus der diesbezüglichen Unzulässigkeit der Datenerhebung kein **Beweisverwertungsverbot** im ggf. nachfolgenden Künd-Prozess.[21]

---

12 Noch offen gelassen von BAG 27.3.2003 – 2 AZR 51/02 – NZA 2003, 1193 = DB 2003, 2230 = RDV 2003, 293; ablehnend Gola/Klug, RDV 2004, 65; zustimmend ArbG Frankfurt a.M. 25.1.2006–7 Ca 3342/05 – RDV 2006, 214.
13 Siehe hierzu Simitis/*Bizer*, § 6b Rn 97.
14 *Gola*, RDV 2004, 215.
15 ArbG Frankfurt am Main 26.9.2000 – 18 Ca 4036/00 – RDV 2001, 190.
16 ArbG Dortmund 25.7.1988 – 6 Ca 1026/88 – CR 1989, 715; eine fristlose Künd ist jedoch in jedem Falle gerechtfertigt: SG München 15.5.1990 – S40 AI 666/89 – RDV 1992, 85 = CR 1991, 417.
17 ArbG Dortmund 25.7.1988 – 6 Ca 1026/88 – CR 1989, 715.
18 Vgl. auch BAG 29.6.2004 – 1 ABR 21/03 – RDV 2005, 21= NJW 2005,313.
19 Vgl. das Muster einer Betriebsvereinbarung: *Tammen*, RDV 2000, 18.
20 BAG 15.9.1991 – 5 AZR 115/800 – RDV 1992, 178.
21 BAG 27.3.2003 – 2 AZR 51/02 – NZA 2003, 1193 = NJW 2003, 3436 = DB 2003, 2230 = RDV 2003, 293.

D. Beraterhinweise

Videoüberwachung stellt – insb. wenn sie infolge digitaler Bildspeicherung automatisierte Auswertungen ermöglicht – ein zu dokumentierendes, meldepflichtiges (§§ 4d Abs. 1, 4g Abs. 2) und der Vorabkontrolle unterliegendes Verfahren dar (siehe § 4d Rn 2).

Wird die Überwachung einem Sicherheitsdienst[22] übertragen, so kann dies im Wege der Auftragsdatenverarbeitung geschehen, was eine dem § 11 (siehe § 11 Rn 1 ff.) entsprechende Vertragsgestaltung voraussetzt.

---

§ 6c Mobile personenbezogene Speicher- und Verarbeitungsmedien

(1) Die Stelle, die ein mobiles personenbezogenes Speicher- und Verarbeitungsmedium ausgibt oder ein Verfahren zur automatisierten Verarbeitung personenbezogener Daten, das ganz oder teilweise auf einem solchen Medium abläuft, auf das Medium aufbringt, ändert oder hierzu bereithält, muss den Betroffenen
1. über ihre Identität und Anschrift,
2. in allgemein verständlicher Form über die Funktionsweise des Mediums einschließlich der Art der zu verarbeitenden personenbezogenen Daten,
3. darüber, wie er seine Rechte nach den §§ 19, 20, 34 und 35 ausüben kann, und
4. über die bei Verlust oder Zerstörung des Mediums zu treffenden Maßnahmen

unterrichten, soweit der Betroffene nicht bereits Kenntnis erlangt hat.

(2) Die nach Absatz 1 verpflichtete Stelle hat dafür Sorge zu tragen, dass die zur Wahrnehmung des Auskunftsrechts erforderlichen Geräte oder Einrichtungen in angemessenem Umfang zum unentgeltlichen Gebrauch zur Verfügung stehen.

(3) Kommunikationsvorgänge, die auf dem Medium eine Datenverarbeitung auslösen, müssen für den Betroffenen eindeutig erkennbar sein.

Literatur: *Weichert*, Datenschutzrechtliche Anforderungen an Chipkarten, DuD 1997, 266

§ 6c stellt eine spezielle **Transparenzregelung** beim Einsatz von **mobilen personenbezogenen Speicher- und Verarbeitungsmedien** (siehe die Definition in § 3 Abs. 10) dar, auf denen Daten verarbeitet werden können, ohne dass diese Verarbeitungen von den Betroffenen unmittelbar nachvollziehbar sind. Beispiele sind Karten, die im Rahmen der **Zeiterfassung** das Zeitguthaben des Mitarbeiters beim „Stechvorgang" speichern, oder Geldkarten, bei denen Beträge ein- und abgebucht werden. Ein weiteres Beispiel bildet der Einsatz der RFID-Technik.[1] Dem AN ist die Funktionsweise des Mediums in „allgemeiner verständlicher Form", d.h. für einen Laien verständlich offen zu legen. Ferner muss der Betroffene Kenntnis erlangen, wie Verfahren auf das Medium aufgebracht bzw. aus ihm ausgelesen werden können (bspw.: berührungslos an einem Lese- und Schreibgerät).[2]

Dem Betroffenen ist nach Abs. 1 Nr. 3 ferner mitzuteilen, wie er seine Rechte auf Auskunft und Korrektur nach §§ 19, 20, 34 und 35 im Hinblick auf die Besonderheiten des Mediums ausüben kann. Nach Abs. 2 sind durch Bereitstellung eines Lesegeräts u. ä. die technischen Voraussetzungen zu schaffen, dass der Betroffene im Rahmen seines **Auskunftsrechts** die gespeicherten Daten zur Kenntnis nehmen kann. Schließlich ist über die Maßnahmen zu informieren, die der Betroffene bei Verlust oder Zerstörung des Mediums ergreifen sollte.

Während Abs. 1 zur einmaligen Unterrichtung über die Verarbeitungsmöglichkeiten verpflichtet, löst Abs. 3 eine einzelfallbezogene Informationspflicht aus, wenn Kommunikationsvorgänge auf dem Medium eine Datenverarbeitung auslösen. Über die Art und Weise der Unterrichtung sagt Abs. 3 nichts aus, außer dass die Verarbeitung eindeutig erkennbar sein muss.

---

§ 7 Schadensersatz

[1]Fügt eine verantwortliche Stelle dem Betroffenen durch eine nach diesem Gesetz oder nach anderen Vorschriften über den Datenschutz unzulässige oder unrichtige Erhebung, Verarbeitung oder Nutzung seiner personenbezogenen Daten einen Schaden zu, ist sie oder ihr Träger dem Betroffenen zum Schadensersatz ver-

---

22 Vgl. bei *Gola/Klug*, RDV 2004, 65.
1 *Gola*, Datenschutz und Multimedia am Arbeitsplatz, Rn 74 ff.
2 *Gola*, NZW 2007, 1139.

pflichtet. ²Die Ersatzpflicht entfällt, soweit die verantwortliche Stelle die nach den Umständen des Falles gebotene Sorgfalt beachtet hat.

A. Allgemeines	1	II. Kausalität, Verschulden und Beweislast (S. 2)		3
B. Regelungsgehalt	2	C. Verbindung zu anderen Rechtsgebieten		4
I. Unzulässige oder unrichtige Verarbeitung (S. 1)	2	D. Beraterhinweise		6

A. Allgemeines

1 § 7 stellt eine **eigenständige Haftungsnorm** mit besonderer **Beweislastverteilung** für Vermögensschäden aufgrund schuldhafter Datenschutzverstöße dar.

B. Regelungsgehalt

I. Unzulässige oder unrichtige Verarbeitung (S. 1)

2 Der materielle Schaden des Betroffenen muss ausgelöst worden sein durch eine unzulässige oder unrichtige Erhebung, Verarbeitung oder Nutzung seiner personenbezogenen Daten. Die Begriffe „unzulässig" und „unrichtig" überschneiden sich, da die Verarbeitung unrichtiger Daten regelmäßig auch unzulässig ist. Eine zur Haftung führende Verarbeitung liegt nicht nur vor, wenn die Daten „falsch" sind, sondern z.B. auch bei einer durch einen Programmfehler bedingten „unrichtigen" Verarbeitung. Die Rechtswidrigkeit der Erhebung, Verarbeitung oder Nutzung der Daten kann beruhen auf einem Verstoß gegen das BDSG oder gegen eine andere Vorschrift über den Datenschutz.

II. Kausalität, Verschulden und Beweislast (S. 2)

3 Voraussetzung ist, dass der rechtswidrige Umgang mit den Daten für den Schaden ursächlich geworden sein. Damit bleibt es zunächst Sache des Betroffenen, einen Schaden zu beweisen und die Tatsache, dass dieser durch eine rechtswidrige Handlung der verantwortlichen Stelle bzw. einer ihrer Mitarbeiter, d.h. durch einen in ihrem Bereich liegenden Umstand eingetreten ist. Ferner ist erforderlich, dass dieser rechtswidrige Umgang mit den Daten schuldhaft, d.h. gem. § 276 BGB vorsätzlich oder fahrlässig erfolgte, wobei es im Rahmen einer Umkehr der Beweislast dem für die Verarbeitung Verantwortlichen obliegt, zu beweisen, dass der Umstand, durch den der Schaden eingetreten ist, ihm nicht zur Last gelegt werden kann. Insoweit kann ggf. auch der Entlastungsbeweis gem. § 831 BGB greifen.

C. Verbindung zu anderen Rechtsgebieten

4 Die BDSG-Haftungsnorm ist keine abschließende und ausschließliche Regelung. Andererseits unterliegt sie aber auch nicht der **Subsidiaritätsregel** des § 1 Abs. 4 S. 1. Sofern neben der deliktischen Norm des § 7 z.B. **vertragliche oder vorvertragliche Haftungsansprüche** bestehen, werden diese nicht verdrängt. Insoweit kann eine missbräuchliche Verarbeitung personenbezogener Daten Schadensersatzansprüche aus § 280 BGB begründen, da der sorgsame, gesetzeskonforme Umgang mit den personenbezogenen Daten des Vertragspartners regelmäßig Nebenpflicht der (vor-)vertraglichen Beziehungen ist. Ist die Verarbeitung der personenbezogenen Daten selbst Gegenstand eines Vertrags zwischen dem Betroffenen und der speichernden Stelle, so kann eine unzulässige Verwendung einen Verstoß gegen die Hauptpflicht des Vertrages darstellen, mit der Konsequenz, dass ein Schadensersatzanspruch wegen **Nichterfüllung** (§§ 323 ff. BGB) ausgelöst wird.

5 Da § 7 eine auf das Verschulden des Betroffenen abstellende, spezielle deliktische Haftungsnorm ist, kommen, sofern nichts Abweichendes geregelt ist, die auch ansonsten für derartige Haftungen maßgebenden Regelungen des BGB (z.B. §§ 254, 852) zur Anwendung.

D. Beraterhinweise

6 Der Ausgleich **immaterieller Schäden**[1] in Geld, d.h. Zahlung von Schmerzensgeld aufgrund einer in dem Datenschutzverstoß liegenden Persönlichkeitsrechtsverletzung wird von § 7 nicht geregelt, aber auch nicht ausgeschlossen. Geknüpft ist er an eine gravierende Persönlichkeitsrechtsverletzung.[2]

---

1 *Niedermeier/Schröcker*, RDV 2002, 317.
2 Zur Veröffentlichung von die Intimsphäre betreffender Mitarbeiterdaten: BAG 18.2.1999 – 8 AZR 735/97 – NZA 1999, 645 = BB 1999, 1119 = RDV 1999, 166; zur unzulässigen heimlichen Videoüberwachung: ArbG Frankfurt am Main 26.9.2000 – 18 Ca 4036/00 – RDV 2001, 190.

§ 8 Schadensersatz bei automatisierter Datenverarbeitung durch öffentliche Stellen

(1) Fügt eine verantwortliche öffentliche Stelle dem Betroffenen durch eine nach diesem Gesetz oder nach anderen Vorschriften über den Datenschutz unzulässige oder unrichtige automatisierte Erhebung, Verarbeitung oder Nutzung seiner personenbezogenen Daten einen Schaden zu, ist ihr Träger dem Betroffenen unabhängig von einem Verschulden zum Schadensersatz verpflichtet.

(2) Bei einer schweren Verletzung des Persönlichkeitsrechts ist dem Betroffenen der Schaden, der nicht Vermögensschaden ist, angemessen in Geld zu ersetzen.

(3) [1]Die Ansprüche nach den Absätzen 1 und 2 sind insgesamt auf einen Betrag von 130 000 Euro begrenzt. [2]Ist aufgrund desselben Ereignisses an mehrere Personen Schadensersatz zu leisten, der insgesamt den Höchstbetrag von 130 000 Euro übersteigt, so verringern sich die einzelnen Schadensersatzleistungen in dem Verhältnis, in dem ihr Gesamtbetrag zu dem Höchstbetrag steht.

(4) Sind bei einer automatisierten Verarbeitung mehrere Stellen speicherungsberechtigt und ist der Geschädigte nicht in der Lage, die speichernde Stelle festzustellen, so haftet jede dieser Stellen.

(5) Hat bei der Entstehung des Schadens ein Verschulden des Betroffenen mitgewirkt, gilt § 254 des Bürgerlichen Gesetzbuchs.

(6) Auf die Verjährung finden die für unerlaubte Handlungen geltenden Verjährungsvorschriften des Bürgerlichen Gesetzbuchs entsprechende Anwendung.

§ 8 begründet eine eigenständige verschuldensunabhängige **Gefährdungshaftung** öffentlicher Stellen, die aber andere Anspruchsgrundlagen nicht verdrängt, d.h. die Haftung nach § 8 ist nicht subsidiär und auch nicht lex specialis. Die Haftung der öffentlichen Stelle – d.h. hier konkret des Bundes als AG – ist allein abhängig von einer unzulässigen oder unrichtigen automatisierten Verarbeitung und dem infolgedessen adäquat-kausal eingetretenen Schaden. Die Gefährdungshaftung soll jedoch nur die "**typische Automationsgefährdung**" abdecken, also Schäden, die durch automatisierte Verfahren eingetreten sind. Die Frage des Verschuldens des AG ist ohne Bedeutung.   1

Ersetzt werden nicht nur materielle sondern bei schweren Eingriffen in das Persönlichkeitsrecht auch immaterielle Schäden. Relevanz hat die Norm so gut wie keine, wie die nicht vorhandene Rechtsprechung belegt.[1]   2

§ 9 Technische und organisatorische Maßnahmen

[1]Öffentliche und nicht-öffentliche Stellen, die selbst oder im Auftrag personenbezogene Daten erheben, verarbeiten oder nutzen, haben die technischen und organisatorischen Maßnahmen zu treffen, die erforderlich sind, um die Ausführung der Vorschriften dieses Gesetzes, insbesondere die in der Anlage zu diesem Gesetz genannten Anforderungen, zu gewährleisten. [2]Erforderlich sind Maßnahmen nur, wenn ihr Aufwand in einem angemessenen Verhältnis zu dem angestrebten Schutzzweck steht.

Anlage (zu § 9 Satz 1)

Werden personenbezogene Daten automatisiert verarbeitet oder genutzt, ist die innerbehördliche oder innerbetriebliche Organisation so zu gestalten, dass sie den besonderen Anforderungen des Datenschutzes gerecht wird. Dabei sind insbesondere Maßnahmen zu treffen, die je nach der Art der zu schützenden personenbezogenen Daten oder Datenkategorien geeignet sind,

1. Unbefugten den Zutritt zu Datenverarbeitungsanlagen, mit denen personenbezogene Daten verarbeitet oder genutzt werden, zu verwehren (Zutrittskontrolle),
2. zu verhindern, dass Datenverarbeitungssysteme von Unbefugten genutzt werden können (Zugangskontrolle),
3. zu gewährleisten, dass die zur Benutzung eines Datenverarbeitungssystems Berechtigten ausschließlich auf die ihrer Zugriffsberechtigung unterliegenden Daten zugreifen können, und dass personenbezogene Daten bei der Verarbeitung, Nutzung und nach der Speicherung nicht unbefugt gelesen, kopiert, verändert oder entfernt werden können (Zugriffskontrolle),

---

1 Als ein Beispiel aus der Privatwirtschaft vgl. BAG vom 18.2.1999 – 8 AZR 735/95 – NZA 1999, 645 = RDV 1999, 166.

4. zu gewährleisten, dass personenbezogene Daten bei der elektronischen Übertragung oder während ihres Transports oder ihrer Speicherung auf Datenträger nicht unbefugt gelesen, kopiert, verändert oder entfernt werden können, und dass überprüft und festgestellt werden kann, an welche Stellen eine Übermittlung personenbezogener Daten durch Einrichtungen zur Datenübertragung vorgesehen ist (Weitergabekontrolle),
5. zu gewährleisten, dass nachträglich überprüft und festgestellt werden kann, ob und von wem personenbezogene Daten in Datenverarbeitungssysteme eingegeben, verändert oder entfernt worden sind (Eingabekontrolle),
6. zu gewährleisten, dass personenbezogene Daten, die im Auftrag verarbeitet werden, nur entsprechend den Weisungen des Auftraggebers verarbeitet werden können (Auftragskontrolle),
7. zu gewährleisten, dass personenbezogene Daten gegen zufällige Zerstörung oder Verlust geschützt sind (Verfügbarkeitskontrolle),
8. zu gewährleisten, dass zu unterschiedlichen Zwecken erhobene Daten getrennt verarbeitet werden können.

Literatur: *Münch*, Technisch-organisierter Datenschutz, 2. Aufl., 2005

A. Allgemeines	1	III. Datensicherungsmaßnahmen (Anlage zu § 9)	4
B. Regelungsgehalt	2	1. Allgemeines	4
I. Die technischen und organisatorischen Maßnahmen (S. 1)	2	2. Die acht Kontroll- und Sicherungsmaßnahmen	5
		C. Verbindung zu anderen Rechtsgebieten	13
II. Grundsatz der Verhältnismäßigkeit (S. 2)	3	D. Beraterhinweise	14

A. Allgemeines

1 Die in § 9 enthaltene Verpflichtung zur Schaffung ausreichender **technischer und organisatorischer Maßnahmen** zur Gewährleistung des von dem Gesetzgeber gewünschten Datenschutzes steht in einem engen Zusammenhang mit den schon im Interesse der Daten verarbeitenden Stelle gebotenen Maßnahmen der **Datensicherung**, d.h. den Maßnahmen, die den ordnungsgemäßen Ablauf der Datenverarbeitung durch Sicherung von Hard- und Software sowie von Daten vor Verlust, Beschädigung oder Missbrauch schützen sollen. Insofern sind die Begriffe Datenschutz und Datensicherung nicht identisch, soweit Datensicherung jedoch unter der Zielrichtung des Datenschutzes, d.h. der Gewährleistung des Persönlichkeitsrechts des Betroffenen betrieben wird, ist sie mit dem Begriff des Datenschutzes deckungsgleich.

B. Regelungsgehalt

I. Die technischen und organisatorischen Maßnahmen (S. 1)

2 Der Begriff der technischen und organisatorischen Maßnahmen ist weit zu fassen und nicht eindeutig abgrenzbar; er umfasst die in § 31 unterschiedlichen Zielrichtungen der Datenschutzkontrollen oder der Maßnahmen zur Gewährleistung des ordnungsgemäßen Betriebsablaufs. Technische Vorkehrungen sind auch Einbruchs- oder Brandschutzeinrichtungen. Organisatorische Maßnahmen beziehen sich auf die Verfahren der Personalauswahl, das Vier-Augen-Prinzip,[1] Festlegung von Arbeitsabläufen in Arbeitsplatzbeschreibungen sowie auf Zugangskontrollen.

II. Grundsatz der Verhältnismäßigkeit (S. 2)

3 Für die zu treffenden Maßnahmen gelten die Grundsätze der **Erforderlichkeit** und der **Verhältnismäßigkeit**. Das gilt auch für die insoweit stattfinde Protokollierung des Mitarbeiterverhaltens.[2] „Erforderlich" sind danach nur Maßnahmen, deren Schutzwirkung in einem angemessenen Verhältnis zu dem Aufwand steht, den sie verursachen. Die Planung und Vorbereitung von Datensicherungsmaßnahmen erfolgt daher zweckmäßigerweise auf der Grundlage einer **Risikoanalyse**.

III. Datensicherungsmaßnahmen (Anlage zu § 9)

4 **1. Allgemeines.** Bei automatisierter Verarbeitung konkretisiert das Gesetz in Anlage zu § 9 die Sicherungspflichten durch die Vorgabe von acht Kontroll- bzw. Organisationsmaßnahmen, die in entsprechender Reduzierung aber auch bei sonstigen dem BDSG unterliegenden Verfahren zu beachten sind. Zuvor ist jedoch die allgemeine Vorgabe des S. 1 der Anlage zu beachten, der generell die Verpflichtung zur Schaffung einer datenschutzgerechten innerbetrieblichen Organisation vorgibt.

---

[1] Vgl. BVerfG 14.1.2005 – 2 BvR 488/04 – RDV 2006, 214 zur mangelhaften Organisation der Erfassung und dadurch eingetretenen Unverwertbarkeit eines Drogenscreenings.

[2] *Wedde*, DuD 2007, 752.

2. Die acht Kontroll- und Sicherungsmaßnahmen.

Die **Zutrittskontrolle** (Nr. 1) verlangt, dass Unbefugten der „körperliche" Zutritt zu Datenverarbeitungsanlagen, mit denen personenbezogene Daten verarbeitet werden, zu verwehren ist. Es soll verhindert werden, dass Personen, die dazu nicht befugt sind, unkontrolliert in die Nähe von Datenverarbeitungsanlagen kommen. Hierdurch soll von vorneherein die Möglichkeit unbefugter Kenntnis- oder Einflussnahme ausgeschlossen werden.

Die **Zugangskontrolle** (Nr. 2) soll die unbefugte Nutzung von Datenverarbeitungssystemen verhindern. Gemeint ist hiermit im Gegensatz zur Zutrittskontrolle das Eindringen in das EDV-System selbst seitens unbefugter (externer) Personen, während die nachfolgend geregelte Zugriffskontrolle die Tätigkeit innerhalb des EDV-Systems durch einen grundsätzlich Berechtigten außerhalb seiner Berechtigung umfasst.

Die **Zugriffskontrolle** (Nr. 3) soll gewährleisten, dass die zur Benutzung eines Datenverarbeitungssystems Berechtigten ausschließlich auf die ihrer Zugriffsberechtigung unterliegenden Daten zugreifen können und dass personenbezogene Daten bei der Verarbeitung, Nutzung und nach der Speicherung nicht unbefugt gelesen, kopiert, verändert oder entfernt werden können. Im Rahmen der in S. 1 der Anlage zu § 9 geforderten datenschutzgerechten Organisation ist sicherzustellen, dass der Zugriff nur zu solchen Daten eröffnet wird, die der Mitarbeiter zur Erledigung der ihm übertragenen Aufgaben benötigt.

Durch die **Weitergabekontrolle** (Nr. 4) soll verhindert werden, dass Datenträger unbefugt gelesen, kopiert, verändert oder entfernt werden können und dass überprüft werden kann, an welche Stellen eine Übermittlung personenbezogener Daten durch Einrichtungen zur Datenübertragung vorgesehen ist. Datenträger ist jedes Medium, auf dem Daten festgehalten werden. Unbefugt ist jedes Verhalten, das sich nicht mit den dem Beschäftigten übertragenen Aufgaben und Kompetenzen deckt.

Die **Eingabekontrolle** (Nr. 5) soll gewährleisten, dass nachträglich überprüft und festgestellt werden kann, welche personenbezogenen Daten zu welcher Zeit von wem in Datenverarbeitungssysteme eingegeben, verändert, d.h. auch gelöscht und entfernt worden sind. Auch bei dieser Kontrollmaßnahme geht es um die Nachprüfbarkeit eines Verarbeitungsvorgangs. Urheber, Inhalt und Zeitpunkt von Datenspeicherungen sollen im Nachhinein ermittelt werden können. Auch diese Maßnahme wird regelmäßig nur durch – manuell oder automatisiert – erfolgende **Protokollierungen**[3] realisierbar sein. Das Eingabeverfahren ist jedenfalls regelmäßig derart zu dokumentieren, dass die erfolgten Dateneingaben überprüft werden können. Unverzichtbar ist die Eingabekontrolle jedenfalls dann, wenn die Eingabe zum Zwecke der Änderung von mehreren Arbeitsplätzen aus erfolgen kann.

Im Rahmen der **Auftragskontrolle** (Nr. 6) hat der Auftragnehmer zu gewährleisten, dass die im Auftrag zu verarbeitenden Daten nur entsprechend den Weisungen des Auftraggebers verarbeitet werden. Zur Auftragskontrolle verpflichtet ist zunächst der Auftragnehmer, mittelbar aber auch der Auftraggeber, dem es obliegt, entsprechend klare Weisungen zu erteilen (s. § 11 Rn 9 ff.) und eindeutige vertragliche Abreden nebst Kontrollabreden zu treffen. Dabei sind insb. verantwortlich zu regeln Zeitpunkt, Ort und Berechtigung/Verpflichtung zur Anlieferung bzw. Abholung der Daten; Transport-/Versendungsform; Leistungsumfang; Aufbewahrung von Datenträgern; beiderseitige Verfügungsberechtigungen; beiderseits durchzuführende Kontrollmaßnahmen; Maßnahmen bei Verlust von Datenträgern, Zulässigkeit der Heranziehung von Subunternehmern etc.

Die **Verfügbarkeitskontrolle** (Nr. 7) zielt ab auf den Schutz vor zufälliger Zerstörung und meint damit z.B. Wasserschäden, Brand, Blitzschlag, Stromausfall. Beispiele für Sicherungsmaßnahmen sind: Auslagerung von Sicherungskopien, Notstromaggregate etc.

Das **Trennungsgebot** (Nr. 8) will die zweckbestimmte Verarbeitung auch technisch sicherstellen. Ist eine Zweckänderung zulässig bzw. ist ein System auf eine Zweckänderung und Zusammenführung der Daten konzipiert, so greift das Gebot nicht. Das Trennungsgebot verlangt keine räumliche Trennung derart, dass die Daten in gesonderten Systemen oder Datenträgern gespeichert werden müssen.

C. Verbindung zu anderen Rechtsgebieten

Die Kontrollmaßnahmen laufen vielfach darauf hinaus, dass Mitarbeiterdaten automatisiert festgehalten werden. Die Nutzung der Daten unterliegt dem Zweckbindungsgebot des § 31 (siehe § 31 Rn 2). Da dem AG bei der Verwirklichung der Kontrollmaßnahmen regelmäßig ein Handlungsspielraum verbleibt, wird die ggf. nach § 87 Abs. 1 Nr. 1 oder Nr. 6 BetrVG greifende Mitbestimmung nicht durch den Gesetzesvorbehalt in § 87 Abs. 1 BetrVG ausgeschlossen.[4]

---

3 Zur Zulässigkeit s. BfD, 14. Tätigkeitsbericht, S. 194 = RDV 1993, 274.

4 Siehe *Gola/Wronka*, Rn 1392.

D. Beraterhinweise

14 Es empfiehlt sich, die Datensicherungsmaßnahmen, soweit sie Zuständigkeitsregelungen und Verhaltensanweisungen an die Mitarbeiter enthalten, in einer betrieblichen Richtlinie zur Datenschutzorganisation zusammenzufassen.[5] Darüber hinaus sind die Maßnahmen im Rahmen des dem Datenschutzbeauftragten zur Verfügung zu stellenden Verfahrensverzeichnisses (§ 4g Abs. 2 S. 1) zu dokumentieren (§ 4e S. 1 Nr. 9).

§ 9a Datenschutzaudit

[1]Zur Verbesserung des Datenschutzes und der Datensicherheit können Anbieter von Datenverarbeitungssystemen und -programmen und datenverarbeitende Stellen ihr Datenschutzkonzept sowie ihre technischen Einrichtungen durch unabhängige und zugelassene Gutachter prüfen und bewerten lassen sowie das Ergebnis der Prüfung veröffentlichen. [2]Die näheren Anforderungen an die Prüfung und Bewertung, das Verfahren sowie die Auswahl und Zulassung der Gutachter werden durch besonderes Gesetz geregelt.

1 Mit den Vorüberlegungen zur Multimedia-Gesetzgebung tauchte erstmals das Phänomen des **„Datenschutzaudits"**[1] auf, das schließlich auch seine erste gesetzliche Existenz im durch das Telemediengesetz aufgehobenen **Mediendienstestaatsvertrag** (§ 17 MDStV) fand, wobei die Einzelheiten bezüglich Prüfungs- und Bewertungsverfahren noch durch ein gesondertes Gesetz geregelt werden sollte. Mit diesem auf Freiwilligkeit und damit auf **Selbstregulierung** basierenden Angebot soll der einzelne Anbieter in Anlehnung an das Umwelt-Audit-Verfahren zu optimalem Datenschutz motiviert werden, indem er sich hiervon einen gesetzlich legitimierten **Wettbewerbsvorteil** und größere Akzeptanz seiner Produkte bei seinen Kunden/Abnehmern verspricht.

2 Mit einer gleichen Zielrichtung sieht § 9a nunmehr die allgemeine Einführung eines Datenschutzaudits vor. Durch **überobligatorische Datenschutzgestaltung**[2] sollen **„datenschutzfreundliche" Produkte** auf dem Markt gefördert werden. Neben den Anbietern von Datenverarbeitungssystemen und Programmen (= also Datenverarbeitung bewirkenden und hierauf beruhenden Produkten) sollen jedoch auch sonstige Daten verarbeitende Stellen – also auch Arbeitgeber bezüglich ihrer Personaldatenverarbeitung – ihr Datenschutzkonzept auditieren lassen können. Ob sie hierdurch einen Wettbewerbsvorteil erwarten können, erscheint fraglich. Abzusehen ist jedoch, dass insoweit Auditierungsdruck durch Mitarbeitervertretungen ausgeübt werden wird, mit dem Bestreben gewerkschaftsnahe Auditoren zu beauftragen.

3 Fragen zu Gegenständen und der Durchführung der Auditierung, der Kollision mit der bereits vorhandenen unabhängigen innerbetrieblichen Kontrollfunktion des betrieblichen Datenschutzbeauftragten[3] und sich insoweit ergebende Detailfragen lässt das BDSG offen, indem S. 2 die Regelung des Verfahrens sowie die Auswahl und Zulassung der Gutachter[4] einem „besonderem" Gesetz überlässt. Ob die noch ausstehenden Regelungen Rechtsanwälten ein Tätigkeitsfeld als Auditor eröffnen, bleibt abzuwarten.

§ 10 Einrichtung automatisierter Abrufverfahren

(1) [1]Die Einrichtung eines automatisierten Verfahrens, das die Übermittlung personenbezogener Daten durch Abruf ermöglicht, ist zulässig, soweit dieses Verfahren unter Berücksichtigung der schutzwürdigen Interessen der Betroffenen und der Aufgaben oder Geschäftszwecke der beteiligten Stellen angemessen ist. [2]Die Vorschriften über die Zulässigkeit des einzelnen Abrufs bleiben unberührt.

(2) [1]Die beteiligten Stellen haben zu gewährleisten, dass die Zulässigkeit des Abrufverfahrens kontrolliert werden kann. [2]Hierzu haben sie schriftlich festzulegen:
1. Anlass und Zweck des Abrufverfahrens,
2. Dritte, an die übermittelt wird,
3. Art der zu übermittelnden Daten,
4. nach § 9 erforderliche technische und organisatorische Maßnahmen.

Im öffentlichen Bereich können die erforderlichen Festlegungen auch durch die Fachaufsichtsbehörden getroffen werden.

---

5 Vgl. das Muster in *Gola/Jaspers*, S. 42.
1 *Bachmeier*, DuD 1996, 672; *Bizer*, DuD 1997, 535; *Roßnagel*, DuD 1997, 505.
2 BR-Drucks 461/00, S. 18.
3 *Drews/Kranz*, DuD 1998, 93; *Gola*, RDV 2000, 93; *Roßnagel*, DuD 2000, 231.
4 *Voßbein*, DuD 2004, 92.

(3) ¹Über die Einrichtung von Abrufverfahren ist in Fällen, in denen die in § 12 Abs. 1 genannten Stellen beteiligt sind, der Bundesbeauftragte für den Datenschutz und die Informationsfreiheit unter Mitteilung der Festlegungen nach Absatz 2 zu unterrichten. ²Die Einrichtung von Abrufverfahren, bei denen die in § 6 Abs. 2 und in § 19 Abs. 3 genannten Stellen beteiligt sind, ist nur zulässig, wenn das für die speichernde und die abrufende Stelle jeweils zuständige Bundes- oder Landesministerium zugestimmt hat.
(4) ¹Die Verantwortung für die Zulässigkeit des einzelnen Abrufs trägt der Dritte, an den übermittelt wird. ²Die speichernde Stelle prüft die Zulässigkeit der Abrufe nur, wenn dazu Anlass besteht. ³Die speichernde Stelle hat zu gewährleisten, dass die Übermittlung personenbezogener Daten zumindest durch geeignete Stichprobenverfahren festgestellt und überprüft werden kann. ⁴Wird ein Gesamtbestand personenbezogener Daten abgerufen oder übermittelt (Stapelverarbeitung), so bezieht sich die Gewährleistung der Feststellung und Überprüfung nur auf die Zulässigkeit des Abrufes oder der Übermittlung des Gesamtbestandes.
(5) ¹Die Absätze 1 bis 4 gelten nicht für den Abruf allgemein zugänglicher Daten. ²Allgemein zugänglich sind Daten, die jedermann, sei es ohne oder nach vorheriger Anmeldung, Zulassung oder Entrichtung eines Entgelts, nutzen kann.

A. Allgemeines	1	III. Kontrolle der Zulässigkeit des Abrufs (Abs. 4)	6
B. Regelungsgehalt	4	C. Verbindung zu anderen Rechtsgebieten	8
I. Normadressaten (Abs. 2)	4	D. Beraterhinweise	9
II. Zulässigkeit (Abs. 1)	5		

A. Allgemeines

Durch die Einrichtung eines **automatisierten Abrufverfahrens** wird für die angeschlossenen Stellen (Dritte gem. § 3 Abs. 8 S. 2) die Möglichkeit und Berechtigung geschaffen, über die bei der speichernden Stelle vorhandenen Daten zu verfügen, d.h. eröffnet wird die Übermittlung von Daten an Dritte im Rahmen einer „Selbstbedienung". Dies ist z.B. der Fall, wenn konzernangehörige Firmen Zugriff auf ein konzernweites **„Human Resource System"** erhalten. 1

Wird der Datenfluss innerhalb der verantwortlichen Stelle durch Abrufverfahren ermöglicht (erhält z.B. der **BR** die Möglichkeit, bestimmte Daten der **Personaldatei** zu lesen oder abzurufen), so ist dieser Vorgang allein unter dem Aspekt der Zulässigkeit der insoweit erfolgenden Datennutzung zu prüfen.¹ 2

Die besonderen Zulässigkeits- und Kontrollregelungen des § 10 sind nach Auffassung des Gesetzgebers nicht erforderlich bzw. gerechtfertigt bei sog. **offenen Datenbanken** (Abs. 5), d.h. wenn ein automatisiertes Abrufverfahren eingerichtet wird, das jedermann, sei es ohne oder nach besonderer Zulassung, ggf. auch entgeltlich zur Benutzung offen steht. 3

B. Regelungsgehalt

I. Normadressaten (Abs. 2)

Normadressaten des § 10 sind die an dem Abrufverfahren „beteiligten Stellen", d.h. die speichernde und die abrufende Stelle. Sie haben zu gewährleisten, dass die Zulässigkeit des Verfahrens kontrolliert werden kann (Abs. 2 S. 1). Die Verantwortung für die Einhaltung der Zulässigkeit der einzelnen Abrufe wird – notwendigerweise – primär der abrufenden Stelle zugewiesen, da die die Daten bereitstellende Stelle auf die Durchführung der einzelnen Abrufe keinen Einfluss nehmen kann. Hat die verantwortliche Stelle jedoch einen Anlass zur Annahme, d.h. einen begründeten Verdacht, dass der Dritte unzulässig abruft, so muss sie einschreiten. 4

II. Zulässigkeit (Abs. 1)

Die Zulässigkeit des Verfahrens setzt zunächst voraus, dass die beabsichtigten Übermittlungen aufgrund eines Erlaubnistatbestands gem. § 4 Abs. 1 erfolgen. In § 10 Abs. 1 S. 1 wird sodann die Einrichtung des Verfahrens von einer **Interessenabwägung** abhängig gemacht. Abzuwägen sind die durch das Abrufverfahren ggf. für das Persönlichkeitsrecht des Betroffenen entstehenden besonderen Gefährdungen, die u.a. bestimmt werden durch Art und Verwendungszweck der Daten und Art und Größe des Empfängerkreises, mit dem Bedarf für ein derartiges Verfahren, der sich aufgrund der Aufgaben und Geschäftszwecke der beteiligten Stellen ergibt. Damit ist die Entscheidung über die Zulässigkeit des Abrufverfahrens zunächst den beteiligten Stellen überlassen, die jedoch ihre diesbezüglichen Überlegung, d.h. die wesentlichen Fakten des Verfahrens, zu Kontrollzwecken schriftlich zu **dokumentieren**² haben (Abs. 2). Zu beachten ist, dass das unbefugte Bereithalten von Daten zum Abruf (§ 43 Abs. 2 Nr. 2) und auch das unbefugte Abrufen (§ 43 Abs. 1 Nr. 3) als Ordnungswidrigkeit oder auch als Straftat (§ 44 Abs. 1) geahndet werden. 5

1 *Gola/Schomerus*, § 10 Rn 5. 2 Vgl. im Einzelnen bei *Gola/Schomerus*, § 10 Rn 14.

III. Kontrolle der Zulässigkeit des Abrufs (Abs. 4)

6 Die Verantwortung für die Zulässigkeit des einzelnen Abrufs trägt das abrufende Unternehmen, dass hierzu im Rahmen seiner Verantwortung nach § 9 eine kontrollierbare Organisation vorzusehen hat. Zur Kontrolle der Rechtmäßigkeit einzelner Abrufe, d.h. der Zulässigkeit der Übermittlung wird jedoch auch der speichernden Stelle die Pflicht auferlegt, **stichprobenartige Überprüfungen** zu ermöglichen (Abs. 4 S. 3). Dies wird regelmäßig durch ein **Protokollverfahren** zu realisieren sein, durch das routinemäßig in unregelmäßigen Abständen – für die abrufende Stelle nicht vorhersehbar – die Durchführung eines Abrufs festgehalten wird, d.h. der Empfänger, die abgerufenen Daten, der Zeitpunkt des Abrufs sowie der abrufende Benutzer (z.B. durch ein Codewort, um nachprüfen zu können, dass kein Mitarbeiter des berechtigten Empfängers unbefugt Abfragen durchführt) festgehalten werden. Bei sensiblen Daten kann ausnahmsweise auch eine Vollprotokollierung erforderlich sein, um einen Missbrauch auszuschließen. Für die Protokolldaten gilt die besondere Zweckbindung nach § 14 Abs. 4 bzw. § 31. Eine Frist zur Aufbewahrung ist nicht festgelegt, jedoch erscheint die Aufbewahrungsdauer von einem Jahr als angemessen.[3]

7 Derartige Verfahren sind ferner regelmäßig der **Vorabkontrolle** (§ 4d Abs. 5) zu unterziehen.

C. Verbindung zu anderen Rechtsgebieten

8 Zu beachten ist, dass Abrufverfahren regelmäßig einen **Teledienst** beinhalten und den besonderen Datenschutzregelungen des TMG unterliegen. Schutzgegenstand des TMG sind die **Daten des Nutzers** des Teledienstes beim Anbieter des Dienstes. Da § 10 auf den vom TMG nicht geregelten „Inhalt" der Information abstellt, also zum Abruf bereitgestellte personenbezogene Daten Dritter schützen will, d.h. nicht dem Schutz des Nutzers, sondern dem Schutz vor dem Nutzer dient, geht – soweit die Regelungen beider Vorschriften im Widerspruch stehen – § 10 als speziellere Vorschrift vor.

D. Beraterhinweise

9 Die konzernweite Übermittlung von AN-Daten im Rahmen eines als Abrufverfahren installierten „**Human resource systems**" setzt – sofern nicht ein konzerndimensionales Arbeitsverhältnis[4] vorliegt – die freiwillige Einwilligung (siehe § 4a Rn 2) der betroffenen Mitarbeiter voraus. Die Grundlage für die Installation im internationalen Konzern kann sodann in der für das deutsche Unternehmen erforderlichen Betriebsvereinbarung und dem für den Konzern in Kraft gesetzten „**codes of conduct**" bzw. Vertragsregelungen (siehe § 4c Rn 2) geschaffen werden.[5]

§ 11 Erhebung, Verarbeitung oder Nutzung personenbezogener Daten im Auftrag

(1) [1]Werden personenbezogene Daten im Auftrag durch andere Stellen erhoben, verarbeitet oder genutzt, ist der Auftraggeber für die Einhaltung der Vorschriften dieses Gesetzes und anderer Vorschriften über den Datenschutz verantwortlich. [2]Die in den §§ 6, 7 und 8 genannten Rechte sind ihm gegenüber geltend zu machen.

(2) [1]Der Auftragnehmer ist unter besonderer Berücksichtigung der Eignung der von ihm getroffenen technischen und organisatorischen Maßnahmen sorgfältig auszuwählen. [2]Der Auftrag ist schriftlich zu erteilen, wobei insbesondere im Einzelnen festzulegen sind:
1. der Gegenstand und die Dauer des Auftrags,
2. der Umfang, die Art und der Zweck der vorgesehenen Erhebung, Verarbeitung oder Nutzung von Daten, die Art der Daten und der Kreis der Betroffenen,
3. die nach § 9 zu treffenden technischen und organisatorischen Maßnahmen,
4. die Berichtigung, Löschung und Sperrung von Daten,
5. die nach Absatz 4 bestehenden Pflichten des Auftragnehmers, insbesondere die von ihm vorzunehmenden Kontrollen,
6. die etwaige Berechtigung zur Begründung von Unterauftragsverhältnissen,
7. die Kontrollrechte des Auftraggebers und die entsprechenden Duldungs- und Mitwirkungspflichten des Auftragnehmers,
8. mitzuteilende Verstöße des Auftragnehmers oder der bei ihm beschäftigten Personen gegen Vorschriften zum Schutz personenbezogener Daten oder gegen die im Auftrag getroffenen Festlegungen,
9. der Umfang der Weisungsbefugnisse, die sich der Auftraggeber gegenüber dem Auftragnehmer vorbehält,

---

[3] Zu alledem: BfD, 14. TB, Anl. 15, 195 f.
[4] *Gola/Wronka*, Rn 976 f.
[5] Siehe zum Inhalt 13. Bericht der Datenschutzaufsicht im nicht öffentlichen Bereich in Hessen, LT-Drucks 15/1539 = RDV 2001, 109.

10. die Rückgabe überlassener Datenträger und die Löschung beim Auftragnehmer gespeicherter Daten nach Beendigung des Auftrags.

³Er kann bei öffentlichen Stellen auch durch die Fachaufsichtsbehörde erteilt werden. ⁴Der Auftraggeber hat sich vor Beginn der Datenverarbeitung und sodann regelmäßig von der Einhaltung der beim Auftragnehmer getroffenen technischen und organisatorischen Maßnahmen zu überzeugen. ⁵Das Ergebnis ist zu dokumentieren.

(3) ¹Der Auftragnehmer darf die Daten nur im Rahmen der Weisungen des Auftraggebers erheben, verarbeiten oder nutzen. ²Ist er der Ansicht, dass eine Weisung des Auftraggebers gegen dieses Gesetz oder andere Vorschriften über den Datenschutz verstößt, hat er den Auftraggeber unverzüglich darauf hinzuweisen.

(4) Für den Auftragnehmer gelten neben den §§ 5, 9, 43 Abs. 1 Nr. 2, 10 und 11, Abs. 2 Nr. 1 bis 3 und Abs. 3 sowie § 44 nur die Vorschriften über die Datenschutzkontrolle oder die Aufsicht, und zwar für

1. a) öffentliche Stellen,
   b) nicht-öffentliche Stellen, bei denen der öffentlichen Hand die Mehrheit der Anteile gehört oder die Mehrheit der Stimmen zusteht und der Auftraggeber eine öffentliche Stelle ist,
   die §§ 18, 24 bis 26 oder die entsprechenden Vorschriften der Datenschutzgesetze der Länder,
2. die übrigen nicht-öffentlichen Stellen, soweit sie personenbezogene Daten im Auftrag als Dienstleistungsunternehmen geschäftsmäßig erheben, verarbeiten oder nutzen, die §§ 4f, 4g und 38.

(5) Die Absätze 1 bis 4 gelten entsprechend, wenn die Prüfung oder Wartung automatisierter Verfahren oder von Datenverarbeitungsanlagen durch andere Stellen im Auftrag vorgenommen wird und dabei ein Zugriff auf personenbezogene Daten nicht ausgeschlossen werden kann.

Literatur: *Büermann*, Datenschutzrechtliche Einordnung von Wartung und Fernwartung, RDV 1994, 202; *Dolderer/v. Garrel/ Müthlein/Schlummberger*, Die Auftragsdatenverarbeitung im neuen BDSG, RDV 2001, 223; *Ingenfeld*, Outsourcing innerhalb des Konzerns, CR 1993, 288 und 301; *Müthlein*, Abgrenzungsprobleme bei der Auftragsdatenverarbeitung, RDV 1993, 165; *Müthlein/Heck*, Outsourcing und Datenschutz, 3. Aufl. 20061997; *Nielen/Thum*, Auftragsdatenverarbeitung in Unternehmen im Nicht-EU-Ausland, K&R 2006,171; *Sutschet*, Auftragsdatenverarbeitung und Funktionsübertragung, RDV 2004, 97; *Wächter*, Rechtliche Grundstrukturen der Datenverarbeitung im Auftrag, CR 1991, 333

A. **Allgemeines**	1	B. **Regelungsgehalt**	9
I. Begriffsbestimmung (Abs. 1)	1	I. Die Auftragsvergabe (Abs. 2 S. 2)	9
II. Datenschutzrechtliche Folgen des Outsourcings	4	II. Pflichten des Auftraggebers (Abs. 2 S. 1, 4)	10
III. Inhalt des Auftrags	5	III. Pflichten des Auftragnehmers (Abs. 3)	12
IV. Wartung- und Serviceaufgaben (Abs. 5)	7	C. **Beraterhinweise**	13
V. Auftragnehmer im Ausland	8		

A. Allgemeines

I. Begriffsbestimmung (Abs. 1)

Auftragserhebung, -verarbeitung bzw. -nutzung i.S.d. gesetzlichen Vorschrift ist dadurch charakterisiert, dass sich eine verantwortliche Stelle, also u.a. ein AG eines Dienstleistungsunternehmens bedient, das in vollständiger Abhängigkeit ihm gegebenen Vorgaben die Erhebung, Verarbeitung oder Nutzung personenbezogener Daten betreibt. Das **Service-Unternehmen** fungiert gleichsam als „verlängerter Arm" oder als ausgelagerte Abteilung der weiterhin „verantwortlichen" Stelle, die als **„Herrin der Daten"** die volle Verfügungsgewalt behält und damit, weil sie allein die Erhebungen, Verarbeitungen oder Nutzungen bestimmt, insoweit für die Einhaltung des BDSG in vollem Umfang verantwortlich bleibt.

1

Das BDSG betrachtet Auftragnehmer im beschriebenen Sinne als **Einheit** mit der auftraggebenden Stelle (§ 3 Abs. 8). Dies hat zur Folge, dass z.B. der Datentransfer zu und von dem Auftragsdatenverarbeiter nicht als Übermittlung i.S.v. § 3 Abs. 4 Nr. 3 verstanden wird.

2

Der Bereich der Auftragsdatenverarbeitung wird verlassen, sobald dem Service-Unternehmen eine „rechtliche Zuständigkeit" für die Aufgabe, deren Erfüllung die Datenverarbeitung oder die Nutzung dient, zugewiesen wird.¹ Eine solche **„Funktionsübertragung"** liegt z.B. vor, wenn in einem **Konzern** die Konzernmutter in ihrem Rechenzentrum die Personaldatenverarbeitung einheitlich für alle Konzernfirmen betreibt und dabei zumindest teilweise Aufgaben der **Personalverwaltung** mit übernimmt. Die Konzernmutter ist dann auch insoweit eigenständiger Norm-

3

---

1 Vgl. zur diesbezüglichen Problematik bei der Weitergabe von Arbeitnehmeradressen zwecks Versands der Arbeitgeberzeitschrift AKTIV bei *Gola/Wronka*, Rn 888 f.

adressat und Dritter in Beziehung zu den Konzerntöchtern. Ob die Übermittlung der Daten an die Mutter zulässig ist, richtet sich u.a. nach § 32 Abs. 1 bzw. § 28 Abs. 1 S. 1.

II. Datenschutzrechtliche Folgen des Outsourcings

4 Besondere Bedeutung haben die Normen über die Auftragsdatenverarbeitung im Zusammenhang mit dem **„Outsourcing"** von Datenverarbeitungsdienstleistungen durch rechtliche Verselbstständigung der DV-Abteilung. Auch wenn sich an den tatsächlichen Umständen der Verarbeitung personenbezogener Daten nichts ändert, so ist der verselbstständigte DV-Bereich nunmehr eigenständige Rechtsperson und damit entweder eine übertragene Funktion wahrnehmender Dritter i.S.d. § 3 Abs. 9 oder geschäftsmäßig im Auftrag tätiger Datenverarbeiter.

III. Inhalt des Auftrags

5 Das Auftragsverhältnis kann als Dienst-, Werk-, Geschäftsbesorgungsvertrag aber auch im Rahmen bestehender Geschäftsbeziehungen bestehen; so kann bei im Rahmen eines **Konzerns** verbundener Unternehmen das Rechenzentrum eines Unternehmens die Datenverarbeitung für alle anderen konzernangehörigen Unternehmen übernehmen. Der Begriff „Auftrag" ist also nicht ausschließlich i.S.d. BGB (§ 662) zu verstehen.

6 Der Auftrag kann die Erhebung, Verarbeitung oder Nutzung personenbezogener Daten insg. oder in einzelnen Phasen der Verarbeitung beinhalten. Ein Bsp. hierfür ist die Beauftragung eines externen **Entsorgungsunternehmens** mit dem Vernichten (Löschen) von Altpapier (Computerausdrucken, Personalakten u.Ä.).

IV. Wartung- und Serviceaufgaben (Abs. 5)

7 Weder Auftragsdatenverarbeitung noch Funktionsübertragung inklusive Datenübermittlung liegt bei der Tätigkeit von **Wartungs- und Serviceunternehmen** vor, selbst wenn diese bei ihrer Betreuungs- und Reparaturtätigkeit personenbezogene Daten „beiläufig" zur Kenntnis nehmen müssen.[2] Gleichwohl ist der Schutzbedarf grds. gleich, so dass die verantwortliche Stelle diese Fälle nach Abs. 5 entsprechend der Auftragsdatenverarbeitung zu behandeln hat.

V. Auftragnehmer im Ausland

8 Die Privilegierung der Auftragsdatenverarbeitung gilt nur, wie § 3 Abs. 8 S. 2 deutlich macht, für Auftragnehmer, die im Geltungsbereich des BDSG bzw. der EU-DatSchRl tätig werden. Auftragnehmer außerhalb der **Europäischen Union** sind somit immer Dritte. Zum Zwecke der Auftragsdatenverarbeitung durchgeführte Datenweitergaben beinhalten unter dem Verbot mit Erlaubnisvorbehalt (§ 4 Abs. 1) stehende Datenübermittlungen, wobei gerade durch die Übermittlung in ein ggf. datenschutzfreies Ausland berechtigte Interessen des Betroffenen tangiert sein können. Inwieweit gleichwohl an Auftragnehmer in sog. **Drittstaaten** personenbezogene Daten übermittelt werden dürfen, reglementiert § 4c.[3]

B. Regelungsgehalt

I. Die Auftragsvergabe (Abs. 2 S. 2)

9 Durch die für den Abschluss des dem Auftrag zugrunde liegenden Vertragsverhältnisses konstitutive **Schriftform** (§ 125 BGB) soll erreicht werden, dass der Auftraggeber auch tatsächlich Weisungen erteilt und der Auftragnehmer nachweisen kann, dass er weisungsgemäß verfahren ist. Für den Inhalt des Auftrags legt das Gesetz in 10 Punkten ein Regelungsminimum fest.

II. Pflichten des Auftraggebers (Abs. 2 S. 1, 4)

10 Der Auftraggeber ist gehalten, den Auftragnehmer **sorgfältig auszuwählen.** Er muss sich vor der Auftragserteilung insbesondere informieren, ob der Auftragnehmer in der Lage und willens ist, die erforderlichen und im Auftrag zu fixierenden technischen und organisatorischen Sicherungsmaßnahmen auszuführen. Insoweit ist auch die Verpflichtung des Auftragnehmers aus Nr. 6 der Anlage zu § 9 von Belang, nach der er durch geeignete Maßnahmen zu gewährleisten hat, dass die Daten nur entsprechend den Weisungen des Auftraggebers verarbeitet werden.

11 Nach Abs. 2 S. 4 muss die gem. Abs. 2 S. 2 Nr. 4 zum Vertragsgegenstand zu machende Information über bzw. die **Kontrolle der Datensicherungsmaßnahmen** und der weisungsgemäßen Tätigkeit des Auftragsnehmers auch während des Auftragsverhältnisses andauern und möglich sein. Die Kontrolle muss jedoch nicht zwingend vor Ort erfolgen. Das Ergebnis eines Auditverfahrens könnte herangezogen werden. Das Ergebnis der Kontrolle ist zu dokumentieren. Das ist von Relevanz, weil die ungeprüfte Vergabe des Auftrags als Ordnungswidrigkeit geahndet werden kann (§ 43 Abs. 1 Nr. 2b).

---

[2] Siehe im Einzelnen bei *Gola/Schomerus*, § 11 Rn 14.   [3] Vgl. auch *Schmidl*, DuD 2008, 258.

Damit diese ihren gesetzlichen Pflichten nachkommen können, sind Kontrollbefugnisse auch für den betrieblichen DSB des Auftraggebers und bei der Verarbeitung von AN-Daten für den BR (§ 80 Abs. 1 Nr. 1 und Abs. 2 BetrVG) zu regeln.

III. Pflichten des Auftragnehmers (Abs. 3)

Der Auftragnehmer darf – was auch Gegenstand des abzuschließenden Vertrages sein muss – die Daten nur gemäß den Weisungen des Auftraggebers verarbeiten. Diesen Weisungen darf er jedoch nicht blindlings folgen; vielmehr ist er gehalten auf ihm erkannte Datenschutzverstöße hinzuweisen. Strafbare Verarbeitungen darf er nicht ausführen.[4] Zur Beschäftigung von **Subunternehmern** ist der Auftragnehmer nur berechtigt, wenn hierzu konkrete Aussagen in dem schriftlich erteilten Auftrag gemacht wurden (Abs. 2 S. 2 Nr. 6). Auch gegenüber diesem Subunternehmer bleibt der Auftraggeber verantwortliche Daten verarbeitende Stelle. Der den Unterauftrag vergebende Auftragnehmer muss vertraglich klar- und zudem sicherstellen, dass der Auftraggeber auch gegenüber dem Subunternehmer seinen Kontrollpflichten nachkommen kann.

C. Beraterhinweise

Die neuen Regelungen zur Auftragsvergabe gelten seit 1.9.2009. Übergangsfristen sieht das Gesetz für bereits bestehende Verträge nicht vor. Nach Auff. der Aufsichtsbehörden ist eine Umstellung bzw. ggf. Künd in angemessener Zeit vorzunehmen. Der Aspekt ist von Relevanz, da nach § 43 Abs. 1 Nr. 2b nicht richtig, nicht vollständig oder nicht in der vorgeschriebenen Weise erteilte Autrag mit einer Geldbuße bis 50.000 Euro geahndet werden kann.

Die Datenschutzaufsichtsbehörden haben Muster für die Vergabe von Aufträgen zur Verarbeitung von personenbezogenen Daten durch öffentlicheund private Stellen – auch unter besonderer Berücksichtigung der Drittlandtransfers[5] – und für Fernwartung[6] vorgelegt.[7]

Zweiter Abschnitt: Datenverarbeitung der öffentlichen Stellen

Erster Unterabschnitt: Rechtsgrundlagen der Datenverarbeitung

§ 12 Anwendungsbereich

(1) Die Vorschriften dieses Abschnittes gelten für öffentliche Stellen des Bundes, soweit sie nicht als öffentlichrechtliche Unternehmen am Wettbewerb teilnehmen.
(2) Soweit der Datenschutz nicht durch Landesgesetz geregelt ist, gelten die §§ 12 bis 16, 19 bis 20 auch für die öffentlichen Stellen der Länder, soweit sie
1. Bundesrecht ausführen und nicht als öffentlichrechtliche Unternehmen am Wettbewerb teilnehmen oder
2. als Organe der Rechtspflege tätig werden und es sich nicht um Verwaltungsangelegenheiten handelt.
(3) Für Landesbeauftragte für den Datenschutz gilt § 23 Abs. 4 entsprechend.
(4) Werden personenbezogene Daten für frühere, bestehende oder zukünftige Beschäftigungsverhältnisse erhoben, verarbeitet oder genutzt, gelten § 28 Absatz 2 Nummer 2 und die §§ 32 bis 35 anstelle der §§ 13 bis 16 und 19 bis 20.

Literatur: *Gola*, Das neue Personalaktenrecht der Beamten und das BDSG, NVwZ 1993, 552; *Gola*, Der Personaldatenschutz im öffentlichen Dienst, RiA 1994, 1; *Kunz*, Personalaktenrecht des Bundes, ZBR 1992, 161; *Taeger*, Personaldatenschutz in der Dienststelle, PersR 2000, 435

A. Allgemeines

Der 2. Abschn. des BDSG regelt die Besonderheiten der Verarbeitung von personenbezogenen Daten durch Bundesbehörden. Für Personaldaten trifft jedoch § 12 Abs. 4 eine Ausnahme, mit der für alle im öffentlichen Dienst Tätigen, seien es Beamte, Richter oder Soldaten, Ang oder Arb, einheitliches Datenschutzrecht geschaffen werden soll. Statt

---

4 Siehe *Gola/Schomerus*, § 11 Rn 25.
5 Standardvertragsklauseln der EU-Kommission, ABl EG v. 10.1.2002, Nr. L 6/52.
6 Hess. DSB, 29. Tätigkeitsbericht (2000), 151.
7 Vgl. auch den bei www.gdd.de abrufbaren Mustervertrag.

der Vorschriften des 2. Abschn. des BDSG, die auf den Vollzug von Gesetzen zugeschnitten sind, sollen die für Vertragsbeziehungen und damit für das private Arbverh maßgebenden Regelungen des 3. Abschn. über die Zulässigkeit der Erhebung, Verarbeitung und Nutzung (§ 28 Abs. 1 u. 3 Nr. 1) der Personaldaten entscheiden. Die einheitliche Regelung wird jedoch dadurch wieder aufgehoben, dass für Beamte und Soldaten[1] inzwischen das BDSG verdrängende bereichsspezifische Regelungen geschaffen wurden.

B. Regelungsgehalt

2 Abs. 4 betrifft personenbezogene Daten, die für **Beschäftigungsverhältnisse (vgl. § 33 Abs. 11)**, d.h. die Ausgestaltung (Begründung, Durchführung, Beendigung) eines solchen Rechtsverhältnisses benötigt werden. Die Verarbeitung der Daten des Personalbestands, der Personalplanung, Vergütung und Versorgung gehört hierher, nicht hingegen diejenige, bei der die personenbezogenen Daten anderen Zwecken dienen.[2] Einbezogen sind frühere, bestehende und künftige Rechtsverhältnisse. Damit fallen auch die Daten erst künftig einzuberufender Wehrpflichtiger oder von **Stellenbewerbern** unter die Regelung.

3 Die Regelungen des 3. Abschn. gelten – abgesehen von der Zulässigkeitsregelung des § 32 – für die Privatwirtschaft nur bei automatisierter oder nicht automatisierter Verarbeitung in Dateien (§ 27 Abs. 1). Zweifelsfragen bestehen daher, ob sich z.B. die Korrekturrechte auf alle Personalakten der öffentlich Bediensteten beziehen. Auch der für die Verarbeitung von „besonderen Arten personenbezogener Daten" im Arbverh[3] maßgebende Abs. 6 des § 28 wird nicht genannt. Damit stellt sich die Frage, ob z.B. Gesundheitsdaten nur noch mit Einwilligung des Beschäftigten oder aufgrund spezialgesetzlicher Erlaubnisnorm verarbeitet werden dürfen. Ob dies die Absicht des Gesetzgebers gewesen ist, erscheint fraglich. Offensichtlich vergessen[4] wurde auch die Verweisung auf die Zweckbindungsbestimmung des § 31 BDSG. Dies fällt auf, da die entsprechende Vorschrift des 2 Abschnitts in § 14 Abs. 4 ebenfalls keine Anwendung finden soll.

Die Regelung des Abs. 4 überschneidet sich mit der Tatsache, dass § 32 gemäß der Definition des Beschäftigtenbegriffs in § 3 Abs. 11 auch ohne die Verweisung auf öffentlich Bedienstete Anwendung findet.

C. Verbindung zu anderen Rechtsgebieten

4 Die Vorschriften des BDSG treten jedoch nach § 1 Abs. 4 gegenüber den bereichsspezifischen Regelungen des beamtenrechtlichen Personalaktenrechts der §§ 106 ff. BBG zurück.[5] Damit entfalten jedenfalls die Zulässigkeits-, Auskunfts- und Korrekturregelungen des BDSG nur noch Wirkung für AN-Daten,[6] für die jedoch Teilaspekte auch tariflich (§ 3 Abs. 6 TVöD, § 3 Abs. 4 TV-L) geregelt sind.

Dritter Abschnitt: Datenverarbeitung nicht-öffentlicher Stellen und öffentlich-rechtlicher Wettbewerbsunternehmen

Erster Unterabschnitt: Rechtsgrundlagen der Datenverarbeitung

§ 27 Anwendungsbereich

(1) Die Vorschriften dieses Abschnittes finden Anwendung, soweit personenbezogene Daten unter Einsatz von Datenverarbeitungsanlagen verarbeitet, genutzt oder dafür erhoben werden oder die Daten in oder aus nicht automatisierten Dateien verarbeitet, genutzt oder dafür erhoben werden durch
1. nicht-öffentliche Stellen,
2. a) öffentliche Stellen des Bundes, soweit sie als öffentlich-rechtliche Unternehmen am Wettbewerb teilnehmen,
   b) öffentliche Stellen der Länder, soweit sie als öffentlichrechtliche Unternehmen am Wettbewerb teilnehmen, Bundesrecht ausführen und der Datenschutz nicht durch Landesgesetz geregelt ist.

---

1 Vgl. hierzu aber auch BVerwG 4.3.2004 – 1 WB 32.03 – RDV 2004, 268 mit Anm. *Gola*.
2 Simitis/*Dammann*, § 12 Rn 28.
3 *Gola*, RDV 2001, 125.
4 Simitis/*Dammann*, § 12 Rn 30.
5 *Gola*, RiA 1994, 1; *Gola*, NVwZ 1993, 553; *Krempl*, DuD 1993, 670; *Schnupp*, RiA 1993, 123.
6 Vgl. BVerwG 27.2.2003 – 2 C 10.02 – RDV 2003, 238 mit Anm. *Gola*; hinzuweisen ist auch darauf, dass einige Landesregelungen die beamtenrechtlichen Regelung für AN anwendbar erklären, s. § 34 Abs. 1 HDSG.

²Dies gilt nicht, wenn die Erhebung, Verarbeitung oder Nutzung der Daten ausschließlich für persönliche oder familiäre Tätigkeiten erfolgt. ³In den Fällen der Nummer 2 Buchstabe a gelten anstelle des § 38 die §§ 18, 21 und 24 bis 26.
(2) Die Vorschriften dieses Abschnitts gelten nicht für die Verarbeitung und Nutzung personenbezogener Daten außerhalb von nicht automatisierten Dateien, soweit es sich nicht um personenbezogene Daten handelt, die offensichtlich aus einer automatisierten Verarbeitung entnommen worden sind.

Der bereits in § 1 Abs. 2 Nr. 3 generell festgelegte Anwendungsbereich des BDSG bei der Verarbeitung personenbezogener Daten durch nicht öffentliche Stellen (§ 2 Abs. 4) wird durch § 27 konkretisiert. Normadressat bei der Verarbeitung von AN-Daten ist daher die natürliche oder juristische Person mit der das Arbverh besteht. Das gilt formal trotz der ihr vom BAG[1] zugesprochenen Eigenständigkeit auch für Datenverarbeitungen des Betriebs- und Personalrates, da sie Teil der verantwortlichen Stelle Betrieb/Behörde sind. Andererseits ist der AG mangels Möglichkeiten der Einflussnahme auf Datenverarbeitung der Mitarbeitervertretung nicht in der Lage, den sich für die verantwortliche Stelle ergebenden Datenschutzpflichten nachzukommen.[2]

Gem. der Verweisung in § 12 Abs. 4 greifen die Regelungen des 3. Abschn. für den Bund, wenn Daten aus dienst- und arbeitsrechtlichen Beschäftigungsverhältnissen verarbeitet werden (zur Vorrangigkeit des Beamtenrechts siehe § 12 Rn 4).

In Abs. 2 wird zunächst noch einmal quasi im Umkehrschluss zu Abs. 1 klargestellt, dass das BDSG im privaten Sektor bei nicht automatisierten bzw. nicht dateigebundenen Verfahren, also z.B. bei der Verarbeitung und Nutzung personenbezogener Daten in unstrukturierten Akten u.ä., keine Anwendung findet. Andererseits wird die Verarbeitung und Nutzung personenbezogener Daten in Akten oder sonstigen Datenträgern dann den Regelungen des BDSG unterworfen, wenn die Daten offensichtlich aus einer automatisierten Verarbeitung stammen. Die „Offensichtlichkeit" der automatisierten Erstellung ist gegeben, wenn sie aus dem Dokument selbst hervorgeht oder die speichernde Stelle die Herkunft der Daten ansonsten kennt und damit für die Beachtung der Regelungen des BDSG Sorge tragen kann. Diese Kenntnis ist immer vorhanden, wenn die speichernde Stelle die Daten selbst aus einer automatisierten Verarbeitung gewonnen hat. Die Kenntnis ist bei übermittelten Daten dadurch gegeben, dass § 28 Abs. 5 S. 3 und § 29 Abs. 4 für die übermittelnden Stellen eine Hinweispflicht gegenüber dem Empfänger begründen.

§ 28 Datenerhebung und -speicherung für eigene Geschäftszwecke

(1) Das Erheben, Speichern, Verändern oder Übermitteln personenbezogener Daten oder ihre Nutzung als Mittel für die Erfüllung eigener Geschäftszwecke ist zulässig,
1. wenn es für die Begründung, Durchführung oder Beendigung eines rechtsgeschäftlichen oder rechtsgeschäftsähnlichen Schuldverhältnisses mit dem Betroffenen erforderlich ist,
2. soweit es zur Wahrung berechtigter Interessen der verantwortlichen Stelle erforderlich ist und kein Grund zu der Annahme besteht, dass das schutzwürdige Interesse des Betroffenen an dem Ausschluss der Verarbeitung oder Nutzung überwiegt, oder
3. wenn die Daten allgemein zugänglich sind oder die verantwortliche Stelle sie veröffentlichen dürfte, es sei denn, dass das schutzwürdige Interesse des Betroffenen an dem Ausschluss der Verarbeitung oder Nutzung gegenüber dem berechtigten Interesse der verantwortlichen Stelle offensichtlich überwiegt.

Bei der Erhebung personenbezogener Daten sind die Zwecke, für die die Daten verarbeitet oder genutzt werden sollen, konkret festzulegen.

(2) Die Übermittlung oder Nutzung für einen anderen Zweck ist zulässig
1. unter den Voraussetzungen des Absatzes 1 Satz 1 Nummer 2 oder Nummer 3,
2. soweit es erforderlich ist,
   a) zur Wahrung berechtigter Interessen eines Dritten oder
   b) zur Abwehr von Gefahren für die staatliche oder öffentliche Sicherheit oder zur Verfolgung von Straftaten
   und kein Grund zu der Annahme besteht, dass der Betroffene ein schutzwürdiges Interesse an dem Ausschluss der Übermittlung oder Nutzung hat, oder
3. wenn es im Interesse einer Forschungseinrichtung zur Durchführung wissenschaftlicher Forschung erforderlich ist, das wissenschaftliche Interesse an der Durchführung des Forschungsvorhabens das Interesse

---

1 BAG 11.11.1998–1 ABR 21/97 – NZA 1998, NJW 1998, 2466 = RDV 1998, 64. 2 Vgl. *Gola/Schomerus* § 3 Rn 49, § 27 Rn 3, § 4g Rn 11.

des Betroffenen an dem Ausschluss der Zweckänderung erheblich überwiegt und der Zweck der Forschung auf andere Weise nicht oder nur mit unverhältnismäßigem Aufwand erreicht werden kann.

(3) ¹Die Verarbeitung oder Nutzung personenbezogener Daten für Zwecke des Adresshandels oder der Werbung ist zulässig, soweit der Betroffene eingewilligt hat und im Falle einer nicht schriftlich erteilten Einwilligung die verantwortliche Stelle nach Absatz 3a verfährt. ²Darüber hinaus ist die Verarbeitung oder Nutzung personenbezogener Daten zulässig, soweit es sich um listenmäßig oder sonst zusammengefasste Daten über Angehörige einer Personengruppe handelt, die sich auf die Zugehörigkeit des Betroffenen zu dieser Personengruppe, seine Berufs-, Branchen- oder Geschäftsbezeichnung, seinen Namen, Titel, akademischen Grad, seine Anschrift und sein Geburtsjahr beschränken, und die Verarbeitung oder Nutzung erforderlich ist

1. für Zwecke der Werbung für eigene Angebote der verantwortlichen Stelle, die diese Daten mit Ausnahme der Angaben zur Gruppenzugehörigkeit beim Betroffenen nach Absatz 1 Satz 1 Nummer 1 oder aus allgemein zugänglichen Adress-, Rufnummern-, Branchenoder vergleichbaren Verzeichnissen erhoben hat,
2. für Zwecke der Werbung im Hinblick auf die berufliche Tätigkeit des Betroffenen und unter seiner beruflichen Anschrift oder
3. für Zwecke der Werbung für Spenden, die nach § 10b Absatz 1 und § 34g des Einkommensteuergesetzes steuerbegünstigt sind.

³Für Zwecke nach Satz 2 Nummer 1 darf die verantwortliche Stelle zu den dort genannten Daten weitere Daten hinzuspeichern. ⁴Zusammengefasste personenbezogene Daten nach Satz 2 dürfen auch dann für Zwecke der Werbung übermittelt werden, wenn die Übermittlung nach Maßgabe des § 34 Absatz 1a Satz 1 gespeichert wird; in diesem Fall muss die Stelle, die die Daten erstmalig erhoben hat, aus der Werbung eindeutig hervorgehen. ⁵Unabhängig vom Vorliegen der Voraussetzungen des Satzes 2 dürfen personenbezogene Daten für Zwecke der Werbung für fremde Angebote genutzt werden, wenn für den Betroffenen bei der Ansprache zum Zwecke der Werbung die für die Nutzung der Daten verantwortliche Stelle eindeutig erkennbar ist. ⁶Eine Verarbeitung oder Nutzung nach den Sätzen 2 bis 4 ist nur zulässig, soweit schutzwürdige Interessen des Betroffenen nicht entgegenstehen. ⁷Nach den Sätzen 1, 2 und 4 übermittelte Daten dürfen nur für den Zweck verarbeitet oder genutzt werden, für den sie übermittelt worden sind.

(3a) ¹Wird die Einwilligung nach § 4a Absatz 1 Satz 3 in anderer Form als der Schriftform erteilt, hat die verantwortliche Stelle dem Betroffenen den Inhalt der Einwilligung schriftlich zu bestätigen, es sei denn, dass die Einwilligung elektronisch erklärt wird und die verantwortliche Stelle sicherstellt, dass die Einwilligung protokolliert wird und der Betroffene deren Inhalt jederzeit abrufen und die Einwilligung jederzeit mit Wirkung für die Zukunft widerrufen kann. ²Soll die Einwilligung zusammen mit anderen Erklärungen schriftlich erteilt werden, ist sie in drucktechnisch deutlicher Gestaltung besonders hervorzuheben.

(3b) ¹Die verantwortliche Stelle darf den Abschluss eines Vertrags nicht von einer Einwilligung des Betroffenen nach Absatz 3 Satz 1 abhängig machen, wenn dem Betroffenen ein anderer Zugang zu gleichwertigen vertraglichen Leistungen ohne die Einwilligung nicht oder nicht in zumutbarer Weise möglich ist. ²Eine unter solchen Umständen erteilte Einwilligung ist unwirksam.

(4) ¹Widerspricht der Betroffene bei der verantwortlichen Stelle der Verarbeitung oder Nutzung seiner Daten für Zwecke der Werbung oder der Markt- oder Meinungsforschung, ist eine Verarbeitung oder Nutzung für diese Zwecke unzulässig. ²Der Betroffene ist bei der Ansprache zum Zweck der Werbung oder der Markt- oder Meinungsforschung und in den Fällen des Absatzes 1 Satz 1 Nummer 1 auch bei Begründung des rechtsgeschäftlichen oder rechtsgeschäftsähnlichen Schuldverhältnisses über die verantwortliche Stelle sowie über das Widerspruchsrecht nach Satz 1 zu unterrichten; soweit der Ansprechende personenbezogene Daten des Betroffenen nutzt, die bei einer ihm nicht bekannten Stelle gespeichert sind, hat er auch sicherzustellen, dass der Betroffene Kenntnis über die Herkunft der Daten erhalten kann. ³Widerspricht der Betroffene bei dem Dritten, dem die Daten im Rahmen der Zwecke nach Absatz 3 übermittelt worden sind, der Verarbeitung oder Nutzung für Zwecke der Werbung oder der Markt- oder Meinungsforschung, hat dieser die Daten für diese Zwecke zu sperren. ⁴In den Fällen des Absatzes 1 Satz 1 Nummer 1 darf für den Widerspruch keine strengere Form verlangt werden als für die Begründung des rechtsgeschäftlichen oder rechtsgeschäftsähnlichen Schuldverhältnisses.

(5) ¹Der Dritte, dem die Daten übermittelt worden sind, darf diese nur für den Zweck verarbeiten oder nutzen, zu dessen Erfüllung sie ihm übermittelt werden. ²Eine Verarbeitung oder Nutzung für andere Zwecke ist nichtöffentlichen Stellen nur unter den Voraussetzungen der Absätze 2 und 3 und öffentlichen Stellen nur unter den Voraussetzungen des § 14 Abs. 2 erlaubt. ³Die übermittelnde Stelle hat ihn darauf hinzuweisen.

(6) Das Erheben, Verarbeiten und Nutzen von besonderen Arten personenbezogener Daten (§ 3 Abs. 9) für eigene Geschäftszwecke ist zulässig, soweit nicht der Betroffene nach Maßgabe des § 4a Abs. 3 eingewilligt hat, wenn

1. dies zum Schutz lebenswichtiger Interessen des Betroffenen oder eines Dritten erforderlich ist, sofern der Betroffene aus physischen oder rechtlichen Gründen außerstande ist, seine Einwilligung zu geben,

2. es sich um Daten handelt, die der Betroffene offenkundig öffentlich gemacht hat,
3. dies zur Geltendmachung, Ausübung oder Verteidigung rechtlicher Ansprüche erforderlich ist und kein Grund zu der Annahme besteht, dass das schutzwürdige Interesse des Betroffenen an dem Ausschluss der Erhebung, Verarbeitung oder Nutzung überwiegt, oder
4. dies zur Durchführung wissenschaftlicher Forschung erforderlich ist, das wissenschaftliche Interesse an der Durchführung des Forschungsvorhabens das Interesse des Betroffenen an dem Ausschluss der Erhebung, Verarbeitung und Nutzung erheblich überwiegt und der Zweck der Forschung auf andere Weise nicht oder nur mit unverhältnismäßigem Aufwand erreicht werden kann.

(7) [1]Das Erheben von besonderen Arten personenbezogener Daten (§ 3 Abs. 9) ist ferner zulässig, wenn dies zum Zweck der Gesundheitsvorsorge, der medizinischen Diagnostik, der Gesundheitsversorgung oder Behandlung oder für die Verwaltung von Gesundheitsdiensten erforderlich ist und die Verarbeitung dieser Daten durch ärztliches Personal oder durch sonstige Personen erfolgt, die einer entsprechenden Geheimhaltungspflicht unterliegen. [2]Die Verarbeitung und Nutzung von Daten zu den in Satz 1 genannten Zwecken richtet sich nach den für die in Satz 1 genannten Personen geltenden Geheimhaltungspflichten. [3]Werden zu einem in Satz 1 genannten Zweck Daten über die Gesundheit von Personen durch Angehörige eines anderen als in § 203 Abs. 1 und 3 des Strafgesetzbuchs genannten Berufes, dessen Ausübung die Feststellung, Heilung oder Linderung von Krankheiten oder die Herstellung oder den Vertrieb von Hilfsmitteln mit sich bringt, erhoben, verarbeitet oder genutzt, ist dies nur unter den Voraussetzungen zulässig, unter denen ein Arzt selbst hierzu befugt wäre.

(8) [1]Für einen anderen Zweck dürfen die besonderen Arten personenbezogener Daten (§ 3 Abs. 9) nur unter den Voraussetzungen des Absatzes 6 Nr. 1 bis 4 oder des Absatzes 7 Satz 1 übermittelt oder genutzt werden. [2]Eine Übermittlung oder Nutzung ist auch zulässig, wenn dies zur Abwehr von erheblichen Gefahren für die staatliche und öffentliche Sicherheit sowie zur Verfolgung von Straftaten von erheblicher Bedeutung erforderlich ist.

(9) [1]Organisationen, die politisch, philosophisch, religiös oder gewerkschaftlich ausgerichtet sind und keinen Erwerbszweck verfolgen, dürfen besondere Arten personenbezogener Daten (§ 3 Abs. 9) erheben, verarbeiten oder nutzen, soweit dies für die Tätigkeit der Organisation erforderlich ist. [2]Dies gilt nur für personenbezogene Daten ihrer Mitglieder oder von Personen, die im Zusammenhang mit deren Tätigkeitszweck regelmäßig Kontakte mit ihr unterhalten. [3]Die Übermittlung dieser personenbezogenen Daten an Personen oder Stellen außerhalb der Organisation ist nur unter den Voraussetzungen des § 4a Abs. 3 zulässig. [4]Absatz 2 Nummer 2 Buchstabe b gilt entsprechend.

Literatur: vgl. Angaben zu § 32

A. Allgemeines 1
  I. Die Interessenabwägung (Abs. 1 S. 1 Nr. 2) 5
  II. Allgemein zugängliche Daten (Abs. 1 S. 1 Nr. 3) . 7
  III. Zweckändernde Nutzung oder Übermittlung (Abs. 2, 3) 8
  IV. Das Erheben, Verarbeiten und Nutzen von besonderen Arten personenbezogener Daten (Abs. 6) .. 10
  V. Nutzung von Arbeitnehmerdaten zu Werbezwecken 14
B. Beraterhinweise 15

A. Allgemeines

Die für die Begründung, Durchführung und Beendigung eines Beschäftigungsverhältnisses erforderlichen[1] Erhebungen, Verarbeitungen oder Nutzungen von personenbezogenen Daten haben in § 32 eine eigene Regelung erhalten. § 32 Abs. 1 ersetzt den bisher maßgebenden Zulässigkeitstatbestand des § 28 Abs. 1 S. 1 Nr. 1, ohne inhaltlich jedoch etwas zu ändern. Soweit es sich um nicht im Rahmen der arbeitsvertraglichen Beziehung erforderliche Daten geht, gilt weiterhin § 28 mit seinem Abs. 1 S. 1 Nr. 2 und 3 sowie dem Abs. 2 Nr. 1 und 3. Gleichfalls haben die Restriktionen bei der Verarbeitung besonderer Arten von Daten (§ 3 Abs. 9) des Abs. 6 weiter Geltung. Auch die Hinweispflicht gegenüber dem Empfänger übermittelter Daten nach Abs. 5 S. 3 gilt weiterhin.[2]

Abs. 1 S. 1 Nr. 1 greift somit zunächst, wenn mit dem AN neben dem Beschäftigungsverhältnis laufende Schuldverhältnisse begründet oder durchgeführt werden. Daran ändert nichts, wenn die Vertragsbeziehung mit dem Arbvh verbunden, d.h. eine Leistung nur aufgrund des Arbvh gewährt wird. Für den Kauf von Werkswagen, die Vermietung von Werkswohnungen oder aber auch den Ankauf von Mahlzeiten in der Kantine dürfen die Daten verarbeitet werden, die für die Begründung, Durchführung oder Beendigung des jeweiligen Schuldverhältnisses benötigt werden.

---

1 Zum Begriff der Erforderlichkeit *Gola/Schomerus*, § 28 Rn 13; vgl. aber auch *Thüsing*, NZA 2009, 865.

2 *Gola/Jaspers*, RDV 2009, 212.

120 BDSG § 28

3 Steht der Beschäftigte in **mehrfachen Vertragsbeziehungen** zum AG dürfen die im Zusammenhang mit der Abwicklung des jeweiligen Vertragsverhältnisses mitgeteilten bzw. ansonsten erhobenen und gespeicherten Daten zunächst nur im Rahmen der konkreten vertraglichen Beziehung verarbeitet und genutzt werden.[3] Sollen die Daten auch in dem anderen Vertragsverhältnis genutzt werden, so ist diese **Zweckänderung** nur unter erneuter Prüfung und Bejahung einer der in § 28 genannten Zulässigkeitsalternativen gestattet. Ist der Ang eines **Kreditinstituts** gleichzeitig auch Kunde, so wird es in der Regel nicht gestattet sein, die Daten über die Bewegungen seines Kontos für im Rahmen des Arbverh zu treffende Personalbeurteilungen heranzuziehen. Zulässig ist es jedoch, dass die Revision die Kundendaten stichprobenartig oder bei Verdacht auf die Durchführung verbotener **Insidergeschäfte** überprüft.[4] Obwohl der Grundsatz gilt, dass die Prüfungshandlungen der **Innenrevision** sich auf die Betriebsabläufe aller Teilbereiche des Kreditinstitutes erstrecken können, kann es kein uneingeschränktes Revisionsrecht geben. Private **Mitarbeiterkonten** darf die Innenrevision nur überprüfen, wenn sie als normale Kundenkonten für die Revision von Bedeutung sind. Die generelle Kontrolle von Mitarbeiterkonten ist auch und gerade zur Aufklärung von Straftaten – insb. ohne vorherige Einschaltung des BR und Mitteilung an die Betroffenen – nicht zu akzeptieren. Lediglich bei konkreten Verdachtsmomenten im Einzelfall können Kontrollmaßnahmen gerechtfertigt sein, bevor die Bank als AG die Strafverfolgungsbehörden einschaltet, um das betrügerische Verhalten eines Mitarbeiters zu unterbinden.

4 Für berechtigte Verarbeitungsinteressen des AG, die nicht der Erhebung, Durchführung oder Beendigung des Beschäftigungsverhältnisses dienen, sondern an „deren Rande" geschehen, kann auch auf Abs. 1 S. 1 Nr. 2 zurückgegriffen werden.

I. Die Interessenabwägung (Abs. 1 S. 1 Nr. 2)

5 Abs. 1 S. 1 Nr. 2 steht dem AG jedoch nicht alternativ neben der Zulässigkeitsregelung des § 32 Abs. 1 zur Verfügung.[5] Die weiteren Zulässigkeitsalternativen des BDSG können nicht etwas gestatten, das die vertragliche Beziehung nicht zulässt. Abs. 1 S. 2 Nr. 2, Abs. 2 Nr. 1 und 2 können nur dann zur Anwendung kommen, wenn vertragliche Schutzpflichten nicht verletzt werden. Die nicht auf die vertragliche Erforderlichkeit abstellenden Zulässigkeitsalternativen können als Ausnahmefall jedoch greifen, wenn es um gleichfalls mit dem Arbverh in Bezug stehende Vorgänge geht, die jedoch bei enger Interpretation nicht mehr der Zweckbestimmung des Vertragsverhältnisses zuzuordnen sind. Hierbei kann es sich um Daten in Bezug auf z.B. freiwillige Leistungen des AG, um Veröffentlichungen in Werkszeitungen, um Mitteilungen beim Unternehmensverkauf und ggf. auch um einen konzerninternen Datenfluss handeln.

6 Ein weiteres Bsp. sind Datenübermittlungen im Rahmen von sog. **Due-Diligence-Prüfungen** beim Unternehmenserwerb. Reichen auch regelmäßig anonymisierte und aggregierte Angaben aus, damit der Erwerber die Situation des zu übernehmenden Personals beurteilen kann, so müssen personenbezogene Informationen für die Erwerbsüberlegung hinsichtlich des leitenden Managements und besonders relevanten Experten etc., d.h. die „**human resources**" des Unternehmens, als erforderlich angesehen werden.[6] Erfolgt eine **Betriebsübernahme** nach § 613a BGB, so soll nach wohl überwiegender Meinung[7] die Zulässigkeitsalternative des Abs. 1 S. 1 Nr. 2 die Grundlage für den Zugriff auf die Personaldaten durch den Erwerber bilden. Jedenfalls darf die Weitergabe erst erfolgen, wenn die dem AN zustehende Widerspruchsfrist abgelaufen ist.

II. Allgemein zugängliche Daten (Abs. 1 S. 1 Nr. 3)

7 Für die Erhebung, Speicherung und nachfolgende Veränderung, Übermittlung oder Nutzung von Daten, die **allgemein zugänglich sind**, sowie für Daten, die die verantwortliche Stelle allgemein zugänglich machen, d.h. veröffentlichen dürfte, enthält Abs. 1 S. 1 Nr. 3 erleichterte Zulässigkeitsbedingungen. Die Bestimmung kann im Arbverh nur ausnahmsweise Bedeutung haben, so z.B. wenn der AG Informationen über den AN der Presse und auch zunehmend dem Internet entnimmt. Erforderlich ist aber auch hier die zulässige Relevanz für die arbeitsvertragliche Beziehung.

III. Zweckändernde Nutzung oder Übermittlung (Abs. 2, 3)

8 Die Festlegung der Verarbeitung oder Nutzung der Daten auf eine die Erlaubnistatbestände des § 32 Abs. 1 und § 28 Abs. 1 S. 1 Nr. 2–3 ausfüllende Zweckbestimmung ist jedoch für die weitere Verarbeitung oder Nutzung nicht abschließend. Zum einem gestattet Abs. 2 Nr. 1 eine spätere **Zweckänderung** bzw. -erweiterung, indem die Daten ggf. für zunächst nicht berücksichtigte oder bestehende Zwecke genutzt oder übermittelt werden dürfen, sofern der neue Zweck ebenfalls durch die Erlaubnistatbestände des Abs. 1 S. 1 Nr. 2 bis 3 gedeckt ist. Zum anderen erlaubt Abs. 2 die Übermittlung oder Nutzung der Daten für einen anderen als den ursprünglich die Erhebung, Verarbeitung oder Nutzung legitimierenden Zweck unter weiteren bestimmten Voraussetzungen. Hierzu zählt u.a. das berechtigte Interesse

---

3 Bergmann/Möhrle/Herb, BDSG, § 28 Rn 70 ff.; Simitis/Simitis, BDSG, § 28 Rn 81.
4 Bergmann/Möhrle/Herb, BDSG, § 28 Rn 70 ff.; Simitis/Simitis, BDSG, § 28 Rn 81.
5 Ebenso Däubler, Gläserne Belegschaften?, Rn 185 f.
6 Aufsichtsbehörde Hessen, LT-Drs. 18/1015 Ziff. 12.3.
7 Gola/Wronka, Rn 1121.

eines Dritten oder das allgemeine Interesse der Abwehr von Gefahren für die öffentliche Sicherheit sowie zur Verfolgung von Straftaten.

Werden Daten an Dritte übermittelt, verpflichtet Abs. 5 auch den Empfänger zur Beachtung der Zweckbindung. Abs. 5 S. 3 verpflichtet die übermittelnde Stelle, den Dritten auf dieses „relative" Zweckbindungsgebot hinzuweisen. Die **Hinweispflicht** besteht unabhängig von dem die Übermittlung rechtfertigenden Erlaubnistatbestand. Hinsichtlich Form und Inhalt des Hinweises (mündlich, schriftlich, für jeden Übermittlungsfall gesondert etc.) macht das Gesetz keine Aussage. Anzuknüpfen ist an die Art der Übermittlung. Werden Daten schriftlich übermittelt, so ist der Hinweis den übermittelten Daten anzufügen. Regelmäßig ist dabei der zulässige Zweck zu benennen. Eine bei jeglichen Datenübermittlungen verwendbare Standardformel, die nur den Gesetzestext des § 28 Abs. 5 wiedergibt, genügt der beabsichtigten Gewährleistung der Betroffenenrechte nicht; so ist bei der Weitergabe von firmeninternen **Telefonverzeichnissen** an Konzerntöchter für jeden dortigen Mitarbeiter die Zweckbestimmung der ausschließlich dienstlichen Verwendung in dem Verzeichnis deutlich zu machen.

IV. Das Erheben, Verarbeiten und Nutzen von besonderen Arten personenbezogener Daten (Abs. 6)

Die Voraussetzungen, unter denen **besondere Arten personenbezogener Daten** des § 3 Abs. 9 ausnahmsweise auch ohne Einwilligung des Betroffenen durch den AG erhoben, verarbeitet oder genutzt werden dürfen, finden sich in Abs. 6. Interpretiert müssen die Erlaubnisregelungen hinsichtlich der Mehrzahl der betroffenen Daten unter den grundsätzlichen Verwendungsverboten bei Personalentscheidungen nach dem AGG.[8]

Für die Datenverarbeitungen im Rahmen von arbeitsvertraglichen Beziehungen kommt regelmäßig Abs. 6 Nr. 3 in Betracht. Danach ist die Erhebung, Verarbeitung oder Nutzung der Daten gestattet, wenn dies zur Geltendmachung, Ausübung oder Verteidigung rechtlicher Ansprüche erforderlich ist und kein Grund zu der Annahme besteht, dass das schutzwürdige Interesse des Betroffenen an dem Ausschluss der Erhebung, Verarbeitung oder Nutzung überwiegt. Der Gesetzestext hat zum Ausgangspunkt der Rechtmäßigkeit der Verarbeitung die Wahrnehmung eines „**rechtlichen Anspruchs**" gemacht. Folgt man der Definition des BGB, so ist ein Anspruch das Recht einer Person, von einer anderen Person ein Tun oder Unterlassen zu verlangen (§ 194 Abs. 1 BGB). Ein solcher Anspruch kann sich aufgrund gesetzlicher oder auch vertraglicher Regelung ergeben. Welche Bedeutung insoweit der Aussage zukommt, dass es sich um einen „rechtlichen" Anspruch handeln muss, ist nicht erkennbar. Auszugehen ist jedoch davon, dass es sich um Ansprüche handeln kann, die sowohl der verantwortlichen Stelle gegenüber Anderen zustehen als auch um solche, die sich gegen die verantwortliche Stelle richten.[9] Für das Anbahnungsverhältnis erstreckt sich die Informationsberechtigung auch auf die Klärung von Ansprüchen, die erst im eventuellen späteren Arbverh entstehen.[10]

Zu den besonders geschützten Daten zählen u.a. die im Arbverh durchaus relevanten Angaben zur Gesundheit des Bewerbers/AN. Bei automatisierter Verarbeitung stellt sich somit die Frage, ob z.B. die von der Rechtsprechung bislang im Bereich der Gesundheitsdaten als zulässig betrachteten Fragen nach **Erkrankungen,** die den Bewerber an der „normalen" Wahrnehmung seiner arbeitsvertraglichen Pflichten hindern, oder nach in absehbarer Zeit anstehenden längerfristigen krankheitsbedingten Abwesenheiten noch gestellt werden dürfen, d.h. ob derartige Informationen „zur Geltendmachung, Ausübung oder Verteidigung rechtlicher Ansprüche" des AG erforderlich sind. Erfolgen die entsprechenden Datenerhebung in einem bestehenden Arbverh, so kann ohne weiteres bejaht werden, dass der AG die Informationen u.a. benötigt, um seinen Anspruch auf ordnungsgemäße Erfüllung der Arbeitspflicht des AN (§ 611 BGB) geltend machen bzw. verteidigen zu können, wozu ggf. auch die krankheitsbedingte Künd zu zählen ist. Bei entsprechenden Datenerhebungen bei Bewerbern wird die Zulässigkeit aus der Klärung der Erfüllung zukünftiger Ansprüche ableitbar sein.

Im Anbahnungsverhältnis unzulässig sind Datenerhebungen, die zu einer Diskriminierung führen. Dies gilt auch für das Datum der **Schwerbehinderteneigenschaft**, dessen Erhebung im Hinblick auf das Diskriminierungsverbot wegen der Behinderung (§ 1 AGG) zumindest freigestellt sein muss.[11]

V. Nutzung von Arbeitnehmerdaten zu Werbezwecken

§ 28 regelt bzw. erlaubt die Verwendung von Adressdaten für Werbezwecke u.a., wenn diese im Rahmen eines rechtsgeschäftlichen Schuldverhältnisses mit dem Betroffenen erhoben wurden. Entgegen der früheren Regelung des § 28 enthält der maßgebende Abs. 3 nunmehr ein diesbezügliches Verbot für AN-Adressen nicht mehr. Die Rechtslage bleibt jedoch die gleiche, da der Verwendung für eigene oder fremde Werbezwecke regelmäßig schutz-

---

8 *Wisskirchen*, DB 2006, 1491.
9 Siehe *Gola/Schomerus*, § 28 Rn 70.
10 *Franzen*, RDV 2003, 1; *Gola*, RDV 2001, 125; *Thüsing/Lambrich*, BB 2002, 1145; vgl. aber auch Bln. DSB, Materialien zum Datenschutz, Nr. 30, S. 29, der das Datenerhebungsrecht auf das „Recht auf Gewerbefreiheit" stützen will.
11 *Adams*, ZTR 2003, 158; *Franzen*, RDV 2003, 1; *Leder*, SAE 2006, 305; *Messingschlager*, NZA 2003, 299.,

würdige Interessen des AN entgegenstehen. Etwas anderes gilt, wenn dem AN Angebote gemacht werden, die im Bezug zum Arbverh stehen (vgl. oben Rn 2).

B. Beraterhinweise

15 Für welche Verwendungszwecke Beschäftigtendaten erhoben werden können, wird im Rahmen des Abschlusses einer BV festgelegt (vgl. BetrVG § 77 Rn 3 ff.), da, wenn Bewerber- oder Mitarbeiterdaten nach einheitlichen Kriterien erhoben und gespeichert werden, es einmal im Hinblick auf die Mitbestimmung bei formalisierter Befragung nach § 94 BetrVG und bei automatisierter Verarbeitung nach § 86 Abs. 1 Nr. 6 der Zustimmung des BR bedarf.

16 Da die Erhebung besonderer Arten personenbezogener Daten u.U. auf eine Diskriminierung des Mitarbeiters hinauslaufen kann, sind auch die insoweit bestehenden Schutzpflichten des Betriebsrats zu beachten (§ 17 Abs. 2 AGG).[12]

§ 28a Datenübermittlung an Auskunfteien (gültig ab 1.4.2010)

(1) Die Übermittlung personenbezogener Daten über eine Forderung an Auskunfteien ist nur zulässig, soweit die geschuldete Leistung trotz Fälligkeit nicht erbracht worden ist, die Übermittlung zur Wahrung berechtigter Interessen der verantwortlichen Stelle oder eines Dritten erforderlich ist und
1. die Forderung durch ein rechtskräftiges oder für vorläufig vollstreckbar erklärtes Urteil festgestellt worden ist oder ein Schuldtitel nach § 794 der Zivilprozessordnung vorliegt,
2. die Forderung nach § 178 der Insolvenzordnung festgestellt und nicht vom Schuldner im Prüfungstermin bestritten worden ist,
3. der Betroffene die Forderung ausdrücklich anerkannt hat,
4. a) der Betroffene nach Eintritt der Fälligkeit der Forderung mindestens zweimal schriftlich gemahnt worden ist,
   b) zwischen der ersten Mahnung und der Übermittlung mindestens vier Wochen liegen,
   c) die verantwortliche Stelle den Betroffenen rechtzeitig vor der Übermittlung der Angaben, jedoch frühestens bei der ersten Mahnung über die bevorstehende Übermittlung unterrichtet hat und
   d) der Betroffene die Forderung nicht bestritten hat oder
5. das der Forderung zugrunde liegende Vertragsverhältnis aufgrund von Zahlungsrückständen fristlos gekündigt werden kann und die verantwortliche Stelle den Betroffenen über die bevorstehende Übermittlung unterrichtet hat.

Satz 1 gilt entsprechend, wenn die verantwortliche Stelle selbst die Daten nach § 29 verwendet.

(2) [1]Zur zukünftigen Übermittlung nach § 29 Abs. 2 dürfen Kreditinstitute personenbezogene Daten über die Begründung, ordnungsgemäße Durchführung und Beendigung eines Vertragsverhältnisses betreffend ein Bankgeschäft nach § 1 Abs. 1 Satz 2 Nummer 2, 8 oder Nr. 9 des Kreditwesengesetzes an Auskunfteien übermitteln, es sei denn, dass das schutzwürdige Interesse des Betroffenen an dem Ausschluss der Übermittlung gegenüber dem Interesse der Auskunftei an der Kenntnis der Daten offensichtlich überwiegt. [2]Der Betroffene ist vor Abschluss des Vertrages hierüber zu unterrichten. [3]Satz 1 gilt nicht für Giroverträge, die die Einrichtung eines Kontos ohne Überziehungsmöglichkeit zum Gegenstand haben. [4]Zur zukünftigen Übermittlung nach § 29 Abs. 2 ist die Übermittlung von Daten über Verhaltensweisen des Betroffenen, die im Rahmen eines vorvertraglichen Vertrauensverhältnisses der Herstellung von Markttransparenz dienen, an Auskunfteien auch mit Einwilligung des Betroffenen unzulässig.

(3) [1]Nachträgliche Änderungen der einer Übermittlung nach Absatz 1 oder Absatz 2 zugrunde liegenden Tatsachen hat die verantwortliche Stelle der Auskunftei innerhalb eines Monats nach Kenntniserlangung mitzuteilen, solange die ursprünglich übermittelten Daten bei der Auskunftei gespeichert sind. [2]Die Auskunftei hat die übermittelnde Stelle über die Löschung der ursprünglich übermittelten Daten zu unterrichten.

1 Die Regelung gestattet in Abs. 1, inwieweit ein Gläubiger, und hierbei kann es sich auch um einen AG handeln, gegenüber einem Schuldner, also ggf. auch einem AN bestehende offene Forderungen an eine Auskunftei übermitteln darf. Die Kriterien des Abs. 1 sollen sicherstellen, dass die Zahlungsunfähigkeit bzw. Zahlungsunwilligkeit eindeutig belegt ist. Die Regelung gilt auch, wenn in einem Konzern oder in einer Branche die Meldung an ein Warnsystem erfolgt.

---

12 *Gola/Jaspers*, RDV 2007, 111.

§ 28b Scoring (gültig ab 1.4.2010)

Zum Zweck der Entscheidung über die Begründung, Durchführung oder Beendigung eines Vertragsverhältnisses mit dem Betroffenen darf ein Wahrscheinlichkeitswert für ein bestimmtes zukünftiges Verhalten des Betroffenen erhoben oder verwendet werden, wenn

1. die zur Berechnung des Wahrscheinlichkeitswerts genutzten Daten unter Zugrundelegung eines wissenschaftlich anerkannten mathematischstatistischen Verfahrens nachweisbar für die Berechnung der Wahrscheinlichkeit des bestimmten Verhaltens erheblich sind,
2. im Fall der Berechnung des Wahrscheinlichkeitswerts durch eine Auskunftei die Voraussetzungen für eine Übermittlung der genutzten Daten nach § 29 und in allen anderen Fällen die Voraussetzungen einer zulässigen Nutzung der Daten nach § 28 vorliegen,
3. für die Berechnung des Wahrscheinlichkeitswerts nicht ausschließlich Anschriftendaten genutzt werden,
4. im Fall der Nutzung von Anschriftendaten der Betroffene vor Berechnung des Wahrscheinlichkeitswerts über die vorgesehene Nutzung dieser Daten unterrichtet worden ist; die Unterrichtung ist zu dokumentieren.

A. Allgemeines	1	1. Gegenstand der Auskunftspflicht	6
B. Regelungsgehalt	5	2. Sanktionen	7
I. Zulässigkeitsvoraussetzungen	5	C. Verbindung zu anderen Rechtsgebieten	8
II. Transparenzpflichten	6	D. Beraterhinweise	9

A. Allgemeines

Der Begriff des Scorings ist im BDSG nicht erläutert. Nach der Gesetzesbegründung[1] ist „Scoring ein mathematisch-statistisches Verfahren, mit dem die Wahrscheinlichkeit, mit der eine bestimmte Person ein bestimmtes Verhalten zeigen wird, berechnet werden kann. Diese Wahrscheinlichkeit wird angegeben durch den so genannten Scorewert. Vorwiegend werden Scoringverfahren zur Berechnung der Wahrscheinlichkeit des Zahlungsverhaltens und damit zur Ermittlung der Kreditwürdigkeit einer Person benutzt." Auch in einem Beschäftigungsverhältnis kann zum Zwecke der Entscheidung über die Begründung, Durchführung oder Beendigung des Vertragsverhältnisses ein per Scoring ermittelter Wahrscheinlichkeitswert über ein bestimmtes zukünftiges Verhalten des Bewerbers oder Mitarbeiters von Interesse sein. Dabei muss jedoch zunächst getrennt werden, von Beurteilungsverfahren, die im Vorfeld einer Einstellung oder sonstigen Personalmaßnahme unter Erstellung eines Qualifikationsprofils mit dem Ziel stattfinden, abzuschätzen, ob er zukünftigen Anforderungen gewachsen sein wird. Entscheidet sich beispielsweise ein potenzieller AG dafür, nur Bewerber mit bestimmten Qualifikationen, Sprachkenntnissen und/oder einem bestimmten Notendurchschnitt auszufiltern und in die engere Wahl zu nehmen, so liegt keine auf die Berechnung eines Wahrscheinlichkeitswertes für ein zukünftiges Verhalten gestützte Entscheidung vor. § 28b liegt auch nicht vor, wenn der AG bei der Auswahl ein Punktesystem verwendet. Bestehen für Bewerber feste Parameter als Einstellungsvoraussetzung so liegt kein Scoring vor. Es kann aber ein Fall des § 6a vorliegen.

Grundvoraussetzung für die Anwendbarkeit der Norm ist, dass ein Wahrscheinlichkeitswert für ein bestimmtes **zukünftiges Verhalten** des Betroffenen im Zusammenhang mit einer Entscheidung über die Begründung, Durchführung oder Beendigung eines konkreten Vertragsverhältnisses mit demselben verwendet wird. Eine rückblickende Leistungs- und Verhaltensanalyse ohne Zukunftsbezug kann nicht unter § 28b fallen. Unter zukünftigem Verhalten versteht der Gesetzgeber ein bevorstehendes selbstbestimmtes Handeln.

Wird allerdings auf Basis eines Scorewerts eine dahingehende Wahrscheinlichkeit bestimmt, dass ein potenzieller AN das Arbverh alsbald wieder auflösen oder sich vertragswidrig verhalten, z.B. Diebstahl oder Untreue begehen würde, so ist § 28b zu beachten. Demgegenüber beinhaltet die Einholung einer Bonitätsauskunft zum Zwecke der Beurteilung der Zuverlässigkeit eines Bewerbers i.d.R. bereits den Scorewert.

Der Scorewert muss auch ausweislich der Gesetzesbegründung Eingang in eine Entscheidung finden, die für den Betroffenen eine rechtliche Folge im Zusammenhang mit einem – potenziellen – Vertragsverhältnis nach sich zieht. Dies ist bspw. bei Entscheidungen über den Abschluss von Kunden- oder Arbeitsverträgen der Fall. Anderseits tritt noch keine rechtliche Folge beim so genannten Werbescoring, bei dem lediglich die Adressaten von Werbung automatisiert ermittelt werden, ein.

---

1 BT-Drucks 16/10529, S. 1 f.

B. Regelungsgehalt

I. Zulässigkeitsvoraussetzungen

5 Die zur Berechnung des Scorewerts genutzten Daten müssen auf einem wissenschaftlich anerkannten mathematisch-statistischen Verfahren nachweisbar für die Berechnung der Wahrscheinlichkeit des Eintretens eines Verhaltens erheblich sein (vgl. Nr. 1). Hieraus resultiert eine Dokumentationspflicht der verantwortlichen Stelle auch im Hinblick auf die Nachprüfbarkeit durch die Datenschutzaufsichtsbehörde. Die Vorschrift verpflichtet nicht etwa zur Einholung von die Wissenschaftlichkeit der Verfahren bestätigenden Prüfsiegeln. Vielmehr genügt es, wenn entsprechend qualifiziertes Fachpersonal mit der Entwicklung der Formeln beschäftigt wird. Die Entwicklung sachgerechter Formeln liegt im Übrigen im Eigeninteresse der Unternehmen, die auf sinnvolle Scoringergebnisse angewiesen sind. Nr. 2 macht die Zulässigkeit des Scorings grds. vom Vorliegen der allgemeinen Zulässigkeitsvoraussetzungen nach § 28 abhängig. Hinsichtlich der Verarbeitung von Beschäftigtendaten dürfte indes primär der in Nr. 2 nicht genannte § 32 einschlägig sein.

II. Transparenzpflichten

6 **1. Gegenstand der Auskunftspflicht.** Speziell für den Fall des Scorings nach § 28b hat der Gesetzgeber neue Auskunftspflichten geschaffen, um die Transparenz für den Betroffenen zu erhöhen (§ 34 Abs. 2 Nr. 1–3). Die Auskunftspflicht nach § 34 Abs. 2 S. 1 gilt nach Satz 2 der Vorschrift auch, wenn die zur Berechnung des Wahrscheinlichkeitswerts genutzten Daten ohne Personenbezug von der für die Entscheidung verantwortliche Stelle gespeichert werden, diese den Personenbezug aber bei der Berechnung herstellt oder bei einer anderen Stelle gespeicherte Daten nutzt. Die zur Auskunftserteilung gespeicherten Daten unterliegen gemäß § 34 Abs. 5 einer strengen Zweckbindung.

7 **2. Sanktionen.** Die Verletzung der Auskunftspflicht im Fall des Scorings nach § 28b ist bußgeldbewehrt (§ 43 Abs. 1 Nr. 8a–8c).

C. Verbindung zu anderen Rechtsgebieten

8 Das Scoring erfolgt im Wege automatisierter Verarbeitung, so dass Mitbestimmung nach § 87 Abs. 1 Nr. 6 BetrVG zu beachten ist.

D. Beraterhinweise

9 Der betriebliche DSB ist in das Verfahren mit einzubeziehen und hat ggf. eine Vorabkontrolle nach § 4d Abs. 5 durchzuführen. Er sollte sich die Wissenschaftlichkeit der mathematisch-statistischen Verfahren vom Fachpersonal bestätigen lassen und für die notwendige Dokumentation sorgen.

§ 29 Geschäftsmäßige Datenerhebung und -speicherung zum Zweck der Übermittlung (gültig bis 31.3.2010)

(1) Das geschäftsmäßige Erheben, Speichern oder Verändern personenbezogener Daten zum Zweck der Übermittlung, insbesondere wenn dies der Werbung, der Tätigkeit von Auskunfteien oder dem Adresshandel dient, ist zulässig, wenn
1. kein Grund zu der Annahme besteht, dass der Betroffene ein schutzwürdiges Interesse an dem Ausschluss der Erhebung, Speicherung oder Veränderung hat, oder
2. die Daten aus allgemein zugänglichen Quellen entnommen werden können oder die verantwortliche Stelle sie veröffentlichen dürfte, es sei denn, dass das schutzwürdige Interesse des Betroffenen an dem Ausschluss der Erhebung, Speicherung oder Veränderung offensichtlich überwiegt.

§ 28 Absatz 1 Satz 2 und Absatz 3 bis 3b ist anzuwenden.

(2) Die Übermittlung im Rahmen der Zwecke nach Absatz 1 ist zulässig, wenn
1. der Dritte, dem die Daten übermittelt werden, ein berechtigtes Interesse an ihrer Kenntnis glaubhaft dargelegt hat und
2. kein Grund zu der Annahme besteht, dass der Betroffene ein schutzwürdiges Interesse an dem Ausschluss der Übermittlung hat.

²§ 28 Absatz 3 bis 3b gilt entsprechend. ³Bei der Übermittlung nach Nummer 1 sind die Gründe für das Vorliegen eines berechtigten Interesses und die Art und Weise ihrer glaubhaften Darlegung von der übermittelnden Stelle aufzuzeichnen. ⁴Bei der Übermittlung im automatisierten Abrufverfahren obliegt die Aufzeichnungspflicht dem Dritten, dem die Daten übermittelt werden.

(3) ¹Die Aufnahme personenbezogener Daten in elektronische oder gedruckte Adress-, Rufnummern-, Branchen- oder vergleichbare Verzeichnisse hat zu unterbleiben, wenn der entgegenstehende Wille des Betroffenen

aus dem zugrunde liegenden elektronischen oder gedruckten Verzeichnis oder Register ersichtlich ist. ²Der Empfänger der Daten hat sicherzustellen, dass Kennzeichnungen aus elektronischen oder gedruckten Verzeichnissen oder Registern bei der Übernahme in Verzeichnisse oder Register übernommen werden.
(4) Für die Verarbeitung oder Nutzung der übermittelten Daten gilt § 28 Abs. 4 und 5.
(5) § 28 Abs. 6 bis 9 gilt entsprechend.

§ 29 Geschäftsmäßige Datenerhebung und -speicherung zum Zweck der Übermittlung (gültig ab 1.4.2010 bis 10.6.2010)

(1) Das geschäftsmäßige Erheben, Speichern, Verändern oder Nutzen personenbezogener Daten zum Zweck der Übermittlung, insbesondere wenn dies der Werbung, der Tätigkeit von Auskunfteien oder dem Adresshandel dient, ist zulässig, wenn
1. kein Grund zu der Annahme besteht, dass der Betroffene ein schutzwürdiges Interesse an dem Ausschluss der Erhebung, Speicherung oder Veränderung hat,
2. die Daten aus allgemein zugänglichen Quellen entnommen werden können oder die verantwortliche Stelle sie veröffentlichen dürftees sei denn, dass das schutzwürdige Interesse des Betroffenen an dem Ausschluss der, Erhebung, Speicherung oder Veränderung offensichtlich überwiegt, oder
3. die Voraussetzungen des § 28a Abs. 1 oder Abs. 2 erfüllt sind; Daten im Sinne von § 28a Abs. 2 Satz 4 dürfen nicht erhoben oder gespeichert werden.

§ 28 Absatz 1 Satz 2 und Absatz 3 bis 3b ist anzuwenden.

(2) Die Übermittlung im Rahmen der Zwecke nach Absatz 1 ist zulässig, wenn
1. der Dritte, dem die Daten übermittelt werden, ein berechtigtes Interesse an ihrer Kenntnis glaubhaft dargelegt hat und
2. kein Grund zu der Annahme besteht, dass der Betroffene ein schutzwürdiges Interesse an dem Ausschluss der Übermittlung hat.

²§ 28 Absatz 3 bis 3b gilt entsprechend. ³Bei der Übermittlung nach Satz 1 Nr. 1 sind die Gründe für das Vorliegen eines berechtigten Interesses und die Art und Weise ihrer glaubhaften Darlegung von der übermittelnden Stelle aufzuzeichnen. ⁴Bei der Übermittlung im automatisierten Abrufverfahren obliegt die Aufzeichnungspflicht dem Dritten, dem die Daten übermittelt werden. ⁵Die übermittelnde Stelle hat Stichprobenverfahren nach § 10 Abs. 4 Satz 3 durchzuführen und dabei auch das Vorliegen eines berechtigten Interesses einzelfallbezogen festzustellen und zu überprüfen.

(3) ¹Die Aufnahme personenbezogener Daten in elektronische oder gedruckte Adress-, Rufnummern-, Branchen- oder vergleichbare Verzeichnisse hat zu unterbleiben, wenn der entgegenstehende Wille des Betroffenen aus dem zugrunde liegenden elektronischen oder gedruckten Verzeichnis oder Register ersichtlich ist. ²Der Empfänger der Daten hat sicherzustellen, dass Kennzeichnungen aus elektronischen oder gedruckten Verzeichnissen oder Registern bei der Übernahme in Verzeichnisse oder Register übernommen werden.
(4) Für die Verarbeitung oder Nutzung der übermittelten Daten gilt § 28 Abs. 4 und 5.
(5) § 28 Abs. 6 bis 9 gilt entsprechend.

§ 29 Geschäftsmäßige Datenerhebung und -speicherung zum Zweck der Übermittlung (gültig ab 11.6.2010)

(1) Das geschäftsmäßige Erheben, Speichern, Verändern oder Nutzen personenbezogener Daten zum Zweck der Übermittlung, insbesondere wenn dies der Werbung, der Tätigkeit von Auskunfteien oder dem Adresshandel dient, ist zulässig, wenn
1. kein Grund zu der Annahme besteht, dass der Betroffene ein schutzwürdiges Interesse an dem Ausschluss der Erhebung, Speicherung oder Veränderung hat,
2. die Daten aus allgemein zugänglichen Quellen entnommen werden können oder die verantwortliche Stelle sie veröffentlichen dürfte, es sei denn, dass das schutzwürdige Interesse des Betroffenen an dem Ausschluss der Erhebung, Speicherung oder Veränderung offensichtlich überwiegt, oder
3. die Voraussetzungen des § 28a Abs. 1 oder Abs. 2 erfüllt sind; Daten im Sinne von § 28a Abs. 2 Satz 4 dürfen nicht erhoben oder gespeichert werden.

§ 28 Absatz 1 Satz 2 und Absatz 3 bis 3b ist anzuwenden.

(2) Die Übermittlung im Rahmen der Zwecke nach Absatz 1 ist zulässig, wenn
1. der Dritte, dem die Daten übermittelt werden, ein berechtigtes Interesse an ihrer Kenntnis glaubhaft dargelegt hat und
2. kein Grund zu der Annahme besteht, dass der Betroffene ein schutzwürdiges Interesse an dem Ausschluss der Übermittlung hat.

²§ 28 Absatz 3 bis 3b gilt entsprechend. ³Bei der Übermittlung nach Satz 1 Nr. 1 sind die Gründe für das Vorliegen eines berechtigten Interesses und die Art und Weise ihrer glaubhaften Darlegung von der übermittelnden Stelle aufzuzeichnen. ⁴Bei der Übermittlung im automatisierten Abrufverfahren obliegt die Aufzeichnungspflicht dem Dritten, dem die Daten übermittelt werden. ⁵Die übermittelnde Stelle hat Stichprobenverfahren nach § 10 Abs. 4 Satz 3 durchzuführen und dabei auch das Vorliegen eines berechtigten Interesses einzelfallbezogen festzustellen und zu überprüfen.

(3) ¹Die Aufnahme personenbezogener Daten in elektronische oder gedruckte Adress-, Rufnummern-, Branchen- oder vergleichbare Verzeichnisse hat zu unterbleiben, wenn der entgegenstehende Wille des Betroffenen aus dem zugrunde liegenden elektronischen oder gedruckten Verzeichnis oder Register ersichtlich ist. ²Der Empfänger der Daten hat sicherzustellen, dass Kennzeichnungen aus elektronischen oder gedruckten Verzeichnissen oder Registern bei der Übernahme in Verzeichnisse oder Register übernommen werden.

(4) Für die Verarbeitung oder Nutzung der übermittelten Daten gilt § 28 Abs. 4 und 5.

(5) § 28 Abs. 6 bis 9 gilt entsprechend.

(6) Eine Stelle, die geschäftsmäßig personenbezogene Daten, die zur Bewertung der Kreditwürdigkeit von Verbrauchern genutzt werden dürfen, zum Zweck der Übermittlung erhebt, speichert oder verändert, hat Auskunftsverlangen von Darlehensgebern aus anderen Mitgliedstaaten der Europäischen Union oder anderen Vertragsstaaten des Abkommens über den Europäischen Wirtschaftsraum genauso zu behandeln wie Auskunftsverlangen inländischer Darlehensgeber.

(7) ¹Wer den Abschluss eines Verbraucherdarlehensvertrags oder eines Vertrags über eine entgeltliche Finanzierungshilfe mit einem Verbraucher infolge einer Auskunft einer Stelle im Sinne des Absatzes 6 ablehnt, hat den Verbraucher unverzüglich hierüber sowie über die erhaltene Auskunft zu unterrichten. ²Die Unterrichtung unterbleibt, soweit hierdurch die öffentliche Sicherheit oder Ordnung gefährdet würde. ³§ 6a bleibt unberührt.

1 Fälle, in denen die Übermittlung von Daten der Beschäftigten der unmittelbare Geschäftszweck der verantwortlichen Stelle ist, treten einmal auf, bei diesbezüglichen Auskunfts- und Warnsystemen. Ein Bsp. bildet die Auskunftsstelle über den Versicherungsaußendienst (AVAD).[1] Hier werden Daten der Versicherungsvertreter dem jeweiligen Spitzenverband zugeleitet, der sie speichert und anfragenden Versicherern zur Verfügung stellt. Darüber hinaus bestehen auch in anderen Branchen Warndateien.[2] So wird jemand, der sich einem Pharmaunternehmen gegen Entgelt als Proband zur Erprobung neuer Arzneimittel zur Verfügung stellt, mithilfe eines zentralen Informationssystems auf frühere Testteilnahmen bei anderen Unternehmen überprüft. Auch konzernweite „Human Resource Systems" oder zentrale „Whitleblowermeldesysteme"[3] unterfallen je nach ihrer Organisation dem Tatbestand des § 29. Zu beachten ist jedoch, dass das Einmelden der Daten in derartige Warnsysteme durch den AG i.d.R. die Zulässigkeitsgrenzen des § 32 überschreitet und daher der Einwilligung des AN (§ 4a) bedarf.[4]

2 § 29 kommt ferner zur Anwendung, wenn in zu Werbezwecken gehandelten Firmen-Adressdaten auch die Namen der Ansprechpartner gespeichert und übermittelt werden. Es handelt sich bei diesen Daten um Werbedaten zu Zwecken der beruflichen Tätigkeit, deren Speicherung und Übermittlung nach der gem. Abs. 1 S. 2 und Abs. 2 S. 2 anzuwendenden Bestimmung des § 28 Abs. 3 bis 3b zulässig ist, solange kein Widerspruch vorliegt. Gibt der Einkäufer der Firma z.B. bei dem Messebesuch seine Visitenkarte bei einem Aussteller ab, muss er damit rechnen, in einer branchenbezogenen Werbedatei gespeichert zu werden.

Der AG wäre demgegenüber jedoch nicht befugt, die Daten seiner Beschäftigten geschäftsmäßig Dritten für Werbezwecke zu übermitteln. Dem ständen schutzwürdige Interessen der Betroffenen entgegen.

§ 31 Besondere Zweckbindung

Personenbezogene Daten, die ausschließlich zu Zwecken der Datenschutzkontrolle, der Datensicherung oder zur Sicherstellung eines ordnungsgemäßen Betriebes einer Datenverarbeitungsanlage gespeichert werden, dürfen nur für diese Zwecke verwendet werden.

1 Siehe im Einzelnen Hamb. DSB, 8. Tätigkeitsbericht, S. 114 f. und 9. Tätigkeitsbericht, S. 100 f.
2 *Bongard*, RDV 1987, 209.
3 *Behrendt/Kaufmann*, CR 2006, 642.
4 *Simitis/Mallmann*, § 29 Rn 39; *Däubler*, Gläserne Belegschaften?, Rn 455.

Literatur: *Leopold*, Protokollierung und Mitarbeiterdatenschutz, DuD 2006, 274; *Wedde*, Protokollierung und Arbeitnehmerdatenschutz, DuD 2007, 752

A. Allgemeines	1	II. Verbot der Zweckänderung	3
B. Regelungsgehalt	2	C. Verbindung zu anderen Rechtsgebieten	4
I. Die Zweckbestimmung	2		

A. Allgemeines

§ 31 enthält ein Zweckentfremdungsverbot für Daten, die ausschließlich für Zwecke der Datenschutzkontrolle, der Datensicherung oder zur Sicherung des ordnungsgemäßen Betriebs der Datenverarbeitungsanlage gespeichert sind. Da das Gesetz von gespeicherten Daten spricht, sind alle personenbezogene Daten betroffen, die auf einem Datenträger gleich welcher Art festgehalten werden, d.h. auch auf manuell geführten Protokollen, auf Anwesenheitslisten oder Empfangsbescheinigungen.[1]

B. Regelungsgehalt

I. Die Zweckbestimmung

Nur ausschließlich zur **Datenschutzkontrolle** gespeichert sind solche Daten, die nur noch gespeichert sind, um ggf. die Zulässigkeit der erfolgten Verarbeitungen und Zugriffe überprüfen zu können. Die Entscheidung, dass die Daten nur dieser Zweckbestimmung dienen, muss bei ihrer Erhebung getroffen worden sein (§ 28 Abs. 1 S. 2). Das Gesetz schreibt nicht vor, dass das so sein muss. Jedenfalls ist es nicht von vorneherein unzulässig, im Rahmen der **Zugangskontrolle** gespeicherte Zutritts- und Abgangsdaten auch für die Zwecke der Arbeitszeiterfassung und Vergütungsabrechnung zu nutzen.

II. Verbot der Zweckänderung

Eine nachträgliche **Änderung der Zweckbestimmung** mit dieser Zielrichtung wäre jedoch unzulässig, selbst wenn die Voraussetzungen für eine Nutzungsänderung nach § 28 Abs. 2 vorliegen würden. Ist die ausschließliche Zweckbestimmung gegeben, so ist eine Verhaltenskontrolle, die auf die Ermittlung unbefugter Datenverarbeitung gerichtet ist, zulässig, sie darf und muss dann ggf. auch Anlass für die erforderlichen Personalmaßnahmen sein. Jedoch dürfen andere, nicht auf Datenschutzverletzungen gerichtete Kontrollen bzw. Auswertungen nicht stattfinden.

C. Verbindung zu anderen Rechtsgebieten

Bei den in § 31 angesprochenen Daten wird es sich weitgehend um sog. **Benutzerdaten**, d.h. um Daten von AN handeln, die bei der Datenverarbeitung tätig sind. Die automatisierte Verarbeitung solcher Mitarbeiterdaten unterliegt der **Mitbestimmung** durch die Mitarbeitervertretungen (§ 87 Abs. 1 Nr. 6 BetrVG). Die Mitbestimmung greift auch, wenn die Kontrolle in § 9 nebst Anlage zwingend ist, da dem AG regelmäßig auch insoweit ein gewisser Regelungsspielraum verbleibt.[2]

---

§ 32 — Datenerhebung, -verarbeitung und -nutzung für Zwecke des Beschäftigungsverhältnisses

(1) ¹Personenbezogene Daten eines Beschäftigten dürfen für Zwecke des Beschäftigungsverhältnisses erhoben, verarbeitet oder genutzt werden, wenn dies für die Entscheidung über die Begründung eines Beschäftigungsverhältnisses oder nach Begründung des Beschäftigungsverhältnisses für dessen Durchführung oder Beendigung erforderlich ist. ²Zur Aufdeckung von Straftaten dürfen personenbezogene Daten eines Beschäftigten nur dann erhoben, verarbeitet oder genutzt werden, wenn zu dokumentierende tatsächliche Anhaltspunkte den Verdacht begründen, dass der Betroffene im Beschäftigungsverhältnis eine Straftat begangen hat, die Erhebung, Verarbeitung oder Nutzung zur Aufdeckung erforderlich ist und das schutzwürdige Interesse des Beschäftigten an dem Ausschluss der Erhebung, Verarbeitung oder Nutzung nicht überwiegt, insbesondere Art und Ausmaß im Hinblick auf den Anlass nicht unverhältnismäßig sind.
(2) Absatz 1 ist auch anzuwenden, wenn personenbezogene Daten erhoben, verarbeitet oder genutzt werden, ohne dass sie automatisiert verarbeitet werden oder in oder aus einer nicht automatisierten Datei verarbeitet, genutzt oder für die Verarbeitung oder Nutzung in einer solchen Datei erhoben werden.
(3) Die Beteiligungsrechte der Interessenvertretungen der Beschäftigten bleiben unberührt.

---

1 Simitis/*Dammann*, § 31 Rn 5.   2 *Gola/Wronka*, Rn 1492 und 1697.

Literatur allgemein: *Barton*, Risiko-/Compliance-Management und Arbeitnehmerdatenschutz – eine nach wie vor unbefriedigende Kollisionslage – Anmerkung zu § 32 BDSG; RDV 2009, 200; *Deutsch/Diller*, Die geplante Neuregelung des Arbeitnehmerdatenschutzes in § 32 BDSG, DB 2009, 1462; *Gola/Jaspers*, Ist § 32 BDSG eine abschließende Regelung?, RDV 2009, 212; *Grenzenberg/Schreibauer*, Die Datenschutznovelle II, K&R 2009, 535; *Schild/Tinnefeld*, Entwicklungen im Arbeitnehmerdatenschutz, DuD 2009, 469; *Schmidt*, Arbeitnehmerdatenschutz nach § 32 BDSG, RDV 2009, 193; *Thüsing*, Datenschutz im Arbeitsverhältnis, NZA 2009, 865; *Vogel/Glas*, Datenschutzrechtliche Probleme unternehmensinterner Übermittlungen, DB 2009, 1747; *Wybitul*, Das neue Bundesdatenschutzgesetz: Verschärfte Regelungen für Compliance und interne Ermittlungen, BB 2009, 1582

Literatur zu Einzelfragen: *Adams*, Die Einstellung des Arbeitnehmers unter besonderer Berücksichtigung des öffentlichen Dienstes, ZTR 2003, 158; *Beckschulze/Henkel*, Der Einfluß des Internets auf das Arbeitsrecht, DB 2001, 1491; *Beckschulze*, Internet-, Intranet- und E-Mail-Einsatz am Arbeitsplatz, DB 2007, 1526; *Boemke*, Fragerecht des Arbeitgebers nach Mitgliedschaft im Arbeitgeber verband, NZA 2004, 142; *Breilinger/Krader*, Whistleblowing – Chancen und Risiken bei der Umsetzung von anonym nutzbaren Hinweissystemen, RDV 2006, 60; *Conrad*, Transfer von Mitarbeiterdaten zwischen verbundenen Unternehmen, ITRB 2005, 164; *Däubler*, Gläserne Belegschaften? – Die Verwendung von Gendaten im Arbeitsverhältnis, RDV 2003, 7; *Dill/Schuster*, Rechtsfragen der elektronischen Personalakte, DB 2008, 393; *Dillert*, „Kontenausspähskandal" bei Deutschen Bahn: Wo ist der Skandal?, BB 2009, 438; *Diller/Deutsch*, Arbeitnehmerdatenschutz kontra Due Diligence, K&R 1998, 16; *Ehrich*, Fragerecht des Arbeitgebers bei Einstellungen und Folge der Falschbeantwortung, DB 2000, 421; *Franzen*, Die Zulässigkeit der Erhebung und Speicherung von Gesundheitsdaten der Arbeitnehmer nach dem novellierten BDSG, RDV 2003,1; *Gola*, Die Erhebung und Verarbeitung „besonderer Arten personenbezogener Daten" im Arbeitsverhältnis, RDV 2001, 125; *ders.*, Die Frage nach dem Verhinderungsfall – ein Versuch zur Umgehung unzulässiger Datenerhebung?, RDV 2000, 202; *Hohenstatt/Stammer/Hinrich*, Backgroundchecks von Bewerbern in Deutschland: Was ist erlaubt, NZA 2006, 1065; *Joussen*, Si tacuisses – der aktuelle Stand zum Fragerecht des Arbeitgebers nach der Schwerbehinderung, NJW 2003, 2857; *Matties*, Arbeitnehmerüberwachung mittels Kamera, NJW 2008, 2219; *Meyer*, Mitarbeiterüberwachung von Arbeitnehmern, NZA 2009, 14; *Müller*, Wer fragt, der führt oder Drum prüfe, wer sich ewig bindet, AiB 2007, 709; *Lambrich/Cahlik*, Austausch von Arbeitnehmerdaten in multinationalen Konzernen – Datenschutz- und betriebsverfassungsrechtliche Rahmenbedingungen, RDV 2002, 287; *Levinski von*, Der gläserne Arbeitnehmer-Datenschutz im Arbeitsverhältnis, Heidelberger StudZR 2006, 425; *Lingemann/Göpfert*, Der Einsatz von Detektiven im Arbeitsrecht, DB 1997, 374; *Mengel*, Kontrolle der E-Mail- und Internetkommunikation am Arbeitsplatz, BB 2004, 2014; *Meyer*, Ethikrichtlinien internationaler Unternehmen und deutsches Arbeitsrecht, NJW 2006, 3605; *Messingschläger*, Sind sie schwerbehindert? – an Ende einer unbeliebten Frage, NZA 2003, 301; *Raffler/Hellich*, Unter welchen Voraussetzungen ist die Überwachung von Arbeitnehmer-E-Mails zulässig?, NZA 1997, 862; *Rittweger/Schmidl*, Arbeitnehmerdatenschutz im Lichte des AGG, RDV 2006, 235; *Schaub*, Ist die Frage nach der Schwerbehinderteneigenschaft noch zulässig? NZA 2003, 299; *Schmidl*, Datenschutz bei Whisleblowerhotline, DuD 2006, 353; *Schuster*, Weitergabe von Arbeitnehmeranschriften – Verstoß gegen den Datenschutz?, RDV 1989, 157; *Thüsing*, Arbeitnehmerdatenschutz als Aufgabe von Gesetzgebung und Rechtsprechung, RDV 2009, 1; *Thüsing/Lambrich*, Das Fragerecht des Arbeitgebers – aktuelle Probleme eines klassischen Themas, BB 2002, 1146; *Wedde*, Protokollierung und Arbeitnehmerdatenschutz, DuD 2007, S. 75; *ders.*, Lidl und die grundrechtsfreien Zonen, AiB 2008, 243; *Weichert*, Gesundheitsdaten von Bewerbern und Beschäftigten, RDV 2007, 189; *Wetzling/Habel*, Betriebliches Eingliederungsmanagement und Mitwirkung des Mitarbeiters, NZA 2007, 1129; *Wolf/Mulert*, Die Zulässigkeit der Überwachung von E-Mail-Korrespondenz am Arbeitsplatz, BB 2008, 442; *Zimmermann von*, Whistleblowing und Datenschutz, RDV 2006, 249; *Zilkens/Klett*, Datenschutz im Personalwesen, DuD 2008, 41

A. Allgemeines 1	IV. Der Erlaubnistatbestand des Abs. 1 S. 2 13
B. Regelungsgehalt 3	V. Die weitere Anwendung der Erlaubnisnormen
I. Der Anwendungsbereich der Norm 3	in § 28 14
II. Die Erlaubnisregelung in Abs. 1 S. 1 5	C. Verbindung zu anderen Rechtsgebieten 15
III. Anwendungsfälle 7	D. Beraterhinweise 16

A. Allgemeines

1 Sofern keine Spezialvorschrift zur Anwendung kommt, kann sich die Zulässigkeit der Erhebung und Verarbeitung von AN-Daten aus den Erlaubnisvorschriften des 3. Abschnitts des BDSG ergeben. Dabei ist von Relevanz, dass als Spezialvorschrift des AN-Datenschutzes im Jahre 2009 § 32 eingefügt wurde. Daneben kommen aber auch noch Regelungen in dem für eigene Zwecke erfolgenden Datenverarbeitungen maßgebenden allgemeinen Erlaubnistatbestand des § 28 zum Tragen.

2 Die Norm des § 32 soll nicht mehr als den Willen des Gesetzgebers deutlich machen, dass er – wozu er sich aufgrund des Ablaufs der Legislaturperiode im Sommer 2009, sei es im Rahmen der Novellierung des BDSG, sei es in einem eigenständigen **Beschäftigtendatenschutzgesetz** nicht mehr in der Lage sah – sich dem AN-Datenschutz alsbald insgesamt gesondert widmen wolle. Inhaltliche Änderungen im Bereich des AN-Datenschutzes enthält die Norm bei sachgerechter Interpretation[1] nicht. Sie konkretisiert zunächst die sich bereits nach § 28 Abs. 1 S. 1 aus der Zweckbestimmung einer vertraglichen Beziehung ergebende Zulässigkeit. Als Rechtsgrundlage für im Rahmen der arbeitsvertraglichen Beziehung benötigte Daten tritt nunmehr an die Stelle des § 28 Abs. 1 S. 1 Nr. 1 der Zulässigkeitstatbestand des Abs. 1. Verdrängt werden soll auch die Pflicht zur Dokumentation der die Verarbeitung rechtfer-

---

[1] Vgl. jedoch die unterschiedlichen Auff. der in der vorstehenden Aufstellung genannten Lit.

tigenden Zweckbestimmung (§ 28 Abs. 1 S. 2), da die Zweckbestimmung bereits durch Abs. 1 S. 1 vorgegeben ist.[2] Weiterhin Geltung haben jedoch die Regelungen in § 28 Abs. 1 S. 1 Nr. 2, Abs. 3 Nr. 1 und 2 und Abs. 6 bis 8.

B. Regelungsgehalt

I. Der Anwendungsbereich der Norm

Für die Anwendung der Norm ist die Art und Weise der Datenverarbeitung entgegen der ansonsten geltenden Eingrenzung der Anwendung des BDSG auf dateigebundene bzw. automatisierte Verarbeitungen (§§ 1 Abs. 2 Nr. 2, 27 Abs. 1) unerheblich. So wie es wohl auch für ein zukünftiges Beschäftigtendatenschutzgesetz gedacht ist, gilt Abs. 1 gem. Abs. 2 für **jede Form** der Erhebung bzw. Verarbeitung, d.h. auch für nicht unter den Dateibegriff fallende Personalvorgänge und -akten. Die Verweisung gilt – seltsamerweise – nicht für andere Zulässigkeitstatbestände oder für die Wahrnehmung von sich aus dem BDSG ergebender Betroffenenrechte.

Die Norm erfasst alle in einem abhängigen Beschäftigungsverhältnis stehende Personen gem. § 3 Abs. 11.

II. Die Erlaubnisregelung in Abs. 1 S. 1

Die nach § 28 Abs. 1 Nr. 1 S. 1 maßgebende Zweckbestimmung eines rechtsgeschäftlichen Schuldverhältnisses wird für das Arbverh in Abs. 1 S. 1 dahin konkretisiert, dass Beschäftigtendaten erhoben, verarbeitet oder genutzt werden dürfen, wenn dies im Rahmen der verschiedenen Phasen eines Arbverh, d.h. seiner Begründung, seiner Durchführung oder seiner Beendigung erforderlich ist.

Der vom Gesetzgeber nunmehr wieder gewählte Begriff der **Erforderlichkeit** ändert nichts an der Rechtslage, auch wenn § 28 Abs. 1 S. 1 Nr. 1 zuvor dahingehend undeutlicher formulierte, dass die Verarbeitung der Zweckbestimmung des (Arbeits)Vertragsverhältnisses zu dienen hatte. Auch diese Formulierung war als erforderlich zu interpretieren.

Nach dem überwiegenden und sachgerechten Verständnis verlangt der Begriff, dass die Daten zur Erfüllung des legitimen Vertragszwecks benötigt werden, d.h. gespeichert werden müssen, weil die berechtigten Interessen auf andere Weise nicht bzw. nicht angemessen gewahrt werden können. Erlaubt sind die Verarbeitungen, die durch das Arbverh „diktiert werden". Dieses Diktat besteht nicht, wenn von mehreren gleichermaßen wirksamen Maßnahmen, die den AN stärker belastende gewählt wurde, wobei insoweit auch das Gebot der Datensparsamkeit des § 3a zum Tragen kommt.[3] Andererseits steht dem AG aber auch ein **Entscheidungsspielraum** über die Organisation betrieblicher Abläufe zu.

Sofern sich eine Datenverarbeitung nicht unmittelbar aus dem Arbeitsvertrag, sondern aus den diesen ausfüllenden, ggf. ungeschriebenen Nebenpflichten ergibt, ist der sich aus der arbeitsvertraglichen Beziehung ergebende Informationswunsch des AG jeweils abzuwiegen mit dem Anspruch des AN auf Wahrung des Persönlichkeitsrechtsschutzes (§ 75 Abs. 2 BetrVG), wobei der Grundsatz der Verhältnismäßigkeit heranzuziehen ist.

So bestimmt u.a. dieser Rahmen nach wie vor das als Fragerecht bezeichnete Datenerhebungsrecht gegenüber Bewerbern und AN.[4] Unzulässig ist die Erhebung und/oder Verwendung von Daten, die zu einer **Diskriminierung** führen würde (z.B. Schwangerschaft, Gewerkschaftszugehörigkeit, Schwerbehinderteneigenschaft).[5] Sie dürfen nicht – bzw. ggf. nur dem Befragten zur Beantwortung freigestellt – erhoben werden. Maßgebend ist der Bezug zu dem konkreten Arbverh. So sind eventuelle **Vorstrafen**[6] aus objektiver Sicht nur relevant, wenn sie Bezug zu der vom AN zu übernehmenden Tätigkeit haben.

III. Anwendungsfälle

Die Zweckbestimmung kann sich unmittelbar oder mittelbar aus dem Vertragsinhalt ergeben. Ist der AG verpflichtet und berechtigt, das Gehalt des AN unbar auf ein von dem AN zu benennendes Konto zu überweisen, so ergeben sich die hiermit zwangsläufig verbundenen Datenübermittlungen an die Bank unmittelbar aus der Zweckbestimmung des Vertrags. Gerechtfertigt ist aber nur die Übermittlung solcher Daten, ohne die die **Gehaltsüberweisung** nicht erfolgen kann. Ist die Zweckbestimmung, die die Datenverarbeitung rechtfertigen kann, nicht unmittelbar aus dem Vertragswortlaut ablesbar, so gilt es im Rahmen einer **Interessenabwägung** die gegenseitigen Rechte und Pflichten der Parteien festzustellen. Dazu gehören – unter Beachtung des **Verhältnismäßigkeitsprinzips** – auch Daten über Tatsachen, die die Verwirklichung des Vertragszwecks gefährden könnten, also z.B. tatsächliche oder vermeintliche Verletzungen der dem Vertragspartner obliegenden Verpflichtungen. So ist jedoch ein AN – in diesem Falle handelte

---

2 Vgl. die Kritik von *Thüsing*, NZA 2009, 865.
3 Vgl. ausführlich *Gola/Schomerus*, BDSG., § 28 Rn 13 ff.
4 Vgl. auch BAG 22.10.1986 – 5 AZR 660/85 – DB 1987, 1048 = RDV 1987, 129, wonach „in die Privatsphäre des Arbeitnehmers nicht tiefer eingedrungen werden darf, als es der Zweck des Arbeitsverhältnisses unbedingt erfordert".

5 Zur Problematik vgl. *Schaub*, NZA 2003, 299 sowie *Franzen*, RDV 2003, 1; *Joussen*, NJW 2003, 2857; *Messingschlager*, NZA 2003, 301; *Thüsing/Lambrich*, BB 2002, 1146.
6 BAG 20.5.1999 – 2 AZR 320/98 – NZA 1999, 975 = NJW 1999, 3653 = RDV 2000, 23.

es sich um einen bewaffneten **Wachmann** – ohne konkrete Verdachtsmomente nicht verpflichtet, sich zur Klärung, ob er alkohol- oder drogenabhängig ist, routinemäßigen Blutuntersuchungen zu unterziehen.[7] Andererseits ist der Einsatz der EDV durchaus auch zur **Krankenkontrolle** gerechtfertigt.[8]

8 Von aktueller Relevanz ist insoweit die Frage, in welchem Umfang der AG das Arbeitsverhalten der Beschäftigten beim Einsatz von „**Multi-Media**" kontrollieren darf.[9] Bei der sog. **Telefondatenerfassung** ist als legitime Zweckbestimmung die Kosten- und Wirtschaftlichkeitskontrolle und der Schutz vor Missbrauch (= unerlaubtes Führen von Privatgesprächen) anerkannt. Eine darüber hinausgehende Zusammenführung der Daten zu „Profilen des Arbeitsverhaltens" lehnte die Rechtsprechung jedoch ab.[10] Stellt das Telefonat das eigentliche Arbeitsprodukt dar, wie es bei der Tätigkeit in einem **Call Center** der Fall ist, so ist in gewissem Umfang auch eine Leistungskontrolle zulässig, indem der AG z.B. Zahl und Dauer der Anrufe registriert und in sog. „**Bedienplatzreports**" ermittelt, wie häufig sich der Mitarbeiter bei Einsatz automatisierter Anrufverteilung (ACD = automatic call distribution)[11] aus der Bearbeitung einkommender Gespräche ausgeschaltet hat.[12]

9 Zulässig ist in oben aufgezeigten Grenzen auch die Kontrolle des Zugriffs auf den **dienstlichen E-Mail-Verkehr**,[13] der grundsätzlich wie dienstlicher Briefverkehr behandelt werden kann. Gestattet der AG die Nutzung der betrieblichen Telekommunikation (Telefon, E-Mail, Internet) auch für private Zwecke, unterliegt er den bereichsspezifischen Datenschutzregelungen des TKG bzw. des TMG und hierbei insb. dem **Fernmeldegeheimnis** des § 88 TKG.[14] Sollen – abgesehen von Abrechnungszwecken – Daten der Privatnutzung festgehalten werden, z.B. weil eine Trennung von dienstlicher und privater Nutzung technisch nicht möglich ist oder um diese in zeitlichen Grenzen zu halten, bedarf dies der **Einwilligung** der Beschäftigten.[15]

10 Einen speziellen Fall der Übermittlung von Daten stellt deren **Veröffentlichung** dar, wobei sich eine besondere Problematik durch das **Einstellen von Personaldaten in das Internet** ergibt. Die **Veröffentlichung von Mitarbeiterdaten** ist zulässig, wenn dies in der Zweckbestimmung des Arbverh liegt,[16] also z.B. zur Erfüllung der Arbeitspflicht (als Kundenberater, Außenvertreter u.Ä.) erforderlich oder ansonsten üblich (z.B. bei an einer Hochschule lehrenden Wissenschaftlern) ist. Ansonsten wird die Erforderlichkeit einer weltweiten Verbreitung der Daten an jedermann selten zu begründen sein.[17] Dann bedarf die Maßnahme der Einwilligung, was bei **Abbildungen** der Betroffenen im Hinblick auf ihr Recht am eigenen Bild generell der Fall ist.

11 Der Vertragszweck kann ggf. die Nutzung von Daten für eine bestimmte Zweckbestimmung gestatten, nicht aber die mit gleicher Zielrichtung erfolgende Übermittlung, weil die Nutzung in erheblich geringerem Umfang Persönlichkeitsrechte tangiert als die Übermittlung. So ist der AG zwar berechtigt und verpflichtet, Einladungen einer **Gewerkschaft** an die AN zwecks Durchführung einer Betriebsversammlung zur Einleitung einer BR-Wahl durch Nutzung seiner Adressbestände selbst zu versenden, eine Übermittlung der Daten an die Gewerkschaft ist jedoch aus § 28 Abs. 1 Nr. 1 nicht legitimiert.[18] Gleiches gilt für die Weiterleitung eines günstigen Versicherungsangebots mit **Firmenrabatt** an **Auszubildende**.[19]

Steht der Betroffene in **mehrfachen Vertragsbeziehungen** zu der verantwortlichen Stelle (z.B. als Mitarbeiter und als Kunde), dürfen die im Zusammenhang mit der Abwicklung des jeweiligen Vertragsverhältnisses mitgeteilten bzw. ansonsten erhobenen und gespeicherten Daten zunächst nur ausnahmsweise außerhalb der konkreten vertraglichen Beziehung verarbeitet und genutzt werden (vgl. § 28 Rn 11).

12 Zur Durchführung des Arbeitsverhältnisses erforderlich sind also auch in dem aufgezeigten Rahmen durchgeführte Kontrollen, ob der Arbeitnehmer seinen aus dem Arbeitsvertrag geschuldeten Pflichten nachkommt. Eingeschlossen sind präventive Kontrollmaßnahmen, die zunächst bewirken sollen, dass Pflichtverletzungen erst gar nicht stattfinden (Zeiterfassung, offene Videoüberwachung, Taschenkontrolle, Kontrolle rechtmäßiger Internetnutzung, etc.), deren Ergebnis aber auch zu einem konkreten Tatverdacht führen können.

---

7 BAG 12.8.1999 – 2 AZR 55/99 – NZA 2000, 141 = AuR 1999, 486 = RDV 2000, 66.

8 BAG 11.3.1986 – 1 ABR 12/84 – NZA 1986, 526 = DB 1986, 1496 = RDV 1986, 191.

9 Siehe die umfassende Darstellung der Meinungen und der Rechtslage von *Mengel*, BB 2004, 2014.

10 BAG 27.5.1986 – 1 ABR 48/84 – NZA 1986, 643 = DB 1986, 2086 = RDV 1986, 199; LAG Sachsen-Anhalt 23.11.1999 – 8 TaBV 6/99 – NZA-RR 2000, 476 = RDV 2001, 28.

11 *Faust*, DuD 2008, 812.

12 BAG 30.8.1995 – 1 ABR 4/95 – NZA 1996, 218 = RDV 1996, 30; zur Problematik insg. *Menzler-Trott*, RDV 1999, 257.

13 Zur Problematik insg. *Beckschulze*, DB 2007, 1626; *Rath/Karner*, K & R 2007, 446; *Wolff/Mulert*, BB 2008, 442.

14 Vgl. im Einzelnen *Gola*, MMR, 1999, 322; zur gleichgelagerten Problematik bei Telearbeit vgl. *Gola/Jaspers*, RDV 1998, 243.

15 Vgl. hierzu u.a. insg. Hess. DSB, 29. Tätigkeitsbericht (2000), 164 = RDV 2001, 207.

16 Für Funktionsdaten eines Beamten: BVerwG vom 12.3.2008 – 2 B 131.07 – RDV 2009, 30.

17 Vgl. im Einzelnen *Gola*, Datenschutz und Multimedia am Arbeitsplatz, Rn 390 f.

18 LAG Hamburg 16.6.1992 – 2 TaBV 10/91 – RDV 1994, 190.

19 Aufsichtsbehörde Baden-Württemberg, Hinweis zum BDSG Nr. 32, StAnz Nr. 3 v. 12.1.1994, S. 8 = RDV 1994, 102.

IV. Der Erlaubnistatbestand des Abs. 1 S. 2

Hinsichtlich der gezielten Verfolgung von Straftaten zeigt Abs. 1 S. 2 die sich insoweit ergebenden Grenzen auf.[20] Die besondere Gefährdung der Betroffenenrechte liegt hier zumeist darin, dass Datenerhebungen bzw. Auswertungen regelmäßig heimlich erfolgen. Voraussetzung für ein Tätigwerden des AG sind zunächst tatsächliche, zu dokumentierende Anhaltspunkte für eine Straftat, wobei die Intensität der Überwachungsmaßnahme an dem Gewicht der Straftat zu messen ist.[21]

Dabei geht es um Straftaten, die gegen das Unternehmen gerichtet sind. Ansonsten ist Ermittlung **Sache des Staates**, dem nach § 28 Abs. 2 Nr. 2 Hilfe geleistet werden kann. Dass den Sicherheitsbehörden hierbei Hilfe geleistet werden kann, ergibt sich aus § 28 Abs. 2 Nr. 2.

Abs. 1 S. 2 schließt auch Ermittlungen von Fehlverhalten nicht aus, die sich nicht als Straftat, sondern z.B. als **Ordnungswidrigkeit** darstellen. Sind unzulässig Daten in die Hände Dritter gelangt, und kommt zunächst nur fahrlässiges, mit Bußgeld bewehrtes Verhalten eines Mitarbeiters in Betracht, so kann dem natürlich auch nachgegangen werden.

Relevanz entfaltet die Norm auch hinsichtlich des Nachgehens von Meldungen im Rahmen sog. Whistleblowings und insb. der Verwertung anonymer Anzeigen.[22] Geht es um die gezielte und zwar regelmäßig zunächst heimlich durchgeführter Maßnahme gegenüber einem oder mehreren potentiellen Tätern, bedarf es eines konkreten Tatverdachts. Ein Tatverdacht muss auf Tatsachen beruhen. Diese sind zu dokumentieren und bei negativem Ausgang eingeleiteter Ermittlungen zu löschen.

V. Die weitere Anwendung der Erlaubnisnormen in § 28

§ 32 ist keine abschließende Regelung. Die Erlaubnisnorm des § 28 kommt mit den neben der Regelung des Abs. 1 S. 1 Nr. 1 bestehenden Tatbeständen weiter zum Zuge (vgl. dort Ziff. nnn), wobei hinsichtlich der Anwendung der Zulässigkeitsnorm nach den gleichen Überlegungen zu entscheiden ist, wie sie für das Verhältnis zwischen § 28 Abs. 1 S. 1 Nr. 1 und Nr. 2 zuvor angezeigt waren.[23]

C. Verbindung zu anderen Rechtsgebieten

Nur bei Rechtmäßigkeit der Datenerhebung ist der Bewerber oder AN zur wahrheitsgemäßen Beantwortung gestellter Fragen verpflichtet. Unzutreffende Angaben bei unzulässigen Erhebungen begründen kein Recht des AG zur Anfechtung nach § 123 BGB.

Besondere Beachtung bedarf die Erhebung und Nutzung von Daten, die Anlass zur Vermutung einer AGG-relevanten Diskriminierung geben können. Gemäß § 22 AGG obliegt dem AG nämlich dann, wenn er dem Entschädigungsanspruch des § 15 AGG entgehen will, die Beweislast, dass die Erhebung oder Nutzung ausnahmsweise berechtigt war.[24]

D. Beraterhinweise

Abs. 3 weist – im Grunde überflüssig – darauf hin, dass Beteiligungsrechte der Beschäftigtenvertretung unberührt bleiben. Eine konkrete Festlegung der Zwecke der Daten und ein Verbot der Erweiterung oder Änderung ihrer Verwendung wird durch den Abschluss einer BV erfüllt, die, wenn Bewerber- oder Mitarbeiterdaten nach einheitlichen Kriterien erhoben und gespeichert werden, einmal im Hinblick auf die Mitbestimmung bei formalisierter Befragung nach § 94 BetrVG und bei automatisierter Verarbeitung nach § 86 Abs. 1 Nr. 6 der Zustimmung des BR bedarf.

Da die Erhebung besonderer Arten personenbezogener Daten u.U. auf eine Diskriminierung des Mitarbeiters hinauslaufen kann, sind auch die insoweit bestehenden Schutzpflichten des BR zu beachten (§ 17 Abs. 2 AGG).[25]

---

20 Zur Kritik hinsichtlich einer Vielzahl von Interpretationsschwierigkeit der Bestimmung *Barton*, RDV 2009, 200.
21 Vgl. zur Videoüberwachung in Bezug zu § 32 *Forst*, RDV 2009, 208.
22 *Breinlinger/Krader*, RDV 2006, 60; *Schuster/Darsow*, NZA 2005, 273.
23 Vgl.bei *Gola/Wronka*, Rn 361; *Simitis/Simitis*, BDSG, § 28 Rn 78.
24 *Gola/Wronka*, Rn 384 f.; *Bauer/Thüsing/Schunder*, NZA 2006, 775; *Wisskirchen*, DB 2006, 1491.
25 *Gola/Jaspers*, RDV 2007, 111.

Zweiter Unterabschnitt: Rechte des Betroffenen

§ 33 Benachrichtigung des Betroffenen

(1) ¹Werden erstmals personenbezogene Daten für eigene Zwecke ohne Kenntnis des Betroffenen gespeichert, ist der Betroffene von der Speicherung, der Art der Daten, der Zweckbestimmung der Erhebung, Verarbeitung oder Nutzung und der Identität der verantwortlichen Stelle zu benachrichtigen. ²Werden personenbezogene Daten geschäftsmäßig zum Zweck der Übermittlung ohne Kenntnis des Betroffenen gespeichert, ist der Betroffene von der erstmaligen Übermittlung und der Art der übermittelten Daten zu benachrichtigen. ³Der Betroffene ist in den Fällen der Sätze 1 und 2 auch über die Kategorien von Empfängern zu unterrichten, soweit er nach den Umständen des Einzelfalles nicht mit der Übermittlung an diese rechnen muss.

(2) Eine Pflicht zur Benachrichtigung besteht nicht, wenn
1. der Betroffene auf andere Weise Kenntnis von der Speicherung oder der Übermittlung erlangt hat,
2. die Daten nur deshalb gespeichert sind, weil sie aufgrund gesetzlicher, satzungsmäßiger oder vertraglicher Aufbewahrungsvorschriften nicht gelöscht werden dürfen oder ausschließlich der Datensicherung oder der Datenschutzkontrolle dienen und eine Benachrichtigung einen unverhältnismäßigen Aufwand erfordern würde,
3. die Daten nach einer Rechtsvorschrift oder ihrem Wesen nach, namentlich wegen des überwiegenden rechtlichen Interesses eines Dritten, geheim gehalten werden müssen,
4. die Speicherung oder Übermittlung durch Gesetz ausdrücklich vorgesehen ist,
5. die Speicherung oder Übermittlung für Zwecke der wissenschaftlichen Forschung erforderlich ist und eine Benachrichtigung einen unverhältnismäßigen Aufwand erfordern würde,
6. die zuständige öffentliche Stelle gegenüber der verantwortlichen Stelle festgestellt hat, dass das Bekanntwerden der Daten die öffentliche Sicherheit oder Ordnung gefährden oder sonst dem Wohle des Bundes oder eines Landes Nachteile bereiten würde,
7. die Daten für eigene Zwecke gespeichert sind und
   a) aus allgemein zugänglichen Quellen entnommen sind und eine Benachrichtigung wegen der Vielzahl der betroffenen Fälle unverhältnismäßig ist,
   b) die Benachrichtigung die Geschäftszwecke der verantwortlichen Stelle erheblich gefährden würde, es sei denn, dass das Interesse an der Benachrichtigung die Gefährdung überwiegt,
8. die Daten geschäftsmäßig zum Zweck der Übermittlung gespeichert sind und
   a) aus allgemein zugänglichen Quellen entnommen sind, soweit sie sich auf diejenigen Personen beziehen, die diese Daten veröffentlicht haben, oder
   b) es sich um listenmäßig oder sonst zusammengefasste Daten handelt (§ 29 Absatz 2 Satz 2)
   und eine Benachrichtigung wegen der Vielzahl der betroffenen Fälle unverhältnismäßig ist,
9. aus allgemein zugänglichen Quellen entnommene Daten geschäftsmäßig für Zwecke der Markt- oder Meinungsforschung gespeichert sind und eine Benachrichtigung wegen der Vielzahl der betroffenen Fälle unverhältnismäßig ist.

Die verantwortliche Stelle legt schriftlich fest, unter welchen Voraussetzungen von einer Benachrichtigung nach Satz 1 Nr. 2 bis 7 abgesehen wird.

A. Allgemeines 1	IV. Dokumentation der Befreiungstatbestände
B. Regelungsgehalt 2	(Abs. 2 S. 2) 8
I. Voraussetzungen für die Benachrichtigungspflicht (Abs. 1 S. 1) 2	V. Folgen bei Verstößen 9
II. Inhalt der Benachrichtigung (Abs. 1 S. 1, 3) 3	C. Verbindung zu anderen Rechtsgebieten 10
III. Ausnahmen von der Benachrichtigungspflicht (Abs. 2) 4	D. Beraterhinweise 11

A. Allgemeines

1 Die verfassungsrechtlich vorgegebene Transparenz[1] der Datenverarbeitung bedingt, dass der Betroffene wissen soll, wer Daten welcher Art zu welchem Zweck über ihn speichert. Sofern diese Information nicht bereits im Rahmen der

---

1 Vgl. BVerfGE, 65,1 = NJW 1984, 419 (Volkszählungsurteil); im Einzelnen auch bei *Gola/Schomerus*, § 33 Rn 1.

Datenerhebung (§ 4 Abs. 3) erfolgt ist, ist sie Inhalt der Benachrichtigungspflicht des § 33. Nicht mitzuteilen ist nämlich das, was dem Betroffenen bereits bekannt ist, d.h. die Benachrichtigungspflicht entsteht für den AG nur, wenn personenbezogene Daten **„ohne Kenntnis des Betroffenen"** gespeichert werden (Abs. 1 S. 1) bzw. der Betroffene nicht bereits **auf andere Weise Kenntnis** von der Speicherung erlangt hat (Abs. 2 S. 1 Nr. 1). Da einem Bewerber/AN die Speicherung seiner Daten beim AG weitgehend bekannt ist bzw. sein muss, greift hier die Pflicht nach § 33 bereits deswegen nur noch in Ausnahmefällen.[2] Hinzu kommt, dass Personaldatenspeicherungen dem AG in großem Umfang bereits gesetzlich vorgegeben sind und Abs. 2 Nr. 4 auch für diesen Fall die Benachrichtigung entfallen lässt.

B. Regelungsgehalt

I. Voraussetzungen für die Benachrichtigungspflicht (Abs. 1 S. 1)

Die Benachrichtigungspflicht ist für den AG an die erstmalige Speicherung „ohne Kenntnis" geknüpft. Werden Daten mit Kenntnis des Betroffenen gespeichert, so fehlt es bereits an den grds. Voraussetzungen des Abs. 1 für die Benachrichtigungspflicht. Werden jedoch nachfolgend **andere Arten von Daten mit anderer Zweckbestimmung** und nunmehr „erstmals ohne Kenntnis" gespeichert, so ist der Betroffene bei Wahrung des Verhältnismäßigkeitsprinzips entsprechend Abs. 1 zu informieren; es sei denn, dass die Pflicht nunmehr nach Abs. 2 entfällt. Kenntnis des Betroffenen bedeutet zudem, dass er Kenntnis von alledem hat, was Inhalt der Benachrichtigung ist.[3]

II. Inhalt der Benachrichtigung (Abs. 1 S. 1, 3)

Neben der Tatsache, dass Daten gespeichert sind, sind auch die Art der gespeicherten Daten, deren Zweckbestimmung und ggf. die Kategorien von Empfängern mitzuteilen. Hinsichtlich der Beschreibung der **Art der Daten** ist zu beachten, dass für den Betroffenen transparent werden soll, aus welchem Lebensbereich Daten über ihn gespeichert sind. Deutlich zu machen ist z.B., ob Adress-, Gehalts- oder auch Beurteilungsdaten gespeichert sind. Die Beschreibung muss nicht derart detailliert sein, als dass sie ggf. zu erteilende Auskunft vorwegnimmt. Sie kann so formuliert werden, dass bei einem größeren Personenkreis eine formularmäßige Abwicklung noch möglich bleibt. Bei der Information über die **Zweckbestimmung** der Erhebung, Verarbeitung oder Nutzung sind die Festlegungen mitzuteilen, zu denen der Gesetzgeber die verantwortliche Stelle bereits im Vorfeld der Speicherung verpflichtet, indem nach § 28 Abs. 1 S. 2 bei der Erhebung die Zwecke, für die die Daten verarbeitet oder genutzt werden, konkret festzulegen sind. Hier genügen z.B. folgende Angaben: Abwicklung der Rechte und Pflichten aus der arbeitsvertraglichen Beziehung; Erfüllung von Informationspflichten gegenüber Behörden und Sozialleistungsträgern; Weitergabe in das Konzerninformationssystem.

III. Ausnahmen von der Benachrichtigungspflicht (Abs. 2)

Abs. 2 enthält einen umfangreichen Ausnahmekatalog, der die Benachrichtigungspflicht in der Praxis nicht zur Regel sondern zu dem seltenen Ausnahmefall macht. Für AN-Daten wird zunächst die bereits in Abs. 1 S. 1 enthaltene Ausnahme **„anderweitig erlangter Kenntnis"** relevant (Nr. 1). Auf welche Weise die Kenntnis erlangt wurde, ist unerheblich; desgleichen braucht der Betroffene auch nicht konkret zu wissen, auf welche Weise die Daten gespeichert werden, sofern er weiß bzw. nach allgemeiner Lebenserfahrung wissen muss, dass die Speicherung automatisiert bzw. dateigebunden erfolgt, denn nur dann liegt ein Speichern i.S.d. 3. Abschn. vor. Bekannt ist die Speicherung also auch dann, wenn sie nach den Umständen des Einzelfalls unvermeidbar oder sonst (handels-)üblich ist. Auch **Familienangehörige** des AN müssen davon ausgehen, dass bestimmte Grunddaten im Zusammenhang mit dem Arbeits- oder Dienstverhältnis ihres Ehepartners bzw. Elternteils gespeichert werden.[4] Werden jedoch Angaben gespeichert, die über die üblichen Grunddaten wie Name, Geburtstag, Adresse, Beruf hinausgehen, so muss der AG benachrichtigen. Wird die Verarbeitung in einer BV geregelt, so kann die Bekanntheit im Betrieb unterstellt werden.

Ausdrücklich geregelt ist dieser Ausnahmeaspekt in Nr. 4 für den Fall, dass gesetzliche Vorschriften eine Speicherung oder Übermittlung ausdrücklich vorsehen.

Sofern die Benachrichtigung einen **unverhältnismäßigen Aufwand** erfordern würde, kann die Benachrichtigung nach Nr. 2 unterbleiben bei Daten, die nur noch deshalb gespeichert sind, weil sie aufgrund entsprechender Verpflichtungen aufzubewahren sind, und bei solchen Daten, die ausschließlich der **Datensicherung** oder **Datenschutzkontrolle** dienen. Die Ausnahmen der Nr. 2 sind jedoch weitgehend gegenstandslos, da die noch aufzubewahrenden Daten zuvor regelmäßig für einen bestimmten Zweck gespeichert wurden, der ggf. bereits keine Benachrichtigungspflicht begründete. Gleiches gilt für Daten, die ausschließlich der Datensicherung dienen, da es sich hierbei zumeist um „Sicherungskopien" handeln wird, die nur eine Kopie der der Benachrichtigungspflicht unterliegenden aktiven

---

2 Aufsichtsbehörde Baden-Württemberg, Hinweis zum BDSG Nr. 20, StAnz v. 4.1.1984, Nr. 1/2, S. 6.
3 Simitis/*Mallmann*, § 33 Rn 10; *Gola/Schomerus*, § 33 Rn 26; *Däubler*, Gläserne Belegschaften?, Rn 513; a.A. *Schaffland/Wiltfang*, § 33 Rn 7.
4 Aufsichtsbehörde Baden-Württemberg, Hinweis zum BDSG Nr. 33, StAnz v. 5.1.1995, S. 9 = RDV 1995, 94; *Goldenblohm/Weise*, CR 1991, 604; a.A. *Däubler*, Gläserne Belegschaften?, Rn 515.

Daten bilden. Im Übrigen sind von der letztgenannten Ausnahmeregelung die durch § 31 erfassten und durch BV zu regelnden Verarbeitungen betroffen.

7 Die Nr. 3, 6 u. 7b lassen die Benachrichtigungspflicht entfallen bei **geheimhaltungsbedürftigen Daten** (siehe § 34 Rn 9).

IV. Dokumentation der Befreiungstatbestände (Abs. 2 S. 2)

8 Nach Abs. 2 S. 2 hat die verantwortliche Stelle schriftlich festzulegen, dass bzw. warum für bestimmte Datenspeicherungen eine Benachrichtigung unter Anwendung der Ausnahmen der Nr. 2–7 nicht stattfindet. Diese Dokumentation ist sinnvollerweise Bestandteil der nach § 28 Abs. 1 S. 2 bereits bei der Erhebung von Daten zu treffenden konkreten Zweckbestimmung. Auch wenn die schriftliche Begründung des Verzichts auf die Benachrichtigung – im Gegensatz zu der Festlegung der Zweckbestimmung – nicht Gegenstand der dem Datenschutzbeauftragten nach §§ 4g Abs. 2, 4e S. 1 zu erstattenden Meldung ist, hat der Datenschutzbeauftragte im Rahmen der Wahrnehmung seiner Kontrollpflicht nach § 4g Abs. 1 S. 1 auf die Erstellung der Dokumentation hinzuwirken und die Berechtigung der genannten Ausnahmetatbestände zu überprüfen.

V. Folgen bei Verstößen

9 Vorsätzliche und fahrlässige Verstöße gegen die Benachrichtigungspflicht sind als Ordnungswidrigkeit bußgeldbewehrt (§ 43 Abs. 1 Nr. 8). Der Verstoß gegen die Benachrichtigungspflicht führt jedoch nicht zur Unzulässigkeit der Speicherung mit der Folge, dass der nicht benachrichtigte Betroffene einen Löschungs- oder Schadensersatzanspruch wegen unzulässiger Datenerhebung oder -verarbeitung nach § 7 geltend machen könnte.

C. Verbindung zu anderen Rechtsgebieten

10 Benachrichtigungspflichten bestehen auch im Zusammenhang mit der Wahrnehmung des Einsichtsrechts (siehe § 34 Rn 11) des § 83 Abs. 1 BetrVG. Spätestens dann, wenn der AN Einsicht in die Personalakte begehrt, ist ihm offen zu legen, wo und zu welchen Themen im Unternehmen der materiellen Personalakte[5] zuzurechnende d.h. dem Einsichtsrecht unterliegende Datenbestände vorhanden sind (siehe § 83 BetrVG Rn 18 ff.).

D. Beraterhinweise

11 Um den Informationspflichten gegenüber dem Mitarbeiter nachzukommen, empfiehlt es sich ein Verzeichnis aller Teil- und Nebenakten sowie Personal-Datensysteme[6] allgemein bekannt zu machen und der Personalakte vorzuheften.

§ 34   Auskunft an den Betroffenen (gültig bis 31.3.2010)

(1) Der Betroffene kann Auskunft verlangen über
1. die zu seiner Person gespeicherten Daten, auch soweit sie sich auf die Herkunft dieser Daten beziehen,
2. Empfänger oder Kategorien von Empfängern, an die Daten weitergegeben werden, und
3. den Zweck der Speicherung.

²Er soll die Art der personenbezogenen Daten, über die Auskunft erteilt werden soll, näher bezeichnen. ³Werden die personenbezogenen Daten geschäftsmäßig zum Zweck der Übermittlung gespeichert, kann der Betroffene über Herkunft und Empfänger nur Auskunft verlangen, sofern nicht das Interesse an der Wahrung des Geschäftsgeheimnisses überwiegt. ⁴In diesem Fall ist Auskunft über Herkunft und Empfänger auch dann zu erteilen, wenn diese Angaben nicht gespeichert sind.

(2) ¹Der Betroffene kann von Stellen, die geschäftsmäßig personenbezogene Daten zum Zweck der Auskunftserteilung speichern, Auskunft über seine personenbezogenen Daten verlangen, auch wenn sie weder in einer automatisierten Verarbeitung noch in einer nicht automatisierten Datei gespeichert sind. ²Auskunft über Herkunft und Empfänger kann der Betroffene nur verlangen, sofern nicht das Interesse an der Wahrung des Geschäftsgeheimnisses überwiegt.

(3) Die Auskunft wird schriftlich erteilt, soweit nicht wegen der besonderen Umstände eine andere Form der Auskunftserteilung angemessen ist.

(4) Eine Pflicht zur Auskunftserteilung besteht nicht, wenn der Betroffene nach § 33 Abs. 2 Satz 1 Nr. 2, 3 und 5 bis 7 nicht zu benachrichtigen ist.

---

5 Vgl. bei *Gola/Wronka*, Rn 120 f.

6 Vgl. auch die diesbezügliche beamtenrechtliche Informationspflicht (z.B. § 90g Abs. 5 BBG).

(5) ¹Die Auskunft ist unentgeltlich. ²Werden die personenbezogenen Daten geschäftsmäßig zum Zweck der Übermittlung gespeichert, kann jedoch ein Entgelt verlangt werden, wenn der Betroffene die Auskunft gegenüber Dritten zu wirtschaftlichen Zwecken nutzen kann. ³Das Entgelt darf über die durch die Auskunftserteilung entstandenen direkt zurechenbaren Kosten nicht hinausgehen. ⁴Ein Entgelt kann in den Fällen nicht verlangt werden, in denen besondere Umstände die Annahme rechtfertigen, dass Daten unrichtig oder unzulässig gespeichert werden, oder in denen die Auskunft ergibt, dass die Daten zu berichtigen oder unter der Voraussetzung des § 35 Abs. 2 Satz 2 Nr. 1 zu löschen sind.

(6) ¹Ist die Auskunftserteilung nicht unentgeltlich, ist dem Betroffenen die Möglichkeit zu geben, sich im Rahmen seines Auskunftsanspruchs persönlich Kenntnis über die ihn betreffenden Daten und Angaben zu verschaffen. ²Er ist hierauf in geeigneter Weise hinzuweisen.

§ 34 Auskunft an den Betroffenen (gültig ab 1.4.2010)

(1) Die verantwortliche Stelle hat dem Betroffenen auf Verlangen Auskunft zu erteilen über
1. die zu seiner Person gespeicherten Daten, auch soweit sie sich auf die Herkunft dieser Daten beziehen,
2. den Empfänger oder die Kategorien von Empfängern, an die Daten weitergegeben werden, und
3. den Zweck der Speicherung.

²Der Betroffene soll die Art der personenbezogenen Daten, über die Auskunft erteilt werden soll, näher bezeichnen. ³Werden die personenbezogenen Daten geschäftsmäßig zum Zweck der Übermittlung gespeichert, ist Auskunft über die Herkunft und die Empfänger auch dann zu erteilen, wenn diese Angaben nicht gespeichert sind. ⁴Die Auskunft über die Herkunft und die Empfänger kann verweigert werden, soweit das Interesse an der Wahrung des Geschäftsgeheimnisses gegenüber dem Informationsinteresse des Betroffenen überwiegt.

(1a) ¹Im Fall des § 28 Absatz 3 Satz 4 hat die übermittelnde Stelle die Herkunft der Daten und den Empfänger für die Dauer von zwei Jahren nach der Übermittlung zu speichern und dem Betroffenen auf Verlangen Auskunft über die Herkunft der Daten und den Empfänger zu erteilen. ²Satz 1 gilt entsprechend für den Empfänger.

(2) Im Fall des § 28b hat die für die Entscheidung verantwortliche Stelle dem Betroffenen auf Verlangen Auskunft zu erteilen über
1. die innerhalb der letzten sechs Monate vor dem Zugang des Auskunftsverlangens erhobenen oder erstmalig gespeicherten Wahrscheinlichkeitswerte,
2. die zur Berechnung der Wahrscheinlichkeitswerte genutzten Datenarten und
3. das Zustandekommen und die Bedeutung der Wahrscheinlichkeitswerte einzelfallbezogen und nachvollziehbar in allgemein verständlicher Form.

Satz 1 gilt entsprechend, wenn die für die Entscheidung verantwortliche Stelle
1. die zur Berechnung der Wahrscheinlichkeitswerte genutzten Daten ohne Personenbezug speichert, den Personenbezug aber bei der Berechnung herstellt oder
2. bei einer anderen Stelle gespeicherte Daten nutzt.

Hat eine andere als die für die Entscheidung verantwortliche Stelle
1. den Wahrscheinlichkeitswert oder
2. einen Bestandteil des Wahrscheinlichkeitswerts

berechnet, hat sie die insoweit zur Erfüllung der Auskunftsansprüche nach den Sätzen 1 und 2 erforderlichen Angaben auf Verlangen der für die Entscheidung verantwortlichen Stelle an diese zu übermitteln. ⁴Im Fall des Satzes 3 Nr. 1 hat die für die Entscheidung verantwortliche Stelle den Betroffenen zur Geltendmachung seiner Auskunftsansprüche unter Angabe des Namens und der Anschrift der anderen Stelle sowie der zur Bezeichnung des Einzelfalls notwendigen Angaben unverzüglich an diese zu verweisen, soweit sie die Auskunft nicht selbst erteilt. ⁵In diesem Fall hat die andere Stelle, die den Wahrscheinlichkeitswert berechnet hat, die Auskunftsansprüche nach den Sätzen 1 und 2 gegenüber dem Betroffenen unentgeltlich zu erfüllen. ⁶Die Pflicht der für die Berechnung des Wahrscheinlichkeitswerts verantwortlichen Stelle nach Satz 3 entfällt, soweit die für die Entscheidung verantwortliche Stelle von ihrem Recht nach Satz 4 Gebrauch macht.

(3) ¹Eine Stelle, die geschäftsmäßig personenbezogene Daten zum Zweck der Übermittlung speichert, hat dem Betroffenen auf Verlangen Auskunft über die zu seiner Person gespeicherten Daten zu erteilen, auch wenn sie weder automatisiert verarbeitet werden noch in einer nicht automatisierten Datei gespeichert sind. ²Dem Betroffenen ist auch Auskunft zu erteilen über Daten, die
1. gegenwärtig noch keinen Personenbezug aufweisen, bei denen ein solcher aber im Zusammenhang mit der Auskunftserteilung von der verantwortlichen Stelle hergestellt werden soll,
2. die verantwortliche Stelle nicht speichert, aber zum Zweck der Auskunftserteilung nutzt.

Die Auskunft über die Herkunft und die Empfänger kann verweigert werden, soweit das Interesse an der Wahrung des Geschäftsgeheimnisses gegenüber dem Informationsinteresse des Betroffenen überwiegt.

(4) Eine Stelle, die geschäftsmäßig personenbezogene Daten zum Zweck der Übermittlung erhebt, speichert oder verändert, hat dem Betroffenen auf Verlangen Auskunft zu erteilen über

1. die innerhalb der letzten zwölf Monate vor dem Zugang des Auskunftsverlangens übermittelten Wahrscheinlichkeitswerte für ein bestimmtes zukünftiges Verhalten des Betroffenen sowie die Namen und letztbekannten Anschriften der Dritten, an die die Werte übermittelt worden sind,
2. die Wahrscheinlichkeitswerte, die sich zum Zeitpunkt des Auskunftsverlangens nach den von der Stelle zur Berechnung angewandten Verfahren ergeben,
3. die zur Berechnung der Wahrscheinlichkeitswerte nach den Nummern 1 und 2 genutzten Datenarten sowie
4. das Zustandekommen und die Bedeutung der Wahrscheinlichkeitswerte einzelfallbezogen und nachvollziehbar in allgemein verständlicher Form.

Satz 1 gilt entsprechend, wenn die verantwortliche Stelle

1. die zur Berechnung des Wahrscheinlichkeitswerts genutzten Daten ohne Personenbezug speichert, den Personenbezug aber bei der Berechnung herstellt oder
2. bei einer anderen Stelle gespeicherte Daten nutzt.

(5) Die nach den Absätzen 1a bis 4 zum Zweck der Auskunftserteilung an den Betroffenen gespeicherten Daten dürfen nur für diesen Zweck sowie für Zwecke der Datenschutzkontrolle verwendet werden; für andere Zwecke sind sie zu sperren.

(6) Die Auskunft ist auf Verlangen in Textform zu erteilen, soweit nicht wegen der besonderen Umstände eine andere Form der Auskunftserteilung angemessen ist.

(7) Eine Pflicht zur Auskunftserteilung besteht nicht, wenn der Betroffene nach § 33 Abs. 2 Satz 1 Nr. 2, 3 und 5 bis 7 nicht zu benachrichtigen ist.

(8) ¹Die Auskunft ist unentgeltlich. ²Werden die personenbezogenen Daten geschäftsmäßig zum Zweck der Übermittlung gespeichert, kann der Betroffene einmal je Kalenderjahr eine unentgeltliche Auskunft in Textform verlangen. ³Für jede weitere Auskunft kann ein Entgelt verlangt werden, wenn der Betroffene die Auskunft gegenüber Dritten zu wirtschaftlichen Zwecken nutzen kann. ⁴Das Entgelt darf über die durch die Auskunftserteilung entstandenen unmittelbar zurechenbaren Kosten nicht hinausgehen. ⁵Ein Entgelt kann nicht verlangt werden, wenn

1. besondere Umstände die Annahme rechtfertigen, dass Daten unrichtig oder unzulässig gespeichert werden, oder
2. die Auskunft ergibt, dass die Daten nach § 35 Abs. 1 zu berichtigen oder nach § 35 Abs. 2 Satz 2 Nr. 1 zu löschen sind.

(9) ¹Ist die Auskunftserteilung nicht unentgeltlich, ist dem Betroffenen die Möglichkeit zu geben, sich im Rahmen seines Auskunftsanspruchs persönlich Kenntnis über die ihn betreffenden Daten zu verschaffen. ²Er ist hierauf hinzuweisen.

A. Allgemeines 1	III. Folgen bei Verstoß 12
B. Regelungsgehalt 2	C. Verbindung zu anderen Rechtsgebieten 13
I. Die Auskunftserteilung (Abs. 1, 3) 2	D. Beraterhinweise 14
II. Ausnahmen von der Auskunftspflicht (Abs. 4) ... 8	

A. Allgemeines

1 Spezielle Informationsrechte der Beschäftigten bezüglich der über sie gespeicherten „Personalaktendaten" begründet zunächst § 83 Abs. 1 BetrVG. Das **Auskunftsrecht** nach § 34 besteht parallel, soweit es über die Rechte aus § 83 BetrVG hinausgeht,[1] d.h. es erstreckt sich auf alle im Geltungsbereich des BDSG gespeicherte personenbezogen Daten des AN und auf Angaben über die Quellen und Empfänger von Daten. Desweiteren bestehen Informationspflichten; so z.B. wie per Scoring errechnete Wahrscheinlichkeitswerte zu Stande gekommen sind.

---

1 *Fitting u.a.*, § 83 BetrVG Rn 16.

B. Regelungsgehalt

I. Die Auskunftserteilung (Abs. 1, 3)

Die Erteilung der Auskunft setzt ein **Auskunftsersuchen** voraus. Eine bestimmte **Form** ist hierfür nicht vorgeschrieben. Um pauschale Auskunftsersuchen und damit für den AG ggf. unnötigen Aufwand zu vermeiden, soll der Betroffene sein Auskunftsersuchen **präzisieren** (Abs. 1 S. 2). Er kann hierzu jedoch nicht gezwungen werden, denn Abs. 1 S. 2 ist nur als Sollvorschrift gestaltet. Der AG ist nicht etwa berechtigt, nur auf bestimmte Datenbereiche begrenzte Auskünfte zu erteilen, wenn ihm die Auswahl der weiteren Daten Schwierigkeiten bereitet. Bei **elektronischer Personalaktenführung** kann die Auskunft dem Beschäftigten als „Self Service" eröffnet werden.

Bekannt zu geben sind nach Abs. 1 S. 1 Nr. 1 auch Angaben über **Herkunft** der Daten, sofern sich solche Angaben ebenfalls bei den „zur Person des Betroffenen" gespeicherten Daten befinden. Mit der Herkunft der Daten wird die Stelle oder Person oder sonstige Quelle beschrieben, von der der AG die Daten erhalten hat. Eine Pflicht zur Speicherung solcher Angaben besteht nicht.

Nach Abs. 1 S. 1 Nr. 2 umfasst die Auskunft die **Empfänger** oder zumindest **Kategorien von Empfängern**. Nach der bereits bei der Erhebung bestehenden Informationspflicht (§ 4 Abs. 3 S. 1) und dem Umfang der Benachrichtigungspflicht (§ 33 Abs. 1 S. 3) ist dem Betroffenen diese Information und auch die Information über die Zweckbestimmung ggf. aber auch schon ohne spezielles Auskunftsbegehren d.h. unaufgefordert zu erteilen.

Nach Abs. 1 S. 1 Nr. 3 ist ferner der **Zweck der Speicherung** der Daten mitzuteilen. Er kann pauschal umschrieben werden. Mit Zweck der Speicherung ist die **Zweckbestimmung** gemeint, der die Verarbeitung dient und durch die sie legitimiert ist. Diese Zweckbestimmung ist bereits bei der Datenerhebung bei der Bewerbung bzw. Einstellung offen zulegen (§ 4 Abs. 3). Häufig wird hier die Angabe: „Abwicklung der Rechte und Pflichten aus der arbeitsvertraglichen Beziehung und Erfüllung gesetzlicher Informationspflichten" genügen, ggf. ist jedoch zu präzisieren; so z.B. bei der Datenspeicherung im Rahmen der Kontrolle der Internetnutzung.

Gem. Abs. 6 ist die Auskunft **im Regelfall in Textform (§ 126b BGB)** zu erteilen. Im Grunde selbstverständlich ist, dass die Daten in verständlicher (entschlüsselter) Weise mitgeteilt werden müssen. Von der schriftlichen Auskunft kann abgesehen werden, wenn wegen besonderer Umstände eine andere Form der Auskunftserteilung angemessen ist. Dies ist z.B. der Fall, wenn Einsicht in die Datei am Bildschirm gegeben wird.

Eine **Frist** ist für die Auskunftserteilung nicht vorgesehen; auch hier gilt der Grundsatz der „**Unverzüglichkeit**". Jedoch werden insoweit die im Geschäftsverkehr üblichen Fristen eingeräumt werden müssen. Sind zahlreiche Auskünfte zu bearbeiten, so wird der speichernden Stelle zugestanden werden müssen, sie gesammelt zu bearbeiten. Die Auskunft des AG ist unentgeltlich (Abs. 8). Von Auskunfteien kann nur einmal pro Jahr eine unentgeltliche Auskunft verlangt werden.

Besonders geregelt ist der Umfang der Auskunft hinsichtlich der Erstellung von Scoringwerten.

II. Ausnahmen von der Auskunftspflicht (Abs. 4)

Nach Abs. 7 gelten die in § 33 Abs. 2 S. 1 Nr. 2, 3 u. 5–7 aufgestellten Ausnahmen von der Benachrichtigungspflicht auch für die Auskunftserteilung. Für das Arbverh relevant ist, dass nur noch aufgrund gesetzlicher Aufbewahrungspflichten – in dann regelmäßig gesperrter Form (§ 35 Abs. 3 Nr. 1) – aufgehobene oder die nach § 31 einer besonderen Zweckbindung unterworfenen Kontrolldaten (Nr. 2) regelmäßig nicht der Ausnahmeregelung unterfallen werden, da eine Einzelauskunft zumeist keinen unverhältnismäßigen, d.h. höheren Aufwand als in anderen Auskunftsfällen verursachen wird.[2] Allein deswegen trifft auch der für aus allgemein zugänglichen Quellen entnommene Daten bestehende Ausnahmetatbestand gem. § 33 Nr. 7a für AN-Daten im Regelfall nicht zu.

Der Auskunft können Geheimhaltungsinteressen bzw. -pflichten entgegenstehen und solche eines Dritten (§ 33 Abs. 2 Nr. 3) und solche des AG selbst (§ 33 Abs. 2 Nr. 7b). Ihrem Wesen nach geheim zu halten sind z.B. Daten, die der AG im Hinblick auf die Aufdeckung eines Korruptionsverdachts speichert, wobei unter die Geheimhaltungspflicht auch der Name eines Informanten fallen kann; dies jedenfalls für den Fall, dass die Anschuldigung nicht leichtfertig oder böswillig geschah.[3] Die Geheimhaltung kann auch im öffentlichen Interesse begründet sein, so wenn ein Mitarbeiter im Verdacht geheimdienstlicher oder terroristischer Tätigkeit steht (§ 33 Abs. 2 Nr. 6), wobei die Geheimhaltungsbedürftigkeit von der öffentlichen Stelle – z.B. dem öffentlichen Auftraggeber des AG – festzustellen ist.

Die Ablehnung der Auskunft ist zu begründen. Andererseits braucht der AG keine „Begründung" liefern bzw. kann mitteilen, dass keine zu beauskunftenden Daten vorliegen, wenn ansonsten bereits Rückschlüsse auf die gespeicherten Daten möglich wären (so in den Fällen des § 33 Abs. 2 Nr. 3, 6 und 7b).

Fraglich ist, ob die Ausnahmen von der Auskunftspflicht auch greifen, wenn der AN sein Recht auf § 83 Abs. 1 BetrVG geltend macht, das jedenfalls vom Wortlaut der Norm her keinen Ausnahmeregelungen unterliegt. Die

---

2 Vgl. *Gola/Schomerus*, § 34 Rn 18.   3 Vgl. BVerwG 4.9.2003 – 5 C 48.02 – RDV 2004, 32.

Lit. sieht insoweit, d.h. hinsichtlich gespeicherter Personalaktendaten – bei sog. Betriebs- und Sachaktendaten greift § 83 BetrVG nicht[4] – geheime Aufzeichnungen in jeglicher Form als unzulässig an,[5] so dass es auf die Auskunftsverweigerungsrechte des § 34 nicht ankommt.[6] Gleichwohl wird der AG jedoch im Ausnahmefall auch gegenüber dem Anspruch aus § 83 Abs. 1 BetrVG bei berechtigten, in der Person des AN begründeten Geheimhaltungsinteressen (z.B. bei Korruptionsverdacht u.Ä.) ein letztlich in § 242 BGB begründetes Leistungsverweigerungsrecht zumindest zeitweise geltend machen können.[7]

III. Folgen bei Verstoß

12 Der Verstoß gegen die Auskunftspflichten des § 34 kann nach § 43 Abs. 1 Nr. 8a–8c als Ordnungswidrigkeit geahndet werden. Der Betroffene hat natürlich auch den **gerichtlichen Rechtsschutz**, der gegenüber einem AG vor dem ArbG geltend zu machen ist.

C. Verbindung zu anderen Rechtsgebieten

13 Neben den normierten datenschutzrechtlichen Auskunftsansprüchen gewährt die Rspr.[8] dem AN – ggf. auch nach Ausscheiden aus dem Beschäftigungsverhältnis – bei Vorliegen eines berechtigten Interesses ein Einsichts- und Auskunftsrecht aus – ggf. nachwirkender – Fürsorgepflicht. Dieses kann sich auch auf nicht gespeicherte Informationen[9] erstrecken.

D. Beraterhinweise

14 Abzuraten ist von in BV vorzufindenden Regelungen, nach denen der AG verpflichtet wird, in gewissen Zeitabständen den Mitarbeitern unaufgefordert Dateiauszüge der sie betreffenden Daten zuzuleiten; allein hinsichtlich der Stammdaten mag dies auch im Hinblick auf eine kontinuierliche Überprüfung der Aktualität sinnvoll sein. Anderes gilt für „Self Service" Einrichtungen, die dem Mitarbeiter bei digitalen Personalakten[10] elektronisch Leserechte zu seinen Personaldaten eröffnen.

§ 35 Berichtigung, Löschung und Sperrung von Daten (gültig bis 31.3.2010)

(1) Personenbezogene Daten sind zu berichtigen, wenn sie unrichtig sind.

(2) [1]Personenbezogene Daten können außer in den Fällen des Absatzes 3 Nr. 1 und 2 jederzeit gelöscht werden. [2]Personenbezogene Daten sind zu löschen, wenn

1. ihre Speicherung unzulässig ist,
2. es sich um Daten über die rassische oder ethnische Herkunft, politische Meinungen, religiöse oder philosophische Überzeugungen oder die Gewerkschaftszugehörigkeit, über Gesundheit oder das Sexualleben, strafbare Handlungen oder Ordnungswidrigkeiten handelt und ihre Richtigkeit von der verantwortlichen Stelle nicht bewiesen werden kann,
3. sie für eigene Zwecke verarbeitet werden, sobald ihre Kenntnis für die Erfüllung des Zwecks der Speicherung nicht mehr erforderlich ist, oder
4. sie geschäftsmäßig zum Zweck der Übermittlung verarbeitet werden und eine Prüfung jeweils am Ende des vierten Kalenderjahres beginnend mit ihrer erstmaligen Speicherung ergibt, dass eine längerwährende Speicherung nicht erforderlich ist.

(3) An die Stelle einer Löschung tritt eine Sperrung, soweit

1. im Fall des Absatzes 2 Nr. 3 einer Löschung gesetzliche, satzungsmäßige oder vertragliche Aufbewahrungsfristen entgegenstehen,
2. Grund zu der Annahme besteht, dass durch eine Löschung schutzwürdige Interessen des Betroffenen beeinträchtigt würden, oder
3. eine Löschung wegen der besonderen Art der Speicherung nicht oder nur mit unverhältnismäßig hohem Aufwand möglich ist.

(4) Personenbezogene Daten sind ferner zu sperren, soweit ihre Richtigkeit vom Betroffenen bestritten wird und sich weder die Richtigkeit noch die Unrichtigkeit feststellen lässt.

---

4 Zur Abgrenzung des Personalaktenbegriffs vgl. bei *Gola/Wronka*, Rn 96, 301 ff.
5 *Fitting u.a.*, § 85 BetrVG Rn 5; DKK/*Buschmann*, § 83 BetrVG Rn 2.
6 Simitis/*Mallmann*, § 34 Rn 77 u. 79.
7 A.A. DKK/*Buschmann*, § 83 BetrVG Rn 8; *Fitting u.a.*, § 83 BetrVG Rn 6 für Ermittlungsakten.
8 BAG 11.5.1994 – 5 AZR 660/93 – RDV 1994, 249.
9 BVerwG 4.9.2003 – 5 C 48.02 – RDV 2004, 32.
10 *Gola*, RDV 2008, 135.

(5) ¹Personenbezogene Daten dürfen nicht für eine automatisierte Verarbeitung oder Verarbeitung in nicht automatisierten Dateien erhoben, verarbeitet oder genutzt werden, soweit der Betroffene dieser bei der verantwortlichen Stelle widerspricht und eine Prüfung ergibt, dass das schutzwürdige Interesse des Betroffenen wegen seiner besonderen persönlichen Situation das Interesse der verantwortlichen Stelle an dieser Erhebung, Verarbeitung oder Nutzung überwiegt. ²Satz 1 gilt nicht, wenn eine Rechtsvorschrift zur Erhebung, Verarbeitung oder Nutzung verpflichtet.

(6) ¹Personenbezogene Daten, die unrichtig sind oder deren Richtigkeit bestritten wird, müssen bei der geschäftsmäßigen Datenspeicherung zum Zweck der Übermittlung außer in den Fällen des Absatzes 2 Nr. 2 nicht berichtigt, gesperrt oder gelöscht werden, wenn sie aus allgemein zugänglichen Quellen entnommen und zu Dokumentationszwecken gespeichert sind. ²Auf Verlangen des Betroffenen ist diesen Daten für die Dauer der Speicherung seine Gegendarstellung beizufügen. ³Die Daten dürfen nicht ohne diese Gegendarstellung übermittelt werden.

(7) Von der Berichtigung unrichtiger Daten, der Sperrung bestrittener Daten sowie der Löschung oder Sperrung wegen Unzulässigkeit der Speicherung sind die Stellen zu verständigen, denen im Rahmen einer Datenübermittlung diese Daten zur Speicherung weitergegeben werden, wenn dies keinen unverhältnismäßigen Aufwand erfordert und schutzwürdige Interessen des Betroffenen nicht entgegenstehen.

(8) Gesperrte Daten dürfen ohne Einwilligung des Betroffenen nur übermittelt oder genutzt werden, wenn
1. es zu wissenschaftlichen Zwecken, zur Behebung einer bestehenden Beweisnot oder aus sonstigen im überwiegenden Interesse der verantwortlichen Stelle oder eines Dritten liegenden Gründen unerlässlich ist und
2. die Daten hierfür übermittelt oder genutzt werden dürften, wenn sie nicht gesperrt wären.

§ 35 Berichtigung, Löschung und Sperrung von Daten (gültig ab 1.4.2010)

(1) ¹Personenbezogene Daten sind zu berichtigen, wenn sie unrichtig sind. ²Geschätzte Daten sind als solche deutlich zu kennzeichnen.

(2) ¹Personenbezogene Daten können außer in den Fällen des Absatzes 3 Nummer 1 und 2 jederzeit gelöscht werden. ²Personenbezogene Daten sind zu löschen, wenn
1. ihre Speicherung unzulässig ist,
2. es sich um Daten über die rassische oder ethnische Herkunft, politische Meinungen, religiöse oder philosophische Überzeugungen, Gewerkschaftszugehörigkeit, Gesundheit, Sexualleben, strafbare Handlungen oder Ordnungswidrigkeiten handelt und ihre Richtigkeit von der verantwortlichen Stelle nicht bewiesen werden kann,
3. sie für eigene Zwecke verarbeitet werden, sobald ihre Kenntnis für die Erfüllung des Zweckes der Speicherung nicht mehr erforderlich ist, oder
4. sie geschäftsmäßig zum Zweck der Übermittlung verarbeitet werden und eine Prüfung jeweils am Ende des vierten, soweit es sich um Daten über erledigte Sachverhalte handelt und der Betroffene der Löschung nicht widerspricht, am Ende des dritten Kalenderjahres beginnend mit dem Kalenderjahr, das der erstmaligen Speicherung folgt, ergibt, dass eine längerwährende Speicherung nicht erforderlich ist.

Personenbezogene Daten, die auf der Grundlage von § 28a Abs. 2 Satz 1 oder § 29 Abs. 1 Satz 1 Nr. 3 gespeichert werden, sind nach Beendigung des Vertrages auch zu löschen, wenn der Betroffene dies verlangt.

(3) An die Stelle einer Löschung tritt eine Sperrung, soweit
1. im Fall des Absatzes 2 Satz 2 Nr. 3 einer Löschung gesetzliche, satzungsmäßige oder vertragliche Aufbewahrungsfristen entgegenstehen,
2. Grund zu der Annahme besteht, dass durch eine Löschung schutzwürdige Interessen des Betroffenen beeinträchtigt würden, oder
3. eine Löschung wegen der besonderen Art der Speicherung nicht oder nur mit unverhältnismäßig hohem Aufwand möglich ist.

(4) Personenbezogene Daten sind ferner zu sperren, soweit ihre Richtigkeit vom Betroffenen bestritten wird und sich weder die Richtigkeit noch die Unrichtigkeit feststellen lässt.

(4a) Die Tatsache der Sperrung darf nicht übermittelt werden.

(5) ¹Personenbezogene Daten dürfen nicht für eine automatisierte Verarbeitung oder Verarbeitung in nicht automatisierten Dateien erhoben, verarbeitet oder genutzt werden, soweit der Betroffene dieser bei der verantwortlichen Stelle widerspricht und eine Prüfung ergibt, dass das schutzwürdige Interesse des Betroffenen wegen seiner besonderen persönlichen Situation das Interesse der verantwortlichen Stelle an dieser Erhebung,

Verarbeitung oder Nutzung überwiegt. ²Satz 1 gilt nicht, wenn eine Rechtsvorschrift zur Erhebung, Verarbeitung oder Nutzung verpflichtet.

(6) ¹Personenbezogene Daten, die unrichtig sind oder deren Richtigkeit bestritten wird, müssen bei der geschäftsmäßigen Datenspeicherung zum Zweck der Übermittlung außer in den Fällen des Absatzes 2 Nr. 2 nicht berichtigt, gesperrt oder gelöscht werden, wenn sie aus allgemein zugänglichen Quellen entnommen und zu Dokumentationszwecken gespeichert sind. ²Auf Verlangen des Betroffenen ist diesen Daten für die Dauer der Speicherung seine Gegendarstellung beizufügen. ³Die Daten dürfen nicht ohne diese Gegendarstellung übermittelt werden.

(7) Von der Berichtigung unrichtiger Daten, der Sperrung bestrittener Daten sowie der Löschung oder Sperrung wegen Unzulässigkeit der Speicherung sind die Stellen zu verständigen, denen im Rahmen einer Datenübermittlung diese Daten zur Speicherung weitergegeben wurden, wenn dies keinen unverhältnismäßigen Aufwand erfordert und schutzwürdige Interessen des Betroffenen nicht entgegenstehen.

(8) Gesperrte Daten dürfen ohne Einwilligung des Betroffenen nur übermittelt oder genutzt werden, wenn
1. es zu wissenschaftlichen Zwecken, zur Behebung einer bestehenden Beweisnot oder aus sonstigen im überwiegenden Interesse der verantwortlichen Stelle oder eines Dritten liegenden Gründen unerlässlich ist und
2. die Daten hierfür übermittelt oder genutzt werden dürften, wenn sie nicht gesperrt wären.

Literatur: *Gassner/Schmidl*, Datenschutzrechtliche Löschungsverpflichtungen und zivilrechtliche Verjährungsvorschriften, RDV 2004, 153

A. Allgemeines 1	VI. Benachrichtigungspflicht gegenüber Empfängern von Daten (Abs. 7) 14
B. Regelungsgehalt 2	VII. Das Widerspruchsrecht des Betroffenen (Abs. 5) . 16
I. Berichtigung (Abs. 1) 2	**C. Verbindung zu anderen Rechtsgebieten** 18
II. Löschung (Abs. 2) 4	I. Das Gegendarstellungsrecht des
III. Sperrung (Abs. 3) 8	§ 83 Abs. 2 BetrVG 18
IV. Sperrung im „non-liquet"-Fall (Abs. 4) 11	II. Allgemeine Korrekturansprüche 20
V. Konsequenzen der Sperrung (Abs. 8) 13	**D. Beraterhinweise** 22

A. Allgemeines

1 Gegenüber unrichtiger bzw. unzulässiger Datenverarbeitung gewährt § 35 dem Betroffenen die unabdingbaren (§ 6) Korrekturrechte auf Berichtigung, Sperrung und Löschung sowie ein Widerspruchsrecht. Daneben steht dem AN das Gegendarstellungsrecht des § 83 Abs. 2 BetrVG zu.

B. Regelungsgehalt

I. Berichtigung (Abs. 1)

2 Gem. Abs. 1 sind unrichtige Daten zu berichtigen. Die Berichtigungspflicht besteht auch dann, wenn die Daten später unrichtig werden, es sei denn, es soll ein zu einem bestimmten Zeitpunkt bestehender, zutreffender Sachverhalt beschrieben werden. Unrichtigkeit liegt auch vor, wenn Daten aus dem Kontext gelöst werden und der **Kontextverlust** so gravierend ist, dass Fehlinterpretationen nahe liegen.[1]

3 Regelmäßig wird eine Korrektur unrichtiger Daten keine Probleme bereiten, da auch dem AG daran gelegen sein wird, nur zutreffende Informationen zu verarbeiten. Anders ist dies bei **Werturteilen.** Hier begrenzt sich die Berichtigung auf den Fall, dass sie die auf falschen Tatsachen oder unangemessenen Würdigungen der Tatsachen beruhen.

Unrichtig, weil in ihrer Aussage nicht eindeutig, sind z.B. per Scoring ermittelte Schätzdaten und Erfahrungswerte, die eine nur mit einer gewissen Wahrscheinlichkeit zutreffende Aussage enthalten, wenn diese Fragwürdigkeit nicht zusammenstehend mit der Information deutlich gemacht ist (Abs. 1 S. 2).

II. Löschung (Abs. 2)

4 Da das Gesetz von der Annahme ausgeht, dass die Speicherung und weitere Verwendung von Daten den nur aufgrund einer speziellen Legitimation zulässigen Eingriff in das Persönlichkeitsrecht des Betroffenen darstellt, ist es zunächst konsequent, die Löschung der Daten, mit der die vermutete Gefahr für das Persönlichkeitsrecht des Betroffenen beendet wird, generell zu gestatten. Demgemäß räumt Abs. 2 S. 1 der verantwortlichen Stelle generell die **Befugnis zur Löschung** ein, sofern nicht eine Pflicht zur Aufbewahrung, d.h. zur weiteren Speicherung der Daten bzw. Grund zur Annahme besteht, dass die **Löschung** schutzwürdige Interessen des Betroffenen beeinträchtigt. Das Gesetz verkennt

---

[1] H.M. für AN-Daten vgl. bei *Däubler*, Gläserne Belegschaften?, Rn 298.

mit dem Hinweis auf Abs. 3 Nr. 2 jedoch nicht, dass eine Speicherung von Daten ggf. auch durchaus im Interesse des Betroffenen liegen und ggf. sogar dem Schutz oder der Förderung der Entfaltung seines Persönlichkeitsrechts dienen kann. Keiner besonderen Aussage bedarf es, dass Daten dann nicht gelöscht werden dürfen, wenn dies zu einer Unrichtigkeit der verbleibenden Daten führt.

Abs. 2 S. 2 legt in den Nr. 1–4 die Fälle fest, in denen der AG nicht nur das Recht, sondern auch die **Pflicht zur Löschung** hat.[2] Gem. Nr. 1 ist dies zunächst der Fall, wenn die Speicherung unzulässig ist. Dies kann deshalb der Fall sein, weil die Daten unrichtig sind. Zwar besteht hier zunächst der Korrekturanspruch gem. Abs. 1; ist jedoch eine Korrektur nicht möglich, wird z.B. der AN unzutreffend als Führerscheininhaber bezeichnet, so ist die Angabe ersatzlos zu löschen. Maßgebend für die Beurteilung der Löschungsverpflichtung ist der Zeitpunkt „ex nunc". War die Speicherung zunächst unzulässig, z.B. weil Personaldaten ohne die erforderliche Zustimmung der Mitarbeitervertretung gespeichert waren, und liegt diese nunmehr vor, so entfällt die bis dahin bestehende Löschungsverpflichtung.

Durch Nr. 2 wird dem AG hinsichtlich der aufgeführten, das Persönlichkeitsrecht des Betroffenen regelmäßig besonders tangierenden Daten, die **Beweispflicht** für deren Richtigkeit auferlegt. Kann er die vom Betroffenen bestrittene Richtigkeit der Daten nicht beweisen, so sind sie – abweichend von der für diesen Fall ansonsten geltenden Regelung der Abs. 4 und 5 – nicht zu sperren, sondern zu löschen. Sind die Daten tatsächlich unrichtig, so greift vorrangig das Korrekturrecht nach Abs. 1 bzw. das Löschungsgebot nach Abs. 2 S. 2 Nr. 1.

Nach Nr. 3 sind die für **eigene Zwecke** gespeicherten Daten – also AN-Daten – zu löschen, wenn ihre Kenntnis für den Speicherungszweck nicht mehr erforderlich ist, d.h. dass eine unter weitere Speicherung legitimierende **Zweckbestimmung** nicht mehr vorliegt. Bsp. für derartige **Löschungsverpflichtungen** enthält die arbeitsgerichtliche Rspr. zur Entfernung bzw. Löschung von durch Zeitablauf erledigten **Abmahnungen**[3] oder ansonsten erledigter Vorgänge,[4] die sich für den AN ungünstig auswirken können. Ebenso war das BAG[5] bereits im Bereich herkömmlicher Datenspeicherung zu der Auffassung gelangt, dass die Personaldaten eines abgelehnten Bewerbers nicht mehr gespeichert werden dürfen, d.h. dass ein zwecks der Bewerbung ausgefüllter **Personalfragebogen** zu vernichten, bzw. dem Bewerber mit den Bewerbungsunterlagen zurückzugeben ist.

III. Sperrung (Abs. 3)

In Abs. 3 werden drei Fälle aufgestellt, bei denen die Daten entgegen den ansonsten bestehenden Löschungspflichten in nunmehr gesperrter Form weiter gespeichert werden dürfen bzw. müssen. Die Nr. 1 sieht die **Sperrungspflicht** für den Fall vor, dass die an sich nicht mehr benötigten Daten (Abs. 2 Nr. 3) aufgrund gesetzlicher, satzungsmäßiger oder vertraglicher Verpflichtungen weiter aufbewahrt werden müssen.

Nach Nr. 2 sind an sich zu löschende Daten „nur" zu sperren, wenn die Löschung **schutzwürdige Interessen** des Betroffenen beeinträchtigen würde. Jedoch ist davon auszugehen, dass die Löschung unzulässiger oder unrichtiger Daten die Interessen des Betroffenen regelmäßig nicht verletzt, sondern seinen vom Gesetz zu schützenden Interessen dient; zumindest wird der Betroffene in der Regel keine schützenswerten Interessen an der Speicherung unrichtiger Daten, mögen diese auch für ihn ggf. „positiver" sein, geltend machen können. Anders ist die Sachlage, wenn der Betroffene die gespeicherten Daten z.B. zum Beweis für von ihm geltend gemachte Ansprüche benötigt.

Die Regelung der Nr. 3 erlaubt die Sperrung, wenn die Löschung wegen der technischen Gegebenheiten nicht oder nur unter **unverhältnismäßig hohem Aufwand** möglich ist. Die Unmöglichkeit der Löschung einzelner Daten ist u.a. in einem CD-ROM-Speicher gegeben, der nur gelesen werden kann. Hier kann die Sperrung eines einzelnen Datums nur durch entsprechenden manuellen Vermerk erfolgen.

IV. Sperrung im „non-liquet"-Fall (Abs. 4)

In Abs. 4 ist die Sperrung für den sog. **„non-liquet"-Fall** vorgeschrieben. Verlangt der Betroffene die Berichtigung oder Löschung der Daten, so stellt sich die Frage nach der Verteilung der **Beweislast**, die – jedenfalls regelmäßig – bei dem Betroffenen liegt. Andererseits kann von dem Betroffenen nicht verlangt werden, die Unrichtigkeit falscher Daten durch die Angabe der richtigen Daten nachweisen zu müssen, da ansonsten die verantwortliche Stelle durch die bewusste Speicherung falscher Daten die Offenbarung der richtigen Daten erreichen könnte. Ferner ist hinsichtlich der dem Betroffenen regelmäßig obliegenden Beweislast zu berücksichtigen, dass es Daten gibt, deren Richtigkeit einem Beweisverfahren nicht zugänglich ist. Die Regelung des Abs. 4 ermöglicht es dem Betroffenen – sofern er Anhaltspunkte für die Unrichtigkeit aufzeigt –, personenbezogene Daten, die möglicherweise sogar richtig, ihm aber nachteilig sind, zunächst dadurch einer weiteren Nutzung durch die verantwortliche Stelle zu entziehen, so dass er – ohne den Beweis für seine Behauptung antreten zu müssen – deren Richtigkeit bestreitet. Misslingt der ver-

---

2 Zur befristeten Speicherung von Bewerberdaten nach Abschluss des Verfahrens zwecks eventuellen Rückgriffs bei der Geltendmachung von Entschädigungsansprüchen nach den AGG *Gola/Wronka*, Rn 850.
3 BAG 18.11.1986 – 7 AZR 674/84 – NZA 1987, 418 = DB 1987, 1303; LAG Hamm 14.5.1986 – 2 Sa 320/86 – NZA 1987, 26, das in der Regel von einer zweijährigen Ausschlussfrist ausgeht.
4 BAG 13.4.1988 – 5 AZR 537/86 – NZA 1988, 654 = RDV 1988, 248.
5 BAG 6.6.1984 – 5 AZR 286/81 – NZA 1984, 2910 = NJW 1984, 2910 = DB 1984, 2626.

antwortlichen Stelle der jetzt ihr obliegende Gegenbeweis – tritt also der sog. **„non-liquet"-Fall** ein –, so sind die Daten zu sperren.

12 Die Verpflichtung zur Sperrung kann nicht dadurch umgangen werden, dass Daten nur „vermutlich" einer bestimmten Person zugeordnet werden, d.h. die **Zweifel an der Richtigkeit** bezüglich des Betroffenen ebenfalls gespeichert sind.

V. Konsequenzen der Sperrung (Abs. 8)

13 Gesperrte Daten dürfen ohne Einwilligung des Betroffen bzw. ohne spezialgesetzliche Erlaubnis nicht genutzt oder übermittelt werden. Das Verarbeitungs- und Nutzungsverbot wird in Abs. 8 ggf. aufgehoben für wissenschaftliche Zwecke, zur Behebung einer bestehenden **Beweisnot** oder bei sich aus einem überwiegenden Interesse des AG oder eines Dritten ergebenden Gründen. Voraussetzung ist jedoch, dass die beabsichtigte Übermittlung oder Nutzung für die fragliche Zweckerfüllung **unerlässlich** ist und die Daten ohne Sperrung hierfür übermittelt oder genutzt werden dürften. Unerlässlich bedeutet dabei mehr als das ansonsten für eine Verarbeitung erforderliche Kriterium der „Erforderlichkeit".

Sollen einem Dritten – deren Zulässigkeit einmal vorausgesetzt - Auskünfte über den AN erteilt werden, so darf die Tatsache der Sperrung, d.h. die Tatsache, dass es zu einem bestimmten Sachverhalt gesperrte Daten gibt, nicht mitgeteilt werden (Abs. 4a).

VI. Benachrichtigungspflicht gegenüber Empfängern von Daten (Abs. 7)

14 Nach Abs. 7 sind die verantwortlichen Stellen ggf. verpflichtet, Empfänger von einer nach der Übermittlung erfolgten Datenkorrektur, d.h. also von der Übermittlung falscher Daten, zu verständigen, sofern hierdurch nicht schutzwürdige Interessen des Betroffenen verletzt werden. Hinzutreten muss jedoch, dass die Daten zum Zwecke der Speicherung weitergegeben wurden. Wird nur eine Auskunft erteilt, greift die Benachrichtigungspflicht nicht.

15 Keine Informationspflicht gegenüber dem Dritten besteht, wenn die Benachrichtigung einen **unverhältnismäßigen Aufwand** erfordert und schutzwürdige Interessen des Betroffenen nicht entgegenstehen.

VII. Das Widerspruchsrecht des Betroffenen (Abs. 5)

16 Der Betroffene kann gem. Abs. 5 der nach § 28 zulässigen Verarbeitungen widersprechen, indem er sich aus seiner persönlichen Situation ergebende Gründe vorträgt, die den die Erhebung, Verarbeitung oder Nutzung im Regelfall gestattenden Interessen der verantwortlichen Stelle vorrangig sind.[6] Das Widerspruchsrecht greift auch, wenn z.B. die Speicherung im Rahmen eines Arbverh erfolgt und die Informationsinteressen des AG im konkreten Fall anders zu bewerten sind als im „Normalfall".

17 Das „allgemeine" Widerspruchsrecht ist nach Abs. 5 S. 2 ausgeschlossen, „wenn eine Rechtsvorschrift zur Erhebung, Verarbeitung oder Nutzung verpflichtet". Derartige Normen, die private Stellen zu einer Datenverarbeitung verpflichten, sind regelmäßig solche, die dem AG vorschreiben, bestimmte personenbezogene Daten an staatliche Stellen zu übermitteln oder zumindest für diese bereitzuhalten.

C. Verbindung zu anderen Rechtgebieten

I. Das Gegendarstellungsrecht des § 83 Abs. 2 BetrVG

18 Nach § 83 Abs. 2 BetrVG ist der AG verpflichtet, eine Erklärung des Beschäftigten „zum Inhalt der **Personalakte**" in diese aufzunehmen; und zwar unabhängig davon, ob er deren Richtigkeit akzeptiert (§ 83 BetrVG Rn 29 ff.).

19 § 83 Abs. 2 BetrVG ist nicht als abschließende Korrekturregelung gegenüber unrichtiger Personaldatenverarbeitung zu verstehen, d.h. der AN kann sowohl bei herkömmlicher Speicherung[7] (§ 1004 BGB) als auch bei Verarbeitungen im Geltungsbereich des BDSG[8] (§ 35) Berichtigungs-, bzw. Entfernungsansprüche geltend machen. Erfährt der AG durch die Gegendarstellung, dass Daten unrichtig sind, so greift vorrangig die Berichtigungs- und Löschungspflicht nach § 35 Abs. 1 bzw. Abs. 2.[9] Gleiches gilt, wenn die Daten statt gelöscht gesperrt werden. Akzeptiert der AG die Gegendarstellung jedoch nicht als zutreffend, so ist der „non-liquet"-Fall zunächst nach der arbeitsrechtlichen Spezialregelung zu behandeln.[10] Bedenken, dass hierdurch der Schutz für AN gegenüber anderen Betroffenen minimiert wird,[11] steht entgegen, dass der AN durch die Gegendarstellung im positiven Sinn gestaltend an dem Inhalt der Personalakte mitwirken

---

6 *Gola*, DuD 2001, 278.
7 H.M. Simitis/*Mallmann*, § 35 Rn 64 ff.; *Fitting u.a.*, § 83 BetrVG Rn 34; zum Anspruch nach Ende des Arbverh: BAG 14.9.1994 – 5 AZR 632/93 – NZA 1995, 220 = NJW 1995, 1236 = RDV 1995, 32.
8 DKK/*Buschmann*, § 83 BetrVG Rn 25; a.A. Richardi/*Richardi/Thüsing*, § 83 BetrVG Rn 42.
9 Vgl. aber auch DKK/*Buschmann*, § 83 BetrVG Rn 25, *Fitting u.a.*, § 83 BetrVG Rn 34, der dem AN insoweit ein Wahlrecht einräumt.
10 *Bergmann/Möhrle/Herb*, § 35 Rn 135.
11 Daher plädieren auch Stimmen für die Anwendung des § 35 Abs. 4; vgl. u.a. Simitis/*Mallmann*, § 35 Rn 66; DKK/*Buschmann*, § 83 BetrVG Rn 25.

kann. Sollen die per Gegendarstellung bestrittenen Daten – was bei automatisierter Speicherung sich ggf. aus Praktikabilitätsgründen anbietet – stattdessen gesperrt werden, so bedarf dies der Zustimmung des AN.[12]

II. Allgemeine Korrekturansprüche

Für im Geltungsbereich des BDSG gespeicherte Daten sind die auf Löschung bzw. Sperrung gerichteten Korrekturansprüche, die sich aus der Verletzung des Persönlichkeitsrechts begründen, durch § 35 abschließend geregelt, so dass § 823 Abs. 1 und Abs. 2 BGB als mögliche weitere Anspruchsgrundlagen ausscheiden. Der AN kann jedoch ggf. **Unterlassung** und/oder Beseitigung eines unter Verletzung der Fürsorgepflicht erfolgten Eingriffs in sein Persönlichkeitsrecht nach §§ 1004, 242 BGB verlangen, sofern die Störung fortdauert. Unzutreffende,[13] unverhältnismäßige[14] oder fehlerhaft, z.B. ohne vorherige Anhörung[15] oder ohne Bezug zum Arbverh[16] ergangene bzw. durch Zeitablauf erledigte[17] Abmahnungen sind zu entfernen, wenn sie für den AN nachteilig[18] sein können.

20

Ferner können gegenüber künftigen rechtswidrigen Datenspeicherungen ein vorbeugender **Unterlassungsanspruch** aus § 1004 BGB analog und ein Anspruch auf Widerruf auch nach Entfernung der Abmahnung in Betracht kommen.[19]

21

D. Beraterhinweise

Da der eine Korrektur seiner Daten begehrende Mitarbeiter sich in der Regel nicht auf eine bestimmte Rechtsnorm berufen wird, sollten die in Betracht kommenden Korrekturweisen mit ihm besprochen werden.

22

§ 38 Aufsichtsbehörde

(1) [1]Die Aufsichtsbehörde kontrolliert die Ausführung dieses Gesetzes sowie anderer Vorschriften über den Datenschutz, soweit diese die automatisierte Verarbeitung personenbezogener Daten oder die Verarbeitung oder Nutzung personenbezogener Daten in oder aus nicht automatisierten Dateien regeln einschließlich des Rechts der Mitgliedstaaten in den Fällen des § 1 Abs. 5. [2]Sie berät und unterstützt die Beauftragten für den Datenschutz und die verantwortlichen Stellen mit Rücksicht auf deren typische Bedürfnisse. [3]Die Aufsichtsbehörde darf die von ihr gespeicherten Daten nur für Zwecke der Aufsicht verarbeiten und nutzen; § 14 Abs. 2 Nr. 1 bis 3, 6 und 7 gilt entsprechend. [4]Insbesondere darf die Aufsichtsbehörde zum Zweck der Aufsicht Daten an andere Aufsichtsbehörden übermitteln. [5]Sie leistet den Aufsichtsbehörden anderer Mitgliedstaaten der Europäischen Union auf Ersuchen ergänzende Hilfe (Amtshilfe). [6]Stellt die Aufsichtsbehörde einen Verstoß gegen dieses Gesetz oder andere Vorschriften über den Datenschutz fest, so ist sie befugt, die Betroffenen hierüber zu unterrichten, den Verstoß bei der für die Verfolgung oder Ahndung zuständigen Stellen anzuzeigen sowie bei schwerwiegenden Verstößen die Gewerbeaufsichtsbehörde zur Durchführung gewerberechtlicher Maßnahmen zu unterrichten. [7]Sie veröffentlicht regelmäßig, spätestens alle zwei Jahre, einen Tätigkeitsbericht. [8]§ 21 Satz 1 und § 23 Abs. 5 Satz 4 bis 7 gelten entsprechend.

(2) [1]Die Aufsichtsbehörde führt ein Register der nach § 4d meldepflichtigen automatisierten Verarbeitungen mit den Angaben nach § 4e Satz 1. [2]Das Register kann von jedem eingesehen werden. [3]Das Einsichtsrecht erstreckt sich nicht auf die Angaben nach § 4e Satz 1 Nr. 9 sowie auf die Angabe der zugriffsberechtigten Personen.

(3) [1]Die der Kontrolle unterliegenden Stellen sowie die mit deren Leitung beauftragten Personen haben der Aufsichtsbehörde auf Verlangen die für die Erfüllung ihrer Aufgaben erforderlichen Auskünfte unverzüglich zu erteilen. [2]Der Auskunftspflichtige kann die Auskunft auf solche Fragen verweigern, deren Beantwortung ihn selbst oder einen der in § 383 Abs. 1 Nr. 1 bis 3 der Zivilprozessordnung bezeichneten Angehörigen der Gefahr strafgerichtlicher Verfolgung oder eines Verfahrens nach dem Gesetz über Ordnungswidrigkeiten aussetzen würde. [3]Der Auskunftspflichtige ist darauf hinzuweisen.

---

12 Nicht geteilt werden kann die Auffassung von *Fitting u.a.*, § 83 BetrVG Rn 35, nach der per BV geregelt werden kann, wann mit bei nicht feststellbarer Richtigkeit die Sperrung oder die Gegendarstellung zum Zuge kommen soll.
13 BAG 13.3.1991 – 5 AZR 133/90 – NZA 1991, 768 auch bei nur teilweiser Unrichtigkeit.
14 BAG 12.6.1986 – 6 AZR 559/84 – NZA 1987, 153.
15 BAG 19.11.1989 – 6 AZR 64/88 – NZA 1990, 477 = RDV 1990, 145; ArbG Frankfurt/Oder, 7.4.1999 – 6 Ca 61/99 – RDV 2000, 227 m.w.N. d. Rspr.

16 ArbG Wiesbaden 10.9.2003 – 3 Ca 230/03 – RDV 2004, 227.
17 BAG 18.11.1986 – 7 AZR 674/84 – NZA 1987, 418 = DB 1987, 1303.
18 Dies kann auch noch nach Beendigung des Arbverh der Fall sein: BAG 14.9.1994 – 5 AZR 632/93 – NZA 1995, 220 = NJW 1995, 1236 = RDV 1995, 32.
19 BAG 15.4.1999 – 7 AZR 716/97 – NZA 1999, 1037 = NJW 1999, 3576 = RDV 1999, 264.

(4) ¹Die von der Aufsichtsbehörde mit der Kontrolle beauftragten Personen sind befugt, soweit es zur Erfüllung der der Aufsichtsbehörde übertragenen Aufgaben erforderlich ist, während der Betriebs- und Geschäftszeiten Grundstücke und Geschäftsräume der Stelle zu betreten und dort Prüfungen und Besichtigungen vorzunehmen. ²Sie können geschäftliche Unterlagen, insbesondere die Übersicht nach § 4g Abs. 2 Satz 1 sowie die gespeicherten personenbezogenen Daten und die Datenverarbeitungsprogramme, einsehen. ³§ 24 Abs. 6 gilt entsprechend. ⁴Der Auskunftspflichtige hat diese Maßnahmen zu dulden.

(5) ¹Zur Gewährleistung der Einhaltung dieses Gesetzes und anderer Vorschriften über den Datenschutz kann die Aufsichtsbehörde Maßnahmen zur Beseitigung festgestellter Verstöße bei der Erhebung, Verarbeitung oder Nutzung personenbezogener Daten oder technischer oder organisatorischer Mängel anordnen. ²Bei schwerwiegenden Verstößen oder Mängeln, insbesondere solchen, die mit einer besonderen Gefährdung des Persönlichkeitsrechts verbunden sind, kann sie die Erhebung, Verarbeitung oder Nutzung oder den Einsatz einzelner Verfahren untersagen, wenn die Verstöße oder Mängel entgegen der Anordnung nach Satz 1 und trotz der Verhängung eines Zwangsgeldes nicht in angemessener Zeit beseitigt werden. ³Sie kann die Abberufung des Beauftragten für den Datenschutz verlangen, wenn er die zur Erfüllung seiner Aufgaben erforderliche Fachkunde und Zuverlässigkeit nicht besitzt.

(6) Die Landesregierungen oder die von ihnen ermächtigten Stellen bestimmen die für die Kontrolle der Durchführung des Datenschutzes im Anwendungsbereich dieses Abschnittes zuständigen Aufsichtsbehörden.

(7) Die Anwendung der Gewerbeordnung auf die den Vorschriften dieses Abschnittes unterliegenden Gewerbebetriebe bleibt unberührt.

Literatur: *Gola/Schomerus,* Die Organisation der staatlichen Datenschutzkontrolle der Privatwirtschaft, ZRP 2000, 183; *Hellermann/Wieland,* Die Unabhängigkeit der Datenschutzkontrolle im nicht öffentlichen Bereich, DuD 2000, 284; *Herb,* Eingriffsmöglichkeiten der Aufsichtsbehörden nach dem neuen BDSG, CR 1992, 110; *Holländer,* Datensündern auf der Spur – Bußgeldverfahren ungeliebtes Instrument der Datenschutzaufsichtsbehörden, RDV 2009, 215; *v. Lewinski,* Formelles und informelles Handeln der datenschutzrechtlichen Aufsichtsbehörden, RDV 2001, 205; *Moos,* Datenschutzkontrolle bei Tele- und Mediendiensten, DuD 1998, 162; *Seiffert,* Datenschutzprüfung durch die Aufsichtsbehörden, 2007

A. Allgemeines	1	II. Konsequenzen bei festgestellten Mängeln	6
B. Regelungsgehalt	4	C. Verbindung zu anderen Rechtsgebieten	12
I. Die Durchführung der Kontrolle	4	D. Beraterhinweise	13

A. Allgemeines

1 § 38 regelt die Einrichtung und die Kompetenz der die Privatwirtschaft als externe Kontrollinstanz überwachenden Aufsichtsbehörden. Die Kontrolle betrifft jedoch – anders als bei der Kompetenz des betrieblichen DSB (§ 4g Abs. 1 S. 1) – nicht die Einhaltung der Datenschutzansprüche der Betroffenen schlechthin, sondern ist nur auf die Überprüfung der Einhaltung der Vorschriften des BDSG und anderer Datenschutzvorschriften gerichtet, soweit diese – auch – die Verarbeitung und Nutzung personenbezogener Daten im Geltungsbereich des BDSG regeln, wie es z.B. bei § 83 BetrVG hinsichtlich der Personalaktenführung der Fall ist. Daran ändert nichts, dass in der Befugnisnorm des Abs. 5 sich der Wortlaut uneingeschränkt auf die Einhaltung – aller – anderen Vorschriften über den Datenschutz bezieht. Wie an vielen anderen Stellen der Novellierungen 2009 muss auch hier von einem weiteren redaktionellen Fehler ausgegangen werden.[1] Nach wie vor liegen Datenerhebungen, die außerhalb des Anwendungsbereichs des BDSG erfolgen auch außerhalb der Kompetenz der Aufsichtsbehörde. Es kann nur ein redaktioneller Fehler sein, dass in Abs. 1 S. 1 die Kompetenz der Behörde enger umschrieben wird, als es in dem neu eingefügten Abs. 6 der Fall ist.

2 Die Kontrolle der Privatwirtschaft ist in Abs. 6 den Ländern übertragen. Während ein Teil der Länder diese Aufgabe nach wie vor den Innenressorts (so in Baden-Württemberg, Brandenburg, Sachsen-Anhalt, Saarland) und den Regierungsbezirken (so in Bayern, Hessen, Sachsen) übertragen hat, hat die Mehrzahl inzwischen die Aufsicht über den privaten und den öffentlichen Bereich in einer Hand zusammengefasst und den **Landesdatenschutzbeauftragten** zugewiesen (so in Berlin, Bremen, Hamburg, Niedersachsen, Nordrhein-Westfalen, Mecklenburg-Vorpommern, Rheinland-Pfalz, Sachsen). In Schleswig-Holstein ist für den öffentlichen und den privaten Bereich das **Unabhängige Landeszentrum** für den Datenschutz zuständig. In Thüringen und Sachsen-Anhalt obliegt die Kontrolle dem zentralen Landesverwaltungsamt.

---

1 *Grenzenberg/Schreibauer/Schuppert,* K&R 2009, 541 geben der verkürzten Formulierung nur „redaktionelle" Bedeutung; vgl. auch BT-Drs.16/13657, S. 38.

Die **örtliche Zuständigkeit** richtet sich gemäß den Verwaltungsverfahrensgesetzen der Länder danach, in welchem Zuständigkeitsbereich der Betrieb liegt. Hat das Unternehmen mehrere Zweigstellen oder Betriebe in verschiedenen Bundesländern können mehrere Aufsichtsbehörden zuständig sein.

B. Regelungsgehalt
I. Die Durchführung der Kontrolle

Ob, wie und in welchen Betrieben die Behörde Kontrollen durchführt, entscheidet sie unter Berücksichtigung ihrer personellen Kapazitäten nach pflichtgemäßem Ermessen. Anlass für ein Einschreiten kann auch eine Beschwerde des Betroffen oder des Betriebsrats sein. Insoweit wird die Behörde zunächst den AG um Stellungnahme und Auskunft beten. Zur Auskunftserteilung ist er verpflichtet,[2] sofern er sich nicht selbst belastet (Abs. 3).

Im Rahmen des für die Aufgabenerfüllung Erforderlichen können die Vertreter der Aufsichtsbehörde gem. Abs. 4 während der Betriebs- und Geschäftszeiten Grundstücke und Geschäftsräume betreten und dort **Prüfungen** und Besichtigungen vornehmen. Im Rahmen dieser Prüfungen können Datenverarbeitungsprogramme, Geschäftspapiere und auch Personaldaten eingesehen werden. Insoweit besteht für die verantwortliche Stelle wie für die Betroffenen eine Duldungspflicht, die bußgeldbewehrt (§ 43 Abs. 1 Nr. 6) ist.

II. Konsequenzen bei festgestellten Mängeln

Stellt die Behörde Verletzungen des Datenschutzrechts, d.h. des BDSG oder anderer Vorschriften über den Datenschutz fest, welche sich sowohl als Verstöße bei der Erhebung, Verarbeitung oder Nutzung der AN-Daten oder als Mängel bei der Erfüllung der technischen und organisatorischen Anforderungen aus § 9 (nebst Anlage) darstellen können, so kann sie deren Abstellung anordnen. Welche konkreten Maßnahmen zur Beseitigung der festgestellten Verstöße und Mängel ergriffen werden, bleibt jedoch der Entscheidung des AG überlassen, soweit eben ein bestimmtes Verfahren nicht generell nichtmehr stattfinden darf bzw. einzig und allein als adäquate Lösung in Betracht kommt.

Wurde die Beseitigung von Mängeln angeordnet und führte dies nicht zu dem erwarteten Ergebnis, so greift ein abgestuftes Verfahren. Die Aufsichtsbehörde ist nunmehr gehalten, die Beseitigung der Mängel unter Setzung einer angemessenen Frist durch Verhängung eines **Zwangsgelds** durchzusetzen. Daraus folgt, dass selbst bei gravierenden Sicherheitsmängeln ein sofortiges Verbot der Verarbeitungsverfahren nicht zulässig ist. Die Schwere des festgestellten Mangels wird jedoch für die zur Beseitigung festgesetzte Frist mitbestimmend sein. Wird die verantwortliche Stelle auch in dieser Frist nicht wie angeordnet tätig, so hat die Aufsichtsbehörde das Recht, den Einsatz des „ungesicherten" Verfahrens **zu untersagen**.

Stellt die Aufsichtsbehörde einen **Verstoß gegen Datenschutznormen** i.S.v. Abs. 1 fest, so ist die Behörde befugt, den **Betroffenen zu unterrichten**. Zumindest dann, wenn die Kontrolle der Behörde durch eine Beschwerde des Betroffenen ausgelöst wurde, wird die Behörde hierzu nicht nur als befugt, sondern auch als verpflichtet anzusehen sein. Gleiches gilt, wenn dem Betroffenen ansonsten Nachteile entstehen würden.

Ferner ist sie nach Abs. 1 S. 5 (die Befugnis ergibt sich gleichzeitig aus der insoweit überflüssigen Verweisung in Abs. 1 S. 7 auf § 23 Abs. 5 S. 7) befugt, d.h. es steht in ihrem Ermessen, den Verstoß bei anderen für die Verfolgung oder Ahndung zuständigen Stellen anzuzeigen, wozu auch die Leitung der verantwortlichen Stelle gehört, die u.a. in der Funktion als **AG** zur Ahndung von Datenschutzverstößen von Mitarbeitern „zuständig" ist. Relevant ist insoweit auch das Recht der Aufsichtsbehörde, die **Strafverfolgungsbehörden** einzuschalten, da ihr nunmehr gem. § 44 Abs. 2 S. 2 ein **Strafantragsrecht** eingeräumt ist. Von diesem Antragsrecht wird sie im Rahmen pflichtgemäßer Ermessensausübung jedoch regelmäßig dann keinen Gebrauch machen dürfen, wenn der Betroffene selbst eine Strafverfolgung nicht wünscht.

Die Befugnis zur Einschaltung der **Gewerbeaufsicht** bei schweren Verstößen korrespondiert mit der Regelung in Abs. 7, wonach die Anwendung der Vorschriften der Gewerbeordnung unberührt bleibt.

Aus Abs. 5 S. 3 ergibt sich die Befugnis der Aufsichtsbehörde, die **Abberufung des betrieblichen Datenschutzbeauftragten** zu verlangen. Voraussetzung ist, dass bei einer Kontrolle die **Unzuverlässigkeit** bzw. **fehlende Fachkunde** des Datenschutzbeauftragten festgestellt wurde. Dies kann sich bei einem nebenamtlichen Beauftragten aus einer unzulässigen Interessenkollision ergeben, einer sich aus seiner überwiegend ausgeübten Funktion zu folgernden fehlenden Fachkunde ergeben. Ferner spricht hierfür jahrelange Untätigkeit, bzw. das Unvermögen, bisherige Tätigkeiten durch Verfahrensübersicht, Tätigkeitsberichten und Richtlinien belegen zu können. Das **Abberufungsverlangen** ist ein Verwaltungsakt, der sich zwar an die Daten verarbeitende Stelle richtet, gegen den aber sowohl die verantwortliche Stelle als auch der betroffene Datenschutzbeauftragte Widerspruch einlegen können.

---

[2] Zum Umfang vgl. auch AG Kiel 30.11.1987 – 2 Js 1255/86 – RDV 1988, 93; AG Trier 24.11.1987 – 13 Js 29024/87 – RDV 1988, 154; OLG Celle 14.6.1995 – 2 Ss (= Wi) 185/95 – RDV 1995, 244.

C. Verbindung zu anderen Rechtsgebieten

12 Die Datenschutzkontrolle im Bereich der **Telekommunikation** (also der Einhaltung der §§ 88 f. TKG) durch Anbieter von Telekommunikationsdienstleistern, zu denen der AG bereits gehört, wenn er den Mitarbeitern die **private Nutzung** der betrieblichen **Kommunikationstechniken** gestattet, ist durch § 115 Abs. 4 TKG dem **Bundesbeauftragten für den Datenschutz** zugewiesen.

D. Beraterhinweise

13 Die Möglichkeiten zum Einschreiten gegen Verstöße gegen das BDSG sind durch den erweiterten und in den Beträgen erhöhten Katalog der Bußgeldtatbestände in § 43 erheblich verstärkt worden. Auch wenn sich die Aufsichtsbehörden im Wesentlichen als Berater der Daten verarbeitenden Stellen verstehen, soll von den Sanktionsmöglichkeiten nunmehr reger Gebrauch gemacht werden. Gute Hinweise zu Problemen in der Praxis geben die Arbeitshilfen und Tätigkeitsberichte, die bei den Behörden kostenlos erhältlich bzw. aus dem Internet abrufbar sind.

§ 38a Verhaltensregeln zur Förderung der Durchführung datenschutzrechtlicher Regelungen

(1) Berufsverbände und andere Vereinigungen, die bestimmte Gruppen von verantwortlichen Stellen vertreten, können Entwürfe für Verhaltensregeln zur Förderung der Durchführung von datenschutzrechtlichen Regelungen der zuständigen Aufsichtsbehörde unterbreiten.

(2) Die Aufsichtsbehörde überprüft die Vereinbarkeit der ihr unterbreiteten Entwürfe mit dem geltenden Datenschutzrecht.

1 Ähnlich wie durch das Audit nach § 9a für die betriebliche Ebene die Möglichkeit freiwilliger Optimierung des Datenschutzes angeboten werden soll, soll auf überbetrieblicher Ebene, d.h. für bestimmte Branchen und Berufsgruppen/Stände die Möglichkeit bestehen, Datenschutzkonzepte, d.h. **Verhaltensregelungen** mit einer Art **„Gütesiegel"** zu versehen. Die hiergenannten „Codes of conduct" sind branchenübergreifend und von denen eine grenzüberschreitende Datenverarbeitung rechtfertigende Regelung eines Konzerns zu unterscheiden (vgl. § 4d Rn 2).

2 Ziel von Verhaltensregelungen (**Codes of Conduct**) ist u.a., durch Selbstregulierung zu „bereichsspezifischen" Regelungen zu kommen, die entsprechende gesetzgeberischer Aktivitäten – so wie es im Bereich der Presse geschehen ist – entbehrlich macht. Insofern könnten AG-Verbände durch interne Regelungen die nach wie vor anstehende Schaffung eines AN-Datenschutzgesetzes überflüssig machen. Ein derartiges Bestreben ist jedoch nicht erkennbar.

3 **Rechtliche Verbindlichkeit** erhalten die Verhaltensregelungen durch das Placet der Behörde nicht. Ob der Berufsverband sie dann für seine Mitglieder verbindlich machen kann, hängt von dem insoweit maßgebenden Satzungsrecht ab. Verbindlichkeit für die Betroffenen können sie z.B. durch Aufnahme in die **allgemeinen Geschäftsbedingungen** der Branche erhalten.

§ 41 Erhebung, Verarbeitung und Nutzung personenbezogener Daten durch die Medien

(1) Die Länder haben in ihrer Gesetzgebung vorzusehen, dass für die Erhebung, Verarbeitung und Nutzung personenbezogener Daten von Unternehmen und Hilfsunternehmen der Presse ausschließlich zu eigenen journalistischredaktionellen oder literarischen Zwecken den Vorschriften der §§ 5, 9 und 38a entsprechende Regelungen einschließlich einer hierauf bezogenen Haftungsregelung entsprechend § 7 zur Anwendung kommen.

(2) Führt die journalistisch-redaktionelle Erhebung, Verarbeitung oder Nutzung personenbezogener Daten durch die Deutsche Welle zur Veröffentlichung von Gegendarstellungen des Betroffenen, so sind diese Gegendarstellungen zu den gespeicherten Daten zu nehmen und für dieselbe Zeitdauer aufzubewahren wie die Daten selbst.

(3) [1]Wird jemand durch eine Berichterstattung der Deutschen Welle in seinem Persönlichkeitsrecht beeinträchtigt, so kann er Auskunft über die der Berichterstattung zugrunde liegenden, zu seiner Person gespeicherten Daten verlangen. [2]Die Auskunft kann nach Abwägung der schutzwürdigen Interessen der Beteiligten verweigert werden, soweit

1. aus den Daten auf Personen, die bei der Vorbereitung, Herstellung oder Verbreitung von Rundfunksendungen berufsmäßig journalistisch mitwirken oder mitgewirkt haben, geschlossen werden kann,
2. aus den Daten auf die Person des Einsenders oder des Gewährsträgers von Beiträgen, Unterlagen und Mitteilungen für den redaktionellen Teil geschlossen werden kann,

3. durch die Mitteilung der recherchierten oder sonst erlangten Daten die journalistische Aufgabe der Deutschen Welle durch Ausforschung des Informationsbestandes beeinträchtigt würde.

Der Betroffene kann die Berichtigung unrichtiger Daten verlangen.

(4) ¹Im Übrigen gelten für die Deutsche Welle von den Vorschriften dieses Gesetzes die §§ 5, 7, 9 und 38a. ²Anstelle der §§ 24 bis 26 gilt § 42, auch soweit es sich um Verwaltungsangelegenheiten handelt.

Durch das **Medienprivileg** des § 41 Abs. 1 wird der **redaktionelle Datenschutz** aus der Anwendung des BDSG herausgenommen und den Ländern eine diesbezügliche „Regelungspflicht" in einer Art Rahmengesetzgebung übertragen. **1**

Die Ausnahmeregelung für die Presse folgt aus der im Grundgesetz verankerten Pressefreiheit (Art. 5 Abs. 1 GG). Sie erfasst **Unternehmen oder Hilfsunternehmen der Presse**, d.h. alle Hersteller von Druckwerken. Daraus folgt, dass das Medienprivileg auch auf eine Kunden- oder **Werkszeitung** Anwendung finden kann. Da nur solche Daten ausgenommen sind, die „ausschließlich" zu publizistischen Zwecken verarbeitet werden, ist es erforderlich, dass die von der Redaktion der Werkszeitung vorgenommenen Datenverarbeitungen losgelöst von den für andere Zwecke des Betriebs (z.B. Personalverwaltung) durchgeführten Verarbeitungen erfolgen.¹ **2**

Ein AG kann sich nicht auf die Pressefreiheit berufen, wenn er – hier in diskriminierender Form – Mitarbeiterdaten in seinem Presseorgan publiziert.² **3**

| § 42a | Informationspflicht bei unrechtmäßiger Kenntniserlangung von Daten |

Stellt eine nichtöffentliche Stelle im Sinne des § 2 Absatz 4 oder eine öffentliche Stelle nach § 27 Absatz 1 Satz 1 Nummer 2 fest, dass bei ihr gespeicherte

1. besondere Arten personenbezogener Daten (§ 3 Absatz 9),
2. personenbezogene Daten, die einem Berufsgeheimnis unterliegen,
3. personenbezogene Daten, die sich auf strafbare Handlungen oder Ordnungswidrigkeiten oder den Verdacht strafbarer Handlungen oder Ordnungswidrigkeiten beziehen, oder
4. personenbezogene Daten zu Bank- oder Kreditkartenkonten

unrechtmäßig übermittelt oder auf sonstige Weise Dritten unrechtmäßig zur Kenntnis gelangt sind, und drohen schwerwiegende Beeinträchtigungen für die Rechte oder schutzwürdigen Interessen der Betroffenen, hat sie dies nach den Sätzen 2 bis 5 unverzüglich der zuständigen Aufsichtsbehörde sowie den Betroffenen mitzuteilen. ²Die Benachrichtigung des Betroffenen muss unverzüglich erfolgen, sobald angemessene Maßnahmen zur Sicherung der Daten ergriffen worden oder nicht unverzüglich erfolgt sind und die Strafverfolgung nicht mehr gefährdet wird. ³Die Benachrichtigung der Betroffenen muss eine Darlegung der Art der unrechtmäßigen Kenntniserlangung und Empfehlungen für Maßnahmen zur Minderung möglicher nachteiliger Folgen enthalten. ⁴Die Benachrichtigung der zuständigen Aufsichtsbehörde muss zusätzlich eine Darlegung möglicher nachteiliger Folgen der unrechtmäßigen Kenntniserlangung und der von der Stelle daraufhin ergriffenen Maßnahmen enthalten. ⁵Soweit die Benachrichtigung der Betroffenen einen unverhältnismäßigen Aufwand erfordern würde, insbesondere aufgrund der Vielzahl der betroffenen Fälle, tritt an ihre Stelle die Information der Öffentlichkeit durch Anzeigen, die mindestens eine halbe Seite umfassen, in mindestens zwei bundesweit erscheinenden Tageszeitungen oder durch eine andere, in ihrer Wirksamkeit hinsichtlich der Information der Betroffenen gleich geeignete Maßnahme. ⁶Eine Benachrichtigung, die der Benachrichtigungspflichtige erteilt hat, darf in einem Strafverfahren oder in einem Verfahren nach dem Gesetz über Ordnungswidrigkeiten gegen ihn oder einen in § 52 Absatz 1 der Strafprozessordnung bezeichneten Angehörigen des Benachrichtigungspflichtigen nur mit Zustimmung des Benachrichtigungspflichtigen verwendet werden.

A. Allgemeines 1	III. Strafrechtliches Verwertungsverbot 6
B. Regelungsgehalt 2	C. Verbindung zu anderen Rechtsgebieten 7
I. Voraussetzungen für die Benachrichtigung 2	D. Beraterhinweise 8
II. Zeitpunkt, Art und Inhalt der Benachrichtigung .. 4	

---

1 Zur Veröffentlichung von Personaldaten in Werkszeitungen vgl. *Gola/Wronka*, Rn 1020 f.

2 BAG 18.2.1999 – 8 AZR 735/97 – NZA 1999, 645 = RDV 1999, 166.

A. Allgemeines

1 Durch die Novelle II 2009 wurde mit § 42a eine Informationspflicht bei sog. Datenschutzpannen in das BDSG eingefügt. Die Vorschrift soll es den Betroffenen und den Datenschutzaufsichtsbehörden erleichtern, bei Datenverlusten, d.h. wenn die genannten sensiblen Daten unrechtmäßig in die Hände Dritter gelangt sind, Folgeschäden zu vermeiden. Der Informationspflicht unterliegen nur die in § 27 Abs. 1 genannten verantwortlichen Stellen. Mitteilungspflichten gegenüber den AN, die sich für den AG bislang bereits aus der Fürsorgepflicht ergaben, sind nun normiert worden. Die Information war auch im Eigeninteresse geboten, um Haftungsansprüche nach § 7 zu minimieren. Daneben ist eine Pflicht zur „Selbstanzeige" bei der Aufsichtsbehörde getreten.

B. Regelungsgehalt

I. Voraussetzungen für die Benachrichtigung

2 Auslöser der Informationspflicht ist die Feststellung der aufgezeigten Datenschutzpanne. Reine Vermutungen genügen nicht; so bei der Feststellung einer Sicherheitslücke, wobei offen ist, ob diese von Unbefugten genutzt wurde. Die Information des Betroffenen ist unsinnig, wenn eine Mitteilung ihm noch keine Schadensminderungsmaßnahmen ermöglichen würde. Andererseits genügt bereits ein Verdacht, wenn dieser durch tatsächliche Anhaltspunkte belegt ist; so z.B. wenn Kontodaten in die Hände Dritter gelangt sind und Anhaltspunkte dafür sprechen, dass diese aus der Buchhaltung des AG stammen. Auch wenn ein Laptop verloren gegangen ist, ist, auch wenn die Daten verschlüsselt waren, in einer Risikoanalyse zu prüfen, ob Dritte zugegriffen haben könnten, deren Ziel die Erlangung der Daten war.

3 Die Pflicht zur Information ist an zwei Voraussetzungen geknüpft. Zum einen muss die „Datenschutzpanne" die in § 42 S. 1 enumerativ aufgeführten sensiblen Daten betreffen. Hierzu gehören die

– in § 3 Abs. 9 genannten besonderen Arten personenbezogener Daten,
– Daten, die einem Berufsgeheimnis unterliegen,
– Angaben in Bezug zu strafbaren oder ordnungswidrigen Handlungen
– Daten zu Bank- und Kreditkartenkonten.

Zum anderen müssen dem Betroffenen schwerwiegende Beeinträchtigungen materieller oder immaterieller Art drohen. Materielle Schäden können z.B. bei Bekanntwerden von Gehaltskontodaten entstehen. Immaterielle Beeinträchtigungen werden regelmäßig vorliegen, wenn sie zugleich als gravierende Persönlichkeitsverletzung einen immateriellen Schadensersatzanspruch begründen. Dies wäre z.B. der Fall bei Verlust von Daten des Betriebsarztes.

II. Zeitpunkt, Art und Inhalt der Benachrichtigung

4 Die Information hat unverzüglich, d.h. ohne schuldhaftes Zögern (§ 121 BGB) zu erfolgen. Gegenüber den Betroffenen ist eine Verzögerung einer an sich sofort möglichen Information nicht schuldhaft, sondern berechtigt, wenn der Offenlegung zuvor noch zu schließende Sicherungslücken oder Interessen der Strafverfolgung entgegenstehen. Derartige „Verzögerungsgründe" bestehen gegenüber der Aufsichtsbehörde aufgrund der ihr obliegenden Verschwiegenheitspflicht nicht. Sie hat vielmehr zu prüfen, ob die vom AG ergriffenen Maßnahmen, die er der Aufsichtsbehörde mitzuteilen hat, hinreichend sind. Bei dem Inhalt der Benachrichtigung wird daher auch differenziert zwischen der Mitteilung an den tangierten Betroffenen und an die Aufsichtsbehörde. Dem Betroffenen ist die Art der unrechtmäßigen Kenntniserlangung in verständlicher Form, d.h. ggf. ohne Aufzeigen der Einzelheiten der technischen Hintergründe darzulegen. Ferner sind ihm zur Minderung möglicher nachteiliger Folgen geeignete Maßnahmen zu empfehlen. Der Aufsichtsbehörde müssen dagegen die von der verantwortlichen Stelle selbst zur Vermeidung weiterer einschlägiger Datenschutzpannen ergriffenen Maßnahmen mitgeteilt werden. Ggf. genügt es und ist oft auch die alleinige Lösung, den Hersteller der Soft- oder Hardware zu verständigen.

5 Die Benachrichtigung des Betroffenen hat – soweit von Kosten und Aufwand vertretbar – individuell zu erfolgen. Eine Ausnahme besteht, wenn die individuelle Benachrichtigung einen unverhältnismäßigen Aufwand an Kosten und Zeit erfordert. Hier kann z.B. auch eine Publikation in Tageszeitungen genügen. Diese wird in der Regel bei Datenschutzpannen zu Lasten der Beschäftigten nicht zutreffen. Statt einem individuellen Anschreiben wird ggf. auch ein Rundschreiben oder eine Mitteilung in der Werkszeitung ausreichend sein.

III. Strafrechtliches Verwertungsverbot

6 Die Offenlegung der Datenschutzversäumnis ist keine Selbstanzeige, d.h. sie darf nicht in ein Straf- oder Ordnungswidrigkeitsverfahren Eingang finden, es sei denn der Benachrichtigungspflichtige stimmt zu. Hierdurch wird dem Konflikt Rechnung getragen, dass der AG so oder so, d.h. entweder wegen des eingetretenen Datenschutzverstoßes oder wegen der Nichtanzeige nach § 43 Abs. 2 Nr. 7 mit einem Bußgeld belegt werden könnte.

C. Verbindung zu anderen Rechtsgebieten

Wird der AN nicht informiert und entsteht ihm dadurch ein Schaden, so haftet der AG aus vertraglicher und deliktischer Haftung.

7

D. Beraterhinweise

Der betriebliche DSB ist in zweierlei Richtung in das Verfahren eingebunden. Das betrifft zunächst seine Pflicht, von ihm festgestellte oder ihm bekannt gewordene, eine Informationspflicht begründende Tatbestände unverzüglich dem Vorstand/GF zu melden. In Fällen, in denen die „Panne" nicht vom DSB ermittelt wurde, ist er nach § 4d Abs. 1 S. 1 in das Meldeverfahren und die Entscheidung über die Abwehrmaßnahmen mit einzubeziehen.[1]

8

Fünfter Abschnitt: Schlussvorschriften

§ 43 Bußgeldvorschriften (gültig bis 31.3.2010)

(1) Ordnungswidrig handelt, wer vorsätzlich oder fahrlässig
1. entgegen § 4d Abs. 1, auch in Verbindung mit § 4e Satz 2, eine Meldung nicht, nicht richtig, nicht vollständig oder nicht rechtzeitig macht,
2. entgegen § 4f Abs. 1 Satz 1 oder 2, jeweils auch in Verbindung mit Satz 3 und 6, einen Beauftragten für den Datenschutz nicht, nicht in der vorgeschriebenen Weise oder nicht rechtzeitig bestellt,
3. entgegen § 10 Absatz 4 Satz 3 nicht gewährleistet, dass die Datenübermittlung festgestellt und überprüft werden kann,
4. entgegen § 11 Absatz 2 Satz 2 einen Auftrag nicht richtig, nicht vollständig oder nicht in der vorgeschriebenen Weise erteilt oder entgegen § 11 Absatz 2 Satz 4 sich nicht vor Beginn der Datenverarbeitung von der Einhaltung der beim Auftragnehmer getroffenen technischen und organisatorischen Maßnahmen überzeugt,
5. entgegen § 28 Abs. 4 Satz 2 den Betroffenen nicht, nicht richtig oder nicht rechtzeitig unterrichtet oder nicht sicherstellt, dass der Betroffene Kenntnis erhalten kann,
6. entgegen § 28 Absatz 4 Satz 4 eine strengere Form verlangt,
7. entgegen § 28 Abs. 5 Satz 2 personenbezogene Daten übermittelt oder nutzt,
8. entgegen § 29 Abs. 2 Satz 3 oder 4 die dort bezeichneten Gründe oder die Art und Weise ihrer glaubhaften Darlegung nicht aufzeichnet,
9. entgegen § 29 Abs. 3 Satz 1 personenbezogene Daten in elektronische oder gedruckte Adress-, Rufnummern-, Branchen- oder vergleichbare Verzeichnisse aufnimmt,
10. entgegen § 29 Abs. 3 Satz 2 die Übernahme von Kennzeichnungen nicht sicherstellt,
11. entgegen § 29 Abs. 6 ein Auskunftsverlangen nicht richtig behandelt,
12. entgegen § 29 Abs. 7 Satz 1 einen Verbraucher nicht, nicht richtig, nicht vollständig oder nicht rechtzeitig unterrichtet,
13. entgegen § 33 Abs. 1 den Betroffenen nicht, nicht richtig oder nicht vollständig benachrichtigt,
14. entgegen § 35 Abs. 6 Satz 3 Daten ohne Gegendarstellung übermittelt,
15. entgegen § 38 Abs. 3 Satz 1 oder Abs. 4 Satz 1 eine Auskunft nicht, nicht richtig, nicht vollständig oder nicht rechtzeitig erteilt oder eine Maßnahme nicht duldet oder
16. einer vollziehbaren Anordnung nach § 38 Abs. 5 Satz 1 zuwiderhandelt.

(2) Ordnungswidrig handelt, wer vorsätzlich oder fahrlässig
1. unbefugt personenbezogene Daten, die nicht allgemein zugänglich sind, erhebt oder verarbeitet,
2. unbefugt personenbezogene Daten, die nicht allgemein zugänglich sind, zum Abruf mittels automatisierten Verfahrens bereithält,
3. unbefugt personenbezogene Daten, die nicht allgemein zugänglich sind, abruft oder sich oder einem anderen aus automatisierten Verarbeitungen oder nicht automatisierten Dateien verschafft,

---

1 Vgl. Reg.-Begr. BT-Drucks 16/12011 zu § 42.

4. die Übermittlung von personenbezogenen Daten, die nicht allgemein zugänglich sind, durch unrichtige Angaben erschleicht,
5. entgegen § 16 Abs. 4 Satz 1, § 28 Abs. 5 Satz 1, auch in Verbindung mit § 29 Abs. 4, § 39 Abs. 1 Satz 1 § 40 Abs. 1, die übermittelten Daten für andere Zwecke nutzt,
6. entgegen § 28 Absatz 3b den Abschluss eines Vertrages von der Einwilligung des Betroffenen abhängig macht,
7. entgegen § 28 Absatz 4 Satz 1 Daten für Zwecke der Werbung oder der Markt- oder Meinungsforschung verarbeitet oder nutzt,
8. entgegen § 30 Absatz 1 Satz 2, § 30a Absatz 3 Satz 3 oder § 40 Absatz 2 Satz 3 ein dort genanntes Merkmal mit einer Einzelangabe zusammenführt oder
9. entgegen § 42a Satz 1 eine Mitteilung nicht, nicht richtig, nicht vollständig oder nicht rechtzeitig macht.

(3) [1]Die Ordnungswidrigkeit kann im Fall des Absatzes 1 mit einer Geldbuße bis zu fünfzigtausend Euro, in den Fällen des Absatzes 2 mit einer Geldbuße bis zu dreihunderttausend Euro geahndet werden. [2]Die Geldbuße soll den wirtschaftlichen Vorteil, den der Täter aus der Ordnungswidrigkeit gezogen hat, übersteigen. [3]Reichen die in Satz 1 genannten Beträge hierfür nicht aus, so können sie überschritten werden.

§ 43 Bußgeldvorschriften (gültig ab 1.4.2010 bis 10.6.2010)

(1) Ordnungswidrig handelt, wer vorsätzlich oder fahrlässig
1. entgegen § 4d Abs. 1, auch in Verbindung mit § 4e Satz 2, eine Meldung nicht, nicht richtig, nicht vollständig oder nicht rechtzeitig macht,
2. entgegen § 4f Abs. 1 Satz 1 oder 2, jeweils auch in Verbindung mit Satz 3 und 6, einen Beauftragten für den Datenschutz nicht, nicht in der vorgeschriebenen Weise oder nicht rechtzeitig bestellt,
3. entgegen § 10 Absatz 4 Satz 3 nicht gewährleistet, dass die Datenübermittlung festgestellt und überprüft werden kann,
4. entgegen § 11 Absatz 2 Satz 2 einen Auftrag nicht richtig, nicht vollständig oder nicht in der vorgeschriebenen Weise erteilt oder entgegen § 11 Absatz 2 Satz 4 sich nicht vor Beginn der Datenverarbeitung von der Einhaltung der beim Auftragnehmer getroffenen technischen und organisatorischen Maßnahmen überzeugt,
5. entgegen § 28 Abs. 4 Satz 2 den Betroffenen nicht, nicht richtig oder nicht rechtzeitig unterrichtet oder nicht sicherstellt, dass der Betroffene Kenntnis erhalten kann,
6. entgegen § 28 Absatz 4 Satz 4 eine strengere Form verlangt,
7. entgegen § 28 Abs. 5 Satz 2 personenbezogene Daten übermittelt oder nutzt,
8. entgegen § 28a Abs. 3 Satz 1 eine Mitteilung nicht, nicht richtig, nicht vollständig oder nicht rechtzeitig macht,
9. entgegen § 29 Abs. 2 Satz 3 oder 4 die dort bezeichneten Gründe oder die Art und Weise ihrer glaubhaften Darlegung nicht aufzeichnet,
10. entgegen § 29 Absatz 3 Satz 1 personenbezogene Daten in elektronische oder gedruckte Adress-, Rufnummern-, Branchen- oder vergleichbare Verzeichnisse aufnimmt,
11. entgegen § 29 Abs. 3 Satz 2 die Übernahme von Kennzeichnungen nicht sicherstellt,
12. entgegen § 33 Abs. 1 den Betroffenen nicht, nicht richtig oder nicht vollständig benachrichtigt,
13. entgegen § 34 Absatz 1 Satz 1, auch in Verbindung mit Satz 3, entgegen § 34 Absatz 1a, entgegen § 34 Absatz 2 Satz 1, auch in Verbindung mit Satz 2, oder entgegen § 34 Absatz 2 Satz 5, Absatz 3 Satz 1 oder Satz 2 oder Absatz 4 Satz 1, auch in Verbindung mit Satz 2, eine Auskunft nicht, nicht richtig, nicht vollständig oder nicht rechtzeitig erteilt oder entgegen § 34 Absatz 1a Daten nicht speichert,
14. entgegen § 34 Abs. 2 Satz 3 Angaben nicht, nicht richtig, nicht vollständig oder nicht rechtzeitig übermittelt,
15. entgegen § 34 Abs. 2 Satz 4 den Betroffenen nicht oder nicht rechtzeitig an die andere Stelle verweist,
16. entgegen § 35 Abs. 6 Satz 3 Daten ohne Gegendarstellung übermittelt,
17. entgegen § 38 Abs. 3 Satz 1 oder Abs. 4 Satz 1 eine Auskunft nicht, nicht richtig, nicht vollständig oder nicht rechtzeitig erteilt oder eine Maßnahme nicht duldet oder
18. einer vollziehbaren Anordnung nach § 38 Abs. 5 Satz 1 zuwiderhandelt.

(2) Ordnungswidrig handelt, wer vorsätzlich oder fahrlässig
1. unbefugt personenbezogene Daten, die nicht allgemein zugänglich sind, erhebt oder verarbeitet,

2. unbefugt personenbezogene Daten, die nicht allgemein zugänglich sind, zum Abruf mittels automatisierten Verfahrens bereithält,
3. unbefugt personenbezogene Daten, die nicht allgemein zugänglich sind, abruft oder sich oder einem anderen aus automatisierten Verarbeitungen oder nicht automatisierten Dateien verschafft,
4. die Übermittlung von personenbezogenen Daten, die nicht allgemein zugänglich sind, durch unrichtige Angaben erschleicht,
5. entgegen § 16 Abs. 4 Satz 1, § 28 Abs. 5 Satz 1, auch in Verbindung mit § 29 Abs. 4, § 39 Abs. 1 Satz 1 § 40 Abs. 1, die übermittelten Daten für andere Zwecke nutzt,
6. entgegen § 28 Absatz 3b den Abschluss eines Vertrages von der Einwilligung des Betroffenen abhängig macht,
7. entgegen § 28 Absatz 4 Satz 1 Daten für Zwecke der Werbung oder der Markt- oder Meinungsforschung verarbeitet oder nutzt,
8. entgegen § 30 Absatz 1 Satz 2, § 30a Absatz 3 Satz 3 oder § 40 Absatz 2 Satz 3 ein dort genanntes Merkmal mit einer Einzelangabe zusammenführt oder
9. entgegen § 42a Satz 1 eine Mitteilung nicht, nicht richtig, nicht vollständig oder nicht rechtzeitig macht.

(3) ¹Die Ordnungswidrigkeit kann im Fall des Absatzes 1 mit einer Geldbuße bis zu fünfzigtausend Euro, in den Fällen des Absatzes 2 mit einer Geldbuße bis zu dreihunderttausend Euro geahndet werden. ²Die Geldbuße soll den wirtschaftlichen Vorteil, den der Täter aus der Ordnungswidrigkeit gezogen hat, übersteigen. ³Reichen die in Satz 1 genannten Beträge hierfür nicht aus, so können sie überschritten werden.

§ 43 Bußgeldvorschriften (gültig ab 11.6.2010)

(1) Ordnungswidrig handelt, wer vorsätzlich oder fahrlässig
1. entgegen § 4d Abs. 1, auch in Verbindung mit § 4e Satz 2, eine Meldung nicht, nicht richtig, nicht vollständig oder nicht rechtzeitig macht,
2. entgegen § 4f Abs. 1 Satz 1 oder 2, jeweils auch in Verbindung mit Satz 3 und 6, einen Beauftragten für den Datenschutz nicht, nicht in der vorgeschriebenen Weise oder nicht rechtzeitig bestellt,
3. entgegen § 10 Absatz 4 Satz 3 nicht gewährleistet, dass die Datenübermittlung festgestellt und überprüft werden kann,
4. entgegen § 11 Absatz 2 Satz 2 einen Auftrag nicht richtig, nicht vollständig oder nicht in der vorgeschriebenen Weise erteilt oder entgegen § 11 Absatz 2 Satz 4 sich nicht vor Beginn der Datenverarbeitung von der Einhaltung der beim Auftragnehmer getroffenen technischen und organisatorischen Maßnahmen überzeugt,
5. entgegen § 28 Abs. 4 Satz 2 den Betroffenen nicht, nicht richtig oder nicht rechtzeitig unterrichtet oder nicht sicherstellt, dass der Betroffene Kenntnis erhalten kann,
6. entgegen § 28 Absatz 4 Satz 4 eine strengere Form verlangt,
7. entgegen § 28 Abs. 5 Satz 2 personenbezogene Daten übermittelt oder nutzt,
8. entgegen § 28a Abs. 3 Satz 1 eine Mitteilung nicht, nicht richtig, nicht vollständig oder nicht rechtzeitig macht,
9. entgegen § 29 Abs. 2 Satz 3 oder 4 die dort bezeichneten Gründe oder die Art und Weise ihrer glaubhaften Darlegung nicht aufzeichnet,
10. entgegen § 29 Abs. 3 Satz 1 personenbezogene Daten in elektronische oder gedruckte Adress-, Rufnummern-, Branchen- oder vergleichbare Verzeichnisse aufnimmt,
11. entgegen § 29 Abs. 3 Satz 2 die Übernahme von Kennzeichnungen nicht sicherstellt,
12. entgegen § 29 Abs. 6 ein Auskunftsverlangen nicht richtig behandelt,
13. entgegen § 29 Abs. 7 Satz 1 einen Verbraucher nicht, nicht richtig, nicht vollständig oder nicht rechtzeitig unterrichtet,
14. entgegen § 33 Abs. 1 den Betroffenen nicht, nicht richtig oder nicht vollständig benachrichtigt,
15. entgegen § 34 Absatz 1 Satz 1, auch in Verbindung mit Satz 3, entgegen § 34 Absatz 1a, entgegen § 34 Absatz 2 Satz 1, auch in Verbindung mit Satz 2, oder entgegen § 34 Absatz 2 Satz 5, Absatz 3 Satz 1 oder Satz 2 oder Absatz 4 Satz 1, auch in Verbindung mit Satz 2, eine Auskunft nicht, nicht richtig, nicht vollständig oder nicht rechtzeitig erteilt oder entgegen § 34 Absatz 1a Daten nicht speichert,
16. entgegen § 34 Abs. 2 Satz 3 Angaben nicht, nicht richtig, nicht vollständig oder nicht rechtzeitig übermittelt,

17. entgegen § 34 Abs. 2 Satz 4 den Betroffenen nicht oder nicht rechtzeitig an die andere Stelle verweist,
18. entgegen § 35 Abs. 6 Satz 3 Daten ohne Gegendarstellung übermittelt,
19. entgegen § 38 Abs. 3 Satz 1 oder Abs. 4 Satz 1 eine Auskunft nicht, nicht richtig, nicht vollständig oder nicht rechtzeitig erteilt oder eine Maßnahme nicht duldet oder
20. einer vollziehbaren Anordnung nach § 38 Abs. 5 Satz 1 zuwiderhandelt.

(2) Ordnungswidrig handelt, wer vorsätzlich oder fahrlässig
1. unbefugt personenbezogene Daten, die nicht allgemein zugänglich sind, erhebt oder verarbeitet,
2. unbefugt personenbezogene Daten, die nicht allgemein zugänglich sind, zum Abruf mittels automatisierten Verfahrens bereithält,
3. unbefugt personenbezogene Daten, die nicht allgemein zugänglich sind, abruft oder sich oder einem anderen aus automatisierten Verarbeitungen oder nicht automatisierten Dateien verschafft,
4. die Übermittlung von personenbezogenen Daten, die nicht allgemein zugänglich sind, durch unrichtige Angaben erschleicht,
5. entgegen § 16 Abs. 4 Satz 1, § 28 Abs. 5 Satz 1, auch in Verbindung mit § 29 Abs. 4, § 39 Abs. 1 Satz 1 § 40 Abs. 1, die übermittelten Daten für andere Zwecke nutzt,
6. entgegen § 28 Absatz 3b den Abschluss eines Vertrages von der Einwilligung des Betroffenen abhängig macht,
7. entgegen § 28 Absatz 4 Satz 1 Daten für Zwecke der Werbung oder der Markt- oder Meinungsforschung verarbeitet oder nutzt,
8. entgegen § 30 Absatz 1 Satz 2, § 30a Absatz 3 Satz 3 oder § 40 Absatz 2 Satz 3 ein dort genanntes Merkmal mit einer Einzelangabe zusammenführt oder
9. entgegen § 42a Satz 1 eine Mitteilung nicht, nicht richtig, nicht vollständig oder nicht rechtzeitig macht.

(3) [1]Die Ordnungswidrigkeit kann im Fall des Absatzes 1 mit einer Geldbuße bis zu fünfzigtausend Euro, in den Fällen des Absatzes 2 mit einer Geldbuße bis zu dreihunderttausend Euro geahndet werden. [2]Die Geldbuße soll den wirtschaftlichen Vorteil, den der Täter aus der Ordnungswidrigkeit gezogen hat, übersteigen. [3]Reichen die in Satz 1 genannten Beträge hierfür nicht aus, so können sie überschritten werden.

§ 44 Strafvorschriften

(1) Wer eine in § 43 Abs. 2 bezeichnete vorsätzliche Handlung gegen Entgelt oder in der Absicht, sich oder einen anderen zu bereichern oder einen anderen zu schädigen, begeht, wird mit Freiheitsstrafe bis zu zwei Jahren oder mit Geldstrafe bestraft.

(2) [1]Die Tat wird nur auf Antrag verfolgt. [2]Antragsberechtigt sind der Betroffene, die verantwortliche Stelle, der Bundesbeauftragte für den Datenschutz und die Informationsfreiheit und die Aufsichtsbehörde.

1 Die Einhaltung zahlreicher Verpflichtungen des AG aus dem BDSG wird dadurch abgesichert, dass ihre Nichtbeachtung als OWi oder als Straftat geahndet werden kann. Während bei OWi auch fahrlässiges Handeln erfasst wird, setzt Strafbarkeit zum einem Vorsatz und zum anderen eine Bereicherungs- oder Schädigungsabsicht voraus. Aufgrund eklatanter, in den Medien groß aufgegriffener Fälle unzulässiger Überwachung durch Video oder Detektive wird der Rahmen des Bußgeldes von den Aufsichtsbehörden in nicht mehr zu vernachlässigender Höhe ausgeschöpft. Die Strafverfolgung setzt einen Strafantrag voraus, den auch die verantwortliche Stelle, d.h. der AG stellen kann.

Die Strafbarkeit des unzulässigen Erhebens, Verarbeitens, Abrufens oder Erschleichens einer Übermittlung betrifft nur personenbezogene Daten, die nicht allgemein zugänglich, d.h. nicht offenkundig sind.

2 Von praktischer Bedeutung sind die Strafnormen bislang kaum, weil insofern weitgehend auf spezielle Tatbestände des StGB (u.a. § 201 Verletzung des Rechts am gesprochenen Wort; § 201a Verletzung des Rechts am eigenen Bild; § 202a Ausspähen (Hacken) von gesicherten Systemen; § 203 Verstoß gegen berufliche Schweigepflicht; § 206 Verletzung des Fernmeldegeheimnisses des § 88 TKG; § 263a Computerbetrug; § 269 Verfälschen von Daten zu Beweiszwecken; § 270 Beeinflussung einer DV-Anlage im Rechtsverkehr; § 303a Verfälschen, löschen von Daten; § 303b Computersabotage) oder z.B. des UWG (§ 17 Verrat von Betriebsgeheimnissen) zurückgegriffen wird.

Gesetz zum Elterngeld und zur Elternzeit (Bundeselterngeld- und Elternzeitgesetz – BEEG)

Vom 5.12.2006, BGBl I S. 2748, BGBl III 85-5

Zuletzt geändert durch Gesetz über das Verfahren des elektronischen Entgeltnachweises
(ELENA-Verfahrensgesetz) vom 28.3.2009, BGBl I S. 634, 642

– Auszug –

Abschnitt 2: Elternzeit für Arbeitnehmerinnen und Arbeitnehmer

§ 15 Anspruch auf Elternzeit

(1) Arbeitnehmerinnen und Arbeitnehmer haben Anspruch auf Elternzeit, wenn sie
1. a) mit ihrem Kind,
   b) mit einem Kind, für das sie die Anspruchsvoraussetzungen nach § 1 Abs. 3 oder 4 erfüllen, oder
   c) mit einem Kind, das sie in Vollzeitpflege nach § 33 des Achten Buches Sozialgesetzbuch aufgenommen haben,
   in einem Haushalt leben und
2. dieses Kind selbst betreuen und erziehen.

Nicht sorgeberechtigte Elternteile und Personen, die nach Satz 1 Nr. 1 Buchstabe b und c Elternzeit nehmen können, bedürfen der Zustimmung des sorgeberechtigten Elternteils.

(1a) Anspruch auf Elternzeit haben Arbeitnehmer und Arbeitnehmerinnen auch, wenn sie mit ihrem Enkelkind in einem Haushalt leben und dieses Kind selbst betreuen und erziehen und
1. ein Elternteil des Kindes minderjährig ist oder
2. ein Elternteil des Kindes sich im letzten oder vorletzten Jahr einer Ausbildung befindet, die vor Vollendung des 18. Lebensjahres begonnen wurde und die Arbeitskraft des Elternteils im Allgemeinen voll in Anspruch nimmt.

Der Anspruch besteht nur für Zeiten, in denen keiner der Elternteile des Kindes selbst Elternzeit beansprucht.

(2) [1]Der Anspruch auf Elternzeit besteht bis zur Vollendung des dritten Lebensjahres eines Kindes. [2]Die Zeit der Mutterschutzfrist nach § 6 Abs. 1 des Mutterschutzgesetzes wird auf die Begrenzung nach Satz 1 angerechnet. [3]Bei mehreren Kindern besteht der Anspruch auf Elternzeit für jedes Kind, auch wenn sich die Zeiträume im Sinne von Satz 1 überschneiden. [4]Ein Anteil der Elternzeit von bis zu zwölf Monaten ist mit Zustimmung des Arbeitgebers auf die Zeit bis zur Vollendung des achten Lebensjahres übertragbar; dies gilt auch, wenn sich die Zeiträume im Sinne von Satz 1 bei mehreren Kindern überschneiden. [5]Bei einem angenommenen Kind und bei einem Kind in Vollzeit- oder Adoptionspflege kann Elternzeit von insgesamt bis zu drei Jahren ab der Aufnahme bei der berechtigten Person, längstens bis zur Vollendung des achten Lebensjahres des Kindes genommen werden; die Sätze 3 und 4 sind entsprechend anwendbar, soweit sie die zeitliche Aufteilung regeln. [6]Der Anspruch kann nicht durch Vertrag ausgeschlossen oder beschränkt werden.

(3) [1]Die Elternzeit kann, auch anteilig, von jedem Elternteil allein oder von beiden Elternteilen gemeinsam genommen werden. [2]Satz 1 gilt in den Fällen des Absatzes 1 Satz 1 Nr. 1 Buchstabe b und c entsprechend.

(4) [1]Der Arbeitnehmer oder die Arbeitnehmerin darf während der Elternzeit nicht mehr als 30 Wochenstunden erwerbstätig sein. [2]Eine im Sinne des § 23 des Achten Buches Sozialgesetzbuch geeignete Tagespflegeperson kann bis zu fünf Kinder in Tagespflege betreuen, auch wenn die wöchentliche Betreuungszeit 30 Stunden übersteigt. [3]Teilzeitarbeit bei einem anderen Arbeitgeber oder selbstständige Tätigkeit nach Satz 1 bedürfen der Zustimmung des Arbeitgebers. [4]Dieser kann sie nur innerhalb von vier Wochen aus dringenden betrieblichen Gründen schriftlich ablehnen.

(5) [1]Der Arbeitnehmer oder die Arbeitnehmerin kann eine Verringerung der Arbeitszeit und ihre Ausgestaltung beantragen. [2]Über den Antrag sollen sich der Arbeitgeber und der Arbeitnehmer oder die Arbeitnehmerin innerhalb von vier Wochen einigen. [3]Der Antrag kann mit der schriftlichen Mitteilung nach Absatz 7 Satz 1 Nummer 5 verbunden werden. [4]Unberührt bleibt das Recht, sowohl die vor der Elternzeit bestehende Teilzeitarbeit unverändert während der Elternzeit fortzusetzen, soweit Absatz 4 beachtet ist, als auch nach der Elternzeit zu der Arbeitszeit zurückzukehren, die vor Beginn der Elternzeit vereinbart war.

(6) Der Arbeitnehmer oder die Arbeitnehmerin kann gegenüber dem Arbeitgeber, soweit eine Einigung nach Absatz 5 nicht möglich ist, unter den Voraussetzungen des Absatzes 7 während der Gesamtdauer der Elternzeit zweimal eine Verringerung seiner oder ihrer Arbeitszeit beanspruchen.

(7) Für den Anspruch auf Verringerung der Arbeitszeit gelten folgende Voraussetzungen:
1. Der Arbeitgeber beschäftigt, unabhängig von der Anzahl der Personen in Berufsbildung, in der Regel mehr als 15 Arbeitnehmer und Arbeitnehmerinnen,
2. das Arbeitsverhältnis in demselben Betrieb oder Unternehmen besteht ohne Unterbrechung länger als sechs Monate,
3. die vertraglich vereinbarte regelmäßige Arbeitszeit soll für mindestens zwei Monate auf einen Umfang zwischen 15 und 30 Wochenstunden verringert werden,
4. dem Anspruch stehen keine dringenden betrieblichen Gründe entgegen und
5. der Anspruch wurde dem Arbeitgeber sieben Wochen vor Beginn der Tätigkeit schriftlich mitgeteilt.

[2]Der Antrag muss den Beginn und den Umfang der verringerten Arbeitszeit enthalten. [3]Die gewünschte Verteilung der verringerten Arbeitszeit soll im Antrag angegeben werden. [4]Falls der Arbeitgeber die beanspruchte Verringerung der Arbeitszeit ablehnen will, muss er dies innerhalb von vier Wochen mit schriftlicher Begründung tun. [5]Soweit der Arbeitgeber der Verringerung der Arbeitszeit nicht oder nicht rechtzeitig zustimmt, kann der Arbeitnehmer oder die Arbeitnehmerin Klage vor den Gerichten für Arbeitssachen erheben.

Literatur zum BEEG: *Gaul/Wisskirchen*, Änderung des Bundeserziehungsgeldgesetzes, BB 2000, 2466; *Köster/Schiefer/Überacker*, Arbeits- und sozialversicherungsrechtliche Fragen des Bundeserziehungsgeldgesetzes 1992, DB 1992, Beil. 10, S. 7; *dies.*, Arbeits- und sozialversicherungsrechtliche Fragen des Bundeserziehungsgeldgesetzes, DB 1994, 2341; *Leßmann*, Der Anspruch auf Verringerung der Arbeitszeit im neuen Bundeserziehungsgesetz, DB 2001, 94; *Lindemann/Simon*, Die neue Elternzeit, NJW 2001, 258; *Peters-Lange/Rolfs*, Reformbedarf und Reformgesetzgebung im Mutterschutz- und Erziehungsgeldrecht, NZA 2000, 682; *Reinecke*, Elternzeit statt Erziehungsurlaub, FA 2001, 10; *Rolfs*, Das neue Recht der Teilzeitarbeit, RdA 2001, 129; *Rudolf/Rudolf*, Zum Verhältnis der Teilzeitansprüche nach § 15 BerzGG, § 8 TzBfG, NZA 2002, 602; *Sowka*, Vom Erziehungsurlaub zur Elternzeit, BB 2001, 935; *ders.*, Der Erziehungsurlaub nach neuem Recht – Rechtslage ab 1.1.2001, NZA 2000, 1185; *Sowka*, Offene Fragen des Erziehungsurlaubs, NZA 1998, 347; *ders.*, Streitfrage des Erziehungsurlaubs, NZA 2000, 682

A. Allgemeines 1	6. Vorzeitige Beendigung gemäß § 16 Abs. 3 S. 2 wegen Geburt 24
B. Regelungsgehalt 3	7. Überschneidung von zwei Elternzeiten 25
I. Anspruchsberechtigter Personenkreis 5	IV. Erwerbstätigkeit während der Elternzeit 26
II. Persönlicher Geltungsbereich, Beziehung zum Kind 8	C. Verbindung zu anderen Rechtsgebieten und zum Prozessrecht 28
III. Dauer und Lage der Elternzeit 9	I. Auswirkungen der Elternzeit auf das Arbeitsverhältnis 28
1. Höchstdauer drei Jahre 9	
2. Flexibilisierung 11	II. Sozialversicherungsrechtliche Grundsätze 40
3. Verringerung der Arbeitszeit 12	III. Prozessuales 43
4. Verringerung der Arbeitszeit nach § 15 Abs. 7 ... 15	D. Beraterhinweise 49
5. Verlängerung der Elternzeit nach § 16 Abs. 3 S. 4 aus wichtigem Grund 23	

A. Allgemeines

1 Seit der Neubekanntmachung des BErzGG[1] vom 1.12.2000 (BGBl I S. 1645) wurde die Terminologie Erziehungsurlaub durch Elternzeit ersetzt. Seit Inkrafttreten dieser Neuregelung zum 1.1.2001 kann nach Abs. 3 S. 1 die Elternzeit dem Wunsch des Gesetzgebers folgend[2] auch anteilig von jedem Elternteil/Partner allein oder gemeinsam genommen werden. Die in der Elternzeit zulässige Teilerwerbstätigkeit wurde von 19 auf 30 Stunden wöchentlich angehoben, Abs. 4 S. 1. Die Fassung in der Bekanntmachung vom 9.2.2004 (BGBl I S. 2006) wurde geändert durch Gesetz vom 30. Juli 2004 (BGBl I S. 1950). Mit dem am 1.1.2007 in Kraft getretenen Gesetz zur Einführung des Elterngeldes vom 5.12.2006 wurde anstelle des bisherigen Erziehungsgeldes das Elterngeld eingeführt. Das in Art. 1 dieses Gesetzes enthaltene Gesetz zum Elterngeld und zur Elternzeit (BEEG) löst das BErzGG ab. Nach der neuesten Gesetzesänderung zum 24.1.2009 sind nun auch Großeltern berechtigt, Elternzeit in Anspruch zu nehmen.

2 Durch Elterngeld und Elternzeit sollen Betreuung und Erziehung des Kindes in den ersten Lebensjahren gefördert werden und es den Eltern/Partnern so erleichtern, nach der Mutterschutzfrist auf eine Erwerbstätigkeit ganz oder teil-

---

1 Besondere Vorschriften gelten für Beamte, Richter und Soldaten: VO über EZ für Bundesbeamte und Richter im Bundesdienst i.d.F. v. 17.7.2001 (BGBl I S. 1671); EltZ SoldV vom 18.11.2004 (BGBl I S. 2856). Einige Bundesländer gewähren nach eigenen Gesetzen Landeserziehungsgeld im Anschluss an den Bezug von Bundeserziehungsgeld BayLErzGG; LErzGG M-V; SächsLErzGG; Thür.LErzGG.

2 BT-Drucks 14/3118, S. 2.

weise zu verzichten. Der Gesetzgeber erhofft sich durch die Novellierung 2001 zudem eine größere Beteiligung von Männern an der Elternzeit (bisher 1,5 %) und damit eine Abkehr vom Leitbild der traditionellen Aufgabenverteilung zwischen den Geschlechtern mit Zuweisung der Kinderbetreuung an Mütter und der Ernährerrolle an Väter.[3] Dieses Ziel ist zu erkennen, wenn im Gesetzestext statt des Begriffs AN in Abs. 1 S. 1 die Bezeichnung „Arbeitnehmerinnen und Arbeitnehmer" verwendet wird.

B. Regelungsgehalt

Zur Erreichung des Normzwecks erhalten AN einen **unverzichtbaren privatrechtlichen**[4] Anspruch gegen den AG auf unbezahlte Freistellung von der Arbeit aus Anlass der Betreuung des Kindes bzw. Enkelkindes. Die Befreiung von den Arbeitspflichten erfolgt dabei nicht durch eine Freistellungserklärung des AG, sondern mit dem form- und fristgerechten Verlangen des AN, wenn die übrigen gesetzlichen Voraussetzungen vorliegen. Das Verlangen auf Elternzeit ist mit dem Zugang des ordnungsgemäß gestellten Antrags daher wirksam (einseitige Gestaltungserklärung). Der AN kann zum angegebenen Zeitpunkt von der Arbeit fernbleiben, ohne dass es hierzu einer Zustimmung des AG bedarf.[5] Der Anspruch auf Elternzeit ist unabdingbar; er kann nicht durch Vertrag ausgeschlossen oder beschränkt werden (Abs. 2, S. 6).

Anspruch auf Elternzeit hat, wer mit einem Kind, für das ihm Personensorge zusteht, in einem Haushalt lebt, dieses Kind selbst betreut und erzieht, einen wöchentliche Arbeitszeit von 30 Stunden übersteigende Erwerbstätigkeit ausübt und wer seinen Wohnsitz oder seinen gewöhnlichen Aufenthalt in Deutschland hat (§ 1 Abs. 1, Nr. 1 bis 4 i.V.m. § 2 Abs. 1). Von diesen sachlichen Anwendungsvoraussetzungen weicht das BEEG für einzelne Personengruppen und Sachverhalte ab. Nach der Systematik des BEEG müssen die Anwendungsvoraussetzungen der Nr. 1 bis 4 stets zugleich vorliegen, oder es muss eine gesetzlich vorgesehene persönliche Ausnahme zu einer dieser Anwendungsvoraussetzungen gegeben sein.

I. Anspruchsberechtigter Personenkreis

Anspruchsberechtigt i.S.d. Abs. 1 sind AN, die zu ihrer Berufsausbildung Beschäftigten (§ 20 Abs. 1), Heimarbeiter und die ihnen Gleichgestellten, soweit sie am Stück mitarbeiten (§ 20 Abs. 2). Zur Berufsbildung gehören auch berufliche Fortbildung, berufliche Umschulung und Berufsausbildung i.S.d. § 1 Abs. 1 BBiG.

EU-Bürgern muss Elternzeit unter den gleichen Voraussetzungen wie Deutschen gewährt werden.[6] **Keinen Anspruch** nach dem BEEG haben gem. Art. 13 Zusatzabkommen zum NATO-Truppenstatut im Inland stationierte Mitglieder der Truppe oder des zivilen Gefolges der NATO.

Während eines unbezahlten **Sonderurlaubs** besteht grds. kein Anspruch auf Elternzeit. Der AG kann allerdings nach § 242 BGB verpflichtet sein, der vorzeitigen Beendigung des Sonderurlaubs zuzustimmen, wenn der AN stattdessen Elternzeit beantragt.[7] Steht der AN in **zwei Arbverh**, hat er die Wahl: Er kann in beiden oder nur in einem Arbverh Elternzeit beanspruchen. Nimmt er nur in einem Arbverh Elternzeit in Anspruch, ist eine Zustimmung dieses AG nach Abs. 4 zur Fortsetzung der Arbeit in dem anderen Arbverh nicht erforderlich. Denn diese Bestimmung betrifft nur den Fall der Erwerbstätigkeit bei einem anderen AG, die während der Elternzeit neu aufgenommen wird.[8]

II. Persönlicher Geltungsbereich, Beziehung zum Kind

AN haben gem. Abs. 1 einen Anspruch auf Elternzeit, wenn sie mit einem Kind

1. eine **enge personale** Beziehung verbindet. Dies ist der Fall, wenn ihnen
   a) die Personensorge nach den §§ 1626 ff. BGB zusteht oder durch das Vormundschaftsgericht die Personensorge übertragen ist,
   b) das Kind des Ehegatten (sog. Stiefkind) oder Lebenspartners, seit 1.8.2001 auch gleichgeschlechtlichen Lebenspartners, zu betreuen ist.
   c) das Kind in Vollzeitpflege (§ 33 SGB XIII) oder Adoptionspflege (§ 1744 BGB) aufgenommen wurde oder
   d) wenn ein Kind zu betreuen ist, für das sie auch ohne Personensorgerecht in besonderen Härtefällen (§ 1 Abs. 5 BEEG) Elterngeld erzielen können,
   e) beim leiblichen Kind ohne Sorgerecht bedarf es gem. Abs. 1 Nr. 2 S. 2 der Zustimmung des sorgeberechtigten Elternteils,

---

3 BT-Drucks 14/3118, S. 2.
4 Küttner/*Reinecke*, Elternzeit Rn 1; Schaub/*Linck*, Arbeitsrechts-Handbuch, § 172 Rn 3.
5 Schaub/*Linck*, Arbeitsrechts-Handbuch, § 172 Rn 3 m.w.N.
6 Vgl. EuGH 12.5.1998 – C-85/96 – Maria Martinez Sala – AP Art. 48 EG-Vertrag Nr. 6; EuGH 10.10.1996 – C-5 AZR 309/96 – Ingrid Hoever – NZA 1996, 1195 = NJW 1997, 43.
7 BAG 16.7.1997 – 5 AZR 309/96 – AP § 15 BErzGG Nr. 23 = NZA 1998, 104.
8 Schaub/*Linck*, Arbeitsrechts-Handbuch, § 172 Rn 6 m.w.N.

2. sie **mit diesem Kind in einem Haushalt leben.** Kurzfristige Unterbrechungen wie Krankenhausaufenthalt oder Kurabwesenheit heben die häusliche Gemeinschaft und die eigene Betreuungsleistung nicht auf. Anderes gilt für eine auf Dauer angelegte Heimunterbringung des Kindes. Bei Lebenspartnern wird zumindest eine gemeinsame Anmeldung des Hauptwohnsitzes der Partner und des zu betreuenden Kindes zu fordern sein, um davon ausgehen zu können, dass die Partner in einem Haushalt leben,
3. und sie das Kind **selbst betreuen und erziehen**; allerdings ist die Hilfe Dritter wie die Unterstützung durch Au-Pair-Hilfen oder Familienangehörige nicht anspruchsausschließend.[9]

Durch den neu in das Gesetz eingefügten Abs. 1a haben AN nun auch die Möglichkeit, Elternzeit zur Betreuung eines Enkelkindes in Anspruch zu nehmen. Voraussetzung ist, dass ein Elternteil des Kindes minderjährig ist oder sich im letzten oder vorletzten Jahr einer Ausbildung befindet, die vor Vollendung des 18. Lebensjahres begonnen wurde. In beiden Varianten ist der Anspruch auf Elternzeit daran geknüpft, dass die Großeltern mit ihrem Enkelkind in einem Haushalt leben und dieses Kind selbst betreuen und erziehen. Er ist auf die Zeiten begrenzt, in denen keiner der Elternteile des Kindes selbst Elternzeit beansprucht. Einen Anspruch auf Elterngeld haben Großeltern jedoch nicht.

III. Dauer und Lage der Elternzeit

1. Höchstdauer drei Jahre. Der Anspruch auf Elternzeit besteht nach Abs. 2 S. 1 bis zur Vollendung des dritten Lebensjahres des Kindes. Bei einem angenommenen Kind oder einem in Vollzeit- oder Adoptionspflege kann Elternzeit für die Dauer von maximal drei Jahren ab der Inobhutnahme beansprucht werden, längstens bis zur Vollendung des achten Lebensjahres des Kindes.

Nach Abs. 3 S. 1 kann **anteilig** die Elternzeit von jedem Elternteil allein oder von beiden Elternteilen gemeinsam genommen werden. Nimmt die Mutter die Elternzeit im unmittelbaren Anschluss an die mutterschutzrechtliche Schutzfrist, wird die Zeit der Schutzfrist auf die Elternzeit angerechnet: § 16 Abs. 1 S. 3. Entsprechendes gilt für Erholungsurlaub, der nach Ablauf der Schutzfrist genommen wird, § 16 Abs. 1 S. 4. Die Neuregelung der Elternzeit ermöglicht beiden Elternteilen, zeitlich für die Dauer von drei Jahren Elternzeit in Anspruch zu nehmen. Dies gilt unabhängig von einer etwaigen Teilzeitbeschäftigung nach Abs. 4. Bei gleichzeitiger Inanspruchnahme von Elternzeit verkürzt sich der Anspruch nicht auf je 1 ½ Jahre je Elternteil. Damit ist seit dem 1.1.2004 die zum früheren Recht umstrittene Frage der anteiligen Inanspruchnahme von Elternzeit geklärt.[10]

2. Flexibilisierung. Abs. 2 S. 4 ermöglicht es den Eltern, einen Anteil von zwölf Monaten auf die Zeit bis zur Vollendung des achten Lebensjahres des Kindes zu übertragen. Diese Möglichkeit besteht auch, wenn sich die Zeiträume der Elternzeit bei mehreren Kindern überschneiden. Der AN benötigt für die Übertragung jedoch die Zustimmung des AG. Der AG ist in seiner Entscheidung frei und nicht an bestimmte Versagungsgründe gebunden. Mit der Übertragungsmöglichkeit soll einem besonderen Betreuungsbedürfnis im Zusammenhang mit der Einschulung des Kindes Rechnung getragen werden.[11]

3. Verringerung der Arbeitszeit. Begehrt der AN nach Abs. 5 und 7 BEEG die Verringerung der Arbeitszeit während der Elternzeit, muss er sich zwischen einer vollständigen Befreiung von der Arbeitspflicht und einer Beschäftigung mit mindestens 15 und höchstens 30 Wochenstunden entscheiden. Mit Zustimmung des AG kann zwar von der Untergrenze des Abs. 7 Nr. 3 abgewichen werden. Ein Anspruch auf Verringerung der wöchentlichen Arbeitszeit auf weniger als 15 Stunden ergibt sich aber weder aus Abs. 7 noch aus Abs. 5.[12]

Das Gesetz setzt in § 15 Abs. 5 die Priorität auf eine **Einigung** zwischen AG und AN in dieser Frage. Können sich AN und AG über einen Antrag des AN auf **Verringerung der Arbeitszeit und deren Ausgestaltung** nicht einigen, kann der AN gem. § 15 Abs. 6 unter den in § 15 Abs. 7 genannten Voraussetzungen während der Gesamtdauer der Elternzeit zweimal vom AG eine Verringerung seiner Arbeitszeit beanspruchen. Der Gesetzgeber gibt keine Anhaltspunkte, nach welchen Kriterien die Einigung zu erfolgen hat, weshalb viel dafür spricht, vom AG **dringende betriebliche Gründe** (siehe Rn 19) für die Ablehnung zu fordern.[13] Ein dem Elternzeitverlangen entgegenstehender dringender betrieblicher Grund i.S.v. Abs. 7 S. 1 Nr. 4 kann sich daraus ergeben, dass beim AG kein zusätzlicher Beschäftigungsbedarf besteht.[14]

Da der Anspruch auf Verringerung der Arbeitszeit gerichtet ist, bleibt hiervon eine bereits vor Beginn der Elternzeit bestehende Teilzeitbeschäftigung unberührt. Sofern die wöchentliche Arbeitszeit des AN nicht 30 Stunden übersteigt, kann er in diesem Umfang auch während der Elternzeit tätig sein (Abs. 5 S. 2). Der Anspruch auf Verringerung

---

9 ErfK/*Dörner*, § 15 BEEG Rn 4.
10 Vgl. *Peters-Lange/Rolf*, NZA 2000, 682, 685; *Buchner/Becker*, § 15 BEEG Rn 15.
11 Vgl. BT-Drucks 14/3118, S. 20.

12 LAG Schleswig-Holstein 18.6.2008 – 6 Sa 43/08 – juris.
13 *Küttner/Reinecke*, Elternzeit, Rn 22, 25; *Leßmann*, DB 2001, 94, 95.
14 LAG Schleswig-Holstein – 4 Sa 553/06 – juris.

der Arbeitszeit nach Abs. 6 oder 7 geht für die Dauer der Elternzeit als lex specialis dem allg. Rechtsanspruch aus § 8 TzBfG vor.[15]

Die Vereinbarung einer **Verringerung der Arbeitszeit** während der Elternzeit ist **mitbestimmungspflichtig**, da hierin eine Einstellung i.S.d. § 99 BetrVG/§ 75 BPersVG zu sehen ist.[16]

4. Verringerung der Arbeitszeit nach § 15 Abs. 7. Der Anspruch auf **Verringerung der Arbeitszeit** besteht nach § 15 Abs. 7 unter folgenden Voraussetzungen:

– Der AG beschäftigt mehr als 15 AN, ausgenommen hiervon sind die in der Berufsausbildung befindlichen Personen. Anknüpfungspunkt für die Bemessung der Anzahl der AN sind die reinen Kopfzahlen der Beschäftigten, nicht deren Arbeitszeit. Das bedeutet, dass auch Teilzeitbeschäftigte und sog. Abruf- und Aushilfskräfte voll mitzählen, da es allein auf die AN-Eigenschaft ankommt.[17] Diese Voraussetzung wird auch durch die Beschäftigung von befristet eingestellten AN erfüllt, die schon mehr als sechs Monate für den AG tätig sind.[18]

– Das Arbverh des AN in demselben Betrieb oder Unternehmen bestand länger als sechs Monate. Maßgeblich ist der Zeitpunkt der Antragstellung. Dabei ist zu beachten, dass der Antrag, die Arbeitszeit während der Elternzeit zu verringern, frühestens mit der Erklärung gestellt werden kann, Elternzeit in Anspruch zu nehmen.[19]

– Die vertraglich vereinbarte regelmäßige Arbeitszeit soll für mind. zwei Monate auf einen Umfang zwischen 15 und 30 Wochenstunden verringert werden. Die Obergrenze folgt aus § 15 Abs. 4, die Untergrenze orientiert sich an § 8 SGB IV a.F.

– Dem Anspruch dürfen keine **dringenden betrieblichen** Gründe entgegenstehen. Die Terminologie hat sich zu der früheren Regelung verändert (ehemals keine betrieblichen Interessen), bei der Auslegung des Begriffs der **dringenden betrieblichen Gründe** ist aber nach wie vor zu berücksichtigen, dass auf der einen Seite der AN die Möglichkeit zur späteren Wiederaufnahme der Beschäftigung nicht verlieren soll und andererseits der AG den Arbeitsplatz während der Elternzeit freizuhalten hat.[20] Die Auslegung des Begriffs **betriebliche Gründe** wird sich dabei eher an § 8 TzBfG als § 7 Abs. 2 S. 1 BUrlG zu orientieren haben, weil Ersteres die Interessenlage der Parteien am ehesten trifft.[21] Nach § 8 TzBfG liegen betriebliche Gründe vor, wenn die Verringerung der Arbeitszeit die Organisation, den Arbeitsablauf oder die Sicherheit im Betrieb wesentlich beeinträchtigen oder unverhältnismäßige Kosten verursachen. **Zusätzlich** ist die besondere familienpolitische Zwecksetzung der Norm zu berücksichtigen. Allein hohe Kosten für die Einrichtung eines Teilzeitarbeitsplatzes oder Organisationsprobleme dürften daher ebenso wenig für eine Ablehnung ausreichend sein, wie die Schwierigkeit bei der Beschaffung von Ersatzkräften.[22] Schulungsveranstaltungen, notwendige Expedientenreisen, Urlaubsvertretungen, Wochenenddienste oder die „Einheitlichkeit eines Ansprechpartners" sind für eine Ablehnung nicht ausreichend.[23] Der AG wird daher zu prüfen haben, inwieweit innerhalb der bestehenden Betriebsorganisation Umsetzungen und andere Aufgabenverteilungen möglich sind. **Dringlich** sind solche Gründe nur dann, wenn durch die Verringerung betriebliche Belange erheblich beeinträchtigt werden, was nur dann anzunehmen ist, wenn die entgegenstehenden betrieblichen Interessen von erheblichem Gewicht sind und sich als zwingende Hindernisse für die beantragte Verkürzung der Arbeitszeit und deren Verteilung darstellen.[24] Allein Zweckmäßigkeits- und Praktikabilitätsüberlegungen reichen nicht aus, um einen dringenden betrieblichen Grund anzunehmen.[25] Dringende betriebliche Gründen werden aber angenommen, wenn der Arbeitsplatz nicht teilbar ist, der AN mit der verringerten Arbeitszeit nicht eingeplant werden kann oder keine Beschäftigungsmöglichkeit besteht.[26]

– Der AN genügt seiner Behauptungslast indem er entgegenstehende dringende betriebliche Gründe verneint, wohingegen der AG darzulegen und ggf. zu beweisen hat, dass solche Gründe vorliegen, will er die beantragte Verringerung nicht gewähren.[27]

– Der Anspruch muss dem AG sieben Wochen vorher schriftlich mitgeteilt werden. Soll die Verringerung der Arbeitszeit unmittelbar nach der Mutterschutzfrist beginnen, muss der Anspruch sechs Wochen vor Beginn der Tätigkeit schriftlich mitgeteilt werden. Das Gesetz regelt nicht, wie bei Nichteinhaltung der Frist verfahren werden soll. Bei Fristversäumnis kann der AN seinen Antrag wiederholen und einen entsprechend späteren Termin für den Beginn der Teilzeitbeschäftigung angeben. Hiervon ging offensichtlich auch der Gesetzgeber aus.[28] Anders das BAG: Es geht bei einer Fristversäumnis von einer Verschiebung des Beginns der Elternzeit aus und begrün-

---

15 Ebenso *Annuß/Lambrich*, § 23 TzBfG Rn 26; *Pauly/Osnabrügge*, Teilzeitarbeit, § 12 Rn 6; MünchArb/*Heenen*, § 229 Rn 10; *Sowka*, BB 2001, 935, 936; *Meinel/Heyn/Herms*, § 23 Rn 7; *Rudolf/Rudolf*, NZA 2002, 602, 604; ErfK/*Preis*, § 8 TzBfG Rn 57.
16 BAG 28.4.1998 – 1 ABR 63/97 – DB 1998, 2278; BVerwG 2.6.1993 – 6 P 3/92 – PersR 1993, 450.
17 LAG Hamm 15.8.2006 – 9 Sa 1553/05 – juris m.w.N.
18 ArbG Kaiserslautern 13.9.2007 – 2 Ca 770/07 – juris.
19 BAG 5.6.2007 – 9 AZR 82/07 – juris.
20 Vgl. BT-Drucks 12/1495, S. 14.
21 *Lindemann/Simon*, NJW 2001, 261.
22 Vgl. hierzu *Leßmann*, DB 2001, 94, 97 f.; *Lindemann/Simon*, NJW 2001, 258, 262; *Sowka*, NZA 2000, 1185, 1189.
23 LAG Hamm 15.8.2006 – 9 Sa 1553/05 – juris m.w.N.
24 LAG Hamm 8.2.2006 – 9 Sa 1601/04 – juris.
25 LAG Rheinland-Pfalz 13.9.2007 – 11 Sa 244/07 – juris.
26 LAG Schleswig-Holstein 12.6.2007 – 5 Sa 83/07 – juris.
27 ErfK/*Dörner*, § 15 BEEG Rn 17.
28 BT-Drucks 14/3553, S. 22.

det dies damit, dass dem AG Gelegenheit gegeben werden müsse, sich auf den Ausfall der Arbeitskraft einzurichten.[29]

22 – Der Antrag muss gem. Abs. 7 S. 2 den Beginn und den Umfang der verringerten Arbeitszeit enthalten. An diese Erklärung ist der AG gebunden: „Grundprinzip der Bindungswirkung des Elternzeitverlangens". Dies ergibt sich aus dem allg. Vertragsrecht.[30] Diese Regelung entspricht im Wesentlichen § 8 Abs. 4 TzBfG. Abs. 6 und 7 geben dem AN – anders als § 8 TzBfG – keinen Anspruch auf eine bestimmte **Lage der verringerten Arbeitszeit**. Der AG kann diese vielmehr, ggf. unter Beachtung des Mitbestimmungsrechts (siehe Rn 14) nach billigem Ermessen (§ 315 BGB) festsetzen.[31] Bei der Ermessensausübung hat er den Wunsch des AN zu berücksichtigen und zu beachten, dass die Verringerung der Arbeitszeit aus familiären Gründen erfolgt. Hierbei ist zu beachten, dass während der Elternzeit Abs. 7 S. 1 Nr. 4 eine andere gesetzgeberische Wertung trifft. Dort wird das besondere Interesse der Eltern an einer Verringerung ihrer Arbeitszeit berücksichtigt, weshalb ein solcher Antrag nur aus dringenden betrieblichen Gründen abgelehnt werden kann.[32]

23 **5. Verlängerung der Elternzeit nach § 16 Abs. 3 S. 4 aus wichtigem Grund.** Eine **Verlängerung** der zunächst festgelegten Elternzeit kann der AN nach § 16 Abs. 3 S. 4 verlangen, wenn ein vorgesehener Wechsel in der Anspruchsberechtigung aus einem **wichtigen Grund** (siehe § 16 Rn 14) nicht erfolgen kann und die sonstigen Voraussetzungen des Abs. 2 vorliegen.

24 **6. Vorzeitige Beendigung gemäß § 16 Abs. 3 S. 2 wegen Geburt.** Die **vorzeitige Beendigung der Elternzeit wegen der Geburt** eines weiteren Kindes oder wegen eines besonderen Härtefalles kann der AG gem. § 16 Abs. 3 S. 2 innerhalb einer Frist von vier Wochen aus **dringenden betrieblichen Gründen** (siehe § 16 Rn 13) ablehnen.

25 **7. Überschneidung von zwei Elternzeiten.** Überschneiden sich zwei Elternzeiten und beendet der Elternzeitberechtigte die Elternzeit für das erste Kind vorzeitig, um den verbleibenden Rest von bis zu zwölf Monaten unmittelbar im Anschluss an die Elternzeit für das zweite Kind zu nehmen und legt er sich bereits bei der vorzeitigen Beendigung der ersten Elternzeit gegenüber dem AG hierauf fest, kann der AG seine Zustimmung zur Übertragung gem. § 315 BGB nur bei Vorliegen besonders wichtiger Gründe verweigern.[33]

IV. Erwerbstätigkeit während der Elternzeit

26 Während der Elternzeit ist gem. Abs. 4 **Erwerbstätigkeit** zulässig, wenn die vereinbarte wöchentliche Arbeitszeit 30 Stunden nicht übersteigt. Erwerbstätigkeit ist jede selbstständige oder unselbstständige Beschäftigung, die gegen Entgelt verrichtet wird. Unerheblich ist dabei die Höhe der Vergütung.

Teilzeitarbeit **bei einem anderen AG** oder als Selbstständiger bedarf nach Abs. 4 S. 2 der **Zustimmung des AG**. Diese Bestimmung enthält ein befristetes Verbot mit Erlaubnisvorbehalt. Die Ablehnung hat innerhalb einer Frist von vier Wochen schriftlich zu erfolgen (Abs. 4 S. 3). Der AG kann eine Ablehnung der Zustimmung nur auf entgegenstehende **dringende betriebliche Gründe** (siehe Rn 19) stützen. Erklärt sich der AG nicht frist- und formgerecht, entfällt das Zustimmungserfordernis.[34] Der AN kann dann die Tätigkeit aufnehmen. Zu den entgegenstehenden **dringenden betrieblichen** Gründen gehört der Vorrang der Teilzeittätigkeit im eigenen Unternehmen des AG oder die Gefahr der Bekanntgabe von Betriebs- und Geschäftsgeheimnissen an einen Konkurenten des AG.[35]

27 Die Vier-Wochen-Frist des Abs. 4 S. 3 für die schriftlich begründete Ablehnung der Zustimmung (Schriftform erfordert die Unterschrift, § 127 BGB) beginnt mit dem Zugang des Antrags des AN auf Erteilung der Zustimmung zur Teilerwerbstätigkeit bei einem anderen AG und berechnet sich nach den §§ 187, 188, 193 BGB.

C. Verbindung zu anderen Rechtsgebieten und zum Prozessrecht
I. Auswirkungen der Elternzeit auf das Arbeitsverhältnis

28 Während der Elternzeit sind die **Hauptpflichten** aus dem Arbverh **suspendiert**. Das Arbverh ruht in dieser Zeit.[36] Der AN schuldet keine Arbeitsleistung und der AG keine Vergütung. Die Nebenpflichten (Verschwiegenheitspflicht, Wettbewerbsverbot) bestehen aber fort.[37] Das Gleiche gilt auch für das Recht auf Teilnahme an einer Betriebsversammlung, da § 44 BetrVG eine eigene Anspruchsgrundlage enthält.

29 **Nach Beendigung** der Elternzeit bestehen die Hauptpflichten wieder, der AN hat also unaufgefordert zur Arbeit zu erscheinen. Eine „Arbeitsplatzgarantie" in dem Sinne, dass der AN nach Rückkehr einen Anspruch auf Beschäfti-

---

29 BAG 17.2.1994 – 2 AZR 616/93 – juris.
30 BAG 18.2.2003 – 9 AZR 233/04 – BAGE 114, 206.
31 Ebenso Gaul/Wisskirchen, BB 2000, 2466, 2468.
32 BAG 16.10.2007 – 9 AZR 239/07 – juris.
33 LAG München 25.3.2008 – 7 Sa 1115/07.
34 So BAG 26.6.1997 – 8 AZR 506/95 – AP § 15 BErzGG Nr. 22 = NZA 1997, 1156.
35 Sowka, NZA 1994, 102, 104 f.
36 BAG 24.5.1995 – 10 AZR 619/94 – AP § 611 BGB Gratifikation Nr. 175 = NZA 1996, 31.
37 BAG 10.5.1989 – 6 AZR 660/87 – AP § 15 BErzGG Nr. 2 = NZA 1989, 759.

gung an seinem alten, vor der Elternzeit eingenommenen Arbeitplatz hat, gibt es allerdings nicht. Der AG kann den AN auf einem neuen Arbeitsplatz einsetzen, soweit dies durch sein Direktionsrecht gedeckt ist. Bei Versetzungen und Änderungs-Künd sind die Rechte des Betriebsrats nach den §§ 99, 102 BetrVG zu beachten. Hängt die Höhe der Arbeitsvergütung von der Dauer der Betriebszugehörigkeit ab, ist durch Auslegung der Regelung zu ermitteln, ob die Dauer der Elternzeit angerechnet wird.[38]

Bei einem **Arbeitsplatzwechsel** ist der neue AG an die Zustimmung zur Übertragung durch den alten AG nicht gebunden. Damit besteht für die Anspruchsberechtigten die Gefahr, dass sie nach dem dritten Geburtstag des Kindes diese restliche Elternzeit nicht mehr nutzen können. **30**

Kommt es zu einem **Betriebsübergang**, ist der Erwerber gem. § 613a Abs. 1 S. 1 BGB an die erteilte Zustimmung des Veräußerers gebunden.[39] **31**

Während der Elternzeit besteht kein Anspruch auf laufendes Arbeitsentgelt. Dies ist mit Gemeinschaftsrecht vereinbar, wie der EuGH entschieden hat.[40] **Jahressonderzahlungen** hat der AG bei Inanspruchnahme von Elternzeit zu leisten, wenn eine Zuwendungsvereinbarung vorliegt, die Jahressonderzahlungen nicht von tatsächlich geleisteter Arbeit abhängig macht.[41] Weder der arbeitsrechtliche Gleichbehandlungsgrundsatz noch das europarechtliche Lohngleichheitsgebot für Männer und Frauen verbietet es, von der Gewährung einer **Weihnachtsgratifikation** AN auszunehmen, deren Arbverh wegen Elternzeit ruhen.[42] Eine Ang des öffentlichen Dienstes, die Anspruch auf eine Zuwendung nach dem **Zuwendungs-TV** hat, verliert diesen nicht dadurch, dass sie während der Elternzeit bei demselben AG ihre bisherige Tätigkeit im Umfange einer geringfügigen Beschäftigung weiterhin ausübt.[43] Ergibt die Auslegung einer arbeitsvertraglichen Vereinbarung über die Zahlung eines „**13. Monatsgehalt**", dass es sich um einen Teil der im Austauschverhältnis zur Arbeitsleistung stehenden Vergütung handelt, so entsteht kein anteiliger Anspruch auf das „13. Monatsgehalt" für Zeiten, in denen das Arbverh wegen Elternzeit ruht.[44] Elternzeit ist bei der Bemessung eines **Übergangsgeldes** nach § 63 BAT nicht zu berücksichtigen.[45] Ergibt die Auslegung der Anspruchsgrundlage für ein **Urlaubsgeld**, dass dieses unabhängig von geleisteter Arbeit bezahlt wird, führt die Elternzeit nicht zu einem Anspruchsausschluss.[46] **32**

Der Anspruch auf **Sachbezüge, die von geleisteter Arbeit abhängen** (freie Kost, Deputate, Naturalleistungen, private Dienstwagennutzung), ruht während der Elternzeit. Der Anspruch auf Wohnraumüberlassung besteht aber fort, weil dieser an den Bestand des Arbverh anknüpft. Hat der AG zinsgünstige AN- Darlehen gewährt, bestehen nach Auff. des BAG Bedenken gegen die Wirksamkeit einer Vereinbarung, wonach die während der Dauer der Elternzeit weitergewährten Zinsvergünstigungen für AN-Darlehen rückwirkend entfallen, wenn das Arbverh nach § 19 zum Ende der Elternzeit gekündigt wird.[47] **33**

Ob der AG während der Elternzeit **vermögenswirksame Leistungen** fortzuzahlen hat, ist der Zuwendungsvereinbarung zu entnehmen. Im Wege der Auslegung des TV, der BV oder des Arbeitsvertrags ist zu ermitteln, ob die Zahlung auch ohne Arbeitsleistung erfolgen muss. Ruht der Anspruch auf vermögenswirksame Leistungen, kann der AN zur Vermeidung von Nachteilen gezwungen sein, selbst Leistungen in Höhe der vermögenswirksamen Leistungen zu erbringen. **34**

Zeiten der Elternzeit sind auf die fünfjährige **Bewährungszeit** des Fallgruppenbewährungsaufstiegs nicht anzurechnen.[48] Elternzeiten nach den §§ 15 ff. vom 5.12.2006 sind keine Berufsjahre i.S.d. § 2 des Gehalts-TV für die Volksbanken und Raiffeisenbanken sowie die genossenschaftlichen Zentralbanken vom 8.7.2004. Dabei verstößt die Nichtberücksichtigung der Elternzeiten bei der Ermittlung der Berufsjahre nicht gegen die Vorschriften des AGG.[49] **35**

---

38 BAG 21.10.1992 – 4 AZR 73/92 – AP § 1 TVG Tarifverträge Milch-Käseindustrie Nr. 1 = NZA 1993, 323; BAG 9.11.1994 – 10 AZR 454/94 – juris.
39 So auch *Peters-Lange/Rolfs*, NZA 2000, 682, 685.
40 EuGH 13.2.1996 – C-342/93 – Gillespie – AP Art. 119 EWG-Vertrag Nr. 74.
41 BAG 28.9.1994 – 10 AZR 697/93 – AP § 611 BGB Gratifikation Nr. 165 = NZA 1995, 176; BAG 10.2.1993 – 10 AZR 450/91 – AP § 15 BErzGG Nr. 7 = NZA 1993, 801.
42 BAG 12.1.2000 – 10 AZR 840/98 – AP § 611 BGB Gratifikation Nr. 223 = NZA 2000, 944; BAG 24.5.1995 – 10 AZR 619/94 – AP § 611 BGB Gratifikation Nr. 175 = NZA 1996, 31; vgl. dazu auch EuGH 21.10.1999 – C-333/97 – AP Art. 119 EG-Vertrag Nr. 14.
43 BAG 24.2.1999 – 10 AZR 5/98 – AP §§ 22, 23 BAT Zuwendungs-TV Nr. 21 = NZA 1999, 830.
44 BAG 19.4.1995 – 10 AZR 49/94 – AP § 611 BGB Gratifikation Nr. 173= NZA 1995, 1098.
45 BAG 10.11.1994 – 6 AZR 486/94 – AP § 63 BAT Nr. 11 = NZA 1995, 693; BAG 21.2.1991 – 6 AZR 406/89 – AP § 63 BAT Nr. 9 = NZA 1991, 595.
46 BAG 19.1.1999 – 9 AZR 158/98 – AP § 1 TVG Tarifverträge: Einzelhandel Nr. 67 = NZA 1999, 832; BAG 19.1.1999 – 9 AZR 204/98 – AP § 1 TVG Tarifverträge Einzelhandel Nr. 68 = NZA 1999, 1223; BAG 18.3.1997 – 9 AZR 84/96 – AP § 17 BErzGG Nr. 8 = NZA 1997, 1168; BAG 23.4.1996 – 9 AZR 696/94 – AP § 17 BErzGG Nr. 7 = NZA 1997, 160; ebenso BAG 14.8.1996 – 10 AZR 70/96 – AP § 15 BErzGG Nr. 19 = NZA 1996, 1204.
47 BAG 16.10.1991 – 5 AZR 35/91 – AP § 19 BErzGG Nr. 1 = NZA 1992, 793.
48 BAG 18.6.1997 – 4 AZR 647/95 – AP § 23b BAT Nr. 3 = NZA 1998, 267; s. dazu aber auch BAG 21.10.1992 – 4 AZR 73/92 – AP § 1 TVG Tarifverträge: Milch-Käseindustrie Nr. 1 = DB 1993, 690.
49 ArbG Heilbronn 3.4.2007 – 5 Ca 12/07 – juris.

36 Während der Elternzeit bleibt das Arbverh bestehen. Daher ist die Elternzeit als Betriebszugehörigkeit im Rahmen der **Unverfallbarkeitsfristen** (§ 1 BetrAVG), der **Wartezeiten**[50] sowie der den Anspruch steigernden **Ruhegeldzeiten** bei der **betrieblichen Altersversorgung** zu berücksichtigen.[51] Eine Ausnahme gilt für Wartezeiten und ruhegeldsteigernde Zeiten dann, wenn der AG nur mit Entgelt belegte Zeiten bei einer Pensionskasse oder Lebensversicherung versichert.

37 Die Elternzeit wird auf **Berufsbildungszeiten**, dies sind Zeiten der Ausbildung, Fortbildung und Umschulung (§ 1 BBiG) **nicht angerechnet** (§ 20 Abs. 1 S. 2). Dies gilt unabhängig davon, ob der Berechtigte ganz mit der Arbeit aussetzt oder Teilzeitarbeit leistet. Die Berufsbildungszeit wird automatisch um die Elternzeit verlängert.

38 In TV kann vorgesehen sein, dass ein AN auch nach Beendigung der Elternzeit der Arbeit fernbleiben kann und einen befristeten **Rückkehranspruch** behält. Durch Auslegung ist zu ermitteln, ob der Anspruch erlischt, wenn er nicht fristgerecht geltend gemacht wird.[52]

39 Besteht ein **Sozialplan** für die Höhe der Abfindung der auch auf die Dauer der Beschäftigung abgestellt, **verstößt es gegen** die **Grundsätze von Recht und Billigkeit,** wenn die Parteien davon die Elternzeit ausnehmen. Dies widerspricht den in Art. 6 GG enthaltenen Wertungen, die nach § 75 Abs. 1 BetrVG auch von den Betriebsparteien zu beachten sind.[53]

II. Sozialversicherungsrechtliche Grundsätze

40 War der Bezieher von Elternzeit in der gesetzlichen **Krankenversicherung** pflichtversichert, so wird diese während der Elternzeit **beitragsfrei aufrechterhalten** (§ 192 Abs. 1 Nr. 2 SGB V). Im Falle der Erkrankung behält er seinen Anspruch auf Regelleistungen der Krankenkasse mit Ausnahme der Zahlung von Krankengeld. Ausnahmen können bestehen, wenn die Erkrankung vor Beginn der Elternzeit eintritt (§ 49 Abs. 1 Nr. 2 SGB V).

41 Der **Bezug des Alg** verhindert den Bezug des Elterngelds, da er der Erwerbstätigkeit gleichsteht.

42 Die Auswirkungen der Elternzeit auf die **RV** waren in dem Gesetz zur Neuordnung der Hinterbliebenenrente sowie zur Anerkennung von Kindererziehungszeiten vom 11.7.1985[54] sowie im Gesetz über Leistungen der gesetzlichen Rentenversicherung für Kindererziehung an Mütter der Geburtsjahrgänge vor 1921 (Kindererziehungsleistungsgesetz – KLG) vom 12.7.1987[55] geregelt. Danach soll die Zeit bis zur Vollendung des ersten Lebensjahres eines Kindes der Mutter, oder wenn die Eltern dies bestimmen, dem Vater, in der RV als Versicherungszeit angerechnet werden. Kindererziehungszeiten sind nunmehr in § 56 SGB VI geregelt.

III. Prozessuales

43 In der Praxis kommt es häufig zum Rechtsstreit, weil der AG die begehrte Verringerung der Arbeitszeit nicht gewähren will oder wenn er einer Tätigkeit des AN bei einem anderen AG nicht zustimmt.

44 Falls der AG die beanspruchte Verringerung der Arbeitszeit ablehnen will, muss er dies innerhalb von vier Wochen mit schriftlicher Begründung tun. Das Gesetz sieht für die Fälle des Unterbleibens einer Ablehnung sowie einer nicht form- oder fristgerechten Ablehnung keine Zustimmungsfiktion vor. Die **Klage ist auf Zustimmung** zur Verringerung der Arbeitszeit zu richten. Der Antrag gem. § 253 Abs. 2 Nr. 2 ZPO hat die Dauer der gewünschten Arbeitszeit und deren Beginn und Ende zu nennen. Für eine schlüssige Begründung der Klage ist das Vorliegen der in § 15 Abs. 7 Nr. 1 bis 3 genannten Voraussetzungen erforderlich. Eine solche Erklärung gilt nach § 894 ZPO mit Rechtskraft des Urteils als abgegeben.[56] Eine einstweilige Verfügung scheidet daher grds. aus.

45 Wenn man dem nicht folgt und die Auff. vertritt, zur Gewährung effektiven Rechtsschutzes sei eine **einstweilige Verfügung** zulässig, kommt eine **Regelungsverfügung** (§ 940 ZPO) nur in Betracht, wenn ein Obsiegen des Verfügungsklägers in der Hauptsache überwiegend wahrscheinlich, die angestrebte einstweilige Regelung dringend geboten ist und sich bei Abwägung der beiderseitigen Interessen ergibt, dass dem AG eher als dem AN das Risiko zuzumuten ist, dass die weitere Aufklärung des Sachverhalts im Hauptsacheverfahren dort zu einer abweichenden Beurteilung der Rechtslage führen kann.[57] Der Verfügungsgrund setzt voraus, dass der Erlass der einstweiligen Verfügung zur Abwehr wesentlicher Nachteile erforderlich erscheint. Dies kann der Fall sein, wenn der AN ohne die beantragte Arbeitszeitverkürzung nicht in der Lage ist, die Betreuung seiner Kinder zuverlässig zu gewährleisten. Er hat insoweit darzulegen und glaubhaft zu machen, dass er alle ihm zumutbaren Anstrengungen unternommen hat, die Betreuung der Kinder sicherzustellen.[58] Nach einer im Schrifttum vertretenen Auff. soll der AG dabei in ent-

---

50 Schaub/*Vogelsang*, § 83 Rn 111.
51 BAG 15.2.1994 – 3 AZR 708/93 – NZA 1994, 794.
52 Vgl. LAG Hamm 18.3.1998 – 9 Sa 1169/97 – NZA-RR 1998, 548.
53 BAG 21.10.2003 – 1 AZR 407/02 – AP § 112 BetrVG 1972 Nr. 163; BAG 12.11.2002 – 1 AZR 58/02 – AP § 112 BetrVG 1972 Nr. 159 = NZA 2004, 559.
54 BGBl I S. 1450.
55 BGBl I S. 1585.
56 *Reinecke*, FA 2001, 10, 13; ebenso Annuß/Thüsing-*Lambrich*, § 23 Rn 25; *Leßmann*, DB 2001, 94, 99; *Rolfs*, RdA 2001, 129, 136.
57 LAG Hamm 6.5.2002 – 8 Sa 641/02 – NZA-RR 2003, 178.
58 LAG Rheinland-Pfalz 12.4.2002 – 3 Sa 161/02 – NZA 2002, 856.

sprechender Anwendung von § 9 Abs. 3 S. 2 MuSchG im gerichtlichen Verfahren mit Gründen präkludiert sein, die er nicht zuvor schriftlich mitgeteilt hat.[59] Für eine solche Analogie fehlen jedoch die Voraussetzungen.[60]

Lehnt der AG unberechtigt oder verfristet den Antrag auf Herabsetzung der Arbeitszeit ab, so kommt ein Anspruch aus positiver Forderungsverletzung (§ 280 BGB) in Betracht, sofern der AG die Zustimmung als Nebenpflicht des bestehenden Arbeitsvertrages schuldet.[61] Hat der AN weitergearbeitet, so sind Mehraufwendungen für eine Fremdbetreuung des Kindes denkbar, die als Schaden nach den §§ 249 ff. BGB auszugleichen sind. 46

Lehnt der AG Teilzeitarbeit bei einem anderen AG oder eine Selbstständigkeit des AN während der Elternzeit, form- und fristgerecht begründet, ab, darf der AN auch dann nicht bei einem anderen AG arbeiten, wenn er die Ablehnungsbegründung für nicht stichhaltig hält. Er muss gegen den AG klagen und beantragen, die Zustimmung zur Teilzeitarbeit bei einem anderen AG zu erteilen.[62] Die Urteilsvollstreckung bestimmt sich nach § 894 ZPO. Weil die Zustimmungserklärung demnach erst mit der Rechtskraft des Urteils als abgegeben gilt, wird der AN hiervon nur selten etwas haben. Die Vorschrift ist wegen der Nichtberücksichtigung vollstreckungsrechtlicher Zusammenhänge daher kaum handhabbar. 47

Übt der AN die Erwerbstätigkeit ohne Zustimmung des AG aus, kann dieser vor dem ArbG Unterlassungsklage gegen den AN erheben, das Arbvverh unter Beachtung von § 18 kündigen oder bei Bestehen eines Schadens auch Schadensersatz verlangen.[63] 48

D. Beraterhinweise

Im Beratungsgespräch ist zwingend darauf zu achten, dass den Schriftformerfordernissen der Norm entsprechend verfahren wird und die rechtzeitige Geltendmachung der Ansprüche, sowie deren Zugang rechtssicher dokumentiert werden kann. 49

Der AN ist darauf hinzuweisen, dass er zwar den Anspruch auf die maximal dreijährige Elternzeit hat, die Flexibilisierung aber die AG-Zustimmung auslöst. Ihm ist daher das Risiko aufzuzeigen, falls er Elternzeit nach der Vollendung des dritten Lebensjahres des Kindes nehmen will. Bei einem AG-Wechsel wird er den restlichen übertragenen Anspruch nicht mehr nehmen können.[64] 50

Der AG muss sich demgegenüber bewusst sein, dass seine Zustimmung zur Übertragung ein Planungsrisiko auslöst, da er für den Zeitraum bis zur Vollendung des achten Lebensjahres des Kindes nie sicher sein kann, wann der übertragene Zeitraum vom AN genommen wird. Auch wenn es das Gesetz nicht fordert, ist zu empfehlen, dass der AG seine Ablehnung auf Gewährung der Elternzeit, wenn möglich, mit dringenden betrieblichen Gründen, begründet (vgl. Rn 19). 51

Aus dem ersten Antrag des AN auf Elternzeit sollten die Anspruchsvoraussetzungen und der Zeitraum, in welchem Elternzeit beantragt wird klar zu erkennen sein: 52
– Name und Geburtsdatum des Kindes bzw. Enkelkindes
– Zeitraum der Elternzeit, ob vollständig oder flexibel
– Begründung der engen personalen Beziehung und der übrigen Anspruchsvoraussetzungen: Eigenes Kind/Kind des Partners, Enkelkind, Beginn der Adoptionspflege etc.
– Eventuell schriftliche Zustimmung des sorgeberechtigten Elternteils
– Ausführungen zur Haushalts- und Betreuungssituation.

§ 16 Inanspruchnahme der Elternzeit

(1) [1]Wer Elternzeit beanspruchen will, muss sie spätestens sieben Wochen vor Beginn schriftlich vom Arbeitgeber verlangen und gleichzeitig erklären, für welche Zeiten innerhalb von zwei Jahren Elternzeit genommen werden soll. [2]Bei dringenden Gründen ist ausnahmsweise eine angemessene kürzere Frist möglich. [3]Nimmt die Mutter die Elternzeit im Anschluss an die Mutterschutzfrist, wird die Zeit der Mutterschutzfrist nach § 6 Abs. 1 des Mutterschutzgesetzes auf den Zeitraum nach Satz 1 angerechnet. [4]Nimmt die Mutter die Elternzeit im Anschluss an einen auf die Mutterschutzfrist folgenden Erholungsurlaub, werden die Zeit der Mutterschutzfrist nach § 6 Abs. 1 des Mutterschutzgesetzes und die Zeit des Erholungsurlaubs auf den Zweijahreszeitraum nach Satz 1 angerechnet. [5]Die Elternzeit kann auf zwei Zeitabschnitte verteilt werden; eine Verteilung auf weitere Zeitabschnitte ist nur mit der Zustimmung des Arbeitgebers möglich. [6]Der Arbeitgeber hat dem Arbeitnehmer oder der Arbeitnehmerin die Elternzeit zu bescheinigen.

---

[59] *Gaul/Wisskirchen*, BB 2000, 2466, 2468.
[60] So auch Schaub/*Linck*, Arbeitsrechts-Handbuch, § 172 Rn 46.
[61] *Leßmann*, DB 2001, 94, 99.
[62] *Sowka*, NZA 1994, 102, 105; a.A. ErfK/*Dörner*, § 15 BEEG Rn 23.
[63] ErfK/*Dörner*, § 15 BEEG Rn 21.
[64] Vgl. *Sowka*, NZA 2000, 1185, 1186.

(2) Können Arbeitnehmerinnen und Arbeitnehmer aus einem von ihnen nicht zu vertretenden Grund eine sich unmittelbar an die Mutterschutzfrist des § 6 Abs. 1 des Mutterschutzgesetzes anschließende Elternzeit nicht rechtzeitig verlangen, können sie dies innerhalb einer Woche nach Wegfall des Grundes nachholen.

(3) [1]Die Elternzeit kann vorzeitig beendet oder im Rahmen des § 15 Abs. 2 verlängert werden, wenn der Arbeitgeber zustimmt. [2]Die vorzeitige Beendigung wegen der Geburt eines weiteren Kindes oder wegen eines besonderen Härtefalles im Sinne des § 7 Abs. 2 Satz 3 kann der Arbeitgeber nur innerhalb von vier Wochen aus dringenden betrieblichen Gründen schriftlich ablehnen. [3]Die Arbeitnehmerin kann ihre Elternzeit nicht wegen der Mutterschutzfristen des § 3 Abs. 2 und § 6 Abs. 1 des Mutterschutzgesetzes vorzeitig beenden; dies gilt nicht während ihrer zulässigen Teilzeitarbeit. [4]Eine Verlängerung kann verlangt werden, wenn ein vorgesehener Wechsel in der Anspruchsberechtigung aus einem wichtigen Grund nicht erfolgen kann.

(4) Stirbt das Kind während der Elternzeit, endet diese spätestens drei Wochen nach dem Tod des Kindes.

(5) Eine Änderung in der Anspruchsberechtigung hat der Arbeitnehmer oder die Arbeitnehmerin dem Arbeitgeber unverzüglich mitzuteilen.

A.	Allgemeines		1
B.	Regelungsgehalt		3
I.	Geltendmachung der Elternzeit		3
II.	Nachträgliche Veränderung der Elternzeit		13
III.	Pflichten der Parteien anlässlich der Elternzeit		18
C.	Verbindung zum Prozessrecht		20
D.	Beraterhinweise		21

A. Allgemeines

1 § 16 ist in den vergangenen Jahren mehrfach geändert worden, so zuletzt durch Gesetz vom 5.12.2006, welches am 1.1.2007 in Kraft getreten ist. § 16 enthält Verfahrensbestimmungen für die Inanspruchnahme der Elternzeit in unterschiedlichen Gestaltungen, wobei sich die Norm nur in der Zusammenschau mit den Bestimmungen des § 15 erschließt.

2 Die Inanspruchnahme von Elternzeit bedarf der Erklärung des AN, wobei dieses vom AN zu äußernde Verlangen als **einseitige Gestaltungserklärung** zu qualifizieren ist (siehe § 15 Rn 3).

B. Regelungsgehalt

I. Geltendmachung der Elternzeit

3 Dieses **Verlangen** wird **durch Abgabe der Willenserklärung gegenüber dem AG** ausgeübt. Es gelten die allg. bürgerlich-rechtlichen Vorschriften über Willenserklärungen. Bezüglich des Zugangs und des Wirksamwerdens der Erklärung ist § 130 BGB maßgeblich. Als gestaltende, empfangsbedürftige Erklärung ist das Verlangen nach Abs. 1 S. 1 grds. bedingungsfeindlich und ab Zugang unwiderruflich, der Inhalt muss also hinreichend bestimmt sein. Ist der AN minderjährig, so ist dessen beschränkte Geschäftsfähigkeit zu beachten; die Rechtsfolgenregel ist § 111 BGB, sobald nicht eine Ermächtigung i.S.d. § 113 BGB vorliegt, die auch zur Abgabe einer Erklärung nach Abs. 1 berechtigt.

4 Die Erklärung des AN bedarf nach Abs. 1 S. 1 der **Schriftform**. Dies bedeutet gem. § 126 Abs. 1 BGB die eigenhändige Unterschrift oder die Unterzeichnung durch notariell beglaubigtes Handzeichen. Daher ist die Erklärung gem. § 125 S. 1 BGB nichtig, wenn sie diesen Schriftformerfordernissen nicht genügt. Durch das Schriftformerfordernis wollte der Gesetzgeber die weiter flexibilisierte Elternzeit übersichtlicher gestalten.[1]

5 Die Erklärung kann auch gegenüber dem Vertreter oder einem sonstigen Beauftragten des AG abgegeben werden, wenn dieser als Dienstvorgesetzter des AN bestellt ist. Ferner besteht die Möglichkeit, dass der AN die schriftliche Erklärung gegenüber Mitarbeitern des AG vorlegt, die personelle Entscheidungskompetenz des AG repräsentieren.[2]

6 Ein verbleibender Teil der Elternzeit kann im Fall der Aufnahme eines neuen Arbvverh auch gegenüber dem neuen AG geltend gemacht werden.[3]

7 **Frist und Form gelten auch für die Angabe, welche Zeiten** in den nächsten beiden Jahren als Befreiungszeiten angesehen werden sollen. Diese Angaben sind zwingend vorgeschrieben und zunächst für beide Parteien verbindlich. Darüber hinaus kann der AN über die Inanspruchnahme des dritten Jahres verfügen, er muss es jedoch nicht. Die Beschränkung auf den Zeitraum der ersten beiden Jahre ist eine Schutzvorschrift zugunsten des AN, der sich die Entscheidung über die Lage der letzten, höchstens zwölfmonatigen Freistellung angesichts der neu eröffneten Möglichkeiten nach § 15 Abs. 2 S. 1 vorbehalten darf.[4] Die Elternzeit muss nicht in einem Zeitblock genommen werden: Abs. 1 S. 5 ermöglicht die Elternzeit je Elternteil bzw. Großelternteil auf zwei Zeitabschnitte zu verteilen, sodass

---

1 Vgl. BT-Drucks 14/3553, S. 22.
2 Vgl. MünchArb/*Heenen*, Bd. 2, § 228 Rn 30.
3 BAG 11.3.1999 – 2 AZR 19/98 – BAGE 91, 101 = NZA 1999, S. 1047.
4 S. BT-Drucks 14/3553, S. 22.

aus der Sicht der Eltern/Partner bzw. Großeltern für ein Kind Elternzeit jeweils in bis zu vier denkbaren Abschnitten genommen werden kann.[5]

Gem. Abs. 1 ist die Elternzeit generell sieben Wochen vor Beginn zu verlangen. Die **verkürzte Frist** von sechs Wochen gilt, wenn die Elternzeit unmittelbar nach der Geburt des Kindes oder nach der Mutterschutzfrist beginnen soll, wobei auf § 6 Abs. 1 MuSchG verwiesen wird. Es ist davon auszugehen, dass die Sechswochenfrist die Regelfrist darstellt. Der Gesetzgeber wollte mittelständigen und hochspezialisierten Betrieben durch die Fristverlängerung Zeit für die Suche nach Ersatzkräften einräumen.[6]

Bei nicht rechtzeitiger Geltendmachung der Elternzeit verliert der AN die Möglichkeit, die Freistellung von der Arbeitspflicht einseitig durch Erklärung gegenüber dem AG zu dem von ihm beabsichtigten Zeitpunkt zu erlangen. Dies schließt eine Inanspruchnahme der Elternzeit aber nicht gänzlich aus. Der Beginn muss nur auf einen späteren Zeitpunkt, der fristgerecht angekündigt werden kann, verlegt werden. Ein zwischenzeitliches Fernbleiben von der Arbeit wäre rechtswidrig.

Die Bestimmung der Fristen erfolgt nach den allg. Vorschriften der §§ 186 ff. BGB. Nur bei dringenden Gründen ist eine „angemessen kürzere Frist möglich". Mit dieser Formulierung kann nur gemeint sein, dass der AN unter den genannten Voraussetzungen ein Recht auf eine Fristverkürzung hat. Er kann also dann, wenn er unter Einhaltung einer kürzeren als der in Abs. 1 S. 1 vorgesehenen Frist, die Elternzeit, die Inanspruchnahme zu dem von ihm vorgesehenen Zeitpunkt verlangen, sofern er das Vorliegen **„dringender Gründe"** geltend macht. In diesen Fällen gilt das Verlangen als nicht verspätet, sondern als rechtzeitig. Wie weit die Frist verkürzt werden kann, ist nicht geregelt und kann nur von der Bedeutung der geltend gemachten Gründe abhängen. Daher muss, in str. Fällen in einem arbeitsgerichtlichen Verfahren, nicht nur geklärt werden, ob besondere Gründe tatsächlich vorliegen, sondern auch, welche Verkürzung diese rechtfertigen. Die Beurteilung des Einzelfalls ist dabei mit erheblichen Unsicherheiten belastet. **Dringende Gründe** können allg. nur solche sein, die ein rechtzeitiges Verlangen verhindert haben, wobei schon die Formulierung – insb. unter Berücksichtigung eines Vergleichs mit Abs. 2 – für einen strengen Maßstab sprechen. Ein Beispiel wäre die unerwartet schnelle Vermittlung eines Kindes zur Adoptionspflege, auf die der AN sich nicht rechtzeitig einstellen konnte, eine schwere Erkrankung nach der Geburt oder der Ausfall von Betreuungspersonen infolge kurzfristiger ernsthafter Erkrankung, die einen Einsatz der Eltern/Partner bzw. Großeltern notwendig machen.[7]

Von den Fristen des Abs. 1 sind die des Abs. 2 zu unterscheiden. In Abs. 2 wird das Interesse der Berechtigten, die während der Dauer eines Beschäftigungsverbots nach § 6 Abs. 1 MuSchG an der rechtzeitigen Abgabe der Erklärung gehindert waren, höher bewertet als das Dispositionsinteresse des AG, der sich ggf. kurzfristig auf das bevorstehende Ruhen des Arbverh wegen Inanspruchnahme von Elternzeit einstellen muss. Der in Abs. 2 genannte Hinderungsgrund bezieht sich nicht darauf, dass die Elternzeit nicht im unmittelbaren Anschluss an das Beschäftigungsverbot des § 6 Abs. 1 MuSchG angetreten werden kann, sondern darauf, dass die Erklärung für den Antritt zu diesem Zeitpunkt nicht rechtzeitig abgegeben werden kann.[8] In Betracht kommen dafür nur Ereignisse, die eine Artikulierung des Berechtigten überhaupt nicht ermöglichen oder eine Äußerung noch nicht zumutbar erscheinen lassen. Höhere Gewalt ist allerdings nicht verlangt. Den Hinderungsgrund darf der AN weder vorsätzlich noch fahrlässig zu vertreten haben. Kommt die Erklärung noch innerhalb der Woche nach Wegfall des Grundes, kann die Elternzeit auch kurzfristig angetreten werden.

Die Vorschriften verdienen seitens des AN strenge Beachtung, da im Fall der Nichteinhaltung die Elternzeit nicht rechtzeitig wirksam geltend gemacht werden kann. Bleibt der AN in einem solchen Fall unberechtigt der Arbeit fern, genießt er bis zu einer ordnungsgemäßen Nachholung keinen besonderen Künd-Schutz.[9]

II. Nachträgliche Veränderung der Elternzeit

Die Elternzeit beträgt drei Jahre, gerechnet von der Geburt des Kindes. Sie endet aufgrund entsprechender Erklärung des Berechtigten nach Abs. 1 somit spätestens mit Ablauf des Tages, der dem dritten Geburtstag des Kindes vorangeht. Da der Anspruchsberechtigte die Höchstdauer nicht ausschöpfen muss, kann er einen beliebigen Endzeitpunkt festsetzen. Diesen Termin muss er mit dem Verlangen nach Abs. 1 S. 1 festsetzen. Er ist dann an die Erklärung gebunden, so dass eine einseitige Abänderung dieses Endzeitpunkts nicht mehr möglich ist.[10] Dies gilt auch dann, wenn die Elternzeit auf mehrere Zeiträume aufgeteilt ist. Nur im Einvernehmen zwischen den Parteien kann abgewichen werden.

---

5 *Lindemann/Simon*, NJW 2001, 258, 259; *Sowka*, NZA 2004, 82, 83.
6 Vgl. BT-Drucks 14/3553, S. 22.
7 Vgl. BT-Drucks 14/3553, S. 22, Schaub/*Linck*, Arbeitsrechts-Handbuch, § 172 Rn 11.
8 BAG 17.10.1990 – 5 AZR 10/90 – AP § 15 BErzGG Nr. 4 = NZA 1991, 320.
9 BAG 17.2.1994 – 2 AZR 616/93 – AP § 626 BGB Nr. 11 = NZA 1994, 656.
10 Schaub/*Linck*, Arbeitsrechts-Handbuch, § 172 Rn 11, 14; *Sowka*, NZA 2000, 1185, 1187; BAG NZA 2005, 1354;

14 **Für angenommene und in Adoptivpflege** genommene Kinder gilt **eine Ausnahme**. Die Elternzeit für die Erziehung und Betreuung dieser Kinder endet spätestens mit Ablauf des achten Lebensjahres; da die Dauer der Elternzeit auch in diesen Fällen drei Jahre beträgt, kann dieser Zeitpunkt nur erreicht werden, wenn die Elternzeit mit dem fünften Geburtstag des Kindes beginnt. Die gesetzliche Höchstbegrenzung bezieht sich auf **ein Kind**. Bekommen oder nehmen die Berechtigten in der Folgezeit mehrere Kinder auf, so kann für jedes weitere Kind die Elternzeit beansprucht werden. Faktisch wird dadurch das Ruhen des Arbverh über wesentlich mehr als drei Jahre andauern.

15 Grds. ist der AN an seine Erklärung über die Dauer und die Anzahl der Wechsel bei der Elternzeit gebunden. Liegt ein besonderer Härtefall vor, für den AN berechtigt, die Elternzeit **vorzeitig zu beenden**, so hat er diesen Abbruch beim AG bzw. dem Adressatenkreis zu beantragen, der auch für die Gewährung der Elternzeit den schriftlichen Antrag entgegengenommen hat. Als solcher **Härtefall** wird die Existenzgefährdung des AN infolge der unbezahlten Freistellung angesehen.[11] Die Geburt eines weiteren Kindes führt Abs. 3 S. 1 auf, weil dem Gesetzgeber bewusst war, dass die Geburt eines weiteren Kindes regelmäßig Umplanungen der ursprünglichen Betreuung bedingt. Der AG kann eine solche vorzeitige Beendigung nur aus **dringenden betrieblichen Gründen** innerhalb von vier Wochen schriftlich ablehnen, wie Abs. 3 S. 2 zu entnehmen ist. Bei seiner Entscheidung über die Zustimmung ist der AG an billiges Ermessen gem. § 315 BGB gebunden,[12] wobei er substantiiert vortragen muss, welche betrieblichen Gründe seine Ablehnung tragen. Als Grund kommt die fehlende Beschäftigungsmöglichkeit in Betracht, wobei es aber nicht ausreichen kann, dass der AG einer befristeten Ersatzkraft gegenüber nicht von seinem Sonder-Künd-Recht aus § 21 Abs. 5 Gebrauch machen möchte.

16 Einvernehmlich kann gem. Abs. 3 S. 1 die Elternzeit immer verlängert werden. Der Berechtigte hat zudem einen **Anspruch auf Verlängerung**, wenn der vorgesehene Wechsel unter den Berechtigten aus **wichtigem Grund** nicht erfolgen kann (Abs. 3 S. 4). Bei dem unbestimmten Rechtsbegriff des wichtigen Grundes handelt es sich nicht um die Beschreibung der Unzumutbarkeit wie in § 626 BGB,[13] sondern um eine Abgrenzung zum einfachen Grund, der den AG nicht zwingen soll, seine Disposition zu ändern. Die tatsächlichen Umstände müssen von einem solchen Gewicht sein, dass es gerechtfertigt ist, dem Freistellungsinteresse des AN gegenüber dem Dispositionsinteresse des AG den Vorrang einzuräumen. Umstr. ist, ob der Wegfall der gesetzlichen Voraussetzungen der Elternzeit bereits einen Anspruch auf Abbruch der Elternzeit begründet. Damit ist die Behandlung der wohl häufigsten Falles wegen der Aufhebung der häuslichen Gemeinschaft problematisch. Der Gesetzgeber wollte verhindern, dass die betroffenen AG den beliebigen Überlegungen der Berechtigten ausgesetzt sind, wie und durch wen denn in der nächsten Zeit die Erziehung und Betreuung durchgeführt wird. Unter dieser Prämisse kann einer weiten Auslegung des Gesetzesbegriffs zugestimmt werden, so dass z.B. die Arbeitslosigkeit des anderen Berechtigten, dessen die Betreuung ausschließende Erkrankung oder der Tod des Unterhaltspflichtigen als wichtiger Grund angesehen werden kann. Ein wichtiger Grund kann auch die Erkrankung des Kindes sein, wenn eine Betreuung durch die Mutter zwingend indiziert ist.[14] Auf die Versorgungssituation des Kindes kommt es dabei vorrangig nicht an. Deshalb kann der AG nicht einwenden, für die Verlängerung läge kein wichtiger Grund vor, weil das Kind in einem Hort oder bei den Großeltern versorgt werden könnte. Eine **Ankündigungsfrist** wie in Abs. 1 S. 1 muss bei der Verlängerung nicht eingehalten werden. Das folgt aus dem Wortlaut des Gesetzes und aus dem Zweck der Regelung. Der Verlängerungsantrag kann gestellt werden, wenn die Voraussetzungen gegeben sind. Der Tatbestand des wichtigen Grundes duldet keine Aufschiebung der Entscheidung.

17 Die Elternzeit endet entgegen dem sonstigen Wortlaut der Norm stets in dem Moment, wenn das zu betreuende Kind stirbt. Die wesentliche Anspruchsvoraussetzung ist weggefallen. Allerdings ist die damit grds. auflebende Arbeitspflicht des AN weiterhin bis höchstens zur Dauer von drei Wochen suspendiert. Das besagt Abs. 4 mit der vordergründig etwas anders aussagenden Formulierung, die wörtlich genommen mit der Konzeption des Gesetzes nicht übereinstimmt.

III. Pflichten der Parteien anlässlich der Elternzeit

18 Abs. 1 S. 6 sieht vor, dass der AG die Elternzeit bescheinigen soll. Eine solche **Bescheinigung der Elternzeit** hat Bedeutung, wenn Erziehungsgeld beantragt wird. Diese Vorschrift ist so zu verstehen, dass der AN ein Anspruch auf die Ausstellung der Bescheinigung hat, diese aber unterbleiben kann, wenn er die Bescheinigung vom AN etwa nicht verlangt, weil er sie nicht benötigt.

19 Abs. 5 fordert vom AN die **unverzügliche Informationspflicht** gegenüber dem AG bei einer Änderung der Anspruchsberechtigung. Ohne schuldhaftes Zögern hat der AN somit dem AG mitzuteilen, dass die Voraussetzungen für die Elternzeit zwischenzeitlich weggefallen sind, z.B. weil der AN die Personensorge für das Kind verliert. In diesem Fall ist der durch die Elternzeit eingetretene Ruhenstatbestand beendet; es besteht Arbeitspflicht des AN und Beschäftigungspflicht des AG. Weigert sich eine der Parteien, so kommt sie mit ihrer Leistung in Verzug.

---

11 BAG 6.9.1994 – 9 AZR 221/93 – E 77, 343 = AP § 50 BAT Nr. 17 = NZA 1995, 953.
12 BAG 21.4.2009 – 9 AZR 391/08 – juris.
13 LAG Berlin 7.6.2001 – 10 Sa 2770/00 – NZA-RR 2001, 625.
14 LAG Berlin 7.6.2001 – 10 Sa 2770/00 – NZA-RR 2001, 625 = BB 2001, 2169.

C. Verbindung zum Prozessrecht

Die Verlängerung der Elternzeit bedarf, wie die ursprüngliche Gewährung, nicht der Zustimmung durch den AG. Vielmehr genügen die Verlängerungsanzeige und die Schilderung des Sachverhalts, der den wichtigen Grund ausmacht. Ist der Tatbestand des wichtigen Grundes objektiv nicht gegeben, so trägt der AN wie bei der inhaltlich unvollständigen oder verfristeten Erstanzeige nach Abs. 1 das Risiko der unrichtigen rechtlichen Bewertung (weitere Hinweise siehe § 15 Rn 39–44).

20

D. Beraterhinweise

Den Parteien im Verfahren des BEEG ist anzuraten, sich den Empfang ihrer Schreiben zur Vermeidung eventueller Beweisschwierigkeiten gegenseitig zu bescheinigen. Ansonsten bieten sich folgende Checklisten für die gängigsten Anträge an:
- **Erstbeantragung durch AN**
- **Vorzeitige Beendigung durch AN**
    - AN muss Härtefall begründen
    - Reaktion des AG abwarten, da dieser aus dringenden betrieblichen Gründen
    - schriftlich ablehnen kann und die Ablehnung innerhalb von vier Wochen schriftlich begründen muss.
- **Verlängerungsantrag des AN**
    - AN muss Härtefall begründen
    - Ankündigungsfrist nicht erforderlich, es genügt, wie bei der Erstanzeige der Elternzeit der Zugang der Verlängerungsanzeige beim AG, wobei auf die
    - Sachverhaltsschilderung, die den wichtigen Grund ausmacht, besondere Sorgfalt zu verwenden ist.
- **Antrag des AN auf Verringerung der Arbeitszeit**
    - AG beschäftigt mehr als 15 AN
    - Arbverh besteht länger als sechs Monate
    - Arbeitszeitverringerung soll für mind. drei Monate auf einen Umfang zwischen 15 und 30 Wochenstunden verringert werden.
    - Dem Anspruch dürfen keine dringenden betriebsbedingten Gründe entgegenstehen.
    - Fristen der Antragstellung beachten. sechs Wochen Vorlauf nach Mutterschutzfrist, sonst sieben Wochen.

21

§ 17 Urlaub

(1) ¹Der Arbeitgeber kann den Erholungsurlaub, der dem Arbeitnehmer oder der Arbeitnehmerin für das Urlaubsjahr zusteht, für jeden vollen Kalendermonat der Elternzeit um ein Zwölftel kürzen. ²Dies gilt nicht, wenn der Arbeitnehmer oder die Arbeitnehmerin während der Elternzeit bei seinem oder ihrem Arbeitgeber Teilzeitarbeit leistet.
(2) Hat der Arbeitnehmer oder die Arbeitnehmerin den ihm oder ihr zustehenden Urlaub vor dem Beginn der Elternzeit nicht oder nicht vollständig erhalten, hat der Arbeitgeber den Resturlaub nach der Elternzeit im laufenden oder im nächsten Urlaubsjahr zu gewähren.
(3) Endet das Arbeitsverhältnis während der Elternzeit oder wird es im Anschluss an die Elternzeit nicht fortgesetzt, so hat der Arbeitgeber den noch nicht gewährten Urlaub abzugelten.
(4) Hat der Arbeitnehmer oder die Arbeitnehmerin vor Beginn der Elternzeit mehr Urlaub erhalten, als ihm oder ihr nach Absatz 1 zusteht, kann der Arbeitgeber den Urlaub, der dem Arbeitnehmer oder der Arbeitnehmerin nach dem Ende der Elternzeit zusteht, um die zu viel gewährten Urlaubstage kürzen.

A. Allgemeines	1	III. Abgeltung des Erholungsurlaubes (Abs. 3)	20
B. Regelungsgehalt	3	C. Verbindung zu anderen Rechtsgebieten und zum	
I. Kürzung gemäß Abs. 1, 4	4	Prozessrecht	22
II. Übertragung des Erholungsurlaubes (Abs. 2)	14	D. Beraterhinweise	25

A. Allgemeines

Der aktuelle Text des § 17 ist gem. der Übergangsregelung des § 27 Abs. 2 nicht nur für die ab dem 1.1.2007 geborenen Kinder anwendbar, sondern auch für Eltern, die sich bereits nach altem Recht in Elternzeit befinden oder nun Elternzeit für bereits vor dem 1.1.2007 geborene Kinder geltend machen. § 27 Abs. 2 S. 1 BEEG soll jedoch nicht rückwirkend Sachverhalte regeln, die bei Inkrafttreten des BEEG am 1.1.2007 bereits abgeschlossen waren. Neues Recht ist nur anzuwenden, wenn nach dem 31.12.2006 Tatsachen entstehen, die für die Bestimmungen im zweiten

1

Abschnitt des BEEG erheblich sind. Geht es beispielsweise um die Übertragung von Resturlaub aus der Zeit vor dem 1.1.2007, findet weiterhin altes Recht Anwendung,[1] was jedoch aufgrund der Tatsache, dass die Vorschrift durch die Novellierung des BErzGG und letztlich auch durch das BEEG inhaltlich unverändert geblieben ist, unerheblich ist. Es besteht kein inhaltlicher Unterschied zwischen § 17 Abs. 2, 3 BErzGG und § 17 Abs. 2, 3 BEEG.[2]

2 Während der Elternzeit **ruht das Arbverh**. Da das Entstehen des Urlaubsanspruches nach der Rspr. des BAG[3] lediglich an das Bestehen des Arbverh anknüpft und nicht an die tatsächliche Arbeitsleistung, entsteht aber gleichwohl ein Urlaubsanspruch. § 17 modifiziert mit seinen drei Fallgestaltungen (Kürzung, Übertragung und Abgeltung) die §§ 3, 5 Abs. 3, 7 Abs. 3 und 7 Abs. 4 BUrlG und führt dazu, dass der Urlaubsanspruch für Zeiten der Elternzeit gekürzt werden kann. § 17 ist daher eine **Ausnahmevorschrift**.

B. Regelungsgehalt

3 § 17 enthält drei selbstständige Regelungen. Abs. 1 und 4 regeln die Kürzung des Anspruchs auf Erholungsurlaub und enthalten damit eine Sonderregelung zu § 3 Abs. 1 BUrlG (siehe Rn 4 ff.). Abs. 2 betrifft die Übertragung des Erholungsurlaubs und enthält damit eine Sonderregelung zu § 7 Abs. 3 BUrlG (siehe Rn 14 ff.). Abs. 3 schließlich enthält eine Sonderregelung zur Abgeltung des Anspruchs auf Erholungsurlaub und insoweit eine Sonderregelung zu § 7 Abs. 4 BUrlG (siehe Rn 19 f.).

I. Kürzung gemäß Abs. 1, 4

4 Nach Abs. 1 ist der AG berechtigt, den dem AN aus dem Arbverh zustehenden Erholungsurlaub für jeden vollen Kalendermonat der Elternzeit um 1/12 zu kürzen.

5 Tatbestandsvoraussetzung ist zunächst, dass der Erholungsurlaub dem AN „aus dem Arbverh zusteht". Infolge der nicht auf das BUrlG verweisenden Formulierung gilt die Kürzungsmöglichkeit für **jeden Erholungsurlaub** unabhängig davon, auf welcher Rechtsgrundlage er beruht. Gekürzt wird also nicht nur der Mindesturlaub nach § 3 BUrlG, sondern auch einzelvertraglich oder tarifvertraglich vereinbarter Urlaub. Allerdings haben die TV-Parteien und die Betriebspartner die Möglichkeit, in TV oder BV zu bestimmen, dass ein dort normierter Urlaubsanspruch von der Kürzung unberührt bleibt. Führende Tarifwerke machen hiervon allerdings keinen Gebrauch. Bspw. das Tarifwerk für die Metall- und Elektroindustrie oder auch der BAT und der TVÖD/TV-L enthalten eine solche Vorschrift nicht. § 48 Abs. 3 BAT, der eine anteilige Kürzungsmöglichkeit ausdrücklich nur für das Ruhen aufgrund bestimmter Umstände vorsah, war keine abschließende Sonderregelung und hinderte die Kürzung nach Abs. 1, 4 daher nicht.[4] § 26 Abs. 2 lit c) TVÖD und TV-L enthalten sogar eine eindeutige Klarstellung, dass in Zeiten des Ruhens des Arbverh, so auch in Zeiten der Elternzeit, eine Kürzung eintritt.

6 Eine Kürzungsmöglichkeit besteht nach Abs. 1 nur für **jeden vollen Kalendermonat** der Elternzeit. Die terminologische Änderung des BEEG gegenüber dem BErzGG führt nicht zu inhaltlichen Änderungen. Beginnt oder endet die Elternzeit nicht am ersten Tag oder letzten Tag des Monats, so führen die nur angebrochenen Monate nicht zu einer Kürzung. Eine Kürzung des Erholungsurlaubs ist nur für tatsächliche Zeiten des Ruhens möglich; insb. reicht nicht bereits das Bestehen des Anspruchs auf Elternzeit.

7 Die Möglichkeit der Kürzung muss durch den AG durch einseitige, empfangsbedürftige Willenserklärung ausgeübt werden.[5] Es handelt sich um ein **Gestaltungsrecht**. Die Erklärung ist allerdings nicht form- oder fristgebunden. Sie ist auch durch z.B. Listung der Resturlaubstage auf der Vergütungsmitteilung möglich. Der AG ist nicht verpflichtet, die Erklärung vor oder unmittelbar nach dem Erziehungsurlaub vorzunehmen. Eine solche Erklärung ist auch noch im Prozess möglich.[6] Die Erklärung ist auch bereits vor Beginn der Elternzeit möglich, nach richtiger Ansicht frühestens aber nach Erklärung des Berechtigten, Elternzeit in Anspruch nehmen zu wollen.[7] Macht der AG von seinem Recht auf Kürzung, zu dessen Ausübung er nicht verpflichtet ist, keinen Gebrauch, so bleibt es bei dem gesetzlichen/ tariflichen/vertraglichen Urlaubsanspruch.

8 Mit dem Zugang der Kürzungserklärung bei dem AN **erlischt** der hiervon erfasste Urlaub im Umgang von 1/12 je vollem Monat der Elternzeit. Ergibt die Berechnung als Resturlaub **Bruchteile von Urlaubstagen**, so ist str., ob diese Bruchteile als anteilige Urlaubstage zu gewähren sind[8] oder analog der Kürzungsregelung nach § 5 Abs. 2 BUrlG verfallen.[9] Richtigerweise ist § 5 Abs. 2 BUrlG ein allg. Prinzip für Fälle des Auftretens von Bruchteilen von Urlaubs-

---

1 Vgl. BAG 20.5.2008 – 9 AZR 219/07 – NZA 2008, 1237.
2 Vgl. BAG 5.6.2007 – 9 AZR 82/07 – AP § 15 BErzGG Nr. 49; BAG 20.5.2008 – 9 AZR 219/07 – NZA 2008, 1237.
3 Vgl. BAG 28.1.1982 – 6 AZR 571/97 – AP § 3 BurlG: Rechtsmißbrauch Nr. 11.
4 Vgl. BAG 15.2.1984 – 5 AZR 192/82 – BAGE 45, 155.
5 Vgl. ErfK/*Dörner*, § 17 BEEG Rn 4.
6 Vgl. BAG 23.4.1996 – 9 AZR 165/95 – BAGE 83, 29; vgl. LAG Düsseldorf 13.2.1991 – 11 Sa 1340/90 – LAGE § 17 Nr. 1; ErfK/*Dörner*, § 17 BEEG Rn 4.
7 Vgl. ErfK/*Dörner*, § 17 BEEG Rn 4; vgl. noch zum BerzGG: ZZVV, § 17 BErzGG Rn 6; *Meisel/Sowka*, § 17 Rn 19.
8 So ErfK/*Dörner*, § 17 BEEG Rn 5.
9 So MünchArb/*Heenen*, Bd. 2, § 229 Rn 18; *Meisel/Sowka*, § 17 Rn 9.

tagen zu entnehmen. Ein sachlicher Grund, hiervon abzuweichen, ist nicht ersichtlich. Demgemäß hat das BAG hat für das Zusammentreffen einer Kürzung nach § 8d MuSchG a.F. mit einer tarifvertraglichen Kürzungsregelung, die im Wortlaut § 5 Abs. 3 BUrlG entsprach, bereits eine Kürzung angenommen.[10] Anteilige Urlaubstage werden, wenn sie mind. einen halben Urlaubstag ergeben, daher auf einen vollen Urlaubstag aufgerundet; Bruchteile unter einem halben Urlaubstag verfallen.

Die Kürzungsmöglichkeit ist nach § 17 Abs. 1 S. 2 ausgeschlossen, wenn der AN während der Elternzeit bei seinem AG **Teilzeitarbeit** leistet. In diesem Fall steht dem AN der volle Urlaubsanspruch zu, allerdings dem Umfang entsprechend der tatsächlichen Verteilung der Arbeitsleistung auf die einzelnen Wochentage reduziert.[11] Diese Reduzierung ergibt sich aus der Systematik des BUrlG und bedarf keiner gestaltenden Willenserklärung des AG. Sie führt auch nicht etwa dazu, dass der „Differenzurlaub" erhalten bliebe oder nach § 17 gekürzt werden könnte/müsste. Denn wird Teilzeitarbeit geleistet, reduziert sich der Urlaubsanspruch an sich anteilig, ohne dass ein hiervon losgelöster Anspruch auf den Vollurlaub verbliebe.

Nach dem allgemeinen Gleichbehandlungsgrundsatz kann sich eine **Rechtsausübungsschranke** für den AG ergeben, wenn er in anderen Fällen auf eine Kürzung des Erholungsurlaubes verzichtet hat oder verzichtet,[12] es sei denn, dem AG steht ein sachlicher Differenzierungsgrund zur Seite. Der AG ist i.Ü. nicht verpflichtet, dem AN vor Antritt des Erziehungsurlaubes mitzuteilen, dass er den Erholungsurlaub gem. Abs. 1 anteilig kürzen will.[13]

Von dem Recht auf Kürzung des Erholungsurlaubes ist nicht per se auch eine Kürzung eines versprochenen **Urlaubsgeldes** erfasst. Gewährt ein TV das Urlaubsgeld nur insoweit, als auch ein Anspruch auf Urlaub besteht, lässt die Kürzung des Urlaubsanspruches nach Abs. 1 auch den Anspruch auf die zusätzliche Urlaubsvergütung entfallen.[14] Gleiches gilt bei TV, die ein „zusätzliches Urlaubsentgelt" je genommenem Urlaubstag gewähren (z.B. TV der Metall-, Elektro- und Zentralheizungsindustrie NW). Hat der AG hingegen die Zahlung von Urlaubsgeld ohne jede Einschränkung und unabhängig von der Urlaubsgewährung zugesagt, ist er nicht berechtigt, den Anspruch wegen der Inanspruchnahme von Elternzeit zu kürzen.[15]

Abs. 4 ergänzt die Regelung des Abs. 1 für den Fall, dass der AN vor Beginn der Elternzeit mehr Urlaub erhalten hat als ihm nach Ausübung des Kürzungsrechts durch den AG zusteht. In diesem Fall kann der AG den Urlaub, der dem AG nach dem Ende der Elternzeit zusteht, um die zu viel gewährten Urlaubstage kürzen. Da einmal gewährter Urlaub nicht mehr zurückgefordert werden kann, kann der AG den zuviel erhaltenen Urlaub mit zukünftigen Urlaubsansprüchen verrechnen. Das Kürzungsrecht besteht erst nach Ende der Elternzeit. Hieraus ist allerdings nicht zu folgern, dass das Kürzungsrecht nur in dem Jahr besteht, in dem die Elternzeit endet.[16] Eine zeitliche Begrenzung ergibt sich vielmehr daraus, dass eine Kürzung nur solange möglich ist, bis der erste Urlaubszeitraum (Kalenderjahr) nach dem Ende der Elternzeit abgelaufen ist, und in diesem Zeitraum eine Kürzung in vollem Umfang auch möglich war. Kommt bspw. der AN zum 1.12. aus der Elternzeit zurück, so ist eine Kürzung in diesem Jahr nur noch um $1/12$ des vertraglich vereinbarten Urlaubs möglich. Reicht dies zur Verrechnung nicht aus, kann die Verrechnung noch im Folgejahr stattfinden. Dies kann dann dazu führen, dass der AG die zu viel erhaltenen Tage mit dem Urlaub im zum Zeitpunkt der Beendigung der Elternzeit **laufenden oder dem darauf folgenden Urlaubsjahr** verrechnet. Ausgeschlossen ist die Verrechnung dagegen, wenn das Arbverh mit dem Ende der Elternzeit endet.[17]

Abs. 4 ist eine abschließende Sondervorschrift. Wurde vor Beginn der Elternzeit zu viel Urlaub gewährt, so kann hierdurch **vorbezahltes Urlaubsentgelt** deshalb nicht aus Bereicherungsrecht zurückgefordert werden.[18] Denn das Urlaubsentgelt ist zunächst mit Rechtsgrund gewährt worden. Der Rechtsgrund ist auch nicht nachträglich weggefallen, da Abs. 4 nur eine Verrechnung mit dem dem AN nach dem Ende der Elternzeit zustehenden Urlaub zulässt, nicht jedoch eine (nachträgliche) Verrechnung mit bereits genommenen Urlaub. Dasselbe gilt, wenn das Arbverh nach der Elternzeit endet.

II. Übertragung des Erholungsurlaubes (Abs. 2)

Abs. 2 enthält eine Durchbrechung des ansonsten nach dem BUrlG gegebenen Bezuges des Urlaubs zum Urlaubsjahr und damit eine Sonderregelung zu § 7 Abs. 3 BUrlG und zu gleich lautenden tariflichen Regelungen.[19] Die Vorschrift soll sicherstellen, dass die Inanspruchnahme von Elternzeit nicht zum Verfall des Urlaubsanspruches gem. § 7 Abs. 3 BUrlG führt. Die Übertragung nach § 17 Abs. 2 BUrlG erfolgt kraft Gesetzes und bedarf insb. keiner gestaltenden Erklärung der Arbeitsvertragsparteien. Sie setzt aber voraus, dass der AN während der Elternzeit nicht arbeitet. Leistet er Teilzeit, wird der Urlaub nicht übertragen. Es gilt dann § 7 Abs. 3 BUrlG: Der Urlaub muss im laufenden Kalenderjahr genommen werden.

---

10 Vgl. BAG 27.11.1986 – 8 AZR 221/84 – BAGE 53, 366.
11 Vgl. *Pauly/Osnabrügge*, Teilzeitarbeit, § 5 Rn 6 ff.
12 *Küttner/Reinecke*, Elternzeit Rn 32; HWK/*Gaul*, § 17 BEEG Rn 3.
13 BAG 28.7.1992 – 9 AZR 340/91 – AP § 17 BErzGG Nr. 3.
14 Vgl. BAG 8.12.1992 – 9 AZR 538/91 – juris.
15 BAG 18.3.1997 – 9 AZR 84/96 – AP § 17 BErzGG Nr. 8.
16 So noch ErfK/*Dörner* 7. Aufl., § 17 BErzGG Rn 9; aufgegeben ab der 8. Aufl.: ErfK/*Dörner*, § 17 BEEG Rn 6.
17 So auch ErfK/*Dörner*, § 17 BEEG Rn 7.
18 So auch HWK/*Gaul*, § 17 BEEG Rn 11.
19 Vgl. BAG 24.10.1989 – 8 AZR 253/88 – NZA 1990, 499.

15 **Übertragungsfähig** ist ausschließlich derjenige Urlaub, der vor Beginn der Elternzeit nicht oder nicht vollständig genommen werden konnte und zum Zeitpunkt des Beginns der Elternzeit **noch erfüllbar** war. Unerheblich ist hingegen, ob es sich um den Urlaub aus dem laufenden Kalenderjahr oder bereits aus dem Vorjahr übertragenen Urlaub handelt.[20] Nicht übertragungsfähig ist ein vor Beginn der Elternzeit bereits verfallender Urlaub. Geht der AN bspw. am 26.3. in Elternzeit und hat zu diesem Zeitpunkt noch 20 nach Maßgabe des § 7 Abs. 3 BUrlG aus dem Vorjahr übertragene Tage Urlaubsanspruch, werden nach § 17 nur die maximal fünf bis zum 31.3. noch erfüllbaren Urlaubstage weiter vorgetragen. Die restlichen Tage verfallen nach § 7 Abs. 3 BUrlG.[21] Es besteht insoweit ein striktes **Kausalitätserfordernis** zwischen dem Elternzeit und dem nicht erhaltenen Urlaub.[22] Nicht von der Übertragung erfasst ist der Urlaub, der nach Ende der Elternzeit für das Restjahr entsteht; für diesen gelten die allgemeinen Regeln.

16 Der solchermaßen zum Zeitpunkt des Eintritts in die Elternzeit noch übertragungsfähige Urlaub wird nach dem Wortlaut des Abs. 2 in das bezogen auf das Ende der Elternzeit laufende oder das darauf nachfolgende Urlaubsjahr übertragen. Endet beispielsweise die Elternzeit am 30.6.2009, so kann der vor Beginn der Elternzeit wegen der Elternzeit nicht mehr genommene Urlaub sowohl im Jahr 2009 als auch im Jahr 2010 bis zum 31.12.2010 noch gewährt werden.

17 Die Terminologie „**gewährt**" bedeutet, dass der Urlaub bis zum Ablauf des Übertragungszeitraumes **genommen, also abgegolten** sein muss, nicht, dass der Urlaub nur bis zum Ablauf des Übertragungszeitraumes (für einen zukünftigen Zeitraum) arbeitgeberseitig ggf. auch für einen späteren Zeitraum genehmigt sein muss. Beantragt der AN den Urlaub erst am letzten Tag des verlängerten Übertragungszeitraumes, so verfällt der Anspruch. Beantragt er ihn umgekehrt so rechtzeitig, dass er noch genommen werden kann, muss der AG ihn auch gewähren.

18 Wird der Urlaub bis zum Ablauf des durch § 17 verlängerten Übertragungszeitraumes **nicht genommen**, verfällt er. Diese Rechtsfolge tritt auch dann ein, wenn der AN den Urlaub im Übertragungszeitraum aus in seiner Person liegenden Gründen nicht nehmen konnte. Für den Fall hingegen, dass sich nach dem Ende der Elternzeit unmittelbar **eine weitere Elternzeit** (für ein während der ersten Elternzeit geborenes Kind) **anschließt**, findet eine weitere Übertragung nach Maßgabe des § 17 statt. Seine entgegen stehende frühere Rspr. hat das BAG ausdr. aufgegeben.[23] Das BAG argumentiert mit dem nicht entgegenstehenden Wortlaut der Norm und mit verfassungs- und europarechtlichen Überlegungen, insbesondere der notwendigen Gleichbehandlung der früheren mit der späteren Elternzeit. Diese zutreffenden Argumente gelten indes auch für die nicht vom BAG entschiedene Konstellation, dass sich die zweite Elternzeit nicht unmittelbar („nahtlos") an die erste anschließt, sondern innerhalb des verlängerten Übertragungszeitraums nach der ersten Elternzeit beginnt. Auch in diesem Fall wird daher entgegen der bisherigen h.M.[24] derjenige Urlaub, der zu Beginn der zweiten Elternzeit noch erfüllbar war, weiter übertragen, auch dann, wenn es sich hierbei um bereits aus der Zeit vor der ersten Elternzeit vorgetragenen Urlaub handelt. Nicht weiter übertragen wird nach den allgemeinen Grundsätzen aber der Urlaub, der nach der ersten Elternzeit entstanden ist und zum Beginn der zweiten Elternzeit nicht mehr erfüllbar war.

Beispiel: Elternzeit 1 endet am 31.7.2008. Es wurden 20 Urlaubstage nach § 17 vorgetragen. Im Jahr 2008 entstehen weitere 15 (neue) Urlaubstage. Am 1.5.2009 beginnt die zweite Elternzeit. Zu diesem Zeitpunkt ist der nach der Elternzeit entstandene Urlaub aus 2008 bereits verfallen. Durch die neue Elternzeit weiter vorgetragen werden die schon von der ersten Elternzeit erfassten 20 Urlaubstage und der im Jahre 2009 bis zum 30.04. bereits entstandene Urlaubsanspruch.

19 Ob der AN nach Übertragung des Urlaubes auch den auf diesen Urlaub entfallenen Anteil von **Urlaubsgeld** (Gratifikation) erhält, ist eine Frage der konkreten Anspruchsgrundlage.

III. Abgeltung des Erholungsurlaubes (Abs. 3)

20 Abs. 3 ergänzt § 7 Abs. 4 BUrlG. Auch wenn der Urlaub wegen des Endes des Arbverh während der Elternzeit oder mit Ende der Elternzeit, z.B. im Falle einer Künd nach § 19, nicht mehr gewährt werden kann, ist er abzugelten. Für die Berechnung der Abgeltung gelten die Grundsätze zu § 7 Abs. 4 BUrlG. Der Urlaub ist auch dann abzugelten, wenn ein nach Abs. 2 übertragener Urlaub nach Ende der Elternzeit wegen Beendigung des Arbverh nicht mehr genommen werden kann, und zwar insoweit, als er nicht mehr genommen werden konnte. Endet das Arbverh also im Anschluss an eine vorübergehende Fortsetzung nach der Elternzeit, kann ein anteiliger Abgeltungsanspruch entstehen.[25]

21 Der Urlaub ist auch dann abzugelten, wenn während einer wiederholten Inanspruchnahme von Elternzeit das Arbverh endet und der vor Beginn der ersten Elternzeit noch nicht gewährte Urlaub zum Zeitpunkt der Beendigung des Arbverh nach Abs. 2 nicht verfallen war.[26] Hat der AG zum Zeitpunkt des Endes des Arbverh noch nicht sein

---

20 BAG 21.10.1997 – 9 AZR 267/96 – zu I2b der Gründe.
21 Vgl. BAG 1.10.1991 – 9 AZR 365/90 – NZA 1992, 419.
22 Vgl. BAG 1.10.1991 – 9 AZR 365/90 – NZA 1992, 419.
23 BAG 20.5.2008 – 9 AZR 219/07 – unter ausdrücklicher Aufgabe der früheren Rechtsprechung, z.B. BAG 21.10.1997 – 9 AZR 267/96 – AP § 7 BurlG Nr. 75; BAG 23.4.1996 – 9 AZR 165/95 – AP § 17 BErzGG Nr. 6.
24 Vgl. ErfK/*Dörner*, § 17 BEEG Rn 10; HWK/*Gaul*, § 17 BEEG Rn 7; MünchArb/*Heenen*, Bd. 2, § 229 Rn 19.
25 So auch HWK/*Gaul*, § 17 BEEG Rn 9.
26 LAG Hamm 20.2.2001 – 11 Sa 1061/00 – NZA-RR 2002, 460.

Kürzungsrecht zu Abs. 1 ausgeübt, kann er im Rahmen des Abs. 3 dieses Recht noch im Rahmen der Berechnung der Urlaubsabgeltung ausüben.[27]

C. Verbindung zu anderen Rechtsgebieten und zum Prozessrecht

Nach dem BUrlG besteht der Anspruch auf Urlaub ungeachtet der Tatsache, dass das Arbverh ruht. Die Kürzungsmöglichkeit gem. § 17 geht somit der allg. Regelung des BUrlG vor.

Die **Höhe der Urlaubsabgeltung** bemisst sich nach allg. Kriterien.

Die **Darlegungs- und Beweislast** für das Bestehen von abgeltungsfähigen Urlaubstagen trägt nach allgemeinen Regeln der AN.

D. Beraterhinweise

Dem den AG vertretenen RA muss geraten werden, diesen über die Kürzungsmöglichkeiten des Abs. 4 aufzuklären und insb. im Falle eines bereits gewährten Urlaubes anzuraten, den Urlaub nach Ende der Elternzeit um den zu viel gewährten Urlaub zu kürzen. Dies gilt insb. auch dann, wenn das Arbverh nach der Elternzeit enden wird; dann ist die Urlaubsabgeltung entsprechend zu kürzen.

Erfahrungsgemäß ist die Übertragungsregelung des § 17 sowohl AG als auch AN unbekannt. Berät man den AN, sollte also sorgfältig darauf geachtet werden, welcher erfüllbare Resturlaub noch zum Eintritt in die Elternzeit vorhanden war und anraten, diesen nach Rückkehr in das Arbverh geltend zu machen. Mit Ablauf des Übertragungszeitraumes verfällt dieser Urlaub ansonsten. Im Falle der Übertragung des Urlaubs nach Abs. 2 sollte der AN nach dem Ende der ersten Elternzeit bei einem Urlaubsantrag angeben, auf welche Tage er seinen Antrag bezieht. Denn im Falle der Aneinanderreihung mehrerer Elternzeiten verfällt der nach der ersten Elternzeit entstandene Urlaub schneller als der aus der Zeit vor der Elternzeit übertragene. Es besteht also die Gefahr des Anspruchsverlustes, wenn zunächst der alte Urlaub genommen wird und der nach der Elternzeit entstandene Urlaub dann deshalb nicht mehr genommen werden kann.

§ 18 Kündigungsschutz

(1) ¹Der Arbeitgeber darf das Arbeitsverhältnis ab dem Zeitpunkt, von dem an Elternzeit verlangt worden ist, höchstens jedoch acht Wochen vor Beginn der Elternzeit, und während der Elternzeit nicht kündigen. ²In besonderen Fällen kann ausnahmsweise eine Kündigung für zulässig erklärt werden. ³Die Zulässigkeitserklärung erfolgt durch die für den Arbeitsschutz zuständige oberste Landesbehörde oder die von ihr bestimmte Stelle. ⁴Die Bundesregierung kann mit Zustimmung des Bundesrates allgemeine Verwaltungsvorschriften zur Durchführung des Satzes 2 erlassen.

(2) Absatz 1 gilt entsprechend, wenn Arbeitnehmer oder Arbeitnehmerinnen
1. während der Elternzeit bei demselben Arbeitgeber Teilzeitarbeit leisten oder
2. ohne Elternzeit in Anspruch zu nehmen, Teilzeitarbeit leisten und Anspruch auf Elterngeld nach § 1 während des Bezugszeitraums nach § 4 Abs. 1 haben.

A. Allgemeines	1	3. Sonderkündigungsschutz nach Abs. 2 Nr. 2 ..	21
B. Regelungsgehalt	4	4. Zulassung von Kündigungen in besonderen Fällen	27
I. Persönlicher Geltungsbereich	6		
II. Zeitlicher Geltungsbereich	9	C. Verbindung zu anderen Rechtsgebieten und zum Prozessrecht	35
III. Verbotstatbestände	14		
1. Kündigungsschutz nach § 18 Abs. 1	14	D. Beraterhinweise	41
2. Kündigungsschutz nach Abs. 2 Nr. 1	17		

A. Allgemeines

Der aktuelle Text des § 18 greift auf den Text des § 18 BErzGG zurück. Lediglich Abs. 2 S. 2 ist relevant geändert worden. Mit Inkrafttreten des BEEG ist der zweite Hs. des Abs. 2 Nr. 2 entfallen. Dies ist der Tatsache geschuldet, dass das Elterngeld nicht mehr von der Unterschreitung von Einkommensgrenzen abhängig ist. Verkürzt hat sich allerdings die Dauer des Sonder-Künd-Schutzes dann, wenn keine Elternzeit in Anspruch genommen, aber Teilzeitarbeit geleistet wird (Abs. 2 Nr. 2). In der Fassung des BErzGG bestand der Sonder-Künd-Schutz für die Anspruchs-

---

27 BAG 28.7.1992 – 9 AZR 340/91 – AP § 17 BErzGG Nr. 3.

dauer (24 Monate), nach neuer Fassung nur noch für den Bezugszeitraum (max. 14 Monate), unter Berücksichtigung der weiteren Voraussetzungen im Regelfall sogar nur für 12 Monate.

2 Ziel des Gesetzgebers ist es, einem Elternteil zu ermöglichen, sich in der ersten Lebensphase des Kindes dessen Betreuung und Erziehung zu widmen.[1] Das Künd-Verbot gilt daher für alle Sachverhalte, in denen Anspruch auf Elternzeit besteht, z.B. auch für Stiefeltern und Adoptiveltern. Der besondere Künd-Schutz des § 18 dient dabei als flankierende Maßnahme. Er zielt auf die Garantie des Bestandes des Arbverh, nicht auf eine Arbeitsplatzgarantie. § 18 KSchG verhindert somit nicht eine Versetzung während eines bestehenden Teilzeit-Arbverh und er gewährt auch keine Garantie des Arbeitsplatzes für diejenigen AN, die nach der Elternzeit zu ihrem vorherigen AG zurückkehren.

3 Bei der Auslegung des Gesetzes ist zu beachten, dass bereits das BErzGG einen europarechtlichen Hintergrund hatte. Es ging zurück auf die RL 96/94/EG des Rates v. 3.7.1996.[2] Dort ist bestimmt, dass die Mitgliedsstaaten die notwendigen Maßnahmen dafür treffen müssen, „Entlassungen" zu vermeiden, die „auf einem Antrag auf Elternurlaub oder auf der Inanspruchnahme des Elternurlaubs beruhen", um sicherzustellen, dass die AN ihr Recht auf „Elternurlaub" wahrnehmen können. Dasselbe gilt für das BEEG.

B. Regelungsgehalt

4 Eine entgegen dem Künd-Verbot des § 18 ausgesprochene Künd ist gem. § 134 BGB **nichtig**. Verboten sind nach § 18 alle Künd, ordentliche und außerordentliche Beendigungs-Künd sowie Änderungs-Künd.

5 § 18 umfasst **drei selbstständige Künd-Verbote**. Abs. 1 begründet einen Künd-Schutz vom Verlangen der Elternzeit bis zu deren Ende. Abs. 2 Nr. 1 erstreckt den Künd-Schutz auf AN, die während der Elternzeit bei ihrem AG Teilzeitarbeit leisten. Abs. 2 Nr. 2 erstreckt den Künd-Schutz darüber hinaus auf alle Eltern, die „ohne Elternzeit in Anspruch zu nehmen" bei ihrem AG Teilzeitarbeit leisten und Anspruch auf Elterngeld während des Bezugszeitraums nach § 4 Abs. 1 haben.

I. Persönlicher Geltungsbereich

6 § 18 ordnet Sonder-Künd-Schutz für alle voll- und teilzeitbeschäftigten AN an. Der Künd-Schutz gilt aber auch für die in Heimarbeit und die zur Berufsausbildung Beschäftigten (§ 20).

7 Grds. genießen nur diejenigen AN Künd-Schutz, die Anspruch auf Elternzeit haben und diesen Anspruch auch geltend gemacht haben. Nur ausnahmsweise wird dieser Künd-Schutz gem. Abs. 2 auf Teilzeitbeschäftigte unter bestimmten Voraussetzungen ausgedehnt. Vollzeitbeschäftigte AN, die lediglich Anspruch auf Elternzeit hätten, diesen aber nicht geltend machen, sondern anderweitig für die Betreuung der Kinder sorgen, genießen de lege lata keinen Künd-Schutz.

8 Der noch im BErzGG enthaltene Verweis auf den Anspruch auf Elternzeit gem. § 15 als Voraussetzung des Künd-Schutzes ist im BEEG entfallen. Materielle Änderungen bewirkt dies nicht, da Grundvoraussetzung des Sonder-Künd-Schutzes nach Abs. 2 Nr. 2 ist, dass Anspruch auf Elterngeld nach § 1 während des Bezugszeitraums des § 4 Abs. 1 besteht. Dass zugleich auch der Anspruch auf Elternzeit dem Grunde nach bestehen muss, ergibt sich aus der Eingangsformulierung „ohne Elternzeit in Anspruch zu nehmen".

II. Zeitlicher Geltungsbereich

9 Der Künd-Schutz nach **Abs. 1** gilt von dem Zeitpunkt an, von dem der AN Elternzeit verlangt, höchstens jedoch acht Wochen vor Beginn der Elternzeit. Macht der betroffene AN die Elternzeit früher als acht Wochen vor ihrem Beginn geltend, greift der Künd-Schutz erst acht Wochen vor Beginn der Elternzeit. Erklärt der AG allerdings nach (frühzeitigem) Verlangen und vor Beginn des Künd-Schutzes nunmehr die Künd, ist in besonderer Weise eine möglicherweise sittenwidrige oder gegen § 612a BGB Künd zu prüfen.[3] Ein Antrag, der kürzer als acht Wochen vor dem beabsichtigten Beginn der Elternzeit erfolgt, löst mit sofortiger Wirkung den Künd-Schutz aus. Denn selbst ein mit kürzerer Frist als sieben Wochen (vgl. § 16 Abs. 1) vorlaufend gestelltes Elternzeitverlangen ist nicht unwirksam. Vielmehr beginnt die Elternzeit entgegen der Angabe des AN sieben Wochen nach Zugang der Inanspruchnahmeerklärung.[4]

10 Der Künd-Schutz nach **Abs. 2** ist in zeitlicher Hinsicht an den Künd-Schutz des § 18 gekoppelt. Lediglich können die zusätzlichen Voraussetzungen dazu führen, dass für bestimmte Zeiten kein Künd-Schutz besteht. Dies ist z.B. dann der Fall, wenn bei einer geteilten Elternzeit (vgl. § 15 Abs. 3) für 12 Monate der Vater und für weitere zwei Monate die Mutter die Elternzeit in Anspruch nimmt. Der Sonder-Künd-Schutz gilt nur, wenn Elternzeit überhaupt noch in Anspruch genommen werden kann, da ansonsten der Einleitungssatz des Abs. 2 Nr. 2 sinnlos wäre. Ist der Anspruch der jeweiligen Person erschöpft, besteht auch kein Sonder-Künd-Schutz mehr.

---

1 Vgl. BT-Drucks 10/3792, S. 20.
2 ABl EG L145 v. 19.6.1996, S. 4.
3 Vgl. BAG 17.2.1994 – 2 AZR 616/93 – AP § 622 BGB Nr. 116 = NZA 1994, 656.
4 Vgl. BAG 17.2.1994 – 2 AZR 616/93 – AP § 622 BGB Nr. 116 = NZA 1994, 656.

Der Künd-Schutz **endet** zeitgleich mit der Elternzeit. Hat der Betroffene eine Elternzeit unterhalb der maximalen Dauer nach § 15 beantragt, endet der Künd-Schutz nach Abs. 1 mit Ablauf des Tages, an dem diese Elternzeit endet. In einem solchen Fall ist ggf. ein Künd-Schutz nach Abs. 2 zu prüfen, wenn der jeweilige AN im Anschluss an die (verkürzte) Elternzeit Teilzeitarbeit leistet und die weiteren Voraussetzungen des Abs. 2 Nr. 2 vorliegen. Spätestens endet der Künd-Schutz mit Ablauf des Tages vor dem dritten Geburtstag des Kindes. 11

Anders als nach § 9 MuSchG oder auch nach § 15 Abs. 1 S. 2 KSchG gibt es nach § 18 **keinen nachwirkenden Künd-Schutz**. 12

Bei dem **Tod des Kindes** während der Elternzeit endet die Elternzeit nach § 16 Abs. 4 spätestens drei Wochen nach dem Tod des Kindes. Der Sonderkünd-Schutz endet mit der Elternzeit, spätestens also mit Ablauf dieser Drei-Wochen-Frist. 13

III. Verbotstatbestände

1. Kündigungsschutz nach § 18 Abs. 1. Abs. 1 setzt tatbestandlich voraus, dass der betroffene AN Elternzeit verlangt hat oder bereits Elternzeit nimmt. 14

Mit dem Begriff des „**Verlangens**" verweist § 18 auf § 16 Abs. 1. Entscheidend ist der Zugang des schriftlichen Verlangens bei dem AG. Vor diesem Zeitpunkt ausgesprochene Künd unterfallen nicht dem Künd-Schutz, auch dann nicht, wenn das Arbverh infolge dieser Künd zu einem Zeitpunkt beendet wird, zu dem der betroffene AN evtl. bereits in Elternzeit ist.[5] Das Bestehen der Anspruchsvoraussetzungen auf Elternzeit alleine reicht nicht aus, die Elternzeit muss vielmehr auch verlangt worden sein. Nimmt der AN – statt Elternzeit zu verlangen und in Anspruch zu nehmen – lediglich unbezahlten Sonderurlaub oder einigt sich mit seinem AG auf ein anderes Freistellungsmodell, so greift der Künd-Schutz nach § 18 nicht – auch nicht analog – ein.[6] Unerheblich ist, ob das Arbverh zum Zeitpunkt der Geburt des Kindes bereits bestand. Entscheidend ist, dass bei dem betroffenen AN Elternzeit verlangt bzw. genommen wird.[7] 15

Gem. § 18 Abs. 1 S. 2 kann eine Künd ausnahmsweise für zulässig erklärt werden (vgl. unten Rn 26). 16

2. Kündigungsschutz nach Abs. 2 Nr. 1. Künd-Schutz genießen nach Abs. 2 Nr. 1 auch diejenigen AN, die während der Elternzeit bei ihrem AG Teilzeitarbeit leisten. 17

Voraussetzung ist zunächst, dass die Teilzeitarbeit bei demjenigen AG geleistet wird, bei dem Elternzeit verlangt worden ist. Der Künd-Schutz besteht **nicht gegenüber einem anderen AG**, bei dem der AN gem. § 15 Abs. 4 Teilzeitarbeit leistet.[8] In Abs. 1 S. 1 verwendet das Gesetz den Ausdruck „der" AG, um denjenigen AG zu kennzeichnen, der den Sonder-Künd-Schutz nach § 18 zu beachten hat. Dagegen verwenden Abs. 2 Nr. 1 und 2, in denen der Sonder-Künd-Schutz für Teilzeitbeschäftigte geregelt ist, insoweit das Wort „sein" AG. Diese Abweichung im Sprachgebrauch ist nur vor dem Hintergrund verständlich, dass eine Teilzeitbeschäftigung nicht nur bei dem AG möglich ist, dem gegenüber Elternzeit in Anspruch genommen wird, sondern gem. § 3 auch mit einem anderen AG. Jener AG, zu dem während der Elternzeit mit Zustimmung des Erst-AG ein Teilzeit-Arbverh eingegangen wird, wird von § 15 Abs. 4 S. 3 als „anderer" AG bezeichnet. Indem also das Gesetz in von „seinem" AG spricht, wird eben jener „andere" AG von der Anwendung des Sonder-Künd-Schutzes ausgeschlossen.[9] 18

Die Teilzeitarbeit, die der AN leistet, muss sich im Rahmen der nach § 15 Abs. 4 **zulässigen Teilzeitarbeit** bewegen. Dies ergibt sich nicht unmittelbar aus dem Gesetzeswortlaut, jedoch aus dem systematischen Zusammenhang zwischen Abs. 2 Nr. 1 und § 15 Abs. 4. Die Teilzeitarbeit darf also 30 Wochenstunden nicht überschreiten.[10] Werden dauerhaft mehr als 30 Stunden Teilzeitarbeit geleistet, so entfällt der Künd-Schutz ersatzlos.[11] § 15 Abs. 4 S. 1 stellt allerdings auf die „**vereinbarte wöchentliche Arbeitszeit**" ab, nicht auf die tatsächlich geleistete wöchentliche Arbeitszeit. Richtigerweise sind deshalb gelegentliche Überschreitungen der zulässigen Arbeitszeit über 30 Wochenstunden hinaus im Hinblick auf den Künd-Schutz unschädlich.[12] Im Einzelfall ist jedoch darauf zu achten, ob die Arbeitszeit nur gelegentlich überschritten worden ist, oder ob es sich um eine regelmäßige Überschreitung handelt. Im letzteren Falle würde eine Umgehung des Gesetzes vorliegen. Der Künd-Schutz kann dann nicht eingreifen. 19

Der Künd-Schutz nach Abs. 2 Nr. 1 erfasst das **gesamte Arbverh** in seinem Bestand. Hierzu gehört sowohl das vorher bestehende Vollzeit-Arbverh als auch das während der Elternzeit bestehende Teilzeit-Arbverh. Die Vorschrift 20

---

5 ErfK/*Ascheid*, § 18 BEEG Rn 5.
6 KR/*Bader*, § 18 BEEG Rn 23; ErfK/*Ascheid*, § 18 BEEG Rn 9; APS/*Rolfs*, § 18 BEzGG Rn 9.
7 BAG 11.3.1999 – 2 AZR 19/98 – AP § 18 BErzGG Nr. 4 = NZA 1999, 1047.
8 Küttner/*Reinecke*, Elternzeit Rn 35; MünchArb/*Heenen*, Bd. 2, § 229 Rn 48; HWK/*Zirnbauer*, § 18 BEEG Rn 13; KR/*Bader*, § 18 BEEG Rn 17; *Pauly*/*Osnabrügge*, Teilzeitarbeit, § 7 Rn 76.
9 BAG 2.2.2006 – 2 AZR 596/04 – NZA 2006, 678.

10 KR/*Bader*, § 18 BEEG Rn 16b; HWK/*Zirnbauer*, § 18 BEEG Rn 13 MünchArb/*Heenen*, Bd. 2, § 229 Rn 48; Küttner/*Reinecke*, Elternzeit Rn 37; *Pauly*/*Osnabrügge*, Teilzeitarbeit § 7 Rn 76.
11 MünchArb/*Heenen*, Bd. 2, § 229 Rn 48; Stahlhacke/*Preis*/ *Vossen*, Rn 867.
12 Küttner/*Reinecke*, Elternzeit Rn 37; KR/*Bader*, § 18 BEEG Rn 16b; KDZ/*Zwanziger*/*Däubler*, § 18 BEEG Rn 11.

soll die Vereinbarkeit von Familie und Beruf erleichtern und dem Planungssicherheit schaffen. Hierzu gehört auch, dass der AN bestimmen können soll, ob er sich ganz der Erziehung widmen oder eine Teilzeitarbeit leisten möchte. Dem korrespondiert der Anspruch auf Teilzeitarbeit nach § 15 Abs. 7. Hat der AN sich entschieden, Teilzeitarbeit zu leisten, so erstreckt der Künd-Schutz sich auch auf dieses Teilzeit-Arbverh. Die Vereinbarung einer Teilkünd-Möglichkeit unterläuft deshalb den gesetzlichen Künd-Schutz, der insofern aber für den AN nicht disponibel ist. Eine entsprechende Vereinbarung ist somit unzulässig.[13]

21 **3. Sonderkündigungsschutz nach Abs. 2 Nr. 2.** Abs. 2 Nr. 2 erweitert den Künd-Schutz auf solche Teilzeitbeschäftigten, die, ohne Elternzeit in Anspruch zu nehmen, Teilzeitarbeit leisten. Der Künd-Schutz besteht hiernach unter den folgenden Bedingungen:
- der AN befindet sich in Teilzeitbeschäftigung,
- der AN nimmt keine Elternzeit in Anspruch, hat hierauf jedoch grds. nach § 15 einen Anspruch,
- der AN hat Anspruch auf Elterngeld nach § 1 während des Bezugszeitraums nach § 4 Abs. 1.

Erste Voraussetzung ist, dass der AN sich zum Zeitpunkt der Künd **in Teilzeit** befindet. Ursprünglich war seitens des Gesetzgebers lediglich beabsichtigt, AN, die sich bereits in einer Teilzeitarbeit von maximal 30 Stunden befinden, nicht schlechter zu stellen als solche, die sich in Vollzeit befinden und nun im Rahmen der Elternzeit in Anspruch nehmen.[14] Nach der diese Ansicht erweiternden Rspr. des BAG ist es aber unerheblich, ob das Teilzeit-Arbverh bereits bei Geburt des Kindes bestand oder erst später begründet wurde.[15] Da anders als in den Fällen des Abs. 2 Nr. 1 der betroffene AN keine Elternzeit genommen haben muss bzw. eine solche verlangt haben muss, kommt es auch nicht darauf an, bei welchem AG der betroffene AN zum Zeitpunkt der Beurteilung des Künd-Schutzes arbeitet.[16] Allerdings greift dann der Künd-Schutz nur, wenn es sich bei dem ausgeübten Teilzeit-Arbverh um das einzige Arbverh handelt. Auch Abs. 2 Nr. 2 gewährt keinen Künd-Schutz in einem während einer in einem anderen Arbverh bereits in Anspruch genommenen Elternzeit. Bei der ausgeübten Teilzeitarbeit muss es sich aber um eine **zulässige Teilzeitarbeit** nach § 15 handeln. Dies bedeutet, dass jegliche Teilzeitarbeit jenseits der Grenze von 30 Wochenstunden den Sonderkünd-Schutz sperrt. Dies ist verfassungsrechtlich im Hinblick auf den Gleichbehandlungsgrundsatz nicht zu rechtfertigen (vgl. unten Rn 26).[17]

22 Der AN darf sich **nicht in Elternzeit** befinden, denn ansonsten griffe bereits der Sonderkünd-Schutz nach Abs. 2 Nr. 1. Jedoch muss der AN grds. Anspruch auf Elternzeit nach § 15 haben. Dies ergibt sich aus dem Satzanfang „ohne Elternzeit in Anspruch zu nehmen". Da der Gesetzgeber ausschließlich auf den Anspruch als solchen abstellt, kommt es nicht darauf an, zu welchem Zeitpunkt der betroffene AN das erste Mal den Anspruch hätte anmelden können. Die Sieben-Wochen-Frist des § 15 hat also für den Sonderkünd-Schutz nach Abs. 2 Nr. 2 keine Bedeutung. Zeitlich besteht das Sonder-Künd-Recht ohnehin erst ab der Geburt des Kindes, da erst mit der Geburt der Anspruch auf Elterngeld erwächst.

23 Da der betroffene AN keine Elternzeit in Anspruch zu nehmen braucht, hindert die **Unkenntnis des AG** von den den Sonder-Künd-Schutz begründenden Tatsachen diesen Sonder-Künd-Schutz nicht. Dies führt zu der Problematik, dass die Künd für den AG mit erheblicher Rechtsunsicherheit behaftet ist. Dies wird in der Lit. zu recht dadurch aufgelöst, dass dem AN Fristen zur Mitteilung des Sonderkünd-Schutzes nach Zugang der Künd auferlegt werden. Diskutiert werden die analoge Anwendung des § 9 Abs. 1 MuSchG (Zwei-Wochen-Frist) oder die analoge Anwendung der zu §§ 85 ff. SGB IX entwickelten Rechtsgrundsätze (drei Wochen/ein Monat).[18] Wegen der Sachnähe ist die analoge Anwendung des § 9 Abs. 1 MuSchG vorzuziehen.[19] Der AN muss sich also **innerhalb von zwei Wochen nach Künd-Zugang auf den Sonder-Künd-Schutz berufen** und die maßgeblichen Tatsachen mitteilen. Unterlässt der AN die Mitteilung, verliert er den Künd-Schutz endgültig. In dieser Situation hilft dann auch nicht § 4 S. 4 KSchG, denn eine Entscheidung der zuständigen Behörde war gar nicht erforderlich und konnte daher auch nicht bekannt gegeben werden.[20]

24 Der AN muss, um in den Genuss des Künd-Schutzes zu gelangen, schließlich **Anspruch auf Elterngeld** nach § 1 **während des Bezugszeitraums** nach § 4 Abs. 1 haben. Der Bezug von Landeserziehungsgeldern oder der Anspruch hierauf reicht nicht aus, um den Künd-Schutz zu begründen.[21] Konsequenz der Verbindung mit dem Anspruch auf Elterngeld und dessen Bezugszeitraum ist es, dass der Sonder-Künd-Schutz nach Abs. 2 Nr. 2 längstens bis zur Vollendung des 14. Lebensmonats des Kindes besteht. Bei angenommenen Kindern und Kindern i.S.d. § 1 Abs. 3 Nr. 1 gilt eine Sonderregel: Für sie kann Elterngeld für 14 Monate, längstens bis zur Vollendung des achten Lebensjahres

---

13 KR/*Bader*, § 18 BEEG Rn 18; MünchArb/*Heenen*, Bd. 2, § 229 Rn 48; a.A. *Sowka*, NZA 1998, 347, 349; *Köster/Schiefer/Überacker*, DB 1994, 2341.
14 BT-Drucks 10/4212, S. 6.
15 Vgl. BAG 27.3.2003 – 2 AZR 637/01 – juris.
16 LAG Düsseldorf 2.7.1999 – 14 Sa 487/99 – NZA-RR 2000, 232.
17 MünchArb/*Heenen*, Bd. 2, § 229 Rn 48; HWK/*Zirnbauer*, § 18 BEEG Rn 14.
18 Vgl. Schaub/*Linck*, ArbR-HdB, § 102 Rn 200; vgl. BAG 12.1.2006 – 2 AZR 539/05, NZA 2006, 1035.
19 So auch Schaub/*Linck*, ArbR-HdB, § 102 Rn 200; ErfK/*Ascheid*, § 18 BEEG Rn 8; KR/*Bader*, § 18 BEEG Rn 20.
20 Vgl. BAG 13.2.2008 – 2 AZR 864/06 – NZA 2008, 1055.
21 Wie hier: *Buchner/Becker*, § 18 BEEG Rn 37.

des Kindes bezogen werden. Die Dauer des Sonder-Künd-Schutzes weicht damit ohne ersichtlichen Grund von der des Abs. 2 Nr. 1 und der des Abs. 1 ab.

Der Künd-Schutz nach Abs. 2 Nr. 2 ist grds. unabhängig davon, ob sich der andere Elternteil in Elternzeit befindet oder nicht.[22] Nach § 15 Abs. 3 kann die Elternzeit grds. auch gemeinsam von beiden Eltern zur gleichen Zeit genommen werden. Auch das Elterngeld kann nach § 4 Abs. 2 von beiden Elternteilen gleichzeitig bezogen werden, wenn auch mit der Begrenzung des § 4 Abs. 3. Betreut also ein Elternteil das Kind ohne Erwerbstätigkeit und befindet sich der andere Elternteil in Teilzeit unter 30 Stunden, **genießt auch dieser Elternteil Künd-Schutz** nach Abs. 2 Nr. 2, da alle Tatbestandsvoraussetzungen erfüllt sind und dieser Elternteil grds. Elternzeit in Anspruch nehmen könnte. Hat ein Elternteil 12 Monate alleine das Kind betreut und Elterngeld bezogen und kehrt dann an die Arbeitsstelle zurück, während nun der andere Elternteil für weitere zwei Monate Elterngeld beansprucht, besteht für das erste Elternteil allerdings kein Künd-Schutz mehr. Denn nach § 4 Abs. 3 S. 1 liegen in der Person dieses Elternteils die Anspruchsvoraussetzungen für Elterngeld wegen Ausschöpfung der 12 Monate nicht mehr vor.

Bereits gegen die Vorgängerregelung des § 18 Abs. 2 Nr. 2 BErzGG wurden im Hinblick auf die willkürliche Ungleichbehandlung an sich gleicher Sachverhalte verfassungsrechtliche Bedenken erhoben.[23] Diese Bedenken knüpfen zum einen daran an, dass der Sonderkünd-Schutz ausschließlich auf diejenigen AN erstreckt wird, die Teilzeitarbeit im maximalen Umfang von 30 Stunden leisten. Eine sachliche Rechtfertigung für die Besserstellung einer Mutter, die 30 Wochenstunden arbeitet gegenüber einer Mutter, die 35 Wochenstunden arbeitet, ist nicht ersichtlich.[24] Weiterhin ist kein sachlicher Grund dafür ersichtlich, den Sonderkünd-Schutz nach Abs. 2 Nr. 2 auf einen anderen Zeitraum zu erstrecken als den Sonderkünd-Schutz nach Abs. 1 und Abs. 2 Nr. 1. Ungeachtet der Bedenken ist eine entgegen dem Sonderkünd-Schutz ausgesprochene Künd allerdings de lege lata nichtig.

4. Zulassung von Kündigungen in besonderen Fällen. In besonderen Fällen kann ausnahmsweise eine Künd durch die für den Arbeitsschutz zuständige oberste Landsbehörde oder die von ihr bestimmte Stelle für zulässig erklärt werden, obwohl grds. ein Künd-Schutz nach Abs. 1 S. 2 und 3 besteht.

Ob ein besonderer Fall vorliegt, entscheidet die Behörde nach pflichtgemäßem Ermessen nach Anhörung des AN. Die Behörde entscheidet nach der zugrunde liegenden Verwaltungsvorschrift,[25] die nach Inkrafttreten des BEEG mit Stand 3.1.2007 neu gefasst worden ist.

Aus Ziff. 2 der Verwaltungsvorschrift ergibt sich, wann ein **besonderer Fall** vorliegt. Hiernach liegt ein besonderer Fall insb. dann vor, wenn:

– der Betrieb, in dem der AN beschäftigt ist, stillgelegt wird oder der AN nicht in einem anderen Betrieb des Unternehmens weiterbeschäftigt werden kann,
– die Betriebsabteilung, in der der AN beschäftigt ist, stillgelegt wird und der AN nicht in einer anderen Betriebsabteilung des Betriebes oder in einem anderen Betrieb des Unternehmens weiterbeschäftigt werden kann,
– der Betrieb oder die Betriebsabteilung, in denen der AN beschäftigt ist, verlagert wird und der AN an dem neuen Sitz des Betriebes oder der Betriebsabteilung und auch in einer anderen Betriebsabteilung oder in einem anderen Betrieb des Unternehmens nicht weiterbeschäftigt werden kann,
– der AN in den Fällen der Nr. 1 bis 3 eine ihm vom AG angebotene, zumutbare Weiterbeschäftigung auf einem anderen Arbeitsplatz ablehnt,
– durch die Aufrechterhaltung des Arbverh nach Beendigung der Elternzeit die Existenz des Betriebes oder die wirtschaftliche Existenz des AG gefährdet wird,
– besonders schwere Verstöße des AN gegen arbeitsvertragliche Pflichten oder vorsätzliche strafbare Handlungen des AN dem AG die Aufrechterhaltung des Arbeitsverhältnisses unzumutbar machen.

Ein besonderer Fall ist gem. Ziffer 2.2 der Verwaltungsanordnung auch dann gegeben, wenn der AG durch die Aufrechterhaltung des Arbverh nach Beendigung der Elternzeit unbillig in die Nähe einer Existenzgefährdung kommt. Dies ist insb. dann der Fall, wenn der AN in einem Betrieb mit i.d.R. fünf oder weniger AN ausschließlich der zu ihrer Berufsbildung Beschäftigten beschäftigt ist und der AG zur Fortführung des Betriebs dringend auf eine entsprechend qualifizierte Ersatzkraft angewiesen ist, die er nur einstellen kann, wenn er mit ihr einen unbefristeten Arbeitsvertrag abschließt, oder der AG wegen der Aufrechterhaltung des Arbverh nach Beendigung der Elternzeit keine entsprechend qualifizierte Ersatzkraft für einen nur befristeten Arbeitsvertrag findet und deshalb mehrere Arbeitsplätze wegfallen müssten.

Der wohl praxisrelevanteste Fall der Zulässigkeitserklärung ist die **vollständige Betriebsstilllegung**. Die Stilllegung eines Betriebes kennzeichnet in aller Regel eine Lage, in dem das Interesse des AG an der Auflösung des Arbverh

---

22 Unklar und mit dem Wortlaut des Abs. 2 Nr. 2 insoweit nicht vereinbar sind die Verlautbarungen des BMFSFJ in der Broschüre „Elterngeld und Elternzeit", S. 67, abrufbar unter http://www.bmfsfj.de: „Kündigungsschutz nur für den Elternteil, der sich gerade in Elternzeit befindet".

23 Vgl. MünchArb/*Heenen*, Bd. 2, § 229 Rn 48.

24 Vgl. MünchArb/*Heenen*, Bd. 2, § 229 Rn 48; *Sowka*, NZA 2001, 1185, 1190 f.

25 Allg. Verwaltungsvorschrift zum Künd-Schutz bei Elternzeit v. 3.1.2007, BAnz Nr. 5 v. 9.1.2007, S. 247.

Vorrang vor dem Interesse der AN an der Erhaltung ihres Arbeitsplatzes gebührt.[26] Für eine soziale Auslauffrist bis zum Ende der Elternzeit gibt es keine gesetzliche Grundlage.[27] Im Übrigen können nur die Gerichte der Arbeitsgerichtsbarkeit verbindlich feststellen, ob ein Betrieb stillgelegt worden oder auf einen anderen Inhaber gemäß § 613a BGB übergangen ist. Ist streitig, ob ein Betrieb stillgelegt worden oder auf einen anderen Inhaber übergangen ist, darf die zuständige Behörde die Zulässigkeitserklärung nicht mit der Begründung verweigern, der Betrieb sei von einem anderen Inhaber übernommen worden.[28]

31 Der AG hat die Zulässigkeit der Künd schriftlich bei der für den Sitz des Betriebs oder der Dienststelle zuständigen Behörde zu beantragen. Liegen die Voraussetzungen des besonderen Falles vor, so entscheidet die Behörde nach freiem **Ermessen**, ob das Interesse des AG an einer Künd während der Elternzeit so erheblich überwiegt, dass ausnahmsweise die vom AG beabsichtigte Künd für zulässig zu erklären ist. Die Entscheidung ist in schriftlicher Form dem AG und dem AN zuzustellen. Dem BR oder PR wird eine Abschrift übersandt. Da es sich bei der Entscheidung der Behörde um einen VA handelt, ist gegen diesen VA der Rechtsbehelf des **Widerspruchs** gegeben. Dieser ist gem. den Vorgaben der §§ 68 ff. VwGO zu erheben. Bedenken gegen eine bestandskräftige Zulässigkeitserklärung können – soweit eine Nichtigkeit des Bescheids nicht in Betracht kommt – nur in einem Widerspruchsverfahren und gegebenenfalls im Verfahren vor den Verwaltungsgerichten nachgeprüft werden. An den **bestandskräftigen VA** sind die ArbG **gebunden**.[29] Das Gesetz enthält keine Aussagen dazu, wie nach Zugang der Zustimmung der Behörde zu einer ordentlichen Künd zu verfahren ist, insbesondere dazu, ob die Künd innerhalb einer bestimmten Frist auszusprechen ist. Da aber einerseits stets der Eintritt neuer Tatsachen droht, die eine erneute Betriebsratsanhörung erforderlich machen können und andererseits nicht auszuschließen ist, dass hiermit befasste Gerichte § 88 Abs. 3 SGB IX oder gar § 91 SGB IX entsprechend heranziehen, sollte die Künd unverzüglich nach Bekanntgabe der behördlichen Entscheidung ausgesprochen werden, spätestens aber innerhalb eines Monats.

32 Möchte der AG die Künd auf einen Künd-Grund stützen, der eine **außerordentliche Künd** rechtfertigt (z.B. besonders schwere Verstöße des AN gegen arbeitsvertragliche Pflichten oder vorsätzlich strafbare Handlungen), so muss er die Zwei-Wochen-Frist des § 625 BGB wahren, was bedeutet, dass der **Antrag** bei der Behörde **innerhalb dieser Frist eingehen muss**.[30] Die allg. Verwaltungsvorschriften zum Künd-Schutz bei Erziehungsurlaub enthalten keine Bestimmungen dazu, wie der AG dann nach Zugang einer zustimmenden Entscheidung zu verfahren hat. Insb. sieht das Gesetz ausdr. keine dem § 91 SGB IX korrespondierende Vorschrift vor. Die Rspr. tendiert allerdings dazu, § 91 SGB IX analog anzuwenden.[31] Danach muss die Kündigung in diesem Fall **unverzüglich nach Bekanntgabe der Entscheidung** der Behörde ausgesprochen werden.

33 Das Vorliegen der Zustimmung der Behörde ist Voraussetzung für den Ausspruch der Künd. Eine zuvor ausgesprochene Künd ist unheilbar nichtig. Allerdings braucht die Zustimmung auch nicht rechtskräftig zu sein. Der AG kann also unmittelbar **nach Zustellung der Zustimmung** die Künd aussprechen. Wird allerdings im Rechtsmittelverfahren der Verwaltungsakt aufgehoben, so wird die zunächst schwebend unwirksame Künd unwirksam.[32]

34 Für die Entscheidungen über einen besonderen Fall sind die folgenden Behörden zuständig:[33]

Baden Württemberg	Regierungspräsidien
Bayern	Gewerbeaufsichtsämter der Bezirke
Berlin	Landesamt für Arbeitsschutz und technische Sicherheit
Brandenburg	Landesamt für Arbeitsschutz
Bremen	Gewerbeaufsichtsämter
Hamburg	Behörde für Soziales, Familie, Gesundheit und Verbraucherschutz; Amt für Gesundheit und Verbraucherschutz
Hessen	Regierungspräsidien

---

26 BVerwG 18.8.1977 – V C 8.77 – AP § 9 MuSchG Nr. 5; BAG 20.1.2005 – 2 AZR 500/03 – NZA 2005, 687; OVG NRW 21.3.2000 – 22 A 5137/99 – AP § 18 BErzGG Nr. 5.

27 BAG 20.1.2005 – 2 AZR 500/03 – NZA 2005, 687.

28 OVG NRW 21.3.2000 – 22 A 5137/99 – AP Nr. 5 zu § 18 BErzGG.

29 BAG 20.1.2005 – 2 AZR 500/03 – NZA 2005, 687.

30 HWK/*Zirnbauer*, § 18 BEEG Rn 27; vgl. auch LAG Köln 21.1.2000 – 11 Sa 1195/99 – NZA-RR 2001, 303.

31 Vgl. LAG Köln 21.1.2000 – 11 Sa 1195/99 – NZA-RR 2001, 303.

32 Vgl. Schaub/*Linck*, ArbR-HdB, § 102 Rn 205; MünchArb/*Heenen*, Bd. 2, § 229 Rn 54.

33 Eine aktuelle Liste der zuständigen Behörden einschließlich der Adressen stellt das Bundesministerium für Familie, Senioren, Frauen und Jugend unter der Internetadresse http://www.bmfsfj.bund.de/zur Verfügung.

Mecklenburg Vorpommern	Landesamt für Gesundheit und Soziales, Abt. Arbeitsschutz
Niedersachsen	Gewerbeaufsichtsämter
Nordrhein-Westfalen	Bezirksregierungen
Rheinland Pfalz	Struktur- und Genehmigungsdirektion
Saarland	Landesamt für Umwelt- und Arbeitsschutz
Sachsen	Regierungspräsidien Abteilung Arbeitsschutz
Sachsen-Anhalt	Landesamt für Verbraucherschutz Gewerbeaufsicht
Schleswig Holstein	Landsamt für Gesundheit und Arbeitssicherheit
Thüringen	Thüringer Landesbetrieb für Arbeitsschutz und technischen Verbraucherschutz

C. Verbindung zu anderen Rechtsgebieten und zum Prozessrecht

Die **Darlegungs- und Beweislast** für alle Voraussetzungen des Künd-Schutzes trägt der AN. Demgemäß muss der AN, der sich auf den Künd-Schutz des Abs. 2 Nr. 2 berufen möchte, z.B. darlegen, dass die Teilzeitarbeit 30 Stunden nicht überschreitet. Verbleiben Zweifel am Vorliegen der Voraussetzungen, ist der Künd-Schutz zu Lasten des AN nicht gegeben. 35

Der AG hat die Voraussetzungen für das ausnahmsweise Nichteingreifen des Künd-Schutzes darzulegen und zu beweisen. 36

Bestehende **Befristungen** werden durch § 18 nicht betroffen. Endet also ein Arbverh aufgrund ordnungsgemäßer Befristung, so kann der betroffene AN sich nicht auf den Sonder-Künd-Schutz nach § 18 berufen. 37

Die **Klagefrist** des betroffenen AN beträgt gem. §§ 13, 4 KSchG grds. drei Wochen, auch wenn er sich auf den Sonderkünd-Schutz berufen möchte. Allerdings ist zu beachten, dass die Frist wegen § 4 S. 4 KSchG nicht zu laufen beginnt, wenn der AG die behördliche Zustimmung nicht beantragt hatte, obwohl ihm der Sonder-Künd–Schutz bekannt war. Die Frist beginnt in einem solchen Fall erst mit der Bekanntgabe der Entscheidung der Behörde an den AN. Unter „Bekanntgabe" ist die förmliche Zustellung zu verstehen. 38

Der besondere Künd-Schutz nach § 18 tritt neben jeden sonstigen besonderen Künd-Schutz. Sind nach den **weiteren Künd-Schutzbestimmungen** weitere Zulässigkeitserklärungen erforderlich, so z.B. nach § 9 MuSchG oder nach dem SGB IX, so bedarf der AG jeder Zustimmung gesondert. 39

§ 18 findet auch in der **Insolvenz** des AG Anwendung. § 113 S. 1 InsO hat keine Auswirkungen, da es sich nicht um ein „vereinbartes" Künd-Verbot handelt, sondern um ein gesetzliches. 40

D. Beraterhinweise

Der den AN beratende Anwalt sollte sorgfältig feststellen, ob bei seinem Mandanten die Voraussetzungen des Abs. 2 Nr. 2 vorliegen und ob der AG dies wusste oder das Risiko der Unkenntnis besteht. Künd-Schutz kommt schon dann in Betracht, wenn der AN Vater eines weniger als 14 Monate alten Kindes ist und die weiteren Voraussetzungen des Anspruchs auf Elterngeld vorliegen. Besteht auch nur der geringste Zweifel, dass der AG von dem Sonder-Künd-Schutz wusste, was in den Fällen des Abs. 2 Nr. 2 nie auszuschließen ist, muss unbedingt geraten werden, dem AG auf eine arbeitgeberseitige Künd innerhalb von zwei Wochen mitzuteilen, dass die Voraussetzungen des § 18 Abs. 2 Nr. 2 vorliegen. Nicht ausreichend ist die fristgemäße Erhebung einer Künd-Schutzklage nach Ablauf der Zwei-Wochen-Frist. 41

Trotz der Vorschrift des § 4 S. 4 KSchG muss der AN in diesem Fall fristgemäß Künd-Schutzklage erheben, um die Klagefrist zu wahren. Denn hatte der AG keine Kenntnis vom Sonder-Künd-Schutz, greift die Regelung des § 4 S. 4 KSchG nicht ein, so dass mit Ablauf der Klagefrist der eigentlich gegebene Nichtigkeitsgrund geheilt ist.[34] 42

Dem AG ist dringend zu raten, im Falle der Einholung der Zustimmung gem. Abs. 1 S. 2 gleichzeitig die **Frist des § 626 Abs. 2 BGB** zu wahren. 43

---

34 BAG 13.2.2008 – 2 AZR 864/06 – NZA 2008, 1055.

44 Nach Zustellung der zustimmenden Entscheidung sollte der AG zur Vermeidung von Rechtsnachteilen die Künd innerhalb einer Frist von einem Monat nach Zustellung der Entscheidung an den AG auszusprechen. Auch wenn das BEEG keine solche Frist kennt, ist nicht auszuschließen, dass hiermit befasste Gerichte § 88 Abs. 3 SGB IX entsprechend heranziehen.

§ 19 Kündigung zum Ende der Elternzeit

Der Arbeitnehmer oder die Arbeitnehmerin kann das Arbeitsverhältnis zum Ende der Elternzeit nur unter Einhaltung einer Kündigungsfrist von drei Monaten kündigen.

A. Allgemeines ... 1	IV. Rechtsfolge der Kündigung ... 15
B. Regelungsgehalt ... 5	C. Verhältnis zu anderen
I. Persönlicher Anwendungsbereich ... 5	Beendigungstatbeständen ... 18
II. Zeitpunkt und Frist ... 7	D. Beraterhinweise ... 23
III. Form und Inhalt ... 14	

A. Allgemeines

1 § 19 geht in seiner aktuellen Fassung im Wesentlichen auf die Neuregelung des Jahres 1989 durch das Gesetz zur Änderung des Erziehungsgeldgesetzes und anderer Vorschriften v. 30.6.1989 zurück.[1] Nachfolgend wurde das Gesetz nur noch in redaktioneller Hinsicht geändert, und zwar im Hinblick auf den Wegfall des Anspruchs auf Erziehungsgeld als Anspruchsvoraussetzung für den früheren Erziehungsurlaub sowie im Hinblick auf die begriffliche Änderung des „Erziehungsurlaubs" in den Begriff „Elternzeit". Die Eingliederung in das BEEG zum 1.1.2007 hat keine Änderung gebracht.

2 Die Vorschrift bezweckt, es den Elternzeitberechtigten zu ermöglichen, im Interesse der Kindesbetreuung und -erziehung das Arbverh zum Ende der Elternzeit zu beenden, um nicht für die Dauer der verbleibenden Künd-Frist an den Arbeitsplatz zu Lasten der Kinderbetreuung zurückkehren zu müssen. Zugunsten des AG schafft § 19 Planungssicherheit, da die Künd-Frist unabhängig von der ansonsten geltenden vertraglichen oder gesetzlichen Künd-Frist auf drei Monate festgelegt wird. Die Vorschrift hat somit einen zweigeteilten Schutzzweck.[2]

3 Die Schutzwirkung zugunsten des AG ist jedoch umstr. Konkret geht es um die Frage, inwieweit § 19 eine **Mindest-Künd**-Frist auch zugunsten des AG enthält. Kann der AN bei Geltung einer vertraglichen Künd-Frist von nur einem Monat mit dieser Künd-Frist das Arbverh zum Ende der Elternzeit beenden? Nach ganz h. und zutreffender Meinung ist eine Künd „zum Ende der Elternzeit" nur unter Wahrung der Frist des § 19 möglich ist.[3] Es handelt sich also um eine Mindest-Künd-Frist. Die Gegenansicht möchte hingegen die Frist des § 19 nur auf eine ausdr. auf diese Vorschrift gestützte Sonder-Künd anwenden.[4] Gegen diese Ansicht spricht indes der ausdrückliche Wortlaut, wonach der AN die Künd zum Ende der Elternzeit „nur" mit der dortigen Frist aussprechen kann. Begreift man als Gesetzeszweck zugleich auch, dem AG Plansicherheit zu gewähren, so spricht auch dies für eine Mindest-Künd-Frist.

4 Die Künd des AN mit der anwendbaren vertraglichen/tariflichen oder gesetzlichen Künd-Frist zu einem anderen Zeitpunkt als „dem Ende der Elternzeit" bleibt hingegen vorbehalten.[5] Ob dies zu einer faktischen Aufweichung des § 19 führt,[6] kann dahinstehen, da der Wortlaut des § 19 keinerlei Anhaltspunkte dafür enthält, zusätzlich auch ein Künd-Verbot zu anderen Terminen als dem Ende der Elternzeit aufstellen zu wollen. Wollte der Gesetzgeber dies (was vernünftig wäre) regeln, so müsste er eine ausdrückliche Regelung hierzu treffen. Da die Elternzeit i.d.R. mit Vollendung des dritten Lebensjahres des Kindes endet und dies nur selten zum Ende eines Kalendermonats sein wird, enthält § 19 also ein zusätzlich zu den ansonsten bestehenden Künd-Möglichkeiten bestehendes **fristgebundenes Sonder-Künd-Recht**.

---

1 BGBl I S. 1279.
2 Vgl. APS/*Rolfs*, § 19 BErzGG Rn 1; MünchArb/*Heenen*, Bd. 2, § 229 Rn 33; *Stahlhacke/Preis/Vossen*, § 3 Rn 1452; KR/*Bader*, § 19 BEEG Rn 3.
3 APS/*Rolfs*, § 19 BErzGG Rn 23, ErfK/*Ascheid*, § 19 BEEG Rn 3; KR/*Bader*, § 19 BEEG Rn 4 a; KDZ/*Zwanziger/Däubler*, § 19 BEEG Rn 20a.
4 *Köster/Schiefer/Überacker*, DB 1992, Beil. 10 S. 7 f.
5 KDZ/*Zwanziger/Däubler*, § 19 BEEG Rn 5; KR/*Bader*, § 19 BEEG Rn 4a.
6 So KR/*Bader*, § 19 BEEG Rn 4 a.

B. Regelungsgehalt
I. Persönlicher Anwendungsbereich

Das fristgebundene Sonderkünd-Recht nach § 19 steht jedem AN zu, der gem. § 15 Elternzeit tatsächlich in Anspruch nimmt. Entscheidend ist das wirksame Verlangen nach § 16 bei Vorliegen aller Anspruchsvoraussetzungen zum Zeitpunkt dieses Verlangens.

Da § 19 auf „das Ende der Elternzeit" abstellt, steht das Sonderkünd-Recht auch denjenigen AN zu, die während der Elternzeit (ohne diese zu beenden) Teilzeit bei ihrem AG leisten (§ 18 Abs. 2 Nr. 1).[7] AN, die keine Elternzeit in Anspruch nehmen, steht das Sonder-Künd-Recht des § 19 nicht zu. Dies gilt nach dem eindeutigen Wortlaut der Vorschrift selbstverständlich auch für AN, die Teilzeit leisten, ohne Elternzeit in Anspruch zu nehmen, § 18 Abs. 2 Nr. 2. Eine **analoge Anwendung** des § 19 auf solche Teilzeit-AN wird zwar diskutiert,[8] ist jedoch abzulehnen. § 19 enthält eine Ausnahmevorschrift, die grds. eng auszulegen ist. Auch der Schutzzweck des § 19 gebietet keine analoge Anwendung, da die Situation bei einem Teilzeit-AN, der sich nicht in Elternzeit befindet, weder für den AN noch für den AG vergleichbar ist.

II. Zeitpunkt und Frist

Das Sonder-Künd-Recht kann erstmals mit Geltendmachung des Anspruchs auf Elternzeit ausgeübt werden. Da der AG keine Gegenrechte zur Inanspruchnahme der Elternzeit hat, reicht der Zugang des wirksamen Verlangens bei dem AG.

Letztmalig kann das Sonder-Künd-Recht drei Monate und einen Tag vor dem Ende der Elternzeit ausgeübt werden, d.h. in aller Regel drei Monate und einen Tag vor Vollendung des dritten Lebensjahres des Kindes. Endet die Elternzeit nach Wunsch des Elternzeitberechtigten vor Vollendung des dritten Lebensjahres des Kindes, kann auch das Sonderkünd-Recht letztmalig zu diesem Ende der Elternzeit ausgeübt werden.

Bei der Drei-Monats-Frist handelt es sich um eine **rücklaufende Frist**, bei der nicht wie im Normalfall des § 187 BGB der Beginn festgelegt ist, sondern der Endzeitpunkt (das „Ende der Elternzeit"). In einem solchen Fall sind die Bestimmungen der §§ 187 ff. BGB analog anzuwenden.[9] Für den **Fristbeginn** ist der Zeitpunkt entscheidend, zu dem die Elternzeit endet, z.B. die Vollendung des dritten Lebensjahres des Kindes. Da die Frist rücklaufend ist, muss § 187 Abs. 2 BGB entsprechend angewandt werden. Für den Anfang der (rücklaufenden) Frist ist nämlich das Ende eines Tages, z.B. die Vollendung des dritten Lebensjahres des Kindes, maßgeblich. Dieser Tag wird bei der Berechung der rücklaufenden Frist mitgerechnet, da er – wie dies bei § 187 Abs. 2 BGB regelmäßig der Fall ist – in die Frist hineinfällt.

Für das **Fristende** der rücklaufenden Frist, also die Festlegung des spätesten Zeitpunkts der Ausübung des Künd-Rechts, ist § 188 Abs. 2 Hs. 2 BGB anwendbar. Die rücklaufende Frist endet mit dem Ablauf desjenigen Tages, welcher dem Tag um drei Monate vorhergeht, der durch seine Benennung oder seine Zahl dem Anfangstag der Frist entspricht.

Beispiel: Ein AN nimmt seine Elternzeit nach § 15 Abs. 2 in vollem Umfang in Anspruch, so dass diese mit der Vollendung des dritten Lebensjahres des Kindes endet. Ist das Kind am 18.7.2004 geboren, so wird es mit Ablauf des 17.7.2007 das dritte Lebensjahr vollenden. Demgemäß endet die Elternzeit am 17.7.2007 um 24.00 Uhr. Die rücklaufende Frist beginnt gem. § 187 Abs. 2 BGB analog am 17.7.2007, der bei der Berechnung der rücklaufenden Frist mitgerechnet wird. Diese rücklaufende Frist endet gem. § 188 Abs. 2 Hs. 2 BGB mit Ablauf desjenigen Tages, der dem 17.7.2007 um drei Monate vorhergeht, also mit Ablauf des 16.4.2007. Folglich muss die Künd dem AG zur Wahrung der Frist des § 19 spätestens am 16.4.2007 um 24.00 Uhr zugegangen sein. Anders als bei der Gegenansicht[10] wird so erreicht, dass die Dauer der Frist tatsächlich drei Monate beträgt und nicht etwa (wie bei den Berechnungsbeispielen der Gegenansicht) nur drei Monate abzgl. 24 Stunden. Die Besonderheit resultiert daraus, dass es sich um eine rücklaufende Frist handelt und §§ 187, 188 BGB auch „rückwärts gewandt" anzuwenden sind.

Schöpft der Elternteil die maximale Dauer der Elternzeit nicht aus, so ist für das Ende des Arbverh bei Ausübung des Künd-Rechts nach § 19 das tatsächliche Ende der Elternzeit maßgeblich. Denn § 19 stellt auf das Ende der Elternzeit ab, nicht auf das Ende der Anspruchsdauer.

Wahrt die durch den AN ausgesprochene Künd die nach § 19 zu wahrende Frist nicht, so gilt die Künd nach § 140 BGB als auf den nächstmöglichen Zeitpunkt und Termin ausgesprochen, unter Wahrung der vertraglichen/tarifvertraglichen/gesetzlichen Künd-Fristen also i.d.R. zum nächsten Monatsende nach Ablauf der Elternzeit.

---

7 KR/*Bader*, § 19 BEEG Rn 6; ErfK/*Ascheid*, § 19 BEEG Rn 2.
8 Vgl. KR/*Bader*, § 19 BEEG Rn 7, aber ebenfalls ablehnend.
9 Palandt/*Heinrichs*, § 187 Rn 4; Annuß/Thüsing/*Mengel*, § 8 TzBfG Rn 38; *Pauly/Osnabrügge*, Teilzeitarbeit, § 12 Rn 26 ff.
10 KR/*Bader*, § 19 BEEG Rn 10; APS/*Rolfs*, § 19 BErzGG Rn 7.

12 Als problematisch kann sich der Fall erweisen, dass nach Zugang der Künd die Elternzeit **vorzeitig endet**, z.B. beim Tod des Kindes. Ist die Künd „zum Ende der Elternzeit" ausgesprochen worden, so muss durch Auslegung ermittelt werden, ob der AN zum vorgesehenen Ende der Elternzeit oder auch zum vorzeitigen Ende der Elternzeit kündigen wollte.[11]

13 Ist infolge einer vorzeitigen Beendigung der Elternzeit, z.B. durch den Tod des Kindes, die Künd-Frist des § 19 nicht mehr zu wahren, so erlischt das Sonderkünd-Recht.[12] Der AN kann in einem solchen Fall das Arbverh zu den ordentlich bestehenden Künd-Fristen beenden. Das Bestehen eines außerordentlichen Künd-Rechtes als Ersatz des erloschenen ordentlichen Künd-Rechtes nach § 19 ist hingegen abzulehnen.

III. Form und Inhalt

14 Die Künd unterliegt den Formerfordernissen des § 623 BGB. Das beabsichtigte Ende des Arbverh muss entweder konkret angegeben oder aber zumindest berechenbar sein. Ausreichend ist es daher, wenn der AN das Arbverh „zum Ende der Elternzeit" kündigt und somit den Wortlaut des Gesetzes aufgreift. Der AG weiß aufgrund des Verlangens des AN, wann die Elternzeit endet und kann somit auch das Ende des Arbverh berechnen.

IV. Rechtsfolge der Kündigung

15 Die Ausübung des Sonder-Künd-Rechtes führt zu einem Ende des Arbverh mit Ablauf der Elternzeit.

16 § 19 sieht – anders als § 10 Abs. 2 MuSchG – keine Erhaltung von Rechten für den Fall vor, dass der Elternzeitberechtigte innerhalb eines bestimmten Zeitraumes wieder eingestellt wird. Das generelle Bestehen einer solchen **Statussicherung** – z.B. in analoger Anwendung des § 10 Abs. 2 MuSchG – ist abzulehnen.[13] Es sind aber die allg. Regeln anwendbar, die dazu führen können, dass die vorherige Betriebszugehörigkeit bei einer kurzfristigen Neubegründung des Arbverh nach § 1 KSchG anzurechnen ist.

17 Die Beendigung des Arbverh durch Eigen-Künd nach § 19 KSchG hat grds. dieselben Folgen, wie sie jede Eigen-Künd hat. So kann bspw. bei Bestehen von Rückzahlungsklauseln eine Gratifikation rückzahlbar werden.[14]

C. Verhältnis zu anderen Beendigungstatbeständen

18 Das Sonderkünd-Recht des § 19 besteht neben allen anderen Künd-Möglichkeiten des AN.

19 § 19 enthält **keine Künd-Erleichterung für den AG** und insoweit auch keine Ausnahme zu § 18. Der AG kann das Arbverh nicht zum Ende der Elternzeit kündigen, da bis zum Ende der Elternzeit das Künd-Verbot nach § 18 besteht und es hierfür auf den Zeitpunkt des Zugangs der Künd-Erklärung ankommt.

20 Verlangt die Mutter bereits vor der Entbindung Elternzeit, so bestehen die Künd-Rechte nach § 10 Abs. 1 MuSchG und § 19 nebeneinander. Die Mutter kann sich aussuchen, zu welchem Zeitpunkt und mit welcher Frist sie das Arbverh beenden möchte.

21 Neben dem Sonder-Künd-Recht des § 19 besteht das Recht auf Ausspruch einer **außerordentlichen** Künd durch den AN nach § 626 Abs. 1 BGB. Wird eine außerordentliche Künd ausgesprochen, für die jedoch kein wichtiger Grund vorliegt, so ist eine Umdeutung in eine Sonder-Künd nach § 19 grds. möglich.[15]

22 § 19 ist **nicht dispositiv**. Von § 19 kann somit zu Lasten des AN nicht durch Einzelvereinbarung, TV oder anderweitige Regelung abgewichen werden. Es steht den Arbeitsvertragsparteien aber frei, das Arbverh auf andere Weise als durch arbeitnehmerseitige Künd zum Ende der Elternzeit auch ohne Wahrung einer Frist durch einen Aufhebungsvertrag zu beenden. Schließt die Mutter einen solchen Aufhebungsvertrag ab, kann sie ihn nicht mit der Begründung anfechten, hierdurch sei von der Bestimmung des § 19 abgewichen worden.

D. Beraterhinweise

23 Der Berater des betroffenen AN tut gut daran, die Künd-Frist unter Beachtung der für **rücklaufende Fristen** geltenden Bestimmungen aufmerksam zu berechnen. Die Berechnung rücklaufender Fristen ist fehleranfällig.

24 Für die **Formulierung der Künd-Erklärung** gilt, dass es nicht schädlich ist, den Wortlaut des Gesetzes aufzugreifen und „zum Ende der Elternzeit" zu kündigen. Dies ist unter Umständen sogar zu empfehlen, da die Tradierung eventueller Fehler im Elternzeitverlangen, z.B. von Berechnungsfehlern, hierdurch vermieden wird.

---

11 KR/*Bader*, § 19 BEEG Rn 15.
12 KR/*Bader*, § 19 BEEG Rn 16.
13 So auch KR/*Bader*, § 19 BEEG Rn 25; APS/*Rolfs*, § 19 BErzGG Rn 10; KDZ/*Zwanziger/Däubler*, § 19 BEEG Rn 4.
14 Zum Einfluss auf ein gewährtes Arbeitgeberdarlehen vgl. BAG 16.10.1991 – 5 AZR 35/91 – AP Nr. 1 zu § 19 BErzGG.
15 KR/*Bader*, § 19 BEEG Rn 21.

Da es sich bei der Künd nach § 19 um eine Eigen-Künd des AN handelt, muss dem arbeitsrechtlichen Berater empfohlen werden, die betroffenen AN über mögliche **sozialrechtliche Folgen** nach § 144 SGB III aufzuklären und ggf. vorher die Abstimmung mit der Arbeitsverwaltung zu suchen. 25

Es wird empfohlen, das konkrete Vertragsverhältnis sowie alle dieses gestaltende Faktoren (BV, TV) vor Ausspruch der Künd auf mögliche nachteilige Folgen einer solchen Künd zu überprüfen. Solche Folgen können z.B. Rückzahlungspflichten von **Gratifikationen** oder die Fälligkeit eines gewährten **AG-Darlehens** sein. 26

Da das Ende des Arbeitsvertrages im Falle des § 19 in aller Regel nicht auf einem Monatsende liegen wird, sollte der ANRA darauf hinwirken, dass in einem **Arbeitszeugnis** nicht nur das Ende des Arbverh angegeben wird, sondern auch die Angabe „zum Ende der Elternzeit". Ansonsten könnte alleine das Beendigungsdatum den Eindruck einer außerordentlichen Künd erwecken. 27

§ 20 Zur Berufsbildung Beschäftigte, in Heimarbeit Beschäftigte

(1) [1]Die zu ihrer Berufsbildung Beschäftigten gelten als Arbeitnehmer oder Arbeitnehmerinnen im Sinne dieses Gesetzes. [2]Die Elternzeit wird auf Berufsbildungszeiten nicht angerechnet.

(2) [1]Anspruch auf Elternzeit haben auch die in Heimarbeit Beschäftigten und die ihnen Gleichgestellten (§ 1 Absatz 1 und 2 des Heimarbeitsgesetzes), soweit sie am Stück mitarbeiten. [2]Für sie tritt an die Stelle des Arbeitgebers der Auftraggeber oder Zwischenmeister und an die Stelle des Arbeitsverhältnisses das Beschäftigungsverhältnis.

A. Allgemeines

§ 20 erweitert den Anwendungsbereich des BEEG auf zur Berufsausbildung Beschäftigte und in Heimarbeit Beschäftigte. § 20 ist im Zuge des Außerkrafttretens des BErzGG und des Inkrafttretens des BEEG nur hinsichtlich der Bezeichnung „Arbeitnehmerin" geändert worden. Nur für Zwecke des Gesetzes gelten zur Berufsausbildung Beschäftigte als AN i.S.d. BEEG. An Heimarbeit Beschäftigte, die keine AN sind, werden wegen ihrer wirtschaftlichen Schutzbedürftigkeit in den Anwendungsbereich des Gesetzes gezogen. 1

B. Regelungsgehalt

Als „Zur Berufsausbildung Beschäftigten" erfasst das Gesetz jeden, der sich in Berufsbildung, Fortbildung oder Umschulung befindet, Volontäre und Praktikanten, soweit das Praktikum nicht Teil des Studiums ist.[1] Entscheidend ist, dass es sich um ein privatrechtliches Ausbildungsverhältnis handelt.[2] 2

Gem. Abs. 1 S. 2 wird die Dauer der Elternzeit nicht auf Berufsbildungszeiten angerechnet, so dass sich die Dauer der Ausbildung um die Dauer der Elternzeit verlängert. 3

Abs. 1 S. 2 gilt grds. auch dann, wenn der zur Berufsausbildung Beschäftigte Teilzeitarbeit bei seinem Lehrherren leistet. Dies ergibt sich aus der Gesetzgebungsgeschichte des BErzGG. Die Bundesregierung wollte ursprünglich die Möglichkeit einer Berufsausbildung im Teilzeitverhältnis vorsehen. Hieraus ist aber dann mit Rücksicht auf die Lehrinhalte verzichtet worden.[3] In der Konsequenz verlängern sich die Berufsbildungszeiten automatisch um die Zeit der Elternzeit. Eines Antrags eines Auszubildenden auf Verlängerung der Ausbildungszeit nach § 29 Abs. 3 BBiG bedarf es daher nicht. 4

Abs. 1 ist grds. **nicht dispositiv**. Eine einzelvertragliche Verkürzung der Ausbildungszeit abweichend von Abs. 1 S. 2[4] ist daher abzulehnen. Kommen der Ausbildungsbetrieb und der Auszubildende gemeinsam überein, dass das Ausbildungsziel im Falle der Teilzeitarbeit während der Elternzeit auch in verkürzter Zeit erreicht werden kann, steht es ihnen frei, einen Antrag nach § 29 Abs. 2 BBiG zu stellen. 5

Der Auszubildende hat infolge der Verlängerung nach Abs. 1 S. 2 einen Anspruch auf Verlängerung der zunächst als kürzer vereinbarten Ausbildungszeit. Hieraus ergibt sich ein Kontrahierungszwang des Ausbildungsbetriebes.[5] 6

In Heimarbeit Beschäftigte und Gleichgestellte sind keine AN und wären daher ohne die Regelung des Abs. 2 nicht vom Anwendungsbereich des BEEG erfasst. Der Gesetzgeber bezieht diese Personen mit in den Anwendungsbereich ein, da sie i.d.R. wirtschaftlich abhängig und in gleichem Maße schutzbedürftig sind.[6] Dies entspricht der Rechtslage 7

---

1 BAG 30.10.1991 – 7 ABR 11/91 – NZA 1992, 808; BAG 24.2.1999 – 5 AZB 10/98 – DB 1999, 1019; HWK/*Gaul*, § 20 BEEG Rn 1.
2 HWK/*Gaul*, § 20 BEEG Rn 1; *Meisel/Sowka*, § 20 BErzGG Rn 3.
3 Vgl. BT-Drucks 10/3792, S. 21; BT-Drucks 10/4212, S. 6.
4 Hierfür: *Buchner/Becker*, § 20 BEEG Rn 5.
5 ErfK/*Müller-Glöge*, § 20 BEEG Rn 1.
6 HWK/*Gaul*, § 20 BEEG Rn 4; *Buchner/Becker*, § 20 BEEG Rn 7.

in einigen Zweigen der Sozialversicherung. Ein Anspruch auf Erziehungsgeld besteht zugunsten dieses Personenkreises selbstverständlich nicht, was bei der Anwendung der Normen des BEEG zu berücksichtigen ist. In der Konsequenz muss der in Heimarbeit Beschäftigte während der Elternzeit keine Aufträge annehmen.

§ 21 Befristete Arbeitsverträge

(1) Ein sachlicher Grund, der die Befristung eines Arbeitsverhältnisses rechtfertigt, liegt vor, wenn ein Arbeitnehmer oder eine Arbeitnehmerin zur Vertretung eines anderen Arbeitnehmers oder einer anderen Arbeitnehmerin für die Dauer eines Beschäftigungsverbotes nach dem Mutterschutzgesetz, einer Elternzeit, einer auf Tarifvertrag, Betriebsvereinbarung oder einzelvertraglicher Vereinbarung beruhenden Arbeitsfreistellung zur Betreuung eines Kindes oder für diese Zeiten zusammen oder für Teile davon eingestellt wird.

(2) Über die Dauer der Vertretung nach Absatz 1 hinaus ist die Befristung für notwendige Zeiten einer Einarbeitung zulässig.

(3) Die Dauer der Befristung des Arbeitsvertrags muss kalendermäßig bestimmt oder bestimmbar oder den in den Absätzen 1 und 2 genannten Zwecken zu entnehmen sein.

(4) [1]Der Arbeitgeber kann den befristeten Arbeitsvertrag unter Einhaltung einer Frist von mindestens drei Wochen, jedoch frühestens zum Ende der Elternzeit, kündigen, wenn die Elternzeit ohne Zustimmung des Arbeitgebers vorzeitig endet und der Arbeitnehmer oder die Arbeitnehmerin die vorzeitige Beendigung der Elternzeit mitgeteilt hat. [2]Satz 1 gilt entsprechend, wenn der Arbeitgeber die vorzeitige Beendigung der Elternzeit in den Fällen des § 16 Abs. 3 Satz 2 nicht ablehnen darf.

(5) Das Kündigungsschutzgesetz ist im Falle des Absatzes 4 nicht anzuwenden.

(6) Absatz 4 gilt nicht, soweit seine Anwendung vertraglich ausgeschlossen ist.

(7) [1]Wird im Rahmen arbeitsrechtlicher Gesetze oder Verordnungen auf die Zahl der beschäftigten Arbeitnehmerinnen und Arbeitnehmer abgestellt, so sind bei der Ermittlung dieser Zahl Arbeitnehmer und Arbeitnehmerinnen, die sich in der Elternzeit befinden oder zur Betreuung eines Kindes freigestellt sind, nicht mitzuzählen, solange für sie aufgrund von Absatz 1 ein Vertreter oder eine Vertreterin eingestellt ist. [2]Dies gilt nicht, wenn der Vertreter oder die Vertreterin nicht mitzuzählen ist. [3]Die Sätze 1 und 2 gelten entsprechend, wenn im Rahmen arbeitsrechtlicher Gesetze oder Verordnungen auf die Zahl der Arbeitsplätze abgestellt wird.

A. Allgemeines 1	3. Form 22
I. Gesetzeszweck 1	4. Rechtsfolgen 23
II. Gesetzesentwicklung 5	II. Sonderkündigungsrecht nach Abs. 4, 5, 6 25
B. Regelungsgehalt 7	III. Berechnungsregelung (Abs. 7) 34
I. Sachgrundbefristung nach Abs. 1, 2, 3 8	**C. Verbindung zu anderen Rechtsgebieten und zum**
1. Befristungsgründe 8	**Prozessrecht** 39
2. Befristungsdauer und Befristungsarten ... 17	**D. Beraterhinweise** 43

A. Allgemeines

I. Gesetzeszweck

1 § 21 des zum 1.1.2007 in Kraft getretenen BEEG hat § 21 BErzGG nahezu unverändert übernommen. Lediglich ist jeweils hinter der männlichen Fassung (Arbeitnehmer; Vertreter) die weibliche Fassung (Arbeitnehmerin; Vertreterin) ergänzt worden. Inhaltliche Änderungen hat dies nicht mit sich gebracht.

2 § 21 verfolgt den **Zweck,** AG und Betriebe in organisatorischer und finanzieller Hinsicht von den Folgen der Umsetzung des BEEG zu entlasten. Dieser Gesetzeszweck ist insb. aus Abs. 4, 5 und 7 ersichtlich.

3 Im Hinblick darauf, dass die Sachgrundbefristung zur Vertretung von den in Elternzeit befindlichen AN ohne Weiteres auch auf Grundlage des § 14 Abs. 1 TzBfG möglich und zulässig ist, dient die Norm im Wesentlichen der Klarstellung und der Rechtssicherheit.[1] Die Möglichkeit der Befristung geht aber über die von der Rspr. zum TzBfG und seinen Vorgängerregelungen entwickelten Möglichkeiten hinaus und erstreckt sich nicht nur auf die Vertretung derjenigen AN, die in Elternzeit befindlich sind, sondern auf alle Fälle der Ersetzung eines AN, der seine Lebenszeit der Kindererziehung und -betreuung widmet, selbst dann, wenn die Abwesenheit dieses AN nur auf einzelvertraglicher Vereinbarung mit dem AG beruht.

---

1 Vgl. BAG 29.10.1998 – 7 AZR 477/97 – AP § 2 BAT Nr. 17 SR 2 y; BAG 6.12.2000 – 7 AZR 262/99 – NZA 2001, 721.

Daneben soll § 21 auch den Arbeitsmarkt entlasten und die Möglichkeit der befristeten Einstellung schaffen. Nach Feststellung der Bundesregierung[2] wurde dieses Ziel erreicht, denn für etwa 49 % der Erziehungsurlauber wurden Ersatzkräfte eingestellt.

II. Gesetzesentwicklung

§ 21 ist während seiner bisherigen Geltungsdauer mehrfach ergänzt und leicht umgestaltet worden. Soweit die Schritte für die Auslegung relevant sind, handelt es sich um folgende Änderungen:

Mit Gesetz vom 17.12.1990[3] wurde die Befristungsmöglichkeit über die Vertretung von förmlichen in Elternzeit befindlichen AN hinaus ausgedehnt; Abs. 1 erhielt die im Wesentlichen bis heute geltende Fassung. Durch das Arbeitsrechtliche Beschäftigungsförderungsgesetz v. 25.9.1996[4] wurde der von der Rspr. entwickelte Grundsatz, wonach bei Vertretungsfällen eine Zweckbefristung nicht möglich war, aufgehoben; die Möglichkeit der Zweckbefristung wurde ausdr. in § 21 aufgenommen. Schließlich hat der Gesetzgeber § 21 trotz des Inkrafttretens des TzBfG zum 1.1.2001 unberührt gelassen. § 23 TzBfG regelt seitdem, dass außerhalb des TzBfG stehende gesetzliche Bestimmungen zu einer Befristung von Arbverh unberührt bleiben. Durch das zum 1.1.2007 in Kraft getretene BEEG hat sich die vormalige Fassung des § 21 BErzGG nicht relevant geändert.

B. Regelungsgehalt

Abs. 1 regelt die grds. Zulässigkeit von Sachgrundbefristungen während der Dauer der Beschäftigungsverbote, der Elternzeit sowie während anderweitig begründeter Arbeitsfreistellungen zur Betreuung eines Kindes. Abs. 2 erstreckt die Möglichkeit der Sachgrundbefristung auch auf die für die Einarbeitung notwendigen Zeiten. Abs. 3 regelt, dass Befristungen auf Grundlage des § 21 sowohl kalendermäßig als auch als Zweckbefristungen erfolgen können. Nach Abs. 4 erhält der AG ein Sonder-Künd-Recht, wenn die Elternzeit vorzeitig endet, und Abs. 5 bestimmt hierzu, dass das KSchG auf solche Künd nicht anwendbar ist. Abs. 6 bestimmt, dass dieses Sonder-Künd-Recht vertraglich ausgeschlossen werden kann. Abs. 7 enthält schließlich eine eigenständige Regelung, die im Falle einer entsprechenden Befristung auf Grundlage des § 21 diejenigen AN, die vertreten werden, aus der Zahl der beschäftigten AN herausnimmt.

I. Sachgrundbefristung nach Abs. 1, 2, 3

1. Befristungsgründe. Bereits nach dem Wortlaut „zur Vertretung eines anderen AN" setzt die Befristung einen **Kausalzusammenhang** zwischen dem zeitweiligen Ausfall des Mitarbeiters und der befristeten Einstellung der Vertretungskraft voraus.[5] Der ursächliche Zusammenhang muss im Zweifelsfalle ersichtlich sein und wird sich jedenfalls aus der Zuweisung der Arbeitsaufgaben ergeben. Dieser Kausalzusammenhang zwischen dem zeitweiligen Ausfall eines Mitarbeiters und der befristeten Einstellung einer Vertretungskraft muss nicht stets durch ein bei Abschluss des befristeten Arbeitsvertrags vorhandenen Vertretungskonzepts dargelegt werden, sondern kann sich auch aus objektiven anderen Umständen ergeben. Es gibt grds. **keine Vermutung** für den Kausalzusammenhang.[6] Ein Indiz für den Kausalzusammenhang kann sich aber aus den Umständen ergeben, z.B. dann, wenn die Mitarbeiterzahl vor und nach Einstellung der Ersatzkraft gleich bleibt[7] und die übertragenen Arbeitsaufgaben identisch sind. Der Kausalzusammenhang liegt auch dann vor, wenn die Einstellung der Ersatzkraft nur mit Haushaltsmitteln möglich ist, die durch die Elternzeit der Stammkraft vorübergehend frei werden.[8] Hat hingegen der zu vertretende AN gegenüber dem AG bereits vor dem Abschluss des Arbeitsvertrags mit der Vertretungskraft verbindlich erklärt hat, dass er die Arbeit nicht wieder aufnehmen werde, ist der Kausalzusammenhang nicht gegeben.[9]

Das Fehlen der zeitlichen Kongruenz zwischen der Befristungsdauer und dem voraussichtlichen Bestehen des Befristungsgrundes hindert den Nachweis der Kausalität nicht; denn es steht dem AG frei, ob er den Vertretungsbedarf überhaupt durch Einstellung einer neuer Kraft abdecken möchte oder die Stelle (zeitweise) frei lässt.[10]

Es ist dem AG erlaubt, eine Organisationsentscheidung zu treffen und **Aufgaben** umzuverteilen. Es ist deshalb nicht zwingend erforderlich, dass die Ersatzkraft mit denselben Aufgaben betraut wird wie die ausfallende Arbeitskraft.[11] Deshalb kann die notwendige Kausalität zwischen dem zeitweiligen Ausfall einer Stammkraft und der befristeten Beschäftigung einer Vertretung auch gewahrt sein, wenn der AG die von dem zeitweilig verhinderten Mitarbeiter zu erledigenden Aufgaben anderen Beschäftigten zuweist und deren Aufgaben wiederum ganz oder teilweise von

---

2 BT-Drucks 11/8517.
3 BGBl I S. 2823.
4 BGBl I S. 1476.
5 Vgl. BAG 27.9.2000 – 7 AZR 412/99 – EzA § 1 BeschFG 1985 Nr. 21; BAG 13.6.1990 – 7 AZR 309/89 – RzK I 9 a Nr. 57; vgl. andererseits LAG Köln 10.10.1997 – 11 Sa 308/97 – LAGE § 21 BErzGG Nr. 1.
6 APS/*Backhaus*, § 21 BErzGG Rn 12.
7 Vgl. LAG Köln 21.10.1997 – 11 Sa 385/97 – LAGE § 21 BErzGG Nr. 2; Hessisches LAG 16.9.1999 – 12 Sa 2034/98 – NZA-RR 2000, 293; KR/*Lipke*, § 21 BEEG Rn 10c.
8 BAG 15.8.2001 – 7 AZR 262/99 – AP § 21 BErzGG Nr. 6.
9 BAG 2.7.2003 – 7 AZR 529/02 – NZA 2004, 1055.
10 BAG 13.10.2004 – 7 AZR 654/03 – AP § 21 BErzGG Nr. 7; BAG 26.6.1996 – 7 AZR 662/95 – juris.
11 *Buchner/Becker*, § 21 BEEG Rn 9.

einer Vertretungskraft erledigen lässt (sog. **mittelbare Vertretung**). Auch in den Fällen der mittelbaren Vertretung muss jedoch nach dem Kausalitätserfordernis stets sichergestellt bleiben, dass die Vertretungskraft gerade wegen des durch den zeitweiligen Ausfall des zu vertretenden Mitarbeiters entstandenen vorübergehenden Beschäftigungsbedarfs eingestellt worden ist.[12] Hierzu ist die Kontrollüberlegung anzustellen, dass der AG rechtlich und tatsächlich die Möglichkeit gehabt haben muss, den ausfallenden Mitarbeiter in dem Arbeitsbereich des Vertreters umzusetzen.[13] Dies ist z.B. dann nicht der Fall, wenn der vorgeblich zur Vertretung eingestellte Mitarbeiter in einer anderen Vergütungsgruppe eingestellt wird.[14] Betraut der AG die Ersatzkraft mit anderen Arbeitsaufgaben, so erhöht sich in jedem Fall seine Darlegungslast für die Kausalität.[15]

11 Auf Grundlage der Rspr. zu § 14 Abs. 1 TzBfG erfordert die Befristung eine **Prognoseentscheidung** des AG über den voraussichtlichen Wegfall des Vertretungsbedarfs.[16] Die Prognoseentscheidung bezieht sich auf die voraussichtliche Dauer der Vertretungsnotwendigkeit im Rahmen einer Wahrscheinlichkeit der Rückkehr des zu Vertretenen. Für den AG müssen sich objektive Anhaltspunkte darstellen, auf Grundlage derer er vermuten darf, dass der sich aus der Vertretung ergebene Beschäftigungsbedarf zukünftig wegfallen wird. Die Prognose bezieht sich i.Ü. auf den konkreten Vertretungsbedarf aus der Sicht ex ante, also zum Zeitpunkt der Prognoseentscheidung. Der AG ist daher nicht verpflichtet, eine Prognose darüber anzustellen, ob und in welchem Umfang die AN seines Betriebes in Zukunft Elternzeit in Anspruch nehmen werden und welcher Vertretungsbedarf sich voraussichtlich aus der Inanspruchnahme von Erziehungsurlaub ergeben wird. Auch bei vorhersehbarem zukünftigen Bedarf muss er mit den Vertretungskräften keine unbefristeten Arbeitsverträge schließen.[17] Die Prognose muss sich nicht auf den Zeitpunkt der Rückkehr bzw. die Dauer des Vertretungsbedarfs und nicht auf die Frage beziehen, ob die zu vertretende Stammkraft ihre Arbeit im vollständigen Umfang wieder aufnehmen wird.[18] Sich aus der Vergangenheit ergebende Zweifel an der Richtigkeit der Prognose erschüttern die Prognose nicht. Erweist sich die Prognose im Nachhinein als unrichtig, besteht kein Anspruch des AN auf Verlängerung des befristeten Arbverh oder sogar Umwandlung in eine unbefristetes Arbverh.

12 Die **Darlegungs- und Beweislast** für die Beschäftigungsprognose und die Kausalität trägt der AG.[19] Hat der AG diese Darlegungs- und Beweislast erfüllt, kann der AN die Prognose nicht alleine dadurch erschüttern, dass er einen entgegen der Prognose bestehenden fortdauernden Bedarf an einer Arbeitskraft nachweist.[20] Denn der maßgebliche Bezugszeitpunkt der Prognose ist der Zeitpunkt des Vertragsschlusses.

13 § 21 Abs. 1 bezeichnet die **Befristungsgründe** die Dauer von Beschäftigungsverboten, die Elternzeit sowie auf TV, BV oder einzelvertraglicher Vereinbarung beruhende Arbeitsfreistellungen zur Betreuung eines Kindes. Mit Beschäftigungsverboten verweist der Gesetzgeber auf die Beschäftigungsverbote des MuSchG, insb. also die Beschäftigungsverbote der §§ 3 Abs. 1, 4, 6 und 8 MuSchG. Erlauben die Beschäftigungsverbote eine teilweise Beschäftigung der Mutter, kann für den Rest auf Grundlage des § 21 Abs. 1 eine befristete Ersatzkraft eingestellt werden.[21]

14 Mit „**Elternzeit**" ist ausschließlich die Elternzeit des BEEG gemeint. Da das BEEG nur die Elternzeit von AN, nicht jedoch diejenige von Beamten regelt, schafft die Norm insoweit keine Vertretungsregelung für durch das temporäre Ausscheiden von Beamten sich ergebenden Arbeitskräftebedarf. Nicht notwendig ist, dass die Voraussetzungen für die Elternzeit tatsächlich vorliegen. Entscheidend ist vielmehr, dass die Parteien davon ausgehen, dass sich ein Vertretungsbedarf auf Grundlage einer Elternzeit nach §§ 15, 16 ergibt. Denn die in der früheren Fassung des BErzGG vor dem Wort „Erziehungsurlaub" stehende Einschränkung „zu Recht verlangten" ist mit Gesetz v. 6.12.1991[22] mit Wirkung zum 1.1.1992 gestrichen worden.

15 Str. ist allerdings, ob die Elternzeit zum Zeitpunkt des Vertragsschlusses der Ersatzkraft bereits verlangt sein muss. Das BAG[23] hält bislang daran fest, dass ein Verlangen des Elternzeitberechtigten bereits vorliegen muss, damit eine wirksame Befristung nach § 21 vereinbart werden kann. Der AG hat noch nicht ausreichend objektive Anhaltspunkte für eine Befristungsprognose, wenn ein entsprechendes Verlangen noch nicht vorliegt. Diese Ansicht wird in der Lit. mit beachtlichen Argumenten bestritten.[24]

16 Die Notwendigkeit der Vertretung kann sich ferner aus TV, BV oder aus einzelvertraglich vereinbarten Arbeitsfreistellungen für Zeiten zur Betreuung eines Kindes ergeben. Diese Zeiten müssen nicht im Zusammenhang mit einer Elternzeit stehen und sind auch nicht an ein bestimmtes Alter des Kindes gebunden.[25] Notwendig ist aber, dass das

---

12 BAG 21.2.2001 – 7 AZR 107/00 – NZA 2001, 1069; LAG Köln 11.5.2005 – 7 Sa 1629/04 – NZA-RR 2006, 104.
13 BAG 14.1.2004 – 7 AZR 390/03 – RzK I 9a Nr. 239; BAG 17.4.2002 – 7 AZR 665/00 – AP § 2 BAT SR 2y Nr. 21; LAG Köln 11.5.2005 – 7 Sa 1629/04 – NZA-RR 2006, 104.
14 So im Fall LAG Köln 11.5.2005 – 7 Sa 1629/04 – NZA-RR 2006, 104.
15 Vgl. BAG 21.2.2001 – 7 AZR 107/00 – EzA § 620 BGB Nr. 176.
16 BAG 26.11.1995 – 7 AZR 252/95 – EzA § 620 BGB Nr. 138.
17 Vgl. LAG Köln 13.9.1995 – 2 Sa 568/95 – DB 1996, 1144.
18 BAG 2.7.2003 – 1 AZR 64/64 – EzA § 620 BGB Nr. 6; BAG 6.12.2000 – 7 AZR 262/99 – EzA § 620 BGB Nr. 172.
19 BAG 2.7.2003 – 1 AZR 64/64 – EzA § 620 BGB Nr. 6.
20 Vgl. LAG Köln 13.9.1995 – 2 Sa 568/95 – LAGE § 620 BGB Nr. 41.
21 Vgl. KR/*Lipke*, § 21 BEEG Rn 11.
22 BGBl I S. 2142, 2144.
23 BAG 9.11.1994 – 7 AZR 243/94 –, AP § 21 BErzGG Nr. 1.
24 Vgl. APS/*Backhaus*, § 21 BErzGG Rn 16.
25 Vgl. APS/*Backhaus*, § 21 BErzGG Rn 18.

Arbverh zu der vertretenen Kraft auch während der Dauer der Vertretung fortbesteht und nicht etwa zeitweilig zugunsten eines Wiedereinstellungsanspruches suspendiert ist.[26] Eine tarifvertragliche Regelung, die eine entsprechende Freistellung vorsieht, ist z.B. in § 9a des Mantel-TV für das private Bankgewerbe enthalten.

2. Befristungsdauer und Befristungsarten. Die maximale **Befristungsdauer** ergibt sich aus Abs. 2. Sie erstreckt sich auf diejenige Zeit, für die eine Vertretungsnotwendigkeit besteht, also für die Dauer der Beschäftigungsverbote, für die Dauer der Elternzeit oder für die Dauer der anderweitig bestehenden Arbeitsfreistellungen zur Betreuung sowie darüber hinaus für Zeiten der notwendigen Einarbeitung. Wird die Elternzeit in mehreren „Portionen" genommen, so besteht auch nur während der jeweiligen Elternzeit die Notwendigkeit einer Vertretung.

Abs. 2 erstreckt die Dauer der Vertretung auch auf die Zeiten einer **notwendigen Einarbeitung**. Weder enthält das Gesetz eine Regelung dazu, um wessen Einarbeitung es geht, noch dazu, wie lange diese dauern darf. Nach dem Inhalt der Norm, die die Befristung des Vertrages des Vertreters regelt, ist auch nur dessen Einarbeitung in das Arbeitsgebiet gemeint. Daher ist eine Verlängerung der ansonsten nach Abs. 1 notwendigen Vertretungsdauer nur „nach vorne", also vor Beginn des eigentlichen Vertretungsbedarfs möglich. Das Gesetz sieht hingegen keine Möglichkeit der Befristung z.B. für Übergabearbeiten nach Wiederkehr des vertretenen AN vor. Denn bereits begrifflich ist die „Einarbeitung" zu unterscheiden von der „Übergabe".

Keine Regelung ist auch zur **Dauer der möglichen Einarbeitung** enthalten.[27] Aus der Gesetzesbegründung zum BErzGG[28] ergibt sich ein Beispiel, wonach bei einer Erziehungszeit von zwölf Monaten die Dauer der Einarbeitung drei Monate nicht übersteigen soll. Dies kann aber nur ein Anhaltspunkt sein, da eine Obergrenze ausdrücklich nicht in das Gesetz aufgenommen worden ist. Die Dauer der Einarbeitungszeit richtet sich daher nach der im Einzelfall notwendigen Zeit, die abhängig ist von den Kenntnissen der Ersatzkraft und der Komplexität der Arbeitsaufgaben. Die Lit. vertritt eine „großzügige Auslegung".[29] Die Zeit von **sechs Wochen** mag als Anhalt für die Praxis dienen.

Für die erlaubte Dauer der Befristung sind sowohl **kalendermäßige** Zeit- als auch **Zweckbefristungen** zulässig.[30] Die frühere Rspr., wonach Zweckbefristungen ausgeschlossen waren,[31] ist durch eine Gesetzesänderung des Abs. 3 in die heutige Fassung gegenstandslos geworden. Für die Erfordernisse der kalendermäßig bestimmbaren oder bestimmten Zeitbefristung sowie der Zweckbefristung wird verwiesen auf die Kommentierungen zu § 3 TzBfG Rn 4 ff.

Als problematisch können sich **Zweckbefristungen** dann erweisen, wenn der vertraglich zugrunde gelegte Wegfall nicht eintritt, z.B. deshalb, weil die in Elternzeit befindliche Person entscheidet, nicht an den Arbeitsplatz zurückzukehren. Fehlt eine entsprechende Regelung im Vertrag, so muss davon ausgegangen werden, dass der Befristungszweck, nämlich die Kompensation des Arbeitskräftemangels, nicht durch eine entsprechende Entscheidung des vertretenen AN entfällt, sondern sich vielmehr dauerhaft fortschreibt.[32] In einem solchen Fall ist zu überprüfen, ob die ergänzende Vertragsauslegung einen entsprechenden Willen der Arbeitsvertragsparteien zur Fortsetzung oder zur Auflösung ergibt.[33] Eine auflösende Bedingung ist auf Grundlage des § 21 nicht möglich,[34] ohne Weiteres jedoch auf Grundlage der §§ 21, 14 Abs. 1 Nr. 1 TzBfG zulässig.

3. Form. Die Befristungsabrede ist grds. **schriftlich** zu treffen, § 14 Abs. 4 TzBfG. Nicht notwendig ist nach allg. Regeln die Angabe des Befristungsgrundes,[35] und zwar insb. auch nicht im Hinblick auf das Sonder-Künd-Recht nach Abs. 4.[36] Anders ist dies allerdings bei der Zweckbefristung. Da die Vertragsdauer bei der Zweckbefristung von dem Vertragszweck abhängt, muss der Vertragszweck schriftlich vereinbart sein.[37]

4. Rechtsfolgen. Ist der Vertrag nach § 21 befristet, so endet er mit Ablauf der Befristungsdauer, ohne dass es einer Künd bedürfte. Auf das Ende des Arbverh sind §§ 15, 16 TzBfG anwendbar.

Will sich der AN gegen die Rechtfertigung der Befristung wenden, so muss er die Klagefrist des § 17 TzBfG (innerhalb von drei Wochen nach dem vereinbarten Ende des befristeten Arbeitsvertrages) einhalten und innerhalb dieser Frist Feststellungsklage zum ArbG erheben.

II. Sonderkündigungsrecht nach Abs. 4, 5, 6

Ist ein Künd-Recht zwischen dem AG und dem Vertreter nicht einzelvertraglich vereinbart, so bleibt es bei dem Grundsatz, dass befristete Arbverh nicht kündbar sind, § 15 Abs. 3 TzBfG. Abs. 4 eröffnet dem AG zur Vermeidung

---

26 KR/*Lipke*, § 21 BEEG Rn 13b.
27 A.A. APS/*Backhaus*, § 21 BErzGG Rn 23.
28 BT-Drucks 10/3792, S. 8.
29 KDZ/*Zwanziger/Däubler*, § 21 BEEG Rn 10; KR/*Lipke*, § 21 BEEG Rn 15; APS/*Backhaus*, § 21 BErzGG Rn 23.
30 Vgl. z.B. LAG Rheinland-Pfalz 5.8.2004 – 11 Sa 340/04 – juris; ErfK/*Müller-Glöge*, § 21 BEEG Rn 7.
31 BAG 9.11.1994 – 7 AZR 243/94 – BAGE 78, 239.
32 APS/*Backhaus*, § 15 TzBfG Rn 90; Annuß/Thüsing/*Lambrich*, § 23 TzBfG Rn 54; KR/*Lipke*, § 21 BEEG Rn 17 c.
33 BAG 26.6.1996 – 7 AZR 674/95 – AP § 620 Bedingung Nr. 23; KDZ/*Zwanziger/Däubler*, § 21 BEEG Rn 13.
34 KDZ/*Däubler*, § 21 BEEG Rn 15; KR/*Lipke*, § 21 BEEG Rn 18.
35 KR/*Lipke*, § 21 BEEG Rn 10 a; APS/*Backhaus*, § 21 BErzGG Rn 8.
36 A.A. KR/*Lipke*, § 21 BEEG Rn 18 a.E.
37 BAG 21.12.2005 – 7 AZR 541/04 – NZA 2006, 321.

26 Das Sonder-Künd-Recht besteht **nur im Falle der Elternzeit,** nicht also im Falle des vorzeitigen Endes von Beschäftigungsverboten oder des vorzeitigen Endes von anderweitig begründeten Freistellungen. In den restlichen Vertretungsfällen des Abs. 1 verbleibt es bei den allgemeinen Vorschriften.

einer Doppelbelastung[38] ein Sonder-Künd-Recht, wenn die Elternzeit ohne Zustimmung des AG vorzeitig endet. Zur Begründung des Sonder-Künd-Rechts bedarf es **keiner ausdrücklichen vertraglichen Vereinbarung,** es tritt kraft Gesetzes ein.

27 Das Sonder-Künd-Recht besteht nur dann, wenn die Elternzeit vorzeitig ohne Zustimmung des AG endet und der AN die vorzeitige Beendigung seiner Elternzeit mitgeteilt hat sowie dann, wenn der AG die vorzeitige Beendigung der Elternzeit in den Fällen des § 16 Abs. 3 S. 2 nicht ablehnen darf.

28 Der Fall des **vorzeitigen Endes der Elternzeit** ist nach § 16 nur dann gegeben, wenn das Kind stirbt. Das Recht zur Beendigung der Elternzeit muss zudem bis spätestens drei Wochen nach dem Tod des Kindes ausgeübt sein. Wird das Recht verspätet ausgeübt, kann der AG die Ausübung zurückweisen, so dass kein Fall des Abs. 4 gegeben ist. Des weiteren ist das Künd-Recht gegeben, wenn der AG die vorzeitige Beendigung der Elternzeit in den Fällen des § 16 Abs. 2 S. 2 **nicht ablehnen darf.** Dies ist dann der Fall, wenn ein weiteres Kind geboren wird oder ein Härtefall nach § 5 Abs. 5 vorliegt und der AG keine dringlichen betrieblichen Gründe zur Ablehnung geltend machen kann (vgl. § 16 Abs. 3 S. 2). Liegen also dringende betriebliche Gründe für die Zurückweisung des Rechts nach § 16 Abs. 3 S. 2 vor, besteht auch kein Sonder-Künd-Recht nach Abs. 4. Dies führt dazu, dass der AG notfalls das Nichtvorliegen dringender betrieblicher Gründe im Prozess behaupten muss. Die Darlegungs- und Beweislast folgt in diesem Fall den Regeln der abgestuften Darlegungs- und Beweislast. Hat der AG das Nichtvorliegen dringender betrieblicher Gründe behauptet, muss der klagende AN (die Ersatzkraft) substantiiert darlegen, aus welchen Gründen dringende betriebliche Gründe zur Ablehnung des vorzeitigen Endes gleichwohl vorgelegen haben sollen.

29 Str. ist, ob das Sonder-Künd-Recht auch dann eingreift, wenn der in Elternzeit befindliche AN kündigt und die Elternzeit deshalb faktisch ebenfalls endet. Während die eine Ansicht[39] mit der Ratio des Gesetzes ein Sonder-Künd-Recht ablehnt, weil in einem solchen Falle keine Doppelbelastung des AG entsteht, wird von der Gegenansicht[40] das Bestehen eines Sonder-Künd-Rechtes bejaht. Diese Ansicht argumentiert mit dem Willen des Gesetzgebers, auch diesen Fall zu erfassen sowie damit, dass i.E. mit Beendigung des Arbvverh durch AN-Künd auch die Elternzeit endet. Richtigerweise wird man auf Grundlage der derzeitigen Gesetzesfassung ein Sonder-Künd-Recht aber ablehnen müssen. Nach dem Wortlaut des Gesetzes besteht das Sonderkünd-Recht nur dann, wenn die Elternzeit vorzeitig endet, nicht aber dann, wenn das Arbvverh mit dem Vertretenen endet. Der im Gesetzgebungsverfahren dokumentierte Wille des historischen Gesetzgebers zum BErzGG[41] hat im Gesetzeswortlaut insoweit keinen Niederschlag gefunden. Der Gesetzgeber hat trotz der bekannten Problematik auch die Neufassung im BEEG nicht dazu genutzt, den Fall ausdr. aufzunehmen. Hat der AG den Arbeitsvertrag zweckbefristet, ergibt sich, dass die Zweckerreichung nicht mehr eintreten kann. Hat der AG das Arbvverh kalendermäßig befristet, endet es ungeachtet des vorzeitigen Endes des Arbvverh des Vertretenen mit Ablauf der Befristung. Dass die Prognose sich nachträglich als falsch erwiesen hat, spielt in diesem Zusammenhang keine Rolle (vgl. hierzu Rn 9).

30 Das Sonder-Künd-Recht setzt weiterhin voraus, dass der Vertretene dem AG das **Ende der Elternzeit mitgeteilt** hat. Diese Mitteilung ist formlos möglich, da nach § 16 die entsprechende Mitteilung ebenfalls keiner Form bedarf.

31 Die **Künd-Frist** beträgt nach dem Gesetz „mindestens drei Wochen". Diese Fristenregelung geht § 622 BGB vor.[42] Längere tarifliche Künd-Fristen werden durch Abs. 4 nicht verdrängt, was aufgrund des Wortes „mindestens" zumindest mit dem Wortlaut vereinbar ist.[43] Einzelvertragliche Künd-Fristen gehen ebenfalls Abs. 4 vor, was sich unmittelbar aus Abs. 6 ergibt. Wenn der gesamte Ausschluss des Abs. 4 einzelvertraglich möglich ist, so ist jedenfalls auch die Verlängerung der Künd-Frist möglich. Die einzelvertragliche Regelung nach Abs. 6 muss in diesem Falle allerdings den konkreten Fall regeln oder Abs. 4 ausdr. in Bezug nehmen.[44] Wird ein TV einzelvertraglich einbezogen und regelt dieser Vertrag für den Fall des Abs. 4 eine längere Künd-Frist, so handelt es sich hierbei ebenfalls um eine einzelvertragliche Regelung i.S.d. Abs. 6.[45]

32 Auf eine Künd nach Abs. 4 ist gem. Abs. 5 das **KSchG** nicht anzuwenden. Vor der Reform des KSchG ab dem 1.1.2004 bestand Einigkeit darin, dass der Ausschluss das gesamte KSchG erfasste, insb. also auch die **Klagefrist des § 4 KSchG.**[46] Diese Auff. ist nach Neuregelung der §§ 23 Abs. 1 S. 2 und 13 Abs. 1 S. 2 KSchG nicht mehr

---

38 KR/*Lipke*, § 21 BEEG Rn 22.
39 APS/*Backhaus*, § 21 BErzGG Rn 34; KDZ/*Däubler*, § 21 BEEG Rn 19.
40 KR/*Lipke*, § 21 BEEG Rn 22; ZZVV, § 21 BErzGG Rn 22; Annuß/Thüsing/Lambrich, § 23 TzBfG Rn 57; ErfK/*Müller-Glöge*, § 21 BEEG Rn 11.
41 BT-Drucks 14/3553, S. 23.
42 KR/*Lipke*, § 21 BEEG Rn 26; APS/*Backhaus*, § 21 BErzGG Rn 40.
43 KR/*Lipke*, § 21 BEEG Rn 26a; APS/*Backhaus*, § 21 BErzGG Rn 40.
44 APS/*Backhaus*, § 21 BErzGG Rn 40; KR/*Lipke*, § 21 BEEG Rn 26 a.
45 APS/*Backhaus*, § 21 BErzGG Rn 40.
46 APS/*Backhaus*, § 21 BErzGG Rn 38; KDZ/*Däubler*, § 21 BEEG Rn 20; KR/*Lipke*, § 21 BEEG Rn 28.

zu halten. Der Gesetzgeber wollte eine einheitliche Klagefrist von drei Wochen für alle Fälle der schriftlich ausgesprochenen Künd schaffen. Abs. 5 ist daher in telelogischer Reduktion so auszulegen, dass nur der Sonder-Künd-Schutz des § 1 KSchG auf eine Künd nach Abs. 4 keine Anwendung findet. Dies entspricht der Intention des Gesetzgebers, die Künd ohne weitere Voraussetzungen zuzulassen, um eine Doppelbelastung des AG zu vermeiden.

Alle anderen Künd-Schutztatbestände außerhalb des KSchG sind von dem Ausschluss des Abs. 6 nicht betroffen und bleiben anwendbar. Auch die sonstigen Regelungen zur Künd, insb. § 623 BGB sind anwendbar.

III. Berechnungsregelung (Abs. 7)

Soweit es im Rahmen arbeitsrechtlicher Gesetze oder VO auf die **Zahl der beschäftigten AN** ankommt, sind AN, die sich in Elternzeit befinden, dann nicht mitzuzählen, wenn für sie aufgrund von Abs. 1 eine Ersatzkraft eingestellt ist. Die Vorschrift soll sicherstellen, dass entweder der Vertretene oder Vertreter auf die Ermittlung der Anzahl der beschäftigten AN zählt und Doppelzählungen ausgeschlossen sind.[47]

Arbeitsrechtliche Normen, auf die Abs. 7 anwendbar ist, sind z.B. § 23 KSchG, § 8 Abs. 7 TzBfG, §§ 1, 99, 101 BetrVG, § 29 Abs. 3 ArbStättV.

Um die Rechtsfolge des Abs. 7 zu erreichen, muss nachvollziehbar sein, dass es sich bei dem Vertreter tatsächlich um einen solchen Vertreter handelt und nicht um eine zusätzlich eingestellte Kraft. Ist dies aber nachvollziehbar, so erfasst Abs. 7 entgegen dem scheinbar eindeutigen Wortlaut, in dem auf Abs. 1 verwiesen wird, nicht nur befristet eingestellte AN, sondern auch unbefristete AN.[48]

Abs. 7 bestimmt weiter, dass dies nicht gilt, wenn der Vertreter selber nicht mitzählt. Nach dem Wortlaut greift dies nur dann, wenn der Vertreter überhaupt nicht mitzählt. Wird als Vertreter einer Vollzeitkraft nur ein teilzeitbeschäftigter AN eingestellt, so zählt dieser AN grds. mit, auch wenn sich aufgrund der entsprechenden gesetzlichen Vorschrift, z.B. § 23 KSchG ergibt, dass der AN nur zu einem Bruchteil mitzählt. Eine Auslegung, wonach Abs. 7 S. 2 auch auf solche Fälle Anwendung finden soll,[49] stößt an die Wortlautgrenze der Gesetzesauslegung. Für eine analoge Anwendung fehlt es i.Ü. an der vergleichbaren Situation, da die Ersatzkraft grds. mitzählt.

Abs. 7 hat nur für gesetzliche Regelungen Wirkung, nicht hingegen für tarifvertragliche Regelungen, die ebenfalls auf die Anzahl der AN abstellen.[50]

C. Verbindung zu anderen Rechtsgebieten und zum Prozessrecht

Abs. 1 enthält gegenüber § 14 Abs. 1 Nr. 3 TzBfG eine speziellere Regelung und verdrängt diesen daher im Anwendungsbereich des § 21.[51]

Weitere gesetzliche Regelungen, die Bestimmungen zu Befristungen halten, wie z.B. § 14 Abs. 2 TzBfG, Nr. 2 SR 2 y BAT, § 30 TVÖD/TV-L und § 57a ff. HRG finden neben § 21 Anwendung. Zu beachten ist, dass eine Sachgrundbefristung im Rahmen des Abs. 1 eine „Vorbeschäftigung" gem. § 14 Abs. 2 TzBfG ist und eine sachgrundlose Befristung nach Ende der Sachgrundbefristung auf Grundlage von Abs. 1 nicht mehr in Betracht kommt.

Die Befristungsregelung des § 21 lässt die nach dem BetrVG sowie dem BPersVG bestehende Mitbestimmungsregeln unbenommen. Die Einstellung eines Vertreters bedarf daher der Zustimmung des BR gem. § 99 BetrVG sowie des PR gem. § 75 BPersVG. Im Anwendungsbereich des BPersVG bedarf die Befristung als solche ebenfalls der Zustimmung des PR, § 75 BPersVG. Eine entsprechende Vorschrift fehlt im BetrVG.

Eine Einschränkung der Befristungsmöglichkeiten nach § 21 durch eine freiwillige BV ist grds. möglich und zulässig.

D. Beraterhinweise

Im Rahmen des Abs. 1 kommt es auf den **Kausalzusammenhang** zwischen betreuungsbedingtem Beschäftigungsbedarf und der Befristung an. Für diesen Kausalzusammenhang ist der AG im Zweifel darlegungs- und beweisbelastet (vgl. Rn 10). Es ist deshalb zu raten, den Befristungsgrund im Rahmen einer klaren und nachvollziehbaren **Organisationsentscheidung** ausdrücklich in den Arbeitsvertrag aufzunehmen. Da die Befristung eine Zweckbefristung ist, muss nach der Rspr. des BAG der Zweck des Vertrages ohnehin schriftlich aufgenommen werden.[52] Sinnvoll ist es zudem, die Organisationsentscheidung des AG durch eine entsprechende Notiz der Geschäftsleitung (Vermerk über eine Organisationsentscheidung) schriftlich zu fixieren, damit diese dann im Prozess vorgelegt werden kann.

---

47 BAG 31.1.1991 – 2 AZR 356/90 – AP § 23 KSchG 1969 Nr. 11.
48 LAG Düsseldorf 12.7.2000 – 12 TaBV 35/00 – NZA-RR 2001, 308; APS/*Backhaus*, § 21 BErzGG Rn 44; a.A. ErfK/*Müller-Glöge* § 21 BEEG Rn 13.
49 Vgl. KDZ/*Däubler*, § 21 BEEG Rn 23.
50 BAG 26.5.1992 – 9 AZR 102/91 – AP § 2 VRG Nr. 13; KR/*Lipke*, § 21 BEEG Rn 32; APS/*Backhaus*, § 21 BErzGG Rn 43.
51 APS/*Backhaus*, § 21 BErzGG Rn 4.
52 BAG 21.12.2005 – 7 AZR 541/04 – NZA 2006, 321.

44 Im Hinblick auf die bestehende Rechtsunsicherheit, ob eine Elternzeit **schon verlangt** sein muss, wenn der befristete Vertrag abgeschlossen wird, sollte ein AG davon absehen, einen befristeten Vertrag ohne Vorliegen des Elternzeitverlangens abzuschließen. Zwischen dem Verlangen und dem Beginn des Beschäftigungsbedarfes liegen gesetzlich sieben Wochen. Das Zeitfenster zur Beteiligung des BR und zum Vertragsschluss ist also groß genug. Es empfiehlt sich zudem, eine entsprechende Präambel in den Arbeitsvertrag aufzunehmen, aus der sich ergibt, dass und wann zu vertretende AN Elternzeit verlangt hat.

45 Geht es um die Vertretung von **Beamten,** so ist zu beachten, dass § 21 als Sachgrund ausfällt. Mit den zu vertretenden Beamten sollte daher eine einzelvertragliche Regelung auf Grundlage des Abs. 1 getroffen werden, die eine Arbeitsfreistellung zur Betreuung eines Kindes vorsieht. In diesem Falle kann der Vertreter auf Grundlage von Abs. 1 befristet eingestellt werden.

46 Eine Befristung sollte grds. nur für die **Dauer der bereits festgelegten Elternzeit** vereinbart werden, selbst dann, wenn der AG objektive Anhaltspunkte dafür hat, dass die Elternzeit möglicherweise verlängert werden wird.

47 Das Gesetz lässt zwar eine **Zweckbefristung** zu; in der praktischen Umsetzung der Zweckbefristung resultieren hieraus aber diverse Rechtsunsicherheiten, so dass zumindest zu raten ist, auf das Modell der „**Doppelbefristung**" zurückzugreifen, also sowohl eine Zweckbefristung als auch eine kalendermäßige Befristung vorzunehmen.[53]

48 Der einen betroffenen AN vertretende RA sollte im Auge behalten, dass auch auf Befristungen nach § 21 die **Klagefrist** des § 17 TzBfG anwendbar ist. Des Weiteren sollte er im Falle einer Künd nach Abs. 4 im Hinblick auf die Neuregelung im KSchG seit dem 1.1.2004 ebenfalls die Drei-Wochen-Frist wahren.

49 Besteht die gestalterische Möglichkeit, auf den Arbeitsvertrag der Ersatzkraft Einfluss zu nehmen, so sollte vonseiten des AN versucht werden, eine einzelvertragliche Regelung zu einer möglichen Künd nach Abs. 4 in den Vertrag aufzunehmen.

---

[53] KR/*Lipke*, § 21 BEEG Rn 17e; KDZ/*Zwanziger/Däubler*, § 21 BEEG Rn 13.

Gesetz zur Verbesserung der betrieblichen Altersversorgung (Betriebsrentengesetz – BetrAVG)

Vom 19.12.1974, BGBl I S. 3610, BGBl III 800-22-1

Zuletzt geändert durch Gesetz zur Verbesserung der Rahmenbedingungen für die Absicherung flexibler Arbeitszeitregelungen und zur Änderung anderer Gesetze vom 21.12.2008, BGBl I S. 2940, 2947

Erster Teil: Arbeitsrechtliche Vorschriften

Erster Abschnitt: Durchführung der betrieblichen Altersversorgung

§ 1 Zusage des Arbeitgebers auf betriebliche Altersversorgung

(1) [1]Werden einem Arbeitnehmer Leistungen der Alters-, Invaliditäts- oder Hinterbliebenenversorgung aus Anlass seines Arbeitsverhältnisses vom Arbeitgeber zugesagt (betriebliche Altersversorgung), gelten die Vorschriften dieses Gesetzes. [2]Die Durchführung der betrieblichen Altersversorgung kann unmittelbar über den Arbeitgeber oder über einen der in § 1b Abs. 2 bis 4 genannten Versorgungsträger erfolgen. [3]Der Arbeitgeber steht für die Erfüllung der von ihm zugesagten Leistungen auch dann ein, wenn die Durchführung nicht unmittelbar über ihn erfolgt.

(2) Betriebliche Altersversorgung liegt auch vor, wenn
1. der Arbeitgeber sich verpflichtet, bestimmte Beiträge in eine Anwartschaft auf Alters-, Invaliditäts- oder Hinterbliebenenversorgung umzuwandeln (beitragsorientierte Leistungszusage),
2. der Arbeitgeber sich verpflichtet, Beiträge zur Finanzierung von Leistungen der betrieblichen Altersversorgung an einen Pensionsfonds, eine Pensionskasse oder eine Direktversicherung zu zahlen und für Leistungen zur Altersversorgung das planmäßig zuzurechnende Versorgungskapital auf der Grundlage der gezahlten Beiträge (Beiträge und die daraus erzielten Erträge), mindestens die Summe der zugesagten Beiträge, soweit sie nicht rechnungsmäßig für einen biometrischen Risikoausgleich verbraucht wurden, hierfür zur Verfügung zu stellen (Beitragszusage mit Mindestleistung),
3. künftige Entgeltansprüche in eine wertgleiche Anwartschaft auf Versorgungsleistungen umgewandelt werden (Entgeltumwandlung) oder
4. der Arbeitnehmer Beiträge aus seinem Arbeitsentgelt zur Finanzierung von Leistungen der betrieblichen Altersversorgung an einen Pensionsfonds, eine Pensionskasse oder eine Direktversicherung leistet und die Zusage des Arbeitgebers auch die Leistungen aus diesen Beiträgen umfasst; die Regelungen für Entgeltumwandlung sind hierbei entsprechend anzuwenden, soweit die zugesagten Leistungen aus diesen Beiträgen im Wege der Kapitaldeckung finanziert werden.

Literatur: *Adomeit/Mohr*, Geltung des AGG für die betriebliche Altersversorgung, ZfA 2008, 449; *Berenz*, Contractual Trust Arrangements (CTA) und die gesetzliche Insolvenzsicherung der betrieblichen Altersversorgung durch den PSVaG, DB 2006, 2125; *Blomeyer*, Ansätze zu einer Dogmatik des Betriebsrentenrechts nach 25 Jahren BetrAVG und einer ersten Gesetzesreform (RRG 1999), RdA 2000, 279; *ders.*, Beitragsversprechen in Pensionszusagen und bei Unterstützungskassen, BetrAV 1998, 124; *ders.*, Neue arbeitsrechtliche Rahmenbedingungen für die Betriebsrente, BetrAV 2001, 430; *ders.*, Die „Riester-Rente" nach dem Altersvermögensgesetz, NZA 2001, 913; *ders.*, Änderungen des Betriebsrentengesetzes zum 1.1.1999 – neue Lösungen – neue Probleme –, NZA 1998, 911; *ders.*, Arbeitsrechtliche Grundlinien der beitragsorientierten Versorgungszusage zwischen Beitrags- und Leistungszusage, BetrAV 1996, 308; *ders.*, Das kollektive Günstigkeitsprinzip – Bemerkungen zum Beschluss des BAG vom 16.9.1986, DB 1987, 634; *ders.*, Die „Wertgleichheit" von Versorgungsanwartschaft und umgewandeltem Entgeltanteil, in: Betriebliche Altersversorgung im 21. Jahrhundert, FS für Förster, 2001, S. 189; *Bode/Grabner/Stein*, Auswirkungen des Altersvermögensgesetzes auf die betriebliche Altersversorgung, DStR 2002, 679; *Buchner*, Verlagerung von Versorgungsverpflichtungen bei Unternehmensumstrukturierung – Zur Möglichkeit der Abspaltung einer Rentnergesellschaft, in: Recht der Wirtschaft und der Arbeit in Europa, GS für Blomeyer, 2004, S. 49; *Bürkle*, Richterrechtliche Informationspflichten für externe Versorgungsträger im Betriebsrentensektor, BB 2007, 101; *Cisch/Bleeck*, Rechtsprechung des BAG zur betrieblichen Altersversorgung in den Jahren 2006/2007, BB 2008, 1002; *dies.*, Rechtsprechung des BAG zur betrieblichen Altersversorgung 2008/2009, BB 2009, 1070; *Cisch/Böhm*, Das Allgemeine Gleichbehandlungsgesetz und die betriebliche Altersversorgung in Deutschland, BB 2007, 602; *Cisch/Kruip*, Die Auswirkungen der Anhebung der Altersgrenzen in der gesetzlichen Rentenversicherung auf die betriebliche Altersversorgung, BB 2007, 1162; *Clemens*, Entgeltumwandlung zur betrieblichen Altersversorgung, 2005; *Däubler*, Der gebremste Sozialabbau, AuR 1987, 349; *Diller/Zillmern*, In München steht's jetzt 1:1!, NZA 2008, 338; *Doetsch*, Renaissance tariflicher Versorgungswerke, in: Recht der Wirtschaft und der Arbeit in Europa, GS für Blomeyer, 2004, S. 49; *ders.*, Möglichkeit beitragsdefinierter Versorgungszusagen nach geltendem Arbeits- und Steuerrecht, ZIP 1998, 270; *Doetsch/Förster/Rühmann*, Änderungen des Betriebsrentengesetzes durch das Rentenreformgesetz 1999, DB 1998, 258; *Döring/Grau*, Neue Gefahren bei der Entgeltumwandlung – Gezillmerte Versicherungstarife in der betrieblichen Altersversorgung, BB 2007, 1564; *Förster/Cisch*, Die Änderungen im Betriebsrentengesetz durch das Alterseinkünftegesetz und deren Bedeutung für die Praxis, BB 2004, 2126; *Grabner*, Kostenorientierte Direktzusagen in der betrieblichen Altersversorgung, DB 1979, 843; *Hanau/Arteaga*, Pensionsfonds-Sondervermögen und betriebliche Altersversorgung, BB 1997, Beil. 17; *Hanau/Arteaga/Rieble/Veit*, Entgeltumwandlung, 2. Aufl., 2006; *Henning*, Die betriebliche Mitbestimmung bei der Entgeltumwandlung, 2003; *Hensche*, Betriebliche Altersversorgung und Diskriminierungsverbot – Vom umstrittenen Grenzverlauf zwischen Arbeits- und Versicherungsrecht, NZA 2004, 828; *Herms/Meinel*, Vorboten einer neuen Ära: Das geplante Antidiskriminierungsgesetz, DB 2004, 2370; *Höfer*, Die Neuregelung des Betriebsrentenrechts durch das Altersvermögensgesetz (AVmG), DB 2001, 1145; *ders.*, Die Neuregelung des Betriebsrentengesetzes durch das Alterseinkünftegesetz, DB 2004, 1426; *ders.*, Das neue Betriebsrentenrecht, 2003; *Höfer/Ververs*, Betriebliche Altersversorgung: Ausgliederung durch Contractual Trust Arrangement oder Pensionsfonds?, DB 2007, 1365; *Höfer/Witt/Kuchem*, Die Anpassung betrieblicher Versorgungsregelungen an die neuen Altersgrenzen der gesetzlichen Rentenversicherung, BB 2007, 1445; *Hopfner*, Schon wieder Neuerungen in § 1 BetrAVG?, DB 2002, 1050; *ders.*, Der „gerechte Preis" bei der Entgeltumwandlung, Diss. 2003; *Kemper*, Entgeltumwandlung und erzwingbare Mitbestimmung, in: Betriebliche Altersversorgung im 21. Jahrhundert, FS für Förster, 2001, S. 207; *ders.*, Einzelfragen zur Mitbestimmung des Betriebsrats bei einer Pensionskasse, in: Recht der Wirtschaft und der Arbeit in Europa, GS für Blomeyer, 2004, S. 157; *Kleffmann/Reich*, Aktuelle Entwicklungen in der betrieblichen Altersversorgung beim Unternehmenskauf, BB 2009, 214; *Klein*, Änderungen im Betriebsrentengesetz (BetrAVG), BetrAV 2001, 701; *Körner*, Unisex-Tarife und Entgeltgleichheitsgrundsatz bei der Riester-Eichel-Rente, NZA 2004, 760; *Konzen*, Kollektivrechtliche Grundlagen und Grenzen der Entgeltumwandlung in der betrieblichen Altersversorgung, in: Recht der Wirtschaft und der Arbeit in Europa, GS für Blomeyer, 2004, S. 173; *Kort*, Bestandssicherung betrieblicher Betriebsübergang, in: Recht der Wirtschaft und der Arbeit in Europa, GS für Blomeyer, 2004, S. 199; *Langohr-Plato/Teslau*, Das Alterseinkünftegesetz und seine arbeitsrechtlichen Konsequenzen für die betriebliche Altersversorgung, NZA 2004, 1297 und 1353; *Preis/Teming*, Altersdiskriminierung im Betriebsrentenrecht: Die Abstandsklausel ist angezählt, NZA 2008, 1209; *Raulf/Gunia*, Zwang zur geschlechtsneutralen Kalkulation in der betrieblichen Altersversorgung?, NZA 2003, 534; *Reich/Rutzmoser*, Wertgleichheit bei Entgeltumwandlungen in der betrieblichen Altersversorgung, DB 2007, 2314; *Reinecke*, Die Änderungen des Gesetzes zur Verbesserung der betrieblichen Altersversorgung durch das Altersvermögensgesetz – neue Chancen für die betriebliche Altersversorgung, NJW 2001, 3511; *ders.*, 30 Jahre Betriebsrentengesetz – Gesetzes- und Richterrecht in der betrieblichen Altersversorgung, NZA 2004, 753; *ders.*, Betriebliche Übung in der Betrieblichen Altersversorgung, BB 2004, 1625; *ders.*, Neue Rechtsprechung des Bundesarbeitsgerichts zum Betriebsrentenrecht (2005 bis 2007), DB 2007, 2837; *ders.*, Arbeitsrechtliche Rahmenbedingungen bei Unterstützungskassenzusagen, DB 2009, 1182; *Rengier*, Ablösung des Gesamtversorgungssystems im öffentlichen Dienst durch die Altersvorsorge-Tarifverträge vom 1.3.2002 – Zur Wirksamkeit der Regelungen über die Ermittlung der Startgutschriften, NZA 2004, 817; *ders.*, Betriebliche Altersversorgung und das Allgemeine Gleichbehandlungsgesetz, NZA 2006, 1251; *Rieble/Klumpp*, Naturalleistungszusagen als betriebliche Altersversorgung, in: Recht der Wirtschaft und der Arbeit in Europa, GS für Blomeyer, 2004, S. 317; *Rolfs*, „Für die betriebliche Altersversorgung gilt das Betriebsrentengesetz" – Über das schwierige Verhältnis von AGG und BetrAVG, NZA 2008, 553; *Sasdrich/Wirth*, Betriebliche Altersversorgung gestärkt, BetrAV 2001, 401; *Schieck*, Gleichbehandlungsrichtlinien der EU – Umsetzung im deutschen Arbeitsrecht, NZA 2004, 873; *Schliemann*, Tarifrecht und Entgeltumwandlung bei Betriebsrenten, in: Recht der Wirtschaft und der Arbeit in Europa, GS für Blomeyer, 2004, S. 375; *Schnittker/Grau*, Mitbestimmungsrechte des Betriebsrats bei der Einführung einer betrieblichen Altersversorgung im Wege der Entgeltumwandlung nach § 1a BetrAVG, BB 2003, 1061; *dies.*, Neue Rahmenbedingungen für das Recht der betrieblichen Altersversorgung durch das Alterseinkünftegesetz, NJW 2005, 10; *Schwark/Raulf*, Beitragszusagen mit Mindestleistung bei Direktzusagen in der betrieblichen Altersversorgung?, DB 2003, 940; *Steinmeyer*, Gleichbehandlung und private und betriebliche Alterssicherung – eine unendliche Geschichte?, NZA 2004, 1257; *ders.*, Das Allgemeine Gleichbehandlungsgesetz und die betriebliche Altersversorgung, ZfA 2007, 27; *Stief*, Der Begriff der betrieblichen Altersversorgung, Diss. 1992; *Stiefermann*, Wachsende tarifpolitische Bedeutung der betrieblichen Altersversorgung, in: Recht der Wirtschaft und der Arbeit in Europa, GS für Blomeyer, 2004, S. 445; *Uebelhack*, Beitragszusage mit Mindestleistung – Eine neue Zusageform für Betriebsrenten, in: Recht der Wirtschaft und der Arbeit in Europa, GS für Blomeyer, 2004, S. 467; *Waltermann*, Ablösende Betriebsvereinbarung für Ruheständler, NZA 1998, 505

A. Allgemeines 1	
I. Historische Entwicklung 1	
II. Einführung des BetrAVG 2	
III. Änderungen des BetrAVG 3	
IV. Geltung im Beitrittsgebiet 4	
V. Arbeitsverhältnisse mit Auslandsberührung 5	
B. Regelungsgehalt 7	
I. Begriff der betrieblichen Altersversorgung (Abs. 1 S. 1) 7	
1. Versorgungszweck 8	
2. Versorgungsfall 9	
a) Altersversorgung 9	
b) Invaliditätsversorgung 10	
c) Hinterbliebenenversorgung 11	
aa) Begriff der Hinterbliebenen 11	
bb) Einschränkende Bedingungen 12	
cc) Erben als Hinterbliebene 14	
3. Kausalität des Eintritts eines Versorgungsfalls für den Leistungsanspruch 15
4. Versorgungsleistung 16
a) Leistungsarten 16
b) Bestimmtheit der Leistung 17
c) Versorgungssysteme 18
aa) Festbetragssysteme 19
bb) Gehaltsabhängige Systeme 20
cc) Gesamtversorgungssysteme 21
5. Zusagender 22
6. Empfänger der Zusage 25
7. Aus Anlass des Arbeitsverhältnisses 26
8. Weitere Leistungsvoraussetzungen und Nebenpflichten 28
a) Allgemeine Leistungsbedingungen 28
b) Nebenpflichten (Informationspflichten) .. 29
9. Abgrenzung zu anderen Arbeitgeberleistungen 30
a) Altersteilzeit-Leistungen 30

b) Arbeitsentgelt	31
c) Ausgleichsansprüche des Handelsvertreters	32
d) Gewinnbeteiligungsansprüche	33
e) Gratifikationen	34
f) Kündigungsabfindungen	35
g) Notfallleistungen	36
h) Rentenleistungen	37
i) Sterbegelder	38
j) Überbrückungsbeihilfen/Übergangsgelder	39
k) Leistungen zur Vermögensbildung	40
l) Versicherungen	41
II. Durchführungswege der betrieblichen Altersversorgung (Abs. 1 S. 2)	42
1. Unmittelbare Versorgungszusage	43
2. Direktversicherung	44
a) Versorgungsverhältnis Arbeitgeber – Arbeitnehmer	45
b) Deckungsverhältnis Arbeitgeber – Versicherer	47
c) Leistungsverhältnis Versicherer – Arbeitnehmer/Hinterbliebene	48
aa) Widerrufliches Bezugsrecht	50
bb) Unwiderrufliches Bezugsrecht	52
cc) Gespaltenes Bezugsrecht	53
dd) Eingeschränkt unwiderrufliches Bezugsrecht	54
3. Pensionskasse	55
4. Pensionsfonds	58
5. Unterstützungskasse	63
III. Haftung des Arbeitgebers (Abs. 1 S. 3)	67
IV. Rechtsgrundlage der Zusage	68
1. Einzelabreden	69
2. Vertragliche Einheitsregelung und Gesamtzusage	70
3. Betriebliche Übung	71
4. Gleichbehandlungsgrundsatz	74
a) Unterschiedliche Regelungen für Männer und Frauen	77
aa) Verstoß gegen das Lohngleichheitsgebot zwischen Männern und Frauen (Art. 141 EGV)	78
(1) Unmittelbare Diskriminierung	79
(2) Mittelbare Diskriminierung (insb. Teilzeitbeschäftigte)	80
bb) Konkurrenzverhältnis zwischen Art. 141 EGV und den nationalen Diskriminierungsverboten	82
cc) Zeitliche Wirkungen	83
(1) Rückwirkende Geltendmachung des Verstoßes gegen Art. 141 EGV	84
(a) „Barber"-Entscheidung	85
(b) Bilka-Entscheidung	86
(2) Rückwirkende Geltendmachung des Verstoßes gegen Art. 3 GG	87
b) Weitere Einzelfälle	89
c) AGG	95
aa) Anwendbarkeit	96
bb) Altersdiskriminierung	97
cc) Diskriminierung wegen der sexuellen Identität	100
d) Beweislast	103
5. Betriebsvereinbarung	105
6. Vereinbarungen und Richtlinien nach dem SprAuG	107
7. Tarifvertrag	108
8. Gesetz	109
9. Auslegung der Versorgungszusage	110
10. Rechtskontrolle	111
V. Änderung der Versorgungszusage	112
1. Verbesserungen	113
2. Leistungsneutrale Änderungen	114
3. Verschlechternde Änderungen	115
a) Einzelvertragliche Versorgungszusagen ohne Widerrufsvorbehalt	116
aa) Zweckverfehlung (Überversorgung)	117
bb) Äquivalenzstörung	120
cc) Wirtschaftliche Notlage	122
b) Individualvertragliche Zusagen mit Widerrufsvorbehalt	123
aa) Abstrakte Billigkeitskontrolle (3-Stufen-Modell)	124
(1) Besitzstände	125
(a) Versorgungsansprüche und erdiente Versorgungsanwartschaften (1. Stufe)	125
(b) Erdiente Dynamik (2. Stufe)	127
(c) Künftige Steigerungsraten (3. Stufe)	128
(d) Sonstige Besitzstände	129
(2) Eingriff	130
(3) Rechtfertigungsgründe	131
(a) Zwingende Gründe	131
(b) Triftige Gründe	132
(c) Sachlich-proportionale Gründe	133
bb) Konkrete Billigkeitskontrolle (Härtefälle)	134
c) Abändernde Betriebsvereinbarung	135
aa) Änderung einer Betriebsvereinbarung durch nachfolgende Betriebsvereinbarung	136
bb) Änderung einer individualrechtlichen Versorgungszusage durch Betriebsvereinbarung	137
(1) Ablösungsmöglichkeit	137
(a) Störung der Geschäftsgrundlage	140
(b) Betriebsvereinbarungsoffenheit	141
(c) Kollektives Günstigkeitsprinzip	142
(2) Anwendung des 3-Stufen-Modells	144
cc) Persönlicher Geltungsbereich	145
d) Kündigung einer Betriebsvereinbarung über betriebliche Altersversorgung	146
e) Ablösender Tarifvertrag	147
4. Unzulässige Rechtsausübung (Treuebruch)	149
a) Existenzgefährdende Schädigung	150
b) Verschleierung einer Pflichtverletzung	151
VI. Sonderformen der betrieblichen Altersversorgung (Abs. 2)	152
1. Beitragsorientierte Leistungszusage (Abs. 2 Nr. 1)	154
a) Begriff des Beitrags	155
b) Umwandlung des Beitrags	156
2. Beitragszusage mit Mindestleistung (Abs. 2 Nr. 2)	157
a) Inhalt der Beitragszusage	159
b) Durchführungswege	160
3. Entgeltumwandlung (Abs. 2 Nr. 3)	161
a) Künftige Entgeltanteile	162
aa) Entgelt	163
bb) Künftige Ansprüche	164
cc) Rechtsgrundlage des Entgeltanspruchs	165
b) Anwartschaft auf Versorgungsleistung	166
c) Wertgleichheit	167

Vienken

aa) Direktversicherungs-, Pensionskassen- oder Pensionsfondszusage	168	b)	Übernahme einer vom Veräußerer erteilten Versorgungszusage durch den Erwerber	190
bb) Direktzusage und Unterstützungskassenzusage	169	c)	Kollision von Versorgungszusagen	191
cc) Über- und unterproportionale Umwandlung	170	d)	Betriebsübergang in der Insolvenz	193
d) Umwandlungsvereinbarung	171	2.	Umwandlung	194
4. Eigenbeitrags- bzw. Umfassungszusage (Abs. 2 Nr. 4)	173	III.	Aufrechnung, Ausschlussklauseln, Verwirkung	195
C. Verbindung zu anderen Rechtsgebieten und zum Prozessrecht	175	1.	Aufrechnung	196
I. Mitbestimmung des Betriebsrats	176	2.	Ausschlussklauseln	197
1. Arbeitgeberfinanzierte Versorgungszusagen	177	3.	Verwirkung	198
a) Mitbestimmungsfreie Entscheidung	178	IV.	Steuer- und sozialabgabenrechtliche Aspekte	199
b) Mitbestimmungspflichtige Entscheidungen	179	1.	Steuerrechtliche Aspekte	200
		a)	Direktzusage und Unterstützungskassenzusagen	201
c) Einigung	180	b)	Direktversicherung	202
d) Rechtsfolgen der Verletzung des Mitbestimmungsrechts und Beweislast	181	c)	Pensionskassen, Pensionsfonds	205
e) Sonderfall: Pensionskasse, Pensionsfonds, Unterstützungskasse	182	2.	Sozialabgabenrechtliche Aspekte	206
		a)	Arbeitgeberfinanzierte Versorgungszusagen	207
2. Mitbestimmung bei Entgeltumwandlung	185	b)	Entgeltumwandlungsvereinbarungen	208
a) Mitbestimmung im Rahmen des Anspruchs auf Entgeltumwandlung (§ 1a)	185	c)	Eigenbeitragszusagen	209
		V.	Prozessuale Fragen	210
b) Mitbestimmung bei Entgeltumwandlung im Übrigen	186	1.	Rechtsweg	210
		a)	Arbeitsgerichte	211
II. Betriebsübergang, UmwG	187	b)	Ordentliche Gerichte	213
1. Betriebsübergang	188	c)	Verwaltungsgerichte	214
a) Erstmalige Erteilung einer Versorgungszusage durch den Erwerber	189	2.	Klageart, Streitwert	215
		D.	Beraterhinweise	218
		I.	Beweisschwierigkeiten	218
		II.	Wahl des Durchführungsweges	219
		III.	Überprüfungsbedarf	220

A. Allgemeines

I. Historische Entwicklung

1 Die Versorgung von Menschen im Alter stellt ein zentrales Problem aller Gesellschaften dar. Während bis zum Beginn der industriellen Revolution diese Aufgabe weitestgehend durch die Eingliederung der abhängig Beschäftigten in den Familienverband der Handwerksmeister und Bauern übernommen wurde, musste mit dem durch die Industrialisierung verbundenen Umbruch der Gesellschaftsstrukturen auch die Sicherung der aus dem Erwerbsleben ausscheidenden AN neu geordnet werden. Da die gesetzlichen Fürsorgemaßnahmen für die Arbeitnehmerschaft vor den Bismarck'schen Sozialgesetzen vollkommen unzureichend waren,[1] erklärten sich AG bereits Mitte des 19. Jahrhunderts bereit, die Versorgung ihrer AN bei krankheits- oder altersbedingter Erwerbsunfähigkeit zu übernehmen. Motiv für diese Versorgungsversprechen war das patriarchalisch geprägte Verständnis einer lebenslangen Verantwortung des AG für die AN, von denen im Gegenzug entsprechende Treue und entsprechender Gehorsam verlangt wurde. Die Leistungserbringung der Betriebsrente erfolgte von Beginn an oftmals nicht durch den AG selbst, sondern durch eigenständige Versorgungseinrichtungen, deren Ausgestaltung maßgeblich durch steuer- und versicherungsaufsichtsrechtliche Regelungen bestimmt wurde. Dabei bildeten sich Pensions- und Unterstützungskassen als betriebsnahe Träger der betrieblichen Altersversorgung heraus, aber auch rechtlich und wirtschaftlich selbstständige Unternehmen der Lebensversicherung wurden vermehrt seit Anfang des 20. Jahrhunderts eingeschaltet. Die inhaltliche Ausgestaltung von Versorgungszusagen wurde vor Einführung des BetrAVG maßgeblich durch die Rspr. geprägt, insb. durch die Urteile zur Zulässigkeit von Verfallklauseln,[2] zur Anpassungspflicht von Versorgungsleistungen[3] und zum Auszehrungsverbot.[4]

II. Einführung des BetrAVG

2 Die richterrechtlich entwickelten Grundsätze hat der Gesetzgeber bei der Schaffung des Gesetzes zur Verbesserung der betrieblichen Altersversorgung,[5] das am 22.12.1974 in Kraft getreten ist, aufgenommen und inhaltlich weiterge-

---

1 *Wiedemann*, Die historische Entwicklung der betrieblichen Altersversorgung, Diss. 1990, S. 20.
2 BAG 10.3.1972 – 3 AZR 278/71 – BAGE 24, 177 = AP § 242 BGB Ruhegehalt Nr. 156.
3 BAG 30.3.1973 – 3 AZR 26/72 und 34/72 – AP § 242 BGB Ruhegehalt-Geldentwertung Nr. 4 und 5; BGH 28.5.1973 – II ZR 58/71 – BGHZ 61, 31 = AP § 242 BGB Ruhegehalt-Geldentwertung Nr. 6.
4 BAG 28.1.1964 – 3 AZR 137/62 – BAGE 15, 249 = AP § 242 BGB Ruhegehalt Nr. 92 m. Anm. *Heissmann*; BAG 19.7.1968 – 3 AZR 226/67 – DB 1968, 1629 = AP § 242 BGB Ruhegehalt Nr. 129 m. Anm. *Heissmann*; BGH 6.6.1968 – II ZR 211/66 – AP § 242 BGB Ruhegehalt Nr. 131.
5 Gesetz v.19.12.1974, BGBl I S. 3610.

führt. Das BetrAVG stellt keine umfassende Kodifikation des Betriebsrentenrechts dar, sondern regelt die Bereiche der **Durchführung der betrieblichen Altersversorgung** (1. Abschnitt), des **Auszehrungsverbots** (2. Abschnitt), der **vorzeitigen Altersleistung** (3. Abschnitt), der **gesetzlichen Insolvenzsicherung** (4. Abschnitt) und der **Anpassungsprüfungspflicht** (5. Abschnitt). Den Besonderheiten der Versorgung im Öffentlichen Dienst wurde durch die Schaffung der Sonderregelung des § 18 Rechnung getragen.

III. Änderungen des BetrAVG

Das Betriebsrentengesetz blieb über mehr als zwei Jahrzehnte im Wesentlichen unverändert. Aufgrund der prognostizierten Bevölkerungsentwicklung wurden Eingriffe in die umlagefinanzierte Sozialrente notwendig, die u.a. durch die Stärkung der betrieblichen Altersversorgung als weit gehend kapitalgedecktes System kompensiert werden sollten. Gravierende Neuerungen erfuhr das BetrAVG im Rahmen der Reformen der gesetzlichen RV durch das Rentenreformgesetz 1999 (RRG 1999),[6] das Altervermögensgesetz (AVmG),[7] das Hüttenknappschaftliche Zusatzversicherungsneuregelungsgesetz (HZvNG)[8] sowie das Alterseinkünftegesetz (AltEinkG).[9] Die Veränderungen betrafen nahezu alle Bereiche des Betriebsrentengesetzes. Hervorzuheben sind jedoch die Einführung des Pensionsfonds als fünften Durchführungsweg (§ 1b Abs. 3), die Definition von beitragsorientierter Leistungszusage, Beitragszusage mit Mindestleistung, Entgeltumwandlung und Eigenbeitragszusage als Formen der betrieblichen Altersversorgung (§ 1 Abs. 2 Nr. 1 bis 4) sowie die Schaffung eines Anspruchs auf Entgeltumwandlung (§ 1a).

In neuerer Zeit hat das Betriebsrentengesetz Änderungen bei der Finanzierung der gesetzlichen Insolvenzsicherung (§ 10),[10] der Anpassung der in §§ 2 und 6 aufgeführten Altersgrenzen an die neue Regelaltersgrenze in der gesetzlichen RV (Rente mit 67)[11] und der Herabsetzung des Mindestalters bei der gesetzlichen Unverfallbarkeit von der Vollendung des 30. auf die Vollendung des 25. Lebensjahres erfahren.[12] Daneben üben „externe" gesetzgeberische Maßnahmen wie das AGG und die Anhebung der Regelaltersgrenze im SGB VI großen Einfluss auf die betriebliche Altersversorgung aus.

IV. Geltung im Beitrittsgebiet

Im Zuge der deutschen Wiedervereinigung trat das BetrAVG gem. Anlage I Kap. VIII Sachgebiet A Abschnitt III Nr. 16 des Einigungsvertrags im Beitrittsgebiet zum 1.1.1992 in Kraft.[13] Das Betriebsrentengesetz findet dabei Anwendung auf **Zusagen, die nach dem 31.12.1991 erteilt wurden**. Eine Zusageerteilung liegt vor, wenn die Ansprüche auf Leistungen der betrieblichen Altersversorgung auf individualvertraglicher oder kollektivrechtlicher Grundlage begründet wurden.[14] Versorgungszusagen aus der Zeit vor dem 1.1.1992 unterfallen weder dem Schutzbereich des Betriebsrentengesetzes noch kann die vorgesetzliche Rspr. des BAG zur Unverfallbarkeit[15] oder zur Anpassungspflicht[16] grds. herangezogen werden. Bestätigt der AG nach dem 31.12.1991 jedoch eine früher begründete Leistungspflicht, so ist von einer Neuzusage auszugehen, wenn hierdurch über die bereits bestehende Rechtspflicht hinaus eine eigenständige Verbindlichkeit auf Leistungen der betrieblichen Altersversorgung begründet werden soll (**bestätigende Neuzusage**).[17] Keine Neuzusage liegt dagegen vor, wenn bereits vor dem 1.1.1992 begründete Rechtspflichten später lediglich beschrieben oder erfüllt werden.[18]

V. Arbeitsverhältnisse mit Auslandsberührung

Die Anwendbarkeit des BetrAVG auf Arbverh mit Auslandsberührung richtet sich nach dem deutschen internationalen Privatrecht (Art. 27 ff. EGBGB). Gem. Art. 30 Abs. 2 EGBGB unterliegen bei fehlender Rechtswahl Arbeitsverträge und Arbverh dem Recht des Staates, in dem der AN in Erfüllung des Vertrages gewöhnlich seine Arbeit verrichtet, selbst wenn er vorübergehend in einen anderen Staat entsandt ist (Nr. 1) oder in dem sich die Niederlassung befindet, die den AN eingestellt hat, sofern dieser seine Arbeit gewöhnlich nicht in ein und demselben Staat verrichtet (Nr. 2), sofern nicht die Gesamtumstände für die Bindung des Arbverh an einen anderen Staat sprechen.[19] Wäre hiernach bei fehlender Rechtswahl deutsches Recht und damit das BetrAVG auf das Arbverh anwendbar, dann können durch eine abweichende Rechtswahl die **zwingenden Vorschriften des Betriebsrentengesetzes** als Mindestschutz nicht abgedungen werden (vgl. Art. 30 Abs. 1 EGBGB).[20] Besteht ohne Rechtswahl kein hinreichender Bezug zum

---

6 Gesetz v. 11.12.1997, BGBl I S. 2998.
7 Gesetz v. 26.6.2001, BGBl I S. 1310.
8 Gesetz v. 21.6.2002, BGBl I S. 2167.
9 Gesetz v. 5.7.2004, BGBl I S. 1427.
10 2. Gesetz zur Änderung des Betriebsrentengesetzes v. 2.12.2006 (BGBl I S. 2742).
11 Gesetz zur Anpassung der Regelaltersgrenze an die demographische Entwicklung und zur Stärkung der Finanzierungsgrundlagen in der gesetzlichen RV v. 20.4.2007 (BGBl I S. 554).
12 Gesetz zur Förderung der zusätzlichen Altersversorgung v. 10.12.2007 (BGBl I S. 2838).
13 Ausf. *Blomeyer/Rolfs/Otto*, Einl. Rn 45 ff.
14 BAG 24.3.1998 – 3 AZR 778/96 – NZA 1998, 1059.
15 BAG 27.2.1996 – 3 AZR 242/95 – NZA 1996, 978.
16 BAG 24.3.1998 – 3 AZR 778/96 – NZA 1998, 1059.
17 BGH 25.7.2005 – II ZR 237/03 – NZA-RR 2006, 534; BAG 24.3.1998 – 3 AZR 778/96 – NZA 1998, 1059; BAG 19.12.2000 – 3 AZR 451/99 – NZA 2002, 615.
18 BAG 29.1.2008 – 3 AZR 522/06 – DB 2008, 1867.
19 Anschaulich BAG 20.4.2004 – 3 AZR 301/03 – NZA 2005, 297.
20 Ausf. hierzu *Blomeyer/Rolfs/Otto*, Einl. Rn 64 ff.

deutschen Recht, dann kann andererseits auch durch die Vereinbarung der Anwendbarkeit des BetrAVG der gesetzliche Insolvenzschutz der §§ 7 ff. nicht übergeleitet werden. Diese Vorschriften stehen nicht zur Disposition der Vertragsparteien.

6 Wird ein AN nicht nur vorübergehend zu einem **Konzernunternehmen** in das Ausland entsandt, so finden die Vorschriften des BetrAVG auf das Arbverh grds. keine Anwendung, wenn die Geltung nicht vereinbart wird. Wurden aber die Versorgungsleistungen durch eine deutsche Konzernmutter zugesagt und verbleiben noch **arbeitsrechtliche Restbeziehungen** trotz der Begründung eines neuen Arbverh mit dem ausländischen Tochterunternehmen bestehen, so wird das Arbverh zur Konzernmutter nicht unterbrochen, vielmehr ist es als ruhendes Arbverh zu werten, auf das das BetrAVG einwirkt. Die Zeiten des ruhenden Arbverh sind bei der Berechnung der gesetzlichen Unverfallbarkeitsfrist einzubeziehen, sodass im Fall der Insolvenz der Konzernmutter auch der gesetzliche Insolvenzschutz eingreifen kann.[21]

B. Regelungsgehalt

I. Begriff der betrieblichen Altersversorgung (Abs. 1 S. 1)

7 Der Gesetzgeber hat die seit Einführung des BetrAVG geltende Definition des Begriffs der betrieblichen Altersversorgung auch in der Neufassung des § 1 Abs. 1 S. 1 fast wortgleich übernommen. Bei der Interpretation der einzelnen Tatbestandsmerkmale ist deshalb zunächst von dem Bedeutungsgehalt auszugehen, wie er sich in Rspr. und Lit. bereits zuvor entwickelt hat. Die Legaldefinition des Begriffs der betrieblichen Altersversorgung gem. Abs. 1 S. 1 dient der Bestimmung des **sachlichen Anwendungsbereichs** des BetrAVG. Voraussetzung ist hiernach das Versprechen einer Leistung zum Zwecke der Versorgung, ein den Versorgungsanspruch auslösendes Ereignis wie Alter, Invalidität oder Tod und die Zusage an einen AN aus Anlass des Arbverh.[22] Die Beurteilung, ob diese Merkmale erfüllt werden, steht als Rechtsfrage nicht zur Disposition der Parteien der Versorgungsvereinbarung.[23]

8 **1. Versorgungszweck.** Die versprochene Leistung des AG muss einem Versorgungszweck dienen. Das Gesetz begrenzt die Versorgungsfälle auf das Erreichen einer Altersgrenze, die Invalidität oder das Versterben des AN. Allen drei biologischen Ereignissen ist gemeinsam, dass nach ihrem Eintritt der AN grds. nicht mehr in der Lage ist, den eigenen Lebensunterhalt bzw. den seiner Angehörigen durch eigenes Erwerbseinkommen bestreiten zu können. Die vom AG zugesagte Leistung dient folglich dann der Versorgung, wenn sie zur Finanzierung des Lebensunterhalts nach dem alters-, invaliditäts- oder todesfallbedingten Ausscheiden aus dem Berufs- oder Erwerbsleben beitragen soll.[24] Erforderlich ist, dass die vom AG zugesagte Leistung **im Versorgungsfall einen unmittelbaren Vermögensvorteil** für den AN oder dessen Hinterbliebene mit sich bringt.[25] Daran mangelt es, wenn der AG lediglich die Entrichtung von Beiträgen an einen Versorgungsträger oder die Bildung von Rückstellungen zusagt. Der Versorgungscharakter der Leistung muss objektiv vorliegen. Die von den Parteien gewählte Bezeichnung ist dagegen unerheblich.[26]

9 **2. Versorgungsfall. a) Altersversorgung.** Das Erreichen einer Altersgrenze stellt nur dann einen Versorgungsfall dar, wenn damit regelmäßig das altersbedingte Ausscheiden aus dem Erwerbsleben verbunden ist.[27] Je niedriger die Altersgrenze gewählt wird, umso eher ist davon auszugehen, dass es an dem Versorgungscharakter der Leistung mangelt. Als **Standardaltersgrenze** gilt derzeit noch die Vollendung des 65. Lebensjahres. Mit der Erhöhung der Regelaltersgrenze in der gesetzlichen RV von der Vollendung des 65. auf die Vollendung des 67. Lebensjahres wird eine Anpassung in der betrieblichen Altersversorgung erfolgen.[28] Von einem altersbedingten Ausscheiden aus dem Erwerbsleben wird aber grds. auch dann auszugehen sein, wenn die Vollendung des 60. Lebensjahres als Versorgungsfall vereinbart wird.[29] Ob der AN mit Erreichen der Altersgrenze tatsächlich aus dem Erwerbsleben ausscheidet, ist dagegen nicht relevant.[30] Zur Sicherung des Versorgungszweckes kann aber die Beendigung des Arbverh als Leistungsvoraussetzung vereinbart werden, ein Zwang hierzu besteht nicht.[31] Bei Festlegung einer niedrigeren Altersgrenze kann der zugesagten Leistung nur in sachlich gerechtfertigten Ausnahmefällen Versorgungscharakter zugesprochen werden.[32] Im Zusammenhang mit der Anhebung der Regelaltersgrenze in der gesetzlichen

---

21 BAG 25.10.1988 – 3 AZR 64/87 – NZA 1989, 177.
22 St. Rspr. BAG 8.5.1990 – 3 AZR 121/89 – NZA 1990, 931; BAG 25.10.1994 – 3 AZR 279/94 – NZA 1995, 373; aus jüngerer Zeit BAG 18.3.2003 – 3 AZR 315/02 – NZA 2004, 1064.
23 BAG 28.1.1986 – 3 AZR 312/84 – NZA 1987, 126.
24 St. Rspr. BAG 14.10.2003 – 9 AZR 678/02 – NZA 2004, 679; BAG 3.11.1998 – 3 AZR 454/97 – NZA 1999, 594; BAG 8.5.1990 – 3 AZR 121/89 – NZA 1990, 931.
25 HWK/*Schipp*, Vorb. BetrAVG Rn 34.
26 BAG 18.2.2003 – 81/02 – NZA 2004, 98; BAG 28.1.1986 – 3 AZR 312/84 – NZA 1987, 126; *Blomeyer/Rolfs/Otto*, § 1 Rn 14.
27 BAG 3.11.1998 – 3 AZR 454/97 – NZA 1999, 594.
28 *Cisch/Kruip*, BB 2007, 1162; *Höfer/Witt/Kuchem*, BB 2007, 1445.
29 BAG 28.10.2009 – 3 AZR 317/07 – NZA 2009, 844; BAG 17.9.2008 – 3 AZR 865/06 – NZA 2009, 440; BAG 24.6.1986 – 3 AZR 645/84 – NZA 1987, 309; PSV Merkblatt 300/M4/1.05.
30 BAG 17.9.2008 – 3 AZR 865/06 – NZA 2009, 440.
31 BAG 17.9.2008 – 3 AZR 865/06 – NZA 2009, 440.
32 Zur Zulässigkeit einer tarifvertraglichen Altersgrenze von 55 Jahren bei Piloten BAG 11.3.1998 – 7 AZR 700/96 – NZA 1998, 716.

RV hat das BMF angekündigt, bei Zusagen ab dem 1.1.2012 die untere Altersgrenze von 60 auf 62 Jahre für eine steuerliche Anerkennung heraufzusetzen.[33]

b) Invaliditätsversorgung. Dem Schutzbereich des BetrAVG unterfallen weiter Zusagen, die der Versorgung des AN bei Invalidität dienen. Der Begriff der Invalidität wird im Gesetz nicht definiert. Um dem Versorgungsgedanken gerecht zu werden, muss der Leistungsfall Invalidität aber mind. davon abhängig gemacht werden, dass der AN aufgrund einer physischen oder psychischen Beeinträchtigung nicht mehr in der Lage ist, seiner bisherigen Tätigkeit nachzugehen.[34] I.Ü. steht es den Parteien der Versorgungszusage grds. frei, den Versorgungsfall Invalidität näher zu konkretisieren. Häufig erfolgt eine Anlehnung an das Sozialversicherungsrecht und dessen Terminologie, so dass auch dessen Bedeutungsgehalt für die Interpretation der Versorgungszusage heranzuziehen ist.[35] Durch die Reform der früheren **Erwerbs- und Berufsunfähigkeitsrente** (§ 43 SGB VI a.F.) zu einer Rente wegen **voller oder teilweiser Erwerbsminderung** (§ 43 SGB VI n.F.), stellt sich im Betriebsrentenrecht die Frage, ob sich inhaltlich eine Versorgungsregelung, die noch die Begriffe der Erwerbs- und Berufsunfähigkeit verwendet, an die Änderungen im Sozialversicherungsrecht anpasst oder die Begriffe der Berufs- oder Erwerbsunfähigkeit ihrem ursprünglichen Sinn nach weiter zu verstehen sind oder die Versorgungsordnung lückenhaft geworden ist.[36] Der Bedeutungsgehalt muss jeweils im Einzelfall durch Auslegung der Versorgungsordnung ermittelt werden.[37] Wird der AN verpflichtet, zum **Nachweis der Invalidität** den Rentenbescheid oder ein amtsärztliches Zeugnis vorzulegen, so bleibt die Entstehung des Anspruchs auf Leistungen der Invaliditätsversorgung hiervon unberührt. Der Rentenbescheid oder das amtsärztliche Zeugnis haben lediglich feststellende Wirkung für den Eintritt des Versorgungsfalls.[38]

c) Hinterbliebenenversorgung. aa) Begriff der Hinterbliebenen. Zur betrieblichen Altersversorgung zählt auch die Zusage, Versorgungsleistungen im Todesfall des AN an die Hinterbliebenen zu zahlen. Der Begriff der Hinterbliebenen wird im Betriebsrentenrecht nicht näher bestimmt. Im Regelfall sind unter den Hinterbliebenen Witwen, Witwer und Waisen zu verstehen.[39] Die Parteien können jedoch auch davon abweichend den Kreis der anspruchsberechtigten Personen festlegen.[40] Soll allg. dem Ehepartner die Hinterbliebenenversorgung zustehen, so ist anspruchsberechtigt, wer im Zeitpunkt des Todes mit dem AN verheiratet war. Erfolgt eine namentliche Benennung, so bleibt die benannte Person anspruchsberechtigt, selbst wenn es sich um die geschiedene Ehefrau handelt und der AN zwischenzeitlich eine neue Ehe eingegangen ist.[41] Auch der Partner einer ne. Lebensgemeinschaft kann als Hinterbliebener eingesetzt werden. Wird an Stelle der getrennt lebenden Ehefrau die Lebensgefährtin benannt, so verstößt dies grds. nicht gegen die guten Sitten.[42] **Waisenrenten** werden regelmäßig nur zeitlich begrenzt bis zum Erreichen eines bestimmten Alters gezahlt. Der Leistungsanspruch kann auch davon abhängig gemacht werden, dass das Kind noch kein eigenes Einkommen erzielt oder die Schul- oder Berufsausbildung noch nicht abgeschlossen hat. Eine Unterscheidung zwischen ehelichen und ne. Kindern verstößt gegen Art. 6 Abs. 5 GG. Diese grundgesetzliche Bestimmung stellt eine Schutznorm zugunsten der ne. Kinder und eine Konkretisierung des allg. Gleichheitssatzes dar.[43]

bb) Einschränkende Bedingungen. Weiter kann der Anspruch auf Hinterbliebenenrente von der Erfüllung zusätzlicher Bedingungen abhängig gemacht werden, durch die der Kreis der berechtigten Personen weiter beschränkt wird. Während früher die Einschränkungen insb. im Licht des Art. 6 GG überprüft wurden, zwingt das AGG zu einer Neubewertung (zum AGG ausführlich siehe Rn 95). So waren Klauseln bisher zulässig, nach denen der begünstigte Ehepartner im Zeitpunkt des Todes des AN ein bestimmtes **Mindestalter** erreicht haben muss,[44] die Ehegatten keine zu große **Altersdifferenz** trennen darf[45] oder die Ehe zum Zeitpunkt des Todes eine bestimmte **Mindestdauer** bestanden haben muss.[46] Der Leistungsanspruch konnte auch wirksam ausgeschlossen werden, wenn das Ehepaar zum Zeitpunkt des Todes dauerhaft getrennt lebt (**Getrenntlebenklausel**),[47] die Ehe erst nach Beendigung des Arbvreh oder Erreichens eines bestimmten Alters eingegangen wird (**Spätehenklausel**)[48] oder der überlebende Ehepartner wieder heiratet (**Wiederverheiratungsklausel**).[49] Von den genannten Klauseln können m.E. lediglich die Getrennt-

---

33 BMF-Schreiben v. 20.1.2009 – IV C 3 – S 2496/08/10011 – BStBl I 2009 S. 273.
34 *Höfer*, ART Rn 33; *Blomeyer/Rolfs/Otto*, § 1 Rn 23.
35 BAG 14.12.1999 – 3 AZR 742/98 – NZA 2001, 326.
36 BAG 15.11.2005 – 3 AZR 520/04 – NZA 2006, 1064.
37 *Kemper u.a.*, § 1 Rn 42.
38 BAG 14.12.1999 – 3 AZR 742/98 – NZA 2001, 326.
39 Vgl. die Parallele zu § 46 SGB VI.
40 Ausführlich *Blomeyer/Rolfs/Otto*, Anh. § 1 Rn 196 ff.; *Höfer*, ART Rn 875 ff.
41 LAG Hamm – 5 Sa 167/97 – DB 1997, 1928.
42 Auf die Umstände des Einzelfalls abstellend noch BAG 16.8.1983 – 3 AZR 34/81 – DB 1984, 887.
43 BAG 20.8.2002 – 3 AZR 463/01 – NZA 2003, 1044.
44 BAG 19.2.2002 – 3 AZR 99/01 – NZA 2002, 1286.
45 Zur Differenz von 15 Jahren einerseits – für zulässig erachtend – ArbG Duisburg 16.2.2000 – 3 Ca 3606/99 – NZA-RR 2001, 48, andererseits Hessisches LAG 12.3.1997 – 8 Sa 177/96 – DB 1997, 2182, das eine solche Klausel für verfassungswidrig hält; zur Differenz von 25 Jahren BAG 18.7.1972 – 3 AZR 472/71 – NJW 1972, 2327.
46 BAG 11.8.1987 – 3 AZR 6/86 – NZA 1988, 158.
47 BAG 28.3.1995 – 3 AZR 343/94 – NZA 1995, 1032.
48 BAG 28.7.2005 – 3 AZR 457/04 – NZA 2006, 1293; BAG 19.12.2000 – 3 AZR 186/00 – NZA 2001, 1260; BAG 26.8.1997 – 3 AZR 235/96 – NZA 1998, 817.
49 BAG 16.4.1997 – 3 AZR 28/96 – DB 1997, 1575.

lebenklausel und die Wiederverheiratungsklausel derzeit mit überwiegender Wahrscheinlichkeit als AGG-konform eingestuft werden.

Vor dem Hintergrund der Entscheidung „Mangold"[50] des EuGH hatte das BAG dem EuGH die Frage vorgelegt, ob Altersdifferenzklauseln gegen das Verbot der Altersdiskriminierung verstoßen.[51] Da nach Auffassung des EuGH der konkrete Fall keinen hinreichenden europarechtlichen Bezug hatte – der Versorgungsfall war vor Ende der Richtlinien-Umsetzungsfrist eingetreten – enthielt sich das Gericht einer Stellungnahme zu diesem Streitpunkt.

Als unwirksam sind nunmehr sog. **Haupternährerklauseln** anzusehen, nach denen eine Hinterbliebenenversorgung nur erbracht wird, wenn der verstorbene AN den Lebensunterhalt weit überwiegend bestritten hat. Das BAG hat in früheren Jahren die Zulässigkeit noch bejaht.[52] Mit seinem Urteil vom 11.12.2007 hat das BAG entschieden, dass eine Klausel, die eine Witwerversorgung nur dann vorsieht, wenn die AN den Familienunterhalt weit überwiegend verdient hat, eine unzulässige unmittelbare Benachteiligung wegen des Geschlechts bedeutet. Vor dem Hintergrund dieses Urteils führen m.E. auch geschlechtsneutral gehaltene Haupternährerklauseln zu einer mittelbaren Diskriminierung von Frauen wegen des Geschlechts (zum Verbot der Diskriminierung wegen des Geschlechts vgl. Rn 77 ff.).[53]

13 Die Wirksamkeit von „**Freitodklauseln**" ist bislang ebenfalls ungeklärt, wird aber im Hinblick auf die grds. Einschränkungsbefugnis des AG bezüglich der abgesicherten Versorgungsfälle anzunehmen sein. Ob eine solche Klausel jedoch tunlich ist, kann zu Recht sehr bezweifelt werden.[54]

14 cc) **Erben als Hinterbliebene.** Umstr. ist, ob es sich um eine Form der Hinterbliebenenversorgung handelt, wenn im Todesfall des AN der Leistungsanspruch den **Erben** zustehen soll. Ursprünglich hat das BAG solche Klauseln als vereinbar mit dem Versorgungszweck der Leistung eingeordnet.[55] Nunmehr sieht es das BAG als zweifelhaft an, eine solche Vererbungsklausel als Hinterbliebenenversorgung einzustufen.[56] So mangele es an der **Übernahme eines biometrischen Risikos**, wenn für den AG keinerlei Ungewissheit darüber bestehe, ob und in welchem Umfang er Leistungen erbringen muss. Hier könnte es sich vielmehr um eine besondere Form der Vermögensbildung handeln.[57] Gegen den Versorgungscharakter spricht zudem, dass aus der Erbenstellung grds. nicht abgeleitet werden kann, dass durch den Tod des AN der Lebensunterhalt der Erben in irgendeiner Weise gefährdet wird, der durch die Hinterbliebenenversorgung abgesichert werden soll. Der Anknüpfungspunkt für das Vorliegen des Versorgungscharakters muss sich vielmehr aus der familienrechtlichen bzw. tatsächlichen Stellung des AN zu den begünstigten Personen ergeben.[58]

15 3. **Kausalität des Eintritts eines Versorgungsfalls für den Leistungsanspruch.** Der Leistungsanspruch muss kausal auf dem Eintritt des Versorgungsfalls beruhen.[59] Durch dieses Kriterium soll verhindert werden, dass der AN vorzeitig Verfügungsmacht über die Versorgungsleistung erhält und sie zweckwidrig verbraucht. Regelmäßig sehen die Leistungsordnungen vor, dass die Versorgungsleistung erst verlangt werden kann, wenn einer der Versorgungsfälle Alter, Invalidität oder Tod eingetreten ist. Wird daneben der Anspruch auch durch andere Ereignisse ausgelöst, etwa bereits durch die vorzeitige Beendigung des Arbverh, so entfällt der Versorgungscharakter der Leistung nicht automatisch. Maßgeblich ist vielmehr, ob der **Versorgungscharakter die Leistung prägt**.[60] Werden **Renten** bereits ab einem Zeitpunkt gewährt, zu dem der Versorgungsfall noch nicht eingetreten ist, so besteht die Gefahr eines vorzeitigen Verbrauchs aufgrund der lebenslangen Zahlungspflicht regelmäßig nicht. Es unterfällt aber nur der Teil dem Anwendungsbereich des BetrAVG, der zeitlich nach dem Eintritt des Versorgungsfalls beansprucht werden kann.[61]

16 4. **Versorgungsleistung. a) Leistungsarten.** Die vom AG zugesagte Leistung besteht regelmäßig in dem Versprechen einer **Geldzahlung**. Aber auch die Gewährung von **Sachleistungen** und **Nutzungsrechten** (bspw. Strom-

---

50 EuGH 22.11.2005 – C 144/84 – NZA 2005, 1345.
51 BAG 27.6.2006 – 3 AZR 352/05 (A) – NZA 2006, 1276.
52 BAG 5.9.1989 – 3 AZR 575/88 – NZA 1990, 271.
53 In diese Richtung bereits BAG 26.9.2000 – 3 AZR 387/99 – EzA BetrAVG § 1 Hinterbliebenenversorgung Nr. 8; a.A. *Höfer*, ART Rn 785.
54 LAG Köln 15.7.2004 – 10 Sa 184/04 – LAGE § 1 BetrAVG Hinterbliebenenversorgung Nr. 8; s.a. *Blomeyer/Rolfs/Otto*, Anh. § 1 Rn 190.
55 BAG 30.10.1980 – 3 AZR 805/79 – BAGE 34, 242 = AP § 1 BetrAVG Nr. 4 m. Anm. *Hilger*; BAG 30.9.1986 – 3 AZR 22/85 – BAGE 53, 131 = AP § 1 BetrAVG Nr. 16;
56 BAG 18.3.2003 – 3 AZR 313/02 – NZA 2004, 848; siehe auch BMF Schreiben v. 5.8.2002– IV C 4 – S 2222 – 295/02 – Rn 148 – BetrAV 2002, 539, 554.
57 BAG 18.3.2003 – 3 AZR 313/02 – NZA 2004, 848; *Blomeyer*, NZA 2000, 281, 283; *Blomeyer*, DB 1997, 1921; *Blomeyer*, ZIP 1997, 1321; *Höfer/Küpper*, BB 1990, 849, 850.
58 Stärker auf den Versorgungsgedanken abstellend nun auch BAG 18.11.2008 – 3 AZR 277/07 – DB 2009, 294; so auch ErfK/*Steinmeyer*, § 1 BetrAVG Rn 8.
59 BAG 18.3.2003 – 3 AZR 315/02 – NZA 2004, 1064; BAG 18.2.2003 – 3 AZR 81/02 – NZA 2004 98; *Blomeyer/Rolfs/Otto*, § 1 Rn 16 m.w.N.
60 BAG 18.3.2003 – 3 AZR 313/02 – NZA 2004, 848.
61 BGH 24.11.1988 – IX ZR 210/87 – AP § 17 BetrAVG Nr. 15 = DB 1989, 420; *Kemper u.a.*, § 1 Rn 37.

oder Kohledeputate)[62] kann zum Gegenstand einer Versorgungszusage gemacht werden.[63] Versorgungscharakter erlangt die zugesagte Leistung nicht erst ab Erreichen einer bestimmten Mindestsumme. Vielmehr sind auch **geringwertige Ansprüche** als betriebliche Altersversorgung einzuordnen.[64] Ebenso kann die Leistung **einmalig, befristet oder als Rente** versprochen werden, ohne den Versorgungscharakter zu beeinträchtigen.[65]

b) Bestimmtheit der Leistung. Schützwürdig sind Versorgungsversprechen, wenn die zugesagte Leistung **bestimmt** ist. Der AN muss bereits bei Erteilung der Zusage damit rechnen können, in jedem Fall eine Versorgungsleistung zu erhalten, wenn einer der Versorgungsfälle eintritt.[66] An der notwendigen Bestimmtheit fehlt es grds., wenn sich der Versorgungsanspruch trotz Eintritt des Versorgungsfalls auf Null belaufen kann (**Nullleistung**). Nicht notwendig ist es aber, dass die im Versorgungsfall beanspruchbare Leistung bereits nach einem konkreten Versorgungsplan ausgestaltet ist. Ausreichend ist vielmehr eine **Blankettzusage**,[67] die auch durch betriebliche Übung begründet werden kann, bei der sich der AG die Regelung der einzelnen Versorgungsbedingungen vorbehält.[68] Die spätere Ausgestaltung muss billigem Ermessen entsprechen (§ 315 Abs. 1 BGB) und unterliegt der gerichtlichen Billigkeitskontrolle (§ 315 Abs. 3 S. 2 BGB).[69] 17

c) Versorgungssysteme. Die Höhe der Versorgungsleistung kann von verschiedenen Faktoren abhängig gemacht werden, bei deren Ausgestaltung ein hohes Maß an Sorgfalt und Klarheit angestrebt werden sollte, um Zweifel und damit Streitpunkte zu vermeiden. Bei den folgenden Systemen handelt es sich um Grundmodelle, die variiert und kombiniert werden können.[70] 18

aa) Festbetragssysteme. In **Festbetragssystemen** (statische Systeme) erhält der AN im Versorgungsfall eine festgelegte Summe, die sich auch nach Dienstjahren aufbauen kann. 19

bb) Gehaltsabhängige Systeme. Bei **gehaltsabhängigen Versorgungssystemen** (dynamische Systeme) entwickelt sich die Leistungshöhe mit den Bezügen des AN. Die Veränderung der Leistungshöhe durch die Bezugnahme auf die Gehaltsentwicklung kann auf die Zeit bis zum Eintritt des Versorgungsfalls beschränkt sein (halbdynamisches System). Darüber hinaus kann aber auch vereinbart werden, dass nach Eintritt des Versorgungsfalls die Versorgungsleistung an der Gehaltsentwicklung vergleichbarer AN teilnehmen soll (volldynamisches System). Besondere Schwierigkeiten treten häufig bei der Bestimmung auf, welche Gehaltsteile zu den **versorgungsfähigen Bezügen** zählen, sodass in diesem Bereich ein besonderes Augenmerk auf eine präzise Regelung gelegt werden muss.[71] In der Versorgungsvereinbarung kann auch festgelegt werden, dass zu den **versorgungsfähigen Dienstzeiten** nur solche zählen, in denen der AN eine Arbeitsleistung für den AG erbracht hat oder so zu stellen ist, als ob eine Arbeitsleistung erbracht worden wäre (etwa bei Entgeltfortzahlung im Krankheitsfall).[72] Demgemäß kann auch vereinbart werden, dass **Dienstzeiten vor einem Betriebsübergang**[73] oder Zeiten während des **Ruhens des Arbverh**[74] bei der Berechnung der Versorgungsleistung unberücksichtigt bleiben. Im Gegensatz dazu sind diese Zeiten bei der Berechnung der Unverfallbarkeitsfrist gem. § 1b aber einzubeziehen (siehe § 1b Rn 16). 20

cc) Gesamtversorgungssysteme. In **Gesamtversorgungssystemen** wird dem AN garantiert, im Versorgungsfall insg. unter Berücksichtigung anderweitiger Versorgungsleistungen ein bestimmtes – meistens am Netto-, früher oftmals am Bruttogehalt orientiertes – Versorgungsniveau zu erhalten. Bei Gesamtversorgungssystemen treffen den AG in besonderem Maße die Risiken der künftigen Entwicklung von Steuern und Renten. 21

5. Zusagender. Die Zusage der Versorgungsleistung muss durch den **AG** erfolgen. Bis zur Reform des BetrAVG durch das AVmG im Jahr 2001 enthielt die Legaldefinition der betrieblichen Altersversorgung keine ausdrückliche Vorgabe über die Person des Zusagenden. Der materielle Gehalt hat sich durch die Ergänzung auch nicht verändert.[75] Die Einfügung ist vielmehr irreführend, da der AG durch Gesetz oder allgemeinverbindlich erklärtem TV auch ohne seine Mitwirkung an ein Versorgungsversprechen gebunden sein kann. 22

---

62 BAG 2.12.1986 – 3 AZR 123/86 – AP § 611 BGB Deputat Nr. 9 m. Anm. *Fastrich*; zum Anspruch auf verbilligten Strombezug als Betriebsrentenleistung BAG 19.2.2008 – 3 AZR 61/06 – NZA-RR 2008, 597; BAG 12.12.2006 – 3 AZR 475/05 – AuR 2007, 51; BAG 12.12.2006 – 3 AZR 476/05 – DB 2007, 2043.
63 Hierzu *Rieble/Klumpp*, in: GS für Blomeyer, S. 317.
64 BAG 29.4.2003 – 3 AZR 247/02 – NZA 2004, 1182.
65 BAG 18.3.2003 – 313/02 – NZA 2004, 848.
66 BAG 3.11.1998 – 3 AZR 454/97 – NZA 1999, 594.
67 BAG 19.7.2005 – 3 AZR 472/04 – DB 2006, 343.
68 BAG 25.6.2002 – 3 AZR 360/01 – NZA 2003, 875.
69 BAG 13.3.1975 – 3 AZR 446/74 – DB 1975, 1563; BAG 23.11.1978 – 3 AZR 708/77 – DB 1979, 364; BAG 19.11.2002 – 3 AZR 406/01 – NZA 2003, 1424.
70 Ausf. zu den einzelnen Versorgungssystemen *Andresen u.a.*, Bd. I, Teil 6.
71 BAG 21.8.2001 – 3 AZR 746/00 – NZA 2002, 394.
72 Zur Berücksichtigung von Zeiten, in denen Mutterschaftsgeld gem. § 14 Abs. 1 MuSchG gezahlt wird EuGH 13.1.2005 – C–356/03 – Mayer – NZA 2005, 347.
73 BAG 30.8.1979 – 3 AZR 58/78 – NJW 1980, 416; BAG 19.4.2005 – 3 AZR 469/04 – DB 2005, 1748.
74 BAG 15.2.1994 – 3 AZR 708/93 – NZA 1994, 794.
75 *Höfer*, ART Rn 83.

23 AG ist gem. dem auch im Betriebsrentenrecht anzuwendenden **allg. AG-Begriff** derjenige, der kraft des Arbeitsvertrages die Dienstleistung von dem AN fordern kann.[76] Keine Voraussetzung ist, dass der AG einen Betrieb führt oder wirtschaftlich am Markt tätig ist. Ebenso unerheblich ist die Rechtsform des AG. Die Zusage kann durch natürliche oder juristische Personen des privaten oder öffentlichen Rechts erfolgen. Im Bereich der Personengesellschaften wurde früher lediglich der OHG und der KG als solcher die AG-Eigenschaft zuerkannt, während sie bei einer BGB-Gesellschaft den Gesellschaftern zugesprochen wurde. Seit der Rspr.-Änderung des BGH zur aktiven und passiven Parteifähigkeit von BGB-Außengesellschaften[77] ist auch die BGB-Gesellschaft selbst als AG einzustufen.

24 Die Bindung der AG-Eigenschaft an den Bestand eines Arbverh führt dazu, dass grds. nur das einzelne Unternehmen als AG auftritt, auch wenn die Gesellschaft in einen **Konzern** i.S.d. § 18 AktG eingebunden ist.[78] In Ausnahmefällen ist die AG-Stellung einer Konzernobergesellschaft zu bejahen, soweit sie Leistungen der betrieblichen Altersversorgung aus Anlass des Arbverh eines AN mit einem Tochterunternehmen zusagt.[79]

25 6. Empfänger der Zusage. Als Adressat der Zusage kommen zunächst AN in Betracht. Welcher Personenkreis hierunter zu verstehen ist, wird durch § 17 Abs. 1 S. 1 näher festgelegt. Gem. dieser Vorschrift zählen zu den AN i.S.d. BetrAVG alle Arbeiter und Ang einschließlich der zu ihrer Berufsausbildung Beschäftigten. Da das Gesetz keine näheren Abgrenzungskriterien liefert, ist der von der h.M. vertretene arbeitsrechtliche AN-Begriff zugrunde zu legen.[80] Hiernach sind diejenigen AN, die in persönlicher Abhängigkeit aufgrund eines Dienstvertrages Tätigkeiten ausüben. Zum geschützten Personenkreis der arbeitsrechtlichen Vorschriften des BetrAVG gehören gem. § 17 Abs. 1 S. 2 zudem die Personen, die nicht AN i.S.d. § 17 Abs. 1 S. 1 sind, wenn ihnen Leistungen der Alters-, Invaliditäts- oder Hinterbliebenenversorgung aus Anlass ihrer Tätigkeit zugesagt worden sind (sog. **Nicht-AN**). Abzugrenzen ist dieser Personenkreis von **Unternehmern** (sog. Unternehmerrente), die dem persönlichen Anwendungsbereich des Betriebsrentengesetzes nicht unterfallen (siehe § 17 Rn 3).

26 7. Aus Anlass des Arbeitsverhältnisses. Das Versorgungsversprechen muss dem AN aus Anlass seines Arbverh gegeben worden sein. Dies bedeutet zunächst, dass das Arbverh ursächlich für die Versorgungszusage wurde.[81] Nicht erforderlich ist, dass der AG die Zusage während eines bestehenden Arbverh erteilt, vielmehr kann der Zeitpunkt der Erteilung vor Beginn oder nach Beendigung des Arbverh liegen, ohne dass die notwendige Kausalität entfallen müsste.[82] Das zeitliche Auseinanderfallen zwischen dem aktiven Arbverh und dem Zeitpunkt des Versorgungsversprechens kann jedoch als Indiz gegen eine kausale Verbindung herangezogen werden, wenn auch anderweitige Gesichtspunkte wie **verwandtschaftliche oder freundschaftliche Verbindungen als Grund der Erteilung** der Versorgungszusage in Betracht kommen.[83]

27 Über die reine Kausalität hinaus darf das Arbverh nicht allein den äußeren Anlass für die Versorgungsvereinbarung darstellen, vielmehr muss die Versorgungsvereinbarung zum Inhalt des Arbverh werden.[84] Die betriebliche Altersversorgung kann dabei entweder als **Gegenleistung für die erbrachte Betriebstreue** oder als **Gegenleistung für eine erbrachte Arbeitsleistung** versprochen werden.[85] Wird dagegen die Versorgungsleistung ohne inneren Zusammenhang zu den arbeitsvertraglich vereinbarten Pflichten zugesagt, wie etwa bei einer Kaufpreisrente, so fehlt es an dem notwendigen besonderen Schutzbedürfnis.[86]

28 8. Weitere Leistungsvoraussetzungen und Nebenpflichten. a) Allgemeine Leistungsbedingungen. Über den Eintritt eines Versorgungsfalles hinaus kann der Anspruch auf betriebliche Altersversorgung durch die Erfüllung allg. Leistungsvoraussetzungen bedingt sein. Allg. Leistungsvoraussetzungen dienen insb. der Abgrenzung des Personenkreises, dem ein Betriebsrentenversprechen erteilt werden soll. Sieht die Versorgungsordnung **Höchstaltersgrenzen** vor, so werden die AN von der betrieblichen Altersversorgung ausgenommen, die bei Beginn ihrer Tätigkeit diese Altersgrenze bereits überschritten haben. Nach Einführung des AGG und in Anbetracht der Rechtsprechung des EuGH zum Verbot der Altersdiskriminierung ist es zweifelhaft, ob Höchstaltersgrenzen rechtlich zulässig sind. Die Altersversorgung kann auch auf Personen beschränkt werden, die eine **bestimmte Stellung** im Unternehmen erreichen. Regelmäßig finden sich Bestimmungen in Versorgungsordnungen, nach denen der Versorgungsanspruch von der Erfüllung einer **Wartezeit** abhängen soll (vgl. § 1b Rn 40 ff.). Eine solche Klausel kann zum einen die Funktion haben, den Anspruch auf eine Versorgungsleistung auszuschließen, wenn der Versorgungsfall

---

[76] *Blomeyer/Rolfs/Otto*, § 1 Rn 37 ff. m.w.N.
[77] BGH 29.1.2001 – II ZR 331/00 – NJW 2001, 1056.
[78] Ausf. *Schaub*, Betriebliche Altersversorgung im Konzern, in: FS für Förster, S. 269 ff.; *Windbichler*, Arbeitsrecht und Konzernrecht, RdA 1999, 146, 149.
[79] BAG 25.10.1988 – 3 AZR 64/87 – DB 1989, 278.
[80] BAG 25.1.2000 – 3 AZR 769/98 – NZA 2001, 959.
[81] BAG 25.1.2000 – 3 AZR 769/98 – NZA 2001, 959.
[82] BAG 25.1.2000 – 3 AZR 769/98 – NZA 2001, 959; BAG 8.5.1990 – 3 AZR 121/89 – NZA 1990, 931; *Höfer/Küpper*, BB 1990, 849, 850 m.w.N.
[83] BAG 25.1.2000 – 3 AZR 769/98 – NZA 2001, 959; BAG 8.5.1990 – 3 AZR 121/89 – NZA 1990, 931; LG Köln 25.2.1999– 24 O 87/98 – ZIP 1999, 374.
[84] *Rieble/Klumpp*, in: GS für Blomeyer, S. 317, 325 f.
[85] Ausf. *Blomeyer/Rolfs/Otto*, Einl. Rn 35 ff.; *Wackerbarth*, S. 20 ff., 76.
[86] *Rieble/Klumpp*, in: GS für Blomeyer, S. 317, 325 f.

innerhalb der Wartezeit eintritt (**ausschließende Wartezeit**).[87] Zum anderen kann durch sie bezweckt werden, lediglich die Anspruchsentstehung auf die Zeit nach Ablauf der Wartezeit hinauszuzögern (**aufschiebende Wartezeit**).[88] Welche Bedeutung der Wartezeitenregelung zukommt, muss durch Auslegung der Versorgungsvereinbarung ermittelt werden. Unzulässig ist eine Regelung, die Wartezeiten vorsieht, die länger als die gesetzlichen Unverfallbarkeitsfristen sind, und die die Erfüllung der Wartezeit während des bestehenden Arbvberh verlangt. Eine solche Klausel verstößt gegen §§ 17 Abs. 3, 1b Abs. 1 und ist gem. § 134 BGB nichtig.[89] Dem Versorgungszweck entsprechend kann der Leistungsanspruch aber von der **Beendigung des Arbvberh** abhängig gemacht werden.

b) Nebenpflichten (Informationspflichten). Neben der Pflicht, die zugesagte Leistung zu erbringen, treffen den AG v.a. **Informationspflichten**, soweit ein berechtigtes Interesse des AN besteht und dem AG unter Abwägung der gegenseitigen Interessen die Auskunft zumutbar ist (vgl. bspw. § 4a Abs. 1).[90] Die Initiative zur Übermittlung von Informationen muss grds. nicht von dem AG ausgehen, vielmehr hat der AN seine eigenen Interessen selbst zu wahren.[91] So bedarf es etwa keiner eigenen Aufklärung des AN darüber, dass sich bei vorzeitiger Beendigung des Arbvberh die Höhe der im Versorgungsfall beanspruchbaren Leistung gem. § 2 verringert.[92] Eine Aufklärungspflicht des AG besteht aber bspw. dann, wenn der **AN aufgrund einer komplizierten Sach- und Rechtslage überfordert** wäre, sich eigenständig die Informationen zu verschaffen und die Konsequenzen zu überblicken.[93] Verweist der AG in diesem Fall den AN zur näheren Auskunft an einen sachkundigen Dritten, bspw. den Versorgungsträger, so muss der AG den AN auch in die Lage versetzen, zweckgerichtete Anfragen zu stellen. Der AG muss den AN auf die notwendigen Angaben hinweisen, die es der Auskunftsstelle anschließend ermöglichen, außergewöhnliche und beträchtliche Verlustrisiken erkennen zu können.[94] Erteilt der AG Auskünfte, so müssen diese inhaltlich richtig sein, selbst wenn die Informationen dem AN unverlangt als Entscheidungsgrundlage zur Verfügung gestellt wurden.[95] Im Fall eines Betriebsüberganges gem. § 613 BGB geht der Auskunftsanspruch gegen den Betriebserwerber gem. § 4a einem aus Treu und Glauben herzuleitenden Auskunftsanspruch gegen den Betriebsveräußerer vor.[96] Auch der AN ist verpflichtet, dem AG die zur Durchführung der betrieblichen Altersversorgung erforderlichen Informationen zu übermitteln (bspw. bei Gesamtversorgungssystemen die Höhe anderweitiger anrechenbarer Versorgungsleistungen).[97]

9. Abgrenzung zu anderen Arbeitgeberleistungen. a) Altersteilzeit-Leistungen. Altersteilzeit-Leistungen dienen nicht der Versorgung des AN nach dem Ausscheiden aus dem Berufsleben, da während der gesamten Bezugsdauer die Erwerbsfähigkeit des AN angenommen wird. Dies gilt selbst dann, wenn durch sog. Blockfreizeit-Modelle eine Arbeitsleistung des AN bis zum Eintritt in den Ruhestand nicht mehr erbracht wird.[98]

b) Arbeitsentgelt. Durch den Begriff des Arbeitsentgeltes wird zunächst lediglich beschrieben, dass die Leistung des AG im Austauschverhältnis zur Arbeitsleistung des AN steht. Dies kann auch auf eine betriebliche Altersversorgung zutreffen, die nicht allein als Entgelt für Betriebstreue, sondern auch als Entgelt für die Arbeitsleistung des AN zugesagt werden kann.[99] Die Lohnansprüche des aktiven AN werden jedoch nicht unter der Bedingung des Eintritts des Versorgungsfalls gewährt, so dass ihnen kein Versorgungscharakter i.S.d. BetrAVG zukommt.

c) Ausgleichsansprüche des Handelsvertreters. Der Ausgleichsanspruch des Handelsvertreters gem. § 89b HGB dient dem Ausgleich der bei Beendigung des Vertreterverhältnisses entstehenden Provisionsverluste des Handelsvertreters sowie der Vergütung für die weitere Nutzung des vom Handelsvertreter aufgebauten Kundenstamms durch den Unternehmer. Dieser Anspruch besteht unabhängig vom Eintritt eines Versorgungsfalls, so dass er nicht dem BetrAVG unterfällt. Auf den Ausgleichsanspruch gem. § 89b Abs. 1 Nr. 3 HGB kann aber ein dem Handelsvertreter gewährter Versorgungsanspruch ausnahmsweise angerechnet werden.[100]

d) Gewinnbeteiligungsansprüche. Ein Gewinnbeteiligungsanspruch wird regelmäßig nicht von dem Eintritt eines Versorgungsfalls abhängig gemacht, sondern steht dem aktiven AN zu. Der Versorgungscharakter ist jedoch dann zu bejahen, wenn die Gewinnbeteiligung beim AG angesammelt wird und erst nach dem alters-, invaliditäts- oder todesfallbedingten Ausscheiden aus dem Berufsleben zu beanspruchen sein soll.[101]

---

87 BAG 19.4.2005 – 3 AZR 469/04 – DB 2005, 1748; BAG 19.12.2000 – 3 AZR 174/00 – DB 2002, 226; BAG 20.2.2001 – 3 AZR 21/00 – EzA § 1 BetrAVG Wartezeit Nr. 2 m.w.N.
88 BAG 26.4.1988 – 3 AZR 277/87 – NZA 1989, 305.
89 BAG 7.7.1977 – 3 AZR 422/76 – DB 1977, 1607.
90 BAG 18.11.2008 – 3 AZR 277/07 – DB 2009, 294.
91 BAG 11.12.2001 – 3 AZR 339/00 – NZA 2002, 1150.
92 BAG 11.12.2001 – 3 AZR 339/00 – NZA 2002, 1150.
93 BAG 17.10.2000 – 3 AZR 605/99 – NZA 2001, 206.
94 BAG 14.1.2009 – 3 AZR 71/07 – DB 2009, 1360.
95 BAG 21.11.2000 – 3 AZR 13/00 – NZA 2002, 618.
96 BAG 22.5.2007 – 3 AZR 357/06 – NZA 2007, 1285.
97 BAG 21.10.2003 – 3 AZR 83/03 – ZTR 2004, 386; *Blomeyer/Rolfs/Otto*, Anh. § 1 Rn 243 ff.
98 *Blomeyer/Rolfs/Otto*, § 1 Rn 51.
99 Eingehend *Wackerbarth*, S. 20 ff., 76.
100 Hierzu BGH 20.11.2002 – VIII ZR 146/01 – NJW 2003, 1241; BGH 20.11.2002 – VIII ZR 211/01 – NJW 2003, 1244.
101 BAG 30.10.1980 – 3 AZR 805/79 – NJW 1981, 1470 = AP § 1 BetrAVG Nr. 4 m. Anm. *Hilger*.

34 e) Gratifikationen. Gratifikationen wie **Weihnachts- oder Urlaubsgeld**, die als Lohn während des bestehenden Arbverh erbracht werden, dienen der Finanzierung des Lebensunterhalts des erwerbstätigen AN und sind nicht als Versorgungsleistung einzuordnen (zum Sonderfall eines erst im Versorgungsfalls beanspruchbaren Guthabens vgl. die Ausführungen zum Gewinnbeteiligungsanspruch). Sagt der AG eine solche Gratifikation auch Betriebsrentnern zu („**Rentnerweihnachtsgeld**"), dann bildet der Eintritt des Versorgungsfalls die Voraussetzung der Anspruchsgewährung, so dass der Anwendungsbereich des BetrAVG eröffnet ist.[102]

35 f) Kündigungsabfindungen. Eine Künd-Abfindung kann einem Versorgungszweck dienen, wenn sich aus den Regelungen ergibt, dass der Abfindungsanspruch von dem altersbedingten Ausscheiden aus dem Erwerbsleben abhängig ist.[103] Im Regelfall gehen die Parteien jedoch von dem weiteren Verbleib des ausscheidenden AN im Berufsleben aus, so dass die Abfindungsleistung den Verlust des Arbeitsplatzes, jedoch nicht den Verlust der Erwerbsfähigkeit ausgleichen soll.[104]

36 g) Notfallleistungen. Notfallleistungen, etwa Beihilfen bei Krankheit, Tod eines Familienangehörigen oder Geburt eines Kindes, werden nicht durch eines der in Abs. 1 S. 1 genannten biologischen Ereignisse ausgelöst und können nicht als Versorgungsleistung qualifiziert werden.[105] Dies gilt selbst dann, wenn die Notfallleistung auch Betriebsrentner beanspruchen können.[106] Dagegen ist ein Anspruch auf Zuschüsse zum Krankenkassenbeitrag des Betriebsrentners allein durch den Eintritt des Versorgungsfalls bedingt und damit als Versorgungsleistung zu charakterisieren.[107]

37 h) Rentenleistungen. Wird dem AN eine an Leib und Leben gebundene Rentenleistung zugesagt, so ist grds. anzunehmen, dass nach dem Willen beider Parteien durch diese Zahlungen der Lebensunterhalt auch nach Beendigung des Erwerbslebens des AN gesichert werden soll. Versorgungscharakter kommt aber nur den nach dem Eintritt eines Versorgungsfalls beanspruchbaren Renten zu.[108] Problematisch ist hierbei die Festlegung der anzuwendenden Altersgrenze und des Invaliditätsbegriffs.[109] Liegen keine besonderen Umstände vor, so sind regelmäßig die entsprechenden Bestimmungen des Sozialversicherungsrechts zu übernehmen.[110] Obwohl auch **Kaufpreisrenten** damit ein Versorgungszweck zukommen kann, unterfallen sie nicht dem Schutz des Betriebsrentengesetzes, da diese Leistungen nicht aus Anlass des Arbverh zugesagt werden (zum Merkmal „aus Anlass des Arbverh" siehe Rn 26).[111]

38 i) Sterbegelder. Nach bisheriger Rspr. sollen Sterbegelder, bspw. die begrenzte Fortzahlung des Gehalts an die Hinterbliebenen, aufgrund des vermeintlich unterschiedlichen Zwecks keine Leistung der betrieblichen Altersversorgung sein.[112] Im Hinblick auf die Rspr. des BAG zu befristeten Übergangsgeldern, denen der Versorgungscharakter zuerkannt wurde,[113] erscheint der Ausschluss von Sterbegeldern aus dem Anwendungsbereich des BetrAVG sachlich nicht mehr gerechtfertigt.[114]

39 j) Überbrückungsbeihilfen/Übergangsgelder. Der Versorgungscharakter von Überbrückungsbeihilfen oder Übergangsgeldern[115] hängt davon ab, ob die Leistung der Finanzierung des Lebensunterhalts eines noch erwerbsfähigen AN dienen soll, etwa für die Zeit bis zum Antritt einer neuen Arbeitsstelle[116] bzw. bis zum Eintritt in den Ruhestand,[117] oder dem wegen Alter oder Invalidität bereits aus dem Berufsleben ausgeschiedenen AN die Gewöhnung an den Ruhestand erleichtern soll.[118] Im letzten Fall ist der Versorgungscharakter der Leistung anzuerkennen.

40 k) Leistungen der Vermögensbildung. Leistungen der Vermögensbildung dienen der dauerhaften Ansammlung von Vermögenswerten beim AN und stellen damit auch die Versorgung nach dem Ausscheiden aus dem Erwerbsleben sicher. Ihre Anspruchsentstehung ist jedoch regelmäßig nicht vom Eintritt eines Versorgungsfalls abhän-

---

102 BAG 31.7.2007 – 3 AZR 189/06 – NZA-RR 2008, 263; BAG 12.12.2006 – 3 AZR 57/06 – DB 2007, 2435; BAG 12.12.2006 – 3 AZR 475/05 – AuR 2007, 51; BAG 18.2.2003 – 3 AZR 81/02 – NZA 2004, 98; BAG 29.4.2003 – 3 AZR 247/02 – NZA 2004, 1182.
103 BAG 8.5.1990 – 3 AZR 121/89 – NZA 1990, 931.
104 BAG 28.1.1986 – 3 AZR 312/84 – NZA 1987, 126.
105 BAG 10.2.2009 – 3 AZR 652/07 – juris; BAG 12.12.2006 – 3 AZR 476/05 – DB 2007, 2043; BAG 12.12.2006 – 3 AZR 475/05 – AuR 2007, 51; BAG 25.10.1994 – 3 AZR 279/94 – NZA 1995, 373; *Höfer*, ART Rn 87.
106 BAG 13.5.1997 – 3 AZR 75/97 – NZA 1998, 160 = SAE 1999, 72 m. Anm. *Blomeyer/Huep*; *Höfer*, ART Rn 88; unklar BAG 19.5.2005 – 3 AZR 660/03 – NZA 2005, 605.
107 Hessisches LAG 22.4.1998 – 8 Sa 2150/96 – BB 1999, 591; *Blomeyer/Huep*, SAE 1999, 75; *Höfer*, ART Rn 88.
108 BGH 24.11.1988 – IX ZR 210/87 – DB 1989, 420; *Kemper u.a.* § 1 Rn 37; *Höfer*, ART Rn 83; i.Erg. auch *Stief*, S. 91.
109 *Höfer*, ART Rn 83.
110 *Höfer*, ART Rn 83.
111 *Blomeyer/Rolfs/Otto*, BetrAVG, § 1 Rn 58; *Höfer*, BetrAVG, ART Rn 109.
112 BAG 10.8.1993 – 3 AZR 185/93 – NZA 1994, 515; BAG 10.2.2009 – 3 AZR 652/07 – juris.
113 BAG 18.3.2003 – 3 AZR 315/02 – NZA 2004, 1064.
114 *Stief*, S. 90.
115 Die Terminologie wird uneinheitlich verwendet, so dass aus der Bezeichnung keine Rückschlüsse gezogen werden können, zum einen BAG 26.4.1988 – 3 AZR 411/86 – NZA 1989, 182, zum anderen BAG 18.3.2003 – 3 AZR 315/02 – NZA 2004, 1064.
116 BAG 28.1.1986 – 3 AZR 312/84 – NZA 1987, 126.
117 BAG 3.11.1998 – 3 AZR 454/97 – NZA 1999, 594.
118 BAG 18.3.2003 – 3 AZR 315/02 – NZA 2004, 1064; BAG 28.10.2008 – 3 AZR 317/07 – NZA 2009, 844.

gig und das gebildete Vermögen geht im Todesfall auf die Erben über (zur Vererbbarkeit von Versorgungsleistungen siehe Rn 14), so dass es sich nicht um eine Leistung der betrieblichen Altersversorgung handelt.[119]

I) Versicherungen. Eine Versicherung zählt zur betrieblichen Altersversorgung, wenn sie gem. § 1b Abs. 2 S. 1 durch den AG abgeschlossen wird, der AN oder seine Hinterbliebenen bezugsberechtigt sind und der Leistungsanspruch durch den Eintritt eines Versorgungsfalls ausgelöst wird. Ist der **AN Versicherungsnehmer**, so liegt keine betriebliche Altersversorgung in Form einer Direktversicherung vor.[120] Bezuschusst der AG aber vom AN aufzubringende Versicherungsbeiträge (etwa zur Krankenversicherung) auch nach Eintritt eines Versorgungsfalls, so hat diese Zuwendung des AG Versorgungscharakter.[121] Einem **Versorgungszweck** i.S.d. BetrAVG dienen etwa Lebensversicherungen und – das Invaliditätsrisiko abdeckende – Unfallversicherungen. Krankenversicherungen mangelt es dagegen an der Abhängigkeit des Leistungsanspruchs von dem Eintritt eines Versorgungsfalls. **Rückdeckungsversicherungen** zählen nicht zur betrieblichen Altersversorgung, da dem AN bzw. den Hinterbliebenen kein Bezugsrecht eingeräumt wird.

II. Durchführungswege der betrieblichen Altersversorgung (Abs. 1 S. 2)

Der AG kann die Durchführung der betrieblichen Altersversorgung selbst versprechen (unmittelbare Zusage), er kann aber auch die Leistungserbringung über einen rechtlich selbstständigen Versorgungsträgers zusagen (mittelbare Zusage). Das Gesetz begrenzt die Zahl der Versorgungsträger, die eingeschaltet werden dürfen, auf Lebensversicherungsunternehmen, Pensionskassen, Pensionsfonds und Unterstützungskassen. Kein eigener Durchführungsweg wird dadurch geschaffen, dass sich AG zusammenschließen um ihre Versorgungsbedingungen zu vereinheitlichen (**Konditionenkartell**), wie dies etwa im „Essener Verband" oder „Bochumer Verband" geschieht. Versorgungsschuldner bleiben hier unmittelbar die einzelnen AG. Bei Wahl eines externen Durchführungsweges tritt neben das **Versorgungsverhältnis**, das zwischen AG und AN begründet wird, das **Deckungsverhältnis** zwischen AG und Versorgungsträger sowie das **Leistungsverhältnis** zwischen AN und Versorgungsträger.

1. Unmittelbare Versorgungszusage. Bei der unmittelbaren Zusage verspricht der AG, im Versorgungsfall die beanspruchbare Leistung selbst zu erbringen. Er haftet dabei mit dem **Betriebsvermögen**, Einzelkaufleute oder persönlich haftende Gesellschafter müssen auch mit ihrem **privaten Vermögen** einstehen. Der AG kann während der Anwartschaftsphase Rückstellungen gem. § 6a EStG bilden, die sich steuermindernd auswirken. Ein Abfluss der Liquidität erfolgt jedoch erst durch die Leistungserbringung im Versorgungsfall, die als Betriebsausgaben geltend gemacht werden können. Die Versorgungsleistungen werden beim AN erst beim Bezug nachgelagert versteuert (vgl. § 19 Abs. 1 S. 1 Nr. 2 EStG). Möglich ist es auch, das Deckungskapital in einen treuhänderisch verwalteten Fonds auszulagern (CTA). Hierdurch wird kein neuer Versorgungsträger installiert, vielmehr verbleibt die Leistungspflicht im Rahmen einer Direktzusage beim AG.[122]

2. Direktversicherung. Nach der Legaldefinition des § 1b Abs. 2 S. 1 liegt eine Direktversicherung vor, wenn für die betriebliche Altersversorgung eine Lebensversicherung auf das Leben des AN durch den AG abgeschlossen wird und der AN oder seine Hinterbliebenen hinsichtlich der Leistung des Versicherers bezugsberechtigt sind. Nach herrschender Auffassung ist die Definition des § 1b Abs. 2 S. 1 in zwei Beziehungen erweiternd auszulegen. Zum einen können nicht nur Lebensversicherungen als Direktversicherung vereinbart werden, sondern grds. solche Versicherungen, die Leistungen in einem der Versorgungsfälle Alter, Invalidität oder Tod erbringen. Hierzu zählen insb. auch Berufsunfähigkeitsversicherungen, Unfallzusatzversicherungen, selbstständige Berufshaftpflichtversicherungen oder selbstständige Unfallversicherungen.[123] Zum anderen bedarf es nicht des Abschlusses des Versicherungsvertrages durch den AG, vielmehr kann der AG bei einem bereits bestehenden Versicherungsvertrag in die Stellung als Versicherungsnehmer eintreten.[124]

a) Versorgungsverhältnis Arbeitgeber – Arbeitnehmer. Auch einer Direktversicherung liegt eine Versorgungszusage des AG an den AN zugrunde. Der AG verpflichtet sich, dem AN die Versorgungsleistung durch ein Versicherungsunternehmen zu verschaffen (Versorgungsverschaffungsanspruch). In diesem Zusammenhang muss der AG alles tun, damit dem AN bzw. den Hinterbliebenen im Versorgungsfall gegenüber dem Lebensversicherer ein einredefreier Anspruch zusteht. Der Inhalt des Versorgungsversprechens wird i.d.R. durch die Versicherungsbedingungen des Direktversicherers bestimmt. Kann der AN bei Eintritt des Versorgungsfalls von dem Versicherer – gleich aus welchem Grund – keine Leistung verlangen, so haftet der AG gem. Abs. 1 S. 3.

Regelungsbedürftig ist bei Direktversicherungszusagen grds. auch die Frage, wem die sog. **Überschussanteile** zustehen, die der Versicherer mit den Beiträgen über den Garantiezins hinaus erwirtschaftet und die er auszuschütten

---

119 *Höfer*, ART Rn 89.
120 BAG 10.3.1992 – 3 AZR 153/91 – NZA 1993, 25.
121 Hessisches LAG 22.4.1998 – 8 Sa 2150/96 – BB 1999, 591; *Höfer*, ART Rn 96.
122 *Berenz*, DB 2006, 2125; *Höfer/Ververs*, DB 2007, 1365.
123 *Andresen/Förster/Rößler*, Bd. I, Teil 5 A Rn 21; *Höfer*, ART Rn 140.
124 *Andresen/Förster/Rößler*, Bd. I, Teil 5 A Rn 22; *Höfer*, ART Rn 137.

hat. Enthält die Versorgungsvereinbarung hierüber keine Bestimmung, so ist regelmäßig davon auszugehen, dass die Überschussanteile dem AG zustehen.[125] Dies gilt nicht, wenn es sich um eine arbeitnehmerfinanzierte Versorgungszusage handelt, bei der gem. § 1b Abs. 5 Hs. 2 Nr. 1 die Überschussanteile nur zur Verbesserung der Leistung verwendet werden dürfen.

47 **b) Deckungsverhältnis Arbeitgeber – Versicherer.** Nach der Legaldefinition des § 1b Abs. 2 S. 1 schließen AG und – ein der Versicherungsaufsicht gem. § 1 Abs. 1 VAG unterliegender – Lebensversicherer einen Vertrag zugunsten Dritter (vgl. § 328 BGB) auf das Leben des AN ab.[126] Tritt der AN selbst als Vertragspartner auf, so liegt keine Direktversicherung i.S.d. Betriebsrentengesetzes vor.[127] Soll auch im Falle des Todes des AN Versicherungsschutz gewährt werden, so bedarf der Versicherungsvertrag gem. § 150 Abs. 2 VVG n.F. der **schriftlichen Einwilligung des AN**, es sei denn, es handelt sich um Kollektivlebensversicherungen zum Zweck der betrieblichen Altersversorgung. Die Vorschrift bezweckt, Spekulationen mit dem Leben eines anderen zu verhindern, soweit jedoch eine Gruppenlebensversicherung geschlossen wird, ist nicht von einer solchen Gefahr auszugehen.[128] Als Versicherungsnehmer stehen dem AG grds. alle Gestaltungsrechte zu, insb. das Künd-Recht gem. § 168 VVG und gem. § 159 VVG bis zum Eintritt des Versicherungsfalls das Recht, das widerrufliche Bezugsrecht zu widerrufen, abzuändern oder auf einen anderen zu übertragen.[129] Nach dem Eintritt des Versicherungsvertrages kann er verlangen, dass gem. § 335 BGB die Versicherungsleistung an den Bezugsberechtigen ausgezahlt wird.

48 **c) Leistungsverhältnis Versicherer – Arbeitnehmer/Hinterbliebene.** Nach der Definition des § 1b Abs. 2 S. 1 wird dem AN bzw. seinen Hinterbliebenen das Bezugsrecht auf die Versicherungsleistung eingeräumt, die er im Versicherungsfall beanspruchen kann. Die Rechte und Pflichten zwischen Versicherer und Bezugsberechtigtem ergeben sich grds. aus dem Versicherungsvertrag zwischen AG und Versicherer. Darüber hinaus hat der EuGH auch eine unmittelbare Bindung eines zur Durchführung der betrieblichen Altersversorgung eingeschalteten Versorgungsträgers an den **Lohngleichheitsgrundsatz des Art. 141 EGV** angenommen, obwohl dieser keine arbeitsvertragliche Beziehungen zu dem versicherten AN unterhält.[130]

49 Das Bezugsrecht ist durch den Eintritt des Versicherungsfalls bedingt, so dass der AN auch gegenüber dem Versicherer bis zu diesem Zeitpunkt nur eine Anwartschaft besitzt.[131] Inwieweit der AN während des Anwartschaftsstadiums bereits eine gesicherte Rechtsposition hat, hängt davon ab, ob das Bezugsrecht des AN ohne dessen Einverständnis noch widerrufen werden kann.

50 **aa) Widerrufliches Bezugsrecht.** Das Bezugsrecht bleibt im Regelfall widerruflich, um dem AG die Möglichkeit zu erhalten, das Bezugsrecht frei wirtschaftlich nutzen zu können, etwa indem er dieses beleiht oder verpfändet.[132] Nach § 159 Abs. 2 VVG n.F. erwirbt der AN das Recht auf die Leistung des Versicherers – soweit nichts Abweichendes bestimmt ist – erst mit Eintritt des Versicherungsfalls. Bis zu diesem Zeitpunkt haben die nur mit einem widerruflichen Bezugsrecht begünstigten AN lediglich eine **ungesicherte, wertlose Anwartschaft**, die nach einer versicherungsrechtlichen Betrachtung dem Vermögen des AG zuzurechnen ist.[133] Widerruft der AG das Bezugsrecht vor Eintritt des Versorgungsfalls, so entfällt die Leistungspflicht des Versicherers gegenüber dem AN. Die Wirksamkeit wird auch nicht dadurch beeinträchtigt, dass der AG gegenüber dem AN durch den Widerruf eine Pflicht aus dem Versorgungsverhältnis verletzt (vgl. § 1b Abs. 2 S. 1 und Abs. 5 S. 2, siehe § 1b Rn 51).[134]

51 Bedeutung hat die Trennung v.a. in der Insolvenz des AG, wenn der Insolvenzverwalter das Bezugsrecht – entgegen der Versorgungsvereinbarung – wirksam widerruft, das Versicherungsverhältnis kündigt und den Rückkaufswert einzieht. Der dem AN zustehende Schadensersatzanspruch ist keine Masseschuld i.S.d. § 55 InsO, sondern lediglich eine bevorrechtigte Insolvenzforderung.[135] Der Widerruf führt jedoch zur **Einstandspflicht des PSV**, soweit die Anwartschaft des AN bereits unverfallbar war (§ 7 Abs. 2 S. 1).[136]

52 **bb) Unwiderrufliches Bezugsrecht.** Die Erklärung der Unwiderruflichkeit des Bezugsrechts erfolgt durch den AG. Sie wird mit Zugang beim Versicherer wirksam. Das Bezugsrecht des AN kann gegen dessen Willen nicht

---

125 Blomeyer/Rolfs/Otto, § 2 Rn 157.
126 Statt aller Blomeyer/Rolfs/Otto, Anh. § 1 Rn 712.
127 BAG 10.3.1992 – 3 AZR 153/91 – NZA 1993, 25.
128 Zur Frage des Zustimmungserfordernisses bei Gruppenversicherungen nach § 159 VVG a.F. Blomeyer/Rolfs/Otto, Anh. § 1 Rn 703.
129 Blomeyer/Rolfs/Otto, Anh. § 1 Rn 726.
130 EuGH 9.10.2001 – Rs C-379/99 – Menauer – NZA 2001, 1301; BAG 19.11.2002 – 3 AZR 631/97 – NZA 2003, 380; BAG 7.9.2004 – 3 AZR 550/03 – DB 2005, 507.
131 Blomeyer/Rolfs/Otto, Anh. § 1 Rn 728.
132 Höfer, ART Rn 142.
133 BAG 26.2.1991 – 3 AZR 213/90 – NZA 1991, 845.
134 BAG 8.6.1999 – 3 AZR 136/98 – NZA 1999, 1103; BAG 17.10.1995 – 3 AZR 622/94 – DB 1996, 1240; BAG 26.2.1991 – 3 AZR 213/90 – NZA 1991, 845; BVerwG 28.6.1994 – 1 C 20.92 – NZA 1995, 75.
135 BAG 17.10.1995 – 3 AZR 622/94 – DB 1996, 1240; BAG 26.2.1991 – 3 AZR 213/90 – NZA 1991, 845; LAG München 22.7.1987 – 4 Sa 60/87 – ZIP 1988, 1070; die Urteile betreffen zwar Fälle, auf die die Konkursordnung noch angewendet wurde, durch die Reform des Insolvenzrechts haben sich jedoch hier keine Änderungen ergeben.
136 BAG 26.2.1991 – 3 AZR 213/90 – NZA 1991, 845.

mehr entzogen oder belastet werden.[137] Ist das Bezugsrecht unwiderruflich erklärt worden, zählt der Anspruch auf die Versicherungsleistung zum Vermögen des AN und fällt in der Insolvenz des AG nicht in die Insolvenzmasse.[138]

cc) Gespaltenes Bezugsrecht. Der AG ist nicht verpflichtet, dem AN das Bezugsrecht auf die gesamte Versicherungsleistung einzuräumen. Er kann dieses auch auf einen Teil der Summe beschränken, so dass dem AG bei Eintritt des Versicherungsfalls die darüber hinausgehende Leistung zusteht. Es handelt sich um ein gespaltenes Bezugsrecht.[139]

dd) Eingeschränkt unwiderrufliches Bezugsrecht. Das Bezugsrecht kann auch eingeschränkt unwiderruflich erklärt werden, d.h. dass der Widerruf nur unter bestimmten Voraussetzungen noch erfolgen darf. Diese Konstruktion bezweckt, dass der AG das Bezugsrecht ohne Zustimmung des AN nutzen kann, andererseits der AN bereits eine gesicherte Rechtsposition erhält. Das eingeschränkt unwiderrufliche Bezugsrecht steht dem unwiderruflichen Bezugsrecht näher als dem widerruflichen, solange die Voraussetzungen des Vorbehalts nicht erfüllt sind.[140] In der Insolvenz des AG führt dies dazu, dass die Versicherungsanwartschaft dem Vermögen des AN zuzurechnen ist, dem ein Aussonderungsrecht zusteht.[141] Wird der Widerruf für den Fall einer vorzeitigen Beendigung des Arbverh vor Erfüllung der Unverfallbarkeitsvoraussetzungen vorbehalten, hat der BGH entschieden, dass ein solcher Vorbehalt nicht bei einer **insolvenzbedingten Beendigung des Arbverh** gelten soll.[142] Dem Urteil liegt offenbar die Vorstellung zugrunde, dass der Entzug von Versorgungsanwartschaften bei Künd des Arbverh unzulässig sei, wenn der Künd-Grund aus der Sphäre des AG stammt. Diese Auffassung steht in Widerspruch zur Rspr. des BAG, das dem Grund der Beendigung des Arbverh für die Frage der Unverfallbarkeit einer Anwartschaft gem. § 1b keine Bedeutung einräumt.[143] Das BAG möchte deshalb auch bei der Auslegung von versicherungsrechtlichen Widerrufsvorbehalten des Bezugsrechts von der Rspr. des BGH abweichen. Es hat dem Gemeinsamen Senat der obersten Gerichtshöfe des Bundes die Frage vorgelegt, ob die besondere Einschränkung eines Widerrufsvorbehaltes für den Fall einer insolvenzbedingten Beendigung des Arbverh gilt.[144]

3. Pensionskasse. Gem. § 1b Abs. 3 S. 1 handelt es sich bei einer Pensionskasse um eine rechtsfähige Versorgungseinrichtung, die dem AN oder seinen Hinterbliebenen auf ihre Leistung einen Rechtsanspruch gewährt. Pensionskassen werden fast ausschließlich in Form eines Versicherungsvereins auf Gegenseitigkeit betrieben, können aber auch als Aktiengesellschaft gegründet werden. Sie unterliegen gem. § 1 Abs. 1 VAG der Versicherungsaufsicht durch die Bundesanstalt für Finanzdienstleistungsaufsicht. Pensionskassen beschränken regelmäßig den Kreis der Versorgungsberechtigten auf AN eines oder mehrerer bestimmter Unternehmen (Firmenpensionskasse, Konzernpensionskasse, Gruppenpensionskasse). Eigenständige Regelungen über Pensionskassen enthält das VAG in den § 118a ff.

Der **Inhalt einer Pensionskassenzusage** entspricht im Wesentlichen dem der Direktversicherungszusage. Insb. muss der AG gewährleisten, dass im Versorgungsfall der AN Versorgungsleistungen von der Pensionskasse fordern kann. Zudem muss der AG für eine ausreichende Dotierung der Pensionskasse sorgen. Im **Deckungsverhältnis** trifft den AG vorrangig die Pflicht zur Beitragszahlung. Ob der AG auch Mitglied einer Pensionskasse werden kann, hängt von der jeweiligen Satzung ab.

Gem. der Legaldefinition des § 1b Abs. 3 S. 1 wird dem AN bei einer Pensionskassenversorgung ein **Rechtsanspruch auf die Leistung** eingeräumt. Dieser Rechtsanspruch kann – anders als das widerrufliche Bezugsrecht bei einer Direktversicherung – nicht gegen den Willen des AN abgetreten, verpfändet oder beliehen werden. Der AN ist Mitglied der Pensionskasse und nimmt die Stellung als Versicherungsnehmer und Leistungsberechtigter ein. Die Rechte und Pflichten zwischen AN und Pensionskasse, insbesondere der Leistungsumfang, ergeben sich aus der Satzung. Die Satzungsbestimmungen, die das versicherungsrechtliche Verhältnis regeln, sind dabei nach dem Recht der Allgemeinen Geschäftsbedingungen (§ 305 ff. BGB) überprüfbar.[145] Regelmäßig steht dem AN die Möglichkeit offen, die Leistungen der Pensionskasse durch eigene Beiträge zu erhöhen. Die Mitgliedschaft des AN kann aber auch mit der Verpflichtung verbunden werden, eigene Beiträge an die Pensionskasse zu leisten.[146] Weiter kann das Recht zur Künd des Mitgliedschaftsverhältnisses für die Dauer des Arbverh zum Trägerunternehmen ausgeschlossen wer-

---

137 BGH 25.4.1975 – IV ZR 63/74 – NJW 1975, 1360; BGH 19.6.1996 – IV ZR 243/95 – NJW 1996, 2731.
138 BAG 26.6.1990 – 3 AZR 2/89 – NZA 1991, 144.
139 *Höfer*, ART Rn 152.
140 BAG 26.6.1990 – 3 AZR 651/88 – NZA 1991, 60; BGH 19.6.1996 – IV ZR 243/95 – NJW 1996, 2731.
141 BAG 22.5.2007 – 3 AZR 334/06 (A) – NZA 2007, 1169; BAG 26.6.1990 – 3 AZR 2/89 – NZA 1991, 144; OLG Düsseldorf –30.1.2001– 4 U 93/00 – VersR 2002, 86.
142 BGH 8.6.2005 – IV ZR 30/04 – NJW-RR 2005, 1412; bestätigt durch BGH 3.5.2006 – IV ZR 134/05 – DB 2006, 1488.
143 Zur betriebsbedingten Kündigung BAG 29.3.1983 – 3 AZR 26/81 – DB 1983, 1879.
144 BAG 22.5.2007 – 3 AZR 334/06 (A) – NZA 2007, 1169.
145 BAG18.11.2008 – 3 AZR 970/06 – BB 2009, 1192.
146 BAG 28.5.2002 – 3 AZR 422/01 – NZA 2003, 1198.

den.[147] Für Verstöße gegen den **Lohngleichheitsgrundsatz des Art. 141EG** haftet neben dem AG auch die Pensionskasse unmittelbar.[148] In seiner Entscheidung vom 11.12.2007[149] hat das BAG die grds. Haftung einer Pensionskasse für Verstöße gegen den Gleichbehandlungsgrundsatz aus § 1b Abs. 3 S. 1 i.V.m. Abs. 1 S. 4 hergeleitet, soweit der AN tatsächlich in die Versorgungseinrichtung aufgenommen wurde und die unerlaubte Benachteiligung sich aus den Leistungsregelungen der Einrichtung ergibt, an deren Aufstellung sie beteiligt ist. Ein **pflichtwidriges Anlageverhalten** der Pensionskasse kann grundsätzlich einen Schadensersatzanspruch gem. § 280 BGB auslösen, wenn dadurch das Anfallen von Überschussanteilen verhindert wird, die auszukehren gewesen wären. Für das Vorliegen einer objektiven Pflichtverletzung ist der Versorgungsberechtigte darlegungs- und beweispflichtig.[150]

58   **4. Pensionsfonds.** Durch das AVmG[151] wurden Pensionsfonds zum 1.1.2002 als 5. Durchführungsweg der betrieblichen Altersversorgung in das BetrAVG eingeführt. Zweck der Erweiterung der zulässigen Versorgungsträger war es, eine größere Flexibilität bei der Gestaltung der Versorgungsprodukte zu ermöglichen. Der Gesetzgeber definiert in § 1b Abs. 3 Pensionsfonds und Pensionskasse gleichermaßen als Versorgungseinrichtung, die dem AN oder seinen Hinterbliebenen auf ihre Leistung einen Rechtsanspruch gewährt. Der eigenständige Charakter des Pensionsfonds wird erst durch die Bestimmungen der §§ 112 ff. VAG deutlich.

59   Nach der Definition des § 112 Abs. 1 VAG handelt es sich bei dem Pensionsfonds um eine rechtsfähige Versorgungseinrichtung, die
1. im Wege des Kapitaldeckungsverfahrens Leistungen der betrieblichen Altersversorgung für einen oder mehrere AG zugunsten von AN erbringt,
2. die Höhe der Leistungen oder die Höhe der für diese Leistungen zu entrichtenden künftigen Beiträge nicht für alle vorgesehenen Leistungsfälle durch versicherungsförmige Garantien zusagen darf,
3. den AN einen eigenen Anspruch auf Leistung gegen den Pensionsfonds einräumt und
4. verpflichtet ist, die Leistung als lebenslange Altersrente zu erbringen. Als Altersversorgungsleistung gelten auch eine Leibrente oder ein Auszahlungsplan, die den Anforderungen des § 1 Abs. 1 S. 1 Nr. 4 des Altersvorsorgeverträge-Zertifizierungsgesetzes genügen.

60   Der Pensionsfonds unterliegt gem. § 1 Abs. 1 VAG der Versicherungsaufsicht und bedarf gem. § 112 Abs. 2 VAG zum Geschäftsbetrieb der Erlaubnis der Aufsichtsbehörde. Aufsichtsbehörde ist die Bundesanstalt für Finanzdienstleistungsaufsicht in Bonn. Als zulässige Rechtsform eines Pensionsfonds kommt die Aktiengesellschaft oder der Versorgungsverein auf Gegenseitigkeit in Betracht. Im Vergleich zu Unternehmen der Lebensversicherung und Pensionskassen unterliegt der Pensionsfonds geringeren Anlagebeschränkungen. Hierdurch können höhere Risiken in der Anlagestrategie eingegangen werden, die zu größeren Gewinnchancen führen, aber auch eine stärkere Verlustgefahr beinhalten.

61   Der **Inhalt einer Pensionsfondszusage** unterscheidet sich dem Grunde nach nicht von Direktversicherungs- oder Pensionskassenzusagen. Jedoch hat der Gesetzgeber die Leistungsformen des Pensionsfonds auf **lebenslange Altersrenten und Auszahlungspläne mit Restverrentung** beschränkt, so dass Einmalkapitalzahlungen und befristete Renten nicht als Altersversorgungsleistungen erbracht werden können. Für Invaliditäts- und Hinterbliebenenversorgung gilt diese Begrenzung jedoch nicht.[152] Aufgrund der größeren Anlagefreiheit erscheint die Einschaltung eines Pensionsfonds bei Beitragszusagen mit Mindestleistung besonders geeignet.

62   Im **Deckungsverhältnis** ist der AG zur Beitragszahlung verpflichtet. Im Gegenzug verspricht der Pensionsfonds, Leistungen der betrieblichen Altersversorgung im Versorgungsfall an den AN zu erbringen. Der Pensionsfonds muss dem AN unmittelbar einen Rechtsanspruch einräumen. Dieser kann – wie bei einer Pensionskasse – nicht gegen den Willen des ANs abgetreten, verpfändet oder beliehen werden. Die vom AN gegenüber dem Pensionsfonds beanspruchbare Leistung ergibt sich aus dem Pensionsplan. Der Pensionsfonds haftet darüber hinaus auch für die Einhaltung des europarechtlichen Lohngleichheitsgrundsatzes (Art. 141 EG) (zur möglichen Einstandspflicht eines Pensionsfonds für Verstöße gegen den arbeitsrechtlichen Gleichbehandlungsgrundsatz gem. § 1b Abs. 3 S. 1 i.V.m. Abs. 1 S. 4 siehe Rn).[153]

63   **5. Unterstützungskasse.** Eine Unterstützungskasse unterscheidet sich von einer Pensionskasse v.a. dadurch, dass sie auf ihre Leistungen keinen Rechtsanspruch gewährt (vgl. § 1b Abs. 4 S. 1). Aufgrund des formellen Ausschlusses des Rechtsanspruchs unterliegen Unterstützungskassen nicht der Versicherungsaufsicht (vgl. § 1 Abs. 3 Nr. 1 VAG). Sie werden gewöhnlich in der Rechtsform eines eingetragenen Vereins oder einer GmbH betrieben.

---

147 BAG 13.5.1997 – 3 AZR 79/96 – NZA 1998, 482.
148 EuGH 9.10.2001 – Rs C-379/99 – Menauer – NZA 2001, 1301; BAG 19.11.2002 – 3 AZR 631/97 – NZA 2003, 380; BAG 7.9.2004 – 3 AZR 550/03 – DB 2005, 507.
149 BAG 11.12.2007 – 3 AZR 249/06 – NZA 2008, 532.
150 BAG 18.11.2008 – 3 AZR 970/06 – BB 2009, 1192.
151 BGBl I S. 1310.
152 *Höfer*, ART Rn 1557 ff.
153 EuGH 9.10.2001 – Rs C-379/99 – Menauer – NZA 2001, 1301; BAG 19.11.2002 – 3 AZR 631/97 – NZA 2003, 380; BAG 7.9.2004 – 3 AZR 550/03 – DB 2005, 507.

Nur in Ausnahmefällen wird die Rechtsform einer Stiftung gewählt. Unterstützungskassen erbringen Versorgungsleistungen nur an AN, die einem Trägerunternehmen angehören.

Der Kreis der Trägerunternehmen kann auf ein Unternehmen (**Firmenunterstützungskasse**), konzernangehörige Unternehmen (**Konzernunterstützungskasse**) oder Unternehmen einer oder verschiedener Branchen (**Gruppenunterstützungskasse**) beschränkt werden. Scheidet ein AG als Trägerunternehmen aus, so erlischt damit auch die Leistungspflicht der Unterstützungskasse, der AG hat dann die Versorgungsleistungen selbst zu übernehmen.[154]

64

Häufig schließen Unterstützungskassen zur Sicherstellung ihrer Leistungsfähigkeit im Versorgungsfall **Rückdeckungsversicherungen** ab und verpfänden ggf. das ihnen zustehende Bezugsrecht an den AN (zu Rückdeckungsversicherungen siehe Rn 41). Wird hierdurch vom AN im Versorgungsfall beanspruchbare Versorgungsleistung vollständig abgedeckt, handelt es sich um eine kongruent rückgedeckte Unterstützungskasse.

65

Im **Leistungsverhältnis** zwischen AN und Unterstützungskasse führt der „Ausschluss des Rechtsanspruchs" nicht dazu, dass die Unterstützungskasse frei entscheiden kann, ob sie Leistungen an den AN oder seine Hinterbliebenen erbringt.[155] Vielmehr handelt es sich um ein **Widerrufsrecht**, das billigem Ermessen entsprechen muss und damit an sachliche Gründe gebunden ist.[156] Welche Gründe einen Widerruf rechtfertigen, hängt davon ab, in welche Besitzstände durch den Widerruf eingegriffen werden soll (siehe auch Rn 123 ff.).[157] I.Ü. wird der Leistungsanspruch des AN gegenüber der Unterstützungskasse durch den Leistungsplan der Unterstützungskasse bestimmt. Im **Versorgungsverhältnis** zwischen AN und AG haftet der AG aufgrund der wirtschaftlichen Abhängigkeit der Unterstützungskasse **subsidiär** für die Erbringung der Versorgungsleistungen.[158] Dabei hat der AG vorrangig dafür zu sorgen, dass die Unterstützungskasse ausreichend dotiert wird, um die Versorgungsleistungen zu erfüllen.[159] Der AN muss Versorgungsansprüche zunächst gegenüber der Unterstützungskasse geltend machen.[160]

66

III. Haftung des Arbeitgebers (Abs. 1 S. 3)

Gem. Abs. 1 S. 3 steht der AG für die Erfüllung der zugesagten Leistung auch dann ein, wenn die Durchführung nicht unmittelbar über ihn, sondern über einen externen Versorgungsträger durchgeführt wird. Dem liegt die bereits zuvor von der Rspr. vertretene Auffassung zugrunde, dass die zugesagte Leistung und der Durchführungsweg voneinander zu trennende Teile des Versorgungsversprechens seien. Dem Versorgungsträger kommt dabei die Funktion eines „Erfüllungsgehilfen" zu. Als Versorgungsleistung wird damit – unabhängig von dem Durchführungsweg – allein die im Versorgungsfall beanspruchbare Leistung eingeordnet.[161] Sagt der AG darüber hinaus die Einschaltung eines externen Versorgungsträgers zu, so handelt es sich um einen **Versorgungsverschaffungsanspruch**, bei dem der AG zunächst die Erbringung der im Versorgungsfall geschuldeten Versorgungsleistung über den Versorgungsträger zu erreichen versuchen muss[162] und – soweit dieser keine Leistungen erbringt – die Versorgungsleistung selbst schuldet.[163] Aufgrund des Versorgungsverschaffungsanspruchs obliegt es dem AG, für eine ausreichende Dotierung des Versorgungsträgers zu sorgen. Hierbei handelt es sich – außerhalb von beitragsorientierten Leistungszusagen und Beitragszusagen mit Mindestleistung[164] – jedoch nicht um selbstständig einklagbare Ansprüche des AN gegenüber dem zusagenden AG.

67

IV. Rechtsgrundlage der Zusage

Der Anspruch auf Leistungen der Alters-, Invaliditäts- oder Hinterbliebenenversorgung kann auf individual- oder kollektivrechtlicher Grundlage beruhen. Ausdrücklich wird in § 1b Abs. 1 S. 4 die Möglichkeit erwähnt, Versorgungsverpflichtungen aufgrund betrieblicher Übung oder nach dem Gleichbehandlungsprinzip zu begründen. Der AG muss die Zusage nicht **„freiwillig"** erteilen, vielmehr kann er dazu auch durch einen allgemeinverbindlich erklärten TV oder durch Gesetz gezwungen werden (vgl. auch §§ 1a, 4 Abs. 3).

68

---

154 BAG 11.2.1992 – 3 AZR 138/91 – NZA 1992, 931; BAG 22.10.1991 – 3 AZR 486/90 – NZA 1992, 934; BAG 3.2.1987 – 3 AZR 208/85 – NZA 1989, 22.
155 Bereits BAG 31.10.1969 – 3 AZR 119/69 – NJW 1970, 1145.
156 St. Rspr. BAG 17.5.1973 – 3 AZR 381/72 – NJW 1973, 1946; BAG 17.4.1985 – 3 AZR 72/83 – NZA 1986, 57; BAG 17.11.1992 – 3 AZR 76/92 – NZA 1993, 938; BAG 31.7.2007 – 3 AZR 372/06 – NZA 2008, 320; BVerfG 19.10.1983 – 2 BvR 298/81 – NJW 1984, 476; BVerfG 16.2.1987 – 1 BvR 957/79 – AP § 1 BetrAVG Unterstützungskasse Nr. 12.
157 BAG 17.4.1985 – 3 AZR 72/83 – NZA 1986, 57.
158 BAG 28.11.1989 – 3 AZR 818/87 – NZA 1990, 557; BVerfG 16.2.1987 – 1 BvR 957/79 – AP § 1 BetrAVG Unterstützungskasse Nr. 12; BVerfG 16.2.1987 – 1 BvR 727/81 – AP § 1 BetrAVG Unterstützungskasse Nr. 13.
159 BAG 28.4.1977 – 3 AZR 300/76 – DB 1977, 1656; BVerfG 16.2.1987 – 1 BvR 957/79 – AP § 1 BetrAVG Unterstützungskasse Nr. 12.
160 BAG 12.2.1971 – 3 AZR 83/70 – NJW 1971, 1379.
161 Grundlegend BAG 7.3.1995 – 3 AZR 282/94 – NZA 1996, 48.
162 BAG 17.6.2008 – 3 AZR 553/06 – NZA 2008, 1320; BAG 12.6.2007 – 3 AZR 186/06 – DB 2008, 2034.
163 BAG 12.6.2007 – 3 AZR 14/06 – DB 2007, 2722.
164 Zum Anspruch auf Beitragszahlungen BAG 12.6.2007 – 3 AZR 186/06 – DB 2008, 2034.

69 **1. Einzelabreden.** Die Einzelabrede stellt einen individuell ausgehandelten Vertrag über den Inhalt eines Versorgungsversprechens dar, der zum Inhalt des Arbverh wird. Die Wirksamkeit des **Vertragsschlusses** richtet sich nach den Regelungen der §§ 145 ff. BGB. Handelt es sich um eine den AN begünstigende arbeitgeberfinanzierte Altersversorgung, so braucht die Annahme durch den AN grds. nicht gegenüber dem AG erklärt zu werden (§ 151 BGB).[165] Bei arbeitnehmerfinanzierten Versorgungsversprechen (Entgeltumwandlung und Eigenbeitragszusage) muss die Annahme dagegen dem AG zugehen. Der Versorgungsvertrag ist nicht formbedürftig, sollte aber – wie jede individualrechtliche Vereinbarung – im Hinblick auf § 2 Abs. 1 NachwG schriftlich dokumentiert werden.[166] Die Einhaltung der Schriftform empfiehlt sich für Zusagen auf Leistungen der betrieblichen Altersversorgung auch im Hinblick auf die steuerrechtliche Berücksichtigung von Versorgungsversprechen (vgl. bspw. § 6a Abs. 1 Nr. 3 EStG).

70 **2. Vertragliche Einheitsregelung und Gesamtzusage.** Im Gegensatz zur Einzelabrede wird bei einer vertraglichen Einheitsregelung oder einer Gesamtzusage der Inhalt des Leistungsversprechens nicht einzeln ausgehandelt, sondern der Belegschaft vorgegeben. Häufig geschieht dies, indem auf außerhalb des Arbeitsvertrages liegende Versorgungsordnungen verwiesen wird, etwa tarifvertraglich ausgehandelten Versorgungsordnungen oder RL eines Versorgungsträgers (**Jeweiligkeitsklausel**). Es ist in diesen Fällen regelmäßig davon auszugehen, dass das in Bezug genommene Regelwerk in seiner jeweiligen Fassung gelten soll.[167] Da es sich aber um Formen individualrechtlicher Vereinbarungen handelt, sind dieselben Wirksamkeitsvoraussetzungen wie bei der Einzelabrede zu beachten.[168] Wegen des kollektiven Bezugs muss das Mitbestimmungsrecht des BR bei der Leistungsplangestaltung gem. § 87 Abs. 1 Nr. 10 BetrVG berücksichtigt werden (vgl. Rn 176 ff.).

71 **3. Betriebliche Übung.** Durch eine betriebliche Übung,[169] die in § 1b Abs. 1 S. 4 ausdrücklich als mögliche Rechtsgrundlage der betrieblichen Altersversorgung genannt wird, kann eine Versorgungsverpflichtung begründet werden, wenn der AN aufgrund eines gleichförmigen wiederholten Verhaltens des AG darauf vertrauen durfte, der AG werde sein Verhalten zukünftig fortsetzen.[170] Von einem eigenständigen Verpflichtungswillen des AG kann nicht ausgegangen werden, wenn eine bestehende Verpflichtung lediglich fehlerhaft umgesetzt wird.[171]

72 Der **Zeitpunkt**, zu dem eine betriebliche Übung entsteht, kann nicht schematisch festgelegt werden. Neben der Häufigkeit der vorbehaltlosen Leistungsgewährung hängt die Annahme des Verpflichtungswillens des AG auch von der Zahl der Begünstigten ab. Die dreimalige vorbehaltlose Gewährung der Leistung, die im Bereich von Weihnachtsgratifikationen für die Begründung einer betrieblichen Übung regelmäßig genügt, erscheint im Bereich der betrieblichen Altersversorgung – im Hinblick auf deren Dauer und Umfang – kaum als ausreichend.[172] Besteht eine betriebliche Übung, wird die Versorgungsverpflichtung gegenüber den **aktiven AN** begründet, die unter ihrer Geltung in dem Betrieb gearbeitet haben.[173] Aber auch **nach Eintritt des Versorgungsfalls** kann eine betriebliche Übung entstehen. Dies folgt daraus, dass die Pflicht zur Erbringung einer Versorgungsleistung aus dem Arbverh stammt, welches bis zur Beendigung des Ruhestandsverhältnisses insoweit fortbesteht (*Blomeyer*[174] spricht anschaulich von einem „Arbeitsverhältnis in Liquidation") und auf das die Arbeitsvertragsparteien noch einzuwirken vermögen.[175]

73 Unter den vorgenannten Voraussetzungen kann der AG aufgrund betrieblicher Übung bspw. verpflichtet sein, ein „Rentnerweihnachtsgeld"[176] bzw. ein nicht vorgesehenes 13. Ruhegehalt zu zahlen,[177] die Versorgungsleistung in einer bestimmten Weise zu berechnen[178] oder eine über § 16 hinausgehende Anpassung vorzunehmen.[179] Gegenstand einer betrieblichen Übung kann auch die Pflicht zur Abgabe einer Versorgungszusage sein („Zusage einer Zu-

---

165 *Blomeyer/Rolfs/Otto*, Anh. § 1 Rn 8.
166 *Blomeyer/Rolfs/Otto*, Anh. § 1 Rn 10.
167 BAG 11.12.2001 – 3 AZR 512/00 – NZA 2003, 1414; BAG 12.10.2004 – 3 AZR 432/03 – EzA § 1 BetrAVG Unterstützungskasse Nr. 13.
168 *Blomeyer/Rolfs/Otto*, Anh. § 1 Rn 12 ff.
169 Ausf. hierzu *Reinecke*, BB 2004, 1625.
170 St. Rspr. BAG 29.10.1985 – 3 AZR 462/83 – NZA 1986, 786; aus jüngerer Zeit BAG 19.2.2008 – 3 AZR 61/06 – NZA-RR 2008, 597; BAG 31.7.2007 – 3 AZR 189/06 – NZA-RR 2008, 263; BAG 12.12.2006 – 3 AZR 57/06 – DB 2007, 2435; BAG 12.12.2006 – 3 AZR 475/05 – AuR 2007, 51; BAG 19.5.2005 – 3 AZR 660/03 – NZA 2005, 889; BAG 29.4.2003 – 3 AZR 247/02 – NZA 2004, 1182; zu den Voraussetzungen einer „gegenläufigen" betrieblichen Übung BAG 27.6.2001 – 10 AZR 488/00 – EzA § 242 BGB Betriebliche Übung Nr. 44; zur gegenläufigen betrieblichen Übung im Bereich der betrieblichen Altersversorgung BAG 31.7.2007 – 3 AZR 189/06 – NZA-RR 2008, 263; LAG Düsseldorf 11.3.2004 – 11 Sa 1851/03 – AuA 2004, 49.
171 BAG 23.4.2002 – 3 AZR 224/01 – DB 2002, 2603; BAG 22.1.2002 – 3 AZR 554/00 – NZA 2002, 1224.
172 Ausf. *Blomeyer/Rolfs/Otto*, Anh. § 1 Rn 26; BAG 30.10.1984 – 3 AZR 236/82 – NZA 1985, 531: Gewährung eines 13. Ruhegehalts über acht Jahre; BAG 16.7.1996 – 3 AZR 352/95 – NZA 1997, 664: gleichförmiges Verhalten über 14 Jahre; BAG 19.8.2008 – 3 AZR 194/07 – DB 2009, 463; differenzierend auch *Reinecke*, BB 2004, 1625.
173 BAG 29.4.2003 – 3 AZR 247/02 – NZA 2004, 1182; BAG 16.7.1996 – 3 AZR 352/95 – NZA 1997, 664.
174 *Blomeyer*, Anm. zu BAG 28.7.1998 – 3 AZR 357/97 – AP § 79 LPVG Baden-Württemberg Nr. 9.
175 BAG 29.4.2003 – 3 AZR 247/02 – NZA 2004, 1182.
176 BAG 31.7.2007 – 3 AZR 189/06 – NZA-RR 2008, 263; BAG 12.12.2006 – 3 AZR 57/06 – DB 2007, 2435; BAG 29.4.2003 – 3 AZR 247/02 – NZA 2004, 1182.
177 BAG 30.10.1984 – 3 AZR 236/82 – NZA 1985, 531.
178 BAG 23.4.2002 – 3 AZR 224/01 – DB 2002, 2603.
179 Anpassungsübung, BAG 5.10.1993 – 3 AZR 698/92 – DB 1994, 687; *Blomeyer/Rolfs/Otto*, § 16 Rn 252 ff.

sage"),[180] die den Beginn der gesetzlichen Unverfallbarkeitsfrist beeinflusst (Vorschaltzeitenproblematik) (zur Vorschaltzeitenproblematik vgl. § 1b Rn 22).[181]

4. Gleichbehandlungsgrundsatz. Der Gleichbehandlungsgrundsatz stellt eine eigenständige betriebsrentenrechtliche Anspruchsgrundlage dar, wenn der Verstoß gegen diesen Grundsatz nur dadurch beseitigt werden kann, dass die begünstigende Regelung auch auf die benachteiligten AN angewandt wird. Dies gilt grds. für die in der Vergangenheit abgeschlossenen Sachverhalte. Verletzen einzelne Klauseln einer Versorgungsordnung den Gleichbehandlungsgrundsatz, so führt der Verstoß zur Unwirksamkeit dieser Klausel. I.Ü. bleibt aber die ursprüngliche Rechtsgrundlage bestehen.[182] Verstößt eine Klausel gegen das AGG, steht dem benachteiligten AN ohne weiteres nach den Wertungen der § 2 Abs. 1 Nr. 2 und § 8 Abs. 2 AGG ein Anspruch auf die vorenthaltene Leistung zu.[183] Die ausdrückliche Erwähnung der Geltung des Gleichbehandlungsgrundsatzes in § 1b Abs. 1 S. 4 hat deklaratorische Wirkung. Es handelt sich um die Konkretisierung des arbeitsrechtlichen Gleichbehandlungsgrundsatzes, der wiederum als Anwendungsfall der allg. Gleichheitssatzes des Art. 3 Abs. 1 GG einzuordnen ist.[184] Der arbeitsrechtliche Gleichbehandlungsgrundsatz verbietet sowohl die sachfremde Schlechterstellung einzelner AN in vergleichbarer Lage als auch eine sachfremde Gruppenbildung. Zulässig bleibt aber die Begünstigung Einzelner.[185] Die Anforderungen, die an einen Verstoß gegen den Gleichbehandlungsgrundsatz zu stellen sind, richten sich nach dem getroffenen Differenzierungsmerkmal.

So kann das Unterscheidungskriterium gegen ein **absolutes Differenzierungsverbot** verstoßen, bei dem sachliche Gründe zur Rechtfertigung einer unterschiedlichen Behandlung nicht ausreichen.[186] Hierunter fällt das europarechtliche **Lohngleichheitsgebot** des Art. 141 EGV sowie das ebenfalls im EG-Vertrag enthaltene Verbot jeder auf der **Staatsangehörigkeit** beruhenden unterschiedlichen Behandlung in Bezug auf Beschäftigung, Entlohnung und sonstige Arbeitsbedingungen (Art. 39 Abs. 2 EG). Art. 3 Abs. 3 GG untersagt die Diskriminierung wegen **des Geschlechts, der Abstammung, der Rasse, der Sprache, der Heimat und Herkunft, des Glaubens, der religiösen oder politischen Anschauung sowie einer Behinderung.** Aus Art. 6 Abs. 5 GG ergibt sich, dass **ne. Kinder** gegenüber ehelichen Kindern nicht benachteiligt werden dürfen (siehe Rn 11). Gem. Art. **9 Abs. 3 S. 2 GG** ist auch eine Unterscheidung nach der **Gewerkschaftszugehörigkeit** untersagt.

Soweit kein absolutes Differenzierungsverbot eingreift, ist es nach dem **Gleichheitssatz des Art. 3 Abs. 1 GG** bzw. dem **arbeitsrechtlichen Gleichbehandlungsgrundsatz** allg. untersagt, AN willkürlich, d.h. ohne sachlichen Grund, gegenüber anderen AN schlechter zu stellen, die sich in einer vergleichbaren Lage befinden (**relatives Differenzierungsverbot**). Die Differenzierungsgründe sind billigenswert, wenn sie auf vernünftigen, einleuchtenden Erwägungen beruhen und gegen keine verfassungsrechtlichen oder sonstigen übergeordneten Wertentscheidungen verstoßen.[187] Die geltend gemachten Differenzierungsgründe müssen nachvollziehbar sein und plausibel vom AG dargelegt werden.[188] Die Versorgungsordnung darf nicht in Widerspruch zu diesen Gründen stehen.[189]

a) Unterschiedliche Regelungen für Männer und Frauen. Wirkt sich eine Versorgungsordnung unterschiedlich auf Männer und Frauen aus, so kommen Verstöße gegen den europarechtlichen Lohngleichheitsgrundsatz des Art. 141 EGV (= Art. 119 EGV a.F.) sowie Art. 3 Abs. 3 GG bzw. den arbeitsrechtliche Gleichbehandlungsgrundsatz in der Form der Gleichbehandlung von Männern und Frauen in Betracht (vgl. §§ 1, 7 AGG).

aa) Verstoß gegen das Lohngleichheitsgebot zwischen Männern und Frauen (Art. 141 EGV). Nach Art. 141 Abs. 1 EGV hat jeder Mitgliedstaat die Anwendung des Grundsatzes des gleichen Entgelts für Männer und Frauen bei gleicher oder gleichwertiger Arbeit sicherzustellen. Dieser Grundsatz gehört zu den Grundlagen des Gemeinschaftsrechts und stellt in den Mitgliedstaaten unmittelbar geltendes Recht dar, das auch auf Verträge zwischen Privatpersonen und alle TV zur kollektiven Regelung der abhängigen Erwerbstätigkeit anzuwenden ist.[190] Leistungen der betrieblichen Altersversorgung sind als Vergütung i.S.d. Art. 141 Abs. 2 EGV einzuordnen, die der AG aufgrund des Arbverh erbringt und bei deren Ausgestaltung der Lohngleichheitsgrundsatz zwischen Männern und Frauen einzuhalten ist.[191] Nach dem Urteil des EuGH vom 9.10.2001 ist nicht nur der AG zur Beachtung des

---

180 BAG 29.10.1985 – 3 AZR 462/83 – NZA 1986, 786; BAG 25.6.2002 – 3 AZR 360/01 – AP § 16 BetrAVG Nr. 50.
181 BAG 29.10.1985 – 3 AZR 462/83 – NZA 1986, 786.
182 BAG 7.3.1995 – 3 AZR 282/94 – NZA 1996, 48; BAG 21.1.1997 – 3 AZR 90/96 – ZTR 1997, 317; BAG 9.12.1997 – 3 AZR 661/96 – NZA 1998, 1173.
183 BAG 11.12.2007 – 3 AZR 249/06 – NZA 2008, 532.
184 BAG 10.12.2002 – 3 AZR 92/02 – NZA 2004, 321.
185 BAG 19.8.1992 – 5 AZR 513/91 – DB 1993, 539; BAG 17.2.1998 – 3 AZR 783/96 – NZA 1998, 762; BAG 19.6.2001 – 3 AZR 557/00 – NZA 2002, 557.
186 Blomeyer/Rolfs/Otto, Anh. § 1 Rn 54 ff.
187 St. Rspr. BAG 18.11.2003 – 3 AZR 655/02 – NZA 2004, 1296; BAG 10.12.2002 – 3 AZR 3/02 – NZA 2004, 321; BAG 23.4.2002 – 3 AZR 268/01 – NZA 2003, 232; BAG 18.9.2001 – 3 AZR 656/00 – NZA 2002, 148.
188 BAG 18.11.2003 – 3 AZR 655/02 – NZA 2004, 1296.
189 BAG 21.8.2007 – 3 AZR 269/06 – DB 2008, 710; BAG 9.12.1997 – 3 AZR 661/96 – NZA 1998, 1173.
190 Ständig seit EuGH 8.4.1976 – Rs 43/75 – Defrenne II – NJW 1976, 2068.
191 EuGH 13.5.1986 – Rs 170/74 – Bilka – NZA 1986, 599.

Lohngleichheitsgebots des Art. 141 EGV verpflichtet, sondern darüber hinaus auch die **Einrichtung, die Leistungen eines Betriebsrentensystems erbringt.**[192] Dies wurde ausdrücklich für eine Pensionskasse deutschen Rechts erklärt. Die Rspr. des EuGH kann auch auf die übrigen Versorgungsträger Lebensversicherer, Pensionsfonds und Unterstützungskasse übertragen werden.

79 **(1) Unmittelbare Diskriminierung.** Unzulässig sind zunächst Regelungen, die ein Geschlecht **unmittelbar benachteiligen,** indem die Leistungsbedingungen an das Geschlecht anknüpfen. Eine unmittelbare Diskriminierung liegt bspw. vor, wenn ein AG den AN eine **Witwenversorgung** zusagt, den ANinnen aber keine gleich hohe **Witwerversorgung** versprochen wird.[193] Auch die Festsetzung **unterschiedlicher Rentenzugangsalter** für Männer und Frauen in Versorgungsordnungen stellt eine unmittelbare Benachteiligung wegen des Geschlechts und einen Verstoß gegen den Lohngleichheitsgrundsatz des Art. 141 EG dar, selbst wenn die Altersgrenzen denen des nationalen gesetzlichen Altersrentensystems entsprechen.[194]

Umstritten ist, ob die unterschiedlichen statistischen Lebenserwartungen für Männer und Frauen unterschiedliche Versorgungsleistungen bei gleicher Beitragszahlung rechtfertigen oder eine Pflicht zu geschlechtsunabhängigen **Unisex-Tarifen** besteht.[195] Eine Differenzierung bei der Rentenhöhe zwischen Männern und Frauen ist dann gerechtfertigt, wenn im Hinblick auf die **objektiven biologischen oder funktionalen** (arbeitsteiligen) **Unterschiede** nach der Natur des jeweiligen Lebensverhältnisses eine besondere Regelung erlaubt oder sogar geboten ist.[196] Die statistisch festgestellte höhere Lebenserwartung von Frauen legt den Schluss nahe, dass Frauen aufgrund des Geschlechts eher den Versorgungsfall erleben und länger bezugsberechtigt sind als Männer. Dieser Umstand muss aber nicht biologisch oder funktional bedingt sein, sondern kann seine Ursache ebenso in sozialen Verhaltensweisen haben, die bei einem Geschlecht häufiger auftreten (bspw. höherer Anteil von abhängig Beschäftigten oder höherer Anteil von Rauchern).[197] Der Gesetzgeber macht aber nunmehr gem. § 1 Abs. 1 S. 1 Nr. 2 AltZertG die staatliche Förderung von Altersvorsorgeprodukten („Riester-Rente") davon abhängig, dass die Versorgungsleistungen unabhängig von dem Geschlecht berechnet werden müssen. Der **Zwang zur geschlechtsneutralen Berechnung** gilt für Vorsorgeverträge, die nach dem **31.12.2005** geschlossen werden. Da gem. § 1a Abs. 3 der AN im Zusammenhang mit dem Anspruch auf Entgeltumwandlung auch verlangen kann, die staatliche Förderung gem. §§ 10a, 82 Abs. 2 EStG in Anspruch zu nehmen, wenn die betriebliche Altersversorgung über einen Pensionsfonds, eine Pensionskasse oder eine Direktversicherung durchgeführt wird, werden sich „Unisex"-Tarife auch in der betrieblichen Altersversorgung zukünftig verstärkt finden.

80 **(2) Mittelbare Diskriminierung (insb. Teilzeitbeschäftigte).** Art. 141 untersagt, wie der EuGH bereits in seiner „Bilka"-Entscheidung vom 13.5.1986 festgestellt hat, darüber hinaus die **mittelbare Diskriminierung** wegen des Geschlechts bei der Gewährung von Leistungen durch ein Betriebsrentensystem.[198] Eine mittelbare Diskriminierung liegt vor, wenn Regelungen selbst geschlechtsneutral ausgestaltet sind, die nachteilige Wirkung jedoch ein Geschlecht erheblich stärker belastet als das andere und die Maßnahme nicht auf Faktoren beruht, die objektiv gerechtfertigt sind und nichts mit einer Diskriminierung aufgrund des Geschlechts zu tun haben.[199] Ein Fall der mittelbaren Diskriminierung liegt oftmals bei der Benachteiligung **teilzeitbeschäftigter AN** gegenüber vollzeitbeschäftigten AN vor. Eine Benachteiligung ist dann anzunehmen, wenn eine Leistung, die Vollzeitkräften zugesagt ist, den Teilzeitkräften nicht **proportional** zum Teilzeitgrad gewährt wird.[200] Teilzeitbeschäftigungen werden fast ausschließlich von Frauen durchgeführt. Der Ausschluss von Teilzeitbeschäftigten aus Versorgungsordnungen bedeutet damit regelmäßig eine nicht gerechtfertigte mittelbare Diskriminierung wegen des Geschlechts bei der Lohngestaltung und folglich ein Verstoß gegen Art. 141 EGV.[201]

81 Das Lohngleichheitsgebot soll nach Ansicht des BAG dagegen nicht verletzt sein, wenn **geringfügig beschäftigte Teilzeitkräfte, die nicht der Rentenversicherungspflicht unterliegen,** von einem Gesamtversorgungssystem ausgeschlossen werden. Eine solche Benachteiligung soll **bis zum 31.3.1999** auch europarechtlich zulässig gewesen sein.[202] Auch nach der Neuregelung des Sozialversicherungsrechts (§ 8 SGB IV) besteht weiterhin Versicherungsfreiheit für geringfügig Beschäftigte in der gesetzlichen RV. Auf die Befreiung von der Versicherungspflicht kann

---

192 EuGH 9.10.2001 – Rs C–379/99 – Menauer – NZA 2001, 1301; s.a. BAG 19.11.2002 – 3 AZR 631/97 – NZA 2003, 380; BAG 7.9.2004 – 3 AZR 550/03 – DB 2005, 507.
193 BAG 5.9.1989 – 3 AZR 575/88 – NZA 1990, 271; BAG 19.11.2002 – 3 AZR 631/97 – NZA 2003, 380.
194 EuGH 17.5.1990 – Rs C–262/88 – Barber – NJW 1991, 2204; dazu auch EuGH 14.12.1993 – Rs C–110/91 – Moroni – NZA 1994, 165; BAG 3.6.1997 – 3 AZR 910/95 – AP § 1 BetrAVG Gleichbehandlung Nr. 35 m. Anm. *Schlachter.*
195 *Raulf/Gunia,* NZA 2003, 534; *Hensche,* NZA 2004, 828; *Körner,* NZA 2004, 760; *Steinmeyer,* NZA 2004, 1257;

hierzu auch BAG 12.6.2007 – 3 AZR 14/06 – DB 2007, 2722.
196 BVerfG 28.1.1987 – 1 BvR 455/82 – DB 1987, 539.
197 *Hensche,* NZA 2004, 828.
198 EuGH 13.5.1986 – Rs 170/74 – Bilka – NZA 1986, 599.
199 EuGH 13.5.1986 – Rs 170/74 – Bilka – NZA 1986, 599.
200 BAG 25.10.1994 – 3 AZR 149/94 – NZA 1995, 730.
201 BAG 14.10.1986 – 3 AZR 66/83 – NJW 1987, 2183; BAG 20.11.1990 – 3 AZR 613/89 – NZA 1991, 635; BAG 5.10.1993 – 3 AZR 695/92 – AP § 1 BetrAVG Lebensversicherung Nr. 2.
202 BAG 22.2.2000 – 3 AZR 845/98 – NZA 2000, 659; BAG 27.2.1996 – 3 AZR 886/94 – NZA 1996, 992.

jedoch gem. § 5 Abs. 2 S. 2 SGB VI verzichtet werden. Es fragt sich deshalb, ob die Rspr. des BAG auch weiterhin Bestand haben kann. Dies ist jedoch abzulehnen. Zumindest in dem Fall, in dem ein AN auf die Versicherungsfreiheit verzichtet hat, wird der AG nicht mit gesteigerten Versorgungsrisiken belastet, die an sich durch die gesetzliche RV abgedeckt werden. Damit entfällt ein tragendes Argument für die Berechtigung, geringfügig Beschäftigte aus einem Gesamtversorgungssystem herauszunehmen.[203] M.E. müssen aber auch die Personen, die nicht auf die Versicherungsfreiheit verzichtet haben, in ein Gesamtversorgungssystem einbezogen werden. Sie könne aber nur verlangen, so gestellt zu werden, als hätten sie auf die Befreiung von der Versicherungspflicht verzichtet. Keine mittelbare Diskriminierung soll durch die **Mindestaltersgrenze** von 35 Jahren des § 1 Abs. 1 S. 1 BetrVG a.F. eingetreten sein.[204] Fraglich erscheint es, ob diese Auffassung des BAG mit der Rechtsprechung des EuGH zum Verbot der Altersdiskriminierung vereinbar ist.[205]

bb) Konkurrenzverhältnis zwischen Art. 141 EGV und den nationalen Diskriminierungsverboten. Zwischen dem Gehalt des Lohngleichheitsgebots des Art. 141 EGV und den nationalen Vorschriften besteht keine umfassende Identität, so dass auch unterschiedliche Ansätze zur Lösung der Diskriminierungsproblematik wegen des Geschlechts verfolgt werden können. Dabei wird durch Art. 141 EGV aber ein Mindestschutz sichergestellt, der durch dahinter zurückbleibende nationale Normen nicht unterlaufen werden kann. So hat das BAG entschieden, dass Regelungen in Versorgungsordnungen, die für Männer und Frauen ein **unterschiedliches Rentenzugangsalter** vorsehen, für eine Übergangszeit mit Art. 3 Abs. 3 GG noch vereinbar wären, jedoch die Bestimmung des Art. 141 EG, die nationalen Vorschriften vorgeht, verletzen.[206] Die Zusage unterschiedlich hoher **Witwen- und Witwerversorgungen** verstößt dagegen sowohl gegen Art. 141 EGV als auch gegen Art. 3 Abs. 3 GG.[207] Das BAG wertet den **Ausschluss mehr als geringfügig beschäftigter Teilzeitbeschäftigter** von Leistungen der betrieblichen Altersversorgung auch unabhängig von dem Vorliegen einer mittelbaren Diskriminierung wegen des Geschlechts als Verstoß gegen den allg. Gleichheitssatz des Art. 3 Abs. 1 GG, da der Umfang der Arbeitszeit kein sachlich gerechtfertigtes Kriterium für den Ausschluss bildet (vgl. auch § 4 TzBfG).[208]

cc) Zeitliche Wirkungen. Die Auswirkungen des Konkurrenzverhältnisses zwischen Art. 141 EGV und den nationalen Regelungen zeigen sich v.a. bei der rückwirkenden Geltendmachung des Verstoßes gegen die jeweilige Norm.

(1) Rückwirkende Geltendmachung des Verstoßes gegen Art. 141 EGV. Der EuGH differenziert danach, ob zwingende Gründe des Vertrauensschutzes die rückwirkende Geltendmachung des Verstoßes gegen Art. 141 EGV ausschließen. Liegen keine zwingenden Gründe vor, so wirkt sich die Verletzung des Art. 141 EGV zwischen Männern und Frauen seit dem **8.4.1976** aus (Tag des Erlasses des Urteils „Defrenne II", durch das die unmittelbare Anwendbarkeit des europarechtlichen Lohngleichheitsgebots festgestellt wurde).[209]

(a) „Barber"-Entscheidung. In seinen Entscheidungen „Barber"[210] und „Moroni"[211] hat der EuGH ausgeführt, dass die Mitgliedstaaten und die Betroffenen aufgrund einer Ausnahmeregelung in der RL 86/378/EWG noch darauf vertrauen durften, dass die Festlegung unterschiedlicher Altersgrenzen in betrieblichen Systemen der sozialen Sicherheit nicht gegen den Lohngleichheitsgrundsatz verstößt. Zwingende Gründe der Rechtssicherheit würden es deshalb ausschließen, dass Rechtsverhältnisse, deren Wirkung sich in der Vergangenheit erschöpft habe, in Frage gestellt werden, wenn dies rückwirkend das finanzielle Gleichgewicht zahlreicher betrieblicher Versorgungssysteme stören könnte. Der Verstoß gegen das Diskriminierungsverbot des Art. 141 EGV kann in diesem Fall nur für Leistungen geltend gemacht werden, die für **Beschäftigungszeiten nach dem 17.5.1990** (Tag der „Barber"-Entscheidung) geschuldet werden, soweit nicht vor diesem Zeitpunkt nach dem innerstaatlichen Recht Klage erhoben oder ein entsprechender Rechtsbehelf eingelegt wurde.[212] Die Rspr. zur eingeschränkten Rückwirkung wurde in dem Protokoll zu Art. 119 des Vertrags zur Gründung der EG übernommen (zu den Konsequenzen bei der Berechnung der Versorgungsleistung vgl. § 6 Rn 57).[213]

---

203 *Blomeyer/Rolfs/Otto*, Anh. § 1 Rn 81; i.E. *Höfer*, ART Rn 705; a.A. ErfK/*Steinmeyer*, Vorb. BetrAVG Rn 36.
204 BAG 18.10.2005 – 3 AZR 506/04 – NZA 2006, 1159.
205 EuGH 22.11.2005 – C 144/04 – Mangold – NZA 2005, 1345.
206 BAG 3.6.1997 – 3 AZR 910/95 – AP § 1 BetrAVG Gleichbehandlung Nr. 35 m. Anm. *Schlachter*; BAG 18.3.1997 – 3 AZR 759/95 – NZA 1997, 824.
207 BAG 5.9.1989 – 3 AZR 575/88 – NZA 1990, 271.
208 BAG 21.1.1997 – 3 AZR 90/96 – ZTR 1997, 317; BAG 7.3.1995 – 3 AZR 282/94 – NZA 1996, 48; BAG 28.7.1992 – 3 AZR 173/92 – NZA 1993, 215; BAG 20.11.1990 – 3 AZR 613/89 – NZA 1991, 635.
209 EuGH 8.4.1976 – Rs 43/75 – Defrenne II – NJW 1976, 2068.
210 EuGH 17.5.1990 – Rs C–262/88 – Barber – NJW 1991, 2204.
211 EuGH 14.12.1993 – Rs C–110/91 – Moroni – NZA 1994, 165.
212 EuGH 17.5.1990 – Rs C–262/88 – Barber – NJW 1991, 2204; dazu auch EuGH 14.12.1993 – Rs C–110/91 – Moroni – NZA 1994, 165; BAG 3.6.1997 – 3 AZR 910/95 – AP § 1 BetrAVG Gleichbehandlung Nr. 35 m. Anm. *Schlachter*; BAG 18.3.1997 – 3 AZR 759/95 – NZA 1997, 824.
213 ABl C Nr. 191 v. 29.7.1992.

86 **(b) Bilka-Entscheidung.** Demgegenüber hat der EuGH in seinem „Bilka"-Urteil,[214] seit dem spätestens die grds. Anwendbarkeit des Lohngleichheitsgebots auch im Bereich der betrieblichen Altersversorgung geklärt war, die Wirkung des Urteils nicht zeitlich beschränkt. Im Hinblick hierauf hat es der EuGH auch später abgelehnt, die zeitliche Beschränkung der Wirkung des „Barber"-Urteils zu verallgemeinern. Vielmehr kann sich ein AN, der hinsichtlich des **Zugangs zu einem Betriebsrentensystems** diskriminiert worden ist, rückwirkend auf die unmittelbare Wirkung des Art. 141 EGV berufen, um ab dem **8.4.1976** die Gewährung der Leistungen zu verlangen.[215]

87 **(2) Rückwirkende Geltendmachung des Verstoßes gegen Art. 3 GG.** Der Ausschluss von **Teilzeitkräften** aus Betriebsrentensystemen sowie die unterschiedliche Ausgestaltung von **Witwen- und Witwerversorgungen** verstoßen auch gegen Art. 3 GG. Nach Ansicht des BAG durfte in beiden Fällen zu keinem Zeitpunkt auf die Vereinbarkeit der diskriminierenden Versorgungsregelungen mit dem Gleichheitsgebot vertraut werden, so dass eine **fristlose Gleichstellung** der diskriminierten Personengruppe zu erfolgen habe.[216] Es hätten keine Umstände in der Vergangenheit vorgelegen, die eine zeitliche Beschränkung der Geltendmachung der Verstöße gegen Art. 3 GG rechtfertigen würden.[217] Eine Begrenzung der zeitlichen Wirkung könne auch nicht aus dem gleichzeitig vorliegenden Verstoß gegen Art. 141 EGV und der hierzu entwickelten Rückwirkungsbegrenzung hergeleitet werden. Es sei mit dem Europarecht vereinbar, durch nationale Regelungen über den durch Art. 141 EGV gewährten Diskriminierungsschutz wegen des Geschlechts hinauszugehen.[218] Diese Rspr. wurde sowohl durch das BVerfG[219] als auch durch den EuGH[220] bestätigt.

88 Dagegen stellte die Festlegung **unterschiedlicher Altersgrenzen** nach dem Urteil des BAG vom 3.6.1997 allein einen Verstoß gegen Art. 141 EGV dar.[221] Die Unzulässigkeit einer solchen Versorgungsregelung kann damit auch nur entsprechend der vom EuGH aufgestellten Grundsätze zur zeitlichen Wirkung des „Barber"-Urteils v. 17.5.1990 geltend gemacht werden. Dies gilt auch, soweit ein **schwerbehinderter männlicher AN** die Gleichbehandlung mit Frauen für Beschäftigungszeiten verlangt, die vor dem 17.5.1990 liegen.[222]

89 **b) Weitere Einzelfälle.** Neben der zentralen Problematik der Diskriminierung wegen des Geschlechts treten Fragen der Gleichbehandlungspflicht in der betrieblichen Altersversorgung in zahlreichen Varianten auf, die im Überblick dargestellt werden sollen:

90 So verletzt die Ungleichbehandlung von **Arbeitern und Ang**, die auf dieser Gruppenbildung beruht, den arbeitsrechtlichen Gleichbehandlungsgrundsatz.[223] Der Verstoß kann jedoch nur rückwirkend für Zeiten ab dem **1.7.1993** geltend gemacht werden, da bis zu diesem Datum der AG wegen der statusbezogenen ungleichen Behandlung von Arbeitern und Ang bei den gesetzlichen Künd-Fristen (§ 622 BGB a.F.) und bei der gesetzlich geregelten Entgeltfortzahlung von der Zulässigkeit der Diskriminierung auch im Rahmen der betrieblichen Altersversorgung ausgehen durfte.[224] Eine unzulässige Ungleichbehandlung liegt jedoch nicht vor, wenn die unterschiedlichen Versorgungsregelungen für Arbeiter und Ang zu gleich hohen Betriebsrenten führen.[225] Unzulässig ist weiter, **AN, die in einem zweiten Arbverh** stehen, allein aus diesem Grund von Versorgungsleistungen auszuschließen.[226] Auch die Benachteiligung von **Außendienstmitarbeitern gegenüber Innendienstmitarbeitern** ausschließlich aufgrund der unterschiedlichen Art der Arbeitsleistung und der besonderen Vergütungsstruktur ist nicht gerechtfertigt.[227] Dagegen soll eine Differenzierung der Versorgungsberechtigten nach der Flexibilität des Arbeitseinsatzes zulässig sein, der hiermit verbundene kostengünstigere Personaleinsatz darf durch Versorgungsleistungen entgolten werden.[228]

91 Ein **sachlicher Grund** für eine Ungleichbehandlung liegt etwa vor, wenn der AG mit dem Betriebsrentenversprechen die **Betriebstreue fördern** und eine engere **Bindung an das Unternehmen** erreichen will.[229] Der AG darf des-

---

214 EuGH 13.5.1986 – Rs 170/74 – Bilka – NZA 1986, 599.
215 EuGH 28.9.1994 – Rs C–128/93 – Fisscher – NZA 1994, 1123; EuGH 24.10.1996 – Rs C–435/93 – Dietz – NZA 1996, 607.
216 Zur Witwen- und Witwerversorgung: BAG 5.9.1989 – 3 AZR 575/88 – NZA 1990, 271; zur Gleichstellung von Teilzeitkräften: BAG 20.11.1990 – 3 AZR 613/89 – NZA 1991, 635; BAG 28.7.1992 – 3 AZR 173/92 – NZA 1993, 215; BAG 7.3.1995 – 3 AZR 282/94 – NZA 1996, 48; BAG 21.1.1997 – 3 AZR 90/96 – ZTR 1997, 317.
217 Unklar sind die Ausführungen im Urteil des BAG v. 5.9.1989 – 3 AZR 575/88 – NZA 1990, 271, ob eine Begrenzung der Rückwirkung bei unterschiedlicher Witwen- und Witwerversorgung auf den 10.3.1972 erfolgen kann; allg. zur Rückwirkungsbegrenzung BAG 18.11.2003 – 3 AZR 655/02 – NZA 2004, 1296.
218 BAG 7.3.1995 – 3 AZR 282/94 – BAGE 79, 236 = NZA 1996, 48.
219 BVerfG 28.9.1992 – 1 BvR 496/87 – NZA 1993, 213; BVerfG 5.8.1998 – 1 BvR 264/98 – NZA 1998, 1245.
220 EuGH 10.2.2000 – Rs C–270 und 271/97 – Sievers u. Schrage – AP Art. 119 EG-Vertrag Nr. 18.
221 BAG 3.6.1997 – 3 AZR 910/95 – AP § 1 BetrAVG Gleichbehandlung Nr. 35 m. Anm. *Schlachter*; BAG 18.3.1997 – 3 AZR 759/95 – NZA 1997, 824.
222 BAG 23.5.2000 – 3 AZR 228/99 – NZA 2001, 47.
223 BAG 10.12.2002 – 3 AZR 3/02 – NZA 2004, 321.
224 BAG 10.12.2002 – 3 AZR 3/02 – NZA 2004, 321.
225 BAG 23.4.2002 – 3 AZR 268/01 – NZA 2003, 232.
226 BAG 22.11.1994 – 3 AZR 349/94 – NZA 1995, 733.
227 BAG 9.12.1997 – 3 AZR 661/96 – NZA 1998, 1173.
228 BAG 18.9.2007 – 3 AZR 639/06 – NZA 2008, 56.
229 BAG 13.12.1994 – 3 AZR 367/94 – NZA 1995, 886; BAG 9.12.1997 – 3 AZR 661/96 – NZA 1998, 1173; BAG 17.2.1998 – 3 AZR 783/96 – NZA 1998, 762.

halb **befristet eingestellte AN** aus der betrieblichen Altersversorgung herausnehmen, die nur vorübergehend beschäftigt sind.[230] Auch die Begünstigung von **Mitarbeitern mit leitenden Aufgaben** gegenüber sonstigen Mitarbeitern ist zulässig.[231] Weiter darf der AG durch eine günstige Berechnung der Betriebsrente einen **Anreiz** für bestimmte AN **zum vorzeitigen Ausscheiden** aus dem Arbverh schaffen.[232] Der AG darf die Begünstigung auf AN beschränken, die bis zur Inanspruchnahme der (vorgezogenen) Altersrente betriebstreu geblieben sind.[233] Eine Benachteiligung bis zum Versorgungsfall betriebstreu gebliebener AN gegenüber vorzeitig ausgeschiedenen AN ist im Rahmen der betrieblichen Altersversorgung dagegen unzulässig.

Auch ein **unterschiedlicher Versorgungsbedarf** einzelner AN-Gruppen berechtigt den AG zu einer Differenzierung. Aus diesem Grund können AN von der betrieblichen Altersversorgung ausgeschlossen werden, die ein erheblich höheres Einkommen als die in das Versorgungswerk einbezogenen Gruppen haben.[234] In gleicher Weise können unterschiedliche Vergütungssysteme den Ausschluss von Versorgungsleistungen aber auch sachlich rechtfertigen, wenn die ausgeschlossene AN-Gruppe durchschnittlich eine erheblich höhere Vergütung als die begünstigte AN-Gruppe erhält.[235] Zur Abgrenzung des Personenkreises sind grds. **Stichtagsregelungen** zulässig. Die hierdurch entstehenden Härten sind hinzunehmen, wenn die Wahl des Stichtags sachlich vertretbar ist.[236] So ist der Ausschluss von AN aus der betrieblichen Altersversorgung, die ein bestimmtes **Höchsteintrittsalter** überschritten haben, mit dem Gleichbehandlungsgrundsatz vereinbar.[237]

92

Ebenfalls kann die **Zweckbindung von Refinanzierungsmitteln**, durch die Versorgungszusagen an bestimmte AN für den AG weit gehend kostenneutral ausfallen, ein sachlicher Grund für eine Ungleichbehandlung sein.[238] Die Ungleichbehandlung von Ang des öffentlichen Dienstes bei der Zusatzversorgung im Vergleich zur Beamtenversorgung ist ebenfalls sachlich gerechtfertigt.[239]

93

Hinsichtlich der **Höhe der Versorgung** verpflichtet der Gleichbehandlungsgrundsatz den AG nicht, **Betriebsrentner mit noch aktiven AN**, die erst später in den Ruhestand treten, gleichzustellen.[240] Nicht mit dem Gleichbehandlungsgrundsatz vereinbar sind dagegen **endgehaltsbezogene Versorgungsregelungen**, bei denen auf das **letzte Monatsgehalt** abgestellt wird, wenn ein Teilzeitbeschäftigter nicht unwesentliche Teile des Beschäftigungsverhältnisses in einem anderen zeitlichen Umfang für den AG tätig war als während des letzten Beschäftigungsmonats und die Versorgungsordnung hierauf keine Rücksicht nimmt. Regelmäßig muss in diesen Fällen eine Teilzeitquote für einen bestimmten Beschäftigungszeitraum ermittelt werden, der dem veränderten Umfang der Tätigkeit Rechnung trägt.[241]

94

c) AGG. Zur Umsetzung der RL 2000/43/EG,[242] 2000/78/EG[243] und 2002/73/EG[244] hat der Gesetzgeber mit Wirkung zum 18.8.2006 das Allgemeine Gleichbehandlungsgesetz erlassen,[245] durch das Benachteiligungen aus Gründen der Rasse oder wegen der ethnischen Herkunft, des Geschlechts, der Religion oder Weltanschauung, einer Behinderung, des Alters oder der sexuellen Identität gerade im arbeitsrechtlichen Bereich verhindert oder beseitigt werden sollen.[246]

95

aa) Anwendbarkeit. Mit seinem Urteil vom 11.12.2007[247] hat das BAG klargestellt, dass das AGG auch auf die betriebliche Altersversorgung anzuwenden ist. Die missverständliche Regelung des § 2 Abs. 2 S. 2 AGG, nach der für die betriebliche Altersversorgung das Betriebsrentengesetz gilt, sei als **Kollisionsnorm** auszulegen. Enthält das BetrAVG Unterscheidungskriterien, die einen Bezug zu den in § 1 AGG erwähnten Merkmalen haben, so genieße das Betriebsrentengesetz Vorrang. Die Kollisionsregelung gelte bspw. für die an das Merkmal „Alter" anknüpfenden Regelungen zur Unverfallbarkeit (§ 1b) und zur festen Altersgrenze (§ 2 Abs. 1).[248]

96

bb) Altersdiskriminierung. Von besonderer Bedeutung ist für den Bereich der betrieblichen Altersversorgung das **Verbot der Altersdiskriminierung**, da altersabhängige Kriterien sowohl bei der Entstehung eines Versorgungs-

97

---

230 BAG 13.12.1994 – 3 AZR 367/94 – NZA 1995, 886.
231 BAG 17.2.1998 – 3 AZR 783/96 – NZA 1998, 762.
232 BAG 18.9.2001 – 3 AZR 656/00 – NZA 2002, 148.
233 BAG 23.1.2001 – 3 AZR 562/99 – DB 2002, 1168.
234 BAG 9.12.1997 – 3 AZR 661/96 – NZA 1998, 1173.
235 BAG 21.8.2007 – 3 AZR 269/06 – DB 2008, 710.
236 BVerfG 27.11.1989 – 1 BvR 945/86 – AP § 1 BetrAVG Gleichbehandlung Nr. 5a; BAG 18.9.2001 – 3 AZR 656/00 – NZA 2002, 148.
237 BAG 14.1.1986 – 3 AZR 456/84 – NZA 1987, 23.
238 BAG 19.6.2001 – 3 AZR 557/00 – NZA 2002, 557.
239 BAG 21.10.2003 – 3 AZR 84/03 – NZA 2005, 599.
240 BAG 27.8.1996 – 3 AZR 466/95 – NZA 1997, 535.
241 BAG 3.11.1998 – 3 AZR 432/97 – NZA 1999, 999; s.a. LAG Köln 26.3.2003 – 12 Sa 1585/02 – BetrAV 2003, 471.
242 V. 29.7.2000, ABl EG L 180, S. 22.
243 V. 27.11.2000, ABl EG L 303, S. 16.
244 V. 23.9.2002, ABl EG L 269, S. 15.
245 Gesetz vom 14.8.2006, BGBl I S. 4538; allgemein zum AGG siehe z.B. *Rengier*, NZA 2006, 1257; *Steinmeyer*, ZfA 2007, 27; *Cisch/Böhm*, BB 2007, 602; *Rolfs*, NZA 2008, 553; *Preis/Teming*, NZA 2006, 1209; *Thum*, BB 2008, 2291; *Adomeit/Mohr*, ZfA 2008, 449; zu den europarechtlichen Vorgaben; *Schiek*, NZA 2004, 873; *Herms/Meinel*, DB 2004, 2370.
246 §§ 1, 2 AGG.
247 BAG 11.12.2007 – 3 AZR 249/06 – NZA 2008, 532.
248 BAG 11.12.2007 – 3 AZR 249/06 – NZA 2008, 532.

anspruchs als auch bei der Anspruchshöhe eine wesentliche Rolle spielen. Eine zulässige **Ungleichbehandlung wegen des Alters** kann gem. § 10 Abs. 4 AGG bei den betrieblichen Systemen der sozialen Sicherheit vorliegen, wenn das Erreichen einer Altersgrenze die Voraussetzung für die Anspruchsentstehung einer Alters- oder Invaliditätsrente bildet. Auch die Verwendung von Alterskriterien bei versicherungsmathematischen Berechnungen soll zulässig bleiben.

98 Die Liste der Klauseln, die bisher als zulässig angesehen wurden, unter der Geltung des AGG aber gegen das Verbot der Altersdiskriminierung verstoßen könnten, ist lang. Zu nennen sind etwa beim Leistungszugang **Wartezeitenregelungen oder Mindest- und Höchstaufnahmealter**, im Bereich der Hinterbliebenenversorgung bedürfen bspw. **Spätehenklauseln, Mindestehedauerklauseln oder Altersdifferenzklauseln** der Überprüfung. Höchstrichterliche Entscheidungen zu diesen Fragen liegen noch nicht vor.

99 Umstritten ist auch, ab welchem **Zeitpunkt** die Verbote der Altersdiskriminierung gelten sollen. So hatte der EuGH das Verbot der Altersdiskriminierung in seiner Entscheidung Mangold[249] in den Rang eines allgemeinen Grundsatzes des Gemeinschaftsrechts erhoben, der bereits vor Ablauf der Umsetzungsfrist gelten sollte. Im Hinblick auf dieses Urteil hatte das BAG dem EuGH die Frage vorgelegt, ob Altersdifferenzklauseln bei Zusagen der Hinterbliebenenversorgung bereits vor Inkrafttreten des AGG mit dem Gemeinschaftsrecht vereinbar sind.[250] Da nach dem vorgelegten Sachverhalt der Versorgungsfall bereits vor Ablauf der Umsetzungsfrist eingetreten war, verneinte der EuGH den notwendigen europarechtlichen Bezug. Ein gemeinschaftsrechtliches Verbot der Altersdiskriminierung, dessen Schutz die G zu gewährleisten hätten, sei vor Ablauf der Umsetzungsfrist nicht ersichtlich.[251] Offensichtlich relativiert der EuGH die Bedeutung des Verbotes der Alterdiskriminierung als allgemeiner Grundsatz des Gemeinschaftsrechts. Trotzdem ist die Rückwirkungsproblematik durch dieses Urteil nicht gelöst, da das AGG für den arbeitsrechtlichen Bereich die Rückwirkung nicht beschränkt, dies sehr wohl für die zivilrechtlichen Bereiche geschieht. Von einer unbewussten Lücke kann dabei nicht ausgegangen werden.

100 **cc) Diskriminierung wegen der sexuellen Identität.** Bezüglich des Verbots der **Benachteiligung wegen der sexuellen Identität** stellt sich die Problematik, ob die Gewährung einer Hinterbliebenenversorgung nur für Ehepartner vorgesehen werden darf oder auch auf Partner einer **eingetragenen Lebenspartnerschaft** ausgeweitet werden muss.

101 Der BGH hatte dazu entschieden, dass die tatsächliche Angleichung der Rechte und Pflichten von Eheleuten und Partnern einer eingetragenen Lebenspartnerschaft durch den Gesetzgeber die grundgesetzlich verankerte Befugnis nicht einschränken kann, Ehepaare gegenüber Partnern einer eingetragenen Lebenspartnerschaft zu begünstigen.[252] Das BVerfG hat mit Beschluss vom 7.7.2009 das Urteil des BGH aufgehoben und entschieden, dass die Ungleichbehandlung von Ehe und eingetragener Lebenspartnerschaft im Rahmen der betrAV des öffentlichen Dienstes gegen Art. 3 Abs. 1 GG verstößt. In Bezug auf den Entgelt- und Versorgungscharakter der betrAV bestehen keine eine Differenzierung zwischen Ehe und eingetragener Lebenspartnerschaft rechtfertigenden Unterschiede.[253]

102 Mit seinem Urteil vom 1.4.2008 stellte der EuGH fest, dass eine Diskriminierung wegen der sexuellen Identität dann vorliegt, wenn die Lebenspartnerschaft nach nationalem Recht Personen gleichen Geschlechts in eine Situation versetzt, die in Bezug auf die Hinterbliebenenversorgung mit der Situation von Ehegatten vergleichbar ist. Es sei Sache der nationalen G, zu überprüfen, ob eine solche Situation vorliege.[254] Das BAG entschied daraufhin,[255] dass seit dem 1.1.2005 zwischen den überlebenden Partnern einer eingetragenen Lebenspartnerschaft und den überlebenden Ehegatten in Bezug auf die Hinterbliebenenversorgung eine vergleichbare Situation vorliegt. Soweit am 1.1.2005 noch ein Rechtsverhältnis zwischen dem Versorgungsberechtigten und dem AG bestand, haben Überlebende eingetragene Lebenspartner in gleichem Maße wie überlebende Ehegatten Anspruch auf Hinterbliebenenversorgung.[256]

103 **d) Beweislast.** Die Beweislast für die Verletzung des Gleichbehandlungsgrundsatzes hat grds. der AN zu tragen. Den AG treffen in diesem Zusammenhang jedoch erhöhte Darlegungslasten. Die geltend gemachten Differenzierungsgründe müssen nachvollziehbar sein und plausibel vom AG dargelegt werden.[257] Die Versorgungsordnung darf auch nicht in Widerspruch zu den Rechtfertigungsgründen stehen.[258]

104 Eine Veränderung der Beweislast hat sich durch das **AGG** darüber hinaus für das Verbot der Benachteiligung wegen der Rasse oder wegen der ethnischen Herkunft, der Religion oder Weltanschauung, einer Behinderung, des Alters oder der sexuellen Identität ergeben. So reicht es gem. § 22 AGG aus, dass im Streitfall die eine Partei Indizien be-

---

249 EuGH 22.11.2005 – C-144/04, NJW 2005, 3695.
250 BAG 27.6.2006 – 3 AZR 352/06 (A) – DB 2006, 2524.
251 EuGH 23.9.2008 – C-427/06 – NZA 2008, 1119; zur berechtigten Kritik an der widersprüchlichen Rechtsprechung Preis/Temming, NZA 2008, 1209.
252 BGH 14.2.2007 – IV ZR 267/04 – NJW-RR 2007, 1441; so auch Höfer, ART Rn 908 ff.; a.A. Blomeyer/Rolfs/Otto, Anh. § 1 Rn 208.
253 BVerfG 7.7.2009 – 1 BvR 1164/07 – juris.
254 EuGH 1.4.2008 – C-267/06 – Maruko – NZA 2008, 459.
255 BAG 14.1.2009 – 3 AZR 20/07 – NZA 2009, 450.
256 BAG 14.1.2009 – 3 AZR 20/07 – NZA 2009, 450.
257 BAG 21.8.2007 – 3 AZR 269/06 – DB 2008, 710; BAG 18.11.2003 – 3 AZR 655/02 – NZA 2004, 1296.
258 BAG 21.8.2007 – 3 AZR 269/06 – DB 2008, 710; BAG 9.12.1997 – 3 AZR 661/96 – NZA 1998, 1173.

weist, die eine Benachteiligung wegen eines der genannten Merkmale vermuten lassen. Die andere Partei muss dann beweisen, dass kein Verstoß gegen die Benachteiligungsverbote vorgelegen hat.

5. Betriebsvereinbarung. Die Versorgungszusage beruht oftmals auf einer normativ wirkenden BV gem. § 77 BetrVG.[259] Dem BR steht bei der Ausgestaltung der Versorgungsordnung grds. ein Mitbestimmungsrecht gem. § 87 Abs. 1 Nr. 8 bzw. 10 BetrVG zu (vgl. Rn 176). Bei der Ausgestaltung der Versorgungszusage dürfen die Betriebspartner nicht vereinbaren, dass eine künftige Regelung eines anderen AG gelten soll (dynamische Blankettverweisung). Der BetrR hat sein Mandat höchstpersönlich auszuüben und kann nicht auf die eigene Gestaltungsbefugnis im Voraus verzichten.[260] Eine statische Verweisung auf eine bereits bestehende Versorgungsordnung eines anderen AG ist jedoch zulässig.
BV über die betriebliche Altersversorgung entfalten normative Wirkung zunächst für die aktiven betriebsangehörigen AN. Hierzu zählen jedoch nicht AN, die im Rahmen der zulässigen AÜ nach dem AÜG im Betrieb beschäftigt sind. Umstr. ist, ob auch **ausgeschiedene AN und Betriebsrentner** von dem Geltungsbereich einer BV erfasst werden können. Das BAG verneint (noch) die Regelungskompetenz der Betriebsparteien für diese Personengruppe unter Hinweis darauf, dass die ausgeschiedenen AN den BR nicht wählen und hierdurch legitimieren können.[261] Mit dem Ausscheiden der AN aus dem Betrieb verliere die BV für diese Personen auch ihre normative Wirkung und verwandle sich in eine inhaltsgleiche schuldrechtliche Abrede.[262] In der Lit. wird von zahlreichen Autoren dagegen die Auffassung vertreten, dass dem BR nach Sinn und Zweck der Beteiligungsrechte gem. §§ 87, 88 BetrVG auch die Befugnis zur Regelung der verbleibenden arbeitsrechtlichen Beziehungen der ausgeschiedenen AN zum AG zustehe.[263] Die praktischen Auswirkungen dieses Streits im Bereich der betrieblichen Altersversorgung sind jedoch gering.

Probleme tauchen weiter dann auf, wenn eine **Versorgungs-BV auf eine Versorgungszusage trifft**, die auf einer anderen Rechtsgrundlage beruht. Keine Schwierigkeiten entstehen, wenn sich nach Auslegung der Versorgungsordnungen ergibt, dass diese kumulativ gelten sollen. Ist dies nicht der Fall, so ist bei der Lösung des Konkurrenzverhältnisses zu unterscheiden: Besteht neben der BV eine **Einzelzusage**, so richtet es sich nach dem (individuellen) Günstigkeitsprinzip, welche Versorgungszusage anzuwenden ist. Trifft die BV auf eine **individualrechtliche Vereinbarung mit kollektivem Bezug** (arbeitsvertragliche Einheitsregelung, Gesamtzusage, betriebliche Übung), so hat die BV nach der Rspr. des Großen Senats des BAG ablösende Wirkung, wenn die **Geschäftsgrundlage** der individualrechtlichen Vereinbarung **gestört** ist, der AG sich den **Widerruf vorbehalten** hat, die Vereinbarung unter den **Vorbehalt einer abändernden BV** gestellt wurde oder die Regelung der BV zumindest **bei kollektiver Betrachtung insg. nicht ungünstiger** als die Individualvereinbarung mit kollektivem Bezug ist (siehe Rn 138).[264] Davon zu unterscheiden ist die Frage, welcher Besitzstand aufrecht zu erhalten ist, der unter der ursprünglichen Regelung erworben wurde (zum Besitzstandsschutz siehe Rn 144).[265] Besteht eine abschließende **tarifvertragliche oder gesetzliche Regelung**, so tritt die Sperrwirkung des § 77 Abs. 3 BetrVG bzw. § 87 Abs. 1 S. 1 BetrVG ein, so dass eine BV mangels Regelungskompetenz nicht abgeschlossen werden kann.

6. Vereinbarungen und Richtlinien nach dem SprAuG. Für leitende Ang ergibt sich aus § 28 SprAuG die Möglichkeit, RL und Vereinbarungen über die betriebliche Altersversorgung zwischen dem Sprecherausschuss und dem AG zu vereinbaren. Eine RL gem. § 28 Abs. 1 SprAuG, die den Regelfall bildet, entfaltet jedoch keine normative Wirkung und bedarf der individualvertraglichen Umsetzung durch den AG. Die normative Wirkung der RL kann durch Sprecherausschuss und AG aber gem. § 28 Abs. 2 SprAuG ausdrücklich vereinbart werden.

7. Tarifvertrag. Mit Ausnahme der Regelungen der Zusatzversorgung im öffentlichen Dienst enthielten TV früher nur selten Bestimmungen zur betrieblichen Altersversorgung. Aufgrund der erhöhten Gestaltungsmacht der Tarifparteien v.a. im Hinblick auf den Anspruch auf Entgeltumwandlung gem. § 1a (vgl. § 17 Abs. 3 S. 1), hat die Bedeutung von TV erheblich zugenommen.[266] Die Inhaltsnormen eines TV wirken gem. § 4 Abs. 1 TVG unmittelbar und zwingend nur zwischen den beiderseits tarifgebundenen Parteien. Auch für bereits **ausgeschiedene AN** kann rückwirkend eine Versorgungszusage unmittelbar und zwingend durch TV erteilt werden, wenn zum Zeitpunkt des Be-

---

259 Ausf. hierzu Kommentierung zu § 77 BetrVG.
260 BAG 22.8.2006 – 3 AZR 319/05 – NZA 2007, 1187.
261 BAG 13.5.1997 – 1 AZR 75/97 – NZA 1998, 160 = SAE 1999, 72 m. Anm. *Blomeyer/Huep*; offen gelassen in BAG 28.7.1998 – 3 AZR 357/97 – AP § 79 LPVG Baden-Württemberg § 79 Nr. 9 m. Anm. *Blomeyer*; BAG 12.10.2004 – 3 AZR 557/03 – NZA 2005, 580.
262 BAG 13.5.1997 – 1 AZR 75/97 – NZA 1998, 160 = SAE 1999, 72 m. Anm. *Blomeyer/Huep*.
263 *Blomeyer/Rolfs/Otto*, Anh. § 1 Rn 100 ff.; *Waltermann*, NZA 1998, 505, jew. m.w.N.
264 Ständig seit BAG 16.9.1986 – GS 1/82 – NZA 1987, 168; BAG 23.10.2001 – 3 AZR 74/01 – NZA 2003, 986; BAG 17.6.2003 – 3 ABR 43/02 – DB 2004, 714; ablehnend insb. bzgl. des kollektiven Günstigkeitsprinzips: *Blomeyer*, DB 1987, 634; *Löwisch*, SAE 1987, 185; *Däubler*, AuR 1987, 349.
265 BAG 23.10.2001 – 3 AZR 74/01 – NZA 2003, 986.
266 *Doetsch*, in: GS für Blomeyer, S. 49 ff.; *Stiefermann*, in: GS für Blomeyer, S. 445 ff.

stands des Arbverh und zum Zeitpunkt des Abschluss des TV die Tarifgebundenheit vorlag.²⁶⁷ Soweit keine beiderseitige Tarifbindung besteht, wird regelmäßig der im Betrieb geltende TV durch eine **Gleichstellungsabrede** individualrechtlich in Bezug genommen (vgl. dazu § 17 Abs. 3 S. 2). Ausnahmsweise erfassen die Rechtsnormen eines Versorgungs-TV die nicht tarifgebundenen AG und AN, wenn der TV gem. § 5 TVG für allgemeinverbindlich erklärt worden ist. Besteht neben der tarifvertraglichen Zusage auch ein individualvertragliches Versorgungsversprechen, so finden – soweit keine kumulative Geltung bestehen soll – die individualvertraglichen Regelungen Anwendung, wenn diese für den einzelnen AN **günstiger** sind (§ 4 Abs. 3 TVG).

109 **8. Gesetz.** Versorgungszusagen, die auf einem Gesetz beruhen, finden sich nur in seltenen Ausnahmefällen. So sind etwa die Zusatzversorgung für Ang und Arb der Freien und Hansestadt Hamburg und die hüttenknappschaftliche Zusatzversicherung im Saarland durch Gesetz geregelt.

110 **9. Auslegung der Versorgungszusage.** Der **Inhalt der jeweiligen Versorgungszusage** ist durch Auslegung zu ermitteln. Individualvertragliche Versorgungsvereinbarungen sind gem. §§ 133, 157 BGB mit der Zielrichtung auszulegen, das von den Vertragsparteien tatsächlich Gewollte zu erfassen.²⁶⁸ Wurden die Versorgungsregelungen nicht frei ausgehandelt, sondern von einer Partei, d.h. gewöhnlich vom AG, vorgegeben und bestehen auch nach Ausschöpfung aller Auslegungsmethoden unbehebbare Zweifel, so gehen die Unklarheiten zu Lasten desjenigen, der die Regelungen vorgegeben hat („**Unklarheitenregel**", vgl. § 305c Abs. 2 BGB).²⁶⁹ BV und TV, die aufgrund des normativen Charakters auszulegen sind,²⁷⁰ müssen möglichst so interpretiert werden, dass sie sich als eine in sich widerspruchsfreie, praktikable Regelung der betreffenden Angelegenheit erweisen.²⁷¹ Enthält eine Versorgungsregelung, die auf einzelvertraglicher oder betriebsverfassungsrechtlicher Grundlage beruht, eine unbewusste Lücke, so muss zunächst versucht werden, die Lücke im Wege der **ergänzenden Vertragsauslegung** zu schließen.²⁷² Den Anwendungsbereich der ergänzenden Vertragsauslegung sah das BAG etwa jüngst bei Versorgungsordnungen mit endgehaltsbezogenen Versorgungsleistungen und **gespaltener Rentenformel**, d.h. höherer Bewertung von Einkommensanteilen oberhalb der Beitragsbemessungsgrenze, als eröffnet an, um die durch die außerordentliche Anhebung der Beitragsbemessungsgrenze zum 1.1.2003 zu Lasten der AN eingetretenen Verwerfungen zu bereinigen.²⁷³

111 **10. Rechtskontrolle.** Der **Maßstab der Rechtskontrolle** unterscheidet sich ebenfalls nach der Rechtsgrundlage der Versorgungszusage. Neben der Überprüfung der Einhaltung der gesetzlichen Regelungen unterlagen **generelle individualrechtliche Vereinbarungen** aufgrund des regelmäßig vorhandenen strukturellen Ungleichgewichts zwischen AG und AN bereits vor der Reform des Rechts der AGB einer Billigkeitskontrolle, innerhalb der die wichtigsten Wertungen des früheren AGBG übernommen wurden (zur abstrakten Billigkeitskontrolle siehe Rn 124, 134). Mit der Ausweitung der AGB-Kontrolle auf Arbeitsverträge gem. § 310 Abs. 4 S. 1 BGB, finden die Bestimmungen der §§ 305 ff. BGB unmittelbar Anwendung (siehe Kommentierung zu §§ 305 ff. BGB, zu Widerrufsvorbehalten siehe Rn 123). Unwirksam sind insb. überraschende Klauseln gem. § 305c Abs. 1 BGB.²⁷⁴ **BV** werden einer Inhaltskontrolle, jedoch keiner AGB-Kontrolle unterworfen. Neben den gesetzlichen Bestimmungen wird ins. bei der Änderung einer Versorgungsordnung durch eine BV die Einhaltung der Grundsätze der Verhältnismäßigkeit und des Vertrauensschutzes überwacht (zur Änderung einer Versorgungsanordnung durch BV siehe Rn 135).²⁷⁵ **TV** unterliegen aufgrund der von den Gerichten zu beachtenden Koalitionsfreiheit (Art. 9 Abs. 3 GG) keiner Billigkeitskontrolle, sondern sind nur daraufhin zu überprüfen, ob sie gegen das Grundgesetz oder anderes höherrangiges Recht verstoßen. Zu beachten sind auch in diesem Rahmen die sich aus dem Rechtsstaatsprinzip (Art. 20 Abs. 3 GG) ergebenden Grundsätze des Vertrauensschutzes und der Verhältnismäßigkeit.²⁷⁶

V. Änderung der Versorgungszusage

112 Ein wesentlicher Komplex des Betriebsrentenrechts, der durch das BetrAVG nicht geregelt wird, ist die Frage der Abänderbarkeit von Versorgungszusagen.

---

267 Zur rückwirkenden Regelungskompetenz für bereits beendete Arbverh BAG 13.9.1994 – 3 AZR 148/94 – NZA 1995, 740; BAG 6.8.2002 – 1 AZR 247/01 -NZA 2003, 449; BAG 13.12.2005 – 3 AZR 478/04 – DB 2006, 1013; BAG 17.6.2008 – 3 AZR 409/06 – NZA 2008, 1244.
268 Zur Auslegung einer Wertsicherungsklausel BAG 13.11.2007 – 3 AZR 11/07 – NZA-RR 2008, 457.
269 BAG 12.12.2006 – 3 AZR 388/05 – ZTR 2007, 573; BAG 24.4.2001 – 3 AZR 210/00 – EzA § 1 BetrAVG Nr. 75; BAG 16.4.1997 – 3 AZR 28/96 – DB 1997, 1575.
270 BAG 21.8.2001 – 3 AZR 746/00 – NZA 2002, 394.
271 BAG 28.10.2008 – 3 AZR 903/07 – juris; BAG 6.8.2002 – 1 AZR 247/01 – NZA 2003, 449; BAG 12.9.1984 – 4 AZR 336/82 – NZA 1985, 160.
272 BAG 21.4.2009 – 3 AZR 695/08 – DB 2009, 2162; BAG 21.4.2009 – 3 AZR 471/07 – DB 2009, 2164.
273 BAG 21.4.2009 – 3 AZR 695/08 – DB 2009, 2162; BAG 21.4.2009 – 3 AZR 471/07 – DB 2009, 2164.
274 BAG 29.11.1995 – 5 AZR 447/94 – NZA 1996, 702.
275 St. Rspr., BAG 29.7.2003 – 3 AZR 630/02 – EzA § 1 BetrAVG Ablösung Nr. 42; BAG 10.9.2002 – 3 AZR 635/01 – DB 2003, 1525 = SAE 2004, 26 m. Anm. *Vienken*.
276 BAG 20.2.2001 – 3 AZR 252/00 – EzA § 1 BetrAVG Ablösung Nr. 24.

1. Verbesserungen. Ohne Schwierigkeiten können Vereinbarungen getroffen werden, durch die die Leistungsbedingungen **verbessert** werden. Hierbei sind die gleichen Grundsätze zu beachten, wie bei der Begründung. Nach dem vom BAG entwickelten Grundsatz der Einheit der Versorgungszusage erstreckt sich die bereits verstrichene Unverfallbarkeitsfrist regelmäßig auf die Verbesserungen (siehe § 1b Rn 34).

2. Leistungsneutrale Änderungen. Ohne weitergehende Beschränkungen ist auch die **leistungsneutrale Umgestaltung** einer Versorgungsregelung möglich, wie etwa der Wechsel des Versorgungsträgers. Die Änderung der Versorgungszusage erfolgt bei individualrechtlichen Vereinbarungen durch einen Änderungsvertrag. Da grds. keine schutzwürdigen Interessen des AN beeinträchtigt werden, kann dieser zur Zustimmung verpflichtet sein.[277]

3. Verschlechternde Änderungen. Zu häufigen Auseinandersetzungen kommt es dagegen, soweit der AG die zugesagte Leistung zum Nachteil des AN abändert (**verschlechternde Änderung**). Die Langfristigkeit der betrieblichen Altersversorgung macht es unmöglich, alle Umstände prognostizieren zu können, die für das Leistungsversprechen von Bedeutung sind. Insb. können wichtige Faktoren wie die künftige Entwicklung des Unternehmens, der Steuern, Abgaben und Renten sowie auch der Rspr. nicht vorhergesagt werden. Der AG kann folglich ein berechtigtes Interesse haben, die unerwartet auftretenden wirtschaftlichen Belastungen der betrieblichen Altersversorgung zu reduzieren. Auf der anderen Seite handelt es sich bei der Versorgungszusage um eine Leistung des AG aus dem Arbverh, für die der AN eine Gegenleistung erbringt, sei es in Form der Arbeitsleistung oder der Betriebstreue (**Entgeltcharakter**).[278] Auch richten AN ihre eigene Vorsorge auf die vom AG zugesagte Betriebrente aus. Je näher das Ausscheiden aus dem Erwerbsleben heranrückt, umso weniger können Eingriffe in die betriebliche Altersversorgung noch kompensiert werden. Veränderungen der Versorgungszusagen können folglich nicht schrankenlos zulässig sein, vielmehr bedarf es eines Ausgleichs der widerstreitenden Interessen.

a) Einzelvertragliche Versorgungszusagen ohne Widerrufsvorbehalt. Beruht die Versorgungszusage auf einer Individualvereinbarung, so sind Verschlechterungen der betrieblichen Altersversorgung durch einvernehmliche Abänderung bzw. Änderungs-Künd an sich im bestehenden Arbverh möglich. Diese Gestaltungsmittel spielen in der Praxis jedoch keine Rolle (zum Abfindungsverbot bei bzw. nach Beendigung des Arbverh vgl. § 3 Rn 4 ff.).[279] Häufiger erfolgt eine einseitige Anpassung der Versorgungszusage nach den Grundsätzen des **Wegfalls bzw. der Störung der Geschäftsgrundlage** gem. § 313 BGB. Hiernach müssen sich Umstände, die zur Grundlage der Vereinbarung geworden sind, nach Vertragsschluss schwerwiegend geändert haben, bei deren Kenntnis die Parteien den Vertrag mit einem anderen Inhalt abgeschlossen hätten, so dass das Festhalten an dem Vertrag einem Teil – d.h. dem AG – nicht zugemutet werden kann.[280] Der WGG kommt im Zusammenhang mit der betrieblichen Altersversorgung v.a. wegen Zweckverfehlung der Leistung (Überversorgung) und wegen unzumutbarer Äquivalenzstörung (Mehrbelastungen durch Gesetzesänderung bzw. Änderung der Rspr.) zum Tragen.

aa) Zweckverfehlung (Überversorgung). Eine Anpassung der Versorgungszusage wegen WGG aufgrund Zweckverfehlung der Leistung wird von der Rspr. bei **planwidriger Überversorgung** zugelassen. Von einer Überversorgung wird dann gesprochen, wenn dem AN erkennbar ein an den letzten Aktivbezügen orientierter Versorgungsgrad zugesagt wurde und infolge der Veränderungen der Steuer- und Abgabenlast die beanspruchbare Leistung dauerhaft über dem eigentlich angestrebten Versorgungsziel liegt. So wurde früher der Versorgungsgrad oftmals nicht unmittelbar an das Nettogehalt gekoppelt, sondern an das zur Erreichung des beabsichtigten Netto-Versorgungsgrades vermeintlich notwendige Bruttogehalt. Die starke Erhöhung der Steuern und Abgaben für aktive AN und die im Vergleich dazu nur gering ausfallenden Belastungen der Renten führte dazu, dass mit Eintritt in den Ruhestand Betriebsrentnern ein höheres Nettoeinkommen zur Verfügung stand, als sie im aktiven Arbverh beanspruchen konnten. Ende der 50er-Jahre entsprachen 85 % des Bruttogehalts etwa 100 % des Nettogehalts, während nunmehr bei 85 % des Bruttoentgelts ein Versorgungsgrad von über 120 % des Nettogehalts erzielt wird.[281] Grds. dürfen – auch rentennahe – AN nicht darauf vertrauen, mehr als 100 % des letzten Nettoeinkommens im Versorgungsfall zu erhalten.[282] Welcher ursprüngliche Versorgungsgrad angestrebt wurde, muss durch **Auslegung** der Versorgungszusage ermittelt werden. Dabei ist bei Einzelzusagen auf den Zeitpunkt des Vertragsschlusses und bei allg. Versorgungsordnungen auf den Zeitpunkt der Errichtung abzustellen.[283]

Zur Rückführung der Versorgungsleistung darf in **erdiente Besitzstände** eingegriffen werden. Das Anpassungsrecht kann auch gegenüber AN, die mit einer unverfallbaren Anwartschaft ausgeschieden sind, geltend gemacht werden.

---

277 *Kemper u.a.*, § 1 Rn 213 ff.
278 BAG 10.3.1972 – 3 AZR 278/71 – BAGE 24, 177 = AP § 242 BGB Ruhegehalt Nr. 156; ausf. *Blomeyer/Rolfs/Otto*, Einl. Rn 41 ff.; *Wackerbarth*, S. 20 ff., 76.
279 Hierzu *Blomeyer/Rolfs/Otto*, Anh. § 1 Rn 470 ff.
280 Zu einem Anspruch auf Änderung der Versorgungsregelung zugunsten der AN wegen Wegfalls der Geschäftsgrundlage BAG 11.3.2008 – 3 AZR 719/06 – NZA 2008, 1096; BAG 29.1.2008 – 3 AZR 42/06 – NZA-RR 2008, 469.
281 *Blomeyer/Rolfs/Otto*, Anh. § 1 Rn 499.
282 BAG 8.12.1981 – 3 ABR 53/80 – NJW 1982, 1416; BAG 23.10.1990 – 3 AZR 260/89 – NZA 1991, 242; BAG 9.4.1991 – 3 AZR 598/89 – NZA 1991, 730.
283 BAG 13.11.2007 – 3 AZR 455/06 – DB 2008, 994; BAG 28.7.1998 – 3 AZR 100/98 – NZA 1999, 444.

Eine planwidrige Überversorgung berechtigt den AG jedoch nicht, die Versorgungsleistungen unter den ursprünglich beabsichtigten Versorgungsgrad abzusenken.[284]

119 Auf den WGG kann sich der AG nicht berufen, wenn die Überversorgung absehbar war und ausdrücklich oder konkludent zugesagt worden ist (**planmäßige Überversorgung**).[285] Wegen des Gebots der sparsamen und wirtschaftlichen Haushaltsführung darf im **öffentlichen Dienst** dagegen auch eine planmäßige Überversorgung abgebaut und auf das im öffentlichen Dienst übliche Niveau zurückgeführt werden.[286]

120 bb) **Äquivalenzstörung.** Eine wesentliche Äquivalenzstörung zwischen der Leistung des AN und dem Versorgungsversprechen des AG liegt dann vor, wenn die Aufwendungen des AG aufgrund unvorhersehbarer Änderungen der Sach- und Rechtslage unzumutbar ansteigen. Wegen der Langfristigkeit der betrieblichen Altersversorgung muss der AG aber grds. damit rechnen, dass der „status quo" zum Zeitpunkt der Versorgungszusage nicht dauerhaft Bestand haben wird. Veränderungen, die sich belastend auf die Finanzierung der betrieblichen Altersversorgung auswirken, sind folglich an sich einzukalkulieren.

121 Das BAG hat entschieden, dass die AG nach dem Grundsatz des WGG berechtigt waren, zum Ausgleich der Mehrbelastungen, die durch die Einführung des Anspruchs auf vorzeitige Altersleistung gem. § 6 eingetreten sind (früherer Leistungsbeginn, längere Bezugsdauer der Versorgungsleistung, höhere Erlebenswahrscheinlichkeit), die Versorgungszusagen um Abschlagsregelungen zu ergänzen[287] (vgl. § 6 Rn 45). Dagegen können die durch die Anpassungsprüfungspflicht gem. § 16 verursachten zusätzlichen Aufwendungen nicht durch eine Veränderung der Versorgungszusage kompensiert werden, da es sich bei der Regelung lediglich um eine Konkretisierung der sich bereits aus Treu und Glauben ergebenden Anpassungspflicht aus der Versorgungszusage selbst handelt.[288] Weiter wirken sich v.a. **Änderungen im Steuer- und Sozialversicherungsrecht** regelmäßig auch auf die betriebliche Altersversorgung und den zur Durchführung erforderlichen Aufwand aus. Aber auch gravierende Änderungen der tatsächlichen Umstände können zu einem WGG unter dem Gesichtspunkt der Äquivalenzstörung und damit zu einer Anpassung der betrieblichen Altersversorgung führen. Sagt der AG etwa Rentenleistungen zu, so sind Einschränkungen grds. zuzulassen, wenn sich die **durchschnittliche Rentendauer** seit der Erteilung der Versorgungszusage verlängert hat und damit die Mehrbelastungen in unzumutbarer Weise angestiegen sind.[289] Ob und wann die durch eine unvorhersehbare Änderung der Sach- und Rechtslage bedingten Mehrbelastungen zu einer unzumutbaren Ausweitung des Dotierungsrahmens geführt haben, hatte die Rspr. bisher immer bezogen auf den Einzelfall entschieden, ohne eine bestimmte Opfergrenze festzulegen.[290] In der Lit. wurden Mehrbelastungen zwischen 30 % und 40 %.als **Opfergrenze** diskutiert.[291] Mit Urteil vom 19.2.2008 hat das BAG nunmehr festgelegt, dass bei Gesamtzusagen eine Anpassung wegen Äquivalenzstörung erst verlangt werden kann, wenn der bei Schaffung des Versorgungssystems zugrunde gelegte Dotierungsrahmen aufgrund von Veränderungen der Rechtslage zum Anpassungsstichtag um mehr als **50 %** überschritten wird.[292] Inwieweit der Dotierungsrahmen sich ausgedehnt hat, ist grds. unternehmensbezogen anhand eines Barwertvergleichs festzustellen.[293]

122 cc) **Wirtschaftliche Notlage.** Abweichend von dem Grundsatz „pacta sunt servanda" wurde im Bereich der betrieblichen Altersversorgung eine Reduzierung der Leistungspflicht wegen WGG auch zugelassen, wenn sich der AG in einer wirtschaftlichen Notlage befand. Das Anpassungsrecht des AG resultierte aus dem Umstand, dass der Gesetzgeber in § 7 Abs. 1 S. 3 Nr. 5 BetrAVG a.F. auch die wirtschaftliche Notlage als Sicherungsfall der gesetzlichen Insolvenzsicherung aufgeführt hatte. Mit der Streichung der Vorschrift des § 7 Abs. 1 S. 3 Nr. 5 zum 1.1.1999 durch das RRG 1999[294] kam die Diskussion auf, ob die wirtschaftliche Notlage des AG auch ohne Absicherung der Versorgungsansprüche über den PSV zur Einschränkung der Leistungspflicht berechtigt. Das BAG hat mit Urteil v. 17.6.2003 ein **Anpassungsrecht unter der neuen Rechtslage verneint**.[295] Dem AG bleibt in dieser Situation die Möglichkeit, im Wege eines außergerichtlichen Vergleichs gem. § 7 Abs. 1 S. 4 Nr. 2 die Sicherung der Versorgungsansprüche und -anwartschaften über den PSV zu erreichen, um die eigene Leistungspflicht zu reduzieren. Für Sicherungsfälle, die **vor dem 1.1.1999** aufgetreten sind, bleibt es bei der Möglichkeit Betriebsrenten wegen wirtschaftlicher Notlage widerrufen zu können.[296]

---

284 BAG 13.11.2007 – 3 AZR 455/06 – DB 2008, 994; BAG 23.9.1997 – 3 ABR 85/96 – BAGE 86, 312 = AP § 1 BetrAVG Ablösung Nr. 26 m. Anm. *Höfer/Lerner*; BAG 28.7.1998 – 3 AZR 100/98 – NZA 1999, 444; BAG 9.11.1999 – 3 AZR 502/98 – NZA 2001, 98.
285 BAG 30.10.1984 – 3 AZR 236/82 – NZA 1985, 531.
286 BAG 3.9.1991 – 3 AZR 369/90 – NZA 1992, 515; BAG 20.2.2001 – 3 AZR 252/00 – EzA § 1 BetrAVG Ablösung Nr. 24; BAG 20.8.2002 – 3 AZR 14/01 – NZA 2003, 1112.
287 BAG 11.9.1980 – 3 AZR 185/80 – AP § 6 BetrAVG Nr. 3 m. Anm. *Herschel* = SAE 1981, 140.
288 BAG 22.4.1986 – 3 AZR 496/83 – NZA 1986, 746.
289 *Blomeyer/Rolfs/Otto*, Anh. § 1 Rn 507.
290 Zur Unzumutbarkeit einer Mehrbelastung um 61,3 % BAG 23.9.1997 – 3 ABR 85/96 – BAGE 86, 312 = AP § 1 BetrAVG Ablösung Nr. 26 m. Anm. *Höfer/Lerner*.
291 *Höfer*, ART Rn 485 ff. m.w.N.
292 BAG 19.2.2008 – 3 AZR 290/06 – DB 2008, 1387.
293 Näher hierzu BAG 19.2.2008 – 3 AZR 290/06 – DB 2008, 1387.
294 Gesetz v.11.12.1997, BGBl I S. 2998.
295 3 AZR 396/02 – DB 2004, 324; BAG 31.7.2007 – 3 AZR 372/06 – NZA 2008, 320.
296 BAG 31.7.2007 – 3 AZR 372/06 – NZA 2008, 320.

b) Individualvertragliche Zusagen mit Widerrufsvorbehalt. Individualvertragliche Versorgungszusagen werden oftmals unter dem Vorbehalt der Widerruflichkeit der Leistung zugesagt.[297] V.a. bei Unterstützungskassenzusagen, bei denen der Ausschluss des Rechtsanspruchs nach der Rspr. als Widerrufsvorbehalt aus sachlichem Grund aufzufassen ist, kann ein Eingriff in erworbene Besitzstände durch Widerruf der Versorgungszusage erfolgen. Der Widerruf stellt eine empfangsbedürftige Willenserklärung dar, die den Betroffenen zugehen muss und erst ab diesem Zeitpunkt wirkt. Wurde das widerrufliche Betriebsrentenversprechen durch eine Gesamtzusage erteilt, kann auch der Widerruf in Form einer Gesamtzusage erfolgen. Hierbei reicht es aus, wenn der Widerruf in einer Form verlautbart wird, die den einzelnen AN typischerweise in die Lage versetzt, von der Erklärung Kenntnis zu nehmen, eine tatsächliche Kenntniserlangung ist nicht erforderlich.[298]

123

Durch die Einbeziehung arbeitsvertraglicher Klauseln in die **AGB-Kontrolle** (vgl. § 310 Abs. 4 S. 2 BGB) unterliegen auch Widerrufsvorbehalte einer strengeren Kontrolle. So hat das BAG entschieden, dass Widerrufsvorbehalte einer näheren Konkretisierung bedürfen, unter welchen Umständen diese ausgeübt werden können.[299] Zunächst behilft sich die Rspr. damit, im Wege der ergänzenden Vertragsauslegung freie Widerrufsvorbehalte in mit der AGB-Kontrolle in Einklang stehende eingeschränkte Widerrufsvorbehalte umzuinterpretieren. Im Hinblick auf die gefestigte Rspr. des BAG zur Wirkung des Widerrufs einer Versorgungszusage und der Vielschichtigkeit notwendiger und sachgerechter Änderungen, dürfen im Bereich der betrieblichen Altersversorgung m.E. keine übersteigerten Anforderungen an die Konkretisierung der Widerrufsvorbehalte gestellt werden. Hinreichend konkret sollte der Vorbehalt sein, den Widerruf in Bezug auf erdiente Anwartschaften und Versorgungsansprüchen aus zwingenden Gründen, in Bezug auf die dienstzeitunabhängige erdiente Dynamik aus triftigen Gründen, etwa einer langfristig drohenden Substanzgefährdung, und in Bezug auf die noch nicht erdienten dienstzeitabhängigen Leistungssteigerungen sowie die sonstigen Besitzstände aus einer Versorgungszusage aus sachlich-proportionalen Gründen, etwa einer schlechten Ertragslage, erklären zu können.

aa) Abstrakte Billigkeitskontrolle (3-Stufen-Modell). Übt der AG das vorbehaltene Widerrufsrecht aus, so muss der Eingriff der Billigkeit entsprechen (§ 315 BGB).[300] Im Rahmen der Billigkeitskontrolle sind insb. der Verhältnismäßigkeitsgrundsatz und das Vertrauensschutzprinzip zu beachten. Je stärker die rechtliche Position des AN ist, umso strenger sind die Voraussetzungen, unter denen ein Eingriff vorgenommen werden kann.[301] Am stärksten zu schützen sind **die gem. § 2 BetrAVG berechneten erdienten Anwartschaften** (1. Stufe – vgl. Rn 125), die nur aus **zwingenden Gründen** beeinträchtigt werden dürfen. Einen besonderen Schutz genießt auch die sog. **erdiente Dynamik** (2. Stufe – vgl. Rn 127), in die nur aus **triftigen Gründen** eingegriffen werden darf. Einen geringeren Schutz verdienen die **künftigen dienstzeitabhängigen Steigerungsmöglichkeiten** (3. Stufe – vgl. Rn 128), bei denen **sachlich-proportionale Gründe** ausreichen, um eine Veränderung zu rechtfertigen. Besteht kein ausreichender Rechtfertigungsgrund für einen Eingriff bspw. auf der 1. Stufe, liegen aber Gründe für eine Beschränkung auf der 2. oder 3. Stufe vor, so bleibt der Eingriff in diese Besitzstände gerechtfertigt (zum Mitbestimmungsrecht des BR bei der Änderung der Leistungsordnung siehe Rn 176.

124

(1) Besitzstände. (a) Versorgungsansprüche und erdiente Versorgungsanwartschaften (1. Stufe). Hat der AN bereits eine Leistung aus dem Arbverh erbracht, für die die Versorgungsleistung als Entgelt zugesagt wurde, so ist der AG nach dem Grundsatz „pacta sunt servanda" verpflichtet, den entsprechenden Gegenwert zu erbringen. Zu den durch die Vorleistung erdienten und besonders geschützten Besitzständen der AN zählen die nach § 2 zu ermittelnden Anwartschaften (vgl. § 2 Rn 2 u. 3). Bei der Berechnung des Anwartschaftswertes gem. § 2 Abs. 1 („**Quotierungsprinzip**") sind nur Beschäftigungszeiten zu berücksichtigen, die der AN im schützenswerten Vertrauen auf den ungeschmälerten Fortbestand der bisherigen Versorgungszusage zurücklegt. Wird – wie bei endgehaltsbezogenen Zusagen – die Versorgungsleistung durch variable, nicht ohne weiteres hochrechenbare Faktoren bestimmt, so wird entsprechend § 2 Abs. 5 deren Werte zum Änderungsstichtag „eingefroren".[302]

125

Handelt es sich um eine **beitragsorientierte Versorgungszusage bzw. Entgeltumwandlungsvereinbarung** oder um eine **Beitragszusage mit Mindestleistung**, so berechnet sich der erdiente Anwartschaftswert nach § 2 Abs. 5a bzw. 5b.[303] Dies gilt m.E. jedoch nur dann, wenn diese Methode zum Änderungsstichtag auch bei vorzeitiger Beendigung des Arbverh anwendbar wäre.

126

---

297 Zu den häufig verwendeten sog. steuerunschädlichen Mustervorbehalten, die jedoch nur deklaratorischen Charakter haben, *Höfer*, ART Rn 422 ff.
298 BAG 24.1.2006 – 3 AZR 583/04 – DB 2006, 1621.
299 BAG 12.1.2005 – 5 AZR 364/04 – NZA 2005, 465.
300 BAG 17.4.1985 – 3 AZR 72/83 – NZA 1986, 57 = SAE 1986, 89 m. Anm. *Blomeyer*.

301 BAG 17.4.1985 – 3 AZR 72/83 – NZA 1986, 57 = SAE 1986, 89 m. Anm. *Blomeyer*; BAG 11.12.2001 – 3 AZR 512/00 – BAGE 100, 76; BAG 24.1.2006 – 3 AZR 583/04 – DB 2006, 1621.
302 BAG 21.4.2009 – 3 AZR 674/07 – NZA-RR 2009, 548; BAG 17.4.1985 – 3 AZR 72/83 – NZA 1986, 57 = SAE 1986, 89 m. Anm. *Blomeyer*.
303 *Kemper u.a.*, § 1 Rn 243.

127 **(b) Erdiente Dynamik (2. Stufe).** Schützenswert soll aber auch der Teil sein, um den die Anwartschaft bei weiterer Beobachtung der variablen Faktoren nach dem Änderungsstichtag bis zur Beendigung des Arbverh über den nach § 2 berechneten Anwartschaftswert anwächst. Diese **dienstzeitunabhängigen Steigerungsraten** sollen – in sich kaum schlüssig – bereits erdient und damit ebenfalls gesteigert schützenswert sein.[304]

128 **(c) Künftige Steigerungsraten (3. Stufe).** Die 3. Stufe bilden die künftigen Steigerungsraten, die bei Fortgeltung der Versorgungsordnung durch die weitere Betriebstreue bzw. Arbeitsleistung des AN erdient werden könnte.

129 **(d) Sonstige Besitzstände.** Das 3-Stufen-Schema deckt nicht sämtliche Eingriffsmöglichkeiten in Besitzstände aus der Versorgungsvereinbarung ab. Insbesondere hält das BAG das Modell nicht auf **laufende Betriebsrenten** für anwendbar, abzustellen sei vielmehr direkt auf die Grundsätze der Verhältnismäßigkeit und des Vertrauensschutzes.[305] In gleicher Weise geht das BAG vor, soweit bspw. die zugesagte Rentendynamik verändert,[306] der Zahlungstermin der Versorgungsleistung umgestellt,[307] eine „Spätehenklausel" (vgl. Rn 12) eingeführt,[308] die Witwenversorgung verringert[309] oder die Einkommensteuerlast übertragen werden soll.[310] Eingriffe in diese Besitzstände sind – soweit dem Grunde nach zulässig – im Rahmen der Billigkeitskontrolle nach den allg. Grundsätzen der Verhältnismäßigkeit und des Vertrauensschutzes zu messen.[311]

130 **(2) Eingriff.** Das BAG geht davon aus, dass die abgeänderte Versorgungsregelung die alleinige Rechtsgrundlage für die im Versorgungsfall zu gewährende Leistung darstellt und die zuvor bestehende Vorsorgungsregelung vollständig abgelöst wird. Ob und auf welcher Stufe ein Eingriff in einen geschützten Besitzstand vorliegt, ergibt sich erst aus dem Vergleich mit der Versorgungsleistung, den der AN auf der Grundlage der abgeänderten Versorgungsordnung im Versorgungsfall beanspruchen kann (**ergebnisbezogene Betrachtung**).[312] Neben der fehlenden Schutzwürdigkeit der 2. Besitzstandsstufe der „erdienten" dienstzeitunabhängigen Dynamik erscheint die ergebnisbezogene Betrachtungsweise besonders bedenklich. Bei dieser Methode bleibt unberücksichtigt, dass der AN **ab dem Ablösungszeitpunkt** darauf vertrauen kann, dass er auf der Grundlage der abgeänderten Versorgungszusage durch die künftige Betriebstreue bzw. Arbeitsleistung die Zuwächse erreichen kann, die über die Besitzstände hinausgehen, die bereits unter der Geltung der alten Versorgungsregelung erworben wurden und in die ein Eingriff nicht gerechtfertigt ist. Nach der ergebnisbezogenen Betrachtungsweise werden Steigerungen dagegen erst dann erdient, wenn auch nach der veränderten Versorgungsordnung die zur Erreichung der bereits garantierten Versorgungshöhe notwendigen Dienstzeiten erbracht wurden.[313]

131 **(3) Rechtfertigungsgründe. (a) Zwingende Gründe.** Aufgrund der bereits erbrachten Vorleistung des AN kann sich der AG nur dann von der Leistungspflicht befreien, wenn zwingende Gründe vorliegen, die nach den Grundsätzen der **Störung der Geschäftsgrundlage** (§ 313 BGB) bzw. wegen **unzulässiger Rechtsausübung** auch ohne ausdrücklichen Vorbehalt zu einer Reduzierung berechtigen würden (vgl. Rn 116 ff., 149 ff.). Kein zwingender Grund ist dagegen eine wirtschaftliche Notlage des AG i.S.d. § 7 Abs. 1 S. 3 Nr. 5 a.F., die allein im Hinblick auf die gesetzliche Insolvenzsicherung ausnahmsweise ein Abweichen von der Garantiehaftung des AG für die eigene Leistungsfähigkeit rechtfertige. Mit Streichung des Sicherungsfalls der wirtschaftlichen Notlage zum 1.1.1999 entfiel auch die Möglichkeit, einen Eingriff in die Versorgungsleistungen und erdienten Anwartschaften damit zu begründen.[314] Besonderheiten sind jedoch bei **Unterstützungskassenzusagen** zu beachten, deren rechtliche und tatsächliche Grundlage **vor Inkrafttreten des BetrAVG** gelegt worden sind. Hat das Arbverh erst nach dem Inkrafttreten geendet (**Übergangsfälle**), so reichen triftige Gründe aus, um eine Reduzierung zu rechtfertigen.[315] Triftige Gründe liegen bereits vor, wenn der AG sich in ernsthaften wirtschaftlichen Schwierigkeiten befindet. Wurde die Versorgungsordnung später erheblich verändert, so kann es fraglich sein, ob die vor dem Inkrafttreten des BetrAVG abgegebene Versorgungszusage noch die tatsächliche und rechtliche Grundlage des Versorgungsversprechens bildet.[316]

---

304 Zur Kritik am Schutz der „erdienten Dynamik" *Vienken*, SAE 2004, 35.
305 BAG 13.11.2007 – 3 AZR 455/06 – DB 2008, 994.
306 BAG 16.7.1996 – 3 AZR 398/95 – NZA 1997, 533.
307 BAG 23.9.1997 – 3 AZR 529/96 – NZA 1998, 541.
308 BAG 26.8.1997 – 3 AZR 235/96 – NZA 1998, 817.
309 BAG 12.10.2004 – 3 AZR 557/03 – NZA 2005, 580.
310 BAG 10.12.2002 – 3 AZR 671/01 – AP BGB § 611 Gratifikation Nr. 252.
311 BAG 10.12.2002 – 3 AZR 671/01 – AP BGB § 611 Gratifikation Nr. 252.
312 BAG 24.7.2001 – 660/00 – NZA 2002, 495; BAG 10.9.2002 – 3 AZR 635/01 – DB 2003, 1525 = SAE 2004, 26 m. Anm. *Vienken*.
313 Zur Kritik an der ergebnisbezogenen Betrachtungsweise *Vienken*, SAE 2004, 35.
314 BAG 17.6.2003 – 3 AZR 396/02 – DB 2004, 324.
315 BVerfG 19.10.1983 – 2 BvR 298/81 – BVerfGE 65, 196 = DB 1984, 190; BVerfG 14.1.1987 – 1 BvR 1052/79 – BVerfGE 74, 129 = DB 1987, 539; BVerfG 16.2.1987 – 1 BvR 957/79 – AP § 1 BetrAVG Unterstützungskasse Nr. 12.
316 BAG 10.9.2002 – 3 AZR 635/01 – DB 2003, 1525 = SAE 2004, 26 m. Anm. *Vienken*.

(b) Triftige Gründe. Als gesteigert schutzwürdig sieht die Rspr. auch die zeitanteilig erdiente Anwartschaftsdynamik an, die nur aus triftigen Gründen beeinträchtigt werden darf. Diese Terminologie hat das BAG aus der Rspr. des BVerfG zu den sog. Übergangsfällen übernommen, ohne dass ein Zusammenhang zwischen den beiden Problembereichen erkennbar wäre. Ein triftiger Grund liegt vor, wenn der unveränderte Fortbestand der Versorgungsordnung langfristig zu einer **Substanzgefährdung** des AG führen würde. Um dies zu beurteilen, bedarf es einer sachkundig erstellten Prognose auf der Grundlage der wirtschaftlichen Entwicklung bis zum Änderungsstichtag. Als Maßstab können die Regeln herangezogen werden, nach denen der AG im Rahmen des § 16 Abs. 1 dazu berechtigt ist, eine Anpassung der laufenden Leistungen aufgrund der wirtschaftlichen Lage zu verweigern (vgl. § 16 Rn 29 ff.).[317] Ein Eingriff in die erdiente Dynamik wirkt sich aber auf einen längeren Zeitraum aus, als den nach § 16 zu beachtenden dreijährigen Prognosezeitraum. Die Anforderungen an die Beurteilung der einen Eingriff rechtfertigenden wirtschaftlichen Lage sind deshalb tendenziell höher.[318] Nichtwirtschaftliche Gründe rechtfertigen einen Eingriff in die erdiente Dynamik dagegen dann, wenn Leistungskürzungen durch Leistungsverbesserungen aufgewogen werden, um eine eingetretene **Verzerrung des Leistungsgefüges** zu beseitigen.[319]

(c) Sachlich-proportionale Gründe. Eingriffe in die noch nicht erdienten künftigen Zuwächse (3. Stufe) sind gerechtfertigt, wenn sachlich-proportionale, d.h. **willkürfreie, nachvollziehbare und anerkennenswerte Eingriffsgründe** vorliegen.[320] Ein sachlich-proportionaler Grund kann dann angenommen werden, wenn der Eingriff erfolgt, um die Altersversorgung im Unternehmen oder Konzern zu harmonisieren,[321] wobei das Vereinheitlichungsinteresse im Einzelnen darzulegen ist,[322] Ungleichbehandlungen in der Versorgungsordnung zu beseitigen[323] oder **nicht vorhersehbare Ausweitungen des Dotierungsrahmens** zurückzuführen, selbst wenn keine Äquivalenzstörung eingetreten ist. Auch auf eine **dauerhafte Verschlechterung der Ertragslage** des AG darf durch eine Kürzung der künftigen Zuwächse reagiert werden. Allein der Hinweis auf die schwierige wirtschaftliche Lage reicht jedoch nicht aus, sie ist vielmehr im Einzelnen darzulegen. Dabei muss der AG auch anderweitige Einsparmöglichkeiten in sein Sanierungskonzept einbeziehen, es bedarf aber keines ausgewogenen Sanierungsplans.[324] Es reicht aus, wenn ein unabhängiger SV ohne offensichtliche und ergebnisrelevante Fehler Feststellungen getroffen hat, die einen dringenden Sanierungsbedarf begründen.[325]

bb) Konkrete Billigkeitskontrolle (Härtefälle). Neben der abstrakten Billigkeitskontrolle überprüft die Rspr. auch, ob im Einzelfall die abgeänderte Versorgungsregelung zu einer außergewöhnlichen Härte führen würde.[326] Solche Härten können insb. bei Angehörigen **rentennaher Jahrgänge** auftreten, die keine Möglichkeiten haben, auf die Verschlechterung adäquat reagieren zu können und damit ungleich nachteiliger betroffen sind als andere AN.[327] Zur Vermeidung einer unbilligen Härte muss ggf. im Wege der ergänzenden Vertragsauslegung eine sachgerechte Lösung durch das Gericht gefunden werden.[328] Grds. sollte bei der Neuordnung der betrieblichen Altersversorgung aber eine Härteklausel ausdrücklich vereinbart werden.[329]

c) Abändernde Betriebsvereinbarung. Die Abänderung einer Versorgungsordnung erfolgt oftmals durch eine BV, über deren Wirksamkeit häufig Streit entsteht.[330] Die Zulässigkeit einer abändernden Versorgungs-BV richtet sich zum einen danach, ob die BV dem Grunde nach ein wirksames Regelungsinstrument zur Abänderung darstellt. Zum anderen muss überprüft werden, ob die getroffenen Regelungen inhaltlich einer Rechtskontrolle standhalten.

aa) Änderung einer Betriebsvereinbarung durch nachfolgende Betriebsvereinbarung. Beruht die betriebliche Altersversorgung auf einer BV, so kann eine Abänderung durch eine nachfolgende BV entsprechend der **Zeitkollisionsregel** (Ordnungsprinzip) erfolgen. Hiernach löst die jüngere die ältere Regelung ab. Ein Günstigkeitsvergleich zwischen älterer und jüngerer BV findet nicht statt.[331] Aus der Zulässigkeit des Mittels zur Änderung der Versorgungsordnung kann aber nicht auf den Umfang der Wirksamkeit des Eingriffes geschlussfolgert werden.

---

317 BAG 10.9.2002 – 3 AZR 635/01 – DB 2003, 1525 = SAE 2004, 26 m. Anm. *Vienken*.
318 BAG 9.12.2008 – 3 AZR 384/07 – DB 2009, 1548.
319 BAG 10.9.2002 – 3 AZR 635/01 – DB 2003, 1525 = SAE 2004, 26 m. Anm. *Vienken*.
320 BAG 18.9.2001 – 3 AZR 728/00 – NZA 2002, 1164; BAG 21.8.2001 – 3 ABR 44/00 – NZA 2002, 575.
321 BAG 8.12.1981 – 3 ABR 53/80 – NJW 1982, 1416.
322 BAG 24.1.2006 – 3 AZR 483/04 – NZA-RR 2007, 595.
323 BAG 26.8.1997 – 3 AZR 213/96 – NZA 1998, 605.
324 BAG 18.9.2001 – 3 AZR 728/00 – NZA 2002, 1164; BAG 17.8.1999 – 3 ABR 55/98 – NZA 2000, 498.
325 BAG 18.9.2001 – 3 AZR 728/00 – NZA 2002, 1164.
326 BAG 16.9.1986 – GS 1/82 – BAGE 53, 42 = NZA 1987, 168.
327 BAG 8.12.1981 – 3 ABR 53/80 – NJW 1982, 1416.
328 BAG 8.12.1981 – 3 ABR 53/80 – NJW 1982, 1416.
329 *Blomeyer/Rolfs/Otto*, Anh. § 1 Rn 586.
330 BAG 21.11.2000 – 3 AZR 91/00 – NZA 2002, 851; BAG 23.10.2001 – 3 AZR 74/01 – NZA 2003, 986; BAG 10.12.2002 – 3 AZR 92/02 – DB 2004, 1566; BAG 10.12.2002 – 3 AZR 671/01 – AP § 611 BGB Gratifikation Nr. 252; BAG 18.2.2003 – 3 AZR 81/02 – NZA 2004, 98; BAG 18.3.2003 – 3 AZR 101/02 – DB 2004, 327; BAG 17.6.2003 – 3 ABR 43/02 – DB 2004, 714; BAG 29.7.2003 – 3 AZR 630/02 – EzA § 1 BetrAVG Ablösung Nr. 42; s. zur BV allg. Kommentierung zu § 77 BetrVG.
331 St. Rspr. BAG 14.8.2001 – 1 AZR 619/00 – NZA 2002, 276; BAG 21.11.2000 – 3 AZR 91/00 – NZA 2002, 851; BAG 18.2.2003 – 3 AZR 81/02 – NZA 2004, 98; BAG 29.7.2003 – 3 AZR 630/02 – EzA § 1 BetrAVG Ablösung Nr. 42.

Auch die nach dem Ordnungsprinzip anwendbare BV wird von der Rspr. einer **Inhaltskontrolle** unterzogen. Hiernach müssen – wie bei Ausübung eines Widerrufsvorbehalts – die bereits erworbenen Besitzstände nach dem Vertrauensschutzprinzip und dem Grundsatz der Verhältnismäßigkeit bei der Neuregelung einer Versorgungszusage beachtet werden.[332] Dementsprechend sind an die Rechtfertigungsgründe für einen Eingriff in Besitzstände umso höhere Anforderungen zu stellen, je stärker die erworbene Position geschützt ist. Die Rspr. zieht dabei das zum Widerruf einer Versorgungszusage entwickelte **3-Stufen-Modell** heran, nach dem ein Eingriff in die Versorgungsansprüche und gem. § 2 BetrVG erdienten Versorgungsanwartschaften nur aus zwingenden Gründen, in die zeitanteilig erworbene sog. erdiente Dynamik aus triftigen Gründen und in die künftigen dienstzeitabhängigen Steigerungsraten aus sachlich-proportionalen Gründen zulässig ist (zu den Besitzstandsstufen siehe Rn 125 ff., zu den Rechtfertigungsgründen siehe Rn 131 ff.).[333]

137 bb) **Änderung einer individualrechtlichen Versorgungszusage durch Betriebsvereinbarung. (1) Ablösungsmöglichkeit.** Bildet eine individualvertragliche Regelung die Rechtsgrundlage des Versorgungsversprechens, können nachteilige Kollektivvereinbarungen die günstigeren einzelvertraglichen Bestimmungen nicht verdrängen. Für das Konkurrenzverhältnis eines Individualvertrages zu einem normativ geltenden TV ergibt sich diese Rechtsfolge aus § 4 Abs. 3 TVG. Bei dem in dieser Vorschrift ausdrücklich formulierten **Günstigkeitsprinzip** handelt es sich um einen allg. Grundsatz, der auch das Verhältnis individualvertraglicher Rechte zu Inhaltsnormen einer BV bestimmt.

138 **Ausnahmen** sind jedoch in den Fällen zu machen, in denen die individualvertragliche Regelung nicht einzelvertraglich ausgehandelt wurde, sondern selbst als Teil einer mit kollektivem Bezug geschaffenen Ordnung einzustufen ist. Zu den **individualrechtlichen Vereinbarungen mit kollektivem Bezug** zählen vertragliche Einheitsregelungen, Gesamtzusagen, betriebliche Übungen sowie auf dem Gleichbehandlungsgrundsatz beruhende Zusagen.[334] Bis Anfang der 80er-Jahre des letzten Jahrhunderts war es gefestigte höchstrichterliche Rspr., dass BV grds. als Mittel geeignet sind, Individualvereinbarungen mit kollektivem Bezug abzulösen.[335] Mit der Entscheidung des 6. Senats des BAG v. 12.8.1982[336] musste die Fortgeltung dieser Rspr. in Zweifel gezogen werden. Mit der Entscheidung des Großen Senats des **BAG v. 16.9.1986** wurde die frühere Rspr. endgültig aufgegeben.[337] Nach der geänderten Rspr. können nunmehr BV grds. dann ablösende Wirkung haben, wenn entweder die **Geschäftsgrundlage** der Individualvereinbarung gestört ist, der AG sich den **Widerruf vorbehalten** oder die Vereinbarung unter den **Vorbehalt einer abändernden Neuregelung** durch BV gestellt hat, oder wenn die Neuregelung durch BV zumindest bei **kollektiver Betrachtung nicht ungünstiger** als die Individualabrede ist.

139 Bis zum 12.8.1982 durften die Betriebsparteien aber darauf vertrauen, dass eine BV in jedem Fall die Individualregelung als Rechtsgrundlage der Versorgungszusage ablöst.[338] Die Zulässigkeit einer ablösenden BV ist demnach anhand der vom Großen Senat des BAG aufgestellten Kriterien zu überprüfen, soweit sie **nach dem 12.8.1982** abgeschlossen wurde.

140 (a) **Störung der Geschäftsgrundlage.** Besteht eine Abänderungsmöglichkeit der individualrechtlichen Versorgungszusage nach dem Grundsatz des Wegfalls bzw. der Störung der Geschäftsgrundlage (vgl. Rn 116), so löst das Anpassungsrecht des AG regelmäßig ein Mitbestimmungsrecht des BR bei der Neugestaltung des Leistungsplans aus. Der BR kann sein Mitbestimmungsrecht durch BV ausüben, die die neue Rechtsgrundlage der angepassten Versorgungszusage bildet (zum Mitbestimmungsrecht siehe Rn 176).

141 (b) **Betriebsvereinbarungsoffenheit.** Ablösenden Charakter hat eine BV ebenfalls, wenn bei Abschluss der individualrechtlichen Versorgungszusage bereits die Ablösung durch eine spätere BV antizipiert war, d.h. die Individualregelung „betriebsvereinbarungsoffen" ausgestaltet wurde. Dafür ist es nicht notwendig, dass der Vorbehalt der abändernden Neuregelung durch eine BV ausdrücklich erwähnt wurde. Die BV-Offenheit kann sich auch nach Auslegung der Vereinbarung ergeben,[339] etwa wenn die Zuwendung erkennbar unter dem Vorbehalt der Zustimmung des BR gewährt wird[340] oder Nachträge zu einer Gesamtzusage durch BV geregelt werden.[341]

---

[332] BAG 21.11.2000 – 3 AZR 91/00 – 2002, 851; BAG 29.7.2003 – 3 AZR 630/02 – EzA § 1 BetrAVG Ablösung Nr. 42.

[333] BAG 18.2.2003 – 3 AZR 81/02 – NZA 2004, 98; BAG 29.7.2003 – 3 AZR 630/02 – EzA § 1 BetrAVG Ablösung Nr. 42.

[334] BAG 18.3.2003 – 3 AZR 101/02 – DB 2004, 327; *Höfer*, ART Rn 335.

[335] BAG 30.1.1970 – 3 AZR 44/68 – NJW 1970, 1620; BAG 8.12.1981 – 3 ABR 53/80 – NJW 1982, 1416.

[336] 6 AZR 1117/79 – NJW 1983, 68.

[337] BAG 16.9.1986 – GS 1/82 – NZA 1987, 168; zuletzt bestätigt durch BAG 18.3.2003 – 3 AZR 101/02 – DB 2004, 327; BAG 17.6.2003 – 3 ABR 43/02 – DB 2004, 714.

[338] Hierzu auch BAG 18.9.2001 – 3 AZR 679/00 – NZA 2002, 760.

[339] BAG 12.8.1982 – 6 AZR 1117/79 – DB 1982, 2298; BAG 10.12.2002 – 3 AZR 92/02 – DB 2004, 1566.

[340] BAG 3.11.1987 – 8 AZR 316/81 – DB 1988, 966; BAG 10.12.2002 – 3 AZR 671/01 – AP § 611 BGB Gratifikation Nr. 252; BAG 10.12.2002 – 3 AZR 92/02 – DB 2004, 1566.

[341] *Höfer*, ART Rn 352.

(c) Kollektives Günstigkeitsprinzip. Liegt weder ein Fall der Störung der Geschäftsgrundlage noch der BV-Offenheit vor, so kann nach der Rspr. des BAG eine BV die zuvor auf individualvertraglicher Grundlage mit kollektivem Bezug zugesagten Sozialleistungen zum Nachteil abändern, wenn sich die Neuregelung insg. bei kollektiver Betrachtung nicht als ungünstiger erweist.[342] Bei Gesamtzusage, vertraglicher Einheitsregelung, betrieblicher Übung und dem Gleichbehandlungsgrundsatz steht der kollektive Bezug so im Vordergrund, dass bei der Anwendung des Günstigkeitsprinzips nicht die jeweils individuelle Zusage als Maßstab herangezogen werden kann, sondern ein **kollektiver Günstigkeitsvergleich**[343] angestellt werden muss.[344] Dem kollektiven Günstigkeitsprinzip ist genüge getan, wenn sich der vom AG zugesagte Dotierungsrahmen auch unter der Geltung der BV nicht verringert, sondern aufgrund einer Umverteilung der Mittel Verschlechterungen für einzelne AN durch Verbesserungen der Versorgungszusage für andere AN ausgeglichen werden (**umstrukturierende BV**).[345] Mit der Umstrukturierung soll **keine Verringerung des Gesamtaufwandes** verbunden sein, vielmehr soll den Betriebsparteien die Möglichkeit eröffnet werden, auf veränderte Gerechtigkeitsvorstellungen zu reagieren, indem die zur Verfügung gestellten Mittel anderweitig verteilt werden.[346]

142

Eine Verringerung des Dotierungsrahmens erfolgt etwa, wenn die zuvor arbeitgeberfinanzierte Versorgungsordnung auf eine durch Entgeltumwandlung finanzierte Zusage umgestellt wird und der AG lediglich die durch die Entgeltumwandlung ersparten Sozialabgaben zur weiteren Leistungsverbesserung verwendet.[347] Schwierigkeiten bestehen grds. bei der Abgrenzung des aufrechtzuerhaltenden Dotierungsrahmens und bei der Bestimmung der in den Günstigkeitsvergleich einzubeziehenden Personen.[348] Das BAG hat auch noch offen gelassen, ob ein kollektiver Günstigkeitsvergleich nur angestellt werden kann, wenn das Unternehmen, in dem die abgelöste Altregelung galt, mit dem Unternehmen, in dem die ablösende Neuregelung gelten soll, in seiner Grundstruktur identisch ist.[349]

143

(2) Anwendung des 3-Stufen-Modells. Stellt die BV ein zulässiges Mittel zur Änderung einer individualrechtlichen Vereinbarung mit kollektivem Bezug zum Nachteil von AN dar, so bedarf es weiter der Kontrolle, in welchem Umfang in bereits erworbene Versorgungsbesitzstände eingegriffen werden darf. Dabei sind das Vertrauensschutzprinzip und der Verhältnismäßigkeitsgrundsatz zu beachten.[350] Grds. sind die vorgenommenen Änderungen anhand des 3-Stufen-Modells zu überprüfen. Durch eine ablösende BV kann auf der 1. Stufe in Versorgungsansprüche und gem. § 2 erdiente Anwartschaften nur aus zwingenden Gründen, auf der 2. Stufe in die dienstzeitunabhängige erdiente Dynamik aus triftigen Gründen und in die künftigen dienstzeitabhängigen Steigerungsraten aus sachlich-proportionalen Gründen eingegriffen werden (zu den Besitzstandsstufen siehe Rn 125, zu den Rechtfertigungsgründen siehe Rn 121 ff.).[351]

144

cc) Persönlicher Geltungsbereich. Umstr. ist, inwieweit durch eine ablösende BV auch bereits **ausgeschiedene AN** und **Betriebsrentner** betroffen werden können. Die Rspr. lehnt eine Erstreckung der Regelungskompetenz der Betriebsparteien für diese Personengruppe mangels Legitimation des BR ab.[352] Da eine Änderung der Versorgungszusage zum Nachteil der ausgeschiednen AN und Betriebsrentner grds. nur bei WGG möglich ist und das hierdurch ausgelöste Anpassungsrecht einseitig nur durch den AG ausgeübt werden kann, wird die Frage, ob die BV das geeignete Instrument auch zur Änderung der Versorgungsleistung ausgeschiedener AN darstellt, nur in Ausnahmefällen relevant.[353] Greift dagegen eine ablösende BV unzulässigerweise in die bereits erdienten Anwartschaften der betriebsangehörigen AN ein, so können sich auch die bereits ausgeschiedenen AN – die ebenfalls von der ablösenden BV erfasst werden sollen – auf die Unwirksamkeit berufen.[354]

145

d) Kündigung einer Betriebsvereinbarung über betriebliche Altersversorgung[355] Bildet eine BV die Rechtsgrundlage des Versorgungsversprechens, so kann gem. § 77 Abs. 5 BetrVG die Künd mit einer Frist von

146

---

342 BAG 16.9.1986 – GS 1/82 – NZA 1987, 168; zuletzt BAG 17.6.2003 – 3 ABR 43/02 – DB 2004, 714.
343 Hierzu ausführlich *Rengier*, BB 2004, 2185.
344 BAG 16.9.1986 – GS 1/82 – NZA 1987, 168; BAG 17.6.2003 – 3 ABR 43/02 – DB 2004, 714.
345 BAG 17.6.2003 – 3 ABR 43/02 – DB 2004, 714.
346 BAG 23.10.2001 – 3 AZR 74/01 – NZA 2003, 986.
347 BAG 23.10.2001 – 3 AZR 74/01 – NZA 2003, 986.
348 BAG 18.3.2003 – 3 AZR 101/02 – DB 2004, 327; BAG 17.6.2003 – 3 ABR 43/02 – DB 2004, 714; hierzu auch *Rengier*, BB 2004, 2185.
349 BAG 18.3.2003 – 3 AZR 101/02 – DB 2004, 327.
350 St. Rspr., BAG 16.7.1996 – 3 AZR 398/95 – NZA 1997, 533; BAG 10.12.2002 – 3 AZR 671/01 – AP § 611 BGB Gratifikation Nr. 252; BAG 10.12.2002 – 3 AZR 92/02 – DB 2004, 1566; BAG 18.3.2003 – 3 AZR 101/02 – DB 2004, 327; BAG 24.1.2006 – 3 AZR 483/04 – NZA-RR 2007, 595.
351 St. Rspr., BAG 16.9.1986 – GS 1/82 – NZA 1987, 168.
352 BAG 16.3.1956 – GS 1/55 – BAGE 3, 1 = AP § 57 BetrVG 1952 Nr. 1; BAG 25.10.1988 – 3 AZR 483/86 – NZA 1989, 522; offener bereits BAG 13.5.1997 – 1 AZR 75/97 – NZA 1998, 160; a.A. *Blomeyer*, Anm. zu AP § 79 LPVG Baden-Württemberg Nr. 9; *Waltermann*, NZA 1998, 505.
353 *Blomeyer*, Anm. zu AP § 79 LPVG Baden-Württemberg Nr. 9.
354 BAG 28.7.1998 – 3 AZR 357/97 – AP § 79 LPVG Baden-Württemberg § 79 Nr. 9 m. Anm. *Blomeyer* = NZA 1999, 780.
355 BAG 11.5.1999 – 3 AZR 21/98 – NZA 2000, 322; BAG 17.8.1999 – 3 ABR 55/98 – NZA 2000, 498; BAG 21.8.2001 – 3 ABR 44/00 – NZA 2002, 575; BAG 18.9.2001 – 3 AZR 728/00 – NZA 2002, 1164; BAG 25.5.2004 – 3 AZR 145/03 – EzA § 2 BetrAVG Nr. 21; BAG 17.8.2004 – 3 AZR 189/03 – EzA § 1 BetrAVG Betriebsvereinbarung Nr. 5.

drei Monaten durch eine der Betriebsparteien erklärt werden. Eine **Nachwirkung** gem. § 77 Abs. 6 BetrVG **tritt nicht ein**, da sich das Mitbestimmungsrecht des BR nicht darauf erstreckt, ob und in welchem Umfang Mittel für die betriebliche Altersversorgung zur Verfügung gestellt werden, sondern im Wesentlichen bei der Verteilung der Mittel zu beachten ist (zum Mitbestimmungsrecht des BR siehe Rn 176 ff.). Versorgungszusagen sind damit lediglich teilmitbestimmt. Die Künd selbst unterliegt keiner Inhaltkontrolle und bedarf keines sachlichen Grundes.[356] Rechtsfolge ist zunächst die **Schließung des Versorgungswerkes** für die Zukunft, sodass neu in das Unternehmen eintretende AN keine Anwartschaften unter der gekündigten BV mehr erwerben können. Mit dem Wegfall der unmittelbaren und zwingenden Wirkung soll auch die BV als Grundlage für die Versorgungsanwartschaften entfallen, die unter ihrer normativen Geltung bereits erdient wurden.[357] Andererseits begrenzt das BAG die **Rechtswirkungen** der Künd nach dem Grundsatz des Vertrauensschutzes und dem Verhältnismäßigkeitsprinzip, da durch die einseitige Beendigung einer BV nicht stärker in bereits erworbene Besitzstände eingegriffen werden darf als durch eine ablösende BV. Auf diese Weise kommt die Rspr. zur Anwendung des 3-Stufen-Models bei der Überprüfung der Reichweite der Künd-Wirkung.[358] Rechtsgrundlage der anschließend aufrechtzuerhaltenden Rechtspositionen soll die gekündigte BV (in welcher Form auch immer) bleiben.[359]

147 **e) Ablösender Tarifvertrag.** Änderungen einer tarifvertraglich vereinbarten Versorgungszusage durch einen nachfolgenden TV sind entsprechend der Zeitkollisionsregelung ohne weiteres möglich. Die Regelungen des ablösenden TV wirken normativ bei beidseitiger Tarifgebundenheit von AG und AN (§ 4 Abs. 1 TVG) oder schuldrechtlich bei Vereinbarung eine dynamische Verweisungsklausel auf den jeweils geltenden TV. Die Regelungsmacht der Tarifparteien umfasst auch die Rechtsverhältnisse bereits ausgeschiedener AN.[360]

Ablösende TV werden – anders als ablösende BVen – lediglich darauf überprüft, ob sie gegen das Grundgesetz, gegen zwingendes Gesetzesrecht, gegen die guten Sitten oder gegen die tragenden Grundsätze des Arbeitsrechts verstoßen.[361] Die Tarifparteien sind bei der Einschränkung von Versorgungsregelungen ebenso wie der Gesetzgeber an den Eigentumsschutz des Art. 14 Abs. 1 GG und das Rechtsstaatsprinzip (Art. 20 Abs. 3 GG) gebunden.[362] Eingriffe, die den Grundsätzen der Verhältnismäßigkeit und des Vertrauensschutzes entsprechen, können nicht als Eigentumsverletzung gewertet werden.[363] Obwohl eine unmittelbare Anwendung auf abändernde TV abgelehnt wird, empfiehlt sich zumindest die **Orientierung** an dem als Konkretisierung der Verfassungsgrundsätze des Vertrauensschutzes und der Verhältnismäßigkeit gedachten **3-Stufen-Modell**.[364] Eine schematische Anwendung scheidet aber aus, da den Gewerkschaften aufgrund der durch den Beitritt von AN übertragenen und durch Art. 9 Abs. 3 GG geschützten Regelungsmacht ein größerer Gestaltungsspielraum verbleiben muss als dem BR, dem diese Legitimation fehlt.[365]

Bei Eingriffen in laufende Betriebsrenten wendet das BAG die Regelungen an, die für eine unechte Rückwirkung gelten.[366] Dabei ist das Interesse der TV-Parteien, die beanstandete Regelung auch auf Betriebsrentner anzuwenden, mit dem Interesse der Betriebsrentner am Fortbestand der bisherigen Regelung abzuwägen.[367] Das BAG gesteht den Tarifparteien in weitem Umfang eine Einschätzungsprärogative in Bezug auf die tatsächlichen Gegebenheiten und den betroffenen Interessen zu.[368] Zum Regelungsspielraum der Tarifparteien gehört die gestaltende Umsetzung tarifpolitischer Vorstellung.[369]

148 Eine **Untergrenze**, die durch tarifvertragliche Eingriffe grds. nicht unterschritten werden darf, sieht das BAG in den entstandenen Ansprüchen, d.h. in der bei Beendigung der Arbverh erdienten Ausgangsrente, für die die Gegenleistung bereits erbracht wurde. Ein Eingriff auf dieser Stufe sei aber möglich, wenn bereits bei Anspruchsentstehung Anhaltspunkte dafür bestanden haben, dass die TV-Parteien verschlechternd eingreifen werden.[370] Ebenfalls sei

---

356 St. Rspr. BAG 11.5.1999 – 3 AZR 21/98 – NZA 2000, 322; BAG 18.9.2001 – 3 AZR 728/00 – NZA 2002, 1164.
357 BAG 11.5.1999 – 3 AZR 21/98 – NZA 2000, 322; BAG 25.5.2004 – 3 AZR 145/03 – EzA § 2 BetrAVG Nr. 21.
358 BAG 11.5.1999 – 3 AZR 21/98 – NZA 2000, 322; BAG 17.8.1999 – 3 ABR 55/98 – NZA 2000, 498; BAG 21.8.2001 – 3 ABR 44/00 – NZA 2002, 575; BAG 25.5.2004 – 3 AZR 145/03 – EzA § 2 BetrAVG Nr. 21; BAG 17.8.2004 – 3 AZR 189/03 – EzA § 1 BetrAVG Betriebsvereinbarung Nr. 5.
359 BAG 17.8.1999 – 3 ABR 55/98 – NZA 2000, 498; BAG 21.8.2001 – 3 ABR 44/00 – NZA 2002, 575; zur Kritik an der dogmatischen Herleitung *Blomeyer/Vienken*, SAE 2000, 230; *Blomeyer/Vienken*, RdA 2000, 370.
360 BAG 21.8.2007 – 3 AZR 102/06 – DB 2007, 2850; BAG 27.3.2007 – 3 AZR 65/06 – DB 2007, 2847; BAG 27.2.2007 – 3 AZR 734/05 – NZA 2007, 1371; BAG 13.12.2005 – 3 AZR 478/04 – DB 2006, 1013.
361 BAG 27.6.2006 – 3 AZR 212/05 – DB 2007, 2491; BAG 13.12.2005 – 3 AZR 478/04 – DB 2006, 1013; BAG 25.5.2004 – 3 AZR 123/03 – ZTR 2005, 263; BAG 10.10.1989 – 3 AZR 200/88 – NZA 1990, 564.
362 BAG 21.8.2007 – 3 AZR 102/06 – DB 2007, 2850.
363 BAG 21.8.2007 – 3 AZR 102/06 – DB 2007, 2850.
364 BAG 25.5.2004 – 3 AZR 123/03 – ZTR 2005, 263; BAG 28.7.2005 – 3 AZR 14/05 – DB 2006, 166.
365 BAG 21.8.2007 – 3 AZR 102/06 – DB 2007, 2850; BAG 27.6.2005 – 3 AZR 212/05 – DB 2007, 2491; BAG 13.12.2005 – 3 AZR 478/04 – DB 2006, 1013; BAG 25.5.2004 – 3 AZR 123/03 – ZTR 2005, 263; BAG 28.7.2005 – 3 AZR 14/05 – DB 2006, 166; ausf. zu den Eingriffsmöglichkeiten *Steinmeyer*, in: GS für Blomeyer, S. 423 ff.
366 BAG 27.2.2007 – 3 AZR 734/05 – NZA 2007, 1371.
367 BAG 27.2.2007 – 3 AZR 734/05 – NZA 2007, 1371.
368 BAG 17.6.2008 – 3 AZR 409/06 – NZA 2008, 1244; BAG 21.8.2007 – 3 AZR 102/06 – DB 2007, 2850.
369 BAG 17.6.2008 – 3 AZR 409/06 – NZA 2008, 1244.
370 BAG 21.8.2007 – 3 AZR 102/06 – DB 2007, 2850; BAG 27.2.2007 – 3 AZR 734/05 – NZA 2007, 1371.

es denkbar, sich bei der Überprüfung von Eingriffen in entstandene Ansprüche an den Grundsätzen über die Störung der Geschäftsgrundlage (§ 313 BGB) anzulehnen.[371]

4. Unzulässige Rechtsausübung (Treuebruch). Unabhängig von der Rechtsgrundlage und den beschriebenen Ablösungsmöglichkeiten kann der AG Versorgungsleistungen auch verweigern, wenn sich der AN treuwidrig verhalten hat, so dass sich die Geltendmachung des Versorgungsanspruchs als unzulässige Rechtsausübung darstellen würde. Die unzulässige Rechtsausübung bzw. der Treuebruch wird ausführlich behandelt von *Blomeyer*.[372]

a) Existenzgefährdende Schädigung. Eine unzulässige Rechtsausübung liegt vor, wenn der AN seine Pflichten in so grober Weise verletzt, dass sich die in der Vergangenheit **geleistete Betriebstreue** als **wertlos** erweist.[373] Nicht ausreichend ist dabei, dass der Versorgungsberechtigte eine Pflichtverletzung begangen hat, die zur außerordentlichen Künd aus wichtigem Grund berechtigen würde. Vielmehr muss durch die Pflichtverletzung darüber hinaus ein so schwerer Schaden entstanden sein, durch den der AG in **eine die Existenz gefährdende Lage** gebracht wurde und ein Schadensersatzanspruch den eingetretenen Schaden nicht angemessen kompensieren kann.[374] Die grobe Pflichtverletzung muss nicht zwingend während des bestehenden Arbverh begangen worden sein. Auch der Verstoß gegen nachvertragliche Pflichten kann in seltenen Ausnahmefällen den Rechtsmissbrauchseinwand rechtfertigen, etwa bei ruinösem Wettbewerb. Allein eine schlichte Konkurrenztätigkeit reicht nicht aus.[375]

b) Verschleierung einer Pflichtverletzung. Von der Eingriffsmöglichkeit wegen existenzgefährdender Schädigung zu unterscheiden ist der Fall, dass eine **Pflichtverletzung** während des bestehenden Arbverh, die einen wichtigen Grund zur fristlosen Künd darstellen würde, von dem AN **verschleiert** und dadurch erst nachträglich entdeckt wird. Die Versorgungsanwartschaft kann entfallen oder eingeschränkt werden, wenn der AG bei rechtzeitiger Kenntnis die fristlose Künd ausgesprochen hätte und die Versorgungsanwartschaft zu diesem Zeitpunkt noch verfallbar gewesen wäre bzw. eine unverfallbare Versorgungsanwartschaft in geringerer Höhe aufrecht zu erhalten gewesen wäre.[376]

VI. Sonderformen der betrieblichen Altersversorgung (Abs. 2)

Seit Einführung des BetrAVG im Jahr 1974 haben sich die Gestaltungsformen der betrieblichen Altersversorgung gewandelt. Insb. wurden Möglichkeiten zur stärkeren Beteiligung der AN und zur besseren Kalkulierbarkeit der Kosten der Betriebsrenten entwickelt. Während die Einbeziehung beitragsorientierter Leistungszusagen unter an den Begriff der betrieblichen Altersversorgung an sich unstreitig war, wurden Gehaltsumwandlungsvereinbarungen erst mit Urteil des BAG v. 26.6.1990 als Formen der betrieblichen Altersversorgung ausdrücklich anerkannt.[377]

Diese Entwicklung wurde von dem Gesetzgeber im Rahmen des RRG 1999[378] aufgegriffen, der die Legaldefinitionen der Entgeltumwandlung und der beitragsorientierten Leistungszusage zunächst als Abs. 5 und Abs. 6 des § 1 a.F. einführte. Mit der Neugestaltung des § 1 durch das AVmG[379] wurden die beitragsorientierte Leistungszusage in Abs. 2 Nr. 1 und die Entgeltumwandlung in Abs. 2 Nr. 3 verortet. Erweitert wurde das Spektrum der Sonderformen der betrieblichen Altersversorgung um die Beitragszusage mit Mindestleistung (Abs. 2 Nr. 2). Durch das HZvNG[380] wurde schließlich die Eigenbeitragszusage (Abs. 2 Nr. 4) eingeführt.

1. Beitragsorientierte Leistungszusage (Abs. 2 Nr. 1). Nach der Legaldefinition des Abs. 2 Nr. 1 liegt eine betriebliche Altersversorgung in Form einer beitragsorientierten Leistungszusage vor, wenn der AG sich verpflichtet, bestimmte Beiträge in eine Anwartschaft auf Alters-, Invaliditäts- oder Hinterbliebenenversorgung umzuwandeln. Die beitragsorientierte Leistungszusage ist in allen Durchführungswegen – also auch als Direktzusage – möglich. Die Beitragsorientierung dient dabei der besseren Kalkulierbarkeit der im Versorgungsfall beanspruchbaren Leistung. Um zwischen den Beiträgen und der Versorgungsleistung eine Relation herzustellen, bedarf es eines **Umrechnungsmaßstabes**, der das eigentliche Charakteristikum der beitragsorientierten Leistungszusage darstellt. Die Leistungshöhe hängt somit unmittelbar von dem Finanzierungsaufwand ab, den der AG zusagt.[381] Die Einordnung einer Zusage als beitragsorientierte Leistungszusage ist insb. im Hinblick auf die Geltung der Sonderregelung des § 2 Abs. 5a von Bedeutung.

---

371 BAG 21.8.2007 – 3 AZR 102/06 – DB 2007, 2850; BAG 27.2.2007 – 3 AZR 734/05 – NZA 2007, 1371.
372 *Blomeyer*, ZIP 2000, 382 f.
373 BGH 19.12.1999 – II ZR 152/98 – NJW 2000, 1197 = ZIP 2000, 280 m. Anm. *Blomeyer*; BGH 11.3.2002 – II ZR 5/00 – DB 2002, 1207.
374 BGH 19.12.1999 – II ZR 152/98 – NJW 2000, 1197 = ZIP 2000, 380 m. Anm. *Blomeyer*; BGH 11.3.2002 – II ZR 5/00 – DB 2002, 1207; *Blomeyer/Rolfs/Otto*, Anh. § 1 Rn 527 ff.
375 *Blomeyer/Rolfs/Otto*, Anh. § 1 Rn 533.
376 BAG 8.5.1990 – 3 AZR 152/88 – NZA 1990, 807; *Blomeyer/Rolfs/Otto*, Anh. § 1 Rn 530.
377 BAG 26.6.1990 – 3 AZR 641/88 – NJW 1991, 717.
378 Gesetz v. 11.12.1997, BGBl I S. 2998.
379 Gesetz v. 26.6.2001, BGBl I S. 1310.
380 Gesetz v. 21.6.2001, BGBl I S. 2167.
381 *Blomeyer*, NZA 1998, 911.

155 **a) Begriff des Beitrags.** Aus der Verwendung des Begriffs des Beitrags könnte geschlossen werden, dass hierunter lediglich Zuwendungen des AG an Dritte fallen.[382] Es herrscht jedoch Einigkeit darüber, dass der AG auch im Rahmen einer unmittelbaren Versorgungszusage ein beitragsorientiertes Leistungsversprechen i.S.d. § 1 Abs. 2 Nr. 1 abgeben kann.[383] Der Beitrag stellt tatsächlich nur eine **kalkulatorische Größe** dar, aus dem sich durch Heranziehung einer Umrechnungstabelle die Versorgungsleistung ergibt.[384] Der umzuwandelnde Beitrag kann konstant oder variabel gestaltet werden, bspw. abhängig von der Höhe des Gehalts. Er kann zeitlich regelmäßig (monatlich, halbjährlich, jährlich) oder unregelmäßig (bspw. abhängig von der Ertragslage des Unternehmens) versprochen werden.[385] Sagt der AG die **Beitragszahlung** an einen externen Versorgungsträger zu, so handelt es sich um einen bereits während des Arbverh einklagbaren Anspruch.[386]

156 **b) Umwandlung des Beitrags.** Der AG verpflichtet sich bei beitragsorientierten Leistungszusagen zur Umwandlung des Beitrags. Die Umwandlung selbst liegt in der Umrechnung des angesetzten Beitrags in die im Versorgungsfall zu beanspruchende Versorgungsleistung, d.h. in der Anwendung einer Kalkulationstabelle zur Ermittlung der Versorgungshöhe. Die Parteien der Versorgungsvereinbarung sind auch bei der Festlegung des Umrechnungsmaßstabs grundsätzlich frei, insb. wird der Versorgungscharakter nicht durch die angewendete Umrechnungstabelle berührt.[387] In Betracht kommen jedoch allein zwei Methoden, entweder die **Berechnung nach dem Sparprinzip** oder die **nach versicherungsmathematischen Grundsätzen**.[388] Ein „Wertgleichheitsgebot" zwischen dem Beitrag und der Versorgungsleistung, wie es § 1 Abs. 2 Nr. 3 bei Entgeltumwandlungsvereinbarungen verlangt, ist dabei nicht einzuhalten,[389] soweit diese beiden Versorgungsformen nicht kombiniert werden.[390] Zu berücksichtigen ist aber, dass der umzuwandelnde Beitrag, insb. wenn er periodisch festgesetzt wird, gewöhnlich den Wert der in diesem Zeitraum erbrachten Leistung des AN widerspiegelt und sich dieser Wert auch nach Umrechnung in der Versorgungsleistung adäquat wiederfinden muss. Der Kalkulationsmaßstab muss diesbezüglich einer **Billigkeitsprüfung** standhalten.[391]

157 **2. Beitragszusage mit Mindestleistung (Abs. 2 Nr. 2).**[392] Mit dem AVmG v. 26.6.2001 wurde als neue Zusageform die Beitragszusage mit Mindestleistung in das BetrAVG eingeführt. Nach der Legaldefinition des Abs. 2 Nr. 2 verpflichtet sich hierbei der AG, Beiträge zur Finanzierung von Leistungen der betrieblichen Altersversorgung an einen Pensionsfonds, eine Pensionskasse oder eine Direktversicherung zu zahlen und für Leistungen zur Altersversorgung das planmäßig zuzurechnende Versorgungskapital auf der Grundlage der gezahlten Beiträge (Beiträge und die daraus erzielten Erträge), mindestens die Summe der zugesagten Beiträge, soweit sie nicht rechnungsmäßig für einen biometrischen Risikoausgleich verbraucht wurden, hierfür zur Verfügung zu stellen. Aufgrund der Mindestleistungsgarantie handelt es sich bei dieser Zusageform um den **Unterfall einer Leistungszusage**.[393] Sonderregelungen finden sich in § 2 Abs. 5b und § 16 Abs. 3 Nr. 3.

158 Die Beitragszusage mit Mindestleistung soll eine Vorstufe zur **reinen Beitragszusage** bilden,[394] bei der der AG sein Leistungsversprechen auf die Beitragszahlungen an einen Versorgungsträger beschränken kann und darüber hinausgehende Haftungsrisiken nicht zu befürchten braucht.[395] Reine Beitragszusagen sind nach der Rspr. zulässig, sollen aber keine Form der betrieblichen Altersversorgung darstellen.[396] Hierbei gilt jedoch zu überdenken, dass die Zusage von reinen Beitragszahlungen keinen Selbstzweck darstellt, sondern der Verschaffung eines Leistungsanspruchs gegenüber einem Dritten (Lebensversicherer, Pensionskasse, Pensionsfonds) dient. Auch die Einräumung eines solchen Anspruches im Versorgungsfall hat einen wirtschaftlichen Wert und damit m.E. Leistungscharakter.

159 **a) Inhalt der Beitragszusage.** Inhalt der Zusage des AG ist das Versprechen, einen der genannten Versorgungsträger einzuschalten und **bestimmte Beitragszahlungen** an diesen zu erbringen. Darüber hinaus muss der AG garantieren, dass der AN bei Eintritt des Versorgungsfalls Alter eine **bestimmte Mindestleistung** erhält.[397] Die Leistungshöhe, die der AN im Versorgungsfall vom Versorgungsträger beanspruchen kann, bemisst sich nach dem planmäßig

---

[382] *Blomeyer*, BetrAV 1996, 308.
[383] *Blomeyer*, BetrAV 1996, 308; *Höfer/Kisters-Kölkes*, Neue Chancen für Betriebsrenten, S. 33.
[384] *Blomeyer/Rolfs/Otto*, § 1 Rn 83; *Höfer*, § 1 Rn 2522; *Höfer/Kisters-Kölkes*, Neue Chancen für Betriebsrenten, S. 33.
[385] *Blomeyer*, BetrAV 1996, 308; *Blomeyer*, NZA 1998, 911.
[386] BAG 12.6.2007 – 3 AZR 186/06 – DB 2008, 2034.
[387] *Doetsch*, ZIP 1998, 273; a.A. *Hanau/Arteaga*, BB 1997, Beil. 17, die eine versicherungsmathematische Umrechnung fordern.
[388] *Blomeyer*, BetrAV 1996, 308; *Grabner*, DB 1979, 843.
[389] *Höfer*, § 1 Rn 2525; a.A. *Hanau/Arteaga*, BB 1997, Beil. 17.
[390] *Höfer*, § 1 Rn 2526.
[391] So auch *Blomeyer*, BetrAV 1996, 308.
[392] *Langohr-Plato/Teslau*, DB 2003, 661; *Uebelhack*, in: GS für Blomeyer, S. 467.
[393] *Langohr-Plato/Teslau*, DB 2003, 661; *Höfer*, Das neue Betriebsrentenrecht, B I Rn 170.
[394] *Höfer*, § 1 Rn 2528; *Langohr-Plato/Teslau*, DB 2003, 661; *Reinecke*, NJW 2001, 3511; *Klein*, BetrAV 2001, 701.
[395] *Höfer*, § 1 Rn 2530; *Langohr-Plato/Teslau*, DB 2003, 661; *Reinecke*, NJW 2001, 3511; *Klein*, BetrAV 2001, 701; zur reinen Beitragszusage *Blomeyer*, BetrAV 1997, 1921; *Blomeyer*, BetrAV 1998, 124; *Hanau/Arteaga*, BB 1997, Beil. 17; *Doetsch*, ZIP 1998, 270.
[396] BAG 12.6.2007 – 3 AZR 186/06 – DB 2008, 2034; BAG 13.11.2007 – 3 AZR 635/06 – juris; BAG 7.9.2004 – 3 AZR 550/03 – DB 2005, 507.
[397] *Langohr-Plato/Teslau*, DB 2003, 661.

zuzurechnenden Versorgungskapital.[398] Eine unmittelbare Leistungspflicht trifft den AG bei Erreichen der Altersgrenze – bei ordnungsgemäßer Beitragszahlung – jedoch nur, soweit das angesammelte Versorgungskapital die Summe der zugesagten Beiträge nicht erreicht. Diese Mindestleistung ist darüber hinaus um den Betrag abzusenken, der für die Absicherung des vorzeitigen Invaliditäts- oder Versterbensrisikos aufgewendet wurde. In der Praxis werden durch entsprechende Anlagestrategien kaum Fälle auftreten, in denen das beim Versorgungsträger vorhandene planmäßig zuzurechnende Versorgungskapital niedriger als die vom AG zu garantierende Mindestleistung liegt.[399] Eine unmittelbare Inanspruchnahme des AG wird wohl nur in seltenen Ausnahmefällen in Betracht kommen.[400] Aus § 16 Abs. 3 Nr. 3 ergibt sich, dass die Beitragszusage mit Mindestleistung grds. auch mit einer Entgeltumwandlungsvereinbarung verknüpft werden kann.

b) Durchführungswege. Obwohl der Gesetzgeber die Beitragszusage mit Mindestleistung nur für die Durchführungswege Direktversicherung, Pensionskasse und Pensionsfonds ausgestaltet hat, kann ein solches Versorgungsversprechen bei arbeitgeberfinanzierter Altersversorgung auch als **unmittelbare Zusage oder Unterstützungskassenzusage** erteilt werden.[401] In Höhe der Mindestleistung ist der Versorgungscharakter der Leistung nicht zu bezweifeln. Die Einräumung der darüber hinausgehenden Ertragschancen hat jedoch den Charakter eines Spekulationsgeschäfts, auf das der AN seine eigenen Vorsorgepläne nicht ausrichten darf. Es handelt sich m.E. hierbei um zulässige, aber mangels Versorgungscharakter nicht dem BetrAVG unterfallende Gewinnaussichten. Deren Einbeziehung in den Anwendungsbereich des BetrAVG bei Direktversicherungen, Pensionskassen und Pensionsfonds kann aber mit der für diese Versorgungsträger bestehenden Versicherungsaufsicht und der damit verbundenen relativen Sicherheit der angelegten Deckungsmittel begründet werden. In den Durchführungswegen unmittelbare Zusage und Unterstützungskasse fehlt jedoch eine vergleichbare Kontrolle. Zumindest **bei arbeitnehmerfinanzierten Versorgungszusagen** ist die Durchführung einer Beitragszusage mit Mindestleistung über den AG oder eine Unterstützungskasse deshalb auch nicht mit dem Wertgleichheitsgebot vereinbar.

3. Entgeltumwandlung (Abs. 2 Nr. 3). Eine betriebliche Altersversorgung in Form einer Entgeltumwandlung[402] liegt gem. Abs. 2 Nr. 3 vor, wenn künftige Entgeltansprüche in eine wertgleiche Anwartschaft auf Versorgungsleistungen umgewandelt werden. Gehaltsumwandlungsvereinbarungen wurden bereits lange in der Praxis durchgeführt und von der Rspr. seit Beginn der 90er-Jahre des vergangenen Jahrhunderts als betriebliche Altersversorgung anerkannt.[403] Mit der Einführung der Legaldefinition der Entgeltumwandlung durch das RRG 1999 zum 1.1.1999 in das BetrAVG wurde auch gesetzlich klargestellt, dass betriebliche Altersversorgung nicht als zusätzliches Entgelt durch den AG zugesagt werden muss. Zweck der Entgeltumwandlungsvereinbarungen ist es, die Kosten des Versorgungsversprechens durch eine Gehaltsreduktion an anderer Stelle zu finanzieren („Kostenneutralität"). Aufgrund der Bereitschaft des AN, anderweitige Entgeltansprüche für die Finanzierung der Versorgungszusage aufzugeben, wird die Entgeltumwandlung als **arbeitnehmerfinanzierte Altersversorgung** bezeichnet. Wird eine Vereinbarung als Entgeltumwandlung eingeordnet, so finden sich weitreichende Sonderregelungen für diese Form der betrieblichen Altersversorgung (vgl. bspw. § 1a, § 1b Abs. 5, § 2 Abs. 5a, § 7 Abs. 5 Nr. 1, § 16 Abs. 5).

a) Künftige Entgeltanteile. Nach der Legaldefinition des Abs. 2 Nr. 3 können im Rahmen einer Entgeltumwandlung lediglich künftige Entgeltanteile zur Umwandlung herangezogen werden.

aa) Entgelt. Der Begriff des Entgeltes ist in einem weiten Sinne zu verstehen und umfasst alle vermögenswerten Leistungen, die der AG für die geleisteten Dienste des AN gewährt. Hierunter fallen das laufende Entgelt, Sondervergütungen, Sach- und Nutzungsleistungen oder Ansprüche auf vermögenswirksame Leistungen.[404]

bb) Künftige Ansprüche. Umwandlungsfähig sind nur künftige Ansprüche. Dies bedeutet, dass die **Rechtsgrundlage** des umzuwandelnden Entgeltanspruchs **bereits begründet** sein muss, um einer Umwandlung zugänglich zu sein. Werden in Verhandlungen bspw. statt einer in Aussicht gestellten Lohnerhöhung Leistungen der betrieblichen Altersversorgung zugesagt, so handelt es sich – mangels eines umgewandelten bestehenden Entgeltanspruchs – nicht um eine Entgeltumwandlung, sondern um ein „klassisches" arbeitgeberfinanziertes Betriebsrentenversprechen. Nicht mehr umwandelbar sind Entgeltansprüche, wenn sie bereits durch Erfüllung erloschen sind. Umstr. ist, ob bereits erdiente oder gar fällige Entgeltansprüche noch zu den „künftigen" Ansprüchen zählen.[405] M.E. müs-

---

398 *Höfer*, Das neue Betriebsrentenrecht, B I Rn 175.
399 *Höfer*, Das neue Betriebsrentenrecht, B I Rn 178; *Kemper u.a.*, § 1 Rn 395.
400 *Höfer*, Das neue Betriebsrentenrecht, B I Rn 178; *Kemper u.a.*, § 1 Rn 395.
401 *Höfer*, § 1 Rn 2538; a.A. *Sasdrich/Wirth*, BetrAV 2001, 401; *Schwark/Raulf*, DB 2003, 940; *Kemper u.a.*, § 1 Rn 394.
402 Hierzu insb. *Blomeyer*, DB 2001, 1413; *Rieble*, BetrAV 2001, 584.
403 BAG 26.6.1990 – 3 AZR 641/88 – NJW 1991, 717; BAG 8.6.1993 – 3 AZR 670/92 – NZA 1994, 507; BAG 17.10.1995 – 3 AZR 622/94 – DB 1996, 1240 = ZIP 1996, 965.
404 *Blomeyer/Rolfs/Otto*, § 1 Rn 109 ff.; *Rieble*, BetrAV 2001, 584.
405 Zu erdienten Ansprüchen *Blomeyer*, NZA 2000, 282; *Blomeyer*, DB 2001, 1413; *Rieble*, BetrAV 2001, 584; zu fälligen Ansprüchen *Höfer*, DB 1998, 2266.

sen auch **erdiente** und **fällige Entgeltansprüche** nach Sinn und Zweck der Legaldefinition der Entgeltumwandlung als „künftig" eingeordnet werden. Mit dem Abgrenzungsmerkmal „künftig" soll nicht – wie häufig zitiert – verhindert werden, dass Arbeitsentgelt dem Insolvenzschutz unterliegt, denn betriebliche Altersversorgung kann grds. als Arbeitsentgelt ausgestaltet werden.[406] Vielmehr soll durch die Beschränkung auf „künftige" Entgeltansprüche erreicht werden, dass zwischen dem Arbverh und der Versorgungszusage der arbeitsrechtliche Charakter gewahrt bleibt. Dies ist solange möglich, als das Versorgungsversprechen an die Stelle des umzuwandelnden Entgelts gesetzt werden kann. Diese Verfügungsbefugnis steht den Parteien der Umwandlungsvereinbarung erst dann nicht mehr zu, wenn der ursprüngliche Entgeltanspruch erloschen ist. Den durch Umwandlung fälliger Ansprüche zugesagten Versorgungsleistungen muss deshalb auch der Schutz des BetrAVG zukommen. Davon zu unterscheiden ist die steuerrechtliche Behandlung umgewandelter fälliger Entgeltansprüche.[407]

165 **cc) Rechtsgrundlage des Entgeltanspruchs.** Beruht der umzuwandelnde Entgeltanspruch auf einer **individualvertraglichen Grundlage**, so kann dieser Anspruch auch individualvertraglich umgewandelt werden. Handelt es sich um einen **normativ geltenden tarifvertraglichen Entgeltanspruch**, so kann gem. § 17 Abs. 5 dieser zur Entgeltumwandlung nur herangezogen werden, wenn dies durch TV vorgesehen oder durch TV zugelassen ist. Die Sperre des § 17 Abs. 5 gilt jedoch nur für Umwandlungsvereinbarungen, die nach dem 29.6.2001 geschlossen wurden (vgl. § 30h). Für Umwandlungsvereinbarungen, die vor diesem Zeitpunkt getroffen wurden, muss sich die Wirksamkeit nach dem Günstigkeitsprinzip beurteilen. Dabei ist m.E. anzunehmen, dass die Umwandlung eines Entgeltanspruchs in eine wertgleiche Versorgungsanwartschaft gerade im Hinblick auf das Wahlrecht günstiger für den AN ist.[408] Da sich § 17 Abs. 5 nicht auf Entgeltansprüche bezieht, die in einer **BV** geregelt sind, stellt sich die Frage des Günstigkeitsvergleichs in diesem Bereich auch weiterhin und ist gleichfalls zugunsten der Entgeltumwandlung zu entscheiden.

166 **b) Anwartschaft auf Versorgungsleistung.** Auch im Rahmen einer Entgeltumwandlung muss die Versorgungszusage des AG die Voraussetzungen der Legaldefinition der betrieblichen Altersversorgung gem. Abs. 1 S. 1 erfüllen. Da es sich nach dem eindeutigen Wortlaut um ein einzuräumendes Anwartschaftsrecht handeln muss, darf zum Zeitpunkt der Umwandlungsvereinbarung der Versorgungsfall noch nicht eingetreten sein.

167 **c) Wertgleichheit.** Weiter wird in Abs. 2 Nr. 3 die Vorgabe aufgestellt, dass die Versorgungsanwartschaft wertgleich[409] zu den umzuwandelnden Entgeltansprüchen sein muss. Damit bleibt aber offen, welche Maßstäbe das Wertgleichheitskriterium erfüllen. Wertgleichheit besteht unstreitig dann, wenn die **Prinzipien der Versicherungsmathematik** bei der Berechnung der aus den Entgeltansprüchen finanzierten Versorgungsleistung angewendet werden.[410] Da der Gesetzgeber aber entgegen seiner ursprünglichen Absicht die Anwendung versicherungsmathematischer Grundsätze nicht ausdrücklich vorgeschrieben hat, muss geschlossen werden, dass kein Zwang hierzu besteht.[411]

168 **aa) Direktversicherungs-, Pensionskassen- oder Pensionsfondszusage.** Wird zur Durchführung einer „klassischen" **Leistungszusage** oder einer **beitragsorientierten Leistungszusage** mit einem Lebensversicherer, einer Pensionskasse oder einem Pensionsfonds ein Versorgungsträger eingeschaltet, der der Versicherungsaufsicht unterliegt und der bei der Prämienberechnung die Regeln der Versicherungsmathematik zu berücksichtigen hat, ist dem Wertgleichheitsgebot genüge getan. Problematisch ist die Vereinbarkeit mit dem Wertgleichheitsgebot dagegen, wenn eine **Beitragszusage mit Mindestleistung** gewählt wird, bei der höchstens der Wert der eingezahlten Beiträge garantiert wird. Aus § 16 Abs. 3 Nr. 3 ist ersichtlich, dass der Gesetzgeber von der Vereinbarkeit einer Beitragszusage mit Mindestleistung mit einer Entgeltumwandlung und damit der Einhaltung des Wertgleichheitsgebots ausgeht. Dies ist unter dem Aspekt gerechtfertigt, dass die in den Abs. 2 Nr. 2 genannten Versorgungsträger auch bei der Anlage der Deckungsmittel Beschränkungen unterliegen und die den höheren Ertragschancen gegenüberstehenden Verlustrisiken vertretbar bleiben. Weiter ist umstritten, ob sog. **„gezillmerte" Tarife** mit dem Gebot der Wertgleichheit in Einklang stehen. Bei diesem Verfahren werden mit den eingezahlten Prämien zunächst die Versicherungs- und Abschlusskosten getilgt, bevor die Beiträge zum Aufbau eines Deckungskapitals für die Altersversorgung verwendet werden. Bei vorzeitiger Beendigung kann dies dazu führen, dass die aufrechtzuerhaltende Anwartschaft bei weitem die Summe der umgewandelten Beiträge nicht erreicht. Der BGH hatte für private Lebensversicherungsverträge entschieden, dass gezillmerte Tarife an sich zulässig bleiben. Allerdings darf für den Fall der vorzeitigen Beendigung der Rückkaufswert bzw. die beitragsfreie Versicherungssumme einen **Mindestbetrag** nicht unterschreiten. Der

---

406 *Blomeyer/Rolfs/Otto*, § 1 Rn 120 ff.; *Wackerbarth*, S. 20 ff., 76.
407 BMF-Schreiben v. 20.1.2009 – IV C 3 – S 2496/08/10011 – BStBl I 2009 S. 273.
408 So auch *Rieble*, BetrAV 2001, 584; a.A. *Blomeyer*, DB 2001, 1413; *Konzen*, in: GS für Blomeyer, S. 173 ff.; kritisch auch *Schliemann*, in: GS für Blomeyer, S. 375.
409 *Blomeyer*, in: FS für Förster, S. 189 ff.; *Hopfner*, Der „gerechte Preis" bei der Entgeltumwandlung.
410 *Blomeyer/Rolfs/Otto*, § 1 Rn 148 ff.
411 *Doetsch/Förster/Rühmann*, DB 1998, 258.

BGH setzte die Mindestsumme mit der Hälfte des ungezillmert errechneten Deckungskapitals an.[412] Das BVerfG hat dieses Verfahren nicht beanstandet.[413] In seinem Urteil vom 15.3.2007 ist das LAG München[414] über die Vorgaben des BGH hinausgegangen und hat für die betriebliche Altersversorgung gezillmerte Tarife in Entgeltumwandlungsvereinbarungen als **nicht mit dem Wertgleichheitsgebot vereinbar** angesehen, bei denen die Abschlusskosten nicht auf einen mindestens 10-jährigen Zeitraum verteilt werden. Des Weiteren würden gezillmerte Tarife, die zur fast vollständigen Wertlosigkeit einer Versorgungsanwartschaft bei vorzeitiger Beendigung führen können, die Regelungen zur Übertragung von Versorgungsanwartschaften gem. § 4 unterlaufen. Dagegen sieht das LAG Köln gezillmerte Tarife als vereinbar mit dem Wertgleichheitsgebot an.[415] Maßgeblich für die Bestimmung der Wertgleichheit seien die Leistungen im Versorgungsfall. Hiernach wiesen die gezillmerten Tarife ein mindestens genauso gutes „Preis-Leistungs-Verhältnis" auf, wie ungezillmerte Tarife. Auch seien AN bei vorzeitiger Beendigung hinreichend dadurch geschützt, dass ihnen das Recht zur Fortsetzung der Direktversicherung mit eigenen Beiträgen zustehe. Gegen die Auffassung des LAG Köln spricht, dass sich das Wertgleichheitsgebot bereits auf die Anwartschaft bezieht und das durchgängig bis zum Eintritt des Versorgungsfalles eingehalten bleiben muss. Daneben dient das Recht auf Fortsetzung der Direktversicherung nicht dazu, Nachteile aus dem Zillmerungsverfahren auszugleichen. Schließlich findet die von dem Gericht angesprochene „Verpflichtung" zur Fortsetzung der Direktversicherung mit eigenen Beiträgen im Gesetz keinerlei Rückhalt. Neben den vom LAG München angesprochenen Bedenken gegen gezillmerte Tarife, die zu einer erheblichen Differenz zwischen eingezahlten Beiträgen und aufrechterhaltenen Anwartschaften führen können, spricht vor allem auch die Regelung des § 2 Abs. 5b. Hiernach muss bei einer Beitragszusage mit Mindestleistung auch im Fall der vorzeitigen Beendigung die Anwartschaftshöhe mindestens die Summe der bis dahin zugesagten Beiträge – abzüglich der für einen biometrischen Risikoausgleich verbrauchten Beträge – erreichen. Der Gesetzgeber geht folglich im Rahmen der betrieblichen Altersversorgung davon aus, dass auch bei weitestgehender Haftungsbeschränkung des AG grundsätzlich die **Summe der Beiträge die Mindesthöhe** unverfallbarer Versorgungsanwartschaften darstellt. Das BAG hat inzwischen zu erkennen gegeben, dass voll gezillmerte Versicherungsverträge wohl nicht gegen das Wertgleichheitsgebot verstoßen, aber eine unangemessene Benachteiligung i.S.d. § 307 BGB darstellen können, soweit die Abschluss- und Vertriebskosten auf weniger als 5 Jahre verteilt werden.[416] Entgegen dem LAG München führt ein unangemessenes Zillmerungsverfahren aber nicht zur Unwirksamkeit der Umwandlungsvereinbarung. Vielmehr bleibt der AG zur Aufrechterhaltung einer höheren Versorgungsanwartschaft verpflichtet.[417]

bb) Direktzusage und Unterstützungskassenzusage. Bei Direktzusagen und Unterstützungskassenzusagen wird die Einhaltung des Wertgleichheitsgebotes dagegen nicht durch versicherungsaufsichtsrechtliche Regelungen gewährleistet. Dementsprechend sind v.a. bei Wahl dieser Durchführungswege die Anforderungen umstr., die zur Erfüllung des Wertgleichheitsgebots gestellt werden. Obwohl eine versicherungsmathematische Berechnung nicht zwangsweise verlangt werden kann, sollte sie als Orientierungsmaßstab dienen.[418] Dementsprechend kann sich die Versorgungshöhe nicht auf die Summe der zugesagten Beiträge beschränken, sondern muss auch eine angemessene Verzinsung bieten.[419] Da jegliche Kontrolle über das Verhältnis zwischen Ertragschance und Verlustrisiko fehlt, kann in diesen Durchführungswegen eine Beitragszusage mit Mindestleistung nicht mehr als wertgleich zu den umzuwandelnden Entgeltansprüchen angesehen werden. Die **Höhe der angemessenen Mindestverzinsung** ist umstr. Den durch Entgeltumwandlung finanzierten Deckungsmitteln können regelmäßig keine Erträge unmittelbar zugeordnet werden, die als „Überschussanteile" zur Leistungsverbesserungen verwendet werden. Dieser Nachteil muss bereits bei der Höhe der Mindestverzinsung berücksichtigt werden, die damit über dem Garantiezins für Lebensversicherer liegen sollte.[420] Andererseits müssen – um eine Vergleichbarkeit der Durchführungswege herzustellen – auch Verwaltungskosten berücksichtigt werden können, die sich leistungsmindernd auswirken.[421]

cc) Über- und unterproportionale Umwandlung. Besteht zwischen dem umgewandelten Entgeltanspruch und der daraus resultierenden Versorgungszusage keine Wertgleichheit, so unterfallen die zugesagten Versorgungsanwartschaften dennoch dem Schutzbereich des BetrAVG. Übersteigt die versprochene Versorgungshöhe offensichtlich den Wert, der bei einer adäquaten Umwandlung hätte zugesagt werden können (**überproportionale Umwandlung**), so handelt es sich bei dem überschießenden Teil um eine klassische Versorgungszusage, für die die allg. Regelungen des BetrAVG gelten.[422] Erreicht dagegen die zugesagte Versorgungsleistung nicht die Höhe, die bei einer wertgleichen Umwandlung hätte versprochen werden müssen (**unterproportionale Umwandlung**), so ist umstr., ob der AN eine höhere Versorgungsleistung[423] oder den Entgeltanspruch verlangen kann, der bei Beachtung

---

412 BGH 12.10.2005 – IV ZR 162/03 – NJW 2005, 3559.
413 BVerfG 15.2.2006 – 1 BvR 1317/96 – NJW 2006, 1783.
414 LAG München 15.3.2007 – 4 Sa 1152/06 – NZA 2007, 813; dagegen bspw. *Döring/Grau*, BB 2007, 1564; *Reich/Rutzmoser*, DB 2007, 2314; *Diller*, NZA 2008, 338.
415 LAG Köln 13.8.2008 – 7 Sa 454/08 – DB 2009, 237.
416 BAG 15.9.2009 – 3 AZR 17/09 – Pressemitteilung 92/09.
417 BAG 15.9.2009 – 3 AZR 17/09 – Pressemitteilung 92/09; LAG Köln 13.8.2008 – 7 Sa 454/08 – DB 2009, 237.
418 *Blomeyer/Rolfs/Otto*, § 1 Rn 154.
419 *Blomeyer/Rolfs/Otto*, § 1 Rn 151.
420 *Blomeyer/Rolfs/Otto*, § 1 Rn 156.
421 *Blomeyer/Rolfs/Otto*, § 1 Rn 156.
422 *Blomeyer/Rolfs/Otto*, § 1 Rn 163.
423 *Höfer*, § 1 Rn 2564.

des Wertgleichheitsgebotes nicht hätte umgewandelt werden müssen.[424] Nach dem Wortlaut der Regelung soll die Anwartschaft wertgleich zu den als feststehende Größe betrachteten Entgeltansprüchen sein. Um dieses Ziel zu erreichen, sollte der bei einer unterproportionalen Umwandlung notwendige Eingriff in die Umwandlungsvereinbarung auch bei der Versorgungsleistung ansetzen und zu einer Auffüllungspflicht des AG führen.[425]

171 **d) Umwandlungsvereinbarung.** Mit der Umwandlungsvereinbarung wird das Arbverh dahingehend abgeändert, dass an Stelle des ursprünglichen Entgeltes nunmehr die Versorgungsanwartschaft als Gegenleistung für die zu entgeltenden Dienste des AN treten. Hierbei handelt es sich um einen **Schuldänderungsvertrag**.[426] Gegenstand der Umwandlungsvereinbarung sind auf der **Entgeltseite** im Wesentlichen der umzuwandelnde Entgeltanspruch sowie die Höhe und die Dauer der Umwandlung. Soweit der umzuwandelnde Entgeltanspruch auch als Berechnungsmaßstab für weitere Leistungen dient, sollte die Beibehaltung dieses Wertes als **Schattengehalt** vereinbart werden.[427] Auf der **Leistungsseite** werden die Höhe der Versorgungsleistung, der Durchführungsweg sowie die Leistungsvoraussetzungen geregelt. Darüber hinaus sind die Vorgaben des **§ 1b Abs. 5** bei der Ausgestaltung zu beachten (vgl. § 1b Rn 62 ff.; zu den Informationspflichten bei Entgeltumwandlungsvereinbarungen vgl. § 1a Rn 11).

172 Entgeltumwandlungsvereinbarungen können hinsichtlich des „ob" nur **individualvertraglich** geschlossen werden, selbst wenn der umzuwandelnde Entgeltanspruch auf einer kollektivrechtlichen Regelung beruht und damit die Betriebs- oder Tarifparteien diesen Anspruch abändern können. Die Entgeltumwandlungsvereinbarung setzt das Wahlrecht und die Dispositionsbefugnis des AN voraus, entweder den Entgeltanspruch oder eine Versorgungsanwartschaft zu erwerben.[428] Soweit die Betriebs- oder Tarifparteien Entgeltansprüche kürzen und Versorgungszusagen einführen, so ist dies zulässig, es handelt sich aber um „klassische" Leistungen der betrieblichen Altersversorgung. Durch BV oder TV regelbar sind – um eine einheitliche Gestaltung zu gewährleisten – insb. die Bedingungen der Leistungsseite der Umwandlungsvereinbarung („wie").[429] Dabei muss zwingend das Wertgleichheitsgebot beachtet werden, von den selbst die Tarifparteien nicht zum Nachteil der AN abweichen dürfen.

173 **4. Eigenbeitrags- bzw. Umfassungszusage (Abs. 2 Nr. 4).** Nach der durch das HZvNG[430] in das BetrAVG mit Wirkung zum **1.7.2002** eingeführten Bestimmung des Abs. 2 Nr. 4 liegt eine betriebliche Altersversorgung auch vor, wenn der AN Beiträge aus seinem Arbeitsentgelt zur Finanzierung von Leistungen der betrieblichen Altersversorgung an einen Pensionsfonds, eine Pensionskasse oder eine Direktversicherung leistet und die Zusage des AG auch die Leistungen aus diesen Beiträgen umfasst. Dabei sollen für ab dem **1.1.2003** erteilte Eigenbeitragszusagen die **Regelungen zur Entgeltumwandlung** entsprechend Anwendung finden (§ 30e Abs. 1; zu Ausnahmen für Pensionskassen, die durch Beiträge von AG und AN kofinanziert werden vgl. § 30e Abs. 2). Nach den Tatbestandsmerkmalen reicht es aus, dass der AN bei Wahl eines versicherungsförmigen Durchführungsweges Beiträge aus seinem versteuerten Einkommen unmittelbar an den Versorgungsträger leistet und der AG lediglich die hieraus resultierenden Leistungsansprüche des AN gegenüber dem Versorgungsträger garantiert. Anders als bei einem Versorgungsverschaffungsanspruch beschränkt sich die Leistungspflicht von vornherein auf die **subsidiäre Haftung für eine fremde Schuld**.

174 Nach der Gesetzesbegründung soll die Vorschrift des Abs. 2 Nr. 4 lediglich klarstellende Funktion haben.[431] Diese Vorstellung ist jedoch falsch. Bis zur Einführung der Eigenbeitragszusage war es einhellige Auffassung, dass die Leistungen externer Versorgungsträger, die auf Beiträgen der AN beruhen, nicht zur betrieblichen Altersversorgung zählen.[432] Auch das Gesetz bezog (und bezieht) Versorgungsleistungen, die auf Beiträgen der AN beruhen, gem. § 2 Abs. 2 und 3 nicht bei der Berechnung der Höhe der aufrechtzuerhaltenden Anwartschaft bei Direktversicherungs- und Pensionskassenzusagen ein, sondern lediglich die Ansprüche, die durch Beiträge des AG finanziert wurden.[433] Die Einführung der Eigenbeitragszusage in das BetrAVG ist aus arbeitsrechtlicher Sicht kaum begründbar.[434] So kommt das Rechtsverhältnis zwischen dem Versorgungsträger und dem AN unabhängig von der Einbeziehung des AG zustande. Der Anspruch des AN gegenüber dem Versorgungsträger beruht auf einem eigenständigen, gegenseitigen Versicherungsverhältnis, das den Regeln des VVG unterliegt.[435] Der AN bedarf in diesem Fall aber nicht zusätzlich des besonderen arbeitsrechtlichen Schutzes des BetrAVG. Vielmehr handelt es sich um eine **private Eigenvorsorge des AN**. Zwar wird der Anwendungsbereich des Gesetzes nur eröffnet, wenn der AG verspricht, für die – fremde – Leistung einzutreten. Dies kann ein besonderes Schutzbedürfnis des AN aber nicht rechtfertigen, soweit der AG das Rechtsverhältnis zwischen AN und Versorgungsträger gar nicht beeinträchtigen kann. Tatsächlich hat der

---

424 *Rieble*, BetrAV 2001, 584.
425 Ähnlich *Henning*, S. 40, der eine Aufstockung der Versorgungsleistung nur bei einer Entgeltumwandlung i.R.d. § 1a annimmt.
426 *Rieble*, BetrAV 2001, 584.
427 Dazu *Blomeyer/Rolfs/Otto*, § 1 Rn 127.
428 *Schliemann*, in: GS Blomeyer, S. 375 ff., der eine Entgeltumwandlung durch BV oder TV ausschließt, da hierbei keine „künftigen" Entgeltansprüche umgewandelt würde.
429 Dazu *Blomeyer/Rolfs/Otto*, § 1 Rn 133 ff.
430 Gesetz v. 21.6.2002, BGBl I S. 2167.
431 BT-Drucks 14/9007, S. 34.
432 *Höfer*, § 1 Rn 2582.
433 *Höfer*, § 1 Rn 2582.
434 Zur Kritik *Hopfner*, DB 2002, 1050; *Höfer*, § 1 Rn 2582.
435 *Hopfner*, DB 2002, 1050, 1053.

Gesetzgeber die Vorschrift des Abs. 2 Nr. 4 nicht aus arbeitsrechtlichen Gründen, sondern aus steuerrechtlichen Gesichtspunkten in das Betriebsrentengesetz eingeführt. Hierdurch soll den AN die Inanspruchnahme der staatlichen Förderung gem. §§ 79 ff. EStG i.V.m. § 10a EStG ermöglicht werden, ohne dass die Vereinbarung zwischen Versorgungsträger und AN dem Zertifizierungsgebot des § 80 EStG i.V.m. §§ 1 ff. AltZertG entsprechen muss (vgl. § 82 EStG).[436]

C. Verbindung zu anderen Rechtsgebieten und zum Prozessrecht

Der Einfluss anderer Rechtsgebiete auf die betriebliche Altersversorgung ist außerordentlich. Von besonderer Bedeutung sind v.a. die steuer- und sozialversicherungsrechtlichen Rahmenbedingungen, die sich v.a. durch den notwendigen Umbau der gesetzlichen RV einschneidend verändert haben. Zu nennen sind hier die Stichworte „Riester-Rente" und „Eichel-Rente". Aber auch andere Rechtsgebiete aus dem Bereich des Arbeitsrechts müssen mit besonderer Sorgfalt beachtet werden, um Fehler bei der Gestaltung der betrieblichen Altersversorgung zu vermeiden.

175

I. Mitbestimmung des Betriebsrats

Bei der Einführung und der Veränderung der betrieblichen Altersversorgung sind grds. Mitbestimmungsrechte des BR gem. § 87 Abs. 1 Nr. 8 bzw. Nr. 10 BetrVG zu beachten. Die Rspr. hat sich bisher v.a. mit der Mitbestimmung bei klassisch arbeitgeberfinanzierten Versorgungswerken beschäftigt und hierzu gefestigte Grundsätze aufgestellt. Demgegenüber sind Entscheidungen zu Fragen der Mitbestimmung in den neuen Formen arbeitnehmerfinanzierter Versorgungszusagen, insb. im Hinblick auf den Anspruch auf Entgeltumwandlung gem. § 1a, bisher nicht veröffentlicht. Die potenziellen Probleme werden jedoch ausführlich in der Lit. diskutiert.[437]

176

1. Arbeitgeberfinanzierte Versorgungszusagen. Die betriebliche Altersversorgung unterliegt als Teil der betrieblichen Lohngestaltung gem. § 87 Abs. 1 Nr. 10 BetrVG dem Mitbestimmungsrecht des BR.[438] Wird die betriebliche Altersversorgung über eine Sozialeinrichtung durchgeführt, deren Wirkungsbereich auf den Betrieb, das Unternehmen oder den Konzern beschränkt ist, so geht § 87 Abs. 1 Nr. 8 BetrVG als speziellere Regelung vor. Zu den Sozialeinrichtungen i.S.d. § 87 Abs. 1 Nr. 8 BetrVG zählen Pensionskassen, Unterstützungskassen und Pensionsfonds.[439] Ist der Wirkungsbereich einer Pensionskasse, einer Unterstützungskasse oder eines Pensionsfonds auch für nicht-konzernangehörige Unternehmen geöffnet („Gruppen-Unterstützungskasse", „Gruppenpensionskasse"), so ergibt sich das Mitbestimmungsrecht des BR aus der allg. Regelung des § 87 Abs. 1 Nr. 10 BetrVG. Voraussetzung ist gem. § 87 Abs. 1 Eingangssatz BetrVG, dass keine abschließende gesetzliche oder tarifliche Regelung besteht. Abschließende gesetzliche Regelungen enthält das BetrAVG bspw. im Hinblick auf die gesetzliche Unverfallbarkeitsfristen oder die gesetzliche Insolvenzsicherung.[440]

177

a) Mitbestimmungsfreie Entscheidung. Gem. der Grundsatzentscheidung v. 12.6.1975[441] besteht kein vollumfängliches Mitbestimmungsrecht des BR bei der betrieblichen Altersversorgung. Vielmehr bleiben einzelne Bereiche im Hinblick auf die Freiwilligkeit der Leistung des AG mitbestimmungsfrei. So kann der AG selbstständig vorgeben, **ob** er finanzielle Mittel für die betriebliche Altersversorgung zur Verfügung stellt, **in welchem Umfang** er dies tun will, **welche Versorgungsform** er wählen will und welchen **AN-Kreis** er versorgen will.[442] Der AG kann daher auch mitbestimmungsfrei den Dotierungsrahmen verändern oder den Durchführungsweg wechseln. Auch die Festlegung des konkreten Versorgungsträgers bleibt dem AG vorbehalten.

178

b) Mitbestimmungspflichtige Entscheidungen. Das Mitbestimmungsrecht gem. § 87 Abs. 1 Nr. 10 BetrVG dient dazu, ein angemessenes und durchsichtiges Lohngefüge zu erreichen und damit die innerbetriebliche Lohngerechtigkeit zu gewährleisten.[443] Zur Verwirklichung dieses Zieles ist die **Ausgestaltung des Leistungsplanes**, durch den die Leistungsbedingungen abstrakt-generell festgelegt werden, mitbestimmungspflichtig.[444] Die mitbestimmungsfreien Entscheidungen des AGs – insb. die freie Festlegung des Dotierungsrahmens – müssen bei der Ausübung des Mitbestimmungsrechtes gewahrt bleiben. Dem Mitbestimmungsrecht des BR kommt v.a. dann Bedeutung zu, wenn aufgrund einer mitbestimmungsfreien Entscheidung des AG ein bestehender **Leistungsplan mitbestimmungspflichtig verändert** werden muss.[445] Sollen die Versorgungsleistungen eingeschränkt werden, so werden regelmäßig eine Neuverteilung der Mittel und damit eine mitbestimmungspflichtige Änderung des Leis-

179

---

436 *Höfer*, § 1 Rn 2580.
437 Ausf. Kemper, in: FS für Förster, S. 207; *Schnitker/Grau*, BB 2003, 1061.
438 St. Rspr. BAG 8.12.1981 – 3 ABR 53/80 – NJW 1982, 1416; BAG 9.7.1985 – 3 AZR 546/82 – NZA 1986, 517.
439 BAG 12.6.1975 – 3 ABR 137/73 – BB 1975, 1064; BAG 21.6.1979 – 3 ABR 3/78 – DB 1979, 2039.
440 *Blomeyer/Rolfs/Otto*, Anh. § 1 Rn 399.
441 BAG 12.6.1975 – 3 ABR 137/73 – BB 1975, 1064.
442 St. Rspr. BAG 12.6.1975 – 3 ABR 137/73 – BB 1975, 1064; BAG 19.8.2008 – 3 AZR 194/07 – DB 2009, 463.
443 BAG 3.12.1991 – GS 2/90 – NZA 1992, 749.
444 BAG 12.6.1975 – 3 ABR 137/73 – BB 1975, 1064; BAG 9.7.1985 – 3 AZR 546/82 – NZA 1986, 517; BAG 21.1.2003 – 3 AZR 30/02 – NZA 2004, 331; BAG 19.8.2008 – 3 AZR 194/07 – DB 2009, 463.
445 Bereits BAG 13.7.1978 – 3 ABR 108/77 – NJW 1979, 2534.

tungsplanes notwendig.[446] Steht dem AG nach dem Grundsatz der Störung der Geschäftsgrundlage ein Anpassungsrecht zu, so verbleibt gewöhnlich ein mitbestimmungspflichtiger Regelungsspielraum bezüglich der Art und Weise, wie die Vertragsstörung zu beheben ist.[447] Die **Schließung des Versorgungswerkes** etwa durch Künd einer bestehenden Versorgungs-BV löst dagegen kein Mitbestimmungsrecht des BR aus.[448]

180 c) **Einigung.** Das Mitbestimmungsrecht kann durch BV oder durch eine formlose Regelungsabrede ausgeübt werden. Kommt keine Einigung über die mitbestimmungspflichtigen Regelungsfragen zustande, so kann die Einigungsstelle angerufen werden, deren Spruch die fehlende Einigung ersetzt.[449]

181 d) **Rechtsfolgen der Verletzung des Mitbestimmungsrechts und Beweislast.** Wird das Mitbestimmungsrecht des BR nicht beachtet, so sind Abänderungen zum Nachteil des AN unwirksam (**Theorie der notwendigen Mitbestimmung** bzw. **Theorie der Wirksamkeitsvoraussetzung**).[450] Grds. hat der AG, der sich auf eine wirksame Abänderung einer Versorgungsleistung beruft, die Beachtung des Mitbestimmungsrechtes des BR zu beweisen.[451] In besonderen Ausnahmefällen, kann die Beweislast auf den AN übergehen (Verletzung des Mitbestimmungsrechts vor über 20 Jahren und Verschlechterung der Beweismöglichkeiten durch Verhalten des AN).[452]

182 e) **Sonderfall: Pensionskasse, Pensionsfonds, Unterstützungskasse.** Erfolgt die Durchführung der betrieblichen Altersversorgung über eine Pensionskasse, einen Pensionsfonds oder eine Unterstützungskasse,[453] deren Wirkungsbereich auf den Betrieb, das Unternehmen oder den Konzern beschränkt ist, so hat der BR gem. **§ 87 Abs. 1 Nr. 8 BetrVG** bei der Form, der Ausgestaltung und der Verwaltung mitzubestimmen. **Mitbestimmungsfrei** bleibt auch in diesem Fall, ob und in welchem Umfang der AG Mittel zur Verfügung stellt, die Versorgungsform sowie der begünstigte Personenkreis. **Mitbestimmungspflichtig** ist neben der Ausgestaltung des abstrakt-generellen Leistungsplans auch die Mittelverwaltung.[454]

183 Besonderheiten ergeben sich v.a. bei der Durchführung der Mitbestimmung. Da die genannten Versorgungsträger rechtlich selbstständig sind, das Mitbestimmungsrecht aber gegenüber dem AG besteht, bedarf es der Umsetzung der mitbestimmungspflichtigen Entscheidungen bei der Sozialeinrichtung. Dies kann einerseits so geschehen, dass zunächst zwischen AG und BR eine Einigung über die mitbestimmungspflichtigen Fragen erzielt wird und der AG anschließend die getroffene Regelung in der Sozialeinrichtung umsetzt (**zweistufige Lösung**). Es ist aber auch möglich, dass die beschließenden Organe der Sozialeinrichtung paritätisch mit Mitgliedern des AG und des BR besetzt werden und innerhalb der Sozialeinrichtung selbst das Mitbestimmungsrecht verwirklicht wird (**organschaftliche Lösung**).[455]

184 Kann das beschließende Organ des Versorgungsträgers nicht paritätisch mit Mitgliedern des BR besetzt werden – etwa bei **Gruppenunterstützungskassen** – so kommt eine organschaftliche Lösung regelmäßig nicht in Betracht. Die Mitbestimmung bezieht sich in diesem Fall auf das Abstimmungsverhalten des AG bei Beschlüssen des Versorgungsträgers.[456] Weicht der Beschluss der Versorgungseinrichtung von der zuvor zwischen AG und BR getroffenen Einigung ab, so liegt eine Verletzung des Mitbestimmungsrechtes nur dann vor, wenn der AG aufgrund einer beherrschenden Stellung die Einigung innerhalb des Versorgungsträgers hätte durchsetzen können und damit die Nichtbeachtung der Einigung kausal für den abweichenden Beschluss des Versorgungsträgers wurde.[457]

185 2. **Mitbestimmung bei Entgeltumwandlung. a) Mitbestimmung im Rahmen des Anspruchs auf Entgeltumwandlung (§ 1a).** Soweit die betriebliche Altersversorgung durch Entgeltumwandlung finanziert wird, ergeben sich für die Mitbestimmung des BR[458] insoweit Besonderheiten, als durch die Einführung des **Anspruchs auf Entgeltumwandlung** gem. § 1a innerhalb dessen Grenzen eine freiwillige Leistung des AG nicht mehr angenommen werden kann. Die Freiwilligkeit der Leistung ist aber das tragende Argument für die Annahme der mitbestimmungsfreien Räume im Rahmen der arbeitgeberfinanzierten Altersversorgung. Andererseits hat der Gesetzgeber die Vorgaben für die Durchführung des Anspruchs auf Entgeltumwandlung in § 1a so geregelt, dass **praktisch kein Regelungsspielraum verbleibt**, der nur mit Zustimmung des BR ausgefüllt werden kann.[459] Insb. muss der AN den

---

446 BAG 23.9.1997 – 3 ABR 85/96 – NZA 1998, 719.
447 BAG 28.7.1998 – 3 AZR 357/97 – AP § 79 LPVG Baden-Württemberg Nr. 9 m. Anm. *Blomeyer* = NZA 1999, 780.
448 BAG 9.12.2008 – 3 AZR 384/07 – DB 2009, 1548; *Blomeyer/Rolfs/Otto*, Anh. § 1 Rn 424.
449 BAG 23.9.1997 – 3 ABR 85/96 – NZA 1998, 719.
450 BAG 3.12.1991 – GS 2/90 – NZA 1992, 749; BAG 28.7.1998 – 3 AZR 357/97 – AP § 79 LPVG Baden-Württemberg Nr. 9 m. Anm. *Blomeyer* = NZA 1999, 780; BAG 19.8.2008 – 3 AZR 194/07 – DB 2009, 463.
451 BAG 29.1.2008 – 3 AZR 42/06 – NZA-RR 2008, 469.
452 BAG 21.1.2003 – 3 AZR 30/02 – NZA 2004, 331; BAG 29.1.2008 – 3 AZR 42/06 – NZA-RR 2008, 469.

453 Allgemein hierzu *Kemper*, in: GS für Blomayer, S. 157 ff.
454 *Blomeyer/Rolfs/Otto*, Anh. § 1 Rn 856 ff.
455 St. Rspr. BAG 11.12.2001 – 3 AZR 512/00 – NZA 2003, 1414 m.w.N.
456 BAG 22.4.1986 – 3 AZR 100/83 – NZA 1986, 574; BAG 11.12.2001 – 3 AZR 512/00 – NZA 2003, 1414.
457 BAG 9.5.1989 – 3 AZR 439/88 – NZA 1989, 889.
458 Hierzu ausf. *Kemper*, in: FS für Förster, S. 207; *Schnitker/Grau*, BB 2003, 1061.
459 *Kemper u.a.*, § 1 Rn 366 ff.; *Schnitker/Grau*, BB 2003, 1061.

Anspruch auf Entgeltumwandlung auch durchsetzen können, wenn zwischen BR und AG keine Einigung erzielt wurde.[460] Ein Zwang zur Beteiligung des BR bei der Ausgestaltung des Anspruchs auf Entgeltumwandlung gem. § 1a ist deshalb abzulehnen.[461] Der BR kann durch den Abschluss freiwilliger BV mitwirken, etwa bei der Leistungsplangestaltung oder bei der Festlegung des Durchführungsweges gem. § 1a Abs. 1 S. 2. Dies ist oftmals auch zweckmäßig, um ein betriebseinheitliches Vorgehen sicherzustellen.

b) Mitbestimmung bei Entgeltumwandlung im Übrigen. Außerhalb des Anspruchs auf Entgeltumwandlung bleibt das Mitbestimmungsrecht des BR dagegen weit gehend in dem Umfang aufrecht erhalten, wie es bei arbeitgeberfinanzierten Versorgungszusagen besteht.[462] Einschränkungen des Regelungsspielraumes ergeben sich durch das von den Betriebsparteien zu beachtende Wertgleichheitsgebot sowie die gesetzlichen Sonderregelungen für die Entgeltumwandlung (vgl. bspw. § 1b Abs. 5).

II. Betriebsübergang, UmwG

Einwirkungen auf die betriebliche Altersversorgung können sich auch ergeben, wenn im Rahmen eines Betriebsübergangs gem. § 613a BGB oder bei einer Spaltung, Verschmelzung oder Vermögensübertragung nach dem UmwG die AG-Stellung wechselt.

1. Betriebsübergang. Kommt es zu einem Betriebsübergang i.S.d. § 613a BGB,[463] so tritt der Erwerber gem. § 613a Abs. 1 S. 1 BGB in die Rechte und Pflichten der im Zeitpunkt des Übergangs bestehenden Arbverh ein. Betroffen sind nur die Arbverh der zum Zeitpunkt des Betriebsübergangs **im Betrieb beschäftigten AN**. Mangels Betriebszugehörigkeit gehen die Rechtsverhältnisse der bereits ausgeschiedener AN und Betriebsrentner – auch der weiterhin geringfügig beschäftigten „technischen" Rentner – nicht gem. § 613a BGB auf den Erwerber über.[464] Die aufrecht zu erhaltenden Anwartschaften und Ansprüche auf Leistungen der betrieblichen Altersversorgung aus der Versorgungszusage bleiben vielmehr gegenüber dem Veräußerer bestehen.[465] Gegenüber den von dem Betriebsübergang betroffenen AN ergeben sich vielfältige Konsequenzen:

a) Erstmalige Erteilung einer Versorgungszusage durch den Erwerber. Erteilt der Erwerber erstmalig eine Versorgungszusage, so sind die beim Veräußerer zurückgelegten Zeiten der Betriebszugehörigkeit – mangels Unterbrechung des Arbverh – bei der **Berechnung der Unverfallbarkeitsfrist** gem. Abs. 1 S. 1 Alt. 2 BetrAVG a.F. (drei Jahre Zusagedauer, zwölf Jahre Betriebszugehörigkeit) zu berücksichtigen.[466] Der erstmalig Leistungen der betrieblichen Altersversorgung zusagende Erwerber ist aber berechtigt, bei der **Berechnung der Höhe** der Versorgungsanwartschaft ausschließlich die bei ihm zurückgelegten Dienstzeiten leistungssteigernd zu berücksichtigen.[467] Enthält die Versorgungszusage eine anspruchsausschließende Wartezeitregelung, darf auf die allein beim Erwerber zurückgelegten Dienstzeiten abgestellt werden.[468] Eine Pflicht, die beim Erwerber bestehende Versorgungsordnung auf die gem. § 613a BGB übernommenen AN zu erstrecken, besteht aber nicht.[469]

b) Übernahme einer vom Veräußerer erteilten Versorgungszusage durch den Erwerber. Hat der Veräußerer bereits Leistungen der betrieblichen Altersversorgung versprochen, so tritt der Erwerber in die aus dieser Versorgungszusage resultierende Verpflichtung ein. Handelt es sich um ein Versorgungsversprechen, das über einen der Versorgungsträger Lebensversicherer, Pensionskasse, Pensionsfonds oder Unterstützungskasse durchgeführt werden soll, so geht der im Grundverhältnis bestehende **Versorgungsverschaffungsanspruch** auf den Erwerber über (vgl. Rn 67). Ist nach dem Betriebsübergang bspw. eine Leistungspflicht der bisher eingeschalteten Unterstützungskasse ausgeschlossen, weil nach der Satzung der Erwerber als Trägerunternehmen ausscheidet, so hat der Erwerber ggf. aus seiner subsidiären Leistungspflicht heraus im Versorgungsfall die Leistungen an den Versorgungsberechtigten unmittelbar zu erbringen.[470]

c) Kollision von Versorgungszusagen. Bestand beim Veräußerer eine Versorgungszusage, die auf einer BV oder einem TV beruhte, und trifft diese auf eine beim Erwerber bestehende abweichende Versorgungsordnung, so ist die Kollision gem. § 613a Abs. 1 S. 3 BGB aufzulösen. Hiernach löst die beim Erwerber normativ geltende kollektive Regelung entsprechend dem **Ordnungsprinzip** die alte kollektive Regelung, die beim Betriebsübergang an sich gem. § 613a Abs. 1 S. 2 BGB individualrechtlicher Inhalt des Arbverh würde, ab.[471] Eine Ablösung nach dem Ordnungsprinzip ist auch dann noch möglich, wenn es zunächst zu einer Transformation gem. § 613a Abs. 1 S. 2 BGB

---

460 *Blomeyer*, DB 2001, 1413; *Rieble*, BetrAV 2001, 584.
461 A.A. *Höfer*, ART Rn 1094 ff. m.w.N.
462 *Blomeyer*, NZA 2000, 281.
463 S. die Kommentierung zu § 613a BGB.
464 BAG 24.3.1977 – 3 AZR 649/76 – DB 1977, 1466; zu den „technischen" Rentnern BAG 18.3.2003 – 3 AZR 313/02 – NZA 2004, 848.
465 BAG 24.3.1977 – 3 AZR 649/76 – DB 1977, 1466; BAG 18.3.2003 – 3 AZR 313/02 – NZA 2004, 848.
466 BAG 8.2.1983 – 3 AZR 229/81 – DB 1984, 301; BAG 19.12.2000 – 3 AZR 451/99 – NZA 2002, 615.
467 BAG 8.2.1983 – 3 AZR 229/81 – DB 1984, 301; BAG 19.12.2000 – 3 AZR 451/99 – NZA 2002, 615.
468 BAG 19.4.2005 – 3 AZR 469/04 – DB 2005, 1748.
469 BAG 25.8.1976 – 5 AZR 788/75 – DB 1977, 358 = BB 1977, 145.
470 BAG 18.9.2001 – 3 AZR 689/00 – NZA 2002, 1391.
471 BAG 24.7.2001 – 3 AZR 660/00 – NZA 2002, 520.

der beim Veräußerer kollektivrechtlich begründeten betrieblichen Altersversorgung in individualrechtliche Versorgungszusagen kommt und erst nach dem Betriebsübergang eine normativ geltende kollektivrechtliche Regelung beim Erwerber geschaffen wird.[472]

192 Dies bedeutet nicht, dass damit die bereits beim Veräußerer erworbenen Besitzstände untergehen würden. Vielmehr müssen die Besitzstände entsprechend dem Vertrauensschutzprinzip und dem Grundsatz der Verhältnismäßigkeit aufrechterhalten bleiben. Zur Kontrolle werden hierzu die Grundsätze des für den Widerruf von Versorgungszusagen entwickelten und auf ablösende VersorgungsBV übertragenen **3-Stufen-Modells** herangezogen (zu den Besitzständen siehe Rn 125, zu der Frage eines Eingriffs siehe Rn 130 ff., zu den Rechtfertigungsgründen siehe Rn 131 ff.). Mit Urteil vom 13.11.2007 hat das BAG entschieden, dass beim Veräußerer tariflich geregelte Versorgungsansprüche jedoch nicht im Wege einer sog. **Über-Kreuz-Ablösung** durch eine beim Betriebserwerber bestehende lediglich teilmitbestimmte Versorgungs-BV abgelöst werden können.[473]

193 **d) Betriebsübergang in der Insolvenz.** Erfolgt ein Betriebsübergang, nachdem bereit das Insolvenzverfahren (früher das Konkursverfahren) eröffnet wurde, so kommt es unter dem Gesichtspunkt der **Gleichbehandlung der Insolvenzgläubiger** zu einer Modifikation der Haftungsgrundsätze. Hiernach tritt der Erwerber nur insoweit in die auf ihn gem. § 613a BGB übergegangenen Versorgungszusagen der aktiven AN ein, als die Besitzstände nach Eröffnung des insolvenzrechtlichen Verfahrens erworben werden.[474] Für die zuvor beim Veräußerer erworbenen Anwartschaftswerte hat allein der Veräußerer einzustehen, nicht jedoch der Erwerber.[475]

194 **2. Umwandlung.** Kommt es zu einer Verschmelzung, Spaltung oder Vermögensübernahme nach dem UmwG, so bestimmt § 324 UmwG die Anwendbarkeit der Regelungen des § 613a Abs. 1, 4 bis 6 BGB. Die Regelung hat bezüglich der vom Betriebsübergang erfassten Arbverh deklaratorischen Charakter.[476] Insb. kann in einem **Spaltungs- und Übernahmevertrag** die Zuordnung der Versorgungsverbindlichkeiten gem. § 126 Abs. 1 Nr. 9 UmwG nicht dergestalt erfolgen, dass von der sich aus der Anwendung des § 613a BGB ergebenden Haftung des Betriebserwerbers abgewichen wird.[477] Der einvernehmlichen Zuordnung kommt bei einer Spaltung jedoch Bedeutung bezüglich **der ehemals betriebsangehörigen AN** zu, deren Arbverh vor dem Betriebsübergang bereits beendet wurde und auf die § 613a BGB folglich keine Anwendung findet (Betriebsrentner, mit unverfallbarer Anwartschaft ausgeschiedene AN). Die Haftung für deren Versorgungsanwartschaften und -ansprüche kann in einem Spaltungsvertrag bzw. Spaltungsplan ohne Zustimmung der ausgeschiedenen AN eigenständig geregelt werden. Die Vorschriften des UmwG gehen insoweit den §§ 414, 415 BGB und § 4 vor.[478]

Die Ausgliederung von Versorgungsverbindlichkeiten durch Abspaltung einer **„Rentnergesellschaft"** ohne Zustimmung der ausgeschiedenen AN ist rechtlich zulässig, den übertragenden AG trifft jedoch die Nebenpflicht, die Rentnergesellschaft so auszustatten, dass sie nicht nur die laufenden Betriebsrenten zahlen kann, sondern auch zu den gesetzlich vorgesehenen Anpassungen in der Lage ist.[479] Eine vergleichbare Situation nimmt das BAG im Übrigen auch bei konzernrechtlicher **Beendigung eines Beherrschungsvertrages** an. Das frühere herrschende Unternehmen hat die ursprünglich abhängige Gesellschaft grundsätzlich so auszustatten, dass sie die für die Anpassung der Betriebsrenten erforderliche Leistungsfähigkeit besitzt.[480] Verletzt das übertragende oder früher herrschende Unternehmen die Pflicht zur ausreichenden Ausstattung, so kann ein **Schadensersatzanspruch** geltend gemacht werden, dessen Höhe ggf. über § 287 Abs. 1 S. 1 ZPO bemessen werden kann.[481]

III. Aufrechnung, Ausschlussklauseln, Verwirkung

195 Die Geltendmachung von Versorgungsansprüchen kann vielfältigen weiteren Einwendungen ausgesetzt sein. Insb. die Aufrechnung mit anderen Forderungen des AG, das Berufen auf Ausschlussklauseln und der Einwand der Verwirkung werden häufig vorgebracht.

196 **1. Aufrechnung.** Der AG ist grds. berechtigt, Versorgungsansprüche – nicht bereits Anwartschaften – des AN gegen eigene, gleichartige Forderungen aufzurechnen. Hierbei sind jedoch gem. § 394 BGB die **Pfändungsgrenzen** der §§ 850a bis 850k ZPO, insb. § 850c ZPO zu beachten.[482] Möglich ist auch die Aufrechnung mit einem Anspruch aus einer vorsätzlichen unerlaubten Handlung des AN. Bei einem außergewöhnlich hohen Schaden, kann das Berufen auf die Pfändungsgrenzen durch den AN rechtsmissbräuchlich sein; die Einschränkung des Pfändungsschutzes

---

472 BAG 29.7.2003 – 3 AZR 630/02 – EzA § 1 BetrAVG Ablösung Nr. 42.
473 BAG 13.11.2007 – 3 AZR 191/06 – NZA 2008, 600.
474 BAG 19.5.2005 – 3 AZR 649/03 – DB 2006, 943.
475 BAG 17.1.1980 – 3 AZR 160/79 – NJW 1980, 1124; zur Weiterführung der Rspr. nach der Insolvenzrechtsreform BAG 20.6.2002 – 8 AZR 459/01 – NZA 2003, 318; BAG 9.12.2008 – 3 AZR 384/07 – DB 2009, 1548.
476 *Blomeyer/Rolfs/Otto*, Anh. § 1 Rn 338.
477 *Blomeyer/Rolfs/Otto*, Anh. § 1 Rn 338.
478 BAG 22.2.2005 – 3 AZR 499/03 (A) – DB 2005, 954; *Buchner*, in: GS für Blomeyer, S. 33.
479 Zu den Anforderungen einer ausreichenden Ausstattung BAG 11.3.2008 – 3 AZR 358/06 – DB 2008, 2369.
480 BAG 26.5.2009 – 3 AZR 369/07 – BB 2009, 1293.
481 BAG 11.3.2008 – 3 AZR 358/06 – DB 2008, 2369.
482 BAG 27.3.1990 – 3 AZR 187/88 – NZA 1990, 776.

darf aber nicht zu Lasten der Allgemeinheit gehen, indem nunmehr der AN staatliche Sozialleistungen in Anspruch nehmen müsste. In diesem Fall muss dem AN gem. § 850d ZPO das Existenzminimum belassen werden.[483]

2. Ausschlussklauseln. Ausschlussfristen dienen dazu, rasch Rechtsfrieden im Arbverh oder bei dessen Abwicklung zu schaffen. Versorgungsansprüche entstehen jedoch erst mit Eintritt des Versorgungsfalles und damit für eine Zeit nach Ausscheiden aus dem Erwerbsleben. Damit liegt aber **keine Eilbedürftigkeit** für die Klärung der Frage vor, ob Versorgungsansprüche aus dem Arbverh noch bestehen. Dementsprechend werden Ausschlussfristenklauseln grds. dahingehend interpretiert, dass Versorgungsansprüche hiervon nicht erfasst werden sollen.[484] Nur in seltenen Ausnahmefällen wird eine anderweitige Auslegung erfolgen können.[485]

3. Verwirkung. Auch Leistungsansprüche aus einer Versorgungszusage können verwirkt sein. Voraussetzung ist einerseits, dass das Recht über einen längeren Zeitraum nicht geltend gemacht wurde (**Zeitmoment**) und andererseits der Schuldner aufgrund des Verhaltens des Gläubigers berechtigterweise darauf vertrauen durfte, dass der Rechtsanspruch nicht mehr erhoben wird (**Umstandsmoment**).[486] Im Hinblick darauf, dass der Versorgungsanspruch erst mit dem Eintritt des Versorgungsfalls **fällig** wird und in § 18a für das Rentenstammrecht weiterhin eine Verjährungsfrist von 30 Jahren und nur für die einzelnen regelmäßig wiederkehrenden Leistungen die Drei-Jahres-Frist des § 195 BGB n.F. gilt, wird die Verwirkung des Rentenstammrechts regelmäßig am Zeitmoment scheitern.[487] Auch bei der einzelnen Rentenleistung wird eine Verwirkung vor Eintritt der Verjährung regelmäßig nicht anzunehmen sein.

IV. Steuer- und sozialabgabenrechtliche Aspekte

Die steuer- und sozialabgabenrechtliche Behandlung der betrieblichen Altersversorgung wird wesentlich dadurch beeinflusst, welcher Durchführungsweg gewählt wird und ob es sich um eine arbeitgeber- oder arbeitnehmerfinanzierte Versorgungszusage handelt.

1. Steuerrechtliche Aspekte. Die Besteuerung[488] der betrieblichen Altersversorgung divergierte früher je nach Wahl des Durchführungsweges in erheblichem Umfang. So sollte bei Direktversicherungs- und Pensionskassenzusagen während der Anwartschaftsphase die vom AG an den Versorgungsträger geleisteten Beiträge pauschal versteuert werden (vgl. § 40b EStG), während in der Leistungsphase nur noch der Ertragswert einkommensteuerpflichtig war. Dagegen fiel bei Direkt- und Unterstützungskassenzusagen während der Anwartschaftsphase mangels Zufluss einkommensteuerpflichtigen Entgeltes keine Einkommensteuer an, während nach Eintritt des Versorgungsfalls die gesamten Leistungen zu versteuern waren (nachgelagerte Besteuerung). Ausgelöst durch das Urteil des BVerfG v. 6.3.2002[489] hat der Gesetzgeber durch das AltEinkG[490] die **nachgelagerte Besteuerung** der betrieblichen Altersversorgung **in allen Durchführungswegen** eingeführt. Aus Entgeltumwandlung stammende Beiträge zur betrieblichen Altersversorgung werden steuerrechtlich – unabhängig vom Durchführungsweg – nicht anders behandelt, als die „klassisch" durch den AG finanzierten Versorgungszusagen.

Die steuerliche Förderung gem. §§ 10a, 82 Abs. 2 EStG („Riester-Rente") wird näher unter § 1a erläutert (siehe § 1a Rn 15 ff.).

a) Direktzusage und Unterstützungskassenzusagen. Bei unmittelbaren Versorgungszusagen und Unterstützungskassenzusagen liegt – unabhängig von der Einordnung als arbeitnehmer- oder arbeitgeberfinanziertes Betriebsrentenversprechen – ein die Steuerpflicht auslösender **Entgeltzufluss erst in der Leistungsphase** vor. Während des Anwartschaftszeitraums entfällt damit – ohne Beschränkung auf einen Höchstbetrag – eine Einkommensteuerpflicht. Eine Eigenbeitragszusage (Abs. 2 Nr. 4), bei der der AN sein versteuertes Entgelt zur Finanzierung der Versorgungszusage einsetzt, ist nicht im Wege einer Direktzusage oder einer Unterstützungskassenzusage möglich. Ebenso wenig kann bei Wahl dieser Durchführungswege die Förderung gem. §§ 10a, 82 Abs. 2 EStG (Riester-Rente) in Anspruch genommen werden. Im Leistungszeitraum wird die Einkommensteuer gem. § 19 EStG auf die Betriebsrente erhoben.

b) Direktversicherung. Für Prämienzahlungen des AG an Direktversicherungen sah das EStG in § 40b a.F. die Möglichkeit der **Pauschalversteuerung** (zuletzt in Höhe von 20 %) vor. In der Leistungsphase wurde – um eine Doppelbesteuerung zu vermeiden – nur der Ertragswert versteuert. Diese Regelung gilt jedoch seit der Reform der Besteuerung der betrieblichen Altersversorgung durch das AltEinkG nicht mehr für Direktversicherungszusagen, die **seit dem 1.1.2005** vereinbart werden. Vielmehr hat der Gesetzgeber die Vorschrift des § 3 Nr. 63 EStG, die bislang

---

483 BAG 18.3.1997 – 3 AZR 756/95 – NZA 1997, 1108.
484 BAG 12.6.2007 – 3 AZR 186/06 – DB 2008, 2034; BAG 27.2.1990 – 3 AZR 216/88 – NZA 1990, 627.
485 BAG 18.9.2001 – 3 AZR 689/00 – NZA 2002, 1391.
486 Zur Verwirkung BAG 28.7.1998 – 3 AZR 357/97 – AP § 79 LPVG Baden-Württemberg Nr. 9 m. Anm. *Blomeyer* = NZA 1999, 780.
487 BAG 18.9.2001 – 3 AZR 689/00 – NZA 2002, 1391.
488 Ausf. BMF-Schreiben v. 20.1.2009 – IV C 3 – S 2496/08/10011, BStBl I 2009 S. 273.
489 2 BvL 17/99 – NJW 2002, 1103; dazu *Förster*, in: GS für Blomeyer, S. 81.
490 Gesetz v. 5.7.2004, BGBl I S. 1427.

die **Steuerfreiheit von Beiträgen** des AG an Pensionskassen und Pensionsfonds bis zur Höhe von 4 % der Beitragsbemessungsgrenze in der gesetzlichen RV vorsah, auch auf Direktversicherungen ausgeweitet.[491] Gleichzeitig wurde als Ausgleich für das Entfallen der Pauschalversteuerung der Betrag der steuerfreien Beiträge um 1.800 EUR erhöht. Voraussetzung für die Steuerfreiheit gem. § 3 Abs. 63 EStG ist, dass eine Rente oder ein Auszahlungsplan i.S.d. § 1 Abs. 1 S. 1 Nr. 4 Altersvorsorgeverträge-Zertifizierungsgesetz als Versorgungsleistung zugesagt wird.

203 In § 52 Nr. 52a EStG findet sich die Übergangsregelung für Direktversicherungszusagen, die **vor dem 1.1.2005** erteilt wurden. Hiernach ist die Vorschrift des § 40b EStG a.F. auf Direktversicherungen, die vor dem 1.1.2005 zugesagt wurden, auch weiterhin anzuwenden. Erfüllt die Zusage die Voraussetzungen des § 3 Nr. 63 EStG, so gilt dies jedoch nur, wenn der AN auf die Anwendung des § 3 Nr. 63 EStG verzichtet hat.

204 Weder § 3 Nr. 63 EStG noch § 40b EStG a.F. sind jedoch anwendbar, wenn der AN die „Riester-Rente" gem. §§ 10a, 82 Abs. 2 EStG in Anspruch nimmt oder nehmen will und die Erfüllung der hierfür notwendigen Voraussetzungen verlangt (vgl. § 1a Rn 15 ff.).

205 **c) Pensionskassen, Pensionsfonds.** Für Beiträge des AG an eine Pensionskasse oder einen Pensionsfonds sah § 3 Nr. 63 EStG bereits früher die Steuerfreiheit bis zu einer Höhe von 4 % der Beitragsbemessungsgrenze vor. **Seit dem 1.1.2005** gilt dies jedoch nur noch für solche Zusagen, die dem Aufbau einer kapitalgedeckten Altersversorgung dienen und als Versorgungsleistung eine Rente oder Leistungen nach einem Auszahlungsplan vorsehen. Damit besteht insb. für Versorgungszusagen mit Einmalkapitalzahlung nunmehr die Notwendigkeit, diese zumindest um ein Wahlrecht auf Erhalt von Rentenleistungen bzw. Leistungen nach einem Auszahlungsplan zu erweitern, um die Steuerbegünstigung weiterhin in Anspruch nehmen zu können. Für Beiträge an **Pensionskassen, die im Umlageverfahren arbeiten**, hat der Gesetzgeber in § 40b EStG n.F. eine Pauschalversteuerung vorgesehen. Die zuvor bestehende Möglichkeit, Beiträge des AG an Pensionskassen, die höher als 4 % der Beitragsbemessungsgrenze liegen, gem. § 40b EStG a.F. pauschal zu versteuern, wurde dagegen gestrichen. In Anlehnung an § 3 Nr. 63 EStG hat der Gesetzgeber nunmehr auch für Zuwendungen an umlagefinanzierte Pensionskassen ab dem **1.1.2008** die Steuerfreiheit in Höhe von 1 % der Beitragsbemessungsgrenze der allgemeinen RV vorgesehen, soweit die Versorgungsleistung in Form einer Rente oder eines Auszahlungsplanes zugesagt wird. Der Freibetrag wird sich zum 1.1.2014 auf 2 %, zum 1.1.2020 auf 3 % und zum 1.1.2025 auf 4 % angehoben. Die über diese Beträge hinausgehenden Zuwendungen können weiterhin gem. § 40b besteuert werden.

206 **2. Sozialabgabenrechtliche Aspekte.** Während die steuerrechtliche Behandlung der betrieblichen Altersversorgung vorrangig durch die Wahl des Durchführungsweges bestimmt wird, richtet sich die sozialabgabenrechtliche Beurteilung[492] maßgeblich danach, ob es sich um eine arbeitgeber- oder eine arbeitnehmerfinanzierte Versorgungszusage handelt.

207 **a) Arbeitgeberfinanzierte Versorgungszusagen.** In der **Anwartschaftsphase** besteht bei arbeitgeberfinanzierten Versorgungszusagen in allen Durchführungswegen **keine Abgabenpflicht** gem. § 14 Abs. 1 SGB IV, selbst wenn Beiträge und Prämien an einen Versorgungsträger gezahlt werden. Für steuerfreie Zuwendungen an Pensionskassen, Pensionsfonds oder Direktversicherungen nach § 3 Nr. 63 S. 1 und 2 EStG gilt dies jedoch nur bis zur Höhe von insgesamt **4 % der Beitragsbemessungsgrenze** in der allg. RV.[493] Dagegen werden die im Versorgungsfall beanspruchbaren Leistungen regelmäßig der Bemessungsgrundlage für die Beiträge an die gesetzliche Krankenversicherung und der Pflegeversicherung zugerechnet (vgl. §§ 5 Abs. 1 Nr. 1, 226 Abs. 1 Nr. 3, 229 Abs. 1 Nr. 5 SGB V). Beiträge an die gesetzliche RV sind dagegen regelmäßig nicht abzuführen.

208 **b) Entgeltumwandlungsvereinbarungen.** Die sozialabgabenrechtliche Behandlung von Entgeltanteilen, die zur Umwandlung in Versorgungsanwartschaften herangezogen werden, wird durch § 14 Abs. 1 S. 2 SGB IV i.V.m. der Sozialversicherungsentgeltverordnung (SvEV) geregelt. Nach § 14 Abs. 1 S. 2 SGB IV zählen Entgeltteile zum Arbeitsentgelt, die durch Entgeltumwandlung für betriebliche Altersversorgung in den Durchführungswegen Direktzusage oder Unterstützungskasse verwendet werden, soweit sie 4 % der jährlichen Beitragsbemessungsgrenze der allg. RV übersteigen. Auch für aus einer Entgeltumwandlung stammende steuerfreie Zuwendungen an Direktversicherungen, Pensionskassen und Pensionsfonds besteht Abgabenfreiheit, soweit der Beitrag 4 % der Beitragsbemessungsgrenze nicht überschreitet (vgl. § 1 Abs. 1 Nr. 9 SvEV). In der Leistungsphase sind auf die Betriebsrente gem. § 229 Abs. 1 S. 1 Nr. 5 SGB V Sozialabgaben an die gesetzliche Krankenversicherung und die gesetzliche Pflegeversicherung abzuführen, die vom AN alleine zu tragen sind.[494]

---

491 S. dazu die Kommentierung zu § 3 Nr. 63 EStG.
492 Ausf. hierzu *Blomeyer/Rolfs/Otto*, StR H.
493 § 1 Abs. 1 Nr. 9 SvEV.
494 Dazu auch BAG 12.12.2006 – 3 AZR 806/05 – NZA 2007, 1105.

c) **Eigenbeitragszusagen.** Eigenbeitragszusagen gem. Abs. 2 Nr. 4 werden aus dem individuell versteuerten Entgelt finanziert, dass entsprechend auch als Arbeitsentgelt im Sozialabgabenrecht zu verbeitragen ist. Dies ändert sich auch nicht dadurch, dass Eigenbeitragszusagen gem. §§ 10a, 82 Abs. 2 EStG steuerlich gefördert werden können.

V. Prozessuale Fragen

1. **Rechtsweg.** Kommt es zu Streitigkeiten zwischen den an der betrieblichen Altersversorgung beteiligten Personen, so kann der Rechtsweg zu den ArbG, den ordentlichen Gerichten oder den Verwaltungsgerichten eröffnet sein.

a) **Arbeitsgerichte.** Für bürgerliche Rechtsstreitigkeiten eines AN oder seiner Hinterbliebenen gegen den AG über **Ansprüche aus einer Versorgungszusage** ist gem. § 2 Abs. 2 Nr. 4a ArbGG der **Rechtsweg zu den ArbG** eröffnet. Dies gilt gem. § 2 Abs. 2 Nr. 4b ArbGG auch, soweit ein AN Versorgungsleistungen gegenüber einer Sozialeinrichtung des privaten Rechts verlangt (auf ein Unternehmen oder einen Konzern beschränkte/r Pensionskasse, Pensionsfonds, Unterstützungskasse). Auch Streitigkeiten zwischen AN bzw. deren Hinterbliebenen und dem PSV als gesetzlichem Insolvenzträger sind vor dem ArbG auszutragen (§ 2 Abs. 2 Nr. 5 ArbGG). Ebenso sind die ArbG für bürgerliche Streitigkeiten zwischen dem PSV mit AG und Sozialeinrichtungen des privaten Rechts bzw. dem AG mit der Sozialeinrichtung zuständig.

Das ArbGG enthält in § 5 eine eigene Regelung zum Begriff des AN. Nach § 5 Abs. 1 S. 1 ArbGG sind dies zunächst die Arbeiter und Ang sowie die zur Berufsausbildung Beschäftigten. Nach § 5 Abs. 1 S. 2 ArbGG zählen auch die **arbeitnehmerähnlichen Personen**, die als wirtschaftlich unselbstständig anzusehen sind, zu den AN i.S.d. ArbGG. Gem. § 5 Abs. 1 S. 3 gelten nicht als AN die Personen, die kraft Gesetzes, Satzung oder Gesellschaftsvertrag allein oder als Mitglied des Vertretungsorgans zur **Vertretung der juristischen Person oder der Personengesamtheit berufen** sind. Somit können bspw. Vorstandsmitglieder einer AG oder Geschäftsführer einer GmbH, deren Versorgungszusagen nach dem BetrAVG gem. § 17 Abs. 1 S. 2 geschützt sein können, grds. nicht vor dem ArbG klagen oder verklagt werden. Eine Ausnahme kann sich in diesem Fall aber aus § 2 Abs. 3 ArbGG ergeben, wenn Ansprüche von Nicht-AN gem. § 9 Abs. 2 BetrAVG auf den PSV übergegangen sind und dabei ein rechtlicher und wirtschaftlicher Zusammenhang mit ebenfalls übergegangenen Ansprüchen von AN besteht.[495]

b) **Ordentliche Gerichte.** Streitigkeiten von Personen, die zwar nicht als AN i.S.d. ArbGG zu werten sind, deren Versorgungszusagen aber gem. § 17 Abs. 1 S. 2 nach dem Betriebsrentengesetz geschützt sind, mit dem AG, einem Versorgungsträger oder dem PSV aus einer Versorgungszusage sind regelmäßig vor den ordentlichen G auszutragen, soweit nicht nach § 2 Abs. 3 ArbGG ausnahmsweise kraft Sachzusammenhangs die Zuständigkeit des ArbG eröffnet ist (siehe Rn 212). Vor den ordentlichen G werden auch Streitigkeiten von AN des öffentlichen Dienstes gegen das Versorgungswerk Bund Länder (VBL) behandelt (vgl. § 18 Rn 10).

c) **Verwaltungsgerichte.** Für Streitigkeiten zwischen AG und dem PSV über die Beitragspflicht zur gesetzlichen Insolvenzsicherung sowie über die Erfüllung der Auskunftspflichten nach § 11 ist das Verwaltungsgericht sachlich zuständig.

2. **Klageart, Streitwert.** Häufig werden im Zusammenhang mit der betrieblichen Altersversorgung vor Eintritt des Versorgungsfalls **Feststellungsklagen** gem. § 256 ZPO über das Bestehen und den Umfang einer Versorgungsanwartschaft erhoben. Das notwendige Feststellungsinteresse ist bei bestrittenem Recht schon deshalb gegeben, weil es wesentlich von dem Umfang der bereits durch das Betriebsrentenversprechen abgedeckten Altersversorgung abhängt, inwieweit eine Versorgungslücke besteht, die durch private Altersversorgung zu schließen wäre.[496]

Selbst wenn der Versorgungsfall bereits eingetreten ist, können Klagen gegenüber dem PSV als Träger der gesetzlichen Insolvenzsicherung grds. noch als Feststellungsklagen erhoben werden, weil davon auszugehen ist, dass der PSV als beliehenes Unternehmen auch aufgrund eines Feststellungsurteils den darin festgestellten Rechtspflichten nachkommen wird.[497] Die Feststellungsklage ist auch aus prozesswirtschaftlichen Gründen die geeignete Klageart, wenn sowohl die Zahlung rückständiger Versorgungsleistungen als auch das Bestehen der zukünftigen Leistungspflicht festgestellt werden soll. In einem solchen Fall bedarf es nicht der Trennung in einen Leistungs- und einen Feststellungsantrag.[498]

Werden wiederkehrende Versorgungsleistungen vor dem ArbG geltend gemacht, so richtet sich der Streitwert nach § 42 Abs. 3 GKG. Hiernach ist der **dreifache Jahresbetrag** der wiederkehrenden Leistungen maßgebend, wenn nicht der Gesamtbetrag der geforderten Leistungen geringer ist. Gem. § 42 Abs. 5 Hs. 2 GKG werden bereits fällige Be-

---

[495] BAG 1.3.1993 – 3 AZB 44/92 – NZA 1993, 617.
[496] BAG 7.3.1995 – 3 AZR 282/94 – NZA 1996, 48.
[497] BAG 23.4.2002 – 3 AZR 268/01 – NZA 2003, 232 (LS); BGH 25.10.2004 – II ZR 413/02 – DB 2005, 1227.
[498] BAG 20.2.2000 – 3 AZR 39/99 – NZA 2001, 541.

träge dem Streitwert nicht zugerechnet. Die Streitwertbegrenzung ist auch dann einzuhalten, wenn ausschließlich die bis zur Klageerhebung angefallenen Rückstände aus wiederkehrenden Leistungen eingeklagt werden.[499]

D. Beraterhinweise

I. Beweisschwierigkeiten

218 In tatsächlicher Hinsicht finden sich relativ selten betriebsrentenspezifische Beweislastentscheidungen, da die Versorgungszusagen bereits aus steuerlichen Gründen regelmäßig schriftlich abgefasst werden. Schwierigkeiten können jedoch dann auftreten, wenn eine Versorgungszusage nicht ausdrücklich erteilt wurde. Insb. wenn das Betriebsrentenversprechen auf einer betrieblichen Übung oder einem Verstoß gegen den Gleichbehandlungsgrundsatz beruhen soll, obliegt es zwar dem AN nach den allg. Beweislastregeln, das Bestehen und den Inhalt der Versorgungszusage zu beweisen. Es können aber die Grundsätze einer abgestuften Darlegungslast herangezogen werden, da der AN keinen Einblick über die Abgrenzung des begünstigten Personenkreises und den Inhalt der bisher erteilten Versorgungszusagen hat. Es muss folglich genügen, dass der AN Umstände darlegt, die auf das Bestehen einer betrieblichen Übung oder der Verletzung des Gleichbehandlungsgrundsatzes schließen lassen. Dem AG obliegt es dann, Umstände darzulegen, die den Anschein des Bestehens einer Versorgungszusage erschüttern.[500]

II. Wahl des Durchführungsweges

219 Welcher Durchführungsweg von dem AG gewählt werden sollte, hängt von vielen Faktoren ab. Die mit der betrieblichen Altersversorgung verbundenen Kosten werden zunächst durch das Steuer- und Abgabenrecht wesentlich bestimmt. Aber auch die jeweiligen Verwaltungskosten und die Kosten des Insolvenzschutzes sind ebenso zu beachten, wie die Auswirkungen auf den Liquiditätsabfluss. Maßgeblich für die Wahl des Durchführungsweges ist aber nicht zuletzt die Größe des zusagenden Unternehmens. Die Höhe der im Versorgungsfall insg. aufzubringenden Mittel kann nur dann verlässlich errechnet werden, wenn nach versicherungsmathematischen Grundsätzen (Gesetz der großen Zahl) die Wahrscheinlichkeit des Eintritts des Versorgungsfalls und die Bezugsdauer ermittelt wird. Wird die Prognose auf einer zu kleinen Bemessungsgrundlage erstellt, so sind die Ergebnisse zu sehr durch den Zufall beeinflusst, wodurch unerwartet hohe Belastungen auftreten können. Dementsprechend sind Direktzusagen und Versorgungszusagen über eine Sozialeinrichtung des Unternehmens oder des Konzerns nur dann zu empfehlen, wenn die Anzahl der Versicherten ausreichend groß ist. Für kleinere und mittlere Unternehmen ist dagegen die Durchführung über einen Direktversicherer oder eine Gruppen-Pensionskasse, einen Gruppen-Pensionsfonds oder eine Gruppen-Unterstützungskasse vorzugswürdig. Durch die Einführung des Anspruchs auf Entgeltumwandlung wird der Druck insg. verstärkt, ein Unternehmen der Lebensversicherung, eine Pensionskasse oder einen Pensionsfonds einzuschalten.

III. Überprüfungsbedarf

220 Die Änderung der Regelaltersgrenze in der gesetzlichen RV und die Einführung des AGG geben in vielen Fällen Anlass, die bestehenden Versorgungsordnungen umfassende überprüfen zu lassen. Mit dem Anschein der Unwirksamkeit ist bspw. Spätehenklauseln, Altersabstandsklauseln oder Hauptenährerklauseln behaftet. Aber auch bei der Berechnung der Versorgungshöhe sind Methoden auf ihre Rechtmäßigkeit zu überprüfen, die altersabhängige Differenzierungen enthalten, die nicht versicherungsmathematisch begründet sind und etwa in Limitierungsklauseln auftauchen können („keine Anwartschaftssteigerungen nach dem ... Lebensjahr"). Soweit die Versorgungsordnung noch eine feste Altersgrenze 65 vorsieht, ist zu überprüfen, ob eine Anpassung an die neue Regelaltersgrenze erfolgen kann. Bei Zusagen ab dem 1.1.2012 ist zusätzlich zu beachten, dass eine steuerliche Anerkennung als betriebliche Altersversorgung grds. erst ab einer Altersgrenze von 62 Jahren (bisher 60 Jahren) anerkannt werden wird. Erscheinen Änderungen und Ergänzungen notwendig, so sind die Grenzen der Abänderbarkeit von Versorgungsordnungen einzuhalten. Bei der Neuformulierung von Klauseln sind die Vorgaben des AGB-Rechts zu beachten, insbesondere muss Wert auf eine hinreichende Klarheit gelegt werden.

§ 1a Anspruch auf betriebliche Altersversorgung durch Entgeltumwandlung

(1) ¹Der Arbeitnehmer kann vom Arbeitgeber verlangen, dass von seinen künftigen Entgeltansprüchen bis zu 4 vom Hundert der jeweiligen Beitragsbemessungsgrenze in der allgemeinen Rentenversicherung durch Entgeltumwandlung für seine betriebliche Altersversorgung verwendet werden. ²Die Durchführung des Anspruchs des Arbeitnehmers wird durch Vereinbarung geregelt. ³Ist der Arbeitgeber zu einer Durchführung über einen

---

[499] BAG 10.12.2002 – 3 AZR197/02 (A) – NZA 2003, 456, zur bis zum 1.7.2004 geltenden Vorläuferregelung des § 12 Abs. 7 ArbGG.

[500] Instruktiv zu Beweisproblemen im Bereich der betrieblichen Übung *Reinecke*, BB 2004, 1625.

Pensionsfonds oder eine Pensionskasse (§ 1b Abs. 3) bereit, ist die betriebliche Altersversorgung dort durchzuführen; andernfalls kann der Arbeitnehmer verlangen, dass der Arbeitgeber für ihn eine Direktversicherung (§ 1b Abs. 2) abschließt. [4]Soweit der Anspruch geltend gemacht wird, muss der Arbeitnehmer jährlich einen Betrag in Höhe von mindestens einem Hundertsechzigstel der Bezugsgröße nach § 18 Abs. 1 des Vierten Buches Sozialgesetzbuch für seine betriebliche Altersversorgung verwenden. [5]Soweit der Arbeitnehmer Teile seines regelmäßigen Entgelts für betriebliche Altersversorgung verwendet, kann der Arbeitgeber verlangen, dass während eines laufenden Kalenderjahres gleich bleibende monatliche Beträge verwendet werden.

(2) Soweit eine durch Entgeltumwandlung finanzierte betriebliche Altersversorgung besteht, ist der Anspruch des Arbeitnehmers auf Entgeltumwandlung ausgeschlossen.

(3) Soweit der Arbeitnehmer einen Anspruch auf Entgeltumwandlung für betriebliche Altersversorgung nach Absatz 1 hat, kann er verlangen, dass die Voraussetzungen für eine Förderung nach den §§ 10a, 82 Abs. 2 des Einkommensteuergesetzes erfüllt werden, wenn die betriebliche Altersversorgung über einen Pensionsfonds, eine Pensionskasse oder eine Direktversicherung durchgeführt wird.

(4) [1]Falls der Arbeitnehmer bei fortbestehendem Arbeitsverhältnis kein Entgelt erhält, hat er das Recht, die Versicherung oder Versorgung mit eigenen Beiträgen fortzusetzen. [2]Der Arbeitgeber steht auch für die Leistungen aus diesen Beiträgen ein. [3]Die Regelungen über Entgeltumwandlung gelten entsprechend.

Literatur: *Blomeyer*, Der Entgeltumwandlungsanspruch des Arbeitnehmers in individual- und kollektivrechtlicher Sicht, DB 2001, 1413; *Blomeyer*, Die „Riester-Rente" nach dem Altersvermögensgesetz (AVmG), NZA 2001, 913; *Heither*, Gestaltung des Anspruchs auf Gehaltsumwandlung (§ 1a BetrAVG) durch Tarifvertrag, NZA 2001, 720; *Henning*, Die betriebliche Mitbestimmung bei der Entgeltumwandlung, 2002; *Höfer*, Die Neuregelungen des Betriebsrentenrechts im novellierten Betriebsrentengesetz, DB 2001, 1145; *Klemm*, Fragen der Entgeltumwandlung nach dem Altersvermögensgesetz, NZA 2002, 1123; *Reinecke*, Die Änderungen des Gesetzes zur Verbesserung der betrieblichen Altersversorgung durch das Altersvermögensgesetz, NJW 2001, 3511; *Rieble*, Die Entgeltumwandlung, BetrAV 2001, 584; *Schliemann*, Tarifrechtliche Gestaltungsmöglichkeiten bei Betriebsrenten, BetrAV 2001, 732; *Stiefermann*, Wachsende tarifpolitische Bedeutung der betrieblichen Altersversorgung, in: GS für Blomeyer, 2003, S. 445

A. Allgemeines	1	1. Bestehen einer Entgeltumwandlung (Abs. 2)	13
B. Regelungsgehalt	2	2. Ausschluss durch Tarifvertrag	14
I. Anspruchsberechtigte	2	**VI. Förderung gem. §§ 10a, 82 Abs. 2 EStG (Abs. 3)**	15
II. Verpflichteter	3	1. Versicherungsförmiger Durchführungsweg	16
III. Abschluss einer Entgeltumwandlungsvereinbarung	4	2. Förderungsvoraussetzungen	17
1. Beitragsseite	5	3. Förderung	18
2. Leistungsseite	7	a) Zulage	19
a) Durchführungsweg (Abs. 1 S. 2 und 3)	8	b) Sonderausgabenabzug	20
b) Leistungsplan	9	**VII. Fortführung bei ruhendem Arbeitsverhältnis (Abs. 4)**	21
3. Veränderbarkeit	10		
IV. Informations- und Aufklärungspflichten	11	**C. Verbindung zu anderen Rechtsgebieten**	22
V. Ausschluss des Anspruchs	13	**D. Beraterhinweise**	23

A. Allgemeines

Eine der wesentlichen Fortentwicklungen, die das BetrAVG durch das AVmG[1] erfahren hat, war der mit Wirkung zum 1.1.2002 erstmalig eingeführte Anspruch auf Erteilung einer auf Entgeltumwandlung beruhenden betrieblichen Altersversorgung. Die AN sollen – flankiert von steuerlichen Vergünstigungen – auch die Betriebsrente als Instrument der „Eigenvorsorge" nutzen können, um die bevorstehenden Kürzungen der gesetzlichen Sozialrente kompensieren zu können. Eine Pflicht zur Geltendmachung des Anspruchs gem. § 1a besteht nicht. Vielmehr kann der AN eigenverantwortlich entscheiden, ob er Entgeltansprüche in betriebliche Altersversorgung umwandelt. Der Anspruch auf Entgeltumwandlung ist mit dem GG vereinbar.[2] Mit dem AltEinkG v. 5.7.2004[3] wurde die Vorschrift um Abs. 4 erweitert, um die während des Ruhens eines Arbverh entstehenden Lücken der betrieblichen Altersversorgung vermeiden zu können.[4] Der Anspruch auf Entgeltumwandlung führt – soweit die Voraussetzungen erfüllt sind – zu einem **Kontrahierungszwang** des AG. Die Möglichkeit, unabhängig von § 1a Entgeltumwandlungsvereinbarungen zu schließen, wird durch die Vorschrift jedoch nicht begrenzt.

1

---

1 Gesetz v. 26.6.2001, BGBl I S. 1310.
2 BAG 12.6.2007 – 3 AZR 14/06 – DB 2007, 2722.
3 BGBl I S. 1427.
4 BT-Drucks 15/2150, S. 52.

B. Regelungsgehalt

I. Anspruchsberechtigte

2 Der Kreis der Anspruchsberechtigten wird durch § 17 Abs. 1 S. 3 bestimmt. Hiernach können AN, sog. Nicht-AN sowie die zur Berufsausbildung Beschäftigten den Anspruch auf Entgeltumwandlung geltend machen, soweit sie aufgrund der Tätigkeit bei dem AG **in der gesetzlichen RV pflichtversichert** sind. Damit fallen etwa die freiwillig Versicherten oder die in einer berufsständischen Versorgungseinrichtung Versicherten aus dem Anwendungsbereich des § 1a, selbst wenn i.Ü. das BetrAVG gem. § 17 Abs. 1 S. 1 und 2 gelten sollte. Keine Rolle spielt es dagegen, ob der AN in Teilzeit oder befristet beschäftigt ist. Auch geringfügig Beschäftigte i.S.d. § 8 Abs. 1 Nr. 1 SGB IV zählen zu den Anspruchsberechtigten, wenn sie auf die an sich mögliche Versicherungsfreiheit verzichtet haben (§ 5 Abs. 2 S. 2 SGB VI).

II. Verpflichteter

3 Der Anspruch gem. § 1a richtet sich gegen den AG, bei dem der Anspruchsberechtigte beschäftigt ist, unabhängig von der Größe des Unternehmens.

III. Abschluss einer Entgeltumwandlungsvereinbarung

4 Der Anspruch zielt auf den Abschluss einer **Entgeltumwandlungsvereinbarung** i.S.d. § 1 Abs. 2 Nr. 3 (siehe § 1 Rn 161 ff.). Wie sich aus § 1 Abs. 2 Nr. 4 Hs. 2 ergibt, kann auch eine **Umfassungs- oder Eigenbeitragszusage** zum Gegenstand des Anspruchs gem. § 1a gemacht werden (siehe § 1 Rn 173 ff.). Die Erfüllung des Anspruchs durch den AG führt zu einer individualrechtlichen Versorgungsvereinbarung.

5 **1. Beitragsseite.** Die Höhe des jährlich umzuwandelnden Entgeltes muss gem. Abs. 1 S. 4 **mind.** 1/160 der jeweiligen Bezugsgröße nach § 18 Abs. 1 SGB IV erreichen (2009 = 189,– EUR). Der **Umwandlungshöchstbetrag** beläuft sich gem. Abs. 1 S. 1 auf 4 % der jeweiligen Beitragsbemessungsgrenze in der RV für Arbeiter und Ang (2009 = 2.592 EUR). Die Umwandlungsgrenzen, die für die alten und neuen Bundesländer einheitlich gelten, sind aus arbeitsrechtlicher Sicht nur soweit von Bedeutung, als der AG in diesem Rahmen seine Zustimmung zur Entgeltumwandlung nicht verweigern kann. Einvernehmlich kann von dem Höchst- und Mindestbetrag jedoch abgewichen werden. Ob das umzuwandelnde Entgelt der Umwandlung überhaupt zugänglich ist (vgl. hierzu insb. § 17 Abs. 5), richtet sich nach den allg. Grundsätzen und wird durch den Anspruch auf Entgeltumwandlung nicht beeinflusst (vgl. § 1 Rn 162 ff., zur Umwandelbarkeit von Tarifentgelten vgl. § 17 Rn 28 ff.).

6 Gem. Abs. 1 S. 5 kann der AG verlangen, dass während eines laufenden Kalenderjahres **gleich bleibende monatliche Beträge** verwendet werden, wenn der AN Teile seines regelmäßigen Entgelts verwendet. Die Vorschrift geht vom Primat des AN aus, den umzuwandelnden Entgeltbestandteil selbst zu bestimmen. Diese Befugnis kann nicht durch das dem AG eingeräumte Recht, gleich bleibende monatliche Beträge zu verlangen, unterlaufen werden. Soll bspw. das vertraglich festgelegte Weihnachtsgeld (= regelmäßiges Entgelt) umgewandelt werden, kann der AG dies nicht mit dem Hinweis ablehnen, nur monatlich gleich bleibende Beträge umwandeln zu müssen.[5] Sinn und Zweck der Vorschrift zielen vielmehr darauf ab, unnötigen Verwaltungsaufwand zu vermeiden, wenn – wie bei regelmäßigem Entgelt – lediglich zu Beginn eine Berechnung stattfinden muss und bei nachfolgenden Festsetzungen im Wesentlichen auf die vorherigen Berechnungen Bezug genommen wird. Dieses Ziel wird auch dann erreicht, wenn das regelmäßige Entgelt gleich bleibend umgewandelt wird und die Beitragszahlung an den Versorgungsträger monatlich in gleich bleibender Höhe erfolgt.

7 **2. Leistungsseite.** Während auf der Beitragsseite der AG kaum Einwirkungsmöglichkeiten auf die Vorgaben der beanspruchbaren Umwandlungsvereinbarung hat, besteht auf der Leistungsseite ein wesentlich größerer Verhandlungsspielraum. Grenzen ergeben sich insb. aus dem **Wertgleichheitsgebot** des § 1 Abs. 2 Nr. 3, von dem auch im Rahmen des Anspruchs auf Entgeltumwandlung nicht abgewichen werden darf (siehe § 1 Rn 167 ff.).

8 **a) Durchführungsweg (Abs. 1 S. 2 und 3).** Gem. Abs. 1 S. 2 wird die Durchführung des Anspruchs des AN durch Vereinbarung geregelt. Das Gesetz sieht keine Beschränkung auf individualvertragliche Vereinbarungen vor, sondern lässt auch die Festlegung der Durchführung durch eine kollektivrechtliche Regelung zu.[6] Da die Entgeltumwandlung gem. § 1 Abs. 2 Nr. 3 **keine weitergehende Eingrenzung der zulässigen Versorgungsträger** kennt, kann auch im Rahmen des Anspruchs auf Entgeltumwandlung die Durchführung der Versorgungszusage über den AG selbst, ein Lebensversicherungsunternehmen, eine Pensionskasse, einen Pensionsfonds oder eine Unterstützungskasse vereinbart werden. Konnte kein Einvernehmen über den Durchführungsweg gefunden werden, so soll die Durchsetzung des Anspruchs nicht an der fehlenden Einigung über diese Frage scheitern. Es soll aber auch nicht dem AN das Recht eingeräumt werden, die für den AG besonders kostenrelevante Frage des Durchführungsweges allein entscheiden zu können. Aus diesem Grund hat der Gesetzgeber in Abs. 1 S. 3 festgelegt, dass, wenn der AG die

---

[5] A.A. ErfK/*Steinmeyer*, § 1a BetrAVG Rn 7.   [6] BT-Drucks 14/4595, S. 67; *Höfer*, § 1a Rn 2635.

Durchführung über eine Pensionskasse oder einen Pensionsfonds anbietet, der AN nicht die Zustimmung zu einem anderen Versorgungsträger verlangen kann. Will der AG höchstens eine Direktzusage oder eine Unterstützungskassenzusage im Rahmen des Anspruchs nach § 1a abgeben, so **kann der AN verlangen, dass eine Direktversicherung** vereinbart wird. Die Auswahl des konkreten Versicherungsunternehmens steht dem AN aber nicht zu.[7] Der BR kann bezüglich der Wahl des Durchführungsweges und des konkreten Versorgungsträgers **kein Mitbestimmungsrecht** geltend machen.[8]

b) Leistungsplan. Eng mit der Wahl des Durchführungsweges ist die Leistungsplangestaltung verbunden. Ebenso wenig wie der AN die Auswahl eines bestimmten Versorgungsträgers verlangen kann, steht ihm ein erzwingbares Recht auf bestimmte Leistungsplanbedingungen zu. Der AG kann folglich auch vorgeben, ob er eine reine Leistungszusage, eine beitragsorientierte Leistungszusage oder eine Beitragszusage mit Mindestleistung im Rahmen der Entgeltumwandlung abgeben will.[9] Lediglich aus Abs. 3 folgt das Recht des AN, vom AG zu verlangen, dass im Fall der Vereinbarung eines der Durchführungswege Direktversicherung, Pensionskasse oder Pensionsfonds die Leistungsbedingungen so getroffen werden, dass die **staatlichen Förderungsmöglichkeiten der §§ 10a, 82 Abs. 2 EStG genutzt** werden können (siehe Rn 15 ff.). I.Ü. ist der AG allein an das Wertgleichheitsgebot des § 1 Abs. 2 S. 3 gebunden. Die Versorgungsordnung kann innerhalb dieses Rahmens auch durch BV vorgegeben werden (zum **Mitbestimmungsrecht** des BR im Rahmen des Anspruchs auf Entgeltumwandlung vgl. § 1 Rn 185).

3. Veränderbarkeit. Aus der Regelung des Abs. 1 S. 1 folgt, dass mit der jährlichen Veränderung der Höchstgrenze des Umwandlungsanspruchs dem AN auch jährlich das Recht auf Abänderung der Beitragshöhe zusteht.[10] Dem AN muss im Rahmen des Anspruchs auf Entgeltumwandlung die grundsätzliche Möglichkeit eingeräumt werden, die Höhe des umzuwandelnden Entgeltes innerhalb der Mindest- und Höchstgrenzen jährlich zu variieren. Die Bemessungsgrundlage der zugesagten Leistung i.Ü. bleibt unberührt. Ein einseitiges Recht des AN auf Einstellung der Entgeltumwandlung ist m.E. aus dieser Regelung nicht herleitbar.[11] Zwischen AG und AN kann jedoch einvernehmlich das zwischenzeitliche Ruhen der Entgeltumwandlung ohne weiteres vereinbart werden.

IV. Informations- und Aufklärungspflichten

Die Durchsetzung des Anspruchs auf Entgeltumwandlung gem. § 1a wird rechtlich erst dann relevant, wenn zwischen den Parteien keine Einigkeit über den Abschluss einer Entgeltumwandlungsvereinbarung besteht. Tatsächlich wird durch die Regelung faktisch Druck auf den AG ausgeübt, eine einvernehmliche Lösung herbeizuführen. Bietet der AG von sich aus den Abschluss einer Entgeltumwandlungsvereinbarung an, so hat er den AN über die **Leistungskonditionen** und die grds. **steuer- und abgabenrechtlichen Folgen** der Vereinbarung verständlich aufzuklären. Eine konkrete Beratung, ob und welche Alternativen für den AN rentabler sein könnten, darf dem AN nicht zugemutet werden.[12] Entsprechende Informationen muss der AN, der durch die Schutzbestimmungen des BetrAVG zur Entgeltumwandlung auch hinreichend abgesichert wird, im eigenen Interesse ggf. auf eigene Rechnung einholen.[13]

Tritt der AN an den AG heran, um seinen Anspruch gem. § 1a geltend zu machen, so hat er zumindest die **Höhe des umzuwandelnden Beitrages** und den **beabsichtigten Durchführungsweg** mitzuteilen. Im Gegenzug ist der AG m.E. verpflichtet, konkrete Vereinbarungsvorschläge vorzulegen und ggf. zu erläutern. Soweit den AG hiernach Aufklärungspflichten treffen, kann er zu deren Erfüllung auch auf die Informationen eines Versorgungsträgers verweisen, dessen Verschulden dem AG aber gem. § 278 BGB zuzurechnen ist.[14]

V. Ausschluss des Anspruchs

1. Bestehen einer Entgeltumwandlung (Abs. 2). Gem. Abs. 2 ist der Anspruch auf Entgeltumwandlung ausgeschlossen, soweit eine durch Entgeltumwandlung finanzierte betriebliche Altersversorgung besteht. Mangels einer zeitlichen Einschränkung kann die anspruchshindernde Vereinbarung bereits vor dem Inkrafttreten des § 1a zum 1.1.2002 geschlossen worden sein. Da eine Entgeltumwandlungsvereinbarung selbst eine individualvertragliche Regelung darstellt, bedarf es grds. des **konkreten Abschlusses** einer solchen Individualvereinbarung, um von dem Bestand einer Entgeltumwandlung i.S.d. Abs. 2 auszugehen. Allein die Möglichkeit, eine Entgeltumwandlungsvereinbarung zu treffen, reicht für den Ausschluss des Anspruchs gem. § 1a nicht aus.[15] Andernfalls könnte der AN bspw. an der Ausübung seines gem. Abs. 1 S. 3 und Abs. 3 eingeräumten Rechts gehindert werden, auch bei fehlender Vereinbarung über die Durchführung eine Direktzusage oder Unterstützungskassenzusage ablehnen und stattdessen

---

7 BAG 19.7.2005 – 3 AZR 502/04 (A) – DB 2005, 2252; *Höfer*, § 1a Rn 2641; ErfK/*Steinmeyer*, § 1a BetrAVG Rn 11; Kemper u.a., § 1a Rn 29.

8 *Henning*, S. 136; einschränkend *Konzen*, in: GS für Blomeyer, S. 173, 193.

9 So auch ErfK/*Steinmeyer*, § 1a BetrAVG Rn 13.

10 *Höfer*, § 1a Rn 2629.

11 A.A. bspw. *Höfer*, § 1a Rn 2630.

12 Zu den Informationspflichten allg. siehe § 1 Rn 29.

13 Zu den Pflichten des AN, sich im eigenen Interesse Informationen zu verschaffen BAG 11.12.2001 – 3 AZR 339/00 – NZA 2002, 1150.

14 BAG 21.11.2000 – 3 AZR 13/00 – NZA 2002, 618.

15 So im Ergebnis auch *Blomeyer/Rolfs/Otto*, § 1a Rn 8; a.A. *Kemper u.a.*, § 1a Rn 41.

eine Direktversicherungszusage von dem AG verlangen zu können. Wurden bereits vor dem 1.1.2002 kollektivvertraglich die Rahmenbedingungen einer Entgeltumwandlung (Durchführungsweg, Zusageform, Leistungsplan) geregelt, die über diesen Zeitpunkt hinaus gelten, so handelt es sich m.E. um wirksame **Vereinbarungen über die Durchführung** eines Anspruchs auf Entgeltumwandlung i.S.d. Abs. 1 S. 2.[16] Der Anspruch auf Entgeltumwandlung bleibt bestehen, soweit die Höchstgrenze der umwandelbaren Entgelte von 4 % der Beitragsbemessungsgrenze noch nicht ausgeschöpft ist („**Auffüllungsanspruch**").

14 **2. Ausschluss durch Tarifvertrag.** Von den Regelungen des § 1a kann gem. § 17 Abs. 3 S. 1 durch TV zum Nachteil der AN abgewichen werden. Die Dispositionsbefugnis der TV-Parteien reicht bis zum vollständigen Ausschluss des Anspruchs auf Entgeltumwandlung (ausführlich siehe § 17 Rn 22 f.).[17] Die abweichenden tarifvertraglichen Bestimmungen gelten gem. § 17 Abs. 3 S. 2 auch für Arbeitsverträge zwischen nicht-tarifgebundenen AG und AN, wenn deren Anwendung vertraglich vereinbart wird.

VI. Förderung gem. §§ 10a, 82 Abs. 2 EStG (Abs. 3)

15 Steht dem AN ein Anspruch auf Entgeltumwandlung zu, so kann er zudem verlangen, dass die Voraussetzungen für die Förderung nach den §§ 10a, 82 Abs. 2 EStG erfüllt werden, wenn die betriebliche Altersversorgung über einen Pensionsfonds, eine Pensionskasse oder eine Direktversicherung durchgeführt wird. Die Vorschrift zeigt deutlich das neue Verständnis des Gesetzgebers von der Betriebsrente als eine die Kürzungen der gesetzlichen Altersrente kompensierende Form der eigenfinanzierten, staatlich geförderten Altersversorgung.

16 **1. Versicherungsförmiger Durchführungsweg.** Das Gesetz begrenzt die Möglichkeit, die Erfüllung der Förderungsvoraussetzungen zu verlangen, auf solche Entgeltumwandlungsvereinbarungen, die über einen der versicherungsförmigen und gem. § 82 Abs. 2 EStG allein als förderungsfähig eingeordneten Versorgungsträger Pensionsfonds, Pensionsfonds oder Lebensversicherer durchgeführt werden. Im Umkehrschluss besteht das Recht aus Abs. 3 nicht, wenn die Durchführung der Entgeltumwandlung unmittelbar über den AG oder eine Unterstützungskasse – gleich ob individual- oder kollektivvertraglich – vereinbart wurde.[18]

17 **2. Förderungsvoraussetzungen.** Die Förderungsvoraussetzungen ergeben sich aus § 82 Abs. 2 EStG. Hiernach kann die sog. Riester-Förderung dann in Anspruch genommen werden, wenn es sich um Altersvorsorgebeiträge handelt, die aus dem individuell versteuerten – und damit gem. § 14 Abs. 1 S. 1 SGB IV zu verbeitragenden – Arbeitslohn des AN stammen und als Beiträge an einen Pensionsfonds, eine Pensionskasse oder eine Direktversicherung zum Aufbau einer kapitalgedeckten betrieblichen Altersversorgung geleistet werden. Soweit die Beiträge gem. § 3 Nr. 63 EStG nicht der Steuerpflicht unterliegen sollen, scheidet eine Förderung durch Sonderausgabenabzug bzw. Zulagen gem. §§ 10a, 82 Abs. 2 EStG aus. Eine Förderung ist gleichsam nicht möglich, wenn der eingeschaltete Versorgungsträger die Leistungen im Umlageverfahren finanziert. Auf der Leistungsseite muss die zugesagte Leistung in Form einer lebenslangen Rente oder eines Auszahlungsplans i.S.d. § 1 Abs. 1 S. 1 Nr. 4 Altersvorsorgeverträge-Zertifizierungsgesetz (AltZertG) versprochen werden. Einer Zertifizierung der zugesagten Versorgungsleistung selbst nach dem AltZertG bedarf es jedoch nicht.[19] Die Zusage einmaliger oder in Raten auszuzahlender Kapitalleistungen ist nicht förderungsfähig, sodass der AN i.R.d. § 1a Abs. 3 eine Änderung der Versorgungszusage vom AG verlangen kann, um die Förderung in Anspruch nehmen zu können.

18 **3. Förderung.** Die staatliche Förderung besteht in der Gewährung einer Zulage gem. §§ 83 ff. EStG sowie – soweit günstiger – eines Sonderausgabenabzugs. Die Zulagen werden direkt dem Versorgungskonto des AN bei dem Versorgungsträger gutgeschrieben (§ 90 EStG), während der Sonderausgabenabzug allein die Höhe der Einkommensteuer beeinflusst.

19 **a) Zulage.** Die Zulage setzt sich aus einer Grundzulage (§ 84 EStG) und einer Kinderzulage (§ 85 EStG) zusammen. Die Grundzulage steht jedem Zulagenberechtigten zu, die Kinderzulage wird für jedes Kind gewährt, für das einem Zulagenberechtigten Kindergeld ausgezahlt wird. Die Höhe der Grundzulage und der Kinderzulage wachsen bis zum Jahr 2008 entsprechend folgender Tabelle an:

Jahr	Grundzulage	Kinderzulage
2002 und 2003	38 EUR	46 EUR
2004 und 2005	76 EUR	92 EUR

---

16 In diese Richtung auch *Höfer*, § 1a Rn 2644 ff.
17 Umstr., so auch *Höfer*, § 1a Rn 2662.
18 *Kemper u.a.*, § 1a Rn 42.
19 *Höfer*, § 1a Rn 2656.

2006 und 2007	114 EUR	138 EUR
ab 2008	154 EUR	185 EUR

Für ein nach dem 31.12.2007 geborenes Kind erhöht sich die Kinderzulage auf 300 EUR. Die sich hiernach ergebende Zulage kann der Zulagenberechtigte jedoch nur in voller Höhe beanspruchen, wenn er einen Mindesteigenbeitrag leistet (vgl. § 86 EStG). Dieser Mindesteigenbeitrag (Sockelbetrag ab 2005 mind. 60 EUR, vgl. § 86 Abs. 1 S. 4 EStG) ist einkommensabhängig und richtet sich nach den beitragspflichtigen Einnahmen des Vorjahres i.S.d. SGB VI sowie der Höhe der Grund- und Kinderzulage. Hiernach muss der Gesamtbeitrag (Mindesteigenbeitrag + Zulage) folgende Mindesthöhe erreichen:

Jahr	Gesamthöhe (Zulage + Mindesteigenbeitrag)
2002 und 2003	1 % der beitragspfl. Einnahmen, max. 525 EUR
2004 und 2005	2 % der beitragspfl. Einnahmen, max. 1.050 EUR
2006 und 2007	3 % der beitragspfl. Einnahmen, max. 1.575 EUR
ab 2008	4 % der beitragspfl. Einnahmen, max. 2.100 EUR

Erreichen der tatsächliche Eigenbeitrag und die Zulage diese Gesamthöhe nicht, so wird die Zulage entsprechend des Verhältnisses des geleisteten Eigenbeitrages zum Mindesteigenbeitrag gekürzt.

b) **Sonderausgabenabzug.** Über die Zulage gem. § 82 Abs. 2 EStG hinaus kann der AN auch einen Sonderausgabenabzug gem. § 10a EStG bei der Berechnung der Einkommensteuer geltend machen, soweit der Sonderausgabenabzug höher ausfällt als die nach § 82 Abs. 2 EStG zu beanspruchende Zulage. Die Höhe des Sonderausgabenabzuges steigt bis zum Jahr 2008 entsprechend folgender Tabelle an:

Jahr	abzugsfähiger Betrag (Altersversorgungsbeitrag + Zulage)
2002 und 2003	525 EUR
2004 und 2005	1.050 EUR
2006 und 2007	1.575 EUR
ab 2008	2.100 EUR

Beträgt hiernach die Steuerersparnis mehr als die Zulage, so wird die Differenz zwischen Steuerersparnis und Zulagenhöhe der Einkommensteuer gutgeschrieben. Fällt die Steuerersparnis niedriger als die Zulage aus, so verbleibt es allein bei der Zulagengewährung. Die Prüfung, ob neben der Zulage auch ein Steuerabzug zur Verminderung der Einkommensteuer geltend gemacht werden kann, wird von Amts wegen vorgenommen.

VII. Fortführung bei ruhendem Arbeitsverhältnis (Abs. 4)

Mit Wirkung zum 1.1.2005 wurde § 1a durch das AltEinkG[20] um den Abs. 4 erweitert, durch den AN, denen bei fortbestehendem Arbverh kein Entgeltanspruch zusteht, das Recht eingeräumt wird, die Versicherung oder Versorgung mit eigenen Beiträgen fortzusetzen. Durch Abs. 4 soll der kontinuierliche Aufbau der Altersversorgung mit Beiträgen aus dem eigenen Vermögen dann ermöglicht werden, wenn **bei längerer Krankheit** oder **während der Elternzeit** aufgrund des Entfallens eines Entgelt- bzw. Entgeltersatzanspruchs eine Umwandlung ins Leere läuft.[21] Voraussetzung ist jedoch, dass **ursprünglich eine Entgeltumwandlungs- bzw. Umfassungsvereinbarung** gem. § 1 Abs. 2 Nr. 3 und 4 getroffen wurde. Eine Anwendung des Abs. 4 auf arbeitgeberfinanzierte Versorgungszusagen scheidet aus.[22] Aus den Gesetzesmaterialien ergibt sich weiter, dass das Fortführungsrecht nur dann besteht, wenn die Durch-

---

20 Alterseinkünftegesetz v. 5.7.2004, BGBl I S. 1427.
21 BT-Drucks 15/2150, S. 52.
22 *Höfer*, § 1a Rn 2668.12, der de lege ferenda eine Ausweitung auf arbeitgeberfinanzierte Zusagen befürwortet.

führung der arbeitnehmerfinanzierten betrieblichen Altersversorgung über ein Unternehmen der Lebensversicherung, eine Pensionskasse oder einen Pensionsfonds vereinbart wurde.[23] Durch den neuen Abs. 4 S. 2 wird – abweichend bspw. von § 2 Abs. 2 S. 1 bzw. Abs. 3 S. 1 – eine subsidiäre Einstandspflicht des AG auch für Versorgungsleistungen des Versorgungsträgers begründet, die aus dem allg. Vermögen des AN finanziert werden. Der Gesetzgeber begründet diese Haftung mit dem engen Bezug zum Arbverh, ohne allerdings näher darzulegen, worin dieses enge Verhältnis besteht, das eine Einstandspflicht für Versorgungsleistungen eines Dritten rechtfertigt. Das Haftungsrisiko dürfte sich jedoch in einem begrenzten Rahmen halten. Gem. Abs. 4 S. 3 gelten für die Versorgungsanwartschaften, die auf Beiträgen des AN beruhen, die Regelungen über Entgeltumwandlung entsprechend. Hierzu zählen insb. die Vorschriften zur sofortigen Unverfallbarkeit gem. § 1b Abs. 5, dem daraus resultierenden Insolvenzschutz (§ 7 Abs. 2) sowie zur Rentenanpassung gem. § 16 Abs. 5.[24]

C. Verbindung zu anderen Rechtsgebieten

22 Der Anspruch auf Entgeltumwandlung dient – entsprechend dem Gesetzeszweck – dem Aufbau einer eigenfinanzierten Altersversorgung, um die Einschränkungen der gesetzlichen Sozialrente zu kompensieren. Bei einer nach Abs. 3 der „Riester-Förderung" zugänglichen Betriebsrentenzusage steht es dem AN frei, ob er die staatlichen Beihilfen in Anspruch nimmt. Bei der Entscheidung muss auch beachtet werden, dass alternativ die nach § 3 Nr. 63 EStG bestehende Steuerfreiheit für Beiträge an Pensionskassen, Pensionsfonds und – seit dem 1.1.2005 – an Direktversicherungen bis zu 4 % der Beitragsbemessungsgrenze genutzt werden kann.[25] Die Nutzung der sog. **Riester-Rente** wird regelmäßig **bei Familien mit mehreren Kindern** und dem damit verbundenen hohen Zulagebetrag in Betracht kommen, während bei Allein stehenden ohne Anhang sich die Geltendmachung des Steuerfreibetrages gem. § 3 Nr. 63 EStG anbieten wird, zumal damit die „Riester-Förderung" im Rahmen der privaten Altersversorgung nicht ausgeschlossen wird. Für den AG ist die Frage der Förderung insoweit von Interesse, als bei Wahl der „Riester-Rente" der Vorsorgebeitrag sozialabgabenpflichtig ist und damit auch der AG-Anteil anfällt.[26]

D. Beraterhinweise

23 Durch die Aufnahme des § 1a in den Katalog der tarifdispositiven Bestimmungen hat der Gesetzgeber den Tarifparteien einen weit gehenden Gestaltungsspielraum eingeräumt, der zu einer starken Verbreitung tariflicher Versorgungsordnung geführt hat.[27] Diese Möglichkeit sollte – ggf. durch die individualvertragliche Inbezugnahme eines Versorgungs-TV – genutzt werden, um eine möglichst einheitliche betriebliche Altersversorgung zu schaffen, die nicht den Beschränkungen des § 1a unterworfen ist.

Die **gerichtliche Geltendmachung** des Anspruchs auf Entgeltumwandlung erfolgt durch Klage auf Abschluss einer Umwandlungsvereinbarung, die die wesentlichen Merkmale der Vereinbarung enthält, insb. die Höhe des umzuwandelnden Entgeltes sowie den Durchführungsweg. Im selben Verfahren kann auch Klage auf Durchsetzung der vertraglichen Verpflichtung erhoben werden, dabei ist eine Nennung eines konkreten Versorgungsträgers nicht erforderlich, da die Auswahl dem AG zusteht.[28]

§ 1b Unverfallbarkeit und Durchführung der betrieblichen Altersversorgung

(1) ¹Einem Arbeitnehmer, dem Leistungen aus der betrieblichen Altersversorgung zugesagt worden sind, bleibt die Anwartschaft erhalten, wenn das Arbeitsverhältnis vor Eintritt des Versorgungsfalls, jedoch nach Vollendung des 25. Lebensjahres endet und die Versorgungszusage zu diesem Zeitpunkt mindestens fünf Jahre bestanden hat (unverfallbare Anwartschaft). ²Ein Arbeitnehmer behält seine Anwartschaft auch dann, wenn er aufgrund einer Vorruhestandsregelung ausscheidet und ohne das vorherige Ausscheiden die Wartezeit und die sonstigen Voraussetzungen für den Bezug von Leistungen der betrieblichen Altersversorgung hätte erfüllen können. ³Eine Änderung der Versorgungszusage oder deren Übernahme durch eine andere Person unterbricht nicht den Ablauf der Fristen nach Satz 1. ⁴Der Verpflichtung aus einer Versorgungszusage stehen Versorgungsverpflichtungen gleich, die auf betrieblicher Übung oder dem Grundsatz der Gleichbehandlung beruhen. ⁵Der Ablauf einer vorgesehenen Wartezeit wird durch die Beendigung des Arbeitsverhältnisses nach Erfüllung der Voraussetzungen der Sätze 1 und 2 nicht berührt. ⁶Wechselt ein Arbeitnehmer vom Geltungsbereich dieses Gesetzes in einen anderen Mitgliedstaat der Europäischen Union, bleibt die Anwartschaft in gleichem Umfange

---

23 BT-Drucks 15/2150, S. 52; kritisch zu dieser Begrenzung *Höfer*, § 1a Rn 2668.14.
24 BT-Drucks 15/2150, S. 52.
25 S. dazu die Kommentierung zu § 3 Nr. 63 EStG.
26 Hierzu auch *Höfer*, § 1a Rn 2657 ff.
27 Hierzu *Stiefermann*, in: GS für Blomeyer, S. 445 ff.
28 BAG 12.6.2007 – 3 AZR 14/06 – DB 2007, 2722.

wie für Personen erhalten, die auch nach Beendigung eines Arbeitsverhältnisses innerhalb des Geltungsbereichs dieses Gesetzes verbleiben.

(2) ¹Wird für die betriebliche Altersversorgung eine Lebensversicherung auf das Leben des Arbeitnehmers durch den Arbeitgeber abgeschlossen und sind der Arbeitnehmer oder seine Hinterbliebenen hinsichtlich der Leistungen des Versicherers ganz oder teilweise bezugsberechtigt (Direktversicherung), so ist der Arbeitgeber verpflichtet, wegen Beendigung des Arbeitsverhältnisses nach Erfüllung der in Absatz 1 Satz 1 und 2 genannten Voraussetzungen das Bezugsrecht nicht mehr zu widerrufen. ²Eine Vereinbarung, nach der das Bezugsrecht durch die Beendigung des Arbeitsverhältnisses nach Erfüllung der in Absatz 1 Satz 1 und 2 genannten Voraussetzungen auflösend bedingt ist, ist unwirksam. ³Hat der Arbeitgeber die Ansprüche aus dem Versicherungsvertrag abgetreten oder beliehen, so ist er verpflichtet, den Arbeitnehmer, dessen Arbeitsverhältnis nach Erfüllung der in Absatz 1 Satz 1 und 2 genannten Voraussetzungen geendet hat, bei Eintritt des Versicherungsfalles so zu stellen, als ob die Abtretung oder Beleihung nicht erfolgt wäre. ⁴Als Zeitpunkt der Erteilung der Versorgungszusage im Sinne des Absatzes 1 gilt der Versicherungsbeginn, frühestens jedoch der Beginn der Betriebszugehörigkeit.

(3) ¹Wird die betriebliche Altersversorgung von einer rechtsfähigen Versorgungseinrichtung durchgeführt, die dem Arbeitnehmer oder seinen Hinterbliebenen auf ihre Leistungen einen Rechtsanspruch gewährt (Pensionskasse und Pensionsfonds), so gilt Absatz 1 entsprechend. ²Als Zeitpunkt der Erteilung der Versorgungszusage im Sinne des Absatzes 1 gilt der Versicherungsbeginn, frühestens jedoch der Beginn der Betriebszugehörigkeit.

(4) ¹Wird die betriebliche Altersversorgung von einer rechtsfähigen Versorgungseinrichtung durchgeführt, die auf ihre Leistungen keinen Rechtsanspruch gewährt (Unterstützungskasse), so sind die nach Erfüllung der in Absatz 1 Satz 1 und 2 genannten Voraussetzungen und vor Eintritt des Versorgungsfalles aus dem Unternehmen ausgeschiedenen Arbeitnehmer und ihre Hinterbliebenen den bis zum Eintritt des Versorgungsfalles dem Unternehmen angehörenden Arbeitnehmern und deren Hinterbliebenen gleichgestellt. ²Die Versorgungszusage gilt in dem Zeitpunkt als erteilt im Sinne des Absatzes 1, von dem an der Arbeitnehmer zum Kreis der Begünstigten der Unterstützungskasse gehört.

(5) Soweit betriebliche Altersversorgung durch Entgeltumwandlung erfolgt, behält der Arbeitnehmer seine Anwartschaft, wenn sein Arbeitsverhältnis vor Eintritt des Versorgungsfalles endet; in den Fällen der Absätze 2 und 3

1. dürfen die Überschussanteile nur zur Verbesserung der Leistung verwendet,
2. muss dem ausgeschiedenen Arbeitnehmer das Recht zur Fortsetzung der Versicherung oder Versorgung mit eigenen Beiträgen eingeräumt und
3. muss das Recht zur Verpfändung, Abtretung oder Beleihung durch den Arbeitgeber ausgeschlossen werden.

Im Fall einer Direktversicherung ist dem Arbeitnehmer darüber hinaus mit Beginn der Entgeltumwandlung ein unwiderrufliches Bezugsrecht einzuräumen.

Literatur: *v. Arnim*, Die Verfallbarkeit von Ruhegeldanwartschaften, 1970; *Beye/Bode/Stein*, Wirtschaftliche Auswirkungen der Änderung bei der Unverfallbarkeit durch das Altersvermögensgesetz, DB 2001, Beil. 5, S. 9; *Bode/Grabner/Stein*, Auswirkungen des Altersvermögensgesetzes auf die betriebliche Altersversorgung, DStR 2002, 679; *Dieterich*, Ruhegeldanwartschaft und Kündigung AuR 1971, 132; *Hanau*, Die Änderung von Versorgungsanwartschaften, in: GS für Blomeyer, 2001, S. 117; *Höfer*, Die Neuregelung des Betriebsrentenrechts durch das Altersvermögensgesetz (AVmG), DB 2001, 1145; *Höfer*, Gesetz zur Förderung der betrieblichen Altersversorgung, BetrAV 2007, 597; *Karst/Paulweber*, Wandel der Unverfallbarkeitssystematik in der betrieblichen Altersversorgung für beitragsorientierte Zusagen mit variablen Überschussanteilen, BB 2005, 1498; *Reinecke*, Die Änderungen des Gesetzes zur Verbesserung der betrieblichen Altersversorgung durch das Altersvermögensgesetz – neue Chancen für die betriebliche Altersversorgung, NJW 2001, 3511; *Reinecke*, 30 Jahre Betriebsrentengesetz – Gesetzes- und Richterrecht in der betrieblichen Altersversorgung, NZA 2004, 753.

A. Allgemeines 1	III. Normzweck 12
I. Vorgesetzliche Rechtsprechung 1	**B. Gesetzliche Unverfallbarkeit von**
II. Entwicklung der gesetzlichen Unverfallbarkeitsvoraussetzungen 3	**Anwartschaften auf Leistungen der betrieblichen Altersversorgung** 13
1. Regelungsgehalt des § 1 a.F. 3	I. Die gesetzliche Unverfallbarkeit bei unmittelbarer Versorgungszusage gem. Abs. 1 13
2. Veränderungen durch das AVmG 5	1. Leistungen der betrieblichen Altersversorgung 14
a) Änderung der Unverfallbarkeitsfristen (Abs. 1 S. 1) 6	2. Gesetzliche Unverfallbarkeit 15
b) Einführung des Pensionsfonds als Durchführungsweg (Abs. 3 S. 1) 9	3. Beendigung des Arbeitsverhältnisses vor Eintritt des Versorgungsfalls 16
c) Sonderregelungen bei Entgeltumwandlung (Abs. 5) 10	4. Vollendung des 25. bzw. 30. Lebensjahres ... 17
3. Veränderungen durch das Gesetz zur Förderung der betrieblichen Altersversorgung 11	5. Bestand der Zusage 18
	a) Erteilung der Zusage 19
	aa) Zeitpunkt der Zusage 20

bb)	Beginn der Betriebszugehörigkeit ...	21	a) Widerruf des Bezugsrechts	51
cc)	Zusage einer Versorgungszusage (Vorschaltzeiten)	22	b) Abtretung, Beleihung und Verpfändung .. c) Auflösend bedingtes Bezugsrecht	52 53
b) Unterbrechung der Zusagedauer		25	d) Zeitpunkt der Erteilung der Versorgungs- zusage	54
aa)	Unterbrechung durch Beendigung des Arbeitsverhältnisses	26	2. Pensionskasse und Pensionsfonds gem. Abs. 3 3. Unterstützungskasse gem. Abs. 4	55 56
bb)	Unterbrechung bei Entfallen der Versorgungszusage	29	IV. Sonderregelungen bei Entgeltumwandlung gem. Abs. 5	57
cc)	Anrechnung von Vordienstzeiten ...	31	1. Sachlicher Anwendungsbereich	58
dd)	Abweichende Regelungen in Tarifvertrag oder Betriebsvereinbarung ...	32	2. Zeitlicher Anwendungsbereich .... a) Entgeltumwandlungszusagen (§ 30f S. 2)	59 60
c) Änderung der Versorgungszusage oder Übernahme durch eine andere Person (S. 3)		33	b) Eigenbeitragszusagen (§ 30e) .... 3. Sofortige gesetzliche Unverfallbarkeit und	61
aa) Änderung der Versorgungszusage ...		34	Insolvenzschutz	62
bb) Übernahme durch eine andere Person		37	4. Sonderregelungen bei Direktversicherungs-,	
d) Eintritt in den Vorruhestand (S. 2)		38	Pensionskassen- und Pensionsfondszusagen ..	63
e) Ablauf einer vorgesehenen Wartezeit (S. 5)		40	a) Verwendung der Überschussanteile nur zur	
aa) Leistungsausschließende und leistungsaufschiebende Wartezeit		41	Verbesserung der Leistung (Abs. 5 S. 1 Nr. 1)	64
bb) Wartezeiten und Unverfallbarkeitsfristen		42	b) Recht zur Fortsetzung mit eigenen Beträgen (Abs. 5 S. 1 Nr. 2)	65
f) Wechsel innerhalb der EU (S. 6)		43	c) Ausschluss des Rechts zur Verpfändung,	
II. Unverfallbarkeit von Versorgungszusagen im Sinne von § 30f		44	Abtretung oder Beleihung (Abs. 5 S. 1 Nr. 3)	66
1. § 30f Abs. 1		45	d) Einräumung eines unwiderruflichen	
2. § 30f Abs. 2		48	Bezugsrechts (Abs. 5 S. 2)	67
III. Besonderheiten bei Einschaltung eines rechtlich selbstständigen Versorgungsträgers		49	C. Verbindung zu anderen Rechtsgebieten .... D. Beraterhinweise	68 69
1. Direktversicherung gem. Abs. 2		50		

A. Allgemeines

I. Vorgesetzliche Rechtsprechung

1 Bis zum Anfang der 70er-Jahre des 20. Jahrhunderts wurde es nach dem Grundsatz der Vertragsfreiheit für zulässig erachtet, den Anspruch auf Leistungen der betrieblichen Altersversorgung davon abhängig zu machen, dass der Versorgungsfall zeitgleich mit der Beendigung des Arbverh zu dem Ruhegeld gewährenden AG eintrat. Mit der vorzeitigen Beendigung des Arbverh verfielen die Versorgungsanwartschaften. Lediglich in seltensten Ausnahmefällen wurde die Aufrechterhaltung einer Anwartschaft trotz vorzeitigen Ausscheidens aus dem Arbverh aus der Fürsorgepflicht des AG abgeleitet.[1] In seinem für die Entwicklung des BetrAVG grundlegenden Urteil v. 10.3.1972 hat das BAG dann allerdings den allg. Rechtssatz aufgestellt, dass einem AN, **der mehr als 20 Jahre einem Betrieb angehört** hat und dem vor dem 65. Lebensjahr vom AG ordentlich gekündigt wird, die bis zu seinem Ausscheiden erdiente Versorgungsanwartschaft erhalten bleibt.[2] In Folgeentscheidungen hat es diesen Grundsatz auch dann angewendet, wenn das Arbverh einvernehmlich aufgehoben[3] oder durch den AN beendet wurde.[4] Zeitlich hat das Gericht die im Wege der richterlichen Rechtsfortbildung entwickelte Unverfallbarkeit auf die Fälle beschränkt, in denen das Arbverh nach dem 10.3.1972 beendet wurde, es sei denn, dass der AN nach dem 1.1.1969 ausgeschieden war und die bis dahin erdiente Versorgungsanwartschaft vom AG klar und eindeutig verlangt hatte. War das Arbverh vor dem 1.1.1969 aufgelöst worden, so fand die veränderte Rspr. keine Anwendung.[5]

2 Der Gesetzgeber hat diese Rspr. bei der Ausgestaltung des BetrAVG aufgegriffen. Mit den Regelungen des Betriebsrentengesetzes zur Unverfallbarkeit sollte das Richterrecht, das nur einen Teil der mit der Verfallbarkeitsproblematik zusammenhängenden Fragen entschieden hatte, durch umfassendes Gesetzesrecht abgelöst werden.[6] Zu beachten ist allerdings, dass gem. **§ 26** die Vorschriften über die Unverfallbarkeit nicht gelten, wenn das **Arbverh vor dem Inkrafttreten des BetrAVG am 22.12.1974 beendet worden** ist. In diesem Fall sind weiterhin die richterrechtlichen Grundsätze zur vorgesetzlichen Unverfallbarkeit anzuwenden.[7] Im **Beitrittsgebiet** gilt das BetrAVG gem. Anlage I Kap. VIII Sachgebiet A Abschnitt III Nr. 16 des Einigungsvertrages nur für solche betrieblichen Versorgungsansprüche, die auf Zusagen beruhen, die nach dem 31.12.1991 erteilt wurden. Auf vor diesem Zeitpunkt im Beitrittsgebiet

---

1 BAG 5.11.1965 – 3 AZR 381/64 – AP § 242 BGB Ruhegehalt Nr. 103 = SAE 1966, 85 m. Anm. *Sieg.*
2 BAG 10.3.1972 – 3 AZR 278/71 – BAGE 24, 177 = AP § 242 BGB Ruhegehalt Nr. 156 m. Anm. *Weitnauer.*
3 BAG 16.3.1972 – 3 AZR 191/71 – DB 1972, 2116.
4 Vgl. BAG 20.2.1975 – 3 AZR 514/73 – BAGE 27, 59 = AP § 242 BGB Ruhegehalt-Unverfallbarkeit m. Anm. *Canaris.*
5 BAG 10.3.1972 – 3 AZR 278/71 – BAGE 24, 177 = AP § 242 BGB Ruhegehalt Nr. 156 m. Anm. *Weitnauer.*
6 BT-Drucks 7/1281, S. 19.
7 Zuletzt BAG 11.12.2001 – 3 AZR 334/00 – DB 2002, 2335.

abgegebene Versorgungszusagen findet auch nicht die vorgesetzliche Rspr. des BAG zur Unverfallbarkeit Anwendung.[8]

II. Entwicklung der gesetzlichen Unverfallbarkeitsvoraussetzungen

1. Regelungsgehalt des § 1 a.F. Die Voraussetzungen der gesetzlichen Unverfallbarkeit von Versorgungsanwartschaften waren ursprünglich in § 1 Abs. 1 S. 1 a.F. geregelt. Danach behielten AN, denen Leistungen der betrieblichen Altersversorgung zugesagt worden waren, ihre Anwartschaft, wenn das Arbverh vor dem Eintritt des Versorgungsfalls endete, sofern in diesem Zeitpunkt der AN mind. das 35. Lebensjahr vollendet hatte und
- entweder die Versorgungszusage für ihn mind. zehn Jahre bestanden hatte oder
- der Beginn der Betriebszugehörigkeit mind. zwölf Jahre zurücklag und die Versorgungszusage für ihn mind. drei Jahre bestanden hatte.

§ 1 a.F. enthielt zudem in Abs. 1 S. 1 die Legaldefinition der betrieblichen Altersversorgung sowie in den Abs. 2 bis 4 Bestimmungen über die externen Durchführungswege „Direktversicherung", „Pensionskasse" und „Unterstützungskasse".

2. Veränderungen durch das AVmG. Durch das Altersvermögensgesetz (AVmG) v. 26.6.2001[9] hat der Gesetzgeber die Unverfallbarkeitsvoraussetzungen aus § 1 herausgelöst und § 1b zugeordnet. Ebenso wurden die in den Abs. 2 bis 4 des § 1 aufgeführten externen Durchführungswege der betrieblichen Altersversorgung in § 1b Abs. 2 bis 4 überführt. Mit dieser Zuordnung zu § 1b ging zugleich eine inhaltliche Reform einher.

a) Änderung der Unverfallbarkeitsfristen (Abs. 1 S. 1). Zum einen wurden die Voraussetzungen der gesetzlichen Unverfallbarkeit verändert. Nach Abs. 1 S. 1 blieb danach eine Versorgungsanwartschaft trotz vorzeitiger Beendigung des Arbverh erhalten, wenn das Arbverh vor Eintritt des Versorgungsfalls, jedoch nach Vollendung des 30. Lebensjahres endete und die Versorgungszusage mind. fünf Jahre bestanden hatte.

Im Vergleich zu § 1 a.F. wurde damit das Mindestalter vom vollendeten 35. auf das vollendete 30. Lebensjahr herabgesetzt und die nach Abs. 1 S. 1. Alt. 1 a.F. notwendige Dauer des Bestandes der Versorgungszusage von zehn Jahren auf fünf Jahre reduziert. Wegen der generellen Verkürzung der Unverfallbarkeitsfrist auf fünf Jahre Zusagedauer hatte der Gesetzgeber die Fortführung der 2. Alt. des Abs. 1 S. 1 a.F. (drei Jahre Zusagedauer, zwölf Jahre Betriebszugehörigkeit) nicht mehr für notwendig gehalten und ersatzlos gestrichen.[10]

Ausweislich der Gesetzesbegründung war die Neuregelung notwendig, um Benachteiligungen von Frauen zu vermeiden, die ihre Erwerbstätigkeit häufig wegen der Kindererziehung unterbrechen. Auch hatten sich die vormaligen langen Unverfallbarkeitsfristen im internationalen Vergleich als zu lang erwiesen.[11] Nach **§ 30f (Übergangsvorschrift zu § 1b)** finden die ursprünglichen Unverfallbarkeitsfristen allerdings noch auf **Versorgungszusagen** Anwendung, die **vor dem 1.1.2001** abgegeben wurden. Um zu verhindern, dass Neuzusagen eher unverfallbar werden als Altzusagen, bestimmt § 30f Abs. 1 S. 1 Hs. 2, dass bei Altzusagen die Unverfallbarkeit eintritt, wenn die Zusage ab dem 1.1.2001 fünf Jahre bestanden und der AN bei Beendigung des Arbverh das 30. Lebensjahr vollendet hat.

b) Einführung des Pensionsfonds als Durchführungsweg (Abs. 3 S. 1). Mit dem AVmG wurde zudem mit Wirkung zum 1.1.2002 der Pensionsfonds als fünfter Durchführungsweg der betrieblichen Altersversorgung in Abs. 3 S. 1 aufgenommen und entsprechend der Pensionskasse als rechtlich selbstständige Einrichtung ausgestaltet, die dem AN oder seinen Hinterbliebenen auf ihre Leistung einen Rechtsanspruch einräumt. Der Pensionsfonds soll als neuer Versorgungsträger zu einer Flexibilisierung der betrieblichen Altersversorgung beitragen, indem ihm im Vergleich zu Lebensversicherungsunternehmen und Pensionskassen größere Freiheiten bei der Vermögensanlage gewährt werden.[12]

c) Sonderregelungen bei Entgeltumwandlung (Abs. 5). Neu eingeführt wurden durch Abs. 5 Sonderregelungen zur Unverfallbarkeit für arbeitnehmerfinanzierte Versorgungsanwartschaften, die durch Entgeltumwandlung erworben wurden. Diese sind nunmehr gesetzlich sofort unverfallbar. Hierdurch wird der gesetzliche Insolvenzschutz durch den Pensions-Sicherungs-Verein gewährleistet. Nach § 30f Abs. 1 S. 2 findet **Abs. 5** nur auf Versorgungszusagen Anwendung, die **nach dem 1.1.2001** erteilt wurden.

3. Veränderungen durch das Gesetz zur Förderung der betrieblichen Altersversorgung. Durch das Gesetz zur Förderung der betrieblichen Altersversorgung v. 10.12.2007[13] ist in Abs. 1 S. 1 mit Wirkung zum 1.1.2009 die Angabe „30. Lebensjahres" durch die Angabe „25. Lebensjahres" ersetzt worden. Hiermit verfolgt der Gesetzgeber das Ziel, möglichst vielen Beschäftigten, insbesondere jungen Frauen, künftig ihre Altersversorgung zu erhalten.[14]

---

8 BAG 27.2.1996 – 3 AZR 242/95 – NZA 1996, 978.
9 Gesetz v. 26.6.2001 BGBl I S. 1310.
10 BT-Drucks 14/4595, S. 68.
11 BT-Drucks 14/4595, S. 68.
12 *Ahrend/Förster/Rühmann*, § 1b Rn 58.
13 BGBl I S. 2838.
14 BR-Drucks 540/07, S. 6.

Mit der Herabsetzung des Mindestalters sollen demnach vor allem Frauen begünstigt werden, da bei ihnen typischerweise aufgrund von Geburt und Kindererziehung die Verweildauer im Berufsleben nach wie vor geringer ist als bei Männern.[15]

III. Normzweck

12 Die Begrenzung der Zulässigkeit von Verfallklauseln, die den Versorgungsanspruch bei einem vorzeitigen Ausscheiden des AN aus dem Arbverh zum Wegfall brachten, folgt, wie das BAG in seinem Urteil v. 10.3.1972 herausgestellt hat, aus dem Entgeltcharakter der betrieblichen Altersversorgung, die eben auch Gegenleistung aus dem Arbverh ist. Hat die Versorgungsanwartschaft einen bestimmten Wert erreicht oder wurde sie wirtschaftlich durch Umwandlung von Arbeitsentgelt vom AN finanziert, so kann die Anwartschaft durch die Beendigung des Arbverh nicht entschädigungslos wieder entzogen werden.[16] Daneben würde die uneingeschränkte Zulässigkeit von Verfallklauseln auch in unerwünschter Weise die Mobilität der Arbeitskräfte beeinträchtigen, indem sie den AN wegen des drohenden Verlustes der erworbenen Anwartschaften davon abhält, einen sonst angestrebten Arbeitsplatzwechsel vorzunehmen[17] und so die aus Art. 12 GG resultierende Künd-Freiheit des AN übermäßig erschweren.[18] Von den Regelungen des § 1b darf gem. § 17 Abs. 3 nicht zum Nachteil der AN abgewichen werden, auch nicht durch einen TV.

B. Gesetzliche Unverfallbarkeit von Anwartschaften auf Leistungen der betrieblichen Altersversorgung

I. Die gesetzliche Unverfallbarkeit bei unmittelbarer Versorgungszusage gem. Abs. 1

13 In Abs. 1 sind die Voraussetzungen der gesetzlichen Unverfallbarkeit der Versorgungsanwartschaften aufgeführt, die auf einer unmittelbaren Versorgungszusage (Direktzusage) beruhen. Auf dieser Basisvorschrift bauen sodann die Unverfallbarkeitsregelungen bei Einschaltung der in den Abs. 2 bis 4 genannten Versorgungsträger auf.

14 **1. Leistungen der betrieblichen Altersversorgung.** § 1b ist ausschließlich auf Ansprüche und Anwartschaften aus betrieblicher Altersversorgung nach dem BetrAVG anwendbar. Dies folgt aus § 1 Abs. 1 S. 1, der zugleich eine Legaldefinition enthält: „Werden einem Arbeitnehmer Leistungen der Alters-, Invaliditäts- oder Hinterbliebenenversorgung aus Anlass eines Arbverh vom AG zugesagt (betriebliche Altersversorgung), gelten die Vorschriften dieses Gesetzes" (hierzu ausführlich siehe § 1 Rn 7). Da die Entstehung des Anspruchs auf Altersversorgungsleistungen zumindest den Eintritt des Versorgungsfalls voraussetzt, handelt es sich bis zur noch möglichen Erfüllung der Bedingungen um **Anwartschaften** auf Leistungen der betrieblichen Altersversorgung.[19]

15 **2. Gesetzliche Unverfallbarkeit.** § 1b regelt die **gesetzliche Unverfallbarkeit** und damit den gesetzlichen Mindestschutz des AN. Dieser ist für den AG einseitig zwingend und begrenzt dessen Gestaltungsfreiheit bei Leistungsplänen.[20] Aufgrund der Vertragsfreiheit steht es den Parteien der Versorgungsvereinbarung jedoch frei, zugunsten des AN von den gesetzlichen Vorgaben abzuweichen. So können die Parteien jederzeit kürzere Unverfallbarkeitsfristen vereinbaren oder gänzlich auf sie verzichten. Ob und welche Unverfallbarkeitsvoraussetzungen in der Versorgungszusage enthalten sind, muss ggf. durch Auslegung ermittelt werden.[21] Wird das Arbverh zu einem Zeitpunkt beendet, zu dem zwar die vertragliche Regelung zur Aufrechterhaltung der Anwartschaft führt, aber die gesetzlichen Vorgaben des § 1b noch nicht erfüllt sind, liegt ein Fall einer rein **vertraglichen Unverfallbarkeit** vor. Die Unterscheidung zwischen vertraglicher und gesetzlicher Unverfallbarkeit hat Auswirkungen insb. auf den Insolvenzschutz gem. § 7 Abs. 2. Diese Bestimmung verlangt, dass die Versorgungsanwartschaft gesetzlich unverfallbar ist.[22]

16 **3. Beendigung des Arbeitsverhältnisses vor Eintritt des Versorgungsfalls.** Die Erfüllung der Unverfallbarkeitsbedingungen ist für den Bestand der Versorgungsanwartschaft nur dann erheblich, wenn das Arbverh **vor** dem Eintritt des Versorgungsfalls endet. Wird das Arbverh dagegen **mit** dem Eintritt des Versorgungsfalls beendet, so kann die Beendigung nicht den Verfall des Leistungsversprechens auslösen, selbst wenn die vertraglichen oder gesetzlichen Unverfallbarkeitsvoraussetzungen nicht erfüllt sind.[23] Beendigung tritt zu dem Zeitpunkt ein, zu dem das Arbverh als Rechtsgrundlage für künftige Leistungspflichten erlischt. Als **Beendigungstatbestände** kommen damit v.a. die ordentliche oder außerordentliche Künd, der Abschluss eines Aufhebungsvertrages, die Befristung des Arbverh oder der Tod des AN in Betracht. Eine Beendigung erfolgt nicht, wenn die Hauptleistungspflichten lediglich

---

15 *Höfer*, BetrAV 2007, 597.
16 BAG 10.3.1972 – 3 AZR 278/71 – BAGE 24, 177 = AP § 242 BGB Ruhegehalt Nr. 156 m. Anm. *Weitnauer*; zuletzt BAG 24.2.2004 – 3 AZR 5/03 – NZA 2004, 789.
17 BT-Drucks 7/1281, S. 20.
18 *Dieterich*, AuR 1971, 132 f.; *v. Arnim*, S. 96 ff.
19 *Blomeyer/Rolfs/Otto*, § 1b Rn 10 ff.
20 *Kemper u.a.*, § 1b Rn 6.
21 *Höfer*, § 1b Rn 2693 ff.
22 St. Rspr., BAG 21.1.2003 – 3 AZR 121/02 – NZA 2004, 152; 22.2.2000 – 3 AZR 4/99 – NZA 2001, 1310.
23 BAG 28.2.1989 – 3 AZR 470/87 – NZA 1989, 676.

ausgesetzt werden und das **Arbverh ruht**, etwa bei Inanspruchnahme von Elternzeit gem. § 15 BEEG (§ 15 BErzGG a.F.).[24] Ob ein dem Ruhen des Arbverh vergleichbarer Fall dann vorliegt, wenn die AN- oder AG-Künd von vornherein nur eine vorübergehende Beendigung bezweckt und mit einer Rückkehrvereinbarung verbunden wird, etwa in Saison- und Kampagnebetrieben, hat das BAG bisher noch offen gelassen.[25] Soll das Arbverh **vorzeitig** einvernehmlich oder durch Künd des AN enden, so ist der AG i.d.R. nicht verpflichtet, den AN über die Nichterfüllung der Unverfallbarkeitsfristen aufzuklären. Vielmehr hat sich der AN grds. zunächst selbst Klarheit über die Folgen der Beendigung zu verschaffen.[26]

4. Vollendung des 25. bzw. 30. Lebensjahres. Nach dem BetrAVG in der ab dem 1.1.2009 geltenden Fassung ist Voraussetzung für den Eintritt der Unverfallbarkeit für Zusagen, die nach dem 1.1.2009 erteilt wurden, nicht mehr, dass der AN mindestens das 30. Lebensjahr, sondern dass er das 25. Lebensjahr vollendet hat. Mit dem Gesetz zur Förderung der zusätzlichen Altersvorsorge wurde zudem § 30f um einen Abs. 2 erweitert. Danach gilt das herabgesetzte Mindestalter nicht nur für ab dem 1.1.2009 erteilte Versorgungszusagen, sondern auch für Versorgungszusagen, die vor dem 1.1.2009 und nach dem 31.12.2000 abgegeben wurden, wenn die Zusage ab dem 1.1.2009 fünf Jahre bestanden hat und bei Beendigung des Arbverh das 25. Lebensjahr vollendet ist. Im Übrigen, d.h. wenn das Arbverh bis zum 31.12.2013 endet, verbleibt es für Zusagen, die vor dem 1.1.2009 und nach dem 31.12.2000 erteilt worden sind, bei den Unverfallbarkeitsmodalitäten des AVmG (Mindestalter 30 und Zusagebestand mindestens fünf Jahre). Ob das geforderte Mindestalter vollendet wurde, berechnet sich nach Maßgabe der §§ 188 Abs. 2 Hs. 2, 187 Abs. 2 S. 2 BGB. Ein am 1.8.1976 geborener AN vollendet sein 30. Lebensjahr hiernach am 31.7.2006 um 24.00 Uhr. Der Einführung eines Mindestalters liegt die Überlegung zugrunde, dass AN, deren Arbverh vor diesem Zeitpunkt endet, regelmäßig noch ausreichend Zeit haben, für den Aufbau einer zusätzlichen Alterssicherung zu sorgen und der Wert der bis dahin erworbenen Anwartschaft regelmäßig nur gering ausfällt.[27] Ob die Festlegung von 30 bzw. 25 vollendeten Lebensjahren eine Diskriminierung wegen des Alters i.S.d. Richtlinie 2000/78/EG darstellt, ist noch nicht abschließend geklärt.[28] Das BAG hatte mit Urteil vom 18.10.2005 erkannt, dass die frühere gesetzliche Mindestaltersgrenze von 35 Jahren weder eine unmittelbare noch eine mittelbare Benachteiligung wegen des Geschlechts und auch keinen Verstoß gegen das GG und den EU-Vertrag (Art. 141) enthält.[29] Das LAG Köln hat nunmehr mit Urteil v. 18.1.2008[30] unter Bezugnahme auf die zuvor erwähnte Entscheidung des BAG entschieden, dass die in dieser Altersgrenze liegende unmittelbare Ungleichbehandlung wegen des Alters nach den in der Richtlinie 2000/78/EG niedergelegten Grundsätzen gerechtfertigt sei. Die Erwägungen, die der 3. Senat zur Rechtfertigung einer mittelbaren Diskriminierung wegen des Geschlechts angestellt habe, könnten auch für die Rechtfertigung einer Diskriminierung wegen des Alters herangezogen werden.

5. Bestand der Zusage. Die Versorgungszusage muss zum Zeitpunkt der vorzeitigen Beendigung des Arbverh mind. fünf Jahre bestanden haben. Diese Frist muss stets voll erfüllt sein. Selbst ein Unterschreiten von lediglich wenigen Tagen stellt keinen Härtefall dar, der Anlass zu einer Korrektur gibt und führt damit zum Verfall der Anwartschaft.[31] Ob sich der Fristbeginn nach § 187 Abs. 1 BGB oder nach § 187 Abs. 2 BGB richtet, ist ggf. durch Auslegung der Versorgungszusage zu ermitteln. Dementsprechend endet die Frist entweder gem. § 188 Abs. 2 Hs. 1 BGB oder gem. § 188 Abs. 2 Hs. 2 BGB. Nach § 1b genügt es, dass die Unverfallbarkeitsfrist gleichzeitig mit der Beendigung des Arbverh abläuft. Die Zusagedauer ist eine Mindestfrist, die erreicht, aber nicht überschritten werden muss.[32]

a) Erteilung der Zusage. Der Anspruch auf Leistungen der Alters-, Invaliditäts- oder Hinterbliebenenversorgung kann auf individualrechtlicher (Einzelzusage, vertragliche Einheitsregelung, Gesamtzusage, betriebliche Übung, Gleichbehandlungsgrundsatz), kollektivrechtlicher (BV, Vereinbarung nach dem SprAuG, TV) oder gesetzlicher Grundlage beruhen. Dass die betriebliche Übung und der Grundsatz der Gleichbehandlung in S. 4 ausdrücklich als mögliche Anspruchsgrundlagen der betrieblichen Altersversorgung aufgeführt werden, hat lediglich deklaratorische Bedeutung und ändert nichts am individualrechtlichen Charakter dieses Entstehungstatbestandes (zum Gleichbehandlungsgrundsatz und zur betrieblichen Übung ausführlich siehe § 1 Rn 71 ff.).[33]

aa) Zeitpunkt der Zusage. Eine Versorgungszusage ist dann erteilt, wenn die Verpflichtung des AG gegenüber dem AN erstmals entstanden ist. Das hängt von dem gewählten Rechtsbegründungsakt ab.[34] Eine Einzelzusage ist dann erteilt, wenn die Versorgungsvereinbarung zustande gekommen ist. Das richtet sich nach allgemeinem Ver-

---

24 BAG 21.1.2003 – 3 AZR 121/02 – NZA 2004, 152; zum früheren Erziehungsurlaub BAG 15.2.1994 – 3 AZR 708/93 – NZA 1994, 794.
25 BAG 21.1.2003 – 3 AZR 121/02 – NZA 2004, 152; 22.2.2000– 3 AZR 4/99 – NZA 2001, 1310.
26 BAG 11.12.2001 – 3 AZR 339/00 – NZA 2002, 1150; BAG 3.7.1990 – 3 AZR 382/89 – NZA 1990, 971.
27 BT-Drucks 7/1281 S. 22, 23.
28 Zweifelnd HWK/*Schipp*, § 1b BetrAVG Rn 3.
29 BAG 18.10.2005 – 3 AZR 506/04 – NZA 2006, 1159.
30 LAG Köln – 11 Sa 1077/07 – juris.
31 BAG 7.8.1975 – 3 AZR 12/75 – DB 1975, 2088; BAG 9.3.1982 – 3 AZR 389/79 – DB 1982, 2089.
32 Vgl. BAG 14.1.2009 – 3 AZR 816/07 – zu § 30f Abs. 1 Hs. 2
33 Zum historischen Hintergrund der Regelung *Blomeyer/ Rolfs/Otto*, § 1b Rn 153.
34 *Kemper u.a.*, § 1b Rn 35.

tragsrecht. Bei arbeitgeberfinanzierten Einzelzusagen kann die Annahme durch den AN stillschweigend nach § 151 S. 1 BGB erfolgen. Der Zugang des Angebots beim AN bestimmt in diesem Fall den Zeitpunkt der Zusageerteilung. Für **Gesamtzusagen** hat das BAG ausdrücklich betont, dass diese dann wirksam werden, wenn sie gegenüber den AN in einer Form verlautbart werden, die den einzelnen AN typischerweise in die Lage versetzt, von der Erklärung Kenntnis zu nehmen. Sie gehen dann zu.[35] Bei **vertraglichen Einheitsregelungen** kommt die Versorgungsvereinbarung wie bei einer Einzelzusage zustande.[36] Beruht die betriebliche Altersversorgung auf einer **betrieblichen Übung** oder dem **Grundsatz der Gleichbehandlung**, ist die Zusage dann erteilt, wenn die betriebliche Übung entstanden ist und sich für den konkreten AN auswirkt oder wenn ein Verstoß gegen den Gleichbehandlungsgrundsatz vorliegt (zu den Schwierigkeiten der Feststellung des Zeitpunkts des Entstehens einer betrieblichen Übung siehe § 1 Rn 72).[37] Beruht die betriebliche Altersversorgung schließlich auf einer **BV** oder einem **TV**, ist die Zusage mit dem Abschluss der wirksamen Kollektivvereinbarung erteilt.

21 **bb) Beginn der Betriebszugehörigkeit.** Es entspricht allgemeiner Meinung, dass die für die gesetzliche Unverfallbarkeit maßgebliche Zusagedauer nicht vor der Betriebszugehörigkeit beginnt.[38] Für Direktversicherungs-, Pensionskassen- und Pensionsfondszusagen ergibt sich dies unmittelbar aus Abs. 2 S. 4 bzw. Abs. 3 S. 2. Aber auch in den übrigen Durchführungswegen kann die Unverfallbarkeitsfrist nicht vor Beginn der Betriebszugehörigkeit in Gang gesetzt werden, da vor diesem Zeitpunkt die zu entgeltende Leistung des AN auch noch nicht erbracht werden kann.[39]

22 **cc) Zusage einer Versorgungszusage (Vorschaltzeiten).** Häufig verspricht der AG, die Versorgungszusage erst zu einem späteren Zeitpunkt abzugeben (Vorschaltzeit), sei es nach Erreichen einer bestimmten Betriebszugehörigkeitszeit, sei es nach Vollendung eines bestimmten Alters.[40] Derartige Vereinbarungen sind nicht unproblematisch, da sie die Gefahr der Umgehung des § 1b bergen. Nach st. Rspr. des BAG beginnt der Lauf der Unverfallbarkeitsfrist deshalb bereits mit dem Zeitpunkt der Zusage der Versorgungszusage, wenn dem AG nach Ablauf der vereinbarten Vorschaltzeit **kein Entscheidungsspielraum** mehr über Inhalt und Umfang der zu erteilenden Zusage verbleibt.[41]

23 Bei der Interpretation des Begriffs der Zusage i.S.d. § 1b muss von den gesetzgeberischen Zielen ausgegangen werden, die mit den Unverfallbarkeitsbestimmungen verfolgt werden. In diesem Sinne liegt eine Versorgungszusage vor, wenn der AN aufgrund von rechtsgeschäftlichen Erklärungen des AG darauf vertrauen darf, allein durch seine weitere Betriebszugehörigkeit mit Zeitablauf ohne eine weitere inhaltliche Entscheidung des AG einen Versorgungsanspruch zu erwerben.[42] Ist dies der Fall, wirkt sich die Vorschaltzeit regelmäßig nur **wie eine Wartezeit** oder deren Verlängerung aus.[43] Die rechtsgeschäftliche Erklärung des AG kann auch auf einer betrieblichen Übung beruhen.[44]

24 Abzugrenzen ist die „Zusage einer Zusage" stets von einem unverbindlichen Inaussichtstellen einer betrieblichen Altersversorgung. Ob der AG ein Versprechen i.S.d. § 1b abgibt oder eine Versorgungszusage lediglich unverbindlich in Aussicht stellt, hängt davon ab, inwieweit er sich einen **Entscheidungsfreiraum vorbehalten** hat, ob und mit welchem Inhalt dem AN Versorgungsleistungen zugesagt werden sollen. Wird die Erteilung eines Versorgungsversprechens von einem **statusbezogenen Kriterium** abhängig gemacht, etwa dem Erreichen einer bestimmten Stellung im Unternehmen, so liegt eine Zusage vor, wenn die Einnahme dieser Position bereits sicher ist.[45] Ein die Verbindlichkeit ausschließender Entscheidungsfreiraum kann aber wohl dann angenommen werden, wenn die Erfüllung der Voraussetzung vom Willen des AG abhängt, etwa wenn noch darüber zu befinden ist, ob ein AN nach Beendigung einer befristeten Probezeit in ein unbefristetes Arbverh übernommen werden soll.[46] Kein Entscheidungsspielraum bleibt dem AG auch bei sog. **Blankettzusagen**, bei denen er sich verpflichtet, eine Altersversorgung zu gewähren, sich aber zugleich vorbehält, bestimmte Versorgungsbedingungen im Einzelnen noch zu regeln. Ist eine Versorgungszusage in Form einer Blankettzusage erteilt, so hat die spätere Ausgestaltung billigem Ermessen (§ 315 Abs. 1 BGB) zu genügen.[47]

---

35 BAG 24.1.2006 – 3 AZR 583/04 – AP § 313 BGB Nr. 1.
36 *Andresen u.a.* Teil 7 A Rn 67 ff.
37 *Kemper u.a.*, § 1b Rn 44 f.; vgl. auch BAG 30.10.1984 – 3 AZR 236/82 – NZA 1985, 531: Gewährung eines 13. Ruhegehalts über acht Jahre; BAG 16.7.1996 – 3 AZR 352/95 – NZA 1997, 664: gleichförmiges Verhalten über 14 Jahre.
38 BAG 21.1.2003 – 3 AZR 121/02 – BAGE 104, 256 = NZA 2004, 152.
39 BAG 21.1.2003 – 3 AZR 121/02 – BAGE 104, 256 = NZA 2004, 152; *Höfer*, § 1b Rn 2718.
40 BAG 13.7.1978 – 3 AZR 278/77 – DB 1979, 551.
41 BAG 7.7.1977 – 3 AZR 572/76 – 1977, 1704; BAG 13.7.1978 – DB 1979, 551; BAG 20.3.1980 – 3 AZR 697/78 – NJW 1980, 2428; BAG 21.8.1980 – 3 AZR 143/80 – NJW 1981, 1855; 19.4.1983– 3 AZR 24/81 – DB 1983, 2474; BAG 29.10.1985 – 3 AZR 462/83 – NZA 1986, 786; zuletzt BAG 24.2.2004 – 3 AZR 5/03 – BAGE 109, 354 = NZA 2004, 789.
42 BAG 24.2.2004 – 3 AZR 5/03 – NZA 2004, 789.
43 BAG 24.2.2004 – 3 AZR 5/03 – NZA 2004, 789.
44 BAG 29.10.1985 – 3 AZR 462/83 – NZA 1986, 786; s.a. BAG 25.6.2002 – 3 AZR 360/01 – NZA 2003, 875.
45 BAG 20.4.1982 – 3 AZR 1118/79 – NJW 1983, 414.
46 Offen gelassen in BAG 24.2.2004 – 3 AZR 5/03 – NZA 2004, 789; *Höfer*, § 1b Rn 2740.
47 BAG 19.11.2002 – 3 AZR 406/01 – EzA § 1 BetrAVG Nr. 85; BAG 19.6.2005 – 3 AZR 472/04 – AP § 1 BetrAVG Nr. 42.

b) Unterbrechung der Zusagedauer. Da die Versorgungszusage fünf Jahre bestanden haben muss, tritt die Unverfallbarkeit nach § 1b nicht ein, wenn entweder das Arbverh oder die Versorgungszusage vor Ablauf der Frist endet. 25

aa) Unterbrechung durch Beendigung des Arbeitsverhältnisses. Wie sich aus dem Umkehrschluss zu S. 3 ergibt, führt eine rechtliche Beendigung des Arbverh zu einer Unterbrechung der Unverfallbarkeitsfristen.[48] Dabei ist der Grund der vorzeitigen Beendigung unerheblich.[49] Schließen AG und AN nur kurze Zeit später erneut einen Arbeitsvertrag, so beginnen die gesetzlichen Unverfallbarkeitsfristen dennoch grds. neu zu laufen, § 217 BGB a.F.[50] Da die Insolvenzsicherung von Anwartschaften gem. § 7 Abs. 2 von der Erfüllung der gesetzlichen Unverfallbarkeitsfristen abhängt, ist zum Schutz des PSV eine Übertragung der zu § 1 Abs. 1 KSchG, § 622 Abs. 2 BGB, § 4 BUrlG entwickelten Anrechnungsgrundsätze nicht möglich.[51] Die Parteien der Versorgungsvereinbarung können die Anrechnung der vorherigen Dienstzeiten vereinbaren, dies führt jedoch nur zu einer früheren vertraglichen Unverfallbarkeit. Nur in seltenen Ausnahmefällen sind Vordienstzeiten auch bei der Berechnung der gesetzlichen Unverfallbarkeitsfrist zu berücksichtigen (siehe Rn 31).[52] 26

Wechselt der AN innerhalb eines **Konzerns**, so wird nach bisheriger Rspr. des BAG die gesetzliche Unverfallbarkeitsfrist mit dem Ende des Arbverh zu dem zusagenden Konzern-Unternehmen unterbrochen.[53] Sagt jedoch eine **Konzernobergesellschaft** einem AN eine Versorgungsleistung als Gegenleistung für die Begründung eines Arbverh zu einem Tochterunternehmen zu, so bleibt die AG-Stellung der Konzernobergesellschaft bezüglich der betrieblichen Altersversorgung erhalten.[54] 27

Wechselt ein AN nicht den AG, sondern die Stellung innerhalb eines Unternehmens, so dass er nicht mehr als AN i.S.d. § 17 Abs. 1 S. 1, sondern als „Nicht-AN" i.S.d. § 17 Abs. 1 S. 2 einzustufen ist (**Statuswechsel**), so wird die Unverfallbarkeitsfrist ebenfalls nicht unterbrochen. Die Versorgungszusage des „Nicht-AN" wird in gleicher Weise durch das BetrAVG geschützt wie während des Zeitraumes, in dem der Versorgungsberechtigte als AN einzuordnen war. Für den Eintritt der gesetzlichen Unverfallbarkeit ist es damit unerheblich, ob der Mitarbeiter die erforderliche Dienstzeit als AN erbracht hat oder gem. § 17 Abs. 1 S. 2 tätig war.[55] Maßgeblich ist vielmehr, ob die Tätigkeit durchgehend für ein und denselben Vertragspartner erbracht wurde. 28

bb) Unterbrechung bei Entfallen der Versorgungszusage. In einem **bestehenden Arbverh** wird die Zusagedauer unterbrochen, wenn ein erteiltes **Versorgungsversprechen wieder entfällt**. Dies kann durch einvernehmliche Aufhebung der Versorgungsvereinbarung mit oder ohne Abfindungsregelung erfolgen. § 3 hindert die Befugnis der Vertragsparteien zum Abschluss einer Abfindungsvereinbarung im bestehenden Arbverh nicht.[56] 29

Beruht die Versorgungszusage auf einer BV und wird diese bspw. nach § 77 Abs. 5 BetrVG gekündigt, so eröffnet die Künd dem AG keine weitergehende Einwirkungsmöglichkeit auf die Versorgungsanwartschaften als der Abschluss einer Aufhebungs- oder Änderungsvereinbarung mit dem BR.[57] Das Versorgungsversprechen besteht in dem Umfang fort, in dem die Anwartschaft gegenüber Änderungen geschützt ist. 30

cc) Anrechnung von Vordienstzeiten. Die gesetzlichen Unverfallbarkeitsvorschriften verlangen ein durchlaufendes Arbverh. Da nach Abs. 1 S. 3 nur eine Änderung der Versorgungszusage oder ihre Übernahme durch eine andere Person den Ablauf der Fristen nach S. 1 nicht unterbricht, erlischt mit der Beendigung des Arbverh während des Fristenlaufs die Versorgungsanwartschaft. Sie muss im neuen Arbverh neu erworben werden.[58] Hiervon hat das BAG mit seiner sog. **Heranreichensrechtsprechung** eine Ausnahme gemacht. Unter bestimmten Voraussetzungen sieht es das Gericht als zulässig an, auch **Beschäftigungszeiten** bzw. Zusagezeiten[59] **aus einem früheren Arbverh** zum selben oder zu einem anderen AG auf den Lauf der gesetzlichen Unverfallbarkeitsfrist anzurechnen. Dies kann sich auf die Einstandspflicht des PSV gem. § 7 Abs. 2 auswirken, wenn der gesetzliche Insolvenzschutz erst durch die Zusammenrechnung der Zeiten ausgelöst wird. Nach den Grundsätzen des BAG erfolgt eine Anrechnung, wenn eine auf die Unverfallbarkeit der Versorgungsanwartschaft gerichtete **Anrechnungsvereinbarung** über die frühere 31

---

[48] St. Rspr., zuletzt BAG 25.4.2006 – 3 AZR 78/05 – AuA 2006, 361; BAG 21.1.2003 – 3 AZR 121/02 – NZA 2004, 152; BAG 22.2.2000 – 3 AZR 4/99 – NZA 2001, 1310.
[49] BAG 22.2.2000 – 3 AZR 4/99 – NZA 2001, 1310; *Höfer*, § 1b Rn 2946 ff.
[50] BAG 22.2.2000 – 3 AZR 4/99 – NZA 2001, 1310.
[51] BAG 22.2.2000 – 3 AZR 4/99 – NZA 2001, 1310.
[52] BAG 21.1.2003 – 3 AZR 121/02 – NZA 2004, 152; BAG 22.2.2000 – 3 AZR 4/99 – NZA 2001, 1310.
[53] BAG 17.12.1991 – 3 AZR 89/91 – juris; a.A. ErfK/*Steinmeyer*, § 1b BetrAVG Rn 17 m.w.N.
[54] BAG 25.10.1988 – 3 AZR 64/87 – NZA 1989, 259.
[55] BAG 21.8.1990 – 3 AZR 429/89 – NZA 1991, 311; BAG 20.4.2004 – 3 AZR 297/03 – NZA 2005, 927.
[56] BAG 14.8.1990 – 3 AZR 301/89 – DB 1991, 501; *Höfer*, § 3 Rn 3574.
[57] BAG 21.8.2001 – 3 ABR 44/00 – NZA 2002, 575; BAG 17.8.1999 – 3 ABR 55/98 – DB 2000, 774 = SAE 2000, 225 m. Anm. *Blomeyer/Vienken*; BAG 11.5.1999 – 3 AZR 21/98 – NZA 2000, 322 = RdA 2000, 365 m. Anm. *Blomeyer/Vienken*.
[58] BAG 22.2.2000 – 3 AZR 4/99 – NZA 2001, 1310.
[59] BAG 22.2.2000 – 3 AZR 4/99 – NZA 2001, 1310.

Beschäftigungszeit besteht, die angerechnete Betriebszugehörigkeit **von einer Versorgungszusage begleitet** war und **an das letzte Arbverh heranreicht, das eine Versorgungsanwartschaft begründet**.[60] Klar herausgearbeitet hat das Gericht stets, dass sich das neue Arbverh nahtlos an das alte anschließen muss. Liegt eine auch nur kurzzeitige Unterbrechung vor, so führt die Anrechnung der Vordienstzeit lediglich zur vertraglichen, nicht jedoch zur gesetzlichen Unverfallbarkeit.[61] Hintergrund der Heranreichensrechtsprechung waren allein insolvenzrechtliche Überlegungen. Anwartschaften sind nur dann insolvenzgeschützt, wenn sie gesetzlich unverfallbar sind. Ziel der Rspr. war es damit stets, den Insolvenzschutz auf die Fälle zu beschränken, in denen die Anrechnung von Vordienstzeiten vereinbart war.[62] Eine Einschränkung hat der 3. Senat deshalb für den Fall gemacht, dass der betreffende AN bereits aufgrund der Vordienstzeiten allein eine kraft Gesetzes unverfallbare Anwartschaft erlangt hatte. Andernfalls würde sich ohne Grund die Beschäftigungs- bzw. Zusagezeit zweimal bei der Berechnung der gesetzlichen Unverfallbarkeitsfrist zugunsten des AN auswirken.[63] Im Übrigen hat das BAG stets betont, dass eine über die bisherige Rspr. hinausgehende Rechtsfortbildung nicht in Betracht kommt.

32 **dd) Abweichende Regelungen in Tarifvertrag oder Betriebsvereinbarung.** Für die Berechnung der gesetzlichen Unverfallbarkeitsfristen ist es grds. unerheblich, ob die Parteien einen früheren oder späteren **Beginn der Versorgungszusage** vereinbart haben.[64] Umstritten ist, ob dies auch für BV und TV gilt. Das BAG und teilweise die Lit. kommen zu dem Ergebnis, dass durch BV bzw. TV, die als Zeitpunkt ihres Inkrafttretens ein Datum vor dem Vertragsschluss bestimmen, die gesetzlichen Unverfallbarkeitsfristen abgekürzt werden können.[65] Diese Auffassung begegnet Bedenken. Eine Rückdatierung des Zeitpunkts der Erteilung wirkt sich zu Lasten des PSV aus, der gem. § 7 Abs. 2 nur den gesetzlich unverfallbaren Anwartschaften Insolvenzschutz gewähren muss. Das Eingreifen des gesetzlichen Insolvenzschutzes steht aber nicht zur Disposition der Vertragsparteien.[66] Die den AN begünstigende Regelung ist zwar zulässig, sie führt jedoch lediglich zu einer früheren vertraglichen Unverfallbarkeit des Versorgungsversprechens.[67] Die Vereinbarung des Inkrafttretens von BV/TV zu einem späteren Zeitpunkt ist dagegen wie eine Wartezeitenregelung zu behandeln.[68]

33 **c) Änderung der Versorgungszusage oder Übernahme durch eine andere Person (S. 3).** Eine Änderung der Versorgungszusage oder ihre Übernahme durch eine andere Person unterbricht nicht den Ablauf der Fristen nach S. 1, § 1b Abs. 1 S. 3.

34 **aa) Änderung der Versorgungszusage.** Als Änderungen der Versorgungszusage i.S.d. Abs. 1 S. 3 kommen Erhöhungen oder Reduzierungen der Leistung, Veränderungen der Leistungsvoraussetzungen und die Wahl eines anderen Durchführungsweges in Betracht.[69]

35 Auch ein späteres, zusätzliches Versorgungsversprechen des AG, das neben die bestehende Zusage tritt, wird vom BAG nach dem Abs. 1 S. 3 zugrunde liegenden Prinzip der **Einheit der Versorgungszusage** nicht als Neuzusage, sondern als Änderung i.S.v. S. 3 aufgefasst und kann daher den Fristablauf nicht unterbrechen.[70] Das spätere Versorgungsversprechen wird so behandelt, als sei es bereits zum Zeitpunkt der früheren Zusage abgegeben worden.

36 Nach Auffassung des BAG setzt der Grundsatz der Einheit der Versorgung voraus, dass zumindest ein **sachlicher Zusammenhang** der Neuzusage mit der Altzusage bestand. Wurde die zusätzliche Versorgungszusage hingegen unabhängig von der früheren Zusage erteilt und steht mit jener in **keinem sachlichen Zusammenhang**, so handelt es sich nicht um eine Änderung mit der Folge, dass für die Alt- und die Neuzusage eigenständige Unverfallbarkeitsfristen laufen.[71] Ob ein sachlicher Zusammenhang zwischen Neu- und Altzusage besteht, muss durch Auslegung der Versorgungsversprechen ermittelt werden. Entscheidend sind hier stets die Umstände des Einzelfalls.

37 **bb) Übernahme durch eine andere Person.** Die Unverfallbarkeitsfrist wird auch nicht unterbrochen, wenn die Versorgungszusage durch eine andere Person übernommen wird. Grds. kann die Übernahme einer Versorgungszusage durch eine Gesamtrechtsnachfolge (z.B. Umwandlung nach dem UmwG; zu den Auswirkungen einer Umwandlung im Bereich der betrieblichen Altersversorgung siehe § 1 Rn 194), einen Betriebsübergang nach § 613a BGB (zu den Auswirkungen des Betriebsübergangs im Bereich der betrieblichen Altersversorgung siehe § 1

---

60 BAG 21.1.2003 – 3 AZR 121/02 – NZA 2004, 152; BAG 22.2.2000 – 3 AZR 4/99 – NZA 2001, 1310; BAG 11.1.1983 – 3 AZR 212/80 – NJW 1984, 1199.
61 BAG 21.1.2003 – 3 AZR 121/02 – NZA 2004, 152: Unterbrechung von drei Monaten; 22.2.2000– 3 AZR 4/99 – NZA 2001, 1310: Unterbrechung von sechs Wochen.
62 BAG 28.3.1995 – 3 AZR 496/94 – NZA 1996, 258; BAG 24.6.1998 – 3 AZR 97/97 – n.v.
63 BAG 28.3.1995 – 3 AZR 496/94 – NZA 1996, 258.
64 *Kemper u.a.*, § 1b Rn 38.
65 BAG 6.3.1984 – 3 AZR 82/82 – BAGE 45, 178 = NZA 1984, 356 m.w.N.
66 BAG 21.8.2001 – 3 ABR 44/00 – NZA 2002, 575.
67 *Höfer*, § 1b Rn 2778; *Kemper u.a.*, § 1b Rn 64.
68 So auch *Höfer*, § 1b Rn 2776 ff.; *Kemper u.a.*, § 1b Rn 63 ff.
69 *Blomeyer/Rolfs/Otto*, § 1b Rn 117 ff.
70 BAG 12.2.1981 – 3 AZR 163/80 – BAGE 35, 71 = NJW 1982, 463; BAG 28.4.1981 – 3 AZR 184/80 – BAGE 37, 19 = DB 1982, 856; a.A. *Blomeyer/Rolfs/Otto*, § 1b Rn 132, 139 m.w.N; kritisch auch *Hanau*, in: GS für Blomeyer, S. 117 ff.
71 BAG 28.4.1992 – 3 AZR 354/91 – BetrAV 1992, 229; *Ahrend/Förster/Rühmann*, § 1b Rn 20.

Rn 188 ff.) oder durch eine Schuld- bzw. Vertragsübernahme nach den §§ 414 ff. BGB bewirkt werden. Abs. 1 S. 3 betrifft jedoch v.a. die **Schuld- und Vertragsübernahme** und nicht die Gesamtrechtsnachfolge und den Betriebsübergang.[72] Bei letzteren vollzieht sich die Auswechslung des Versorgungsschuldners nämlich kraft Gesetzes, weshalb die Unverfallbarkeitsfrist ohnehin nicht unterbrochen wird. Bei der Schuldübernahme durch einen Anderen, der nicht unbedingt AG sein muss, sind die in § 4 getroffenen Sonderbestimmungen zu beachten.

d) Eintritt in den Vorruhestand (S. 2). Gem. S. 2 behält ein AN seine Anwartschaft auch dann, wenn er aufgrund einer Vorruhestandsregelung ausscheidet und ohne das vorherige Ausscheiden die Wartezeit und die sonstigen Voraussetzungen für den Bezug von Leistungen der betrieblichen Altersversorgung hätte erfüllen können. Mit dieser Bestimmung hat der Gesetzgeber eine zweite selbständige Möglichkeit zum Erwerb einer unverfallbaren Versorgungsanwartschaft geschaffen.[73] Hierdurch soll den AN ein Anreiz zum Abschluss von Vorruhestandsvereinbarungen geboten werden; es soll vermieden werden, dass AN die Möglichkeit, Vorruhestand in Anspruch zu nehmen, deshalb ausschlagen, weil sie mit dem Übergang in den Vorruhestand Betriebsrentenansprüche verlieren, die sie bei Fortbestand des Arbverh gehabt hätten.[74]

Vorruhestandsregelungen sind alle vertraglichen Vereinbarungen zwischen AG und AN, die die Übergangsphase zwischen Ausscheiden aus dem Arbverh und Eintritt in den Ruhestand gestalten.[75] Neben der Beendigung des Arbverh aufgrund der Vorruhestandsregelung setzt S. 2 weiter voraus, dass der AN bei Verbleib im Arbverh nach den Regelungen der im Betrieb geltenden Versorgungsordnung einen Betriebsrentenanspruch erlangt hätte.[76]

e) Ablauf einer vorgesehenen Wartezeit (S. 5). Der Anspruch auf die Versorgungsleistung wird in Versorgungsordnungen oftmals von dem Ablauf einer bestimmten Wartezeit abhängig gemacht.

aa) Leistungsausschließende und leistungsaufschiebende Wartezeit. Inhalt einer solchen Regelung kann zum einen sein, dass der Versorgungsanspruch **nicht entsteht**, wenn der Versorgungsfall innerhalb der Wartezeit eintritt (**leistungsausschließende Wartezeit**); zum anderen kann aber auch bezweckt werden, dass der Anspruch **erst entsteht**, wenn auch die Wartezeit abgelaufen ist (**leistungsaufschiebende Wartezeit**).[77] Ob die Wartezeit aufschiebende oder ausschließende Wirkung haben soll, ist durch Auslegung der Versorgungsvereinbarung zu ermitteln. Enthält die Versorgungsordnung keine weiteren Hinweise und könnte der AN die Wartezeit bis zum Eintritt des Versorgungsfallalters im bestehenden Arbverh erreichen, so ist von einer lediglich leistungsaufschiebenden Wirkung auszugehen.[78] Nach der Rspr. des BAG[79] ist der AG bis an die Grenze des Rechtsmissbrauchs frei, einen Zeitraum festzulegen, den ein AN mindestens im Arbverh zurückgelegt haben muss, um einen Versorgungsanspruch zu erwerben. So kann er auch festlegen, zu welchem Zeitpunkt eine solche Wartezeit zu laufen beginnt und auch bestimmen, von welcher Beschäftigungsdauer an Betriebszugehörigkeitszeiten anwartschaftssteigernd wirken. Diese Gestaltungsfreiheit ist das Gegenstück zu der Bereitschaft des AG, sich freiwillig zu einer von ihm zu finanzierenden Zusatzversorgung zu verpflichten.

bb) Wartezeiten und Unverfallbarkeitsfristen. Von Wartezeiten grundlegend zu unterscheiden sind die gesetzlichen **Unverfallbarkeitsfristen**. Von diesen darf – wie sich insbesondere in Abs. 1 S. 3 und dem Umkehrschluss hieraus zeigt – auch nicht durch privatautonom festgelegte Wartezeiten zum Nachteil der AN abgewichen werden. Auch Wartezeitregelungen können deshalb die Entstehung des Versorgungsanspruchs nicht vom Ablauf einer tatsächlichen Beschäftigungszeit abhängig machen, die über die gesetzlichen Unverfallbarkeitsfristen hinausgeht. Vielmehr haben solche **Wartezeiten grds. nur aufschiebende Funktion** und können gem. S. 5 auch nach Beendigung des Arbverh erfüllt werden, soweit sie nicht – unabhängig von der Beendigung des Arbverh – bereits leistungsausschließend wirken. Das bedeutet in unmittelbarer Anwendung, dass ein unverfallbarer Anwartschaft und der sich daraus nach § 2 ergebende Teilanspruch auch dann besteht, wenn die vertraglich festgelegte Wartezeit beim Ausscheiden noch nicht abgelaufen ist; dabei kann der Teilanspruch entsprechend der Versorgungszusage frühestens dann fällig werden, wenn die Wartezeit verstrichen ist.[80] Im Umkehrschluss folgt aus S. 5, dass der AN, wenn er aus der Sicht bei Vertragsbeginn die Wartezeit als Voraussetzung für den Vollanspruch bis zum Erreichen der vereinbarten Altersgrenze nicht erfüllen konnte, selbst dann keine unverfallbare Anwartschaft erwirbt, wenn er die gesetzlichen Unverfallbarkeitsfristen im Betrieb zurückgelegt hat. Wer nämlich aufgrund privatautonom festgelegter

---

72 So auch *Blomeyer/Rolfs/Otto*, § 1b Rn 130; *Kemper u.a.*, § 1b Rn 74; ErfK/*Steinmeyer*, § 1b BetrAVG Rn 33.
73 BAG 28.3.1995 – 3 AZR 496/94 – BAGE 79, 370 = NZA 1996, 258.
74 BT-Drucks 10/880 S. 21; BT-Drucks 10/1175 S. 32.
75 *Kemper u.a.*, § 1b Rn 115.
76 BAG 28.3.1995 – 3 AZR 496/94 – BAGE 79, 370 = NZA 1996, 258.
77 Zur Unterscheidung zwischen leistungsausschließender und leistungsaufschiebender Wartezeit siehe BAG 7.7.1977 – 3 AZR 570/76 – BAGE 29, 227 = DB 1977, 1608; BAG 20.2.2001 – 3 AZR 21/00 – EzA § 1 BetrAVG Wartezeit Nr. 2.
78 BAG 3.5.1983 – 3 AZR 1263/79 – BAGE 42, 313 = DB 1983, 1259.
79 BAG 24.2.2004 – 3 AZR 5/03 – BAGE 109, 354 = NZA 2004, 789.
80 BAG 24.2.2004 – 3 AZR 5/03 – BAGE 109, 354 = NZA 2004, 789.

Anspruchsvoraussetzungen nie darauf vertrauen durfte, dass er einen vollen Versorgungsanspruch erwerben würde, kann auch keine unverfallbare Anwartschaft erwerben.[81]

43 **f) Wechsel innerhalb der EU (S. 6).** Mit dem im Jahre 2001 mit dem AVmG eingefügten S. 6, der der Umsetzung von Art. 4 der RL 98/49/EG des Rates v. 29.6.1998 dient, wird klargestellt, dass bei einem Wechsel eines AN aus dem Geltungsbereich des BetrAVG in einen Mitgliedstaat der EU die Anwartschaft in gleichem Umfang erhalten bleibt wie für Personen, die auch nach Beendigung eines Arbverh innerhalb des Geltungsbereichs des Betriebsrentengesetzes verbleiben. Bereits nach zuvor geltender Rechtslage wurde angenommen, dass der Wechsel eines AN innerhalb der EU – oder auch in einen Nicht-EU-Staat – nicht zur Beeinträchtigung der unter der Geltung des BetrAVG erworbenen unverfallbaren Anwartschaften führen darf.[82] Die Regelung hat rein **deklaratorischen Charakter.**

II. Unverfallbarkeit von Versorgungszusagen im Sinne von § 30f

44 § 30f enthält Übergangsvorschriften für Versorgungszusagen, die vor dem 1.1.2001 bzw. vor dem 1.1.2009 und nach dem 31.12.2000 erteilt wurden.

45 **1. § 30f Abs. 1.** Mit dem AVmG war mit § 30f – nunmehr **§ 30f Abs. 1** – eine Übergangsregelung für die vor dem 1.1.2001 erteilten Versorgungszusagen geschaffen worden. Nach dessen S. 1 Hs. 1 findet Abs. 1 auf Versorgungsversprechen, die vor dem 1.1.2001 erteilt wurden, mit der Maßgabe Anwendung, dass die Anwartschaft erhalten bleibt, wenn das Arbverh vor Eintritt des 35. Lebensjahres endet und die Versorgungszusage zu diesem Zeitpunkt entweder mind. zehn Jahre (Alt. 1) oder bei mind. zwölfjähriger Betriebszugehörigkeit mind. drei Jahre (Alt. 2) bestanden hat.

46 Während nach § 1b neben dem Erreichen des Mindestalters lediglich eine bestimmte Zusagedauer Voraussetzung für die Unverfallbarkeit ist, hat nach der Übergangsregelung des § 30f Abs. 1 auch die **Dauer der Betriebszugehörigkeit** Bedeutung. Die Betriebszugehörigkeit beginnt mit dem rechtlichen Beginn des Arbverh und endet mit dessen rechtlicher Beendigung. Wird ein AN nach einem **Ausbildungsverhältnis** direkt in ein Arbverh übernommen, so beginnt die Betriebszugehörigkeit bereits mit dem rechtlichen Beginn des Ausbildungsverhältnisses.[83] Die Zeit der Berufsausbildung zählt mit. Nach § 17 Abs. 1 S. 1 Hs. 2 steht ein Berufsausbildungsverhältnis betriebsrentenrechtlich einem Arbverh gleich. Bei einem **Betriebsinhaberwechsel** nach § 613a BGB sind die Beschäftigungszeiten beim Veräußerer und Erwerber zusammenzurechnen, soweit die Unverfallbarkeit einer Versorgungsanwartschaft von der Dauer der Betriebszugehörigkeit abhängt. Dies gilt unabhängig davon, ob der Erwerber selbst eine Versorgungszusage erteilt hat oder nicht. Das Arbverh wird durch den Betriebsübergang rechtlich nicht unterbrochen. Die zwingende Berücksichtigung der beim Veräußerer zurückgelegten Vordienstzeiten hat allerdings nur Bedeutung für die Frage, ob eine unverfallbare Anwartschaft entstanden ist. Aus dem Grunde ist der Erwerber eines Betriebes nach § 613a BGB nicht verpflichtet, bei der Berechnung von Versorgungsleistungen, die auf eine eigene Versorgungszusage zurückgehen, solche Beschäftigungszeiten anzurechnen, die die übernommenen AN bei dem vormaligen AG zurückgelegt haben.[84] Bei der Feststellung der Betriebszugehörigkeit ist stets zu beachten, dass zahlreiche Gesetze eine **Anrechnung** von Vordienstzeiten, Wehrdienst bzw. Zivildienst oder aus sonstigem Anlass (z.B. Mutterschaft) vorsehen. Beispielhaft sei hier nur auf § 4 AbgG, § 6 ArbPlSchG, § 10 MuSchG und § 8 SVG hingewiesen.[85]

47 Nach S. 1 Hs. 2 bleibt die Anwartschaft auch erhalten, wenn die Zusage ab dem 1.1.2001 fünf Jahre bestanden hat und bei Beendigung des Arbverh das 30. Lebensjahr vollendet ist. Diese Regelung soll sicherstellen, dass Neuzusagen nicht eher unverfallbar werden als Zusagen, die vor dem 1.1.2001 erteilt wurden. Da mit Ablauf des 31.12.2005 auch für vor dem 1.1.2001 erteilte Zusagen (Altzusagen) in jedem Fall die Fünf-Jahres-Frist abgelaufen ist, sind alle Anwartschaften aus diesen Zusagen spätestens seit dem 1.1.2006 unverfallbar, sofern der AN bei seinem Ausscheiden das 30. Lebensjahr vollendet hat.[86] Nach S. 2 findet Abs. 5 für Anwartschaften aus diesen Zusagen keine Anwendung. Hierdurch wird sichergestellt, dass die sofortige gesetzliche Unverfallbarkeit bei Entgeltumwandlung im Falle von Altzusagen nicht gilt.

48 **2. § 30f Abs. 2.** Die mit dem Gesetz zur Förderung der Altersvorsorge vorgenommene Herabsetzung des Mindestalters von 30 auf 25 Jahre greift aufgrund der Einfügung des Abs. 2 in § 30f nicht nur für ab dem 1.1.2009 erteilte Versorgungszusagen. Vielmehr gilt das günstige Mindestalter 25 auch für Versorgungszusagen, die vor dem 1.1.2009 und nach dem 31.12.2000 erteilt wurden, wenn der Versorgungsanwärter beim Ausscheiden aus dem Unternehmen nach dem 31.12.2000 fünf Jahre im Besitz der Versorgungszusage war und zu diesem Zeitpunkt das 25. Lebensjahr vollendet hat. Andernfalls ist § 1b mit der Maßgabe anzuwenden, dass die Anwartschaft nur

---

81 BAG 7.7.1977 – 3 AZR 570/76 – BAGE 29, 227 = DB 1977, 1608; zuletzt BAG 24.2.2004 – 3 AZR 5/03 – BAGE 109, 354 = NZA 2004, 789.
82 *Blomeyer/Rolfs/Otto,* § 1b Rn 158.
83 BAG 19.11.2002 – 3 AZR 167/02 – NZA 2004, 264.
84 BAG 19.12.2000 – 3 AZR 451/99 – NZA 2002, 615; BAG 19.4.2005 – 3 AZR 469/04 – DB 2005, 1748.
85 Ausf. *Höfer,* § 1b Rn 2879 ff.
86 *Blomeyer/Rolfs/Otto,* § 30f Rn 7.

dann erhalten bleibt, wenn das Arbverh vor Eintritt des Versorgungsfalls, jedoch nach Vollendung des 30. Lebensjahres endet und die Versorgungszusage zu diesem Zeitpunkt fünf Jahre bestanden hat.

III. Besonderheiten bei Einschaltung eines rechtlich selbstständigen Versorgungsträgers

§ 1b regelt getrennt nach den einzelnen Durchführungswegen die gesetzlichen Unverfallbarkeitsmodalitäten, d.h. die Unverfallbarkeit dem Grunde nach. Darüber hinaus werden in den Abs. 2 bis 4 die externen Versorgungsträger bei mittelbaren Versorgungszusagen (Direktversicherung, Pensionskasse, Pensionsfonds und Unterstützungskasse) in gesetzlichen Klammerdefinitionen beschrieben (näher zur Direktversicherung siehe § 1 Rn 44 ff., zur Pensionskasse siehe § 1 Rn 55 ff.~, zum Pensionsfonds siehe § 1 Rn 58 ff.~~ und zur Unterstützungskasse siehe § 1 Rn 63 ff.).[87] Die speziellen Regelungen zur gesetzlichen Unverfallbarkeit bei mittelbaren Versorgungszusagen, die den Besonderheiten des jeweiligen Versorgungsträgers Rechnung tragen, finden sich ebenfalls in den Abs. 2 bis 4.   49

1. Direktversicherung gem. Abs. 2. Während bei einer Direktversicherung der AG die Stellung des **Versicherungsnehmers** hat, kommt dem AN die Stellung des Versicherten zu. Dem AN oder seinen Hinterbliebenen steht das Bezugsrecht auf die Leistungen des Versicherers zu. Hieran ändert sich grds. nichts dadurch, dass das Arbverh nach Erfüllung der Unverfallbarkeitsvoraussetzungen vorzeitig beendet wird. Der AG hat damit aufgrund seiner Eigenschaft als Versicherungsnehmer weiterhin die Möglichkeit, den Leistungsanspruch, der dem AN oder seine Hinterbliebenen gegenüber dem Lebensversicherer zusteht, zu beeinträchtigen. Um dem vorzubeugen, hat der Gesetzgeber in Abs. 2 S. 1 bis 3 verschiedene Vorkehrungen zum Erhalt der Anwartschaft getroffen. In S. 4 wird für eine Direktversicherung als Zeitpunkt der Erteilung der Versorgungszusage der Versicherungsbeginn bestimmt, frühestens jedoch der Beginn der Betriebszugehörigkeit.   50

a) Widerruf des Bezugsrechts. Da ein widerruflich als bezugsberechtigt bezeichneter Dritter gem. § 159 Abs. 3 VVG das Recht auf die Leistung des Versicherers erst mit dem Eintritt des Versicherungsfalls erwirbt, kann der AG als Versicherungsnehmer bei einem versicherungsrechtlich **widerruflichen Bezugsrecht** bis dahin die Bezugsberechtigung gegenüber dem Versicherer ohne die Zustimmung des AN wirksam widerrufen, vgl. § 159 Abs. 1 VVG (siehe auch § 1 Rn 50). Abs. 2 S. 1 verpflichtet den AG demgegenüber, das Bezugsrecht wegen der Beendigung des Arbverh **nicht mehr zu widerrufen**, wenn die Voraussetzungen der Unverfallbarkeit nach Abs. 1 S. 1 und 2 bereits erfüllt sind. Allerdings handelt es sich bei dieser Verpflichtung um eine rein **arbeitsrechtliche Verpflichtung**, die das Versorgungsverhältnis zwischen AG und AN und nicht das Versicherungsverhältnis betrifft.[88] Die Wirksamkeit des Widerrufs im Versicherungsverhältnis zwischen AG und Versicherer wird hierdurch nicht beeinflusst. Ein entgegen Abs. 2 S. 1 ausgesprochener Widerruf des AG ist im Versicherungsvertragsverhältnis wirksam und bindend. Demgegenüber hat er im Arbverh keine Auswirkungen. Erhält der AN aufgrund des Widerrufs im Versicherungsfall keine Leistungen des Versicherers, so hat der AG gem. § 1 Abs. 1 S. 3 verschuldensunabhängig für die Erbringung der Versorgungsleistung einzustehen. Ggf. macht er sich gegenüber dem AN auch schadensersatzpflichtig.   51

b) Abtretung, Beleihung und Verpfändung. Bleibt der mit einer unverfallbaren Anwartschaft ausgeschiedene AN zwar bezugsberechtigt, hat der AG aber die Ansprüche aus dem Versicherungsvertrag **abgetreten oder beliehen**, so muss der AN bei Eintritt des Versicherungsfalles gem. Abs. 2 S. 3 so gestellt werden, als ob die Abtretung oder die Beleihung nicht erfolgt wäre. Gleiches gilt bei der **Verpfändung** der Versicherungsleistung.[89] Die Regelung bindet den AG nur im Verhältnis zum AN. Der Verstoß gegen die arbeitsvertragliche Verpflichtung liegt dabei in der Nicht-Rückgängigmachung der Abtretung, Beleihung oder Verpfändung im Zeitpunkt des Versicherungsfalls.[90] Der AG hat aber auch hier nach § 1 Abs. 1 S. 3 für die Erfüllung der Versorgungszusage einzustehen.   52

c) Auflösend bedingtes Bezugsrecht. Auswirkungen auf das Versicherungsverhältnis hat dagegen die Vorschrift des Abs. 2 S. 2. Hiernach ist eine Vereinbarung unwirksam, soweit das **Bezugsrecht** auch nach Erfüllung der Unverfallbarkeitsfristen durch die Beendigung des Arbverh **auflösend bedingt** ist. Die Bestimmung ergänzt die Regelung des S. 1 in den Fällen, in denen dem AN zwar von Anfang an ein unwiderrufliches Bezugsrecht eingeräumt war, dieses aber für den Fall seines vorzeitigen Ausscheidens auflösend bedingt ist.[91] Eine gegen Abs. 2 S. 2 verstoßende Regelung im Versicherungsvertrag ist unwirksam.[92] Dies hat zur Folge, dass der Versicherer im Versicherungsfall die Leistungserbringung gegenüber dem AN nicht unter Hinweis darauf verweigern kann, das Bezugsrecht sei durch den Bedingungseintritt bereits erloschen.   53

d) Zeitpunkt der Erteilung der Versorgungszusage. Gem. Abs. 2 S. 4 gilt der Versicherungsbeginn als Zeitpunkt der Erteilung der Versorgungszusage, frühestens jedoch der Beginn der Betriebszugehörigkeit. Dieser Bestimmung ist letztlich ein nur geringer Bedeutungsgehalt beizumessen. Maßgeblicher Bezugspunkt bei der Berechnung   54

---

[87] § 1 Abs. 1 S. 2.
[88] BAG 8.6.1999 – 3 AZR 136/98 – NZA 1999, 1103.
[89] *Höfer*, § 1b Rn 3001.
[90] *Kemper u.a.*, § 1b Rn 137.
[91] *Blomeyer/Rolfs/Otto*, § 1b Rn 232.
[92] BAG 8.6.1999 – 3 AZR 136/98 – NZA 1999, 1103.

der Unverfallbarkeitsfrist bleibt der **Zeitpunkt der Erteilung der (mittelbaren) Versorgungszusage** und nicht der Versicherungsbeginn.[93] Stimmen der Beginn des Versorgungsverhältnisses und der Beginn des Versicherungsverhältnisses nicht überein, weil der AG den Abschluss eines Lebensversicherungsvertrages erst für einen späteren Zeitpunkt zugesagt hat, sind die von der Rspr. entwickelten Grundsätze zur Lösung der Vorschaltzeitenproblematik (siehe Rn 22 ff.) auch bei Direktversicherungszusagen unmittelbar anzuwenden.[94] Lediglich für den Fall, dass vor Versicherungsbeginn noch keine arbeitsrechtliche Verpflichtung erkennbar war, gilt die Versorgungszusage ab dem Versicherungsbeginn als erteilt. Frühester Beginn der Unverfallbarkeitsfrist bleibt auch bei mittelbaren Zusagen der Beginn der Betriebszugehörigkeit (siehe Rn 21).

55 **2. Pensionskasse und Pensionsfonds gem. Abs. 3.** Im Gegensatz zu Direktversicherungszusagen wird dem AN oder dessen Hinterbliebenen bei Pensionskassen- bzw. Pensionsfondszusagen unmittelbar ein Rechtsanspruch gegenüber dem Versorgungsträger eingeräumt, der nicht vom AG wirtschaftlich genutzt werden kann. Insoweit war es nicht notwendig, dem AG die schuldrechtliche Verpflichtung ausdrücklich aufzugeben, entsprechende Beeinträchtigungen nach dem Ausscheiden des AN zu unterlassen oder rückgängig zu machen. Zwar bestimmt Abs. 3 S. 2 auch für die Durchführungswege Pensionskasse und Pensionsfonds, dass als Zeitpunkt der Erteilung der Versorgungszusage der Versicherungsbeginn gilt. Maßgeblich muss aber auch in diesen Fällen der Zeitpunkt der mittelbaren Versorgungszusage selbst sein.

56 **3. Unterstützungskasse gem. Abs. 4.** Wird die betriebliche Altersversorgung über eine Unterstützungskasse gem. Abs. 4 durchgeführt, so mangelt es dem AN nach der Legaldefinition in Abs. 4 an einem eigenen Rechtsanspruch gegenüber der Unterstützungskasse. Aus diesem Grunde sieht Abs. 4 die Gleichstellung der nach Erfüllung der Unverfallbarkeitsfristen ausgeschiedenen AN mit den betriebstreuen AN vor. Auf diesem Wege soll zwar der Begriff der „Anwartschaft" vermieden, aber im Ergebnis letztlich die Aufrechterhaltung der „Anwartschaft" erreicht werden.[95] Nach Abs. 4 S. 2 gilt die Versorgungszusage in dem Zeitpunkt als erteilt, von dem an der AN zum Kreis der Begünstigten der Unterstützungskasse gehört. Auch hier sind Vorschaltzeiten entsprechend der Rspr. des BAG zu berücksichtigen.[96]

IV. Sonderregelungen bei Entgeltumwandlung gem. Abs. 5

57 Spätestens seit dem Urteil des BAG v. 26.6.1990[97] ist geklärt, dass auch durch Entgeltumwandlung finanzierte Versorgungsversprechen betriebliche Altersversorgung sind und damit dem Anwendungsbereich des BetrAVG unterfallen. Die Regelungen des Gesetzes waren jedoch auf „klassisch" arbeitgeberfinanzierte Zusagen zugeschnitten und wurden der Sonderform einer arbeitnehmerfinanzierten betrieblichen Altersversorgung in vielen Bereichen nicht gerecht. Insb. die gesetzlichen Unverfallbarkeitsfristen und damit verbunden der Insolvenzschutz gem. § 7 Abs. 2 wurden für Entgeltumwandlungszusagen als unzureichend empfunden. Im Rahmen der Reform des BetrAVG durch das AVmG[98] und das HZvNG[99] hat der Gesetzgeber deshalb für Entgeltumwandlungszusagen dem § 1b die spezielle Vorschrift des Abs. 5 hinzugefügt. Soweit betriebliche Altersversorgung durch Entgeltumwandlung erfolgt, behält der AN nach Abs. 5 S. 1 Hs. 1 seine Anwartschaft, wenn sein Arbverh vor Eintritt des Versorgungsfalles endet.

58 **1. Sachlicher Anwendungsbereich.** Abs. 5 findet auf Entgeltumwandlungsvereinbarungen i.S.d. § 1 Abs. 2 Nr. 3 (siehe § 1 Rn 161 ff.) und auf Eigenbeitragszusagen i.S.d. § 1 Abs. 2 Nr. 4 (siehe § 1 Rn 173) Anwendung. Besteht neben der Entgeltumwandlungszusage ein arbeitgeberfinanziertes Versorgungsversprechen, so bezieht sich Abs. 5 allein auf den arbeitnehmerfinanzierten Teil. Insb. nimmt die „klassisch" finanzierte betriebliche Altersversorgung **nicht nach dem Grundsatz der Einheit der Versorgungszusage** (siehe Rn 35) an der sofortigen Unverfallbarkeit des Abs. 5 S. 1 teil.[100]

59 **2. Zeitlicher Anwendungsbereich.** Der zeitliche Geltungsbereich des Abs. 5 wird für Entgeltumwandlungszusagen durch § 30f S. 2 und für Eigenbeitragszusagen durch § 30e festgelegt.

60 **a) Entgeltumwandlungszusagen (§ 30f S. 2).** Aus § 30f S. 2 folgt, dass die Sonderregelungen des Abs. 5 nur für Entgeltumwandlungszusagen gelten, die **nach dem 31.12.2000** abgegeben wurden. Bedeutung hat dieser Stichtag v.a. im Hinblick auf den gesetzlichen Insolvenzschutz des § 7 Abs. 2. Insolvenzgesichert sind hiernach allein Versorgungsanwartschaften, die gesetzlich unverfallbar sind. Wurde die Entgeltumwandlungsvereinbarung nach dem 31.12.2000 geschlossen (Neuzusage), so wird die hieraus resultierende Versorgungsanwartschaft gem. Abs. 5 S. 1 Hs. 1 sofort unverfallbar. Handelt es sich um eine **vor dem 1.1.2001** vereinbarte Entgeltumwandlung (**Altzusage**),

---

93 So auch *Höfer*, § 1b Rn 3010; a.A. *Blomeyer/Rolfs/Otto*, § 1b Rn 247 ff.
94 BAG 19.4.1983 – 3 AZR 24/81 – DB 1983, 2474.
95 *Blomeyer/Rolfs/Otto*, § 1b Rn 325.
96 BAG 13.7.1978 – 3 AZR 278/77 – DB 1979, 551; BAG 20.3.1980 – 3 AZR 697/78 – NJW 1980, 2428; BAG 21.8.1980 – 3 AZR 143/80 – NJW 1981, 1855.
97 3 AZR 641/88 – AP § 1 BetrAVG Lebensversicherung Nr. 11.
98 Gesetz v. 26.6.2001, BGBl I S. 1310.
99 Gesetz v. 21.6.2002, BGBl I S. 2167.
100 *Höfer*, § 1b Rn 3063.

so gelten die **allg. Unverfallbarkeitsfristen gem. § 30f S. 1**. Zwar nimmt die Rspr. auch bei Entgeltumwandlungszusagen, die vor dem 1.1.2001 vereinbart wurden, an, dass diese sofort unverfallbar sind.[101] Dabei handelt es sich jedoch nur um eine vertragliche Unverfallbarkeit, die den gesetzlichen Insolvenzschutz des § 7 Abs. 2 nicht auslöst.

b) Eigenbeitragszusagen (§ 30e). Auf Eigenbeitragszusagen i.S.d. § 1 Abs. 2 Nr. 4 findet nach § 30e Abs. 1 der § 1b Abs. 5 nur Anwendung, soweit die Eigenbeitragszusage **nach dem 31.12.2002** abgegeben wurde. Handelt es sich bei dem Versorgungsträger um eine durch Beiträge von AG und AN kofinanzierte Pensionskasse, so sind gem. § 30e Abs. 2 S. 1 darüber hinaus die Vorgaben des § 1b Abs. 5 S. 1 Nr. 1 und 2 nicht zwingend zu beachten, selbst wenn die Zusage nach dem 31.12.2002 erteilt wurde (siehe § 30e Rn 3).

3. Sofortige gesetzliche Unverfallbarkeit und Insolvenzschutz. Findet Abs. 5 auf die Entgeltumwandlungs- oder Eigenbeitragszusage zeitlich Anwendung, so ist die Versorgungsanwartschaft – gleich welcher Durchführungsweg gewählt wurde – sofort gesetzlich unverfallbar. Maßgeblicher Zeitpunkt ist dabei der **Abschluss der Entgeltumwandlungsvereinbarung**, aus der die Versorgungsanwartschaft resultiert.[102] Hinsichtlich des sich daraus ergebenden Insolvenzschutzes gem. § 7 Abs. 2 ist die Regelung des § 7 Abs. 5 S. 3 zur Verhinderung eines Versicherungsmissbrauchs zu beachten. Danach werden grds. Verbesserungen der Versorgungszusage bei der Bemessung der Leistungen des Trägers der Insolvenzsicherung nicht berücksichtigt, soweit sie in den beiden letzten Jahren vor dem Eintritt des Sicherungsfalls vereinbart worden sind. Eine Ausnahme hiervon wird gem. § 7 Abs. 5 S. 3 Hs. 2 aber für Zusagen aus einer Entgeltumwandlung gemacht, die ab dem 1.1.2002 abgegeben werden, soweit Beträge von bis zu 4% der Beitragsbemessungsgrenze in der RV der Arbeiter und Ang für eine betriebliche Altersversorgung verwendet werden. Der gesetzliche Insolvenzschutz greift in diesen Fällen sofort statt mit einer zweijährigen Verzögerung ein.

4. Sonderregelungen bei Direktversicherungs-, Pensionskassen- und Pensionsfondszusagen. Neben der in allen Durchführungswegen geltenden sofortigen Unverfallbarkeit der Versorgungsanwartschaft hat der Gesetzgeber in Abs. 5 zudem besondere Bedingungen für die Durchführungswege Direktversicherung, Pensionskasse und Pensionsfonds normiert.

a) Verwendung der Überschussanteile nur zur Verbesserung der Leistung (Abs. 5 S. 1 Nr. 1). Gem. Abs. 5 S. 1 Nr. 1 dürfen die Überschussanteile nur zur Verbesserung der Leistung verwendet werden. Diese Regelung beruht auf dem Gedanken, dass die Leistungen des Versorgungsträgers durch den AN finanziert wurden. Der wirtschaftliche Ertrag aus den Beiträgen muss folglich auch dem AN ungeschmälert zukommen.

b) Recht zur Fortsetzung mit eigenen Beträgen (Abs. 5 S. 1 Nr. 2). Dem vorzeitig ausgeschiedenen AN muss gem. Abs. 5 S. 1 Nr. 2 das Recht eingeräumt werden, die Versicherung oder Versorgung fortzusetzen. Der Begriff der Versorgung betrifft das Rechtsverhältnis zu einem Pensionsfonds, der im Gegensatz zu Lebensversicherern und Pensionskassen kein Versicherungsunternehmen i.S.d. § 1 Abs. 1 VAG ist. Durch das Recht zur Fortsetzung soll dem AN die Möglichkeit eröffnet werden, die bereits bestehende Alterssicherung weiter zu steigern, anstatt neue Versicherungsverhältnisse zum Aufbau einer ausreichenden Altersversorgung eingehen zu müssen, bei denen zusätzliche Provisionen und Verwaltungskosten anfallen würden.

c) Ausschluss des Rechts zur Verpfändung, Abtretung oder Beleihung (Abs. 5 S. 1 Nr. 3). Nach Abs. 5 S. 1 Nr. 3 muss das Recht zur Verpfändung, Abtretung oder Beleihung durch den AG ausgeschlossen werden. Dem AG soll keine Möglichkeit verbleiben, die im Versicherungsfall geschuldete Leistung des Versorgungsträgers wirtschaftlich zu nutzen und den Anspruch des AN zu gefährden. Anders als gem. Abs. 2 S. 3 ist die Verpfändung, Abtretung oder Beleihung durch den AG von Beginn an ausgeschlossen. Das Verbot gilt auch für den Fall, dass der AN der wirtschaftlichen Nutzung zustimmen sollte (vgl. § 17 Abs. 3).

d) Einräumung eines unwiderruflichen Bezugsrechts (Abs. 5 S. 2). Schließlich ist gem. Abs. 5 S. 2 im Falle einer Direktversicherung dem AN darüber hinaus **mit Beginn der Entgeltumwandlung** ein unwiderrufliches Bezugsrecht einzuräumen. Anders als bei Durchführung der betrieblichen Altersversorgung über eine Pensionskasse oder einen Pensionsfonds, die nach der Legaldefinition des Abs. 3 dem AN einen eigenen Rechtsanspruch auf die Leistung gewähren, kann der AG das Bezugsrecht grds. bis zum Eintritt des Versicherungsfalls verändern (vgl. § 166 Abs. 1 VVG). Nur durch Einräumung eines unwiderruflichen Bezugsrechts erlangt der AN gegenüber dem Versicherer eine bestandsfeste Rechtsposition. Abs. 5 S. 2 bindet den AG allein im Versorgungsverhältnis zum AN, nicht jedoch gegenüber dem Versicherer.[103] Der AG kann unter Verstoß gegen Abs. 5 S. 2 im Versicherungsverhältnis das Bezugsrecht wirksam widerruflich belassen. Erlangt der AN aufgrund eines pflichtwidrigen Widerrufs des Bezugsrechts durch den AG keine Versicherungsleistungen, hat der AG selbst gem. § 1 Abs. 1 S. 3 für die versprochenen Leistungen einzustehen.

---

[101] BAG 8.6.1993 – 3 AZR 670/92 – NZA 1994, 507.
[102] So auch *Höfer*, § 1b Rn 3042 ff.
[103] A.A. *Höfer*, § 1b Rn 3059.

C. Verbindung zu anderen Rechtsgebieten

68 Die Erfüllung der Unverfallbarkeitsvoraussetzungen des § 1b ist Bedingung für die unmittelbare Anwendung der Regelungen zur Berechnung der Höhe (§ 2), der Abfindbarkeit und Übertragbarkeit (§§ 3 und 4) und des Insolvenzschutzes von Versorgungsanwartschaften (§ 7 Abs. 2). Auch hängt vom Eintritt der Unverfallbarkeit die Beitragspflicht gegenüber dem PSV ab (§ 10 Abs. 3). Im Rahmen des **Familienrechts** hat die Unverfallbarkeit von Versorgungsanwartschaften für die Durchführung des Versorgungsausgleichs bei Ehescheidung Bedeutung. Gem. § 1587a Abs. 2 Nr. 3 S. 3 BGB finden bezüglich der noch verfallbaren Anwartschaften die Vorschriften über den schuldrechtlichen Versorgungsausgleich Anwendung (§§ 1587f bis n BGB, § 2 VAHRG), während bei unverfallbaren Anwartschaften der öffentlich-rechtliche Versorgungsausgleich vorrangig durchzuführen ist (§ 1587b Abs. 1 bis 3 BGB, §§ 1, 3b ff. VAHRG).[104] Für die Zeit **ab dem 1.9.2009** ist das Gesetz zur Strukturreform des Versorgungsausgleichs vom 3.4.2009 (BGBl. I S. 700) zu beachten. Insoweit verweist § 1587 BGB für den Versorgungsausgleich auf das **Versorgungsausgleichsgesetz**. In **steuerrechtlicher Hinsicht** kann die Unverfallbarkeit von Versorgungsanwartschaften für die Zulässigkeit von Rückstellungsbildungen beachtlich sein (vgl. § 6a Abs. 2 Nr. 1 EStG).

D. Beraterhinweise

69 Allg. gilt, dass die Schwierigkeiten im Rahmen des § 1b v.a. in der Bestimmung der für die Fristberechnung entscheidenden Zeitpunkte, d.h. des Zeitpunktes der Erteilung der Zusage sowie des Beginns und des Endes der Betriebszugehörigkeit liegen. Zu den spezifischen Fragen der Anrechnung von Vordienstzeiten und Vorschaltzeiten hat sich eine st. Rspr. des BAG entwickelt, an deren Fortsetzung kaum zu zweifeln ist.[105]

§ 2 Höhe der unverfallbaren Anwartschaft

(1) ¹Bei Eintritt des Versorgungsfalles wegen Erreichens der Altersgrenze, wegen Invalidität oder Tod haben ein vorher ausgeschiedener Arbeitnehmer, dessen Anwartschaft nach § 1b fortbesteht, und seine Hinterbliebenen einen Anspruch mindestens in Höhe des Teiles der ohne das vorherige Ausscheiden zustehenden Leistung, der dem Verhältnis der Dauer der Betriebszugehörigkeit zu der Zeit vom Beginn der Betriebszugehörigkeit bis zum Erreichen der Regelaltersgrenze in der gesetzlichen Rentenversicherung entspricht; an die Stelle des Erreichens der Regelaltersgrenze tritt ein früherer Zeitpunkt, wenn dieser in der Versorgungsregelung als feste Altersgrenze vorgesehen ist, spätestens der Zeitpunkt, in dem der Arbeitnehmer ausscheidet und gleichzeitig eine Altersrente aus der gesetzlichen Rentenversicherung für besonders langjährig Versicherte in Anspruch nimmt. ²Der Mindestanspruch auf Leistungen wegen Invalidität oder Tod vor Erreichen der Altersgrenze ist jedoch nicht höher als der Betrag, den der Arbeitnehmer oder seine Hinterbliebenen erhalten hätten, wenn im Zeitpunkt des Ausscheidens der Versorgungsfall eingetreten wäre und die sonstigen Leistungsvoraussetzungen erfüllt gewesen wären.

(2) ¹Ist bei einer Direktversicherung der Arbeitnehmer nach Erfüllung der Voraussetzungen des § 1b Abs. 1 und 5 vor Eintritt des Versorgungsfalls ausgeschieden, so gilt Absatz 1 mit der Maßgabe, daß sich der vom Arbeitgeber zu finanzierende Teilanspruch nach Absatz 1, soweit er über die von dem Versicherer nach dem Versicherungsvertrag auf Grund der Beiträge des Arbeitgebers zu erbringende Versicherungsleistung hinausgeht, gegen den Arbeitgeber richtet. ²An die Stelle der Ansprüche nach Satz 1 tritt auf Verlangen des Arbeitgebers die von dem Versicherer auf Grund des Versicherungsvertrags zu erbringende Versicherungsleistung, wenn

1. spätestens nach 3 Monaten seit dem Ausscheiden des Arbeitnehmers das Bezugsrecht unwiderruflich ist und eine Abtretung oder Beleihung des Rechts aus dem Versicherungsvertrag durch den Arbeitgeber und Beitragsrückstände nicht vorhanden sind,
2. vom Beginn der Versicherung, frühestens jedoch vom Beginn der Betriebszugehörigkeit an, nach dem Versicherungsvertrag die Überschußanteile nur zur Verbesserung der Versicherungsleistung zu verwenden sind und
3. der ausgeschiedene Arbeitnehmer nach dem Versicherungsvertrag das Recht zur Fortsetzung der Versicherung mit eigenen Beiträgen hat.

³Der Arbeitgeber kann sein Verlangen nach Satz 2 nur innerhalb von 3 Monaten seit dem Ausscheiden des Arbeitnehmers diesem und dem Versicherer mitteilen. ⁴Der ausgeschiedene Arbeitnehmer darf die Ansprüche aus dem Versicherungsvertrag in Höhe des durch Beitragszahlungen des Arbeitgebers gebildeten geschäftsplanmäßigen Deckungskapitals oder, soweit die Berechnung des Deckungskapitals nicht zum Geschäftsplan ge-

---

[104] Zum Versorgungsausgleich bei Ansprüchen und Anwartschaften auf betriebliche Altersversorgung vgl. Kommentierung von §§ 1587a ff. BGB in MüKo-BGB, Staudinger und Erman.

[105] *Reinecke*, NZA 2004, 753.

hört, das nach § 169 Abs. 3 und 4 des Versicherungsvertragsgesetzes berechneten Wertes weder abtreten noch beleihen. ⁵In dieser Höhe darf der Rückkaufswert auf Grund einer Kündigung des Versicherungsvertrags nicht in Anspruch genommen werden; im Falle einer Kündigung wird die Versicherung in eine prämienfreie Versicherung umgewandelt. ⁶§ 169 Abs. 1 des Versicherungsvertragsgesetzes findet insoweit keine Anwendung. ⁶Eine Abfindung des Anspruchs nach § 3 ist weiterhin möglich.

(3) ¹Für Pensionskassen gilt Absatz 1 mit der Maßgabe, daß sich der vom Arbeitgeber zu finanzierende Teilanspruch nach Absatz 1, soweit er über die von der Pensionskasse nach dem aufsichtsbehördlich genehmigten Geschäftsplan oder, soweit eine aufsichtsbehördliche Genehmigung nicht vorgeschrieben ist, nach den allgemeinen Versicherungsbedingungen und den fachlichen Geschäftsunterlagen im Sinne des § 5 Abs. 3 Nr. 2 Halbsatz 2 des Versicherungsaufsichtsgesetzes (Geschäftsunterlagen) auf Grund der Beiträge des Arbeitgebers zu erbringende Leistung hinausgeht, gegen den Arbeitgeber richtet. ²An die Stelle der Ansprüche nach Satz 1 tritt auf Verlangen des Arbeitgebers die von der Pensionskasse auf Grund des Geschäftsplans oder der Geschäftsunterlagen zu erbringende Leistung, wenn nach dem aufsichtsbehördlich genehmigten Geschäftsplan oder den Geschäftsunterlagen

1. vom Beginn der Versicherung, frühestens jedoch vom Beginn der Betriebszugehörigkeit an, Überschußanteile, die auf Grund des Finanzierungsverfahrens regelmäßig entstehen, nur zur Verbesserung der Versicherungsleistung zu verwenden sind oder die Steigerung der Versorgungsanwartschaften des Arbeitnehmers der Entwicklung seines Arbeitsentgelts, soweit es unter den jeweiligen Beitragsbemessungsgrenzen der gesetzlichen Rentenversicherungen liegt, entspricht und
2. der ausgeschiedene Arbeitnehmer das Recht zur Fortsetzung der Versicherung mit eigenen Beiträgen hat.

Absatz 2 Satz 3 bis 7 gilt entsprechend.

(3a) Für Pensionsfonds gilt Absatz 1 mit der Maßgabe, dass sich der vom Arbeitgeber zu finanzierende Teilanspruch, soweit er über die vom Pensionsfonds auf der Grundlage der nach dem geltenden Pensionsplan im Sinne des § 112 Abs. 1 Satz 2 in Verbindung mit § 113 Abs. 2 Nr. 5 des Versicherungsaufsichtsgesetzes berechnete Deckungsrückstellung hinausgeht, gegen den Arbeitgeber richtet.

(4) Eine Unterstützungskasse hat bei Eintritt des Versorgungsfalls einem vorzeitig ausgeschiedenen Arbeitnehmer, der nach § 1b Abs. 4 gleichgestellt ist, und seinen Hinterbliebenen mindestens den nach Absatz 1 berechneten Teil der Versorgung zu gewähren.

(5) ¹Bei der Berechnung des Teilanspruchs nach Absatz 1 bleiben Veränderungen der Versorgungsregelung und der Bemessungsgrundlagen für die Leistung der betrieblichen Altersversorgung, soweit sie nach dem Ausscheiden des Arbeitnehmers eintreten, außer Betracht; dies gilt auch für die Bemessungsgrundlagen anderer Versorgungsbezüge, die bei der Berechnung der Leistung der betrieblichen Altersversorgung zu berücksichtigen sind. ²Ist eine Rente der gesetzlichen Rentenversicherung zu berücksichtigen, so kann das bei der Berechnung von Pensionsrückstellungen allgemein zulässige Verfahren zugrunde gelegt werden, wenn nicht der ausgeschiedene Arbeitnehmer die Anzahl der im Zeitpunkt des Ausscheidens erreichten Entgeltpunkte nachweist; bei Pensionskassen sind der aufsichtsbehördlich genehmigte Geschäftsplan oder die Geschäftsunterlagen maßgebend. ³Bei Pensionsfonds sind der Pensionsplan und die sonstigen Geschäftsunterlagen maßgebend. ⁴Versorgungsanwartschaften, die der Arbeitnehmer nach seinem Ausscheiden erwirbt, dürfen zu keiner Kürzung des Teilanspruchs nach Absatz 1 führen.

(5a) Bei einer unverfallbaren Anwartschaft aus Entgeltumwandlung tritt an die Stelle der Ansprüche nach Absatz 1, 3a oder 4 die vom Zeitpunkt der Zusage auf betriebliche Altersversorgung bis zum Ausscheiden des Arbeitnehmers erreichte Anwartschaft auf Leistungen aus den bis dahin umgewandelten Entgeltbestandteilen; dies gilt entsprechend für eine unverfallbare Anwartschaft aus Beiträgen im Rahmen einer beitragsorientierten Leistungszusage.

(5b) An die Stelle der Ansprüche nach den Absätzen 2, 3, 3a und 5a tritt bei einer Beitragszusage mit Mindestleistung das dem Arbeitnehmer planmäßig zuzurechnende Versorgungskapital auf der Grundlage der bis zu seinem Ausscheiden geleisteten Beiträge (Beiträge und die bis zum Eintritt des Versorgungsfalls erzielten Erträge), mindestens die Summe der bis dahin zugesagten Beiträge, soweit sie nicht rechnungsmäßig für einen biometrischen Risikoausgleich verbraucht wurden.

(6) (aufgehoben)

Literatur: *Baumeister/Merten*, Rente ab 67 – Neue Altersgrenzen in der gesetzlichen und zusätzlichen Altersvorsorge, DB 2007, 1306 ff.; *Braun*, Besonderheiten bei Abfindungen aus betrieblicher Altersversorgung, NJW 1983, 1590 ff.; *Cisch/Kruip*, Die Auswirkung der Anhebung der Altersgrenzen in der gesetzlichen Rentenversicherung auf die betriebliche Altersversorgung, BB 2007, 1162 ff.; *Förster/Cisch*, Die Änderungen im Betriebsrentengesetz durch das Alterseinkünftegesetz und deren Bedeutung für die Praxis, BB 2004, 2126 ff.; *Höfer*, Das neue Betriebsrentenrecht, München 2003; *Höfer*, Die Neuregelung des Betriebsrentengesetzes durch das Alterseinkünftegesetz, DB 2004, 1426 ff.; *Langohr-Plato/Teslau*, Das Alterseinkünftegesetz und seine arbeitsrechtlichen

Konsequenzen für die betriebliche Altersversorgung – Teil I, NZA 2004, 1297 ff.; *Schnitker/Grau*, Neue Rahmenbedingungen für das Recht der betrieblichen Altersversorgung durch das Alterseinkünftegesetz, NJW 2005, 10 ff.

A. Allgemeines	1
I. Quotierungsverfahren	2
II. Versicherungsförmige Lösung	3
III. Geltungsbereich	4
B. Regelungsgehalt	6
I. Unmittelbare Versorgungszusage (Abs. 1)	6
1. Anspruchsvoraussetzungen	6
2. Anspruchshöhe	7
a) Ermittlung der ohne das vorherige Ausscheiden zustehenden Versorgungsleistung	8
aa) Erreichen der Altersgrenze	10
bb) Invalidität	14
cc) Tod	17
dd) Höchstbegrenzung	18
ee) Vorzeitige Altersleistung	21
b) Teilanspruch	23
aa) Beginn und Ende der tatsächlichen Betriebszugehörigkeit	24
bb) Vor- und Nachdienstzeiten	27
c) Mögliche Betriebszugehörigkeit	30
d) Sonderfall der „Besonders langjährig Versicherten"	31
3. Beispiele	33
a) Festbetrag	34
b) Dynamik	35
c) Kapitalzusage	36
II. Direktversicherung (Abs. 2)	37
1. Quotierungsverfahren	37
a) Zugesagte Versorgungsleistung	38
b) Versicherungsleistung	39
2. Versicherungsrechtliche Lösung (Abs. 2 S. 2 ff.)	42
a) Verlangen des Arbeitgebers	43
b) Erste soziale Auflage	44
aa) Unwiderrufliches Bezugsrecht	45
bb) Abtretung und Beleihung	46
cc) Beitragsrückstände	48
c) Zweite soziale Auflage	49
d) Dritte soziale Auflage	50
e) Verfügungsbeschränkungen (Abs. 2 S. 4 ff.)	51
III. Pensionskasse (Abs. 3)	54
1. Quotierungsverfahren	55
2. Versicherungsrechtliche Lösung	56
a) Erste soziale Auflage	57
aa) Überschussanteile	57
bb) Dynamik	59
b) Zweite soziale Auflage	61
IV. Pensionsfonds (Abs. 3a)	62
V. Unterstützungskasse	63
VI. Berücksichtigung künftiger Entwicklung (Abs. 5)	65
1. Festschreiben der Versorgungsregelung	66
2. Festschreiben der Bemessungsgrundlagen	67
3. Betriebsfremde Versorgungsbezüge (Abs. 5 S. 1 Hs. 2)	68
4. Anrechnung von Leistungen der gesetzlichen Rentenversicherung (Abs. 5 S. 2)	69
a) Näherungsverfahren	70
b) Individuelle Berechnung	71
c) Pensionskasse/Pensionsfonds	72
d) Nachträglich erworbene Versorgungsanwartschaften	73
VII. Entgeltumwandlung und beitragsorientierte Leistungszusage (Abs. 5a)	74
VIII. Beitragszusage mit Mindestleistung (Abs. 5b)	75
C. Beraterhinweise	76

A. Allgemeines

1 § 2 regelt die Höhe der Anwartschaft, die dem AN erhalten bleibt, wenn er vor Eintritt des Versorgungsfalls mit einer gesetzlich unverfallbaren Anwartschaft ausgeschieden ist. Die Norm schützt den AN vor Benachteiligungen bei der Berechnung der Versorgungsleistung.[1] § 2 entspricht im Normaufbau § 1b. Leitbild ist die typische AG-finanzierte Leistungszusage. Abs. 1 betrifft die unmittelbare Versorgungszusage, Abs. 2 die Direktversicherung, Abs. 3 die Pensionskasse, Abs. 3a den Pensionsfonds und Abs. 4 die Unterstützungskasse. Für Entgeltumwandlung, beitragsorientierte Leistungszusage und Beitragszusage mit Mindestleistung gibt es die notwendigen Sonderregelungen in Abs. 5a und Abs. 5b. Diese sind allerdings nicht auf Versorgungszusagen anzuwenden, die vor dem 1.1.2001 bzw. 1.1.2002 erteilt wurden. Schließlich regelt Abs. 5 den so genannten Festschreibeeffekt. Der früher in Abs. 6 geregelte Auskunftsanspruch des AN gegen den AG oder Versorgungsträger findet sich seit dem 1.1.2005 in § 4a.

I. Quotierungsverfahren

2 § 2 regelt entsprechend dem in § 17 Abs. 3 S. 3 enthaltenen Günstigkeitsprinzip nur die Mindesthöhe einer unverfallbaren Anwartschaft, die im Falle einer vorzeitigen Beendigung des Arbverh gem. § 1b aufrechtzuerhalten ist.[2] Das Gesetz geht von einem **Teilleistungsgedanken**, d.h. davon aus, dass der vorzeitig ausgeschiedene AN mindestens das erhalten soll, was er während seiner Betriebszugehörigkeit verdient hat. Hat der AG bspw. eine monatliche Leistung von 150 EUR zugesagt und der AN zwei Drittel der möglichen Betriebszugehörigkeit abgeleistet, so erhält er eine Altersversorgung von 100 EUR. Die Versorgungsleistung ist auch dann zu quotieren, wenn der AN zum Zeitpunkt seines vorzeitigen Ausscheidens die erreichbare Höchstrente bereits verdient hat. Sind ein Grundbetrag von 100 EUR sowie jährliche Steigerungsbeträge von 5 EUR zugesagt, maximal jedoch eine Leistung von 150 EUR, erhält ein nach 15 von möglichen 30 Jahren vorzeitig ausgeschiedener AN 75 EUR. Die Betriebsrente wird als Gegenleistung für Betriebstreue gezahlt. Die Kappungsgrenze regelt lediglich, wie hoch die Rente desjenigen AN höchstens ist, der mit der festen Altersgrenze aus dem Arbverh ausscheidet. Eine kürzere Betriebszugehörigkeit führt

---

1 *Blomeyer/Rolfs/Otto*, § 2 Rn 7.

2 BAG 21.6.1979 – 3 AZR 806/78 – EzA § 2 BetrAVG Nr. 2 = AP § 2 BetrAVG Nr. 1; *Blomeyer/Rolfs/Otto*, § 2 Rn 10.

deshalb zu einer gekürzten Leistung.³ Die Bemessung erfolgt für alle Durchführungswege der betrieblichen Altersversorgung, mithin für die **unmittelbare Versorgungszusage**, die **Direktversicherungs-** sowie die **Pensionskassen-, Pensionsfonds-** und **Unterstützungskassenzusage**, grundsätzlich im Verhältnis der tatsächlichen zur möglichen Betriebszugehörigkeit. Das Verfahren wird auch **m/n-tel-Verfahren** oder **pro-rata-temporis-Verfahren** genannt.⁴ Materielle Unterschiede ergeben sich daraus nicht. Die Vorschrift knüpft nahtlos an die vorgesetzliche Rechtsprechung des BAG an, wonach sich der Anspruch auf die erdiente Anwartschaft grundsätzlich darauf richtet, „den Teil der für das 65. Lebensjahr versprochenen Vergütung zu erhalten, der nach dem Verhältnis der tatsächlich zurückgelegten Betriebszugehörigkeit zu der für den Erwerb des Vollrechts erdient wurde".⁵ § 2 gilt gleichermaßen für die Altersleistung ab Erreichen der festen Altersgrenze wie auch für die Invaliditäts- und Hinterbliebenenleistung.⁶

II. Versicherungsförmige Lösung

Alternativ zum Quotierungsverfahren kann der AG für die versicherungsförmigen Durchführungswege „Direktversicherung" und „Pensionskassenzusage" unter bestimmten Voraussetzungen ein Verfahren wählen, das auch als versicherungsvertragliche oder versicherungsförmige Lösung bezeichnet wird.⁷ Dabei wird der AN auf den Wert der abgeschlossenen Versicherung verwiesen, § 2 Abs. 2 S. 2 und Abs. 3 S. 2. Dieser kann höher, aber auch niedriger sein als der nach dem Quotierungsverfahren ermittelte Wert.⁸ Notwendige Sonderregelungen gelten in den Fällen der **Entgeltumwandlung**, der **beitragsorientierten Leistungszusage** und der **Beitragszusage mit Mindestleistung**. Im Fall der Entgeltumwandlung bleibt die Anwartschaft in der Höhe aufrechterhalten, die der AN durch die bis zum vorzeitigen Ausscheiden geleistete Entgeltumwandlung finanziert hat, § 2 Abs. 5a Hs. 1. Entsprechendes gilt für die beitragsorientierte Leistungszusage, bei der die Versorgungsleistung ebenfalls mit den versprochenen Beiträgen eng verknüpft ist, § 2 Abs. 5a Hs. 2. Bei der Beitragszusage mit Mindestleistung orientiert sich die Höhe der unverfallbaren Anwartschaft an dem planmäßig zuzurechnenden Versorgungskapital auf der Grundlage der bis zu der vorzeitigen Beendigung des Arbverh geleisteten Beiträge einschließlich der bis zum Eintritt des Versorgungsfalles erzielten Erträge. Die Untergrenze bilden die bis zum vorzeitigen Ausscheiden zugesagten Beiträge, soweit sie nicht rechnungsmäßig für einen biometrischen Risikoausgleich verbraucht wurden, § 2 Abs. 5b.⁹

III. Geltungsbereich

Der **persönliche Geltungsbereich** ist identisch mit dem des § 1 und ergibt sich insoweit unmittelbar aus § 17 Abs. 1.¹⁰ Von der Berechnungsregel des § 2 kann zum Nachteil des AN nur durch TV abgewichen werden.¹¹ Es kann jedoch vertraglich vereinbart werden, dass für den AN eine günstigere Berechnungsmethode Anwendung findet oder dass auf eine Kürzung vollständig verzichtet wird.¹²

Den **zeitlichen Geltungsbereich** bestimmt § 26. Für vor dem Inkrafttreten des Gesetzes am 22.12.1974 beendete Arbverh gilt die vorgesetzliche Rechtsprechung des BAG, die jedoch weitgehend mit § 2 übereinstimmt. Schließlich gilt § 2 Abs. 5a nur für Anwartschaften, die auf Zusagen beruhen, die nach dem 31.12.2000 erteilt worden sind. Die Geltung für ältere Zusagen kann zwischen den Arbeitsvertragsparteien einvernehmlich geregelt werden.¹³

B. Regelungsgehalt

I. Unmittelbare Versorgungszusage (Abs. 1)

1. Anspruchsvoraussetzungen. Im Falle der vorzeitigen Beendigung des Arbverh ist der Anspruch auf Versorgungsleistungen an verschiedene Voraussetzungen geknüpft. Zunächst muss nach der Versorgungsordnung der Versorgungsfall eingetreten sein, d.h. der AN muss die Anspruchsvoraussetzungen für den Bezug der Altersleistung nach Maßgabe der Versorgungszusage erfüllen. Dabei werden als Versorgungsfälle in § 2 Abs. 1 S. 1 lediglich das Erreichen der Altersgrenze, der Eintritt der Invalidität und der Tod (bei der Hinterbliebenenversorgung) genannt. Nicht aufgeführt ist die Inanspruchnahme einer vorgezogenen Versorgungsleistung nach 6. § 2 regelt demnach nicht die Höhe der vorgezogenen Betriebsrente eines vorzeitig Ausgeschiedenen. Weitere Anspruchsvoraussetzung ist das Bestehen einer gem. § 1b unverfallbaren Anwartschaft.¹⁴ § 2 Abs. 1 gilt demnach nur für Versorgungsberechtigte, deren Arbverh vor Eintritt des Versorgungsfalls beendet wurde.¹⁵ Wird das Arbverh hingegen mit dem Eintritt

---

3 BAG 12.3.1985 – 3 AZR 450/82 – EzA § 2 BetrAVG Nr. 6 = AP § 2 BetrAVG Nr. 9; 17.9.2008 – 3 AZR 1061/06 – EzA § 2 BetrAVG Nr. 31.
4 *Höfer*, § 2 Rn 3066.
5 BAG 10.3.1972 – 3 AZR 278/71 – EzA § 242 BGB Ruhegeld Nr. 11 = AP § 242 BGB Ruhegeld Nr. 156.
6 *Höfer*, § 2 Rn 3067.
7 *Blomeyer/Rolfs/Otto*, § 2 Rn 183.
8 *Kemper u.a.*, § 2 Rn 5.
9 *Blomeyer/Rolfs/Otto*, § 2 Rn 4 f.
10 *Blomeyer/Rolfs/Otto*, § 2 Rn 8.
11 BAG 24.7.2001 – 3 AZR 681/00 – EzA § 2 BetrAVG Nr. 18 = AP § 1 BetrAVG Berechnung Nr. 17; BAG 13.12.2005 – 3 AZR 478/04 – AP 2 BetrAVG Nr. 49 = DB 2006, 1013.
12 *Kemper u.a.*, § 2 Rn 18r.
13 ErfK/*Steinmeyer*, § 2 BetrAVG Rn 82.
14 *Kemper u.a.*, § 2 Rn 17.
15 ErfK/*Steinmeyer*, § 2 BetrAVG Rn 25; *Kemper u.a.*, § 2 Rn 50.

des Versorgungsfalls beendet, wie bspw. bei einer invaliditätsbedingten Beendigung oder bei einer Beendigung des Arbverh durch Tod des AN, kommt eine Anwendung des § 2 nicht in Betracht.

7 **2. Anspruchshöhe.** Die in § 2 Abs. 1 vorgesehene **ratierliche Kürzung** nach dem Verhältnis der tatsächlichen zur möglichen Betriebszugehörigkeit ist Ausdruck des **Teilleistungsgedankens**.[16] Bei der Ermittlung der Anspruchshöhe ist nach § 2 Abs. 1 in zwei Schritten vorzugehen: Zunächst ist die Versorgungsleistung zu ermitteln, die der Versorgungsberechtigte erhalten hätte, wenn er nicht vorzeitig, sondern erst mit Eintritt des in der Versorgungszusage vorgesehenen Versorgungsfalls ausgeschieden wäre. Sodann ist in einem zweiten Schritt die so ermittelte fiktive Leistung im Verhältnis der tatsächlich abgeleisteten Betriebszugehörigkeit bis zur Regelaltersgrenze in der gesetzlichen RV bzw. bis zu einer in der Versorgungszusage vorgesehenen früheren festen Altersgrenze möglichen Betriebszugehörigkeit zu kürzen.

8 **a) Ermittlung der ohne das vorherige Ausscheiden zustehenden Versorgungsleistung.** In einem ersten Rechenschritt ist die Leistung zu ermitteln, die dem AN zugestanden hätte, wenn er bis zum Eintritt des Versorgungsfalls betriebstreu geblieben wäre. Diese Leistung richtet sich nach der Versorgungszusage, d.h. dem Leistungsplan und den dort niedergelegten Berechnungsregeln.[17] Dabei kann die Zusage auf einen Festbetrag als Kapital oder laufende Leistungen lauten. Zugesagt sein kann auch eine bezüge- oder dienstzeitabhängige Leistung oder eine **Gesamtversorgung**. Bei der Ermittlung der ohne das vorherige Ausscheiden zustehenden Versorgungsleistung gelten Veränderungssperre und Festschreibeffekt, § 2 Abs. 5. Zu ermitteln ist nicht die bei Eintritt des Versorgungsfalls tatsächlich erreichte oder erreichbare Altersversorgung, sondern eine fiktive. Auf die tatsächlichen Verhältnisse zum Zeitpunkt des Versorgungsfalls kommt es nicht an. Zugrunde zu legen sind vielmehr zum einen die zum Zeitpunkt des Ausscheidens geltende Versorgungsordnung und zum anderen die Bemessungsgrundlagen bezogen auf den Zeitpunkt des Ausscheidens. Die im Zeitpunkt des Ausscheidens bestehenden Bemessungsgrundlagen sind allerdings auf den Zeitpunkt des Versorgungsfalls hochzurechnen.[18] Sich nachträglich verändernde Versorgungsregelungen und Bemessungsgrundlagen bleiben gem. Abs. 5 demgegenüber grundsätzlich unberücksichtigt. Probleme können sich ergeben, wenn eine Versorgung auf der Grundlage des Gehaltsdurchschnitts bspw. der letzten drei Jahre vor Erreichen der Altersgrenze zugesagt ist. In einem solchen Fall ist es eine Frage der Auslegung, ob das Jahresgehalt zum Zeitpunkt des vorzeitigen Ausscheidens oder der Gehaltsdurchschnitt der drei Jahre vor dem Ausscheiden maßgeblich ist.[19] Da Abs. 1 auf den Zeitpunkt des vorzeitigen Ausscheidens abstellt und das zu diesem Zeitpunkt geschuldete Gehalt grundsätzlich als bis zum Eintritt des Versorgungsfalls konstant ansieht, könnte einiges dafür sprechen, dass nicht der Durchschnitt der letzten drei Jahre vor dem Ausscheiden, sondern das letzte Jahresgehalt maßgeblich ist.[20]

9 Ist z.B. eine Gesamtversorgung aus gesetzlicher und betrieblicher Rente zugesagt, kann die Höhe der betrieblichen Leistung nicht isoliert bestimmt werden. Maßgeblich sind die Verhältnisse zum Zeitpunkt des Ausscheidens. Das gilt auch für die Bestimmung der später zu erwartenden Sozialversicherungsrente. Deren Bemessungsgrundlagen sind ebenfalls auf den Zeitpunkt des Eintritts des Versorgungsfalles hochzurechnen. Dazu kann der AG jedoch auf das Näherungsverfahren nach Abs. 5 S. 2 zurückgreifen. Der so ermittelte Wert der Anwartschaft ist dann im Verhältnis der tatsächlichen zur möglichen Betriebszugehörigkeit zu kürzen und ergibt den anteiligen Betrag an der Gesamtversorgung.[21] Darf die Versorgungsleistung eine in der Versorgungszusage festgeschriebene **Gesamtversorgungsobergrenze** nicht überschreiten (sog. **Limitierungsklausel**), ist die Obergrenze bereits bei der Berechnung der nach Abs. 1 maßgeblichen fiktiven Vollrente zu berücksichtigen und nicht erst auf die zeitanteilig ermittelte Rente anzuwenden.[22]

10 **aa) Erreichen der Altersgrenze.** Im Hinblick auf den Versorgungsfall „Erreichen der Altersgrenze" enthält das Gesetz keine Vorgaben. Es steht den Arbeitsvertragsparteien deshalb frei, eine **feste Altersgrenze** zu vereinbaren, bei deren Erreichen der AN die betriebliche Altersrente ohne die zusätzlichen Bedingungen des § 6 (Inanspruchnahme der Altersrente aus der gesetzlichen RV) verlangen kann.[23] Allerdings ist nicht jeder beliebige Stichtag, der nach dem Willen der Vertragspartner Rentenansprüche erwachsen lassen soll, eine Altersgrenze i.S.d. Betriebsrentengesetzes. Die „feste Altersgrenze" legt den Zeitpunkt fest, zu dem nach der Versorgungszusage im Regelfall – und zwar unabhängig von den Voraussetzungen des § 6 – mit einer Inanspruchnahme der Betriebsrente und einem

---

[16] BAG 10.3.1972 – 3 AZR 278/71 – EzA § 242 BGB Ruhegeld Nr. 11 = AP § 242 BGB Ruhegeld Nr. 156; *Kemper u.a.*, § 2 Rn 1.
[17] *Kemper u.a.*, § 2 Rn 55.
[18] BAG 12.3.1991 – 3 AZR 63/90 – EzA § 7 BetrAVG Nr. 41 = AP § 7 BetrAVG Nr. 68; 11.12.2007 – 3 AZR 280/06 – EzA § 64 ArbGG 1979 Nr. 42.
[19] *Blomeyer/Rolfs/Otto*, § 2 Rn 109.
[20] ErfK/*Steinmeyer*, § 2 BetrAVG Rn 21; *Kloss*, BB 1981, 743.
[21] BAG 12.11.1991 – 3 AZR 520/90 – EzA § 2 BetrAVG Nr. 12 = AP § 2 BetrAVG Nr. 26.
[22] BAG 28.7.1998 – 3 AZR 100/98 – EzA § 1 BetrAVG Ablösung Nr. 18 = AP § 1 BetrAVG Überversorgung Nr. 4.
[23] Zum Begriff der festen Altersgrenze vgl. BAG 12.11.1985 – 3 AZR 606/83 – BAGE 50, 130; 25.10.1988 – 3 AZR 598/86 – AP § 6 BetrAVG Nr. 15; 14.12.1999 – 3 AZR 684/98 – AP § 7 BetrAVG Nr. 97; BAG 17.9.2008 – 3 AZR 865/06 – EzA § 1 BetrAVG Nr. 91.

altersbedingten Ausscheiden aus dem Berufs- und Erwerbsleben zu rechnen ist. Nicht erforderlich ist, dass das Ende des Arbverh von vornherein bindend festgelegt wird.[24] Damit bezeichnet die feste Altersgrenze allerdings nicht notwendig ein festes Datum, zu dem der AN aus dem Arbverh ausscheiden muss; vielmehr wird das Ausscheiden des AN zu dem Zeitpunkt lediglich für den Regelfall erwartet. Der gesetzlichen Regelung in § 2 Abs. 1 S. 1, die den Parteien ausdrücklich die Möglichkeit eröffnet, ein geringeres Lebensalter als das Erreichen der Regelaltersgrenze vorzusehen, liegt ersichtlich die Annahme zugrunde, dass die an der Versorgungsregelung Beteiligten am besten wissen und entscheiden können, mit welchem Alter der AN aus dem aktiven Arbeitsleben regelmäßig ausscheiden und die betriebliche Versorgungsleistung im Regelfall einsetzen soll.[25] Auch wenn der AN in diesem Fall als sog. „technischer Rentner" weiterarbeiten und sogar zusätzliche Steigerungsraten erdienen kann, ändert dies nichts daran, dass die vereinbarte feste Altersgrenze von den Vertragsparteien als regelmäßiges Ende des aktiven Arbeitslebens angesehen wird.[26] Dabei beurteilt sich dies selbstverständlich aus Sicht bei Abschluss der Versorgungsvereinbarung und gibt damit lediglich eine prognostische Einschätzung wieder, eine typische Erwartung, die sich zwar im Regelfall realisieren mag, von der Abweichungen jedoch nicht nur möglich, sondern geradezu einkalkuliert sind. Vor diesem Hintergrund ist angesichts der Vielgestaltigkeit der Arbverh und der unterschiedlichen Anforderungen und Erwartungen an die Leistungsfähigkeit von AN im fortgeschrittenen Alter eine regelmäßige Altersgrenze, deren Unterschreitung grds. dazu führen würde, dass nicht mehr von einer Altersversorgung i.S.d. Betriebsrentenrechts gesprochen werden könnte, in der betrieblichen Altersversorgung bislang nicht anerkannt worden.[27] Auf der anderen Seite darf die Vereinbarung auch nicht so weit aus dem Rahmen fallen, dass ohne weitere Anhaltspunkte Zweifel am Versorgungszweck der versprochenen Leistungen angebracht wären, weil es sich in Wahrheit bspw. um ein **Übergangsgeld**,[28] eine **Abfindung** oder eine **sonstige Leistung** handelt. Soweit in der Praxis allerdings üblicherweise frühestens auf einen Zeitpunkt ab Erreichen des 60. Lebensjahres abgestellt wird, ist dies nicht zu beanstanden.[29]

Bis zum 31.12.2007 ist der Gesetzgeber davon ausgegangen, dass die für die Berechnung der Teilleistung maßgebliche **Betriebszugehörigkeit** spätestens mit Vollendung des 65. Lebensjahres endete. Dies ergab sich aus § 2 Abs. 1 S. 1 a.F. Danach war die maximal mögliche Dienstzeit die Zeit vom Beginn der Betriebszugehörigkeit bis zur Vollendung des 65. Lebensjahres. Dabei war das 65. Lebensjahr zugleich der Zeitpunkt, zu dem die Regelaltersrente in der gesetzlichen RV ausgelöst wurde.[30] Mit dem RV-Altersgrenzenanpassungsgesetz[31] hat der Gesetzgeber mit Wirkung ab dem 1.1.2008 die Regelaltersgrenze in der gesetzlichen RV stufenweise auf das 67. Lebensjahr angehoben mit der Folge, dass für alle in der gesetzlichen RV versicherten AN, die ab 1964 geboren wurden, für die gesetzliche Altersrente die Regelaltersgrenze von 67 Jahren maßgeblich ist. Für die Versicherten, die in dem Zeitraum von 1947 bis 1963 geboren wurden, kommt es zu der in § 235 Abs. 2 SGB VI vorgesehenen Erhöhung der Regelaltersgrenze von 65 Jahren. Für die Zeit ab dem 1.1.2008 wurden diese Änderungen für das Betriebsrentenrecht in §§ 6 und 2 Abs. 1 nachvollzogen. Der neue § 2 Abs. 1 stellt zwar weiterhin vorrangig auf die in der Versorgungsregelung vorgesehene feste Altersgrenze ab; allerdings ist nunmehr bei deren Fehlen nicht mehr auf die „Vollendung des 65. Lebensjahres", sondern auf das Erreichen der Regelaltersgrenze in der gesetzlichen RV abzustellen. Diese neue Obergrenze für die Berechnung der fiktiv erreichbaren Betriebszugehörigkeit stellt sicher, dass für jeden AN maximal sein persönliches in § 235 SGB VI festgelegtes Renteneintrittsalter Berechnungsgrundlage ist.[32]

Die Festlegung von Altersgrenzen in betrieblichen Versorgungsordnungen erfolgte häufig in Anlehnung an die Altersgrenzen in der gesetzlichen RV, die für Männer und Frauen ein unterschiedliches Rentenzugangsalter vorsahen. So konnten Frauen eine gesetzliche Rente bereits ab Vollendung des 60. Lebensjahres beziehen, während dies für Männer frühestens ab Vollendung des 63. Lebensjahres möglich war. Das BVerfG hat hierin keinen Verstoß gegen den Gleichberechtigungsgrundsatz des Art. 3 Abs. 2 GG gesehen.[33] Jedoch war der Gesetzgeber aufgefordert worden, eine Angleichung der Altersgrenzen vorzunehmen, um dem sich wandelnden Erwerbsleben der Frauen Rechnung zu tragen. Dies hat er mit dem Rentenreformgesetz 1992 getan.[34] Die Übernahme der unterschiedlichen Altersgrenzen in Zusagen der betrieblichen Altersversorgung führte dazu, dass Frauen im Vergleich zu Männern die betrieblichen Versorgungsleistungen früher und ohne bzw. mit geringeren Abschlägen in Anspruch nehmen konnten. In seinem **„Barber"-Urteil v. 17.5.1990**[35] hat der EuGH deshalb erkannt, dass die Festsetzung eines je nach Geschlecht unterschiedlichen Alters als Voraussetzung für einen Rentenanspruch **gegen das Entgeltgleichheitsgebot für Männer und Frauen** (Art. 119 EGV, jetzt Art. 141 EGV) verstößt. Dies gelte selbst dann, wenn die unterschied-

---

24 BAG 24.6.1986 – 3 AZR 645/84 – BAGE 52, 226; 20.11.2001 – 3 AZR 28/01 – AP § 3 BetrAVG Nr. 12.
25 BAG 24.6.1986 – 3 AZR 645/84 – BAGE 52, 226.
26 BAG 2.6.1987 – 3 AZR 585/85 – juris; BAG 17.9.2008 – 3 AZR 865/06 – EzA § 1 BetrAVG Nr. 91.
27 BAG 24.6.1986 – 3 AZR 645/84 – BAGE 52, 226.
28 BAG 26.4.1988 – 3 AZR 411/86 – EzA § 7 BetrAVG Nr. 25 = AP § 7 BetrAVG Nr. 45.
29 *Kemper u.a.*,§ 1 Rn 52 f.; BAG 17.9.2008 – 3 AZR 865/06 – EzA § 1 BetrAVG Nr. 91.
30 *Kemper u.a.*,§ 2 Rn 28.
31 BGBl 2007 I S. 554.
32 *Baumeister/Merten*, DB 2007, 1306, 1307.
33 BVerfG 28.1.1987 – 1 BvR 455/82 – NJW 1987, 1541.
34 Gesetz zur Reform der gesetzlichen Rentenversicherung (Rentenreformgesetz 1992 – RRG 1992) v. 18.12.1989, BGBl I S. 2261.
35 EuGH 17.5.1990 – Rs C-262/88 – Barber – NZA 1990, 775.

lichen Altersgrenzen für Männer und Frauen der Regelung des nationalen gesetzlichen Rentensystems entsprächen.[36] Die Grundsätze des Barber-Urteils sind, wie der EuGH in einer späteren Entscheidung betont hat, auch auf das deutsche Betriebsrentenrecht anzuwenden.[37] Danach ist es untersagt, dem unterschiedlichen Rentenzugangsalter folgend unterschiedlich hohe Betriebsrenten zu ermitteln, wenn diese zum gleichen – für Männer vorgezogenen – Bezugszeitpunkt fällig werden. Der Verstoß gegen Art. 141 EGV hat zur Folge, dass der benachteiligte AN einen Anspruch auf Zahlung der Betriebsrente zum gleichen Zeitpunkt wie die begünstigte AN hat. Auch bei der Berechnung der Höhe der vorzeitigen Altersleistung findet eine **Angleichung „nach oben"** statt, d.h. dass sich die Betriebsrente nach den Regelungen für das begünstigte Geschlecht bemisst.[38] In der „Barber"-Entscheidung v. 17.5.1990 hat der EuGH aus Vertrauensschutzgesichtspunkten die Rückwirkung seiner Rspr. eingeschränkt.[39] In der Maastrichter Protokollerklärung v. 9./10.12.1991 ist zudem klargestellt worden, dass sich Art. 119 EG-Vertrag (nunmehr Art. 141 EG) nicht auf Betriebsrentenleistungen erstreckt, „sofern und soweit sie auf Beschäftigungszeiten vor dem 17.5.1990 zurückgeführt werden können". Aus diesem Grund kann die Gleichbehandlung auf dem Gebiet der betrieblichen Renten nur für Leistungen verlangt werden, die für **Beschäftigungszeiten nach dem 17.5.1990** geschuldet werden, soweit nicht vor diesem Zeitpunkt bereits Klage erhoben oder ein entsprechender Rechtsbehelf eingelegt wurde.[40] Die unterschiedlichen Altersgrenzen und die daran anknüpfenden, auf Männer beschränkten Betriebsrentenkürzungen verstoßen damit zwar gegen Art. 119 EG-Vertrag a.F. (nunmehr Art. 141 EG), sind aber aus Gründen des europarechtlichen Vertrauensschutzes für Beschäftigungszeiten bis einschließlich 17.5.1990 hinzunehmen.

13 Vor diesem Hintergrund ist für alle Versorgungszusagen, die vor dem 18.5.1990 erteilt wurden, auch bei der Frage der Unverfallbarkeit für die AN, für die unterschiedliche feste Altersgrenzen galten, zwischen der **Vor-Barber-Zeit** und der **Nach-Barber-Zeit** zu unterscheiden. Dabei ist die Zeit der Betriebszugehörigkeit, die vor dem 18.5.1990, d.h. bis einschließlich 17.5.1990 abgeleistet wurde, die Vor-Barber-Zeit und die Zeit danach, d.h. ab dem 18.5.1990 die Nach-Barber-Zeit. Insoweit sind zwei Rentenstämme zu bilden: Da in der Vor-Barber-Zeit für Männer und Frauen unterschiedliche feste Altersgrenzen verwendet werden konnten, ist bei der Unverfallbarkeitsquote für diesen Zeitraum auf die Altersgrenze abzustellen, die in der Zusage jeweils für Frauen und Männer vorgesehen war. In der Nach-Barber-Zeit ist eine Differenzierung zwischen Frauen und Männern nicht mehr zulässig. Folglich ist die günstigere Altersgrenze für Frauen auch bei der Quotierung der Anwartschaft eines Mannes anzuwenden.

14 **bb) Invalidität.** Ob ein Anspruch auf **Invaliditätsleistungen** besteht, ergibt sich ausschließlich aus der Versorgungszusage. Gleiches gilt für die Voraussetzungen des Leistungsbezugs sowie dessen Art und Umfang. Abs. 1 ist nur anwendbar, wenn das Arbverh vor Eintritt des Versorgungsfalles endet und die Versorgungsanwartschaft unverfallbar ist. Zunächst ist die Höhe der Invaliditätsleistung für den Fall der Betriebstreue des Arbeitnehmers bis zum Eintritt des Versorgungsfalls zu ermitteln. Diese ist dann im Verhältnis der tatsächlichen zur möglichen Betriebszugehörigkeit zu kürzen.[41]

15 Die Parteien sind grundsätzlich frei, den Leistungsfall Invalidität zu definieren. Es bietet sich an, an die verminderte Erwerbsfähigkeit in der gesetzlichen RV anzuknüpfen und die Invaliditätsleistung von einer Rentenbewilligung des Sozialversicherungsträgers abhängig zu machen. Ebenso kann eine Wartezeit bestimmt werden. Unzulässig ist es dagegen, den Bestand des Arbverh bis zum Eintritt der Invalidität zu verlangen.[42]

16 Abs. 1 führt bei dienstzeitabhängigen Versorgungszusagen zu einer doppelten Kürzung. Bei der Berechnung der vollen Versorgungsleistung ist nicht auf die zugesagte feste Altersgrenze, sondern auf den Eintritt des Versorgungsfalls „Invalidität" abzustellen.[43] Deshalb ist in einem ersten Rechenschritt zu ermitteln, welche Betriebsrente zu zahlen gewesen wäre, wenn der AN bis zum Eintritt dieses Versorgungsfalls betriebstreu geblieben wäre. Die so bemessene Versorgungsleistung ist sodann im Verhältnis der tatsächlichen bis zum Erreichen der Regelaltersgrenze in der gesetzlichen RV bzw. bis zu der in der Versorgungsregelung vereinbarten früheren festen Altersgrenze möglichen Betriebszugehörigkeit zu kürzen.[44] Auf diesem Rechenweg kann es zwar dadurch zu einer zweifach mindernden Berücksichtigung der Zeit zwischen dem Eintritt der Invalidität und der Altersgrenze kommen, dass nur bis zum Eintritt des Versorgungsfalls aufsteigend berechnet und sodann bezogen auf die Altersgrenze ratierlich gekürzt wird. Der Gesetzgeber hat diesen Rechenweg aber in § 2 Abs. 1 S. 1 für den Fall der Invaliditätsrente nach einem Ausscheiden mit unverfallbarer Anwartschaft vor Eintritt dieses besonderen Versorgungsfalls ausdrücklich angeordnet. Bei der vorgezogenen betrieblichen Altersrente kann für die Berechnung der Rente des vorzeitig Ausgeschiedenen hin-

---

36 EuGH 17.5.1990 – Rs C-262/88 – Barber – NZA 1990, 775.
37 EuGH 14.12.1993 – Rs C-110/91 – Moroni – NZA 1994, 165.
38 EuGH 14.12.1993 – Rs C-110/91 – Moroni – NZA 1994, 165.
39 EuGH 17.5.1990 – Rs C-262/88 – Barber – NZA 1990, 775; EuGH 14.12.1993 – Rs C-110/91 – Moroni – NZA 1994, 165.
40 EuGH 14.12.1993 – Rs C-110/91 – Moroni – NZA 1994, 165.
41 *Kemper u.a.*, § 2 Rn 42.
42 BAG 20.11.2001 – 3 AZR 550/00 – EzA § 1 BetrAVG Invalidität Nr. 3 = AP § 1 BetrAVG Invaliditätsrente Nr. 13.
43 BAG 15.2.2005 – 3 AZR 298/04 – AP § 2 BetrAVG Nr. 48.
44 *Kemper u.a.*, § 2 Rn 44.

gegen nicht auf eine gesetzliche Berechnungsvorschrift, sondern muss auf die allgemeinen Grundsätze des Betriebsrentenrechts zurückgegriffen werden.[45]

cc) Tod. Entsprechendes gilt, wenn eine **Hinterbliebenenleistung** zugesagt ist. Zunächst ist die Leistung zu bestimmen, die den Hinterbliebenen zugestanden hätte, wäre der AN als aktiver Mitarbeiter verstorben. Die so ermittelte Leistung ist sodann ratierlich zu kürzen.

dd) Höchstbegrenzung. Für Invaliditäts- und Hinterbliebenenleistungen, nicht jedoch für Altersleistungen, bestimmt S. 2 eine **Obergrenze**. Die nach S. 1 berechneten Leistungen dürfen nicht höher sein, als die eines betriebstreuen Arbeitnehmers. Ausweislich der Gesetzesmaterialen soll vermieden werden, „dass ein ausgeschiedener AN im Falle einer später eintretenden Invalidität oder seine Hinterbliebenen im Falle seines Todes vor Erreichen der Altersgrenze eine höhere betriebliche Versorgungsleistung erhalten als ein AN, der den entsprechenden Versorgungsfall als Betriebsangehöriger erleidet, und dessen Hinterbliebene. Ein derartiges Ergebnis, das den ausgeschiedenen AN besser stellen würde als den im Betrieb verbliebenen, könnte – ohne die hier vorgesehen Regelung – bei bestimmten Ausgestaltungen der Versorgungsordnungen durchaus eintreten".[46]

Maßgeblich sind also die fiktiven Versorgungsansprüche eines AN, der den Versorgungsfall im Zeitpunkt seines Ausscheidens aus dem Betrieb erleidet.[47] In den meisten Fällen kommt Abs. 1 S. 2 keine eigenständige Bedeutung zu.[48] Nach Abs. 1 S. 1 steht dem AN nur eine im Verhältnis der tatsächlichen Betriebszugehörigkeit zur möglichen Betriebszugehörigkeit gekürzte Leistung zu, wohingegen der bis zum Eintritt des Versorgungsfalles betriebstreue AN die volle Leistung beanspruchen kann. In besonders gelagerten Fällen kann die aufrecht zu erhaltende Anwartschaft jedoch höher sein als die Versorgungsleistung, die bei Eintritt des Versorgungsfalls kurz vor dem Ausscheiden zu leisten gewesen wäre.[49]

Das soll folgendes **Beispiel** zeigen:

Ein AN tritt mit 30 Jahren in den Betrieb ein und mit 50 Jahren aus. Die Versorgungszusage sieht bei Eintritt der Invalidität nach 20 Dienstjahren 50 EUR und nach 25 Dienstjahren 100 EUR vor. Der Versorgungsfall der Invalidität tritt im Alter von 56 Jahren ein. Als feste Altersgrenze ist das 65. Lebensjahr bestimmt. Nach S. 1 ergibt sich eine Invaliditätsleistung von 100 EUR, die im Verhältnis der tatsächlichen zur möglichen Betriebszugehörigkeit auf einen Betrag von 57,14 EUR zu kürzen ist. Wäre der Versorgungsfall bereits im Zeitpunkt des Austritts eingetreten, stünden dem AN nur 50 EUR zu. Auf diesen Betrag ist die Invaliditätsleistung gem. S. 2 zu begrenzen.

ee) Vorzeitige Altersleistung. Abs. 1 S. 1 regelt neben den Versorgungsfällen Invalidität und Tod nur die bei Erreichen der festen Altersgrenze zu bestimmende Teilleistung. Die Inanspruchnahme einer **vorzeitigen Altersleistung** gem. § 6 ist in Abs. 1 S. 1 nicht genannt. In seiner früheren Rspr. hatte das BAG die vorzeitige Inanspruchnahme gem. § 6 dem Versorgungsfall „Alter" gem. Abs. 1 S. 1 gleichgestellt. Damit konnte die fehlende Betriebstreue zwischen dem Zeitpunkt des vorgezogenen Ruhestands und der festen Altersgrenze bei dienstzeitabhängigen Versorgungszusagen dreifach berücksichtigt werden. Die erste Kürzung bestand darin, dass für die Leistungsbemessung nur die Dienstjahre bis zur Inanspruchnahme der vorzeitigen Altersleistung zählten. Eine zweite Kürzung konnte in der Berücksichtigung von versicherungsmathematischen Abschlägen liegen und eine dritte in der Quotierung im Verhältnis der tatsächlichen zur möglichen Betriebszugehörigkeit bis zum Erreichen der festen Altersgrenze. Diese Rechtsprechung und die sie tragende Begründung, dass nämlich die bis zur vorzeitigen Inanspruchnahme nach § 6 erdiente Versorgungsleistung mit dem Versorgungsfall des Erreichens der festen Altersgrenze nach Abs. 1 S. 1 gleich zu setzen und deshalb maßgebliche Bezugsgröße bei der Quotierung sei, hat das BAG aufgegeben.[50]

Nachdem der Senat in seinem Urteil v. 21.3.2000[51] eine Abkehr von seiner bisherigen Auffassung zur Berechnung der vorgezogenen Betriebsrente eines vorzeitig ausgeschiedenen AN bei lückenhafter Versorgungsordnung angekündigt hatte, hat er mit seinem Urteil vom **23.1.2001 – 3 AZR 164/00** – den Rechtsprechungswandel vollzogen.[52] Er hat ausdrücklich ausgeführt, dass er seine frühere Auffassung aufgebe, wonach die bei einer Betriebstreue bis zur vorgezogenen Inanspruchnahme der Betriebsrente nach § 6 BetrAVG erdiente Betriebsrente als eine „ohne das vorherige Ausscheiden zustehende Leistung" i.S.d. § 2 BetrAVG anzusehen sei. Das bedeutet: Geht es nur um eine Betriebsrente nach § 6, findet § 2 BetrAVG keine Anwendung. § 6 enthält keine Verweisung auf diese Norm. § 6 enthält

---

45 BAG 21.8.2001 – 3 AZR 649/00 – EzA § 2 BetrAVG Nr. 17 = AP § 2 BetrAVG Nr. 36; 15.2.2005 – 3 AZR 298/04 – AP § 2 BetrAVG Nr. 48.
46 BT-Drucks 7/1281, S. 25.
47 *Blomeyer/Rolfs/Otto*, § 2 Rn 122.
48 *Kemper u.a.*, § 2 Rn 81.
49 *Blomeyer/Rolfs/Otto*, § 2 Rn 122 ff.; ErfK/*Steinmeyer*, § 2 BetrAVG Rn 24.

50 BAG 23.1.2001 – 3 AZR 164/00 – EzA § 6 BetrAVG Nr. 23 = AP § 1 BetrAVG Berechnung Nr. 16; BAG 24.7.2001 – 3 AZR 567/00 – EzA § 6 BetrAVG Nr. 25 = AP § 6 BetrAVG Nr. 27; BAG 18.11.2003 – 3 AZR 517/02 – EzA § 6 BetrAVG Nr. 26 = AP § 1 BetrAVG Berechnung Nr. 26.
51 BAG 21.3.2000 – 3 AZR 93/99 – 3 AZR 93/99 – NZA 2001, 387.
52 NZA 2002, 93.

auch keine Berechnungsregeln für die Ermittlung der Höhe der vorgezogenen Betriebsrente. Deshalb müssen die Regeln zur Berechnung der Höhe der Betriebsrente bei deren vorgezogener Inanspruchnahme den allgemeinen Grundsätzen des Betriebsrentenrechts entnommen werden (zur Berechnung der vorgezogenen Betriebsrente des vorzeitig mit unverfallbarer Anwartschaft ausgeschiedenen AN siehe § 6 Rn 46 ff.).

23 **b) Teilanspruch.** Der mit unverfallbarer Anwartschaft ausgeschiedene AN erhält den Teil der ihm zugesagten Leistung, der dem Verhältnis der tatsächlichen zur möglichen Betriebszugehörigkeit entspricht.

24 **aa) Beginn und Ende der tatsächlichen Betriebszugehörigkeit.** Die Berechnung sowohl der tatsächlichen Betriebszugehörigkeit als auch der möglichen Betriebszugehörigkeit hat nach Monaten zu erfolgen. Unzulässig ist eine Berechnung nach Jahren.[53] Restmonate mit mehr als 15 Tagen sind aufzurunden.[54] Üblicherweise werden bei der tatsächlichen Betriebszugehörigkeit auch angefangene Monate und bei der möglichen Betriebszugehörigkeit nur vollendete Monate berücksichtigt.[55]

25 Bei der Berechnung der tatsächlichen Betriebszugehörigkeit ist auf den rechtlichen Beginn des Arbverh abzustellen. Ist dem Arbverh ein Ausbildungsverh unmittelbar vorausgegangen, so zählt die Zeit der Berufsausbildung mit.[56] Unerheblich ist der Zeitpunkt der tatsächlichen Arbeitsaufnahme.[57] Die Zeitpunkte können auseinander fallen, wenn der AN die Arbeit zum Beispiel krankheitsbedingt erst nach Beginn des Arbverh aufnimmt. Unerheblich ist auch der Zeitpunkt des Vertragsschlusses, der üblicherweise vor dem rechtlichen Beginn des Arbverh und der tatsächlichen Arbeitsaufnahme liegt. Die Betriebszugehörigkeit endet regelmäßig mit dem Ende des Arbverh. Endet das Arbverh durch Tod des AN, kommt es maßgeblich darauf an, ob eine Hinterbliebenenleistung zugesagt ist und deren Anspruchsvoraussetzungen erfüllt sind. Für § 2 ist dann kein Raum.[58] Da es auf die rechtliche Beendigung des Arbverh ankommt, bleiben Fehlzeiten z.B. wegen Erkrankung, Mutterschutz, Elternurlaub, Sabbaticals sowie sonstige Zeiten, in denen trotz rechtlichen Bestands des Arbverh nicht gearbeitet wurde, unberücksichtigt.[59]

26 Geht ein Betrieb oder Betriebsteil auf einen anderen Inhaber über (§ 613a BGB; § 324 UmwG), endet die Betriebszugehörigkeit nicht. Folglich sind auch Zeiten zu berücksichtigen, die bei einem Vor-AG verbracht wurden. Die Beschäftigungszeiten aus beiden Arbverh sind zusammenzurechnen. Es kommt in einem solchen Fall nicht darauf an, ob die Betriebszugehörigkeit beim Vor-AG von einer Versorgungszusage begleitet war.[60] Hiervon kann nicht zum Nachteil des AN abgewichen werden.

27 **bb) Vor- und Nachdienstzeiten.** Eine Anrechnung von vor dem rechtlichen Beginn des Arbverh liegenden Dienstzeiten (**Vordienstzeiten**) kann auf gesetzlicher oder vertraglicher Grundlage erfolgen.[61] In beiden Fällen führt die Anrechnung zu einer Vorverlegung des Beginns der Betriebszugehörigkeit. Im Falle der gesetzlichen Anrechnung von Vordienstzeiten ist zu unterscheiden, ob die Anrechnung Auswirkungen lediglich auf die Anwartschaftshöhe hat oder sich (auch) auf den Lauf der Unverfallbarkeitsfristen bezieht. § 8 Abs. 3 Soldatenversorgungsgesetz und § 4 Abs. 1 und 2 Abgeordnetengesetz beziehen sich gerade nicht auf die Berechnung der Höhe der Anwartschaft. Eine erweiterte Anrechnung findet sich im Bergrecht. Dem Inhaber eines **Bergmannsversorgungsscheins** sind im neuen Beschäftigungsbetrieb die im Bergbau untertage verbrachten Beschäftigungszeiten als gleichwertige Zeiten der Betriebszugehörigkeit anzurechnen, und zwar sowohl bei der Berechnung der Unverfallbarkeitsfrist als auch bei der Anwartschaftshöhe.[62]

28 Da § 2 Abs. 1 S. 1 nur eine Mindestregelung zum Schutz des ausgeschiedenen AN enthält, kann der AG grundsätzlich frei darüber entscheiden, ob Vordienstzeiten **vertraglich angerechnet** werden, welche Vordienstzeiten in Ansatz gebracht werden können und ob die Anrechnung nur für die Unverfallbarkeit dem Grunde nach oder auch bei der Berechnung der Höhe nach zu berücksichtigen ist. Im Zweifel ist die Reichweite der Anrechnung durch Auslegung der Versorgungszusage zu ermitteln.[63] Eine pauschale Anrechnung von Vordienstzeiten spricht für eine umfassende Berücksichtigung auch bei der Berechnung der Anwartschaftshöhe.[64]

29 Eine vertragliche Besserstellung kann auch dadurch erreicht werden, dass ein AG zusagt, einen nach dem Ausscheiden liegenden Zeitraum bei der betrieblichen Altersversorgung zu berücksichtigen (so genannte **Nachdienstzeiten**). Angerechnet werden können bspw. Zeiten zwischen dem Ausscheiden aus dem Arbverh und dem Erreichen der festen Altersgrenze. Das ermöglicht dem AN, vorzeitig ohne Kürzung nach Abs. 1 S. 1 auszuscheiden. Die Anrechnung

---

[53] BAG 4.10.1994 – 3 AZR 215/94 – EzA § 2 BetrAVG Nr. 14 = AP § 2 BetrAVG Nr. 22.
[54] BAG 20.11.2001 – 3 AZR 550/00 – EzA § 2 BetrAVG Invalidität Nr. 3 = AP § 1 BetrAVG Invaliditätsrente Nr. 13.
[55] *Höfer*, § 2 Rn 3120; *Kemper u.a.*, § 2 Rn 67.
[56] BAG 19.11.2002 – 3 AZR 167/02 – EzA § 1 BetrAVG Ablösung Nr. 38 = AP § 1 BetrAVG Ablösung Nr. 40; *Blomeyer/Rolfs/Otto*, § 2 Rn 44.
[57] *Kemper u.a.*, § 2 Rn 59.
[58] *Kemper u.a.*, § 2 Rn 61.
[59] *Kemper u.a.*, § 2 Rn 64.
[60] BAG 19.12.2000 – 3 AZR 451/99 – EzA § 613a BGB Nr. 197 = AP § 1 BetrAVG Unverfallbarkeit Nr. 10.
[61] *Blomeyer/Rolfs/Otto*, § 2 Rn 45.
[62] BAG 7.6.1988 – 3 AZR 545/86 = AP § 9 BergmannsVersorgScheinG NRW Nr. 26 = NZA 1989, 302.
[63] *Blomeyer/Rolfs/Otto*, § 2 Rn 58.
[64] *Kemper u.a.*, § 2 Rn 76.

von Nachdienstzeiten bietet sich an, wenn der AN vorgezogene Altersrente aus der gesetzlichen RV nach Arbeitslosigkeit beanspruchen will.[65]

c) Mögliche Betriebszugehörigkeit. Als mögliche Betriebszugehörigkeit gilt die Zeit vom rechtlichen Beginn des Arbverh bis zur Regelaltersgrenze, es sei denn, eine frühere feste Altersgrenze ist vereinbart. Sieht die Versorgungszusage für den Fall der vorzeitigen Inanspruchnahme Leistungskürzungen vor, kann allerdings nicht angenommen werden, dass die feste Altersgrenze auf einen Zeitpunkt vor Vollendung des 65. Lebensjahres bzw. Erreichen der Regelaltersgrenze vorverlegt ist.[66]

d) Sonderfall der „Besonders langjährig Versicherten" Das RV-Altersgrenzenanpassungsgesetz[67] hat in § 38 SGB VI eine Sonderregelung für **Besonders langjährig Versicherte** geschaffen. Dabei handelt es sich um solche in der gesetzlichen RV Versicherte, die ab Vollendung des 65. Lebensjahres eine Wartezeit von 45 Jahren erfüllt haben. Diese Versicherten können die gesetzliche Altersrente ab dem Alter 65 abrufen, ohne – wie sonstige Versicherte – den Abschlag von 0,3 % für jeden Monat der vorzeitigen Inanspruchnahme (Vorgriffsmonat) vor der höheren Regelaltersgrenze hinnehmen zu müssen.[68] Der Gesetzgeber wollte die **Besonders langjährig Versicherten** auch in der betrieblichen Altersversorgung begünstigen. Er hat deshalb § 2 Abs. 1 um eine Regelung ergänzt, nach der immer dann, wenn der AN ausscheidet, um seine Altersrente aus der gesetzlichen RV für besonders langjährig Versicherte in Anspruch zu nehmen, bei der Berechnung auf diesen Zeitpunkt abzustellen ist. Der AN ist dann so zu behandeln, als wenn er bis zum Erreichen der Regelaltersgrenze im Betrieb verblieben wäre.[69]

Da die Sonderregelung des § 2 Abs. 1 S. 1 n.F. nur zum Zuge kommt, wenn der AN ausscheidet, um zugleich eine gesetzliche Altersrente für besonders langjährig Versicherte in Anspruch zu nehmen,[70] betrifft sie nicht den Fall der vorzeitigen Ausscheidens mit unverfallbarer Anwartschaft, sondern ist ein (Grund-)Fall der vorgezogenen Inanspruchnahme der Betriebsrente nach § 6. Geht es jedoch um eine Betriebsrente nach § 6, findet nach der neueren Rspr. des BAG[71] § 2 BetrAVG keine unmittelbare Anwendung. § 6 enthält keine Verweisung auf diese Norm. § 6 enthält auch keine Berechnungsregeln für die Ermittlung der Höhe der vorgezogenen Betriebsrente. Deshalb müssen nach der neueren Rspr. des BAG[72] die Regeln zur Berechnung der Höhe der Betriebsrente bei deren vorgezogener Inanspruchnahme den allgemeinen Grundsätzen des Betriebsrentenrechts entnommen werden. Vor diesem Hintergrund wurde die Bestimmung durch den parlamentarischen Gesetzgeber, obgleich er die neue Rechtsprechung des BAG zur Berechnung der vorgezogenen Betriebsrente im Zusammenhang mit dem Gesetzgebungsverfahren zum AltEinkG vom 5.7.2004 (BGBl I S. 1427) ausdrücklich gebilligt hatte, systemwidrig in § 2 verortet. Für die Berechnung der vorgezogenen Betriebsrente nach § 6 wirkt sich die Sonderregelung dahin aus, dass die **1. Störung im Äquivalenzverhältnis**, nämlich die fehlende Betriebszugehörigkeit bis zur Regelaltersgrenze nicht anspruchsmindernd berücksichtigt werden darf und zwar weder durch eine Quotierung in entsprechender Anwendung des § 2 noch durch eine aufsteigende Berechnung. Demgegenüber verbleibt es auch im Falle der Sonderregelung dabei, dass der AG auf die **2. Störung im Äquivalenzverhältnis**, die dadurch eintritt, dass der AN die Betriebsrente in jedem Fall sowie früher und länger als mit der Versorgungszusage versprochen in Anspruch nimmt, mit einem versicherungsmathematischen Abschlag reagieren darf.[73]

3. Beispiele. Für die Anwendung des **Quotierungsverfahrens** ist es unerheblich, ob eine Rente oder eine Kapitalleistung zugesagt wurde. Die ohne das vorherige Ausscheiden zustehende volle Versorgungsleistung ist wegen der geringeren tatsächlichen Dauer der Betriebszugehörigkeit zu kürzen.

a) Festbetrag. Zugesagt ist eine monatliche Altersrente von 500 EUR. Die feste Altersgrenze ist das 65. Lebensjahr. Der AN ist am 1.3.1961 geboren, am 1.3.1991 eingetreten und am 31.12.2003 ausgeschieden. Der tatsächlichen Betriebszugehörigkeit von 154 Monaten steht eine mögliche Betriebszugehörigkeit von 420 Monaten gegenüber. Der Unverfallbarkeitsquotient beträgt 0,3666. Es ist eine Anwartschaft in Höhe von 183,30 EUR aufrecht zu erhalten. Sind pro Dienstjahr 20 EUR monatliche Altersrente zugesagt, ist wie folgt zu rechnen: 35 Dienstjahre × 20 EUR = 700 EUR × 0,3666. Hier ist eine Anwartschaft in Höhe von 256,20 EUR aufrecht zu erhalten.

b) Dynamik. Weit verbreitet sind Zusagen, die an die Höhe der Bezüge des AN geknüpft sind. Es sollen 30 von 40 möglichen Dienstjahren abgeleistet und eine Altersrente i.H.v. 1 % der letzten monatlichen Bezüge pro Dienstjahr zugesagt sein. Abzustellen ist auf die monatlichen Bezüge zum Zeitpunkt der rechtlichen Beendigung des Arbverh.

---

65 BAG 10.3.1992 – 3 AZR 140/91 – EzA § 7 BetrAVG Nr. 43 = AP § 7 BetrAVG Nr. 73; *Kemper u.a.*, § 2 Rn 77.
66 BAG 22.2.1983 – 3 AZR 546/80 – EzA § 7 BetrAVG Nr. 11 = AP § 7 BetrAVG Rn 15.
67 BGBl 2007 I S. 554.
68 *Höfer*, § 2 Rn 3125.1.
69 *Baumeister/Merten*, DB 2007, 1306, 1307.
70 *Baumeister/Merten*, DB 2007, 1306, 1308.
71 BAG 23.1.2001 – 3 AZR 164/00 – NZA 2002, 93.
72 BAG 23.1.2001 – 3 AZR 164/00 – NZA 2002, 93.
73 *Baumeister/Merten*, DB 2007, 1306, 1308; *Höfer*, § 2 Rn 3125.5; zur Problematik der Sonderregelung s. auch *Cisch/Kruip*, BB 2007, 1162, 1166.

Sie sollen 2.000 EUR betragen. Hier ist wie folgt zu rechnen: 40 × 1 % × 2.000 EUR = 800 EUR. Die Unverfallbarkeitsquote beträgt 0,75. Es ist eine Anwartschaft in Höhe von 600 EUR aufrecht zu erhalten.

36 **c) Kapitalzusage.** Hier ist entsprechend zu rechnen. Lautet die Zusage unter ansonsten unveränderten Bedingungen auf 1 % der Jahresbezüge pro Dienstjahr und beträgt der maßgebliche Jahresbezug 60.000 EUR, ergibt sich eine aufrecht zu erhaltende Anwartschaft i.H.v. 40 × 1 % × 60.000 EUR = 24.000 EUR × 0,75 = 18.000 EUR.

II. Direktversicherung (Abs. 2)

37 **1. Quotierungsverfahren.** Das Quotierungsverfahren ist auch bei der Direktversicherung anzuwenden. Abs. 2 S. 1 trägt den Besonderheiten einer mittelbaren Versorgungszusage Rechnung, die über eine Direktversicherung umgesetzt wird. Im Ergebnis soll eine Gleichbehandlung mit der unmittelbaren Versorgungszusage erreicht werden. Das Quotierungsverfahren bei Direktversicherungen wird auch **arbeitsrechtliche** oder **arbeitsvertragliche Lösung** genannt, im Gegensatz zu der **versicherungsrechtlichen Lösung** gem. Abs. 2 S. 2 ff. Die dem AN über die Direktversicherung zugesagte Versorgungsleistung ist im Verhältnis der tatsächlichen Betriebszugehörigkeit zu der möglichen Betriebszugehörigkeit bis zum Erreichen der festen Altersgrenze zu quotieren. Ist in der Versorgungszusage keine feste Altersgrenze bestimmt und lässt sich diese auch nicht im Wege der Auslegung der Versorgungszusage ermitteln, kann ausnahmsweise der Versicherungsvertrag herangezogen werden.[74] Lässt sich aus dem Versicherungsvertrag nichts Eindeutiges entnehmen, bleibt es bei der gesetzlichen Regelung des Abs. 1 Hs. 1.[75] Die so ermittelte Versorgungsleistung ist mit der Versicherungsleistung aus dem Versicherungsvertrag zu vergleichen.

38 **a) Zugesagte Versorgungsleistung.** Welche Versorgungsleistung zugesagt ist, ergibt sich aus dem **Versicherungsvertrag**. Soweit die Versicherungsleistung auf eigenen Beiträgen des AN beruht, sind sie nicht zu berücksichtigen.[76] Für den Fall der **Entgeltumwandlung** findet sich eine Sonderregelung in Abs. 5a.

39 **b) Versicherungsleistung.** Die Versicherungsleistung ist versicherungsmathematisch zu berechnen.[77] Der AG wird den Versicherungsvertrag bei Ausscheiden des AN regelmäßig kündigen und beitragsfrei stellen. Die Leistungsverpflichtung des Versicherers ist dann entsprechend gemindert. In einem ersten Schritt ist der Einmalbetrag zu ermitteln, den die Versicherung benötigt, um am Tag der vorzeitigen Beendigung des Arbvrh die im Versicherungsvertrag bestimmte Leistung finanzieren zu können. In einem zweiten Schritt ist die sich aus den erfolgten Beitragszahlungen ergebende Deckungsreserve zu ermitteln. Aus dem Verhältnis von Deckungsreserve und Einmalbetrag ergibt sich die zu erbringende Versicherungsleistung.[78]

40 § 2 enthält keine Regelung betreffend die Behandlung von **Überschussanteilen** beim Quotierungsverfahren. Bei Direktversicherungen mit sehr langen Laufzeiten können die Überschussanteile die vereinbarte Versicherungssumme sogar übersteigen. Die Höhe der Überschussanteile darf das Versicherungsunternehmen nicht garantieren.[79] Die zum Zeitpunkt der rechtlichen Beendigung des Arbvrh nicht feststellbaren **zukünftigen Überschussanteile** können deshalb bei der zu quotierenden Versorgungsleistung nicht berücksichtigt werden. Andererseits steht es dem AG frei, dem AN auch die Überschussanteile zuzusagen. Das BAG hat zur Schließung dieser Regelungslücke eine pragmatische Lösung gefunden.[80] Hat der AG neben der Garantieleistung auch die Überschussanteile zugesagt, ist das Quotierungsverfahren nur auf die Garantieleistung anzuwenden. Bei den Überschussanteilen ist zu unterscheiden, ob sie während der Dauer des Arbvrh durch das Versicherungsunternehmen erwirtschaftet wurden oder auf einen Zeitraum nach der rechtlichen Beendigung des Arbvrh entfallen. Im ersten Fall stehen die Überschussanteile dem AN ungekürzt zu. Die auf die Zeit nach der rechtlichen Beendigung des Arbvrh entfallenden Überschussanteile stehen dem AG zu.[81]

41 Aus der Gegenüberstellung von Versorgungsleistung und Versicherungsleistung ergibt sich, ob und in welchem Umfang der AG einstehen muss. Übersteigt die Versorgungsleistung die Versicherungsleistung, ist der AG ausgleichspflichtig. Das Gesetz behandelt die Ausgleichspflicht wie eine unmittelbare Versorgungszusage. Der Ausgleichsanspruch des AN gegen seinen AG ist insolvenzgesichert.[82] Sollte die Versicherungsleistung ausnahmsweise einmal die Versorgungsleistung übersteigen, steht dem AN im Zweifel die höhere Versicherungsleistung zu.[83] Allerdings kann sich aus der Versorgungszusage ausdrücklich ergeben, dass insoweit dem AG gegen seinen AN ein Ausgleichsanspruch zusteht.[84]

---

[74] ErfK/*Steinmeyer*, § 2 BetrAVG Rn 29; *Blomeyer/Rolfs/Otto*, § 2 Rn 147.
[75] *Blomeyer/Rolfs/Otto*, § 2 Rn 148.
[76] *Blomeyer/Rolfs/Otto*, § 2 Rn 152; ErfK/*Steinmeyer*, § 2 BetrAVG Rn 31.
[77] *Höfer*, § 2 Rn 3159.
[78] ErfK/*Steinmeyer*, § 2 BetrAVG Rn 34; *Höfer*, § 2 Rn 3159; *Kemper u.a.*, § 2 Rn 95.
[79] *Höfer*, § 2 Rn 3178.
[80] BAG 29.7.1986 – 3 AZR 15/85 – EzA § 2 BetrAVG Nr. 9 = AP § 1 BetrAVG Lebensversicherung Nr. 3 mit Anm. v. *Kessel*.
[81] BAG 29.7.1986 – 3 AZR 15/85 – EzA § 2 BetrAVG Nr. 9 = AP § 1 BetrAVG Lebensversicherung Nr. 3; *Kemper u.a.*, § 2 Rn 96.
[82] ErfK/*Steinmeyer*, § 2 BetrAVG Rn 36.
[83] ErfK/*Steinmeyer*, § 2 BetrAVG Rn 36.
[84] *Blomeyer/Rolfs/Otto*, § 2 Rn 182.

2. Versicherungsrechtliche Lösung (Abs. 2 S. 2 ff.). Der AG hat es in der Hand, das Quotierungsverfahren mit einer ggf. erheblichen **Einstandspflicht** zu vermeiden und stattdessen die versicherungsrechtliche Lösung zu wählen. Der AN erhält dann nur die Leistung, die sich aus der **beitragsfreien Direktversicherung** ergibt.

a) Verlangen des Arbeitgebers. Für das Verlangen des AG ist eine bestimmte Form nicht vorgesehen. Schriftform ist gleichwohl empfehlenswert. Der AG kann sein Verlangen nur innerhalb von drei Monaten seit der rechtlichen Beendigung des Arbverh geltend machen. Die Mitteilung hat sowohl gegenüber dem AN als auch dem Versicherungsunternehmen zu erfolgen.[85] Ist die Drei-Monats-Frist gem. §§ 187 ff. BGB abgelaufen, kann der AG nicht mehr auf die versicherungsrechtliche Lösung optieren.[86] Eine fristgerechte Mitteilung nur an den AN ist nicht ausreichend.[87]

b) Erste soziale Auflage. Das **Bezugsrecht** muss spätestens nach drei Monaten seit der rechtlichen Beendigung des Arbverh **unwiderruflich** sein. Ebenso dürfen die Rechte aus dem Versicherungsvertrag nicht beliehen oder abgetreten sein. Etwaig bestehende Beitragsrückstände müssen innerhalb der Drei-Monats-Frist ausgeglichen werden.

aa) Unwiderrufliches Bezugsrecht. Erst mit der Einräumung eines unwiderruflichen Bezugsrechts ist der AN in der Lage, bei Eintritt des Versicherungsfalles die versicherte Leistung vom Versicherungsunternehmen zu verlangen. Es muss feststehen, dass die Leistungen aus dem Versicherungsvertrag dem AN auch tatsächlich zu Gute kommen.[88] Wird (nur) ein widerrufliches Bezugsrecht eingeräumt, kann sich der AG gegenüber seinem AN zwar schuldrechtlich verpflichten, von dem Widerrufsrecht keinen Gebrauch zu machen. Im Falle einer Insolvenz des AG wäre der Insolvenzverwalter hieran jedoch nicht gebunden. Er müsste das Bezugsrecht widerrufen.[89] Der AG kann das Bezugsrecht aus dem Versicherungsvertrag auch bereits vor der rechtlichen Beendigung des Anstellungsverhältnisses unwiderruflich stellen.[90] Besonderheiten gelten bei der Direktversicherung durch Entgeltumwandlung. Gem. § 1b Abs. 5 S. 2 muss dort ein unwiderrufliches Bezugsrecht ab Beginn der Entgeltumwandlung bestehen.[91]

bb) Abtretung und Beleihung. Das unwiderrufliche Bezugsrecht darf auch nicht durch weitere Vorbehalte eingeschränkt sein.[92] Eine **Abtretung** des Rechts aus dem Versicherungsvertrag ist innerhalb von drei Monaten rückgängig zu machen.[93] Andernfalls wäre der AN gehindert, die Leistungen aus dem Versicherungsvertrag in Anspruch zu nehmen, wenn und soweit derjenige, zu dessen Gunsten die Abtretung erfolgte, Befriedigung aus dem Versicherungsvertrag begehrt. Der AG hat also dafür zu sorgen, dass der Zessionar auf seine Sicherungsrechte verzichtet. Bei einer Direktversicherung aus Entgeltumwandlung ist die Abtretung arbeitsrechtlich ausgeschlossen (§ 1b Abs. 5 S. 1).

Entsprechendes gilt für eine **Beleihung** der Direktversicherung. Hat der AG von dem Versicherungsunternehmen eine Vorauszahlung auf die Versicherungsleistung erhalten, ist das Darlehen zurückzuzahlen und die Beleihung ist aufzuheben.[94] In dem besonderen Fall der Direktversicherung aus Entgeltumwandlung ist auch eine Beleihung ausgeschlossen (§ 1b Abs. 5 S. 1). Ebenso wenig wie durch Abtretung und Beleihung darf das Bezugsrecht durch **Verpfändung** eingeschränkt sein.[95]

cc) Beitragsrückstände. Beitragsrückstände sind innerhalb von drei Monaten auszugleichen. Hieran hat der AN ein besonderes Interesse. Denn einerseits können fehlende Beiträge den Wert der beitragsfreien Versicherung erheblich mindern und andererseits besteht bei einer Direktversicherung mit unwiderruflichem Bezugsrecht kein gesetzlicher Insolvenzschutz. Gem. § 33 VVG sind die Prämien in der Regel als **Jahresprämien** vorab zu zahlen. Sie werden deshalb auch nur einmal im Jahr fällig. Umstritten ist, ob die zuletzt fällige Jahresprämie in voller Höhe eingezahlt sein muss, wenn das Arbverh nur einige Monate nach dem Fälligkeitstermin rechtlich beendet wird. Richtigerweise wird es ausreichend sein, dass die gezahlte Prämie den Zeitraum bis zur rechtlichen Beendigung des Arbverh abdeckt.[96] Die weitergehende Ansicht von *Höfer*[97] und *Kisters-Kölkes*[98] ist weder durch den Wortlaut der Norm gedeckt noch nach dem Normzweck geboten. War die Jahresprämie vorab am 1.1. des Jahres zu zahlen und endete das Arbverh mit Ablauf des 30.6., scheidet ein Beitragsrückstand für die Zeit ab dem 1.7. bereits begrifflich aus. Auch der Zweck der Norm, die bis zur rechtlichen Beendigung des Arbverh erdienten Anwartschaften aufrechtzuerhalten, gebietet es nicht, dem AN auch den Teil der Jahresprämie zu Gute kommen zu lassen, der einen Zeitraum nach der rechtlichen Beendigung des Arbverh abdeckt.

---

85 *Blomeyer/Rolfs/Otto*, § 2 Rn 240.
86 *Blomeyer/Rolfs/Otto*, § 2 Rn 246.
87 *Kemper u.a.*, § 2 Rn 118.
88 *Kemper u.a.*, § 2 Rn 120.
89 BAG 8.6.1999 – 3 AZR 136/98 – EzA § 1 BetrAVG Lebensversicherung Nr. 8 = AP § 1 BetrAVG Lebensversicherung Nr. 26.
90 *Blomeyer/Rolfs/Otto*, § 2 Rn 190; *Kemper u.a.*, § 2 Rn 121.
91 *Kemper u.a.*, § 2 Rn 121.
92 BAG 26.6.1990 – 3 AZR 651/88 – EzA § 7 BetrAVG Nr. 36 = AP § 1 BetrAVG Lebensversicherung Nr. 10.
93 *Kemper u.a.*, § 2 Rn 123.
94 *Höfer*, § 2 Rn 3228.
95 *Blomeyer/Rolfs/Otto*, § 1b Rn 240; *Höfer*, § 2 Rn 3428.
96 *Blomeyer/Rolfs/Otto*, § 2 Rn 197.
97 BetrAVG, § 2 Rn 3230 f.
98 *Kemper u.a.*, § 2 Rn 127.

140 BetrAVG § 2

49 c) **Zweite soziale Auflage.** Die **Überschussanteile** dürfen vom Beginn der Versicherung, frühestens jedoch vom Beginn der Betriebszugehörigkeit an, nur zur Verbesserung der Versicherungsleistung verwendet werden. Dadurch erhält der AN eine dem Versicherungsnehmer weitgehend vergleichbare Position.[99] Entweder erhöhen die Überschussanteile die Versicherungssumme oder es werden weitere Versicherungsleistungen gewährt.[100] Dem AN müssen sämtliche Überschussanteile zustehen. Wird auch nur ein Teil der Überschüsse mit den Beiträgen des AG verrechnet, ist diesem die versicherungsrechtliche Lösung verwehrt.[101]

50 d) **Dritte soziale Auflage.** Der AG kann die versicherungsrechtliche Lösung nur wählen, wenn der ausgeschiedene AN nach dem Versicherungsvertrag das Recht hat, die Versicherung mit **eigenen Beiträgen** fortzusetzen. Der AN erhält damit Zugriff auf die volle Versicherungsleistung einschließlich sämtlicher Überschussanteile.[102] Es ist nicht erforderlich, dass der AN den Versicherungsvertrag auch tatsächlich fortführt.[103] Das Gesetz legt nicht fest, zu welchen Bedingungen eine Fortführung zu erfolgen hat.[104] Deshalb hat der AN auch keinen Anspruch darauf, die Versicherung zu den gleichen Bedingungen wie der AG fortzuführen.[105] Die Fortführung der Versicherung hat für den AN insb. den Vorteil, dass keine neuen Abschlusskosten anfallen und das günstigere Alter bei Versicherungsbeginn erhalten bleibt.[106]

51 e) **Verfügungsbeschränkungen (Abs. 2 S. 4 ff.).** Abs. 2 S. 4 ff. schränken die Verfügungsmöglichkeiten des ausgeschiedenen AN bezogen auf den Versicherungsvertrag ein. Es soll sichergestellt werden, dass die Direktversicherung entsprechend ihrem Versorgungszweck verwendet wird.[107] Ihr Wert soll erhalten bleiben. S. 4 verbietet die Abtretung und Beleihung. Erfasst wird auch die Verpfändung, da sie regelmäßig mit einer Beleihung verbunden ist.[108] Dem **Verfügungsverbot** unterfallen nur die vom AG finanzierten Teile der Versicherungssumme. Ausgeschlossen sind Verfügungen in Höhe des durch die Beitragszahlungen des AG gebildeten Deckungskapitals bzw. des nach § 169 Abs. 3 VVG berechneten Zeitwerts und zwar einschließlich der bis zur rechtlichen Beendigung des Arbverh angefallenen Überschussanteile.[109] S. 4 ist ein **Verbotsgesetz** i.S.v. § 134 BGB. Dem Zweck der Norm, Verfügungen des AN endgültig zu verhindern, wird dadurch Rechnung getragen, dass sowohl das zugrunde liegende **Kausalgeschäft** als auch das dingliche **Vollzugsgeschäft** nichtig sind.[110] Richtigerweise schließt S. 4 nur Verfügungen über das Bezugsrecht aus, jedoch nicht die Übertragung der Versicherungsnehmereigenschaft vom AN auf einen neuen AG, es sei denn, die Übertragung der Versicherungsnehmereigenschaft ist mit einer Änderung des Bezugsrechts verbunden. Deshalb greift das Verfügungsverbot, wenn der AN in eine Umstellung auf ein widerrufliches Bezugsrecht einwilligt und so die Abtretung oder Beleihung durch den neuen AG ermöglicht.[111]

52 In gleicher Höhe darf der **Rückkaufswert** aufgrund einer **Künd des Versicherungsvertrages** nicht in Anspruch genommen werden. Im Falle einer Künd wird die Versicherung in eine prämienfreie Versicherung umgewandelt. Insoweit findet § 169 Abs. 1 VVG keine Anwendung. Dadurch soll eine lückenlose Sicherung des Versorgungszwecks ermöglicht werden. S. 5 stellt klar, dass nicht nur die Erstattung gem. § 169 Abs. 1 VVG ausgeschlossen ist, sondern auch die Verwendung für einen neu abzuschließenden Versicherungsvertrag.[112] S. 5 ist ebenfalls ein **Verbotsgesetz** i.S.v. § 134 BGB. Verboten ist jede Art der Verwertung des Rückkaufswertes, nicht jedoch die Auszahlung des Rückkaufswertes durch das Versicherungsunternehmen. Das Versicherungsunternehmen erbringt dann aber eine nicht geschuldete Leistung, die gem. § 812 Abs. 1 S. 1 BGB (condictio indebiti) zurückgefordert werden kann. Da das Versicherungsunternehmen mit der Auszahlung des Rückkaufswertes nicht gegen ein gesetzliches Verbot verstößt, steht § 817 S. 2 BGB einer Rückforderung des Geleisteten nicht entgegen.[113]

53 Abs. 2 S. 4 bis 6 können mit § 3 kollidieren. Soweit § 3 die Abfindung unverfallbarer Anwartschaften erlaubt, geht die Vorschrift S. 4 bis 6 als lex specialis vor.

III. Pensionskasse (Abs. 3)

54 Pensionskassen betreiben Lebensversicherung. Die **Pensionskassenzusage** weist zahlreiche Parallelen zur Direktversicherungszusage auf, weshalb es sachgerecht ist, die in Abs. 2 enthaltenen Regelungen für Direktversicherungen auf Pensionskassen zu übertragen.[114] Das Quotierungsverfahren ist ebenso wie in Abs. 2 der Regelfall, die versicherungsrechtliche Lösung eine Option für den AG. Da die Pensionskasse bei allen Parallelen gegenüber der Direktversicherung einige Besonderheiten aufweist, weicht Abs. 3 teilweise auch inhaltlich von Abs. 2 ab. Da das Bezugsrecht

---

99 *Höfer*, § 2 Rn 3233.
100 *Blomeyer/Rolfs/Otto*, § 2 Rn 216; *Höfer*, § 2 Rn 3240.
101 *Blomeyer/Rolfs/Otto*, § 2 Rn 218.
102 *Kemper u.a.*, § 2 Rn 130.
103 *Kemper u.a.*, § 2 Rn 131.
104 *Blomeyer/Rolfs/Otto*, § 2 Rn 228.
105 ErfK/*Steinmeyer*, § 2 BetrAVG Rn 43.
106 *Kemper u.a.*, § 2 Rn 131.
107 *Höfer*, § 2 Rn 3259.
108 *Blomeyer/Rolfs/Otto*, § 2 Rn 265; *Höfer*, § 2 Rn 3259, § 1b Rn 3001.
109 ErfK/*Steinmeyer*, § 2 BetrAVG Rn 47.
110 *Blomeyer/Rolfs/Otto*, § 2 Rn 284; ErfK/*Steinmeyer*, § 2 BetrAVG Rn 47.
111 *Blomeyer/Rolfs/Otto*, § 2 Rn 266.
112 *Blomeyer/Rolfs/Otto*, § 2 Rn 294; ErfK/*Steinmeyer*, § 2 BetrAVG Rn 48.
113 *Blomeyer/Rolfs/Otto*, § 2 Rn 299, 291; ErfK/*Steinmeyer*, § 2 BetrAVG Rn 49.
114 *Höfer*, § 2 Rn 3277.

des AN der Verfügungsmacht des AG entzogen ist, kann auf die erste soziale Auflage verzichtet werden. Die zweite soziale Auflage trägt dem Umstand Rechnung, dass bei Pensionskassen die Überschussbeteiligung selten ist und in den meisten Fällen eine Dynamisierung der Anwartschaft stattfindet.[115]

1. Quotierungsverfahren. Das **Quotierungsverfahren** ist Abs. 1 nachgebildet. Die quotierte Versorgungsleistung ist der von der Pensionskasse tatsächlich zu erbringenden Versicherungsleistung gegenüberzustellen. Im Gegensatz zur Direktversicherung ergibt sich die Höhe des Anspruchs nicht aus dem Versicherungsvertrag, sondern aus dem Geschäftsplan. Zudem ist die eigene Beitragsleistung des AN bei Pensionskassen deutlich weiter verbreitet als bei Direktversicherungen. Der Eigenbeitragsanteil des AN bleibt wie bei der Direktversicherung unberücksichtigt. Schwierigkeiten bereitet es, die Versorgungsleistung rechnerisch nach AN- und AG-Beiträgen aufzuteilen. Bei Pensionskassen kann die Aufteilung in einem nach dem VAG genehmigten Geschäftsplan erfolgen.[116] Berechnungsgrundlage ist der Geschäftsplan der Kasse bzw. die darin enthaltene Satzung. Der Geschäftsplan ist allerdings nur verbindlich, wenn er durch die Aufsichtsbehörde auch genehmigt ist (§ 5 Abs. 3 VAG i.V.m. § 10 VAG). Ausnahmsweise sind die allgemeinen Versicherungsbedingungen und die fachlichen Geschäftsunterlagen nach § 5 Abs. 3 Nr. 2 Hs. 2 VAG maßgeblich, wenn eine aufsichtsbehördliche Genehmigung nicht vorgeschrieben ist.[117] Der sich aus dem Versorgungsverhältnis ergebende Betrag ist der Leistung der Pensionskasse gegenüberzustellen. Für die Vergleichsbewertung und den Ergänzungsanspruch ergeben sich keine Unterschiede zur Direktversicherung.

2. Versicherungsrechtliche Lösung. Auch bei der Pensionskasse kann die **versicherungsrechtliche Lösung** auf Verlangen des AG an die Stelle des Quotierungsverfahrens treten. Die versicherungsrechtliche Lösung setzt voraus, dass soziale Auflagen erfüllt werden. Die ausdrückliche Verweisung in Abs. 3 S. 3 auf Abs. 2 S. 3 stellt klar, dass für das „Verlangen" des AG nichts anderes gilt als bei der Direktversicherung. Gem. Abs. 3 S. 3 gelten die dortigen Verfügungsbeschränkungen auch für die Pensionskasse.

a) Erste soziale Auflage. aa) Überschussanteile. Es muss sichergestellt sein, dass vom Beginn der Versicherung, frühestens jedoch vom Beginn der Betriebszugehörigkeit an, Überschussanteile, die aufgrund des Finanzierungsverfahrens regelmäßig entstehen, nur **zur Verbesserung der Versicherungsleistung** zu verwenden sind. Da bei vielen Pensionskassen keine Überschüsse entstehen, die zur Verbesserung der Versicherungsleistung verwendet werden könnten, eröffnet das Gesetz die Wahl der versicherungsrechtlichen Lösung auch dann, wenn dem AN zwar keine Überschüsse gewährt werden (können), ihm aber das in der Norm angeführte Äquivalent zusteht.[118] Ohne diese Ergänzung wäre die versicherungsrechtliche Lösung bei Pensionskassen nur von geringer praktischer Relevanz.

Überschussanteile, die aufgrund des Finanzierungsverfahrens regelmäßig entstehen, sind zur Verbesserung der Versicherungsleistung zu verwenden. Aus dieser Formulierung könnte geschlossen werden, dass außerordentliche Gewinne unberücksichtigt blieben. Diese Einschränkung ist jedoch nach dem Zweck der Norm nicht geboten.[119]

bb) Dynamik. Der AG kann auch dann die versicherungsrechtliche Lösung wählen, wenn die Steigerung der Versorgungsanwartschaften der Entwicklung seines Arbeitsentgelts entspricht, soweit dieses unter den jeweiligen Beitragsbemessungsgrenzen der gesetzlichen RV liegt.

Die Steigerung der Anwartschaft muss der Entwicklung des Arbeitsentgelts folgen. Gemeint sind Geschäftspläne, die die Höhe des Versorgungsanspruchs in Prozenten des zuletzt bezogenen Arbeitsentgelts ausdrücken.[120] Die **Dynamik** braucht sich nicht auch auf den Teil der Versorgungsleistung zu beziehen, der auf Eigenbeitragsanteilen des AN beruht.[121] Ob und in welchem Umfang Sonderzahlungen, Weihnachtszuwendungen, Tantiemen und sonstige zusätzliche Gehaltsbestandteile einzubeziehen sind, bleibt der Versorgungszusage überlassen.

b) Zweite soziale Auflage. Der AN muss die Möglichkeit haben, die Versicherung mit **eigenen Beiträgen** fortzusetzen. Die Berechtigung hierzu folgt in aller Regel aus der Satzung der Pensionskasse. Anders als bei der Direktversicherung bleibt der ausgeschiedene AN auch Mitglied. Er erhält den vollen Versicherungsschutz. Begrenzt die Satzung die Mitgliedschaft auf aktive AN, bleibt nur die arbeitsrechtliche Lösung.[122]

IV. Pensionsfonds (Abs. 3a)

Mit Wirkung vom 1.1.2002 wurde in Abs. 3a eine Neuregelung zur Ermittlung der Höhe der unverfallbaren Anwartschaft bei Pensionsfonds geschaffen. Auf die Pensionsfondszusage ist ausschließlich das **Quotierungsverfahren** anwendbar. Eine versicherungsrechtliche Lösung kennt das Gesetz nicht. Da insoweit keine Regelungslücke vorliegt, kann die versicherungsrechtliche Lösung auch nicht durch eine Analogie ermöglicht werden.[123] Auch beim Pensi-

---

115 Blomeyer/Rolfs/Otto, § 2 Rn 301.
116 Blomeyer/Rolfs/Otto, § 2 Rn 313 ff.; ErfK/Steinmeyer, § 2 BetrAVG Rn 54.
117 Blomeyer/Rolfs/Otto, § 2 Rn 314; ErfK/Steinmeyer, § 2 BetrAVG Rn 55.
118 Blomeyer/Rolfs/Otto, § 2 Rn 345, Höfer, § 2 Rn 3299.
119 Blomeyer/Rolfs/Otto, § 2 Rn 348; Höfer, § 2 Rn 3297 f.
120 ErfK/Steinmeyer, § 2 BetrAVG Rn 60.
121 Blomeyer/Rolfs/Otto, § 2 Rn 357.
122 ErfK/Steinmeyer, § 2 BetrAVG Rn 61.
123 Blomeyer/Rolfs/Otto, § 2 Rn 374.

onsfonds kann der AG **ausgleichspflichtig** sein, wenn der vom AG zu finanzierende Teilanspruch über die vom Pensionsfonds berechnete Deckungsrückstellung hinausgeht. Abs. 3a ist nur bei reinen AG-finanzierten Zusagen anwendbar. Für AN-finanzierte und beitragsorientierte Zusagen enthalten Abs. 5a und für Beitragszusagen mit Mindestleistung Abs. 5b Sonderregelungen. Da bei Pensionsfonds ganz überwiegend Pensionspläne vorkommen, die eine Beitragszusage mit Mindestleistung vorsehen, spielt das Quotierungsverfahren beim Pensionsfonds in der Praxis keine große Rolle.

V. Unterstützungskasse

63 Auch für Unterstützungskassen bedurfte es einer besonderen Regelung in § 2, da sie keinen Rechtsanspruch auf ihre Leistungen gewähren. Die Unterstützungskasse hat bei Eintritt des Versorgungsfalls einem vorzeitig ausgeschiedenen AN, der nach § 1b Abs. 4 gleichgestellt ist, und seinen Hinterbliebenen mindestens den nach den Regeln einer unmittelbaren Versorgungszusage berechneten Teil der Versorgung zu gewähren. Durch das Wort „mindestens" ist klargestellt, dass die Parteien eine günstigere Berechnung vornehmen können. Bei Unterstützungskassen ist ausschließlich das **Quotierungsverfahren** möglich. Die versicherungsrechtliche Lösung ist ausgeschlossen. Das gilt trotz ihrer offensichtlichen Nähe zur Pensionskasse und zur Direktversicherung auch für die rückgedeckte Unterstützungskasse.[124] Ein Analogieschluss zu Abs. 2 S. 2 ist nicht möglich.[125] Abs. 4 verweist auf die Berechnung nach Abs. 1. Deshalb bleiben Veränderungen der Versorgungsregelung und der Bemessungsgrundlagen für die Leistung der Unterstützungskasse außer Betracht, soweit sie nach dem Ausscheiden des AN eintreten. Die dem ausgeschiedenen AN zustehenden Leistungen sind auf den Zeitpunkt seines vorzeitigen Ausscheidens zu berechnen (Abs. 5).[126]

64 Für die **Entgeltumwandlung** und die **beitragsorientierte Leistungszusage** enthält Abs. 5a **Sonderregelungen**. Da bei der Unterstützungskasse eine Beitragszusage mit Mindestleistung nicht zulässig ist, konnte auf eine entsprechende Sonderregelung verzichtet werden.

VI. Berücksichtigung künftiger Entwicklung (Abs. 5)

65 Es dient der notwendigen Rechtsklarheit, dass Veränderungen der Versorgungsregelung und der Bemessungsgrundlagen für die Leistungen der betrieblichen Altersversorgung bei der Berechnung des Teilanspruchs nach Abs. 1 außer Betracht bleiben, soweit sie nach dem Ausscheiden des AN eintreten. Soll eine unverfallbare Anwartschaft im Falle der Beendigung des Arbverh nach § 3 abgefunden oder nach § 4 übertragen werden, ist es ebenfalls erforderlich, die Höhe der Anwartschaft umgehend zu ermitteln. Spekulationen über die künftige Entwicklung der **Versorgungsregelung** und der **Bemessungsgrundlagen** wären damit unvereinbar. Ist nach der zum Zeitpunkt des Ausscheidens geltenden Bemessungsgrundlage eine Hochrechnung auf den Eintritt des Versorgungsfalls möglich, hat sie zu erfolgen. Gem. Abs. 5 S. 1 unbeachtlich sind nur Bemessungsfaktoren, die zum Zeitpunkt des Ausscheidens noch ungewiss sind.[127] Die Vorschrift betrifft nur den vorzeitig ausgeschiedenen AN und stellt ihn schlechter als den bis zum Eintritt des Versorgungsfalls betriebstreuen AN. Der Gleichheitssatz des Art. 3 Abs. 1 GG wird dadurch nicht verletzt. Die Ungleichbehandlung der betriebstreuen und der ausgeschiedenen AN ist aus Gründen der Rechtsklarheit gerechtfertigt und nur der im Betrieb verbleibende AN nimmt an weiteren Produktivitätsfortschritten teil.[128] Abs. 5 verweist auf die Berechnung des Teilanspruchs „nach Absatz 1". Es geht also um die Berechnung der unverfallbaren Anwartschaft aus einer unmittelbaren Versorgungszusage und aus einer Unterstützungskassenzusage. Bei einer Direktversicherungs-, Pensionskassen- und Pensionsfondszusage ist Abs. 5 nur anwendbar, wenn der AG die arbeitsrechtliche Lösung wählt. Bei der versicherungsrechtlichen Lösung wird dem AN eine Fortführung der Versicherung ermöglicht, so dass für Abs. 5 kein Raum ist. Die Vorschrift gewährt nur einen Mindestschutz. AG und AN bleibt es unbenommen, für den vorzeitig ausscheidenden AN Verbesserungen vorzusehen.[129]

66 **1. Festschreiben der Versorgungsregelung.** Die Versorgungsregelung ist rechtliche Grundlage der betrieblichen Altersversorgung. Sie kann **individualvertraglich** oder **kollektivrechtlich** in einer **BV**, einem **TV** oder einer Vereinbarung nach dem **Sprecherausschussgesetz** (SprAuG) geregelt sein. Sie kann Ergebnis einer **betrieblichen Übung** oder auch eines Verstoßes des AG gegen den arbeitsrechtlichen **Gleichbehandlungsgrundsatz** sein. Regelmäßig werden die Entstehung des Leistungsanspruchs, sein Umfang, seine Fälligkeit und etwaige Dynamisierungen etc. Gegenstand der Versorgungsregelung sein. Veränderungen, d.h. Verbesserungen und Verschlechterungen nach dem Ausscheiden des AN bleiben nach der Bestimmung unberücksichtigt (**Veränderungssperre bzw. Fest-**

---

124 ErfK/*Steinmeyer*, § 2 BetrAVG Rn 67.
125 *Blomeyer/Rolfs/Otto*, § 2 Rn 388; *Höfer*, § 2 Rn 3321.
126 ErfK/*Steinmeyer*, § 2 BetrAVG Rn 67.
127 *Blomeyer/Rolfs/Otto*, § 2 Rn 392.
128 *Blomeyer/Rolfs/Otto*, § 2 Rn 391.
129 BAG 17.8.2004 – 3 AZR 318/03 – EzA § 2 BetrAVG Nr. 22 = AP § 2 BetrAVG Nr. 46; BAG 15.11.2005 – 3 AZR 521/04 – juris.

schreibeeffekt).[130] Keine Veränderung der Versorgungsregelung ist die Anpassung der Versorgungszusage wegen **Überversorgung**, da lediglich der vertragsgemäße Zustand wieder hergestellt wird.[131]

2. Festschreiben der Bemessungsgrundlagen. Veränderungssperre und Festschreibeeffekt gelten auch für die Bemessungsgrundlagen. Bemessungsgrundlagen sind alle Rechnungsgrößen, die der Feststellung des **Leistungsumfangs** dienen. Die Verweisung auf Abs. 1 stellt klar, dass nur die Bemessungsgrundlagen gemeint sind, die die **Höhe der Leistung** betreffen. Für den Anspruch dem Grunde nach gilt § 1b. S. 1 betrifft in erster Linie **dynamische Bemessungsgrundlagen**, wie sie z.B. bei **gehaltsabhängigen Versorgungszusagen** vorkommen. Stellt die Versorgungszusage auf die Höhe der Bezüge bei Erreichen der festen Altersgrenze ab, steht die Bemessungsgrundlage im Zeitpunkt der vorzeitigen Beendigung des Arbverh in aller Regel noch nicht fest. Maßgeblich sind dann die Bezüge zum Zeitpunkt des Ausscheidens. Ist für jedes Jahr der Betriebszugehörigkeit ein bestimmter Steigerungssatz (z.B. 2 % oder 4 EUR) zugesagt, kommt es zwar ebenfalls auf die Bezüge zum Zeitpunkt des Ausscheidens an. Es sind jedoch zusätzlich die Steigerungen zu berücksichtigen, die bis zum Erreichen der festen Altersgrenze anfallen würden. Das darf allerdings nicht zu einer **Besserstellung** vorzeitig ausgeschiedener AN gegenüber betriebstreuen AN führen. Sieht die Versorgungszusage bestimmte **Höchstbeträge** vor, sind diese zu berücksichtigen. Ist dem AN dagegen ein fester Grundbetrag an Versorgung zugesagt (z.B. 100 EUR) und sieht die Versorgungsordnung darüber hinaus feste Steigerungsbeträge (z.B. 5 EUR pro Beschäftigungsjahr) bis zum Erreichen der festen Altersgrenze vor, steht die Bemessungsgrundlage bereits bei Beendigung des Arbverh fest. Sowohl die maßgebliche Berechnungsgröße als auch ihre künftige Entwicklung sind eindeutig vorgezeichnet. Die Bemessungsgrundlage verändert sich nicht mehr. Für Abs. 5 ist in solchen Fällen kein Raum.[132] Hat der AN 20 von 40 berücksichtigungsfähigen Dienstjahren geleistet, beträgt der Teilanspruch nach Abs. 1 in diesem Beispiel 150 EUR. Die Veränderungssperre hat einen weiten Anwendungsbereich. Vorschriften über **versicherungsmathematische Abschläge** bei vorgezogener Inanspruchnahme einer Altersrente sind nicht ausgeklammert. Eine nachträgliche Absenkung dieser Abschläge kommt dem vorzeitig ausgeschiedenen AN ebenso wenig zu gute wie er mit nachträglichen Erhöhungen belastet wird.[133] Alle nach dem Ausscheiden eintretenden Veränderungen bleiben ohne Berücksichtigung. Das betrifft auch Veränderungen nach Eintritt des Versorgungsfalles, wenn der AN vorzeitig mit unverfallbarer Anwartschaft ausgeschieden ist.[134] Ist der AN vor seinem Ausscheiden von einer Vollzeitbeschäftigung in eine Teilzeitbeschäftigung gewechselt, ist Bemessungsgrundlage i.S.v. Abs. 5 S. 1 der bis zum Ausscheiden erreichte durchschnittliche Beschäftigungsgrad und nicht etwa der Umfang der im Zeitpunkt des Ausscheidens aktuellen Beschäftigung. Es ist deshalb unzulässig, den Umfang der unmittelbar vor dem Ausscheiden geschuldeten Beschäftigung für die Zeit bis zum Erreichen der festen Altersgrenze zu fingieren.[135]

3. Betriebsfremde Versorgungsbezüge (Abs. 5 S. 1 Hs. 2). Für **Gesamtversorgungssysteme** enthält Hs. 2 eine Sonderregelung. Soll die Betriebsrente die Differenz zwischen dem zugesagten Gesamtversorgungsbetrag und sonstigen Alterseinkünften ausgleichen, müssen auch die sonstigen Alterseinkünfte bereits kurz nach dem Ausscheiden des AN ermittelt werden können. Deshalb enthält Hs. 2 auch insoweit eine Veränderungssperre. Hs. 2 erfasst z.B. Leistungen der gesetzlichen RV, berufsständischer Versorgungswerke, Beamtenpensionen und Leistungen anderer AG. Ebenso wenig wie Hs. 1 schließt Hs. 2 die Hochrechnung der anderen Versorgungsbezüge auf der Basis der zum Zeitpunkt der rechtlichen Beendigung des Arbverh maßgeblichen Bemessungsgrundlagen aus.[136]

4. Anrechnung von Leistungen der gesetzlichen Rentenversicherung (Abs. 5 S. 2). Für die Berücksichtigung einer Rente der **gesetzlichen RV** kann der AG das bei der Berechnung von Pensionsrückstellungen allgemein zulässige Näherungsverfahren wählen. Stattdessen kann er auch eine individuelle Berechnung vornehmen.[137] Letztere erfordert den Nachweis der im Zeitpunkt des Ausscheidens erreichten Entgeltpunkte durch den AN.

a) Näherungsverfahren. Der AG kann das vereinfachte Näherungsverfahren in Anspruch nehmen. Er kann aber auch eine andere Berechnungsmethode wählen, wenn diese zielgenauer ist. Abs. 5 S. 2 knüpft an ein Näherungsverfahren der Sozialversicherungsrente bei der Berechnung der steuerlich anzuerkennenden Pensionsrückstellungen an.[138] Ein solches Verfahren ist erforderlich, weil sich die künftig zu erwartende Rente aus der gesetzlichen RV eines noch aktiven AN nur mit großem Aufwand feststellen lässt.

---

130 BAG 20.10.1987 – 3 AZR 200/86 – EzA § 1 BetrAVG Nr. 51 = AP § 1 BetrAVG Besitzstand Nr. 6.
131 BAG 28.7.1998 – 3 AZR 100/98 – EzA § 1 BetrAVG Ablösung Nr. 18 = AP § 1 BetrAVG Überversorgung Nr. 4; ErfK/*Steinmeyer*, § 2 BetrAVG Rn 71.
132 BAG 22.11.1994 – 3 AZR 767/93 – EzA § 7 BetrAVG Nr. 50 = AP § 7 BetrAVG Nr. 83; *Blomeyer/Rolfs/Otto*, § 2 Rn 409.
133 BAG 16.8.2004 – 3 AZR 318/03 – EzA § 2 BetrAVG Nr. 22 = AP § 2 BetrAVG Nr. 46.
134 BAG 22.11.1994 – 3 AZR 767/93 – EzA § 7 BetrAVG Nr. 50 = AP § 7 BetrAVG Nr. 83; *Blomeyer/Rolfs/Otto*, § 2 Rn 409.
135 BAG 24.7.2001 – 3 AZR 567/00 – EzA § 6 BetrAVG Nr. 5 = AP § 6 BetrAVG Nr. 27.
136 *Blomeyer/Rolfs/Otto*, § 2 Rn 419; ErfK/*Steinmeyer*, § 2 BetrAVG Rn 74.
137 BAG 9.12.1997 – 3 AZR 695/96 – EzA § 2 BetrAVG Nr. 15 = AP § 2 BetrAVG Nr. 27.
138 ErfK/*Steinmeyer*, § 2 BetrAVG Rn 75.

71 **b) Individuelle Berechnung.** Dem AN bleibt es unbenommen, die von ihm bis zum vorzeitigen Ausscheiden erworbenen **Entgeltpunkte** nachzuweisen und dem AG auf diese Weise eine genauere Berechnung zu ermöglichen. Versicherte, die das 27. Lebensjahr vollendet haben, erhalten gem. § 109 Abs. 1 S. 1 SGB VI jährlich eine schriftliche Renteninformation. Nach Vollendung des 54. Lebensjahres wird diese alle drei Jahre durch eine **Rentenauskunft** ersetzt (§ 109 Abs. 1 S. 2 SGB VI). Wenn ein berechtigtes Interesse besteht, kann die Rentenauskunft auch jüngeren Versicherten erteilt werden oder in kürzeren Abständen erfolgen (§ 109 Abs. 1 S. 3 SGB VI). Die Rentenauskunft beinhaltet u.a. die Darstellung über die Ermittlung der **persönlichen Entgeltpunkte** und ermöglicht dem AN damit zugleich den Nachweis nach Abs. 5 S. 2.

72 **c) Pensionskasse/Pensionsfonds.** Bei Pensionskassenzusagen und Pensionsfondszusagen sind sowohl das **Näherungsverfahren** als auch eine **individuelle Berechnung** mittels Entgeltpunkten ausgeschlossen. Maßgeblich sind der durch die BaFin aufsichtsbehördlich genehmigte Geschäftsplan der Pensionskasse oder deren Geschäftsunterlagen und bei Pensionsfonds der Pensionsplan und die sonstigen Geschäftsunterlagen.

73 **d) Nachträglich erworbene Versorgungsanwartschaften.** S. 4 bezweckt die Sicherung der bis zum Zeitpunkt des vorzeitigen Ausscheidens erworbenen Anwartschaft. Diese soll nicht gekürzt werden dürfen, falls der AN nach seinem Ausscheiden Anwartschaften bei einem neuen AG erwirbt. Auf den umgekehrten Fall ist S. 4 nicht anwendbar. Der neue AG kann also einen bei ihm erworbenen Anspruch in den Grenzen des § 5 Abs. 2 um den Wert der durch den alten AG aufrecht zu erhaltenen Anwartschaft kürzen.[139]

VII. Entgeltumwandlung und beitragsorientierte Leistungszusage (Abs. 5a)

74 Bei einer unverfallbaren Anwartschaft aus **Entgeltumwandlung** ergibt sich deren Unverfallbarkeitsbetrag nicht aus einer ratierlichen Berechnung nach Abs. 1 (unmittelbare Versorgungszusage), Abs. 3a (Pensionsfondszusage) oder Abs. 4 (Unterstützungskassenzusage), sondern aus den bis zum vorzeitigen Ausscheiden umgewandelten **Entgeltbestandteilen**. Bei einer **beitragsorientierten Leistungszusage** ist auf die bis dahin gezahlten Beiträge abzustellen. Die bis zum vorzeitigen Ausscheiden erzielten Erträge sind hinzuzurechnen.[140] Bei der Entgeltumwandlung sind dagegen sämtliche Erträge zu berücksichtigen, auch wenn sie nach Beendigung des Arbverh erwirtschaftet wurden.[141] Auf diese Weise wird vermieden, dass der AG zur Schließung erheblicher Deckungslücken verpflichtet ist, die sich z.B. dann ergeben, wenn die umgewandelten Entgelte zum Zeitpunkt des vorzeitigen Ausscheidens hinter dem ratierlich zu berechnenden Betrag zurückbleiben. Ist der AN im Alter von 35 eingetreten, die feste Altersgrenze auf das 65. Lebensjahr bestimmt und hat der AN mit seinem AG im Alter von 45 eine jährliche Entgeltumwandlung von 500 EUR vereinbart, die zu einer einmaligen Kapitalleistung von 20.000 EUR führen soll, ergäbe sich bei ratierlicher Berechnung ein Anspruch des AN i.H.v. 8.000 EUR, wenn der AN im Alter von 47 vorzeitig ausscheidet (20.000 EUR × 0,4). Bis dahin sind aber nur 1.000 EUR umgewandelt. Abs. 5a gilt gem. § 30g Abs. 1 nur für Anwartschaften, die auf Zusagen beruhen, die nach dem 31.12.2000 erteilt worden sind. Die Anwendung auf Altzusagen kann zwischen AG und AN vereinbart werden.[142]

VIII. Beitragszusage mit Mindestleistung (Abs. 5b)

75 Dem mit unverfallbarer Anwartschaft aufgrund einer **Beitragszusage mit Mindestleistung** vorzeitig ausgeschiedenen AN steht mit Eintritt des Versorgungsfalls das ihm **planmäßig zuzurechnende Versorgungskapital** auf der Grundlage der bis zu seinem Ausscheiden geleisteten **Beiträge** und der bis zum Eintritt des Versorgungsfalles erzielten **Erträge** zu, mindestens aber die Summe der bis zu dem vorzeitigen Ausscheiden zugesagten Beiträge, soweit sie nicht rechnungsmäßig für einen **biometrischen Risikoausgleich** verbraucht wurden. Bei Direktversicherungen und Pensionskassen tritt Abs. 5b an die Stelle der „Ansprüche" nach Abs. 2 und Abs. 3. Bei Pensionsfonds ist eine versicherungsrechtliche Lösung nicht möglich, so dass insoweit nur die arbeitsrechtliche Lösung verdrängt wird. Abs. 5b hat zur Konsequenz, dass Abs. 2 und Abs. 3 auch insoweit verdrängt werden, als sie eine versicherungsförmige Lösung zulassen.[143] Auf unmittelbare Versorgungszusagen und Unterstützungskassenzusagen ist Abs. 5b nach dem eindeutigen Wortlaut von § 1 Abs. 1 Nr. 2 nicht anwendbar. Denn das Gesetz verknüpft die Beitragszusage mit Mindestleistung zwingend mit den Durchführungswegen Direktversicherung, Pensionskasse und Pensionsfonds. Die Inbezugnahme von Abs. 5a durch Abs. 5b bedeutet insoweit nur, dass die Höhe der unverfallbaren Anwartschaft auch dann nach Abs. 5b und nicht nach Abs. 5a zu berechnen ist, wenn eine durch Entgeltumwandlung finanzierte Beitragszusage mit Mindestleistung vorliegt.

---

139 BAG 20.11.1990 – 3 AZR 31/90 – EzA § 5 BetrAVG Nr. 24 = AP § 5 BetrAVG Nr. 36.
140 ErfK/*Steinmeyer*, § 2 BetrAVG Rn 80.
141 *Hanau/Arteaga/Rieble/Veit*, Rn 517; ErfK/*Steinmeyer*, 2 BetrAVG Rn 80.
142 ErfK/*Steinmeyer*, § 2 BetrAVG Rn 82.
143 ErfK/*Steinmeyer*, § 2 BetrAVG Rn 86; *Kemper u.a.*, § 2 Rn 173.

C. Beraterhinweise

Da § 2 nur eine Mindestregelung betreffend die Höhe einer nach § 1b gesetzlich unverfallbaren Anwartschaft enthält, ist es jederzeit möglich, von der Norm zugunsten des AN abzuweichen. Das kann auf vielfältige Weise geschehen, z.B. durch die vertragliche Anrechnung zusätzlicher Dienstzeiten oder durch eine andere Gewichtung der tatsächlichen Betriebszugehörigkeit im Verhältnis zu der möglichen Betriebszugehörigkeit. Ebenso ist es den Arbeitsvertragsparteien unbenommen, eine Vereinbarung über die vertragliche Unverfallbarkeit einer Versorgungsanwartschaft zu treffen und insoweit § 1b abzubedingen. Welche Bedeutung einer solchen Vereinbarung im Hinblick auf die Höhe der Versorgungsanwartschaft zukommt, ist jedoch oftmals unklar. Namentlich bei Verhandlungen über eine einvernehmliche Beendigung des Arbverh kann einer Versorgungszusage auch dann wirtschaftliche Bedeutung zukommen, wenn die Versorgungsanwartschaft noch nicht gesetzlich unverfallbar ist. Die Parteien können vereinbaren, dass dem AN die Versorgungszusage erhalten bleiben soll. Bei der Formulierung der entsprechenden vertraglichen Vereinbarung ist besondere Sorgfalt geboten. Auslegungsprobleme und sich daran anschließende Rechtsstreitigkeiten lassen sich bspw. vermeiden, wenn klar zwischen der Unverfallbarkeit dem Grunde und der Höhe nach unterschieden wird.

76

§ 3 Abfindung

(1) Unverfallbare Anwartschaften im Falle der Beendigung des Arbeitsverhältnisses und laufende Leistungen dürfen nur unter den Voraussetzungen der folgenden Absätze abgefunden werden.

(2) ¹Der Arbeitgeber kann eine Anwartschaft ohne Zustimmung des Arbeitnehmers abfinden, wenn der Monatsbetrag der aus der Anwartschaft resultierenden laufenden Leistung bei Erreichen der vorgesehenen Altersgrenze 1 vom Hundert, bei Kapitalleistungen zwölf Zehntel der monatlichen Bezugsgröße nach § 18 des Vierten Buches Sozialgesetzbuch nicht übersteigen würde. ²Dies gilt entsprechend für die Abfindung einer laufenden Leistung. ³Die Abfindung ist unzulässig, wenn der Arbeitnehmer von seinem Recht auf Übertragung der Anwartschaft Gebrauch macht.

(3) Die Anwartschaft ist auf Verlangen des Arbeitnehmers abzufinden, wenn die Beiträge zur gesetzlichen Rentenversicherung erstattet worden sind.

(4) Der Teil der Anwartschaft, der während eines Insolvenzverfahrens erdient worden ist, kann ohne Zustimmung des Arbeitnehmers abgefunden werden, wenn die Betriebstätigkeit vollständig eingestellt und das Unternehmen liquidiert wird.

(5) Für die Berechnung des Abfindungsbetrages gilt § 4 Abs. 5 entsprechend.

(6) Die Abfindung ist gesondert auszuweisen und einmalig zu zahlen.

Literatur: *Braun*, Besonderheiten bei Abfindungen aus betrieblicher Altersversorgung, NJW 1983, 1590; *Doetsch/Förster/Rühmann*, Änderungen des Betriebsrentengesetzes durch das Rentenreformgesetz 1999, DB 1998, 260; *Förster/Cisch*, Die Änderungen im Betriebsrentengesetz durch das Alterseinkünftegesetz und deren Bedeutung für die Praxis, BB 2004, 2126; *Höfer*, Das neue Betriebsrentenrecht 2003; *ders.*, Die Neuregelung des Betriebsrentengesetzes durch das Alterseinkünftegesetz, DB 2004, 1426; *Langohr-Plato/Teslau*, Das Alterseinkünftegesetz und seine arbeitsrechtlichen Konsequenzen für die betriebliche Altersversorgung – Teil I, NZA 2004, 1297; *Schnitker/Grau*, Neue Rahmenbedingungen für das Recht der betrieblichen Altersversorgung durch das Alterseinkünftegesetz, NJW 2005, 10

A. Allgemeines 1	III. Abfindung bei Erstattung der Beiträge zur gesetzlichen Rentenversicherung (Abs. 3) 20
B. Regelungsgehalt 4	IV. Abfindung der Teilanwartschaft nach Eintritt der Insolvenz (Abs. 4) 22
I. Allgemeines Abfindungsverbot (Abs. 1) 4	V. Berechnung des Abfindungsbetrages (Abs. 5) 23
II. Abfindung von sog. Klein-Anwartschaften und Klein-Renten (Abs. 2) 12	VI. Zahlung der Abfindung (Abs. 6) 25
1. Abfindung von sog. Klein-Anwartschaften (Abs. 2 S. 1) 13	VII. Abfindung trotz Abfindungsverbots 27
2. Abfindung von sog. Klein-Renten (Abs. 2 S. 2) ... 17	C. Beraterhinweise 31
3. Vorrang der Übertragung (Abs. 2 S. 3) 19	

A. Allgemeines

1 Durch Art. 8 des Gesetzes zur Neuordnung der einkommensteuerrechtlichen Behandlung von Altersvorsorgeaufwendungen und Altersbezügen (Alterseinkünftegesetz – AltEinkG) vom 5.7.2004[1] sind die Möglichkeiten zur Abfindung unverfallbarer Versorgungsanwartschaften und laufender Leistungen weiter eingeschränkt worden.[2]

2 Nach bisheriger Rechtslage endete das Abfindungsverbot mit dem **Eintritt des Versorgungsfalls**, in dem die Anwartschaft zum Vollrecht erstarkte. Die abschließende Begrenzung des Abfindungsverbots auf gesetzlich unverfallbare Anwartschaften war auch interessengerecht, da im Anwartschaftsstadium ein stärkeres Bedürfnis bestand, den AN vor sich selbst zu schützen.[3] Angesichts der zunehmenden Bedeutung der betrieblichen Altersversorgung sollen nunmehr auch laufende Betriebsrenten bis zum Lebensende der Berechtigten erhalten bleiben,[4] selbst wenn es nach Eintritt des Versorgungsfalls durchaus sinnvoll sein kann, eine laufende Leistung durch eine Kapitalzahlung zu ersetzen.[5] Lediglich laufende Leistungen, deren Auszahlung bereits vor dem 1.1.2005 begonnen hat, sind gem. § 30g Abs. 2 aus **Vertrauensschutzgründen** weiterhin uneingeschränkt abfindbar.[6] Nach wie vor steht § 3 Abfindungsvereinbarungen, die ohne Rücksicht auf eine Beendigung getroffen werden, nicht entgegen.[7] Andererseits führt die Erstreckung des Abfindungsverbots auf laufende Leistungen dazu, dass Unternehmen grundsätzlich nicht mehr dadurch **saniert** werden können, dass dessen Betriebsrentner auf einen gewissen Anteil der Betriebsrente verzichten.[8] Insgesamt wird dem Schutzbedürfnis der Versorgungsberechtigten ein hoher Stellenwert eingeräumt. § 3 folgt dem **Regel-Ausnahme-Prinzip**:[9] Abs. 1 enthält ein **allgemeines Abfindungsverbot**.

3 Ausgenommen von dem Abfindungsverbot sind **Klein-Renten** und **Klein-Anwartschaften**, die der AG einseitig abfinden kann, es sei denn, der AN macht von seinem Recht auf Übertragung der Anwartschaft Gebrauch. Gem. Abs. 3 hat der AN gegen den AG einen Anspruch auf Zahlung des entsprechenden Abfindungsbetrages, wenn die **Beiträge zur gesetzlichen Rentenversicherung erstattet** worden sind. Ohne Zustimmung des AN ist gem. Abs. 4 der Teil der Anwartschaft abfindbar, der während eines **Insolvenzverfahrens** erdient worden ist, wenn die Betriebstätigkeit eingestellt und das Unternehmen liquidiert wird. Neu ist Abs. 5, der die Berechnung des Abfindungsbetrages mit der Berechnung des Übertragungswertes bei der Portabilität gem. § 4 Abs. 5 abstimmt. Gem. Abs. 6 sind Abfindungen gesondert auszuweisen und einmalig zu zahlen. Nach wie vor sind von dem Abfindungsverbot **vertraglich** unverfallbare Anwartschaften nicht betroffen. Eine nach § 3 zulässige Abfindung **beendet** das Versorgungsverhältnis. Gem. § 17 Abs. 3 S. 1 kann eine die Regelungen des § 3 einschränkende oder erweiternde Abfindungsmöglichkeit in **Tarifverträgen** vorgesehen werden.[10] Bei fehlender Tarifbindung können Arbeitsvertragsparteien die Anwendung der einschlägigen tariflichen Regelung gem. § 17 Abs. 3 S. 2 auch auf einzelvertraglicher Ebene vereinbaren (Bezugnahmeklausel).

B. Regelungsgehalt

I. Allgemeines Abfindungsverbot (Abs. 1)

4 Abfindung ist die Entschädigung für die Aufgabe einer Anwartschaft oder einer laufenden Leistung. Die Versorgungsverpflichtung wird mit Zustimmung des AN vertraglich abgeändert.[11] Abs. 1 verhütet nicht nur die vollständige Abfindung aller Versorgungsrechte, sondern auch Teilabfindungen.[12] Adressat des Abfindungsverbots ist der AG in seiner Eigenschaft als Versorgungsverpflichteter. Das Abfindungsverbot gilt nicht für Lebensversicherungen, Pensionskassen und Pensionsfonds sowie für sonstige Dritte.[13] Macht der AN von einem ihm zustehenden Kapitalwahlrecht Gebrauch, scheidet eine Abfindung bereits begrifflich aus.[14]

5 Auf den gerichtlichen und außergerichtlichen **Abfindungsvergleich** über bestehende Versorgungsrechte ist § 3 anwendbar.[15] Herrscht zwischen AG und AN allerdings Streit, ob überhaupt ein Versorgungsanspruch besteht und verständigen sich die Parteien in einem gerichtlichen Vergleich ohne abschließende Klärung des Rechtsgrundes auf die Zahlung einer Abfindung, steht § 3 nicht entgegen.[16]

---

1 BGBl I S. 1427.
2 Zur Entwicklung der Vorschrift ausführlich *Höfer*, Das neue Betriebsrentenrecht, Rn 376 ff.; *Höfer*, § 3 Rn 3554; BT-Drucks 15/2150, S. 52 f.
3 BAG 21.3.2000 – 3 AZR 127/99 – NZA 2001, 1308.
4 BT-Drucks 15/2150, S. 52.
5 ErfK/*Steinmeyer*, § 3 BetrAVG Rn 2; *Höfer*, § 3 Rn 3565 ff.; *Höfer*, DB 2004, 1426.
6 BT-Drucks 15/2150, S. 55.
7 BAG 21.1.2003 – 3 AZR 30/02 – EzA § 3 BetrAVG Nr. 9 = AP § 3 BetrAVG Nr. 13; BAG 14.8.1990 – 3 AZR 301/89 – EzA § 3 BetrAVG Nr. 5 = AP § 3 BetrAVG Nr. 4; *Schoden*, BetrAVG, § 3 Rn 1; ErfK/*Steinmeyer*, § 3 BetrAVG Rn 3.
8 *Förster/Cisch*, BB 2004, 2126, 2132.
9 *Schnitker/Grau*, NJW 2005, 11, 14.
10 *Kemper u.a.*, § 3 Rn 121.
11 *Langohr-Plato/Teslau*, NZA 2004, 1297, 1300.
12 BAG 17.10.2000 – 3 AZR 7/00 – EzA § 3 BetrAVG Nr. 7 = AP § 3 BetrAVG Nr. 10.
13 ErfK/*Steinmeyer*, § 3 BetrAVG Rn 6.
14 *Langohr-Plato/Teslau*, NZA 2004, 1200.
15 BAG 14.8.1980 – 3 AZR 1123/78 – AP § 1 BetrAVG Wartezeit Nr. 6; *Blomeyer/Rolfs/Otto*, § 17 Rn 221; ErfK/*Steinmeyer*, § 3 BetrAVG Rn 4.
16 BAG 23.8.1994 – 3 AZR 825/93 – AP § 3 BetrAVG Nr. 3; BAG 18.12.1984 – 3 AZR 125/84 – EzA § 17 BetrAVG Nr. 2 = AP § 17 BetrAVG Nr. 8; *Kemper u.a.*, § 3 Rn 47.

Einer einseitigen **Aufrechnung** des AG – etwa mit einer Darlehensforderung – gegen eine gesetzlich unverfallbare **6**
Versorgungsanwartschaft des AN steht Abs. 1 nicht entgegen. Die Aufrechnung scheitert jedoch daran, dass der AG gem. § 387 BGB nicht berechtigt ist, seine Leistung vor Eintritt des Versorgungsfalls zu bewirken. Aus den gleichen Gründen scheitert auch eine Aufrechnungserklärung des AN, da er gem. § 387 BGB nicht berechtigt ist, die Leistung vor der Zeit zu fordern.[17]

§ 3 erfasst auch den **entschädigungslosen Verzicht** des Versorgungsberechtigten auf eine gesetzlich unverfallbare **7**
Anwartschaft, da eine Versorgungsanwartschaft, wenn schon nicht gegen Zahlung einer Abfindung, erst Recht nicht entschädigungslos aufgegeben werden kann.[18]

Da der AG bei einer **Verrechnung** für den Verzicht des AN auf seine Versorgungsanwartschaft eine Gegenleistung **8**
in Gestalt eines Verzichts auf seine Gegenforderung erbringt, ist § 3 auch hier einschlägig.[19] Dies gilt namentlich für Vereinbarungen zwischen AG und AN über die Verrechnung künftiger Rentenansprüche mit Ansprüchen auf eine Abfindung nach den §§ 9, 10 KSchG.[20]

In den Fällen der **Liquidation** eines Unternehmens sowie der **Betriebsstilllegung** ist das Abfindungsverbot zu be- **9**
achten. Eine aus wirtschaftlichen Gründen ggf. gebotene **teleologische Reduktion** der Vorschrift ist abzulehnen,[21] da die Gefahr einer Zweckentfremdung der zur Versorgung im Alter dienenden Mittel durch den AN nicht auszuschließen ist. Der **Schutz des AN vor sich selbst** ist angesichts des Zwecks des Gesetzes höher zu bewerten als das Interesse des AG, kein „Zahlungsbüro" für Rentner einrichten zu müssen. Zudem wird nach Abs. 4 in Bezug auf Anwartschaften, die während des Insolvenzverfahrens vom AN erdient wurden, die Liquidation erleichtert.

Die Abfindung einer Anwartschaft allein aus Anlass eines **Betriebsübergangs** verstößt gegen den Schutzzweck des **10**
§ 613a Abs. 1 BGB und ist damit nichtig.[22] Die Nichtigkeitsfolge tritt auch ein, wenn der AN durch Erlassvertrag auf seine Anwartschaft verzichtet.[23]

Das Abfindungsverbot des § 3 ist nicht anwendbar, wenn die Zusage lediglich **umgestaltet** wird und die neuen Ver- **11**
sorgungsleistungen zwar inhaltlich verändert, aber **wirtschaftlich gleichwertig** sind.[24] Durch **Auslegung** der getroffenen Vereinbarung ist zu ermitteln, ob es sich um eine Abfindungsvereinbarung oder eine inhaltliche Veränderung handelt.[25]

II. Abfindung von sog. Klein-Anwartschaften und Klein-Renten (Abs. 2)

Die Abfindung von Klein-Anwartschaften und Klein-Renten ist beschränkt auf solche Fälle, in denen eine unverfall- **12**
bare Anwartschaft oder eine laufende Leistung so gering ist, dass für den AG bei Nichtgestattung der Abfindung ein **unverhältnismäßig hoher Verwaltungsaufwand** entstünde. Im Gegensatz zur bisherigen Rechtslage kann der AN eine Abfindung der Klein-Anwartschaften beziehungsweise der Klein-Renten nicht mehr vom AG verlangen. Das Anbieten der Abfindung steht nunmehr ausschließlich im **Ermessen des AG**. Für den AN besteht die Möglichkeit der Übertragung nach Abs. 2 S. 3 i.V.m. § 4. In einem solchen Fall geht die Übertragung der Abfindung vor. Die Norm schreibt keine bestimmte Verwendung des Abfindungsbetrags vor.

1. Abfindung von sog. Klein-Anwartschaften (Abs. 2 S. 1).
Klein-Anwartschaften können ebenso wie Klein- **13**
renten nach Maßgabe von Abs. 2 abgefunden werden. Die Abfindungsmöglichkeit bezieht sich auf Anwartschaften aus unmittelbarer Versorgung und Unterstützungskassenversorgung. Erfasst sind auch Leistungen der Direktversicherung, des Pensionsfonds und der Pensionskasse, wenn der AG die arbeitsrechtliche Lösung wählt.[26] Der Monatsbetrag der aus der Anwartschaft resultierenden laufenden Leistungen bei Erreichen der vorgesehenen Altersgrenze darf 1 vom Hundert,[27] bei Kapitalleistungen zwölf Zehntel der monatlichen Bezugsgröße nach § 18 SGB IV nicht überschreiten. Dass **unterschiedliche Werte** für alte und neue Bundesländer anzusetzen sind, wird durch die pauschale Verweisung auf § 18 SGB IV deutlich.

---

17 *Blomeyer/Rolfs/Otto*, Anh § 1 Rn 648.
18 BAG 22.9.1987 – 3 AZR 194/86 – EzA § 3 BetrAVG Nr. 2 = AP § 17 BetrAVG Nr. 13; BAG 14.8.1990 – 3 AZR 301/89 – EzA § 17 BetrAVG Nr. 5 = AP § 3 BetrAVG Nr. 4; HWK/*Schipp*, § 3 BetrAVG Rn 4; Tschöpe/*Schipp*, Arbeitsrecht, Teil 2 E Rn 272; a.A. *Blomeyer/Rolfs/Otto*, BetrAVG, § 3 Rn 10.
19 *Blomeyer/Rolfs/Otto*, § 3 Rn 13.
20 BAG 24.3.1998 – 3 AZR 800/96 – EZA § 3 BetrAVG Nr. 5 = AP § 3 BetrAVG Nr. 8; BAG 17.10.2000 – 3 AZR 7/00 – EzA § 3 BetrAVG Nr. 7 = AP § 3 BetrAVG Nr. 10.
21 LG Tübingen 7.5.1996 – 3 O 6/96 – NZA-RR 1997, 148; *Blomeyer/Rolfs/Otto*, § 3 Rn 20; ErfK/*Steinmeyer*, § 3 BetrAVG Rn 6; *Höfer*, § 3 Rn 3619.
22 BAG 29.10.1985 – 3 AZR 485/83 – EzA § 613a BGB Nr. 52 = AP § 1 BetrAVG Betriebsveräußerung Nr. 4; *Blomeyer/Rolfs/Otto*, § 3 Rn 23; *Höfer*, § 3 Rn 3644 f.
23 BAG 12.5.1992 – 3 AZR 247/91 – EzA § 613a BGB Nr. 104 = AP § 1 BetrAVG Betriebsveräußerung Nr. 14; *Kemper u.a.*, § 3 Rn 24.
24 BAG 20.11.2001 – 3 AZR 28/01 – EzA § 3 BetrAVG Nr. 8 = AP § 3 BetrAVG Nr. 12.
25 BAG 20.11.2001 – 3 AZR 28/01 – EzA § 3 BetrAVG Nr. 8 = AP § 3 BetrAVG Nr. 12.
26 ErfK/*Steinmeyer*, § 3 BetrAVG Rn 13.
27 2008: 24,85 EUR in den alten Bundesländern; 21,00 EUR in den neuen Bundesländern; 2009: 25,20 EUR in den alten Bundesländern; 21,35 EUR in den neuen Bundesländern.

14 Umstritten ist der **maßgebliche Zeitpunkt** für die Bestimmung der Obergrenze bei Anwartschaften. Einerseits wird auf den Tag der Beendigung des Arbverh,[28] andererseits auf den Abfindungszeitpunkt[29] abgestellt. Um mögliche Manipulationen von vornherein zu vermeiden, ist auf den Zeitpunkt der Beendigung des Arbverh abzustellen.[30] Mit dem Begriff der vorgesehenen Altersgrenze ist die feste Altersgrenze i.S.v. § 2 Abs. 1 S. 1 Hs. 2 gemeint.[31]

15 Erhält der Versorgungsberechtigte pro Jahr zwölf gleich hohe Monatsbeträge als laufende Leistung, ist die Feststellung des maßgeblichen Monatsbetrages unproblematisch. Variiert die Höhe der monatlichen Beträge oder werden mehr als zwölf Monatsbeträge gewährt, empfiehlt es sich, die Summe der Monatsbeträge auf das Jahr gesehen zu berechnen und das Ergebnis durch zwölf zu teilen. Die gleiche Vorgehensweise empfiehlt sich bei **viertel-** oder **halbjährlichen** laufenden Leistungen.[32]

16 Eine Abfindung der aufrecht zu erhaltenden Anwartschaft im Falle der Zusage von **Kapitalleistungen** durch den AG ist nur zulässig, wenn das Alterskapital 120 % der monatlichen Bezugsgröße[33] nicht übersteigt. Die Abgrenzung von laufender Leistung und Kapitalleistung kann problematisch sein, wenn eine Kapitalleistung nicht einmalig, sondern in Raten gezahlt wird. Überwiegt der Kapitalcharakter trotz der Ratenzahlung, ergibt sich die Kapitalleistung aus der Addition der Einzelbeträge. Bei längeren Zahlungszeiträumen ist der Kapitalwert versicherungsmathematisch zu ermitteln und das Ergebnis mit dem 1,2-fachen der monatlichen Bezugsgröße zu vergleichen.[34]

17 2. Abfindung von sog. Klein-Renten (Abs. 2 S. 2). Für laufende Leistungen gelten die Bestimmungen zur Abfindung von Klein-Anwartschaften gem. Abs. 2 S. 2 entsprechend. Die Abfindung kann gegenüber jedem Leistungsbezieher, also gegenüber dem ehemaligen **AN** oder seinen **Hinterbliebenen**, erfolgen.

18 Sollen **Hinterbliebenenleistungen** abgefunden werden, ist die Höhe dieser Leistung und nicht die bisherige Leistung an den Verstorbenen maßgeblich. Dies lässt sich mit dem Gedanken der Vermeidung von unverhältnismäßigem Verwaltungsaufwand begründen.[35] Abs. 2 S. 2 gilt gem. § 30g Abs. 2 nur für laufende Leistungen, die erstmalig ab dem 1.1.2005 gezahlt werden. Maßgeblich ist der erstmalige Bezug der Altersleistung, nicht etwa der erstmalige Bezug einer Hinterbliebenenversorgung.[36]

19 3. Vorrang der Übertragung (Abs. 2 S. 3). Abs. 2 S. 3 regelt den Vorrang der Übertragung der Versorgungsanwartschaft vor deren Abfindung.[37] Nicht geregelt ist, innerhalb welchen Zeitraums der AN von seinem Recht auf Übertragung Gebrauch machen muss, um eine Abfindung zu verhindern. Vorgeschlagen wird eine Anlehnung an § 4 Abs. 3, wonach der AN innerhalb eines Jahres nach Beendigung des Arbverh die Übertragung des Übertragungswertes auf den neuen AG verlangen kann.[38] Die Anwendung dieser **Jahresfrist** ist zu befürworten. Ansonsten wäre der AN bei Nichtgewährung einer angemessenen Frist gezwungen, sofort nach Ausscheiden aus dem Arbverh den Wunsch nach Übertragung geltend zu machen, um eine Abfindung durch den AG zu verhindern, obwohl möglicherweise seine berufliche Zukunft oder Orientierung noch unklar ist.

III. Abfindung bei Erstattung der Beiträge zur gesetzlichen Rentenversicherung (Abs. 3)

20 Die Anwartschaft ist auf Verlangen des AN abzufinden, wenn die Beiträge zur gesetzlichen Rentenversicherung erstattet worden sind. Die Regelung des Abs. 3, welche im Wesentlichen dem Abs. 1 S. 3 Nr. 3 a.F. entspricht, geht zurück auf das Gesetz zur Förderung der Rückkehrbereitschaft von Ausländern vom 28.11.1983.[39] Betroffen sind Nichtdeutsche mit Wohnsitz im Ausland, denen die Beiträge zur gesetzlichen Rentenversicherung gem. § 210 SGB VI erstattet worden sind.[40] Im Gegensatz zu Abs. 2 fehlt eine betragsmäßige Limitierung dieses Abfindungsrechts, weshalb im Fall der Erstattung der Beiträge zur gesetzlichen Rentenversicherung unverfallbare Anwartschaften in jeglicher Höhe abgefunden werden können. Es bedarf dazu nicht einmal der Zustimmung des AG. Der AN kann die Abfindung **einseitig** verlangen. Auf ein Abfindungsangebot des AG kommt es im Gegensatz zu der bis zum 31.12.2004 geltenden Rechtslage nicht an.[41]

21 Wirksam abgefunden werden kann erst, wenn die Beiträge aus der Rentenversicherung zurückerstattet worden sind; dem Wortlaut nach muss der Zahlungsvorgang abgeschlossen sein. Der AG sollte daher auf die **Vorlage von Nachweisen** durch den AN bestehen.

---

28 ErfK/*Steinmeyer*, § 3 BetrAVG Rn 12.
29 *Doetsch/Förster/Rühmann*, DB 1998, 260.
30 ErfK/*Steinmeyer*, § 3 BetrAVG Rn 12.
31 *Höfer*, § 3 Rn 3587.
32 *Höfer*, § 3 Rn 3590.
33 2008: 2.982 EUR in den alten Bundesländern; 2.520 EUR in den neuen Bundesländern; 2009: 3.024 EUR in den alten Bundesländern; 2.562 EUR in den neuen Bundesländern.
34 *Höfer*, § 3 Rn 3591.
35 ErfK/*Steinmeyer*, § 3 BetrAVG Rn 14.
36 ErfK/*Steinmeyer*, § 3 BetrAVG Rn 14.
37 *Schnitker/Grau*, NJW 2005, 11, 14.
38 ErfK/*Steinmeyer*, § 3 BetrAVG Rn 15.
39 BGBl I S. 1377.
40 ErfK/*Steinmeyer*, § 3 BetrAVG Rn 17.
41 *Höfer*, § 3 Rn 3612.

IV. Abfindung der Teilanwartschaft nach Eintritt der Insolvenz (Abs. 4)

Abs. 4 regelt ein einseitiges Abfindungsrecht des AG für den Sonderfall der Insolvenz. Ziel ist die Vereinfachung der Abwicklung eines Unternehmens im Insolvenzverfahren,[42] was jedoch voraussetzt, dass die Betriebstätigkeit vollständig eingestellt und das Unternehmen liquidiert wird. Abs. 4 gilt ausschließlich für AN, deren Arbverh nach Eröffnung des Insolvenzverfahrens fortgesetzt wird, und ist auf den während des Insolvenzverfahrens erdienten Teil der unverfallbaren Anwartschaft begrenzt.

V. Berechnung des Abfindungsbetrages (Abs. 5)

Für die Berechnung des Abfindungsbetrages gilt die Regelung zur Berechnung des Übertragungswertes nach § 4 Abs. 5 entsprechend. Danach ist für eine unmittelbar über den AG oder über eine Unterstützungskasse durchgeführte betriebliche Altersversorgung auf den Barwert der nach § 2 bemessenen künftigen Versorgungsleistung im Zeitpunkt der Übertragung abzustellen. Bei einer betrieblichen Altersversorgung über eine Direktversicherung, eine Pensionskasse oder einen Pensionsfonds ist das gebildete Kapital im Zeitpunkt der Übertragung maßgeblich. Werden laufende Leistungen abgefunden, ist dementsprechend auf den **Abfindungszeitpunkt** abzustellen.[43]

Bei Anwartschaften kommt es dagegen auch weiterhin auf den Zeitpunkt der **Beendigung** des Arbverh an. Das entspricht der bis zum 31.12.2004 geltenden Rechtslage und findet sich auch in § 3 Abs. 1 n.F., wenn dort auf die Abfindung einer Anwartschaft im Falle der Beendigung des Arbverh abgestellt wird. Eine zu Ungunsten des AN abweichende Vereinbarung ist unwirksam.[44]

VI. Zahlung der Abfindung (Abs. 6)

Die Abfindung ist gesondert auszuweisen. Der gesonderte Ausweis dient der Unterscheidung einer Abfindung nach § 3 von sonstigen Abfindungen, die aus Anlass der Beendigung des Arbverh gezahlt werden.[45] Dem ausscheidenden AN wird klar, dass (auch) seine Versorgungsanwartschaft abgefunden wird. Der gesonderte Ausweis dient aber auch dem AG, der die Abfindung getrennt von den anderen Zahlungen beziffern muss, will er sich von seiner Versorgungsverpflichtung wirksam lösen.[46]

Die gesondert ausgewiesene Abfindung ist in einem Einmalbetrag zu zahlen. Durch die Zahlung der Abfindung wird die Leistungsverpflichtung des AG abgelöst und das Versorgungsverhältnis endgültig beendet.[47] Die Abfindung darf nach dem eindeutigen Wortlaut von Abs. 6 nicht ratenweise gezahlt werden.[48]

VII. Abfindung trotz Abfindungsverbots

§ 3 ist ein **Verbotsgesetz** i.S.v. § 134 BGB.[49] Da das Abfindungsverbot des Abs. 1 darauf abzielt, die Auszahlung des Wertes der Versorgung vor der Zeit an den ausgeschiedenen AN zu verhindern, ist es ein gesetzliches Verbot betreffend den Inhalt und nicht nur die äußeren Umstände eines Rechtsgeschäfts.[50] Das Verbot richtet sich an den Versorgungsverpflichteten und an den Versorgungsberechtigten.[51]

Jede Vereinbarung, die entgegen den Voraussetzungen des § 3 die Zahlung einer Abfindung an den Berechtigten herbeiführen will, ist **nichtig**. So kann das Verbot auch nicht dadurch **umgangen** werden, dass etwa der AG eine Tochtergesellschaft anweist, einem Versorgungsberechtigten einen Betrag in Höhe des Anwartschaftswertes auszuzahlen.[52]

Es ist umstritten, ob das Verbot neben der Nichtigkeit des Grundgeschäfts auch die Nichtigkeit des Erfüllungsgeschäfts bewirkt.[53] Das ist zu bejahen. Vermischt der Versorgungsberechtigte den Zahlungsbetrag mit eigenen Mitteln, erwirbt er trotz Unwirksamkeit des Erfüllungsgeschäfts Eigentum gem. §§ 947, 948 BGB.

Die Nichtigkeit des Grundgeschäfts führt jedoch dazu, dass der Versorgungsberechtigte weiterhin **versorgungsberechtigt bleibt** und der Versorgungsverpflichtete die geschuldeten Versorgungsleistungen erneut zu erbringen hat.[54] Eine Vereinbarung, die die Verrechnung der in einem Aufhebungsvertrag geregelten Abfindung mit einer vor Vollendung des 60. Lebensjahrs möglicherweise entstehenden betrieblichen Invalidenrente vorsieht, beinhaltet nicht nur eine aufschiebend bedingte Tilgungsbestimmung für die bis zur Vollendung des 60. Lebensjahrs zu zahlende Invalidenrente, sondern zugleich eine auflösende Bedingung für die gewährte Abfindung.[55] Nichtig ist dann

---

42 BT-Drucks 12/3802, S. 110.
43 ErfK/*Steinmeyer*, § 3 BetrAVG Rn 19.
44 BAG 30.9.1986 – 3 AZR 22/85 – EzA § 1 BetrAVG Nr. 47 = AP § 1 BetrAVG Nr. 16.
45 BT-Drucks 13/8011, S. 197.
46 *Höfer*, § 3 Rn 3624.
47 ErfK/*Steinmeyer*, § 3 BetrAVG Rn 20.
48 *Blomeyer/Rolfs/Otto*, § 3 Rn 85; *Höfer*, § 3 Rn 3625.
49 H-BetrAV/*Griebeling*, § 30 Rn 464; Dörner/Luczak/ Wildschütz/*Dörner*, C 2488; Schaub/*Schaub*, Arbeitsrechts-Handbuch, § 82 Rn 78.
50 BAG 22.3.1983 – 3 AZR 499/80 – EzA § 3 BetrAVG Nr. 1 = AP § 3 BetrAVG Nr. 1, *Blomeyer/Rolfs/Otto*, § 3 Rn 40.
51 *Blomeyer/Rolfs/Otto*, § 3 Rn 40; *Braun*, NJW 1983, 1590.
52 *Blomeyer/Rolfs/Otto*, § 3 Rn 41.
53 *Blomeyer/Rolfs/Otto*, § 3 Rn 42; *Höfer*, § 3 Rn 3630; ErfK/*Steinmeyer*, § 3 BetrAVG Rn 10; dagegen: LAG Köln 3.3.1997 – 3 Sa 56/96 – NZA-RR 1997, 397, 398.
54 BAG 17.10.2000 – 3 AZR 7/00 – EZA § 3 BetrAVG Nr. 7 = AP § 3 BetrAVG Nr. 10.
55 BAG 17.10.2000 – 3 AZR 7/00 – EzA § 3 BetrAVG Nr. 7 = AP § 3 BetrAVG Nr. 10.

allerdings nur die in der Verrechnungsabrede enthaltene Tilgungsbestimmung, nicht auch die auflösende Bedingung für die wegen des vorzeitigen Ausscheidens zu zahlende Abfindung. Mit Eintritt der auflösenden Bedingung fällt der Rechtsgrund der Abfindungszahlung weg. Dem AG steht in diesem Fall nach § 812 Abs. 1 S. 2 BGB ein Rückzahlungsanspruch zu. § 817 S. 2 BGB schließt diesen Anspruch nicht aus. Denn der Anwendungsbereich des § 817 S. 2 BGB wird durch den Schutzzweck der Verbotsnorm definiert. Weder die Abfindung für den Verlust des Arbeitsplatzes noch die auflösende Bedingung verstößt aber gegen § 3. Die Norm verlangt nicht, dass der Versorgungsberechtigte die Rente zusätzlich zu der ungekürzten Abfindung erhält.[56] Es ist allerdings nicht zu verkennen, dass damit im wirtschaftlichen Ergebnis eine Abfindung akzeptiert wird.[57]

C. Beraterhinweise

31 Das BAG weist den Weg. § 3 ist nicht verletzt, wenn und soweit eine Abfindung für den Verlust des Arbeitsplatzes unter der auflösenden Bedingung der Zahlung einer Erwerbsunfähigkeitsrente bis zum Eintritt des Versorgungsfalls „Alter" steht. Die Parteien hatten in einer Zusatzvereinbarung zu einem Aufhebungsvertrag folgendes geregelt:

32 „Sollte Ihnen vor Vollendung Ihres 60. Lebensjahres vom Träger der gesetzlichen Rentenversicherung eine Erwerbsunfähigkeitsrente zuerkannt werden, woraufhin wir Ihnen eine Invalidenrente zahlen müssten, so sind wir berechtigt, bis zur Vollendung Ihres 60. Lebensjahres den Teilbetrag der Ihnen gezahlten Abfindung auf den bis zu diesem Zeitpunkt bestehenden Zahlungsanspruch anzurechnen, der der Höhe nach der für diesen Zeitraum zu zahlenden Invalidenrente entspricht."

33 Der Abfindungsanspruch soll also entfallen, wenn ein Anspruch auf Invalidenrente erworben wird. In der Beratungspraxis ist gleichwohl Vorsicht geboten. Der AG hat die Versorgungsleistung trotz Zahlung der Abfindung zu erbringen. Hat der AN die an ihn gezahlte Abfindung zur Abdeckung seiner laufenden Lebenshaltungskosten verwendet und ist er deshalb nicht in der Lage, die Abfindung an den AG zurück zu zahlen, droht eine doppelte Inanspruchnahme des AG. Er trägt das Risiko der Entreicherung.

§ 4 Übertragung

(1) Unverfallbare Anwartschaften und laufende Leistungen dürfen nur unter den Voraussetzungen der folgenden Absätze übertragen werden.
(2) Nach Beendigung des Arbeitsverhältnisses kann im Einvernehmen des ehemaligen mit dem neuen Arbeitgeber sowie dem Arbeitnehmer
1. die Zusage vom neuen Arbeitgeber übernommen werden oder
2. der Wert der vom Arbeitnehmer erworbenen unverfallbaren Anwartschaft auf betriebliche Altersversorgung (Übertragungswert) auf den neuen Arbeitgeber übertragen werden, wenn dieser eine wertgleiche Zusage erteilt; für die neue Anwartschaft gelten die Regelungen über Entgeltumwandlung entsprechend.
(3) Der Arbeitnehmer kann innerhalb eines Jahres nach Beendigung des Arbeitsverhältnisses von seinem ehemaligen Arbeitgeber verlangen, dass der Übertragungswert auf den neuen Arbeitgeber übertragen wird, wenn
1. die betriebliche Altersversorgung über einen Pensionsfonds, eine Pensionskasse oder eine Direktversicherung durchgeführt worden ist und
2. der Übertragungswert die Beitragsbemessungsgrenze in der allgemeinen Rentenversicherung nicht übersteigt.
[2]Der Anspruch richtet sich gegen den Versorgungsträger, wenn der ehemalige Arbeitgeber die versicherungsförmige Lösung nach § 2 Abs. 2 oder 3 gewählt hat oder soweit der Arbeitnehmer die Versicherung oder Versorgung mit eigenen Beiträgen fortgeführt hat. [3]Der neue Arbeitgeber ist verpflichtet, eine dem Übertragungswert wertgleiche Zusage zu erteilen und über einen Pensionsfonds, eine Pensionskasse oder eine Direktversicherung durchzuführen. [4]Für die neue Anwartschaft gelten die Regelungen über Entgeltumwandlung entsprechend.
(4) [1]Wird die Betriebstätigkeit eingestellt und das Unternehmen liquidiert, kann eine Zusage von einer Pensionskasse oder einem Unternehmen der Lebensversicherung ohne Zustimmung des Arbeitnehmers oder Versorgungsempfängers übernommen werden, wenn sichergestellt ist, dass die Überschussanteile ab Rentenbeginn entsprechend § 16 Abs. 3 Nr. 2 verwendet werden. [2]§ 2 Abs. 2 Satz 4 bis 6 gilt entsprechend.

---

56 BAG 17.10.2000 – 3 AZR 7/00 – EzA § 3 BetrAVG Nr. 7 = AP § 3 BetrAVG Nr. 10; A.A. Blomeyer/Rolfs/Otto, § 3 Rn 43; wie das BAG z.B. *Kemper u.a.*, § 3 Rn 117.

57 ErfK/*Steinmeyer*, § 3 BetrAVG Rn 10.

(5) ¹Der Übertragungswert entspricht bei einer unmittelbar über den Arbeitgeber oder über eine Unterstützungskasse durchgeführten betrieblichen Altersversorgung dem Barwert der nach § 2 bemessenen künftigen Versorgungsleistung im Zeitpunkt der Übertragung; bei der Berechnung des Barwerts sind die Rechnungsgrundlagen sowie die anerkannten Regeln der Versicherungsmathematik maßgebend. ²Soweit die betriebliche Altersversorgung über einen Pensionsfonds, eine Pensionskasse oder eine Direktversicherung durchgeführt worden ist, entspricht der Übertragungswert dem gebildeten Kapital im Zeitpunkt der Übertragung.
(6) Mit der vollständigen Übertragung des Übertragungswerts erlischt die Zusage des ehemaligen Arbeitgebers.

Literatur: *Arbeitsgemeinschaft Arbeitsrecht*, Festschrift zum 25-jährigen Bestehen, 2006; *Blomeyer*, Novellierung des Betriebsrentengesetzes, NZA 1997, 961; *Blumenstein*, Neues Abkommen zur Übertragung von Direktversicherungen oder Versicherungen in einer Pensionskasse bei Arbeitgeberwechsel, DB 2006, 218; *Blumenstein/Krekeler*, Auswirkungen des neuen Betriebsrentenrechts auf die Praxis, DB 1998, 2600; *Braun*, Besonderheiten bei Abfindungen aus betrieblicher Altersversorgung, NJW 1983, 1590; *Eckerle*, Die Reform der betrieblichen Altersversorgung durch das Alterseinkünftegesetz – Aktuelle Problemfelder aus steuerlicher Sicht –, BB 2004, 2549; *Förster/Cisch*, Die Änderungen im Betriebsrentengesetz durch das Alterseinkünftegesetz und deren Bedeutung für die Praxis, BB 2004, 2126; *Höfer*, Das neue Betriebsrentenrecht 2003; *Höfer*, Die Neuregelung des Betriebsrentengesetzes durch das Alterseinkünftegesetz, DB 2004, 1426; *Langohr-Plato/Teslau*, Das Alterseinkünftegesetz und seine arbeitsrechtlichen Konsequenzen für die betriebliche Altersversorgung – Teil I, NZA 2004, S. 1297; *Langohr-Plato/Teslau*, Das Alterseinkünftegesetz und seine arbeitsrechtlichen Konsequenzen für die betriebliche Altersversorgung – Teil II, NZA 2004, 1353; *Langohr-Plato*, Unternehmensspaltung nach dem UmwG – Konsequenzen für betriebliche Versorgungsverpflichtungen, NZA 2005, 966; *Melchior*, Das Alterseinkünftegesetz im Überblick, DStR 2004, 1061; *Plenker*, Änderungen bei der betrieblichen Altersvorsorge durch das Alterseinkünftegesetz ab 2005, BC 2004, 201; *Reichel/Volk*, Portabilität von Versorgungsanwartschaften in der betrieblichen Altersversorgung, DB 2005, 886; *Schnitker/Grau*, Neue Rahmenbedingungen für das Recht der betrieblichen Altersversorgung durch das Alterseinkünftegesetz, NJW 2005, 10; *Weber-Grellet*, Das Alterseinkünftegesetz, DStR 2004, 172

A. Allgemeines 1	2. Übertragungsanspruch gegen den Versorgungsträger (Abs. 3 S. 2) 26
B. Regelungsgehalt 9	IV. Einstellung der Betriebstätigkeit und Liquidation (Abs. 4) 29
I. Grundsatz der Nichtübertragbarkeit (Abs. 1) 9	V. Ermittlung des Übertragungswertes (Abs. 5) 31
II. Einvernehmliche, schuldbefreiende Übertragung (Abs. 2) 11	1. Barwert (Abs. 5 S. 1) 31
1. „Übernahme" (Abs. 2 Nr. 1) 13	2. Kapitalwert (Abs. 5 S. 2) 32
2. Übertragung (Abs. 2 Nr. 2) 15	VI. Rechtsfolge der Übertragung (Abs. 6) 33
III. Einseitiges Übertragungsrecht des Arbeitnehmers (Abs. 3) 21	**C. Beraterhinweise** 34
1. Anspruch des Arbeitnehmers gegen den Arbeitgeber (Abs. 3 S. 1) 21	

A. Allgemeines

Durch Art. 8 des Gesetzes zur Neuordnung der einkommensteuerrechtlichen Behandlung von Altersvorsorgeaufwendungen und Altersbezügen (Alterseinkünftegesetz – AltEinkG) vom 5.7.2004¹ wurde § 4 mit Wirkung zum 1.1.2005 **vollständig neu** gefasst.² **1**

§ 4 **erweitert** die Möglichkeit der Übertragung von Anwartschaften und laufenden Leistungen.³ Insb. mit der Stärkung der Mitnahmerechte soll dem AN die Möglichkeit gegeben werden, zugesagte Betriebsrenten im Laufe seines gesamten Erwerbslebens auf einem betrieblichen „Altersvorsorgekonto" zu konzentrieren.⁴ Anstatt eine Vielzahl von kleinen Anwartschaften zu sammeln, ist es interessengerecht, die Anwartschaften **zusammenzuführen** oder ältere Anrechte aufzuwerten oder aber auch eine Versorgung mit eigenen Mitteln fortsetzen zu können. Zugleich wird dem Interesse des AG Rechnung getragen, auch ein bestehendes Versorgungsverhältnis im Zuge der Beendigung des Arbverh abzuwickeln. **2**

Durch das Zusammenspiel von §§ 3 und 4 stellt der Gesetzgeber sicher, dass keine vorzeitige Verwertung durch den AN erfolgen kann und der **Versorgungszweck** der betrieblichen Altersvorsorge erhalten bleibt. **3**

§ 4 bestimmt vorrangig, wie die erworbenen Anwartschaften vom AN nach Beendigung des Arbverh zum neuen AG mitgenommen werden können. Da gem. Abs. 2 auf die Beendigung des Arbverh abgestellt wird, findet diese Vorschrift keine Anwendung im Rahmen eines Betriebsübergangs nach § 613a BGB, da dort das Arbverh gerade nicht beendet wird.⁵ Ein Arbverh geht, wegen des hinreichend engen Zusammenhangs auch dann i.S.v. § 613a BGB über, wenn es wirksam auf das Ende des Tages vor dem Betriebsübergang befristet ist und der Erwerber es nahtlos durch **4**

---

1 BGBl I S. 1427.
2 Zur Entwicklung der Vorschrift ausführlich *Höfer*, Das neue Betriebsrentenrecht, Rn 389 ff.; *Höfer*, § 4 Rn 3647.
3 BT-Drucks 15/2150, S. 53 f.
4 *Förster/Cisch*, BB 2004, 2126.

5 BAG 11.11.1986 – 3 AZR 194/85 – EzA § 613a BGB Nr. 61 = AP § 4 BetrAVG Nr. 3; *Blomeyer/Rolfs/Otto*, § 4 Rn 11.

Abschluss eines neuen Arbverh fortsetzt.[6] Ebenfalls keine Anwendung findet § 4 auf den bloßen **Wechsel des Durchführungsweges**.[7] § 4 regelt die Übertragung von Versorgungsverbindlichkeiten im Wege der Einzelrechtsnachfolge.[8] Die Vorschrift enthält eine Sonderregelung zu den §§ 414 ff. BGB und bestimmt für die befreiende Schuldübernahme zusätzliche Grenzen aus betriebsrentenrechtlichen Gründen. Sie dient jedoch nicht dazu, eine partielle Gesamtrechtsnachfolge nach dem Umwandlungsrecht zu beschränken.[9]

5 Die Möglichkeit der Übertragung laufender Leistungen ist in Abs. 1 zwar ausdrücklich vorgesehen, erfährt aber nur eine rudimentäre Regelung. Abs. 2 und Abs. 3 gehen von der Existenz eines ehemaligen und eines neuen AG aus. Abs. 2 Nr. 2 und Abs. 3 S. 4 sprechen von neuen Anwartschaften, was bedeutet, dass der AN noch aktiv im Berufsleben steht.[10] In den Gesetzesmaterialien lässt der Gesetzgeber jedoch erkennen, dass § 4 nicht nur ein Übertragungsverbot für laufende Leistungen beinhaltet, sondern auch die Übertragung von laufenden Leistungen ermöglichen soll.[11] § 4 ist deshalb auch auf laufende Leistungen anwendbar.[12]

6 Die Neufassung legt in Abs. 1 fest, dass unverfallbare Anwartschaften und laufende Leistungen nur bei Vorliegen der in Abs. 2 ff. genannten Voraussetzungen übertragen werden können. Diese Beschränkung dient dem Schutz der AN und des PSVaG; der AN soll keinen zahlungskräftigen Schuldner verlieren, der PSVaG soll vor Haftungsrisiken geschützt werden.[13]

7 Im Rahmen von Abs. 2 bis 4 unterscheidet der Gesetzgeber zwischen der freiwilligen, einvernehmlichen und der zwingenden Übertragung.

8 Der AG-Wechsel löst keinen steuerlichen Zufluss beim AN aus. Dies gilt insb., wenn die bisher über einen versicherungsförmigen Durchführungsweg (Pensionskasse, Pensionsfonds und Direktversicherung) erworbene Anwartschaft künftig auch beim neuen AG über einen versicherungsförmigen Durchführungsweg gesichert ist. Die Gewährleistung der **lohnsteuerlichen Neutralität** der Übertragung von Versorgungsansprüchen regelt § 3 Nr. 55 EStG, eingefügt durch Art. 1 AltEinkG.[14]

B. Regelungsgehalt

I. Grundsatz der Nichtübertragbarkeit (Abs. 1)

9 In Abs. 1 ist als Grundsatz ein **allgemeines Übertragungsverbot** für unverfallbare Anwartschaften und in Anerkennung der Rechtsprechung des BAG[15] nunmehr auch für laufende Leistungen geregelt.[16] „Unverfallbare Anwartschaft" meint die **gesetzliche Unverfallbarkeit** im Sinne von § 1b, eine vertragliche Unverfallbarkeit ist nicht erfasst.[17]

10 Abs. 1 enthält ein **gesetzliches Verbot** i.S.v. § 134 BGB.[18] Eine gegen dieses Verbot verstoßende Übertragung ist **nichtig**.[19]

II. Einvernehmliche, schuldbefreiende Übertragung (Abs. 2)

11 Das Gesetz verwendet den Begriff „Übertragung" als **Oberbegriff** sowohl für die (Schuld-)Übernahme als auch für die Übertragung des Übertragungswertes (Übertragung im engeren Sinne). Wird die Versorgungszusage selbst übertragen, spricht man von einer „Übernahme".[20]

12 Abs. 2 regelt die einvernehmliche Anwartschaftsübertragung bei Beendigung des Arbverh. Das Gesetz bietet den Beteiligten **zwei mögliche Vorgehensweisen**: die Übernahme nach Nr. 1, wonach die Versorgungszusage vom neuen AG übernommen wird, und die Übertragung in Form der Mitnahme des Übertragungswertes nach Nr. 2, wonach der Wert der vom AN erworbenen Anwartschaft auf den neuen AG übertragen wird und dieser dem AN eine dem Übertragungswert wertgleiche Zusage erteilt. Abs. 2 bezieht sich ausschließlich auf unverfallbare Anwartschaften, nicht jedoch auf laufende Leistungen.[21] Abweichend von der bisherigen Rechtslage sind nunmehr in Abs. 2 der

---

6 BAG 19.5.2005 – 3 AZR 649/03 – AP § 613a BGB Nr. 283.
7 BT-Drucks 15/2150, S. 53.
8 BAG 22.2.2005 – 3 AZR 499/03 – AP § 168 UmWG Nr. 1 = NZA 2005, 639; BAG 11.3.2008 – 3 AZR 358/06 – DB 2008, 2369 = BB 2009, 329.
9 BAG 11.3.2008 – 3 AZR 358/06 – DB 2008, 2369 = BB 2009, 329.
10 ErfK/*Steinmeyer*, § 4 BetrAVG Rn 24.
11 BT-Drucks 15/2150, S. 53; ErfK/*Steinmeyer*, § 4 BetrAVG Rn 24.
12 *Höfer*, § 4 Rn 3662.
13 BAG 17.3.1987 – 3 AZR 605/85 – EzA § 4 BetrAVG Nr. 4 = AP § 4 BetrAVG Nr. 4; BT-Drucks 15/2150, S. 53; *Bauer/Diller*, Arbeitsrecht, S. 449; H-BetrAV/*Griebeling*, § 30 Rn 432; *Blomeyer/Rolfs/Otto*, § 4 Rn 3; Tschöpe/Schipp, Anwaltshandbuch Arbeitsrecht, Teil 2 E Rn 281.
14 *Plenker*, BC 2004, 201, 205; *Weber-Grellet*, DStR 2004, 1721, 1728; *Melchior*, DStR 2004, 1061.
15 BAG 26.6.1980 – 3 AZR 156/79 – EzA § 4 BetrAVG Nr. 1 = AP § 4 BetrAVG Nr. 1; BAG 17.3.1987 – 3 AZR 605/85 – EzA § 4 BetrAVG Nr. 3 = AP § 4 BetrAVG Nr. 4.
16 BT-Drucks 15/2150, S. 53.
17 HWK/*Schipp*, § 4 BetrAVG Rn 3; *Schoden*, § 4 Rn 2.
18 Dörner/Luczak/Wildschütz/*Dörner*, C Rn 2499; ErfK/*Steinmeyer*, § 4 BetrAVG Rn 4.
19 ErfK/*Steinmeyer*, § 4 BetrAVG Rn 4.
20 BT-Drucks 15/2150, S. 53.
21 *Höfer*, § 3 Rn 3652; ErfK/*Steinmeyer*, § 4 BetrAVG Rn 5.

ehemalige und neue AG sowie der AN als Beteiligte vorgesehen, nicht jedoch mittelbare Versorgungsträger wie etwa Pensionskassen und Unternehmen der Lebensversicherung. Die Übertragung gem. Abs. 2 bedarf des **Einvernehmens dreier Personen**: des ehemaligen AG, des neuen AG und des AN. Besteht zwischen ihnen Einigkeit, erfolgt die Übernahme/Übertragung mit **schuldbefreiender Wirkung**.

1. „Übernahme" (Abs. 2 Nr. 1). Abs. 2 Nr. 1 regelt den Fall, dass die Versorgungszusage **unverändert**, also mit demselben Leistungsinhalt, wie er vom alten AG zugesagt worden ist, auf den neuen AG übertragen wird. Mittelbare Versorgungsträger wie Unternehmen der Lebensversicherung, Pensionsfonds und Pensionskassen sind nicht angesprochen, weil Abs. 2 auf das arbeitsrechtliche Grundverhältnis zwischen AG und AN abstellt.[22]

Erforderlich ist ein Übernahmevertrag zwischen dem AN als Versorgungsberechtigtem, dem ehemaligen und dem neuen AG, d.h. **drei übereinstimmende empfangsbedürftige Willenserklärungen**,[23] die darauf gerichtet sind, dass der neue AG die Versorgungszusage mit dem ursprünglichen Inhalt übernimmt und unverändert fortführt.[24] Eine Übernahme nach Nr. 1 kommt insb. in Betracht, wenn der neue AG ohnehin identische Versorgungsregeln anwendet.[25] Ändert der neue AG anlässlich der Übertragung den Durchführungsweg, ist ausschließlich Nr. 2 anwendbar,[26] was insb. die entsprechende Anwendung der Regelungen über Entgeltumwandlung auf die neue Anwartschaft zur Folge hat.

2. Übertragung (Abs. 2 Nr. 2). Nach Abs. 2 Nr. 2 kann der Wert einer unverfallbaren Anwartschaft im Einvernehmen des ehemaligen mit dem neuen AG sowie dem AN auf den neuen AG übertragen werden. Der Übertragungswert entspricht dem Wert der unverfallbaren Anwartschaft. Der neue AG ist nur verpflichtet, eine wertgleiche Zusage zu erteilen. Dies hat zur Folge, dass der Übertragungswert vom neuen AG zur Finanzierung eines völlig anderen Leistungsplanes verwendet werden kann. Auch kann der neue AG die betriebliche Altersversorgung des AN in sein Versorgungssystem leichter **integrieren**. Eine **inhaltliche Übereinstimmung** von Leistungsarten, **Leistungsumfang und/oder Leistungsvoraussetzungen** ist nicht erforderlich.[27]

Die Übertragung nach Nr. 2 setzt ebenfalls die Einigung zwischen dem ehemaligen AG, dem neuen AG und dem AN voraus, dass der Wert der unverfallbaren Anwartschaft auf den neuen AG übertragen werden soll.[28] Der neue AG muss also bereits im Übertragungsvertrag eine dem Übertragungswert wertgleiche Zusage erteilen.[29] Der AN muss hiermit einverstanden sein.[30] Die Höhe des zu leistenden Übertragungswertes lässt sich objektiv auf Grundlage des Abs. 5 bestimmen und ist somit nicht notwendig Bestandteil der Einigung.[31] Bei einer **unmittelbaren Versorgungszusage** und einer **Unterstützungskassenzusage** ist gem. Abs. 5 S. 1 der Barwert der nach § 2 bemessenen künftigen Versorgungsleistung im Zeitpunkt der Übertragung maßgeblich. Wird die betriebliche Altersversorgung über einen **Pensionsfonds**, eine **Pensionskasse** oder eine **Direktversicherung** durchgeführt, kommt es nach Abs. 5 S. 2 auf das im Zeitpunkt der Übertragung gebildete Kapital an.[32] Da es dem neuen AG bei einer Übertragung des Anwartschaftswertes erlaubt ist, den Versorgungsträger auszuwechseln, ist ggf. eine Umrechnung von Barwert zu gebildetem Kapital erforderlich.[33]

Weiterhin muss auch eine **unentgeltliche Übertragung** des Wertes der unverfallbaren Anwartschaft zulässig sein, wenn sichergestellt ist, dass der neue AG eine Versorgungszusage erteilt, deren Wert dem Übertragungswert entspricht.[34]

Für den AN ist eine Übertragung nach Abs. 2 Nr. 2 nicht nachteilig. Denn der Wert seiner Altersvorsorge bleibt erhalten, allein der **Leistungsplan** ändert sich. Wenn der AN den geänderten Leistungsplan nicht akzeptieren kann oder will, kann er die Übertragung seiner unverfallbaren Anwartschaft verhindern mit der Folge, dass die Versorgungszusage beim ehemaligen AG verbleibt. Eine Konzentration seiner betrieblichen Altersvorsorge bei dem Unternehmen, von dem aus er in den Ruhestand wechselt, ist dann nicht möglich. Erteilt der neue AG eine geringwertigere Versorgungszusage, ist die Vereinbarung zwischen dem ehemaligen und dem neuen AG sowie dem AN unwirksam;[35] die Anwartschaft verbleibt beim alten AG.

Gem. Abs. 2 Nr. 2 (und Abs. 3 S. 4) gelten die gesetzlichen Vorschriften über die Entgeltumwandlung entsprechend. Der Grund liegt darin, dass der AN die aus einer unverfallbaren Anwartschaft resultierende Leistungen bereits beim alten AG unentziehbar erworben hat. Die neue Anwartschaft ist sofort unverfallbar und im Umfang von § 7 insolvenzgeschützt.[36] Wegen der unwiderlegbaren Missbrauchsvermutung gem. § 7 Abs. 5 S. 3 gilt der Insolvenzschutz

---

22 ErfK/*Steinmeyer*, § 4 BetrAVG Rn 5.
23 *Blomeyer/Rolfs/Otto*, § 4 Rn 60; ErfK/*Steinmeyer*, § 4 BetrAVG Rn 10.
24 *Blomeyer/Rolfs/Otto*, § 4 Rn 62, 72; ErfK/*Steinmeyer*, § 4 BetrAVG Rn 10.
25 *Blomeyer/Rolfs/Otto*, § 4 Rn 72; *Cisch*, DB 2005, Beilage 3, 12.
26 *Blomeyer/Rolfs/Otto*, § 4 Rn 73; ErfK/*Steinmeyer*, § 4 BetrAVG Rn 6; *Höfer*, § 4 Rn 3697.
27 *Langhohr-Plato/Teslau*, NZA 2004, 1353.
28 ErfK/*Steinmeyer*, § 4 BetrAVG Rn 11.
29 *Blomeyer/Rolfs/Otto*, § 4 Rn 68.
30 *Höfer*, § 4 Rn 3716, 3688.
31 ErfK/*Steinmeyer*, § 4 BetrAVG Rn 11; *Höfer*, § 4 Rn 3688.
32 ErfK/*Steinmeyer*, § 4 BetrAVG Rn 8.
33 ErfK/*Steinmeyer*, § 4 BetrAVG Rn 8.
34 *Höfer*, DB 2004, 1427.
35 *Blomeyer/Rolfs/Otto*, § 4 Rn 62; ErfK/*Steinmeyer*, § 4 BetrAVG Rn 11.
36 *Höfer*, § 4 Rn 3717; ErfK/*Steinmeyer*, § 4 BetrAVG Rn 9.

allerdings nicht für Zusagen und Verbesserungen von Zusagen, die in den beiden letzten Jahren vor dem Eintritt des Sicherungsfalles erfolgt sind, es sei denn, der Übertragungswert ist nicht höher als die Beitragsbemessungsgrenze in der allgemeinen Rentenversicherung (§ 7 Abs. 5 S. 3 Nr. 2). Entsprechendes gilt für eine nach Abs. 2 Nr. 1 übertragenen unverfallbare Anwartschaft. Diese ist auch beim neuen AG sofort gesetzlich unverfallbar und gem. § 7 InsO geschützt.[37]

20 Fraglich ist, ob die Inbezugnahme der gesetzlichen Vorschriften über Entgeltumwandlung bedeutet, dass der neue AG verpflichtet ist, die laufenden Leistungen gem. § 16 Abs. 5 i.V.m. § 16 Abs. 3 Nr. 1 jährlich um mindestens 1 % anzupassen oder im Falle der Durchführung über eine Direktversicherung oder Pensionskasse i.V.m. § 16 Abs. 3 Nr. 2 die Überschussanteile ausschließlich leistungssteigernd zu verwenden hat. Dafür spricht der Wortlaut der Norm. Auch § 16 Abs. 5 gehört zu den Vorschriften über die Entgeltumwandlung. Die Gesetzesbegründung verweist indes ausschließlich auf die Anwendung der Vorschriften der gesetzlichen Insolvenzsicherung. Der Grund liegt wohl darin, dass der neue AG nach Abs. 2 Nr. 2 gerade nicht mehr an die ursprüngliche Zusage des alten AG gebunden sein soll.[38] Er ist frei, wie er den Übertragungswert in sein System der betrieblichen Altersversorgung einbringt. Das Gesetz beschränkt sich auf die Sicherstellung der Wertgleichheit bei der Übertragung. Abs. 2 Nr. 2 ist daher einschränkend auszulegen. Anwendbar sind die gesetzlichen Vorschriften über Entgeltumwandlung mit Ausnahme von § 16 Abs. 5.[39]

III. Einseitiges Übertragungsrecht des Arbeitnehmers (Abs. 3)

21 **1. Anspruch des Arbeitnehmers gegen den Arbeitgeber (Abs. 3 S. 1).** Der neu gefasste Abs. 3 begründet einen **Anspruch** des AN auf Mitnahme des Übertragungswertes. Er kann innerhalb eines Jahres nach Beendigung des Arbverh von seinem ehemaligen AG verlangen, dass der Wert der von ihm erworbenen unverfallbaren Anwartschaft auf den neuen AG übertragen wird. Eine Zustimmung des alten oder neuen AG ist nicht erforderlich. Allerdings gilt dies nur für Zusagen, welche über einen **Pensionsfonds**, eine **Pensionskasse** oder eine **Direktversicherung** durchgeführt werden und der Übertragungswert im Jahr der Übertragung die Beitragsbemessungsgrenze in der allgemeinen Rentenversicherung nicht übersteigt. Dadurch wird sichergestellt, dass der abgebende AG nicht überfordert wird. Aus den Gesetzesmaterialien lässt sich entnehmen, dass die für die alten Bundesländer geltende Beitragsbemessungsgrenze bundeseinheitlich anzuwenden ist.[40] Wird die jeweils geltende Beitragsbemessungsgrenze überschritten, besteht kein Anspruch auf teilweise Mitnahme der Anwartschaft. Dies würde dem Grundgedanken der Portabilität widersprechen, Anwartschaften zu **bündeln** und nicht weiter aufzuteilen.[41]

22 **§ 30b** beschränkt das Übertragungsrecht des AN auf Zusagen, die nach dem 31.12.2004 erteilt worden sind. Für Versorgungszusagen vor dem 1.1.2005 ist eine Übertragung nur nach Abs. 2 möglich.[42] Der neue AG hat das Recht, den konkreten Versorgungsträger und den Durchführungsweg frei zu wählen.[43] Er bleibt gem. § 1 Abs. 1 S. 3 zur Erfüllung der von ihm zugesagten Leistungen verpflichtet, auch wenn die Durchführung nicht unmittelbar über ihn erfolgt. Vor diesem Hintergrund ist das freie Wahlrecht nur sachgerecht.[44]

23 Will oder kann der neue AG die betriebliche Altersversorgung des AN nicht über einen Pensionsfonds, eine Pensionskasse oder Direktversicherung durchführen, obwohl der AN darauf einen Anspruch nach Abs. 3 S. 3 hat, so ist dies ein **Einstellungshindernis** oder aber der AG muss den AN bewegen, auf sein Übertragungsrecht zu verzichten.[45] Der AG kann vom einzustellenden AN **Auskunft** über das Bestehen eines Übertragungsanspruchs gem. Abs. 3 verlangen.[46] Er muss wissen, welche zusätzlichen Verpflichtungen mit der Einstellung des AN verbunden sind.

24 Der neue AG ist verpflichtet, eine dem Übertragungswert wertgleiche Zusage zu erteilen, nicht jedoch, eine inhaltsgleiche, der bisherigen Risikoabdeckung entsprechende Versorgung zuzusagen. Hat der alte AG neben einer Versorgung im Alter Invaliditäts- und Hinterbliebenenleistungen zugesagt, kann sich der neue AG auf eine reine Alterssicherung beschränken, wobei der Wert jedoch dem Gesamtwert der Zusage des alten AG zumindest entsprechen muss.[47] Der neue AG kann die unverfallbare Anwartschaft auch beim bisherigen Versorgungsträger belassen, bspw. wenn er, ebenso wie der alte AG, Vertragspartner der selben Gruppen-Pensionskasse ist. Der neue AG kann auch erst Vertragspartner des bisherigen Versorgungsträgers werden, was bei Direktversicherungen regelmäßigen möglich sein wird, anders als bei betriebsbezogenen Pensionskassen und Pensionsfonds.[48]

25 Da die Aufzählung in Abs. 3 S. 1 Nr. 1 abschließend ist, kann der AN eine Übertragung nicht gegen den Willen des alten AG verlangen, wenn dieser eine Direktzusage oder eine Unterstützungskassenzusage erteilt hat. Der AG soll

---

37 *Höfer*, § 4 Rn 3699.
38 *Schipp*, in: Arbeitsgemeinschaft Arbeitsrecht – Festschrift zum 25-jährigen Bestehen, S. 1097.
39 *Schnitker/Grau*, NJW 2005, 10; A.A. *Blomeyer/Rolfs/Otto*, § 4 Rn 109.
40 *Blomeyer/Rolfs/Otto*, § 4 Rn 120; *Höfer*, § 4 Rn 3731; a.A. ErfK/*Steinmeyer*, § 4 BetrAVG Rn 9.
41 BT-Drucks 15/2150, S. 53.
42 ErfK/*Steinmeyer*, § 4 BetrAVG Rn 12.
43 *Eckerle*, BB 2004, 2549, 2552; *Höfer*, § 4 Rn 3738.
44 *Höfer*, DB 2004, 1427.
45 *Eckerle*, BB 2004, 2552.
46 *Höfer*, DB 2004, 1428.
47 ErfK/*Steinmeyer*, § 4 BetrAVG Rn 15.
48 *Höfer*, DB 2004, 1428.

nicht gezwungen werden, im Unternehmen gebundene Rückstellungen für die Altersversorgung seiner Beschäftigten bei deren Ausscheiden vorzeitig zu kapitalisieren.[49]

2. Übertragungsanspruch gegen den Versorgungsträger (Abs. 3 S. 2). Der Übertragungsanspruch ist gegen den Versorgungsträger als Schuldner der Versicherungsleistung gerichtet, wenn der ehemalige AG die versicherungsförmige Lösung nach § 2 Abs. 2 oder Abs. 3 gewählt oder soweit der AN die Versicherung oder Versorgung mit eigenen Beiträgen fortgeführt hat. Der neue AG hat eine wertgleiche Pensionsfonds-, Pensionskassen- oder Direktversicherungszusage zu erteilen. Die Wahl der versicherungsrechtlichen Lösung durch den alten AG bedeutet, dass der AN gem. § 2 Abs. 2 S. 2, Abs. 3 S. 2 vollständig in den Versicherungsvertrag eintritt, die Versorgungsverpflichtung des alten AG erlischt und ein gegen den alten AG gerichteter Übertragungsanspruch folglich „leer laufen würde".[50] Eine Subsidiärhaftung des alten AG kommt selbst dann nicht in Betracht, wenn der mittelbare Versorgungsträger nicht leistungsfähig und deshalb an einer Übertragung gehindert ist.[51] Anders als für die Geltendmachung des Anspruchs ist für die Durchführung der Übertragung keine Frist gesetzt. Sie wird aber zeitnah zu erfolgen haben.

26

Nicht geregelt ist das Verhältnis von Abs. 3 zu Abs. 2. So stellt sich die Frage, ob ein AN noch den Anspruch auf Mitnahme des Übertragungswertes nach Abs. 3 geltend machen kann, wenn bereits zuvor eine Übertragung nach Abs. 2 vereinbart wurde. Abs. 6, wonach die Zusage des ehemaligen AG mit der vollständigen Übertragung des Übertragungswertes und nicht bereits mit der Vereinbarung der Übertragung erlischt, hilft hier nicht weiter.[52] Einem AN, der bei einer bereits getroffenen Übertragungsabrede einen dieser Abrede widersprechenden Anspruch auf Mitnahme des Übertragungswertes geltend macht, wird regelmäßig die **Einrede** des „venire contra factum proprium" nach § 242 BGB entgegenzuhalten sein.[53] Da er ein vertragliches Vorgehen gewählt hat, kann er nicht seinen gesetzlichen Anspruch geltend machen und dadurch die Vollziehung des Vertrages unmöglich machen.

27

Wie auch in Abs. 2 gelten bei Abs. 3 gem. S. 4 die Regelungen über die Entgeltumwandlung bei der Übertragung der unverfallbaren Anwartschaft auf den Versorgungsträger des neuen AG entsprechend.

28

IV. Einstellung der Betriebstätigkeit und Liquidation (Abs. 4)

Wird die Betriebstätigkeit eingestellt und das Unternehmen liquidiert, kann eine Zusage auch ohne Zustimmung des AN von einer Pensionskasse oder einem Unternehmen der Lebensversicherung schuldbefreiend übernommen werden. Voraussetzung ist jedoch, dass ab Rentenbeginn alle auf den Rentenbestand entfallenden Überschussanteile zur Erhöhung der laufenden Leistungen verwendet werden und zur Berechnung der garantierten Leistung der nach § 65 Abs. 1 Nr. 1a VVG festgesetzte Höchstzinssatz zur Berechnung der Deckungsrückstellung nicht überschritten wird. Das folgt aus der Verweisung auf § 16 Abs. 3 Nr. 2 und stellt sicher, dass die laufenden Leistungen nach Eintritt des Versorgungsfalles mittels der Überschussbeteiligung angepasst werden. Abs. 4 S. 2 verweist darüber hinaus auf § 2 Abs. 2 S. 4–6 und verhindert, dass der mit einer unverfallbaren Anwartschaft ausgeschiedene AN diese wirtschaftlich nutzt. Im Ergebnis wird die durch den ehemaligen AG zugesagte Versorgung so bewirkt, als sei dieser nicht liquidiert worden.[54]

29

Übernahmefähig nach Abs. 4 sind sämtliche Zusageformen, übernahmebefähigt jedoch nur Pensionskassen und Unternehmen der Lebensversicherung. Eine Übernahme durch einen Pensionsfonds wird vom Gesetz nicht gestattet. Auch wenn Abs. 4 die Übernahme zustimmungsfrei lässt, ist eine Mitwirkung des AN erforderlich. Aus § 150 Abs. 2 S. 1 VVG folgt, dass für den Abschluss einer Rückdeckungsversicherung, die auf das Leben des AN genommen wird, dessen Zustimmung erforderlich ist.[55] Das gilt auch für Versicherungsverträge, die einer Gruppenversicherung zugrunde liegen.[56] Gleichwohl erweist sich die Vorschrift als wirkungsvoll, sog. Rentnerfirmen zu vermeiden, deren alleiniger Zweck noch darin besteht, Anwartschaften zu verwalten, laufende Renten auszuzahlen und Anpassungsprüfungen nach § 16 vorzunehmen. Die betriebliche Altersversorgung wird vollständig vom AG abgekoppelt.[57] Die zwingend vorgesehene Verwendung der Überschussanteile gem. § 16 Abs. 3 Nr. 2 tritt an die Stelle der Anpassungsprüfungspflicht des AG. Dem Insolvenzsicherungsbedürfnis der Versorgungsberechtigten wird durch die auf Pensionskassen und Unternehmen der Lebensversicherung beschränkte Übernahmebefähigung und durch die Verweisung auf § 2 Abs. 2 S. 4–6 Rechnung getragen. Der AG wird überflüssig. Er kann liquidiert werden.

30

V. Ermittlung des Übertragungswertes (Abs. 5)

1. Barwert (Abs. 5 S. 1). Abs. 5 stellt bei der Berechnung des Übertragungswerts unabhängig vom Durchführungsweg der betrieblichen Altersversorgung auf den Zeitpunkt der Übertragung ab. Bei einer Altersversorgung, die unmittelbar über den AG oder über eine Unterstützungskasse durchgeführt wird, entspricht der Übertragungswert dem

31

---

49 BT-Drucks 15/2150, S. 53.
50 BT-Drucks 15/2150, S. 53.
51 ErfK/*Steinmeyer*, § 4 BetrAVG Rn 14.
52 A.A. wohl ErfK/Steinmeyer, § 4 BetrAVG Rn 15.
53 *Förster/Cisch*, BB 2004, 2116, 2128.
54 *Kemper u.a.*, § 4 Rn 98.
55 *Blumenstein/Krekeler*, DB 1998, 2602.
56 BGH 7.5.1997 – IV ZR 35/96 – VersR 1997, 1213.
57 *Blomeyer/Rolfs/Otto*, NZA 1997, 996.

Barwert der nach § 2 bemessenen künftigen Versorgungsleistung. Deren Wert ist unter Berücksichtigung des Zinses und der Wahrscheinlichkeit der ersten Fälligkeit sowie der voraussichtlichen Zahlungsdauer zu bestimmen.[58] Maßgeblich sind die Rechnungsgrundlagen und die anerkannten Regeln der Versicherungsmathematik,[59] im Gegensatz zu der Vorgängerregelung (§ 3 Abs. 2 S. 3 in der bis zum 31.12.2004 geltenden Fassung) jedoch nicht der für den jeweiligen Durchführungsweg der betrieblichen Altersversorgung vorgeschriebene Rechnungszinsfuß. Dieser beträgt 6 % bei unmittelbaren Versorgungszusagen und 5,5 % bei Unterstützungskassenzusagen. Im Interesse einer erleichterten Übertragung wird man davon ausgehen müssen, dass der alte und der neue AG mit Zustimmung des AN nicht mehr an einen festen Zins gebunden sind. Der Rechnungszinsfuß kann von den Parteien in den Grenzen der Angemessenheit gewählt werden.[60] Es kann z.B. auf den jeweiligen Marktzins oder einen vergleichbaren Zins abgestellt werden.

32 **2. Kapitalwert (Abs. 5 S. 2).** Wird die betriebliche Altersversorgung über eine Pensionskasse, einen Pensionsfonds oder eine Direktversicherung durchgeführt, entspricht der Übertragungswert dem bis zum **Übertragungszeitpunkt** beim Versorgungsträger **gebildeten Kapital**. Gemeint sind die Deckungsmittel, die bis zum Zeitpunkt der Übertragung angesammelt sind, mithin der gesamte Wert des den AN begünstigenden Vertrags.[61] Zum Zeitwert gehören auch sämtliche dem Vertrag gutgeschriebene Überschüsse sowie der Schlussgewinnanteil.[62] Abzüge nach § 169 Abs. 5 VVG, wie bspw. ein Abzug für Stornokosten, sind nicht zulässig.[63] In diesem Zusammenhang ist auf die Neufassung des **Abkommens zur Übertragung von Direktversicherungen bei AG-Wechsel** hinzuweisen, welches nunmehr auf Pensionskassen erweitert wurde.[64] Danach trifft den abgebenden Versorgungsträger auch bei Übernahmevereinbarungen die Pflicht, den Zweitwert **ohne Abzüge** zu übertragen, selbst wenn die Zusage vor 2005 erteilt wurde.[65]

VI. Rechtsfolge der Übertragung (Abs. 6)

33 Die Zusage des ehemaligen AG erlischt mit der vollständigen Übertragung des Übertragungswerts. Damit soll sichergestellt werden, dass jede Übertragung nach § 4, also nicht nur die Schuldübernahme nach Abs. 2 Nr. 1, für den ehemaligen AG schuldbefreiend wirkt.[66] Die Vorschrift ist unglücklich formuliert. Wird nämlich im Einvernehmen von ehemaligem AG und AN ein geringerer Wert als der nach Abs. 5 zu ermittelnde objektive Übertragungswert angesetzt und erteilt der neue AG eine dementsprechend minderwertige Zusage, könnte aus Abs. 6 gefolgert werden, dass die Zusage des alten AG mit der teilweisen Übertragung des Übertragungswerts zumindest auch teilweise erlischt. Die Übertragung nach Abs. 2 Nr. 2 ist jedoch insgesamt unwirksam. Denn sie setzt voraus, dass der neue AG eine dem objektiven Übertragungswert entsprechende Zusage erteilt.[67]

C. Beraterhinweise

34 Ist der neue AG nicht bereit, die Versorgungszusage unverändert gem. Abs. 2 Nr. 1 zu übernehmen, etwa weil die Versorgungszusage nicht zu dem bei ihm existierenden Versorgungssystem passt, bietet sich als Alternative der Weg über Abs. 2 Nr. 2 an. Der Wert der vom AN erworbenen unverfallbaren Anwartschaft auf betriebliche Altersversorgung wird auf den neuen AG übertragen, wenn dieser eine wertgleiche Zusage erteilt. Für die neue Anwartschaft gelten – wie auch bei einer Übertragung nach Abs. 3 – die Regelungen über Entgeltumwandlung entsprechend. Da höchstrichterlich noch nicht geklärt ist, ob damit auch die Anpassungsgarantie gem. § 16 Abs. 5 i.V.m. § 16 Abs. 3 Nr. 1 gemeint ist und diese Frage in der Literatur unterschiedlich beantwortet wird, besteht für den neuen AG die Gefahr, dass ihn eine Anpassungsgarantie trifft, die unabhängig von seiner wirtschaftlichen Leistungsfähigkeit und ebenso unabhängig von der Entwicklung der Kaufkraft ist (vgl. § 16 Rn 63). Der neue AG kann auf Dauer zur Anpassung verpflichtet sein, obwohl er dazu entweder gar nicht oder nur auf Kosten der Unternehmenssubstanz in der Lage ist. Es gehört zu einer sorgfältigen anwaltlichen Beratung, auf diese Risiken hinzuweisen.

§ 4a Auskunftsanspruch

(1) Der Arbeitgeber oder der Versorgungsträger hat dem Arbeitnehmer bei einem berechtigten Interesse auf dessen Verlangen schriftlich mitzuteilen,
1. in welcher Höhe aus der bisher erworbenen unverfallbaren Anwartschaft bei Erreichen der in der Versorgungsregelung vorgesehenen Altersgrenze ein Anspruch auf Altersversorgung besteht und

---

[58] *Braun*, NJW 1983, 1592.
[59] *Höfer*, § 4 Rn 3776.
[60] ErfK/*Steinmeyer*, § 4 BetrAVG Rn 19; *Höfer*, § 4 Rn 3779.
[61] BT-Drucks 15/2150, S. 54.
[62] *Höfer*, § 4 Rn 3786.
[63] BT-Drucks. 15/2150, S. 54; ErfK/*Steinmeyer*, § 4 BetrAVG Rn 20; *Förster/Cisch*, BB 2004, 2129.
[64] Abrufbar auf der Hompage des GDV: www.gdv.de.
[65] *Blumenstein*, DB 2006, 218.
[66] *Höfer*, § 4 Rn 3795.
[67] ErfK/*Steinmeyer*, § 4 BetrAVG Rn 22.

2. wie hoch bei einer Übertragung der Anwartschaft nach § 4 Abs. 3 der Übertragungswert ist.

(2) Der neue Arbeitgeber oder der Versorgungsträger hat dem Arbeitnehmer auf dessen Verlangen schriftlich mitzuteilen, in welcher Höhe aus dem Übertragungswert ein Anspruch auf Altersversorgung und ob eine Invaliditäts- oder Hinterbliebenenversorgung bestehen würde.

Literatur: *Förster/Cisch*, Die Änderungen im Betriebsrentengesetz durch das Alterseinkünftegesetz und deren Bedeutung für die Praxis, BB 2004, 2126; *Höfer*, Die Neuregelung des Betriebsrentengesetzes durch das Alterseinkünftegesetz, DB 2004, 1426; *Langohr-Plato/Teslau*, Das Alterseinkünftegesetz und seine arbeitsrechtlichen Konsequenzen für die betriebliche Altersversorgung – Teil II, NZA 2004, 1353; *Plenker*, Änderungen bei der betrieblichen Altersvorsorge durch das Alterseinkünftegesetz ab 2005, BC 2004, 201; *Reichel/Volk*, Portabilität von Versorgungsanwartschaften in der betrieblichen Altersversorgung, DB 2005, 886; *Schnitker/Grau*, Neue Rahmenbedingungen für das Recht der betrieblichen Altersversorgung durch das Alterseinkünftegesetz, NJW 2005, 10

A. Allgemeines	1	III. Auskunftspflicht des neuen Arbeitgebers (Abs. 2)	8
B. Regelungsgehalt	4	IV. Rechtsfolgen	10
I. Allgemeiner Auskunftsanspruch (Abs. 1 Nr. 1)	4	C. Verbindung zum Prozessrecht	11
II. Auskunft über den Übertragungswert (Abs. 1 Nr. 2)	7		

A. Allgemeines

Der Gesetzgeber hat die zunehmende Bedeutung der betrieblichen Altersversorgung für die Alterssicherung der AN erkannt[1] und ihr u.a. dadurch Rechnung getragen, dass die bislang in § 2 Abs. 6 a.F. geregelten Auskunftspflichten des AG m.W.v. 1.1.2005 nicht nur erweitert, sondern in einer eigenen Vorschrift zusammengefasst sind.[2]

Gem. § 2 Abs. 6 a.F. waren der AG oder der sonstige Versorgungsträger dem ausgeschiedenen AN gegenüber zur Auskunft über die Erfüllung der Unverfallbarkeitsvoraussetzungen und die Höhe der bei Erreichen der festen Altersgrenze zu beanspruchenden Leistung verpflichtet. § 4a hat diese Auskunftsverpflichtung übernommen und erstmalig **auf das aktive Arbverh ausgedehnt**. Denn der AN hat ein Interesse daran, bereits vor Erreichen der in der Versorgungszusage vorgesehenen festen Altersgrenze zu erfahren, in welcher Höhe ihm Leistungen aufgrund einer unverfallbaren Versorgungsanwartschaft zustehen werden. Der Neuregelung der Portabilität wird dadurch Rechnung getragen, dass nach Abs. 1 Nr. 2 Auskunft über die Höhe des Übertragungswertes bei einer Übertragung der Anwartschaft nach § 4 Abs. 3 verlangt werden kann.

Neu ist auch die Verpflichtung des neuen AG bzw. Versorgungsträgers, dem AN mitzuteilen, in welcher Höhe aus dem Übertragungswert ein Anspruch auf Altersversorgung und ob eine Invaliditäts- oder Hinterbliebenenversorgung bestehen würde.

B. Regelungsgehalt

I. Allgemeiner Auskunftsanspruch (Abs. 1 Nr. 1)

Mitzuteilen ist die Höhe der aus der bisher erworbenen unverfallbaren Anwartschaft resultierenden Altersleistung. Das Gesetz verlangt Schriftform. Damit wird der schon nach bisheriger Rechtlage anerkannte Grundsatz festgeschrieben, wonach der AN aufgrund der arbeitgeberseitigen Fürsorgepflicht bei berechtigtem Interesse über den Stand seiner Betriebsrente zu unterrichten ist.[3] Ohne Zweifel besteht ein solches Interesse, wenn das Arbverh endet.[4] Ein berechtigtes Interesse ist zu bejahen, wenn der AN nachweist, dass er eine Altersversorgung planen oder ändern will.[5] Ebenfalls liegt ein berechtigtes Interesse vor, wenn der AN beabsichtigt, ergänzende Eigenvorsorge zu betreiben.[6] Ein berechtigtes Interesse ist auch anzunehmen, wenn der Eintritt in die Altersteilzeit beabsichtigt oder ein Übergang in eine Teilzeitbeschäftigung geplant ist.[7] Das Erfordernis des berechtigten Interesses schützt den AG bzw. den Versorgungsträger vor permanenten und missbräuchlichen Auskunftsersuchen des AN.[8] Das Gesetz unterscheidet nicht danach, ob das Arbverh bereits beendet oder gekündigt ist oder ungekündigt fortbesteht. Anspruchsgegner ist deshalb auch der ehemalige AG.[9] Fraglich ist das Verhältnis der nach § 4a möglichen Auskunftsansprüche zueinander. Der Gesetzwortlaut legt nahe, den Auskunftsanspruch gegen den Versorgungsträger neben den Auskunftsanspruch gegen den AG zu stellen und dem AN insoweit ein Wahlrecht einzuräumen. Führt der AG die Altersversorgung über ein Unternehmen der Lebensversicherung, eine Pensionskasse oder eine Unterstüt-

---

1 BT-Drucks 15/2150, S. 54.
2 Art. 8 des Gesetzes zur Neuordnung der einkommensteuerrechtlichen Behandlung von Altersvorsorgeaufwendungen und Altersbezügen (Alterseinkünftegesetz – AltEinkG) v. 5.7.2004, BGBl I S. 1427.
3 *Höfer*, § 4a Rn 3806; *Schnitker/Grau*, NJW 2005, 10.
4 *Höfer*, DB 2004, 1426.
5 *Höfer*, DB 2004, 1426.
6 BT-Drucks 15/2150, S. 54.
7 *Förster/Cisch*, BB 2004, 2126.
8 *Höfer*, DB 2004, 1426; ErfK/*Steinmeyer*, § 4a BetrAVG Rn 3; *Förster/Cisch*, BB 2004, 2126.
9 ErfK/*Steinmeyer*, § 4a BetrAVG Rn 2.

zungskasse durch, wird er regelmäßig über versorgungsrelevante Informationen verfügen, die dem sonstigen Versorgungsträger nicht zugänglich oder bekannt sind. Umgekehrt wird nur der mittelbare Versorgungsträger in der Lage sein, bestimmte versicherungstechnische Werte wie z.B. den Übertragungswert nennen zu können.[10] In der Praxis empfiehlt es sich deshalb, den Auskunftsanspruch zunächst an den AG zu richten, der seinerseits einen Mitwirkungsanspruch gegen den Versorgungsträger hat.[11]

5 Die Auskunft erstreckt sich lediglich auf die Versorgungsleistungen wegen Alters, nicht jedoch auf etwaige Invalidität- oder Hinterbliebenenleistungen.[12] Sie hat sich auf die Höhe des Anspruchs aus der „bisher erworbenen Anwartschaft" zu beziehen. Das ist die dem Grunde und der Höhe nach gesetzlich unverfallbare Anwartschaft, wenn der Auskunftsanspruch im Zusammenhang mit der Beendigung des Arbverh geltend gemacht wird. Anders verhält es sich, wenn der AN im aktiven Arbverh Auskunft begehrt, weil er beabsichtigt, über die bei seinem AG bis zu festen Altersgrenze erreichbare Altersversorgung hinaus Eigenvorsorge zu betreiben. Dann benötigt der AN Auskunft nicht nur über die Höhe der bereits erworbenen Anwartschaft, sondern über die Leistungen, die sich bei unterstellter Betriebstreue bis zum Versorgungsfall ergäben.[13] Da Abs. 1 Nr. 1 dem AN die Möglichkeit schaffen soll, fundierte Entscheidungen über seine Altersversorgung zu treffen, genügt es für den Auskunftsanspruch, dass die Anwartschaft vertraglich unverfallbar gestellt wird und dem AN deshalb einseitig nicht mehr entziehbar ist.[14]

6 Der AG hat dem AN nicht nur die nach § 2 Abs. 2 bis Abs. 5b berechnete Höhe der Altersleistung aus der unverfallbaren Anwartschaft mitzuteilen. Vielmehr muss der AN auch überprüfen können, wie die Altersleistung in den einzelnen Rechenschritten ermittelt wurde; der AN soll die **Berechnung des ermittelten Betrages nachvollziehen** können.[15] Bei Pensionsfonds-, Pensionskassen- und Direktversicherungszusagen genügt es, die jeweils garantierte Leistung mitzuteilen. Möglich ist auch, einen potenziell höheren Wert, der sich unter Berücksichtigung der künftigen Überschüsse einstellen könnte, anzugeben. Diese Angabe sollte mit dem **Vorbehalt** versehen werden, dass die aus dem **künftigen Überschuss** resultierende Leistung nicht garantiert werden kann.[16]

II. Auskunft über den Übertragungswert (Abs. 1 Nr. 2)

7 Abs. 1 Nr. 2 nimmt Bezug auf § 4 Abs. 3. Unmittelbar erfasst sind damit unverfallbare Anwartschaften aus einer nach dem 31.12.2004 erteilten Pensionsfonds-, Pensionskassen- oder Direktversicherungszusage, die auf einen Pensionsfonds, eine Pensionskasse oder einen anderen Versicherer übertragen werden sollen.[17] Über den Wortlaut hinaus ist die Vorschrift entsprechend anwendbar, wenn der Versorgungsberechtigte beabsichtigt, einen freiwilligen Übertragungsvertrag nach § 4 Abs. 2 abzuschließen. Denn er hat auch in diesem Fall ein berechtigtes Interesse, den Übertragungswert zu erfahren, um so etwaige Berechnungsfehler aufdecken zu können.[18] Durch die Mitteilung des Übertragungswerts soll der AN ausweislich der Gesetzesbegründung in die Lage versetzt werden, die bis zum Ausscheiden beim alten AG erdiente Altersversorgung mit der vom neuen AG auf der Basis des Übertragungsbetrags neu zugesagten Altersversorgung zu vergleichen.[19] Das intendiert die Existenz eines alten und eines neuen AG und spricht zumindest dafür, den AN bis zur rechtlichen Beendigung des alten Arbverh auf Abs. 1 Nr. 1 zu verweisen. Für ein solches Normverständnis gibt der Wortlaut von Abs. 1 Nr. 2 allerdings nichts her. Andererseits ist dem AN im fortbestehenden Arbverh mit dem allgemeinen Auskunftsanspruch nach Abs. 1 Nr. 1 in aller Regel besser gedient. An das berechtigte Interesse auf Mitteilung des Übertragungswerts vor Beendigung des Arbverh sind deshalb strenge Anforderungen zu stellen. Es kann ausnahmsweise bejaht werden, wenn der AN die Auskunft im Rahmen einer bevorstehenden Übertragung verwenden möchte.[20] Das ist jedoch nicht zwingend. Denn der AN kann die Übertragung nach § 4 Abs. 3 noch binnen Jahresfrist seit Beendigung des Arbverh verlangen und auch der Auskunftsanspruch gem. Abs. 1 Nr. 2 ist mit der Beendigung des Arbverh nicht verloren.

III. Auskunftspflicht des neuen Arbeitgebers (Abs. 2)

8 Der AN ist berechtigt, auch vom neuen AG Auskunft über die Höhe des Anspruchs auf Altersrente zu verlangen. Er benötigt diese Auskunft, will er sachgerecht entscheiden, ob er von seinem Übertragungsanspruch nach § 4 Abs. 3 Gebrauch macht. Die Entscheidung kann jedoch regelmäßig nur auf der Grundlage eines Vergleichs der Leistungen des alten AG mit denen einer neuen Versorgung getroffen werden. Der AN muss also den Wert der bisherigen Altersversorgung ebenso kennen wie den Inhalt und die Kalkulationsgrundlagen der Versorgung beim neuen AG

---

10 *Höfer*, § 4a Rn 3840.
11 *Höfer*, § 4a Rn 3811, 3840; a.A. ErfK/*Steinmeyer*, § 4a BetrAVG Rn 3.
12 ErfK/*Steinmeyer*, § 4a BetrAVG Rn 6; *Höfer*, § 4a Rn 3865.14.
13 *Förster/Cisch*, BB 2004, 2126.
14 ErfK/*Steinmeyer*, § 4a BetrAVG Rn 4; a.A. *Höfer*, § 4a Rn 3825.
15 BAG 9.12.1997 – 3 AZR 695/96 – EzA § 2 BetrAVG Nr. 15 = AP § 2 BetrAVG Nr. 27; HWK/*Schipp*, § 2 BetrAVG Rn 46.
16 *Höfer*, § 4a Rn 3837.
17 *Höfer*, § 4a Rn 3838; *Langohr-Plato/Teslau*, NZA 2004, 1357.
18 *Blomeyer/Rolfs/Otto*, § 4a Rn 24; A.A. *Höfer*, § 4a Rn 6865.21.
19 BT-Drucks 15/2150, S. 97.
20 ErfK/*Steinmeyer*, § 4a BetrAVG Rn 6.

bzw. Versorgungsträger.[21] Dagegen genügt für die Versorgungsfälle Invalidität und Tod der bloße Hinweis, ob diese Risiken über das neue Versorgungssystem abgesichert sind. Die Mitteilung über die Höhe des Anspruchs auf Altersrente erfolgt auf der Grundlage des übermittelten Übertragungswertes. Die Berechnung entspricht Abs. 1 Nr. 1.[22] Der neue AG ist mit Beginn des Arbverh zur Auskunft verpflichtet.[23] Ein Anspruch des AN auf Auskunft im Rahmen der Arbeitsvertragsverhandlungen besteht nicht.[24]

Umstritten ist, ob der Auskunftsanspruch nach Abs. 2 auf die versicherungsförmige Durchführung gem. § 4 Abs. 3 begrenzt ist[25] oder der neue AG unabhängig vom gewählten Durchführungsweg der betrieblichen Altersversorgung auch bei einer einvernehmlichen Übertragung verpflichtet ist, die Auskünfte nach Abs. 2 zu erteilen.[26] Der Wortlaut der Norm spricht hier – im Gegensatz zu Abs. 1 Nr. 2 – gegen eine Begrenzung. Der AN hat auch in den Fällen der einvernehmlichen Übertragung nach § 4 Abs. 2 Nr. 2 ein Auskunftsinteresse. Allerdings wird er sein nach § 4 Abs. 2 Nr. 2 erforderliches Einvernehmen regelmäßig nur erklären, wenn ihm zuvor auch vom neuen AG sämtliche für eine fundierte Entscheidung erforderlichen Informationen erteilt wurden. Dazu zählt auch die Höhe der aus dem Übertragungswert resultierenden Altersleistung.

IV. Rechtsfolgen

Nicht ausdrücklich sind die **Folgen eines Verstoßes** gegen die Auskunftspflicht geregelt, insb. wenn die erteilten Auskünfte unzureichend oder unzutreffend sind. Die Auskunft begründet keine selbstständige Versorgungsverpflichtung.[27] Ebenso wenig soll die Auskunft das Versorgungsverhältnis insgesamt oder in einzelnen Beziehungen dem Streit oder der Ungewissheit der Parteien entziehen. Ist die durch den AG oder den Versorgungsträger erteilte Auskunft bzgl. der Höhe der Versorgungsanwartschaft **unzutreffend** oder besteht die Anwartschaft entgegen der Auskunft **nicht**, ist der AG bzw. der Versorgungsträger nach allgemeiner Meinung nicht gebunden. Es handelt sich regelmäßig um eine **reine Wissenserklärung**.[28] Die Auskunft muss folglich, sollte sie unzutreffend gewesen sein, vom AG bzw. Versorgungsträger zu einem späteren Zeitpunkt **korrigiert** werden.[29] **Verweigert** der AG eine hinreichende Auskunft gegenüber dem AN, verweist das BAG den AN pauschal „auf die Rechte nach **§ 260 BGB**".[30] Abgesehen von dem Vorlageanspruch bezüglich einschlägiger Unterlagen nach § 260 Abs. 1 BGB gibt § 260 Abs. 2 BGB dem Auskunftsberechtigten bei begründeter Vermutung der Unrichtigkeit oder Unvollständigkeit das Recht, die **Abgabe einer eidesstattlichen Versicherung** zu verlangen.[31]

C. Verbindung zum Prozessrecht

Die gerichtliche Durchsetzung des Auskunftsanspruchs erfolgt im Wege der Leistungsklage vor dem zuständigen Gericht für Arbeitssachen bzw. für nicht AN i.S.v. § 17 Abs. 1 S. 2 vor dem ordentlichen Gericht.[32] Gegen eine nach seiner Meinung unrichtige Auskunft über den Versorgungsanspruch kann der AN mit der Feststellungsklage vorgehen.[33]

Erteilt der AG eine **unrichtige Auskunft** über die Höhe der Versorgungsanwartschaft bzw. eine Auskunft über eine nicht bestehende Anwartschaft und richtet sich der AN im **Vertrauen** darauf bei der Planung seiner Altersversorgung ein, so können ihm unter bestimmten Voraussetzungen **Schadensersatzansprüche** erwachsen. In Betracht kommt ein Schadensersatz gem. § 280 Abs. 1 BGB, da § 4a wie auch § 2 Abs. 6 a.F. eine vertragliche bzw. gesetzliche Nebenpflicht begründet.[34] Allerdings ist der AN **darlegungs- und beweispflichtig** dafür, dass er sich im Vertrauen auf die Planung seiner Altersversorgung auf die unrichtige Auskunft eingestellt hat.[35] Versäumt der AN aufgrund einer unzureichenden bzw. fehlerhaften Information des AG bzw. des Versorgungsträgers eine ausreichende Eigenvorsorge, so muss er sich bei der Bemessung der Höhe des Schadensersatzes die dafür erforderlich gewesenen Leistungen anrechnen lassen.[36]

---

21 *Langohr-Plato/Teslau*, NZA 2004, 1357.
22 ErfK/*Steinmeyer*, § 4a BetrAVG Rn 7.
23 ErfK/*Steinmeyer*, § 4a BetrAVG Rn 7.
24 *Blomeyer/Rolfs/Otto*, § 4a Rn 59; *Kemper u.a.*, § 4a Rn 22.
25 *Höfer*, § 4a Rn 3841.
26 ErfK/*Steinmeyer*, § 4a BetrAVG Rn 7.
27 BAG 8.11.1983 – 3 AZR 511/81 – EzA § 2 BetrAVG Nr. 4 = AP § 2 BetrAVG Nr. 3.
28 BAG 8.11.1983 – 3 AZR 511/81 – EzA § 2 BetrAVG Nr. 4 = AP § 2 BetrAVG Nr. 3; BAG 9.12.1997 – 3 AZR 695/96 – EzA § 2 BetrAVG Nr. 15 = AP § 2 BetrAVG Nr. 27; BAG 17.6.2003 – 3 AZR 462/02, DB 2004, 608; H-BetrAV-*Griebeling*, Betriebliche Altersversorgung durch Direktzusage, Rn 289; ErfK/*Steinmeyer*, § 4a BetrAVG Rn 8; *Kemper u.a.*, § 4a Rn 70.
29 *Kemper u.a.*, § 4a Rn 70.
30 BAG 8.11.1983 – 3 AZR 511/81 – EzA § 2 BetrAVG Nr. 4 = AP § 2 BetrAVG Nr. 3.
31 BAG 8.11.1983 – 3 AZR 511/81 – EzA § 2 BetrAVG Nr. 4 = AP § 2 BetrAVG Nr. 3; *Höfer*, § 2 Rn 3859.
32 *Blomeyer/Rolfs/Otto*, § 4a Rn 54.
33 *Blomeyer/Rolfs/Otto*, § 4a Rn 56.
34 BAG 8.11.1983 – 3 AZR 511/81 – EzA § 2 BetrAVG Nr. 4 = AP § 2 BetrAVG Nr. 3; BAG 21.11.2000 – 3 AZR 13/00 – NZA 2002, 618 (620); LAG Hessen 22.8.2001 – 8 Sa 146/01 – NZA-RR 2002, 323; *Blomeyer/Otto*, § 4a Rn 51; *Schnitker/Grau*, NJW 2005, 10, 14; Dörner/Luczak/Wildschütz/*Dörner*, Arbeitsrecht, C 2478; *Schoden*, § 2 Rn 42.
35 *Kemper u.a.*, § 4a Rn 73.
36 LAG Hamm 9.3.1999 – 6 Sa 1521/98 – BB 1999, 1015.

Zweiter Abschnitt: Auszehrungsverbot

§ 5 Auszehrung und Anrechnung

(1) Die bei Eintritt des Versorgungsfalls festgesetzten Leistungen der betrieblichen Altersversorgung dürfen nicht mehr dadurch gemindert oder entzogen werden, daß Beträge, um die sich andere Versorgungsbezüge nach diesem Zeitpunkt durch Anpassung an die wirtschaftliche Entwicklung erhöhen, angerechnet oder bei der Begrenzung der Gesamtversorgung auf einen Höchstbetrag berücksichtigt werden.

(2) [1]Leistungen der betrieblichen Altersversorgung dürfen durch Anrechnung oder Berücksichtigung anderer Versorgungsbezüge, soweit sie auf eigenen Beiträgen des Versorgungsempfängers beruhen, nicht gekürzt werden. [2]Dies gilt nicht für Renten aus den gesetzlichen Rentenversicherungen, soweit sie auf Pflichtbeiträgen beruhen, sowie für sonstige Versorgungsbezüge, die mindestens zur Hälfte auf Beiträgen oder Zuschüssen des Arbeitgebers beruhen.

Literatur: *Doetsch*, Erhaltung der Gestaltungsfreiheit bei der betrieblichen Altersversorgung, DB 1993, S. 981; *Höfer*, Das neue Betriebsrentenrecht, 2003; *Prütting/Weth*, Zur Anrechnung von Unfallrenten auf Betriebsrenten, NZA 1984, S. 24

A. Allgemeines	1	II. Anrechnungsverbot (Abs. 2)	17
B. Regelungsgehalt	5	1. Anrechenbarkeit anderweitiger Versorgungsbezüge (Abs. 2 S. 1)	19
I. Auszehrungsverbot (Abs. 1)	5	2. Gesetzliche Rentenversicherung	20
1. Bestand der festgesetzten Leistung	8	3. Sonstige Versorgungsbezüge	21
2. Auszehrung von Anwartschaften	15	III. Sonstige Anrechnungsverbote	22
3. Rechtsfolgen	16		

A. Allgemeines

1 Die betriebliche Altersversorgung hat typischerweise ergänzende Funktion. Sie tritt neben die gesetzliche Rentenversicherung als erste Säule und die Eigenvorsorge des AN als weitere Säule der Altersversorgung. In der Praxis weit verbreitet sind Versorgungszusagen, die eine Verknüpfung der betrieblichen Altersversorgung mit der gesetzlichen Rentenversicherung und der Eigenvorsorge herstellen. Das ist problematisch, wenn eine bereits laufende Versorgungsleistung gekürzt werden soll, weil eine andere Versorgungsleistung durch Anpassung an die wirtschaftliche Entwicklung erhöht wird. Um den Geltungsbereich des § 5 nicht einzuengen, hat der Gesetzgeber übliche Ausdrücke wie „Gesamtversorgungssystem" oder „Höchstbegrenzungsklauseln" vermieden und stattdessen eine **allgemein gefasste Formulierung** bevorzugt.[1] Da in den vergangenen Jahren wegen der mehrfachen Absenkung des Niveaus der gesetzlichen Altersrente die Gesamtversorgungszusagen – wenn dies möglich war – aufgegeben wurden, hat der **Bedeutungsgehalt** von § 5 stark **abgenommen**.[2] Lediglich bei bestehenden Gesamtversorgungszusagen sowie bei **Anrechnungs- und Höchstbegrenzungsklauseln** ist diese Regelung noch von Relevanz.[3]

2 Abs. 1 regelt das sog. **Auszehrungsverbot** bezogen auf festgesetzte laufende Versorgungsleistungen. Diese können nicht mehr gemindert werden, wenn anderweitige Versorgungsbezüge des Versorgungsberechtigten zwecks Anpassungen an die wirtschaftliche Entwicklung erhöht oder entsprechend geändert werden.

3 Abs. 2 regelt demgegenüber das sog. **Anrechnungsverbot**. Die Vorschrift enthält eine gegenüber Abs. 1 völlig eigenständige Regelung und bezieht sich auf die erstmalige Festsetzung der Höhe von Versorgungsleistungen.[4]

4 Gem. § 17 Abs. 3 S. 1 kann von § 5 in Tarifverträgen abgewichen werden. Somit ist eine tarifvertragliche Regelung, die vom Auszehrungsverbot als auch vom Anrechnungsverbot abweicht, grundsätzlich wirksam.[5] Allerdings darf auch eine solche Regelung nicht die Anrechnung von rein **eigenfinanzierten** Versorgungsbezügen vorsehen, da dies gegen allgemeine Grundsätze und insb. gegen Art. 14 Abs. 1 GG verstoßen würde.[6]

B. Regelungsgehalt

I. Auszehrungsverbot (Abs. 1)

5 Die Vorschrift unterscheidet nicht nach der Art der Versorgungsleistung. Sie erfasst Altersleistungen ebenso wie Invaliditäts- und Hinterbliebenenleistungen und ist auf sämtliche in § 1b genannten Versorgungsformen anwendbar.[7]

---

1 *Blomeyer/Rolfs/Otto*, § 5 Rn 1.
2 *Doetsch*, DB 1993, 981, 983.
3 *Kemper u.a.*, § 5 Rn 2; *Höfer*, Das neue Betriebsrentenrecht, Rn 444.
4 *Schoden*, § 5 Rn 4.
5 BAG 27.2.2007 – 3 AZR 734/05 – EzA Art. 9 GG Nr. 90 = AP § 1 BetrAVG Nr. 44; *Höfer*, § 5 Rn 4014.
6 *Höfer*, Das neue Betriebsrentenrecht, Rn 456.
7 *Blomeyer/Rolfs/Otto*, § 5 Rn 19.

Bei Direktversicherungen dürften Anrechnungsklauseln wegen des Äquivalenzprinzips der Versicherung und der Geltung des Gleichbehandlungsgrundsatzes gem. § 21 Abs. 1 VAG keine praktische Bedeutung haben.[8]

Bei **Kapitalleistungen** ist mangels fortbestehender Leistungspflicht die Möglichkeit einer Minderung der Versorgungsleistungen ausgeschlossen. Durch Zahlung des Kapitalbetrages hat der Versorgungsverpflichtete seine vertraglichen Pflichten erfüllt.[9]

Grundlegende Voraussetzung einer Anrechnung und damit der Anwendbarkeit des Abs. 1 ist die **ausdrückliche Regelung** der Berücksichtigung anderer Versorgungsbezüge im Rahmen der Versorgungszusage. Ohne eine solche Regelung ist eine Anrechnung nicht möglich.[10]

1. Bestand der festgesetzten Leistung. Nach Abs. 1 soll eine bei Eintritt des Versorgungsfalls festgesetzte betriebliche Leistung **Bestand** haben und nicht durch Berücksichtigung anderer Versorgungsbezüge vermindert werden, wenn deren Anhebung auf einer **Anpassung an die wirtschaftliche Entwicklung** beruht. Unter die Anpassung an die wirtschaftliche Entwicklung fallen etwa die **gesetzlichen Rentenanpassungen** nach § 65 i.V.m. § 68 SGB VI, Anpassungen nach § 16 oder Anpassungen aufgrund einer gegebenen **Anpassungsgarantie**.[11]

Wird eine **Direktversicherung** um die **Überschussanteile** erhöht, ist keine Anpassung i.S.d. Abs. 1 gegeben, da es sich dabei um eine **vertragsgemäße** und nicht um eine Anpassung an die wirtschaftliche Entwicklung handelt.[12] Dies gilt auch für Erhöhungen, die auf zusätzlichen Leistungen oder zusätzlich nachentrichteten Beiträgen basieren.[13]

Eine Auszehrung i.S.d. Abs. 1 liegt vor, wenn die Betriebsrente unter den bei Eintritt des Versorgungsfalls **festgesetzten Betrag** sinkt.[14] Die vom selben AG gewährten Versorgungsleistungen sind dabei in der Regel auch dann als **Einheit** anzusehen, wenn sie auf verschiedene Versorgungsformen verteilt sind.[15] Es verstößt deshalb nicht gegen das Auszehrungsverbot, wenn der frühere AG die Anpassung laufender Leistungen einer Unterstützungskasse zum Anlass nimmt, Leistungen aus einer unmittelbaren Versorgung in entsprechender Höhe zu kürzen.[16] Entscheidend ist der **erstmalig** für die Versorgungsleistung **festgelegte Betrag**, der dann nicht mehr unterschritten werden darf.[17]

Folgendes Beispiel: Die Gesamtrente i.H.v. 1.600 EUR setzt sich bei Eintritt des Versorgungsfalls aus 1.200 EUR Sozialversicherungsrente und 400 EUR betrieblicher Rente zusammen. Wird die Sozialversicherungsrente um 50 EUR erhöht, so darf zwar die Betriebsrente nicht um diesen Betrag auf 350 EUR gekürzt werden. Die bei Eintritt des Versorgungsfalls festgelegte Höhe der Betriebsrente von 400 EUR ist zusätzlich zur jeweiligen Sozialversicherungsrente zu gewähren, was dann zu einer Gesamtrente von 1.650 EUR führt.

Beruht die Erhöhung der anderen Versorgungsbezüge nicht auf der wirtschaftlichen Entwicklung, sondern auf anderen Ursachen, ist eine Herabsetzung der laufenden Leistung nach Abs. 1 zulässig, wenn die Versorgungszusage dies vorsieht.[18] So liegt keine Anpassung an die wirtschaftliche Entwicklung vor, wenn die Leistungserhöhung aufgrund eines **neuen Versicherungsfalls** eintritt, etwa eine angerechnete Rente wegen teilweiser Erwerbsminderung in eine Rente wegen voller Erwerbsminderung umgewandelt wird.[19]

Bei einer **Gesamtversorgung** dürfen die Leistungen der betrieblichen Altersversorgung wegen der Anpassung der Sozialversicherungsrenten auch dann nicht den bei der Pensionierung festgesetzten Betrag unterschreiten, wenn die Gesamtversorgung selbst **dynamisiert** ist.[20] Der nach der maßgeblichen Versorgungsregelung vorgesehene Höchstbetrag der Gesamtversorgung wird also **überschritten**, wenn die Erhöhung der Betriebsrente und die Erhöhung der anzurechnenden Bezüge zeitlich nicht übereinstimmen.[21] Abs. 1 steht selbst einer nur vorübergehenden Kürzung der Altersversorgung entgegen.[22]

Andere Versorgungsbezüge i.S.v. Abs. 1 sind alle Versorgungsleistungen, die von einem Dritten auf gesetzlicher oder vertraglicher Grundlage erbracht werden, etwa von einem **Sozialversicherungsträger** (gesetzliche Rentenversicherung, Kriegsopferversorgung usw.), einem **berufständischen Versorgungswerk** oder einem anderen **ehemaligen AG**.[23] Erfasst ist auch die **Beamtenversorgung**. Ebenfalls gehören Leistungen aus **Eigenvorsorge** des AN dazu.[24]

---

8 Blomeyer/Rolfs/Otto, § 5 Rn 19; ErfK/Steinmeyer, § 5 BetrAVG Rn 4.
9 Blomeyer/Rolfs/Otto, § 5 Rn 29.
10 Schoden, § 5 Rn 7.
11 Kemper u.a., § 5 Rn 11; Höfer, § 5 Rn 4000.
12 Kemper u.a., § 5 Rn 12.
13 ErfK/Steinmeyer, § 5 BetrAVG Rn 7.
14 BAG 5.10.1999 – 3 AZR 230/98 – EzA § 5 BetrAVG Nr. 30 = AP § 5 BetrAVG Nr. 44.
15 BAG 26.8.2003 – 3 AZR 434/02 – AiB 2003, 709; BAG 5.10.1999 – 3 AZR 230/98 – EzA § 5 BetrAVG Nr. 30 = AP § 5 BetrAVG Nr. 44.
16 Blomeyer/Rolfs/Otto, § 5 Rn 34.
17 ErfK/Steinmeyer, § 5 BetrAVG Rn 3.
18 Schoden, § 5 Rn 7a.
19 Blomeyer/Rolfs/Otto, § 5 Rn 26; Höfer, § 5 Rn 4004.
20 BAG 13.7.1978 – 3 AZR 873/77 – EzA § 5 BetrAVG Nr. 2 = AP § 5 BetrAVG Nr. 2.
21 ErfK/Steinmeyer, § 5 BetrAVG Rn 2.
22 BAG 13.7.1978 – 3 AZR 873/77 – EzA § 5 BetrAVG Nr. 2 = AP § 5 BetrAVG Nr. 2; Blomeyer/Rolfs/Otto, BetrAVG, § 5 Rn 29.
23 Kemper u.a., § 5 Rn 8.
24 ErfK/Steinmeyer, § 5 BetrAVG Rn 6.

15 **2. Auszehrung von Anwartschaften.** Auch Versorgungsanwartschaften sind nicht schutzlos.[25] Zwar verbietet Abs. 1 nur die Auszehrung von laufenden Leistungen. Eine Versorgungsanwartschaft, die so konzipiert ist, das kein Eintritt des Versorgungsfalls generell Nullleistungen zu erbringen sind, ist allerdings rechtsmissbräuchlich.[26] Die Gefahr einer unzulässigen Auszehrung besteht typischerweise, wenn die Obergrenze der Gesamtversorgung statisch ist. Steigen die Anwartschaften aus den sonstigen Bezügen, überschreiten sie irgendwann die absolute Obergrenze, so dass die Anwartschaft voraussehbar entwertet wird.[27]

16 **3. Rechtsfolgen.** Verstößt der AG gegen das Auszehrungsverbot des Abs. 1, behält der Versorgungsberechtigte seinen Anspruch auf die Versorgungsleistung in Höhe der erstmaligen Festsetzung.[28] Er hat also einen **Anspruch auf Zahlung des Unterschiedsbetrags** zwischen der ursprünglich vorgesehenen und der zu Unrecht geminderten Leistung. Umstritten ist, ob der Versorgungsberechtigte bei mittelbarer Versorgung an Stelle seines früheren AG auch den Lebensversicherer, die Pensionskasse oder den Pensionsfonds in Anspruch nehmen kann.[29] Da Abs. 1 auf die erstmalige Festsetzung der Versorgungsleistung und damit auf den Inhalt des Versorgungsversprechens abstellt, ist davon auszugehen, dass sich der Anspruch auf Zahlung des Unterschiedsbetrags nur gegen den AG richtet.

II. Anrechnungsverbot (Abs. 2)

17 Abs. 2 S. 1 verbietet im Grundsatz eine Anrechnung von Leistungen der **Eigenvorsorge** auf die Leistungen der betrieblichen Altersversorgung. Ansonsten würde derjenige AN benachteiligt, der sich während seines Berufslebens unter Aufbringung eigener Mittel eine eigene Altersversorgung geschaffen hat.[30] Abs. 2 schränkt die Vertragsfreiheit ein.[31] Eine Ausnahme bestimmt Abs. 2 S. 2 für Renten aus der gesetzlichen Rentenversicherung, soweit sie auf Pflichtbeiträgen beruhen, sowie für sonstige Versorgungsbezüge, die mindestens zur Hälfte auf Beiträgen oder Zuschüssen des AG beruhen. Solche Renten und sonstigen Versorgungsbezüge haben zwar teilweise Vorsorgecharakter, weil sie vom AN mitfinanziert werden. Gleichwohl ist die Herausnahme aus dem Anrechnungsverbot geboten, weil die Versicherungspflicht bei Vorliegen der gesetzlichen Voraussetzungen automatisch eintritt, die Alterssicherung also nicht auf einer eigenen Initiative des AN beruht.[32]

Bedeutung hat das Anrechnungsverbot bei der **erstmaligen Festsetzung** einer Versorgungsleistung.[33] Das Anrechnungsverbot bezieht sich wie das Auszehrungsverbot auf sämtliche Formen der Versorgung.[34]

18 Die Anrechnung auf Leistungen der betrieblichen Altersversorgung muss dem Grunde und der Höhe nach eindeutig geregelt sein, andernfalls ist sie unzulässig. AG und AN können in der Regel eine Anrechnung nach den Vorgaben des Abs. 2 auch **nachträglich** wirksam vereinbaren.[35] Allerdings kann es gegen die **Grundsätze der Billigkeit** verstoßen, wenn sich ein AG erst am Ende eines 15-jährigen Arbverh beim Eintritt des AN in den Ruhestand für eine Anrechnung von Versorgungsbezügen entscheidet, auch wenn die Anrechnung der Entscheidung des AG im Einzelfall vorbehalten ist.[36] Zur Anrechnung berechtigt auch eine sog. **Jeweiligkeitsklausel**.[37] Die Jeweiligkeitsklausel unterliegt der Billigkeitskontrolle nach § 315 Abs. 1 BGB.[38] Kombiniert der AG im Rahmen der betrieblichen Altersversorgung **mehrere Durchführungswege** und bemisst er die Leistungen unter Berücksichtigung dieser Durchführungswege, geht es nicht um die Anrechnung anderer Bezüge, sondern um die Bemessung von Leistungen aus verschiedenen Quellen.[39]

19 **1. Anrechenbarkeit anderweitiger Versorgungsbezüge (Abs. 2 S. 1).** Gemeint sind Versorgungsbezüge, die den in § 1 Abs. 1 legaldefinierten Versorgungszweck der betrieblichen Altersversorgung erfüllen und durch Leistungen der betrieblichen Altersversorgung ergänzt werden können.[40] Abs. 2 zielt also auf Altersleistungen ebenso wie auf Leistungen der Invaliditäts- und Hinterbliebenenversorgung,[41] soweit sie auf eigenen Beiträgen des Versor-

---

25 *Höfer*, § 5 Rn 3879; *Kemper u.a.*, § 5 Rn 3.
26 BAG 18.12.1975 – 3 AZR 58/75 – EZA § 242 BGB Ruhegeld Nr. 48 = AP § 242 BGB Ruhegehalt Nr. 170; BAG 1.7.1976 – 3 AZR 443/75 – EZA § 242 BGB Ruhegeld Nr. 56 = AP § 242 BGB Ruhegehalt Nr. 174; *Höfer*, § 5 Rn 3879.
27 *Höfer*, Das neue Betriebsrentenrecht, Rn 453.
28 ErfK/*Steinmeyer*, § 5 BetrAVG Rn 8.
29 Dafür: ErfK/*Steinmeyer*, § 5 BetrAVG Rn 8; dagegen *Blomeyer/Rolfs/Otto*, § 5 Rn 46.
30 BAG 6.8.1985 – 3 AZR 393/82 – EzA § 5 BetrAVG Nr. 14 = AP § 5 BetrAVG Nr. 21; BAG 10.5.1955 – 2 AZR 7/54 – NJW 1955, 1167; BAG 10.8.1970 – 3 AZR 443/69 – EzA § 242 BGB Nr. 33 = AP § 242 BGB Ruhegehalt Nr. 145; BAG 26.10.1976 – 3 AZR 377/72 – EzA § 242 BGB Ruhegehalt Nr. 26 = AP § 242 BGB Ruhegehalt Nr. 161; ErfK/*Steinmeyer*, § 5 BetrAVG Rn 9.
31 *Kemper u.a.*, § 5 Rn 16.
32 ErfK/*Steinmeyer*, § 5 BetrAVG Rn 10.
33 ErfK/*Steinmeyer*, § 5 BetrAVG Rn 12.
34 *Blomeyer/Rolfs/Otto*, § 5 Rn 52.
35 BAG 25.2.1986 – 3 AZR 455/84 – AP § 1 BetrAVG Zusatzversorgungskassen Nr. 5.
36 BAG 10.8.1982 – 3 AZR 90/81 – EzA § 242 BGB Ruhegeld Nr. 101 = AP § 5 BetrAVG Nr. 7.
37 BAG 2.2.1988 – 3 AZR 115/86 – EzA § 5 BetrAVG Nr. 17 = AP § 5 BetrAVG Nr. 25; BAG 8.10.1991 – 3 AZR 47/91 – EzA § 5 BetrAVG Nr. 27 = AP § 5 BetrAVG Nr. 38.
38 BAG 2.2.1988 – 3 AZR 115/86 – EzA § 5 BetrAVG Nr. 17 = AP § 5 BetrAVG Nr. 25; ErfK/*Steinmeyer*, § 5 BetrAVG Rn 14.
39 *Kemper u.a.*, § 5 Rn 28.
40 BAG 25.10.1983 – 3 AZR 137/81 – EzA § 5 BetrAVG Nr. 11 = AP § 5 BetrAVG Nr. 14.
41 *Blomeyer/Rolfs/Otto*, § 5 Rn 51.

gungsempfängers beruhen. Keine Anrechnung ist deshalb möglich bei Versorgungsbezügen, die der AN im privaten Bereich finanziert hat. Dabei handelt es sich in der Regel um **private Lebensversicherungen**.[42] Einer Anrechnung sonstiger Bezüge, die nicht Versorgungsbezüge sind, steht Abs. 2 nicht entgegen.[43] Dazu zählen sachgebundene Leistungen aus Versicherungen, wie **Kranken-** und **Pflegeversicherung**.[44] Leistungen einer Krankentagegeldversicherung dienen keinem Versorgungszweck gem. § 1 Abs. 1, sondern sollen entgehendes Einkommen ersetzen.[45] Gleiches gilt für Verletztenrenten aus der gesetzlichen Unfallversicherung, jedenfalls soweit sie dazu bestimmt sind, Verdienstminderungen zu ersetzen.[46] Einer Anrechnung von Leistungen nach dem **Bundesversorgungsgesetz** (BVG) steht § 83 BVG entgegen.

2. Gesetzliche Rentenversicherung. Abs. 2 S. 2 Hs. 1 erfasst Leistungen der Rentenversicherung für Arbeiter und Angestellte einschließlich der Knappschaftsversicherung.[47] Nicht erfasst ist die **Altersicherung der Landwirte**, die nicht dem SGB VI unterfällt.[48] Erlaubt ist die Anrechnung von Renten aus der gesetzlichen Rentenversicherung, soweit sie auf Pflichtbeiträgen beruhen. Das Gesetz unterscheidet nicht nach dem **Finanzierungsbeitrag** zur gesetzlichen Rente. Anrechenbar ist deshalb auch der Teil der Rente, den der AN mit eigenen Beiträgen finanziert hat.[49] Eine auf **Pflichtbeiträgen** basierende Sozialversicherungsrente kann auch dann angerechnet werden, wenn die Wartezeit erst durch freiwillige Beiträge erfüllt wurde. In dem Umfang, in dem die Sozialversicherungsrente aus den freiwilligen Beiträgen fließt, bleibt sie allerdings von der Anrechnung ausgenommen.[50] Auf eine Betriebsrente kann auch eine **ausländische Sozialversicherungsrente** angerechnet werden, wenn sie auf Pflichtbeiträgen beruht, die mindestens zur Hälfte vom AG getragen wurden.[51] Sieht ein **Gesamtversorgungssystem** die Berücksichtigung von gesetzlichen Renten vor, ist die vom AN **erdiente** und nicht die in Folge eines Versorgungsausgleichs geminderte oder erhöhte gesetzliche Rente anzurechnen.[52] Sieht eine Anrechnungsklausel die Berücksichtigung der „Rente aus der gesetzlichen Rentenversicherung" bei der Ermittlung einer Gesamtversorgungsobergrenze vor, ist im Zweifel der **Bruttobetrag** der Rente gemeint.[53] Bei **Teilzeitmitarbeitern** begegnet es keinen Bedenken, die gesetzliche Rente auch insoweit auf eine der Teilzeitbeschäftigung entsprechend reduzierte Gesamtversorgung anzurechnen, als sie auf einer früheren Vollzeitbeschäftigung beruht.[54]

3. Sonstige Versorgungsbezüge. Nach Abs. 2 S. 2 Hs. 2 sind auch sonstige Versorgungsbezüge anrechenbar, die mindestens zur Hälfte auf Beiträgen oder Zuschüssen des AG beruhen. So kann sich der AG an einer **Lebensversicherung** des AN beteiligen oder Beiträge zu einem berufsständischen Versorgungswerk leisten. Sonstige Versorgungsbezüge sind nach dieser Vorschrift unbegrenzt anrechenbar, wenn sich der AG mit mindestens 50 % an der Finanzierung beteiligt hat. Ansonsten bleibt nur eine Anrechnung nach Abs. 2 S. 1 in Höhe der auf dem AG-Anteil beruhenden Leistung.[55]

III. Sonstige Anrechnungsverbote

Abs. 2 ist ausweislich der Gesetzesmaterialien nicht abschließend.[56] **Weitere Anrechnungsverbote** können sich aus dem **Entgeltcharakter** der betrieblichen Altersversorgung, aus dem **Gleichbehandlungsgrundsatz**, dem **Willkürverbot**, dem **AN-Schutzprinzip** und dem **Vertrauensschutz** ergeben.[57] Sie sind nicht auf die Anrechnung „anderer Versorgungsbezüge" begrenzt, sondern können sich auf sämtliche Geldleistungen beziehen. So hat es das BAG als Verletzung des Gleichbehandlungsgrundsatzes angesehen, wenn der AG Leistungen verrechnet, die verschiedene Funktionen haben oder solche vom AN beigetragen haben bei der Bemessung von Betriebsrenten berücksichtigt, die zwar dieselbe Funktion haben, die aber der AN freiwillig durch Konsumverzicht erworben hat.[58] Beinhaltet die Versorgungsleistung eine **Kinderzulage**, verstößt es nicht gegen den Gleichbehandlungsgrundsatz, Kindergeld nach

---

42 HWK/*Schipp*, § 5 BetrAVG Rn 9.
43 *Blomeyer/Rolfs/Otto*, § 5 Rn 62.
44 *Kemper u.a.*, § 5 Rn 27.
45 BAG 25.10.1983 – 3 AZR 137/81 – EzA § 5 BetrAVG Nr. 11 = AP § 5 BetrAVG Nr. 14.
46 BAG 19.7.1983 – 3 AZR 241/82 – EzA § 5 BetrAVG Nr. 5 = AP § 5 BetrAVG Nr. 8; BAG 2.2.1988 – 3 AZR 115/86 – EzA § 5 BetrAVG Nr. 17 = AP § 5 BetrAVG Nr. 25; BAG 6.6.1989 – 3 AZR 668/87 – EzA § 5 BetrAVG Nr. 22 = AP § 5 BetrAVG Nr. 30. Dazu auch *Prütting/Weth*, NZA 1984, 24 ff.
47 BAG 19.7.1983 – 3 AZR 241/82 – EzA § 5 BetrAVG Nr. 5 = AP § 5 BetrAVG Nr. 8; BAG 2.2.1988 – 3 AZR 115/86 – EzA § 5 BetrAVG Nr. 17 = AP § 5 BetrAVG Nr. 25; BAG 6.6.1989 – 3 AZR 668/87 – EzA § 5 BetrAVG Nr. 22 = AP § 5 BetrAVG Nr. 30; *Prütting/Weth*, NZA 1984, 24 ff.
48 *Blomeyer/Rolfs/Otto*, § 5 Rn 75.
49 *Kemper u.a.*, § 5 Rn 23.
50 BAG 19.2.1976 – 3 AZR 212/75 – EzA § 242 BGB Ruhegeld Nr. 49 = AP § 242 BGB Ruhegehalt Nr. 171.
51 BAG 24.4.1990 – 3 AZR 309/88 – EzA § 5 BetrAVG Nr. 23 = AP § 5 BetrAVG Nr. 41.
52 BAG 20.3.2001 – 3 AZR 264/00 – EzA § 5 BetrAVG Nr. 31 = AP § 1 BetrAVG Gesamtversorgung Nr. 3.
53 BAG 10.3.1992 – 3 AZR 352/91 – EzA § 5 BetrAVG Nr. 28 = AP § 5 BetrAVG Nr. 39.
54 BAG 14.10.1998 – 3 AZR 385/97 – AP § 1 BetrAVG Zusatzversorgung Nr. 46 = NZA 1999, 874.
55 *Blomeyer/Rolfs/Otto*, § 5 Rn 169; ErfK/*Steinmeyer*, § 5 BetrAVG Rn 23.
56 BAG 20.11.1990 – 3 AZR 31/90 – AP § 5 BetrAVG Nr. 36; BT-Drucks 7/2843, S. 8; H-BetrAV/*Griebeling*, 30 Rn 376.
57 *Blomeyer/Rolfs/Otto*, § 5 Rn 111.
58 BAG 25.10.1983 – 3 AZR 137/81 – EzA § 5 BetrAVG Nr. 11 = AP § 5 BetrAVG Nr. 14.

dem BKGG anzurechnen.[59] Bei einer **Verletztenrente** aus der gesetzlichen UV bleibt nur der Teil der Rente anrechnungsfrei, der den Verlust der körperlichen Unversehrtheit entschädigt.[60] Es empfiehlt sich, die Aufteilung zwischen der anrechnungsfreien Entschädigung und dem anrechenbaren Ausgleich der unfallbedingten Verdienstminderung in der Versorgungszusage zu regeln.[61] Umstritten ist, ob eine Betriebsrente, die von einem anderen AG gewährt wird, auf die betriebliche Altersversorgung angerechnet werden darf.[62] Das ist grundsätzlich zu bejahen, weil auch die Leistungen der betrieblichen Altersversorgung anderer AG zu den sonstigen Versorgungsbezügen gehören.[63] Aus Abs. 2 S. 2 folgt, dass die Anrechnung in voller Höhe erfolgen darf, wenn der andere AG die Betriebsrente mindestens zu 50 % finanziert hat. Liegt die AG-Beteiligung unter 50 %, darf nur die aus dem AG-Beitrag resultierende Leistung angerechnet werden.[64] Gem. § 2 Abs. 5 S. 4 dürfen Versorgungsanwartschaften, die nach Beendigung des Arbverh erworben wurden, zu keiner Kürzung des Teilanspruchs nach § 2 Abs. 1 führen. Eine Anrechnung ist danach ausgeschlossen, wenn der Versorgungsempfänger die anderen Versorgungsbezüge aus einem Arbverh erworben hat, das nach dem zugrunde liegenden Arbverh begründet worden war.[65] Abzulehnen ist eine Anrechnung von Leistungen aus einer **Entgeltumwandlung**. Ansonsten wäre der Gleichbehandlungsgrundsatz verletzt, da andere AN, die ihr Entgelt außerhalb des Arbverh zu Zwecken der eigenen Altersversorgung anlegen, ausdrücklich nach Abs. 2 vor einer Anrechnung geschützt sind.[66] **Beamtenrechtliche Versorgungsbezüge** dürfen auf die Leistungen der betrieblichen Altersversorgung angerechnet werden.[67] Denn sie gehen auf die Alimentationspflicht des Dienstherrn zurück und nicht auf eigene Beiträge des Versorgungsempfängers. Entsprechendes gilt für **Abgeordnetenpensionen**,[68] und für Versorgungsleistungen, die auf **Nachversicherung** nach § 8 Abs. 2 SGB VI beruhen und allein vom ehemaligen AG finanziert wurden.[69] **Erwerbseinkünfte** des AN im Ruhestand aus freiberuflicher Tätigkeit oder Arbverh können in der Regel angerechnet werden, es sei denn, dass die Anrechnung im Einzelfall gegen das Verbot der Willkür oder den Grundsatz der Gleichbehandlung verstößt.[70] Das Gleiche gilt für die Hinterbliebenenversorgung bezüglich der Anrechnung des eigenen Erwerbseinkommens des Hinterbliebenen.[71] Eine Anrechnung **sonstiger Einkünfte**, die nicht aus der Verwertung der Arbeitskraft resultieren, wie z.B. Kapitaleinkünfte und Veräußerungserlöse, verstößt gegen den Gleichbehandlungsgrundsatz.[72]

Dritter Abschnitt: Altersgrenze

§ 6 Vorzeitige Altersleistung

¹Einem Arbeitnehmer, der die Altersrente aus der gesetzlichen Rentenversicherung als Vollrente in Anspruch nimmt, sind auf sein Verlangen nach Erfüllung der Wartezeit und sonstiger Leistungsvoraussetzungen Leistungen der betrieblichen Altersversorgung zu gewähren. ²Fällt die Altersrente aus der gesetzlichen Rentenversicherung wieder weg oder wird sie auf einen Teilbetrag beschränkt, so können auch die Leistungen der betrieblichen Altersversorgung eingestellt werden. ³Der ausgeschiedene Arbeitnehmer ist verpflichtet, die Aufnahme oder Ausübung einer Beschäftigung oder Erwerbstätigkeit, die zu einem Wegfall oder zu einer Beschränkung der Altersrente aus der gesetzlichen Rentenversicherung führt, dem Arbeitgeber oder sonstigen Versorgungsträger unverzüglich anzuzeigen.

Literatur: *Bepler,* Die vorgezogene Betriebsrente des vorzeitig Ausgeschiedenen, in: Betriebliche Altersversorgung im 21. Jahrhundert, FS für Förster, 2001, S. 237; *Berenz,* Berechnung von vorzeitigen betrieblichen Altersversorgungsleistungen bei Insolvenzsicherung durch den PSV, DB 2001, 2346; *Blomeyer,* Berechnung einer vorzeitigen Betriebsrente aufgrund einer unverfallbaren Versorgungsanwartschaft, ZIP 2001, 225; *Höfer,* Neues vom BAG zur Unverfallbarkeit, DB 2001, 2045; *Neumann,* Einmal betriebliches Ausscheiden – zweimal Betriebsrentenkürzung? – BAG kündigt Rechtsprechungswechsel an, in: Betriebliche Alters-

---

59 ErfK/*Steinmeyer*, § 5 BetrAVG Rn 28.
60 BAG 19.7.1983 – 3 AZR 241/82 – EzA § 5 BetrAVG Nr. 5 = AP § 5 BetrAVG Nr. 8; BAG 19.3.2002 – 3 AZR 220/01 – EzA § 5 BetrAVG Nr. 32 = AP § 5 BetrAVG Nr. 45; *Blomeyer/Rolfs/Otto*, § 5 Rn 134; ErfK/*Steinmeyer*, § 5 BetrAVG Rn 29.
61 ErfK/*Steinmeyer*, § 5 BetrAVG Rn 30.
62 Für eine Anrechnung ErfK/*Steinmeyer*, § 5 BetrAVG Rn 34; Höfer, § 5 Rn 3963 m.w.N; dagegen: *Schoden*, § 5 BetrAVG Rn 18.
63 *Blomeyer/Rolfs/Otto*, § 5 Rn 163; Höfer, § 5 Rn 3963.
64 *Höfer*, § 5 Rn 3964.
65 *Blomeyer/Rolfs/Otto*, § 5 Rn 173; Höfer, § 5 Rn 3965.

66 HWK/*Schipp*, § 5 BetrAVG Rn 11.
67 BAG 27.4.1978 – 3 AZR 780/76 – EzA § 5 BetrAVG Nr. 1 = AP § 5 BetrAVG Nr. 1.
68 BAG 9.5.1989 – 3 AZR 439/88 – EzA § 87 BetrVG Altersversorgung Nr. 3 = AP § 87 BetrVG 1972 Altersversorgung Nr. 18; BAG 23.9.2003 – 3 AZR 465/02 – EzA § 5 BetrAVG Nr. 33 = AP § 5 BetrAVG Nr. 46.
69 Erfk/*Steinmeyer*, § 5 BetrAVG Rn 16; *Höfer*, § 5 Rn 3917.
70 BAG 9.7.1991 – 3 AZR 337/90 – EzA § 5 BetrAVG Nr. 25 = AP § 5 BetrAVG Nr. 37.
71 BAG 23.4.1985 – 3 AZR 28/83 – AP § 1 BetrAVG Zusatzversorgungskassen Nr. 9.
72 *Blomeyer/Rolfs/Otto*, § 5 Rn 171.

versorgung im 21. Jahrhundert, FS für Förster, 2001, S. 219; *Schaub*, Das Europarecht in der betrieblichen Altersversorgung, betr. Altersgrenzen – Barber und Neath, WiB 1994, 503; *Schipp*, Vorgezogenes Altersruhegeld, NZA 2002, 1113

A. Allgemeines	1
B. Vorzeitige Altersleistung	2
I. Anspruch auf vorgezogene Altersleistung (S. 1)	2
1. Arbeitnehmer	3
2. Inanspruchnahme der Altersrente aus der gesetzlichen Rentenversicherung als Vollrente	4
a) Allgemeines	4
b) Begriff der gesetzlichen Rentenversicherung	5
c) Altersrente	7
aa) Altersrente für langjährig Versicherte (§§ 36, 236 SGB VI)	8
bb) Altersrente für besonders langjährige Versicherte (§ 38 SGB VI)	9
cc) Altersrente für schwerbehinderte Menschen (§§ 37, 236a SGB VI)	10
dd) Altersrente für langjährig unter Tage beschäftigte Bergleute (§§ 40, 238 SGB VI)	11
ee) Altersrente wegen Arbeitslosigkeit oder nach Altersteilzeitarbeit (§ 237 SGB VI)	12
ff) Rente wegen Alters für Frauen (§ 237a SGB VI)	13
d) Vollrente (§ 42 SGB VI)	14
e) Hinzuverdienstgrenze (§ 34 SGB VI)	15
f) Inanspruchnahme der Altersrente	16
3. Erfüllung der Wartezeit und sonstiger Leistungsvoraussetzungen	17
a) Wartezeiten	17
b) Sonstige Leistungsvoraussetzungen	19
4. Verlangen des Arbeitnehmers	20
a) Form, Frist und Inhalt	20
b) Nachweispflicht	21
c) Zeitpunkt des Verlangens	22
d) Verspätetes Verlangen	23
e) Adressat	24
II. Höhe der vorgezogenen Altersleistung	25
1. Auswirkungen der vorgezogenen Inanspruchnahme der Betriebsrente	27
2. Das nach der Versorgungszusage vorausgesetzte Äquivalenzverhältnis	30
a) Geringere Betriebstreue	31
b) Zusatzkosten der früheren Inanspruchnahme	32
3. Möglichkeiten des AG zur Kürzung der Betriebsrente bei vorgezogener Inanspruchnahme (Grundfall)	33
a) Kürzung wegen der durch den früheren Zahlungsbeginn verursachten Kosten	34
b) Kürzung wegen der geringeren Betriebszugehörigkeitszeit	35
aa) Quotierungsverfahren entsprechend § 2 Abs. 1	36
(1) Bestimmung der Vollleistung	37
(2) Sonderfall: Gesamtversorgungssystem	38
bb) Aufsteigende Berechnung der Altersleistung	40
cc) Sonderfälle	42
4. Rechtslage bei Fehlen einer Regelung in der Versorgungsordnung	43
5. Die vorgezogene Betriebsrente eines vorzeitig Ausgeschiedenen (Kombifall)	44
a) Möglichkeiten des AG zur Kürzung der Betriebsrente bei vorgezogener Inanspruchnahme nach vorzeitigem Ausscheiden (Kombifall)	44a
b) Rechtslage bei Fehlen einer Regelung in der Versorgungsordnung	45
aa) Die Urteile des BAG vom 13.3.1990 und 12.3.1991	46
bb) Der Rechtsprechungswandel des BAG und die geltende Rechtslage	48
6. Kollektivrechtlicher Aspekt	52
a) Auswirkungen der Tarifdispositivität des § 2 Abs. 1	52
b) Mitbestimmungspflicht der Kürzungsregelung	53
7. Leistungsverpflichtung externer Versorgungsträger	55
III. Unterschiedliche Altersgrenzen bei Männern und Frauen	56
1. Übernahme der Altersgrenzen der gesetzlichen Rentenversicherung	56
2. Rechtsprechung des EuGH	57
3. Konsequenzen bezüglich des Zeitpunkts der Inanspruchnahme	58
4. Konsequenzen bezüglich der Höhe der Versorgungsleistung	59
a) Beendigung des Arbeitsverhältnisses bis zum 17.5.1990	60
b) Beschäftigungszeiten vor und nach dem 17.5.1990	61
aa) Beispiel	62
bb) Berechnung ohne Berücksichtigung der unterschiedlichen Altersgrenzen	63
cc) Berechnung unter Berücksichtigung der unterschiedlichen Altersgrenzen	64
(1) Kürzung aufgrund geringerer Betriebstreue entsprechend § 2 Abs. 1 unter Berücksichtigung der unterschiedlichen Altersgrenzen	65
(2) Kürzung aufgrund vorgezogener Inanspruchnahme unter Berücksichtigung der unterschiedlichen Altersgrenzen	67
IV. Wegfall der vorzeitigen Altersleistung (S. 2)	69
V. Anzeigepflicht des Arbeitnehmers (S. 3)	71
C. Verbindung zu anderen Rechtsgebieten und zum Prozessrecht	74
D. Beraterhinweise	76

A. Allgemeines

Bis zur Schaffung des BetrAVG konnten Leistungen der betrieblichen Altersversorgung, die vom Eintritt des Versorgungsfalls „Alter" abhingen, erst bei **Erreichen der vereinbarten Altersgrenze** beansprucht werden. Im Jahr 1972 hat der Gesetzgeber im Rahmen der Reform der gesetzlichen RV flexible Altersgrenzen in das Sozialrentenrecht eingeführt. Deren Nutzung wurde jedoch dadurch beeinträchtigt, dass der Anspruch auf die betriebliche Altersversorgung erst mit Eintritt des vereinbarten Versorgungsfalls entstand, es also einen Gleichlauf von gesetzlicher

1

Rente und betrieblicher Altersleistung nicht gab. Dies widersprach den sozialpolitischen Zwecken, die mit der Einführung der flexiblen Altersgrenze verbunden waren. Mit der Vorschrift des § 6 soll – ausweislich der Gesetzesbegründung – daher sichergestellt werden, dass ältere AN nicht von der Wahl eines früheren Beginns der gesetzlichen Rente abgehalten werden, weil dies negative Auswirkungen auf ihre betriebliche Altersversorgung haben könnte.[1] Durch den Anspruch auf „vorzeitige Altersleistung" wird dem AN die Möglichkeit eingeräumt, **Altersrente aus der gesetzlichen RV und Leistungen der betrieblichen Altersversorgung zum gleichen Zeitpunkt** verlangen zu können.[2] § 6 regelt nur die Voraussetzungen für die vorgezogene Inanspruchnahme betrieblicher Altersleistungen. Über deren Höhe trifft die Bestimmung hingegen keine Aussage. Die Maßstäbe, von denen die Bemessung der Leistung abhängt, sind im Wesentlichen von der Rspr. entwickelt worden.

B. Vorzeitige Altersleistung

I. Anspruch auf vorgezogene Altersleistung (S. 1)

2 Der Anspruch nach § 6 setzt voraus, dass eine Rente aus der gesetzlichen RV bezogen wird. Da nach § 35 SGB VI in der bis zum 31.12.2007 geltenden Fassung das 65. Lebensjahr auch der Zeitpunkt war, zu dem die Regelaltersgrenze in der gesetzlichen RV ausgelöst wurde, sah § 6 in der ebenfalls bis zum 31.12.2007 geltenden Fassung vor, dass der AN – vorbehaltlich der Erfüllung von Wartezeiten und sonstiger Leistungsvoraussetzungen – das Recht hatte, vor der Vollendung des 65. Lebensjahres Leistungen der betrieblichen Altersversorgung verlangen zu können, wenn er die Altersrente aus der gesetzlichen RV als Vollrente in Anspruch nahm. Mit dem RV-Altersgrenzenanpassungsgesetz[3] hat der Gesetzgeber mit Wirkung ab dem 1.1.2008 die Regelaltersgrenze stufenweise auf das 67. Lebensjahr angehoben mit der Folge, dass für alle in der gesetzlichen RV versicherten AN, die ab 1964 geboren wurden, für die gesetzliche Altersrente die Regelaltersgrenze von 67 Jahren maßgeblich ist. Für die Versicherten, die in dem Zeitraum von 1947 bis 1963 geboren wurden, kommt es zu der in § 235 Abs. 2 SGB VI vorgesehenen Erhöhung der Regelaltersgrenze von 65 Jahren (siehe § 2 Rn 11). Vor diesem Hintergrund ist in § 6 Abs. 1 S. 1 der Teil „vor Vollendung des 65 Lebensjahres" ersatzlos gestrichen worden. Auch nach dieser Änderung bleibt es jedoch dabei, dass Anspruchsvoraussetzung der Bezug einer vorgezogenen Altersrente aus der gesetzlichen RV ist. Das Recht des AN bezieht sich dem Normzweck entsprechend allein auf die vorgezogene Inanspruchnahme von **Leistungen der Altersversorgung**. Ansprüche auf Invaliditäts- oder Hinterbliebenenleistungen werden vom Regelungsbereich des § 6 nicht erfasst.[4] Notwendig ist, dass zum Zeitpunkt der Inanspruchnahme der Altersrente die betriebliche Versorgungsanwartschaft noch besteht.[5] Scheidet der AN **vor** diesem Zeitpunkt aus dem Arbvh aus, hängt der Bestand der Anwartschaft von deren **Unverfallbarkeit** ab.[6] Endet das Arbverh dagegen erst **mit** der Inanspruchnahme der Rente wegen Alters, so erstarkt die Anwartschaft aufgrund des Eintritts des Versorgungsfalls Alter zum Vollrecht. Die Beendigung des Arbeitsvertrages kann nicht mehr zum Verlust der Anwartschaft führen, selbst wenn die Unverfallbarkeitsfristen des § 1b nicht erfüllt sind.[7]

3 **1. Arbeitnehmer.** Der persönliche Geltungsbereich der Vorschrift erfasst AN und sog. „Nicht-AN", § 17 Abs. 1 S. 1 und 2 (siehe § 17 Rn 3).

4 **2. Inanspruchnahme der Altersrente aus der gesetzlichen Rentenversicherung als Vollrente. a) Allgemeines.** Nach § 6 hängt der Anspruch auf vorgezogene betriebliche Altersleistung nicht davon ab, welche Altersgrenze in der Versorgungsvereinbarung festgelegt wurde. In Anlehnung an die Regelaltersgrenze in der gesetzlichen RV nach § 35 SGB VI in der bis zum 31.12.2007 geltenden Fassung wurde die Vollendung des 65. Lebensjahres jedoch oftmals als Voraussetzung für Leistungen der betrieblichen Altersversorgung übernommen. Nachdem zum 1.1.2008 die Altersgrenzen in der gesetzlichen RV angehoben wurden, ist eine Angleichung der betrieblichen Versorgungswerke und Versorgungszusagen zu erwarten. Die Parteien können aber auch einen **früheren Zeitpunkt** wählen, zu dem der Versorgungsfall Alter eintreten soll.[8] Der Anwendungsbereich des § 6 beschränkt sich dann auf die Fälle, in denen die Altersrente aus der gesetzlichen RV vor dem Erreichen der niedrigeren vereinbarten Altersgrenze in Anspruch genommen wird.

5 **b) Begriff der gesetzlichen Rentenversicherung.** Der AN muss Altersrente aus der gesetzlichen RV in Anspruch nehmen. Der **Begriff der gesetzlichen RV** bezieht sich allein auf die in Deutschland bestehende gesetzliche RV. So wurden Besonderheiten des deutschen Sozialrechts, insb. der Begriff der Vollrente (s. §§ 34, 42 SGB VI) als Voraussetzungen in § 6 übernommen. Hieraus muss auf den Willen des Gesetzgebers geschlossen werden, die vorgezogene Altersleistung ausschließlich an den Beginn der Altersrenten zu koppeln, die nach den Bestimmungen des

---

1 BT-Drucks 7/1281, S. 29.
2 BT-Drucks 7/1281, S. 29.
3 BGBl 2007 I S. 554.
4 *Höfer*, § 6 Rn 4077 f.
5 BAG 21.6.1979 – 3 AZR 232/78 – BB 1980, 210.
6 BAG 21.6.1979 – 3 AZR 232/78 – BB 1980, 210.
7 BAG 28.2.1989 – 3 AZR 470/87 – NZA 1989, 676.
8 BAG 25.10.1988 – 3 AZR 598/86 – NZA 1989, 299; zu den Altersgrenzen s. § 1 Rn 9.

SGB VI zu beanspruchen sind.[9] Zur gesetzlichen RV zählen die RVen der Arb, der Ang, der Handwerker sowie die knappschaftliche RV.[10]

Keine Altersrente aus der gesetzlichen RV erhält, wer Leistungen aus einer **„befreienden Lebensversicherung"** in Anspruch nimmt.[11] Durch den Abschluss einer solchen Lebensversicherung befreit sich der AN von der Sozialversicherungspflicht und verlässt damit das System der gesetzlichen Sozialrente.[12] Dies gilt auch für Ang oder selbstständig Tätige, die als **Pflichtmitglieder einer berufsständischen Versorgungseinrichtung** gem. § 6 Abs. 1 Nr. 1 SGB VI von der Versicherungspflicht in der gesetzlichen RV befreit sind.[13] Betriebliche Versorgungsordnungen sehen zwar häufig vorzeitige Altersleistungen auch für diesen Personenkreis vor, eine Verpflichtung zur Gleichstellung besteht jedoch nicht.[14]

6

c) Altersrente. Die Altersrenten aus der gesetzlichen RV werden in § 33 Abs. 2 SGB VI aufgezählt. Hierzu gehören die

7

- Regelaltersrente
- Altersrente für langjährig Versicherte
- Altersrente für schwerbehinderte Menschen
- Altersrente für langjährig unter Tage Beschäftigte
- Altersrente wegen Arbeitslosigkeit oder nach Altersteilzeit
- Altersrente für Frauen

Der Anspruch auf die Regelaltersrente bestand nach § 35 SGB VI in der bis zum 31.12.2007 geltenden Fassung erst **ab Vollendung des 65. Lebensjahres.** Für die Versicherten, die nach dem 31.12.1946 geboren wurden, wurde die Regelaltersgrenze ab dem 1.1.2008 stufenweise auf die **Vollendung des 67. Lebensjahres** angehoben (§§ 35, 235 SGB VI). Vor Vollendung des 65. bzw. des 67. Lebensjahres können folgende Altersrenten aus der gesetzlichen RV verlangt werden:

aa) Altersrente für langjährig Versicherte (§§ 36, 236 SGB VI). Entsprechend der Regelaltersgrenze wurde auch die Altersgrenze für langjährig Versicherte von der **Vollendung des 65. auf die Vollendung des 67. Lebensjahres** erhöht. Die ursprünglich für die vorzeitige Inanspruchnahme vorgesehene Altersgrenze von 62 Jahren wurde zum 1.1.2008 wieder rückgängig gemacht und auf die **Vollendung des 63. Lebensjahres** festgesetzt. Für Versicherte, die vor dem 1.1.1955 geboren wurden und bereits im Hinblick auf die bisher geltenden Altersgrenzen Altersteilzeitverträge geschlossen oder als entlassene AN des Bergbaus Anpassungsgeld bezogen haben, gelten besondere Anpassungsregelungen der Altersgrenzen. Die vorzeitige Inanspruchnahme ist mit erheblichen Abschlägen verbunden. Des Weiteren muss eine Wartezeit von 35 Jahren erfüllt sein.

8

bb) Altersrente für besonders langjährig Versicherte (§ 38 SGB VI). Neu geschaffen wurde mit § 38 SGB VI eine **Altersrente für besonders langjährig Versicherte.** Diese können nach Erfüllung einer Wartezeit von 45 Jahren eine Altersrente bereits ab der **Vollendung des 65. Lebensjahres** in Anspruch nehmen.

9

cc) Altersrente für schwerbehinderte Menschen (§§ 37, 236a SGB VI). Die Altersgrenze der Altersrente für schwerbehinderte Menschen wurde von der **Vollendung des 63. auf die Vollendung des 65. Lebensjahres** angehoben. Die vorzeitige Inanspruchnahme ist statt ab der **Vollendung des 60. erst ab der Vollendung des 62. Lebensjahres** möglich. Die Anhebung erfolgt stufenweise für die Versicherten, die nach dem 31.12.1955 geboren wurden. Notwendig ist allgemein die Erfüllung einer Wartezeit von 35 Jahren.

10

dd) Altersrente für langjährig unter Tage beschäftigte Bergleute (§§ 40, 238 SGB VI). Für langjährig unter Tage beschäftigte Versicherte, die eine Wartezeit von 25 Jahren erfüllt haben, wurde die Altersgrenze von der **Vollendung des 60. auf die Vollendung des 62. Lebensjahres** erhöht. Betroffen von der stufenweisen Anhebung sind die Personen, die nach dem 31.12.1951 geboren wurden.

11

ee) Altersrente wegen Arbeitslosigkeit oder nach Altersteilzeitarbeit (§ 237 SGB VI). Für die Altersrente wegen Arbeitslosigkeit oder nach Altersteilzeit enthält § 237 SGB VI lediglich eine Übergangsregelung. Eine solche Altersrente können ausschließlich Versicherte beanspruchen, die vor dem 1.1.1952 geboren wurden. Für Versicherte, die nach diesem Datum zur Welt kamen, entfällt diese Möglichkeit. Neben dem Vorliegen der in § 237 SGB VI detailliert aufgeführten Anforderungen zur Arbeitslosigkeit bzw. zur Altersteilzeitarbeit hängt der Anspruch auf die Altersrente von der Erfüllung einer 15-jährigen Wartezeit sowie der Vollendung des **60. Lebensjahres** ab.

12

ff) Rente wegen Alters für Frauen (§ 237a SGB VI). Eine Altersrente für Frauen besteht nur noch für versicherte Frauen, die vor dem 1.1.1952 geboren wurden. Nach der in § 237a SGB VI getroffenen Übergangsregelung setzt der

13

---

9 *Blomeyer/Rolfs/Otto*, § 6 Rn 20; *Höfer*, § 6 Rn 4091.
10 *Förster/Rühmann/Cisch*, § 6 Rn 7.
11 BAG 14.10.1997 – 7 AZR 660/96 – NZA 1998, 652.
12 *Höfer*, § 6 Rn 4132 f.
13 *Höfer*, § 6 Rn 4135.
14 So auch *Höfer*, § 6 Rn 4132 f.

Anspruch auf die Altersrente voraus, dass die Antragstellerin das **60. Lebensjahr** vollendet und eine Wartezeit von 15 Jahren erfüllt hat sowie, dass nach Vollendung des 40. Lebensjahres mehr als zehn Jahre Pflichtbeiträge für eine versicherte Beschäftigung oder Tätigkeit gezahlt wurden.

14 **d) Vollrente (§ 42 SGB VI).** Steht dem AN eine Rente wegen Alters zu, so kann er nach § 42 SGB VI diese als Vollrente, d.h. in voller Höhe, oder als Teilrente in Anspruch nehmen. Der Vorteil einer Teilrente liegt in den höheren Hinzuverdienstmöglichkeiten (vgl. § 34 Abs. 3 Nr. 2 SGB VI). Das Recht, Leistungen der betrieblichen Altersversorgung vorgezogen zu verlangen, steht dem AN nach § 6 jedoch nur dann zu, wenn die Altersrente als Vollrente beansprucht wird. Welche Rente gezahlt wird, ergibt sich aus dem Bescheid des zuständigen Sozialversicherungsträgers.

15 **e) Hinzuverdienstgrenze (§ 34 SGB VI).** Der Anspruch auf eine Rente wegen Alters besteht vor Erreichen der Regelaltersgrenze nur, wenn die Hinzuverdienstgrenze nicht überschritten wird (§ 34 Abs. 2 S. 1 SGB VI). Welche Einkünfte des Versicherten in diesem Zusammenhang zu berücksichtigen sind, ergibt sich aus § 34 Abs. 2 S. 2 bis 4 SGB VI. Die Hinzuverdienstgrenze beträgt bei einer Altersrente als Vollrente gem. § 34 Abs. 3 Nr. 1 SGB VI ein Siebtel der monatlichen Bezugsgröße.

16 **f) Inanspruchnahme der Altersrente.** Die Altersrente aus der gesetzlichen RV muss von dem AN in Anspruch genommen werden. Hierunter ist die berechtigte Geltendmachung des Anspruchs zu verstehen.[15] Die Beurteilung, ob die Altersrente vom AN berechtigterweise verlangt wird, liegt jedoch nicht in der Kompetenz des AG, auch wenn es sich um einen vermeintlich eindeutigen Fall handelt.[16] Vielmehr geht die Berechtigung des Anspruchs erst aus dem rechtskräftigen Rentenbescheid des Rentenversicherungsträgers hervor.[17] Wird die Altersrente rückwirkend bewilligt, so ist der AG – falls die sonstigen Voraussetzungen des Anspruchs auf vorzeitige betriebliche Altersleistung erfüllt sind – zur Nachzahlung verpflichtet.[18] Bis zur rechtskräftigen Entscheidung steht ihm in diesem Fall aber ein **Leistungsverweigerungsrecht** zu.[19]

17 **3. Erfüllung der Wartezeit und sonstiger Leistungsvoraussetzungen. a) Wartezeiten.** Versorgungsversprechen des AG sehen häufig Wartezeiten vor. Welche Wirkung eine Wartezeitenregelung hat, die auch die gesetzlichen Unverfallbarkeitsfristen überschreiten darf, hängt von dem mit ihr verfolgten Ziel ab (siehe § 1b Rn 41 f.).[20] Eine solche Klausel kann zum einen die Funktion haben, den Anspruch auf eine Versorgungsleistung auszuschließen, wenn der Versorgungsfall innerhalb der Wartezeit eintritt (**anspruchsausschließende Wartezeit**).[21] Zum anderen kann durch sie bezweckt werden, lediglich die Anspruchsentstehung auf die Zeit nach Ablauf der Wartezeit hinauszuzögern (**anspruchsaufschiebende Wartezeit**).[22] Welche Funktion der Wartezeitenregelung zukommt, muss durch Auslegung der Versorgungsvereinbarung ermittelt werden (siehe § 1b Rn 41 f.).

18 Anspruch auf eine vorgezogene betriebliche Altersleistung haben nur die AN, die die in der Versorgungszusage vorgesehene Wartezeit erfüllt haben. Hat der AN, der die Altersrente aus der gesetzlichen RV vorgezogen in Anspruch nimmt, im Zeitpunkt seines Ausscheidens die Wartezeit noch nicht erfüllt, kann er diese noch nach seinem Ausscheiden erfüllen, wenn er aufgrund der noch verbleibenden Dienstjahre die Möglichkeit gehabt hätte, das vorgesehene Ruhegeld zu erhalten.

19 **b) Sonstige Leistungsvoraussetzungen.** Der Anspruch auf vorgezogene Altersleistungen dient der Vorverlegung des Eintritts des Versorgungsfalls Alter, um gesetzliche und betriebliche Altersleistungen zeitgleich beziehen zu können. Dagegen soll der AN nicht von der Erfüllung weiterer Leistungsvoraussetzungen aus der Versorgungsvereinbarung entbunden werden. Die ausdrückliche Erwähnung des Fortbestands dieser Bedingung hat nur klarstellende Funktion (zu den allg. Leistungsvoraussetzungen siehe § 1 Rn 28).

20 **4. Verlangen des Arbeitnehmers. a) Form, Frist und Inhalt.** Der AN muss die vorgezogene betriebliche Altersrente verlangen. Die Initiative zur Geltendmachung des Anspruchs aus § 6 wird regelmäßig vom AN ausgehen, aber auch der AG kann – muss aber nicht – auf die Möglichkeit der vorgezogenen Altersleistung hinweisen. Das Verlangen des AN kann ausdrücklich oder konkludent (z.B. durch Vorlage des Rentenbescheides aus der gesetzlichen RV) erfolgen, es ist **weder frist-, noch formgebunden**.[23] Inhaltlich muss aus der Erklärung hervorgehen, dass die vorgezogene Altersleistung aufgrund der Inanspruchnahme der Altersrente aus der gesetzlichen RV begehrt wird.[24] Das Verlangen des AN kann bereits vor der Inanspruchnahme der Altersrente aus der gesetzlichen RV erklärt werden.[25]

---

15 *Höfer*, § 6 Rn 4083.
16 So auch *Blomeyer/Rolfs/Otto*, § 6 Rn 43.
17 *Blomeyer/Rolfs/Otto*, § 6 Rn 43; a.A. bei eindeutigen Fällen *Höfer*, § 6 Rn 4088.
18 *Blomeyer/Rolfs/Otto*, § 6 Rn 47; *Höfer*, § 6 Rn 4090.
19 *Höfer*, § 6 Rn 4090.
20 BAG 19.12.2000 – 3 AZR 174/00 – DB 2002, 226.
21 BAG 19.12.2000 – 3 AZR 174/00 – DB 2002, 226; BAG 20.2.2001 – 3 AZR 21/00 – EzA § 1 BetrAVG Wartezeit Nr. 2 m.w.N.
22 BAG 26.4.1988 – 3 AZR 277/87 – NZA 1989, 305.
23 BGH 9.6.1980 – II ZR 255/78 – NJW 1980, 2257.
24 *Blomeyer/Rolfs/Otto*, § 6 Rn 72.
25 *Blomeyer/Rolfs/Otto*, § 6 Rn 71.

b) Nachweispflicht. Von der formalen Wirksamkeit des Verlangens muss die Frage unterschieden werden, in welcher Form der AN als Anspruchsinhaber die Berechtigung seines Verlangens nachweisen muss. Dies kann nur durch **Vorlage des rechtskräftigen Rentenbescheids** über die Inanspruchnahme der Altersrente aus der gesetzlichen RV geschehen.[26] Bis zu diesem Zeitpunkt steht dem AG ein **Leistungsverweigerungsrecht** zu.[27]

c) Zeitpunkt des Verlangens. Der Beginn der vorgezogenen Altersleistung kann von dem Zeitpunkt des Verlangens des AN abhängig gemacht werden.[28] Nimmt der AN bereits eine gesetzliche Altersrente in Anspruch und verlangt er die vorgezogene betriebliche Altersrente erst zu einem späteren Zeitpunkt, so beginnt die **Leistungspflicht** in diesem Fall **erst ab Antragstellung**.[29] Ggf. kann den AG eine besondere Pflicht treffen, den AN auf die Bedeutung des Zeitpunkts des Leistungsverlangens hinzuweisen.[30]

d) Verspätetes Verlangen. Besteht dagegen auch bei verspätetem Verlangen noch die Möglichkeit, rückwirkend vorgezogene Leistungen zu beanspruchen, so kann sich die Frage stellen, ob dies wirtschaftlich sinnvoll ist. Dies ist insb. dann zu verneinen, wenn Rentenleistungen teilweise bereits verjährt sind (vgl. § 18a Rn 6). In diesem Fall bietet es sich an, die vorgezogene Altersleistung erst beginnend mit den noch nicht verjährten Ansprüchen geltend zu machen. Wegen der späteren Entstehung der Leistungspflicht muss der AN regelmäßig nur geringere Abschläge hinnehmen als bei Wahl eines früheren Zeitpunkts.[31]

e) Adressat. Das Verlangen auf vorgezogene betriebliche Altersleistung kann grds. gegenüber dem **AG als dem Zusagenden** der betrieblichen Altersversorgung ausgeübt werden.[32] Wird die betriebliche Altersversorgung über einen **externen Versorgungsträger** (Lebensversicherer, Pensionskasse, Pensionsfonds oder Unterstützungskasse) durchgeführt, kann sich der AN auch direkt an diesen richten. Zu beachten ist, dass die Leistungspflicht des Versorgungsträgers gegenüber dem AN jedoch aus dem Versicherungs-, und nicht aus dem Versorgungsverhältnis folgt.[33] Sieht etwa bei Einschaltung eines Lebensversicherungsunternehmens das Versicherungsverhältnis keinen § 6 entsprechenden Versicherungsfall vor, so kann der AN den Versicherer im Rahmen seines Bezugsrechts nicht in Anspruch nehmen.[34] Vielmehr ist in einem solchen Fall der AG aufgrund seiner Einstandspflicht verpflichtet, dem AN die vorgezogene Versorgungsleistung zu verschaffen, etwa durch Ausübung seiner versicherungsvertraglichen Gestaltungsrechte zur Auflösung des Versicherungsvertrags und Zustimmung zur vorzeitigen Abrechnung des Versicherers mit dem AN.[35]

II. Höhe der vorgezogenen Altersleistung

Durch § 6 wird allein festgelegt, unter welchen Voraussetzungen ein AN betriebliche Altersleistungen vorgezogen in Anspruch nehmen kann. Mit dieser Bestimmung wollte der Gesetzgeber nur dem Grunde nach die Möglichkeit eröffnen, eine Betriebsrente zusammen mit der gesetzlichen Rente zu beziehen. Dagegen enthält das Gesetz keine Berechnungsregeln zur Ermittlung der Höhe der vorgezogenen Betriebsrente. Ob und in welchem Umfang die Versorgungsleistungen in diesem Fall zu kürzen sind, richtet sich nach den in der Versorgungsordnung vorgesehenen Bestimmungen.[36] Eine Pflicht zur Kürzung der vorgezogenen Altersleistung besteht nicht.[37] Es verstößt auch **nicht gegen den Gleichbehandlungsgrundsatz**, wenn die Versorgungsordnung für AN, die besonders lange Zeit betriebstreu geblieben sind, den Verzicht auf Abschläge vorsieht, während vorzeitig ausgeschiedene AN solche hinnehmen. Diese Unterscheidung erfolgt regelmäßig aus **personalwirtschaftlichen Gründen**, die die Differenzierung rechtfertigen.[38] Zwar erscheint die Begünstigung von AN, die vorgezogen Leistungen der betrieblichen Altersversorgung beanspruchen, gegenüber denjenigen bedenklich, die bis zum Erreichen der vereinbarten Altersgrenze im Betrieb bleiben. Allerdings können Anreize zur früheren Beendigung des Arbverh ebenfalls ein sinnvolles Steuerungsinstrument sein.[39]

Sieht die Versorgungsordnung Kürzungsregeln im Fall der vorgezogenen Altersleistung vor, so müssen sie der Billigkeit entsprechen.[40] Einer **Billigkeitskontrolle** halten Abschlagsklauseln nicht stand, wenn sie dazu führen, dass die durch die vorgezogene Inanspruchnahme ansonsten entstehenden Mehrbelastungen nicht nur **kostenneutral** aus-

---

26 *Blomeyer/Rolfs/Otto*, § 6 Rn 43.
27 *Höfer*, § 6 Rn 4086 ff.
28 BAG 18.3.2003 – 3 AZR 264/02 – EzA § 1 BetrAVG Nr. 83; *Kemper u.a.*, § 6 Rn 19.
29 BAG 18.3.2003 – 3 AZR 264/02 – EzA § 1 BetrAVG Nr. 83.
30 BAG 18.3.2003 – 3 AZR 264/02 – EzA § 1 BetrAVG Nr. 83.
31 *Kemper u.a.*, § 6 Rn 22 ff.
32 So auch *Kemper u.a.*, § 6 Rn 20; a.A. *Höfer*, § 6 Rn 4156; differenzierend *Blomeyer/Rolfs/Otto*, § 6 Rn 64 ff.
33 BAG 28.3.1995 – 3 AZR 373/94 – NZA 1996, 36.
34 BAG 28.3.1995 – 3 AZR 373/94 – NZA 1996, 36.
35 BAG 28.3.1995 – 3 AZR 373/94 – NZA 1996, 36; *Blomeyer/Rolfs/Otto*, § 6 Rn 77 u. 79 ff.
36 St. Rspr., BAG 1.6.1978 – 3 AZR 216/77 – NJW 1979, 124 = SAE 1979, 177 m. Anm. *Blomeyer/Seitz*; BAG 28.3.1995 – 3 AZR 900/94 – NZA 1996, 39; BAG 23.1.2001 – 3 AZR 164/00 – NZA 2002, 93; BAG 24.7.2001 – 3 AZR 567/00 – DB 2002, 588 m. Anm. *Grabner/May*.
37 BAG 1.6.1978 – 3 AZR 216/77 – NJW 1979, 124 = SAE 1979, 177 m. Anm. *Blomeyer/Seitz*.
38 BAG 23.1.2001 – 3 AZR 562/99 – DB 2002, 1168.
39 BAG 18.9.2001 – 3 AZR 656/00 – NZA 2002, 148.
40 BAG 28.5.2002 – 3 AZR 358/01 – BAGE 101, 163.

geglichen, sondern wesentlich überkompensiert werden.[41] Die AN, die die Möglichkeit des § 6 in Anspruch nehmen, dürfen im wirtschaftlichen Gesamtergebnis nicht von vornherein deutlich schlechter gestellt werden als sie stehen würden, wenn sie auf die ihnen gesetzlich eingeräumte Möglichkeit verzichtet hätten. Das **Äquivalenzverhältnis** zwischen Betriebstreue und Versorgungsleistung darf sich im Fall des § 6 nicht zu Lasten des AN verändern.[42]

27 1. Auswirkungen der vorgezogenen Inanspruchnahme der Betriebsrente. Die vorgezogene Inanspruchnahme der Betriebsrente hat folgende Auswirkungen:[43]

- Der AN weist eine geringere Betriebszugehörigkeitszeit auf. Damit ist die Gesamtheit der von ihm erbrachten Arbeitsleistungen, für die die Betriebsrente ein Entgelt darstellt, geringer.
- Die Lebenserwartung des vorzeitigen Altersrentners ist bei Einsetzen der betrieblichen Altersleistungen höher, die voraussichtliche Bezugsdauer damit länger als bei einem AN, der die Regelaltersleistung abruft.
- Der AG muss die vorzeitigen betrieblichen Altersleistungen bereits früher auszahlen als bei einem AN, der die Regelaltersleistungen abruft.
- Daraus folgen Zinsverluste und Liquiditätsbelastungen.[44]

28 Zudem setzen die Anpassungsprüfungen nach § 16 Abs. 1 früher ein als bei der Regelaltersleistung. Ob der AG auch dieses frühere Einsetzen der Anpassungsprüfungspflicht gem. § 16 Abs. 1 bei der Berechnung der Betriebsrente berücksichtigen darf, soweit hierdurch messbare Zusatzkosten im Vergleich zu den Versorgungsleistungen entstehen, die ab dem vereinbarten Versorgungsfall zu zahlen wären, ist sehr zweifelhaft.[45]

29 Die zuvor aufgezeigten Besonderheiten der vorgezogenen Inanspruchnahme von Leistungen der betrieblichen Altersversorgung kommen bei Rentenleistungen uneingeschränkt zum Tragen; bei Einmalkapitalzahlungen[46] wirkt sich hingegen die längere Bezugsphase und das frühere Einsetzen der Anpassungspflicht nicht aus.

30 2. Das nach der Versorgungszusage vorausgesetzte Äquivalenzverhältnis. Nach alledem wird bei vorgezogener Inanspruchnahme der Betriebsrente nach § 6 in das **Äquivalenzverhältnis** zwischen Versorgungsleistung und der vom AN zu erbringenden Gegenleistung stets zweifach eingegriffen, und zwar unabhängig davon, ob der AN vorzeitig ausgeschieden ist oder bis zur vorgezogenen Inanspruchnahme der Betriebsrente betriebstreu geblieben ist.[47]

31 **a) Geringere Betriebstreue.** Zum einen erbringt der AN die von ihm für die volle Betriebsrente erwartete Betriebstreue nur teilweise. Er sollte die Vollrente nur erhalten, wenn er bis zum Erreichen der festen Altersgrenze im Betrieb verbleibt. Diese Bleibebedingung erfüllt er nicht vollständig. Dieser Eingriff in das von der Versorgungszusage vorausgesetzte Äquivalenzverhältnis berechtigt den AG zur Kürzung der Betriebsrente. Der Rechtsgrund für das Kürzungsrecht des AG liegt hier in der teilweisen Nichterbringung der erwarteten Gegenleistung durch den AN.[48]

32 **b) Zusatzkosten der früheren Inanspruchnahme.** Die zweite Verschiebung des in der Versorgungsordnung festgelegten Äquivalenzverhältnisses tritt dadurch ein, dass der AN die Betriebsrente in jedem Falle sowie früher und länger in Anspruch nimmt, als mit der Versorgungszusage versprochen.[49] Auch auf diesen Eingriff in das Äquivalenzverhältnis darf der AG mit einer Kürzung der Versorgungsleistung reagieren.

33 3. Möglichkeiten des AG zur Kürzung der Betriebsrente bei vorgezogener Inanspruchnahme (Grundfall). In der Versorgungsordnung können verschiedene Methoden vereinbart werden, nach denen die vorzeitige Altersleistung zu kürzen ist. Dabei sollte entsprechend der vorstehenden Unterteilung deutlich gemacht werden, welche Belastungen durch die einzelnen Rechenschritte jeweils ausgeglichen werden sollen.

34 **a) Kürzung wegen der durch den früheren Zahlungsbeginn verursachten Kosten.** Zum Ausgleich für die durch die vorgezogene Inanspruchnahme der betrieblichen Altersversorgung verursachten Kosten haben sich in der Praxis **versicherungsmathematische Abschläge** in einer Größenordnung von 0,3 bis 0,6 % pro Monat der vorgezogenen Inanspruchnahme eingebürgert. Der am häufigsten vorgenommene Abschlag von 0,5 % pro Monat ent-

---

[41] BAG 28.5.2002 – 3 AZR 358/01 – BAGE 101, 163.
[42] BAG 28.5.2002 – 3 AZR 358/01 – BAGE 101, 163; BAG 18.11.2003 – 3 AZR 517/02 – DB 2004, 1375.
[43] Grundlegend nunmehr BAG 23.1.2001 – 3 AZR 164/00 – NZA 2002, 93; BAG 24.7.2001 – 3 AZR 567/00 – DB 2002, 588 m. Anm. *Grabner/May*.
[44] *Andresen u.a.*, Teil 9 A Rn 1644; *Höfer*, § 6 Rn 4209.
[45] Dafür *Blomeyer/Rolfs/Otto*, § 6 Rn 98 f.; skeptisch *Höfer*, § 6 Rn 4210.
[46] *Blomeyer/Rolfs/Otto*, § 6 Rn 132 f.
[47] BAG 23.1.2001 – 3 AZR 164/00 – NZA 2002, 93; BAG 24.7.2001 – 3 AZR 567/00 – AP § 6 BetrAVG Nr. 27 m. Anm. *Höfer/Abresch*; BAG 28.5.2002 – 3 AZR 358/01 – BAGE 101, 163; BAG 18.11.2003 – 3 AZR 517/02 – DB 2004, 1375; BAG 23.3.2004 – 3 AZR 279/03 – AP § 1 BetrAVG Berechnung Nr. 28.
[48] BAG 23.1.2001 – 3 AZR 164/00 – NZA 2002, 93; BAG 24.7.2001 – 3 AZR 567/00 – DB 2002, 588 m. Anm. *Grabner/May*; BAG 12.12.2006 – 3 AZR 716/05 – DB 2007, 2546.
[49] BAG 23.1.2001 – 3 AZR 164/00 – NZA 2002, 93; BAG 24.7.2001 – 3 AZR 567/00 – DB 2002, 588 m. Anm. *Grabner/May*; BAG 12.12.2006 – 3 AZR 716/05 – DB 2007, 2546.

spricht jedenfalls noch der Billigkeit,[50] während eine Reduzierung um 1,07 % pro Monat als nicht hinnehmbar bewertet wurde.[51]

b) Kürzung wegen der geringeren Betriebszugehörigkeitszeit. Darauf, dass der AN bei vorgezogener Inanspruchnahme der Betriebsrente nicht die volle von ihm erwartete Betriebszugehörigkeitszeit absolviert hat, kann der AG unterschiedlich reagieren: So kann die Versorgungsordnung einmal eine zeitanteilige Kürzung des Vollanspruchs analog § 2 BetrAVG vorsehen; ebenso kann sie jedoch auch eine aufsteigende Berechnung anordnen. Dabei wird nur das berücksichtigt, was an Rentenbausteinen bis zum Zeitpunkt des Ausscheidens aufgebaut wurde; eine zeitratierliche Kürzung des Vollanspruchs findet gerade nicht statt. 35

aa) Quotierungsverfahren entsprechend § 2 Abs. 1. Die Versorgungsordnung kann eine zeitanteilige Kürzung des Vollanspruchs analog § 2 BetrAVG vorsehen. Dieses Verfahren ist ohne weiteres eine geeignete Methode zur Bestimmung des Wertverlustes, den die Leistung des AN aufgrund der fehlenden Betriebstreue erleidet. Dabei wird die Vollleistung im Verhältnis der tatsächlichen zur möglichen Betriebstreue gekürzt (m/n-tel Verfahren). Die zeitratierliche Kürzung im Falle des § 6 bedarf keines ausdrücklichen Vorbehalts in der Versorgungszusage.[52] 36

(1) Bestimmung der Vollleistung. Als Vollleistung ist hierbei die bei Erreichen der vereinbarten Altersgrenze beanspruchbare Altersrente anzusetzen. 37

(2) Sonderfall: Gesamtversorgungssystem. Handelt es sich um ein **Gesamtversorgungssystem**, das eine **Obergrenze** enthält, unterschied das BAG bislang bei der Berechnung der Ausgangsrente danach, ob die Begrenzung des Versorgungsniveaus der Vermeidung einer Überversorgung diente (**Begrenzungsfaktor**), oder ob von vornherein lediglich ein bestimmtes Versorgungsniveau Inhalt der Leistungszusage war (**Berechnungsfaktor**).[53] Die Obergrenze sollte nach der Rspr. etwa dann einen Begrenzungsfaktor darstellen, wenn sich die Leistungshöhe zunächst nach festen Beträgen oder Steigerungssätzen bemisst. Dagegen sollte ein Berechnungsfaktor vorliegen, wenn der Gesamtversorgungsbedarf von vornherein als Versorgungsziel vereinbart ist.[54] 38

War von einem Begrenzungsfaktor auszugehen, so wurde die Vollleistung zunächst unabhängig von sonstigen Versorgungsbezügen berechnet und entsprechend § 2 gekürzt. Erst daran anschließend wurden die sonstigen Versorgungsbezüge einbezogen und es wurde beurteilt, ob die vereinbarte Obergrenze überschritten wurde. Lag ein Berechnungsfaktor vor, so wurden die sonstigen Versorgungsbezüge bereits bei der Bestimmung der Vollleistung angerechnet und der damit geringere Betrag wurde um den Unverfallbarkeitsfaktor gekürzt. Soweit Zweifel über den Zweck der Obergrenze bestanden, musste der AG die für ihn ungünstigere Auslegungsmöglichkeit gegen sich gelten lassen, d.h. die Obergrenze als Begrenzungsfaktor hinnehmen.[55] Mit Urteil vom 21.3.2006 hat das BAG seine bisherige Rspr. ausdrücklich aufgegeben und sieht Obergrenzen nunmehr grundsätzlich als **Berechnungsfaktoren** der Vollrente an.[56] 39

bb) Aufsteigende Berechnung der Altersleistung. Während bei Anwendung des Quotierungsverfahrens entsprechend § 2 Abs. 1 die durch die Betriebszugehörigkeit erdiente Versorgungsleistung von der Vollleistung „heruntergerechnet" wird, kann der Teilwert der bis zur vorgezogenen Inanspruchnahme erdienten Rente auch aufsteigend, d.h. durch Addition von „Steigerungsbeträgen" oder „Rentenbausteinen" ermittelt werden.[57] Der zum Zeitpunkt der vorgezogenen Inanspruchnahme angewachsene Betrag stellt die während der Betriebszugehörigkeit erdiente Versorgungsleistung dar. Sieht die Versorgungsordnung **gleichmäßige Steigerungsraten** bis zum Erreichen der vereinbarten Altersgrenze vor, so ergeben sich keine Unterschiede zur Berechnung entsprechend § 2.[58] 40

Problembehaftet sind jedoch solche Regelungen, in denen der Anstieg der Versorgungsleistung disproportional zur Betriebszugehörigkeit erfolgt.[59] Hier kann der Fall eintreten, dass die bis zum Erreichen der festen Altersgrenze betriebstreuen AN im Verhältnis zu den bis zur vorgezogenen Inanspruchnahme der Betriebsrente nach § 6 betriebstreuen AN benachteiligt werden, wenn im Übrigen die Bedingungen für den Bezug der vorzeitigen Altersrente gleich geregelt sind. Dies kann gegen Grundprinzipien des Betriebsrentengesetzes, insb. gegen die Vorschrift des § 2 verstoßen, von deren Vorgaben nur durch TV zu Lasten der AN abgewichen werden darf.[60] Obwohl das BAG über die 41

---

50 BAG 28.5.2002 – 3 AZR 358/01 – BAGE 101, 163 = AP § 6 BetrAVG Nr. 29 m.w.N.; BAG 28.3.1995 – 3 AZR 900/94 – NZA 1996, 39; BAG 24.7.2001 – 3 AZR 567/00 – DB 2002, 588 m. Anm. *Grabner/May*.
51 BAG 28.5.2002 – 3 AZR 358/01 – BAGE 101, 163 = AP § 6 BetrAVG Nr. 29 m.w.N.
52 BAG 24.7.2001 – 3 AZR 567/00 – NZA 2002, 672.
53 BAG 25.10.1983 – 3 AZR 357/81 – DB 1984, 193; BAG 10.1.1984 – 3 AZR 411/81 – NZA 1984, 354; BAG 24.6.1986 – 3 AZR 630/84 – NZA 1987, 200; BAG 8.5.1990 – 3 AZR 341/88 – NZA 1991, 15.
54 BAG 10.1.1984 – 3 AZR 411/81 – NZA 1984, 354.
55 BAG 24.6.1986 – 3 AZR 630/84 – NZA 1987, 200.
56 BAG 21.3.2006 – 3 AZR 374/05 – NZA 2006, 1221.
57 *Förster/Rühmann/Cisch*, § 6 Rn 16.
58 BAG 28.3.1995 – 3 AZR 900/94 – NZA 1996, 39.
59 BAG 24.7.2001 – 3 AZR 567/00 – DB 2002, 588 m. Anm. *Grabner/May*; BAG 18.11.2003 – 3 AZR 517/02 – DB 2004, 1375.
60 BAG 24.7.2001 – 3 AZR 567/00 – DB 2002, 588 m. Anm. *Grabner/May*.

Handhabung solcher Fälle noch keine Entscheidung getroffen hat,[61] bietet sich m.E. grds. folgendes Vorgehen an: Der aufsteigend berechnete Versorgungswert sollte mit dem entsprechend § 2 Abs. 1 berechneten Wert verglichen werden. Soweit der nach dem Quotierungsprinzip ermittelte Betrag höher liegt, ist zunächst von einer Benachteiligung der bis zum Erreichen der festen Altersgrenze betriebstreuen AN im Verhältnis zu den bis zur vorgezogenen Inanspruchnahme der Betriebsrente nach § 6 betriebsangehörigen AN bzgl. der durch ihre Betriebstreue erdienten Versorgungsleistung auszugehen. Sieht die Versorgungsordnung jedoch bei der Berechnung der vorgezogenen Altersleistung über die aufsteigende Berechnung hinaus (ggf. deshalb erhöhte) versicherungsmathematische Abschläge vor, so könnte hierdurch der Verstoß gegen die Grundprinzipien des Betriebsrentengesetzes u.U. kompensiert sein.[62]

42 cc) **Sonderfälle.** Mit der Ergänzung des § 2 um die Abs. 5a und 5b hat der Gesetzgeber anerkannt, dass die Höhe der bis zur vorzeitigen Beendigung des Arbverh erreichten Versorgungsanwartschaft nicht in jedem Fall am Maßstab von erwarteter und geleisteter Betriebstreue zu messen ist. Nach § 2 Abs. 5a ergibt sich die Höhe der aufrechtzuerhaltenden Anwartschaft bei **Entgeltumwandlungszusagen** und **beitragsorientierten Leistungszusagen** aus der Umrechnung der bis zum vorzeitigen Ausscheiden umgewandelten Entgeltansprüche bzw. zugesagten Beiträge. Der hiernach ermittelte Wert muss an sich auch bei der Berechnung der während der Beschäftigungszeit erworbenen Versorgungsleistung herangezogen werden können. Dabei ist jedoch die Übergangsvorschrift des § 30g zu beachten, nach der § 2 Abs. 5a nur für Zusagen gelten soll, die **nach dem 31.12.2000** erteilt wurden, es sei denn, die Anwendung auf vor diesem Zeitpunkt begründete Anwartschaften wird zwischen AG und AN vereinbart. Um eine Benachteiligung der betriebstreuen AN zu vermeiden, wird auch im Fall der vorgezogenen Inanspruchnahme der Leistungen der betrieblichen Altersversorgung eine Berechnung entsprechend § 2 Abs. 5a nur dann erfolgen können, wenn diese Methode auch bei vorzeitiger Beendigung des Arbverh angewendet werden könnte, es sei denn, sie würde den AN im Vergleich zur Berechnung gem. § 2 Abs. 1 begünstigen.

42a Bei einer **Beitragszusage mit Mindestleistung**, die gem. § 1 Abs. 2 Nr. 2 über einen Pensionsfonds, eine Pensionskasse oder ein Lebensversicherungsunternehmen durchzuführen ist, ergibt sich die Höhe der bis zur Beendigung des Arbverh erworbenen Versorgungsleistung aus dem planmäßig zuzurechnenden Versorgungskapital (vgl. § 2 Abs. 5b). Der AG haftet lediglich dann, wenn das beim Versorgungsträger angesammelte Versorgungskapital nicht die Summe der zugesagten Beiträge, soweit sie nicht rechnungsmäßig für einen biometrischen Risikoausgleich verbraucht wurden, erreicht. Auch im Fall der vorgezogenen Altersleistung kann die Berechnungsmethode des § 2 Abs. 5b entsprechend herangezogen werden, um die Höhe der während des Bestands des Arbverh erworbenen Versorgungsleistung zu bestimmen.[63] Anders als bei Entgeltumwandlung und beitragsorientierter Leistungszusage scheidet eine Konkurrenz zur Berechnungsmethode des § 2 Abs. 1 regelmäßig aus, da die Beitragszusage mit Mindestleistung eine neue Zusageform der betrieblichen Altersversorgung darstellt und deshalb vor ihrer Einführung zum 1.1.2002 – einschließlich der für sie geltenden Sonderregelungen – kaum praktiziert worden sein dürfte.

43 4. **Rechtslage bei Fehlen einer Regelung in der Versorgungsordnung.** Enthalten Versorgungsordnungen keine Regelungen über die Berechnung der Betriebsrente bei vorgezogener Inanspruchnahme (**Grundfall**), so ist zu unterscheiden: **Versorgungsordnungen aus der Zeit vor Inkrafttreten des BetrAVG** sind durch die Einführung des § 6 lückenhaft geworden und ohne weiteres dahin ergänzend auszulegen, dass die Betriebsrente wegen der kürzeren Betriebszugehörigkeitszeit analog § 2 gekürzt wird.[64] Ein versicherungsmathematischer Abschlag ist nicht möglich. Bei **Versorgungsordnungen aus der Zeit nach Inkrafttreten des Gesetzes** ist zunächst im Wege der Auslegung zu ermitteln, ob auf die fehlende Betriebszugehörigkeitszeit überhaupt reagiert, d.h. ob ggf. Kürzungen ausgeschlossen werden sollten. Im Regelfall kommt es aber auch hier zu einer Kürzung wegen der geringeren Betriebszugehörigkeit analog § 2. Versicherungsmathematische Abschläge sind auch hier nur möglich, wenn die Versorgungsordnung sie vorsieht.

44 5. **Die vorgezogene Betriebsrente eines vorzeitig Ausgeschiedenen (Kombifall).** Auch dann, wenn der Arbeitnehmer **vorzeitig ausgeschieden** ist und erst später die Altersleistung **vorgezogen** in Anspruch nimmt, sind zwei Störungen im Äquivalenzverhältnis zwischen Versorgungsleistung und vom AN zu erbringender Gegenleistung zu verzeichnen: Zum einen erbringt der AN auch hier die von ihm für die volle Betriebsrente erwartete Betriebstreue nur teilweise. Er sollte die Vollrente nur erhalten, wenn er bis zum Erreichen der festen Altersgrenze im Betrieb verbleibt. Die zweite Verschiebung des in der Versorgungsordnung festgelegten Äquivalenzverhältnisses tritt auch in diesem Fall dadurch ein, dass der AN die Betriebsrente in jedem Falle sowie früher und länger in Anspruch nimmt, als mit der Versorgungszusage versprochen.

---

61 BAG 18.11.2003 – 3 AZR 517/02 – DB 2004, 1375 = BB 2004, 1455.
62 BAG 29.7.1997 – 3 AZR 114/96 – NZA 1998, 543.
63 *Langohr-Plato/Teslau*, DB 2003, 661.
64 BAG 1.6.1978 – 3 AZR 216/77 – DB 1978, 1793 = NJW 1979, 124; BAG 20.4.1982 – 3 AZR 1137/79 – NJW 1983, 1015; BAG 24.6.1986 – 3 AZR 630/84 – NZA 1987, 200.

a) **Möglichkeiten des AG zur Kürzung der Betriebsrente bei vorgezogener Inanspruchnahme nach vorzeitigem Ausscheiden (Kombifall).** Auch in diesem Fall darf der AG auf die beiden Störungen im Äquivalenzverhältnis reagieren: Auf die **geringere Betriebszugehörigkeit** kann er – wie im Grundfall – mit einer **zeitanteiligen ratierlichen Kürzung** des Vollanspruchs nach § 2 reagieren. Ebenso kann die Versorgungsordnung jedoch auch eine **aufsteigende Berechnung** anordnen. Dabei wird auch hier nur das berücksichtigt, was an Rentenbausteinen bis zum Zeitpunkt des Ausscheidens aufgebaut wurde, d.h. eine zeitratierliche Kürzung des Vollanspruchs findet gerade nicht statt. Darüber hinaus kann die Versorgungsordnung auch eine **Kombination aus ratierlicher Kürzung** nach § 2 **mit der aufsteigenden Berechnung** vorsehen. Dabei wird die fehlende Betriebszugehörigkeit zwischen der vorgezogenen Inanspruchnahme der Betriebsrente und dem Erreichen der Regelaltersgrenze durch aufsteigende Berechnung bis zur vorgezogenen Inanspruchnahme berücksichtigt; sodann wird dieser Anspruch zeitratierlich gekürzt, d.h. die mögliche Betriebszugehörigkeit ist damit die Zeit vom Beginn der Betriebszugehörigkeit bis zur vorgezogenen Inanspruchnahme der Betriebsrente. Wegen der durch den früheren Zahlungsbeginn verursachten Kosten kommt wiederum ein versicherungsmathematischer Abschlag in Betracht. Die soeben dargestellten Wege zur Berücksichtigung der geringeren Betriebszugehörigkeit, nämlich das Quotierungsverfahren und die aufsteigende Berechnung, können jeweils mit einem versicherungsmathematischen Abschlag wegen der Mehrbelastungen des vorzeitigen Leistungsbeginns kombiniert werden. Grds. unzulässig ist es jedoch, bei der Berechnung der vorgezogen in Anspruch genommenen Betriebsrente des vorzeitig ausgeschiedenen AN die fehlende Betriebstreue zwischen dem vorgezogenen Ruhestand und der in der Versorgungsordnung festgelegten festen Altersgrenze zweifach mindernd zu berücksichtigen.[65] Von diesem Grundsatz darf **lediglich durch TV abgewichen** werden.[66]

b) **Rechtslage bei Fehlen einer Regelung in der Versorgungsordnung.** Versorgungsordnungen, die lediglich die Höhe der Versorgungsleistung für das Erreichen der vereinbarten Altersgrenze enthielten, wurden durch die Einführung des § 6 am 22.12.1974 lückenhaft und ergänzungsbedürftig.[67] Dem zusagenden AG wurde deshalb die Möglichkeit eingeräumt, die notwendigen Regelungen zu treffen, um auf die durch die vorgezogene Inanspruchnahme der Betriebsrente verursachten Mehrbelastungen zu reagieren.[68] Da dieses Recht oftmals nicht genutzt wurde, hat das BAG Auslegungsregeln entwickelt, nach denen lückenhafte Versorgungszusagen zu ergänzen sind.

aa) **Die Urteile des BAG vom 13.3.1990 und 12.3.1991.** Obgleich § 2 von § 6, der die vorzeitige Altersleistung regelt, nicht in Bezug genommen wurde, hat das BAG in früherer ständiger Rspr., beginnend mit den Urteilen v. 13.3.1990[69] und 12.3.1991,[70] die vorgezogen in Anspruch genommene Betriebsrente des vorzeitig ausgeschiedenen AN bei Fehlen einer eigenen billigenswerten Regelung im Versorgungswerk nach folgender Auffanglösung berechnet: Zunächst wurde die ohne das vorherige Ausscheiden zustehende Leistung ermittelt, d.h. die Betriebsrente, die dem AN zugestanden hätte, wenn er bis zum vorgezogenen Versorgungsfall betriebstreu geblieben wäre (nicht die sog. Vollrente). Dieser Anspruch wurde festgestellt, indem die bis zur Vollendung der Altersgrenze erreichbare Vollrente entweder in entsprechender Anwendung des § 2 Abs. 1 auf den Zeitpunkt der vorgezogenen Inanspruchnahme gekürzt wurde oder – bei einer entsprechenden betrieblichen Regelung – die bis zum Erreichen der vorgezogenen Altersgrenze erdienten „Rentenbausteine" berücksichtigt wurden. Die so ermittelte Betriebsrente war dann im Verhältnis der tatsächlich erreichten zu der bis zur Vollendung des 65. Lebensjahres erreichbaren Betriebszugehörigkeit zu kürzen.

Diese Rspr. führte im Ergebnis dazu, dass sich die fehlende Dienstzeit des AN von der vorgezogenen Inanspruchnahme der Betriebsrente bis zur Vollendung des (damals) 65. Lebensjahres zweifach anspruchsmindernd auswirkte. Zunächst führte dieser Umstand bei der Ermittlung der vom betriebstreuen AN bis zur vorgezogenen Inanspruchnahme erreichbaren Betriebsrente zu einer Anspruchskürzung. Darüber hinaus war diese fehlende Dienstzeit noch einmal von Bedeutung für die Ermittlung des Teilwerts der Versorgungsanwartschaft nach § 2 Abs. 1, weil der Unverfallbarkeitsfaktor anhand einer erreichbaren Betriebszugehörigkeit bis zur Vollendung des 65. Lebensjahres und nicht bis zur Vollendung des 60. Lebensjahres (vorgezogene Inanspruchnahme) errechnet wurde. Diese Rspr. war stets kritisiert worden. Insbesondere war geltend gemacht worden, es dürfe die verkürzte Betriebszugehörigkeit nicht doppelt anspruchsmindernd berücksichtigt werden. Es könne nur noch darum gehen, den negativen Zinseffekt und die längere Rentenbezugsdauer auszugleichen. Der Senat war sich zwar bewusst, dass durch diese Berechnungsweise die **fehlende Betriebszugehörigkeit** zwischen der vorzeitigen Inanspruchnahme der Altersleistung und der vereinbarten Altersgrenze **zweifach in Ansatz gebracht** wurde. Er rechtfertigte diese Methode jedoch damit, dass die Inanspruchnahme der Altersrente aus der gesetzlichen Rentenversicherung den Versorgungsfall Alter auslöse, der da-

---

[65] Grundlegend BAG 23.1.2001 – 3 AZR 164/00 – SAE 2002, 33 m. Anm. *Eichenhofer*; BAG 24.7.2001 – 3 AZR 567/00 – DB 2002, 588 m. Anm. *Grabner/May*.
[66] BAG 24.7.2001 – 3 AZR 681/00 – NZA 2002, 1291.
[67] Ständig seit BAG 1.6.1978 – 3 AZR 216/77 – NJW 1979, 124 = SAE 1979, 177 m. Anm. *Blomeyer/Seitz*; BAG 20.4.1982 – 3 AZR 1137/79 – NJW 1983, 1015; BAG 24.6.1986 – 3 AZR 630/84 – NZA 1987, 200.
[68] BAG 11.9.1980 – 3 AZR 185/80 – AP § 6 BetrAVG Nr. 3 m. Anm. *Herschel*.
[69] BAG 13.3.1990 – 3 AZR 338/89 – NZA 1990, 692.
[70] BAG 12.3.1991 – 3 AZR 102/90 – NZA 1991, 771.

mit auch im Rahmen der Berechnung des § 2 den maßgeblichen Bezugspunkt darstellen müsse.[71] Auch würde dieses Verfahren bei Berechnung der Versorgungsleistung eines vorzeitig ausgeschiedenen AN in den Versorgungsfällen Invalidität[72] und Tod angewendet, so dass eine unterschiedliche Behandlung schwer zu erklären sei.[73]

48 **bb) Der Rechtsprechungswandel des BAG und die geltende Rechtslage.** Nachdem der Senat in seinem Urteil v. 21.3.2000[74] eine Abkehr von seiner bisherigen Auffassung zur Berechnung der vorgezogenen Betriebsrente eines vorzeitig ausgeschiedenen AN bei lückenhafter Versorgungsordnung angekündigt hatte, hat er mit seinem Urteil v. **23.1.2001 – 3 AZR 164/00** – den Rechtsprechungswandel vollzogen.[75] Er hat ausdrücklich ausgeführt, dass er seine frühere Auffassung aufgebe, wonach die bei einer Betriebstreue bis zur vorgezogenen Inanspruchnahme der Betriebsrente nach § 6 erdiente Betriebsrente als eine „ohne das vorherige Ausscheiden zustehende Leistung" i.S.d. § 2 anzusehen sei. Das bedeutet: Geht es nur um eine Betriebsrente nach § 6, findet § 2 keine Anwendung. § 6 enthält keine Verweisung auf diese Norm. § 6 enthält auch keine Berechnungsregeln für die Ermittlung der Höhe der vorgezogenen Betriebsrente. Deshalb müssten die Regeln zur Berechnung der Höhe der Betriebsrente bei deren vorgezogener Inanspruchnahme den allgemeinen Grundsätzen des Betriebsrentenrechts entnommen werden.

49 Ausgangspunkt der weiteren Betrachtung des BAG ist sodann das **Äquivalenzverhältnis**, das durch die Versorgungsordnung festgelegt wird. Dort wird die vom AG zu erbringende Versorgungsleistung nach Höhe, erstmaliger Fälligkeit und Bezugsdauer ebenso festgelegt wie die Gegenleistung, die der begünstigte AN erbringen muss (Betriebstreue). In dieses so festgelegte Äquivalenzverhältnis werde bei vorgezogener Inanspruchnahme nach § 6 auch dann zweifach eingegriffen, wenn der AN bis zu diesem Zeitpunkt betriebstreu geblieben ist. Der AN erbringe die von ihm für die volle Betriebsrente erwartete Betriebstreue nur teilweise. Die zweite Verschiebung des in der Versorgungsordnung festgelegten Äquivalenzverhältnisses trete i.R.d. § 6 dadurch ein, dass der AN die Betriebsrente in jedem Fall sowie früher und länger als mit der Versorgungszusage versprochen in Anspruch nimmt. An diesen beiden Verschiebungen ändere sich auch nichts dadurch, dass ein mit einer unverfallbaren Anwartschaft vorzeitig ausgeschiedener AN vorgezogene Betriebsrente in Anspruch nimmt. Deshalb sei auch insoweit nur ein zweifacher Ausgleich zulässig.

50 Nunmehr verfährt die Rspr. bei der Berechnung der vorgezogenen Betriebsrente eines vorzeitig Ausgeschiedenen wie folgt: Die bis zum Erreichen der Altersgrenze erreichbare Vollrente wird auf den Zeitpunkt des vorzeitigen Ausscheidens (§ 2 Abs. 1 analog) gekürzt. Das bedeutet, dass die bis zum Erreichen der Altersgrenze erreichbare Vollrente im Verhältnis der tatsächlichen Dauer der Betriebszugehörigkeitszeit zu der bis zur Vollendung der Altersgrenze erreichbaren Beschäftigungszeit gekürzt wird. Damit wird die nicht erbrachte Betriebstreue berücksichtigt. Die sich danach ergebende Rente ist sodann in einem weiteren Schritt unter Heranziehung eines in der Versorgungsordnung für den Fall der Betriebstreue bis zur vorgezogenen Inanspruchnahme vorgesehenen versicherungsmathematischen Abschlags zu kürzen.

51 Sofern die Versorgungszusage keinen solchen versicherungsmathematischen Abschlag vorsieht, geht die Rspr. dann aber nicht davon aus, dass der AG eine Kürzung für die vorgezogene Inanspruchnahme nicht will; sie folgert daraus vielmehr, dass der AG sich auf die bisherige Rspr. verlassen hat, die ihm die Möglichkeit einer doppelten ratierlichen Kürzung eingeräumt hatte. Das bedeutet nach der Rspr. im Ergebnis: Bei Versorgungszusagen, die keinen versicherungsmathematischen Abschlag vorsehen, findet ein **„untechnischer versicherungsmathematischer Abschlag"** in Gestalt einer zweiten ratierlichen Kürzung statt. Diese erfolgt in der Weise, dass die Zeit zwischen dem Beginn der Betriebszugehörigkeit und der vorgezogenen Inanspruchnahme der Betriebsrente in Bezug gesetzt wird zu der Zeit vom Beginn der Betriebszugehörigkeit bis zum Erreichen der Altersgrenze. Damit sollen die wirtschaftlichen Belastungen des AG durch die längere Inanspruchnahme der Betriebsrente berücksichtigt werden.[76]

52 **6. Kollektivrechtlicher Aspekt. a) Auswirkungen der Tarifdispositivität des § 2 Abs. 1.** Bei unmittelbarer oder entsprechender Heranziehung der Berechnungsregel des § 2 Abs. 1 zum Ausgleich des durch die kürzere Betriebszugehörigkeit gestörten Äquivalenzinteresses zwischen Versorgungsleistung und erwarteter Betriebstreue muss beachtet werden, dass die **Tarifparteien** gem. § 17 Abs. 3 von dieser Grundregel **auch zum Nachteil des AN** abweichen dürfen.[77] Deshalb kann ein TV für die Berechnung einer vorgezogen in Anspruch genommenen Betriebsrente des vorzeitig ausgeschiedenen AN die fehlende Betriebstreue grds. auch zweifach mindernd berücksichtigen. Zusätzlich kann selbstverständlich noch ein versicherungsmathematischer Abschlag für die vorgezogene Inanspruchnahme der Altersleistung vereinbart werden.

53 **b) Mitbestimmungspflicht der Kürzungsregelung.** Macht der AG von seinem Recht Gebrauch, eine lückenhafte Versorgungsordnung um Kürzungsregeln bei vorgezogener Altersleistung gem. § 6 zu ergänzen, so hat er

---

71 BAG 12.3.1991 – 3 AZR 102/90 – NZA 1991, 771.
72 Hierzu BAG 21.8.2001 – 3 AZR 649/00 – NZA 2002, 1395.
73 BAG 12.3.1991 – 3 AZR 102/90 – NZA 1991, 771.
74 BAG 21.3.2000 – 3 AZR 93/99 – 3 AZR 93/99 – NZA 2001, 387.
75 NZA 2002, 93.
76 BAG 12.12.2006 – 3 AZR 716/05 – DB 2007, 2546.
77 BAG 24.7.2001 – 3 AZR 681/00 – NZA 2002, 1291.

das Mitbestimmungsrecht des BR gem. § 87 Abs. 1 Nr. 10 BetrVG zu beachten.[78] Wird der BR nicht beteiligt, obwohl ein mitbestimmungspflichtiger Tatbestand vorliegt, so können die Reduzierungsfaktoren nicht wirksam in die Versorgungsordnung eingeführt werden. In diesem Fall sind weiter die für lückenhafte Versorgungsordnungen entwickelten Auslegungsgrundsätze des BAG anzuwenden.[79]

Das Mitbestimmungsrecht kann sich hier nur auf die anzuwendende Berechnungsmethode beziehen und nicht auf den Gesamtumfang der Kürzungen. Insoweit bleibt es dabei, dass der AG den Dotierungsrahmen mitbestimmungsfrei festlegt.[80] Gegenüber den AN ist der AG allerdings nicht völlig frei in der Entscheidung über die Höhe der Kürzung. Vielmehr werden ihm durch das aus dem Normzweck herzuleitende Äquivalenzgebot des § 6 Grenzen gesetzt.

7. Leistungsverpflichtung externer Versorgungsträger. Da der Anspruch auf die vorgezogene Betriebsrente allein das arbeitsrechtliche Versorgungsverhältnis zwischen AG und AN betrifft, ist der eingeschaltete externe Versorgungsträger nicht automatisch zur Leistungserbringung verpflichtet, wenn die Voraussetzungen des § 6 erfüllt werden.[81] Wurde im Versicherungsverhältnis keine Vereinbarung getroffen, aus der der AN im Fall des vorgezogenen Versorgungsfalls den Versorgungsträger in Anspruch nehmen kann, so trifft den AG eine entsprechende **Verschaffungspflicht**.[82] Kann der AN hiernach von dem externen Versorgungsträger eine Leistung verlangen, so richtet sich die Höhe nach den jeweiligen Versicherungsbedingungen. Den Lebensversicherern wurde dabei empfohlen, auf einen Stornoabzug wegen der vorzeitigen Künd zu verzichten.[83] Fällt die Leistung aus dem Versicherungsverhältnis geringer aus als die Leistung, die dem AN im Versorgungsverhältnis zusteht, trifft den AG ggf. auch unmittelbar eine **Auffüllungspflicht**.[84]

III. Unterschiedliche Altersgrenzen bei Männern und Frauen

1. Übernahme der Altersgrenzen der gesetzlichen Rentenversicherung. Die Festlegung von Altersgrenzen in betrieblichen Versorgungsordnungen erfolgte häufig in Anlehnung an die Altersgrenzen in der gesetzlichen RV, die für Männer und Frauen ein unterschiedliches Rentenzugangsalter vorsahen. So konnten Frauen eine gesetzliche Rente bereits ab Vollendung des 60. Lebensjahres beziehen, während dies für Männer frühestens ab Vollendung des 63. Lebensjahres möglich war. Das BVerfG hat hierin zwar keinen Verstoß gegen den Gleichberechtigungsgrundsatz des Art. 3 Abs. 2 GG gesehen.[85] Jedoch war der Gesetzgeber aufgefordert worden, eine Angleichung der Altersgrenzen vorzunehmen, um dem sich wandelnden Erwerbsleben der Frauen Rechnung zu tragen. Dies hat der Gesetzgeber mit dem Rentenreformgesetz 1992 getan.[86]

2. Rechtsprechung des EuGH. Die Übernahme der unterschiedlichen Altersgrenzen in Zusagen der betrieblichen Altersversorgung führte dazu, dass Frauen im Vergleich zu Männern die betrieblichen Versorgungsleistungen früher und ohne bzw. mit geringeren Abschlägen in Anspruch nehmen konnten. In seinem **„Barber"-Urteil v. 17.5.1990**[87] hat der EuGH erkannt, dass die Festsetzung eines je nach Geschlecht unterschiedlichen Alters als Voraussetzung für einen Rentenanspruch **gegen das Entgeltgleichheitsgebot für Männer und Frauen** (Art. 119 EGV, jetzt Art. 141 EGV) verstößt. Dies gelte selbst dann, wenn die unterschiedlichen Altersgrenzen für Männer und Frauen der Regelung des nationalen gesetzlichen Rentensystems entsprächen.[88] Die Grundsätze des Barber-Urteils sind, wie der EuGH in einer späteren Entscheidung betont hat, auch auf das deutsche Betriebsrentenrecht anzuwenden.[89] Danach ist es untersagt, dem unterschiedlichen Rentenzugangsalter folgend unterschiedlich hohe Betriebsrenten zu ermitteln, wenn diese zum gleichen – für Männer vorgezogenen – Bezugszeitpunkt fällig werden. Der Verstoß gegen Art. 141 EGV hat zur Folge, dass der benachteiligte AN einen Anspruch auf Zahlung der Betriebsrente zum gleichen Zeitpunkt wie die begünstigte AN hat. Auch bei der Berechnung der Höhe der vorzeitigen Leistung findet eine **Angleichung „nach oben"** statt, d.h. auch dies die Betriebsrente nach den Regelungen für das begünstigte Geschlecht bemisst.[90] In der „Barber"-Entscheidung v. 17.5.1990 hat der EuGH aus Vertrauensschutzgesichtspunkten die Rückwirkung seiner Rspr. eingeschränkt.[91] In der Maastrichter Protokollerklärung v. 9./10.12.1991 ist zudem klargestellt worden, dass sich Art. 119 EG-Vertrag (nunmehr Art. 141 EG) nicht auf Betriebsrentenleistungen erstreckt, „sofern und soweit sie auf Beschäftigungszeiten vor dem 17.5.1990 zurückgeführt werden können. Aus diesem Grund kann die Gleichbehandlung auf dem Gebiet der betrieblichen Renten nur für Leistungen verlangt werden, die für **Beschäftigungszeiten nach dem 17.5.1990** geschuldet werden, soweit nicht vor diesem Zeitpunkt bereits

---

78 BAG 11.9.1980 – 3 AZR 185/80 – AP § 6 BetrAVG Nr. 3 m. Anm. *Herschel*.
79 *Höfer*, § 6 Rn 4207.
80 *Höfer*, § 6 Rn 4207 f.; zur Mitbestimmung des BR s. § 1 Rn 179.
81 BAG 28.3.1995 – 3 AZR 373/94 – NZA 1996, 36.
82 BAG 28.3.1995 – 3 AZR 373/94 – NZA 1996, 36.
83 *Blomeyer/Rolfs/Otto*, § 6 Rn 164.
84 Ausführlich zu den Berechnungsmethoden bei Einschaltung externer Versorgungsträgern *Höfer*, § 6 Rn 4218 ff; *Blomeyer/Rolfs/Otto*, § 6 Rn 163 ff.

85 BVerfG 28.1.1987 – 1 BvR 455/82 – NJW 1987, 1541.
86 Gesetz zur Reform der gesetzlichen Rentenversicherung (Rentenreformgesetz 1992 – RRG 1992) v. 18.12.1989, BGBl I S. 2261.
87 EuGH 17.5.1990 – Rs C-262/88 – NZA 1990, 775.
88 EuGH 17.5.1990 – Rs C-262/88 – NZA 1990, 775.
89 EuGH 14.12.1993 – Rs C-110/91 – NZA 1994, 165.
90 EuGH 14.12.1993 – Rs C-110/91 – NZA 1994, 165.
91 EuGH 17.5.1990 – Rs C-262/88 – NZA 1990, 775; EuGH 14.12.1993 – Rs C-110/91 – NZA 1994, 165.

Klage erhoben oder ein entsprechender Rechtsbehelf eingelegt wurde.[92] Die unterschiedlichen Altersgrenzen und die daran anknüpfenden, auf Männer beschränkten Betriebsrentenkürzungen verstoßen damit zwar gegen Art. 119 EG-Vertrag a.F. (nunmehr Art. 141 EG), sind aber aus Gründen des europarechtlichen Vertrauensschutzes für Beschäftigungszeiten bis einschließlich 17.5.1990 hinzunehmen.

58 **3. Konsequenzen bezüglich des Zeitpunkts der Inanspruchnahme.** Die Barber-Entscheidung hat zum einen zur Konsequenz, dass sich die verschiedenen Altersgrenzen bei Betriebsrentenansprüchen nicht mehr auf den **Zeitpunkt der Inanspruchnahme** auswirken, soweit die Versorgungsanwartschaft auf Beschäftigungszeiten nach dem 17.5.1990 – sog. Nach-Barber-Zeit – beruht.[93] Dem folgend hat der Gesetzgeber die Regelung des § 30a geschaffen. Die Norm sieht vor, dass Männer Anspruch auf Leistungen der betrieblichen Altersversorgung für nach dem 17.5.1990 zurückgelegte Beschäftigungszeiten verlangen können, wenn sie die Anforderungen erfüllen, die an Frauen im Hinblick auf die Inanspruchnahme der Altersrente gem. § 237a SGB VI gestellt werden. In der Praxis werden sich jedoch selten Fälle finden, in denen der Anspruch aus § 30a hergeleitet wird, da hierdurch lediglich eine Gleichstellung von Männern und Frauen in der betrieblichen Altersversorgung erreicht wird, jedoch nicht in der gesetzlichen RV.

59 **4. Konsequenzen bezüglich der Höhe der Versorgungsleistung.** Nach der Barber-Entscheidung ist eine Benachteiligung der Männer ab dem Stichtag 17.5.1990 allerdings nicht nur beim Pensionsalter, sondern auch bei der Leistungshöhe oder bei den sonstigen Leistungsvoraussetzungen unzulässig.[94] Wird zwar für Männer und Frauen eine einheitliche Altersgrenze festgelegt, jedoch im Fall der vorzeitigen betrieblichen Altersleistung für Frauen ein geringerer versicherungsmathematischer Abschlag berechnet, so ist dies ebenfalls nur für Beschäftigungszeiten zulässig, die vor dem 17.5.1990 geleistet wurden.[95] Aus dem Grunde ist zwischen der sog. Vor-Barber-Zeit und der sog. Nach-Barber-Zeit zu unterscheiden. Dabei ist die Vor-Barber-Zeit die Zeit, in der das Beschäftigungsverhältnis bis einschließlich 17.5.1990, und die Nach-Barber-Zeit die Zeit, in der das Beschäftigungsverhältnis nach dem 17.5.1990, also ab dem 18.5.1990 bestanden hat.

60 **a) Beendigung des Arbeitsverhältnisses bis zum 17.5.1990.** Auf einen Verstoß gegen Art. 141 EGV wegen der Festlegung unterschiedlicher Altersgrenzen in Versorgungsordnungen können sich Männer nicht berufen, wenn das Arbverh vor dem 17.5.1990 beendet wurde und damit Beschäftigungszeiten nach diesem Zeitpunkt nicht mehr angefallen sind.[96]

61 **b) Beschäftigungszeiten vor und nach dem 17.5.1990.** Wurde die Beschäftigung sowohl vor und als auch nach dem Tag der Barber-Entscheidung ausgeübt, so sind bei der Berechnung der Versorgungsleistungen die jeweiligen Zeiträume getrennt zu bewerten.[97] Dies soll anhand folgenden Beispiels aufgezeigt werden. Es sind dann unterschiedliche Rentenstämme zu bilden.

62 **aa) Beispiel.** Eine Versorgungsordnung sieht unterschiedliche Altersgrenzen für Männer (Vollendung des 65. Lebensjahres) und Frauen (Vollendung des 60. Lebensjahres) vor. Als Vollleistung wird eine monatliche Rente von 1.000 EUR bei Erreichen der Altersgrenze zugesagt. Im Fall einer vorgezogenen Inanspruchnahme soll die Versorgungsleistung aufgrund der kürzeren Betriebstreue gem. § 2 Abs. 1 ratierlich gekürzt und anschließend wegen der früheren Inanspruchnahme mit einem Abschlag von 0,5 % pro Monat der vorgezogenen Inanspruchnahme versehen werden. Ein am 1.6.1940 geborener AN tritt am 1.6.1965 in das Unternehmen ein und verlangt am 1.6.2002 gem. § 6 vorzeitige betriebliche Altersleistungen.

63 **bb) Berechnung ohne Berücksichtigung der unterschiedlichen Altersgrenzen.** Würde allein die Altersgrenze von 65 Jahren bei der Berechnung nach § 2 berücksichtigt, so stünde dem AN eine Versorgungsleistung von 37/40 (tatsächliche Betriebszugehörigkeit/mögliche Betriebszugehörigkeit) × 82/100 (18 % Abschlag = 36 × 0,5 % pro Monat) × 1.000 EUR (Vollleistung) = 758,50 EUR pro Monat zu.

64 **cc) Berechnung unter Berücksichtigung der unterschiedlichen Altersgrenzen.** Dieses Ergebnis ließe jedoch außer Betracht, dass durch die unterschiedlichen Altersgrenzen Frauen nur eine geringere Betriebszugehörigkeit aufweisen müssen, um die Altersrente früher und ohne Abschläge beanspruchen zu können. Der Wert der einzelnen Beschäftigungsjahre im Verhältnis zur Versorgungsleistung ist damit bei Frauen höher als bei Männern. Dies

---

92 EuGH 14.12.1993 – Rs C-110/91 – NZA 1994, 165.
93 *Kemper u.a.*, § 30a Rn 2; zur Zulässigkeit von unterschiedlichen Altersgrenzen i.Ü. s. BAG 18.3.1997 – 3 AZR 759/95 – NZA 1997, 824; BAG 7.11.1995 – 3 AZR 1064/94 – NZA 1996, 653.
94 BAG 7.9.2004 – 3 AZR 550/03 – BAGE 112, 1 = NZA 2005, 1239.
95 BAG 23.9.2003 – 3 AZR 304/02 – DB 2004, 2645; BAG 19.8.2008 – 3 AZR 530/06 – NZA 2009, 785.
96 BAG 18.3.1997 – 3 AZR 759/95 – NZA 1997, 824; BAG 23.5.2000 – 3 AZR 228/99 – NZA 2001, 47.
97 Vgl. BAG 3.6.1997 – 3 AZR 910/95 – NZA 1997, 1043.

verstößt für die Beschäftigungszeiten nach dem 17.5.1990 gegen Art. 141 EGV. Um die Gleichwertigkeit zu gewährleisten, muss die Versorgungsleistung vielmehr folgendermaßen berechnet werden:[98]

(1) Kürzung aufgrund geringerer Betriebstreue entsprechend § 2 Abs. 1 unter Berücksichtigung der unterschiedlichen Altersgrenzen. Ausgangspunkt bleibt die bei Erreichen der festgelegten Altersgrenze zugesagte Vollleistung. Die bis zum 17.5.1990 erzielte Beschäftigungszeit ist in das Verhältnis zu der bis zur vereinbarten Altersgrenze möglichen Beschäftigungszeit zu setzen. Die nach dem 17.5.1990 geleistete Beschäftigungszeit wird dagegen in das Verhältnis zu der bis zur nicht diskriminierenden Altersgrenze möglichen Beschäftigungszeit gestellt. Anschließend wird die Vollleistung mit den sich ergebenden Quotienten jeweils multipliziert und die Ergebnisse werden sodann addiert.

Bis zum 1.6.1990 hat der AN eine Betriebszugehörigkeit von 25 Jahren geleistet. Bis zum Erreichen der Altersgrenze von 65 Jahren ist eine Betriebszugehörigkeit von 40 Jahren möglich. Dies ergibt einen Quotienten von 25/40. Nach dem 1.6.1990 hat er eine Beschäftigungszeit von zwölf Jahren aufzuweisen. Bis zur Erreichung der nicht diskriminierenden Altersgrenze von 60 Jahren wäre seit Beginn des Arbverh eine Betriebszugehörigkeit von 35 Jahren möglich gewesen. Dies ergibt einen Quotienten von 12/35. Die aufgrund der geringeren Betriebszugehörigkeit gekürzte Vollrente beträgt damit:

$$[(25/40) \times 1000 = 625 \text{ EUR}] + [(12/35) \times 1000 = 342{,}85 \text{ EUR}] = 967{,}85 \text{ EUR}.$$
aus Vor-Barber-Zeit   aus Nach-Barber-Zeit

(2) Kürzung aufgrund vorgezogener Inanspruchnahme unter Berücksichtigung der unterschiedlichen Altersgrenzen. Auch hinsichtlich des Abschlags wegen vorgezogener Inanspruchnahme der Altersleistung muss differenziert werden, da dieser bei Frauen aufgrund der niedrigeren vereinbarten Altersgrenze nicht vorgenommen wird. Die Anwendung eines versicherungsmathematischen Abschlags auf Versorgungsleistungen für Männer, die durch Beschäftigungszeiten nach dem 17.5.1990 erdient wurden, verstößt jedoch erneut gegen Art. 141 EGV. Die zweite Kürzung darf deshalb nur den Teil erfassen, der aufgrund der Beschäftigung in der Vor-Barber-Zeit geschuldet wird.[99]

Im Ergebnis würde im Beispielsfall dem AN eine vorzeitige Altersleistung von: [625 × (82/100 = 18 % Abschlag) = 512,5 Euro] + [342,85 Euro] = 855,35 EUR als monatliche Rente zustehen. Sollen die Belastungen der vorzeitigen Inanspruchnahme der Versorgungsleistung stattdessen durch einen sog. untechnischen versicherungsmathematischen Abschlag berücksichtigt werden (siehe Rn 51), so ist die Berechnungsmethode des § 2 Abs. 1 entsprechend dem oben Gesagten ein zweites Mal durchzuführen.[100]

IV. Wegfall der vorzeitigen Altersleistung (S. 2)

§ 6 S. 2 sieht vor, dass die Leistungen der betrieblichen Altersversorgung eingestellt werden können, wenn die Altersrente aus der gesetzlichen RV wieder wegfällt oder auf einen Teilbetrag beschränkt wird. Zu einem Wegfall der gesetzlichen Altersrente kann es dadurch kommen, dass der AN seine Erwerbstätigkeit fortsetzt und ein Einkommen erzielt, das die **Hinzuverdienstgrenze** des § 34 Abs. 3 Nr. 1 SGB VI **überschreitet**. **Wechselt der AN von einer Voll- in eine Teilrente** gem. § 42 SGB VI, so reicht allein dieser Umstand aus, vorzeitige Altersleistungen ruhen zu lassen.

Der AG ist jedoch nicht verpflichtet, die vorzeitigen Versorgungsleistungen einzustellen. Dabei steht die Entscheidung über die Einstellung bzw. Fortgewährung trotz fehlender Verpflichtung allerdings nicht in seinem freien Ermessen; vielmehr hat er diese Entscheidung unter Beachtung des allgemeinen Gleichbehandlungsgrundsatzes sowie unter Berücksichtigung einer ggf. bestehenden betrieblichen Übung zu treffen.[101] Nimmt der AN die Altersrente aus der gesetzlichen RV wieder als Vollrente in Anspruch, so lebt auch der Anspruch aus § 6 in gleicher Höhe wieder auf, soweit zwischenzeitlich keine Anpassung gem. § 16 vorzunehmen war.[102] Die während des Ruhens des Anspruchs beim AG angefallenen Zinsgewinne aus den unterbliebenen Zahlungen müssen an den AN nicht weitergegeben werden.[103]

V. Anzeigepflicht des Arbeitnehmers (S. 3)

Der ausgeschiedene AN ist gem. S. 3 verpflichtet, dem AG oder sonstigen Versorgungsträgern **unverzüglich** die Aufnahme oder die Ausübung einer Beschäftigung oder Erwerbstätigkeit anzuzeigen, die zu einem Wegfall oder zu einer Beschränkung der Altersrente aus der gesetzlichen RV führt. Mitteilungspflichtig ist die **Aufnahme einer**

---

98 Vgl. auch BAG 3.6.1997 – 3 AZR 910/95 – NZA 1997, 1043.
99 BAG 19.8.2008 – 3 AZR 530/06 – NZA 2009, 785.
100 BAG 3.6.1997 – 3 AZR 910/95 – NZA 1997, 1043 = AP § 1 BetrAVG Gleichbehandlung Nr. 35 m. Anm. *Schlachter* = DB 1997, 1778; *Kemper u.a.*, § 6 Rn 41.
101 *Höfer*, § 6 Rn 4170.
102 *Kemper u.a.*, § 6 Rn 28.
103 *Höfer*, § 6 Rn 4170.

72 Die Pflicht zur Anzeige der Aufnahme einer Erwerbstätigkeit, aufgrund derer die Pflicht des AG zur Zahlung vorzeitiger Versorgungsleistungen entfällt, stellt unabhängig von S. 3 eine Nebenpflicht des AN aus dem Arbverh dar.[104] Eine Pflicht des AG, den AN auf dessen Anzeigepflicht gem. S. 3 ausdrücklich hinzuweisen, besteht hingegen nicht.[105] Die **schuldhafte Verletzung** der Anzeigepflicht begründet gem. §§ 280 Abs. 1, 249 BGB einen **Anspruch des AG auf Ersatz des Schadens**, der ihm dadurch entsteht, dass er in Unkenntnis des Wegfalls der Leistungsverpflichtung die nicht geschuldeten Versorgungsleistungen weiter erbringt. Den Beweis des Verschuldens hat jedoch der AG gem. § 619a BGB zu führen.

Erwerbstätigkeit, durch die – ggf. aufgrund der Zusammenrechnung mit anderem Erwerbseinkommen – die Hinzuverdienstgrenze des § 34 Abs. 3 Nr. 1 SGB VI überschritten wird. Die Anzeige, die ohne schuldhaftes Zögern zu erfolgen hat, kann an den AG oder direkt an den die Leistung erbringenden Versorgungsträger gerichtet werden.

73 Entfällt die Leistungspflicht des AG gem. S. 2 und erbringt der AG in Unkenntnis dessen weiterhin Versorgungsleistungen, so steht ihm ein Anspruch aus ungerechtfertigter Bereicherung gem. § 812 Abs. 1 S. 1 BGB zu. Der AN kann sich grds. auf den **Wegfall der Bereicherung** gem. § 818 Abs. 3 BGB berufen. Allerdings wird hier stets zu prüfen sein, ob der AN verschärft nach § 819 BGB haftet. Wurde der AN mit dem Leistungsbeginn auf seine Anzeigepflichten ausdrücklich aufmerksam gemacht, so kann dies als Indiz für seine Bösgläubigkeit nach § 819 Abs. 1 BGB zu werten sein.[106]

C. Verbindung zu anderen Rechtsgebieten und zum Prozessrecht

74 Die Darlegungs- und Beweislast für die Erfüllung der Voraussetzungen des Anspruchs auf vorgezogene Betriebsrente trägt der AN. Der Nachweis über die Inanspruchnahme der Altersrente aus der gesetzlichen RV kann im Streitfall allein durch den rechtskräftigen Rentenbescheid geführt werden. Besteht Uneinigkeit über die Höhe der vorzeitigen Altersleistung, so richtet sich die Berechnung nach der Versorgungsordnung. Unklarheiten gehen dabei zu Lasten des AG.[107] Ggf. sind im Wege der ergänzenden Vertragsauslegung die von der Rspr. entwickelten Berechnungsgrundsätze heranzuziehen.

75 In steuerrechtlicher Hinsicht kann aufgrund des Anspruchs aus § 6 bei der Ermittlung des Teilwerts der Pensionsanwartschaft nach § 6a Abs. 3 EStG anstelle der vereinbarten Altersgrenze auch der Zeitpunkt zugrunde gelegt werden, zu dem die vorgezogene Altersrente aus der gesetzlichen RV in Anspruch genommen werden kann.[108]

D. Beraterhinweise

76 Der streitanfälligste Bereich des Anspruchs auf vorgezogene Betriebsrente betrifft die Berechnung der Versorgungshöhe. Der vom Gericht aufgestellte Grundsatz, nach dem die geringere Betriebszugehörigkeit nicht mehrfach als Kürzungsgrund der Versorgungsleistung herangezogen werden darf, muss sorgfältig beachtet werden. Bei Verwendung von **versicherungsmathematischen Abschlägen**, die bei Rentenleistungen **mehr als 0,5 % pro Monat** der früheren Inanspruchnahme betragen, besteht die Gefahr, dass diese als **unbillig** eingeordnet werden. Es empfiehlt sich auch aus Gründen der Transparenz, die Kürzungsverfahren den Eingriffen zuzuordnen, die durch die vorzeitige Altersleistung entstehen und die durch die entsprechende Berechnungsmethode ausgeglichen werden sollen.

Vierter Abschnitt: Insolvenzsicherung

§ 7 Umfang des Versicherungsschutzes

(1) ¹Versorgungsempfänger, deren Ansprüche aus einer unmittelbaren Versorgungszusage des Arbeitgebers nicht erfüllt werden, weil über das Vermögen des Arbeitgebers oder über seinen Nachlaß das Insolvenzverfahren eröffnet worden ist, und ihre Hinterbliebenen haben gegen den Träger der Insolvenzsicherung einen Anspruch in Höhe der Leistung, die der Arbeitgeber aufgrund der Versorgungszusage zu erbringen hätte, wenn das Insolvenzverfahren nicht eröffnet worden wäre. ²Satz 1 gilt entsprechend,

1. wenn Leistungen aus einer Direktversicherung aufgrund der in § 1b Abs. 2 Satz 3 genannten Tatbestände nicht gezahlt werden und der Arbeitgeber seiner Verpflichtung nach § 1b Abs. 2 Satz 3 wegen der Eröffnung des Insolvenzverfahrens nicht nachkommt,

---

104 *Höfer*, § 6 Rn 4177.
105 A.A. *Höfer*, § 6 Rn 4187.
106 *Höfer*, § 6 Rn 4191; *Blomeyer/Rolfs/Otto*, § 6 Rn 232.
107 Zur Unklarheitenregelung s. § 1 Rn 110.
108 *Blomeyer/Rolfs/Otto*, StR A Rn 445.

2. wenn eine Unterstützungskasse oder ein Pensionsfonds die nach ihrer Versorgungsregelung vorgesehene Versorgung nicht erbringt, weil über das Vermögen oder den Nachlass eines Arbeitgebers, der der Unterstützungskasse oder dem Pensionsfonds Zuwendungen leistet (Trägerunternehmen), das Insolvenzverfahren eröffnet worden ist.

³§ 14 des Versicherungsvertragsgesetzes findet entsprechende Anwendung. ⁴Der Eröffnung des Insolvenzverfahrens stehen bei der Anwendung der Sätze 1 bis 3 gleich

1. die Abweisung des Antrags auf Eröffnung des Insolvenzverfahrens mangels Masse,
2. der außergerichtliche Vergleich (Stundungs-, Quoten- oder Liquidationsvergleich) des Arbeitgebers mit seinen Gläubigern zur Abwendung eines Insolvenzverfahrens, wenn ihm der Träger der Insolvenzsicherung zustimmt,
3. die vollständige Beendigung der Betriebstätigkeit im Geltungsbereich dieses Gesetzes, wenn ein Antrag auf Eröffnung des Insolvenzverfahrens nicht gestellt worden ist und ein Insolvenzverfahren offensichtlich mangels Masse nicht in Betracht kommt.

(1a) ¹Der Anspruch gegen den Träger der Insolvenzsicherung entsteht mit dem Beginn des Kalendermonats, der auf den Eintritt des Sicherungsfalles folgt. ²Der Anspruch endet mit Ablauf des Sterbemonats des Begünstigten, soweit in der Versorgungszusage des Arbeitgebers nicht etwas anderes bestimmt ist. ³In den Fällen des Absatzes 1 Satz 1 und 4 Nr. 1 und 3 umfaßt der Anspruch auch rückständige Versorgungsleistungen, soweit diese bis zu zwölf Monaten vor Entstehen der Leistungspflicht des Trägers der Insolvenzsicherung entstanden sind.

(2) Personen, die bei Eröffnung des Insolvenzverfahrens oder bei Eintritt der nach Absatz 1 Satz 4 gleichstehenden Voraussetzungen (Sicherungsfall) eine nach § 1b unverfallbare Versorgungsanwartschaft haben, und ihre Hinterbliebenen haben bei Eintritt des Versorgungsfalls einen Anspruch gegen den Träger der Insolvenzsicherung, wenn die Anwartschaft beruht

1. auf einer unmittelbaren Versorgungszusage des Arbeitgebers oder
2. auf einer Direktversicherung und der Arbeitnehmer hinsichtlich der Leistungen des Versicherers widerruflich bezugsberechtigt ist oder die Leistungen aufgrund der in § 1b Abs. 2 Satz 3 genannten Tatbestände nicht gezahlt werden und der Arbeitgeber seiner Verpflichtung aus § 1b Abs. 2 Satz 3 wegen der Eröffnung des Insolvenzverfahrens nicht nachkommt.

²Satz 1 gilt entsprechend für Personen, die zum Kreis der Begünstigten einer Unterstützungskasse oder eines Pensionsfonds gehören, wenn der Sicherungsfall bei einem Trägerunternehmen eingetreten ist. ³Die Höhe des Anspruchs richtet sich nach der Höhe der Leistungen gemäß § 2 Abs. 1, 2 Satz 2 und Abs. 5, bei Unterstützungskassen nach dem Teil der nach der Versorgungsregelung vorgesehenen Versorgung, der dem Verhältnis der Dauer der Betriebszugehörigkeit zu der Zeit vom Beginn der Betriebszugehörigkeit bis zum Erreichen der in der Versorgungsregelung vorgesehenen festen Altersgrenze entspricht, es sei denn, § 2 Abs. 5a ist anwendbar. ⁴Für die Berechnung der Höhe des Anspruchs nach Satz 3 wird die Betriebszugehörigkeit bis zum Eintritt des Sicherungsfalles berücksichtigt. ⁵Bei Pensionsfonds mit Leistungszusagen gelten für die Höhe des Anspruchs die Bestimmungen für unmittelbare Versorgungszusagen entsprechend, bei Beitragszusagen mit Mindestleistung gilt für die Höhe des Anspruchs § 2 Abs. 5b.

(3) ¹Ein Anspruch auf laufende Leistungen gegen den Träger der Insolvenzsicherung beträgt im Monat höchstens das Dreifache der im Zeitpunkt der ersten Fälligkeit maßgebenden monatlichen Bezugsgröße gemäß § 18 des Vierten Buches Sozialgesetzbuch. ²Satz 1 gilt entsprechend bei einem Anspruch auf Kapitalleistungen mit der Maßgabe, daß zehn vom Hundert der Leistung als Jahresbetrag einer laufenden Leistung anzusetzen sind.

(4) ¹Ein Anspruch auf Leistungen gegen den Träger der Insolvenzsicherung vermindert sich in dem Umfang, in dem der Arbeitgeber oder sonstige Träger der Versorgung die Leistungen der betrieblichen Altersversorgung erbringt. ²Wird im Insolvenzverfahren ein Insolvenzplan bestätigt, vermindert sich der Anspruch auf Leistungen gegen den Träger der Insolvenzsicherung insoweit, als nach dem Insolvenzplan der Arbeitgeber oder sonstige Träger der Versorgung einen Teil der Leistungen selbst zu erbringen hat. ³Sieht der Insolvenzplan vor, daß der Arbeitgeber oder sonstige Träger der Versorgung die Leistungen der betrieblichen Altersversorgung von einem bestimmten Zeitpunkt an selbst zu erbringen hat, entfällt der Anspruch auf Leistungen gegen den Träger der Insolvenzsicherung von diesem Zeitpunkt an. ⁴Die Sätze 2 und 3 sind für den außergerichtlichen Vergleich nach Absatz 1 Satz 4 Nummer 2 entsprechend anzuwenden. ⁵Im Insolvenzplan soll vorgesehen werden, daß bei einer nachhaltigen Besserung der wirtschaftlichen Lage des Arbeitgebers die vom Träger der Insolvenzsicherung zu erbringenden Leistungen ganz oder zum Teil vom Arbeitgeber oder sonstigen Träger der Versorgung wieder übernommen werden.

(5) ¹Ein Anspruch gegen den Träger der Insolvenzsicherung besteht nicht, soweit nach den Umständen des Falles die Annahme gerechtfertigt ist, daß es der alleinige oder überwiegende Zweck der Versorgungszusage oder ihrer Verbesserung oder der für die Direktversicherung in § 1 Abs. 2 Satz 3 genannten Tatbestände gewesen ist, den Träger der Insolvenzsicherung in Anspruch zu nehmen. ²Diese Annahme ist insbesondere dann gerecht-

fertigt, wenn bei Erteilung oder Verbesserung der Versorgungszusage wegen der wirtschaftlichen Lage des Arbeitgebers zu erwarten war, daß die Zusage nicht erfüllt werde. ³Ein Anspruch auf Leistungen gegen den Träger der Insolvenzsicherung besteht bei Zusagen und Verbesserungen von Zusagen, die in den beiden letzten Jahren vor dem Eintritt des Sicherungsfalls erfolgt sind, nur

1. für ab dem 1. Januar 2002 gegebene Zusagen, soweit bei Entgeltumwandlung Beträge von bis zu 4 vom Hundert der Beitragsbemessungsgrenze in der allgemeinen Rentenversicherung für eine betriebliche Altersversorgung verwendet werden oder
2. für im Rahmen von Übertragungen gegebene Zusagen, soweit der Übertragungswert die Beitragsbemessungsgrenze in der allgemeinen Rentenversicherung nicht übersteigt.

(6) Ist der Sicherungsfall durch kriegerische Ereignisse, innere Unruhen, Naturkatastrophen oder Kernenergie verursacht worden, kann der Träger der Insolvenzsicherung mit Zustimmung der Bundesanstalt für Finanzdienstleistungsaufsicht die Leistungen nach billigem Ermessen abweichend von den Absätzen 1 bis 5 festsetzen.

Literatur: *Berenz*, Berechnung von vorzeitigen betrieblichen Altersversorgungsleistungen bei Insolvenzsicherung durch den PSVaG, DB 2001, 2346; *ders.*, Insolvenzsicherung der betrieblichen Altersversorgung: Systematik des Anspruchsübergangs nach § 9 Abs. 2 BetrAVG auf den PSVaG, DB 2004, 1098; *Bode/Grabner/Stein*, Auswirkungen des Altersvermögensgesetzes (AVmG) auf die betriebliche Altersversorgung, DStR 2002, 679; *Förster/Cisch*, Die Änderungen im Betriebsrentengesetz durch das Alterseinkünftegesetz und deren Bedeutung für die Praxis, BB 2004, 2126; *Reinecke*, 30 Jahre Betriebsrentengesetz – Gesetzes- und Richterrecht in der betrieblichen Altersversorgung, NZA 2004, 753; *Westhelle/Micksch*, Die insolvenzrechtliche Abwicklung der Direktversicherung, ZIP 2003, 2054

A. Allgemeines ... 1	5. Fälligkeit der Leistung ... 33
B. Regelungsgehalt ... 8	II. Anspruchszeitraum (Abs. 1a) ... 34
I. Insolvenzschutz von Versorgungsansprüchen (Abs. 1) ... 8	III. Insolvenzschutz bei Versorgungsanwartschaften (Abs. 2) ... 37
1. Versorgungsempfänger und Hinterbliebene ... 9	1. Gesetzliche Unverfallbarkeit ... 39
2. Gesicherte Versorgungsleistungen ... 12	2. Versorgungsanwartschaften bei Betriebsübergang im Insolvenzverfahren ... 42
a) Unmittelbare Versorgungszusage ... 13	3. Berechnung ... 46
b) Direktversicherung ... 15	a) Grundsätze ... 46
c) Unterstützungskasse ... 16	b) Höhe ... 47
d) Pensionsfonds ... 17	IV. Höchstgrenzen der insolvenzgeschützten Leistungen (Abs. 3) ... 50
3. Sicherungsfälle ... 18	V. Minderung der Leistung (Abs. 4) ... 56
a) Eröffnung des Insolvenzverfahrens ... 18	VI. Missbrauchsschutz (Abs. 5) ... 61
b) Abweisung des Antrags auf Eröffnung des Insolvenzverfahrens mangels Masse ... 20	1. Allgemeiner Missbrauchstatbestand (Abs. 5 S. 1) ... 62
c) Außergerichtlicher Vergleich ... 21	2. Vermutung des Missbrauchs (Abs. 5 S. 2) ... 67
d) Vollständige Beendigung der Betriebstätigkeit bei offensichtlicher Masselosigkeit ... 24	3. Missbrauchsabsicht (Abs. 5 S. 3) ... 69
e) Wirtschaftliche Notlage des Arbeitgebers ... 27	VII. Katastrophenklausel (Abs. 6) ... 71
4. Abgrenzung betriebliche Altersversorgung und Übergangsgeld ... 28	

A. Allgemeines

1 Durch Art. 8 des Gesetzes zur Neuordnung der einkommensteuerrechtlichen Behandlung von Altersvorsorgeaufwendungen und Altersbezügen (Alterseinkünftegesetz – AltEinkG) vom 5.7.2004[1] wurde in Abs. 5 S. 3 die Regelung zur **Einstandspflicht** des Pensionssicherungsvereins auf Gegenseitigkeit (PSVaG) geändert.[2] Danach besteht ein Anspruch des Versorgungsberechtigten gegen den PSVaG bei **Erteilung** und **Verbesserung von Zusagen**, die in den letzen beiden Jahren vor dem Eintritt des Sicherungsfalls erfolgt sind, nur, wenn die gesetzlichen Voraussetzungen gem. Abs. 5 S. 3 Nr. 1 und Nr. 2 erfüllt sind. Nr. 1 betrifft Zusagen im Rahmen der Entgeltumwandlung. Nr. 2 betrifft Zusagen, die im Rahmen von Übertragungen gegeben wurden und bei denen der Übertragungswert die Beitragsbemessungsgrenze der gesetzlichen RV nicht übersteigt.

2 Des Weiteren wurde durch Art. 39 des Gesetzes zur Organisationsreform in der gesetzlichen Rentenversicherung (RVOrgG) vom 9.12.2004[3] der Begriff „Rentenversicherung der Arbeiter und Angestellten" durch „allgemeine Rentenversicherung" ersetzt. In Abs. 6 erfolgte eine **redaktionelle Folgeänderung** in Bezug auf die zuständige Aufsichtsbehörde.

3 § 7 ist wie folgt aufgebaut: Abs. 1 regelt den Insolvenzschutz von Versorgungsansprüchen. Abs. 1a legt die zeitliche Entstehung und Beendigung des Anspruchs gegen den Träger der Insolvenzversicherung fest. Abs. 2 erweitert den

---

[1] BGBl I S. 1427.
[2] *Förster/Cisch*, BB 2004, 2126, 2130.
[3] BGBl I S. 3242.

Insolvenzschutz auf Versorgungsanwartschaften. Abs. 3 begrenzt den Anspruch auf laufende Leistungen gegen den Träger der Insolvenzsicherung der Höhe nach und aus Abs. 4 folgt das Prinzip der Ausfallhaftung des Trägers der Insolvenzsicherung. Der Versicherungsmissbrauch ist in Abs. 5 und der Kriegs- bzw. Katastrophenzustand in Abs. 6 geregelt.

Träger der gesetzlichen Insolvenzsicherung der betrieblichen Altersversorgung ist der PSVaG mit Sitz in Köln. Die gesetzliche Insolvenzsicherung ist maßgeblich in den §§ 7–15 geregelt, daneben im VVG. Ergänzend kann auf die **Satzung** des PSVaG,[4] die allgemeinen Versicherungsbedingungen für die Insolvenzsicherung der betrieblichen Altersversorgung (**AIB**) und die **Merkblätter** des PSVaG[5] zurückgegriffen werden. Die Insolvenzsicherung ist unabhängig davon, ob dem Versorgungsberechtigten noch andere Sicherungsrechte eingeräumt wurden.[6] Dem Versorgungsberechtigten steht mit Eintritt des Sicherungsfalles ein **gesetzlicher Anspruch** gegen den PSVaG zu, der **an die Stelle des Versorgungsanspruchs** tritt.[7] Der PSVaG hat die Leistung an den Versorgungsberechtigten grds. so zu erbringen, wie sie der AG aufgrund seiner Versorgungszusage schuldet.[8] Die Versorgungsberechtigten können ihre Ansprüche im Rahmen der Insolvenzsicherung auch nur noch gegen den PSVaG geltend machen;[9] ihre Ansprüche gegen den insolventen AG gehen auf den PSVaG über. Ist rechtskräftig entschieden, dass dem AN keinerlei Versorgungsansprüche gegen den AG zustehen, besteht folgerichtig auch keine Leistungspflicht des PSVaG.[10] Nicht insolvenzgesicherte Teile der Altersversorgung des Versorgungsberechtigten können weiterhin gegenüber dem AG geltend gemacht werden.[11]

Der gesetzliche Insolvenzschutz besteht unabhängig davon, ob der zur Insolvenzsicherung verpflichtete AG **Beiträge** an den PSVaG entrichtet hat. Andererseits kann eine Sicherungspflicht nicht dadurch begründet werden, dass der AG Beiträge für einen nach dem Gesetz nicht sicherungspflichtigen Anspruch zahlt.[12] Weder in einem Tarifvertrag noch in einer Betriebsvereinbarung kann von den §§ 7–15 abgewichen werden.

Gem. § 14 Abs. 1 S. 2 ist der PSVaG zugleich Träger der Insolvenzsicherung von Versorgungszusagen **Luxemburger Unternehmen** nach Maßgabe des Abkommens vom 22.9.2000 zwischen der Bundesrepublik Deutschland und dem Großherzogtum Luxemburg über Zusammenarbeit im Bereich der Insolvenzsicherung betrieblicher Altersversorgung.

Für Klagen versorgungsberechtigter AN und ihrer Hinterbliebenen gegen den PSVaG auf Leistungen der gesetzlichen Insolvenzsicherung ist gem. § 2 Abs. 1 Nr. 5 ArbGG, § 17 ZPO der Rechtsweg zu den **Arbeitsgerichten** eröffnet. Örtlich zuständig ist ausschließlich das Arbeitsgericht Köln. Für Rechtsstreitigkeiten der Nicht-AN (etwa Organmitglieder juristischer Personen) ist nach § 17 Abs. 1 ZPO das **Landgericht Köln** zuständig.

B. Regelungsgehalt

I. Insolvenzschutz von Versorgungsansprüchen (Abs. 1)

Gesichert sind ausschließlich Leistungen der betrieblichen Altersversorgung i.S.d. § 1. Mit dem Begriff des Versorgungsanspruchs grenzt das Gesetz den Anwendungsbereich des Abs. 1 gegenüber den Versorgungsanwartschaften ab, die verminderten Insolvenzschutz ausschließlich nach Abs. 2 genießen. Ein Versorgungsanspruch liegt vor, wenn aus der Anwartschaft, d.h. der Berechtigung, mit Eintritt des Versorgungsfalles Leistungen der betrieblichen Altersversorgung zu beziehen, nach Eintritt der vereinbarten Bedingungen das Vollrecht geworden ist.[13]

Auf die Fälligkeit des Anspruchs kommt es nicht an,[14] ebenso wenig auf den tatsächlichen Zahlungsbeginn.[15]

1. Versorgungsempfänger und Hinterbliebene. Anspruchsberechtigt sind Versorgungsempfänger, deren Ansprüche aus einer unmittelbaren Versorgungszusage des AG insolvenzbedingt nicht erfüllt werden. Insolvenzschutz besteht selbst dann, wenn die Versorgungszusage erst bei Eintritt des Versorgungsfalls erteilt wurde.[16] Nicht erfor-

---

4 Satzung für den Pensions-Sicherungs-Verein, Versicherungsverein auf Gegenseitigkeit, zuletzt geändert durch Beschluss des Aufsichtsrats am 12.4.2005, www.psvag.de.
5 www.psvag.de.
6 Kemper u.a., § 7 Rn 1.
7 Berenz, DB 2004, 1098; H-BetrAV-Hoppenrath, Die Insolvenzsicherung der betrieblichen Altersversorgung, Rn 15.
8 BGH 11.10.2004 – II ZR 403/02 – AP § 7 BetrAVG Nr. 110 = NZA 2005, 113.
9 BAG 12.4.1983 – 3 AZR 607/80 – EzA § 9 BetrAVG Nr. 1 = AP § 9 BetrAVG Nr. 2; Dörner/Luczak/Wildschütz/ Dörner, Arbeitsrecht, Teil C Rn 2613.
10 BAG 23.3.1999 – 3 AZR 625/97 – EzA § 7 BetrAVG Nr. 58 = AP § 7 BetrAVG Nr. 98; auch ErfK/Steinmeyer, § 7 BetrAVG Rn 2.
11 BAG 9.11.1999 – 3 AZR 361/98 – EzA § 7 BetrAVG Nr. 62 = AP § 7 BetrAVG Nr. 96.
12 BGH 16.1.1981 – II ZR 140/80 – ZIP 1981, 892; Kemper u.a., § 7 Rn 3.
13 Blomeyer/Rolfs/Otto, § 1b Rn 10 ff.
14 BAG 5.10.1982 – 3 AZR 403/80 – AP § 7 BetrAVG Nr. 13; BGH 14.7.1980 – II ZR 106/79 – AP § 7 BetrAVG Nr. 5.
15 BAG 26.1.1999 – 3 AZR 464/97 – EzA § 7 BetrAVG Nr. 59 = AP § 7 BetrAVG Nr. 91; ErfK/Steinmeyer, § 7 BetrAVG Rn 9.
16 BAG 8.5.1990 – 3 AZR 121/89 – EzA § 7 BetrAVG Nr. 35 = AP § 7 BetrAVG Nr. 58.

derlich ist, dass der Berechtigte bereits eine **Ruhegeldzahlung** erhalten hat.[17] Anspruchsberechtigt nach Abs. 1 ist auch der Versorgungsempfänger, dessen **Arbverh** vor dem Versorgungsfall **endete**.[18]

10 Wer nach der maßgeblichen Versorgungsvereinbarung alle Voraussetzungen für den Leistungsbezug erfüllt, jedoch beim AG über die vorgesehene Altersgrenze hinaus weiter arbeitet, gehört ebenfalls zum Kreis der Anspruchsberechtigten,[19] da die Anwartschaft bereits zum Vollrecht erstarkt ist.[20] Wenn allerdings die Beendigung des Arbverh nach der Versorgungszusage Anspruchsvoraussetzung ist, ist der bis zum Eintritt des Sicherungsfalles **weiter tätig bleibende AN** nur Anwärter i.S.v. Abs. 2.[21] Als Versorgungsempfänger zu behandeln ist dagegen, wer die Voraussetzungen einer vorzeitigen Altersleistung nach § 6 erfüllt und diese vor Eintritt des Sicherungsfalles vom AG verlangt.[22] Macht der Versorgungsberechtigte das Verlangen erst nach Eintritt des Sicherungsfalles geltend und hat er bis dahin die gesetzlichen Unverfallbarkeitsvoraussetzungen erfüllt, ist er Anwärter nach Abs. 2.[23] Anspruchsberechtigt nach Abs. 1 ist dagegen, wer **Invaliditätsleistungen** in Anlehnung an die gesetzliche RV beanspruchen kann und vor oder auch nach Eintritt des Insolvenzfalls einen entsprechenden Antrag beim zuständigen Träger der gesetzlichen RV gestellt hat.[24]

11 Eine Anwartschaft auf Hinterbliebenenversorgung erstarkt erst mit dem Tod des Berechtigten zum Anspruch.[25] Bis dahin kommt nur eine Anwartschaftssicherung nach Abs. 2 in Betracht. Der Versorgungsanspruch Hinterbliebener ist untrennbar mit dem Rentenstammrecht verbunden. Er nimmt auch für die Zwecke der Insolvenzsicherung am Schicksal der Hauptrente teil.[26] Ist der Versorgungsfall vor Eröffnung des Insolvenzverfahrens eingetreten, das eine Hinterbliebenenleistung auslösende Ereignis jedoch danach, ist folgerichtig Abs. 1 anzuwenden.

12 **2. Gesicherte Versorgungsleistungen.** Gesichert sind ausnahmslos Versorgungsleistungen aus unmittelbarer Versorgungszusage (Abs. 1 S. 1), sowie aus Unterstützungskasse- und Pensionsfondszusage (Abs. 1 S. 1 Nr. 2). Leistungen der Direktversicherung sind nur gesichert, wenn der AG durch Abtretung oder Beleihung (oder Verpfändung) des Bezugsrechts ein Schutzbedürfnis des AN erst verursacht hat (vgl. § 1b Abs. 2 S. 3).

13 **a) Unmittelbare Versorgungszusage.** Der AG hat die Versorgungsleistung aus eigenen Mitteln zu erbringen.[27] Er bildet Pensionsrückstellungen, die im Insolvenzfall keine Vorrechte des Versorgungsberechtigten begründen.[28] Das für die Erfüllung einer unmittelbaren Versorgungszusage notwendige Kapital ist dem Zugriff des AG nicht entzogen. Es verbleibt im Unternehmen, weshalb dieser Durchführungsweg **besonders insolvenzgefährdet** ist.[29]

14 Auch eine rückgedeckte unmittelbare Versorgungszusage ist insolvenzsicherungspflichtig. Die Rückdeckversicherung dient dem Schutz des AG vor aus der Versorgungszusage entstehenden Risiken; sie ist damit keine Sicherung für den AN.[30] Kommt der AG seinen Verpflichtungen aus einer unmittelbaren Versorgungszusage nicht nach und wird er deshalb gegenüber dem AN **schadenersatzpflichtig**, ist auch dieser Anspruch als Anspruch aus einer unmittelbaren Versorgungszusage nach Abs. 1 gesichert.[31]

15 **b) Direktversicherung.** Der AG schließt eine Versicherung auf das Leben des AN ab und räumt dem AN oder seinen Hinterbliebenen ein widerrufliches oder unwiderrufliches Bezugsrecht auf die Versicherungsleistungen ein. Das unwiderrufliche Bezugsrecht kann auch mit dem Vorbehalt des AG versehen sein, die Deckungsmittel der Versicherung sofort oder zu einem späteren Zeitpunkt nutzen zu dürfen.[32] Das Insolvenzrisiko bei Direktversicherungen besteht nicht nur im Falle der Abtretung und Beleihung des Bezugsrechts, sondern auch bei Bezugsrechtswiderruf und Bezugsrechtsverpfändung. Den AG trifft eine Wiederherstellungspflicht aus dem arbeitsrechtlichen Versorgungsverhältnis. Diese Pflicht geht dahin, den AN oder seine Hinterbliebenen so zu stellen, als sei eine Einschränkung des Bezugsrechts nicht erfolgt. Ist der AG hierzu insolvenzbedingt nicht in der Lage, greift der gesetzliche Insolvenzschutz.[33] Auch wenn der Versorgungsberechtigte einer Abtretung, Beleihung oder vergleichbaren Maßnahmen des AG zugestimmt hat, verliert er nicht den Insolvenzschutz. Das Gesetz lässt solche Einwirkungen des AG auf das Bezugsrecht ausdrücklich zu und zwar unabhängig davon, ob der AG von vornherein die Möglichkeit zur Einwirkung

---

17 BAG 26.1.1999 – 3 AZR 464/97 – NZA 1999, 711.
18 BAG 8.6.1999- 3 AZR 39/98 – NZA 1999, 1215.
19 BGH 9.6.1980 – II ZR 255/78 – EzA § 17 BetrAVG Nr. 1 = AP § 17 BetrAVG Nr. 2; ErfK/*Steinmeyer*, § 7 BetrAVG Rn 10.
20 *Blomeyer/Rolfs/Otto*, § 7 Rn 24.
21 BAG 26.1.1999 – 3 AZR 464/97 – EzA § 7 BetrAVG Nr. 59 = AP § 7 BetrAVG Nr. 91; *Blomeyer/Rolfs/Otto*, § 7 Rn 24 m.w.N.; ErfK/*Steinmeyer*, § 7 BetrAVG Rn 10.
22 BGH 9.6.1980 – 2 ZR 255/78 – EzA § 17 BetrAVG Nr. 1 = AP § 17 BetrAVG Nr. 2.
23 BGH 4.5.1981 – 2 ZR 100/80 – AP § 1 BetrAVG Nr. 9; *Kemper u.a.*, § 7 Rn 6.
24 ErfK/*Steinmeyer*, § 7 BetrAVG Rn 12; *Paulsdorff*, § 7 Rn 47.
25 *Blomeyer/Rolfs/Otto*, § 7 Rn 28.
26 BAG 12.6.1990 – 3 AZR 524/88 – EzA § 322 ZPO Nr. 8 = AP § 1 BetrAVG Hinterbliebenenversorgung Nr. 10.
27 *Blomeyer/Rolfs/Otto*, § 1 Rn 32; *Bode/Grabner/Stein*, DStR 2002, 679, 680.
28 BAG 16.3.1972 – 3 AZR 191/71 – EZA § 242 BGB Ruhegeld Nr. 13 = AP § 242 BGB Ruhegehalt-Unverfallbarkeit Nr. 2; *Höfer*, § 7 Rn 4399.
29 ErfK/*Steinmeyer*, § 7 BetrAVG Rn 14.
30 ErfK/*Steinmeyer*, § 7 BetrAVG Rn 15; *Höfer*, § 7 Rn 4400.
31 ErfK/*Steinmeyer*, § 7 BetrAVG Rn 16.
32 *Westhelle/Micksch*, ZIP 2003, 2054.
33 ErfK/*Steinmeyer*, § 7 BetrAVG Rn 18.

hatte oder der Versorgungsberechtigte sie ihm später eingeräumt hat.[34] Dagegen sind Einbußen, die dem Versorgungsberechtigten daraus entstehen, dass der AG die Beiträge an den Versicherer nicht vertragsgemäß entrichtet hat, nicht insolvenzgeschützt.[35] Ebenso wenig besteht Insolvenzschutz, wenn der AG bei einer Direktversicherung bei Eintritt des Versicherungsfalles die Versicherungssumme in Empfang nimmt und diese mit Einverständnis des AN einstweilen behält, um sie später auf Abruf an den AN auszuzahlen. Denn dadurch wird regelmäßig keine zweite Versorgungszusage i.S.d. § 7 begründet.[36]

c) Unterstützungskasse. Die Unterstützungskasse gibt dem AN keinen Rechtsanspruch auf Leistungen der betrieblichen Altersversorgung. Andererseits hat sich der AG verpflichtet, dem AN eine Altersversorgung über eine Unterstützungskasse zu gewähren. Der AG hat dafür zu sorgen, dass die im Versorgungsfall vorgesehenen Leistungen durch die Unterstützungskasse erbracht werden. Für den Fall der Zahlungsunfähigkeit der Unterstützungskasse bleibt der AG dem AN aus der zugrunde liegenden Versorgungszusage verpflichtet. Zutreffend stellt § 7 deshalb auf die Insolvenz des AG ab.[37] Bei **Gruppenunterstützungskassen** ist die Insolvenz des jeweiligen AG des Anspruchsberechtigten maßgeblich.[38]

d) Pensionsfonds. Beim Pensionsfonds sieht das Gesetz einen der Unterstützungskassezusage entsprechenden Insolvenzschutz vor. Anders als bei der Pensionskasse ist der AN nicht Versicherungsnehmer. Trotz Aufsicht durch die BaFin sieht der Gesetzgeber wegen der für Pensionsfonds geltenden liberaleren Kapitalanlagevorschriften[39] eine ausreichende Sicherheit nicht als gegeben an und daher die gesetzliche Insolvenzsicherung vor.[40] Entscheidend für die Einbeziehung einer Pensionsfondszusage in den gesetzlichen Insolvenzschutz ist, dass auch hier die Versorgungsverpflichtung von der finanziellen Leistungsfähigkeit des AG abhängen kann, wenn er, wie bei einer Beitragszusage mit Mindestleistung gem. § 1 Abs. 2 Nr. 2, die Mindestleistung sicherstellen muss.[41]

3. Sicherungsfälle. a) Eröffnung des Insolvenzverfahrens. Grundtatbestand ist die Eröffnung des Insolvenzverfahrens über das Vermögen des AG oder über seinen Nachlass. Der AG muss **insolvenzfähig** sein. Zudem bedarf es eines **Eröffnungsantrages**, den ggf. auch jeder Versorgungsberechtigte selbst stellen kann. Auch Versorgungsanwärter, die noch im Beschäftigungsverhältnis stehen, sind antragsberechtigt.[42] Weiterhin muss ein **Eröffnungsgrund** vorliegen, welcher sich nach den insolvenzrechtlichen Regelungen bestimmt.[43] Allgemeiner Eröffnungsgrund ist gem. § 17 InsO die Zahlungsunfähigkeit, auf Antrag des Schuldners auch die drohende Zahlungsunfähigkeit. Bei juristischen Personen ist gem. § 19 Abs. 1 InsO auch die Überschuldung Eröffnungsgrund. Der Sicherungsfall tritt mit Eröffnung des Insolvenzverfahrens ein.[44] Der gerichtliche Beschluss über die Eröffnung des Insolvenzverfahrens hat gem. § 27 Abs. 2 Nr. 3 InsO den Zeitpunkt der Eröffnung zu benennen. Zugleich gehen die Ansprüche oder Anwartschaften gegen den AG gem. § 9 Abs. 2 auf den PSVaG über. Wird im weiteren Verlauf das Insolvenzverfahren mangels Masse wieder eingestellt, so berührt dies nicht die Zahlungsverpflichtung des PSVaG.[45] Selbst wenn im Insolvenzverfahren eine **vollständige Befriedigung** auch der Versorgungsberechtigten erreicht werden kann, ist der PSVaG (zunächst) einstandspflichtig.[46]

b) Abweisung des Antrags auf Eröffnung des Insolvenzverfahrens mangels Masse. Die Abweisung des Antrags auf Eröffnung des Insolvenzverfahrens mangels Masse erfolgt gem. § 26 InsO ebenfalls durch **gerichtlichen Beschluss**, wenn eine die Gerichts- und Verwaltungskosten sowie die Kosten eines Gläubigerausschusses deckende Insolvenzmasse nach dem Ermessen des Insolvenzgerichts nicht vorhanden ist. Der genaue Zeitpunkt des Sicherungsfalls ergibt sich aus dem Abweisungsbeschluss; dieser ist maßgeblich für die Einstandspflicht des PSVaG.[47]

c) Außergerichtlicher Vergleich. Gemeint ist der **Stundungs-, Quoten-** oder **Liquidationsvergleich** des AG mit seinen Gläubigern, also eine Vielzahl außergerichtlicher Einzelverträge zur Abwendung des Insolvenzverfahrens. Dadurch ist sichergestellt, dass nur solche Vergleiche den Sicherungsfall begründen, die bei drohender oder bereits eingetretener Insolvenz abgeschlossen werden.[48] Die zur Vermeidung von Missbrauch erforderliche **Zustimmung des PSVaG** ist eine rechtsgeschäftliche Erklärung gegenüber dem Versorgungsschuldner, Leistungen der betriebli-

---

34 ErfK/*Steinmeyer*, § 7 BetrAVG Rn 19.
35 BAG 17.11.1992 – 3 AZR 51/92 – EzA § 7 BetrAVG Nr. 45 = AP § 7 BetrAVG Lebensversicherung Nr. 1.
36 LAG Köln 19.8.1994 – 13 Sa 598/94 – NZA 1995, 427.
37 ErfK/*Steinmeyer*, § 7 BetrAVG Rn 23.
38 BAG 24.1.1980 – 3 AZR 502/79 – EzA § 242 BGB Ruhegeld Nr. 87 = AP § 242 BGB Ruhegehalt-Unterstützungskassen Nr. 10.
39 Pensionsfonds-Kapitalanlageverordnung (PFKapAV) v. 21.12.2001 (BGBl I S. 4185), Pensionsfonds-Kapitalausstattungsverordnung (PFKAustV) v. 20.12.2001 (BGBl I S. 4180), Pensionsfonds-Deckungsrückstellungsverordnung (PFDeckV) v. 20.12.2001 (BGBl I S. 4183).
40 *Blomeyer/Rolfs/Otto*, § 7 Rn 68 f.; ErfK/*Steinmeyer*, § 7 BetrAVG Rn 26;
41 ErfK/*Steinmeyer*, § 7 BetrAVG Rn 24; *Hoppenrath*, BetrAVG 2001, 117.
42 HWK/*Schipp*, § 7 BetrAVG, Rn 31.
43 *Kemper u.a.*, § 7 Rn 27.
44 *Berenz*, DB 2001, 2346.
45 *Höfer*, § 7 Rn 4345.
46 HWK/*Schipp*, § 7 BetrAVG, Rn 31; *Höfer*, § 7 Rn 4345.
47 HWK/*Schipp*, § 7 BetrAVG, Rn 33; *Höfer*, § 7 Rn 4349.
48 ErfK/*Steinmeyer*, § 7 BetrAVG Rn 28.

chen Altersversorgung zu übernehmen.[49] Es besteht kein Rechtsanspruch auf Zustimmung des PSVaG.[50] Der PSVaG wird einem außergerichtlichen Vergleich nur zustimmen können, wenn dieser insg. ausgewogen ist. Es dürfen keine Sonderopfer der Versorgungsberechtigten zugunsten anderer Gläubiger verlangt werden. Die Lasten sind gleichmäßig auf die Anteilseigner, die aktive Belegschaft, sämtliche Versorgungsberechtigte und alle sonstigen Gläubiger zu verteilen.[51] Um zu verhindern, dass Versorgungsberechtigte vorübergehend ohne Versorgungsleistungen bleiben, tritt der Versicherungsfall nicht erst mit Abschluss des Vergleichs ein, sondern bereits mit der Bekanntgabe der Zahlungsunfähigkeit durch den AG an seine sämtlichen Gläubiger.[52]

22 Der PSVaG hat weder eine gesetzliche Vertretungsmacht noch eine Verfügungsbefugnis für den Abschluss außergerichtlicher Vergleiche über Versorgungsrechte der AN.[53] Er kann also nicht für den Versorgungsberechtigten handeln und dessen nicht insolvenzgeschützte Versorgungsansprüche ganz oder teilweise **erlassen**.[54] Den Versorgungsberechtigten steht es frei, dem Vergleichsvorschlag zuzustimmen. Insb. können sie ihre Zustimmung auch unter der Bedingung erteilen, dass der PSVaG dem Vergleich zustimmt.[55]

23 Es liegt also im notwendigen Ermessen des AG und des PSVaG, im Wege der Absprache den geeigneten Zeitpunkt zu bestimmen.[56] Dem trägt § 3 Abs. 3 der Allgemeinen Versicherungsbedingungen für die Insolvenzsicherung der betrieblichen Altersversorgung (AIB) dadurch Rechnung, dass für den Eintritt des Versicherungsfalles auf den Tag abgestellt wird, der sich aus der Zustimmungserklärung des PSVaG ergibt.

24 **d) Vollständige Beendigung der Betriebstätigkeit bei offensichtlicher Masselosigkeit.** Der Versorgungsberechtigte hat auch dann einen Anspruch gegen den PSVaG, wenn der insolvente AG seine Betriebstätigkeit einstellt und die Einleitung eines förmlichen Insolvenzverfahrens wegen offensichtlicher Masselosigkeit nicht in Betracht kommt.[57] Voraussetzung ist also zum einen die Insolvenzverfahrensfähigkeit des Unternehmens, zum anderen die Existenz eines Eröffnungsgrundes.[58] Es sollen dem Versorgungsberechtigten keine Nachteile dadurch entstehen, dass es nicht zu einem ebenso förmlichen wie nutzlosen Insolvenzverfahren kommt.[59] Eine vollständige Beendigung der Betriebstätigkeit liegt vor, wenn der AG den mit dem Betrieb verfolgten arbeitstechnischen und unternehmerischen Zweck einstellt und die organisatorische Einheit des Unternehmens auflöst.[60] Nicht ausreichend ist eine **Änderung des Unternehmenszwecks**, solange das Unternehmen noch tätig ist.[61] Selbst die Liquidation des Unternehmens ist noch mit Betriebstätigkeiten verbunden.[62]

25 Das Insolvenzverfahren darf wegen der **offensichtlichen Masselosigkeit** nicht in Betracht kommen. Der Sicherungsfall wird ausgelöst, wenn objektiv eine Masselosigkeit vorliegt. Entscheidend ist die Sicht eines entsprechend unterrichteten, **unvoreingenommenen Betrachters**.[63] Es kommt nicht darauf an, über welche Kenntnisse der Betriebsrentner oder der PSVaG verfügen. Ein Abstellen auf die Kenntnisse der Betriebsrentner würde nur dazu herausfordern, über den Sicherungsfall die Versorgungslasten auf den PSVaG überzuwälzen.[64]

26 Nach Auffassung des BAG setzt Abs. 1 S. 4 Nr. 3 nicht voraus, dass bereits bei der Betriebseinstellung offensichtlich keine der Kosten eines Insolvenzverfahrens deckende Masse vorhanden war.[65] Es genügt, wenn die Zahlungsunfähigkeit und die offensichtliche Masselosigkeit des AG erst nach Einstellung der Betriebstätigkeit eintreten und offensichtlich werden.[66] Das Merkmal der „Offensichtlichkeit" indiziert, dass der sich aus den **äußeren Tatsachen** ergebende Eindruck genügen soll, um den Sicherungsfall eintreten zu lassen. Die Vorschrift eröffnet dem PSVaG einen **Beurteilungsspielraum**, anhand der ihm bekannten Umstände zu entscheiden, ob er den Insolvenzantrag stellt oder zur Vermeidung sinnloser Kosten davon absieht.[67] Unerheblich ist, wenn der AG zu einem späteren Zeitpunkt seine **Betriebstätigkeit wieder aufnimmt**. Es verbleibt in diesem Fall bei der Einstandspflicht des PSVaG; dieser

---

49 Höfer, § 7 Rn 4358.
50 HWK/Schipp, § 7 BetrAVG, Rn 38; Höfer, § 7 Rn 4359; Blomeyer/Rolfs/Otto, § 7 Rn 103.
51 BAG 24.4.2001 – 3 AZR 402/00 – EzA § 7 BetrAVG Nr. 64 = AP § 7 BetrAVG Widerruf Nr. 23.
52 BAG 14.12.1993 – 3 AZR 618/93 – EzA § 7 BetrAVG Nr. 47 = AP § 7 BetrAVG Nr. 81.
53 BAG 9.11.1999 – 3 AZR 361/98 – EzA § 7 BetrAVG Nr. 62 = AP § 7 BetrAVG Nr. 96.
54 Höfer, § 7 Rn 4352.
55 HWK/Schipp, § 7 BetrAVG, Rn 35; Höfer, § 7 Rn 4349.
56 BAG 14.12.1993 – 3 AZR 618/93 – EzA § 7 BetrAVG Nr. 47 = AP § 7 BetrAVG Nr. 81.
57 HWK/Schipp, § 7 BetrAVG Rn 41 f.
58 HWK/Schipp, § 7 BetrAVG, Rn 41.
59 ErfK/Steinmeyer, § 7 BetrAVG Rn 29.
60 BAG 20.11.1984 – 3 AZR 444/82 – EzA § 7 BetrAVG Nr. 15 = AP § 7 BetrAVG Nr. 22; Blomeyer/Rolfs/Otto, § 7 Rn 110.
61 Blomeyer/Rolfs/Otto, § 7 Rn 111; Höfer, § 7 Rn 4374.
62 HWK/Schipp, § 7 BetrAVG Rn 41; Paulsdorff, § 7 Rn 162.
63 BAG 9.12.1997 – 3 AZR 429/96 – EzA § 7 BetrAVG Nr. 55 = AP § 7 BetrAVG Nr. 90.
64 BAG 11.9.1980 – 3 AZR 544/79 – EzA § 7 BetrAVG Nr. 7 = AP § 7 BetrAVG Nr. 9.
65 BAG 20.11.1984 – 3 AZR 444/82 – AP § 7 BetrAVG Nr. 22.
66 BAG 28.1.1986 – 3 AZR 434/84 – AP § 7 BetrAVG Nr. 30; BAG 9.12.1997 – 3 AZR 429/96 – EzA § 7 BetrAVG Nr. 55 = AP § 7 BetrAVG Nr. 90.
67 BAG 20.11.1984 – 3 AZR 444/82 – EzA § 7 BetrAVG Nr. 15 = AP § 7 BetrAVG Nr. 22.

kann allenfalls bei dem eigentlichen Versorgungsschuldner Rückgriff nehmen.[68] Ein **später gestellter Insolvenzantrag** kann nicht dazu führen, dass der Insolvenzschutz des Abs. 1 S. 4 Nr. 3 rückwirkend entfällt.[69]

e) **Wirtschaftliche Notlage des Arbeitgebers.** Seit der Streichung des Sicherungsfalls der wirtschaftlichen Notlage (vgl. Abs. 1 S. 3 Nr. 5 a.F.) durch Art. 91 EGInsO besteht das von der Rechtsprechung aus den Grundsätzen über den Wegfall der Geschäftsgrundlage entwickelte Recht zum Widerruf insolvenzgeschützter betrieblicher Versorgungsrechte wegen wirtschaftlicher Notlage des AG nicht mehr.[70] Ein Rückgriff auf die Grundsätze der nunmehr in § 313 BGB geregelten Störung der Geschäftsgrundlage ist zur Rechtfertigung eines solchen Widerrufsrechts nach der gesetzgeberischen Wertung ausgeschlossen.[71] Es gilt insoweit auch im Betriebsrentenrecht wieder der Rechtsgrundsatz, wonach **fehlende wirtschaftliche Leistungsfähigkeit** in aller Regel kein Grund dafür ist, sich von einer übernommenen Zahlungspflicht zu lösen. Den AG trifft das Beschaffungsrisiko (§ 276 BGB). Er kann dieses Risiko nicht unter Berufung auf einen Wegfall der Geschäftsgrundlage auf den Versorgungsberechtigten abwälzen.[72] Ist der AG insolvenzbedingt nicht in der Lage, seinen Verpflichtungen in voller Höhe zu genügen, kann er aber nach wie vor den außergerichtlichen Vergleich nach Abs. 1 S. 4 Nr. 2 suchen. 27

4. Abgrenzung betriebliche Altersversorgung und Übergangsgeld. Insolvenzgesichert sind Leistungen der betrieblichen Altersversorgung. Es müssen drei Voraussetzungen erfüllt sein. Die Zusage muss den Zweck einer Versorgung erfüllen, die durch ein biologisches Ereignis, nämlich Alter, Invalidität oder Tod, ausgelöst werden soll, und von einem AG aus Anlass eines Arbverh versprochen worden sein.[73] 28

Für eine Zuordnung zum Bereich der betrieblichen Altersversorgung ist damit entscheidend, dass die **Leistung zur Alterssicherung bestimmt** ist, also die Versorgung des AN nach dem Ausscheiden aus dem Erwerbs- oder Berufsleben sichert.[74] 29

Die Arbeitsvertragsparteien können die feste Altersgrenze auch auf einen früheren Zeitpunkt als die **Regelaltersgrenze** für den Bezug der gesetzlichen RV (Vollendung des 65. Lebensjahres) festlegen, mit Wirkung für die Insolvenzsicherung nach § 7 jedoch regelmäßig nicht auf einen Zeitpunkt vor **Vollendung des 60. Lebensjahres.**[75] 30

Die Wahl einer früheren Altersgrenze als die Vollendung des 65. Lebensjahres muss auf sachlichen, nicht außerhalb des Arbverh liegenden Gründen beruhen. Es muss auch bei der Wahl einer früheren Altersgrenze bei dem Zweck bleiben, dass die Versorgungsleistung dazu dienen soll, einem aus dem aktiven Arbeitsleben ausgeschiedenen AN bei der Sicherung des Lebensstandards im Alter zu helfen. In der Regel ist damit auf das Lebensalter abzustellen, das nach der **Verkehrsanschauung** als Beginn des Ruhestandes gilt.[76] 31

Nicht insolvenzgeschützt sind **Übergangsgelder** oder **Überbrückungshilfen**, selbst wenn sie in der Zusage als Ruhegehalt bezeichnet worden sind und erst ab Vollendung des 60. Lebensjahres gezahlt werden.[77] Übergangsgelder dienen der Überbrückung des Zeitraums zwischen dem Ausscheiden aus einem Betrieb und dem Einsetzen von Altersversorgungsleistungen.[78] Auch **Sterbe-** oder **Gnadengelder** stellen eine Überbrückungshilfe dar. Wegen ihres Unterschieds zur üblichen Hinterbliebenenrente werden sie nicht zur betrieblichen Altersversorgung gezählt.[79] Bezieher von Übergangsgeld, die zum Zeitpunkt ihres Ausscheidens aus dem Unternehmen die Unverfallbarkeitsvoraussetzungen gem. § 1b oder § 30f S. 1 erfüllen, haben insoweit eine insolvenzgeschützte, nach § 2 zu berechnende Anwartschaft. Diesbezüglich ist als Altersgrenze die feste Altersgrenze laut Versorgungszusage, frühestens jedoch die Vollendung des 60. Lebensjahres, zugrunde zu legen.[80] 32

5. Fälligkeit der Leistung. Gem. Abs. 1 S. 2 findet § 14 VVG auf die **erstmalige Fälligkeit** der Leistungen des PSVaG entsprechende Anwendung. Danach sind Geldleistungen mit dem Zeitpunkt der Erteilung des Leistungsbescheides des PSVaG gegenüber dem Versorgungsberechtigten fällig.[81] Der PSVaG soll die Möglichkeit haben, 33

---

68 HWK/*Schipp*, § 7 BetrAVG Rn 43; *Höfer*, § 7 Rn 4380.
69 BAG 9.12.1997 – 3 AZR 429/96 – EzA § 7 BetrAVG Nr. 55 = AP § 7 BetrAVG Nr. 90; HWK/*Schipp*, § 7 BetrAVG Rn 43.
70 BAG 17.6.2003 – 3 AZR 396/02 -EzA § 7 BetrAVG Nr. 69 = AP § 7 BetrAVG Widerruf Nr. 24.
71 BAG 17.6.2003 – 3 AZR 396/02 -EzA § 7 BetrAVG Nr. 69 = AP § 7 BetrAVG Widerruf Nr. 24; *Reinecke*, NZA 2004, 753, 758.
72 BAG 17.6.2003 – 3 AZR 396/02 -EzA § 7 BetrAVG Nr. 69 = AP § 7 BetrAVG Widerruf Nr. 24; BAG 31.7.2007 – 3 AZR 372/06 – DB 2008, 1505; BAG 31.7.2007 – 3 AZR 373/06 – EzA § 7 BetrAVG Nr. 72 = WM 2008, 467 = ZIP 2007, 2326.
73 BAG 10.3.1992 – 3 AZR 153/91 – EzA § 1 BetrAVG Lebensversicherung Nr. 3 = AP § 1 BetrAVG Lebensversicherung Nr. 17.
74 BAG 3.11.1998 – 3 AZR 454/97 – EzA § 7 BetrAVG Nr. 56 = AP § 1 BetrAVG Nr. 36.
75 BGH 3.2.1986 – II ZR 54/85 – AP § 9 BetrAVG Nr. 4.
76 BAG 3.11.1998 – 3 AZR 454/97 – EzA § 7 BetrAVG Nr. 56 = AP § 1 BetrAVG Nr. 36.
77 BAG 3.11.1998 – 3 AZR 454/97 – EzA § 7 BetrAVG Nr. 56 = AP § 1 BetrAVG Nr. 36; Tschöpe/*Schipp*, Arbeitsrecht, Teil 2 E Rn 427.
78 BAG 3.11.1998 – 3 AZR 454/97 – EzA § 7 BetrAVG Nr. 56 = AP § 1 BetrAVG Nr. 36.
79 BAG 20.8.2002 – 3 AZR 463/01 – EzA § 1 BetrAVG Gleichbehandlung Nr. 25 = AP § 1 BetrAVG Gleichbehandlung Nr. 55.
80 Merkblatt 300/M 4: „Sachlicher Geltungsbereich des Betriebsrentengesetzes", www.psvag.de.
81 *Kemper u.a.*, § 7 Rn 50.

zunächst die erforderlichen Unterlagen und Informationen einzuholen, um seine Leistungspflicht sachgerecht beurteilen zu können. § 14 VVG betrifft nur die erstmalige Fälligkeit der Leistungen des PSVaG. Deren **regelmäßige Fälligkeit** richtet sich nach der Versorgungsordnung.[82]

II. Anspruchszeitraum (Abs. 1a)

34 Nach Abs. 1a S. 1 entsteht der Anspruch auf Leistungen des PSVaG zu Beginn des Kalendermonats, der auf den Eintritt des Sicherungsfalls folgt. Gem. Abs. 1a S. 2 endet der Anspruch mit dem Ablauf des Sterbemonats des Begünstigten, falls in der Versorgungszusage des AG nicht ein anderes Ende bestimmt ist.

35 Nach Abs. 1a S. 3 haben Versorgungsberechtigte im Fall der Eröffnung des Insolvenzverfahrens, der Abweisung des Antrags auf Eröffnung eines Insolvenzverfahrens mangels Masse sowie der vollständigen Beendigung der Betriebstätigkeit, wenn ein Antrag auf Eröffnung des Insolvenzverfahrens nicht gestellt worden ist und ein Insolvenzverfahren wegen offensichtlicher Masselosigkeit nicht in Betracht kommt, zusätzlich einen Anspruch auf Versorgungsleistungen, die vom AG vor Eintritt des jeweiligen Sicherungsfalls nicht gezahlt worden sind. Der Anspruch umfasst Leistungen, die bis zu sechs Monaten vor Entstehen der Leistungspflicht des PSVaG nach Abs. 1a S. 1 entstanden sind.

36 Abs. 1a S. 3 schließt den Sicherungsfall des außergerichtlichen Vergleichs aus. Dies erklärt sich daraus, dass bei einem außergerichtlichen Vergleich der Leistungsbeginn in der Zustimmungserklärung des PSVaG festgelegt wird.[83]

III. Insolvenzschutz bei Versorgungsanwartschaften (Abs. 2)

37 Abs. 2 gewährt Insolvenzschutz für nach § 1b unverfallbare Anwartschaften der bis zum Eintritt des Sicherungsfalles betriebstreuen AN als auch der vorher ausgeschiedenen Versorgungsberechtigten.[84] Erfasst werden die Durchführungswege unmittelbare Versorgungszusage, Direktversicherung, Unterstützungskasse und Pensionsfonds. Insoweit kann auf die Ausführungen zur Insolvenzsicherung von Versorgungsansprüchen nach Abs. 1 verwiesen werden.

38 Insolvenzgeschützt sind neben den Versorgungsanwärtern auch deren Hinterbliebene, wenn die Versorgungszusage Hinterbliebenenleistungen vorsieht.[85]

39 **1. Gesetzliche Unverfallbarkeit.** Wie die Verweisung auf § 1b zeigt, steht die gesetzliche Insolvenzsicherung nicht zur freien **Disposition** der Parteien. **Vertragliche** Unverfallbarkeit begründet keinen gesetzlichen Insolvenzschutz.[86] Scheidet ein AN jedoch aufgrund einer **Vorruhestandsregelung** aus, behält er seine Versorgungsanwartschaft gem. § 1b Abs. 1 S. 2 auch dann, wenn er ohne diese vorherige Ausscheiden die Wartezeit und die sonstigen Voraussetzungen für den Bezug von Versorgungsleistungen hätte erfüllen können. Die Versorgungsanwartschaft ist insolvenzgeschützt, selbst wenn der Versorgungsberechtigte dadurch eine günstigere Position erhält als die bis zum Eintritt des Sicherungsfalles im Betrieb Verbliebenen.[87]

40 Der gesetzliche Insolvenzschutz kann sich ausnahmsweise auch auf solche Versorgungsanwartschaften erstrecken, deren Unverfallbarkeit auf der **Anrechnung** von **Vordienstzeiten** beruht.[88] Voraussetzung dafür ist, dass die angerechnete Vordienstzeit von einer Versorgungszusage begleitet war und an das Arbverh heranreicht, das eine neue Versorgungsanwartschaft begründet.[89] Als Begründung führt das BAG an, dass das Betriebsrentengesetz die Risiken des PSVaG begrenzen, die Erhaltung von Versorgungsbesitzständen aber nicht schlechthin unmöglich machen und vom Insolvenzschutz ausnehmen wollte.[90] Eine Anrechnung von **Vordienstzeiten** kann mit diesen Erwägungen aber nur dann zu einer insolvenzgeschützten Versorgungsanwartschaft führen, wenn dadurch ein mit der Vordienstzeit erreichter **Versorgungsbesitzstand** erhalten bleibt, der ohne die Anrechnungszusage verloren gegangen wäre. Anders verhält es sich, wenn der AN aufgrund der Vordienstzeiten bereits eine kraft Gesetzes unverfallbare Versorgungsanwartschaft erlangt hat. Hier würde die Ausdehnung des Insolvenzschutzes auf die Versorgungsanwartschaft im Folge-Arbverh nicht nur zu einer Erhaltung der im Vor-Arbverh erreichten Versorgungsrechte führen. Der AN würde ohne Grund dadurch begünstigt, dass die beim ersten AG zurückgelegte Betriebszugehörigkeit zweimal

---

82 *Kemper u.a.*, § 7 Rn 49.
83 *Kemper u.a.*, § 7 Rn 57.
84 *Kemper u.a.*, § 7 Rn 62.
85 BAG 12.6.1990 – 3 AZR 524/88 – EzA § 322 ZPO Nr. 8 = AP § 1 BetrAVG Hinterbliebenenversorgung Nr. 10.
86 BAG 14.12.1999 – 3 AZR 684/98 – EzA § 7 BetrAVG Nr. 63 = AP § 7 BetrAVG Nr. 97; BAG 22.2.2000 – 3 AZR 4/99 – EzA § 1 BetrAVG Nr. 72 = AP § 1 BetrAVG Unverfallbarkeit Nr. 9.
87 BAG 28.3.1995 – 3 AZR 496/94 – EzA § 1 BetrAVG Nr. 70 = AP § 7 BetrAVG Nr. 84.
88 BAG 28.3.1995 – 3 AZR 496/94 – EzA § 1 BetrAVG Nr. 70 = AP § 7 BetrAVG Nr. 84, a.A. ErfK/*Steinmeyer*,
§ 7 BetrAVG Rn 38, der diese Rechtsprechung mit dem Wortlaut des § 1b als unvereinbar ansieht.
89 BAG 28.3.1995 – 3 AZR 496/94 – EzA § 1 BetrAVG Nr. 70 = AP § 7 BetrAVG Nr. 84; BAG 3.8.1978 – 3 AZR 19/77 – EzA § 7 BetrAVG Nr. 1 = AP § 7 BetrAVG Nr. 1; BAG 11.1.1983 – 3 AZR 212/80 – EzA § 7 BetrAVG Nr. 12 = AP § 7 BetrAVG Nr. 17.
90 BAG 11.1.1983 – 3 AZR 212/80 – EzA § 7 BetrAVG Nr. 12 = AP § 7 BetrAVG Nr. 17; in der Sache auch schon BAG 3.8.1978 – 3 AZR 19/77 – EzA § 7 BetrAVG Nr. 1 = AP § 7 BetrAVG Nr. 1.

bei der Berechnung der Unverfallbarkeitsfristen berücksichtigt würde. Dies könnte der AG des Folge-Arbverh dem AN zwar zusagen, für eine **Einstandspflicht** des PSVaG fehlt dann aber eine gesetzliche Grundlage.

Ist dem AN in einem **gerichtlichen Verfahren** gegen den AG der Versorgungsanspruch rechtskräftig aberkannt worden, so hat dies auch Auswirkungen für die Einstandspflicht des PSVaG mit der Folge, dass dieser wie der AG zur Leistung nicht verpflichtet ist.[91]

2. Versorgungsanwartschaften bei Betriebsübergang im Insolvenzverfahren. Bei Übergang eines Betriebes oder Betriebsteils auf einen neuen Inhaber tritt dieser gem. § 613a BGB in die Rechte und Pflichten aus den im Zeitpunkt des Übergangs bestehenden Arbverh ein. Dazu gehören auch Anwartschaften auf eine betriebliche Altersversorgung.[92]

Wird der Betrieb im Rahmen eines Insolvenzverfahrens veräußert, schuldet der neue Betriebsinhaber im Versorgungsfall nur die nach der Eröffnung des Insolvenzverfahrens erdiente Versorgungsleistung.[93] Für die beim alten Betriebsinhaber bis zum Insolvenzfall erdienten unverfallbaren Anwartschaften tritt der PSVaG ein.[94] Insoweit genießen die Verteilungsgrundsätze des Insolvenzrechts Vorrang vor der Haftung des Betriebserwerbers gem. § 613a BGB für bereits entstandene Ansprüche der aktiven AN.[95] Maßgeblicher Zeitpunkt für die Haftungsbegrenzung des neuen Betriebsinhabers und die Eintrittspflicht des PSVaG ist die **Eröffnung des Insolvenzverfahrens**.[96] Die Haftungsbegrenzung gilt deshalb nicht für einen Betriebsübergang während einer vom Insolvenzgericht angeordneten **vorläufigen Insolvenzverwaltung**.[97] Wird der Betrieb **vor Eröffnung des Insolvenzverfahrens** übertragen, haftet der Betriebserwerber und nicht der PSVaG für die beim alten Inhaber erdienten Anwartschaften der übergegangenen AN.[98] Entsprechendes gilt für die Übernahme eines **insolvenzreifen** Betriebes[99] und ganz generell können Liquidationen außerhalb des Insolvenzverfahrens nicht zu einer Einschränkung der Haftung nach § 613a BGB führen.[100] Es ist Sache des Erwerbers zu prüfen, ob er einen solchen Betrieb übernehmen will. Ist er dazu bereit, muss er nach Sinn und Zweck des § 613a Abs. 1 BGB auch die dort beschäftigten AN und ihre Anwartschaften übernehmen. Der Betriebsübergang ist vollzogen, sobald der Betriebserwerber die arbeitstechnische Organisations- und Leitungsmacht im Betrieb einvernehmlich mit dem Betriebsveräußerer tatsächlich übernimmt.[101]

Die zwischen der Insolvenzeröffnung und dem Betriebsübergang erdiente Betriebsrente ist Masseschuld, die gem. § 613a Abs. 1 S. 1 BGB auf den Erwerber übergeht.[102] Eine Haftungsbegrenzung des Betriebserwerbers für Masseschulden findet nach der InsO nicht statt.[103] Hinsichtlich der **Einstandspflicht** für die bei Eintritt des Sicherungsfalls noch **verfallbaren Anwartschaften** eines im Betrieb weiter beschäftigten AN gilt Folgendes: Da keine gesetzlich unverfallbare Anwartschaft vorliegt, ist der PSVaG nicht einstandspflichtig. Die im Zeitpunkt der Insolvenzeröffnung noch verfallbaren Anwartschaften werden hinsichtlich ihres bereits erdienten Wertes der Insolvenz des Veräußerers und nicht der Haftung des Betriebserwerbers zugeordnet;[104] die Unterscheidung zwischen verfallbaren und unverfallbaren Anwartschaften ist für die Haftung des Betriebserwerbers nicht erheblich.[105]

Die Frage, ob nach der Neuregelung des **§ 26 HGB** § 7 dahingehend modifiziert werden muss, dass der Firmenübernehmer nach der Enthaftung des Firmenveräußerers als AG i.S.d. Insolvenzschutzes anzusehen ist, selbst wenn er nie AG des Versorgungsberechtigten war, hat das BAG in einer Entscheidung aus dem Jahre 2004 ausdrücklich offen gelassen.[106]

---

91 BAG 23.3.1999 – 3 AZR 625/97 – EzA § 7 BetrAVG Nr. 58 = AP § 7 BetrAVG Nr. 98.
92 BAG 20.6.2002 – 8 AZR 459/01 – EzA § 613a BGB Nr. 211 = AP § 613a BGB Nr. 239; *Kemper u.a.*, § 7 Rn 71.
93 BAG 19.5.2005 – 3 AZR 649/03 – EzA § 613a BGB Nr. 33 = AP § 613a BGB Nr. 283.
94 BAG 23.7.1991 – 3 AZR 366/90 – EzA § 613a BGB Nr. 94 = AP § 1 BetrAVG Betriebsveräußerung Nr. 11; BAG 17.1.1980 – 3 AZR 160/79 – EzA § 613a BGB Nr. 24 = AP § 613a BGB Nr. 18; BAG 20.6.2002 – 8 AZR 459/01 – EzA § 613a BGB Nr. 211 = AP § 613a BGB Nr. 239.
95 BAG 20.6.2002 – 8 AZR 459/01 – EzA § 613a BGB Nr. 211 = AP § 613a BGB Nr. 239.
96 BAG 19.5.2005 – 3 AZR 649/03 – EzA § 613a BGB Nr. 33 = AP § 613a BGB Nr. 283.
97 BAG 23.7.1991 – 3 AZR 366/90 – EzA § 613a BGB Nr. 94 = AP § 1 BetrAVG Betriebsveräußerung Nr. 11; *Blomeyer/Rolfs/Otto*, § 7 Rn 176.
98 BAG 23.7.1991 – 3 AZR 366/90 – EzA § 613a BGB Nr. 94 = AP § 1 BetrAVG Betriebsveräußerung Nr. 11.
99 BAG 15.11.1978 – 3 AZR 199/77 – EzA § 613a BGB Nr. 21 = AP § 613a BGB Nr. 14.
100 BAG 20.11.1984 – 3 AZR 584/83 – EzA § 613a BGB Nr. 41 = AP § 613a BGB Nr. 38.
101 EuGH 26.5.2005 – Rs. C – 478/03 – Celtec, NZA 2005, 681; BAG 20.6.2002 – 8 AZR 459/01 – EzA § 613a BGB Nr. 211 = AP § 113 InsO Nr. 10.
102 BAG 19.5.2005 – 3 AZR 649/03 – EzA § 613a BGB Nr. 33 = AP § 613a BGB Nr. 283; *Blomeyer/Rolfs/Otto*, § 7 Rn 17.
103 BAG 18.11.2003 – 9 AZR 95/03 – EzA § 613a BGB Nr. 21 = AP § 113 InsO Nr. 17.
104 BAG 29.10.1985 – 3 AZR 485/83 – EzA § 613a BGB Nr. 52 = AP § 1 BetrAVG Betriebsveräußerung Nr. 4; *ErfK/Steinmeyer*, § 7 BetrAVG Rn 43; *Blomeyer/Rolfs/Otto*, § 7 Rn 179.
105 BAG 19.5.2005 – 3 AZR 649/03 – EzA § 613a BGB Nr. 33 = AP § 613a BGB Nr. 283; BAG 29.10.1985 – 3 AZR 485/83 – EzA § 613a BGB Nr. 52 = AP § 1 BetrAVG Betriebsveräußerung Nr. 4.
106 BAG 23.3.2004 – 3 AZR 151/03 – EzA § 613a BGB 2002 Nr. 22 = AP § 613a BGB Nr. 265.

46 **3. Berechnung. a) Grundsätze.** Wegen der Berechnung der Anspruchshöhe nimmt Abs. 2 S. 3 Bezug auf § 2. Bei AN, die vor Eintritt des Sicherungsfalles mit unverfallbarer Versorgungsanwartschaft ausgeschieden sind, ist die tatsächliche Betriebszugehörigkeit bis zum Ausscheiden maßgeblich, bei betriebstreuen AN dagegen die Betriebszugehörigkeit bis zum Eintritt des Sicherungsfalles. Das ergibt sich aus Abs. 2 S. 4. Abs. 2 S. 3 verweist auch auf § 2 Abs. 5. Deshalb bleiben Veränderungen der Versorgungsregelung und der Bemessungsgrundlagen für die Leistungen der betrieblichen Altersversorgung bei der Berechnung des Teilanspruchs nach § 2 Abs. 1 unberücksichtigt, soweit sie nach dem Eintritt des Sicherungsfalles erfolgen. Das gilt auch für die Bemessungsgrundlagen anderer Versorgungsbezüge, die bei der Berechnung der Leistung der betrieblichen Altersversorgung zu berücksichtigen sind.[107] Auch im Rahmen der Insolvenzsicherung wirkt die Veränderungssperre des § 2 Abs. 5 über den Eintritt des Versorgungsfalles hinaus.[108] Sie erfasst jedoch nicht die vertraglich zugesagte Anpassung der Rentenanwartschaft nach fixen Bezugsgrößen, also z.B. einem festen Prozentsatz oder Eurobetrag.[109] Da es bei der Berechnung der Versorgungsleistung auf den bis zur festen Altersgrenze erreichbaren Versorgungsanspruch ankommt, vermag eine Weiterarbeit über die feste Altersgrenze hinaus den Versorgungsanspruch nicht mehr zu mindern.[110]

47 **b) Höhe.** Für die Höhe der durch den PSVaG zu sichernden Leistung ist es unerheblich, ob der AN über den Eintritt des Sicherungsfalles hinaus im Unternehmen beschäftigt bleibt. Maßgeblich ist die Betriebszugehörigkeit längstens bis zum Eintritt des Sicherungsfalles, bei vorzeitig ausgeschiedenen AN nur die bis dahin geleistete Betriebstreue. Eine durch den AG zugesagte günstigere Berechnung der Anwartschaft bindet insoweit zwar den AG, nicht jedoch den PSVaG.[111] Verpflichtet sich der AG in einem Aufhebungsvertrag, die betriebliche Altersversorgung bis zur Fälligkeit spätestens mit Erreichen der festen Altersgrenze „zu bedienen", liegt darin der Verzicht, die Betriebsrente wegen des vorzeitigen Ausscheidens wie gesetzlich vorgesehen zeitanteilig zu kürzen. In dem von BAG entschiedenen Fall sollten auf diese Weise Dienstzeiten nach Beendigung des Arbverh (Nachdienstzeiten) berücksichtigt werden. Nach Auffassung des BAG bindet eine solche Zusage zwar den AG, nicht jedoch den PSVaG.[112] **Ausnahmsweise** kann sich aber die vertragliche Anrechnung von **Nachdienstzeiten** auf die Höhe der vom PSVaG zu erbringenden Leistungen auswirken, wenn der Versorgungsberechtigte vorzeitig aus dem Arbverh ausscheidet, um die vorgezogene Altersrente in der gesetzlichen RV in Anspruch nehmen zu können und der AG die Zeit vom vorzeitigen Ausscheiden bis zum Eintritt in die vorgezogene Altersrente als versorgungssteigernde Dienstzeit anerkennt,[113] es sei denn, es liegt Versicherungsmissbrauch nach Abs. 5 vor.

Für die Berechnung von **Direktversicherungsleistungen** wird auf § 2 Abs. 2 S. 2 und damit auf die versicherungsrechtliche Lösung verwiesen. Es wird unterstellt, dass der Versorgungsberechtigte keinen Zugriff mehr auf die Leistungen der Direktversicherung hat und die zugesagte Versorgung damit vollständig entwertet ist. Ist das nicht in voller Höhe der Fall, trifft den PSVaG eine Leistungspflicht nur in Höhe des Unterschiedsbetrages zwischen der auf den Insolvenzstichtag berechneten Versicherungssumme und der Ist-Versorgung.[114]

48 Das Gesetz trägt den Besonderheiten der **Unterstützungskassenversorgung** durch eine ausdrückliche Regelung in Abs. 2 S. 3 Hs. 2 Rechnung. Wie bei AG-finanzierten unmittelbaren Versorgungszusagen ist eine ratierliche Berechnung durchzuführen.[115] Danach richtet sich die Höhe des Anspruchs grundsätzlich nach dem Teil der Versorgung, der dem Verhältnis der Dauer der Betriebszugehörigkeit zu der Zeit vom Beginn der Betriebszugehörigkeit bis zum Erreichen der in der Versorgungsregelung vorgesehenen festen Altersgrenze entspricht. Der Unterschied zu § 2 Abs. 4 liegt darin, dass Abs. 2 S. 3 Hs. 2 lediglich die vereinbarte „feste Altersgrenze" anspricht, während § 2 Abs. 4 i.V.m. § 2 Abs. 1 auf das 65. Lebensjahr abstellt. Das kann zu unterschiedlichen Berechnungsergebnissen führen, wenn die vereinbarte „feste Altersgrenze" über das 65. Lebensjahr hinausreicht.[116] Für eine solch unterschiedliche Behandlung ist jedoch kein sachlicher Grund ersichtlich.[117] Der Gesetzgeber hat es offensichtlich übersehen, die Norm mit § 2 Abs. 1 zu harmonisieren. Die erforderliche Harmonisierung ist im Wege der teleologischen *Korrektur* herzustellen.[118] Der für die unmittelbare Versorgungszusage, die Direktversicherungszusage und die Unterstützungskassenzusage aufgezeigte Berechnungsmodus gilt ausweislich Abs. 2 S. 3 a.E. nicht, wenn § 2 Abs. 5a anwendbar ist. Gemeint sind unverfallbare Anwartschaften aus Entgeltumwandlung und beitragsorientierter

---

[107] BAG 22.11.1994 – 3 AZR 767/93 – EzA § 7 BetrAVG Nr. 50 = AP § 7 BetrAVG Nr. 83.
[108] BAG 22.11.1994 – 3 AZR 767/93 – EzA § 7 BetrAVG Nr. 50 = AP § 7 BetrAVG Nr. 83; *Kemper u.a.*, § 7 Rn 85.
[109] *Kemper u.a.*, § 7 Rn 85.
[110] BAG 14.12.1999 – 3 AZR 722/98 – EzA § 7 BetrAVG Nr. 61 = AP § 7 BetrAVG Nr. 95.
[111] BAG 17.6.2003 – 3 AZR 462/02 – EzA § 2 BetrAVG Nr. 20 = DB 2004, 608; BAG 8.5.1990 – 3 AZR 121/89 – EzA § 7 BetrAVG Nr. 35 = AP § 7 BetrAVG Nr. 58; BAG 12.3.1991 – 3 AZR 63/90 – EzA § 7 BetrAVG Nr. 41 = AP § 7 BetrAVG Nr. 68.
[112] BAG 30.5.2006 – 3 AZR 205/05.
[113] BAG 10.3.1992 – 3 AZR 140/91 – EzA § 7 BetrAVG Nr. 43 = AP § 7 BetrAVG Nr. 73.
[114] *Blomeyer/Rolfs/Otto*, § 7 Rn 227 ff.; *Höfer*, § 7 Rn 4478; *Kemper u.a.*, § 7 Rn 91.
[115] *Kemper u.a.*, § 7 Rn 93.
[116] *Höfer*, § 7 Rn 4494.
[117] *Blomeyer/Rolfs/Otto*, § 7 Rn 241.
[118] *Blomeyer/Rolfs/Otto*, § 7 Rn 241; *Höfer*, § 7 Rn 4494; a.A. ErfK/*Steinmeyer*, § 7 BetrAVG Rn 53.

Leistungszusage. Der vom PSVaG zu gewährende Insolvenzschutz berechnet sich dann unmittelbar aus dieser Vorschrift.

Für die Berechnung der Höhe der insolvenzgesicherten Anwartschaft einer Pensionsfondszusage enthält Abs. 2 S. 5 eine eigene Regelung. Danach ist zu unterscheiden zwischen Pensionsfonds mit Leistungszusagen und Beitragszusagen mit Mindestleistung. Bei Pensionsfonds mit Leistungszusagen gelten für die Berechnung der Höhe des Anspruchs gegen den PSVaG die Bestimmungen für die unmittelbare Versorgungszusage entsprechend. Die Vorschrift verweist auf Abs. 2 S. 3, der wiederum auf die Berechnungsvorschriften des § 2 Abs. 1 und Abs. 5 Bezug nimmt. Es ist ratierlich zu berechnen – Abs. 2 S. 5 letzter Hs. verweist für die Berechnung der Höhe des Anspruchs bei **Beitragszusagen mit Mindestleistung** auf § 2 Abs. 5b. Maßgeblich sind die bis zum Sicherungsfall geleisteten Beiträge einschließlich der zuzurechnenden Erträge.[119]

IV. Höchstgrenzen der insolvenzgeschützten Leistungen (Abs. 3)

Gem. Abs. 3 S. 1 ist der Anspruch auf monatlich **laufende Leistungen** der gesetzlichen Insolvenzsicherung auf das Dreifache der im Zeitpunkt der ersten Fälligkeit maßgebenden monatlichen Bezugsgröße gem. § 18 SGB IV begrenzt.[120] Im Jahre 2009 beträgt die monatliche Bezugsgröße in den alten Bundesländern 2.520 EUR und in den neuen Bundesländern 2.135 EUR, die Höchstgrenze für laufende Leistungen damit monatlich 7.560 EUR in den alten und 6.405 EUR in den neuen Bundesländern.

Kapitalleistungen sind nach Abs. 3 S. 2 in einen Anspruch auf monatlich laufende Leistungen umzurechnen. Bei Kapitalleistungen ist vom Jahresbetrag der Bezugsgröße nach § 18 SGB IV auszugehen. Dieser Betrag ist auf eine **fiktiv festgesetzte Laufzeit** von 10 Jahren hochzurechnen, so dass der insolvenzgeschützte Kapitalbetrag das Dreißigfache der jährlichen Bezugsgröße beträgt.[121] Für **2009** beträgt die Höchstgrenze 907.200 EUR (2.520 EUR × 3 × 12 × 10) in den alten Bundesländern und 786.600 EUR (2.135 EUR × 3 × 12 × 10) in den neuen Bundesländern.

Die jeweilige Höchstgrenze gilt seit dem 1.7.2002 sowohl für AG-finanzierte Versorgungszusagen als auch für Entgeltumwandlungszusagen. Sie gilt zudem als **absolute Höchstgrenze** für Leistungen der Insolvenzsicherung aus mehreren AG-finanzierten Zusagen oder Entgeltumwandlungszusagen eines AG.[122] Ein die Höchstgrenze des Abs. 3 übersteigender Teil der Pensionsverpflichtung unterliegt nicht dem Insolvenzschutz.

Ein Versorgungsberechtigter kann **mehrere Ansprüche** gegen den PSVaG haben, wenn er bei verschiedenen AG beschäftigt war und diese insolvent geworden sind, oder beim gleichen AG mehrere Sicherungsfälle eingetreten sind. Dann ist fraglich, ob die Ansprüche zu addieren sind,[123] oder die Höchstgrenze jeweils auf einen AG bezogen ist.[124] Da die Schutzbedürftigkeit des Versorgungsberechtigten nicht davon abhängt, ob er einen oder mehrere Versorgungsschuldner hat, ist für die Zwecke der Insolvenzsicherung eine Begrenzung auf den Gesamtanspruch geboten.[125]

Der für die Ermittlung der Höchstgrenze maßgebliche Zeitpunkt richtet sich gem. Abs. 3 S. 1 nach dem Zeitpunkt der ersten Fälligkeit.[126] Dieser Zeitpunkt ist nicht zu verwechseln mit dem Datum, an dem der Anspruch gegen den PSVaG entsteht.[127] Die erstmalige Fälligkeit der Leistungen des PSVaG richtet sich gem. Abs. 1 S. 3 nach § 14 VVG. Danach sind Geldleistungen mit Beendigung der zur Feststellung des Versicherungsfalls und des Umfangs der Leistungen des Versicherers nötigen Erhebungen fällig, also regelmäßig zum Zeitpunkt der **Erteilung des Leistungsbescheides** durch den PSVaG.[128]

Fraglich ist die Behandlung von dynamischen Rentenzusagen. Der PSVaG ist verpflichtet, bei Eintritt des Sicherungsfalles bereits laufende Betriebsrenten anzupassen, wenn die Versorgungszusage eine entsprechende Dynamisierungsklausel enthält.[129] Damit kann eine zum Zeitpunkt der ersten Fälligkeit nach Eintritt des Sicherungsfalles noch in voller Höhe gesicherte Rente im Zeitablauf an die Obergrenze des Abs. 3 S. 1 stoßen.[130] Das Gesetz lässt keinen eindeutigen Schluss zu, ob die späteren Dynamisierungen jeweils als erstmalige Festsetzung zu qualifizieren sind, oder die Höchstgrenze bereits bei der erstmaligen Festsetzung endgültig festgeschrieben wird.[131] Der BGH hat eine pragmatische Lösung entwickelt.[132] Überschreitet die Betriebsrente bereits bei ihrer ersten Fälligkeit nach Eintritt des Sicherungsfalles den zu diesem Zeitpunkt geltenden Höchstbetrag nach Abs. 3 S. 1, ist die Sicherungspflicht

---

119 Blomeyer/Rolfs/Otto, § 7 Rn 247 f.; ErfK/Steinmeyer, § 7 BetrAVG Rn 54; Langohr-Plato/Teslau, DB 2003, 665.
120 Merkblatt 300/M 13 (Stand 3.07): „Grenzen der Leistungen der Insolvenzsicherung", www.psvag.de.
121 ErfK/Steinmeyer, § 7 BetrAVG Rn 57.
122 ErfK/Steinmeyer, § 7 BetrAVG Rn 57; Kemper u.a., § 7 Rn 114.
123 Blomeyer/Rolfs/Otto, § 7 Rn 261; Höfer, § 7 Rn 4511.
124 Kemper u.a., § 7 Rn 115.
125 A.A. Kemper u.a., § 7 Rn 115 für den Fall, dass der Versorgungsberechtigte nacheinander bei mehreren AG gearbeitet hat und diese insolvent geworden sind.
126 BGH 21.3.1983 – 2 ZR 174/82 – AP § 7 BetrVG Nr. 16 = DB 1983, 1261.
127 Kemper u.a., § 7 Rn 118.
128 Kemper u.a., § 7 Rn 50.
129 BAG 22.11.1994 – 3 AZR 767/93 – EzA § 7 BetrAVG Nr. 50 = AP § 7 BetrAVG Nr. 83.
130 Höfer, § 7 Rn 4503.
131 Blomeyer/Rolfs/Otto, § 7 Rn 264.
132 BGH 21.3.1983 – II ZR 174/82 – AP § 7 BetrVG Nr. 16.

des PSVaG zunächst auf den Höchstbetrag beschränkt. Er bildet zugleich den Ausgangswert für zukünftige vom PSVaG zu übernehmende Anpassungen. Aber auch dann ist der PSVaG nur insoweit sicherungspflichtig, als nicht erneut der zum jeweiligen Fälligkeitszeitpunkt maßgebliche Höchstbetrag überschritten wird.[133] Hält sich die Betriebsrente zunächst noch innerhalb der zum Zeitpunkt der ersten Fälligkeit nach Eintritt des Sicherungsfalles geltenden Höchstgrenze, ist das Verfahren entsprechend anzuwenden, sobald die Höchstgrenze erstmals erreicht wird.[134]

V. Minderung der Leistung (Abs. 4)

56 Abs. 4 macht deutlich, dass den PSVaG nur eine **Ausfallhaftung** trifft.[135] Leistungen der betrieblichen Altersversorgung, die der AG oder ein sonstiger Träger der Versorgung erbringt bzw. zu erbringen hat, sind bei der Leistungspflicht des PSVaG zu berücksichtigen.

57 Die Art des Sicherungsfalls entscheidet darüber, ob der insolvente AG nach Eintritt des Sicherungsfalls noch Leistungen der betrieblichen Altersversorgung erbringen kann. Wird der Gemeinschuldner im Rahmen eines gerichtlichen Insolvenzverfahrens abgewickelt, werden **künftige Leistungen** an die Versorgungsberechtigten regelmäßig ausgeschlossen sein.[136] Anders verhält es sich im Insolvenzplanverfahren, das der Sanierung des betroffenen Unternehmens dient (§§ 217, 227, 254, 259 Abs. 1 S. 2 InsO). Gem. Abs. 4 S. 2 vermindert sich der Anspruch des Versorgungsberechtigten gegen den PSVaG nach der Bestätigung eines **Insolvenzplans** insoweit, als der AG oder sonstige Träger der Versorgung einen Teil der Leistungen an den Versorgungsberechtigten selbst zu erbringen hat. Ist im Insolvenzplan vorgesehen, dass der AG oder sonstige Träger der Versorgung die Leistungen der betrieblichen Altersversorgung von einem bestimmten Zeitpunkt an selbst zu erbringen hat, entfällt der Anspruch des Versorgungsberechtigten auf Leistungen gegen den PSVaG von diesem Zeitpunkt an (Abs. 4 S. 3).

58 Bei einer nachhaltigen Besserung der wirtschaftlichen Lage des AG sollen die vom PSVaG zu erbringenden Leistungen ganz oder zum Teil vom AG oder sonstigen Träger der Versorgung wieder übernommen werden, sog. **Besserungsklausel**, (Abs. 4 S. 5). Damit wird dem PSVaG die Möglichkeit eingeräumt, bei Besserung der wirtschaftlichen Verhältnisse die **Leistungen zu mindern** oder **einzustellen**. Fehlt im Insolvenzplan eine Besserungsklausel, hat das Insolvenzgericht den Plan von Amts wegen gem. § 231 Abs. 1 Nr. 1 InsO zurückzuweisen.[137]

59 Bei Abschluss eines **außergerichtlichen Vergleichs** ist der AG in der Regel auch künftig zu Leistungen verpflichtet, was die Eintrittspflicht des PSVaG entsprechend mindern. Die Vereinbarung einer Besserungsklausel entsprechend S. 5 ist im Rahmen eines außergerichtlichen Vergleichs üblich.[138] Ist sie nicht vereinbart, kommt eine Herabsetzung der Zahlungspflichten des PSVaG nicht in Betracht.[139]

60 Leistungen sonstiger Träger der Versorgung i.S.v. Abs. 4 S. 1 sind Zahlungen einer **Direktversicherung** sowie einer **Pensionskasse**. Ebenfalls sind Leistungen aus einer **freigegebenen Rückdeckungsversicherung** zu berücksichtigen.[140] Zudem können **Pensionsfonds** als sonstige Versorgungsträger in Betracht kommen, wenn sie gem. § 8 Abs. 1a die betriebliche Altersversorgung nach Eintritt des Sicherungsfalls beim Trägerunternehmen selbst weiterführen. Hingegen kommen **Unterstützungskassen** als sonstige Versorgungsträger i.S.v. Abs. 4 nicht in Betracht. Denn ihr – gegebenenfalls anteiliges – Vermögen geht nach § 9 Abs. 3 mit dem Eintritt des Sicherungsfalls auf den PSVaG über.[141]

VI. Missbrauchsschutz (Abs. 5)

61 Abs. 5 bezweckt den **Schutz des PSVaG** und seiner Mitglieder vor missbräuchlicher Inanspruchnahme des Insolvenzschutzes. Es soll verhindert werden, dass Versorgungszusagen erteilt, bestehende Versorgungszusagen verbessert oder Ansprüche aus einer Direktversicherung vereitelt werden, obwohl klar ist, dass der AG nicht ausreichend leistungsfähig sein wird. Abs. 5 S. 1 erhält einen allgemeinen Missbrauchstatbestand, Abs. 5 S. 2 eine widerlegliche Vermutung des Missbrauchs und Abs. 5 S. 3 einen zeitlich begrenzten, objektiven Ausschlusstatbestand.[142]

62 1. Allgemeiner Missbrauchstatbestand (Abs. 5 S. 1). Ein Anspruch gegen den PSVaG besteht nicht, soweit nach den Umständen des Einzelfalls die Annahme gerechtfertigt ist, dass es der alleinige oder überwiegende Zweck der Erteilung der Versorgungszusage oder ihrer Verbesserung oder der für die Direktversicherung in § 1b Abs. 2 S. 3 genannten Tatbestände gewesen ist, den PSVaG in Anspruch zu nehmen. Einer Abtretung oder Beleihung der An-

---

[133] BGH 21.3.1983 – II ZR 174/82 – AP § 7 BetrAVG Nr. 16; ErfK/*Steinmeyer*, § 7 BetrAVG Rn 67.
[134] *Blomeyer/Rolfs/Otto*, § 7 Rn 264; *Höfer*, § 7 Rn 4503.
[135] ErfK/*Steinmeyer*, § 7 BetrAVG Rn 59.
[136] *Kemper u.a.*, § 7 Rn 125.
[137] *Blomeyer/Rolfs/Otto*, § 7 Rn 278; ErfK/*Steinmeyer*, § 7 BetrAVG Rn 60.
[138] *Kemper u.a.*, § 7 Rn 127.
[139] ErfK/*Steinmeyer*, § 7 BetrAVG Rn 60.
[140] BGH 28.9.1981 – II ZR 181/80 – AP § 7 BetrAVG Nr. 12.
[141] *Kemper u.a.*, § 7 Rn 129; a.A. *Blomeyer/Rolfs/Otto*, § 7 Rn 272.
[142] BAG 26.4.1994 – 3 AZR 981/93 – EzA § 16 BetrAVG Nr. 27 = AP § 16 BetrAVG Nr. 30.

sprüche aus der Direktversicherung steht deren Verpfändung gleich.[143] Der Begriff der „Versorgungszusage" ist hier **umfassend** zu verstehen und bezieht sich auf alle insolvenzsicherungspflichtigen **Durchführungswege**.[144]

Die Maßnahme muss geeignet sein, eine Inanspruchnahme des PSVaG auszulösen. Da die Leistung des PSVaG den AN begünstigt, kommt ein Anspruch gegen den PSVaG nicht in Betracht, wenn AG und AN missbräuchlich **zusammengewirkt** haben oder wenn der AN den missbilligten Zweck der Maßnahme zumindest hätte **erkennen können**.[145] Dies ist der Fall, wenn sich für den AN die Erkenntnis aufdrängen musste, dass wegen der wirtschaftlichen Lage des AG ernsthaft mit der Nichterfüllung der Zusage zu rechnen war.[146]

Ein missbräuchliches Zusammenwirken liegt nicht vor, wenn dem AN zwar wirtschaftliche Schwierigkeiten seines AG bekannt sind, er aber annehmen durfte, dass eine vorgesehene Sanierung erfolgreich sein wird und die Insolvenzsicherung nicht in Anspruch genommen werden muss.[147]

Verbessernde Maßnahmen des AG sind nicht nur **Leistungserhöhungen**, sondern auch die Gewährung **günstigerer Leistungs- und Aufnahmevoraussetzungen**. Erfasst wird bspw. die **Vereinbarung eines sofortigen Ruhestandsbeginns** trotz noch verfallbarer Anwartschaft oder die **Umwandlung** einer Anwartschaft in einen Versorgungsanspruch.[148] Eine rechtsmissbräuchliche Verbesserung kann zwar auch vorliegen, wenn der AG die Leistung nach § 16 anpasst; die Anpassung ist jedoch in der Regel nicht von der Absicht getragen, die Leistungen des PSVaG zu erhöhen.[149] Deshalb wird ein Versicherungsmissbrauch ausscheiden, wenn sich der AG bei der Erhöhung der laufenden Versorgungsleistungen im Rahmen des § 16 hält. Der dem AG bei der Anpassungsentscheidung zustehende Beurteilungs- und Ermessensspielraum ist auch zu berücksichtigen, wenn die Verbesserung später unter dem Gesichtspunkt des Versicherungsmissbrauchs i.S.v. Abs. 5 S. 1 überprüft wird.[150]

Dass alleiniger oder überwiegender Zweck der Maßnahme des AG die Inanspruchnahme der Insolvenzsicherung ist, hat der PSVaG zu beweisen.[151]

2. Vermutung des Missbrauchs (Abs. 5 S. 2). Die Annahme eines Versicherungsmissbrauchs ist gerechtfertigt, wenn zum Zeitpunkt der Erteilung oder Verbesserung der Versorgungszusage mit einer Erfüllung der Zusage wegen der wirtschaftlichen Lage des AG ernsthaft nicht zu rechnen war. Abs. 5 S. 2 enthält eine widerlegbare Vermutung des Versicherungsmissbrauchs.[152] Musste sich dem AN die Erkenntnis aufdrängen, dass wegen der wirtschaftlichen Lage des AG ernsthaft damit zu rechnen war, dass die Zusage unerfüllt bleibt, liegt Missbrauch vor.[153] Eine schlechte wirtschaftliche Lage des AG allein reicht nicht aus.[154]

Gelingt dem PSVaG der Nachweis der schlechten wirtschaftlichen Lage des AG zum Zeitpunkt der Erteilung der Zusage oder Verbesserung der bereits erteilten Zusage, wird vermutet, dass die Erfüllung der Zusage nicht zu erwarten war. Dies bedeutet zumindest eine **Erleichterung der Beweislast** für den PSVaG.[155] Der Versorgungsberechtigte muss dann darlegen und beweisen, dass es nicht Zweck der Maßnahme war, den Träger der Insolvenzsicherung in Anspruch zu nehmen.[156]

3. Missbrauchsabsicht (Abs. 5 S. 3). Der Leistungsausschluss gem. Abs. 5 S. 3 hat **zwingenden Charakter** und kann nicht durch den Nachweis fehlender Missbrauchsabsicht aufgehoben werden.[157] Er umfasst bis auf die in Abs. 5 S. 3 genannten Ausnahmen bei Entgeltumwandlung und Zusagen im Rahmen von Übertragungen gem. § 4 alle Erteilungen und Verbesserungen von Zusagen, die in den letzten beiden Jahren vor Eintritt des Sicherungsfalles erfolgt sind. Verbesserung i.S.v. Abs. 5 S. 3 ist jede Maßnahme des AG, die den Versorgungsempfänger im Vergleich zu der bisherigen Zusage begünstigt.[158] Es genügt der Nachweis durch den PSVaG, dass die Verbesserung innerhalb der

---

143 *Kemper u.a.*, § 7 Rn 141.
144 *Höfer*, § 7 Rn 4541.
145 BAG 17.10.1995 – 3 AZR 420/94 – EzA § 7 BetrAVG Nr. 52 = AP § 7 BetrAVG Lebensversicherung Nr. 2.
146 BAG 19.2.2002 – 3 AZR 137/01 – AP § 7 BetrAVG Missbrauch Nr. 4.
147 BAG 17.10.1995 – 3 AZR 420/94 – EzA § 7 BetrAVG Nr. 52 = AP § 7 BetrAVG Lebensversicherung Nr. 2.
148 LG Köln 24.5.1978 – 74 O 25/78 – BB 1978, 1118; *Höfer*, § 7 Rn 4541; ErfK/*Steinmeyer*, § 7 BetrAVG Rn 63 m.w.N.
149 BAG 29.11.1988 – 3 AZR 184/87 – EzA § 7 BetrAVG Nr. 27 = AP § 16 BetrAVG Nr. 21.
150 BAG 29.11.1988 – 3 AZR 184/87 – EzA § 7 BetrAVG Nr. 27 = AP § 16 BetrAVG Nr. 21.
151 BAG 26.6.1990 – 3 AZR 641/88 – EzA § 1 BetrAVG Nr. 59 = AP § 1 Lebensversicherung Nr. 11; BAG 19.2.2002 – 3 AZR 137/01 – EzA § 7 BetrAVG Nr. 66 = AP § 7 BetrAVG Missbrauch Nr. 4; ErfK/*Steinmeyer*, § 7 BetrAVG Rn 63.
152 BAG 29.11.1988 – 3 AZR 184/87 – EZA § 7 BetrAVG Nr. 27 = AP § 16 BetrAVG Nr. 21; *Blomeyer/Rolfs/Otto*, § 7 Rn 294.
153 BAG 19.2.2002 – 3 AZR 137/01 – EzA § 7 BetrAVG Nr. 66 = AP § 7 BetrAVG Missbrauch Nr. 4.
154 ErfK/*Steinmeyer*, § 7 BetrAVG Rn 62.
155 ErfK/*Steinmeyer*, § 7 BetrAVG Rn 64; *Blomeyer/Rolfs/Otto*, § 7 Rn 294.
156 BAG 29.11.1988 – 3 AZR 184/87 – EzA § 7 BetrAVG Nr. 27 = AP § 16 BetrAVG Nr. 21; BAG 19.2.2002 – 3 AZR 137/01 – EzA § 7 BetrAVG Nr. 66 = AP § 7 BetrAVG Missbrauch Nr. 4; *Blomeyer/Rolfs/Otto*, § 7 Rn 294.
157 BAG 24.11.1998 – 3 AZR 423/97 – EzA § 7 BetrAVG Nr. 57 = AP § 7 BetrAVG Missbrauch Nr. 3; *Blomeyer/Rolfs/Otto*, § 7 Rn 296.
158 BAG 26.4.1994 – 3 AZR 981/93 – EzA § 16 BetrAVG Nr. 27 = AP § 16 BetrAVG Nr. 30.

140 BetrAVG § 8

Zwei-Jahres-Frist vereinbart wurde.[159] Im Gegensatz zu Abs. 5 S. 1 und 2 ist nicht erforderlich, dass der Begünstigte an der verbessernden Maßnahme mitgewirkt hat.[160] Unter den Anwendungsbereich von Abs. 5 S. 3 fallen auch Rentenanpassungen nach § 16, wenn sie innerhalb der Zwei-Jahres-Frist erfolgt sind,[161] nicht jedoch ein streitiges Urteil, das zwar innerhalb des Zwei-Jahres-Zeitraums rechtskräftig geworden ist, die Rente aber zu einem davor liegenden Zeitpunkt erhöht.[162] Maßgeblicher Zeitpunkt für die Berechnung der Zwei-Jahres-Frist ist der Zeitpunkt der Zusage des AG, auch wenn der Eintritt des Erfolges von ungewissen oder bedingten künftigen Umständen abhängt.[163]

70 Ausnahmen vom zwingenden Leistungsausschluss lässt das Gesetz in zwei Fällen zu, in denen sofortiger Insolvenzschutz geboten ist. Der Leistungsausschluss gilt nicht, soweit bei einer ab dem 1.1.2002 erteilten Entgeltumwandlungszusage Beiträge von bis zu 4 % der Beitragsbemessungsgrenze in der allgemeinen RV für eine betriebliche Altersversorgung verwendet werden. Er gilt auch nicht für Zusagen, die im Rahmen von Übertragungen erteilt werden, soweit der Übertragungswert die Beitragsbemessungsgrenze in der allgemeinen RV nicht übersteigt. Erfasst sind alle Fälle einer Übertragung nach § 4, also auch die freiwillige Übertragung nach § 4 Abs. 2.[164] Über die Begrenzung nach Abs. 5 S. 3 Nr. 1 und Nr. 2 hinausgehende Beträge nehmen am gesetzlichen Insolvenzschutz nur teil, wenn die jeweilige Zusage außerhalb der Zwei-Jahres-Frist erteilt wurde und kein sonstiger Missbrauchstatbestand vorliegt.

VII. Katastrophenklausel (Abs. 6)

71 Der PSVaG kann Leistungen nach billigem Ermessen abweichend von Abs. 1 bis 5 festsetzen, wenn der Sicherungsfall durch kriegerische Ereignisse, innere Unruhen, Naturkatastrophen oder Kernenergie verursacht worden ist. Dazu ist die Zustimmung der BaFin erforderlich. Abs. 6 begründet keinen weiteren Sicherungsfall, sondern betrifft die Leistungspflicht des PSVaG für den Fall, dass einer der in Abs. 1 genannten Sicherungsfälle durch ein außergewöhnliches Ereignis verursacht worden ist.[165]

§ 8 Übertragung der Leistungspflicht und Abfindung

(1) Ein Anspruch gegen den Träger der Insolvenzsicherung auf Leistungen nach § 7 besteht nicht, wenn eine Pensionskasse oder ein Unternehmen der Lebensversicherung sich dem Träger der Insolvenzsicherung gegenüber verpflichtet, diese Leistungen zu erbringen, und die nach § 7 Berechtigten ein unmittelbares Recht erwerben, die Leistungen zu fordern.

(1a) ¹Der Träger der Insolvenzsicherung hat die gegen ihn gerichteten Ansprüche auf den Pensionsfonds, dessen Trägerunternehmen die Eintrittspflicht nach § 7 ausgelöst hat, im Sinne von Absatz 1 zu übertragen, wenn die Bundesanstalt für Finanzdienstleistungsaufsicht hierzu die Genehmigung erteilt. ²Die Genehmigung kann nur erteilt werden, wenn durch Auflagen der Bundesanstalt für Finanzdienstleistungsaufsicht die dauernde Erfüllbarkeit der Leistungen aus dem Pensionsplan sichergestellt werden kann. ³Die Genehmigung der Bundesanstalt für Finanzdienstleistungsaufsicht kann der Pensionsfonds nur innerhalb von drei Monaten nach Eintritt des Sicherungsfalles beantragen.

(2) ¹Der Träger der Insolvenzsicherung kann eine Anwartschaft ohne Zustimmung des Arbeitnehmers abfinden, wenn der Monatsbetrag der aus der Anwartschaft resultierenden laufenden Leistung bei Erreichen der vorgesehenen Altersgrenze 1 vom Hundert, bei Kapitalleistungen zwölf Zehntel der monatlichen Bezugsgröße nach § 18 des Vierten Buches Sozialgesetzbuch nicht übersteigen würde oder wenn dem Arbeitnehmer die Beiträge zur gesetzlichen Rentenversicherung erstattet worden sind. ²Dies gilt entsprechend für die Abfindung einer laufenden Leistung. ³Die Abfindung ist darüber hinaus möglich, wenn sie an ein Unternehmen der Lebensversicherung gezahlt wird, bei dem der Versorgungsberechtigte im Rahmen einer Direktversicherung versichert ist. ⁴§ 2 Abs. 2 Satz 4 bis 6 und § 3 Abs. 5 gelten entsprechend.

Literatur: *Förster/Rühmann/Recktenwald*, Auswirkungen des Altersvermögensgesetzes auf die betriebliche Altersversorgung, BB 2001, 1406; *Höfer*, Die Neuregelung des Betriebsrentengesetzes durch das Alterseinkünftegesetz, DB 2004, 1426; *Langohr-Plato/Teslau*, Das Alterseinkünftegesetz und seine arbeitsrechtlichen Konsequenzen für die betriebliche Altersversorgung – Teil II, NZA 2004, 1353

---

159 *Blomeyer/Rolfs/Otto*, § 7 Rn 296.
160 *Blomeyer/Rolfs/Otto*, § 7 Rn 297.
161 BAG 26.4.1994 – 3 AZR 981/93 – EzA § 16 BetrAVG Nr. 27 = AP § 16 BetrAVG Nr. 30; BAG 18.3.2003 – 3 AZR 120/02 – AP § 7 BetrAVG Nr. 105.
162 BAG 18.3.2003 – 3 AZR 120/02 – EzA § 7 BetrAVG Nr. 67 = AP § 7 BetrAVG Nr. 105.
163 BAG 2.6.1987 – 3 AZR 764/85 – EzA § 7 BetrAVG Nr. 24 = AP § 7 BetrAVG Nr. 42.
164 *ErfK/Steinmeyer*, § 7 BetrAVG Rn 66; *Langohr-Plato/Teslau*, NZA 2004, 1353.
165 *Höfer*, § 7 Rn 4574.

A. Allgemeines	1	III. Abfindung (Abs. 2)	8
B. Regelungsgehalt	3	1. Abfindung von Anwartschaften und laufenden	
I. Möglichkeiten der Leistungserbringung (Abs. 1)	3	Leistungen (Abs. 2 S. 1 und S. 2)	8
II. Übertragung auf einen Pensionsfonds (Abs. 1a)	7	2. Abfindung nach Abs. 2 S. 3	10

A. Allgemeines

Durch Art. 8 AltEinkG v. 5.7.2004[1] ist § 8 teilw. geändert worden. So ist die **Frist** für die Beantragung der Genehmigung der Übertragung von Altersversorgungsansprüchen bei der Aufsichtsbehörde um einen Monat auf drei Monate **verlängert** worden (Abs. 1a S. 3). Die bislang geltende Frist von einem Monat hatte sich als zu kurz erwiesen.[2] Zudem ist die Vorschrift um die Abfindung **laufender Leistungen** erweitert (Abs. 2 S. 2) und an die neuen Abfindungsrechte des AG aus § 3 angepasst worden.[3]

Regelmäßig erbringt der PSVaG Zahlungen unmittelbar an die Versorgungsberechtigten nur, wenn er für Kapitalzusagen einzustehen hat. Gleiches gilt, wenn der PSVaG Verpflichtungen aus einem außergerichtlichen Vergleich zeitlich befristet übernimmt.[4] Ansonsten räumt § 8 dem PSVaG die Möglichkeit ein, Pensionskassen oder Unternehmen der Lebensversicherung bei der Durchführung des Insolvenzschutzes zu beteiligen, also insb. an diese die **Auszahlungsverpflichtungen** zu übertragen.[5] Dies erleichtert die Erfüllung seiner gesetzlichen Aufgaben[6] und dient der **Verwaltungsentlastung** des PSVaG. Eine Genehmigung des Versorgungsberechtigten ist nicht erforderlich.[7] Der Anspruch gegen den PSVaG erlischt mit der wirksamen Übertragung der Verpflichtung.[8]

B. Regelungsgehalt

I. Möglichkeiten der Leistungserbringung (Abs. 1)

Der PSVaG hat sich in § 2 Abs. 2 S. 1 seiner Satzung verpflichtet, die Versicherung und Abwicklung der übernommenen Betriebsrenten einem Konsortium von Lebensversicherern zu übertragen.[9] Das bewirkt eine Risikoverteilung auf eine Vielzahl von Lebensversicherern.[10] Für das Konsortium wird ein geschäftsführender Versicherer tätig, der das Konsortium gerichtlich und außergerichtlich vertritt.[11] Dies ist die Allianz-Lebensversicherung-AG, Stuttgart, die auch die laufenden Betriebsrenten auszahlt. Das Konsortium muss sich gegenüber dem PSVaG zur Leistungserbringung an den Versorgungsberechtigten verpflichten. Die Übernahme der Leistungspflichten erfolgt durch die einzelnen, am Konsortium beteiligten Lebensversicherer zu einem der Beteiligungsquote entsprechenden Bruchteil.[12] Zwischen dem PSVaG und dem Konsortium besteht ein eigener Abrechnungsverband. Die durch die Konsorten erwirtschafteten **Überschussanteile** stehen dem PSVaG zu und dienen insb. der Minderung der künftigen Beitragslast seiner Mitglieder.[13]

Bestandteil des zwischen dem PSVaG und dem Konsortium abgeschlossenen Rahmenvertrags ist das Angebot auf Abschluss eines Übernahmevertrags. Der Übernahmevertrag kommt bei jeder zu sichernden Verpflichtung jeweils mit Zugang der Anmeldung beim Konsortium zustande. Der PSVaG wird von seiner eigenen Verpflichtung befreit. Eine **Zwangsvollstreckung** gegen den PSVaG ist nicht mehr zulässig.[14] Allerdings ist der PSVaG passivlegitimiert, wenn der Versorgungsberechtigte der Auffassung ist, ihm stünden höhere Leistungen zu. Denn die befreiende Schuldübernahme ist auf den bei dem Konsortium versicherten Betrag beschränkt. Zahlt hingegen das Konsortium nicht die bei ihm versicherten Leistungen, kann der Versorgungsberechtigte gegen das Konsortium selbst klagen.[15]

Als Gegenleistung für die Übernahme der Rentenverpflichtungen entrichtet der PSVaG an das Konsortium einen **Einmalbetrag**. Erhöhen sich die Ansprüche des Versorgungsberechtigten nachträglich, ist der PSVaG verpflichtet, entsprechende Nachversicherungen abzuschließen.[16]

Das Konsortium erteilt den Versorgungsberechtigten einen **Versicherungsausweis**. Daraus ergibt sich ein unmittelbares Recht auf Leistungen in der im Ausweis bezifferten Höhe.[17]

---

1 BGBl I S. 1427.
2 BT-Drucks 15/2150, S. 54; *Langohr-Plato/Teslau*, NZA 2004, 1353, 1358.
3 BT-Drucks 15/2150, S. 54; *Höfer*, DB 2004, 1426, 1428.
4 *Kemper u.a.*, § 8 Rn 2.
5 *Dörner/Luczak/Wildschütz/Dörner*, Arbeitsrecht, Teil C Rn 2682.
6 BT-Drucks 7/2843, S. 9.
7 *Höfer*, § 8 Rn 4616, 4622; *Tschöpe/Schipp*, Arbeitsrecht, Teil 2 E Rn 381.
8 BT-Drucks 7/2843, S. 9; ErfK/*Steinmeyer*, § 8 BetrAVG Rn 2; *Blomeyer/Rolfs/Otto*, § 8 Rn 3; *Höfer*, § 8 Rn 4617.
9 *Höfer*, § 8 Rn 4618.
10 *Kemper u.a.*, § 8 Rn 6.
11 *Höfer*, § 8 Rn 4620.
12 *Höfer*, § 8 Rn 4619.
13 *Kemper u.a.*, § 8 Rn 7; *Höfer*, § 8 Rn 4625.
14 HWK/*Schipp*, § 8 BetrAVG Rn 1; *Kemper u.a.*, § 8 Rn 13.
15 HWK/*Schipp*, § 8 BetrAVG Rn 1.
16 *Höfer*, § 8 Rn 4623.
17 HWK/*Schipp*, § 8 BetrAVG Rn 2.

II. Übertragung auf einen Pensionsfonds (Abs. 1a)

7 Gem. Abs. 1a hat der PSVaG die gegen ihn gerichteten Ansprüche auf den Pensionsfonds, dessen Trägerunternehmen die Eintrittspflicht nach § 7 ausgelöst hat, i.S.v. Abs. 1 zu übertragen, wenn die BaFin hierzu die Genehmigung erteilt. Der Pensionsfonds muss über ausreichende Mittel verfügen, damit die dauernde Erfüllbarkeit sichergestellt ist. Anderenfalls ist die Genehmigung durch die BaFin zu verweigern. Antragsberechtigt ist ausschließlich der betroffene Pensionsfonds. Die Antragsfrist beträgt drei Monate seit Eintritt des Sicherungsfalles. Wird die Genehmigung erteilt und die Übertragung vollzogen, besteht kein Anspruch mehr gegen den PSVaG. Der Pensionsfonds behält sein Vermögen.[18]

III. Abfindung (Abs. 2)

8 **1. Abfindung von Anwartschaften und laufenden Leistungen (Abs. 2 S. 1 und S. 2).** Der im Rahmen des AltEinkG völlig neu gefasste Abs. 2 gibt dem PSVaG aus Gründen der Verwaltungsvereinfachung die Möglichkeit, bestimmte Anwartschaften und laufende Leistungen einseitig – also ohne Zustimmung des betroffenen AN – abzufinden. Die Vorschrift geht teilweise über die Abfindungsmöglichkeiten des AG nach § 3 hinaus. Die Anwartschaft ist auch dann ohne Zustimmung des AN abfindbar, wenn ihm die Beiträge zur gesetzlichen Rentenversicherung erstattet worden sind. Anders als nach § 3 ist die Beendigung des Arbverh nicht erforderlich. Der PSVaG darf auch abfinden, wenn der AN nach Eintritt des Sicherungsfalls bei demselben AG beschäftigt bleibt. Übereinstimmung mit § 3 Abs. 2 S. 1 kann eine Anwartschaft durch den PSVaG abgefunden werden, wenn der Monatsbetrag der aus der Anwartschaft resultierenden laufenden Leistung bei Erreichen der vorgesehenen Altersgrenze 1 vom Hundert, bei Kapitalleistungen zwölf Zehntel der monatl. Bezugsgröße nach § 18 SGB IV nicht übersteigen würde.

9 Die Bestimmungen zur Abfindung von Anwartschaften durch den PSVaG gelten gem. Abs. 2 S. 2 entsprechend für die Abfindung laufender Leistungen, die ab dem 1.1.2005 erstmals gezahlt wurden. Zwar enthält § 30g Abs. 2 eine entsprechende Übergangsvorschrift nur für die Abfindung laufender Leistungen im Rahmen von § 3. Es ist jedoch kein Grund ersichtlich, warum der Gesetzgeber dem PSVaG im Gegensatz zum AG die Abfindung laufender Leistungen, die vor dem 1.1.2005 erstmal gewährt wurden, nur noch eingeschränkt zugestehen wollte. § 30g Abs. 2 ist deshalb auf die Abfindung laufender Leistungen durch den PSVaG entsprechend anwendbar.[19]

10 **2. Abfindung nach Abs. 2 S. 3.** Gem. Abs. 2 S. 3 ist eine Abfindung möglich, wenn sie an einen Lebensversicherer gezahlt wird, bei dem der Versorgungsberechtigte im Rahmen einer Direktversicherung versichert ist. Im Gegensatz zur bislang geltenden Rechtslage ist diese Möglichkeit bei Pensionskassenzusagen weggefallen.[20] Abs. 2 S. 3 hat insb. Bedeutung, wenn eine Direktversicherung beliehen oder abgetreten wurde und daraus eine Sicherungspflicht des PSVaG resultiert. Die Abfindung ist nicht an die Grenzen von Abs. 2 S. 1 gebunden.[21]

11 Die **entsprechende Anwendung** von § 2 Abs. 2 S. 4–6 gem. Abs. 2 S. 4 führt zu **Verfügungsbeschränkungen** des AN. Die Berechnung der Abfindung erfolgt nach § 3 Abs. 5 i.V.m. § 4 Abs. 5.

---

§ 9 Mitteilungspflicht; Forderungs- und Vermögensübergang

(1) ¹Der Träger der Insolvenzsicherung teilt dem Berechtigten die ihm nach § 7 oder § 8 zustehenden Ansprüche oder Anwartschaften schriftlich mit. ²Unterbleibt die Mitteilung, so ist der Anspruch oder die Anwartschaft spätestens ein Jahr nach dem Sicherungsfall bei dem Träger der Insolvenzsicherung anzumelden; erfolgt die Anmeldung später, so beginnen die Leistungen frühestens mit dem Ersten des Monats der Anmeldung, es sei denn, daß der Berechtigte an der rechtzeitigen Anmeldung ohne sein Verschulden verhindert war.

(2) ¹Ansprüche oder Anwartschaften des Berechtigten gegen den Arbeitgeber auf Leistungen der betrieblichen Altersversorgung, die den Anspruch gegen den Träger der Insolvenzsicherung begründen, gehen im Falle eines Insolvenzverfahrens mit dessen Eröffnung, in den übrigen Sicherungsfällen dann auf den Träger der Insolvenzsicherung über, wenn dieser nach Absatz 1 Satz 1 dem Berechtigten die ihm zustehenden Ansprüche oder Anwartschaften mitteilt. ²Der Übergang kann nicht zum Nachteil des Berechtigten geltend gemacht werden. ³Die mit der Eröffnung des Insolvenzverfahrens übergegangenen Anwartschaften werden im Insolvenzverfahren als unbedingte Forderungen nach § 45 der Insolvenzordnung geltend gemacht.

(3) ¹Ist der Träger der Insolvenzsicherung zu Leistungen verpflichtet, die ohne den Eintritt des Sicherungsfalls eine Unterstützungskasse erbringen würde, geht deren Vermögen einschließlich der Verbindlichkeiten auf ihn über; die Haftung für die Verbindlichkeiten beschränkt sich auf das übergegangene Vermögen. ²Wenn die übergegangenen Vermögenswerte den Barwert der Ansprüche und Anwartschaften gegen den Träger der Insolvenzsicherung übersteigen, hat dieser den übersteigenden Teil entsprechend der Satzung der Unterstützungs-

---

18 *Kemper u.a.*, § 8 Rn 18.
19 *Höfer*, § 8 Rn 4650.
20 *Höfer*, § 8 Rn 4652.
21 *Höfer*, § 8 Rn 4653.

kasse zu verwenden. ³Bei einer Unterstützungskasse mit mehreren Trägerunternehmen hat der Träger der Insolvenzsicherung einen Anspruch gegen die Unterstützungskasse auf einen Betrag, der dem Teil des Vermögens der Kasse entspricht, der auf das Unternehmen entfällt, bei dem der Sicherungsfall eingetreten ist.
⁴Die Sätze 1 bis 3 gelten nicht, wenn der Sicherungsfall auf den in § 7 Abs. 1 Satz 4 Nr. 2 genannten Gründen beruht, es sei denn, daß das Trägerunternehmen seine Betriebstätigkeit nach Eintritt des Sicherungsfalls nicht fortsetzt und aufgelöst wird (Liquidationsvergleich).

(3a) Absatz 3 findet entsprechende Anwendung auf einen Pensionsfonds, wenn die Bundesanstalt für Finanzdienstleistungsaufsicht die Genehmigung für die Übertragung der Leistungspflicht durch den Träger der Insolvenzsicherung nach § 8 Abs. 1a nicht erteilt.

(4) ¹In einem Insolvenzplan, der die Fortführung des Unternehmens oder eines Betriebs vorsieht, kann für den Träger der Insolvenzsicherung eine besondere Gruppe gebildet werden. ²Sofern im Insolvenzplan nichts anderes vorgesehen ist, kann der Träger der Insolvenzsicherung, wenn innerhalb von drei Jahren nach der Aufhebung des Insolvenzverfahrens ein Antrag auf Eröffnung eines neuen Insolvenzverfahrens über das Vermögen des Arbeitgebers gestellt wird, in diesem Verfahren als Insolvenzgläubiger Erstattung der von ihm erbrachten Leistungen verlangen.

(5) Dem Träger der Insolvenzsicherung steht gegen den Beschluß, durch den das Insolvenzverfahren eröffnet wird, die sofortige Beschwerde zu.

Literatur: *Schwarz*, Die Bürgschaft des Ehegatten zur Sicherung betrieblicher Ruhegehaltsansprüche, NJW 1993, 2916

A. Allgemeines 1	1. Vermögensübergang (Abs. 3 S. 1 und S. 2) ... 11
B. Regelungsgehalt 2	2. Unterstützungskasse mehrerer Träger-
I. Mitteilungspflicht des PSVaG 2	unternehmen (Abs. 3 S. 3) 15
II. Gesetzlicher Forderungsübergang (Abs. 2) 5	3. Außergerichtliche Vergleiche (Abs. 3 S. 4) ... 17
1. Forderungsübergang (Abs. 2 S. 1) 5	IV. Vermögensübergang bei Pensionsfonds (Abs. 3a) 18
2. Kein Nachteil des Berechtigten (Abs. 2 S. 2) .. 8	V. Insolvenzplan/sofortige Beschwerde (Abs. 4 und
3. Unbedingte Forderungen (Abs. 2 S. 3) 9	Abs. 5) 19
III. Übergang des Vermögens einer Unterstützungskasse (Abs. 3) 10	

A. Allgemeines

§ 9 enthält einzelne Regelungsabschnitte, die außer dem Bezug zur **Einstandspflicht** des PSVaG keine Verbindung untereinander aufweisen.¹ Abs. 1 S. 1 regelt die Pflicht des PSVaG, den Versorgungsberechtigten im Sicherungsfall über seinen Eintritt in die Verpflichtung des AG zu informieren. Die Mitteilungspflicht dient insb. den Empfängern von Leistungen einer Unterstützungskasse, sowie denjenigen, die vor dem Eintritt des Sicherungsfalls mit aufrechterhaltener Anwartschaft ausgeschieden sind. Sie gibt den Versorgungsberechtigten die Möglichkeit, die ordnungsgemäße Leistungserfassung durch den PSVaG zu überprüfen.² Abs. 1 S. 2 sieht bei unterbliebener Mitteilung eine Anmeldepflicht des Versorgungsberechtigten vor. Die Abs. 2, 3 und 3a regeln gesetzliche Forderungs- bzw. Vermögensübergänge auf den PSVaG und berücksichtigen damit den allg. Rechtsgedanken der Vorteilsausgleichung. Abs. 4 und Abs. 5 stärken die Stellung des PSVaG im Insolvenzverfahren.

1

B. Regelungsgehalt

I. Mitteilungspflicht des PSVaG

Der PSVaG ist gem. Abs. 1 S. 1 zur Mitteilung der Ansprüche oder Anwartschaften an den Berechtigten nach den §§ 7, 8 verpflichtet. Die Mitteilung hat **schriftlich** und nach **pflichtgemäßem Ermessen** zu erfolgen;³ Rentner erhalten einen sog. **Leistungsbescheid,** Versorgungsanwärter einen sog. **Anwartschaftsausweis**.⁴ Diese haben keine konstitutive Bedeutung; sie sollen im Verhältnis zum Versorgungsberechtigten Rechtsklarheit schaffen.⁵ Den PSVaG trifft eine Mitteilungspflicht nicht nur dem Grunde, sondern auch der Höhe nach.⁶ Dem Versorgungsberechtigten soll dadurch ein verlässliches Bild über das Bestehen und den Umfang seiner Rechte gegeben werden.⁷ Bei **Falschberechnungen** oder bei fehlerhafter Beurteilung der Sach- und Rechtslage ist eine Änderung auch zum Nachteil des Versorgungsberechtigten möglich.⁸ Aus Gründen des **Vertrauensschutzes** haftet der PSVaG dann aber für

2

---

1 *Blomeyer/Rolfs/Otto*, § 9 Rn 1.
2 *Höfer*, § 9 Rn 4661.
3 *Blomeyer/Rolfs/Otto*, § 9 Rn 5.
4 *Blomeyer/Rolfs/Otto*, § 9 Rn 13; HWK/*Schipp*, § 9 BetrAVG Rn 1.
5 BGH 3.2.1986 – II ZR 54/85 – AP § 9 BetrAVG Nr. 4.
6 *Blomeyer/Rolfs/Otto*, § 9 Rn 6; *Höfer*, § 9 Rn 4662; ErfK/*Steinmeyer*, § 9 BetrAVG Rn 3; *Kemper u.a.*, § 9 Rn 2.
7 HWK/*Schipp*, § 9 BetrAVG Rn 1.
8 BGH 3.2.1986 – II ZR 54/85 – AP § 9 BetrAVG Nr. 4; *Schoden*, § 9 Rn 7.

den **Schaden**, der dem Versorgungsberechtigten daraus entstanden ist, dass er auf die Gültigkeit der Mitteilung vertraut hat – etwa wenn er in seinem Vertrauen auf die Richtigkeit Vermögensdispositionen getroffen oder zu treffen unterlassen hat, die er nicht mehr oder nur unter unzumutbaren Nachteilen rückgängig machen bzw. nachholen kann. Dies gilt ebenfalls, wenn der Versorgungsberechtigte andere Möglichkeiten der Einkommenserzielung und Alterssicherung nicht genutzt hat, weil er darauf vertraute, mit der vom PSVaG zugesagten oder gezahlten Rente sein Auskommen zu finden.[9] Die Mitteilungspflicht besteht auch dann, wenn der PSVaG die Auszahlung der Versorgungsleistung gem. § 8 auf Dritte überträgt.[10] Die Mitteilung ist nicht fristgebunden und die schuldhafte Verletzung der Mitteilungspflicht durch den PSVaG bleibt **sanktionslos**. Ist eine **Hinterbliebenenversorgung** vorgesehen, haben die Begünstigten erst dann einen Anspruch auf Mitteilung, wenn der ursprünglich Berechtigte verstorben ist,[11] wobei die Mitteilung gegenüber einem Versorgungsanwärter das Bestehen einer Anwartschaft auf Hinterbliebenenleistungen dem Grunde nach zu enthalten hat.[12]

3   Unterbleibt die Mitteilung des PSVaG nach Abs. 1 S. 1, muss der Versorgungsberechtigte gem. Abs. 1 S. 2 seinen Anspruch oder seine Anwartschaft spätestens ein Jahr nach Eintritt des Sicherungsfalls beim PSVaG anmelden. Dann erbringt der PSVaG die Leistungen rückwirkend. Die Jahresfrist ist eine Ausschlussfrist. Lässt der Versorgungsberechtigte die Frist verstreichen und meldet er seinen Anspruch bzw. seine Anwartschaft erst später an, beginnen die Leistungen des PSVaG frühestens mit dem Ersten des Monats der Anmeldung, es sei denn, dass der Versorgungsberechtigte an der rechtzeitigen Anmeldung ohne sein Verschulden verhindert war. Der PSVaG trägt die Darlegungs- und Beweislast für die Versäumung der Ausschlussfrist, während der Versorgungsberechtigte nachweisen muss, dass ihn an der Fristversäumung kein Verschulden trifft.[13] Verschulden setzt zumindest Fahrlässigkeit i.S.d. § 276 BGB voraus, also dass der Versorgungsberechtigte von der Insolvenz zumindest Kenntnis hätte haben müssen.[14] Erhalten Versorgungsempfänger keine Rentenzahlungen, müssen sie Nachforschungen anstellen, ansonsten ist in der Regel fahrlässige Unkenntnis anzunehmen.[15] Wenn der frühere AG keine Zahlungen leistet, die Betriebstätigkeit vollständig einstellt und die Gesellschaft auflöst, liegt es nahe, sich an den PSVaG zu wenden. Es widerspricht der anzulegenden Sorgfalt, den Ausfall der Betriebsrenten über den Zeitraum von einem Jahr untätig hinzunehmen.[16]

4   Bei Anwartschaften ist der Beginn der Jahresfrist umstritten: Einerseits wird auf den Eintritt des konkreten Versorgungsfalls abgestellt,[17] andererseits dem eindeutigen Wortlaut gemäß auf den Eintritt des Sicherungsfalls,[18] wobei der letztgenannten Ansicht zu folgen ist. Die gegenteilige Meinung verkennt, dass das Gesetz die rechtzeitige Geltendmachung von „Ansprüchen oder Anwartschaften" verlangt. Käme es bei Personen, die zum Zeitpunkt des Sicherungsfalls Versorgungsanwärter waren, auf den Eintritt des Versorgungsfalls an, hätte es genügt, nur eine Geltendmachung des Versorgungsanspruchs innerhalb der Jahresfrist zu verlangen. Mit Eintritt des Versorgungsfalls gibt es keine Versorgungsanwartschaften mehr, sondern nur noch Versorgungsansprüche. Den Billigkeitserwägungen, die für die Gegenauffassung zugunsten der Versorgungsanwärter angeführt werden, kann regelmäßig durch Anwendung des Ausnahmetatbestandes des Abs. 1 S. 2 a.E. Rechnung getragen werden.[19]

II. Gesetzlicher Forderungsübergang (Abs. 2)

5   **1. Forderungsübergang (Abs. 2 S. 1).** Die Vorschrift ordnet einen gesetzlichen Übergang des gegen den AG gerichteten Anspruchs oder der Anwartschaft auf den PSVaG an. Maßgeblicher Zeitpunkt ist die Eröffnung des Insolvenzverfahrens, in den übrigen Sicherungsfällen der Zeitpunkt der Mitteilung der dem Versorgungsberechtigten zustehenden Ansprüche oder Anwartschaften durch den PSVaG. Unerheblich ist der Eintritt des Versorgungsfalles bzw. bei gesicherten Versorgungsanwartschaften die Entstehung eines Zahlungsanspruchs gegen den PSVaG.[20] Unerheblich ist auch, ob der PSVaG den Versorgungsberechtigten tatsächlich befriedigt.[21] Wie sich aus dem eindeutigen Wortlaut der Norm ergibt, geht jedoch nur der Teil der Forderung auf den PSVaG über, der nach § 7 einen Anspruch gegen den PSVaG begründet.[22] Das hat insb. Bedeutung für die Begrenzung der Sicherungspflicht des PSVaG nach § 7 Abs. 3. Der PSVaG soll etwaige werthaltige Ansprüche zur **Schadensminderung** nutzen können. Der Forderungsübergang bewirkt eine Haftung des AG gegenüber dem PSVaG als dem neuen Insolvenzgläubiger nach § 38 InsO.[23] Der Versorgungsberechtigte ist insoweit nicht mehr **aktivlegitimiert**.[24] Der AG kann die vor dem Forde-

---

9 BGH 3.2.1986 – II ZR 54/85 – AP § 9 BetrAVG Nr. 4.
10 Kemper u.a., § 9 Rn 1.
11 Höfer, § 9 Rn 4665; Blomeyer/Otto, § 9 Rn 12.
12 Höfer, § 9 Rn 4665.
13 BAG 9.12.1997 – 3 AZR 429/96 – AP § 7 BetrAVG Nr. 90.
14 Kemper u.a., § 9 Rn 6; Blomeyer/Rolfs/Otto, § 9 Rn 24.
15 Blomeyer/Rolfs/Otto, § 9 Rn 24.
16 BAG 9.12.1997 – 3 AZR 429/96 – EzA § 7 BetrAVG Nr. 55 = AP § 7 BetrAVG Nr. 90.
17 Kemper u.a., § 9 Rn 8; Blomeyer/Rolfs/Otto, § 9 Rn 21.
18 BAG 21.3.2000 – 3 AZR 72/99 – EzA § 9 BetrAVG Nr. 8 = AP § 9 BetrAVG Nr. 19; Höfer, § 9 Rn 4670 ff.
19 BAG 21.3.2000 – 3 AZR 72/99 – EzA § 9 BetrAVG Nr. 8 = AP § 9 BetrAVG Nr. 19.
20 BAG 12.4.1983 – 3 AZR 607/80 – EzA § 9 BetrAVG Nr. 1 = AP § 9 BetrAVG Nr. 2.
21 Höfer, § 9 Rn 4691.
22 Höfer, § 9 Rn 4692.
23 Dörner/Luczak/Wildschütz/Dörner, Arbeitsrecht, Teil C Rn 2686.
24 BAG 12.4.1983 – 3 AZR 607/80 – EzA § 9 BetrAVG Nr. 1 = AP § 9 BetrAVG Nr. 2; Tschöpe/Schipp, Arbeitsrecht, Teil 2 E Rn 373.

rungsübergang begründeten Einwendungen gegen die Forderungen dem PSVaG gem. den §§ **404, 412 BGB** entgegenhalten.[25] Da die Eintrittspflicht des PSVaG auch die rückständigen Pensionsansprüche für die Dauer von sechs Monaten vor Eröffnung des Insolvenzverfahrens erfasst,[26] gehen nach Abs. 2 nicht nur die nach Insolvenzeröffnung fällig werdenden, sondern auch die **rückständigen** Ansprüche über.[27]

Der Forderungsübergang erfasst in **analoger Anwendung** von § 401 BGB und § 412 BGB zudem alle **akzessorisch verbundenen Rechte**, die der Verstärkung der Forderung dienen.[28] Zu den übergehenden Rechten zählen insb. **Pfandrechte** und **Hypotheken** des Versorgungsberechtigten, zudem **Bürgschaften**, die zur Absicherung der Ansprüche aus betrieblicher Altersversorgung dienen und die bisweilen einem AN vor Inkrafttreten des BetrAVG zur Absicherung eingeräumt worden waren.[29] Ferner ist die durch den **Schuldbeitritt eines Dritten** entstandene Forderung erfasst,[30] so dass sich der PSVaG an den schuldbeitretenden Dritten halten kann. Auf den PSVaG gehen auch Forderungen gegenüber einem früheren Einzelunternehmer nach § 28 HGB über, der sein Unternehmen in eine KG eingebracht hat.[31] Durch den Forderungsübergang ändert sich nichts an der **Rechtsqualität** der Forderungen; der PSVaG tritt lediglich an die Stelle des Versorgungsberechtigten.[32] **Nicht akzessorische Sicherungsrechte**, wie die **Grundschuld** oder **abgetretene Forderungen** sind von dem Forderungsübergang nach Abs. 2 nicht erfasst.[33] Macht der Versorgungsberechtigte von diesen Sicherungsrechten Gebrauch, führt dies gem. § 7 Abs. 4 zu einer **Minderung der Leistungspflicht** des PSVaG.[34]

6

Bestreitet der PSVaG im Zusammenhang mit einem Insolvenzverfahren Ansprüche des Versorgungsberechtigten, stehen diesem verschiedene Möglichkeiten zu: Er kann vom PSVaG entweder die **Rückabtretung** der Forderung verlangen[35] und diese dann selbst gegenüber dem AG geltend machen oder den PSVaG auffordern, ihm eine **Ermächtigung zur Prozessführung** im eigenen Namen zu erteilen.[36] Der Versorgungsberechtigte hat dann die Wahl, ob er sich an den PSVaG halten oder zunächst Befriedigung aus der Insolvenzmasse suchen will. Der PSVaG geht dabei kein Risiko ein, weil Leistungen des Versorgungsschuldners nach § 7 Abs. 4 auf den Umfang der Leistungspflicht des PSVaG anzurechnen sind.[37]

7

2. Kein Nachteil des Berechtigten (Abs. 2 S. 2). Der Forderungsübergang darf nicht zum Nachteil des Berechtigten geltend gemacht werden. Dies ist insb. im Zusammenhang mit akzessorischen Sicherungsrechten von Bedeutung, die mit den Ansprüchen und Anwartschaften auf den PSVaG übergehen. Der Versorgungsberechtigte darf sich, wenn die vom PSVaG gesicherte Leistung wegen der Höchstbegrenzung nach § 7 Abs. 3 geringer als die Zusage ist, wegen des überschießenden Betrages zunächst aus dem Sicherungsrecht befriedigen.[38] Ist der Erlös aus der **Verwertung des Sicherungsrechts** höher als der nicht insolvenzgeschützte Teil der Zusage, steht dem PSVaG hieraus ein Befriedigungsrecht bis zur Höhe seiner Eintrittspflicht zu. Ein etwa verbleibender weiterer Erlöst ist der Insolvenzmasse zuzuschlagen.[39]

8

3. Unbedingte Forderungen (Abs. 2 S. 3). Die auf den PSVaG übergegangenen Anwartschaften werden gem. Abs. 2 S. 3 im Insolvenzverfahren als **unbedingte** Forderungen nach § 45 InsO geltend gemacht. Abs. 2 S. 3 basiert auf der ständigen Rechtsprechung des BAG, wonach sich Versorgungsanwartschaften im Insolvenzfall in Kapitalansprüche verwandeln, deren Wert zu schätzen ist.[40] Bei der **Schätzung** sind biometrische Erfahrungswerte und der Vorteil der sofortigen Fälligkeit zu berücksichtigen, der durch Abzinsung des Kapitalbetrages auszugleichen ist.[41] Neben den Rentenansprüchen sind dann auch Anwartschaften kapitalisiert zur Insolvenztabelle anzumelden.

9

III. Übergang des Vermögens einer Unterstützungskasse (Abs. 3)

Da gem. § 1b Abs. 4 kein Rechtsanspruch des Versorgungsberechtigten auf Leistungen der Unterstützungskasse und damit kein auf den PSVaG überleitbarer Anspruch besteht, kommt ein Forderungsübergang i.S.v. Abs. 2 nicht in Betracht. Als Ausgleich sieht Abs. 3 einen Vermögensübergang vor.[42] Der PSVaG soll möglichst **schadlos** gestellt wer-

10

---

25 *Kemper u.a.*, § 9 Rn 16.
26 BGH 14.7.1980 – II ZR 106/79 – AP § 7 BetrAVG Nr. 5; BAG 12.4.1983 – 3 AZR 607/80 – EzA § 9 BetrAVG Nr. 1 = AP § 9 BetrAVG Nr. 2.
27 BAG 12.4.1983 – 3 AZR 607/80 – EzA § 9 BetrAVG Nr. 1 = AP § 9 BetrAVG Nr. 2.
28 BAG 12.12.1989 – 3 AZR 540/88 – EzA § 9 BetrAVG Nr. 3 = AP § 9 BetrAVG Nr. 11; BGH 24.11.1971 – IV ZR 71/70 – NJW 1972, 437 ff.
29 BAG 12.12.1989 – 3 AZR 540/88 – EzA § 9 BetrAVG Nr. 3 = AP § 9 BetrAVG Nr. 11; BGH 13.5.1993 – IX ZR 166/92 – NJW 1993, 2935 ff.
30 BAG 12.12.1989 – 3 AZR 540/88 – EzA § 9 BetrAVG Nr. 3 = AP § 9 BetrAVG Nr. 11.
31 BAG 23.1.1990 – 3 AZR 171/88 – EzA § 28 HGB Nr. 1 = AP § 9 BetrAVG Nr. 12.
32 BGH 23.1.1992 – IX ZR 94/91 – NZA 1992, 653 ff.
33 *Kemper u.a.*, § 9 Rn 17.
34 *Höfer*, § 9 Rn 4685; *Blomeyer/Rolfs/Otto*, § 9 Rn 46.
35 BGH 8.3.1982 – II ZR 86/81 – AP § 9 BetrAVG Nr. 1.
36 BAG 12.4.1983 – 3 AZR 607/80 – EzA § 9 BetrAVG Nr. 1 = AP § 9 BetrAVG Nr. 2.
37 BAG 12.4.1983 – 3 AZR 607/80 – EzA § 9 BetrAVG Nr. 1 = AP § 9 BetrAVG Nr. 2.
38 *Höfer*, § 9 Rn 4708.
39 *Kemper u.a.*, § 9 Rn 19.
40 BAG 16.3.1972 – 3 AZR 191/71 – EzA § 242 BGB Ruhegeld Nr. 13 = AP § 242 BGB Ruhegehalt-Unverfallbarkeit Nr. 2; *Höfer*, § 9 Rn 4712.
41 BAG 11.10.1988 – 3 AZR 295/87 – NZA 1989, S. 303.
42 BAG 6.10.1992 – 3 AZR 41/92 – EzA § 9 BetrAVG Nr. 6 = AP § 9 BetrAVG Nr. 16.

den, soweit er Versorgungsleistungen erbringt, die das Trägerunternehmen der Unterstützungskasse nicht mehr sicherstellen kann.[43]

11 **1. Vermögensübergang (Abs. 3 S. 1 und S. 2).** Gem. Abs. 3 S. 1 geht das Vermögen der Unterstützungskasse einschließlich der Verbindlichkeiten auf den PSVaG über, wenn dieser zu Leistungen verpflichtet ist, die ohne den Eintritt des Sicherungsfalles eine Unterstützungskasse erbringen würde. Diese verliert bei Zahlungsunfähigkeit des Trägerunternehmens ihre wirtschaftliche Basis, so dass nur auf das vorhandene Kassenvermögen zurückgegriffen werden kann.[44] Der **Bestand** einer Unterstützungskasse wird durch den gesetzlichen Vermögensübergang nicht berührt.

12 Das Vermögen der Unterstützungskasse geht selbst dann auf den PSVaG über, wenn diese trotz der Insolvenz des Trägerunternehmens noch über **ausreichende Mittel** verfügt, um die bestehenden Versorgungsverbindlichkeiten zu erfüllen.[45] Etwaige Überschüsse hat der PSVaG hat dann gem. Abs. 3 S. 2 entsprechend der **Satzung** der Unterstützungskasse zu verwenden. Dadurch wird verhindert, dass der Insolvenzverwalter die in der Unterstützungskasse noch vorhandenen Mittel im Interesse der anderen Gläubiger zur Insolvenzmasse zieht.[46]

13 Das Vermögen einer Unterstützungskasse geht auch dann über, wenn Träger der deutschen Unterstützungskasse ein **ausländisches Unternehmen** ist.[47] Vom Vermögensübergang werden alle vermögenswerten Güter der Unterstützungskasse erfasst.[48] Zum Aktivvermögen der Unterstützungskasse gehören u.a. auch Ansprüche aus **Rückzahlung eines Darlehens** aufgrund eines zwischen der Unterstützungskasse als Gläubigerin und dem Trägerunternehmen als Schuldner abgeschlossenen Darlehensvertrages.[49]

14 Obwohl Abs. 3 S. 1 an die Verpflichtung zur Leistung anknüpft, ist nach allg. Meinung die Vorschrift dahingehend zu verstehen, dass sie auch **Anwartschaften** umfasst. Die Interessenlage des PSVaG ist insofern die Gleiche.[50] Der **Zeitpunkt** des Vermögensübergangs entspricht dem Zeitpunkt des Forderungsübergangs nach Abs. 2.[51]

15 **2. Unterstützungskasse mehrerer Trägerunternehmen (Abs. 3 S. 3).** Für **Gruppen-Unterstützungskassen** enthält Abs. 3 S. 3 eine Sonderregelung. Der PSVaG hat lediglich Anspruch auf einen Betrag, der dem Teil des Vermögens der Kasse entspricht, der auf das Unternehmen entfällt, bei dem der Sicherungsfall eingetreten ist. Ansonsten wäre nicht sichergestellt, dass die Insolvenz eines der Trägerunternehmen die anderen Trägerunternehmen und deren Versorgungsberechtigte unbeeinträchtigt lässt.[52]

16 Wie die Vermögensanteile zu ermitteln sind, lässt das Gesetz offen. Maßgeblich ist zunächst die Satzung oder der Gesellschaftsvertrag der Gruppenunterstützungskasse, hilfsweise auch sonstige Vereinbarungen zwischen Trägerunternehmen und Gruppenunterstützungskasse,[53] die ggf. anhand einer in der Vergangenheit geübten Praxis zu ermitteln sind.[54]

17 **3. Außergerichtliche Vergleiche (Abs. 3 S. 4).** Für den außergerichtlichen Vergleich i.S.v. § 7 Abs. 1 S. 4 Nr. 2 bestimmt Abs. 3 S. 4, dass ein Vermögensübergang auf den PSVaG nur stattfindet, wenn der Vergleich auf die Einstellung der Betriebstätigkeit und die Liquidation des Trägerunternehmens zielt. Dann ist die Interessenlage die Gleiche wie im Insolvenzverfahren nach Abs. 3 S. 1, weil die Unterstützungskasse mit der Liquidation des Trägerunternehmens ihre Existenzberechtigung verliert.[55] Anders verhält es sich im Falle des Stundungs- und Quotenvergleichs zur Abwendung eines Insolvenzverfahrens, da der AG hier weiterhin für die Leistungen der betrieblichen Altersversorgung einzustehen hat.[56]

IV. Vermögensübergang bei Pensionsfonds (Abs. 3a)

18 Abs. 3 findet gem. Abs. 3a entsprechende Anwendung auf einen Pensionsfonds, wenn die BaFin die Genehmigung für die Übertragung der Leistungspflicht durch den PSVaG nach § 8 Abs. 1a nicht erteilt. Abs. 3a trifft damit eine notwendige **Folgeregelung zu § 8 Abs. 1a**.[57] Bei einem Pensionsfonds mit **mehreren Trägerunternehmen** folgt aus der entsprechenden Anwendung des Abs. 3 S. 3, dass nur der Betrag auf den PSVaG übergeht, den der Pensions-

---

43 BAG 6.10.1992 – 3 AZR 41/92 – EzA § 9 BetrAVG Nr. 6 = AP § 9 BetrAVG Nr. 16; Dörner/Luczak/Wildschütz/*Dörner*, Arbeitsrecht, Teil C Rn 2694.
44 *Berenz*, DB 2006, 1006; *Kemper u.a.*, § 9 Rn 22; ErfK/*Steinmeyer*, § 9 BetrAVG Rn 15.
45 BAG 12.2.1991 – 3 AZR 30/90 – EzA § 9 BetrAVG Nr. 4 = AP § 9 BetrAVG Nr. 13.
46 BAG 12.2.1991 – 3 AZR 30/90 – EzA § 9 BetrAVG Nr. 4 = AP § 9 BetrAVG Nr. 13; ErfK/*Steinmeyer*, § 9 BetrAVG Rn 17.
47 BAG 12.2.1991 – 3 AZR 30/90 – EzA § 9 BetrAVG Nr. 4 = AP § 9 BetrAVG Nr. 13; Schaub/*Schaub*, Arbeitsrechts-Handbuch, § 82 Rn 167.
48 ErfK/*Steinmeyer*, § 9 BetrAVG Rn 18.
49 BAG 6.10.1992 – 3 AZR 41/92 – EzA § 9 BetrAVG Nr. 6 = AP § 9 BetrAVG Nr. 16.
50 HWK/*Schipp*, § 9 BetrAVG Rn 9; ErfK/*Steinmeyer*, § 9 BetrAVG Rn 16 m.w.N.
51 BAG 6.10.1992 – 3 AZR 41/92 – EzA § 9 BetrAVG Nr. 6 = AP § 9 BetrAVG Nr. 16.
52 ErfK/*Steinmeyer*, § 9 BetrAVG Rn 19.
53 BAG 22.10.1991 – 3 AZR 1/91 – EzA § 9 BetrAVG Nr. 5 = AP § 9 BetrAVG Nr. 14.
54 ErfK/*Steinmeyer*, § 9 BetrAVG Rn 19.
55 *Höfer*, § 9 Rn 4736.
56 ErfK/*Steinmeyer*, § 9 BetrAVG Rn 20.
57 *Höfer*, § 9 Rn 4740.

fonds für die AN des insolventen Trägerunternehmens angesammelt hat.[58] Aufgrund der umfangreichen Regelungen der Rechnungslegungsvorschriften für die der Versicherungsaufsicht unterstehenden Pensionsfonds ist die Vornahme der Zuordnung des übergehenden Vermögens einfacher als bei Unterstützungskassen.[59]

V. Insolvenzplan/sofortige Beschwerde (Abs. 4 und Abs. 5)

In einem Insolvenzplan, der die Fortführung des Unternehmens oder eines Betriebes vorsieht, kann gem. Abs. 4 S. 1 für den PSVaG eine **eigene Gruppe** gebildet werden. Das stärkt die Stellung des PSVaG im **Insolvenzplanverfahren**,[60] denn die Gruppenbildung bewirkt, dass der Insolvenzplan gem. § 243 InsO **nicht gegen die Stimme** des PSVaG verabschiedet werden kann.[61] Ist hingegen die Liquidation des Unternehmens im Rahmen des Insolvenzplanverfahrens durch das Insolvenzgericht bestätigt, genießt der PSVaG keine Sonderstellung, weil sein Interesse gleichgerichtet mit dem Interesse der übrigen Gläubiger auf eine möglichst hohe Liquidationsquote zielt. Abs. 4 S. 2 ersetzt die sog. Wiederauflebensklausel des § 255 InsO (Wiederaufleben von gestundeten und teilweise erlassenen Forderungen bei Nichterfüllung des Insolvenzplans), die auf langfristige Aufteilung der Verpflichtungen aus der betrieblichen Altersversorgung zwischen dem PSVaG und dem in der Sanierung befindlichen Unternehmen nicht zugeschnitten ist.[62] Wird **innerhalb von drei Jahren** nach der Aufhebung des Insolvenzverfahrens ein Antrag auf Eröffnung eines neuen Insolvenzverfahrens über das Vermögen des AG gestellt kann der PSVaG, in diesem Verfahren die Erstattung der von ihm erbrachten Leistungen verlangen.

Da die Leistungspflicht des PSVaG bereits mit Eröffnung des Insolvenzverfahrens ausgelöst wird, ist es sachgerecht, ihm ein eigenes Beschwerderecht gegen den gerichtlichen Eröffnungsbeschluss einzuräumen. Gemeint ist das Recht zur sofortigen Beschwerde gem. § 34 Abs. 2 InsO, das ansonsten nur dem Schuldner zusteht. Darüber hinaus kann der PSVaG, wie jeder andere Insolvenzgläubiger auch, sofortige Beschwerde gegen den Beschluss des Insolvenzgerichts einlegen, durch den der Insolvenzplan bestätigt wird (§ 253 InsO).[63]

§ 10 Beitragspflicht und Beitragsbemessung

(1) Die Mittel für die Durchführung der Insolvenzsicherung werden auf Grund öffentlich-rechtlicher Verpflichtung durch Beiträge aller Arbeitgeber aufgebracht, die Leistungen der betrieblichen Altersversorgung unmittelbar zugesagt haben oder eine betriebliche Altersversorgung über eine Unterstützungskasse, eine Direktversicherung der in § 7 Abs. 1 Satz 2 und Absatz 2 Satz 1 Nr. 2 bezeichneten Art oder einen Pensionsfonds durchführen.

(2) [1]Die Beiträge müssen den Barwert der im laufenden Kalenderjahr entstehenden Ansprüche auf Leistungen der Insolvenzsicherung decken zuzüglich eines Betrages für die aufgrund eingetretener Insolvenzen zu sichernden Anwartschaften, der sich aus dem Unterschied der Barwerte dieser Anwartschaften am Ende des Kalenderjahres und am Ende des Vorjahres bemisst. [2]Der Rechnungszinsfuß bei der Berechnung des Barwerts der Ansprüche auf Leistungen der Insolvenzsicherung bestimmt sich nach § 65 des Versicherungsaufsichtsgesetzes; soweit keine Übertragung nach § 8 Abs. 1 stattfindet, ist der Rechnungszinsfuß bei der Berechnung des Barwerts der Anwartschaften um ein Drittel höher. [3]Darüber hinaus müssen die Beiträge die im gleichen Zeitraum entstehenden Verwaltungskosten und sonstigen Kosten, die mit der Gewährung der Leistungen zusammenhängen, und die Zuführung zu einem von der Bundesanstalt für Finanzdienstleistungsaufsicht festgesetzten Ausgleichsfonds decken; § 37 des Versicherungsaufsichtsgesetzes bleibt unberührt. [4]Auf die am Ende des Kalenderjahres fälligen Beiträge können Vorschüsse erhoben werden. [5]Sind die nach den Sätzen 1 bis 3 erforderlichen Beiträge höher als im vorangegangenen Kalenderjahr, so kann der Unterschiedsbetrag auf das laufende und die folgenden vier Kalenderjahre verteilt werden. [6]In Jahren, in denen sich außergewöhnlich hohe Beiträge ergeben würden, kann zu deren Ermäßigung der Ausgleichsfonds in einem von der Bundesanstalt für Finanzdienstleistungsaufsicht zu genehmigenden Umfang herangezogen werden.

(3) Die nach Absatz 2 erforderlichen Beiträge werden auf die Arbeitgeber nach Maßgabe der nachfolgenden Beträge umgelegt, soweit sie sich auf die laufenden Versorgungsleistungen und die nach § 1b unverfallbaren Versorgungsanwartschaften beziehen (Beitragsbemessungsgrundlage); diese Beträge sind festzustellen auf den Schluß des Wirtschaftsjahrs des Arbeitgebers, das im abgelaufenen Kalenderjahr geendet hat:

---

58 Blomeyer/Rolfs/Otto, § 9 Rn 100; Höfer, § 9 Rn 4741.
59 Höfer, Das neue Betriebsrentenrecht, Rn 511; Blomeyer/Rolfs/Otto, § 9 Rn 100.
60 Kemper u.a., § 9 Rn 31; ErfK/Steinmeyer, § 9 BetrAVG Rn 22.
61 ErfK/Steinmeyer, § 9 BetrAVG Rn 22.
62 ErfK/Steinmeyer, § 9 BetrAVG Rn 22.
63 Blomeyer/Rolfs/Otto, § 9 Rn 107.

1. Bei Arbeitgebern, die Leistungen der betrieblichen Altersversorgung unmittelbar zugesagt haben, ist Beitragsbemessungsgrundlage der Teilwert der Pensionsverpflichtung (§ 6a Abs. 3 des Einkommensteuergesetzes).
2. Bei Arbeitgebern, die eine betriebliche Altersversorgung über eine Direktversicherung mit widerruflichem Bezugsrecht durchführen, ist Beitragsbemessungsgrundlage das geschäftsplanmäßige Deckungskapital oder, soweit die Berechnung des Deckungskapitals nicht zum Geschäftsplan gehört, die Deckungsrückstellung. Für Versicherungen, bei denen der Versicherungsfall bereits eingetreten ist, und für Versicherungsanwartschaften, für die ein unwiderrufliches Bezugsrecht eingeräumt ist, ist das Deckungskapital oder die Deckungsrückstellung nur insoweit zu berücksichtigen, als die Versicherungen abgetreten oder beliehen sind.
3. Bei Arbeitgebern, die eine betriebliche Altersversorgung über eine Unterstützungskasse durchführen, ist Beitragsbemessungsgrundlage das Deckungskapital für die laufenden Leistungen (§ 4d Abs. 1 Nr. 1 Buchstabe a des Einkommensteuergesetzes) zuzüglich des Zwanzigfachen der nach § 4d Abs. 1 Nr. 1 Buchstabe b Satz 1 des Einkommensteuergesetzes errechneten jährlichen Zuwendungen für Leistungsanwärter im Sinne von § 4d Abs. 1 Nr. 1 Buchstabe b Satz 2 des Einkommensteuergesetzes.
4. Bei Arbeitgebern, soweit sie betriebliche Altersversorgung über einen Pensionsfonds durchführen, ist Beitragsbemessungsgrundlage 20 vom Hundert des entsprechend Nummer 1 ermittelten Betrages.

(4) [1]Aus den Beitragsbescheiden des Trägers der Insolvenzsicherung findet die Zwangsvollstreckung in entsprechender Anwendung der Vorschriften der Zivilprozeßordnung statt. [2]Die vollstreckbare Ausfertigung erteilt der Träger der Insolvenzsicherung.

Literatur: *Blomeyer*, Änderungen des Betriebsrentengesetzes zum 1.1.1999 – Neue Lösungen – Neue Probleme, NZA 1998, 911; *Höfer*, Das neue Betriebsrentenrecht, 2003; *Wohlleben*, Neuregelungen zur Insolvenzsicherung der Betriebsrenten, DB 1998, 1230

A. Allgemeines 1	a) Barwert der im laufenden Kalenderjahr entstehenden Ansprüche 9
B. Regelungsgehalt 2	b) Zu sichernde Anwartschaften 10
I. Beitragspflicht (Abs. 1) 2	c) Verwaltungskosten und sonstige Kosten . 11
1. Gesetzliche Pflichtversicherung 2	d) Ausgleichsfonds und Verlustrücklage 12
2. Durchführungswege 4	e) Glättungsverfahren 13
3. Beitragsbescheid 5	III. Berechnung der Beitragsbemessungsgrundlage
4. Verjährung 6	(Abs. 3) 14
II. Gesamtbeitragsaufkommen (Abs. 2) 7	1. Grundsatz 14
1. Rechtslage bis 2005 7	2. Durchführungswege 15
2. Rechtslage ab 2006 8	IV. Zwangsvollstreckung (Abs. 4) 18

A. Allgemeines

1 Alle AG, die eine nach § 7 insolvenzgesicherte betriebliche Altersversorgung durchführen, sind verpflichtet, an den PSVaG Beiträge zu entrichten. Eine Differenzierung des Beitrags nach Art des Risikos erfolgt nicht.[1] Die Belastungen werden auf alle beitragspflichtigen AG **gleichmäßig verteilt**. Der **öffentlich-rechtliche Charakter** der **Beitragspflicht** gewährleistet eine flächendeckende Finanzierung der Insolvenzsicherung durch Anschlusszwang.[2]

Im Hinblick auf die Beitragspflicht ist der PSVaG ein beliehenes Privatrechtssubjekt und übt hoheitliche Befugnisse aus.[3] Der Umfang der Beleihung ergibt sich aus § 10. Die Beitragsbescheide des PSVaG ergehen als Verwaltungsakte.[4] Die Vorschrift besteht aus vier Teilen. Abs. 1 bestimmt die beitragspflichtigen AG und der durch das Gesetz zur Änderung des Betriebsrentengesetzes und anderer Gesetze vom 2.12.2006[5] neu gefasste Abs. 2 das Gesamtbeitragsaufkommen, Abs. 3 differenziert bei der Ermittlung der Beitragsbemessungsgrundlage nach dem jeweiligen Durchführungsweg der betrieblichen Altersversorgung, und Abs. 4 schließlich regelt die Zwangsvollstreckung wegen offener Beitragsforderungen.

B. Regelungsgehalt

I. Beitragspflicht (Abs. 1)

2 **1. Gesetzliche Pflichtversicherung.** Die Insolvenzsicherung ist eine gesetzliche Pflichtversicherung. Versicherungsnehmer und alleinige Beitragszahler sind die zusagenden AG, während die Bezugsberechtigung für die Leis-

---

1 BVerwG 23.5.1995 – 1 C 32/92 – NZA-RR 1996, 102.
2 ErfK/*Steinmeyer*, § 10 BetrAVG Rn 2.
3 BT-Drucks 7/2843, S. 10; BVerfG 10.3.1988 – 1 BvR 495/87 – AP § 7 BetrAVG Nr. 38c, *Schoden*, § 10 Rn 6.
4 *Höfer*, § 10 Rn 4755 m.w.N.; Tschöpe/*Schipp*, Arbeitsrecht, Teil 2 E Rn 373; Dörner/Luczak/Wildschütz/*Dörner*, Arbeitsrecht, Teil C Rn 2701.
5 BGBl I 2006, 2742.

tungen des PSVaG den begünstigten Versorgungsanwärtern und Empfängern zusteht.[6] Die Pflicht zur Insolvenzsicherung bezieht sich auf die Durchführungswege der unmittelbaren Versorgungszusage, der Direktversicherung der in § 7 Abs. 1 S. 2 bzw. Abs. 2 S. 1 Nr. 2 bezeichneten Art, die Unterstützungskassenzusage[7] und die Pensionsfondszusage. Wegen fehlender Insolvenzgefährdung sind Pensionskassenzusagen sowie eine Direktversicherungszusage, bei der ein unwiderrufliches Bezugsrecht besteht und die Ansprüche aus dem Versicherungsvertrag nicht abgetreten, verpfändet oder beliehen sind, nicht erfasst.[8] Die Insolvenzsicherungspflicht besteht unabhängig davon, ob dem Versorgungsberechtigten noch sonstige Sicherungsmittel zustehen, bspw. aus einer vertraglichen Insolvenzsicherung.[9] Sie beginnt mit Eintritt der ersten gesetzlich unverfallbaren Anwartschaft oder mit der Aufnahme laufender Versorgungsleistungen und endet mit dem Tag, an dem der AG die gesetzlichen Voraussetzungen der Insolvenzsicherung nicht mehr erfüllt,[10] etwa weil keine Versorgungsberechtigten mehr vorhanden sind. Sie endet auch mit dem Tag der Eröffnung des gerichtlichen Insolvenzverfahrens und im Falle der Abweisung des Antrags auf Eröffnung des Insolvenzverfahrens mangels Masse.[11] Bei einem Stundungs- und Quotenvergleich bleibt der AG beitragspflichtig, wenn er die insolvenzsicherungspflichtige betriebliche Altersversorgung weiterhin durchführt. Entsprechendes gilt im Insolvenzplanverfahren, wenn die insolvenzsicherungspflichtige betriebliche Altersversorgung weiter durchgeführt wird.[12] Wird die Betriebstätigkeit i.S.v. § 7 Abs. 1 S. 4 Nr. 3 vollständig beendet, endet auch die Beitragspflicht des AG.

Von der Insolvenzsicherung und damit von der Beitragspflicht **ausgenommen** sind gem. § 17 Abs. 2 Bund, Länder und Gemeinden sowie diejenigen juristische Personen des öffentlichen Rechts, bei denen entweder ein **Insolvenzverfahren unzulässig** oder die **Zahlungsfähigkeit gesetzlich gesichert** ist. Letzteres ist z.B. nicht der Fall bei öffentlich rechtlichen Ersatzschulen und Rundfunkanstalten, die deshalb beitragspflichtig sind.[13] Beitragspflicht besteht auch, wenn eine Gebietskörperschaft einen Eigenbetrieb in eine AG umwandelt. § 17 Abs. 2 ist dann nicht anwendbar.[14]

2. Durchführungswege. Beitragspflicht besteht bei der unmittelbaren Versorgungszusage ebenso wie bei der Leistungspflicht des AG nach § 2 Abs. 2 S. 2, wenn er bei einer Direktversicherungszusage für einen vorzeitig ausgeschiedenen AN die arbeitsrechtliche Lösung wählt. Von der Beitragspflicht nicht erfasst ist ein Schadenersatzanspruch gegen den AG, der entstehen kann, wenn der AG das Bezugsrecht aus einer Direktversicherung nach Eintritt der gesetzlichen Unverfallbarkeit widerruft.[15] Bei einer Direktversicherung besteht Beitragspflicht nur, wenn der AG das Bezugsrecht des AN beschädigt hat. Abs. 1 verweist auf § 7 Abs. 1 S. 2 und Abs. 2 S. 1 Nr. 2 und stellt damit klar, dass Beitragspflicht generell bei widerruflicher Bezugsberechtigung besteht und bei unwiderruflicher Bezugsberechtigung nur, wenn eine Abtretung, Beleihung (oder Verpfändung) des Bezugsrechts erfolgt ist. Beitragspflichtig sind auch Unterstützungskassenzusagen. Selbst wenn die Unterstützungskasse überdotiert ist und der AG in der Satzung oder im Gesellschaftsvertrag seinen Zugriff auf das Vermögen der Unterstützungskasse ausgeschlossen hat, sind Beiträge zu entrichten.[16] Bei Pensionsfonds gilt die Beitragspflicht für unmittelbare Versorgungszusagen entsprechend. Dem geringeren Insolvenzrisiko wird durch eine Beitragsreduzierung Rechnung getragen.

3. Beitragsbescheid. Beitragsfestsetzung und Beitragserhebung erfolgen durch Verwaltungsakt.[17] Gem. Abs. 2 S. 3 sind die Beträge am Ende des Kalenderjahres fällig. Der PSVaG kann Vorschüsse erheben. Grundsätzlich erteilt der PSVaG allen Mitgliedern Mitte November eines jeden Jahres einen bezifferten Beitragsbescheid für das laufende Jahr. Dieser ist üblicherweise kombiniert mit einem Bescheid über den Beitragsvorschuss für das folgende Jahr (sog. kombinierter Beitrags- und Vorschussbescheid). Beiträge zur Insolvenzsicherung können aber auch nach Beendigung der Sicherungspflicht des AG für in der Vergangenheit liegende Zeiträume erhoben werden, in denen eine Sicherungspflicht noch bestand.[18] Grundlage der Beitragsfestsetzung ist die Meldung des AG nach § 11. Ist diese nicht richtig, kann der PSVaG einen Auskunfts-Vorlage- oder Meldebescheid erlassen, der den AG verpflichtet, seinen Meldepflichten nachzukommen.[19] Der PSVaG kann auch einen Beitragsgrundlagenbescheid erlassen, der die Pflicht

---

6 *Höfer*, § 10 Rn 4748; *Kemper u.a.*, § 10 Rn 7; *Schaub/Schaub*, Arbeitsrechts-Handbuch, § 82 Rn 156; *Höfer*, Das neue Betriebsrentenrecht, Rn 524.
7 Näher dazu Merkblatt 210/M 24 (Stand 11.03): „Insolvenzsicherungspflicht von betrieblicher Altersversorgung über rückgedeckte Unterstützungskassen", www.psvag.de.
8 *Kemper u.a.*, § 10 Rn 4.
9 *Kemper u.a.*, § 10 Rn 3.
10 *Kemper u.a.*, § 10 Rn 8.
11 *Kemper u.a.*, § 10 Rn 14.
12 *Kemper u.a.*, § 10 Rn 13.
13 HWK/*Schipp*, § 10 BetrAVG Rn 2.
14 BVerwG 13.7.1999 – 1 C 13.98 – ZIP 1999, 1816; *Höfer*, § 10 Rn 4750.
15 BAG 17.9.1991 – 3 AZR 413/90 – EzA § 7 BetrAVG Nr. 42 = AP § 7 BetrAVG Widerruf Nr. 16.
16 *Blomeyer/Rolfs/Otto*, § 10 Rn 24; ErfK/*Steinmeyer*, § 10 BetrAVG Rn 6.
17 BVerwG 22.11.1994 – 1 C 22/92 – NZA 1995, 374; BVerwG 28.6.1994 – 1 C 20.92 – AP § 10 BetrAVG Nr. 3; *Kemper u.a.*, § 10 Rn 24.
18 BVerwG 18.12.1986 – 3 C 39/81 – NJW-RR 1987, 1313; VG Schleswig-Holstein 10.10.1990 – 12 A 52/89 – AP § 10 BetrAVG Nr. 2.
19 BVerwG 22.11.1994 – 1 C 22/92 – NZA 1995, 374; BVerwG 28.6.1994 – 1 C 20.92 – AP § 10 BetrAVG Nr. 3; *Kemper u.a.*, § 10 Rn 23.

zur Zahlung von Beiträgen nur dem Grunde nach feststellt.[20] Für Streitigkeiten um die Beitragspflicht zum PSVaG ist der Rechtsweg zu den Verwaltungsgerichten eröffnet. Örtlich zuständig ist gem. § 52 Nr. 3 S. 2 VWGO das für den Sitz des AG zuständige Verwaltungsgericht. Vor Klageerhebung ist gegen den Bescheid des PSVaG das Widerspruchsverfahren durchzuführen. Weder Widerspruch noch Klage haben aufschiebende Wirkung (§ 80 Abs. 2 Nr. 4 VwGO). Obsiegt der AG, steht ihm ein öffentlich-rechtlicher Erstattungsanspruch zu, der auch die gezogenen Nutzungen umfasst (§ 818 Abs. 1 BGB).[21]

6 **4. Verjährung.** Die Ansprüche auf Zahlung der Beiträge zur Insolvenzsicherung sowie Erstattungsansprüche nach Entrichtung nicht geschuldeter Beiträge zur Insolvenzsicherung verjähren gem. § 10a Abs. 4 in sechs Jahren. Die Verjährungsfrist beginnt mit Ablauf des Kalenderjahres, in dem die Beitragspflicht entstanden oder der Erstattungsanspruch fällig geworden ist.

II. Gesamtbeitragsaufkommen (Abs. 2)

7 **1. Rechtslage bis 2005.** Zur Deckung der Kosten des PSVaG diente bis 2005 das sogenannte Renten- oder Kapitalwertumlageverfahren. Dieses Finanzierungsverfahren bezog sich nur auf die im jeweiligen Kalenderjahr entstehenden Ansprüche, deren Barwert versicherungsmathematisch unter Zugrundelegung eines vorgegebenen Zinssatzes zu ermitteln und auf alle beitragspflichtigen AG umzulegen war. Auf diese Weise wurden jedenfalls die im jeweiligen Kalenderjahr entstehenden Ansprüche einschließlich einmaliger Kapitalzahlungen, Abfindungen nach § 8 Abs. 2 sowie Erhöhungen von Leistungen aufgrund vertraglicher Dynamisierungsklauseln ausfinanziert. Das Verfahren führte zwangsläufig zu erheblichen **Beitragsschwankungen**. Auf Grund eingetretener Insolvenzen zu sichernde Anwartschaften wurden erst berücksichtigt, wenn daraus Leistungsansprüche resultierten. Entsprechendes galt für Anwartschaften auf Hinterbliebenenversorgung. Die Ausfinanzierung insolvenzbedingter Lasten konnte so weit in die Zukunft verschoben werden, je nachdem, welcher Zeitraum zwischen dem Insolvenzereignis und dem Eintritt des Versorgungsfalls lag. Da die Zahl der Insolvenzen in den letzten Jahren ebenso deutlich angestiegen ist, wie die Risiken aus nicht ausfinanzierten Anwartschaften, bestand für den Gesetzgeber Handlungsbedarf.

8 **2. Rechtslage ab 2006.** Mit Wirkung ab 2006 ist das Finanzierungsverfahren auf vollständige Kapitaldeckung umgestellt. Neu ist die Erstreckung auf zu sichernde Anwartschaften, die unabhängig vom Eintritt des Versorgungsfalls bereits im Jahr der Insolvenz berücksichtigt werden. Neu ist auch Abs. 2 S. 5, der neben der bereits nach altem Recht möglichen Inanspruchnahme eines Ausgleichsfonds ein Verfahren zur Glättung von Beitragsspitzen regelt.

9 **a) Barwert der im laufenden Kalenderjahr entstehenden Ansprüche.** Erfasst sind Versorgungszusagen, bei denen der Versorgungsfall bereits vor dem Sicherungsfall eingetreten ist. Ebenso erfasst sind die im laufenden Kalenderjahr einsetzenden Versorgungsleistungen aufgrund vergangener Sicherungsfälle. Deren Barwert ist nach versicherungsmathematischen Grundsätzen zu ermitteln, d.h., es ist der Betrag maßgeblich, der unter Berücksichtigung eines gesetzlich vorgegebenen Zinsertrags und der statistischen Lebenserwartung des Versorgungsberechtigten erforderlich ist, die Versorgungsleistung auszufinanzieren. Bezüglich des anzunehmenden Zinsertrags verweist Abs. 2 S. 2 auf § 65 VAG. Die Vorschrift regelt den Zinsfuß, den Unternehmen der Lebensversicherung ihrer Tarifkalkulation zugrunde legen müssen. Daraus ergibt sich für 2007 ein Zinssatz von 2,25 %. Der AG ist zur Einmalzahlung verpflichtet. Fälligkeit tritt gem. Abs. 2 S. 4 grds. am Ende des Kalenderjahres ein. Der PSVaG kann Vorschüsse erheben. Die wirtschaftliche Lage des AG ist ohne Einfluss auf seine Zahlungspflicht. Ein Anspruch auf **Ermäßigung** oder **Erlass** des Beitrages besteht nicht.

10 **b) Zu sichernde Anwartschaften.** Neben dem Barwert der im laufenden Kalenderjahr entstehenden Ansprüche auf Leistungen der Insolvenzsicherung müssen die an den PSVaG zu entrichtenden Beiträge auch die aufgrund eingetretener Insolvenzen zu sichernden Anwartschaften decken. S. 1 stellt hierfür eine Methode der Differenzfinanzierung zur Verfügung. Maßgeblich ist der Betrag, der sich aus dem Unterschied der Barwerte der gesetzlich unverfallbaren Anwartschaften am Ende des Kalenderjahres und am Ende des Vorjahres ergibt. Die Vorschrift trägt dem Umstand Rechnung, dass der Anwartschaftsbestand im laufenden Kalenderjahr nicht nur dadurch variiert, dass neue insolvenzgesicherte Anwartschaften hinzukommen. Änderungen ergeben sich auch durch die Umwandlung von Anwartschaften in laufende Ansprüche, die Abfindung von Anwartschaften gem. § 8 Abs. 2, die Übertragung auf ein Unternehmen der Lebensversicherung gem. § 8 Abs. 1 oder durch den Tod des Anwärters, wenn nach der Versorgungszusage keine Hinterbliebenenleistungen zu zahlen sind. Ebenso wie bei der Berechnung des Barwerts laufender Leistungen ist der Rechnungszinsfuß für die Berechnung des Barwerts zu sichernder Anwartschaften in Abs. 2 S. 2 Hs. 2 vorgeschrieben. Soweit keine Übertragung der Anwartschaft auf ein Unternehmen der Lebensversicherung oder eine Pensionskasse erfolgt, ist der Rechnungszinsfuß um ein Drittel zu erhöhen. Im Jahr 2007 beträgt der erhöhte Zinssatz 3,00 %.

---

20 BVerwG 28.6.1994 – 1 C 20.92 – AP § 10 BetrAVG Nr. 3.   21 BVerwG 27.10.1998 – 1 C 38–97 – NJW 1999, 1201.

c) Verwaltungskosten und sonstige Kosten. Abs. 2 S. 3 bestimmt, dass die an den PSVaG zu entrichtenden Beiträge die im laufenden Kalenderjahr entstehenden Verwaltungskosten und sonstige Kosten decken müssen, die im Zusammenhang mit der Leistungsgewährung durch den PSVaG stehen. Unter Verwaltungskosten fallen alle **Personal-** und **Sachkosten** des PSVaG einschließlich der Kosten von Rechtsstreitigkeiten, die dem PSVaG in Erfüllung seiner gesetzlichen Aufgaben entstehen. **Sonstige Kosten**, die mit der Gewährung der Leistungen der gesetzlichen Insolvenzsicherung zusammenhängen, sind insbesondere solche Kosten, die dem PSVaG durch die Einschaltung der Lebensversicherungsunternehmen und die Begleichung der von diesen in Rechnung gestellten Kosten entstehen.

d) Ausgleichsfonds und Verlustrücklage. Um der schwankenden Anzahl von Insolvenzen Rechnung zu tragen, ist ein Ausgleichsfonds gebildet worden. Die Zuführungen richten sich nach einem von der BAFin festgesetzten Verfahren. Die in dem Ausgleichsfonds anzusammelnden Mittel müssen einen durchschnittlichen Jahresaufwand der jeweils letzten fünf Jahre abdecken. Nach Abs. 2 S. 6 kann der Ausgleichsfonds vom PSVaG bei außergewöhnlich hohen Schäden in einem von der BAFin zu genehmigenden Umfang zur **Ermäßigung der Beiträge** herangezogen werden. Der tatsächliche Finanzbedarf des PSVaG ergibt sich allerdings erst nach Einbeziehung sämtlicher Erträge, also nicht nur der Beiträge der insolvenzsicherungspflichtigen AG. Dazu gehören insbesondere Erträge des PSVaG aus Kapitalanlagen und Überschüssen, die das Konsortium von Unternehmen der Lebensversicherung dem PSVaG nach § 8 zu gewähren hat.

Gem. § 37 VAG ist durch Satzung zu bestimmen, dass zur Deckung eines außergewöhnlichen Verlustes aus dem Geschäftsbetrieb eine Rücklage (**Verlustrücklage, Reservefonds**) zu bilden ist, welche Beträge jährlich zurückzulegen sind und welchen Mindestbetrag die Rücklage erreichen muss. Dieser gesetzlichen Verpflichtung ist der PSVaG in § 5 Abs. 1 seiner Satzung nachgekommen. Der Rücklage sind bis zur Höhe von 50 Mio. EUR, beginnend mit dem Geschäftsjahr 1995, jährlich mindestens 10 Mio. EUR zuzuführen. Danach werden ihr jährlich 2 % der Verlustrücklage, mindestens 1 Mio. EUR, zugeführt. Eine Zuführung kann für ein Geschäftsjahr unterbleiben, in dem sich überdurchschnittliche Schadensaufwendungen ergeben. Eine Zuführung kann auch dann unterbleiben, wenn die Verlustrücklage mehr als 20 % des Durchschnittsschadens der letzten fünf Jahre beträgt.

e) Glättungsverfahren. Ist der Finanzbedarf des PSVaG nach den Sätzen eins bis drei höher als im vorangegangenen Kalenderjahr, steht nunmehr zusätzlich zu der Inanspruchnahme des Ausgleichsfonds ein Instrument zur Glättung von Beitragsspitzen zur Verfügung. Der Schaden kann auf das laufenden Jahr und die folgenden vier Jahre verteilt werden, um die Belastungen der insolvenzsicherungspflichtigen AG zu mildern. Die Anwendung des Glättungsverfahrens setzt nicht voraus, dass zusätzliche Beitragslasten gerade durch die Einbeziehung gesetzlich unverfallbarer Anwartschaften in das Finanzierungsverfahren entstanden sind. Abs. 2 S. 5 verweist allgemein auf die Sätze 1 bis 3 und damit auf den gesamten Aufwand des PSVaG.

III. Berechnung der Beitragsbemessungsgrundlage (Abs. 3)

1. Grundsatz. Abs. 3 regelt, wie der nach Abs. 2 ermittelte Gesamtbedarf des PSVaG von den AG, die eine insolvenzsicherungspflichtige betriebliche Altersversorgung durchführen, im Einzelnen aufzubringen ist. Jeder betroffene AG ist entsprechend seinem **relativen Anteil** an der Summe des Gesamtwertes aller insolvenzsicherungspflichtigen betrieblichen Altersversorgungen heranzuziehen.[22] Der durch den PSVaG festzusetzende einheitliche Beitragssatz aller insolvenzsicherungspflichtigen AG ergibt sich aus dem Verhältnis des nach Abs. 2 ermittelten Beitragsbedarfs zu der nach Abs. 3 ermittelten (Gesamt-)Beitragsbemessungsgrundlage.[23] Lautet die Versorgungszusage auf einen Wert, der das Dreifache der monatlichen Bezugsgröße nach § 18 SGB IV und damit die Sicherungsgrenze des § 7 Abs. 3 übersteigt, ist der Mehrwert zwar nicht beitragspflichtig, zur Vermeidung aufwändiger zusätzlicher Berechnungen jedoch beitragsfähig.[24] Über § 7 Abs. 3 hinausgehende Leistungsansprüche werden dadurch jedoch nicht begründet.[25] Es ist sachgerecht, den betroffenen AG insoweit ein Wahlrecht einzuräumen, ob sie den vollen oder einen an § 7 Abs. 3 orientierten Beitrag leisten wollen.[26] Maßgeblich für die Berechnung sind die Umstände zum Feststellungszeitpunkt am Ende des Wirtschaftsjahres des AG.

2. Durchführungswege. Abs. 3 differenziert bei der Ermittlung der Beitragsbemessungsgrundlage nach dem gewählten Durchführungsweg. Bei einer unmittelbaren Versorgungszusage ist gem. Abs. 3 Nr. 1 der Teilwert der Pensionsverpflichtung nach § 6a Abs. 3 EStG anzusetzen. Dabei ist nach § 6a Abs. 3 S. 3 EStG ein Rechnungszinsfuß von 6 % vorgeschrieben. Die Anknüpfung an steuerliche Vorschriften ist nicht unproblematisch, weil die Interessen der Steuerverwaltung und des PSVaG durchaus konträr sind.[27] Sie entspricht aber dem eindeutigen Wortlaut der Norm, schützt den AG vor neuen aufwändigen Berechnungen und schafft einen transparenten Maßstab. Macht der AG von

---

22 *Kemper u.a.*, § 10 Rn 50; *Blomeyer/Rolfs/Otto*, § 10 Rn 71.
23 *Kemper u.a.*, § 10 Rn 50.
24 *Blomeyer/Rolfs/Otto*, § 10 Rn 94; *Kemper u.a.*, § 10 Rn 62.
25 *Blomeyer/Rolfs/Otto*, § 10 Rn 93.
26 *Wohlleben*, DB 1998, 1230; *Höfer*, § 10 Rn 4890.
27 *Blomeyer/Rolfs/Otto*, § 10 Rn 99.

steuerlichen Wahlrechten Gebrauch, bindet ihn das auch bei der Ermittlung der Beitragsbemessungsgrundlage.[28] Wird die betriebliche Altersversorgung über eine Direktversicherung mit widerruflichem Bezugsrecht durchgeführt, ist Beitragsbemessungsgrundlage das geschäftsplanmäßige Deckungskapital oder, soweit die Berechnung des Deckungskapitals nicht zum Geschäftsplan gehört, die Deckungsrückstellung. Ist der Versicherungsfall bereits eingetreten, besteht eine Beitragspflicht nur, wenn der AG durch Abtretung, Beleihung oder Verpfändung über das Deckungskapital verfügt hat. Das geschäftsplanmäßige Deckungskapital oder die Deckungsrückstellung wird jedoch nur im Umfang der Verfügung durch den AG berücksichtigt. Entsprechendes gilt für unverfallbare Anwartschaften mit unwiderruflichem Bezugsrecht.

16 Beitragsbemessungsgrundlage bei der Durchführung der betrieblichen Altersversorgung über eine Unterstützungskasse ist nach **Abs. 3 Nr. 3** das Deckungskapital für die laufenden Leistungen (§ 4d Abs. 1 Nr. 1a EStG) zzgl. des Zwanzigfachen der nach § 4d Abs. 1 Nr. 1b S. 2 EStG errechneten jährlichen Zuwendungen für Leistungsanwärter i.S.v. § 4d Abs. 1 Nr. 1b S. 2 EStG. Der Gesetzgeber verweist auch hier auf ein steuerliches Berechnungsverfahren und trägt dem Umstand Rechnung, dass eine Unterstützungskasse keinen Rechtsanspruch auf ihre Leistungen gewährt.[29] Als Nachweis benötigt der PSVaG entweder ein **versicherungsmathematisches Kurztestat** entsprechend dem vom PSVaG vorgegebenen Muster oder, wenn der AG die Berechnungen selbst durchführt, den hierfür vom PSVaG vorgegebenen **Kurznachweis**.[30]

17 Wird die betriebliche Altersversorgung über einen Pensionsfonds durchgeführt, reduziert sich die Beitragsbemessungsgrundlage auf 20 % des nach Nr. 1 für unmittelbare Versorgungszusagen maßgeblichen Teilwerts der Pensionsverpflichtung.
Der **ermäßigte Beitrag** für die Insolvenzsicherung trägt dem geringeren Insolvenzrisiko Rechnung.[31]

IV. Zwangsvollstreckung (Abs. 4)

18 Erlässt der PSVaG einen bezifferten **Beitragsbescheid** und entspricht dieser den formalen und inhaltlichen Voraussetzungen des § 35 VwVfG, kann er daraus in entsprechender Anwendung der Vorschriften der ZPO die Zwangsvollstreckung betreiben. Die dazu notwendige vollstreckbare Ausfertigung erteilt sich der PSVaG selbst.
Die betroffenen AG haben als Beitragsschuldner die üblichen **Rechtsbehelfe** gegen Maßnahmen des PSVaG im Rahmen der Zwangsvollstreckung: Wehrt sich der AG gegen die Erteilung der Vollstreckungsklausel, kann er Erinnerung nach § 732 ZPO einlegen und schließlich Klage nach § 768 ZPO erheben. Zuständig ist das Verwaltungsgericht.[32] Das Verwaltungsgericht ist auch zuständig für einen Antrag auf Einstellung der Zwangsvollstreckung (§§ 707, 719 ZPO)[33] und für die Vollstreckungsabwehrklage (§ 767 ZPO).[34] Hingegen ist bei Einlegung einer Vollstreckungserinnerung nach § 766 ZPO die ordentliche Gerichtsbarkeit zuständig.[35]

§ 10a Säumniszuschläge; Zinsen; Verjährung

(1) Für Beiträge, die wegen Verstoßes des Arbeitgebers gegen die Meldepflicht erst nach Fälligkeit erhoben werden, kann der Träger der Insolvenzsicherung für jeden angefangenen Monat vom Zeitpunkt der Fälligkeit an einen Säumniszuschlag in Höhe von bis zu eins vom Hundert der nacherhobenen Beiträge erheben.
(2) ¹Für festgesetzte Beiträge und Vorschüsse, die der Arbeitgeber nach Fälligkeit zahlt, erhebt der Träger der Insolvenzsicherung für jeden Monat Verzugszinsen in Höhe von 0,5 vom Hundert der rückständigen Beiträge. ²Angefangene Monate bleiben außer Ansatz.
(3) ¹Vom Träger der Insolvenzsicherung zu erstattende Beiträge werden vom Tag der Fälligkeit oder bei Feststellung des Erstattungsanspruchs durch gerichtliche Entscheidung vom Tag der Rechtshängigkeit an für jeden Monate mit 0,5 vom Hundert verzinst. ²Angefangene Monate bleiben außer Ansatz.
(4) ¹Ansprüche auf Zahlung der Beiträge zur Insolvenzsicherung gemäß § 10 sowie Erstattungsansprüche nach Zahlung nicht geschuldeter Beiträge zur Insolvenzsicherung verjähren in sechs Jahren. ²Die Verjährungsfrist beginnt mit Ablauf des Kalenderjahres, in dem die Beitragspflicht entstanden oder der Erstattungsanspruch fällig geworden ist. ³Auf die Verjährung sind die Vorschriften des Bürgerlichen Gesetzbuchs anzuwenden.

---

28 *Everhardt*, BetrAV 1986, 39; ErfK/*Steinmeyer*, BetrAVG, § 10 Rn 14; a.A. *Blomeyer/Rolfs/Otto*, § 10 Rn 99 ff.; *Höfer*, § 10 Rn 4832.
29 *Blomeyer/Rolfs/Otto*, § 10 Rn 128.
30 Merkblatt 210/M 22 (Stand: 3.07): „Durchführung der Melde- und Beitragspflichten zur Insolvenzsicherung der betrieblichen Altersversorgung über Unterstützungskassen", www.psvag.de.
31 BT-Drucks 15/1199, S. 25.
32 VGH München 5.2.1882 – 5 B 81 A.691 – BayVBl 1982, 467; *Höfer*, § 10 Rn 4937; HWK/*Schipp*, § 10 BetrAVG Rn 9.
33 *Blomeyer/Rolfs/Otto*, § 10 Rn 184.
34 *Höfer*, § 10 Rn 4938.
35 *Blomeyer/Rolfs/Otto*, § 10 Rn 186; ErfK/*Steinmeyer*, § 10 BetrAVG Rn 19.

Literatur: *Blomeyer*, Änderungen des Betriebsrentengesetzes zum 1.1.1999 – Neue Lösungen – Neue Probleme, NZA 1998, 911; *Höfer*, Das neue Betriebsrentenrecht, 2003

A. Allgemeines	1	II. Verzugszinsen (Abs. 2)	3
B. Regelungsgehalt	2	III. Verzinsung der Beitragserstattung (Abs. 3)	5
I. Erhebung von Säumniszuschlägen (Abs. 1)	2	IV. Verjährung (Abs. 4)	6

A. Allgemeines

§ 10a wurde durch Art. 8 Nr. 11 RRG 1999 mit Wirkung zum 1.1.1999 in das Gesetz eingefügt.[1] Die Vorschrift, die das öffentlich-rechtliche Beitragsschuldverhältnis ergänzt, soll verhindern, dass säumige AG auf Kosten der Beitragszahlergemeinschaft Vorteile erhalten, ohne für den Schaden aufkommen zu müssen.[2] Damit wurde die Gesetzeslücke bezüglich der vom AG geschuldeten Beiträge und ihrer Verjährung geschlossen, die der PSVaG bis dahin behelfsmäßig mit den AIB (Allgemeine Versicherungsbedingungen für die Insolvenzsicherung der betrieblichen Altersversorgung) zu schließen gesucht hatte oder die durch Richterrecht ausgefüllt wurde.[3]

Abs. 1 regelt die Zahlung von Säumniszuschlägen, wenn Beiträge des AG wegen eines Verstoßes gegen die Meldepflicht vom PSVaG erst nach Fälligkeit erhoben werden können. Abs. 2 legt die Verpflichtung des AG zur Zahlung von Verzugszinsen fest, wenn dieser festgesetzte Beiträge und Vorschüsse erst nach Fälligkeit an den PSVaG zahlt. Nach Abs. 3 ist der PSVaG verpflichtet, zu erstattende Beiträge unter bestimmten Voraussetzungen zu verzinsen. Abs. 4 regelt die Verjährung von Beitragsansprüchen des PSVaG sowie der Erstattungsansprüche.

B. Regelungsgehalt

I. Erhebung von Säumniszuschlägen (Abs. 1)

Der AG muss zumindest fahrlässig gegen seine Meldepflicht nach § 11 Abs. 1 S. 1 oder Abs. 2 S. 1 verstoßen. Das kann dadurch geschehen, dass er die Meldung nicht richtig, nicht vollständig oder nicht rechtzeitig vornimmt. Weiterhin ist erforderlich, dass der PSVaG wegen der vorwerfbaren Zuwiderhandlung des AG die Beiträge erst verspätet geltend machen kann, also den Beitragsbescheid erst nach Fälligkeit erlassen konnte. Nach § 6 Abs. 5 S. 1 AIB ist der Beitrag einen Monat nach Zugang des jeweiligen Bescheides fällig.[4] Zwar erfüllt die schuldhafte Nichtmeldung der Beitragsbemessungsgrundlagen durch den AG bis zum 30.9. eines Jahres nach § 11 Abs. 2 S. 1 i.V.m. § 12 Abs. 1 Nr. 1 den Tatbestand einer Ordnungswidrigkeit. Erfolgt die Meldung durch den AG nach dem 30.9. jedoch so rechtzeitig, dass der PSVaG den Beitragsbescheid noch vor Jahresende erlassen kann, darf kein Säumniszuschlag erhoben werden.[5]

Dem PSVaG steht bei der Erhebung des Säumniszuschlags ein Ermessensspielraum zu, welcher sich sowohl auf das Ob als auch auf die Höhe bezieht.[6] Dadurch hat der PSVaG die Möglichkeit, individuellen Umständen Rechnung zu tragen, etwa dem Verschuldensgrad des AG.[7] Ein Verschulden seines gesetzlichen oder gewillkürten Vertreters muss sich der AG zurechnen lassen.[8]

Der Säumniszuschlag kann vom PSVaG durch gesonderten Bescheid erhoben werden. Die Zwangsvollstreckung richtet sich nach § 10 Abs. 4.[9] Für Rechtsmittel des AG gegen die Erhebung eines Säumniszuschlags sowie gegen die Zwangsvollstreckung aus einem entsprechenden Bescheid gelten die allgemeinen Regeln.[10]

II. Verzugszinsen (Abs. 2)

Nach Abs. 2 erhebt der PSVaG durch Bescheid Verzugszinsen für bereits festgesetzte Beiträge und Vorschüsse. Es handelt sich um eine gebundene Entscheidung.[11] Der PSVaG kann weder die Zinsen stunden noch deren gesetzlich vorgegebene Höhe ändern.[12] Der PSVaG muss Verzugszinsen erheben, wenn der AG den festgesetzten Beitrag erst nach Fälligkeit bezahlt.[13] Der Beitrag wird einen Monat nach Zugang des Bescheids fällig.[14] Eine Mahnung des PSVaG ist nicht erforderlich.[15]

Zinsen für verspätet gezahlte Vorschüsse setzen einen wirksamen Vorschussbescheid voraus.[16] Der Vorschuss wird ebenfalls einen Monat nach Zugang des Bescheids fällig.[17]

---

1 § 10a ist durch Art. 8 AltEinkG v. 5.7.2004 nicht geändert worden, (BGBl I S. 1427).
2 *Höfer*, § 10a Rn 4950.
3 *Blomeyer*, NZA 1998, 911, 916.
4 www.psvag.de.
5 *Höfer*, § 10a Rn 4956.
6 *Blomeyer/Rolfs/Otto*, § 10a Rn 10.
7 BT-Drucks 13/8011, S. 206; *Höfer*, § 10a Rn 4958.
8 *Höfer*, § 10a Rn 4955.
9 *Höfer*, § 10a Rn 4952.
10 *Kemper u.a.*, § 10a Rn 9.
11 HWK/*Schipp*, § 10a BetrAVG Rn 3; *Kemper u.a.*, § 10a Rn 13.
12 *Höfer*, § 10a Rn 4964.
13 *Höfer*, § 10a Rn 4962.
14 *Blomeyer/Rolfs/Otto*, § 10a Rn 11; *Höfer*, § 10a Rn 4962.
15 *Kemper u.a.*, § 10a Rn 10.
16 *Blomeyer/Rolfs/Otto*, § 10a Rn 12.
17 *Blomeyer/Rolfs/Otto*, § 10a Rn 12.

4 Verzugszinsen nach Abs. 2 S. 2 sind nur für ganze Kalendermonate zu berechnen.[18] Der maßgebliche Zeitraum beginnt mit dem ersten vollen Monat nach dem Fälligkeitstermin und endet mit dem Ablauf des der Zahlung vorangegangenen Monats.[19] Gerät der AG mit der Begleichung eines Säumniszuschlags in Verzug, kommt ein weiterer Zinsaufschlag nach Abs. 2 nicht in Betracht, da die Vorschrift nach ihrem eindeutigen Wortlaut nur Beiträge und Vorschüsse erfasst.[20]

Für Rechtsmittel des AG gegen die Erhebung von Verzugszinsen sowie gegen die Zwangsvollstreckung aus einem entsprechenden Bescheid gelten die allgemeinen Regeln.[21]

III. Verzinsung der Beitragserstattung (Abs. 3)

5 Nach Abs. 3 muss der PSVaG zu erstattende Beiträge vom Tag der Fälligkeit an oder bei Feststellung des Erstattungsanspruchs durch gerichtliche Entscheidung vom Tage der Rechtshängigkeit an mit 0,5 v.H. pro Monat verzinsen, wobei angefangene Monate auch hier außer Ansatz bleiben (Abs. 3 S. 2). Der Erstattungsanspruch dient der Rückgängigmachung ohne Rechtsgrund erbrachter Leistungen oder sonstiger rechtsgrundloser Vermögensverschiebungen.[22] Er betrifft in der Regel zu viel gezahlte Beiträge, soweit sie nicht mit dem für das Folgejahr grundsätzlich ergehenden Vorschussbescheid verrechnet werden können.[23]

Fällig werden die Erstattungsansprüche frühestens mit Erlass des Erstattungsbescheides durch den PSVaG.[24]

Verweigert der PSVaG die Erstattung und wird diese vor dem Verwaltungsgericht mit einer Leistungsklage erstritten,[25] ist der Erstattungsbetrag vom Tage der Rechtshängigkeit an zu verzinsen.[26]

IV. Verjährung (Abs. 4)

6 Die Vorschrift regelt die Verjährung von Beitragsansprüchen gem. § 10 einschließlich der Zuschläge und Zinsen nach Abs. 1 und 2. Sie regelt zudem die Verjährung von Erstattungsansprüchen nach Zahlung nicht geschuldeter Beiträge gem. Abs. 3.[27]

7 Aus Gründen der praktischen Vereinfachung knüpft die Verjährung gem. Abs. 4 S. 2 an den Ablauf des Kalenderjahres an, in dem die Beitragspflicht entstanden oder der Erstattungsanspruch fällig geworden ist.[28] So wird vermieden, dass die Verjährungsfristen im Geschäftsverkehr fortlaufend überprüft werden müssen.[29] Die Verjährungsfrist von sechs Jahren orientiert sich an den Aufbewahrungsfristen, welche nach § 11 Abs. 2 S. 2 für den AG gelten.[30] Für unanfechtbar gewordene Beitragsbescheide gilt gem. § 53 Abs. 2 VwVfG eine Verjährungsfrist von 30 Jahren.[31]

8 Abs. 4 S. 3 bestimmt die Anwendbarkeit der Vorschriften des BGB über die Verjährung. Die Verjährung ist nicht von Amts wegen zu beachten. Vielmehr ist die Einrede der Verjährung geltend zu machen.[32] Schließlich kann der PSVaG einem AG, der sich auf Verjährung beruft, obwohl er wegen unterlassener Mitteilung nicht zu Beiträgen herangezogen wurde, den Einwand der unzulässigen Rechtsausübung entgegenhalten.[33] Bloßes Nichtstun des AG ist hingegen unschädlich, wenn der PSVaG von der Erfüllung des Tatbestandes des § 10 Kenntnis hat, aber keine Maßnahmen zur Hemmung oder zum Neubeginn der Verjährung ergreift.[34]

§ 11 Melde-, Auskunfts- und Mitteilungspflichten

(1) ¹Der Arbeitgeber hat dem Träger der Insolvenzsicherung eine betriebliche Altersversorgung nach § 1b Abs. 1 bis 4 für seine Arbeitnehmer innerhalb von 3 Monaten nach Erteilung der unmittelbaren Versorgungszusage, dem Abschluß einer Direktversicherung oder der Errichtung einer Unterstützungskasse oder eines Pensionsfonds mitzuteilen. ²Der Arbeitgeber, der sonstige Träger der Versorgung, der Insolvenzverwalter und die nach § 7 Berechtigten sind verpflichtet, dem Träger der Insolvenzsicherung alle Auskünfte zu erteilen, die zur Durchführung der Vorschriften dieses Abschnitts erforderlich sind, sowie Unterlagen vorzulegen, aus denen die erforderlichen Angaben ersichtlich sind.

(2) ¹Ein beitragspflichtiger Arbeitgeber hat dem Träger der Insolvenzsicherung spätestens bis zum 30. September eines jeden Kalenderjahrs die Höhe des nach § 10 Abs. 3 für die Bemessung des Beitrages maßgebenden Betrages bei unmittelbaren Versorgungszusagen und Pensionsfonds auf Grund eines versicherungsmathema-

---

18 *Kemper u.a.*, § 10a Rn 12.
19 *Blomeyer/Rolfs/Otto*, § 10a Rn 13.
20 *Blomeyer/Rolfs/Otto*, § 10a Rn 8.
21 *Kemper u.a.*, § 10a Rn 14.
22 BVerwG 17.8.1995 – 1 C 15/94 – NJW 1996, 1073.
23 *Blomeyer/Rolfs/Otto*, § 10a Rn 14.
24 *Höfer*, § 10a Rn 4971.
25 *Kemper u.a.*, § 10a Rn 20.
26 *Kemper u.a.*, § 10a Rn 18.
27 *Blomeyer/Rolfs/Otto*, § 10a Rn 18.
28 ErfK/*Steinmeyer*, § 10a BetrAVG Rn 4.
29 *Blomeyer/Rolfs/Otto*, § 10a Rn 22.
30 *Blomeyer/Rolfs/Otto*, § 10a Rn 22.
31 *Höfer*, § 10a Rn 4976.
32 ErfK/*Steinmeyer*, § 10a BetrAVG Rn 4.
33 BVerwG 4.10.1994 – 1 C 41.92 – NJW 1995, 1913; *Höfer*, § 10a Rn 4982.
34 *Höfer*, § 10a Rn 4983.

tischen Gutachtens, bei Direktversicherungen auf Grund einer Bescheinigung des Versicherers und bei Unterstützungskassen auf Grund einer nachprüfbaren Berechnung mitzuteilen. ²Der Arbeitgeber hat die in Satz 1 bezeichneten Unterlagen mindestens 6 Jahre aufzubewahren.

(3) ¹Der Insolvenzverwalter hat dem Träger der Insolvenzsicherung die Eröffnung des Insolvenzverfahrens, Namen und Anschriften der Versorgungsempfänger und die Höhe ihrer Versorgung nach § 7 unverzüglich mitzuteilen. ²Er hat zugleich Namen und Anschriften der Personen, die bei Eröffnung des Insolvenzverfahrens eine nach § 1 unverfallbare Versorgungsanwartschaft haben, sowie die Höhe ihrer Anwartschaft nach § 7 mitzuteilen.

(4) Der Arbeitgeber, der sonstige Träger der Versorgung und die nach § 7 Berechtigten sind verpflichtet, dem Insolvenzverwalter Auskünfte über alle Tatsachen zu erteilen, auf die sich die Mitteilungspflicht nach Absatz 3 bezieht.

(5) In den Fällen, in denen ein Insolvenzverfahren nicht eröffnet wird (§ 7 Abs. 1 Satz 4) oder nach § 207 der Insolvenzordnung eingestellt worden ist, sind die Pflichten des Insolvenzverwalters nach Absatz 3 vom Arbeitgeber oder dem sonstigen Träger der Versorgung zu erfüllen.

(6) Kammern und andere Zusammenschlüsse von Unternehmern oder anderen selbständigen Berufstätigen, die als Körperschaften des öffentlichen Rechts errichtet sind, ferner Verbände und andere Zusammenschlüsse, denen Unternehmer oder andere selbständige Berufstätige kraft Gesetzes angehören oder anzugehören haben, haben den Träger der Insolvenzsicherung bei der Ermittlung der nach § 10 beitragspflichtigen Arbeitgeber zu unterstützen.

(7) Die nach den Absätzen 1 bis 3 und 5 zu Mitteilungen und Auskünften und die nach Absatz 6 zur Unterstützung Verpflichteten haben die vom Träger der Insolvenzsicherung vorgesehenen Vordrucke zu verwenden.

(8) ¹Zur Sicherung der vollständigen Erfassung der nach § 10 beitragspflichtigen Arbeitgeber können die Finanzämter dem Träger der Insolvenzsicherung mitteilen, welche Arbeitgeber für die Beitragspflicht in Betracht kommen. ²Die Bundesregierung wird ermächtigt, durch Rechtsverordnung mit Zustimmung des Bundesrates das Nähere zu bestimmen und Einzelheiten des Verfahrens zu regeln.

Literatur: *Höfer*, Das neue Betriebsrentenrecht, 2003

A. Allgemeines 1	III. Mitteilungspflichten bei Eröffnung des Insolvenzverfahrens (Abs. 3) 12
B. Regelungsgehalt 3	IV. Auskunftsrecht des Insolvenzverwalters (Abs. 4) . 13
I. Erstmalige Mitteilung über Zusagen (Abs. 1) 3	V. Mitteilungspflichten in den übrigen Sicherungsfällen (Abs. 5) 14
II. Periodische Mitteilungen/Aufbewahrungspflicht (Abs. 2) 9	VI. Amtshilfe (Abs. 6 und Abs. 8) 16

A. Allgemeines

Die in § 11 enthaltenen Melde-, Mitteilungs- und Auskunftspflichten dienen der vollständigen und rechtzeitigen Information des PSVaG. Ohne diese Informationen ist die Durchführung der Insolvenzsicherung der betrieblichen Altersversorgung nicht gewährleistet.[1] Die Mitteilungs- und Auskunftspflichten, die sich auf die Leistungsseite beziehen, sind privatrechtliche Pflichten. Der Verstoß gegen diese Pflichten hat eine Sanktionierung nach dem Privatrecht zur Folge.[2] Handelt es sich hingegen um Mitteilungs- und Auskunftspflichten auf Beitragsseite, sind diese Pflichten öffentlich-rechtlicher Natur. Der PSVaG kann diese Pflichten durch den Erlass von Verwaltungsakten durchsetzen.[3] Bei Verletzung dieser Pflichten ist der PSVaG u.U. zur Leistungsverweigerung berechtigt.[4]

§ 11 ist ein Schutzgesetz i.S.v. § 823 Abs. 2 BGB. Es dient sowohl dem Schutz des PSVaG als auch der vom PSVaG zu wahrenden Interessen seiner beitragspflichtigen Mitglieder.[5]

Abs. 1 und Abs. 2 regeln allgemeine Mitteilungspflichten des AG, des sonstigen Trägers der Versorgung, des Insolvenzverwalters und der nach § 7 Berechtigten. Abs. 3 betrifft die Mitteilungspflicht des Insolvenzverwalters ggü. dem PSVaG, wobei Abs. 5 den Abs. 3 in der Weise ergänzt, dass bei Nichteröffnung des Insolvenzverfahrens die Pflichten des Insolvenzverwalters vom AG oder dem sonstigen Träger der Versorgung zu erfüllen sind. Abs. 4 regelt

---

1 ErfK/*Steinmeyer*, § 11 BetrAVG Rn 1; *Kemper u.a.*, § 11 Rn 1.
2 Blomeyer/Rolfs/*Otto*, § 11 Rn 4.
3 BVerwG 22.11.1994 – 1 C 22/92 – NZA 1995, 374 für § 11 Abs. 2; Schaub/*Schaub*, Arbeitsrechts-Handbuch, § 82 Rn 161.
4 LG Köln 28.12.1988 – 24 O 82/87 – DB 1989, 1780; HWK/*Schipp*, § 11 BetrAVG Rn 6.
5 AG Stuttgart 29.4.1986 – 1 C 14356/85 – DB 1987, 692; ErfK/*Steinmeyer*, § 11 BetrAVG Rn 1.

Auskunftspflichten ggü. dem Insolvenzverwalter. Abs. 6 und Abs. 8 beinhalten Amtshilfevorschriften. Die Verpflichtung zur Verwendung von Vordrucken nach Abs. 7 erleichtert die Durchführung des Verfahrens.

B. Regelungsgehalt

I. Erstmalige Mitteilung über Zusagen (Abs. 1)

3 Abs. 1 S. 1 betrifft die erstmalige Meldung einer insolvenzsicherungspflichtigen betrieblichen Altersversorgung durch den AG an den PSVaG. Damit wird zugleich die Mitgliedschaft des AG beim PSVaG begründet. Danach erfolgen alle weiteren Veränderungen nur im Rahmen der jährlichen Meldungen nach Abs. 2, so etwa das Ausscheiden oder das Hinzukommen von Versorgungsberechtigten.[6] Erfasst werden alle Durchführungswege der betrieblichen Altersversorgung, bei denen sich ein Insolvenzrisiko ergeben kann.[7]

Abs. 1 S. 1 verlangt eine Meldung innerhalb von drei Monaten nach Erteilung der Versorgungszusage, dem Abschluss einer Direktversicherung oder der Errichtung einer Unterstützungskasse oder eines Pensionsfonds. Die Vorschrift stellt also auf die Existenz einer betrieblichen Altersversorgung und nicht etwa auf die Begründung einer Beitragspflicht nach § 10 ab.[8] Der PSVaG sieht hierin ein Redaktionsversehen des Gesetzgebers und fordert die Mitteilung im Interesse der Verwaltungsvereinfachung und Kostenersparnis erst bei Eintritt der Unverfallbarkeit bzw. bei Eintritt des Leistungsfalles. Das ist angesichts des eindeutigen Wortlauts von Abs. 1 zwar abzulehnen.[9] Wer sich jedoch an die Vorgaben des PSVaG hält, handelt jedenfalls nicht fahrlässig i.S.d. § 12 Abs. 1 Nr. 1.[10]

4 Bei Direktversicherungen mit widerruflichem Bezugsrecht verlangt der PSVaG eine Erstmeldung nach Eintritt der Unverfallbarkeit, bei Direktversicherungen mit unwiderruflichem Bezugsrecht nur bei wirtschaftlicher Nutzung durch den AG.[11] Für Pensionskassenzusagen besteht mangels Insolvenzrisiko keine Meldepflicht.[12]

5 Jeder aus entsprechender betrieblicher Altersversorgung gebundene AG ist gegenüber dem PSVaG zur Mitteilung verpflichtet. Gesammelte Meldungen von rechtlich verbundenen Unternehmen werden vom PSVaG nicht akzeptiert.[13] Vielmehr verlangt der PSVaG die Ausfüllung eines separaten Erhebungsbogens für jeden AG.[14] Entsprechende Meldungen von einem externen Versorgungsträger können die Meldepflicht nach S. 1 erfüllen, wenn der AG diese dazu bevollmächtigt hat.[15] Fehler bei der Meldung werden allerdings dem AG zugerechnet.[16]

6 Abs. 1 S. 2 enthält eine **allgemeine Pflicht zur Erteilung von Auskünften und zur Vorlage von Unterlagen**, die für die Durchführung der Insolvenzsicherung erforderlich sind. Adressat ist nicht nur der AG oder der sonstige Träger der Versorgung (Lebensversicherungsunternehmen, Pensionsfonds, Unterstützungskasse), sondern auch der Insolvenzverwalter und die nach § 7 Berechtigten. Das sind Versorgungsempfänger nach § 7 Abs. 1, die Anwärter nach § 7 Abs. 2 und deren Hinterbliebene.[17] Im Gegensatz zur Mitteilungspflicht nach Abs. 1 S. 1 muss der PSVaG allerdings die entsprechenden Personen zur Auskunft auffordern.[18]

7 Da Abs. 1 S. 2 keine Kostenerstattung durch den PSVaG vorsieht, ist davon auszugehen, dass die Auskunftsverpflichteten evtl. Kosten selbst zu tragen haben.[19]

Die Verletzung der Auskunftspflicht sowie der Vorlagepflicht nach Abs. 1 S. 2 ist eine Ordnungswidrigkeit i.S.d. § 12 Abs. 1 Nr. 2 und Nr. 3. S. 2 ist Schutzgesetz i.S.d. § 823 Abs. 2 BGB, so dass die Adressaten über § 10a hinaus zum Schadensersatz verpflichtet sein können.[20]

8 Der Auskunfts- und Vorlageanspruch kann vom PSVaG durch Leistungsklage vor den ordentlichen Gerichten geltend gemacht werden; für den nach § 7 berechtigten Personenkreis sind die Arbeitsgerichte nach § 2 Abs. 1 Nr. 5 ArbGG zuständig.[21]

II. Periodische Mitteilungen/Aufbewahrungspflicht (Abs. 2)

9 Nach Abs. 2 S. 1 ist der beitragspflichtige AG gehalten, ohne Aufforderung durch den PSVaG diesem spätestens bis zum 30.9. jeden Kalenderjahres die Höhe der nach § 10 Abs. 3 maßgeblichen Beitragsbemessungsgrundlage unter

---

6 *Kemper u.a.*, § 11 Rn 9.
7 ErfK/*Steinmeyer*, § 11 BetrAVG Rn 2.
8 *Höfer*, § 11 Rn 4988.
9 *Blomeyer/Rolfs/Otto*, § 11 Rn 12; ErfK/*Steinmeyer*, 11 BetrAVG Rn 2; *Höfer*, § 11 Rn 4990.
10 *Blomeyer/Rolfs/Otto*, § 11 Rn 12.
11 Merkblatt 210/M 21a (Stand 1.05): „Wichtige Hinweise für die insolvenzsicherungspflichtigen Arbeitgeber", www.psvag.de.
12 *Höfer*, § 11 Rn 4992.
13 *Kemper u.a.*, § 11 Rn 11.
14 *Blomeyer/Rolfs/Otto*, § 11 Rn 8.
15 *Kemper u.a.*, § 11 Rn 14; *Höfer*, Das neue Betriebsrentenrecht, Rn 543.
16 *Blomeyer/Rolfs/Otto*, § 11 Rn 9.
17 *Kemper u.a.*, § 11 Rn 29.
18 *Blomeyer/Rolfs/Otto*, § 11 Rn 39; *Höfer*, § 11 Rn 5000.
19 *Höfer*, § 11 Rn 5002.
20 AG Stuttgart 29.4.1986 – 1 C 14356/85 – DB 1987, 692; *Kemper u.a.*, § 11 Rn 47.
21 *Kemper u.a.*, § 11 Rn 32.

Verwendung der vom PSVaG herausgegebenen Erhebungsbögen[22] mitzuteilen. Der PSVaG kann die Mitteilungs- und Vorlagepflichten beitragspflichtiger AG durch Verwaltungsakt konkretisieren.[23]

Um die Richtigkeit der Mitteilungen zu gewährleisten, hat der AG bestimmte Nachweise zu erbringen.[24] Für den Ansatz des Teilwerts bei unmittelbaren Versorgungszusagen (§ 10 Abs. 3 Nr. 1) ist ein versicherungsmathematisches Gutachten vorzulegen. Gem. § 7 Abs. 2 S. 2 lit. a begnügt sich der PSVaG jedoch regelmäßig mit dem aus dem versicherungsmathematischen Gutachten abgeleiteten Kurztestat des versicherungsmathematischen Sachverständigen.[25]

Bei Direktversicherungszusagen ist eine entsprechende Bescheinigung des Lebensversicherers vorzulegen, aus der sich das geschäftsplanmäßige Deckungskapital sowie der Umfang einer etwaigen Verfügung des AG zum maßgeblichen Feststellungszeitpunkt ergibt.[26]

Bei Unterstützungskassenzusagen ist eine „nachprüfbare Berechnung" vorzulegen, die der AG selbst durchführen und in dem vom PSVaG vorgeschriebenen Kurznachweis dokumentieren kann.[27]

Der AG ist selbst für die rechtzeitige Durchführung der erforderlichen Berechnungen verantwortlich.[28] Die anfallenden Kosten sind vom AG zu tragen.[29] Gem. Abs. 2 S. 2 hat der AG die für die Ermittlung der Beitragsbemessungsgrundlage erforderlichen Unterlagen mindestens sechs Jahre aufzubewahren. Die Frist beginnt mit dem 30.9. eines Kalenderjahres und endet mit Ablauf des 30.9. des auf das Kalenderjahr folgenden sechsten Jahres. Wegen der abweichenden Verjährungsregelung in § 10a Abs. 4 betreffend Beitrags- und Beitragserstattungsansprüche empfiehlt es sich jedoch, die Unterlagen bis zum Ende des sechsten Kalenderjahres aufzubewahren.[30]

Die **Verletzung der Auskunfts- und Vorlagepflicht** nach Abs. 2 S. 1 ist eine Ordnungswidrigkeit i.S.d. § 12 Abs. 1 Nr. 1. Der PSVaG kann auch Säumniszuschlägen nach § 10a Abs. 1 erheben.

Die **Verletzung der Aufbewahrungspflicht** ist ebenfalls eine Ordnungswidrigkeit i.S.d. § 12 Abs. 1 Nr. 3. S. 2 hat zudem Schutzcharakter i.S.d. § 823 Abs. 2 BGB, so dass ein über § 10a hinausgehender Schaden auf zivilrechtlichem Wege geltend gemacht werden kann.[31]

III. Mitteilungspflichten bei Eröffnung des Insolvenzverfahrens (Abs. 3)

Der Insolvenzverwalter ist verpflichtet, dem PSVaG alle für die Durchführung der Insolvenzsicherung erforderlichen Informationen unverzüglich unter Verwendung der entsprechenden Vordrucke zu erteilen. Dazu zählen die Eröffnung des Insolvenzverfahrens, die Namen und Anschriften der Versorgungsempfänger und der Personen, die bei Eröffnung des Insolvenzverfahrens eine gesetzlich unverfallbare Anwartschaft haben, einschließlich der Höhe der Versorgung bzw. Anwartschaft. Über die genannten Angaben hinaus verlangt der PSVaG weitere Unterlagen, so etwa Versorgungsrichtlinien und Versorgungsordnungen, den Beschluss über die Eröffnung des Insolvenzverfahrens, versicherungsmathematische Gutachten über Berechnung der Renten und unverfallbare Anwartschaften.[32]

Ein Verstoß des Insolvenzverwalters gegen die gesetzlichen Mitteilungspflichten kann seine persönliche Haftung auslösen.[33] Zudem handelt er ordnungswidrig i.S.v. § 12 Abs. 1 Nr. 1.

Seinen Anspruch auf Mitteilung kann der PSVaG im Wege der Leistungsklage vor dem zuständigen ordentlichen Gericht geltend machen.[34] Abs. 3 hat zudem Schutzcharakter i.S.d. § 823 Abs. 2 BGB.[35]

IV. Auskunftsrecht des Insolvenzverwalters (Abs. 4)

Nach Abs. 4 müssen der AG, der sonstige Träger der Versorgung sowie die Versorgungsberechtigten und Hinterbliebenen dem Insolvenzverwalter unverzüglich Auskünfte über alle Tatsachen erteilen, auf die sich die Mitteilungspflicht nach Abs. 3 bezieht.[36] Der PSVaG kann von diesem Personenkreis Auskünfte nach Abs. 1 S. 2 einholen. Der Insolvenzverwalter kann die Auskunft im Wege der Leistungsklage vor dem ordentlichen Gericht bzw. gegenüber den Versorgungsberechtigten und Hinterbliebenen vor dem Arbeitsgericht (§ 2 Abs. 1 Nr. 5 ArbGG) durchsetzen.[37] Der Verstoß gegen Abs. 4 ist eine Ordnungswidrigkeit i.S.d. § 12 Abs. 1 Nr. 2.

---

22 Merkblatt 210/M 21a (Stand 1.05): „Wichtige Hinweise für die Meldungen der insolvenzsicherungspflichtigen Arbeitgeber", www.psvag.de.
23 BVerwG 22.11.1994 – 1 C 22/92 – NZA 1995, 374.
24 *Höfer*, § 11 Rn 5007.
25 *Kemper u.a.*, § 11 Rn 39.
26 *Höfer*, § 11 Rn 5007.
27 *Kemper u.a.*, § 11 Rn 39.
28 H-BetrAV/*Hoppenrath*, 100 Rn 99.
29 *Kemper u.a.*, § 11 Rn 36; *Höfer*, § 11 Rn 5009.
30 *Kemper u.a.*, § 11 Rn 44.
31 AG Stuttgart 29.4.1986 – 1 C 14356/85 – DB 1987, 692; *Kemper u.a.*, § 11 Rn 47.
32 *Höfer*, § 11 Rn 5020; Merkblatt 110/M 5 (Stand 1.99): „Erläuterungen zur unmittelbaren Versorgungszusage nach Eintritt des Sicherungsfalls gem. § 7 Abs. 1 S. 1 BetrAVG", www.psvag.de.
33 *Höfer*, § 11 Rn 5022; ErfK/*Steinmeyer*, § 11 BetrAVG Rn 5.
34 *Höfer*, § 11 Rn 5021.
35 AG Stuttgart 29.4.1986 – 1 C 14356/85 – DB 1987, 692; *Kemper u.a.*, § 11 Rn 62.
36 *Blomeyer/Rolfs/Otto*, 11 Rn 62.
37 *Höfer*, § 11 Rn 5026; *Kemper u.a.*, § 11 Rn 60.

V. Mitteilungspflichten in den übrigen Sicherungsfällen (Abs. 5)

14 Abs. 5 betrifft die Mitteilungspflichten in den Fällen, in denen ein Insolvenzverfahren nicht eröffnet oder nach § 207 InsO mangels Masse eingestellt wird. Gemeint ist die Abweisung des Antrags auf Eröffnung des Insolvenzverfahrens mangels Masse (vgl. § 7 Abs. 1 S. 4 Nr. 1), der außergerichtliche Vergleich (vgl. § 7 Abs. 1 S. 4 Nr. 2) und die vollständige Beendigung der Betriebstätigkeit (vgl. § 7 Abs. 1 S. 4 Nr. 3). Die Mitteilungspflichten des Insolvenzverwalters nach Abs. 3 sind in diesen Fällen vom AG oder vom sonstigen Träger der Versorgung zu erfüllen; diese treten an die Stelle des Insolvenzverwalters.[38] Umfang, Zeitpunkt und Form der Mitteilung richten sich nach den Bestimmungen des Abs. 3. Im Fall der Abweisung des Antrags auf Eröffnung des Insolvenzverfahrens ist der Abweisungsbeschluss und im Falle des außergerichtlichen Vergleichs der Zeitpunkt der Vergleichseröffnung mitzuteilen. Die vollständige Beendigung der Betriebstätigkeit ist durch entsprechende Angaben zu belegen.[39]

15 Die Verletzung der Mitteilungspflicht durch den AG oder den sonstigen Träger der Versorgung gem. Abs. 5 ist eine Ordnungswidrigkeit i.S.d. § 12 Abs. 1 Nr. 1.

Der PSVaG kann die Auskunft mit einer Leistungsklage durchsetzen.[40] Zuständig ist das ordentliche Gericht. Abs. 5 hat zudem Schutzcharakter i.S.d. § 823 Abs. 2 BGB.[41]

VI. Amtshilfe (Abs. 6 und Abs. 8)

16 Die Unterstützungspflicht der Kammern und Verbände sowie der weiteren unterstützungspflichtigen Institutionen bezieht sich ausschließlich auf die Ermittlung der insolvenzsicherungspflichtigen AG, um deren möglichst vollständige Erfassung zu gewährleisten.[42] Daneben besteht für den PSVaG die Möglichkeit nach § 4 VwVfG, im Rahmen der Beitragsermittlung Amtshilfe von Behörden in Anspruch zu nehmen.[43] Darüber hinaus können die Finanzämter Amtshilfe leisten und mitteilen, welche AG als Beitragsverpflichtete in Betracht kommen. Sie sind insoweit von der Verschwiegenheitspflicht gem. § 30 AO entbunden.[44] Die eigenen Erkenntnisgrundlagen, z.B. Steuererklärungen, dürfen hingegen nicht mitgeteilt werden.[45]

17 Der PSVaG kann die Amtshilfe vor dem Verwaltungsgericht im Wege der Leistungsklage durchsetzen.[46] Wegen des Schutzgesetzcharakters i.S.v. § 823 Abs. 2 BGB kann der PSVaG bei Verletzung von Abs. 6 einen möglichen Schaden zivilrechtlich geltend machen.[47]

§ 12 Ordnungswidrigkeiten

(1) Ordnungswidrig handelt, wer vorsätzlich oder fahrlässig
1. entgegen § 11 Abs. 1 Satz 1, Abs. 2 Satz 1, Abs. 3 oder Abs. 5 eine Mitteilung nicht, nicht richtig, nicht vollständig oder nicht rechtzeitig vornimmt,
2. entgegen § 11 Abs. 1 Satz 2 oder Abs. 4 eine Auskunft nicht, nicht richtig, nicht vollständig oder nicht rechtzeitig erteilt oder
3. entgegen § 11 Absatz 1 Satz 2 Unterlagen nicht, nicht richtig, nicht vollständig oder nicht rechtzeitig vorlegt oder entgegen § 11 Abs. 2 Satz 2 Unterlagen nicht aufbewahrt.

(2) Die Ordnungswidrigkeit kann mit einer Geldbuße bis zu zweitausendfünfhundert Euro geahndet werden.

(3) Verwaltungsbehörde im Sinne des § 36 Abs. 1 Nr. 1 des Gesetzes über Ordnungswidrigkeiten ist die Bundesanstalt für Finanzdienstleistungsaufsicht.

A. Allgemeines	1	I. Ordnungswidrigkeiten (Abs. 1)	2
B. Regelungsgehalt	2	II. Geldbuße (Abs. 2)	6

A. Allgemeines

1 Die Verletzung der Mitteilungs-, Auskunfts-, Vorlage- und Aufbewahrungspflichten ist wegen ihres öffentlich-rechtlichen Charakters als Verwaltungsunrecht eingeordnet.[1] § 12 sichert nebenstrafrechtlich die Einhaltung dieser

---

[38] ErfK/*Steinmeyer*, § 11 BetrAVG Rn 5.
[39] *Blomeyer/Rolfs/Otto*, § 11 Rn 61.
[40] *Kemper u.a.*, § 11 Rn 61.
[41] AG Stuttgart 29.4.1986 – 1 C 14356/85 – DB 1987, 692; *Kemper u.a.*, § 11 Rn 62.
[42] *Höfer*, § 11 Rn 5031.
[43] *Blomeyer/Rolfs/Otto*, § 11 Rn 73; *Höfer*, § 11 Rn 5032.
[44] *Blomeyer/Rolfs/Otto*, § 11 Rn 79; *Höfer*, § 11 Rn 5033.
[45] *Blomeyer/Rolfs/Otto*, 11 Rn 80.
[46] *Kemper u.a.*, § 11 Rn 66.
[47] *Kemper u.a.*, § 11 Rn 67.
[1] *Kemper u.a.*, § 12 Rn 1.

Pflichten.² Abs. 1 zählt die maßgeblichen Ordnungswidrigkeiten auf.³ Abs. 2 regelt die Höhe der Geldbuße und Abs. 3 benennt die für die Verfolgung der Ordnungswidrigkeit zuständige Verwaltungsbehörde.

B. Regelungsgehalt
I. Ordnungswidrigkeiten (Abs. 1)

AG, Insolvenzverwalter, Träger der Versorgung und Versorgungsberechtigte handeln i.d.R. fahrlässig und damit ordnungswidrig i.S.v. Abs. 1, wenn sie gegen ihre Verpflichtungen gem. § 11 verstoßen.⁴ Zum möglichen Täterkreis zählen auch vertretungsberechtigte Organe und vom AG zur Wahrnehmung der ihm obliegenden Pflichten beauftragte Personen (§ 9 OWiG).⁵ Gem. § 30 OWiG ist auch die Verhängung einer Geldbuße gegen juristische Personen oder gegen Personenvereinigungen möglich.

Nach Abs. 1 Nr. 1 handelt ordnungswidrig, wer vorsätzlich oder fahrlässig (vgl. § 10 OWiG) eine Mitteilung nicht, nicht richtig, nicht vollständig oder nicht rechtzeitig vornimmt. Dabei handelt es sich um die Mitteilungspflichten des AG nach § 11 Abs. 1 S. 1 (Erstmeldung) und § 11 Abs. 2 S. 1 (periodische Mitteilung der Beitragsbemessungsgrundlage). Des Weiteren sind die Mitteilungspflichten des Insolvenzverwalters nach § 11 Abs. 3 sowie die Pflichten des AG und des Trägers der Versorgung nach Abs. 5 (Nichteröffnung des Insolvenzverfahrens) erfasst.

Nach Abs. 1 Nr. 2 handelt ordnungswidrig, wer vorsätzlich oder fahrlässig (vgl. § 10 OWiG) eine Auskunft nicht, nicht richtig, nicht vollständig oder nicht rechtzeitig erteilt. Betroffen sind die generelle Auskunftspflicht des AG, des sonstigen Trägers der Versorgung, des Insolvenzverwalters und der nach § 7 Berechtigten (§ 11 Abs. 1 S. 2) sowie die Auskunftspflicht des genannten Personenkreises mit Ausnahme des Insolvenzverwalters im Fall der Eröffnung des Insolvenzverfahrens nach § 11 Abs. 4.

Nach Abs. 1 Nr. 3 handelt ordnungswidrig, wer vorsätzlich oder fahrlässig (vgl. § 10 OWiG) entgegen § 11 Abs. 1 S. 2 Unterlagen nicht, nicht richtig, nicht vollständig oder nicht rechtzeitig vorlegt oder entgegen der sechsjährigen Aufbewahrungspflicht nach § 11 Abs. 2 S. 2 nicht aufbewahrt.

II. Geldbuße (Abs. 2)

Die maximale Höhe der Geldbuße beträgt 2.500 EUR, die Mindesthöhe ergibt sich aus § 17 Abs. 1 OWiG und beträgt 5 EUR. Liegt nur eine fahrlässige Pflichtverletzung vor, beträgt die maximale Geldbuße nach § 17 Abs. 2 OWiG die Hälfte des angedrohten Höchstbetrages, nämlich 1.250 EUR.

Nach § 17 Abs. 4 S. 1 OWiG soll die Geldbuße den wirtschaftlichen Vorteil, den der Täter aus der Ordnungswidrigkeit gezogen hat, übersteigen. Bei Ordnungswidrigkeiten nach § 12 ist der wirtschaftliche Vorteil in dem Zinsgewinn aus den nicht gezahlten Beiträgen zu sehen.⁶ Dieser Vorteil wird dem Täter jedoch bereits durch § 10a in Form der Säumniszuschläge und Verzugszinsen wieder genommen. Eine Überschreitung der Geldbuße in Höhe von 2.500 EUR gem. § 17 Abs. 4 S. 2 OWiG kommt in Betracht, wenn wirtschaftliche Vorteile aufgrund der sechsjährigen Verjährung nach § 10a Abs. 4 nicht mehr durch Säumniszuschläge und Verzugszinsen erfasst werden können.⁷

Zuständige Verwaltungsbehörde für den Erlass der Bußgeldbescheide ist nach Abs. 3 die BaFin als Aufsichtsbehörde über den PSVaG gem. § 14 Abs. 1 S. 3.⁸ Der PSVaG hat dort das Bußgeldverfahren zu beantragen.⁹ Nach § 67 OWiG kann gegen einen Bußgeldbescheid bei der BaFin Einspruch eingelegt werden. Über den Einspruch entscheidet das AG Frankfurt am Main gem. § 68 OWiG i.V.m. § 1 Abs. 3 S. 2 des Gesetzes über die Bundesanstalt für Finanzdienstleistungsaufsicht (FinDAG).¹⁰ Gegen diesen Beschluss ist nach § 79 OWiG Rechtsbeschwerde zum OLG Frankfurt am Main gegeben.

§ 13 (weggefallen)

§ 14 Träger der Insolvenzsicherung

(1) ¹Träger der Insolvenzsicherung ist der Pensions-Sicherungs-Verein Versicherungsverein auf Gegenseitigkeit. ²Er ist zugleich Träger der Insolvenzsicherung von Versorgungszusagen Luxemburger Unternehmen nach Maßgabe des Abkommens vom 22. September 2000 zwischen der Bundesrepublik Deutschland und dem Groß-

---

2 ErfK/*Steinmeyer*, § 12 BetrAVG Rn 1.
3 *Höfer*, § 12 Rn 5040.
4 *Kemper u.a.*, § 12 Rn 7.
5 HWK/*Schipp*, § 12 BetrAVG Rn 2; *Kemper u.a.*, § 12 Rn 2.
6 *Kemper u.a.*, § 12 Rn 10.
7 *Kemper u.a.*, § 12 Rn 10.
8 *Schoden*, § 12 Rn 2.
9 H-BetrAV/*Hoppenrath*, Die Insolvenzsicherung in der betrieblichen Altersversorgung, 100 Rn 104.
10 Vgl. Art. 1 des Gesetzes über die integrierte Finanzdienstleistungsaufsicht v. 22.4.2002 (BGBl I S. 1310).

herzogtum Luxemburg über Zusammenarbeit im Bereich der Insolvenzsicherung betrieblicher Altersversorgung. ³Er unterliegt der Aufsicht durch die Bundesanstalt für Finanzdienstleistungsaufsicht. ⁴Die Vorschriften des Versicherungsaufsichtsgesetzes gelten, soweit dieses Gesetz nichts anderes bestimmt.

(2) Der Bundesminister für Arbeit und Sozialordnung weist durch Rechtsverordnung mit Zustimmung des Bundesrates die Stellung des Trägers der Insolvenzsicherung der Kreditanstalt für Wiederaufbau zu, bei der ein Fonds zur Insolvenzsicherung der betrieblichen Altersversorgung gebildet wird, wenn

1. bis zum 31. Dezember 1974 nicht nachgewiesen worden ist, daß der in Absatz 1 genannte Träger die Erlaubnis der Aufsichtsbehörde zum Geschäftsbetrieb erhalten hat,
2. der in Absatz 1 genannte Träger aufgelöst worden ist oder
3. die Aufsichtsbehörde den Geschäftsbetrieb des in Absatz 1 genannten Trägers untersagt oder die Erlaubnis zum Geschäftsbetrieb widerruft.

In den Fällen der Nummern 2 und 3 geht das Vermögen des in Absatz 1 genannten Trägers einschließlich der Verbindlichkeiten auf die Kreditanstalt für Wiederaufbau über, die es dem Fonds zur Insolvenzsicherung der betrieblichen Altersversorgung zuweist.

(3) Wird die Insolvenzsicherung von der Kreditanstalt für Wiederaufbau durchgeführt, gelten die Vorschriften dieses Abschnittes mit folgenden Abweichungen:

1. In § 7 Abs. 6 entfällt die Zustimmung der Bundesanstalt für Finanzdienstleistungsaufsicht.
2. § 10 Abs. 2 findet keine Anwendung. Die von der Kreditanstalt für Wiederaufbau zu erhebenden Beiträge müssen den Bedarf für die laufenden Leistungen der Insolvenzsicherung im laufenden Kalenderjahr und die im gleichen Zeitraum entstehenden Verwaltungskosten und sonstigen Kosten, die mit der Gewährung der Leistungen zusammenhängen, decken. Bei einer Zuweisung nach Absatz 2 Nr. 1 beträgt der Beitrag für die ersten 3 Jahre mindestens 0,1 vom Hundert der Beitragsbemessungsgrundlage gemäß § 10 Abs. 3; der nicht benötigte Teil dieses Beitragsaufkommens wird einer Betriebsmittelreserve zugeführt. Bei einer Zuweisung nach Absatz 2 Nr. 2 oder 3 wird in den ersten 3 Jahren zu dem Beitrag nach Nummer 2 Satz 2 ein Zuschlag von 0,08 vom Hundert der Beitragsbemessungsgrundlage gemäß § 10 Abs. 3 zur Bildung einer Betriebsmittelreserve erhoben. Auf die Beiträge können Vorschüsse erhoben werden.
3. In § 12 Abs. 3 tritt an die Stelle der Bundesanstalt für Finanzdienstleistungsaufsicht die Kreditanstalt für Wiederaufbau.

²Die Kreditanstalt für Wiederaufbau verwaltet den Fonds im eigenen Namen. ³Für Verbindlichkeiten des Fonds haftet sie nur mit dem Vermögen des Fonds. ⁴Dieser haftet nicht für die sonstigen Verbindlichkeiten der Bank. ⁵§ 11 Abs. 1 Satz 1 des Gesetzes über die Kreditanstalt für Wiederaufbau in der Fassung der Bekanntmachung vom 23. Juni 1969 (BGBl. I S. 573), das zuletzt durch Artikel 14 des Gesetzes vom 21. Juni 2002 (BGBl. I S. 2010) geändert worden ist, ist in der jeweils geltenden Fassung auch für den Fonds anzuwenden.

Literatur: *Höfer*, Das neue Betriebsrentenrecht, 2003

A. Allgemeines	1	I. Träger der Insolvenzsicherung (Abs. 1)	2
B. Regelungsgehalt	2	II. Kreditanstalt für Wiederaufbau (Abs. 2 und 3)	5

A. Allgemeines

1 Der Gesetzgeber bestimmt in Abs. 1 den PSVaG als Träger der Insolvenzsicherung und regelt zudem die Insolvenzsicherung von Versorgungsleistungen und -anwartschaften von Unternehmen mit Sitz in Luxemburg. Abs. 2 und Abs. 3 enthalten Regelungen für den Fall, dass der PSVaG nicht länger Träger der Insolvenzsicherung ist.

B. Regelungsgehalt

I. Träger der Insolvenzsicherung (Abs. 1)

2 Der PSVaG mit Sitz in Köln wurde am 7.10.1974 als **Selbsthilfereinrichtung der deutschen Wirtschaft** von der Bundesvereinigung der Deutschen Arbeitgeberverbände e.V., dem Verband der Lebensversicherungsunternehmen e.V. und dem Bundesverband der Deutschen Industrie gegründet.[1] Durch die rechtzeitige Erteilung der Erlaubnis zur Aufnahme des Geschäftsbetriebs durch das damalige Bundesaufsichtsamt für das Versicherungswesen (seit 1.5.2002: BaFin) konnte der PSVaG am **1.1.1975** seinen Geschäftsbetrieb aufnehmen, so dass der in Abs. 2 S. 1 Nr. 1 enthaltene Vorbehalt einer Ersatzlösung gegenstandslos wurde.[2]

---

[1] Schaub/*Schaub*, Arbeitsrechts-Handbuch, § 82 Rn 155; *Kemper u.a.*, § 14 Rn 1.

[2] *Höfer*, § 14 Rn 5076; *Blomeyer/Rolfs/Otto*, § 14 Rn 36.

Der PSVaG ist im Hinblick auf seine gesetzliche Einstandspflicht mit hoheitlichen Befugnissen ausgestattet und damit **beliehenes Privatrechtssubjekt**.³ Da er nach § 2 Abs. 3 seiner Satzung⁴ keine Gewinnerzielung anstrebt, ist er insb. von der **Gewerbesteuer** (§ 3 Nr. 19 GewStG) und der **Körperschaftsteuer** (§ 5 Nr. 15 KStG) befreit.⁵ Obwohl der PSVaG als Versicherungsverein auf Gegenseitigkeit kein Gewerbe betreibt, gelten für ihn nach § 16 VAG bis auf die §§ 1–7 HGB die Vorschriften des Ersten und Vierten Buchs des **HGB** über Kaufleute. Zuständige **Aufsichtsbehörde** ist die Bundesanstalt für Finanzdienstleistungsaufsicht.

Die **Mitgliedschaft** der AG im PSVaG ist **privatrechtlicher Natur**. Es besteht eine Pflichtversicherung; eine Pflichtmitgliedschaft besteht nicht.⁶ Nach § 3 Abs. 1 der Satzung des PSVaG beginnt die Mitgliedschaft grds. mit Abschluss der Versicherung. Ausnahmsweise können auch Versicherungsverhältnisse mit der Bestimmung bestehen, dass die AG nicht Mitglieder sind.⁷ Nach § 3 Abs. 2 der Satzung endet die Mitgliedschaft mit dem Tag, an dem bei dem Mitglied keine betriebliche Altersversorgung mehr durchgeführt wird oder an dem einer der Sicherungsfälle des § 7 Abs. 1 bei dem Mitglied eingetreten ist, mit Ausnahme der Fälle, in denen der AG oder sonstige Träger der Versorgung Leistung der betrieblichen Altersversorgung auch noch nach Eintritt des Sicherungsfalles zu erbringen hat. Sie endet auch, wenn die Voraussetzungen des § 17 Abs. 2 vorliegen, wonach bestimmte juristische Personen des öffentlichen Rechts aus dem Anwendungsbereich der §§ 7–15 ausgenommen sind. In den **neuen Bundesländern** ist das BetrAVG am 1.1.1992 in Kraft getreten mit der Folge, dass nur solche Zusagen insolvenzgesichert sind, die nach dem 31.12.1991 erteilt wurden.⁸ Dadurch wird der PSVaG vor **finanzieller Überforderung** durch Altlasten geschützt.

Aufgrund des Abkommens vom 22.9.2000 zwischen der Bundesrepublik Deutschland und dem Großherzogtum **Luxemburg** über Zusammenarbeit im Bereich der Insolvenzsicherung betrieblicher Altersversorgung ist der PSVaG seit dem 1.1.2002 auch für die gesetzliche Insolvenzsicherung der betrieblichen Altersversorgung im Großherzogtum Luxemburg zuständig.⁹ Die Übertragung dieses Aufgabenbereichs war deshalb möglich, weil sowohl die gesetzlichen Regelungen der betrieblichen Altersversorgung als auch die insolvenzrechtlichen Vorschriften in Luxemburg im Wesentlichen mit den deutschen übereinstimmen. Dies gilt auch für das Insolvenzrisiko von luxemburgischen Unternehmen.¹⁰

II. Kreditanstalt für Wiederaufbau (Abs. 2 und 3)

Wird der PSVaG aufgelöst oder untersagt die Aufsichtsbehörde den Geschäftsbetrieb des PSVaG oder wird die Erlaubnis zum Geschäftsbetrieb widerrufen, tritt die Kreditanstalt für Wiederaufbau (vor 2003: Deutsche Ausgleichsbank) durch Rechts-VO des BMAS mit der erforderlichen Zustimmung des Bundesrates an die Stelle des PSVaG.

Auf eine Kommentierung zu den Abs. 2 und 3 wird verzichtet, da diese angesichts der erfolgreichen Durchführung der Insolvenzsicherung durch den PSVaG nur noch eine **theoretische Ersatzlösung** darstellen und auf absehbare Zeit nicht mit einer Anwendung dieser Vorschriften zu rechnen ist.

§ 15 Verschwiegenheitspflicht

¹Personen, die bei dem Träger der Insolvenzsicherung beschäftigt oder für ihn tätig sind, dürfen fremde Geheimnisse, insbesondere Betriebs- oder Geschäftsgeheimnisse, nicht unbefugt offenbaren oder verwerten. ²Sie sind nach dem Gesetz über die förmliche Verpflichtung nichtbeamteter Personen vom 2. März 1974 (BGBl. I S. 469, 547) von der Bundesanstalt für Finanzdienstleistungsaufsicht auf die gewissenhafte Erfüllung ihrer Obliegenheiten zu verpflichten.

Literatur: *Höfer*, Das neue Betriebsrentenrecht, 2003

---

3 BT-Drucks 7/2843, S. 10; BVerfG 10.3.1988 – 1 BvR 495/87 – AP § 7 BetrAVG Nr. 38c; *Schoden*, § 10 Rn 6.
4 Satzung für den PSVaG, zuletzt geändert durch Beschluss des Aufsichtsrats am 12.4.2005, www.psvag.de.
5 H-BetrAV/*Hoppenrath*, Die Insolvenzsicherung der betrieblichen Altersversorgung, 100 Rn 11; Tschöpe/*Schipp*, Arbeitsrecht, Teil 2 E Rn 318.
6 HWK/*Schipp*, § 14 BetrAVG Rn 6.
7 HWK/*Schipp*, § 14 BetrAVG Rn 6.
8 Anlage I, Kapitel VIII, Sachgebiet A, Abschnitt III, Nr. 16a u. b des Gesetzes zu dem Vertrag vom 31. August 1990 zwischen der Bundesrepublik Deutschland und der Deutschen Demokratischen Republik über die Herstellung der Einheit Deutschlands – Einigungsvertragsgesetz – und der Vereinbarung vom 18. September 1990 v. 23.9.1990 (BGBl II S. 885). Dazu näher Merkblatt 210/M 20: „Hinweise zur Insolvenzsicherung der betrieblichen Altersversorgung in den neuen Bundesländern", www.psvag.de.
9 *Höfer*, Das neue Betriebsrentenrecht, Rn 554.
10 BT-Drucks 14/5439, S. 10; *Höfer*, § 14 Rn 5079.

1 Im Zusammenhang mit der Insolvenzsicherung erhalten Beschäftigte des PSVaG sowie Personen, die für ihn tätig werden (etwa als Sachverständige oder Berater) oftmals detaillierte Kenntnis über die jeweilige wirtschaftliche Lage des AG. Deswegen beinhaltet § 15 eine Verschwiegenheitspflicht. Fraglich ist, ob § 15 nur eine Tätigkeit im Rahmen der Insolvenzsicherung meint, oder ob auch Reinigungskräfte, Hausmeister usw. von der Verschwiegenheitspflicht erfasst werden.[1] Gerade auch diese Personen haben i.d.R. ungehinderten Zugang zu allen Räumen und Büros, so dass ein Schutzbedürfnis besteht.[2]

2 Die Verschwiegenheitspflicht nach S. 1 bezieht sich auf fremde Geheimnisse, insb. Betriebs- oder Geschäftsgeheimnisse, die nicht unbefugt offenbart oder verwertet werden dürfen. Unter dem Begriff Geheimnis sind die Umstände zu fassen, die nicht allgemein bekannt sind und an deren Geheimhaltung der Geheimnisträger ein Interesse hat.[3] „Fremde Geheimnisse" sind Daten, die im Zusammenhang mit der Durchführung der Melde- und Beitragspflicht stehen, also etwa Beitragsbemessungsgrundlagen, Inhalt und Höhe von Versorgungszusagen, Anzahl der Versorgungsempfänger und Anwärter, Beteiligungsverhältnisse von Gesellschaftern,[4] ferner die Daten aller Personen, die mit der Insolvenzsicherung in Berührung kommen, etwa die Höhe der Löhne und Gehälter bzw. der Zusagen der Versorgungsberechtigten.[5] Auch zählen dazu Daten im Zusammenhang mit der Einleitung und Abwicklung eines Sicherungsfalls, so etwa über die wirtschaftliche Lage oder über Abläufe und wirtschaftliche Betätigungen des Unternehmens.[6]

3 § 15 untersagt die unbefugte Offenbarung oder die Verwertung der fremden Geheimnisse. „Offenbaren" ist Weitergabe des Geheimnisses an andere; „Verwertung" ist wirtschaftliches Ausnutzen des Geheimnisses zum Zweck der Gewinnerzielung ohne Offenbarung.[7]

4 S. 1 ist ein Schutzgesetz i.S.d. § 823 Abs. 2 BGB. Eine rechtswidrige und schuldhafte Verletzung der Verschwiegenheitspflicht verpflichtet zur Leistung von Schadensersatz.[8] Zudem verletzt ein Verstoß in der Regel den Arbeitsvertrag bzw. Dienstvertrag mit dem PSVaG.[9]

5 Nach S. 2 sind die beim PSVaG Beschäftigten sowie die für ihn tätigen Personen von der BaFin gem. dem Gesetz über die förmliche Verpflichtung nicht beamteter Personen vom 2.3.1974[10] auf die gewissenhafte Erfüllung ihrer Obliegenheiten zu verpflichten. Über die Verpflichtung wird eine Niederschrift aufgenommen, die der Verpflichtete mit unterzeichnet. Ein ausdrücklicher Hinweis auf die Verschwiegenheitspflicht – etwa bei der Einstellung – ersetzt nicht die förmliche Verpflichtung.[11] Die unbefugte Offenbarung der fremden Geheimnisse wird mit Freiheitsstrafe bis zu einem Jahr oder mit Geldstrafe bestraft. Die Tat wird gem. § 205 Abs. 1 StGB nur auf Antrag verfolgt.

Fünfter Abschnitt: Anpassung

§ 16 Anpassungsprüfungspflicht

(1) Der Arbeitgeber hat alle drei Jahre eine Anpassung der laufenden Leistungen der betrieblichen Altersversorgung zu prüfen und hierüber nach billigem Ermessen zu entscheiden; dabei sind insbesondere die Belange des Versorgungsempfängers und die wirtschaftliche Lage des Arbeitgebers zu berücksichtigen.

(2) Die Verpflichtung nach Absatz 1 gilt als erfüllt, wenn die Anpassung nicht geringer ist als der Anstieg
1. des Verbraucherpreisindexes für Deutschland oder
2. der Nettolöhne vergleichbarer Arbeitnehmergruppen des Unternehmens

im Prüfungszeitraum.

(3) Die Verpflichtung nach Absatz 1 entfällt, wenn
1. der Arbeitgeber sich verpflichtet, die laufenden Leistungen jährlich um wenigstens eins vom Hundert anzupassen,
2. die betriebliche Altersversorgung über eine Direktversicherung im Sinne des § 1b Abs. 2 oder über eine Pensionskasse im Sinne des § 1b Abs. 3 durchgeführt wird, ab Rentenbeginn sämtliche auf den Rentenbestand entfallende Überschußanteile zur Erhöhung der laufenden Leistungen verwendet werden und zur Berechnung der garantierten Leistung der nach § 65 Abs. 1 Nr. 1 Buchstabe a des Versicherungsaufsichtsgesetzes festgesetzte Höchstzinssatz zur Berechnung der Deckungsrückstellung nicht überschritten wird oder

---

1 *Blomeyer/Rolfs/Otto*, § 15 Rn 2; *Höfer*, § 15 Rn 5093.
2 *Blomeyer/Rolfs/Otto*, § 15 Rn 2.
3 HWK/*Schipp*, § 15 BetrAVG Rn 1.
4 *Kemper u.a.*, § 15 Rn 3; *Blomeyer/Rolfs/Otto*, § 15 Rn 5.
5 *Blomeyer/Rolfs/Otto*, § 15 Rn 3; *Höfer*, Das neue Betriebsrentenrecht, Rn 558.
6 *Kemper u.a.*, § 15 Rn 3; *Blomeyer/Rolfs/Otto*, § 15 Rn 4.
7 *Blomeyer/Rolfs/Otto*, BetrAVG, § 15 Rn 6.
8 *Höfer*, § 15 Rn 5099.
9 *Kemper u.a.*, § 15 Rn 7.
10 BGBl I S. 469, 547.
11 *Blomeyer/Rolfs/Otto*, § 15 Rn 7.

3. eine Beitragszusage mit Mindestleistung erteilt wurde; Absatz 5 findet insoweit keine Anwendung.

(4) ¹Sind laufende Leistungen nach Absatz 1 nicht oder nicht in vollem Umfang anzupassen (zu Recht unterbliebene Anpassung), ist der Arbeitgeber nicht verpflichtet, die Anpassung zu einem späteren Zeitpunkt nachzuholen. ²Eine Anpassung gilt als zu Recht unterblieben, wenn der Arbeitgeber dem Versorgungsempfänger die wirtschaftliche Lage des Unternehmens schriftlich dargelegt, der Versorgungsempfänger nicht binnen drei Kalendermonaten nach Zugang der Mitteilung schriftlich widersprochen hat und er auf die Rechtsfolgen eines nicht fristgemäßen Widerspruchs hingewiesen wurde.

(5) Soweit betriebliche Altersversorgung durch Entgeltumwandlung finanziert wird, ist der Arbeitgeber verpflichtet, die Leistungen mindestens entsprechend Absatz 3 Nr. 1 anzupassen oder im Falle der Durchführung über eine Direktversicherung oder eine Pensionskasse sämtliche Überschussanteile entsprechend Absatz 3 Nr. 2 zu verwenden.

(6) Eine Verpflichtung zur Anpassung besteht nicht für monatliche Raten im Rahmen eines Auszahlungsplans sowie für Renten ab Vollendung des 85. Lebensjahres im Anschluss an einen Auszahlungsplan.

Literatur: *Blumenstein/Krekeler*, Auswirkungen des neuen Betriebsrentenrechts auf die Praxis, DB 1998, 2600; *Blomeyer*, Ansätze zu einer Dogmatik des Betriebsrentenrechts nach 25 Jahren BetrAVG und einer ersten Gesetzesreform (RRG 1999), RdA 2000, 279; *Bode/Obenberger/Jäckels*, Teuerungsanpassung der Betriebsrenten in 2006, DB 2006, 214; *Doetsch/Förster/Rührmann*, Änderungen des Betriebsrentengesetzes durch das Rentenreformgesetz 1999, DB 1998, 258; *Feudner*, Nachholende Rentenanpassung gem. § 16 BetrAVG – Wie weit ist nachzuholen? – Zugleich Anmerkung zum Urteil des LAG Düsseldorf vom 11.6.2004, DB 2005, 50; *Harle/Kesting/Leser*, Die Übertragung von unmittelbaren Versorgungsverpflichtungen auf eine Unterstützungskasse, BB 2006, 131; *Heubeck*, Zu den Grundlagen der Anpassung von Betriebsrenten, BB 1996, 955; *Höfer*, Das neue Betriebsrentenrecht, 2003; *Langohr-Plato*, Die rechtlichen Rahmenbedingungen bei der Anpassungsprüfung laufender Betriebsrenten nach § 16 BetrAVG, BB 2002, 406; *Neef*, Die wirtschaftliche Lage des AG gem. § 16 BetrAVG, NZA 2003, 993; *Schipp*, Ausstieg aus der Zusatzversorgung, RdA 2001, 150

A. Allgemeines ... 1	cc) Anpassung im Konzern ... 35
B. Regelungsgehalt ... 4	(1) Anpassungsprüfungspflicht wegen Vertrauenstatbestand ... 36
I. Anpassungsprüfungs- und -entscheidungspflicht (Abs. 1 und 2) ... 4	(2) Berechnungsdurchgriff ... 37
1. Anpassungsschuldner ... 5	b) Anpassungsentscheidung des Arbeitgebers ... 43
2. Berechtigter ... 10	II. Ausnahmen von der Anpassungsprüfungs- und -entscheidungspflicht (Abs. 3) ... 49
3. Gegenstand der Anpassungsprüfungspflicht ... 11	1. Anpassungsgarantie (Abs. 3 Nr. 1) ... 49
4. Zeitrahmen ... 16	2. Überschussverwendung (Abs. 3 Nr. 2) ... 56
5. Anpassungsprüfungsverfahren ... 21	3. Beitragszusage mit Mindestleistung (Abs. 3 Nr. 3) ... 57
a) Ermittlung des Anpassungsbedarfs ... 22	III. Unterbliebene Anpassungen (Abs. 4) ... 58
aa) Belange des Versorgungsempfängers ... 22	IV. Anpassung bei Entgeltumwandlungszusagen (Abs. 5) ... 62
(1) Teuerungsausgleich (Abs. 2 Nr. 1) ... 23	V. Keine Anpassung bei einem Auszahlungsplan (Abs. 6) ... 64
(2) Nettolohnbezogene Obergrenze (Abs. 2 Nr. 2) ... 26	C. Beraterhinweise ... 65
bb) Wirtschaftliche Lage des Arbeitgebers ... 29	

A. Allgemeines

Der inflationäre Wertverlust von laufenden Leistungen der betrieblichen Altersversorgung bedingt die Frage nach einer fortlaufenden **Nachbesserung** dieser Leistungen durch den ehemaligen AG, da die Versorgungsempfänger nach dem Ausscheiden aus dem Arbeitsleben nichts mehr einzusetzen haben, um die erdiente Versorgung vor dem Kaufkraftverfall zu bewahren.¹ Durch Festlegung einer **Anpassungsprüfungs- und -entscheidungsverpflichtung** des ehemaligen AG in § 16 wirkt der Gesetzgeber einer solchen **Entwertung** entgegen. Dabei schränkt er das der deutschen Wirtschaftsordnung zugrunde liegende **Nominalwertprinzip** ein,² wonach eine Geldsummenschuld unabhängig von ihrer Kaufkraft definiert wird und damit nominell unverändert bleibt.³

Bis zur Rentenreform 1999 beschränkte sich dies im Wesentlichen auf die Vorgabe eines Zeitrahmens zur Erfüllung der Anpassungsprüfungspflicht und der Entscheidung des AG. Nach Art. 8 Nr. 17 RRG 1999⁴ hat der Gesetzgeber § 16 erheblich erweitert und teilweise die Rspr. des BAG in Gesetzesform gekleidet. Durch das AVmG⁵ wurden die Regelungen in § 16 bezüglich Pensionsfonds und Entgeltumwandlung reformiert.

---

1 BAG 15.9.1977 – 3 AZR 654/76 – EzA § 16 BetrAVG Nr. 6 = AP § 16 BetrAVG Nr. 5.
2 Näher dazu *Heubeck*, BB 1996, 955 ff.
3 Palandt/*Heinrichs*, § 245 BGB Rn 15.
4 Gesetz v. 16.12.1997 (BGBl I S. 2998).
5 Gesetz v. 26.6.2001 (BGBl I S. 1310).

3 Nach Abs. 1 hat der AG in bestimmten Abständen die Anpassung laufender Leistungen der betrieblichen Altersversorgung zu prüfen. Abs. 2 konkretisiert den in Abs. 1 zum Ausdruck kommenden Anpassungsmaßstab. Abs. 3 regelt die Ausnahmen von der Anpassungsprüfungspflicht des AG, Abs. 4 die nachholende Anpassung, Abs. 5 die Anpassung für die betriebliche Altersversorgung durch Entgeltumwandlung und Abs. 6 schließlich die Anpassung im Rahmen eines Auszahlungsplans.

B. Regelungsgehalt

I. Anpassungsprüfungs- und -entscheidungspflicht (Abs. 1 und 2)

4 Abs. 1 verpflichtet den AG, alle drei Jahre eine Anpassung der **laufenden Leistungen** der betrieblichen Altersversorgung zu prüfen und über die Anpassung nach billigem Ermessen zu entscheiden. Den AG trifft also eine **doppelte Pflicht**: Er hat zu prüfen und zu entscheiden. § 16 ist eine **Mindestnorm**, was nichts anderes bedeutet, als dass der AG bei der Anpassung auch über die in § 16 aufgestellten Maßstäbe hinausgehen kann.[6] Es steht ihm frei, einen großzügigeren Prüfungsmaßstab zu wählen und es steht ihm ebenso frei, in kürzeren Abständen über eine Anpassung laufender Leistungen zu entscheiden. Der AG muss dem Risiko der Geldentwertung sachgerecht Rechnung tragen. § 16 betrifft die Äquivalenz von Leistung und Gegenleistung.[7]

5 **1. Anpassungsschuldner.** § 16 richtet sich an den **AG** in seiner Eigenschaft als Versorgungsschuldner, also an denjenigen, der aus der ursprünglich erteilten Zusage verpflichtet ist, Leistungen der betrieblichen Altersversorgung zu gewähren.[8] Beim **Konzern** ist das jeweilige konzerngebundene Einzelunternehmen der AG.[9] Des Weiteren trifft die Anpassungsprüfungspflicht Unternehmen, die **Nicht-Arbeitnehmern** i.S.v. § 17 Leistungen der betrieblichen Altersversorgung zugesagt haben. AG ist auch der **Erbe** als Rechtsnachfolger des AG, der dem Versorgungsberechtigten die Zusage erteilt hat.[10] Dies gilt auch dann, wenn die Erben des ehemals einzelkaufmännisch tätigen früheren AG das Geschäft nicht weiterführen.[11]

6 Bei einem **Betriebsübergang** trifft die Pflicht aus Abs. 1 den Erwerber erst, wenn er laufende Leistungen zu erbringen hat. Er ist nur dann AG i.S.d. § 16, wenn das aktive Arbverh auf ihn übergegangen ist.[12] Der Veräußerer ist hingegen zur Prüfung der laufenden Leistungen von bereits vor Betriebsübergang unter Aufrechterhaltung einer unverfallbaren Anwartschaft ausgeschiedenen AN und Versorgungsempfängern verpflichtet.[13] Weiterhin ist der Folge-AG, der etwa eine unverfallbare Anwartschaft nach § 4 übernommen hat, zur Prüfung nach § 16 verpflichtet.[14] Ebenfalls unterliegt ein liquidiertes Unternehmen, dessen einzig verbliebener Gesellschaftszweck die Abwicklung der Versorgungsverbindlichkeiten ist (sog. **Rentnergesellschaft**),[15] der Verpflichtung nach Abs. 1. Das Gleiche gilt für eine **Abwicklungsgesellschaft**.[16] Bei einer **Unternehmensumwandlung** nach dem Umwandlungsgesetz ist der Übergang der Anpassungsverpflichtung auf den Rechtsnachfolger möglich.[17]

7 Insolvente Unternehmen sind nicht in der Lage, die zusätzlichen Anpassungslasten aufzubringen und deshalb nach Abs. 1 nicht verpflichtet.[18] Auch der **PSVaG** ist nach dem eindeutigen Wortlaut der Norm nicht verpflichtet, laufende Leistungen nach § 16 anzupassen.[19] Denn er leistet nicht als AG, sondern an dessen Stelle.[20] Eine **vertragliche Anpassungsklausel**, die unabhängig von den Vorgaben des § 16 zu einer Dynamisierung der Betriebsrente führt, ist hingegen auch vom PSVaG zu beachten.[21] Dann muss der PSVaG die Betriebsrente anpassen, wenn der **Versorgungsempfänger** bereits beim Eintritt des Sicherungsfalls Betriebsrente bezogen hat. Denn § 7 knüpft die Leistungspflicht des PSVaG an den Versorgungsanspruch, wie er sich aus der Versorgungszusage ergibt. Ist dazu eine Ermessensentscheidung erforderlich, muss der PSVaG im Insolvenzfall anstelle des zahlungsunfähigen AG den Umfang der zu erbringenden Leistungen bestimmen.[22] Entsprechendes gilt, wenn die Anpassungsverpflichtung des AG auf einer **betrieblichen Übung** beruht, die inhaltlich zu Anpassungsansprüchen der Versorgungsberechtigten unab-

---

6 ErfK/*Steinmeyer*, § 16 BetrAVG Rn 58.
7 BAG 25.4.2006 – 3 AZR 159/05 – EzA § 16 BetrAVG Nr. 47; BAG 30.8.2005 – 3 AZR 395/04 – EzA § 16 BetrAVG Nr. 43 = AP § 16 BetrAVG Nr. 56; ErfK/*Steinmeyer*, § 16 BetrAVG Rn 3.
8 *Blomeyer/Rolfs/Otto*, § 16 Rn 46; *Kemper u.a.*, § 16 Rn 11.
9 *Kemper u.a.*, § 16 Rn 11.
10 BAG 9.11.1999 – 3 AZR 420/98 – NZA 2000, 1057; *Blomeyer/Rolfs/Otto*, § 16 Rn 61.
11 BAG 9.11.1999 – 3 AZR 420/98 – NZA 2000, 1057.
12 BAG 21.2.2006 – 3 AZR 216/05 – EzA § 613a BGB 2002 Nr. 54 = AP § 16 BetrAVG Nr. 58; *Blomeyer/Rolfs/Otto*, § 16 Rn 55.
13 *Kemper u.a.*, § 16 Rn 14.
14 *Kemper u.a.*, § 16 Rn 13.

15 BAG 23.10.1996 – 3 AZR 514/95 – EzA § 16 BetrAVG Nr. 31 = AP § 16 BetrAVG Nr. 36.
16 BAG 25.6.2002 – 3 AZR 226/01 – EzA § 16 BetrAVG Nr. 40 = AP § 16 BetrAVG Nr. 51.
17 *Blomeyer/Rolfs/Otto*, § 16 Rn 57; *Kemper u.a.*, § 16 Rn 15.
18 BAG 25.6.2002 – 3 AZR 226/01 – EzA § 16 BetrAVG Nr. 40 = AP § 16 BetrAVG Nr. 51.
19 BAG 22.3.1983 – 3 AZR 574/81 – EzA § 16 BetrAVG Nr. 4 = AP § 16 BetrAVG Nr. 14; *Höfer*, § 16 Rn 5411.
20 *Blomeyer/Rolfs/Otto*, § 16 Rn 60.
21 BAG 22.3.1983 – 3 AZR 574/81 – EzA § 16 BetrAVG Nr. 4 = AP § 16 BetrAVG Nr. 14.
22 BAG 22.3.1983 – 3 AZR 574/81 – EzA § 16 BetrAVG Nr. 4 = AP § 16 BetrAVG Nr. 14.

hängig von den Vorgaben des § 16 führt.[23] Zudem ist anerkannt, dass bei **umfassenden Wirtschaftseinbrüchen** der PSVaG nach den Grundsätzen von Treu und Glauben zu einem **angemessenen Teuerungsausgleich** verpflichtet ist.[24] Ist der Versorgungsberechtigte beim Eintritt des Sicherungsfalls noch **Anwärter** gem. § 7 Abs. 2 und nimmt die vertragliche Anpassungsklausel auf variable Bezugsgrößen Bezug, deren künftige Entwicklung nicht bekannt ist, steht die Veränderungssperre des § 2 Abs. 5 einer Anpassung durch den PSVaG entgegen.[25] Etwas anderes gilt, wenn die künftige Entwicklung nach der Anpassungsklausel genau berechnet werden kann, die Dynamisierungen also der Höhe nach bereits feststehen.[26] Ist bei einer gehaltsabhängigen Versorgung ein fester periodischer Steigerungsbetrag vorgesehen, ist für § 2 Abs. 5 kein Raum.[27]

Der AG bleibt auch dann nach § 16 verpflichtet, wenn er die betriebliche Altersversorgung über eine **Pensionskasse**, eine **Unterstützungskasse**, ein **Lebensversicherungsunternehmen** und einen **Pensionsfonds** abwickelt.[28] Die Verpflichtung besteht unabhängig davon, ob eine mittelbare oder unmittelbare Versorgungszusage erteilt wurde. Sie ist untrennbarer Bestandteil des arbeitsrechtlichen Versorgungsverhältnisses.[29] In der Regel sehen allerdings die Beitrags- und Leistungsbestimmungen der Versorgungsträger eine Anpassung der laufenden Leistungen nach den gesetzlichen Vorgaben vor. Soweit dadurch ein Anpassungsanspruch des Versorgungsempfängers erfüllt wird, trifft den AG keine Anpassungspflicht.[30] Zudem entfällt die Anpassungsprüfungs- und -entscheidungspflicht bei Direktversicherungs- und Pensionskassenzusagen, wenn die Voraussetzungen des Abs. 3 Nr. 2 vorliegen.

Anpassungsprüfung und -entscheidung unterliegen nicht der **Mitbestimmung des Betriebsrats**. Ihm steht nur eine Regelungsbefugnis für aktive AN, nicht aber für Ruhestandsverhältnisse zu.[31]

2. Berechtigter. Inhaber des Anspruchs ist der vom persönlichen Geltungsbereich des BetrAVG erfasste Personenkreis gem. § 17 sowie Hinterbliebene. Nicht dazu zählen **Unternehmer**, denen Versorgungsleistungen gewährt werden.[32] Zu berücksichtigen sind bei diesen Personen allerdings die vorgesetzlich von der Rspr. auf der Grundlage von § 242 i.V.m. § 315 BGB entwickelten Anpassungsgrundsätze, wonach ab dem Zeitpunkt der Überschreitung einer sog. **Stillhaltegrenze** von 33⅓ % der Versorgungsschuldner zu einem Teuerungsausgleich verpflichtet ist.[33] Das Recht auf Überprüfung und Anpassung ist höchstpersönlich. Werden Versorgungsansprüche bspw. im Rahmen eines Versorgungsausgleichs im Scheidungsverfahren abgetreten, bleiben die Rechte aus Abs. 1 beim Zedenten.[34]

3. Gegenstand der Anpassungsprüfungspflicht. Gem. § 16 bezieht sich die Anpassungsprüfungspflicht ausschließlich auf **laufende Leistungen** der betrieblichen Altersversorgung i.S.d. § 1. Andere Leistungen des AG, wie etwa **Übergangsgelder**, **Überbrückungsleistungen**, **Gewinnbeteiligungen**, **Sterbe-** oder **Vorruhestandsgelder** sind von § 16 nicht erfasst.[35] Werden solche Leistungen später durch Leistungen der betrieblichen Altersversorgung ersetzt, ist § 16 zu beachten.[36]

Es müssen **regelmäßig wiederkehrende Geldleistungen** zu Versorgungszwecken sein, die entweder lebenslänglich oder temporär gewährt werden; die **Zeitdauer** der Leistung ist dabei ebenso ohne Belang,[37] wie die Stückelung der Zahlbeträge. Es ist für die Einordnung als regelmäßig wiederkehrende Leistung also unerheblich, ob diese monatlich, vierteljährlich oder jährlich gezahlt wird. Darunter fallen auch Sachleistungen, die in Geldleistungen umgewandelt werden, so etwa eine Abgeltungsrente an Stelle eines **Kohlebezugsrechts**.[38]

Einmalige Kapitalleistungen werden von § 16 nicht erfasst, da der Versorgungsempfänger in diesem Fall selbst dem Geldwertverfall vorbeugen kann. Fraglich ist, ob eine Kapitalleistung oder eine laufende Leistung vorliegt, wenn ein vereinbarter Gesamtbetrag **in Raten** ausgezahlt wird. Zum Teil wird eine Kapitalleistung angenommen, wenn die Zahlung von maximal fünf Raten vereinbart ist.[39] Bei größerer Stückelung soll die Abgrenzung anhand der konkreten Umstände des Einzelfalles erfolgen. Andere stellen darauf ab, ob die Ratenzahlung den dreijährigen Zeitraum des

---

23 BAG 3.2.1987 – 3 AZR 330/85 – EzA § 16 BetrAVG Nr. 19 =AP § 16 BetrAVG Nr. 20; LAG Köln 15.6.1988 – 2 Sa 357/88; *Kemper u.a.*, § 16 Rn 23.
24 BAG 22.3.1983 – 3 AZR 574/81 – EzA § 16 BetrAVG Nr. 4 = AP § 16 BetrAVG Nr. 14.
25 *Kemper u.a.*, § 16 Rn 22.
26 *Blomeyer/Rolfs/Otto*, § 16 Rn 60 u, § 2 Rn 407; *Höfer*, § 2 Rn 3370 u. § 16 Rn 5413.
27 *Blomeyer/Rolfs/Otto*, § 16 Rn 60; *Höfer*, § 2 Rn 3370.
28 *Kemper u.a.*, § 16 Rn 18.
29 ErfK/*Steinmeyer*, § 16 BetrAVG Rn 45; *Kemper u.a.*, § 16 Rn 19.
30 *Kemper u.a.*, § 16 Rn 19.
31 BAG 25.10.1988 – 3 AZR 483/86 – EzA § 77 BetrVG 1972 Nr. 2 = AP § 1 BetrAVG Betriebsvereinbarung Nr. 1; *Höfer*, § 16 Rn 5364; *Langohr-Plato*, BB 2002, 406, 412; *Harle/Kesting/Leser*, BB 2006, 131, 132; a.A. *Blomeyer/Rolfs/Otto*, die ein Mitbestimmungsrecht des Betriebsrats in Bezug auf Betriebsrentner befürworten, wenn es sich bei den verbleibenden Rechtsbeziehungen um Fragen der Lohngestaltung handelt, vgl. § 16 Rn 254.
32 *Kemper u.a.*, § 16 Rn 25.
33 BGH 6.4.1981 – II ZR 252/79 – AP § 16 BetrAVG Nr. 12; BGH 4.11.1976 – II ZR 148/75 – AP zu § 242 BGB Ruhegehalt-Geldentwertung Nr. 7; *Kemper u.a.*, § 16 Rn 25.
34 *Blomeyer/Rolfs/Otto*, § 16 Rn 63; ErfK/*Steinmeyer*, § 16 BetrAVG Rn 9.
35 *Kemper u.a.*, § 16 Rn 3; H-BetrAV/*Griebeling*, Betriebliche Altersversorgung durch Direktzusage, 30 Rn 388.
36 BGH 28.9.1981 – II ZR 181/80 – AP § 7 BetrAVG Nr. 12; *Kemper u.a.*, § 16 Rn 4.
37 ErfK/*Steinmeyer*, § 16 BetrAVG Rn 6.
38 BAG 11.8.1981 – 3 AZR 395/80 – EzA § 16 BetrAVG Nr. 12 = AP § 16 BetrAVG Nr. 11.
39 *Kemper u.a.*, § 16 Rn 7.

§ 16 überschreitet.[40] *Höfer* meint, dass erst ab einem Zeitraum von zehn Jahren regelmäßig von einer laufenden Leistung ausgegangen werden kann.[41] Richtig wird es sein, auf den Drei-Jahres-Zeitraum des Abs. 1 abzustellen. Auch der Gesetzgeber geht in Abs. 1 davon aus, dass der Versorgungsempfänger während des Drei-Jahres-Zeitraums vorübergehend das Risiko der Geldentwertung zu tragen hat.[42] Bei einer Verteilung auf drei Jahre entsteht deshalb in keinem Fall eine Anpassungsprüfungspflicht.[43]

14 Der Wertverlust im **Anwartschaftszeitraum** wird von § 16 nicht erfasst; **Anwartschaften** sind nicht anzupassen.[44] Auch bei der Anpassung von laufenden Leistungen wird nicht die Entwertung berücksichtigt, die bereits in der Anwartschaftszeit eingetreten ist.[45]

15 Im **öffentlichen Dienst** besteht eine modifizierte gesetzliche Anpassungsprüfungspflicht.[46] In § 18 Abs. 4 hat der Gesetzgeber festgelegt, dass **(statische) Versicherungsrenten** mit Ausnahme der Mindestleistungen nach § 18 Abs. 2 Nr. 4 jährlich zum 1.7. um 1 % zu erhöhen sind, soweit in dem betreffenden Jahr eine allgemeine Erhöhung der Versorgungsrenten erfolgt. AN, die bis zum Eintritt des Versorgungsfalls im öffentlichen Dienst verbleiben, erhalten dagegen satzungsgemäß regelmäßig **dynamische Versorgungen**, für die Anpassungen in der Satzung vorgeschrieben sind.[47]

16 **4. Zeitrahmen.** Den AG trifft alle drei Jahre die Pflicht, die Anpassung der laufenden Leistungen für jeden Versorgungsempfänger zu prüfen. Der Beginn der **erstmaligen Prüfungsfrist** ist umstritten: Zum einen wird auf den Tag der tatsächlichen erstmaligen Inanspruchnahme der laufenden Leistung abgestellt,[48] zum anderen auf den Tag, an dem der Versorgungsberechtigte die laufende Leistung beanspruchen kann.[49] Da für den Versorgungsempfänger die Frage des Werterhalts erst mit dem tatsächlichen Bezug konkret wird, ist dieser Zeitpunkt auch für den Beginn der erstmaligen Prüfungsfrist maßgebend.

17 Dem Wortlaut gemäß ist der AG zu einer Prüfung getrennt nach zeitlichen Abschnitten von drei Jahren für jeden einzelnen Versorgungsempfänger verpflichtet, was auch die Ermittlung der jeweils einschlägigen Inflationsrate einschließt. Jedoch kann der AG die in einem Jahr fälligen Anpassungsprüfungen für alle Versorgungsempfänger **gebündelt** zu einem bestimmten Zeitpunkt innerhalb oder am Ende des Jahres vornehmen.[50] Dieser Prüfungstermin wird in der Regel auf die **Mitte des Wirtschaftsjahres** gelegt,[51] da bei der Wahl der Jahresmitte im Rahmen der Erstprüfung die Versorgungsempfänger maximal 3 ½ Jahre auf die Anpassung und minimal 2 ½ Jahre warten müssen. Im Durchschnitt wird damit der Drei-Jahres-Zeitraum auch bei der ersten Pflichtprüfung gewahrt.[52] In der Folgezeit muss dann der Drei-Jahres-Zeitraum eingehalten werden.[53]

18 In Fällen der freiwilligen vorgezogenen Anpassung ist der AG berechtigt, mit den freiwilligen vorzeitigen Anpassungen beim Pflichtprüfungsstichtag gegen zu rechnen.[54]

19 Für bereits vor dem 1.1.1972 erstmalig gewährte Renten, sog. **Altrenten**, wurde von der Rspr. als erster Prüfungsstichtag einheitlich der 1.1.1975 festgesetzt.[55] Bei dieser Erstanpassung genügte es, wenn der Kaufkraftverlust der Leistungen der betrieblichen Altersversorgung durch den AG zur Hälfte ausgeglichen wurde, sog. **Hälftelungsanpassung**.[56] In der Folgezeit war dann der volle Kaufkraftverlust auszugleichen.[57]

20 Unberührt bleibt die Drei-Jahres-Frist von einem **Wechsel des Versorgungsträgers**, einer **Änderung der Leistungshöhe** oder einem **Wechsel der Leistungsart**, etwa dem Wechsel von einer Alters- zu einer Hinterbliebenenversorgung innerhalb der Drei-Jahres-Frist.[58]

21 **5. Anpassungsprüfungsverfahren.** Nach Abs. 1 hat der AG über die Anpassung nach billigem Ermessen unter besonderer Berücksichtigung der Belange des Versorgungsempfängers und seiner wirtschaftlichen Lage zu entschei-

---

40 So ErfK/*Steinmeyer*, § 16 BetrAVG Rn 6; HWK/*Schipp*, § 16 BetrAVG Rn 5; ähnlich *Blomeyer/Rolfs/Otto* unter Berücksichtigung der Regelung des Abs. 6 für Auszahlungspläne, § 16 Rn 41.
41 *Höfer*, § 16 Rn 5121.
42 ErfK/*Steinmeyer*, § 16 BetrAVG Rn 6.
43 HWK/*Schipp*, § 16 BetrAVG Rn 5.
44 BAG 15.9.1977 – 3 AZR 654/76 – EzA § 16 BetrAVG Nr. 6 = AP § 16 BetrAVG Nr. 5.
45 BAG 15.9.1977 – 3 AZR 654/76 – EzA § 16 BetrAVG Nr. 6 = AP § 16 BetrAVG Nr. 5.
46 HWK/*Schipp*, § 16 BetrAVG Rn 7.
47 HWK/*Schipp*, § 16 BetrAVG Rn 7.
48 *Kemper u.a.*, § 16 Rn 29; HWK/*Schipp*, § 16 Rn 8; *Höfer*, § 16 Rn 5158, wohl auch BAG 1.7.1976 – 3 AZR 791/75 – EzA § 16 BetrAVG Nr. 1 = AP § 16 BetrAVG Nr. 1.
49 *Blomeyer/Rolfs/Otto*, § 16 Rn 68.
50 BAG 28.4.1992 – 3 AZR 142/91 – EzA § 16 BetrAVG Nr. 22 = AP § 16 BetrAVG Nr. 24; BAG 21.8.2001 – 3 AZR 589/00 – NZA 2003, 561; BAG 30.8.2005 – 3 AZR 395/04 – EzA § 16 BetrAVG Nr. 43 = AP § 16 BetrAVG Nr. 56; BAG 31.7.2007 – 3 AZR 810/05 – EzA – SD 2007, 17 = DB 2008, 135.
51 *Höfer*, § 16 Rn 5160.
52 *Höfer*, § 16 Rn 5160.
53 BAG 28.4.1992 – 3 AZR 142/91 – EzA § 16 BetrAVG Nr. 22 = AP § 16 BetrAVG Nr. 24.
54 HWK/*Schipp*, § 16 BetrAVG Rn 8; *Kemper u.a.*, § 16 Rn 33.
55 BAG 1.7.1976 – 3 AZR 791/75 – EzA § 16 BetrAVG Nr. 1 = AP § 16 BetrAVG Nr. 1.
56 BAG 15.9.1977 – 3 AZR 654/76 – EzA § 16 BetrAVG Nr. 6 = AP § 16 BetrAVG Nr. 5.
57 *Kemper u.a.*, § 16 Rn 35.
58 *Kemper u.a.*, § 16 Rn 30.

den. Dazu muss der AG zunächst prüfen, ob ein **Anpassungsbedarf** besteht. In einem zweiten Schritt bestimmt er den **Anpassungsmaßstab**. Angesichts der Vielzahl der regelmäßig anstehenden Prüfungen und Entscheidungen werden in der Praxis **Entscheidungskriterien** in der Regel **standardisiert** und **generalisiert**, obwohl das Gesetz eigentlich eine Prüfung auf individueller Ebene vorsieht.[59]

a) Ermittlung des Anpassungsbedarfs. aa) Belange des Versorgungsempfängers. § 16 verlangt bei der Prüfung und Entscheidung über die Anpassung zunächst die Berücksichtigung der Belange des Versorgungsempfängers. Die gesetzlich vorgeschriebene Anpassung soll die Rentenleistungen vor einem Kaufkraftverlust infolge der Teuerung bewahren. Die Verpflichtung zur Berücksichtigung der Belange des Versorgungsempfängers bedeutet nicht, dass individuelle Belange des Versorgungsempfängers, wie etwa dessen Bedürftigkeit, vom AG zu beachten sind. Diese sind für den Ausgleich einer Äquivalenzstörung unerheblich und zudem mit dem Entgeltcharakter der betrieblichen Altersversorgung nicht zu vereinbaren.[60]

(1) Teuerungsausgleich (Abs. 2 Nr. 1). Abs. 2 regelt, welche Voraussetzungen erfüllt sein müssen, damit die Anpassungsprüfungsverpflichtung vom AG als erfüllt anzusehen ist. Ansatzpunkt für die Anpassungsprüfung ist ein bestimmtes Ausmaß der **Verteuerung**.[61] Nach bis zum 31.12.2002 geltender Rechtslage war dafür der Preisindex für die Lebenshaltung von Vier-Personen-AN-Haushalten mit mittlerem Einkommen ausschlaggebend. Nunmehr ist nach Abs. 2 Nr. 1 i.V.m. der Übergangsregelung des § 30c Abs. 4 der Verbraucherpreisindex für Deutschland maßgeblich.[62] Der Preisindex wird statistisch aktuell auf der Grundlage des **Warenkorbs 2000** festgestellt und fortgeschrieben.[63] Zur Ermittlung des Preisanstiegs innerhalb eines bestimmten Zeitraums sind die jeweils relevanten Werte der Indexreihe miteinander ins Verhältnis zu setzen.[64] Unerheblich sind dagegen die **allgemeine Lohn- und Gehaltsentwicklung**[65] oder die Entwicklung der **Sozialversicherungsrenten**[66] sowie die individuelle Belastung des Versorgungsempfängers mit gesetzlichen Abgaben, etwa mit überdurchschnittlich hohen **Steuern** oder dem **Krankenkassenbeitrag**;[67] auf das jeweilige Versorgungsniveau kommt es nicht an (sog. Abkopplungstheorie).[68]

Der anhand der genannten Kriterien ermittelte Steigerungssatz ist ein maßgeblicher Ansatzpunkt für die Bemessung des Anpassungsbetrags.[69] In diesem Zusammenhang erleichtert der Gesetzgeber dem AG die Anpassungsprüfung und -entscheidung insofern, als er in Abs. 2 Nr. 1 die Erfüllung der Verpflichtung des AG nach Abs. 1 unwiderleglich vermutet,[70] wenn die Anpassung nicht geringer ist als der Anstieg des Verbraucherpreisindex für Deutschland im Prüfungszeitraum.

Abzulehnen ist eine **absolute Obergrenze**, nach der die Betriebsrente zusammen mit der Sozialversicherungsrente nicht mehr als einen bestimmten Prozentsatz der Bezüge vergleichbarer aktiver AN erreichen darf. Auch eine **relative Obergrenze** ist abzulehnen,[71] welche einen Vergleich der Entwicklung der Gesamtversorgung des Versorgungsempfängers zur Nettoeinkommensentwicklung vergleichbarer aktiver AN im Prüfungszeitraum erfasst.[72]

(2) Nettolohnbezogene Obergrenze (Abs. 2 Nr. 2). Gem. Abs. 2 Nr. 2 hat der AG seine Pflicht erfüllt, wenn die Anpassung nicht geringer ist als die Steigerung der **Nettolöhne** vergleichbarer AN-Gruppen des Unternehmens, wobei auf die Entwicklung der Nettolöhne und **Gehälter** sowie der **sonstigen Bezüge**, die als Entgelt für eine Tätigkeit in einem Unternehmen i.S.d. § 17 Abs. 1 gewährt werden, abzustellen ist.[73] Der AG kann auf Abs. 2 Nr. 2 abstellen, selbst wenn der Verbraucherpreisindex stärker gestiegen ist; eine Anpassung nach Nr. 1 also für den AG finanziell stärker belastend wäre. Bei der Ermittlung der Nettolöhne und -gehälter ist nicht die individuelle Steuer- und Beitragslast der vergleichbaren AN maßgeblich, sondern der AG kann die **durchschnittliche Steigerungsrate der Realbezüge** als Maßstab bei der Anpassung der Betriebsrenten verwenden, wie sie in der Fachpresse veröffentlicht werden.[74] Bei den vergleichbaren Nettoeinkommen der aktiven AN sind **karrierebedingte** Verdienststeigerungen

---

59 ErfK/*Steinmeyer*, § 16 BetrAVG Rn 13.
60 ErfK/*Steinmeyer*, § 16 BetrAVG Rn 24.
61 BAG 16.12.1976 – 3 AZR 795/75 – EzA § 16 BetrAVG Nr. 4 = AP § 16 BetrAVG Nr. 4. Ausführlich zum Anstieg der Lebenshaltungskosten und Nettoeinkommen im Zeitraum 2003/2006 *Bode/Obenberger/Jäckels*, DB 2006, 214 ff.
62 Gesetz v. 3.4.2003 (BGBl I S. 462).
63 *Bode/Obenberger/Jäckels*, DB 2006, 214.
64 *Bode/Obenberger/Jäckels*, DB 2006, 214.
65 HWK/*Schipp*, § 16 BetrAVG Rn 10.
66 BAG 15.9.1977 – 3 AZR 654/76 – EzA § 16 BetrAVG Nr. 6 = AP § 16 BetrAVG Nr. 5; BAG 23.4.1985 – 3 AZR 156/83 – NZA 1985, 496.
67 BAG 14.2.1989 – 3 AZR 313/87 – EzA § 16 BetrAVG Nr. 20 = AP § 16 BetrAVG Nr. 23.
68 HWK/*Schipp*, § 16 BetrAVG Rn 11; *Schoden*, § 16 Rn 30.
69 *Kemper u.a.*, § 16 Rn 42.
70 ErfK/*Steinmeyer*, § 16 BetrAVG Rn 25.
71 BAG 11.8.1981 – 3 AZR 395/80 – EzA § 16 BetrAVG Nr. 12 = AP § 16 BetrAVG Nr. 11.
72 *Kemper u.a.*, § 16 Rn 41.
73 *Höfer*, § 16 Rn 5194; ErfK/*Steinmeyer*, § 16 BetrAVG Rn 26.
74 BAG 11.8.1981 – 3 AZR 395/80 – EzA § 16 BetrAVG Nr. 12 = AP § 16 BetrAVG Nr. 11; *Kemper u.a.*, § 16 Rn 44.

sowie **außergewöhnliche Sonderzahlungen**, wie etwa Vergütungen für Erfindungen, herauszurechnen. Ansonsten sind alle übrigen Entgeltbestandteile zu berücksichtigen; die Berücksichtigung nur der **Grundvergütung** ist unzulässig.[75]

27 Durch das Abstellen auf die Reallohnentwicklung wird der soziale Zusammenhang gekennzeichnet, in dem die Anpassungsprüfung stattfindet. Wenn sogar die aktive Belegschaft, auf deren Arbeitskraft das Unternehmen dringend angewiesen ist, keinen vollen Teuerungsausgleich erhalten kann, wenn also die Nettoverdienste im Durchschnitt weniger ansteigen als der Preisindex für die Lebenshaltung, müssen sich auch die Betriebsrentner mit einer entsprechend geringeren Anpassungsrate begnügen. Eine Bevorzugung der Versorgungsberechtigten würde auf Unverständnis der aktiven Belegschaft stoßen und wäre mit der wirtschaftlichen Lage des Unternehmens ggf. schwer vereinbar.[76]

28 Bei der Gruppenbildung zur Anwendung der reallohnbezogenen Obergrenze hat der AG einen weit gehenden Entscheidungsspielraum; eine bestimmte Gruppenbildung ist nach § 16 nicht zwingend geboten. Der AG darf entscheiden, nach welchen Kriterien er vorgeht. Es genügt, dass klare, verdienstbezogene Abgrenzungskriterien die Einteilung als sachgerecht erscheinen lassen.[77] So ist es etwa zulässig, alle **außertariflichen Angestellten** zu einer AN-Gruppe zusammenzufassen.[78] Ebenso bietet sich eine tarifliche Eingruppierung oder eine Einteilung nach Funktionsebenen an, also leitende Angestellte, gehobenes Management etc. ebenso wie die im Unternehmen verwendeten Lohn- und Gehaltsgruppen.[79] Zulässig ist auch, die ganze Belegschaft bei der verdienstbezogenen Durchschnittsberechnung zu berücksichtigen.[80]

29 **bb) Wirtschaftliche Lage des Arbeitgebers.** Dem Versorgungsempfänger steht ein Teuerungsausgleich nur zu, wenn die wirtschaftliche Lage des AG dies erlaubt, wobei die wirtschaftliche Lage nicht mit der **wirtschaftlichen Notlage** zu verwechseln ist, die nach der Rspr. zu § 7 Abs. 1 S. 3 Nr. 5 a.F. zu einem Widerruf der Versorgungsleistungen berechtigte.[81] Gemeint ist die Ertragslage des Unternehmens.[82] Das BAG qualifiziert das Kriterium der wirtschaftlichen Lage des AG als **unbestimmten Rechtsbegriff**, der von den Gerichten nur begrenzt nachprüfbar ist. Dem AG steht damit ein gewisser Beurteilungsspielraum zu.[83]

30 Nach der st. Rspr. des BAG ist der AG berechtigt, eine Anpassung nach § 16 **abzulehnen**, wenn und soweit dadurch sein Unternehmen übermäßig belastet werden würde.[84] **Übermäßig** ist die **Belastung**, wenn es nach der am Anpassungsstichtag zu erstellenden **Prognose** dem Unternehmen mit einiger Wahrscheinlichkeit nicht möglich sein wird, den Teuerungsausgleich aus dem eigenen Wertzuwachs und den Erträgen in der Zeit nach dem Anpassungsstichtag aufzubringen.[85]

31 Es ist also nicht die frühere, sondern die voraussichtliche **künftige Leistungsfähigkeit** des Unternehmens des AG zu ermitteln.[86] **Beurteilungsgrundlage** für die Prognose ist die wirtschaftliche Entwicklung des Unternehmens in der Zeit vor dem Anpassungsstichtag, soweit daraus Schlüsse für die weitere Entwicklung gezogen werden können.[87] Besondere Entwicklungen, die nicht fortwirken und sich voraussichtlich nicht wiederholen werden, eignen sich nicht als Prognosegrundlage, ebenso **nicht vorhersehbare, veränderte Rahmenbedingungen**.[88] Die handelsrechtlichen Jahresabschlüsse wie Bilanzen, Gewinn- und Verlustrechnungen sowie Geschäftsberichte bilden einen geeigneten Einstieg zur Beurteilung der wirtschaftlichen Lage des Unternehmens des AG. Eine einigermaßen zuverlässige Prog-

---

75 BAG 9.11.1999 – 3 AZR 432/98 – EzA § 1 BetrAVG Ablösung Nr. 23 = § 1 BetrAVG Ablösung Nr. 30; HWK/*Schipp*, § 16 BetrAVG Rn 18.
76 BAG 11.8.1981 – 3 AZR 395/80 – EzA § 16 BetrAVG Nr. 12 = AP § 16 BetrAVG Nr. 11.
77 BAG 23.5.2000 – 3 AZR 103/99 – EzA § 16 BetrAVG Nr. 36 = AP § 16 BetrAVG Nr. 44; *Kemper u.a.*, § 16 Rn 45.
78 BAG 23.5.2000 – 3 AZR 103/99 – EzA § 16 BetrAVG Nr. 36 = AP § 16 BetrAVG Nr. 44.
79 ErfK/*Steinmeyer*, § 16 BetrAVG Rn 26.
80 *Kemper u.a.*, § 16 Rn 45.
81 BAG 15.9.1977 – 3 AZR 654/76 – EzA § 16 BetrAVG Nr. 6 = AP § 16 BetrAVG Nr. 5; BAG 23.4.1985 – 3 AZR 156/83 – EzA § 16 BetrAVG Nr. 16 = AP § 16 BetrAVG Nr. 17.
82 *Blomeyer/Rolfs/Otto*, § 16 Rn 175 ff.; ErfK/*Steinmeyer*, § 16 BetrAVG Rn 29.
83 BAG 29.11.1988 – 3 AZR 184/87 – EzA § 7 BetrAVG Nr. 27 = AP § 16 BetrAVG Nr. 21.
84 BAG 23.4.1985 – 3 AZR 156/83 – EzA § 16 BetrAVG Nr. 16 = AP § 16 BetrAVG Nr. 17; BAG 14.12.1993 – 3 AZR 519/93 – EzA § 16 BetrAVG Nr. 26 = AP § 16 BetrAVG Nr. 29; BAG 23.1.2001 – 3 AZR 287/00 – EzA § 16 BetrAVG Nr. 38 = AP § 16 BetrAVG Nr. 46; BAG 31.7.2007 – 3 AZR 810/05 – EzA – SD 2007, 17 = DB 2008, 135; HWK/*Schipp*, § 16 BetrAVG Rn 27.
85 BAG 23.4.1985 – 3 AZR 156/83 – EzA § 16 BetrAVG Nr. 16 = AP § 16 BetrAVG Nr. 17; BAG 14.12.1993 – 3 AZR 519/93 – EzA § 16 BetrAVG Nr. 26 = AP § 16 BetrAVG Nr. 29; BAG 23.1.2001 – 3 AZR 287/00 – EzA § 16 BetrAVG Nr. 38 = AP § 16 BetrAVG Nr. 46; BAG 31.7.2007 _ 3 AZR 810/05 – EzA – SD 2007, 17 = DB 2008, 135; HWK/*Schipp*, § 16 BetrAVG Rn 27.
86 BAG 23.5.2000 – 3 AZR 146/99 – EzA § 16 BetrAVG Nr. 37 = AP § 16 BetrAVG Nr. 45; BAG 31.7.2007 – 3 AZR 810/05 – EzA – SD 2007, 17 = DB 2008, 135.
87 BAG 17.4.1996 – 3 AZR 56/95 – EzA § 16 BetrAVG Nr. 30 = AP § 16 BetrAVG Nr. 35.
88 BAG 23.1.2001 – 3 AZR 287/00 – EzA § 16 BetrAVG Nr. 38 = AP § 16 BetrAVG Nr. 46; BAG 17.10.1995 – 3 AZR 881/94 – EzA § 16 BetrAVG Nr. 29 = AP § 16 BetrAVG Nr. 34.

nose setzt jedoch voraus, dass die bisherige Entwicklung über mehrere Jahre hinweg ausgewertet wird.[89] Ein Zeitraum unter drei Jahren ist in der Regel nicht repräsentativ.[90] Zudem ist der am Anpassungsstichtag absehbare **Investitionsbedarf**, auch für Rationalisierungen und die Erneuerung von Betriebsmitteln, zu berücksichtigen.[91] **Scheingewinne** bleiben unberücksichtigt.[92] Bei den Steuern von Einkommen und Ertrag ist zu beachten, dass nach einer Anpassungsentscheidung die Rentenerhöhungen den steuerpflichtigen Gewinn verringern.[93] Eine **gesunde wirtschaftliche Entwicklung** darf nicht verhindert und die **Wettbewerbfähigkeit** des Unternehmens nicht gefährdet werden.[94] Um die Wettbewerbsfähigkeit nicht zu gefährden, wird dem anpassungspflichtigen AG von der Rspr. eine **angemessene Eigenkapitalverzinsung** zugebilligt, da sich auf lange Sicht nur ein Unternehmen, das Gewinne abwirft, im Wettbewerb behaupten kann.[95] Diese besteht aus einem Basiszins und einem Risikozuschlag, wobei der Basiszins der Umlaufrendite öffentlicher Anleihen entspricht und der Risikozuschlag für alle Unternehmen einheitlich 2 % beträgt.[96] Ein Geldentwertungsabschlag darf nach der Rspr. unterbleiben.[97] Bei der **Berechnung der Eigenkapitalverzinsung** ist einerseits auf die **Höhe des Eigenkapitals**, andererseits auf das **erzielte Betriebsergebnis** abzustellen. Beide Bemessungsgrundlagen sind ausgehend von den handelsrechtlichen Jahresabschlüssen nach betriebswirtschaftlichen Grundsätzen zu bestimmen.[98] Bei der Berechnung der Eigenkapitalverzinsung ist der **handelsrechtliche Eigenkapitalbegriff** zugrunde zu legen. Zum Eigenkapital zählen nach § 226 Abs. 3a HGB nicht nur das gezeichnete Kapital und die Kapitalrücklage, sondern auch Gewinnrücklagen, Gewinn- und Verlustvorträge sowie Jahresüberschuss und Jahresfehlbetrag.[99] **Außerordentliche Erträge**, die durch Auflösung stiller Reserven bei der Veräußerung von Anlagevermögen entstehen, erhöhen das zur Verfügung stehende Eigenkapital und sind bei der Berechnung der angemessenen Eigenkapitalverzinsung zu berücksichtigen.[100] Ergibt die Berechnung, dass die **Mindestverzinsung** erreicht werden wird, hat der AG weiterhin zu prüfen, ob der **überschießende Gewinn** zur Befriedigung des Anpassungsbedarfs ausreicht. Bleibt die Anpassungslast hinter dem Gewinn zurück, muss der AG eine vollständige Anpassung vornehmen. Übersteigt die Anpassungslast hingegen den Gewinn, ist eine **Liquiditätsprüfung für die Zukunft** erforderlich. Wenn danach durch eine Anpassung die fortdauernde Zahlungsfähigkeit des Unternehmens für die Zukunft **gefährdet** ist, kann eine an sich gebotene Anpassung entsprechend verschoben werden.[101]

Ein AG, der seine **unternehmerischen Aktivitäten beendet** hat, kann ebenso wie ein aktiver Unternehmer eine angemessene Verzinsung seines Eigenkapitals in Anspruch nehmen, bevor er zusätzliche Versorgungslasten durch Anpassung der Betriebsrenten übernimmt. Als angemessene Eigenkapitalverzinsung kommt jedoch nur der Zinssatz in Betracht, der sich bei einer langfristigen Anlage festverzinslicher Wertpapiere erzielen lässt. Für einen Risikozuschlag besteht nur bei einem aktiven Unternehmer Anlass.[102] Zum maßgeblichen Eigenkapital zählt nicht das zur Begleichung der Versorgungsverbindlichkeiten erforderliche Kapital. Soweit hieraus Erträge erwirtschaftet werden, sind sie zur Finanzierung der Anpassungslast heranzuziehen.[103] Keinesfalls aber endet die Anpassungsverpflichtung mit der Beendigung der unternehmerischen Tätigkeit. Auch die **Erben** eines ehemals einzelkaufmännisch tätigen früheren AG bleiben zur Anpassung verpflichtet, selbst wenn das Geschäft nicht weitergeführt wird, wobei allerdings nur das Vermögen des geerbten Unternehmens maßgeblich ist.[104]

Ebenfalls ist eine Anpassung von **Rentner-** oder **Abwicklungsgesellschaften** zu prüfen.[105] Der Umfang der Anpassung der Betriebsrenten bemisst sich nach den Erträgen und Wertzuwächsen des für die Erfüllung der Versorgungsverbindlichkeiten im Liquidationszeitpunkt vorgesehenen Unternehmensvermögens.[106] Eine Schmälerung der Ver-

---

89 BAG 17.4.1996 – 3 AZR 56/95 – EzA § 16 BetrAVG Nr. 30 = AP § 16 BetrAVG Nr. 35.
90 BAG 17.4.1996 – 3 AZR 56/95 – EzA § 16 BetrAVG Nr. 30 = AP § 16 BetrAVG Nr. 35.
91 BAG 17.4.1996 – 3 AZR 56/95 – EzA § 16 BetrAVG Nr. 30 = AP § 16 BetrAVG Nr. 35; *Kemper u.a.*, § 16 Rn 64.
92 BAG 17.4.1996 – 3 AZR 56/95 – EzA § 16 BetrAVG Nr. 30 = AP § 16 BetrAVG Nr. 35.
93 BAG 17.4.1996 – 3 AZR 56/95 – EzA § 16 BetrAVG Nr. 30 = AP § 16 BetrAVG Nr. 35.
94 BAG 15.9.1977 – 3 AZR 654/76 – EzA § 16 BetrAVG Nr. 6 = AP § 16 BetrAVG Nr. 5; BAG 14.2.1989 – 3 AZR 191/87 – EzA § 16 BetrAVG Nr. 21 = AP § 16 BetrAVG Nr. 22; ErfK/*Steinmeyer*, § 16 BetrAVG Rn 32; HWK/*Schipp*, § 16 BetrAVG Rn 27.
95 BAG 23.5.2000 – 3 AZR 146/99 – EzA § 16 BetrAVG Nr. 37 = AP § 16 BetrAVG Nr. 45; HWK/*Schipp*, § 16 BetrAVG Rn 27; *Kemper u.a.*, § 16 Rn 66.
96 BAG 23.5.2000 – 3 AZR 146/99 – EzA § 16 BetrAVG Nr. 37 = AP § 16 BetrAVG Nr. 45.
97 BAG 23.5.2000 – 3 AZR 146/99 – EzA § 16 BetrAVG Nr. 37 = AP § 16 BetrAVG Nr. 45.
98 BAG 23.5.2000 – 3 AZR 146/99 – EzA § 16 BetrAVG Nr. 37 = AP § 16 BetrAVG Nr. 45; BAG 23.4.1985 – 3 AZR 548/82 – EzA § 16 BetrAVG Nr. 17 = AP § 16 BetrAVG Nr. 16; BAG 17.4.1996 – 3 AZR 56/95 – EzA § 16 BetrAVG Nr. 30 = AP § 16 BetrAVG Nr. 35; *Neef*, NZA 2003, 993, 996.
99 BAG 23.5.2000 – 3 AZR 146/99 – EzA § 16 BetrAVG Nr. 37 = AP § 16 BetrAVG Nr. 45.
100 BAG 23.1.2001 – 3 AZR 287/00 – EzA § 16 BetrAVG Nr. 38 = AP § 16 BetrAVG Nr. 46.
101 *Kemper u.a.*, § 16 Rn 68.
102 BAG 9.11.1999 – 3 AZR 420/98 – EzA § 16 BetrAVG Nr. 33 = AP § 16 BetrAVG Nr. 40.
103 BAG 9.11.1999 – 3 AZR 420/98 – EzA § 16 BetrAVG Nr. 33 = AP § 16 BetrAVG Nr. 40.
104 BAG 9.11.1999 – 3 AZR 420/98 – EzA § 16 BetrAVG Nr. 33 = AP § 16 BetrAVG Nr. 40.
105 *Kemper u.a.*, § 16 Rn 80.
106 BAG 25.6.2002 – 3 AZR 226/01 – EzA § 16 BetrAVG Nr. 40 = AP § 16 BetrAVG Nr. 51.

mögenssubstanz kann der Versorgungsempfänger nicht verlangen. Denn die Vermögenssubstanz hat sicherzustellen, dass laufende Leistungen in ihrer bisherigen Höhe erbracht werden können.[107]

34 Auch eine **Eigenkapitalauszehrung** kann zu einer übermäßigen Belastung des AG führen und eine Nichterhöhung der Betriebsrente rechtfertigen. **Verlustvorträge** sind dabei zu berücksichtigen.[108] So darf der AG von einer Anpassung der Betriebsrenten absehen, wenn die Summe des Eigenkapitals unter das Stammkapital der Gesellschaft gesunken ist, daraufhin die Gesellschafter durch zusätzliche Einlagen eine Kapitalrücklage gebildet haben, die anschließend erzielten Gewinne nicht ausgeschüttet, sondern zur Verbesserung der Eigenkapitalausstattung verwandt wurden und trotzdem das Stammkapital bis zum nächsten Anpassungsstichtag ohne die Kapitalrücklage voraussichtlich nicht wieder erreicht wird.[109] Ist der Versorgungsschuldner in ein verschmolzenes Unternehmen, kann es bei der Anpassungsprüfung auch auf die Entwicklung der ursprünglich selbstständigen Unternehmen ankommen.[110]

35 **cc) Anpassung im Konzern.** Auf die **wirtschaftliche Lage** eines anderen konzernrechtlich verbundenen Unternehmens kann es ankommen, wenn entweder ein entsprechender **Vertrauenstatbestand** geschaffen wurde oder die konzernrechtlichen Verflechtungen einen sog. **Berechnungsdurchgriff** rechtfertigen.[111]

36 **(1) Anpassungsprüfungspflicht wegen Vertrauenstatbestand.** Ist der AG als Versorgungsschuldner in einen Konzern eingebunden, trifft ihn weiterhin die Anpassungsprüfungspflicht nach § 16, da ein Konzern als solcher nicht AG sein kann.[112] **Ausnahmsweise** kann jedoch auch ein **anderes Konzernunternehmen** zur Anpassungsprüfung verpflichtet sein. Durch Erklärungen oder entsprechendes Verhalten eines anderen Konzernunternehmens – etwa des im Konzernverbund herrschenden Unternehmens – kann bei den Versorgungsberechtigten ein **schutzwürdiges Vertrauen** darauf entstehen, dass das herrschende Unternehmen die Versorgungspflichten des beherrschten Unternehmens ebenso wie die Versorgungsansprüche der eigenen Betriebsrentner sicherstellt.[113] Dann kann der Versorgungsempfänger erwarten, dass die Rente trotz ungünstiger wirtschaftlicher Lage des AG als Konzerntochter jedenfalls dann angepasst wird, wenn die wirtschaftliche Lage des herrschenden Unternehmens eine Anpassung gestattet.[114] Liegt ein solcher Vertrauenstatbestand vor, muss das andere Konzernunternehmen, welches ihn geschaffen hat, auch die **Schuldnerstellung** übernehmen, also die Anpassung durchführen.[115]

37 **(2) Berechnungsdurchgriff.** Eine konzernrechtliche Verflechtung führt nur dann zu einem sog. Berechnungsdurchgriff, wenn eine **wesentlich verdichtete Konzernverbindung** zwischen dem Versorgungsschuldner und dem herrschenden Unternehmen vorliegt und sich außerdem **konzerntypische Gefahren** verwirklichen.[116]

38 Eine verdichtete Konzernverbindung liegt zunächst vor, wenn ein **Beherrschungs- oder Ergebnisabführungsvertrag** besteht. Liegt ein Beherrschungs- oder Ergebnisabführungsvertrag nicht vor, kann trotzdem eine verdichtete Konzernverbindung zu bejahen sein, wenn das herrschende Unternehmen die Geschäfte des Tochterunternehmens **tatsächlich umfassend und nachhaltig geführt hat**.[117] Das wurde in der früheren Rspr. als **qualifiziert faktischer Konzern** bezeichnet.[118]

39 Die verdichtete Konzernverbindung reicht allein aber für den Berechnungsdurchgriff nicht aus.[119] Der AN soll durch das Konzernarbeitsrecht nicht besser gestellt werden als er ohne die Konzernabhängigkeit seines AG stünde. Das herrschende Unternehmen muss deshalb die **Leitungsmacht** in einer Weise ausgeübt haben, die keine angemessene **Rücksicht** auf die Belange der abhängigen Gesellschaft genommen, sondern stattdessen die Interessen anderer dem Konzern angehörender Unternehmen oder sein eigenes Interesse in den Vordergrund gestellt hat. Ist dadurch die

---

[107] BAG 25.6.2002 – 3 AZR 226/01 – EzA § 16 BetrAVG Nr. 40 = AP § 16 BetrAVG Nr. 51; *Kemper u.a.*, § 16 Rn 80.
[108] BAG 23.5.2000 – 3 AZR 83/99 – EzA § 16 BetrAVG Nr. 35 = AP § 16 BetrAVG Nr. 43.
[109] BAG 23.1.2001 – 3 AZR 287/00 – EzA § 16 BetrAVG Nr. 38 = AP § 16 BetrAVG Nr. 46.
[110] BAG 31.7.2007 – 3 AZR 810/05 – EzA § 16 BetrAVG Nr. 52 = DB 2008, 135.
[111] BAG 17.4.1996 – 3 AZR 56/95 – AP § 16 BetrAVG Nr. 35.
[112] *Kemper u.a.*, § 16 Rn 80.
[113] BAG 14.12.1993 – 3 AZR 519/93 – EzA § 16 BetrAVG Nr. 26 = AP § 16 BetrAVG Nr. 29; BAG 19.5.1981 – 3 AZR 308/80 – EzA § 16 BetrAVG Nr. 11 = AP § 16 BetrAVG Nr. 13; *Höfer*, § 16 Rn 5312; *Kemper u.a.*, § 16 Rn 73.
[114] BAG 19.5.1981 – 3 AZR 308/80 – EzA § 16 BetrAVG Nr. 11 = AP § 16 BetrAVG Nr. 13; *Kemper u.a.*, § 16 Rn 73.
[115] *Höfer*, § 16 Rn 5310.
[116] BAG 17.4.1996 – 3 AZR 56/95 – AP § 16 BetrAVG Nr. 35; HWK/*Schipp*, § 16 BetrAVG Rn 34.
[117] BAG 14.12.1993 – 3 AZR 519/93 – EzA § 16 BetrAVG Nr. 26 = AP § 16 BetrAVG Nr. 29; BAG 4.10.1994 – 3 AZR 910/93 – EzA § 16 BetrAVG Nr. 28 = AP § 16 BetrAVG Nr. 32; BAG 28.4.1992 – 3 AZR 244/91 – EzA § 16 BetrAVG Nr. 23 = AP § 16 BetrAVG Nr. 25.
[118] BGH 29.3.1993 – II ZR 265/91 – NJW 1993, 1200. Diese Rechtsfigur wurde im Jahr 2001 durch die Rspr. des BGH zum sog. existenzvernichtenden Eingriff ersetzt, vgl. BGH 17.9.2001 – II ZR 178/99 – DStR 2001, 1853; BGH 25.2.2002 – II ZR 196/00 – BGHZ 150, 61, BGH 13.12.2004 – II ZR 206/02 DB 2005, 218.
[119] BAG 4.10.1994 – 3 AZR 910/93 – EzA § 16 BetrAVG Nr. 28 = AP § 16 BetrAVG Nr. 32.

mangelnde wirtschaftliche Leistungsfähigkeit des beherrschten Unternehmens **verursacht** worden, so ist die wirtschaftliche Lage des herrschenden Unternehmens in die Anpassungsprüfung mit einzubeziehen.[120]

40 Bei der Beurteilung der wirtschaftlichen Lage des herrschenden Unternehmens im Wege des Berechnungsdurchgriffs kann zudem die Konzernbindung dieses Unternehmens an eine weitere Konzernobergesellschaft von Bedeutung sein. Wenn sich die Betriebsrentner des Mutterunternehmens für einen Anpassungsanspruch auf einen Berechnungsdurchgriff zur Konzernobergesellschaft berufen können, kommt dies auch den Betriebsrentnern des Tochterunternehmens zugute (sog. **doppelter Berechnungsdurchgriff**).[121]

41 Liegen die Voraussetzungen für einen Berechnungsdurchgriff vor, muss ein selbst nicht anpassungsfähiges Unternehmen trotzdem die Betriebsrenten seiner früheren Mitarbeiter an den Kaufkraftverlust anpassen, wenn dies die wirtschaftliche Lage des herrschenden Unternehmens erlaubt. Die Betriebsrentner des beherrschten Unternehmens werden im Verhältnis zu ihrem früheren AG-Betrieb so gestellt wie die Betriebsrentner des herrschenden Unternehmens im Verhältnis zu diesem.[122]

42 Die Voraussetzungen für den Berechnungsdurchgriff muss der Betriebsrentner **darlegen** und im Streitfall **beweisen**. Für einen schlüssigen Vortrag reichen jedoch im Zweifel eine lediglich beispielhafte Darlegung von Eingriffen im Konzerninteresse und eine plausible Erklärung aus, warum diese Eingriffe nicht nur unwesentlich zur schlechten wirtschaftlichen Lage des Tochterunternehmens beigetragen haben.[123] Diesem Vortrag muss der Versorgungsschuldner entgegentreten.[124]

43 b) **Anpassungsentscheidung des Arbeitgebers.** Gem. Abs. 1 hat der AG die Anpassungsentscheidung nach **billigem Ermessen** zu treffen. Umstritten ist, ob sich der Ermessensspielraum des AG sowohl auf den Prüfvorgang, also die Prüfungsparameter, als auch auf die Ermessensentscheidung selbst bezieht[125] oder nur die Anpassungsentscheidung nach billigem Ermessen getroffen werden muss.[126] Der Gesetzeswortlaut erwähnt das billige Ermessen nur in Bezug auf die Entscheidung und nicht auch auf die Prüfung. Die Anpassungsprüfung bezieht sich auf Fakten wie den inflationären Wertverlust laufender Leistungen im Prüfungszeitraum, die Entwicklung der Reallöhne vergleichbarer AN-Gruppen und die wirtschaftliche Lage des AG. Bei diesen Fakten kann kein Spielraum bestehen, sondern nur bei den daraus zu ziehenden Folgerungen im Rahmen einer Entscheidung.[127] Bei der Entscheidung nach billigem Ermessen hat der AG den arbeitsrechtlichen **Gleichbehandlungsgrundsatz** zu beachten.[128]

44 Der AG verletzt den arbeitsrechtlichen **Gleichbehandlungsgrundsatz**, wenn er laufende Leistungen bei Gruppen von Rentnern anpasst, die Anpassung aber bei einzelnen gruppenzugehörigen Rentnern aus unsachlichen Gründen ablehnt.[129] Eine einseitige Bevorzugung von Kleinrenten verstößt ebenfalls gegen den Gleichbehandlungsgrundsatz, da ein sachlicher Differenzierungsgrund in der Person des Versorgungsberechtigten liegen muss und der Bezug einer Kleinrente noch nichts über die Höhe der Gesamtversorgung aussagt.[130] Eine einseitige Bevorzugung von Kleinrenten würde zudem diejenigen Versorgungsberechtigten benachteiligen, die Einkünfte ausschließlich oder ganz überwiegend aus der Betriebsrente beziehen. Nach der zutreffenden Abkoppelungstheorie scheidet eine Berücksichtigung der Gesamtversorgung im Rahmen von § 16 aber aus.[131]

45 Der AG hat darüber hinaus auch entstandene **Anpassungsübungen** zu beachten. Dabei ist zwischen der Übung einer bloßen Anpassungsprüfung im Rahmen der Billigkeit und der Anpassung der Betriebsrenten anhand bestimmter Bezugsgrößen zu unterscheiden.[132]

46 Der Versorgungsempfänger kann die vom AG getroffene Entscheidung **gerichtlich überprüfen** lassen. Dies folgt aus einer entsprechenden Anwendung von § 315 Abs. 3 S. 2 BGB[133] und gilt auch, wenn der AG seiner Verpflichtung aus § 16 nicht nachkommt.

---

120 BAG 17.4.1996 – 3 AZR 56/95 – AP § 16 BetrAVG Nr. 35; BAG 28.4.1992 – 3 AZR 244/91 – EzA § 16 BetrAVG Nr. 23 = AP § 16 BetrAVG Nr. 25.
121 BAG 4.10.1994 – 3 AZR 910/93 – EzA § 16 BetrAVG Nr. 28 = AP § 16 BetrAVG Nr. 32.
122 BAG 4.10.1994 – 3 AZR 910/93 – EzA § 16 BetrAVG Nr. 28 = AP § 16 BetrAVG Nr. 32.
123 BAG 14.12.1993 – 3 AZR 519/93 – EzA § 16 BetrAVG Nr. 26 = AP § 16 BetrAVG Nr. 29; *Kemper u.a.*, § 16 Rn 79.
124 BAG 4.10.1994 – 3 AZR 910/93 – EzA § 16 BetrAVG Nr. 28 = AP § 16 BetrAVG Nr. 32.
125 So *Langohr-Plato*, BB 2002, 406; *Höfer*, § 16 Rn 5353.
126 So *Blomeyer/Rolfs/Otto*, § 16 Rn 130; ErfK/*Steinmeyer*, § 16 BetrAVG Rn 39.
127 *Blomeyer/Rolfs/Otto*, § 16 Rn 130; *Kemper u.a.*, § 16 Rn 144.
128 *Kemper u.a.*, § 16 Rn 84; *Schoden*, § 16 Rn 12.
129 BAG 23.4.1985 – 3 AZR 156/83 – AP § 16 BetrAVG Nr. 17; *Blomeyer/Rolfs/Otto*, § 16 Rn 246.
130 *Blomeyer/Rolfs/Otto*, § 16 Rn 248.
131 BAG 15.9.1977 – 3 AZR 654/76 – EzA § 16 BetrAVG Nr. 6 = AP § 16 BetrAVG Nr. 5; BAG 23.4.1985 – 3 AZR 156/83 – NZA 1985, 496; HWK/*Schipp*, § 16 BetrAVG Rn 11; *Schoden*, § 16 Rn 30; *Blomeyer/Rolfs/Otto*, § 16 Rn 248.
132 BAG 3.2.1987 – 3 AZR 330/85 – EzA § 16 BetrAVG Nr. 19 = AP § 16 BetrAVG Nr. 20; ErfK/*Steinmeyer*, § 16 BetrAVG Rn 43.
133 BAG 16.12.1976 – 3 AZR 795/75 – EzA § 16 BetrAVG Nr. 4 = AP § 16 BetrAVG Nr. 4; *Blomeyer/Rolfs/Otto*, § 16 Rn 280; *Höfer*, § 16 Rn 5354; *Kemper u.a.*, § 16 Rn 86.

47 Statthafte Klageart ist die **Leistungsklage**. Dem Bestimmtheitsgebot des § 253 ZPO ist genügt, wenn der Versorgungsempfänger den anspruchsbegründenden Sachverhalt und einen Mindestbetrag der Anpassung angibt; ein **bezifferter Leistungsantrag** ist nicht notwendig.[134]

48 Lehnt der **AG** eine Anpassung der Betriebsrenten mit der Begründung ab, sie würde zu einer übermäßigen wirtschaftlichen Belastung führen, so trägt er insoweit die **Darlegungs-** und **Beweislast**. Er hat darzulegen und zu beweisen, dass seine Anpassungsentscheidung billigem Ermessen entspricht und die Grenzen des § 16 beachtet.[135] Ggf. ist der AG vor einem Missbrauch seiner Betriebs- und Geschäftsgeheimnisse durch zeitweisen Ausschluss der Öffentlichkeit nach § 52 ArbGG, § 172 GVG und durch strafbewehrte Schweigegebote nach § 174 Abs. 3 GVG zu schützen.[136]

II. Ausnahmen von der Anpassungsprüfungs- und -entscheidungspflicht (Abs. 3)

49 1. **Anpassungsgarantie (Abs. 3 Nr. 1).** Für erteilte Neuzusagen ab dem 1.1.1999 besteht für den AG nach Abs. 3 Nr. 1 i.V.m. § 30c Abs. 1 die Möglichkeit, durch die vertragliche Zusage einer jährlichen Anpassung der laufenden Leistungen um wenigstens 1 v.H., der Verpflichtung nach Abs. 1 zu entgehen. Die Möglichkeit besteht unabhängig vom gewählten Durchführungsweg der betrieblichen Altersversorgung.[137] Die Belastungen aus der betrieblichen Altersversorgung werden für den AG kalkulierbar. Bei Direktzusagen sind entsprechende Pensionsrückstellungen nach § 6a EStG steuerlich vorfinanzierbar.[138] Zudem entfällt der Verwaltungsaufwand zur Ermittlung des Anpassungsumfangs.[139] Die Vorschrift hat besondere Bedeutung für die Insolvenzsicherung der betrieblichen Altersversorgung. Da der PSVaG die Altersversorgung grundsätzlich in dem Umfang sicherzustellen hat, wie sie vom AG zugesagt ist, ist er an eine in der Versorgungszusage enthaltene Leistungsdynamisierung gebunden, wenn der Versorgungsberechtigte bei Eintritt des Sicherungsfalls bereits laufende Versorgungsleistungen bezogen hat.[140] Gleiches gilt, wenn der Versorgungsberechtigte bei Eintritt des Sicherungsfalles Anwärter gem. § 7 Abs. 2 ist und ihm eine Anpassung nach Abs. 3 Nr. 1 zugesagt ist.[141]

50 **Nachteilig** für den AG ist diese Vorgehensweise, wenn die jährliche Teuerung weniger als 1 % beträgt oder wenn seine wirtschaftliche Lage einer Anpassung entgegensteht. Aufgrund der gegebenen Garantie muss der AG auch in diesen Fällen die einprozentige Erhöhung vornehmen.[142]

51 Unklar ist, ob die jährliche Anpassung um 1 % jeweils auf die Ausgangsrente bei Eintritt des Versorgungsfalles bezogen ist und damit zu einem linearen Wachstum führt oder ob Bemessungsgrundlage die jeweilige Vorjahresrente ist.[143] Angesichts des in den Gesetzesmaterialien verwendeten Ausdrucks der „jährlichen Dynamisierung" sowie des **exponentiellen Wachstums** bei sonstigen Verzinsungen ist anzunehmen, dass die jährliche Anpassung um 1 % auf die jeweilige Vorjahresrente bezogen ist.[144] Entsprechendes gilt, wenn die vertragliche Anpassungspflicht erst nach Eintritt des Versorgungsfalles vereinbart wird. Sie bezieht sich dann auf die zum Zeitpunkt der Vereinbarung geschuldete Versorgungsleistung.[145]

52 Die Versorgungszusage muss nach dem 31.12.1998 **neu erteilt** worden sein. Bei bestehenden Versorgungszusagen bedarf die Anpassungsgarantie als Vertragsänderung der Zustimmung des AN. § 17 Abs. 3 S. 3 ist nicht verletzt, weil Abs. 3 Nr. 1 die Verpflichtung zu einer garantierten Mindestanpassung erlaubt.[146] Durch eine spätere **Verbesserung einer Altzusage** wird diese nicht zur Neuzusage i.S.v. Abs. 3 Nr. 1, da dies zu einer Umgehung von § 30c Abs. 1 führen würde.[147] Die Bestätigung einer bereits bestehenden Versorgungszusage mit Anpassungsgarantie genügt ebenfalls nicht.[148] Der AN darf darauf vertrauen, dass die vor dem 1.1.1999 zugesagte Versorgung auf vertraglicher **und** gesetzlicher Grundlage angepasst wird. Die vertragliche Anpassung ist jedoch auf die gesetzliche Anpassung anzurechnen.[149]

53 Möglich ist, zu einer bereits bestehenden Versorgungszusage eine weitere, sachlich separate Versorgungszusage mit Anpassungsgarantie zu erteilen; diese wirkt dann aber nur im Hinblick auf die zusätzliche Versorgung; das Prinzip der **Einheit der Versorgungszusage** steht dem nicht entgegen.[150]

---

134 BAG 17.10.1995 – 3 AZR 881/94 – AP § 16 BetrAVG Nr. 34.
135 BAG 31.7.2007 – 3 AZR 810/05 – EzA – SD 2007, 17 = DB 2008, 135.
136 BAG 23.4.1985 – 3 AZR 548/82 – EzA § 16 BetrAVG Nr. 17 = AP § 16 BetrAVG Nr. 16.
137 *Kemper u.a.*, § 16 Rn 89; ErfK/*Steinmeyer*, § 16 BetrAVG Rn 60.
138 BFH 25.10.1995 – I R 34/95 – DStR 1996, 374.
139 *Kemper u.a.*, § 16 Rn 90.
140 BAG 22.3.1983 – 3 AZR 574/81 – EzA § 16 BetrAVG Nr. 4 = AP § 16 BetrAVG Nr. 14.
141 *Blomeyer/Rolfs/Otto*, § 16 Rn 60; *Höfer*, § 2 Rn 3370 u. § 16 Rn 5413; *Kemper u.a.*, § 16 Rn 22, 90.
142 *Kemper u.a.*, § 16 Rn 91.
143 *Höfer*, § 16 Rn 5433.
144 *Blomeyer/Rolfs/Otto*, § 16 Rn 303; *Höfer*, § 16 Rn 5433.
145 *Blomeyer/Rolfs/Otto*, § 16 Rn 311.
146 ErfK/*Steinmeyer*, § 16 BetrAVG Rn 61.
147 ErfK/*Steinmeyer*, § 16 BetrAVG Rn 61.
148 *Blomeyer/Rolfs/Otto*, § 16 Rn 301.
149 *Blomeyer/Rolfs/Otto*, § 16 Rn 296.
150 *Höfer*, § 16 Rn 5442; *Blomeyer*, RdA 2000, 279, 286; ErfK/*Steinmeyer*, § 16 BetrAVG Rn 61.

Ebenfalls besteht die Abwahlmöglichkeit durch Erteilung einer Anpassungsgarantie bei der nach dem 31.12.1998 54
durchgeführten Umwandlung von vor dem 1.1.1999 gewährten **Kapitalzusagen** in Rentenzusagen. Denn § 30c
Abs. 1 bezieht sich ausdrücklich nur auf laufende Leistungen.[151] Entsprechendes gilt, wenn der Versorgungsberechtigte die Möglichkeit hat, anstelle eines Kapitals eine laufende Versorgung zu wählen oder wenn eine selbstständige Rentenzusage neben eine Kapitalzusage tritt.[152]

Wurde die Mindestanpassung vertraglich wirksam vereinbart, **erlischt** die Anpassungsprüfungspflicht nach Abs. 1 55
dauerhaft.[153]

2. Überschussverwendung (Abs. 3 Nr. 2). Die Verpflichtung zur Anpassungsprüfung und -entscheidung nach 56
Abs. 1 entfällt, wenn die betriebliche Altersversorgung über eine Direktversicherung oder eine Pensionskasse durchgeführt wird und ab Rentenbeginn die auf den Rentenbestand entfallenden Überschussanteile zur Erhöhung der laufenden Leistungen verwendet werden. Dabei darf der zur Berechnung der garantierten Leistungen nach § 65 Abs. 1 Nr. 1a VAG festgesetzte Höchstzinssatz zur Berechnung der Deckungsrückstellung nicht überschritten werden. Der Begriff des „Rentenbestandes" umfasst die Summe der für den einzelnen AN aus dem Versicherungsvertrag resultierenden Leistungen, also ggf. unter Einbeziehung von Hinterbliebenen- und Invaliditätsleistungen.[154] Der Begriff „sämtliche Überschussanteile" meint alle Gewinne, die sich aus dem Rentenbestand ergeben. Bei sämtlichen Gewinnbeteiligungsarten ist die **Gewinnbeteiligung ab Rentenbeginn** für die Entbindung des AG von der Anpassungspflicht entscheidend.[155] Eine Überschussverwendung, die erst nach Rentenbeginn erfolgt, erfüllt die Voraussetzungen des Abs. 3 Nr. 2 nicht.

3. Beitragszusage mit Mindestleistung (Abs. 3 Nr. 3). Nach Abs. 3 Nr. 3 entfällt die Anpassungspflicht auch 57
dann, wenn der AG die betriebliche Altersversorgung in Form der Beitragszusage mit Mindestleistung durchführt.
Im Fall des vorzeitigen Ausscheidens des Versorgungsberechtigten bei Entgeltumwandlung ist wegen des Verweises auf Abs. 5 und § 1b Abs. 5 Nr. 1 davon auszugehen, dass die Rentenleistung trotzdem um die Überschussanteile zu erhöhen ist.[156]

III. Unterbliebene Anpassungen (Abs. 4)

Der AG kann Anpassungen – ob zu Recht oder zu Unrecht – ganz oder teilweise unterlassen. In diesen Fällen stellt 58
sich die Frage, ob unterlassene Anpassungen zu einem späteren Zeitpunkt nachzuholen sind und es stellt sich ebenso die Frage, ob es bei einer späteren Anpassungsentscheidung auf den Anpassungsbedarf aus den letzten drei Jahren ankommt oder ob der gesamte Zeitraum seit Rentenbeginn zu berücksichtigen ist. Hat der AG eine Anpassung zu Recht unterlassen, ist er nach Abs. 4 nicht verpflichtet, diese Anpassung nachzuholen. Das gilt gem. § 30c Abs. 2 für **ab dem 1.1.1999** unterbliebene Anpassungen.[157] Eine Anpassung gilt nach Abs. 4 S. 2 als zu Recht unterblieben, wenn der AG dem Versorgungsempfänger die wirtschaftliche Lage des Unternehmens schriftlich darlegt, der Versorgungsempfänger nicht binnen drei Kalendermonaten nach Zugang der Mitteilung schriftlich widersprochen hat und er auf die Rechtsfolgen eines nicht fristgemäßen Widerspruchs hingewiesen worden ist. In einem späteren Prozess wird dann unwiderleglich vermutet, dass zu Recht nicht angepasst wurde.[158]

Die Anforderungen, die an die Darlegung der wirtschaftlichen Lage zu stellen sind, sind unklar: Der AG wird dem 59
Versorgungsempfänger jedenfalls in **klarer und transparenter Weise** die maßgeblichen Gründe nennen müssen, die der Versorgungsempfänger **nachvollziehen** kann.[159] Unterlässt er eine solche Mitteilung, kann der Versorgungsempfänger eine nachholende Anpassung vom AG verlangen, wenn der AG nicht nachweisen kann, dass die Anpassung nach Maßgabe des Abs. 1 und Abs. 2 zu Recht unterblieben ist.[160] Sie ist ebenso nachzuholen wie eine ab dem 1.1.1999 zu Unrecht unterbliebene Anpassung.

Hilft der AG bei einem erfolgten **Widerspruch** seitens des Versorgungsempfängers der Entscheidung nicht ab, kann 60
der Versorgungsempfänger die Entscheidung des AG gerichtlich überprüfen lassen.[161]

In den sog. **Altfällen**, d.h. bei Betrachtungszeiträumen **bis zum 31.12.1998**, ist dagegen nicht danach zu unterscheiden, ob die Anpassung zu Recht oder zu Unrecht unterblieben ist. Nach ständiger Rspr. des BAG ist bei der Ermittlung des Anpassungsbedarfs nicht nur auf die Geldentwertung innerhalb des Drei-Jahres-Zeitraums, sondern auf die gesamte seit Rentenbeginn eingetretene Verteuerung abzustellen, wenn und soweit der Kaufkraftverlust nicht bereits durch vorhergehende Anpassungen ausgeglichen wurde (sog. nachholende Anpassung).[162] Ein Kaufkraftdefizit

---

151 *Höfer*, § 16 Rn 5443; ErfK/*Steinmeyer*, § 16 BetrAVG Rn 61.
152 *Höfer*, § 16 Rn 5443.
153 *Blomeyer/Rolfs/Otto*, § 16 Rn 311.
154 *Blomeyer*, RdA 2000, 279, 286; *Höfer*, § 16 Rn 5459.
155 *Blumenstein/Krekeler*, DB 1998, 2600, 2605.
156 ErfK/*Steinmeyer*, § 16 BetrAVG Rn 67.
157 *Kemper u.a.*, § 16 Rn 48.
158 *Blumenstein/Krekeler*, DB 1998, 2600.
159 Ähnlich *Doetsch/Förster/Rührmann*, DB 1998, 258, 263.
160 ErfK/*Steinmeyer*, § 16 BetrAVG Rn 54.
161 *Kemper u.a.*, § 16 Rn 97; *Tschöpe/Schipp*, Arbeitsrecht, Teil 2 E Rn 396.
162 BAG 17.4.1996 – 3 AZR 56/95 = EzA § 16 BetrAVG Nr. 30 = AP § 16 BetrAVG Nr. 35; BAG 30.8.2005 – 3 AZR 395/04 = EzA § 16 BetrAVG Nr. 43 = AP § 16 BetrAVG Nr. 56.

kann auch dadurch entstehen, dass die Nettolohnentwicklung vergleichbarer AN-Gruppen hinter dem Kaufkraftverlust zurück bleibt. Der AG erfüllt seine Anpassungsverpflichtung dadurch, dass er sich bei der Anpassung an der Nettolohnentwicklung orientiert. Sowohl für den aus dem Kaufkraftverlust resultierenden Anpassungsbedarf als auch für die Nettolohnentwicklung kommt es aber auf die seit Rentenbeginn bis zum jeweiligen Prüfungsstichtag eingetretene Entwicklung an. Eine nettolohnbezogene Anpassung entfaltet bei einem späteren Umstieg auf eine am Kaufkraftverlust orientierte Anpassung keine Dauerwirkung.[163] Das gilt auch für Betrachtungszeiträume seit dem 1.1.1999.[164] Auf diese Weise wird der Nachholbedarf ermittelt und unter Berücksichtigung der wirtschaftlichen Lage des AG ausgeglichen. Der Nachholbedarf ist – soweit der AG dazu wirtschaftlich in der Lage ist – zusätzlich beim Ausgleich des Wertverlustes aus dem aktuellen dreijährigen Anpassungszeitraum zu berücksichtigen.[165] Kann ein zwischenzeitlich eingetretener Anpassungsstau vom AG nicht ohne Gefährdung seiner Leistungsfähigkeit beseitigt werden, ist zunächst der im letzten Drei-Jahres-Zeitraum entstandene Anpassungsbedarf vom AG abzudecken.[166] Danach noch vorhandene Mittel sind für eine anteilige nachholende Anpassung zu verwenden.[167] Wenn schon zum aktuellen Prüfungszeitpunkt eine reguläre Anpassung nicht in vollem Umfang gewährt werden kann, scheidet auch eine nachholende Anpassung jedenfalls vorläufig aus.[168] Die nachholende Anpassung hat keinen Einfluss auf frühere Anpassungsentscheidungen. Sie führt insb. nicht zu **Nachzahlungsansprüchen** der Versorgungsempfänger für frühere Prüfungszeiträume.[169]

61 Will der AN eine Nachzahlung erreichen, muss er die Anpassungsentscheidung des AG angreifen. Ergibt die Überprüfung in diesem Fall, dass die Anpassung hätte höher ausfallen müssen, ist der AG **rückwirkend** ab dem Anpassungsstichtag zur Anpassung in dem konkreten Umfang verpflichtet (sog. **nachträgliche Anpassung**).[170] Wegen der Befriedigungsfunktion der Anpassungsentscheidung kann der Anspruch auf nachträgliche Anpassung nur bis zum nächsten Prüfungsstichtag geltend gemacht werden.[171] Er erlischt deshalb grundsätzlich nach drei Jahren.[172] Ausnahmsweise kann der Versorgungsberechtigte die nachträgliche Anpassung bis zum übernächsten Prüfungsstichtag verlangen, wenn der AG keine ausdrückliche Anpassungsentscheidung getroffen hat.[173] Denn aus dem Schweigen des AG kann erst nach Ablauf von drei Jahren geschlossen werden, dass er zum zurückliegenden Anpassungsstichtag nicht anpassen will. Die Drei-Jahres-Frist zur Geltendmachung des Anspruchs beginnt in diesem Fall entsprechend später zu laufen.[174]

IV. Anpassung bei Entgeltumwandlungszusagen (Abs. 5)

62 Durch den mit Wirkung zum 1.1.2001 angefügten Abs. 5 wird der AG verpflichtet, laufende Leistungen der betrieblichen Altersversorgung anzupassen, die auf Entgeltumwandlung basieren, wobei zwischen den verschiedenen Durchführungswegen differenziert wird. Eine Verpflichtung zur 1-prozentigen Mindestanpassung besteht bei **unmittelbaren Versorgungszusagen, Unterstützungskassenzusagen** und **Pensionsfondszusagen**.[175] Die zweite Variante bestimmt für **Direktversicherungs-** und **Pensionskassenzusagen**, dass sämtliche Überschussanteile entsprechend Abs. 3 Nr. 2 zur Erhöhung der laufenden Leistungen zu verwenden sind. Erfasst sind auch Überschüsse, die in der Anwartschaftsphase aus der Direktversicherungs- und Pensionskassenzusage angefallen sind.[176] Dem AG steht auch **kein Wahlrecht** zu, ob er bei Direktversicherungs- und Pensionskassenzusagen eine Mindestanpassung von 1 % vornimmt.[177]

63 Abs. 5 bewirkt den Wegfall der Anpassungspflicht nach Abs. 1.[178] So kann der AG bei Entgeltumwandlungszusagen nicht von der Anpassung absehen, wenn seine wirtschaftliche Lage ungünstig ist. Abs. 3 Nr. 3 bestimmt, dass die Anpassungspflicht nach Abs. 5 nicht besteht, wenn die Entgeltumwandlung als Beitragszusage mit Mindestleistung durchgeführt wird. Entgeltumwandlungszusagen in der Form der Beitragszusage mit Mindestleistung werden damit von den in § 16 normierten Anpassungspflichten komplett freigestellt.[179]

Abs. 5 gilt gem. § 30c Abs. 3 nur für nach dem 31.12.2000 erteilte Versorgungszusagen.

---

163 BAG 21.8.2001 – 3 AZR 589/00 – EzA § 16 BetrAVG Nr. 39 = AP § 16 BetrAVG Nr. 47.
164 BAG 30.8.2005 – 3 AZR 395/04 – EzA § 16 BetrAVG Nr. 43 = AP § 16 BetrAVG Nr. 56; BAG 25.4.2006 – 3 AZR 159/05 – EzA § 16 BetrAVG Nr. 47.
165 BAG 28.4.1992 – 3 AZR 244/91 – EzA § 16 BetrAVG Nr. 23 = AP § 16 BetrAVG Nr. 25; HWK/*Schipp*, § 16 BetrAVG Rn 13; *Kemper u.a.*, § 16 Rn 47.
166 BAG 17.4.1996 – 3 AZR 56/95 – EzA § 16 BetrAVG Nr. 30 = AP § 16 BetrAVG Nr. 35; ErfK/*Steinmeyer*, § 16 BetrAVG Rn 49.
167 ErfK/*Steinmeyer*, § 16 BetrAVG Rn 49.
168 *Kemper u.a.*, § 16 Rn 53.
169 LAG Hamm 6.12.1994 – 6 Sa 156/94 – DB 1995, 330; *Kemper u.a.*, § 16 Rn 51.
170 *Blomeyer/Rolfs/Otto*, § 16 Rn 97.
171 BAG 17.8.2004 – 3 AZR 367/03 – AP § 16 BetrAVG Nr. 55 = DB 2005, 732.
172 BAG 17.4.1996 – 3 AZR 56/95 – EzA § 16 BetrAVG Nr. 30 = AP § 16 BetrAVG Nr. 35.
173 BAG 25.4.2006 – 3 AZR 372/05 – EzA § 16 BetrAVG Nr. 48 = AP § 16 BetrAVG Nr. 60.
174 BAG 17.4.1996 – 3 AZR 56/95 – EzA § 16 BetrAVG Nr. 30 = AP § 16 BetrAVG Nr. 35; *Blomeyer/Rolfs/Otto*, § 16 Rn 98.
175 *Höfer*, Das neue Betriebsrentenrecht, Rn 563.
176 BT-Drucks 14/4595, S. 167.
177 *Höfer*, § 16 Rn 5500; ErfK/*Steinmeyer*, § 16 BetrAVG Rn 78; *Blomeyer/Rolfs/Otto*, § 16 Rn 336.
178 *Höfer*, Das neue Betriebsrentenrecht, Rn 575.
179 *Höfer*, Das neue Betriebsrentenrecht, Rn 575.

V. Keine Anpassung bei einem Auszahlungsplan (Abs. 6)

Der durch das AVmG eingefügte und durch das HZvNG[180] modifizierte Abs. 6 bestimmt, dass die monatlichen Raten eines Auszahlungsplans sowie die anschließenden Rentenzahlungen ab Vollendung des 85. Lebensjahres **nicht mehr anzupassen** sind. Hintergrund ist der **Sondercharakter** des Auszahlungsplans[181] unter Einschluss einer Anschlussrente, welcher in § 1 Abs. 1 S. 1 Nr. 4 AltZertG eine Regelung erfährt und durch den eine steuerliche Förderung der Beiträge zur betrieblichen Altersversorgung gem. § 82 Abs. 2 EStG veranlasst wird. Danach werden bei einem Auszahlungsplan ab dem Beginn der Auszahlungsphase gleichbleibende oder steigende monatliche Zahlungen bis zum vollendeten 85. Lebensjahr gewährt. Ab dem 85. Lebensjahr muss sich an den Auszahlungsplan eine adäquate lebenslange Rente anschließen, deren Höhe die letzte monatliche Auszahlungsrate vor diesem Zeitpunkt mindestens erreicht. Damit die Leistungen kalkulierbar sind, unterliegen weder die Teilraten des Auszahlungsplans noch die späteren Leistungen der Rentenversicherung der Anpassungsprüfung.[182]

C. Beraterhinweise

Die Verpflichtung des AG gem. Abs. 1, alle drei Jahre eine Anpassung der laufenden Leistungen der betrieblichen Altersversorgung zu prüfen und hierüber nach billigem Ermessen zu entscheiden, entfällt gem. Abs. 3 Nr. 1, wenn der AG sich verpflichtet, die laufenden Leistungen jährlich um wenigstens 1 % anzupassen. § 30c Abs. 1 bestimmt, dass dies nur für laufende Leistungen gilt, die auf Zusagen beruhen, die nach dem 31.12.1998 erteilt worden sind. Da die Anpassungsgarantie die Anpassungsprüfungspflicht dauerhaft verdrängt, bewirkt Abs. 3 Nr. 1 eine Abkopplung der Anpassungsverpflichtung sowohl von der wirtschaftlichen Leistungsfähigkeit des AG als auch von der Entwicklung der Kaufkraft. Selbst in deflationären Zeiten bliebe der AG zur Anpassung verpflichtet. Die potenziellen Nachteile einer Anpassungsgarantie sind deshalb sorgfältig gegen die Vorteile abzuwägen. Auch in der anwaltlichen Beratungspraxis ist insoweit besondere Sorgfalt geboten.

Sechster Abschnitt: Geltungsbereich

§ 17 Persönlicher Geltungsbereich und Tariföffnungsklausel

(1) ¹Arbeitnehmer im Sinne der §§ 1 bis 16 sind Arbeiter und Angestellte einschließlich der zu ihrer Berufsausbildung Beschäftigten; ein Berufsausbildungsverhältnis steht einem Arbeitsverhältnis gleich. ²Die §§ 1 bis 16 gelten entsprechend für Personen, die nicht Arbeitnehmer sind, wenn ihnen Leistungen der Alters-, Invaliditäts- oder Hinterbliebenenversorgung aus Anlaß ihrer Tätigkeit für ein Unternehmen zugesagt worden sind. ³Arbeitnehmer im Sinne von § 1a Abs. 1 sind nur Personen nach den Sätzen 1 und 2, soweit sie aufgrund der Beschäftigung oder Tätigkeit bei dem Arbeitgeber, gegen den sich der Anspruch nach § 1a richten würde, in der gesetzlichen Rentenversicherung pflichtversichert sind.
(2) Die §§ 7 bis 15 gelten nicht für den Bund, die Länder, die Gemeinden sowie die Körperschaften, Stiftungen und Anstalten des öffentlichen Rechts, bei denen das Insolvenzverfahren nicht zulässig ist, und solche juristische Personen des öffentlichen Rechts, bei denen der Bund, ein Land oder eine Gemeinde kraft Gesetzes die Zahlungsfähigkeit sichert.
(3) ¹Von den §§ 1a, 2 bis 5, 16, 18a Satz 1, §§ 27 und 28 kann in Tarifverträgen abgewichen werden. ²Die abweichenden Bestimmungen haben zwischen nichttarifgebundenen Arbeitgebern und Arbeitnehmern Geltung, wenn zwischen diesen die Anwendung der einschlägigen tariflichen Regelung vereinbart ist. ³Im übrigen kann von den Bestimmungen dieses Gesetzes nicht zuungunsten des Arbeitnehmers abgewichen werden.
(4) Gesetzliche Regelungen über Leistungen der betrieblichen Altersversorgung werden unbeschadet des § 18 durch die §§ 1 bis 16 und 26 bis 30 nicht berührt.
(5) Soweit Entgeltansprüche auf einem Tarifvertrag beruhen, kann für diese eine Entgeltumwandlung nur vorgenommen werden, soweit dies durch Tarifvertrag vorgesehen oder durch Tarifvertrag zugelassen ist.

Literatur: *Blomeyer*, Der Entgeltumwandlungsanspruch des Arbeitnehmers in individual- und kollektivrechtlicher Sicht, DB 2001, 1413; *Doetsch*, Renaissance tariflicher Versorgungswerke, in: GS für Blomeyer, 2003, S. 49; *Hanau*, Tarifvertragliche Beschränkungen der Entgeltumwandlung, DB 2004, 2266; *Heither*, Gestaltungen des Anspruchs eines Arbeitnehmers auf Gehaltsumwandlung (§ 1a BetrAVG) durch Tarifverträge, NZA 2001, 1275; *ders.*, Was bedeutet der Tarifvorbehalt im AVmG für die betriebliche

---

180 Hüttenknappschaftliche Zusatzversicherungs-Neuregelungs-Gesetz v. 21.6.2002 (BGBl I S. 2167).
181 *Höfer*, Das neue Betriebsrentenrecht, Rn 578.
182 HWK/*Schipp*, § 16 BetrAVG Rn 24.

Altersversorgung, BetrAV 2001, 720; *Konzen*, Kollektivrechtliche Grundlagen und Grenzen der Entgeltumwandlung in der betrieblichen Altersversorgung, in: Recht der Wirtschaft und der Arbeit in Europa, GS für Blomeyer, 2003, S. 173; *Rieble*, Die Entgeltumwandlung, BetrAV 2001, 584; *Schliemann*, Tarifrechtliche Gestaltungsmöglichkeiten bei Betriebsrenten, BetrAV 2001, 732; *Schliemann*, Tarifrecht und Entgeltumwandlung bei Betriebsrenten, in: Recht der Wirtschaft und der Arbeit in Europa, GS für Blomeyer, 2003, S. 375; *Steinmeyer*, Die Rechweite tariflicher Regelungsmacht nach dem neuen AVmG, BetrAV 2001, 727; *Stiefermann*, Wachsende tarifpolitische Bedeutung der betrieblichen Altersversorgung, in: Recht der Wirtschaft und der Arbeit in Europa, GS für Blomeyer, 2003, S. 445; *Thüsing*, Geltung und Abdingbarkeit des BetrAVG für Vorstandsmitglieder einer AG, AG 2003, 484

A. Allgemeines … 1	III. Unabdingbarkeit (Abs. 3) … 16
B. Regelungsgehalt … 2	1. Abweichung durch Tarifvertrag (Abs. 3 S. 1) … 17
I. Persönlicher Geltungsbereich (Abs. 1) … 2	a) Tarifdispositive und tariffeste Normen … 18
1. Arbeitnehmer (Abs. 1 S. 1) … 2	b) Grenzen der Dispositionsbefugnis … 20
2. Nicht-Arbeitnehmer (Abs. 1 S. 2) … 3	aa) Eingriff in tariffeste Bereiche … 21
a) Versorgungsberechtigte ohne gesellschaftsrechtliche Beteiligung … 4	bb) Immanente Schranken tarifdispositiver Bestimmungen … 22
b) Versorgungsberechtigte mit gesellschaftsrechtliche Beteiligung … 5	2. Inbezugnahme abweichender tariflicher Regelungen (Abs. 3 S. 2) … 24
aa) Personengesellschaften … 6	3. Abweichungen zu Ungunsten der Arbeitnehmer im Übrigen (Abs. 3 S. 3) … 25
bb) Kapitalgesellschaften … 7	4. Abweichungen zugunsten der Arbeitnehmer … 26
(1) Allein- und Mehrheitsgesellschafter mit Leitungsmacht … 7	IV. Vorrang gesetzlicher Regelungen (Abs. 4) … 27
(2) Minderheitsgesellschafter mit Leitungsmacht … 8	V. Tarifvorbehalt bei Entgeltumwandlung (Abs. 5) . 28
cc) Sonderfall GmbH & Co. KG … 9	1. Sachlicher Anwendungsbereich … 29
3. Wechsel Unternehmer – Nicht-Arbeitnehmer/Arbeitnehmer … 10	2. Zeitlicher Anwendungsbereich (§ 30h) … 30
4. Persönlicher Geltungsbereich des Anspruchs auf Entgeltumwandlung (Abs. 1 S. 3) … 11	3. Durch Tarifvertrag vorgesehen oder durch Tarifvertrag zugelassen … 31
II. Öffentlicher Dienst (Abs. 2) … 12	**C. Verbindung zu anderen Rechtsgebieten** … 32
	D. Beraterhinweise … 33

A. Allgemeines

1 Wie sich bereits aus der Überschrift der Norm ergibt, wird in § 17 neben dem persönlichen Anwendungsbereich (Abs. 1) insb. auch die Frage geregelt, ob und in welcher Form von den Normen des Betriebsrentengesetzes abgewichen werden darf (Abs. 3). In Abs. 2 werden öffentlich-rechtliche AG von der gesetzlichen Insolvenzsicherung ausgenommen, wenn die Zahlungsfähigkeit staatlich garantiert ist. Darüber hinaus enthält Abs. 4 den Vorrang spezialgesetzlicher Regelungen über Leistungen der betrieblichen Altersversorgung vor den Vorschriften des BetrAVG. In dem mit Wirkung zum 30.6.2001[1] eingefügten Abs. 5 wird den Tarifparteien das Recht eingeräumt, unabhängig von dem Günstigkeitsprinzip des § 4 Abs. 3 TVG darüber befinden zu können, ob tarifvertraglich geregelte Entgeltansprüche zur Entgeltumwandlung herangezogen werden können.

B. Regelungsgehalt

I. Persönlicher Geltungsbereich (Abs. 1)

2 **1. Arbeitnehmer (Abs. 1 S. 1).** Der persönliche Geltungsbereich des BetrAVG wird in Abs. 1 festgelegt. Hiernach zählen zu den AN i.S.d. §§ 1 bis 16 Arbeiter und Ang sowie die zu ihrer Ausbildung Beschäftigten. Die Unterteilung in Arbeiter und Ang hat keine eigenständige Bedeutung, sondern macht vielmehr deutlich, dass auch im Rahmen des BetrAVG von dem **allg. AN-Begriff** auszugehen ist.[2] Demnach findet das BetrAVG auf die Personen Anwendung, die aufgrund eines privatrechtlichen Vertrages in persönlicher Abhängigkeit fremdbestimmte Dienste zu verrichten haben. Ebenso zählen aufgrund des gleichwertigen Schutzbedürfnisses die zur Ausbildung Beschäftigten (vgl. § 3 BBG), bei denen der Schulungszweck im Mittelpunkt des Vertrages steht, zu den AN i.S.d. Gesetzes.

3 **2. Nicht-Arbeitnehmer (Abs. 1 S. 2).** Das BetrAVG gilt gem. Abs. 1 S. 2 entsprechend für Personen, die nicht AN sind,[3] wenn ihnen Leistungen der Alters-, Invaliditäts- oder Hinterbliebenenversorgung aus Anlass ihrer Tätigkeit für ein Unternehmen zugesagt worden sind. Mit dieser Erweiterung des Anwendungsbereiches auf die sog. Nicht-AN ist das Bedürfnis nach einer konkreten Abgrenzung des Kreises der AN i.S.d. S. 1 mehr oder weniger entfallen. Vielmehr konzentriert sich die Frage des Schutzbereiches des BetrAVG – bspw. im Hinblick auf das Eingreifen der gesetzlichen Insolvenzsicherung (§§ 7 ff.) – darauf, ob der Berechtigte noch als Nicht-AN i.S.d. Abs. 1 S. 2 einzuordnen ist.

---

1 Gesetz v. 26.6.2001, BGBl I S. 1310; vgl. § 30h.
2 ErfK/*Steinmeyer*, § 17 BetrAVG Rn 3.
3 Siehe hierzu Merkblatt 300/M 1 – Stand 1.05 – des PSV, abrufbar unter www.psvag.de.

Grds. sollen sich die Personen nicht auf das BetrAVG berufen, die des Schutzes des Gesetzes nicht bedürfen.[4] Das BAG zählt hierzu Personen, die gleich einem Einzelkaufmann als Unternehmer einzuordnen sind und damit nicht „für" ein Unternehmen tätig werden (sog. **Unternehmerrente**).[5] Der Schutz des BetrAVG soll – entsprechend der Gesetzesbegründung[6] – vielmehr nur solchen Nicht-AN zuteil werden, die aus Anlass ihrer Tätigkeit eine Versorgungszusage erhalten haben, auf deren Ausgestaltung sie wie AN wegen der regelmäßig stärkeren Position ihres Vertragspartners keinen oder nur geringeren Einfluss nehmen können.[7] Das entscheidende Kriterium bildet nach der Rspr. des BGH und des BAG jedoch nicht das Vorliegen der Störung der Vertragsparität. Maßgeblich ist vielmehr der Grad der Einflussnahme einer Person auf das zusagende Unternehmen,[8] der anhand des Umfangs der Beteiligung und der Leitungsmacht ermittelt werden kann.[9]

a) Versorgungsberechtigte ohne gesellschaftsrechtliche Beteiligung. Zu den **Nicht-AN** i.S.d. S. 2 zählen die **arbeitnehmerähnlichen Personen**, wie Heimarbeiter, Hausgewerbetreibende oder Zwischenmeister (vgl. § 1 HAG). Aber auch andere Personen, wie Rechtsanwälte, Steuerberater, Geschäftsführer oder Vorstandsmitglieder, denen für ihre Tätigkeit Versorgungszusagen durch das Unternehmen erteilt werden, sind grds. als Nicht-AN einzuordnen, sofern sie nicht an der Gesellschaft beteiligt sind.[10]

b) Versorgungsberechtigte mit gesellschaftsrechtlicher Beteiligung. Besteht eine gesellschaftsrechtliche Beteiligung des Versorgungsberechtigten an dem zusagenden Unternehmen, so ist zu unterscheiden:

aa) Personengesellschaften. Einzelunternehmer sowie die **typischen persönlich haftenden Gesellschafter**, selbst wenn sie nur in geringem Umfang beteiligt sind, üben einen beherrschenden Einflusses auf das Unternehmen aus, sodass die ihnen zugesagten Versorgungsleistungen nicht dem Schutzbereich des BetrAVG unterfallen.[11] Soll der Komplementär einer KG oder KGaA nach außen auftreten, ist aber im Innenverhältnis an die Weisungen der beherrschenden Kommanditisten gebunden (**angestellter Komplementär**), so kann er bei wirtschaftlicher Betrachtung aber als Nicht-Unternehmer eingeordnet werden, dessen Versorgungszusage dem Anwendungsbereich des BetrAVG unterfällt.[12] Spiegelbildlich kann ein Kommanditist, der gem. § 164 S. 1 Hs. 1 HGB von der Führung der Geschäfte der Gesellschaft ausgeschlossen und deshalb grds. als Nicht-Unternehmer zu betrachten ist, dann als Unternehmer gewertet werden, wenn er neben einer mehrheitlichen Kapitalbeteiligung auch eine entsprechenden Leitungsmacht – etwa als im Innenverhältnis maßgebender Geschäftsführer mit Prokura – inne hat.[13]

bb) Kapitalgesellschaften. (1) Allein- und Mehrheitsgesellschafter mit Leitungsmacht. Bei Kapitalgesellschaften sind **Alleingesellschafter und Mehrheitsgesellschafter mit Geschäftsführungsbefugnis** als Unternehmer anzusehen, die wie ein Einzelkaufmann nicht für ein fremdes Unternehmen tätig werden, sondern das eigene führen.[14] Mehrheitsgesellschafter ist derjenige, der **mind. 50 % der Gesellschaftsanteile** hält.[15] Sind einem Geschäftsführer lediglich treuhänderisch Gesellschaftsanteile übertragen worden, so sind diese Anteile nicht mitzuzählen, soweit keine Anhaltspunkte vorliegen, dass sie ihm auch wirtschaftlich zuzurechnen sind. Dies gilt selbst dann, wenn der Treugeber die Ehefrau des Geschäftsführers ist.[16] Ebenso wenig können natürlich die Gesellschaftsanteile von Familienangehörigen einem geschäftsführenden Gesellschafter allein aufgrund des verwandtschaftlichen Verhältnisses zugeschlagen werden. Es gibt keinen Erfahrungssatz, dass Familienangehörige stets gleichgerichtete Interessen verfolgen.[17]

(2) Minderheitsgesellschafter mit Leitungsmacht. Minderheitsgesellschafter sind dagegen grds. als Nicht-AN i.S.d. Abs. 1 S. 2 zu betrachten, sodass die ihnen zugesagten Versorgungsleistungen dem Schutzbereich des BetrAVG unterfallen.[18] Hiervon ist aber dann eine Ausnahme zu machen, wenn ein Minderheitsgesellschafter **zusammen mit anderen, ebenfalls mit Leitungsmacht ausgestatteten Gesellschaftern** über die **Anteilsmehrheit** verfügt. Die Leitungsmacht des Gesellschafters wird regelmäßig durch die Bestellung zum Geschäftsführer begründet (Gesellschafter-Geschäftsführer). Sie kann aber im Einzelfall auch bei einem im Unternehmen angestellten Ge-

---

4 ErfK/*Steinmeyer*, § 17 BetrAVG Rn 4 ff.; *Blomeyer/Rolfs/ Otto*, § 17 Rn 43 ff. m.w.N.; BGH 28.4.1980 – II ZR 254/79 – NJW 1980, 2254; BAG 25.1.2000 – 3 AZR 769/98 – NZA 2001, 959; BAG 16.4.1997 – 3 AZR 869/95 – NZA 1998, 101.
5 BAG 25.1.2000 – 3 AZR 769/98 – NZA 2001, 959.
6 BT-Drucks 7/1281, S. 30.
7 BAG 16.4.1997 – 3 AZR 869/95 – NZA 1998, 101.
8 BAG 25.1.2000 – 3 AZR 769/98 – NZA 2001, 959.
9 BAG 16.4.1997 – 3 AZR 869/95 – NZA 1998, 101.
10 BGH 13.7.2006 – IX ZR 90/05 – NJW 2006, 3638; BGH 28.4.1980 – II ZR 254/79 – NJW 1980, 2254; *Blomeyer/ Rolfs/Otto*, § 17 Rn 87 ff.
11 BAG 25.1.2000 – 3 AZR 769/98 – NZA 2001, 959.
12 BGH 9.6.1980 – II ZR 255/78 – NJW 1980, 2257.
13 BGH 1.2.1999 – II ZR 276/97 – NJW 1999, 1263.
14 BAG 25.1.2000 – 3 AZR 769/98 – NZA 2001, 959; BGH 15.10.2007 – II ZR 236/06 – NZA 2008, 648.
15 BGH 28.4.1980 – II ZR 254/79 – NJW 1980, 2254; BGH 9.6.1980 – II ZR 255/78 – NJW 1980, 2257; BAG 16.4.1997 – 3 AZR 869/95 – NZA 1998, 101.
16 BGH 28.1.1991 – II ZR 29/90 – DB 1991, 1231.
17 BGH 28.4.1980 – II ZR 254/79 – NJW 1980, 2254.
18 BGH 28.4.1980 – II ZR 254/79 – NJW 1980, 2254; BGH 9.6.1980 – II ZR 255/78 – NJW 1980, 2257.

sellschafter angenommen werden, dem Einzel-Prokura eingeräumt wurde.[19] Begründet wird die Annahme der Unternehmerstellung damit, dass in diesen Fällen die Minderheitsgesellschafter zusammen in der Lage sind, die Entscheidung des Unternehmens unter Ausschluss anderer Gesellschafter zu treffen.[20] Eine Zusammenrechnung findet jedoch nicht statt, wenn unter den Gesellschafter-Geschäftsführern ein Mehrheitsgesellschafter ist oder ein Minderheitsgesellschafter aufgrund einer Stimmrechtsverteilungsregelung im Gesellschaftsvertrag die Mehrheit der Stimmen auf sich vereint, sodass allein dieser als Unternehmer eingestuft werden kann.[21] Weitere Voraussetzung ist, dass der versorgungsberechtigte Minderheitsgesellschafter **nicht unwesentlich an der Gesellschaft beteiligt** ist. Eine nicht unwesentliche Beteiligung kann dann angenommen werden, wenn der Geschäftsführer mind. 10 % der Gesellschaftsanteile hält.[22] Ob an dieser Rspr. festgehalten wird, haben sowohl das BAG als auch der BGH offen gelassen.[23]

9   **cc) Sonderfall GmbH & Co. KG.** Werden einem Gesellschafter-Geschäftsführer einer GmbH & Co. KG Leistungen der betrieblichen Altersversorgung zugesagt, so sind der Umfang der Gesellschaftsbeteiligung und damit die Einordnung als Unternehmer oftmals nur schwierig zu bestimmen. Führt die Komplementär-GmbH über die Geschäftsführung der KG hinaus einen eigenen Geschäftsbetrieb, so ist allein die Beteiligung des begünstigten Gesellschafters an der GmbH maßgeblich. Besteht zwischen der GmbH und der KG jedoch ein **einheitlicher Geschäftsbetrieb**, so sind die Gesellschaften als Unternehmensträger wie eine wirtschaftliche Einheit zu betrachten. In diesem Fall müssen die Anteile, die der Geschäftsführer an der KG unmittelbar und mittelbar – bspw. über eine Beteiligung an der Komplementär-GmbH – hält, zusammengerechnet werden.[24]

10 **3. Wechsel Unternehmer – Nicht-Arbeitnehmer/Arbeitnehmer.** Ist eine Person zeitweise als AN bzw. Nicht-AN für ein Unternehmen tätig,[25] zeitweise aber auch als Unternehmer einzuordnen, so bestimmt sich die Anwendbarkeit des BetrAVG nicht danach, ob zum Zeitpunkt der Erteilung der Versorgungszusage die Person dem Schutzbereich des BetrAVG unterfiel.[26] Vielmehr findet eine **zeitliche Aufteilung** statt. Durch das Betriebsrentengesetz (insolvenz-)gesichert sind allein die Ansprüche und Anwartschaften, die auf Zeiträume entfallen, in denen der Versorgungsberechtigte als AN bzw. Nicht-AN i.S.d. Abs. 1 S. 2 für das Unternehmen gearbeitet hat.[27] Ob die Versorgungsanwartschaft gem. § 1b unverfallbar geworden ist, berechnet sich nach der Gesamtdauer der Zeiten, in denen der Begünstigte als AN/Nicht-AN für das zusagende Unternehmen tätig war. Eine zwischenzeitliche Einordnung als Unternehmer unterbricht nicht die Unverfallbarkeitsfrist, sondern hemmt sie lediglich.[28]

11 **4. Persönlicher Geltungsbereich des Anspruchs auf Entgeltumwandlung (Abs. 1 S. 3).** Der Anspruch auf Entgeltumwandlung (§ 1a) kann gem. S. 3 nur von AN bzw. Nicht-AN geltend gemacht werden, die auch **in der gesetzlichen Rentenversicherung pflichtversichert** sind (zu den erfassten Personen siehe § 1a Rn 2). Die besondere Begrenzung des persönlichen Anwendungsbereiches für den Sonderfall des § 1a korrespondiert mit dem Anliegen des Gesetzgebers, die Einschnitte in der gesetzlichen Rentenversicherung durch Anreize zu einer stärkeren privaten und betrieblichen Altersversorgung zu kompensieren. Entsprechend können auch nur die Personen die staatliche Förderung gem. §§ 10a, 82 Abs. 2 EStG in Anspruch nehmen, die in der gesetzlichen Rentenversicherung pflichtversichert sind (zur Riester-Rente siehe § 1a Rn 15).

II. Öffentlicher Dienst (Abs. 2)

12 Gem. Abs. 2 gelten die Vorschriften zur gesetzlichen Insolvenzsicherung (§§ 7 bis 15) nicht für öffentlich-rechtliche AG, für die kein Insolvenzrisiko besteht. Neben dem Bund, den Ländern und den Gemeinden zählen hierzu auch solche **juristischen Personen des öffentlichen Rechts**, für die ein Insolvenzverfahren nicht zulässig ist oder deren Zahlungsfähigkeit kraft Gesetzes durch Bund, Länder oder Gemeinden abgesichert ist. Die Aufzählung in Abs. 2 ist abschließend.[29] Die Frage, ob für eine Anstalt, Stiftung oder Körperschaft des öffentlichen Rechts das Insolvenzverfahren zulässig ist, richtet sich nach § 12 Abs. 1 Nr. 2 InsO. Nach dieser Vorschrift ist das Insolvenzverfahren über das Vermögen einer juristischen Person des öffentlichen Rechts, die der **Aufsicht eines Landes** untersteht, unzulässig, wenn das Landesrecht dies bestimmt. Obwohl nicht ausdrücklich in der InsO erwähnt, ist das Insolvenzverfahren entsprechend für juristische Personen des öffentlichen Rechts unzulässig, die der **Aufsicht des Bundes** unterstehen, wenn dies durch Bundesrecht angeordnet wird.[30] Die Pflicht des Bundes, der Länder

---

19 Für den vergleichbaren Fall des angestellten Kommanditisten mit Prokura s. BGH 1.2.1999 – II ZR 276/97 – NJW 1999, 1263; kritisch *Höfer*, § 17 Rn 5605.
20 BGH 9.6.1980 – II ZR 255/78 – NJW 1980, 2257; BAG 25.1.2000 – 3 AZR 769/98 – NZA 2001, 959.
21 BAG 16.4.1997 – 3 AZR 869/95 – NZA 1998, 101.
22 BGH 2.6.1997 – II ZR 181/96 – NZA 1997, 1055.
23 BAG 16.4.1997 – 3 AZR 869/95 – NZA 1998, 101; BGH 2.6.1997 – II ZR 181/96 – NZA 1997, 1055; BAG 25.1.2000 – 3 AZR 769/98 – NZA 2001, 959.
24 BGH 28.4.1980 – II ZR 254/79 – NJW 1980, 2254.
25 Zur Zusammenrechnung der Zeiten als AN und Nicht-AN BAG 31.7.2007 – 3 AZR 446/05 – DB 2008, 939.
26 BGH 9.6.1980 – II ZR 255/78 – NJW 1980, 2257.
27 BGH 9.6.1980 – II ZR 255/78 – NJW 1980, 2257.
28 BGH 4.5.1981 – II ZR 100/80 – NJW 1981, 2409.
29 BVerwG 13.7.1999 – I C 13/98 – NZA 1999, 1217.
30 *Höfer*, § 17 Rn 5643.

oder der Gemeinden, die Zahlungsfähigkeit abzusichern, kann auch kraft Gesetzes begründet sein. Dabei muss es sich um ein Gesetz im formellen und materiellen Sinn handeln.[31]

Juristische Personen des öffentlichen Rechts, für die die §§ 7 bis 15 nicht gelten, sind bspw. die Gemeindeverbände, die Berufsgenossenschaften oder die Träger der gesetzlichen Rentenversicherung. Außerdem ergibt sich bspw. nach den gegenwärtigen Bedingungen aus Art. 5 Abs. 1 GG die Pflicht der Länder, die Zahlungsfähigkeit der öffentlich-rechtlichen Rundfunkanstalten zu gewährleisten, sodass diese keine Beiträge zur Insolvenzsicherung zu zahlen haben.[32] Nicht unter Abs. 2 fallen bspw. RA-Kammern[33] oder IHK.[34]

Bei **Landesbanken und Sparkassen** bestand früher eine Gewährträgerhaftung der Länder und Gemeinden. Diese staatlich garantierte Ausfallhaftung bedeutete aber einen Wettbewerbsvorteil gegenüber privaten Banken, der mit europäischem Wettbewerbsrecht kaum zu vereinbaren war. Zwischen der Bundesrepublik Deutschland und der EU-Kommission wurde daraufhin am 17.7.2001 eine Vereinbarung getroffen, nach der u.a. die Gewährträgerhaftung bis zum 19.7.2005 abgeschafft werden muss und nur die bis zu diesem Zeitpunkt eingegangenen Verbindlichkeiten bis zum 31.12.2015 auch durch den Staat gesichert sein dürfen. Die Vorgaben der Übereinkunft wurden durch die Landesgesetzgeber inzwischen umgesetzt.

Bedient sich der Staat einer **privatrechtlichen Gesellschaftsform**, etwa bei Umwandlung eines Eigenbetriebes in eine AG, so sind die Regelungen zur gesetzlichen Insolvenzsicherung dagegen anwendbar, selbst wenn die öffentliche Hand zu 100 % die Gesellschaftsanteile in Besitz halten sollte.[35]

III. Unabdingbarkeit (Abs. 3)

Die Bestimmung des Abs. 3 regelt die Frage, ob und unter welchen Bedingungen von den Vorgaben des BetrAVG durch individual- oder kollektive Regelung abgewichen werden darf. Die Grundregelung findet sich dabei in Abs. 3 S. 3, nach der von den Vorgaben des Betriebsrentengesetzes nicht zu Ungunsten des AN abgewichen werden darf, soweit keine Ausnahmefall gem. Abs. 3 S. 1 bzw. S. 2 vorliegt. Die Bestimmungen des Betriebsrentengesetzes stellen damit arbeitnehmerschützende Mindestnormen dar. Als AN i.S.d. Abs. 3 gelten auch die sog. Nicht-AN, auf die das BetrAVG gem. Abs. 1 S. 2 entsprechend Anwendung findet.[36] Allerdings sind für Organmitglieder aufgrund der bei ihnen anzunehmenden Verhandlungsstärke die in Abs. 3 S. 1 genannten Bestimmungen auch individualvertraglich abdingbar.[37]

1. Abweichung durch Tarifvertrag (Abs. 3 S. 1). Der einseitig zwingende Charakter bestimmter Vorschriften kann dann aufgehoben werden, wenn das strukturelle Ungleichgewicht zwischen AG und AN bei der Vertragsgestaltung aufgehoben ist. Dies ist anzunehmen, soweit eine Gewerkschaft die Interessen der AN vertritt und die betriebliche Altersversorgung durch TV regelt. Dementsprechend lässt es auch der Gesetzgeber in Abs. 3 S. 1 zu, dass durch TV von §§ 1a, 2 bis 5, 16, 18a S. 1, 27 und 28 abgewichen werden darf. Es besteht dabei **kein Zitiergebot**, von welchen Regelungen des BetrAVG im TV abgewichen werden soll. Entscheidend ist, **dass** die tarifvertragliche Regelung nicht das Schutzniveau der gesetzlichen Vorschrift erreicht.[38] Die TV-Parteien können dabei auch in die Rechtsverhältnisse der ausgeschiedenen Betriebsrentenanwärter und der Betriebsrentner eingreifen.[39] Die Übertragung der vom Gesetzgeber den TV-Parteien eingeräumten besonderen Regelungsbefugnis auf die Betriebsparteien durch eine entsprechende Tariföffnungsklausel ist unzulässig.[40]

a) Tarifdispositive und tariffeste Normen. Entsprechend der Aufzählung des Abs. 3 S. 1 kann durch TV von den Regelungen

– zum Anspruch auf Entgeltumwandlung (§ 1a),
– zur Berechnung der Höhe einer unverfallbaren Anwartschaft (§ 2),
– zur Abfindbarkeit unverfallbarer Anwartschaften und laufender Leistungen (§ 3),
– zur Übernahmemöglichkeit von Versorgungsanwartschaften (§ 4),
– zum Auszehrungs- und Anrechnungsverbot (§ 5),
– zur Anpassungsprüfungspflicht (§ 16),
– zur Verjährung des Versorgungsstammrechts (§ 18a S. 1),
– zu den inzwischen durch Zeitablauf bedeutungslos gewordenen Übergangsregelungen der §§ 27 und 28 abgewichen werden.

---

31 BVerwG 10.12.1981 – 3 C 1/81 – BB 1982, 373.
32 BVerfG 18.4.1994 – 1 BvR 243/87 – NJW 1994, 2348.
33 BVerwG 10.12.1981 – 3 C 2.82 – BB 1982, 372.
34 BVerfG 5.10.1993 – 1 BvL 34/81 – NJW 1994, 1465.
35 BVerwG 13.7.1999 – I C 13/98 – NZA 1999, 1217; *Höfer*, § 17 Rn 5645; *Kemper u.a.*, § 17 Rn 22.
36 So auch *Höfer*, § 17 Rn 5666 m.w.N.; a.A. *Thüsing*, AG 2003, 484.
37 BAG 21.4.2009 – 3 AZR 285/07 – juris.
38 BAG 5.10.1999 – 3 AZR 230/98 – NZA 2000, 839; *Höfer*, § 17 Rn 5650.
39 BAG 21.8.2007 – 3 AZR 102/06 – NZA 2008, 182; BAG 17.6.2008 – 3 AZR 409/06 – NZA 2008, 1244.
40 *Höfer*, § 17 Rn 5648 m.w.N.

19 **Der Dispositionsbefugnis der Tarifparteien entzogen** sind dagegen die Vorschriften
- zum Begriff der betrieblichen Altersversorgung einschließlich der gesetzlich geregelten Sonderformen (§ 1),
- zur gesetzlichen Unverfallbarkeit von Versorgungszusagen (§ 1b),
- zum Anspruch auf vorzeitige Altersleistung (§ 6),[41]
- zur gesetzlichen Insolvenzsicherung (§§ 7 bis 15),
- zum Geltungsbereich des Gesetzes (§ 17),
- zu den Sonderregelungen des öffentlichen Dienstes (§ 18),
- zur Verjährung der regelmäßig wiederkehrenden Leistungen (§ 18a S. 2) und
- die Übergangsregelungen der §§ 26, 29 bis 32.

20 **b) Grenzen der Dispositionsbefugnis.** Soweit den TV-Parteien gem. Abs. 3 S. 1 die Möglichkeit eingeräumt wird, bestimmte Mindestgrenzen des BetrAVG unterschreiten zu dürfen, stellt sich die Frage, in welchem Umfang abweichende Regelungen zulässig sind.

21 **aa) Eingriff in tariffeste Bereiche.** Die Dispositionsbefugnis ist dann überschritten, wenn die Wertungen tariffester Bestimmungen durch die Ausgestaltung der tarifdispositiven Bereiche ausgehöhlt werden. Dieser Grundsatz ist insb. dann zu beachten, wenn durch TV von den Berechnungsregelungen zur **Höhe einer unverfallbaren Anwartschaft (§ 2)** bzw. zur Abfindungshöhe (§ 3) abgewichen werden soll. Das Unterschreiten des gesetzlich vorgesehenen Wertes darf nicht zu einer so gravierenden Einbuße führen, dass die nicht zur Disposition stehende gesetzliche Regelung über die **Unverfallbarkeit einer Anwartschaft dem Grunde nach (§ 1b)** ihre Bedeutung verliert.[42] Bisher nicht geklärt ist dabei die Frage, bis zu welcher Grenze ein Absenken des Anwartschaftswertes bei vorzeitiger Beendigung des Arbvh durch TV zulässig sein soll. Das BAG hat bspw. – abweichend von den ansonsten geltenden Grundsätzen zur Berechnung einer vorgezogenen Altersleistung eines vorzeitig ausgeschiedenen AN – die mehrfache Berücksichtigung der verkürzten Betriebstreue bei der Berechnung der Versorgungshöhe nicht beanstandet.[43] *Höfer* vertritt die Auffassung, dass bei Anwendung der tarifvertraglichen Regelung mind. die Hälfte der sich nach der gesetzlichen Regelung ergebenden Anwartschaftshöhe aufrecht erhalten bleiben muss.[44] M.E. kann das Unterschreiten dieser Grenze jedoch nur als Indiz für ein Überschreiten der Dispositionsbefugnis herangezogen werden. Es bleibt jedoch im Einzelfall zu überprüfen, ob eine niedrigere oder höhere Marke anzusetzen ist, als die 50 %-Grenze.[45]

22 **bb) Immanente Schranken tarifdispositiver Bestimmungen.** Im Zusammenhang mit der Einführung der tarifdispositiven Bestimmung des § 1a (**Anspruch auf Entgeltumwandlung**) ist die Diskussion darüber entstanden, ob der Zweck der Vorschrift, Einschnitte in der gesetzlichen Rentenversicherung durch die betriebliche Altersversorgung ausgleichen zu können, den Eingriffsmöglichkeiten der TV-Parteien Grenzen setzt. Es ist umstr., ob durch TV der **Anspruch auf Entgeltumwandlung vollständig beseitigt** werden kann. Die wohl h.M. billigt den TV-Parteien die Kompetenz zu, den Anspruch gem. § 1a durch TV auszuschließen.[46] Nach a.A. ist ein Totalausschluss grds. unzulässig[47] oder zumindest nur unter der Voraussetzung zu rechtfertigen, dass ein adäquater Ersatz vereinbart wird.[48] M.E. ist nach Wortlaut und Sinn und Zweck der Vorschrift ein kompletter Ausschluss des Anspruchs auf Entgeltumwandlung zulässig, da dem AN auch in diesem Fall die Möglichkeit verbleibt, die staatliche Förderung seiner privaten Altersversorgung in Anspruch zu nehmen, um die Versorgungslücken in der gesetzlichen Rentenversicherung zu kompensieren.[49] Bei einem tarifvertraglichen Ausschluss des Anspruchs auf Entgeltumwandlung ist deshalb unwiderleglich davon auszugehen, dass sachgerechte Erwägungen zu diesem Verhandlungsergebnis geführt haben.

23 Auch i.Ü. bleiben die TV-Parteien bei der Ausgestaltung des Anspruchs auf Entgeltumwandlung weit gehend frei. Grenzen aus dem BetrAVG ergeben sich – unabhängig von § 1a – aber aus den **Vorgaben der §§ 1 Abs. 2 Nr. 3, 1b Abs. 5 zur Entgeltumwandlung**, von denen auch nicht durch TV abgewichen werden darf. Regelbar sind etwa der einzuschaltende Versorgungsträger,[50] die Mindest- bzw. Höchstgrenzen umwandelbaren Entgeltes sowie – unter Beachtung des Wertgleichheitsgebots – die Leistungsplanbestimmungen.[51]

24 **2. Inbezugnahme abweichender tariflicher Regelungen (Abs. 3 S. 2).** Unmittelbar und zwingend wirken die Regelungen eines TV auf das Arbvh nur ein, soweit AG und AN tarifgebunden sind (§ 4 Abs. 1 TVG). Um eine Spaltung der Belegschaft zu vermeiden und die tarifvertraglich gestalteten Versorgungsbedingungen einheitlich

---

41 Da § 6 keine Vorgaben über die Höhe der vorzeitigen Altersleistung enthält, sind tarifvertragliche Berechnungsregelungen ohne weiteres zulässig, BAG 24.7.2001 – 3 AZR 681/00 – NZA 2002, 1291. Tariffest ist lediglich der Anspruch auf vorzeitige Altersleistung dem Grunde nach.
42 BVerfG 25.7.1998 – 1 BvR 1554/89 u.a. – NZA 1999, 194.
43 BAG 24.7.2001 – 3 AZR 681/00 – NZA 2002, 1291.
44 *Höfer*, § 17 Rn 5652.
45 Kritisch auch ErfK/*Steinmeyer*, § 17 BetrAVG Rn 20.
46 *Höfer*, § 1a Rn 2662; *Schliemann*, BetrAV 2001, 732; *Steinmeyer*, BetrAV 2001, 727; *Rieble*, BetrAV 2001, 584.
47 *Heither*, NZA 2001, 1275.
48 *Kemper u.a.*, § 1a Rn 39; *Blomeyer*, DB 2001, 1413.
49 ErfK/*Steinmeyer*, § 17 BetrAVG Rn 27.
50 Kritisch hierzu *Hanau*, DB 2004, 2266.
51 *Höfer*, § 17 Rn 2662; *Blomeyer*, DB 2001, 1413; *Schliemann*, BetrAV 2001, 732; *Steinmeyer*, BetrAV 2001, 727.

im Unternehmen handhaben zu können, haben die abweichenden tarifrechtlichen Bestimmungen auch dann Geltung, wenn zwischen nichttarifgebundenen AG und AN deren Anwendung vereinbart wird.[52] Das Schutzbedürfnis der AN kann in diesem Fall zurücktreten, da die durch die Tarifparteien ausgehandelten und vom Gesetz zulässigerweise abweichenden Vertragsbedingungen auch bei einer einzelvertraglichen Inbezugnahme als sachgerecht und angemessen beurteilt werden können.

3. Abweichungen zu Ungunsten der Arbeitnehmer im Übrigen (Abs. 3 S. 3). Liegt kein Fall des Abs. 3 S. 1 oder 2 vor, so kann gem. Abs. 3 S. 3 nicht zu Ungunsten des AN von den Bestimmungen des BetrAVG abgewichen werden. Für die Beurteilung, ob eine ungünstigere Regelung vorliegt, bedarf es folglich einer vergleichenden Betrachtung. Diese ist in Form eines **Einzelvergleichs** anzustellen, bei der jede Unterschreitung einer gesetzlichen Mindestgrenze als Verstoß gegen ein gesetzliches Verbot zur Nichtigkeit der Regelung führt (§ 134 BGB) und nicht durch Begünstigungen an anderer Stelle kompensiert werden kann.[53] Der Günstigkeitsvergleich kann erst auf der Grundlage eines feststehenden Sachverhalts stattfinden. Durch Abs. 3 S. 3 wird damit der Abschluss eines Tatsachenvergleichs nicht behindert, durch den auch für den AN ungünstige Tatsachen außer Streit gestellt werden können.[54]

4. Abweichungen zugunsten der Arbeitnehmer. Da das BetrAVG nur einen Mindestschutz garantiert, sind weitergehende Vereinbarungen, die zugunsten der AN von den Regelungen des Betriebsrentengesetzes abweichen, zulässig. Eine Ausnahme besteht jedoch hinsichtlich der Bestimmungen des gesetzlichen Insolvenzschutzes, die insgesamt nicht zur Disposition der Vertragsparteien stehen.[55]

IV. Vorrang gesetzlicher Regelungen (Abs. 4)

Bereits vor Einführung des BetrAVG zum 22.12.1974 wurden in einzelnen Bereichen Versorgungssysteme durch Gesetz begründet, etwa durch das Gesetz zur Hüttenknappschaftlichen Pensionsversicherung im Saarland[56] – das inzwischen durch das Hüttenknappschaftliche Zusatzversicherungsneuregelungsgesetz abgelöst wurde[57] – oder das Gesetz zur Errichtung einer Zusatzversorgungskasse für AN in der Land und Forstwirtschaft.[58] Diese älteren gesetzlichen Zusatzversorgungen sollten – außer durch die Vorschrift des § 18 – von den Regelungen des jüngeren Betriebsrentengesetzes nicht beeinträchtigt werden.[59]

V. Tarifvorbehalt bei Entgeltumwandlung (Abs. 5)

Im Zusammenhang mit dem beabsichtigten Ausbau arbeitnehmerfinanzierter Versorgungszusagen durch das AVmG[60] wurde § 17 um den Abs. 5 erweitert, nach dem auf einem TV beruhende Entgeltansprüche für eine Entgeltumwandlung nur verwendet werden können, soweit dies durch TV vorgesehen oder durch TV zugelassen ist.

1. Sachlicher Anwendungsbereich. Der Tarifvorbehalt des Abs. 5 greift ein, soweit das umzuwandelnde Tarifentgelt aufgrund eines **normativ wirkenden TV** geschuldet wird, d.h. dass entweder AG und AN tarifgebunden sind oder der TV für allgemeinverbindlich erklärt wurde.[61] Besteht weder eine beidseitige Tarifgebundenheit noch ein für allgemeinverbindlich erklärter TV, sondern wird lediglich ein TV individualvertraglich in Bezug genommen, so bleibt es AG und AN unbenommen, den auf der einzelvertraglichen Abrede beruhenden Lohn umzuwandeln. Ebenso fehlt den TV-Parteien die Kompetenz, außer- oder übertarifliche Entgeltansprüche für eine Entgeltumwandlung zu sperren.[62]

2. Zeitlicher Anwendungsbereich (§ 30h). Der Tarifvorbehalt gilt gem. § 30h für Entgeltumwandlungen, die auf Zusagen beruhen, die nach dem 29.6.2001 erteilt wurden. Für Entgeltumwandlungsvereinbarungen, die **seit dem 30.6.2001** geschlossen werden, ist nunmehr geklärt, dass die Umwandlung von Tarifentgelt **unabhängig von einem Günstigkeitsvergleich** gem. § 4 Abs. 3 TVG nur zulässig ist, wenn die Tarifparteien mit einer solchen Verwendung einverstanden sind.[63] Problematisch und umstr. ist dagegen, ob die Umwandlung von Tarifentgelten, die **vor dem 30.6.2001** vereinbart wurde, nach dem **Günstigkeitsprinzip des § 4 Abs. 3 TVG** zulässig war und ist. M.E. kann ein Günstigkeitsvergleich i.S. eines Sachgruppenvergleichs angestellt werden, der auch aufgrund des bereits zuvor geltenden Wertgleichheitsprinzips und der Wahlfreiheit des AN zugunsten der Entgeltumwandlungsvereinbarung ausfällt, zumal besondere steuer- und abgabenrechtliche Vorteile mit der Entgeltumwandlung regelmäßig verbunden sind.[64]

---

52 ErfK/*Steinmeyer*, § 17 BetrAVG Rn 23.
53 *Höfer*, § 17 Rn 5665.
54 *Höfer*, § 17 Rn 5665.
55 *Höfer*, § 17 Rn 5668.
56 Gesetz v. 22.12.1971, BGBl I S. 2104.
57 Gesetz v. 21.6.2002, BGBl I S. 2167.
58 Gesetz v. 31.7.1974, BGBl I S. 1660.
59 *Blomeyer/Rolfs/Otto*, § 17 Rn 223 ff.
60 Gesetz v. 26.6.2001, BGBl I S. 1310.
61 *Blomeyer/Rolfs/Otto*, § 17 Rn 226; *Höfer*, § 17 Rn 5677.
62 *Höfer*, § 17 Rn 5676.
63 *Blomeyer/Rolfs/Otto*, § 17 Rn 227.
64 *Blomeyer/Rolfs/Otto*, § 17 Rn 227; *Höfer*, § 17 Rn 5673; *Kemper u.a.*, § 17 Rn 40; *Rieble*, BetrAV 2001, 584; *Steinmeyer*, BB 1992, 1559; a.A. *Heither*, BetrAV 2001, 720; *Blomeyer*, DB 2001, 1413.

3. Durch Tarifvertrag vorgesehen oder durch Tarifvertrag zugelassen. Die vom Gesetzgeber gewählte Formulierung („vorgesehen" oder „zugelassen") lässt darauf schließen, dass zwei verschiedene Möglichkeiten bestehen, die Umwandlung von Tarifentgelten zu gestatten. Da m.E. eine Entgeltumwandlung i.S.d. § 1 Abs. 2 Nr. 3 unmittelbar durch TV nicht erfolgen kann, sondern letztendlich immer eine **individualrechtliche Vereinbarung** mit dem einzelnen AN notwendig ist,[65] kommt einer evtl. Unterscheidung jedoch keine Bedeutung zu. Aus dem TV muss sich vielmehr ergeben, dass das Tarifentgelt nach dem Willen der TV-Parteien zur Entgeltumwandlung herangezogen werden kann. Entsprechende Öffnungsklauseln sind inzwischen in zahlreichen TV enthalten.

C. Verbindung zu anderen Rechtsgebieten

Durch § 17 wird insb. den TV-Parteien in Abs. 3 und 5 eine weitreichende Gestaltungsmacht eingeräumt. Die Wirksamkeit der Regelungen der Tarifparteien richtet sich jedoch nicht allein nach dem BetrAVG. Vielmehr sind auch die allg. Schranken tariflicher Gestaltungsmöglichkeiten zu beachten, insb. die Vorgaben des TVG sowie die Bindung an das AGG und an den Gleichbehandlungsgrundsatz.

D. Beraterhinweise

V.a. in der Insolvenz eines Unternehmens ist es häufig fraglich, ob die einem Minderheitsgesellschafter erteilte Versorgungszusage dem Anwendungsbereich des BetrAVG und damit den Vorschriften zur gesetzlichen Insolvenzsicherung unterfällt. Ob und inwieweit eine Zusammenrechnung von Gesellschaftsanteilen erfolgen kann, wird auch künftig umstr. bleiben. Aus steuerlichen Gründen werden Versorgungszusagen an Geschäftsführer und Vorstandsmitglieder vorrangig als Direktzusage ausgestaltet. Um der Unsicherheit zu entgehen, ob das Betriebsrenteversprechen dem BetrAVG unterfällt und damit der gesetzliche Insolvenzschutz eingreift, sollte die unmittelbare Zusage regelmäßig mit einer Rückdeckungsversicherung verbunden werden und das hieraus resultierende Bezugsrecht an den Versorgungsempfänger verpfändet werden. Dieses Vorgehen empfiehlt sich in besonderem Maße bei Gesellschafter-Geschäftsführern, um dem Verdacht entgegenzuwirken, es handele sich um eine verdeckte Gewinnausschüttung, weil die Versorgungszusage nicht ernstlich gemeint oder nicht finanzierbar sei.[66]

§ 18 Sonderregelungen für den öffentlichen Dienst

(1) Für Personen, die
1. bei der Versorgungsanstalt des Bundes und der Länder (VBL) oder einer kommunalen oder kirchlichen Zusatzversorgungseinrichtung pflichtversichert sind, oder
2. bei einer anderen Zusatzversorgungseinrichtung pflichtversichert sind, die mit einer der Zusatzversorgungseinrichtungen nach Nummer 1 ein Überleitungsabkommen abgeschlossen hat oder aufgrund satzungsrechtlicher Vorschriften der Zusatzversorgungseinrichtungen nach Nummer 1 ein solches Abkommen abschließen kann, oder
3. unter das Gesetz über die zusätzliche Alters- und Hinterbliebenenversorgung für Angestellte und Arbeiter der Freien und Hansestadt Hamburg (Erstes Ruhegeldgesetz – 1. RGG), das Gesetz zur Neuregelung der zusätzlichen Alters- und Hinterbliebenenversorgung für Angestellte und Arbeiter der Freien und Hansestadt Hamburg (Zweites Ruhegeldgesetz – 2. RGG) oder unter das Bremische Ruhelohngesetz in ihren jeweiligen Fassungen fallen oder auf die diese Gesetze sonst Anwendung finden,

gelten die §§ 2, 5, 16, 27 und 28 nicht, soweit sich aus den nachfolgenden Regelungen nichts Abweichendes ergibt; § 4 gilt nicht, wenn die Anwartschaft oder die laufende Leistung ganz oder teilweise umlage- oder haushaltsfinanziert ist.

(2) Bei Eintritt des Versorgungsfalles erhalten die in Absatz 1 Nr. 1 und 2 bezeichneten Personen, deren Anwartschaft nach § 1b fortbesteht und deren Arbeitsverhältnis vor Eintritt des Versorgungsfalles geendet hat, von der Zusatzversorgungseinrichtung eine Zusatzrente nach folgenden Maßgaben:
1. Der monatliche Betrag der Zusatzrente beträgt für jedes Jahr der aufgrund des Arbeitsverhältnisses bestehenden Pflichtversicherung bei einer Zusatzversorgungseinrichtung 2,25 vom Hundert, höchstens jedoch 100 vom Hundert der Leistung, die bei dem höchstmöglichen Versorgungssatz zugestanden hätte (Voll-Leistung). Für die Berechnung der Voll-Leistung

---

[65] Blomeyer/Rolfs/Otto, § 17 Rn 230; Schliemann, BetrAV 2001, 732.

[66] Zur Problematik der verdeckten Gewinnausschüttung aus jüngerer Zeit: BFH 9.11.2005 – I R 89/04 – BB 2006, 80; BFH 15.9.2004 – I R 62/03 – DB 2005, 21; BFH 31.3.2004 – I R 65/03 – DB 2004, 1536.

a) ist der Versicherungsfall der Regelaltersrente maßgebend,
b) ist das Arbeitsentgelt maßgebend, das nach der Versorgungsregelung für die Leistungsbemessung maßgebend wäre, wenn im Zeitpunkt des Ausscheidens der Versicherungsfall im Sinne der Versorgungsregelung eingetreten wäre,
c) finden § 2 Abs. 5 Satz 1 und § 2 Abs. 6 entsprechend Anwendung,
d) ist im Rahmen einer Gesamtversorgung der im Falle einer Teilzeitbeschäftigung oder Beurlaubung nach der Versorgungsregelung für die gesamte Dauer des Arbeitsverhältnisses maßgebliche Beschäftigungsquotient nach der Versorgungsregelung als Beschäftigungsquotient auch für die übrige Zeit maßgebend,
e) finden die Vorschriften der Versorgungsregelung über eine Mindestleistung keine Anwendung und
f) ist eine anzurechnende Grundversorgung nach dem bei der Berechnung von Pensionsrückstellungen für die Berücksichtigung von Renten aus der gesetzlichen Rentenversicherung allgemein zulässigen Verfahren zu ermitteln. Hierbei ist das Arbeitsentgelt nach Buchstabe b zugrunde zu legen und – soweit während der Pflichtversicherung Teilzeitbeschäftigung bestand – diese nach Maßgabe der Versorgungsregelung zu berücksichtigen.

2. Die Zusatzrente vermindert sich um 0,3 vom Hundert für jeden vollen Kalendermonat, den der Versorgungsfall vor Vollendung des 65. Lebensjahres eintritt, höchstens jedoch um den in der Versorgungsregelung für die Voll-Leistung vorgesehenen Vomhundertsatz.
3. Übersteigt die Summe der Vomhundertsätze nach Nummer 1 aus unterschiedlichen Arbeitsverhältnissen 100, sind die einzelnen Leistungen im gleichen Verhältnis zu kürzen.
4. Die Zusatzrente muss monatlich mindestens den Betrag erreichen, der sich aufgrund des Arbeitsverhältnisses nach der Versorgungsregelung als Versicherungsrente aus den jeweils maßgeblichen Vomhundertsätzen der zusatzversorgungspflichtigen Entgelte oder der gezahlten Beiträge und Erhöhungsbeträge ergibt.
5. Die Vorschriften der Versorgungsregelung über das Erlöschen, das Ruhen und die Nichtleistung der Versorgungsrente gelten entsprechend. Soweit die Versorgungsregelung eine Mindestleistung in Ruhensfällen vorsieht, gilt dies nur, wenn die Mindestleistung der Leistung im Sinne der Nummer 4 entspricht.
6. Verstirbt die in Absatz 1 genannte Person, erhält eine Witwe oder ein Witwer 60 vom Hundert, eine Witwe oder ein Witwer im Sinne des § 46 Abs. 1 des Sechsten Buches Sozialgesetzbuch 42 vom Hundert, eine Halbwaise 12 vom Hundert und eine Vollwaise 20 vom Hundert der unter Berücksichtigung der in diesem Absatz genannten Maßgaben zu berechnenden Zusatzrente; die §§ 46, 48, 103 bis 105 des Sechsten Buches Sozialgesetzbuch sind entsprechend anzuwenden. Die Leistungen an mehrere Hinterbliebene dürfen den Betrag der Zusatzrente nicht übersteigen; gegebenenfalls sind die Leistungen im gleichen Verhältnis zu kürzen.
7. Versorgungsfall ist der Versicherungsfall im Sinne der Versorgungsregelung.

(3) Personen, auf die bis zur Beendigung ihres Arbeitsverhältnisses die Regelungen des Ersten Ruhegeldgesetzes, des Zweiten Ruhegeldgesetzes oder des Bremischen Ruhelohngesetzes in ihren jeweiligen Fassungen Anwendung gefunden haben, haben Anspruch gegenüber ihrem ehemaligen Arbeitgeber auf Leistungen in sinngemäßer Anwendung des Absatzes 2 mit Ausnahme von Absatz 2 Nr. 3 und 4 sowie Nr. 5 Satz 2; bei Anwendung des Zweiten Ruhegeldgesetzes bestimmt sich der monatliche Betrag der Zusatzrente abweichend von Absatz 2 nach der nach dem Zweiten Ruhegeldgesetz maßgebenden Berechnungsweise.

(4) Die Leistungen nach den Absätzen 2 und 3 werden, mit Ausnahme der Leistungen nach Absatz 2 Nr. 4, jährlich zum 1. Juli um 1 vom Hundert erhöht, soweit in diesem Jahr eine allgemeine Erhöhung der Versorgungsrenten erfolgt.

(5) Besteht bei Eintritt des Versorgungsfalles neben dem Anspruch auf Zusatzrente oder auf die in Absatz 3 oder Absatz 7 bezeichneten Leistungen auch Anspruch auf eine Versorgungsrente oder Versicherungsrente der in Absatz 1 Satz 1 Nr. 1 und 2 bezeichneten Zusatzversorgungseinrichtungen oder Anspruch auf entsprechende Versorgungsleistungen der Versorgungsanstalt der deutschen Kulturorchester oder der Versorgungsanstalt der deutschen Bühnen oder nach den Regelungen des Ersten Ruhegeldgesetzes, des Zweiten Ruhegeldgesetzes oder des Bremischen Ruhelohngesetzes, in deren Berechnung auch die der Zusatzrente zugrunde liegenden Zeiten berücksichtigt sind, ist nur die im Zahlbetrag höhere Rente zu leisten.

(6) Eine Anwartschaft auf Zusatzrente nach Absatz 2 oder auf Leistungen nach Absatz 3 kann bei Übertritt der anwartschaftsberechtigten Person in ein Versorgungssystem einer überstaatlichen Einrichtung in das Versorgungssystem dieser Einrichtung übertragen werden, wenn ein entsprechendes Abkommen zwischen der Zusatzversorgungseinrichtung oder der Freien und Hansestadt Hamburg oder der Freien Hansestadt Bremen und der überstaatlichen Einrichtung besteht.

(7) ¹Für Personen, die bei der Versorgungsanstalt der deutschen Kulturorchester oder der Versorgungsanstalt der deutschen Bühnen pflichtversichert sind, gelten die §§ 2 bis 5, 16, 27 und 28 nicht. ²Bei Eintritt des Versorgungsfalles treten an die Stelle der Zusatzrente und der Leistungen an Hinterbliebene nach Absatz 2 und an die Stelle der Regelung in Absatz 4 die satzungsgemäß vorgesehenen Leistungen; Absatz 2 Nr. 5 findet entsprechend Anwendung. ³Die Höhe der Leistungen kann nach dem Ausscheiden aus dem Beschäftigungsverhältnis nicht mehr geändert werden. ⁴Als pflichtversichert gelten auch die freiwillig Versicherten der Versorgungsanstalt der deutschen Kulturorchester und der Versorgungsanstalt der deutschen Bühnen.

(8) Gegen Entscheidungen der Zusatzversorgungseinrichtungen über Ansprüche nach diesem Gesetz ist der Rechtsweg gegeben, der für Versicherte der Einrichtung gilt.

(9) Bei Personen, die aus einem Arbeitsverhältnis ausscheiden, in dem sie nach § 5 Abs. 1 Satz 1 Nr. 2 des Sechsten Buches Sozialgesetzbuch versicherungsfrei waren, dürfen die Ansprüche nach § 2 Abs. 1 Satz 1 und 2 nicht hinter dem Rentenanspruch zurückbleiben, der sich ergeben hätte, wenn der Arbeitnehmer für die Zeit der versicherungsfreien Beschäftigung in der gesetzlichen Rentenversicherung nachversichert worden wäre; die Vergleichsberechnung ist im Versorgungsfall aufgrund einer Auskunft der Deutschen Rentenversicherung Bund vorzunehmen.

Literatur: *Beckmann/Hebler*, Zusatzversorgung für Arbeitnehmer des öffentlichen Dienstes, 6. Aufl. 2003; *Gilbert/Hesse*, Die Versorgung der Arbeiter und Angestellten im öffentlichen Dienst, Loseblatt; *Hügelschäffer*, Die neue Zusatzversorgung des öffentlichen Dienstes, BetrAV 2002, 237; *Langenbrinck/Mühlstädt*, Betriebsrente der Beschäftigten des öffentlichen Dienstes, 2. Aufl. 2003; *Preis/Temming*, Neuordnung der betrieblichen Altersversorgung im öffentlichen Dienst, in: Recht der Wirtschaft und der Arbeit in Europa, GS für Blomeyer, 2003, S. 247; *Rengier*, Ablösung des Gesamtversorgungssystems im öffentlichen Dienst durch die Altersvorsorge-Tarifverträge vom 1.3.2002, NZA 2004, 817; *Schaub*, Die Neuregelung der Altersversorgung im öffentlichen Dienst, NZA 2002, 1119; *Stephan*, Die Neuordnung der betrieblichen Altersversorgung im öffentlichen Dienst, ZTR 2002, 49 und 150

A. Allgemeines	1	II. Zusatzrente bei Unverfallbarkeit (Abs. 2)	6
I. Hintergrund der Vorschrift	1	1. Berechnungsmethode	7
II. Rechtsgrundlage	2	2. Künftige Relevanz	8
III. Rechtsbeziehungen	3	III. Anpassung (Abs. 4)	9
B. Regelungsgehalt	4	IV. Rechtsweg (Abs. 8)	10
I. Nichtgeltung einzelner Vorschriften (Abs. 1)	5	**C. Ausblick**	11

A. Allgemeines

I. Hintergrund der Vorschrift

1 Durch die Vorschrift des § 18, die aus sich heraus kaum verständlich ist, soll den Besonderheiten der Zusatzversorgung im öffentlichen Dienst Rechnung getragen werden. Hintergrund war das Ziel, ein an der Beamtenversorgung angelehntes Versorgungssystem zu schaffen. Um dieses Ziel zu erreichen erschien es unerlässlich, bestimmte Vorschriften des BetrAVG als nicht anwendbar zu erklären und durch eigenständige Regelungen zu ersetzen. Insb. für den Fall der vorzeitigen Beendigung des Arbverh sah es der Gesetzgeber als notwendig an, in § 18 a.F. eine strukturell von § 2 abweichende Berechnungsmethode zur Ermittlung der Höhe einer unverfallbaren Anwartschaft vorzugeben. Zwar konnten auf der Grundlage des § 18 a.F. auch höhere unverfallbare Anwartschaftsrechte erworben werden, als bei Geltung des § 2, gewöhnlich ergaben sich jedoch geringere Anwartschaftswerte. Die Abweichungen wurden als so erheblich vom BVerfG eingestuft, dass hierin ein **Verstoß gegen Art. 3 Abs. 1 GG und Art. 12 GG** erblickt wurde. Mit Beschluss v. 15.7.1998[1] wurde daraufhin die Norm des § 18 a.F. insg. für verfassungswidrig erklärt und dem Gesetzgeber eine Übergangsfrist für die Neuregelung bis zum 31.12.2000 einräumte. Mit Gesetz vom 21.12.2000[2] wurde § 18 daraufhin insg. neu gefasst und mit Wirkung zum 1.1.2001 in das BetrAVG eingeführt. § 30d enthält die mit der Umstellung notwendig gewordene Übergangsregelung.[3] Bei der Neuregelung des § 18 wurden auch zwei weitere Entscheidungen des BVerfG zur Verfassungswidrigkeit der ursprünglichen Berechnung der Zusatzversorgung von Teilzeitbeschäftigten[4] und zur möglichen Verfassungswidrigkeit des „Halbanrechnungsverfahrens"[5] aufgenommen. Mit der jetzigen Fassung – insb. des Abs. 2 – soll eine möglichst weit gehende **Gleichstellung der AN im öffentlichen Dienst mit den AN der Privatwirtschaft** bei der Berechnung einer aufrechtzuerhaltenden Anwartschaft erreicht werden.[6]

---

1 1 BvR 1554/89 u.a. – BVerfGE 98, 365 = NZA 1999, 194.
2 BGBl I S. 1914.
3 Zu den sich aus der Umstellung ergebenden Problemen BGH 14.1.2004 – IV ZR 56/03 – VersR 2004, 453; BGH 29.9.2004 – IV ZR 175/03 – NZA 2005, 299.
4 BVerfG 25.8.1999 – 1 BvR 1246/95 – NZA 1999, 1152.
5 BVerfG 22.3.2000 – 1 BvR 1136/96 – NZA 2000, 996.
6 *Kemper u.a.*, § 18 Rn 13.

II. Rechtsgrundlage

Die Zusatzversorgung im öffentlichen Dienst ist traditionell durch TV geregelt, auf den bei fehlender beidseitiger Tarifgebundenheit regelmäßig Bezug genommen wird und an dem sich die Satzungen der Zusatzversorgungskassen orientieren. Um ein der Beamtenversorgung vergleichbares Versorgungsniveau zu gewährleisten, wurde die Zusatzversorgung der AN des öffentlichen Dienstes ursprünglich als Gesamtversorgungssystem konzipiert.[7] Auch die Vorgaben des § 18 sind auf ein solches System zugeschnitten. Zum 1.1.2001 wurde das **Gesamtversorgungssystem** jedoch tarifvertraglich durch eine **beitragsorientierte Zusatzversorgung** abgelöst („Vorsorgeplan 2001"), die nach einem Punktemodell ausgestaltet ist.[8] Bedeutung hat in diesem Zusammenhang die Berechnungsvorschrift des Abs. 2, nach der ermittelt wird, welcher Besitzstand bei der Ablösung der tarifvertraglichen Versorgungsordnung bei rentenfernen Jahrgängen gewahrt bleibt und als Startgutschrift übernommen wird.[9] Die gesetzlichen Regelungen des § 18 haben i.Ü. nur eine sehr begrenzte praktische Bedeutung.

III. Rechtsbeziehungen

Die Zusatzversorgung des öffentlichen Dienstes wird über Versorgungskassen durchgeführt, die als Pensionskassen regelmäßig die Rechtsform einer Körperschaft des öffentlichen Rechts haben. Aufgrund dieser Konstellation entfällt gewöhnlich die gesetzliche Insolvenzsicherungspflicht (siehe § 17 Rn 12). Der AN nimmt gegenüber der Versorgungskasse die Stellung des Versicherten und Bezugsberechtigten ein, der AG tritt als Versicherungsnehmer auf. Grundlage der betrieblichen Altersversorgung bleibt auch im öffentlichen Dienst aber die Versorgungszusage des AG gegenüber dem AN.

B. Regelungsgehalt

Die Vielschichtigkeit der Zusatzversorgung im öffentlichen Dienst spiegelt sich in dem Umfang der Vorschrift des § 18 wider.[10]

I. Nichtgeltung einzelner Vorschriften (Abs. 1)

In Abs. 1 Nr. 1 bis 3 wird der Geltungsbereich des § 18 danach festgelegt, ob Personen bei bestimmten Zusatzversorgungseinrichtungen **pflichtversichert** sind (Nr. 1 und 2) oder unter den **Geltungsbereich besonderer gesetzlicher Regelungen** fallen (Nr. 3). Neben der ausdrücklich benannten Versorgungsanstalt des Bundes und der Länder (VBL) zählen hierzu über 20 weitere Zusatzkassen, bspw. auch die Rheinische Zusatzversorgungskasse für Gemeinden und Gemeindeverbände in Köln, die Zusatzversorgungskasse der bayerischen Gemeinden in München oder die Kirchliche Zusatzversorgungskasse des Verbandes der Diozösen Deutschlands.[11] Gehören die AN zu dem in Nr. 1 bis 3 beschriebenen Personenkreis, so gelten die Regelungen der §§ 2, 5, 16, 27 und 28 nicht, soweit sich aus den weiteren Regelungen des § 18 nichts Abweichendes ergibt. Betroffen sind folglich die Bestimmungen zur Berechnung der **Höhe einer unverfallbaren Anwartschaft (§ 2)**, zum **Anrechnungs- und Auszehrungsverbot (§ 5)** sowie zur **Anpassungsprüfungspflicht (§ 16)**.

II. Zusatzrente bei Unverfallbarkeit (Abs. 2)

Die Vorschrift des Abs. 2 regelt – abweichend von der Methode des § 2 – die Berechnung der Höhe der nach § 1b aufrechtzuerhaltenden Versorgungsanwartschaft von AN, die nach Abs. 1 Nr. 1 und 2 bei einer der aufgeführten Zusatzkassen pflichtversichert sind. Für Personen, die nach Abs. 1 Nr. 3 in den Anwendungsbereich des § 18 einbezogen werden, gilt die nur unwesentlich von Abs. 2 abweichende Berechnungsvorschrift des Abs. 3. Nach Eintritt des Versorgungsfalls ist der Anspruch gegenüber der Versorgungskasse geltend zu machen, bei der die Versicherung zum Zeitpunkt des Ausscheidens bestand, soweit das Versicherungsverhältnis nicht auf eine andere Zusatzversorgungskasse weitergeleitet wurde.[12]

1. Berechnungsmethode. Bei der Neufassung des Abs. 2 wurde der Gesetzgeber von der Vorstellung geleitet, dass auch weiterhin die Zusatzversorgung im öffentlichen Dienst als **Gesamtversorgungssystem** ausgestaltet ist. Die Regelungen zielen darauf ab, die für die Gesamtversorgungsberechnung maßgeblichen Faktoren für den Fall der vorzeitigen Beendigung näher zu konkretisieren. So sollte im öffentlichen Dienst nach 40jähriger Zugehörigkeit ein Gesamtversorgungsniveau von 91,75 % des letzten Arbeitsentgeltes unter Anrechnung der gesetzlichen Sozialrente erreicht werden. Die von der Zusatzversorgung beanspruchbare Vollleistung ergab sich aus der Differenz zwi-

---

7 Gesamtversorgungsziel: 91,75 % des letzten Nettoeinkommens.
8 Informationen zur Umstellung bei der VBL unter www.vbl.de; siehe auch *Hügelschäffer*, BetrAV 2002, 237; *Preis/Temming*, in: GS für Blomeyer, S. 247; *Rengier*, NZA 2004, 817; *Schaub*, NZA 2002, 1119; *Stephan*, ZTR 2002, 49 und 150.
9 *Rengier*, NZA 2004, 817.
10 Zur Vertiefung: *Kemper u.a.*, § 18 u. Anh. I; *Beckmann/Hebler*, Zusatzversorgung nach dem Punktemodell für Arbeitnehmer des öffentlichen Dienstes; *Langenbrinck/Mühlstädt*, Betriebsrente der Beschäftigten des öffentlichen Dienstes.
11 Vgl. die Aufzählung in *Kemper u.a.*, § 18 Rn 9.
12 *Förster/Rühmann/Cisch*, § 18 Rn 12.

schen der gesetzlichen Rente und dem angestrebten Versorgungsniveau. Entsprechend finden sich in Abs. 2 Nr. 1 v.a. Vorgaben, die der Bestimmung des maßgeblichen Arbeitsentgeltes, der voraussichtlichen gesetzlichen Rente und des anzusetzenden Beschäftigungsquotienten dienen.[13]

2. Künftige Relevanz. Durch die Umstellung der Zusatzversorgung im öffentlichen Dienst auf ein **beitragsorientiertes Leistungssystem**, ist die Regelung des Abs. 2 nicht mehr geeignet, als Berechnungsgrundlage für die Ermittlung der Höhe der aufrechtzuerhaltenden Anwartschaften zu dienen.[14] Die Vorschrift ist jedoch insoweit von großer Bedeutung, als die bis zur Umstellung zum 1.1.2002 bereits erdiente Anwartschaftshöhe nach dem Versorgungs-TV für rentenferne Jahrgänge nach § 18 Abs. 2 berechnet und anschließend in das Punktemodell übertragen wird.[15] In diesem Zusammenhang wurde diskutiert, ob Abs. 2 n.F. **verfassungskonform** ist, da die Vorschrift insb. durch den festen Beschäftigungsquotienten von 2,25 % pro pflichtversichertem Jahr und dem allein anzuwendenden Näherungsverfahren bei der Ermittlung der zu berücksichtigenden gesetzlichen Rente weiterhin von der Vorschrift des § 2 abweicht.[16] Der BGH hat mit Urteil v. 14.11.2007 zwar die Berechnung der Startgutschriften **für rentenferne Jahrgänge** in weiten Teilen gebilligt (bspw. Nichtberücksichtigung früherer Mindestleistungen und von Vordienstzeiten, Maßgeblichkeit des gesamtversorgungsfähigen Einkommens der Jahre 1999–2001), die Berücksichtigung des Beschäftigungsquotienten von 2,25 % aber als nicht mit Art. 3 Abs. 1 GG vereinbar gewertet. Diese Regelung führe zu einer nicht gerechtfertigten Benachteiligung von AN des öffentlichen Dienstes mit längeren Ausbildungszeiten, die von vornherein die für die Vollrente notwendige Anzahl von 44,44 Pflichtversicherungsjahren erreichen könnten und mit überproportionalen Abschlägen rechnen müssten.[17] Die Neuregelung müsse durch die Tarifparteien erfolgen, an deren Stelle sich das Gericht nicht setzen dürfe.

Demgegenüber wurden die Übergangsregelungen für **rentennahe Jahrgänge** durch den BGH akzeptiert.[18]

III. Anpassung (Abs. 4)

Das BVerfG hatte in seinem Beschluss v. 22.3.2000[19] den Ausschluss der Dynamisierung gem. § 18 a.F. im Hinblick auf die in der Privatwirtschaft zu beachtende Anpassungsprüfungspflicht gem. § 16 nur noch bis zum 31.12.2000 als mit Art. 3 Abs. 1 GG vereinbar eingeordnet. Dementsprechend war der Gesetzgeber gezwungen, bei der Neuordnung der Zusatzversorgung eine entsprechende Dynamisierungsregelung einzufügen. Dies ist durch Abs. 4 geschehen, nach dem auch Leistungen gem. Abs. 2 und 3 – mit Ausnahmen von Versicherungsrenten, die nach Abs. 2 Nr. 4 nur noch eine Mindestrente darstellen – **jährlich zum 1. Juli um 1 % erhöht** werden, soweit in diesem Jahr eine allg. Erhöhung der Versorgungsrenten erfolgt.[20] Hierdurch soll bezweckt werden, dass der vorzeitig ausgeschiedene Versorgungsempfänger nicht besser gestellt wird als der bis zum Versorgungsfall diensttreue Versorgungsempfänger.

IV. Rechtsweg (Abs. 8)

Gem. Abs. 8 ist bei Streitigkeiten zwischen der Zusatzversorgungseinrichtung und dem Versorgungsberechtigten der Rechtsweg einzuschlagen, der für Versicherte der Einrichtung gilt. Dies ist bei der VBL als größter Zusatzversorgungseinrichtung der Rechtsweg zu den **ordentlichen Gerichten**, soweit ein in der Satzung vorgesehenes Schiedsgerichtsverfahren mangels Schiedsvertrages nicht durchzuführen ist.[21]

C. Ausblick

Die Zusatzversorgung im öffentlichen Dienst wurde stark durch die Regelungen der Beamtenversorgung geprägt, um ein vergleichbares Versorgungsniveau zu gewährleisten und Spannungen zwischen diesen Gruppen zu vermeiden. Mit der Umstellung der Zusatzversorgung von einem Gesamtversorgungssystem zu einem beitragsorientierten System hat die öffentliche Hand nunmehr eine Abkopplung vorgenommen, sodass sich auch die Versorgung im öffentlichen Dienst den in der Privatwirtschaft geltenden Regelungen wird weiter anpassen müssen.

---

13 *Kemper u.a.*, § 18 Rn 23.
14 *Kemper u.a.*, § 18 Rn 23.
15 Zu der neugestalteten Versorgung im öffentlichen Dienst nach dem „Vorsorgeplan 2001" *Hügelschäffer*, BetrAV 2002, 237; *Preis/Temming*, in: GS für Blomeyer, S. 247; *Rengier*, NZA 2004, 817; *Schaub*, NZA 2002, 1119; *Stephan*, ZTR 2002, 49 und 150.
16 *Kemper u.a.*, § 18 Rn 24 ff.
17 BGH 14.11.2007 – IV ZR 74/06 – BGHZ 174, 127.
18 BGH 24.9.2008 – IV ZR 134/07 – VersR 2008, 1677.
19 BVerfG 22.3.2000 – 1 BvR 1136/96 – NZA 2000, 996.
20 Zu den Übergangsproblemen bei der Dynamisierung BGH 14.1.2004 – IV ZR 56/03 – VersR 2004, 453.
21 *Kemper u.a.*, § 18 Rn 22.

§ 18a Verjährung

¹Der Anspruch auf Leistungen aus der betrieblichen Altersversorgung verjährt in 30 Jahren. ²Ansprüche auf regelmäßig wiederkehrende Leistungen unterliegen der regelmäßigen Verjährungsfrist nach den Vorschriften des Bürgerlichen Gesetzbuchs.

Literatur: *Däubler*, Die Auswirkungen der Schuldrechtsmodernisierung auf das Arbeitsrecht, NZA 2001, 1329; *Henssler*, Arbeitsrecht und Schuldrechtsreform, RdA 2002, S. 129; *Höfer*, Das neue Betriebsrentenrecht 2003

A. Allgemeines	1	II. Dreijährige Verjährungsfrist (S. 2)	6
B. Regelungsgehalt	2	III. Überleitungsvorschriften	8
I. Dreißigjährige Verjährungsfrist (S. 1)	2		

A. Allgemeines

Der durch Art. 5 Abs. 35 Nr. 3 des Gesetzes zur Modernisierung des Schuldrechts in das BetrAVG eingefügte[1] § 18a basiert auf der st. Rspr. des BAG,[2] welche im Rahmen der Verjährung zwischen dem sog. Rentenstammrecht und den Ansprüchen auf wiederkehrende Leistungen unterscheidet.[3] Danach betrug die Verjährungsfrist für das Rentenstammrecht 30 Jahre. Das Gleiche galt für den Anspruch auf Erteilung einer Versorgungszusage. Hingegen verjährten die einzelnen Rentenforderungen gem. § 196 Abs. 1 Nr. 8 BGB a.F. in zwei Jahren.[4] Ohne die Regelung des § 18a würde nach der Schuldrechtsmodernisierung insb. das Rentenstammrecht bereits nach drei Jahren verjähren.[5] Speziell aus Gründen des AN-Schutzes wollte der Gesetzgeber jedoch das bisherige Schutzniveau beibehalten.[6]

B. Regelungsgehalt

I. Dreißigjährige Verjährungsfrist (S. 1)

Gem. S. 1 ist das **Rentenstammrecht** der dreißigjährigen Verjährung unterworfen.

Bezüglich der Verjährung von Ansprüchen auf Erteilung einer Versorgungszusage etwa aus **Gleichbehandlungsgrundsatz** oder aus **betrieblicher Übung** fehlt eine gesetzliche Regelung. Es ist mit der bisherigen Rspr. des BAG[7] davon auszugehen, dass in einem solchen Fall ebenfalls die dreißigjährige Verjährungsfrist anzuwenden ist, auch wenn nach der Reform des Schuldrechts die regelmäßige Verjährungsfrist nunmehr nur noch drei Jahre beträgt.[8] Denn es steht „die dauernde Alterssicherung auf dem Spiel".[9]

Ebenfalls ist für Ansprüche auf einmalige **Kapitalzahlungen** im Rahmen der betrieblichen Altersversorgung die dreißigjährige Verjährungsfrist anzuwenden.[10] Die kurze Verjährungsfrist ist nur gerechtfertigt, wenn der infolge der Fristversäumung drohende Rechtsverlust nicht allzu schwer ins Gewicht fällt.[11] Das ist aber gerade bei der dauernden Alterssicherung nicht der Fall.[12] Damit gilt S. 1 insb. für die auf das Rentenstammrecht bezogenen Ansprüche, wie den Anspruch auf Erteilung einer Versorgungszusage oder auf Verschaffung einer Zusatzversorgung.[13]

S. 1 enthält bezüglich des Beginns der Verjährungsfrist keine eigene Regelung. Hier ist § 200 S. 1 BGB anzuwenden, wonach die Verjährungsfrist mit der Entstehung des Anspruchs beginnt.[14]

---

1 Gesetz v. 26.11.2001 (BGBl I S. 3138).
2 BAG 27.2.1990 – 3 AZR 213/88 – EzA § 1 BetrAVG Nr. 56 = AP § 1 BetrAVG Vordienstzeiten Nr. 13; BAG 7.11.1989 – 3 AZR 48/88 – NZA 1990, 524.
3 *Höfer*, § 18a Rn 5684.
4 BAG 5.2.1971 – 3 AZR 28/70 – EzA § 242 BGB Betriebliche Übung Nr. 2 = AP § 242 BGB Betriebliche Übung Nr. 10; ErfK/*Steinmeyer*, § 18a BetrAVG Rn 1; *Henssler*, RdA 2002, 129, 130.
5 *Blomeyer/Rolfs/Otto*, § 18a Rn 1.
6 BT-Drucks 14/7052, S. 213; *Blomeyer/Rolfs/Otto*, § 18a Rn 1; *Däubler*, NZA 2001, 1329, 1331.
7 BAG 5.2.1971 – 3 AZR 28/70 – EzA § 242 BGB Betriebliche Übung Nr. 2 = AP § 242 BGB Betriebliche Übung Nr. 10.
8 ErfK/*Steinmeyer*, § 18a BetrAVG Rn 2.
9 BAG 5.2.1971 – 3 AZR 28/70 – EzA § 242 BGB Betriebliche Übung Nr. 2 = AP § 242 BGB Betriebliche Übung Nr. 10.
10 BAG 5.2.1971 – 3 AZR 28/70 – EzA § 242 BGB Betriebliche Übung Nr. 2 = AP § 242 BGB Betriebliche Übung Nr. 10; HWK/*Schipp*, § 18a BetrAVG Rn 1.
11 BAG 5.2.1971 – 3 AZR 28/70 – EzA § 242 BGB Betriebliche Übung Nr. 2 = AP § 242 BGB Betriebliche Übung Nr. 10; BAG 28.3.1968 – 3 AZR 54/67 – AP § 195 BGB Nr. 4.
12 BAG 5.2.1971 – 3 AZR 28/70 – EzA § 242 BGB Betriebliche Übung Nr. 2 = AP § 242 BGB Betriebliche Übung Nr. 10; BAG 28.3.1968 – 3 AZR 54/67 – AP § 195 BGB Nr. 4.
13 BAG 17.8.2004 – 3 AZR 367/03 – AP § 16 BetrAVG Nr. 55; ErfK/*Steinmeyer*, § 18a BetrAVG Rn 4.
14 *Höfer*, Das neue Betriebsrentenrecht, Rn 604; *Blomeyer/Rolfs/Otto*, § 18a Rn 4.

5   Von der dreißigjährigen Verjährungsfrist kann nach § 17 Abs. 3 S. 1 zum Nachteil des AN durch eine entsprechende **tarifvertragliche** Regelung abgewichen werden. Eine arbeitsvertragliche oder betriebliche Verkürzung ist damit ausgeschlossen.[15]

II. Dreijährige Verjährungsfrist (S. 2)

6   Laufende Rentenzahlungen unterliegen der regelmäßigen dreijährigen Verjährung gem. § 195 BGB. Die dreijährige Verjährungsfrist gilt auch für die einzelnen **Anpassungsraten** gem. § 16.[16] **Erstattungsansprüche** des AG wegen Verletzung der Auskunftspflichten des Versorgungsberechtigten verjähren in drei Jahren.[17] Das BAG setzte die Verjährung von Erstattungsansprüchen mit der Verjährung von Forderungen aus pVV gleich und bezog sich auf die damals geltende dreißigjährige Verjährung. Da sich das BAG ausdrücklich auf die regelmäßige Verjährung bezieht, ist davon auszugehen, dass die Erstattungsansprüche nunmehr der regelmäßigen dreijährigen Frist unterworfen sind.[18]
S. 2 findet im Rahmen der betrieblichen Altersversorgung Anwendung auf AN, Organmitglieder sowie die Hinterbliebenen.[19]

7   Nach § 199 Abs. 1 BGB beginnt die **regelmäßige Verjährungsfrist** mit dem Schluss des Jahres, in dem der Anspruch entstanden ist und der Gläubiger von den anspruchsbegründenden Umständen und der Person des Schuldners Kenntnis erlangt oder ohne grobe Fahrlässigkeit hätte erlangen müssen.

III. Überleitungsvorschriften

8   Auf die zum Zeitpunkt des Inkrafttretens der Schuldrechtsreform (1.1.2002) noch nicht verjährten Ansprüche findet Art. 229 § 6 EGBGB Anwendung.

Zweiter Teil: Steuerrechtliche Vorschriften

§ 19-25 Änderungs- und Aufhebungsvorschriften

Dritter Teil: Übergangs- und Schlußvorschriften

§ 26 [Rückwirkungsausschluß]

Die §§ 1 bis 4 und 18 gelten nicht, wenn das Arbeitsverhältnis oder Dienstverhältnis vor dem Inkrafttreten des Gesetzes beendet worden ist.

1   Das Betriebsrentengesetz ist am 22.12.1974 in Kraft getreten. Nach § 26 finden die Regelungen zur gesetzlichen Unverfallbarkeit (§§ 1 bis 4 a.F.) sowie die Sonderregelungen des öffentlichen Dienstes keine Anwendung, wenn das Arbeits- bzw. Dienstverhältnis vor dem 22.12.1974 beendet wurde.[1] In diesen Fällen sind die Grundsätze zur Unverfallbarkeit kraft Richterrecht heranzuziehen (siehe § 1b Rn 1). Umgekehrt gelten die genannten Regelungen vollumfänglich für Arbvrh, die zum 23.12.1974 bestanden haben. Das Gesetz entfaltet insoweit unechte Rückwirkung.

§ 27 [Direktversicherung; Pensionskasse]

§ 2 Abs. 2 Satz 2 Nr. 2 und 3 und Abs. 3 Satz 2 Nr. 1 und 2 gelten in Fällen, in denen vor dem Inkrafttreten des Gesetzes die Direktversicherung abgeschlossen worden ist oder die Versicherung des Arbeitnehmers bei einer Pensionskasse begonnen hat, mit der Maßgabe, daß die in diesen Vorschriften genannten Voraussetzungen spätestens für die Zeit nach Ablauf eines Jahres seit dem Inkrafttreten des Gesetzes erfüllt sein müssen.

---

15 Blomeyer/Rolfs/Otto, § 18a Rn 5; ErfK/Steinmeyer, § 18a BetrAVG Rn 6.
16 Kemper u.a., § 18a Rn 2.
17 ErfK/Steinmeyer, § 18a BetrAVG Rn 2.
18 ErfK/Steinmeyer, § 18a BetrAVG Rn 2.
19 Höfer, Das neue Betriebsrentenrecht, Rn 598; HWK/Schipp, § 18a BetrAVG Rn 1.
1 BAG 11.12.2001 – 3 AZR 334/00 – AP § 1 BetrAVG Unverfallbarkeit Nr. 11 = DB 2002, 2335; BAG 26.5.2009 – 3 AZR 956/07 – juris.

Durch § 27 wurde AG und den als Versorgungsträger eingeschalteten Lebensversicherungsunternehmen und Pensionskassen eine Übergangsfrist bis zum 22.12.1975 eingeräumt, innerhalb der die Voraussetzungen geschaffen werden sollten, die neu eingeführte versicherungsrechtliche Lösung nach § 2 Abs. 2 S. 2 Nr. 2 und 3 bzw. Abs. 3 S. 2 Nr. 1 und 2 wählen zu können. Dieser Umstellungszeitraum war in den Fällen notwendig, in denen die Direktversicherung bzw. die Pensionskassenversorgung vor dem Inkrafttreten des Gesetzes begründet wurde, der AN aber erst nach dem 21.12.1974 mit einer unverfallbaren Anwartschaft aus dem Arbverh ausschied. Die versicherungsrechtliche Lösung konnte während der Übergangsfrist noch getroffen werden, soweit dem AN die Überschussanteile ab der versicherungsvertraglichen Änderung zukamen[1] und das Recht zur Fortsetzung der Versicherung mit eigenen Beiträgen eingeräumt wurde. Nach dem 21.12.1975 konnte das Ersatzverfahren nur unter Einhaltung der Voraussetzungen des § 2 Abs. 2 und 3 gewählt werden. Für Direktversicherungen und Pensionskassenversorgungen, die nach dem 21.12.1974 abgeschlossen werden, findet § 27 von Beginn an keine Anwendung.

§ 28 [Auszehrungs- und Anrechnungsverbot]

§ 5 gilt für Fälle, in denen der Versorgungsfall vor dem Inkrafttreten des Gesetzes eingetreten ist, mit der Maßgabe, daß diese Vorschrift bei der Berechnung der nach dem Inkrafttreten des Gesetzes fällig werdenden Versorgungsleistungen anzuwenden ist.

Gem. § 28 erstreckt sich das Auszehrungs- und Anrechnungsverbot des § 5 auch auf Versorgungsansprüche, die bereits vor dem Inkrafttreten aufgrund des Eintritts eines Versorgungsfalls entstanden sind. Auswirkungen ergeben sich aus einem Verstoß aber erst bezüglich der Versorgungsleistungen, die ab dem 22.12.1974 fällig werden. Die Regelung führte aufgrund ihrer unechten Rückwirkung zu nicht unerheblichen Mehrbelastungen, ist aber verfassungskonform.[1] § 28 hat durch Zeitablauf seine Bedeutung im Wesentlichen verloren.

§ 29 [Vorzeitige Altersleistungen]

§ 6 gilt für die Fälle, in denen das Altersruhegeld der gesetzlichen Rentenversicherung bereits vor dem Inkrafttreten des Gesetzes in Anspruch genommen worden ist, mit der Maßgabe, daß die Leistungen der betrieblichen Altersversorgung vom Inkrafttreten des Gesetzes an zu gewähren sind.

In § 29 wurde der Fall erfasst, dass ein AN vor Inkrafttreten des BetrAVG bereits mit einer nach der Rspr. unverfallbaren Anwartschaft aus dem Arbverh ausgeschieden war und Altersruhegeld aus der gesetzlichen Rentenversicherung bezog. Mit dem Inkrafttreten zum 22.12.1974 wurde diesen Personen das Recht eingeräumt, ab diesem Zeitpunkt – folglich nicht rückwirkend – auch vorzeitige betriebliche Altersleistungen zu beanspruchen, soweit die übrigen Voraussetzungen des § 6 erfüllt waren. Die Vorschrift hat durch Zeitablauf ihre Bedeutung verloren.

§ 30 [Insolvenzversicherung]

[1]Ein Anspruch gegen den Träger der Insolvenzsicherung nach § 7 besteht nur, wenn der Sicherungsfall nach dem Inkrafttreten der §§ 7 bis 15 eingetreten ist; er kann erstmals nach dem Ablauf von sechs Monaten nach diesem Zeitpunkt geltend gemacht werden. [2]Die Beitragspflicht des Arbeitgebers beginnt mit dem Inkrafttreten der §§ 7 bis 15.

Die §§ 7 bis 15 sind am 1.1.1975 in Kraft getreten (§ 32 S. 2). Nach S. 1 besteht ein Anspruch gegen den PSVaG, wenn der Sicherungsfall nach dem 31.12.1974 eingetreten ist. Bis zum 30.6.1975 war die Leistungspflicht des PSVaG im Interesse seiner Funktionsfähigkeit gestundet. Nach S. 2 begann die Beitragspflicht der insolvenzsicherungspflichtigen AG am 1.1.1975, obwohl Leistungsansprüche frühestens am 1.7.1975 fällig werden konnten. In den neuen Bundesländern ist die gesetzliche Insolvenzsicherung zusammen mit den übrigen Vorschriften des BetrAVG am 1.1.1992 in Kraft getreten.

---

1 So *Höfer*, § 27 Rn 5704; vgl. auch *Blomeyer/Rolfs/Otto*, § 27 Rn 4.

1 Vgl. BVerfG 11.12.1984 – 1 BvL 12/78 – BVerfGE 68, 311 = NJW 1985, 1691 = DB 1985, 1300.

§ 30a [Anspruchsvoraussetzungen]

(1) Männlichen Arbeitnehmern,
1. die vor dem 1. Januar 1952 geboren sind,
2. die das 60. Lebensjahr vollendet haben,
3. die nach Vollendung des 40. Lebensjahres mehr als 10 Jahre Pflichtbeiträge für eine in der gesetzlichen Rentenversicherung versicherte Beschäftigung oder Tätigkeit nach den Vorschriften des Sechsten Buches Sozialgesetzbuch haben,
4. die die Wartezeit von 15 Jahren in der gesetzlichen Rentenversicherung erfüllt haben und
5. deren Arbeitsentgelt oder Arbeitseinkommen die Hinzuverdienstgrenze nach § 34 Abs. 3 Nr. 1 des Sechsten Buches Sozialgesetzbuch nicht überschreitet,

sind auf deren Verlangen nach Erfüllung der Wartezeit und sonstiger Leistungsvoraussetzungen der Versorgungsregelung für nach dem 17. Mai 1990 zurückgelegte Beschäftigungszeiten Leistungen der betrieblichen Altersversorgung zu gewähren. § 6 Satz 3 gilt entsprechend.

(2) Haben der Arbeitnehmer oder seine anspruchsberechtigten Angehörigen vor dem 17. Mai 1990 gegen die Versagung der Leistungen der betrieblichen Altersversorgung Rechtsmittel eingelegt, ist Absatz 1 für Beschäftigungszeiten nach dem 8. April 1976 anzuwenden.

(3) Die Vorschriften des Bürgerlichen Gesetzbuchs über die Verjährung von Ansprüchen aus dem Arbeitsverhältnis bleiben unberührt.

A. Allgemeines

1   § 30a wurde durch das RRG 1999[1] rückwirkend zum 17.5.1990 in das BetrAVG eingeführt und trägt der Rspr. des EuGH Rechnung, nach der unterschiedliche Rentenzugangsalter für Männer und Frauen in betrieblichen Systemen der sozialen Sicherheit gegen das Lohngleichheitsgebot des Art. 141 EGV verstoßen und damit unzulässig sind.[2] Rechtsfolge ist nach der Rspr., dass das benachteiligte Geschlecht für Beschäftigungszeiten nach dem 17.5.1990 unter den gleichen Voraussetzungen Leistungen der betrieblichen Altersversorgung erwerben und beanspruchen kann, wie das begünstigte Geschlecht. War zum Zeitpunkt der „Barber"-Entscheidung bereits ein Rechtsmittel gegen die Versagung der vorzeitigen Altersleistung eingelegt worden, so gilt als Stichtag nicht der 17.5.1990, sondern der 8.4.1976[3] (vgl. Abs. 2).

B. Regelungsgehalt

2   In der gesetzlichen Rentenversicherung finden sich für Frauen noch bis Ende 2011 niedrigere Altersgrenzen als für Männer. Damit können Frauen gem. § 6 auch früher vorzeitige betriebliche Altersleistungen geltend machen. Entsprechend der Rspr. des EuGH muss Männern im Rahmen der betrieblichen Altersversorgung aber die Möglichkeit eröffnet werden, unter den gleichen Bedingungen einen Anspruch auf vorzeitige betriebliche Altersleistungen zu erwerben, wie es für Frauen möglich ist. Dies geschieht, indem die Voraussetzungen des § 237a SGB VI, der für eine Übergangszeit die gesonderten Altersgrenzen für Frauen in der gesetzlichen Rentenversicherung regelt, als Anspruchsvoraussetzungen für den Erwerb einer vorzeitigen betrieblichen Altersversorgung für Männer gelten. Entsprechend der Vorschrift des § 6 sind zudem die allg. Leistungsvoraussetzungen der Versorgungszusage zu erfüllen.

3   Die Regelung des § 30a hat praktisch keine Bedeutung. Dies liegt insb. daran, dass Männer nunmehr zwar die vorzeitige betriebliche Altersversorgung zum gleichen Zeitpunkt beanspruchen können wie Frauen, ein gleichzeitiger Anspruch auf Altersleistungen aus der gesetzlichen Rentenversicherung aber nicht besteht. Die unterschiedlichen Altersgrenzen für Männer und Frauen bei der Sozialrente bleiben wirksam. Allein die vorzeitigen betrieblichen Altersleistungen, die gem. § 30a auch nur insoweit geltend gemacht werden können, als die Leistungen auf Beschäftigungszeiten nach dem 17.5.1990 beruhen, reichen jedoch regelmäßig allein nicht aus, den Lebensunterhalt für die Zeit nach dem Ausscheiden aus dem Erwerbsleben zu bestreiten (ausf. zur „Barber"-Rspr. und ihren Auswirkungen auf die betriebliche Altersversorgung vgl. § 1 Rn 87 ff. und § 6 Rn 57 ff.).

---

1 Gesetz v. 11.12.1997, BGBl I S. 3610.
2 EuGH 17.5.1990 – Rs C-262/88 – Barber – NJW 1991, 2204 = NZA 1990, 775; EuGH 14.12.1993 – Rs C-110/91 – Moroni – NZA 1994, 165.
3 Tag der Entscheidung „Defrenne II", EuGH 8.4.1976 – Rs 43/75 – NJW 1976, 2068.

§ 30b

§ 4 Abs. 3 gilt nur für Zusagen, die nach dem 31. Dezember 2004 erteilt wurden.

Literatur: *Höfer*, Das neue Betriebsrentenrecht, 2003

Nach dieser Vorschrift ist eine Übertragung (des Übertragungswertes) nach § 4 Abs. 3 nur bei Neuzusagen möglich.　**1**

§ 30c [Übergangsregelung für Ausnahmen von der Anpassungsprüfungspflicht]

(1) § 16 Abs. 3 Nr. 1 gilt nur für laufende Leistungen, die auf Zusagen beruhen, die nach dem 31. Dezember 1998 erteilt werden.
(2) § 16 Abs. 4 gilt nicht für vor dem 1. Januar 1999 zu Recht unterbliebene Anpassungen.
(3) § 16 Abs. 5 gilt nur für laufende Leistungen, die auf Zusagen beruhen, die nach dem 31. Dezember 2000 erteilt werden.
(4) Für die Erfüllung der Anpassungsprüfungspflicht für Zeiträume vor dem 1. Januar 2003 gilt § 16 Abs. 2 Nr. 1 mit der Maßgabe, dass an die Stelle des Verbraucherpreisindexes für Deutschland der Preisindex für die Lebenshaltung von 4-Personen-Haushalten von Arbeitern und Angestellten mit mittlerem Einkommen tritt.

Literatur: *Blomeyer*, Ansätze zu einer Dogmatik des Betriebsrentenrechts nach 25 Jahren BetrAVG und einer ersten Gesetzesreform (RRG 1999), RdA 2000, 279

A. Allgemeines	1	II. Übergangsregelung zur nachholenden Anpassung ab 1999 (Abs. 2)	5
B. Regelungsgehalt	2		
I. Übergangsregelung zur 1-prozentigen Mindestanpassung (Abs. 1)	2	III. Entgeltumwandlung/Preisindex (Abs. 3 und Abs. 4)	7

A. Allgemeines

§ 30c wurde m.W.v. 1.1.1999 durch Art. 8 des Rentenreformgesetzes (RRG) vom 16.12.1997 eingefügt.[1] Er enthält Übergangsregelungen für Ausnahmen von der Anpassungsprüfungspflicht.　**1**

B. Regelungsgehalt

I. Übergangsregelung zur 1-prozentigen Mindestanpassung (Abs. 1)

Der AG hat die Möglichkeit, einer turnusmäßigen Anpassungsprüfung nach § 16 Abs. 1 dadurch zu entgehen, dass er sich verpflichtet, die laufenden Leistungen jährlich um mindestens 1 % anzupassen. Das gilt nach Abs. 1 jedoch nur für Zusagen, die nach dem 31.12.1998 „erteilt" wurden. Das ist insoweit missverständlich, als dass nicht das Datum des Abschlusses des Arbeitsvertrages maßgeblich sein kann, sondern der Beginn des Arbverh.[2] Dabei geht es nicht um den Vertrauensschutz der betroffenen Versorgungsberechtigten, sondern vielmehr um den **Schutz der Staatsfinanzen** vor einer Senkung des Steueraufkommens infolge einer Welle nachträglich eingeführter Anpassungsklauseln.[3]　**2**

Bestand bereits vor dem 31.12.1998 eine Versorgungszusage des AG und kommt nach dem 1.1.1999 eine weitere Versorgungszusage mit einer 1-prozentigen Mindestanpassung hinzu, so gilt für die neue Versorgungszusage die Regelung des Abs. 1, soweit nicht eine **einheitliche Versorgungszusage** anzunehmen ist.[4]　**3**

Keine Übergangsregelung hat der Gesetzgeber in Bezug auf den zeitgleich mit Wirkung zum 1.1.1999 eingeführten § 16 Abs. 3 Nr. 2 getroffen. Nach § 16 Abs. 3 Nr. 2 entfällt die Verpflichtung zur Anpassungsprüfung, wenn die betriebliche Altersversorgung über eine Direktversicherung oder eine Pensionskasse durchgeführt wird und weitere im Gesetz bestimmte Voraussetzungen vorliegen. Aus der fehlenden Übergangsregelung ist zu schließen, dass die nach　**4**

---

1 BGBl I S. 2998.
2 *Höfer*, § 30c Rn 5740; ErfK/*Steinmeyer*, § 30c BetrAVG Rn 1.
3 *Blomeyer*, RdA 2000, 279, 286.
4 ErfK/*Steinmeyer*, § 30c BetrAVG Rn 1; *Höfer*, § 30c Rn 5741.

§ 16 Abs. 3 Nr. 2 eingeräumte Abwahlmöglichkeit des AG **auch für vor dem 1.1.1999** bestehende Zusagen gilt, wenn der Rentenbeginn ab dem 1.1.1999 einsetzt.[5]

II. Übergangsregelung zur nachholenden Anpassung ab 1999 (Abs. 2)

5 Gem. § 16 Abs. 4 ist der AG nicht verpflichtet, zu Recht unterbliebene Anpassungen nachzuholen. Das gilt jedoch nur für ab dem 1.1.1999 zu Recht unterbliebene Anpassungen. § 16 Abs. 4 findet damit weder für „zu Unrecht unterbliebene Anpassungen" noch für Anpassungen, die vor dem 1.1.1999 „zu Recht unterblieben" sind Anwendung.[6] Vor dem 1.1.1999 zu Unrecht unterbliebene Anpassungen oder pflichtwidrig zu niedrige Erhöhungen sind weiterhin nach den Grundsätzen des BAG nachzuholen.[7]

6 Hat der AG eine Anpassung vor dem 1.1.1999 ganz oder teilweise, ob zu Recht oder zu Unrecht, unterlassen, ist der Anpassungsbedarf auf den ersten Anpassungsstichtag nach dem 31.12.1998 vorzutragen. Lassen die wirtschaftlichen Verhältnisse des AG eine Erhöhung zu diesem Zeitpunkt nicht zu, darf die Anpassung insoweit zu Recht und dauerhaft unterbleiben.[8]

III. Entgeltumwandlung/Preisindex (Abs. 3 und Abs. 4)

7 Gem. Abs. 3 findet § 16 Abs. 5 nur auf Entgeltumwandlungszusagen, die nach dem 31.12.2000 erteilt werden, Anwendung.

Für Zusagen, die vor dem 1.1.2001 erteilt wurden, ist eine Anpassung je nach Ausgestaltung der Zusage nach den Regelungen des § 16 vorzunehmen.[9]

Gem. Abs. 4 ist die Teuerung bis zum Ablauf des 31.12.2002 unter Zugrundelegung des „Preisindexes für die Lebenshaltung von Vier-Personen-Haushalten von Arbeitern und Angestellten mit mittlerem Einkommen" und für nach diesem Datum liegende Zeiträume anhand des Verbraucherpreisindexes für Deutschland i.S.d. § 16 Abs. 2 Nr. 1 festzustellen.

§ 30d Übergangsregelung zu § 18

(1) ¹Ist der Versorgungsfall vor dem 1. Januar 2001 eingetreten oder ist der Arbeitnehmer vor dem 1. Januar 2001 aus dem Beschäftigungsverhältnis bei einem öffentlichen Arbeitgeber ausgeschieden und der Versorgungsfall nach dem 31. Dezember 2000 eingetreten, sind für die Berechnung der Voll-Leistung die Regelungen der Zusatzversorgungseinrichtungen nach § 18 Abs. 1 Satz 1 Nummer 1 und 2 oder die Regelungen im Sinne des § 18 Abs. 1 Satz 1 Nr. 3 sowie die weiteren Berechnungsfaktoren jeweils in der am 31. Dezember 2000 geltenden Fassung maßgebend; § 18 Abs. 2 Nr. 1 Buchstabe b bleibt unberührt. ²Die Steuerklasse III/0 ist zugrunde zu legen. ³Ist der Versorgungsfall vor dem 1. Januar 2001 eingetreten, besteht der Anspruch auf Zusatzrente mindestens in der Höhe, wie er sich aus § 18 in der Fassung vom 16. Dezember 1997 (BGBl. I S. 2998) ergibt.

(2) Die Anwendung des § 18 ist in den Fällen des Absatzes 1 ausgeschlossen, soweit eine Versorgungsrente der in § 18 Abs. 1 Satz 1 Nr. 1 und 2 bezeichneten Zusatzversorgungseinrichtungen oder eine entsprechende Leistung aufgrund der Regelungen des Ersten Ruhegeldgesetzes, des Zweiten Ruhegeldgesetzes oder des Bremischen Ruhelohngesetzes bezogen wird, oder eine Versicherungsrente abgefunden wurde.

(3) ¹Für Arbeitnehmer im Sinne des § 18 Abs. 1 Satz 1 Nr. 4, 5 und 6 in der bis zum 31. Dezember 1998 geltenden Fassung, für die bis zum 31. Dezember 1998 ein Anspruch auf Nachversicherung nach § 18 Abs. 6 entstanden ist, gilt Absatz 1 Satz 1 für die aufgrund der Nachversicherung zu ermittelnde Voll-Leistung entsprechend mit der Maßgabe, dass sich der nach § 2 zu ermittelnde Anspruch gegen den ehemaligen Arbeitgeber richtet. ²Für den nach § 2 zu ermittelnden Anspruch gilt § 18 Abs. 2 Nr. 1 Buchstabe b entsprechend; für die übrigen Bemessungsfaktoren ist auf die Rechtslage am 31. Dezember 2000 abzustellen. ³Leistungen der gesetzlichen Rentenversicherung, die auf einer Nachversicherung wegen Ausscheidens aus einem Dienstordnungsverhältnis beruhen, und Leistungen, die die zuständige Versorgungseinrichtung aufgrund von Nachversicherungen im Sinne des § 18 Abs. 6 in der am 31. Dezember 1998 geltenden Fassung gewährt, werden auf den Anspruch nach § 2 angerechnet. ⁴Hat das Arbeitsverhältnis im Sinne des § 18 Abs. 9 bereits am 31. Dezember 1998 bestanden, ist in die Vergleichsberechnung nach § 18 Abs. 9 auch die Zusatzrente nach § 18 in der bis zum 31. Dezember 1998 geltenden Fassung einzubeziehen.

---

5 *Höfer*, § 30c Rn 5742.
6 *Blomeyer/Rolfs/Otto*, § 30c Rn 3.
7 *Höfer*, § 30c Rn 5743; ErfK/*Steinmeyer*, § 30c BetrAVG Rn 2; HWK/*Schipp*, § 30c BetrAVG Rn 2.
8 ErfK/*Steinmeyer*, § 30c BetrAVG Rn 2; HWK/*Schipp*, § 30c BetrAVG Rn 2; *Bepler*, BetrAV 2000, 25.
9 *Blomeyer/Rolfs/Otto*, BetrAVG, § 30c Rn 4.

A. Allgemeines

Mit der Neuregelung des § 18 durch das Erste Gesetz zur Änderung des Gesetzes zur Verbesserung der betrieblichen Altersversorgung,[1] die insb. zu einer veränderten Berechnungsweise der Höhe der unverfallbaren Anwartschaften führte und aufgrund des Urteils des BVerfG v. 15.7.1998 bis zum 1.1.2001 zu erfolgen hatte,[2] bedurfte es einer Übergangsregelung für die AN, die bis zum 31.12.2000 mit einer unverfallbaren Anwartschaft aus dem öffentlichen Dienst bereits ausgeschieden waren.

Die Vorschrift des § 30d gliedert sich dabei auf in Regelungen für AN, die in der Zusatzversorgung pflichtversichert waren (Abs. 1 und 2) und für AN, die aufgrund der Zusage einer Versorgung nach beamtenrechtlichen Grundsätzen von der Versicherungspflicht befreit waren und einen Anspruch auf Nachversicherung haben (Abs. 3). Ein Anspruch auf Nachversicherung entstand nach der bis zum 31.12.1998 geltenden Fassung des § 18 bei vorzeitiger Beendigung des Arbverh. Durch das RRG 1999 wurde die Nachversicherung zum 1.1.1999 ersatzlos gestrichen, jedoch nur insoweit, als nicht bereits bis zum 31.12.1998 ein Anspruch auf Nachversicherung entstanden war (§ 30d a.F.).

B. Regelungsgehalt

Sowohl für die pflichtversicherten als auch für die von der Versicherungspflicht befreiten AN wird nunmehr eine Neuberechnung der Versorgungsrechte für die Zukunft angeordnet, gleich ob der Versorgungsfall bereits eingetreten ist. Grds. soll dabei das Verfahren des § 18 Abs. 2 n.F. angewendet werden. Das versorgungsfähige Arbeitsentgelt richtet sich hierbei nach der Höhe der Bezüge, die zum Zeitpunkt der Beendigung des Arbverh erzielt wurden, während i.Ü. gem. S. 1 die Faktoren mit den Werten berücksichtigt werden, die sie zum 31.12.2000 aufgewiesen haben („jeweils in der am 31. Dezember 2000 geltenden Fassung"). Dies ist insb. im Hinblick auf die einzukalkulierende Steuer- und Abgabenlast von großer Bedeutung. Zu einer solchen vereinfachten Verfahrensweise war der Gesetzgeber berechtigt. Die Neuberechnung sämtlicher Altfälle bedeutet ein Massenverfahren, bei dem eine schematische Vorgehensweise durch Gründe der Verwaltungsvereinfachung sowie der Begrenzung des Personal- und Sachkostenaufwands bei den Versorgungseinrichtungen gerechtfertigt wird.[3] Ist der Versorgungsfall bereits vor dem 1.1.2001 eingetreten, so kann aus Gründen des Bestandsschutzes der Wert der Versorgungsleistung aufgrund der Neuberechnung aber nicht niedriger ausfallen als der nach § 18 a.F. ermittelte Wert (vgl. Abs. 1 S. 3).[4]

Bezieht der AN eine Versorgungsrente durch eine Zusatzversorgungskasse bzw. eine entsprechende Leistung aufgrund der Regelungen des Ersten Ruhegeldgesetzes, des Zweiten Ruhegeldgesetzes oder des Bremischen Ruhelohngesetzes, oder wurde eine Versicherungsrente bereits abgefunden, dann bedarf es gem. Abs. 2 keiner Neuberechnung, da die Versorgungsrente gewöhnlich höher ausfällt als die Zusatzrente.[5]

§ 30e

(1) § 1 Abs. 2 Nr. 4 zweiter Halbsatz gilt für Zusagen, die nach dem 31. Dezember 2002 erteilt werden.

(2) [1]§ 1 Abs. 2 Nr. 4 zweiter Halbsatz findet auf Pensionskassen, deren Leistungen der betrieblichen Altersversorgung durch Beiträge der Arbeitnehmer und Arbeitgeber gemeinsam finanziert werden und die als beitragsorientierte Leistungszusage oder als Leistungszusage durchgeführt werden, mit der Maßgabe Anwendung, dass dem ausgeschiedenen Arbeitnehmer das Recht zur Fortführung mit eigenen Beiträgen nicht eingeräumt werden und eine Überschussverwendung gemäß § 1b Abs. 5 Nr. 1 nicht erfolgen muss. [2]Wird dem ausgeschiedenen Arbeitnehmer ein Recht zur Fortführung nicht eingeräumt, gilt für die Höhe der unverfallbaren Anwartschaft § 2 Abs. 5a entsprechend. [3]Für die Anpassung laufender Leistungen gelten die Regelungen nach § 16 Abs. 1 bis 4. [4]Die Regelung in Absatz 1 bleibt unberührt.

A. Allgemeines

§ 30e bestimmt, ab welchem Zeitpunkt die für die Entgeltumwandlung bestehenden Sonderregelungen (§§ 1a, 1b Abs. 5, 2 Abs. 5a, 7 Abs. 5 Nr. 1, 16 Abs. 5) auf Eigenbeitrags- bzw. Umfassungszusagen Anwendung finden. Abs. 2 der Vorschrift wurde durch das Hüttenknappschaftliche Zusatzversicherungsneuregelungsgesetz (HZvNG)[1] in das BetrAVG eingeführt und durch das AltEinkG[2] um den neuen S. 2 erweitert. Die früheren S. 2 und 3 wurden unverändert als S. 3 und 4 übernommen.

---

1 Gesetz v. 21.12.2000, BGBl I S. 1914.
2 1 BvR 1554/89 u.a. – BVerfGE 98, 365 = NZA 1999, 194.
3 Vgl. BGH 29.9.2004 – IV ZR 175/03 – NZA 2005, 299.
4 BGH 17.12.2008 – IV ZB 15/08 – juris.

5 ErfK/*Steinmeyer*, § 30d BetrAVG Rn 3.
1 Gesetz v. 21.6.2002, BGBl I S. 2167.
2 Gesetz v. 5.7.2004, BGBl I S. 1427.

2 Aus der Regelung des § 30e könnte im Umkehrschluss angenommen werden, dass die Eigenbeitragszusage selbst keiner Übergangsregelung bedarf, da dieser Zusagetypus bereits vor der ausdrücklichen Aufnahme in § 1 Abs. 2 Nr. 4 von der Legaldefinition der betrieblichen Altersversorgung erfasst wurde. Dies ist jedoch abzulehnen, wie sich bspw. aus der Vorschrift des § 2 Abs. 2 S. 1 ergibt, nach der Anwartschaften, die auf eigenen Beiträgen des AN beruhen, gerade vom Schutzbereich des § 2 ausgenommen sind.

B. Regelungsgehalt

3 In Abs. 1 wird der Grundsatz aufgestellt, dass die Sondervorschriften zur Entgeltumwandlung erst auf Eigenbeitragszusagen Anwendung finden, **die ab dem 1.1.2003 geschlossen werden**. Einschränkungen ergeben sich gem. Abs. 2 dann, wenn die Eigenbeitragszusage als beitragsorientierte Leistungszusage oder „klassische" Leistungszusage über eine Pensionskasse durchgeführt werden soll, deren Leistungen durch Beiträge von AG und AN gemeinsam finanziert werden. In diesem Fall finden einzelne Sonderregelungen zur Entgeltumwandlung auch nach dem 1.1.2003 neu vereinbarte Eigenbeitragszusage keine Anwendung. So besteht keine Verpflichtung, einem ausgeschiedenen AN das Recht auf Fortführung der Versicherung mit eigenen Beiträgen zu gestatten, ebenso wenig sind Überschussanteile gem. § 1b Abs. 5 allein zur Verbesserung der Leistung zu verwenden.

4 Durch den Ausschluss des Fortsetzungsrechts, das eine Voraussetzung für die Wahl des versicherungsförmigen Verfahrens bei vorzeitiger Beendigung des Arbverh gem. § 2 Abs. 3 S. 3 Nr. 2 ist (siehe § 2 Rn 50, 56), sah sich der Gesetzgeber veranlasst, AG einen Ausgleich für den Verlust der Nutzungsmöglichkeit der versicherungsförmigen Lösung einzuräumen. Deshalb sieht der mit Wirkung zum 1.1.2005 eingeführte S. 2 vor, dass sich in diesem Fall die Höhe der unverfallbaren Anwartschaft nicht nach dem an sich einschlägigen Quotierungsverfahren des § 2 Abs. 3 S. 1 bemisst, sondern ausnahmsweise nach der Berechnungsmethode des § 2 Abs. 5a richtet, der ansonsten auf Pensionskassenzusagen keine Anwendung findet. Schließlich besteht auch kein Zwang, die gem. § 16 Abs. 5 an sich bestehende Mindestanpassung von laufenden Versorgungsleistungen einzuhalten. Vielmehr gelten die allg. Regelungen zur Anpassungsprüfungspflicht (§ 16 Abs. 1 bis 4). Es ist höchst fraglich, ob die eingeräumten Begünstigungen ko-finanzierter Pensionskassen im Rahmen von Eigenbeitragszusagen sachgerecht sind.[3]

§ 30f

(1) Wenn Leistungen der betrieblichen Altersversorgung vor dem 1. Januar 2001 zugesagt worden sind, ist § 1b Abs. 1 mit der Maßgabe anzuwenden, dass die Anwartschaft erhalten bleibt, wenn das Arbeitsverhältnis vor Eintritt des Versorgungsfalles, jedoch nach Vollendung des 35. Lebensjahres endet und die Versorgungszusage zu diesem Zeitpunkt
1. mindestens zehn Jahre oder
2. bei mindestens zwölfjähriger Betriebszugehörigkeit mindestens drei Jahre

bestanden hat; in diesen Fällen bleibt die Anwartschaft auch erhalten, wenn die Zusage ab dem 1. Januar 2001 fünf Jahre bestanden hat und bei Beendigung des Arbeitsverhältnisses das 30. Lebensjahr vollendet ist. § 1b Absatz 5 findet für Anwartschaften aus diesen Zusagen keine Anwendung.

(2) Wenn Leistungen der betrieblichen Altersversorgung vor dem 1. Januar 2009 und nach dem 31. Dezember 2000 zugesagt worden sind, ist § 1b Abs. 1 Satz 1 mit der Maßgabe anzuwenden, dass die Anwartschaft erhalten bleibt, wenn das Arbeitsverhältnis vor Eintritt des Versorgungsfalls, jedoch nach Vollendung des 30. Lebensjahres endet und die Versorgungszusage zu diesem Zeitpunkt fünf Jahre bestanden hat; in diesen Fällen bleibt die Anwartschaft auch erhalten, wenn die Zusage ab dem 1. Januar 2009 fünf Jahre bestanden hat und bei Beendigung des Arbeitsverhältnisses das 25. Lebensjahr vollendet ist.

A. Allgemeines

1 Die Neuregelung der Unverfallbarkeitsfrist in § 1b zum 1.1.2001 durch das AVmG,[1] die im Wesentlichen zu einer Verkürzung der gesetzlichen Unverfallbarkeitsfristen führte, machte es aus Gründen des Vertrauensschutzes notwendig, eine Übergangsregelung für die Versorgungszusagen zu treffen, die noch unter der Vorgabe der verlängerten gesetzlichen Unverfallbarkeitsfristen vereinbart wurden. Die Übergangsregelung des § 30f ist so gefasst, dass bei Versorgungszusagen, die vor dem 1.1.2001 erteilt wurden, vom Grundsatz her die zu diesem Zeitpunkt noch geltenden Unverfallbarkeitsfristen des § 1b a.F. weiterhin anzuwenden sind. Dies darf jedoch nicht dazu führen, dass bei

---

3 *Blomeyer/Rolfs/Otto*, § 30e Rn 4 ff., der v.a. den Ausschluss der Pflicht, Überschussanteile allein zur Leistungsverbesserung zu verwenden, zu Recht kritisiert.

1 Gesetz v. 26.6.2001, BGBl I S. 1310.

einer nach dem 1.1.2001 zugesagten betriebliche Altersversorgung früher die gesetzliche Unverfallbarkeit eintritt, als sie eintreten würde, wenn die Zusage vor dem 1.1.2001 bereits erteilt worden wäre. Weiter bedurfte es einer Übergangsregelung für die auf Entgeltumwandlung beruhenden Versorgungszusagen, die gem. § 1b Abs. 5 nunmehr sofort gesetzlich unverfallbar werden, sofern sie nach dem 31.12.2000 vereinbart werden. In Abs. 2 wurde schließlich die durch die zum 1.1.2009 beschlossene Absenkung der Mindestaltersgrenze von der Vollendung des 30. auf die Vollendung des 25. Lebensjahres notwendige Übergangsregelung geschaffen.[2] Diese Regelung ist in ihrer Konzeption vergleichbar zu Abs. 1. Die Altersgrenze 30 bleibt für Versorgungszusagen zwischen dem 1.1.2000 und 31.12.2008 maßgeblich, soweit nicht nach dem 1.1.2009 die Zusagedauer von 5 Jahren erfüllt wird.

B. Regelungsgehalt

Der Inhalt der Übergangsregelung des § 30f bezüglich der gesetzlichen Unverfallbarkeitsfrist für Zusagen, die vor dem 1.1.2001 erteilt wurden, ist unter § 1b (siehe § 1b Rn 45 ff.) kommentiert. Zum zeitlichen Geltungsbereich des § 1b Abs. 5 (siehe § 1b Rn 60). 2

§ 30g

(1) [1]§ 2 Abs. 5a gilt nur für Anwartschaften, die auf Zusagen beruhen, die nach dem 31. Dezember 2000 erteilt worden sind. [2]Im Einvernehmen zwischen Arbeitgeber und Arbeitnehmer kann § 2 Abs. 5a auch auf Anwartschaften angewendet werden, die auf Zusagen beruhen, die vor dem 1. Januar 2001 erteilt worden sind.
(2) § 3 findet keine Anwendung auf laufende Leistungen, die vor dem 1. Januar 2005 erstmals gezahlt worden sind.

Literatur: *Höfer*, Das neue Betriebsrentenrecht, 2003

§ 2 Abs. 5a weicht für unverfallbare Anwartschaften aus Entgeltumwandlung und aus beitragsorientierten Leistungszusagen von der ratierlichen Berechnungsweise nach § 2 Abs. 1 bis Abs. 4 ab.[1] Diese **abweichende Berechnungsweise** soll gem. Abs. 1 S. 1 nur für Anwartschaften gelten, die auf Zusagen beruhen, die nach dem 31.12.2000 erteilt wurden. Für Altzusagen können AG und AN eine abweichende Berechnungsweise einvernehmlich regeln.[2] Einvernehmen i.S.v. Abs. 1 S. 2 bedeutet die Einigung im Sinne zweier übereinstimmender Willenserklärungen zwischen AG und AN.[3] 1

Abs. 2 stellt auf den ebenfalls neu gefassten § 3 ab, welcher ab dem 1.1.2005 auch laufende Leistungen in das Abfindungsverbot einbezieht. Aus Gründen des Vertrauensschutzes können laufende Leistungen, die bereits vor dem 1.1.2005 erstmals gezahlt worden sind, weiterhin unbegrenzt abgefunden werden.[4] 2

§ 30h

§ 17 Abs. 5 gilt für Entgeltumwandlungen, die auf Zusagen beruhen, die nach dem 29. Juni 2001 erteilt werden.

Die Vorschrift des § 30h wurde durch das AVmG[1] eingeführt und regelt die zeitliche Geltung des Tarifvorbehalts des § 17 Abs. 5, nach dem die Umwandlung von Tarifentgelten in Anwartschaften auf Leistungen der betrieblichen Altersversorgung nur dann möglich ist, wenn dies durch TV zugelassen wird (siehe § 17 Rn 31). Gem. § 30h findet der Tarifvorbehalt erst Anwendung, soweit die Entgeltumwandlung nach dem 29.6.2001 vereinbart wurde (siehe § 17 Rn 30). Zur Rechtmäßigkeit von Umwandlungsvereinbarungen über Tarifentgelte, die bis zum 30.6.2001 erfolgt sind (vgl. § 17 Rn 30). 1

---

2 Gesetz zur Förderung der zusätzlichen Altersversorgung vom 10.12.2007, BGBl I S. 2838.
1 ErfK/*Steinmeyer*, § 30g BetrAVG Rn 1; *Blomeyer/Rolfs/Otto*, § 30g Rn 1.
2 *Höfer*, Das neue Betriebsrentenrecht, Rn 634, 382.
3 ErfK/*Steinmeyer*, § 30g BetrAVG Rn 1.
4 BT-Drucks 15/2150, S. 55; *Höfer*, § 30g Rn 5755.1.
1 Gesetz v. 26.6.2001, BGBl I S. 1310.

§ 30i

(1) ¹Der Barwert der bis zum 31. Dezember 2005 aufgrund eingetretener Insolvenzen zu sichernden Anwartschaften wird einmalig auf die beitragspflichtigen Arbeitgeber entsprechend § 10 Abs. 3 umgelegt und vom Träger der Insolvenzsicherung nach Maßgabe der Beträge zum Schluss des Wirtschaftsjahres, das im Jahr 2004 geendet hat, erhoben. ²Der Rechnungszinsfuß bei der Berechnung des Barwerts beträgt 3,67 vom Hundert.
(2) ¹Der Betrag ist in 15 gleichen Raten fällig. ²Die erste Rate wird am 31. März 2007 fällig, die weiteren zum 31. März der folgenden Kalenderjahre. ³Bei vorfälliger Zahlung erfolgt eine Diskontierung der einzelnen Jahresraten mit dem zum Zeitpunkt der Zahlung um ein Drittel erhöhten Rechnungszinsfuß nach § 65 des Versicherungsaufsichtsgesetzes, wobei nur volle Monate berücksichtigt werden.
(3) Der abgezinste Gesamtbetrag ist gemäß Absatz 2 am 31. März 2007 fällig, wenn die sich ergebende Jahresrate nicht höher als 50 Euro ist.
(4) Insolvenzbedingte Zahlungsausfälle von ausstehenden Raten werden im Jahr der Insolvenz in die erforderlichen jährlichen Beiträge gemäß § 10 Abs. 2 eingerechnet.

1 § 30i wurde durch das Gesetz zur Änderung des Betriebsrentengesetzes und anderer Gesetze vom 2.12.2006[1] eingefügt. Die Vorschrift steht im Zusammenhang mit dem neuen Finanzierungsverfahren des PSVaG in § 10 Abs. 2 und regelt die Nachfinanzierung der bis 2005 aufgelaufenen gesetzlich unverfallbaren Anwartschaften. Abs. 1 enthält Bestimmungen zur Umstellung des Finanzverfahrens auf vollständige Kapitaldeckung. Abs. 2 regelt die Verteilung der aus der Nachfinanzierung resultierenden Belastungen der beitragspflichtigen AG. Abs. 3 enthält eine Kleinbetragsregelung und Abs. 4 bestimmt die Einrechnung insolvenzbedingter Zahlungsausfälle von ausstehenden Raten in die Beiträge nach § 10 Abs. 2.

2 Die Umstellung auf vollständige Kapitaldeckung erfolgt dergestalt, dass der Barwert der bis zum 31.12.2005 aufgrund eingetretener Insolvenzen zu sichernden Anwartschaften ermittelt und einmalig auf die beitragspflichtigen AG umgelegt wird. Gem. Abs. 1 S. 1 sind die AG zur Nachfinanzierung verpflichtet, die in 2005 beitragspflichtig waren. Der PSVaG hat am 24.1.2007 einen entsprechenden Einmalbeitragsbescheid erlassen.
Die Nachfinanzierung wird gem. Abs. 2 auf 15 Jahre verteilt, es sei denn, die sich ergebende Jahresrate ist nicht höher als 50 EUR (Abs. 3). Erstmalige Fälligkeit ist am 31.3.2009 eingetreten. Die weiteren Raten werden jeweils am 31.3. der Folgejahre fällig. Abs. 2 S. 3 erlaubt den beitragspflichtigen AG Vorfälligzahlung. Dabei erfolgt eine Diskontierung mit einem um ein Drittel erhöhten Rechnungszinsfuß nach § 65 VAG. Aus Gründen der Praktikabilität sind bei der Diskontierung nur volle Monate zu berücksichtigen.
Abs. 4 stellt die ordnungsgemäße Nachfinanzierung der gesetzlich unverfallbaren Anwartschaften sicher, indem insolvenzbedingte Zahlungsausfälle von ausstehenden Raten im Jahr der Insolvenz in die erforderlichen jährlichen Beiträge gem. § 10 Abs. 2 eingerechnet werden.

§ 31 [Übergangsregelung für den Insolvenzschutz]

Auf Sicherungsfälle, die vor dem 1. Januar 1999 eingetreten sind, ist dieses Gesetz in der bis zu diesem Zeitpunkt geltenden Fassung anzuwenden.

Literatur: *Blomeyer*, Änderungen des Betriebsrentengesetzes zum 1.1.1999 – Neue Lösungen – Neue Probleme, NZA 1998, 911; *Schmitt*, Gesetz zur Verbesserung der betrieblichen Altersversorgung, NZS 1999, 546

1 § 31 stellt klar, dass auf Sicherungsfälle, die bis zum Ablauf des 31.12.1998 eingetreten sind, das BetrAVG in der bis zu diesem Zeitpunkt geltenden Fassung anzuwenden ist.[1] Auswirkungen hat diese Regelung insbesondere auf die Begrenzung der Insolvenzsicherungspflicht des PSVaG nach § 7 Abs. 3. Ist der Sicherungsfall vor dem 1.1.1999 eingetreten, bleibt der PSVaG auch für Zeiten danach im Umfang von § 7 Abs. 3 a.F. insolvenzsicherungspflichtig, d.h. bis zum dreifachen Betrag der monatlichen Beitragsbemessungsgrenze in der gesetzlichen Rentenversicherung und nicht etwa nur bis zum dreifachen der monatlichen Bezugsgröße nach § 18 SGB IV. Entsprechendes gilt, wenn eine den Sicherungsfall begründende wirtschaftliche Notlage des AG bereits vor dem 1.1.1999 festgestellt ist.[2]

---

1 BGBl I 2006 S. 2742.
1 *Kemper u.a.*, § 31 Rn 2.

2 *Höfer*, § 31 Rn 5757.1; *Blomeyer/Rolfs/Otto*, § 31 Rn 4; HWK/*Schipp*, § 31 BetrAVG Rn 3.

| **§ 32** | **Inkrafttreten** |

¹Dieses Gesetz tritt vorbehaltlich des Satzes 2 am Tag nach seiner Verkündung in Kraft. ²Die §§ 7 bis 15 treten am 1. Januar 1975 in Kraft.

Verkündet wurde das BetrAVG im BGBl am 21.12.1974,[1] so dass es folglich mit Ausnahme der Bestimmungen der §§ 7 bis 15 am 22.12.1974 in Kraft getreten ist.[2] Die §§ 7 bis 15 sind am 1.1.1975 in Kraft getreten.

Aus der Vorschrift folgt ferner, dass die späteren Gesetzesänderungen ebenfalls am Tage nach ihrer Verkündung in Kraft traten, soweit in Übergangsregelungen nichts anderes bestimmt ist.[3]

1

---

1 BGBl I S. 3610.
2 *Höfer*, § 32 Rn 5759; ErfK/*Steinmeyer*, § 32 BetrAVG Rn 1; *Blomeyer/Rolfs/Otto*, § 32 Rn 1.
3 HWK/*Schipp*, § 32 BetrAVG Rn 1.

Betriebsverfassungsgesetz

Vom 15.1.1972, BGBl I S. 13, BGBl III 801-7

Zuletzt geändert durch Gesetz zur Errichtung eines Bundesaufsichtsamtes für Flugsicherung und zur Änderung und Anpassung weiterer Vorschriften vom 29.7.2009, BGBl I S. 2424, 2429

Erster Teil: Allgemeine Vorschriften

§ 1 Errichtung von Betriebsräten

(1) [1]In Betrieben mit in der Regel mindestens fünf ständigen wahlberechtigten Arbeitnehmern, von denen drei wählbar sind, werden Betriebsräte gewählt. [2]Dies gilt auch für gemeinsame Betriebe mehrerer Unternehmen.

(2) Ein gemeinsamer Betrieb mehrerer Unternehmen wird vermutet, wenn

1. zur Verfolgung arbeitstechnischer Zwecke die Betriebsmittel sowie die Arbeitnehmer von den Unternehmen gemeinsam eingesetzt werden oder
2. die Spaltung eines Unternehmens zur Folge hat, dass von einem Betrieb ein oder mehrere Betriebsteile einem an der Spaltung beteiligten anderen Unternehmen zugeordnet werden, ohne dass sich dabei die Organisation des betroffenen Betriebs wesentlich ändert.

Literatur zu den §§ 1 bis 5: *Annuß*, Schwierigkeiten mit § 3 I Nr. 3 BetrVG?, NZA 2002, 290; *Bormann*, Unternehmenshandeln gegen Betriebsratsgründungen – Der Fall Schlecker, WSI-Mitteilungen 2008, 45; *Burckhardt*, Zwischen Kleinstbetrieben und Global Playern, AiB 2008,47; *Cragert*, Kündigungsschutz in Kleinbetrieben, NZA 2000, 961; *Däubler*, Gewerkschaftsrechte im Betrieb, 10. Aufl. 2000; *ders.*, Eine Mini-Reform, AiB 2001, 111; *ders.*, Die veränderte Betriebsverfassung – Erste Anwendungsprobleme, AuR 2001, 285; *ders.*, Privatautonome Betriebsverfassung?, in: FS für Wißmann, 2005, 275; *Deinert*, Streik um firmenbezogenen Tarifsozialplan, jurisPR-ArbR 1/2008 Anm 3; *Dieterich*, Gewerkschaftswerbung im Betrieb, RdA 2007, 110; *Düwell*, Betriebsbegriff bei Zuordnungstarifvertrag, jurisPR-ArbR 7/2005, Anm 3; *Eich*, Tarifverträge nach § 3 BetrVG – Rechtliche Erwägungen und Hinweise zur praktischen Umsetzung, EuroAS 2003, 16; *Engels/Trebinger/Löhr-Steinhaus*, Regierungsentwurf eines Gesetzes zur Reform des Betriebsverfassungsgesetzes, DB 2001, 532; *Franzen*, Zwingende Wirkung der Betriebsverfassung NZA 2008, 250; *Freckmann/Koller-van Delden*, Vertrauensvolle Zusammenarbeit zwischen Arbeitgeber und Betriebsrat – hehres Ziel oder praktizierende Wirklichkeit, BB 2006, 490; *Friese*, Tarifverträge nach § 3 BetrVG im System des geltenden Tarif- und Arbeitskampfrechts, ZfA 2003, 237; *dies.*, Die Bildung von Spartenbetriebsräten nach § 3 Abs. 1 Nr. 2 BetrVG, RdA 2003, 92; *Giesen*, Betriebsersetzung durch Tarifvertrag?, BB 2002, 1480; *C. Gravenhorst*, Bedeutung der Einstellungs- und Entlassungskompetenz für Qualifizierung als leitender Angestellter, jurisPR-ArbR 24/2008 Anm 3; *Guth*, Beschränkung des Zugangs eines Bevollmächtigten in den Betrieb, jurisPR-ArbR 16/2008 Anm 2; *Haas/Salamon*, Der Betrieb in einer Filialstruktur als Anknüpfungspunkt für die Bildung von Betriebsräten, RdA 2008, 146; *Hamann*, Leiharbeitnehmer-Pools, NZA 2008, 1042; *ders.*, Mitbestimmung des Betriebsrats beim Einsatz von Leiharbeitnehmern, jurisPR-ArbR 26/2008 Anm 5; *Ihlenfeld*, Betriebsratsstrukturen durch Tarifvertrag, AiB 2006, 403; *Kania/Klemm*, Möglichkeiten und Grenzen der Schaffung anderer Arbeitnehmervertretungsstrukturen nach § 3 Abs. 1 Nr. 3 BetrVG, RdA 2006, 22; *Klaus*, Rechtliches Spannungsverhältnis zwischen Gewerkschaft und Betriebsrat, 2008; *Kreft*, Zur Zulässigkeit von Tarifsozialplänen, BB-Special 2008, 14; *Kreutz*, Gemeinsamer Betrieb und einheitliche Leitung, in: Festschrift für Reinhard Richardi zum 70. Geburtstag 2007, 637; *Löwisch*, Arbeitnehmereigenschaft kraft vertraglicher Vereinbarung, in: Festschrift für Wolfgang Hromadka zum 70. Geburtstag 2008, 229; *Matthes*, Erweiterung der Mitbestimmungsrechte des Betriebsrates durch Tarifvertrag für Reisekostenregelungen, jurisPR-ArbR 1/2008 Anm 4; *Picker*, Betriebsverfassung und Arbeitsverfassung, RdA 2001, 257; *Plander*, Der Betrieb als Verhandlungsobjekt im Betriebsverfassungs- und sonstigen Arbeitsrecht, NZA 2002, 483; *ders.*, Tarifverträge nach § 3 BetrVG im Streit konkurrierender Gewerkschaften, in: FS für die Arbeitsgemeinschaft Arbeitsrecht im Deutschen Anwaltverein, 2006, 969; *Preis*, Die Definition des Arbeitnehmers und der arbeitnehmerähnlichen Person in einer Kodifikation des ... Festschrift für Wolfgang Hromadka zum 70. Geburtstag, 275; *Pulte*, Betriebsgröße und Arbeitsrecht, BB 2005, 549; *Rammel/Velleuer*, Vom Leitenden Angestellten zur Europäischen Führungskraft, in: Festschrift für Wolfgang Hromadka zum 70. Geburtstag 2008, 295; *Reichhold*, Die reformierte Betriebsverfassung 2001, NZA 2001, 857; *Richardi*, Veränderung in der Organisation der Betriebsverfassung nach dem Regierungsentwurf zur Reform des BetrVG, NZA 2001, 346; *Richardi/Annuß*, Neues Betriebsverfassungsgesetz: Revolution oder strukturwahrende Reform?, DB 2001, 41; *Richter/Schneider*, Das BetrVerf-Reformgesetz – eine Zwischenbilanz, AiB 2004, 154; *Rieble*, Betriebsverfassungsrechtlicher Gewerkschaftsbegriff, RdA 2008, 35; *Roos*, Ungestörte Amtsausübung, AiB 2006, 316; *Sarge*, Vertrauensvolle Zusammenarbeit, dbr 2006, Nr. 4, 14; *Schaub*, Heim- und Telearbeit sowie bei Dritten beschäftigte Arbeitnehmer im Referenten- und Regierungsentwurf zum BetrVG, NZA 2001, 364; *Schulze*, Ein-Euro-Jobber – Arbeitnehmer im Sinne des BetrVG?, NZA 2007, 1332; *Sommer*, Geltungsbereich des BetrVG – Umfang der Einstellungs- und Entlassungskompetenz eines leitenden Angestellten, ZBVR online 2008, Nr. 5, 9; *ders.*, Geltungsbereich des BetrVG – Umfang der Einstellungs- und Entlassungskompetenz eines leitenden Angestellten, ZBVR online 2008, Nr. 5, 9; *Teusch*, Organisationstarifverträge nach § 3 BetrVG, NZA 2007, 124; *Thüsing*, Vereinbarte Betriebsratsstrukturen, ZiP 2003, 693; *Traber*, Haftung des Betriebsrats-Anwalts, FA 2008, 40; *Trümner*, Die Vermutung des gemeinsamen Betriebs mehrerer Unternehmen nach § 1 Abs. 2 Nr. 1 BetrVG, AiB 2001, 507; *Utermark*, Die Organisation der Betriebsverfassung als Verhandlungsgegenstand,

§ 1 BetrVG 150

Dissertation, 2005; *Weber*, Schwellenwerte für die Beschäftigtenzahl bei Massenentlassungen, EuZA 2008, 355; *Zabel*, Zugangsrechte der Beauftragten der im Betrieb vertretenen Gewerkschaften und der Betriebsratsmitglieder zum Betrieb und zu den einzelnen Arbeitsplätzen, AiB 2004, 40

A. Allgemeines	1
B. Regelungsgehalt	4
I. Betrieb (Abs. 1)	4
1. Betriebsbegriff	4
2. Organisatorische Einheit	5
a) Einheitlicher Leitungsapparat	5
b) Räumliche Nähe	7
c) Verfolgung arbeitstechnischer Zwecke/Abgrenzung zum Unternehmen	10
aa) Arbeitstechnische Zwecke	10
bb) Fortgesetzte Zweckverfolgung	12
cc) Einheitlichkeit der Zwecksetzung nicht konstitutiv	13
II. Gemeinsamer Betrieb mehrerer Unternehmen (Abs. 1 S. 2; Abs. 2)	17
1. Überblick/Abgrenzung zum gemeinsamen Unternehmen	17
2. Gemeinsamer Betrieb – Voraussetzungen	19
3. Gesetzliche Vermutung einer Leitungsvereinbarung (Abs. 2)	22
a) Gemeinsamer Einsatz von Betriebsmitteln und Arbeitnehmern zur Verfolgung arbeitstechnischer Zwecke (Abs. 2 Nr. 1)	24
b) Unternehmensspaltung ohne Änderung der Betriebsorganisation (Abs. 2 Nr. 2)	25
4. Weitere Vermutungstatbestände	27
III. Mindestgröße des Betriebes	32
1. Arbeitnehmer	36
2. Ständige Arbeitnehmer	42
3. Anzahl der in der Regel beschäftigten Arbeitnehmer	45
IV. Lage des Betriebs im Inland	47
V. Ausgenommene Betriebe	51
1. Öffentlicher Dienst	52
2. Religionsgemeinschaften	53
3. Bahn/Post	54
VI. Betriebe mit eingeschränkter Anwendung des Gesetzes	55
1. Luftfahrt	55
2. Seefahrt	56
3. Tendenzbetriebe	57
VII. Betriebsrat und Arbeitgeber	58
C. Verbindung zu anderen Rechtsgebieten	62
D. Beraterhinweise	64

A. Allgemeines

Die Vorschrift bestimmt, unter welchen Voraussetzungen in einem Betrieb die Errichtung eines BR möglich ist (BR-Fähigkeit). Das Gesetz („...werden Betriebsräte gewählt...") geht ganz selbstverständlich von der Errichtung eines BR bei Vorliegen dieser Voraussetzungen aus. Die Vorschrift zwingt dennoch nach allg. M. nicht zur Bildung eines BR. **1**

Ausgangspunkt der Betriebsverfassung ist der **Betrieb**. Betriebsräte werden in Betrieben bzw. für Betriebe errichtet. Erforderlich für die Bildung eines BR ist nach Abs. 1 eine **Mindestbelegschaft**, d.h. eine bestimmte Anzahl regelmäßig beschäftigter wahlberechtigter und wählbarer AN. Die Größe der Belegschaft ist davon abhängig, welche Arbeitsstätten zum Betrieb gehören und wer als AN, d.h. als Betriebszugehöriger anzusehen ist (z.B. auch Leih-AN, Teleerbeiter und Heimarbeiter?). Die Zugehörigkeit einer Arbeitsstätte zum Betrieb kann sich aus einem Tarifvertrag oder einer Betriebsvereinbarung ergeben, in der die Organisationseinheit, die als Betrieb i.S.d. § 1 gelten soll, mit allen Betriebsstätten aufgeführt ist. Ansonsten bleibt es bei den Betriebsstätten, die nach der klassischen Betriebsdefinition zum Betrieb gehören. Bei der Feststellung, welche Betriebsstätten (Betriebsteile/Kleinbetriebe) zu berücksichtigen sind, hilft § 4. **2**

Auch ein gemeinsamer Betrieb mehrerer Unternehmen ist ein Betrieb i.S.d. BetrVG. Abs. 2 enthält eine **Vermutungsregelung** für das Vorliegen eines gemeinsamen Betriebes.

Der Anwendungsbereich des Betriebsverfassungsgesetzes ist durch das am 28.7.2001 in Kraft getretene Gesetz zur Reform des Betriebsverfassungsgesetzes vom 23.7.2001 (BGBl I S. 1852 – Reformgesetz) auch **auf andere Organisationseinheiten ausgedehnt** worden. § 3 ermöglicht Tarif- sowie Betriebspartnern und – in eingeschränktem Umfang – auch der Belegschaft in erheblich größerem Umfang als bisher, von dem klassischen Betrieb des Betriebsverfassungsgesetzes abweichende Organisationseinheiten zu schaffen. Diese werden betriebsverfassungsrechtlich über § 3 Abs. 5 dem Betrieb gleichgestellt. **3**

Wer AN i.S.d. § 1 ist, regelt § 5. § 1 verlangt für die Zugehörigkeit dieser AN zur Belegschaft, dass es sich bei ihnen um „ständige" AN handelt.

B. Regelungsgehalt

I. Betrieb (Abs. 1)

1. Betriebsbegriff. Der Betrieb wird durch das Betriebsverfassungsgesetz nicht definiert. Der Betriebsbegriff ist daher durch Lit. und Rspr. entwickelt worden. Nach heute allg. anerkannter **Definition** ist ein Betrieb die organisatorische Einheit, innerhalb derer der Unternehmer allein oder zusammen mit seinen AN mithilfe sächlicher oder im- **4**

materieller Mittel bestimmte arbeitstechnische Zwecke fortgesetzt verfolgt.[1] Der Zweck darf nicht auf die Befriedigung des **Eigenbedarfs** beschränkt sein.[2]

Abzugrenzen ist der **Betrieb vom Unternehmen**. Abgrenzungskriterium ist der verfolgte Zweck. Während der Betrieb einem arbeitstechnischen Zweck dient, verfolgt das Unternehmen ein hinter dem arbeitstechnischen Zweck liegendes wirtschaftliches oder ideelles Ziel.[3]

5 **2. Organisatorische Einheit. a) Einheitlicher Leitungsapparat.** Wesentliches Abgrenzungsmerkmal für Annahme und Abgrenzung eines Betriebes ist die einheitliche Organisation. Erforderlich ist ein **einheitlicher Leitungsapparat** für eine bestimmte arbeitstechnische Organisationseinheit. Die durch diesen Leitungsapparat koordinierte Einheit bildet den Betrieb. Ein Betrieb ist dabei nicht auf eine Produktions- oder Verkaufsstätte beschränkt. Ein **einheitlicher Betrieb** liegt also auch vor, wenn die Unternehmensleitung selbst eine oder mehrere Arbeitsstätten in arbeitstechnischer Hinsicht leitet. Es handelt sich um **mehrere Betriebe**, wenn die Leitung der Betriebe jeweils in der einzelnen Produktionsstätte ausgeübt wird. Die Betriebsstätten müssen in diesem Fall nicht räumlich auseinander liegen.[4]

6 Unternehmensleitung und Betriebsleitung müssen nicht identisch sein. Es ist ausreichend, wenn die Unternehmensleitung die Entscheidungen in personellen und sozialen Angelegenheiten im Wesentlichen der Leitung der einzelnen Arbeitsstätten überlässt.[5] Auf die Entscheidungskompetenz in wirtschaftlichen Angelegenheiten kommt es weniger an. Es müssen also nicht sämtliche Kompetenzen mit Bezug auf die Arbverh zusammengefasst sein. Ansprechpartner in wirtschaftlichen Angelegenheiten ist regelmäßig der Unternehmer.[6]

Oder negativ ausgedrückt: Fehlt ein eigener Leitungsapparat, der für die Organisationseinheit die maßgeblichen mitbestimmungsrelevanten personellen und sozialen Entscheidungen einheitlich trifft, kann die Arbeitsstätte nur Teil eines Betriebes, nicht aber selbst Betrieb sein.

7 b) Räumliche Nähe. Eine **räumliche Verbundenheit** kann für das Bestehen eines einheitlichen Betriebes sprechen. Eine räumliche Einheit ist aber nicht zwingend. So können z.B. auch räumlich weit voneinander entfernte Filialen einer Lebensmittelkette zu einem Betrieb gehören.[7] Die neuen Kommunikationstechnologien ermöglichen in immer größerem Umfang die Ausübung von AG-Funktionen und auch die Kontrolle der Mitarbeiter von entfernten Orten. Bereichsleitungen agieren daher oft nicht mehr vor Ort, mit der Folge, dass Entscheidungen in personellen Angelegenheiten meist an einer ganz anderen Stelle getroffen werden.

8 Kleinstbetriebe gehören nach der Neufassung des § 4 Abs. 2 durch das Reformgesetz 2001 nun unabhängig von ihrer Entfernung zum Hauptbetrieb. Demgegenüber gelten Betriebsteile mit einer AN-Zahl oberhalb der Kleinstbetriebsgrenze des Abs. 1 S. 1 bei räumlich weiter Entfernung vom Hauptbetrieb weiterhin als selbstständige Betriebe. Ihre AN sind damit grds. nicht dem Hauptbetrieb zuzuordnen. Es besteht aber die Möglichkeit, dass AN eines solchen Betriebes an der Wahl des BR im Hauptbetrieb teilnehmen. Dann ist ihre Arbeitsstätte dem Hauptbetrieb zugeordnet. Von dieser Möglichkeit wird insb. Gebrauch gemacht, wenn die Leitung des Betriebsteils vom Hauptbetrieb ausgeht und daher der BR des Hauptbetriebs „näher" ist. Wie § 4 zeigt, können auch nahe beieinander liegende Arbeitsstätten selbstständige Betriebe sein, wenn sie durch Aufgabenbereich und Organisation selbstständig sind.

9 Das LAG Hamburg[8] stellte den Betriebsbegriff des BAG in seiner Entscheidung vom 22.10.1997 in Frage. Er sei nicht mehr zeitgemäß. Abzustellen sei auf einen Tätigkeitszusammenhang, durch den die Handlungsorganisation der AN möglichst ortsnah und effektiv verwirklicht werden könne. Im Hinblick auf seine Funktion müsse sich der betriebsverfassungsrechtliche Betriebsbegriff in der Regel an der räumlich-arbeitstechnisch verbundenen Tätigkeit unter Berücksichtigung wirtschaftlich-sozialer Abhängigkeiten und Verflechtungen orientieren. Das BAG wies in seiner Entscheidung vom 9.2.2000[9] alle Einwände zurück und hielt an seiner skizzierten Rspr. fest. Den Kritikern der Rspr. des BAG ist zuzugestehen, dass eine ortsnahe Vertretung für die betroffene Belegschaft in der Regel greifbarer ist. Auch hier spielen aber die technischen Kommunikationsmittel eine wichtige Rolle. Für § 4 Abs. 1 S. 1 Nr. 1, der allein auf die räumliche Entfernung der Betriebsteile vom Hauptbetrieb abstellt, ist die Erreichbarkeit des im Hauptbetrieb bestehenden Betriebsrats per Post oder Telefon oder mit Hilfe moderner Kommunikationsmittel nach der Rechtsprechung des **BAG**[10] aber unerheblich.

---

1 BAG 31.5.2000 – 7 ABR 78/98 – AP § 19 BetrVG 1972 Nr. 47 = NZA 2000, 1350 = AuR 2001, 30.
2 BAG 18.3.1997 – 3 AZR 729/95 – AP § 1 BetrVG 1972 Nr. 16 = NZA 1998, 97.
3 BAG 24.2.1976 – 1 ABR 62/75 – AP § 4 BetrVG 1972 Nr. 2; 7.8.1986– 6 ABR 57/85 – AP § 4 BetrVG 1972 Nr. 5 = NZA 1987, 183 = AuR 1987, 245.
4 BAG 23.9.1982 – 6 ABR 42/81 – AP § 4 BetrVG 1972 Nr. 3 = DB 1983, 1498.
5 BAG 23.9.1982 – 6 ABR 42/81 – AP § 4 BetrVG 1972 Nr. 3 = DB 1983, 1498.
6 BAG 23.9.1982 – 6 ABR 42/81 – AP § 4 BetrVG 1972 Nr. 3 = DB 1983, 1498.
7 BAG 24.2.1976 – 1 ABR 62/75 – AP § 4 BetrVG 1972 Nr. 2 = DB 1976, 1579.
8 22.10.1997 – 4 TaBV 9/95 – LAGE § 1 BetrVG 1972 Nr. 4.
9 7 ABR 21/98 – FA 2000, 131 = DB 2000, 384.
10 BAG 7.5.2008 – 7 ABR 15/07 – NZA 2009, 328.

c) Verfolgung arbeitstechnischer Zwecke/Abgrenzung zum Unternehmen. aa) Arbeitstechnische Zwecke. „Arbeitstechnisch" muss die Zwecksetzung sein. Dadurch unterscheidet sich der Betrieb vom Unternehmen. Das Unternehmen verfolgt regelmäßig wirtschaftliche Zwecke. Der Begriff „arbeitstechnische Zwecke" wird im Hinblick auf die Vielzahl der in Betracht kommenden Betriebszwecke (z.B. Versand, Produktion, Verwaltung usw.) negativ definiert. 10

Einheiten, die ausschließlich den Zweck der Befriedigung von Eigenbedarf verfolgen, sind daher keine Betriebe.[11] Herausgenommen werden dadurch insb. die privaten Haushalte.[12] 11

bb) Fortgesetzte Zweckverfolgung. Die arbeitstechnischen Zwecke müssen fortgesetzt verfolgt werden. Es muss sich um eine auf eine gewisse Dauer eingerichtete Organisation handeln. Diese Organisation muss aber nicht für lange oder gar unbestimmte Zeit eingerichtet werden. Saison- oder Kampagnebetriebe können ausreichen,[13] nicht aber eine nur vorübergehende Einrichtung von Arbeitsstätten. Sie führen nicht zu einer Herauslösung aus dem Betrieb. 12

cc) Einheitlichkeit der Zwecksetzung nicht konstitutiv. Die Einheitlichkeit des arbeitstechnischen Zwecks ist für den Betrieb nicht von konstitutiver Bedeutung. In vielen Betrieben werden unterschiedliche Betriebszwecke verfolgt, ohne dass dies gegen das Vorliegen eines einheitlichen Betriebes spräche.[14] So kann eine Betriebsabteilung mit der Produktion, eine andere mit dem Vertrieb betraut werden. 13

Die einheitliche Zwecksetzung kann bei räumlich auseinander liegenden Betriebsstätten aber **Indiz** dafür sein, dass ein einheitlicher Betrieb vorliegt (Zeitungsverlag mit Sitz in Düsseldorf und zehn über das Bundesgebiet verstreuten Geschäftsstellen;[15] Unternehmen der Erwachsenenbildung mit einheitlichem Zweck in mehreren räumlich weit auseinander liegenden Bildungsstätten).[16] 14

Ein **einheitlicher Zweck** liegt vor, wenn ein Unternehmen den gleichen Zweck an verschiedenen Betriebsstätten verfolgt (z.B. Lebensmittelgeschäfte an verschiedenen Orten).[17] 15

Für **Kleinstbetriebe** (z.B. kleine Filialen) ist diese Frage seit dem Reformgesetz 2001 nicht mehr von Bedeutung. Sie werden nach § 4 Abs. 2 (siehe dort Rn 24) automatisch dem Hauptbetrieb zugeordnet, unabhängig von ihrer Zwecksetzung.[18] 16

Die Einheitlichkeit der Zwecksetzung kann auch als **Abgrenzungskriterium** für die Beantwortung der Frage dienen, ob ein gemeinsamer Betrieb vorliegt.

II. Gemeinsamer Betrieb mehrerer Unternehmen (Abs. 1 S. 2; Abs. 2)

1. Überblick/Abgrenzung zum gemeinsamen Unternehmen. Mehrere Unternehmen können gemeinsam einen Betrieb gründen, z.B. um ein gemeinsames Projekt durchzuführen. Das hat zur Folge, dass in diesem Betrieb ein BR gewählt wird. Er nimmt alle Rechte eines BR gegenüber den beteiligten Unternehmen wahr und entsendet jeweils Mitglieder in sämtliche bei den Trägerunternehmen zu errichtende Gesamt-BR.[19] 17

Der klassische gemeinsame Betrieb ist die **ARGE** (Arbeitsgemeinschaft) im Baubereich. Zahlreiche andere Konstellationen, in denen mehrere Unternehmen gemeinsam einen Betrieb betreiben, sind denkbar. Oft entstehen gemeinsame Betriebe auch durch **Unternehmensumstrukturierungen**, so z.B. durch Unternehmensspaltungen. Nicht selten werden verschiedene Betriebszwecke zum Anlass genommen, für jeden Betriebszweig ein gesondertes Unternehmen zu gründen, ohne die Betriebsstruktur zu ändern. Eine typische Unternehmensspaltung ist die Spaltung in Produktions- und Besitzgesellschaft. Der „armen" Produktionsgesellschaft werden dann regelmäßig die AN zugewiesen. Oft entstehen dabei nur virtuelle Unternehmen.[20] Hiervon zu unterscheiden sind die Fälle, in denen **mehrere Unternehmen eine neue Gesellschaft gründen**, die dann als ein Unternehmen einen Betrieb im Interesse der Gesellschafter betreibt. Eindeutig ist das insb. in den Fällen der Gründung einer GmbH. Problematisch kann es bei der GbR werden. Hier wird regelmäßig von einem Unternehmen auszugehen sein, wenn die Gesellschaft als solche nach außen auftritt. Anders bei der Innengesellschaft. Hier wird es oft an der für das Unternehmen erforderlichen eigenwirtschaftlichen Ausrichtung[21] fehlen. 18

---

11 BAG 18.3.1997 – 3 AZR 729/95 – AP § 1 BetrVG 1972 Nr. 16 = NZA 1998, 97.
12 DKK/*Trümner*, § 1 Rn 36.
13 *Fitting u.a.*, § 1 Rn 77; GK-BetrVG/*Kraft*, § 4 Rn 19; Richardi/*Richardi*, § 1 Rn 121.
14 BAG 14.9.1988 – 7 ABR 10/87 – AP § 1 BetrVG 1972 Nr. 9 = NZA 1989, 190 = AiB 1989, 165; 18.1.1990– 2 AZR 355/89 – AP § 23 KSchG 1969 Nr. 9 = NZA 1990, 977.
15 BAG 24.1.1964 – 1 ABR 14/63 – AP § 3 BetrVG Nr. 6 = NJW 1964, 1338.
16 BAG 3.12.1985 – 1 ABR 29/84 – AP § 99 BetrVG 1972 Nr. 28 = NZA 1986, 1076.
17 BAG 24.2.1976 – 1 ABR 62/75 – AP § 4 BetrVG 1972 Nr. 2.
18 BAG 7.5.2008 – 7 ABR 15/07 – NZA 2009, 328.
19 BAG 13.2.2007 – 1 AZR 184/06 – EZA SD 2007, Nr. 11, 15.
20 Vgl. dazu BAG 12.11.1998 – 8 AZR 301/97 – AP § 613 BGB Nr. 4 = NZA 1999, 715.
21 Zur Definition des Unternehmens vgl. BAG 3.5.1987 – 2 AZR 623/85 – AP § 15 KSchG 1969 Nr. 30 = NZA 1988, 32 = AiB 1988, 92.

19 **2. Gemeinsamer Betrieb – Voraussetzungen.** Nach der bisherigen Rspr. des BAG,[22] die weiterhin maßgeblich ist, da der Gesetzgeber durch das Reformgesetz 2001 hieran nichts ändern wollte,[23] sind Voraussetzungen für das Vorliegen eines einheitlichen gemeinsamen Betriebes mehrerer Unternehmen

- der für einen **einheitlichen arbeitstechnischen Zweck**[24] zusammengefasste, **geordnete und gezielte Einsatz** von in einer Betriebsstätte vorhandenen materiellen und immateriellen Betriebsmitteln;
- die Steuerung des Einsatzes der menschlichen Arbeitskraft durch einen **einheitlichen Leitungsapparat**;
- eine – zumindest stillschweigende – rechtliche Verbindung der beteiligten Unternehmen zu einer gemeinsamen Führung (**Leitungsvereinbarung**);
- die Wahrnehmung der wesentlichen Funktionen eines AG in sozialen und personellen Angelegenheiten (**Ausübung wesentlicher AG-Funktionen**) durch die einheitliche Leitung. Eine lediglich unternehmerische Zusammenarbeit genügt nicht. Vielmehr müssen die Funktionen des AG in den sozialen und personellen Angelegenheiten des Betriebsverfassungsgesetzes **institutionell einheitlich** für die beteiligten Unternehmen wahrgenommen werden.[25]

20 Ob eine **einheitliche Leitung** hinsichtlich wesentlicher AG-Funktionen vorliegt, beurteilt sich nach der innerbetrieblichen Entscheidungsfindung und deren Umsetzung.[26] Sie fehlt nach der Rspr. des BAG z.B. dann, wenn eine Konzernholding aufgrund ihrer konzernrechtlichen Leitungsmacht gegenüber dem Vorstand der Tochter-AG anordnet, die Tochter solle bestimmte Arbeiten für die Holding miterledigen.[27] Konzernrechtliche Weisungsmacht kann zwar bis zur Betriebsebene durchschlagen. Sie erzeugt aber für sich gesehen noch keinen betriebsbezogenen Leitungsapparat.[28] Eine **Führungsvereinbarung** liegt nicht bereits aufgrund unternehmerischer Zusammenarbeit, auch nicht auf der Grundlage von Organ- oder Beherrschungsverträgen, vor.[29]

21 Die Verfolgung **unterschiedlicher arbeitstechnischer Zwecke** steht der Annahme eines gemeinsamen Betriebs nicht zwingend entgegen. In einem Gemeinschaftsbetrieb können durchaus unterschiedliche arbeitstechnische Zwecke verfolgt werden. Für das Bestehen eines gemeinsamen Betriebs ist die Einheitlichkeit der Organisation wichtiger als **die Einheitlichkeit der arbeitstechnischen Zweckbestimmung**.[30] Bilden zwei Unternehmen einen Gemeinschaftsbetrieb, so führt nicht jede Änderung des Betriebszwecks der verbundenen Unternehmen ohne weiteres zu einer Auflösung des Gemeinschaftsbetriebs. Im Fall der Stilllegung des dem einen Unternehmen zuzurechnenden Betriebsteils beschränkt sich notwendigerweise für die Zukunft der Betriebszweck auf den Betriebszweck, welchen das den Betrieb weiterführende Unternehmen nach wie vor verfolgt. Bei einer bloßen Änderung des Betriebszwecks eines der beiden Unternehmen kommt es entscheidend darauf an und ist deshalb stets zu prüfen, ob nicht die Fortführung der beiden Betriebsteile auch nach der Änderung des Betriebszwecks des einen Unternehmens auf das Fortbestehen eines Gemeinschaftsbetriebs schließen lässt.[31] Haben etwa zwei Unternehmen in der Form eines Gemeinschaftsbetriebs Bauleistungen erbracht, so muss nicht notwendigerweise die bisher ausgeübte einheitliche personelle Leitung wegfallen, wenn sich in Zukunft das eine dieser Unternehmen auf Bauträgerleistungen konzentriert oder bloße Bauplanungen ausführt und die gewerblichen Bauaufgaben dem anderen Unternehmen überlässt. Eine bei einer solchen Änderung des Betriebszwecks des einen Unternehmens nahe liegende Möglichkeit ist etwa die, dass die Bauträgergesellschaft nunmehr das andere Teilunternehmen des Gemeinschaftsbetriebs verstärkt als Subunternehmen einsetzt, so dass sich an der praktischen Abwicklung der Bauaufträge im Wesentlichen nur die Art und Weise ändert, wie und über welches Unternehmen die einzelnen Bauaufträge abgerechnet werden.

22 **3. Gesetzliche Vermutung einer Leitungsvereinbarung (Abs. 2).** Angesichts der Nachweisschwierigkeiten einer – zumindest stillschweigenden – Leitungsvereinbarung im Prozess sieht Abs. 2 insoweit eine gesetzliche Vermutung vor, die an unterschiedliche Tatbestände anknüpft. Das sind einerseits der gemeinsame Einsatz von Betriebsmitteln und AN zur Verfolgung arbeitstechnischer Zwecke und andererseits Unternehmensspaltungen ohne Änderung der Betriebsorganisation. Maßgeblich ist also das äußere Erscheinungsbild. Abs. 2 ist durch das Reformgesetz 2001 eingefügt worden. Die Rspr. hatte schon zuvor die einheitliche Ausübung von Funktionen von AG im sozialen und personellen Bereich als ein Indiz für eine Leitungsvereinbarung angesehen.[32] Es handelt sich allerdings

---

22 BAG 31.5.2000 – 7 ABR 78/98 – AP § 19 BetrVG 1972 Nr. 47 = NZA 2000, 1350 = AuR 2001, 30.
23 BT-Drucks 14/5741, S. 33.
24 Dazu aber Rn 21.
25 BAG 22.10.2003 – 7 ABR 18/03 – AP § 1 BetrVG 1972 Gemeinsamer Betrieb Nr. 21 = EzA § 1 BetrVG 2001 Nr. 1 = BAGReport 2004, 165.
26 BAG 24.1.1996 – 7 ABR 10/95 – AP § 1 BetrVG 1972 Gemeinsamer Betrieb Nr. 8 = NZA 1996, 1110 = AiB 1997, 655.
27 BAG 29.4.1999 – 2 AZR 352/98 – AP § 23 Abs. 1 KSchG Nr. 21 = NZA 1999, 932 = AuR 1999, 325.
28 BAG 3.6.2004 – 2 AZR 386/03 – NZA 2004, 1380.
29 BAG 18.10.2000 – 2 AZR 494/99 – AP § 15 KSchG 1969 Nr. 49 = NZA 2001, 321 = DB 2001, 1729; 11.12.2007 – 1 AZR 824/06 – NZA-RR 2008, 298 = DB 2008, 1163.
30 BAG 25.5.2005 – 7 ABR 38/04 – n.v.; 14.9.1988 – 7 ABR 10/87 – BAGE 59, 319 = AP BetrVG 1972 § 1 Nr. 9 = EzA BetrVG 1972 § 1 Nr. 7.
31 BAG 29.11.2007 – 2 AZR 763/06 – AP Nr. 95 zu § 1 KSchG 1969 Soziale Auswahl = ZIP 2008, 1598.
32 BAG 14.9.1988 – 7 ABR 10/87 – AP § 1 BetrVG 1972 Nr. 9 = NZA 1989, 190 = AiB 1989, 165; 18.1.1990 – 2 AZR 355/89 – AP § 23 KSchG 1969 Nr. 9 = NZA 1990, 977.

um eine widerlegliche gesetzliche Tatsachenvermutung,[33] die beweiserleichternde Funktion nur im Rahmen der Verteilung von Darlegungs- und Beweislasten im Betriebsverfassungsrecht hat. Eine Übertragung der unter ihrer Anwendung für den Bereich des BetrVG gewonnenen Ergebnisse auf den tariflichen Bereich ist nach der Rechtsprechung des BAG[34] nicht möglich.

Ausreichend für den Vermutungstatbestand ist der Vortrag von **Indizien**. Zur Widerlegung der Vermutung ist der Nachweis erforderlich, dass keine gemeinsame Leitung der organisatorischen Einheit in den wesentlichen AG-Aufgaben vorliegt. Der Nachweis einer fehlenden ausdrücklichen Führungsvereinbarung ist dann nicht mehr ausreichend.[35]

a) Gemeinsamer Einsatz von Betriebsmitteln und Arbeitnehmern zur Verfolgung arbeitstechnischer Zwecke (Abs. 2 Nr. 1). Die einheitliche Leitung und das Bestehen einer Führungsvereinbarung werden bei Vorliegen einer bestimmten, nach außen sichtbaren Vorgehensweise vermutet.[36] **Vermutungstatbestand** ist nicht der gezielte gemeinsame Einsatz. Er ist bereits durch eine gemeinsame Nutzung erfüllt. Es ist nicht erforderlich, dass eine gemeinsame Nutzung vereinbart worden ist.[37] Die Vermutung ist widerlegbar. Sie hat zur **Folge**, dass die Feststellungslast für das Nichtvorliegen einer Führungsvereinbarung im Ergebnis den AG trifft. Die **Vermutungsregelung** hilft z.B. in Beschlussverfahren weiter, in denen nicht festgestellt werden kann, ob eine Führungsvereinbarung zwischen zwei Unternehmen vorliegt oder ob z.B. eine Anweisung der Konzernspitze vorliegt, die dem entgegenstünde. Die Führungsvereinbarung kann aber auch anderweitig nachgewiesen werden, wenn der Vermutungstatbestand nicht erfüllt ist. Die Prüfung der Tatbestandsmerkmale des § 1 Abs. 2 Nr. 1 BetrVG ist entbehrlich, wenn feststeht, dass die organisatorischen Voraussetzungen für einen Gemeinschaftsbetrieb nicht vorliegen, weil z.B. an einer gemeinsamen Betriebsstätte fehlt.[38] Das gilt auch, wenn feststeht, dass entweder die in einer Betriebsstätte zusammengefassten AN oder die Betriebsmittel nicht von einer einheitlichen Leitung eingesetzt werden.[39]

b) Unternehmensspaltung ohne Änderung der Betriebsorganisation (Abs. 2 Nr. 2). Abs. 2 Nr. 2 setzt voraus, dass im Zuge der Spaltung eines Unternehmens von einem Betrieb dieses Unternehmens ein oder mehrere Betriebsteile einem an der Spaltung beteiligten anderen Unternehmen zugeordnet werden. **Vermutungsfolge** (widerlegbar) ist – wenn bei dieser Zuordnung die Organisation des davon betroffenen Betriebes im Wesentlichen unverändert bleibt –, dass die an der Spaltung beteiligten Unternehmen den Betrieb als gemeinsamen Betrieb weiterführen, um auch weiterhin die arbeitstechnischen Vorteile eines langjährig eingespielten Betriebs zu nutzen.[40] Die Regelung lehnt sich hinsichtlich ihres Inhalts und der Begrifflichkeit an die des Umwandlungsrechts an, insb. an § 322 Abs. 1 UmwG a.F. Die Bestimmung ist daher gegenstandslos geworden und deshalb gestrichen worden. Erfasst sind die Fälle der Aufspaltung, Abspaltung und Ausgliederung, sowohl in Form der Gesamtrechtsnachfolge als auch in Form der Einzelrechtsnachfolge.

Wer sich auf das Bestehen eines gemeinsamen Betriebes trotz Unternehmensspaltung beruft, kann sich danach auf den Vortrag beschränken, die Organisation des Betriebes sei trotz der Unternehmensspaltung unverändert geblieben. Es ist dann Aufgabe der Gegenseite, darzulegen und ggf. unter Beweis zu stellen, dass infolge der Unternehmensspaltung aufgrund konkreter organisatorischer Änderungen ein einheitlicher Leitungsapparat nicht mehr gegeben ist.[41] Voraussetzung ist eine wesentliche Änderung. Hiervon wird regelmäßig nicht auszugehen sein, wenn die Spaltung allein aus steuer-, haftungs- oder wettbewerbsrechtlichen Gründen erfolgt, wie z.B. bei einer Aufteilung in eine Besitz- und in eine Betriebsgesellschaft.[42]

4. Weitere Vermutungstatbestände. Der Vermutungstatbestand des Abs. 2 ist nicht abschließend. Die Vorschrift in der Fassung des am 28.7.2001 in Kraft getretenen Gesetzes zur Reform der Betriebsverfassung vom 23.7.2001 enthält keine eigenständige Definition des gemeinsamen Betriebs mehrerer Unternehmen. Nach dieser Vorschrift wird lediglich bei Vorliegen bestimmter Voraussetzungen vermutet, dass ein gemeinsamer Betrieb besteht. Greifen die Vermutungstatbestände nicht ein, schließt dies das Bestehen eines gemeinsamen Betriebs nicht aus.[43]

Für einen einheitlichen gemeinsamen Betrieb können darüber hinaus sprechen
- die gemeinsame Nutzung der technischen und der immateriellen Betriebsmittel;
- gemeinsame Personalaktenführung;[44]

---

33 BAG 13.8.2008 – 7 ABR 21/07 – NZA-RR 2009, 255.
34 4.7.2007 – 4 AZR 491/06 – AP Nr. 35 zu § 4 TVG Tarifkonkurrenz = NZA 2008, 307.
35 *Fitting u.a.*, § 1 Rn 89; DKK/*Trümmner*, § 1 Rn 95; ErfK/*Eisemann/Koch*, § 1 BetrVG Rn 15.
36 Vgl. auch BT-Drucks 14/5741, S. 33.
37 ErfK/*Eisemann/Koch*, § 1 BetrVG Rn 15; *Fitting u.a.*, § 1 Rn 86; *Engels/Trebinger/Löhr-Steinhaus*, DB 2001, 532; *Trümner*, AiB 2001, 507; a.A. *Richardi*, NZA 2001, 349 und *Däubler*, AuR 2001, 1.
38 BAG 22.6.2005 – 7 ABR 57/04 – AP Nr. 23 zu § 1 BetrVG 1972 Gemeinsamer Betrieb Nr. 23 = EzA BetrVG 2001 § 1 Nr. 4.
39 BAG 13.8.2008 – 7 ABR 21/07 – NZA-RR 2009, 255.
40 BT-Drucks 14/5741, S. 33.
41 *Fitting u.a.*, § 1 Rn 93.
42 ErfK/*Eisemann/Koch*, § 1 BetrVG Rn 15.
43 BAG 11.2.2004 – 7 ABR 27/03 – AP § 1 BetrVG 1972 Gemeinsamer Betrieb Nr. 22 = NZA 2004, 618 = DB 2004, 1213.
44 BAG 11.2.2004 – 7 ABR 27/03 – AP § 1 BetrVG 1972 Gemeinsamer Betrieb Nr. 22 = NZA 2004, 618 = DB 2004, 1213.

- einheitliche Personalabteilung;[45]
- gemeinsame Erstellung von Arbeitsverträgen und anderen personenbezogenen Schriftstücken;[46]
- personelle Verflechtungen;
- wechselseitiger arbeitgeberübergreifender Personaleinsatz;[47]
- ein Auftreten des AG gegenüber dem BR und seinen Mitgliedern, als betreibe er zusammen mit anderen Unternehmen einen Gemeinschaftsbetrieb;[48]
- gleich lautende Weisungen einer Konzernspitze;
- gemeinsame räumliche Unterbringung;
- personelle, organisatorische und technische Verknüpfung der Arbeitsabläufe;
- gemeinsame Lohnbuchhaltung usw.

29 Wesentlich sind dabei nach der Rspr. des BAG[49] die zur Verfolgung der betrieblichen Zwecke primär erforderlichen Betriebsmittel. Die gemeinsame Nutzung einer Telefonanlage, der Postverteilung, der Abfallentsorgung, der Warenannahme, der Haustechnik, der Schlüsselverwaltung und der Cafeteria sind, soweit sie – wie in der Regel – nur Hilfsfunktionen erfüllen, nicht ausschlaggebend, wenn in Bezug auf die in erster Linie verfolgten arbeitstechnischen Zwecke keine einheitliche Organisation existiert.[50] Von besonderer Bedeutung ist der wechselseitige arbeitgeberübergreifende Personaleinsatz. Dieser – so das BAG – sei für den Betriebsablauf in einem Gemeinschaftsbetrieb kennzeichnend.[51]

30 Allein der Umstand, dass ein Verein die **Lohnbuchhaltung** für eine andere beteiligte Gesellschaft als Dienstleistung erbringt, ist nicht unbedingt ein wesentliches Indiz für das Vorliegen eines einheitlichen Leitungsapparats in personellen und sozialen Angelegenheiten. Aus der Übernahme von Dienstleistungen, die auch als Serviceleistungen Dritter denkbar sind, wie die Lohnbuchhaltung, ergibt sich nicht zwangsläufig, dass die Betriebsstätten durch einen einheitlichen Leitungsapparat gesteuert werden.[52] Auch aus der Personenidentität eines Datenschutzbeauftragten und der Fachkraft für Arbeitssicherheit lässt sich nicht ohne weiteres auf eine einheitliche Leitung in personellen und sozialen Angelegenheiten schließen.[53] Weder der Datenschutzbeauftragte noch die Fachkraft für Arbeitssicherheit müssen überhaupt in dem Betrieb beschäftigt sein (§ 4f Abs. 2 S. 2 BDSG, § 5 Abs. 3 S. 2 ASiG). Wird die Personaleinsatzplanung auf ein Dienstleistungsunternehmen übertragen, kommt es darauf an, ob von dort nur Entscheidungsvorschläge erwartet werden oder ob die Leitung selbst übertragen wird.[54] Die Beteiligung eines AG darf sich nicht auf das Zur-Verfügung-Stellen seiner AN an einen anderen AG beschränken.[55]

31 Auch die **Personenidentität in der Geschäftsführung** mehrerer Unternehmen ist allein kein wesentliches Indiz für das Bestehen eines einheitlichen Leitungsapparats. Allein daraus kann nicht zwingend auf eine einheitliche Leitung in personellen und sozialen Angelegenheiten geschlossen werden. Der Umstand, dass eine Person Geschäftsführer mehrerer Unternehmen und in dieser Eigenschaft auch für deren personelle und soziale Angelegenheiten zuständig ist, bedeutet noch nicht, dass sie diese Aufgaben für alle Unternehmen einheitlich wahrnimmt. Die Personenidentität kann aber bei Hinzutreten weiterer Umstände wesentliches Indiz werden. Das BAG[56] hat das z.B. für den Fall bejaht, dass die von anderen Gesellschaften betriebenen Einrichtungen in dem einheitlichen Organigramm über die Leitungsstrukturen ausdrücklich aufgeführt wurden. Gleiches gilt, wenn die Betriebsstätten nicht über eine Leitung für personelle und soziale Angelegenheiten verfügen.[57]

Auch eine **konzernrechtliche Weisungsmacht** kann zwar bis zur Betriebsebene durchschlagen. Sie erzeugt aber für sich gesehen noch keinen betriebsbezogenen Leitungsapparat.[58] Das herrschende Unternehmen wird dadurch nicht zusammen mit dem beherrschten Unternehmen Inhaber eines gemeinsamen Betriebs. Es fehlt an der hierzu erforderlichen Einbringung von Betriebsmitteln und AN.[59]

---

45 BAG 13.8.2008 – 7 ABR 21/07 – NZA-RR 2009, 255; BAG, 22.10.2003 – 7 ABR 18/03 – AP Nr. 21 zu § 1 BetrVG 1972 Gemeinsamer Betrieb = EzA § 1 BetrVG 2001 Nr. 1 = BAGReport 2004, 165.
46 BAG 11.2.2004 – 7 ABR 27/03 – AP § 1 BetrVG 1972 Gemeinsamer Betrieb Nr. 22 = NZA 2004, 618 = DB 2004, 1213.
47 BAG 16.4.2008 – 7 ABR 4/07 – DB 2008, 1864.
48 BAG 18.10.2000 – 2 AZR 494/99 – AP § 15 KSchG 1969 Nr. 49 = NZA 2001, 321 = DB 2001, 1729.
49 BAG 25.5.2005 – 7 ABR 38/04 – DB 2005, 1914.
50 BAG 25.5.2005 – 7 ABR 38/04 – DB 2005, 1914.
51 BAG 16.4.2008 – 7 ABR 4/07 – DB 2008, 1864.
52 BAG 9.2.2000 – 7 ABR 21/98 – FA 2000, 131 = DB 2000, 384.
53 BAG 11.2.2004 – 7 ABR 27/03 – AP § 1 BetrVG 1972 Gemeinsamer Betrieb Nr. 22 = NZA 2004, 618 = DB 2004, 1213.
54 BAG 13.8.2008 – 7 ABR 21/07 – NZA-RR 2009, 255.
55 BAG 13.8.2008 – 7 ABR 21/07 – NZA-RR 2009, 255; BAG 16.4.2008 – 7 ABR 4/07 – DB 2008, 1864.
56 BAG 11.2.2004 – 7 ABR 27/03 – AP § 1 BetrVG 1972 Gemeinsamer Betrieb Nr. 22 = NZA 2004, 618 = DB 2004, 1213.
57 BAG 25.5.2005 – 7 ABR 38/04 – DB 2005, 1914.
58 BAG 3.6.2004 – 2 AZR 386/03 – NZA 2004, 1380.
59 BAG 11.12.2007 – 1 AZR 824/06 – NZA-RR 2008, 298 = DB 2008, 1163.

§ 1 BetrVG 150

III. Mindestgröße des Betriebes

Um **betriebsratsfähig** zu sein, müssen zum Betrieb **mindestens fünf ständige wahlberechtigte AN** zählen, von denen **drei wählbar** sind. Ausgenommen sind dadurch die sog. Kleinstbetriebe. Maßgeblich ist die Kopfzahl. Es kommt also nicht darauf an, ob es sich um teilzeit- oder vollzeitbeschäftigte Belegschaftsmitglieder handelt.[60] 32

Die Größe der Belegschaft ist davon abhängig, welche Arbeitsstätten zum Betrieb gehören und wer als AN, d.h. als Betriebszugehöriger anzusehen ist (z.B. Telearbeiter und Heimarbeiter?).

Bei der Feststellung, welche Betriebsstätten (Betriebsteile/Kleinbetriebe) zu berücksichtigen sind, hilft § 4. Kleinstbetriebe – und damit auch deren AN – zählen nach § 4 Abs. 2 automatisch zum Hauptbetrieb. AN eines Betriebsteils, in dem kein eigener BR besteht und der nicht schon per se zum Hauptbetrieb gehört, können selbst entscheiden, ob sie an der Wahl des BR im Hauptbetrieb teilnehmen wollen und damit zum Hauptbetrieb zählen oder nicht. Dadurch können AN außerhalb des Hauptbetriebes in das kollektive Betriebsgefüge eingebunden werden. 33

Die Zugehörigkeit einer Arbeitsstätte zum Betrieb kann sich auch aus einem **Tarifvertrag** oder einer **Betriebsvereinbarung** ergeben, in der die Organisationseinheit, die als Betrieb i.S.d. § 1 gelten soll, mit allen Betriebsstätten aufgeführt ist. Ansonsten bleibt es bei den Betriebsstätten, die nach der klassischen Betriebsdefinition zum Betrieb gehören. 34

Besonderheiten gibt es bei Unternehmen der Seeschifffahrt und der Luftfahrt. Hier zählen die Besatzungsmitglieder nicht mit, da BR nur für die Landbetriebe dieser Unternehmen gebildet werden können. Es gelten aber die Sonderregelungen der §§ 114 bis 117. 35

1. Arbeitnehmer. Wer AN i.S.d. § 1 ist, ergibt sich aus § 5 BetrVG. Das sind Arb und Ang einschließlich der zu ihrer Berufsausbildung Beschäftigten. Hierzu gehören auch im **Außendienst** oder mit **Telearbeit** beschäftigte Belegschaftsmitglieder. Als AN gelten danach auch die in **Heimarbeit** beschäftigten, wenn sie in der Hauptsache für den Betrieb arbeiten. 36

Die **Außendienstmitarbeiter** gehören zu dem Betrieb, von dem die Entscheidungen über ihren Einsatz ausgehen und in dem somit Leitungsmacht des AG ausgeübt wird.[61] Hierbei kommt es insb. darauf an, von welchem Betrieb das Direktionsrecht ausgeübt wird und die auf das Arbverh bezogenen Anweisungen erteilt werden. Demgegenüber ist die Ausübung der Fachaufsicht nur von untergeordneter Bedeutung. 37

Da es gemeinsame Betriebe mehrerer Unternehmen gibt, können die AN auch unterschiedlichen Unternehmen angehören.

AN i.S.d. § 1 sind die zur **Stammbelegschaft** gehörenden Personen. Sie sind durch einen Arbeitsvertrag mit dem oder den Betriebsinhaber/n verbunden. 38

Zur **Randbelegschaft** (Formulierung in der Gesetzesbegründung) zählen AN Dritter, die – oft im Dauereinsatz – im Betrieb tätig sind. Durch das Reformgesetz 2001 sollten diese AN anderer Unternehmen zwar **an die Stammbelegschaft des Einsatzbetriebes herangeführt werden.**[62] Sie erhalten einige zusätzliche Rechte, werden aber – soweit sich nicht durch z.B. das AÜG (z.B. § 10 Abs. 1 AÜG) anderes ergibt – nicht AN des Entleihers. Der Gesetzgeber ist nämlich von der Kumulationstheorie des Siebten Senats des BAG[63] ausgegangen. Danach gelten in einem Betrieb Beschäftigte nur dann betriebsverfassungsrechtlich als betriebszugehörig, wenn sie zu dem Betriebsinhaber in einem Arbverh stehen und ihre Arbeit innerhalb der Betriebsorganisation erbringen. Das BAG[64] rechnet Leih-AN daher mangels arbeitsvertraglicher Bindung nicht zu den für die Bildung des BR erforderlichen AN. Die AN-Überlassung sei gekennzeichnet durch das Fehlen einer arbeitsvertraglichen Beziehung zwischen AG und Entleiher. Die tatsächliche Eingliederung in die Betriebsorganisation allein begründe nicht die Betriebszugehörigkeit zum Entleiherbetrieb. Dies sei § 14 Abs. 1 AÜG zu entnehmen. Danach bleiben Leih-AN auch während der Zeit ihrer Arbeitsleistung bei einem Entleiher Angehörige des entsendenden Betriebs. Der Gesetzgeber messe damit im Falle der bei einem Leih-Arbverh zwischen dem Verleiher und dem Entleiher eintretenden Aufspaltung der AG-Funktionen unter betriebsverfassungsrechtlichen Gesichtspunkten der auf vertraglicher Grundlage beruhenden Rechtsbeziehung zum Verleiher ein größeres Gewicht bei als der tatsächlichen Eingliederung in den Betrieb des Entleihers. Der tatsächlichen Eingliederung in den Betrieb des Entleihers habe der Gesetzgeber dadurch Rechnung getragen, dass Leih-AN nach §§ 7 S. 2, 14 Abs. 2 S. 2 und Abs. 3 AÜG einzelne betriebsverfassungsrechtliche Rechte im Entleiherbetrieb zustehen. Eine vollständige Betriebszugehörigkeit des Leih-AN zum Entleiherbetrieb sei dadurch auch nach Einführung des Wahlrechts in § 7 Abs. 2 jedoch nicht begründet.[65] 39

---

60 Richardi/*Richardi*, § 1 Rn 115.
61 BAG 10.3.2004 – 7 ABR 36/03, n.v.
62 BT-Drucks 14/5741, 36.
63 19.6.2001 – 1 ABR 43/00 – AP § 87 BetrVG 1972 Nr. 1 = NZA 2001, 1263 = DB 2001, 2301.
64 BAG 22.10.2003 – 7 ABR 3/03 – AP § 38 BetrVG 1972 Nr. 28 = NZA 2004, 1052; 16.4.2003 – 7 ABR 53/02 – AP § 9 BetrVG 2002 Nr. 1 = NZA 2003, 1345 = DB 2003, 2128.
65 BAG 10.3.2004 – 7 ABR 49/03 – AP § 7 BetrVG 1972 Nr. 8 = DB 2004, 1836.

40 Das gilt nach der Entscheidung des BAG vom 10.3.2004[66] auch für **konzernintern überlassene AN**. Auch ihnen fehle die arbeitsvertragliche Beziehung zu dem Entleiher. Deshalb seien auch sie betriebsverfassungsrechtlich nicht als betriebsangehörige AN des Entleiherbetriebs anzusehen. Maßgeblich sei, dass der AN seine Arbeitsleistung nur vorübergehend nicht bei seinem AG erbringe, wobei „vorübergehend" ein Zeitraum von mehreren Jahren sein könne. Unter diesen Umständen führe auch eine längerfristige Überlassung mangels einer arbeitsvertraglichen Bindung zum Entleiher nicht dazu, dass die überlassenen AN zu Betriebsangehörigen des Entleiherbetriebs i.S.d. Betriebsverfassungsgesetzes werden, sofern sichergestellt sei, dass die AN nicht auf Dauer überlassen werden.[67]

41 Bei dieser Auslegung wird sich allerdings das Ziel des Gesetzgebers, der Erosion der Stammbelegschaft durch den Einsatz von AN anderer AG entgegenzuwirken[68] nicht erreichen lassen. In der **Lit.** wird daher vertreten, dass Leih-AN immer dann zählen, wenn sie unter den Voraussetzungen des § 7 S. 2 einen Dauerarbeitsplatz besetzen, weil sie dann zu den ständig Beschäftigten gehörten.[69] Danach sollen Leih-AN auch bei nichtgewerbsmäßiger AN-Überlassung mitzählen, wenn im Einzelfall die Wertungsvoraussetzungen des § 14 AÜG nicht vorliegen. Bei einer dauerhaften Eingliederung in den Entleiherbetrieb bestehe zwischen Verleiher und AN keine betriebliche Bindung mehr. Teilweise wird von dem Erfordernis eines Arbeitsvertrages mit dem Betriebserwerber für die Annahme einer Betriebszugehörigkeit auch ganz abgesehen.[70] Jedenfalls dann, wenn die nach dem Gesetz vorgesehenen Grenzen für die AN-Überlassung überschritten werden oder ein AN auf Dauer oder für eine verhältnismäßig lange Zeit im Betrieb tätig sein soll, wird er zu den ständigen AN zu zählen sein.[71]

42 2. Ständige Arbeitnehmer. Es muss sich um ständige wahlberechtigte AN handeln. Die Beantwortung der Frage, wer zu den ständigen AN gehört, bestimmt sich nach der Arbeitsaufgabe, die ein AN im Rahmen des Betriebes übernehmen soll.[72] Abzustellen ist darauf, ob er wegen der ihm übertragenen Aufgabe nicht nur vorübergehend dem Betrieb angehört.[73] Maßgeblich ist der ständig zu besetzende Arbeitsplatz. Ständige AN sind daher zunächst die **auf unbestimmte Zeit eingestellten AN**.[74] Es kommt nicht darauf an, ob eine **Probezeit** vereinbart worden ist.[75] Da den Arbeitsplatz abzustellen ist, zählen auch im Rahmen einer **Arbeitsbeschaffungsmaßnahme** eingestellte AN, wenn der Arbeitsplatz nur regelmäßig mit AN besetzt ist.[76] Gleiches gilt für befristet eingestellte AN. Jedenfalls bei einer Befristung von nicht unerheblicher Dauer handelt es sich in jedem Fall um „ständige AN".

43 Wer Leih-AN entgegen der Rspr. des BAG zutreffend zu den AN i.S.d. § 1 zählt,[77] wird es als ausreichend ansehen, dass ein **ständig zu besetzender Arbeitsplatz** regelmäßig mit Leih-AN oder mit befristet eingestellten AN besetzt wird.[78] Leih-AN zählen nach § 7 S. 2 aber nur mit, wenn sie für mehr als drei Monate eingestellt worden sind, dann aber von Beginn des Arbverh an.

44 Auch **neu eingestellte** AN sind „ständige AN", wenn sie wegen der ihnen übertragenen Aufgaben nicht nur vorübergehend dem Betrieb angehören sollen. Durch das Tatbestandsmerkmal „ständige" soll eine Abgrenzung zu denjenigen AN erfolgen, die von vornherein nur befristet eingestellt werden. Dazu gehören z.B. **Saison-AN** und **Aushilfen**. Maßgeblich ist allerdings auch insoweit die Dauer der Beschäftigung und die Frage, ob evtl. dauernd Aushilfen beschäftigt werden. Nach der Rspr. des BAG sind Aushilfen zu berücksichtigen, wenn sie regelmäßig mindestens sechs Monate im Jahr beschäftigt werden.[79] Ausgenommen, weil nicht ständige AN, sind auch solche Belegschaftsmitglieder, die nur kurzfristig zum Abbau von „Spitzen" eingesetzt werden, da es sich nur um eine vorübergehende Arbeitsaufgabe handelt.

45 3. Anzahl der in der Regel beschäftigten Arbeitnehmer. Die Anzahl der für die Bildung des BR erforderlichen AN ergibt sich ebenfalls aus § 1. Danach sind fünf wahlberechtigte (§ 7) und drei wählbare (§ 8) AN erforderlich. Bei der Frage, wie viel AN „in der Regel" in der Organisationseinheit beschäftigt sind, kommt es auf die ständig zu besetzenden Arbeitsplätze an. Maßgeblich ist insoweit der **Normalzustand, nicht der Durchschnitt**.[80] Zu berücksichtigen sind **Vergangenheit und künftige Entwicklung**, nicht nur die zufällige Anzahl der AN am Stichtag.[81] Auch längere Zeit erkrankte AN zählen er bei der Berechnung mit. Weitere Beispiele sind: Wehr- oder Zivildienstleistende, Erziehungsurlauber und AN im Mutterschutz[82] sowie Auszubildende, Volontäre, Umschüler und Praktikanten.

---

66 BAG 10.3.2004 – 7 ABR 49/03 – AP § 7 BetrVG 1972 Nr. 8 = DB 2004, 1836.
67 BAG 10.3.2004 – 7 ABR 49/03 – AP § 7 BetrVG 1972 Nr. 8 = DB 2004, 1836.
68 BT-Drucks 14/5741, S. 36 sowie Allgemeiner Teil A.III.3.
69 Richardi/*Richardi*, § 1 Rn 124; *Fitting u.a.*, § 5 Rn 237 m.w.N.
70 DKK/*Trümner*, § 5 Rn 24, 25.
71 Richardi/*Richardi*, § 1 Rn 124; *Dörner*, in: FS Wissmann, 286, 295, 298.
72 Richardi/*Richardi*, § 1 Rn 112.
73 *Fitting u.a.*, § 1 Rn 276.
74 Richardi/*Richardi*, § 1 Rn 113 m.w.N.
75 *Fitting u.a.*, § 1 Rn 276; Richardi/*Richardi*, § 1 Rn 114; GK-BetrVG/*Kraft*, § 1 Rn 62; a.A. *Löwisch*, § 1 Rn 35.
76 A.A. Richardi/*Richardi*, § 1 Rn 114.
77 So *Fitting u.a.*, § 5 Rn 237 f m.w.N..
78 *Fitting u.a.*, § 1 Rn 276; LAG Berlin 6.12.1989 – 2 TaBV 6/89 – DB 1990, 538.
79 BAG 12.10.1976 – 1 ABR 1/76 – AP § 8 BetrVG 1972 Nr. 1 = DB 1977, 356.
80 GK-BetrVG/*Kraft*, § 1 Rn 66; Richardi/*Richardi*, § 1 Rn 116.
81 BAG 22.2.1983 – 1 AZR 260/81 – AP § 113 BetrVG 1972 Nr. 7 = NJW 1984, 323.
82 BAG 19.7.1983 – 1 AZR 260/81 – AP § 113 BetrVG 1972 Nr. 23 = DB 1983, 2634.

Nicht berücksichtigt werden: Helfer im freiwilligen sozialen Jahr,[83] **Vertreter** für in der Regel beschäftigte AN und Saison-AN. Werden für eine Vollzeitkraft zwei Teilzeitkräfte als Vertretung eingesetzt, ist die Stammkraft zu berücksichtigen, nicht die zur Vertretung eingesetzten Teilzeitkräfte.[84]

Regelmäßig beschäftigt sind auch **studentische Aushilfen**, die als teilzeitbeschäftigte (Abruf-)Kräfte eingesetzt werden und auf der Grundlage bereits abgeschlossener Arbeitsverträge bei Bedarf an einzelnen von dem AG festzulegenden und dem AN (rechtzeitig) mitzuteilenden Arbeitstagen zur Arbeitsleistung herangezogen werden. Werden hingegen mit studentischen Aushilfen **Rahmenvereinbarungen** abgeschlossen, auf deren Grundlage befristete Tagesaushilfsarbeitsverhältnisse vereinbart werden, stehen die studentischen Aushilfen u.U. nicht bereits aufgrund der Rahmenvereinbarungen in dauerhaften Arbverh zur AGin.[85]

Diese Mindestzahlen müssen nicht nur bei der Errichtung des BR vorliegen. Vielmehr endet mangels eines betriebsratspflichtigen Betriebes das Amt des BR automatisch, wenn die Zahl der ständigen wahlberechtigten AN nicht nur vorübergehend unter fünf sinkt. Die Zahl der wählbaren AN kann hingegen unter drei sinken, ohne dass sich das auf den Fortbestand des BR auswirkt.[86] Hintergrund ist der Folgende: Durch die Anforderung, wonach mindestens drei AN wählbar sein müssen, soll die Möglichkeit einer Auswahl sichergestellt werden. Von Bedeutung ist das aber nur bei der Errichtung des BR. Für den Bestand des BR kommt es hierauf nicht an.[87]

IV. Lage des Betriebs im Inland

Es gilt das sog. **Territorialitätsprinzip**.[88] Erfasst sind die innerhalb der Grenzen der Bundesrepublik Deutschland gelegenen Betriebe. Dabei sind weder die für die einzelnen Arbverh maßgebliche Rechtsordnung noch die Nationalität von AG und Belegschaft entscheidend. Daher fallen **inländische Betriebe ausländischer Unternehmen** unter den Geltungsbereich des Betriebsverfassungsgesetzes, nicht aber **ausländische Betriebe inländischer Unternehmen**.[89] Das Gleiche gilt für Betriebsteile und Nebenbetriebe. Voraussetzung ist das Bestehen einer betrieblichen Struktur im Inland. Besteht im Inland nur eine Briefkastenfirma, die ohne jegliche betriebliche Struktur nur einige Arbeitsverträge hält, fehlt es an einem inländischen Betrieb des ausländischen Unternehmens.[90]

Auf im Ausland beschäftigte AN findet deutsches Betriebsverfassungsrecht dann Anwendung, wenn sich die Auslandstätigkeit als **Ausstrahlung** des Inlandsbetriebes darstellt.[91] Für das Vorliegen einer Ausstrahlung kommt es auf die Dauer der Auslandstätigkeit und darauf an, ob und wieweit die AN im Ausland in eine betriebliche Struktur eingegliedert sind. Bei dauernd im Ausland tätigen AN fehlt in der Regel ein hinreichender Bezug zum Inlandsbetrieb. Allerdings kann ein vom AG vorbehaltenes Rückrufrecht ein starkes Indiz für einen fortbestehenden Inlandsbezug sein, sofern es praktische Bedeutung hat.[92] Ein Inlandsbezug kann sich auch daraus ergeben, dass das Direktionsrecht gegenüber dem AN vom inländischen Betrieb ausgeübt wird und wenn eine Eingliederung in eine ausländische Betriebsstruktur nicht feststellbar ist.[93] Die Rechte aus § 14 Abs. 2 und 3 AÜG stehen den an ein ausländisches Unternehmen im Ausland überlassenen AN aber nicht zu.[94]

Im Ergebnis werden bestimmte AN auch im Ausland vom persönlichen Geltungsbereich des Betriebsverfassungsgesetzes erfasst, weil sie trotz ihrer Auslandstätigkeit einem inländischen und damit im räumlichen Anwendungsbereich des BetrVG liegenden Betrieb zugehören (für eine Gruppe überwiegend in Italien eingesetzter LKW-Fahrer).[95]

Es wird aber nicht der räumliche Geltungsbereich des Betriebsverfassungsgesetzes auf das Ausland erstreckt. Den an ein ausländisches Unternehmen im Ausland überlassenen AN stehen daher z.B. nicht die Rechte aus § 14 Abs. 2 und 3 AÜG zu.[96] Voraussetzung für die Errichtung eines **KBR** für die inländischen Unternehmen ist es, dass das Unternehmen seinen Sitz und die Leitungszentrale im Inland hat.[97]

---

83 BAG 12.2.1992 – 7 ABR 42/91 – AP § 5 BetrVG 1972 Nr. 52 = NZA 1993, 334.
84 BAG 15.3.2006 – 7 ABR 39/05 – n.v.
85 BAG 12.11.2008 – 7 ABR – Juris, mit Anmerkung *Matthes* in jurisPR-ArbR 10/2009 Anm. 3.
86 Richardi/*Richardi*, § 1 Rn 131; *Fitting u.a.*, § 21 Rn 31.
87 Richardi/*Richardi*, § 1 Rn 131 m.w.N.
88 BAG 22.3.2000 – 7 ABR 34/98 – AP § 14 AÜG Nr. 8 = NZA 2000, 1119 = AiB Telegramm 2000, 69.
89 BAG 22.3.2000 – 7 ABR 34/98 – AP § 14 AÜG Nr. 8 = NZA 2000, 1119 = AiB Telegramm 2000, 69.
90 BAG 3.6.2004 – 2 AZR 386/03 – NZA 2004, 1380.
91 BAG 22.3.2000 – 7 ABR 34/98 – AP § 14 AÜG Nr. 8 = NZA 2000, 1119 = AiB Telegramm 2000, 69.
92 BAG 20.2.2001 – 1 ABR 30/00 – AP § 101 BetrVG 1972 Nr. 23 = NZA 2001, 1033 = DB 2001, 2054.
93 BAG 20.2.2001 – 1 ABR 30/00 – AP § 101 BetrVG 1972 Nr. 23 = NZA 2001, 1033 = DB 2001, 2054.
94 BAG 22.3.2000 – 7 ABR 34/98 – AP § 14 AÜG Nr. 8 = NZA 2000, 1119 = AiB Telegramm 2000, 69.
95 BAG 22.3.2000 – 7 ABR 34/98 – AP § 14 AÜG Nr. 8 = NZA 2000, 1119 = AiB Telegramm 2000, 69.
96 BAG 22.3.2000 – 7 ABR 34/98 – AP § 14 AÜG Nr. 8 = NZA 2000, 1119 = AiB Telegramm 2000, 69.
97 ErfK/*Eisemann/Koch*, § 54 BetrVG Rn 7.

V. Ausgenommene Betriebe

51 Vom gegenständlichen Geltungsbereich des Betriebsverfassungsgesetzes sind alle Betriebe der Privatwirtschaft erfasst. Ein Betrieb gehört auch der Privatwirtschaft an, wenn er zu einem Unternehmen gehört, dessen Gesellschafter eine Körperschaft des öffentlichen Rechts ist.

Keine oder eingeschränkte Geltung hat das Betriebsverfassungsrecht in Betrieben und Verwaltungen der öffentlichen Hände, der Religionsgemeinschaften. Bei Bahn und Post gilt heute im Wesentlichen das Betriebsverfassungsrecht.

52 **1. Öffentlicher Dienst.** Nicht Betriebsverfassungsrecht, sondern **Personalvertretungsrecht** des Bundes und der Länder findet Anwendung in Verwaltungen und Betrieben der öffentlichen Hände, § 130 BetrVG. Im BPersVG finden sich Sonderregelungen für den Bundesgrenzschutz, den Bundesnachrichtendienst und das Bundesamt für Verfassungsschutz. Über § 35a SoldatenG findet es auch auf Soldaten Anwendung. Gleiches gilt für die Dienststellen der westlichen alliierten Streitkräfte. Ein echtes Mitbestimmungsrecht wird aber nicht gewährt.

53 **2. Religionsgemeinschaften.** Religionsgemeinschaften, die Körperschaften des öffentlichen Rechts sind, werden vom Geltungsbereich des Betriebsverfassungsrechts schon nach § 130 nicht erfasst. Das gilt auch für ihre wirtschaftlichen Einrichtungen.[98] § 118 Abs. 2 bestimmt darüber hinaus, dass das Gesetz auch auf die übrigen Religionsgemeinschaften und ihre karitativen und erzieherischen Einrichtungen keine Anwendung findet.

54 **3. Bahn/Post.** Das Betriebsverfassungsgesetz gilt für die Mitarbeiter der Deutsche Bahn AG, die von der Bundesbahn und der Reichsbahn kommen. Auch für die Beamten der Bundesbahn, deren Dienstherr aus verfassungsrechtlichen Gründen das Bundeseisenbahnvermögen geblieben ist, gilt im Wesentlichen das Betriebsverfassungsgesetz.[99] Die ehemaligen Postbeamten bleiben Beamte des Bundes. Sie gelten aber als AN i.S.d. Betriebsverfassungsgesetzes.

VI. Betriebe mit eingeschränkter Anwendung des Gesetzes

55 **1. Luftfahrt.** Für Luftfahrtunternehmen wird zwischen Land- und Flugbetrieben differenziert. Auf Landbetriebe findet das Gesetz Anwendung, auf die Flugbetriebe nicht. Für sie können betriebsverfassungsrechtliche Regelungen nur über Tarifverträge geschaffen werden. § 3 findet keine Anwendung.[100]

56 **2. Seefahrt.** Ähnliches gilt für Betriebe der Seeschifffahrt. Auf die Kommentierung der §§ 114 bis 116 wird verwiesen.

57 **3. Tendenzbetriebe.** Tendenzbetriebe unterliegen in eingeschränktem Umfang dem Betriebsverfassungsrecht. Die §§ 106 bis 110 finden keine Anwendung, die §§ 111 bis 113 nur, soweit sie den Ausgleich oder die Milderung wirtschaftlicher Nachteile für die AN infolge von Betriebsänderungen regeln. I.Ü. finden die Vorschriften des Betriebsverfassungsgesetzes keine Anwendung, soweit die Eigenart des Unternehmens oder des Betriebs dem entgegenstehen.

VII. Betriebsrat und Arbeitgeber

58 Die wichtigsten Organe der Betriebsverfassung sind BR und AG. Ihre Rechte und Pflichten ergeben sich im Wesentlichen aus dem Betriebsverfassungsgesetz. **AG** können sich bei Ausübung der sich aus dem Betriebsverfassungsrecht ergebenden Rechte und Pflichten durch einzelne AN vertreten lassen. Dazu müssen sie mit den erforderlichen Entscheidungsbefugnissen ausgestattet sein.[101]

59 Der **BR** repräsentiert die Belegschaft, nicht einzelne AN-Gruppen, insb. nicht nur die Mitglieder einer Gewerkschaft. Er ist mangels eigener Rechtspersönlichkeit insb. nicht vermögensfähig und nicht rechtsfähig.[102] Er wird als solcher beim Abschluss von Verträgen nicht Schuldner. Will er den AG verpflichten, benötigt er dafür eine Vollmacht.[103] Der BR ist – mit den sich aus §§ 82 ff. ergebenden Ausnahmen – nicht Vertreter von Individualinteressen einzelner ANinnen und AN.

60 BR-Mitglieder haften ausnahmsweise persönlich, wenn sie außerhalb der durch das Betriebsverfassungsgesetz abgedeckten Aufgaben handeln. Wenn in einem solchen Fall alle BR-Mitglieder die Durchführung eines solchen Geschäfts beschlossen haben, werden sie alle Schuldner der Verbindlichkeit.[104]

61 Die BR-Mitglieder sind über § 15 KSchG sowie § 37 Abs. 4 und 5, §§ 78, 103 besonders geschützt. Der BR ist Teil der Daten speichernden Stelle i.S.d. § 3 Abs. 8 BDSG. § 3 Abs. 5 Nr. 3 findet keine Anwendung auf den Datenaustausch der Organe der Betriebsverfassung untereinander.

Die **Beteiligungsfähigkeit** des BR im Beschlussverfahren ergibt sich aus § 10 ArbGG.

---

98 BAG 30.7.1987 – 6 ABR 78/85 – AP § 130 BetrVG 1972 Nr. 3 = NZA 1988, 402 = NJW 1988, 933.
99 *Fitting u.a.*, § 1 Rn 38.
100 Einzelheiten s. unter § 117.
101 S. dazu BAG 21.12.1991 – 7 ABR 16/91 – AP § 90 BetrVG 1972 Nr. 2 = NZA 1992, 850 = AiB 1992, 534.
102 BAG 24.4.1986 – 6 AZR 607/83 – AP § 87 BetrVG 1972 Sozialeinrichtung Nr. 7 = NZA 1987, 100.
103 *Fitting u.a.*, § 1 Rn 206.
104 BAG 24.4.1986 – 6 AZR 607/83 – AP § 87 BetrVG 1972 Sozialeinrichtung Nr. 7 = NZA 1987, 100.

C. Verbindung zu anderen Rechtsgebieten

Der Betriebsbegriff findet sich auch in anderen Gesetzen, hat u.U. aber aufgrund anderer Zielstellungen der Normen unterschiedliche Inhalte. In manchen Bereichen haben europarechtliche Bestimmungen zu abweichenden Inhalten geführt. Früher ist z.B. davon ausgegangen worden, dass § 613a BGB an die betriebsverfassungsrechtliche Terminologie des Betriebs anknüpfe.[105] Im Rahmen des § 613a BGB steht heute im Anschluss an die Rspr. des EuGH die wirtschaftliche Einheit im Vordergrund,[106] nicht die Unterscheidung von arbeitstechnischem Zweck und unternehmerischer Zielsetzung und auch nicht von betriebsorganisatorischer und wirtschaftlicher Einheit. Entscheidend ist heute, dass durch eine Übertragung einer Einheit eine im Wesentlichen unveränderte Fortführung der bisher in dieser abgrenzbaren wirtschaftlichen Einheit geleisteten Tätigkeit möglich ist.[107] Ob eine wirtschaftliche Einheit vorliegt, wird anhand einer typologischen Gesamtbetrachtung konkretisiert. 62

Im Zusammenhang mit der Massenentlassungsrichtlinie hat der EuGH[108] den Betrieb als Einheit definiert, der die von der Entlassung betroffenen AN zur Erfüllung ihrer Aufgaben angehören.

Auch der in § 23 KSchG verwandte Betriebsbegriff ist nicht uneingeschränkt mit dem des Betriebsverfassungsrechts identisch. Zwar wird i.d.R. im Bereich des Künd-Schutzrechts vom Betriebsbegriff des BetrVG auszugehen sein.[109] So definiert auch das BVerfG den Betrieb i.S.d. § 23 KSchG als die organisatorische Einheit, innerhalb derer ein AG mit seinen AN durch Einsatz technischer und immaterieller Mittel bestimmte arbeitstechnische Zwecke fortgesetzt verfolgt.[110] Eine Einschränkung erfährt der Betriebsbegriff des KSchG aber dadurch, dass zur Verwirklichung des grundgesetzlich garantierten Schutzes des Arbeitsplatzes sachliche Gründe dafür vorliegen müssen, eine bestimmte typische Art von Kleinbetrieben vom Künd-Schutz auszunehmen. I.Ü. ist zu beachten, dass im Bereich des Künd-Rechts § 4 nicht gilt. Daher ist eine vom Hauptbetrieb weit entfernt gelegene Betriebsstätte künd-schutzrechtlich bei der Berechnung der Betriebsgröße regelmäßig dem Hauptbetrieb zuzurechnen, wenn die wesentlichen Entscheidungen in personellen und sozialen Angelegenheiten im Hauptbetrieb getroffen werden.[111] 63

In TV kann der Betriebsbegriff für deren Geltungsbereich durch die Tarifpartner bestimmt werden.[112]

D. Beraterhinweise

Der BR besitzt im allgemeinen Rechtsverkehr keine **Rechtsfähigkeit**. Er ist auch nur insoweit vermögensfähig, als er im Rahmen der ihm gesetzlich zugewiesenen Aufgaben Inhaber vermögensrechtlicher Ansprüche sein kann.[113] 64

Der BR-Anwalt wird darauf achten, dass der BR vor der **Beauftragung** einen entsprechenden Beschluss gefasst hat. Will der BR-Anwalt aus eigenem Recht Ansprüche gegen den AG geltend machen, bedarf es eines weiteren **BR-Beschlusses**, nach dem er dem Anwalt die eigenen Ansprüche gegen den AG abtritt. Der AG-Anwalt wird überprüfen, ob solche Beschlüsse vorliegen, wenn es um gegen den AG gerichtete Ansprüche des BR im Zusammenhang mit der Beauftragung eines Rechtsanwalts oder eines anderen Sachverständigen geht. Wird der BR-Anwalt als **Sachverständiger** i.S.d. § 80 Abs. 3 herangezogen, wird er darüber hinaus vorab das Vorliegen einer Vereinbarung zwischen AG und BR und deren Inhalt prüfen. Das hat folgenden Hintergrund: 65

Der BR wird beim **Abschluss von Verträgen** mit Dritten nicht Schuldner. Auch der AG wird nur verpflichtet, wenn er dem BR Vollmacht erteilt hat. So gehören z.B. die Kosten eines vom BR gem. § 80 Abs. 3 S. 1 hinzugezogenen Sachverständigen, soweit sie erforderlich sind, zu den gem. § 40 Abs. 1 vom AG zu tragenden Kosten der BR-Tätigkeit.[114] Durch die Vereinbarung nach § 80 Abs. 3 S. 1 entsteht ein gesetzliches Schuldverhältnis zwischen AG und BR. Gläubiger ist der BR, der insoweit als vermögensfähig anzusehen ist.[115] Inhaltlich kann sich der Anspruch auf Zahlung an einen Dritten oder auf Freistellung von einer Verbindlichkeit gegenüber einem Dritten richten. Der Dritte wird nur dann Gläubiger eines Zahlungsanspruchs, wenn ihm der BR seinen Anspruch abtritt, wobei sich der abgetretene **Freistellungsanspruch** in einen Zahlungsanspruch umwandelt. Dazu bedarf es eines entsprechenden Beschlusses des BR. Ohne einen Beschluss erwirkt der Gläubiger (z.B. der BR-Anwalt) keinen gegen den AG durchsetzbaren Anspruch.[116] Die erfolgreiche Durchsetzung eines Freistellungsanspruchs setzt voraus, dass der 66

---

105 BAG 21.1.1988 – 2 AZR 480/87 – AP § 613a BGB Nr. 72 = NZA 1988, 838.
106 Seit BAG 13.11.1997 – 8 AZR 375/96 – AP § 613a BGB Nr. 169, 170 = NZA 1998, 249, 251.
107 ErfK/*Preis*, § 613a BGB Rn 6.
108 7.12.1995 – C-449/93 – NZA 1996, 471.
109 BAG 3.6.2004 – 2 AZR 386/03 – NZA 2004, 1380; 13.6.1985 – 2 AZR 452/84 – AP § 1 KSchG 1969 Nr. 10.
110 BVerfG 27.1.1998 – 1 BvL 15/87 – AP § 23 KSchG 1969 Nr. 17; zum Betriebsbegriff auch *Gragert*, NZA 2000, 961.
111 BAG 15.3.2001 – 2 AZR 151/00 – EzA § 23 KSchG Nr. 23 = NZA 2001, 831.
112 BAG 11.9.1991 – 4 AZR 40/91 – AP § 1 TVG Tarifverträge: Bau Nr. 145.
113 BAG 24.10.2001 – 7 ABR 20/00 – AP § 40 BetrVG 1972 Nr. 71.
114 BAG 25.4.1978 – 6 ABR 9/75 – AP § 80 BetrVG 1972 Nr. 11; BAG 26.2.1992 – 7 ABR 51/90 – BAGE 70, 1 = AP § 80 BetrVG 1972 Nr. 48.
115 Richardi/*Thüsing*, § 40 Rn 42.
116 BAG 13.5.1998 – 7 ABR 65/96 – AP § 80 BetrVG 1972 Nr. 55 = NZA 1998, 900.

Betriebsrat überhaupt **in Anspruch genommen** worden ist.[117] Eine Rechnung muss also ausdrücklich an den Betriebsrat gerichtet sein. Der Betriebsrat bleibt in entsprechender Anwendung von § 22, § 49 Abs. 2 BGB auch **nach dem Ende seiner Amtszeit** befugt, noch nicht erfüllte Kostenerstattungsansprüche gegen den AG weiter zu verfolgen und an den Gläubiger abzutreten.[118] Das gilt auch für Kostenfreistellungsansprüche des **Konzern**betriebsrats.[119]

67 Der BR, nicht aber der AG beauftragt den SV. Die handelnden Personen gehen dabei nach den durch das BAG entwickelten Grundsätzen kein Risiko ein. Nach dem Abschluss einer Vereinbarung i.S.d. § 80 Abs. 3 S. 1 ist der BR durch den AG freizustellen. Eines Anspruchs des BR auf Abschluss eines Vertrages zwischen AG und SV bedarf es also nicht. Der BR darf den SV selbst beauftragen und insoweit ggf. auch eine Honorarvereinbarung treffen.[120] Über den Inhalt der Regelung muss er sich allerdings zuvor mit dem AG geeinigt haben, wie § 80 Abs. 3 S. 1 dies vorsieht. Eine derartige **Honorarvereinbarung**, zu deren Abschluss der BR aus betriebsverfassungsrechtlichen Gründen berechtigt ist,[121] muss bestimmten gebührenrechtlichen Vorschriften entsprechen. Die besondere Formvorschrift des § 4 Abs. 1 RVG, nach der die Erklärung des AG schriftlich abgegeben und nicht in der Vollmacht oder in einem Vordruck, der auch andere Erklärungen umfasst, enthalten sein darf, gilt allerdings nur für die Vereinbarung einer höheren als der gesetzlichen Vergütung. Ist dagegen der Gegenstandswert der anwaltlichen Tätigkeit nach § 23 Abs. 3 S. 2 RVG und damit nach billigem Ermessen zu bestimmen, so stellt eine sich im Rahmen billigen Ermessens haltende Honorarvereinbarung die gesetzliche Vergütung des Rechtsanwalts für seine Tätigkeit in einem gerichtlichen Verfahren dar.[122] Die getroffene Honorarvereinbarung muss dann aber auch tatsächlich billigem Ermessen entsprechen.

68 Der BR haftet nicht als Organ für **unerlaubten Handlungen**. Auch eine Haftung des AG oder anderer AN wird dadurch regelmäßig nicht begründet.

Einzelne BR-Mitglieder haften persönlich, wenn sie im Namen des BR außerhalb der im BetrVG geregelten Bereiche handeln. Bei im eigenen Namen abgeschlossenen Verträgen haften sie ebenso regelmäßig persönlich, haben aber gegen den AG einen Freistellungs- oder Erstattungsanspruch. Bei **unerlaubten Handlungen** haften die Mitglieder des BR auch persönlich. Ein deliktisches Sonderrecht für Amtspflichtverletzungen von betriebsverfassungsrechtlichen Amtsträgern gibt es nicht.[123]

69 Der BR wird im eigenen Namen kraft Amtes tätig, und er kann seine betriebsverfassungsrechtlichen Rechte gerichtlich durchsetzen. **Individuelle Ansprüche** kann er hingegen weder außergerichtlich noch gerichtlich geltend machen.[124] Nur ausnahmsweise besteht nach §§ 82 ff. die Möglichkeit, dass der BR von einzelnen AN ausdrücklich ermächtigt wird. Er kann sich die Interessen Einzelner im Rahmen der Belegschaftsinteressen ausdrücklich zu Eigen machen.

70 Im **Beschlussverfahren** ist der BR nach § 10 ArbGG beteiligtenfähig.

Die BR-Mitglieder genießen **besonderen Schutz**. Sie dürfen in der Ausübung ihrer Tätigkeit weder gestört noch behindert werden, § 78 S. 1. I.Ü. sieht § 78 S. 2 ein Benachteiligungsverbot vor. Durch § 15 KSchG sowie § 103 besteht ein besonderer Schutz vor Versetzungen und Künd. § 37 Abs. 4 und 5 sichert sie in ihrer wirtschaftlichen und beruflichen Entwicklung ab.

§ 2   Stellung der Gewerkschaften und Vereinigungen der Arbeitgeber

(1) Arbeitgeber und Betriebsrat arbeiten unter Beachtung der geltenden Tarifverträge vertrauensvoll und im Zusammenwirken mit den im Betrieb vertretenen Gewerkschaften und Arbeitgebervereinigungen zum Wohl der Arbeitnehmer und des Betriebs zusammen.

(2) Zur Wahrnehmung der in diesem Gesetz genannten Aufgaben und Befugnisse der im Betrieb vertretenen Gewerkschaften ist deren Beauftragten nach Unterrichtung des Arbeitgebers oder seines Vertreters Zugang zum Betrieb zu gewähren, soweit dem nicht unumgängliche Notwendigkeiten des Betriebsablaufs, zwingende Sicherheitsvorschriften oder der Schutz von Betriebsgeheimnissen entgegenstehen.

(3) Die Aufgaben der Gewerkschaften und der Vereinigungen der Arbeitgeber, insbesondere die Wahrnehmung der Interessen ihrer Mitglieder, werden durch dieses Gesetz nicht berührt.

---

117 BAG 4.6.2003 – 7 ABR 42/02 – AP § 37 BetrVG 1972 Nr. 136 = NZA 2003, 1284.
118 BAG 24.10.2001 – 7 ABR 20/00 – AP § 40 BetrVG 1972 Nr. 71 = NZA 2003, 53.
119 BAG 23.8.2006 – 7 ABR 51/05 – AP § 54 BetrVG 1972 Nr. 12.
120 BAG 21.6.1989 – 7 ABR 78/87 – BAGE 62, 139 = NZA 1990, 107 = NJW 1990, 404.
121 BAG 21.6.1989 – 7 ABR 78/87 – BAGE 62, 139 = NZA 1990, 107 = NJW 1990, 404.
122 BAG 21.6.1989 – 7 ABR 78/87 – BAGE 62, 139 = NZA 1990, 107 = NJW 1990, 404.
123 A.A. DKK/*Wedde*, Einl. Rn 131.
124 BAG 24.2.1987 – 1 ABR 73/84 – AP § 80 BetrVG 1972 Nr. 28 = DB 1987, 140.

§ 2 BetrVG 150

A. Allgemeines 1	1. Zugangsberechtigte 25
B. Regelungsgehalt 5	2. Zugangsgrund 27
I. Zusammenarbeit der Betriebspartner (Abs. 1) 5	3. Kein Zutrittsverweigerungsrecht des Arbeitgebers 31
1. Ziele der Zusammenarbeit 5	4. Unterrichtung des Arbeitgebers 34
2. Art der Zusammenarbeit 9	5. Zutrittsberechtigte Räumlichkeiten 35
3. Beachtung der Tarifverträge 12	6. Zutrittszeitpunkt 36
4. Einbeziehung der im Betrieb vertretenen Verbände 14	7. Einladung durch den Betriebsratsvorsitzenden .. 37
a) Gewerkschaftsbegriff 15	III. Verhältnis zu den Aufgaben der Koalitionen (Abs. 3) 38
b) Arbeitgebervereinigungen 21	1. Betätigungsrecht im Betrieb 38
c) Vertretensein im Betrieb 22	2. Gewerkschaftliche Vertrauensleute 48
d) Vertrauensvolle Zusammenarbeit mit den Verbänden 23	C. Verbindung zum Prozessrecht 51
5. Sanktionen 24	D. Beraterhinweise 53
II. Zugang zum Betrieb für Gewerkschaftsbeauftragte (Abs. 2) 25	

A. Allgemeines

In der Vorschrift sind die Grundsätze des Umgangs der Betriebspartner miteinander sowie mit Gewerkschaften und AG-Vereinigungen geregelt. Diese Grundsätze gelten unmittelbar. **1**

Im Vordergrund stehen die **Grundsätze der vertrauensvollen Zusammenarbeit**. Sie sind in § 2 „vor die Klammer gezogen". Spezielle Ausprägungen finden sich z.B. in §§ 74, 75, 76 Abs. 5 S. 3, 80, 90 S. 2, 96, 112 Abs. 4 S. 2.

Der BR vertritt **AN-Interessen**.[1] Er ist nicht Instrument zur Durchsetzung der Unternehmenspolitik im Betrieb. Die Bindung des BR an das **Betriebswohl** und das gesetzliche Arbeitskampfverbot (§ 74 Abs. 2) bringen zum Ausdruck, dass der BR auch in die Unternehmensinteressen eingebunden ist.[2] **2**

Das in Abs. 2 geregelte **Zugangsrecht der Gewerkschaften** trägt der Stellung der Gewerkschaften in der Gesellschaft Rechnung. Es ermöglicht u.a. die fachliche Unterstützung der BR und ist auch verfassungsrechtlich anerkannt.[3] **3**

Abs. 3 stellt klar, dass zwischen der Interessenvertretung durch den BR und durch die Verbände zu unterscheiden ist. Eine Interessenvertretung durch den BR kann eine solche durch die Verbände nicht beeinträchtigen oder gar ersetzen. **4**

B. Regelungsgehalt

I. Zusammenarbeit der Betriebspartner (Abs. 1)

1. Ziele der Zusammenarbeit. Die Zusammenarbeit der Betriebspartner ist durch die gemeinsamen Ziele des **Wohls der AN** und des **Betriebes geprägt**.[4] Sowohl AG als auch BR sollen also nicht nur die eigenen Interessen bzw. die Interessen der durch sie vertretenen Personen einbringen, sondern bei ihren Überlegungen und ihrem Vorgehen immer auch die Interessen der jeweiligen Gegenseite einbeziehen. Ziel der Zusammenarbeit ist es also, ausgewogene, an beiden Zielen und den damit verbundenen Interessen orientierte Lösungen herbeizuführen.[5] **5**

Nach der Rspr. des BAG ist § 2 bei der Auslegung der einzelnen Tatbestände des Betriebsverfassungsgesetzes zu berücksichtigen. Der dort normierte Grundsatz der vertrauensvollen Zusammenarbeit ist Maßstab dafür, wie die Betriebsparteien ihre gegenseitigen Rechte und Pflichten auszuüben und wahrzunehmen haben. Er bedeutet insb. auch, dass sie bei der Ausübung ihrer Rechte auf die Interessen des anderen Betriebspartners Rücksicht nehmen müssen.[6] **6**

Das schließt es aber nicht aus, dass BR und AG auf dem Lösungsweg ihre jeweiligen Interessen in den Vordergrund stellen. Soweit erforderlich, können auch überbetriebliche Gesichtspunkte zu berücksichtigen sein.[7] Dadurch ist noch keine Aussage darüber getroffen, in welchem Maße AN-Interessen und Unternehmensinteressen durch BR und AG zu berücksichtigen sind. Das kann nicht generell festgelegt werden. Es hängt vom jeweiligen Einzelfall ab. **7**

Nach dem Gesetz stehen die **Ziele des AN-Wohls und die des Betriebswohls gleichrangig** nebeneinander. Der BR muss bei der Ausübung seines Mitbestimmungsrechts die mögliche Beeinträchtigung betrieblicher Belange bedenken, die auch in der Gefährdung von Kundenbeziehungen liegen kann.[8] Der AG darf sich in mitbestimmungspflich- **8**

---

1 BAG 2.11.1955 – 1 ABR 30/54 – AP § 23 BetrVG Nr. 1 = AuR 1957, 151.
2 BAG 2.11.1955 – 1 ABR 30/54 – AP § 23 BetrVG Nr. 1 = AuR 1957, 151.
3 BVerfG 14.10.1976 – 1 BvR 19/73 – AP § 2 BetrVG 1972 Nr. 3.
4 *Fitting u.a.*, § 2 Rn 20.
5 BAG 2.11.1955 – 1 ABR 30/54 – AP § 23 BetrVG Nr. 1 = AuR 1957, 151.
6 BAG 3.6.2003 – 1 ABR 19/02 – AP § 89 BetrVG 1972 Nr. 1 = DB 2003, 2496 = AiB 2004, 184.
7 DKK/*Berg*, § 2 Rn 7.
8 BAG 27.1.2004 – 1 ABR 7/03 – AP § 87 BetrVG 1972 Überwachung Nr. 40 = NZA 2004, 556 = BB 2004, 1389 = DB 2004, 1733.

tigen Angelegenheiten Dritten gegenüber nicht in einer Weise binden, die eine Einflussnahme des BR faktisch ausschließt.[5]

2. Art der Zusammenarbeit. Vertrauensvolle Zusammenarbeit bedeutet, dass bei den sich aus der Natur der Sache notwendig ergebenden Interessengegensätzen **eine offene und ehrliche, am Gebot der Fairness orientierte Kommunikation** stattfindet.[10] Das verlangt **keinen ausschließlich harmonischen Umgang.** Konflikte sollen aber durch ständigen Dialog und die Mitwirkung des BR an betrieblichen Entscheidungen bewältigt werden. Im Rahmen einer vertrauensvollen Zusammenarbeit muss es dem BR möglich sein, Streitfragen über das Bestehen von Beteiligungsrechten mit dem AG diskursiv zu klären. Wesentliche Voraussetzung für eine vertrauensvolle Zusammenarbeit ist deshalb eine rechtzeitige und umfassende Unterrichtung. Sie **dient dem innerbetrieblichen Rechtsfrieden** und der Vermeidung von Verfahren.[11] Das schließt jegliche Schikane sowie mutwilliges und rechtsmissbräuchliches Verhalten aus.[12]

Dazu werden den Betriebspartnern Mittel und Konfliktlösungswege an die Hand gegeben, um Konfliktsituationen zu bewältigen, z.B. über die Einigungsstelle, wenn AG und BR allein keinen Lösungsweg finden. Mittel zur Vermeidung oder Lösung von Konflikten sind Regelungsabreden und BV.

Beispiele für Verstöße gegen die Grundsätze der vertrauensvollen Zusammenarbeit:
- Der AG öffnet **BR-Post.**
- Der AG veröffentlicht die **Kosten der BR-Arbeit**, ohne dass ein berechtigtes Informationsbedürfnis des AG oder ein berechtigtes Informationsinteresse der AN besteht[13] oder die Kosten werden in unsachlicher, die Arbeit des BR erschwerender Art und Weise dargestellt.
- Der AG führt den BR **im Rahmen der Anhörung nach § 102 bewusst irre.**[14]
- Der BR verlangt vom AG im Rahmen der Anhörung zur Künd eine detailliertere Begründung, obwohl er den erforderlichen Kenntnisstand hat.[15]
- Der AG enthält dem BR oder dem Sprecherausschuss im Rahmen eines Künd-Verfahrens die **notwendigen Informationen vor** oder führt bewusst und gewollt **unrichtige Tatsachen** der für den Künd-Entschluss des AG maßgeblichen Künd-Gründe an.[16]
- Der AG lässt dem BR im Rahmen eines **Stellenbesetzungsverfahrens** nicht alle ihm zur Verfügung stehenden Unterlagen zukommen und versetzt den BR damit nicht in den gleichen Kenntnisstand, in dem er sich befindet.[17]
- Der AG verlangt vom BR die **bedingungslose Unterwerfung** unter seine Vorstellungen und droht andernfalls eine Umgehung der zwingenden Mitbestimmung oder ein Ausweichen auf mitbestimmungsfreie Regelungsspielräume an.[18]
- Der BR unterrichtet eine Überwachungsbehörde, ohne zuvor den Versuch unternommen zu haben, den AG zur Abhilfe der Mängel zu bewegen.[19]
- Der BR verlangt Auskunft, obwohl er durch einfache Rechenoperation in der Lage ist, die gewünschten Daten aus den vorhandenen Unterlagen selbst zu ermitteln und es sich auch quantitativ um ein überschaubares Datenmaterial und Rechenwerk handelt.[20]
- Einen Verstoß gegen den Grundsatz der vertrauensvollen Zusammenarbeit hat das BAG z.B. in folgenden Fällen abgelehnt:
- Der AG beruft sich auf das Fehlen eines ausdrücklichen Verlangens des BR, eine **Stelle auszuschreiben**, obwohl er vergleichbare Stellen stets im Betrieb auszuschreiben pflegt.[21]
- Der BR verursacht Kosten, die über die für eine sachgerechte Interessenwahrnehmung erforderlichen Kosten hinausgehen.[22]

---

9 BAG 27.1.2004 – 1 ABR 7/03 – AP § 87 BetrVG 1972 Überwachung Nr. 40 = NZA 2004, 556 = BB 2004, 1389 = DB 2004, 1733.
10 BAG 22.5.1959 – 1 ABR 2/59 – AP § 23 BetrVG Nr. 3.
11 BAG 15.12.1998 – 1 ABR 9/98 – AP § 80 BetrVG 1972 Nr. 56 = NZA 1999, 722 = AiB 1999, 408 = AuR 1999, 242.
12 BAG 3.10.1978 – 6 ABR 102/76 – AP § 40 BetrVG 1972 Nr. 14 = NJW 1980, 1486.
13 BAG 19.7.1995 – 7 ABR 60/94 – AP § 23 BetrVG 1972 Nr. 25 = NZA 1996, 332 = AiB 1996, 316.
14 BAG 22.9.1994 – 2 AZR 31/94 – AP § 102 BetrVG Nr. 68 = NZA 1995, 363.
15 BAG 28.8.2003 – 2 AZR 377/02 – AP § 102 BetrVG Nr. 134 = DB 2004, 937.
16 BAG 27.9.2001 – 2 AZR 176/00 – AP § 14 KSchG 1969 Nr. 6 = NZA 2002, 1277 = NJW 2002, 3192 = DB 2002, 1163.
17 BAG 14.12.2004 – 1 ABR 55/03 – AP § 99 BetrVG 1972 Nr. 122 = NZA 2005, 827 = DB 2005, 1524.
18 BAG 26.5.1998 – 1 AZR 704/97 – AP § 87 BetrVG 1972 Lohngestaltung Nr. 98 = NZA 1998, 1292 = AuR 1998, 461.
19 BAG 3.6.2003 – 1 ABR 19/02 – AP § 89 BetrVG 1972 Nr. 1 = DB 2003, 2496 = AiB 2004, 184.
20 BAG 24.1.2006 – 1 ABR 60/04 – AP § 80 BetrVG 1972 Nr. 65 = NZA 2006, 1050.
21 BAG 14.12.2004 – 1 ABR 54/03 – AP § 99 BetrVG 1972 Nr. 121 = NZA 2005, 424 = DB 2005, 729 gegen LAG Berlin 26.9.2003 – 6 TaBV 609/03 und 633/03 – LAGReport 2004, 23.
22 BAG 25.5.2005 – 7 ABR 45/04 – EzA-SD 2005, 10 m. Anm. v. *Roetteken* in jurisPR-ArbR 37/2005.

– Der BR verlangt Informationen, die er aus vorgelegten Unterlagen auf rechnerisch einfachem Wege selbst abliefern kann.[23]

3. Beachtung der Tarifverträge. Den Betriebspartnern ist durch das Tarifrecht ein Rahmen vorgegeben, den sie bei ihrer Zusammenarbeit beachten müssen. Dieser Vorrang der Tarifautonomie[24] wird durch die § 77 Abs. 3, § 87 Abs. 1 Eingangssatz konkretisiert und entspricht der Wertung in den §§ 3, 4 TVG. Die Betriebspartner können danach nur dort tätig werden, wo die Tarifpartner ihre Regelungskompetenz nicht wahrgenommen bzw. durch sog. Tariföffnungsklauseln den Betriebspartnern ausdrücklich Regelungsbefugnis eingeräumt haben. § 80 Abs. 1 S. 1 verpflichtet in diesem Zusammenhang ausdrücklich auch den BR, die Einhaltung der TV zu überwachen. Tarifrecht kann auch Mindestarbeitsbedingungen nach dem Gesetz über Mindestarbeitsbedingungen vorgehen, § 8 Abs. 1 Satz 2 und Abs. 2 Mindestarbeitsbedingungsgesetz.

Die „geltenden" TV sind zu beachten. Dazu muss der Betrieb unter den räumlichen, fachlichen und zeitlichen Geltungsbereich eines TV fallen. Der Geltungsbereich ergibt sich aus dem jeweiligen TV. Ob er für den konkreten Betrieb gilt, richtet sich nach den Grundsätzen der Tarifpluralität und der Tarifkonkurrenz.

Voraussetzung für die Geltung eines TV ist – abgesehen von den Fällen einer Allgemeinverbindlichkeitserklärung nach § 5 TVG – die Tarifgebundenheit. Hinsichtlich der tariflichen Regelungen zu betrieblichen und betriebsverfassungsrechtlichen Fragen reicht die Tarifbindung des AG. Eine Geltung der Inhalts-, Abschluss- und Beendigungsnormen setzt Tarifbindung des AG und des AN voraus.

4. Einbeziehung der im Betrieb vertretenen Verbände. Im Betrieb vertretene Gewerkschaften und AG-Vereinigungen sind in die Zusammenarbeit einzubeziehen.

a) Gewerkschaftsbegriff. Der Gewerkschaftsbegriff wird einheitlich definiert.[25] Der Inhalt des Gewerkschaftsbegriffs ist im Staatsvertrag über die Schaffung einer Währungs-, Wirtschafts- und Sozialunion zwischen der Bundesrepublik Deutschland und der Deutschen Demokratischen Republik vom 18. Mai 1990 und dem Gemeinsamen Protokoll über Leitsätze, A III Nr. 2 (im Folgenden: A III 2 des Staatsvertrages) i.V.m. dem Zustimmungsgesetz des Deutschen Bundestages vom 25. Juni 1990[26] anhand der durch die Rspr. entwickelten Kriterien festgeschrieben worden.

Gewerkschaften müssen danach frei gebildet, gegnerfrei, auf überbetrieblicher Grundlage organisiert und unabhängig sein sowie das geltende Tarifrecht als für sich verbindlich anerkennen; ferner müssen sie in der Lage sein, durch Ausüben von Druck auf den Tarifpartner zu einem Tarifabschluss zu kommen.[27]

Voraussetzungen sind danach:
– **Freiwilligkeit** des Zusammenschlusses, wodurch Zwangsverbände ausgeschlossen sind,
– **Gegnerfreiheit**, d.h. es dürfen nicht zugleich AG organisiert sein, wobei die AG-Stellung gegenüber „Hausgehilfen" nicht schadet,[28]
– **überbetriebliche Organisation**, d.h. die Mitgliedschaft darf nicht auf einen bestimmten Betrieb beschränkt sein,
– **Unabhängigkeit (strukturell)**, auch vom Wechsel der Mitglieder,
– **Anerkennung des geltenden Tarifrechts** als für den Zusammenschluss verbindlich,[29]
– **Tariffähigkeit**, die einerseits Tarifwilligkeit (als satzungsgemäße Aufgabe[30]) und andererseits die erforderliche Mächtigkeit und die daraus resultierende Durchsetzungskraft im Rahmen eines leistungsstarken organisatorischen Apparates voraussetzt. In seiner Entscheidung vom 28.3.2006[31] hat das BAG sich zu mehreren im Zusammenhang mit der Tariffähigkeit bestehenden Streitfragen geäußert. Abgelehnt hat es darin z.B. die Möglichkeit einer partiellen Tariffähigkeit. Es hat das Erfordernis der Tariffähigkeit in seiner Entscheidung vom 19.9.2006[32] ausdrücklich bekräftigt und sich in diesem Zusammenhang ausführlich mit dem Streitstand auseinander gesetzt.
– Ob eine Arbeitnehmervereinigung eine solche **Durchsetzungsfähigkeit** besitzt, muss aufgrund aller Umstände im Einzelfall festgestellt werden. Für die Beurteilung der Durchsetzungskraft kommt im Einzelfall insbesondere der Mitgliederzahl entscheidende Bedeutung zu.[33] Nach der Rechtsprechung des BAG (u.a. zur CGM) kann sich die Durchsetzungskraft einer Arbeitnehmervereinigung darin zeigen, dass sie schon aktiv in den Prozess der

---

23 BAG 24.1.2006 – 1 ABR 60/04 – AP § 80 BetrVG 1972 Nr. 65 = NZA 2006, 1050.
24 Vgl. dazu BAG 9.12.2003 – 1 ABR 52/02 – EzA § 77 BetrVG 2001 Nr. 6.
25 BAG 19.9.2006 – 1 ABR 53/05 – AP § 2 BetrVG 1972 Nr. 5 = NJW 2007, 1018 = NZA 2007, 518.
26 BGBl II S. 518.
27 BAG 6.6.2000 – 1 ABR 21/99 – NZA 2001, 156 = AuR 2001, 79.
28 BAG 19.1.1962 – 1 ABR 14/60 – AP § 2 TVG Nr. 13 = DB 1962, 218.
29 BVerfG 6.5.1964 – 1 BvR 79/62 – AP § 2 TVG Nr. 15.
30 BAG 15.3.1977 – 1 ABR 16/75 – AP Art. 9 GG Nr. 24.
31 BAG 28.3.2006 – 1 ABR 58/04 – AP § 2 TVG Tariffähigkeit Nr. 4 = NZA 2006, 1112 = BB 2006, 2304.
32 BAG 19.9.2006 – AP § 2 BetrVG 1972 Nr. 5 = NZA 2007, 518 = NJW 2007, 1018.
33 BAG 6.6.2000 – 1 ABR 10/99 – BAGE 95, 36, 43 = AP TVG § 2 Nr. 55 = EzA TVG § 2 Nr. 24.

tariflichen Regelung von Arbeitsbedingungen eingegriffen hat. Dabei können auch Anschlusstarifverträge ein Anzeichen für Durchsetzungskraft sein. Dieses Indiz ist aber dann nicht ausreichend, wenn es sich bei den Tarifverträgen um Schein- oder Gefälligkeitstarifverträge handelt oder wenn sie auf einem Diktat der Arbeitgeberseite beruhen. Das BAG stellt in der Entscheidung vom 19.9.2006[34] die sich daraus ergebenden unterschiedlichen Anforderungen an den Tatsachenvortrag junger und an den schon seit langem agierender Arbeitnehmervereinigungen heraus.

18 Ob auch die **Bereitschaft zum Arbeitskampf** eine zwingende Voraussetzung für die Gewerkschaftseigenschaft darstellt, ist umstr.[35] Der Begriff der Gewerkschaft ist also nicht identisch mit dem der Koalition i.S.d. Art. 9 Abs. 3 GG. Er setzt darüber hinaus Tariffähigkeit voraus. Eine Ausnahme bilden insoweit die Beamtenverbände für Bahn und Post. Ihnen fehlt die Fähigkeit, TV für ihre Mitglieder abzuschließen. Sie werden dennoch als Gewerkschaften i.S.d. BetrVG angesehen.[36] Es muss sich aber um reine Beamtenverbände handeln. Verbände, in denen auch Ang und Arb organisiert sind, müssen tariffähig sein.

19 Auch die Spitzenverbände, also die Zusammenschlüsse von Gewerkschaften, i.S.d. § 2 Abs. 2 TVG und die Orts- und Bezirksverwaltungen fallen unter den Gewerkschaftsbegriff. Voraussetzung sind aber eine korporative Verfassung, eigenes Vermögen und die Befugnis zum Abschluss von TV.[37]

20 **Gewerkschaft und BR** sind selbstständige und grds. voneinander unabhängige Interessenvertretungen für unterschiedliche Interessengruppen. Der BR vertritt alle Belegschaftsmitglieder, die Gewerkschaft nur die Gewerkschaftsmitglieder. Die Betriebspartner können die Verbände getrennt ansprechen. Beteiligungsmöglichkeiten bestehen außerdem im Rahmen von BR-Sitzungen (§§ 29 Abs. 4, 31) und Betriebsversammlungen (§ 46 Abs. 1).[38]

21 **b) Arbeitgebervereinigungen.** Dabei muss es sich um freiwillige Zusammenschlüsse handeln, die gegnerfrei und unabhängig von einem Wechsel der Mitglieder auf überbetrieblicher Ebene errichtet sind. Ziel muss die Regelung von Arbeitsbedingungen der bei den Mitgliedern beschäftigten AN durch Abschluss von TV sein. Auf die soziale Mächtigkeit kommt es nicht an, da schon einzelne AG tariffähig sind.[39] Auch Spitzenorganisationen können AG-Vereinigungen sein.[40] Bei Handwerksinnungen handelt es sich ebenfalls um AG-Vereinigungen.[41] Berufsverbände und rein wirtschaftspolitische Vereine (Industrieverbände) sind **keine tariffähigen AG-Vereinigungen.**[42] Ob AG-Verbände, die auch eine Mitgliedschaft ohne Tarifbindung (OT-Mitgliedschaft) zulassen, als AG-Vereinigung anzuerkennen sind, ist umstr.[43] Das BAG bejaht das.[44] Nach der Umwandlung der Mitgliedschaft in eine sog. OT-Mitgliedschaft entfällt nach der Rspr. des BAG[45] die Vollmitgliedschaft; es verbleibt allerdings bei der Nachbindung des § 3 Abs. 3 TVG. Die Gebundenheit an den Tarifvertrag endet für das nicht mehr tarifgebundene OT-Mitglied mit dessen Ende. Nach ständiger Rechtsprechung des BAG ist dem Ende des TV jede Änderung des TV gleichzustellen.[46] Das BAG hat die satzungsmäßigen Anforderungen inzwischen weiter konkretisiert. Danach bedarf es einer klaren und eindeutigen Trennung der Befugnisse von Mitgliedern mit und ohne Tarifbindung. Es muss grundsätzlich einen Gleichlauf von Verantwortlichkeit und Betroffenheit gewährleisten. Die Satzung des Arbeitgeberverbands Ernährung, Genuss Hessen/Rheinland-Pfalz/Saarland e.V. (VAV) erfüllt nach der Entscheidung des BAG vom 25.2.2009[47] diese Anforderungen. Ein vereinsrechtlich wirksamer Statuswechsel innerhalb eines AG-Verbandes von der Vollmitgliedschaft in die OT-Mitgliedschaft bedarf dann, wenn er während laufender Tarifverhandlungen erfolgt, zu seiner tarifrechtlichen Wirksamkeit der Transparenz im Verhältnis zur an der Verhandlung beteiligten Gewerkschaft.[48] Die Begründung einer Mitgliedschaft ohne Tarifbindung (OT-Mitgliedschaft) in einem AG-Verband setzt voraus, dass es für diese Mitgliedschaftsform zu dem Zeitpunkt, in dem ein bisheriges Vollmitglied eine OT-Mitgliedschaft begründen will, eine wirksame satzungsmäßige Grundlage gibt. Das setzt wiederum voraus, dass eine dahin gehende Satzungsänderung bereits in das Vereinsregister eingetragen ist.[49]

---

34 BAG 19.9.2006 – 1 ABR 58/04 – AP § 2 TVG Tariffähigkeit Nr. 4 = NZA 2006, 1112 = BB 2006, 2304.
35 Bejahend: BAG 19.1.62 – 1 ABR 14/60 – AP § 2 TVG Nr. 13; 21.11.1975 – AP § 118 BetrVG Nr. 6 (Marburger Bund); ablehnend für den Berufsverband katholischer Hausgehilfinnen: BVerfG 6.5.1964 – 1 BvR 79/62 – AP § 2 TVG Nr. 15.
36 BAG 19.9.2006 – 1 ABR 53/05 – AP § 2 BetrVG 1972 Nr. 5 = NJW 2007, 1018 = NZA 2007, 518. Fitting u.a., § 2 Rn 34.
37 BAG 25.9.1990 – 3 AZR 266/89 – AP § 9 TVG Nr. 8.
38 BAG 14.2.1967 – 1 ABR 7/66 – AP § 45 BetrVG Nr. 2 = NJW 1967, 1295 = AuR 1967, 349.
39 BAG 10.12.2002 – 1 AZR 96/02 – AP Art. 9 GG Arbeitskampf Nr. 162 = NZA 2003, 734 = DB 2003, 1116 = AuR 2004, 149.
40 BAG 6.5.2003 – 1 AZR 241/02 – AP § 3 TVG Verbandszugehörigkeit Nr. 21 = NZA 2004, 562 = DB 2003, 2499 = ZTR 2004, 79.
41 BAG 6.5.2003 – 1 AZR 241/02 – AP § 3 TVG Verbandszugehörigkeit Nr. 21 = NZA 2004, 562 = DB 2003, 2499 = ZTR 2004, 79.
42 Fitting u.a., § 2 Rn 41; DKK/Berg, § 2 Rn 9a.
43 Siehe dazu DKK/Berg, § 2 Rn 9a m.w.N.
44 BAG 18.7.2006 – 1 ABR 36/05 – AP § 2 TVG Tarifzuständigkeit Nr. 19 = NZA 2006, 1225.
45 BAG 23.2.2005 – 4 AZR 186/04 – n.v.
46 BAG 25.2.2009 – 4 AZR 986/07 – juris.
47 BAG 25.2.2009 – 4 AZR 986/07 – juris; siehe dazu auch BAG 20.5.2009 – 4 AZR 230/08 – juris.
48 BAG 4.6.2008 – 4 AZR 419/07 – AP § 3 TVG Nr. 38 = NZA 2008, 1366 = ZTR 2009, 133.
49 BAG 26.8.2009 – 4 AZR 294/08 – juris.

c) Vertretensein im Betrieb. Eine Gewerkschaft ist im Betrieb vertreten, wenn **ein** durch den BR vertretener **AN** der betreffenden Gewerkschaft angehört. Ein leitender Ang erfüllt diese Voraussetzung nicht.[50] Der **Name des AN**, der der Gewerkschaft angehört, muss dem AG nicht genannt werden. Es ist ausreichend, wenn eine **notarielle Erklärung** beigebracht wird, aus der sich ergibt, dass eine namentlich nicht genannte Person, deren Personalien in einem besonderen Umschlag hinterlegt sind, einem bestimmten Betrieb und einer bestimmten Gewerkschaft angehört.[51] Kommt es im Rahmen eines Beschlussverfahrens darauf an, ob ein AN des Betriebs Gewerkschaftsmitglied ist, kann hierzu Beweis durch Vernehmung eines Gewerkschaftssekretärs erbracht werden. Dieser ist nicht verpflichtet, im Rahmen der Aussage den Namen des Mitglieds zu nennen.[52]

AG-Vereinigungen sind einzubeziehen, wenn der AG ihnen angehört, d.h. Mitglied ist.

d) Vertrauensvolle Zusammenarbeit mit den Verbänden. Voraussetzung für eine Verpflichtung zur vertrauensvollen Zusammenarbeit ist, dass eine solche Zusammenarbeit überhaupt stattfindet. Aus § 2 ergibt sich **keine Verpflichtung der Gewerkschaft**, mit dem BR zusammenzuarbeiten. Dem steht Art. 9 Abs. 3 GG entgegen.[53] Die vertrauensvolle Zusammenarbeit der Betriebspartner mit den Verbänden verlangt es u.a. vom AG, **notwendige Mitwirkungshandlungen** bei der Vorbereitung einer BR-Wahl vorzunehmen und dabei Einladungsschreiben einer Gewerkschaft, die zu einer Wahlversammlung einladen will, an die Beschäftigten zu übersenden.[54]

5. Sanktionen. § 23 Abs. 1 ermöglicht es den Gewerkschaften und einer qualifizierten Anzahl von AN, bei groben Pflichtverletzungen (Verletzung seiner gesetzlichen Pflichten), beim ArbG den Ausschluss eines Mitglieds aus dem BR oder die Auflösung des gesamten BR (bei Verletzungshandlungen des BR) bzw. das Gebot, entsprechende Handlungen zu unterlassen (insb. bei Verletzung durch den AG), zu beantragen, vgl. im Einzelnen die Kommentierung zu § 23. Gewerkschaften und AG-Verbände können die Unterlassung der Anwendung tarifwidriger Regelungen (BV/Regelungsabreden) verlangen.[55]

II. Zugang zum Betrieb für Gewerkschaftsbeauftragte (Abs. 2)

1. Zugangsberechtigte. Ein Recht auf Zugang besteht für **Beauftragte der im Betrieb vertretenen Gewerkschaften**. Zugangsberechtigt sind die von der Gewerkschaft **ausgewählten Gewerkschaftsbeauftragten**, deren Wahl grds. allein durch die Gewerkschaftsmitglieder erfolgt.[56]

Die Gewerkschaft muss tariffähig sein. Eines Nachweises der Tarifzuständigkeit bedarf es nicht. Die Gewerkschaft muss aber den Nachweis erbringen, dass **mind. ein AN Mitglied** der Gewerkschaft ist, wenn der AG dies abstreitet. Dies kann durch Vorlage einer notariellen Bestätigung geschehen, die den Namen des AN nicht zu enthalten braucht. Der Nachweis kann im Rahmen eines Beschlussverfahrens durch Vernehmung eines Gewerkschaftssekretärs erfolgen. Dieser ist nicht verpflichtet, den Namen des AN zu nennen.

Der AN muss allerdings zu der durch den BR repräsentierten Belegschaft gehören. Es reicht also nicht aus, wenn ein leitender Ang Gewerkschaftsmitglied ist.[57]

2. Zugangsgrund. Ausreichend ist es immer, wenn die Gewerkschaft im Rahmen ihrer Unterstützungsfunktionen oder ihrer eigenen Rechte tätig wird, also insb. bei

- einer Tätigkeit im Rahmen der **Zusammenarbeit nach Abs. 1**, d.h., wenn der BR die Gewerkschaft im Rahmen der Kooperationsmaxime um Unterstützung bei bestimmten Aufgaben bittet (sog. akzessorisches Zugangsrecht),[58]
- **Einreichung von Wahlvorschlägen** nach § 14 Abs. 3, Teilnahme an Wahlversammlungen im Rahmen des vereinfachten Verfahrens nach § 14a Abs. 1,
- einer **Entsendung durch das ArbG in den Wahlvorstand** unter den Voraussetzungen des § 16 Abs. 2,
- **Teilnahme an einer BR-Sitzung auf Antrag eines Viertels der Mitglieder** des BR, § 31,
- **Verständigung nach Aussetzung** eines BR-Beschlusses, § 35 Abs. 1,

---

50 BAG 25.3.1992 – 7 ABR 65/90 – AP § 2 BetrVG 1972 Nr. 4 = NZA 1993, 95 = AuR 1993, 88.
51 BAG 25.3.1992 – 7 ABR 65/90 – AP § 2 BetrVG 1972 Nr. 4 = NZA 1993, 95 = AuR 1993, 88; bestätigt durch BVerfG 21.3.1994 – 1 BvR 1485 – AP § 2 BetrVG 1972 Nr. 4a = NZA 1994, 891 = NJW 1994, 2347 = AuR 1994, 313.
52 LAG Hamm 10.8.1994 – 3 Ta BV 92/94 – LAGE § 383 ZPO Nr. 1 = DB 1994, 2193.
53 BAG 14.1.1983 – 6 ABR 67/79 – AP § 76 BetrVG 1972 Nr. 12 = DB 1983, 2583.
54 LAG Hamburg 16.6.1992 – 2 TaBV 10/91 – AiB 1993, 566.
55 BAG 20.4.1999 – 1 ABR 72/98 – AP Art. 9 GG Nr. 89 = NZA 1999, 887 = AiB 1999, 538.
56 BAG 14.2.1978 – 1 AZR 280/77 – AP Art. 9 GG Nr. 26 = NJW 1979, 1844 = AuR 1979, 39, 62.
57 BAG 25.3.1992 – 7 ABR 65/90 – AP § 2 BetrVG 1972 Nr. 4 = NZA 1993, 95 = AuR 1993, 88; bestätigt durch BVerfG 21.3.1994 – 1 BvR 1485 – AP § 2 BetrVG 1972 Nr. 4a = NZA 1994, 891 = NJW 1994, 2347 = AuR 1994, 313.
58 BAG 17.1.1989 – 1 AZR 805/87 – AP § 2 LPVG NW Nr. 1 = PersR 1989, 1582.

- **Antragstellung** auf Einberufung einer Betriebsversammlung, für den Fall, dass im letzten Kalenderhalbjahr keine Betriebs- oder Abteilungsversammlung stattgefunden hat, § 43 Abs. 4,
- **Teilnahme an Betriebs- oder Abteilungsversammlungen** in den Fällen der §§ 46 Abs. 1, 2, 53 Abs. 3,
- **Teilnahme an einer Sitzung des Wirtschaftsausschusses**, § 108 Abs. 1, in entsprechender Anwendung des § 31,[59]
- **Teilnahme an der Stimmauszählung** anlässlich der BR-Wahl.[60]

28 **Darüber hinaus** besteht ein Zugangsrecht **für alle Tätigkeiten, die mit dem Betriebsverfassungsrecht in einem inneren Zusammenhang stehen.**[61] Eine Einladung durch den BR-Vorsitzenden ist Zugangsvoraussetzung, wenn es sich um nicht im Gesetz geregelte Unterstützungsaufgaben handelt.[62] Wegen der Verpflichtung des BR zur Zusammenarbeit mit der Gewerkschaft ist sie **Indiz** für das Bestehen eines Zutrittsrechts.[63] Der BR ist berechtigt, in einer Geschäftsordnung zu bestimmen, dass den Beauftragten der im Betrieb vertretenen Gewerkschaften ein generelles Teilnahmerecht an den BR-Sitzungen zusteht.[64]

29 Auch wenn die Gewerkschaft weitere ihr nach dem Betriebsverfassungsgesetz zustehende Rechte, insb. auch im Zusammenhang mit § 3 Abs. 3 S. 2, wahrnehmen möchte, bedarf es in der Regel schon wegen der erforderlichen Rücksprache mit dem BR eines Zugangs zum Betrieb.[65]

30 Unabhängig von der gesetzlichen Regelung **sehen TV Zugangsrechte** von Gewerkschaftsbeauftragten vor, so z.B. § 14 Nr. 2.2 BRTV-Bau.

31 **3. Kein Zutrittsverweigerungsrecht des Arbeitgebers.** Es dürfen **kein Zutrittsverweigerungsrecht** gegenüber dem konkreten Beauftragten, keine zwingenden Sicherheitsvorschriften, unumgängliche Notwendigkeiten des Betriebsablaufs oder (ausnahmsweise) der Schutz vor Betriebsgeheimnissen entgegenstehen.

32 Störungen oder Verzögerungen des Arbeitsablaufs stellen keine unumgängliche Notwendigkeit des Betriebsablaufs dar. Es muss vielmehr eine schwerwiegende, dem AG unzumutbare Beeinträchtigung des Arbeitsablaufs zu besorgen sein.[66] Zu den zwingenden Sicherheitsvorschriften gehören sowohl öffentlich-rechtliche als auch die nach § 87 Abs. 1 Nr. 7 vereinbarten.[67] Der Schutz von Betriebsgeheimnissen kann ein Zutrittsverweigerungsrecht nur begründen, wenn zu befürchten ist, dass der Gewerkschaftsvertreter die ihm nach § 79 Abs. 2 obliegende Geheimhaltungspflicht verletzen wird.[68]
Dabei ist zu beachten, dass der Gewerkschaft der Zutritt nur insoweit verweigert werden darf, als ein Verweigerungsgrund vorliegt. Er kann sich nur auf einzelne Abteilungen beziehen.

33 Die **Auswahl** des zu entsendenen Gewerkschaftsbeauftragten liegt bei der Gewerkschaft. Der AG kann einem bestimmten Gewerkschaftsbeauftragten ausnahmsweise den Zutritt verweigern, wenn er schon wiederholt im Betrieb seine gesetzlichen Aufgaben und Befugnisse eindeutig überschritten hat, z.B. durch parteipolitische Propaganda, Gefährdung der Betriebssicherheit oder grobe Beleidigungen des AG, und dies zukünftig wieder zu befürchten ist.[69] Der AG ist auch grds. nicht berechtigt, den Gewerkschaftsbeauftragten durch den Betrieb zu begleiten.[70]

34 **4. Unterrichtung des Arbeitgebers.** Der AG muss vor dem Zutritt rechtzeitig unterrichtet werden. Ihm muss die Möglichkeit eröffnet werden, zulässige Einwände zu erheben. Eine Unterrichtung kurz vor dem Besuch kann ausreichend sein. Es gelten die Grundsätze der vertrauensvollen Zusammenarbeit. Der Zutritt hängt aber nicht vom Einverständnis des AG ab.

35 **5. Zutrittsberechtigte Räumlichkeiten.** Der Gewerkschaftsbeauftragte hat Zugang zu den Betriebsteilen, deren Betreten im Zusammenhang mit dem Zugangsrecht erforderlich ist. Das können auch konkrete Arbeitsplätze des Betriebes oder ausgelagerte Arbeitsplätze sein,[71] jedenfalls aber die Räume des BR. Sicherheitsgründe können ausnahmsweise Einschränkungen verursachen.

36 **6. Zutrittszeitpunkt.** Das Zutrittsrecht besteht grds. während der Arbeitszeit, wenn sich nicht aus dem Zugangsgrund etwas anderes ergibt. BR-Sitzungen und Betriebsversammlungen können aus betrieblichen Gründen außer-

---

[59] BAG 25.6.1987 – 6 ABR 45/85 – AP § 108 BetrVG 1972 Nr. 6 = NZA 1988, 167.
[60] BAG 16.4.2003 – 7 ABR 29/02 – AP § 20 BetrVG 1972 Nr. 21 = AuA 2003, 48.
[61] BAG 26.6.1973 – 1 ABR 24/72 – AP § 2 BetrVG 1972 Nr. 2 = NJW 1973, 2222 = AuR 1974, 157.
[62] BAG 17.1.1989 – 1 AZR 805/87 – AP § 2 LPVG NW Nr. 1 = PersR 1989, 1582.
[63] Fitting u.a., § 2 Rn 66.
[64] BAG 28.2.1990 – 7 ABR 22/89 – AP § 31 BetrVG 1972 Nr. 1 = NZA 1990, 660.
[65] Fitting u.a., § 2 Rn 64–67.
[66] Richardi/*Richardi*, § 2 Rn 128.
[67] Fitting u.a., § 2 Rn 78.
[68] ErfK/*Eisemann/Koch*, § 2 BetrVG Rn 7; Fitting u.a., § 2 Rn 79.
[69] BAG 18.3.1964 – 1 ABR 12/63 – AP § 45 BetrVG Nr. 1 = AuR 1964, 154; 14.2.1967 – 1 ABR 7/66 – AP § 45 BetrVG Nr. 2 = NJW 1967, 1295 = AuR 1967, 349.
[70] DKK/*Berg*, Rn 37a; LAG Hamm 5.10.72 – 8 TaBV 23/72 – LAGE § 2 BetrVG 1972 Nr. 3 = EzA § 2 BetrVG 1972 Nr. 4 = DB 1973, 141.
[71] BAG 13.6.1989 – 1 ABR 4/88 – AP § 80 BetrVG 1972 Nr. 36 = NZA 1989, 934.

halb der Arbeitszeit stattfinden. Dann ist das Zutrittsrecht gleichfalls erweitert. Auch der Zeitpunkt des Zutritts ist von den konkreten Aufgaben abhängig.

7. Einladung durch den Betriebsratsvorsitzenden. Handelt es sich um im Gesetz nicht geregelte Unterstützungsaufgaben, ist eine Einladung durch den BR-Vorsitzenden Zugangsvoraussetzung.[72] Sie stellt angesichts der Verpflichtung des BR zur Zusammenarbeit mit der Gewerkschaft ein Indiz für das Bestehen eines Zutrittsrechts dar.[73]

III. Verhältnis zu den Aufgaben der Koalitionen (Abs. 3)

1. Betätigungsrecht im Betrieb. Die Vorschrift stellt klar, dass die Betätigungsrechte der Gewerkschaften und der AG-Vereinigungen durch das Betriebsverfassungsgesetz nicht berührt werden. Das BAG grenzte früher anhand der sog. **Kernbereichslehre** die Betätigungsrechte der Gewerkschaften in den Betrieben ab. Art. 9 Abs. 3 GG sollte danach nur einen Kernbereich koalitionsmäßiger Betätigung garantieren.

Das BVerfG ist dem in seiner grundlegenden Entscheidung vom 14.11.1995[74] entgegengetreten. Geschützt seien durch Art. 9 Abs. 3 GG alle koalitionsspezifischen Verhaltensweisen. Die sich aus Art. 9 Abs. 3 GG ergebenden Rechte können danach nur zum Schutz von Grundrechten und anderen mit Verfassungsrang ausgestatteten Rechten eingeschränkt werden.[75]

Bereits nach der restriktiven Kernbereichslehre waren als koalitionsspezifische Aufgaben das Recht anerkannt, durch betriebsangehörige Gewerkschaftsmitglieder **Werbe- und Informationsmaterial außerhalb der Arbeitszeit** und während der Pausen verteilen zu lassen,[76] das Recht der **Mitgliederwerbung durch Plakate**[77] und das Betätigungsrecht der **gewerkschaftlichen Vertrauensleute**.[78]

Bei der **Mitgliederwerbung**[79] ist die negative Koalitionsfreiheit zu beachten. Ein Bedrängen von Arbeitskollegen ist verboten, soweit es über ein gütliches Zureden hinausgeht.[80] Die Rechte einer konkurrierenden Gewerkschaft sind zu beachten. Das Gesetz über den unlauteren Wettbewerb findet auf die Mitgliederwerbung keine Anwendung.[81] Tariferfolge einer konkurrierenden Gewerkschaft dürfen aber nicht so dargestellt werden, dass ein unbefangener Leser sie der darstellenden Gewerkschaft zurechnet.[82] Im Übrigen kann eine Gewerkschaft selbst darüber befinden, an welchem Ort, durch welche Personen und in welcher Art und Weise sie um Mitglieder werben will.[83] Damit unterfällt auch ihre Entscheidung, Mitgliederwerbung im Betrieb und durch von ihr ausgewählte betriebsexterne Beauftragte durchzuführen, dem Schutzbereich des Art. 9 Abs. 3 GG. Eine tarifzuständige Gewerkschaft darf sich an AN über deren betriebliche **E-Mail**-Adressen mit Werbung und Informationen wenden. Dies gilt auch, wenn der AG den Gebrauch der E-Mail-Adressen zu privaten Zwecken untersagt hat. Die Entscheidung einer Gewerkschaft, Arbeitnehmer auf diesem Weg anzusprechen, ist Teil ihrer durch Art. 9 Abs. 3 Satz 1 GG geschützten Betätigungsfreiheit. Soweit dabei Grundrechte des AG berührt werden, sind die kollidierenden Rechtspositionen gegeneinander abzuwägen. Das durch Art. 14 Abs. 1 GG geschützte Eigentumsrecht des AG und sein von Art. 2 Abs. 1 GG erfasstes Recht am eingerichteten und ausgeübten Gewerbebetrieb haben gegenüber der gewerkschaftlichen Betätigungsfreiheit zurückzutreten, solange der E-Mail-Versand nicht zu nennenswerten Betriebsablaufstörungen oder spürbaren, der Gewerkschaft zuzurechnenden wirtschaftlichen Belastungen führt. Auf Persönlichkeitsrechte der AN kann sich der AG im Rahmen eines deliktischen Unterlassungsanspruchs gegenüber der Gewerkschaft nicht berufen.[84] Zur Mitgliederwerbung während der Arbeitszeit siehe auch Rn 45.

---

[72] BAG 17.1.1989 – 1 AZR 805/87 – AP § 2 LPVG NW Nr. 1 = PersR 1989, 1582.
[73] Fitting u.a., § 2 Rn 66.
[74] BVerfG 14.11.1995 – 1 BvR 601/92 – AP Art. 9 GG Nr. 80 = NZA 1996, 381 = AuR 1996, 151.
[75] BVerfG 26.6.1991 – 1 BvR 779/85 – AP Art. 9 GG Arbeitskampf Nr. 117 = NZA 1991, 809 = AuR 1992, 29; 14.11.1995 – 1 BvR 601/92 – AP Art. 9 GG Nr. 80 = NZA 1996, 381 = AuR 1996, 151; 24.2.99 – 1 BvR 123/93 – AP § 20 BetrVG 1972 Nr. 18 = NZA 1999, 713 = AuR 1999, 236; BAG 10.12.2002 – 1 ABR 7/02 – AP § 80 BetrVG 1972 Nr. 59; BAG 25.1.2005 – 1 AZR 657/03 – AP Art. 9 GG Nr. 123 = NZA 2005, 592 = NJW 2005, 1596.
[76] BAG 14.2.1967 – 1 AZR 494/65 – AP Art. 9 GG Nr. 10 = NJW 1967, 843 = AuR 1967, 843; 14.2.1978 – 1 AZR 280/77 – AP Art. 9 GG Nr. 26 = NJW 1979, 1844 = AuR 1979, 39, 62.
[77] BVerfG 17.2.1981 – 2 BvR 384/78 – AP Art. 140 GG Nr. 9; BAG 30.8.1983 – 1 AZR 121/83 – AP Art. 9 GG Nr. 38 = DB 1984, 462.
[78] BAG 8.12.1978 – 1 AZR 303/77 – AP Art. 9 GG Nr. 28 = DB 1979, 1043 = AuR 1979, 254.
[79] Ausführlich zu Umfang und Grenzen: BAG 28.2.2006 – 1 AZR 461/04 – SAE 2007, 106 und 1 AZR 460/04 – AP Art. 9 GG Nr. 127 = NZA 2006, 798.
[80] BAG 14.2.1967 – 1 AZR 494/65 – AP Art. 9 GG Nr. 10 = NJW 1967, 843 = AuR 1967, 843.
[81] BAG 11.11.1968 – 1 AZR 16/68 – AP Art. 9 GG Nr. 14 = NJW 1969, 861 = AuR 1969, 25.
[82] BAG 11.11.1968 – 1 AZR 16/68 – AP Art. 9 GG Nr. 14 = NJW 1969, 861 = AuR 1969, 25.
[83] BAG 28.2.2006 – 1 AZR 460/04 – AP Art. 9 GG Nr. 127 – NZA 2006, 798.
[84] BAG 20.1.2009 – 1 AZR 515/08 – NZA 2009, 615 = NJW 2009, 1990.

42 Der BR ist seinerseits zur gewerkschaftsneutralen Amtsführung verpflichtet. Er darf daher als solcher für eine Gewerkschaft nicht werben oder Informationsmaterial verteilen.[85] Daraus folgt aber nicht, dass es auch einzelnen BR-Mitgliedern verboten wäre, sich im Betrieb gewerkschaftspolitisch zu betätigen.

43 **Plakate** können an dafür vorgesehenen Stellen – insb. am „Schwarzen Brett" – aufgehängt werden. Der Betriebsinhaber darf sie nicht entfernen. Zu einer „wilden Plakatiererei" darf es aber nicht kommen. Entfernt er sie dennoch, begeht er verbotene Eigenmacht. Er hat auch kein Recht auf Durchführung einer Vorzensur.[86] Eine Entfernung kann er aber verlangen, wenn der Inhalt des Plakats gegen ein Strafgesetz verstößt.

44 Hinzu kommen **alle koalitionsspezifischen Verhaltensweisen, die entweder überhaupt nicht oder nicht in relevantem Umfang die Rechte des AG aus anderen oder demselben Grundrecht beeinträchtigen.** I.Ü. ist nach der Entscheidung des BVerfG[87] zur Aufgabe der Kernbereichslehre nunmehr stets eine Abwägung des gewerkschaftlichen Interesses an koalitionsspezifischer Aktivität mit den berechtigten Interessen des AG erforderlich.[88] Beeinträchtigt werden können insb. Art. 2 Abs. 1 und Art. 13 GG (bei Fragen des Zugangsrechts) sowie Art. 14 GG.

45 Zu den geschützten Verhaltensweisen gehört danach insb. die gewerkschaftliche **Mitgliederwerbung während der Arbeitszeit** im Betrieb, soweit sie nicht zu einer nachhaltigen Störung von Arbeitsablauf oder Betriebsfrieden führt, also die wirtschaftliche Betätigungsfreiheit des AG (Art. 2 Abs. 1 GG) betreffen.[89] Sie darf nicht mit unlauteren Mitteln erfolgen oder auf die Existenzvernichtung der konkurrierenden Koalition gerichtet sein. Unlauter sind insb. Werbemaßnahmen, die auf Unwahrheiten beruhen,[90] beleidigend oder hetzerisch sind oder unsachliche, in keinerlei Zusammenhang mit der Wahrung und Förderung der Arbeits- und Wirtschaftsbedingungen stehende Angriffe gegenüber Konkurrenzorganisationen zum Inhalt haben.[91] Die Bestimmungen des UWG sind dabei weder in der alten noch in der neuen Gesetzesfassung auf die Mitgliederwerbung von konkurrierenden Gewerkschaften anwendbar.[92] Der BGH[93] untersagte einer Gewerkschaft eine „unfaire Werbung", durch die bei den umworbenen AN falsche Vorstellungen über die sozialpolitischen Leistungen der konkurrierenden Gewerkschaften erweckt wurden. **Sonderkonditionen** von **einem EUR pro Monat** für das erste Jahr der Mitgliedschaft stellen keine unzulässige Maßnahme dar.[94] Zur Mitgliederwerbung ist grds. auch außerbetrieblichen Gewerkschaftsbeauftragten ein Zutrittsrecht zu gewähren. Dies wird entgegen der früheren Rspr. des BVerfG[95] und des BAG[96] auch dann gelten, wenn es andere betriebsangehörige Gewerkschaftsmitglieder gibt.[97]

46 Geschützt ist auch die Mitgliederbetreuung. Der AG ist daher nicht berechtigt, die **Verteilung einer Gewerkschaftszeitung** im Betrieb zu untersagen,[98] da eine Störung von Arbeitsablauf oder Betriebsfrieden jedenfalls nicht unabhängig vom Inhalt der Zeitung anzunehmen ist.

47 In den Schutzbereich des Art. 9 Abs. 3 GG fallen außerdem **Maßnahmen zur Aufrechterhaltung der Geschlossenheit der Gewerkschaft nach innen und nach außen.**[99] Daraus ergibt sich das Recht der Gewerkschaft zur Maßregelung von Mitgliedern, die bei einer BR-Wahl auf einer konkurrierenden Liste kandidieren.[100]

48 **2. Gewerkschaftliche Vertrauensleute.** Aufgabe der Gewerkschaften ist auch, die Interessen ihrer Mitglieder gegenüber dem AG durchzusetzen. Das geschieht i.d.R. durch sog. gewerkschaftliche Vertrauensleute. Es sind AN des Betriebs als Bindeglieder zwischen dem hauptamtlichen Funktionärskörper der Gewerkschaft und den Gewerkschaftsmitgliedern im Betrieb.

49 Die **Wahl der Vertrauensleute im Betrieb** ist zulässig, wenn dadurch der Betriebsablauf und der Betriebsfrieden nicht gestört werden, etwa während der Pausen oder außerhalb der Arbeitszeit. Das BAG hat demgegenüber ein Recht auf Abhaltung der Wahl der gewerkschaftlichen Vertrauensleute im Betrieb mit der Begründung verneint, dass dieses nicht dem verfassungsrechtlich garantierten Kernbereich der Koalitionsbetätigung zuzurechnen sei.[101] Diese Auff. ist auf erhebliche Kritik gestoßen[102] und kann nach der Aufgabe der Kernbereichslehre durch das

---

[85] Vgl. BVerfG 27.3.1979 – 2 BvR 1011/78 – AP Art. 9 GG Nr. 31.
[86] Richardi/*Richardi*, § 2 Rn 161.
[87] BVerfG 14.11.1995 – 1 BvR 601/92 – AP Art. 9 GG Nr. 80 = NZA 1996, 381 = AuR 1996, 151.
[88] Vgl. auch ErfK/*Dieterich*, Art. 9 GG Rn 44.
[89] BVerfG 14.11.1995 – 1 BvR 601/92 – AP Art. 9 GG Nr. 80 = NZA 1996, 381 = AuR 1996, 151.
[90] BAG 11.11.1968 – 1 AZR 16/68 – BAGE 21, 201.
[91] Zu den Grenzen siehe BAG 31.5.2005 – 1 AZR 141/04 – AP Art. 9 GG Nr. 124.
[92] BAG 31.5.2005 – 1 AZR 141/04 – AP Art. 9 GG Nr. 124 = NZA 2005, 1182 = NJW 2005, 3019.
[93] BGH 6.10.1964 – VI ZR 176/63 – BGHZ 4.2, 210 = AP § 54 BGB Nr. 6.
[94] BAG 31.5.2005 – 1 AZR 141/04 – AP Art. 9 GG Nr. 124 = NZA 2005, 1182 = NJW 2005, 3019.
[95] BVerfG 17.2.1981 – 2 BvR 384/78 – AP Art. 140 GG Nr. 9; BAG 30.8.1983 – 1 AZR 121/83 – AP Art. 9 GG Nr. 38 = DB 1984, 462.
[96] BAG 19.1.1982 – 1 AZR 279/81 – AP Art. 140 GG Nr. 10.
[97] *Fitting u.a.*, § 2 Rn 86 m.w.N. zum Streitstand.
[98] BVerfG 14.11.1995 – 1 BvR 601/92 – AP Art. 9 GG Nr. 80 = NZA 1996, 381 = AuR 1996, 151; Richardi/*Richardi*, § 2 Rn 167 zur dadurch überholten Rspr. des BAG.
[99] BVerfG 24.2.1999 – 1 BvR 123/93 – AP § 20 BetrVG 1972 Nr. 18 = NZA 1999, 713 = AuR 1999, 236.
[100] BVerfG 24.2.1999 – 1 BvR 123/93 – AP § 20 BetrVG 1972 Nr. 18 = NZA 1999, 713 = AuR 1999, 236.
[101] BAG 8.12.1978 – 1 AZR 303/77 – AP Art. 9 GG Nr. 28 = AuR 1979, 254.
[102] ErfK/*Eisemann*, § 2 BetrVG Rn 8 m.w.N.

BVerfG[103] so auch nicht mehr aufrecht erhalten werden. Es ist zu prüfen, ob durch die im Betrieb durchgeführte Wahl grundrechtlich geschützte Positionen des AG berührt sind. Sodann ist eine Interessenabwägung durchzuführen. Im Regelfall wird eine Störung des Betriebsablaufs und des Betriebsfriedens nicht zu befürchten sein.

Ob TV-Regelungen über den Schutz betrieblicher Vertrauensleute beinhalten dürfen, ist sehr umstr.[104] *Fitting*[105] bejaht die Zulässigkeit eines tariflichen Künd-Schutzes gegen verhaltens- und personenbedingte Künd aufgrund des für gewerkschaftliche Vertrauensleute bestehenden erhöhten Arbeitsplatzrisikos. Auch tarifvertragliche Regelungen über die bezahlte Freistellung von gewerkschaftlichen Vertrauensleuten zur Wahrnehmung koalitionsspezifischer Aufgaben sind wirksam.[106]

C. Verbindung zum Prozessrecht

Die Gewerkschaften können bei groben Pflichtverletzungen durch den BR (Verletzung seiner gesetzlichen Pflichten) beim ArbG den Ausschluss eines Mitglieds aus dem BR oder die Auflösung des gesamten BR beantragen.

Bei Verstößen des AG gegen seine Verpflichtungen aus dem Betriebsverfassungsgesetz kann eine Gewerkschaft nach § 23 Abs. 3 auf Unterlassung klagen oder auf Duldung oder Vornahme einer Handlung, vgl. im Einzelnen die Kommentierung zu § 23.

Daneben hat das BAG aus § 1004 Abs. 1 BGB i.V.m. Art. 9 GG einen **Unterlassungsanspruch zum Schutz der Tarifautonomie** hergeleitet.[107] Der AG darf eine unter Verletzung des Tarifvorbehalts (§ 77 Abs. 3) oder entgegen zwingender tariflicher Regelungen im Anwendungsbereich des § 87 abgeschlossene Regelung nicht anwenden. Auf die Frage, ob es sich um eine BV oder um eine Regelungsabrede handelt, kommt es dabei nicht an. Die TV-Parteien sind berechtigt, die Unterlassung der Anwendung solcher Regelungen im Beschlussverfahren zu verlangen.[108]

D. Beraterhinweise

Gewerkschaften haben in betriebsverfassungsrechtlichen Streitigkeiten nur dann eine Antragsbefugnis, wenn ihnen diese durch Gesetz ausdrücklich eingeräumt worden ist oder wenn sie in Ihrer betriebsverfassungsrechtlichen Rechtsstellung unmittelbar betroffen sind, also wenn sie z.B. ihre Zugangsrechte geltend machen.

Bei Streit zwischen den Betriebspartnern, Gewerkschaften und AG über den Inhalt der sich aus Abs. 1 ergebenden Rechte und Pflichten entscheiden die ArbG im Beschlussverfahren. Das Beschlussverfahren gilt auch bei einem Antrag auf Unterlassung der Anwendung tarifwidriger Regelungen.[109]

Über einen Streit zwischen AG und Gewerkschaft betreffend Fragen der Koalitionsfreiheit entscheidet das ArbG hingegen im Urteilsverfahren.[110] Im Urteilsverfahren wird auch über den Streit zwischen AG und Gewerkschaftssekretär über **Widerrufs- und Unterlassungsansprüche wegen ehrverletzender Behauptungen** im Rahmen koalitionsspezifischer Betätigung entschieden.[111] Äußerungen eines Gewerkschaftssekretärs über mangelnde Tariftreue des AG in einer Pressekonferenz haben koalitionsspezifischen Bezug. Für den Antrag auf Untersagung solcher Äußerungen ist der Rechtsweg zu den Gerichten für Arbeitssachen im Urteilsverfahren eröffnet (§ 2 Abs. 1 Nr. 2 ArbGG).[112]

In der Regel ist die Gewerkschaft nicht berechtigt, das Zugangsrecht gegen den Willen des AG allein durchzusetzen. Eine Ausnahme besteht nur unter den Voraussetzungen der §§ 229 ff. BGB. Ansonsten bedarf es in dringenden Fällen einer **einstweiligen Anordnung** des ArbG nach § 85 Abs. 2 ArbGG.

Schadensersatzansprüche können sich aus § 280 BGB ergeben. § 280 BGB ist grundsätzlich auch auf schuldrechtsähnliche Leistungsbeziehungen anwendbar, die sich aus dem Betriebsverfassungsgesetz ergeben. Zu diesen gehört die nach Abs. 2 zwischen AG und einer im Betrieb vertretenen Gewerkschaft begründete Rechtsbeziehung.[113] Unter den nach § 280 Abs. 1 BGB i.V.m. Abs. 2 zu ersetzenden Schaden fallen grundsätzlich **nicht die außergerichtlichen Kosten**, die mit einem arbeitsgerichtlichen Beschlussverfahren verbunden sind.

---

103 14.11.1995 – 1 BvR 601/92 – AP Art. 9 GG Nr. 80 = NZA 1996, 381 = AuR 1996, 151.
104 Bejahend: *Fitting u.a.*, § 2 Rn 90; *Däubler*, Gewerkschaftsrechte im Betrieb, Rn 521; DKK/*Berg*, § 2 Rn 54; ablehnend: GK-BetrVG/*Kraft*, § 2 Rn 101; Richardi/*Richardi*, § 2 Rn 176; MünchArbR/*v. Hoyningen-Huene*, § 302 Rn 31.
105 *Fitting u.a.*, § 2 Rn 90.
106 Vgl. BAG 20.4.1999 – 3 AZR 352/97 – AP § 1 TVG Tarifverträge: Rundfunk Nr. 28 = NZA 1999, 1339 = AuR 2000, 71.
107 BAG 20.4.1999 – 1 ABR 72/98 – AP Art. 9 GG Nr. 89 = NZA 1999, 887 = AiB 1999, 538.
108 BAG 20.4.1999 – 1 ABR 72/98 – AP Art. 9 GG Nr. 89 = NZA 1999, 887 = AiB 1999, 538; 13.3.2001– 1 AZR 19/00 – AP § 2a ArbGG Nr. 17.
109 BAG 13.3.2001 – 1 AZR 19/00 – AP § 2a ArbGG Nr. 17 = NJW 2001, 3724 = NZA 2001, 1037.
110 BAG 2.6.1987 – 1 AZR 651/85 – AP Art. 9 GG Nr. 49 = NZA 1988, 64 = DB 1987, 2312.
111 BGH 28.3.2000 – VI ZB 31/99 – AP § 2 ArbGG 1979 Nr. 73.
112 BAG 29.10.2001 – 5 AZB 44/00 – AP § 2 ArbGG 1979 Nr. 80 = NZA 2002, 166 = DB 2002, 280.
113 BAG 2.10.2007 – 1 ABR 59/06 – AP § 2a ArbGG 1979 Nr. 23 – NZA 2008, 372.

§ 3 Abweichende Regelungen

(1) Durch Tarifvertrag können bestimmt werden:
1. für Unternehmen mit mehreren Betrieben
   a) die Bildung eines unternehmenseinheitlichen Betriebsrats oder
   b) die Zusammenfassung von Betrieben,
   wenn dies die Bildung von Betriebsräten erleichtert oder einer sachgerechten Wahrnehmung der Interessen der Arbeitnehmer dient;
2. für Unternehmen und Konzerne, soweit sie nach produkt- oder projektbezogenen Geschäftsbereichen (Sparten) organisiert sind und die Leitung der Sparte auch Entscheidungen in beteiligungspflichtigen Angelegenheiten trifft, die Bildung von Betriebsräten in den Sparten (Spartenbetriebsräte), wenn dies der sachgerechten Wahrnehmung der Aufgaben des Betriebsrats dient;
3. andere Arbeitnehmervertretungsstrukturen, soweit dies insbesondere aufgrund der Betriebs-, Unternehmens- oder Konzernorganisation oder aufgrund anderer Formen der Zusammenarbeit von Unternehmen einer wirksamen und zweckmäßigen Interessenvertretung der Arbeitnehmer dient;
4. zusätzliche betriebsverfassungsrechtliche Gremien (Arbeitsgemeinschaften), die der unternehmensübergreifenden Zusammenarbeit von Arbeitnehmervertretungen dienen;
5. zusätzliche betriebsverfassungsrechtliche Vertretungen der Arbeitnehmer, die die Zusammenarbeit zwischen Betriebsrat und Arbeitnehmern erleichtern.

(2) Besteht in den Fällen des Absatzes 1 Nr. 1, 2, 4 oder 5 keine tarifliche Regelung und gilt auch kein anderer Tarifvertrag, kann die Regelung durch Betriebsvereinbarung getroffen werden.

(3) ¹Besteht im Fall des Absatzes 1 Nr. 1 Buchstabe a keine tarifliche Regelung und besteht in dem Unternehmen kein Betriebsrat, können die Arbeitnehmer mit Stimmenmehrheit die Wahl eines unternehmenseinheitlichen Betriebsrats beschließen. ²Die Abstimmung kann von mindestens drei wahlberechtigten Arbeitnehmern des Unternehmens oder einer im Unternehmen vertretenen Gewerkschaft veranlasst werden.

(4) ¹Sofern der Tarifvertrag oder die Betriebsvereinbarung nichts anderes bestimmt, sind Regelungen nach Absatz 1 Nr. 1 bis 3 erstmals bei der nächsten regelmäßigen Betriebsratswahl anzuwenden, es sei denn, es besteht kein Betriebsrat oder es ist aus anderen Gründen eine Neuwahl des Betriebsrats erforderlich. ²Sieht der Tarifvertrag oder die Betriebsvereinbarung einen anderen Wahlzeitpunkt vor, endet die Amtszeit bestehender Betriebsräte, die durch die Regelungen nach Absatz 1 Nr. 1 bis 3 entfallen, mit Bekanntgabe des Wahlergebnisses.

(5) ¹Die aufgrund eines Tarifvertrages oder einer Betriebsvereinbarung nach Absatz 1 Nr. 1 bis 3 gebildeten betriebsverfassungsrechtlichen Organisationseinheiten gelten als Betriebe im Sinne dieses Gesetzes. ²Auf die in ihnen gebildeten Arbeitnehmervertretungen finden die Vorschriften über die Rechte und Pflichten des Betriebsrats und die Rechtsstellung seiner Mitglieder Anwendung.

	Rn.
A. Allgemeines	1
B. Regelungsgehalt	4
I. Überblick	4
II. Gestaltungsrechte der Tarifvertragsparteien (Abs. 1)	13
1. Unternehmenseinheitlicher Betriebsrat (Abs. 1 Nr. 1a)	18
a) Mehrere Betriebe	21
b) Erleichterung der Betriebsratsbildung oder sachgerechtere Interessenwahrnehmung	22
2. Filialbetriebsrat – Zusammenfassung von Betrieben (Abs. 1 Nr. 1b)	24
3. Spartenbetriebsräte (Abs. 1 Nr. 2)	26
4. Neue Arbeitnehmervertretungsstrukturen (Abs. 1 Nr. 3)	32
5. Arbeitsgemeinschaften (Abs. 1 Nr. 4)	37
6. Zusätzliche Vertretungen (Abs. 1 Nr. 5)	40
III. Betriebsvereinbarung als Regelungsinstrument (Abs. 2)	47
1. Keine tarifliche Regelung (Abs. 2 Alt. 1)	48
2. Kein anderer Tarifvertrag (Abs. 2 Alt. 2)	51
IV. Rechte der Arbeitnehmer und Gewerkschaftsvertreter (Abs. 3)	54
V. Übergangsregelung (Abs. 4)	56
VI. Anwendbarkeit des BetrVG auf abweichende Strukturen (Abs. 5)	58
C. Verbindung zu anderen Rechtsgebieten und zum Prozessrecht	59
I. Tarifvertragsrecht	59
II. Kündigungsschutzrecht	60
III. Prozessrecht	61
D. Beraterhinweise	63

A. Allgemeines

1 Die Vorschrift ermöglicht es TV- oder Betriebsparteien einvernehmlich festzulegen, auf welcher Ebene BR anzusiedeln sind.[1] Sie ist durch das am 28.7.2001 in Kraft getretene Reformgesetz 2001[2] wesentlich geändert worden. Das

---

[1] BT-Drucks 14/5741, S. 26, III Nr. 1.
[2] BGBl I S. 1852.

unabdingbare Prinzip der Anknüpfung der Betriebsverfassung an den Betrieb ist zugunsten einer zeitgemäßen und den Unternehmensstrukturen anpassbaren flexiblen Gestaltung neuer betriebsverfassungsrechtlicher Einheiten aufgegeben worden.[3]

Hintergrund war eine bis dahin fehlende Flexibilität, um auf die **vielfältigen modernen Unternehmensstrukturen** angemessen reagieren zu können. Nun besteht die Möglichkeit, effiziente Mitbestimmungsstrukturen zu schaffen, die den vielfältigen Betriebs- und Unternehmensstrukturen entsprechen. Ziel war es, die betriebliche Mitbestimmung dort zu sichern, wo sie durch Umstrukturierungen und neue Organisationsformen in der Wirtschaft an Effizienz verloren hatte. Aus diesem Grund ist die starre Anbindung des BR an den Betrieb als ausschließliche Organisationsbasis gelöst worden.[4] Abs. 1 Nr. 1 BetrVG a.F. erlaubte nur zusätzliche Vertretungen, nicht jedoch den BR ersetzende AN-Vertretungen. Abs. 1 Nr. 2 betraf die Bildung einer anderen Vertretung für den Betrieb. Der Betriebsbegriff konnte durch TV nicht geändert werden. Die Vorschrift ermöglichte es nur, eine andere Art der Vertretung der in solchen Betrieben beschäftigten AN einzurichten. Eine unternehmensübergreifende Regelung war nach dieser Bestimmung daher grds. nicht zulässig.[5] Wegen des eindeutigen Gesetzeswortlauts kam eine im Schrifttum teilweise befürwortete entsprechende Anwendung der Vorschrift auf die Zusammenfassung mehrerer selbstständiger Betriebe nicht in Betracht.[6] 2

Die Entscheidung ist bewusst **in die Hände der Tarif- und Betriebspartner gelegt** worden, da deren Sachnähe optimale Regelungen und notwendige Anpassungen für die Zukunft sicherstellen soll. Das früher in Abs. 2 vorgesehene Erfordernis einer staatlichen Zustimmung ist bewusst zugunsten der Entscheidung durch die TV- und Betriebsparteien und einer schnelleren Reaktionsmöglichkeit abgeschafft worden. Auf die den wirtschaftlichen Bedürfnissen angepassten Strukturen soll dann wieder das Betriebsverfassungsgesetz mit all seinen Rechten und Pflichten Anwendung finden (Abs. 5). 3

B. Regelungsgehalt
I. Überblick

Abs. 1 Nr. 1 bis 3 ermöglicht es, vom Betriebsverfassungsgesetz abweichende AN-Vertretungsstrukturen zu errichten. Abgelöst worden ist dadurch der frühere Abs. 1 Nr. 2, wonach die Errichtung einer anderen AN-Vertretung nur für solche Betriebe möglich war, in denen eigenartbedingt die Errichtung von BR besonders schwierig war. Darüber gehen die nun in Abs. 1 Nr. 1 bis 3 geschaffenen Möglichkeiten erheblich hinaus. 4

Abs. 1 Nr. 1a schafft die Möglichkeit der Bildung eines **unternehmenseinheitlichen BR**.

Nach Abs. 1 Nr. 1b können mehrere Betriebe zur Erleichterung der BR-Bildung- oder -tätigkeit zu neuen Einheiten zusammengefasst werden. Gemeint ist der **Filial-BR**.[7] Voraussetzung ist in beiden Fällen der Nr. 1 lediglich, dass durch diese andere Vertretungsstruktur die Bildung von BR erleichtert wird oder dass sie einer sachgerechten Wahrnehmung der Interessen der AN dient. 5

Für Unternehmen und Konzerne können **Sparten-BR** vorgesehen werden (Abs. 1 Nr. 2). Voraussetzung ist nur, dass dies der sachgerechten Wahrnehmung der Aufgaben des BR dient. Es gibt auch hier also keine besonders hohen Anforderungen an die Bildung anderer Vertretungsstrukturen. 6

Abs. 1 Nr. 3 ermöglicht es nun neben den in Nr. 1 und 2 genannten speziellen Fällen, ganz neue AN-Vertretungsstrukturen zu entwickeln, wenn dies einer wirksamen und zweckmäßigen Interessenvertretung dient, insb. auch unternehmensübergreifend, und zwar auch ohne dass ein gemeinsamer Betrieb vorliegen muss. Früher sah § 3 neben den sich aus Abs. 1 Nr. 2 a.F. ergebenden eingeschränkten Möglichkeiten nur von § 4 abweichende Regelungen hinsichtlich der Zuordnung der Betriebsteile und der Nebenbetriebe vor. 7

Auf die nach Abs. 1 Nr. 1 bis 3 gebildeten Organisationseinheiten findet das Betriebsverfassungsgesetz Anwendung. Sie gelten als Betriebe i.S.d. BetrVG (Abs. 5). Abs. 4 sieht eine besondere Übergangsregelung vor.

Außerdem können zusätzliche betriebsverfassungsrechtliche Gremien (**Arbeitsgemeinschaften**) und Vertretungen gebildet werden, Abs. 1 Nr. 4 und 5. Dabei knüpft Abs. 1 Nr. 4 an den bisherigen Abs. 1 Nr. 1 an. Nach der früheren Regelung konnten zusätzliche Vertretungen nur unter eingeschränkten Voraussetzungen errichtet werden. Zusätzliche Vertretungen können nun bereits vereinbart werden, wenn dadurch die Zusammenarbeit zwischen BR und AN erleichtert wird. 8

Die Möglichkeit, die Vertretungsstrukturen den Gegebenheiten anzupassen, steht vorrangig den Tarifpartnern zu. Erst wenn diese hiervon keinen Gebrauch machen, also keine tarifliche Regelung besteht und auch kein anderer 9

---

3 Kritisch: *Richardi/Annuß*, DB 2001, 41.
4 BT-Drucks 14/5741, S. 33, B Nr. 3.
5 BAG 10.11.2004 – 7 ABR 17/04 – AP § 3 BetrVG 1972 Nr. 2 = EzA § 3 BetrVG 2001 Nr. 1; vgl. auch BAG 24.9.1968 – 1 ABR 4/68 – AP § 3 BetrVG Nr. 9 = EzA § 1 BetrVG Nr. 1, zur inhaltsgleichen Regelung in § 20 Abs. 3 BetrVG 1952.
6 BAG 10.11.2004 – 7 ABR 17/04 – AP § 3 BetrVG 1972 Nr. 2 = EzA § 3 BetrVG 2001 Nr. 1.
7 Zur Begrifflichkeit vgl. *Engels/Trebinger/Löhr-Steinhaus*, DB 2001, 532, 533.

10 TV gilt, kann eine entsprechende Regelung durch **BV** getroffen werden (Abs. 2). Ausgenommen ist in diesem Fall allerdings die in Nr. 3 des Abs. 1 vorgesehene Möglichkeit. Die **AN** sind selbst berechtigt, mit Stimmenmehrheit die Wahl eines unternehmenseinheitlichen BR zu beschließen, wenn es weder eine tarifliche Regelung noch einen BR gibt.

10 Die Vorschrift ist **verfassungskonform**. Die im Zusammenhang mit der Neuregelung durch das Reformgesetz 2001 z.T.[8] vorgebrachten Bedenken sind unbegründet. Die **negative Koalitionsfreiheit** (Art. 9 Abs. 3 GG) ist entgegen der von *Rieble*[9] vertretenen Auffassung nicht verletzt. AN einer anderen Gewerkschaft und nichtorganisierte AN müssen es hinnehmen, dass die TV-Parteien auch für sie verbindlich den klassischen Betrieb durch eine andere Organisationseinheit ersetzen können. Die negative Koalitionsfreiheit beinhaltet den Schutz des Einzelnen davor, unmittelbar oder mittelbar zum Beitritt gezwungen zu werden,[10] nicht auch den Schutz der Außenseiter vor der Regelungsbefugnis der Koalitionen.[11] *Richardi*[12] weist zutreffend darauf hin, dass die negative Koalitionsfreiheit nicht eine Einbeziehung in eine sachnahe Regelung verbietet. Ein TV über Betriebsstrukturen macht die AN nicht zu Mitgliedern der Vereinigung i.S.d. Art. 9 Abs. 3 GG.[13] Die AN können sich ohne Weiteres anderen Koalitionen anschließen.

11 Die Koalitionsfreiheit ist i.Ü. jedenfalls nicht stärker betroffen als durch den Grundsatz der einheitlichen Tarifgeltung. § 3 verstößt daher auch nicht gegen die **positive Koalitionsfreiheit**. Ein solcher Verstoß kann insb. nicht mit der Begründung vertreten werden, durch einen TV nach § 3 werde ausgeschlossen, dass eine andere Gewerkschaft für ihre Mitglieder eine andere Abgrenzung durchsetze.[14] Die Lösung ergibt sich aus den Regelungen für den Umgang mit Tarifkonkurrenz und Tarifpluralität, die keine Besonderheit des § 3 darstellen. Einer gesonderten Legitimation durch die Belegschaft bedarf es daher nicht.[15]

12 Es liegt auch weder ein Verstoß gegen das **Rechtsstaats- noch gegen das Demokratieprinzip** (Art. 20 Abs. 3 GG) vor. Anders als in der Entscheidung des BVerfG[16] zum Bergmannsversorgungsschein beschriebene, werden die Belegschaftsmitglieder hier gerade nicht schrankenlos der normsetzenden Gewalt der TV-Parteien ausgesetzt. Die Festlegung einer betriebsverfassungsrechtlichen Einheit ist damit nicht vergleichbar.[17] Nach der zitierten Entscheidung des BVerfG kann von einem unzulässigen Verzicht des Gesetzgebers auf seine Rechtsetzungsbefugnisse nur dann nicht die Rede sein, wenn der „Inhalt der tariflichen Regelungen, auf die staatliche Rechtsnormen verweisen, im Wesentlichen feststehe". Die Rechtsstellung der AN ist nur mittelbar betroffen. Unmittelbare Auswirkungen ergeben sich nur im Hinblick auf die betriebsverfassungsrechtliche Organisation der Mitbestimmungsordnung.[18] TV nach § 3 ordnen der Belegschaft einer betriebsverfassungsrechtlichen Einheit zu. Die Rechtsstellung der AN wird durch den TV nicht unmittelbar betroffen.[19] Die gesetzliche betriebsverfassungsrechtliche Ordnung steht gerade nicht aufgrund des § 3 zur Disposition der Tarifpartner. Sie findet vielmehr auf die durch die Tarifpartner bestimmte betriebsverfassungsrechtliche Einheit Anwendung.[20] Abs. 1 legt die Regelungsmöglichkeiten durch den TV gerade fest. Allerdings wird sich dies auf die Gestaltungsmöglichkeiten im Rahmen der Delegationsnorm auswirken. Insoweit wird zur Vermeidung von Verfassungsproblemen eine restriktive Auslegung vorgeschlagen.[21] Dadurch kann einer sachfremden Instrumentalisierung von TV entgegengewirkt werden, etwa mit dem Ziel, durch TV nach § 3 konkurrierende Gewerkschaften zu bekämpfen.[22]

II. Gestaltungsrechte der Tarifvertragsparteien (Abs. 1)

13 Die TV-Parteien haben durch Abs. 1 die Möglichkeit, eigene von § 4 abweichende Strukturen zu bilden und durch eine andere Organisationseinheit zu ersetzen.

Als **Gestaltungsform** kommen sowohl Haus- als auch Verbands-TV in Betracht. Haus-TV werden zwischen AG und Gewerkschaft, VerbandsTV zwischen AG-Verbänden und Gewerkschaften vereinbart.

14 Soll ein TV über eine betriebliche Organisationsstruktur mit einer **Unternehmensgruppe** geschlossen werden (z.B. im Falle eines oder zur Schaffung eines einheitlichen Betriebes), so sind alle Unternehmen in den Vertrag einzubeziehen.[23] Das gilt auch, wenn es sich um Konzernunternehmen handelt. Der **Konzern** ist als solcher nicht tariffähig.[24]

---

8 *Giesen*, BB 2002, 1483 m.w.N.; *Picker*, RdA 2001, 282; GK-BetrVG/*Kraft* 7.Aufl., § 3 Rn 41 ff., anders jetzt GK-BetrVG/*Kraft/Franzen*, § 3 Rn 69 ff.; Richardi/*Richardi*, § 3 Rn 9/10.
9 *Rieble*, in: Bauer/Rieble, S. 25, 49 f.
10 BVerfG 18.7.2000 – 1 BvR 948/00 – AP § 1 AEntG Nr. 4; BVerfG 3.7.2000 – 1 BvR 945/00 – AP § 4 TVG Nachwirkung Nr. 36.
11 A.A. *Schüren*, RdA 1988, 138, 139; *Schleusener*, ZTR 1998, 100, 101.
12 Richardi/*Richardi*, § 3 Rn 14.
13 *Fitting u.a.*, § 3 Rn 11; *Thüsing*, ZIP 2003, 696.
14 So aber: Richardi/*Richardi*, § 3 Rn 14; Hess u.a./*Hess*, § 3 Rn 27.
15 A.A. Richardi/*Richardi*, § 3 Rn 14.
16 BVerfG 14.6.1983 – 2 BvR 488/80 – BVerfGE 64, 208.
17 Zutreffend: *Fitting u.a.*, § 3 Rn 10; a.A. *Giesen*, BB 2002, 1483.
18 So auch: Richardi/*Richardi*, § 3 Rn 12.
19 *Thüsing*, ZIP 2003, 695; *Fitting u.a.*, § 3 Rn 10.
20 *Fitting u.a.*, § 3 Rn 10.
21 *Fitting u.a.*, § 3 Rn 10: nicht zu weit auszulegen; Richardi/*Richardi*, § 3 Rn 11; *Annuß*, NZA 2002, 290; *Thüsing*, ZIP 2003, 693.
22 Vgl. *Friese*, ZfA 2003, 250; so auch *Fitting u.a.*, § 3 Rn 10.
23 *Fitting u.a.*, § 3 Rn 14.
24 *Thüsing*, ZIP 2003, 698.

Sind mehrere DGB-Gewerkschaften nach ihrer Satzung zuständig, wird die Zuständigkeit durch Schiedsspruch (§ 16 der DGB-Satzung) oder durch Einigung mit bindender Wirkung[25] festgelegt. Für den Fall, dass eine Gewerkschaft nicht dem DGB angehört, soll nach *Fitting* zur Vermeidung von Tarifkonkurrenzproblemen mit beiden Gewerkschaften abgeschlossen werden.[26] Dazu müsste dann allerdings zunächst festgestellt werden, welche Gewerkschaften im Betrieb vertreten sind, was nur durch eine Befragung der Belegschaftsmitglieder möglich ist. Sodann müsste mit allen Gewerkschaften die Zuständigkeitsproblematik geklärt werden. Ungelöst bleibt bei diesem Ansatz die Frage, wie vorzugehen ist, wenn Mitglieder anderer – ebenfalls tarifzuständiger – Gewerkschaften in den Betrieb eintreten oder ein AN Mitglied einer solchen Gewerkschaft wird. Möglich ist auch, dass sich der Zuständigkeitsbereich einer Gewerkschaft ändert.

Die Konkurrenzprobleme lassen sich dann evtl. doch leichter anhand der dafür durch die Rspr. entwickelten Grundsätze lösen. Vorgeschlagen werden Mehrheitsprinzip, Spezialitätsprinzip und Prioritätsprinzip.[27]

Der Siebte Senat des BAG hat sich in seiner Entscheidung vom 29.7.2009[28] der letzten Auffassung angeschlossen. Die AGin hatte mit der Gewerkschaft DHV einen Zuordnungs-TV abgeschlossen, ohne die Gewerkschaft ver.di zu beteiligen. Auf Grundlage dieses TV wurde im Jahr 2006 die BR-Wahl durchgeführt. Im Rahmen der Anfechtung der BR-Wahl durch ver.di entschied das BAG nun anders als die Vorinstanzen, dass der Abschluss des Zuordnungs-TV nicht unter Beteiligung der Gewerkschaft ver.di erfolgen musste. Das BAG[29] hat für den Abschluss von TVen über Betriebsnormen schon bisher nicht die Einbeziehung sämtlicher im Betrieb vertretener Gewerkschaften verlangt. Im konkreten Fall ließ es das BAG – jedenfalls – ausreichen, dass der TV mit der im Betrieb mehrheitlich vertretenen Gewerkschaft abgeschlossen worden war.[30]

Eine Übertragung (Delegation) der Regelungsbefugnis auf Betriebspartner im Rahmen von **Tariföffnungsklauseln** ist nur eingeschränkt möglich. Sie ist im Falle des Abs. 1 Nr. 3 – wie sich aus Abs. 2 ergibt – gar nicht und i.Ü. nur mit Zustimmungsvorbehalt zulässig. In diesem Fall behalten die TV-Parteien im Ergebnis die Regelungsbefugnis.

Die TV können erstreikt werden. Diese Frage ist str.[31] Ziel eines **Arbeitskampfes** können alle nach Art. 9 Abs. 3 GG regelbaren Materien sein. Ausnahmen sind jedenfalls nicht schon dann zulässig, wenn bestimmte Befugnisse den Koalitionen nicht nur zur Wahrnehmung der Mitgliederinteressen, sondern auch zu einem darüber hinaus gehenden Zweck überantwortet sind.[32] Andernfalls wäre auch der Inhalt von Betriebsnormen nicht erstreikbar. Auch diese dienen dem Interesse der Gesamtbelegschaft. Das gilt insb. auch für TV nach Abs. 1 Nr. 4 und 5. Die danach gebildeten Gremien und Vertreter sind zusätzliche, der Interessenwahrnehmung der Belegschaft dienende Einrichtungen und ersetzen die gesetzlichen Strukturen nicht.[33]

1. Unternehmenseinheitlicher Betriebsrat (Abs. 1 Nr. 1a). Durch **TV** kann bestimmt werden, dass in einem Unternehmen mit mehreren Betrieben nur ein einziger BR zu wählen ist. Dadurch entstehen neue betriebsverfassungsrechtliche Organisationseinheiten. Diese neuen Organisationseinheiten gelten nach Abs. 5 als „ein Betrieb" i.S.d. Gesetzes.

Diese Gestaltungsmöglichkeit bietet sich insb. an, wenn die Entscheidungskompetenzen in beteiligungspflichtigen Angelegenheiten zentral auf Unternehmensebene angesiedelt sind. Das ist in keinen Unternehmen regelmäßig der Fall. Es kann also die Möglichkeit geschaffen werden, den BR dort anzusiedeln, wo die Entscheidungen getroffen werden.

Das kann sowohl aus Sicht des AG als auch aus Sicht der Belegschaft vorteilhaft sein. Die Einflussnahme ist dort möglich, wo die beteiligungspflichtigen Entscheidungen getroffen werden. Die Wahl nur eines BR für Unternehmen mit mehreren betriebsratsfähigen Betrieben, in denen an sich auch mehrere Betriebsräte zu wählen wären und ein GBR gebildet werden müsste, ist erheblich kostengünstiger.

---

25 BAG 14.12.1999 – 1 ABR 74/98 – AP § 2 TVG Tarifzuständigkeit Nr. 14.
26 So *Fitting u.a.*, § 3 Rn 16 m.w.N. zum Streitstand.
27 Lösungsansätze bei: *Thüsing*, ZIP 2003, 699; *Friese*, ZfA 2003, 272; *Annuß*, NZA 2002, 293; *Däubler*, AuR 2001, 288; DKK/*Trümner*, § 3 Rn 157 f.; GK-BetrVG/*Kraft/Franzen*, § 3 Rn 34.
28 BAG 29.7.2009 – 7 ABR 27/08.
29 BAG 25.5.2005 – 7 ABR 10/04 – AP Nr. 16 zu § 47 BetrVG 1972 = NZA 2006, 215; a.A. Teusch, NZA 2007, 124.
30 So ausdrücklich zu § 3 auch LAG Frankfurt 9.8.2007 – 9 TaBV 23/07 – juris, mit zustimmender Anm. Boemke, jurisPR-ArbR 28/2008 Anm. 4, mit Darstellung des Meinungsstandes.

31 Wie hier: *Däubler*, AuR 2001, 288; *Plander*, NZA 2002, 488; DKK/*Trümner*, § 3 Rn 154 f.; *Teusch*, NZA 2007, 124, mit zahlreichen weiteren Nachweisen; a.A. *Friese*, ZfA 2003, 259 ff.; *Eich*, EUR AS 2003, 16 f.; *Reichhold*, NZA 2001, 859; GK-BetrVG/*Kraft*, § 3 Rn 23; Hess u.a./*Rose*, § 3 Rn 19; differenzierend: *Thüsing*, ZIP 2003, 701; *Fitting u.a.*, § 3 Rn 30, die Arbeitskämpfe nur für TV nach § 3 Abs. 1 Nr. 4 und 5 zulassen wollen.
32 *Däubler*, AuR 2001, 288; ErfK/*Eisemann*, § 3 BetrVG Rn 1 (bis 8. Aufl., aA jetzt ErfK/Eisemann/Koch Rn 2); *Plander*, NZA 2002, 488; DKK/*Trümner*, § 3 Rn 154; HaKo-BetrVG/*Kloppenburg*, § 3 Rn 9; a.A. *Friese*, ZfA 2003, 259; *Eich*, EUR AS 2003, 16; *Reichhold*, NZA 2001, 859; GK-BetrVG/*Kraft/Franzen*, § 3 Rn 32; differenzierend: *Thüsing*, ZIP 2003, 701; *Fitting u.a.*, § 3 Rn 20.
33 Insoweit auch: *Fitting u.a.*, § 3 Rn 20.

21 **a) Mehrere Betriebe.** Dem Unternehmen müssen allerdings mehrere betriebsratsfähige Betriebe oder als selbstständige Betriebe geltende Betriebsteile nach § 4 Abs. 1 S. 1 angehören (zu Betriebsteilen siehe Rn 24). Bei der Frage der BR-Fähigkeit kommt es nur auf die **Zahl der Belegschaftsmitglieder** dieser neuen Organisationseinheit an. Als Betrieb zählt auch die **Beteiligung eines Unternehmens an einem gemeinsamen Betrieb**.[34]
Tarifliche Regelungen beschränken die Möglichkeit der Belegschaft, unter den Voraussetzungen des § 4 Abs. 1 S. 2 einen eigenen BR zu wählen oder an der Wahl des Haupt-BR teilzunehmen. Regelungen des Abs. 1 gehen einer anderen Zuordnung des Betriebsteils vor.[35]

22 **b) Erleichterung der Betriebsratsbildung oder sachgerechtere Interessenwahrnehmung.** Abs. 1 setzt zusätzlich voraus, dass durch die Bildung eines unternehmenseinheitlichen BR entweder die Bildung von BR **erleichtert** wird oder dass diese einer **sachgerechten Wahrnehmung der Interessen** des AG dient. Durch diese Tatbestandsmerkmale wird ein Missbrauch der Regelung ausgeschlossen. Eine weitergehende Bedeutung wird ihr in der Praxis nicht zukommen.
Die BR-Tätigkeit wird **erleichtert**, wenn das Unternehmen partiell betriebsratslos ist.[36] § 50 Abs. 1 S. 1 Hs. 2 steht dem nicht entgegen. Zwar ist der GBR danach auch für betriebsratslose Betriebe zuständig. Das gilt aber nur für den originären Zuständigkeitsbereich des GBR nach § 50 Abs. 1 S. 1 Hs. 1.[37]

23 Eine **sachgerechtere Interessenwahrnehmung** wird immer dann vorliegen, wenn die Entscheidungskompetenz in beteiligungspflichtigen Angelegenheiten zentral auf Unternehmensebene angesiedelt ist. Zu beachten ist aber, dass die Erreichbarkeit des Repräsentationsorgans insoweit zu berücksichtigen sein kann.[38]

24 **2. Filialbetriebsrat – Zusammenfassung von Betrieben (Abs. 1 Nr. 1b).** Durch TV oder BV kann auch nur ein Teil der Betriebe zusammengefasst werden. Diese Möglichkeit war früher nur bei Betriebsteilen und Nebenbetrieben möglich (Abs. 1 Nr. 3 a.F.). Nun besteht z.B. die Möglichkeit der Bildung von Regional-BR in Unternehmen mit bundesweitem Filialnetz.
Für **Betriebsteile** sieht das Gesetz eine entsprechende Regelung nun nicht mehr vor. Angesichts der eindeutigen gesetzlichen Regelung wird eine analoge Anwendung der Vorschrift auf Betriebsteile ausscheiden. Die organisatorischen Vorschriften des BetrVG sind zwingend und Änderungen durch TV nur zugänglich, wenn und soweit es das Gesetz ausdrücklich zulässt.[39] Daher lehnte das BAG[40] zu der früheren Fassung des § 3 eine im Schrifttum teilweise befürwortete entsprechende Anwendung der Vorschrift auf die Zusammenfassung mehrerer selbstständiger Betriebe ab. Anders als die Neufassung sah das Gesetz nur die Zusammenfassung von Betriebsteilen und Nebenbetrieben vor. Gleiches gilt unter umgekehrten Vorzeichen für die Neuregelung.[41] Eine Regelungslücke ist aber auch nach der hier vertretenen Auffassung nicht entstanden. Abs. 3 Nr. 1 stellt insoweit keine abschließende Regelung dar. Es handelt sich nur um einen Spezialfall; Abs. 1 Nr. 3 bildet die Generalklausel,[42] und damit zugleich auch einen Auffangtatbestand. So können nach § 4 abweichende Strukturen problemlos jetzt nach § 3 Abs. 1 Nr. 3 auch für Filialunternehmen mit unselbstständigen, aber wegen ihrer Größe an sich betriebsratsfähigen Betriebsteilen geschaffen werden. Allerdings gelten Betriebsteile, die betriebsratsfähig sind und die Voraussetzungen des § 4 Abs. 1 erfüllen, als selbstständige Betriebe, werden also von Abs. 1 Nr. 1b erfasst. I.Ü. verbleibt es aber bei den Regelungen und Möglichkeiten, die § 4 nun bietet. Danach sind nicht betriebsratsfähige Betriebsteile automatisch dem Hauptbetrieb zugeordnet. In allen übrigen Fällen hat die Belegschaft aufgrund der Änderung des § 4 durch das Reformgesetz die Möglichkeit, sich für die Teilnahme an der Wahl zum BR des Hauptbetriebes zu entscheiden.

25 Die BR der zusammengefassten Betriebe bilden einen GBR.
Auch bei einer Zusammenfassung von Betrieben muss entweder die BR-Tätigkeit **erleichtert oder eine sachgerechtere Wahrnehmung der Interessen der AN ermöglicht** werden (s. dazu oben Rn 22). Die Ermöglichung der Errichtung von Regional-BR wird bei bundesweiten Filialnetzen oft der sachgerechten Interessenwahrnehmung dienen.

26 **3. Spartenbetriebsräte (Abs. 1 Nr. 2).** Die Bildung von Sparten-BR ist für Unternehmen und Konzerne möglich. Voraussetzungen sind:

---

[34] DKK/*Trümner*, § 3 Rn 21; ErfK/*Eisemann/Koch*, § 3 BetrVG Rn 3; a.A. Richardi/*Richardi*, § 3 Rn 18.
[35] BT-Drucks 14/5741, S. 33; *Fitting u.a.*, § 3 Rn 26.
[36] Richardi/*Richardi*, § 3 Rn 22.
[37] *Fitting u.a.*, § 3 Rn 29.
[38] *Fitting u.a.*, § 3 Rn 30.
[39] BAG 10.11.2004 – 7 ABR 17/04 – AP Nr. 4 zu § 3 BetrVG 1972 = EzA § 3 BetrVG 2001 Nr. 1 = AiB 2005, 619.
[40] BAG 10.11.2004 – 7 ABR 17/04 – AP Nr. 4 zu § 3 BetrVG 1972 = EzA § 3 BetrVG 2001 Nr. 1 = AiB 2005, 619, *Düwell* jurisPR-ArbR 7/2005 Anm. 3.
[41] A.A. LAG Schleswig-Holstein 9.7.2008 – 3 TaBV 4/08 – BB 2008, 2681 dazu jurisPR-ArbR 8/2009 Anm. 2 (Reinhard), das ohne Begründung von einer undifferenzierten Geltung für Betriebe und Betriebsteile ausgeht, wobei es allerdings im konkreten Fall wohl um einen Betriebsteil i.S.d. § 4 Abs. 1 S. 1 ging; ebenso LAG Niedersachsen 22.8.2008 – 12 TaBV 14/08; auch LAG Hamm 29.1.2009 – 10 TaBV 67/08 – zum selben TV, allerdings fehlten dem Betriebsteil im konkreten Fall die Voraussetzungen des § 4 Abs. 1 S. 1.
[42] Richardi/*Richardi*, § 3 Rn 35.

- eine Organisation nach Sparten (produkt- oder projektbezogene Geschäftsbereiche = Legaldefinition),
- eine Leitung der Sparte, die auch Entscheidungen in beteiligungspflichtigen Angelegenheiten trifft, und
- dass die Bildung der Sparten-BR der sachgerechten Wahrnehmung der Aufgaben des BR dient.

Zweck der Regelung ist es, den BR dort zu erreichen, wo ihm ein kompetenter Ansprech- und Entscheidungspartner zur Verfügung steht.[43]

Die Bildung von Sparten-BR kann sowohl durch eine **Zergliederung** eines Betriebes, aber auch durch eine **Zusammenfassung** von Sparten mehrerer Betriebe entstehen. „Gesetzliche" BR werden durch sie ersetzt.

Es können ein oder mehrere BR je Sparte, betriebsübergreifende Sparten-BR oder mehrere Sparten-BR für ein als Betrieb anzusehendes Werk errichtet werden. Gehören einer Sparte mehrere Unternehmen an, können auch **unternehmensübergreifende Sparten-BR** gebildet werden. Entsprechendes gilt auch für einen nach Geschäftsbereichen organisierten Konzern.[44] Dann muss aber eine betriebs- bzw. unternehmensübergreifende Spartenleitung existieren.

Das Gesetz bestimmt nicht, ob es sich bei dem Konzern, in dem ein Konzernsparten-BR gebildet werden kann, um einen **Unterordnungskonzern** handeln muss. § 54 Abs. 1 verlangt das allerdings für die Errichtung eines KBR. Es spricht manches dafür, dass das Betriebsverfassungsgesetz von einem einheitlichen Konzernbegriff ausgeht.[45]

Eine Organisation nach **produkt- oder projektbezogenen** Geschäftsbereichen ist zwingende Voraussetzung für die Bildung von Sparten-BR. Daher ist eine Aufteilung nach den Bereichen Produktion, Vertrieb oder Kundenservice nicht ausreichend.[46]

Die Leitung der Sparte muss Entscheidungen in **beteiligungspflichtigen Angelegenheiten** treffen. Es muss sich nach dem Gesetzeswortlaut allerdings nicht um die maßgeblichen Entscheidungen in sozialen, personellen und wirtschaftlichen Angelegenheiten handeln.[47]

Die Bildung des Sparten-BR muss einer **sachgerechten Aufgabenwahrnehmung** dienen. Das wird meistens dann nicht der Fall sein, wenn die Leitung der Sparte keine Entscheidungsbefugnis in den wichtigen beteiligungspflichtigen Angelegenheiten hat.

Ist ein Sparten-BR gebildet, tritt er **nicht neben, sondern an die Stelle** eines „gesetzlichen" BR.[48] Die bisherigen BR entfallen (Abs. 4 S. 2). Es ist aber ein GBR zu bilden. Allerdings wird kein besonderer GBR allein für die Sparten gebildet. Die einzelnen Sparten-BR entsenden vielmehr Mitglieder in den „allgemeinen" GBR. Der im Gesetzentwurf[49] zum Reformgesetz 2001 zunächst vorgesehene **Sparten-GBR** ist im Gesetz nicht realisiert worden.

Sparten-BR können unter **Aufgliederung** eines einzelnen, aber auch durch **Zusammenfassung** von Sparten mehrerer Betriebe gebildet werden.

4. Neue Arbeitnehmervertretungsstrukturen (Abs. 1 Nr. 3). Die Vorschrift ermöglicht es, überall dort eine wirksame und zweckmäßige Interessenvertretung der AN zu errichten, wo dies aufgrund von Sonderformen der Betriebs-, Unternehmens- oder Konzernorganisation oder der Zusammenarbeit von Unternehmen in rechtlicher oder tatsächlicher Hinsicht regelmäßig mit besonderen Schwierigkeiten verbunden ist. Auch eine unternehmensübergreifende Bildung betriebsratsfähiger Organisationseinheiten ist möglich.[50]

Andere AN-Vertretungsstrukturen dürfen nur gebildet werden, wenn diese einer **wirksamen und zweckmäßigen Interessenvertretung** dienen. Das setzt voraus, dass die gesetzliche Regelung im konkreten Fall einer wirksamen und zweckmäßigen Interessenvertretung der AN nicht genügt. Nicht ausreichend ist es, wenn eine von der „gesetzlichen" Regelung abweichende tarifliche Regelung **sinnvoll** erscheint. Jedenfalls bei dieser engen Auslegung hält die Vorschrift verfassungsrechtlichen Bedenken stand.[51] Die Tarifpartner sind aufgrund ihrer Problem- und Sachnähe regelmäßig in der Lage, eine angemessene, funktionsfähige Betriebsverfassung bereitzustellen. Dadurch ist es gerechtfertigt, dass diese Verfassung dann auch nicht tarifgebundene Belegschaftsmitglieder erfasst.

Der wirksamen und zweckmäßigen Interessenvertretung dienen neue AN-Vertretungsstrukturen insb. zur Anpassung an die modernen Unternehmensstrukturen, z.B. „entlang der Produktionskette (**just in time**)", der „**fraktalen Fabrik**" oder dem „**shop in shop**". Die Regelung ist offen für und anpassungsfähig an neue Strukturen.

Der Regierungsentwurf[52] nennt als Beispiel außerdem den Konzernverbund. TV-Parteien sollen in die Lage versetzt werden, für einen mittelständischen Konzern mit wenigen kleinen Konzernunternehmen statt einer dreistufigen eine zwei- oder sogar nur einstufige Vertretung vorzusehen. Arbeiten Unternehmen zusammen, ohne dass die Voraussetzungen für das Vorliegen eines gemeinsamen Betriebes erfüllt sind, liegt eine Konstellation vor, für die der Gesetz-

---

43 BT-Drucks 14/5741, S. 34.
44 BT-Drucks 14/5741, S. 34.
45 *Fitting u.a.*, § 3 Rn 44; DKK/*Trümner*, § 3 Rn 41; Richardi/*Richardi*, § 3 Rn 28; a.A. *Friese*, RdA 2003, 92, 94.
46 *Fitting u.a.*, § 3 Rn 39.
47 DKK/*Trümner*, § 3 Rn 45.

48 *Fitting u.a.*, § 3 Rn 52 m.w.N.
49 BT-Drucks 14/5741, S. 34.
50 BAG 10.11.2004 – 7 ABR 17/04 – AP § 3 BetrVG 1972 Nr. 2 = EzA § 3 BetrVG 2001 Nr. 1.
51 *Fitting u.a.*, § 3 Rn 48 m.w.N.
52 BT-Drucks 14/5741, S. 34.

geber des Betriebsverfassungsreformgesetzes den TV-Parteien durch § 3 Abs. 1 Nr. 3 die Möglichkeit eröffnet hat, von den organisatorischen Vorschriften des BetrVG abzuweichen.[53]

35 So werden heute z.B. Krankenhäuser oft durch einen Unternehmensverbund mit einer Holding und mehreren Töchtern betrieben. Die wesentlichen Entscheidungen der Töchter werden vom Zustimmungserfordernis der Gesellschafterversammlung (Konzernmutter) abhängig gemacht. Hier ist es wenig sinnvoll, in den einzelnen Tochterunternehmen BR zu bilden. Diese haben tatsächlich nur einen sehr geringen eigenen Entscheidungsspielraum.

In Betracht kommen auch Unternehmensnetzwerke, die Inhouse-Produktion und Industrieparks.

Die Bildung neuer AN-Vertretungsstrukturen kann auch vor dem Hintergrund der zunehmenden **Privatisierung von kommunalen Eigenbetrieben** und der daraus folgenden Zweiteilung der AN-Vertretungen in **Betriebsräte und Personalräte** hilfreich sein. So hat inzwischen z.B. die Stadt Hanau zur Koordination der AN-Beteiligung auf Konzernebene einen TV über die koordinierte Beteiligung der AN-Vertretungen bei den Eigenbetrieben und Eigengesellschaften geschlossen.[54]

36 Die TV müssen die vom Gesetz abweichenden AN-Vertretungsstrukturen für die Dauer der Geltung der TV **abschließend selbst regeln**. Sie dürfen es insb. nicht den AN überlassen, durch Abstimmung vor einer BR-Wahl zu entscheiden, ob bei den beteiligten AG jeweils eigene BR gewählt werden sollen. Das Gesetz sieht eine Entscheidungsbefugnis der AN nur in den in Abs. 3 und 4 Abs. 2 genannten Fällen vor. Nach Abs. 3 können die AN eines Unternehmens, in dem kein BR und keine tarifliche Regelung bestehen, mit Stimmenmehrheit beschließen, dass ein unternehmenseinheitlicher BR gewählt wird. Nach § 4 Abs. 2 können die AN eines Betriebsteils, in dem kein eigener BR besteht, mit Stimmenmehrheit beschließen, an der Wahl des BR im Hauptbetrieb teilzunehmen. In anderen Fällen sieht das Gesetz eine Entscheidungsbefugnis der AN nicht vor, insb. auch nicht für die **Rückkehr** von einer tariflich festgelegten AN-Vertretungsstruktur zu einem BR nach den gesetzlichen Bestimmungen der §§ 1, 4.[55]

Nach Abs. 5 S. 2 finden die für den „gesetzlichen" BR geltenden Bestimmungen auf die neu gebildete Vertretungsstruktur Anwendung.

37 **5. Arbeitsgemeinschaften (Abs. 1 Nr. 4).** Abs. 1 Nr. 4 ermöglicht die Bestimmung „zusätzlicher betriebsverfassungsrechtlicher Gremien (Arbeitsgemeinschaften)". Arbeitsgemeinschaften sollen als zusätzliche Gremien die Zusammenarbeit zwischen den BR einzelner Unternehmen erleichtern, z.B. um den Erfahrungsaustausch zu verbessern. Sie stehen betriebsverfassungsrechtlich nicht dem BR gleich. Arbeitsgemeinschaften sind keine Mitbestimmungsorgane.

38 Die tarifliche Bestimmung einer Arbeitsgemeinschaft muss der **unternehmensübergreifenden Zusammenarbeit** dienen. Gemeint ist die Zusammenarbeit aller AN-Vertreter, also auch der nach § 3 gebildeten. Kommunikation und Erfahrungsaustausch können institutionalisiert werden.[56]

Bei der **Zusammensetzung** der Arbeitsgemeinschaften sind die Tarifpartner frei. Die betriebsverfassungsrechtlichen Regelungen können herangezogen werden.

39 Der Schutz der Mitglieder der Arbeitsgemeinschaften entspricht nicht dem der Mitglieder der Vertretungsorgane. Es gilt aber § 78. Danach dürfen sie in der Ausübung ihrer Tätigkeit nicht gestört oder behindert und wegen ihrer Tätigkeit nicht benachteiligt oder begünstigt werden. Sie sind auch durch § 119 Abs. 1 Nr. 2 und 3 geschützt, nicht aber durch den Wahlschutz nach § 119 Abs. 1 Nr. 1. Die Vorschriften über die Rechtsstellung der BR-Mitglieder finden keine Anwendung. Mitglieder der Arbeitsgemeinschaften genießen daher keinen besonderen Künd-Schutz und haben auch keine Rechte aus den §§ 37, 38.

Die **Kosten** der Arbeitsgemeinschaften trägt – in zumindest entsprechender Anwendung des § 40 – der AG.[57]

40 **6. Zusätzliche Vertretungen (Abs. 1 Nr. 5).** Abs. 1 Nr. 5 ermöglicht die Errichtung zusätzlicher betriebsverfassungsrechtlicher Vertretungen, um die Zusammenarbeit zwischen BR und AN zu erleichtern. Gemeint sind Betriebe, bei denen die Organisationsstruktur kommunikationserschwerend wirkt. Solche Organisationsstrukturen sind z.B. bei Betrieben mit großen Regionalbereichen anzutreffen, aber auch da, wo ein Betriebsnetz einen Betrieb im betriebsverfassungsrechtlichen Sinne bildet.

41 Eine ähnliche Regelung gab es auch schon vor Inkrafttreten des Reformgesetzes 2001. Anders als bei der früheren Regelung ist es seit dem 28.7.2001 jetzt aber ausreichend, dass die zusätzlichen Vertretungen die **Zusammenarbeit** zwischen BR und AN **erleichtern**. Eine Beschränkung auf bestimmte Beschäftigungsarten oder Arbeitsbereiche gibt es nicht mehr. Daher besteht nun auch die Möglichkeit, zusätzliche Vertretungen z.B. für **Leih-AN** oder **ausländische AN** einzurichten. Es muss sich aber um betriebsverfassungsrechtliche Gremien handeln. **Gewerkschaftliche Vertrauensleute** können daher keine zusätzliche AN-Vertretung bilden.[58]

---

53 BAG 13.8.2008 – 7 ABR 21/07 – NZA-RR 2009, 255.
54 Dazu anschaulich *Löwisch/Schuster*, ZTR 2009, 58.
55 BAG 10.11.2004 – 7 ABR 17/04 – AP § 3 BetrVG 1972 Nr. 2 = EzA § 3 BetrVG 2001 Nr. 1.
56 *Fitting u.a.*, § 3 Rn 55.
57 *Fitting u.a.*, § 3 Rn 57.
58 ErfK/*EisemannKoch*, § 3 BetrVG Rn 8; DKK/*Trümner*, § 3 Rn 19; GK-BetrVG/*Kraft*, § 3 Rn 17.

Voraussetzung der Bildung zusätzlicher betriebsverfassungsrechtlicher Vertretungen der AN ist eine **Erleichterung der Zusammenarbeit** zwischen BR und AN. 42

Die Zusammenarbeit wird immer dann erleichtert, wenn der Kontakt zwischen BR und den zu betreuenden AN nicht oder nicht in ausreichendem Umfang besteht.[59] Das ist insb. bei großen Entfernungen der Fall.

Nach dem Wortlaut geht es um die Zusammenarbeit **zwischen dem BR und den AN**. Dem BR stehen AN-Vertretungen nach Abs. 1 Nr. 1 bis 3 gleich. Diese werden dem BR gerade über Abs. 5 gleichgestellt. So enthält auch die Gesetzesbegründung als Beispiele den unternehmenseinheitlichen BR und die Regional-BR.[60] 43

Die Vertretungen nach Abs. 1 Nr. 5 treten **neben die bestehenden BR**. Sie sind keine Mitbestimmungsorgane. Sie bilden ein **Bindeglied**. Die Mitglieder der zusätzlichen Vertretung haben kein eigenständiges Teilnahmerecht an Sitzungen des BR. Begründet wird das auch mit dem Grundsatz der Nichtöffentlichkeit von BR-Sitzungen (§ 30 Abs. 4).[61] Der BR kann sie aber jederzeit zu seinen Sitzungen hinzuziehen. 44

Die Wahl der zusätzlichen betriebsverfassungsrechtlichen Vertretungen erfolgt nach demokratischen Grundsätzen. Eine Anfechtung der Wahl ist in entsprechender Anwendung des § 19 möglich. 45

Die Mitglieder der zusätzlichen Gremien genießen nur eingeschränkten Schutz. Abs. 5 S. 2 verweist nur auf Abs. 1 Nr. 1 bis 3.[62] Es gilt das Benachteiligungsverbot des § 78. Anders als bei der Bestimmung eines Gremiums nach Abs. 1 Nr. 4 sieht § 119 Abs. 1 Nr. 1 Wahlschutz vor. Die Kosten der zusätzlichen betriebsverfassungsrechtlichen Vertretungen trägt der AG. § 40 findet jedenfalls entsprechende Anwendung. 46

Keine Anwendung finden aber z.B. § 15 KSchG oder § 103. Auch die §§ 37 und 38 finden keine Anwendung. Die Mitglieder der zusätzlichen Gremien unterliegen aber nach § 78 Abs. 2 der Geheimhaltungspflicht.

III. Betriebsvereinbarung als Regelungsinstrument (Abs. 2)

Abs. 2 eröffnet auch den Betriebspartnern in den Fällen der Nr. 1, 2, 4 und 5 des Abs. 1 die Möglichkeit, betriebsverfassungsrechtliche Strukturen zu bilden. Hierbei ist der Tarifvorrang zu berücksichtigen. Um diesen zu gewährleisten, enthält die Vorschrift zwei Schranken. Es dürfen weder eine tarifliche Regelung noch ein anderer TV existieren. 47

1. Keine tarifliche Regelung (Abs. 2 Alt. 1). TV, die im Betrieb oder in einer über Abs. 5 gleichgestellten Struktur gelten, stehen – soweit sie betriebsverfassungsrechtliche Normen enthalten – einer BV über denselben Gegenstand entgegen. 48

TV enthalten regelmäßig auch betriebsverfassungsrechtliche Normen. Diese gelten für alle Belegschaftsmitglieder, weil sie in der sozialen Wirklichkeit aus tatsächlichen oder rechtlichen Gründen nur einheitlich gelten können. Verfassungsrechtlich ist das nicht zu beanstanden.[63] 49

Welche tariflichen Normen mit betriebsverfassungsrechtlichem Inhalt Anwendung finden, bestimmt sich nach dem Geltungsbereich des TV und den zu Tarifkonkurrenz und Tarifpluralität entwickelten Grundsätzen.[64] *Engels/Trebinger/Löhr-Steinhaus*[65] verweisen auf die Möglichkeit des AG, zur Vermeidung von Tarifkonkurrenz mit der repräsentativsten Gewerkschaft einen Firmen-TV zu schließen. 50

2. Kein anderer Tarifvertrag (Abs. 2 Alt. 2). Abs. 2 Alt. 2 schließt darüber hinaus auch dann den Abschluss einer BV aus, wenn **überhaupt ein TV** Anwendung findet. Es kommt danach nicht darauf an, ob dieser betriebsverfassungsrechtliche Normen enthält. Es reicht schon ein **Entgelt-TV**.[66] Schon ein TV über Entgelte oder sonstige Arbeitsbedingungen führt dazu, dass auch für Vereinbarungen über betriebsverfassungsrechtliche Organisationsstrukturen der TV das maßgebliche Regelungsinstrument ist.[67] 51

Die Sperrwirkung wird auch durch für **allgemeinverbindlich erklärte TV** ausgelöst.[68] 52

Die Frage, ob ein TV gilt, hängt von seinem Geltungsbereich und den durch den Vierten Senat des BAG zur Tarifkonkurrenz und Tarifpluralität entwickelten Grundsätze ab.

Eine BV i.S.d. Abs. 2 ist eine freiwillige BV nach § 88. Werden die Schranken des Abs. 2 nicht beachtet, ist sie unwirksam. Als freiwillige BV unterliegt sie nicht der Nachwirkung. Eine vereinbarte Nachwirkung gilt nur bis zum Ablauf der regelmäßigen Amtszeit des BR. 53

---

59 BT-Drucks 14/5741, S. 34.
60 BT-Drucks 14/5741, S. 34.
61 *Fitting u.a.*, § 3 Rn 61; a.A. DKK/*Trümner*, § 3 Rn 110.
62 ErfK/*Eisemann/Koch*, § 3 BetrVG Rn 8; a.A. DKK/ *Trümner*, § 3 Rn 100.
63 BAG 26.4.1990 – 1 ABR 84/87 – AP Art. 9 GG Nr. 57 = NZA 1990, 850 = AuR 1991, 154.
64 Dazu: *Däubler*, AuR 2001, 1.
65 DB 2001, 532, 533.
66 BT-Drucks 14/5741 S. 34; *Engels/Trebinger/Löhr-Steinhaus*, DB 2001, 532, 533.
67 BT-Drucks 14/5741, S. 34.
68 *Engels/Trebinger/Löhr-Steinhaus*, DB 2001, 532, 533 unter Bezugnahme auf *Richardi/Annuß*, DB 2001, 41, 42.

IV. Rechte der Arbeitnehmer und Gewerkschaftsvertreter (Abs. 3)

54 Ausnahmsweise kann auch die Belegschaft eines Unternehmens selbst mit Stimmenmehrheit die Wahl eines **unternehmenseinheitlichen BR** beschließen. Voraussetzung ist, dass keine tarifliche Regelung gilt und es auch keinen BR gibt. Hiervon kann durch TV nicht abgewichen werden.[69]

Entscheidend ist, ob die Belegschaft des gesamten Unternehmens die Voraussetzungen des § 1 erfüllt. Das gesamte Unternehmen gilt in diesem Fall als Betrieb im Sinne des § 1. Es muss kein betriebsratsfähiger Betrieb existieren.

55 Die Abstimmung der AN im Unternehmen kann von drei wahlberechtigten AN oder einer im Unternehmen vertretenen Gewerkschaft veranlasst werden. Der Wahl eines unternehmenseinheitlichen BR durch die Belegschaft steht **nur eine konkrete tarifliche Regelung** mit einem abweichenden betriebsverfassungsrechtlichen Inhalt entgegen. Andere geltende TV ohne abweichenden betriebsverfassungsrechtlichen Inhalt schließen die Wahl eines unternehmenseinheitlichen BR durch die Belegschaft nicht aus.[70]

Bei nicht bestehendem BR gehen die Rechte der Belegschaft also u.U. weiter als die des BR bei dessen Existenz.

V. Übergangsregelung (Abs. 4)

56 Aus der Vorschrift ergibt sich der Zeitpunkt, ab dem TV oder BV nach Abs. 1 Nr. 1 bis 3 anzuwenden sind. Die Regelungen für Unternehmens-, Filial- und Sparten-BR sowie für andere AN-Vertretungsstrukturen (Abs. 1 Nr. 1 bis 3) fanden **erstmals bei der nächsten regelmäßigen BR-Wahl** Anwendung, sofern der TV oder die BV nichts anderes bestimmte.

57 Gab es keinen BR oder war aus anderen Gründen (§ 13 Abs. 2) die Neuwahl des BR erforderlich, fand die Neuregelung auch schon vor den nächsten regelmäßigen Wahlen Anwendung.

Sehen BV oder TV einen von der gesetzlichen Regelung abweichenden Wahlzeitpunkt vor, endet die Amtszeit der durch die Regelungen nach Abs. 1 Nr. 1 bis 3 abgelösten BR mit Bekanntgabe des Wahlergebnisses.

Davon zu unterscheiden ist die Frage, anhand welcher Vorschriften die Wirksamkeit eines TV zu prüfen ist. Das BAG[71] hat diese Frage eindeutig beantwortet. Maßgeblich ist danach der Zeitpunkt des Abschlusses.[72] Regelungen, die vor dem 1.7.2001 wirksam geworden sind, werden nach der bis dahin geltenden Gesetzeslage geprüft. Das BAG hat es in der zitierten Entscheidung vom 10.11.2004 offen gelassen, ob die gesetzliche Neuregelung bestehende Regelungen heilen konnte.

VI. Anwendbarkeit des BetrVG auf abweichende Strukturen (Abs. 5)

58 Betriebsverfassungsrechtliche Organisationseinheiten nach § 3 gelten als Betriebe i.S.d. BetrVG. Sie treten in vollem Umfang an deren Stelle.

Maßgeblich für die BR-Fähigkeit, für die Zahl der BR-Mitglieder (§ 9), die Größe der Ausschüsse (§§ 27, 28) und die Zahl der Freistellungen (§ 38) ist die Zahl der AN in der gebildeten betriebsverfassungsrechtlichen Organisationseinheit. Abs. 5 S. 2 stellt darüber hinaus klar, dass auf die AN-Vertretungen in diesen Einheiten das Betriebsverfassungsgesetz Anwendung findet.

Auf reine **Ausbildungsbetriebe** findet die Vorschrift ebenfalls keine Anwendung.[73]

C. Verbindung zu anderen Rechtsgebieten und zum Prozessrecht

I. Tarifvertragsrecht

59 Auch für nicht betriebsratsfähige Kleinbetriebe können weiterhin nach § 1 Abs. 1 TVG AN-Vertretungen durch TV eingerichtet werden.[74] Auf die Kleinstbetriebe nach § 1 Abs. 1 TVG findet das Betriebsverfassungsgesetz dann keine Anwendung. Es gelten die sich aus dem TV ergebenden Regelungen.

II. Kündigungsschutzrecht

60 Der BR einer durch TV, BV oder Belegschaftsentscheidung gebildeten Einheit nimmt die ihm durch Gesetz oder andere Regelungen zugewiesenen Aufgaben wahr. Der Betriebsbegriff anderer gesetzlicher Regelungen wird dadurch aber nicht verändert. Eine mögliche betriebsverfassungsrechtliche Eigenständigkeit einzelner Betriebsteile steht z.B. einer betriebsteilübergreifenden Sozialauswahl nicht im Wege.[75] § 23 KSchG stellt nicht auf die räumliche, sondern vielmehr auf die organisatorische Einheit ab, mit der der Unternehmer allein oder in Gemeinschaft mit seinen Mitarbeitern mithilfe von sachlichen oder immateriellen Mitteln bestimmte arbeitstechnische Zwecke fortgesetzt

---

[69] BAG 10.11.2004 – 7 ABR 17/04 – AP § 3 BetrVG 1972 Nr. 4 = AiB 2005, 107.
[70] *Richardi/Annuß*, DB 2001, 41, 42.
[71] BAG 10.11.2004 – 7 ABR 17/04 – AP § 3 BetrVG 1972 zu Nr. 4 = EzA § 3 BetrVG 2001 Nr. 1 = AiB 2005, 619.
[72] A.A. LAG Niedersachsen 22.8.2008 – 12 TaBV 14/08.
[73] BAG 13.8.2008 – 7 AZR 450/07 – juris.
[74] DKK/*Trümner*, § 3 Rn 7 ff.
[75] BAG 21.6.1995 – 2 AZR 693/94 – AP § 1 BetrVG 1972 Nr. 16 = EzA § 23 KSchG Nr. 14; APS/*Kiel*, § 1 KSchG Rn 663c.

verfolgt. Auch AN eines räumlich weit entfernten Betriebsteils müssen daher in die Sozialauswahl einbezogen werden.[76] Im Bereich des **KSchG** bleibt es also bei dem allgemeinen Betriebsbegriff. Der Gesetzgeber hat im Übrigen mit § 3 Abs. 5 S. 1 die nach § 3 Abs. 1 Nr. 1 bis 3 gebildeten betriebsverfassungsrechtlichen Organisationseinheiten ausdrücklich als Betriebe „im Sinne des Betriebsverfassungsgesetzes" bezeichnet und die Fiktionswirkung dieser Regelung damit auf dieses Gesetz begrenzt.[77]

III. Prozessrecht

Über die Rechtswirksamkeit einer tariflichen Regelung nach Abs. 1 der Vorschrift und einer BV nach Abs. 2 entscheiden die ArbG im **Beschlussverfahren**, § 2a Abs. 1 Nr. 1, Abs. 2 i.V.m. §§ 80 ff. ArbGG. Das gilt auch für die Streitigkeiten über die Bildung eines unternehmenseinheitlichen BR durch Beschluss der Belegschaft. Gegenstand der Beschlussverfahren sind Streitigkeiten über Zusammensetzung, Wahl und Organisation sowie Rechte und Pflichten eines nach dieser Bestimmung gebildeten Mitbestimmungsorgans oder einer zusätzlichen betriebsverfassungsrechtlichen Einrichtung.[78] Prüfungsgegenstand im Beschlussverfahren sind die verfahrensrechtlichen und die materiellen Voraussetzungen, also auch Sachgerechtigkeit und Zweckmäßigkeit der Regelung. Zu beachten ist der durch das Gesetz eingeräumte Urteils- und Ermessensspielraum. Die Einhaltung der Grenzen unterliegt der gerichtlichen Kontrolle.[79]

Eingeleitet werden kann das Beschlussverfahren durch jeden zum BR wahlberechtigten AN. Antragsberechtigt sind BR, GBR und KBR sowie der AG.

61

Im **Urteilsverfahren** kann die Wirksamkeit der vom Gesetz abweichenden BR-Struktur als Vorfrage zu prüfen sein.[80] Aber selbst wenn der BR unter Verstoß gegen die zwingenden Organisationsnormen der §§ 1, 3 und 4, d.h. unter Verkennung des Betriebsbegriffs, gewählt worden sein sollte, beeinträchtigt dies seine Funktionsfähigkeit und Zuständigkeit grds. nicht. Nur im Fall einer Nichtigkeit der Wahl gilt etwas anderes. Es würde dem Erfordernis der Rechtssicherheit, dem § 19 dient,[81] widersprechen, wenn bei Ausübung eines jeden einzelnen Beteiligungsrechts jeweils zu klären wäre, ob der gewählte BR überhaupt für den Betrieb im Sinne des Betriebsverfassungsgesetzes gewählt bzw. zuständig ist.[82]

62

D. Beraterhinweise

Das BetrVG sieht in § 117 Abs. 2 für das fliegende Personal eine Sonderregelung vor.

63

Die Fiktion des Abs. 5 führt nicht dazu, dass die nach Abs. 1 Nr. 1 Buchst. b zusammengefassten Betriebe ihre bisherige Identität als betriebliche Einheiten verlören. Diese werden abgrenzbare Teileinheiten der größeren betriebsverfassungsrechtlichen Organisationseinheit, in denen die bei der Zusammenfassung bestehenden Vereinbarungen und (titulierten) Verpflichtungen der Betriebsparteien – beschränkt auf die jeweilige Teileinheit – grundsätzlich weitergelten. Ein für einen der zusammengefassten Betriebe erwirkter **gerichtlicher Titel** entfaltet auch nach der Zusammenfassung in der betreffenden betrieblichen Einheit weiterhin Wirkung.[83] Der Fortbestand der betrieblichen Einheiten hat zur Folge, dass die in ihnen geltenden **Betriebsvereinbarungen** im fingierten Einheitsbetrieb **normativ fortwirken**. Ihre Geltung ist beschränkt auf den Betriebsteil des Einheitsbetriebs, der ihrem bisherigen Geltungsbereich entspricht.[84] Partei der fortgeltenden Betriebsvereinbarungen auf AN-Seite ist nach seiner Wahl der Betriebsrat des Einheitsbetriebs. Er hat es für die verschiedenen Betriebsteile ggf. mit unterschiedlichen Betriebsvereinbarungen zum selben Gegenstand zu tun und kann bei Bedarf die Initiative zur Vereinheitlichung ergreifen.[85]

64

Beim Abschluss von Regelungen nach § 3 ist das **Gebot der Rechtsquellenklarheit** zu beachten. Bestimmungen in gemischten, von AG, Gewerkschaft und BR gemeinsam unterzeichneten Vereinbarungen sind unwirksam, wenn sich nicht aus diesen selbst ohne weiteres und zweifelsfrei ergibt, wer Urheber der einzelnen Regelungskomplexe ist und um welche Rechtsquellen es sich folglich handelt. Die Unterzeichner eines solchen gemischten Vertrags müssen ihren Willen zur Normsetzung – hinsichtlich der jeweiligen Regelung – mit hinreichender Deutlichkeit zum Ausdruck gebracht haben. Jedenfalls bei mehrseitigen, von AG, Gewerkschaft und BR unterzeichneten Vereinbarungen, die sich nicht zweifelsfrei insgesamt entweder als TV oder als BV qualifizieren lassen, sondern die sowohl (eher) tarif-

65

---

76 BAG 3.6.2004 – 2 AZR 577/03 – AP § 102 BetrVG 1972 Nr. 141 = NZA 2005, 175; a.A. DKK/*Kittner*, § 102 Rn 122.
77 BAG 31.5.2007 – 2 AZR 276/06 – AP Nr. 94 zu § 1 KSchG 1969 Soziale Auswahl = NZA 2008, 33.
78 Richardi/*Richardi*, § 3 Rn 93.
79 Richardi/*Richardi*, § 3 Rn 95; a.A. DKK/*Trümner*, § 3 Rn 156.
80 *Fitting u.a.*, § 3 Rn 101; Richardi/*Richardi*, § 3 Rn 97.
81 BAG 13.11.1991 – 7 ABR 8/91 – BAGE 69, 41 und – 7 ABR 18/91 – BAGE 69, 49.
82 BAG 3.6.2004 – 2 AZR 577/03 – AP § 102 BetrVG 1972 Nr. 141 = NZA 2005, 175; a.A. DKK/*Kittner*, § 102 Rn 122 ff.
83 BAG 18.3.2008 – 1 ABR 3/07 – ZBVR online 2008, Nr. 9, 7.
84 DKK/*Trümner*, § 3 Rn 151; GK-BetrVG/*Kraft/Franzen* § 3 Rn 60 m.w.N.
85 BAG 18.3.2008 – 1 ABR 3/07 – ZBVR online 2008, Nr. 9, 7.

vertragliche Regelungen als auch solche Regelungen enthalten, die (eher) den Betriebsparteien zuzuordnen sind, sind nach der Rechtsprechung des BAG[86] aus Gründen der Rechtssicherheit und der Rechtsklarheit sowie wegen des betriebsverfassungs- und tarifrechtlichen Schriftformgebots allenfalls diejenigen Regelungskomplexe wirksam, die sich selbstständig von den übrigen abgrenzen lassen und deren Urheber ohne weiteres erkennbar sind. Problematisch sind danach z.B. Regelungen, die zwar als TV bezeichnet, aber nicht nur durch Gewerkschaftsvertreter, sondern auch durch Konzernbetriebsratsvorsitzende unterzeichnet werden, diesen z.T. sogar ein eigenes Künd-Recht einräumen.

§ 4 Betriebsteile, Kleinstbetriebe

(1) Betriebsteile gelten als selbständige Betriebe, wenn sie die Voraussetzungen des § 1 Abs. 1 Satz 1 erfüllen und
1. räumlich weit vom Hauptbetrieb entfernt oder
2. durch Aufgabenbereich und Organisation eigenständig sind.

²Die Arbeitnehmer eines Betriebsteils, in dem kein eigener Betriebsrat besteht, können mit Stimmenmehrheit formlos beschließen, an der Wahl des Betriebsrats im Hauptbetrieb teilzunehmen; § 3 Abs. 3 Satz 2 gilt entsprechend. ³Die Abstimmung kann auch vom Betriebsrat des Hauptbetriebs veranlasst werden. ⁴Der Beschluss ist dem Betriebsrat des Hauptbetriebs spätestens zehn Wochen vor Ablauf seiner Amtszeit mitzuteilen. ⁵Für den Widerruf des Beschlusses gelten die Sätze 2 bis 4 entsprechend.

(2) Betriebe, die die Voraussetzungen des § 1 Abs. 1 Satz 1 nicht erfüllen, sind dem Hauptbetrieb zuzuordnen.

A. Allgemeines 1	I. Überblick 17
B. Regelungsgehalt 3	2. Kein Betriebsrat 18
I. Betriebsteile (Abs. 1 S. 1) 3	3. Zuordnungsbeschluss 20
1. Begriff 3	III. Zuordnung der Kleinstbetriebe zum Hauptbetrieb
2. Qualifizierter Betriebsteil 7	(Abs. 2) 24
a) Räumlich weite Entfernung vom Hauptbetrieb 8	C. Verbindung zu anderen Rechtsgebieten und zum Prozessrecht 25
b) Eigenständigkeit 14	D. Beraterhinweise 28
II. Zuordnungsbeschluss der Belegschaft (Abs. 1 S. 2) 17	

A. Allgemeines

1 § 4 regelt, unter welchen Voraussetzungen Betriebsteile als selbstständige Betriebe gelten und welche Möglichkeiten für die Belegschaft bestehen, dennoch an der Wahl des BR im Hauptbetrieb teilzunehmen. Außerdem bestimmt, wie Kleinstbetriebe zuzuordnen sind. Ziel der Vorschrift ist es, Organisationseinheiten ohne BR zu vermeiden.[1] Dadurch wird zugleich die Größe der Belegschaft festgelegt. Zahlreiche Mitbestimmungsrechte sind von einer bestimmten Anzahl der AN abhängig, vgl. z.B. §§ 95 Abs. 2, 99 Abs. 1, 106 Abs. 1, 111 Abs. 1.

In Betriebsteilen, die räumlich weit vom Hauptbetrieb entfernt oder durch Aufgabenbereich und Organisation eigenständig sind, können eigene BR gebildet werden.

2 Das am 28.7.2001 in Kraft getretene Reformgesetz[2] hat der Belegschaft aber die Möglichkeit eröffnet, sich für die Teilnahme an der Wahl des Haupt-BR zu entscheiden und keinen eigenen BR zu wählen. Auch Abs. 2 ist durch das Reformgesetz 2001 eingefügt worden. Danach sind nicht betriebsratsfähige Betriebe (Kleinstbetriebe) jetzt automatisch dem Hauptbetrieb angeschlossen. Das entsprach allerdings teilweise schon vorher der Rspr. des BAG.[3] Die Frage, welcher von mehreren Betrieben nun Hauptbetrieb ist, regelt das Gesetz allerdings weiterhin nicht.

B. Regelungsgehalt

I. Betriebsteile (Abs. 1 S. 1)

3 **1. Begriff. Betriebsteile** sind Teile eines Betriebes, die zwar in die Organisation eines Hauptbetriebes eingegliedert sind und eine Teilfunktion bei Erreichung von deren arbeitstechnischem Zweck haben, ihm gegenüber jedoch **räumlich und/oder organisatorisch abgegrenzt** werden können, also **relativ** selbstständig sind.[4]

---

86 BAG 15.4.2008 – 1 AZR 86/07 – AP Nr. 96 zu § 77 BetrVG 1972 = NZA 2008, 1074.
1 BAG 1.2.1963 – 1 ABR 1/62 – AP § 3 BetrVG Nr. 5 = NJW 1963, 1325.
2 BGBl I S. 1852.
3 3.12.1985 – 1 ABR 29/84 – AP § 99 BetrVG 1972 Nr. 28 = NZA 1986, 334.
4 BAG 29.1.1992 – 7 ABR 27/91 – AP § 7 BetrVG 1972 Nr. 1 m. Anm. *Kothe* = NZA 1992, 894 = AuR 1992, 91.

Betriebsteile verfügen zwar über einen eigenen AN-Stamm, eigene technische Hilfsmittel und eine durch die räumliche und funktionale Abgrenzung vom übrigen Betrieb bedingte **relative Selbstständigkeit**. Ihnen fehlt aber ein Leitungsapparat, um insb. in personellen und sozialen Angelegenheiten wesentliche Entscheidungen selbstständig treffen zu können.[5]

Demgegenüber ist **Hauptbetrieb** derjenige Betrieb, durch den – wenn auch lediglich beratend – AG-Funktionen im mitbestimmungsrelevanten Bereich für den nicht betriebsratsfähigen Betrieb wahrgenommen werden.[6] Unterhält der AG neben dem nicht betriebsratsfähigen Betrieb mehrere weitere Betriebe und wird die Leitung des nicht betriebsratsfähigen Betriebs in personellen und sozialen Angelegenheiten von der Leitung eines der anderen Betriebe beratend unterstützt, ist dieser Betrieb Hauptbetrieb i.S.v. § 4 Abs. 2.[7]

In Betriebsteilen werden regelmäßig Aufgaben erfüllt, die sich von denen anderer Abteilungen erkennbar unterscheiden. Sie verfügen über eine gewisse Selbstständigkeit, die i.d.R auf eine räumliche oder funktionale Abgrenzung und eine den Einsatz der AN bestimmende Leitung zurückzuführen ist, die in Teilen das Weisungsrecht des AG ausübt.[8] Für das notwendige Mindestmaß an organisatorischer Selbstständigkeit reicht es aus, dass in der organisatorischen Einheit überhaupt eine den Einsatz der AN bestimmende Leitung institutionalisiert ist, die Weisungsrechte des AG ausübt (sog. einfacher Betriebsteil).[9] Um zu einer eigenen betriebsverfassungsrechtlichen Einheit (qualifizierter Betriebsteil) zu werden, bedarf es der zusätzlichen Voraussetzung dass er durch Aufgabenbereich und Organisation eigenständig ist. In ihrer Zielsetzung dienen die Einheiten aber dem arbeitstechnischen Zweck des Betriebes (z.B. Reparaturwerkstatt eines Spediteurs, Druckerei eines Zeitungsbetriebs, Teilelager einer Automobilfabrik, u.U. Filialen eines zentral gelenkten Lebensmittelbetriebes).[10]

Es kann sich auch um parallele arbeitstechnische Zwecke handeln, die sich nicht voneinander unterscheiden, wie z.B. bei Filialen im Einzelhandel.[11]

Ein **eigener Betriebszweck** spricht gegen das Vorliegen eines Betriebsteils. Ist der Betriebszweck auf die Hilfeleistung für den Hauptbetrieb ausgerichtet und unterstützt er mit seinem eigenen Betriebszweck den Betriebszweck des Hauptbetriebs, spricht man von einem Nebenbetrieb. Ein Nebenbetrieb ist also kein Betriebsteil, sondern ein eigenständiger Betrieb. Der Begriff des Nebenbetriebs hat seine Bedeutung weit gehend eingebüßt, kann aber zu Abgrenzungszwecken weiterhin herangezogen werden. Das BAG hat das Vorliegen selbstständiger Betriebe z.B. bejaht, nachdem ein Unternehmen zahlreiche Filialen den bisherigen AN im Wege des Franchising überließ und diese die wesentlichen AG-Funktionen danach selbst ausübten.[12]

2. Qualifizierter Betriebsteil. Ein Betriebsteil gilt ausnahmsweise als selbstständiger Betrieb, wenn er entweder räumlich weit vom Hauptbetrieb entfernt oder durch Aufgabenbereich und Organisation eigenständig ist. In diesem Fall wird er nur dem Hauptbetrieb zugeordnet, wenn seine Belegschaft mit Stimmenmehrheit formlos beschließt, an der Wahl des BR im Hauptbetrieb teilzunehmen.

Voraussetzung ist in jedem Fall die BR-Fähigkeit des Betriebsteils. Ansonsten ist er schon über Abs. 2 automatisch dem Hauptbetrieb zugeordnet.

a) Räumlich weite Entfernung vom Hauptbetrieb. Betriebsteile sind vom Hauptbetrieb räumlich weit entfernt, wenn wegen dieser Entfernung eine sachgerechte Vertretung der AN des Betriebsteils durch den BR des Hauptbetriebs nicht erwartet werden kann.[13] Es kommt also nicht auf die Entfernung der Filialen von dem Büro des Betriebsrats an.[14]

Abzustellen ist immer auf den konkreten Einzelfall. Entscheidend ist, ob eine **ordnungsgemäße Betreuung der Belegschaft** durch den BR ungeachtet der Entfernung zum Hauptbetrieb möglich ist. Den AN eines Betriebsteils soll die Möglichkeit der Wahl eines eigenen Betriebsrats eröffnet werden, wenn wegen der räumlichen Trennung vom (Haupt-)Betrieb die persönliche Kontaktnahme zwischen BR und den AN im Betriebsteil so erschwert ist, dass der BR die Interessen dieser AN nicht mit der nötigen Intensität und Sachkunde wahrnehmen kann und sich die AN nur unter erschwerten Bedingungen an den BR wenden können oder BR-Mitglieder, die in dem Betriebsteil beschäftigt sind, nicht kurzfristig zu Sitzungen im Hauptbetrieb kommen können.[15]

---

5 BAG 21.6.1995 – 2 AZR 693/94 – AP § 1 BetrVG 1972 Nr. 16; 17.12.2007 – 7 ABR 63/05 – AP § 4 BetrVG 1972 Nr. 18.
6 BAG 17.1.2007 – 7 ABR 63/05 – juris.
7 BAG 17.1.2007 – 7 ABR 63/05 – AP Nr. 18 zu § 4 BetrVG 1972 = NZA 2007, 703, mit Anm. *Kloppenburg*, jurisPR-ArbR 33/2007 Anm. 5.
8 BAG 19.2.2002 – 1 ABR 26/01 – AP § 4 BetrVG 1972 Nr. 13 = NZA 2002, 1300.
9 BAG 21.7.2004 – 7 ABR – 57/03 – AP § 4 BetrVG 1972 Nr. 1.
10 *Fitting u.a.*, § 4 Rn 8.
11 BAG 24.2.1976 – 1 ABR 62/75 – AP § 4 BetrVG 1972 Nr. 2 = DB 1976, 1579.
12 BAG 26.6.1996 – 7 ABR 51/95 – n.v.
13 BAG 24.2.1976 – 1 ABR 62/75 – AP § 4 BetrVG 1972 Nr. 2 = DB 1976, 1579.
14 BAG 7.5.2008 – 7 ABR 15/07 – juris.
15 BAG 21.6.1995 – 2 AZR 693/94 – AP § 1 BetrVG 1972 Nr. 16.

10 Abzustellen ist also auf die **leichte Erreichbarkeit des BR** aus Sicht der AN einerseits und die **Erreichbarkeit der AN** für den BR andererseits. Die Möglichkeit einer telefonischen Kontaktaufnahme genügt nicht.[16] Nichts anderes kann für Kommunikationsmittel wie E-Mails gelten. Das vertrauliche Gespräch unter den BR-Mitgliedern und zwischen ihnen und der Belegschaft kann dadurch i.d.R. nicht hergestellt werden. Ist eine insoweit gesicherte Kommunikation über Videokonferenzen, E-Mails usw. ohne weiteres möglich, können Verkehrswege u.U eine geringere Rolle spielen. Wichtig ist aber immer die Sicherstellung einer vertraulichen Kommunikation. Der persönliche Kontakt zwischen Belegschaft und Mitarbeitern kann durch auch die modernen Kommunikationsmittel nicht ersetzt werden.[17] Das hat das **BAG**[18] in seiner Entscheidung vom **7. Mai 2008** ausdrücklich bekräftigt. Für Abs. 1 S. 1 Nr. 1, der allein auf die räumliche Entfernung der Betriebsteile vom Hauptbetrieb abstelle, sei die Erreichbarkeit des im Hauptbetrieb bestehenden Betriebsrats per Post oder Telefon oder mit Hilfe moderner Kommunikationsmittel unerheblich.

11 Abzustellen ist daher jedenfalls in absehbarer Zukunft auf die Verkehrsanbindungen und Verkehrsmittel für eine echte Gemeinschaft zwischen den AN des Hauptbetriebes und der Betriebsteile. Für eine Betriebsgemeinschaft kann die Fluktuation der AN von einer zur anderen Betriebsstätte sprechen.[19] Dabei ist nicht ausschließlich auf die Erreichbarkeit des Hauptbetriebs mit dem Pkw abzustellen, wenn einer nicht unerheblichen Anzahl in den Filialen beschäftigten AN nicht dauerhaft ein Pkw zur Verfügung steht, um bei Bedarf kurzfristig den Betriebsrat aufsuchen zu können und auch kein Zubringerdienst von den einzelnen Filialen eingerichtet ist.[20]

12 Eine **räumlich weite Entfernung** hat das BAG **bejaht** bei einer Entfernung von 28 km und schlechter Verkehrsanbindung[21] und bei einer Entfernung von 22 km, die bei unproblematischen Verkehrsverbindungen in etwa 20 Minuten zurückzulegen waren, jedoch kein ständiger Dienstfahrtverkehr zwischen den Betriebsstätten und auch keine regelmäßige Busverbindung nach Schichtende eingerichtet waren und die Fahrt mit öffentlichen Verkehrsmitteln hin und zurück eineinhalb bis zwei Stunden dauerte.[22] Eine Entfernung von 260 km ist ebenfalls als ausreichend angesehen worden.[23] Gleiches gilt bei einem Zeitaufwand für die Zurücklegung der einfachen Strecke zwischen den Filialen und der Zentrale mit öffentlichen Verkehrsmitteln von mindestens 55 Minuten zuzüglich der Zeit für den Weg zur jeweiligen Haltestelle, wobei sich für die Hin- und Rückfahrt ein Mindestzeitaufwand von mehr als zwei Stunden ergibt.[24]

13 **Abgelehnt** hat das BAG eine weite räumliche Entfernung bei einer Entfernung von 10 km zwischen den Betriebsstätten und guter Verkehrsanbindung,[25] bei einer Entfernung von 70 km (Köln-Essen), weil auswärtiger Betriebsteil durch freigestellte BR-Mitglieder betreut werden konnte,[26] bei einer Entfernung von 22 km bei gut ausgebautem Straßennetz,[27] bei einer Entfernung von 40 km bei guter Straßen- und Bahnanbindung zwischen einer Göttinger Filiale eines Lebensmittelbetriebes und dem Hauptbetrieb in Kassel,[28] bei einer Entfernung von 23,2 bis 24,1 km, wobei diese Entfernung mit dem Auto in 15 bis 20 Minuten zurückgelegt werden kann und mit öffentlichen Verkehrsmitteln zwischen 71 und 84 Minuten dauert. Es bestand eine einmalige tägliche Mitfahrgelegenheit im Auto des Werkstattmeisters.[29]

14 **b) Eigenständigkeit.** Vorausgesetzt wird Eigenständigkeit hinsichtlich des Aufgabenbereichs und hinsichtlich der Organisation.

Die notwendige **Eigenständigkeit im Aufgabenbereich** setzt voraus, dass die dem Betriebsteil obliegenden Aufgaben von den sonst im Betrieb verfolgten Aufgaben deutlich abgegrenzt sind.[30] Mangelnde Eigenständigkeit lässt sich nicht allein aus der räumlichen Nähe und einer organisatorischen Verbindung zu einem Betrieb des Unternehmens mit anderen Aufgaben schließen.[31]

15 **Organisatorische Eigenständigkeit** setzt eine den Einsatz des AN bestimmende **eigene tatsächlich ausgeübte Leitung auf der Ebene des verselbstständigten Teils** eines Betriebes voraus, insb. in personellen und sozialen Angelegenheiten, die dem Mitbestimmungsrecht unterliegen.[32] Die erforderliche Eigenständigkeit setzt also voraus, dass in der Einheit der **wesentliche Kern der der betrieblichen Mitbestimmung unterliegenden AG-Funktionen** aus-

---

16 BAG 21.6.1995 – 2 AZR 693/94 – AP § 1 BetrVG 1972 Nr. 16.
17 BAG 14.1.2004 – 7 ABR 26/03 – n.v.
18 BAG 7.5.2008 – 7 ABR 15/07 – juris.
19 BAG 21.6.1995 – 2 AZR 693/94 – AP § 1 BetrVG 1972 Nr. 16.
20 BAG – 7.5.2008 – 7 ABR 15/07 – juris.
21 BAG 23.9.1960 – 1 ABR 9/59 – AP § 3 BetrVG Nr. 4 = DB 1960, 1426.
22 BAG 21.6.1995 – 2 AZR 693/94 – AP § 1 BetrVG 1972 Nr. 16 – mit weiteren Beispielen aus der Rspr.
23 BAG 19.2.2002 – 1 ABR 26/01 – AP § 4 BetrVG 1972 Nr. 13.
24 BAG – 7.5.2008 – 7 ABR 15/07 – Juris.
25 BAG 5.6.1964 – 1 ABR 11/63 – AP § 3 BetrVG Nr. 7 = AuR 1964, 143.
26 BAG 24.9.1968 – 1 ABR 4/68 – AP § 3 BetrVG Nr. 9 = AuR 1968, 345.
27 BAG 17.2.1983 – 6 ABR 64/81 – AP § 4 BetrVG 1972 Nr. 4 = DB 1983, 2039.
28 BAG 24.2.1976 – 1 ABR 62/75 – AP § 4 BetrVG 1972 Nr. 2 = DB 1976, 1579.
29 BAG 14.1.2004 – 7 ABR 26/03 – n.v.
30 Richardi/*Richardi*, § 4 Rn 26.
31 BAG 25.11.1980 – 6 ABR 62/79 – AP § 18 BetrVG 1972 Nr. 3 = DB 1981, 1242.
32 BAG 28.5.1995 – 7 ABR 59/94 – AP § 4 BetrVG 1972 Nr. 8 = NZA 1996, 276 = AiB 1996, 241.

geübt wird.[33] Die in dem Betriebsteil vorhandenen Vertreter des AG müssen in der Lage sein, die AG-Funktionen in den wesentlichen Bereichen der betrieblichen Mitbestimmung wahrzunehmen.[34]

Eine **einheitliche kaufmännische Leitung des Gesamtunternehmens** steht der Eigenständigkeit des Betriebsteils nicht entgegen, da es bei der Frage der Eigenständigkeit nicht um Eigenständigkeit bezüglich Unternehmensfragen geht, die der Unternehmensleitung vorbehalten sind.[35] Ohne einen solchen relativen Leitungsapparat ist die Belegschaft betriebsverfassungsrechtlich Teil des Hauptbetriebs.[36]

II. Zuordnungsbeschluss der Belegschaft (Abs. 1 S. 2)

1. Überblick. Unter den Voraussetzungen des Abs. 1 S. 1 (räumlich weite Entfernung vom Hauptbetrieb und Eigenständigkeit hinsichtlich Aufgabenbereich und Organisation) hat die Belegschaft seit dem Reformgesetz 2001 die Möglichkeit, ihr betriebsverfassungsrechtliches Schicksal selbst zu bestimmen.

2. Kein Betriebsrat. Voraussetzung ist zunächst nach dem Wortlaut des Gesetzes, dass **kein BR** existiert. Gibt es in dem Betriebsteil einen BR und möchte die Belegschaft dennoch einen Anschluss an den Hauptbetrieb herbeiführen, muss dieser **zunächst zurücktreten**. Dann ist der Weg zu einer Zuordnungsentscheidung frei, auch wenn der bisherige BR zunächst noch die Geschäfte weiterführt. Andernfalls müsste die Belegschaft zunächst einen neuen BR wählen und dessen Amtszeit ablaufen lassen, um dann den Zuordnungsbeschluss treffen zu können. Zu diesem Zeitpunkt wäre dann im Hauptbetrieb das Wahlverfahren soweit fortgeschritten, dass eine Teilnahme nicht mehr möglich wäre. Ein Zuordnungsbeschluss muss daher auch zur Vermeidung betriebsratsloser Zeiten rechtzeitig zulässig sein. Die Zuordnungsentscheidung zum Hauptbetrieb ist nur dann ausgeschlossen, wenn ein BR weder zurückgetreten noch aus sonstigen Gründen lediglich im „Restmandat" tätig ist.[37] Auch im Falle einer **nichtigen BR-Wahl** kann die Zuordnungsentscheidung getroffen werden. In der Praxis können sich dadurch im Rahmen der BR-Wahl allerdings unsichere Situationen ergeben, wenn z.B. über die Frage der Nichtigkeit der BR-Wahl im Betriebsteil gestritten wird.

Da es der Belegschaft jederzeit freisteht, sich für die Wahl eines eigenen BR oder die Teilnahme an der Wahl des Haupt-BR zu entscheiden, stehen auch bereits eingeleitete Vorbereitungshandlungen zur Wahl eines eigenen BR der Zuordnungsentscheidung nicht entgegen.[38]

3. Zuordnungsbeschluss. Es ist ausreichend, dass die Belegschaft mit Stimmenmehrheit formlos beschließt, an der Wahl des BR im Hauptbetrieb teilzunehmen.

Die **Initiative** für eine Zuordnungsentscheidung kann von drei wahlberechtigten AN des Betriebsteils oder einer im Betrieb vertretenen Gewerkschaft ergriffen werden. Der Zuordnungsbeschluss ist dem BR des Hauptbetriebs spätestens zehn Wochen vor dem Ablauf seiner Amtszeit mitzuteilen, Abs. 1 S. 4. Das entspricht § 16.

Die Zuordnungsentscheidung soll **bei der Wahlvorbereitung berücksichtigt werden können**. Sie soll daher so rechtzeitig mitgeteilt worden sein, dass sie bei der **Erstellung der Wählerlisten** Berücksichtigung finden kann. Ist das nicht mehr der Fall, muss der Wahlvorstand sie dennoch berücksichtigen. **Neu hinzutretende AN** – und als solche sind die aufgrund einer Zuordnungsentscheidung hinzutretenden AN zu behandeln – sind bis spätestens einen Tag vor der Durchführung der Wahl einzubeziehen. Die Gegenmeinung[39] berücksichtigt § 4 Abs. 3 S. 2 WO nicht. Die Vorschrift sieht für diesen Fall ausdrücklich die Möglichkeit und das Erfordernis der Berichtigung der Wählerliste vor. Der Wahlvorstand ist verpflichtet, auch nach Ablauf der Einspruchsfrist die Wählerliste auf ihre Vollständigkeit zu prüfen und um neu hinzutretende Belegschaftsmitglieder zu ergänzen.[40]

Der Zuordnungsbeschluss ist **nicht formgebunden**. Ein im Umlaufverfahren gefasster Beschluss ist ausreichend.[41] Es ist aber die **absolute Mehrheit** der Stimmen der AN des Betriebsteils erforderlich.[42]

Alle AN des Betriebsteils sind abstimmungsberechtigt. Auf die Wahlberechtigung kommt es nicht an.[43] Der Zuordnungsbeschluss hat Dauerwirkung. Er ist nicht vor jeder BR-Wahl erneut zu wiederholen, sondern gilt auch für künftige Wahlen. Das ergibt sich im Umkehrschluss aus Abs. 1 S. 5, da dort der Widerruf des Zuordnungsbeschlusses geregelt ist.

---

33 BAG 29.1.1992 – 7 ABR 27/91 – AP § 7 BetrVG 1972 Nr. 1 m. Anm. *Kothe* = NZA 1992, 894 = AuR 1992, 91.
34 BAG 21.7.2004 – 7 ABR – 57/03 – AP § 4 BetrVG 1972 Nr. 1; BAG 14.1.2004 – 7 ABR 26/03 – n.v.
35 *Fitting u.a.*, § 4 Rn 26.
36 BAG 25.11.80 – 6 ABR 62/79 – AP § 18 BetrVG 1972 Nr. 3 = DB 1981, 1242.
37 A.A. DKK/*Trümner*, § 4 Rn 54.
38 A.A. DKK/*Trümner*, § 4 Rn 54.
39 *Fitting u.a.*, § 4 Rn 33; ErfK/*Eisemann/Koch*, § 4 BetrVG Rn 5.
40 Insoweit zutreffend: *Fitting u.a.*, § 4 WO Rn 15.
41 Ausschuss-Drucks. 14/1610 S. 1; DKK/*Trümner*, § 4 Rn 53 f.; *Fitting u.a.*, § 4 Rn 29; a.A. Richardi/*Richardi*, § 4 Rn 39, der die Abstimmung in einer Versammlung als notwendig erachtet.
42 *Fitting u.a.*, § 4 Rn 29; Richardi/*Richardi*, § 4 Rn 35; DKK/*Trümner*, § 4 Rn 58a.
43 DKK/*Trümner*, § 4 Rn 51e; ErfK/*Eisemann/Koch*, § 4 BetrVG Rn 5; *Fitting u.a.*, § 4 Rn 30.

III. Zuordnung der Kleinstbetriebe zum Hauptbetrieb (Abs. 2)

24 Durch das Reformgesetz 2001 sind alle nicht betriebsratsfähigen Betriebe eines Unternehmens dem Hauptbetrieb zugeordnet worden. Zuvor galt das nach dem Gesetz nur für Nebenbetriebe. Das BAG hatte aber bereits im Rahmen eines Erst-Recht-Schlusses neben den Betrieben mit Hilfsfunktion für den Hauptbetrieb (Nebenbetrieb) auch solche Betriebe dem Hauptbetrieb zugeordnet, deren arbeitstechnischer Zweck mit dem des Hauptbetriebs übereinstimmte.[44] Eine derartige Einschränkung sieht die Neuregelung nach ihrem Sinn und Zweck nicht mehr vor. Um zuordnungsfähiger Hauptbetrieb zu sein, bedarf es lediglich einer gegenüber dem Kleinstbetrieb hervorgehobenen Bedeutung. Ausreichend ist es, wenn in einem anderen betriebsratsfähigen Betrieb – wenn auch lediglich beratend – AG-Funktionen im mitbestimmungsrelevanten Bereich auch für den Kleinstbetrieb wahrgenommen werden.[45]

C. Verbindung zu anderen Rechtsgebieten und zum Prozessrecht

25 Streit über die Frage, ob eine bestimmte Organisationseinheit dem Hauptbetrieb zuzuordnen ist, kann im Verfahren nach § 18 ausgefochten werden. In dem Beschlussverfahren (§§ 2a, 80 ff. ArbGG) können die Beteiligten u.a. klären lassen, ob ein selbstständiger Betrieb i.S.d. § 4 vorliegt und welche Betriebe oder Betriebsteile dem Hauptbetrieb zugeordnet sind (siehe dazu im Einzelnen unter § 18). Eine Klärung kann und sollte bei bestehenden Unsicherheiten bereits vor Einleitung der BR-Wahl durchgeführt werden.

26 Die falsche Zuordnung eines Betriebsteils im Rahmen einer BR-Wahl führt grds. nur zur Anfechtbarkeit der Wahl nach § 19.[46] Nur in Ausnahmefällen kann wegen besonders grober Verkennung des Betriebsbegriffs die Wahl nichtig sein. Die BR-Wahl muss „den Stempel der Nichtigkeit auf der Stirn tragen".[47] Dies ist bei einer BR-Wahl, die unter Verkennung des Betriebsbegriffs durchgeführt wurde, grds. nicht der Fall. Bei der Bestimmung des Betriebsbegriffs und seiner Anwendung auf die konkrete betriebliche Organisation ist eine Vielzahl von Gesichtspunkten zu beachten, die eine auf den jeweiligen Einzelfall bezogene Entscheidung erfordern. Ist die Wahl danach nur anfechtbar, bleibt auch ein unter Verkennung des Betriebsbegriffs gewählter BR im Amt, wenn die Zwei-Wochen-Frist des § 19 Abs. 2 ohne Anfechtung verstrichen ist. Das führt auch dazu, dass bei späterem Streit über die Berechtigung zur Ausübung von Beteiligungsrechten die ordnungsgemäße Amtsstellung des BR feststeht.[48]

27 **Antragsberechtigt** sind im Beschlussverfahren die beteiligten Betriebsräte, der AG, jeder beteiligte Wahlvorstand und jede im Betrieb vertretene Gewerkschaft.

D. Beraterhinweise

28 In der Praxis kann bei der Frage, welche Möglichkeiten für die Bildung eines eigenen BR oder einer Zuordnung zum Hauptbetrieb bestehen, nach folgendem **Schema** vorgegangen werden:
- Handelt es sich um einen **selbstständigen Betrieb**? Dann ist in jedem Fall bei Vorliegen der Voraussetzungen des § 1 S. 1 ein eigener BR zu wählen.
- Handelt es sich lediglich um einen **Betriebsteil**, der die Voraussetzungen des § 1 Abs. 1 S. 1 erfüllt? Dann kommt es weiter darauf an, ob die Voraussetzungen des Abs. 1 S. 1 erfüllt sind (weite Entfernung, siehe Rn 8 oder Eigenständigkeit, siehe Rn 14). Sind die Voraussetzungen nicht erfüllt (unselbstständiger Betriebsteil), gehört die Belegschaft per se zum Hauptbetrieb. Sind die Voraussetzungen erfüllt (selbstständiger Betriebsteil), hat die Belegschaft die Möglichkeit, selbst zu entscheiden, ob ihr Betriebsteil dem Hauptbetrieb zugeordnet werden soll.
- Steht fest, dass es sich um einen **Betriebsteil** handelt, und will die Belegschaft dem Hauptbetrieb zugeordnet werden, kann sie alle Abgrenzungsprobleme dadurch umgehen, dass sie „vorsorglich" eine Zuordnungsentscheidung trifft. Dann kommt es nicht mehr darauf an, ob die Voraussetzungen des Abs. 1 S. 1 (weite Entfernung oder Eigenständigkeit) vorliegen, da der Betriebsteil dann automatisch dem Hauptbetrieb zuzuordnen ist.
- Will sie einen **eigenen BR** wählen, muss sie auf jeden Fall zunächst prüfen, ob die Voraussetzungen des Abs. 1 S. 1 vorliegen, da sie ansonsten vom Haupt-BR vertreten wird.

29 Die **Abgrenzungsprobleme** werden sich also in Zukunft auf die Frage
- der Abgrenzung des Betriebs vom Betriebsteil und
- des Vorliegens der Voraussetzungen des Abs. 1 S. 1 konzentrieren.

Der BR repräsentiert nur die Belegschaft, die ihn mit gewählt hat.[49]

---

44 BAG 3.12.1985 – 1 ABR 29/84 – AP § 99 BetrVG 1972 Nr. 28 = NZA 1986, 334.
45 BAG 17.1.2007 – 7 ABR 63/05 – AP § 4 BetrVG 1972 Nr. 18.
46 BAG 19.11.2003 – 7 ABR 25/03 – AP § 19 BetrVG 1972 Nr. 55 = EzA § 19 BetrVG 2001 Nr. 1; BAG 7.12.1988 – 7 ABR 10/88 – AP § 19 BetrVG 1972 Nr. 15 = DB 1989, 1525.
47 BAG 17.1.1978 – 1 ABR 71/76 – AP § 1 BetrVG 1972 Nr. 1 = EzA § 1 BetrVG 1972 Nr. 1.
48 BAG 27.6.1995 – 1 ABR 62/94 – AP § 4 BetrVG 1972 Nr. 7 = BB 1996, 1504.
49 BAG 3.6.2004 – 2 AZR 577/03 – AP § 102 BetrVG 1972 Nr. 141 = NZA 2005, 175.

§ 5 Arbeitnehmer

(1) ¹Arbeitnehmer (Arbeitnehmerinnen und Arbeitnehmer) im Sinne dieses Gesetzes sind Arbeiter und Angestellte einschließlich der zu ihrer Berufsausbildung Beschäftigten, unabhängig davon, ob sie im Betrieb, im Außendienst oder mit Telearbeit beschäftigt werden. ²Als Arbeitnehmer gelten auch die in Heimarbeit Beschäftigten, die in der Hauptsache für den Betrieb arbeiten. ³Als Arbeitnehmer gelten ferner Beamte (Beamtinnen und Beamte), Soldaten (Soldatinnen und Soldaten) sowie Arbeitnehmer des öffentlichen Dienstes einschließlich der zu ihrer Berufsausbildung Beschäftigten, die in Betrieben privatrechtlich organisierter Unternehmen tätig sind.

(2) Als Arbeitnehmer im Sinne dieses Gesetzes gelten nicht
1. in Betrieben einer juristischen Person die Mitglieder des Organs, das zur gesetzlichen Vertretung der juristischen Person berufen ist;
2. die Gesellschafter einer offenen Handelsgesellschaft oder die Mitglieder einer anderen Personengesamtheit, soweit sie durch Gesetz, Satzung oder Gesellschaftsvertrag zur Vertretung der Personengesamtheit oder zur Geschäftsführung berufen sind, in deren Betrieben;
3. Personen, deren Beschäftigung nicht in erster Linie ihrem Erwerb dient, sondern vorwiegend durch Beweggründe karitativer oder religiöser Art bestimmt ist;
4. Personen, deren Beschäftigung nicht in erster Linie ihrem Erwerb dient und die vorwiegend zu ihrer Heilung, Wiedereingewöhnung, sittlichen Besserung oder Erziehung beschäftigt werden;
5. der Ehegatte, der Lebenspartner, Verwandte und Verschwägerte ersten Grades, die in häuslicher Gemeinschaft mit dem Arbeitgeber leben.

(3) ¹Dieses Gesetz findet, soweit in ihm nicht ausdrücklich etwas anderes bestimmt ist, keine Anwendung auf leitende Angestellte. ²Leitender Angestellter ist, wer nach Arbeitsvertrag und Stellung im Unternehmen oder im Betrieb
1. zur selbständigen Einstellung und Entlassung von im Betrieb oder in der Betriebsabteilung beschäftigten Arbeitnehmern berechtigt ist oder
2. Generalvollmacht oder Prokura hat und die Prokura auch im Verhältnis zum Arbeitgeber nicht unbedeutend ist oder
3. regelmäßig sonstige Aufgaben wahrnimmt, die für den Bestand und die Entwicklung des Unternehmens oder eines Betriebs von Bedeutung sind und deren Erfüllung besondere Erfahrungen und Kenntnisse voraussetzt, wenn er dabei entweder die Entscheidungen im Wesentlichen frei von Weisungen trifft oder sie maßgeblich beeinflusst; dies kann auch bei Vorgaben insbesondere aufgrund von Rechtsvorschriften, Plänen oder Richtlinien sowie bei Zusammenarbeit mit anderen leitenden Angestellten gegeben sein.

Für die in Absatz 1 Satz 3 genannten Beamten und Soldaten gelten die Sätze 1 und 2 entsprechend.

(4) Leitender Angestellter nach Absatz 3 Nummer 3 ist im Zweifel, wer
1. aus Anlass der letzten Wahl des Betriebsrats, des Sprecherausschusses oder von Aufsichtsratsmitgliedern der Arbeitnehmer oder durch rechtskräftige gerichtliche Entscheidung den leitenden Angestellten zugeordnet worden ist oder
2. einer Leitungsebene angehört, auf der in dem Unternehmen überwiegend leitende Angestellte vertreten sind, oder
3. ein regelmäßiges Jahresarbeitsentgelt erhält, das für leitende Angestellte in dem Unternehmen üblich ist, oder,
4. falls auch bei der Anwendung der Nummer 3 noch Zweifel bleiben, ein regelmäßiges Jahresarbeitsentgelt erhält, das das Dreifache der Bezugsgröße nach § 18 des Vierten Buches Sozialgesetzbuch überschreitet.

A. Allgemeines 1	f) Geringverdiener 15
B. Regelungsgehalt 3	g) Heimarbeit 16
I. Arbeitnehmerbegriff (Abs. 1) 3	h) Leiharbeitnehmer und andere Dritt-
1. Allgemeiner arbeitsrechtlicher Arbeitnehmer-	arbeitnehmer 21
begriff 3	i) Familienangehörige 28
2. Arbeitsvertrag und Eingliederung 6	j) Orchestermusiker 29
3. Beispiele 8	k) Telearbeit 31
a) Arbeitsbeschaffungsmaßnahme 8	II. Keine Arbeitnehmer (Abs. 2) 32
b) Außendienstmitarbeiter 9	1. Mitglieder des Vertretungsorgans einer
c) Auszubildende 10	juristischen Person (Abs. 2 Nr. 1) 33
d) Beamte/Soldaten 13	2. Vertretungsberechtigte Mitglieder von
e) Eingliederungsvertrag nach §§ 229 ff.	Personengesamtheiten (Abs. 2 Nr. 2) ... 36
SGB III/Ein-Euro-Job 14	3. Personen ohne Erwerbsinteresse (Abs. 2 Nr. 3) ... 37

4. Beschäftigung zur Heilung, Wiedereingewöhnung, sittlichen Besserung oder Erziehung (Abs. 2 Nr. 4)	40
5. Familienangehörige (Abs. 2 Nr. 5)	43
III. Leitende Angestellte (Abs. 3)	45
1. Berechtigung zur Einstellung und Entlassung (Abs. 3 Nr. 1)	50
2. Generalvollmacht oder Prokura (Abs. 3 Nr. 2)	54
3. Wahrnehmung bedeutender unternehmerischer Aufgaben (Abs. 3 Nr. 3)	58
a) Unternehmerische Aufgaben	59
b) Bedeutung der Aufgaben in Bezug auf Bestand und Entwicklung	60
c) Regelmäßigkeit der Aufgabenwahrnehmung	62
d) Erforderlichkeit besonderer Kenntnisse und Erfahrungen	63
e) Entscheidung im Wesentlichen frei von Weisungen/wesentliche Beeinflussung	64
f) Gegnerbezug	67
IV. Auslegungshilfe (Abs. 4)	68
1. Bisherige Zuordnung (Abs. 4 Nr. 1)	69
2. Zugehörigkeit zur Leitungsebene (Abs. 4 Nr. 2)	71
3. Arbeitsentgelt leitender Angestellter (Abs. 4 Nr. 3)	72
4. Jahresarbeitsentgelt in Höhe des Dreifachen der Bezugsgröße (Abs. 4 Nr. 4)	73
C. Verbindung zu anderen Rechtsgebieten und zum Prozessrecht	74
D. Beraterhinweise	77

A. Allgemeines

1 § 5 umschreibt den Kreis der Personen, auf den das BetrVG Anwendung findet. Die Vorschrift geht von dem durch die Rspr. entwickelten allgemeinen AN-Begriff aus. Sie nimmt die für das Betriebsverfassungsrecht notwendige Anpassung vor. Der Begriff des „weiblichen und männlichen Arbeitnehmers" ist in § 5 nur ansatzweise positiv definiert. Negativabgrenzungen finden sich in Abs. 2 (also Personen, die nicht als AN i.S.d. Gesetzes gelten) und in Abs. 3 und 4 (Beschreibungen von AN, auf die das Gesetz keine Anwendung findet – leitende Ang). Abs. 1 Satz 3 und Abs. 3 Satz 3 der Vorschrift sind durch das Gesetz zur Errichtung eines Bundesaufsichtsamtes für Flugsicherung und zur Änderung und Anpassung weiterer Vorschriften vom 29.7.2009 (BGBl I, S. 2424) eingefügt worden.

2 Der AN-Begriff ist nicht dispositiv. Eine Abänderung ist auch nicht durch TV oder BV möglich.[1]

Die im Gesetz weiterhin formulierte Differenzierung zwischen Arb und Ang hat durch das Reformgesetz 2001 seine betriebsverfassungsrechtliche Bedeutung verloren. § 6 ist aufgehoben worden. § 6 Abs. 2 (in Heimarbeit Beschäftigte) findet sich allerdings in Abs. 1 wieder. Abs. 1 stellt außerdem klar, dass zu den AN sowohl die im Betrieb Beschäftigten als auch die Außendienstmitarbeiter und auch die mit Telearbeit beschäftigten Personen gehören.

B. Regelungsgehalt

I. Arbeitnehmerbegriff (Abs. 1)

3 **1. Allgemeiner arbeitsrechtlicher Arbeitnehmerbegriff.** Das Gesetz geht von dem allg. arbeitsrechtlichen AN-Begriff aus.[2] Daran hat sich auch durch das Reformgesetz 2001 nichts geändert.[3] Voraussetzung für die AN-Eigenschaft ist eine **persönliche Abhängigkeit** vom AG.[4]

4 Das BAG **definiert** den AN daher als eine Person, die aufgrund eines privatrechtlichen Vertrages im Dienste eines anderen zur Leistung weisungsgebundener, fremdbestimmter Arbeit in persönlicher Abhängigkeit verpflichtet ist.[5] Der AN-Begriff ergibt sich danach in erster Linie im Umkehrschluss aus den Vorschriften zu den selbstständigen Dienstverpflichteten und den **AN-ähnlichen Personen**. Daraus folgt, dass weder der Umstand der wirtschaftlichen Abhängigkeit noch die Tätigkeit für nur einen Auftraggeber den AN-Status begründen kann. Kein AN ist danach, wer im Wesentlichen frei seine Tätigkeit gestalten und seine Arbeitszeit bestimmen kann. § 84 Abs. 1 S. 2, Abs. 2 HGB enthält insoweit eine über seinen unmittelbaren Anwendungsbereich hinausgehende gesetzliche Wertung, konkretisiert durch § 106 GewO (Weisungsrecht).

5 Für die Abgrenzung von Bedeutung sind in erster Linie die **tatsächlichen Umstände**, unter denen die Dienstleistung zu erbringen ist. Die persönliche Abhängigkeit zeigt sich insb. daran, dass der Beschäftigte einem Weisungsrecht seines Vertragspartners hinsichtlich Inhalt, Durchführung, Dauer und Ort der Tätigkeit unterliegt.[6] Der Grad der persönlichen Abhängigkeit hängt auch von der Eigenart der jeweiligen Tätigkeit ab. Sie kann sich z.B. auch aus einer sehr detaillierten und den Freiraum für die Erbringung der geschuldeten Leistung stark einschränkenden rechtlichen Vertragsgestaltung oder tatsächlichen Vertragsdurchführung ergeben.[7] Bejaht hat das BAG die persönliche Abhängigkeit z.B. in der so genannten „Frachtführer"-Entscheidung.[8] Ein Frachtführer war verpflichtet, sich spätestens um

---

1 H.M.; DKK/*Trümner*, § 5 Rn 12; *Fitting u.a.*, § 5 Rn 12; GK- BetrVG/*Kraft*, § 5 Rn 4.
2 BAG 12.2.1992 – 7 ABR 42/92 – AP § 5 BetrVG 1972 Nr. 52 = NZA 1993, 334.
3 BT-Drucks 14/5741, S. 35.
4 So ausdrücklich auch der RegE, BT-Drucks 14/5741, S. 35.
5 BAG 12.9.1996 – 5 AZR 104/95 – AP § 611 BGB Lehrer Nr. 122 = NZA 1997, 600 = AuR 1997, 121.
6 BAG 26.9.2002 – 5 AZB 19/01 – AP § 2 ArbGG 1979 Nr. 83.
7 BAG 24.3.2004 – 5 AZR 233/03 – EzA § 134 BGB 2002 Nr. 2 = ZTR 2004, 547.
8 BAG 19.11.1997 – 5 AZR 653/96 – AP Nr. 90 zu § 611 BGB Abhängigkeit = NZA 1998, 364 = DB 1998, 624.

6.00 Uhr am Depot der Auftraggeberin einzufinden, um die zuzustellenden Waren zu übernehmen. Bis spätestens 8.00 Uhr musste das Depot wieder verlassen werden. Die zugewiesenen Frachtaufträge waren in engen, vom Auftraggeber vorgegebenen Zeitfenstern (bis 9.00 Uhr, bis 10.00 Uhr, bis 12.00 Uhr) abzuwickeln. Ab 11.00 Uhr musste sich der Frachtführer stündlich mit der Disposition in Verbindung setzen. Bei derart strengen zeitlichen Vorgaben war die Zeitsouveränität der Mitarbeiter der Sache nach aufgehoben. Auch in der so genannten „Zeitungszusteller"-Entscheidung[9] hat das BAG die persönliche Abhängigkeit bejaht, weil diese ihre Arbeitsleistung werktäglich innerhalb eines engen, nur wenige Stunden in der Frühe umfassenden Zeitfensters verrichten müssen. Abgelehnt hat das BAG die persönliche Abhängigkeit hingegen in der sog. „Moskito"-Entscheidung.[10] Es liege kein Arbverh vor, wenn der Auftragnehmer zur pünktlichen Anbringung von Plakaten an fest installierten Objekten nach Vorgabe des Auftraggebers so verpflichtet ist, wie es so genannte Tourenlisten (Tourenpläne) vorsähen, er aber nur einen Wochentag vorgegeben bekomme und damit einen 24 Stunden umfassenden Zeitkorridor, er außerdem ausdrücklich berechtigt sei, sich der Hilfe Dritter zu bedienen und ihm auch eine Konkurrenztätigkeit zugestanden werde.

Abstrakte, für alle Arbverh geltende Merkmale lassen sich nicht aufstellen. Letztlich kommt es auf eine Gesamtwürdigung aller maßgebenden Umstände des Einzelfalls an.[11] Das zeigt die Rechtsprechung des BAG zu programmgestaltenden Mitarbeitern, bei denen auch eine Einbindung in ein festes Programmschema nicht statusbegründend sein soll.[12]

2. Arbeitsvertrag und Eingliederung. Nach der sog. **Kumulationstheorie** des 7. Senats des BAG[13] ist ein in einem Betrieb Beschäftigter nur dann betriebsverfassungsrechtlich als **betriebszugehörig** und damit als Belegschaftsmitglied anzusehen, wenn die Arbeit innerhalb der Betriebsorganisation erbracht wird und ein Arbverh zum Betriebsinhaber besteht. Eine faktische Eingliederung in den Betrieb reicht nicht.[14] Eine **Schwarzarbeitsabrede** steht aber nicht entgegen. Die Abrede in einem Arbeitsvertrag, die Arbeitsvergütung ohne Berücksichtigung von Steuern und Sozialversicherungsbeiträgen („schwarz") auszuzahlen, führt nur dazu, dass die Vereinbarung über das Unterbleiben der Abführung von Steuern und Beiträgen nichtig ist.[15] Steuern und Beiträge sollen dem Staat gerade erhalten bleiben.[16]

Es muss sich um ein privatrechtliches Rechtsverhältnis handeln. Ein öffentlich-rechtliches Dienstverhältnis – wie bei Beamten und Soldaten[17] kann aber ausreichend sein (siehe auch Rn 13), nicht aber ein solches der im Rahmen eines sozialen Jahres Beschäftigten.[18]

Für eine Eingliederung des Beschäftigten in den Betrieb ist es aufgrund des **funktional** zu verstehenden betriebsverfassungsrechtlichen Betriebsbegriffs nicht erforderlich, dass eine Einordnung stets in tatsächlicher örtlicher Hinsicht erfolgt. Eine Einordnung in die betriebliche Organisation reicht aus.[19]

3. Beispiele. a) Arbeitsbeschaffungsmaßnahme. Belegschaftsmitglieder, die im Rahmen einer Arbeitsbeschaffungsmaßnahme tätig sind, zählen zu den AN.[20]

b) Außendienstmitarbeiter. Das Gesetz (Abs. 1) nennt Außendienstmitarbeiter als Beispiel für AN. Zu ihnen zählen z.B. Bauarbeiter, Kraftfahrer, Monteure, Reiseleiter und Zeitungsausträger.[21] Durch die beispielhafte Aufnahme ins Gesetz soll klargestellt werden, dass die Tätigkeit im Außendienst dem Vorliegen einer AN-Eigenschaft nicht entgegensteht. Ein Handelsvertreter sollte dadurch nicht zum AN gemacht werden.

c) Auszubildende. Die zu ihrer Berufsausbildung Beschäftigten zählen zu den AN i.S.d. Gesetzes (Abs. 1). Erfasst ist der Personenkreis, dem aufgrund privatrechtlicher Verträge berufliche Kenntnisse, Fähigkeiten und Erfahrungen vermittelt werden sollen. Grds. gehören dazu auch Auszubildende in überbetrieblichen Ausbildungsstätten.[22] Voraussetzung ist aber, dass sich ihre **Berufsausbildung im Rahmen des arbeitstechnischen Zwecks eines Produktions- oder Dienstleistungsbetriebs** vollzieht und sie deshalb in vergleichbarer Weise wie die sonstigen AN in

---

9 BAG 16.7.1997 – 5 AZR 312/96 – AP Nr. 4 zu § 611 BGB Zeitungsträger = NZA 1998, 368.
10 BAG 13.3.2008 – 2 AZR 1037/06 – AP Nr. 176 zu § 1 KSchG 1969 Betriebsbedingte Kündigung = NZA 2008, 878 = NJW 2008, 2872.
11 BAG 11.10.2000 – 5 AZR 289/99 – n.v.
12 BAG 20.5.2009 – 5 AZR 31/08 – juris.
13 25.2.1998 – 7 ABR 11/97 – AP § 8 BetrVG 1972 Nr. 8 = NZA 1998, 838 = AuR 1998, 286; 18.1.1989 – 7 ABR 21/88 – AP § 9 BetrVG 1972 Nr. 1 = NZA 1989, 724 = AuR 1990, 55; 19.6.2001–1 ABR 43/00 – AP § 87 BetrVG 1972 Leiharbeitnehmer Nr. 1= NZA 2001, 1263.
14 BAG 18.4.1989 – 1 ABR 97/87 – AP § 99 BetrVG Nr. 65 = NZA 1989, 804.
15 BAG 26.2.2003 – 5 AZR 690/01 – AP § 134 BGB Nr. 24 = EzA § 134 BGB 2002 Nr. 1.
16 BAG 24.3.2004 – 5 AZR 233/03 – EzA § 134 BGB 2002 Nr. 2 = ZTR 2004, 547.
17 *Fitting u.a.*, § 5 Rn 276.
18 BAG 12.2.1992 – 7 ABR 42/91 – AP § 5 BetrVG 1972 Nr. 52 = NZA 1993, 334.
19 BT-Drucks 14/5741, S. 35.
20 BAG 13.10.2004 – 7 ABR 6/04 – AP § 5 BetrVG 1972 Nr. 71 = NZA 2005, 480 = DB 2005, 837.
21 BAG 22.3.2000 – 7 ABR 34/98 – AP § 14 AÜG Nr. 8 = NZA 2000, 1119 = AuR 2000, 398.
22 BAG 26.1.1994 – 7 ABR 13/92 – AP § 5 BetrVG 1972 Nr. 54 = NZA 1995, 120.

den Betrieb eingegliedert sind. Daher ist ein Auszubildender in einem reinen Ausbildungsbetrieb kein AN im Sinne des Gesetzes.[23]

11 Unter den Begriff der Berufsausbildung in § 5 fallen neben der beruflichen Grundausbildung nach § 1 Abs. 2 BBiG alle Maßnahmen, die auf betrieblicher Ebene berufliche Kenntnisse und Fähigkeiten vermitteln, also in der Regel auch Praktikanten, Volontäre und Anlernlinge. Deren Tätigkeit zählt allerdings nicht zur Berufsausbildung i.S.d. § 1 Abs. 1 BBiG. Sie sind Personen i.S.d. § 26 BBiG, die eingestellt werden, um berufliche Fähigkeiten und Kenntnisse, Fähigkeiten und Erfahrungen zu erwerben. Das BBiG findet auf sie nur mit bestimmten Maßgaben Anwendung. Volontäre können sich sowohl in einem Arbverh als auch in einem anderen Vertragsverhältnis i.S.v. § 26 BBiG befinden. Ein **Volontariatsverhältnis** als anderes Vertragsverhältnis nach § 26 BBiG liegt vor, wenn aufgrund Ausbildungsvertrags und einschlägigen tariflichen Vorschriften ein geordneter Ausbildungsgang vorgeschrieben ist und die Dauer der Ausbildung der gesetzlichen Mindestanforderung für staatlich anerkannte Ausbildungsberufe entspricht.[24]

12 Die **rein schulische Ausbildung** ist jedoch nicht ausreichend. Auch auf Studenten findet § 19 BBiG keine Anwendung, wenn sie innerhalb ihres Studiums oder während der Schulzeit und als dessen Bestandteil ein Praktikum absolvieren. Das BBiG regelt die Berufsausbildung insoweit nicht, als sie den Schulgesetzen der Länder unterliegt.[25]

13 **d) Beamte/Soldaten.** Beamte sind nach der Rechtsprechung des BAG keine AN.[26] Es fehle an dem danach erforderlichen Arbeitsvertrag (zweite Komponente).[27] Durch Gesetze sind Beamte z.T. bereits bisher AN ausdrücklich gleichgestellt worden.[28] Entsprechende Regelungen fanden sich bisher für Beamte, die der Post AG und der DB AG zugewiesen sind in §§ 12, 19 Abs. 1 DBGrG, 24 Abs. 2 PostPersRG und für Beamte der Bundesagentur für Außenwirtschaft, die der Germany Trade and Invest – Gesellschaft für Außenwirtschaft und Standortmarketing mbH zugeordnet wurden, in § 5 BfAIPG.

Nachdem der Siebte Senat des BAG in seiner Entscheidung vom 16.1.2008[29] erkannt hatte, dass Beamte, denen in Spezialgesetzen (wie z.B. § 4 Abs. 4 PostPersRG) Tätigkeiten bei einem privaten Unternehmen zugewiesen sind, nur das Wahlrecht in diesem Betrieb, nicht aber in dem, dem sie dienstrechtlich zugeordnet sind, zustehe, ist § 5 auf Initiative des Bundesrates durch das am 4.8.2009 in Kraft getretene Gesetz zur Errichtung eines Bundesaufsichtsamtes für Flugsicherung und zur Änderung und Anpassung weiterer Vorschriften[30] geändert worden. Art. 9 des Gesetzes hat § 5 Abs. 1 BetrVG den weiteren Satz angefügt: „Als Arbeitnehmer gelten ferner Beamte (Beamtinnen und Beamte), Soldaten (Soldatinnen und Soldaten) sowie Arbeitnehmer des öffentlichen Dienstes einschließlich der zu ihrer Berufsausbildung Beschäftigten, die in Betrieben privatrechtlich organisierter Unternehmen tätig sind." Damit sind auch die Wahlberechtigung und die Wählbarkeit von zugewiesenen Beamten und Soldaten für die anstehenden Betriebsratswahlen durch ein allgemein geltendes Gesetz gesichert. Auf die Spezialgesetzgebung, die der Bund bei der Privatisierung von Bundesvermögen erlassen hat, kommt es nicht mehr an.

Die **dienstordnungsmäßigen Angestellten** der Sozialversicherungsträger sind trotz der weitgehend öffentlich-rechtlichen Ausgestaltung ihrer Anstellungsverhältnisse weder Beamte, noch haben sie einen öffentlich-rechtlichen Status. Sie werden wie die übrigen AN aufgrund eines privatrechtlichen Arbeitsvertrags beschäftigt.[31]

14 **e) Eingliederungsvertrag nach §§ 229 ff. SGB III/Ein-Euro-Job.** AN waren auch die förderungsbedürftigen Arbeitslosen, die aufgrund eines Eingliederungsvertrages nach §§ 229 ff. SGB III aF beschäftigt wurden.[32] Nach § 231 SGB III waren auf den Eingliederungsvertrag die Vorschriften und Grundsätze des Arbeitsrechts anzuwenden. Für die Feststellung der BR-Fähigkeit und der Zahl der zu wählenden BR-Mitglieder nach § 231 SGB III zählten sie jedoch nicht mit.[33] Die §§ 229 bis 234 SGB III a.F. (Einstellungszuschuss bei Neugründungen und die berufliche Weiterbildung durch Vertretung im Wege der sog. Job-Rotation) sind durch das Gesetz zur Neuausrichtung der arbeitsmarktpolitischen Instrumente vom 21.12.2008 (ArbeitsmarktNAusrG – BGBl I, S. 2917) mit Wirkung vom 1.1.2009 abgeschafft worden. Durch Arbeitsgelegenheiten im Rahmen des sog. Ein-Euro-Jobs wird kein Arbverh begründet,

---

23 BAG 13.6.2007 – 7 ABR 44/06 – AP § 5 BetrVG 1972 Ausbildung Nr. 12 = NZA-RR 2008, 19.
24 BAG 1.12.2004 – 7 AZR 129/04 – NZA 2005, 779 = MDR 2005, 932.
25 BAG 19.6.1974 – 4 AZR 436/73 – AP § 3 BAT Nr. 3.
26 25.2.1998 – 7 ABR 1197 – AP § 8 BetrVG 1972 Nr. 8 = NZA 1998, 838 = AiB 1998, 464; 28.3.2001 – 7 ABR 21/00 – AP § 7 BetrVG 1972 Nr. 5 = NZA 2002, 1294; auch ErfK/*Eisemann/Koch*, § 5 BetrVG Rn 9.
27 Anders noch: BAG 28.4.1964 – 1 ABR 1/64 – AP § 4 BetrVG Nr. 3; sowie Fitting u.a., § 5 Rn 280, denen dieses Argument des BAG mit Recht zu formalistisch ist, m.w.N. auch zu der entgegenstehenden Intention des Gesetzgebers; Richardi/*Richardi*, § 5 Rn 100; DKK/*Trümner*, § 5 Rn 111.
28 BAG 28.3.2001 – 7 ABR 21/00 – AP § 7 BetrVG 1972 Nr. 5 = NZA 2002, 1294 = DB 2002, 221; 25.2.1998 – 7 ABR 1197 – AP § 8 BetrVG 1972 Nr. 8 = NZA 1998, 838 = AiB 1998, 464.
29 BAG 16.1.2008 – 7 ABR 66/06 – AP Nr. 12 zu § 7 BetrVG 1972 = NZA-RR 2008, 634 = ZTR 2008, 458.
30 BGBl I, 2424.
31 BAG 20.2.2008 – 10 AZR 440/07 – ZTR 2008, 323.
32 ErfK/*Eisemann/Koch*, § 5 BetrVG Rn 7; Fitting u.a., § 5 Rn 140.
33 ErfK/*Eisemann/Koch*, § 5 BetrVG Rn 7; Fitting u.a., § 5 Rn 140; Richardi/*Richardi*, § 5 Rn 134.

§ 16d S. 2 SGB II[34] (bis zum 31.12.2008 § 16 Abs. 3 S. 2 SGB II, geändert zum 1.1.2009 durch das Arbeitsmarktneuausrichtungsgesetz vom 21.12.2008). Das gilt auch für die sog. **betriebliche Praxiserprobung**.[35] Die Eingliederungsvereinbarung ist danach nicht zwingend. Kommt sie nicht zustande, hält § 15 Abs. 1 S. 6 SGB II einen – ebenfalls nicht zwingenden – Ersatz bereit.

f) Geringverdiener. Bei der AN-Eigenschaft kommt es weder auf die Höhe des Verdienstes noch darauf an, ob eine Versicherungspflicht besteht oder nicht.[36] Auch der nach § 8 SGB IV **nicht sozialversicherungspflichtig** Beschäftigte ist AN.[37]

g) Heimarbeit. In Heimarbeit Beschäftigte sind AN i.S.d. § 5. Die früher in § 6 enthaltene Regelung ist durch das Reformgesetz 2001 systematisch richtig in § 5 eingefügt worden. Das gilt allerdings eingeschränkt nur, wenn sie **in der Hauptsache** für den Betrieb tätig sind.

In Heimarbeit beschäftigt sind die in § 2 Abs. 1 und Abs. 2 HAG beschriebenen Heimarbeiter und Hausgewerbetreibenden. **Heimarbeiter** ist danach, „wer in selbst gewählter Arbeitsstätte (eigener Wohnung oder Betriebsstätte) allein oder mit seinen Familienangehörigen (Abs. 5) im Auftrag von Gewerbetreibenden oder Zwischenmeistern erwerbsmäßig arbeitet, jedoch die Verwertung der Arbeitsergebnisse dem unmittelbar oder mittelbar auftraggebenden Gewerbetreibenden überlässt. Beschafft der Heimarbeiter die Roh- und Hilfsstoffe selbst, so wird hierdurch seine Eigenschaft als Heimarbeiter nicht beeinträchtigt".

Hausgewerbetreibender ist, „wer in eigener Arbeitsstätte (eigener Wohnung oder Betriebsstätte) mit nicht mehr als zwei fremden Hilfskräften oder Heimarbeitern im Auftrag von Gewebetreibenden oder Zwischenmeistern Waren herstellt, bearbeitet oder verpackt, wobei er selbst wesentlich am Stück mitarbeitet, jedoch die Verwertung der Arbeitsergebnisse dem unmittelbar oder mittelbar Auftraggebenden Gewerbetreibenden überlässt. Beschafft der Hausgewerbetreibende die Roh- und Hilfsstoffe selbst oder arbeitet er vorübergehend unmittelbar für den Absatzmarkt, so wird hierdurch seine Eigenschaft als Hausgewerbetreibender nicht beeinträchtigt".

In der Hauptsache arbeiten Heimarbeiter und Hausgewerbetreibende für den Betrieb, wenn sie zeitlich überwiegend für den Betrieb, dem sie als AN angehören sollen, tätig sind.[38] Auf die Höhe des Verdienstes kommt es nicht an.[39]

Nicht zu den Heimarbeitern zählen danach externe Auswerter wissenschaftlicher Lit.,[40] Familienangehörige oder Hilfskräfte der Heimarbeiter und Hausgewerbetreibenden,[41] Heimarbeitern nach § 1 Abs. 2 gleichgestellte Personen.[42]

h) Leiharbeitnehmer und andere Drittarbeitnehmer. Leih-AN werden gewerbsmäßig von Verleihunternehmen (**unechte AÜ**) oder nichtgewerbsmäßig – häufig im Konzern – (**echte AÜ**) an Entleiherbetriebe überlassen. Hinsichtlich der betriebsverfassungsrechtlichen Stellung der Leih-AN kommt es nicht darauf an, ob es sich um echte oder unechte AÜ handelt.

Leih-AN sind insb. durch § 14 Abs. 2 S. 2 und 3 einzelne betriebsverfassungsrechtliche Rechte im Entleiherbetrieb zugebilligt worden. Diese Rechte sind **durch die Neufassung des § 7 durch das Reformgesetz 2001 erweitert worden**. Nach § 7 S. 2 werden sie hinsichtlich der Wahlberechtigung den AN gleichgestellt.[43]

Betriebsangehörige AN sind nach der Rspr. des BAG nur in die Betriebsorganisation des AG eingegliederte Personen, die auch in einem **Arbverh zu dem Betriebsinhaber** stehen.[44] Diese Voraussetzungen erfüllen Leih-AN nicht. Denn die AÜ ist gekennzeichnet durch das Fehlen einer arbeitsvertraglichen Beziehung zwischen AG und Entleiher.[45] Nach der Rspr. des BAG folgt daraus, dass Leih-AN weder bei der Ermittlung der Größe des BR (§ 9)[46] noch bei der Frage, ob überhaupt ein betriebsratsfähiger Betrieb vorliegt (§ 1), und auch nicht bei der Ermittlung der Belegschaftsstärke für die Anzahl der nach § 38 Abs. 1 freizustellenden BR-Mitglieder[47] zu berücksichtigen sind. Gleiches

---

34 BAG 8.11.2006 – 5 AZB 36/06 – AP § 2 ArbGG 1979 Nr. 89 = NZA 2007, 53; eingehend zur rechtlichen Konstruktion auch BAG 19.11.2008 – 10 AZR 658/07 – NZA 2009, 269 = NJW 2009, 1434.
35 BAG 19.3.2008 – 5 AZR 435/07 – AP Nr. 5 zu § 16 SGB II = NZA 2008, 760.
36 BAG 30.9.1998 – 5 AZR 563/97 – AP § 611 BGB Abhängigkeit Nr. 103.
37 Fitting u.a., § 5 Rn 95; Richardi/Richardi, § 5 Rn 56.
38 BAG 25.3.1992 – 7 ABR 52/91 – AP § 5 BetrVG 1972 Nr. 48 = NZA 1992, 899; Rost, NZA 1999, 113, 115.
39 BAG 27.9.74 – 1 ABR 90/73 – AP § 6 BetrVG 1972 Nr. 1; a.A. Rost, NZA 1999, 113, 115.
40 BAG 25.3.1992 – 7 ABR 52/91 – AP § 5 BetrVG 1972 Nr. 48 = NZA 1992, 899.
41 ErfK/Eisemann/Koch, § 5 BetrVG Rn 19.
42 Richardi/Richardi, § 5 Rn 12.
43 BT-Drucks 14/5741, S. 36.
44 Vgl. BAG 18.1.1989 – 7 ABR 21/88 – BAGE 61, 7 = AP § 9 BetrVG 1972 Nr. 1 = EzA § 9 BetrVG 1972 Nr. 4; BAG 22.3.2000 – 7 ABR 34/98 – BAGE 94, 144 = AP § 14 AÜG Nr. 8 = EzA § 14 AÜG Nr. 4; BAG 19.6.2001 – 1 ABR 43/00 – AP § 87 BetrVG 1972 Leiharbeitnehmer Nr. 1 = EzA § 87 BetrVG 1972 Arbeitszeit Nr. 63.
45 BAG 25.10.2000 – 7 ABR 487/99 – BAGE 96, 150 = AP § 10 AÜG Nr. 15 = EzA § 10 AÜG Nr. 10.
46 BAG 10.3.2004 – 7 ABR 49/03 – AP § 7 BetrVG 1972 Nr. 8 = NZA 2004, 1340 = DB 2004, 1836.
47 BAG 22.10.2003 – 7 ABR 3/03 – AP § 38 BetrVG 1972 Nr. 28 = NZA 2004, 1052 = DB 2004, 939.

gilt bei Tätigkeiten aufgrund eines **Dienst- oder Werkvertrages**.[48] Diese Rechtsprechung ist mit Recht auf Kritik gestoßen.[49]

24 Ausnahmsweise zählen aber auch nach der Rspr. des BAG **Leih-AN zu den AN** des Entleihers. Nach § 9 Nr. 1 AÜG sind bei **unerlaubter gewerbsmäßiger AÜ** die Arbeitsverträge zwischen Verleiher und Leih-AN unwirksam. Nach § 10 Abs. 1 S. 1 AÜG wird ein Arbverh zum Entleiher fingiert.

25 Entsprechendes gilt im Falle der sog. **Konzernleihe** (echte AÜ). Konzernleihe i.S.v. § 1 Abs. 3 Nr. 2 AÜG setzt lediglich voraus, dass der AN seine Arbeitsleistung nur vorübergehend nicht bei seinem AG erbringt, wobei vorübergehend i.S.d. Bestimmung ein Zeitraum von mehreren Jahren sein kann. Unter diesen Umständen führt nach der Rspr. des BAG auch eine längerfristige Überlassung mangels einer arbeitsvertraglichen Bindung zum Entleiher nicht dazu, dass die überlassenen AN zu Betriebsangehörigen des Entleiherbetriebs i.S.d. BetrVG werden, sofern sichergestellt ist, dass die AN nicht auf Dauer überlassen werden.[50]

26 Die betriebsverfassungsrechtliche Stellung des **Dritt-AN** wird durch die § 7 S. 2 und § 14 AÜG nicht abschließend geregelt. Die Zuständigkeit des BR des Einsatzbetriebes besteht darüber hinaus immer dann, wenn der Entleiher aufgrund seines Direktionsrechts beteiligungspflichtige Maßnahmen anordnen will.[51]

27 Nach § 80 Abs. 2 besteht seit dem Reformgesetz 2001 nun auch ausdrücklich eine **Unterrichtungspflicht** hinsichtlich aller Personen, die nicht in einem Arbverh zum AG stehen, also **hinsichtlich aller Dritt-AN**.[52]

28 **i) Familienangehörige.** Die Mitarbeit von Familienangehörigen im Betrieb kann aufgrund familienrechtlicher Verpflichtung (bei Kindern des Betriebsinhabers aufgrund § 1619 BGB, bei Ehegatten aufgrund der Pflicht zur ehelichen Lebensgemeinschaft), aber auch aufgrund eines Arbverh erfolgen.[53] Nur bei Begründung eines Arbverh können sie AN sein, wobei aber noch die Einschränkung des Abs. 2 Nr. 5 zu beachten ist.

29 **j) Orchestermusiker.** Die Beschäftigung als Orchestermusiker ist nicht nur im Rahmen eines Arbverh, sondern auch als **freier Mitarbeiter** möglich. Das beruht darauf, dass die Weisungsabhängigkeit von Mitgliedern eines Musikorchesters nicht in jeder Hinsicht notwendigerweise gleich groß ist.

30 In zeitlicher Hinsicht ist für die **Statusabgrenzung** maßgeblich, ob der betreffende Musiker auch im Rahmen seines übernommenen Engagements seine **Arbeitszeit noch im Wesentlichen frei gestalten kann** oder insoweit einem umfassenden Weisungsrecht der Orchesterleitung unterliegt. Hat der Orchestermusiker die Teilnahme an einer einzelnen Produktion oder einem bestimmten musikalischen Vorhaben und bei den dazu erforderlichen Einzeldiensten zugesagt, ohne dass diese nach Anzahl, Dauer und zeitlicher Lage bereits abschließend festgestanden hätten, so hat er sich in eine entsprechende Weisungsabhängigkeit begeben. Diese begründet regelmäßig seinen AN-Status.[54]

31 **k) Telearbeit.** Telearbeit ist Arbeit an Arbeitsplätzen außerhalb des Betriebes, insb. in der Wohnung des AN. Dass es sich auch bei Telearbeitern um AN i.S.d. § 5 handelt, ist durch das Reformgesetz 2001 in § 5 ausdrücklich klargestellt worden. Nach dem Regierungsentwurf zum Reformgesetz werden z.B. erfasst „die alternierende Telearbeit, bei der teils im Betrieb, teils an einem anderen Ort gearbeitet wird; die mobile Telearbeit, die an verschiedenen Orten oder in Betrieben von Kunden oder Lieferanten erbracht wird und eine moderne Variante des herkömmlichen Außendienstes ist; die häusliche Telearbeit, die entweder zu Hause oder an einem anderen selbstgewählten Ort verrichtet wird."[55] Dadurch sollte das Merkmal der persönlichen Abhängigkeit hinsichtlich der örtlichen Komponente bewusst gelockert werden. Auch bisher ist es allerdings für die persönliche Abhängigkeit und damit das Vorliegen einer AN-Eigenschaft als ausreichend angesehen worden, wenn der Arbeitsplatz **online** mit dem Zentralrechner im Betrieb verbunden und der AN zeitlich eingebunden war. Beim **Offlinebetrieb** wird zutreffend darauf abzustellen sein, ob der AG über die Arbeitszeit des Beschäftigten verfügen kann. Dafür sprechen kurze Erledigungsfristen, Bereitschaftsdienst, feste Zeiten für ein Überspielen der Arbeitsergebnisse auf Disketten.[56]

II. Keine Arbeitnehmer (Abs. 2)

32 Abs. 2 führt Personengruppen auf, die keine AN sind. Diese Abgrenzung geht vom allgemeinen AN-Begriff aus und grenzt ihn negativ ein (Nr. 1 und 2). Nr. 3 bis 5 nehmen bestimmte AN-Gruppen aus der Gruppe der vom Betriebsverfassungsgesetz an sich erfassten AN heraus.

---

48 BAG 15.3.2006 – 7 ABR 39/05 – n.v.
49 *Fitting u.a.*, § 5 Rn 237 m.w.N.; anders auch noch: BAG 28.4.1964 – 1 ABR 1/64 – AP § 4 BetrVG Nr. 3.
50 BAG 10.3.2004 – 7 ABR 49/03 – AP § 7 BetrVG 1972 Nr. 8 = NZA 2004, 1340 = DB 2004, 1836.
51 BAG 15.12.1992 – 1 ABR 38/92 – AP § 14 AÜG Nr. 7 = NZA 1993, 513 = AiB 1993, 188.
52 Dazu auch: BAG 31.1.1989 –1 ABR 72/87 – AP § 80 BetrVG 1972 Nr. 33 = NZA 1989, 934; BAG 15.12.1998 – 1 ABR 9/98 – NZA 1999, 722 und *Schaub*, NZA 2001, 364, 366.
53 ErfK/*Eisemann/Koch*, § 5 BetrVG Rn 12.
54 BAG 9.10.2002 – 5 AZR 405/01 – AP § 611 BGB Abhängigkeit Nr. 114 = EzA § 611 BGB 2002 Arbeitnehmerbegriff Nr. 1 = ZTR 2003, 353.
55 BT Drucks 14/5741, S. 35.
56 ErfK/*Eisemann/Koch*, § 5 BetrVG Rn 23.

§ 5 BetrVG 150

1. Mitglieder des Vertretungsorgans einer juristischen Person (Abs. 2 Nr. 1). Im Gegensatz zu der Regelung des Arbeitsgerichtsgesetzes gehören nach dem Betriebsverfassungsgesetz Mitglieder des Vertretungsorgans ausnahmslos nicht zur Gruppe der AN i.S.d. § 5,[57] und zwar auch im Falle einer Doppelstellung. Sind sie sowohl AN als auch Mitglieder des Vertretungsorgans, wie z.B. ein **Sozialarbeiter** in einem Suchthilfeverein, der zusätzlich in den Vorstand gewählt wird, bleiben sie zwar AN i.S.d. § 5 Abs. 1 S. 3 ArbGG und des KSchG, wenn sie ihre Aufgaben als AN (im Beispielsfall: Sozialarbeiter) weiterhin ausüben. Sie sind aber kein AN i.S.d. § 5. 33

Gleiches gilt für den **Chefarzt**, der neben seinem Arbeitsvertrag zusätzlich einen Anstellungsvertrag als Geschäftsführer mit einer Krankenhaus-GmbH und gesonderter zusätzlicher Vergütung für seine Geschäftsführertätigkeit abgeschlossen hat. 34

Organmitglieder im Einzelnen: 35
- **Aktiengesellschaft:** Vorstandsmitglieder, § 78 AktG, bzw. Abwickler, § 269 AktG.
- **KG auf Aktien:** Komplementäre, solange sie nicht vollständig von der Vertretungsmacht ausgeschlossen sind, § 278 Abs. 2 AktG, §§ 125, 181 HGB.
- **GmbH:** Geschäftsführer, § 35 GmbHG, bzw. Liquidatoren, § 70 S. 1 GmbHG.
- **Vereine:** Vorstandsmitglieder, §§ 21, 22 BGB, auch bei Bestellung eines Sondervertreters nach § 30 BGB, sowie Liquidatoren, § 48 BGB.
- **Versicherungsvereine aG:** Vorstandsmitglieder, § 34 VAG i.V.m. § 78 AktG.
- **Stiftungen:** Vorstand, §§ 26, 86 Abs. 1 S. 1 BGB, sowie das nach dem Stiftungsgeschäft bestellte Organ, § 85 BGB.
- **Genossenschaften:** Vorstandsmitglieder, § 24 GenG, und Liquidatoren, § 88 GenG.

2. Vertretungsberechtigte Mitglieder von Personengesamtheiten (Abs. 2 Nr. 2). Als AN gelten nicht die kraft Gesetzes, Gesellschaftsvertrages oder Satzung zur Vertretung oder Geschäftsführung berufene Personen. Das sind: 36
- **Offene Handelsgesellschaft:** alle, ggf. auch nur einzelne Gesellschafter, §§ 114, 125 HGB.
- **Kommanditgesellschaft:** Komplementäre, §§ 164, 170.
- **GmbH & Co. KG:** Geschäftsführer der Komplementärin, wenn die Komplementärin eine GmbH ist.[58]
- **Nichtrechtsfähiger Verein:** Vorstand, § 54 BGB, § 26 BGB analog.
- **Erbengemeinschaft:** Miterben, § 2038 Abs. 1 BGB.
- **Reederei:** in der Regel alle Mitreeder, §§ 490 ff. HGB.
- **Eheliche Gütergemeinschaft:** Ehegatte, der Gesamtgut allein verwaltet, § 1421 BGB, bei gemeinschaftlicher Verwaltung: beide Ehegatten, bei fortgesetzter Gütergemeinschaft: der überlebende Ehegatte, § 1487 Abs. 1 BGB.
- **Gesellschaft bürgerlichen Rechts:** alle, ggf. auch nur einzelne Gesellschafter, §§ 709, 710, 714 BGB.

3. Personen ohne Erwerbsinteresse (Abs. 2 Nr. 3). Nr. 3 nimmt eine Personengruppe aus dem betriebsverfassungsrechtlichen AN-Begriff heraus, die derart **in die von ihr selbst gewählte Lebensordnung eingebunden** ist, dass ihre Mitglieder für die Betriebsverfassung nicht als AN gelten sollen.[59] Abgrenzungskriterium ist die Frage, ob die Tätigkeit Erwerbsinteressen dient. 37

Das **Abgrenzungsmerkmal** der **Erwerbsabsicht** spielt in Rspr. und Lit. v.a. bei der Einordnung von **Krankenschwestern** eine Rolle, die in Einrichtungen mit karitativer und religiöse Motivation tätig sind.[60] Sie bestreiten die Einkünfte aus ihrem Lebensunterhalt regelmäßig aus den Einnahmen aus ihrer Tätigkeit. Die Erwerbsabsicht wird hier i.d.R. im Vordergrund stehen. Die AN-Eigenschaft von **Rote-Kreuz-Schwestern** wird allerdings durch das BAG abgelehnt und zwar unabhängig davon, ob sie in einem Krankenhaus des DRK beschäftigt sind oder aufgrund eines Gestellungsvertrages in einem Krankenhaus arbeiten.[61] Jedenfalls bei **Gastschwestern** steht eindeutig die Erwerbstätigkeit, nicht die karitative Bestimmung des Tendenzbetriebes im Vordergrund.[62] Sie sind auch nach der Rspr. des BAG AN.[63] 38

Die Tätigkeit von **Diakonissen** der evangelischen Kirche sowie Ordensmitgliedern und Säkularinstituten der katholischen Kirche dient vorwiegend karitativen Zwecken und nicht dem Erwerb. Ihre Versorgung ist regelmäßig durch die Einrichtung sichergestellt, für die diese Personengruppe tätig ist. 39

---

57 Nachweise zum Problem der Doppelstellung bei *Fitting u.a.*, § 5 Rn 287.
58 Beachte aber BAG 13.7.1995 – 5 AZB 37/94 – AP § 5 ArbGG 1979 Nr. 23 = NZA 1995, 2271.
59 Ähnlich: Richardi/*Richardi*, § 5 Rn 176 unter Bezugnahme auf *Mayer-Maly*, S. 45 f.
60 Z.B. im Caritas-Verband, der Inneren Mission, für das Deutsche Rote Kreuz oder die Arbeiterwohlfahrt.
61 BAG 22.4.1997 – 1 ABR 74/96 – AP § 99 BetrVG 1972 Einstellung Nr. 18 = NZA 1997, 1297; *Fitting u.a.*, § 5 Rn 294.
62 *Kothe*, BlStSozArbR 1983, 129.
63 BAG 14.12.1994 – 7 ABR 26/94 – AP § 5 BetrVG Rotes Kreuz Nr. 3 = NZA 1995, 906.

40 **4. Beschäftigung zur Heilung, Wiedereingewöhnung, sittlichen Besserung oder Erziehung (Abs. 2 Nr. 4).** Durch Abs. 2 Nr. 4 wird ein Personenkreis herausgenommen, bei dem die **Beschäftigung als Mittel zur Behebung individueller, personenbezogener Schwierigkeiten** eingesetzt wird und die vorwiegend der Rehabilitation bzw. der Resozialisierung dient.[64] Auch hier darf der Erwerbszweck nicht im Vordergrund der Tätigkeit stehen. Eine marktgerechte Bewertung der Arbeitsleistung steht aber nicht entgegen.[65]

41 **Keine AN** sind danach:
- Kranke, Süchtige und andere Personen, bei denen die Tätigkeit zur Behebung physischer oder psychischer oder sonstiger in der Person des Beschäftigten liegender Mängel eingesetzt wird,[66]
- Strafgefangene und andere Personen, die vorwiegend zu ihrer sittlichen Besserung oder Erziehung beschäftigt werden,[67]
- Beschäftigte im Rahmen der **Wiedereingliederung nach § 74 SGB V**.[68]

42 **AN** sind:
- **berufliche Rehabilitanden**, die dazu befähigt werden sollen, wieder am Arbeitsmarkt teilzunehmen.[69] Rücken aber therapeutische Gesichtspunkte in den Vordergrund und ist die Arbeit angesichts einer auch nur geringen Vergütung nur das Mittel zu diesem Zweck, sind diese Personen durch Nr. 4 ausgenommen.[70]
- Beschäftigte, die aufgrund einer vom Sozialhilfeträger geschaffenen **Arbeitsgelegenheit** (früher sog. BSHG-Beschäftigte) in einem befristeten Arbverh beschäftigt werden.[71]
- Unter Nr. 4 fallen auch nicht die Beschäftigungen, bei denen die **Vermittlung beruflicher Kenntnisse und Fähigkeiten** im Vordergrund stehen.[72] Nicht jede Maßnahme der beruflichen Rehabilitation dient der Heilung oder der Wiedereingewöhnung i.S.v. § 5 Abs. 2 Nr. 4 BetrVG. Das ist z.B. nicht der Fall, wenn Rehabilitanden befähigt werden sollen, trotz ihrer Behinderung am Arbeitsmarkt teilzunehmen.[73]

43 **5. Familienangehörige (Abs. 2 Nr. 5).** Bestimmte Familienangehörige gehören nicht zu den AN im betriebsverfassungsrechtlichen Sinne. Das sind:
- der Ehegatte,
- Verwandte und Verschwägerte ersten Grades, die in häuslicher Gemeinschaft mit dem AG leben. Verwandte ersten Grades sind Kinder bzw. Eltern (§ 1589 BGB), auch Adoptivkinder (§§ 1754, 1770 BGB), Verschwägerte ersten Grades sind Schwiegerkinder und Schwiegereltern (§ 1590 BGB).

Das Bestehen einer häuslichen Gemeinschaft setzt einen **gemeinsamen Hausstand** i.S.d. § 1619 BGB voraus; der Hausstand des AG muss Lebensmittelpunkt sein.[74]

44 Bei **juristischen Personen** ist entscheidend, ob ein Ehegatten- oder Verwandtschaftsverhältnis zum Vertretungsorgan besteht. Bei Personengesamtheiten muss es sich um eine unter Nr. 2 fallende Person handeln.[75]

III. Leitende Angestellte (Abs. 3)

45 Auf leitende Ang findet das BetrVG regelmäßig keine Anwendung. Ausnahmen gibt es für die Fälle, in denen das BetrVG dies ausdrücklich vorsieht. Für leitende Ang sieht das Sprecherausschussgesetz ein Vertretungsorgan vor.

46 Der Begriff des leitenden Ang ist in Abs. 3 S. 2 Nr. 3 legaldefiniert. **Nr. 1 und 2 sehen zwei Spezialfälle vor**, die für die Auslegung der Nr. 3 als Beispielsfälle von Bedeutung sind. Insoweit besteht eine Wechselwirkung. Die Auslegung der Nr. 1 ist geschehen vor dem Hintergrund der Nr. 3.[76] Weitere Spezialregelungen finden sich außerhalb des BetrVG. So gelten angestellte Wirtschaftsprüfer nach § 45 des Gesetzes über eine Berufsordnung der Wirtschaftsprüfer (Wirtschaftsprüferordnung)[77] als leitende Angestellte i.S.d. § 5 Abs. 3.

47 Die Beantwortung der Frage, ob es sich bei einem Mitarbeiter um einen leitenden Ang handelt, ergibt sich aus dem **Arbeitsvertrag** und der **Stellung des Ang im Unternehmen oder Betrieb** (Abs. 2). Maßgeblich ist danach nicht die Rechtsmacht nach außen, sondern die im Innenverhältnis vertraglich eingeräumten Rechte.[78] Die vertraglich einge-

---

64 BAG 5.4.2000 – 7 ABR 20/99 – AP § 5 BetrVG 1972 Nr. 62.
65 BAG 25.10.1989 – 7 ABR 1/88 – AP § 5 BetrVG 1972 Nr. 40 = AiB 1990, 254.
66 BAG 25.10.1989 – 7 ABR 1/88 – AP § 5 BetrVG 1972 Nr. 40 = AiB 1990, 254.
67 BAG 24.4.1969 – 5 AZR 438/68 – AP § 5 ArbGG Nr. 18 = NJW 1969, 1824 = AuR 1969, 184.
68 BAG 19.4.1994 – 9 AZR 462/92 – AP § 74 SGB V Nr. 2 = NZA 1995, 123.
69 BAG 15.3.2006 – 7 ABR 39/05 – n.v.
70 Maydell/Eylert, RdA 1981, 148; Fitting u.a., § 5 Rn 296.
71 BAG 5.4.2000 – 7 ABR 20/99 – AP § 5 BetrVG 1972 Nr. 62.
72 BAG 25.10.1989 – 7 ABR 1/88 – AP § 5 BetrVG 1972 Nr. 40 = AiB 1990, 254.
73 BAG 15.3.2006 – 7 ABR 39/05 – EzAÜG BetrVG Nr. 93.
74 Richardi/Richardi, § 5 Rn 181.
75 Fitting u.a., § 5 Rn 305.
76 Richardi/Richardi, § 5 Rn 201.
77 Zur Verfassungskonformität vgl. LAG Berlin-Brandenburg 30.9.2008 – 16 TaBV 848/08 – juris; LAG Düsseldorf 3.4.2009 – 10 TaBV 302/08 – juris.
78 BAG 29.1.1980 – 1 ABR 45/79 – AP § 5 BetrVG 1972 Nr. 22.

räumte Funktion muss tatsächlich ausgeübt werden.[79] Eine Einräumung der Funktion durch schlüssiges Verhalten ist möglich.

Die Funktion muss durch den AG eingeräumt werden. Es ist nicht ausreichend, wenn sich ein AN entsprechende Befugnisse selbst anmaßt und in Unkenntnis des AG ausübt. Allerdings wird regelmäßig eine **konkludente Einräumung** vorliegen, wenn der AG Kenntnis erlangt und die Tätigkeit duldet.

Es ist regelmäßig **ausreichend**, dass der Ang insoweit nur **für einen Betrieb des Unternehmens tätig** wird.[80] Ist er für **mehrere Betriebe** eines Unternehmens tätig, kann sein Status bei der Wahrnehmung unternehmerischer Aufgaben nur einheitlich festgestellt werden.[81]

1. Berechtigung zur Einstellung und Entlassung (Abs. 3 Nr. 1). Zur Gruppe der leitenden Ang gehört, wer **nach Arbeitsvertrag und Stellung im Unternehmen oder Betrieb** zur selbstständigen Einstellung und Entlassung befugt ist. Der Ang muss im Innenverhältnis gegenüber dem AG berechtigt sein, im Wesentlichen frei von Weisungen über die Einstellung und Entlassung von im Betrieb oder in einer Betriebsabteilung beschäftigten AN entscheiden zu können.[82] Diese Zuordnungskriterien beruhen auf der Wertung des Gesetzgebers, nach der eine Einstellungs- und Entlassungsbefugnis die leitende Funktion eines Ang im Betrieb oder im Unternehmen in besonderer Weise zum Ausdruck bringt.[83]

Diese unternehmerische Aufgabenstellung kann sich aus der Personalverantwortung für den Bereich des gesamten Unternehmens oder als unternehmerische Teilaufgabe auch aus der Personalverantwortung für einen Betrieb oder eine Betriebsabteilung ergeben.[84] Die in Nr. 1 aufgeführte formale Befugnis kann den Status als leitender Ang nur begründen, wenn ihr auch ein entsprechend bedeutsames Aufgabengebiet zugrunde liegt.[85] Deshalb muss die Befugnis zur eigenverantwortlichen Einstellung oder Entlassung nach Abs. 3 S. 2 Nr. 1 einen **wesentlichen Teil der Tätigkeit** des Ang ausmachen, im Innen- und Außenverhältnis bestehen (also anders als bei § 14 KSchG) und eine **bedeutende Anzahl von AN** erfassen.[86] Daran fehlt es z.B., wenn die Ausübung der in Abs. 3 S. 2 Nr. 1 genannten Befugnisse bei einem Chefarzt auf weniger als ein Prozent der Gesamtbelegschaft eines Krankenhauses beschränkt ist. Der Status als leitender Angestellter kann nur begründet werden, wenn die dem Angestellten nachgeordneten Mitarbeiter auch ein für das Unternehmen bedeutsames Aufgabengebiet betreuen.[87]

Die Ausübung der Personalkompetenz darf nicht von der **Zustimmung einer anderen Person** abhängig sein. Allerdings liegt keine Beschränkung der Einstellungs- und Entlassungsbefugnis vor, wenn der Ang lediglich RL oder Budgets zu beachten hat oder **Zweitunterschriften** einholen muss, die wohl einer Richtigkeitskontrolle dienen, aber nicht mit einer Entscheidungsbefugnis des Dritten verbunden sind.[88]

Die zur selbstständigen Ausübung zugewiesene Personalführungsbefugnis muss von **hinreichender unternehmerischer Relevanz** sein. Denn nur unter dieser Voraussetzung ist gewährleistet, dass es sich um ein Aufgabengebiet handelt, das wegen seiner unternehmerischen Bedeutung die Zuordnung des Betroffenen zum Kreis der leitenden Ang auch rechtfertigt.

Nicht ausreichend ist es danach, wenn der Leiter einer kleinen Filiale eines Bauunternehmens berechtigt ist, Hilfskräfte einzustellen und zu entlassen. Ebenso wenig reicht es aus, wenn ein Polier berechtigt ist, AN für eine konkrete Baustelle einzustellen und zu entlassen.

2. Generalvollmacht oder Prokura (Abs. 3 Nr. 2). Die **Generalvollmacht** ist ein Unterfall der Handlungsvollmacht (§ 54 HGB) und berechtigt zur Führung des gesamten Geschäftsbetriebs (§ 105 Abs. 1 AktG). Sie verschafft dem Mitarbeiter eine Rechtsstellung, die zwischen der eines Vorstandsmitglieds und der eines Prokuristen liegt.

Wesentlich praxisrelevanter ist die **Prokura**. Sie ist in den §§ 48, 49 HGB geregelt. Ihr Inhalt ist durch das Gesetz festgelegt. Sie ermächtigt zu allen Arten von gerichtlichen und außergerichtlichen Geschäften und Rechtshandlungen, die der Betrieb eines Handelsgeschäfts mit sich bringt. Ausgenommen sind nur die Veräußerung und Belastung von Grundstücken (§ 49 HGB). Der Prokurist wird daher das **„Zweite Ich"** des Unternehmens genannt.[89] Eine Beschränkung der Prokura ist im Außenverhältnis über die im Gesetz ausdrücklich vorgesehenen Möglichkeiten nicht unwirksam.

---

79 BAG 11.3.1982 – 6 AZR 136/79 – AP § 5 BetrVG 1972 Nr. 28 = DB 1982, 1990.
80 BAG 23.1.1986 – 6 ABR 51/81 – AP § 5 BetrVG Nr. 32 = NZA 1986, 484 – Betriebsführer, Obersteiger, Fahrsteiger.
81 BAG 25.10.1989 – 7 ABR 60/88 – AP § 5 BetrVG 1972 Nr. 42 = NZA 1990, 820 – Piloten-Fall; BAG 25.2.1997 – 1 ABR 69/96 – AP § 87 Arbeitszeit Nr. 72 = NZA 1997, 955 – Sonntagsverkauf mit Führungskräften.
82 BAG 11.3.1982 – 6 AZR 136/79 – AP § 5 BetrVG 1972 Nr. 28 = DB 1982, 1990.
83 BAG 27.9.2001 – 2 AZR 176/00 – DB 2002, 1163.
84 BAG 23.1.1986 – 6 ABR 51/81 – BAGE 51, 1, 7.
85 BAG 16.4.2002 – 1 ABR 23/01 – AP § 5 BetrVG 1972 Nr. 69 = NZA 2003, 56.
86 BAG 16.4.2002 – 1 ABR 23/01 – AP § 5 BetrVG 1972 Nr. 69 = NZA 2003, 56.
87 BAG 10.10.2007 – 7 ABR 61/06 – AP Nr. 72 zu § 5 BetrVG 1972 = DB 2008, 590.
88 BAG 16.4.2002 – 1 ABR 23/01 – AP § 5 BetrVG 1972 Nr. 69 = NZA 2003, 56.
89 *Fitting u.a.*, § 5 Rn 345.

56 **Gesamtprokura** ist die nach § 48 Abs. 2 HGB mehreren Personen gemeinschaftlich erteilt. Bei der **Niederlassungsprokura** handelt es sich um eine auf den Betrieb einer Niederlassung beschränkte Prokura, § 50 Abs. 2 HGB, § 5 Abs. 3 Nr. 2 erfasst beide Formen der Prokura,[90] auch im Falle der Doppelbeschränkung nach § 50 Abs. 3 HGB.[91]

57 Die Prokura darf im Innenverhältnis zum AG **nicht unbedeutend** sein. **Teildeckungsgleichheit** genügt daher. Die Ausübung der Prokura muss aber auf einem für den AG nicht unbedeutenden Sektor gestattet sein.[92] Die sog. **Titularprokura** reicht daher nicht. Bei ihr ist Innenverhältnis die Vereinbarung getroffen worden, von der Prokura keinen Gebrauch zu machen.[93] Ebenso wie Nr. 1 ist auch die Nr. 2 nur ein Unterfall der Nr. 3. Die Merkmale der Nr. 3 können zur Konkretisierung daher herangezogen werden.[94]

58 **3. Wahrnehmung bedeutender unternehmerischer Aufgaben (Abs. 3 Nr. 3).** Nach Abs. 3 Nr. 3 sind Ang leitende Ang, wenn
– sie regelmäßig Aufgaben wahrnehmen, die für den Bestand und die Entwicklung eines Unternehmens oder eines Betriebes von Bedeutung sind und deren Erfüllung besondere Erfahrungen und Kenntnisse voraussetzt,
– wenn sie dabei entweder die Entscheidungen im Wesentlichen frei von Weisungen treffen
– oder sie maßgeblich beeinflussen.

59 a) **Unternehmerische Aufgaben.** Bei den auszuübenden Aufgaben muss es sich um typische Unternehmeraufgaben handeln.[95] In Betracht kommen grds. Tätigkeiten aus dem Bereich der wirtschaftlichen, technischen, kaufmännischen, organisatorischen, personellen und wissenschaftlichen Leitung des Unternehmens.[96] Um von einer unternehmerischen (Teil-)Aufgabe zu sprechen, muss dem leitenden Ang rechtlich und tatsächlich ein eigener, erheblicher Entscheidungsspielraum zur Verfügung stehen, d.h. er muss mit weit gehender Weisungsfreiheit und Selbstbestimmung im Rahmen seines Tätigkeitsbereiches versehen sein[97] und kraft seiner leitenden Funktion maßgeblichen Einfluss auf die Unternehmensführung ausüben.
Beispiele: Leitung des Rechnungswesens, der Öffentlichkeitsarbeit, der Forschung, der Anwendungstechnik (Unternehmen), Leitung der Produktion (Betrieb).

60 b) **Bedeutung der Aufgaben in Bezug auf Bestand und Entwicklung.** Die Aufgaben müssen sich hinsichtlich ihrer Bedeutung **deutlich von Aufgaben abheben, die anderen Ang übertragen werden**. Die **Durchführung** unternehmerischer Entscheidungen ist daher keine unternehmerische Leitungsaufgabe.[98] Die Aufgaben müssen hinsichtlich ihrer Bedeutung den Aufgaben der Unternehmensleitung nahe stehen[99] und mit den sich aus den Nrn. 1 und 2 ergebenden Tätigkeiten vergleichbar sein.[100]

61 Je tiefer die konkrete Entscheidungsstufe in der **Unternehmenshierarchie** liegt, auf der der Ang unternehmens- oder betriebsleitende Aufgabenstellungen erfüllt, umso größer ist die Wahrscheinlichkeit, dass wesentliche unternehmerische Entscheidungsspielräume auf den höheren Entscheidungsstufen bereits verbraucht wurden. Von welcher Delegationsstufe ab leitende Ang im Unternehmen nicht mehr beschäftigt werden, lässt sich nur im jeweiligen Einzelfall bestimmen. Der maßgebliche Einfluss fehlt jedenfalls dann, wenn der Ang nur bei der rein arbeitstechnischen, vorprogrammierten Durchführung unternehmerischer Entscheidungen eingeschaltet wird, etwa im Rahmen von **Aufsichts- oder Überwachungsfunktionen**.[101]

62 c) **Regelmäßigkeit der Aufgabenwahrnehmung.** Die bedeutsamen Aufgaben müssen regelmäßig ausgeübt werden. Nach der **Geprägetheorie des BAG**[102] müssen die Führungsaufgaben der Gesamttätigkeit das Gepräge geben. Das ist i.d.R. dann der Fall, wenn sie die Tätigkeit schwerpunktmäßig bestimmen. Die Aufgaben müssen überwiegend und dürfen nicht nur mit einem geringen Bruchteil der Arbeitszeit ausgeübt werden.[103]

---

90 BAG 27.4.1988 – 7 ABR 5/87 – AP § 5 BetrVG 1972 Nr. 37 = NZA 1988, 809 – Bankprokurist.
91 BAG 27.4.1988 – 7 ABR 5/87 – AP § 5 BetrVG 1972 Nr. 37 = NZA 1988, 809 – Bankprokurist.
92 BAG 11.1.1995 – 7 ABR 33/94 – AP § 5 BetrVG 1972 Nr. 55 = NZA 1995, 747.
93 BAG 11.1.1995 – 7 ABR 33/94 – AP § 5 BetrVG 1972 Nr. 55 = NZA 1995, 747.
94 BAG 11.1.1995 – 7 ABR 33/94 – AP § 5 BetrVG 1972 Nr. 55 = NZA 1995, 747; ebenso Richardi/*Richardi*, § 5 Rn 176; a.A. *Wlotzke*, Anm. AP § 5 BetrVG 1972 Nr. 55.
95 BAG 25.2.1997 – 1 ABR 69/96 – AP § 87 Arbeitszeit Nr. 72 = NZA 1997, 955 – Sonntagsverkauf mit Führungskräften.
96 St. Rspr., vgl. nur BAG 6.12.2001 – 2 AZR 733/00 – AP § 263 ZPO Nr. 3.
97 BAG 23.1.1986 – 6 ABR 51/81 – BAGE 51, 1.
98 BAG 23.1.1986 – 6 ABR 51/81 – AP § 5 BetrVG Nr. 32 = NZA 1986, 484 – Betriebsführer, Obersteiger, Fahrsteiger; BAG 22.2.1994 – 7 ABR 32/93 – n.v.
99 BAG 29.1.1980 – 1 ABR 45/79 – AP § 5 BetrVG 1972 Nr. 22.
100 BT-Drucks 11/2503, S. 30.
101 BAG 6.12.2001 – 2 AZR 733/00 – AP § 263 ZPO Nr. 3.
102 BAG 25.10.1989 – 7 ABR 60/88 – AP § 5 BetrVG 1972 Nr. 42 = NZA 1990, 820 – Piloten-Fall.
103 BAG 23.1.1986 – 6 ABR 51/81 – AP § 5 BetrVG Nr. 32 = NZA 1986, 484 – Betriebsführer, Obersteiger, Fahrsteiger.

Nicht ausreichend ist es, wenn die Aufgaben nur zeitweise ausgeübt werden z.B. zur einmaligen Vertretung eines leitenden Ang für einen abgegrenzten Zeitraum.[104]

d) Erforderlichkeit besonderer Kenntnisse und Erfahrungen. Der Nachweis einer bestandenen Prüfung ist nicht erforderlich. Besondere Kenntnisse und Erfahrungen können im Rahmen praktischer Tätigkeit oder im Selbststudium erworben worden sein.[105] 63

e) Entscheidung im Wesentlichen frei von Weisungen/wesentliche Beeinflussung. Abgrenzungskriterium ist der **eigene Entscheidungsspielraum**, den der Ang im Wesentlichen **frei von Weisungen** ausfüllen kann, oder jedenfalls die Möglichkeit, auf unternehmerische Entscheidungen **maßgeblichen Einfluss** auszuüben. 64

Dem eigenen Entscheidungsspielraum stehen **Vorgaben** durch RL, Pläne und Rechtsvorschriften nur entgegen, wenn die Entscheidungen dadurch weitgehend vorprogrammiert sind.[106] Der Führungsstil des Ang ist unrelevant, da er i.d.R. nicht die Entscheidungskompetenz, sondern die Frage der Durchsetzung von Entscheidungen betrifft. Ein **kooperativer Führungsstil** kann dazu führen, dass Entscheidungskompetenz teilweise übertragen wird. Der leitende Ang wird durch diesen Führungsstil seinen Status schon deshalb nicht verlieren, weil er regelmäßig die Letztverantwortung für die Entscheidungen trägt und damit im Ergebnis die Entscheidung doch selbst trifft, solange er „die Fäden in der Hand behält".[107] 65

Der notwendige **Einfluss auf die Unternehmensführung** kann darin bestehen, dass der leitende Ang selbst die Entscheidungen trifft, aber auch darin, dass er kraft seiner Schlüsselposition Voraussetzungen schafft, an denen die Unternehmensleitung schlechterdings nicht vorbeigehen kann.[108] Ein solcher Einfluss kann von Stabsangestellten ausgehen.[109] 66

f) Gegnerbezug. Die grds. Herausnahme der in Abs. 2 und 3 genannten Personen aus dem Anwendungsbereich des BetrVG trägt dem **Interessengegensatz** zwischen den dem AG nahe stehenden Mitarbeitern und der durch den BR repräsentierten Belegschaft Rechnung.[110] Ein derartiger Interessengegensatz besteht bei Mitarbeitern, die lediglich in einem anderen Unternehmen eine leitende Funktion bis hin zur Organschaft ausüben, nicht.[111] Die Frage, ob ein natürlicher Interessengegensatz zwischen einem Ang in Führungsposition und dem BR besteht (Gegnerbezug), soll allerdings nach der Rspr. des BAG als Abgrenzungskriterium für die Frage, ob ein Ang leitender Ang ist oder nicht, nur noch im Rahmen des Abs. 3 Nr. 1 (d.h. bei Befugnis zur selbstständigen Einstellung und Entlassung) von Bedeutung sein.[112] Demgegenüber sah das BAG früher die Herausnahme der Gruppe der leitenden Ang aus den durch den BR vertretenen AN als durch die Polarität der Interessen begründet an.[113] 67

Der Gegnerbezug sollte jedenfalls zur Überprüfung der Stimmigkeit des anhand der übrigen Kriterien gewonnenen Ergebnisses herangezogen werden.

IV. Auslegungshilfe (Abs. 4)

Die Auslegungshilfe des Abs. 4 greift dann, **wenn nach Ausschöpfung der allg. Auslegungsgrundsätze rechtliche Zweifel bleiben.** Abs. 4 enthält keine Regelbeispiele oder beispielhaften Erläuterungen der unbestimmten Rechtsbegriffe des Abs. 3 S. 2 Nr. 3 oder eine gesetzliche Vermutung. Die Regelung greift nicht ein, wenn Meinungsverschiedenheiten über die Auslegung der in Abs. 3 S. 2 Nr. 3 verwandten unbestimmten Rechtsbegriffe bestehen. Sie macht einen umfassenden Sachvortrag für das Vorliegen der tatsächlichen Voraussetzungen nach Abs. 3 S. 2 Nr. 3 nicht entbehrlich. Abs. 4 will lediglich eine Entscheidungshilfe geben, wenn bei der Sachverhaltswürdigung Zweifel bestehen bleiben, d.h. wenn die festgestellten Tatsachen sowohl die Einordnung des Ang als AN i.S.d. Abs. 1 als auch seine Einordnung als leitender Ang i.S.v. Abs. 3 S. 2 Nr. 3 vertretbar erscheinen lassen.[114] Die Vorschrift dient den Wahlvorständen und Vermittlern im Rahmen der Festlegungen des § 18a ArbGG, aber auch den Gerichten. 68

1. Bisherige Zuordnung (Abs. 4 Nr. 1). Die bisherige Zuordnung ist von Bedeutung, wenn sie 69
– **aus Anlass der letzten Wahl** des BR, des Sprecherausschusses oder von AR-Mitgliedern der AN oder
– durch **rechtskräftige gerichtliche Entscheidung** erfolgt ist und
– sich seit der letzten Zuordnung an dem Tätigkeitsbereich des AN nichts geändert hat.[115]

---

104 BAG 23.1.1986 – 6 ABR 51/81 – AP § 5 BetrVG Nr. 32 = NZA 1986, 484 – Betriebsführer, Obersteiger, Fahrsteiger.
105 BAG 9.12.1975 – 1 ABR 80/73 – AP § 5 BetrVG 1972 Nr. 11.
106 BAG 29.1.1980 – 1 ABR 45/79 – AP § 5 BetrVG 1972 Nr. 22.
107 BAG 22.2.1994 – 7 ABR 32/93 – n.v.
108 BAG 6.12.2001 – 2 AZR 733/00 – AP § 263 ZPO Nr. 3.
109 BAG 22.2.1994 – 7 ABR 32/93 – n.v.
110 BAG 20.4.2005 – 7 ABR 20/04 – DB 2005, 1855; ErfK/Eisemann/Koch, § 5 BetrVG Rn 30.
111 BAG 20.4.2005 – 7 ABR 20/04 – DB 2005, 1855; *Falder*, NZA 2000, 868, 870.
112 BAG 23.1.1986 – 6 ABR 51/81 – AP § 5 BetrVG Nr. 32 = NZA 1986, 484 – Betriebsführer, Obersteiger, Fahrsteiger.
113 BAG 5.3.1974 – 1 ABR 19/73 – AP § 5 BetrVG 1972 Nr. 1 = NJW 1974, 965.
114 BAG 25.10.2001 – 2 AZR 358/00 – EzA § 5 BetrVG 1972 Nr. 64; ErfK/*Eisemann/Koch*, § 5 BetrVG Rn 36.
115 Richardi/*Richardi*, § 5 Rn 238 m.w.N.

70 Teilweise wird angenommen, allein die positive Zuordnung sei entscheidend. Dem kann in dieser Allgemeinheit nicht zugestimmt werden. Entscheidend ist vielmehr, wie die Zuordnung zustande gekommen ist. Lagen **übereinstimmende** Entscheidungen beider Wahlvorstände (für die Wahl zum Sprecherausschuss und für die zum BR) über die Frage vor, ob es sich bei einem Ang um einen leitenden Ang handelt oder nicht und ist entsprechend verfahren worden, so ist diese Zuordnung maßgeblich. Auch die im Rahmen eines **Beschlussverfahrens** vor dem ArbG getroffene Entscheidung ist bei gleich bleibendem Sachverhalt bindend. Die gerichtliche Entscheidung muss im Beschlussverfahren zustande gekommen sein, da nur das Beschlussverfahren und der dort geltende Untersuchungsgrundsatz die erforderliche Richtigkeitsgewähr bietet.[116]

Die Bindungswirkung besteht auch, wenn die **Zuordnung mithilfe eines Vermittlers** erfolgt ist. Er verfügt über die erforderliche Sachnähe. Es ist davon auszugehen, dass auch seine Entscheidung nach umfassenden Ermittlungen zustande gekommen ist. Für eine teleologische Reduktion der Vorschrift besteht kein Bedarf.[117]

71 **2. Zugehörigkeit zur Leitungsebene (Abs. 4 Nr. 2).** Die Zugehörigkeit zur Leitungsebene ist von Bedeutung, wenn
- auf der **Leitungsebene** des Unternehmens
- **überwiegend leitende Ang** vertreten sind und
- der Ang dieser **Leitungsebene angehört.**

Eine **Leitungsebene** liegt i.d.R. vor, wenn diese im Organisationsplan als solche ausgewiesen ist. Auf ihr muss die Anzahl der leitenden Ang überwiegen. Dabei darf der einzuordnende Ang zur Vermeidung eines Zirkelschlusses nicht mitgezählt werden. Bei Streit ist die Frage der Einordnung ggf. als Vorfrage zu klären.[118]

72 **3. Arbeitsentgelt leitender Angestellter (Abs. 4 Nr. 3).** Maßgeblich ist das bei leitenden Ang in dem Unternehmen **übliche Einkommen**, also das regelmäßige Jahresarbeitsentgelt unter Berücksichtigung aller laufenden oder einmaligen Leitungen einschließlich Tantiemen, Gratifikationen und Sachbezügen.[119]

Bei entsprechendem **Streit** muss auch bei den übrigen Ang festgestellt werden, ob es sich um leitende Ang handelt, und zwar unabhängig von der Höhe ihrer Vergütung.[120] Der AG ist im Prozess auskunftspflichtig.[121] Auch eine Namensnennung kann erforderlich sein. Das ist dann der Fall, wenn die Vergütungshöhe umstritten oder dies für die Ermittlung der Höhe des Gehalts unabdingbar ist.

73 **4. Jahresarbeitsentgelt in Höhe des Dreifachen der Bezugsgröße (Abs. 4 Nr. 4).** Das Jahresarbeitsentgelt kann nur als letztes Hilfsargument herangezogen werden, wenn Nr. 3 nicht weiterhilft. Die Bezugsgröße wird im Internet veröffentlicht.[122] Sie betrug im Jahr 2008 in den neuen Bundesländern und Ost-Berlin 25.200 EUR und in den alten Bundesländern und West-Berlin 29.820 EUR, im Jahr 2009 beträgt sie in den neuen Bundesländern und Ost-Berlin 25.620 EUR und in den alten Bundesländern und West-Berlin 30.240 EUR.

C. Verbindung zu anderen Rechtsgebieten und zum Prozessrecht

74 Die **Interessenvertretungen** der leitenden Ang erfolgt durch die **Sprecherausschüsse**. Sie können nach dem Gesetz über Sprecherausschüsse der leitenden Ang (Sprecherausschussgesetz – SprAuG) vom 20.12.1988[123] gebildet werden. Rechte der leitenden Ang sind aber nicht nur im SprAuG geregelt, sondern auch in zahlreichen anderen Vorschriften, die Unterrichtungspflicht bei personellen Maßnahmen und die Anhörungspflicht bei Künd z.B. in § 105.

Die Regelungen des Sprecherausschussgesetzes weichen z.T. deutlich von denen des Betriebsverfassungsgesetzes ab. Das ist der herausgehobenen Stellung der leitenden Ang geschuldet.

75 Die Möglichkeit der Errichtung eines Sprecherausschusses besteht in Betrieben mit i.d.R. **mind. zehn leitenden Ang** (§ 1 Abs. 1 SprAuG). Erforderlich ist i.Ü. ein **Grundsatzbeschluss** der Mehrheit der leitenden Ang in einer Versammlung oder durch schriftliche Stimmabgabe (§ 7 Abs. 2 SprAuG) über die Bestellung eines Sprecherausschusses.

76 Vereinbarungen werden nicht BV, sondern **RL** genannt. Sie können den Inhalt, den Abschluss oder die Beendigung von Arbverh der leitenden Ang regeln. Die **Bindungswirkung** kann in den RL festgelegt werden. Das gesetzlich geregelte Günstigkeitsprinzip ist zu beachten.

---

116 ErfK/*Eisemann/Koch*, § 5 BetrVG Rn 37.
117 A.A. *Fitting u.a.*, § 5 Rn 391; ErfK/*Eisemann/Koch*, § 5 BetrVG Rn 37.
118 *Fitting u.a.*, § 5 Rn 396; a.A. Richardi/*Richardi*, § 5 Rn 211, der bei Streit über die Frage der Zuordnung der übrigen Ang dieses Kriterium ausscheiden will; ErfK/*Eisemann/Koch*, § 5 BetrVG Rn 38.
119 ErfK/*Eisemann/Koch*, § 5 BetrVG Rn 39.
120 A.A. ErfK/*Eisemann/Koch*, § 5 BetrVG Rn 39, der auch hier eine unstreitige Zuordnung verlangt.
121 ErfK/*Eisemann/Koch*, § 5 BetrVG Rn 39.
122 http://de.wikipedia.org/wiki/Bezugsgr%C3%B6%C3%9Fe.
123 BGBl I S. 2316, 2323.

D. Beraterhinweise

Im Beschlussverfahren vor den ArbG werden Streitigkeiten über die betriebsverfassungsrechtliche Einordnung als AN oder als leitender Ang ausgetragen.[124] Antragsberechtigt sind AG und BR, aber auch die leitenden Ang selbst.[125] Ein konkreter Anlass ist nicht erforderlich.[126] Voraussetzung des Feststellungsinteresses ist aber eine Eingliederung in den Betrieb.

Streitigkeiten aus dem Sprecherausschussgesetz werden ebenfalls im Beschlussverfahren vor den ArbG behandelt. Ein besonderes Zuordnungsverfahren ist in § 18a geregelt.

§ 6 (weggefallen)

Zweiter Teil: Betriebsrat, Betriebsversammlung, Gesamt- und Konzernbetriebsrat

Erster Abschnitt: Zusammensetzung und Wahl des Betriebsrats

§ 7 **Wahlberechtigung**

¹Wahlberechtigt sind alle Arbeitnehmer des Betriebs, die das 18. Lebensjahr vollendet haben. ²Werden Arbeitnehmer eines anderen Arbeitgebers zur Arbeitsleistung überlassen, so sind diese wahlberechtigt, wenn sie länger als drei Monate im Betrieb eingesetzt werden.

Literatur zu den §§ 7 bis 20: *Berger-Delhey*, „listenübergreifenden Geschlechtersprung" zum „Auffangminderheitengeschlechtsmitglied", ZTR 2002, 113; *Blanke*, Die betriebsverfassungsrechtliche Stellung der Leiharbeit, DB 2008, 1153; *Brors*, Ist § 15 II BetrVG verfassungswidrig?, NZA 2004, 472; *dies.*, „Leiharbeitnehmer wählen ohne zu zählen" – eine kurzlebige Entscheidung, NZA 2003, 1380; *Buchner*, Betriebsverfassungsrechtliche Stellung der ABM-Beschäftigten – Dispositionsbefugnis der Beteiligten im Wahlanfechtungsverfahren, SAE 2006, 183; *Däubler*, Kandidatenwerbung vor der Betriebsratswahl, Arbeitsrecht im Betrieb 2002, 82; *Etzel*, Wahlordnung kontra Betriebsverfassungsgesetz, AuR 2002, 62; *Gaumann*, Gewerkschaftsausschluss wegen Betriebsratskandidatur auf konkurrierender Liste, NJW 2002, 2155; *Grimm/Bock/Windeln*, Betriebsratswahlen: Vorzeitige Bestellung des Wahlvorstands – Sonderkündigungsschutz ohne Funktion, DB 2006, 156; *Hanau*, Zur Entsendung der Mitglieder von Gesamtbetriebsräten und zur Wahl im einstufigen vereinfachten Verfahren nach dem Betriebsverfassungsreformgesetz, ZIP 2001, 2163; *Lindemann/Simon*, Wahlberechtigung und Ermittlung der Betriebsratsgröße, NZA 2002, 365; *Löwisch*, Kündigungsschutz allein gebliebener Initiatoren zur Betriebsratswahl, DB 2002, 1503; *Maschmann*, Leiharbeitnehmer und Betriebsratswahl nach dem BetrVG-Reformgesetz, DB 2001, 2446; *Nägele/Nestel*, Besonderer Kündigungsschutz bei erstmaliger Wahl eines Betriebsrats, BB 2002, 354; *Neumann*, Neuregelung der Wahlverfahrens zum Betriebsrat, BB 2002, 510; *Richter*, „Trotz Einladung" – Hat die Reform des BetrVG Auswirkungen auf die Auslegung des § 11 IV BetrVG?, NZA 2002, 1069; *Schiefer/Korte*, Die Durchführung der Betriebsratswahlen nach neuem Recht – Teil 1, NZA 2002, 57; *dies.*, Die Durchführung der Betriebsratswahlen nach neuem Recht – Teil 2, NZA 2002, 113; *Schneider*, Betriebsratswahlen 2002: Mindestmandate für das Geschlecht in der Minderheit, AiB 2002, 74; *Sieg/Maschmann*, Betriebsratswahlen 2002, AuA 2002, 22; *Ubber/Weller*, Ist der Schutz des Minderheitsgeschlechts nach dem Betriebsverfassungsgesetz und der Wahlordnung 2001 verfassungswidrig?, NZA 2004, 893; *Will*, Checkliste: Das vereinfachte Betriebsratswahlverfahren für Kleinbetriebe, MDR 2002, 261

A. Allgemeines	1	4. Wehrdienst und Zivildienst	8
B. Regelungsgehalt	2	5. Mutterschutz und Elternzeit	9
I. Allgemeines	2	6. Erwerbsfähige Hilfsbedürftige	10
II. Einzelfälle	4	III. Leiharbeitnehmer	11
1. Traineeverhältnis	4	C. Verbindung zum Prozessrecht	14
2. Gekündigte Arbeitnehmer	5	D. Beraterhinweise	15
3. Altersteilzeit	6		

---

124 BAG 23.1.86 – 6 ABR 22/82 – AP § 5 BetrVG Nr. 30 = NZA 1986, 487.
125 BAG 23.1.86 – 6 ABR 22/82 – AP § 5 BetrVG Nr. 30 = NZA 1986, 487.
126 BAG 20.7.94 – 5 AZR 169/93 – AP § 256 ZPO 1977 Nr. 26 = NZA 1995, 190.

A. Allgemeines

1 § 7 regelt das **aktive Wahlrecht** für AN eines Betriebs zur BR-Wahl. Er regelt darüber hinaus das aktive Wahlrecht für Leih-AN, die in dem Betrieb eingesetzt werden. Für diese besteht gem. S. 2 das aktive Wahlrecht, wenn sie länger als drei Monate im Betrieb eingesetzt werden. Die aktive Wahlberechtigung wird durch die Aufnahme in die Wählerliste durch den Wahlvorstand kenntlich gemacht. Leih-AN werden dabei gesondert ausgewiesen. Gegen die Richtigkeit der Wählerliste kann gem. § 4 WO BetrVG Einspruch eingelegt werden. Die fehlerhafte Zuordnung der aktiven Wahlberechtigung kann aber auch gerichtlich im Rahmen der Wahlanfechtung nach § 19 Abs. 1 geltend gemacht werden.

B. Regelungsgehalt

I. Allgemeines

2 Aktiv wahlberechtigt ist gem. S. 1 jeder AN des Betriebes, der das 18. Lebensjahr vollendet hat. Abzustellen ist daher auf die **AN-Eigenschaft** i.S.v. § 5.[1] Es fallen dementsprechend grds. alle Arb und Ang sowie Auszubildende nach Vollendung des 18. Lebensjahres darunter. Etwas anderes gilt für Auszubildende in reinen Ausbildungsbetrieben. Diese gelten nicht als AN i.S.d. § 5 BetrVG und sind deshalb gem. § 7 BetrVG bei einer BR-Wahl nicht wahlberechtigt.[2] Weitere Voraussetzung ist, dass es sich um AN des entsprechenden Betriebs handelt. Die AN müssen in einem Arbverh zum Betriebsinhaber stehen und von diesem innerhalb der Betriebsorganisation zur Erfüllung des Betriebszwecks eingesetzt werden.[3] Eine bestimmte Dauer der Betriebszugehörigkeit ist für die aktive Wahlberechtigung nicht erforderlich. Ebenso wenig ist es notwendig, dass das Arbverh auf Dauer angelegt ist. Daher können grds. auch kurzfristig und nur tageweise beschäftigte Aushilfskräfte aktiv wahlberechtigt sein.[4] Voraussetzung ist, dass der AN am Tage der Stimmabgabe in einem Arbverh zum Betriebsinhaber steht. Arbeitet ein AN in mehreren Betrieben desselben Unternehmens und ist in diese jeweils eingegliedert, ist er auch in mehreren Betrieben wahlberechtigt zu den jeweiligen BR-Wahlen.[5] Ohne Einfluss ist hierbei, ob der AN im Zeitpunkt der BR-Wahl krank ist oder sich im Urlaub befindet.[6] Dies kann allenfalls die Modalitäten der Wahl beeinflussen (vgl. § 14 Rn 4).

3 Für die Ausübung des aktiven Wahlrechts ist Voraussetzung, dass der AN in die **Wählerliste** gem. § 3 Abs. 3 S. 1 WO BetrVG eingetragen ist. Dabei hat diese rein formelle Voraussetzung keinen Einfluss auf das materielle Bestehen des Wahlrechts.

II. Einzelfälle

4 **1. Traineeverhältnis.** Trainees sind AN und im aktuellen Ausbildungsbetrieb aktiv wahlberechtigt. Das bedeutet, dass sie in dem Betrieb wahlberechtigt sind, in dem sie aktuell eingesetzt werden.[7] Bei einer bereits bestehenden Verweildauer im Betrieb von über sechs Monaten sind sie auch passiv wahlberechtigt.

5 **2. Gekündigte Arbeitnehmer.** AN im streitigen Arbverh sind bis zum Ablauf der Künd-Frist aktiv wahlberechtigt. Falls sie nach Ablauf der Künd-Frist weiterbeschäftigt werden, sind sie auch weiterhin aktiv wahlberechtigt. Erfolgt keine Weiterbeschäftigung entfällt mit Ablauf der Künd-Frist auch das aktive Wahlrecht.[8]

6 **3. Altersteilzeit.** Das aktive Wahlrecht bei AN in Altersteilzeit ist differenziert zu beurteilen. Bei Altersteilzeitlern, deren Arbeitszeit durchgängig um die Hälfte reduziert ist, ist das aktive Wahlrecht generell gegeben. Bei Altersteilzeitlern im Blockmodell ist zwischen der Arbeitsphase und der Freistellungsphase zu differenzieren. In der Arbeitsphase ist von einer aktiven Wahlberechtigung auszugehen. Umstr. war dagegen das Wahlrecht in der Freistellungsphase. Für die Wahlen zum AR hat das BAG zum passiven Wahlrecht entschieden, dass der AN in Altersteilzeit bei Eintritt in die Freistellungsphase seine Wählbarkeit verliert.[9] Im Gegensatz zu anderen ruhenden Arbverh sei die Wählbarkeit ausgeschlossen, da eine Rückkehr in den Betrieb nicht vorgesehen sei. Diese Entscheidung betraf zwar nur die Wahlen zum AR nach dem BetrVG 1952, sie ist jedoch auf andere Mitbestimmungsgesetze und die BR-Wahlen zu übertragen.[10] So hat das BAG für die maßgebliche Belegschaftsstärke nach § 9 BetrVG entschieden, dass die in der Freistellungs-

---

1 *Fitting u.a.*, § 7 Rn 6.
2 BAG 13.6.2007 – 7 ABR 44/06 – NZA-RR 2008, 14.
3 BAG 18.1.1989 – 7 ABR 21/88 – BAGE 61, 7 = NZA 1989, 724; BAG 29.1.1992 – 7 ABR 27/91 – BAGE 69, 286 = NZA 1992, 894; m. zust. Anm. *Kreutz*, SAE 1994, 75.
4 BAG 29.1.1992 – 7 ABR 27/91 – BAGE 69, 286 = NZA 1992, 894.
5 LAG Köln 3.9.2007 – 14 TaBV 20/07 – ArbuR 2008, 230.
6 HaKo-BetrVG/*Brors*, § 7 Rn 5.
7 Hessisches LAG 12.2.1998 – 12 TaBV 21/97 – NZA-RR 1998, 505.
8 BAG 14.5.1997 – 7 ABR 26/96 – BAGE 85, 370 = NZA 1997, 1245; *Fitting u.a.*, § 7 Rn 34; GK-BetrVG/*Kreutz*, § 7 Rn 29; a.A. DKK/*Schneider*, § 7 Rn 13.
9 BAG 25.10.2000 – 7 ABR 18/00 – BAGE 96, 163 = NZA 2001, 461.
10 Richardi/*Thüsing*, § 7 Rn 50; *Fitting u.a.*, § 7 Rn 32; Jaeger/Röder/Heckelmann/*Merten*, Kap 3 Rn 20.

phase der Altersteilzeit befindlichen AN nicht mehr zu berücksichtigen sind, „weil sie dem Betrieb nicht mehr angehören".[11] Damit ist das passive Wahlrecht im Rahmen der BR-Wahlen ausgeschlossen.

Da tragendes Argument für die Ablehnung der Wählbarkeit ist, dass bei AN in der Freistellungsphase die notwendige „Eingliederung in betriebliche Abläufe zur Erbringung der vertraglich geschuldeten Arbeitsleistung" nicht mehr vorliegt, könnte dies auch für eine Ablehnung der aktiven Wählbarkeit sprechen, da letztlich hierdurch die **AN-Eigenschaft** des Altersteilzeitlers abgelehnt wird. Dies hat auch das BAG mit seiner Entscheidung vom 16.4.2003 bestätigt, in der es ausdrücklich ausführt, dass AN in der Freistellungsphase der Altersteilzeit nicht mehr in die Betriebsorganisation eingegliedert sind, da eine Rückkehr in den Betrieb nicht vorgesehen ist und sie daher auch bei der Berechnung der Schwellenwerte gem. § 9 nicht zu berücksichtigen sind.[12] Für ein aktives Wahlrecht auch während der Freistellungsphase in der Altersteilzeit spricht dagegen, dass seitens des AN auch in der Freistellungsphase ein Interesse an bestimmten BR-Entscheidungen bestehen kann.[13] Angesichts überzeugenderer Argumente und im Hinblick auf die Rspr. des BAG ist im Ergebnis auch das aktive Wahlrecht während der Freistellungsphase der Altersteilzeit im Blockmodell abzulehnen. 7

4. Wehrdienst und Zivildienst. Wehrdienst- und Zivildienstleistende befinden sich in einem ruhenden Arbverh. Sie sind aber trotz ihrer zeitlich begrenzten Abwesenheit vom Betrieb weiterhin auch aktiv wahlberechtigt.[14] Dies kann ggf. im Wege der Briefwahl sichergestellt werden. 8

Nicht wahlberechtigt sind dagegen **Helfer im freiwilligen sozialen Jahr** in dem Betrieb, in dem sie tätig sind.[15]

5. Mutterschutz und Elternzeit. AN, die sich im Mutterschutz befinden oder Elternzeit in Anspruch nehmen, sind aktiv wahlberechtigt.[16] Ein Betriebsratsmitglied verliert während seiner Elternzeit auch nicht seine Wählbarkeit gem. § 8 Abs. 1.[17] Entgegen der h.M. wird vereinzelt in entsprechender Anwendung von § 13 Abs. 1 S. 2 BPersVG angenommen, dass AN nicht wahlberechtigt sind, die am Wahltag zur BR-Wahl unter Wegfall der Bezüge mehr als sechs Monate beurlaubt sind.[18] 9

6. Erwerbsfähige Hilfsbedürftige. § 16 Abs. 3 SGB II legt fest, dass für erwerbsfähige Hilfsbedürftige zusätzliche Arbeitsgelegenheiten geschaffen werden sollen. Solche sog. „Ein-Euro-Jobber" dürfen nicht wählen oder gewählt werden und zählen auch bei der Berechnung der BR-Größe nicht mit. Das Beschäftigungsverhältnis dient, solange die Beschäftigten lediglich Unterstützungsleistungen erhalten (Alg II und eine angemessene Entschädigung für Mehraufwendungen), lediglich der Eingliederung in den allgemeinen Arbeitsmarkt. § 16 Abs. 3 S. 2 SGB II enthält insofern eine negative Fiktion.[19] 10

III. Leiharbeitnehmer

Leih-AN sind gem. S. 2 aktiv wahlberechtigt, wenn sie länger als drei Monate im Betrieb eingesetzt werden. Nach der Gesetzesbegründung soll den Leih-AN das Wahlrecht dabei bereits ab dem ersten Einsatztag im Betrieb zustehen,[20] die Vorschrift sei nicht so zu verstehen, dass im Zeitpunkt der Wahl bereits ein dreimonatiger Einsatz vorliegen muss. Umstr. ist, ob der Einsatz des Leih-AN im Zeitpunkt der BR-Wahl noch mind. drei Monate andauern muss. Der Gesetzeswortlaut lässt hierauf keine Rückschlüsse zu. Wenn noch nicht feststeht, ob der Einsatz insg. länger als drei Monate andauert, ist das aktive Wahlrecht wohl abzulehnen. Auch wenn der Leih-AN mit seiner Stimmabgabe die Zusammensetzung des BR ggf. entscheidend beeinflussen kann, wird nicht zu verlangen sein, dass er über einen **Mindestzeitraum** nach der Wahl im Betrieb verbleibt, dies wird bei kurzfristig Beschäftigten ebenfalls nicht angenommen. Daher kann neben der Beschäftigung am Wahltag und dem Einsatz von mind. drei Monaten als weitere Voraussetzung für das aktive Wahlrecht nicht verlangt werden, dass der Einsatz nach dem Wahltag noch mind. drei Monate andauert.[21] 11

Die in S. 2 normierte Ausnahmevorschrift hinsichtlich des aktiven Wahlrechts von Leih-AN hat Auswirkung auf die Einordnung des Leih-AN hinsichtlich der Betriebszugehörigkeit. Auch die Gesetzesbegründung stellt ausdrücklich 12

---

11 BAG 16.4.2003 – 7 ABR 53/02 – BAGE 105, 64 = NZA 2003, 1345.
12 BAG 16.4.2003 – 7 ABR 53/02 – BAGE 105, 64 = NZA 2003, 1345.
13 DKK/*Schneider*, § 7 Rn 11a.
14 BAG 29.3.1974 – 1 ABR 27/73 – BAGE 26, 107 = DB 1974, 1680; Fitting u.a., § 7 Rn 30; Richardi/*Thüsing*, § 7 Rn 44; a.A. GK-BetrVG/*Kreutz*, § 7 Rn 23.
15 BAG 12.2.1992 – 7 ABR 42/91 – AP § 5 BetrVG 1972 Nr. 52 = NZA 1993, 334.
16 *Fitting u.a.*, § 7 Rn 30; Richardi/*Thüsing*, § 7 Rn 44; Ha-Ko-BetrVG/*Brors*, § 7 Rn 5; DKK/*Schneider*, § 7 Rn 12.
17 BAG 25.5.2005 – 7 ABR 45/04 – NZA 2005, 1002.
18 GK-BetrVG/*Kreutz*, § 7 Rn 22.
19 LAG Rheinland-Pfalz 3.2.2006 – 10 Ta 14/06 – juris; Hessisches LAG 23.5.2006 – 9 TaBVGa 81/06 – juris.
20 BT-Drucks 14/5741, S. 36 li. Sp.; so auch ArbG Düsseldorf 2.6.2006 – 13 BV 55/06 n.rkr. – juris.
21 Richardi/*Thüsing*, § 7 Rn 10; Fitting u.a., § 7 Rn 60; Stege/Weinspach/Schiefer, § 7 Rn 5; a.A. Maschmann, DB 2001, 2446.

klar, dass der Leih-AN weiterhin AN des Verleihbetriebes bleibt und nicht etwa dem Entleihbetrieb zugeordnet wird. Dementsprechend sind sie auch bei der **Berechnung von Schwellenwerten** im BetrVG nicht zu berücksichtigen. Dies war nach Inkrafttreten der Regelung im Jahr 2001 zunächst umstr.,[22] wurde aber inzwischen vom BAG mehrfach eindeutig bestätigt.[23] Es gilt „Leih-AN wählen, zählen aber nicht." Vereinzelt wird vertreten, dass nunmehr aufgrund des Wegfalls der zeitlichen Begrenzung des Fremdpersonaleinsatzes im AÜG eine Zuordnung des Leih-AN zum Entleihbetrieb möglich sei.[24] Auch für AN, die nicht gewerblich an den Entleihbetrieb überlassen werden, z.B. im Rahmen der Konzernleihe, gilt dasselbe. AN, die im Rahmen der Konzernleihe überlassen werden, sind im Verleihbetrieb wahlberechtigt und wählbar und gem. § 9 mit zu berücksichtigen (zu Leih-AN und Schwellenwerten siehe § 9 Rn 7).[25]

13 Die Sondervorschrift des S. 2 gilt nur für Leih-AN, für AN eines anderen Unternehmens, die aufgrund eines Werk- oder Dienstvertrages als Erfüllungsgehilfen eines anderen AG im Betrieb eingesetzt werden, besteht kein aktives Wahlrecht.

C. Verbindung zum Prozessrecht

14 Wird einem AN in der Wählerliste fälschlich das Wahlrecht zu- oder abgesprochen, kann hiergegen im Wege des Einspruchs gegen die Wählerliste gem. § 4 WO BetrVG (siehe § 18 Rn 12) oder im Wege des Beschlussverfahrens vor dem ArbG gem. § 2a Abs. 1 Nr. 1 ArbGG vorgegangen werden. Die fehlerhafte Zu- oder Aberkennung des Wahlrechts durch den Wahlvorstand ist ein Anfechtungsgrund gem. § 19 Abs. 1, falls hierdurch eine Beeinflussung des Wahlergebnisses möglich war. Ob ein Einspruch gegen die Wählerliste Voraussetzung für die spätere Anfechtung der Wahl sein kann, ist umstr. (siehe § 19 Rn 4).

D. Beraterhinweise

15 Bei fehlerhafter Zu- oder Aberkennung des aktiven Wahlrechts sollten frühstmöglich alle Wege genutzt werden. Ein Einspruch gegen die Wählerliste gem. § 4 WO BetrVG gehört in jedem Fall dazu und sollte schon aus Gründen der Rechtssicherheit eingelegt werden.

§ 8 Wählbarkeit

(1) [1]Wählbar sind alle Wahlberechtigten, die sechs Monate dem Betrieb angehören oder als in Heimarbeit Beschäftigte in der Hauptsache für den Betrieb gearbeitet haben. [2]Auf diese sechsmonatige Betriebszugehörigkeit werden Zeiten angerechnet, in denen der Arbeitnehmer unmittelbar vorher einem anderen Betrieb desselben Unternehmens oder Konzerns (§ 18 Abs. 1 des Aktiengesetzes) angehört hat. [3]Nicht wählbar ist, wer infolge strafgerichtlicher Verurteilung die Fähigkeit, Rechte aus öffentlichen Wahlen zu erlangen, nicht besitzt.

(2) Besteht der Betrieb weniger als sechs Monate, so sind abweichend von der Vorschrift in Absatz 1 über die sechsmonatige Betriebszugehörigkeit diejenigen Arbeitnehmer wählbar, die bei der Einleitung der Betriebsratswahl im Betrieb beschäftigt sind und die übrigen Voraussetzungen für die Wählbarkeit erfüllen.

A. Allgemeines	1		1. Gekündigte Arbeitnehmer	6
B. Regelungsgehalt	2		2. Leiharbeitnehmer	8
I. Allgemeines	2		C. Verbindung zum Prozessrecht	9
II. Neu gegründeter Betrieb	5		D. Beraterhinweise	10
III. Einzelfälle	6			

A. Allgemeines

1 § 8 regelt das **passive Wahlrecht** bei der Wahl zum BR. Das passive Wahlrecht knüpft gem. Abs. 1 an das aktive Wahlrecht an und setzt zudem eine sechsmonatige Betriebszugehörigkeit voraus.

---

[22] *Reichold*, NZA 2001, 857, 861; *Lindemann/Simon*, NZA 2002, 365, 367; *Maschmann*, DB 2001, 2446, 2448; ArbG Mönchengladbach 3.7.2002 – 5 (4) BV 18/02 – NZA-RR 2003, 22; ArbG Bayreuth 7.8.2002 – 4 BV 5/02 H – juris; ArbG Berlin 11.9.2002 – 7 BV 147772/02 – n.v.; a.A. ArbG Frankfurt 22.5.2002 – 2 BV 148/02 – NZA-RR 2003, 26.
[23] BAG 16.4.2003 – 7 ABR 53/02 – NZA 2003, 1345; BAG 22.10.2003 – 7 ABR 3/03 – AiB 2004, 239.
[24] *Brors*, NZA 2003, 1380.
[25] BAG 20.4.2005 – 7 ABR 20/04 – DB 2005, 1855.

B. Regelungsgehalt

I. Allgemeines

Der AN muss aktiv wahlberechtigt sein und dem Betrieb mind. sechs Monate angehören. Zudem darf gem. Abs. 1 S. 3 dem AN die Fähigkeit, Rechte aus öffentlichen Wahlen zu erlangen, nicht infolge strafgerichtlicher Verurteilung aberkannt sein.

Bei der Berechnung der Sechs-Monats-Frist sind gem. Abs. 1 Zeiten mit einzubeziehen, in denen der AN in einem anderen Betrieb desselben Unternehmens oder desselben Konzerns (sofern es sich um einen Unterordnungskonzern gem. § 18 Abs. 1 AktG handelt) beschäftigt war. Die Tätigkeiten müssen unmittelbar aneinander anschließen. Eine rechtliche und tatsächliche Unterbrechung führt dazu, dass die Sechs-Monats-Frist erneut zu laufen beginnt. Ebenfalls in die Berechnung der Sechs-Monats-Frist mit einzubeziehen sind Zeiten, in denen der AN als leitender Ang i.S.v. § 5 Abs. 3 einzuordnen war oder gem. § 5 Abs. 2 nicht als AN galt, weil er zum Beispiel bei einer GmbH Geschäftsführer gem. § 35 Abs. 1 GmbHG war.

Für die Ausübung des passiven Wahlrechts ist es Voraussetzung, dass der AN in die Wählerliste gem. § 3 Abs. 3 S. 1 WO BetrVG eingetragen ist. Darüber hinaus muss der AN ordnungsgemäß auf einer Vorschlagsliste für die BR-Wahl verzeichnet sein (vgl. § 14 Rn 41 ff.).

II. Neu gegründeter Betrieb

Abs. 2 normiert eine Ausnahme vom Erfordernis der sechsmonatigen Betriebszugehörigkeit. In Betrieben, die im Zeitpunkt der Einleitung der BR-Wahl weniger als sechs Monate bestehen, sind alle AN wählbar, die in diesem Zeitpunkt im Betrieb beschäftigt sind und die übrigen Voraussetzungen des passiven Wahlrechts erfüllen. Die BR-Wahl gilt mit Erlass des Wahlausschreibens als eingeleitet.

III. Einzelfälle

1. Gekündigte Arbeitnehmer. Im str. Arbverh bleibt nach h.M. auch nach Ablauf der Künd-Frist bis zur **rechtskräftigen gerichtlichen Entscheidung** die Wählbarkeit bestehen, da der AG durch eine Künd nicht die Kandidatur eines ihm unliebsamen Bewerbers verhindern können soll.[1] Dies ist von der Motivation nachvollziehbar, steht jedoch im Widerspruch zum insofern eindeutigen Gesetzeswortlaut. Zudem führt es zu verschiedenen Komplikationen in der praktischen Umsetzung. So soll während des laufenden Künd-Schutzverfahrens zunächst das Ersatz-BR-Mitglied in den BR einrücken. Bei für den AN erfolgreicher Beendigung des Rechtsstreits soll dann dieser in den BR eintreten und das Ersatzmitglied sein Amt aufgeben. Bei für den AG erfolgreicher Beendigung des Rechtsstreits wäre die Wahl des betroffenen AN als von Anfang an unwirksam anzusehen.

Da die entsprechende Rspr. des BAG jedoch insofern eindeutig ist, empfiehlt es sich in der Praxis seitens des AG nicht, gegen die Kandidatur bzw. Wahl eines AN im str. Arbverh vorzugehen. Die Erfolgsaussichten wären äußerst gering.

2. Leiharbeitnehmer. Leih-AN haben kein passives Wahlrecht, da eine Zugehörigkeit zum Betrieb i.S.v. Abs. 1 nicht besteht. Dies ist für Leih-AN im Rahmen gewerbsmäßiger AÜ ausdrücklich in § 14 Abs. 2 S. 1 AÜG geregelt, der das passive Wahlrecht im Entleihbetrieb ausschließt. Der Grundgedanke dieser Regelung, dass der AN ausschließlich im Verleihbetrieb wählbar ist, gilt analog auch für Leih-AN aus nicht gewerbsmäßiger AÜ.[2] Dies hat sich auch durch die Einführung des aktiven Wahlrechts in § 7 S. 2 nicht geändert.

C. Verbindung zum Prozessrecht

Wird einem AN die Wählbarkeit gem. § 8 fälschlich zu- oder abgesprochen, kann hiergegen im Wege des Beschlussverfahrens vor dem ArbG gem. § 2a Abs. 1 Nr. 1 ArbGG vorgegangen werden. Ggf. ist ein Vorgehen im Wege der einstweiligen Verfügung angeraten. Die fehlerhafte Zu- oder Aberkennung des passiven Wahlrechts durch den Wahlvorstand ist ein Anfechtungsgrund gem. § 19 Abs. 1.

D. Beraterhinweise

Bei fehlerhafter Zu- oder Aberkennung des passiven Wahlrechts sollten frühest möglich alle Wege genutzt werden. Dazu kann auch ein Vorgehen im Wege der einstweiligen Verfügung gehören. Dies bietet sich besonders an, wenn der betroffene AN für das BR-Amt kandidieren will.

---

1 BAG 14.5.1997 – 7 ABR 26/96 – BAGE 85, 370 = NZA 1997, 1245.
2 BAG 22.3.2000 – 7 ABR 34/98 – BAGE 94, 144 = NZA 2000, 1119; BAG 10.3.2004 – 7 ABR 49/03 – AP § 7 BetrVG 1972 Nr. 8 = ArbRB 2004, 268; LAG Hamburg 26.5.2008 – 5 TaBV 12/07 – EzA-SD 2008, Nr. 19, 10.

§ 9　Zahl der Betriebsratsmitglieder

¹Der Betriebsrat besteht in Betrieben mit in der Regel
　5 bis 20 wahlberechtigten Arbeitnehmern aus einer Person,
　21 bis 50 wahlberechtigten Arbeitnehmern aus 3 Mitgliedern,
　51 wahlberechtigten Arbeitnehmern bis 100 Arbeitnehmern aus 5 Mitgliedern,
　101 bis　200 Arbeitnehmern aus　7 Mitgliedern,
　201 bis　400 Arbeitnehmern aus　9 Mitgliedern,
　401 bis　700 Arbeitnehmern aus 11 Mitgliedern,
　701 bis 1 000 Arbeitnehmern aus 13 Mitgliedern,
1 001 bis 1 500 Arbeitnehmern aus 15 Mitgliedern,
1 501 bis 2 000 Arbeitnehmern aus 17 Mitgliedern,
2 001 bis 2 500 Arbeitnehmern aus 19 Mitgliedern,
2 501 bis 3 000 Arbeitnehmern aus 21 Mitgliedern,
3 001 bis 3 500 Arbeitnehmern aus 23 Mitgliedern,
3 501 bis 4 000 Arbeitnehmern aus 25 Mitgliedern,
4 001 bis 4 500 Arbeitnehmern aus 27 Mitgliedern,
4 501 bis 5 000 Arbeitnehmern aus 29 Mitgliedern,
5 001 bis 6 000 Arbeitnehmern aus 31 Mitgliedern,
6 001 bis 7 000 Arbeitnehmern aus 33 Mitgliedern,
7 001 bis 9 000 Arbeitnehmern aus 35 Mitgliedern.
²In Betrieben mit mehr als 9 000 Arbeitnehmern erhöht sich die Zahl der Mitglieder des Betriebsrats für je angefangene weitere 3 000 Arbeitnehmer um 2 Mitglieder.

A.	Allgemeines	1	III. Änderung der Anzahl der regelmäßigen Arbeitnehmer des Betriebes	12
B.	Regelungsgehalt	4	IV. Konkrete Anzahl der Betriebsratsmitglieder	13
I.	Anzahl der Arbeitnehmer im Betrieb	5	C. Verbindung zum Prozessrecht	14
II.	Regelmäßige Zahl	10	D. Beraterhinweise	15

A. Allgemeines

1 § 9 regelt die Anzahl der BR-Mitglieder in den Betrieben. Die hierfür gültigen Schwellenwerte sind mit der Reform zum BetrVG im Jahr 2000 geändert worden.[1] Dadurch hat sich die Anzahl der BR in den Betrieben im Vergleich zur vorherigen Regelung in einigen Betrieben erhöht.

2 Die Veränderung der **Schwellenwerte** hat erstmals für die turnusmäßigen BR-Wahlen im Jahr 2002 breite Wirkung entfaltet. Zuvor galt sie nur für BR, die nach der Gesetzesänderung gewählt wurden, im Zeitpunkt der Gesetzesänderung bereits bestehende BR wurden von der Änderung der Schwellenwerte nicht beeinflusst, hier verblieb es bei der ursprünglichen Anzahl der BR-Mitglieder.

3 Die Größe des BR ist durch § 9 grds. verbindlich festgelegt. **Abweichungen** können sich lediglich ergeben, wenn der Betrieb nicht genügend wählbare AN hat (vgl. § 11) oder sich nicht genügend AN zur Wahl stellen. Im erstgenannten Fall gilt § 11 direkt, im zweiten Fall ist von einer analogen Anwendung auszugehen.[2] Die Regelung greift nur, wenn insg. zu wenig Kandidaten vorhanden sind, sie hat keine Auswirkung, wenn lediglich zu wenig Kandidaten des Geschlechts in der Minderheit kandidieren. In diesem Fall sind die ihnen zustehenden Sitze mit Kandidaten des Mehrheitsgeschlechts zu besetzen (vgl. § 15).

B. Regelungsgehalt

4 Die Zahl der BR-Mitglieder bestimmt sich anhand der AN des Betriebes. Abzustellen ist hierbei auf die **regelmäßige Zahl der AN**, wobei bis zur Anzahl von 51 von wahlberechtigten AN und danach nur noch von AN die Rede ist.

I. Anzahl der Arbeitnehmer im Betrieb

5 § 9 stellt auf die Zahl der im Betrieb beschäftigten AN ab. Es ist demnach abzugrenzen, ob eine Person AN des Betriebs ist. Die Abgrenzung erfolgt zum einen danach, ob die **AN-Eigenschaft** vorliegt (vgl. §§ 5 und 7), sowie zum anderen nach dem Betriebsbegriff nach §§ 1 und 4. Soweit eine abweichende tarifvertragliche oder betriebsverfassungsrechtliche Vereinbarung zum Betriebsbegriff gem. § 3 besteht, ist dies bei der Einordnung des AN zu berücksichtigen.

---

1 Änderungen am 28.7.2001 in Kraft getreten, BGBl I S. 1852.　　2 *Fitting u.a.*, § 11 Rn 8; a.A. GK-BetrVG/*Kreutz*, § 11 Rn 11.

Bis zur Größe von 51 AN sind bei der Ermittlung der maßgeblichen AN-Zahl nur wahlberechtigte AN zu berücksichtigen, danach alle AN des Betriebes.[3] Bei einem BR mit fünf Mitgliedern, der bei einer Betriebsgröße von 51 wahlberechtigten AN bis 100 AN besteht, müssen daher von den 100 AN mind. 51 wahlberechtigt sein.

Leitende Ang sind bei der Berechnung der für die Anzahl der BR-Mitglieder ausschlaggebenden Zahl nicht zu berücksichtigen. Ebenfalls nicht mitzuzählen sind Leih-AN, die im Betrieb beschäftigt sind. Sie haben allenfalls eine aktive Wahlberechtigung gem. § 7, sind aber nicht bei der Berechnung der Schwellenwerte für die BR-Größe mit einzubeziehen (vgl. § 7).[4] Dies Regelung gilt unabhängig davon, ob die Leih-AN in einem sog. echten Leih-Arbverh stehen, also von einem gewerblichen Verleih-AG ausgeliehen werden, oder ob die AN in einem unechten Leih-Arbverh stehen, also bspw. im Rahmen der Konzernleihe an den Betrieb ausgeliehen worden sind.[5] AN, die im Rahmen der Konzernleihe überlassen werden, sind aber im Verleihbetrieb wahlberechtigt und wählbar und gem. § 9 mit zu berücksichtigen.[6]

Ebenfalls nicht bei der Berechnung der Schwellenwerte für die BR-Größe zu berücksichtigen sind AN, die von einem Werkunternehmer im Betrieb eingesetzt werden.[7] Auch Altersteilzeit-AN, die sich bereits in der Freistellungsphase befinden,[8] und AN, die aufgrund eines Eingliederungsvertrages tätig sind, und AN, die sich in der Elternzeit befinden (falls für sie ein Vertreter eingestellt ist, § 21 Abs. 7 BEEG), sind nicht mitzuzählen.[9]

Teilzeitbeschäftigte werden unabhängig von ihrer tatsächlichen Arbeitszeit voll gezählt. Der pro rata temporis-Grundsatz findet keine Anwendung. Es zählt also jeder AN voll.

II. Regelmäßige Zahl

Gem. § 9 ist auf die regelmäßige Zahl der AN des Betriebs abzustellen. Darunter ist der regelmäßige Zustand des Betriebs zu verstehen, die tatsächliche Beschäftigungszahl im Zeitpunkt des Erlasses des Wahlausschreibens ist nicht ausschlaggebend.[10] Kurzzeitige Absenkungen oder Anstiege der beschäftigten AN im Betrieb sind ebenfalls nicht zu berücksichtigen.[11] Abzustellen ist auf die Anzahl der AN, die während des größten Teils eines Jahres normalerweise in einem Betrieb beschäftigt werden.[12] Das muss nicht zwingend der Jahresdurchschnitt sein. Einfluss haben kann neben der Betrachtung der Vergangenheit auch die Personalplanung für die nähere Zukunft nach den BR-Wahlen. Dies ist insb. dann von Bedeutung, wenn im Zeitpunkt der Einleitung der BR-Wahlen für die nähere Zukunft bereits Personalaufstockungen oder ein Personalabbau in erheblichem Maße geplant ist. Dies kann ggf. durchaus in die Berechnung der für die Schwellenwerte maßgeblichen AN-Anzahl mit einbezogen werden und diese nach oben oder unten korrigieren. Allein die Befürchtung eines Personalabbaus aufgrund eines anhaltenden Auftragsrückgangs ist allerdings nicht ausreichend, vielmehr müssen bereits konkrete Entscheidungen des AG vorliegen, die die Reduzierung bereits konkretisieren.[13]

Da auf die Anzahl der regelmäßig beschäftigten AN abzustellen ist, ergeben sich für AN, die nicht ständig im Betrieb beschäftigt sind, Besonderheiten. Dies ist insb. für sog. Kampagne- oder Saisonbetriebe von Bedeutung. In diesen Betrieben sind **Saison-AN** z.B. nur dann zu berücksichtigen, wenn sie regelmäßig eingesetzt werden und von daher zum durchschnittlichen Betriebsablauf gehören.[14] Aushilfsweise eingestellte AN sind dann mitzuzählen, wenn eine Arbeitsstelle regelmäßig für mind. sechs Monate im Jahr mit einem **Aushilfs-AN** besetzt wird und auch für die Zukunft ein solcher Einsatz geplant ist.[15] Bei der befristeten Einstellung von Vertretungskräften für zeitweilig ausfallendes Stammpersonal sind nicht sowohl die Stamm-AN als auch die Vertretungskräfte als in der Regel beschäftigte AN des Betriebs i.S.v. § 9 zu berücksichtigen.[16]

III. Änderung der Anzahl der regelmäßigen Arbeitnehmer des Betriebes

Grds. ist der Tag des Erlasses des **Wahlausschreibens** ausschlaggebend für die Feststellung der regelmäßigen AN-Zahl des Betriebs (§ 3 WO BetrVG).[17] Zu diesem Zeitpunkt bereits geplante Anhebungen oder Senkungen der AN-Zahl sind bereits bei der Berechnung der regelmäßigen Anzahl zu berücksichtigen (siehe Rn 10). Veränderungen nach Erlass des Wahlausschreibens werden i.d.R. nicht mehr berücksichtigt. Etwas anderes gilt nur dann, wenn

---

3 Richardi/*Thüsing*, § 9 Rn 3; Hess u.a./*Schlochauer*, § 9 Rn 7; HaKo-BetrVG/*Brors*, § 9 Rn 2.
4 BAG 16.4.2003 – 7 ABR 53/02 – AP § 9 BetrVG 1972 Nr. 1 = NZA 2003, 1345; BAG 22.10.2003 – 7 ABR 3/03 – AP § 38 BetrVG 1972 Nr. 28 = NZA 2004, 1052.
5 BAG 10.3.2004 – 7 ABR 49/03 – AP § 7 BetrVG 1972 Nr. 8 = NZA 2004, 1340.
6 BAG 20.4.2005 – 7 ABR 20/04 – DB 2005, 1855.
7 BAG 21.7.2004 – 7 ABR 38/03 – NZA 2005, 240; BAG 10.3.2004 – 7 ABR 36/03 – juris; BAG 18.1.1989 – 7 ABR 21/88 – BAGE 61, 7 = NZA 1989, 724.
8 BAG 16.4.2003 – 7 ABR 53/02 – BAGE 105, 64 = NZA 2003, 1345.
9 *Stege/Weinspach/Schiefer*, § 9 Rn 2a; *Lindemann/Simon*, NZA 2002, 365.
10 BAG 22.2.1983 – 1 AZR 260/81 – BAGE 42, 1 = DB 1983, 1447; *Fitting u.a.*, § 9 Rn 11; *Lindemann/Simon*, NZA 2002, 365.
11 GK-BetrVG/*Kreutz*, § 9 Rn 10.
12 BAG 12.11.2008 – 7 ABR 73/07 – juris.
13 BAG 25.2.1987 – 4 AZR 209/86 – AP § 1 TVG Tarifverträge Einzelhandel Nr. 16; LAG München 24.7.2007 – 6 TaBV 3/07 – juris.
14 Richardi/*Thüsing*, § 9 Rn 12.
15 BAG 12.10.1976 – 1 ABR 1/76 – BAGE 28, 203 = DB 1977, 356.
16 BAG 15.3.2006 – 7 ABR 39/05 – juris.
17 BAG 12.10.1976 – 1 ABR 1/76 – BAGE 28, 203 = DB 1977, 356.

die Zahl der wahlberechtigten AN nach Erlass des Wahlausschreibens unter fünf sinkt, da in diesem Fall kein betriebsratsfähiger Betrieb mehr vorhanden ist.[18] Die Änderungen sind aber auch in allen übrigen Fällen selbstverständlich in die Wählerliste korrigiert aufzunehmen.

IV. Konkrete Anzahl der Betriebsratsmitglieder

13 § 9 legt für alle Anzahlen von AN bis zu 9.000 unmittelbar die Zahl der BR-Mitglieder fest (max. 35 Mitglieder). Ab dieser Anzahl erhöht sich die Zahl der Mitglieder des BR für je angefangene weitere 3.000 AN um zwei Mitglieder.

C. Verbindung zum Prozessrecht

14 Die Zahl der BR-Mitglieder wird vom Wahlvorstand im Wahlausschreiben festgelegt. Eine falsch festgelegte Anzahl der BR-Mitglieder führt zur Anfechtbarkeit der BR-Wahl. Streitigkeiten über Größe und Zusammensetzung des BR entscheidet das ArbG gem. § 2a Abs. 1 Nr. 1 ArbGG im Beschlussverfahren. Rechtsfolge eines erfolgreichen Anfechtungsverfahrens ist grds. die Unwirksamkeit der BR-Wahl, da eine Korrektur des Wahlergebnisses hier nicht möglich ist (vgl. § 19).[19]

D. Beraterhinweise

15 Eine aufgrund falscher Berechnung der maßgeblichen AN-Zahl unzutreffende Angabe der Anzahl der BR-Mitglieder sollte zum frühstmöglichen Zeitpunkt geltend gemacht werden. Bei offensichtlichen Fehlern ist auch der Versuch der Geltendmachung im einstweiligen Rechtsschutz zu überdenken. So können möglicherweise die erheblichen Kosten und Mühen einer kompletten Wiederholung der BR-Wahl vermieden werden. Bspw. kann eine offensichtlich anfechtbare Wahl bei einem bewussten Verstoß des Wahlvorstandes gegen grundlegende Wahlvorschriften selbst dann im Wege der einstweiligen Verfügung abgebrochen werden, wenn damit eine betriebsratslose Zeit eintritt.[20]

---

§ 10 (weggefallen)

---

§ 11 Ermäßigte Zahl der Betriebsratsmitglieder

Hat ein Betrieb nicht die ausreichende Zahl von wählbaren Arbeitnehmern, so ist die Zahl der Betriebsratsmitglieder der nächstniedrigeren Betriebsgröße zugrunde zu legen.

A. Allgemeines 1	II. Analoge Anwendung 4
B. Regelungsgehalt 2	C. Verbindung zum Prozessrecht 5
I. Nicht ausreichende Zahl wählbarer Arbeitnehmer 2	

A. Allgemeines

1 § 11 bestimmt, dass in Betrieben, die nicht die ausreichende Zahl von wählbaren AN haben, die Zahl der BR-Mitglieder der nächst niedrigeren Betriebsgröße zugrunde zu legen ist. Die Vorschrift hat in ihrer direkten Anwendung nur einen sehr geringen Anwendungsbereich. Er ist jedoch analog anzuwenden, wenn ein Betrieb zwar genügend wählbare AN hat, sich jedoch nicht genügend AN zur Wahl stellen.[1]

B. Regelungsgehalt

I. Nicht ausreichende Zahl wählbarer Arbeitnehmer

2 Nach § 11 ist die nächst niedrigere Betriebsgröße der Staffel des § 9 zugrunde zu legen, wenn ein Betrieb nicht eine entsprechend seiner AN-Zahl erforderliche Anzahl wählbarer AN im Betrieb hat. Hat z.B. ein Betrieb von 100 AN nur vier wählbare AN, ist ein dreiköpfiger BR entsprechend der nächst niedrigeren Stufe des § 9 zu bilden. An diesem Beispiel zeigt sich bereits, wie gering der direkte Anwendungsbereich der Vorschrift in der Praxis ist. Es wird kaum Betriebe geben, in denen es bei 100 AN nur vier wählbare AN gibt (vgl. zur Wählbarkeit § 8).

---

18 Hess u.a./*Schlochauer*, § 9 Rn 13.
19 BAG 12.10.1976 – 1 ABR 14/76 – BAGE 28, 212 = SAE 1977, 141.
20 LAG Hamburg 26.4.2006 – 6 TaBV 6/06 – NZA-RR 2006, 413.
1 DKK/*Schneider*, § 11 Rn 4; Richardi/*Thüsing*, § 11 Rn 6 ff.; a.A. GK-BetrVG/*Kreutz*, § 11 Rn 11.

Ausschlaggebend für die Feststellung der Zahl der wählbaren AN ist der Tag des Erlasses des Wahlausschreibens.² Die Festlegung gem. § 11 ist für die gesamte Wahlperiode des BR verbindlich. Wenn ein Betrieb allerdings weniger als drei wählbare AN hat, erfolgt nicht etwa eine Herabstufung auf einen einköpfigen BR, vielmehr entfällt die BR-Wahl komplett, da gem. § 1 das Vorhandensein von drei wählbaren AN Grundvoraussetzung für die BR-Fähigkeit eines Betriebs ist.³

II. Analoge Anwendung

Sofern es in einem Betrieb zwar tatsächlich eine ausreichende Anzahl wählbarer AN für die Wahl des den Stufen des § 9 entsprechenden BR gibt, sich aber zu wenig AN zur Wahl für das BR-Amt stellen, ist § 11 entsprechend anwendbar.⁴ In diesem Fall kann es auch zu einer Herabstufung auf einen einköpfigen BR kommen, was bei einer direkten Anwendung des § 11 nicht möglich ist. Das kann der Fall sein, wenn es zwar über drei wählbare AN im Betrieb gibt, sich jedoch nur zwei zur Wahl stellen. In diesem Fall müsste auf einen einköpfigen BR reduziert werden, da immer eine Stufe des § 9 gewählt werden muss, eine gerade Anzahl von BR-Mitgliedern ist nicht möglich.

C. Verbindung zum Prozessrecht

Bei Streitigkeiten über die Anwendbarkeit von § 11 entscheidet das ArbG gem. § 2a Abs. 1 Nr. 1 ArbGG im Beschlussverfahren. Ein Verstoß gegen § 11 kann im Rahmen eines Anfechtungsverfahrens geltend gemacht werden. Auch hier ist bei Vorliegen eines tatsächlichen Verstoßes keine Korrektur des Wahlergebnisses möglich, sondern die BR-Wahl muss für unwirksam erklärt werden.

§ 12 (weggefallen)

§ 13 Zeitpunkt der Betriebsratswahlen

(1) ¹Die regelmäßigen Betriebsratswahlen finden alle vier Jahre in der Zeit vom 1. März bis 31. Mai statt. ²Sie sind zeitgleich mit den regelmäßigen Wahlen nach § 5 Abs. 1 des Sprecherausschussgesetzes einzuleiten.

(2) Außerhalb dieser Zeit ist der Betriebsrat zu wählen, wenn

1. mit Ablauf von 24 Monaten, vom Tage der Wahl an gerechnet, die Zahl der regelmäßig beschäftigten Arbeitnehmer um die Hälfte, mindestens aber um fünfzig, gestiegen oder gesunken ist,
2. die Gesamtzahl der Betriebsratsmitglieder nach Eintreten sämtlicher Ersatzmitglieder unter die vorgeschriebene Zahl der Betriebsratsmitglieder gesunken ist,
3. der Betriebsrat mit der Mehrheit seiner Mitglieder seinen Rücktritt beschlossen hat,
4. die Betriebsratswahl mit Erfolg angefochten worden ist,
5. der Betriebsrat durch eine gerichtliche Entscheidung aufgelöst ist oder
6. im Betrieb ein Betriebsrat nicht besteht.

(3) ¹Hat außerhalb des für die regelmäßigen Betriebsratswahlen festgelegten Zeitraums eine Betriebsratswahl stattgefunden, so ist der Betriebsrat in dem auf die Wahl folgenden nächsten Zeitraum der regelmäßigen Betriebsratswahlen neu zu wählen. ²Hat die Amtszeit des Betriebsrats zu Beginn des für die regelmäßigen Betriebsratswahlen festgelegten Zeitraums noch nicht ein Jahr betragen, so ist der Betriebsrat in dem übernächsten Zeitraum der regelmäßigen Betriebsratswahlen neu zu wählen.

A. Allgemeines	1	II. Außerordentliche Betriebsratswahlen (Abs. 2 BetrVG)	5
B. Regelungsgehalt	2		
I. Turnusmäßige Betriebsratswahlen	2	C. Beraterhinweise	9

A. Allgemeines

§ 13 gibt den **Zeitrahmen** für die turnusmäßigen Wahlen zum BR vor, ermöglicht jedoch unter bestimmten Voraussetzungen auch außerhalb dieser Zeit liegende Wahlverfahren. Das ist der Fall, wenn es in dem Betrieb noch keinen BR gibt, eine erfolgreiche Wahlanfechtung vorliegt, der BR durch gerichtliche Entscheidung aufgelöst wurde (z.B. bei Nichtigkeit der Wahl) oder wenn der BR zurückgetreten ist. Daneben bestehen noch zwei Möglichkeiten, die an

---

2 Richardi/*Thüsing*, § 11 Rn 5.
3 Hess u.a./*Schlochauer*, § 11 Rn 6.

4 LAG Schleswig-Holstein 7.9.1988 – 3 TaBV 2/88 – LAGE § 11 BetrVG 1972 Nr. 1 = DB 1989, 284.

Zahlenveränderungen geknüpft sind. Das ist zum einen der Fall, wenn innerhalb von zwei Jahren die Zahl der im Betrieb beschäftigten AN um die Hälfte sinkt oder steigt, dabei müssen mind. 50 AN ausgetreten oder hinzugekommen sein. Mit dieser Regelung trägt der Gesetzgeber dem Umstand Rechnung, dass die Anzahl der BR-Mitglieder mit der Anzahl der AN korreliert. Es soll weder die Situation entstehen, dass der BR wesentlich zu groß ist, noch, dass der BR zur Bewältigung seiner Aufgaben nicht mehr in der Lage ist, da sich die AN-Anzahl drastisch erhöht hat.[1] Um jedoch nicht jede Schwankung der Betriebsgröße innerhalb der Wahlperiode zu erfassen, wurde eine hohe Schwelle eingeführt. Der weitere Fall der Zahlenveränderung ist die Möglichkeit, dass die Anzahl der BR-Mitglieder auch nach Einrücken sämtlicher Ersatzmitglieder unter die durch die Schwelle des § 9 vorgesehene Schwelle rückt. In diesem Fall ist eine ordnungsgemäße Zusammensetzung des BR nicht mehr möglich. Daher muss es zu Neuwahlen kommen. Die Situation ist nicht mit der Sachlage des § 11 vergleichbar, da es im Betrieb wählbare AN geben kann, die auch zu einer Kandidatur bereit sind. Es empfiehlt sich daher, stets bei der Durchführung der Wahlen bereits bei der Zusammenstellung der Wahlvorschläge auf eine **ausreichend hohe Anzahl von Wahlbewerbern** zu achten, um genügend Ersatzmitglieder im BR zu haben. Die entsprechende Vorschrift zur Anzahl der Wahlbewerber auf einer Vorschlagsliste ist zwar keine zwingende Regelung, sollte aber in jedem Fall möglichst berücksichtigt werden (s. § 14 Rn 41).

B. Regelungsgehalt

I. Turnusmäßige Betriebsratswahlen

2 Gem. Abs. 1 finden die turnusmäßigen BR-Wahlen alle vier Jahre in der Zeit vom 1. März bis 31. Mai statt. Der Wahltag muss also innerhalb dieses Zeitraums liegen. Andere Wahlhandlungen, wie die Bestellung des Wahlvorstandes und weitere Vorbereitungsmaßnahmen zur Wahl, müssen nicht innerhalb dieses Zeitraums liegen. Aufgrund dieser Regelung finden die nächsten turnusmäßigen BR-Wahlen im Jahre 2010, in weiteren Wahlperioden in 2014, 2018 usw. statt. Die Regelung des § 13 ist zwingend und kann nicht durch TV oder BV geändert werden.

3 Zwar gibt Abs. 1 einen einheitlichen Grundzeitrahmen vor, für die exakte Festlegung des Wahltermins ist daneben aber auch die Amtszeit des amtierenden BR zu berücksichtigen. Dessen Amtszeit endet vier Jahre nach seiner Wahl, spätestens jedoch zum 31. Mai des Jahres, in dem die regelmäßigen BR-Wahlen stattfinden. Wurde der amtierende BR also bereits am 15. April 2006 gewählt, ist der 14. April 2010 der letzte Amtstag. Das gilt auch, wenn zu diesem Zeitpunkt noch kein neuer BR gewählt wurde.

4 Die turnusmäßigen BR-Wahlen sind zeitgleich mit den regelmäßigen Wahlen nach § 5 Abs. 1 SprAuG einzuleiten (Abs. 1 S. 2). Ein Verstoß hiergegen führt allerdings nicht zur Anfechtbarkeit der BR-Wahl.

II. Außerordentliche Betriebsratswahlen (Abs. 2 BetrVG)

5 Grds. dürfen BR-Wahlen nur in dem durch Abs. 1 festgelegten Zeitfenster durchgeführt werden. Nur unter den in Abs. 2 aufgeführten Voraussetzungen können sie **außerhalb des gesetzlichen Turnus** durchgeführt werden. Die dort aufgeführten Fallkonstellationen sind abschließend.

6 Neuwahlen bzw. Erstwahlen außerhalb der turnusgemäßen Wahlen können eingeleitet werden, wenn
   – sich die Zahl der Beschäftigten im Betrieb wesentlich geändert hat. Dies ist dann der Fall, wenn innerhalb von 24 Monaten vom Tag der Wahl die Zahl der regelmäßig beschäftigten AN um die Hälfte, mindestens aber um 50 gestiegen oder gesunken ist (Abs. 2 Nr. 1),
   – die Gesamtzahl der BR-Mitglieder nach Eintreten sämtlicher Ersatzmitglieder unter die vorgeschriebene Zahl der BR-Mitglieder gesunken ist (Abs. 2 Nr. 2),
   – der BR seinen Rücktritt beschlossen hat (Abs. 2 Nr. 3),
   – die BR-Wahl mit Erfolg angefochten wurde (Abs. 2 Nr. 4),
   – der BR durch eine gerichtliche Entscheidung aufgelöst ist (Abs. 2 Nr. 5) oder
   – in einem betriebsratsfähigen Betrieb kein BR besteht (Abs. 2 Nr. 6).

7 In den Fällen des Abs. 2 Nr. 1 bis 3 bestellt der bisherige BR den Wahlvorstand für die Neuwahlen. Er führt gem. § 22 die Geschäfte bis zur erfolgten Neuwahl weiter. Umstr. ist dies im Hinblick auf den Fall des zurückgetretenen BR. Bestellt der Rest-BR im Falle des Abs. 2 Nr. 2 keinen Wahlvorstand, ist der GBR in entsprechender Anwendung des § 16 Abs. 3 hierzu berechtigt.[2]

8 Eine außerordentliche BR-Wahl kann gem. Abs. 3 zu einer Verkürzung oder Verlängerung der Amtszeit eines BR führen. Ist ein gem. Abs. 2 gewählter BR zu Beginn des auf seine Wahl folgenden turnusgemäßen Wahlzeitraums schon länger als ein Jahr im Amt, so hat die Neuwahl bereits zu dem Zeitpunkt, der für die regelmäßige BR-Wahlen vorgegeben ist, stattzufinden (Abs. 3 S. 1). In diesem Fall ist der BR im Ergebnis weniger als vier Jahre im Amt. Ist aber der BR zum Zeitpunkt der nächsten turnusgemäßen BR-Wahl noch nicht ein Jahr im Amt, so wird er erst in dem

---

1 DKK/*Schneider*, § 13 Rn 7 ff.

2 Hessisches LAG 8.12.2005 – 9 TaBV 88/05 – AR 2006, 253 (nur LS).

übernächsten Zeitraum der regelmäßigen BR-Wahlen neu gewählt (Abs. 3 S. 2). Die Amtszeit des BR verlängert sich in diesen Fällen und kann maximal bis zu fünf Jahren betragen.

C. Beraterhinweise

Der konkrete Wahltermin für die BR-Wahl sollte möglichst nicht ganz am Ende des turnusgemäßen Wahlfensters, also Ende Mai liegen. Evtl. Verzögerungen könnten dann dazu führen, dass ein **betriebsratsloser Zustand** entsteht, da die Amtszeit des amtierenden BR in jedem Fall am 31. Mai endet.
Wahlvorschlagslisten sollten möglichst den Vorgaben des § 6 Abs. 2 WO BetrVG genügen, also mind. doppelt so viele Wahlbewerber enthalten, wie BR-Sitze zu vergeben sind. Damit wird gewährleistet, dass genügend Ersatzkandidaten bestehen und der Fall des Abs. 2 Nr. 2 nicht eintritt.

9

§ 14 Wahlvorschriften

(1) Der Betriebsrat wird in geheimer und unmittelbarer Wahl gewählt.
(2) ¹Die Wahl erfolgt nach den Grundsätzen der Verhältniswahl. ²Sie erfolgt nach den Grundsätzen der Mehrheitswahl, wenn nur ein Wahlvorschlag eingereicht wird oder wenn der Betriebsrat im vereinfachten Wahlverfahren nach § 14a zu wählen ist.
(3) Zur Wahl des Betriebsrats können die wahlberechtigten Arbeitnehmer und die im Betrieb vertretenen Gewerkschaften Wahlvorschläge machen.
(4) ¹Jeder Wahlvorschlag der Arbeitnehmer muss von mindestens einem Zwanzigstel der wahlberechtigten Arbeitnehmer, mindestens jedoch von drei Wahlberechtigten unterzeichnet sein; in Betrieben mit in der Regel bis zu zwanzig wahlberechtigten Arbeitnehmern genügt die Unterzeichnung durch zwei Wahlberechtigte. ²In jedem Fall genügt die Unterzeichnung durch fünfzig wahlberechtigte Arbeitnehmer.
(5) Jeder Wahlvorschlag einer Gewerkschaft muss von zwei Beauftragten unterzeichnet sein.

A. Allgemeines 1	ee) Stimmabgabe durch behinderte Arbeitnehmer 30
B. Regelungsgehalt 2	3. Verhältniswahl und Mehrheitswahl 31
I. Wahlgrundsätze 2	a) Mehrheitswahl 32
1. Unmittelbare Wahl 3	b) Verhältniswahl 37
a) Allgemeines 3	II. Ermittlung der Wahlbewerber 41
b) Briefwahl 4	1. Frist zur Einreichung einer Vorschlagsliste ... 42
aa) Persönliche Voraussetzungen 5	2. Unterzeichnung der Wahlvorschläge 46
bb) Übersendung der Wahlunterlagen ... 6	a) Wahlvorschläge der Arbeitnehmer des Betriebs 46
cc) Nachträgliche Änderung des Wahlausschreibens 11	b) Wahlvorschläge von im Betrieb vertretenen Gewerkschaften 50
dd) Fristgerechte Stimmabgabe 12	3. Notwendiger Inhalt der Vorschlagsliste 54
ee) Merkblatt 13	4. Zustimmungserklärung des Bewerbers 57
ff) Einbeziehung von Kleinstbetrieben .. 14	5. Listenvertreter 58
gg) Stimmabgabe 17	6. Mehrfachkandidatur 59
2. Geheime Wahl 19	7. Prüfung der Vorschlagslisten 60
a) Stimmabgabe bei Verhältniswahl 20	8. Bekanntmachung der Vorschlagslisten 63
b) Stimmabgabe bei Mehrheitswahl 23	a) Reihenfolge der Vorschlagslisten 64
c) Wahlvorgang 25	b) Bekanntmachung 65
aa) Wahllokal 25	C. Verbindung zum Prozessrecht 66
bb) Unbeobachtete Stimmabgabe 26	D. Beraterhinweise 67
cc) Wahlurne 27	
dd) Durchführung der Wahl 29	

A. Allgemeines

§ 14 regelt die allg. **Wahlgrundsätze**. Das betrifft zum einen die Durchführung der Wahl als Verhältnis- oder Mehrheitswahl. Wird nur ein Wahlvorschlag eingereicht oder nach dem vereinfachten Wahlverfahren gem. § 14a gewählt, wird die Wahl nach den Grundsätzen der Mehrheitswahl durchgeführt. Gibt es in Betrieben im normalen Wahlverfahren mehrere Vorschlagslisten, ist die Wahl nach dem Verhältnisprinzip durchzuführen. Die Wahl zum BR ist eine geheime und unmittelbare Wahl. § 14 regelt zudem, unter welchen Voraussetzungen Wahlvorschläge zur BR-Wahl gemacht werden können. Die Einzelheiten des Wahlverfahrens sind in der WO BetrVG geregelt.

1

B. Regelungsgehalt
I. Wahlgrundsätze

2 Die BR-Wahl ist eine **unmittelbare und geheime Wahl**. Das stellt Abs. 1 noch einmal eindeutig heraus. Auch die übrigen Wahlgrundsätze, allg., freie und gleiche Wahl finden auf die BR-Wahl Anwendung, auch wenn sie nicht ausdrücklich in § 14 erwähnt sind.[1] Die Wahl des BR aufgrund von Vorschlagslisten erfolgt nur in Betrieben, in denen mehr als drei BR-Mitglieder zu wählen sind. In Kleinbetrieben mit bis zu drei BR-Mitgliedern erfolgt das Wahlverfahren zwingend nach dem vereinfachten Wahlverfahren und damit zwingend durch **Mehrheitswahl** (siehe § 14a Rn 19). Auch in Betrieben mit mehr als drei BR-Mitgliedern (also i.d.R. normales Wahlverfahren, nur bei fünf BR-Mitgliedern kann vereinfachtes Wahlverfahren noch freiwillig vereinbart werden) erfolgt die BR-Wahl als Mehrheitswahl, wenn nur eine Vorschlagsliste eingereicht wurde. Ansonsten gilt das Prinzip der **Verhältniswahl**.

3 **1. Unmittelbare Wahl. a) Allgemeines.** Unter dem Begriff der unmittelbaren Wahl ist zu verstehen, dass die wahlberechtigten AN die BR-Mitglieder direkt wählen, also nicht, wie teilweise bei der Wahl der AN-Vertreter zum AR eines Unternehmens (vgl. §§ 9 ff. MitbestG), Wahlmänner zwischengeschaltet sind, die zunächst von den AN gewählt werden und dann selber die Kandidaten wählen. Bei der unmittelbaren Wahl muss jeder wahlberechtigte AN seine Stimme persönlich abgeben, er kann sich nicht vertreten lassen.

4 **b) Briefwahl.** Sollte ein wahlberechtigter AN zu den Wahlzeiten verhindert sein, besteht die Möglichkeit, die Stimme im Wege der Briefwahl abzugeben. Dafür normieren §§ 24 bis 26 WO BetrVG die Voraussetzungen. Grds. hat die Stimmabgabe vor Ort im Wahlraum Vorrang. Es führt daher zur Anfechtbarkeit der Wahl, wenn generell die **schriftliche Stimmabgabe** angeordnet wird und zwar auch für den Betriebsteil, der gem. § 3 Abs. 2 Nr. 11 WO als Ort der (persönlichen) Stimmabgabe bestimmt wurde.[2]

WO BetrVG § 24 – Voraussetzungen

(1) Wahlberechtigten, die im Zeitpunkt der Wahl wegen Abwesenheit vom Betrieb verhindert sind, ihre Stimme persönlich abzugeben, hat der Wahlvorstand auf ihr Verlangen

1. das Wahlausschreiben,
2. die Vorschlagslisten,
3. den Stimmzettel und den Wahlumschlag,
4. eine vorgedruckte von der Wählerin oder dem Wähler abzugebende Erklärung, in der gegenüber dem Wahlvorstand zu versichern ist, dass der Stimmzettel persönlich gekennzeichnet worden ist, sowie
5. einen größeren Freiumschlag, der die Anschrift des Wahlvorstands und als Absender den Namen und die Anschrift der oder des Wahlberechtigten sowie den Vermerk „Schriftliche Stimmabgabe" trägt,

auszuhändigen oder zu übersenden. [2]Der Wahlvorstand soll der Wählerin oder dem Wähler ferner ein Merkblatt über die Art und Weise der schriftlichen Stimmabgabe (§ 25) aushändigen oder übersenden. [3]Der Wahlvorstand hat die Aushändigung oder die Übersendung der Unterlagen in der Wählerliste zu vermerken.

(2) Wahlberechtigte, von denen dem Wahlvorstand bekannt ist, dass sie im Zeitpunkt der Wahl nach der Eigenart ihres Beschäftigungsverhältnisses voraussichtlich nicht im Betrieb anwesend sein werden (insbesondere im Außendienst oder mit Telearbeit Beschäftigte und in Heimarbeit Beschäftigte), erhalten die in Absatz 1 bezeichneten Unterlagen, ohne dass es eines Verlangens der Wahlberechtigten bedarf.

(3) [1]Für Betriebsteile und Kleinstbetriebe, die räumlich weit vom Hauptbetrieb entfernt sind, kann der Wahlvorstand die schriftliche Stimmabgabe beschließen. [2]Absatz 2 gilt entsprechend.

5 **aa) Persönliche Voraussetzungen.** Voraussetzung für die Möglichkeit der **Briefwahl** ist, dass eine persönliche Stimmabgabe wegen Abwesenheit des AN nicht möglich ist. Ob dies gegeben ist, ist jeweils im Einzelfall zu prüfen. Der Wahlvorstand darf nicht generell eine Briefwahl anordnen.[3] Ob die Abwesenheit auf betrieblichen oder persönlichen Gründen beruht, ist ebenso unerheblich wie die Dauer der Abwesenheit. Voraussetzung ist lediglich, dass der AN zum Zeitpunkt der BR-Wahl nicht im Betrieb anwesend ist.[4] Bei einer mehrtägigen Wahl genügt es, dass der AN nur an einem Tag nicht im Betrieb anwesend ist. Sollte sich herausstellen, dass ein AN, dem bereits die Briefwahlunterlagen ausgehändigt worden sind, dennoch am Wahltag persönlich im Betrieb anwesend ist, so kann dieser AN seine Stimme trotzdem auch persönlich abgeben.[5]

AN, die nach § 24 WO für die Briefwahl in Betracht kommen, können das aktive und passive Wahlrecht nur ausüben, wenn sie bereits in der Wählerliste eingetragen sind (§ 2 Abs. 3 S. 1 WO).

---

1 Schiefer/Korte, NZA 2002, 57; DKK/*Schneider*, § 14 Rn 14; HaKo-BetrVG/*Brors*, § 14 Rn 2.
2 LAG Hamm 16.11.2007 – 13 TaBV 109/06 – juris.
3 GK-BetrVG/*Kreutz/Oetker*, § 24 WO Rn 2.
4 *Fitting u.a.*, § 24 WO Rn 2.
5 *Fitting u.a.*, § 24 WO Rn 2.

bb) Übersendung der Wahlunterlagen. Eine Übersendung der Wahlunterlagen von Amts wegen kommt im Falle des § 24 Abs. 1 WO nicht in Betracht. Vielmehr hängt die Übersendung der Wahlunterlagen von einem ausdrücklichen Verlangen des verhinderten Wählers ab. Das Verlangen selbst ist an keine Form gebunden, es kann also mündlich oder schriftlich erfolgen.[6] Bei dem Antrag auf Aushändigung oder Übersendung der Wahlunterlagen sollte der Grund für die voraussichtliche Abwesenheit angegeben werden; eine Nachprüfungspflicht des Wahlvorstandes, ob der Grund auch wirklich vorliegt, besteht jedoch nicht.

Hat ein AN sein Verlangen auf Aushändigung oder Übersendung der Wahlunterlagen geltend gemacht, so hat der Wahlvorstand die in § 24 Abs. 1 Nr. 1 bis 5 WO genannten Unterlagen auszuhändigen oder zu übersenden.

Eine **Übersendung der Wahlunterlagen von Amts wegen** kommt nur bei Wahlberechtigten in Betracht, bei denen dem Wahlvorstand bekannt ist, dass sie im Zeitpunkt der Wahl wegen der Eigenart ihres Beschäftigungsverhältnisses voraussichtlich nicht im Betrieb anwesend sein werden.[7] In diesen Fällen hat der Wahlvorstand die in § 24 Abs. 1 WO bezeichneten Unterlagen von Amts wegen auszuhändigen oder zu übersenden (§ 24 Abs. 2 WO). Der Wahlvorstand sollte den AG möglichst im Vorfeld nach dem für § 24 Abs. 2 WO in Frage kommenden Personenkreis fragen. Der AG ist insoweit gem. § 20 Abs. 1 S. 1 zur Auskunft verpflichtet.[8] § 24 Abs. 2 WO setzt voraus, dass dem Wahlvorstand die in Frage kommenden Wahlberechtigten zumindest bekannt sind. Daraus lässt sich auch der Umkehrschluss ziehen, dass eine besondere Nachforschungspflicht des Wahlvorstandes bezüglich des in Frage kommenden Personenkreises nicht besteht.[9] Ist dem Wahlvorstand umgekehrt mit Sicherheit bekannt, dass ein AN, der sich grds. außerhalb des Betriebs aufhält, am Wahltag ausnahmsweise doch im Betrieb ist, ist er nicht verpflichtet, die Unterlagen gem. § 24 Abs. 2 WO zu übersenden.

Sind bereits die Unterlagen für die schriftliche Stimmabgabe übersandt worden, befinden sich aber die AN tatsächlich am Wahltag im Betrieb, so können sie ihre Stimme auch persönlich gem. §§ 11, 12 WO abgeben. Sie müssen dann entweder die übersandten Unterlagen dem Wahlvorstand zurückgeben oder den übersandten Stimmzettel und Wahlumschlag für die persönliche Stimmabgabe benutzen.

Sowohl im Fall des § 24 Abs. 1 als auch im Fall des § 24 Abs. 2 hat der Wahlvorstand die Übersendung der Wahlunterlagen an die betroffenen AN in der Wählerliste zu vermerken. Dadurch wird sichergestellt, dass neben der schriftlichen Stimmabgabe nicht noch eine persönliche Stimmabgabe desselben Wählers erfolgt.

cc) Nachträgliche Änderung des Wahlausschreibens.
– Sollte das Wahlausschreiben nachträglich geändert werden, so hat der Wahlvorstand den AN, die an der Briefwahl teilnehmen, auch diese Änderungen auszuhändigen oder zu übersenden. Als mögliche Fallkonstellationen wären z.B. denkbar:
– Während der Einreichungsfrist des § 6 Abs. 1 S. 2 WO wird keine gültige Vorschlagsliste eingereicht. Dann ist eine Abschrift oder ein Abdruck der Bekanntmachung über den Nichteingang gültiger Vorschlagslisten innerhalb der Einreichungsfrist und über die Nachfrist von einer Woche für die Einreichung von Vorschlagslisten (§ 9 Abs. 1 WO) auszuhändigen oder zu übersenden.
– Wenn auch während der Nachfrist keine gültige Vorschlagsliste eingereicht worden ist, ist eine Abschrift oder ein Abdruck der Bekanntmachung, dass die Wahl nicht stattfindet (§ 9 Abs. 2 WO), zu übersenden oder auszuhändigen.

dd) Fristgerechte Stimmabgabe. Der Wahlvorstand hat dafür Sorge zu tragen, dass die AN, die an der Briefwahl teilnehmen, ihre Stimme rechtzeitig abgeben können. Die Wahlunterlagen sollten daher spätestens am Tag der Bekanntgabe der Vorschlagslisten (§ 10 Abs. 2 WO) übersendet werden. Einem AN, der nach diesem Zeitpunkt eine Briefwahl beantragt, sind die Wahlunterlagen unverzüglich auszuhändigen oder zu übersenden.

ee) Merkblatt. Der Wahlvorstand soll dem Wähler ein Merkblatt über die Art und Weise der schriftlichen Stimmabgabe aushändigen oder übersenden (§ 24 Abs. 1 S. 2 WO). Da es sich hierbei lediglich um eine Sollvorschrift handelt, kann eine Verletzung dieser Norm eine Wahlanfechtung grds. nicht rechtfertigen.[10]

ff) Einbeziehung von Kleinstbetrieben. § 24 Abs. 3 WO berücksichtigt die durch die **Einbeziehung von Kleinstbetrieben** novellierte Vorschrift des § 4. Die Betriebsteile und Kleinstbetriebe i.S.d. § 4 müssen u.a. „räumlich weit vom Hauptbetrieb entfernt" sein. Dieses Tatbestandsmerkmal liegt dann vor, wenn es den AN der außerhalb des Hauptbetriebs befindlichen Betriebsteile und Kleinstbetriebe unter Berücksichtigung der zur Verfügung stehenden Verkehrsmöglichkeiten unzumutbar ist, im Hauptbetrieb persönlich ihre Stimme abzugeben.[11]

Der Wahlvorstand kann für Betriebsteile und Kleinstbetriebe gem. § 4, die keinen eigenen BR wählen, entweder in dem Betriebsteil oder Kleinstbetrieb Wahllokale einrichten oder für die dort beschäftigten AN die schriftliche

---
6 DKK/*Schneider*, § 26 WO Rn 9.
7 LAG Nürnberg, 15.3.2004 – 9 Ta BV 24/03 – FA 2004, 281 (nur LS).
8 DKK/*Schneider*, § 24 WO Rn 13.
9 GK-BetrVG/*Kreutz/Oetker*, § 24 WO Rn 11.
10 A.A. GK-BetrVG/*Kreutz/Oetker*, § 24 WO Rn 17.
11 Richardi/*Thüsing*, § 24 WO Rn 5.

Stimmabgabe gem. § 24 Abs. 3 WO beschließen. Für welche der beiden Alternativen sich der Wahlvorstand entscheidet, unterliegt seinem pflichtgemäßen Ermessen. Entscheidet sich der Wahlvorstand für die Variante der schriftlichen Stimmabgabe, so hat er den in den Betriebsteilen und Kleinstbetrieben beschäftigten AN von Amts wegen die erforderlichen Unterlagen auszuhändigen oder zu übersenden.[12]

16 Voraussetzung ist, dass die Betriebsteile und Kleinstbetriebe keinen eigenen BR wählen, sondern betriebsverfassungsrechtlich zu dem Betrieb gehören, für den die BR-Wahl durchgeführt wird. Die AN des Betriebsteils müssen beschlossen haben, an der Wahl des BR im Hauptbetrieb teilzunehmen. Dieser Beschluss kann auch auf Veranlassung des Hauptbetriebs gefasst werden.

gg) Stimmabgabe.

WO BetrVG § 25 – Stimmabgabe
Die Stimmabgabe erfolgt in der Weise, dass die Wählerin oder der Wähler
1. den Stimmzettel unbeobachtet persönlich kennzeichnet und in dem Wahlumschlag verschließt,
2. die vorgedruckte Erklärung unter Angabe des Orts und des Datums unterschreibt und
3. den Wahlumschlag und die unterschriebene vorgedruckte Erklärung in dem Freiumschlag verschließt und diesen so rechtzeitig an den Wahlvorstand absendet oder übergibt, dass er vor Abschluss der Stimmabgabe vorliegt.

Die Wählerin oder der Wähler kann unter den Voraussetzungen des § 12 Abs. 4 die in den Nummern 1 bis 3 bezeichneten Tätigkeiten durch eine Person des Vertrauens verrichten lassen.

17 Der Wähler muss den Stimmzettel unbeobachtet persönlich kennzeichnen und in dem Wahlumschlag verschließen. Darüber hinaus muss er den Erklärungsvordruck zur **schriftlichen Stimmabgabe** unter Angabe von Ort und Datum unterschreiben. Wahlumschlag und Erklärung müssen in dem dem Wähler vorliegenden Freiumschlag verschlossen werden und so rechtzeitig an den Wahlvorstand übergeben oder übersendet werden, dass sie vor Abschluss der Wahl vorliegen. Der im Freiumschlag enthaltene Wahlumschlag und die unterzeichnete vorgedruckte Erklärung müssen vor Ablauf der für die Stimmabgabe festgesetzten Frist (§ 3 Abs. 2 Nr. 11 WO) dem Wahlvorstand zugegangen sein. Verspätet eingegangene Wahlumschläge dürfen bei der Stimmenauszählung nicht berücksichtigt werden. Aufgrund dessen empfiehlt es sich für den Wahlvorstand, jeden einzelnen Freiumschlag mit einem genauen Eingangsvermerk (Tag und ggf. Stunde) zu versehen. Gehen Freiumschläge schon vor dem Wahltag dem Wahlvorstand zu, so hat der Wahlvorstand diese Freiumschläge bis zum Wahltag unter Verschluss zu nehmen, um Veränderungen oder Entwendungen der Freiumschläge auszuschließen.[13] Ist es möglich, jedenfalls bis zum Zeitpunkt der Abstempelung im Betrieb des AG den Freiumschlag, den Stimmzettel und den Wahlumschlag auszutauschen und die neuen, möglicherweise veränderten Unterlagen zusammen mit der ausgefüllten persönlichen Erklärung beim Wahlvorstand einzureichen, so reicht diese Möglichkeit der Manipulation für die Annahme eines Wahlverstoßes aus, ohne dass ein konkreter Verdacht gegen eine bestimmte Person festgestellt werden muss, so dass damit die Stimmabgabe ungültig ist.[14] Den Freiumschlag können der Wahlvorstandsvorsitzende sowie jedes Mitglied des Wahlvorstandes entgegen nehmen. Wird der Freiumschlag im Wahlbüro oder im Wahllokal abgegeben, genügt es, wenn ein Wahlhelfer den Freiumschlag entgegen nimmt.

Zur **Sicherung des Wahlgeheimnisses** ist der Wahlumschlag zu verschließen, unterbleibt dies, ist aber gleichwohl die Stimme bei der Stimmabgabe mit zu berücksichtigen, wenn wenigstens der Freiumschlag (§ 25 Nr. 3 WO) verschlossen ist. Es ist sicherzustellen, dass der Wahlumschlag keine Kennzeichnung enthält, die einen Rückschluss auf die Person des Wählers gestatten.[15]

18 Fehlt die vorgedruckte Erklärung nach § 24 Abs. 1 Nr. 4 WO oder die Unterschrift unter dieser Erklärung (§ 25 Nr. 2 WO), so liegt keine ordnungsgemäße Stimmabgabe vor und die Stimme wird bei der Wahl nicht berücksichtigt. Ist der Wahlumschlag nicht verschlossen oder fehlt die schriftliche Erklärung, dass der Stimmzettel persönlich gekennzeichnet wurde (§ 25 Nr. 3 WO), darf der Wahlumschlag bei der Wahl nicht berücksichtigt und nicht in die Wahlurne eingefügt werden. Die Stimmabgabe ist ungültig. Nach Abschluss der Stimmabgabe öffnet der Wahlvorstand in öffentlicher Sitzung die bis zu diesem Zeitpunkt eingegangenen Freiumschläge und entnimmt ihnen die Wahlumschläge sowie die vorgedruckten Erklärungen.[16] Ist die schriftliche Stimmabgabe ordnungsgemäß erfolgt (§ 25), legt der Wahlvorstand den Wahlumschlag nach Vermerk der Stimmabgabe in der Wählerliste ungeöffnet in die Wahlurne. Er wird dann im normalen Verfahren mit ausgezählt (siehe § 18 Rn 36).

19 **2. Geheime Wahl.** Eine offene **Stimmabgabe**, etwa durch Handzeichen in einer Betriebsversammlung, ist unzulässig. Der AN muss die Wahl schriftlich mit einem verdeckt gekennzeichneten **Stimmzettel** vornehmen. Die Einzelheiten zur Stimmabgabe und zum Wahlvorgang sind in den §§ 11 und 12 WO BetrVG für die Verhältniswahl und in

---

12 Richardi/*Thüsing*, § 24 WO Rn 5.
13 GK-BetrVG/*Kreutz/Oetker*, § 25 Rn 2.
14 LAG Hamm 11.6.2007 – 13 TaBV 87/06 – juris.

15 *Fitting u.a.*, § 25 WO Rn 2.
16 LAG Köln 11.4.2003 – 4 (13) Ta BV 63/02 – n.v.

§ 20 WO BetrVG für die Mehrheitswahl geregelt. Hinsichtlich des Wahlvorgangs verweist § 20 WO BetrVG auf § 12 WO BetrVG.

a) Stimmabgabe bei Verhältniswahl.

WO BetrVG § 11 – Stimmabgabe

(1) ¹Die Wählerin oder der Wähler kann ihre oder seine Stimme nur für eine der als gültig anerkannten Vorschlagslisten abgeben. ²Die Stimmabgabe erfolgt durch Abgabe von Stimmzetteln in den hierfür bestimmten Umschlägen (Wahlumschlägen).

(2) ¹Auf den Stimmzetteln sind die Vorschlagslisten nach der Reihenfolge der Ordnungsnummern sowie unter Angabe der beiden an erster Stelle benannten Bewerberinnen oder Bewerber mit Familienname, Vorname und Art der Beschäftigung im Betrieb untereinander aufzuführen; bei Listen, die mit Kennworten versehen sind, ist auch das Kennwort anzugeben. ²Die Stimmzettel für die Betriebsratswahl müssen sämtlich die gleiche Größe, Farbe, Beschaffenheit und Beschriftung haben. ³Das Gleiche gilt für die Wahlumschläge.

(3) Die Wählerin oder der Wähler kennzeichnet die von ihr oder ihm gewählte Vorschlagsliste durch Ankreuzen an der im Stimmzettel hierfür vorgesehenen Stelle.

(4) Stimmzettel, die mit einem besonderen Merkmal versehen sind oder aus denen sich der Wille der Wählerin oder des Wählers nicht unzweifelhaft ergibt oder die andere Angaben als die in Absatz 1 genannten Vorschlagslisten, einen Zusatz oder sonstige Änderungen enthalten, sind ungültig.

§ 11 WO regelt die **Stimmabgabe** des Wahlberechtigten in den Fällen, in denen es mehrere Vorschlagslisten gibt (**Verhältniswahl**). Die Stimmabgabe kann nur für eine der als gültig anerkannten Vorschlagslisten erfolgen. Sie erfolgt durch die Abgabe von Stimmzetteln in Wahlumschlägen.[17] Der Wähler hat nur eine Stimme. Er muss die von ihm gewählte Liste im Stimmzettel kenntlich machen (im Regelfall durch Ankreuzen an der dazu vorgesehenen Stelle).[18] Manipulationen am Stimmzettel, sei es durch Zusätze oder Änderungen in den Vorschlagslisten, führen zur Ungültigkeit der Stimmabgabe.[19] Gleiches gilt, wenn sich aus dem Stimmzettel nicht unzweifelhaft ergibt, für wen der Wähler seine Stimme abgegeben hat.

Für behinderte AN besteht bei der Kennzeichnung des Stimmzettels eine Sonderregelung. Sie dürfen Hilfe beim Ausfüllen des Stimmzettels in Anspruch nehmen (siehe Rn 16).

Alle Stimmzettel müssen hinsichtlich Größe, Farbe, Beschaffenheit und Beschriftung einheitlich sein. Dies gilt auch für die Wahlumschläge. Auf dem Stimmzettel selbst müssen die zur Wahl stehenden Vorschlagslisten aufgeführt werden. Soweit eine Liste mit einem bestimmten Kennwort versehen ist, muss auch dieses angegeben werden. Daneben müssen bei der Liste jeweils die Bewerber der ersten beiden Listenplätze angegeben werden. Werden diese nicht genannt, kann dies zur Anfechtbarkeit der Wahl führen.

b) Stimmabgabe bei Mehrheitswahl.

WO BetrVG § 20 – Stimmabgabe

(1) Ist nur eine gültige Vorschlagsliste eingereicht, so kann die Wählerin oder der Wähler ihre oder seine Stimme nur für solche Bewerberinnen oder Bewerber abgeben, die in der Vorschlagsliste aufgeführt sind.

(2) Auf den Stimmzetteln sind die Bewerberinnen oder Bewerber unter Angabe von Familienname, Vorname und Art der Beschäftigung im Betrieb in der Reihenfolge aufzuführen, in der sie auf der Vorschlagsliste benannt sind.

(3) ¹Die Wählerin oder der Wähler kennzeichnet die von ihr oder ihm gewählten Bewerberinnen oder Bewerber durch Ankreuzen an der hierfür im Stimmzettel vorgesehenen Stelle; es dürfen nicht mehr Bewerberinnen oder Bewerber angekreuzt werden, als Betriebsratsmitglieder zu wählen sind. ²§ 11 Abs. 1 Satz 2, Abs. 2 Satz 2 und 3, Abs. 4, §§ 12 und 13 gelten entsprechend.

Wenn nur eine Vorschlagsliste vorliegt, erfolgt die Wahl nach den Grundsätzen der **Mehrheitswahl**. Dazu müssen auf den Stimmzetteln alle Bewerber in der Reihenfolge aufgeführt werden, in der sie auf der Vorschlagsliste benannt sind. Hierbei sind Familienname, Vorname und Art der Beschäftigung im Betrieb anzugeben. Der Wähler kann seine Stimme nur für Bewerber abgeben, die auch in der Vorschlagsliste aufgeführt sind.

Der Wähler hat so viele Stimmen, wie BR-Mitglieder zu wählen sind.[20] Er kennzeichnet die von ihm gewählten Bewerber durch Ankreuzen an der dafür im Stimmzettel vorgesehenen Stelle. Auch bei der Mehrheitswahl müssen alle Stimmzettel die gleiche Größe, Farbe, Beschaffenheit und Beschriftung haben, ebenso die Wahlumschläge. Der ausgefüllte Stimmzettel wird vom Wähler in den Wahlumschlag gesteckt. Der Wahlvorgang selbst unterscheidet sich nicht von dem bei der Verhältniswahl (siehe Rn 19). Stimmzettel, aus denen sich der Wille des Wählers nicht unzweifelhaft ergibt oder die er besonders gekennzeichnet hat, z.B. durch Zusätze und Anmerkungen, sind ungültig. Glei-

---

17 LAG Niedersachsen 1.3.2004 – 16 Ta BV 60/03 – n.v.
18 *Fitting u.a.*, § 11 WO Rn 6.
19 DKK/*Schneider*, § 11 WO Rn 11 H.
20 *Schiefer/Korte*, NZA 2002, 57.

ches gilt für Stimmzettel, auf denen der Wähler mehr Bewerber angekreuzt hat, als BR-Mitglieder zu wählen sind. Stimmzettel, auf denen weniger Bewerber angekreuzt sind, als BR-Mitglieder zu wählen sind, sind dagegen gültig.[21]

c) Wahlvorgang. aa) Wahllokal.

WO BetrVG § 12 – Wahlvorgang

(1) [1]Der Wahlvorstand hat geeignete Vorkehrungen für die unbeobachtete Bezeichnung der Stimmzettel im Wahlraum zu treffen und für die Bereitstellung einer Wahlurne oder mehrerer Wahlurnen zu sorgen. [2]Die Wahlurne muss vom Wahlvorstand verschlossen und so eingerichtet sein, dass die eingeworfenen Wahlumschläge nicht herausgenommen werden können, ohne dass die Urne geöffnet wird.

(2) Während der Wahl müssen immer mindestens zwei stimmberechtigte Mitglieder des Wahlvorstands im Wahlraum anwesend sein; sind Wahlhelferinnen oder Wahlhelfer bestellt (§ 1 Abs. 2), so genügt die Anwesenheit eines stimmberechtigten Mitglieds des Wahlvorstands und einer Wahlhelferin oder eines Wahlhelfers.

(3) Die Wählerin oder der Wähler gibt ihren oder seinen Namen an und wirft den Wahlumschlag, in den der Stimmzettel eingelegt ist, in die Wahlurne ein, nachdem die Stimmabgabe in der Wählerliste vermerkt worden ist.

(4) [1]Wer infolge seiner Behinderung bei der Stimmabgabe beeinträchtigt ist, kann eine Person seines Vertrauens bestimmen, die ihm bei der Stimmabgabe behilflich sein soll, und teilt dies dem Wahlvorstand mit. [2]Wahlbewerberinnen oder Wahlbewerber, Mitglieder des Wahlvorstands sowie Wahlhelferinnen und Wahlhelfer dürfen nicht zur Hilfeleistung herangezogen werden. [3]Die Hilfeleistung beschränkt sich auf die Erfüllung der Wünsche der Wählerin oder des Wählers zur Stimmabgabe; die Person des Vertrauens darf gemeinsam mit der Wählerin oder dem Wähler die Wahlzelle aufsuchen. [4]Sie ist zur Geheimhaltung der Kenntnisse verpflichtet, die sie bei der Hilfeleistung zur Stimmabgabe erlangt hat. [5]Die Sätze 1 bis 4 gelten entsprechend für des Lesens unkundige Wählerinnen und Wähler.

(5) [1]Nach Abschluss der Stimmabgabe ist die Wahlurne zu versiegeln, wenn die Stimmenzählung nicht unmittelbar nach Beendigung der Wahl durchgeführt wird. [2]Gleiches gilt, wenn die Stimmabgabe unterbrochen wird, insbesondere wenn sie an mehreren Tagen erfolgt.

25 Der Urnengang muss nicht zwangsweise an einem einzigen Ort stattfinden, die Stimmabgabe kann auch an mehreren Orten erfolgen. Es muss jedoch sichergestellt werden, dass an jedem der **Wahlorte** zur Beaufsichtigung des Wahlraumes mind. zwei stimmberechtigte Mitglieder des Wahlvorstands oder ein stimmberechtigtes Mitglied des Wahlvorstandes sowie ein Wahlhelfer ständig anwesend sind.[22] Mehrere räumlich zusammenhängende Räume können nur dann einen Wahlraum i.S.v. § 12 Abs. 1 S. 1 WO bilden, wenn gewährleistet ist, dass die Aufsichtspersonen von ihrem Standort aus das Wahlgeschehen überblicken.[23] Nicht ausreichend ist es, wenn lediglich zwei Wahlhelfer ständig anwesend sind.

26 **bb) Unbeobachtete Stimmabgabe.** § 12 WO stellt sicher, dass bei der BR-Wahl die Voraussetzungen für eine ordnungsgemäße Behandlung einer Wahl erfüllt werden. Dazu gehört, dass der Wahlvorstand geeignete Vorkehrungen trifft, um eine unbeobachtete Stimmabgabe durch den Wähler zu gewährleisten (§ 12 Abs. 1 WO). Dies ist im Regelfall eine **Stimmkabine**. Wo nicht in einem überwachbaren Nebenraum gewählt wird, ist ein Aufstellen von Wandschirmen, Trennwänden o.ä. im Wahlraum selbst erforderlich.[24] Die unterlassene Versiegelung einer Wahlurne stellt einen Verstoß gegen § 12 Abs. 5 S. 1 WO dar, der nicht dadurch geheilt werden kann, dass an ihre Stelle eine Verbringung der Wahlurne in einen videoüberwachten Raum zwischen dem ersten und zweiten Wahltag erfolgt.[25] Dabei ist der Wähler nicht verpflichtet, von dieser Möglichkeit Gebrauch zu machen. Das bedeutet, dass der Wahlvorstand bzw. die Wahlhelfer den Wähler zwar zu der für die Stimmabgabe vorgesehenen Einrichtung schicken müssen, es führt jedoch nicht zur Ungültigkeit der Stimmabgabe oder zur Anfechtbarkeit der Wahl, wenn der Wähler sich nicht an diese Anweisung hält.[26]

27 **cc) Wahlurne.** Der Wahlvorstand muss im Wahlraum eine **Wahlurne** bereitstellen (§ 12 Abs. 1 WO). Diese muss aus einem festen Material beschaffen und mit einem Einwurfschlitz für die Wahlumschläge versehen sein. Dabei muss sichergestellt werden, dass es nicht möglich ist, die Wahlumschläge durch den Schlitz wieder aus der Wahlurne zu entnehmen. Vor Beginn der Wahl muss sich der Wahlvorstand zunächst vergewissern, dass die Wahlurne leer ist. Danach muss er sie verschließen. Die Wahlurne darf erst nach Abschluss der Wahl wieder geöffnet werden. Sie muss während der Wahl ständig von einem Mitglied des Wahlvorstandes oder einem Wahlhelfer beaufsichtigt werden.

28 Wenn die Stimmabgabe an mehreren Tagen erfolgen kann, ist die Urne täglich nach Abschluss der Stimmabgaben zu versiegeln und sicher zu verwahren.[27] Gleiches gilt, wenn die Stimmenzählung nicht unmittelbar nach Beendigung der Wahl durchgeführt wird (§ 12 Abs. 5 WO). Vor **Versiegelung der Wahlurne** ist es erforderlich, dass der Ein-

---

21 Richardi/*Thüsing*, § 20 WO Rn 7.
22 Hess u.a./*Schlochauer*, § 14 Rn 16; LAG Brandenburg 27.11.1998 – 5 TaBV 18/98 – NZA-RR 1999, 418.
23 LAG Düsseldorf 3.8.2007 – 9 TaBV 41/07 – juris.
24 LAG Düsseldorf 3.8.2007 – 9 TaBV 41/07 – juris.
25 LAG Baden-Württemberg 1.8.2007 – 12 TaBV 7/07 – EzA-SD 2008, Nr. 2, 15 (LS).
26 *Fitting u.a.*, § 12 WO Rn 3.
27 Richardi/*Thüsing*, § 12 WO Rn 5.

wurfschlitz für die Wahlumschläge verschlossen wird. Hierfür reicht im Regelfall auch die Versiegelung mittels eines Klebestreifens aus. Dabei muss allerdings sichergestellt werden, dass der Einwurfschlitz nicht ohne Beschädigung des Klebestreifens geöffnet werden kann.

dd) Durchführung der Wahl. Dem Wähler werden ein Stimmzettel und ein Wahlumschlag ausgehändigt. Der Wähler begibt sich mit Stimmzettel und Wahlumschlag an den vom Wahlvorstand eingerichteten Ort, an dem er den Stimmzettel unbeobachtet ankreuzen kann (i.d.R. Stimmkabine o.ä.). Nachdem der Wähler den Stimmzettel ausgefüllt hat, legt er ihn in den Wahlumschlag und verschließt diesen. Danach gibt er beim zuständigen Wahlvorstandsmitglied oder Wahlhelfer seinen Namen an, daraufhin wird überprüft, ob er auf der Wählerliste enthalten ist. Ist dies der Fall, wird seine Stimmabgabe von Wahlvorstand bzw. Wahlhelfer in der Liste vermerkt und der Wähler wirft danach den Wahlumschlag in die Wahlurne.

ee) Stimmabgabe durch behinderte Arbeitnehmer. Ist ein AN infolge seiner Behinderung bei der Stimmabgabe beeinträchtigt, kann er eine Person seines Vertrauens bestimmen, die ihm bei der Stimmabgabe behilflich sein soll (§ 12 Abs. 4 WO). Dies muss er dem Wahlvorstand mitteilen. Der AN darf weder Mitglieder des Wahlvorstandes noch Wahlhelfer oder Wahlbewerber zur Hilfeleistung heranziehen.[28] Die **Vertrauensperson** darf gemeinsam mit dem Wähler die Wahlkabine aufsuchen. Sie darf diesen nicht beeinflussen, sondern lediglich seine Wünsche erfüllen. Über Kenntnisse, die sie durch die Hilfeleistung erhalten hat, muss die Vertrauensperson Stillschweigen bewahren. Auch AN, die nicht lesen oder schreiben können, dürfen eine solche Vertrauensperson bestimmen.

3. Verhältniswahl und Mehrheitswahl. § 14 sieht für unterschiedliche Fallkonstellationen verschiedene Wahlarten vor. Das entspricht einer Grundkonstruktion in der gesamten Betriebsverfassung, in der je nach praktischem Nutzen und unter entsprechender Berücksichtigung des Minderheitenschutzes teilweise Mehrheitswahl und teilweise Verhältniswahl vorgeschrieben ist.

a) Mehrheitswahl. Mehrheitswahl ist nach § 14 vorgeschrieben, wenn in einem Betrieb nach dem vereinfachten Wahlverfahren gem. § 14a gewählt wird oder wenn nur eine Vorschlagsliste eingereicht wurde. Im vereinfachten Wahlverfahren gilt auch dann Mehrheitswahl, wenn mehrere Vorschlagslisten eingereicht wurden.[29] Die Ermittlung der gewählten Wahlbewerber bei der Mehrheitswahl ist in § 22 WO BetrVG dargelegt.

WO BetrVG § 22 – Ermittlung der Gewählten
(1) ¹Zunächst werden die dem Geschlecht in der Minderheit zustehenden Mindestsitze (§ 15 Abs. 2 des Gesetzes) verteilt. ²Dazu werden die dem Geschlecht in der Minderheit zustehenden Mindestsitze mit Angehörigen dieses Geschlechts in der Reihenfolge der jeweils höchsten auf sie entfallenden Stimmenzahlen besetzt.
(2) ¹Nach der Verteilung der Mindestsitze des Geschlechts in der Minderheit nach Absatz 1 erfolgt die Verteilung der weiteren Sitze. ²Die weiteren Sitze werden mit Bewerberinnen und Bewerbern, unabhängig von ihrem Geschlecht, in der Reihenfolge der jeweils höchsten auf sie entfallenden Stimmenzahlen besetzt.
(3) Haben in den Fällen des Absatzes 1 oder 2 für den zuletzt zu vergebenden Betriebsratssitz mehrere Bewerberinnen oder Bewerber die gleiche Stimmenzahl erhalten, so entscheidet das Los darüber, wer gewählt ist.
(4) Haben sich weniger Angehörige des Geschlechts in der Minderheit zur Wahl gestellt oder sind weniger Angehörige dieses Geschlechts gewählt worden als ihm nach § 15 Abs. 2 des Gesetzes Mindestsitze zustehen, so sind die insoweit überschüssigen Mitgliedersitze des Geschlechts in der Minderheit bei der Sitzverteilung nach Absatz 2 Satz 2 zu berücksichtigen.

Die Mehrheitswahl ist eine **Persönlichkeitswahl**. Der Wähler wählt die einzelnen Wahlbewerber aus. Dabei entspricht die Anzahl seiner Stimmen der Anzahl der zu vergebenden BR-Sitze.[30] Bspw. hat bei fünf zu besetzenden BR-Sitzen jeder Wähler fünf Stimmen. Er kann jedoch nur jede Stimme jeweils einem Kandidaten geben und nicht mehrere Stimmen auf einen Kandidaten kumulieren. Die BR-Sitze werden entsprechend der Anzahl der auf die einzelnen Bewerber entfallenen Stimmen verteilt. Zweckmäßigerweise empfiehlt es sich, bei der Auszählung zwei getrennte Listen für Frauen und Männer anzufertigen, da bei der Verteilung der BR-Sitze zunächst das Minderheitengeschlecht berücksichtigt werden muss (siehe § 15 Rn 11 ff.). Dabei werden die dem Minderheitengeschlecht zustehenden Mindestsitze in der Reihenfolge der höchsten auf dieses Geschlecht entfallenden Stimmzahlen besetzt.

Beispiel: In einem BR sind fünf BR-Mitglieder zu wählen. Es wurde nur eine Vorschlagsliste eingereicht. Um die Mindestgeschlechterquote zu erfüllen, müssen zwei der Sitze mit Frauen besetzt werden. Es standen zehn Bewerber zur Wahl, darunter vier Frauen.
Es wurden 90 gültige Stimmzettel abgegeben. Die Stimmauszählung hat folgendes Resultat ergeben:
– Herr A 75 Stimmen

---

28 Richardi/Thüsing, § 12 WO Rn 6.
29 Hess u.a./Schlochauer, § 14a Rn 13.
30 Schiefer/Korte, NZA 2003, 113.

- Frau B 75 Stimmen
- Herr C 60 Stimmen
- Herr D 50 Stimmen
- Herr E 50 Stimmen
- Herr F 40 Stimmen
- Frau G 30 Stimmen
- Frau H 30 Stimmen
- Herr I 25 Stimmen
- Frau J 15 Stimmen

Getrennt nach Geschlechtern ergeben sich folgende Listen:

Herr A	75 Stimmen	Frau B	75 Stimmen
Herr C	60 Stimmen	Frau G	30 Stimmen
Herr D	50 Stimmen	Frau H	30 Stimmen
Herr E	50 Stimmen	Frau J	15 Stimmen
Herr F	40 Stimmen		
Herr I	25 Stimmen		

35 Da mindestens zwei der BR-Sitze mit Frauen zu besetzen sind, werden zunächst die beiden höchsten Stimmzahlen bei den weiblichen Kandidaten ermittelt. Diese entfallen auf Frau B mit 75 Stimmen und Frau G und Frau H mit jeweils 30 Stimmen. Wenn für den letzten Mindestsitz zur Erfüllung der Mindestgeschlechterquote auf zwei Bewerber die gleiche Stimmzahl entfällt, entscheidet das Los darüber, wer gewählt wird (siehe § 15 Rn 11). In diesem Fall müsste das Los also zwischen Frau G und Frau H entscheiden.

36 Die übrigen Sitze werden unabhängig vom Geschlecht in der Reihenfolge der jeweils höchsten Stimmenzahlen besetzt. Der dritte BR-Sitz fällt somit an Herrn A mit 75 Stimmen, der vierte an Herrn C mit 60 Stimmen und für den fünften weisen sowohl Herr D also auch Herr E 50 Stimmen auf. Auch in diesem Fall muss das Los zwischen Herrn D und Herrn E entscheiden.

Eine von der Verteilung der Mindestsitze nach der Geschlechterquote abweichende Sitzverteilung kommt nur dann in Betracht, wenn nicht genügend Vertreter des Minderheitengeschlechtes gewählt worden sind (siehe § 15 Rn 11).

37 **b) Verhältniswahl.** Die **Verhältniswahl** ist eine **Listenwahl**. Der AN wählt nicht die einzelnen Kandidaten sondern eine bestimmte Vorschlagsliste. Dementsprechend hat er bei der Verhältniswahl auch nicht so viele Stimmen wie BR-Sitze, sondern nur eine einzige. Die Sitzverteilung der BR-Sitze wird entsprechend der abgegebenen Stimmen nach dem d'Hondt'schen Höchstzahlverfahren verteilt. Näheres hierzu legt § 15 WO BetrVG fest.

WO BetrVG § 15 – Verteilung der Betriebsratssitze auf die Vorschlagslisten

(1) ¹Die Betriebsratssitze werden auf die Vorschlagslisten verteilt. ²Dazu werden die den einzelnen Vorschlagslisten zugefallenen Stimmenzahlen in einer Reihe nebeneinander gestellt und sämtlich durch 1, 2, 3, 4 usw. geteilt. ³Die ermittelten Teilzahlen sind nacheinander reihenweise unter den Zahlen der ersten Reihe aufzuführen, bis höhere Teilzahlen für die Zuweisung der zu verteilenden Sitze nicht mehr in Betracht kommen.

(2) ¹Unter den so gefundenen Teilzahlen werden so viele Höchstzahlen ausgesondert und der Größe nach geordnet, wie Betriebsratsmitglieder zu wählen sind. ²Jede Vorschlagsliste erhält so viele Mitgliedersitze zugeteilt, wie Höchstzahlen auf sie entfallen. ³Entfällt die niedrigste in Betracht kommende Höchstzahl auf mehrere Vorschlagslisten zugleich, so entscheidet das Los darüber, welcher Vorschlagsliste dieser Sitz zufällt.

(3) Wenn eine Vorschlagsliste weniger Bewerberinnen oder Bewerber enthält, als Höchstzahlen auf sie entfallen, so gehen die überschüssigen Mitgliedersitze den folgenden Höchstzahlen der anderen Vorschlagslisten über.

(4) Die Reihenfolge der Bewerberinnen oder Bewerber innerhalb der einzelnen Vorschlagslisten bestimmt sich nach der Reihenfolge ihrer Benennung.

(5) Befindet sich unter den auf die Vorschlagslisten entfallenden Höchstzahlen nicht die erforderliche Mindestzahl von Angehörigen des Geschlechts in der Minderheit nach § 15 Abs. 2 des Gesetzes, so gilt Folgendes:

1. An die Stelle der auf der Vorschlagsliste mit der niedrigsten Höchstzahl benannten Person, die nicht dem Geschlecht in der Minderheit angehört, tritt die in derselben Vorschlagsliste in der Reihenfolge nach ihr benannte, nicht berücksichtigte Person des Geschlechts in der Minderheit.
2. Enthält diese Vorschlagsliste keine Person des Geschlechts in der Minderheit, so geht dieser Sitz auf die Vorschlagsliste mit der folgenden, noch nicht berücksichtigten Höchstzahl und mit Angehörigen des Geschlechts in der Minderheit über. Entfällt die folgende Höchstzahl auf mehrere Vorschlagslisten zugleich, so entscheidet das Los darüber, welcher Vorschlagsliste dieser Sitz zufällt.
3. Das Verfahren nach den Nummern 1 und 2 ist so lange fortzusetzen, bis der Mindestanteil der Sitze des Geschlechts in der Minderheit nach § 15 Absatz 2 des Gesetzes erreicht ist.

4. Bei der Verteilung der Sitze des Geschlechts in der Minderheit sind auf den einzelnen Vorschlagslisten nur die Angehörigen dieses Geschlechts in der Reihenfolge ihrer Benennung zu berücksichtigen.
5. Verfügt keine andere Vorschlagsliste über Angehörige des Geschlechts in der Minderheit, verbleibt der Sitz bei der Vorschlagsliste, die zuletzt ihren Sitz zu Gunsten des Geschlechts in der Minderheit nach Nummer 1 hätte abgeben müssen.

Nach der Auszählung der Stimmzettel werden die BR-Sitze auf die verschiedenen Vorschlagslisten entsprechend ihrer Stimmenanzahl verteilt. Bei der Berechnung der Sitze nach dem d'Hondt'schen System werden die den einzelnen Vorschlagssitzen zugefallenen Stimmzahlen in einer Reihe nebeneinander gestellt und alle durch 1, 2, 3, 4, usw. geteilt. Die BR-Sitze werden entsprechend den so ermittelten Höchstzahlen verteilt.

Beispiel: In einem Betrieb stehen zwei Listen zur Wahl. Der Betrieb hat 150 AN, der BR besteht also aus sieben Mitgliedern. Jede Vorschlagsliste enthält entsprechend der Sollvorschrift des § 6 Abs. 2 WO 14 Bewerber, also doppelt so viele wie BR-Mitglieder zu wählen sind. Auf Liste 1 entfallen 90 Stimmen und auf Liste 2 entfallen 60 Stimmen.

Liste 1
$90 : 1 = 90$ = 1. Sitz
$90 : 2 = 45$ = 3. Sitz
$90 : 3 = 30$ = 4. Sitz
$90 : 4 = 22,5$ = 6. Sitz
$90 : 5 = 18$
$90 : 6 = 15$
$90 : 7 = 12,85$

Liste 2
$60 : 1 = 60$ = 2. Sitz
$60 : 2 = 30$ = 4. Sitz
$60 : 3 = 20$ = 7. Sitz
$60 : 4 = 15$
$60 : 5 = 12$
$60 : 6 = 10$
$60 : 7 = 8,57$

Damit entfallen auf die Liste 1 die Höchstzahlen 90, 45, 30 und 22,5, also vier BR-Sitze und auf die Liste 2 die Höchstzahlen 60, 30 und 20, also drei BR-Sitze. Mitglieder des BR werden somit die ersten vier Bewerber von Liste 1 und die ersten drei Bewerber von Liste 2. Ausschlaggebend für die Reihenfolge der Verteilung der BR-Sitze innerhalb einer Vorschlagsliste ist die Reihenfolge, in der sich diese auf der Liste befinden. Dies sollte bereits bei der Aufstellung der Liste bedacht werden.

Hätte eine der Listen weniger Bewerber aufgewiesen, als Höchstzahlen auf sie entfallen sind, so wären die überschüssigen Sitze auf die folgenden Höchstzahlen der anderen Vorschlagsliste übergegangen.

Generell bestimmt sich die Reihenfolge der Bewerber innerhalb der einzelnen Liste nach der Reihenfolge ihrer Benennung. Das bedeutet, dass z.B. bei vier Sitzen, die auf eine Liste entfallen, die Person, die an fünfter Stelle auf der Liste steht, keinen Platz im BR erhält. Etwas anderes kann sich allerdings dann ergeben, wenn die gem. § 15 vorgeschriebene Mindestgeschlechterquote nach der dargestellten Berechnungsweise nicht erfüllt wurde (siehe § 15 Rn 14 ff.).

II. Ermittlung der Wahlbewerber

Die Ermittlung der Wahlbewerber erfolgt über **Vorschlagslisten**. Wenn nur eine Vorschlagsliste eingereicht wurde, erfolgt eine Mehrheitswahl (siehe Rn 23). An die Vorschlagslisten werden inhaltlich und zeitlich durch § 14 bestimmte Anforderungen gestellt. Sie können durch eine im Betrieb vertretene Gewerkschaft oder ein Zwanzigstel der AN des Betriebs eingereicht werden (mind. drei AN, in Betrieben unter zwanzig AN reichen zwei aus, fünf Unterschriften genügen in jedem Fall). Wahlvorschläge sind an die Betriebsadresse des Wahlvorstandes zu richten, und dem Wahlvorstand an diesem Ort unmittelbar auszuhändigen oder auf andere geeignete Weise (Post) zuzuleiten. Die richtige Adresse ist aus dem Wahlausschreiben zu ersehen (§ 3 Abs. 2 Nr. 12 WO).

WO BetrVG § 6 – Vorschlagslisten

(1) [1]Sind mehr als drei Betriebsratsmitglieder zu wählen, so erfolgt die Wahl aufgrund von Vorschlagslisten. [2]Die Vorschlagslisten sind von den Wahlberechtigten vor Ablauf von zwei Wochen seit Erlass des Wahlausschreibens beim Wahlvorstand einzureichen.
(2) Jede Vorschlagsliste soll mindestens doppelt so viele Bewerberinnen oder Bewerber aufweisen, wie Betriebsratsmitglieder zu wählen sind.
(3) [1]In jeder Vorschlagsliste sind die einzelnen Bewerberinnen oder Bewerber in erkennbarer Reihenfolge unter fortlaufender Nummer und unter Angabe von Familienname, Vorname, Geburtsdatum und Art der Beschäftigung im Betrieb aufzuführen. [2]Die schriftliche Zustimmung der Bewerberinnen oder der Bewerber zur Aufnahme in die Liste ist beizufügen.
(4) [1]Wenn kein anderer Unterzeichner der Vorschlagsliste ausdrücklich als Listenvertreter bezeichnet ist, wird die oder der an erster Stelle Unterzeichnete als Listenvertreterin oder Listenvertreter angesehen. [2]Diese Person ist berechtigt und verpflichtet, dem Wahlvorstand die zur Beseitigung von Beanstandungen erforderlichen Erklärungen abzugeben sowie Erklärungen und Entscheidungen des Wahlvorstands entgegenzunehmen.

(5) ¹Die Unterschrift eines Wahlberechtigten zählt nur auf einer Vorschlagsliste. ²Hat ein Wahlberechtigter mehrere Vorschlagslisten unterzeichnet, so hat er auf Aufforderung des Wahlvorstands binnen einer ihm gesetzten angemessenen Frist, spätestens jedoch vor Ablauf von drei Arbeitstagen, zu erklären, welche Unterschrift er aufrechterhält. ³Unterbleibt die fristgerechte Erklärung, so wird sein Name auf der zuerst eingereichten Vorschlagsliste gezählt und auf den übrigen Listen gestrichen; sind mehrere Vorschlagslisten, die von demselben Wahlberechtigten unterschrieben sind, gleichzeitig eingereicht worden, so entscheidet das Los darüber, auf welcher Vorschlagsliste die Unterschrift gilt.

(6) Eine Verbindung von Vorschlagslisten ist unzulässig.

(7) ¹Eine Bewerberin oder ein Bewerber kann nur auf einer Vorschlagsliste vorgeschlagen werden. ²Ist der Name dieser Person mit ihrer schriftlichen Zustimmung auf mehreren Vorschlagslisten aufgeführt, so hat sie auf Aufforderung des Wahlvorstands vor Ablauf von drei Arbeitstagen zu erklären, welche Bewerbung sie aufrechterhält. ³Unterbleibt die fristgerechte Erklärung, so ist die Bewerberin oder der Bewerber auf sämtlichen Listen zu streichen.

42 **1. Frist zur Einreichung einer Vorschlagsliste.** Für die Einreichung von Vorschlagslisten besteht eine Frist von zwei Wochen nach Erlass des Wahlausschreibens (§ 6 Abs. 1 S. 2 WO). Es handelt sich um eine Ausschlussfrist, die weder verlängert noch verkürzt werden kann. Die Frist beginnt am Tage nach dem Aushang des Wahlausschreibens, und endet zwei Wochen später mit Ablauf desselben Wochentages, an dem das Wahlausschreiben ausgehängt worden ist. Dabei muss der letzte Tag der Frist mit Datum und ggf. der Stunde des Fristablaufs für die Einreichung von Wahlvorschlägen im Wahlausschreiben angegeben werden.[31]

43 **Beispiel:** Das Wahlausschreiben wird am 5.3.2006 erlassen und ausgehängt. Die Frist beginnt am 6.3.2006 und läuft mit Ende des 19.3.2006 ab.

Wenn dem Wahlvorstand bereits vor Erlass des Wahlausschreibens eine Vorschlagsliste zugeleitet wird, kann er diese bis zum Erlass des Wahlausschreibens wegen vorzeitiger Einreichung zurückgeben. Behält er sie allerdings bis zum Erlass des Wahlausschreibens, ist ihm diese Möglichkeit verwehrt. Die Liste ist dann als mit Erlass des Wahlausschreibens eingereicht anzusehen.

44 Nach Ablauf der Frist des § 6 Abs. 1 S. 2 WO können grds. keine wirksamen Wahlvorschläge mehr eingereicht werden, § 8 Abs. 1 Nr. 1 WO.

Wird innerhalb der Frist **keine gültige Vorschlagsliste** eingereicht, muss der Wahlvorstand für die Einreichung von Wahlvorschlägen eine Nachfrist von einer Woche setzen (§ 9 Abs. 1 WO). Für diese Nachfrist gelten dieselben Anforderungen wie für das Wahlausschreiben. In der Nachfrist eingereichte, aber fehlerhafte, Wahlvorschläge, können gem. § 8 Abs. 2 WO noch berichtigt werden.[32]

WO BetrVG § 9 – Nachfrist für Vorschlagslisten

(1) ¹Ist nach Ablauf der in § 6 Abs. 1 genannten Frist keine gültige Vorschlagsliste eingereicht, so hat dies der Wahlvorstand sofort in der gleichen Weise bekannt zu machen wie das Wahlausschreiben und eine Nachfrist von einer Woche für die Einreichung von Vorschlagslisten zu setzen. ²In der Bekanntmachung ist darauf hinzuweisen, dass die Wahl nur stattfinden kann, wenn innerhalb der Nachfrist mindestens eine gültige Vorschlagsliste eingereicht wird.

(2) Wird trotz Bekanntmachung nach Absatz 1 eine gültige Vorschlagsliste nicht eingereicht, so hat der Wahlvorstand sofort bekannt zu machen, dass die Wahl nicht stattfindet.

45 Wird trotz Bekanntmachung des Fehlens von gültigen Vorschlagslisten eine gültige Vorschlagsliste auch nicht innerhalb der Nachfrist des § 9 Abs. 1 WO eingereicht, so hat der Wahlvorstand sofort bekannt zu machen, dass die Wahl nicht stattfindet. Damit steht fest, dass der Wahlgang unterbleibt. Mit dieser Bekanntmachung erlischt das Amt des Wahlvorstands.

46 **2. Unterzeichnung der Wahlvorschläge. a) Wahlvorschläge der Arbeitnehmer des Betriebs. Wahlvorschläge** der AN des Betriebs müssen grds. von einem Zwanzigstel der wahlberechtigten AN unterzeichnet werden. Das bedeutet, dass nur wahlberechtigte AN eine Vorschlagsliste mit ihrer Unterschrift unterstützen können. Die Mindestanzahl der Unterstützerunterschriften muss aber grds. drei betragen. Lediglich in Betrieben mit bis zu zwanzig AN reichen zwei Unterschriften aus. Auf der anderen Seite sind unabhängig von der konkreten Betriebsgröße fünf Unterschriften immer ausreichend für die Einreichung einer Vorschlagsliste. Durch diese Regelung sollen Minderheiten im Betrieb geschützt und an die Aufstellung einer Vorschlagsliste nicht zu hohe Anforderungen geknüpft werden.

47 Das Original der Vorschlagsliste muss von der nach Abs. 4 erforderlichen Mindestzahl von wahlberechtigten AN unterzeichnet sein. Fehlt es daran, so ist die Vorschlagsliste gem. §§ 8 Abs. 1 Nr. 3, Abs. 2 Nr. 3 WO ungültig.

48 Nach Abs. 4 S. 1 muss jeder Wahlvorschlag von dem erforderlichen Quorum wahlberechtigter AN unterzeichnet sein. Dies zeigt, dass es sich um einen gemeinsamen Vorschlag aller Unterzeichnenden handelt. Dabei müssen

---

31 Richardi/*Thüsing*, § 6 WO Rn 4. 32 Richardi/*Thüsing*, § 9 WO Rn 4.

sich nicht alle Unterschriften auf einem Blatt befinden. Gibt es mehrere Blätter, muss aber zweifelsfrei erkennbar sein, dass sich die vorhandenen Unterschriften auf den betreffenden Wahlvorschlag beziehen und mit ihm eine Einheit bilden.[33] Die Einheitlichkeit kann sich sowohl aus einer festen Verbundenheit der Seiten als auch aus anderen Merkmalen ergeben, z.B. aus der Angabe des Kennworts auf den einzelnen Blättern oder aus einer fortlaufenden Nummerierung. Es wäre auch wenig praktikabel, beim Sammeln von bis zu 50 Unterschriften zwingend zu verlangen, dass bei Ableistung jeder einzelnen Unterschrift bereits eine feste körperliche Verbindung mit der Bewerberliste bestehen muss; ansonsten würde z.B. den Wahlbewerbern die Möglichkeit genommen, sich parallel innerhalb der 14-Tages-Frist ab Erlass des Wahlausschreibens um Stützunterschriften zu bemühen.

Jeder AN darf nur eine Vorschlagsliste mit seiner Unterschrift unterstützen. Hat ein wahlberechtigter AN auf mehreren Vorschlagslisten unterzeichnet, so muss der Wahlvorstand ihm eine angemessene Frist setzen (maximal drei Arbeitstage), innerhalb derer er zu erklären hat, welche Unterschrift er aufrecht erhält (§ 6 Abs. 5 S. 2 WO). Gibt der AN eine solche Erklärung nicht fristgemäß ab, so wird sein Name auf der zuerst eingereichten Vorschlagsliste gezählt und auf den übrigen Listen gestrichen, bei gleichzeitiger Einreichung mehrerer Listen entscheidet das Los. Die Unterstützungsunterschrift geht also in keinem Fall vollständig verloren.[34]

b) Wahlvorschläge von im Betrieb vertretenen Gewerkschaften.

WO BetrVG § 27 – Voraussetzungen, Verfahren
(1) Für den Wahlvorschlag einer im Betrieb vertretenen Gewerkschaft (§ 14 Abs. 3 des Gesetzes) gelten die §§ 6 bis 26 entsprechend.
(2) Der Wahlvorschlag einer Gewerkschaft ist ungültig, wenn er nicht von zwei Beauftragten der Gewerkschaft unterzeichnet ist (§ 14 Abs. 5 des Gesetzes).
(3) ¹Die oder der an erster Stelle unterzeichnete Beauftragte gilt als Listenvertreterin oder Listenvertreter. ²Die Gewerkschaft kann hierfür eine Arbeitnehmerin oder einen Arbeitnehmer des Betriebs, die oder der Mitglied der Gewerkschaft ist, benennen.

Alle Gewerkschaften, die im Betrieb vertreten sind, haben für die Wahl des BR ein eigenes Vorschlagsrecht (Abs. 3 Hs. 2). Dabei kann die Gewerkschaft jeden wählbaren AN für ihren Wahlvorschlag aufstellen, wenn dieser AN mit der Kandidatur einverstanden ist. Es ist nicht notwendig, dass der vorgeschlagene AN Mitglied der Gewerkschaft ist.[35]

Für die **Wahlvorschläge der Gewerkschaften** gelten grds. dieselben Erfordernisse wie für die Wahlvorschläge der AN des Betriebs. Dies gilt u.a. auch für die Einhaltung der vom Wahlvorstand festgesetzten Fristen sowie die Form der Vorschlagslisten.

Wahlvorschläge der Gewerkschaften müssen nicht von wahlberechtigten AN des Betriebs unterstützt werden. Erforderlich ist nur, dass der Wahlvorschlag von zwei Beauftragten der Gewerkschaft unterzeichnet ist (Abs. 5). Fehlt die Unterzeichnung durch zwei Beauftragte, ist der Wahlvorschlag ungültig (§ 27 Abs. 2 WO). Die Beauftragten müssen zur Unterzeichnung legitimiert sein (etwa durch Satzung). Fehlt eine solche Legitimation, so ist der Wahlvorschlag nur gültig, wenn die Legitimation bis zum Ablauf der Einreichungsfrist für Wahlvorschläge nachgereicht wird.

Der an erster Stelle unterzeichnete Beauftragte gilt als **Listenvertreter**, wenn die Gewerkschaft keine anderweitige Bestimmung des Listenvertreters vornimmt. Sie kann auch einen AN des Betriebs als Listenvertreter benennen. Dafür ist jedoch zwingend erforderlich, dass dieser AN Mitglied der Gewerkschaft ist (§ 27 Abs. 3 S. 2 WO).

3. Notwendiger Inhalt der Vorschlagsliste. Gem. § 6 Abs. 3 S. 1 WO muss die Vorschlagsliste sämtliche Wahlbewerber auflisten und die einzelnen Bewerber in erkennbarer Reihenfolge unter fortlaufender Nummer angeben. Dabei sind Familienname, Vorname, Geburtsdatum und Art der Beschäftigung im Betrieb anzugeben. Die erkennbare Reihenfolge der Bewerber ist wichtig, weil sich die Reihenfolge der gewählten Bewerber innerhalb der einzelnen Vorschlagslisten bei der späteren Auszählung der abgegebenen Stimmen und der Verteilung auf die BR-Sitze nach der Reihenfolge ihrer Benennung auf der Vorschlagsliste bestimmt (§ 15 Abs. 4 WO). Dabei ist es nicht vorgeschrieben, auf der Vorschlagsliste bereits die Mindestgeschlechterquote zu berücksichtigen (vgl. dazu § 15 Rn 11).[36]

Ob eine erkennbare Reihenfolge der Bewerber i.S.d. Wahlordnung vorliegt, ist danach zu beurteilen, ob sich dies für einen unbefangenen und objektiven Dritten ohne Zweifel feststellen lässt.[37] Liegt keine erkennbare Reihenfolge der Bewerber vor, so ist die Vorschlagsliste ungültig (§ 8 Abs. 1 Nr. 2 WO). Über die Ungültigkeit hat der Wahlvorstand den **Listenführer** gem. § 7 Abs. 2 S. 2 WO unverzüglich schriftlich und unter Angabe der Gründe zu unterrichten. Eine neue ordnungsgemäße Liste kann nur innerhalb der Einreichungsfrist des § 6 Abs. 1 S. 2 WO beim Wahlvorstand neu eingereicht werden. Eine Nachfrist ist dafür nicht vorgesehen.

---

33 BAG 25.5.2005 – 7 ABR 39/04 – NZA 2006, 116; LAG Hamm 3.3.2006 – 13 TaBV 18/06 – EZA-SD 2006, Nr. 11.
34 DKK/*Schneider*, § 6 WO Rn 43.
35 GK-BetrVG/*Kreutz*, § 14 Rn 91.
36 *Neumann*, BB 2202, 510.
37 *Stege/Weinspach/Schiefer*, § 14 Rn 23.

56 Unterbleibt auf einer Vorschlagsliste bei einem oder mehreren Wahlbewerbern die Angabe der Art der Beschäftigung (§ 6 Abs. 3 S. 1 WO), liegt darin kein wesentlicher Verfahrensverstoß. Ein solcher Fehler rechtfertigt keine Wahlanfechtung, solange die eindeutige Zuordnung und Individualisierung des Bewerbers möglich bleibt. Gleiches gilt bei fehlerhafter Angabe des Namens, Vornamens oder Geburtsdatums oder bei Fehlen des Vornamens oder Geburtsdatums. Die Fehlerhaftigkeit der Vorschlagsliste in einem dieser Punkte bleibt für sich genommen solange ohne Auswirkung auf die Anfechtbarkeit der Wahl, wie die eindeutige Zuordnung des Wahlbewerbers möglich bleibt.[38] Die Vorschlagsliste muss mit den Stützunterschriften zu einer einheitlichen Urkunde verbunden werden und gegen Veränderungen gesichert werden.[39]

57 **4. Zustimmungserklärung des Bewerbers.** Jeder Wahlbewerber auf einer Vorschlagsliste muss seine Zustimmung zu der Kandidatur schriftlich erklären. Diese schriftliche **Zustimmungserklärung** muss mit der Wahlvorschlagsliste eingereicht werden (§ 6 Abs. 3 S. 2 WO). Dabei ist es nicht erforderlich, dass jeder einzelne Wahlbewerber seine Zustimmung gesondert schriftlich erklärt. Die schriftliche Zustimmung kann auch durch Unterschrift aller Bewerber auf einer Vorschlagsliste geleistet werden. Erforderlich ist die vollständige Unterschrift, eine bloße Paraphe ist unzureichend.[40] Das Fehlen der schriftlichen Zustimmung des Bewerbers führt zur Ungültigkeit der Wahlvorschlagsliste gem. § 8 Abs. 2 Nr. 2 WO, falls dieser Mangel trotz Beanstandung nicht binnen einer Frist von drei Arbeitstagen beseitigt wird. Nach Ablauf dieser Nachbesserungsfrist ist eine Zustimmung auch dann nicht mehr zulässig, wenn die allg. Frist für die Einreichung von Wahlvorschlägen noch nicht abgelaufen ist.[41] Wird trotz fehlender Zustimmungserklärung eines Wahlbewerbers vom Wahlvorstand das Verfahren gem. § 8 Abs. 2 WO nicht eingeleitet, führt dies zur Anfechtbarkeit der Wahl.

58 **5. Listenvertreter.** Jede Vorschlagsliste muss einen **Listenvertreter** haben, der berechtigt und verpflichtet ist, gegenüber dem Wahlvorstand die zur Beseitigung von Beanstandungen erforderlichen Erklärungen abzugeben sowie Erklärungen und Entscheidungen des Wahlvorstandes entgegen zu nehmen (§ 6 Abs. 4 WO). Die Befugnisse eines Listenvertreters begrenzen sich gem. § 6 Abs. 4 S. 2 WO auf die Abgabe von zur Beseitigung von Beanstandungen erforderlichen Erklärungen. Die Rücknahme eines Wahlvorschlages fällt hierunter nicht, da diese auf eine vollständige Beseitigung des Vorschlags gerichtet ist und hierdurch in die Rechte aller übrigen Unterzeichner eingegriffen wird.[42] Der Listenvertreter kann auf der der Vorschlagsliste kenntlich gemacht werden. Fehlt es an einer ausdrücklichen Bezeichnung eines Listenvertreters, so ist der an erster Stelle Unterzeichnete als Listenvertreter anzusehen.

59 **6. Mehrfachkandidatur.** Jeder Wahlbewerber darf nur auf einer Vorschlagsliste kandidieren. Gem. § 6 Abs. 7 S. 1 WO ist eine Kandidatur auf mehreren Vorschlagslisten verboten. Auch eine Verbindung von Vorschlagslisten ist gem. § 6 Abs. 6 WO verboten. Kandidiert ein Wahlbewerber dennoch auf mehreren Vorschlagslisten, muss ihn der Wahlvorstand hierauf hinweisen und auffordern innerhalb von drei Arbeitstagen zu erklären, welche Wahlbewerbung er aufrecht erhält. Unterbleibt die fristgerechte Erklärung durch den Wahlbewerber, so ist der Bewerber auf sämtlichen Listen zu streichen (§ 6 Abs. 7 WO). Anders als bei der Mehrfachunterstützung von Vorschlagslisten, bleibt nicht in jedem Fall eine bestehen (siehe Rn 49). Fordert der Wahlvorstand den Wahlbewerber weder zur Erklärung auf noch streicht er ihn von den Vorschlagslisten, führt dies zur Anfechtbarkeit der Wahl.

60 **7. Prüfung der Vorschlagslisten.** Der Wahlvorstand hat sämtliche Vorschlagslisten auf ihre Gültigkeit zu überprüfen. Dazu gehört die Vorschlagslisten auf äußere Mängel zu prüfen, insbesondere darauf, ob Durchstreichungen, Radierungen, Einschaltungen oder sonstige Mängel die Beweiskraft der Urkunde ganz oder teilweise aufheben oder mindern. Dabei muss die Überprüfung unverzüglich erfolgen, um den Unterzeichnern ggf. noch die Möglichkeit zu geben, die Vorschlagsliste innerhalb der Einreichungsfrist zu korrigieren und erneut einzureichen.[43] Der Wahlvorstand hat am letzten Tag der Frist zur Einreichung von Wahlvorschlägen Vorkehrungen zu treffen, damit er eingehende Wahlvorschläge möglichst sofort prüfen und die Listenvertreter über etwaige Mängel informieren kann.[44] Weist der Wahlvorstand einen Wahlvorschlag zurück, hat die davon betroffene Liste ein Recht auf Anfechtung nicht etwa verwirkt, weil sie ihre Zulassung zur BR-Wahl nicht im einstweiligen Rechtsschutzverfahren geltend gemacht hat; vielmehr hat sie die Wahl, ob sie ihre Zulassung zu erstreiten sucht oder die Wahl im Nachgang anficht.[45]

WO BetrVG § 7 – Prüfung der Vorschlagslisten

(1) Der Wahlvorstand hat bei Überbringen der Vorschlagsliste oder, falls die Vorschlagsliste auf eine andere Weise eingereicht wird, der Listenvertreterin oder dem Listenvertreter den Zeitpunkt der Einreichung schriftlich zu bestätigen.

---

[38] So auch Richardi/*Thüsing*, § 6 WO Rn 10.
[39] LAG Hamm 24.5.2002 – 10 Ta BV 63/02 – n.v.
[40] LAG Hamm 20.5.2005 – 10 TaBV 94/04 – juris.
[41] DKK/*Schneider*, § 8 WO Rn 12.
[42] LAG Niedersachsen 28.6.2007 – 14 TaBV 5/07 – juris.
[43] LAG Nürnberg 15.3.2004 – 9 Ta BV 24/03 – FA 2004, 281.
[44] BAG 25.5.2005 – 7 ABR 39/04 – NZA 2006, 116; LAG Niedersachsen 26.7.2007 – 4 TaBV 85/06 – juris.
[45] LAG Schleswig-Holstein 14.2.2007 – 6 TaBV 27/06 – juris.

(2) ¹Der Wahlvorstand hat die eingereichten Vorschlagslisten, wenn die Liste nicht mit einem Kennwort versehen ist, mit Familienname und Vorname der beiden in der Liste an erster Stelle Benannten zu bezeichnen. ²Er hat die Vorschlagsliste unverzüglich, möglichst binnen einer Frist von zwei Arbeitstagen nach ihrem Eingang, zu prüfen und bei Ungültigkeit oder Beanstandung einer Liste die Listenvertreterin oder den Listenvertreter unverzüglich schriftlich unter Angabe der Gründe zu unterrichten.

WO BetrVG § 8 – Ungültige Vorschlagslisten

(1) Ungültig sind Vorschlagslisten,
1. die nicht fristgerecht eingereicht worden sind,
2. auf denen die Bewerberinnen oder Bewerber nicht in erkennbarer Reihenfolge aufgeführt sind,
3. die bei der Einreichung nicht die erforderliche Zahl von Unterschriften (§ 14 Abs. 4 des Gesetzes) aufweisen. Die Rücknahme von Unterschriften auf einer eingereichten Vorschlagsliste beeinträchtigt deren Gültigkeit nicht; § 6 Abs. 5 bleibt unberührt.

(2) Ungültig sind auch Vorschlagslisten,
1. auf denen die Bewerberinnen oder Bewerber nicht in der in § 6 Abs. 3 bestimmten Weise bezeichnet sind,
2. wenn die schriftliche Zustimmung der Bewerberinnen oder der Bewerber zur Aufnahme in die Vorschlagsliste nicht vorliegt,
3. wenn die Vorschlagsliste infolge von Streichung gemäß § 6 Abs. 5 nicht mehr die erforderliche Zahl von Unterschriften aufweist,

falls diese Mängel trotz Beanstandung nicht binnen einer Frist von drei Arbeitstagen beseitigt werden.

Eine Ungültigkeit des Wahlvorschlags tritt insbesondere ein, wenn ein Unterzeichner ohne das Einverständnis all derjenigen, die vor ihm unterschrieben haben, oder derjenige, der den Wahlvorschlag einreicht, einen oder mehrere Kandidaten streicht; ebenso wenig dürfen die Reihenfolge der Bewerber geändert oder neue Kandidaten benannt werden.[46]

Der Zeitpunkt der Einreichung der Vorschlagsliste muss vom Wahlvorstand gegenüber dem Listenvertreter schriftlich bestätigt werden. Dies dient der Beweissicherung für Eingang und **fristgerechte Einreichung der Liste**. Dabei ist nicht nur der Tag der Einreichung, sondern auch die genaue Uhrzeit anzugeben und zu bestätigen. Ebenso ist die Einreichung gem. § 8 Abs. 2 WO berichtigter Vorschlagslisten zu bestätigen. Die Bestätigung ist vom Wahlvorstand zu unterzeichnen.

Ist eine schriftliche Bestätigung nicht erfolgt oder verloren gegangen, so kann der Beweis für die rechtzeitige Einreichung einer Vorschlagsliste auch auf andere Weise, z.B. durch Zeugen, geführt werden.

Vorschlagslisten können mit einem Kennwort versehen werden, das dann als Listenname fungiert. Ist eine Vorschlagsliste nicht selbst mit einem Kennwort versehen, ist sie vom Wahlvorstand mit Familiennamen und Vornamen der beiden in der Liste zuerst Genannten zu bezeichnen (§ 7 Abs. 2 S. 1 WO). Der Wahlvorstand hat die eingereichten Vorschlagslisten unverzüglich, möglichst binnen einer Frist von zwei Arbeitstagen nach Eingang, zu prüfen und dem Listenvertreter unverzüglich schriftlich unter Angabe von Gründen über die Ungültigkeit oder sonstige Beanstandungen der Liste zu unterrichten (§ 7 Abs. 2 S. 2 WO).

8. Bekanntmachung der Vorschlagslisten. Nach Ablauf der Einreichungsfrist muss der Wahlvorstand gem. § 10 WO die gültigen Vorschlagslisten bekannt machen. Dabei wird die Reihenfolge der Listennummern durch Losverfahren festgelegt.

WO BetrVG § 10 – Bekanntmachung der Vorschlagslisten

(1) ¹Nach Ablauf der in § 6 Abs. 1, § 8 Abs. 2 und § 9 Abs. 1 genannten Fristen ermittelt der Wahlvorstand durch das Los die Reihenfolge der Ordnungsnummern, die den eingereichten Vorschlagslisten zugeteilt werden (Liste 1 usw.). ²Die Listenvertreterin oder der Listenvertreter sind zu der Losentscheidung rechtzeitig einzuladen.

(2) Spätestens eine Woche vor Beginn der Stimmabgabe hat der Wahlvorstand die als gültig anerkannten Vorschlagslisten bis zum Abschluss der Stimmabgabe in gleicher Weise bekannt zu machen wie das Wahlausschreiben (§ 3 Abs. 4).

a) Reihenfolge der Vorschlagslisten. Der Wahlvorstand ermittelt durch Los die Reihenfolge der Ordnungsnummern, die den eingereichten Listen zugeteilt werden. Die Ermittlung der **Reihenfolge der Ordnungsnummern** für die eingereichten Vorschlagslisten erfolgt erst nach Ablauf der für die Einreichung von Vorschlagslisten gesetzten Ausschlussfrist bzw. der zum gleichen Zweck gesetzten etwaigen Nachfrist.

---

46 LAG Niedersachsen 26.7.2007 – 4 TaBV 85/06 – juris.

Die ermittelten Ordnungsnummern sind entscheidend für die Reihenfolge der Vorschlagslisten auf den Stimmzetteln. Zum Losentscheid sind die Listenvertreter rechtzeitig einzuladen. Bleiben die Listenvertreter dem Losentscheid fern, so ist dies unschädlich, wenn eine rechtzeitige Einladung erfolgt ist. Der Losentscheid selbst ergeht formlos.[47]

65 **b) Bekanntmachung.** Die Vorschlagslisten sind in vollständiger Form unter Angabe der vom Wahlvorstand nach Abs. 1 zugeteilten Ordnungsnummer und des Kennworts bzw. der anstelle des Kennworts tretenden Angaben des Familiennamens und des Vornamens der beiden erstgenannten Bewerber der Liste sowie unter genauer Anführung aller Wahlkandidaten mit Angabe ihres Familiennamens, Vornamens, Geburtsdatums und der Art der Beschäftigung im Betrieb in derselben Weise wie das Wahlausschreiben bekannt zu machen. Ist das Wahlausschreiben an verschiedenen Stellen des Betriebs bekannt gemacht worden, so sind auch die Wahlvorschläge an diesen Stellen auszuhängen.[48] Die Wahlvorschläge müssen bis zur Beendigung der Wahl ausgehängt bleiben. Nicht bekannt zu machen sind die den Wahlvorschlag unterstützenden Unterschriften. Sie gehören nicht zum Inhalt des Wahlvorschlags.

C. Verbindung zum Prozessrecht

66 Verstöße gegen § 14 führen i.d.R. zur Anfechtbarkeit der BR-Wahl gem. § 19 Abs. 1, wenn sie Auswirkungen auf das Wahlergebnis haben können. Besonders schwere Verstöße können zur Nichtigkeit der Wahl führen. Für beide ist das ArbG gem. § 2a Abs. 1 Nr. 1 ArbGG im Beschlussverfahren zuständig.

D. Beraterhinweise

67 In eine laufende BR-Wahl kann durch einstweilige Verfügung auch bei bloßen Anfechtungsgründen eingegriffen werden.[49] Dies kann auch die Ungültigkeit von Vorschlagslisten betreffen.

§ 14a Vereinfachtes Wahlverfahren für Kleinbetriebe

(1) ¹In Betrieben mit in der Regel fünf bis fünfzig wahlberechtigten Arbeitnehmern wird der Betriebsrat in einem zweistufigen Verfahren gewählt. ²Auf einer ersten Wahlversammlung wird der Wahlvorstand nach § 17a Nr. 3 gewählt. ³Auf einer zweiten Wahlversammlung wird der Betriebsrat in geheimer und unmittelbarer Wahl gewählt. ⁴Diese Wahlversammlung findet eine Woche nach der Wahlversammlung zur Wahl des Wahlvorstands statt.
(2) Wahlvorschläge können bis zum Ende der Wahlversammlung zur Wahl des Wahlvorstands nach § 17a Nr. 3 gemacht werden; für Wahlvorschläge der Arbeitnehmer gilt § 14 Abs. 4 mit der Maßgabe, dass für Wahlvorschläge, die erst auf dieser Wahlversammlung gemacht werden, keine Schriftform erforderlich ist.
(3) ¹Ist der Wahlvorstand in Betrieben mit in der Regel fünf bis fünfzig wahlberechtigten Arbeitnehmern nach § 17a Nr. 1 in Verbindung mit § 16 vom Betriebsrat, Gesamtbetriebsrat oder Konzernbetriebsrat oder nach § 17a Nr. 4 vom Arbeitsgericht bestellt, wird der Betriebsrat abweichend von Absatz 1 Satz 1 und 2 auf nur einer Wahlversammlung in geheimer und unmittelbarer Wahl gewählt. ²Wahlvorschläge können bis eine Woche vor der Wahlversammlung zur Wahl des Betriebsrats gemacht werden; § 14 Abs. 4 gilt unverändert.
(4) Wahlberechtigten Arbeitnehmern, die an der Wahlversammlung zur Wahl des Betriebsrats nicht teilnehmen können, ist Gelegenheit zur schriftlichen Stimmabgabe zu geben.
(5) In Betrieben mit in der Regel 51 bis 100 wahlberechtigten Arbeitnehmern können der Wahlvorstand und der Arbeitgeber die Anwendung des vereinfachten Wahlverfahrens vereinbaren.

	Rn
A. Allgemeines	1
B. Regelungsgehalt	3
I. Zweistufiges Wahlverfahren	3
1. Einladung zur ersten Wahlversammlung	4
2. Erste Wahlversammlung	7
a) Bestellung des Wahlvorstandes	7
b) Einleitung der Wahl durch den Wahlvorstand	8
aa) Aufstellung der Wählerliste	9
bb) Erlass des Wahlausschreibens	12
cc) Bestimmung der Mindestsitze für das Geschlecht in der Minderheit	15
dd) Wahlvorschläge	16
c) Zweite Wahlversammlung	18
d) Nachträgliche schriftliche Stimmabgabe	22
e) Bekanntgabe des Wahlergebnisses	24
II. Einstufiges Wahlverfahren	25
1. Einleitung der Wahl durch den Wahlvorstand	26
2. Wahlvorschläge	29
3. Stimmabgabe, Auszählung und Bekanntgabe des Wahlergebnisses	30
III. Vereinfachtes Wahlverfahren in Betrieben mit 51 bis 100 Arbeitnehmern	31
C. Verbindung zum Prozessrecht	32
D. Beraterhinweise	33

---

[47] GK-BetrVG/*Kreutz/Oetker*, § 10 WO Rn 3.
[48] GK-BetrVG/*Kreutz/Oetker*, § 10 WO Rn 5.
[49] LAG Düsseldorf 17.5.2002 – 18 TaBV 26/02 – LAGE § 14 n.F. BetrVG 2001 Nr. 2.

A. Allgemeines

Gem. § 14a ist für Betriebe mit i.d.R. fünf bis 50 wahlberechtigten AN ein **vereinfachtes Wahlverfahren** vorgeschrieben.[1] Die Regelungen zur Durchführung der Wahl im vereinfachten Wahlverfahren finden sich in §§ 14a und 17a, sowie in §§ 28 bis 37 WO. Für Betriebe mit 51 bis 100 wahlberechtigten AN kann das vereinfachte Wahlverfahren zwischen Wahlvorstand und AG freiwillig vereinbart werden (Abs. 5, § 37 WO). In Betrieben mit mehr als 100 AN ist eine solche Vereinbarung nicht möglich. Die Vereinbarung kann nur mit dem Wahlvorstand getroffen werden, nicht aber im Vorfeld mit dem BR.[2]

Das vereinfachte Wahlverfahren findet entweder als **einstufiges oder als zweistufiges Wahlverfahren** statt. Einstufig ist das Wahlverfahren, wenn der Wahlvorstand gem. Abs. 3, § 17a WO durch den BR, den GBR, den KBR oder das ArbG bestellt wird (s. § 17a Rn 2 ff.). Ein zweistufiges Wahlverfahren ist dagegen gegeben, wenn die Wahl durch eine im Betrieb vertretene Gewerkschaft oder drei Wahlberechtigte des Betriebs initiiert wird.

B. Regelungsgehalt

I. Zweistufiges Wahlverfahren

Das vereinfachte Wahlverfahren gem. § 14a findet als zweistufiges Verfahren statt, wenn die Wahl durch eine im Betrieb vertretene Gewerkschaft oder drei AN initiiert wird. Aus den §§ 16 bis 17a ergibt sich, dass das zweistufige Wahlverfahren das Nachrangige sein soll, auch wenn es sowohl in § 14a als auch der WO als Erstes genannt ist. Aus den Vorschriften zur Bestellung des Wahlvorstands ergibt sich aber, dass die Bestellung des Wahlvorstands vorrangig durch einen bereits bestehenden BR oder den GBR- oder KBR erfolgen soll. Nur wenn dies nicht erfolgt, ist eine Bestellung des Wahlvorstands durch die AN des Betriebs im Rahmen einer **Wahlversammlung** möglich, zu der drei AN des Betriebs oder eine im Betrieb vertretene Gewerkschaft eingeladen haben. Nur dann greift auch das zweistufige Wahlverfahren. Da es aber sowohl im Gesetz als auch in der WO als Erstes genannt ist und die Vorschriften zum einstufigen Wahlverfahren Verweise auf das zweistufige Wahlverfahren enthalten, soll es zuerst dargestellt werden.

WO BetrVG § 28 – Einladung zur Wahlversammlung

(1) ¹Zu der Wahlversammlung, in der der Wahlvorstand nach § 17a Nr. 3 des Gesetzes (§ 14a Abs. 1 des Gesetzes) gewählt wird, können drei Wahlberechtigte des Betriebs oder eine im Betrieb vertretene Gewerkschaft einladen (einladende Stelle) und Vorschläge für die Zusammensetzung des Wahlvorstands machen. ²Die Einladung muss mindestens sieben Tage vor dem Tag der Wahlversammlung erfolgen. ³Sie ist durch Aushang an geeigneten Stellen im Betrieb bekannt zu machen. ⁴Ergänzend kann die Einladung mittels der im Betrieb vorhandenen Informations- und Kommunikationstechnik bekannt gemacht werden; § 2 Abs. 4 Satz 4 gilt entsprechend. ⁵Die Einladung muss folgende Hinweise enthalten:
a) Ort, Tag und Zeit der Wahlversammlung zur Wahl des Wahlvorstands;
b) dass Wahlvorschläge zur Wahl des Betriebsrats bis zum Ende der Wahlversammlung zur Wahl des Wahlvorstands gemacht werden können (§ 14a Abs. 2 des Gesetzes);
c) dass Wahlvorschläge der Arbeitnehmerinnen und Arbeitnehmer zur Wahl des Betriebsrats mindestens von einem Zwanzigstel der Wahlberechtigten, mindestens jedoch von drei Wahlberechtigten unterzeichnet sein müssen; in Betrieben mit in der Regel bis zu zwanzig Wahlberechtigten reicht die Unterzeichnung durch zwei Wahlberechtigte;
d) dass Wahlvorschläge zur Wahl des Betriebsrats, die erst in der Wahlversammlung zur Wahl des Wahlvorstands gemacht werden, nicht der Schriftform bedürfen.

(2) Der Arbeitgeber hat unverzüglich nach Aushang der Einladung zur Wahlversammlung nach Absatz 1 der einladenden Stelle alle für die Anfertigung der Wählerliste erforderlichen Unterlagen (§ 2) in einem versiegelten Umschlag auszuhändigen.

WO BetrVG § 30 – Wahlvorstand, Wählerliste

(1) ¹Unmittelbar nach seiner Wahl hat der Wahlvorstand in der Wahlversammlung zur Wahl des Wahlvorstands die Wahl des Betriebsrats einzuleiten. ²§ 1 gilt entsprechend. ³Er hat unverzüglich in der Wahlversammlung eine Liste der Wahlberechtigten (Wählerliste), getrennt nach den Geschlechtern, aufzustellen. ⁴Die einladende Stelle hat dem Wahlvorstand den ihr nach § 28 Abs. 2 ausgehändigten versiegelten Umschlag zu übergeben. ⁵Die Wahlberechtigten sollen in der Wählerliste mit Familienname, Vorname und Geburtsdatum in alphabetischer Reihenfolge aufgeführt werden. ⁶§ 2 Abs. 1 Satz 3, Abs. 2 bis 4 gilt entsprechend.

(2) ¹Einsprüche gegen die Richtigkeit der Wählerliste können mit Wirksamkeit für die Betriebsratswahl nur vor Ablauf von drei Tagen seit Erlass des Wahlausschreibens beim Wahlvorstand schriftlich eingelegt werden. ²§ 4 Abs. 2 und 3 gilt entsprechend.

---

1 *Will*, MDR 2002, 261. 2 Hess u.a./*Schlochauer*, § 14a Rn 25 f.; *Berg*, AiB 2002, 17.

WO BetrVG § 35 – Nachträgliche schriftliche Stimmabgabe

(1) ¹Können Wahlberechtigte an der Wahlversammlung zur Wahl des Betriebsrats nicht teilnehmen, um ihre Stimme persönlich abzugeben, können sie beim Wahlvorstand die nachträgliche schriftliche Stimmabgabe beantragen (§ 14a Abs. 4 des Gesetzes). ²Das Verlangen auf nachträgliche schriftliche Stimmabgabe muss die oder der Wahlberechtigte dem Wahlvorstand spätestens drei Tage vor dem Tag der Wahlversammlung zur Wahl des Betriebsrats mitgeteilt haben. ³Die §§ 24, 25 gelten entsprechend.

(2) Wird die nachträgliche schriftliche Stimmabgabe aufgrund eines Antrages nach Absatz 1 Satz 1 erforderlich, hat dies der Wahlvorstand unter Angabe des Orts, des Tags und der Zeit der öffentlichen Stimmauszählung in gleicher Weise bekannt zu machen wie das Wahlausschreiben (§ 31 Abs. 2).

(3) ¹Unmittelbar nach Ablauf der Frist für die nachträgliche schriftliche Stimmabgabe öffnet der Wahlvorstand in öffentlicher Sitzung die bis zu diesem Zeitpunkt eingegangenen Freiumschläge und entnimmt ihnen die Wahlumschläge sowie die vorgedruckten Erklärungen. ²Ist die nachträgliche schriftliche Stimmabgabe ordnungsgemäß erfolgt (§ 25), so legt der Wahlvorstand den Wahlumschlag nach Vermerk der Stimmabgabe in der Wählerliste in die bis dahin versiegelte Wahlurne.

(4) ¹Nachdem alle ordnungsgemäß nachträglich abgegebenen Wahlumschläge in die Wahlurne gelegt worden sind, nimmt der Wahlvorstand die Auszählung der Stimmen vor. ²§ 34 Abs. 3 bis 5 gilt entsprechend.

4   **1. Einladung zur ersten Wahlversammlung.** Das zweistufige Wahlverfahren wird eingeleitet durch die Einladung zur ersten **Wahlversammlung**. Zu dieser Wahlversammlung können drei wahlberechtigte AN des Betriebs oder eine im Betrieb vertretene Gewerkschaft einladen. Die einladenden AN genießen gem. 15 Abs. 3a KSchG einen **besonderen Künd-Schutz** für die Dauer des Wahlverfahrens. Eine ordentliche Künd ist in diesem Zeitraum unzulässig. Der besondere Künd-Schutz gilt nur für die ersten drei Unterzeichner der Einladung. Er beginnt mit dem Aushang der Einladung und endet mit der Bekanntgabe des Wahlergebnisses. Wird kein BR gewählt, endet er drei Monate nach Aushang der Einladung. Die Wahlversammlung ist eine Betriebsversammlung. Sie kann während der Arbeitszeit stattfinden, der AG muss die AN zur Teilnahme unter Fortzahlung des Entgelts freistellen.

5   Die Einladung zur 1. Wahlversammlung muss bereits bestimmte inhaltliche Anforderungen erfüllen. Die Einladung muss Ort, Tag und Zeit der 1. Wahlversammlung benennen. Sie muss außerdem darauf hinweisen, dass bereits in dieser Wahlversammlung auch die Wahlvorschläge zur Wahl des BR gemacht werden müssen und dass diese nicht schriftlich erfolgen müssen. Weiterhin muss der Hinweis enthalten sein, dass Wahlvorschläge von einem Zwanzigstel der AN, mind. jedoch drei AN unterstützt werden müssen. In Betrieben mit bis zu zwanzig AN beträgt die Mindestzahl zwei.

6   Nach Aushang der Einladung muss der AG der einladenden Stelle alle Unterlagen, die zur Erstellung der Wählerliste erforderlich sind, in einem versiegelten Umschlag übergeben, damit der Wahlvorstand nach seiner Bestellung unverzüglich die Wählerliste aufstellen kann. Die Wählerliste darf nicht durch die einladende Stelle aufgestellt, der Umschlag von ihr nicht geöffnet werden. Dies kann zur Anfechtbarkeit der BR-Wahl führen.

7   **2. Erste Wahlversammlung. a) Bestellung des Wahlvorstandes.** Der Wahlvorstand wird auf der 1. Wahlversammlung durch die anwesenden wahlberechtigten AN des Betriebs gewählt (s. § 17a Rn 9). Zu der Wahlversammlung können drei Wahlberechtigte des Betriebs oder eine im Betrieb vertretene Gewerkschaft einladen. Der **Wahlvorstand** besteht stets aus drei Mitgliedern (§§ 29 S. 2, 17a Nr. 2 WO).

8   **b) Einleitung der Wahl durch den Wahlvorstand.** Im Anschluss an seine Wahl muss der Wahlvorstand die Wählerliste aufstellen, das Wahlausschreiben erlassen und Wahlvorschläge entgegennehmen.

9   **aa) Aufstellung der Wählerliste.** Der Wahlvorstand muss unmittelbar nach seiner Wahl noch während der 1. Wahlversammlung die Liste der Wahlberechtigten, getrennt nach Geschlechtern, aufstellen. Dazu muss ihm die einladende Stelle den versiegelten Umschlag mit den für die Wählerliste erforderlichen Unterlagen aushändigen, die sie vom AG erhalten hat.

10   Auf der Wählerliste müssen die Wahlberechtigten mit Familienname, Vorname und Geburtsdatum in alphabetischer Reihenfolge aufgeführt werden (§ 30 Abs. 1 WO). Hinsichtlich der Behandlung von Leih-AN ergeben sich keine Abweichungen zum normalen Wahlverfahren. Sie sind auch im vereinfachten Wahlverfahren aktiv wahlberechtigt und müssen auf der Wählerliste gesondert ausgewiesen werden.

11   Die **Wählerliste** muss zur Einsichtnahme im Betrieb ausgelegt werden. Dieser Aushang soll die Geburtsdaten der Wahlberechtigten nicht enthalten. Die Wählerliste kann auch ausschließlich in elektronischer Form bekannt gemacht werden (§ 30 Abs. 1 S. 6 i.V.m. § 2 Abs. 4 WO).

Ein Einspruch gegen die Wählerliste muss innerhalb von drei Tagen nach Aushang des Wahlausschreibens erfolgen.

bb) Erlass des Wahlausschreibens. Auch das Wahlausschreiben wird noch in der 1. Wahlversammlung erlassen. Es ist von dem Vorsitzenden des Wahlvorstandes sowie mind. einem weiteren stimmberechtigten Mitglied zu unterschreiben.

WO BetrVG § 31 – Wahlausschreiben

(1) ¹Im Anschluss an die Aufstellung der Wählerliste erlässt der Wahlvorstand in der Wahlversammlung das Wahlausschreiben, das von der oder dem Vorsitzenden und von mindestens einem weiteren stimmberechtigten Mitglied des Wahlvorstands zu unterschreiben ist. ²Mit Erlass des Wahlausschreibens ist die Betriebsratswahl eingeleitet. ³Das Wahlausschreiben muss folgende Angaben enthalten:

1. das Datum seines Erlasses;
2. die Bestimmung des Orts, an dem die Wählerliste und diese Verordnung ausliegen sowie im Fall der Bekanntmachung in elektronischer Form (§ 2 Abs. 4 Satz 3 und 4) wo und wie von der Wählerliste und der Verordnung Kenntnis genommen werden kann;
3. dass nur Arbeitnehmerinnen und Arbeitnehmer wählen oder gewählt werden können, die in die Wählerliste eingetragen sind, und dass Einsprüche gegen die Wählerliste (§ 4) nur vor Ablauf von drei Tagen seit dem Erlass des Wahlausschreibens schriftlich beim Wahlvorstand eingelegt werden können; der letzte Tag der Frist ist anzugeben;
4. den Anteil der Geschlechter und den Hinweis, dass das Geschlecht in der Minderheit im Betriebsrat mindestens entsprechend seinem zahlenmäßigen Verhältnis vertreten sein muss, wenn der Betriebsrat aus mindestens drei Mitgliedern besteht (§ 15 Abs. 2 des Gesetzes);
5. die Zahl der zu wählenden Betriebsratsmitglieder (§ 9 des Gesetzes) sowie die auf das Geschlecht in der Minderheit entfallenden Mindestsitze im Betriebsrat (§ 15 Abs. 2 des Gesetzes);
6. die Mindestzahl von Wahlberechtigten, von denen ein Wahlvorschlag unterzeichnet sein muss (§ 14 Abs. 4 des Gesetzes) und den Hinweis, dass Wahlvorschläge, die erst in der Wahlversammlung zur Wahl des Wahlvorstands gemacht werden, nicht der Schriftform bedürfen (§ 14a Abs. 2 zweiter Halbsatz des Gesetzes);
7. dass der Wahlvorschlag einer im Betrieb vertretenen Gewerkschaft von zwei Beauftragten unterzeichnet sein muss (§ 14 Abs. 5 des Gesetzes);
8. dass Wahlvorschläge bis zum Abschluss der Wahlversammlung zur Wahl des Wahlvorstands bei diesem einzureichen sind (§ 14a Abs. 2 erster Halbsatz des Gesetzes);
9. dass die Stimmabgabe an die Wahlvorschläge gebunden ist und dass nur solche Wahlvorschläge berücksichtigt werden dürfen, die fristgerecht (Nr. 8) eingereicht worden sind;
10. die Bestimmung des Orts, an dem die Wahlvorschläge bis zum Abschluss der Stimmabgabe aushängen;
11. Ort, Tag und Zeit der Wahlversammlung zur Wahl des Betriebsrats (Tag der Stimmabgabe – § 14a Abs. 1 Satz 3 und 4 des Gesetzes);
12. dass Wahlberechtigten, die an der Wahlversammlung zur Wahl des Betriebsrats nicht teilnehmen können, Gelegenheit zur nachträglichen schriftlichen Stimmabgabe gegeben wird (§ 14a Abs. 4 des Gesetzes); das Verlangen auf nachträgliche schriftliche Stimmabgabe muss spätestens drei Tage vor dem Tag der Wahlversammlung zur Wahl des Betriebsrats dem Wahlvorstand mitgeteilt werden;
13. Ort, Tag und Zeit der nachträglichen schriftlichen Stimmabgabe (§ 14a Abs. 4 des Gesetzes) sowie die Betriebsteile und Kleinstbetriebe, für die nachträgliche schriftliche Stimmabgabe entsprechend § 24 Abs. 3 beschlossen ist;
14. den Ort, an dem Einsprüche, Wahlvorschläge und sonstige Erklärungen gegenüber dem Wahlvorstand abzugeben sind (Betriebsadresse des Wahlvorstands);
15. Ort, Tag und Zeit der öffentlichen Stimmauszählung.

(2) ¹Ein Abdruck des Wahlausschreibens ist vom Tage seines Erlasses bis zum letzten Tage der Stimmabgabe an einer oder mehreren geeigneten, den Wahlberechtigten zugänglichen Stellen vom Wahlvorstand auszuhängen und in gut lesbarem Zustand zu erhalten. ²Ergänzend kann das Wahlausschreiben mittels der im Betrieb vorhandenen Informations- und Kommunikationstechnik bekannt gemacht werden. ³§ 2 Abs. 4 Satz 4 gilt entsprechend.

Der Inhalt des **Wahlausschreibens** ist weitgehend deckungsgleich zum Inhalt des Wahlausschreibens im normalen Wahlverfahren (im Einzelnen s. § 18 Rn 17 ff.). Es ergeben sich jedoch eine Reihe von Änderungen:

– Die Einspruchsfrist gegen die Wählerliste verkürzt sich von zwei Wochen auf drei Tage (§§ 30 Abs. 2, 31 Abs. 1 Nr. 3 WO).
– Neben der Angabe der Mindestzahl von Wahlberechtigten, von denen ein Wahlvorschlag unterzeichnet sein muss, muss das Wahlausschreiben weiter den Hinweis enthalten, dass Wahlvorschläge, die erst in der Wahlversammlung zum Wahlvorstand gemacht werden, nicht der Schriftform bedürfen. Dieser Hinweis war auch schon in der Einladung zur ersten Wahlversammlung enthalten.

- Im Wahlausschreiben muss angegeben sein, dass die Wahlvorschläge bis zum Abschluss der 1. Wahlversammlung zur Wahl des Wahlvorstands bei diesem einzureichen sind.
- Es muss weiter darauf hingewiesen werden, dass Wahlberechtigten, die an der Wahlversammlung zur Wahl des BR (Zweite Wahlversammlung) nicht teilnehmen können, Gelegenheit zur nachträglichen schriftlichen Stimmabgabe gegeben wird. Ebenso muss die für diese nachträgliche schriftliche Stimmabgabe erforderliche Antragsfrist von spätestens drei Tagen vor dem Tag der Wahlversammlung zur Wahl des BR (Zweite Wahlversammlung) angegeben werden. Angegeben werden müssen auch Ort, Tag und Zeit der nachträglichen schriftlichen Stimmabgabe.
- Es muss ebenfalls angegeben werden, für welche Betriebsteile und Kleinstbetriebe die nachträgliche schriftliche Stimmabgabe gem. § 24 Abs. 3 WO beschlossen ist.

14 Das Wahlausschreiben muss vom Tag seines Erlasses bis zum letzten Tag der Stimmabgabe an einer oder mehreren geeigneten Stellen im Betrieb vom Wahlvorstand ausgehängt werden. Es kann ergänzend auch in elektronischer Form verbreitet werden.

Die Vorschriften zum Erlass des Wahlausschreibens machen bereits die Komplexität des vereinfachten Wahlverfahrens deutlich. Das Wahlausschreiben, das selbst erst in der ersten Wahlversammlung erlassen wird, macht seinerseits auf Fristabläufe in derselben Wahlversammlung aufmerksam.

cc) Bestimmung der Mindestsitze für das Geschlecht in der Minderheit.

WO BetrVG § 32 – Bestimmung der Mindestsitze für das Geschlecht in der Minderheit
Besteht der zu wählende Betriebsrat aus mindestens drei Mitgliedern, so hat der Wahlvorstand den Mindestanteil der Betriebsratssitze für das Geschlecht in der Minderheit (§ 15 Abs. 2 des Gesetzes) gemäß § 5 zu errechnen.

15 Wenn der BR aus mind. drei Mitgliedern besteht, muss der Wahlvorstand den Mindestanteil der BR-Sitze für das Geschlecht in der Minderheit entsprechend dem d'Hondt'schen System berechnen. Diese Berechnung muss bereits in der ersten Wahlversammlung erfolgen, da die Mindestsitze im Wahlausschreiben anzugeben sind, und dieses bereits in der ersten Wahlversammlung erstellt wird (zur Berechnung der **Mindestsitze** s. § 15 Rn 5 ff.).

dd) Wahlvorschläge.

WO BetrVG § 33 – Wahlvorschläge
(1) ¹Die Wahl des Betriebsrats erfolgt aufgrund von Wahlvorschlägen. ²Die Wahlvorschläge sind von den Wahlberechtigten und den im Betrieb vertretenen Gewerkschaften bis zum Ende der Wahlversammlung zur Wahl des Wahlvorstands bei diesem einzureichen. ³Wahlvorschläge, die erst in dieser Wahlversammlung gemacht werden, bedürfen nicht der Schriftform (§ 14a Absatz 2 des Gesetzes).
(2) ¹Für Wahlvorschläge gilt § 6 Abs. 2 bis 4 entsprechend. ²§ 6 Abs. 5 gilt entsprechend mit der Maßgabe, dass ein Wahlberechtigter, der mehrere Wahlvorschläge unterstützt, auf Aufforderung des Wahlvorstands in der Wahlversammlung erklären muss, welche Unterstützung er aufrechterhält. ³Für den Wahlvorschlag einer im Betrieb vertretenen Gewerkschaft gilt § 27 entsprechend.
(3) ¹§ 7 gilt entsprechend. ²§ 8 gilt entsprechend mit der Maßgabe, dass Mängel der Wahlvorschläge nach § 8 Abs. 2 nur in der Wahlversammlung zur Wahl des Wahlvorstands beseitigt werden können.
(4) Unmittelbar nach Abschluss der Wahlversammlung hat der Wahlvorstand die als gültig anerkannten Wahlvorschläge bis zum Abschluss der Stimmabgabe in gleicher Weise bekannt zu machen, wie das Wahlausschreiben (§ 31 Abs. 2).
(5) ¹Ist in der Wahlversammlung kein Wahlvorschlag zur Wahl des Betriebsrats gemacht worden, hat der Wahlvorstand bekannt zu machen, dass die Wahl nicht stattfindet. ²Die Bekanntmachung hat in gleicher Weise wie das Wahlausschreiben (§ 31 Abs. 2) zu erfolgen.

16 **Wahlvorschläge** können von den Wahlberechtigten und den im Betrieb vertretenen Gewerkschaften eingereicht werden (§§ 14 Abs. 3, 33 Abs. 1 WO). Die Regeln zur Gültigkeit und Ungültigkeit von Wahlvorschlägen richten sich nach dem normalen Wahlverfahren gem. § 6 WO (s. § 14 Rn 42 ff.). Ein Wahlberechtigter, der mehrere Wahlvorschläge unterstützt, muss auf Aufforderung des Wahlvorstandes in der Wahlversammlung erklären, welche Unterstützung er aufrechterhält (§ 33 Abs. 2 WO). Auch Wahlvorschläge von Gewerkschaften richten sich nach § 27 WO für das normale Wahlverfahren (s. § 14 Rn 50 ff.).

17 Mängel der Wahlvorschläge können nur in der 1. Wahlversammlung beseitigt werden. Die Beseitigung richtet sich nach § 8 Abs. 2 WO. Die gültigen Wahlvorschläge müssen unmittelbar nach Abschluss der 1. Wahlversammlung ebenso wie das Wahlausschreiben bekannt gemacht werden. Auch sie müssen bis zum Abschluss der Stimmabgabe in leserlicher Form allen AN zugänglich sein. Wenn in der 1. Wahlversammlung kein Wahlvorschlag zur Wahl des BR gemacht wird, muss der Wahlvorstand bekannt machen, dass die Wahl nicht stattfindet (§ 33 Abs. 5 WO).

18 **c) Zweite Wahlversammlung.** Die Stimmabgabe erfolgt im zweistufigen vereinfachten Wahlverfahren in einer 2. Wahlversammlung. Diese findet genau eine Woche nach der 1. Wahlversammlung statt.

WO BetrVG § 34 – Wahlverfahren

(1) ¹Die Wählerin oder der Wähler kann ihre oder seine Stimme nur für solche Bewerberinnen oder Bewerber abgeben, die in einem Wahlvorschlag benannt sind. ²Auf den Stimmzetteln sind die Bewerberinnen oder Bewerber in alphabetischer Reihenfolge unter Angabe von Familienname, Vorname und Art der Beschäftigung im Betrieb aufzuführen. ³Die Wählerin oder der Wähler kennzeichnet die von ihm Gewählten durch Ankreuzen an der hierfür im Stimmzettel vorgesehenen Stelle; es dürfen nicht mehr Bewerberinnen oder Bewerber angekreuzt werden, als Betriebsratsmitglieder zu wählen sind. ⁴§ 11 Abs. 1 Satz 2, Abs. 2 Satz 2 und 3, Abs. 4 und § 12 gelten entsprechend.
(2) Im Fall der nachträglichen schriftlichen Stimmabgabe (§ 35) hat der Wahlvorstand am Ende der Wahlversammlung zur Wahl des Betriebsrats die Wahlurne zu versiegeln und aufzubewahren.
(3) ¹Erfolgt keine nachträgliche schriftliche Stimmabgabe, hat der Wahlvorstand unverzüglich nach Abschluss der Wahl die öffentliche Auszählung der Stimmen vorzunehmen und das sich daraus ergebende Wahlergebnis bekannt zu geben. ²Die §§ 21, 23 Abs. 1 gelten entsprechend.
(4) ¹Ist nur ein Betriebsratsmitglied zu wählen, so ist die Person gewählt, die die meisten Stimmen erhalten hat. ²Bei Stimmengleichheit entscheidet das Los. ³Lehnt eine gewählte Person die Wahl ab, so tritt an ihre Stelle die nicht gewählte Person mit der nächsthöchsten Stimmenzahl.
(5) Sind mehrere Betriebsratsmitglieder zu wählen, gelten für die Ermittlung der Gewählten die §§ 22 und 23 Abs. 2 entsprechend.

Im vereinfachten Wahlverfahren gilt das **Prinzip der Mehrheitswahl** (§§ 34 Abs. 1, 14 Abs. 2 S. 2 WO). Dies gilt auch, wenn ein mehrköpfiger BR zu wählen ist und mehrere Wahlvorschläge eingereicht worden sind. Im Wahlverfahren selbst ergeben sich ansonsten keine Abweichungen zur Wahl im normalen Wahlverfahren. 19

Ausnahmen bestehen lediglich hinsichtlich der nachträglichen schriftlichen Stimmabgabe (§ 35 WO). Gibt es eine nachträgliche schriftliche Stimmabgabe, so erfolgt die Auszählung der Stimmen nicht unmittelbar nach Abschluss der persönlichen Stimmabgabe, sondern erst nach Ablauf der Frist für die nachträgliche schriftliche Stimmabgabe. Für die Zeit zwischen Abschluss der normalen Stimmabgabe und Abschluss der nachträglichen schriftlichen Stimmabgabe muss die Wahlurne vom Wahlvorstand versiegelt und aufbewahrt werden (§ 34 Abs. 2 WO). 20

Wenn es keine nachträgliche schriftliche Stimmabgabe gibt, müssen die Stimmen sofort nach Abschluss der Wahl öffentlich ausgezählt und das Ergebnis bekannt gegeben werden. Hierbei ergeben sich keine Unterschiede zur Auszählung bei der Mehrheitswahl im normalen Wahlverfahren (s. § 18 Rn 32 ff.). Auch bei der BR-Wahl im vereinfachten Wahlverfahren ist die Mindestgeschlechterquote zu berücksichtigen. Sofern nur ein BR-Mitglied zu wählen ist, ist die Person gewählt, die die meisten Stimmen erhalten hat. Bei Stimmengleichheit entscheidet das Los (§ 34 Abs. 4 WO). 21

d) Nachträgliche schriftliche Stimmabgabe. Wahlberechtigte, die an der Wahlversammlung zur Wahl des BR nicht teilnehmen können, können beim Wahlvorstand nachträgliche schriftliche Stimmabgabe beantragen (Abs. 4, § 35 Abs. 1 WO). Der Antrag auf nachträgliche schriftliche Stimmabgabe muss spätestens drei Tage vor dem Tag der Wahlversammlung zur Wahl des BR eingereicht werden. 22

Der Wahlvorstand muss die **nachträgliche schriftliche Stimmabgabe** genauso bekannt machen, wie das Wahlausschreiben. Hierbei muss er Ort, Tag und Zeit der öffentlichen Stimmauszählung, die sich ja durch die nachträgliche schriftliche Stimmabgabe verschiebt, benennen. Die Auszählung der Stimmen im Rahmen der nachträglichen schriftlichen Stimmabgabe richtet sich nach den Vorschriften zur schriftlichen Stimmabgabe im normalen Wahlverfahren (§ 35 Abs. 3 i.V.m. § 26 WO). 23

e) Bekanntgabe des Wahlergebnisses. Das Wahlergebnis im vereinfachten Wahlverfahren muss wie im normalen Wahlverfahren bekannt gegeben werden. Auch die gewählten Mitglieder des BR im vereinfachten Wahlverfahren haben das Recht, die Wahl abzulehnen. In diesem Fall rücken die Bewerber mit den nächsthöheren Stimmenzahlen nach. 24

II. Einstufiges Wahlverfahren

Das vereinfachte Wahlverfahren gem. § 14a findet als einstufiges Verfahren statt, wenn der Wahlvorstand nicht in einer Wahlversammlung durch die AN des Betriebs gewählt wird. Das ist der Fall, wenn in Betrieben mit bereits bestehendem BR dieser den Wahlvorstand bestellt. Besteht ein BR, kommt er aber seiner Pflicht, den Wahlvorstand zu bestellen, nicht nach, führt dies nicht zum zweistufigen Wahlverfahren. Vielmehr kann dann unmittelbar durch Antrag beim ArbG eine gerichtliche Bestellung des Wahlvorstands erfolgen. 25

In Betrieben ohne BR findet das einstufige Wahlverfahren statt, wenn der Wahlvorstand durch GBR- oder KBR- bestellt wird. Ansonsten kommt eine Bestellung im zweistufigen Wahlverfahren durch die AN in Betracht; zur Bestellung des Wahlvorstands s.a. § 17a.

WO BetrVG § 36 – Wahlvorstand, Wahlverfahren

(1) ¹Nach der Bestellung des Wahlvorstands durch den Betriebsrat, Gesamtbetriebsrat, Konzernbetriebsrat oder das Arbeitsgericht (§ 14a Abs. 3, § 17a des Gesetzes) hat der Wahlvorstand die Wahl des Betriebsrats unverzüglich einzuleiten. ²Die Wahl des Betriebsrats findet auf einer Wahlversammlung statt (§ 14a Abs. 3 des Gesetzes). ³Die §§ 1, 2 und 30 Abs. 2 gelten entsprechend.

(2) ¹Im Anschluss an die Aufstellung der Wählerliste erlässt der Wahlvorstand das Wahlausschreiben, das von der oder dem Vorsitzenden und von mindestens einem weiteren stimmberechtigten Mitglied des Wahlvorstands zu unterschreiben ist. ²Mit Erlass des Wahlausschreibens ist die Betriebsratswahl eingeleitet. ³Besteht im Betrieb ein Betriebsrat, soll der letzte Tag der Stimmabgabe (nachträgliche schriftliche Stimmabgabe) eine Woche vor dem Tag liegen, an dem die Amtszeit des Betriebsrats abläuft.

(3) Das Wahlausschreiben hat die in § 31 Abs. 1 Satz 3 vorgeschriebenen Angaben zu enthalten, soweit nachfolgend nichts anderes bestimmt ist:
1. Abweichend von Nummer 6 ist ausschließlich die Mindestzahl von Wahlberechtigten anzugeben, von denen ein Wahlvorschlag unterzeichnet sein muss (§ 14 Abs. 4 des Gesetzes).
2. Abweichend von Nummer 8 hat der Wahlvorstand anzugeben, dass die Wahlvorschläge spätestens eine Woche vor dem Tag der Wahlversammlung zur Wahl des Betriebsrats beim Wahlvorstand einzureichen sind (§ 14a Abs. 3 Satz 2 des Gesetzes); der letzte Tag der Frist ist anzugeben.

Für die Bekanntmachung des Wahlausschreibens gilt § 31 Abs. 2 entsprechend.

(4) Die Vorschriften über die Bestimmung der Mindestsitze nach § 32, das Wahlverfahren nach § 34 und die nachträgliche Stimmabgabe nach § 35 gelten entsprechend.

(5) ¹Für Wahlvorschläge gilt § 33 Abs. 1 entsprechend mit der Maßgabe, dass die Wahlvorschläge von den Wahlberechtigten und den im Betrieb vertretenen Gewerkschaften spätestens eine Woche vor der Wahlversammlung zur Wahl des Betriebsrats beim Wahlvorstand schriftlich einzureichen sind (§ 14a Abs. 3 Satz 2 zweiter Halbsatz des Gesetzes). ²§ 6 Abs. 2 bis 5 und die §§ 7 und 8 gelten entsprechend mit der Maßgabe, dass die in § 6 Abs. 5 und § 8 Abs. 2 genannten Fristen nicht die gesetzliche Mindestfrist zur Einreichung der Wahlvorschläge nach § 14a Abs. 3 Satz 2 erster Halbsatz des Gesetzes überschreiten dürfen. ³Nach Ablauf der gesetzlichen Mindestfrist zur Einreichung der Wahlvorschläge hat der Wahlvorstand die als gültig anerkannten Wahlvorschläge bis zum Abschluss der Stimmabgabe in gleicher Weise bekannt zu machen wie das Wahlausschreiben (Absatz 3).

(6) ¹Ist kein Wahlvorschlag zur Wahl des Betriebsrats gemacht worden, hat der Wahlvorstand bekannt zu machen, dass die Wahl nicht stattfindet. ²Die Bekanntmachung hat in gleicher Weise wie das Wahlausschreiben (Absatz 3) zu erfolgen.

26 1. **Einleitung der Wahl durch den Wahlvorstand.** Der **Wahlvorstand** ist auch beim einstufigen vereinfachten Wahlverfahren Leiter der gesamten Wahl, also sowohl hinsichtlich der Durchführung als auch hinsichtlich der Feststellung des Wahlergebnisses. Nach seiner Bestellung durch den BR, GBR, KBR oder das ArbG hat der Wahlvorstand die Wahl unverzüglich einzuleiten.

27 Der Wahlvorstand muss eine Wählerliste gem. § 2 WO aufstellen. Die erforderlichen Unterlagen hierzu hat ihm der AG zur Verfügung zu stellen. Nach der Aufstellung der Wählerliste muss der Wahlvorstand ein **Wahlausschreiben** erlassen. Inhaltlich ergeben sich keine wesentlichen Änderungen zum Wahlausschreiben im zweistufigen Wahlverfahren (s. Rn 13). Der Wahlvorstand muss im Unterschied zum zweistufigen Wahlverfahren im Wahlausschreiben angeben, dass die Wahlvorschläge spätesten eine Woche vor dem Tag der BR-Wahl beim Wahlvorstand einzureichen sind (Abs. 3 S. 2, § 36 Abs. 3 Nr. 2 WO). Hierbei muss der letzte Tag der Frist zur **Einreichung von Wahlvorschlägen** angegeben werden. Die Möglichkeit zur mündlichen Einreichung wie im zweistufigen Wahlverfahren besteht nicht.

28 Problematisch ist beim einstufigen Verfahren, dass keinerlei zeitliche Angaben hinsichtlich der Terminierung der Wahl vorgegeben sind. Wenn der Termin zur Wahlversammlung zur Durchführung der BR-Wahl sehr zeitnah nach dem Aushang des Wahlausschreibens liegt, bleiben den AN möglicherweise nur wenige Tage Zeit, um Wahlvorschläge einzureichen.³ Es empfiehlt sich eine Orientierung an § 28 Abs. 1 S. 2 WO, so dass eine Mindestfrist von einer Woche verbleibt.⁴ Damit muss das Datum der Wahlversammlung zur Wahl des BR mit dem Wahlausschreiben im Ergebnis zwei Wochen vor der Wahl bekannt gemacht werden.

29 2. **Wahlvorschläge.** Es ergeben sich keine wesentlichen Unterschiede zum zweistufigen vereinfachten Wahlverfahren. Allerdings müssen Wahlvorschläge von Wahlberechtigten und den im Betrieb vertretenen Gewerkschaften spätestens eine Woche vor der Wahlversammlung zur Wahl des BR beim Wahlvorstand schriftlich eingereicht wer-

---

3 So auch Hessisches LAG 23.1.2003 – 9 TaBV 104/02 – AuR 2003, 158.

4 So auch *Hanau*, ZIP 2001, 2163.

den. Wie dargelegt, besteht im einstufigen Wahlverfahren nicht die Möglichkeit zur mündlichen Einreichung von Wahlvorschlägen. Nach Ablauf der Frist zur Einreichung der Wahlvorschläge hat der Wahlvorstand zu prüfen, welche Wahlvorschläge gültig sind. Die gültigen Wahlvorschläge sind in gleicher Weise wie das Wahlausschreiben auszuhängen und müssen bis zum Abschluss der Stimmabgabe zugänglich bleiben. Wenn beim Wahlvorstand keine Wahlvorschläge eingegangen sind, muss er bekannt machen, dass die Wahl nicht stattfindet (§ 36 Abs. 6 WO). Auch diese Bekanntmachung muss in gleicher Weise wie das Wahlausschreiben erfolgen.

3. Stimmabgabe, Auszählung und Bekanntgabe des Wahlergebnisses. Es ergeben sich keine Abweichungen zum zweistufigen vereinfachten Wahlverfahren (s. Rn 18 ff.).

III. Vereinfachtes Wahlverfahren in Betrieben mit 51 bis 100 Arbeitnehmern

Gem. Abs. 5, § 37 WO BetrVG können in Betrieben mit 51 bis 100 AN Wahlvorstand und AG die Anwendung des vereinfachten Wahlverfahrens freiwillig vereinbaren.[5] Das bedeutet, dass ab dem Zeitpunkt der Vereinbarung das vereinfachte Wahlverfahren beginnt. Da nur der Wahlvorstand und nicht etwa ein bereits bestehender BR oder der GBR oder KBR die Anwendung des vereinfachten Wahlverfahrens vereinbaren kann, wird der Wahlvorstand selbst in diesen Fällen immer nach den Vorschriften der §§ 16 und 17 aber nicht nach § 17a bestellt.[6] Ansonsten richtet sich das Verfahren nach den üblichen Vorschriften zum vereinfachten Wahlverfahren.

C. Verbindung zum Prozessrecht

Die BR-Wahl im vereinfachten Wahlverfahren gem. § 14a kann unter den gleichen Umständen wie eine normale BR-Wahl angegriffen werden. Neben einem Einspruch gegen die Wählerliste beim Wahlvorstand (sehr kurze Frist: drei Tage) kommen Beschlussverfahren gegen einzelne Amtshandlungen des Wahlvorstands (auch im einstweiligen Verfahren) beim ArbG während der laufenden BR-Wahl oder eine Anfechtung der erfolgten BR-Wahl gem. § 19 Abs. 1 in Betracht. Auch die Nichtigkeit der Wahl kann geltend gemacht werden.

D. Beraterhinweise

Das vereinfachte Wahlverfahren ist seinem Namen zum Trotz aufgrund der komplizierten Regelung und der sehr kurzen Fristen recht komplex. Insbesondere der Wahlvorstand im zweistufigen Verfahren muss bereits in der ersten Wahlversammlung eine Vielzahl von Amtshandlungen vornehmen. Hierdurch kann das Anfechtungsrisiko erheblich steigen.

§ 15 Zusammensetzung nach Beschäftigungsarten und Geschlechter

(1) Der Betriebsrat soll sich möglichst aus Arbeitnehmern der einzelnen Organisationsbereiche und der verschiedenen Beschäftigungsarten der im Betrieb tätigen Arbeitnehmer zusammensetzen.

(2) Das Geschlecht, das in der Belegschaft in der Minderheit ist, muss mindestens entsprechend seinem zahlenmäßigen Verhältnis im Betriebsrat vertreten sein, wenn dieser aus mindestens drei Mitgliedern besteht.

A. Allgemeines 1	2. Regelungsgehalt 5
B. Regelungsgehalt 2	a) Berechnung der Mindestsitze 5
I. Arbeitnehmer aus verschiedenen Bereichen 2	b) Verteilung der Mindestsitze auf die Vorschlagslisten 11
II. Berücksichtigung des Geschlechts in der Minderheit 3	C. Verbindung zum Prozessrecht 17
1. Allgemeines 3	D. Beraterhinweise 18

A. Allgemeines

§ 15 regelt die **Zusammensetzung des BR**. Der BR soll sämtliche AN des Betriebs vertreten. Seine Zusammenstellung soll daher die Zusammenstellung der AN im Betrieb widerspiegeln und die verschiedenen Organisationsbereiche und Beschäftigungsarten berücksichtigen wie auch die Verteilung der Geschlechter im Betrieb. Während es sich bei der Zusammensetzung nach Organisationsbereichen und Beschäftigungsarten um eine Art Appell handelt, ist die Vorschrift zur Berücksichtigung des Geschlechts in der Minderheit eine Muss-Vorschrift.

---

[5] BAG 19.11.2003 – 7 ABR 24/03 – AP § 19 BetrVG 1972 Nr. 54 = SAE 2004, 193.

[6] LAG Sachsen 1.4.2003 – 5 TaBV 13/02 – n.v.; *Hanau*, ZIP 2001, 2163.

B. Regelungsgehalt

I. Arbeitnehmer aus verschiedenen Bereichen

2 Durch die Vorschrift des Abs. 1 soll eine möglichst heterogene Besetzung des BR gewährleistet werden. Es sollen möglichst Vertreter aus allen Organisationsbereichen wie auch aller Beschäftigungsarten vertreten sein. Organisationsbereiche können bspw. verschiedene Abteilungen des Betriebs sein. Unter verschiedenen Beschäftigungsarten wird gemeinhin die Aufteilung Arbeiter und Ang verstanden. Es handelt sich nicht um eine zwingende Regelung, insb. wurde die zwingende Gruppenaufteilung zwischen Arbeitern und Ang ja mit der Änderung des BetrVG im Jahr 2001 gerade aufgegeben.

II. Berücksichtigung des Geschlechts in der Minderheit

3 **1. Allgemeines.** Gem. Abs. 2 muss das Geschlecht, das in einem Betrieb in der Minderheit im BR mind. entsprechend seinem zahlenmäßigen Verhältnis in der Belegschaft vertreten sein. Durch die Formulierung „mindestens" wird klargestellt, dass auch eine überproportionale Vertretung möglich ist. Das **Mehrheitsgeschlecht** hat also keinen Anspruch auf eine verhältnismäßige Besetzung der BR-Sitze. Das Geschlecht in der Minderheit muss nicht zwingend das weibliche sein. Im Dienstleistungssektor gibt es durchaus Betriebe, in denen Männer das Geschlecht in der Minderheit sind. Nichtsdestotrotz ist die Vorschrift zur Förderung der Chancengleichheit von Frauen erlassen worden. Sie wird durch § 5 der WO ausgefüllt.

4 Abs. 2, § 5 WO sehen sich seit ihrem Inkrafttreten mit der Reform des BetrVG im Jahr 2001 vielfältiger Kritik ausgesetzt.[1] Die Normen wurden verschiedentlich sogar für verfassungswidrig erachtet.[2] Die Verfassungsgemäßheit der Regelung hält das BAG allerdings für gegeben.[3] Nach seiner Auffassung sind die Regelungen zum **Minderheitsgeschlecht** in der Betriebsverfassung und der WO nicht verfassungswidrig. Der der Entscheidung zugrunde liegende Fall betraf einen sog. **listenübergreifenden Geschlechtersprung**, der dazu geführt hatte, dass ein Sitz, der einer Liste, auf der keine Frauen kandidiert hatten, zugestanden hatte, einer anderen Liste zugeschlagen wurde (zum listenübergreifenden Geschlechtersprung s. Rn 16). Hiergegen hatte sich die frauenlose Liste gewandt und die Berichtigung des Wahlergebnisses verlangt. Da die Listenplätze entsprechend der geltenden Regelungen in BetrVG und WO ermittelt wurden, bestand nach Ansicht des BAG kein Anspruch der frauenlosen Liste. Die mit Abs. 2 und § 15 Abs. 5 Nr. 2 WO zugrunde gelegten Normen seien nicht verfassungswidrig. Entgegen dieser Ansicht hält die 2. Kammer des LAG Köln die Vorschrift für verfassungswidrig und hat daher einen entsprechenden Vorlagebeschluss beim Bundesverfassungsgericht vorgelegt.[4] Zutreffend stellt die 2. Kammer des LAG Köln heraus, dass die Bestimmung der Mindestgeschlechterquote in Abs. 2 sich nicht in dem Rahmen hält, den der Gesetzgeber für sachlich erforderliche Ausnahmen von der Allgemeinheit und Gleichheit der Wahl eingeräumt hat. Vielmehr sei die vorgesehene Ungleichbehandlung von Kandidaten des Minderheitsgeschlechts sachfremd und nicht zurechtfertigen. Dem ist beizupflichten. So kann in der Geschlechterquote entgegen dem BAG durchaus eine ungerechtfertigte Einschränkung demokratischer Wahlgrundsätze gesehen werden. Auch scheint es fraglich, warum mit der Änderung des BetrVG in 2001 die Aufteilung zwischen Arbeitern und Ang aufgegeben wurde, wenn über die Mindestgeschlechterquote wieder eine Art neues Gruppenprinzip eingeführt wurde.

5 **2. Regelungsgehalt. a) Berechnung der Mindestsitze.** § 5 WO BetrVG regelt das Prozedere zur Ermittlung des Geschlechts in der Minderheit, Abs. 5 WO BetrVG seine Berücksichtigung bei der Verteilung der BR-Sitze. Der Wahlvorstand muss ermitteln, welches Geschlecht von seinem zahlenmäßigen Verhältnis im Betrieb in der Minderheit ist (§ 5 Abs. 1 S. 1 WO). Anhand der Wählerliste kann er feststellen, welches Geschlecht im Betrieb geringer vertreten ist als das andere. Dann hat der Wahlvorstand die auf das Geschlecht in der Minderheit entfallenden BR-Sitze nach dem **d'Hondt'schen System** zu berechnen. Danach sind die auf die im Betrieb beschäftigten Frauen und Männer entfallenen Höchstzahlen zu ermitteln und zu verteilen.

WO BetrVG § 5 – Bestimmung der Mindestsitze für das Geschlecht in der Minderheit

(1) [1]Der Wahlvorstand stellt fest, welches Geschlecht von seinem zahlenmäßigen Verhältnis im Betrieb in der Minderheit ist. [2]Sodann errechnet der Wahlvorstand den Mindestanteil der Betriebsratssitze für das Geschlecht in der Minderheit (§ 15 Abs. 2 des Gesetzes) nach den Grundsätzen der Verhältniswahl. [3]Zu diesem Zweck werden die Zahlen der am Tage des Erlasses des Wahlausschreibens im Betrieb beschäftigten Frauen und Männer in einer Reihe nebeneinander gestellt und beide durch 1, 2, 3, 4 usw. geteilt. [4]Die ermittelten Teilzahlen sind nacheinander reihenweise unter den Zahlen der ersten Reihe aufzuführen, bis höhere Teilzahlen für die Zuweisung der zu verteilenden Sitze nicht mehr in Betracht kommen.

---

1 *Berger-Delhey*, ZTR 2002, 113; Richardi/*Thüsing*; § 15 Rn 4 m.w.N.
2 *Ubber/Weller*, NZA 2004, 893.
3 BAG 16.3.2005 – 7 ABR 40/04 – NZA 2005, 1252; so auch GK-BetrVG/*Kreutz*, § 15 Rn 16; *Brors*, NZA 2004, 472.
4 LAG Köln 13.10.2003 – 2 TaBV 1/03 – NZA-RR 2004, 247.

(2) ¹Unter den so gefundenen Teilzahlen werden so viele Höchstzahlen ausgesondert und der Größe nach geordnet, wie Betriebsratsmitglieder zu wählen sind. ²Das Geschlecht in der Minderheit erhält so viele Mitgliedersitze zugeteilt, wie Höchstzahlen auf es entfallen. ³Wenn die niedrigste in Betracht kommende Höchstzahl auf beide Geschlechter zugleich entfällt, so entscheidet das Los darüber, welchem Geschlecht dieser Sitz zufällt.

Beispiel: In einem Betrieb mit 98 Mitarbeitern sind 32 Männer und 66 Frauen beschäftigt. Die Männer stellen damit das Geschlecht in der Minderheit. Es sind fünf BR-Mitglieder zu wählen. Nach d'Hondt ist wie folgt zu verfahren:

Frauen	Männer
66 : 1 = 66 = 1. Sitz	32 : 1 = 32 = 3. Sitz
66 : 2 = 33 = 2. Sitz	32 : 2 = 16
66 : 3 = 22 = 4. Sitz	32 : 3 = 10,66
66 : 4 = 16,5 = 5. Sitz	

Da fünf BR-Sitze zu vergeben sind, ergeben sich folgende Höchstzahlen: 66, 33, 32, 22 und 16,5. Danach entfallen vier BR-Sitze auf die weiblichen Mitarbeiter, einer auf die männlichen.
Entfällt die niedrigste in Betracht kommende Höchstzahl auf beide Geschlechter, entscheidet das Los darüber, welchem Geschlecht dieser Sitz zufällt (§ 5 Abs. 2 S. 3).
Stellt das Minderheitengeschlecht nur einen sehr geringen Anteil der AN des Betriebs, scheidet eine Berücksichtigung bei der Besetzung der BR-Sitze u.U. aus.⁵ Da § 15 lediglich eine verhältnismäßige Berücksichtigung des Geschlechtes in der Minderheit erfordert und die Berechnung der Mindestsitze gem. § 5 WO nach dem d'Hondt'schen System erfolgt, erhält das Minderheitengeschlecht keine Mindestsitze, wenn keine der zu vergebenden Höchstzahlen auf es entfallen. Die Sitzverteilung erfolgt in diesen Fällen ganz normal nach dem für die Wahl anzuwendenden System (je nach Konstellation Verhältnis- oder Mehrheitswahl).
Beispiel: Ein Betrieb hat 90 AN, davon sind zehn Männer. Die fünf zu vergebenden BR-Sitze werden nach dem d'Hondt'schen System verteilt.

Männer	Frauen	
10 : 1 = 10	80 : 1 = 80	= 1. Sitz
10 : 2 = 5	80 : 2 = 40	= 2. Sitz
10 : 3 = 3,33	80 : 3 = 26,67	= 3. Sitz
10 : 4 = 2,5	80 : 4 = 20	= 4. Sitz
10 : 5 = 2	80 : 5 = 16	= 5. Sitz

Die ersten fünf Höchstzahlen entfallen auf das Geschlecht in der Mehrheit, den Männern als Geschlecht in der Minderheit stehen in diesem Fall keine Mindestsitze zu.

b) Verteilung der Mindestsitze auf die Vorschlagslisten. Die Berücksichtigung der Mindestsitze für das Geschlecht in der Minderheit ist in § 15 Abs. 5 WO BetrVG geregelt. Darin wird eine Durchbrechung der normalen Sitzverteilung bei der Verteilung im Rahmen der Mehrheits- wie auch der Verhältniswahl normiert, die eingreift, wenn bei normaler Sitzverteilung eine Berücksichtigung der Mindestsitze nicht gegeben ist. Das ist der Fall, wenn dem Geschlecht in der Minderheit z.B. zwei Sitze von fünf zugestanden hätten, es nach üblicher Sitzverteilung aber nur einen bekommen hätte. In diesem Fall müsste die Sitzverteilung dann entsprechend geändert werden, um einen Besetzung von zwei BR-Sitzen mit dem Minderheitsgeschlecht zu gewährleisten. Das geht selbstverständlich nur dann, wenn genügend Personen des Minderheitsgeschlechts zur BR-Wahl kandidiert haben. Ist dies nicht der Fall, bleibt es bei der ursprünglichen Sitzverteilung. Einen Zwang, dass bereits auf der Vorschlagsliste genügend Wahlbewerber des Minderheitengeschlechts stehen müssen, gibt es nicht. Es handelt sich dort nur um eine Sollvorschrift.⁶

Beispiel für § 15 Abs. 5 WO BetrVG bei Mehrheitswahl: Ein Betrieb hat 45 AN, davon 15 Frauen. Auf diese entfällt als Geschlecht in der Minderheit ein Mindestsitz. Da es sich um eine BR-Wahl im vereinfachten Wahlverfahren gem. § 14a handelte, galten die Grundsätze der Mehrheitswahl. Es wurden 40 gültige Stimmzettel abgegeben. Die Stimmauszählung hat folgendes Resultat ergeben:

Herr A	36 Stimmen
Herr B	30 Stimmen
Herr C	24 Stimmen

---

5 LAG Rheinland-Pfalz 13.11.2002 – 10 TaBV 743/02 – NZA-RR 2003, 591; a.A. *Etzel*, AuR 2002, 62.

6 *Stege/Weinspach/Schiefer*, § 15 Rn 8; HaKo-BetrVG/*Brors*, § 15 Rn 3.

Frau D	21 Stimmen
Herr E	9 Stimmen

Getrennt nach Geschlechtern ergeben sich folgende Listen:

Herr A	36 Stimmen	Frau D	21 Stimmen
Herr B	30 Stimmen		
Herr C	24 Stimmen		
Herr E	9 Stimmen		

13 Nach der normalen Zählweise würden die drei BR-Sitze an die Herren A, B und C fallen. Da mindestens einer der BR-Sitze mit einer Frau zu besetzen ist, wird zunächst die höchste Stimmzahl bei den weiblichen Kandidaten ermittelt. Da nur Frau D kandidiert hat, fällt der Mindestsitz ihr zu. Die drei BR-Sitze gehen also an Herrn A, Herrn B und Frau D.

14 **Beispiel** für § 15 Abs. 5 WO BetrVG bei Verhältniswahl: In einem Betrieb stehen zwei Listen zur Wahl. Der Betrieb hat 90 AN, der BR besteht also aus fünf Mitgliedern. Auf Liste 1 entfallen 60 Stimmen und auf Liste 2 entfallen 30 Stimmen.

Liste 1	Liste 2
60 : 1 = 60 = 1. Sitz	30 : 1 = 30 = 2. Sitz
60 : 2 = 30 = 2. Sitz	30 : 2 = 15 = 5. Sitz
60 : 3 = 20 = 4. Sitz	30 : 3 = 10
60 : 4 = 15 = 5. Sitz	30 : 4 = 7,5
60 : 5 = 12	30 : 5 = 6

15 Damit entfallen auf die Liste 1 die Höchstzahlen 60, 30, 20 und 15 und auf die Liste 2 die Höchstzahlen 30 und 15. Da beide Listen die gleiche Höchstzahl für den fünften BR-Sitz aufweisen, muss das Los entscheiden. Nach dem Losentscheid erhält Liste 2 den fünften BR-Sitz. Damit werden die ersten drei Bewerber von Liste 1 und die ersten zwei Bewerber von Liste 2 Mitglieder des Betriebsrats.

16 Auf Liste 1 stehen Herr A, Herr B, Frau C, Herr D und Frau K und auf Liste 2 Herr F, Herr G, Herr H und Frau I. Es wäre also nur eine Frau, nämlich Frau C, im BR. Nach der Mindestgeschlechterquote müssen aber mind. zwei Frauen im BR vertreten sein. Um diese Quote zu gewährleisten, legt § 15 Abs. 5 fest, dass der Vertreter des Mehrheitsgeschlechts mit der niedrigsten Höchstzahl, in diesem Fall Herr G mit der Höchstzahl 15, ausgetauscht wird gegen die in derselben Vorschlagsliste nächstfolgende Person des Minderheitengeschlechts. Das wäre im Beispielsfall Frau I. Frau I rückt anstelle von Herrn H für die Liste 2 in den BR ein. Wenn auf Liste 2 keine Frau mehr verzeichnet gewesen wäre, wäre es zum sog. listenübergreifenden Geschlechtersprung gekommen. In dem Fall hätte Herr G als Vertreter des Mehrheitsgeschlechts mit der geringsten Höchstzahl seinen Platz an die Liste mit der nächstfolgenden Höchstzahl, die einen Vertreter des Minderheitengeschlechts aufweist, hier Liste 1, abgeben müssen. Der Mindestsitz wäre an Frau K gegangen. Zu den Einzelheiten der Sitzverteilung s. § 14 Rn 37 ff.

C. Verbindung zum Prozessrecht

17 Verstöße gegen die ordnungsgemäße Zusammensetzung des BR gem. § 15 führen in der Regel nicht zur Nichtigkeit aber zur Anfechtbarkeit der BR-Wahl gem. § 19 Abs. 1. Das ArbG entscheidet gem. § 2a Abs. 1 Nr. 1 ArbGG im Beschlussverfahren. Bei bereits falscher Berechnung der Mindestsitze kann der Beschluss des Wahlvorstands auch schon während des laufenden Wahlverfahrens gerichtlich überprüft werden.

D. Beraterhinweise

18 Die Beispiele zeigen, dass die Regelung zum Minderheitengeschlecht erhebliche Verschiebungen bei der Verteilung der BR-Sitze nach sich ziehen kann. Es empfiehlt sich daher stets, auf einer Wahlvorschlagsliste bereits ausreichend Wahlbewerber des Geschlechts in der Minderheit zu verzeichnen.

Verstöße gegen die korrekte Berechnung der Mindestsitze für das Geschlecht in der Minderheit sollten auch im Wege des einstweiligen Rechtsschutzes geltend gemacht werden, da sie immer zu einem fehlerhaften Wahlergebnis führen.

§ 16 Bestellung des Wahlvorstands

(1) ¹Spätestens zehn Wochen vor Ablauf seiner Amtszeit bestellt der Betriebsrat einen aus drei Wahlberechtigten bestehenden Wahlvorstand und einen von ihnen als Vorsitzenden. ²Der Betriebsrat kann die Zahl der Wahlvorstandsmitglieder erhöhen, wenn dies zur ordnungsgemäßen Durchführung der Wahl erforderlich ist. ³Der Wahlvorstand muss in jedem Fall aus einer ungeraden Zahl von Mitgliedern bestehen. ⁴Für jedes Mitglied des Wahlvorstands kann für den Fall seiner Verhinderung ein Ersatzmitglied bestellt werden. ⁵In Betrieben mit weiblichen und männlichen Arbeitnehmern sollen dem Wahlvorstand Frauen und Männer angehören. ⁶Jede im Betrieb vertretene Gewerkschaft kann zusätzlich einen dem Betrieb angehörenden Beauftragten als nicht stimmberechtigtes Mitglied in den Wahlvorstand entsenden, sofern ihr nicht ein stimmberechtigtes Wahlvorstandsmitglied angehört.

(2) ¹Besteht acht Wochen vor Ablauf der Amtszeit des Betriebsrats kein Wahlvorstand, so bestellt ihn das Arbeitsgericht auf Antrag von mindestens drei Wahlberechtigten oder einer im Betrieb vertretenen Gewerkschaft; Absatz 1 gilt entsprechend. ²In dem Antrag können Vorschläge für die Zusammensetzung des Wahlvorstands gemacht werden. ³Das Arbeitsgericht kann für Betriebe mit in der Regel mehr als zwanzig wahlberechtigten Arbeitnehmern auch Mitglieder einer im Betrieb vertretenen Gewerkschaft, die nicht Arbeitnehmer des Betriebs sind, zu Mitgliedern des Wahlvorstands bestellen, wenn dies zur ordnungsgemäßen Durchführung der Wahl erforderlich ist.

(3) ¹Besteht acht Wochen vor Ablauf der Amtszeit des Betriebsrats kein Wahlvorstand, kann auch der Gesamtbetriebsrat oder, falls ein solcher nicht besteht, der Konzernbetriebsrat den Wahlvorstand bestellen. ²Absatz 1 gilt entsprechend.

A. Allgemeines 1	3. Größe und Zusammensetzung des Wahlvorstands 7
B. Regelungsgehalt 2	4. Ersatzmitglieder 11
I. Bestellung durch den Betriebsrat 3	5. Stellung der Wahlvorstandsmitglieder 12
II. Bestellung auf andere Weise 4	6. Aufgaben des Wahlvorstandes 14
1. Bestellung durch drei wahlberechtigte Arbeitnehmer oder eine im Betrieb vertretene Gewerkschaft 5	7. Verzicht auf einen Wahlvorstand 15
	C. Verbindung zum Prozessrecht 18
2. Bestellung durch Gesamt- oder Konzernbetriebsrat 6	D. Beraterhinweise 19

A. Allgemeines

§ 16 regelt die **Bestellung des Wahlvorstands** für die BR-Wahl in Betrieben, in denen bereits ein BR besteht. Der Wahlvorstand ist zuständig für das gesamte **Wahlverfahren**. Er leitet die Wahl durch Aushang des Wahlausschreibens ein, stellt die Wählerlisten auf, nimmt die Wahlvorschläge entgegen und hängt sie aus, organisiert und betreut den eigentlichen Wahlvorgang und zählt schließlich die Stimmen aus und verkündet das Wahlergebnis. Der Wahlvorstand wird für seine Tätigkeit im Rahmen des Wahlverfahrens von der Arbeit unter Fortzahlung seiner Bezüge freigestellt. Eine weitergehende Vergütung erhält er nicht, es handelt sich um eine ehrenamtliche Tätigkeit. Der Wahlvorstand ist gem. § 15 Abs. 3 KSchG vor ordentlichen Künd geschützt. Möglich sind lediglich außerordentliche Künd aus wichtigem Grund. Diese bedürfen der Zustimmung durch den BR gem. § 103. Der **besondere Künd-Schutz** beginnt mit der Bestellung zum Wahlvorstand und endet sechs Monate nach Bekanntgabe des Wahlergebnisses.

B. Regelungsgehalt

Für die Bestellung des Wahlvorstandes gibt § 16 ein abgestuftes Verfahren und einen Zeitrahmen vor.

I. Bestellung durch den Betriebsrat

Zunächst ist der BR des Betriebs zuständig, dessen BR zu wählen ist. Mind. zehn Wochen vor Ablauf seiner Amtszeit hat er den Wahlvorstand und den Vorsitzenden zu bestellen (Abs. 1 S. 1). Bei dieser Frist handelt es sich nicht um eine Ausschlussfrist, so dass die Bestellung früher, aber auch später erfolgen kann. Ein einmal bestellter Wahlvorstand oder einzelne seiner Mitglieder können aber nicht mehr durch den BR abberufen werden.[1]

Der Wahlvorstand wird in einer ordnungsgemäß einberufenen BR-Sitzung durch **Mehrheitsbeschluss** bestellt. Der BR kann dabei frei darüber entscheiden, ob er die Bestellung der einzelnen Wahlvorstandsmitglieder in einem Beschluss oder in getrennten Beschlüssen fasst und ob die Abstimmung geheim erfolgt.

---

1 *Fitting u.a.*, § 16 Rn 26.

II. Bestellung auf andere Weise

4 Hat der BR spätestens acht Wochen vor Ablauf seiner Amtszeit keinen Wahlvorstand bestellt, gibt es zwei alternative Möglichkeiten zur Bestellung des Wahlvorstandes.

5 **1. Bestellung durch drei wahlberechtigte Arbeitnehmer oder eine im Betrieb vertretene Gewerkschaft.** Drei wahlberechtigte AN oder eine im Betrieb vertretene Gewerkschaft können beim ArbG die Bestellung des Wahlvorstandes beantragen (zur Antragsberechtigung vgl. § 19 Rn 14). Der Antrag kann bereits Vorschläge zur **Zusammensetzung des Wahlvorstandes** beinhalten (Abs. 2). Das ArbG wird nur auf Antrag tätig. Der BR kann aber auch nach Ablauf der Acht-Wochen-Frist noch einen Wahlvorstand bestellen. Es handelt sich nicht um eine Ausschlussfrist. Vielmehr steht dem BR das Erstbestellungsrecht des Wahlvorstands so lange zu, bis die Bestellung durch das ArbG rechtskräftig geworden ist.[2]

6 **2. Bestellung durch Gesamt- oder Konzernbetriebsrat.** Alternativ kann der GBR oder, falls ein solcher nicht besteht, der KBR den Wahlvorstand bestellen (Abs. 3). Die Bestellung durch den GBR oder KBR hat aber keinen Vorrang gegenüber der Bestellung durch das ArbG. Sollte es zu einer Parallelität der Bestellung kommen, ist ausschlaggebend, welcher Wahlvorstand zuerst rechtswirksam bestellt wurde.[3] Wenn die gerichtliche Bestellung zwar zeitlich früher erfolgte, aber im Zeitpunkt der rechtswirksamen Bestellung durch GBR oder KBR noch nicht rechtskräftig ist, geht die Bestellung durch diesen als zeitlich erste vor.

7 **3. Größe und Zusammensetzung des Wahlvorstands.** Unabhängig von der Größe des zu wählenden BR besteht der Wahlvorstand i.d.R. aus drei Mitgliedern (Abs. 1 S. 1). Eine Erhöhung der **Zahl der Wahlvorstandsmitglieder** ist möglich, wenn dies zu einer ordnungsgemäßen Durchführung der Wahl erforderlich ist (Abs. 1 S. 2). Auf jeden Fall muss es sich jeweils um eine ungerade Mitgliederzahl handeln.[4] Die Zahl der Wahlvorstandsmitglieder richtet sich i.d.R. nach den konkreten betrieblichen Bedürfnissen. Sind aufgrund von Größe und Struktur der Betriebe mehrere Wahllokale einzurichten, ist bei der Bestellung des Wahlvorstands zu berücksichtigen, dass mind. zwei Wahlvorstandsmitglieder bzw. mind. ein Wahlvorstandsmitglied und ein Wahlhelfer im Wahllokal anwesend sein müssen. Dies kann u.U. zu einer erheblichen **Vergrößerung des Wahlvorstands** führen.[5] Wenn eine nachträgliche Erhöhung der Anzahl der Wahlvorstandsmitglieder nicht erforderlich war, kann der Erhöhungsbeschluss isoliert durch das ArbG im einstweiligen Verfügungsverfahren für unwirksam erklärt werden.[6]

8 Zu Wahlvorstandsmitgliedern können grds. nur wahlberechtigte AN des Betriebs bestellt werden. Eine Ausnahme gilt für die Bestellung des Wahlvorstands durch das ArbG; in diesen Fällen kann das ArbG für Betriebe mit i.d.R. mehr als 20 wahlberechtigten AN externe Mitglieder einer im Betrieb vertretenen Gewerkschaft bestellen, wenn dies zur ordnungsgemäßen Durchführung der Wahl erforderlich ist (Abs. 2 S. 2).[7] Die Besetzung eines Ersatz-Wahlvorstands mit mehrheitlich externen Mitgliedern könnte zudem dann erforderlich werden, wenn zuvor betriebsangehörige Wahlvorstandsmitglieder bewusst die ordnungsgemäße Durchführung der Wahl vereitelt haben.[8]

9 Eine Kandidatur oder Unterstützung von Wahlvorschlägen steht einer Mitgliedschaft im Wahlvorstand nicht entgegen.[9] Allerdings erscheint es sinnvoll, in den Wahlvorstand möglichst keine Personen aufzunehmen, die persönlich vom Ausgang der Wahl betroffen sind. Neben den eigentlichen Mitgliedern des Wahlvorstands besteht für die im Betrieb vertretenen Gewerkschaften die Möglichkeit, zusätzlich einen dem Betrieb angehörenden Wahlbeauftragten als nicht stimmberechtigtes Mitglied in den Wahlvorstand zu entsenden, sofern keines der stimmberechtigten Wahlvorstandsmitglieder der entsprechenden Gewerkschaft angehört (Abs. 1 S. 5).

10 Dem Wahlvorstand sollen in Betrieben mit weiblichen und männlichen AN Frauen und Männer entsprechend ihrem Anteil an der Belegschaft angehören (Abs. 1 S. 5). Im Gegensatz zu den Regelungen in § 15, die die Zusammensetzung des BR betreffen, handelt es sich hier um eine Sollvorschrift, nicht um eine zwingende Regelung.[10] Eine Mussvorschrift wäre in hohem Maße unpraktikabel, weil es bereits jetzt in der Praxis Schwierigkeiten bereitet, qualifizierte Personen für eine Tätigkeit im Wahlvorstand zu gewinnen. Trotzdem sollte der Vorschrift aber so weit wie möglich Rechnung getragen werden, es sei denn, dass innerhalb eines Geschlechtes im Betrieb keine Bereitschaft zur Übernahme des Wahlvorstandsamtes besteht.

11 **4. Ersatzmitglieder.** Das Gesetz ermöglicht ausdrücklich die Bestellung von Ersatzmitgliedern für den Fall von Verhinderungen der Wahlvorstandsmitglieder (Abs. 1 S. 4). Es besteht zwar keine Verpflichtung zur Bestellung von Ersatzmitgliedern, ihre Bestellung ist aber aus praktischen Gründen zu empfehlen.[11] Durch die Bestellung

---

2 BAG 19.3.1974 – 1 ABR 87/73 – AP § 17 BetrVG 1972 Nr. 1 = DB 1974, 1775.
3 *Fitting u.a.*, § 16 Rn 56 ff.
4 Hess u.a./*Schlochauer*, § 16 Rn 12.
5 Hess u.a./*Schlochauer*, § 16 Rn 11.
6 LAG Nürnberg 15.5.2006 – 2 TaBV 29/06 – AR-Blattei ES 530.6 Nr. 91.
7 ArbG Berlin 11.10.2001 – 75 BV 21966/01 – AiB 2002, 106; ArbG Bonn 20.4.1983 – 4 BV 13/83 – AiB 1983, 160.
8 Thüringer LAG 20.1.2005 – 1 TaBV 1/04 – n.v.
9 BAG 12.10.1976 – 1 ABR 1/76 – BAGE 28, 203 = DB 1977, 356.
10 *Fitting u.a.*, § 16 Rn 31.
11 HaKo-BetrVG/*Brors*, § 16 Rn 10.

von Ersatzmitgliedern wird die Kontinuität der Arbeit des Wahlvorstandes gewährleistet. Das Nachrücken eines Ersatzmitglieds kommt sowohl bei einem Ausscheiden eines Wahlvorstandsmitgliedes in Betracht als auch bei zeitweiser Verhinderung von Wahlvorstandsmitgliedern. Bei der Bestellung von Ersatzmitgliedern kann ein Ersatzmitglied einem bestimmten Mitglied des Wahlvorstandes zu zugeordnet werden. Es können aber auch mehrere Ersatzmitglieder bestellt werden, die unabhängig davon, welches Wahlvorstandsmitglied verhindert ist, in einer festgelegten Reihenfolge nachrücken.

5. Stellung der Wahlvorstandsmitglieder. Die Tätigkeit im Wahlvorstand ist ehrenamtlich. Eine zusätzliche Vergütung ist unzulässig. Eine Minderung des Arbeitsentgelts wegen Versäumnis von Arbeitszeit, die für die Erfüllung von Aufgaben im Wahlvorstand erforderlich ist, ist gem. § 20 Abs. 3 S. 2 verwehrt. Niemand ist zur Übernahme des Amts als Wahlvorstand verpflichtet. Ein AN kann die Bestellung als Wahlvorstandsmitglied daher auch ablehnen.[12]

Die Mitglieder des Wahlvorstandes genießen einen **besonderen Künd-Schutz**, vergleichbar dem der BR-Mitglieder. Vom Zeitpunkt ihrer Bestellung bis sechs Monate nach Bekanntgabe des Wahlergebnisses ist eine ordentliche fristgemäße Künd unzulässig. Darüber hinaus ist eine außerordentliche Künd nur mit Zustimmung des BR zulässig (§§ 103, 15 Abs. 3 KSchG). Bei Verweigerung der Zustimmung kann der AG ihre Ersetzung durch das ArbG beantragen. In Betrieben ohne BR muss er in jedem Fall die Zustimmung durch das ArbG ersetzen lassen.

Die dem Wahlvorstand durch seine Tätigkeit entstehenden Kosten und Aufwendungen hat der AG zu tragen. Erstattungsfähig sind jedoch nur die Kosten, die für die Durchführung der Wahl erforderlich sind (s. § 20 Rn 16 ff.). Das kann beispielsweise eine halbtägige Schulung eines erstmaligen Wahlvorstandsmitglieds sein.

6. Aufgaben des Wahlvorstandes. Dem Wahlvorstand obliegt die Leitung der gesamten Wahl, deren Durchführung sowie die Feststellung des Wahlergebnisses (§ 18 Abs. 1 S. 1). Damit ist er Herr des Wahlverfahrens. Seine Aufgaben sind im BetrVG und in der WO im Einzelnen geregelt (s. im Einzelnen § 18 Rn 2 ff.).

Die Sitzungen des Wahlvorstandes sind nicht öffentlich.[13] Dritte, wie die im Betrieb vertretenen Gewerkschaften, haben kein Teilnahmerecht.[14] Im Einzelfall kann der Wahlvorstand sie jedoch zu seinen Beratungen hinzuziehen. Die Gewerkschaften können zudem ein weiteres nicht stimmberechtigtes Mitglied des Wahlvorstands benennen, wenn sie nicht im Wahlvorstand vertreten sind.

7. Verzicht auf einen Wahlvorstand. Auf die Bestellung eines Wahlvorstandes kann nicht verzichtet werden, es gilt „ohne Wahlvorstand, keine Wahl". Eine Ausnahme zu diesem Grundsatz sieht der Gesetzgeber jedoch für Betriebsteile i.S.d. § 4 Abs. 1 vor. Die AN des Betriebsteils können unter bestimmten Voraussetzungen beschließen, an der Wahl des BR im Hauptbetrieb teilzunehmen (§ 4 Abs. 1 S. 2). Es muss sich dazu um einen selbstständigen Betriebsteil handeln, der räumlich und organisatorisch abgrenzbar und relativ verselbstständigt ist (§ 4 Abs. 1). Darüber hinaus muss er betriebsratsfähig sein.

Die Abstimmung über diese Frage kann von mind. drei wahlberechtigten AN des Betriebsteil oder vom BR des Hauptbetriebs veranlasst werden. Nähere Vorgaben zu diesem Verfahren enthält weder das BetrVG noch die WO. Die Beschlussfassung kann daher auch formlos erfolgen, dies bedeutet, dass dies z.B. auf einer Betriebsversammlung geschehen kann oder ggf. durch Briefwahl.[15] Aufgrund der Gesetzesformulierung und der Gesetzesbegründung ist davon auszugehen, dass der Beschluss der Mehrheit aller AN des Betriebsteils bedarf und es nicht ausreichend ist, wenn nur die Mehrheit der an der Beschlussfassung teilnehmenden AN vorliegt.[16]

Der Beschluss muss dem BR des Hauptbetriebs spätestens zehn Wochen vor Ablauf seiner Amtszeit mitgeteilt werden (§ 4 Abs. 1 S. 4). Ein **Widerruf des Beschlusses** ist möglich. Hierfür muss sich wiederum eine Mehrheit der AN des Betriebsteils aussprechen und der Beschluss muss dem BR des Hauptbetriebs zehn Wochen vor Ablauf seiner Amtszeit mitgeteilt werden. Nach Ablauf dieser Frist ist ein Widerruf nicht mehr möglich.[17] Dies würde die Vorbereitung der BR-Wahl zu sehr beeinträchtigen können.

C. Verbindung zum Prozessrecht

Streitigkeiten über die Bestellung des Wahlvorstands entscheidet das ArbG gem. § 2a Abs. 1 Nr. 1 ArbGG im Beschlussverfahren. In besonders gravierenden Fällen ist auch ein Beschluss im einstweiligen Verfahren möglich, der unmittelbar in die laufende BR-Wahl eingreift. Ansonsten liefern Fehler bei der Bestellung des Wahlvorstands u.U. einen Anfechtungsgrund gem. § 19 Abs. 1.[18] Eine Bestellung des Wahlvorstands durch das fehlerhafte Gremi-

---

12 *Fitting u.a.*, § 16 Rn 25.
13 GK-BetrVG/*Kreutz*, § 18 Rn 11.
14 *Fitting u.a.*, § 18 Rn 13.
15 ArbG Nürnberg 29.11.2001 – 6 BVGa 8/01 – AiB 2002, 187.
16 Richardi/*Richardi*, § 4 Rn 35.
17 Richardi/*Richardi*, § 4 Rn 37.
18 BAG 14.9.1988 – 7 ABR 93/87 – BAGE 59, 328 = NZA 1989, 360.

um, z.B. durch eine Abstimmung auf einer Betriebsversammlung statt durch den amtierenden BR, kann auch im Wege der einstweiligen Verfügung gestoppt werden.[19]

D. Beraterhinweise

19 Die gesetzlichen Regelungen erlauben zwar, dass auch AN, die für den BR kandidieren, Mitglied des Wahlvorstands werden, diese Möglichkeit sollte aber nur im Ausnahmefall genutzt werden. Generell ist es dem störungsfreien Ablauf einer BR-Wahl zuträglicher, wenn nur Personen im Wahlvorstand sind, die nicht selber auch kandidieren.

20 Bei der Bestimmung der Anzahl der Wahlvorstandsmitglieder sollte die jeweilige Situation im Betrieb berücksichtigt werden. Es ist zu beachten, dass am Wahltag in jedem Wahllokal mind. ein Mitglied des Wahlvorstands mit einem Wahlhelfer anwesend sein muss. Der Wahlvorstand sollte aber auch nicht ohne Not zu groß gestaltet werden. Dies kann rechtlich problematisch werden, da eine Erhöhung der Anzahl der Wahlvorstandsmitglieder gem. Abs. 1 nur zulässig ist, wenn sie für die ordnungsgemäße Durchführung der Wahl **erforderlich** ist. In jedem Fall sollten ausreichend Ersatzmitglieder bestellt werden, um eine kontinuierliche Arbeit des Wahlvorstands zu gewährleisten und das Wahlverfahren nicht zu verzögern.

§ 17 Bestellung des Wahlvorstands in Betrieben ohne Betriebsrat

(1) [1]Besteht in einem Betrieb, der die Voraussetzungen des § 1 Abs. 1 Satz 1 erfüllt, kein Betriebsrat, so bestellt der Gesamtbetriebsrat oder, falls ein solcher nicht besteht, der Konzernbetriebsrat einen Wahlvorstand. [2]§ 16 Abs. 1 gilt entsprechend.

(2) [1]Besteht weder ein Gesamtbetriebsrat noch ein Konzernbetriebsrat, so wird in einer Betriebsversammlung von der Mehrheit der anwesenden Arbeitnehmer ein Wahlvorstand gewählt; § 16 Abs. 1 gilt entsprechend. [2]Gleiches gilt, wenn der Gesamtbetriebsrat oder Konzernbetriebsrat die Bestellung des Wahlvorstands nach Absatz 1 unterlässt.

(3) Zu dieser Betriebsversammlung können drei wahlberechtigte Arbeitnehmer des Betriebes oder eine im Betrieb vertretene Gewerkschaft einladen und Vorschläge für die Zusammensetzung des Wahlvorstands machen.

(4) [1]Findet trotz Einladung keine Betriebsversammlung statt oder wählt die Betriebsversammlung keinen Wahlvorstand, so bestellt ihn das Arbeitsgericht auf Antrag von mindestens drei wahlberechtigten Arbeitnehmern oder einer im Betrieb vertretenen Gewerkschaft. [2]§ 16 Abs. 2 gilt entsprechend.

A. Allgemeines

1 Für die Bestellung des Wahlvorstandes in Betrieben, in denen noch kein BR besteht, gelten für die Bestellung des Wahlvorstands von § 16 abweichende Regelungen. Sie werden in § 17 abschließend festgelegt. Die grds. Möglichkeiten der Art und Weise der Bestellung des Wahlvorstands werden dabei nicht abgeändert. Es besteht also auch die Möglichkeit der Bestellung durch das ArbG oder durch GBR oder KBR. Daneben besteht aber auch die Möglichkeit, den BR im Rahmen einer Betriebsversammlung, die hierfür einberufen wird, zu bestimmen. Diese drei Möglichkeiten stehen in einer bestimmten Rangfolge zueinander. Die Kompetenz zur **Bestellung des Wahlvorstandes** steht vorrangig dem GBR oder, falls ein solcher nicht besteht, dem KBR zu (Abs. 1). Zur Wahrnehmung seiner Befugnis gesteht das LAG Nürnberg dem GBR gegenüber dem AG einen Auskunftsanspruch hinsichtlich betriebsratsloser Betriebe des Unternehmens zu.[1] Das Prozedere ist das Gleiche wie bei der Bestellung des Wahlvorstandes in einem Betrieb mit BR durch den BR (siehe § 16 Rn 3). Wenn ein GBR oder KBR nicht besteht, oder zwar besteht aber nicht tätig wird, wird der Wahlvorstand in einer **Wahlversammlung** durch die AN des Betriebs bestimmt. Erst wenn eine solche Betriebsversammlung trotz Einladung nicht stattfindet oder zwar stattfindet, aber keinen Wahlvorstand wählt, kann die Bestellung des Wahlvorstands durch das ArbG erfolgen. Notwendig ist dazu ein Antrag von drei wahlberechtigten AN des Betriebs (siehe § 16 Rn 5). Die vorrangige Kompetenz des GBR oder KBR, das Fehlen eines Beteiligungsquorums für die Betriebsversammlung zur Bestellung des Wahlvorstands und die Auffangregelung einer gerichtlichen Bestellung des Wahlvorstandes unterstreichen, dass dessen Bestellung und damit die Durchführung einer BR-Wahl auch gegen den Mehrheitswillen innerhalb der Belegschaft durchgesetzt werden können soll.

---

19 LAG Hamm 1.3.1994 – 3 TaBV 20/94 – DB 1994, 992.   1 LAG Nürnberg 25.1.2007 – 1 TaBV 14/06 – juris.

B. Regelungsgehalt

Eine subsidiäre Kompetenz zur Bestellung des Wahlvorstandes durch die Belegschaft im Rahmen einer Betriebsversammlung besteht, wenn weder ein GBR noch ein KBR besteht oder wenn die Bestellung des Wahlvorstandes durch diese unterblieben ist (Abs. 2).

Zu der **Betriebsversammlung** können mind. drei wahlberechtigte AN des Betriebs oder eine im Betrieb vertretene Gewerkschaft einladen (Abs. 3). Sie können den teilnehmenden AN auch Vorschläge für die Zusammensetzung des Wahlvorstandes unterbreiten. Die Betriebsversammlung ist an diese Vorschläge jedoch nicht gebunden, sie kann auch eigene Vorschläge machen. Weder BetrVG noch WO enthalten nähere Regelung zur Art und Weise der Einladung zur Betriebsversammlung noch zum Ablauf der Betriebsversammlung.[2] Es sind daher keine bestimmten Fristen zu wahren.

Hinsichtlich der Einladung muss auf jeden Fall gewährleistet werden, dass alle AN des Betriebs die Möglichkeit haben, vom Zeitpunkt und Ort sowie dem Zweck der Betriebsversammlung Kenntnis zu nehmen.[3] Hierfür müssen die einladenden AN sorgen. Der AG ist grds. nicht verpflichtet, die Einladung an die AN zu versenden oder sie auf andere Weise bekanntzumachen. Etwas anderes gilt für die AN, bei denen bekannt ist, dass sie längere Zeit nicht im Betrieb anwesend sind. Hier kann der AG zur Mitwirkung verpflichtet sein.[4]

Das Einladungsrecht von drei wahlberechtigten AN und einer im Betrieb vertretenen Gewerkschaft besteht alternativ. Potenzielle Initiatoren sollten sich möglichst im Vorfeld abstimmen, um **Doppeleinladungen** zu vermeiden. Da die Teilnahme an der Betriebsversammlung durch den AG zu vergüten ist, kann dies nur für die Teilnahme an einer Wahlversammlung gelten. Ist bereits zu einer Betriebsversammlung eingeladen worden, ist die Wahl des Wahlvorstands auf einer zweiten späteren Betriebsversammlung nichtig.[5] Die zeitlich spätere Betriebsversammlung erübrigt sich i.d.R. auch dadurch, dass in der ersten rechtswirksam ein Wahlvorstand bestellt wurde.

Die Wahl des Wahlvorstandes in der Versammlung kann in geheimer oder in offener Wahl erfolgen.[6] Zur Wahl jedes einzelnen Mitglieds ist die positive Mehrheit der an der Versammlung teilnehmenden AN erforderlich. Erreicht ein Kandidat die erforderliche Stimmenanzahl nicht und wird dennoch in den Wahlvorstand berufen, kann dies zur Nichtigkeit der Wahl führen, da es sich dann möglicherweise um eine Wahl ohne Wahlvorstand handelt, wenn die zwingende Voraussetzung der ungeraden Anzahl des Wahlvorstand nicht erfüllt ist und der Wahlvorstand weniger als drei Mitglieder aufweist. Für die Wirksamkeit der Wahl ist nicht Voraussetzung, dass ein bestimmtes Quorum, etwa die Mehrheit der AN im Betrieb an der Versammlung teilnimmt. Auch wenn das Gesetz keinerlei Vorgaben für die Durchführung der Versammlung aufstellt, empfiehlt es sich ein grob **formalisiertes Verfahren** einzuhalten. Es ist sinnvoll einen Versammlungsleiter zu wählen und die Zahl der anwesenden AN festzustellen. Zudem sollte ein Protokoll über die Vorschläge und die Bestellung der Wahlvorstände erstellt werden, auch wenn dies gesetzlich nicht gefordert ist.[7]

C. Verbindung zum Prozessrecht

Führt eine Versammlung nicht zu einer Bestellung eines Wahlvorstandes, sei es dass sie trotz Einladung nicht stattfindet oder auf ihr kein Wahlvorstand gewählt wird, können drei wahlberechtigte AN oder eine im Betrieb vertretene Gewerkschaft eine gerichtliche Bestellung des Wahlvorstands beim ArbG beantragen (Abs. 4). Voraussetzung ist allerdings, dass zunächst eine Bestellung des Wahlvorstands über eine Betriebsversammlung versucht wurde. Dies ergibt sich auch im Umkehrschluss aus Abs. 4. Dieser spricht davon, dass „trotz Einladung" keine Betriebsversammlung stattfand oder auf dieser kein Wahlvorstand bestellt wurde. Das bedeutet, dass die versuchte Bestellung über eine Betriebsversammlung dem Antrag beim ArbG vorausgegangen sein muss.[8] Das macht auch Sinn, da sowohl drei wahlberechtigte AN als auch eine im Betrieb vertretene Gewerkschaft zu der Betriebsversammlung einladen können (i.Ü. vgl. § 16).

§ 17a   Bestellung des Wahlvorstands im vereinfachten Wahlverfahren

Im Fall des § 14a finden die §§ 16 und 17 mit folgender Maßgabe Anwendung:
1. Die Frist des § 16 Abs. 1 Satz 1 wird auf vier Wochen und die des § 16 Abs. 2 Satz 1, Abs. 3 Satz 1 auf drei Wochen verkürzt.

---

2 Hess u.a./*Schlochauer*, § 17 Rn 7.
3 ArbG Essen 22.6.2004 – 2 BV 17/04 – DB 2005, 456.
4 Hessisches LAG 31.3.1994 – 12 TaBVGa 40/94 – AuR 1995, 104; BAG 26.2.1992 – 7 ABR 37/91 – BAGE 70, 12 = NZA 1992, 942.
5 LAG Düsseldorf 25.6.2003 – 12 TaBV 34/03 – AuR 2004, 78.
6 LAG Rheinland-Pfalz 30.1.1986 – 5 TaBV 77/85 – AuR 1987, 35.
7 BAG 24.3.1988 – 2 AZR 629/87 – juris.
8 So auch *Richter*, NZA 2002, 1069.

2. § 16 Abs. 1 Satz 2 und 3 findet keine Anwendung.
3. In den Fällen des § 17 Abs. 2 wird der Wahlvorstand in einer Wahlversammlung von der Mehrheit der anwesenden Arbeitnehmer gewählt. Für die Einladung zu der Wahlversammlung gilt § 17 Abs. 3 entsprechend.
4. § 17 Abs. 4 gilt entsprechend, wenn trotz Einladung keine Wahlversammlung stattfindet oder auf der Wahlversammlung kein Wahlvorstand gewählt wird.

A. Allgemeines 1	3. Bestellung des Wahlvorstands durch Beschluss des Arbeitsgerichts 5
B. Regelungsgehalt 2	II. Zweistufiges Wahlverfahren 6
I. Einstufiges Wahlverfahren 2	1. Allgemeines 6
1. Bestellung des Wahlvorstandes durch bereits bestehenden Betriebsrat 3	2. Einladende Stelle 7
2. Bestellung des Wahlvorstands durch Gesamt- oder Konzernbetriebsrat 4	3. Einladungsfrist 8
	4. Bestellung des Wahlvorstands 9

A. Allgemeines

1 § 17a regelt die **Bestellung des Wahlvorstands im vereinfachten Wahlverfahren** gem. § 14a. Aufgrund der durch das vereinfachte Wahlverfahren angestrebten Beschleunigungs- und Vereinfachungswirkung bei BR-Wahlen in kleineren Betrieben, sind die Fristen und Prozedere bei der Bestellung des Wahlvorstands im normalen Wahlverfahren zu lang.[1] § 17a regelt die Bestellung des Wahlvorstands im vereinfachten Wahlverfahren sowohl für Betriebe, in denen bereits ein BR besteht, als auch für solche, bei denen das nicht der Fall ist. Er verweist dazu weitgehend auf die Grundvorschriften der §§ 16 und 17. § 14a unterscheidet zwischen einem einstufigen und einem zweistufigen Wahlverfahren. Entsprechend unterscheidet sich auch das Verfahren zur Bestellung des Wahlvorstands. Der Wahlvorstand besteht im vereinfachten Wahlverfahren generell aus drei Personen.[2] Im Gegensatz zum normalen Wahlverfahren kommt eine Aufstockung des Wahlvorstandes nicht in Betracht.

WO BetrVG § 28 – Einladung zur Wahlversammlung

(1) [1]Zu der Wahlversammlung, in der der Wahlvorstand nach § 17a Nr. 3 des Gesetzes (§ 14a Abs. 1 des Gesetzes) gewählt wird, können drei Wahlberechtigte des Betriebs oder eine im Betrieb vertretene Gewerkschaft einladen (einladende Stelle) und Vorschläge für die Zusammensetzung des Wahlvorstands machen. [2]Die Einladung muss mindestens sieben Tage vor dem Tag der Wahlversammlung erfolgen. [3]Sie ist durch Aushang an geeigneten Stellen im Betrieb bekannt zu machen. [4]Ergänzend kann die Einladung mittels der im Betrieb vorhandenen Informations- und Kommunikationstechnik bekannt gemacht werden; § 2 Abs. 4 Satz 4 gilt entsprechend. [5]Die Einladung muss folgende Hinweise enthalten:
a) Ort, Tag und Zeit der Wahlversammlung zur Wahl des Wahlvorstands;
b) dass Wahlvorschläge zur Wahl des Betriebsrats bis zum Ende der Wahlversammlung zur Wahl des Wahlvorstands gemacht werden können (§ 14a Abs. 2 des Gesetzes);
c) dass Wahlvorschläge der Arbeitnehmerinnen und Arbeitnehmer zur Wahl des Betriebsrats mindestens von einem Zwanzigstel der Wahlberechtigten, mindestens jedoch von drei Wahlberechtigten unterzeichnet sein müssen; in Betrieben mit in der Regel bis zu zwanzig Wahlberechtigten reicht die Unterzeichnung durch zwei Wahlberechtigte;
d) dass Wahlvorschläge zur Wahl des Betriebsrats, die erst in der Wahlversammlung zur Wahl des Wahlvorstands gemacht werden, nicht der Schriftform bedürfen.

(2) Der Arbeitgeber hat unverzüglich nach Aushang der Einladung zur Wahlversammlung nach Absatz 1 der einladenden Stelle alle für die Anfertigung der Wählerliste erforderlichen Unterlagen (§ 2) in einem versiegelten Umschlag auszuhändigen.

WO BetrVG § 29 – Wahl des Wahlvorstands

[1]Der Wahlvorstand wird in der Wahlversammlung zur Wahl des Wahlvorstands von der Mehrheit der anwesenden Arbeitnehmerinnen und Arbeitnehmer gewählt (§ 17a Nummer 3 Satz 1 des Gesetzes). [2]Er besteht aus drei Mitgliedern (§ 17a Nr. 2 des Gesetzes). [3]Für die Wahl der oder des Vorsitzenden des Wahlvorstands gilt Satz 1 entsprechend.

WO BetrVG § 36 – Wahlvorstand, Wahlverfahren

(1) [1]Nach der Bestellung des Wahlvorstands durch den Betriebsrat, Gesamtbetriebsrat, Konzernbetriebsrat oder das Arbeitsgericht (§ 14a Abs. 3, § 17a des Gesetzes) hat der Wahlvorstand die Wahl des Betriebsrats unverzüglich ein-

---

1 Hess u.a./*Schlochauer*, § 17 Rn 4.   2 Hess u.a./*Schlochauer*, § 17a Rn 5.

zuleiten. ²Die Wahl des Betriebsrats findet auf einer Wahlversammlung statt (§ 14a Abs. 3 des Gesetzes). ³Die §§ 1, 2 und 30 Abs. 2 gelten entsprechend.

(2) ...

B. Regelungsgehalt

I. Einstufiges Wahlverfahren

Das **einstufige Wahlverfahren** greift, wenn der Betrieb bereits einen BR besitzt, dann ist dieser für die Bestellung des Wahlvorstands zuständig, oder wenn der Wahlvorstand durch den GBR oder KBR bestellt wird. Wenn beides nicht erfolgt, obwohl ein BR bereits besteht, kommt die Bestellung des Wahlvorstands durch das ArbG auf Antrag von drei wahlberechtigten AN oder einer im Betrieb vertretenen Gewerkschaft in Betracht. Es handelt sich deshalb um ein einstufiges Verfahren, weil danach nur noch eine Wahlversammlung erfolgt, auf der der BR gewählt wird. Im Gegensatz dazu besteht das zweistufige vereinfachte Wahlverfahren aus zwei Wahlversammlungen (vgl. § 14a).

1. Bestellung des Wahlvorstandes durch bereits bestehenden Betriebsrat. In Betrieben mit einem BR ändert sich nicht viel gegenüber dem normalen Verfahren gem. § 16. Der BR ist zuständig für die Bestellung des Wahlvorstandes (§ 36 WO, §§ 17a Nr. 1, 16 Abs. 1). Allerdings verkürzen sich verschiedene Fristen. Der bestehende BR muss spätestens vier Wochen vor Ablauf seiner Amtszeit einen aus drei wahlberechtigten AN bestehenden Wahlvorstand bestimmen und einen von diesen als Vorsitzenden des Wahlvorstandes benennen.

2. Bestellung des Wahlvorstands durch Gesamt- oder Konzernbetriebsrat. Wenn in einem Betrieb bisher kein BR besteht, kann der GBR oder hilfsweise der KBR einen Wahlvorstand bestellen (§§ 14a Abs. 3, 17 Abs. 1). Die Bestellung durch den GBR oder KBR geht der Bestellung im Rahmen einer Betriebsversammlung vor. Besteht bereits ein BR im Betrieb, so kann der GBR oder KBR den Wahlvorstand nur dann bestellen, wenn der bestehende BR dieses nicht rechtzeitig getan hat (§§ 17a Nr. 1, 16 Abs. 3). Das ist der Fall, wenn drei Wochen vor Ablauf der Amtszeit des bestehenden BR von diesem noch kein Wahlvorstand bestellt wurde. Nur wenn kein GBR besteht, kann der KBR den Wahlvorstand bestellen (§ 16 Abs. 3)

3. Bestellung des Wahlvorstands durch Beschluss des Arbeitsgerichts. Besteht drei Wochen vor Ablauf der Amtszeit des bestehenden BR noch kein Wahlvorstand, so können drei Wahlberechtigte oder eine im Betrieb vertretene Gewerkschaft die Bestellung des Wahlvorstandes beim ArbG beantragen (§ 17a Nr. 1, § 16 Abs. 2 S. 1). Eine unmittelbare Bestellung durch das ArbG im einstufigen Bestellungsverfahren kommt nur in Betracht, wenn der Betrieb bereits einen BR hat. In den übrigen Fällen gilt das zweistufige Wahlverfahren mit Wahlversammlung der wahlberechtigten AN des Betriebs, das zunächst fehlgeschlagen sein muss, bevor der Antrag beim ArbG gestellt werden kann.

II. Zweistufiges Wahlverfahren

1. Allgemeines. In Betrieben ohne BR ist vorrangig der GBR oder KBR für die Ernennung des Wahlvorstandes zuständig (siehe Rn 4). Nur wenn es weder einen GBR noch einen KBR gibt oder beide Organe untätig bleiben, wird der Wahlvorstand im Rahmen einer Wahlversammlung gewählt (§ 28 Abs. 1 WO, § 17 Nr. 3 i.V.m. § 17 Abs. 2, 3). In diesem Fall ist das Wahlverfahren zweistufig. Auf einer ersten Wahlversammlung wird der Wahlvorstand bestellt, auf einer zweiten Wahlversammlung der BR in unmittelbarer und geheimer Wahl gewählt.

2. Einladende Stelle. Zu der ersten Wahlversammlung, auf der auch der Wahlvorstand bestellt wird, können drei wahlberechtigte AN des Betriebs oder eine im Betrieb vertretene Gewerkschaft einladen. Diese können auch Vorschläge für die Zusammensetzung des Wahlvorstands machen.³

Der AG ist verpflichtet, der einladenden Stelle unmittelbar nach Aushang der Einladung alle für die Aufstellung einer Wählerliste erforderlichen Unterlagen in einem versiegelten Umschlag zu übergeben (§ 28 Abs. 2 WO). Diesen müssen die Einladenden aufbewahren und dem Wahlvorstand unmittelbar nach seiner Wahl übergeben.

3. Einladungsfrist. Die Einladung durch drei Wahlberechtigte des Betriebs oder eine im Betrieb vertretene Gewerkschaft muss mind. sieben Tage vor dem Tag der ersten Wahlversammlung erfolgen. Ihre Bekanntgabe muss durch Aushang an geeigneten Stellen im Betrieb erfolgen. Die Einladung kann auch auf elektronischem Wege erfolgen.

4. Bestellung des Wahlvorstands. Der Wahlvorstand wird auf der 1. Wahlversammlung von der Mehrheit der anwesenden AN gewählt (§ 29 WO, § 17a Nr. 3 S. 1). Die Wahl erfolgt aufgrund der Vorschläge der Einladenden und/oder aus der Mitte der Versammlung. Es bestehen keine Vorschriften für die Durchführung der Wahl, sie kann also auch formlos erfolgen. Jedes Mitglied des Wahlvorstandes muss mit der Mehrheit der Stimmen der anwe-

---

3 Hess u.a./*Schlochauer*, § 17 Rn 4.

senden AN gewählt werden. Die Mitglieder können einzeln oder gemeinsam gewählt werden. Nach der Bestellung des Wahlvorstandes wird aus seiner Mitte der Vorsitzende des Wahlvorstandes von den anwesenden AN gewählt.

Nur wenn auf der ersten Wahlversammlung kein Wahlvorstand gewählt wird oder es trotz Einladung nicht zu einer Wahlversammlung kommt, können drei stimmberechtigte AN oder eine im Betrieb vertretene Gewerkschaft seine Bestellung beim ArbG beantragen.

Der Wahlvorstand leitet unmittelbar nach seiner Bestellung noch in derselben Wahlversammlung die BR-Wahl ein, indem er das Wahlausschreiben aushängt, die Wählerliste aufstellt und Wahlvorschläge entgegennimmt (siehe § 14a Rn 9 ff.).

§ 18 Vorbereitung und Durchführung der Wahl

(1) ¹Der Wahlvorstand hat die Wahl unverzüglich einzuleiten, sie durchzuführen und das Wahlergebnis festzustellen. ²Kommt der Wahlvorstand dieser Verpflichtung nicht nach, so ersetzt ihn das Arbeitsgericht auf Antrag des Betriebsrats, von mindestens drei wahlberechtigten Arbeitnehmern oder einer im Betrieb vertretenen Gewerkschaft. ³§ 16 Abs. 2 gilt entsprechend.

(2) Ist zweifelhaft, ob eine betriebsratsfähige Organisationseinheit vorliegt, so können der Arbeitgeber, jeder beteiligte Betriebsrat, jeder beteiligte Wahlvorstand oder eine im Betrieb vertretene Gewerkschaft eine Entscheidung des Arbeitsgerichts beantragen.

(3) ¹Unverzüglich nach Abschluss der Wahl nimmt der Wahlvorstand öffentlich die Auszählung der Stimmen vor, stellt deren Ergebnis in einer Niederschrift fest und gibt es den Arbeitnehmern des Betriebs bekannt. ²Dem Arbeitgeber und den im Betrieb vertretenen Gewerkschaften ist eine Abschrift der Wahlniederschrift zu übersenden.

A. Allgemeines	1	2. Mehrheitswahl		32
B. Regelungsgehalt	2	a) Öffentliche Stimmauszählung		32
I. Einleitung der Wahl	2	b) Wahlniederschrift		33
1. Allgemeines	2	c) Benachrichtigung der Gewählten		34
2. Wählerliste (§ 2 WO)	6	d) Annahme der Wahl		35
3. Einspruch gegen die Wählerliste (§ 4)	12	3. Auszählung der Briefwahlstimmen		36
4. Erlass des Wahlausschreibens	17	III. Bekanntgabe der Wahlergebnisses		39
II. Auszählung der Stimmen	21	IV. Aufbewahrung der Wahlakten		41
1. Verhältniswahl	21	V. Feststellung einer betriebsratsfähigen Organisationseinheit		43
a) Öffentliche Stimmauszählung	21			
c) Benachrichtigung der Gewählten	27	**C. Verbindung zum Prozessrecht**		44
d) Annahme der Wahl	28			

A. Allgemeines

1 § 18 regelt die Vorbereitung und **Durchführung der BR-Wahl**. Er erläutert die Aufgaben des Wahlvorstandes, soweit sie nicht bereits von §§ 16 bis 18a erfasst sind. Die Aufgaben werden durch die Normen der WO zum BetrVG weiter präzisiert. Dem Wahlvorstand obliegt die Leitung der gesamten Wahl, deren Durchführung sowie die Feststellung des Wahlergebnisses (Abs. 1 S. 1). Damit ist er Herr des Wahlverfahrens. Die Sitzungen des Wahlvorstandes sind nicht öffentlich. Dritte, wie die im Betrieb vertretenen Gewerkschaften, haben kein Teilnahmerecht.[1] Allerdings dürfen im Betrieb vertretene Gewerkschaften, wenn sie nicht bereits im Wahlvorstand vertreten sind, ein nicht stimmberechtigtes Mitglied in den Wahlvorstand bestellen. Darüber hinaus kann der Wahlvorstand sie als SV im Einzelfall zu seinen Beratungen hinzuziehen.

---

1 LAG Hamm 13.8.1980 – 3 TaBV 17/80 – DB 1981, 848;
a.A. HaKo-BetrVG/*Brors*, § 18 Rn 2.

B. Regelungsgehalt
I. Einleitung der Wahl
1. Allgemeines.

WO BetrVG § 1 – Wahlvorstand
(1) Die Leitung der Wahl obliegt dem Wahlvorstand.
(2) ¹Der Wahlvorstand kann sich eine schriftliche Geschäftsordnung geben. ²Er kann Wahlberechtigte als Wahlhelferinnen und Wahlhelfer zu seiner Unterstützung bei der Durchführung der Stimmabgabe und bei der Stimmenzählung heranziehen.
(3) ¹Die Beschlüsse des Wahlvorstands werden mit einfacher Stimmenmehrheit seiner stimmberechtigten Mitglieder gefasst. ²Über jede Sitzung des Wahlvorstands ist eine Niederschrift aufzunehmen, die mindestens den Wortlaut der gefassten Beschlüsse enthält. ³Die Niederschrift ist von der oder dem Vorsitzenden und einem weiteren stimmberechtigten Mitglied des Wahlvorstands zu unterzeichnen.

Die Mitglieder des Wahlvorstands sind gem. § 15 Abs. 3 S. 1 KSchG i.V.m. § 103 vor ordentlichen Künd geschützt. Ihnen kann nur außerordentlich mit Zustimmung des BR gekündigt werden, verweigert der BR die Zustimmung, kann sie durch das ArbG ersetzt werden. In Betrieben, in denen noch kein BR besteht, muss das Zustimmungsverfahren beim ArbG durchgeführt werden.² Der besondere Künd-Schutz beginnt mit der Bestellung zum Wahlvorstand und endet sechs Monate nach Bekanntgabe des Wahlergebnisses. In den sechs Monaten nach Bekanntgabe des Wahlergebnisses ist allerdings nicht mehr die Zustimmung des BR zur außerordentlichen Künd erforderlich. Nachdem der Wahlvorstand bestellt wurde, muss der Vorsitzende des Wahlvorstands die erste Sitzung terminieren und die übrigen Wahlvorstandsmitglieder dazu einzuladen. Der Wahlvorstand kann **Wahlhelfer** bestellen, die ihn bei der Ausübung seines Amtes, insb. bei der Durchführung der Stimmabgabe und der Stimmauszählung unterstützen.³

In der ersten Sitzung kann der Wahlvorstand sich eine **schriftliche Geschäftsordnung** geben; er ist dazu aber nicht verpflichtet.⁴ Entscheidet er sich dafür, sich eine Geschäftsordnung zu geben, so ist diese schriftlich zu verfassen. Die beschlossene Geschäftsordnung gilt grds. nur für die Amtsdauer des jeweiligen Wahlvorstandes, ein Wahlvorstand kann aber auf eine frühere Geschäftsordnung zurückgreifen und sich diese zu Eigen machen. Die Geschäftsordnung darf nicht von den zwingenden Vorschriften des Gesetzes oder der WO abweichen, sie dient nur der Ergänzung und Konkretisierung der bestehenden gesetzlichen Vorschriften.

Beschlüsse des Wahlvorstandes werden mit einfacher Mehrheit seiner stimmberechtigten Mitglieder gefasst. Der Wahlvorstand ist beschlussfähig, wenn er ordnungsgemäß einberufen wurde und mind. die Mehrheit seiner stimmberechtigten Mitglieder erschienen ist.⁵ Besteht ein Wahlvorstand aus drei stimmberechtigten Mitgliedern, muss die Teilnahme und Zustimmung von mind. zwei Mitgliedern vorliegen. Eine Nichtteilnahme an der Abstimmung oder eine Stimmenthaltung eines Wahlvorstandsmitgliedes wirken sich dann faktisch wie eine Ablehnung aus.

Der Wahlvorstand muss über jede seiner Sitzung eine Niederschrift erstellen, die mind. den Wortlaut der gefassten Beschlüsse enthält. Sie ist vom Vorsitzenden und einem weiteren stimmberechtigten Mitglied des Wahlvorstandes zu unterzeichen. Die Niederschriften sind vom Wahlvorstand zu den Akten zu nehmen und aufzubewahren. Das Fehlen einer **Sitzungsniederschrift** hat keine Auswirkungen auf die Wirksamkeit der gefassten Beschlüsse, sie sollte aber bereits aus Gründen der Beweissicherung erstellt werden.

2. Wählerliste (§ 2 WO).

WO BetrVG § 2 – Wählerliste
(1) ¹Der Wahlvorstand hat für jede Betriebsratswahl eine Liste der Wahlberechtigten (Wählerliste), getrennt nach den Geschlechtern, aufzustellen. ²Die Wahlberechtigten sollen mit Familienname, Vorname und Geburtsdatum in alphabetischer Reihenfolge aufgeführt werden. ³Die nach § 14 Abs. 2 Satz 1 des Arbeitnehmerüberlassungsgesetzes nicht passiv Wahlberechtigten sind in der Wählerliste auszuweisen.
(2) ¹Der Arbeitgeber hat dem Wahlvorstand alle für die Anfertigung der Wählerliste erforderlichen Auskünfte zu erteilen und die erforderlichen Unterlagen zur Verfügung zu stellen. ²Er hat den Wahlvorstand insbesondere bei Feststellung der in § 5 Abs. 3 des Gesetzes genannten Personen zu unterstützen.
(3) ¹Das aktive und passive Wahlrecht steht nur Arbeitnehmerinnen und Arbeitnehmern zu, die in die Wählerliste eingetragen sind. ²Wahlberechtigten Leiharbeitnehmerinnen und Leiharbeitnehmern im Sinne des Arbeitnehmerüberlassungsgesetzes steht nur das aktive Wahlrecht zu (§ 14 Abs. 2 Satz 1 des Arbeitnehmerüberlassungsgesetzes).
(4) ¹Ein Abdruck der Wählerliste und ein Abdruck dieser Verordnung sind vom Tage der Einleitung der Wahl (§ 3 Abs. 1) bis zum Abschluss der Stimmabgabe an geeigneter Stelle im Betrieb zur Einsichtnahme auszulegen. ²Der

---

2 BAG 12.8.1976 – 2 AZR 303/75 – SAE 1977, 149; *Nägele*, BB 2002, 354; zum Künd-Schutz von Initiatoren der BR-Wahl: *Löwisch*, DB 2003, 1503.
3 *Stege/Weinspach/Schiefer*, § 18 Rn 2.
4 Hess u.a./*Schlochauer*, § 18 Rn 4.
5 Hess u.a./*Schlochauer*, § 18 Rn 7.

Abdruck der Wählerliste soll die Geburtsdaten der Wahlberechtigten nicht enthalten. [3]Ergänzend können der Abdruck der Wählerliste und die Verordnung mittels der im Betrieb vorhandenen Informations- und Kommunikationstechnik bekannt gemacht werden. [4]Die Bekanntmachung ausschließlich in elektronischer Form ist nur zulässig, wenn alle Arbeitnehmerinnen und Arbeitnehmer von der Bekanntmachung Kenntnis erlangen können und Vorkehrungen getroffen werden, dass Änderungen der Bekanntmachung nur vom Wahlvorstand vorgenommen werden können.

(5) Der Wahlvorstand soll dafür sorgen, dass ausländische Arbeitnehmerinnen und Arbeitnehmer, die der deutschen Sprache nicht mächtig sind, vor Einleitung der Betriebsratswahl über Wahlverfahren, Aufstellung der Wähler- und Vorschlagslisten, Wahlvorgang und Stimmabgabe in geeigneter Weise unterrichtet werden.

6 Die **Wählerliste** eines Betriebs bildet die Grundlage für das Wahlverfahren. Sie wird durch Beschluss des Wahlvorstandes aufgestellt und ist von entscheidender Bedeutung für die Wahl. Nur die in der Wählerliste entsprechend verzeichneten AN, können ihr aktives und passives Wahlrecht ausüben.[6] Leih-AN, die länger als drei Monate im Betrieb beschäftigt sind und ja nur über das aktive Wahlrecht verfügen, sind auf der Liste gesondert auszuweisen. Zudem ist der Hinweis aufzunehmen, dass den Leih-AN ein passives Wahlrecht nicht zusteht. Der Wahlvorstand muss die Wählerliste entsprechend anpassen, wenn neue AN in den Betrieb eintreten oder AN aus dem Betrieb ausscheiden.[7] Auch kann er Schreibfehler berichtigen. Weitere Möglichkeiten einer eigenständigen Änderung der Wählerliste stehen dem Wahlvorstand nicht zu. Hierfür steht ausschließlich der Einspruch gegen die Wählerliste gem. § 4 WO BetrVG zur Verfügung.

7 Der Wahlvorstand muss die Wählerliste unverzüglich aufstellen. Sie muss vor Erlass des Wahlausschreibens, mit dem das Wahlverfahren eingeleitet wird, vorliegen. Weiterhin hat der Wahlvorstand die gegenseitigen Informationspflichten zu beachten, sofern wie gesetzlich vorgesehen gleichzeitig eine Sprecherausschusswahl durchgeführt wird (siehe § 18a Rn 3).

8 Der AG muss dem Wahlvorstand die für die Erstellung der Wählerliste erforderlichen Informationen zur Verfügung stellen. Dazu gehört eine Liste mit allen bei ihm beschäftigten AN unter Angabe der Namen und Vornamen, des Geburts- und Eintrittsdatums sowie des Geschlechts. Dabei sind die aus Sicht des AG als leitende Ang einzustufenden AN zu kennzeichnen. Ebenso muss der AG eine Liste mit allen bei Leih-AN, die am Wahltag länger als drei Monate im Betrieb eingesetzt sind oder länger als drei Monate im Betrieb eingesetzt werden sollen, unter Angabe der Namen und Vornamen, des Geburtsdatums und des Geschlechts herausgeben.

Auf der Wählerliste sind die Wahlberechtigten getrennt nach den Geschlechtern aufzuführen. Dabei sollen innerhalb der Gruppen die wahlberechtigten AN mit Familiennamen, Vornamen und Geburtsdatum in alphabetischer Reihenfolge aufgeführt werden. Das stellt sicher, dass die einzelnen AN voneinander zu unterscheiden sind.[8]

9 Die AN des Betriebs müssen in die Wählerliste und die WO BetrVG Einsicht nehmen können. Daher ist die Auslegung eines Abdrucks der Wählerliste und der WO vom Tage der Einleitung der Wahl – der Erlass des Wahlausschreibens – bis zum Abschluss der Stimmabgabe vorgeschrieben. Dieser Verpflichtung kann der Wahlvorstand dadurch nachkommen, dass er einen Abdruck der Wählerliste und der WO an geeigneter Stelle im Betrieb auslegt. Ergänzend hierzu können beide mit der im Betrieb vorhandenen Informations- und Kommunikationstechnik bekannt gemacht werden. Es kann auch ausschließlich die elektronische Form genutzt werden, allerdings nur, wenn gewährleistet ist, dass alle AN von der Bekanntmachung Kenntnis erlangen können und Vorkehrungen getroffen werden, dass Änderungen der Bekanntmachung nur vom Wahlvorstand vorgenommen werden können.

Anders als bei der Originalwählerliste müssen im Abdruck der auszulegenden oder in anderer Form bekannt gemachten Wählerliste die Geburtsdaten der Wahlberechtigten nicht enthalten sein.[9] Damit wird dem Datenschutz Rechnung getragen.

10 Die fehlende Auslegung der Wählerliste führt in jedem Fall zur Anfechtbarkeit der Wahl. Es handelt sich um einen solch schwerwiegenden Eingriff in das Wahlverfahren, der aber nicht zur Nichtigkeit sondern nur zur Anfechtbarkeit der Wahl führt.[10]

11 Der Wahlvorstand muss weiterhin die der deutschen Sprache nicht mächtigen **ausländischen Mitarbeiter** über Wahlverfahren, Aufstellung der Wähler- und Vorschlagslisten, Wahlvorgang und Stimmabgabe in geeigneter Weise unterrichten. Obwohl es sich bei der Regelung in § 2 Abs. 5 WO um eine Soll-Vorschrift handelt, sieht das BAG in einer nicht ordnungsgemäßen Unterrichtung einen Verstoß gegen wesentliche Wahlvorschriften, der zur Anfechtung der BR-Wahl berechtigt.[11] Wie der Wahlvorstand dieser Verpflichtung nachkommt, wird von der WO nicht vorgeschrieben, auch das BAG hat sich hierzu bisher nicht ausdrücklich geäußert. Es dürfte aber ausreichen, im Zusammenhang mit der Einleitung der Wahl in einem Merkblatt in Übersetzung den ausländischen AN entsprechende Informationen zukommen zu lassen. Möglich ist auch, Wahlausschreiben in den Sprachen der ausländischen AN bekannt zu machen. Entsprechende Informationsschreiben werden z.B. vom DGB zur Verfügung gestellt.[12] Auch Informationsveranstaltungen können hierzu genutzt werden.

---

6 *Sieg/Maschmann*, AuA 2002, 22 mit Checkliste.
7 *Fitting u.a.*, § 2 WO Rn 3.
8 LAG Baden-Württemberg 30.10.1992 – 1 TaBV 2/92 – AuR 1993, 374.
9 *Fitting u.a.*, § 2 WO Rn 9.
10 LAG Hamm 17.8.2007 – 10 TaBV 37/07 – juris.
11 BAG 13.10.2004 – 7 ABR 5/04 – BB 2005, 500.
12 S. Homepage des DGB unter Stichwort Betriebsratswahlen.

3. Einspruch gegen die Wählerliste (§ 4).

WO BetrVG § 4 – Einspruch gegen die Wählerliste

(1) Einsprüche gegen die Richtigkeit der Wählerliste können mit Wirksamkeit für die Betriebsratswahl nur vor Ablauf von zwei Wochen seit Erlass des Wahlausschreibens beim Wahlvorstand schriftlich eingelegt werden.
(2) ¹Über Einsprüche nach Absatz 1 hat der Wahlvorstand unverzüglich zu entscheiden. ²Der Einspruch ist ausgeschlossen, soweit er darauf gestützt wird, dass die Zuordnung nach § 18a des Gesetzes fehlerhaft erfolgt sei. ³Satz 2 gilt nicht, soweit die nach § 18a Abs. 1 oder 4 Satz 1 und 2 des Gesetzes am Zuordnungsverfahren Beteiligten die Zuordnung übereinstimmend für offensichtlich fehlerhaft halten. ⁴Wird der Einspruch für begründet erachtet, so ist die Wählerliste zu berichtigen. ⁵Die Entscheidung des Wahlvorstands ist der Arbeitnehmerin oder dem Arbeitnehmer, die oder der den Einspruch eingelegt hat, unverzüglich schriftlich mitzuteilen; die Entscheidung muss der Arbeitnehmerin oder dem Arbeitnehmer spätestens am Tage vor dem Beginn der Stimmabgabe zugehen.
(3) ¹Nach Ablauf der Einspruchsfrist soll der Wahlvorstand die Wählerliste nochmals auf ihre Vollständigkeit hin überprüfen. ²Im Übrigen kann nach Ablauf der Einspruchsfrist die Wählerliste nur bei Schreibfehlern, offenbaren Unrichtigkeiten, in Erledigung rechtzeitig eingelegter Einsprüche oder bei Eintritt von Wahlberechtigten in den Betrieb oder bei Ausscheiden aus dem Betrieb bis zum Tage vor dem Beginn der Stimmabgabe berichtigt oder ergänzt werden.

Mit dem **Einspruch gegen die Wählerliste** kann gerügt werden, dass nicht wahlberechtigte AN in die Wählerliste aufgenommen oder wahlberechtigte AN nicht berücksichtigt worden sind. Beanstandet werden können weiterhin unzutreffende oder unzulässige Angaben oder Schreibfehler. Der Einspruch ist schriftlich beim Wahlvorstand einzulegen. Ein mündlicher Einspruch ist nicht möglich. Der Einspruch ist an die Betriebsadresse des Wahlvorstandes zu richten oder kann an Mitglieder des Wahlvorstandes ausgehändigt werden. Der Einspruch kann gem. § 4 Abs. 2 S. 2 nicht darauf gestützt werden, dass die Zuordnung der leitenden Ang nach § 18a fehlerhaft erfolgt sei.

Einspruchsberechtigt ist jeder AN des Betriebes, unabhängig davon, ob er Fehler beanstandet, die seine eigene Person betreffen, oder die Aufnahme oder Nichtaufnahme anderer AN rügt.[13] Andere Beteiligte an der BR-Wahl wie der AG oder die im Betrieb vertretenen Gewerkschaften, sind nicht einspruchsberechtigt.[14]

Der Einspruch ist vor Ablauf von zwei Wochen seit dem Erlass des Wahlausschreibens beim Wahlvorstand einzulegen. Die Frist beginnt nach Ablauf des Tages, an dem das Wahlausschreiben erlassen worden ist, und endet nach Ablauf von zwei Wochen am gleichen Wochentag. Der Ablauf der **Einspruchsfrist** kann anstatt auf das Tagesende auch auf das Ende der Arbeitszeit der überwiegenden Mehrheit der AN gelegt werden. Dies muss aber ausdrücklich im Wahlausschreiben vermerkt sein.

Über fristgerecht eingereichte Einsprüche entscheidet der Wahlvorstand unverzüglich. Die Entscheidung wird auf einer Sitzung des Wahlvorstandes mit einfacher Stimmenmehrheit der stimmberechtigten Mitglieder getroffen. Der Wortlaut des Beschlusses ist in die Sitzungsniederschrift aufzunehmen und schriftlich demjenigen zuzustellen, der den Einspruch eingelegt hat. Dies muss spätestens am Tag vor Beginn der Stimmabgabe erfolgen. Der Wahlvorstand muss seine Entscheidung nicht begründen. Bei einer Zurückweisung des Einspruchs ist eine solche Begründung aber empfehlenswert, um das spätere Anfechtungsrisiko möglichst zu begrenzen.

Bei einem begründeten Einspruch ist die Wählerliste entsprechend zu korrigieren. Diese Berichtigung muss bei allen Wählerlisten, also auch den ausgelegten, vorgenommen werden. Die Wählerlisten sollten spätestens am Tag vor dem Beginn der Stimmabgabe auf dem neuesten Stand sein.

4. Erlass des Wahlausschreibens.

WO BetrVG § 3 – Wahlausschreiben

(1) ¹Spätestens sechs Wochen vor dem ersten Tag der Stimmabgabe erlässt der Wahlvorstand ein Wahlausschreiben, das von der oder dem Vorsitzenden und von mindestens einem weiteren stimmberechtigten Mitglied des Wahlvorstands zu unterschreiben ist. ²Mit Erlass des Wahlausschreibens ist die Betriebsratswahl eingeleitet. ³Der erste Tag der Stimmabgabe soll spätestens eine Woche vor dem Tag liegen, an dem die Amtszeit des Betriebsrats abläuft.
(2) Das Wahlausschreiben muss folgende Angaben enthalten:
1. das Datum seines Erlasses;
2. die Bestimmung des Orts, an dem die Wählerliste und diese Verordnung ausliegen, sowie im Fall der Bekanntmachung in elektronischer Form (§ 2 Abs. 4 Satz 3 und 4) wo und wie von der Wählerliste und der Verordnung Kenntnis genommen werden kann;
3. dass nur Arbeitnehmerinnen und Arbeitnehmer wählen oder gewählt werden können, die in die Wählerliste eingetragen sind, und dass Einsprüche gegen die Wählerliste (§ 4) nur vor Ablauf von zwei Wochen seit dem Erlass des Wahlausschreibens schriftlich beim Wahlvorstand eingelegt werden können; der letzte Tag der Frist ist anzugeben;

---

13 Richardi/*Thüsing*, § 4 WO Rn 4.   14 Richardi/*Thüsing*, § 4 WO Rn 5.

4. den Anteil der Geschlechter und den Hinweis, dass das Geschlecht in der Minderheit im Betriebsrat mindestens entsprechend seinem zahlenmäßigen Verhältnis vertreten sein muss, wenn der Betriebsrat aus mindestens drei Mitgliedern besteht (§ 15 Abs. 2 des Gesetzes);
5. die Zahl der zu wählenden Betriebsratsmitglieder (§ 9 des Gesetzes) sowie die auf das Geschlecht in der Minderheit entfallenden Mindestsitze im Betriebsrat (§ 15 Abs. 2 des Gesetzes);
6. die Mindestzahl von Wahlberechtigten, von denen ein Wahlvorschlag unterzeichnet sein muss (§ 14 Abs. 4 des Gesetzes);
7. dass der Wahlvorschlag einer im Betrieb vertretenen Gewerkschaft von zwei Beauftragten unterzeichnet sein muss (§ 14 Abs. 5 des Gesetzes);
8. dass Wahlvorschläge vor Ablauf von zwei Wochen seit dem Erlass des Wahlausschreibens beim Wahlvorstand in Form von Vorschlagslisten einzureichen sind, wenn mehr als drei Betriebsratsmitglieder zu wählen sind; der letzte Tag der Frist ist anzugeben;
9. dass die Stimmabgabe an die Wahlvorschläge gebunden ist und dass nur solche Wahlvorschläge berücksichtigt werden dürfen, die fristgerecht (Nr. 8) eingereicht sind;
10. die Bestimmung des Orts, an dem die Wahlvorschläge bis zum Abschluss der Stimmabgabe aushängen;
11. Ort, Tag und Zeit der Stimmabgabe sowie die Betriebsteile und Kleinstbetriebe, für die schriftliche Stimmabgabe (§ 24 Abs. 3) beschlossen ist;
12. den Ort, an dem Einsprüche, Wahlvorschläge und sonstige Erklärungen gegenüber dem Wahlvorstand abzugeben sind (Betriebsadresse des Wahlvorstands);
13. Ort, Tag und Zeit der öffentlichen Stimmauszählung.

(3) Sofern es nach Größe, Eigenart oder Zusammensetzung der Arbeitnehmerschaft des Betriebs zweckmäßig ist, soll der Wahlvorstand im Wahlausschreiben darauf hinweisen, dass bei der Aufstellung von Wahlvorschlägen die einzelnen Organisationsbereiche und die verschiedenen Beschäftigungsarten berücksichtigt werden sollen.

(4) ¹Ein Abdruck des Wahlausschreibens ist vom Tage seines Erlasses bis zum letzten Tage der Stimmabgabe an einer oder mehreren geeigneten, den Wahlberechtigten zugänglichen Stellen vom Wahlvorstand auszuhängen und in gut lesbarem Zustand zu erhalten. ²Ergänzend kann das Wahlausschreiben mittels der im Betrieb vorhandenen Informations- und Kommunikationstechnik bekannt gemacht werden. ³§ 2 Abs. 4 Satz 4 gilt entsprechend.

17 Die **Einleitung der BR-Wahl** erfolgt durch den Erlass des Wahlausschreibens spätestens sechs Wochen vor dem ersten Tag der Stimmabgabe. Der Tag der Stimmabgabe wird durch den Wahlvorstand im Wahlausschreiben festgelegt und sollte spätestens eine Woche vor dem Tag liegen, an dem die Amtszeit des alten BR abläuft; eine Verletzung dieser Sollvorschrift führt i.d.R. nicht zur Anfechtbarkeit der BR-Wahl.[15]

18 Das **Wahlausschreiben** ist vom Vorsitzenden und mind. einem weiteren stimmberechtigten Mitglied des Wahlvorstandes zu unterschreiben. Es ist an einer oder mehreren geeigneten, den Wahlberechtigten zugänglichen Stellen vom Wahlvorstand auszuhängen und in gut lesbarem Zustand bis zum letzten Tag der Stimmabgabe zu erhalten. In einem Betrieb mit vielen Betriebsstätten ist das Wahlausschreiben in jeder Betriebsstätte auszuhängen.[16] Möglich ist auch, das Wahlausschreiben ergänzend über die im Betrieb vorhandene Informations- und Kommunikationstechnik bekannt zu machen oder ausschließlich die elektronische Form zu nutzen, wenn gewährleistet ist, dass alle AN von der Bekanntmachung Kenntnis erlangen können und Vorkehrungen getroffen werden, dass Änderungen der Bekanntmachung nur vom Wahlvorstand vorgenommen werden können.

19 Mit dem Wahlausschreiben erhalten die AN alle wesentlichen Informationen zum Wahlrecht und dem Ablauf des Wahlverfahrens. Das Wahlausschreiben muss folgende Angaben enthalten:
- Datum des Erlasses: Es ist auf den Tag des Aushangs abzustellen, in größeren Betrieben mit mehreren Aushängen richtet sich der Zeitpunkt des Erlasses nach dem letzten Aushang.
- Bestimmung des Ortes, an dem die Wählerliste und die WO ausliegen, ggf. Hinweis, dass die Bekanntmachung in elektronischer Form erfolgt ist.
- Verweis darauf, dass das Wahlrecht nur für die AN besteht, die in der Wählerliste eingetragen sind, und dass Einsprüche gegen die Wählerliste nur vor Ablauf von zwei Wochen seit dem Erlass des Wahlausschreibens schriftlich beim Wahlvorstand eingelegt werden können. Bei dieser Frist ist der letzte Tag anzugeben ggf. mit Uhrzeit. Diese darf jedoch nicht vor dem Dienstende der überwiegenden Mehrheit der AN des Betriebs liegen.[17]
- Verteilung der Anteile der Geschlechter im Betrieb und der Hinweis, dass das Geschlecht in der Minderheit im BR mind. entsprechend seinem zahlenmäßigen Verhältnis vertreten sein muss (in Betrieben mit einem mind. dreiköpfigen BR).

---

15 *Fitting u.a.*, § 3 WO Rn 4.
16 BAG 5.5.2004 – 7 ABR 44/03 – NZA 2004, 1285.
17 *Fitting u.a.*, § 3 WO Rn 8.

- Zahl der zu wählenden BR-Mitglieder und die Angabe der auf das Geschlecht in der Minderheit entfallenden Mindestsitze im BR.
- Mindestzahl von Wahlberechtigten, von denen ein Wahlvorschlag unterzeichnet sein muss. Ist diese Angabe falsch, zieht dies i.d.R. die Anfechtbarkeit der Wahl nach sich, da nicht ausgeschlossen werden kann, dass AN durch eine falsche Angabe davon abgehalten werden eigene Wahlvorschläge einzureichen.[18]
- Hinweis darauf, dass der Wahlvorschlag einer im Betrieb vertretenen Gewerkschaft von zwei Beauftragten unterzeichnet sein muss.
- Hinweis darauf, dass Wahlvorschläge vor Ablauf von zwei Wochen nach dem Erlass des Wahlausschreibens beim Wahlvorstand in Form von Vorschlagslisten einzureichen sind unter Angabe des letzten Tags der Frist.
- Hinweis darauf, dass die Stimmabgabe an die Wahlvorschläge gebunden ist und dass nur solche Wahlvorschläge berücksichtigt werden, die fristgerecht eingereicht sind. Damit wird klargestellt, dass die zweiwöchige Einreichungsfrist für Wahlvorschläge eine Ausschlussfrist ist.
- Bestimmung des Ortes, an dem die Wahlvorschläge bis zu Abschluss der Stimmabgabe aushängen. Damit soll sichergestellt werden, dass jeder Wahlberechtigte von den Wahlvorschlägen Kenntnis nehmen kann.
- Ort, Tag und Zeit der Stimmabgabe, sowie die Betriebsteile und Kleinstbetriebe, für die schriftliche Stimmabgabe beschlossen ist. Grds. erfolgt die Stimmabgabe während der Arbeitszeit. Bei der Terminierung muss der Wahlvorstand die betriebsübliche Arbeitszeit berücksichtigen. Erforderlich ist jedoch nicht, dass sich die Zeit der Stimmabgabe über die gesamte betriebliche Arbeitszeit erstreckt.
- Angabe des Ortes, an dem Einsprüche, Wahlvorschläge und sonstige Erklärungen gegenüber dem Wahlvorstand abzugeben sind. Dies kann das Wahlvorstandsbüro sein, sofern ein solches vorhanden ist, oder der Arbeitsplatz des Vorsitzenden des Wahlvorstandes.
- Angabe des Ortes, Tages und der Zeit der öffentlichen Stimmauszählung.

Der Wahlvorstand soll im Wahlausschreiben darauf hinweisen, dass bei der Aufstellung von Wahlvorschlägen die einzelnen Organisationsbereiche und die verschiedenen Beschäftigungsarten berücksichtigt werden sollen, allerdings nur dann, wenn es nach Größe, Eigenart oder Zusammensetzung der AN-Schaft des Betriebs zweckmäßig ist. Damit wird § 15 Abs. 1 Rechnung getragen (siehe § 15 Rn 2).

II. Auszählung der Stimmen
1. Verhältniswahl. a) Öffentliche Stimmauszählung.
WO BetrVG § 13 – Öffentliche Stimmauszählung
Unverzüglich nach Abschluss der Wahl nimmt der Wahlvorstand öffentlich die Auszählung der Stimmen vor und gibt das aufgrund der Auszählung sich ergebende Wahlergebnis bekannt.

§ 13 WO BetrVG regelt die **Öffentliche Stimmauszählung**. Der Wahlvorstand muss unverzüglich nach Abschluss der Wahl öffentlich die Auszählung der Stimmen vornehmen. Ort und Zeitpunkt der Stimmauszählung müssen vorher im Betrieb bekannt gemacht werden.[19] Das bedeutet jedoch nicht in jedem Fall, dass sie sich zeitlich unmittelbar an die Beendigung der Stimmabgabe anschließen muss. Abhängig vom Zeitpunkt der Beendigung der Stimmabgabe und den betrieblichen Gegebenheiten kann daher auch eine Stimmauszählung am nächsten Morgen noch als unverzüglich i.S.d. § 13 WO angesehen werden.[20] In diesem Fall muss die Wahlurne versiegelt und sicher aufbewahrt werden. Der Abschluss der Wahl wird im Wahlausschreiben festgelegt. Eine gegenüber dem Wahlausschreiben zeitlich vorgezogene Stimmauszählung, ohne dass vorher Ort und Zeitpunkt dieser Stimmauszählung öffentlich im Betrieb bekannt gemacht worden sind, rechtfertigt die Wahlanfechtung.[21]

Die Auszählung muss durch den gesamten Wahlvorstand erfolgen. Die AN des Betriebs oder Vertreter der beteiligten Gewerkschaften müssen die Möglichkeit haben, der Auszählung beizuwohnen. Eine Entgeltfortzahlungspflicht für AN, die der öffentlichen Stimmauszählung beiwohnen, besteht jedoch nicht.[22] Die Stimmauszählung beginnt mit dem Öffnen der Wahlurne, bereits dies muss öffentlich geschehen, und endet mit der Bekanntgabe des Wahlergebnisses. Vor der Bekanntgabe des Wahlergebnisses erfolgt die Wahlniederschrift. Der komplette oder teilweise Ausschluss der **Öffentlichkeit** von der Stimmauszählung führt zur Anfechtbarkeit der Wahl.

WO BetrVG § 14 – Verfahren bei der Stimmauszählung
(1) ¹Nach Öffnung der Wahlurne entnimmt der Wahlvorstand die Stimmzettel den Wahlumschlägen und zählt die auf jede Vorschlagsliste entfallenden Stimmen zusammen. ²Dabei ist die Gültigkeit der Stimmzettel zu prüfen.
(2) Befinden sich in einem Wahlumschlag mehrere gekennzeichnete Stimmzettel (§ 11 Abs. 3), so werden sie, wenn sie vollständig übereinstimmen, nur einfach gezählt, andernfalls als ungültig angesehen.

---

18 LAG Hessen 22.3.2007 – 9 TaBV 199/06 – juris.
19 BAG 15.11.2000 – 7 ABR 53/99 – BAGE 96, 233 = NZA 2001, 853.
20 GK-BetrVG/*Kreutz/Oetker*, § 13 WO Rn 2.
21 LAG München 10.3.2008 – 6 TaBV 87/07 – juris.
22 LAG Schleswig-Holstein 26.7.1989 – 3 Sa 228/89 – NZA 1990, 118.

23 Nachdem der Wahlvorstand die Wahlurne geöffnet hat, entnimmt er dieser die Wahlumschläge, öffnet die Wahlumschläge und überprüft die entnommenen Stimmzettel auf ihre Gültigkeit. Wenn ein Stimmzettel Merkmale aufweist, die zu seiner Ungültigkeit führen können, hat der Wahlvorstand dies durch Beschluss festzustellen. Dabei entscheidet die einfache Mehrheit der stimmberechtigten Mitglieder. Der Beschluss über die Ungültigkeit eines Stimmzettels ist ebenfalls öffentlich zu fassen, er ist Bestandteil der öffentlichen Stimmauszählung.

Die gültigen Stimmzettel werden ausgezählt und die jeweils auf eine Liste entfallenden Stimmen zusammengezählt (im Einzelnen dazu siehe § 14 Rn 31 ff.).

WO BetrVG § 16 – Wahlniederschrift

(1) Nachdem ermittelt ist, welche Arbeitnehmerinnen und Arbeitnehmer als Betriebsratsmitglieder gewählt sind, hat der Wahlvorstand in einer Niederschrift festzustellen:
1. die Gesamtzahl der abgegebenen Wahlumschläge und die Zahl der abgegebenen gültigen Stimmen;
2. die jeder Liste zugefallenen Stimmzahlen;
3. die berechneten Höchstzahlen;
4. die Verteilung der berechneten Höchstzahlen auf die Listen;
5. die Zahl der ungültigen Stimmen;
6. die Namen der in den Betriebsrat gewählten Bewerberinnen und Bewerber;
7. gegebenenfalls besondere während der Betriebsratswahl eingetretene Zwischenfälle oder sonstige Ereignisse.

(2) Die Niederschrift ist von der oder dem Vorsitzenden und von mindestens einem weiteren stimmberechtigten Mitglied des Wahlvorstands zu unterschreiben.

24 § 16 WO regelt den Inhalt der während der öffentlichen Stimmauszählung zu fertigenden **Wahlniederschrift**. Die Niederschrift wird am Ende der öffentlichen Stimmauszählung erstellt, nachdem feststeht, welche AN als BR-Mitglieder gewählt sind. Die konkreten Feststellungen in der Wahlniederschrift werden durch Beschluss der wahlberechtigten Mitglieder des Wahlvorstandes mit einfacher Stimmenmehrheit bestimmt. Die Wahlniederschrift muss vom Vorsitzenden des Wahlvorstandes sowie einem weiteren stimmberechtigten Mitglied des Wahlvorstandes unterschrieben werden. Das Fehlen einer Wahlniederschrift führt weder zur Unwirksamkeit noch zur Anfechtbarkeit der Wahl. Sie ist allerdings im Falle der Anfechtung der Wahl ein wichtiges Beweismittel.

25 **Inhalt der Wahlniederschrift**:
– Gesamtzahl der abgegebenen Wahlumschläge sowie die Zahl der gültigen und der ungültigen Stimmen
– die auf jede Liste entfallenden Stimmenzahlen unter Angabe der absoluten Zahl der auf die Liste entfallenden Stimmzettel
– die berechneten Höchstzahlen und ihre Verteilung auf die verschiedenen Listen.
– die Namen der nun in den BR gewählten Bewerber
– Zwischenfälle oder sonstige Ereignisse, die während der BR-Wahl eingetreten sind (z.B. auch Briefwahl, sowie in diesem Zusammenhang möglicherweise verspätete Wahlbriefe).

26 **Fehler in der Wahlniederschrift** können auch noch im Nachhinein berichtigt werden. Die Wahlniederschrift entfaltet keine konstitutive Wirkung, sondern beschreibt lediglich die tatsächlichen Ergebnisse. Die Berichtigungsmöglichkeit bezieht sich dabei sowohl auf nachträgliche Änderungen der Tatsachen als auch auf tatsächliche Fehler (z.B. fehlerhafte Auszählungen der Stimmzettel) und auf rechnerische Fehler (z.B. bei der Berechnung der Höchstzahlen).

c) Benachrichtigung der Gewählten.

WO BetrVG § 17 – Benachrichtigung der Gewählten

(1) [1]Der Wahlvorstand hat die als Betriebsratsmitglieder gewählten Arbeitnehmerinnen und Arbeitnehmer unverzüglich schriftlich von ihrer Wahl zu benachrichtigen. [2]Erklärt die gewählte Person nicht binnen drei Arbeitstagen nach Zugang der Benachrichtigung dem Wahlvorstand, dass sie die Wahl ablehne, so gilt die Wahl als angenommen.

(2) [1]Lehnt eine gewählte Person die Wahl ab, so tritt an ihre Stelle die in derselben Vorschlagsliste in der Reihenfolge nach ihr benannte, nicht gewählte Person. [2]Gehört die gewählte Person dem Geschlecht in der Minderheit an, so tritt an ihre Stelle die in derselben Vorschlagsliste in der Reihenfolge nach ihr benannte, nicht gewählte Person desselben Geschlechts, wenn ansonsten das Geschlecht in der Minderheit nicht die ihm nach § 15 Abs. 2 des Gesetzes zustehenden Mindestsitze erhält. [3]§ 15 Abs. 5 Nr. 2 bis 5 gilt entsprechend.

27 § 17 WO regelt die Annahme bzw. Ablehnung der Wahl durch den Gewählten. Die gewählten Mitglieder des BR müssen vom Wahlvorstand unverzüglich schriftlich benachrichtigt werden. Für die Benachrichtigung gelten dabei keine besonderen Formvorschriften. Sie hat keine konstitutive Bedeutung.

28 **d) Annahme der Wahl.** Nach der Benachrichtigung hat der gewählte AN drei Arbeitstage Zeit, um zu entscheiden, ob er die Wahl annimmt. Erklärt er innerhalb dieser Zeit nicht gegenüber dem Wahlvorstand, dass er die Wahl ablehnt, gilt die Wahl als angenommen. Danach bleibt es dem betroffenen AN unbenommen, sein Amt gem. § 24 Nr. 2

niederzulegen. Die **Ablehnung der Wahl** unterliegt keinen besonderen Formerfordernissen.[23] Sie muss insb. nicht schriftlich erfolgen. Aus der Erklärung muss aber eindeutig hervorgehen, dass der gewählte AN die Wahl nicht annehmen will.

Hat der AN die Wahl abgelehnt, tritt an seine Stelle der nächstfolgende Bewerber der betroffenen Liste. Wenn die Liste keinen weiteren Bewerber mehr erhält, fällt der Platz an die Liste, die entsprechend der Berechnung der Höchstzahlen den nächsten Sitz erhalten würde.

Besonderheiten ergeben sich, wenn der AN dem Geschlecht angehört, dass in dem Betrieb in der Minderheit ist. Abweichungen vom „normalen" Nachrücken ergeben sich, wenn ohne diesen AN im BR das Minderheitengeschlecht nicht die ihm zustehenden Mindestsitze erhalten würde.

Beispiel: Der BR besteht aus neun BR-Mitgliedern. Für die Wahl haben drei Listen kandidiert. Auf Liste A entfallen vier Sitze, auf Liste B entfallen drei Sitze und auf Liste C entfallen zwei Sitze. Entsprechend der Verteilung der Geschlechter im Betrieb müssen zwei Sitze des BR mit Frauen besetzt werden. Mitarbeiterin XY, die auf Platz vier von Liste A steht, lehnt die Wahl ab. Ohne Mitarbeiterin XY wäre im BR nur eine Frau vertreten. Auf Listenplatz fünf der Liste A steht ein Mann. Die nächste Frau auf Liste A steht erst auf Listenplatz neun. Um die Mindestverteilung des Geschlechtes in der Minderheit im BR zu gewährleisten, rückt für Mitarbeiterin XY nicht der AN auf Listenplatz fünf nach, sondern die AN auf Listenplatz neun.

Wenn sich auf Liste A außer der Mitarbeiterin XY keine weiteren Frauen befunden hätten, wäre der durch ihre Wahlablehnung freiwerdende Sitz im BR an die Liste gefallen, die die nächste Höchstzahl und eine Frau auf der Liste hat (siehe § 15 Rn 16).

2. Mehrheitswahl. a) Öffentliche Stimmauszählung.

WO BetrVG § 21 – Stimmauszählung

Nach Öffnung der Wahlurne entnimmt der Wahlvorstand die Stimmzettel den Wahlumschlägen und zählt die auf jede Bewerberin und jeden Bewerber entfallenden Stimmen zusammen; § 14 Abs. 1 Satz 2 und Abs. 2 gilt entsprechend.

Nach Beendigung der Stimmabgabe entnimmt der Wahlvorstand die Wahlumschläge der Urne und zählt die gültigen Stimmzettel aus. Wahlumschläge, in denen sich zwei vollständig gleich ausgefüllte Stimmzettel befinden, führen nicht zur Ungültigkeit der Stimmabgabe.[24] Die Stimmen werden aber nur einfach gezählt. Befinden sich in einem Wahlumschlag dagegen unterschiedlich ausgefüllte Stimmzettel, so sind diese sämtlich ungültig (siehe Rn 22).

b) Wahlniederschrift.

WO BetrVG § 23 – Wahlniederschrift, Bekanntmachung

(1) [1]Nachdem ermittelt ist, welche Arbeitnehmerinnen und Arbeitnehmer als Betriebsratsmitglieder gewählt sind, hat der Wahlvorstand eine Niederschrift anzufertigen, in der außer den Angaben nach § 16 Abs. 1 Nr. 1, 5 bis 7 die jeder Bewerberin und jedem Bewerber zugefallenen Stimmenzahlen festzustellen sind. [2]§ 16 Abs. 2, § 17 Abs. 1, §§ 18 und 19 gelten entsprechend.

(2) [1]Lehnt eine gewählte Person die Wahl ab, so tritt an ihre Stelle die nicht gewählte Person mit der nächsthöchsten Stimmenzahl. [2]Gehört die gewählte Person dem Geschlecht in der Minderheit an, so tritt an ihre Stelle die nicht gewählte Person dieses Geschlechts mit der nächsthöchsten Stimmenzahl, wenn ansonsten das Geschlecht in der Minderheit nicht die ihm nach § 15 Abs. 2 des Gesetzes zustehenden Mindestsitze erhalten würde. [3]Gibt es keine weiteren Angehörigen dieses Geschlechts, auf die Stimmen entfallen sind, geht dieser Sitz auf die nicht gewählte Person des anderen Geschlechts mit der nächsthöchsten Stimmenzahl über.

Vom Wahlvorstand ist wie bei der Verhältniswahl eine **Wahlniederschrift** anzufertigen. In dieser Niederschrift muss vermerkt werden, welche Wahlbewerber in den BR gewählt worden sind. Darüber hinaus muss der Wahlvorstand in der Niederschrift die Anzahl der abgegebenen Wahlumschläge sowie die Zahl der gültigen und ungültigen Stimmen angeben. Sofern im Rahmen des Wahlverfahrens Besonderheiten oder Zwischenfälle eingetreten sind, sind diese ebenfalls in der Wahlniederschrift zu vermerken. Der Wahlvorstand muss in der Wahlniederschrift darüber hinaus angeben, wie viele Stimmen auf die gewählten BR-Mitglieder jeweils entfallen sind. Die Niederschrift muss von dem Vorsitzenden des Wahlvorstandes und mind. einem weiteren stimmberechtigten Mitglied unterschrieben werden.

c) Benachrichtigung der Gewählten. Danach hat der Wahlvorstand die Gewählten gem. § 23 Abs. 1 i.V.m. § 17 Abs. 1 WO schriftlich von ihrer Wahl zu benachrichtigen (siehe Rn 26).

d) Annahme der Wahl. Die gewählten Personen haben nach der Benachrichtigung drei Arbeitstage Zeit, um die Wahl abzulehnen. Wenn sie in dieser Frist die Wahl nicht ablehnen, gilt sie als angenommen. Wenn eine gewählte Person die Wahl ablehnt, tritt an ihre Stelle die nichtgewählte Person mit der nächsthöchsten Stimmenzahl. Etwas anderes gilt, wenn die gewählte Person, die die Wahl ablehnt, zum Geschlecht in der Minderheit gehört und ohne

---

23 GK-BetrVG/*Kreutz/Oetker*, § 17 WO Rn 3.   24 GK-BetrVG/*Kreutz/Oetker*, § 11 WO Rn 5.

sie die Anzahl der Mindestsitze im BR nicht erfüllt wäre. In diesem Fall tritt an ihre Stelle die nichtgewählte Person desselben Geschlechts mit der nächsthöchsten Stimmenzahl. Wenn es allerdings keine weiteren Mitglieder des Minderheitengeschlechts, auf die Stimmen entfallen sind, mehr gibt, geht der so freigewordene BR-Sitz auf die nichtgewählte Person des anderen Geschlechts mit der nächsthöchsten Stimmenzahl über.

3. Auszählung der Briefwahlstimmen.

WO BetrVG § 26 – Verfahren bei der Stimmabgabe

(1) ¹Unmittelbar vor Abschluss der Stimmabgabe öffnet der Wahlvorstand in öffentlicher Sitzung die bis zu diesem Zeitpunkt eingegangenen Freiumschläge und entnimmt ihnen die Wahlumschläge sowie die vorgedruckten Erklärungen. ²Ist die schriftliche Stimmabgabe ordnungsgemäß erfolgt (§ 25), so legt der Wahlvorstand den Wahlumschlag nach Vermerk der Stimmabgabe in der Wählerliste ungeöffnet in die Wahlurne.

(2) ¹Verspätet eingehende Briefumschläge hat der Wahlvorstand mit einem Vermerk über den Zeitpunkt des Eingangs ungeöffnet zu den Wahlunterlagen zu nehmen. ²Die Briefumschläge sind einen Monat nach Bekanntgabe des Wahlergebnisses ungeöffnet zu vernichten, wenn die Wahl nicht angefochten worden ist.

36 Der Wahlvorstand hat sicherzustellen, dass abgegebene Wahlbriefe unverzüglich an seine Betriebsadresse oder an eine sonstige hierfür bestimmte Stelle weitergeleitet werden. Die Freiumschläge dürfen erst unmittelbar vor Abschluss der Stimmabgabe vom Wahlvorstand geöffnet werden. Offene Freiumschläge sind nicht ordnungsgemäß und daher unberücksichtigt zu lassen.

37 Die **Öffnung der Freiumschläge** hat in öffentlicher Sitzung des Wahlvorstandes zu erfolgen, sodass jeder AN in die Lage versetzt wird, sich von der ordnungsgemäßen Behandlung der mittels Briefwahl abgegebenen Stimmen zu überzeugen.[25] Die Wahlumschläge selbst müssen verschlossen bleiben. Sie dürfen erst bei der Stimmauszählung geöffnet werden. Nachdem die Stimmabgabe in der Wählerliste vermerkt wurde, darf der Wahlumschlag in die Wahlurne gelegt werden. Hat ein Wähler seine Stimme bereits persönlich abgegeben, so darf ein durch Briefwahl desselben Wählers übersandter Wahlumschlag nicht mehr in die Wahlurne gelegt werden, sondern ist mit einem Vermerk über die bereits erfolgte Stimmabgabe zu den Wahlakten zu nehmen.

38 Bei verspätet eingegangenen Freiumschlägen hat der Wahlvorstand das Eingangsdatum mit Uhrzeit zu vermerken und sie ungeöffnet zu den Wahlakten zu nehmen. Verspätet eingegangene Freiumschläge sind wie nicht abgegebene Stimmen zu behandeln. Sie sind nach Ablauf eines Monats seit Bekanntgabe des Wahlergebnisses ungeöffnet zu vernichten, es sei denn, es ist eine Wahlanfechtung erfolgt. Die Vernichtung ist vom BR vorzunehmen. Wird die Wahl gem. § 19 angefochten, so sind die Freiumschläge bei den Wahlakten bis zur rechtskräftigen Entscheidung ungeöffnet aufzubewahren.

III. Bekanntgabe des Wahlergebnisses

WO BetrVG § 18 – Bekanntmachung der Gewählten

¹Sobald die Namen der Betriebsratsmitglieder endgültig feststehen, hat der Wahlvorstand sie durch zweiwöchigen Aushang in gleicher Weise bekannt zu machen wie das Wahlausschreiben (§ 3 Abs. 4). ²Je eine Abschrift der Wahlniederschrift (§ 16) ist dem Arbeitgeber und den im Betrieb vertretenen Gewerkschaften unverzüglich zu übersenden.

39 Wenn die Namen der BR-Mitglieder endgültig feststehen, muss der Wahlvorstand die Namen durch Aushang bekannt machen. Der Aushang muss für zwei Wochen bestehen. Er muss in gleicher Weise bekannt gemacht werden wie das Wahlausschreiben (§ 3 Abs. 4 WO). Das bedeutet, dass der Aushang mit den gewählten BR-Mitgliedern an den gleichen Stellen ausgehängt werden muss wie zuvor das Wahlausschreiben. Wurde das Wahlausschreiben mittels der im Betrieb vorhandenen Informations- und Kommunikationstechnik bekannt gemacht, so gilt dieser Weg auch für die **Bekanntgabe der BR-Mitglieder**. Auch hier ist die Bekanntmachung ausschließlich in elektronischer Form nur dann zulässig, wenn alle AN davon Kenntnis erlangen können, und Änderungen durch andere Personen als durch den Wahlvorstand ausgeschlossen sind. Der **Aushang** der Namen der gewählten BR-Mitglieder setzt die Frist für die Anfechtung der BR-Wahl in Gang. Dabei zählt der Tag des Aushangs bei der Fristberechnung nicht mit.

40 Die Bekanntmachung ist ebenso wie die Wahlniederschrift vom Vorsitzenden des Wahlvorstandes sowie einem weiteren stimmberechtigten Mitglied zu unterzeichnen. Darüber hinaus muss der Wahlvorstand dem AG und den im Betrieb vertretenen Gewerkschaften unverzüglich eine Abschrift der Wahlniederschrift übersenden. Die Wahlniederschrift muss jedoch nicht öffentlich ausgehängt werden.

---

25 LAG Köln 11.4.2003 – 4 (13) TaBV 63/02 – juris.

IV. Aufbewahrung der Wahlakten

WO BetrVG § 19 – Aufbewahrung der Wahlakten
Der Betriebsrat hat die Wahlakten mindestens bis zur Beendigung seiner Amtszeit aufzubewahren.

Die **Wahlakten** werden vom Wahlvorstand an den BR übergeben. Der Begriff „Wahlakten" ist sehr weit zu verstehen, die genannte Aufzählung ist daher nicht abschließend, sondern nur beispielhaft. Sämtliche Unterlagen, die im Zusammenhang mit dem Wahlverfahren stehen, gehören zu den Wahlakten und sind aufzubewahren.

Der BR muss die vorhandenen Wahlakten mind. bis zur Beendigung seiner Amtszeit aufbewahren. Zu den Wahlakten gehören alle **Wahlunterlagen**, sowohl Stimmzettel, als auch Sitzungsniederschriften, die Niederschrift des Wahlergebnisses, die Wahlausschreiben und die bereits abgenommenen Aushänge ebenso wie interne Vermerke über Sitzungen des Wahlvorstandes und die Berechnung der Höchstzahlen für die Sitzverteilung.[26] Wahlunterlagen, die dem Wahlvorstand erst nach der Übergabe der Wahlakten an den BR zugehen, darf dieser nicht mehr öffnen, sondern muss sie unmittelbar an den BR übergeben. Soweit die Wahl nicht angefochten wird, muss der BR die ihm so zugegangenen Wahlunterlagen einen Monat später ungeöffnet vernichten. Sowohl die im Betrieb vertretenen Gewerkschaften als auch der AG und jeder einzelne AN haben ein Einsichtsrecht in die Wahlakten. Es besteht grundsätzlich auch ohne Darlegung eines besonderen rechtlichen Interesses und unabhängig von einem Wahlanfechtungs- oder Nichtigkeitsfeststellungsverfahren ein Anspruch des AG auf **Einsichtnahme** in die vom BR aufbewahrten Wahlakten der BR-Wahl.[27] Das gilt jedoch nicht für Bestandteile der Wahlakten, die Rückschlüsse auf das Wahlverhalten einzelner wahlberechtigter AN zulassen, z.B. die mit Stimmabgabevermerken des Wahlvorstands versehenen Wählerlisten. Die Einsichtnahme in derartige Unterlagen durch den AG ist nur zulässig, wenn gerade dies zur Überprüfung der Ordnungsmäßigkeit der Wahl erforderlich ist.

V. Feststellung einer betriebsratsfähigen Organisationseinheit

Abs. 2 statuiert die Möglichkeit bereits vor der BR-Wahl im arbeitsgerichtlichen Beschlussverfahren klären zu lassen, ob eine betriebsratsfähige Organisationseinheit vorliegt. Den Antrag kann jeder möglicherweise betroffene BR, jeder möglicherweise betroffene Wahlvorstand, eine im Betrieb vertretene Gewerkschaft aber auch der AG stellen. Im arbeitsgerichtlichen Beschlussverfahren nach Abs. 2 geht es i.d.R. um die Fragen, ob ein gemeinsamer Betrieb i.S.d. § 1 Abs. 2 vorliegt, ob Kleinstbetriebe dem Hauptbetrieb zuzuordnen sind oder ob ein selbständiger Betriebsteil vorliegt. Die Frage des Vorliegens einer betriebsratsfähigen Organisationseinheit kann weiterhin eine Rolle spielen, wenn es um die Frage der Rechtswirksamkeit oder der genauen Auswirkungen einer Vereinbarung nach § 3 geht. Die Entscheidung des ArbG nach Abs. 2 entfaltet Bindungswirkung für die Zukunft. Dies betrifft sowohl nachfolgende Wahlanfechtungsverfahren als auch zukünftige Auseinandersetzungen über den Umfang der Zuständigkeit des gewählten BR. Kommt es zu einer Änderung der tatsächlichen Umstände, die der arbeitsgerichtlichen Entscheidung zugrunde lagen, entfällt auch die Bindungswirkung.

C. Verbindung zum Prozessrecht

Fehlerhafte Beschlüsse oder Handlungen des BR können zur Anfechtbarkeit der BR-Wahl gem. § 19 führen, wenn sie das Wahlergebnis beeinflussen konnten. Darüber hinaus können fehlerhafte Beschlüsse des BR auch während des laufenden Wahlverfahrens gesondert im arbeitsgerichtlichen Beschlussverfahren geltend gemacht werden. Bei schwerwiegenden Verstößen kann sich eine Vorgehensweise im einstweiligen Verfahren empfehlen.

---

§ 18a Zuordnung der leitenden Angestellten bei Wahlen

(1) ¹Sind die Wahlen nach § 13 Abs. 1 und nach § 5 Abs. 1 des Sprecherausschussgesetzes zeitgleich einzuleiten, so haben sich die Wahlvorstände unverzüglich nach Aufstellung der Wählerlisten, spätestens jedoch zwei Wochen vor Einleitung der Wahlen, gegenseitig darüber zu unterrichten, welche Angestellten sie den leitenden Angestellten zugeordnet haben; dies gilt auch, wenn die Wahlen ohne Bestehen einer gesetzlichen Verpflichtung zeitgleich eingeleitet werden. ²Soweit zwischen den Wahlvorständen kein Einvernehmen über die Zuordnung besteht, haben sie in gemeinsamer Sitzung eine Einigung zu versuchen. ³Soweit eine Einigung zustande kommt, sind die Angestellten entsprechend ihrer Zuordnung in die jeweilige Wählerliste einzutragen.

(2) ¹Soweit eine Einigung nicht zustande kommt, hat ein Vermittler spätestens eine Woche vor Einleitung der Wahlen erneut eine Verständigung der Wahlvorstände über die Zuordnung zu versuchen. ²Der Arbeitgeber hat den Vermittler auf dessen Verlangen zu unterstützen, insbesondere die erforderlichen Auskünfte zu erteilen

---

26 Richardi/Thüsing, § 19 WO Rn 1.
27 BAG 27.7.2005 – 7 ABR 54/04 – NZA 2006, 59.

und die erforderlichen Unterlagen zur Verfügung zu stellen. ³Bleibt der Verständigungsversuch erfolglos, so entscheidet der Vermittler nach Beratung mit dem Arbeitgeber. ⁴Absatz 1 Satz 3 gilt entsprechend.

(3) ¹Auf die Person des Vermittlers müssen sich die Wahlvorstände einigen. ²Zum Vermittler kann nur ein Beschäftigter des Betriebs oder eines anderen Betriebs des Unternehmens oder Konzerns oder der Arbeitgeber bestellt werden. ³Kommt eine Einigung nicht zustande, so schlagen die Wahlvorstände je eine Person als Vermittler vor; durch Los wird entschieden, wer als Vermittler tätig wird.

(4) ¹Wird mit der Wahl nach § 13 Abs. 1 oder 2 nicht zeitgleich eine Wahl nach dem Sprecherausschussgesetz eingeleitet, so hat der Wahlvorstand den Sprecherausschuss entsprechend Absatz 1 Satz 1 erster Halbsatz zu unterrichten. ²Soweit kein Einvernehmen über die Zuordnung besteht, hat der Sprecherausschuss Mitglieder zu benennen, die anstelle des Wahlvorstands an dem Zuordnungsverfahren teilnehmen. ³Wird mit der Wahl nach § 5 Abs. 1 oder 2 des Sprecherausschussgesetzes nicht zeitgleich eine Wahl nach diesem Gesetz eingeleitet, so gelten die Sätze 1 und 2 für den Betriebsrat entsprechend.

(5) ¹Durch die Zuordnung wird der Rechtsweg nicht ausgeschlossen. ²Die Anfechtung der Betriebsratswahl oder der Wahl nach dem Sprecherausschussgesetz ist ausgeschlossen, soweit sie darauf gestützt wird, die Zuordnung sei fehlerhaft erfolgt. ³Satz 2 gilt nicht, soweit die Zuordnung offensichtlich fehlerhaft ist.

A. Allgemeines 1	3. Einbindung eines Vermittlers 5
B. Regelungsgehalt 2	II. Zuordnungsverfahren bei zeitverschobener Durchführung von Betriebsrats- und Sprecherausschusswahl 8
I. Zuordnungsverfahren bei zeitgleicher Durchführung von Betriebsrats- und Sprecherausschusswahl 2	
1. Einleitung des Zuordnungsverfahrens 3	III. Rechtsfolge des abgeschlossenen Zuordnungsverfahrens 9
2. Fehlende Übereinstimmung der Zuordnungen der Arbeitnehmer zu leitenden Angestellten .. 4	**C. Verbindung zum Prozessrecht** 10

A. Allgemeines

1 § 18a regelt die **Zuordnung von AN zu den leitenden Ang** eines Betriebs bei BR- und Sprecherausschusswahlen. Das Verfahren hat nur im Rahmen des normalen Wahlverfahrens des BetrVG Wirkung. Ein Statusverfahren über die Einordnung als leitender Ang hat daneben Bestand und kann jederzeit eingeleitet werden.

Die Einordnung als leitender Ang erfolgt nach den Kriterien von § 5 Abs. 3 und 4.

B. Regelungsgehalt

I. Zuordnungsverfahren bei zeitgleicher Durchführung von Betriebsrats- und Sprecherausschusswahl

2 Abs. 1 sieht als gesetzlichen Regelfall die **zeitgleiche Durchführung von BR- und Sprecherausschusswahlen** an. Die Regelung des § 18a bezieht sich auf diese Fallkonstellation, die nicht zeitgleiche Wahl wird weitgehend durch Verweise auf den Regelfall der zeitgleichen Wahl geregelt. Abs. 1 bis 3 regelt die Modalitäten des Zuordnungsverfahrens bei gleichzeitiger Durchführung von BR- und Sprecherausschusswahl ausführlich und abschließend. Die Abs. 1 bis 3 treffen sowohl Aussagen zum Gang des Zuordnungsverfahrens als auch zum Verhalten im Nichteinigungsfall bis hin zur Bestellung des Vermittlers.

3 **1. Einleitung des Zuordnungsverfahrens.** Die Wahlvorstände für BR- und Sprecherausschusswahl haben sich gegenseitig darüber zu unterrichten, welche AN den leitenden Ang zugeordnet wurden. Eine bestimmte Form ist für die Unterrichtung nicht vorgeschrieben, eine schriftliche Information ist aber empfehlenswert.[1] Die Information sollte unverzüglich nach Aufstellung der Wählerliste erfolgen.

Gibt es keine Differenzen hinsichtlich der erfolgten Zuordnung, endet das Zuordnungsverfahren an diesem Punkt. Die Wählerlisten gelten damit als aufgestellt.

4 **2. Fehlende Übereinstimmung der Zuordnungen der Arbeitnehmer zu leitenden Angestellten.** Wenn die Zuordnungen, die die Wahlvorstände der BR- und der Sprecherausschusswahl getroffen haben, nicht miteinander übereinstimmen und auch nicht ein Wahlvorstand bereit ist, seine Wählerliste entsprechend den Zuordnungsvorschlägen des anderen Wahlvorstandes zu korrigieren, beginnt das **Einigungsverfahren**. Die Wahlvorstände müssen in einer gemeinsamen Sitzung eine Einigung über die Zuordnung der umstr. AN versuchen. Diese Sitzung muss spätestens eine Woche vor Einleitung der Wahlen stattfinden. Kommt es in dieser gemeinsamen Sitzung zu einer Einigung über die Zuordnung, müssen die AN entsprechend dieser Einigung in die Wählerlisten eingetragen werden. Die Wählerlisten gelten dann mit der Einigung als aufgestellt. Die Einigung sollte in einem Protokoll festgehalten werden.

---

1 DKK/*Schneider*, § 18a Rn 11, 12.

3. Einbindung eines Vermittlers. Können sich die Wahlvorstände der BR- und der Sprecherausschusswahl in der gemeinsamen Sitzung nicht über eine einheitliche Zuordnung der AN zu den leitenden Ang einigen, muss gem. Abs. 2 ein Vermittler eingeschaltet werden. Der Vermittler wird von den Wahlvorständen gemeinsam bestellt. Können sie sich nicht auf eine Person einigen, kann jeder Wahlvorstand einen Vermittler vorschlagen, in diesen Fällen entscheidet das Los über die Person des Vermittlers.

Als Vermittler kommen gem. Abs. 3 nur Beschäftigte des Betriebs oder eines anderen Betriebs des Unternehmens oder des Konzerns oder der AG selber in Betracht. Die Mitglieder der Wahlvorstände können allerdings nicht zum Vermittler bestellt werden.[2]

Wenn keiner der beiden Wahlvorstände einen Vermittler vorschlägt, ist das Zuordnungsverfahren an dieser Stelle gescheitert. Die Wählerlisten werden dann ohne abgeschlossenes Zuordnungsverfahren aufgestellt. Dies hat zur Folge, dass auch im Hinblick auf das Wahlverfahren die fehlerhafte Zuordnung von AN geltend gemacht werden kann.[3]

Wird ein Vermittler ordnungsgemäß bestellt, hat dieser zunächst eine Woche vor Einleitung der Wahlen eine nochmalige Verständigung der Wahlvorstände über die Zuordnung der streitigen AN zu versuchen. Gem. Abs. 2 S. 1 ist er hierbei vom AG auf Verlangen zu unterstützen. Darunter fallen insb. die Erteilung erforderlicher Auskünfte sowie die Vorlage erforderlicher Unterlagen. Wenn sich die Wahlvorstände der BR- und der Sprecherausschusswahl in diesem Verständigungsversuch des Vermittlers einigen, gelten die Wählerlisten i.S.d. Einigung als aufgestellt. Kommt es nicht zu einer Einigung, entscheidet der Vermittler selbst nach Beratung mit dem AG (Abs. 2 S. 3). Die Wahlvorstände sind an die Entscheidung des Vermittlers gebunden und müssen ihre Wählerlisten entsprechend korrigieren.

II. Zuordnungsverfahren bei zeitverschobener Durchführung von Betriebsrats- und Sprecherausschusswahl

Die Zuordnung der leitenden Ang für den Fall, dass die BR- und die Sprecherausschusswahl nicht zeitgleich stattfinden, ist in Abs. 4 geregelt. Abs. 4 sieht die Regelungen der Abs. 1 bis 3 für die zeitgleiche Durchführung von BR- und Sprecherausschusswahl als Grundregel an und verweist dementsprechend weitgehend auf diese. Unterschiede ergeben sich lediglich hinsichtlich des Verhandlungspartners. Da bei dem Gremium, dessen Wahl noch nicht eingeleitet wurde, naturgemäß noch kein Wahlvorstand besteht, kann nicht dieser mit dem Wahlvorstand, dessen Wahl bereits eingeleitet wurde, verhandeln. Daher legt Abs. 4 fest, dass in diesen Fällen das Gremium, in dessen Bereich die Wahl noch nicht stattfindet, Mitglieder zu benennen hat, die am Zuordnungsverfahren teilnehmen. Dementsprechend muss der Sprecherausschuss Mitglieder für das Zuordnungsverfahren benennen, wenn der Wahlvorstand der BR-Wahl ihn über das Zuordnungsverfahren unterrichtet hat. Im umgekehrten Fall ist dies die Pflicht des BR. Es dürfen nur Mitglieder des jeweiligen Gremiums benannt werden, also Sprecherausschuss- oder BR-Mitglieder. Nach der Benennung der Mitglieder geht das Verfahren dann den gleichen Gang wie es auch für die gleichzeitige Durchführung der BR- und Sprecherausschusswahlen in den Abs. 1 bis 3 normiert ist.

III. Rechtsfolge des abgeschlossenen Zuordnungsverfahrens

Gem. Abs. 5 ist nach erfolgter Zuordnung die Anfechtung der BR- oder Sprecherausschusswahl wegen fehlerhafter Zuordnung ausgeschlossen. Etwas anderes gilt nur, wenn die Zuordnung offensichtlich fehlerhaft ist. Von einer solchen **offensichtlichen Unwirksamkeit** kann nur restriktiv ausgegangen werden. Sie wird bspw. vorliegen, wenn der Vermittler nicht ordnungsgemäß bestellt wurde oder wenn er keine Unterlagen vom AG anfordert. Der Fehler muss sozusagen „auf der Hand liegen".[4]

Die Beschränkung tritt natürlich auch nicht ein, wenn das Zuordnungsverfahren gar nicht abgeschlossen wurde, da die Wahlvorstände z.B. keinen Vermittler benannt haben und es daher zu zwei parallelen Wählerlisten kam. In diesem Fall reicht die Beschränkung des Abs. 5 nicht, da dieser ein abgeschlossenes Zuordnungsverfahren voraussetzt.

C. Verbindung zum Prozessrecht

Eine Anfechtung der BR- oder Sprecherausschusswahl wegen fehlerhafter Zuordnung der leitenden Ang kommt nach Durchführung eines ordnungsgemäßen Zuordnungsverfahrens nicht in Betracht.

Da sich die Wirkung der Zuordnung gem. § 18a rein auf das Wahlverfahren beschränkt, ist daneben ein Statusverfahren über die Einordnung eines AN als leitender Ang jederzeit möglich.[5] Ein solches Statusverfahren ist gem. § 2a Abs. 1 Nr. 1 und 2 ArbGG ein Beschlussverfahren. Das Statusverfahren kann neben dem betroffenen AN auch durch den BR, den Sprecherausschuss oder den AG eingeleitet werden. Während eines laufenden Wahlverfahrens kann auch der Wahlvorstand ein solches Statusverfahren einleiten. Kommt es während der laufenden BR-Wahl zu einem Statusverfahren und einer Entscheidung in demselben, ist diese Entscheidung zu berücksichtigen und die Wählerliste ggf. entsprechend zu korrigieren.

---

2 A.A. Richardi/*Thüsing*, § 18a Rn 40.
3 Hess u.a./*Schlochauer*, § 18a Rn 13.
4 *Stege/Weinspach/Schiefer*, § 18a Rn 11.
5 LAG Berlin 5.3.1990 – 9 TaBV 6/89 – NZA 1990, 577.

§ 19 Wahlanfechtung

(1) Die Wahl kann beim Arbeitsgericht angefochten werden, wenn gegen wesentliche Vorschriften über das Wahlrecht, die Wählbarkeit oder das Wahlverfahren verstoßen worden ist und eine Berichtigung nicht erfolgt ist, es sei denn, dass durch den Verstoß das Wahlergebnis nicht geändert oder beeinflusst werden konnte.
(2) [1]Zur Anfechtung berechtigt sind mindestens drei Wahlberechtigte, eine im Betrieb vertretene Gewerkschaft oder der Arbeitgeber. [2]Die Wahlanfechtung ist nur binnen einer Frist von zwei Wochen, vom Tage der Bekanntgabe des Wahlergebnisses an gerechnet, zulässig.

A. Allgemeines 1	b) Unwirksamkeit der Wahl des gesamten Betriebsrates 20
B. Regelungsgehalt 3	V. Nichtigkeit der Betriebsratswahl 22
I. Anfechtungsgründe 3	1. Allgemeines 22
1. Allgemeines 3	2. Voraussetzungen 23
2. Verstöße gegen das Wahlrecht 4	3. Antragsberechtigter 25
3. Verstöße gegen die Wählbarkeit (§ 8 WO) 6	VI. Einstweiliger Rechtsschutz bei Betriebsratswahlen 26
4. Verstöße gegen das Wahlverfahren 8	1. Allgemeines 26
II. Weitere Voraussetzungen 10	2. Voraussetzungen 27
III. Anfechtungsberechtigung 14	3. Antragsberechtigter 28
1. Anfechtung durch drei Arbeitnehmer des Betriebs 15	C. Verbindung zum Prozessrecht 29
2. Anfechtung durch eine im Betrieb vertretene Gewerkschaft 16	I. Allgemeines 29
	II. Anfechtung 30
3. Anfechtung durch den Arbeitgeber 17	1. Antragsfrist 30
IV. Rechtsfolgen einer erfolgreichen Anfechtung 18	2. Antragsbegründung 31
1. Korrektur des Wahlergebnisses 18	3. Verfahrensbeteiligte 32
2. Ungültigkeit der Wahl 19	4. Verfahren 33
a) Ungültigkeit der Wahl einzelner Betriebsratsmitglieder 19	III. Nichtigkeit 34
	IV. Einstweiliger Rechtsschutz 36
	D. Beraterhinweise 37

A. Allgemeines

1 § 19 regelt die Anfechtungsmöglichkeiten für den Fall, dass eine BR-Wahl nicht ordnungsgemäß abgelaufen ist. Er legt umfassend fest, wer in welchem Zeitraum und aus welchen Gründen das Ergebnis der BR-Wahl anfechten kann. Die **Anfechtung** kann sich dabei gegen den gesamten BR, aber auch gegen die Wahl eines oder mehrerer BR-Mitglieder wenden.[1] Dies hängt davon ab, welche Anfechtungsgründe vorgebracht werden und wie weit diese auf einzelne BR-Mitglieder einzugrenzen sind. Von der **Anfechtung der BR-Wahl** zu unterscheiden ist die **Nichtigkeit der Wahl**. Diese ist nicht gesondert im BetrVG geregelt. Sie kann nur bei besonders groben und offensichtlichen Verstößen gegen die gesetzlichen Wahlregelungen einschlägig sein.[2] Die Geltendmachung der Nichtigkeit einer BR-Wahl unterliegt im Gegensatz zur Anfechtung keinerlei zeitlichen Einschränkungen.

2 Anfechtungsberechtigt sind mind. drei wahlberechtigte AN, eine im Betrieb vertretene Gewerkschaft oder der AG. Die Anfechtung muss innerhalb einer Frist von zwei Wochen ab Bekanntgabe des Wahlergebnisses bei Gericht eingereicht werden. Eine Anfechtung ist möglich bei Verletzungen von Vorschriften über das Wahlrecht, die Wählbarkeit oder das Wahlverfahren.

B. Regelungsgehalt

I. Anfechtungsgründe

3 **1. Allgemeines.** Die Anfechtungsgründe des § 19 sind in drei Kategorien eingeteilt. Geltend gemacht werden können Verstöße gegen wesentliche Vorschriften über das Wahlrecht, die Wählbarkeit oder das Wahlverfahren. Die hierbei in Betracht kommenden Vorschriften sind zwingende Vorschriften der Normen des BetrVG wie der WO BetrVG. Mehrere Anfechtungsgründe können unabhängig voneinander geltend gemacht werden.

4 **2. Verstöße gegen das Wahlrecht.** Unter Verstöße gegen das Wahlrecht fallen insb. Verstöße gegen die Wahlberechtigung gem. § 7 WO BetrVG. Dabei ist umstr., inwieweit ein Verstoß gegen die Wahlberechtigung auch von AN geltend gemacht werden kann, die bereits während des laufenden Wahlverfahrens die Möglichkeit eines Einspruchs gem. § 4 WO BetrVG gegen die Wählerliste gehabt hätten. Teilweise wird vertreten, dass in einem solchen Fall eine Wahlanfechtung durch drei AN nur erfolgen kann, wenn sie zuvor von der Möglichkeit Gebrauch gemacht

---

1 Fitting u.a., § 19 Rn 42.
2 BAG 28.11.1977 – 1 ABR 36/76 – BAGE 29, 392 = DB 1978, 643; BAG 15.11.2000 – 7 ABR 23/99 – juris.

haben, Einspruch gegen die Wählerliste zu erheben.[3] Nach abweichender Auffassung ist die Einlegung des Widerspruchs gegen die Wählerliste gem. § 4 WO BetrVG lediglich eine zusätzliche Möglichkeit während des laufenden Wahlverfahrens, hat aber keinen Einfluss auf die Wahlanfechtung.[4] Würde man den Einspruch nach § 4 WO BetrVG als Voraussetzung sehen, käme es zu einer Differenzierung zwischen AN auf der einen und AG und Gewerkschaften auf der anderen Seite. Für beide würden unterschiedliche Voraussetzungen zur Geltendmachung des Anfechtungsgrundes Verstoß gegen das Wahlrecht normiert. Der letztgenannten Auffassung ist zuzustimmen. § 19 regelt die Wahlanfechtung umfassend, die Norm wird nicht durch § 4 WO eingeschränkt.

Beispiele für Verstöße gegen die Wahlberechtigung:
- Unrichtige Wählerliste[5]
- Zulassung von Personen zur Wahl, die nicht wahlberechtigt sind[6]
- Nichtzulassung von Personen zur Wahl, die wahlberechtigt sind[7]

3. Verstöße gegen die Wählbarkeit (§ 8 WO). Ein Anfechtungsgrund ist ebenfalls gegeben, wenn ein wesentlicher Verstoß gegen die Vorschrift über die Wählbarkeit gem. § 8 WO BetrVG vorliegt. Das ist der Fall, wenn z.B. nicht wahlberechtigte AN als Wahlkandidaten zugelassen werden.

Beispiele für Verstöße gegen die Wählbarkeit:
- AN gehört dem Betrieb noch keine sechs Monate an
- AN gehört dem Betrieb nicht an[8]
- Unzulässige Streichung eines wahlberechtigten AN als Kandidat einer Vorschlagsliste.[9]

4. Verstöße gegen das Wahlverfahren. Ein Anfechtungsgrund i.S.v. § 19 ist auch gegeben, wenn wesentliche Verstöße gegen das Verfahren der WO vorliegen. Das können sämtliche Vorschriften sein, die das Wahlverfahren betreffen, von Fehlern bei der Bestellung des Wahlvorstandes über Fehler bei der Erstellung der Vorschlagsliste, die Verletzung von Wahlgrundsätzen bis hin zu einer unzulässigen Beeinflussung der Wahl.[10]

Beispiele für Verstöße gegen das ordnungsgemäße Wahlverfahren:
- Durchführung der BR-Wahl auf Grundlage eines rechtswidrigen Zuordnungs-TV i.S.d. § 3 Abs. 1 BetrVG (führt zur Anfechtbarkeit aber nicht zur Nichtigkeit der Wahl)[11]
- Falsche Zusammensetzung des Wahlvorstands[12]
- Unzulässige Erhöhung der Größe des Wahlvorstands[13]
- Wahlausschreiben wird nicht in allen Betriebsstätten des Betriebs ausgehängt[14]
- Fehlende Bekanntmachung der Wählerliste (führt zur Anfechtbarkeit aber nicht zur Nichtigkeit der Wahl)[15]
- Keine schriftliche Zustimmung von Wahlbewerbern in Zusammenhang mit der Wahlvorschlagsliste
- Streichung von Kandidaten einer Vorschlagsliste ohne Zustimmung der Listenunterzeichner[16]
- Unzulässige Zurückweisung von Vorschlagslisten[17]
- Unterbliebene bzw. unzureichende Unterrichtung der ausländischen AN gem. § 2 Abs. 5 WO[18]
- Unzulässige Erweiterung einer Vorschlagsliste durch neue Kandidaten
- Änderung der Zeiten für die Stimmabgabe ohne ordnungsgemäße Bekanntmachung der Änderung[19]
- Falsche Berechnung der BR-Größe[20]
- Fehler bei der Bekanntmachung der Stimmauszählung[21]
- Fehlerhafte Berechnung und Verteilung der Mindestsitze für das Geschlecht in der Minderheit.[22]

---

3 *Fitting u.a.*, § 19 Rn 14; Richardi/*Thüsing*, § 19 Rn 10.
4 BAG 14.11.2001 – 7 ABR 40/00 – SAE 2002, 298.
5 BAG 5.3.1974 – 1 ABR 19/73 – BAGE 26, 36 = SAE 1974, 165.
6 BAG 12.2.1992 – 7 ABR 42/91 – AP § 5 BetrVG 1972 Nr. 52 = NZA 1993, 334.
7 BAG 5.4.2000 – 7 ABR 20/99 – AP § 5 BetrVG Nr. 62 = NZA 2001, 629.
8 Hessisches LAG 14.7.1988 – 12 TaBV 140/87 – AuR 1989, 186.
9 BAG 14.5.1997 – 7 ABR 26/96 – BAGE 85,370 = NZA 1997, 1245.
10 BAG 8.3.1957 – 1 ABR 5/55 – BAGE 4, 63 = SAE 1958, 181.
11 LAG Niedersachsen 22.8.2008 – 12 TaBV 14/08 – juris.
12 BAG 14.9.1988 – 7 ABR 93/87 – BAGE 59, 328 = NZA 1989, 360.
13 LAG Nürnberg 30.3.2006 – 6 TaBV 19/06 – FA 2006, 280.
14 BAG 5.5.2004 – 7 ABR 44/03 – AP § 3 WahlO BetrVG 1972 Nr. 1 = NZA 2004, 1285.
15 LAG Hamm 17.8.2007 – 10 TaBV 37/07 – juris.
16 BAG 8.12.1992 – 7 ABR 27/92 – NZA 1993, 765.
17 LAG Bremen 20.11.1981 – 1 TaBV 27/81 – n.v.
18 BAG 13.10.2004 – 7 ABR 5/04 – BB 2005, 500.
19 LAG Brandenburg 27.11.1998 – 5 TaBV 18/98 – NZA-RR 1999, 418.
20 BAG 16.4.2003 – 7 ABR 53/02 – AP § 9 BetrVG 1972 Nr. 1 = NZA 2003, 1345.
21 BAG 15.11.2000 – 7 ABR 53/99 – BAGE 96, 233 = NZA 2001, 83.
22 Richardi/*Thüsing*, § 19 Rn 29.

II. Weitere Voraussetzungen

10 Für die Anfechtbarkeit einer BR-Wahl ist das Bestehen eines Anfechtungsgrundes für sich genommen nicht ausreichend, es ist zwingend erforderlich, dass das **Wahlergebnis** durch diesen Verstoß gegen die Vorschriften über das Wahlrecht, die Wählbarkeit oder das Wahlverfahren **beeinflusst** werden konnte. Liegt ein wesentlicher Verstoß vor, greift die Anfechtung dann nicht, wenn der Nachweis erbracht wird, dass eine Änderung oder Beeinflussung des Wahlergebnisses durch den Verstoß nicht möglich war.[23] Nicht erforderlich ist es dagegen, dass der Verstoß das Wahlergebnis auch tatsächlich beeinflusst hat. Vielmehr muss der Antragsgegner beweisen, dass eine Beeinflussung des Wahlergebnisses durch den Verstoß nicht möglich war. Es reicht nicht aus, dass im konkreten Fall eine Beeinflussung nicht vorlag, vielmehr muss eine Einflussnahme grds. ausgeschlossen sein[24]

11 **Beispiele** für fehlenden Einfluss:
– Ein AN wurde unzulässig nicht zur Wahl zugelassen, seine Stimmabgabe hätte aber in jedem Fall keinen Einfluss auf das Wahlergebnis, da die Sitzverteilung des BR sich unabhängig davon, welcher Liste er seine Stimme geben würde, nicht ändern würde.
– Ein AN wurde zur Wahl zugelassen, obwohl es sich um einen leitenden Ang handelt. Seine Stimmabgabe hatte aber keinen Einfluss auf das Wahlergebnis.

12 **Beispiele** für eine mögliche Beeinflussung des Wahlergebnisses:
– Nicht ordnungsgemäße Zusammensetzung des Wahlvorstands
– Nichtzulassung einer Vorschlagsliste
– Zurückweisung eines Wahlkandidaten.

13 Der Verstoß gegen die Vorschriften der Wahl darf vor der gerichtlichen Geltendmachung auch nicht durch eine Berichtigung des Wahlergebnisses beseitigt worden sein. Dies ist zum einen während des Wahlverfahrens möglich, wenn der Wahlvorstand die Möglichkeit nutzt, Fehler zu beseitigen. Aber auch nach Abschluss der eigentlichen BR-Wahl können z.B. Fehler in der Wahlniederschrift behoben werden, wenn sie auf falschen Berechnungen oder Fehlbezeichnungen beruht.[25] Das bedeutet, dass es sich um **reine Rechenfehler** handeln muss. Fehlerhafte Sitzzuweisungen, die dagegen auf fehlerhaften Grundannahmen beruhen, wie bspw. die Betriebsgröße, können nicht berichtigt werden.

III. Anfechtungsberechtigung

14 Gem. Abs. 1 können drei wahlberechtigte AN, eine im Betrieb vertretene Gewerkschaft oder der AG die BR-Wahl anfechten. Der einzelne AN kann dagegen die BR-Wahl nicht anfechten.

15 **1. Anfechtung durch drei Arbeitnehmer des Betriebs.** Hinsichtlich der Anfechtungsberechtigung von drei wahlberechtigten AN ist für das Vorliegen der Voraussetzung der Wahlberechtigung wie der AN-Eigenschaft im Betrieb auf den Zeitpunkt der Wahl abzustellen. Scheidet ein anfechtender AN anschließend aus dem Betrieb aus, beeinträchtigt dies die **Anfechtungsberechtigung** nicht. Lediglich wenn alle drei AN während des laufenden Verfahrens ihr Arbverh beenden, ist das Rechtsschutzinteresse nicht mehr gegeben und das Wahlanfechtungsverfahren wird unzulässig.[26] Ein Austausch der AN während des laufenden Verfahrens ist nicht möglich. Nicht erforderlich ist, dass die drei wahlberechtigten AN sich mit dem Ziel der Wahlanfechtung zusammenschließen. Das Recht der Wahlanfechtung steht jedem AN individuell als subjektive Rechtsposition zu. Es genügt daher, wenn innerhalb der Anfechtungsfrist mindestens drei Wahlberechtigte unabhängig voneinander die BR-Wahl beim ArbG anfechten, selbst wenn sie jeweils unterschiedliche Wahlrechtsverstöße geltend machen. Jeder Anfechtungsberechtigte handelt aus eigenem Recht.[27]

16 **2. Anfechtung durch eine im Betrieb vertretene Gewerkschaft.** Die Anfechtungsberechtigung einer Gewerkschaft besteht nur, soweit sie im Betrieb vertreten ist. Diese Voraussetzung muss während des gesamten Verfahrens gewährleistet sein. Scheiden während des laufenden Verfahrens sämtliche AN aus, die der Gewerkschaft angehören, entfällt damit die Anfechtungsberechtigung der Gewerkschaft, das Anfechtungsverfahren wird unzulässig.

17 **3. Anfechtung durch den Arbeitgeber.** Beim AG besteht grds. eine Anfechtungsberechtigung, bei einem gemeinsamen Betrieb mehrerer Unternehmen ist eine gemeinsame Anfechtung möglich.

IV. Rechtsfolgen einer erfolgreichen Anfechtung

18 **1. Korrektur des Wahlergebnisses.** Wenn die Anfechtung der Wahl auf die Berichtigung des Wahlergebnisses zielt, stellt das ArbG das korrekte Wahlergebnis fest. In diesem Fall führt die Anfechtung nicht zur Ungültigkeit der BR-Wahl, die BR-Wahl muss nicht wiederholt werden. Eine **Korrektur des Wahlergebnisses** ist nur dann möglich,

---

23 Richardi/*Thüsing*, § 19 Rn 31.
24 Richardi/*Thüsing*, § 19 Rn 33.
25 Richardi/*Thüsing*, § 19 Rn 34.
26 BAG 4.12.1986 – 6 ABR 48/85 – BAGE 53, 385 = SAE 1987, 220.
27 So auch LAG München 17.7.2008 – 4 TaBV 20/08 – juris.

wenn Fehler vorliegen, die auch der Wahlvorstand selbst hätte berichtigen können, ohne Teile des Wahlvorgangs zu verändern oder zu wiederholen.[28] Eine Korrektur des Wahlergebnisses ist dagegen nicht möglich, wenn Fehler vorliegen, die vom Wahlvorstand zumindest nicht ohne Einbindung außen stehender Personen oder Wiederholung von Teilen des Wahlverfahrens hätten berichtigt werden können. Daher kann eine Wahl, die auf einer falschen Berechnung der Anzahl der BR-Sitze beruht, keinesfalls im Wege der Wahlkorrektur berichtigt werden.[29] In einem solchen Fall liegt stets eine Ungültigkeit der BR-Wahl vor. Die BR-Wahl muss wiederholt werden.

2. Ungültigkeit der Wahl. a) Ungültigkeit der Wahl einzelner Betriebsratsmitglieder. Im Rahmen der BR-Wahl kann nicht nur die Wahl des gesamten BR, sondern auch die Wahl einzelner BR-Mitglieder angefochten werden. Das kann bspw. der Fall sein, wenn die Wählbarkeit eines Mitglieds des BR bezweifelt wird. Stellt das ArbG im Rahmen des Wahlanfechtungsverfahrens die Unwirksamkeit der Wahl eines einzelnen oder einer Gruppe von BR-Mitgliedern fest, führt der rechtskräftige Beschluss des ArbG zum Ausschluss der AN aus dem BR.[30] In der Folge rückt das Ersatzmitglied bzw. die Ersatzmitglieder in den BR nach. Auch im Rahmen der Nachrückung muss die Verteilung der Mindestsitze zugunsten des Geschlechts in der Minderheit berücksichtigt werden. Das bedeutet, wenn ein Mitglied des BR ausscheidet, das dem Minderheitengeschlecht angehört und nach seinem Ausscheiden die Verteilung der Mindestsitze nicht mehr gewährleistet wäre, muss auch das nachrückende BR-Mitglied dem Minderheitengeschlecht angehören, um eine Besetzung der Mindestsitze weiterhin zu gewährleisten. Wenn kein Mitglied des Minderheitengeschlechts unter den Ersatzmitgliedern mehr ist, rückt ein Mitglied des Mehrheitsgeschlechts nach.

b) Unwirksamkeit der Wahl des gesamten Betriebsrates. Der Normalfall der Anfechtung gem. Abs. 1 betrifft die Anfechtung der gesamten BR-Wahl. Dabei wird im Beschlussverfahren durch das ArbG die Unwirksamkeit der BR-Wahl festgestellt, sie muss in der Folge wiederholt werden. Wird die BR-Wahl rechtskräftig für unwirksam erklärt, führt dies zur sofortigen Auflösung des BR.[31] Den BR-Mitgliedern verbleibt in diesem Fall kein Restmandat gem. § 22. Der BR, dessen Wahl angefochten wurde, darf auch nicht den neuen Wahlvorstand für die Neuwahl bestellen. Hierfür müssen vielmehr die übrigen Bestellungsmöglichkeiten der §§ 16 und 17 genutzt werden. Sämtliche Amtshandlungen, die der BR vor der rechtskräftigen Erklärung der Unwirksamkeit der BR-Wahl durch das ArbG getätigt hat, behalten auch nach der Auflösung des BR ihre Wirksamkeit. Dem Beschluss des ArbG kommt insofern keine Wirkung zu, die sich auf bereits getroffene Entscheidungen des angefochtenen BR bezieht. Der BR wird im Ergebnis auch während des laufenden Anfechtungsverfahrens alle seine Rechte uneingeschränkt wahrnehmen dürfen. Eine Beschränkung auf die Rechte, die einem BR im Rahmen eines Restmandats gem. § 21b zuständen, in analoger Anwendung des § 21b dürfte im Ergebnis wohl abzulehnen sein.

V. Nichtigkeit der Betriebsratswahl

1. Allgemeines. Von der Anfechtung einer BR-Wahl ist die Geltendmachung ihrer Nichtigkeit scharf zu trennen. Die Geltendmachung der **Nichtigkeit einer BR-Wahl** ist im BetrVG nicht geregelt. Eine analoge Anwendung der Vorschriften des § 19 kommt nicht in Betracht. Insb. ist die Geltendmachung der Nichtigkeit einer B-Wahl nicht durch eine Anfechtungsfrist analog § 19 Abs. 1 begrenzt.

2. Voraussetzungen. Voraussetzung für die Annahme einer nichtigen BR-Wahl ist, dass offenkundig ein besonders grober Verstoß gegen die Wahlvorschriften vorliegt.[32] Dabei kann die Kumulierung einzelner Gründe, die für sich genommen jeweils nur die Anfechtbarkeit der BR-Wahl begründen würden, i.d.R. nicht zur Nichtigkeit führen.[33] Vielmehr ist hier bei jedem einzelnen Verstoß eine entsprechende Schwere des Verstoßes notwendig.

Beispiele:
- Wahl eines betriebsfremden AN
- Wahl ohne Vorschlagsliste
- Fälschung von Briefwahlunterlagen
- Offene Wahl durch Akklamation
- Wahl ohne Wahlvorstand[34]
- Wahl eines BR für einen eindeutig nicht betriebsratsfähigen Betrieb
- Wahl eines BR für einen wegen noch nicht erfolgtem Betriebsübergang nicht existierenden Betrieb[35]

---

[28] *Stege/Weinspach/Schiefer*, § 19 Rn 13; HaKo-BetrVG/ *Brors*, § 19 Rn 12.
[29] BAG 12.10.1976 – 1 ABR 14/76 – BAGE 28,212 = SAE 1977, 141.
[30] Hess u.a./*Schlochauer*, § 19 Rn 47.
[31] HaKo-BetrVG/*Brors*, § 19 Rn 12.
[32] BAG 28.11.1977 – 1 ABR 36/77 – BAGE 29, 392 = SAE 1978, 153.
[33] BAG 19.11.2003 – 7 ABR 24/03 – AP § 19 BetrVG Nr. 54 = SAE 2004, 193 (Aufgabe von BAG 27.4.1976 – 1 AZR 482/75 – NJW 1976, 2229).
[34] LAG München 16.6.2008 – 11 TaBV 50/08 – EzA-SD 2008, Nr. 16, 12 (red. LS).
[35] LAG Rheinland-Pfalz 25.9.2007 – 3 TaBV 36/07 – juris.

25 **3. Antragsberechtigter.** Die Nichtigkeit kann durch jedermann geltend gemacht werden. Die Einschränkung des Abs. 2 auf drei Wahlberechtigte, eine im Betrieb vertretene Gewerkschaft oder den AG gilt nicht. Voraussetzung ist lediglich, dass ein Rechtsschutzinteresse des Antragstellers an der Feststellung der Nichtigkeit besteht.[36]

VI. Einstweiliger Rechtsschutz bei Betriebsratswahlen

26 **1. Allgemeines.** Die einstweilige Verfügung ist im Zuge der BR-Wahlen ebenso wie die Nichtigkeit nicht ausdr. geregelt. Die einstweilige Verfügung muss der Anfechtung sachlogisch zeitlich vorausgehen. Sie dient dazu, Fehler in der BR-Wahl bereits während der lfd. Wahl zu korrigieren und so einen rechtssicher gewählten BR zu ermöglichen. Die Berechtigung der einstweiligen Verfügung im BR-Wahlverfahren ist umstr., da es zum einen eigentlich in jedem Fall zu einer Vorwegnahme der Hauptsache kommt, zum anderen auch teilweise vertreten wird, die Regelungen des § 19 seien insoweit abschließend.

27 **2. Voraussetzungen.** Über die Voraussetzungen für eine einstweilige Verfügung herrscht bei den Gerichten keine Einigkeit. Da die LAG letztinstanzlich über einstweilige Verfügungen entscheiden, wird es voraussichtlich auch im Weiteren bei dieser Divergenz bleiben. Vertreten wird, dass eine einstweilige Verfügung nur Erfolg haben kann, wenn die gerügten Fehler so gravierend sind, dass sie zu einer Nichtigkeit der BR-Wahl führen würden. Diese Auffassung wird damit begründet, dass es ansonsten zu einem Wertungswiderspruch zu § 19 käme. Abweichend wird vertreten, dass die einstweilige Verfügung auch dann Erfolg haben kann, wenn die angegriffene BR-Wahl zwar nicht nichtig wäre, der Fehler aber hinreichend sicher zu einer Anfechtbarkeit der BR-Wahl führen würde.

Der Abbruch oder die Unterlassung der weiteren Durchführung der laufenden BR-Wahl setzt danach die zuverlässige Feststellung voraus, dass die vorgesehene Wahl nichtig sein wird; es sind strenge Anforderungen an die materielle Begründetheit des Anordnungsanspruchs zu stellen; dabei ist der Grad der Gefahr einer nachträglich begründeten Wahlanfechtung zu berücksichtigen.[37] Eine voraussichtliche Nichtigkeit der Wahl, die einen Abbruch der Wahl im Wege des einstweiligen Rechtsschutzes rechtfertigen kann, ist bspw. gegeben, wenn ein Teil der Wahlberechtigten bereits einen eigenen BR gebildet hat; auch wenn diese erste Wahl wegen möglicherweise gegebener Verkennung des Betriebsbegriffs anfechtbar ist, so ist eine Doppelzuständigkeit von zwei BR für dieselben Mitarbeiter nicht zulässig.[38] Ebenso kann eine Wahl im Wege des einstweiligen Rechtsschutzes abgebrochen werden, wenn ein bewusster Verstoß des Wahlvorstandes gegen grundlegende Wahlvorschriften vorliegt, selbst wenn dann eine betriebsratslose Zeit eintritt; ein solch schwerwiegender Verstoß liegt dann vor, wenn der Wahlvorstand trotz Kenntnis des dauerhaften Absinkens der AN-Zahl – aufgrund unternehmerischer Entscheidungen auf erheblich unter 20 AN – in nächster Zukunft entgegen § 9 im Wahlausschreiben die Wahl eines dreiköpfigen BR vorsieht.[39]

Teilweise wird von den Instanzgerichten allerdings auch vertreten, dass eine einstweilige Verfügung, die auf den Abbruch der Wahl gerichtet ist, in Ausnahmefällen auch dann zulässig sei, wenn die Durchführung der Wahl nur deren Anfechtbarkeit und nicht die Nichtigkeit zur Folge hätte. Dies sei dann möglich, wenn die Wahl trotz des Abbruchs noch rechtzeitig vor Ablauf der Amtszeit des bisherigen BR möglich wäre.[40]

So kann danach ein korrigierender Eingriff in ein laufendes BR-Wahlverfahren im Wege der einstweiligen Verfügung zulässig sein, wenn der Wahlvorstand zu Unrecht eine Vorschlagsliste für ungültig erklärt hat.[41]

Das LAG Berlin hält eine einstweilige Verfügung auf Abbruch einer BR-Wahl und Einleitung einer neuen BR-Wahl für gerechtfertigt, wenn der Wahlvorstand einen Wahlvorschlag, der fünf Tage vor Ablauf der Frist beim Wahlvorstand eingereicht worden ist, erst nach Fristablauf prüfe.[42] Hierin liege ein objektiv schwerwiegender Pflichtverstoß, durch den die Rechte der Wahlbewerber dieses Vorschlags evident und gravierend verletzt würden.

Nach Auffassung des LAG Sachsen soll eine im Betrieb vertretene Gewerkschaft ihr Zugangsrecht im Vorfeld der BR-Wahlen im Wege der einstweiligen Verfügung geltend machen können, um an den Sitzungen des Wahlvorstands teilzunehmen.[43] Aus § 18 Abs. 1 i.V.m. § 2 Abs. 2 folge indirekt, dass die im Betrieb vertretene Gewerkschaft auch den Wahlvorstand zur BR-Wahl unterstützen könne.

28 **3. Antragsberechtigter.** Antragsberechtigt im einstweiligen Rechtsschutz sind auf jeden Fall die Personen bzw. Personengruppen, die auch zur Wahlanfechtung berechtigt wären, d.h. drei AN des Betriebes, eine im Betrieb vertretene Gewerkschaft oder der AG. Darüber hinaus wird teilweise vertreten, dass auch einzelne AN oder Wahlvorstände antragsberechtigt wären, wenn sie selbst von dem Fehler betroffen sind. Das würde für den einzelnen AN bedeuten, dass er antragsberechtigt ist, wenn er bspw. seine Aufnahme in die Wählerliste durchsetzen will. Der einzelne

---

36 LAG Berlin 8.4.2003 – 5 TaBV 1990/02 – NZA-RR 2003, 587.
37 LAG Baden-Württemberg 25.4.2006 – 21 TaBV 4/06 – AiB 2006, 638.
38 LAG Köln 8.5.2006 – 2 TaBV 22/06 – EZA-SD 2006, Nr. 13, 16.
39 LAG Hamburg 26.4.2006 – 6 TaBV 6/06 – NZA-RR 2006, 413.
40 LAG Nürnberg 30.3.2006 – 6 TaBV 19/06 – FA 2006, 280.
41 LAG Hamm 3.3.2006 – 13 TaBV 18/06 – EzA-SD 2006, Nr. 11, 12.
42 LAG Berlin 7.2.2006 – 4 TaBV 214/06 – NZA 2006, 509.
43 LAG Sachsen 27.3.2006 – 3 TaBV 6/06 – juris.

Wahlvorstand wäre dann antragsberechtigt, wenn es bspw. mehrere konkurrierende Wahlvorstände gäbe und er seine Berechtigung durchsetzen wolle.

C. Verbindung zum Prozessrecht

I. Allgemeines

Es besteht die Möglichkeit, neben dem Anfechtungsverfahren im Wege der einstweiligen Verfügung zu erwirken, dass das Mitglied des BR, dessen Wahl angefochten wird, bis zum Abschluss des Verfahrens sein Amt nicht ausüben darf. Eine solche einstweilige Verfügung verspricht Erfolg, wenn die Unwirksamkeit der Wahl offenkundig ist.

II. Anfechtung

1. Antragsfrist. Der Anfechtungsantrag muss innerhalb von zwei Wochen nach Bekanntmachung des Wahlergebnisses erfolgen. Ausschlaggebend für den Fristbeginn ist damit die **ordnungsgemäße Bekanntmachung des Wahlergebnisses.** Eine ordnungsgemäße Bekanntmachung des Wahlergebnisses liegt gem. § 18 i.V.m. § 3 Abs. 4 WO vor, wenn das Wahlergebnis so ausgehängt wurde, dass jeder Betriebsangehörige davon Kenntnis nehmen konnte.[44] Soweit es nach Aushang des Wahlergebnisses zu einer Berichtigung desselben kommt, die erneut ausgehängt wird, beginnt mit dem erneuten Aushang eine neue Anfechtungsfrist zu laufen.

Eine unterbliebene oder fehlerhafte Bekanntmachung des Wahlergebnisses führt dazu, dass die Frist nicht zu laufen beginnt.

2. Antragsbegründung. Eine lediglich fristwahrende Anfechtung reicht nicht aus, vielmehr muss innerhalb der Frist der Anfechtungsantrag begründet werden. Dabei müssen die Anfechtungsgründe nicht bis in letzte Detail spezifiziert werden, der Antrag muss aber einen ausreichenden Tatsachenvortrag beinhalten, aus dem das Gericht den Sachverhalt entsprechend überprüfen kann.[45]

Die gerichtliche Überprüfung der Anfechtungsgründe beschränkt sich nicht auf die von den Anfechtenden vorgebrachten Anfechtungsgründe. Vielmehr ist das Gericht im laufenden Verfahren verpflichtet, auch weitere Anfechtungsgründe zu überprüfen, wenn sich hierfür Anhaltspunkte ergeben.[46]

3. Verfahrensbeteiligte. Grds. beteiligt sind der/die Antragssteller, der Antragsgegner und der AG. Dagegen sind die im Betrieb vertretenen Gewerkschaften nicht zwingend beteiligt, sie sind nur dann beteiligt, wenn sie selber die BR-Wahl angefochten haben. Etwas anderes kann gelten, wenn die BR-Wahl wegen der Unwirksamkeit eines nach § 3 Abs. 1 Nr. 1 abgeschlossenen TV angefochten wird; in diesem Fall ist die Gewerkschaft, die den TV abgeschlossen hat, zu beteiligen.[47]

4. Verfahren. Die Wahlanfechtung erfolgt im **Beschlussverfahren.** Sie erfolgt auf Antrag der Anfechtungsberechtigten.

Angefochten werden kann die Wahl des gesamten BR oder auch einzelner BR-Mitglieder. Die Anfechtung der Wahl einzelner BR-Mitglieder kommt dann in Betracht, wenn bei diesen die Wählbarkeit bezweifelt wird.

Der Anfechtungsantrag der Anfechtungsberechtigten kann zwei unterschiedliche Zielrichtungen haben. Er kann entweder auf eine Korrektur des Wahlergebnisses gerichtet sein, in diesem Fall ist bei Obsiegen der Anfechtenden keine Wiederholung der BR-Wahl nötig. Der Antrag kann sich aber auch auf die Feststellung der Ungültigkeit der Wahl richten. In diesem Fall ist bei Obsiegen der Anfechtenden eine Wiederholung der BR-Wahl erforderlich. Die Anfechtungserklärung muss deutlich machen, welche von beiden Folgen angestrebt wird.[48]

Bei einer BR-Wahlanfechtung ist beim BR mit einem Mitglied regelmäßig ein Streitwert in Höhe des 1,5-fachen Hilfswerts (= 6.000 EUR) gerechtfertigt. Dieser erhöht sich für jedes weitere Mitglied um 1/4 des Hilfswerts (= 1.000 EUR).[49]

III. Nichtigkeit

Die Nichtigkeit der BR-Wahl kann im Wege des Anfechtungsverfahrens gem. § 19 geltend gemacht werden. Sie kann aber auch gesondert geltend gemacht werden oder als Bestandteil eines ganz anderen Verfahrens (z.B. Unwirksamkeit der Zustimmung des BR zu einer Künd wegen nichtiger BR-Wahl).

Eine bestimmte Antragsfrist besteht bei der Geltendmachung der Nichtigkeit der BR-Wahl nicht. Insb. sind die Antragsteller nicht an die Zweiwochenfrist des Abs. 2 gebunden (siehe Rn 22). Im Gegensatz zur Anfechtung der BR-

---

44 Hess u.a./*Schlochauer*, § 18 Rn 9.
45 Hess u.a./*Schlochauer*, § 19 Rn 33.
46 Richardi/*Thüsing*, § 19 Rn 57.
47 LAG Nürnberg 21.2.2008 – 5 TaBV 14/07 – DB 2008, 1220.
48 Richardi/*Thüsing*, § 19 Rn 50.
49 So z.B. LAG Hamm 18.11.1993 – 8 TaBV 126/93 – BB 1994, 291; LAG Rheinland-Pfalz 15.6.2005 – 11 Ta 40/05 – juris; LAG München 13.9.2007 – 6 Ta 376/06 – n.v.

Wahl sind bei der Feststellung der Nichtigkeit der BR-Wahl die Amtshandlungen des nichtig gewählten BR unwirksam.[50]

IV. Einstweiliger Rechtsschutz

36 Bei der einstweiligen Verfügung im Rahmen der BR-Wahl handelt es sich um eine Leistungsverfügung. Sie nimmt im Ergebnis die Hauptsache vorweg. Grds. sollte der Hauptantrag so konkret wie möglich gefasst sein und sich möglichst auf einen korrigierenden/berichtigenden Eingriff richten. Daneben sollte im Hilfsantrag der Abbruch der Wahlen begehrt werden. Die Staffelung ist deswegen sinnvoll, da ein korrigierender Eingriff ein milderes Mittel als ein Wahlabbruch ist. Der Antrag auf Abbruch der Wahlen wird allerdings i.d.R. nur dann Erfolg haben können, wenn der Fehler auch tatsächlich zur Nichtigkeit der Wahl führen würde.

D. Beraterhinweise

37 Bei der Anfechtung einer BR-Wahl sollte, sofern die Wahl durch mind. drei wahlberechtigte AN des Betriebs angefochten wird, möglichst Sorge getragen werden, dass die Zahl über drei liegt, damit es zu keinen Problemen kommen kann, falls einer der Anfechtenden während des Verfahrens aus dem Arbverh ausscheidet.

Bei der Anfechtung sollte stets auf die kurze Anfechtungsfrist des Abs. 2 geachtet werden. Die Nichtigkeit einer BR-Wahl wird sehr restriktiv beurteilt, ein Versäumnis der Anfechtungsfrist wird i.d.R. dazu führen, dass der BR bis zu den nächsten turnusmäßigen Wahlen im Amt bleibt.

Da die Gerichte die Voraussetzungen für eine erfolgreiche einstweilige Verfügung durchaus unterschiedlich betrachten, ist diese stets mit einem relativ hohen Risiko behaftet, es sei denn, der Fehler führt eindeutig zur Nichtigkeit der BR-Wahl.

§ 20 Wahlschutz und Wahlkosten

(1) [1]Niemand darf die Wahl des Betriebsrats behindern. [2]Insbesondere darf kein Arbeitnehmer in der Ausübung des aktiven und passiven Wahlrechts beschränkt werden.

(2) Niemand darf die Wahl des Betriebsrats durch Zufügung oder Androhung von Nachteilen oder durch Gewährung oder Versprechen von Vorteilen beeinflussen.

(3) [1]Die Kosten der Wahl trägt der Arbeitgeber. [2]Versäumnis von Arbeitszeit, die zur Ausübung des Wahlrechts, zur Betätigung im Wahlvorstand oder zur Tätigkeit als Vermittler (§ 18a) erforderlich ist, berechtigt den Arbeitgeber nicht zur Minderung des Arbeitsentgelts.

A. Allgemeines ... 1	II. Beeinflussung der Betriebsratswahl ... 12
B. Regelungsgehalt ... 4	1. Allgemeines ... 12
I. Behinderung der Betriebsratswahl ... 4	2. Vorteile oder Nachteile ... 13
1. Allgemeines ... 4	III. Folgen der Wahlbehinderung oder Wahlbeeinflussung ... 15
2. Behinderung der Wahl ... 5	IV. Wahlkosten ... 16
a) Wahl ... 5	1. Allgemeines ... 16
b) Behinderung ... 7	2. Sachkosten ... 17
3. Beispiele ... 8	3. Kosten der Wahlvorstandsmitglieder ... 18
a) Behinderung der Wahl durch den Arbeitgeber ... 8	4. Arbeitsentgelt ... 20
b) Behinderung durch den Wahlvorstand ... 9	5. Umfang der Kosten ... 21
c) Behinderung durch andere Arbeitnehmer ... 10	**C. Verbindung zum Prozessrecht** ... 22
d) Keine Behinderung der Wahl ... 11	

A. Allgemeines

1 § 20 regelt die ungehinderte Durchführung der Wahl sowie die Tragung der Wahlkosten. Die Vorschrift gilt nur für Wahlen, die durch die AN des Betriebs durchgeführt werden. Sie gilt daher nicht für die Wahlen des Wirtschaftsausschusses oder des GBR, da diese durch die BR-Mitglieder durchgeführt werden. § 20 ist nicht disponibel, er kann daher nicht abbedungen oder angepasst werden.

2 Die Vorschrift dient dem Schutz aller am Wahlverfahren zum BR Beteiligten. Sie schützt sowohl wahlberechtigte AN als auch Wahlbewerber und den Wahlvorstand sowie Wahlhelfer oder Vermittler gem. § 18a Abs. 1 und 2 konkretisieren den Schutzgedanken. Während sich Abs. 1 mehr auf eine tatsächliche faktische **Behinderung des Wahl-**

---

50 DKK/*Schneider*, § 19 Rn 44.

verfahrens bezieht, regelt Abs. 2 den Fall der Einflussnahme auf die innere Willensbildung der beteiligten AN. Beide Fallgestaltungen sind gleichermaßen geschützt.

Abs. 3 erlegt dem AG die Kosten der BR-Wahl auf. Ausdrücklich wird klargestellt, dass hierunter auch das Versäumnis von Arbeitszeit fällt, das für die Ausübung der mit der BR-Wahl in Zusammenhang stehenden Rechte erforderlich ist. Für diese Arbeitszeit hat der AG das Entgelt fortzuzahlen.

B. Regelungsgehalt
I. Behinderung der Betriebsratswahl
1. Allgemeines. Das Wahlbehinderungsverbot richtet sich gegen den Wahlvorstand, den BR, die Gewerkschaften, alle AN und den AG. Aber auch außerhalb des Betriebs stehende Personen können davon betroffen sein, sofern sie die Möglichkeit haben, die Wahl tatsächlich zu behindern. Mit der Normierung des Wahlbehinderungsverbots soll ein umfassender Schutz aller an der BR-Wahl Beteiligten erreicht werden.

2. Behinderung der Wahl. a) Wahl. Unter dem Begriff Wahl i.S.d. Abs. 1 und 2 ist nicht nur der Wahlvorgang selbst zu fassen, vielmehr handelt es sich um einen umfassenden Begriff, der sämtliche Handlungen, die im Zusammenhang mit der BR-Wahl stehen, erfasst.[1] Dies reicht von der Bestellung des Wahlvorstands über den Ersatz des Wahlausschreibens, die Einreichung von Vorschlagslisten, den Wahlvorgang bis hin zur Auszählung und Bekanntgabe des Wahlergebnisses. Das bedeutet, dass auch die Teilnahme an Betriebsversammlungen, die anlässlich der BR-Wahl stattfinden, vom Wahlschutz des § 20 erfasst sind.

Auch **Wahlwerbung** durch die Kandidaten für die BR-Wahl fällt unter den Begriff der Wahl i.S.d. § 20.[2] Allerdings ist hierunter nur zulässige Wahlwerbung zu fassen. Unzulässige Wahlwerbung wird dagegen nicht geschützt. Eine Wahlwerbung ist dann zulässig, wenn sie selbst weder eine Wahlbehinderung gem. Abs. 1, noch eine Wahlbeeinflussung gem. Abs. 2 ist. Zudem darf sie die arbeitsvertraglichen Pflichten nicht verletzen. Neben den Kandidaten dürfen auch im Betrieb vertretene Gewerkschaften Wahlwerbung betreiben. Auch dies ist durch § 20 geschützt.

b) Behinderung. Die **Wahlbehinderung** muss immer in einem objektiv messbaren Handeln bestehen. Sie ist eine Beschränkung der Handlungsfreiheit der einzelnen AN. Eine Behinderung der Wahl liegt vor, wenn durch die Maßnahme die Durchführung der Wahl erschwert werden soll.[3] Die Behinderung der Wahl kann keineswegs nur durch den AG vorgenommen werden, auch der Wahlvorstand und sämtliche andere Beteiligte der Wahl können dies ausführen. Keine Wahlbehinderung liegt bspw. vor, wenn der AG zur Wahlbeobachtung Mitglieder der Personalabteilung vor dem Wahllokal postiert.[4]

3. Beispiele. a) Behinderung der Wahl durch den Arbeitgeber.
- Weigerung, erforderliche Unterlagen für die Erstellung der Wählerlisten zu überlassen[5]
- Weigerung, sachliche Mittel und Wahlräume zu überlassen[6]
- Verhinderung der Ausübung des Wahlrechts durch den AN, indem Aufträge erteilt werden, mit dem Zweck, ihn von der Wahlausübung abzuhalten[7]
- Künd von Wahlkandidaten (hierbei ist zusätzlich der besondere Künd-Schutz von Wahlkandidaten und Wahlvorstandsmitgliedern zu beachten).[8]
- Übernahme der Kosten einer Wahlbroschüre zugunsten eines von mehreren Wahlbewerbern[9]

b) Behinderung durch den Wahlvorstand.
- Ignorieren von Wahlvorschlägen[10]
- Vorsätzliche fehlerhafte Wählerliste[11]
- Vorsätzliche fehlerhafte Streichung von Wahlberechtigten aus der Wählerliste[12]

c) Behinderung durch andere Arbeitnehmer.
- Bedrohung von Kandidaten[13]
- Behinderung der Verteilung von Wahlwerbung[14]

---

1 *Stege/Weinspach/Schiefer*, § 20 Rn 2.
2 Hess u.a./*Schlochauer*, § 20 Rn 12; *Däubler*, AiB 2002, 82.
3 GK-BetrVG/*Kreutz*, § 20 Rn 11.
4 LAG Niedersachsen 7.5.2007 – 9 TaBV 80/06 – juris.
5 DKK/*Schneider*, § 20 Rn 10 ff.
6 DKK/*Schneider*, § 20 Rn 10 ff.
7 DKK/*Schneider*, § 20 Rn 10 ff.
8 LAG Rheinland-Pfalz 5.12.1991 – 4 Sa 752/91 – AiB 1992, 531.
9 LAG Baden-Württemberg 1.8.2007 – 12 TaBV 7/07 – EzA-SD 2008, Nr. 2, 15 (LS).
10 GK-BetrVG/*Kreutz*, § 20 Rn 21.
11 GK-BetrVG/*Kreutz*, § 20 Rn 21.
12 GK-BetrVG/*Kreutz*, § 20 Rn 21.
13 GK-BetrVG/*Kreutz*, § 20 Rn 22.
14 DKK/*Schneider*, § 20 Rn 12.

11 d) Keine Behinderung der Wahl.
- Weigerung des AG, einen Wahlkandidaten zur Sammlung von Unterschriften für seinen Wahlvorschlag freizustellen[15]
- Hinweis darauf, dass ein Wahlrecht besteht[16]
- Hinweis auf Status als leitender Ang,[17] sofern dies als unverbindlicher Hinweis aber nicht als Aufforderung zu einem bestimmten Verhalten zu verstehen ist[18]

II. Beeinflussung der Betriebsratswahl

12 **1. Allgemeines.** Das Verbot der Beeinflussung der Wahl betrifft nicht das Verhindern oder Behindern des Wahlvorgangs, sondern die Frage, **wie abgestimmt** wird. Mit einer Beeinflussung der Wahl möchte der Beeinflussende eine Stimmabgabe in eine für ihn positive Richtung erreichen. Es handelt sich daher nicht um tatsächliche Handlungen, sondern um einen Einfluss auf die Willensbildung des angesprochenen AN.[19] Verboten ist jedoch nicht jegliche Beeinflussung, so ist z.B. ordnungsgemäße Wahlwerbung auch eine Beeinflussung zur Stimmabgabe, jedoch eine zulässige.[20] Geschützt von Abs. 2 ist nur eine unzulässige Beeinflussung. Diese ist gekennzeichnet durch die Art und Weise der Einflussnahme.[21] Verboten ist danach eine Einflussnahme durch Zuführung oder Androhung von Nachteilen oder durch Gewährung und Versprechen von Vorteilen.

13 **2. Vorteile oder Nachteile.** Vorteile oder Nachteile i.S.d. Abs. 2 sind **materielle Verluste oder Zuwendungen sowie immaterielle Maßnahmen**. Auch Beförderungen oder ihre Versagung können ein Vorteil bzw. Nachteil sein, der zur Beeinflussung der Stimmabgabe eingesetzt wird.[22] Auch die Wahlbeeinflussung kann nicht nur durch den AG, sondern durch sämtliche am Wahlverfahren beteiligte Personen und Gruppierungen vorgenommen werden.

14 Eine **unzulässige Wahlbeeinflussung** i.S.d. Abs. 2 ist daher auch eine Verpflichtung der Gewerkschaft an ihre Mitglieder im Betrieb, für eine bestimmte Liste zu stimmen. Anderes gilt nach der Rspr. für die Frage, ob ein Mitglied einer Gewerkschaft auf einer anderen als auf der „Gewerkschaftsliste" kandidieren darf. Eine Gewerkschaft darf es nach Auffassung des BVerfG ihren Mitgliedern verbieten, auf einer anderen Liste zu kandidieren und für den Fall der Zuwiderhandlung mit Ausschluss aus der Gewerkschaft drohen.[23] In den Schutzbereich des Art. 9 Abs. 3 GG fallen laut BVerfG auch Maßnahmen zur Aufrechterhaltung der Geschlossenheit der Gewerkschaft nach innen und außen. Das betreffe auch die Kandidatur auf einer konkurrierenden BR-Wahlliste. Die Gewerkschaft müsse daher Verstöße gegen die Solidaritätspflicht mit verbandsinternen Sanktionen ahnden dürfen.

III. Folgen der Wahlbehinderung oder Wahlbeeinflussung

15 Unzulässige Wahlbehinderung gem. Abs. 1 oder unzulässige Wahlbeeinflussung gem. Abs. 2 führen i.d.R. zur Anfechtbarkeit einer Wahl. In besonders schweren Fällen kann der Verstoß auch zur Nichtigkeit der Wahl führen. Daneben ist ein Verstoß gegen Abs. 1 und 2 gem. § 119 Abs. 1 Nr. 1 und 2 strafbar. Die Vorschriften sind zudem Schutzgesetze i.S.d. § 823 Abs. 2 BGB.

IV. Wahlkosten

16 **1. Allgemeines.** Gem. Abs. 3 hat der AG sämtliche **Kosten der Wahl** zu tragen. Darunter fallen sowohl die Kosten der Durchführung der Wahl als auch die Kosten ihrer Vorbereitung sowie der Stimmauszählung und Bekanntmachung des Wahlergebnisses.[24] Zu den Kosten der Wahl zählen ggf. auch die Kosten einer Wahlanfechtung. So hat das LAG Niedersachsen entschieden, dass zu den vom AG zu tragenden Kosten auch die der Beauftragung eines RA zur Durchführung eines arbeitsgerichtlichen Beschlussverfahrens zur Klärung einer während des Wahlverfahrens entstandenen Streitigkeit gehören.[25] Eine Verpflichtung des AG zur Freistellung der anfechtenden AN von Kosten, die diesen durch die Inanspruchnahme eines RA entstanden sind, bestehe jedoch nur dann, wenn die anfechtenden AN bei pflichtgemäßer Berücksichtigung der objektiven Gegebenheiten und Würdigung aller Umstände, insbesondere auch der Rechtslage, die Führung eines Prozesses und die Beauftragung eines RA für erforderlich halten konnten. Dies hänge von den konkreten Umständen des Einzelfalles ab.

17 **2. Sachkosten.** Unter Sachkosten fallen sämtliche Kosten, die durch Einsatz von Sachmitteln bei der Durchführung der Wahl entstehen.[26] Dies betrifft Wahlumschläge, Wahlurnen, Stimmzettel, andere Vordrucke, Schreibma-

---

15 LAG Berlin 9.1.1979 – 3 TaBV 6/78 – BB 1979, 1036.
16 BAG 2.2.1962 – 1 ABR 5/61 – SAE 1962, 241 m. Anm. *Zöllner*.
17 LAG Hamm 27.4.1972 – 8 TaBV 5/72 – DB 1972, 1297; a.A. LAG Tübingen 31.5.1972 – 4 TaBV 1/72 – juris, für den Fall, dass der Hinweis des AG als Weisung, der Wahl fernzubleiben, zu verstehen ist.
18 LAG Schleswig-Holstein 9.7.2008 – 6 TaBV 3/08 – juris.
19 GK-BetrVG/*Kreutz*, § 20 Rn 24.
20 LAG Niedersachsen 16.6.2008 – 9 TaBV 14/07 – juris.
21 GK-BetrVG/*Kreutz*, § 20 Rn 25.
22 DKK/*Schneider*, § 20 Rn 17.
23 BVerfG 24.2.1999 – 1 BvR 123/93 – NZA 1999, 713; *Gaumann*, NJW 2002, 2155.
24 BAG 16.4.2003 – 7 ABR 29/02 – AP § 20 BetrVG 1972 Nr. 21.
25 LAG Niedersachsen 14.9.2006 – 4 TaBV 7/06 – juris.
26 HaKo-BetrVG/*Brors*, § 20 Rn 7.

terial, Portokosten für Briefwahl etc. Es handelt sich um eine Leistungspflicht des AG, der BR kann daher nicht zunächst selber in Vorlage gehen und im Anschluss vom AG die Erstattung der verauslagten Geldbeträge verlangen. Etwas anderes kann sich nur ergeben, wenn der AG seiner Leistungspflicht nicht ordnungsgemäß nachkommt und dadurch den Vorgang der Wahl gefährdet.[27] In diesen Fällen kann der Wahlvorstand zunächst in Vorlage gehen und die Auslagen vom AG erstattet verlangen. **Wahlwerbung gehört dagegen nicht zu den erstattungsfähigen Sachmitteln.** Unter die Zurverfügungstellung von Sachmitteln fällt auch das Zurverfügungstellen eines Raumes zur Durchführung der Wahl sowie Räumlichkeiten für die Sitzungen des Wahlvorstandes und die Stimmenauszählung.

3. Kosten der Wahlvorstandsmitglieder. Der AG muss persönliche Auslagen, die den Wahlvorstandsmitgliedern entstehen, ersetzen. Dies betrifft bspw. Reisekosten, wenn der Wahlvorstand verschiedene Wahllokale aufsuchen muss. Das BAG sieht auch Kosten für Teilnahmen des Wahlvorstandes an Schulungsveranstaltungen erfasst.[28] Es sieht auch ohne konkreten Anlass eine halbtägige Schulungsveranstaltung für Wahlvorstandsmitglieder als erforderlich an.

Auch Sachschäden, die einem Wahlvorstandsmitglied in Ausübung seines Wahlvorstandsamtes entstehen, bspw. durch einen Unfall, können ggf. zu ersetzen sein.[29] Dies ist aber nur dann der Fall, wenn bspw. die Nutzung des Pkw erforderlich war, z.B. damit der AN in ein anderes Wahllokal fahren konnte.

4. Arbeitsentgelt. Der AG darf für Arbeitszeit, in der der AN seine Arbeitsleistung aus einem der BR-Wahl in Zusammenhang stehenden Grund nicht erbringt, das Arbeitsentgelt nicht kürzen. Es besteht eine Entgeltfortzahlungspflicht gem. Abs. 3. Das gilt zum einen für die Tätigkeiten von Wahlvorstand und Wahlhelfer im Rahmen der ordnungsgemäßen Abwicklung der BR-Wahl.[30] Es gilt auch für den einzelnen AN, der sein Wahlrecht ausübt, oder für die Teilnahme an erforderlichen Schulungsveranstaltungen.

Keine Ersatzpflicht besteht dagegen für Zeiten der Wahlwerbung, der Sammlung von Unterschriften für die Wahlvorschlagsliste oder die Anwesenheit bei der Stimmauszählung.[31] Generell ist es dem Wahlbewerber oder einem Listenunterstützer zumutbar, die Sammlung von Stützunterschriften in arbeitsfreie Zeiten zu legen, es sei denn, es liegen besondere betriebliche oder sonstige Umstände vor, die ausnahmsweise die Sammlung von Stützunterschriften während der Arbeitszeit zur Ermöglichung des aktiven bzw. passiven Wahlrechts erfordern.[32]

5. Umfang der Kosten. Grds. hat der AG nur notwendige Kosten der Wahl zu erstatten. Hier ist eine Parallelwertung zu § 40 vorzunehmen.[33] Das bedeutet, es werden nur Kosten ersetzt, die zur Durchführung der Wahl notwendig sind. Das betrifft auch die Anzahl der Wahlversammlungen (zur Beurteilung der Erforderlichkeit vgl. § 40).

C. Verbindung zum Prozessrecht

Wahlbehinderungen und unzulässige Wahlbeeinflussungen können im Rahmen eines Anfechtungsverfahrens gem. § 19 Abs. 1 geltend gemacht werden. Je nach Zeitpunkt einer Wahlbehinderung kann diese auch bereits während der laufenden BR-Wahl in einem gesonderten Beschlussverfahren angegriffen werden. Besonders schwerwiegende Wahlbehinderungen und/oder unzulässige Wahlbeeinflussungen können zur Nichtigkeit der BR-Wahl führen. Der Verstoß gegen Abs. 1 und 2 kann als strafbare Handlung gem. § 119 mit Geld- oder Freiheitsstrafe geahndet werden.

Zweiter Abschnitt: Amtszeit des Betriebsrats

§ 21 Amtszeit

¹Die regelmäßige Amtszeit des Betriebsrats beträgt vier Jahre. ²Die Amtszeit beginnt mit der Bekanntgabe des Wahlergebnisses oder, wenn zu diesem Zeitpunkt noch ein Betriebsrat besteht, mit Ablauf von dessen Amtszeit. ³Die Amtszeit endet spätestens am 31. Mai des Jahres, in dem nach § 13 Abs. 1 die regelmäßigen Betriebsratswahlen stattfinden. ⁴In dem Fall des § 13 Abs. 3 Satz 2 endet die Amtszeit spätestens am 31. Mai des Jahres, in dem der Betriebsrat neu zu wählen ist. ⁵In den Fällen des § 13 Abs. 2 Nr. 1 und 2 endet die Amtszeit mit der Bekanntgabe des Wahlergebnisses des neu gewählten Betriebsrats.

---

27 HaKo-BetrVG/*Brors*, § 20 Rn 7.
28 BAG 7.6.1984 – 6 AZR 3/82 – SAE 1986, 144.
29 BAG 3.3.1983 – 6 ABR 4/80 – AP § 20 BetrVG 1972 Nr. 8.
30 LAG Schleswig-Holstein 15.12.2004 – 3 Sa 269/04 – AuR 2005, 18.
31 LAG Schleswig-Holstein 26.7.1989 – 3 Sa 228/89 – NZA 1990, 118.
32 LAG Hamburg 31.5.2007 – 7 Sa 1/07 – juris.
33 BAG 3.12.1987 – 6 ABR 79/85 – NZA 1988, 440.

Literatur: *Berscheid*, Amtszeit des Betriebsrats und seiner Mitglieder, AR-Blattei SD 530.6.3; *Gast*, Die Amtszeit des Betriebsrats, BB 1987, 331;*Maschmann*, Betriebsrat und Betriebsvereinbarung nach einer Umstrukturierung, NZA-Beil 2009, Heft 1, 32; *Reichold*, Europäisches Rahmenrecht für kirchliche Mitbestimmung?, ZTR 2000, 57; *Rieble/Gutzeit*, Betriebsvereinbarungen nach Unternehmensumstrukturierungen, NZA 2003, 233; *Treber*, Die Rechtsprechung des Bundesarbeitsgerichts im Jahr 1995, ZfA 1996, 659; s.a. bei § 21a

A. Allgemeines	1	2. Verkürzte und verlängerte Amtszeit (S. 3 und 4)	12
B. Regelungsgehalt	4	3. Vorzeitiges Ende der Amtszeit	14
I. Beginn der Amtszeit	4	4. Sonstige Fälle	16
1. Fehlen eines Betriebsrats	4	5. Wirkungen des Endes der Amtszeit	19
2. Bestehen eines Betriebsrats	5	C. Verbindungen zu anderen Rechtsgebieten und zum Prozessrecht	21
II. Ende der Amtszeit	9		
1. Ablauf der regelmäßigen Amtszeit	9	D. Beraterhinweise	22

A. Allgemeines

1 § 21 regelt **Beginn** (S. 2), **Dauer** (S. 1) und **Ende** (S. 3 bis 5) der **Amtszeit** des BR als Kollegialorgan bei im Wesentlichen gleich bleibenden Betriebsstrukturen. Die durch das Reformgesetz von 1988[1] um ein Jahr verlängerte regelmäßige Amtszeit von **vier Jahren** soll die **Kontinuität der BR-Arbeit** stärken.[2] Auch ansonsten ist die Vorschrift dem „Grundgedanken der Kontinuität betriebsverfassungsrechtlicher Interessenvertretung"[3] verpflichtet.

2 Die Vorschrift findet **Anwendung** auf den nach dem BetrVG gewählten sowie auf einen solchen **BR**, welcher nach § 3 Abs. 1 Nr. 1 bis 3 gebildet worden ist, nicht hingegen auf zusätzliche AN-Vertretungen nach § 3 Abs. 1 Nr. 4, 5 (§ 3 Abs. 5 S. 2). Die Vorschrift gilt nicht für den **Gesamt-** und den **KBR**.[4] Bei diesen Vertretungsgremien handelt es sich um Dauereinrichtungen, die über die Wahlperiode der einzelnen BR hinaus bestehen. Eine Sonderregelung enthält § 64 Abs. 2 für die **JAV**. Auf sie und auf die **Gesamt-** bzw. **Konzern-JAV** findet § 21 daher keine Anwendung.[5] Eine weitere Sonderregelung trifft § 94 Abs. 7 SGB IX für die **SBV**. Entsprechend gilt § 21 dagegen für den **See-BR** (§ 116 Abs. 2) und – mit Einschränkungen – für die **Bordvertretung** (§ 115 Abs. 3).

3 Die Vorschrift ist – abgesehen von der Verlängerung des Übergangsmandats des BR nach § 21a Abs. 1 S. 4 – **zwingend** und kann nicht durch TV oder BV abbedungen werden. Das gilt auch für BR-Strukturen, die nach § 3 Abs. 1 Nr. 1 bis 3 auf der Grundlage eines TV oder einer BV gebildet worden sind.[6]

Durch das **BetrVG-ReformG**[7] hat die Vorschrift keine Änderung erfahren, ist aber um § 21a und § 21b ergänzt worden. **Entsprechende Vorschriften** enthalten § 26 BPersVG, § 5 Abs. 4 SprAuG und §§ 36, 37 EBRG.

B. Regelungsgehalt

I. Beginn der Amtszeit

4 **1. Fehlen eines Betriebsrats.** Der Beginn der Amtszeit des BR hängt davon ab, ob im Zeitpunkt der Bekanntgabe des Wahlergebnisses in dem betreffenden Betrieb noch ein BR existiert oder nicht. Fehlt ein BR, etwa weil es sich um einen bislang BR-losen Betrieb handelt und der BR erstmals gewählt wird (§ 13 Abs. 2 Nr. 6) oder weil seine Amtszeit abgelaufen ist oder vorzeitig geendet hat (§ 13 Abs. 2 Nr. 4, 5), beginnt die Amtszeit des neuen BR am Tag und im Zeitpunkt der **Bekanntgabe des Wahlergebnisses** (S. 2 Hs. 1).[8] Bekannt gegeben ist das Wahlergebnis, wenn es vom Wahlvorstand durch **Aushang** und ergänzend mittels der im Betrieb vorhandenen **Informations- und Kommunikationstechnik** bekannt gemacht wird (§ 18 Abs. 1, § 3 Abs. 4 WO). Auf den Ablauf der Zwei-Wochen-Frist des § 18 WO kommt es nicht an.[9] Wird das Wahlergebnis an mehreren Stellen des Betriebs ausgehängt, kommt es auf den **Zeitpunkt des letzten Aushangs** an; unerheblich ist, ob die Bekanntmachung **nachträglich berichtigt** wird, ebenso wenig, ob sich der BR bereits nach §§ 26, 29 **formell konstituiert** hat.[10]

Beispiel: Das Wahlergebnis wird am 9.8. um 18.00 Uhr und am 10.8. um 10.00 Uhr an verschiedenen Stellen im Betrieb ausgehängt. Am 10.8. um 11.00 Uhr werden die Aushänge berichtigt. Am 11.8. um 15.00 Uhr hält der BR

---

1 BGBl I S. 2312.
2 Vgl. BT-Drucks 4/2655, S. 1; BT-Drucks 11/3618, S. 10, 17 f.
3 BAG 24.10.2001 – 7 ABR 20/00 – NZA 2003, 53.
4 BAG 5.6.2002 – 7 ABR 17/01 – BAGE 101, 273 = NZA 2003, 336.
5 Zu Vorst. GK-BetrVG/*Kreutz,* § 21 Rn 4; *Fitting u.a.*, § 21 Rn 2 (h.M.); a.A. Richardi/*Thüsing*, vor § 21 Rn 4 f.
6 Zu Vorst. GK-BetrVG/*Kreutz*, § 21 Rn 7; *Fitting u.a.*, § 21 Rn 3; DKK/*Buschmann*, § 21 Rn 3; Hako-BetrVG/*Düwell*, § 21 Rn 5.

7 BGBl I 2001 S. 1852.
8 H.M., so GK-BetrVG/*Kreutz*, § 21 Rn 13; *Fitting u.a.*, § 21 Rn 7; Richardi/*Thüsing*, § 21 Rn 6; HWK/*Reichold*, § 21 BetrVG Rn 2; a.A. Schaub/*Koch*, Arbeitsrechts-Handbuch, § 219 Rn 1: Amtsbeginn erst am folgenden Tag.
9 GK-BetrVG/*Kreutz*, § 21 Rn 12.
10 GK-BetrVG/*Kreutz*, § 21 Rn 12, 14; Richardi/*Thüsing*, § 21 Rn 6; *Fitting u.a.*, § 21 Rn 7, 8, 14.

seine konstituierende Sitzung ab, in der der BR-Vorsitzende und sein Stellvertreter gewählt werden. Beginn der Amtszeit: 10.8. um 10.00 Uhr.

2. Bestehen eines Betriebsrats. Ist der BR nach **§ 13 Abs. 2 Nr. 1, 2** vorzeitig neu zu wählen, endet seine Amtszeit nach S. 5 mit der **Bekanntgabe des Wahlergebnisses** (siehe hierzu Rn 14). Dasselbe gilt zutreffender Ansicht nach für den Rücktritt des BR (§ 13 Abs. 2 Nr. 3).[11] In all diesen Fällen endet zugleich seine Geschäftsführungsbefugnis (§ 22), und es beginnt die Amtszeit des neuen BR.[12] Das Gleiche gilt, wenn durch Kollektivvereinbarung für die besondere AN-Vertretung nach **§ 3 Abs. 1 Nr. 1 bis 3** ein abweichender Wahlzeitpunkt festgelegt ist (§ 3 Abs. 4 S. 2).[13] Die Bildung zusätzlicher Vertretungen nach § 3 Abs. 1 Nr. 4, 5 hat dagegen keinen Einfluss auf die Amtszeit des BR.[14]

In den übrigen Fällen beginnt die Amtszeit des neuen BR erst mit **Ablauf der vierjährigen Amtszeit des bisherigen BR** (S. 2 Hs. 2). Ist im Zeitpunkt der Bekanntgabe des Wahlergebnisses die Amtsperiode des bisherigen BR noch nicht abgelaufen, so vollzieht sich der Wechsel am Ende des Tages, an dem die die vierjährige Amtszeit des bisherigen BR endet.[15] Es kommt zu einem nahtlosen Übergang.

Beispiel: Das Wahlergebnis wird am 15.5. ausgehängt. Am 16.5. um 24.00 Uhr endet die Amtszeit des bisherigen BR. Beginn der Amtszeit: 17.5. um 0.00 Uhr.

In der Zeit zwischen der Bekanntgabe des Wahlergebnisses und dem Amtsantritt des neuen BR ist allein der bisherige BR handlungsbefugt. Gleichwohl gefasste Beschlüsse des neu gewählten BR entbehren der Wirksamkeit.[16] Eine Ausnahme gilt nur für die Einberufung der konstituierenden Sitzung.[17] Die Mitglieder des neuen BR genießen jedoch schon vor Amtsbeginn den Schutz nach § 15 Abs. 1 KSchG, § 103.[18]

Ist der BR außerhalb des regelmäßigen Wahlzeitraums (§ 13 Abs. 1) gewählt worden, endet seine Amtszeit spätestens am 31.5. desjenigen Jahres, in welchem die nächsten bzw. übernächsten regelmäßigen BR-Wahlen stattfinden (S. 3 und 4), so dass die Amtszeit des neuen BR bereits mit der **Bekanntgabe des Wahlergebnisses** beginnt.[19]

II. Ende der Amtszeit

1. Ablauf der regelmäßigen Amtszeit. Die Amtszeit des BR, der innerhalb des regelmäßigen Wahlzeitraums (§ 13 Abs. 1) gewählt worden ist (d.h. vom 1.3. bis 31.5.2002, 2006, 2010 usw.) und dessen Amtszeit auch innerhalb dieses Zeitraums begonnen und nicht vorzeitig geendet hat, endet mit Ablauf von vier Jahren (S. 1) seit ihrem Beginn. Für die Fristberechnung gelten **§§ 187, 188 BGB**, nicht dagegen § 193 BGB.[20] Hat die Amtszeit mit der **Bekanntgabe des Wahlergebnisses** begonnen (S. 2 Hs. 1), wird dieser Tag bei der Fristberechnung nicht mitgezählt (§ 187 Abs. 1 BGB), so dass die Amtszeit mit Ablauf desjenigen Tages endet, der durch seine Zahl dem Tag der Bekanntgabe des Wahlergebnisses entspricht (§ 188 Abs. 2 BGB).

Beispiel: Bekanntgabe des Wahlergebnisses am 15.5.2002 um 12.00 Uhr. Ende der Amtszeit: 15.5.2006 um 24.00 Uhr.

Besteht bei Bekanntgabe des Wahlergebnisses noch ein BR und beginnt daher die Amtszeit des neuen BR mit **Ablauf der Amtszeit des alten BR** (S. 2 Hs. 2), d.h. zu Beginn des folgenden Tages, wird dieser Tag bei der Fristberechnung mitgezählt (§ 187 Abs. 2 S. 1 BGB), so dass die Amtszeit mit Ablauf desjenigen Tages endet, welcher dem Tag vorhergeht, der durch seine Zahl dem Anfangstag entspricht (§ 188 Abs. 2 BGB).

Beispiel: Ende der Amtszeit des alten BR am 15.5.2002. Ende der Amtszeit des neuen BR am 15.5.2006 um 24.00 Uhr.

Die Amtszeit des BR endet auch dann, wenn **noch kein neuer BR gewählt** und der 31.5. noch nicht abgelaufen ist.[21] Der Betrieb wird dann (vorübergehend) vertretungslos.[22] Das ist rechtspolitisch wenig überzeugend, de lege lata jedoch unabweisbar. Die Gegenansicht, welche die Amtszeit erst mit der Bekanntgabe des Wahlergebnisses, spätestens am 31.5. des Wahljahres, enden lassen will,[23] steht im Widerspruch zum Wortlaut des § 21 S. 1.[24]

---

11 ErfK/*Eisemann/Koch*, § 21 BetrVG Rn 2; GK-BetrVG/*Kreutz*, § 21 Rn 11; *Löwisch/Kaiser*, § 21 Rn 1.
12 BAG 28.9.1983 – 7 AZR 266/82 – BAGE 44, 164 = NZA 1984, 52; GK-BetrVG/*Kreutz*, § 21 Rn 11; *Richardi/Thüsing*, § 21 Rn 9; *Fitting u.a.*, § 21 Rn 9.
13 *Fitting u.a.*, § 21 Rn 9.
14 DKK/*Buschmann*, § 21 Rn 37.
15 GK-BetrVG/*Kreutz*, § 21 Rn 17; *Richardi/Thüsing* Rn 8; *Fitting u.a.*, § 21 Rn 10.
16 ErfK/*Eisemann*, § 21 BetrVG Rn 2.
17 ArbG Hameln 14.2.1991 – 1 Ca 167/90 – BetrR 1991, 250; GK-BetrVG/*Kreutz*, § 21 Rn 19.
18 H.M., so BAG 22.9.1983 – 6 AZR 323/81 – BAGE 44, 154 = NZA 1984, 45; GK-BetrVG/*Kreutz*, § 21 Rn 20; Richardi/*Thüsing*, § 21 Rn 10; *Fitting u.a.*, § 21 Rn 12; a.A. Hess u.a./*Schlochauer*, § 21 Rn 9: lediglich § 15 Abs. 3 S. 2 KSchG.
19 Richardi/*Thüsing*, § 21 Rn 9.
20 GK-BetrVG/*Kreutz*, § 21 Rn 22; Richardi/*Thüsing*, § 21 Rn 12; *Fitting u.a.*, § 21 Rn 17 f.
21 H.M., so GK-BetrVG/*Kreutz*, § 21 Rn 24; *Fitting u.a.*, § 21 Rn 19; ErfK/*Eisemann/Koch*, § 21 BetrVG Rn 4; *Löwisch/Kaiser*, § 21 Rn 1.
22 HWK/*Reichold*, § 21 BetrVG Rn 6.
23 Richardi/*Thüsing*, § 21 Rn 13.
24 *Fitting u.a.*, § 21 Rn 19; Hess u.a./*Schlochauer*, § 21 Rn 13.

12 **2. Verkürzte und verlängerte Amtszeit (S. 3 und 4).** Ist der BR außerhalb des regelmäßigen Wahlzeitraums (§ 13 Abs. 1) gewählt worden, gilt Folgendes: Ist der gewählte BR am 1.3. des nächstfolgenden regelmäßigen Wahltermins mindestens ein Jahr im Amt, ist er bereits zu diesem Termin neu zu wählen (§ 13 Abs. 3 S. 1). Seine Amtszeit endet in diesem Fall mit der Bekanntgabe des Wahlergebnisses,[25] spätestens – d.h. wenn keine Neuwahl erfolgt oder das Wahlergebnis nicht bis zum 31.5. bekannt gemacht wird – am 31.5. des nächstfolgenden regelmäßigen Wahltermins (S. 3), und **verkürzt** sich entsprechend gegenüber der regulären Amtszeit.
Beispiel: Der BR ist seit dem 1.2.2001 und daher am 1.3.2002 mindestens ein Jahr im Amt. Seine Amtszeit endet mit der Bekanntgabe des Ergebnisses der Wahl von 2002, spätestens am 31.5.2002, und beträgt daher maximal 16 Monate.

13 Beträgt dagegen die Amtszeit des BR zu Beginn des für die regelmäßigen BR-Wahlen festgelegten Zeitraums noch nicht ein Jahr, ist der BR erst im übernächsten Zeitraum der regelmäßigen BR-Wahlen neu zu wählen (§ 13 Abs. 3 S. 2). Seine Amtszeit endet mit der Bekanntgabe des Wahlergebnisses, spätestens am 31.5. des übernächsten regelmäßigen Wahltermins (S. 4), und **verlängert** sich entsprechend.
Beispiel: Der BR ist seit dem 1.1.2002 und daher am 1.3.2002 noch kein Jahr im Amt. Seine Amtszeit endet mit der Bekanntgabe der Ergebnisse der Wahl von 2006, spätestens am 31.5.2006, und beträgt daher maximal vier Jahre und fünf Monate.

14 **3. Vorzeitiges Ende der Amtszeit.** Findet eine Neuwahl statt, weil eine **erhebliche Veränderung der Belegschaftsstärke** eingetreten oder die **Gesamtzahl der BR-Mitglieder** unter die maßgebliche Größe (vgl. § 9) **gesunken** ist (§ 13 Abs. 2 Nr. 1, 2), endet die Amtszeit des BR mit der **Bekanntgabe des Wahlergebnisses** (S. 5). Bis dahin bleibt der BR im Amt, selbst wenn er nur noch aus einer Person besteht.[26] Auch insoweit ist also die Kontinuität des Vertretungsgremiums sichergestellt. Mit Blick auf § 22 kommt es auch beim **kollektiven Rücktritt** (§ 13 Abs. 2 Nr. 3) auf die Bekanntgabe des Wahlergebnisses an.[27] Unterbleibt die Neuwahl, so endet die Amtszeit des weiter im Amt befindlichen BR mit Ablauf der regelmäßigen vierjährigen Amtszeit, spätestens am 31.5. desjenigen Jahres, in welchem die regelmäßigen BR-Wahlen stattfinden.[28]

15 Wird die BR-Wahl mit Erfolg **angefochten** (§ 13 Abs. 2 Nr. 4) oder durch gerichtliche Entscheidung **aufgelöst** (§ 13 Abs. 2 Nr. 5), endet die Amtszeit mit **Rechtskraft der gerichtlichen Entscheidung**; eine Weiterführung der Geschäfte (§ 22) kommt dann nicht in Betracht.[29] In diesen Konstellationen ist mithin eine vorübergehende BR-lose Zeit nicht zu vermeiden.

16 **4. Sonstige Fälle.** Scheiden alle Mitglieder und Ersatzmitglieder aus dem BR aus (§ 24 Nr. 2), endet mit dem Amtsverlust des letzten BR-Mitglieds auch die Amtszeit des BR.[30] Dies gilt auch, wenn die Zahl der im Betrieb i.d.R. ständig beschäftigten **wahlberechtigten AN** nicht nur vorübergehend die Mindestzahl von fünf AN unterschreitet und daher der Betrieb seine BR-Fähigkeit (§ 1 Abs. 1 S. 1) verliert.[31] Eine Weiterführung der Geschäfte findet nicht statt.[32] Etwas anderes soll nur dann gelten, wenn der AG willkürlich AN entlassen hat, um den BR auszuschalten.[33] Keinen Einfluss auf den Fortbestand des BR hat es dagegen, wenn die Zahl der **wählbaren AN** unter drei sinkt.[34]

17 Geht der Betrieb durch gesetzlich angeordnete **Universalsukzession** – zu denken ist hier an die im UmwG näher geregelten Fälle der Verschmelzung, der Spaltung und der Vermögensübertragung – oder durch rechtsgeschäftliche **Einzelrechtsnachfolge** (§ 613a BGB) auf einen anderen Inhaber über, bleibt der BR im Amt, solange die Identität des Betriebs unter dem neuen Betriebsinhaber fortbesteht.[35] Für den rechtsgeschäftlichen Betriebsübergang folgt dies unmittelbar aus § 613a Abs. 1 S. 1 BGB,[36] für Umwandlungsfälle aus der Verweisung des § 324 UmwG auf

---

25 BAG 28.9.1983 – 7 AZR 266/82 – BAGE 44, 164 = NZA 1984, 52; GK-BetrVG/*Kreutz*, § 21 Rn 29; Richardi/*Thüsing*, § 21 Rn 14; *Fitting u.a.*, § 21 Rn 23; HWK/*Reichold*, § 21 Rn 8.

26 BAG 18.8.1982 – 7 AZR 437/80 – BAGE 40, 42 = NJW 1983, 2836; LAG Düsseldorf 20.9.1974 – 16 Sa 24/74 – EzA § 22 BetrVG 1972 Nr. 1; GK-BetrVG/*Kreutz*, § 21 Rn 31.

27 GK-BetrVG/*Kreutz*, § 21 Rn 33; Richardi/*Thüsing*, § 21 Rn 19; *Fitting u.a.*, § 21 Rn 27; HWK/*Reichold*, § 21 BetrVG Rn 9.

28 GK-BetrVG/*Kreutz*, § 21 Rn 31; Richardi/*Thüsing*, § 21 Rn 20; *Fitting u.a.*, § 21 Rn 23.

29 BAG 13.3.1991 – 7 ABR 5/90 – AP § 19 BetrVG 1972 Nr. 20; GK-BetrVG/*Kreutz*, § 21 Rn 34; Richardi/*Thüsing*, § 21 Rn 21; *Fitting u.a.*, § 21 Rn 30; HWK/*Reichold*, § 21 BetrVG Rn 9.

30 BAG 27.8.1996 – 3 ABR 21/95 – NZA 1997, 623; BAG 12.1.2000 – 7 ABR 61/98 – NZA 2000, 669; BAG 24.10.2001 – 7 ABR 20/00 – BAGE 99, 208 = NZA 2003, 53; HWK/*Reichold*, § 21 BetrVG Rn 12; Hako-BetrVG/*Düwell*, § 21 Rn 20.

31 *Löwisch/Kaiser*, § 21 Rn 4.

32 Richardi/*Thüsing*, § 21 Rn 26; *Fitting u.a.*, § 21 Rn 28; HWK/*Reichold*, § 21 BetrVG Rn 11.

33 DKK/*Buschmann*, § 21 Rn 26; dagegen GK-BetrVG/*Kreutz*, § 21 Rn 37; *Fitting u.a.*, § 1 Rn 269.

34 GK-BetrVG/*Kreutz*, § 21 Rn 38; Richardi/*Thüsing*, § 21 Rn 23; *Fitting u.a.*, § 21 Rn 31.

35 BAG 28.9.1988 – 1 ABR 37/87 – BAGE 59, 371 = NZA 1989, 188; BAG 5.6.2002 – 7 ABR 17/01 – BAGE 101, 273 = NZA 2003, 336; GK-BetrVG/*Kreutz*, § 21 Rn 39; *Löwisch/Kaiser*, § 21 Rn 6.

36 BAG 11.10.1995 – 7 ABR 17/95 – AP § 21 BetrVG 1972 Nr. 2; BAG 28.9.1988 – 1 ABR 37/87 – AP § 99 BetrVG 1972 Nr. 55; *Fitting u.a.*, § 21 Rn 34.

§ 613a BGB.[37] Dagegen endet die Amtszeit des BR im Zeitpunkt des Betriebsübergangs, wenn der Betriebserwerber nach **§ 118 Abs. 2** oder **§ 130** aus dem Geltungsbereich des BetrVG heraus fällt.[38] Die einschränkende Ansicht, wonach das BR-Amt nur dann enden soll, wenn der Geltungsbereich des BetrVG offensichtlich und endgültig verlassen wird,[39] hat sich nicht durchgesetzt. Wohl aber mehren sich die Stimmen, die in diesem Fall unter Berufung auf Art. 6 der RL 2001/23/EG für ein Übergangsmandat plädieren.[40] Findet dagegen lediglich ein **Formwechsel** statt (§§ 190 ff. UmwG), bleibt der BR im Amt.[41] Das Gleiche gilt für eine **Verlegung des Betriebs**, eine **Änderung des Betriebszwecks**, einen **Gesellschafterwechsel** sowie für die **Fusion von Gesellschaften**, sofern die Identität des Betriebs gewahrt bleibt.[42]

Die **Eröffnung des Insolvenzverfahrens** über das Vermögen des AG hat keine Auswirkungen auf die Amtszeit des BR, da die nach § 80 InsO auf den Insolvenzverwalter übergehende Verwaltungs- und Verfügungsbefugnis über das Vermögen des Schuldners auch die betriebsverfassungsrechtlichen Rechte und Pflichten aus der AG-Stellung erfasst.[43] Zum **Übergangsmandat** und zum **Restmandat** s. §§ 21a, b.

5. Wirkungen des Endes der Amtszeit. Mit dem Ende seiner Amtszeit hört der **BR** als Kollegialorgan auf zu bestehen. Mangels Trägers finden auch die Rechte und Pflichten des bisher amtierenden BR ihr Ende.[44] Insb. enden die betriebsverfassungsrechtlichen Beteiligungsrechte ersatzlos. Tritt nach dem Ende der Amtszeit des BR ein BR-loser Zustand ein, bleibt allerdings nach der Rspr. des BAG[45] der bisherige BR bis zu einer Neuwahl befugt, die vom AG noch nicht erfüllten Kostenerstattungs- und Freistellungsansprüche weiter zu verfolgen. Eine Fortführung der Geschäfte bis zur Wahl eines neuen BR scheidet (vorbehaltlich §§ 21a und b, 22) aus und kann auch weder kollektiv- noch individualvertraglich vereinbart werden.[46] Ebenso wenig können andere Organe (z.B. der GBR oder KBR) oder die Belegschaft BR-Aufgaben übernehmen.[47]

Mit dem Ende des BR erlischt nach § 24 Nr. 1 auch das Amt der **BR-Mitglieder**. Sie verlieren damit auch den besonderen Künd- und Versetzungsschutz (§ 103, § 15 Abs. 1 S. 1 KSchG) und sind auf den ein Jahr lang nachwirkenden Künd-Schutz (§ 15 Abs. 1 S. 2 KSchG, § 29a Abs. 1 S. 2 HAG) beschränkt.[48]

C. Verbindungen zu anderen Rechtsgebieten und zum Prozessrecht

Streitigkeiten über den Beginn und das Ende der Amtszeit des BR sind vor den ArbG im **Beschlussverfahren** auszutragen (§ 2a Abs. 1 Nr. 1, Abs. 2, §§ 80 ff. ArbGG). Über die Amtszeit kann als **Vorfrage** auch in einem Verfahren vor der Einigungsstelle (§ 76) oder im Urteilsverfahren mit entschieden werden, z.B. im Künd-Schutzprozess eines BR-Mitglieds.[49] Wird beim Betriebsübergang über den Fortbestand des BR gestritten, entfällt mit Ablauf der Amtszeit das Feststellungsinteresse, und zwar auch dann, wenn (zunächst) kein neuer BR gewählt wird.[50] Ist Gegenstand der gerichtlichen Auseinandersetzung hingegen eine nicht mit der Amtszeit zusammenhängende Frage (z.B. Bestehen eines Mitbestimmungsrechts), so ist das Verfahren mit Ablauf der Amtszeit des BR zu **unterbrechen**. Dies gilt auch dann, wenn zwischen dem Ablauf der Amtszeit des alten und dem Beginn der Amtszeit des neuen BR eine BR-lose Zeit liegt.[51] Der neu gewählte BR hat **analog § 239 ZPO** die Möglichkeit, das noch vom bisherigen BR eingeleitete Verfahren als Funktionsnachfolger weiterzuführen.[52] Die Antragsbefugnis erlischt nicht durch das Ende der Amtszeit des das Verfahren einleitenden BR.[53] Ein irgendwie geartetes Restmandat des nicht mehr amtierenden BR kommt nicht in Betracht.[54]

---

37 GK-BetrVG/*Kreutz*, § 21 Rn 39.
38 BAG 9.2.1982 – 1 ABR 36/80 – AP § 118 BetrVG 1972 Nr. 24 (Übernahme eines Krankenhauses durch einen kirchlichen Träger); GK-BetrVG/*Kreutz*, § 21 Rn 40; Richardi/*Thüsing*, § 21 Rn 29 f.; *Fitting u.a.*, § 21 Rn 34.
39 DKK/*Buschmann*, § 21 Rn 34.
40 HWK/*Reichold*, § 21 BetrVG Rn 13; *Reichold*, ZTR 2000, 57, 62; Hako-BetrVG/*Düwell*, § 21 Rn 31; kritisch *Rieble/Gutzeit*, NZA 2003, 233, 235, dort Fn 37.
41 Richardi/*Thüsing*, § 21 Rn 31; *Fitting u.a.*, § 21 Rn 35.
42 DKK/*Buschmann*, § 21 Rn 33; ErfK/*Eisemann/Koch*, § 21 BetrVG Rn 6.
43 GK-BetrVG/*Kreutz*, § 21 Rn 44; *Fitting u.a.*, § 21 Rn 36.
44 BAG 12.1.2000 – 7 ABR 61/98 – NZA 2000, 669; GK-BetrVG/*Kreutz*, § 21 Rn 45; *Fitting u.a.*, § 21 Rn 37.
45 BAG 24.10.2001 – 7 ABR 20/00 – BAGE 99, 208 = NZA 2003, 53.
46 BAG 15.1.1974 – 1 AZR 234/73 – AP § 68 PersVG Baden-Württemberg Nr. 1; GK-BetrVG/*Kreutz*, § 21 Rn 45; *Fitting u.a.*, § 21 Rn 37.
47 GK-BetrVG/*Kreutz*, § 21 Rn 45; DKK/*Buschmann*, § 21 Rn 38.
48 GK-BetrVG/*Kreutz*, § 21 Rn 46; *Fitting u.a.*, § 21 Rn 38; HWK/*Reichold*, § 21 BetrVG Rn 5.
49 GK-BetrVG/*Kreutz*, § 21 Rn 47; Richardi/*Thüsing*, § 21 Rn 32; *Fitting u.a.*, § 21 Rn 40.
50 BAG 11.10.1995 – 7 ABR 17/97 – AP § 21 BetrVG 1972 Nr. 2; GK-BetrVG/*Kreutz*, § 21 Rn 47; *Fitting u.a.*, § 21 Rn 40; krit. *Treber*, ZfA 1996, 659, 801.
51 DKK/*Buschmann*, § 21 Rn 40.
52 DKK/*Buschmann*, § 21 Rn 40; ErfK/*Eisemann/Koch*, § 21 BetrVG Rn 7.
53 BAG 25.4.1978 – 6 ABR 9/75 – AP § 80 BetrVG 1972 Nr. 11; DKK/*Buschmann*, § 21 Rn 40; ErfK/*Eisemann/Koch*, § 21 BetrVG Rn 7.
54 BAG 27.8.1996 – 3 ABR 21/95 – AP § 83a BetrVG 1972 Nr. 4; HWK/*Reichold*, § 21 BetrVG Rn 16.

D. Beraterhinweise

22 Mitunter kann es fraglich und zwischen den Betriebsparteien umstritten sein, ob und zu welchem Zeitpunkt die Amtszeit des BR ihr Ende gefunden hat. So kann bspw. die Feststellung der Unterschreitung der Mindestzahl Schwierigkeiten bereiten, insb. hinsichtlich des genauen Zeitpunktes. Für diesen Fall wird sogar mitunter die Meinung vertreten, der BR bleibe bis zu einer rechtskräftigen arbeitsgerichtlichen Entscheidung einstweilen im Amt.[55] Hier empfiehlt es sich, ihn bei Angelegenheiten, bei denen ein Beteiligungsrecht besteht, vorsorglich zu beteiligen.

§ 21a Übergangsmandat

(1) ¹Wird ein Betrieb gespalten, so bleibt dessen Betriebsrat im Amt und führt die Geschäfte für die ihm bislang zugeordneten Betriebsteile weiter, soweit sie die Voraussetzungen des § 1 Abs. 1 Satz 1 erfüllen und nicht in einen Betrieb eingegliedert werden, in dem ein Betriebsrat besteht (Übergangsmandat). ²Der Betriebsrat hat insbesondere unverzüglich Wahlvorstände zu bestellen. ³Das Übergangsmandat endet, sobald in den Betriebsteilen ein neuer Betriebsrat gewählt und das Wahlergebnis bekannt gegeben ist, spätestens jedoch sechs Monate nach Wirksamwerden der Spaltung. ⁴Durch Tarifvertrag oder Betriebsvereinbarung kann das Übergangsmandat um weitere sechs Monate verlängert werden.

(2) ¹Werden Betriebe oder Betriebsteile zu einem Betrieb zusammengefasst, so nimmt der Betriebsrat des nach der Zahl der wahlberechtigten Arbeitnehmer größten Betriebs oder Betriebsteils das Übergangsmandat wahr. ²Absatz 1 gilt entsprechend.

(3) Die Absätze 1 und 2 gelten auch, wenn die Spaltung oder Zusammenlegung von Betrieben und Betriebsteilen im Zusammenhang mit einer Betriebsveräußerung oder einer Umwandlung nach dem Umwandlungsgesetz erfolgt.

Literatur: *Bergwitz*, Die Rechtsstellung des Betriebsrats, 2003, *Besgen/Langner*, Zum Übergangsmandat des Personalrats bei der privatisierenden Umwandlung, NZA 2003, 1239; *Datzmann*, Übergangs- und Restmandat des Betriebsrats, Personal 2003, 60; *Feudner*, Übergangs- und Restmandate des Betriebsrats gem. §§ 21a, 21b BetrVG, DB 2003, 882; *Gaul/Bonanni*, Übergangsmandat des Betriebsrats, ArbRB 2002, 46; *Gragert*, Übers Ziel hinaus? – Das Übergangsmandat nach § 21a BetrVG, NZA 2004, 289; *Kreutz*, Übergangsmandat des Betriebsrats und Fortgeltung von Betriebsvereinbarungen bei unternehmensinternen Betriebsumstrukturierungen, in: GS für Sonnenschein, 2002, S. 829; *Lelley*, Kollision von Übergangs- und Restmandat – Ein betriebsverfassungsrechtliches Dilemma?, DB 2008, 1433; *Lepper/Wiesinger*, Das neue Übergangsmandat, AuA 2002, 204; *Lingemann*, Beriebsänderungen nach neuem BetrVG, NZA 2002, 934; *Löwisch/Schmidt-Kessel*, Die gesetzliche Regelung von Übergangsmandat und Restmandat nach dem Betriebsverfassungsreformgesetz, BB 2001, 2162; *Rieble*, Das Übergangsmandat nach § 21a BetrVG, NZA 2002, 233; *ders.*, Betriebsverfassungsrechtliche Folgen der Betriebs- und Unternehmensumstrukturierung, Sonderbeil. NZA 16/2003, 62; *Rieble/Gutzeit*, Übergangsmandat bei Betriebsverschmelzung: Streit zwischen Betriebsräten und Durchsetzung, ZIP 2004, 693; *Schimanski*, Das Rest- und Übergangsmandat der Schwerbehindertenvertretung, Schwerbehindertenrecht 1999, 129; *Thüsing*, Das Übergangsmandat und das Restmandat des Betriebsrats nach § 21a und § 21b BetrVG, DB 2002, 738; *Worzalla*, Übergangs- und Restmandat des Betriebsrats nach §§ 21a und b BetrVG, FA 2001, 261

A. Allgemeines 1	a) Voraussetzungen 17
I. Sinn und Zweck der Vorschrift 1	b) Zuordnung des Übergangsmandats 18
II. Anwendbarkeit 2	4. Unternehmensübergreifendes Übergangsmandat
B. Regelungsgehalt 4	(Abs. 3) 22
I. Entstehen eines Übergangsmandats 4	II. Modalitäten des Übergangsmandats 27
1. Betriebs- und Unternehmensumstrukturierung 4	1. Inhalt des Übergangsmandats 27
2. Spaltung von Betrieben (Abs. 1) 5	2. Personelle Zusammensetzung 30
a) Gegenstand der Spaltung 6	3. Dauer des Übergangsmandats 32
b) Spaltung 7	4. Kosten und Freistellung 35
c) Voraussetzungen des § 1 Abs. 1 S. 1 10	**C. Verbindungen zu anderen Rechtsgebieten und zum Prozessrecht** 37
d) Keine Eingliederung in einen Betrieb mit Betriebsrat 13	**D. Beraterhinweise** 38
3. Zusammenfassung von Betrieben oder Betriebsteilen (Abs. 2) 16	

---

55 DKK/*Buschmann*, § 21 Rn 26; a.A. wohl Richardi/*Thüsing*, § 21 Rn 24.

A. Allgemeines

I. Sinn und Zweck der Vorschrift

Die Vorschrift des § 21a wurde zur Umsetzung der **RL 2001/23/EG**[1] durch das **BetrVG-ReformG 2001**[2] eingefügt. Mit ihr will der Gesetzgeber sicherstellen, „dass **bei betrieblichen Organisationsänderungen** in der Übergangsphase **keine betriebsratslosen Zeiten** mehr entstehen", um „die AN in der für sie besonders kritischen Phase im Anschluss an eine betriebliche Umstrukturierung vor dem Verlust der Beteiligungsrechte zu schützen."[3] Zu diesem Zweck wird die Zuständigkeit des BR befristet betriebsübergreifend ausgeweitet. Der mit einem Übergangsmandat ausgestattete BR soll möglichst zügig durch Neuwahlen die Anpassung der BR-Strukturen an die geänderten Betriebsstrukturen vorantreiben. Die Vorschrift tritt an die Stelle einer Reihe von **Spezialvorschriften** (insb. § 321 UmwG a.F., ferner § 13 SpArUG, § 6b Abs. 9 VermG etc.).[4] Um ungerechtfertigte Schutzlücken zu vermeiden und die Gleichbehandlung gleichgelagerter Sachverhalte sicherzustellen, hat bereits kurz vor Inkrafttreten des BetrVG-ReformG 2001 das **BAG** im Wege einer auf die o.g. Spezialvorschriften gestützten Rechtsanalogie ein allgemeines betriebsverfassungsrechtliches Übergangsmandat anerkannt. Es sollte insoweit zum Zuge kommen, als „eine Änderung der betrieblichen Organisation zum Verlust der bisherigen betriebsverfassungsrechtlichen Repräsentation und zum Entstehen neuer betriebsratsfähiger Einheiten führt, für die noch kein Betriebsrat gebildet ist."[5] § 21a hat diese richterliche Rechtsfortbildung in geschriebenes Recht überführt und näher ausgestaltet.

II. Anwendbarkeit

§ 21a ist nicht auf den **GBR** und den **KBR** anzuwenden.[6] Das Gleiche gilt für die **JAV**, die **Gesamt- bzw. Konzern-JAV**, die **SBV** sowie für die **Bordvertretung** (§ 115 Abs. 3).[7] Auch beim **Wirtschaftsausschuss** als unternehmensbezogenem Organ scheidet ein Übergangsmandat aus.[8] Lediglich auf den **See-BR** findet § 21a Anwendung (§ 116 Abs. 2).

Die Vorschrift ist **zwingend**. Durch TV oder BV können – abgesehen von Abs. 1 S. 4 – keine abweichenden Vereinbarungen getroffen werden.[9]

Das **BPersVG** und das **SprAuG** enthalten **keine entsprechenden Vorschriften**. Eine analoge Anwendung von § 21a scheidet aus.[10] **Spezialvorschriften** enthalten noch §§ 1, 13 des Gesetzes über die Spaltung der von der Treuhandanstalt verwalteten Unternehmen[11] und § 6b Abs. 11 des Gesetzes zur Regelung offener Vermögensfragen.[12] Praktische Bedeutung dürfte ihnen kaum noch zukommen.

B. Regelungsgehalt

I. Entstehen eines Übergangsmandats

1. Betriebs- und Unternehmensumstrukturierung. § 21a unterscheidet zwischen Betriebs- und Unternehmensumstrukturierungen und macht das Übergangsmandat ausschließlich von einer **Betriebsumstrukturierung** abhängig, welche zu einer **Änderung der Identität** des Betriebs (§ 1 Abs. 1), des Gemeinschaftsbetriebs (§ 1 Abs. 2) oder der als Betrieb geltenden Betriebsteile (§ 4 Abs. 1) oder der durch Kollektivvereinbarung geschaffenen betriebsverfassungsrechtlichen Organisationseinheiten (§ 3 Abs. 1 Nr. 1 bis 3, Abs. 5 S. 1) führt.[13] Bleibt die Betriebsidentität gewahrt, so besteht das bisherige BR-Mandat unverändert fort. Für das nur subsidiäre Übergangsmandat ist dann kein Raum („**Regelmandat vor Übergangsmandat**").[14] Für das Eingreifen des § 21a kommt es nicht darauf an, ob (zugleich) eine Änderung der Unternehmensstruktur stattfindet. § 21a erfasst nicht lediglich solche Betriebsänderungen, welche sich als Konsequenz einer Umstrukturierung auf der Unternehmensebene darstellen, sondern alle Betriebsumstrukturierungen, unabhängig davon, ob sie ausschließlich in einem Unternehmen stattfinden (**unternehmensinterne** Betriebsumstrukturierungen) oder ob sie über die Unternehmensgrenzen hinausgehen (**unternehmensübergreifende** Betriebsumstrukturierungen).[15] Keine Betriebsumstrukturierung liegt bei einem Betriebsübergang vor.

---

1 ABl EG L 82 S. 16. Vgl. hierzu näher GK-BetrVG/*Kreutz*, § 21a Rn 2 m.w.N.
2 BGBl I 2001 S. 1852.
3 BT-Drucks 14/5741, S. 39; krit. hierzu GK-BetrVG/*Kreutz*, § 21a Rn 7 a.E.
4 Vollständige Übersicht bei *Fitting u.a.*, § 21a Rn 2.
5 BAG 31.5.2000 – 7 ABR 78/98 – NZA 2000, 1350.
6 GK-BetrVG/*Kreutz*, § 21a Rn 11; a.A. DKK/*Buschmann*, § 21a Rn 11.
7 *Fitting u.a.*, § 21a Rn 5.
8 *Rieble*, NZA 2002, 233, 240.
9 GK-BetrVG/*Kreutz*, § 21a Rn 8; *Fitting u.a.*, § 21a Rn 5.
10 *Löwisch/Schmidt-Kessel*, BB 2001, 2162; *Rieble*, NZA 2002, 233, 240; *Besgen/Langner*, NZA 2003, 1239, 1240 f.; GK-BetrVG/*Kreutz*, § 21a Rn 7; HWK/*Reichold*, § 21a BetrVG Rn 22; *Löwisch/Kaiser*, § 21a Rn 4; a.A. DKK/*Buschmann*, § 21a Rn 13. Überblick über den Meinungsstand bei Privatisierungen bei Hako-BetrVG/*Düwell*, § 21a Rn 12 ff.
11 V. 5.4.1991, BGBl I S. 854.
12 V. 23.9.1990, BGBl II S. 885, 1159 i.d.F. des Gesetzes v. 22.3.1991, BGBl I S. 766.
13 Vgl. BAG 19.11.2003 – 7 AZR 11/03 – NZA 2004, 235.
14 LAG Nürnberg 4.9.2007 – 6 TaBV 31/07 – juris.
15 Zu Vorst. GK-BetrVG/*Kreutz*, § 21a Rn 6; *Richardi/Thüsing*, § 21a Rn 4.

Hier bleibt die Identität des Betriebs erhalten, so dass auch der BR unverändert fortbesteht und § 21a keine Anwendung findet.[16] Überhaupt wird man in diesem Zusammenhang auf die zum gleich gelagerten Problem beim Betriebsübergang (§ 613a BGB) entwickelten Abgrenzungskriterien zurückgreifen können. Keine Identitätsänderung und damit kein Übergangsmandat sind gegeben bei einer bloßen räumlichen Verlegung des Betriebs, einer Änderung des Betriebszwecks, einem Gesellschafterwechsel, einem Wechsel der Rechtsform des Unternehmens, einer Fusion von Gesellschaften oder bei der gemeinsamen Führung eines Betriebs durch die an einer Unternehmensspaltung beteiligten Rechtsträger.[17]

5 **2. Spaltung von Betrieben (Abs. 1).** Der Grundfall, für den § 21a Abs. 1 die Entstehung eines Übergangsmandats des bisherigen BR vorsieht, ist die Spaltung des Betriebs.[18] Nach dem zuvor Gesagten muss es sich um einen Vorgang handeln, der zu einer Veränderung der Betriebsidentität und damit zum Verlust einer betriebsverfassungsrechtlichen Repräsentation für einen Teil der Belegschaft führt.[19] Die bloße Übertragung des Betriebs auf einen anderen Rechtsträger stellt somit keine Spaltung i.S.d. § 21a Abs. 1 dar.[20]

6 **a) Gegenstand der Spaltung.** Gegenstand der Spaltung ist der **Betrieb** i.S.d. § 1 Abs. 1 S. 1, **für den ein BR besteht**. Als Betrieb gelten auch **Betriebsteile** i.S.d. § 4 Abs. 1 sowie durch Kollektivvereinbarung geschaffene **betriebsverfassungsrechtliche Organisationseinheiten** i.S.d. § 3 Abs. 1 Nr. 1 bis 3 (§ 3 Abs. 5 S. 1). Auch **Gemeinschaftsbetriebe** (§ 1 Abs. 1 S. 2, Abs. 2) können gespalten werden.[21] Wird ein Betrieb (Betriebsteil etc.) gespalten, für den kein BR eingerichtet worden ist, so kommt selbstverständlich auch kein Übergangsmandat in Betracht.

7 **b) Spaltung.** Das Übergangsmandat gilt sowohl für rein tatsächliche Spaltungen ohne Betriebsveräußerung oder Umwandlung nach dem UmwG (Abs. 1) als auch für Spaltungen im Zusammenhang mit einer Betriebsveräußerung oder mit einer Umwandlung nach dem UmwG (arg. ex Abs. 3). Wann ein Betrieb gespalten wird, ist in § 21a **nicht definiert**. Es ist am Begriff des Betriebs anzusetzen,[22] worunter die ganz h.M. die organisatorische Einheit versteht, innerhalb derer ein Unternehmer allein oder in Gemeinschaft mit seinen Mitarbeitern mithilfe von sächlichen und immateriellen Mitteln bestimmte arbeitstechnische Zwecke fortgesetzt verfolgt.[23] Kommt es danach für den Betriebsbegriff entscheidend auf die einheitliche Leitung an, so ist von einer Spaltung des Betriebs dann zu sprechen, wenn die zur Verfolgung arbeitstechnischer Zwecke eingesetzten personellen, sachlichen und immateriellen Mittel aufgeteilt und verschiedenen Leitungsstellen zugeteilt werden. Mit der **Aufhebung der bisher einheitlichen Leitung** als einigendem Band entstehen dann immer mehrere neue betriebliche Einheiten.[24]

8 Es ist zwischen Abspaltung und Aufspaltung zu differenzieren: Eine **Abspaltung** liegt vor, wenn bestimmte Teilbereiche ausgegliedert werden, die entweder als eigenständige Betriebe weitergeführt oder in einen anderen Betrieb eingegliedert oder mit einem anderen Betrieb zusammengefasst werden, und dabei der Ursprungsbetrieb als organisatorische Einheit fortbesteht.[25] Indizien für Letzteres können die Beibehaltung des Betriebszwecks und der Organisationsstruktur, der Fortbestand des Leitungsapparates und insb. die Zahl der von der Organisationsänderung betroffenen AN sein.[26] So wird empfohlen, von einer Betriebsabspaltung in Anlehnung an § 13 Abs. 2 Nr. 1 dann zu sprechen, wenn nicht mindestens die Hälfte der regelmäßig beschäftigten AN von der Organisationsänderung betroffen sind, während hingegen bei Überschreitung dieser Grenze eine Aufspaltung (dazu sogleich) vorliegen soll.[27] Da der Ursprungsbetrieb bei der Abspaltung lediglich seine Organisation, nicht aber seine Identität ändert, behält der für den Ursprungsbetrieb gewählte BR sein Mandat und es kommt ein Übergangsmandat nur für den ausgegliederten Teilbereich in Betracht.[28]

Beispiel: Aus einem Betrieb der Pharmaindustrie (500 AN) wird der Fuhrpark (40 AN) abgespalten und in einen betriebsratslosen Betrieb eines Spediteurs eingegliedert. Der BR des Pharmabetriebs bleibt bestehen und nimmt für die 40 in den Speditionsbetrieb übergewechselten AN ein Übergangsmandat wahr.

---

16 GK-BetrVG/*Kreutz*, § 21a Rn 6; Richardi/*Thüsing*, § 21a Rn 4; *Fitting u.a.*, § 21a Rn 7, 9. Keine Rolle spielt es entgegen DKK/*Buschmann*, § 21a Rn 22a, ob einzelne Beschäftigte dem Übergang ihres Arbverh nach § 613a Abs. 6 BGB widersprechen und bei dem bisherigen Betriebsinhaber verbleiben.

17 *Fitting u.a.*, § 21a Rn 7.

18 *Preis*, Kollektivarbeitsrecht, S. 496.

19 *Fitting u.a.*, § 21a Rn 9; HWK/*Reichold*, § 21a BetrVG Rn 5.

20 *Fitting u.a.*, § 21a Rn 9.

21 GK-BetrVG/*Kreutz*, § 21a Rn 17; *Fitting u.a.*, § 21a Rn 9.

22 GK-BetrVG/*Kreutz*, § 21a Rn 20.

23 Vgl. zum Betriebsbegriff *Bergwitz*, S. 248 f. m.w.N.

24 Zu Vorst. LAG Nürnberg 4.9.2007 – 6 TaBV 31/07 – juris; *Worzalla*, FA 2001, 261, 262; GK-BetrVG/*Kreutz*, § 21a Rn 20 f.; ErfK/*Eisemann/Koch*, § 21a BetrVG Rn 2; HWK/*Reichold*, § 21a BetrVG Rn 5; anders *Löwisch/Schmidt-Kessel*, BB 2001, 2162, 2163; *Rieble*, Sonderbeil. NZA 16/2003, 62, 63: bereits die Änderung arbeitstechnischer Strukturen genüge.

25 *Fitting u.a.*, § 21a Rn 9a.

26 *Fitting u.a.*, § 21a Rn 9a.

27 GK-BetrVG/*Kreutz*, § 21a Rn 25; ebenfalls für eine Erheblichkeitsgrenze DKK/*Buschmann*, § 21a Rn 24; abl. LAG Köln 23.1.2004 – 12 TaBV 64/03 – n.v.

28 BAG 13.8.2008 – 1 ABR 77/06 – NZA 2008, 957 (958); GK-BetrVG/*Kreutz*, § 21a Rn 25; Richardi/*Thüsing*, § 21a Rn 6; *Fitting u.a.*, § 21a Rn 9a.

Dagegen wird bei einer **Aufspaltung** der Ursprungsbetrieb aufgelöst. Die aus ihm hervorgehenden neuen Organisationseinheiten bilden entweder eigenständige Betriebe oder werden in bereits bestehende Betriebe eingegliedert oder mit ihnen zusammengefasst.[29] Der Betriebsrat erhält unter den Voraussetzungen des Abs. 1 S. 1 ein zeitlich befristetes Übergangsmandat in den Betriebsteilen und behält nach § 21b ein Restmandat für den Ursprungsbetrieb.[30] Eine Aufspaltung stellen auch die Auflösung einer nach § 3 Abs. 1 Nr. 1 bis 3 geschaffenen Organisationseinheit und die damit verbundene Rückkehr zu gesetzlichen Organisationsstrukturen[31] sowie bei einem Gemeinschaftsbetrieb die Auflösung der bisherigen Betriebsführungsgemeinschaft und die getrennte Fortführung der einzelnen Betriebsbereiche durch eines oder mehrere der beteiligten Unternehmen dar.[32]

Beispiel: Zwei Pharmaunternehmen A und B, die bisher einen gemeinsamen Betrieb „Vertrieb" geführt haben, lösen den einheitlichen Leitungsapparat auf. Die Abteilung „Logistik" des Betriebs „Vertrieb" wird verselbstständigt, die Abteilung „Fuhrpark" wird in einen betriebsratslosen Betrieb eines Spediteurs eingegliedert. Der BR des ehemaligen Betriebs „Vertrieb" nimmt je ein Übergangsmandat für die AN der ehemaligen Abteilung „Logistik" und der ehemaligen Abteilung „Fuhrpark" wahr.

c) Voraussetzungen des § 1 Abs. 1 S. 1. Da es keiner Überbrückung einer betriebsratslosen Zeit durch ein Übergangsmandat bedarf, wenn kein neuer BR zu wählen ist, ist weitere Voraussetzung die **BR-Fähigkeit des aus der Spaltung hervorgehenden Betriebsteils** (§ 1 Abs. 1 S. 1). In diesem Erfordernis gelangt die Funktion des Übergangsmandats, nämlich die Überbrückung von BR-Losigkeit, zum Ausdruck.[33] Nicht erforderlich ist, dass der aus der Spaltung hervorgegangene Betriebsteil als eigenständiger Betrieb fortgeführt wird.[34]

Zweifelhaft ist, ob bereits der besagte Betriebsteil selbst im Zeitpunkt der Spaltung die genannte AN-Zahl aufweisen muss oder es genügt, wenn **erst durch** seine **Eingliederung** in eine andere Einheit **ein betriebsratsfähiger Betrieb entsteht**.[35] Dem steht zwar an sich der Wortlaut des § 21a Abs. 1 S. 1 entgegen, wonach „sie [d.h. die aus der Spaltung hervorgehenden Betriebsteile] die Voraussetzungen des § 1 Abs. 1 S. 1 erfüllen" müssen. Der Wortlaut ist jedoch teleologisch zu reduzieren, da das Ziel, den AN bei einer Betriebsspaltung ihre Repräsentation zu erhalten, unabhängig von der Zahl der von der Spaltung betroffenen AN besteht. Hinzu kommt, dass es nach § 321 UmwG a.F., dessen Ablösung § 21a dient, nicht darauf ankam, ob die abgespaltenen Betriebsteile betriebsratsfähig waren, und nicht anzunehmen ist, dass der Gesetzgeber mit § 21a die Mitbestimmungsrechte verkürzen wollte. Schließlich entspricht diese Interpretation auch dem Gebot richtlinienkonformer Auslegung, da Art. 6 der RL 2001/23/EG keine dem § 21a Abs. 1 S. 1 entsprechende Einschränkung enthält.[36]

Beispiel: Aus dem Betrieb A wird ein Betriebsteil mit vier AN abgespalten und dem Betrieb B mit drei AN eingegliedert. Nach der hier vertretenen Ansicht hat der BR des Betriebs A ein Übergangsmandat für die in den Betrieb B eingegliederten vier AN, weil insg. sieben AN vorhanden sind, während nach der Gegenansicht kein Übergangsmandat besteht. Nach der Gegenansicht kann jedoch der abgespaltene Betriebsteil unter den Voraussetzungen des § 4 Abs. 2 dem Betrieb, von dem er abgespalten worden ist, zuzuordnen sein.[37]

Ist zunächst ein Übergangsmandat entstanden, scheiden aber später AN aus und wird dadurch der **Schwellenwert des § 1 Abs. 1 S. 1 unterschritten**, endet das Übergangsmandat.[38] Das Übergangsmandat kommt gar nicht erst zur Entstehung, wenn der aus der Spaltung hervorgegangene Betriebsteil **nicht** mehr dem **Geltungsbereich des BetrVG** unterliegt, weil er die nationalen Grenzen verlässt oder in öffentlich-rechtliche (§ 130) oder kirchliche (§ 118 Abs. 2) Zuständigkeit übergeht.[39] In diesem Fall kommt jedoch ein Restmandat (§ 21b) in Betracht.[40]

d) Keine Eingliederung in einen Betrieb mit Betriebsrat. Negative Voraussetzung für das Entstehen eines Übergangsmandats ist schließlich, dass der aus der Spaltung hervorgegangene Betriebsteil **nicht in einen Betrieb eingegliedert wird, in dem bereits ein BR besteht** (Abs. 1 S. 1), da die AN des ausgegliederten Betriebsteils in diesem Fall bereits vom BR des aufnehmenden Betriebs repräsentiert werden.[41]

---

29 ErfK/*Eisemann/Koch*, § 21a BetrVG Rn 2; *Fitting u.a.*, § 21a Rn 9a.
30 BAG 13.8.2008 – ABR 77/06 – NZA 2008, 957 (958).
31 DKK/*Buschmann*, § 21a Rn 30; *Fitting u.a.*, § 21a Rn 9a.
32 Hessisches LAG 19.4.2002– 9 TaBV Ga 71/02 – AuR 2004, 278; *Fitting u.a.*, § 21a Rn 9a.
33 So zutreffend GK-BetrVG/*Kreutz*, § 21a Rn 26.
34 GK-BetrVG/*Kreutz*, § 21a Rn 28.
35 So DKK/*Buschmann*, § 21a Rn 19, 33; ErfK/*Eisemann/Koch*, § 21a BetrVG Rn 3; HWK/*Reichold*, § 21a BetrVG Rn 6; a.A. offenbar GK-BetrVG/*Kreutz*, § 21a Rn 27; Richardi/*Thüsing*, § 21a Rn 5.
36 Zu Vorst. DKK/*Buschmann*, § 21a Rn 19, 34; ErfK/*Eisemann/Koch*, § 21a BetrVG Rn 3.
37 Vgl. *Stege/Weinspach/Schiefer*, § 21a Rn 7.
38 DKK/*Buschmann*, § 21a Rn 33; Hess u.a./*Worzalla*, § 21a Rn 7.
39 *Rieble*, NZA 2002, 233, 235; Richardi/*Thüsing*, § 21a Rn 12.
40 Richardi/*Thüsing*, § 21a Rn 12; *Fitting u.a.*, § 21a Rn 13.
41 GK-BetrVG/*Kreutz*, § 21a Rn 29, 63; Richardi/*Thüsing*, § 21a Rn 10; *Fitting u.a.*, § 21a Rn 14; *Löwisch/Kaiser*, § 21a Rn 7.

14 Daraus folgt im Umkehrschluss, dass für einen **Betriebsteil, der in einen betriebsratslosen, aber** (zumindest nach der Eingliederung) **betriebsratsfähigen Betrieb eingegliedert** wird, ein Übergangsmandat besteht.[42] Es ist zwar richtig, dass es in diesen Fällen nicht zu einem Identitätsverlust des aufnehmenden Betriebs kommt. Darauf kommt es jedoch nicht entscheidend an. Ausreichend ist vielmehr, dass der abgespaltene Betriebsteil seine Leitungsstruktur verändert und infolge der Spaltung ein Teil der bisherigen Belegschaft nicht mehr – wie bisher – durch einen BR vertreten wäre.[43] Der Normzweck des § 21a verlangt, solche Schutzlücken zu schließen. Dass dem aufnehmenden Betrieb damit eine kollektive Interessenvertretung durch die Hintertür aufgezwungen wird, insoweit also durchaus ein Defizit an demokratischer Legitimation beklagt werden kann,[44] ist zwar richtig. Dem Gesetzgeber war es jedoch wichtiger, einer Erosion der betrieblichen Mitbestimmung entgegenzuwirken und die Bildung von BR zu fördern.[45] Das Entstehen betriebsloser Einheiten sollte unbedingt verhindert werden.[46] Ein auf die Vertretung der AN des abgegebenen Betriebs beschränktes Übergangsmandat wäre zudem in der Praxis kaum durchführbar; man denke nur an die Mitbestimmung in sozialen Angelegenheiten. Die kraft des Übergangsmandats vom bisherigen BR zu organisierende Wahl bezieht sich also auf den gesamten Betrieb..[47]

15 Eingliederung ist die **organisatorische Zusammenführung von Betrieb und Betriebsteil unter Wahrung der Identität des aufnehmenden Betriebs**.[48] Entscheidend ist der Gesamteindruck. Indiz für die Wahrung der Identität des aufnehmenden Betriebs ist, dass dort wesentlich mehr AN beschäftigt sind als im eingegliederten Betriebsteil;[49] als weitere Indizien kommen die Beibehaltung der Leitung sowie der Fortbestand des Betriebszwecks und des äußeren Erscheinungsbilds des aufnehmenden Betriebs in Betracht.[50] Handelt es sich um keine Eingliederung, liegt eine Zusammenfassung i.S.v. Abs. 2 vor.[51]

16 3. **Zusammenfassung von Betrieben oder Betriebsteilen (Abs. 2).** Auch der **actus contrarius zur Aufspaltung**, nämlich die Zusammenfassung von Betrieben und/oder Betriebsteilen zu einem neuen Betrieb, kann unter den Voraussetzungen des Abs. 2 ein Übergangsmandat auslösen. Für den Fall, dass in den zusammengefassten Betrieben jeweils BR existierten, musste der Gesetzgeber hier zudem eine Entscheidung treffen, welchem der konkurrierenden BR das Übergangsmandat zukommen soll.

17 a) **Voraussetzungen.** Der Tatbestand erstreckt sich sowohl auf rein tatsächliche Zusammenfassungen (Abs. 2) als auch auf Zusammenfassungen im Zusammenhang mit einer Betriebsveräußerung oder einer Umwandlung nach dem UmwG (Abs. 3). Eine **Zusammenfassung**[52] liegt vor, wenn die in den bisherigen Einheiten eingesetzten personellen, sachlichen und immateriellen Mittel zusammengefasst und unter einheitliche Leitung gestellt werden.[53] In teleologischer Reduktion des Wortlauts ist nicht von einer Zusammenfassung zu sprechen, wenn ein Fall der Eingliederung vorliegt, da hier der BR des aufnehmenden Betriebs fortbesteht und die AN des eingegliederten Betriebs(teils) mit erfasst.[54] Von einer Zusammenfassung soll in **Abgrenzung zur Eingliederung** in Anlehnung an § 13 Abs. 2 Nr. 1 erst dann die Rede sein, wenn die regelmäßige AN-Zahl der kleineren Einheit mindestens die Hälfte der Zahl der in der größeren Einheit Beschäftigten erreicht.[55]

18 b) **Zuordnung des Übergangsmandats.** Durch die Zusammenfassung verlieren die Betrieb(steil)e ihre Identität und gehen in dem neuen Betrieb auf, so dass auch das Amt der für sie gewählten BR endet. Dies kann auch dadurch geschehen, dass mehrere Unternehmen einen **gemeinsamen Betrieb** bilden.[56] Das Übergangsmandat wird vom BR des nach der Zahl der wahlberechtigten AN größten Betrieb(teil)s wahrgenommen, sog. **Prinzip der größten Zahl** (Abs. 2 S. 1). Die nach § 7 S. 2 wahlberechtigten **Leih-AN** zählen hierbei nicht mit.[57] Für die Ermittlung der Zahl der

---

42 HWK/*Reichold*, § 21a BetrVG Rn 7; DKK/*Buschmann*, § 21a Rn 39; GK-BetrVG/*Kreutz*, § 21a Rn 32; *Fitting u.a.*, § 21a Rn 11a; *Rieble*, NZA 2002, 233, 234 f.; a.A. *Feudner*, DB 2003, 882, 883 f.; Richardi/*Thüsing*, § 21a Rn 10.
43 HWK/*Reichold*, § 21a BetrVG Rn 7.
44 Ablehnend aus diesem Grund *Maschmann*, NZA-Beil 2009, Heft 1 S. 36 f.
45 Richtig gesehen von HWK/*Reichold*, § 21a BetrVG Rn 7.
46 Vgl. *Reichold*, NZA 2001, 857 ff.
47 So aber DKK/*Buschmann*, § 21a Rn 39.
48 *Feudner*, DB 2003, 882; Richardi/*Thüsing*, § 21a Rn 5.
49 Zur umgekehrten Konstellation GK-BetrVG/*Kreutz*, § 21a Rn 29.
50 Richardi/*Thüsing*, § 21a Rn 5.
51 Hess u.a./*Worzalla*, § 21a Rn 8.
52 Die wechselnde Begrifflichkeit (vgl. z.B. § 21a Abs. 3, wo derselbe Sachverhalt „Zusammenlegung" genannt wird) ist zu Recht auf Kritik gestoßen (z.B. bei GK-BetrVG/*Kreutz*, § 21a Rn 58). Besser wäre ohnehin die Bezeichnung „Betriebsverschmelzung" gewesen (*Rieble*, NZA 2002, 237).
53 GK-BetrVG/*Kreutz*, § 21a Rn 59; *Löwisch/Kaiser*, § 21a Rn 20.
54 Hessisches LAG 6.5.2004 – 9 TaBVGa 61/04 – LAGReport 2004, 379; *Löwisch/Schmidt-Kessel*, BB 2001, 2162, 2164; GK-BetrVG/*Kreutz*, § 21a Rn 60.
55 GK-BetrVG/*Kreutz*, § 21a Rn 62. Vgl. Hessisches LAG 6.5.2004 – 9 TaBVGa 61/04 – LAGReport 2004, 379: Kein Übergangsmandat, wenn der aufgenommene Betrieb in den aufnehmenden eingegliedert wird.
56 *Rieble*, NZA 2002, 238; HWK/*Reichold*, § 21a BetrVG Rn 9.
57 BAG 16.4.2003 – 7 ABR 53/02 – NZA 2003, 1345; *Löwisch/Schmidt-Kessel*, BB 2001, 2162, 2164; *Löwisch/Kaiser*, § 21a Rn 23; a.A. noch GK-BetrVG/*Kreutz*, § 21a Rn 71.

wahlberechtigten AN wird überwiegend auf den **Zeitpunkt der Zusammenfassung**,[58] teilweise aber auf den der letzten BR-Wahl[59] abgestellt. Das Argument der zuletzt genannten Ansicht, dass sie Manipulationen durch zwischenzeitliche Änderungen der Belegschaftsstärke vermeide,[60] überzeugt nicht.[61]

Verfügen die zusammengefassten Betrieb(steil)e jeweils über eine **gleich große Zahl wahlberechtigter AN**, wird teils eine Entscheidung durch das Los für zulässig erachtet, teils den beteiligten BR selbst die Entscheidung überlassen.[62]

Für die Entstehung eines Übergangsmandats nach § 21a Abs. 2 ist es **nicht erforderlich**, dass **für jeden** der von der Zusammenfassung betroffenen **Betriebe bzw. Betriebsteile ein BR** gebildet war.[63] Nichts anderes folgt aus Abs. 2 S. 1, da diese Vorschrift lediglich bestimmt, welcher BR das Übergangsmandat wahrnimmt, wenn mehrere BR in Betracht kommen.[64]

Umstr. ist die **Rechtslage**, wenn ein **kleinerer mitbestimmter Betrieb** oder Betriebsteil **mit einem größeren, jedoch betriebsratslosen Betrieb** oder Betriebsteil zu einem neuen Betrieb **zusammengefasst** wird. Fraglich ist, ob in einer solchen Konstellation überhaupt ein Übergangsmandat entsteht und – bejahendenfalls – wie sein personeller Anwendungsbereich zu bestimmen ist. Nach einer Ansicht entsteht kein Übergangsmandat, wenn nicht der größte der zusammengefassten Betriebe über einen BR verfügt.[65] Auf dieser Weise soll einer als problematisch empfundenen Majorisierung einer großen Mehrheit durch eine kleine Minderheit vorgebeugt werden. Die Gegenansicht will dem Schutz der Minderheit vor Verlust der bisher genossenen Mitbestimmung den Vorrang einräumen, wobei weiter darüber gestritten wird, ob sich das Übergangsmandat auf den gesamten aus der Zusammenfassung hervorgehenden Betrieb erstreckt[66] oder ob es sich auf diejenigen Betrieb(steil)e beschränkt, welche schon vor der Zusammenfassung über einen BR verfügt haben.[67] Zutreffend dürfte es sein, ein **Übergangsmandat** auch in dieser Konstellation entstehen zu lassen und damit dem Schutzzweck des § 21a Geltung zu verschaffen. Insoweit kann auf die Erwägungen zum Parallelproblem der Eingliederung eines abgespalteten Betriebs bzw. Betriebsteils in einen bislang betriebsratslosen Betrieb verwiesen werden (vgl. oben Rn 14). Die **personelle Reichweite des Übergangsmandats ist** nach dem Wortlaut des Abs. 1 S. 1 („führt die Geschäfte für die ihm bislang zugeordneten Betriebsteile weiter"), auf den Abs. 2 S. 2 verweist, **begrenzt**. Für die AN des bislang betriebsratslosen Betriebs gibt es nichts zu überbrücken.[68] Soweit es allerdings um die **Wahl eines BR** im neu gebildeten Betrieb geht, organisiert der zu bestellende Wahlvorstand eine BR-Wahl **für den gesamten Betrieb**.[69] Einen Teil-BR kennt das BetrVG – abgesehen von dem tatbestandlich sehr eng gefassten § 4 Abs. 1 – nicht.[70]

4. Unternehmensübergreifendes Übergangsmandat (Abs. 3).
Nach Abs. 3 gelten Abs. 1 und 2 auch, wenn die Spaltung oder Zusammenfassung von Betrieb(steil)en im Zusammenhang mit einer **Betriebsveräußerung nach § 613a BGB** oder einer **Umwandlung nach dem UmwG** erfolgt. In diesem Fall nimmt der BR das Übergangsmandat über Unternehmensgrenzen hinweg wahr und überwindet die das Betriebsverfassungsrecht sonst kennzeichnende Bipolarität von AG und BR.[71] Das gilt freilich nicht, wenn der Betrieb ganz auf einen anderen Rechtsträger übergeht: In diesem Fall bleibt der BR im Amt und behält sein reguläres Mandat bei. Erforderlich, aber auch ausreichend für das Entstehen eines unternehmensübergreifenden Übergangsmandats ist, dass sich betriebliche Organisationsänderungen über Unternehmensgrenzen hinweg vollziehen, weil sie auf einer Unternehmensumstrukturierung beruhen. Sonst liegt eine unternehmensinterne Betriebsumstrukturierung vor, für die Abs. 1 und 2 unmittelbar gelten.[72]

Zu einem unternehmensübergreifenden Mandat kann es insb. im Zuge einer Betriebsspaltung kommen, wenn der **abgespaltene Betriebsteil** auf einen anderen Rechtsträger übergeht und dort in einen (noch) betriebsratslosen Betrieb eingegliedert wird. Der BR hat hier zwei Mandate für zwei Belegschaften gegenüber zwei Vertrags-AG.[73] Aus dem unternehmensübergreifenden Übergangsmandat folgt allerdings nicht die Befugnis, unternehmensübergreifende BV abzuschließen (**kein unternehmensübersteigendes Mandat**). Der BR ist hier darauf beschränkt,

---

58 *Löwisch/Schmidt-Kessel*, BB 2001, 2162, 2164; *Gaul/Bonanni*, ArbRB 2002, 46, 47; *Rieble*, NZA 2002, 233, 237; *Rieble/Gutzeit*, ZIP 2004, 693; *Richardi/Thüsing*, § 21a Rn 9; Hess u.a./*Worzalla*, § 21a Rn 11, 25.
59 GK-BetrVG/*Kreutz*,§ 21a Rn 71; *Fitting u.a.*, § 21a Rn 18.
60 *Fitting u.a.*, § 21a Rn 18; a.A. Hess u.a./*Worzalla*, § 21a Rn 11.
61 Ausf. hierzu *Rieble/Gutzeit*, ZIP 2004, 693, 697.
62 Vgl. *Gaul/Bonanni*, ArbRB 2002, 46, 50.
63 *Löwisch/Schmidt-Kessel*, BB 2001, 2162, 2164; *Löwisch/Kaiser*, § 21a Rn 21; GK-BetrVG/*Kreutz*, § 21a Rn 72; *Richardi/Thüsing*, § 21a Rn 11; *Fitting u.a.*, § 21a Rn 11.
64 *Fitting u.a.*, § 21a Rn 11.
65 *Reichold*, NZA 2001, 857, 859; HWK/*Reichold*, § 21a BetrVG Rn 9; *Rieble*, NZA 2002, 233, 237 f.; *Rieble*, Sonderbeil. NZA 16/2003, 62, 65; Hess u.a./*Worzalla*, § 21a Rn 11.
66 So *Gaul/Bonanni*, ArbRB 2002, 46, 50; GK-BetrVG/*Kreutz*, § 21a Rn 72 f.; *Richardi/Thüsing*, § 21a Rn 11; DKK/*Buschmann*, § 21a Rn 38; Hako-BetrVG/*Düwell*, § 21a Rn 33b; *Kallmeyer/Willemsen*, UmwG, Vor § 322 Rn 32.
67 Hess u.a./*Worzalla*, § 21a Rn 11; *Preis*, Kollektivarbeitsrecht, S. 499; ebenso schon Lutter/*Joost*, § 321 Rn 29.
68 ErfK/*Eisemann/Koch*, § 21a BetrVG Rn 8.
69 Wie hier i.E. offenbar auch ErfK/*Eisemann/Koch*, § 21a BetrVG Rn 8.
70 Zutreffend *Richardi/Thüsing*, § 21a Rn 11.
71 GK-BetrVG/*Kreutz*, § 21a Rn 84.
72 GK-BetrVG/*Kreutz*, § 21a Rn 88.
73 *Rieble*, NZA 2002, 233, 235.

im Wege der Verhandlungen mit allen betroffenen AG gleich lautende BV für die neu strukturierten Belegschaften zu erreichen.[74]

24 Führen die an der Spaltung beteiligten Rechtsträger den gespaltenen Betrieb **gemeinsam** fort, so bleibt der bisherige BR regulär im Amt.[75] Sollte allerdings zu einem späteren Zeitpunkt die gemeinsame Leitung wieder aufgehoben werden, so handelte es sich um eine unternehmensübergreifende Betriebsspaltung, die wiederum ein Übergangsmandat auszulösen geeignet wäre.[76]

25 Eine **unternehmensübergreifende Zusammenfassung von Betrieb(steil)en** liegt vor, wenn im Rahmen einer Rechtsträgerspaltung (Vermögensteilübertragung) nach dem UmwG verschiedene Betriebsteile, welche beim übertragenden Rechtsträger verschiedenen Betrieben zugeordnet waren, auf einen übernehmenden bzw. neu gegründeten Rechtsträger dergestalt übergehen, dass sie bei diesem keine selbstständigen Betriebe bilden, sondern unmittelbar zu einem Betrieb zusammengefasst werden.[77]
Beispiel: Übergang der Kundenservice-Abteilungen mehrerer Betriebe eines Unternehmens auf eine neu gegründete Callcenter-Service-GmbH. Das Übergangsmandat kommt hier dem BR des nach der Zahl der wahlberechtigten AN größten Betriebs beim übertragenden Rechtsträger zu.

26 Auch in Bezug auf Abs. 3 gilt, dass eine Umstrukturierung, die zu einer Eingliederung eines Betriebs oder Betriebsteils in die Zuständigkeit eines **öffentlichen-rechtlichen oder kirchlichen Rechtsträgers** führt, mangels BR-Fähigkeit kein Übergangsmandat auszulösen vermag.[78]

II. Modalitäten des Übergangsmandats

27 **1. Inhalt des Übergangsmandats.** Das Übergangsmandat ist ein zeitlich befristetes **Vollmandat**, welches sich nicht auf personelle Angelegenheiten[79] oder auf die mit der organisatorischen Maßnahme zusammenhängenden Beteiligungsrechte[80] oder darauf beschränkt, unverzüglich Wahlvorstände zu bestellen (Abs. 1 S. 2: „insbesondere"), sondern zur **Wahrnehmung aller Beteiligungsrechte** berechtigt.[81] So ist der BR befugt, für die Einheit, für die er das Übergangsmandat ausübt, **BV** abzuschließen.[82] Das Übergangsmandat allein bewirkt hingegen richtiger Ansicht nach nicht die kollektive Weitergeltung der für den abgebenden Betrieb geltenden BV in der neu gebildeten Einheit.[83] Dem steht schon die mangelnde Betriebsidentität entgegen. Wohl aber kann sich eine Fortgeltung aus § 613a Abs. 1 S. 2 BGB ergeben. Es besteht dann freilich die Möglichkeit, die bisher geltende BV abzulösen (§ 613a Abs. 1 S. 3 BGB).
Beispiel: Ein Betrieb, für den eine BV besteht, wird an ein anderes Unternehmen veräußert und dort in einen betriebsratslosen Betrieb eingegliedert. Sodann schließt der das Übergangsmandat wahrnehmende BR für den aufnehmenden Betrieb eine inhaltsgleiche, aber für die AN weniger günstige BV ab. In diesem Fall können sich die AN des veräußerten Betriebes nicht auf die dort bisher geltende BV berufen. Diese ist zwar zunächst Inhalt ihrer Arbverh geworden (§ 613a Abs. 1 S. 2 BGB), jedoch sodann durch die neue BV abgelöst worden (§ 613a Abs. 1 S. 3 BGB).[84]

28 Der BR kann Verfahren vor dem **ArbG** oder der **Einigungsstelle** einleiten, die, sofern sie vor dem Ende des Übergangsmandats (Abs. 1 S. 3) nicht mehr abgeschlossen werden können, entweder von dem neuen BR fortgesetzt werden oder mit Ablauf der Sechs-Monats-Frist enden.[85]

29 Der BR hat **unverzüglich**, d.h. ohne schuldhaftes Zögern (§ 121 Abs. 1 S. 1 BGB), **Wahlvorstände zu bestellen** (Abs. 1 S. 2), um die Wahl neuer BR vor Ablauf des Übergangsmandats zu gewährleisten und so BR-Losigkeit zu vermeiden. Kein schuldhaftes Zögern liegt vor, wenn der BR zunächst Streit- oder Zweifelsfragen gerichtlich klären lässt, z.B. ob überhaupt eine Betriebsspaltung vorliegt.[86] Besteht acht (§ 16 Abs. 2, 3) bzw. drei (§ 17a Nr. 1) Wochen

---

74 *Rieble*, NZA 2002, 233, 235; HWK/*Reichold*, § 21a BetrVG Rn 20.
75 HWK/*Reichold*, § 21a BetrVG Rn 20.
76 GK-BetrVG/*Kreutz*, § 21a Rn 81.
77 GK-BetrVG/*Kreutz*, § 21a Rn 92.
78 HWK/*Reichold*, § 21a BetrVG Rn 21. Näher hierzu und zu der umgekehrten Konstellation der Privatisierung öffentlicher Einrichtungen HaKo-BetrVG/*Düwell*, § 21a Rn 12 ff.
79 So aber *Heinze*, ZfA 1997, 1, 10.
80 So *Stege/Weinspach/Schiefer*, § 21a Rn 10.
81 GK-BetrVG/*Kreutz*, § 21a Rn 37 f., 77; Richardi/*Thüsing*, § 21a Rn 16; *Fitting u.a.*, § 21a Rn 20; ErfK/*Eisemann/Koch*, § 21a BetrVG Rn 5; HWK/*Reichold*, § 21a BetrVG Rn 10; Hako-BetrVG/*Düwell*, § 21a Rn 22; *Löwisch/Kaiser*, § 21a Rn 10.
82 *Löwisch/Schmidt-Kessel*, BB 2001, 2162, 2163; *Fitting u.a.*, § 21a Rn 20, 22a; ErfK/*Eisemann/Koch*, § 21a BetrVG Rn 5; *Löwisch/Kaiser*, § 21a Rn 10; a.A. *Stege/Weinspach/Schiefer*, § 21a Rn 10.
83 LAG Hessen 5.10.2006 – 5 TaBV 39/06 – juris; *Rieble*, NZA 2002, 233, 241; ErfK/*Eisemann/Koch*, § 21a BetrVG Rn 5; HWK/*Reichold*, § 21a BetrVG Rn 10; *Löwisch/Schmidt-Kessel*, BB 2001, 2162, 2163; a.A. GK-BetrVG/*Kreutz*, § 21a Rn 39, 78; DKK/*Buschmann*, § 21a Rn 57; zum Ganzen ausf. *Rieble*, Sonderbeil. NZA 16/2003, 62, 67 ff.; beachte in diesem Zusammenhang auch BAG 18.9.2002 – 1 ABR 54/01– BAGE 102, 356 = NZA 2003, 670.
84 Beispiel von *Stege/Weinspach/Schiefer*, § 21a Rn 11.
85 *Gaul/Bonanni*, ArbRB 2002, 46, 48; GK-BetrVG/*Kreutz*, § 21a Rn 38; Richardi/*Thüsing*, § 21a Rn 16; *Fitting u.a.*, § 21a Rn 18.
86 GK-BetrVG/*Kreutz*, § 21a Rn 42.

vor Ablauf des Übergangsmandats noch kein Wahlvorstand, kommt die Bestellung durch den GBR bzw. KBR oder durch das ArbG in Betracht.[87] Die AN selbst können hingegen keine BR-Wahl durchführen.[88] Ein vereinfachtes Wahlverfahren nach § 14a scheidet aus.[89]

2. Personelle Zusammensetzung. Während des Übergangsmandats bleibt die personelle Zusammensetzung des BR **grds. unverändert**.[90] Die Größe des BR verändert sich nicht. Sie richtet sich allein nach der Mitgliederzahl vor der Umstrukturierung. Dem BR gehören daher, soweit er das Übergangsmandat wahrnimmt, auch solche BR-Mitglieder an, deren Arbverh mit dem übertragenen Betriebsteil auf einen anderen Rechtsträger übergegangen sind. § 24 Nr. 3, 4 finden auf diejenigen BR-Mitglieder, welche in dem abgespaltenen Betriebsteil tätig waren und jetzt der neuen Einheit angehören, keine Anwendung. Die Vorschrift ist im Hinblick auf die ratio des in § 21a BetrVG vorgesehenen Übergangsmandats teleologisch zu reduzieren.[91] Das **Auseinanderfallen von Arbverh und BR-Amt** wird in diesem Fall vom Gesetz bewusst in Kauf genommen. Umstritten ist, ob sich das Mandat der Mitglieder des BR, die nach der Umstrukturierung dem Ursprungsbetrieb nicht mehr angehören, auch auf Angelegenheiten bezieht, die allein den abgebenden Betrieb berühren.

Beispiel: Ein Betriebsteil wird abgespalten und in einen betriebsratslosen Betrieb eingegliedert. Zwei der insg. neun BR-Mitglieder sind hiervon betroffen und wechseln in den aufnehmenden Betrieb.

Unstreitig nehmen in diesem Falle alle neun BR-Mitglieder das Übergangsmandat für die übergegangenen AN wahr. Soweit es um Angelegenheiten des abgebenden Betriebs geht, wird vertreten, dass nur noch die verbliebenen – hier sieben – BR-Mitglieder das reguläre Mandat wahrnehmen könnten. Insoweit müsste der BR dann um zwei weitere Ersatzmitglieder nach § 25 Abs. 1 ergänzt werden.[92] Das Zusammentreten in unterschiedlichen Besetzungen ist jedoch kaum praktikabel und im Interesse klarer Verhältnisse auch nicht wünschenswert. Vielmehr muss sich auch hier das von § 21a vorgegebene Regelungsanliegen der Amts- und Besetzungskontinuität durchsetzen.[93]

Scheidet jedoch ein BR-Mitglied im Zuge der Umstrukturierung aus dem Ursprungsbetrieb aus, ohne in ein Arbverh zum Träger der neuen Einheit einzutreten, so endet das BR-Amt nach § 24 Abs. 1 Nr. 3 und 4 und es rückt ein Ersatzmitglied nach.[94]

3. Dauer des Übergangsmandats. Das Übergangsmandat dient der Überbrückung und ist daher von vornherein **befristet**. Das Gesetz bestimmt einen festen Endtermin. Das Übergangsmandat findet nach Abs. 1 S. 3, Abs. 2 S. 2 sein Ende, sobald in den Betriebsteilen ein neuer BR gewählt und das Wahlergebnis bekannt gegeben ist, spätestens jedoch sechs Monate nach Wirksamwerden der Spaltung bzw. Zusammenfassung.

Daraus kann geschlossen werden, dass das Übergangsmandat mit dem tatsächlichen Vollzug der betrieblichen Umstrukturierung in Form der Spaltung oder Zusammenfassung **beginnt**. Maßgebend ist hiernach also der Übergang der tatsächlichen Leitungsmacht.[95] Auf die gesellschaftsrechtliche Wirksamkeit der unternehmerischen Spaltung oder Fusion kommt es in diesem Zusammenhang nicht an.[96] Wohl aber ist eine offizielle Information des BR über die betriebliche Spaltung bzw. Zusammenfassung, ggf. auch über die unternehmerische Spaltung bzw. Fusion, Voraussetzung für den Fristbeginn (vgl. § 80 Abs. 2).[97]

Das Übergangsmandat **endet** stets mit dem **Ablauf des regulären Mandats** nach § 21 S. 2.[98] Es endet auch, sobald in dem neuen Betrieb ein **BR gewählt und das Wahlergebnis bekannt gegeben** ist (Abs. 1 S. 3, Abs. 2 S. 2). Erstreckt sich das Übergangsmandat auf mehrere Betriebe (z.B. bei Aufspaltung eines Betriebs in mehrere eigenständige Betriebe), kommt es zu einer stufenweisen Verdrängung durch die jeweils neu gewählten BR und endet das Übergangsmandat erst, wenn auch im letzten Betrieb ein BR gewählt ist.[99] In jedem Fall endet das Übergangsmandat spätestens mit **Ablauf der** nach §§ 187 Abs. 1, 188 Abs. 2 BGB zu berechnenden[100] **Sechs-Monats-Frist** (Abs. 1 S. 3, Abs. 2

---

87 HWK/*Reichold*, § 21a BetrVG Rn 11; *Löwisch/Schmidt-Kessel*, BB 2001, 2162, 2163; vgl. aber auch Richardi/*Thüsing*, § 21a Rn 21 (nur Zwei-Wochen-Frist).
88 Hess u.a./*Worzalla*, § 21a Rn 37; vgl. auch ArbG Kiel 20.3.2002 – 6 BV Ga 13a/02 – AP § 1 BetrVG 1972 Nr. 17.
89 ErfK/*Eisemann/Koch*, § 21a BetrVG Rn 5.
90 Richardi/*Annuß*, DB 2001, 41, 43; *Löwisch/Schmidt-Kessel*, BB 2001, 2162, 2163; *Rieble*, NZA 2002, 233, 236; *Rieble*, Sonderbeil. NZA 16/2003, 62, 64; *Gragert*, NZA 2004, 289, 290; GK-BetrVG/*Kreutz*, § 21a Rn 34, 76; Richardi/*Thüsing*, § 21a Rn 22; *Fitting u.a.*, § 21a Rn 16.
91 HWK/*Reichold*, § 21a BetrVG Rn 14; *Fitting u.a.*, § 21a Rn 16; *Rieble*, NZA 2002, 236; a.A. Hako-BetrVG/*Düwell*, § 21a Rn 39 ff.
92 ErfK/*Eisemann/Koch*, § 21a BetrVG Rn 7; wohl auch GK-BetrVG/*Kreutz*, 21a Rn 34.
93 Wie hier im Ergebnis *Gragert*, NZA 2004, 289, 290 m.w.N.; *Fitting u.a.*, § 21a Rn 16; DKK/*Buschmann*, § 21a Rn 32.
94 *Fitting u.a.*, § 21a Rn 17; *Rieble*, NZA 2002, 236.
95 GK-BetrVG/*Kreutz*, § 21a Rn 46 f; ErfK/*Eisemann/Koch*, § 21a BetrVG Rn 6; HWK/*Reichold*, § 21a BetrVG Rn 12; vgl. auch BAG 31.5.2000 – 7 ABR 78/98 – BAGE 95, 15, 28 = AP § 1 BetrVG 1972 Gemeinsamer Betrieb Nr. 12.
96 Richardi/*Thüsing*, § 21a Rn 18; *Fitting u.a.*, § 21a Rn 24; Hess u.a./*Worzalla*, § 21a Rn 40; DKK/*Buschmann*, § 21a Rn 42; *Stege/Weinspach/Schiefer*, § 21a Rn 17.
97 ArbG Frankfurt/M. 24.9.2001– 15/18 BV 187/01 – AiB 2002, 629; DKK/*Buschmann*, § 21a Rn 43; HWK/*Reichold*, § 21a BetrVG Rn 12.
98 Richardi/*Thüsing*, § 21a Rn 19.
99 *Fitting u.a.*, § 21a Rn 25.
100 GK-BetrVG/*Kreutz*, § 21a Rn 46.

S. 2). Haben die Betriebsparteien über die Voraussetzungen des Übergangsmandats im Verfahren nach § 18 Abs. 2 gestritten, beginnt die Frist jedoch erst mit rechtskräftigem Abschluss des Beschlussverfahrens und verlängert sich entsprechend.[101] Die Sechs-Monats-Frist kann bis zu ihrem Ablauf[102] durch TV oder BV um weitere sechs Monate (oder kürzer)[103] verlängert werden (Abs. 1 S. 4, Abs. 2 S. 2).[104] Die **BV** wird, wenn sie nach der Vollzug der betrieblichen Umstrukturierung zustande kommt, zwischen dem BR, dessen Übergangsmandat verlängert werden soll, und dem (neuen) AG abgeschlossen, für dessen Betrieb(steil) das Übergangsmandat wahrgenommen wird.[105] Umstritten ist, ob die BV auch mit dem AG des Ursprungsbetriebs zu schließen ist, wenn dieser die bei ihm beschäftigten BR-Mitglieder für die Erledigung der BR-Aufgaben im Rahmen des Übergangsmandats freizustellen hat.[106] Eine solche BV trägt Züge eines Vertrages zu Lasten Dritter. Ein Zustimmungserfordernis erscheint daher durchaus begründbar. Partner eines **TV** ist auf der AG-Seite der Rechtsträger des Betriebs während des Übergangsmandats. Bei einem Rechtsträgerwechsel sind Veräußerer und Erwerber entweder kraft gemeinsamer Verbandsmitgliedschaft oder dadurch gebunden, dass der Firmen-TV von beiden beteiligten AG abgeschlossen wird. Bei einer Umwandlung nach dem UmwG geht der Firmen-TV freilich automatisch auf den neuen Rechtsträger über, bei einem Verbands-TV, sofern der neue Rechtsträger Mitglied des AG-Verbands bleibt oder wird.[107]

35 4. **Kosten und Freistellung.** Für die **Kosten** der Wahrnehmung des Übergangsmandats gilt § 40. Ist das Übergangsmandat für den Betrieb eines anderen Rechtsträgers auszuüben und eine eindeutige Kostenzuordnung nicht möglich, haften die beteiligten AG – wie bei einem gemeinsamen Betrieb[108] – als **Gesamtschuldner**.[109] Dafür, den AG des Ursprungsbetriebs als weiteren Kostenschuldner für verpflichtet zu halten, spricht, dass er durch die von ihm verfügte Strukturveränderung für die im abgespaltenen Betrieb anfallende BR-Arbeit „verantwortlich" zeichnet. Für die **Kostenverteilung im Innenverhältnis** wird man, wenn keine Vereinbarung hierüber vorliegt, vor allem auf die Belegschaftsgröße der betroffenen Betriebe im Zeitpunkt des Entstehens des Übergangsmandats abzustellen haben.[110]

36 Die Ansprüche auf **Freistellung** und **Entgeltfortzahlung** nach § 37 richten sich in grds. unverändertem Umfang[111] gegen den jeweiligen Vertrags-AG.[112] Im Innenverhältnis müssen die Kosten der Freistellung sodann nach den o.g. Grundsätzen ausgeglichen werden.

C. Verbindungen zu anderen Rechtsgebieten und zum Prozessrecht

37 Streitigkeiten zwischen AG und BR oder zwischen verschiedenen BR über Beginn, Ausübung und Ende des Übergangsmandats entscheiden die ArbG im **Beschlussverfahren** (§ 2a Abs. 1 Nr. 1, Abs. 2, §§ 80 ff. ArbGG). Nach der Bekanntgabe des Wahlergebnisses tritt der neu gewählte BR als Verfahrensbeteiligter an die Stelle des das Übergangsmandat wahrnehmenden BR.[113] Der im Beschlussverfahren auszutragende Rechtsstreit kann als Vorfrage auch im Verfahren vor der **Einigungsstelle** (§ 76) sowie im **Urteilsverfahren** mit entschieden werden, z.B. im Künd-Schutzprozess eines BR-Mitglieds.[114] Das Übergangsmandat kann auch durch **einstweilige Verfügung** gesichert werden.[115] Ob es durch die Betriebsumstrukturierung zu neuen Betriebseinheiten gekommen ist, kann im **Betriebsabgrenzungsverfahren** nach § 18 Abs. 2 geklärt werden.

---

101 ArbG Herne 19.4.2001 – 4 (2) BVGa 8/01 – AiB 2001, 726; DKK/*Buschmann*, § 21a Rn 45; a.A. Hess u.a./*Worzalla*, § 21a Rn 44.
102 Gaul/*Bonanni*, ArbRB 2002, 47, 48; GK-BetrVG/*Kreutz*, § 21a Rn 52; Richardi/*Thüsing*, § 21a Rn 19; *Fitting u.a.*, § 21a Rn 26; Löwisch/*Kaiser*, § 21a Rn 16.
103 *Worzalla*, FA 2001, 261, 264; Richardi/*Annuß*, DB 2001, 41, 44; GK-BetrVG/*Kreutz*, § 21a Rn 51; Richardi/*Thüsing*, § 21a Rn 20; DKK/*Buschmann*, § 21a Rn 46.
104 Diese Frist für zu kurz haltend und zur Umgehungskonstruktion eines vorübergehenden gemeinsamen Betriebs Hako-BetrVG/*Düwell*, § 21a Rn 27.
105 Richardi/*Thüsing*, § 21a Rn 19; *Fitting u.a.*, § 21a Rn 26.
106 Bejahend *Fitting u.a.*, § 21a Rn 26, verneinend Richardi/*Thüsing*, § 21a Rn 19.
107 Zu Vorst. Löwisch/*Schmidt-Kessel*, BB 2001, 2162, 2163 f.; Richardi/*Thüsing*, § 21a Rn 19; *Fitting u.a.*, § 21a Rn 26.
108 BAG 19.4.1989 – 7 ABR 6/88 – BAGE 61, 340 = NZA 1990, 233.
109 H.M., so *Gragert*, NZA 2004, 289, 291 f.; *Fitting u.a.*, § 21a Rn 27; Hess u.a./*Worzalla*, § 21a Rn 38; ArbG Leipzig 5.5.2006 – 10 BV 57/05 – NZA-RR 2007, 24; abw. ErfK/*Eisemann/Koch*, § 21a BetrVG Rn 9 (Inhaber der neuen Einheit ist Kostenschuldner).
110 *Fitting u.a.*, § 21a Rn 27; nur schwer praktikabel der Ansatz von HWK/*Reichold*, § 21a BetrVG Rn 18, wonach zwischen individuell zurechenbaren Kosten und Kosten der Wahlvorbereitung differenziert werden soll.
111 *Rieble*, NZA 2002, 233, 236. Umfassend hierzu *Gragert*, NZA 2004, 289, 290 f.
112 *Fitting u.a.*, § 21a Rn 27; *Gragert*, NZA 2004, 289, 292 f.; abw. Richardi/*Thüsing*, § 21a Rn 24.
113 *Fitting u.a.*, § 21a Rn 30.
114 GK-BetrVG/*Kreutz*, § 21a Rn 95; Richardi/*Thüsing*, § 21a Rn 28; *Fitting u.a.*, § 21a Rn 30.
115 ArbG Herne 19.4.2001 – 4 (2) BVGa 8/01 – AiB 2001, 726. Ausf. hierzu *Rieble/Gutzeit*, ZIP 2004, 693, 698 ff.

D. Beraterhinweise

Da noch nicht höchstrichterlich entschieden ist, ob sich das Übergangsmandat bei der Eingliederung eines aus einer Spaltung hervorgegangenen Betriebsteils in einen betriebsratslosen Betrieb auch auf die AN des aufnehmenden Betriebs erstreckt, sollte vorsorglich auch bei Künd von AN des aufnehmenden Betriebs der BR angehört werden (§ 102).[116] Das Gleiche gilt bei der Zusammenfassung von Betrieb(steil)en hinsichtlich der AN des bisher betriebsratslosen Betriebs(teils). Besonderes Augenmerk hat der AG darauf zu richten, dass er bei der Zusammenfassung von Betrieb(steil)en den richtigen BR beteiligt, da – anders als bei der vorsorglich doppelten Anhörung – bei echten Mitbestimmungsrechten eine Beteiligung mehrerer Betriebsräte ausscheidet.[117] Der das Übergangsmandat wahrnehmende BR hat die Geheimhaltungspflicht nach § 79 Abs. 1 zu beachten. Diese kann z.B. relevant werden, wenn der abgespaltene Betriebsteil in einen (betriebslosen) Betrieb eingegliedert wird, der mit dem abgebenden Betrieb in Konkurrenz steht.[118] Soll das Übergangsmandat über die Sechs-Monats-Frist des Abs. 1 S. 3 hinaus verlängert werden, ist die dahinlautende kollektivvertragliche Vereinbarung bereits vor Beendigung des Übergangsmandats zu treffen, da Abs. 1 S. 4 eben von der Verlängerung und nicht von der Neubegründung des Übergangsmandats spricht.[119] Wegen der Kosten des Übergangsmandats (§ 40) sollten die betroffenen AG eine ausdrückliche Vereinbarung treffen, um eine eindeutige Kostenzuordnung zu ermöglichen.[120]

---

§ 21b Restmandat

Geht ein Betrieb durch Stilllegung, Spaltung oder Zusammenlegung unter, so bleibt dessen Betriebsrat so lange im Amt, wie dies zur Wahrnehmung der damit im Zusammenhang stehenden Mitwirkungs- und Mitbestimmungsrechte erforderlich ist.

Literatur: *Auktor*, Die individuelle Rechtsstellung der Betriebsratsmitglieder bei Wahrnehmung eines Restmandats, NZA 2003, 950; *Biebl*, Das Restmandat des Betriebsrats nach Betriebsstilllegung, 1991; *Lelley*, Kollision von Übergangs- und Restmandat – Ein betriebsverfassungsrechtliches Dilemma?, DB 2008, 1433; *Schubert*, Das „Restmandat" bei Betriebsrat und Personalrat, AuR 2003, 132. S. im Übrigen die Angaben vor § 21a.

A. Allgemeines 1	2. Personelle Zusammensetzung 12
B. Regelungsgehalt 3	3. Dauer des Restmandats 13
I. Entstehen eines Restmandats 3	4. Kosten und Freistellung 14
II. Verhältnis des Restmandats zum Übergangsmandat 8	C. Verbindungen zu anderen Rechtsgebieten und zum Prozessrecht 15
III. Modalitäten des Restmandats 10	D. Beraterhinweise 16
1. Inhalt des Restmandats 10	

A. Allgemeines

Geht ein Betrieb durch Stilllegung, Spaltung oder Zusammenlegung unter, endet an sich die Amtszeit des BR. Für diesen Fall bestimmt § 21b, dass der BR so lange im Amt bleibt, wie dies zur Wahrnehmung der mit der Auflösung der Betriebsorganisation zusammenhängenden Beteiligungsrechte erforderlich ist. Durch die Zuerkennung eines solchen Restmandats soll gewährleistet sein, dass der BR seine mit der Auflösung der Betriebsorganisation zusammenhängenden Befugnisse (insb. §§ 111 ff.) auch über das Ende seiner Amtszeit hinaus wahrnehmen kann,[1] der AG also nicht etwa durch eine rasche Auflösung der Betriebsorganisation die Beteiligungsrechte unterlaufen kann. Wesentlicher Inhalt des Restmandats ist wie beim Übergangsmandat eine Verlängerung der Amtszeit des BR und der einzelnen BR-Mitglieder. Das Restmandat ist funktional begrenzt auf die Wahrnehmung von Mitwirkungs- und Mitbestimmungsrechten, die sich auf den untergegangenen Betrieb beziehen. Die Vorschrift unterstellt, dass derartige Rechte bestehen, stellt aber selbst keine eigenständige Mitbestimmungsnorm dar.[2] Die Rechtsfigur eines Restmandats des BR hatte sich bereits vor der Kodifizierung durch das **BetrV-ReformG**[3] in

---

116 *Stege/Weinspach/Schiefer*, § 21a Rn 8.
117 *Rieble/Gutzeit*, ZIP 2004, 693, 698.
118 Vgl. *Gragert*, NZA 2004, 289, 293 f.
119 *Gaul/Bonnani*, ArbRB 2002, 46, 48.
120 *Stege/Weinspach/Schiefer*, § 21a Rn 20.
1 BT-Drucks 14/5741, S. 39, 52.
2 LAG Bremen 9.12.2004 – 3 TaBV 15/04 – AuR 2005, 420.
3 BGBl I 2001 S. 1852.

der arbeitsgerichtlichen Rspr. durchgesetzt.[4] Die entsprechenden Erkenntnisse sollten im Rahmen der Auslegung des § 21b Berücksichtigung finden.[5]

§ 21b findet keine Anwendung auf den **GBR** und den **KBR**. Das Gleiche gilt für die **JAV**, die **Gesamt- bzw. Konzern-JAV**, die **SBV** sowie für die **Bordvertretung** (§ 115 Abs. 3). Lediglich auf den **See-BR** findet § 21b Anwendung (§ 116 Abs. 2).[6]

2 Die Vorschrift ist **zwingend** und kann weder durch TV noch durch BV abbedungen werden.[7] Der Ausschluss von § 21b kann auch nicht mit den das Restmandat ausübenden BR-Mitgliedern vereinbart werden.[8]

Das BPersVG und das SprAuG enthalten **keine entsprechenden Vorschriften**. Allerdings kommt im Recht der Personalvertretung regelmäßig eine Zuständigkeit der Stufenvertretung in Betracht.[9]

B. Regelungsgehalt

I. Entstehen eines Restmandats

3 Zu einem Restmandat kommt es nur, wenn ein **Betrieb durch Stilllegung, Spaltung oder Zusammenlegung untergeht**. Durch Stilllegung, Spaltung oder Zusammenlegung untergegangen ist der Betrieb dann, wenn er als organisatorische Einheit zu bestehen aufhört. Besteht der Betrieb hingegen als solcher fort, bleibt der BR im Amt, ohne dass es eines Rückgriffs auf § 21b bedarf.[10] Endet die Amtszeit des BR, weil alle BR-Mitglieder einschließlich der Ersatzmitglieder ausscheiden (§ 24 Nr. 3) und eine Neuwahl unterbleibt, kommt ein Restmandat nicht in Betracht.[11]

4 **Stilllegung** ist die Aufhebung der Betriebs- und Produktionsgemeinschaft zwischen AG und AN für einen unbestimmten, wirtschaftlich nicht unerheblichen Zeitraum.[12] Eine bloß vorübergehende Produktionseinstellung (z.B. Arbeitskampf), die Schließung[13] oder Zerstörung (z.B. Brand) oder die räumliche Verlegung der Betriebsanlagen[14] reichen ebenso wenig aus wie ein Betriebsübergang.[15] Hier bleibt es beim Vollmandat des bisherigen BR. Das Entstehen eines Restmandats erfordert im Falle der Stilllegung, dass die **Belegschaft in rechtlicher Hinsicht aufgelöst** wird, weil die AN in einen anderen Betrieb versetzt oder ihre Arbverh beendet werden.[16] Die schlichte Schließung des Betriebes genügt daher nicht. Auch eine Teilstilllegung eines betriebsratsfähig bleibenden Betriebs und die Eröffnung eines Insolvenzverfahrens lösen kein Restmandat aus, hier behält der BR sein Vollmandat.[17] Hat der AG wegen eines Brandes allen AN gekündigt, entschließt er sich aber erst Monate später, den Betrieb endgültig stillzulegen, hat der BR bis zur Abwicklung der Stilllegung auch nach Ablauf seiner Amtszeit ein Restmandat.[18]

5 Zu einem Restmandat kommt es auch bei einer **Betriebsaufspaltung** in mehrere Betrieb(steil)e, die als eigenständige Betriebe weitergeführt oder in andere Betriebe eingegliedert werden, unabhängig davon, ob mit der Spaltung ein Betriebsinhaberwechsel verbunden ist. Die Beteiligungsrechte richten sich gegen den Inhaber des Ursprungsbetriebs.[19] Dagegen bleibt der BR bei einer **Betriebsteilabspaltung** im Amt und nimmt im Rahmen seines Vollmandats auch die Beteiligungsrechte (§§ 111 ff.) der ausscheidenden AN wahr.[20]

6 Schließlich kommt ein Restmandat bei einer **Zusammenlegung (= Zusammenfassung) von Betrieben** in Betracht. Werden mehrere Betriebe zu einem neuen Betrieb zusammengelegt und gehen dadurch die alten Betriebe unter, so

---

4 Bereits frühzeitig BAG 14.11.1978 – 6 ABR 85/75 – AP § 59 KO Nr. 6 und 16.6.1987 – 1 AZR 528/85 – BAGE 55, 344 = AP § 111 BetrVG 1972 Nr. 20; kurz vor Inkrafttreten des BetrV-ReformG insb. BAG 5.10.2000 – 1 AZR 48/00 – AP § 112 BetrVG 1972 Nr. 141 = NZA 2001, 849; BAG 12.1.2000 – 7 ABR 61/98 – AP § 24 BetrVG 1972 Nr. 5 = NZA 2000, 669.

5 *Reichold*, NZA 2001, 857, 859 f.; *Fitting u.a.*, § 21b Rn 2.

6 BT-Drucks 14/5741, S. 52; *Schubert*, AuR 2003, 132, 133; *Fitting u.a.*, § 21b Rn 3; für analoge Anwendung auf den Gesamt-BR in einer Sonderkonstellation jedoch GK-BetrVG/*Kreutz*, § 21b Rn 5.

7 GK-BetrVG/*Kreutz*, § 21b Rn 3; *Fitting u.a.*, § 21b Rn 4; Hako-BetrVG/*Düwell*, § 21b Rn 3.

8 ErfK/*Eisemann/Koch*, § 21b BetrVG Rn 1; *Fitting u.a.*, § 21b Rn 4.

9 ArbG Freiburg 28.2.2002 – 10 Ca 476/99 – AuR 2003, 153; *Schubert*, AuR 2003, 132, 134; DKK/*Buschmann*, § 21b Rn 8.

10 Hess u.a./*Worzalla*, § 21b Rn 3.

11 BAG 27.8.1996 – 3 ABR 21/95 – NZA 1997, 623.

12 BAG 11.3.1998 – 2 AZR 414/97 – NZA 1998, 879; BAG 18.1.2001 – 2 AZR 514/99 – BAGE 97, 10 = NZA 2001, 719; BAG 21.6.2001 – 2 AZR 137/00 – NZA 2002, 212.

13 BAG 16.6.1987 – 1 AZR 528/85 – BAGE 55, 344 = NZA 1987, 858.

14 ArbG Berlin 17.3.2004 – 7 BV 3860/04 – EzA-SD 2004, Nr. 10, 12.

15 *Fitting u.a.*, § 21b Rn 6 f. Insoweit spielt es auch keine Rolle, ob einzelne AN infolge eines Widerspruchs gegen den Übergang ihres Arbverh aus dem übergehenden Betrieb ausscheiden, LAG Sachsen 21.6.2006 – 2 Sa 677/05 – ArbRB 2007, 136.

16 BAG 29.3.1977 – 1 AZR 46/55 – BAGE 29, 114 = NJW 1977, 2182; GK-BetrVG/*Kreutz*, § 21b Rn 9; *Fitting u.a.*, § 21b Rn 7.

17 GK-BetrVG/*Kreutz*, § 21b Rn 14; Richardi/*Thüsing*, § 21b Rn 3; *Fitting u.a.*, § 21b Rn 9; abw. ErfK/*Eisemann/Koch*, § 21b BetrVG Rn 2; a.A. ArbG Berlin 17.3.2004 – 7 BV 3860/04 – EzA-SD 2004, Nr. 10, 12;

18 BAG 16.6.1987 – 1 AZR 528/85 – BAGE 55, 344 = NZA 1987, 858.

19 GK-BetrVG/*Kreutz*, § 21b Rn 26; *Fitting u.a.*, § 21b Rn 10.

20 GK-BetrVG/*Kreutz*, § 21b Rn 26; *Fitting u.a.*, § 21b Rn 11.

haben deren BR ein Restmandat. Ein solches kommt auch dem BR eines Betriebs zu, der seiner rechtlichen Existenz durch Eingliederung in einen anderen Betrieb verlustig geht.[21]

Bei einem Betriebsübergang wird dem im übergehenden Betrieb gewählten, nunmehr im Betrieb des Betriebsübernehmers bestehenden BR in **analoger Anwendung des § 21b** ein Restmandat hinsichtlich der Beteiligungsrechte zuerkannt, welche sich auf die dem Übergang ihrer Arbverh widersprechenden (§ 613a Abs. 6 BGB) AN beziehen, so dass er bei der Künd widersprechender AN gem. § 102 anzuhören ist.[22]

II. Verhältnis des Restmandats zum Übergangsmandat

Übergangs- und Restmandat unterscheiden sich von ihrer Zielrichtung her. Das Übergangsmandat richtet den Blick nach vorne, auf die neu entstandene Einheit, während das Restmandat rückwärts gewandt ist und auf den ursprünglichen, untergegangenen Betrieb zielt.[23] Gleichwohl gibt es Konstellationen, in denen **beide Rechtsfiguren nebeneinander zur Anwendung gelangen** können.[24] Dagegen ist rechtlich nichts zu erinnern. Die These, das Restmandat komme gegenüber dem Übergangsmandat nur subsidiär zur Anwendung, findet im Gesetz keine Stütze.[25]

Wird der **abgespaltene** Betriebsteil als eigenständiger Betrieb fortgeführt, steht dem BR des infolge der Spaltung untergegangenen Betriebs sowohl ein Übergangs- als auch ein Restmandat zu, wird er dagegen in einen Betrieb mit BR eingegliedert, hat der BR lediglich ein gegen den Inhaber des Ursprungsbetriebs gerichtetes Restmandat. Werden mehrere Betriebe zu einem neuen Betrieb **zusammengelegt**, haben die BR der Ursprungsbetriebe ein Restmandat für die bisher von ihnen repräsentierten Einheiten, während das Übergangsmandat von dem BR des nach der Zahl der wahlberechtigten AN größten Betriebs wahrgenommen wird (§ 21a Abs. 2 S. 1).[26]

III. Modalitäten des Restmandats

1. Inhalt des Restmandats. Das Restmandat ist **kein Vollmandat**, sondern ein **funktional beschränktes Abwicklungsmandat**. Inhaltlich reicht es nur soweit, wie dies zur Wahrnehmung der mit der Auflösung der Betriebsorganisation zusammenhängenden Beteiligungsrechte erforderlich ist.[27] Damit sind in erster Linie die §§ 111 ff. gemeint, aber auch sonstige Beteiligungsrechte, die in der Stilllegung angelegt sind.[28] In Betracht kommen ferner Verfahren nach §§ 99, 100, mit denen die Ersetzung der Zustimmung des BR zur Versetzung der Mitarbeiter des einzugliedernden bzw. untergehenden Betriebes in den aufnehmenden Betrieb begehrt wird und die noch nicht rechtskräftig abgeschlossen sind.[29] Zu denken ist ferner an die betriebsverfassungsrechtlichen Aufgaben, die sich daraus ergeben, dass trotz tatsächlicher Stilllegung des Betriebs noch nicht alle Arbverh rechtlich beendet sind und einzelne AN mit Abwicklungsarbeiten beschäftigt werden.[30]

Beispiel: Der Betrieb wird stillgelegt. Einige AN werden über den Stilllegungstermin hinaus mit Abwicklungsarbeiten beschäftigt und sollen nach deren Erledigung gekündigt werden. Hier ist der **BR** in Ausübung seines Restmandats **nach § 102 anzuhören**. Insofern besteht nach dem Zweck des Restmandats ein die Betriebsstilllegung überdauernder Regelungsbedarf. Der BR soll auch in diesem Fall die Möglichkeit haben, dazu Stellung zu nehmen, ob ggf. Gründe vorliegen, die es gebieten von einer Künd Abstand zu nehmen und sie zu einem anderen Zeitpunkt auszusprechen, etwa weil noch Restarbeiten anfallen. Dabei kann es auch nicht darauf ankommen, ob die Arbverh der betreffenden AN nur deshalb weiterbestehen, weil eine zuvor ausgesprochene Künd aus formalen Gründen unwirksam war.[31]

---

21 LAG Bremen 9.12.2004 – 3 TaBV 15/04 – AuR 2005, 420; Fitting u.a., § 21b Rn 12; HWK/*Reichold*, § 21b BetrVG Rn 7.
22 LAG Rheinland-Pfalz 18.4.2005 – 2 TaBV 15/05 – NZA-RR 2005, 529; ArbG Berlin 25.1.2002 – 88 Ca 28454/01 – NZA-RR 2003, 85; a.A. LAG Sachsen 21.6.2006 – 2 Sa 677/05 – juris.
23 HWK/*Reichold*, § 21b BetrVG Rn 17; ErfK/*Eisemann/Koch*, § 21b BetrVG Rn 2; Richardi/*Thüsing*, § 21b Rn 5. Die unterschiedliche Zielrichtung erklärt im Übrigen auch, weshalb es der Entstehung eines Restmandats (im Gegensatz zu einem Übergangsmandat, vgl. § 21a Rn 12) nicht entgegensteht, wenn die sich neu bildende Einheit den Geltungsbereich des BetrVG verlässt (so i.E. auch HWK/*Reichold*, § 21b BetrVG Rn 8.).
24 HWK/*Reichold*, § 21b BetrVG Rn 17; GK-BetrVG/*Kreutz*, § 21b Rn 24; Richardi/*Thüsing*, § 21b Rn 5; Fitting u.a., § 21b Rn 13.
25 So aber i.E. *Hanau*, NJW 2001, 2513, 2515; *Löwisch/Schmidt-Keßel*, BB 2001, 2162, 2165; Hess u.a./*Worzal-*
la, § 21b Rn 4; *Stege/Weinspach/Schiefer*, § 21b Rn 2; *Lelley*, DB 2008, 1433 ff.
26 Zu Vorst. GK-BetrVG/*Kreutz*, § 21b Rn 26 f.; Fitting u.a., § 21b Rn 13; differenzierend *Feudner*, DB 2003, 882, 885; Richardi/*Thüsing*, § 21b Rn 6.
27 So bereits BAG 12.1.2000 – 7 ABR 61/98 – AP § 24 BetrVG 1972 Nr. 5; BAG 6.12.2006 – 7 ABR 62/05 – AP § 21 BetrVG 1972 Nr. 5; GK-BetrVG/*Kreutz*, § 21b Rn 10; Fitting u.a., § 21b Rn 16; Hako-BetrVG/*Düwell*, § 21b Rn 15.
28 LAG Köln 14.8.2007 – 9 TaBV 27/07 für Sozialplan; Fitting u.a., § 21b Rn 17.
29 LAG Bremen 9.12.2004 – 3 TaBV 15/04 – AuR 2005, 420.
30 BAG 12.1.2000 – 7 ABR 61/98 – AP § 24 BetrVG 1972 Nr. 5; BAG 6.12.2006 – 7 ABR 62/05 – AP § 21 BetrVG 1972 Nr. 5; BAG 25.10.2007 – 8 AZR 917/06 – NZA--RR 2008, 367 (371); BAG 26.7.2007 – 8 AZR 769/06 – NZA 2008, 112 (117).
31 LAG Niedersachsen 23.4.2007 – 9 Sa 815/06 – juris.

11 Erfasst wird auch die Anpassung eines noch nicht abgewickelten Sozialplans an die veränderten Umstände.[32] Das Restmandat setzt jeweils einen die Auflösung der Betriebsorganisation überdauernden **Regelungsbedarf** voraus,[33] nicht hingegen, dass der BR seine Beteiligungsrechte noch während seines Vollmandats geltend gemacht hat.[34] Bei **unerledigten BR-Aufgaben**, die nicht im Zusammenhang mit der Auflösung der Betriebsorganisation stehen, scheidet das Restmandat aus.[35]

12 2. **Personelle Zusammensetzung.** Das Restmandat wird vom BR in seiner **bisherigen personellen Zusammensetzung** wahrgenommen.[36] Für die Größe und personelle Zusammensetzung kommt es auf den Zeitpunkt der Stilllegung, Spaltung oder Zusammenlegung an.[37] Ist zu diesem Zeitpunkt die Zahl der BR-Mitglieder nach Eintreten sämtlicher Ersatzmitglieder unter die durch § 9 vorgegebene Zahl gesunken, wird das Restmandat von den verbliebenen BR-Mitgliedern wahrgenommen (§§ 22, 13 Abs. 2 Nr. 2).[38] Eine Aufstockung ihrer Zahl scheidet aus. Das Restmandat besteht, solange noch mindestens ein einköpfiger „Betriebsrat" existiert, der Willens ist, das Restmandat wahrzunehmen und im Zusammenhang mit der Betriebsstilllegung noch Mitwirkungs- und Mitbestimmungsrechte offen sind.[39] Die BR-Mitglieder können ihr Restmandat jederzeit niederlegen.[40] Besteht der BR nur noch aus einem Mitglied und ist keine Belegschaft mehr vorhanden, der gegenüber die Amtsniederlegung erklärt werden kann, erfolgt die Erklärung der Amtsniederlegung gegenüber dem AG.[41]

13 3. **Dauer des Restmandats.** Das Restmandat ist **zeitlich nicht beschränkt.** Es **beginnt** mit dem Untergang des Betriebs[42] und **endet**, wenn die dem Restmandat zugeordneten Aufgaben abgeschlossen sind.[43] Das Ende der regulären Amtszeit ist ohne Einfluss, sofern noch zum Zeitpunkt der Auflösung der Betriebsorganisation ein BR bestand.[44] Das Restmandat kann auch noch nach Ablauf der regulären Amtszeit entstehen, wenn der AG vor diesem Zeitpunkt allen AN gekündigt hat und er sich erst nach diesem Zeitpunkt entschließt, den Betrieb endgültig stillzulegen.[45] In jedem Fall endet das Restmandat mit der Amtsniederlegung des letzten BR-Mitglieds.[46] Ist das Restmandat einmal erloschen, lebt es nicht wieder auf.[47]

14 4. **Kosten und Freistellung.** Die mit der Ausübung des Restmandats verbundenen **Kosten** trägt nach § 40 der AG des Ursprungsbetriebs. Auch für das Restmandat gilt, dass dem BR die erforderlichen Sachmittel und Räume zur Verfügung zu stellen sind.[48] Ein Verzicht der ausgeschiedenen BR-Mitglieder auf ihren Kostenfreistellungsanspruch gegen den AG scheidet wegen der zwingenden Wirkung des § 40 aus.[49] Die Kostentragungspflicht nach § 40 umfasst auch die Kosten der Entgeltfortzahlung an BR-Mitglieder für die während der Arbeitszeit (nunmehr bei einem anderen AG) erfolgte Wahrnehmung des Restmandats. Gegen den neuen Vertrags-AG besteht lediglich ein Anspruch auf unbezahlte Freistellung. § 37 Abs. 2 ist insoweit teleologisch zu reduzieren.[50]

C. Verbindungen zu anderen Rechtsgebieten und zum Prozessrecht

15 Streitigkeiten über Beginn, Ausübung und Ende des Restmandats entscheiden die ArbG im **Beschlussverfahren** (§§ 2a Abs. 1 Nr. 1, Abs. 2, 80 ff. ArbGG). Beschlussverfahren, welche sich nicht auf Gegenstände des Restmandats

---

32 BAG 5.10.2000 – 1 AZR 48/00 – BAGE 96, 15 = NZA 2001, 849.
33 BAG 19.6.2001 – 1 ABR 48/00 – NZA 2002, 756; BAG 14.8.2001 – 1 ABR 52/00 – NZA 2002, 109.
34 GK-BetrVG/*Kreutz*, § 21b Rn 15; Richardi/*Thüsing*, § 21b Rn 9; ErfK/*Eisemann/Koch*, § 21b BetrVG Rn 3.
35 HWK/*Reichold*, § 21b BetrVG Rn 11; *Worzalla*, FA 2001, 261, 265; GK-BetrVG/*Kreutz*, § 21b Rn 13; *Fitting u.a.*, § 21b Rn 18; Hess u.a./*Worzalla*, § 21b Rn 6; *Stege/Weinspach/Schiefer*, § 21b Rn 7; a.A. *Däubler*, AuR 2001, 1, 3 und 285, 289; *Konzen*, RdA 2001, 76, 85; *Richardi/Annuß*, DB 2001, 41, 44; DKK/*Buschmann*, § 21b Rn 18.
36 BAG 12.1.2000 – 7 ABR 61/98 – NZA 2000, 669; BAG 6.12.2006 – 7 ABR 62/05 – AP § 21 BetrVG 1972 Nr. 5.
37 Richardi/*Thüsing*, § 21b Rn 13; *Fitting u.a.*, § 21b Rn 14.
38 BAG 6.12.2006 – 7 ABR 62/05 – AP § 21 BetrVG 1972 Nr. 5; LAG Niedersachsen 23.4.2007 – 9 Sa 815/06 – juris.
39 LAG Niedersachsen 23.4.2007 – 9 Sa 815/06 – juris.
40 Allg.M., statt vieler LAG Niedersachsen 23.4.2007 – 9 Sa 815/06 – juris; HWK/*Reichold*, § 21b BetrVG Rn 13 m.w.N.; a.A. nur *Hanau*, NJW 2001, 2513, 2515.
41 Zu Vorst. BAG 12.1.2000 – 7 ABR 61/98 – NZA 2000, 669; LAG Niedersachsen 23.4.2007 – 9 Sa 815/06 – juris; vgl. auch ArbG Berlin 17.3.2004 – 7 BV 3860/04 – EzA-SD 2004, Nr. 10, 12.
42 ErfK/*Eisemann/Koch*, § 21b BetrVG Rn 5; BAG 6.12.2006 – 7 ABR 62/05 – AP § 21 BetrVG 1972 Nr. 5.
43 BAG 12.1.2000 – 7 ABR 61/98 – NZA 2000, 669; LAG Bremen 9.12.2004 – 3 TaBV – AuR 2005, 420; *Engels/Trebinger/Löhr-Steinhaus*, DB 2001, 532, 534.
44 *Löwisch/Schmidt-Kessel*, BB 2001, 2162, 2165; GK-BetrVG/*Kreutz*, § 21b Rn 19.
45 BAG 16.6.1987 – 1 AZR 528/85 – BAGE 55, 344 = NZA 1987, 858; ErfK/*Eisemann/Koch*, § 21b BetrVG Rn 5.
46 BAG 12.1.2000 – 7 ABR 61/98 – NZA 2000, 669; *Fitting u.a.*, § 21b Rn 19.
47 GK-BetrVG/*Kreutz*, § 21b BetrVG Rn 20; Richardi/*Thüsing*, § 21b Rn 12; *Fitting u.a.*, § 21b Rn 19; vgl. auch BAG 24.10.2001 – 7 ABR 20/00 – BAGE 99, 208 = NZA 2003, 53; BAG 6.12.2006 – 7 ABR 62/05 – AP § 21 BetrVG 1972 Nr. 5; a.A. LAG Niedersachsen 24.1.2000 – 5 TaBV 25/99 – NZA-RR 2000, 309.
48 LAG Bremen 9.12.2004 – 3 TaBV 15/04 – AuR 2005, 420.
49 LAG Niedersachsen 24.1.2000 – 5 TaBV 25/99 – NZA-RR 2000, 309.
50 HWK/*Reichold*, § 21b BetrVG Rn 15; Richardi/*Thüsing*, § 21b Rn 14; *Fitting u.a.*, § 21b Rn 20; a.A. *Auktor*, NZA 2003, 950, 952; Hess u.a./*Worzalla*, § 21b Rn 8.

beziehen, fehlt das Rechtsschutzinteresse oder sie erledigen sich.[51] So erledigt sich bspw. ein anhängiges Beschlussverfahren zur Anfechtung eines Einigungsstellenspruchs über den künftigen Ausgleich der Belastungen durch Arbeit zur Nachtzeit nach Stilllegung des Betriebs.[52] Bestand und Inhalt können als Vorfrage auch im Verfahren vor der **Einigungsstelle** (§ 76) sowie im **Urteilsverfahren** mit entschieden werden, z.B. im Künd-Schutzprozess eines BR-Mitglieds.[53]

D. Beraterhinweise

Voraussetzung dafür, dass der durch den BR beauftragte Rechtsanwalt selbst seine Kosten vom AG erstatten verlangen kann, ist, dass ihm der BR seinen Anspruch aus § 40 abtritt. Den hierfür erforderlichen BR-Beschluss können die ehemaligen BR-Mitglieder auch noch nach Auflösung des BR in Wahrnehmung eines Restmandats fassen.[54] **16**

§ 22 Weiterführung der Geschäfte des Betriebsrats

In den Fällen des § 13 Abs. 2 Nr. 1 bis 3 führt der Betriebsrat die Geschäfte weiter, bis der neue Betriebsrat gewählt und das Wahlergebnis bekannt gegeben ist.

Literatur: *Hahn/Rudolph*, Der Rumpfbetriebsrat, AiB 2008, 534; *Kamp*, Der Scheinbetriebsrat, 2006; *Ilbertz*, Abwicklung von Freistellungsansprüchen des Betriebsrats nach Ende seiner Amtszeit, ZBVR 2002, 128; *Oetker*, Zu den Auswirkungen der Auflösung des Gemeinschaftsbetriebs auf den Betriebsrat, EWiR 2004, 729; *Peter*, Kostentragungspflicht des Arbeitgebers nach Untergang des Betriebsrats, AiB 2002, 572; *Wiese*, Abwicklung von Ansprüchen des Betriebsrats nach Ende der Amtszeit, AP Nr. 71 zu § 40 BetrVG 1972

A. Allgemeines

Die Vorschrift gewährleistet die Weiterführung der Amtsgeschäfte durch den BR bei vorzeitigem Ende der Amtszeit. Relevanz hat sie letztlich nur im Falle des Rücktritts (§ 13 Abs. 2 Nr. 3). Für die Fälle des § 13 Abs. 2 Nr. 1 und 2 bestimmt § 21 S. 5 bereits, dass die Amtszeit des bisherigen BR erst mit Bekanntgabe des Wahlergebnisses des neu gewählten BR endet. Z.T. wurde § 22 sogar für vollkommen überflüssig gehalten, weil auch im Fall des **Rücktritts** das Amt bis zur Neuwahl weiter bestehe. Jedenfalls findet § 22 auch in den Fällen der erfolgreichen Wahlanfechtung und der Auflösung des BR (§ 13 Abs. 2 Nr. 4 und 5) keine, auch keine entsprechende Anwendung. Mit rechtskräftiger Entscheidung wird der Betrieb betriebsratslos.[1] **1**

Das gilt auch dann, wenn alle BR-Mitglieder durch **Niederlegung** des BR-Amts (§ 24 Abs. 1 Nr. 2), Beendigung des Arbverh (§ 24 Abs. 1 Nr. 3), Verlust der Wählbarkeit (§ 24 Abs. 1 Nr. 4 BetrVG) oder durch Ausschluss aus dem BR (§ 24 Abs. 1 Nr. 5) aus ihrem Amt ausgeschieden und keine Ersatzmitglieder mehr vorhanden sind. Eine Weiterführung der Geschäfte ist in diesen Fällen ausgeschlossen.[2] Eine entsprechende Anwendung des § 22 wird aber bejaht, wenn der BR wegen **zeitweiliger Verhinderung von BR-Mitgliedern**, die nicht durch Ersatzmitglieder vertreten werden können, nicht mehr beschlussfähig ist.[3] § 22 findet auch Anwendung, wenn ein von zwei Unternehmen geführter Gemeinschaftsbetrieb aufgelöst wird, weil eines der beiden Unternehmen seine betriebliche Tätigkeit einstellt. Das führt grds. nicht zur Beendigung der Amtszeit des für den Gemeinschaftsbetrieb gewählten BR. Dieser nimmt für die verbleibenden AN des anderen Unternehmens weiterhin die ihm nach dem BetrVG zustehenden Rechte und Pflichten wahr.[4] Das gilt selbst dann, wenn nur noch eines von sieben BR-Mitgliedern im Amt ist. **2**

§ 22 ist auch entsprechend anzuwenden, wenn die Amtszeit des BR wegen Inkrafttretens einer Vereinbarung nach § 3 Abs. 1 Nr. 1 bis 3 endet und dadurch neue betriebsverfassungsrechtliche Organe gewählt werden müssen. Die Vorschrift gilt entsprechend für die **Bordvertretung** und den **See-BR**, s. §§ 115 Abs. 3, 116 Abs. 2. **3**

---

51 BAG 14.8.2001 – 1 ABR 52/00 – NZA 2002, 109.
52 BAG 19.6.2001 – 1 ABR 48/00 – AP § 83a ArbGG 1979 Nr. 8.
53 GK-BetrVG/*Kreutz*, § 21b Rn 28; Richardi/*Thüsing*, § 21b Rn 15; *Fitting u.a.*, § 21b Rn 23.
54 LAG Niedersachsen – 5 Ta BV 25/99 – NZA-RR 2000, 309.
1 BAG 29.5.1991 – 7 ABR 54/90 – AP § 4 BetrVG 1972 Nr. 5 = NZA 1992, 74.
2 BAG 27.8.1996 – 3 ABR 21/95 – AP § 83a ArbGG 1979 Nr. 4 = NZA 1997, 623; BAG 12.1.2000 – 7 ABR 61/98 – AP § 24 BetrVG 1972 Nr. 5 = NZA 2000, 669.
3 BAG 18.8.1982 – 7 AZR 437/80 – AP § 102 BetrVG 1972 Nr. 24 = NJW 1983, 2836.
4 BAG 19.11.2003 – 7 AZR 11/03 – AP § 1 BetrVG Gemeinsamer Betrieb Nr. 19 = NZA 2004, 435.

4 Für die **JAV** ist die Weiterführung der Geschäfte in einer speziellen Regelung vorgesehen, allerdings nur für den Fall des Absinkens unter die vorgeschriebene Mitgliederzahl, § 64 Abs. 2 Satz 3 und 4, und zwar bis zur Bekanntmachung des neuen Wahlergebnisses.

5 Über § 94 Abs. 6 S. 2 SGB IX gilt die Regelung auch für die betriebliche Schwerbehindertenvertretung.
Auf die **überbetrieblichen AN-Vertretungen** wie GBR und KBR findet § 22 keine Anwendung.[5]

6 Für **Spaltungs- und für Zusammenfassungsfälle** sieht § 21a ein Übergangsmandat zur Vertretung aller betroffenen AN vor.
Die Vorschrift ist zwingend. Von ihr kann weder durch TV noch durch BV abgewichen werden.

B. Regelungsgehalt

7 Die **Geschäftsführungskompetenz** des BR ist während der Weiterführung der Geschäfte uneingeschränkt. Er nimmt die Geschäftsführung in derselben personellen und organisatorischen Zusammensetzung weiter wahr.[6] Es besteht kein praktischer Unterschied zwischen amtierendem oder geschäftsführendem BR. Der geschäftsführende BR muss unverzüglich einen Wahlvorstand für die vorzeitige Neuwahl bestellen. Andernfalls kann er wegen grober Amtspflichtverletzung nach § 23 Abs. 1 aufgelöst werden.

8 Die **Geschäftsführungsbefugnis endet** mit der Bekanntgabe des Wahlergebnisses des neu gewählten BR. Kommt eine Neuwahl nicht zustande, führt der bisherige BR die Geschäfte in vollem Umfang weiter. Dann endet die Geschäftsführung mit dem Zeitpunkt, in dem bei normalem Ablauf der Amtszeit das Ende der Amtszeit eingetreten wäre.[7] Bei **Nichtigkeit** der Wahl führt der bisherige BR die Geschäfte weiter. Es wird so getan, als hätte eine Neuwahl nicht stattgefunden.[8] Ist die Neuwahl nur anfechtbar, lag bei der Bekanntgabe des Wahlergebnisses schon der in § 22 geregelte Fall der Beendigung der Geschäftsführungskompetenz durch eine wirksame Neuwahl vor. Es hat ein neuer BR bestanden. Daher liegen die Voraussetzungen des § 13 Abs. 2 Nr. 4 vor.

C. Verbindung zu anderen Rechtsgebieten und zum Prozessrecht

9 Bei **Meinungsverschiedenheiten** über die Berechtigung zur Weiterführung der Amtsgeschäfte des BR entscheiden die Arbeitsgerichte nach § 2a Abs. 1 Nr. 1, Abs. 2, §§ 80 ff. ArbGG im Beschlussverfahren. § 22 findet entsprechende Anwendung bei Zahlungsstreitigkeiten, in denen es um die Abwicklung von Freistellungsansprüchen durch den alten BR nach Ende seiner Amtszeit geht und kein Funktionsnachfolger gewählt worden ist.

D. Beraterhinweise

10 **Vermögensrechtliche Rechtspositionen** gehen bei Beendigung des BR-Amtes nicht ersatzlos unter. Die Rechtsprechung wendet § 22 und § 49 Abs. 2 BGB entsprechend an.[9] Abgeleitet wird das aus dem Prinzip der Funktionsnachfolge[10] und dem „Grundgedanken der Kontinuität betriebsverfassungsrechtlicher Interessenvertretung".[11]

11 Unproblematisch sind die Fälle, in denen ein neuer BR gewählt wird. Dann nimmt der neue BR die Rechte wahr. Ist das nicht der Fall, enden mit dem Ende der Amtszeit des BR nicht zugleich auch die **Kostenerstattungs- und Freistellungsansprüche** des BR, die zum Zeitpunkt der Beendigung der Amtszeit des BR vom AG noch nicht erfüllt sind. Es besteht eine planwidrige Regelungslücke, die durch die analoge Anwendung von § 22, § 49 Abs. 2 BGB geschlossen wird. Der BR gilt hinsichtlich nicht erfüllten Kostenerstattungs- und Freistellungsansprüche als fortbestehend.[12] Die **Liquidationsbefugnis** ist zeitlich und sachlich begrenzt, zeitlich bis zur Neuwahl eines BR und sachlich – wegen der entsprechenden Anwendung des § 49 Abs. 2 BGB – auf die Abwicklung der bei Beendigung der Amtszeit noch bestehenden und einer Abwicklung bedürfenden vermögensrechtlichen Positionen des BR. Dazu gehört auch die Verfolgung der vom AG noch nicht erfüllten Freistellungsansprüche.

---

5 DKK/*Buschmann*, § 22 Rn 2; *Fitting u.a.*, § 22 Rn 2.
6 DKK/*Buschmann*, § 22 Rn 8; *Fitting u.a.*, § 22 Rn 8; GK-BetrVG/*Kreutz*, § 22 Rn 17.
7 *Fitting u.a.*, § 22 Rn 11.
8 DKK/*Buschmann*, § 22 Rn 14; *Fitting u.a.*, § 22 Rn 12; GK-BetrVG/*Kreutz*, § 22 Rn 22.
9 BAG 24.10.2001 – 7 ABR 20/00 – AP § 40 BetrVG 1972 Nr. 71 = NZA 2003, 53.
10 BAG 25.4.1978 – 6 ABR 9/75 – AP § 80 BetrVG 1972 Nr. 11 = DB 1978, 1747.
11 BAG 31.5.2000 – 7 ABR 78/98 – AP § 1 BetrVG 1972 Gemeinsamer Betrieb Nr. 12 = NZA 2000, 1350.
12 BAG, 24.10.2001 – 7 ABR 20/00 – AP § 40 BetrVG 1972 Nr. 71 = NZA 2003, 53.

§ 23 Verletzung gesetzlicher Pflichten

(1) ¹Mindestens ein Viertel der wahlberechtigten Arbeitnehmer, der Arbeitgeber oder eine im Betrieb vertretene Gewerkschaft können beim Arbeitsgericht den Ausschluss eines Mitglieds aus dem Betriebsrat oder die Auflösung des Betriebsrats wegen grober Verletzung seiner gesetzlichen Pflichten beantragen. ²Der Ausschluss eines Mitglieds kann auch vom Betriebsrat beantragt werden.

(2) ¹Wird der Betriebsrat aufgelöst, so setzt das Arbeitsgericht unverzüglich einen Wahlvorstand für die Neuwahl ein. ²§ 16 Abs. 2 gilt entsprechend.

(3) ¹Der Betriebsrat oder eine im Betrieb vertretene Gewerkschaft können bei groben Verstößen des Arbeitgebers gegen seine Verpflichtungen aus diesem Gesetz beim Arbeitsgericht beantragen, dem Arbeitgeber aufzugeben, eine Handlung zu unterlassen, die Vornahme einer Handlung zu dulden oder eine Handlung vorzunehmen. ²Handelt der Arbeitgeber der ihm durch rechtskräftige gerichtliche Entscheidung auferlegten Verpflichtung zuwider, eine Handlung zu unterlassen oder die Vornahme einer Handlung zu dulden, so ist er auf Antrag vom Arbeitsgericht wegen einer jeden Zuwiderhandlung nach vorheriger Androhung zu einem Ordnungsgeld zu verurteilen. ³Führt der Arbeitgeber die ihm durch eine rechtskräftige gerichtliche Entscheidung auferlegte Handlung nicht durch, so ist auf Antrag vom Arbeitsgericht zu erkennen, dass er zur Vornahme der Handlung durch Zwangsgeld anzuhalten sei. ⁴Antragsberechtigt sind der Betriebsrat oder eine im Betrieb vertretene Gewerkschaft. ⁵Das Höchstmaß des Ordnungsgeldes und Zwangsgeldes beträgt 10 000 Euro.

Literatur: *Bepler*, Bestimmtheit eines Unterlassungstitels im Beschlussverfahren – BAG, Beschluss vom 25.8.2004 – 1 AZB 41/03, jurisPR-ArbR 43/2004 Anm. 2; *Bertzbach*, Kein Vertragsstrafenversprechen zugunsten des Betriebsrats – BAG, Beschluss vom 29.9.2004 – 1 ABR 30/03, jurisPR-ArbR 6/2005 Anm. 1; *Besgen/Roloff*, Grobe Verstöße des Arbeitgebers gegen das AGG – Rechte des Betriebsrats und der Gewerkschaften, NZA 2007, 670; *Bieszk/Maaß*, BR-Mitglied ausschließen?, AuA 2007, 469; *Boemke*, Durchführung einer Betriebsvereinbarung über Gleitzeit – BAG, Beschluss vom 29.4.2004 – 1 ABR 30/02, jurisPR-ArbR 30/2004 Anm. 1; *Chen*, Die Bedeutung des § 2 Abs. 1 BetrVG für den Umfang und die Schranken der Mitbestimmung nach § 87 BetrVG, 2004; *Evers*, Die Unterlassungsansprüche des Betriebsrats, 2005; *Franzen*, Kollektive Rechtsdurchsetzung – Länderbericht Deutschland, ZIAS 2004, 32; *Hayen*, Handlungsmöglichkeiten und Durchsetzungsdefizite für Interessenvertretungen nach dem Allgemeinen Gleichbehandlungsgesetz, AuR 2007, 6; *Klaus*, Rechtliches Spannungsverhältnis zwischen Gewerkschaft und Betriebsrat, 2008; *Klumpp*, § 23 BetrVG als Diskriminierungssanktion?, NZA 2006, 904; *Kothe*, Der Unterlassungsanspruch der betrieblichen Arbeitnehmervertretung, in: Festschrift für Reinhard Richardi zum 70. Geburtstag 2007, 601; *Kohte/Ritschel*, Unterlassungsanspruch des Betriebsrats, jurisPR-ArbR 49/2007 Anm. 1; *Lobinger*, Zum Unterlassungsanspruch des Betriebsrats bei Betriebsänderungen, in: Festschrift für Reinhard Richardi zum 70. Geburtstag 2007, 657; *Matthes*, Allgemeiner Unterlassungsanspruch auch außerhalb von § 87 BetrVG 1972 – BAG, Beschluss vom 26.7.2005 – 1 ABR 29/04, jurisPR-ArbR 48/2005 Anm. 3; *ders.*, Hinzuziehung eines Betriebsratsmitglieds zu Personalgespräch – BAG, Beschluss vom 16.11.2004 – 1 ABR 53/03; jurisPR-ArbR 12/2005 Anm. 1; *Müller-Knapp*, Anspruch des Betriebsrats nach § 23 Abs. 3 BetrVG neben dem nach § 101 BetrVG, AiB 2007, 673; *Pohl*, Unterlassungsansprüche des Betriebsrates, Arbeitsgemeinschaft Arbeitsrecht im Deutschen Anwaltverein, in: Festschrift zum 25-jährigen Bestehen 2006, 987; *Roos*, Ungestörte Amtsausübung, AiB 2002, 197; *Sarge*, Vertrauensvolle Zusammenarbeit, dbr 2006, Nr. 4, 14; *Stück*, Handlungsmöglichkeiten bei überzogener BR-Tätigkeit, AuA 2006, 586; *Sutschet*, Zur Unterlassungsklage der Gewerkschaft gegen betriebliche Bündnisse für Arbeit, ZfA 2007, 207; *Thomas*, Zur Dogmatik des allgemeinen betriebsverfassungsrechtlichen Unterlassungsanspruchs, ZfA 2004, 101; *Walker*, Zum Unterlassungsanspruch des Betriebsrats bei Betriebsänderungen, FA 2008, 290; *Wenderoth*, Der allgemeine Unterlassungsanspruch des Betriebsrats, 2006; *Wolmerath*, Unterlassungsanspruch des Betriebsrats bei Betriebsänderungen, jurisPR-ArbR 41/2007 Anm. 4; *Zabel*, Unterlassungsanspruch des Betriebsrats bei geplanter Betriebsänderung, AiB 2008, 352

A. Allgemeines 1	II. Einsetzung des Wahlvorstands durch das Gericht (Abs. 2) 25
B. Regelungsgehalt 4	III. Grobe Verstöße des Arbeitgebers (Abs. 3) 26
I. Auflösung des und Ausschluss aus dem Betriebsrat (Abs. 1) 4	1. Allgemeines 26
1. Allgemeines 4	2. Erkenntnisverfahren (Abs. 1 S. 1) 30
2. Pflichtverletzung 6	a) Grobe Pflichtverletzung 30
3. Verschulden 11	b) Wiederholungsgefahr nicht erforderlich .. 34
4. Abmahnung 13	c) Verfahren 36
5. Ausschlussverfahren 14	aa) Antragsberechtigung 36
a) Antrag der Belegschaftsmitglieder 15	bb) Antragsinhalt 37
b) Antrag des Arbeitgebers 17	3. Vollstreckungsverfahren (Abs. 3 S. 2 bis 4) .. 39
c) Antrag der Gewerkschaft 18	a) Allgemeines 39
d) Antrag des Betriebsrats 19	b) Vollstreckung hinsichtlich Duldung oder Unterlassen einer Handlung (Abs. 3 S. 2) 42
e) Schriftlicher Antrag 20	c) Vornahme einer Handlung (Abs. 3 S. 3) .. 44
6. Ausschlussfolgen 21	d) Höhe des Zwangsgeldes (Abs. 3 S. 4) 45
7. Auflösungsverfahren und Folgen 22	4. Der allgemeine Unterlassungsanspruch des Betriebsrats 47
a) Schriftlicher Antrag 22	a) Allgemeines 47
b) Auflösungsfolgen 23	

b) Wiederholungsgefahr erforderlich 48
c) Anwendungsbereiche 49
d) Einstweiliger Rechtsschutz 52
e) Vollstreckung des Unterlassungstitels 53
5. Unterlassungsanspruch der Gewerkschaft 54
C. Verbindung zu anderen Rechtsgebieten und zum Prozessrecht 56
I. Rechte des Betriebsrats aus dem Gesellschaftsrecht 56
II. Verfahrensfragen 57
D. Beraterhinweise 61

A. Allgemeines

1 Durch die Vorschrift werden Sanktionsmöglichkeiten bei groben Pflichtverletzungen des BR, seiner Mitglieder oder des AG geschaffen. Aus **Abs. 1** ergibt sich für den aufgeführten Personenkreis das Recht, den Ausschluss eines Mitglieds aus dem BR beim Arbeitsgericht zu beantragen oder auch die Auflösung des BR. Durch **Abs. 2** wird dem Arbeitsgericht für den Fall der Auflösung des BR die Verpflichtung auferlegt, unverzüglich einen Wahlvorstand für die Neuwahl zu bestellen. **Abs. 3** sieht für den BR oder eine im Betrieb vertretenen Gewerkschaft das Recht vor, ein Zwangsverfahren bei groben Verstößen des AG gegen seine betriebsverfassungsrechtlichen Verpflichtungen einzuleiten. Der Abs. ist durch das BetrVG 1972 neu eingefügt worden.

2 Sämtliche Bestimmungen können weder durch BV abgeändert oder außer Kraft gesetzt werden.[1] BR und AG können aber vereinbaren, wegen bestimmter Pflichtverletzungen kein arbeitsgerichtliches Beschlussverfahren nach § 23 Abs. 3 anhängig zu machen. Auch kann der AG auf die Stellung eines Auflösungs- oder Ausschließungsantrags verzichten oder sich verpflichten, einen bereits gestellten Antrag zurückzunehmen.

3 Für die Bordvertretung und den See-BR gilt § 23 entsprechend (§§ 115 Abs. 3, 116 Abs. 2). Der JAV steht das Recht aus Abs. 1, nicht aber aus Abs. 3 (insoweit BR) zu.[2] Für GBR, Gesamt-JAV, KBR und Konzern-JAV gelten die §§ 48, 56, 53 Abs. 2 und 53 b Abs. 2. Nach § 51 Abs. 6 und § 59 Abs. 1 gilt das Antragsrecht gegen den AG auch für GBR und KBR.[3]

B. Regelungsgehalt

I. Auflösung des und Ausschluss aus dem Betriebsrat (Abs. 1)

4 **1. Allgemeines.** Die Regelung soll sicherstellen, dass die **Mindestanforderungen** an eine gesetzmäßige Amtsausübung von dem einzelnen BR-Mitglied und dem BR erfüllt werden. Ist die Amtszeit abgelaufen, wird ein Ausschlussverfahren gegenstandslos.[4] Die Vorschrift hat keinen Bestrafungscharakter.[5] Sanktioniert werden Pflichtverletzungen, die sich aus der Mitgliedschaft im BR ergeben, nicht aber Pflichtverletzungen im Arbverh. Bei gleichzeitiger Verletzung betriebsverfassungsrechtlichen und arbeitsvertraglicher Pflichten kann eine individualrechtliche Maßnahmen des AG gerechtfertigt sein.[6] Die alleinige Verletzung betriebsverfassungsrechtlicher Pflichten rechtfertigt arbeitsrechtliche Sanktionen nicht.[7] Ein Ausschluss von Mitgliedern aus dem BR wegen Verletzung arbeitsrechtlicher Pflichten ist unzulässig.

5 Die **Folgen** eines **Ausschlusses und einer Auflösung** des BR sind sehr unterschiedlich. Der Ausschluss führt dazu, dass nach § 25 Abs. 1 die Ersatzmitglieder nachrücken. Mit Rechtskraft eines Auflösungsbeschlusses ist die Amtszeit sämtlicher BR-Mitglieder einschließlich aller Ersatzmitglieder beendet.

6 **2. Pflichtverletzung. Die gesetzlichen Pflichten** ergeben sich aus der aktuellen Amtsstellung des BR. Pflichtverletzungen aus früheren Amtsperioden können nicht Gegenstand eines Ausschlussverfahrens sein.[8] Zu den Amtspflichten gehören die im BetrVG ausdrücklich für die Mitglieder aufgestellten Gebote und Verbote, so z.B. das Verbot jeglicher parteipolitischer Betätigung im Betrieb,[9] § 74 Abs. 2 S. 3, und der Offenbarung oder Verwertung von Betriebs- und Geschäftsgeheimnissen § 79 Abs. 1 S. 1. Besondere Pflichten ergeben sich aus den wahrgenommenen Funktionen, wie z.B. dem Amt des BR-Vorsitzenden. Anders als Abs. 3 sieht Abs. 1 aber **keine Beschränkung auf Pflichten aus dem BetrVG** vor. Diese ergeben sich z.B. auch aus § 93 S. 2 SGB IX oder § 11 ASiG.

7 Es handelt sich um sog. **pflichtgebundene Rechte**. Sämtliche dem BR und seinen Mitgliedern nach dem BetrVG zustehenden Befugnisse sind zur Vertretung der Interessen der AN und zum Wohle des Betriebs (§ 2 Abs. 1) geschaffen worden und müssen – im Rahmen eines pflichtgemäßen Ermessens – regelmäßig auch wahrgenommen werden. Aus diesem Grund führt nicht nur die rechtsmissbräuchliche Ausübung, sondern auch die Vernachlässigung gesetz-

---

1 *Fitting u.a.*, § 23 Rn 5.
2 Vgl. BAG 15.8.1978 – 6 ABR 10/76 – AP § 23 BetrVG 1972 Nr. 1 = DB 1978, 2275.
3 DKK/*Trittin*, § 23 Rn 6; *Fitting u.a.*, § 23 Rn 4.
4 BAG 29.4.1969 – 1 ABR 19/68 – AP § 23 BetrVG Nr. 9 = DB 1969, 1560.
5 So zutreffend: GK-BetrVG/*Oetker*, § 23 Rn 10; HaKo-BetrVG/*Düwell*, § 23 Rn 5.
6 BAG 10.11.1993 – 7 AZR 682/92 – AP § 78 BetrVG 1972 Nr. 4 = NZA 1994, 500.
7 BAG 10.11.1993 – 7 AZR 682/92 – AP § 78 BetrVG 1972 Nr. 4 = NZA 1994, 500.
8 BAG 29.4.1969 – 1 ABR 19/68 – AP § 23 BetrVG Nr. 9 = DB 1969, 1560.
9 BAG 21.2.1978 – 1 ABR 54/76 – AP § 74 BetrVG 1972 Nr. 1 = DB 1978, 1547.

lich eingeräumter Befugnisse zur Verletzung gesetzlicher Pflichten.[10] Die konsequente Ausschöpfung der dem BR zustehenden Rechte ist nicht missbräuchlich.[11] Die **Auflösung** setzt eine **kollektive Pflichtverletzung** des BR als Organ voraus.[12]

Nicht zu den durch Abs. 1 sanktionierten Pflichten gehören die aus der **Entsendung in den GBR** und in den **KBR**, dazu s. §§ 48, 56.

Um eine „**grobe**" **Pflichtverletzung** i.S.d. Abs. 1, die einen **Ausschluss** rechtfertigen kann, handelt es sich bei objektiv erheblichen und offensichtlich schwerwiegenden Pflichtverletzungen.[13] Die Pflichtverletzung muss die weitere Ausübung des Amts als untragbar erscheinen lassen. Alle Umstände des Einzelfalls, insb. die betrieblichen Verhältnisse und der Anlass der Pflichtverletzung sind zu berücksichtigen.[14] Ein einmaliger Verstoß kann ausreichen.[15] Aufgrund der in der Vergangenheit aufgetretenen Pflichtverstöße ist eine Prognose erforderlich, ob unter Berücksichtigung aller Umstände des Einzelfalles die weitere Amtstätigkeit gegenüber Belegschaft und AG noch zumutbar ist. Eine Wiederholungsgefahr kann aufgrund von Entschuldigungen oder Wiedergutmachungen ggf. entfallen.[16]

Für die **Auflösung** des BR kommt es darauf an, ob einer im Betrieb vertretenen Gewerkschaften und der Belegschaft die weitere Zusammenarbeit mit dem BR als Organ der Betriebsverfassung **unzumutbar** geworden ist. **Beispiele:**

– Der **Aufruf zur Teilnahme an einem Arbeitskampf** unter missbräuchlicher Ausnutzung der Amtsstellung und sachlicher Mittel des BR (grobe Verletzung der Pflicht aus § 74 Abs. 2 S. 1),[17]
– **Aufruf zu einem wilden Streik**, dessen Ziel der Abschluss einer betrieblichen Regelung ist,[18]
– **Annahme von Vorteilen** in Form von Geld- oder Sachzuwendungen, die der AG zur Beeinflussung der Amtsführung gewährt,[19]
– Verletzung des **Gleichbehandlungsgrundsatzes** (Verstoß gegen § 75 Abs. 1 S. 1),[20]
– **Beleidigung des AG** oder leitender Ang (konkrete Umstände entscheidend),[21]
– **Weitergabe von Betriebs- oder Personaldaten an Dritte**.[22]

Eine **Auflösung** des BR rechtfertigen darüber hinaus:

– Der BR hält erforderliche **BR-Sitzungen** nicht ab,[23]
– Aufforderung der Belegschaft zur **Arbeitsniederlegung und zur Fabrikbesetzung,** wenn nicht durch AG bewusst provoziert (z.B. durch Nichtbeachtung des Künd-Schutzrechts und der Beteiligungsrechte bei einer Massen-Künd),[24]
– Der BR beruft eineinhalb Jahre keine **Betriebsversammlungen** (§ 43 Abs. 1) ein,
– Der BR unterlässt entgegen § 43 Abs. 4 die Einberufung einer von einer Gewerkschaft beantragten Versammlung,
– Abschluss einer **BV über tariflich geregelte Arbeitsbedingungen,** ggf. keine grobe Pflichtverletzung bei unübersichtlichem Tarifwerk.[25]

3. Verschulden. Ein **Verschulden** ist nach der Rspr. des BAG[26] für den **Ausschluss** nicht erforderlich, da es nicht um eine disziplinarische Maßnahme geht. Nach einem Teil des Schrifttums[27] ist für einen **Ausschluss** als zusätzliches ungeschriebenes Merkmal ein Verschulden erforderlich.

Für eine **Auflösung** des BR ist nach einhelliger Meinung kein Verschulden erforderlich.[28] Auch ist es nicht entscheidend, ob einzelne BR-Mitglieder an der Pflichtverletzung des BR nicht teilhaben, wenn z.B. das pflichtwidrige Verhalten nicht auf einem einstimmigen, sondern auf einem Mehrheitsbeschluss des BR beruht.[29]

---

10 HaKo-BetrVG/*Düwell*, § 23 Rn 11.
11 DKK/*Trittin*, § 23 Rn 7.
12 LAG Hamm 6.11.1975 – 8 TaBV 11/75 – BB 1976, 336.
13 BAG 21.2.1978 – 1 ABR 54/76 – AP § 74 BetrVG 1972 Nr. 1 = DB 1978, 1547.
14 BAG 22.6.1993 – 1 ABR 62/92 – AP § 23 BetrVG 1972 Nr. 22 = NZA 1994, 184.
15 Vgl. BAG 4.5.1955 – 1 ABR 4/53 – AP § 44 BetrVG Nr. 1, zu der Einbringung von parteipolitischen Entschließungsanträgen durch BR-Mitglieder in die Betriebsversammlung.
16 Hessisches LAG 4.5.2000 – 12 TaBV 100/99 – n.v.
17 *Fitting u.a.*, § 23 Rn 19; GK-BetrVG/*Oetker*, § 23 Rn 48.
18 LAG Baden-Württemberg 24.6.1974 – 1 TaBV 3/74 – n.v.
19 LAG München – 5 TaBV 34/77 – DB 1978, 894.
20 LAG Köln 15.12.2000 – 11 TaBV 63/00 – ZTR 2001, 334.
21 LAG München 26.8.1992 – 5 TaBV 43/92 – BB 1993, 2168.
22 BAG 22.5.1959 – 1 ABR 2/59 – AP § 23 BetrVG Nr. 3 = BB 1959, 848.
23 Hessisches LAG 12.8.1993 – 12 TaBV 203/92 – BetrR 1994, 39.
24 So LAG Hamm – 8 TaBV 21/75 – BB 1976, 363.
25 BAG 22.6.1993 – 1 ABR 62/92 – AP § 23 BetrVG 1972 Nr. 22 = NZA 1994, 184.
26 BAG 8.8.1989 – 1 ABR 65/88 – AP § 87 BetrVG 1972 Ordnung des Betriebes Nr. 15 = NZA 1990, 320.
27 DKK/*Trittin*, § 23 Rn 13; ErfK/*Eisemann/Koch*, § 23 BetrVG Rn 4; *Fitting u.a.*, § 23 Rn 16.
28 BAG 8.8.1989 – 1 ABR 63/88 – AP § 95 BetrVG 1972 Nr. 18 = NZA 1990, 322; BAG 27.11.1990 – 1 ABR 77/89 – AP § 87 BetrVG 1972 Arbeitszeit Nr. 41 = NZA 1991, 382.
29 DKK/*Trittin*, § 23 Rn 49; *Fitting u.a.*, § 23 Rn 40; GK-BetrVG/*Wiese/Oetker*, § 23 Rn 97.

13 **4. Abmahnung.** Vor Stellen des Ausschlussantrages ist eine Abmahnung erforderlich.[30] Der Ausschluss ist erst zulässig, wenn trotz Hinweises auf den Pflichtenverstoß und die In-Aussicht-Stellung des Ausschlussantrags das BR-Mitglied sein Verhalten nicht ändert.

14 **5. Ausschlussverfahren. Antragsberechtigt** sind
- ein Viertel der wahlberechtigten **AN**,
- der **AG**,
- eine im Betrieb vertretene **Gewerkschaft**,
- der **BR**, soweit es um den Ausschluss eines Mitglieds geht.

15 **a) Antrag der Belegschaftsmitglieder.** Bei Erfüllung der Mindestzahl von ¼ der wahlberechtigten AN (§ 7) des Betriebs kann die Belegschaft den Ausschluss eines BR-Mitglieds beantragen. Das Quorum errechnet sich nach dem regelmäßigen, nicht nur vorübergehenden Stand der Belegschaft. Darunter können sich auch BR-Mitglieder befinden. Die Mindestzahl muss nicht nur bei Antragstellung, sondern während des gesamten Verfahrens vorliegen. Eine Beendigung des Arbverh oder eine Versetzung aus dem Betrieb stehen der Antragsbefugnis nicht entgegen.[31] Es dürfen aber nicht alle antragstellenden AN aus dem Arbverh oder aus dem Betrieb ausscheiden. Ansonsten entfällt das Rechtsschutzinteresse.[32]

16 Ob ein Austausch von antragstellenden AN während des Verfahrens zulässig ist, um ein Absinken unter die Mindestanzahl zu verhindern, ist umstritten.[33] Dafür spricht, dass Abs. 1 im Unterschied zu dem Verfahren der Wahlanfechtung nach § 19 Abs. 2 keine Antragsfrist kennt.

17 **b) Antrag des Arbeitgebers.** Der AG ist berechtigt, den Ausschluss eines BR-Mitglieds zu beantragen, wenn das BR-Mitglied eine Pflicht verletzt, deren Einhaltung auch im Interesse des AG liegt. Der Antrag kann nicht auf Pflichtverletzungen gestützt werden, die ausschließlich im Verhältnis der BR-Mitglieder untereinander Wirkungen entfalten.[34] Z.T. wird es darüber hinaus als ausreichend angesehen, wenn dem AG durch Nachlässigkeiten bei der Wahrnehmung der Geschäftsführung erhebliche Mehrbelastungen entstehen.[35]

18 **c) Antrag der Gewerkschaft.** Neben den Gewerkschaften als solchen können auch örtliche und bezirkliche **Untergliederungen einer Gewerkschaft** sowie ein **Spitzenverband** antragsberechtigt sein, wenn sich dies aus deren Satzung ergibt. **Berufsverbände** sind wegen der Verknüpfung des Gewerkschaftsbegriffs mit dem der Tariffähigkeit nicht antragsbefugt. Bei **Post** und **Bahn** werden allerdings in erweiterter Auslegung des § 28 Abs. 1 BPersVG auch die Berufsverbände der Beamten zugelassen.[36]

Für die Antragsberechtigung ist es unerheblich, welcher im Betrieb vertretenen Gewerkschaft das BR-Mitglied angehört.[37]

19 **d) Antrag des Betriebsrats.** Auch der **BR** ist antragsberechtigt. Über die Frage, ob er es wahrnimmt, entscheidet er durch Beschluss (§ 33). Das betroffene BR-Mitglied darf nicht teilnehmen.[38]

20 **e) Schriftlicher Antrag.** Der Antrag muss schriftlich beim Arbeitsgericht gestellt werden, § 81 Abs. 1 ArbGG. Er kann nur von den in Abs. 1 genannten Personen und Stellen gestellt werden. Andere Möglichkeiten, die vorzeitige Beendigung der Amtszeit gegen den Willen der Mitglieder des BR herbeizuführen, gibt es nicht. Der Antrag kann bei dem Arbeitsgericht ohne Zustimmung der übrigen Beteiligten zurückgenommen werden.[39]

21 **6. Ausschlussfolgen.** Die Mitgliedschaft im BR einschließlich der Funktionen und Entsendungen erlischt mit Rechtskraft des gerichtlichen Beschlusses. Das Ersatzmitglied rückt nach. Das BR-Mitglied verliert i.Ü. auch den besonderen Künd-Schutz nach § 15 KSchG, § 103 Abs. 1 sowie den besonderen Versetzungsschutz nach § 103 Abs. 3. Auch nachwirkender Künd-Schutz ist ausgeschlossen (§ 15 Abs. 1 S. 2 Hs. 2 KSchG).

22 **7. Auflösungsverfahren und Folgen. a) Schriftlicher Antrag.** Der Antrag ist schriftlich beim Arbeitsgericht zu stellen. Der BR kann nach § 13 Abs. 2 Nr. 3 mit der Mehrheit seiner Mitglieder nur seinen Rücktritt beschließen. Den Antrag auf seine Auflösung kann er nicht stellen.

---

30 *Kania*, DB 1996, 374; zustimmend ArbG Hildesheim 1.3.1996 – 1 BV 10/95 – AuR 1997, 336; a.A.: LAG Düsseldorf 23.2.1993 – 8 TaBV 245/92 – DB 1993, 2604; *Fitting u.a.*, § 23 Rn 17a.
31 BAG 4.12.1986 – 6 ABR 48/85 – AP § 19 BetrVG 1972 Nr. 13 = NZA 1987, 166.
32 Vgl. BAG 15.2.1989 – 7 ABR 9/88 – AP § 19 BetrVG 1972 Nr. 17 = NZA 1990, 115.
33 Verneinend GK-BetrVG/*Oetker*, § 23 Rn 64; zu Recht bejahend: *Fitting u.a.*, § 23 Rn 9; DKK/*Trittin*, § 23 Rn 25.
34 DKK/*Trittin*, § 23 Rn 30; *Fitting u.a.*, § 23 Rn 10.
35 HaKo-BetrVG/*Düwell*, § 23 Rn 20.
36 Vgl. GK-BetrVG/*Oetker*, § 23 Rn 67.
37 BAG 22.6.1993 – 1 ABR 62/92 – AP § 23 BetrVG 1972 Nr. 22 = NZA 1994, 184.
38 BAG 3.8.1999 – 1 ABR 30/98 – AP § 25 BetrVG 1972 Nr. 7 = NZA 2000, 440.
39 BAG 12.2.1985 – 1 ABR 11/84 – AP § 76 BetrVG (1952) Nr. 27 = NZA 1985, 786.

b) Auflösungsfolgen. Der rechtskräftige Beschluss des Gerichts löst den BR mit Eintritt der Rechtskraft auf und wirkt damit rechtsgestaltend. Die **Rechtskraft** des Beschlusses tritt ein, sobald die Rechtsmittelfrist – im Fall der Entscheidung des LAG die Frist für die Einlegung der Beschwerde gegen die Nichtzulassung der Rechtsbeschwerde (§§ 92a, 72a Abs. 3 und 4 ArbGG) – abgelaufen ist. Mit der Rechtskraft des Beschlusses erlischt auch die Rechtsstellung der Ersatzmitglieder. Es ist eine Neuwahl des BR erforderlich, § 13 Abs. 2 Nr. 5.

Den Folgen einer Auflösung kann sich der BR nicht durch einen **Rücktritt** oder durch die gemeinsame Amtsniederlegung aller Mitglieder entziehen.[40] Mit Rechtskraft der Auflösungsentscheidung durch die Arbeitsgerichte entfallen die Folgen des Rücktritts. Der BR kann also auch im Falle des Rücktritts oder der Amtsniederlegung nicht mehr die Geschäfte nach §§ 21, 13 Abs. 2 Nr. 3 bis zur Neuwahl weiterführen. Der **besondere Künd-Schutz** nach § 15 KSchG und § 103 Abs. 1 und der **Versetzungsschutz** nach § 103 Abs. 3 bestehen bis zum Zeitpunkt der Rechtskraft des Auflösungsbeschlusses.[41] Nachwirkender Künd-Schutz und Versetzungsschutz treten nicht ein. Die Beendigung der Mitgliedschaft im BR beruht auf einer gerichtlichen Entscheidung (§ 15 Abs. 1 S. 2 Hs. 2 KSchG). Entsendungen der BR-Mitglieder enden; Einigungsstellenverfahren werden gegenstandslos.[42]

II. Einsetzung des Wahlvorstands durch das Gericht (Abs. 2)

Abs. 2 der Vorschrift sieht vor, dass das Gericht nach Rechtskraft des Auflösungsbeschlusses von Amts wegen einen Wahlvorstand zu bestellen hat.

Eine Verbindung mit dem Auflösungsverfahren bietet sich zur Beschleunigung an, um betriebsratslose Zeiten zu vermeiden.[43] Zu beachten ist dann allerdings, dass im Tenor die Bestellung des Wahlvorstandes von der Rechtskraft des Auflösungsbeschlusses abhängig gemacht werden muss.[44] Der Auflösungsantrag von AN oder von einer im Betrieb vertretenen Gewerkschaft kann dazu bereits in dem Auflösungsverfahren mit Vorschlägen zur Größe und Zusammensetzung des Wahlvorstandes verbunden werden. Der AG hat kein Vorschlagsrecht.[45] § 16 Abs. 2 gilt entsprechend.

III. Grobe Verstöße des Arbeitgebers (Abs. 3)

1. Allgemeines. Das Verfahren nach Abs. 3 soll das Ungleichgewicht zwischen AN-Vertretung und AG verringern. Er räumt dazu Betriebsräten und im Betrieb vertretenen Gewerkschaften das Recht ein, zur Wiederherstellung der von einem AG gestörten betriebsverfassungsrechtlichen Ordnung gerichtliche Maßnahmen zu beantragen.

Diese Vorschrift begründet in Fällen, in denen der AG seine Verpflichtungen aus dem Betriebsverfassungsgesetz grob verletzt, die Antragsbefugnis des BR unabhängig von dessen materiell-rechtlicher Positionen. Es besteht insoweit eine **gesetzliche Prozessstandschaft** des BR und der im Betrieb vertretenen Gewerkschaft.[46] Abs. 3 S. 1 dient dazu, ein gesetzmäßiges Verhalten des AG im Rahmen der betriebsverfassungsrechtlichen Ordnung sicherzustellen.[47] Zu dieser gehören auch die im Betriebsverfassungsgesetz begründeten **Rechte der einzelnen AN**, soweit die entsprechenden Verpflichtungen des AG aufgrund ihres kollektiven Bezugs in die betriebsverfassungsrechtliche Organisation eingebunden sind.[48]

Die Antragsteller sind also berechtigt, die Störung der betriebsverfassungsrechtlichen Ordnung anstelle des untätig bleibenden materiell berechtigten Gläubigers gerichtlich beseitigen zu lassen. Die Geltendmachung materieller Rechte ist dadurch nicht ausgeschlossen.[49] Ähnliche Antragsrechte sind in §§ 16 Abs. 2 S. 1, 17 Abs. 3 S. 1 und 18 geregelt.

Das Verfahren wird in zwei Stufen durchgeführt, einem Erkenntnisverfahren (Abs. 3 S. 1) und einem Vollstreckungsverfahren (Abs. 3 S. 2 bis 5). Das Vollsteckungsverfahren greift bei Zuwiderhandlungen des AG gegen im Beschlussverfahren vor den Arbeitsgerichten auferlegte Handlungen.

2. Erkenntnisverfahren (Abs. 1 S. 1). a) Grobe Pflichtverletzung. Der **Begriff** der vom AG nach Abs. 3 **aus diesem Gesetz** zu erfüllenden **Verpflichtungen** entspricht inhaltlich dem der gesetzlichen Pflichten in Abs. 1. Dazu gehören auch die außerhalb des BetrVG geregelten Pflichten, soweit sie die betriebsverfassungsrechtlichen Rechtsbeziehungen näher ausgestalten (§ 17 Abs. 2 KSchG, § 81 Abs. 1 SGB IX, § 99 Abs. 1 SGB IX aus BV,[50] TV, Re-

---

40 DKK/*Trittin*, § 23 Rn 58; *Fitting u.a.*, § 23 Rn 44; GK-BetrVG/*Oetker*, § 23 Rn 104.
41 BAG 25.1.1979 – 2 AZR 983/77 – AP § 103 BetrVG 1972 Nr. 12 = DB 1979, 1704.
42 ErfK/*Eisemann/Koch*, § 23 BetrVG Rn 21.
43 ErfK/*Eisemann/Koch*, § 23 BetrVG Rn 22.
44 *Fitting u.a.*, § 23 Rn 46.
45 DKK/*Trittin*, § 23 Rn 64; *Fitting u.a.*, § 23 Rn 47; GK-BetrVG/*Oetker*, § 23 Rn 119; a.A.: Richardi/*Thüsing*, § 23 Rn 71a.
46 BAG 16.11.2004 – 1 ABR 53/03 – AP § 82 BetrVG 1972 Nr. 3 = NZA 2005, 416.
47 BAG 20.8.1991 – 1 ABR 85/90 – AP § 77 BetrVG 1972 Tarifvorbehalt Nr. 2 = NZA 1992, 317.
48 BAG 16.11.2004 – 1 ABR 53/03 – AP § 82 BetrVG 1972 Nr. 3 = NZA 2005, 416.
49 BAG 17.5.1983 – 1 ABR 21/80 – AP § 80 BetrVG 1972 Nr. 19 = DB 1983, 1986.
50 BAG 23.6.1992 – 1 ABR 11/92 – AP § 23 BetrVG 1972 Nr. 20 = NZA 1992, 1095.

gelungsabrede oder Spruch der Einigungsstelle). Zu den gesetzlichen Verpflichtungen i.S.d. Abs. 3 S. 1 BetrVG gehört auch die Einhaltung und Durchführung von BV.[51]

Auch die Verpflichtungen des AG aus §§ 75, 81 ff. gegenüber den einzelnen der Belegschaft angehörenden AN sind betriebsverfassungsrechtlicher Natur.

31 **Ausgenommen** sind **arbeitsvertragliche Pflichten**, die ihre Grundlage ausschließlich im Einzelarbeitsvertrag haben. Abs. 3 S. 1 dient nicht der Sicherung arbeitsvertraglicher Ansprüche der einzelnen AN.[52]

32 Ein **grober** Pflichtverstoß des AG liegt vor, wenn es sich um eine objektiv erhebliche und offensichtlich schwer wiegende Pflichtverletzung handelt, wobei es auf ein **Verschulden nicht ankommt**.[53] Er ist regelmäßig jedenfalls dann zu bejahen, wenn der AG mehrfach erzwingbare Mitbestimmungsrechte des BR übergangen hat.[54] Gleiches gilt für die Pflichten aus einer BV. Allerdings scheidet ein grober Verstoß des AG dann aus, wenn er seine Rechtsposition in einer schwierigen und ungeklärten Rechtsfrage verteidigt.[55] Das BAG hat auch eine recht eindeutig beantwortbare Rechtsfrage ausreichen lassen, weil sie höchstrichterlich nicht geklärt war und auch das LAG anders entschieden hatte.[56]

Ein grober Verstoß gegen die betriebsverfassungsrechtlichen Pflichten kann bereits dann vorliegen, wenn der AG **einmal in schwerwiegender Weise** gegen den Sinn und Zweck des BetrVG verstößt.[57] Eine **mehrmalige** Außerachtlassung der betriebsverfassungsrechtlichen Pflichten oder eine Serie von Gesetzesverstößen ist nicht erforderlich.

33 Die Pflichtverletzung muss **vollendet** sein. Die Besorgnis eines drohenden Verstoßes genügt danach nicht.[58] Die Instrumente des § 23 dienen der Wiederherstellung der betriebsverfassungsrechtlichen Ordnung und setzen daher notwendig vollendete grobe Pflichtverletzungen des zu entfernenden BR oder des zu einem bestimmten Verhalten anzuhaltenden AG voraus. Beispiele:

– Wiederholte Nichtbeachtung des Mitbestimmungsrechtes durch einseitiges Anordnen oder Dulden von **Überstunden**,[59]
– Nichteinschreiten des AG bei Überschreitung des in einer **BV** zwingend festgelegten Gleitzeitrahmens **durch** AN in erheblichem Umfang,[60]
– Beobachten von Arbeitsplätzen durch **Video-Kamera** ohne Zustimmung des BR,[61]
– einseitige Änderung von Dienstplänen, auch nachdem rechtskräftig entschieden worden ist, dass die Änderung von **Dienstplänen** im konkreten Fall mitbestimmungspflichtig ist,[62]
– fortgesetzte **Bekanntgabe von Fehlzeiten** von BR-Mitgliedern, die durch Krankheit oder durch den Besuch von Bildungsveranstaltungen verursacht sind,[63]
– Übergehen des BR bei der Ausgestaltung von **Dienstkleidung**,[64]
– Verweigerung des AG, bei Personalgesprächen über den Abschluss eines Aufhebungsvertrags bzw. zu den in §§ 81 Abs. 4 S. 3, 82 Abs. 2 S. 2, 83 Abs. 1 S. 2 und 84 Abs. 1 S. 2 geregelten Gegenständen auf Wunsch des AN die **Hinzuziehung eines BR-Mitglieds** zu gestatten,[65]
– unbefugtes Öffnen der an den BR adressierten **Post**,[66]
– unzulässige **Beeinflussung der BR-Wahlen** durch Druckausübung des AG auf Wahlvorstandsmitglieder und Verweigerung von der Unterstützung der Organisation der BR-Wahlen.[67]

---

51 BAG 29.4.2004 – 1 ABR 30/02 – AP § 77 BetrVG 1972 Durchführung Nr. 3 = NZA 2004, 670.
52 BAG 10.11.1987 – 1 ABR 55/86 – AP § 77 BetrVG 1972 Nr. 24 = NZA 1988, 255.
53 BAG 29.2.2000 – 1 ABR 4/99 – AP § 87 BetrVG 1972 Lohngestaltung Nr. 105 = NZA 2000, 1066.
54 BAG 29.4.2004 – 1 ABR 30/02 – AP § 77 BetrVG 1972 Durchführung Nr. 3 = NZA 2004, 670.
55 BAG 29.4.2004 – 1 ABR 30/02 – AP § 77 BetrVG 1972 Durchführung Nr. 3 = NZA 2004, 670.
56 BAG 26.7.2005 – 1 ABR 29/04 – AP § 95 BetrVG 1972 Nr. 43 = NZA 2005, 1372.
57 BAG 28.5.2002 – 1 ABR 32/01 – AP § 87 BetrVG 1972 Ordnung des Betriebes Nr. 39 = NZA 2003, 166.
58 BAG 27.11.1973 – 1 ABR 11/73 – AP BetrVG 1972 Nr. 1 = DB 1974, 731; BAG 18.4.1985 – 6 ABR 19/84 – AP § 23 BetrVG 1972 Nr. 5 = NZA 1985, 783; zustimmend: *Fitting u.a.*, § 23 Rn 73; GK-BetrVG/*Oetker*, § 23 Rn 180; a.A.: DKK/*Trittin*, § 23 Rn 78.
59 BAG 18.4.1985 – 6 ABR 19/84 – AP § 23 BetrVG 1972 Nr. 5 = NZA 1985, 783; BAG 27.11.1990 – 1 ABR 77/89 – AP § 87 BetrVG 1972 Arbeitszeit Nr. 41 = NZA 1991, 382; BAG 23.6.1992 – 1 ABR 11/92 – AP § 23 BetrVG 1972 Nr. 20 = NZA 1992, 1095; LAG Berlin 3.3.1986 – 12 TaBV 9/85 – AiB 1986, 235.
60 BAG 29.4.2004 – 1 ABR 30/02 – AP zu § 77 BetrVG 1972 Durchführung Nr. 3 = NZA 2004, 670.
61 LAG Baden-Württemberg 14.4.1988 – 6 TaBV 1/88 – AiB 1988, 281.
62 BAG 8.8.1989 – 1 ABR 59/88 – AP § 23 BetrVG 1972 Nr. 11 = NZA 1990, 569.
63 LAG Niedersachsen 9.3.1990 – 3 TaBV 38/89 – AuR 1991, 153.
64 BAG 8.8.1989 – 1 ABR 65/88 – AP § 87 BetrVG 1972 Ordnung des Betriebes Nr. 15 = NZA 1990, 320.
65 BAG 16.11.2004 – 1 ABR 53/03 – AP § 82 BetrVG 1972 Nr. 3 = NZA 2005, 416.
66 ArbG Köln 21.3.1989 – 4 BV 20/89 – CR 1990, 208.
67 LAG Hamm 27.4.1972 – 8 BVTa 5/72 – DB 1972, 1297.

b) Wiederholungsgefahr nicht erforderlich. Das BAG[68] hat die Wiederholungsgefahr als Voraussetzung für den Anspruch aus Abs. 3 ausdrücklich abgelehnt. Es handele sich bei Abs. 3 seiner Funktion und Wirkung wegen um eine **kollektivrechtliche Abmahnung**, die keine konkrete Wiederholungsgefahr voraussetze.[69]

Die Beantwortung dieser Frage ist nicht von großer Praxisrelevanz, da eine Wiederholungsgefahr bei groben Verstößen **regelmäßig indiziert** sein wird. Bedeutung kommt der **Frage ausnahmsweise** nur zu, wenn sich die Betriebsparteien z.B. nach einem mitbestimmungswidrigen Verhalten des AG auf eine einvernehmliche Regelung der mitbestimmungsrechtlichen Angelegenheit in Form einer BV geeinigt haben und ein mitbestimmungswidriges Verhalten daher eher auszuschließen ist. Das BAG hat zu einem solchen Fall ausgeführt, eine Wiederholungsgefahr sei jedenfalls nicht endgültig ausgeräumt, wenn die Vereinbarung nur eine Teillösung beinhalte und der AG nach wie vor von der Richtigkeit und Zulässigkeit seines Verhaltens überzeugt sei.[70]

c) Verfahren. aa) Antragsberechtigung. Antragsberechtigt sind der BR und jede im Betrieb vertretenen Gewerkschaft. Eine Gewerkschaft ist **im Betrieb vertreten**, wenn mindestens eines ihrer Mitglieder dort AN ist. Die übrigen Organe (JAV,[71] Sprecherausschuss und Schwerbehindertenvertretung, GBR und KBR) sind nicht antragsberechtigt.

bb) Antragsinhalt. Der Antrag muss den Erfordernissen des entsprechend anwendbaren § 253 Abs. 2 Nr. 2 ZPO genügen. Danach muss ein Antrag auch im Beschlussverfahren so **bestimmt** sein, dass die eigentliche Streitfrage mit Rechtskraftwirkung zwischen den Beteiligten entschieden werden kann.[72] Im Falle einer dem Antrag stattgebenden Entscheidung muss für den in Anspruch genommenen Beteiligten eindeutig erkennbar sein, was von ihm verlangt wird. Die Prüfung, welche Maßnahmen der Schuldner vorzunehmen oder zu unterlassen hat, darf grds. nicht in das Vollstreckungsverfahren verlagert werden.[73] Allerdings kann dem Schuldner dann, wenn mehrere Möglichkeiten bestehen, der Verpflichtung zur Herbeiführung eines bestimmten Erfolgs nachzukommen, häufig nicht eine der mehreren Handlungsmöglichkeiten zwingend vorgeschrieben werden. Dies gilt insb. bei den in § 888 ZPO vorgesehenen unvertretbaren Handlungen, wie etwa dem Ausfüllen von Arbeitspapieren oder dem Erteilen eines Zeugnisses.[74] Ebenso kann in Fällen, in denen der Schuldner lediglich zur Herbeiführung eines bestimmten Erfolgs verpflichtet ist, wie etwa der Bereitstellung eines tabakrauchfreien Arbeitsplatzes oder eines Raucherraums, eine weite Bezeichnung der zu erfüllenden Verpflichtung unumgänglich sein, ohne dass die hierzu erforderlichen Handlungen im Einzelnen vorgeschrieben werden müssten.[75] Es bleibt dann dem Schuldner überlassen, wie er seine Verpflichtungen erfüllt.[76] Ob er die titulierte Verpflichtung erfüllt hat, ist erforderlichenfalls im Vollstreckungsverfahren zu prüfen.[77]

Dem Bestimmtheitserfordernis genügt auch ein sog. **Globalantrag**, mit dem für einen bestimmten Vorgang generell ein Mitbestimmungsrecht geltend gemacht wird, „... dem AG aufzugeben, außer in Notfällen einseitige Anordnung von Maßnahmen in Form von ... zu unterlassen, wenn nicht die Zustimmung des Betriebsrats vorliegt oder durch Spruch der Einigungsstelle ersetzt ist." Nach der st. Rspr. des BAG kann einem Globalantrag, mit welchem ein Handlungs-, Unterlassungs- oder Duldungsanspruch für eine Vielzahl künftiger Fallkonstellationen verfolgt wird, aber nur dann entsprochen werden, wenn der Anspruch in allen denkbaren Fallgestaltungen einschränkungslos besteht; andernfalls ist der Globalantrag insg. als unbegründet abzuweisen.[78] Etwas anderes gilt lediglich dann, wenn sich der Antrag auf voneinander zu trennende und gegeneinander klar abgrenzbare Sachverhalte bezieht und der begründete Teil dem Antrag selbst als Teilziel des Verfahrens zu entnehmen ist.[79] Das Gericht kann jedoch nicht dahin erkennen, dass der geltend gemachte Anspruch nur unter bestimmten, nicht zum Inhalt des Antrags erhobenen Voraussetzungen bestehe. Eine solche Tenorierung würde den Gegenstand des Verfahrens verändern und § 308 ZPO verletzen. Diesen Bedenken kann in manchen Fällen durch eine klarstellende Antragsbegründung Rechnung getragen werden. Dies ist

---

68 BAG 18.4.1985 – 6 ABR 19/84 – AP § 23 BetrVG 1972 Nr. 5 = NZA 1985, 783; offen gelassen durch: BAG 29.4.2004 – 1 ABR 30/02 – AP § 77 BetrVG 1972 Durchführung Nr. 3 = NZA 2004, 670; offen gelassen auch in BAG 29.2.2000 – 1 ABR 4/99 – AP § 87 BetrVG 1972 Lohngestaltung Nr. 105.
69 Zustimmend: DKK/*Trittin*, § 23 Rn 78; *Fitting u.a.*, § 23 Rn 65; a.A.: Gk-BetrVG/*Oetker*, § 23 Rn 176; *v. Hoyningen-Huene*, Anm. zu BAG AP § 23 BetrVG 1972 Nr. 5.
70 Vgl. dazu BAG 9.5.1995 – 1 ABR 58/94 – n.v.
71 BAG 15.8.1978 – 6 ABR 10/76 – AP § 23 BetrVG 1972 Nr. 1 = DB 1978, 2275.
72 Vgl. BAG 24.1.2001 – 7 ABR 2/00 – AP § 81 ArbGG 1979 Nr. 50; BAG 3.6.2003 – 1 ABR 19/02 – AP § 89 BetrVG 1972 Nr. 1 = DB 2003, 2496.
73 BAG 3.6.2003 – 1 ABR 19/02 – AP § 89 BetrVG 1972 Nr. 1 = DB 2003, 2496.
74 Vgl. BAG 29.4.1992 – 4 AZR 432/91 – AP § 1 TVG Durchführungspflicht Nr. 3 = NZA 1992, 846.
75 Vgl. BAG 17.2.1998 – 9 AZR 84/97 – AP Art. 9 GG Arbeitskampf Nr. 152 = NZA 1998, 1231; 19.1.1999 – 1 AZR 499/98 – NZA 1999, 546 = AP § 87 BetrVG 1972 Ordnung des Betriebes Nr. 28.
76 Vgl. zur sog. Einwirkungsklage insb. BAG 29.4.1992 – 4 AZR 432/91 – AP § 1 TVG Durchführungspflicht Nr. 3 = NZA 1992, 846; BAG 18.2.1998 – 4 AZR 363/96 – AP § 1 TVG Kündigung Nr. 3 = NZA 1998, 1008.
77 Vgl. BAG 17.2.1998 – 9 AZR 84/97 – AP Art. 9 GG Arbeitskampf Nr. 152 = NZA 1998, 1231; BAG 19.1.1999 – 1 AZR 499/98 – NZA 1999, 546 = AP § 87 BetrVG 1972 Ordnung des Betriebes Nr. 28.
78 BAG 3.5.1994 – 1 ABR 24/93 – AP § 23 BetrVG 1972 Nr. 23 = NZA 1995, 40.
79 BAG 19.7.1995 – 7 ABR 60/94 – AP § 23 BetrVG 1972 Nr. 25 = NZA 1996, 332.

jedoch ausgeschlossen, wenn sich die Einschränkungen auf situationsbezogene Sachverhalte beziehen, die sich nicht im Voraus hinreichend klar bezeichnen lassen. Durch nicht hinreichend eindeutige Einschränkungen würde die Beschlussformel unbestimmt und die Abgrenzung in unzulässiger Weise in das Vollstreckungsverfahren verlagert.[80]

39 **3. Vollstreckungsverfahren (Abs. 3 S. 2 bis 4). a) Allgemeines.** Während Abs. 3 S. 1 der Vorschrift das Erkenntnisverfahren regelt, betreffen die Sätze 2 bis 4 die **Vollstreckung rechtskräftiger gerichtlicher Entscheidungen**. Nach dem Wortlaut geht es um die Durchsetzung von Unterlassungsverpflichtungen, Duldungen und Vornahmen von Handlungen. Über den Wortlaut der Vorschrift hinaus bejaht das **BAG** auch die Anwendung auf **Leistung** von Geld oder **Herausgabe** von Sachen, auf Vorlage von Unterlagen oder auf Unterrichtung des BR.[81]

40 Die **Antragsteller** im Erkenntnis- und Vollstreckungsverfahren müssen nicht identisch sein.[82] Hat z.B. der BR das Erkenntnisverfahren durchgeführt, kann das Vollstreckungsverfahren auch durch eine im Betrieb vertretene Gewerkschaft betrieben werden.

41 Bereits im Erkenntnisverfahren kann der Antrag auf **Androhung** eines Ordnungs-/Zwangsgeldes gestellt werden.[83] Die Entscheidung im Vollstreckungsverfahren ergeht durch den **Vorsitzenden** allein, § 53 Abs. 1 S. 1 ArbGG. Eine Gewährung rechtlichen Gehörs ist grds. zulässig. Für den Fall der Vollstreckung aus einem Titel auf Vornahme einer Handlung soll hierauf ausnahmsweise verzichtet werden können, da der AG hier die Vollstreckung jederzeit durch die Vornahme der auferlegten Handlung abwenden könne.[84]

42 **b) Vollstreckung hinsichtlich Duldung oder Unterlassen einer Handlung (Abs. 3 S. 2).** Soll aus einem rechtskräftigen Titel vollstreckt werden, der eine Verpflichtung des AG ausspricht, eine Handlung zu **unterlassen** oder die Vornahme einer Handlung zu **dulden**, sieht Abs. 3 S. 2 die Möglichkeit der **Verurteilung zu einem Ordnungsgeld** vor.

Aufgrund der ergänzenden Anwendung der Regelungen über die Zwangsvollstreckung in der ZPO muss vor Festsetzung eines Ordnungsgeldes nach § 724 ZPO eine **Vollstreckungsklausel** vorliegen und vor der Festsetzung von Zwangsmitteln der mit der Vollstreckungsklausel versehene Titel zugestellt sein.[85]

43 I.Ü. muss dem AG für den Fall der Zuwiderhandlung ein Ordnungsgeld angedroht worden sein.[86] In dem **Androhungsbeschluss** muss eine konkrete Höhe des Ordnungsgeldes nicht angegeben werden. Die Wiedergabe des gesetzlichen Höchstmaßes ist ausreichend.[87] Ist der Betrag im Androhungsbeschluss angegeben, darf er bei der späteren Festsetzung nicht überschritten werden.[88]

Darüber hinaus ist eine **Zuwiderhandlung** des AG **nach Rechtskraft** des Titels erforderlich. Fahrlässiges Handeln ist ausreichend.[89]

Wird noch vor der Vollstreckung des Ordnungsgeldes die **verbotene Handlung unterlassen** oder die **Vornahme der Handlung geduldet**, hat sich damit das Vollstreckungsverfahren nicht erledigt, da es auch repressiven Zwecken dient.[90]

Das Ordnungsgeld wird **zugunsten der Staatskasse** von Amts wegen beigetrieben.

44 **c) Vornahme einer Handlung (Abs. 3 S. 3).** Abs. 3 S. 3 sieht als Zwangsmittel nur das **Zwangsgeld** vor. Die vorherige **Rechtskraft des Titels** ist auch hier Vollstreckungsvoraussetzung. Eine vorherige **Androhung** des Zwangsgeldes ist nicht erforderlich. Als **reine Beugemaßnahme** ist nicht mehr zulässig, wenn der AG die aufgegebene Handlung vorgenommen hat. Ein **Verschulden** des AG wird nicht vorausgesetzt.

45 **d) Höhe des Zwangsgeldes (Abs. 3 S. 4).** Abs. 3 S. 4 begrenzt das zu verhängende Zwangsgeld der Höhe nach auf 10.000 EUR. Werden mehrere Handlungen aufgegeben, ist jeweils eine gesonderte Festsetzung des Zwangsgeldes erforderlich. Der **Höchstbetrag** von 10.000 EUR kann dadurch überschritten werden.[91] Die **Beitreibung** des Zwangsgeldes erfolgt auf Antrag nach § 85 Abs. 1 ArbGG i.V.m. §§ 803 ff. ZPO. Der **Zwangsgeldbeschluss** muss nicht rechtskräftig sein. Die Festsetzung von Ordnungs- oder Zwangshaft ist nach § 85 Abs. 1 S. 3 ArbGG unzulässig.

46 Als **Rechtsmittel** sieht § 78 ArbGG i.V.m. § 83 Abs. 5 ArbGG die Beschwerde vor. Die Rechtsbeschwerde an das BAG ist zulässig, soweit sie durch das LAG zugelassen worden ist.[92]

---

80 BAG 20.10.1999 – 7 ABR 37/98 – n.v.
81 BAG 17.5.1983 – 1 ABR 21/80 – AP § 80 BetrVG 1972 Nr. 19 = DB 1983, 1986.
82 DKK/*Trittin*, § 23 Rn 91; Richardi/*Thüsing*, § 23 Rn 105; *Fitting u.a.*, § 23 Rn 86; GK-BetrVG/*Oetker*, § 23 Rn 204.
83 LAG Hamburg 27.1.1992 – 5 Ta 25/91 – NZA 1992, 568.
84 DKK/*Trittin*, § 23 Rn 100; a.A. GK-BetrVG/*Oetker*, § 23 Rn 204.
85 LAG Bremen 11.3.1993 – 1 Ta 11/93 – DB 1993, 839.
86 BAG 25.8.2004 – 1 AZB 41/03 – AP § 23 BetrVG 1972 Nr. 41.
87 Vgl. LAG Düsseldorf 13.8.1987 – 7 Ta 207/87 – LAGE § 23 BetrVG 1972 Nr. 10.
88 *Fitting u.a.*, § 23 Rn 80.
89 BAG 18.4.1985 – 6 ABR 19/84 – AP § 23 BetrVG 1972 Nr. 5 = NZA 1985, 783.
90 *Fitting u.a.*, § 23 Rn 83.
91 *Fitting u.a.*, § 23 Rn 88.
92 BAG 28.2.2003 – 1 AZB 53/02 – AP § 78 ArbGG 1979 Nr. 13 = NZA 2003, 516.

Der Schuldner eines vollstreckungsfähigen Titels i.S.v. § 85 Abs. 1 S. 1 ArbGG kann gem. § 85 Abs. 1 S. 3 ArbGG i.V.m. § 767 Abs. 1 ZPO die Unzulässigkeit der Zwangsvollstreckung aus diesem Titel in einem neuerlichen Beschlussverfahren durch **Vollstreckungsabwehrantrag** geltend machen.[93]

Ein gerichtlich protokollierter **Vergleich** mit einem vollstreckungsfähigen Inhalt steht einer rechtskräftigen gerichtlichen Entscheidung i.S.d. § 23 Abs. 3 S. 2 gleich.[94]

4. Der allgemeine Unterlassungsanspruch des Betriebsrats. a) Allgemeines. Nach der Rspr. des **BAG** kann dem BR im Falle der Verletzung seiner Mitbestimmungsrechte unabhängig von Abs. 3 ein **allgemeiner Unterlassungsanspruch** zustehen.[95] Dieser beruht auf einer sich aus dem Mitbestimmungsrecht des BR i.V.m. § 2 ergebenden Nebenpflicht des AG. Allerdings führt nicht jede Verletzung von Rechten des BR ohne weiteres zu einem Unterlassungsanspruch. Vielmehr kommt es auf die einzelnen Mitbestimmungstatbestände, deren konkrete gesetzliche Ausgestaltung und die Art der Rechtsverletzung an. Es ist daher nicht widersprüchlich, einen Unterlassungsanspruch bei Verstößen gegen § 87 zu bejahen, ihn aber im Zusammenhang mit der Mitbestimmung bei bestimmten personellen Einzelmaßnahmen oder in wirtschaftlichen Angelegenheiten möglicherweise zu verneinen.[96]

b) Wiederholungsgefahr erforderlich. Der allgemeine Unterlassungsanspruch setzt – anders als § 23 Abs. 3 – bei Verletzung von Mitbestimmungsrechten aus § 87 eine **Wiederholungsgefahr** voraus. Erforderlich ist eine ernstliche, sich auf Tatsachen gründende Besorgnis weiterer Eingriffe zurzeit der letzten mündlichen Verhandlung. Dafür besteht allerdings grds. eine tatsächliche Vermutung, es sei denn, dass z.B. die tatsächliche Entwicklung einen neuen Eingriff unwahrscheinlich macht.[97]

c) Anwendungsbereiche. Bei einem **Verstoß gegen die Mitbestimmung in sozialen Angelegenheiten** i.S.d. § 87 entsteht eine betriebsverfassungswidrige Lage, die von der Betriebsverfassung selbst nicht für einen nur vorübergehenden Zeitraum zu dulden ist. Der allgemeine Unterlassungsanspruch findet Anwendung.

Bei einem **Verstoß gegen die Mitbestimmung bei personellen Einzelmaßnahmen** schließt § 101 BetrVG das Recht des BR nicht aus, beim Arbeitsgericht nach Abs. 3 zu beantragen, dem AG die nötigen Handlungen zur künftigen Beachtung seiner Mitbestimmungsrechte aufzugeben.[98] Das gilt auch für den allgemeinen Unterlassungsanspruch. Auch zur Sicherung dieses Beteiligungsrechts aus **§ 95** besteht nach der Rspr. ein Unterlassungsanspruch.[99]

Auch bei **einem Verstoß gegen die Mitwirkung bei Betriebsänderungen und betriebsbedingten Entlassungen** kommt der allgemeine Unterlassungsanspruch in Betracht. Sehr umstritten ist in diesem Zusammenhang seit langem die Frage, ob dem BR ein Anspruch auf Unterlassung der Betriebsänderung, insbesondere betriebsbedingter Künd vor Abschluss der Verhandlungen über den Interessenausgleich zusteht und ob eine gerichtliche Unterlassungsverfügung es dem AG verwehrt, sich im Künd-Schutzverfahren auf seine unternehmerische Entscheidung zu berufen, wofür manches spricht.[100] Der Wirksamkeit einer Künd steht ein unterbliebener Interessenausgleich allerdings nicht entgegen, wenn keine Unterlassungsverfügung erwirkt wurde.[101]

d) Einstweiliger Rechtsschutz. Anders als bei Abs. 3 kann zur Unterlassung mitbestimmungswidrigen Verhaltens auch einstweiliger Rechtsschutz in Anspruch genommen werden.[102]

e) Vollstreckung des Unterlassungstitels. Auf die Vollstreckung aus dem Unterlassungstitel finden die Vorschriften der ZPO Anwendung. **Nicht zulässig** ist aber die **Androhung eines Ordnungsgelds von mehr als**

---

93 BAG 18.3.2008 – 1 ABR 3/07 – EBE/BAG 2008, 130.
94 LAG Hamburg 27.1.1992 – 5 Ta 25/91 – NZA 1992, 568.
95 Vgl. grundlegend BAG 3.3.1994 – 1 ABR 24/93 – AP § 23 BetrVG 1972 Nr. 23 = NZA 1995, 40.
96 BAG 26.7.2005 – 1 ABR 29/04 – AP § 95 BetrVG 1972 Nr. 43 = NZA 2005, 1372.
97 BAG 29.2.2000 – 1 ABR 4/99 – AP § 87 BetrVG 1972 Lohngestaltung Nr. 105 = NZA 2000, 1066.
98 BAG 17.3.1987 – 1 ABR 65/85 – AP § 23 BetrVG Nr. 7 = NZA 1987, 786.
99 BAG 26.7.2005 – 1 ABR 29/04 – AP § 95 BetrVG 1972 Nr. 43 = NZA 2005, 1372.
100 Offen gelassen in BAG v. 21.9.2000 – 2 AZR 385/99 – ZIP 2001, 388, m.w.N. zum Streitstand; bejahend: z.B. LAG Hamm 21.8.2008 – 13 TaBVGa 16/08 – juris, mit Anm. Bissels jurisPR-ArbR 48/2008 Anm. 4; LAG Schleswig-Holstein 20.7.2007 – 3 TaBVGa 1/07 – NZA-RR 2008, 244 = ArbuR 2008, 188 = AiB 2008, 349, mit Anm. Matthes jurisPR-ArbR 47/2007 Anm. 6; Hessisches LAG 27.6.2007 – 4 TaBVGa 137/07 – ArbuR 2008, 267; LAG Niedersachsen 4.5.2007 – 17 TaBVGa 57/07 – LAGE § 111 BetrVG 2001 Nr. 7 = AiB 2008, 348; ablehnend: LAG Köln 30.3.2006 – 2 Ta 145/06 – juris; LAG Rheinland-Pfalz 30.3.2006 – 11 TaBV 53/05 – juris; LAG Düsseldorf 14.12.2005 – 12 TaBV 60/05 – LAGE § 111 BetrVG 2001 Nr. 4; LAG Sachsen-Anhalt 30.11.2004 – 11 TaBV 18/04; LAG Brandenburg 8.11.2005 – 1 Sa 276/05 – DB 2006, 568 für den Fall, dass mit der Betriebsänderung bereits begonnen worden ist; LAG Rheinland-Pfalz 26.10.2006 – 11 TaBV 58/06 – juris, für den Fall, dass beide Betriebspartner die Verhandlungen zur Führung eines Interessenausgleichs für gescheitert erklärt und die Einigungsstelle angerufen haben.
101 BAG 21.9.2000 – 2 AZR 385/99 – ZIP 2001, 388.
102 LAG Frankfurt 19.4.1988 – 5 TaBVGa 52/88 – EzAÜG BetrVG Nr. 35.

10.000 EUR sowie von **Ordnungshaft**. Zwar sehen § 890 Abs. 1 und 2 ZPO dies vor. Auch sind diese Bestimmungen neben Abs. 3 anwendbar. Bei ihrer Anwendung ist aber hinsichtlich Art und Höhe der Ordnungsmittel die spezialgesetzliche Vorschrift des Abs. 3 zu beachten. Diese sieht keine Ordnungshaft vor und begrenzt in ihrem S. 5 das Ordnungsgeld der Höhe nach auf 10.000 EUR. Diese Beschränkungen sind auch für den allgemeinen Unterlassungsanspruch zu beachten. Andernfalls würden sich Wertungswidersprüche ergeben. Abs. 3 setzt einen groben Pflichtenverstoß des AG voraus und stellt damit höhere Anforderungen an die Pflichtverletzung als der allgemeine betriebsverfassungsrechtliche Unterlassungsanspruch. Die Ordnungsmittel bei einer Nichtbefolgung des allgemeinen Unterlassungsanspruchs können daher nicht gravierender sein als die für eine grobe Pflichtverletzung gesetzlich vorgesehen.[103]

54 5. **Unterlassungsanspruch der Gewerkschaft.** Zum Schutz der Tarifautonomie hat das BAG außerdem den **Unterlassungsanspruch der Tarifpartner** entwickelt.[104] Er wird aus § 1004 Abs. 1 BGB i.V.m. Art. 9 Abs. 3 GG hergeleitet und setzt Tarifbindung voraus. Eine im Betrieb vertretene Gewerkschaft und TV-Partei kann danach dem AG und dem mit ihm zusammenarbeitenden BR zur Einhaltung der Regelungssperre des § 77 Abs. 3 die im Rahmen von BV geregelten Tarifunterschreitungen untersagen lassen. Ein Verstoß gegen § 77 Abs. 3 liegt z.B. dann vor, wenn dem BR als Kompensation für das untertarifliche Entgelt eine Beschäftigungsgarantie versprochen wird.[105]

55 Zutreffende Verfahrensart ist nach der Rspr. des BAG **das Beschlussverfahren.**[106] Der Antrag muss die konkrete Verletzungshandlung benennen.[107] Hinsichtlich künftiger Unterlassungen reicht die Abstrahierung.[108] Der Antrag ist auf tarifgebundene AN zu beschränken. Einer namentlichen Nennung bedarf es nicht.

C. Verbindung zu anderen Rechtsgebieten und zum Prozessrecht

I. Rechte des Betriebsrats aus dem Gesellschaftsrecht

56 §§ 335 S. 2, 335a S. 3 HGB ermöglichen einen Antrag des ansonsten nicht nach § 51 ZPO allgemein prozessfähigen BR, beim Registergericht gegen die verantwortlichen Vorstandsmitglieder und Geschäftsführer die Festsetzung von Zwangsgeld zur Erwirkung von bilanzrechtlichen Verpflichtungen (etwa Offenlegung von Bilanzen) zu beantragen.

II. Verfahrensfragen

57 Nach §§ 2a Abs. 1 Nr. 1, Abs. 2, 80 ff. ArbGG finden für das **Erkenntnisverfahren** die Bestimmungen des arbeitsgerichtlichen Beschlussverfahrens Anwendung. Für das **Vollstreckungsverfahren** gelten nach § 85 Abs. 1 S. 3 ArbGG die Bestimmungen des Achten Buches der ZPO für das Vollstreckungsverfahren entsprechend.

58 Das Erkenntnisverfahren für das Verfahren nach Abs. 3 wird im **arbeitsgerichtlichen Beschlussverfahren** (§§ 2a, 80 ff. ArbGG) durchgeführt. Es wird nach §§ 81, 82 ArbGG nur auf schriftlichen Antrag eingeleitet.

59 Der AG hat nicht die Möglichkeit, dem BR vor Rechtskraft der **Auflösungs**entscheidung die Ausübung seines Amtes per **einstweiliger Verfügung** untersagen zu lassen. Ein entsprechender Antrag wäre unzulässig.[109] Der vorläufige **Ausschluss** eines Mitglieds aus dem BR kann durch einen Antrag auf Erlass einer einstweiligen Verfügung durchgesetzt werden. Das setzt die Unzumutbarkeit der weiteren Amtsausübung bis zur rechtskräftigen Entscheidung voraus. Sie darf im Interesse der ordnungsgemäßen Zusammenarbeit nicht einmal mehr vorübergehend erträglich erscheinen.[110]

60 Maßnahmen nach Abs. 3 können nicht Gegenstand einer **einstweiligen Verfügung** sein.[111] Voraussetzung für eine Verurteilung zu einem Ordnungs- oder Zwangsgeld nach Abs. 3 S. 2 ist die Rechtskraft der gerichtlichen Entscheidung. Die einstweilige Verfügung dient nur der Sicherung eigener betriebsverfassungsrechtlicher Rechte von BR oder Gewerkschaft.

---

103 BAG 29.4.2004 – 1 ABR 30/02 – AP § 77 BetrVG 1972 Durchführung Nr. 3 = NZA 2004, 670.
104 BAG 20.4.1999 – 1 ABR 72/98 – AP Art. 9 GG Nr. 89 = NZA 1999, 887; DKK/*Berg*, § 77 Rn 85a, b m.w.N.; ErfK/*Eisemann/Koch*, § 23 BetrVG Rn 34.
105 BAG 20.4.1999 – 1 ABR 72/98 – AP Art. 9 GG Nr. 89 = NZA 1999, 887.
106 BAG 20.4.1999 – 1 ABR 72/98 – AP Art. 9 GG Nr. 89 = NZA 1999, 887; BAG 13.3.2001 – 1 AZB 19/00 – NZA 2001, 1037.
107 BAG 19.3.2003 – 4 AZR 271/02 – AP § 253 ZPO Nr. 41 = NZA 2003, 1221.
108 BAG 19.3.2003 – 4 AZR 271/02 – AP § 253 ZPO Nr. 41 = NZA 2003, 1221.
109 DKK/*Trittin*, § 23 Rn 60; *Fitting u.a.*, § 23 Rn 43; GK-BetrVG/*Oetker*, § 23 Rn 109.
110 LAG Hamm 18.9.1975 – 8 TaBV 65/75 – BB 1975, 1302.
111 LAG Hamm 4.2.1977 – 3 TaBV 75/76 – DB 1977, 1514; LAG Köln 21.2.1989 – 8/2 TaBV 73/88 – LAGE § 23 BetrVG Nr. 20; ErfK/*Eisemann/Koch*, § 23 BetrVG Rn 30; a.A.: LAG Düsseldorf 16.5.1990 – 12 TaBV 9/90 – NZA 1991, 29; *Fitting u.a.*, § 23 Rn 76; DKK/*Trittin*, § 23 Rn 95.

D. Beraterhinweise

Zur Vollstreckung bedarf es stets (ausgenommen lediglich die einstweilige Verfügung) nach § 724 ZPO einer **vollstreckbaren Ausfertigung**. Die Vollstreckungsklausel sollte rechtzeitig beantragt werden. Die Zusammenfassung von Betrieben nach § 3 Abs. 1 Nr. 1 Buchst b führt für sich allein nicht zum Verlust der betriebsverfassungsrechtlichen Identität der zusammengefassten Einheiten. Bestehende Vollstreckungstitel gelten im fingierten Einheitsbetrieb beschränkt auf ihren bisherigen Wirkungsbereich weiter.[112] Im Fall der **Gesamtrechtsnachfolge durch Verschmelzung** mittels Aufnahme i.S.v. § 2 Abs. 1 Nr. 1 UmwG hat sich der aufnehmende Rechtsträger das Verhalten des auf ihn verschmolzenen Rechtsträgers **zurechnen** zu lassen. Der übernehmende Rechtsträger tritt nach § 20 Abs. 1 Nr. 1 UmwG in sämtliche Verbindlichkeiten des auf ihn verschmolzenen und erlöschenden Rechtsträgers ein. Zu diesen zählt eine Unterlassungsverpflichtung nach Abs. 3.[113] Ob dies auch im Fall der Einzelrechtsnachfolge durch Betriebsübergang nach § 613a Abs. 1 BGB gilt, hat das BAG in der zitierten Entscheidung offen gelassen. Bei dem Abschluss von Vergleichen ist zu berücksichtigen, dass die Betriebsparteien keine Vereinbarung treffen können, durch die sich der AG verpflichtet, an den BR im Falle der Verletzung von Mitbestimmungsrechten eine **Vertragsstrafe** zu zahlen. Grund: Dem BR fehlt die insoweit erforderliche Vermögens- und Rechtsfähigkeit.[114] In Betracht kommt aber ein Vertragsstrafenversprechen zugunsten **eines vermögensfähigen Dritten**, z.B. eines gemeinnützigen Vereins. Das BAG hat die Frage, ob dem zwingende betriebsverfassungsrechtliche Grundsätze entgegenstehen, bisher offen gelassen. Insoweit bestehen aber keine Bedenken.[115]

I.Ü. ist nicht nur bei der Antragstellung im Verfahren nach Abs. 3, sondern auch bei Abschluss von Vergleichen besonderes Augenmerk auf die **Bestimmtheit** der dem AG aufzugebenden Handlungs-, Duldungs- und Unterlassungspflicht zu richten. Nicht selten werden zur Vermeidung unbegründeter **Globalanträge** nicht ausreichend bestimmte Handlungen ausgenommen. Die Unbestimmtheit der von der Verpflichtung ausgenommenen Fallgestaltungen hat zugleich die Unbestimmtheit der von ihr erfassten Fälle zur Folge.[116] Das BAG hat in der zitierten Entscheidung die Klausel „solche Fälle, die von der BV über die Anordnung von nicht geplanten Überstunden erfasst werden" als zu unbestimmt angesehen, weil nicht beschrieben sei, um welche konkreten Fallgestaltungen es sich hierbei handeln solle. Als **ausreichend** hat es die Formulierung angesehen: „Die Antragsgegnerin verpflichtet sich, es zu unterlassen, für AN im Betrieb in D Mehrarbeit anzuordnen oder duldend entgegenzunehmen, ohne den BR ordnungsgemäß zu beteiligen gem. § 87 Abs. 1 Nr. 3." Was unter einer „ordnungsgemäßen" Beteiligung des BR zu verstehen ist, könne nicht zweifelhaft sein; denn es gehe nur um die Einhaltung der gesetzlich geregelten erzwingbaren Mitbestimmung.[117] Als zulässig hat das BAG[118] die Formulierung angesehen: „... *der Arbeitgeberin aufzugeben, es zu unterlassen, eine Verlängerung der betriebsüblichen Arbeitszeit gemäß dem TV Nr. 112a zu vereinbaren, soweit diese Vereinbarungen mit Beschäftigten abgeschlossen werden, die nicht in Vollzeit bei ihr arbeiten, solange er seine Zustimmung hierzu nicht erteilt hat oder diese durch den Spruch der Einigungsstelle ersetzt worden ist, es sei denn, es liegen Notstandsfälle vor ...*". Die Herausnahme von „Notfällen" führe nicht zur Unbestimmtheit des Antrags. Damit seien ersichtlich Fälle höherer Gewalt wie etwa Naturkatastrophen oder Unfälle gemeint. Im Rahmen des Vollstreckungsverfahrens hat das BAG die Tenorierung „*... es zu unterlassen, aus betrieblichem Anlass Arbeit von Arbeitnehmern über die betriebsübliche Zeit hinaus anzuordnen oder entgegenzunehmen ...*" als ausreichend bestimmt angesehen.[119]

Zu den vom AG nach § 40 Abs. 1 zu tragenden **Kosten** der Tätigkeit des BR können auch solche gehören, die durch das Führen von Rechtsstreitigkeiten in betriebsverfassungsrechtlichen Angelegenheiten entstehen, in denen die betriebsverfassungsrechtliche Rechtsstellung eines Mitglieds eines Betriebsverfassungsorgans betroffen ist. Deswegen sind bei einem Mitglied der Jugend- und Auszubildendenvertretung ebenso wie bei einem BR-Mitglied die Kosten aus der Hinzuziehung eines Anwalts erstattungsfähig, die zur sachgerechten Verteidigung ihrer Rechtsstellung in einem Ausschlussverfahren nach § 23 Abs. 1 erforderlich sind.[120] In einem solchen Verfahren wird das Mitglied der Jugend- und Auszubildendenvertretung ausschließlich wegen seiner betriebsverfassungsrechtlichen Rechtsstellung und mit dem Ziel seines Ausschlusses aus einem gesetzlichen Gremium der Betriebsverfassung in Anspruch genommen.[121]

---

112 BAG 18.3.2008 – 1 ABR 3/07 – EBE/BAG 2008, 130.
113 BAG 18.3.2008 – 1 ABR 3/07 – EBE/BAG 2008, 130.
114 BAG 29.9.2004 – 1 ABR 30/03 – AP § 40 BetrVG 1972 Nr. 81 = NZA 2005, 123 mit Anm. *Bertzbach*, jurisPR-ArbR 6/2005.
115 HaKo-BetrVG/*Düwell*, § 23 Rn 80.
116 BAG 28.2.2003 – 1 AZB 53/02 – AP § 78 ArbGG 1979 Nr. 13 = NZA 2003, 516.
117 BAG 25.8.2004 –1 AZB 41/03 – AP § 23 BetrVG 1972 Nr. 41.
118 BAG 24.4.2007 – 1 ABR 47/06 – AP Nr. 124 zu § 87 BetrVG 1972 Arbeitszeit = NZA 2007, 818.
119 BAG 18.3.2008 – 1 ABR 3/07 – EBE/BAG 2008, 130.
120 Vgl. BAG 19.4.1989 – 7 ABR 6/88 – AP § 40 BetrVG 1972 Nr. 29.
121 BAG 5.4.2000 – 7 ABR 6/99 – AP § 78a BetrVG 1972 Nr. 33 = NZA 2000, 2280.

§ 24 Erlöschen der Mitgliedschaft

Die Mitgliedschaft im Betriebsrat erlischt durch
1. Ablauf der Amtszeit,
2. Niederlegung des Betriebsratsamtes,
3. Beendigung des Arbeitsverhältnisses,
4. Verlust der Wählbarkeit,
5. Ausschluss aus dem Betriebsrat oder Auflösung des Betriebsrats aufgrund einer gerichtlichen Entscheidung,
6. gerichtliche Entscheidung über die Feststellung der Nichtwählbarkeit nach Ablauf der in § 19 Abs. 2 bezeichneten Frist, es sei denn, der Mangel liegt nicht mehr vor.

Literatur: *Hauck,* Betriebsübergang und Betriebsverfassungsrecht, in: Festschrift für Reinhard Richardi zum 70. Geburtstag 2007, 537; *Kallenberg,* Auswirkungen längerer Abwesenheitszeiten auf Wahlberechtigung und Betriebsratsmandat, ZBVR 2004, 185; *Kleinebrink,* Das Schicksal von Betriebsrat und Gesamtbetriebsrat beim Betriebsübergang, ArbRB 2004, 341; *Medla,* Kollektivrechtliche Beteiligungsrechte des Altersteilzeitarbeitnehmers in der Freistellungsphase, FA 2002, 2; *Pauli,* Sicherung der personellen Kontinuität der Betriebsratsarbeit, AuR 2003, 391; *Süllwold,* Erlöschen der Mitgliedschaft, ZBVR 2004, 71; *von Roetteken,* Betriebsratstätigkeit während der Elternzeit, jurisPR-ArbR 37/2005 Anm 3

A. Allgemeines 1	V. Amtsenthebung (Nr. 5) 19
B. Regelungsgehalt 2	VI. Gerichtliche Feststellung der Nichtwählbarkeit
I. Ablauf der Amtszeit (Nr. 1) 3	(Nr. 6) 20
II. Niederlegung des Betriebsratsamtes (Nr. 2) 5	C. Verbindung zu anderen Rechtsgebieten und zum
III. Beendigung des Arbeitsverhältnisses (Nr. 3) 8	Prozessrecht 22
IV. Verlust der Wählbarkeit (Nr. 4) 16	D. Beraterhinweise 25

A. Allgemeines

1 § 24 ergänzt § 21. Während § 21 die Beendigung der Amtszeit des BR als Kollektivorgan regelt, betrifft § 24 das Erlöschen der Mitgliedschaft des **einzelnen BR-Mitglieds**.

Die Vorschrift ist durch das Reformgesetz 2001 geändert worden. Sie regelt jetzt nur noch die **Beendigung der Mitgliedschaft im BR**. Zuvor waren wegen des damals geltenden Gruppenprinzips noch die Auswirkungen des Wechsels in das und aus dem Angestelltenverhältnis geregelt. Wegen der Aufgabe des Gruppenprinzips durch Streichung des § 6 sind diese nun nicht mehr vorhanden, was zur Streichung des Abs. 2 geführt hat.

B. Regelungsgehalt

2 § 24 führt sechs **Erlöschensgründe** auf. Es handelt sich nicht um eine abschließende Regelung. Weitere Erlöschensgründe sind denkbar, so z.B. der Tod eines BR-Mitglieds. Es fehlt auch eine Regelung für die Dauer der Wahrnehmung des Übergangsmandats. Hier besteht konkreter Regelungsbedarf durch den Gesetzgeber.

I. Ablauf der Amtszeit (Nr. 1)

3 Das **Ende der Amtszeit des BR** als Kollektiv führt zugleich zur Beendigung der Mitgliedschaft aller Mitglieder. Gemeint sind der Ablauf der regelmäßigen Amtszeit (§ 21 S. 1), die vorzeitige Beendigung der Amtszeit (§ 21 Sätze 3 und 5), der Ablauf der verlängerten Amtszeit (§ 21 S. 4), die erfolgreiche Anfechtung der BR-Wahl (§ 19) sowie die rechtskräftige Auflösung des BR durch das Arbeitsgericht (§ 23 Abs. 1). Die Feststellung der Nichtigkeit der BR-Wahl hat keine rechtlichen Auswirkungen auf die Mitgliedschaft. Es ist erst gar keine Rechtsstellung als BR-Mitglied begründet worden.[1]

4 § 24 findet auch Anwendung, wenn der Betrieb infolge von Stilllegung, Spaltung oder Zusammenfassung mit anderen Betrieben untergeht; Voraussetzung ist allerdings, dass kein Übergangsmandat (§ 21a) oder Restmandat (§ 21b) begründet wird.

II. Niederlegung des Betriebsratsamtes (Nr. 2)

5 Nr. 2 sieht ein Erlöschen mit der Niederlegung des BR-Amtes vor. Einer besonderen Form bedarf es nicht.[2] Der Zugang kann in einer Sitzung durch Erklärung gegenüber dem Kollektiv oder dem BR-Vorsitzenden erfolgen (§ 26

---

[1] Vgl. BAG 13.3.1991 – 7 ABR 5/90 – AP § 19 BetrVG 1972 Nr. 20 = NZA 1991, 946.
[2] *Fitting u.a.,* § 24 Rn 10.

Abs. 3). Eie Erklärung gegenüber dem AG ist grundsätzlich nicht ausreichend. Eine Ausnahme soll nach der Rspr. des BAG[3] für den Fall zulässig sein, dass nach einer Stilllegung des Betriebes keine Belegschaft mehr vorhanden ist und auch das Restmandat nicht mehr ausgeübt wird. Dann könne ausnahmsweise die **Niederlegungserklärung** gegenüber dem AG abgegeben werden. Die Niederlegungserklärung kann mit sofortiger Wirkung oder zu einem Termin in der Zukunft abgegeben werden.

Sie ist **bedingungsfeindlich**. Sie kann weder zurückgenommen noch widerrufen werden.[4] Während überwiegend von dem **Ausschluss des Anfechtungsrechts** ausgegangen wird, kommt eine Mindermeinung zu dem zutreffenden Ergebnis, dass es in den Fällen arglistiger Täuschung und widerrechtlicher Drohung nicht gerechtfertigt sei, den Schutz der Organtätigkeit als vorrangig anzusehen.[5]

Die Erklärung, bestimmte Funktionen innerhalb des BR niederzulegen, stellt keine Amtsniederlegung dar (z.B. Rücktritt vom Amt des Vorsitzenden oder Niederlegung der Mitgliedschaft in einem BR-Ausschuss). Die **Aufgabe von bestimmten Funktionen** berührt die Mitgliedschaft im BR nicht.[6]

III. Beendigung des Arbeitsverhältnisses (Nr. 3)

Nach Nr. 3 erlischt die Mitgliedschaft mit der Beendigung des Arbverh. Die Vorschrift ist dahingehend zu verstehen, dass die Mitgliedschaft im BR mit der Beendigung des die Betriebszugehörigkeit vermittelnden Arbeits- oder sonstigen Rechtsverhältnisses erlischt. D.h.: Nicht jede Beendigung des Arbverh führt notwendig zum Erlöschen der Mitgliedschaft im BR. Maßgeblich ist die Beendigung des **zum Betriebsinhaber bestehenden Rechtsverhältnisses**. Auch die Beendigung eines anderen Rechtsverhältnisses als eines Arbverh (zwischen AN und Betriebsinhaber) kann zum Verlust des Amtes führen. Denn auch nicht in einem Arbverh zum AG stehende Personen können zur wählbaren Belegschaft gehören. Das sind z.B. Beschäftigte in Heimarbeit, solange sie hauptsächlich für den Betrieb arbeiten (§ 5 Abs. 1 S. 2, § 8 Abs. 1), und Personen, deren Rechtsverhältnis zum Betriebsinhaber durch ein zu einer Zwischenperson bestehendes Arbverh vermittelt wird. Es handelt sich dabei insb. um Hilfskräfte. Ein Beispiel bilden von einem leitenden Krankenhausarzt mit Wissen des Betriebsinhabers eingestellte Personen, die an die Weisungen des Betriebsinhabers gebunden sind.[7]

Als **Beendigungstatbestände** kommen in Betracht: Künd des Arbverh durch den AG, Zeitablauf bei Befristung, Aufhebungsvertrag, Eigenkünd, Eintritt einer auflösenden Bedingung, Anfechtung des Arbeitsvertrages, Auflösung des Arbverh durch Urteil des Arbeitsgerichts.

Ein identitätswahrender **Übergang des gesamten Betriebs** führt zwar zur Beendigung des Arbverh mit dem bisherigen Betriebsinhaber, nicht aber auch zu einem Erlöschen der Mitgliedschaft nach Nr. 3.[8] Der Erwerber tritt nach § 613a Abs. 1 S. 1 BGB nämlich nicht nur in die Arbverh, sondern auch in die Rechtsstellung des Betriebsinhabers ein.

Bei einem **Teilbetriebsübergang** erlischt grds. die Mitgliedschaft in dem BR, der für den beim bisherigen AG fortbestehenden Betrieb zuständig ist.[9] Wird der abgespaltene Betriebsteil nicht in einen anderen Betrieb mit BR (§ 21a Abs. 1 S. 1) eingegliedert, behalten die zum anderen AG übergegangenen BR-Mitglieder auch grds. nicht für die Wahrnehmung des Übergangsmandats ihre Mitgliedschaft im weiter amtierende BR des Restbetriebs.

Besteht aber die Möglichkeit, das BR-Mitglied in dem nicht ausgegliederten Teil des Betriebes zu beschäftigen, ist es in **entsprechender Anwendung des § 15 Abs. 4 KSchG** in diesen Teil des Betriebes zu übernehmen. Dafür spricht die Rspr. des BAG, wonach über die reine Wortlautinterpretation hinausgehend auf das Anliegen des Gesetzgebers abzustellen ist, für BR-Mitglieder den allgemeinen Künd-Schutz zu verbessern. Bestehe trotz der Stilllegung eine Weiterbeschäftigungsmöglichkeit in einem anderen Betrieb des Unternehmens, dann stelle sich die betriebsbedingte Künd nicht als ultima ratio dar. Deshalb sei die Künd wegen Stilllegung nur gerechtfertigt, wenn keine Weiterbeschäftigung in einem anderen Betrieb des Unternehmens möglich sei. Dabei setzt das BAG die Schließung infolge der Zusammenfassung mit anderen Betrieben einer „Stilllegung" gleich.[10] Bei fehlender Weiterbeschäftigungsmöglichkeit hilft allerdings auch eine entsprechende Anwendung des § 15 Abs. 4 KSchG nicht weiter, da dann auch eine Künd zulässig ist.[11]

Bei Übergang eines **unselbstständigen Betriebsteils** ist darauf abzustellen, ob das BR-Mitglied diesem Betriebsteil nach dem Schwerpunkt seiner Beschäftigung zuzuordnen ist. Bleibt der BR bei dem die Identität des Ursprungsbetriebs fortsetzenden „Restbetrieb" bestehen, scheidet das BR-Mitglied, dessen Arbverh nach § 613a Abs. 1 S. 1

---

3 BAG 12.1.2000 – 7 ABR 61/98 – AP § 24 BetrVG 1972 Nr. 5 = NZA 2000, 669.

4 Vgl. BVerwG 9.10.1959 – VII P 1.59 – AP § 27 PersVG Nr. 2 = DB 1959, 1448.

5 HaKo-BetrVG/*Düwell*, § 24 Rn 6; MünchArbR/*Joost*, § 297 Rn 20.

6 HaKo-BetrVG/*Düwell*, § 24 Rn 7.

7 BAG 18.4.1989 – 1 ABR 97/87 – AP § 99 BetrVG 1972 Nr. 65 = NZA 1989, 804.

8 ErfK/*Eisemann*, § 24 BetrVG Rn 5; *Fitting u.a.*, § 24 Rn 26; GK-BetrVG/*Oetker*, § 24 Rn 33.

9 BAG 2.10.1974 – 5 AZR 504/73 – AP § 613a BGB Nr. 1 = NJW 1975, 1378.

10 BAG 13.8.1992 – 2 AZR 22/92 – AP § 15 KSchG 1969 Nr. 32 = NZA 1993, 224.

11 BAG 25.5.2000 – 8 AZR 416/99 – AP § 613a BGB Nr. 205 = NZA 2000, 1115.

BGB auf den Betriebsteilerwerber übergeht, nach Nr. 3 und Nr. 4 aus dem weiter bestehenden BR aus.[12] Es steht dann nicht mehr zum Betriebspartner des BR in einem Arbverh. Es fehlt auch an der Wählbarkeit im Restbetrieb. Nachwirkender Künd-Schutz besteht bei dem Betriebsteilerwerber nach § 15 Abs. 1 S. 2 KSchG.[13] Das vom Teilbetriebsübergang betroffene BR-Mitglied kann jedoch von seinem Widerspruchsrecht Gebrauch machen. Dann besteht das Arbverh und damit auch das BR-Amt für den Restbetrieb bei dem Betriebsveräußerer fort.

14 Besonderheiten sind zu berücksichtigen, solange das Bestehen eines Arbverh sich nach einer Künd durch den AG in der **Schwebe** befindet. Ein AN gilt bezüglich der Wählbarkeit als betriebszugehörig, solange nicht rechtskräftig geklärt ist, ob die ihm gegenüber ausgesprochene Künd wirksam war.[14] Bis zum rechtskräftigen Abschluss des Verfahrens ist das BR-Mitglied an der Ausübung seines Amtes gehindert. Das Ersatzmitglied tritt nach § 25 Abs. 1 S. 2 vorübergehend in das Amt ein.[15] Wird die Künd-Schutzklage rechtskräftig abgewiesen, erlischt die Mitgliedschaft im BR nach Nr. 3.[16] Bei erfolgreicher Durchsetzung des **Weiterbeschäftigungsanspruchs** nimmt das BR-Mitglied seine Mitgliedschaftsrechte im BR selbst wahr.[17]

Im Falle einer **Neueinstellung** nach wirksamer Künd lebt das BR-Amt nicht wieder auf.[18] Etwas anderes kann bei nahtloser Fortsetzung gelten.[19]

15 Während des **Ruhens des Arbverh** bleibt die Mitgliedschaft bestehen. Beispiele sind: Wehrdienst (§§ 1 Abs. 1; 10 ArbPlSchG), Zivildienst (§ 78 Abs. 1 Nr. 1 ZDG i.V.m. § 1 Abs. 1 ArbPlSchG), Teilnahme an einer Eignungsübung (§ 1 Abs. 1 EignungsübungsG), Dienst im Zivilschutz (§ 9 Abs. 2 S. 2 ZivilschutzG), Dienst im Zivilschutzkorps (§ 18 Abs. 2 S. 1 ZivilschutzkorpsG) und im Katastrophenschutz (§ 9 Abs. 2 S. 2 KatastrophenschutzG); längerer **Sonderurlaub**,[20] **Elternzeit** nach dem BEEG,[21] Blockfreistellung im Rahmen einer **Altersteilzeitregelung**.[22] Allerdings erlischt das BR-Amt nach Nr. 4 mit dem Zeitpunkt, zu dem feststeht, dass eine Eingliederung nicht mehr erfolgen wird, insb. ab Beginn der Freistellungsphase beim **Altersteilzeitblockmodell**.[23]

IV. Verlust der Wählbarkeit (Nr. 4)

16 Die Mitgliedschaft im BR endet nach Nr. 4, sobald das BR-Mitglied seine Wählbarkeit nachträglich verliert. Beispiele sind:
– Beginn der Freistellungsphase im **Altersteilzeit-Arbverh** nach dem Blockmodell, da es sich nach dem Willen der Vertragsparteien nicht mehr nur um eine vorübergehende Unterbrechung der Tätigkeit handelt,[24]
– Widerspruch eines BR-Mitglied gegen den Übergang seines Arbverh nach § 613a Abs. 6 BGB bei identitätswahrendem Übergang des Gesamtbetriebs,
– **strafgerichtliche Verurteilung** mit der Folge des Verlustes der Fähigkeit, Rechte aus öffentlichen Wahlen zu erlangen,
– **Betreuerbestellung** nach §§ 1896 ff. BGB,
– Beförderung zu einem **leitenden Ang** i.S.v. § 5 Abs. 3,
– **Bestellung zum Geschäftsführungsorgan oder Vorstand**.

17 Da der Verlust der Wählbarkeit **dauerhaft** sein muss, führt das Ruhen des Arbverh regelmäßig nicht zum Verlust der Wählbarkeit. Eine Ausnahme wird dort gemacht, wo es sich nach dem Willen der Vertragsparteien nicht mehr um eine nur vorübergehende Unterbrechung der Tätigkeit handelt, sondern – wie bei der **Freistellungsphase** im Altersteilzeitblockmodell – mit Beginn der Freistellung die Tätigkeit im Betrieb beendet wird und keine gesicherte Rückkehrmöglichkeit mehr besteht.[25]

18 Auch bei einer **Versetzung**[26] in einen anderen Betrieb tritt regelmäßig der Verlust der Wählbarkeit ein. Mit der Versetzung verliert das BR-Mitglied die Belegschaftszugehörigkeit. Die nur vorübergehende Abordnung eines BR-Mitglieds lässt die Belegschaftszugehörigkeit unberührt.[27]

---

12 HaKo-BetrVG/*Düwell*, § 24 Rn 9.
13 ErfK/*Preis*, § 613a BGB Rn 126.
14 BAG 10.11.2004 – 7 ABR 12/04 – AP § 8 BetrVG 1972 Nr. 11 = NZA 2005, 707.
15 BAG 14.5.1997 – 7 ABR 26/96 – AP § 8 BetrVG 1972 Nr. 6 = NZA 1997, 1245.
16 BAG 10.11.2004 – 7 ABR 12/04 – AP § 8 BetrVG 1972 Nr. 11 = NZA 2005, 707.
17 LAG Hamm 9.3.1995 – 12 Sa 2036/94 – NZA-RR 1996, 414; zustimmend: *Fitting u.a.*, § 24 Rn 16, GK-BetrVG/*Oetker*, § 24 Rn 27.
18 LAG Hamm 14.10.2004 – 4 Sa 1102/04 – LAGReport 2005, 182 unter Bezug auf: BAG 10.2.1977 – 2 ABR 80/76 – AP § 103 BetrVG 1972 Nr. 9 mit Anm. *Moritz* = NJW 1977, 1413.
19 So LAG Hamm 14.10.2004 – 4 Sa 1102/04 – LAGReport 2005, 182.
20 Z.B. § 28 TvöD.
21 BAG 25.5.2005 – 7 ABR 45/04 – AP § 24 BetrVG 1972 Nr. 13 = NZA 2005, 1002.
22 BAG 25.10.2000 – 7 ABR 18/00 – AP § 76 BetrVG 1952 Nr. 32 = NZA 2001, 461 = DB 2001, 706.
23 BAG 25.10.2000 – 7 ABR 18/00 – AP § 76 BetrVG 1952 Nr. 32 = NZA 2001, 461 = DB 2001, 706.
24 BAG 25.10.2000 – 7 ABR 18/00 – AP § 76 BetrVG 1952 Nr. 32 = NZA 2001, 461 = DB 2001, 706.
25 BAG 25.10.2000 – 7 ABR 18/00 – AP § 76 BetrVG 1952 Nr. 32 = NZA 2001, 461 = DB 2001, 706.
26 Vgl. §§ 95 Abs. 3, 99 Abs. 1, 103 Abs. 3.
27 *Fitting u.a.*, § 24 Rn 34.

V. Amtsenthebung (Nr. 5)

§ 23 Abs. 1 sieht die Möglichkeit vor, bei grober Pflichtverletzung ein BR-Mitglied durch das Arbeitsgericht auf Antrag von mindestens einem Viertel der wahlberechtigten AN, des AG oder einer im Betrieb vertretenen Gewerkschaft oder des BR aus dem BR ausschließen zu lassen. Der Ausschluss wird mit der **Rechtskraft** des gerichtlichen Beschlusses wirksam. Ist die **Rechtsbeschwerde** durch ein LAG nicht zugelassen worden, so wird der Ausschlussbeschluss wirksam, wenn die Frist für die Einlegung der **Nichtzulassungsbeschwerde** nach § 72a ArbGG abgelaufen oder die eingelegte Nichtzulassungsbeschwerde als unzulässig verworfen oder als unbegründet zurückgewiesen wird.[28]

Im Falle der **Auflösung** des BR auf Antrag eines Viertels der Belegschaft, des AG oder der im Betrieb vertretenen Gewerkschaft erlischt das Amt aller Mitglieder unter Einschluss der Ersatzmitglieder ebenfalls mit Eintritt der Rechtskraft des gerichtlichen Beschlusses.

VI. Gerichtliche Feststellung der Nichtwählbarkeit (Nr. 6)

§ 24 Nr. 6 erweitert die Anfechtungsmöglichkeit nach § 19. Es geht um den Fall, dass zum Zeitpunkt der Wahl eine oder mehrere Voraussetzungen der Wählbarkeit nach § 8 nicht erfüllt waren. Die **Nichtwählbarkeit** kann auch nach Ablauf der Anfechtungsfrist gerichtlich geltend gemacht werden.[29]

Die Feststellung muss im **arbeitsgerichtlichen Beschlussverfahren** (§§ 2a, 80 ff. ArbGG) erfolgen. **Antragsberechtigt** sind entsprechend § 19 Abs. 2 mindestens drei Wahlberechtigte, eine im Betrieb vertretene Gewerkschaft oder der AG.[30] Der Mangel darf nicht zwischenzeitlich behoben sein. Das ist z.B. dann der Fall, wenn das gewählte BR-Mitglied zum Zeitpunkt der Wahl noch nicht 18 Jahre alt oder noch keine sechs Monate im Betrieb beschäftigt war und diese zeitlichen Voraussetzungen bis zum Schluss der Anhörung vor dem LAG eingetreten sind.[31]

C. Verbindung zu anderen Rechtsgebieten und zum Prozessrecht

Streit über die Frage, ob die Mitgliedschaft im BR erloschen ist, wird im arbeitsgerichtlichen **Beschlussverfahren** nach §§ 2a Abs. 1 Nr. 1, 80 ff. ArbGG ausgetragen. Im Urteilsverfahren kann in den Fällen der Nr. 1 bis Nr. 4 die Feststellung des Erlöschens der Mitgliedschaft auch inzidenter getroffen werden, wenn sich z.B. in einem Künd-Schutzprozess der AN darauf beruft, er sei noch im Amt und genieße den besonderen Künd-Schutz nach § 15 Abs. 1 KSchG und § 103.

Streit besteht über die Frage, ob im Wege der **einstweiligen Verfügung** die Fortsetzung des Amtes durchgesetzt werden kann.[32] Das wird jedenfalls dann zu bejahen sein, wenn die Künd des AG offensichtlich unbegründet ist, so z.B. wenn die Zustimmung des BR oder die ersetzende rechtskräftige gerichtliche Entscheidung nicht vorliegt.[33]

Ein Erlöschen der Mitgliedschaft führt zur Beendigung des besonderen Künd- und Versetzungsschutzes nach § 103. Zeitgleich beginnt der **nachwirkende Künd-Schutz**, § 15 Abs. 1 S. 2 KSchG. Beruht die Beendigung der Mitgliedschaft auf einer gerichtlichen Entscheidung nach § 24 Nr. 5, entfällt der nachwirkende Künd-Schutz. Im Fall der gerichtlichen Entscheidung über die Feststellung der Nichtwählbarkeit bleibt der nachwirkende Künd-Schutz aber bestehen.[34] Endet das Amt des BR-Mitglieds, so wird der Antrag des AG auf **Zustimmung zur außerordentlichen Künd** nach § 103 Abs. 2 BetrVG unzulässig. Das gilt auch, wenn das BR-Amt aufgrund einer erfolgreichen Anfechtung der BR-Wahl endet.[35] Der AG ist nunmehr berechtigt, ohne Zustimmung des BR nach § 103 BetrVG die Künd auszusprechen. Anders ist es jedoch, wenn sich an das Ende der Amtszeit, in der ein Antrag nach § 103 Abs. 2 BetrVG gestellt wurde, ohne Unterbrechung eine neue Amtszeit anschließt. In diesem Fall gilt die Zustimmungsverweigerung fort. Das Verfahren erledigt sich nicht, sondern kann weitergeführt werden.[36]

D. Beraterhinweise

Nicht selten versuchen Betriebsinhaber frisch gewählte BR-Mitglieder durch Künd und **Hausverbote** aus dem „Betrieb zu entfernen". In dem Zusammenhang wird dann regelmäßig die Nichtigkeit der BR-Wahl geltend gemacht, da die Schutzvorschriften, insb. § 15 KSchG und § 103 in diesem Fall nicht greifen.[37] Das gewählte Belegschaftsmitglied kann auch **während des Künd-Schutzverfahrens** sein BR-Amt ausüben, wenn die Voraussetzungen für die Nichtigkeit nicht dargelegt werden.

---

28 Vgl. § 72a Abs. 5 ArbGG.
29 BAG 11.4.1958 – 1 ABR 2/57 – AP § 6 BetrVG Nr. 1 = DB 1958, 658.
30 BAG 28.11.1977 – 1 ABR 40/76 – AP § 8 BetrVG 1972 Nr. 2 = DB 1978, 450.
31 BAG 11.3.1975 – 1 ABR 77/74 – AP § 24 BetrVG 1972 Nr. 1 = DB 1975, 1753.
32 Ablehnend: LAG Schleswig-Holstein 2.9.1976 – 4 TaBV 11/76 – DB 1976, 1974; GK-BetrVG/*Oetker*, § 24 Rn 29; bejahend: DKK/*Buschmann*, § 24 Rn 15.
33 Hessisches LAG 19.2.2008 – 4 TaBVGa 21/08 – Juris.
34 A.A. DKK/*Buschmann*, § 24 Rn 38; *Fitting u.a.*, § 24 Rn 47; KR/*Etzel*, § 15 KSchG Rn 26.
35 BAG 12.3.2009 – 2 ABR 24/08 – Juris.
36 BAG 12.3.2009 – 2 ABR 24/08 – Juris.
37 Vgl. BAG 13.3.1991 – 7 ABR 5/90 – AP § 19 BetrVG 1972 Nr. 20 = NZA 1991, 946.

26 Das erforderliche **Zutrittsrecht** zum Betrieb kann durch eine einstweilige Verfügung gesichert werden.[38] Der notwendige **Verfügungsgrund** (§ 940 ZPO) ergibt sich daraus, dass ein gewähltes BR-Mitglied jederzeit Zutritt zum Betrieb erhalten muss, um sein Amt ausüben zu können. Das BR-Amt wird nicht außerhalb des Betriebes, sondern im Betrieb ausgeübt. Der **Verfügungsanspruch** resultiert aus der Offenkundigkeit der Unwirksamkeit der Künd gegenüber einem BR-Mitglied, wenn die Zulässigkeitsvoraussetzungen einer Amtsträger-Künd nach § 15 KSchG, § 103 BetrVG nicht nachgewiesen sind. Voraussetzung ist allerdings, dass das BR-Mitglied im Urteilsverfahren die Unwirksamkeit der Künd geltend macht. Dann kann der BR im Beschlussverfahren zur Sicherung des Zugangsrechts des gekündigten BR-Mitglieds den einstweiligen Rechtsschutz erfolgreich in Anspruch nehmen.

27 Der Antrag kann dann lauten:

„1. Dem Arbeitgeber wird aufgegeben, den Zutritt des Betriebsratsmitglieds, Frau X, zu den Geschäftsräumen... zum Zwecke der Ausübung ihres Betriebsratsamtes zu gewähren,

2. für jeden Fall der Zuwiderhandlung gegen diese Verpflichtung wird dem Arbeitgeber ein Ordnungsgeld in Höhe von 10.000 EUR angedroht."

28 Das Erlöschen der Mitgliedschaft im BR führt dazu, dass **sämtliche Funktionen** innerhalb des BR und seiner Ausschüsse enden. **Funktionen für den GBR** (§ 47) und den **KBR** (§ 55) sowie deren **Ausschüsse** werden beendet. Gleiches gilt bei einer Entsendung in den **Wirtschaftsausschuss**, § 107 Abs. 1 S. 1. Es ist jedoch nicht ausgeschlossen, dieses Belegschaftsmitglied nach § 107 Abs. 2 S. 2 zum Mitglied des Wirtschaftsausschusses zu bestellen. Voraussetzung ist jedoch, dass mindestens ein BR-Mitglied im Wirtschaftsausschuss vertreten ist. Beisitzer einer betriebsverfassungsrechtlichen **Einigungsstelle** nach § 76 bleiben dies auch nach dem Verlust des BR-Amts.

§ 24 gilt entsprechend für noch nicht nachgerückte Ersatzmitglieder.[39]

§ 25 Ersatzmitglieder

(1) ¹Scheidet ein Mitglied des Betriebsrats aus, so rückt ein Ersatzmitglied nach. ²Dies gilt entsprechend für die Stellvertretung eines zeitweilig verhinderten Mitglieds des Betriebsrats.

(2) ¹Die Ersatzmitglieder werden unter Berücksichtigung des § 15 Abs. 2 der Reihe nach aus den nichtgewählten Arbeitnehmern derjenigen Vorschlagslisten entnommen, denen die zu ersetzenden Mitglieder angehören. ²Ist eine Vorschlagsliste erschöpft, so ist das Ersatzmitglied derjenigen Vorschlagsliste zu entnehmen, auf die nach den Grundsätzen der Verhältniswahl der nächste Sitz entfallen würde. ³Ist das ausgeschiedene oder verhinderte Mitglied nach den Grundsätzen der Mehrheitswahl gewählt, so bestimmt sich die Reihenfolge der Ersatzmitglieder unter Berücksichtigung des § 15 Abs. 2 nach der Höhe der erreichten Stimmenzahlen.

Literatur: *Bengelsdorf*, Schulung von Ersatzmitgliedern des Betriebsrats, AP Nr. 9 zu § 25 BetrVG 1972; *Bertzbach*, Zutrittsrecht eines gekündigten Betriebsratsmitglieds zum Betrieb, jurisPR-ArbR 1/2005 Anm 6; *Gosch*, Nachrücken bei Ausscheiden eines freigestellten Betriebsratsmitglieds, AiB 2001, 485; *Ilbertz*, Ersatzwahl eines freizustellenden Betriebsratsmitglieds, ZBVR 2002, 171; *Kallenberg*, Auswirkungen längerer Abwesenheitszeiten auf Wahlberechtigung und Betriebsratsmandat, ZBVR 2004, 185; *Malottke*, Arbeitsunfähigkeit/Amtsunfähigkeit eines Betriebsratsmitglieds, AiB 2004, 753; *Muratidis*, Das Nachrücken von Ersatzmitgliedern in den Betriebsrat gemäß § 25 BetrVG, AiB 1999, 611; *Rudolph*, Anspruch des in Elternzeit befindlichen Betriebsratsmitglieds auf Erstattung der Fahrtkosten, AiB 2006, 323; *Schlichting/Matthiesen*, Ersatzmitglieder, AiB 2006, 606; *Süllwold*, Nicht berechtigtes Fehlen eines Betriebsratsmitglieds an der Betriebsratssitzung, ZBVR 2005, 72; *von Roetteken*, Betriebsratstätigkeit während der Elternzeit, jurisPR-ArbR 37/2005 Anm 3; *Welkoborsky*, Ersatzfreistellung für ein ausgeschiedenes Betriebsratsmitglied, AiB 2003, 185; *Wiese*, Ersatzfreistellung für ein ausgeschiedenes Betriebsratsmitglied, AP Nr. 8 zu § 25 BetrVG 1972; *Wiszkocsill*, Ersatzmitglieder des Betriebsrats, dbr 2006, Nr. 5, 28; *Wolff*, Betriebsratswahl – Minderheitenschutz – Ersatzfreistellung für ausgeschiedenes Betriebsratsmitglied, SAE 2002, 102; *Wolmerath*, Kündigungsschutz für Ersatzmitglieder des Betriebsrats, jurisPR-ArbR 15/2003 Anm 5

A. Allgemeines	1		III. Verfahren (Abs. 2)	14
B. Regelungsgehalt	4		1. Allgemeines	14
I. Nachrücken zur Ersetzung des Mitglieds (Abs. 1 S. 1)	4		2. Reihenfolge bei Verhältniswahl (Abs. 2 S. 1 und 2)	15
1. Ausscheiden des bisherigen Mitglieds	4		3. Reihenfolge bei Mehrheitswahl	17
2. Amtsübernahme	6		IV. Persönliche Rechtsstellung	18
II. Nachrücken zur Stellvertretung (Abs. 1 S. 2)	7		C. Verbindung zu anderen Rechtsgebieten und zum Prozessrecht	22
1. Verhinderung	7		D. Beraterhinweise	25
2. Vertretung/Dauer	13			

---

[38] LAG Hamm 25.6.2004 – 10 TaBV 61/04 – dazu jurisPR-ArbR 1/2005 Anm. 6 v. *Bertzbach*.

[39] DKK/*Buschmann*, § 24 Rn 4; *Fitting u.a.*, § 24 Rn 4.

A. Allgemeines

Die Vorschrift regelt die Konsequenzen eines Ausscheidens oder einer zeitweiligen Verhinderung des BR-Mitglieds. Sie ist zwingend. Sie kann weder durch TV noch durch BV abgeändert werden. Sie ist aus dem BRG übernommen worden. Im BetrVG 1972 ist in Abs. 2 im Interesse der Kontinuität die Neuwahl bei Listenerschöpfung abgeschafft worden. Die Aufhebung des Gruppenprinzips durch die Streichung des § 6 im Rahmen des Reformgesetzes 2001 hat als Folgeänderung die Aufhebung des bisherigen Abs. 3 nach sich gezogen. Abs. 2 stellt nun durch einen Verweis auf die neu geschaffene Regelung des § 15 Abs. 2 sicher, dass die Geschlechterquote bei der Besetzung der Betriebsratssitze auch beim Nachrücken berücksichtigt wird.[1]

Die Regelung findet auch Anwendung auf eine nach § 3 Abs. 1 Nr. 1 bis 3 gebildete AN-Vertretung. Auch für die zusätzliche Vertretung nach § 3 Abs. 1 Nr. 4 bis 5 ist eine besondere kollektivrechtliche Regelung zulässig. Der **Anwendungsbereich** der Vorschrift erstreckt sich i.Ü. auch auf die Bordvertretung (§ 115 Abs. 3), den See-BR (§ 116 Abs. 2) sowie die JAV (§ 65 Abs. 1). Für die Postbetriebe ergibt sich aus § 26 Nr. 4 Post-PersRG eine Sonderregelung. Scheidet ein Vertreter aus der Gruppe der Beamten aus dem BR aus, muss das nachrückende Mitglied der Gruppe der Beamten entnommen werden. Das gilt, obwohl nach der Streichung des § 25 Abs. 3 das Kriterium **Gruppenzugehörigkeit** für Arbeiter und Angestellte entfallen ist. Die Zugehörigkeit zur Gruppe der Beamten oder der AN soll – wie aus der Wahlordnung für die Postbetriebe ersichtlich – weiterhin für die Verteilung der Betriebsratssitze maßgebend sein.

Die Ersatzmitgliedschaft für den **GBR**, den **KBR**, die **Gesamtjugendvertretung** und die **Konzern-JAV** ist gesondert geregelt, §§ 47 Abs. 3 S. 1; 55 Abs. 2; 72 Abs. 3 und § 73b Abs. 2. In den Vorschriften findet sich kein Verweis auf den die Geschlechterquote sichernden § 15 Abs. 2. Die Bestimmung gilt auch nicht für die Ersatzmitgliedschaft im Wirtschaftsausschuss. Eine Bestellung von Ersatzmitgliedern ist dort aber unabhängig von § 25 zulässig.

B. Regelungsgehalt

I. Nachrücken zur Ersetzung des Mitglieds (Abs. 1 S. 1)

1. Ausscheiden des bisherigen Mitglieds. Das Nachrücken als Mitglied setzt ein **Ausscheiden des gewählten Mitglieds** voraus. Das gewählte Mitglied muss während des Fortbestehens der Amtszeit der übrigen Mitglieder **endgültig** aus dem Amt ausscheiden. Eine vollständige Freistellung eines BR-Mitglieds bis zur Beendigung des Arbvrh im Rahmen der Altersteilzeit führt zum Verlust der Wählbarkeit i.S.v. § 8. Die Mitgliedschaft erlischt in diesem Fall, § 24 Nr. 4. Ein Ausscheiden liegt hingegen nicht vor, wenn das Arbvrh lediglich ruht. Die Elternzeit führt nicht zum Erlöschen der Mitgliedschaft im BR nach § 24 Nr. 3.[2]

Bei erfolgreicher Wahlanfechtung, Feststellung ihrer Nichtigkeit oder Auflösung durch arbeitsgerichtlichen Beschluss **erlischt** auch die **Ersatzmitgliedschaft**. Das gilt dann nicht, wenn der BR mit der Mehrheit seiner Stimmen seinen Rücktritt beschlossen hat (§ 13 Abs. 2 Nr. 3). In diesem Fall führt der BR nach § 22 seine Geschäfte weiter.

2. Amtsübernahme. Ein als Mitglied in den BR einrückendes Ersatzmitglied übernimmt nach Abs. 1 S. 1 das Amt des ausscheidenden BR-Mitglieds. Es übernimmt grds. nicht zugleich dessen Funktionen, z.B. als Schriftführer oder als Mitglied in Ausschüssen.[3] Bei Ausscheiden eines gewählten Mitglieds rückt in entsprechender Anwendung von Abs. 2 S. 1 das Ersatzmitglied auch in den betreffenden Betriebsratsausschuss nach. Dies gilt mangels eines Nachrückens nicht bei der **Erweiterung** des Ausschusses um zusätzliche Mitglieder.[4]

Auch eine berufliche Freistellung nach § 38 Abs. 3 geht grds. nicht automatisch auf das nachrückende Mitglied über.[5]

II. Nachrücken zur Stellvertretung (Abs. 1 S. 2)

1. Verhinderung. Für die Dauer der zeitweiligen Verhinderung eines ordentlichen Mitglieds rückt das Ersatzmitglied nach Abs. 1 S. 2 zur Stellvertretung nach. Ein Fall **zeitweiliger Verhinderung** liegt dann vor, wenn das ordentliche Mitglied **vorübergehend** aus rechtlichen oder tatsächlichen Gründen objektiv nicht in der Lage oder es ihm subjektiv nicht zumutbar[6] ist, sein Amt auszuüben. Auf die **Dauer der Verhinderung** und deren **Vorhersehbarkeit** kommt es nicht an.[7]

---

1 Fitting u.a., § 25 Rn 1.
2 BAG 25.5.2005 – 7 ABR 45/04 – AP § 24 BetrVG 1972 Nr. 13 = NZA 2005, 1002.
3 Gegen eine analoge Anwendung des § 25 Abs. 2 S. 2 in diesen Fällen: BAG 16.3.2005 – 7 ABR 43/04 – AP § 28 BetrVG 1972 Nr. 6 = NZA 2005, 1072.
4 BAG 16.3.2005 – 7 ABR 43/04 – AP § 28 BetrVG 1972 Nr. 6 = NZA 2005, 1072.
5 Zur analogen Anwendung des § 25 Abs. 2s. BAG 20.4.2005 – 7 ABR 47/04 – AP § 38 BetrVG 1972 Nr. 29 = NZA 2005, 1013.
6 Zutreffend: DKK/*Buschmann*, § 25 Rn 16.
7 BAG 5.9.1986 – 7 AZR 175/85 – AP § 15 KSchG 1969 Nr. 26 = DB 1987, 1641.

Beispielsfälle für zeitweilige Verhinderung sind: Dienstreisen, Kuraufenthalte, Wahrnehmung von Schulungs- und Bildungsveranstaltungen sowie Unabkömmlichkeit wegen anderweitiger betrieblicher Beschäftigung, Betroffenheit in eigenen Angelegenheiten,[8] wozu auch die Betroffenheit des Ehepartners oder eines Kindes zählt.

8 Während des **Ruhens** der Arbeitspflicht (Erholungs- und Bildungsurlaub, Elternzeit) ist danach zu unterscheiden, ob das ordentliche Mitglied sein Mandat wahrnimmt. **Elternzeit** führt regelmäßig nicht zu einer zeitweiligen Verhinderung nach Abs. 1 S. 2.[9] Auch Freizeit führt nicht unbedingt zu einer zeitweiligen Verhinderung.[10] Maßgeblich ist, ob es dem AN in der jeweiligen Situation subjektiv zumutbar ist, die Pflichten aus dem Betriebsratsamt auszuüben. Bei Krankheit ist ebenfalls im Einzelfall zu entscheiden.[11] **Arbeitsunfähigkeit** ist nicht notwendig mit Amtsunfähigkeit verbunden. Erscheint ein arbeitsunfähig erkranktes Mitglied des BR zur Sitzung des BR, so ist grds. davon auszugehen, dass es an der Teilnahme wegen Krankheit nicht verhindert ist.[12]

9 In der Regel führen BR-Mitglieder ihr Amt während des Ruhens des Arbverh allerdings nicht fort. Das hat insb. wirtschaftliche Gründe. Ein BR-Mitglied ohne Arbeitspflicht erhält zwar noch für die Fahrt zur Betriebsratssitzung **Fahrtkostenerstattung**.[13] Ein Entgelt ist aber nicht vorgesehen, § 37 Abs. 1 bis 3. Aus Gründen der Praktikabilität sollte daher von dem betreffenden BR-Mitglied jedenfalls eine rechtzeitige Klarstellung seiner trotz Krankheit oder Arbeitsbefreiung bestehenden Amtsfähigkeit verlangt werden. Andernfalls wird eine ordnungsgemäße Ladung nach § 29 Abs. 2 S. 3 regelmäßig erschwert. Das LAG Berlin[14] geht deshalb davon aus, ein BR-Mitglied sei bei Abwesenheit wegen Urlaubs, Erziehungsurlaubs usw. so lange als verhindert anzusehen, wie es dem Betriebsratsvorsitzenden anderes nicht positiv angezeigt habe. Z.T. wird unterstellt, bei krankheitsbedingter Arbeitsunfähigkeit spreche eine tatsächliche Vermutung für die Amtsunfähigkeit des BR-Mitglieds.[15]

10 Der **ordentlich gekündigte AN** bleibt für die Wahl des BR nach § 8 Abs. 1 wählbar, wenn er eine Künd-Schutzklage erhoben hat. Das gilt auch dann, wenn die Betriebsratswahl nach Ablauf der Künd-Frist durchgeführt und der gekündigte AN nicht weiterbeschäftigt wird. Denn bei ihr wird der Ungewissheit über den Ausgang des Künd-Schutzverfahrens dadurch Rechnung getragen, dass das BR-Mitglied bis zum rechtskräftigen Abschluss des Verfahrens an der Ausübung seines Amtes verhindert ist. In diesem Fall tritt das Ersatzmitglied nach Abs. 1 S. 2 vorübergehend in das Amt ein.[16] Stellt sich nach der Wahl die Unwirksamkeit der Künd heraus, entfällt der Hinderungsgrund. Das gewählte BR-Mitglied kann sein Betriebsratsamt ausüben. Wird dagegen die Künd-Schutzklage abgewiesen, erlischt die Mitgliedschaft im BR nach § 24 Nr. 3. Das Ersatzmitglied rückt endgültig gem. Abs. 1 S. 1 nach.[17]

11 Im Falle der eigenen **Verhinderung des Ersatzmitglieds** rückt es nach, wird allerdings für die Dauer seiner Verhinderung durch einen weiteren Nachrücker vertreten. Anders kann bei lang anhaltender Erkrankung des Ersatzmitgliedes zu entscheiden sein.[18]

12 Besteht der BR nur aus **einer Person** und ist kein Ersatzmitglied mehr vorhanden, ist der AG nach der Rspr. des BAG[19] nicht verpflichtet, Entscheidungen zurückzustellen, bis der BR wieder funktionsfähig ist.

13 **2. Vertretung/Dauer.** Für die Dauer der Verhinderung ist das nachgerückte Ersatzmitglied vollwertiges Mitglied des BR. Die Stellvertretung beginnt mit dem Eintritt der Verhinderung und endet mit dem Wegfall des Hinderungsgrundes. Die Stellvertretung beinhaltet i.d.R. nicht die Wahrnehmung der Ämter und Funktionen des verhinderten BR-Mitglieds. Es bedarf keines Beschlusses des BR. Auch eine Benachrichtigung durch den Betriebsratsvorsitzenden ist nicht erforderlich. Erfolgt sie dennoch, ist sie lediglich deklaratorischer Natur.

III. Verfahren (Abs. 2)

14 **1. Allgemeines.** Abs. 2 regelt die Reihenfolge des Nachrückens. Zu beachten ist wegen des Verweises auf § 15 Abs. 2 die Geschlechterquote. Es wird danach unterschieden, ob das zu ersetzende oder zu vertretende BR-Mitglied in einer Verhältniswahl oder in einer Mehrheitswahl gewählt worden ist.

15 **2. Reihenfolge bei Verhältniswahl (Abs. 2 S. 1 und 2).** Ist die BR-Wahl als Verhältniswahl anhand mehrerer Vorschlagslisten nach § 14 Abs. 1 S. 1 durchgeführt worden, rücken die Ersatzmitglieder in der Reihenfolge nach,

---

8 BAG 3.8.1999 – 1 ABR 30/98 – AP § 25 BetrVG 1972 Nr. 7 = NZA 2000, 440; BAG 23.8.1984 – 2 AZR 391/83 – AP § 103 BetrVG 1972 Nr. 17; LAG Baden-Württemberg – 30.6.2008 – 4 TaBV 1/08 – EzA-SD 2008, Nr. 17, 13 (anhängig beim BAG unter 1 ABR 64/08).

9 BAG 25.5.2005 – 7 ABR 45/04 – AP § 24 BetrVG 1972 Nr. 13 = NZA 2005, 1002 und jurisPR-ArbR 37/2005 Anm. 3 v. *Roetteken*.

10 LAG Hamm 4.2.2005 – 13 TaBV 126/04 – n.v.

11 Vgl. BAG 15.11.1984 – 2 AZR 341/83 – AP § 25 BetrVG 1972 Nr. 2.

12 LAG Schleswig-Holstein 26.5.2005 – 4 TaBV 27/04 – AuA 2005, 504.

13 BAG 25.5.2005 – 7 ABR 45/04 – AP § 24 BetrVG 1972 Nr. 13 und jurisPR-ArbR 37/2005 Anm. 3 v. *Roetteken*.

14 LAG Berlin 1.3.2005 – 7 TaBV 2220/04 – n.v.

15 GK-BetrVG/*Oetker*, § 25 Rn 18.

16 BAG 14.5.1997 – 7 ABR 26/96 – BAGE 85, 370 = AP § 8 BetrVG 1972 Nr. 6 = NZA 1997, 1245.

17 BAG 10.11.2004 – 7 ABR 12/04 – AP § 8 BetrVG 1972 Nr. 11 = NZA 2005, 707.

18 Hessisches LAG 30.3.2006 – 9/4 TaBV 209/05 – juris, mit der Darstellung verschiedener Fallkonstellationen und Rspr. des BAG).

19 Vgl. BAG 15.11.1984 – 2 AZR 341/83 – AP § 25 BetrVG 1972 Nr. 2.

in der sie auf der Liste aufgeführt sind, der das zu ersetzende oder zu vertretende Mitglied angehört. Ein sich in der Minderheit befindendes Geschlecht muss entsprechend seinem Anteil an der Gesamtbelegschaft weiterhin im BR vertreten bleiben, solange noch Ersatzmitglieder dieses Geschlechts auf der Liste zur Verfügung stehen. Ist die **Vorschlagsliste erschöpft**, der danach das Ersatzmitglied zu entnehmen wäre, sieht Abs. 2 S. 2 die Ermittlung der Liste vor, auf die der nächste Betriebsratssitz entfallen wäre. Aus dieser Liste rückt der nächste nicht gewählte Bewerber nach.[20] Die Anordnung in § 15 Abs. 2, wonach das Geschlecht, das in der Belegschaft in der Minderheit ist, mindestens entsprechend seinem zahlenmäßigen Verhältnis im BR vertreten sein muss, und der in § 15 Abs. 5 Nr. 2 S. 1 WO bestimmte Listensprung verstoßen nach der Rspr. des BAG weder gegen den aus Art. 3 Abs. 1 GG resultierenden Grundsatz der Wahlrechtsgleichheit, noch gegen das durch Art. 9 Abs. 3 GG geschützte Recht der Gewerkschaften auf Gewährung gleicher Wettbewerbschancen bei Betriebsratswahlen.[21]

Abs. 2 S. 1 findet **entsprechende Anwendung** bei Ausscheiden von **freigestellten Mitgliedern** und **Betriebsausschussmitgliedern**. Für den Fall des Ausscheidens von Mitgliedern der nach § 28 Abs. 1 gebildeten Ausschüsse und freigestellter Mitglieder ist im Betriebsverfassungsgesetz keine ausdrückliche Regelung vorgesehen. Das Gesetz enthält daher eine planwidrige Regelungslücke. Für den Fall des Ausscheidens eines im Wege der Verhältniswahl in die **Freistellung** gewählten BR-Mitglieds hat das BAG[22] die Gesetzeslücke dahingehend geschlossen, dass das ersatzweise freizustellende Mitglied in entsprechender Anwendung des Abs. 2 S. 1 derjenigen Vorschlagsliste zu entnehmen ist, der das zu ersetzende Mitglied angehörte. Ist diese Vorschlagsliste erschöpft, ist das Ersatzmitglied nach den Grundsätzen der Mehrheitswahl zu wählen. Dies gilt beim Ausscheiden im Wege der Verhältniswahl gewählter Mitglieder betriebsratsinterner Ausschüsse gleichermaßen. Denn diese werden nach denselben Grundsätzen gewählt wie freizustellende BR-Mitglieder.[23]

Abs. 2 S. 2 ist auf das Nachrücken von Ersatzmitgliedern in betriebsratsinterne Ausschüsse hingegen **nicht entsprechend** anzuwenden.[24]

3. Reihenfolge bei Mehrheitswahl. Ist die Betriebsratswahl anhand einer Vorschlagsliste oder im vereinfachten Wahlverfahren (§ 14 Abs. 2 S. 1) nach dem Grundsatz der Mehrheitswahl gewählt, rückt der Wahlbewerber nach, auf den die nächsthöchste Stimmenzahl entfallen ist. Die Geschlechterquote nach § 15 Abs. 2 ist zu beachten. § 15 Abs. 2 gilt aber nur für Betriebsräte mit mindestens drei Mitgliedern.

IV. Persönliche Rechtsstellung

Das Ersatzmitglied verfügt – solange es weder nachrückt, noch ein zeitweilig verhindertes BR-Mitglied vertritt – nicht über den besonderen Künd-Schutz aus § 103 und § 15 Abs. 1 KSchG. Es bleibt nur der **Wahlbewerberschutz** aus § 15 Abs. 3 KSchG. Die Unwirksamkeit einer AG-Künd kann sich aber aus einem Verstoß gegen das Benachteiligungsverbot nach § 78 i.V.m. § 134 BGB ergeben.

Ersatzmitgliedern steht der **besondere Künd-Schutz des § 15 Abs. 1 S. 1** KSchG i.Ü. zunächst für die **gesamte Dauer der Vertretung** eines ordentlichen BR-Mitglieds zu. Er ist nicht auf die Tage beschränkt, an denen Ersatzmitglieder die Geschäfte eines BR wahrnehmen.

Der Schutz greift ein, sobald sich das Ersatzmitglied auf die Vertretung vorbereitet, also ab der Ladung.[25] Als **Vorbereitungszeit** werden drei Tage regelmäßig als ausreichend erachtet. Der besondere Künd-Schutz geht nicht verloren, wenn bei dem zur Stellvertretung nachgerückten Ersatzmitglied selbst ein Verhinderungsfall eintritt.[26] Der Schutz besteht auch, wenn die Verhinderung nur einen Arbeitstag dauert und das Ersatzmitglied in dieser Zeit tatsächlich keine Betriebsratsarbeit ausgeübt hat.[27]

Auch **nach Beendigung des Vertretungsfalls** stehen Ersatzmitglieder des BR, die stellvertretend für ein nach Abs. 1 S. 2 zeitweilig verhindertes ordentliches BR-Mitglied dem BR angehören und als vorübergehend eingerückte Vertreter dessen Aufgaben wahrgenommen haben, unter dem nachwirkenden Künd-Schutz des § 15 Abs. 1 S. 2 KSchG.[28] Der Schutz des § 15 Abs. 1 S. 2 KSchG tritt für Ersatzmitglieder ein, wenn der AN zur BR-Arbeit herangezogen worden ist. Er ist nicht davon abhängig, dass der AG bei Ausspruch der Künd von der Vertretungstätigkeit

---

20 *Fitting u.a.*, § 25 Rn 27.
21 BAG 16.3.2005 – 7 ABR 40/04 – AP § 15 BetrVG 1972 Nr. 3 = NZA 2005, 1252.
22 BAG 14.11.2001 – 7 ABR 31/00 – AP § 38 BetrVG 1972 Nr. 2; BAG 25.4.2001 – 7 ABR 26/00 – AP § 25 BetrVG 1972 Nr. 8.
23 BAG 16.3.2005 – 7 ABR 43/04 – AP § 28 BetrVG 1972 Nr. 6 = NZA 2005, 1072.
24 BAG 16.3.2005 – 7 ABR 43/04 – AP § 28 BetrVG 1972 Nr. 6 = NZA 2005, 1072.
25 BAG 17.1.1979 – 5 AZR 891/77 – AP § 15 KSchG 1969 Nr. 5.
26 LAG Hamm 9.2.1994 – 3 Sa 1376/93 – LAGE § 25 BetrVG Nr. 3.
27 BAG 5.9.1986 – 7 AZR 175/85 – AP § 15 KSchG 1969 Nr. 26.
28 BAG 18.5.2006 – 6 AZR 627/05 – AP § 15 KSchG 1969 Ersatzmitglied Nr. 2 = NZA 2006, 1037 = NJW 2006, 3020.

21 Auch dann, wenn zwar ein **objektiver Fall einer Verhinderung** i.S.d. Abs. 1 **nicht vorlag**, das Ersatzmitglied jedoch an einer Betriebsratssitzung teilgenommen hat und keine Anhaltspunkte dafür hatte, dass in Wahrheit ein Vertretungsfall nicht vorlag, bestehen die Gründe für den vom Gesetzgeber vorgesehenen Sonder-Künd-Schutz.[32] Das Ersatzmitglied übt auch in diesem Fall die vom Gesetz auch auf die Austragung von Streit angelegte Rolle des betrieblichen Gegenspielers des AG aus. Diese Lage ist für das Ersatzmitglied unvermeidbar, weil es – solange keine Anhaltspunkte gegen das Vorliegen eines Vertretungsfalles sprechen – verpflichtet ist, der Einladung zur Betriebsratssitzung zu folgen. Der besondere Künd-Schutz nach § 15 Abs. 1 S. 2 KSchG würde seinen Zweck verfehlen, wenn er von der späteren Bestätigung des von dem ordentlichen BR-Mitglied angegebenen Verhinderungsgrundes abhinge.[33] Nur wenn das Ersatzmitglied weiß oder sich ihm aufdrängt, dass kein Vertretungsfall vorliegt, ist es nicht schutzbedürftig.[34]

Ausgeschlossen ist der Schutz des § 15 KSchG hingegen, wenn der Vertretungsfall durch kollusive Absprachen zum Schein herbeigeführt wird.[35]

C. Verbindung zu anderen Rechtsgebieten und zum Prozessrecht

22 Meinungsverschiedenheiten der Betriebsparteien oder der BR-Mitglieder über das Ausscheiden aus dem BR oder die Verhinderung eines Mitglieds, die Erforderlichkeit einer Stellvertretung und/oder die Reihenfolge des Nachrückens sind nach §§ 2a, 80 ff. ArbGG im arbeitsgerichtlichen **Beschlussverfahren** auszutragen. Inzidenter kann darüber auch als Vorfrage im Urteilsverfahren zu entscheiden sein. Das ist z.B. in einem **Künd-Schutzprozess** bei der Frage des Eingreifens des besonderen Künd-Schutzes für ein Ersatzmitglied der Fall.

23 Besteht eine **Meinungsverschiedenheit** mit dem AG über den **Fall einer Verhinderung** und über das zeitweise Nachrücken des Ersatzmitglieds, so kann der BR zur Sicherung der Teilnahme des Stellvertreters an der anstehenden Betriebsratssitzung im Wege der einstweiligen Verfügung nach § 85 Abs. 2 ArbGG, § 940 ZPO im Beschlussverfahren beantragen:[36]

„1. der Arbeitgeberin aufzugeben, den Antragsteller zur Teilnahme an der Betriebsratssitzung am … freizustellen,
2. der Arbeitgeberin für den Fall der Zuwiderhandlung ein Zwangsgeld anzudrohen, dessen Höhe in das Ermessen des Gerichts gestellt wird."

24 Auch eine **Duldungsverpflichtung** des AG kann ausreichend sein, da die Wirksamkeit der Freistellung nicht von der Abgabe einer Freistellungserklärung durch den AG abhängt.

D. Beraterhinweise

25 Die Wirksamkeit eines BR-Beschlusses setzt voraus, dass er in einer BR-Sitzung gefasst worden ist, zu der die Mitglieder des BR nach § 29 Abs. 2 S. 3 rechtzeitig unter Mitteilung der Tagesordnung geladen worden sind.[37]

26 In der Geschäftsordnung des BR sollte daher im Interesse der Klarheit, ob bereits eine Stellvertretung außerhalb der Sitzung erfolgen muss, und zur Sicherung der Einhaltung von Ladungsfristen z.B. die Verpflichtung der BR-Mitglieder festgelegt werden, sich vor längeren Ruhenszeiten, wie der Elternzeit, zu erklären, ob sie für die Dauer der Ruhenszeit an der Erfüllung der Mitgliedspflichten verhindert sind. Das entzieht sich regelmäßig der Beurteilungsmöglichkeit durch den Betriebsratsvorsitzenden, der aber über das Bestehen eines Verhinderungsgrundes spätestens anlässlich der Ladung zur Sitzung entscheiden muss.

---

29 BAG 5.9.1986 – 7 AZR 175/85 – BAGE 53, 23.
30 BAG 12.2.2004 – 2 AZR 163/03 – AP § 15 KSchG 1969 Ersatzmitglied Nr. 1 = AiB 2005, 376.
31 BAG 18.5.2006 – 6 AZR 627/05 – AP § 15 KSchG 1969 Ersatzmitglied Nr. 2 = NZA 2006, 1037 = NJW 2006, 3020.
32 BAG 12.2.2004 – 2 AZR 163/03 – AP § 15 KSchG 1969 Ersatzmitglied Nr. 1 = AiB 2005, 376.
33 BAG 5.9.1986 – 7 AZR 175/85 – BAGE 53, 23.
34 BAG 12.2.2004 – 2 AZR 163/03 – AP § 15 KSchG 1969 Ersatzmitglied Nr. 1 = AiB 2005, 376.
35 BAG 5.9.1986 – 7 AZR 175/85 – BAGE 53, 23.
36 Vgl. LAG Hamm 24.9.2004 – 10 TaBV 95/04 – n.v.
37 BAG 18.1.2006 – 7 ABR 25/05 – n.v.

Dritter Abschnitt: Geschäftsführung des Betriebsrats

§ 26 Vorsitzender

(1) Der Betriebsrat wählt aus seiner Mitte den Vorsitzenden und dessen Stellvertreter.
(2) ¹Der Vorsitzende des Betriebsrats oder im Fall seiner Verhinderung sein Stellvertreter vertritt den Betriebsrat im Rahmen der von ihm gefassten Beschlüsse. ²Zur Entgegennahme von Erklärungen, die dem Betriebsrat gegenüber abzugeben sind, ist der Vorsitzende des Betriebsrats oder im Fall seiner Verhinderung sein Stellvertreter berechtigt.

Literatur: *Besgen, D.*, Anspruch des Betriebsrats auf sächliche Mittel, Räume und Büropersonal, AiB 1987, 150; *ders.*, Der Anspruch des Betriebsrats auf Bereitstellung von sächlichen Mitteln, Räumen und Büropersonal, B+P 1986, 276; *Besgen, N.*, Betriebsverfassungsrecht, 2007; *ders.*, Blackberry und Homepage für den Betriebsrat? – Ein aktueller Überblick zum Anspruch des Betiebsrats auf moderne Kommunikationstechnik, NZA 2006, 959; *ders.*, Anspruch des Betriebsrats auf Räume, Sach- und moderne Kommunikationsmittel sowie Büropersonal, B+P 2004, 93; *Besgen/Prinz*, Handbuch Internet.Arbeitsrecht, 2. Aufl. 2009; *Böttcher*, Die Geschäftsordnung des Betriebsrates, AiB 2002, 244; *Ehrich/Hoß*, Die Kosten des Betriebsrats – Umfang und Grenzen der Kostentragungspflicht des Arbeitgebers, NZA 1996, 1075; *Heinze*, Wirksamkeitsvoraussetzungen von Betriebsratsbeschlüssen und Folgen fehlerhafter Beschlüsse, DB 1973, 2089; *Hornung*, Das Recht der Teilfreistellungen nach dem BetrVG 2001, DB 2002, 94; *Hunold*, Der Internetzugang für den Betriebsrat, NZA 2004, 370; *Jansen*, Anspruch des Betriebsrats auf Intranetnutzung?, BB 2003, 1726; *Klempt*, Freistellung von Betriebsratsmitgliedern, B+P 2003, 387; *Löwisch*, Änderungen der Betriebsverfassung durch das Betriebsverfassungs-Reformgesetz, BB 2001, 1734; *ders.*, Stimmenthaltungen sind keine Nein-Stimmen, BB 1996, 1006; *Natzel*, Die Delegation von Aufgaben an Arbeitsgruppen nach dem neuen § 28a BetrVG, DB 2001, 1362; *Reitze*, Rückwirkende „Billigung" unwirksamer oder fehlender Entscheidungen des Betriebsrats, NZA 2002, 493; *Schaub*, Reform der Betriebsverfassung, ZTR 2001, 437; *Schiefer*, Betriebsratsschulungen – geänderte Spielregeln, DB 2008, 2649; *Weber*, Erforderlichkeit von Computer und Internet für die Betriebsratsarbeit?, NZA 2008, 280; *Wedde*, Übertragung von Betriebsratsaufgaben gemäß § 28a BetrVG auf Arbeitsgruppen, AuR 2002, 122; *Wulff*, Beschlüsse wirksam fassen, AiB 2008, 528

A. Allgemeines 1	II. Stellung des Vorsitzenden (Abs. 2) 10
B. Regelungsgehalt 2	1. Allgemeine Aufgaben 11
I. Wahl des Vorsitzenden und seines Stellvertreters (Abs. 1) 2	2. Entgegennahme von Erklärungen 13
1. Wahl 2	III. Stellvertreter des Vorsitzenden (Abs. 2) 14
2. Amtsdauer 6	C. Verbindung zu anderen Rechtsgebieten und zum Prozessrecht 16
3. Wahlfehler 8	D. Beraterhinweise 19

A. Allgemeines

Der dritte Abschnitt des BetrVG (§§ 26 bis 41) regelt die Geschäftsführung des BR. Er beginnt mit der organisatorischen Gestaltung des BR. In allen Fällen, in denen der BR nicht nur aus einer Person (Betriebsobmann) besteht, sind ein Vorsitzender und ein stellvertretender Vorsitzender zu wählen. Die Vorschrift regelt weiter die Stellung dieser Organe bezogen auf die Abgabe und die Entgegennahme von Erklärungen (Abs. 2). Die Vorschrift des Abs. 1 ist zwingend; Abs. 2 kann abbedungen werden. Die Regelung gilt in vollem Umfange auch für den GBR (§ 51 Abs. 1 S. 1), den KBR (§ 59 Abs. 1) sowie für weitere spezielle Vertretungen (vgl. §§ 65 Abs. 1, 73 Abs. 2, 73b Abs. 2, 115 Abs. 4, 116 Abs. 3). Schließlich kommt die Vorschrift des § 26 auch für die besonderen Vertretungen nach § 3 eingeschränkt in Betracht (vgl. § 3 Abs. 5).

B. Regelungsgehalt

I. Wahl des Vorsitzenden und seines Stellvertreters (Abs. 1)

1. Wahl. Der Wahlvorstand hat nach § 29 Abs. 1 S. 1 vor Ablauf einer Woche nach dem Wahltag die Mitglieder des BR zu der vorgesehenen Wahl nach Abs. 1 einzuberufen. Da das BetrVG über das Wahlverfahren in dieser konstituierenden Sitzung selbst keine Vorgaben enthält, unterfällt die nähere Ausgestaltung der selbstständigen Geschäftsführung des BR. Dieser hat die freie Gestaltungsmöglichkeit über den **Wahlmodus**.[1] Die Wahl kann daher offen, geheim, schriftlich oder durch Handaufheben erfolgen. Beantragt allerdings ein Mitglied ausdrücklich eine geheime Wahl, ist dem zu folgen.[2]

---

[1] Vgl. BAG 28.2.1958 – 1 ABR 3/57 – AP § 29 BetrVG Nr. 1 = BB 1958, 557.

[2] Richardi/*Thüsing*, § 26 Rn 6; Fitting u.a., § 26 Rn 9; a.A. GK-BetrVG/*Wiese*/*Raab*, § 26 Rn 10.

3 **Wählbar** sind nur die Mitglieder des BR, was bereits aus dem Wortlaut des Abs. 1 folgt („aus seiner Mitte"). Alle Mitglieder inklusive der Kandidaten haben eine Stimme. Nicht **wahlberechtigt** sind hingegen Ersatzmitglieder, solange sie nicht in den BR nachgerückt sind.[3] Ist freilich ein BR-Mitglied zum Zeitpunkt der konstituierenden Sitzung verhindert, kann ein Ersatzmitglied legitim hinzugezogen werden.[4]

4 Gewählt ist, wer die meisten Stimmen auf sich vereinigt. Besondere Mehrheiten sind nicht erforderlich, so dass die **relative Mehrheit** ausreicht, sofern mindestens die Hälfte der Mitglieder des BR anwesend sind.[5] Bei einer Patt-Situation (Stimmengleichheit) ist die Wahl zu wiederholen, bis ein Kandidat gewählt ist. Der BR ist jedoch insg. frei darin, vor Wahlbeginn abweichende Quoren festzulegen. Daher kann er im Vorhinein etwas anderes festlegen, bspw. Losentscheidung ohne Wiederholung der Wahl.[6] Kommt keine Mehrheit für einen Bewerber zu Stande, fordert das BAG einen **Losentscheid** zwischen den bestplatzierten Bewerbern.[7] Ein Losentscheid ist nach dem 6. Senat auch dann vorzunehmen, wenn sich die Gruppenmitglieder weder vor der ersten Abstimmung noch hinterher auf einen Losentscheid einigen konnten.

5 Der Vorsitzende und sein **Stellvertreter** werden in getrennten Wahlgängen gewählt. Der BR kann allerdings festlegen, dass als Stellvertreter gewählt ist, wer die nächsthöchste Stimmanzahl erlangt.[8]

6 **2. Amtsdauer.** Der Vorsitzende bzw. sein Stellvertreter sind für die gesamte Wahlperiode gewählt, sofern sie das Amt annehmen. Eine Annahmepflicht besteht freilich nicht.[9] In der Geschäftsordnung kann der BR jedoch auch andere, kürzere Perioden festlegen, weshalb ein **Amtswechsel** während der vierjährigen Amtszeit zulässig ist.[10] Ferner ist der BR berechtigt, den Vorsitzenden durch einfachen Beschluss nach § 33 abzuberufen. Dieser Beschluss bedarf keiner besonderen Begründung.[11] Auch die Niederlegung des Vorsitzes ist jederzeit möglich. Damit ist noch keine Niederlegung des BR-Amts nach § 24 Nr. 2 verbunden. Umgekehrt beinhaltet die generelle Amtsniederlegung aber auch den Verlust des Vorsitzes.

7 Wird aus den vorgenannten Gründen ein Vorsitz beendet, hat der BR unverzüglich eine Neuwahl durchzuführen. Scheidet nur der Vorsitzende aus, übernimmt der Stellvertreter dessen Position bis zur Neuwahl. Ein automatisches Nachrücken findet hingegen nicht statt.[12]

8 **3. Wahlfehler.** Da betriebsratsinterne Wahlen gesetzlich nicht geregelt sind, besteht keine ausdrückliche Rechtsfolgenregelung bei Wahlfehlern. Auch die Vorschriften zur **Wahlanfechtung** nach § 19 finden auf die organisatorischen Akte des BR keine unmittelbare Anwendung. Gleichwohl wendet das BAG die Vorschriften über die Anfechtung der BR-Wahl gem. § 19 in st. Rspr. entsprechend an.[13] In jedem Einzelfall muss daher gesondert geprüft werden, ob ein Rechtsverstoß gegen wesentliche Wahlvorschriften vorliegt. Wie bei § 19 ist zwischen der bloßen Anfechtbarkeit und der weitergehenden Nichtigkeit zu unterscheiden. Generell können die zu § 19 entwickelten Grundsätze entsprechend angewandt werden.[14]

9 Die Anfechtungsfrist beträgt ebenfalls entsprechend § 19 Abs. 2 S. 2 zwei Wochen, gerechnet vom Tage der Bekanntgabe des Wahlergebnisses an. Ein Bedürfnis dafür, diese Anfechtungsfrist aufzuschieben, bspw. für BR-Mitglieder, die an der konstituierenden Sitzung nicht teilgenommen haben, besteht nicht.[15] Anfechtungsberechtigt sind alle BR-Mitglieder, nicht hingegen die (noch nicht berufenen) Ersatzmitglieder. Auch der BR selbst ist schon deshalb nicht zur Anfechtung berechtigt, weil er jederzeit die Möglichkeit hat, den Vorsitzenden bzw. seinen Stellvertreter vom Amt zu entheben. Allerdings ist jede im Betrieb vertretene Gewerkschaft anfechtungsberechtigt;[16] ausgenommen sind jedoch AG und einzelne AN des Betriebs, da ihnen keine Kontrolle über die interne Geschäftsführung des BR zusteht.[17]

II. Stellung des Vorsitzenden (Abs. 2)

10 Dem Vorsitzenden des BR sind zahlreiche Befugnisse im Bereich der Geschäftsführung des BR zugewiesen. Diese betreffen sowohl das Innenverhältnis als auch die Vertretung im Außenverhältnis (Abs. 2 S. 1).

11 **1. Allgemeine Aufgaben.** Der Vorsitzende vertritt den BR im Rahmen der von ihm gefassten Beschlüsse. Der BR-Vorsitzende ist damit lediglich **Erklärungsvertreter** des Gremiums.[18] In dieser Stellung kommt ihm eine gebun-

---

[3] Fitting u.a., § 26 Rn 11.
[4] DKK/Wedde, § 26 Rn 8; Richardi/Thüsing, § 26 Rn 3.
[5] HWK/Reichold, § 26 BetrVG Rn 5; Besgen, Betriebsverfassungsrecht, § 4 Rn 2.
[6] Richardi/Thüsing, § 26 Rn 8.
[7] BAG 26.2.1987 – 6 ABR 55/85 – AP § 26 BetrVG 1972 Nr. 5 = DB 1987, 1995.
[8] Richardi/Thüsing, § 26 Rn 7; a.A. Fitting u.a., § 26 Rn 12.
[9] BAG 29.1.1965 – 1 ABR 8/64 -AP § 27 BetrVG Nr. 8 = BB 1965, 856.
[10] HWK/Reichold, § 26 BetrVG Rn 6.
[11] BAG 26.1.1962 – 2 AZR 244/61 – AP § 626 BGB Druckkündigung Nr. 8.
[12] DKK/Wedde, § 26 Rn 15.
[13] BAG 13.11.1991 – 7 ABR 8/91 – AP § 26 BetrVG 1972 Nr. 9 = DB 1992, 1988.
[14] Besgen, Betriebsverfassungsrecht, § 2 Rn 45 ff.
[15] A.A. Fitting u.a., § 26 Rn 47.
[16] BAG 12.10.1976 – 1 ABR 17/76 – AP § 26 BetrVG Nr. 2; a.A. Richardi/Thüsing, § 26 Rn 22; s.a. BAG 30.10.1986 – 6 ABR 52/83 – NZA 1988, 27.
[17] Richardi/Thüsing, § 26 Rn 23.
[18] BAG 21.2.2002 – 2 AZR 581/00 – juris.

dene gesetzliche Vertretungsmacht zu. Grds. hat er die von dem BR gefassten Beschlüsse auszuführen und sie nach außen zum Ausdruck zu bringen. Eine **Entscheidungsbefugnis** aus eigenem Recht steht ihm i.Ü. nur in den im Gesetz ausdrücklich genannten und ihm zugewiesenen Angelegenheiten zu. Insb. sind dies folgende Aufgaben: Die Führung der laufenden Geschäfte im Falle des § 27 Abs. 3; die Mitgliedschaft im Betriebsausschuss nach § 27 Abs. 1 S. 2; die Unterzeichnung der Sitzungsniederschriften, § 34 Abs. 1 S. 2; die Leitung der Betriebsversammlungen, § 42 Abs. 1 S. 1. Weitere Aufgaben können dem Vorsitzenden in einer Geschäftsordnung des BR übertragen werden, bspw. erforderliche Sachentscheidungen in sich häufig wiederholenden Fällen zu treffen.[19] Trifft der Vorsitzende eine Entscheidung, die die ihm eingeräumten Kompetenzen übersteigt, ist diese für den BR nicht bindend. So ist bspw. eine ohne Zustimmung des BR unterzeichnete BV allein durch den Vorsitzenden unwirksam.[20] Der BR hat jedoch in diesen Fällen die Möglichkeit, die Erklärung des Vorsitzenden zu genehmigen.[21] Eine solche **Genehmigung** ist allerdings in den Fällen ausgeschlossen, in denen das BetrVG eine vorherige Zustimmung des BR voraussetzt.[22] Überschreitet der Vorsitzende seine Kompetenzen, hat der BR i.Ü. die Möglichkeit der Abberufung oder aber der Einleitung eines Amtsenthebungsverfahrens nach § 23 Abs. 1 S. 2.[23]

Umstr. ist die Frage, ob eine Bindung des BR aus Grundsätzen der **Rechtsscheinhaftung** bestehen kann. Das BAG geht von einer gesetzlichen Vermutung aus, der Vorsitzende habe aufgrund und im Rahmen eines ordnungsgemäßen Beschlusses gehandelt.[24] Daher liegt die Darlegungs- und Beweislast bei demjenigen, der ein unbefugtes Handeln des BR-Vorsitzenden geltend macht (vgl. § 292 ZPO). Aus diesem Grund muss der Vorsitzende den Nachweis seiner Vertretungsmacht durch Vorlage der auszuführenden Beschlüsse nicht erbringen. Hat der AG Zweifel an der ordnungsgemäßen Vertretungsmacht, so trifft ihn die Obliegenheit, sich nach dem ordnungsgemäßen Zustandekommen eines Beschlusses zu erkundigen, sofern ein solcher Beschluss Voraussetzung ist.[25] Die Einzelheiten der Vertrauenshaftung werden in der Lit. kontrovers diskutiert.[26] Einigkeit besteht im Grundsatz darin, dass sich zugunsten des AG die Grundsätze der Rechtsscheinhaftung anwenden lassen. 12

2. Entgegennahme von Erklärungen. Zur Entgegennahme von Erklärungen, die dem BR gegenüber abzugeben sind, ist grds. der BR-Vorsitzende berechtigt. Die Bedeutung der Vorschrift ist nicht zu unterschätzen. Wird nämlich die Erklärung nicht dem Vorsitzenden (im Falle seiner Verhinderung dem Stellvertreter) abgegeben, sondern vielmehr gegenüber einem anderen BR-Mitglied, gilt die Erklärung nicht als dem BR zugegangen. Das andere BR-Mitglied kann in diesem Fall lediglich als **Bote** eingeordnet werden. Bedeutsam wird dies v.a. in solchen Fällen, in denen bestimmte Fristen gewahrt werden müssen bzw. es für den Lauf der Frist auf den Zugang der Erklärung ankommt.[27] Ausreichend ist es allerdings, wenn das Gremium auf einer BR-Sitzung von der Erklärung des AG erfährt.[28] Ist der Vorsitzende verhindert, müssen die Erklärungen dem Stellvertreter übermittelt werden. Die vorgenannten Ausführungen gelten insoweit entsprechend. Sind sowohl der Vorsitzende als auch der Stellvertreter verhindert, ist der AG befugt, notwendige Erklärungen gegenüber jedem anderen BR-Mitglied abzugeben, sofern der BR nicht andere Vorkehrungen getroffen hat, bspw. durch die Benennung weiterer Stellvertreter.[29] Hat der BR bestimmte Aufgaben zur selbstständigen Erledigung einem Ausschuss übertragen, ist grds. der Vorsitzende dieses Ausschusses zur Entgegennahme von Erklärungen berechtigt.[30] Dies gilt für alle Ausschüsse nach §§ 27 bis 28a.[31] 13

III. Stellvertreter des Vorsitzenden (Abs. 2)

Der Wortlaut des Abs. 2 S. 1 ist eindeutig: Der Stellvertreter des Vorsitzenden ist nur im **Verhinderungsfall** des Vorsitzenden zur Vertretung berufen. Der Stellvertretungsfall setzt voraus, dass der Vorsitzende an der Ausübung seiner Aufgaben und Befugnisse verhindert ist. Anders als bei § 25 Abs. 1 S. 2 ist eine zeitweilige Verhinderung nicht erforderlich. Ausreichend ist vielmehr jeder Fall der Verhinderung, sei sie auch noch so kurz.[32] Die Verhinderungsgründe können damit vielfältiger Natur sein, bspw. Urlaub, Krankheit oder aber eine Tätigkeit in Ausschüssen. Eine Verhinderung liegt auch vor, wenn der Vorsitzende durch eine Angelegenheit persönlich betroffen ist.[33] Der 14

---

19 *Fitting u.a.*, § 26 Rn 21, 25; ebenso *Richardi/Thüsing*, § 26 Rn 44, 57.
20 S. *Richardi/Thüsing*, § 26 Rn 46 m.w.N.
21 BAG 15.12.1961 – 1 AZR 207/59 – AP § 615 BGB Kurzarbeit Nr. 1; BAG 10.10.2007 – 7 ABR 51/06 – AP § 26 BetrVG 1972 Nr. 17 = BB 2008, 671 ff. m. krit. Anm. *Boemke*.
22 *Richardi/Thüsing*, § 26 Rn 48.
23 *Fitting u.a.*, § 26 Rn 27.
24 BAG 17.2.1981 – 1 AZR 290/78 – AP § 112 BetrVG 1972 Nr. 11; BAG 24.2.2000 – 8 AZR 180/99 – AP § 1 KSchG 1969 Namensliste Nr. 7.
25 Vgl. dazu GK-BetrVG/*Wiese/Raab*, § 26 Rn 43.
26 Vgl. *Fitting u.a.*, § 26 Rn 29 ff.; *Richardi/Thüsing*, § 26 Rn 49 ff.; GK-BetrVG/*Wiese/Raab*, § 26 Rn 42 ff.; DKK/*Wedde*, § 26 Rn 22 f.
27 *Richardi/Thüsing*, § 26 Rn 40 ff.
28 BAG 27.6.1985 – 2 AZR 412/84 – AP § 102 BetrVG 1972 Nr. 37.
29 BAG 27.6.1985 – 2 AZR 412/84 – AP § 102 BetrVG 1972 Nr. 37; *Fitting u.a.*, § 26 Rn 34; HWK/*Reichold*, § 26 BetrVG Rn 11; *Besgen*, Betriebsverfassungsrecht, § 4 Rn 2.
30 BAG 4.8.1975 – 2 AZR 266/74 – AP § 102 BetrVG 1972 Nr. 4; ErfK/*Eisemann*, § 26 BetrVG Rn 4 a.E.
31 *Fitting u.a.*, § 26 Rn 37.
32 *Richardi/Thüsing*, § 26 Rn 54.
33 *Fitting u.a.*, § 26 Rn 39.

Verhinderungsfall besteht nur für die Dauer der Verhinderung, also nur bezüglich solcher Geschäfte, die in dieser Zeit tatsächlich erledigt werden müssen.[34]

15 Scheidet der Vorsitzende dauerhaft aus dem Amt aus, übernimmt der Stellvertreter vorläufig seine Aufgaben. Allerdings rückt er nicht an dessen Stelle nach, sondern der BR muss unverzüglich eine Sitzung einberufen, damit ein neuer Vorsitzender gewählt werden kann.[35] Für die Verhinderung des Stellvertreters gelten die Ausführungen zu Rn 14 entsprechend.

C. Verbindung zu anderen Rechtsgebieten und zum Prozessrecht

16 Kommt es zu Streitigkeiten aus der Anwendung des § 26, entscheiden die ArbG im Beschlussverfahren. Dies ist bspw. bei Fragen über die Wahl des Vorsitzenden und seines Stellvertreters, deren Abberufung oder Amtsniederlegung oder aber deren Rechtsstellung der Fall.

17 Den AG trifft grds. keine Nachforschungspflicht, ob der Vorsitzende bzw. sein Stellvertreter im Rahmen der ihm übertragenen Kompetenzen handelt. Hat der AG allerdings positive Kenntnis, muss er sich diese entgegenhalten lassen.[36]

18 Kommt der BR seiner Verpflichtung zur Wahl nicht nach, handelt er gem. § 23 pflichtwidrig und kann nach § 23 wegen grober Verletzung seiner gesetzlichen Pflichten aufgelöst werden.[37] Eine Ersatzbestellung durch das ArbG ist gesetzlich nicht vorgesehen und daher abzulehnen.[38]

D. Beraterhinweise

19 Der AG-Anwalt im Betriebsverfassungsrecht hat mit den Vorschriften der §§ 26 ff. (Geschäftsführung des BR) nur am Rande zu tun. Die interne Organisation ist Sache des BR und nicht des AG. Der Berater des BR wird hingegen darauf achten müssen, dass der BR ausreichende Vorkehrungen für etwaige Verhinderungsfälle trifft. Der BR sollte sich eine Geschäftsordnung geben.[39]

20 Kommt der BR seiner Verpflichtung, einen Vorsitzenden und einen Stellvertreter zu wählen, nicht nach, kann der AG Verhandlungen mit dem BR verweigern.[40]

§ 27 Betriebsausschuss

(1) ¹Hat ein Betriebsrat neun oder mehr Mitglieder, so bildet er einen Betriebsausschuss. ²Der Betriebsausschuss besteht aus dem Vorsitzenden des Betriebsrats, dessen Stellvertreter und bei Betriebsräten mit 9 bis 15 Mitgliedern aus 3 weiteren Ausschussmitgliedern, 17 bis 23 Mitgliedern aus 5 weiteren Ausschussmitgliedern, 25 bis 35 Mitgliedern aus 7 weiteren Ausschussmitgliedern, 37 oder mehr Mitglieder aus 9 weiteren Ausschussmitgliedern.
³Die weiteren Ausschussmitglieder werden vom Betriebsrat aus seiner Mitte in geheimer Wahl und nach den Grundsätzen der Verhältniswahl gewählt. ⁴Wird nur ein Wahlvorschlag gemacht, so erfolgt die Wahl nach den Grundsätzen der Mehrheitswahl. ⁵Sind die weiteren Ausschussmitglieder nach den Grundsätzen der Verhältniswahl gewählt, so erfolgt die Abberufung durch Beschluss des Betriebsrats, der in geheimer Abstimmung gefasst wird und einer Mehrheit von drei Vierteln der Stimmen der Mitglieder des Betriebsrats bedarf.
(2) ¹Der Betriebsausschuss führt die laufenden Geschäfte des Betriebsrats. ²Der Betriebsrat kann dem Betriebsausschuss mit der Mehrheit der Stimmen seiner Mitglieder Aufgaben zur selbständigen Erledigung übertragen; dies gilt nicht für den Abschluss von Betriebsvereinbarungen. ³Die Übertragung bedarf der Schriftform. ⁴Die Sätze 2 und 3 gelten entsprechend für den Widerruf der Übertragung von Aufgaben.
(3) Betriebsräte mit weniger als neun Mitgliedern können die laufenden Geschäfte auf den Vorsitzenden des Betriebsrats oder andere Betriebsratsmitglieder übertragen.

A. Allgemeines 1	2. Zusammensetzung des Betriebsausschusses .. 3
B. Regelungsgehalt 2	3. Zahl und Größe des Betriebsausschusses 4
I. Zusammensetzung und Wahl des Betriebsausschusses (Abs. 1) 2	4. Wahlverfahren 5
1. Zeitpunkt der Bestellung 2	5. Amtsdauer (Niederlegung und Abberufung) .. 7
	6. Wahlmängel 10

---

34 GK-BetrVG/*Wiese/Raab*, § 26 Rn 64.
35 GK-BetrVG/*Wiese/Raab*, § 26 Rn 65 m.w.N.
36 HWK/*Reichold*, § 26 BetrVG Rn 10.
37 Richardi/*Thüsing*, § 26 Rn 1.
38 Einhellige Auffassung in der Lit. s. nur *Fitting u.a.*, § 26 Rn 7 m.w.N.
39 Das Muster einer Geschäftsordnung findet sich bei *Böttcher*, AiB 2002, 224.
40 St. Rspr. vgl. BAG 28.10.1992 – 10 ABR 75/91 – NZA 1993, 420; BAG 23.8.1984 – 6 AZR 520/82 – AP § 102 BetrVG 1972 Nr. 36; *Fitting u.a.*, § 26 Rn 7.

§ 27 BetrVG 150

II. Rechtsstellung und Geschäftsführung des Betriebsausschusses (Abs. 2)	11	V. Kleinere Betriebe (Abs. 3)	20
III. Laufende Geschäfte	13	C. Verbindung zu anderen Rechtsgebieten und zum Prozessrecht	21
IV. Übertragung von Aufgaben zur selbstständigen Erledigung	15	D. Beraterhinweise	23

A. Allgemeines

Mit der Bildung eines Betriebsausschusses soll die Arbeit des BR-Kollegiums erleichtert werden. Dies lässt sich bereits der Regelung des Abs. 2 S. 2 entnehmen, wonach dem Betriebsausschuss weitere Aufgaben zur selbstständigen Erledigung übertragen werden können. § 27 ist zwingendes Recht, so dass die Gründung eines Betriebsausschusses bei Vorliegen der Voraussetzungen eine Pflichtaufgabe des BR ist, die bei Verstoß nach § 23 Abs. 1 geahndet werden kann. Schließlich gelten die Abs. 2 und 3 für den GBR und den KBR entsprechend (§§ 51 Abs. 1, 59 Abs. 1). Die Größe dieser Ausschüsse richtet sich allerdings nach den spezielleren Regelungen des § 51 Abs. 1 S. 2.

B. Regelungsgehalt

I. Zusammensetzung und Wahl des Betriebsausschusses (Abs. 1)

1. Zeitpunkt der Bestellung. Der Betriebsausschuss ist in der **konstituierenden Sitzung** des BR zu bestellen. Voraussetzung ist die vorangegangene Bestimmung des Vorsitzenden und seines Stellvertreters, denn diese gehören dem Betriebsausschuss kraft Amtes an. Die Notwendigkeit einer gesondert einzuberufenden BR-Sitzung besteht daher nicht, ist allerdings unschädlich, sofern der BR seiner Pflichtaufgabe zur Bestellung des Betriebsausschusses nur unverzüglich nachkommt.

2. Zusammensetzung des Betriebsausschusses. Der Vorsitzende des BR und sein Stellvertreter sind geborene Mitglieder des Betriebsausschusses. Sie gehören dem Betriebsausschuss **kraft Amtes** an. Die weiteren Mitglieder des Betriebsausschusses sind hingegen zu wählen. Wählbar sind nur die Mitglieder des BR (Abs. 1 S. 3: „aus seiner Mitte"); Ersatzmitglieder des BR hingegen nicht. Dies gilt freilich nur für die Dauer ihrer Ersatzmitgliedschaft. Rücken sie anstelle eines endgültig ausgeschiedenen BR-Mitglieds nach, sind sie selbst BR-Mitglied geworden und damit auch in den Betriebsausschuss wählbar.

3. Zahl und Größe des Betriebsausschusses. Die Zahl der Mitglieder des Betriebsausschusses richtet sich nach der Größe des BR. Die Mindestgröße beträgt fünf bei BR mit neun bis 15 Mitgliedern. Für die weitere Staffelung wird auf den Gesetzeswortlaut in Abs. 1 S. 2 verwiesen. Die vorgeschriebene Staffelung ist zwingend und richtet sich nach der Zahl der gewählten BR-Mitglieder gem. §§ 9 und 11.[1]

4. Wahlverfahren. Die Wahl hat gem. Abs. 1 S. 3 nach den Grundsätzen der **Verhältniswahl** zu erfolgen, sofern mehrere Wahlvorschläge gemacht werden. In diesem Fall handelt es sich um eine **Listenwahl**. Bei der Sitzermittlung fehlt es an einer verbindlichen Regelung, wie sie bspw. für die BR-Wahl in § 15 WO besteht. Die Vorschrift ist aber, sofern kein anderes System beschlossen wird, entsprechend anzuwenden.[2] Wird hingegen nur ein Wahlvorschlag gemacht, so erfolgt die Wahl nach den Grundsätzen der Mehrheitswahl. Da sich auch für die Durchführung der Mehrheitswahl keine gesetzliche Regelung findet, kann die Wahl sowohl in getrennten als auch in gemeinsamen Wahlgängen durchgeführt werden.

Wahlvorschläge können nur von den wählbaren BR-Mitgliedern eingereicht werden. Die Bestellung von Ersatzmitgliedern ist nach überwiegender Ansicht zulässig und auch zweckmäßig, um die durchgehende Funktionsfähigkeit des Betriebsausschusses zu gewährleisten.[3] Ersatzmitglieder können allerdings nur von dem BR bestimmt werden; der Betriebsausschuss ist hierzu nicht befugt.[4] Die Ersatzmitglieder des Betriebsausschusses dürfen jedoch keine Ersatzmitglieder des BR sein.

5. Amtsdauer (Niederlegung und Abberufung). Eine Pflicht der Mitglieder oder Ersatzmitglieder des Betriebsausschusses, das Amt zu übernehmen, besteht nicht. Sie können die Wahl ablehnen und haben auch jederzeit die Berechtigung zur **Amtsniederlegung**. Für den Vorsitzenden und seinen Stellvertreter gilt dies jedoch nur eingeschränkt, da sie dem Betriebsausschuss kraft Gesetzes angehören. Um aus dem Betriebsausschuss auszuscheiden, müssen sie vorab ihr Amt als Vorsitzender bzw. Stellvertreter des BR niederlegen.[5]

Die Mitglieder des Betriebsausschusses können darüber hinaus auch jederzeit von den BR-Mitgliedern vorzeitig **abberufen** werden (Abs. 1 S. 5). Der Betriebausschuss selbst ist zur Abberufung nicht berechtigt. Liegen die Voraus-

---

1 Richardi/*Thüsing*, § 27 Rn 6.
2 Auswertung der Wahl damit nach dem d'Hondt'schen Höchstzahlensystems; *Fitting u.a.*, § 27 Rn 24.
3 GK-BetrVG/*Wiese/Raab*, § 27 Rn 43 m.w.N.
4 *Fitting u.a.*, § 27 Rn 28.
5 *Fitting u.a.*, § 27 Rn 44; ErfK/*Eisemann/Koch*, § 27 BetrVG Rn 4; Richardi/*Thüsing*, § 27 BetrVG Rn 22 f.

Besgen 1605

setzungen des Abs. 1 S. 5 vor, kommt allerdings eine Abberufung bzw. Abwahl nur unter den dort geregelten qualifizierten Voraussetzungen wirksam zu Stande.[6]

9 Mit der Amtsniederlegung und/oder Abberufung erlischt lediglich die Mitgliedschaft im Betriebsausschuss. Die Mitgliedschaft im BR bleibt unberührt. Eine Abberufung der Ausschussmitglieder im arbeitsgerichtlichen Beschlussverfahren ist nicht vorgesehen und unzulässig. Eine entsprechende Anwendung des § 23 kommt nicht in Betracht.[7]

10 **6. Wahlmängel.** Bei der Wahl der Ausschussmitglieder handelt es sich um BR-interne Wahlen. Es gelten die Grundsätze zu den bereits dargestellten Wahlmängeln bei der Wahl des Vorsitzenden und seines Stellvertreters im Rahmen von § 26 (siehe § 26 Rn 8 f.).[8]

II. Rechtsstellung und Geschäftsführung des Betriebsausschusses (Abs. 2)

11 Der Betriebsausschuss ist – ebenso wie der BR-Vorsitzende und sein Stellvertreter – nur ein **Organ des BR**. Er führt die laufenden Geschäfte und ihm können Aufgaben zur selbstständigen Erledigung übertragen werden.

12 Der Vorsitzende des Betriebsausschusses ist der Vorsitzende des BR. I.Ü. gelten für die Geschäftsführung des Betriebsausschusses die Vorschriften der §§ 29 ff. entsprechend. Zu beachten ist, dass der BR alleiniger Inhaber und Träger der ihm zustehenden Mitbestimmungsrechte bleibt, ihm der Abschluss von BV weiterhin vorbehalten ist (Abs. 2 S. 2 Hs. 2). Der SBV (vgl. § 32 Rn 2 ff.) steht nach § 95 Abs. 4 S. 1 SGB IX ein Teilnahmerecht an den Sitzungen des BR-Ausschusses zu.

III. Laufende Geschäfte

13 Der Betriebsausschuss führt die **laufenden Geschäfte** des BR nach Abs. 2 S. 1. Auf diese Weise ist die Funktionsfähigkeit größerer BR gewährleistet. Mit der laufenden Geschäftsführung ist dem Betriebsausschuss damit ein **eigenständiger Geschäftsbereich** zugewiesen, innerhalb dessen er grds. anstelle des BR entscheidet. Die Rechte des BR selbst, im Einzelfall bestimmte Aufgaben an sich zu ziehen und auch Entscheidungen des Betriebsausschusses aufzuheben, bleiben allerdings von dieser Zuweisung unberührt.[9]

14 Was unter laufenden Geschäften zu verstehen ist, definiert das Gesetz nicht. Nach überwiegender Auffassung handelt es sich hierbei um die internen **verwaltungsmäßigen und organisatorischen Aufgaben** des BR,[10] nicht jedoch die Ausübung der **Mitwirkungs- und Mitbestimmungsrechte** des BR.[11] Der Betriebsausschuss tritt nämlich nicht an die Stelle des BR, sondern bereitet lediglich die Erfüllung der Aufgaben durch den BR vor, übernimmt also unterstützende Tätigkeiten. Allenfalls im Rahmen von Abs. 2 S. 2 können Aufgaben zur selbstständigen Erledigung übertragen werden (siehe unten Rn 15). Mit der Übertragung der laufenden Geschäfte ist daher keine Vertretungsbefugnis nach außen verbunden. **Beispiele** für laufende Geschäfte: Beschaffung von Unterlagen; Vorbereitung von Sitzungen; Vorbereitung von beabsichtigten Beschlüssen; Entwürfe von BV; Kommunikation mit AN; allgemeine Verwaltungstätigkeit für den BR (Schriftwechsel etc.); Bürotätigkeit; Terminplanung etc. I.Ü. hängt der Umfang der laufenden Geschäfte stark von den konkreten Verhältnissen des jeweiligen Betriebes und auch von der Größe des BR ab.[12]

IV. Übertragung von Aufgaben zur selbstständigen Erledigung

15 Der BR kann im Interesse einer zügigen Erledigung dem Betriebsausschuss bestimmte Aufgaben nach Abs. 2 S. 2 übertragen. Anders als bei den laufenden Geschäften tritt in diesem Fall der Betriebsausschuss vollständig an die Stelle des BR. Dieser verzichtet damit auf eine eigene selbstständige Entscheidung im Rahmen des Übertragungsbeschlusses.

16 Die Übertragung von Aufgaben zur selbstständigen Erledigung erfordert die **Mehrheit aller BR-Mitglieder**. Eine einfache Mehrheit ist nicht ausreichend, sondern die absolute.[13] Bei einem bspw. elfköpfigen BR müssen daher sechs Personen mit „Ja" stimmen.

17 Die Übertragung bedarf nach Abs. 2 S. 3 der **Schriftform**. Sie muss schriftlich in einer Urkunde niedergelegt werden, die vom BR-Vorsitzenden persönlich zu unterzeichnen ist, § 126 BGB. Die schriftliche Fixierung in der Sitzungsniederschrift gem. § 34 Abs. 1 wird als ausreichend angesehen, sofern sie vom BR-Vorsitzenden – wie in § 34 Abs. 1 S. 2 vorgesehen – unterzeichnet wird.[14] Schließlich ist die Schriftform auch gewahrt, wenn in der Geschäftsordnung des BR dem Betriebsausschuss bestimmte Aufgaben zur selbstständigen Erledigung zugewiesen werden, da

---

6 Dazu Richardi/*Thüsing*, § 27 Rn 24 ff.; GK-BetrVG/*Wiese*/*Raab*, § 27 Rn 31 ff.; *Besgen*, Betriebsverfassungsrecht, § 4 Rn 20.

7 *Fitting u.a.*, § 27 Rn 53; Richardi/*Thüsing*, § 27 BetrVG Rn 25.

8 S.a. BAG 13.11.1991 – 7 ABR 18/91 – AP § 27 BetrVG 1972 Nr. 3; *Fitting u.a.*, § 27 Rn 96 m.w.N.

9 *Fitting u.a.*, § 27 Rn 66; ErfK/*Eisemann/Koch*, § 27 BetrVG Rn 6.

10 *Fitting u.a.*, § 27 Rn 68; *Besgen*, Betriebsverfassungsrecht, § 4 Rn 19.

11 Str., wie hier *Fitting u.a.*, § 27 Rn 67; ErfK/*Eisemann/Koch*, § 27 BetrVG Rn 6; DKK/*Wedde*, § 27 BetrVG Rn 33, jeweils m.w.N.; a.A: HWK/*Reichold*, § 27 BetrVG Rn 10; Richardi/*Thüsing*, § 27 Rn 53.

12 DKK/*Wedde*, § 27 Rn 34.

13 H.M. *Fitting u.a.*, § 27 Rn 80; HWK/*Reichold*, § 27 Rn 11; DKK/*Wedde*, § 27 Rn 35.

14 *Fitting u.a.*, § 27 Rn 83.

auch die Geschäftsordnung nach § 36 der Schriftform und einer qualifizierten Mehrheit bedarf.[15] Werden die vorgenannten Voraussetzungen nicht beachtet, ist der Übertragungsbeschluss unwirksam. Die Aufgabenübertragung an den Betriebsausschuss ist unbeachtlich und etwaige Beschlüsse des Ausschusses sind unwirksam. Allerdings hat der BR in diesem Fall die Möglichkeit, den unwirksamen Beschluss unter Einhaltung der Formerfordernisse des Abs. 2 S. 2 und 3 zu genehmigen.

Der **Abschluss von BV** kann nicht auf den Betriebsausschuss delegiert werden. Dies schließt Abs. 2 S. 2 Hs. 2 ausdrücklich aus, so dass die Normsetzungsbefugnis allein dem BR verbleibt. Das BAG hat ferner entschieden, dass sich der BR weitgehend seiner Aufgaben nicht dadurch entledigen darf, dass er seine Befugnisse vollständig oder weitgehend auf den Ausschuss überträgt. Er muss für den Kernbereich der ihm gesetzlich zugewiesenen Befugnisse zuständig bleiben.[16] I.Ü. ist der Aufgabenbereich, der dem Betriebsausschuss übertragen werden soll, gegenständlich nicht begrenzt. D.h. sofern der von dem BAG geforderte Kernbereich der gesetzlichen Befugnisse nicht angetastet wird, können dem Betriebsausschuss auch Mitbestimmungsangelegenheiten übertragen werden.[17]

Die Aufgabenübertragung kann vom BR jederzeit widerrufen werden. Allerdings muss der Widerruf nach Abs. 2 S. 4 in derselben Form erfolgen, wie er auf den Betriebsausschuss delegiert wurde und bedarf der Mehrheit der Stimmen der Mitglieder des BR sowie der Schriftform. Kommt es nicht zu einem Widerruf, endet der Übertragungsbeschluss mit Beendigung der Amtszeit des jeweiligen BR.[18]

V. Kleinere Betriebe (Abs. 3)

Die Bildung eines Betriebsausschusses ist nach Abs. 1 bei einem BR von neun oder mehr Mitgliedern zwingend vorgeschrieben. Die Übertragung der laufenden Geschäfte ist jedoch auch kleineren Betriebsräten nach Abs. 3 gestattet. Kleinere BR können daher die laufenden Geschäfte entweder auf den Vorsitzenden des BR oder aber auf andere BR-Mitglieder übertragen. Besondere **Formvorschriften** sind nicht vorgesehen. Der Übertragungsbeschluss bedarf weder der Schriftform noch der qualifizierten Mehrheit.[19] Eine Übertragung von Aufgaben zur selbstständigen Erledigung ist hingegen bei kleineren Betrieben nicht zulässig. In kleineren Betrieben, in denen ein Betriebsausschuss nicht gebildet ist, steht dem BR-Vorsitzenden das Einblicksrecht in die Gehaltslisten nach § 80 Abs. 2 S. 2 zu[20] (siehe § 80 Rn 29 ff.).

C. Verbindung zu anderen Rechtsgebieten und zum Prozessrecht

Streitigkeiten aus der Vorschrift über die Wahl und die Abberufung der Mitglieder des Betriebsausschusses sind im arbeitsgerichtlichen Beschlussverfahren nach §§ 2a, 80 ff. ArbGG zu entscheiden. In diesem Verfahren können auch alle mit der Geschäftsführung zusammenhängenden Fragen geklärt werden (zu möglichen Wahlmängeln siehe Rn 5 f.; zur Wahlanfechtung siehe § 26 Rn 8 f.).

Die Vorschrift gilt kraft der Verweisung in § 28 Abs. 1 (siehe auch § 28 Rn 2 ff.) auch für die Bildung von weiteren Fachausschüssen des BR.

D. Beraterhinweise

Die Ausführungen zu § 26 Rn 19 f. gelten hier entsprechend. Auch der Betriebsausschuss ist berechtigt, sich eine Geschäftsordnung nach § 36 zu geben.[21]

| § 28 | **Übertragung von Aufgaben auf Ausschüsse** |

(1) ¹Der Betriebsrat kann in Betrieben mit mehr als 100 Arbeitnehmern Ausschüsse bilden und ihnen bestimmte Aufgaben übertragen. ²Für die Wahl und Abberufung der Ausschussmitglieder gilt § 27 Abs. 1 Satz 3 bis 5 entsprechend. ³Ist ein Betriebsausschuss gebildet, kann der Betriebsrat den Ausschüssen Aufgaben zur selbständigen Erledigung übertragen; § 27 Abs. 2 Satz 2 bis 4 gilt entsprechend.

---

15 Vgl. BAG 4.8.1975 – 2 AZR 266/74 – AP § 102 BetrVG 1972 Nr. 4; BAG 20.10.1993 – 7 ABR 26/96 – AP § 28 BetrVG 1972 Nr. 5; Richardi/*Thüsing*, § 27 Rn 64; *Fitting u.a.*, § 27 Rn 83.
16 BAG 20.10.1993 – 7 ABR 26/93 – AP § 28 BetrVG 1972 Nr. 5.
17 Vgl. zu § 103 BetrVG BAG 17.3.2005 – 2 AZR 275/04 – m. Anm. *Wolmerath*, juris-PR-ArbR 36/2005.
18 *Fitting u.a.*, § 27 Rn 89.
19 A.A. Richardi/*Thüsing*, § 27 Rn 75, die in Analogie zu § 28a Abs. 1 die absolute Mehrheit der Stimmen fordern; ebenso HWK/*Reichold*, § 27 BetrVG Rn 14; wie hier *Fitting u.a.*, § 27 Rn 91.
20 Richardi/*Thüsing*, § 27 Rn 78 und § 80 Rn 72 f.; st. Rspr. des BAG, zuletzt BAG 16.8.1995 – 7 ABR 63/94 – AP § 80 BetrVG 1972 Nr. 53 m.w.N. zur älteren Rspr.
21 *Fitting u.a.*, § 27 Rn 69, § 36 Rn 3 m.w.N.

(2) Absatz 1 gilt entsprechend für die Übertragung von Aufgaben zur selbständigen Entscheidung auf Mitglieder des Betriebsrats in Ausschüssen, deren Mitglieder vom Betriebsrat und vom Arbeitgeber benannt werden.

A. Allgemeines 1	3. Größe und Zusammensetzung der Fachausschüsse 4
B. Regelungsgehalt 2	4. Wahl, Amtsdauer, Wahlmängel 6
I. Fachausschüsse des Betriebsrats (Abs. 1) 2	II. Gemeinsame Ausschüsse (Abs. 2) 7
1. Vorbereitende Ausschüsse 2	C. Verbindung zu anderen Rechtsgebieten und zum Prozessrecht 10
2. Ausschüsse mit Aufgaben zur selbstständigen Erledigung 3	D. Beraterhinweise 11

A. Allgemeines

1 Neben dem Betriebsausschuss kann der BR auch weitere sog. Fachausschüsse nach § 28 bilden und ihnen bestimmte Aufgaben übertragen. Gerade in größeren Betrieben ermöglicht die Bildung weiterer Ausschüsse eine Straffung und Beschleunigung der BR-Arbeit. Die interne Arbeitsteilung des BR wird damit erleichtert. Das Betriebsverfassungs-Reformgesetz 2001 hat die Möglichkeiten, solche Fachausschüsse bilden zu können, vereinfacht; insb. ist die Bildung nicht mehr von dem Bestehen eines Betriebsausschusses nach § 27 abhängig. Sollen allerdings Aufgaben zur selbständigen Erledigung übertragen werden, setzt dies einen gebildeten Betriebsausschuss voraus. In der Gesetzesbegründung werden als spezielle Themen für die Fachausschüsse Fragen der Frauenförderung oder der betrieblichen Integration ausländischer AN genannt.[1]

B. Regelungsgehalt

I. Fachausschüsse des Betriebsrats (Abs. 1)

2 **1. Vorbereitende Ausschüsse.** Bei den sog. vorbereitenden Ausschüssen handelt es sich um Ausschüsse des BR ohne eigene **Sachentscheidungskompetenz**. Diese haben den Zweck, eine zügige Beratung und sachgerechte Beschlussfassung des BR vorzubereiten.[2] Solche vorbereitenden Ausschüsse können nach Abs. 1 S. 1 in Betrieben mit mehr als 100 AN gebildet werden. Es ist von der Zahl der regelmäßig beschäftigten AN auszugehen. Anders als bei dem Betriebsausschuss (vgl. § 27 Abs. 1 S. 1) kommt es damit nicht auf die BR-Größe an, sondern auf die Zahl der im Betrieb beschäftigten AN. Dies kann durchaus von Relevanz sein, wenn die regelmäßige Zahl der AN nicht mehr mit der Anzahl der gewählten BR-Mitglieder übereinstimmt. Betriebe mit in der Regel weniger als 100 AN können Ausschüsse nach § 28 nicht bilden. Der BR hat allerdings die Möglichkeit, bestimmte Aufgaben auf den Vorsitzenden des BR oder andere BR-Mitglieder zu übertragen (vgl. auch § 27 Abs. 3). Zum Begriff der regelmäßig beschäftigten AN siehe auch § 111 Rn 4.

3 **2. Ausschüsse mit Aufgaben zur selbstständigen Erledigung.** In Betrieben, in denen ein Betriebsausschuss nach § 27 gebildet ist, kann der BR den Ausschüssen nach § 28 zusätzlich auch Aufgaben zur selbständigen Erledigung übertragen. Im Umkehrschluss können damit BR, die nicht die Voraussetzungen zur Bildung eines Betriebsausschusses erfüllen (siehe § 27 Rn 2 ff.) auch keine Fachausschüsse zur **selbstständigen Erledigung** bestimmter Angelegenheiten einsetzen. Der Betriebsausschuss muss dabei zeitlich vor dem Fachausschuss gebildet werden.[3] Die Übertragung der Aufgaben zur selbständigen Erledigung muss den Voraussetzungen einer entsprechenden Übertragung auf den Betriebsausschuss entsprechen, was durch den Verweis in Abs. 1 S. 3 Hs. 2 auf die Regelungen des § 27 Abs. 2 S. 2 bis 4 klargestellt wird (siehe § 27 Rn 15 ff.).

4 **3. Größe und Zusammensetzung der Fachausschüsse.** Die Größe der Fachausschüsse ist anders als für den Betriebsausschuss (§ 27 Abs. 1 S. 2) gesetzlich nicht vorgegeben. Sie ist vom BR nach pflichtgemäßen Ermessen zu bestimmen. Dieser BR hat sich zweckmäßigerweise an den konkreten betrieblichen Erfordernissen auszurichten. Für die Wahl und Abberufung der Ausschussmitglieder gelten die allgemeinen Grundsätze für den Betriebsausschuss entsprechend, was durch den Verweis in Abs. 1 S. 2 auf § 27 Abs. 1 S. 3–5 klargestellt ist (siehe § 27 Rn 3 f.). Der Vorsitzende des BR und sein Stellvertreter müssen nicht zwingend Mitglieder der Fachausschüsse sein. Eine § 27 Abs. 1 S. 2 entsprechende Regelung sieht § 28 nicht vor. Die von dem BR unter Zweckmäßigkeitsgesichtspunkten zu bestimmende Größe unterliegt keiner gerichtlichen Prüfung.[4]

5 Wird ein Fachausschuss nach § 28 gebildet, muss der BR die Zahl der Mitglieder festlegen. Ferner muss er bestimmen, ob es sich um einen vorbereitenden Ausschuss handeln soll oder ob dem Fachausschuss Aufgaben zur selbst-

---

1 BT-Drucks 14/5741, S. 40.
2 *Fitting u.a.*, § 28 Rn 8.
3 *Fitting u.a.*, § 28 Rn 20.

4 BAG 20.10.1993 – 7 ABR 26/93 – AP § 28 BetrVG 1972 Nr. 5.

ständigen Erledigung übertragen werden sollen. Für letzteren Fall müssen dann die besonderen Formvorschriften des § 27 Abs. 2 S. 2 bis 4 entsprechend angewandt werden (s. Abs. 1 S. 3 Hs. 2).

4. Wahl, Amtsdauer, Wahlmängel. Für die Wahl und Abberufung der Ausschussmitglieder verweist § 28 Abs. 1 S. 2 auf § 27 Abs. 1 S. 3 bis 5 (siehe § 27 Rn 5 ff.).[5] Dies gilt auch für die Amtsübernahme und den Amtsverlust sowie die Amtsdauer (siehe § 27 Rn 7 ff.).[6] Einen vorbereitenden Ausschuss kann der BR jederzeit durch Beschluss auflösen. Handelt es sich hingegen um einen qualifizierten Fachausschuss mit übertragenen Aufgaben zur selbstständigen Erledigung, bedarf auch der Auflösungsbeschluss der in § 27 Abs. 2 S. 4 vorgesehenen Formvorschrift (siehe § 27 Rn 19). Für etwaige Wahlmängel bei der Bestimmung der Ausschussmitglieder siehe § 27 Rn 10. Zur Übertragung der Aufgaben des Wirtschaftsausschusses auf einen Ausschuss des BR siehe § 107 Abs. 3 Rn 8.[7]

II. Gemeinsame Ausschüsse (Abs. 2)

Die Vorschrift des Abs. 2 sieht weiter die Bildung von gemeinsamen Ausschüssen vor. Diese werden **paritätisch** von BR und AG besetzt. Zudem ist nach § 95 Abs. 4 S. 1 SGB IX auch ein Vertreter der SBV zur Teilnahme berechtigt.[8]

Die von dem BR und der AG-Seite benannten Mitglieder entscheiden anstelle der Betriebspartner mit **verbindlicher Wirkung**. Abs. 2 spricht daher auch von der Übertragung von Aufgaben zur selbstständigen Entscheidung, anders als Abs. 1 S. 3, wo von Aufgaben zur selbstständigen Erledigung die Rede ist. Ein gemeinsamer Ausschuss ist deshalb kein verlängerter Arm des BR und auch keines seiner Organe, sondern vielmehr eine selbstständige Einrichtung neben ihm. Ein gemeinsamer Ausschuss kann nach zutreffender Ansicht nur gebildet werden, wenn die Voraussetzungen für die Existenz eines Betriebsausschusses gegeben sind.[9] I.Ü. gelten die Beschränkungen für den Betriebsausschuss entsprechend auch für den gemeinsamen Ausschuss. Dies gilt v.a. für § 27 Abs. 2 S. 2 Hs. 2, wonach der Abschluss von BV ausgeschlossen ist.

Die Aufgabenübertragung zur selbstständigen Entscheidung erfolgt nach Abs. 2 nicht auf den gemeinsamen Ausschuss, sondern vielmehr nur auf die in den Ausschuss entsandten BR-Mitglieder. Damit soll abgesichert werden, dass die Mitbestimmungsrechte nicht von den ebenfalls im gemeinsamen Ausschuss vertretenen AG-Vertretern ausgeübt werden. Deshalb kann auch ein Beschluss, durch den eine Aufgabe des BR wahrgenommen wird, nicht gegen die Mehrheit der vom BR entsandten Mitglieder gefasst werden.[10] Der Gesetzgeber hat i.Ü. über die Entscheidungsfindung innerhalb des gemeinsamen Ausschusses keine Regelungen getroffen, so dass hier im Einzelnen vieles umstritten ist.[11] Wird ein gemeinsamer Ausschuss gebildet, ist es zu empfehlen, die Formalitäten der Entscheidungsfindung in einer Geschäftsordnung zu regeln.[12]

C. Verbindung zu anderen Rechtsgebieten und zum Prozessrecht

Wie auch bei §§ 27, 28 werden Streitigkeiten im arbeitsgerichtlichen Beschlussverfahren nach §§ 2a, 80 ff. ArbGG ausgetragen. Auch die für die Nichtigkeit oder die Anfechtbarkeit von Wahlen geltenden Grundsätze finden auf die sonstigen Ausschüsse i.S.d. § 28 entsprechende Anwendung.[13] *Fitting* weist darauf hin, dass Streitigkeiten ggf. auch im Urteilsverfahren entschieden werden können, sofern die Entscheidungskompetenzen eines Fachausschusses als Vorfrage inzident geklärt werden müssen (genannt wird das Beispiel einer Lohnklage eines Akkordarbeiters zur Entscheidungsbefugnis der Akkordkommission).[14]

D. Beraterhinweise

Die Ausführungen zu § 26 Rn 19 f. gelten hier entsprechend. Auch der Betriebsausschuss ist berechtigt, sich eine Geschäftsordnung nach § 36 zu geben.[15]

---

5 Zur Unabdingbarkeit einer Wahl vgl. BAG 16.11.2005 – 7 ABR 11/05 – AP – NZA 2006, 445.
6 Zur Neuwahl bei Erhöhung der Mitgliederzahl vgl. BAG 16.3.2005 – 7 ABR 43/04 – AP § 28 BetrVG 1972 Nr. 6; BAG 16.3.2005 – 7 ABR 37/04 – AP § 47 BetrVG – 1972 Nr. 15.
7 S.a. Richardi/*Thüsing*, § 28 Rn 19.
8 BAG 21.4.1993 – 7 ABR 44/92 – AP § 25 SchwbG 1986 Nr. 4.
9 HWK/*Reichold*, § 28 BetrVG Rn 8; *Fitting u.a.*, § 28 Rn 39; ErfK/*Eisemann/Koch*, § 28 BetrVG Rn 4; *Besgen*, Betriebsverfassungsrecht, § 4 Rn 22.
10 Str., wie hier ErfK/*Eisemann/Koch*, § 28 BetrVG Rn 4; Richardi/*Thüsing*, § 28 Rn 36; DKK/*Wedde*, § 28 Rn 16; a.A. *Fitting u.a.*, § 28 Rn 45.
11 S. nur Richardi/*Thüsing*, § 28 Rn 36; *Fitting u.a.*, § 28 Rn 45 jeweils mit zahlreichen weiteren Nachweisen.
12 So auch HWK/*Reichold*, § 28 BetrVG Rn 10.
13 BAG 20.10.1993 – 7 ABR 26/93 – AP § 28 BetrVG 1972 Nr. 5.
14 *Fitting u.a.*, § 28 Rn 49.
15 *Fitting u.a.*, § 27 Rn 69, § 36 Rn 3 m.w.N.

§ 28a Übertragung von Aufgaben auf Arbeitsgruppen

(1) ¹In Betrieben mit mehr als 100 Arbeitnehmern kann der Betriebsrat mit der Mehrheit der Stimmen seiner Mitglieder bestimmte Aufgaben auf Arbeitsgruppen übertragen; dies erfolgt nach Maßgabe einer mit dem Arbeitgeber abzuschließenden Rahmenvereinbarung. ²Die Aufgaben müssen im Zusammenhang mit den von der Arbeitsgruppe zu erledigenden Tätigkeiten stehen. ³Die Übertragung bedarf der Schriftform. ⁴Für den Widerruf der Übertragung gelten Satz 1 erster Halbsatz und Satz 3 entsprechend.

(2) ¹Die Arbeitsgruppe kann im Rahmen der ihr übertragenen Aufgaben mit dem Arbeitgeber Vereinbarungen schließen; eine Vereinbarung bedarf der Mehrheit der Stimmen der Gruppenmitglieder. ²§ 77 gilt entsprechend. ³Können sich Arbeitgeber und Arbeitsgruppe in einer Angelegenheit nicht einigen, nimmt der Betriebsrat das Beteiligungsrecht wahr.

A. Allgemeines 1	5. Betriebsverfassungsrechtliche Stellung der Arbeitsgruppenmitglieder 9
B. Regelungsgehalt 3	II. Gruppenvereinbarungen (Abs. 2) 10
I. Arbeitsgruppen (Abs. 1) 3	C. Verbindung zu anderen Rechtsgebieten und zum
1. Betriebsgröße 3	Prozessrecht 12
2. Begriff der Arbeitsgruppe 4	D. Beraterhinweise 13
3. Rahmenvereinbarung 5	
4. Übertragungsbeschluss 7	

A. Allgemeines

1 Die Regelung des § 28a wurde im Rahmen des Betriebsverfassungsreformgesetzes 2001 neu in das Gesetz eingefügt. Die Vorschrift wird durch den ebenfalls im Zuge der Betriebsverfassungsreform ergänzten § 75 Abs. 2 S. 3 und den neuen § 87 Abs. 1 Nr. 13 ergänzt. Die Selbstständigkeit und Eigeninitiative von AN soll gefördert werden. Damit soll dem Bedürfnis der AN nach unmittelbarer und umfangreicherer Beteiligung Rechnung getragen werden. Die Vorschrift geht über die Regelungen der §§ 27 und 28 hinaus, denn Mitglieder der Arbeitsgruppe müssen nicht BR-Mitglieder sein. Zudem handelt es sich um ein **eigenständiges Organ**, das im Rahmen der übertragenen Aufgaben eigenständig handelt. Das generelle Repräsentationsprinzip der Betriebsverfassung wird damit durch Elemente direkter Demokratie ergänzt.[1]

2 Vor der Reform war der Begriff der Arbeitsgruppe dem BetrVG fremd. Klare Definitionen fehlen in § 28a, so dass viele Fragen ungeklärt sind und in der betriebsverfassungsrechtlichen Lit. streitig diskutiert werden. Rspr. zu der Vorschrift fehlt ebenfalls, so dass der Praxis nur empfohlen werden kann, die weitere Entwicklung genau zu beobachten.

B. Regelungsgehalt

I. Arbeitsgruppen (Abs. 1)

3 **1. Betriebsgröße.** Der BR kann bestimmte Aufgaben auf Arbeitsgruppen in Betrieben mit mehr als 100 AN übertragen. Die erforderliche **Betriebsgröße** von mehr als 100 AN richtet sich nach dem Zeitpunkt der Übertragung. Auf die Kopfzahl der gewählten BR-Mitglieder kommt es damit nicht an.[2] Leih-AN und leitende Ang sind bei dieser Zahl, wie sonst auch, nicht zu berücksichtigen.[3] Welche Rechtsfolgen eintreten, wenn die Zahl der regelmäßig Beschäftigten unter 100 AN absinkt, aber bereits Rahmenvereinbarungen abgeschlossen wurden und es auch zur Aufgabenübertragung kam, sagt das Gesetz nicht. Jedenfalls fällt mit diesem Zeitpunkt der Berechtigung § 28a anzuwenden, ersatzlos weg. Dies wird man mit dem Wegfall der BR-Fähigkeit vergleichen können, so dass die zum Verlust der BR-Fähigkeit entwickelten Grundsätze entsprechend anzuwenden sind.[4] Zu denken ist in diesem Zusammenhang auch an eine Pflicht des BR, übertragene Aufgaben zu widerrufen (Abs. 1 S. 4) und die Rahmenvereinbarung außerordentlich zu kündigen.

4 **2. Begriff der Arbeitsgruppe.** Der Begriff der Arbeitsgruppe ist gesetzlich nicht vorgegeben. In den einschlägigen Kommentaren zu § 28a ist daher der Begriff auch unterschiedlich definiert. Soweit ersichtlich, besteht jedenfalls folgender Konsens: Bei der Arbeitsgruppe handelt es sich um eine abgegrenzte Zahl von AN, die arbeitsorganisato-

---

1 So zutreffend Richardi/*Thüsing*, § 28a Rn 2; *Besgen*, Betriebsverfassungsrecht, § 4 Rn 24.
2 *Fitting u.a.*, § 28 Rn 9; Richardi/*Thüsing*, § 28a Rn 6; DKK/*Wedde*, § 28a Rn 13.
3 S. die zu § 9 ergangene Rspr. des BAG, 16.4.2003 – 7 ABR 53/02 – DB 2003, 2128; BAG 10.3.2004 – 7 ABR 49/03 –
DB 2004, 1836 („Leiharbeitnehmer wählen, aber zählen nicht"); Richardi/*Thüsing*, § 28a Rn 5.
4 So auch Richardi/*Thüsing*, § 28a Rn 6; DKK/*Wedde*, § 28a Rn 13, wonach in der Rahmenvereinbarung für diesen Fall anderweitige Regelungen getroffen werden können.

risch auf Zeit bestimmte Aufgaben erledigen. Die Aufgabenübertragung muss dabei nicht von Dauer sein, sondern orientiert sich an der konkreten **Aufgabenerledigung**. Letztlich wird man davon ausgehen müssen, dass grds. jede Gruppe Adressat einer Aufgabenübertragung sein kann.[5] Die Abgrenzung kann ferner auch über die Zielrichtung des § 28a erfolgen. Der Arbeitsgruppe sollen nur Aufgaben übertragen werden, die gerade nicht für die **gesamte Belegschaft** relevant sind („bestimmte Aufgaben").[6]

3. Rahmenvereinbarung. Zwingende Voraussetzung für die Übertragung von Aufgaben des BR auf eine Arbeitsgruppe ist eine von dem BR mit dem AG abzuschließende Rahmenvereinbarung. Der Gesetzeswortlaut unterscheidet sich in der Rahmenvereinbarung einerseits und der konkreten Aufgabenübertragung andererseits. Beides ist damit streng voneinander zu trennen und abzugrenzen. In der Rahmenvereinbarung sind alle Aspekte zu regeln, die zur **Abgrenzung** der Arbeitsgruppe und zur konkreten Aufgabenübertragung notwendig sind. Auch alle denkbaren **Verfahrensregelungen** können in der Rahmenvereinbarung geregelt werden, bspw. Größe und personelle Zusammensetzung der AN-Gruppe oder aber Art und Weise der Aufgabenwahrnehmung.[7] Regelungsfähig sind auch **Kompetenzfragen, Ansprechpartner** in der Arbeitsgruppe, formale Aspekte der von der Arbeitsgruppe abgeschlossenen Vereinbarungen (Künd-Fristen, Vereinbarung einer Nachwirkung etc.) oder aber **Informationspflichten** der Arbeitsgruppe an den BR.[8] Werden mehrere Arbeitsgruppen im Betrieb gebildet, können auch verschiedene Rahmenvereinbarungen getroffen werden, sofern dies sachlich notwendig ist.[9] Die Rechtsnatur der Rahmenvereinbarung ist umstr. Der Wortlaut gibt keine Anhaltspunkte. Die betriebsverfassungsrechtliche Kommentarliteratur befürwortet die Form einer normativ wirkenden BV;[10] zutreffend ist es zwar, dass aus Gründen der Rechtssicherheit und auch wegen der einschneidenden Wirkung der Rahmenvereinbarung der Abschluss einer BV wünschenswert und auch zu empfehlen ist. Dem Wortlaut lässt sich dies jedoch nicht entnehmen. Da die Übertragung von Aufgaben (die von den Abschluss der Rahmenvereinbarung zu trennen ist, siehe Rn 7) nach Abs. 1 S. 3 der Schriftform bedarf, sind die vorgetragenen Bedenken unter dem Aspekt der Rechtssicherheit ohnehin ausgeräumt. Eine formlose **Regelungsabrede** ist daher für den Abschluss einer Rahmenvereinbarung ausreichend.[11]

Partner der Rahmenvereinbarung sind der AG und der BR. Eine Abschlusspflicht besteht weder für die eine noch für die andere Seite. Der Abschluss der Rahmenvereinbarung ist damit rein **freiwillig**. Allerdings wird in der Lit. aus der in § 75 Abs. 2 S. 2 verankerten Förderungspflicht die Bindung einer Ablehnung an sachliche Gründe gefordert.[12] Kommt eine Rahmenvereinbarung nicht zustande, kann eine Kompetenzübertragung nicht stattfinden.

4. Übertragungsbeschluss. Für den Übertragungsbeschluss selbst normiert § 28a bestimmte Formvorschriften. So bedarf die Übertragung der Mehrheit der Stimmen der BR-Mitglieder, Abs. 1 S. 1. Mit dieser Mehrheit ist die **absolute Mehrheit** gemeint (vgl. § 27 Rn 16). In der Gesetzesbegründung ist klargestellt, dass die Aufgabenübertragung „jederzeit und ohne einen besonderen Grund durch den Betriebsrat" **widerrufen** werden kann (Abs. 1 S. 4).[13] Eine Bindung an § 75 Abs. 2 S. 2 besteht deshalb an dieser Stelle nicht. Vielmehr ist der BR absoluter Herr über das Übertragungsverfahren.[14] Der Widerruf der Aufgabenübertragung bedarf der Schriftform und ebenfalls der Mehrheit der gesetzlichen Mitglieder des BR (Abs. 1 S. 4), ist damit actus contrarius.

Die Aufgaben, die übertragen werden sollen, müssen nach der Gesetzesbegründung in einem **inneren Zusammenhang** mit den von der Arbeitsgruppe zu erledigenden Tätigkeiten stehen.[15] Das soll nach der Gesetzesbegründung in folgenden Fällen der Fall sein: Übertragung von Regelungsbefugnissen im Zusammenhang mit Arbeitszeitfragen, Pausenregelungen, Urlaubsplanung, Arbeitsgestaltung und ähnliche tätigkeits- oder aufgabenbezogene Sachverhalte.[16] Eine Übertragung der Beteiligungsrechte nach §§ 111 ff. ist hingegen nicht zulässig. Im Grundsatz gilt, dass nur solche Aufgaben übertragen werden dürfen, die sich auch auf die Belange der Arbeitsgruppe beschränken. Wenn hingegen allgemein Angelegenheiten der gesamten Belegschaft berührt sind, ist eine Übertragung unzulässig.[17]

5. Betriebsverfassungsrechtliche Stellung der Arbeitsgruppenmitglieder. Den Mitgliedern der Arbeitsgruppe kommt kein besonderer betriebsverfassungsrechtlicher Schutz zu. Die Arbeitsgruppe ist zwar rechtlich selbstständig und nimmt Aufgaben in eigener Verantwortung wahr. Besondere Rechte stehen ihnen damit aber noch nicht zu. Dazu bedürfte es einer entsprechenden ausdrücklichen gesetzlichen Regelung. Diese fehlt. Die Arbeitsgruppenmitglieder genießen damit **nicht den besonderen Schutz von BR-Mitgliedern nach § 103 und § 15 KSchG**.[18] Allerdings ergibt sich dennoch ein **relativer Künd-Schutz aus § 78** und dem dort normierten allgemeinen

---

5 So auch Richardi/*Thüsing*, § 28a Rn 8; s. i.Ü. DKK/*Wedde*, § 28a Rn 14 ff.; ErfK/*Eisemann/Koch*, § 28 Rn 2; *Fitting u.a.*, § 28a Rn 10; HWK/*Reichold*, § 28a BetrVG Rn 3; GK-BetrVG/*Raab*, § 28a Rn 11 ff.
6 S. dazu auch GK-BetrVG/*Raab*, § 28a Rn 13.
7 Vgl. *Fitting u.a.*, § 28 Rn 14; *Besgen*, Betriebsverfassungsrecht, § 4 Rn 26.
8 DKK/*Wedde*, § 28a Rn 21.
9 *Fitting u.a.*, § 28 Rn 17.
10 Vgl. Richardi/*Thüsing*, § 28a Rn 13 m.w.N.
11 *Natzel*, DB 2001, 1362; *Schaub*, ZTR 2001, 437, 439.
12 S. HWK/*Reichold*, § 28a BetrVG Rn 10 m. zahlr. w.N.
13 BT-Drucks 14/5741, S. 40.
14 So HWK/*Reichold*, § 28a BetrVG Rn 11.
15 BT-Drucks 14/5741, S. 40.
16 BT-Drucks 14/5741, S. 40.
17 Im Einzelnen ist hier vieles umstr., wie hier HWK/*Reichold*, § 28a BetrVG Rn 14; s.a. *Fitting u.a.*, § 28a Rn 24.
18 H.M., Richardi/*Thüsing*, § 28a Rn 32a m.w.N.

Behinderungs-, Benachteiligungs- und Begünstigungsverbot.[19] Ein Teilnahmerecht an **Schulungen** nach § 37 Abs. 6 und 7 oder auf **Freistellung** nach § 38 kommt für die Arbeitsgruppe ebenfalls nicht in Frage.[20] Dass die Mitglieder der Arbeitsgruppe, soweit sie in dieser Eigenschaft Aufgaben ausführen, Anspruch auf erforderliche **Arbeitsbefreiung** nach § 37 Abs. 2 haben, ist selbstverständlich.[21] Zur Vermeidung persönlicher Nachteile finden i.Ü. auch die Abs. 1 und 3 des § 37 entsprechende Anwendung.[22] Soweit der Arbeitsgruppe **Kosten** entstehen, findet § 40 Anwendung. In Zweifelsfällen wird man allerdings die gesetzgeberische Grundentscheidung, die §§ 78, 79 auf § 28a generell nicht anzuwenden, beachten müssen.[23]

II. Gruppenvereinbarungen (Abs. 2)

10 Im Rahmen der ihr übertragenen Aufgaben kann die Arbeitsgruppe mit dem AG Vereinbarungen schließen, sog. Gruppenvereinbarungen. Für solche Vereinbarungen gilt nach Abs. 2 S. 2 § 77 entsprechend. Den Gruppenvereinbarungen kommt damit der **Rechtscharakter einer BV zu**. Freilich wird § 77 nur entsprechend angewandt, so dass es sich nicht um eine BV mit Wirkung für alle betriebsangehörigen AN handelt, sondern eben nur um eine BV der Arbeitsgruppe.[24] Für die Form der Gruppenvereinbarung gilt ebenfalls § 77 Abs. 2 (siehe § 77 Rn 6). Auch i.Ü. gilt § 77 mit allen seinen Regelungen. Dies betrifft insb. den Tarifvorbehalt nach § 77 Abs. 3, die normative Wirkung nach § 77 Abs. 4, die Künd-Frist nach § 77 Abs. 5 sowie die Nachwirkung in § 77 Abs. 6.

11 Einigen sich AG und Arbeitsgruppe in einer Angelegenheit nicht, nimmt der BR das Beteiligungsrecht wahr (Abs. 2 S. 3). Nur der BR, nicht die Arbeitsgruppe, soll Streitfragen lösen und ggf. die Einigungsstelle anrufen können.[25]

C. Verbindung zu anderen Rechtsgebieten und zum Prozessrecht

12 Streitigkeiten im Zusammenhang mit § 28a werden im arbeitsgerichtlichen Beschlussverfahren nach §§ 2a, 80 ff. ArbGG ausgetragen. Wegen der besonderen Stellung der Arbeitsgruppe ist ausnahmsweise auch die Arbeitsgruppe **antragsbefugt**, soweit Streitigkeiten aus § 28a betroffen sind, bspw. Umfang der Aufgabenübertragung. Streitigkeiten über die Wirksamkeit einer Übertragung oder über den Inhalt der Rahmenvereinbarung können darüber hinaus durch den BR und auch den AG eingeleitet werden.[26]

D. Beraterhinweise

13 Im Rahmen des Betriebsverfassungsreformgesetzes wurde § 87 durch Nr. 13 ergänzt. Die Grundsätze über die Durchführung von eigenverantwortlicher Gruppenarbeit unterliegen nunmehr ebenfalls der Mitbestimmung des BR. Der Gruppenbegriff des § 28a ist erheblich weiter gefasst als der Begriff der Gruppenarbeit in § 87 Abs. 1 Nr. 13. Auch der Regelungsgegenstand ist ein anderer (siehe § 87 Rn 199 ff.).

§ 29 Einberufung der Sitzungen

(1) ¹Vor Ablauf einer Woche nach dem Wahltag hat der Wahlvorstand die Mitglieder des Betriebsrats zu der nach § 26 Abs. 1 vorgeschriebenen Wahl einzuberufen. ²Der Vorsitzende des Wahlvorstands leitet die Sitzung, bis der Betriebsrat aus seiner Mitte einen Wahlleiter bestellt hat.

(2) ¹Die weiteren Sitzungen beruft der Vorsitzende des Betriebsrats ein. ²Er setzt die Tagesordnung fest und leitet die Verhandlung. ³Der Vorsitzende hat die Mitglieder des Betriebsrats zu den Sitzungen rechtzeitig unter Mitteilung der Tagesordnung zu laden. ⁴Dies gilt auch für die Schwerbehindertenvertretung sowie für die Jugend- und Auszubildendenvertreter, soweit sie ein Recht auf Teilnahme an der Betriebsratssitzung haben. ⁵Kann ein Mitglied des Betriebsrats oder der Jugend- und Auszubildendenvertretung an der Sitzung nicht teilnehmen, so soll es dies unter Angabe der Gründe unverzüglich dem Vorsitzenden mitteilen. ⁶Der Vorsitzende hat für ein verhindertes Betriebsratsmitglied oder für einen verhinderten Jugend- und Auszubildendenvertreter das Ersatzmitglied zu laden.

(3) Der Vorsitzende hat eine Sitzung einzuberufen und den Gegenstand, dessen Beratung beantragt ist, auf die Tagesordnung zu setzen, wenn dies ein Viertel der Mitglieder des Betriebsrats oder der Arbeitgeber beantragt.

(4) ¹Der Arbeitgeber nimmt an den Sitzungen, die auf sein Verlangen anberaumt sind, und an den Sitzungen, zu denen er ausdrücklich eingeladen ist, teil. ²Er kann einen Vertreter der Vereinigung der Arbeitgeber, der er angehört, hinzuziehen.

---

19 *Fitting u.a.*, § 28a Rn 39.
20 *Fitting u.a.*, § 28a Rn 39.
21 DKK/*Wedde*, § 28a BetrVG Rn 82.
22 *Fitting u.a.*, § 28a Rn 39.
23 So auch DKK/*Wedde*, § 28a Rn 83.
24 Richardi/*Thüsing*, § 28a Rn 26.
25 BT-Drucks 14/5741, S. 40.
26 Richardi/*Thüsing*, § 28a Rn 33.

A. Allgemeines	1	2. Pflicht zur Einberufung	10
B. Regelungsgehalt	2	3. Ladung	11
I. Konstituierende Sitzung (Abs. 1)	2	4. Zeitpunkt	12
1. Einberufung durch den Wahlvorstand	2	5. Teilnehmer der Sitzungen	13
2. Amtszeit des bisherigen Betriebsrats	4	6. Tagesordnung	14
3. Durchführung der konstituierenden Sitzung	6	C. Verbindung zu anderen Rechtsgebieten und zum Prozessrecht	15
4. Anschlusssitzung	8	D. Beraterhinweise	16
II. Weitere Sitzungen (Abs. 2 bis 4)	9		
1. Einberufung	9		

A. Allgemeines

Die Vorschrift des § 29 regelt die Einberufung und den Ablauf der BR-Sitzungen. Die erste Sitzung soll bereits innerhalb einer Woche nach der Wahl einberufen werden, um eine schnelle Handlungsfähigkeit des BR zu gewährleisten, da der AG ohne einen gewählten Vorsitzenden berechtigt ist, Verhandlungen mit dem BR zu verweigern (siehe auch § 26 Rn 11 ff.).[1] In den Abs. 2 und 4 werden die Grundregeln für die Amtszeit und die Zusammenkünfte des BR behandelt. Die Vorschrift gilt i.Ü. nicht für § 28a, aber für die sonstigen Ausschüsse des BR, soweit ihnen Aufgaben zur selbstständigen Erledigung übertragen sind (siehe im Einzelnen §§ 27, 28 u. 28a). **1**

B. Regelungsgehalt

I. Konstituierende Sitzung (Abs. 1)

1. Einberufung durch den Wahlvorstand. Die erste konstituierende Sitzung des BR wird durch den Wahlvorstand nach Abs. 1 S. 1 einberufen. Sie muss vor Ablauf der ersten Woche nach dem Wahltag stattfinden. Es ist also nicht ausreichend, dass zwar innerhalb der Wochenfrist einberufen wird, die Sitzung selbst aber zu einem späteren Zeitpunkt stattfindet.[2] Sinn und Zweck des § 29 Abs. 1 ist die schnelle Herstellung der **Handlungsfähigkeit des BR**. Auch der Wortlaut „einzuberufen" legt die Durchführung der konstituierenden Sitzung innerhalb der Wochenfrist nahe. Die **Wochenfrist** selbst berechnet sich nach §§ 187 ff. BGB. Ist bspw. der letzte Wahltag ein Dienstag, läuft die Frist am Dienstag der folgenden Woche ab. Findet die Wahl über mehrere Tage statt, ist der letzte Wahltag maßgebend. Die Einberufungspflicht besteht auch dann, wenn die Wahl angefochten wurde.[3] Hält allerdings der Wahlvorstand die Wahl wegen eines schwerwiegenden Mangels für nichtig, besteht keine Einberufungspflicht.[4] **2**

Zur konstituierenden Wahl muss der Wahlvorstand alle neugewählten BR-Mitglieder laden. Ist eines dieser BR-Mitglieder verhindert, kommt bereits in der konstituierenden Sitzung § 25 zur Anwendung; es sind also die jeweiligen Stellvertreter zu laden. **3**

2. Amtszeit des bisherigen Betriebsrats. Im Regelfall findet eine Nachfolgewahl statt bevor die Amtszeit des bisherigen BR abgelaufen ist. Dies entspricht dem Erfordernis einer lückenlosen Amts-Kontinuität.[5] Es ist deshalb durchaus zulässig, dass sich der neugewählte BR zur konstituierenden Sitzung schon zu einem Zeitpunkt zusammenfindet, in dem der bisherige BR noch (wenige Tage oder Wochen) im Amt ist. Die Amtszeit des neuen BR beginnt in diesem Fall erst mit Ablauf der Amtszeit des Vorgänger-BR, was unmittelbar aus § 21 S. 2 Hs. 2 folgt.[6] **4**

Handelt es sich hingegen um Neuwahlen beginnt die Amtszeit nach § 21 S. 2 Hs. 1 mit der Bekanntgabe des Wahlergebnisses. Allerdings ist ein neugewählter BR erst dann handlungsfähig, wenn der Vorsitzende und sein Stellvertreter gewählt sind. Amtsbeginn und Handlungsfähigkeit fallen damit für maximal eine Woche (siehe Rn 2) auseinander. In diesem Zeitraum ist der AG berechtigt, Verhandlungen mit dem BR abzulehnen (siehe Rn 2). Der noch nicht handlungsfähige BR kann auch keine betriebsverfassungsrechtlichen Handlungen vornehmen.[7] **5**

3. Durchführung der konstituierenden Sitzung. Für die Durchführung der konstituierenden Sitzung sieht Abs. 1 einen genauen Ablaufplan vor. Bis der BR aus seiner Mitte selbst einen Wahlleiter bestellt hat, leitet der **Vorsitzende des Wahlvorstandes** die Sitzung gem. Abs. 1 S. 2. Die Bestellung des Wahlleiters kann von den anwesenden BR-Mitgliedern mit einfacher Mehrheit in entsprechender Anwendung des § 33 erfolgen. Der Wahlvorstand ist bei der Bestimmung des Wahlleiters nicht stimmberechtigt.[8] Dies gilt freilich nicht, wenn der Wahlvorstandsvorsitzende gleichzeitig auch neu in den BR gewählt wurde. Die Aufgaben des Wahlvorstands enden automatisch nach der Bestimmung des Wahlleiters aus der Mitte des BR. Ab diesem Zeitpunkt entfällt für ihn auch ein Teilnahmerecht an **6**

---

1 BAG 23.8.1984 – 6 AZR 520/82 – AP § 102 BetrVG 1972 Nr. 36.
2 Str., wie hier HWK/*Reichold*, § 29 BetrVG Rn 2; GK-BetrVG/*Wiese*/*Raab*, § 29 Rn 8; a.A Richardi/*Thüsing*, § 29 Rn 4; Fitting u.a., § 29 Rn 11; DKK/*Wedde*, § 29 Rn 5.
3 GK-BetrVG/*Wiese*/*Raab*, § 29 Rn 7.
4 HWK/*Reichold*, § 29 BetrVG Rn 4.
5 Vgl. HWK/*Reichold*, § 29 BetrVG Rn 3.
6 Vgl. zur Amtszeit des BR auch *Besgen*, Betriebsverfassungsrecht, § 3 Rn 13 ff.
7 HWK/*Reichold*, § 29 BetrVG Rn 3.
8 BAG 28.2.1958 – 1 ABR 3/57 – AP § 29 BetrVG Nr. 1.

der weiteren konstituierenden Sitzung.[9] **Wahlleiter** können dabei alle BR-Mitglieder sein, auch etwaige Stellvertreter nach § 25. Dies betrifft auch die Kandidaten für den BR-Vorsitz oder das Stellvertreteramt.

7   Zu der konstituierenden Sitzung dürfen von dem Wahlvorstand nur die neugewählten BR-Mitglieder eingeladen werden. Andere Teilnehmer sind erst in den nachfolgenden weiteren Sitzungen des BR teilnahmeberechtigt.[10]

8   **4. Anschlusssitzung.** Die konstituierende Sitzung beschränkt sich allein auf die Pflichtwahlen des Vorsitzenden und seines Stellvertreters, §§ 26 Abs. 1, 29 Abs. 1. Sind diese Wahlen durchgeführt, endet die Sitzung. Weitere Tagesordnungspunkte darf der Wahlvorstandsvorsitzende nicht bestimmen. Will der gewählte BR-Vorsitzende die Zusammenkunft der neugewählten BR-Mitglieder nutzen und weitere Punkte verhandeln, schließt sich begrifflich eine weitere neue Sitzung an. Zulässig ist eine solche Anschlusssitzung jedoch nur, wenn der neugewählte BR tatsächlich schon im Amt ist (siehe oben Rn 2). In der Lit. ist allerdings umstritten, mit welchen **Mehrheiten** weitere Tagesordnungspunkte eingeführt werden können. Teilweise wird eine einfache Mehrheit für ausreichend gehalten,[11] teilweise wird Einstimmigkeit gefordert.[12] Von der letztgenannten Ansicht wird eine Entscheidung des BAG aus dem Jahre 1988 angeführt, die sich jedoch nicht mit der konstituierenden, sondern mit weiteren Sitzungen des BR befasst hat; ein Umstand, auf den das BAG im Jahre 1991 selbst hingewiesen hat.[13] Da die konstituierende Sitzung nur den Zweck hat, den Vorsitzenden und seinen Stellvertreter zu wählen, schließt sich, wenn weitere Punkte verhandelt werden sollen, eine neue Sitzung an. Für diese gelten dann die Abs. 2 bis 4 und der Vorsitzende ist berechtigt, nach Abs. 2 S. 2 die Tagesordnung ohne Beteiligung der weiteren BR-Mitglieder festzulegen. Dies gilt insb. für den gängigen Fall, dass unmittelbar im Anschluss an die konstituierende Sitzung der Betriebsausschuss nach § 27 gebildet wird. Werden weitere Fragen im Anschluss an die konstituierende Sitzung in einer neuen weiteren Sitzung behandelt, müssen insb. der Schwerbehindertenvertreter und die Vertreter der JAV geladen werden (vgl. Abs. 2 S. 4).[14]

II. Weitere Sitzungen (Abs. 2 bis 4)

9   **1. Einberufung.** Alle weiteren Sitzungen werden nach Abs. 2 S. 1 von dem Vorsitzenden des BR einberufen. Ist der Vorsitzende verhindert, geht das Einberufungsrecht auf seinen Stellvertreter über. Ist auch dieser verhindert, kann in der Geschäftsordnung (s. § 36) festgelegt werden, auf welche weiteren BR-Mitglieder das Einberufungsrecht übergeht. Ein **Selbstversammlungsrecht** des BR ist grds. abzulehnen, es sei denn, alle BR-Mitglieder treten einvernehmlich zu einer Sitzung zusammen.[15]

10 **2. Pflicht zur Einberufung.** Im Grundsatz obliegt die Terminierung der Sitzungen dem pflichtgemäßen Ermessen des Vorsitzenden, wobei es allen BR-Mitgliedern freisteht, notwendige Sitzungen anzuregen. In bestimmten Fällen besteht allerdings ein **Anspruch auf Einberufung**. Dies regelt Abs. 3, wonach der Vorsitzende eine Sitzung einzuberufen hat und den Gegenstand, dessen Beratung beantragt ist, auf die Tagesordnung setzen muss, wenn dies ein Viertel der Mitglieder des BR oder der AG beantragt. Für andere Personen ist ein Einberufungsrecht nicht vorgesehen. Allerdings ist § 86a zu beachten, wonach die AN jedenfalls mittelbar ein bestimmtes Beratungsthema durchsetzen können (siehe § 86a Rn 2 ff.). Entsprechendes gilt für die SBV nach § 95 Abs. 4 S. 1 Hs. 2 SGB IX. Schließlich kann auch die JAV nach § 67 Abs. 3 S. 1 bestimmte Angelegenheiten auf die Tagesordnung setzen lassen.

11 **3. Ladung.** Der Vorsitzende hat die Mitglieder des BR zu den Sitzungen rechtzeitig unter Mitteilung der Tagesordnung zu laden (Abs. 2 S. 3). Mit der rechtzeitigen Ladung soll den BR-Mitgliedern die Möglichkeit eröffnet werden, sich ausreichend und umfassend auf die BR-Sitzung vorbereiten zu können. Umfangreiche Unterlagen können nach § 34 Abs. 3 eingesehen werden. **Ladungsfristen** gibt das BetrVG nicht vor. Einen Vorbereitungszeitraum von drei bis vier Tagen wird man bei umfangreicheren Sitzungen einräumen müssen. Tritt der BR allerdings turnusmäßig ohnehin wöchentlich oder monatlich zusammen (je nach Betriebsgröße), müssen notwendige Unterlagen nicht notwendig mit längeren Vorlauffristen übermittelt werden. Einzelheiten können und sollten in der Geschäftsordnung festgelegt werden. Die ordnungsgemäße Ladung muss den BR-Mitgliedern auch zugehen. Hierfür hat der BR-Vorsitzende Sorge zu tragen. Schriftform ist nicht vorgeschrieben, so dass auch eine **mündliche Ladung** ausreichend ist.[16] I.Ü. kommen alle betriebsüblichen Kommunikationsmittel in Betracht: Intranet, schwarzes Brett, E-Mail etc.[17]

12 **4. Zeitpunkt.** Der Zeitpunkt der BR-Sitzungen wird ebenfalls von dem BR-Vorsitzenden bestimmt. Auf die **betrieblichen Belange** ist dabei in erforderlichem Umfange Rücksicht zu nehmen. Der Zeitpunkt muss ferner so ge-

---

9   BAG 28.2.1958 – 1 ABR 3/57 – AP § 29 BetrVG Nr. 1.
10 *Fitting u.a.*, § 29 Rn 14.
11 *Fitting u.a.*, § 29 Rn 21; DKK/*Wedde*, § 29 Rn 14; GK-BetrVG/*Wiese/Raab*, § 29 Rn 22.
12 HWK/*Reichold*, § 29 BetrVG Rn 6.
13 BAG 28.4.1988 – 6 AZR 405/86 – AP § 29 BetrVG 1972 Nr. 2; offengelassen zur konstituierenden Sitzung BAG 13.11.1991 – 7 ABR 18/91 – AP § 27 BetrVG 1972 Nr. 3.
14 S. DKK/*Wedde*, § 29 Rn 14.
15 LAG Saarland 11.11.1964 – Sa 141/63 – AP § 29 BetrVG Nr. 2 = DB 1965, 148; weitere Nachweise bei Richardi/*Thüsing*, § 29 Rn 17.
16 BAG 8.2.1977 – 1 ABR 82/74 – AP § 80 BetrVG 1972 Nr. 10; *Besgen*, Betriebsverfassungsrecht, § 4 Rn 6 f.
17 Vgl. auch Ausführungen bei *Besgen*, Betriebsverfassungsrecht, § 4 Rn 6 f.

wählt werden, dass möglichst alle BR-Mitglieder teilnehmen können. Üblicherweise hält der BR eine turnusmäßige Sitzung zu einem bestimmten Zeitpunkt ab. Dies kann in der Geschäftsordnung festgeschrieben werden.

5. Teilnehmer der Sitzungen. Die **JAV** ist nach Abs. 2 S. 4 zu allen Sitzungen stets einzuladen. Die Einschränkung in Abs. 2 S. 4 („soweit sie ein Recht auf Teilnahme an der Betriebsratssitzung haben") ist praktisch gegenstandslos, denn nach § 67 Abs. 1 S. 1 kann die JAV zu allen BR-Sitzungen einen Vertreter entsenden. Unter den Voraussetzungen des § 67 Abs. 1 S. 2 hat die gesamte JAV ein Teilnahmerecht. Entsprechendes gilt für die **SBV**, die nach § 32 ebenfalls an allen Sitzungen des BR beratend teilnehmen kann. **Gewerkschaftsbeauftragte** können unter den Voraussetzungen des § 31 teilnehmen (siehe § 31 Rn 3). Der **AG** ist immer dann zu laden, wenn er die Sitzung nach Abs. 4 S. 1 beantragt hat. Darüber hinaus ist der BR berechtigt, den AG zu Sitzungen einzuladen (Abs. 4 S. 1 Hs. 2). Besteht ein Teilnahmerecht des AG, hat er nach Abs. 4 S. 2 das Recht, einen Beauftragten einer **AG-Vereinigung** hinzuziehen. Dies besteht allerdings nur dann, wenn er auch tatsächlich einer AG-Vereinigung angehört. Diese Hinzuziehung ist ein Folgerecht, so dass der AG nicht berechtigt ist, den Vertreter der AG-Vereinigung mit seiner Vertretung zu beauftragen.[18]

6. Tagesordnung. Der BR-Vorsitzende hat rechtzeitig unter Mitteilung der Tagesordnung zu laden (Abs. 2 S. 3). Die Tagesordnung wird von ihm festgelegt (Abs. 2 S. 2). Über den Inhalt der Tagesordnung hat er nach **pflichtgemäßem Ermessen** zu entscheiden. Der Vorsitzende muss die gestellten Anträge in die Tagesordnung aufnehmen. Soll die Tagesordnung während der BR-Sitzung **ergänzt** werden, ist die strenge Rspr. des BAG zu beachten. Nur der vollzählige BR kann mit einstimmigem Beschluss die Tagesordnung ergänzen.[19] Die Einstimmigkeit ist auch dann gewahrt, wenn kein BR-Mitglied ausdrücklich widerspricht.[20]

C. Verbindung zu anderen Rechtsgebieten und zum Prozessrecht

Streitigkeiten aus § 29 werden im arbeitsgerichtlichen Beschlussverfahren entschieden, §§ 2a, 80 ff. ArbGG. Dies betrifft die Kompetenzen des Wahlvorstandes, der die konstituierende Sitzung einberuft, das Teilnahmerecht weiterer Personen, den ordnungsgemäßen Ablauf der Sitzung, die Mitteilung der Tagesordnung, die Ladung zur Sitzung etc.

D. Beraterhinweise

Die strenge Rspr. des BAG zur Änderung bzw. Ergänzung von Tagesordnungen während laufender BR-Sitzungen (siehe Rn 14) kann zu gravierenden Folgen führen. Wird nämlich das vorgeschriebene Verfahren des BAG, also Einstimmigkeit, nicht beachtet oder werden Beschlüsse gefasst, die gar nicht in der Tagesordnung enthalten sind, sind die darauf basierenden Beschlüsse **nichtig**.[21] Dies gilt jedenfalls dann, wenn materielle Beschlüsse gefasst werden. Geht es allein um Wahlen, z.B. die Wahl des Vorsitzenden oder seines Stellvertreters, handelt es sich regelmäßig nur um anfechtbare Verstöße.[22]

Der Ablauf von BR-Sitzungen sollte in der Geschäftsordnung des BR klar geregelt werden. In größeren Betrieben empfiehlt es sich, regelmäßige Sitzungen zu einem bestimmten Zeitpunkt durchzuführen, auf den sich alle Beteiligten einstellen können. Dies ist auch für den AG hilfreich und führt zur Planungssicherheit.

§ 30 Betriebsratssitzungen

¹Die Sitzungen des Betriebsrats finden in der Regel während der Arbeitszeit statt. ²Der Betriebsrat hat bei der Ansetzung von Betriebsratssitzungen auf die betrieblichen Notwendigkeiten Rücksicht zu nehmen. ³Der Arbeitgeber ist vom Zeitpunkt der Sitzung vorher zu verständigen. ⁴Die Sitzungen des Betriebsrats sind nicht öffentlich.

A. Allgemeines 1	III. Verständigung des Arbeitgebers (S. 3) 4
B. Regelungsgehalt 2	IV. Nichtöffentlichkeit (S. 4) 5
I. Zeitliche Lage (S. 1) 2	C. Verbindung zu anderen Rechtsgebieten und zum Prozessrecht 6
II. Berücksichtigung betrieblicher Notwendigkeiten (S. 2) 3	D. Beraterhinweise 8

---

18 GK-BetrVG/*Wiese/Raab*, § 29 Rn 72.
19 BAG 28.4.1988 – 6 AZR 405/86 – AP § 29 BetrVG 1972 Nr. 2; BAG 28.10.1992 – 7 ABR 14/92 – AP § 29 BetrVG Nr. 4; BAG 24.5.2006 – 7 AZR 201/05 – NZA 2006, 1364; a.A. DKK/*Wedde*, § 29 Rn 20 ff., der einen Mehrheitsbeschluss ausreichen lässt.
20 S.a. GK-BetrVG/*Wiese/Raab*, § 29 Rn 52 ff.; vgl. auch *Besgen*, Betriebsverfassungsrecht, § 4 Rn 7.
21 S. *Fitting u.a.*, § 29 Rn 68.
22 BAG 13.11.1991 – 7 ABR 18/91 – AP § 27 BetrVG 1972 Nr. 3.

A. Allgemeines

1 Die Vorschrift regelt vorrangig die zeitliche Lage der BR-Sitzung und deren Nichtöffentlichkeit. Die Norm des § 29 Abs. 2 zur Einberufung der BR-Sitzungen wird in § 30 ergänzt.

B. Regelungsgehalt

I. Zeitliche Lage (S. 1)

2 Die Sitzungen des BR finden nach S. 1 in der Regel **während der Arbeitszeit** statt. Der Vorsitzende muss nach § 29 Abs. 2 S. 1 diese Regel grds. beachten und darf die BR-Sitzungen nicht in die Arbeitspausen oder außerhalb der Arbeitszeit legen. Damit wird klargestellt (wie auch in §§ 37 ff.), dass die BR-Arbeit zu Lasten des AG gehen soll und die BR-Mitglieder ihre Freizeit hierfür nicht (im Grundsatz) opfern müssen. Der Vorsitzende hat darauf zu achten, dass möglichst alle BR-Mitglieder während ihrer **persönlichen Arbeitszeit** an den Sitzungen teilnehmen können. In Betrieben mit starrer Regelarbeitszeit ist dies unproblematisch. Bei flexibler Gleitzeit oder Schichtsystemen wird dies regelmäßig nicht möglich sein. In diesen Fällen ist der Vorsitzende angehalten, die Sitzungen möglichst so zu legen, dass die Mehrheit der BR-Mitglieder arbeitet.[1] Dies gilt entsprechend für Teilzeitkräfte, auf die der BR-Vorsitzende bei der Terminierung Rücksicht nehmen muss.[2] Sind einige BR-Mitglieder dennoch gezwungen, außerhalb ihrer Arbeitszeit an einer BR-Sitzung teilzunehmen, haben sie einen Anspruch auf Freizeitausgleich nach § 37 Abs. 3 (siehe § 37 Rn 6 ff.).

II. Berücksichtigung betrieblicher Notwendigkeiten (S. 2)

3 Bei der Anberaumung der BR-Sitzungen hat der BR nach S. 2 auf die betrieblichen Notwendigkeiten Rücksicht zu nehmen. Begrifflich sind sie mit den **betrieblichen Interessen und Bedürfnissen** gleichzusetzen.[3] Ein Vorrang dieser Interessen besteht nur, wenn dringende betriebliche Gründe vorliegen und dem BR eine Verschiebung möglich ist.[4] Ihre Berücksichtigung stellt einen Ausfluss des in § 2 Abs. 1 konkretisierten **Gebotes zur vertrauensvollen Zusammenarbeit** dar.[5] Stehen daher dringende betriebliche Bedürfnisse einer Sitzung entgegen, darf sie nur dann durchgeführt werden, wenn z.B. Fristabläufe drohen und der BR gezwungen ist, ohne zeitlichen Verzug eine Entscheidung zu treffen. Im Grundsatz sieht das BetrVG eine Tätigkeit während der Arbeitszeit vor, so dass mit der Berücksichtigung betrieblicher Notwendigkeiten v.a. die zeitliche Lage und die Dauer der BR-Sitzung während der Arbeitszeit angesprochen ist.[6] Verstößt der BR gegen das Rücksichtnahmegebot des S. 2, hat dies auf die **Wirksamkeit der auf der Sitzung gefassten Beschlüsse** keine Auswirkungen.[7] Der AG hat gegen die dennoch angesetzte BR-Sitzung auch keine Handhabe, bspw. Unterbindung oder Kürzung des Arbeitsentgelts.[8] Die in der Lit. für zulässig gehaltene **einstweilige Verfügung**, die auf Aufhebung der angesetzten Sitzung gerichtet ist, wird nur in seltenen Ausnahmefällen möglich sein.[9]

III. Verständigung des Arbeitgebers (S. 3)

4 Der AG ist nach S. 3 vom Zeitpunkt der Sitzung vorher zu verständigen. Dies gilt unabhängig davon, ob er selbst nach § 29 Abs. 4 S. 1 eingeladen wird.[10] Mit der **Unterrichtung** soll sich der AG auf die Abwesenheit der BR-Mitglieder einrichten und etwaige organisatorische Maßnahmen treffen können. Die Pflicht zur Unterrichtung bezieht sich allein auf den **Sitzungstermin**, nicht auf die einzelnen Tagesordnungspunkte. Auch eine Zustimmung des AG zur Durchführung der BR-Sitzung ist nicht einzuholen.[11] Finden die BR-Sitzungen turnusmäßig zu einem bestimmten Zeitpunkt statt, muss der AG nicht zu jeder Regelsitzung eingeladen werden; hier ist es ausreichend, wenn ihm die Termine bekannt sind.[12] Auch hier gilt, dass die Rechtswirksamkeit der vom BR gefassten Beschlüsse nicht von der wirksamen Unterrichtung abhängt.[13] Ebenso wenig kann das Arbeitsentgelt der Teilnehmer an der BR-Sitzung gekürzt werden.

IV. Nichtöffentlichkeit (S. 4)

5 Die Sitzungen des BR sind nach S. 4 nicht öffentlich. Die Beratung und Entscheidungsfindung im Gremium soll frei von äußeren Einflüssen stattfinden können. Der Teilnehmerkreis ist betriebsverfassungsrechtlich abschließend bestimmt und ergibt sich aus den Mitgliedern des BR selbst bzw. ihren Ersatzmitgliedern sowie den weiteren in §§ 29, 31, 32, 67 genannten Personen. Dem BR steht es allerdings frei, SV oder andere Auskunftspersonen (nach § 80 Abs. 2

---

1 HWK/*Reichold*, § 30 BetrVG Rn 2.
2 BAG 27.11.1987 – 7 AZR 29/87 – AP § 44 BetrVG 1972 Nr. 7.
3 H.M. DKK/*Wedde*, § 30 Rn 30; *Fitting u.a.*, § 30 Rn 10.
4 DKK/*Wedde*, § 30 Rn 6.
5 GK-BetrVG/*Wiese/Raab*, § 30 Rn 6; *Besgen*, Betriebsverfassungsrecht, § 10 Rn 5 ff.
6 Richardi/*Thüsing*, § 30 Rn 5.
7 *Fitting u.a.*, § 30 Rn 12.
8 *Fitting u.a.*, § 30 Rn 12.
9 S. DKK/*Wedde*, § 30 Rn 7.
10 GK-BetrVG/*Wiese/Raab*, § 30 Rn 15.
11 *Fitting u.a.*, § 30 Rn 14.
12 DKK/*Wedde*, § 30 Rn 10.
13 GK-BetrVG/*Wiese/Raab*, § 30 Rn 17.

und Abs. 3) zu den Sitzungen einzuladen.[14] Verstöße gegen den Grundsatz der Nichtöffentlichkeit können Sanktionen nach § 23 Abs. 1 auslösen. Die Wirksamkeit der Beschlüsse wird nicht berührt.

C. Verbindung zu anderen Rechtsgebieten und zum Prozessrecht

Die Vorschrift gilt auch für den GBR (§ 51 Abs. 1 S. 1) und den KBR (§ 59 Abs. 1); ferner für die JAV (vgl. § 65 Abs. 1, 73 Abs. 2, 73b Abs. 2). Für Sitzungen des Betriebsausschusses und andere Ausschüsse ist die Vorschrift entsprechend anzuwenden.[15] Für die Sitzungen von Arbeitsgruppen nach § 28a gilt nichts anderes.[16]   6

Streitigkeiten aus § 30 werden im arbeitsgerichtlichen Beschlussverfahren ausgetragen, §§ 2a, 80 ff. ArbGG.   7

D. Beraterhinweise

Nimmt der BR auf die betrieblichen Notwendigkeiten nicht ausreichend (oder gar nicht) Rücksicht, besteht die Möglichkeit des AG, die Verschiebung der Sitzung notfalls im Rahmen einer einstweiligen Verfügung zu erzwingen. Bei beharrlichen Verstößen gegen die Rücksichtnahmepflicht kann zudem ein Verfahren nach § 23 Abs. 1 eingeleitet werden. In erster Linie handelt es sich dabei aber um theoretische Möglichkeiten.   8

§ 31 Teilnahme der Gewerkschaften

Auf Antrag von einem Viertel der Mitglieder des Betriebsrats kann ein Beauftragter einer im Betriebsrat vertretenen Gewerkschaft an den Sitzungen beratend teilnehmen; in diesem Fall sind der Zeitpunkt der Sitzung und die Tagesordnung der Gewerkschaft rechtzeitig mitzuteilen.

A. Allgemeines 1	III. Mitteilungspflichten 4
B. Regelungsgehalt 2	IV. Beratende Teilnahme 6
I. Gewerkschaftsbeauftragter 2	C. Verbindung zu anderen Rechtsgebieten und zum Prozessrecht 7
II. Teilnahmevoraussetzungen 3	

A. Allgemeines

Der BR ist in die gewerkschaftliche Organisation nicht eingebaut und unterliegt damit auch keinen gewerkschaftlichen Weisungen. Das BetrVG geht dennoch von einer engen Zusammenarbeit zwischen BR und Gewerkschaften aus (vgl. § 2).[1] Die Vorschrift des § 31 konkretisiert diesen Grundsatz. Beauftragte der Gewerkschaften können auf Antrag von einem Viertel der Mitglieder des BR oder durch entsprechenden Beschluss an den BR-Sitzungen teilnehmen. Die Initiative für die Teilnahme von Gewerkschaften verbleibt damit beim BR. Mit der Möglichkeit schon eines Viertels der BR-Mitglieder, einen entsprechenden Antrag zu stellen, dient § 31 schließlich auch dem Schutz gewerkschaftlicher Minderheiten.   1

B. Regelungsgehalt

I. Gewerkschaftsbeauftragter

Beauftragte der Gewerkschaften können nach § 31 nur dann beratend teilnehmen, wenn sie **im BR vertreten** sind. Eine allgemeine Vertretung nur im Betrieb reicht damit nicht aus. Mindestens ein BR-Mitglied muss zugleich Mitglied der Gewerkschaft sein. Wer als Beauftragter beratend teilnimmt, wählt die Gewerkschaft aus.[2] Die Gewerkschaft darf nur einen Beauftragten entsenden, nicht mehrere.[3] Zur Legitimation kann von dem Beauftragten ein entsprechender **Nachweis** verlangt werden.[4]   2

II. Teilnahmevoraussetzungen

Die Vorschrift sieht ein Teilnahmerecht nur dann vor, wenn ein Viertel der Mitglieder des BR einen entsprechenden Antrag stellt. Es besteht allerdings Einigkeit darüber, dass der BR die Teilnahme auch ohne einen entsprechenden   3

---

14 H.M. HWK/*Reichold*, § 30 BetrVG Rn 5; DKK/*Wedde*, § 30 Rn 12; *Fitting u.a.*, § 30 Rn 17; differenzierend GK-BetrVG/*Wiese/Raab*, § 30 Rn 19 ff.
15 BAG 18.11.1980 – 1 ABR 31/78 – AP § 108 BetrVG 1972 Nr. 2; *Fitting u.a.*, § 30 Rn 3.
16 *Fitting u.a.*, § 28a Rn 38.

1 Vgl. zu Begriff und Funktion der Gewerkschaften auch *Besgen*, Betriebsverfassungsrecht, § 1 Rn 75 ff.
2 HWK/*Reichold*, § 31 BetrVG Rn 2.
3 Str., wie hier Richardi/*Thüsing*, § 31 Rn 18; a.A. *Fitting u.a.*, § 31 Rn 19, jeweils m.w.N.
4 GK-BetrVG/*Wiese/Raab*, § 31 Rn 17; differenzierend DKK/*Wedde*, § 31 Rn 15.

Minderheitenantrag autonom beschließen kann.[5] Für einen solchen Beschluss gelten die Mehrheitsverhältnisse des § 33 (siehe § 33 Rn 6 ff.). Der Antrag muss von einem Viertel aller gewählten und nicht aller anwesenden Mitglieder gestellt werden.[6] Wird die Hinzuziehung eines Gewerkschaftsbeauftragten mit Mehrheitsbeschluss nach § 33 entschieden, müssen dennoch die weiteren Voraussetzungen des § 31 beachtet werden. Es können also nur solche Gewerkschaften beratend teilnehmen, die zugleich im BR vertreten sind. Allerdings hat das BAG keine Bedenken, wenn ein generelles Teilnahmerecht in der Geschäftsordnung des BR festgelegt wird.[7] Liegt ein Antrag eines Viertels der BR-Mitglieder vor, handelt es sich um ein Minderheitenrecht. Die beantragte Hinzuziehung eines Gewerkschaftsbeauftragten kann daher nicht mehr durch einen BR-Beschluss abgeändert bzw. überstimmt werden.[8]

III. Mitteilungspflichten

4 Ist die Antragstellung erfolgt, muss der BR-Vorsitzende Zeitpunkt der Sitzung und die Tagesordnung der Gewerkschaft rechtzeitig mitteilen. Für den Begriff der „**Rechtzeitigkeit**" gelten die Ausführungen zu § 29 Abs. 2 S. 3 entsprechend (siehe § 29 Rn 11). Die Gewerkschaft muss also ausreichend Zeit haben, einen geeigneten Beauftragten auszuwählen. Zudem muss der Beauftragte sich auch noch ordnungsgemäß auf die BR-Sitzung vorbereiten können. Unterbleibt die ordnungsgemäße Mitteilung, handelt der BR-Vorsitzende pflichtwidrig i.S.d. § 23. Eine Teilnahmepflicht des Gewerkschaftsbeauftragten besteht selbstverständlich nicht. Die Mitteilung nach Hs. 2 ist vielmehr als Einladung zu verstehen.[9]

5 Keine Einigkeit besteht zu der Frage, ob Tagesordnungspunkte auch dann behandelt werden dürfen, wenn der zu einem entsprechenden Thema vorgesehene Gewerkschaftsbeauftragte nicht eingeladen wurde.[10] Die Hinzuziehung des Gewerkschaftsbeauftragten berührt die **Beschlussfähigkeit des BR** nicht. Sanktionen bestehen daher nur über § 23, sodass die unterbliebene Ladung keine Auswirkungen auf die Wirksamkeit der Beschlüsse hat.[11]

IV. Beratende Teilnahme

6 Der Gewerkschaftsbeauftragte nimmt lediglich „beratend" teil. Ihm kommt damit **kein Stimmrecht** zu. Auch Anträge zur Beschlussfassung oder zur Tagesordnung darf er nicht stellen. Allerdings kann er entsprechende Anträge jederzeit anregen.[12] Die beratende Teilnahme soll es ihm ermöglichen, auf die Willensbildung des BR Einfluss zu nehmen; auf Antrag ist ihm daher das Wort zu erteilen.[13] Eine Pflicht, bei Abstimmungen das BR-Büro zu verlassen, besteht nicht. Die Geheimhaltungspflicht aus § 79 Abs. 2 gilt für den Beauftragten wie für die BR-Mitglieder. Insb. trifft ihn diese Pflicht auch gegenüber seiner Gewerkschaft.[14] Die Regelung des § 31 beinhaltet ein Zutrittsrecht für den Gewerkschaftsbeauftragten und eine entsprechende Duldungspflicht für den AG. Zu § 2 Abs. 2 ist § 31 damit lex specialis.[15] Gewerkschaftsbeauftragte können schließlich auch an Sitzungen des Betriebsausschusses und sonstigen Ausschüssen des BR beratend teilnehmen.[16]

C. Verbindung zu anderen Rechtsgebieten und zum Prozessrecht

7 Streitigkeiten aus § 31 werden im arbeitsgerichtlichen Beschlussverfahren nach §§ 2a, 80 ff. ArbGG behandelt. Sind die Voraussetzungen des Zutrittsrechts einer bestimmten Gewerkschaft streitig, ist auch die betreffende Gewerkschaft antragsberechtigt.[17] Wegen der besonderen Bedeutung des Zutrittsrechts und des Schutzes auch gewerkschaftlicher Minderheiten ist der Erlass einer einstweiligen Verfügung ebenfalls zulässig.[18] Grobe Verstöße gegen § 31 können auch die Konsequenzen aus § 23 auslösen.

| § 32 | Teilnahme der Schwerbehindertenvertretung |

Die Schwerbehindertenvertretung (§ 94 des Neunten Buches Sozialgesetzbuch) kann an allen Sitzungen des Betriebsrats beratend teilnehmen.

---

5 *Fitting u.a.*, § 31 Rn 17; Richardi/*Thüsing*, § 31 Rn 3; DKK/*Wedde*, § 31 Rn 4; BAG 28.2.1990 – 7 ABR 22/89 – NZA 1990, 660.
6 HWK/*Reichold*, § 31 BetrVG Rn 4.
7 BAG 28.2.1990 – 7 ABR 22/89 – NZA 1990, 660; a.A. GK-BetrVG/*Wiese*/*Raab*, § 31 Rn 19 f.; Richardi/*Thüsing*, § 31 Rn 14.
8 H.M., s. DKK/*Wedde*, § 31 Rn 8.
9 *Fitting u.a.*, § 31 Rn 25.
10 S. die Nachweise bei GK-BetrVG/*Wiese*/*Raab*, § 31 Rn 15.
11 A.A. *Fitting u.a.*, § 31 Rn 25; differenzierend GK-BetrVG/*Wiese*/*Raab*, § 31 Rn 15.
12 DKK/*Wedde*, § 31 Rn 16.
13 DKK/*Wedde*, § 31 Rn 16.
14 Richardi/*Thüsing*, § 31 Rn 23.
15 H.M. Richardi/*Thüsing*, § 31 Rn 24; *Fitting u.a.*, § 31 Rn 24; HWK/*Reichold*, § 31 BetrVG Rn 9; eingeschränkt GK-BetrVG/*Wiese*/*Raab*, § 31 Rn 24.
16 Überwiegende Auffassung, ausführlich Richardi/*Thüsing*, § 31 Rn 25 ff.; DKK/*Wedde*, § 31 Rn 19 f.; *Fitting u.a.*, § 31 Rn 26 ff.
17 BAG 18.11.1980 – 1 ABR 31/78 – § 108 BetrVG 1972 Nr. 2.
18 *Fitting u.a.*, § 31 Rn 29.

A. Allgemeines	1	II. Teilnahmerecht	3
B. Regelungsgehalt	2	C. Verbindung zu anderen Rechtsgebieten und zum	
I. Begriff der Schwerbehindertenvertretung	2	Prozessrecht	4

A. Allgemeines

Die SBV hat nach § 32 ein Teilnahmerecht an allen BR-Sitzungen. Dieses Recht besteht kraft Gesetzes, anders als bei dem Gewerkschaftsbeauftragten nach § 31. Die Vorschrift wird durch § 95 Abs. 4 S. 1 SGB IX ergänzt, wonach das Teilnahmerecht ausdrücklich auch für Ausschusssitzungen gilt. Den BR trifft insg. die Pflicht, die Eingliederung Schwerbehinderter zu fördern. Dies stellt nicht nur § 80 Abs. 1 Nr. 4 i.V.m. § 93 SGB IX klar, es ist auch Ausfluss eines allgemeinen verfassungsrechtlichen Auftrages aus Art. 3 Abs. 3 S. 2 GG.

B. Regelungsgehalt

I. Begriff der Schwerbehindertenvertretung

Die SBV ist als **eigenständiges Organ** dem BR gegenüber selbstständig. Ihre Mitglieder sind demzufolge nicht zugleich Mitglieder des BR, ein **Doppelamt** ist aber ohne weiteres zulässig.[1] Zudem ist ein generelles Teilnahmerecht der SBV an den Sitzungen des Wirtschaftsausschusses anerkannt.[2] Die SBV zieht ihre Kompetenzen vorrangig aus §§ 93 bis 99 SGB IX. Daneben normiert aber auch das BetrVG ergänzend Rechte.

II. Teilnahmerecht

Wie die Gewerkschaftsbeauftragten nach § 31 hat die SBV lediglich ein beratendes Teilnahmerecht. Auf die Kommentierung zu § 31 kann hier verwiesen werden (siehe § 31 Rn 6). Das Gleiche gilt für die Frage, ob Beschlüsse, bei denen das Teilnahmerecht aus § 32 missachtet wurde, wirksam sind (siehe § 31 Rn 5). Bei einer vorsätzlichen Benachteiligung Schwerbehinderter wird allerdings teilweise Sittenwidrigkeit nach § 138 BGB angenommen.[3] I.Ü. liegt in einer Verletzung der gesetzlichen Pflichten des BR stets ein ahndungsfähiger Verstoß nach § 23 Abs. 1 vor. Die SBV ist zur Geheimhaltung verpflichtet. Dies folgt bereits unmittelbar aus § 96 Abs. 7 SGB IX, der § 79 nachgebildet ist (s.a. die Strafandrohung in § 155 SGB IX).

C. Verbindung zu anderen Rechtsgebieten und zum Prozessrecht

Das Recht der SBV ist vorrangig in §§ 93 bis 99 SGB IX geregelt. Auf diese Vorschriften und deren Kommentierung wird verwiesen.

Streitigkeiten über die Teilnahme der SBV an den Sitzungen des BR und seiner Ausschüsse entscheiden die ArbG im Beschlussverfahren nach §§ 2a, 80 ff. ArbGG. Dies gilt auch, soweit Streit über die Befugnisse der SBV besteht.

---

§ 33 Beschlüsse des Betriebsrats

(1) ¹Die Beschlüsse des Betriebsrats werden, soweit in diesem Gesetz nichts anderes bestimmt ist, mit der Mehrheit der Stimmen der anwesenden Mitglieder gefasst. ²Bei Stimmengleichheit ist ein Antrag abgelehnt.
(2) Der Betriebsrat ist nur beschlussfähig, wenn mindestens die Hälfte der Betriebsratsmitglieder an der Beschlussfassung teilnimmt; Stellvertretung durch Ersatzmitglieder ist zulässig.
(3) Nimmt die Jugend- und Auszubildendenvertretung an der Beschlussfassung teil, so werden die Stimmen der Jugend- und Auszubildendenvertreter bei der Feststellung der Stimmenmehrheit mitgezählt.

A. Allgemeines	1	4. Abstimmungsverfahren	12
B. Regelungsgehalt	2	III. Beschlussbeseitigung	13
I. Voraussetzungen der Beschlussfassung	2	1. Aufhebung und Änderung	13
1. Sitzung	2	2. Anfechtung	14
2. Einberufung	3	IV. Beschlussmängel	15
3. Beschlussfähigkeit	4	1. Nichtigkeit	15
II. Beschlussfassung	6	2. Rechtsfolge	16
1. Stimmberechtigung und Stimmverbot	6	C. Verbindung zu anderen Rechtsgebieten und	
2. Einfache Mehrheit	8	zum Prozessrecht	17
3. Absolute Mehrheit	10	D. Beraterhinweise	18

---

1 H.M., s. nur GK-BetrVG/*Wiese*/*Raab*, § 32 Rn 10 m.w.N.
2 BAG 4.6.1987 – 6 ABR 70/85 – AP § 22 SchwbG Nr. 2.
3 S. Richardi/*Thüsing*, § 32 Rn 20; § 32 BetrVG Rn 2; siehe auch GK-BetrVG/*Wiese*/*Raab*, § 32 Rn 13.

A. Allgemeines

1 Die Vorschrift des § 33 regelt die Willensbildung des BR. Als Kollegialorgan entscheidet er grds. durch Beschluss. Während die Abs. 1 und 3 die Voraussetzungen der Beschlussfassung näher konkretisieren, beschäftigt sich Abs. 2 mit der Beschlussfähigkeit des BR. Grds. ist nach Abs. 1 die einfache Mehrheit der anwesenden BR-Mitglieder ausreichend, soweit nicht das Gesetz ausdrücklich die absolute Mehrheit anordnet (vgl. z.B. § 27 Abs. 2 S. 2). Bei der Abstimmung kommt den Stimmen der Mitglieder der **JAV** gleiches Gewicht wie den BR-Mitgliedern zu. Bei der Frage, ob der BR beschlussfähig ist, zählen sie jedoch nicht mit. Die Vorschrift des § 33 ist zwingend und von ihr kann nicht, auch nicht in der Geschäftsordnung, abgewichen werden. Dies schließt es aber nicht aus, dass dort das Verfahren der Beschlussfassung näher ausgestaltet wird. Schließlich findet § 33 auch auf die von dem BR gebildeten Ausschüsse entsprechende Anwendung.

B. Regelungsgehalt

I. Voraussetzungen der Beschlussfassung

2 **1. Sitzung.** Der BR kann seine Beschlüsse nur in ordnungsgemäß einberufenen Sitzungen fassen (vgl. § 29). Dies setzt die persönliche und gleichzeitige Anwesenheit von mind. der Hälfte der BR-Mitglieder voraus. Ausgeschlossen sind damit alle anderen Formen der Willensbildung, insb. das **Umlaufverfahren**, die **telefonische oder fernmündliche Beschlussfassung** sowie die Nutzung moderner Kommunikationseinrichtungen wie **E-Mail/Internet/Intranet**. Auch über **Videokonferenz** ist eine Beschlussfassung nicht möglich.[1] Gerade bei den modernen Kommunikationsmöglichkeiten ist die Nichtöffentlichkeit der Sitzungen nicht garantiert (vgl. § 30 S. 4). Sind alle BR-Mitglieder nicht gleichzeitig anwesend, ist auch die mündliche Beratung mit der Möglichkeit, die Willensbildung zu beeinflussen, nicht gewährleistet. I.Ü. haben auch weitere Personen ein Teilnahmerecht an den BR-Sitzungen (SBV, Gewerkschaftsbeauftragte, AG-Vertreter, JAV).

3 **2. Einberufung.** Die wirksame Beschlussfassung des BR setzt die ordnungsgemäße Ladung und die rechtzeitige Mitteilung der Tagesordnung voraus (zur Problematik der Erweiterung der Tagesordnung auf einer BR-Sitzung ohne vorherige Ankündigung siehe § 29 Rn 14, 16). Auf informellen Treffen des BR können daher Beschlüsse grds. nicht gefasst werden. Gleiches gilt für die Monatsbesprechungen nach § 74 Abs. 1.

4 **3. Beschlussfähigkeit.** Die Beschlussfähigkeit des BR ist nach Abs. 2 gegeben, wenn mind. die Hälfte der BR-Mitglieder an der Beschlussfassung teilnimmt. Aus dem Wortlaut „Teilnahme" wird gefolgert, dass die **bloße Anwesenheit nicht ausreichend** ist.[2] Vielmehr muss sich das BR-Mitglied aktiv an der Beschlussfassung beteiligen, wobei dies die Stimmenthaltung mit umfasst. Nicht ausreichend ist es jedoch, wenn bspw. ein BR-Mitglied während der Abstimmung schläft.[3] Versucht ein BR-Mitglied allerdings durch bewusste Nichtteilnahme an der Abstimmung das Ergebnis zu beeinflussen, wird man eine Pflichtverletzung nach § 23 annehmen können.[4] Die Nichtteilnahme muss ausdrücklich erklärt werden, andernfalls spricht eine **tatsächliche Vermutung** dafür, dass sich ein BR-Mitglied an der Abstimmung beteiligen möchte bzw. sich enthält.

5 Die Beschlussfähigkeit nach Abs. 2 setzt voraus, dass bspw. bei einem elfköpfigen BR sechs BR-Mitglieder anwesend sein müssen. Die Mitglieder der **JAV** zählen bei der Feststellung der Beschlussfähigkeit nicht mit. Auch muss der BR lediglich bei der Beschlussfassung beschlussfähig sein, nicht während der gesamten BR-Sitzung. Es ist daher ausreichend, wenn BR-Mitglieder zur Beschlussfassung erscheinen.[5] Die Zahl der BR-Mitglieder richtet sich nach den §§ 9, 11. Im Fall des § 13 Abs. 2 Nr. 2 ist die Zahl der noch vorhandenen BR-Mitglieder einschließlich der Ersatzmitglieder maßgeblich.[6] Dem Hinweis in Abs. 2 Hs. 2 auf die mögliche Stellvertretung durch Ersatzmitglieder kommt kein eigenständiger Regelungsgehalt zu. Vielmehr bleibt es bei der Vorschrift des § 25. Ein BR-Mitglied kann sich also nur dann vertreten lassen, wenn es zeitweilig verhindert ist (§ 25 Abs. 1 S. 2).

II. Beschlussfassung

6 **1. Stimmberechtigung und Stimmverbot.** Stimmberechtigt sind alle anwesenden BR-Mitglieder und die (zeitweilig) nachgerückten Ersatzmitglieder nach § 25 Abs. 1. Ein Ersatzmitglied ist (selbstverständlich) nicht an Weisungen des verhinderten BR-Mitglieds gebunden.[7] Die Mitglieder der JAV haben nach § 67 Abs. 2 in der BR-Sitzung volles Stimmrecht, soweit die zu fassenden Beschlüsse des BR überwiegend die in § 60 Abs. 1 genannten AN betreffen. Ihre Stimmen haben das gleiche Gewicht wie die Stimmen der BR-Mitglieder.

---

1 H.M. DKK/*Wedde*, § 33 Rn 10; *Fitting u.a.*, § 33 Rn 21 ff.; Richardi/*Thüsing*, § 33 Rn 2; *Wulff*, AiB 2008, 528, 531; a.A. LAG München 6.8.1974 – 5 Sa 395/74 – DB 1975, 1228.
2 Richardi/*Thüsing*, § 33 Rn 7; *Löwisch*, BB 1996, 1006.
3 H.M., HWK/*Reichold*, § 33 BetrVG Rn 5.
4 HWK/*Reichold*, § 33 BetrVG Rn 10.
5 DKK/*Wedde*, § 33 Rn 8.
6 H.M. Richardi/*Thüsing*, § 33 Rn 5.
7 GK-BetrVG/*Wiese/Raab*, § 33 Rn 20; *Besgen*, Betriebsverfassungsrecht, § 4 Rn 9.

Ist ein BR-Mitglied von einer Entscheidung **persönlich betroffen**, kann es wegen einer Interessenkollision nicht an der Abstimmung teilnehmen.[8] In diesen Fällen muss das Ersatzmitglied hinzugezogen werden, wobei dieses nach Auffassung des BAG nur dann sinnvoll abstimmen kann, wenn es bereits an den vorangehenden Beratungen teilnimmt. Deshalb ist das betroffene BR-Mitglied bereits von diesen Vorberatungen ausgeschlossen.[9] Betroffen ist ein BR-Mitglied z.B. bei einer eigenen Versetzung, der außerordentlichen Künd oder der Amtsenthebung. Rein organisatorische Akte des BR führen jedoch nicht zu einer Interessenkollision.

2. Einfache Mehrheit. Die Beschlussfassung erfordert die Mehrheit der Stimmen der anwesenden Mitglieder (Abs. 1 S. 1). In der Geschäftsordnung kann von diesem Erfordernis nicht abgewichen werden.[10] Bei **Stimmengleichheit** ist ein Antrag nach Abs. 1 S. 2 abgelehnt. Wichtig: Die Stimmenthaltung wirkt wegen des Mehrheitserfordernisses wie eine Ablehnung des Antrags. Bei einem elfköpfigen BR müssen also sechs Mitglieder zur Beschlussfähigkeit nach Abs. 2 anwesend sein und von diesen sechs Mitgliedern müssen mind. vier für die positive Beschlussfassung stimmen. Stimmen drei mit Ja, zwei mit Nein und ein Mitglied enthält sich, liegt kein Mehrheitsbeschluss vor, sondern vielmehr Stimmengleichheit. Würde hingegen ein BR-Mitglied sich nicht enthalten, sondern vielmehr seine Nichtteilnahme erklären (siehe auch Rn 4), ist die einfache Mehrheit zu bejahen, sofern die Beschlussfähigkeit nach Abs. 2 vorliegt.

Die Mitglieder der JAV nehmen an der Beschlussfassung des BR unter den Voraussetzungen des § 67 teil. Ihre Stimmen zählen bei der Feststellung der Stimmenmehrheit in vollem Umfang mit (nicht jedoch bei der Frage der Beschlussfähigkeit, siehe Rn 5). Dies verdeutlicht folgendes Beispiel:[11] Der BR hat 19 Mitglieder, die JAV besteht aus fünf Mitgliedern. Die Beschlussfähigkeit nach Abs. 2 stellt allein auf die BR-Mitglieder ab, so dass mind. zehn Mitglieder an der BR-Sitzung und der Beschlussfassung teilnehmen müssen. Stimmen von diesen zehn anwesenden BR-Mitgliedern sechs gegen einen Beschlussvorschlag, hingegen vier BR-Mitglieder und die fünf Jugend- und Auszubildendenvertreter dafür, ist der Beschluss mit neun Ja-Stimmen bei sechs Gegenstimmen angenommen.

3. Absolute Mehrheit. Das BetrVG fordert in speziellen Fällen abweichend von Abs. 1 die absolute Mehrheit der Stimmen der BR-Mitglieder. In diesen Fällen ist ein Beschlussvorschlag nur dann angenommen, wenn die Mehrheit aller BR-Mitglieder mit Ja stimmt. Bei einem elfköpfigen BR müssen dann für eine wirksame Beschlussfassung mind. sechs Mitglieder anwesend sein **und** mit Ja stimmen. Diese absolute Mehrheit der Stimmen wird in folgenden Fällen gefordert:
- Rücktritt des BR nach § 13 Abs. 2 Nr. 3,
- Übertragung von Aufgaben zur selbstständigen Erledigung auf Ausschüsse, §§ 27 Abs. 2 S. 2, 28 Abs. 1 S. 3 Hs. 2, 28 Abs. 2,
- Übertragung von Aufgaben auf Arbeitsgruppen, § 28a Abs. 1 S. 1,
- Erlass einer schriftlichen Geschäftsordnung nach § 36,
- Beauftragung des GBR oder des KBR nach §§ 50 Abs. 2, 58 Abs. 2,
- In den Fällen der Aufgabenübertragung des Wirtschaftsausschusses auf einen Ausschuss des BR nach § 107 Abs. 3 S. 1.

Schwierig wird die Abstimmung in solchen Fällen, in denen das Gesetz die absolute Mehrheit erfordert und zusätzlich an diesen Beschlüssen die Mitglieder der JAV teilnehmen. In diesen speziellen Konstellationen muss die absolute Mehrheit **zweifach** erfüllt sein: Die Mehrheit der Mitglieder des BR muss mit Ja stimmen, und auch das erweiterte Gremium unter Einbeziehung der Jugend- und Auszubildendenvertreter muss mit absoluter Mehrheit zustimmen.[12]

4. Abstimmungsverfahren. Das Abstimmungsverfahren selbst ist in § 33 nicht geregelt. Soweit die Mehrheitsgrundsätze nicht abgewandelt werden, kann eine nähere Konkretisierung des Verfahrens in der Geschäftsordnung (§ 36) erfolgen. Dies kann sich bspw. auf die mündliche und/oder schriftliche Abstimmung, auf geheime Wahl durch Stimmzettel oder auf eine offene Abstimmung beziehen. Jedenfalls ist es zu empfehlen, dass der BR über seine Beschlüsse Niederschriften anfertigt (vgl. § 34). Die stillschweigende Beschlussfassung ist ausgeschlossen.[13]

III. Beschlussbeseitigung

1. Aufhebung und Änderung. Der BR kann seine Beschlüsse aufheben und/oder ändern, soweit der Inhalt des Beschlusses noch keine Wirkungen nach außen entfaltet hat.[14] Handelt es sich um eine BV, gilt § 77; es verbleibt also nur die Möglichkeit der Künd.

---

8 BAG 3.8.1999 – 1 ABR 30/98 – AP § 25 BetrVG 1972 Nr. 7.
9 BAG 3.8.1999 – 1 ABR 30/98 – AP § 25 BetrVG 1972 Nr. 7.
10 H.M., s. nur *Fitting u.a.*, § 33 Rn 7.
11 Nach *Fitting u.a.*, § 33 Rn 39.
12 S. *Fitting u.a.*, § 33 Rn 42 mit instruktiven praktischen Beispielen.
13 BAG 14.2.1996 – 7 ABR 25/95 – AP § 76a BetrVG 1972 Nr. 5.
14 H.M. DKK/*Wedde*, § 33 Rn 22; *Wulff*, AiB 2008, 528, 532.

14 **2. Anfechtung.** Beschlüsse des BR können nicht angefochten werden. Die Vorschrift des § 19 findet keine (auch keine entsprechende) Anwendung. Allerdings ist die Anfechtung der Stimmabgabe (Willenserklärung) selbst nach den Regeln der §§ 119 ff. BGB möglich, so dass wegen Irrtums, Täuschung oder Drohung angefochten werden kann. Dadurch kann sogar ein ursprünglich positiver Beschluss des BR inhaltlich in einen negativen umgewandelt werden (was auch umgekehrt gilt).[15]

IV. Beschlussmängel

15 **1. Nichtigkeit.** BR-Beschlüsse mit **gesetzeswidrigem Inhalt** sind nichtig.[16] Nichtig kann ein Beschluss auch dann sein, wenn er in einem **nicht ordnungsgemäßen Verfahren** zustande gekommen ist. Allerdings muss es sich dann, in entsprechender Anwendung der Nichtigkeit bei BR-Wahlen, um grobe Verstöße gegen Vorschriften und Grundsätze handeln, deren Beachtung unerlässliche Voraussetzung einer Beschlussfassung ist.[17] Beispiele: Fehlerhafte Ladung der BR-Mitglieder, fehlende Beschlussfähigkeit oder Beteiligung von nicht Stimmberechtigten an der Beschlussfassung.[18]

16 **2. Rechtsfolge.** Nichtige BR-Beschlüsse können keine Rechtswirkungen entfalten. Allerdings lässt das BAG eine **heilende, bestätigende Beschlussfassung** zu, bspw. über die Einleitung eines Beschlussverfahrens und die Beauftragung eines RA, wenn der ordnungsgemäße spätere Beschluss noch vor Abschluss der ersten Instanz gefasst wird.[19] Dies gilt hingegen nicht für Beschlüsse des BR als Anspruchsgrundlage für eine Kostenerstattung nach § 40.[20]

C. Verbindung zu anderen Rechtsgebieten und zum Prozessrecht

17 Streitigkeiten aus § 33 werden im arbeitsgerichtlichen Beschlussverfahren entschieden, §§ 2a, 80 ff. ArbGG. Kommt es auf die Wirksamkeit eines BR-Beschlusses in einer individualrechtlichen Angelegenheit an, kann die Rechtswirksamkeit auch als Vorfrage im Urteilsverfahren entschieden werden. Die Vorschrift des § 19 findet keine (auch keine entsprechende) Anwendung (siehe Rn 14). Die Kontrolle der ArbG beschränkt sich jedoch allein auf eine **Rechtskontrolle**. Die Zweckmäßigkeit eines BR-Beschlusses ist nicht überprüfbar.[21]

D. Beraterhinweise

18 Den AG treffen keine **Hinweis- bzw. Aufklärungspflichten**, wenn er Kenntnis von unzulässigen Beschlussfassungen des BR erlangt.[22] Das BAG geht grds. davon aus, dass sich Mängel, die in den Zuständigkeits- und Verantwortungsbereich des BR fallen, nicht auswirken.[23] Der AG hat keine wirksamen rechtlichen Einflussmöglichkeiten auf die Beschlussfassung des BR. Mängel aus der Sphäre des BR können ihm daher nicht zugerechnet werden. Etwas anderes gilt allenfalls dann, wenn der AG den Fehler des BR selbst veranlasst hat.[24]

19 I.Ü. gilt: Werden die erforderlichen Abstimmungsmehrheiten (einfache oder absolute Mehrheit) nicht beachtet, sind die getroffenen Beschlüsse nichtig mit der weiteren Folge, dass sie keine Wirkungen entfalten können. In Fällen der echten Mitbestimmung, in denen also der AG auf die Zustimmung des BR angewiesen ist, ist daher die von dem AG vorgenommene Maßnahme grds. ebenso unwirksam. Bei einem nichtigen BR-Beschluss stellt sich die umgesetzte Maßnahme so dar, als wenn der BR nicht beteiligt worden wäre.[25] Allerdings darf der AG grds. auf die Wirksamkeit eines Beschlusses vertrauen, wenn ihm der BR mitteilt, die beantragte Zustimmung werde erteilt.[26] Der AG kann sich also auf die **Grundsätze des Vertrauensschutzes** berufen; eine Erkundigungspflicht trifft ihn grds. nicht.

---

15 Dazu *Heinze*, DB 1973, 2089, 2093; Richardi/*Thüsing*, § 33 Rn 36; Besgen, Betriebsverfassungsrecht, § 4 Rn 18.
16 DKK/*Wedde*, § 33 Rn 24; Fitting u.a., § 33 Rn 53; Richardi/*Thüsing*, § 33 Rn 41.
17 BAG 28.10.1992 – 7 ABR 14/92 – AP § 29 BetrVG 1972 Nr. 4; BAG 28.4.1988 – 6 AZR 405/86 – AP § 29 BetrVG 1972 Nr. 2; BAG 23.8.1984 – 2 AZR 391/83 – AP § 103 BetrVG 1972 Nr. 17; s. ferner DKK/*Wedde*, § 33 Rn 24; Fitting u.a., § 33 Rn 54.
18 Weitere Beispiele bei GK-BetrVG/*Wiese/Raab*, § 33 Rn 50 ff.
19 BAG 18.2.2003 – 1 ABR 17/02 – AP § 77 BetrVG 1972 Nr. 11.
20 BAG 8.3.2000 – 7 ABR 11/98 – AP § 40 BetrVG 1972 Nr. 68.
21 H.M., BAG 3.4.1979 – 6 ABR 64/76 – AP § 13 BetrVG 1972 Nr. 1; Fitting u.a., § 33 Rn 50 m.w.N.; vgl. auch *Besgen*, Betriebsverfassungsrecht, § 4 Rn 5.
22 HWK/*Reichold*, § 33 BetrVG Rn 3; a.A. DKK/*Wedde*, § 33 Rn 10 und Hessisches LAG 21.2.1991 – 12 Sa 598/90 – AuR 1992, 222 zu einem sog. Telefonrundspruch-Beschluss.
23 So zu § 102 BetrVG BAG 16.1.2003 – 2 AZR 707/01 – AP § 102 BetrVG 1972 Nr. 129.
24 BAG 16.1.2003 – 2 AZR 707/01 – AP § 102 BetrVG 1972 Nr. 129.
25 So *Fitting u.a.*, § 33 Rn 59.
26 BAG 23.8.1984 – 2 AZR 391/83 – DB 1985, 554 = NZA 1985, 254.

§ 34 Sitzungsniederschrift

(1) ¹Über jede Verhandlung des Betriebsrats ist eine Niederschrift aufzunehmen, die mindestens den Wortlaut der Beschlüsse und die Stimmenmehrheit, mit der sie gefasst sind, enthält. ²Die Niederschrift ist von dem Vorsitzenden und einem weiteren Mitglied zu unterzeichnen. ³Der Niederschrift ist eine Anwesenheitsliste beizufügen, in die sich jeder Teilnehmer eigenhändig einzutragen hat.
(2) ¹Hat der Arbeitgeber oder ein Beauftragter einer Gewerkschaft an der Sitzung teilgenommen, so ist ihm der entsprechende Teil der Niederschrift abschriftlich auszuhändigen. ²Einwendungen gegen die Niederschrift sind unverzüglich schriftlich zu erheben; sie sind der Niederschrift beizufügen.
(3) Die Mitglieder des Betriebsrats haben das Recht, die Unterlagen des Betriebsrats und seiner Ausschüsse jederzeit einzusehen.

A. Allgemeines 1	4. Wirksamkeitsvoraussetzung der Sitzungsniederschrift für Beschlüsse 9
B. **Regelungsgehalt (Abs. 1, Abs. 2)** 2	
I. Sitzungsniederschrift 2	II. Einsichtsrecht der Betriebsratsmitglieder in Unterlagen (Abs. 3) 10
1. Umfang der Verpflichtung 2	
2. Abschriften an Arbeitgeber und Gewerkschaftsbeauftragte 7	C. **Verbindung zu anderen Rechtsgebieten und zum Prozessrecht** 12
3. Einwendungen 8	D. **Beraterhinweise** 13

A. Allgemeines

Die Vorschrift betrifft die Anfertigung von Sitzungsniederschriften (Abs. 1 und 2) sowie das Einsichtsrecht in Unterlagen des BR (Abs. 3). Das schriftliche Protokoll soll sicherstellen, dass die erforderlichen Mehrheiten bei der Beschlussfassung vorhanden waren (vgl. § 33). Die Regelung in Abs. 3 stellt sicher, dass alle BR-Mitglieder uneingeschränktes Einsichtsrecht haben und sich jederzeit einen Überblick über die Tätigkeiten des BR verschaffen können. Bei § 34 handelt es sich um eine bloße Ordnungsregel. Wurde eine Sitzungsniederschrift nicht anfertigt, hat dies keine Auswirkungen auf den gefassten Beschluss.

B. Regelungsgehalt (Abs. 1, Abs. 2)

I. Sitzungsniederschrift

1. Umfang der Verpflichtung. Nach Abs. 1 S. 1 soll „über jede Verhandlung des Betriebsrats" eine Niederschrift aufgenommen werden. Es besteht Einigkeit darüber, dass unter Verhandlungen nur die **Sitzungen des BR** verstanden werden.¹ Alle anderen Arten von Besprechungen einzelner BR-Mitglieder, die Treffen mit dem AG sowie die Monatsbesprechungen nach § 74 werden von § 34 nicht erfasst. Die Sitzungsniederschrift ist jedoch auch dann anzufertigen, wenn auf der BR-Sitzung keine Beschlüsse gefasst werden.

Der Mindestinhalt der Verpflichtung bezieht sich auf den Wortlaut der Beschlüsse und die Stimmenmehrheit, mit der sie gefasst sind. Damit soll die Überprüfung der Mehrheiten nach § 33 ermöglicht werden. Dies erfordert, dass nicht nur die Anzahl der Ja-Stimmen protokolliert wird, sondern das **Stimmverhalten aller Stimmberechtigten**. Es müssen also die Ja-Stimmen, die Nein-Stimmen, die Enthaltungen und auch die verweigerte Teilnahme (siehe § 33 Rn 4) aufgenommen werden. Nur mit diesen Angaben kann die Wirksamkeit eines Beschlusses hinsichtlich der erforderlichen Mehrheiten geprüft werden. Die **Namensangaben** der abstimmenden BR-Mitglieder ist nicht notwendig, auch dann nicht, wenn der BR namentliche Abstimmung beschlossen hat.²

Der restliche Inhalt der Sitzungsniederschrift steht im Ermessen des BR bzw. des BR-Vorsitzenden. Beispiele: Datum der BR-Sitzung, Uhrzeit (Beginn und Ende), Verhalten der BR-Mitglieder (z.B. Verspätungen, kürzere Anwesenheit etc.), örtliche Aufnahme von Fragen. Einzelheiten über den Inhalt der Sitzungsniederschrift können in der Geschäftsordnung (§ 36) geregelt werden.

Sinnvoll ist ferner die Bestimmung eines **Schriftführers**, der allg. für eine längere Periode tätig sein kann oder aber auf jeder BR-Sitzung neu auserkoren wird. **Tonbandaufnahmen** sind wegen der vorgeschriebenen Schriftform und Unterzeichnung nicht ausreichend, wobei selbstverständlich die Sitzungsniederschrift diktiert werden kann, wenn gewährleistet ist, dass sie zeitnah geschrieben wird. Die Hinzuziehung einer Schreibkraft (siehe auch § 40 Rn 32) wird allg. als zulässig angesehen.³ Nach Abs. 1 S. 2 ist die Niederschrift von dem Vorsitzenden und einem weiteren

---

1 DKK/*Wedde*, § 34 Rn 2.
2 Str., wie hier HWK/*Reichold*, § 34 BetrVG Rn 5; GK-BetrVG/*Wiese/Raab*, § 34 Rn 14; a.A. *Fitting u.a.*, § 34 Rn 14; DKK/*Wedde*, § 34 Rn 3.
3 S. nur *Fitting u.a.*, § 34 Rn 11; a.A. aber GK-BetrVG/*Wiese/Raab*, § 34 Rn 8, § 30 Rn 22.

Mitglied, zweckmäßigerweise dem Schriftführer, zu unterzeichnen. Das weitere Mitglied muss an der BR-Sitzung teilgenommen haben.

6 Schließlich ist der Niederschrift nach Abs. 1 S. 3 eine **Anwesenheitsliste** beizufügen, in der sich jeder Teilnehmer eigenhändig einzutragen hat. Teilnehmer sind nicht nur die BR-Mitglieder, sondern alle übrigen Sitzungsteilnehmer, z.B. Gewerkschaftsbeauftragte, Vertreter des AG bzw. AG-Verbandes, Mitglieder der JAV und die Schreibkraft.

7 **2. Abschriften an Arbeitgeber und Gewerkschaftsbeauftragte.** Nimmt der AG oder ein Beauftragter der Gewerkschaft an einer Sitzung teil, erhalten sie eine Abschrift der Sitzungsniederschrift (Abs. 2 S. 1). Dies gilt allerdings nur bei tatsächlicher Teilnahme.[4] Der Wortlaut beschränkt die Aushändigung auf den entsprechenden **Teil der Niederschrift**. Nimmt also einer der genannten Personen nur vorübergehend an der Sitzung teil, ist ihm auch nur der sich auf die Anwesenheit beschränkende Teil der Niederschrift auszuhändigen. Andere Teilnehmer als die in Abs. 2 Genannten haben keinen Anspruch auf Aushändigung. Dennoch wird es allg. als zulässig angesehen, dass der BR freiwillig den übrigen Teilnehmern eine Niederschrift in entsprechender Anwendung des § 34 Abs. 2 übermittelt.[5] Auch die BR-Mitglieder haben keinen Anspruch auf Aushändigung von Abschriften, was im Hinblick auf das Einsichtsrecht nach Abs. 3 entbehrlich ist. In der Geschäftsordnung kann jedoch geregelt werden, dass allen BR-Mitgliedern eine Sitzungsniederschrift übersandt wird.[6] Die Abschrift nach Abs. 2 S. 1 muss nur von dem BR-Vorsitzenden und nicht noch von einer weiteren Person unterzeichnet sein.[7]

8 **3. Einwendungen.** Einwendungen gegen die Niederschrift sind nach Abs. 2 S. 2 **unverzüglich schriftlich** zu erheben. Das Recht, Einwendungen zu erheben, steht allen Sitzungsteilnehmern zu.[8] Adressat der Einwendungen ist der BR-Vorsitzende.[9] Eine ordnungsgemäß erhobene Einwendung ist nach Abs. 2 S. 2 Hs. 2 der Niederschrift beizufügen. Dies gilt unabhängig davon, ob der BR die Einwendung für beachtlich hält.[10] Einzelheiten zum Umgang mit Einwendungen können in der Geschäftsordnung (§ 36) geregelt werden.[11]

9 **4. Wirksamkeitsvoraussetzung der Sitzungsniederschrift für Beschlüsse.** Obwohl in § 34 die Anfertigung einer Sitzungsniederschriften vorgeschrieben ist, berührt, wenn der BR dieser Verpflichtung nicht nachkommt, dies nicht die **Wirksamkeit des Beschlusses**.[12] Kann wegen einer fehlenden Sitzungsniederschrift nicht festgestellt werden, ob die Erfordernisse bspw. des § 33 erfüllt waren, ist der Beweis auch auf andere Weise, v.a. durch Zeugenbeweis, erbringbar. Nur wenn für den Beschluss die Schriftform vorgeschrieben ist, ist die Anfertigung einer Niederschrift für die Rechtsgültigkeit unerlässlich. Dies gilt für den Erlass der Geschäftsordnung nach § 36 oder aber die Übertragung von Aufgaben zur selbstständigen Erledigung auf den Betriebsausschuss oder andere Ausschüsse bzw. Arbeitsgruppen (vgl. §§ 27 Abs. 2, 28 und 28a Abs. 1).[13]

II. Einsichtsrecht der Betriebsratsmitglieder in Unterlagen (Abs. 3)

10 Die Mitglieder des BR haben nach Abs. 3 das Recht, die Unterlagen des BR und seiner Ausschüsse jederzeit einzusehen. Der Begriff der Unterlagen ist nicht definiert, bezieht sich aber nicht nur auf die Sitzungsniederschrift, sondern auf **sämtliche Schriftstücke aus der Tätigkeit des BR**. Er erfasst außerdem auch solche Aufzeichnungen, die nur elektronisch gespeichert sind.[14] Der Begriff ist damit sehr weit auszulegen, um die betriebsverfassungsrechtliche Aufgabenerfüllung umfassend zu gewährleisten.[15] Das Einsichtsrecht ist **zwingend** und kann nicht, auch nicht durch Beschluss des BR, untersagt oder beschränkt werden.[16] Es bezieht sich explizit auch auf die Ausschüsse des BR, also den Betriebsausschuss (§ 27) und die nach § 28 gebildeten weiteren Ausschüsse. Erfasst wird zudem die Arbeitsgruppe nach § 28a, denn Sinn und Zweck des § 34 Abs. 3 sind nur dann gewahrt, wenn die BR-Mitglieder sich Kenntnis von allen betriebsverfassungsrechtlichen Vorgängen verschaffen können. Dass die Arbeitsgruppe kein Organ des BR ist, ist daher irrelevant.[17]

11 Einsicht bedeutet nicht Überlassung oder Zurverfügungstellung. Das BAG lässt es noch nicht einmal zu, dass Kopien angefertigt werden.[18] Anderen Personen steht das Einsichtsrecht grds. nicht zu. Abweichendes kann jedoch in der

---

4 *Fitting u.a.*, § 34 Rn 22.
5 HWK/*Reichold*, § 34 BetrVG Rn 10.
6 GK-BetrVG/*Wiese/Raab*, § 34 Rn 24.
7 Überwiegende Ansicht, vgl. *Fitting u.a.*, § 34 Rn 23.
8 Richardi/*Thüsing*, § 34 Rn 15; *Besgen*, Betriebsverfassungsrecht, § 4 Rn 14.
9 Richardi/*Thüsing*, § 34 Rn 16.
10 *Fitting u.a.*, § 34 Rn 30.
11 S.a. ausführlich *Fitting u.a.*, § 34 Rn 28 ff.; GK-BetrVG/*Wiese/Raab*, § 34 Rn 25 ff.
12 H.M. BAG 8.2.1977 – 1 ABR 82/74 – AP § 80 BetrVG 1972 Nr. 10; Richardi/*Thüsing*, § 34 Rn 20; *Fitting u.a.*, § 34 Rn 26; a.A. LAG Köln – 2 TaBV 38/98 – NZA-RR 1999, 245.
13 Ebenso *Fitting u.a.*, § 34 Rn 27.
14 LAG Niedersachsen 17.12.2007 – 12 TaBV 86/07 – juris mit Anm. *Wolmerath*, jurisPR-ArbR 20/2008 Anm. 3; HWK/*Reichold*, § 34 BetrVG Rn 15.
15 *Fitting u.a.*, § 34 Rn 33.
16 Richardi/*Thüsing*, § 34 Rn 27.
17 So aber HWK/*Reichold*, § 34 BetrVG Rn 16; wie hier *Fitting u.a.*, § 34 Rn 38; ErfK/*Eisemann/Koch*, § 34 BetrVG Rn 2.
18 BAG 27.5.1982 – 6 ABR 66/79 – AP § 34 BetrVG 1972 Nr. 1; mit zutreffender Kritik HWK/*Reichold*, § 34 BetrVG Rn 17.

Geschäftsordnung geregelt werden, wobei die Geheimhaltungspflicht nach § 79 beachtet werden muss. Für die JAV gilt ferner § 70 Abs. 2.

C. Verbindung zu anderen Rechtsgebieten und zum Prozessrecht

Alle Streitigkeiten im Zusammenhang mit § 34 werden im arbeitsgerichtlichen Beschlussverfahren ausgetragen, §§ 2a, 80 ff. ArbGG. Dies betrifft bspw. die Notwendigkeit der Anfertigung von Niederschriften und deren Richtigkeit, die Berechtigung und Behandlung von Einwendungen nach Abs. 2 S. 2, den Anspruch auf Aushändigung einer Abschrift nach Abs. 1 S. 1 oder Rechte der BR-Mitglieder nach Abs. 3. Antragsbefugt sind grds. alle Personen, die Rechte aus § 34 ableiten können.[19]

12

D. Beraterhinweise

Die Vorschrift des § 34 betrifft die Geschäftsführung des BR. Dem Anwalt des BR ist es zu empfehlen, auf die Notwendigkeit, Sitzungsniederschriften anzufertigen, hinzuweisen. In der Praxis wirken sich Verstöße jedoch kaum aus, da die BR-Beschlüsse dennoch wirksam sind (siehe Rn 9). Den AG-Anwalt betrifft die Vorschrift nur am Rande.

13

§ 35 Aussetzung von Beschlüssen

(1) Erachtet die Mehrheit der Jugend- und Auszubildendenvertretung oder die Schwerbehindertenvertretung einen Beschluss des Betriebsrats als eine erhebliche Beeinträchtigung wichtiger Interessen der durch sie vertretenen Arbeitnehmer, so ist auf ihren Antrag der Beschluss auf die Dauer von einer Woche vom Zeitpunkt der Beschlussfassung an auszusetzen, damit in dieser Frist eine Verständigung, gegebenenfalls mit Hilfe der im Betrieb vertretenen Gewerkschaften, versucht werden kann.

(2) [1]Nach Ablauf der Frist ist über die Angelegenheit neu zu beschließen. [2]Wird der erste Beschluss bestätigt, so kann der Antrag auf Aussetzung nicht wiederholt werden; dies gilt auch, wenn der erste Beschluss nur unerheblich geändert wird.

A. Allgemeines 1	5. Aussetzung 6
B. Regelungsgehalt 2	6. Verständigung und Hinzuziehung von Gewerkschaften 9
I. Aussetzung von Beschlüssen (Abs. 1) 2	II. Erneute Beschlussfassung (Abs. 2) 10
1. Beschlüsse des Betriebsrats 2	III. Ausschüsse des Betriebsrats 12
2. Aussetzungsgrund 3	C. Verbindung zu anderen Rechtsgebieten und zum Prozessrecht 13
3. Antragsberechtigung 4	
4. Frist und Form 5	

A. Allgemeines

Die Vorschrift des § 35 dient dem Schutz der Interessen der jugendlichen AN und Auszubildenden (§§ 60 ff.) sowie der Schwerbehinderten AN (§§ 94 ff. SGB IX). Die Vorschrift ist inhaltsgleich mit § 66 und § 95 Abs. 4 S. 2 SGB IX. Den beiden Vertretungen kommt ein sog. suspensives Vetorecht zu.[1] Dieses Recht besteht allerdings nur einmal, gleich welche Interessengruppe den Aussetzungsantrag stellt.[2] Wird der Antrag gestellt, ist der Beschluss für die Dauer von einer Woche auszusetzen. Innerhalb dieser Woche soll eine Verständigung zwischen den Beteiligten erreicht werden. Nach Ablauf der Wochenfrist ist erneut zu beschließen (Abs. 2). Wird in diesem erneuten Beschluss der erste Beschluss bestätigt, besteht kein Recht, den Antrag zu wiederholen. Die Wirksamkeit eines BR-Beschlusses kann damit von den Vertretern der JAV und der SBV nicht verhindert werden. Die praktische Bedeutung der Vorschriften ist deshalb gering. Dies gilt umso mehr, als durch das Betriebsverfassungsreformgesetz 2001 der Gruppenschutz aufgegeben wurde, so dass sich der Anwendungsbereich von § 35 weiter reduziert hat.[3]

1

B. Regelungsgehalt

I. Aussetzung von Beschlüssen (Abs. 1)

1. Beschlüsse des Betriebsrats. Die besonderen AN-Gruppen nach § 35 haben nicht das Recht, gegen sämtliche Beschlüsse des BR einen Aussetzungsantrag zu stellen. Nicht aussetzungsfähig sind die im BetrVG geregelten **organisatorischen Akte** des BR. Dies betrifft insb. die Wahlen des BR-Vorsitzenden und seines Stellvertreters nach

2

---

[19] S. GK-BetrVG/*Wiese*/*Raab*, § 34 Rn 27; vgl. auch *Fitting u.a.*, § 34 Rn 32.
[1] So *Fitting u.a.*, § 35 Rn 1.
[2] *Fitting u.a.*, § 35 Rn 26; DKK/*Wedde*, § 35 Rn 18.
[3] HWK/*Reichold*, § 35 Rn 2.

§ 26, der Mitglieder der Ausschüsse nach den §§ 27, 28, der freizustellenden BR-Mitglieder (§ 38 Abs. 2) und der Mitglieder des GBR und des KBR (§§ 47 Abs. 2, 55 Abs. 1). Bei diesen organisatorischen Beschlüssen handelt es sich nicht um Beschlüsse i.S.v. § 35, auch wenn dies dem Gesetzeswortlaut so nicht zu entnehmen ist.[4] Als zwingend zu treffende Organisationsentscheidungen werden die Interessen der genannten Gruppen mit diesen Entscheidungen grds. nicht in relevanter Weise berührt.

3 **2. Aussetzungsgrund.** Der Aussetzungsgrund ist **rein subjektiv**, was unmittelbar aus der Gesetzesformulierung in Abs. 1 S. 1 folgt („erachtet"). Eine objektive erhebliche Beeinträchtigung wichtiger Interessen der besonderen AN-Gruppen ist damit nicht erforderlich. Es reicht daher die schlüssige Behauptung des Aussetzungsgrundes, die vom BR-Vorsitzenden im Rahmen seines formellen Prüfungsrechtes geprüft werden muss; ein materielles Prüfungsrecht besteht nicht.[5] Der Vorsitzende entscheidet damit nicht über die Berechtigung des Aussetzungsantrages, sondern nur darüber, ob mögliche Gründe einer Beeinträchtigung dargelegt sind und die Antragsfrist (siehe Rn 5) eingehalten wurde.

4 **3. Antragsberechtigung.** Antragsberechtigt sind die in § 35 genannten besonderen AN-Gruppen. Dies ist zunächst die absolute[6] Mehrheit der JAV. Ein förmlicher Beschluss, der in einer ordentlichen Sitzung gefasst wurde, ist hingegen nicht erforderlich, denn andernfalls könnte die JAV nicht schon während der BR-Sitzung einen Antrag nach § 35 stellen.[7] Danach muss die JAV zusätzlich beachten, dass sie sich nicht in Widerspruch zu der vorangegangenen Beschlussfassung setzt. *Thüsing* weist zutreffend darauf hin, dass das Aussetzungsrecht nicht dazu dient, die Stimmabgabe zu korrigieren.[8] Dies gilt freilich nur für offene und nicht geheime Wahlen.
Die Antragsberechtigung der SBV steht nach § 94 Abs. 1 S. 1 SGB IX der Vertrauensperson zu.

5 **4. Frist und Form.** Eine **Frist** für die Antragstellung sieht § 35 nicht vor. Allerdings kann ein BR-Beschluss nur „auf die Dauer von einer Woche vom Zeitpunkt der Beschlussfassung an" ausgesetzt werden. Nach Ablauf dieser Wochenfrist kann der Antrag damit ohnehin nicht mehr gestellt werden. Dies gilt auch, wenn der Beschluss bereits durchgeführt wurde.[9] Der Aussetzungsantrag ist in der **Sitzungsniederschrift** nach § 34 aufzunehmen (siehe § 34 Rn 2 ff.) und an den Vorsitzenden des BR (§ 26 Abs. 2 S. 2) zu richten. Ein besonderes **Formerfordernis** besteht nicht. Der Antrag kann schriftlich sowie mündlich gestellt und jederzeit zurückgenommen werden.

6 **5. Aussetzung.** Unter Aussetzung versteht man die Hinausschiebung der Durchführung des Beschlusses. Die Wirkungen des Beschlusses sind damit für die Dauer von einer Woche **suspendiert**. Wegen des alleinigen formellen Prüfungsrechts des BR-Vorsitzenden (siehe Rn 3) ist er grds. verpflichtet, den Beschluss bei Vorliegen der formalen Voraussetzungen auszusetzen. Die materielle Berechtigung des Aussetzungsantrages kann er nicht entscheiden. Etwas anderes gilt nur bei offensichtlich unbegründeten Anträgen, denen der BR-Vorsitzende nach überwiegender Auffassung nicht nachkommen muss.[10]

7 Die kurzen Fristen der §§ 99 Abs. 3, 102 Abs. 2 S. 1 und 3 werden durch den Aussetzungsantrag **nicht berührt**.[11] Für die SBV folgt dies bereits unmittelbar aus § 95 Abs. 4 S. 3 SGB IX. Danach werden durch die Aussetzung Fristen nicht verlängert. Es handelt sich um materielle Ausschlussfristen, die daher auch dann ablaufen, wenn ein Aussetzungsantrag gestellt wurde.

8 Das in diesen Fällen für den BR bestehende Dilemma kann dadurch aufgelöst werden, dass der AG über den Aussetzungsantrag informiert wird. Der verständige AG wird im Rahmen der vertrauensvollen Zusammenarbeit die personelle Maßnahme – soweit möglich – zurückstellen, bis über den Aussetzungsantrag entschieden wurde. Eine Verpflichtung hierzu besteht jedoch nicht.[12] Dies gilt schon wegen der auch für den AG laufenden kurzen Ausschlussfristen in § 626 Abs. 2 BGB oder des Ablaufs der Wartezeit des § 1 Abs. 1 KSchG oder des § 90 Abs. 1 Nr. 1 SGB IX. Der AG wird also nur dann die personelle Maßnahme zurückstellen können, wenn damit nicht weitere Nachteile verbunden sind.

9 **6. Verständigung und Hinzuziehung von Gewerkschaften.** Innerhalb der Wochenfrist des Abs. 1 soll eine Verständigung ggf. mithilfe der im Betrieb vertretenen Gewerkschaften, versucht werden. Dazu ist **keine förmliche Sitzung des BR** erforderlich, damit die zur Verfügung stehende (kurze) Frist zur Verständigung zwischen den Antragstellern und den übrigen BR-Mitgliedern ausreichend genutzt werden.[13] Zur Hilfestellung können auch die im Betrieb vertretenen Gewerkschaften hinzugezogen werden. Diese erfolgt ebenfalls formlos, d.h. ohne besonderen

---

4 H.M., s. nur DKK/*Wedde*, § 35 Rn 3; Richardi/*Thüsing*, § 35 Rn 10; *Fitting u.a.*, § 35 Rn 5.
5 H.M., s. nur GK-BetrVG/*Wiese/Raab*, § 35 Rn 20; *Fitting u.a.*, § 35 Rn 19.
6 H.M. *Fitting u.a.*, § 35 Rn 7 m.w.N.; a.A. Richardi/*Thüsing*, § 35 Rn 8.
7 So HWK/*Reichold*, § 35 BetrVG Rn 4.
8 Richardi/*Thüsing*, § 35 Rn 14.

9 *Fitting u.a.*, § 35 Rn 15; *Besgen*, Betriebsverfassungsrecht, § 4 Rn 5.
10 S. nur Richardi/*Thüsing*, § 35 Rn 16 m.w.N; differenzierend aber DKK/*Wedde*, § 35 Rn 10.
11 H.M., s. die Nachweise bei *Fitting u.a.*, § 35 Rn 30.
12 So wohl DKK/*Wedde*, § 35 Rn 11.
13 DKK/*Wedde*, § 35 Rn 14.

Beschluss des BR, und kann von beiden Seiten initiiert werden. In den Verständigungsversuchen können auch weitere Organisationen, wie etwa die Verbände der Schwerbehinderten oder das Integrationsamt, einbezogen werden.[14]

II. Erneute Beschlussfassung (Abs. 2)

Ist die Wochenfrist des Abs. 1 abgelaufen, ist gem. Abs. 2 über die Angelegenheit neu zu beschließen. Dies gilt sowohl bei einer Verständigung als auch für den Fall, dass eine Einigung nicht zustande gekommen ist. Nur wenn die Antragsteller ihren Aussetzungsantrag **zurückgenommen haben**, bedarf es eines neuen Beschlusses nicht mehr.[15] Für die erneute Beschlussfassung muss der BR-Vorsitzende eine **förmliche Sitzung** einberufen.[16] Zu entscheiden ist über den ausgesetzten Beschluss, also nicht über den Aussetzungsantrag („über die Angelegenheit neu zu beschließen" Abs. 2 S. 1). Der BR kann den Beschluss erneut bestätigen. Die Aussetzung kann dann nach Abs. 2 S. 2 nicht wiederholt werden. Dies betrifft auch den Fall, dass der erste Beschluss nur unerheblich geändert wird (s. Abs. 2 S. 2 Hs. 2), so dass nur erhebliche Änderungen zu einem neuen Aussetzungsrecht führen.[17]

Unabhängig von der erneuten Beschlussfassung endet die suspendierende Wirkung nach Ablauf der Wochenfrist. Es muss deshalb zwischen dem Aussetzungsverfahren und den Wirkungen des BR-Beschlusses unterschieden werden.[18] Das Aussetzungsverfahren ist ohne erneuten Beschluss nicht abgeschlossen; im **Außenverhältnis** ist der angegriffene Beschluss weiter wirksam.[19]

III. Ausschüsse des Betriebsrats

Der Aussetzungsantrag nach § 35 ist auch im Rahmen der §§ 27, 28 zulässig.[20] Andernfalls könnte das Aussetzungsrecht durch eine Verlagerung der BR-Aufgaben auf die Ausschüsse umgangen werden.

C. Verbindung zu anderen Rechtsgebieten und zum Prozessrecht

Streitigkeiten sind im arbeitsgerichtlichen Beschlussverfahren nach §§ 2a, 80 ff. ArbGG zu entscheiden. Eine einstweilige Verfügung ist zulässig.

---

§ 36 Geschäftsordnung

Sonstige Bestimmungen über die Geschäftsführung sollen in einer schriftlichen Geschäftsordnung getroffen werden, die der Betriebsrat mit der Mehrheit der Stimmen seiner Mitglieder beschließt.

A. Allgemeines 1	2. Wirkung 6
B. Regelungsgehalt 2	III. Ausschüsse 8
I. Inhalt der Geschäftsordnung 2	C. Verbindung zu anderen Rechtsgebieten und zum
II. Erlass und Wirkung der Geschäftsordnung 5	Prozessrecht 9
1. Erlass 5	D. Beraterhinweise 10

A. Allgemeines

Der BR soll sich nach § 36 eine Geschäftsordnung geben (Sollvorschrift). Kommt der BR der gesetzlichen Anregung nicht nach, entstehen hieraus **keinerlei Rechtsfolgen**; insb. handelt es sich nicht um eine Pflichtverletzung i.S.d. § 23.[1] In der Praxis empfiehlt es sich allerdings gerade in größeren Betrieben mit einer hohen Anzahl von BR-Mitgliedern eine Geschäftsordnung zu beschließen. Der Erlass bedarf der absoluten Mehrheit der BR-Mitglieder.

B. Regelungsgehalt

I. Inhalt der Geschäftsordnung

In der Geschäftsordnung konkretisiert der BR die Ordnung der internen Geschäftsführung, indem die §§ 26 bis 41 näher ausgestaltet werden. Von den zwingenden gesetzlichen Vorgaben darf der BR in der Geschäftsordnung allerdings nicht abweichen. Dies betrifft z.B. die Bestimmungen über die Beschlussfassung nach § 33. Im Wesentlichen werden deshalb in der Geschäftsordnung die §§ 26 bis 41 ausgestaltet und ergänzt, aber nicht geändert.[2]

---

14 DKK/*Wedde*, § 35 GK-BetrVG/*Wiese/Raab*, § 35 Rn 29, Rn 13; Hess u.a./*Glock*, § 35 Rn 28.
15 HWK/*Reichold*, § 35 BetrVG Rn 7.
16 Richardi/*Thüsing*, § 35 Rn 19.
17 GK-BetrVG/*Wiese/Raab*, § 35 Rn 28 f.
18 GK-BetrVG/*Wiese/Raab*, § 35 Rn 27.
19 So zutreffend HWK/*Reichold*, § 35 BetrVG Rn 8.
20 H.M., s. *Fitting u.a.*, § 35 Rn 32; Hess u.a./*Glock*, § 35 Rn 34; Richardi/*Thüsing*, § 35 Rn 25.
1 H.M., vgl. nur *Fitting u.a.*, § 36 Rn 9.
2 So DKK/*Wedde*, § 36 Rn 3; s.a. *Fitting u.a.*, § 36 Rn 5.

3 Durch die Geschäftsordnung können die **gesetzlichen Befugnisse des BR** nicht erweitert oder Regelungen getroffen werden, für die eine Vereinbarung mit dem AG erforderlich ist.[3] Dies betrifft bspw. die Durchführung der monatlichen Besprechungen, zusätzliche Freistellungen von BR-Mitgliedern sowie die Abhaltung von Sprechstunden des BR.

4 Die Definition der laufenden Geschäfte i.S.d. § 27 kann nach überwiegender Ansicht in der Geschäftsordnung geregelt werden.[4] Der BR kann damit in der Geschäftsordnung festlegen, was nicht als laufende Geschäfte anzusehen ist.[5] Dies darf allerdings nicht dazu führen, dass dem Betriebsausschuss keine Aufgaben mehr verbleiben.[6] Umgekehrt können dem Betriebsausschuss in der Geschäftsordnung bestimmte Aufgaben zur selbstständigen Erledigung übertragen werden, denn die Formvorschriften des § 27 Abs. 2 werden durch die Formalia des § 36 gewahrt, wobei auch die Einschränkung des § 27 Abs. 2 S. 2 Hs. 2 (kein Abschluss von BV) beachtet werden muss.

II. Erlass und Wirkung der Geschäftsordnung

5 **1. Erlass.** Der Beschluss des BR über den Erlass einer Geschäftsordnung bedarf der **absoluten Mehrheit** der Stimmen seiner Mitglieder (vgl. § 33 Rn 10). Die einfache Mehrheit ist nicht ausreichend. Ferner sieht § 36 die **Schriftform** vor. Diesem Erfordernis wird schon dann genüge getan, wenn der Beschluss über die Geschäftsordnung in der Sitzungsniederschrift nach § 34 aufgenommen und diese ordnungsgemäß unterzeichnet wird.[7] Die Geschäftsordnung ist mit dem Beschluss wirksam. Ein besonderer **Publizitätsakt** wie ein Aushang oder die Bekanntmachung im Betrieb muss nicht erfolgen. Eine Abschrift der Geschäftsordnung ist allen BR-Mitgliedern zur Verfügung zu stellen; die Mitglieder sind nicht auf das bloße Einsichtsrecht nach § 34 Abs. 3 beschränkt.[8] Dem AG ist die Geschäftsordnung allerdings nicht bekannt zu geben. Im Einzelfall kann es aber geboten sein, den AG über eine Aufgabendelegation an die Ausschüsse des BR zu informieren.[9]

6 **2. Wirkung.** Die Geschäftsordnung gilt für die **Dauer der Amtszeit des BR**.[10] Die Frage der Bindung ist ohnehin nachrangig, denn der BR kann jederzeit eine neue Geschäftsordnung mit der Mehrheit seiner Mitglieder beschließen. Diese Möglichkeit besteht nicht nur generell, sondern auch in jedem Einzelfall kann der BR mit Mehrheitsbeschluss i.S.v. § 36 von der Geschäftsordnung abweichen.[11]

7 Da es sich bei der Geschäftsordnung nur um die Ausgestaltung von Verfahrensrechten handelt, hat eine Verletzung der in der Geschäftsordnung niedergelegten Verfahrensrichtlinien keine Auswirkungen auf die Wirksamkeit von BR-Beschlüssen.[12] Bei gravierenden Verstößen kann es sich jedoch um grobe Pflichtverletzungen i.S.v. § 23 handeln.

III. Ausschüsse

8 Der BR ist berechtigt, dem Betriebsausschuss (§ 27) und den weiteren Ausschüssen nach § 28 eine Geschäftsordnung vorzugeben bzw. die Ausschüsse in die Geschäftsordnung des BR einzubeziehen.[13] Wird die Geschäftsordnung jedoch nicht auf die Ausschüsse erstreckt, haben diese das Recht, sich selbst eine Geschäftsordnung zu geben.[14] Arbeitsgruppen nach § 28a sind eigenständige Organe der Betriebsverfassung und dürfen deshalb nicht in eine Geschäftsordnung des BR einbezogen werden. Sie können vielmehr das Recht aus § 36 eigenständig in Anspruch nehmen.[15]

C. Verbindung zu anderen Rechtsgebieten und zum Prozessrecht

9 Streitigkeiten im Zusammenhang mit dem Erlass, dem Inhalt oder der Auslegung einer Geschäftsordnung werden im arbeitsgerichtlichen Beschlussverfahren nach den §§ 2a, 80 ff. ArbGG ausgetragen.

D. Beraterhinweise

10 Das Muster einer Geschäftsordnung findet sich bei *Böttcher*.[16]

---

3 Richardi/*Thüsing*, § 36 Rn 3.
4 Richardi/*Thüsing*, § 36 Rn 6.
5 Richardi/*Thüsing*, § 36 Rn 6.
6 Richardi/*Thüsing*, § 27 Rn 59, § 36 Rn 6.
7 *Fitting u.a.*, § 36 Rn 10.
8 DKK/*Wedde*, § 36 Rn 8.
9 So zutreffend *Fitting u.a.*, § 36 Rn 11.
10 H.M., a.A. jedoch Richardi/*Thüsing*, § 36 Rn 15, die eine Bindung auch für den nachfolgenden BR bejahen.
11 DKK/*Wedde*, § 36 Rn 9; a.A. Richardi/*Thüsing*, § 36 Rn 13.
12 H.M., *Besgen*, Betriebsverfassungsrecht, § 4 Rn 3; s. Hess u.a./*Glock*, § 36 Rn 14 m.w.N.; a.A. MünchArb/*Jost*, Bd. 3, § 307 Rn 89.
13 Str., wie hier Richardi/*Thüsing*, § 36 Rn 8; a.A. Hess u.a./*Glock*, § 36 Rn 15.
14 Richardi/*Thüsing*, § 27 Rn 44.
15 S. Hess u.a./*Glock*, § 36 Rn 15.
16 *Böttcher*, AiB 2002, 224.

§ 37 Ehrenamtliche Tätigkeit, Arbeitsversäumnis

(1) Die Mitglieder des Betriebsrats führen ihr Amt unentgeltlich als Ehrenamt.

(2) Mitglieder des Betriebsrats sind von ihrer beruflichen Tätigkeit ohne Minderung des Arbeitsentgelts zu befreien, wenn und soweit es nach Umfang und Art des Betriebes zur ordnungsgemäßen Durchführung ihrer Aufgaben erforderlich ist.

(3) [1]Zum Ausgleich für Betriebsratstätigkeit, die aus betriebsbedingten Gründen außerhalb der Arbeitszeit durchzuführen ist, hat das Betriebsratsmitglied Anspruch auf entsprechende Arbeitsbefreiung unter Fortzahlung des Arbeitsentgelts. [2]Betriebsbedingte Gründe liegen auch vor, wenn die Betriebsratstätigkeit wegen der unterschiedlichen Arbeitszeiten der Betriebsratsmitglieder nicht innerhalb der persönlichen Arbeitszeit erfolgen kann. [3]Die Arbeitsbefreiung ist vor Ablauf eines Monats zu gewähren; ist dies aus betriebsbedingten Gründen nicht möglich, so ist die aufgewendete Zeit wie Mehrarbeit zu vergüten.

(4) [1]Das Arbeitsentgelt von Mitgliedern des Betriebsrats darf einschließlich eines Zeitraums von einem Jahr nach Beendigung der Amtszeit nicht geringer bemessen werden als das Arbeitsentgelt vergleichbarer Arbeitnehmer mit betriebsüblicher beruflicher Entwicklung. [2]Dies gilt auch für allgemeine Zuwendungen des Arbeitgebers.

(5) Soweit nicht zwingende betriebliche Notwendigkeiten entgegenstehen, dürfen Mitglieder des Betriebsrats einschließlich eines Zeitraums von einem Jahr nach Beendigung der Amtszeit nur mit Tätigkeiten beschäftigt werden, die den Tätigkeiten der in Absatz 4 genannten Arbeitnehmer gleichwertig sind.

(6) [1]Die Absätze 2 und 3 gelten entsprechend für die Teilnahme an Schulungs- und Bildungsveranstaltungen, soweit diese Kenntnisse vermitteln, die für die Arbeit des Betriebsrats erforderlich sind. [2]Betriebsbedingte Gründe im Sinne des Absatzes 3 liegen auch vor, wenn wegen Besonderheiten der betrieblichen Arbeitszeitgestaltung die Schulung des Betriebsratsmitglieds außerhalb seiner Arbeitszeit erfolgt; in diesem Fall ist der Umfang des Ausgleichsanspruchs unter Einbeziehung der Arbeitsbefreiung nach Absatz 2 pro Schulungstag begrenzt auf die Arbeitszeit eines vollzeitbeschäftigten Arbeitnehmers. [3]Der Betriebsrat hat bei der Festlegung der zeitlichen Lage der Teilnahme an Schulungs- und Bildungsveranstaltungen die betrieblichen Notwendigkeiten zu berücksichtigen. [4]Er hat dem Arbeitgeber die Teilnahme und die zeitliche Lage der Schulungs- und Bildungsveranstaltungen rechtzeitig bekannt zu geben. [5]Hält der Arbeitgeber die betrieblichen Notwendigkeiten für nicht ausreichend berücksichtigt, so kann er die Einigungsstelle anrufen. [6]Der Spruch der Einigungsstelle ersetzt die Einigung zwischen Arbeitgeber und Betriebsrat.

(7) [1]Unbeschadet der Vorschrift des Absatzes 6 hat jedes Mitglied des Betriebsrats während seiner regelmäßigen Amtszeit Anspruch auf bezahlte Freistellung für insgesamt drei Wochen zur Teilnahme an Schulungs- und Bildungsveranstaltungen, die von der zuständigen obersten Arbeitsbehörde des Landes nach Beratung mit den Spitzenorganisationen der Gewerkschaften und der Arbeitgeberverbände als geeignet anerkannt sind. [2]Der Anspruch nach Satz 1 erhöht sich für Arbeitnehmer, die erstmals das Amt eines Betriebsratsmitglieds übernehmen und auch nicht zuvor Jugend- und Auszubildendenvertreter waren, auf vier Wochen. [3]Absatz 6 Satz 2 bis 6 findet Anwendung.

A. Allgemeines	1
B. Regelungsgehalt	3
I. Betriebsratsamt als Ehrenamt (Abs. 1)	3
1. Unentgeltliche Tätigkeit	3
2. Amtstätigkeit als Arbeitsleistung	4
3. Verstöße gegen die ehrenamtliche Tätigkeit	5
II. Arbeitsbefreiung wegen BR-Tätigkeit (Abs. 2)	6
1. Normzweck	6
2. Regelungsgehalt	7
a) Aufgabenausübung	7
b) Erforderlichkeit	9
c) Keine Zustimmung des AG erforderlich	10
d) Entgegenstehende betriebliche Gründe	11
e) Pflicht zur Ab- und Rückmeldung	12
f) Verbot der Entgeltminderung	14
3. Beraterhinweise	15
III. Betriebsratstätigkeit während der Arbeitszeit (Abs. 3)	17
1. Normzweck	17
2. Regelungsgehalt	20
a) Betriebsbedingte Gründe	20
b) Freizeitausgleichsanspruch	24
c) Vergütungsanspruch	26
IV. Entgelt- und Tätigkeitsschutz (Abs. 4 und 5)	29
1. Normzweck	29
2. Regelungsgehalt	30
a) Entgeltschutz	30
b) Tätigkeitsschutz	35
3. Beraterhinweise	38
V. Schulungs- und Bildungsveranstaltung (Abs. 6 und 7)	39
1. Normzweck	39
2. Regelungsgehalt	40
a) Schulungs- und Bildungsveranstaltung nach Abs. 6	40
aa) Erforderliche Kenntnisse	40
bb) Weitere Voraussetzungen	42
b) Bildungsurlaub nach Abs. 7	44
c) Verfahren der Arbeitsbefreiung	46
aa) Festlegung des Schulungszeitpunktes	47
bb) Festlegung der Teilnehmer	48
cc) Unterrichtungspflichten	49
dd) Anrufung der Einigungsstelle	50
ee) Freizeitausgleich und Entgeltfortzahlung	51
ff) Bezahlte Freistellung nach Abs. 7	53
3. Beraterhinweise	54
C. Verbindung zu anderen Rechtsgebieten und zum Prozessrecht	55

A. Allgemeines

1 Bei der Vorschrift des § 37 handelt es sich um eine bedeutsame Regelung, die wesentliche Fragen der Rechtsstellung der BR-Mitglieder mit **zwingender Wirkung** normiert. Der in § 78 S. 2 ausgestaltete Grundsatz, wonach die BR-Mitglieder wegen ihrer Tätigkeit nicht benachteiligt oder begünstigt werden dürfen, wird in § 37 konkretisiert. So stellt Abs. 1 den Charakter des BR-Amtes als Ehrenamt klar. In den Abs. 2 und 3 werden die Modalitäten der Arbeitsbefreiung und der Entgeltfortzahlung behandelt. In den Abs. 4 und 5 werden die Gleichbehandlung der Mitglieder des BR mit anderen, vergleichbaren AN klar gestellt und so die notwendige Entgelt- und Karriereentwicklung gesichert. Abschließend wird in den Abs. 6 und 7 hervorgehoben, dass die Teilnahme an Schulungs- und Bildungsveranstaltungen Bestandteil der Amtstätigkeit ist.

2 Insgesamt sichert § 37 die innere und äußere **Unabhängigkeit der BR-Mitglieder**. Die sachgerechte und unbeeinflusste Ausübung der betriebsverfassungsrechtlich vorgesehenen Aufgaben wird auf diese Weise umfassend gewährleistet. Der Tätigkeitsschutz wird durch den besonderen Künd-Schutz nach § 103, §§ 15, 16 KSchG sowie §§ 38 und 40 ergänzt.

B. Regelungsgehalt

I. Betriebsratsamt als Ehrenamt (Abs. 1)

3 **1. Unentgeltliche Tätigkeit.** Nach Abs. 1 führen die Mitglieder des BR ihr Amt **unentgeltlich** als Ehrenamt. Das Ehrenamt ist keine öffentlich-rechtliche Tätigkeit, sondern ein **privates Amt**.[1] Die Unentgeltlichkeit der Amtstätigkeit wird besonders hervorgehoben. Dem BR-Mitglied dürfen daher keine unmittelbaren oder mittelbaren Vergünstigungen zufließen. An den Grundsatz der Unentgeltlichkeit sind strenge Maßstäbe zu stellen. Jede Form der Besserstellung ist unzulässig, bspw. die Gewährung von besonderen Sitzungsgeldern oder sonstigen Vergünstigungen, die vergleichbare AN nicht erhalten.[2] Zulässig ist hingegen die – auch pauschale – Abgeltung amtsbedingter Auslagen und Aufwendungen. Der Anspruch folgt allerdings aus § 40 Abs. 1 und nicht aus § 37 Abs. 1.[3] Allerdings darf sich der pauschale Auslagen- und Aufwendungsersatz nicht als versteckte Vergütung darstellen,[4] denn die innere Unabhängigkeit des Amtsträgers ist nur gewährleistet, wenn er von jeglicher Form finanzieller Bevorteilung geschützt wird.[5]

4 **2. Amtstätigkeit als Arbeitsleistung.** Das BR-Amt wird rein **freiwillig** übernommen, stellt also keine Verpflichtung aus dem Arbeitsvertrag dar. Wird die Amtstätigkeit ausgeführt, so steht sie aber der arbeitsvertraglich zu leistenden Arbeit gleich.[6] Damit genießt der Amtsträger während seiner zulässigen betriebsverfassungsrechtlichen Tätigkeit umfassenden sozialversicherungsrechtlichen Schutz, insb. gelten Unfälle in Ausübung der BR-Tätigkeit als Arbeitsunfälle.[7] Trotz dieses sozialversicherungsrechtlichen Schutzes ist die BR-Tätigkeit nicht mit der arbeitsvertraglich geschuldeten Leistung identisch. In ein qualifiziertes **Arbeitszeugnis** ist die BR-Tätigkeit daher grds. nur auf besonderen Wunsch des Mandatsträgers aufzunehmen. Leistung und Verhalten im Arbverh können durch die Amtstätigkeit selbst nicht geprägt werden.[8] Ist allerdings dem AG die ordnungsgemäße Leistungsbeurteilung wegen einer dauerhaften Freistellung nach § 38 nicht möglich, ist er berechtigt, hierauf in dem Arbeitszeugnis hinzuweisen.[9]

5 **3. Verstöße gegen die ehrenamtliche Tätigkeit.** Rechtsgeschäfte, die gegen die Grundsätze des Ehrenamtes und der unentgeltlichen Amtstätigkeit verstoßen, sind nach § 134 BGB **nichtig**.[10] Werden dennoch verbotswidrige Vereinbarungen getroffen, sind diese ohne Rechtsgrund geleistet und können nach überwiegender Auffassung trotz § 817 S. 2 BGB zurückgefordert werden.[11] Die Rechtsfolge der Nichtigkeit tritt auch dann ein, wenn die Vergünstigungen aufgrund eines TV oder einer BV gewährt werden.[12] Lässt sich ein BR-Mitglied entgegen Abs. 1 Vorteile versprechen bzw. nimmt es einen unzulässigen Vorteil an, liegt regelmäßig eine grobe Pflichtverletzung i.S.v. § 23 Abs. 1 vor, was den Ausschluss aus dem BR zur Folge hat.[13] Schließlich ist in diesem Zusammenhang auch auf § 119 Abs. 1 Nr. 3 hinzuweisen, wonach die Begünstigung eines BR-Mitgliedes strafbar ist.

---

1 Richardi/*Thüsing*, § 37 Rn 5; *Besgen*, Betriebsverfassungsrecht, § 6 Rn 3.
2 *Fitting u.a.*, § 37 Rn 8.
3 HWK/*Reichold*, § 37 BetrVG Rn 3.
4 Richardi/*Thüsing*, § 37 Rn 8 m.w.N.
5 Vgl. hierzu auch *Besgen*, Betriebsverfassungsrecht, § 6 Rn 4 ff.
6 Richardi/*Thüsing*, § 37 Rn 12; *Fitting u.a.*, § 37 Rn 14; HWK/*Reichold*, § 37 BetrVG Rn 4.
7 H.M., s. nur GK-BetrVG/*Wiese*/*Weber*, § 37 Rn 14; vgl. auch BSG 20.5.1976 – 8 RU 76/75 – BB 1976, 980; zum Unfallversicherungsschutz bei Schulungen und Bildungsmaßnahmen vgl. *Freudenberg*, B+P 2004, 123.
8 So HWK/*Reichold*, § 37 BetrVG Rn 4.
9 S. dazu auch BAG 19.8.1992 – 7 AZR 262/91 – AP § 8 BPersVG Nr. 5; ferner *Fitting u.a.*, § 37 Rn 15 m.w.N.; ausführlich *Besgen*, Betriebsverfassungsrecht, § 8 Rn 40 f.
10 H.M. GK-BetrVG/*Wiese*/*Weber*, § 37 Rn 15.
11 Richardi/*Thüsing*, § 37 Rn 9; a.A. *Fitting u.a.*, § 37 Rn 11, jeweils m.w.N.
12 GK-BetrVG/*Wiese*/*Weber*, § 37 Rn 15.
13 *Fitting u.a.*, § 37 Rn 13.

II. Arbeitsbefreiung wegen BR-Tätigkeit (Abs. 2)

1. Normzweck. BR-Mitglieder bleiben auch während der Mandatstätigkeit AN des jeweiligen Betriebs. Damit besteht für diese Mandatsträger weiterhin die Verpflichtung, die vertraglich vereinbarte Arbeitsleistung zu erbringen. Diese Verpflichtung kollidiert mit ihrer Amtstätigkeit. In Abs. 2 ist deshalb klargestellt, dass die betriebsverfassungsrechtliche Tätigkeit stets vorgeht, also die Mitglieder des BR von ihrer beruflichen Tätigkeit ohne Minderung des Arbeitsentgelts zu befreien sind. § 37 Abs. 2 ist für BR-Mitglieder, die nach § 38 vollständig freigestellt sind, ohne Bedeutung. Für sie geht § 38 als lex specialis zu § 37 Abs. 2 vor. Die Arbeitsbefreiung tritt ohne Zustimmung des AG immer dann ein, wenn sie der Durchführung der dem BR obliegenden Aufgaben dient und zur ordnungsgemäßen Durchführung dieser Aufgaben erforderlich ist. Liegen diese Voraussetzungen kumulativ vor, hat das BR-Mitglied einen Anspruch auf Befreiung von der beruflichen Tätigkeit ohne Minderung des Arbeitsentgelts.

2. Regelungsgehalt. a) Aufgabenausübung. Für die konkrete Arbeitsbefreiung ist zunächst zu klären, in welchem Umfang und ob überhaupt der Aufgabenbereich des BR betroffen ist. Nur wenn dies der Fall ist, eröffnet sich ein Handlungsbedarf für die BR-Mitglieder. Der **Aufgabenbereich** ist zunächst im BetrVG geregelt, kann sich aber auch aus einschlägigen TV, BV oder Regelungsabreden ergeben. Daneben kommen alle arbeits- und sozialrechtlich relevanten Gesetze in Betracht sowie weitere Normen, die mögliche Auswirkungen auf die betriebsverfassungsrechtliche Tätigkeit haben können.[14] Der Bezug zu dem Aufgabenbereich des BR kann nicht abstrakt festgelegt werden. Vielmehr ergibt er sich jeweils aus dem besonderen betrieblichen Anlass und den betrieblichen Bedürfnissen. Kann ein solcher Bezug hergestellt werden, ist der Kompetenzbereich des BR eröffnet und ist ein entsprechender Handlungsbedarf ist zu bejahen. **Beispiele:** Teilnahme an Sitzungen des BR oder anderer Ausschüsse; Teilnahme an Sitzungen des KBR und des GBR; Besprechungstermine mit dem beratenden Fachanwalt für Arbeitsrecht; Teilnahme an Gerichtsverhandlungen in eigenen Angelegenheiten des BR; Teilnahme an Verfahren der Einigungsstelle.

Nicht zu den Aufgaben des BR gehören Tarifverhandlungen und die Ausübung gewerkschaftlicher Funktionärstätigkeiten. Auch andere Ehrenämter aus dem Bereich des Arbeits- und Sozialrechts, insb. die Beisitzertätigkeit im arbeitsgerichtlichen Verfahren, sind keine betriebsverfassungsrechtlichen Aufgaben.[15] Ebenso wenig ist der Aufgabenbereich des BR eröffnet, wenn AN des Betriebs Rechtsstreitigkeiten vor dem ArbG führen und die Anwesenheit eines BR-Mitglieds wünschen.[16]

b) Erforderlichkeit. Ist der Aufgabenbereich des BR grds. betroffen und eröffnet, sieht Abs. 2 weiter vor, dass die Aufgabenwahrnehmung „nach Umfang und Art des Betriebs zur ordnungsgemäßen Durchführung ihrer Aufgaben erforderlich" sein muss. Soweit sich die Teilnahme bereits unmittelbar aus dem BetrVG herleitet, ist die Erforderlichkeit stets gegeben. Was darüber hinaus im Einzelfall als erforderlich anzusehen ist, kann jedoch pauschal und generell nicht beantwortet werden. Auch hier gilt: Maßgeblich sind die konkreten Umstände des **Einzelfalls**. Nicht abzustellen ist allein auf die subjektive Sichtweise des jeweiligen BR-Mitglieds. Genauso wenig ist ein Beschluss des BR ausreichend.[17] Entscheidend ist vielmehr, dass das betreffende BR-Mitglied bei **gewissenhafter Überlegung** und bei ruhiger, vernünftiger Würdigung aller Umstände das Arbeitsversäumnis für erforderlich halten durfte, um den gestellten Aufgaben gerecht zu werden.[18] Die subjektive Sicht des einzelnen BR wird damit verobjektiviert.[19] Maßgeblich ist daher ein vernünftiger Dritter, der die Interessen des Betriebs einerseits und des BR und der Belegschaft andererseits gegeneinander abwägt. Dabei spielt auch die jeweilige Größe und Art des Betriebs eine wesentliche Rolle, denn die Art und der Umfang der Aufgabenwahrnehmung stehen hiermit unmittelbar zusammen. Es besteht insoweit Einigkeit, dass dem BR-Mitglied ein Beurteilungsspielraum zusteht (zu den Folgen einer Überschreitung dieses Beurteilungsspielraums siehe Rn 15).[20]

c) Keine Zustimmung des AG erforderlich. Entgegen der gesetzlichen Formulierung, die eine Zustimmung des AG nahe legt, ist die Arbeitsbefreiung nicht von einem Gestaltungsakt des AG abhängig.[21]

d) Entgegenstehende betriebliche Gründe. Der Grundsatz, dass es der Zustimmung des AG zur Arbeitsbefreiung nicht bedarf, wird allerdings dann eingeschränkt, wenn dieser die Unabkömmlichkeit des BR-Mitglieds wegen betrieblicher Notwendigkeiten geltend macht. Der AG kann bei Vorliegen solcher betrieblicher Notwendigkeiten die Prüfung verlangen, ob nicht eine zeitliche **Verschiebung** der beabsichtigten BR-Tätigkeit möglich ist. Das BAG leitet aus dem Grundsatz der vertrauensvollen Zusammenarbeit zwischen AG und BR die **Prüfungspflicht** des BR-Mit-

---

14 S. bspw. die Übersichten bei *Fitting u.a.*, § 37 Rn 24 und § 80 Rn 5 ff.
15 H.M., s. nur DKK/*Wedde*, § 37 Rn 23.
16 Vgl. BAG 31.8.1994 – 7 AZR 893/93 – DB 1995, 1235; BAG 19.5.1983 – 6 AZR 290/81 – AP § 37 BetrVG 1972 Nr. 44; differenzierend DKK/*Wedde*, § 37 Rn 22.
17 BAG 6.8.1981 – 6 AZR 505/78 – AP § 37 BetrVG 1972 Nr. 39.
18 St. Rspr. des BAG, vgl. zuletzt BAG 15.3.1995 – 7 AZR 643/94 – NZA 1995, 961 m.w.N.; ferner *Fitting u.a.*, § 37 Rn 38.
19 Vgl. auch HWK/*Reichold*, § 37 BetrVG Rn 10; *Besgen*, Betriebsverfassungsrecht, § 6 Rn 11.
20 BAG 16.3.1988 – 7 AZR 557/87 – AP § 37 BetrVG 1972 Nr. 63.
21 H.M. BAG 15.3.1995 – 7 AZR 643/94 – DB 1995, 1514 = NZA 1995, 961; Richardi/*Thüsing*, § 37 Rn 26.

glieds ab, ob dem Verlangen des AG nicht Rechnung getragen werden kann. Kommt das BR-Mitglied nach gewissenhafter Prüfung zu dem Ergebnis, dass eine Verschiebung der BR-Tätigkeit nicht möglich ist, ist dies dem AG unter stichwortartiger Angabe der Gründe im Einzelnen darzulegen.[22] Der AG ist bis zur Darlegung dieser Information berechtigt, den Lohn zurückzubehalten (siehe Rn 15).[23]

12 **e) Pflicht zur Ab- und Rückmeldung.** Auch wenn die Zustimmung des AG zur Arbeitsbefreiung nicht erforderlich ist, ist das BR-Mitglied dennoch verpflichtet, sich rechtzeitig beim Verlassen des Arbeitsplatzes abzumelden. Mitzuteilen ist dem jeweiligen Vorgesetzten allerdings nur die voraussichtliche Dauer der Abwesenheit sowie der Ort der beabsichtigten BR-Tätigkeit.[24] Nicht notwendig ist eine Mitteilung über die Art der BR-Tätigkeit. Geschuldet wird nur die ordnungsgemäße Information, wobei das BR-Mitglied in der Art und Weise der Unterrichtung frei ist.[25] Ist die vorgesehene BR-Tätigkeit beendet, muss sich das BR-Mitglied wieder zurückmelden. Damit wird dem AG ermöglicht, etwaige Vertretungsregelungen wieder aufzuheben.

13 Die Meldepflichten des BR-Mitglieds berühren die konkrete Arbeitsverpflichtung aus dem Arbeitsvertrag und sind daher **abmahnungsfähig**. Wird also die Abmeldepflicht verletzt, kann dies zu einer Abmahnung führen (siehe Rn 16).[26]

14 **f) Verbot der Entgeltminderung.** Liegen die Voraussetzungen einer berechtigten und erforderlichen Arbeitsbefreiung bzw. BR-Tätigkeit vor, gilt in vollem Umfange zugunsten des BR das **Lohnausfallprinzip**. Danach sind die Bezüge für die Dauer der BR-Tätigkeit zu zahlen, die der Mandatsträger in seiner Eigenschaft als AN erhalten hätte, wenn er während der ausgefallenen Arbeitszeit tatsächlich gearbeitet hätte.[27] Damit besteht ein konkreter Anspruch aus dem Arbeitsvertrag. Das notwendige Arbeitsversäumnis ist also wie geleistete Arbeit zu vergüten.[28] Dies umfasst neben der Grundvergütung alle Zulagen und Zuschläge, insb. Überstunden,[29] Nacht-, Sonn- und Feiertagszuschläge, Erschwerniszuschläge, Schmutzzulagen, Urlaubs- und Weihnachtsgeld.[30] Nach Ansicht des BAG gehören allerdings Trinkgelder regelmäßig nicht zum fortzuzahlenden Arbeitsentgelt; dies gilt jedenfalls dann, wenn besondere arbeitsvertragliche Vereinbarungen nicht vorhanden sind.[31] S.a. die Regelung in § 107 Abs. 3 GewO.[32]

15 **3. Beraterhinweise.** Die innere Unabhängigkeit des BR und seiner Mitglieder ist durch das Lohnausfallprinzip nach Abs. 2 umfassend geschützt. Der AG ist grds. nicht berechtigt, eine Mitteilung über die Art der BR-Tätigkeit zu verlangen. Behält allerdings der AG, der an einer ordnungsgemäßen BR-Tätigkeit zweifelt, die Bezüge für diesen Zeitraum ein, ist das BR-Mitglied zur Lohnklage gezwungen. In einem solchen Verfahren muss es dann, um seine Ansprüche durchzusetzen, die Art der BR-Tätigkeit offenbaren. Dieser Weg ist aber nur in besonders gelagerten Fällen und auch nur dann, wenn objektive Anhaltspunkte für einen Missbrauch vorliegen, zu empfehlen.

16 Die Pflicht zur Ab- und Rückmeldung des BR (siehe Rn 13) ist eine echte vertragliche Verpflichtung. Eine Verletzung dieser Pflichten kann mit einer **Abmahnung** geahndet werden.

III. Betriebsratstätigkeit während der Arbeitszeit (Abs. 3)

17 **1. Normzweck.** Die BR-Tätigkeit soll ihrem Sinn und Zweck nach grds. anstelle der zu erbringenden Arbeitsleistung treten, denn die BR-Mitglieder sollen gerade nicht durch die Amtstätigkeit benachteiligt werden. Dennoch können sich Zwänge ergeben, die dazu führen, dass außerhalb der Arbeitszeit BR-Tätigkeiten durchgeführt werden müssen. Dies führt zu einem Verlust von persönlicher Freizeit bei den Mandatsträgern. Diesen Verlust versucht Abs. 3 materiell auszugleichen, indem primär ein **Ausgleichsanspruch** auf entsprechende Arbeitsbefreiung ohne Minderung des Arbeitsentgelts gewährt wird und **sekundär ein Abgeltungsanspruch** der aufgewandten Zeiten entsteht. Erforderlich ist jedoch für diese Ansprüche, dass die BR-Tätigkeit aus betriebsbedingten Gründen nicht während der Arbeitszeit durchgeführt werden kann.

18 Zudem wurde im Zuge der Betriebsverfassungsreform im Jahre 2001 durch den neuen Abs. 3 S. 2 klargestellt, dass es sich schon dann um betriebliche Gründe handelt, wenn „die Betriebsratstätigkeit wegen der unterschiedlichen Arbeitszeiten der Betriebsratsmitglieder nicht innerhalb der persönlichen Arbeitszeit erfolgen kann". Dies betrifft alle Formen der Teilzeitarbeit, aber auch der Schichtarbeit, Gleitzeit, Abrufarbeit etc. Erfasst werden damit alle flexiblen Arbeitszeitsysteme, die der organisatorischen Gewalt des AG zuzuordnen sind.

---

22 BAG 15.3.1995 – 7 AZR 643/94 – DB 1995, 1514 = NZA 1995, 961.
23 HWK/*Reichold*, § 37 BetrVG Rn 13.
24 BAG 15.3.1995 – 7 AZR 643/94 – AP § 37 BetrVG 1972 Nr. 105.
25 S. BAG 13.5.1997 – 1 ABR 2/97 – NZA 1997, 1062.
26 BAG 15.7.1992 – 7 AZR 466/91 – AP § 611 BGB Abmahnung Nr. 9.
27 S. nur BAG 18.9.1991 – 7 AZR 41/90 – AP § 37 BetrVG 1972 Nr. 82; ferner *Fitting u.a.*, § 37 Rn 57.
28 *Fitting u.a.*, § 37 Rn 58.
29 Vgl. BAG 16.2.2005 – 7 AZR 95/04 – NZA 2005, 1263.
30 Zur Überlassung eines Firmenfahrzeugs vgl. BAG 23.6.2004 – 7 AZR 514/03 – FA 2005, 46.
31 BAG 28.6.1995 – 7 AZR 1001/94 – DB 1996, 226.
32 Zur Schicht- und Akkordarbeit vgl. *Besgen*, Betriebsverfassungsrecht, § 6 Rn 18.

Das Gesetz sieht primär einen Ausgleichsanspruch in Freizeit vor und nur sekundär, bei Vorliegen betriebsbedingter Gründe, einen Abgeltungs- bzw. Vergütungsanspruch. Diese Rangfolge ist zwingend, es besteht also kein Rangverhältnis zwischen dem Ausgleichs- und dem Abgeltungsanspruch und die Ansprüche unterliegen auch nicht der Disposition der Betriebspartner.[33]

2. Regelungsgehalt. a) Betriebsbedingte Gründe. Zunächst einmal muss es sich bei der außerhalb der Arbeitszeit durchgeführten Tätigkeit um eine BR-Tätigkeit gehandelt haben. Dazu kann auf die Ausführungen zu Rn 7 f. verwiesen werden. Darüber hinaus entstehen Ausgleichsansprüche nach Abs. 3 erst dann, wenn die erforderliche BR-Tätigkeit aus betriebsbedingten Gründen zu verrichten war und dies außerhalb der persönlichen individuellen Arbeitszeit des jeweiligen BR-Mitglieds geschah.[34] **Betriebsbedingte Gründe** sind solche, die sich aus der Eigenart des Betriebs oder der Gestaltung der Arbeitsabläufe ergeben.[35] Die BR-Tätigkeit darf also aufgrund eines im Betrieb vorhandenen Sachzwangs nicht während der Arbeitszeit geführt werden können.[36] Handelt es sich bspw. um einen Schichtbetrieb und sind die BR-Mitglieder in unterschiedlichen Schichten eingesetzt, kann die BR-Sitzung nicht während der üblichen Arbeitszeit aller BR-Mitglieder stattfinden. Möglich ist auch, dass der AG betriebliche Notwendigkeiten für eine BR-Sitzung, die ursprünglich während der Arbeitszeit anberaumt war, geltend gemacht hat und der BR entsprechend (nach dem Grundsatz der vertrauensvollen Zusammenarbeit) seine Sitzung verlegt hat. Oder aber der BR muss die Sitzung, die zunächst innerhalb der üblichen Arbeitszeit begann, wegen erheblichen Arbeitsanfalls außerhalb der Arbeitszeit fortführen.[37]

Durch den mit dem Betriebsverfassungsreformgesetzes 2001 eingeführten Abs. 3 S. 2 ist nunmehr klargestellt, dass betriebsbedingte Gründe auch dann vorliegen, wenn wegen der unterschiedlichen Arbeitszeiten der BR-Mitglieder die BR-Tätigkeit nicht innerhalb der persönlichen Arbeitszeit erfolgen kann. Die bis zur Reform streitige Frage, inwieweit die BR-Tätigkeit von nur teilzeitbeschäftigten BR-Mitgliedern als betriebsbedingter Grund anzusehen ist, wurde damit ebenfalls geregelt. Ist also bspw. ein BR-Mitglied nur vormittags beschäftigt, finden die Sitzungen aber nachmittags statt, entsteht ein Ausgleichsanspruch nach Abs. 3.[38]

Keine betriebsbedingten Gründe sind lediglich **BR-bedingte** Gründe. Diese sind nicht mit den betriebsbedingten Gründen gleichzusetzen.[39] Die Gründe, die den BR im Zuge seiner Geschäftsführung zur Anberaumung von Sitzungen an bestimmten Tagen/Uhrzeiten veranlassen, begründen keine Ausgleichsansprüche nach Abs. 3.

Freigestellte BR-Mitglieder nach § 38 können ebenfalls Ausgleichsansprüche nach Abs. 3 haben, wenn sie betriebsbedingte Gründe anführen können, weshalb sie außerhalb ihrer üblichen Arbeitszeit BR-Tätigkeit erledigt haben.[40]

b) Freizeitausgleichsanspruch. Sind die vorgenannten Voraussetzungen erfüllt, besteht primär ein Freizeitausgleichsanspruch. Dieser Freizeitausgleichsanspruch besteht in dem Umfange, in dem von dem BR-Mitglied außerhalb der Arbeitszeit BR-Tätigkeit durchgeführt wurde.[41] Dies folgt bereits unmittelbar aus dem Gesetzeswortlaut, der eine „entsprechende Arbeitsbefreiung" verlangt. Der Freizeitausgleichsanspruch muss von dem BR-Mitglied konkret geltend gemacht und beantragt werden. Ein **Selbstbeurlaubungsrecht** steht ihm keinesfalls zu.[42] Selbst wenn der AG ohne erkennbaren Grund die Arbeitsbefreiung nicht gewährt, ist ein eigenmächtiges Fernbleiben von der Arbeit nicht gestattet.[43] Die Geltendmachung durch das BR-Mitglied hat **unverzüglich** zu erfolgen. Das Gesetz sieht in S. 3 eine Arbeitsbefreiung innerhalb eines Monats – gerechnet ab dem Ende der konkreten BR-Tätigkeit – vor. Es handelt sich bei dieser Frist allerdings nicht um eine Ausschlussfrist. Wird also der Freizeitausgleichsanspruch nicht innerhalb eines Monats gewährt oder versäumt das BR-Mitglied die Antragstellung, bleibt der Anspruch dennoch bestehen.[44] Sinn und Zweck der Monatsfrist bestehen allein darin, den Freizeitausgleich in zeitlicher Nähe zur BR-bedingten Mehrbelastung des AN zu gewähren, wenn das BR-Mitglied dies wünscht.[45]

In Anwendung dieser Grundsätze wandelt sich der Freizeitausgleichsanspruch auch nicht in allen Fällen nach Ablauf der Monatsfrist in einen Abgeltungsanspruch nach Abs. 3 S. 3 Hs. 2 um. Vielmehr kommt ein Vergütungsanspruch

---

33 Vgl. BAG 25.8.1999 – 7 AZR 713/97 – AP § 37 BetrVG 1972 Nr. 130; *Fitting u.a.*, § 37 Rn 93 m.w.N.
34 Zu Reisezeiten eines BR-Mitglieds: BAG 16.4.2003 – 7 AZR 723/01 – AP § 37 BetrVG 1972 Nr. 143; BAG 21.6.2006 – 7 AZR 389/05 – AP § 37 BetrVG 1972 Nr. 143; BAG 10.11.2004 – 7 AZR 131/04 – NZA 2005, 704.
35 *Fitting u.a.*, § 37 Rn 79.
36 BAG 26.1.1994 – 7 AZR 593/92 – AP § 37 BetrVG 1972 Nr. 93.
37 Weitere Beispiele bei DKK/*Wedde*, § 37 Rn 58 ff.; ferner *Fitting u.a.*, § 37 Rn 79 ff.
38 Weitergehend *Besgen*, Betriebsverfassungsrecht, § 6 Rn 21 ff.
39 Vgl. BAG 21.5.1974 – 1 AZR 477/73 – AP § 37 BetrVG 1972 Nr. 14.
40 Vgl. LAG Köln 6.3.1998 – 11 (9) Sa 383/97 – NZA-RR 1999, 247.
41 Der Anspruch umfasst ggf. auch Wege-, Fahrt- und Reisezeiten, vgl. BAG 16.4.2003 – 7 AZR 423/01 – NZA 2004, 171.
42 Überwiegende Auffassung, s. *Fitting u.a.*, § 37 Rn 95.
43 Str., wie hier HWK/*Reichold*, § 37 BetrVG Rn 20; GK-BetrVG/*Wiese/Weber*, § 37 Rn 90; a.A. *Fitting u.a.*, § 37 Rn 96; DKK/*Wedde*, § 37 Rn 66.
44 *Fitting u.a.*, § 37 Rn 94; GK-BetrVG/*Wiese/Weber*, § 37 Rn 91; Richardi/*Thüsing*, § 37 Rn 53; a.A. Hess u.a./*Glock*, § 37 Rn 69.
45 So GK-BetrVG/*Wiese/Weber*, § 37 Rn 91.

nur dann in Betracht, wenn der Erfüllung des Freizeitausgleichsanspruchs innerhalb eines Monats betriebsbedingte Gründe entgegenstehen. Sind also keine betrieblichen Gründe vorhanden, bleibt es trotz Ablauf der Monatsfrist bei dem Freizeitausgleichsanspruch.[46] Primär bleibt es damit bei dem Freizeitausgleichsanspruch und nur bei Vorliegen der besonderen Voraussetzungen des Abs. 3 S. 3 Hs. 2 kommt ausnahmsweise ein zusätzlicher Vergütungsanspruch (siehe Rn 26) in Betracht.[47]

26 c) **Vergütungsanspruch.** In Abs. 3 ist eine **zwingende gesetzliche Rangfolge** vorgesehen. Das BR-Mitglied soll im Grundsatz Freizeitausgleich in Anspruch nehmen. Dieser Grundsatz wandelt sich allerdings ausnahmsweise dann in einen sekundären Anspruch auf Mehrarbeitsvergütung um, wenn der AG die Arbeitsbefreiung aus betriebsbedingten Gründen ablehnt. Voraussetzung für diesen Anspruch ist, dass der Amtsträger während seiner Freizeit BR-Tätigkeit geleistet hat, diese geltend macht und der AG die geforderte Arbeitsbefreiung aus **betriebsbedingten Gründen** endgültig verweigert. Die bloße Anzeige des Freizeitausgleichsanspruchs ist damit noch nicht ausreichend.[48] Für vollständig von der Arbeitsleistung freigestellte BR-Mitglieder nach § 38 setzt der Abgeltungsanspruch zusätzlich voraus, dass sie im Einzelnen näher darlegen, weshalb die Inanspruchnahme eines Freizeitausgleichs nicht während der übrigen Freistellung möglich ist.[49]

27 Liegen die Voraussetzungen für den sekundären Abgeltungsanspruch vor, ist die außerhalb der Arbeitszeit erbrachte BR-Tätigkeit nach Abs. 3 S. 3 Hs. 2 „wie Mehrarbeit zu vergüten". Für vollzeitbeschäftigte BR-Mitglieder ist diese Regelung sinnvoll, denn sie haben über die vereinbarte Arbeitszeit hinaus eine zusätzliche Tätigkeit erbracht, die ausgeglichen werde muss. Für **teilzeitbeschäftigte BR-Mitglieder** wird man Abs. 3 S. 3 eingeschränkt auslegen müssen. Ein Anspruch auf Mehrarbeitsvergütung entsteht erst, wenn die Grenze eines vollbeschäftigten AN überschritten wird. Andernfalls würden teilzeitbeschäftigte AN gegenüber den vollzeitbeschäftigten BR-Mitgliedern, die regelmäßig erst dann einen Anspruch auf Mehrarbeitszuschläge erhalten, wenn die Vollzeitarbeitszeit überschritten wird, begünstigt.[50] Eine andere Betrachtung würde auch gegen § 78 S. 2 und das dort normierte Gebot, BR-Mitglieder nicht zu begünstigen, verstoßen.

28 Die **Höhe** der Mehrarbeitszuschläge richtet sich nach den zugrunde liegenden Vereinbarungen (TV, Arbeitsvertrag). Sind in diesen Vereinbarungen Zuschläge vorgesehen, müssen sie den BR-Mitgliedern vergütet werden. Sind solche Vereinbarungen hingegen nicht vorhanden, führt auch Abs. 3 S. 3 nicht zu einem Arbeitszuschlag, sondern vielmehr ist die erbrachte Tätigkeit dann wie normale Arbeitszeit auszugleichen.[51] I.Ü. ist nach der Rspr. des BAG das durch die Mehrarbeitsvergütung erzielte höhere Einkommen auch bei der Berechnung des Urlaubsgeldes zu berücksichtigen.[52]

IV. Entgelt- und Tätigkeitsschutz (Abs. 4 und 5)

29 1. **Normzweck.** Die Abs. 4 und 5 sichern die äußere Unabhängigkeit der BR-Mitglieder. Sie ergänzen damit den Sonder-Künd-Schutz aus § 15 KSchG und auch das allgemeine Benachteiligungsverbot in § 78 S. 2. Die BR-Mitglieder dürfen wegen ihrer BR-Tätigkeit weder bei der Entgeltentwicklung noch bei ihrer Tätigkeitsentwicklung benachteiligt werden. Es handelt sich damit um ein allgemeines Diskriminierungsverbot, dessen Durchsetzung durch die speziellen Abs. 4 und 5 neben dem allgemeinen Benachteiligungsverbot aus § 78 S. 2 erleichtert werden soll.

30 2. **Regelungsgehalt. a) Entgeltschutz.** Mit Abs. 4 soll die Gehaltsentwicklung der BR-Mitglieder sichergestellt werden. Anders als in Abs. 2, der allgemein eine Minderung des Entgelts wegen der BR-Tätigkeit verbietet (siehe Rn 6 ff.), schützt Abs. 4 generell vor einer Diskriminierung bei der **Entgeltentwicklung** wegen der BR-Tätigkeit. In der Praxis hat die Vorschrift v.a. für voll freigestellte BR-Mitglieder nach § 38 Bedeutung, die durch langjährige freigestellte BR-Tätigkeit ihren Bezug zu ihrer früheren Arbeitstätigkeit und ihrem Arbeitsplatz verlieren. Die Vorschrift ist aber keinesfalls lediglich auf freigestellte BR-Mitglieder nach § 38 beschränkt, sie kann auch für nichtfreigestellte Mandatsträger bedeutsam werden.[53]

31 Die Entgeltentwicklung orientiert sich an den AN des Betriebs, die mit dem betroffenen BR-Mitglied vergleichbar sind. Maßgebender Zeitpunkt für die **Vergleichbarkeit** ist der Zeitpunkt der Wahl bzw. die Übernahme des Amtes.[54] Damit steht zugleich fest, dass für Ersatzmitglieder Abs. 4 erst dann zum Tragen kommen kann, wenn diese tatsäch-

---

46 H.M. wie hier *Fitting u.a.*, § 37 Rn 104; DKK/*Wedde*, § 37 Rn 70; GK-BetrVG/*Wiese/Weber*, § 37 Rn 98.
47 S.a. BAG 25.8.1999 – 7 AZR 713/97 – NZA 2000, 554; BAG 5.3.1997 – 7 AZR 581/92 – AP § 37 BetrVG 1972 Nr. 123.
48 BAG 25.8.1999 – 7 AZR 713/97 – § 37 BetrVG 1972 Nr. 130.
49 BAG 12.12.2000 – 9 AZR 508/99 – AP § 1 TVG TV Textilindustrie Nr. 27; vgl. auch *Fitting u.a.*, § 37 Rn 109.
50 Überwiegende Auffassung, vgl. z.B. *Fitting u.a.*, § 37 Rn 111; ebenso HWK/*Reichold*, § 37 BetrVG Rn 22; Richardi/*Thüsing*, Rn 59.
51 Vgl. auch HWK/*Reichold*, § 37 BetrVG Rn 22.
52 BAG 11.1.1995 – 7 AZR 543/94 – NZA 1996, 105; krit. dazu Richardi/*Thüsing*, § 37 Rn 60.
53 BAG 13.11.1987 – 7 AZR 550/86 – AP § 37 BetrVG 1972 Nr. 61 = NZA 1988, 403.
54 BAG 13.11.1987 – 7 AZR 550/86 – AP § 37 BetrVG 1972 Nr. 61 = NZA 1988, 403; *Besgen*, Betriebsverfassungsrecht, § 6 Rn 31.

lich in den BR nachrücken.[55] Vergleichbar sind die AN des Betriebs, die bei der Übernahme des BR-Amtes eine im Wesentlichen gleichqualifizierte Tätigkeit ausgeübt haben.[56] Besondere Qualifikationen müssen dabei ebenso Berücksichtigung finden wie unterdurchschnittliche Leistungen.[57] Dies gilt allerdings nur soweit, als sich Qualifikationen auch tatsächlich auf die Bemessung des Arbeitsentgelts auswirken.[58] Ist der ursprüngliche Arbeitsplatz des BR-Mitglieds wegen organisatorischer Änderung weggefallen, richtet sich die Vergleichbarkeit nach der Tätigkeit, die ihm nach seinem Arbeitsvertrag hätte übertragen werden müssen, wenn er gerade nicht freigestellt worden wäre.[59] Sind keine vergleichbaren AN vorhanden, ist auf die/den AN abzustellen, die/der mit dem BR-Mitglied am ehesten vergleichbar sind/ist.[60]

Die **Bemessung** des Arbeitsentgelts richtet sich nach der betriebsüblichen **beruflichen Entwicklung** der vergleichbaren AN. Diese Betriebsüblichkeit setzt voraus, dass auf diejenigen AN mit vergleichbarer fachlicher und persönlicher Qualifikation abgestellt wird.[61] Erfasst werden allein die Normalfälle („betriebsüblich"), nicht hingegen Ausnahmefälle.[62] Betriebsüblichkeit entsteht aus dem gleichförmigen Verhalten des AG und einer von ihm aufgestellten Regel.[63] Wurde bspw. die Mehrheit der vergleichbaren AN befördert, handelt es sich um ein gleichförmiges übliches Verhalten, so dass auch das BR-Mitglied diese Karriereentwicklung entgeltmäßig nachvollziehen muss.[64] Der Entwicklungsschutz nach Abs. 4 begründet einen unmittelbaren Anspruch des BR-Mitglieds, dass sein Arbeitsentgelt laufend angepasst wird.[65] Damit wird ein unmittelbarer Zahlungsanspruch auf diese höhere Vergütung begründet.[66]

32

Zur Arbeitsentgeltgarantie gehören, was Abs. 4 S. 2 klargestellt, auch **allgemeine Zuwendungen** des AG. Auf welcher Rechtsgrundlage, freiwillig oder vertraglich, diese Zuwendungen gezahlt werden, ist irrelevant.[67] Maßgeblich ist allein, dass der AG diese Zuwendung entweder allen oder jedenfalls den vergleichbaren AG gewährt.[68] Zu allgemeinen Zuwendungen gehören bspw. Gewinnbeteiligungen, Gratifikationen, vermögenswirksame Leistungen, Jubiläumszuwendungen oder sonstige besondere Leistungszulagen.

33

Der Entgeltschutz erstreckt sich nicht nur auf die Zeit der Mitgliedschaft im BR, sondern auch **nachwirkend** für ein Jahr „nach Beendigung der Amtszeit". Die Regelung knüpft damit an den nachwirkenden Sonder-Künd-Schutz aus § 15 Abs. 1 S. 2 KSchG an. Abzustellen ist auf das Erlöschen der Mitgliedschaft im BR, gleich aus welchem Grund. Erfasst wird damit auch die Amtsniederlegung oder der Rücktritt.[69] Die Einschränkung des § 15 Abs. 1 S. 2 letzter Hs. KSchG gilt auch entsprechend für Abs. 4, so dass der nachwirkende Schutz nicht bei einem erfolgen Ausschlussverfahren nach § 23 Abs. 1 greift.[70] Für BR-Mitglieder, die **drei volle aufeinander folgende Amtszeiten** nach § 38 freigestellt waren, erhöht sich der Nachwirkungszeitraum nach § 38 Abs. 3 auf zwei Jahre (vgl. § 38 Rn 17).

34

b) Tätigkeitsschutz. Der Entgeltschutz nach Abs. 4 wird durch den Tätigkeitsschutz nach Abs. 5 konsequent ergänzt. Die Mitglieder des BR dürfen einschließlich eines Zeitraums von einem Jahr nach Beendigung der Amtszeit nur mit Tätigkeiten beschäftigt werden, die den Tätigkeiten vergleichbarer AN mit betriebsüblicher beruflicher Entwicklung gleichwertig sind, soweit nicht zwingende betriebliche Notwendigkeiten entgegenstehen. Es darf damit keine Tätigkeit übertragen werden, die **geringwertiger** anzusehen ist, auch wenn das Entgelt nach Abs. 4 angepasst wurde.[71] Kehrt ein freigestelltes BR-Mitglied nach § 38 nach Beendigung seiner Amtszeit wieder in den Betrieb zurück, hat es Anspruch auf eine **höherrangige Tätigkeit**, wenn die Vergleichsgruppe inzwischen diese Tätigkeit ausübt. Dies schließt Beförderungen ein.[72] Die damit verbundene ständige Angleichung der BR-Mitglieder an die berufliche Entwicklung vergleichbarer AN setzt allerdings nach herrschender Ansicht die entsprechende berufliche Qualifikation der Mandatsträger für die Übernahme der höherwertigen Tätigkeit voraus.[73] Fehlt die Qualifikation, besteht kein Anspruch nach Abs. 5. Der Entgeltschutz nach Abs. 4 bleibt allerdings unberührt, so dass trotz der fehlenden Qualifikation das Arbeitsentgelt umfassend anzupassen ist.[74] Das BR-Mitglied ist in diesen Fällen wegen sei-

35

---

55 BAG 15.1.1992 – 7 AZR 194/91 – AP § 37 BetrVG Nr. 84 = DB 1993, 1379.
56 BAG 15.1.1992 – 7 AZR 194/91 – AP § 37 BetrVG 1972 Nr. 84.
57 BAG 13.11.1987 – 7 AZR 550/86 – AP § 37 BetrVG 1972 Nr. 61 = NZA 1988, 403.
58 So zutreffend Richardi/*Thüsing*, § 37 Rn 65.
59 BAG 17.5.1977 – 1 AZR 458/74 – AP § 37 BetrVG 1972 Nr. 28; HWK/*Reichold*, § 37 BetrVG Rn 25.
60 Str., wie hier die h.M. *Fitting u.a.*, § 37 Rn 118 m.w.N.; a.A. GK-BetrVG/*Wiese/Weber*, § 37 Rn 112, die eine abstrakt-hypothetische Betrachtung vornehmen.
61 BAG 13.11.1987 – 7 AZR 550/86 – AP § 37 BetrVG 1972 Nr. 61 = NZA 1988, 403.
62 Richardi/*Thüsing*, § 37 Rn 66.
63 BAG 17.8.2005 – 7 AZR 528/04 – DB 2006, 511.
64 Vgl. auch BAG 15.1.1992 – 7 AZR 194/91 – DB 1993, 1379.
65 BAG 21.4.1983 – 6 AZR 407/80 – AP § 37 BetrVG 1972, 43; Richardi/*Thüsing*, § 37 Rn 68.
66 BAG 13.11.1987 – 7 AZR 550/86 – AP § 37 BetrVG 1972 Nr. 61 = NZA 1988, 403.
67 *Fitting u.a.*, § 37 Rn 127.
68 BAG 21.4.1983 – 6 AZR 407/80 – AP § 37 BetrVG 1972 Nr. 43.
69 H.M., s. Richardi/*Thüsing*, § 37 Rn 71; *Fitting u.a.*, § 37 Rn 129.
70 Str., wie hier HWK/*Reichold*, § 37 BetrVG Rn 28; GK-BetrVG/*Wiese/Weber*, § 37 Rn 125; a.A. DKK/*Wedde*, § 37 Rn 84.
71 Richardi/*Thüsing*, § 37 Rn 74.
72 DKK/*Wedde*, § 37 Rn 89.
73 Richardi/*Thüsing*, § 37 Rn 75; DKK/*Wedde*, § 37 Rn 89; *Fitting u.a.*, § 37 Rn 133.
74 H.M., s. nur DKK/*Wedde*, § 37 Rn 89; *Fitting u.a.*, § 37 Rn 133.

ner fehlenden Qualifikation bei notwendigen beruflichen Fortbildungsmaßnahmen bevorzugt zu berücksichtigen (vgl. auch § 38 Rn 18).

36 Der Anspruch nach Abs. 5 besteht allerdings dann nicht, wenn der Übertragung einer gleichwertigen Tätigkeit **zwingende betriebliche Notwendigkeiten** entgegenstehen. Die gesetzliche Formulierung macht deutlich, dass es sich um eine Ausnahmeregelung handelt, die eng auszulegen ist.[75] Zwingende betriebliche Notwendigkeiten liegen z.B. dann vor, wenn ein entsprechender Arbeitsplatz nicht vorhanden ist. Das BR-Mitglied hat keinen Anspruch darauf, dass ein entsprechender Arbeitsplatz geschaffen wird oder aber andere Mitarbeiter gekündigt werden, um den Arbeitsplatz freizumachen. I.Ü. liegen zwingende betriebliche Notwendigkeiten immer dann vor, wenn die Betriebsorganisation einer Beschäftigung entgegensteht.[76] Im Einzelfall kann es daher durchaus sein, dass sich das BR-Mitglied mit einer geringwertigeren Tätigkeit abfinden muss, wobei in solchen Fällen freilich die Entlohnung gem. Abs. 4 nach der höherwertigen Tätigkeit zu erfolgen hat.

37 Wie der Entgeltschutz nach Abs. 4 besteht auch die Tätigkeitsgarantie nicht nur für die Dauer der Mandatstätigkeit, sondern auch innerhalb eines Zeitraums von einem Jahr nach Beendigung der Amtszeit (siehe Rn 34). Bedeutung erlangt die Vorschrift während der Mandatstätigkeit zunächst nur für die nicht vollzeitfreigestellten BR-Mitglieder. Für freigestellte BR-Mitglieder greift die Tätigkeitsgarantie erst nach Beendigung der Freistellung. Waren freigestellte BR-Mitglieder drei volle aufeinander folgende Amtszeiten freigestellt, verlängert sich die Tätigkeitsgarantie gem. § 38 Abs. 3 auf zwei nachwirkende Jahre (vgl. § 38 Rn 17).

38 **3. Beraterhinweise.** Die Vorschrift des § 37 Abs. 4 hat in der Praxis gerade für freigestellte BR-Mitglieder erhebliche Bedeutung. Es empfiehlt sich daher, sich frühzeitig auf eine mögliche Vergleichsgruppe zu einigen, um so Streitigkeiten zu vermeiden. Für das BR-Mitglied ist die Anspruchsbegründung i.Ü. mit erheblichen Schwierigkeiten verbunden, denn es fehlen regelmäßig die notwendigen Informationen zur berufsüblichen Entwicklung vergleichbarer AN. Teilweise wird deshalb vertreten, einem BR-Mitglied Beweiserleichterung entsprechend § 611a Abs. 1 S. 3 BGB a.F. zu gewähren.[77] Ebenso verhält es sich mit der Tätigkeitsgarantie nach Abs. 5. Kommen freigestellte BR-Mitglieder nach vielen Jahren wieder zurück in den Betrieb, muss die langjährige berufliche Abwesenheit angemessen kompensiert werden. Regelmäßig wird es an der erforderlichen Qualifikation fehlen. Es kann sich daher im Einzelfall anbieten, schon während der Freistellung entsprechende Fortbildungen durchzuführen, um für das angestiegene Entgelt, das ohnehin gezahlt werden muss (Abs. 4), eine angemessene Gegenleistung zu erhalten.

V. Schulungs- und Bildungsveranstaltung (Abs. 6 und 7)

39 **1. Normzweck.** Die erforderlichen Kenntnisse zur sachgerechten Ausführung des (freiwillig) übernommenen BR-Amtes müssen in aller Regel von den Amtsträgern erst erworben werden. Ohne entsprechende Schulungen können die vielgestaltigen Aufgaben nicht ordnungsgemäß ausgefüllt werden. Aus diesem Grund gewährt das Betriebsverfassungsrecht den BR-Mitgliedern zwei verschiedene Arten von Arbeitsbefreiung zur Teilnahme an Schulungs- und Bildungsveranstaltungen in den Abs. 6 und 7. Nach Abs. 6 wird ein genereller Anspruch auf bezahlte Arbeitsfreistellung zur Teilnahme an erforderlichen Schulungs- und Bildungsveranstaltungen zugebilligt. Darüber hinaus begründet Abs. 7 einen zeitlich auf drei Wochen begrenzten Anspruch zur Teilnahme an als geeignet anerkannten Schulungs- und Bildungsveranstaltungen. Hierbei kommt es nicht auf den individuellen Kenntnisstand und die Vermittlung erforderlicher Kenntnisse an; es handelt sich vielmehr um einen „amtsbezogenen Bildungsurlaub".[78] Die Ansprüche nach Abs. 6 und 7 bestehen selbstständig nebeneinander und können damit kumulativ in Anspruch genommen werden.

40 **2. Regelungsgehalt. a) Schulungs- und Bildungsveranstaltung nach Abs. 6. aa) Erforderliche Kenntnisse.** Nach der st. Rspr. des BAG ist die Vermittlung von Kenntnissen für die BR-Arbeit erforderlich, wenn der BR sie im Hinblick auf die betriebliche Situation benötigt, um seine derzeitigen oder künftig anfallenden Aufgaben sachgerecht bewältigen zu können.[79] Damit wird die Darlegung eines **aktuellen betriebs- oder betriebsratsbezogenen Anlasses** verlangt, aus dem sich der jeweilige Schulungsbedarf ergibt.[80] Die Anforderungen sind umso höher, je spezieller die Wissensvermittlung auf den einzelnen Bildungsveranstaltungen ist. So bedarf die Teilnahme eines BR-Mitglieds an einer Schulungsveranstaltung zum Thema „Mobbing" die Darlegung einer konkreten betrieblichen Konfliktlage, aus der sich für ihn ein Handlungsbedarf zur Wahrnehmung einer gesetzlichen Aufgabenstellung ergibt und zu deren Erledigung er das auf der Schulung vermittelte Wissen benötigt.[81] Auch muss ggf. die Zielgruppe bestimmter Spezialseminare berücksichtigt werden. Richten sich Schulungsveranstaltungen nur an die BR-Vorsitzenden oder deren Stellvertreter, bspw. zu einer Schulungsveranstaltung „Diskussionsführung und Verhandlungstech-

---

75 So *Fitting u.a.*, § 37 Rn 134 m.w.N.
76 Richardi/*Thüsing*, § 37 Rn 76.
77 HWK/*Reichold*, § 37 BetrVG Rn 26; jetzt § 22 AGG.
78 So Richardi/*Thüsing*, § 37 Rn 80.
79 So BAG 15.1.1997 – 7 ABR 14/96 – AP § 37 BetrVG 1972 Nr. 118.
80 BAG 15.2.1995 – 7 AZR 670/94 – AP § 37 BetrVG 1972 Nr. 106; BAG 19.3.2008 – 7 ABR 2/07 – juris.
81 BAG 15.1.1997 – 7 ABR 14/96 – AP § 37 BetrVG 1972 Nr. 118; a.A. ArbG Bremen 17.12.2003 – 9 BV 81/03 – NZA-RR 2004, 538.

nik", ist die Teilnahme eines einfachen BR-Mitglieds nicht erforderlich.[82] Kann der BR konkrete betriebliche Bedürfnisse daher für spezielle Seminare nicht darlegen, besteht kein Anspruch aus Abs. 6.

Bei **erstmals gewählten BR-Mitgliedern** bedarf es keiner individuellen Erforderlichkeitsprüfung, wenn es um die Vermittlung von Grundzügen im Betriebsverfassungsrecht oder zum allgemeinen Arbeitsrecht geht.[83] Gleiches gilt auch für den Bereich der Arbeitssicherheit und der Unfallverhütung.[84] Gerade bei neugewählten BR-Mitgliedern ist regelmäßig davon auszugehen, dass diese Grundlagenkenntnisse alsbald oder noch jedenfalls aufgrund typischer Fallgestaltungen demnächst zur Wahrnehmung gesetzlicher zugewiesener Aufgaben benötigt werden. Für die Vermittlung **allgemeiner Grundkenntnisse des Sozial- und Sozialversicherungsrechts** ist dies nach Auffassung des BAG nicht der Fall; hier muss vielmehr ein konkreter betriebsbezogener Anlass dargelegt werden.[85] Für detaillierte Auflistungen zu der Frage, welche Schulungsthemen unter Berücksichtigung der konkreten Verhältnisse des Betriebs in Betracht kommen können, verweisen wir auf die weitergehende Spezial-Literatur.[86]

bb) Weitere Voraussetzungen. Schulungsberechtigt sind grds. alle Mitglieder des BR. Der Anspruch des einzelnen BR-Mitglieds entsteht allerdings erst durch **Beschluss des BR** bzw. der Auswahl eines BR durch das Gremium. Dabei kommt es auf einen objektivierten Standpunkt eines vernünftigen Dritten an, denn die Interessen des Betriebs einerseits und des BR und der Belegschaft andererseits müssen gegeneinander abgewogen werden.[87] Damit steht dem BR ein **Beurteilungsspielraum** zu. Dieser erstreckt sich neben der Erforderlichkeitsprüfung auch auf die Angemessenheitsprüfung. An seiner bisherigen Rspr., wonach es einer näheren Darlegung für die Entsendung einzelner BR-Mitglied zu Grundschulungen bedurfte, wenn die Amtsperiode kurz vor ihrem Ablauf stand,[88] hält das BAG ausdr. nicht mehr fest.[89] Eine solche Sichtweise, so das BAG, trage der Bedeutung der für die BR-Arbeit notwendigen Grundkenntnisse und dem Beurteilungsspielraum des BR nicht ausreichend Rechnung. Eine Überschreitung des Ermessensspielraums des BR soll erst dann vorliegen, wenn für ihn absehbar ist, dass das zu schulende BR-Mitglied in seiner verbleibenden Amtszeit das vermittelte Wissen nicht mehr benötigt.[90] Nicht angemessen ist auch die Entsendung aller BR-Mitglieder zu einer Schulung oder aber die Teilnahme an unverhältnismäßig langen Schulungsveranstaltungen (länger als 14 Tage).[91] **Ersatzmitgliedern** steht regelmäßig ebenfalls kein Schulungsanspruch zu, solange sie nicht in den BR nachgerückt sind.[92]

Die Schulungsbedürftigkeit der einzelnen BR-Mitglieder hängt auch von den **subjektiven und individuellen Vorkenntnissen und Erfahrungen** ab. Sind diese bereits vorhanden, so ist eine Schulung ebenfalls nicht erforderlich.[93]

b) Bildungsurlaub nach Abs. 7. Bei dem amtsbezogenen Bildungsurlaub nach Abs. 7 handelt es sich um einen **Individualanspruch** des einzelnen BR-Mitglieds. Dieser Anspruch besteht – anders als nach Abs. 6 – unabhängig vom konkreten Wissensstand. Voraussetzung ist allerdings die Anerkennung der betreffenden Veranstaltung von der zuständigen Obersten Arbeitsbehörde des Landes als geeignet. Liegt diese Anerkennung vor, ist die Erforderlichkeitsprüfung, die bei Abs. 6 vorgenommen werden muss, im Rahmen von Abs. 7 entbehrlich. Ausreichend ist damit, dass die vermittelten Kenntnisse für die BR-Tätigkeit dienlich und förderlich sind.[94]

Die Ansprüche auf Teilnahmen an Veranstaltungen sowohl nach Abs. 6 als auch nach Abs. 7 schließen sich gegenseitig nicht aus. Beide Ansprüche können damit **nebeneinander** geltend gemacht werden. Der individuelle Anspruch nach Abs. 7 ist allerdings auf drei Wochen begrenzt, bei Vorliegen der Voraussetzungen des Abs. 7 S. 2 ausnahmsweise auf vier Wochen. Aber: Hat ein BR-Mitglied an einer Bildungsmaßnahme nach Abs. 7 teilgenommen, schließt dies regelmäßig die Erforderlichkeit einer inhaltsgleichen Schulungsmaßnahme nach Abs. 6 aus.[95]

---

82 BAG 24.5.1995 – 7 ABR 54/94 – AP § 37 BetrVG 1972 Nr. 109.
83 BAG 7.6.1979 – 7 ABR 26/88 – AP § 37 BetrVG 1972 Nr. 67; BAG 16.10.1986 – 6 ABR 14/84 – AP § 37 BetrVG 1972 Nr. 58; BAG 19.7.1995 – 7 ABR 49/94 – AP § 37 BetrVG 1972 Nr. 110; BAG 19.3.2008 – 7 ABR 2/07 – juris.
84 BAG 15.5.1986 – 6 ABR 74/83 – AP § 37 BetrVG 1972 Nr. 54.
85 BAG 4.6.2003 – 7 ABR 42/02 – AP § 37 BetrVG 1972 Nr. 136; abgelehnt für ein Seminar mit dem Thema „Rechte und Pflichten des BR im Arbeitskampf", LAG Hamm 11.8.2003 – 10 Sa 141/03 – NZA-RR 2004, 82.
86 Gute Übersicht bei *Fitting u.a.*, § 37 Rn 149; s. auch DKK/*Wedde*, § 37 Rn 108; GK-BetrVG/*Wiese/Weber*, § 37 Rn 158.
87 BAG 15.1.1997 – 7 ABR 14/96 – AP § 37 BetrVG 1972 Nr. 118; zu den Folgen bei nachträglicher Änderung der Erforderlichkeit LAG Düsseldorf – 9 TaBV 329/08, NZA-RR 2009, 306.
88 BAG 7.6.1989 – 7 ABR 26/88 – AP § 37 BetrVG 1972 Nr. 67.
89 BAG 7.5.2008 – 7 AZR 90/07 – DB 2008, 2659.
90 BAG 7.5.2008 – 7 AZR 90/07 – DB 2008, 2659; vgl. zu dieser Rspr.-Änderung auch *Schiefer*, DB 2008, 2649 ff.
91 HWK/*Reichold*, § 37 BetrVG Rn 33; weitergehend *Besgen*, Betriebsverfassungsrecht, § 7 Rn 7 ff.
92 *Fitting u.a.*, § 37 Rn 178; s. dazu auch BAG 19.9.2001 – 7 ABR 32/00 – AP § 25 BetrVG 1972 Nr. 9, wonach ausnahmsweise ein Schulungsbedarf für Ersatzmitglieder anzunehmen ist, wenn dies im Einzelfall zur Gewährleistung der Arbeitsfähigkeit des BR erforderlich ist.
93 BAG 19.3.2008 – 7 ABR 2/07 – juris; LAG Sachsen 22.11.2002 – 9 TaBV 17/02 – NZA-RR 2003, 420; GK-BetrVG/*Wiese/Weber*, § 37 Rn 153.
94 BAG 11.10.1995 – 7 ABR 42/94 – AP § 37 BetrVG 1972 Nr. 115; weitergehend *Besgen*, Betriebsverfassungsrecht, § 7 Rn 23 ff.
95 HWK/*Reichold*, § 37 BetrVG Rn 37.

46 **c) Verfahren der Arbeitsbefreiung.** Das Verfahren der Arbeitsbefreiung richtet sich nach Abs. 6 S. 3 bis 6, die über den Verweis in Abs. 7 S. 3 auch für den Bildungsurlaub gelten.

47 **aa) Festlegung des Schulungszeitpunktes.** Der BR hat nach Abs. 6 S. 3 bei der Festlegung der zeitlichen Lage der Teilnahme an Schulungs- und Bildungsveranstaltungen die **betrieblichen Notwendigkeiten** zu berücksichtigen. An diese Notwendigkeiten werden strenge Anforderungen gestellt. Bedeutsam können sie daher regelmäßig nur für nichtfreigestellte BR-Mitglieder sein, bspw. bei besonders hohem Arbeitsanfall, der die Arbeitsleistung des konkreten BR-Mitglieds zwingend erfordert. Die betrieblichen Notwendigkeiten dürfen aber nicht dazu führen, dass die Schulungsteilnahme nicht durchgeführt werden kann.[96] Allerdings kann sich im Einzelfall die Verpflichtung des BR ergeben, die Teilnehmerzahl zu reduzieren.[97] I.Ü. muss der BR den Schulungszeitpunkt so wählen, dass die betrieblichen Belange möglichst gering belastet werden.

48 **bb) Festlegung der Teilnehmer.** Die Teilnahme der BR-Mitglieder wird durch **Beschluss** des Gremiums festgelegt. Bei der Auswahlentscheidung ist der BR dabei nicht frei. Vielmehr muss er seine Entscheidung nach objektiven Kriterien treffen, insb. danach, welche Aufgaben und Funktion einzelne Mandatsträger im BR wahrnehmen.[98] Zudem ist der BR an § 75 Abs. 1 gebunden. Schon aus diesem Grund scheidet eine unterschiedliche Behandlung der BR-Mitglieder ohne sachlichen Grund aus.[99]

49 **cc) Unterrichtungspflichten.** Nach Abs. 6 S. 4 hat der BR dem AG die **Teilnahme und die zeitliche Lage** der Schulungs- und Bildungsveranstaltungen **rechtzeitig** bekannt zu geben. Die Unterrichtspflicht erstreckt sich auf die maßgeblichen Tatsachen. Diese umfassen die Inhalte der Veranstaltung, deren Dauer, Ort und den Veranstalter sowie ggf. die behördliche Anerkennung im Falle eines Bildungsurlaubs nach Abs. 7. Hintergrund der Unterrichtungspflicht ist das Recht des AG, nach Abs. 6 S. 5 die Einigungsstelle anzurufen, wenn er die betrieblichen Notwendigkeiten nicht für ausreichend berücksichtigt hält. Die Unterrichtung muss deshalb so rechtzeitig erfolgen, dass die Einigungsstelle ggf. noch rechtzeitig angerufen werden kann.[100] Hieraus folgt: Wird die Unterrichtungspflicht missachtet und verletzt, lassen sich hieraus keine nachteiligen Folgen für den Entgeltfortzahlungsanspruch ableiten; es handelt sich in erster Linie um eine **formale Ordnungsvorschrift**.[101] Im Wiederholungsfalle besteht aber die Möglichkeit, Rechte aus § 23 Abs. 1 herzuleiten.

50 **dd) Anrufung der Einigungsstelle.** Der AG hat die Möglichkeit, nach Abs. 6 S. 5 die Einigungsstelle anzurufen, wenn er die betrieblichen Notwendigkeiten nicht für ausreichend berücksichtigt hält. Erhebt der AG diesen Einspruch, muss der BR zunächst die Klärung der Streitfrage abwarten und darf kein BR-Mitglied zur Schulung entsenden.[102] Das Recht, in besonders gelagerten Eilfällen eine einstweilige Verfügung zu erwirken, bleibt hiervon allerdings unberührt.[103] Aber: Das Recht zur Anrufung der Einigungsstelle besteht nur in Bezug auf die **zeitliche Lage der Schulungsveranstaltung**. Bestreitet der AG die Erforderlichkeit der Schulung an sich, muss dies im arbeitsgerichtlichen Beschlussverfahren geklärt werden.[104] Das Beschlussverfahren hat jedoch keine aufschiebende Wirkung, so dass das BR-Mitglied zur Teilnahme an der Schulungsveranstaltung dennoch berechtigt ist. Das Risiko einer Fehleinschätzung ist allerdings von ihm zu tragen. Bei Vorliegen der Voraussetzungen kann der AG dem BR-Mitglied aber auch die Teilnahme an der Schulungsveranstaltung durch einstweilige Verfügung untersagen lassen.[105]

51 **ee) Freizeitausgleich und Entgeltfortzahlung.** Abs. 6 S. 1 verweist auf die Abs. 2 und 3. Damit besteht ein Anspruch auf Freizeitausgleich, hilfsweise auf Abgeltung für die Teilnahme an den Schulungsveranstaltungen. Letztere war bis zum Betriebsverfassungsreformgesetz 2001 strittig und wurde vom BAG abgelehnt.[106] Gerade aber wegen der teilzeitbeschäftigten BR-Mitglieder, die außerhalb ihrer eigentlichen Arbeitszeit Freizeitopfer erbringen und der möglichen mittelbaren Diskriminierung weiblicher Teilzeitkräfte bei Vollzeitschulungen ist der frühere Streit nunmehr durch den ausdrücklichen Verweis auf Abs. 3 gegenstandslos. Damit darf den an der Schulung teilnehmenden BR-Mitgliedern das Entgelt nach Abs. 6 S. 1 i.V.m. Abs. 2 nicht gemindert werden (zum Umfang des fortzuzahlenden Arbeitsentgelts siehe Rn 6 ff). Auch hier gilt das Prinzip des **vorrangigen Freizeitausgleichs**. Ein Abgeltungsanspruch nach Abs. 3 kommt nur sekundär in Frage, wenn die Schulungsveranstaltung aus betriebsbedingten Gründen außerhalb der Arbeitszeit stattfand (zum Begriff der betriebsbedingten Gründe siehe Rn 20 ff.). Betriebsbedingte Gründe liegen nach Abs. 6 S. 2 insb. dann vor, wenn wegen Besonderheiten der betrieblichen Arbeitszeitgestaltung

---

[96] So *Fitting u.a.*, § 37 Rn 239 m.w.N.
[97] Richardi/*Thüsing*, § 37 Rn 116.
[98] S. Richardi/*Thüsing*, § 37 Rn 118.
[99] *Fitting u.a.*, § 37 Rn 235.
[100] Vgl. auch BAG 18.3.1977 – 1 ABR 54/74 – AP § 37 BetrVG 1972 Nr. 27.
[101] S. nur *Fitting u.a.*, § 37 Rn 242 m.w.N.; a.A. aber Richardi/*Thüsing*, § 37 Rn 124.
[102] BAG 18.3.1977 – 1 ABR 54/74 – AP § 37 BetrVG 1972 Nr. 27.
[103] LAG Frankfurt 19.8.2004 – 9 TaBVGa 114/04 – mit Anm. Beckmann jurisPR – AGR 9/2005; so *Fitting u.a.*, § 37 Rn 249.
[104] Richardi/*Thüsing*, § 37 BetrVG Rn 131; *Fitting u.a.*, § 37 Rn 251.
[105] S. dazu *Fitting u.a.*, § 37 Rn 252.
[106] BAG 5.3.1997 – 7 AZR 581/92 – AP § 37 BetrVG 1972 Nr. 123.

die Schulung des BR-Mitglieds außerhalb seiner Arbeitszeit erfolgt. Dabei richtet sich der Umfang des Freizeitausgleichs für jeden Schulungstag nach der jeweiligen normalen Arbeitszeit eines mit dem BR-Mitglied vergleichbaren Kollegen, der Vollzeit beschäftigt ist.[107]

Anders als nach Abs. 3 ist jedoch der Ausgleichsanspruch nach Abs. 6 S. 2 Hs. 2 auf die **Arbeitszeit eines vollzeitbeschäftigten AN** begrenzt. Liegen deshalb betriebsbedingte Gründe vor, die zu einer Schulungsteilnahme außerhalb der persönlichen Arbeitszeit zwingen, ist der Ausgleichsanspruch pro Schulungstag auf die Arbeitszeit eines vollbeschäftigten AN beschränkt. Maßgeblich ist dabei die maßgebende Arbeitszeit am jeweiligen Schulungstag.[108] I.Ü. gelten die Ausführungen für Abs. 3 entsprechend (siehe Rn 17 ff.).

ff) Bezahlte Freistellung nach Abs. 7. Für den amtsbezogenen Bildungsurlaub nach Abs. 7 fehlt ein Verweis auf die Abs. 2 und 3. Vielmehr wird in Abs. 7 S. 1 unmittelbar die bezahlte Freistellung für **insg. drei Wochen** normiert. Für den Bildungsurlaub steht dem BR-Mitglied damit nur ein Anspruch auf Arbeitsbefreiung ohne Minderung des Arbeitsentgelts zu (wie nach Abs. 2). Ein Anspruch auf Freizeitausgleich für die Teilnahme an Bildungsurlaub außerhalb der persönlichen Arbeitszeit besteht gerade nicht.[109] Bei dem Anspruch nach Abs. 7 handelt es sich um ein individuelles Recht des jeweiligen BR-Mitglieds, so dass auch aus diesem Grunde die Differenzierung gerechtfertigt ist. Der zeitliche Umfang des Anspruchs nach Abs. 7 beträgt generell drei Wochen. War allerdings das BR-Mitglied vor Übernahme des Amtes bereits Jugend- und Auszubildendenvertreter oder wurde das BR-Amt erstmals übernommen, erhöht sich der Anspruch ausnahmsweise auf vier Wochen. Solange Ersatzmitglieder nicht endgültig in den BR nachgerückt sind, besteht kein Anspruch auf Bildungsurlaub nach Abs. 7.[110]

3. Beraterhinweise. Das Recht des BR, Schulungsmaßnahmen nach den Abs. 6 und 7 in Anspruch zu nehmen, ist unbestritten. Soweit deshalb keine exotischen Themen ausgewählt werden, sollte dem Schulungsverlangen im Grundsatz stattgegeben werden. Nur bei Vorliegen begründeter Anhaltspunkte, bspw. die Inanspruchnahme einer längeren Schulung kurz vor Ablauf der Amtsperiode, kann eine Schulungsteilnahme abgelehnt werden. Bei auswärtigen Schulungen ist der Freizeitausgleichsanspruch nach Abs. 6 S. 2 Hs. 2 pro Schulungstag auf die Arbeitszeit eines vollzeitbeschäftigten AN begrenzt. Zur Frage der Erstattung von Kosten, die den BR-Mitgliedern durch die Teilnahme an Schulungsveranstaltungen entstehen siehe § 40 Rn 14.

C. Verbindung zu anderen Rechtsgebieten und zum Prozessrecht

Bei Streitigkeiten aus § 37 muss zwischen individualrechtlichen und kollektivrechtlichen Ansprüchen unterschieden werden. Verfolgt das einzelne BR-Mitglied gegenüber dem AG seine Entgeltfortzahlungsansprüche bzw. Freizeitausgleichsansprüche, handelt es sich um individualrechtliche Streitigkeiten aus dem Arbverh. Für diese gilt das Urteilsverfahren.

Verfolgt hingegen der BR als Antragsteller seine Rechte, bspw. um die Erforderlichkeit einer Schulungsteilnahme nach Abs. 6 prüfen zu lassen, sind die Regeln des Beschlussverfahrens anzuwenden. Wird die behördliche Entscheidung über die Anerkennung einer Veranstaltung nach Abs. 7 als geeignet bestritten, sind nach der st. Rspr. des BAG nicht die Verwaltungsgerichte sondern die ArbG zuständig.[111] Der AG selbst soll dann aber nicht antragsberechtigt sein.[112] Dieses Recht soll nur den Trägern der Veranstaltung sowie den jeweiligen Spitzenorganisationen zustehen.[113]

---

§ 38 Freistellungen

(1) Von ihrer beruflichen Tätigkeit sind mindestens freizustellen in Betrieben mit in der Regel

200 bis 500 Arbeitnehmern ein Betriebsratsmitglied,
501 bis 900 Arbeitnehmern 2 Betriebsratsmitglieder,
901 bis 1 500 Arbeitnehmern 3 Betriebsratsmitglieder,
1 501 bis 2 000 Arbeitnehmern 4 Betriebsratsmitglieder,
2 001 bis 3 000 Arbeitnehmern 5 Betriebsratsmitglieder,
3 001 bis 4 000 Arbeitnehmern 6 Betriebsratsmitglieder,

---

107 BAG 10.11.2004 – 7 AZR 131/04 – NZA 2005, 704.
108 S. dazu *Fitting u.a.*, § 37 Rn 133.
109 Str., wie hier HWK/*Reichold*, § 37 BetrVG Rn 45; GK-BetrVG/*Wiese*/*Weber*, § 37 Rn 247; a.A. *Fitting u.a.*, § 37 Rn 226.
110 BAG 14.12.1994 – 7 ABR 31/94 – AP § 37 BetrVG 1972 Nr. 100.
111 BAG 11.8.1993 – 7 ABR 52/92 – AP § 37 BetrVG 1972 Nr. 92.
112 BAG 25.6.1981 – 6 ABR 92/79 – AP § 37 BetrVG 1972 Nr. 38.
113 Krit. zum Ganzen Richardi/*Thüsing*, § 37 Rn 196.

4 001 bis 5 000 Arbeitnehmern 7 Betriebsratsmitglieder,
5 001 bis 6 000 Arbeitnehmern 8 Betriebsratsmitglieder,
6 001 bis 7 000 Arbeitnehmern 9 Betriebsratsmitglieder,
7 001 bis 8 000 Arbeitnehmern 10 Betriebsratsmitglieder,
8 001 bis 9 000 Arbeitnehmern 11 Betriebsratsmitglieder,
9 001 bis 10 000 Arbeitnehmern 12 Betriebsratsmitglieder.

²In Betrieben mit über 10 000 Arbeitnehmern ist für je angefangene weitere 2 000 Arbeitnehmer ein weiteres Betriebsratsmitglied freizustellen. ³Freistellungen können auch in Form von Teilfreistellungen erfolgen. ⁴Diese dürfen zusammengenommen nicht den Umfang der Freistellungen nach den Sätzen 1 und 2 überschreiten. ⁵Durch Tarifvertrag oder Betriebsvereinbarung können anderweitige Regelungen über die Freistellung vereinbart werden.

(2) ¹Die freizustellenden Betriebsratsmitglieder werden nach Beratung mit dem Arbeitgeber vom Betriebsrat aus seiner Mitte in geheimer Wahl und nach den Grundsätzen der Verhältniswahl gewählt. ²Wird nur ein Wahlvorschlag gemacht, so erfolgt die Wahl nach den Grundsätzen der Mehrheitswahl; ist nur ein Betriebsratsmitglied freizustellen, so wird dieses mit einfacher Stimmenmehrheit gewählt. ³Der Betriebsrat hat die Namen der Freizustellenden dem Arbeitgeber bekannt zu geben. ⁴Hält der Arbeitgeber eine Freistellung für sachlich nicht vertretbar, so kann er innerhalb einer Frist von zwei Wochen nach der Bekanntgabe die Einigungsstelle anrufen. ⁵Der Spruch der Einigungsstelle ersetzt die Einigung zwischen Arbeitgeber und Betriebsrat. ⁶Bestätigt die Einigungsstelle die Bedenken des Arbeitgebers, so hat sie bei der Bestimmung eines anderen freizustellenden Betriebsratsmitglieds auch den Minderheitenschutz im Sinne des Satzes 1 zu beachten. ⁷Ruft der Arbeitgeber die Einigungsstelle nicht an, so gilt sein Einverständnis mit den Freistellungen nach Ablauf der zweiwöchigen Frist als erteilt. ⁸Für die Abberufung gilt § 27 Abs. 1 Satz 5 entsprechend.

(3) Der Zeitraum für die Weiterzahlung des nach § 37 Abs. 4 zu bemessenden Arbeitsentgelts und für die Beschäftigung nach § 37 Abs. 5 erhöht sich für Mitglieder des Betriebsrats, die drei volle aufeinander folgende Amtszeiten freigestellt waren, auf zwei Jahre nach Ablauf der Amtszeit.

(4) ¹Freigestellte Betriebsratsmitglieder dürfen von inner- und außerbetrieblichen Maßnahmen der Berufsbildung nicht ausgeschlossen werden. ²Innerhalb eines Jahres nach Beendigung der Freistellung eines Betriebsratsmitglieds ist diesem im Rahmen der Möglichkeiten des Betriebs Gelegenheit zu geben, eine wegen der Freistellung unterbliebene betriebsübliche berufliche Entwicklung nachzuholen. ³Für Mitglieder des Betriebsrats, die drei volle aufeinander folgende Amtszeiten freigestellt waren, erhöht sich der Zeitraum nach Satz 2 auf zwei Jahre.

A. Allgemeines	1
B. Regelungsgehalt	2
I. Freistellung (Abs. 1)	2
1. Anzahl	2
2. Regelmäßig beschäftigte Arbeitnehmer	3
3. Teilfreistellungen	4
4. Zusätzliche Freistellungen	5
5. Anderweitige Regelungen durch Tarifvertrag/Betriebsvereinbarung	6
6. Ersatzfreistellungen	7
II. Wahl der freizustellenden Betriebsratsmitglieder (Abs. 2)	8
1. Wahlverfahren	8
2. Beratung mit dem Arbeitgeber	9
3. Einverständnis und Bekanntgabe	10
4. Einigungsstellenverfahren	11
5. Freistellungsdauer und Abberufung	12
III. Rechtsstellung der freigestellten Betriebsratsmitglieder	13
1. Arbeitsvertragliche Pflichten	13
2. Fortzahlung des Arbeitsentgelts	14
IV. Schutz der freigestellten Betriebsratsmitglieder (Abs. 3 und 4)	17
1. Entgelt- und Tätigkeitsschutz	17
2. Maßnahmen der Berufsbildung	18
3. Berufliche Entwicklung	19
C. Verbindung zu anderen Rechtsgebieten und zum Prozessrecht	20
D. Beraterhinweise	22

A. Allgemeines

1 Die Vorschrift des § 38 ist lex specialis zu § 37 Abs. 2, wonach Mitglieder des BR von ihrer beruflichen Tätigkeit zu befreien sind, soweit dies erforderlich ist. Demgegenüber wird die Erforderlichkeit einer Freistellung im Rahmen der in § 38 vorgegebenen Staffelungen gesetzlich unterstellt. Es handelt sich um Mindeststaffelungen, die zwingend einzuhalten sind. Im Zuge des Betriebsverfassungsreformgesetzes 2001 wurde die Vorschrift gravierend geändert. Einerseits wurde die Staffelung abgesenkt, was eine (geringfügige) Erhöhung der Freistellungsanzahl zur Folge hatte. Zudem wurde die Möglichkeit von Teilfreistellungen eingeführt, Abs. 1 S. 3.

B. Regelungsgehalt
I. Freistellung (Abs. 1)

1. Anzahl. Freigestellte BR-Mitglieder werden generell von der Arbeitsleistung entbunden. Eines konkreten Anlasses, wie bei § 37 Abs. 2, bedarf es dafür nicht. Diese tritt vielmehr kraft Gesetzes bei Vorliegen der Voraussetzungen nach Abs. 1 S. 1 ein. Es handelt sich dabei um **Mindestfreistellungen**. Abweichende Regelungen durch TV oder BV sind nach Abs. 1 S. 5 möglich (siehe Rn 6). Die gesetzlich vorgegebene Staffel endet für Betriebe bis 10.000 AN. Eine Begrenzung nach oben ist aber nicht vorgesehen. Darüber hinaus gilt die allg. Regel nach Abs. 1 S. 2, wonach pro angefangenen weiteren 2.000 AN ein weiteres BR-Mitglied freizustellen ist. In Betrieben bis 16.000 AN sind daher bspw. 15 BR-Mitglieder freizustellen.

2. Regelmäßig beschäftigte Arbeitnehmer. Die Freistellungsstaffel berechnet sich allein nach **Kopfzahlen**, so dass Teilzeitbeschäftigte nicht anteilig berücksichtigt werden (anders als bei § 23 KSchG). Maßstab für die Bemessungsgrundlage ist die Zahl der „in der Regel" beschäftigten AN (siehe auch § 111 Rn 4). Die räumliche Abgrenzung erfolgt nach § 4 und der AN-Begriff ist der des § 5 (siehe § 4 Rn 7 ff.; vgl. § 5 Rn 3 ff.). Bei der Zahl der BR-Mitglieder nach § 9 werden nur wahlberechtigte AN berücksichtigt. Im Rahmen von § 38 fehlt es an dieser Einschränkung, so dass auch jugendliche AN mitgezählt werden. Leih-AN sind hingegen nicht zu berücksichtigen („wählen, aber zählen nicht", siehe auch § 7 Rn 11 ff. und § 9 Rn 7).[1] Für die Berechnung der freizustellenden BR-Mitglieder ist der **Zeitpunkt des Freistellungsbeschlusses** maßgebend.[2] Allerdings sind spätere Entwicklungen – nach oben oder nach unten zu berücksichtigen – sofern die Schwankungen nicht nur vorübergehender Natur sind. Für das Absinken der Belegschaftsstärke wird zudem gefordert, dass sich die BR-Aufgaben auch in entsprechendem Umfange verringern.[3]

3. Teilfreistellungen. Teilfreistellungen sind nach den Änderungen durch das Betriebsverfassungsreformgesetz 2001 nunmehr ausdrücklich zulässig.[4] Dabei handelt es sich um eine Organisationsentscheidung des Gremiums, so dass die Möglichkeiten und der Umfang der Teilfreistellung allein dem BR obliegt. Eine Einschränkung enthält lediglich Abs. 1 S. 4, wonach der Umfang der Teilfreistellungen das Gesamtfreistellungsvolumen nicht überschreiten darf. Möglich ist damit die stunden- oder tageweise Teilfreistellung. Grenzen werden allerdings dort zu ziehen sein, wo die Aufsplittung einer ordnungsgemäßen Durchführung der BR-Aufgaben und auch den Interessen des Betriebs entgegensteht.[5]

4. Zusätzliche Freistellungen. Über die Mindeststaffel nach § 38 hinausgehende Freistellungen sind möglich, sie unterliegen aber den Anforderungen nach § 37 Abs. 2. In jedem Einzelfall ist mithin eine Erforderlichkeitsprüfung für die zusätzliche Freistellung vorzunehmen, an die wegen der gesetzlichen Regelung in § 38 strenge Anforderungen zu stellen sind.[6] Es muss daher im Einzelnen dargelegt werden, dass die Möglichkeit einer lediglich vorübergehenden Freistellung nach § 37 Abs. 2 nicht ausreicht, sondern vielmehr eine weitere (Voll-)Freistellung bis zum Ende der Wahlperiode erforderlich ist.[7] Ohnehin kann eine zusätzliche Freistellung nicht einseitig durch das Gremium beschlossen werden. Vielmehr bedarf es hierzu der **Zustimmung des AG**.[8] Streitigkeiten werden in diesem Zusammenhang im arbeitsgerichtlichen Beschlussverfahren ausgetragen, denn das Einigungsstellenverfahren nach Abs. 2 ist nach zutreffender Auffassung des BAG nicht anzuwenden.[9]

5. Anderweitige Regelungen durch Tarifvertrag/Betriebsvereinbarung. Durch TV oder BV können anderweitige Regelungen über die Freistellung nach Abs. 1 S. 5 vereinbart werden. Dies betrifft Art und Umfang der Freistellung, also die Vorgaben aus Abs. 1 S. 1 und 2 sowie die Modalitäten bei Teilfreistellungen und umfasst auch die Möglichkeit, in Betrieben mit weniger als 200 AN Freistellungen festzulegen.[10] Es ist jedoch möglich, die Wirkungen des § 38 aufzuheben, so dass ein genereller Ausschluss von Freistellungen unzulässig ist.[11] Wurde eine abweichende Regelung durch TV/BV getroffen, kommen weitere Freistellungen nicht mehr in Betracht. Vielmehr ist davon auszugehen, dass es sich dann um eine **abschließende Regelung** handeln soll.[12] Regelungen nach Abs. 1 S. 5 können i.Ü. nur freiwillig vereinbart werden. Sie sind weder über ein Einigungsstellenverfahren noch im Wege des Arbeitskampfes erzwingbar.[13]

---

1 S. dazu BAG 16.4.2003 – 7 ABR 53/02 – DB 2003, 2128.
2 BAG 26.7.1989 – 7 ABR 64/88 – AP § 38 BetrVG 1972 Nr. 10.
3 BAG 26.7.1989 – 7 ABR 64/88 – AP § 38 BetrVG 1972 Nr. 10; weitere Nachweise bei HWK/*Reichold*, § 38 BetrVG Rn 5 zur Fn 4.
4 *Hornung*, DB 2002, 94.
5 Richardi/*Thüsing*, § 38 Rn 14a.
6 *Klempt*, B+P 2003, 687; *Besgen*, Betriebsverfassungsrecht, § 6 Rn 51.
7 HWK/*Reichold*, § 38 BetrVG Rn 9 f.; *Besgen*, Betriebsverfassungsrecht, § 6 Rn 51 f.
8 Richardi/*Thüsing*, § 38 Rn 17; DKK/*Wedde*, § 38 Rn 12.
9 BAG 20.5.1973 – 1 ABR 2/73 – AP § 38 BetrVG 1972 Nr. 2; s.a. BAG 26.7.1989 – 7 ABR 64/88 – AP § 38 BetrVG 1972 Nr. 10; a.A. DKK/*Wedde*, § 38 Rn 12.
10 *Fitting u.a.*, § 38 Rn 28.
11 BAG 11.6.1997 – 7 ABR 5/96 – AP § 38 BetrVG 1972 Nr. 22.
12 Richardi/*Thüsing*, § 38 Rn 24.
13 GK-BetrVG/*Wiese/Weber*, § 38 Rn 31.

7 **6. Ersatzfreistellungen.** Freigestellte BR-Mitglieder nach § 38 können wegen Urlaub, Krankheit etc. zeitweilig verhindert sein. Das Ersatzmitglied nach § 25 rückt jedoch nicht automatisch in die Freistellung nach § 38 ein.[14] Das BAG fordert in solchen Fällen, dass der BR darlegt, dass trotz zumutbarer interner Umverteilung die anfallenden Aufgaben nicht mehr ordnungsgemäß erledigt werden können.[15] Kurzfristige Verhinderungen werden damit regelmäßig den Freistellungsbedarf nicht berühren. Zudem ist zu beachten, dass in den Berechnungen der Mindeststaffel absehbare urlaubs-, krankheits- und schulungsbedingte Abwesenheitszeiten der freigestellten BR-Mitglieder bereits berücksichtigt sind.[16] *Reichold* weist zutreffend darauf hin, dass dies umso mehr gilt, seitdem durch das Betriebsverfassungsreformgesetz die Schwellenwerte gesenkt und die Zahl der Freistellungen erhöht worden sind.[17]

II. Wahl der freizustellenden Betriebsratsmitglieder (Abs. 2)

8 **1. Wahlverfahren.** Das Wahlverfahren für die freizustellenden BR-Mitglieder erfolgt nach Abs. 2 S. 1 **geheim** und nach den Grundsätzen der **Verhältniswahl**. Wird nur ein Wahlvorschlag gemacht bzw. ist nur ein BR-Mitglied freizustellen (S. 2), so erfolgt die Wahl nach den Grundsätzen der **Mehrheitswahl**. Das Wahlverfahren ist im Wesentlichen der Wahlvorschrift für den Betriebsausschuss nachgebildet (vgl. § 27 Rn 5 f.). Einigkeit besteht nach überwiegender Ansicht darin, dass die Einhaltung der **Geschlechterquote** aus § 15 Abs. 2, die ebenfalls im Zuge der Betriebsverfassungsreform 2001 neu eingeführt wurde, nicht zu berücksichtigen ist.[18]

9 **2. Beratung mit dem Arbeitgeber.** Der Wahl muss nach dem Wortlaut des Abs. 2 S. 1 eine Beratung mit dem AG vorangehen. Dazu ist die ordnungsgemäße Einberufung einer BR-Sitzung erforderlich. Das BAG lässt eine Beratung nur einzelner BR-Mitglieder mit dem AG nicht zu.[19] Unterschiedlich beurteilt wird die Frage, welche **Auswirkungen** eine unterlassene Beratung auf die Wirksamkeit der Freistellungswahl hat. Nach zutreffender Ansicht bleibt die Wahl wirksam.[20] Eine Anfechtung der Wahl analog § 19 ist abzulehnen.[21] Eine befristete Wahlanfechtung in entsprechender Anwendung des § 19 kommt nur in ganz besonderen Ausnahmefällen in Betracht.[22] Die unterlassene Beratung mit dem AG stellt aber ein pflichtwidriges Verhalten nach § 23 Abs. 1 dar.[23]

10 **3. Einverständnis und Bekanntgabe.** An die Übernahme eines BR-Amtes ist nicht die Pflicht gebunden, sich freistellen zu lassen. Vielmehr bedarf es sowohl für die Aufstellung zur Wahl als auch für die Annahme der Freistellung jeweils der **Einverständniserklärung** des BR-Mitglieds. Eine Freistellung gegen den Willen des Mandatsträgers ist damit ausgeschlossen.[24] Liegt das Einverständnis vor, hat der BR die Namen der Freizustellenden dem AG nach Abs. 2 S. 3 bekannt zu geben. Der AG hat dann seinerseits die Möglichkeit, gem. Abs. 2 S. 4 innerhalb einer Frist von zwei Wochen nach der Bekanntgabe die Einigungsstelle anzurufen, sofern er die Freistellung für sachlich unvertretbar hält. Ruft der AG die Einigungsstelle nicht an, gilt sein Einverständnis mit den Freistellungen nach Ablauf der zweiwöchigen Frist nach Abs. 2 S. 7 als erteilt.

11 **4. Einigungsstellenverfahren.** Das Einigungsstellenverfahren ist in Abs. 2 S. 4 bis 7 geregelt. Hält der AG den Freistellungsbeschluss bzw. die Freistellung für sachlich nicht vertretbar, muss er innerhalb einer **Frist von zwei Wochen** nach der Bekanntgabe gem. Abs. 2 S. 3 die Einigungsstelle anrufen. Für die Fristberechnung gelten §§ 187 ff. BGB. Fristbeginn ist der Tag der ordnungsgemäßen Bekanntgabe an den AG. Zur Fristwahrung ist es ausreichend, wenn der AG beim BR den Antrag auf Bildung einer Einigungsstelle stellt,[25] wobei der Antrag vorsorglich auch einen Vorschlag für den Einigungsstellenvorsitz enthalten sollte.[26] Die Einigungsstelle hat sich dann inhaltlich mit der sachlichen Vertretbarkeit des Freistellungsbeschlusses zu befassen. Es geht also um die personelle Auswahlentscheidung.[27] Der AG kann sich bspw. darauf stützen, dass bei der Auswahlentscheidung betriebliche Notwendigkeiten nicht berücksichtigt worden sind. Dies muss nicht zwingend alle freizustellenden BR-Mitglieder betreffen, so dass ein partielles Rügerecht besteht.[28] Gründe, die nicht die personelle Auswahl an sich betreffen, sondern weitergehende Bedenken beinhalten, sind nicht im Einigungsstellenverfahren, sondern im arbeitsgerichtlichen Beschlussverfahren zu entscheiden. Der Beschluss der Einigungsstelle kann gerichtlich im Rahmen von § 76 Abs. 5 S. 4 überprüft werden.

---

14 Richardi/*Thüsing*, § 38 Rn 18; *Besgen*, Betriebsverfassungsrecht, § 6 Rn 65 ff.
15 BAG 12.2.1997 – 7 ABR 40/96 – AP § 38 BetrVG 1972 Nr. 19.
16 BAG 9.7.1997 – 7 ABR 18/96 – AP § 38 BetrVG 1972 Nr. 23.
17 HWK/*Reichold*, § 38 BetrVG Rn 15.
18 *Fitting u.a.*, § 38 Rn 49; HWK/*Reichold*, § 38 BetrVG Rn 17.
19 BAG 29.4.1992 – 7 ABR 74/91 – AP § 38 BetrVG 1972 Nr. 15.
20 *Fitting u.a.*, § 38 Rn 46; GK-BetrVG/*Wiese/Weber*, § 38 Rn 45; a.A. Richardi/*Thüsing*, § 38 Rn 29, die jedenfalls eine Bindung des AG an die Auswahl ablehnen.
21 So aber LAG Berlin 19.6.1995 – 9 Ta BV – NZA-RR 1996, 51; DKK/*Wedde*, § 38 Rn 38; *Fitting u.a.*, § 38 Rn 46.
22 BAG 15.1.1992 – 7 ABR 24/91 – AP § 26 BetrVG 1972 Nr. 10.
23 DKK/*Wedde*, § 38 Rn 38.
24 BAG 11.3.1992 – 7 ABR 50/91 – AP § 38 BetrVG 1972 Nr. 11; s. auch Richardi/*Thüsing*, § 38 Rn 31.
25 H.M., s. nur *Fitting u.a.*, § 38 Rn 63.
26 So DKK/*Wedde*, § 38 Rn 48.
27 S. BAG 9.10.1973 – 1 ABR 29/73 – AP § 38 BetrVG 1972 Nr. 3; BAG 26.6.1996 – 7 ABR 48/95 – AP § 38 BetrVG 1972 Nr. 17.
28 H.M., Richardi/*Thüsing*, § 38 Rn 34 m.w.N.

5. Freistellungsdauer und Abberufung. Die Freistellung erfolgt für die **Amtsperiode des BR**.[29] Allerdings ist das freigestellte BR-Mitglied jederzeit berechtigt, die Freistellung durch **Widerruf** zu beenden.[30] Umgekehrt ist auch der BR als Gremium berechtigt, die Freistellung zu widerrufen, was nach Abs. 2 S. 8 als **Abberufung** bezeichnet wird. Für diese Abberufung gilt § 27 Abs. 1 S. 5 entsprechend (siehe § 27 Rn 8 f.). Die Abberufung erfolgt durch Beschluss des BR, der in geheimer Abstimmung gefasst wird und einer Mehrheit von ¾ der Stimmen der Mitglieder des BR bedarf. Werden dagegen die Ausschussmitglieder oder die freizustellenden BR-Mitglieder insg. neu gewählt, so treten die neu gewählten an die Stelle der früher gewählten, ohne dass diese erst mit qualifizierter Mehrheit des BR abberufen werden müssten.[31] Scheidet i.Ü. ein im Wege der Verhältniswahl freigestelltes BR-Mitglied aus der Freistellung aus, so rückt ein BR-Mitglied aus derselben Vorschlagsliste nach. Ist die Liste erschöpft, so wird das ersatzweise freizustellende BR-Mitglied vom BR im Wege der Mehrheitswahl gewählt.[32]

III. Rechtsstellung der freigestellten Betriebsratsmitglieder

1. Arbeitsvertragliche Pflichten. Der Umfang der arbeitsvertraglichen Pflichten der freigestellten BR-Mitglieder bleibt trotz der Freistellung umfassend erhalten. Die Freistellung erstreckt sich nur auf die **Arbeitsleistung** als solche, nicht aber auf die sonstigen Pflichten. Hieraus folgt eine grds. **Anwesenheitspflicht**[33] und damit auch die Verpflichtung, sich im Falle der Abwesenheit abzumelden. **Urlaub** steht dem freigestellten BR-Mitglied wie allen anderen AN im Rahmen der zugrunde liegenden Vereinbarungen zu, wobei die Freistellung sich nicht auf die Arbeitsleistung bezieht, sondern auf die betriebsverfassungsrechtliche Amtstätigkeit.[34] Missachtet das freigestellte BR-Mitglied die fortbestehenden arbeitsvertraglichen Pflichten, kann dies sowohl eine Amtspflichtverletzung nach § 23 Abs. 1 als auch eine arbeitsvertragliche Pflichtverletzung, die **abmahnungsfähig** ist, bedeuten.[35]

2. Fortzahlung des Arbeitsentgelts. Der Anspruch auf das Arbeitsentgelt bleibt (selbstverständlich) auch dem freigestellten BR-Mitglied in vollem Umfange erhalten, inkl. Urlaubsansprüchen.[36] Es gelten dieselben Grundsätze wie bei der Arbeitsbefreiung nach § 37 Abs. 2, also das **Lohnausfallprinzip** (siehe § 37 Rn 14). Wegen der Abkoppelung von dem betrieblichen Arbeitsalltag ist für freigestellte BR-Mitglieder die Regelung des § 37 Abs. 4 und der dort normierte **Entgeltschutz** von besonderer Bedeutung (siehe § 37 Rn 30 ff.). Das Arbeitsentgelt von freigestellten BR-Mitgliedern darf damit nicht geringer bemessen werden als das Arbeitsentgelt vergleichbarer AN mit betriebsüblicher beruflicher Entwicklung.

Schwierig ist die Behandlung von **Mehrarbeit** bei freigestellten BR-Mitgliedern. Ein Freizeitausgleichsanspruch kann zwar auch für freigestellte BR-Mitglieder bestehen, wenn sie außerhalb ihrer Arbeitszeit BR-Arbeit leisten mussten. Da aber ein freigestelltes BR-Mitglied frei über die zu erbringende BR-Tätigkeit entscheidet, sind insoweit an die Grundsätze des § 37 Abs. 3 **höhere Anforderungen** zu stellen. Ein Freizeitausgleichsanspruch besteht nur dann, wenn tatsächlich betriebsbedingte Gründe die BR-Tätigkeit außerhalb der Arbeitszeit bedingen und es sich nicht nur um betriebsratsbedingte Gründe handelte.[37] Aus diesen Gründen kommt regelmäßig auch kein sekundärer Abgeltungsanspruch nach § 37 Abs. 3 S. 3 in Betracht, den das freigestellte BR-Mitglied kann grds. selbst bestimmen, wann es den ihm zustehenden Freizeitausgleich nimmt, da es nicht in den betrieblichen Ablauf eingegliedert ist.[38] Ist allerdings die Belastung für das freigestellte BR-Mitglied aufgrund dauernder Verpflichtungen so hoch, dass ein Freizeitausgleich in der üblichen Arbeitszeit nicht möglich ist, kommt ausnahmsweise auch ein Anspruch auf Mehrarbeitsvergütung in Betracht.[39]

Für die Teilnahme an **Schulungs- und Bildungsveranstaltungen** nach § 37 Abs. 6 und 7 gelten keine Besonderheiten. Die freigestellten BR-Mitglieder müssen dieselben Anforderungen wie die nichtfreigestellten BR-Mitglieder erfüllen (siehe § 37 Rn 39 ff.).

IV. Schutz der freigestellten Betriebsratsmitglieder (Abs. 3 und 4)

1. Entgelt- und Tätigkeitsschutz. Die Vorschrift des Abs. 3 erweitert den Entgelt- und Tätigkeitsschutz aus § 37 Abs. 4 und 5 auf **zwei Jahre** nach Ablauf der Amtszeit. Voraussetzung für diesen erweiterten nachwirkenden Schutz ist die Freistellung für **drei volle aufeinander folgende Amtszeiten**. Es muss sich um Amtszeiten i.S.v. § 21 gehandelt haben, also die volle Wahlperiode über vier Jahre; Verkürzungen nach § 13 führen zu einem Ausschluss der ver-

---

29 Zur Neuwahl bei Erhöhung der Anzahl freizustellender BR-Mitglieder vgl. BAG 20.4.2005 – 7 ABR 47/04 – AP § 27 BetrVG 1972 Nr. 9.
30 Richardi/*Thüsing*, § 38 Rn 44.
31 So ausdr. BAG 29.4.1992 – 7 ABR 74/91 – AP § 38 BetrVG 1972 Nr. 15.
32 BAG 14.11.2001 – 7 ABR 31/00 – AP § 38 BetrVG 1972 Nr. 24.
33 BAG 31.5.1989 – 7 AZR 277/88 – AP § 38 BetrVG 1972 Nr. 9.
34 BAG 20.8.2002 – 9 AZR 261/01 – AP § 38 BetrVG 1972 Nr. 27.
35 Richardi/*Thüsing*, § 38 Rn 56; HWK/*Reichold*, § 38 BetrVG Rn 28; Fitting u.a., § 38 Rn 84; vgl. auch *Besgen*, Betriebsverfassungsrecht, § 6 Rn 54 ff.
36 BAG 20.8.2002 – 9 AZR 261/01 – BB 2003, 1018.
37 So zutreffend HWK/*Reichold*, § 38 BetrVG Rn 30.
38 HWK/*Reichold*, § 38 BetrVG Rn 30; Fitting u.a., § 38 Rn 81.
39 Fitting u.a., § 38 Rn 31; insg. abl. jedoch GK-BetrVG/Wiese/Weber, § 38 Rn 89.

150 BetrVG § 39

längerten Nachwirkung.[40] Die Mindestfreistellungszeit beträgt danach immer zwölf Jahre, kann allerdings im Einzelfall unter den besonderen Voraussetzungen des § 13 Abs. 3 S. 2, § 21 S. 4 auch länger sein.[41]

18 **2. Maßnahmen der Berufsbildung.** Freigestellte BR-Mitglieder dürfen von inner- und außerbetrieblichen Maßnahmen der Berufsbildung nach Abs. 4 nicht ausgeschlossen werden. Die Vorschrift konkretisiert das Benachteiligungsverbot aus § 78 S. 2 (siehe § 78 Rn 4). Ein Anspruch auf bevorzugte Berücksichtigung bei Berufsbildungsmaßnahmen besteht grds. nicht (vgl. § 37 Rn 35).[42]

19 **3. Berufliche Entwicklung.** Abs. 4 S. 2 sieht schließlich vor, den freigestellten BR-Mitgliedern im Rahmen der Möglichkeiten des Betriebs Gelegenheit zu geben, eine wegen der Freistellung unterbliebene betriebsübliche berufliche Entwicklung innerhalb eines Jahres nach Beendigung der Freistellung nachzuholen. Die Jahresfrist verlängert sich auch hier auf **zwei Jahre**, wenn das BR-Mitglied drei volle aufeinander folgende Amtszeiten freigestellt war. Wurde die betriebsübliche berufliche Entwicklung nachgeholt, ist das BR-Mitglied entsprechend der nachgeholten Fortbildung zu beschäftigen. Dieser Anspruch begründet jedoch keine Bevorzugung gegenüber den anderen vergleichbaren AN.

C. Verbindung zu anderen Rechtsgebieten und zum Prozessrecht

20 Streitigkeiten zwischen den Betriebspartnern über den Umfang der Freistellungen werden im arbeitsgerichtlichen Beschlussverfahren nach §§ 2a, 80 ff. ArbGG entschieden. Allein für die sachliche Vertretbarkeit der Auswahlentscheidung gilt das in Abs. 2 S. 4 bis 7 vorgesehene speziellere Einigungsstellenverfahren. Von den Streitigkeiten aus § 38 sind etwaige Meinungsverschiedenheiten zwischen AG und freigestelltem BR-Mitglied über die Pflichten aus dem Arbverh zu unterscheiden. Letztere sind allein im Urteilsverfahren auszutragen.

21 Die Wahl der freizustellenden BR-Mitglieder kann in entsprechender Anwendung des § 19 angefochten werden.[43]

D. Beraterhinweise

22 Die Mindestfreistellungen nach § 38 sind zwingend. Das Begehren des BR, weitere BR wegen umfangreicher BR-Tätigkeiten freizustellen, sollte nicht von vornherein aus AG-Sicht abgelehnt werden. Im Einzelfall kann es sich durchaus als günstiger erweisen, ein weiteres BR-Mitglied in vollem Umfange freizustellen, um dadurch betriebliche Ablaufstörungen durch wiederholte kurze Freistellungen verschiedener BR-Mitglieder nach § 37 Abs. 2 zu vermeiden.

§ 39 Sprechstunden

(1) ¹Der Betriebsrat kann während der Arbeitszeit Sprechstunden einrichten. ²Zeit und Ort sind mit dem Arbeitgeber zu vereinbaren. ³Kommt eine Einigung nicht zustande, so entscheidet die Einigungsstelle. ⁴Der Spruch der Einigungsstelle ersetzt die Einigung zwischen Arbeitgeber und Betriebsrat.
(2) Führt die Jugend- und Auszubildendenvertretung keine eigenen Sprechstunden durch, so kann an den Sprechstunden des Betriebsrats ein Mitglied der Jugend- und Auszubildendenvertretung zur Beratung der in § 60 Absatz 1 genannten Arbeitnehmer teilnehmen.
(3) Versäumnis von Arbeitszeit, die zum Besuch der Sprechstunden oder durch sonstige Inanspruchnahme des Betriebsrats erforderlich ist, berechtigt den Arbeitgeber nicht zur Minderung des Arbeitsentgelts des Arbeitnehmers.

A. Allgemeines 1	II. Teilnahme eines Vertreters der Jugend- und Auszubildendenvertretung (Abs. 2) 7
B. Regelungsgehalt 2	III. Entgeltfortzahlung bei Besuch der Sprechstunden (Abs. 3) 8
I. Sprechstunden (Abs. 1) 2	
1. Einrichtung 2	
2. Einigung mit dem Arbeitgeber 3	C. Verbindung zu anderen Rechtsgebieten und zum Prozessrecht 10
3. Durchführung der Sprechstunden 4	
4. Inhalt der Sprechstunden 5	D. Beraterhinweise 12
5. Haftung für Auskünfte 6	

---

[40] HWK/*Reichold*, § 38 BetrVG Rn 32.
[41] Überwiegende Ansicht, vgl. nur *Fitting u.a.*, § 38 Rn 94; a.A. Richardi/*Thüsing*, § 38 Rn 59 mit beachtlichen Gegenargumenten.
[42] Richardi/*Thüsing*, § 38 Rn 62.
[43] BAG 15.1.1992 – 7 ABR 24/91 – AP § 26 BetrVG 1972 Nr. 10; GK-BetrVG/*Wiese/Weber*, § 38 Rn 50.

A. Allgemeines

Mit der Einrichtung von Sprechstunden des BR haben die einzelnen AN die Möglichkeit, sich während der Arbeitszeit mit dem BR in Verbindung zu setzen und ihre Fragen und Wünsche vorzubringen. Sprechstunden dienen damit der innerbetrieblichen Kommunikation. Für den BR sind Sprechstunden gerade in größeren Betrieben schon deshalb sinnvoll, weil so die reibungslose BR-Arbeit nicht durch ständige Nachfragen einzelner AN gestört wird. Dies fördert den reibungslosen Ablauf der Geschäftsführung des BR. Aus Sicht des AG haben feste Sprechstunden den Vorteil, dass die AN nur zu bestimmten Zeiten den Arbeitsplatz verlassen und auch gerade die nicht freigestellten BR-Mitglieder nicht dauernd während ihrer üblichen Arbeitsleistung in Anspruch genommen werden. Werden AN i.S.v. § 60 Abs. 1 von dem BR beraten, können zudem Mitglieder der JAV an dieser Beratung teilnehmen, sofern diese Vertretung keine eigenen Sprechstunden durchführt (Abs. 2). In Abs. 3 wird schließlich klargestellt, dass der Besuch der Sprechstunden wie auch die sonstige Inanspruchnahme des BR, sofern sie erforderlich ist, den AG nicht zur Minderung des Arbeitsentgelts der AN berechtigt.

B. Regelungsgehalt
I. Sprechstunden (Abs. 1)

1. Einrichtung. Der BR ist in der Entscheidung, „ob" er eine Sprechstunde einrichten möchte, frei. Er entscheidet nach **pflichtgemäßen Ermessen** unter Berücksichtigung der **betrieblichen Verhältnisse**, der Zahl der im Betrieb beschäftigten AN und ggf. auch der Bereitschaft der AN, Sprechstunden in Anspruch zu nehmen.[1] Selbst in großen Betrieben besteht dennoch keine **Verpflichtung** zur Einrichtung einer Sprechstunde.[2] Werden Sprechstunden eingerichtet, bedeutet dies allerdings nicht, dass die AN die BR-Mitglieder ausschließlich während dieser Sprechstunden aufsuchen dürfen; das Recht, auch außerhalb der Sprechstunden ein BR-Mitglied in Anspruch zu nehmen, bleibt unberührt.[3]

2. Einigung mit dem Arbeitgeber. Zeit und Ort der Sprechstunden sind nach Abs. 1 S. 2 mit dem AG zu vereinbaren. Gemeint ist damit die **zeitliche Lage der Sprechstunden** bezogen auf die Wochentage und die jeweilige Uhrzeit sowie die Frage ihrer **Häufigkeit** (wöchentlich/monatlich oder sogar täglich).[4] Die **Festlegung des Ortes** bezieht sich regelmäßig auf den Raum, in dem die Sprechstunden stattfinden sollen. Dieser ist von dem AG nach § 40 Abs. 2 ebenso wie die sonstigen sachlichen Mittel (bspw. Schreibmaterial) zur Verfügung zu stellen (siehe auch § 40 Rn 16 ff.). Kommt eine Einigung über Zeit und Ort der Sprechstunden mit dem AG nicht zu Stande, entscheidet nach Abs. 1 S. 3 die Einigungsstelle. Der Spruch der Einigungsstelle ersetzt die Einigung zwischen BR und AG jedoch nur hinsichtlich Zeit und Ort der Sprechstunden, jedoch nicht hinsichtlich weiterer Modalitäten.[5]

3. Durchführung der Sprechstunden. Der BR kann für die Durchführung der Sprechstunden bestimmte BR-Mitglieder beauftragen, eine Rotation für diese Mitglieder einführen oder aber diese Fragen offen lassen. In letzterem Fall gilt dann § 26 Abs. 2 S. 1, so dass stets der Vorsitzende bzw. im Falle seiner Verhinderung der Stellvertreter Ansprechpartner ist. Ist im Betrieb ein Betriebsausschuss nach § 27 gebildet, führt dieser nach § 27 Abs. 2 S. 1 die **laufenden Geschäfte** des BR. Hierzu gehören auch die abzuhaltenden Sprechstunden.[6] Für die Dauer der Sprechstunden sind BR-Mitglieder nach § 37 Abs. 2 von ihrer beruflichen Tätigkeit ohne Minderung des Arbeitsentgelts befreit, soweit sie nicht schon nach § 38 freigestellt sind. Die Einrichtung und Abhaltung von Sprechstunden rechtfertigt jedoch in keinem Falle eine komplette Freistellung.[7]

4. Inhalt der Sprechstunden. Als mögliche Gegenstände einer Sprechstunde können **alle Fragen betrieblicher Natur** eingeordnet werden. Hierzu zählen bspw. Beschwerden (vgl. auch § 85), Auskünfte, vertrauliche Angelegenheiten oder aber auch allgemeine Anregungen (s. § 86a). Regelmäßig werden die AN die Sprechstunden in Angelegenheiten in Anspruch nehmen, die mit konkreten personellen Maßnahmen zusammenhängen. Aus diesem Grunde wird dem BR generell auch eine Rechtsberatung über die mit dem Arbverh zusammenhängenden Fragen zugestanden.[8] Das BR-Mitglied muss dann allerdings zur Beantwortung der Fragen auch in der Lage sein und ist daher verpflichtet, die AN ggf. an sachkundigere Stellen zu verweisen.

5. Haftung für Auskünfte. Erteilt ein BR-Mitglied in den Sprechstunden falsche Auskünfte, scheidet eine **Haftung** des BR als Kollektivorgan von vornherein aus.[9] I.Ü. kommt eine Haftung des einzelnen BR-Mitglieds nur

---

1 *Fitting u.a.*, § 39 Rn 5; Hess u.a./*Glock*, § 39 Rn 5; *Besgen*, Betriebsverfassungsrecht, § 4 Rn 15.
2 A.A. GK-BetrVG/*Wiese/Weber*, § 39 Rn 11.
3 BAG 23.6.1983 – 6 ABR 65/80 – AP § 37 BetrVG 1972 Nr. 45.
4 *Fitting u.a.*, § 39 Rn 12; a.A. DKK/*Wedde*, § 39 Rn 12, der bezogen auf die Dauer der Sprechstunden ein Alleinentscheidungsrecht des BR annimmt.
5 *Fitting u.a.*, § 39 Rn 15.
6 DKK/*Wedde*, § 39 Rn 6; Richardi/*Thüsing*, 39 Rn 11.
7 BAG 13.11.1991 – 7 ABR 5/91 – AP § 37 BetrVG 1972 Nr. 80.
8 *Fitting u.a.*, § 39 Rn 23; DKK/*Wedde*, § 39 Rn 18.
9 *Fitting u.a.*, § 39 Rn 34.

bei unerlaubter Handlung in Betracht.[10] Lässt sich ein AN über eine ausgesprochene Künd in der Sprechstunde allg. von einem BR-Mitglied beraten und erfolgt eine **falsche Rechtsberatung** über die dreiwöchige Klagefrist des § 4 KSchG, geht dies zu Lasten des AN; sogar eine nachträgliche Zulassung der Künd-Schutzklage nach § 5 KSchG wird von der Instanz-Rspr. abgelehnt.[11]

II. Teilnahme eines Vertreters der Jugend- und Auszubildendenvertretung (Abs. 2)

7   Die JAV ist ihrerseits berechtigt, bei Vorliegen der Voraussetzungen des § 69 Sprechstunden durchzuführen. Ebenso wie der BR (vgl. Rn 2) ist sie allerdings nicht verpflichtet, eigene Sprechstunden einzurichten. Liegen die Voraussetzungen des § 69 nicht vor oder macht die JAV bei Vorliegen der Voraussetzungen von dieser Möglichkeit keinen Gebrauch, hat ein Mitglied der JAV das Recht, an den Sprechstunden des BR zur Beratung der in § 60 Abs. 1 genannten AN teilzunehmen. Den jugendlichen AN soll durch diese Teilnahmemöglichkeit eine (mögliche) Befangenheit gegenüber den älteren BR-Mitgliedern genommen werden. Zudem wird den Mitgliedern der JAV so die Möglichkeit eingeräumt, sich über die Belange der jugendlichen AN auch im Rahmen der Sprechstunde zu informieren. Eine Verpflichtung zur Teilnahme der JAV-Vertreter besteht jedoch nicht („kann"). Welches Mitglied der JAV teilnimmt, wird von dieser durch Beschluss bestimmt; andernfalls besteht ein Teilnahmerecht des Vorsitzenden bzw. seines Stellvertreters. Das Teilnahmerecht besteht nur zum Zwecke der Beratung Jugendlicher und zu ihrer Berufsausbildung beschäftigte AN, nicht beim Besuch sonstiger erwachsener AN.[12] Nimmt ein Mitglied der JAV an der Sprechstunde teil, ist es für diese Zeit von der Verpflichtung zur Arbeitsleistung befreit (§ 65 Abs. 1 i.V.m. § 37 Abs. 2). I.Ü. steht es dem Jugendlichen oder zu seiner Berufsausbildung beschäftigten AN frei, auf die Teilnahme eines JAV-Vertreters zu verzichten und sich allein von dem BR-Mitglied beraten zu lassen.[13]

III. Entgeltfortzahlung bei Besuch der Sprechstunden (Abs. 3)

8   Die Sprechstunde des BR können alle AN des Betriebs aufsuchen. Erfasst werden auch die im Betrieb tätigen Leih-AN, was § 14 Abs. 2 S. 2 AÜG ausdrücklich klarstellt. Nach Abs. 3 berechtigt die Versäumnis von Arbeitszeit wegen eines erforderlichen Besuchs einer Sprechstunde den AG nicht zur Minderung des Arbeitsentgelts des jeweiligen AN. Die **Erforderlichkeit** ist grds. zu bejahen, sofern ein sachlicher Grund für die Inanspruchnahme vorliegt. Für notorische Querulanten, die den BR ständig aufsuchen, ist die Erforderlichkeit abzulehnen.[14] Die AN sind nicht verpflichtet, sich allein auf die Sprechstunden des BR verweisen zu lassen. Sie können den BR daher auch jeder Zeit außerhalb der Sprechstunden in Anspruch nehmen („oder durch sonstige Inanspruchnahme").

9   Der Entgeltfortzahlungsanspruch des AN setzt nicht die Erlaubnis zum Besuch der Sprechstunden (bzw. zur Inanspruchnahme des BR in sonstigen Angelegenheiten) voraus. Den AN trifft jedoch die **Nebenpflicht**, sich vorher bei seinem Vorgesetzten ordnungsgemäß abzumelden und nach Rückkehr wieder zurückzumelden.[15] Auch muss der AN auf dringende betriebliche Notwendigkeiten Rücksicht nehmen, z.B. eilige Arbeit, die keinen Aufschub duldet.[16] Die Arbeitsvertragsparteien unterliegen insoweit dem gegenseitigen Gebot der Rücksichtnahme. Dem BR steht schließlich auch das Recht zu, den AN am Arbeitsplatz aufzusuchen.[17] Der Unfallversicherungsschutz der AN bleibt auch während des Besuchs der Sprechstunde uneingeschränkt gewährleistet.[18]

C. Verbindung zu anderen Rechtsgebieten und zum Prozessrecht

10   Die ArbG entscheiden im Beschlussverfahren über Streitigkeiten hinsichtlich der Einrichtung von Sprechstunden, §§ 2a, 80 ff. ArbGG. Die Einigungsstelle ist allerdings im speziellen Fall der Vereinbarung über Zeit und Ort der Sprechstunden zuständig (Abs. 1 S. 2 bis 4, siehe auch Rn 13).

11   Ansprüche der AN aus § 39, bspw. das Verlangen nach Arbeitsbefreiung für den Besuch einer Sprechstunde oder die Pflicht des AG zur Entgeltfortzahlung, sind individualrechtliche Streitigkeiten, die im Urteilsverfahren ausgetragen werden, §§ 2, 46 ff. ArbGG.

D. Beraterhinweise

12   Die Einrichtung von regelmäßigen Sprechstunden erleichtert allg. den reibungslosen Ablauf im Betrieb. Ein entsprechendes Verlangen des BR sollte daher regelmäßig positiv beschieden werden. Die Anfragen der AN können dann

---

10 Richardi/*Thüsing*, § 39 Rn 29 m.w.N.; vgl. zur Haftung Besgen, Betriebsverfassungsrecht, § 4 Rn 31 f.
11 LAG Rheinland-Pfalz 10.9.1984 – 1 Ta 197/84 – NZA 1985, 430; LAG Hamburg 10.4.1987 – 5 Ta 5/87 – DB 1987, 1744; so auch die überwiegende betriebsverfassungsrechtliche Lit., s. nur DKK/*Wedde*, § 39 Rn 18; *Fitting u.a.*, § 39 Rn 23.
12 *Fitting u.a.*, § 39 Rn 20.
13 GK-BetrVG/*Wiese/Weber*, § 39 Rn 23.
14 So *Fitting u.a.*, § 39 Rn 29.
15 BAG 23.6.1983 – 6 ABR 65/80 – AP § 37 BetrVG 1972 Nr. 45.
16 HWK/*Reichold*, § 39 BetrVG Rn 9.
17 *Fitting u.a.*, § 39 Rn 31.
18 Richardi/*Thüsing*, § 39 Rn 28.

gebündelt von dem BR beantwortet werden und es wird vermieden, dass die betrieblichen Abläufe unnötig beeinträchtigt werden. Dies gilt umso mehr, als eine Vereinbarung über Zeit und Ort nach Abs. 1 S. 2 notwendig ist.

Ist ein Betriebsausschuss nach § 27 gebildet, hat dieser die Sprechstunden im Rahmen der laufenden Geschäfte nach § 27 Abs. 2 S. 1 abzuhalten (siehe auch Rn 4). **13**

§ 40 Kosten und Sachaufwand des Betriebsrats

(1) Die durch die Tätigkeit des Betriebsrats entstehenden Kosten trägt der Arbeitgeber.
(2) Für die Sitzungen, die Sprechstunden und die laufende Geschäftsführung hat der Arbeitgeber in erforderlichem Umfang Räume, sachliche Mittel, Informations- und Kommunikationstechnik sowie Büropersonal zur Verfügung zu stellen.

A. Allgemeines	1
B. Regelungsgehalt	2
I. Grundsätze der Kostentragungspflicht (Abs. 1) ...	2
1. Tätigkeit des Betriebsrats	2
2. Erforderlichkeit der Aufwendungen	3
3. Keine Zustimmung des Arbeitgebers erforderlich	4
4. Ausgestaltung des Anspruchs	5
II. Kosten der Geschäftsführung des Betriebsrats im Einzelnen (Abs. 1)	7
1. Kosten des Betriebsrats	7
a) Geschäftsführung im Allgemeinen	7
b) Sachverständige, Berater, Rechtsanwälte, sachkundige Arbeitnehmer	8
c) Einigungsstellen	11
2. Kosten der Betriebsratsmitglieder	12
a) Allgemeine Aufwendungen	12
b) Fahrt- und Reisekosten	13
c) Schulungskosten	14
d) Prozesskosten	15
III. Sachaufwand des Betriebsrats (Abs. 2)	16
1. Grundsätze	16
2. Grundsatz der Erforderlichkeit	17
3. Im Einzelnen	18
a) Räume	19
b) Sachmittel	21
c) Fachliteratur	22
d) Schwarzes Brett	23
e) Anspruch auf Telefon und Handy	24
f) Moderne Kommunikationsmittel: Internet, Intranet, E-Mail, Telefax, PC und Laptop	27
g) Büropersonal	32
4. Eigentumsverhältnisse	33
C. Verbindung zu anderen Rechtsgebieten und zum Prozessrecht	35
D. Beraterhinweise	36

A. Allgemeines

Der AG hat die persönlichen und sächlichen Kosten des BR umfassend zu übernehmen. Mit der Übernahme des BR-Mandats als Ehrenamt (§ 37 Abs. 1) dürfen keine finanziellen Belastungen für die BR-Mitglieder verbunden sein. Dies folgt i.Ü. auch aus §§ 41, 78 S. 2. Die Vorschrift des § 40 ist als Generalklausel zur Kostenübernahmepflicht des AG zu sehen und ergänzt insoweit §§ 37, 38, die die Entgeltfortzahlung i.Ü. regeln. Abs. 1 normiert die generelle Kostentragungspflicht der durch die Tätigkeit des BR entstehenden Kosten, Abs. 2 sieht eine Naturalleistungspflicht für Sachaufwand vor. Insoweit erfolgte im Zuge der Betriebsverfassungsreform 2001 eine Klarstellung bezogen auf die Informations- und Kommunikationstechnik, zu der insb. Computer, Software und technische Neuerungen gehören. **1**

B. Regelungsgehalt

I. Grundsätze der Kostentragungspflicht (Abs. 1)

1. Tätigkeit des Betriebsrats. Die Kostentragungspflicht nach Abs. 1 erstreckt sich auf alle Kosten des **BR** einschließlich seiner **Ausschüsse** nach §§ 27, 28 sowie des **Wirtschaftsausschusses**.[1] Ein Kostenerstattungsanspruch der Arbeitsgruppe nach § 28a besteht jedoch nicht, da es sich bei ihren Mitgliedern nicht um Betriebsräte handelt (siehe § 28a Rn 4, 9).[2] Wird die Wahl eines BR angefochten, bleibt die Kostentragungspflicht bestehen.[3] Dies gilt selbst im Falle der Nichtigkeit, sofern die Nichtigkeit nicht offenkundig war.[4] Hat der BR nur noch ein Rest- oder Übergangsmandat nach §§ 21a, 21b, besteht ebenfalls eine Kostentragungspflicht fort.[5] Voraussetzung ist allerdings stets, dass sich der BR und seine Mitglieder innerhalb der ihnen zugewiesenen Aufgaben nach dem BetrVG bewegen. **2**

---

1 Vgl. dazu BAG 17.10.1990 – 7 ABR 69/89 – AP § 108 BetrVG 1972 Nr. 8.
2 HWK/*Reichold*, § 40 BetrVG Rn 4, Fn 6 sowie derselbe § 28a Rn 5; a.A. ErfK/*Eisemann/Koch*, § 28a BetrVG Rn 3; *Wedde*, AuR 2002, 122.
3 *Fitting u.a.*, § 40 Rn 8.
4 Vgl. BAG 29.4.1989 – 7 ABR 42/97 – AP § 40 BetrVG 1972 Nr. 58; *Fitting u.a.*, § 40 Rn 8; s.a. Richardi/*Thüsing*, § 40 Rn 4.
5 *Fitting u.a.*, § 40 Rn 7 m.w.N.

3 2. Erforderlichkeit der Aufwendungen. Die Kosten der Tätigkeit müssen objektiv für die Durchführung der BR-Aufgaben erforderlich sein.[6] Das Merkmal der **Erforderlichkeit** ist zwar in Abs. 1 nicht ausdr. aufgenommen worden (anders als bspw. in § 37 Abs. 2), das BAG liest es jedoch in die Vorschrift hinein.[7] Es kommt damit auch im Rahmen von § 40 auf den **Standpunkt eines vernünftigen objektiven Dritten** an, der die sachgerechte Ausübung des BR-Amtes einerseits und die berechtigten Interessen des AG andererseits gewissenhaft gegeneinander abwägt.[8] Dennoch steht dem BR zur Aufrechterhaltung seiner Entscheidungsfähigkeit ein angemessener **Beurteilungsspielraum** zu.[9] Insg. muss der BR sich bei der Erfüllung seiner Aufgaben auch im Rahmen von § 40 an dem Grundsatz der Verhältnismäßigkeit ausrichten, so dass unverhältnismäßige finanzielle Belastungen des AG ausgeschlossen sind.[10] Die in dem vorgenannten Sinne vorgenommene Beurteilung des BR muss sich jedoch bei einer ex post – Beurteilung nicht als objektiv notwendig erweisen.[11]

4 3. Keine Zustimmung des Arbeitgebers erforderlich. Sind die Grundsätze der Erforderlichkeit – wie zuvor dargestellt – eingehalten, benötigt der BR nicht die Zustimmung des AG für seine Aufwendungen.[12] Der allgemeine **Grundsatz der vertrauensvollen Zusammenarbeit** aus § 2 Abs. 1 gebietet es aber, sich - insb. bei außergewöhnlichen Aufwendungen – mit dem AG ins Benehmen zu setzen und ihm Gelegenheit zur Stellungnahme zu geben.[13] I.Ü. besteht eine Kostentragungspflicht des AG in Fällen, in denen Entscheidungen des BR einen **ordnungsgemäßen Beschluss** voraussetzen, nur dann, wenn auch ein entsprechender Beschluss tatsächlich vorliegt.[14] Verkündet der AG in einer Betriebsversammlung den Umfang der BR-Kosten und bedient er sich dabei unzulässiger Methoden, steht dem BR ein Unterlassungsanspruch zu.[15]

5 4. Ausgestaltung des Anspruchs. Der BR ist als solcher weder rechts- noch vermögensfähig.[16] Er ist damit nicht in der Lage, Verträge mit Dritten zu schließen und Verbindlichkeiten einzugehen.[17] Nach ganz h.M. wird allerdings durch § 40 ein gesetzliches Schuldverhältnis zwischen AG und BR begründet.[18] Aus diesem gesetzlichen Schuldverhältnis wird die **partielle Vermögensfähigkeit** des BR abgeleitet, soweit ihm aus § 40 Ansprüche gegen den AG erwachsen. Der BR hat damit (entspr. § 669 BGB) einen Anspruch auf **angemessenen Vorschuss** für die ihm voraussichtlich entstehenden Aufwendungen.[19] Persönliche Belastungen der BR-Mitglieder sollen, was auch aus § 78 S. 2 folgt, vermieden werden. Daher kann es im Einzelfall angemessen sein, mit **Kostenpauschalen** zu arbeiten, in größeren Betrieben einen Dispositionsfonds einzurichten[20] oder dem BR sogar eine Kreditkarte zur Verfügung zu stellen.[21]

6 Handelt der BR im Rahmen seiner Befugnisse, steht ihm ein **Freistellungsanspruch** aus § 40 gegen den AG zu.[22] Der Freistellungsanspruch kann durch Beschluss unmittelbar an den Gläubiger abgetreten werden, so dass dieser einen unmittelbaren Zahlungsanspruch gegen den AG erwirbt.[23] Umgekehrt gilt: Wurde die Verbindlichkeit bereits von einem Mitglied des BR in Vorleistung für den AG erfüllt, so steht ihm unmittelbar ein **Erstattungsanspruch** zu, der bei Verzug oder nach Eintritt der Rechtshängigkeit zu verzinsen ist.[24] Ausschlussklauseln sind auf die Erstattungsansprüche der BR-Mitglieder nicht anzuwenden, da es sich nicht um Ansprüche aus dem Arbverh, sondern aus der Amtstätigkeit handelt.[25] Wegen der allgemeinen kurzen Verjährungsfrist von drei Jahren nach §§ 195, 199 BGB wird eine Verwirkung regelmäßig nicht in Betracht kommen.[26] Kostenerstattungsansprüche als Masseschulden i.S.v. § 55 InsO sind nach Eröffnung des Insolvenzverfahrens geschützt; vor Eröffnung des Insolvenzver-

---

6 S. zur Kostentragung auch *Besgen*, B+P 2004, 93.
7 BAG 20.10.1999 – 7 ABR 25/98 – AP § 40 BetrVG 1972 Nr. 67; BAG 19.3.2003 – 7 ABR 15/02 – AP § 40 BetrVG 1972 Nr. 77; *Besgen*, Betriebsverfassungsrecht, § 9 Rn 13.
8 BAG 20.10.1999 – 7 ABR 25/98 – AP § 40 BetrVG 1972 Nr. 67.
9 HWK/*Reichold*, § 40 BetrVG Rn 6.
10 Richardi/*Thüsing*, § 40 Rn 7 m.w.N. zur Rspr.
11 S. schon BAG 18.4.1967 – 1 ABR 11/66 – AP § 39 BetrVG Nr. 7; ferner BAG 24.6.1969 – 1 ABR 6/69 – AP § 39 BetrVG Nr. 8.
12 H.L., Richardi/*Thüsing*, § 40 Rn 9; GK-BetrVG/*Wiese/Weber*, § 40 Rn 13; *Fitting u.a.*, § 40 Rn 11; *Besgen*, Betriebsverfassungsrecht, § 9 Rn 15.
13 BAG 18.4.1967 – 1 ABR 11/66 – AP § 39 BetrVG Nr. 7; HWK/*Reichold*, § 40 BetrVG Rn 7.
14 GK-BetrVG/*Wiese/Weber*, § 40 Rn 14; BAG 8.3.2000 – 7 ABR 11/98 – AP § 40 BetrVG 1972 Nr. 68; *Reitze*, NZA 2002, 492.
15 BAG 12.11.1997 – 7 ABR 14/97 – AP § 23 BetrVG 1972 Nr. 27; zust. *Fitting u.a.*, § 40 Rn 6 m.w.N.
16 BAG 24.4.1986 – 6 AZR 607/83 – AP § 87 BetrVG 1972 Sozialeinrichtung Nr. 7; Richardi/*Richardi*, Einl. Nr. 111.
17 HWK/*Reichold*, § 40 BetrVG Rn 3.
18 Richardi/*Richardi*, Einl. Rn 112; *Fitting u.a.*, § 40 Rn 90; BAG 24.10.2001 – 7 ABR 20/00 – § 40 BetrVG 1972 Nr. 71.
19 Richardi/*Thüsing*, § 40 BetrVG Rn 43; *Fitting u.a.*, § 40 Rn 91.
20 So *Fitting u.a.*, § 40 Rn 91.
21 Vgl. zu diesem Vorschlag DKK/*Wedde*, § 40 Rn 12.
22 BAG 19.3.2003 – 7 ABR 15/02 – AP § 40 BetrVG 1972 Nr. 77; H.L., vgl. nur *Fitting u.a.*, § 40 Rn 93; GK-BetrVG/*Wiese/Weber*, § 40 Rn 17; zur gesamtschuldnerischen Haftung im Gemeinschaftsbetrieb vgl. BAG 19.4.1989 – 7 ABR 6/88 – AP § 40 BetrVG 1972 Nr. 29.
23 Vgl. BAG 24.10.2001 – 7 ABR 20/00 – AP § 40 BetrVG 1972 Nr. 71.
24 BAG 18.1.1989 – 7 ABR 89/87 – AP § 40 BetrVG 1972 Nr. 28, s. dazu auch *Fitting u.a.*, § 40 Rn 94.
25 S. BAG 30.1.1973 – 1 ABR 1/73 – AP § 40 BetrVG 1972 Nr. 3.
26 Grds. aber möglich, s. *Fitting u.a.*, § 40 Rn 98 m.w.N. zur Rspr.

fahrens begründete Kostenerstattungsansprüche sind hingegen einfache Insolvenzforderungen gem. § 38 InsO.[27] Wegen der damit verbundenen Unsicherheiten für bestehende Forderungen wird in der Lit. dem BR und seinen Mitgliedern empfohlen, sich durch Vorschusszahlungen abzusichern.[28]

II. Kosten der Geschäftsführung des Betriebsrats im Einzelnen (Abs. 1)

1. Kosten des Betriebsrats. a) Geschäftsführung im Allgemeinen. Spezielle Kosten der Geschäftsführung werden bereits in Abs. 2 genannt (siehe Rn 18 ff.). Über den insoweit nach Abs. 2 zur Verfügung zu stellenden Sachaufwand hinaus fallen unter die Kostentragungspflicht nach Abs. 1 alle Kosten, die aus der **ordnungsgemäßen laufenden Geschäftsführung** entstehen und zur sachgerechten Durchführung der BR-Arbeit erforderlich sind.[29] Hierzu gehören z.B. die nach § 34 anzufertigenden Sitzungsniederschriften, Kosten eines Dolmetschers in Betrieben mit ausländischen AN, bei entsprechendem Bedarf sogar schriftliche Übersetzungen.[30]

7

b) Sachverständige, Berater, Rechtsanwälte, sachkundige Arbeitnehmer. Erstattungsfähig sind ferner Aufwendungen, die im Rahmen einer Heranziehung von **SV** nach § 80 Abs. 3 entstehen (siehe § 80 Rn 35 ff.). § 80 Abs. 3 ist insoweit jedoch eine Sonderregelung und setzt eine Vereinbarung mit dem AG voraus. **Berater** des BR zu betriebsverfassungsrechtlichen Fragen sind ebenfalls grds. SV i.S.v. § 80 Abs. 3. Wird allerdings ein **RA** im Rahmen eines arbeitsgerichtlichen Rechtsstreits für den BR tätig, gilt § 40 Abs. 1 mit der Folge, dass eine separate Vereinbarung mit dem AG nicht erforderlich ist.[31] Hierzu gehören alle Prozess- und RA-Kosten, die im Falle einer Prozessvertretung des BR entstehen. Die Prozessvertretung muss allerdings in jedem Einzelfall erforderlich sein. Offensichtlich aussichtslose Verfahren scheiden damit ebenso aus wie eine mutwillige Rechtsverfolgung.[32] Für die Beauftragung eines RA steht dem BR grds. ein Beurteilungsspielraum zu. Deshalb sind Fälle, in denen eine Prozessvertretung zulässigerweise abgelehnt werden darf, in der Praxis äußerst selten, denn regelmäßig findet sich immer eine Begründung, die eine Prozessbeauftragung rechtfertigt.

8

I.Ü. ist der BR verpflichtet, die Kosten für den AG so gering wie möglich zu halten; soweit **vermeidbare Zusatzkosten** entstehen, entfällt die Kostentragungspflicht des AG. Dies betrifft bspw. auch die Beauftragung eines auswärtigen RA, der zusätzliche Kosten geltend macht, wenn ein geeigneter RA auch vor Ort eingeschaltet werden könnte.[33] Darüber hinaus ist der BR nicht berechtigt, Honorarvereinbarungen mit einem RA abzuschließen, denn Grundlage der Kostentragungspflicht ist allein das RVG.[34] Etwas anderes kann allenfalls dann gelten, wenn der Streitwert so gering ist, dass sich ein qualifizierter RA zur Übernahme des Mandats auf Basis der gesetzlichen Gebühren nicht finden lässt.[35]

9

Sachkundige AN des Betriebs, die nach § 80 Abs. 2 S. 3 tätig werden, verursachen regelmäßig keine Mehrkosten. Ihre Tätigkeit ist Teil der zu erbringenden Arbeitsleistung (zu diesen Auskunftspersonen siehe § 80 Rn 32 ff.).[36] Für die besonderen Berater bei Betriebsänderungen nach § 111 S. 2 (siehe dazu § 111 Rn 24) gilt der Kostentragungsgrundsatz nach § 40. Bei dem Honorar für diese Berater wird man sich an den marktüblichen Stunden- bzw. Tagessätzen orientieren müssen.[37] Der BR ist stets verpflichtet, vor der Beauftragung einer der genannten Personen einen **ordnungsgemäßen Beschluss** zu fassen.[38] Eine nachträgliche Beschlussfassung ist nicht ausreichend.[39]

10

c) Einigungsstellen. Die Kosten der Einigungsstelle gehören ebenfalls zu den erstattungspflichtigen Kosten der BR-Tätigkeit. Insoweit gilt die Sonderregelung des § 76a, so dass auf die Ausführungen zu dieser Vorschrift verwiesen wird. Wird allerdings zusätzlich ein RA zur Vertretung des BR vor der Einigungsstelle beauftragt, gilt wiederum die Erstattungspflicht nach § 40.[40] Für diese gelten daher die Ausführungen zu Rn 8 f. entspr.

11

2. Kosten der Betriebsratsmitglieder. a) Allgemeine Aufwendungen. Entstehen nicht dem BR als Gremium, sondern vielmehr einzelnen BR-Mitgliedern im Rahmen ihrer betriebsverfassungsrechtlichen Tätigkeit Auf-

12

---

27 Vgl. ausführlich *Fitting u.a.*, § 40 Rn 100 ff.; ferner DKK/*Wedde*, § 40 Rn 86 f.; GK-BetrVG/*Wiese/Weber*, § 40 Rn 196 ff.
28 Vgl. *Fitting u.a.*, § 40 Rn 103.
29 GK-BetrVG/*Wiese/Weber*, § 40 Rn 26 ff.; *Besgen*, Betriebsverfassungsrecht, § 4 Rn 17.
30 S. GK-BetrVG/*Wiese/Weber*, § 40 Rn 28; vgl. *Besgen*, Betriebsverfassungsrecht, § 9 Rn 23 f.
31 GK-BetrVG/*Wiese/Weber*, § 40 Rn 32.
32 BAG 19.4.1989 – 7 ABR 6/88 – AP § 40 BetrVG 1972 Nr. 29; BAG 19.3.2003 – 7 ABR 15/02 – NZA 2003, 870.
33 Vgl. BAG 16.10.1986 – 6 ABR 2/85 – AP § 40 BetrVG 1972 Nr. 31; BAG 15.11.2000 – 7 ABR 24/00 – EzA § 40 BetrVG 1972 Nr. 92 = FA 2001, 119.
34 S. BAG 20.10.1999 – 7 ABR 25/98 – AP § 40 BetrVG 1972 Nr. 67.
35 So BAG 20.10.1999 – 7 ABR 25/98 – AP § 40 BetrVG 1972 Nr. 67 unter B. II. 4. der Gründe; weitergehend *Besgen*, Betriebsverfassungsrecht, § 9 Rn 19 ff.
36 So DKK/*Wedde*, § 40 Rn 35.
37 S. dazu DKK/*Wedde*, § 40 Rn 35 a ff.; *Fitting u.a.*, BetrVG § 40 Rn 16 f.
38 BAG 8.3.2000 – 7 ABR 11/98 – AP § 40 BetrVG 1972 Nr. 68; BAG 19.3.2003 – 7 ABR 15/02 – AP § 40 BetrVG 1972 Nr. 77.
39 BAG 5.4.2000 – 7 ABR 6/99 – AP § 78a BetrVG 1972 Nr. 33.
40 *Fitting u.a.*, § 40 Rn 36 m.w.N. zur Rspr.

wendungen, handelt es sich ebenfalls um erstattungspflichtige Kosten nach Abs. 1.[41] Voraussetzung ist, dass die Kosten des einzelnen BR-Mitglieds ebenfalls zur ordnungsgemäßen Erfüllung seiner BR-Aufgaben erforderlich und notwendig waren. Maßstab dieser Beurteilung ist die Frage, ob das BR-Mitglied im Hinblick auf seine Mitgliedschaft im BR und zur Erfüllung seiner Aufgaben im BR tätig geworden ist.[42] Als Beispiele können **Telefon- und Briefportokosten** oder **Fahrtkosten** genannt werden. Letzteres gilt allerdings nur für zusätzliche Fahrten anlässlich der BR-Tätigkeit, nicht für die Fahrten zwischen Wohnung und Betrieb.[43]

13   **b) Fahrt- und Reisekosten.** Entstehen dem BR-Mitglied Reisekosten anlässlich seiner BR-Tätigkeit, bspw. durch die Teilnahme an Sitzungen des GBR, KBR oder auch der Tätigkeit für den EBR (vgl. allerdings auch § 30 EBRG), sind diese ebenfalls grds. erstattungsfähig. Hierzu gehören auch Kosten für Verpflegung, Unterkunft und ggf. weitere notwendige zusätzliche Auslagen. Im Einzelfall können auch Auslandsreisen eine Kostentragungspflicht des AG auslösen.[44]

14   **c) Schulungskosten.** Schulungskosten werden ebenfalls von § 40 Abs. 1 erfasst.[45] Die Vorschrift des § 37 Abs. 6 regelt lediglich die Befreiung der BR-Mitglieder von ihrer beruflichen Tätigkeit ohne Minderung des Arbeitsentgelts. Die weitergehende Kostentragung ergibt sich aus § 40. Auch hier sind **Reisekosten** sowie die **Kursgebühren** zu erstatten. Außerdem muss der AG die notwendigen Übernachtungskosten tragen. Ohne Darlegung von besonderen Umständen ist jedoch nicht als erforderlich anzusehen, dass das BR-Mitglied in dem Hotel übernachtet, in dem die Tagung stattfindet.[46] Für den amtsbezogenen Bildungsurlaub nach § 37 Abs. 7 wird neben der Anerkennung der Veranstaltung als geeignet weiter gefordert, dass die vermittelten Kenntnisse für die BR-Arbeit erforderlich i.S.v. § 37 Abs. 6 sind.[47]

15   **d) Prozesskosten.** Die zu Rn 8 f. dargelegten Grundsätze zur Kostentragungspflicht bei Rechtsstreitigkeiten des BR gelten grds. auch für Gerichts- und RA-Kosten, die einzelnen BR-Mitgliedern entstehen.[48] Notwendig ist allerdings stets, dass es sich um die Führung von Rechtsstreitigkeiten in betriebsverfassungsrechtlichen Angelegenheiten handelt. Dies gilt bspw. für den Ausschluss eines BR-Mitglieds aus dem BR nach § 23 Abs. 1,[49] die Feststellung des Verlustes der Wählbarkeit oder aber das Beschlussverfahren zur Durchsetzung des Anspruchs eines BR-Mitglied auf Teilnahme an einer Schulungsmaßnahme, allerdings nicht für den besonders ausgestalteten Künd-Schutz von BR-Mitgliedern nach § 103. Hier gilt Folgendes: Wird dem Zustimmungsantrag stattgegeben, sind die Anwaltskosten des BR-Mitglieds von dem AG grds. nicht zu tragen. Wird hingegen der Zustimmungsantrag abgewiesen, sind die Kosten von dem AG zu ersetzen.[50]

III. Sachaufwand des Betriebsrats (Abs. 2)

16   **1. Grundsätze.** Der Wortlaut des Abs. 2 spricht davon, dass der AG Räume, sachliche Mittel, Informations- und Kommunikationstechnik sowie Büropersonal **zur Verfügung zu stellen hat**. Diese Formulierung weicht damit von der allgemeinen Kostentragungspflicht des Abs. 1 ab. Während der BR nach der allgemeinen Kostenregelung, z.B. bei Schulungskosten, RA-Kosten und Reisekosten einen Kostenerstattungsanspruch in Form eines Zahlungsanspruchs oder auch eines Anspruchs auf Freistellung von den Kosten gegen den AG erwirkt, richtet sich der Anspruch des BR bei dem in Abs. 2 genannten Sachaufwand darauf, dass ihm diese Gegenstände zur Verfügung gestellt werden. Es handelt sich damit um eine **Naturalleistungspflicht** des AG. Der BR ist wegen dieser Bereitstellungspflicht des AG nicht berechtigt, sich die benötigten Sachmittel selbst zu verschaffen.[51] Sein Anspruch geht lediglich dahin, dass der AG die nötigen Mittel beschafft und dem BR zur Verfügung stellt. Damit scheidet auch eine rechts-

---

41 Vgl. nur BAG 18.1.1989 – 7 ABR 89/87 – AP § 40 BetrVG 1972 Nr. 28.
42 *Fitting u.a.*, § 40 Rn 42.
43 BAG 28.8.1991 – 7 ABR 46/90 – AP § 40 BetrVG 1972 Nr. 39; BAG 16.1.2008 – 7 ABR 71/06 – AP § 40 BetrVG 1972 Nr. 92; zur Anwendung dieser Grundsätze auch auf freigestellte BR-Mitglieder BAG 13.6.2007 – 7 ABR 62/06 – AP § 38 BetrVG 1972 Nr. 31; für außerhalb des § 38 BetrVG freigestellte BR-Mitglieder LAG Nürnberg 6.5.2009 – 4 TaBV 18/08 – juris; Ausnahme nach LAG München bei Elternzeit, 22.7.2004 – 2 TaBV 5/04 – NZA-RR 2005, 29; zur Nutzung eines Firmenfahrzeugs zur Wahrnehmung von Betriebsratsaufgaben BAG 25.2.2009 – 7 AZR 954/07 – juris; ausführlich *Besgen*, Betriebsverfassungsrecht, § 9 Rn 30.
44 Dazu *Fitting u.a.*, § 40 Rn 49 m.w.N.
45 St. Rspr., vgl. nur BAG 28.3.2007 – 7 ABR 33/06 – AP § 40 BetrVG 1972 Nr. 89; vgl. dazu auch *Ehrich/Hoß*, NZA 1996, 1075.
46 BAG 28.3.2007 – 7 ABR 33/06 – AP § 40 BetrVG 1972 Nr. 89.
47 So BAG 25.4.1978 – 6 ABR 22/75 – AP § 37 BetrVG 1972 Nr. 33; weitergehend *Besgen*, Betriebsverfassungsrecht, § 9 Rn 26 f.; s. auch *Fitting u.a.*, § 40 Rn 70; a.A. Richardi/*Thüsing*, § 40 BetrVG Rn 33; DKK/*Wedde*, § 40 Rn 58.
48 BAG 5.4.2000 – 7 ABR 6/99 – AP § 78a BetrVG 1972 Nr. 33.
49 BAG 19.4.1989 – 7 ABR 6/88 – AP § 40 BetrVG 1972 Nr. 29.
50 BAG 21.1.1990 – 7 ABR 39/89 – AP § 103 BetrVG 1972 Nr. 28; vgl. zum ganzen *Fitting u.a.*, § 40 Rn 62; ferner GK-BetrVG/*Wiese/Weber*, § 40 Rn 88 ff., 91 f.
51 BAG 21.4.1983 – 6 ABR 70/82 – AP § 40 BetrVG 1972 Nr. 20.

geschäftliche Tätigkeit des BR gegenüber Dritten zur Beschaffung der sachlichen Mittel aus.[52] Der BR ist daher bspw. nicht berechtigt, im Buchhandel die neueste Auflage eines gängigen Kommentars zum BetrVG zu erwerben und vom AG die Erstattung der Anschaffungskosten zu verlangen. Vielmehr muss er seine Ansprüche auf Bereitstellung gegen den AG durchsetzen, auch wenn dies im Einzelfall mit Verzögerungen verbunden sein mag.

2. Grundsatz der Erforderlichkeit. Die Verpflichtung des AG, dem BR Sachmittel zur Verfügung zu stellen, besteht nicht uneingeschränkt. Vielmehr kommt ein Anspruch nur „in erforderlichem Umfang" in Betracht. In der Rspr. richtet sich die erforderliche Einzelfallbeurteilung nach den Aufgaben des BR, nach der Größe und Beschaffenheit des Betriebs, nach der Größe des BR und nach den besonderen Erfordernissen im Einzelfall.[53] Der **Ausstattungsanspruch des BR** kann damit je nach Lage der Umstände im Einzelfall durchaus unterschiedlich sein. Es ist daher ohne weiteres möglich, dass der Anspruch eines BR in einem kleineren Betrieb bspw. auf Bereitstellung auf Telefaxgeräten abzulehnen ist, in einem Großbetrieb hingegen wegen der betrieblichen Notwendigkeiten bejaht wird.

3. Im Einzelnen. Der AG ist nach Abs. 2 verpflichtet, dem BR Räume, sachliche Mittel, Informations- und Kommunikationstechnik sowie Büropersonal zur Verfügung zu stellen.[54]

a) Räume. Der BR hat zunächst einen Anspruch auf Bereitstellung von Räumlichkeiten. Der zur Verfügung gestellte Raum muss **funktionsgerecht** und **benutzbar** sein, d.h. angemessen eingerichtet und ggf. beheizt und beleuchtet sein.[55] Der AG ist verpflichtet, dem BR zur Abhaltung seiner Sitzungen einen Raum zur Verfügung zu stellen, der von außen nicht einsehbar ist. Die Räume, insb. Besprechungsräume, müssen optisch und akustisch soweit abgeschirmt sein, dass sie nicht abgehört werden können.[56] In kleineren Betrieben kann es ausreichen, dem BR einen Raum zu überlassen, der ihm nur zu bestimmten Zeiten zur Verfügung steht. Dies bestimmt sich nach den Umständen des Einzelfalles. Das ArbG Frankfurt hat einem fünfköpfigen BR einen allgemeinen Anspruch auf ein eigenes BR-Zimmer generell zugebilligt.[57]

An den bereitgestellten Räumlichkeiten steht dem BR ein **Hausrecht** zu.[58] Der BR ist daher berechtigt, die ihm zur Verfügung gestellten Räume abzuschließen, so dass ihm ebenfalls ein Schlüssel ausgehändigt werden muss. Das Schloss zum BR-Büro darf dementsprechend auch nicht in die allgemeine Schließanlage in dem Sinne integriert werden, dass auch andere betriebsangehörige Personen, die nicht Mitglieder des BR sind, Zutritt haben könnten. Auch darf der AG das BR-Büro ohne dessen Zustimmung grds. nicht betreten, allenfalls in Notsituationen, um Gefahr von den Räumlichkeiten abzuwenden.[59] Das Hausrecht beschränkt allerdings das Verfügungsrecht des AG nicht endgültig und für alle Zeiten ein. Der AG ist berechtigt, dem BR, wenn er die Räumlichkeiten anderweitig benötigt, gleichwertige Räumlichkeiten zur Verfügung zu stellen.[60]

b) Sachmittel. Der AG hat dem BR sächliche Mittel zur Verfügung zu stellen, die für die Sitzungen, die Sprechstunden und die laufende Geschäftsführung erforderlich sind. Hierzu gehören zunächst alle für eine büromäßige Erledigung dieser Aufgaben erforderlichen Utensilien, insb. ein verschließbarer Aktenschrank, Schreibmaschine, Diktiergerät, Stempel, Fotokopiergeräte (in kleineren Betrieben jedenfalls Mitbenutzung), Briefmarken, Bürokleinmaterial, Briefpapier mit dem Kopf des Unternehmens und dem Zusatz „der Betriebsrat" sowie notwendige Mobiliargegenstände. Im Grundsatz müssen diese Sachmittel dem betriebsüblichen Standard entsprechen.[61]

c) Fachliteratur. Zu den erforderlichen Sachmitteln des BR gehört grds. auch Fachlit. Der AG hat die **wichtigsten arbeits- und sozialrechtlichen Gesetzesbücher und Gesetzestexte** bereitzustellen, die der BR für seine Arbeit benötigt. Dieser Anspruch umfasst auch die Bereitstellung einer Loseblattausgabe. Ferner müssen dem BR die im Betrieb anzuwenden **TV** ausgehändigt werden, damit diese bei der BR-Arbeit berücksichtigt werden können (vgl. auch § 80 Abs. 1 Nr. 1). Im Rahmen der Grundausstattung hat der BR auch grds. einen Anspruch auf Überlassung eines **Kommentars zum BetrVG**. Dabei ist die jeweils neueste Auflage zur Verfügung zu stellen, wobei dem BR das Recht zur Auswahl des Kommentars zukommt.[62] In größeren Betrieben richtet sich der Anspruch ggf. auch auf mehrere Kommentare. Der BR muss sich bei der Ausübung seines Wahlrechts nicht ausschließlich vom Interesse des AG an einer möglichst geringen Kostenbelastung leiten lassen.[63] Der AG hat auch eine arbeits- und sozialrechtliche **Fachzeitschrift** und je nach den konkreten Umständen auch eine arbeitsrechtliche Entscheidungssammlung bereitzustellen. Der BR hat bei der Auswahl, welche Zeitschrift für seine Tätigkeit erforderlich ist, einen Ermessensspiel-

---

52 BAG 21.4.1983 – 6 ABR 70/82 – AP § 40 BetrVG 1972 Nr. 20.
53 BAG 11.3.1998 – 7 ABR 59/96 – AP § 40 BetrVG 1972 Nr. 57; BAG 12.5.1999 – 7 ABR 36/97 – AP § 40 BetrVG 1972 Nr. 65.
54 S. zum ganzen N. Besgen, B+P 2004, 93.
55 S. zu einer unzulässigen Räumlichkeit LAG Köln 19.1.2001 – 11 Ta BV 75/00 – NZA 2001, 482.
56 DKK/Wedde, § 40 Rn 91; ArbG Frankfurt 3.12.2002 – 18 BV 360/02 – juris.
57 ArbG Frankfurt 17.2.1999 – 2 BV 454/98 – NZA 1999, 420.
58 BAG 18.9.1991 – 7 ABR 63/90 – DB 1992, 434.
59 Fitting u.a., § 40 Rn 112.
60 Richardi/Thüsing, § 40 Rn 65.
61 HWK/Reichold, § 40 BetrVG Rn 30.
62 BAG 26.10.1994 – 7 ABR 15/94 – AP § 40 BetrVG 1972 Nr. 43.
63 BAG 24.1.1996 – 7 ABR 22/95 – NZA 1997, 60.

raum. Der Ermessensspielraum ist auch nicht dadurch verletzt, dass die Zeitschriften in einem gewerkschaftseigenen Verlag erscheinen, so dass z.B. die Zeitschrift Arbeitsrecht im Betrieb (AiB) bereitgestellt werden muss.[64] Dabei dürfte im Allgemeinen die Überlassung einer Fachzeitschrift ausreichen. Für größere Betriebe kann etwas anderes gelten. In Betrieben mit vielen ausländischen AN gehört auch ein fremdsprachliches Wörterbuch zu den erforderlichen Sachmitteln. Demgegenüber hat der BR keinen Anspruch auf Bereitstellung einer Tageszeitung.[65] Ebenso wenig kann er die Überlassung einer Lohnabzugstabelle verlangen, weil die Kontrolle der Lohnabzüge und der Beratung der AN in Fragen der Lohnsteuer- und Sozialversicherungsbeiträge nicht zu den betriebsverfassungsrechtlichen Aufgaben des BR gehört.[66]

23 **d) Schwarzes Brett.** Zur Erledigung seiner Aufgaben bei der Information der Belegschaft hat der BR Anspruch auf Bereitstellung einer **Anschlagsfläche**, auf das sog. schwarze Brett. Bei größeren Betrieben kommen auch mehrere schwarze Bretter in Betracht. Vom schwarzen Brett im vorgenannten Sinne ist i.Ü. die Anschlagsfläche für die Gewerkschaft zu unterscheiden, die hiervon nicht erfasst wird. Über die Größe des schwarzen Brettes entscheidet der konkrete betriebliche Bedarf. Der BR muss sich auch nicht mit einem schwarzen Brett an einem kaum zugänglichen Ort abfinden. Bei seinen Bekanntmachungen ist der BR an das Gebot zur vertrauensvollen Zusammenarbeit (§ 2 Abs. 1) und an gesetzliche Verbote gebunden. Er muss daher bspw. Anschläge mit parteipolitischem oder reinem Agitationscharakter oder mit Beleidigungen des AG oder seiner Führungskräfte unterlassen.[67] Gestattet ist dem BR demgegenüber, in sachlicher Form seine von dem des AG abweichende Ansichten in einer bestimmten Frage am schwarzen Brett bekannt zu geben. Die Voraussetzungen für ein Selbstentfernungsrecht durch den AG sind noch nicht abschließend geklärt. Im Grundsatz wird man ein solches Recht jedenfalls dann bejahen müssen, wenn für den AG eine Notwehr- oder Nothilfesituation gegeben ist, also bei einem berechtigten Unterlassungs- bzw. Entfernungsverlangen.[68] Der BR kann neben der Möglichkeit von Bekanntmachungen am schwarzen Brett auch zu Lasten des AG ein Informationsblatt für die Belegschaft beanspruchen und verteilen, sofern ein dringendes Mitteilungsbedürfnis besteht.[69] Zum **Intranet** als schwarzes Brett siehe Rn 27 ff.[70]

24 **e) Anspruch auf Telefon und Handy.** Zum Anspruch des BR im Rahmen der büromäßigen Grundausstattung gehört auch der **Anspruch auf Telefonbenutzung** bzw. eine dem betrieblichen Standard entsprechende **Telefonanlage**.[71] Allenfalls in Kleinbetrieben kann dem BR die ungestörte Mitbenutzung zuzumuten sein.[72] Der BR muss einerseits ungestört und ohne zumutbare Erschwerung Telefongespräche führen können; andererseits muss er aber auch ungestört und ohne Schwierigkeiten von außen erreichbar sein. Das BAG hat sich am 27.11.2002 in mehreren Entscheidungen mit der Nutzung einer Telefonanlage durch den BR beschäftigt.[73] Danach hat der BR grds. einen Anspruch gegen den AG, eine an den Arbeitsplätzen der einzelnen BR-Mitglieder vorhandene Telefonanlage fernsprechtechnisch so einzurichten zu lassen, dass die AN des Betriebs dort anrufen können. Dies gilt insb. in Unternehmen, in denen die besondere Struktur der einzelnen Betriebe derart ausgestaltet ist, dass der Kontakt zwischen BR und AN nur auf diese Weise hergestellt werden kann (Filialbetriebe). Die in einzelnen Verlaufsstellen beschäftigten BR-Mitglieder müssen deshalb von allen AN im Zuständigkeitsbereich des BR angerufen werden können. Umgekehrt besteht kein Anspruch auf telefontechnische Änderungen an Telefonen in den Verkaufsstellen, in denen keine BR-Mitglieder beschäftigt sind.

25 Bei der Telefonbenutzung des BR muss sichergestellt werden, dass der BR **ungestört** und **ohne zumutbare zeitliche Einschränkung** telefonieren kann. Das Abhören der Gespräche von BR-Mitgliedern ist (selbstverständlich) unzulässig.[74] Demgegenüber wird der Anschluss des BR-Telefons an einen automatischen Gebührenzähler zulässig sein.[75] Allerdings muss auch hier sichergestellt sein, dass lediglich die Gesamtkosten ermittelt werden können. Keinesfalls dürfen die Anrufe nach Ziel, Nummer, Gesprächsdauer etc. aufgeschlüsselt werden. Eine Belastung der BR-Mitglieder mit eventuell zu hohen Telefongebühren kommt grds. nicht in Betracht, allenfalls bei konkret nachgewiesenem Missbrauch.

26 Schließlich kann es bei Vorliegen besonderer Umstände für die sachgerechte Erledigung der BR-Aufgaben erforderlich sein, dem BR auch ein oder mehrere **Handys** zur Verfügung zu stellen. Dies kann etwa bei zahlreichen, weit auseinander liegenden Betriebsstätten, die von dem BR-Mitglied betreut werden müssen, angenommen werden

---

64 BAG 21.4.1983 – 6 ABR 70/82 – AP § 40 BetrVG 1972 Nr. 20.
65 BAG 29.11.1989 – 7 ABR 42/89 – AP § 40 BetrVG 1972 Nr. 32 zum Handelsblatt.
66 BAG 11.12.1973 – 1 ABR 37/73 – DB 1974, 880; vgl. auch LAG Düsseldorf 22.8.1968 – 7 Ta BV 4/68 – BB 1970, 79.
67 *Fitting u.a.*, § 40 Rn 117 m.w.N.
68 *Richardi/Thüsing*, § 40 Rn 79.
69 S. auch BAG 21.11.1978 – 6 ABR 85/76 – DB 1979, 751.
70 Ausführlich *Besgen*, Betriebsverfassungsrecht, § 9 Rn 50 ff.

71 DKK/*Wedde*, BetrVG § 40 Rn 108; *Besgen/Prinz*, Internet.Arbeitsrecht, § 2 Rn 66.
72 Vgl. LAG Rheinland-Pfalz 9.12.1992 – 7 Ta BV 38/91 – NZA 1993, 426.
73 BAG 27.11.2002 – 7 ABR 36/01, 7 ABR 33/01 und 7 ABR 45/01 – AP § 40 BetrVG 1972 Nr. 75 und 76, i.Ü. juris.
74 DKK/*Wedde*, § 40 Rn 110; s. auch *D. Besgen*, AiB 1987, 150.
75 Str., wie hier GK-BetrVG/*Wiesel/Weber*, § 40 Rn 161; vgl. auch *Richardi/Thüsing*, § 40 Rn 67; a.A. DKK-*Wedde*, § 40 Rn 111 m.w.N.

oder auch dann, wenn es andere zumutbare Kommunikationsformen zwischen einzelnen BR-Mitgliedern und betrieblichen Stellen nicht gibt.[76] I.Ü. wird man dem BR, um die ständige Erreichbarkeit zu ermöglichen, grds. auch einen Anspruch auf einen Anrufbeantworter zubilligen können.[77]

f) Moderne Kommunikationsmittel: Internet, Intranet, E-Mail, Telefax, PC und Laptop. Im Zuge des Betriebsverfassungsreformgesetzes 2001 ist Abs. 2 dahingehend ergänzt worden, dass dem BR in erforderlichem Umfang Informations- und Kommunikationstechnik zur Verfügung zu stellen ist. Mit dieser Ergänzung hat der Gesetzgeber der Rspr. des BAG Rechnung getragen, wonach ein PC mit entsprechender Software nicht ohne weiteres zur Verfügung zu stellen, sondern in jedem Einzelfall die Erforderlichkeit darzulegen war.[78] Begrifflich werden aber nicht nur **Computer** erfasst, sondern auch alle anderen denkbaren modernen Informations- und Kommunikationsformen, also bspw. die Nutzungsmöglichkeit von **E-Mail** und/oder **Intranetsystemen**. Im Zuge der ständigen Modernisierung des Arbeitsmarktes hatten sich deshalb die ArbG in den vergangenen Jahren seit der Betriebsverfassungsreform in einer Vielzahl mit diesem neuen Anspruch auseinanderzusetzen.[79] Die Nutzung eines PC mit den dazu gehörenden Geräten (Drucker, Bildschirm, Software) gehören mittlerweile zu einer normalen Büroausstattung. Diese Ausstattung ist deshalb dem BR grds. zur Verfügung zu stellen. Allerdings besteht auch nach der Neufassung des Abs. 2 die Einschränkung, dass entsprechende Sachmittel nur in erforderlichem Umfang bereitgestellt werden müssen. In kleinen Betrieben bedarf deshalb der Anspruch auf einen entsprechenden PC auch weiterhin der besonderen Darlegung des BR.[80] In mittleren bzw. größeren Betrieben wird man hingegen von einer solchen Darlegung grds. in der heutigen Zeit absehen können und müssen.[81] Zwar mag auch hier der Hinweis, dass eine Ausstattung mit PC und Zubehör inzwischen zur üblichen Standardausrüstung gehört, für sich allein betrachtet nicht ausreichen, um das Merkmal der Erforderlichkeit auszufüllen.[82] Er spricht aber tendenziell dafür, dass der Betriebsrat bei der von ihm vorzunehmenden Interessenabwägung keine einseitigen, unsachgerechten Maßstäbe angelegt hat.[83]

Die Nutzung eines **Laptops** richtet sich ebenfalls nach dem betrieblichen Standard, insb. nach den konkreten Bedürfnissen des BR und seiner Mitglieder. Auch hier gilt (siehe Rn 26): Ist das BR-Mitglied bspw. im Außendienst tätig oder obliegt ihm die Betreuung zahlreicher Filialen oder auswärtiger Betriebsteile, ist ihm die Nutzung der technischen Infrastruktur des BR-Büros regelmäßig nur selten möglich.[84] Dies kann die Überlassung eines Laptops durchaus erforderlich machen. Ein grds. Anspruch besteht hingegen nicht.[85] Vielmehr müssen die besonderen Bedürfnisse im Einzelfall von dem BR dargelegt werden.

Die **Internet- und E-Mailnutzung** richtet sich nach dem betrieblichen Standard und den Erfordernissen des BR.[86] Besteht für den BR ein Bedürfnis für einen Internetzugang bzw. steht dieser allen Mitarbeitern zur Verfügung, wird ein entsprechender Anspruch des BR regelmäßig zu bejahen sein.[87] Entsprechendes gilt für die Möglichkeit der E-Mailnutzung. Zu den erforderlichen Sachmitteln gehört nach Auffassung des BAG auch der Zugang zum Internet, mit dessen Hilfe sich der BR umfassend und schnell über aktuelle arbeits- und betriebsverfassungsrechtliche Fragen informieren kann.[88] Einen Anspruch, dass jedes BR-Mitglied an seinem PC-Arbeitsplatz einen Internetzugang erhält und ihm eine externe E-Mail-Adresse zur Verfügung gestellt wird, hat der BR nur, wenn dies für seine Arbeit erforderlich ist. Ansonsten ist es ausreichend, wenn der AG dem BR einen PC mit Zugang zum Internet und externer Mail-Adresse in Räumen des BR zur Verfügung stellt.[89] Besteht im Betrieb darüber hinaus ein innerbetriebliches Infor-

---

76 Vgl. ArbG Frankfurt 12.8.1997 – 18 BV 103/97 – AiB 1998, 223; i.Ü. DKK/*Wedde*, § 40 Rn 109 m.w.N.; differenzierend GK-BetrVG/*Wiese/Weber*, § 40 Rn 158; *Fitting u.a.*, § 40 Rn 128.

77 *Löwisch*, BB 2001, 1744, s.a. *N. Besgen*, B+P 2004, 93; vgl. insb. zu Handheld, Palm etc. *Besgen*, Betriebsverfassungsrecht, § 9 Rn 38 ff.

78 BAG 11.3.1998 – 7 ABR 59/96– AP § 40 BetrVG 1972 Nr. 57; BAG 11.11.1998 – 7 ABR 57/97 – AP § 40 BetrVG 1972 Nr. 64; BAG 12.5.1999 – 7 ABR 36/97 – AP § 40 BetrVG 1972 Nr. 65; LAG Düsseldorf 21.11.2002 – 5 (10) TaBV 46/02 – juris.

79 Zahlreiche Nachweise bei DKK/*Wedde*, § 40 Rn 97 ff.; s. ferner Richardi/*Thüsing*, § 40 Rn 67 ff., *Fitting u.a.*, § 40 Rn 127 ff.

80 LAG Köln 29.4.2002 – 2 TaBV 31/01 – NZA-RR 2003, 372; GK-BetrVG/*Wiese/Weber*, § 40 Rn 151; *Besgen/Prinz*, Internet.Arbeitsrecht, § 2 Rn 65, 73; a.A. *Fitting u.a.*, § 40 Rn 131, m.w.N.; Übersicht bei: *Besgen*, NZA 2006, 169.

81 LAG Düsseldorf 4.6.2009 – 3 TaBV 4/09; *Besgen/Prinz*, Internet.Arbeitsrecht, § 2 Rn 73.

82 BAG 16.5.2007 – 7 ABR 45/06 – AP § 40 BetrVG 1972 Nr. 90; *Weber*, NZA 2008, 280.

83 LAG Köln 9.1.2008 – 7 TaBV 25/078 – juris; LAG Düsseldorf 2.9.2008 – 9 TaBV 8/08 – juris.

84 So zutreffend *Fitting u.a.*, § 40 Rn 132.

85 Vgl. Richardi/*Thüsing*, § 40 Rn 68.

86 Überwiegende Auffassung, vgl. BAG 3.9.2003 – 7 ABR 12/03 – AP § 40 BetrVG 1972 Nr. 78 zur Intranetnutzung; s. auch zum Internetzugang BAG 3.9.2003 – 7 ABR 8/03 – AP § 40 BetrVG 1972 Nr. 79; *Hunold*, NZA 2004, 370; *Jansen*, BB 2003, 1726.

87 Insb. bei Flatrate-Vertrag vgl. LAG Schleswig-Hostein 31.10.2002 – 1 Ta BV 16/02 – DB 2003, 670, n.r. (anhängig beim BAG – 7 AZR 8/03).

88 BAG 3.9.2003 – 7 ABR 8/03 – AP § 40 BetrVG 1972 Nr. 79; vgl. auch LAG Schleswig-Holstein 28.1.2003 – 5 Ta BV 25/02 – AuR 2003, 312; zur Verschwiegenheitspflicht vgl. LAG Frankfurt 15.7.2004 – 9 TaBV 190/03 – mit Anm. *Wolmerath*, jurisPR – ArbR 12/2005.

89 LAG Düsseldorf 2.9.2008 – 9 TaBV 8/08 – juris.

mations- und Kommunikationssystem, ein sog. Intranet, hat der BR Anspruch auf Nutzung dieses Systems.[90] Dies gilt in beide Richtungen, also sowohl für Informationen des BR an die AN des Betriebs als auch umgekehrt für die Kommunikation der AN mit dem BR. Das Intranet übernimmt insoweit die Funktion eines schwarzen Brettes[91] (siehe Rn 23). Liegen diese Voraussetzungen vor, wird man dem BR auch einen Anspruch auf eine Homepage zubilligen müssen.[92]

30 Anders stellt sich hingegen die Sach- und Rechtslage dar, wenn im Betrieb grds. keine modernen Kommunikationseinrichtungen benutzt werden. In solchen Fällen werden entsprechende Ansprüche des BR auf einen Internetanschluss bzw. auf die Bereitstellung eines Computers regelmäßig abgelehnt.[93] Das **technische Ausstattungsniveau des AG** kann damit für die Frage der Erforderlichkeit der Sachmittel von Bedeutung sein. Werden diese betrieblich nicht genutzt, können entsprechende Ansprüche des BR regelmäßig zurückgewiesen werden.[94]

31 Die Pflicht des AG, dem BR Sachmittel zur Verfügung zu stellen, erfasst regelmäßig auch die Nutzung eines **Telefax-Gerätes**. Auch hier kommt es aber regelmäßig auf den entsprechenden betrieblichen Standard an.[95] In größeren Betrieben wird es ausreichend sein, wenn der BR lediglich die vorhandene Telefaxanlage des AG mitnutzt, sofern die Vertraulichkeit gewährleistet bleibt.[96]

32 g) **Büropersonal.** Der AG hat dem BR nach Abs. 2 schließlich im erforderlichen Umfang auch Büropersonal zur Verfügung zu stellen. Hierbei wird es sich in erster Linie um **Schreibkräfte** handeln, die die anfallende Schreibarbeit des BR erledigen.[97] Notwendig können aber bspw. auch Hilfskräfte für Vervielfältigungsarbeiten und Botengänge sein.[98] Auch eine bspw. freigestellte Sekretärin hat grds. Anspruch auf eine Schreibkraft.[99] I.Ü. wird es auf Größe und Art des Betriebes und der BR-Arbeit ankommen. Regelmäßig wird daher die **stundenweise Überlassung** einer Schreibkraft ausreichend sein. Entscheidend für die Erforderlichkeit ist stets der tatsächliche Arbeitsanfall. Der BR darf jedoch Büropersonal auf keinen Fall selbst einstellen. Der **Arbeitsvertrag** ist allein mit dem AG abzuschließen. Dem BR steht auch kein eigenes Recht zur Auswahl der Bürokraft zu.[100] Wegen des besonderen Vertrauensverhältnisses zwischen BR und Bürokraft muss der AG dem BR ein Mitsprache- und/oder Ablehnungsrecht bei der Auswahl der Bürokraft einräumen.[101] Die bereitgestellte Bürokraft unterliegt allein dem Weisungsrecht des BR, der sich dabei im Rahmen seiner BR-Aufgaben zu halten hat.[102] Zudem sollte vertraglich festgelegt werden, dass die überlassenen Bürokräfte der **Verschwiegenheitspflicht** wie BR-Mitglieder unterliegen, denn § 79 findet keine Anwendung.[103] Möglich ist jedoch der Einsatz eines nicht freigestellten BR als Bürokraft des BR. Eine solche Bürokraft leistet allerdings bei ihren Büroarbeiten keine BR-Arbeit i.S.v. § 37.[104]

33 4. **Eigentumsverhältnisse.** Die Frage nach dem Eigentum an den dem BR übergebenen sächlichen Mitteln, also ob der AG Eigentümer bleibt oder der BR neuer Eigentümer wird, ist eine weit gehend akademische Frage. Fest steht, dass der AG an den zur Verfügung gestellten Sachen Eigentümer bleibt, die nicht verbraucht werden können oder nicht verbraucht werden.[105] Dies gilt für die zur Verfügung gestellten Möbelstücke, die Computer und die nicht verbrauchten Büromaterialien. Umgekehrt verliert der AG sein Eigentum allerdings an den verbrauchten Büromitteln, z.B. Büropapier, Stifte etc.[106]

34 Die vom BR angefertigten und geführten **Akten** können weder vom AG herausverlangt noch eingesehen werden.[107] Nach Beendigung der Amtszeit eines BR sind die Akten bis zur Neuwahl eines BR so zu verwahren, dass der AG sie nicht einsehen kann und sie einem späteren BR zur Verfügung gestellt werden können. Umgekehrt wird der BR wegen der Bedeutung der Akten für nachfolgende BR nicht berechtigt sein, die von ihm geführten Akten bei Beendigung seiner Amtszeit zu vernichten.[108]

---

90 BAG 3.9.2003 – 7 ABR 12/03 – AP § 40 BetrVG 1972 Nr. 78.
91 S. auch LAG Schleswig-Holstein 28.1.2003 – 5 TaBV 25/02 – AuA 2003, 43.
92 Vgl. dazu DKK/*Wedde*, BetrVG § 40 Rn 102 m.w.N.; eingeschränkt aber für den örtlichen BR, LAG Rheinland-Pfalz – 2 TaBV 40/03 – juris; weitergehend *Besgen*, Betriebsverfassungsrecht, § 9 Rn 42 ff.
93 Vgl. LAG Köln 27.9.2001 – 10 Ta BV 38/01 – NZA 2002, 251; LAG Köln 29.4.2002 – 2 Ta BV 31/01 – NZA 2003, 372.
94 Vgl. auch LAG Schleswig-Holstein 17.7.2001 – 3 TaBV 11/01 – juris; vgl. auch *N. Besgen*, B+P 2004, 93, 97.
95 S. statt aller *Fitting u.a.*, § 40 Rn 130; ferner *N. Besgen*, B+P 2004, 93, 97.
96 Vgl. aber LAG Niedersachsen 27.5.2002 – 5 TaBV 21/02 – NZA 2003, 250; weitergehend *Besgen*, Betriebsverfassungsrecht, § 9 Rn 42.
97 BAG 20.4.2005 – 7 ABR 14/04 mit Anm. *Becker*, jurisPR – AbR 41/2005.
98 Vgl. *Fitting u.a.*, § 40 Rn 135.
99 GK-BetrVG/*Wiese/Weber*, § 40 Rn 169.
100 *Fitting u.a.*, § 40 Rn 136.
101 BAG 5.3.1997 – 7 ABR 3/96 – AP § 40 BetrVG 1972 Nr. 56.
102 DKK/*Wedde*, § 40 Rn 121.
103 DKK/*Wedde*, § 40 Rn 121; s. auch *D. Besgen*, AiB 1987, 150.
104 Vgl. *N. Besgen*, B+P 2004, 93, 98.
105 *Fitting u.a.*, § 40 Rn 107.
106 *D. Besgen*, B+P 1986, 279.
107 GK-BetrVG/*Wiese/Weber*, § 40 Rn 182.
108 Vgl. GK-BetrVG/*Wiese/Weber*, § 40 Rn 182; ferner *Fitting u.a.*, § 40 Rn 107; DKK/*Wedde*, § 40 Rn 88.

C. Verbindung zu anderen Rechtsgebieten und zum Prozessrecht

Streitigkeiten über die Bereitstellung der erforderlichen Sach- und Personalmittel des BR sind im arbeitsgerichtlichen Beschlussverfahren gem. §§ 2a, 80 ff. ArbGG auszutragen und zu entscheiden. Führen Streitigkeiten über die Kostentragung zu einer wesentlichen Erschwerung der BR-Arbeit, so kann der BR ausnahmsweise bei Vorliegen der Voraussetzungen eine einstweilige Verfügung im Beschlussverfahren nach § 85 Abs. 2 ArbGG i.V.m. § 940 ZPO beantragen. Liegt dabei im Weigerungsverhalten des AG eine grobe Pflichtverletzung, so kommt zusätzlich ein Verfahren nach § 23 Abs. 3 in Betracht. Führt die Weigerung sogar zu einer Behinderung der BR-Arbeit, so kann der Straftatbestand des § 119 Abs. 1 Nr. 2 erfüllt sein.

D. Beraterhinweise

Der Anspruch des BR ist nicht auf Kostenerstattung gerichtet, sondern auf Bereitstellung, also **Naturalleistung** durch den AG (siehe Rn 16). Dies muss auch in dem Antrag im arbeitsgerichtlichen Beschlussverfahren zum Ausdruck gebracht werden. Ein entsprechender **Antrag** könnte bspw. wie folgt lauten:[109]

„... den Antragsgegner (Arbeitgeber) zu verpflichten, dem Antragsteller (BR) den Kommentar zum Betriebsverfassungsgesetz von ... zur Verfügung zu stellen."

Zur Vereinfachung des Verfahrens auf Kostenübernahme nach § 40 Abs. 1 wird der BR regelmäßig seinen Freistellungsanspruch gegen den AG an die jeweils beauftragten RA abtreten. Hierüber muss ein ordnungsgemäßer Beschluss des BR gefasst werden und die beauftragten RA müssen die Abtretung annehmen. Dies gilt sowohl für die gerichtliche als auch die außergerichtliche Vertretung. Der beauftragte RA wird darauf zu achten haben, dass er nicht tätig wird, bevor nicht die erforderliche Zustimmung des AG vorliegt, denn andernfalls trägt er das Kostenrisiko. Es sollte deshalb folgende **beispielhafte Beschlussfassung** des BR empfohlen werden:

„1. Die Geschäftsführung verstößt gegen die Mitbestimmungsrechte des Betriebsrats aus § 87 Abs. 1 Nr. 6 BetrVG, in dem diese ...

2. Der BR beschließt bezüglich dieses Verstoßes unter Ausschöpfung seiner rechtlichen Möglichkeiten die außergerichtliche und gerichtliche Sicherung und Durchsetzung seiner Ansprüche und Rechte, auch im gerichtlichen Eilverfahren, unter Hinzuziehung eines Rechtsanwaltes. Hierzu wird ... beauftragt.

3. Der Arbeitgeber hat die durch die Beauftragung nach Ziffer 2 entstehenden Kosten zu übernehmen und soll hierzu durch die Rechtsanwälte aufgefordert werden.

4. Vorsorglich für den Fall, dass der Arbeitgeber den vorstehenden Aufforderungen nicht, nicht vollständig oder nicht rechtzeitig nachkommt, wird die Sozietät ... als Interessenvertreter des Betriebsrats mit der gerichtlichen Vertretung und Durchsetzung des Freistellungsanspruchs des BR beauftragt. Die hierdurch entstehenden Kosten sind ebenfalls vom Arbeitgeber zu tragen."

Verweigert der AG seine Zustimmung, muss also auch die Zustimmungsersetzung zur Kostenübernahme gerichtlich durchgesetzt werden.

---

§ 41 Umlageverbot

Die Erhebung und Leistung von Beiträgen der Arbeitnehmer für Zwecke des Betriebsrats ist unzulässig.

A. Allgemeines 1	III. Erlaubte Leistungen 4
B. Regelungsgehalt 2	C. Verbindung zu anderen Rechtsgebieten und zum
I. Beitragsverbot 2	Prozessrecht 5
II. Rechtsfolgen 3	

A. Allgemeines

Die Vorschrift des § 41 verbietet die Erhebung und Leistung von Beiträgen der AN für Zwecke des BR. Sie gilt u.a. nach §§ 51 Abs. 1 und 59 Abs. 1 auch für den GBR und den KBR. Mit dem Umlageverbot wird § 40 ergänzt. Danach sind die Kosten der BR-Tätigkeit von dem AG zu tragen. Diese Verpflichtung soll nicht auf die AN verlagert werden dürfen. Zugleich wird der ehrenamtlichen Tätigkeit des BR (§ 37 Abs. 1) und auch ihrer Unabhängigkeit (vgl. § 78 S. 2) Rechnung getragen. Die Vorschrift ist zwingendes Recht und kann daher nicht, auch nicht mit Zustimmung des BR, abgeändert werden.

---

[109] Bsp. bei *N. Besgen*, B+P 2004, 93, 98; für ein Auswahlrecht des AG, das der BR bei seinem Antrag zu berücksichtigen hat, LAG Nürnberg 10.12.2002 – 2 TaBV 20/02 – NZA-RR 2003, 418.

B. Regelungsgehalt
I. Beitragsverbot

2 Das in § 41 geregelte Verbot der Erhebung und Leistung von Beiträgen ist **umfassend** zu verstehen. Jede Form der Umlage, gleich ob mittelbar oder unmittelbar, freiwillig oder erzwungen, regelmäßig oder einmalig, ist verboten. Ausnahmen gelten nach der Rspr. des BAG lediglich für den sog. Tronc der Spielbanken.[1] Verboten sind auch die Entgegennahme von Zuwendungen Dritter, etwa von Gewerkschaften oder politischen Parteien sowie über die Kostentragungspflicht nach § 40 hinausgehende Zuwendungen des AG.[2] Unzulässig ist schließlich die Führung von Kassen, denn dadurch könnte das neutral ausgestaltete BR-Amt beeinträchtigt werden.[3] Außerhalb ihrer Amtstätigkeit dürfen allerdings die BR-Mitglieder Kassen verwalten oder in ihrer Eigenschaft als Gewerkschaftsmitglieder die Einziehung von Beiträgen übernehmen.[4]

II. Rechtsfolgen

3 Beschlüsse des BR oder der Betriebsversammlung, die gegen § 41 verstoßen, sind **nichtig**.[5] Bei einer rechtswidrigen Annahme des BR von Leistungen oder sonstigen Zuwendungen ist die Anwendung von § 817 BGB umstr.[6]

III. Erlaubte Leistungen

4 In der betriebsverfassungsrechtlichen Lit. werden Sammlungen für andere Zwecke, die nicht mit der Tätigkeit des BR zusammenhängen, überwiegend für zulässig angesehen, z.B. Sammlungen für Katastrophenfälle, Jubiläums- oder Geburtstagsgeschenke oder bspw. gemeinschaftliche Feste. Das Ehrenamt und die Unabhängigkeit des BR werden durch solche Sammlungen nicht gefährdet, da sie in erster Linie einer sittlichen Pflicht oder einem allgemeinen Anstandsgebot entsprechen.[7]

C. Verbindung zu anderen Rechtsgebieten und zum Prozessrecht

5 Streitigkeiten aus § 41 werden im arbeitsgerichtlichen Beschlussverfahren nach §§ 2a, 80 ff. ArbGG entschieden. Bei grober Pflichtverletzung gegen § 41 kommt es zur Auflösung des BR nach § 23 Abs. 1.[8]

Vierter Abschnitt: Betriebsversammlung

§ 42 Zusammensetzung, Teilversammlung, Abteilungsversammlung

(1) [1]Die Betriebsversammlung besteht aus den Arbeitnehmern des Betriebs; sie wird von dem Vorsitzenden des Betriebsrats geleitet. [2]Sie ist nicht öffentlich. [3]Kann wegen der Eigenart des Betriebs eine Versammlung aller Arbeitnehmer zum gleichen Zeitpunkt nicht stattfinden, so sind Teilversammlungen durchzuführen.

(2) [1]Arbeitnehmer organisatorisch oder räumlich abgegrenzter Betriebsteile sind vom Betriebsrat zu Abteilungsversammlungen zusammenzufassen, wenn dies für die Erörterung der besonderen Belange der Arbeitnehmer erforderlich ist. [2]Die Abteilungsversammlung wird von einem Mitglied des Betriebsrats geleitet, das möglichst einem beteiligten Betriebsteil als Arbeitnehmer angehört. [3]Absatz 1 Satz 2 und 3 gilt entsprechend.

A. Allgemeines	1	IV. Teilversammlungen		7
B. Regelungsgehalt	2	V. Abteilungsversammlung		8
I. Teilnehmerkreis	2	C. Verbindung zu anderen Rechtsgebieten und zum Prozessrecht		9
II. Ablauf der Betriebsversammlung	4			
III. Öffentlichkeit	6	D. Beraterhinweise		10

---

1 S. dazu BAG 24.7.1991 – 7 ABR 76/89 – AP § 41 BetrVG 1972 Nr. 1; BAG 14.8.2002 – 7 ABR 29/01 – AP § 41 BetrVG 1972 Nr. 2; ferner *Fitting u.a.*, § 41 Rn 4 m.w.N.
2 DKK/*Wedde*, § 41 Rn 2; Richardi/*Thüsing*, § 41 Rn 6.
3 Richardi/*Thüsing*, § 41 Rn 8; *Fitting u.a.*, § 41 Rn 9; a.A. DKK/*Wedde*, § 41 Rn 4 unter Hinweis auf die Rspr. des BAG 22.4.1960 – 1 ABR 14/59 – AP § 2 ArbGG 1953 Betriebsverfassungsstreit Nr. 1.
4 HWK/*Reichold*, § 41 BetrVG Rn 8; vgl. auch § 74 Abs. 3.
5 *Fitting u.a.*, § 41 Rn 7.
6 S. Richardi/*Thüsing*, § 41 einerseits und *Fitting u.a.*, § 41 Rn 6 andererseits, jeweils m.w.N.
7 So zutreffend *Fitting u.a.*, § 41 Rn 8.
8 DKK/*Wedde*, § 41 Rn 6.

A. Allgemeines

Die Betriebsversammlung ist Organ der Betriebsverfassung.[1] Zuständig ist sie in den ihr nach dem BetrVG ausdrücklich und abschließend zugewiesenen Bereichen. Sie fördert die Kommunikation zwischen BR und AN.[2] Die Betriebsversammlung kann dem BR gegenüber Vorschläge unterbreiten und nach § 45 Anträge stellen sowie zu Beschlüssen des BR Stellung nehmen. Weder TV noch BV können daher die Durchführung von Betriebsversammlungen ausschließen.[3] Sog. Selbstversammlungen der AN sind nicht von § 42 geschützt. Eine Ausnahme bilden die Fälle des § 14a und § 17. Auch eine vom AG einberufene Mitarbeiterversammlung fällt nicht unter den Schutzbereich des § 42. Die durch § 42 geschützte Kommunikation zwischen BR und AN kann daher auch auf andere Weise erfolgen.[4]

B. Regelungsgehalt

I. Teilnehmerkreis

Teilnahmeberechtigt sind die AN des Betriebes i.S.d. § 5 Abs. 1, und zwar ohne Rücksicht darauf, ob sie wahlberechtigt, ständig beschäftigt oder Jugendliche sind.[5] Der AG hat nach § 43 Abs. 2 S. 1 und die im Betrieb vertretenen Gewerkschaften nach § 46 Abs. 1 S. 1 und schließlich auch unter den Voraussetzungen nach § 46 Abs. 1 S. 2, die Verbandsvertreter von AG-Vereinigungen ebenfalls ein Teilnahmerecht. Der teilnehmende leitende Ang muss durch den BR zugelassen werden. Andernfalls kann er als Vertreter des AG i.S.d. § 43 Abs. 2 S. 1 teilnahmeberechtigt sein. Zum Betrieb gehören auch Betriebsteile i.S.d. § 4 Abs. 1 S. 2, sofern diese an der Wahl des BR des Hauptbetriebes teilnehmen. Zu beachten sind auch Kleinstbetriebe nach § 4 Abs. 3 bzw. weiter Einheiten i.S.d. § 3 Abs. 5. Auch diese gelten als Betrieb i.S.d. vorgenannten Vorschrift.[6]

Teilnahmeberechtigt sind darüber hinaus auch Mitarbeiter, die vorübergehend abwesend sind, z.B. urlaubsbedingt[7] oder weil sie in Elternzeit sind.[8] In Betracht kommt schließlich auch die Teilnahme von Mitarbeitern eines inländischen Betriebes, die vorübergehend in das Ausland abgeordnet sind. Eine Teilnahmepflicht der AN besteht nicht. Eine Teilnahmepflicht des AG besteht nur im Rahmen des § 43 Abs. 2 S. 3. Soweit der AG eine Mitarbeiterversammlung durchführt, müssen die AN hieran teilnehmen, wenn die Ausübung des Direktionsrechts durch den AG auf diesen Mitarbeitversammlungen in Betracht kommt. Auch wenn die AN zu einer Teilnahme an den Betriebsversammlungen i.Ü. nicht verpflichtet sind,[9] so haben die Mitarbeiter weiter zu arbeiten, wenn die Betriebsversammlung während der Arbeitszeit stattfindet. Den Betrieb dürfen sie daher nicht verlassen.[10] **Weitere Personen** haben nur dann ein Recht auf Teilnahme, wenn sie zur Teilnahme durch den BR eingeladen worden sind und die Teilnahme zur ordnungsgemäßen Erfüllung der Aufgaben sachdienlich ist.[11] Hierzu zählen der nach § 80 Abs. 3 hinzugezogenen SV,[12] **Dolmetscher**,[13] ggf. auch **Referenten**, die gegen den Willen des AG eingeladen wurden,[14] sowie betriebsfremde **Mitglieder des GBR oder KBR**, des **Wirtschaftsausschusses** und Vertreter der **AN im Aufsichtsrat**.[15] Im Ergebnis wird das Teilnahmerecht des Einzelnen daher durch das Gebot der Nichtöffentlichkeit begrenzt.

II. Ablauf der Betriebsversammlung

Der Gegenstand der Betriebsversammlung wird vom BR im Rahmen der §§ 17 und 45 frei bestimmt.[16] Eine Einschränkung erfährt der Ablauf der Betriebsversammlung nur dadurch, dass die gesetzlichen Regelungen des BetrVG wie etwa der Vierteljahresbericht nach § 43 Abs. 1, der Wirtschafts-, Personal- und Sozialbericht nach § 43 Abs. 3 etwas anderes bestimmen. Gleiches gilt für den beantragten Beratungsgegenstand nach § 43 Abs. 3 S. 1. So kann auch die Tagesordnung nach während der Betriebsversammlung ergänzt werden, wenn hierdurch die ordnungsgemäße Abwicklung der übrigen Tagesordnungspunkte nicht behindert wird.[17] Insoweit können diese Teilnehmer nicht auf ihr Recht verwiesen werden, nach § 43 Abs. 3 eine besondere Betriebsversammlung einberufen zu lassen.[18] Ohne Beschluss einer Geschäftsordnung ist bei der Durchführung der Betriebsversammlung nach der sog. parlamentarischen Übung zu verfahren, wonach jeder teilnehmende AN im Rahmen der Tagesordnung zur Sache sprechen und

---

1 BAG 27.5.1982 – 6 ABR 28/80 – AP § 42 BetrVG 1972 Nr. 3.
2 Eingehend zur Rechtsnatur GK-BetrVG/*Fabricius*, vor § 42 Rn 6 ff.
3 *Fitting u.a.*, § 42 Rn 5.
4 BAG 8.2.1977 – 1 ABR 82/74 – AP § 80 BetrVG Nr. 10.
5 Richardi/*Richardi/Annuß*, § 42 Rn 6; *Fitting u.a.*, § 42 Rn 14.
6 Richardi/*Richardi/Annuß*, § 42 Rn 6.
7 BAG 5.5.1987 – 1 AZR 665/85 – AP § 44 BetrVG Nr. 5.
8 BAG 31.5.1989 – 7 AZR 574/88 – AP § 44 BetrVG Nr. 9.
9 *Fitting u.a.*, § 42 Rn 24.
10 *Fitting u.a.*, § 42 Rn 26.
11 BAG 13.9.1977 – 1 ABR 67/75 – EzA § 45 BetrVG 1972 Nr. 1; *Fitting u.a.*, § 42 Rn 17.
12 BAG 19.4.1989 – 7 ABR 87/87 – AP § 80 BetrVG 1972 Nr. 35.
13 LAG Düsseldorf 30.1.1981 – 16 TaBV 21/80 – BB 1981, 429 = DB 1981, 1093.
14 BAG 13.9.1977 – 1 ABR 67/75 – EzA § 45 BetrVG 1972 Nr. 1.
15 BAG 28.11.1978 – 6 ABR 101/77 – AP § 42 BetrVG 1972 Nr. 2.
16 BAG 19.4.1989 – 7 ABR 87/87 – AP § 80 BetrVG 1972 Nr. 35.
17 Richardi/*Richardi/Annuß*, § 42 Rn 34.
18 Richardi/*Richardi/Annuß*, § 42 Rn 34; *Fitting u.a.*, § 42 Rn 30.

Fragen stellen darf.[19] Die Betriebsversammlung ist – unabhängig von der Anzahl der Teilnehmer – stets beschlussfähig, solange nur die Möglichkeit der Teilnahme für die Mehrheit der AN bestand.[20] Beschlüsse werden mit einfacher Mehrheit gefasst. Der AG hat kein Stimmrecht.[21] Jeder Teilnehmer der Versammlung kann Anträge zur Beschlussfassung und zur Geschäftsordnung stellen.[22] BR und AG sind an die Beschlüsse der Betriebsversammlung nicht gebunden.[23] Einzige Sanktionsmöglichkeit ist, dass ein BR, der berechtigten Beschlüssen nicht folgt, im Rahmen der Voraussetzungen nach § 23, ausgeschlossen werden kann.[24]

5 Die Betriebsversammlung wird vom BR-Vorsitzenden geleitet. Ansonsten leitet sein Stellvertreter die Versammlung. Sind auch diese beiden verhindert, leitet die Versammlung das beauftragte Mitglied des BR. Der Versammlungsleiter garantiert den ordnungsgemäßen Ablauf und erteilt und entzieht das Wort für die Rednerliste. Er leitet zudem die Abstimmungen. Er sorgt für die **Nichtöffentlichkeit der Betriebsversammlungen**[25] und übt das Hausrecht aus.[26] Er hat das Recht, Störer wie Unbefugte von der Teilnahme auszuschließen.[27] Das Hausrecht leitet sich ab aus der Befugnis, die Betriebsversammlung zu leiten. Das Hausrecht des AG wird insoweit eingeschränkt. Den Personen, die berechtigt sind, an der Betriebsversammlung teilzunehmen, darf der AG den Zutritt nicht verwehren.[28]

III. Öffentlichkeit

6 Der Grundsatz der Nichtöffentlichkeit nach Abs. 1 S. 2 verlangt, dass die Betriebsversammlung grds. in geschlossenen Räumen stattfindet. Vertreter der Presse und anderer Medien sind daher grds. nicht zugelassen.[29] Nur dann, wenn ein BR, AG und die weiteren Anwesenden einer Berichterstattung zustimmen, kann die Teilnahme der Medienvertreter gestattet werden.[30] Auch interne Ton- und Bildaufzeichnungen sind nur mit Zustimmung des Versammlungsleiters zulässig. Die Anfertigung muss den Teilnehmern der Versammlung vor der Aufnahme bekannt gegeben werden.[31] Gegen den Willen eines Teilnehmers darf sein Beitrag nicht aufgezeichnet werden.[32] Die Aufnahme unterliegt in diesem Fall dem gerichtlichen und behördlichen **Verwertungsverbot**. Heimliche Aufzeichnungen können darüber hinaus sogar die außerordentliche Künd des Arbverh rechtfertigen.[33] Sog. Wortprotokolle auch nur einzelner Beiträge dürfen weder von Teilnehmern noch vom AG angefertigt werden.[34] Soweit keine Verschwiegenheitspflicht besteht, darf der BR ebenso wie die Teilnehmer der Betriebsversammlung nachträglich die Presse unterrichten.[35]

IV. Teilversammlungen

7 Teilversammlungen sind nach Abs. 1 S. 3 zulässig. Der BR muss sie daher durchführen, wenn mit der Eigenart des Betriebes gerade aus organisatorisch-technischen Besonderheiten die Durchführung von Teilversammlungen geboten ist.[36] Teilversammlungen können insb. dann erforderlich sein, wenn eine Vollversammlung aufgrund der Anzahl der Betriebsangehörigen, die im Schichtdienst arbeiten, nicht durchführbar ist,[37] oder wenn der technische Funktionsablauf dies erforderlich macht, weil z.B. ein Teil der AN stets beschäftigt wird (Pflege-, Verkehrs-, und Versorgungsbetriebe, Bergbau- und Stahlwerke mit Hochöfen),[38] sowie in Betrieben mit vielen Außendienstmitarbeitern. Die Durchführung einer Vollversammlung außerhalb der Arbeitszeit steht im Ermessen des BR. Er kann sich daher auch für die Durchführung von Teilversammlungen während der Arbeitszeit entscheiden.[39] Über die Durchführung von Teilversammlungen entscheidet der BR durch Beschluss.[40] Die Durchführung parallel stattfindender Teilversammlung ist zulässig. Die Versammlungsleitung erfolgte dann durch den Vorsitzenden des BR und den Stellvertreter ebenso wie die hierzu berufenen Mitglieder des BR in der jeweiligen Teilversammlung.[41] I.Ü. gelten für die Frage der Teilnahmeberechtigung dieselben Voraussetzungen wie bei der Teilnahme zur Vollversammlung.

---

19 LAG Saarbrücken 21.12.1960 – Ta 6/58 – AP § 43 BetrVG Nr. 2.
20 LAG Saarbrücken 21.12.1960 – Ta 6/58 – AP § 43 BetrVG Nr. 2.
21 Richardi/*Richardi/Annuß*, § 45 Rn 29.
22 *Fitting u.a.*, § 42 Rn 38.
23 Richardi/*Richardi/Annuß*, § 42 Rn 24.
24 ErfK/*Eisemann*, § 42 BetrVG Rn 6.
25 *Fitting u.a.*, § 42 Rn 48.
26 BAG 13.9.1977 – 1 ABR 67/75 – EzA § 45 BetrVG 1972 Nr. 1.
27 BGH 11.11.1965 – II ZR 122/63 – DB 1965, 1851.
28 Richardi/*Richardi/Annuß*, § 42 Rn 29.
29 Richardi/*Richardi/Annuß*, § 42 Rn 38; *Fitting u.a.*, § 42 Rn 44.
30 GK-BetrVG/*Fabricius*, § 42 Rn 26.
31 LAG München 15.11.1977 – 5 Ta BV 34/77 – DB 1978, 894.
32 S. § 201 StGB.
33 LAG Düsseldorf 28.3.1980 – 6 Sa 67/80 – DB 1980, 2396.
34 LAG Hamm 9.7.1986 – 3 Ta BV 31/86 – NZA 1986, 842; a.A. LAG Baden-Württemberg 27.10.1978 – 9 Ta BV 3/78 – DB 1979, 316.
35 GK-BetrVG/*Fabricius*, § 42 Rn 56.
36 BAG 9.3.1976 – 1 ABR 74/74 – AP § 42 BetrVG 1972 § 44 Nr. 3.
37 BAG 9.3.1976 – 1 ABR 74/74 – AP § 42 BetrVG 1972 § 44 Nr. 3.
38 GK-BetrVG/*Fabricius*, § 42 Rn 58.
39 LAG Hamm 12.3.1980 – 3 Ta BV 7/80 – DB 1980, 1030; *Fitting u.a.*, § 42 Rn 56.
40 *Fitting u.a.*, § 42 Rn 59.
41 Richardi/*Richardi/Annuß*, § 42 Rn 54; *Fitting u.a.*, § 42 Rn 61.

V. Abteilungsversammlung

Die Abteilungsversammlung wird an Stelle der Betriebsversammlung nach Abs. 2 abgehalten. Sie dient der Erörterung der gemeinsamen Interessen und Probleme der Abteilung, die gerade in einer Vollversammlung aufgrund der Spezialität nicht angesprochen werden können. Der Begriff des Betriebsteils ist weiter auszulegen als der nach § 4.[42] Gemeint sind im Regelfall **Zweigstellen, Außendienstniederlassungen**, einzelne Betriebsstätten oder Gebäude auf einem großen Betriebsgelände räumlich abgegrenzter Betriebsteile. Die organisatorische Abgrenzung resultiert aus der Differenzierung innerhalb der betrieblichen Organisation. Erforderlich ist jedoch stets eine eigene Leitung dieser organisatorischen Einheit.[43] So kann etwa innerhalb eines Betriebes die Verwaltung und Produktion voneinander getrennt sein. Die Durchführung der Abteilungsversammlung entscheidet der BR durch Beschluss im Rahmen seines Beurteilungsspielraums.[44] Dem BR ist es insoweit möglich, mehrere organisatorisch abgegrenzte Betriebsteile zu einer Abteilungsversammlung zusammenzufassen. Sichergestellt sein muss jedoch, das die Erörterung der besonderen und gemeinsamen Belange dies erfordert.[45] Der BR fasst mehrere organisatorisch oder räumlich abgegrenzte Betriebsteile zum Zwecke der Abteilungsversammlung zusammen. Insoweit ist der BR also nicht darauf beschränkt, organisatorisch abgegrenzte Betriebsteile zusammenzufassen. Vielmehr können auch mehrere, organisatorisch abgegrenzte Betriebsteile zu einer Abteilungsversammlung zusammengefasst werden. Da die Durchführung der Abteilungsversammlung jedoch nicht im freien Ermessen des BR liegt, sondern für die Erörterung der besonderen Belange erforderlich sein muss, muss die Durchführung der Abteilungsversammlung zumindest für die überwiegende Zahl der Betriebsteile erforderlich sein.[46] Für den Ablauf der Abteilungsversammlungen sind dieselben Grundsätze wie bei der Durchführung der Vollversammlung zu beachten. Der Vorsitz wird geleitet durch ein BR-Mitglied, das dem jeweiligen Betriebsteil angehören soll, um auch insoweit eine sachgemäße Leitung sicherzustellen. Die Bestellung erfolgt durch Beschluss des BR.[47] Eine Teilnahme anderer Mitarbeiter aus anderen Abteilungen und Betriebsteilen widerspricht dem Sinn und Zweck der Regelung, so dass diese Teilnahme nicht zulässig ist. Ein Stimmrecht der Teilnehmer ist in jedem Fall ausgeschlossen.[48] Abteilungsversammlungen ersetzen die Vollversammlung.[49]

C. Verbindung zu anderen Rechtsgebieten und zum Prozessrecht

Streitigkeiten, die im Zusammenhang mit der Erforderlichkeit sowie der Durchführung von Betriebs- und Abteilungsversammlungen stehen, werden im Beschlussverfahren gem. §§ 2a, 80 ff. ArbGG entschieden. Das gilt auch für die Frage der Teilnahme einzelner Mitarbeiter bzw. deren Ausschluss. Individualarbeitsrechtliche Ansprüche auf Lohnfortzahlung oder Ersatz von Fahrtkosten, sind im Urteilsverfahren vor den ArbG geltend zu machen.[50] Darüber hinaus ist zu beachten, dass es bereits im Vorfeld zwischen BR und AG zu Meinungsverschiedenheiten kommen kann. Versucht der AG daher die Durchführung der Versammlung zu verhindern oder wesentlich zu erschweren, so wird der BR ein gesteigertes Interesse daran haben, die Durchführung, insb. aber bereits im Vorfeld den Zugang zur Versammlung zu ermöglichen. Hier steht dem BR das Recht zu, eine einstweilige Verfügung gem. § 85 Abs. 2 ArbGG zu erwirken.[51]

D. Beraterhinweise

Aus der Sicht des BR kann es angezeigt sein, die im Betrieb vertretene Gewerkschaft zu den Betriebsversammlungen einzuladen oder diese zu den Versammlungen einladen zu lassen. Dies ist abhängig von der Beziehung zwischen AG und BR und den Machtverhältnissen innerhalb des BR sowie den möglichen kollektiv- sowie individualrechtlichen Folgen der Betriebsversammlungen wie z.B. zu erwartende Streitigkeiten über die Entgeltfortzahlung gegenüber den teilnehmenden AN, Streitigkeiten zwischen BR und AG über die zeitliche Lage der Versammlung oder den Ort der Versammlung.

Anders als der sofortige Weg zu den ArbG empfiehlt sich ggf. in dieser Situation die Hinzuziehung der im Betrieb vertretenen Gewerkschaft bzw. eines Rechtsanwalts als „Vermittler" ebenso wie als externe Instanz zur Einhaltung der Vorschriften des Betriebsverfassungsrechts. Dies kann angebracht sein, wenn die vertrauensvolle Zusammenarbeit zwischen AG und BR in Frage gestellt wird.

---

42 *Fitting u.a.*, § 42 Rn 65.
43 *Fitting u.a.*, § 42 Rn 68.
44 Richardi/*Richardi/Annuß*, § 42 Rn 68.
45 DKK/*Trittin*, § 42 Rn 27.
46 *Fitting u.a.*, § 42 Rn 68.
47 Richardi/*Richardi/Annuß*, § 42 Rn 6; *Fitting u.a.*, § 42 Rn 72.
48 *Fitting u.a.*, § 42 Rn 73.
49 *Fitting u.a.*, § 42 Rn 74.
50 *Fitting u.a.*, § 42 Rn 76.
51 *Bertelsmann*, AiB 1998, 681; Richardi/*Richardi/Annuß*, § 42 Rn 77.

§ 43 Regelmäßige Betriebs- und Abteilungsversammlungen

(1) ¹Der Betriebsrat hat einmal in jedem Kalendervierteljahr eine Betriebsversammlung einzuberufen und in ihr einen Tätigkeitsbericht zu erstatten. ²Liegen die Voraussetzungen des § 42 Abs. 2 Satz 1 vor, so hat der Betriebsrat in jedem Kalenderjahr zwei der in Satz 1 genannten Betriebsversammlungen als Abteilungsversammlungen durchzuführen. ³Die Abteilungsversammlungen sollen möglichst gleichzeitig stattfinden. ⁴Der Betriebsrat kann in jedem Kalenderhalbjahr eine weitere Betriebsversammlung oder, wenn die Voraussetzungen des § 42 Abs. 2 Satz 1 vorliegen, einmal weitere Abteilungsversammlungen durchführen, wenn dies aus besonderen Gründen zweckmäßig erscheint.

(2) ¹Der Arbeitgeber ist zu den Betriebs- und Abteilungsversammlungen unter Mitteilung der Tagesordnung einzuladen. ²Er ist berechtigt, in den Versammlungen zu sprechen. ³Der Arbeitgeber oder sein Vertreter hat mindestens einmal in jedem Kalenderjahr in einer Betriebsversammlung über das Personal- und Sozialwesen einschließlich des Stands der Gleichstellung von Frauen und Männern im Betrieb sowie der Integration der im Betrieb beschäftigten ausländischen Arbeitnehmer, über die wirtschaftliche Lage und Entwicklung des Betriebs sowie über den betrieblichen Umweltschutz zu berichten, soweit dadurch nicht Betriebs- oder Geschäftsgeheimnisse gefährdet werden.

(3) ¹Der Betriebsrat ist berechtigt und auf Wunsch des Arbeitgebers oder von mindestens einem Viertel der wahlberechtigten Arbeitnehmer verpflichtet, eine Betriebsversammlung einzuberufen und den beantragten Beratungsgegenstand auf die Tagesordnung zu setzen. ²Vom Zeitpunkt der Versammlungen, die auf Wunsch des Arbeitgebers stattfinden, ist dieser rechtzeitig zu verständigen.

(4) Auf Antrag einer im Betrieb vertretenen Gewerkschaft muss der Betriebsrat vor Ablauf von zwei Wochen nach Eingang des Antrages eine Betriebsversammlung nach Absatz 1 Satz 1 einberufen, wenn im vorhergegangenen Kalenderhalbjahr keine Betriebsversammlung und keine Abteilungsversammlungen durchgeführt worden sind.

A. Allgemeines	1	V. Tätigkeitsbericht	6
B. Regelungsgehalt	2	VI. Bericht des Arbeitgebers	7
I. Regelmäßige Betriebsversammlung	2	VII. Recht zur Stellungnahme	9
II. Außerordentliche Betriebsversammlung	3	C. Verbindung zu anderen Rechtsgebieten und zum Prozessrecht	10
III. Teilnahmerecht des Arbeitgebers	4	D. Beraterhinweise	11
IV. Einberufung der Versammlung	5		

A. Allgemeines

1 Die Regelung ist weder durch TV noch durch BV abdingbar. Dies betrifft auch den zeitlichen Rahmen sowie die Voraussetzung für weitere Versammlungen.

B. Regelungsgehalt

I. Regelmäßige Betriebsversammlung

2 Betriebsversammlungen haben einmal im Kalenderjahr stattzufinden. Auch eine im Betrieb vertretene Gewerkschaft kann nach § 43 Abs. 4 verlangen, dass eine Betriebsversammlung nach Abs. 1 einzuberufen ist, wenn in den letzten sechs Monaten vor der Einberufung weder eine Betriebs- noch Abteilungsversammlung stattgefunden hat.¹ Ausreichend ist eine Versammlung, auf der der BR einen Tätigkeitsbericht erstattet.² Handelt es sich um Abteilungsversammlungen, muss sichergestellt sein, dass jedenfalls für die überwiegende Zahl der AN eine Versammlung stattgefunden hat.³ Der Antrag ist formlos an den BR. Ein eigenes Recht auf Einberufung der Betriebsversammlung steht der Gewerkschaft nicht zu. Ausschließliche Abteilungsversammlungen sind insoweit unzulässig.⁴ Der BR muss die Betriebsversammlung mit einer Frist von zwei Wochen einberufen, damit zur Versammlung eingeladen werden kann. Für den Fall, dass der BR dieser Anforderung nicht nachkommt, liegt darin regelmäßig eine grobe Pflichtverletzung i.S.d. § 23 Abs. 1.⁵ Die Gewerkschaft kann in diesem Falle eine Betriebsversammlung durch einstweilige Verfügung erzwingen.⁶

---

1 ErfK/*Eisemann*, § 43 BetrVG Rn 2.
2 Richardi/*Richardi/Annuß*, § 43 BetrVG Rn 52.
3 DKK/*Werk*, § 43 Rn 32; *Fitting u.a.*, § 43 Rn 54.
4 *Fitting u.a.*, § 43 Rn 57.
5 Hessisches LAG 12.8.1993 – 12 Ta BV 203/92 – AuR 1994, 107; *Fitting u.a.*, § 43 Rn 10, 59.
6 Richardi/*Richardi/Annuß*, § 43 BetrVG Rn 61.

II. Außerordentliche Betriebsversammlung

Der BR kann nach Abs. 3 eine außerordentliche Betriebsversammlung einberufen, wenn dies sachlich dringend aus besonderen Gründen erforderlich ist.[7] Diese kann als Vollversammlung, Teilversammlung oder als Abteilungsversammlung durchgeführt werden. Darüber hinaus **muss** der BR eine außerordentliche Versammlung abhalten, wenn der AG oder ein Viertel der Beschäftigten des Betriebes dies unter Angabe des beabsichtigten Themas, das Gegenstand der außerordentlichen Versammlung seien soll, beantragen.[8] Die Regelung des Abs. 3 gilt auch für Abteilungsversammlungen, so wie in § 44 Abs. 2.[9] Die Weigerung des BR, eine außerordentliche Versammlung durchzuführen, kann einen Grund für die Auflösung des BR i.S.d. § 23 darstellen.[10]

III. Teilnahmerecht des Arbeitgebers

Der AG hat nur in den Fällen der regelmäßigen Betriebs- und Abteilungsversammlungen nach Abs. 1 und 4 das Recht auf seine Teilnahme. Dies gilt ausnahmsweise auch dann, wenn auf seinen Antrag hin nach Abs. 3 eine außerordentliche Versammlung anberaumt wurde.[11] In allen anderen Fällen darf der AG nur auf Einladung des BR teilnehmen.[12] **Betriebsfremde Personen** dürfen den AG weder vertreten noch ihn unterstützen.[13] Die Teilnahmepflicht des AG besteht dann, wenn er seiner Berichtspflicht nach Abs. 2 S. 3 nachkommen muss und auch dann, wenn er den mündlichen Vierteljahresbericht nach § 110 Abs. 2 abzugeben hat.[14]

IV. Einberufung der Versammlung

Zu den Betriebsversammlungen lädt der BR (Gremium) ein.[15] Im Falle des Abs. 2 S. 1 muss der BR den AG zu den Versammlungen einladen. Die Tagesordnung und der Zeitpunkt der Durchführung der Versammlung sind mitzuteilen (Abs. 3 S. 2). Findet die Versammlung während der Arbeitszeit oder im Betrieb des AG statt, so hat der BR Zeitpunkt, Tagesordnung und den Ort sowie die voraussichtliche Dauer der Versammlung dem AG bekannt zu geben.[16] Formen und Fristen der Einberufung stehen im pflichtgemäßen Ermessen des BR. Er beschließt insoweit vorab über die Tagesordnung. Üblicherweise erfolgt die Einladung durch Bekanntmachung am schwarzen Brett/Rundschreiben/Intranet, so dass sich die Teilnehmer auf den Termin rechtzeitig vorbereiten können.[17] Ist ein entsprechender Versammlungsraum bei dem AG vorhanden, so muss der BR diesen Raum nutzen und darf keine zusätzlichen Kosten verursachen. Der AG muss den Raum entsprechend § 40 Abs. 2 bereitstellen.[18] Nur in den anderen Fällen darf der BR auf Kosten des AG andere Räume anmieten.[19] Eine gerichtliche Durchsetzung des Überlassungsanspruches ist demgegenüber zeitaufwendig und hilft in Eilfällen nur selten. Soweit AN ins Ausland entsandt sind, dürfen im Ausland Betriebsversammlungen nicht gegen den Willen des AG durchgeführt werden.[20] Eine Erzwingbarkeit solcher Versammlungen scheidet schon in Ermangelung der Geltungswirkung des BetrVG aus.[21]

V. Tätigkeitsbericht

Der Tätigkeitsbericht wird mündlich vorgetragen. Er wird zuvor nach § 33 beschlossen. Ein schriftlicher Bericht kann i.d.R. nicht verlangt werden. Das gilt auch dann, wenn es sich um einen umfangreichen Bericht handelt oder wenn ein großer Teil der AN verhindert ist.[22] Nichts anderes gilt, wenn der Bericht an ausländische oder entsandte Mitarbeiter zu übersetzen ist.[23] Der Bericht des BR hat umfassend in den Grenzen seiner Verschwiegenheitspflicht gegenüber dem AG zu erfolgen. Über seine eigene Geschäftsführung hinaus hat der Bericht daher eine wertende Auskunft über die wirtschaftliche Lage, die sozialen Strukturen und die Personal- und Organisationsstrukturen des Unternehmens zu geben, sofern diese Informationen für die AN von Bedeutung sind.[24] Der Bericht umfasst auch die Tätigkeit der Ausschüsse, des GBR und des Wirtschaftsausschusses.[25] Die Tätigkeit der Aufsichtsratsmitglieder sowie der AN gehört nicht zwingend zum Bericht i.S.d. § 43.[26] Insoweit sind die Aufsichtsratsmitglieder berechtigt, die Versammlung in den Grenzen ihrer Verschwiegenheitspflicht (§ 93 Abs. 1 S. 2 AktG) zu informieren.[27] Der BR hat in Vorbereitung seines Tätigkeitsberichtes gegen den AG keinen Anspruch auf zur Verfügungstellung eines SV oder

---

7 Richardi/*Richardi/Annuß*, § 43 Rn 26.
8 *Fitting u.a.*, § 43 Rn 40.
9 Richardi/*Richardi/Annuß*, § 43 Rn 32.
10 *Fitting u.a.*, § 43 Rn 43.
11 ErfK/*Eisemann*, § 43 BetrVG Rn 5.
12 BAG 27.6.1989 – 1 ABR 28/88 – AP § 42 BetrVG 1972 Nr. 5.
13 *Fitting u.a.*, § 43 Rn 28.
14 Richardi/*Richardi/Annuß*, § 43 Rn 53.
15 *Fitting u.a.*, § 42 Rn 28; a.A. Richardi/*Richardi/Annuß*, § 43 Rn 10.
16 Richardi/*Richardi/Annuß*, § 43 Rn 43 ff.
17 LAG Düsseldorf 11.4.1989 – 12 Ta BV 9/89 – DB 1989, 2284.
18 DKK/*Berg*, § 42 Rn 8.
19 *Fitting u.a.*, § 42 Rn 31.
20 BAG 27.5.1982 – 6 ABR 28/80 – AP § 42 BetrVG 1972 Nr. 3.
21 ErfK/*Eisemann*, § 43 BetrVG Rn 6.
22 LAG Hamm 9.7.1986 – 3 TaBV 31/86 – NZA 1986, 842.
23 *Fitting u.a.*, § 43 Rn 17; LAG Köln 30.1.1981 – 16 Ta BV 21/80 – DB 1981, 1093.
24 *Fitting u.a.*, § 43 Rn 13; Richard/*Richardi/Annuß*, § 43 Rn 11.
25 *Fitting u.a.*, § 43 Rn 13; a.A. für den Wirtschaftsausschuss Richardi/*Richardi/Annuß*, § 43 Rn 10.
26 BAG 1.3.1966 – 1 ABR 14/65 – AP § 69 BetrVG Nr. 1.
27 *Fitting u.a.*, § 43 Rn 14.

VI. Bericht des Arbeitgebers

7 Die Berichtspflicht des AG ist eine **mündlich** zu erbringende Pflicht. Dies gilt auch dann, wenn der Bericht schriftlich vorliegt.[29] Der Bericht erfolgt auf der Vollversammlung in jedem Kalenderjahr. Dies gilt auch für Tendenzunternehmen.[30] Ebenso auch in einem „Gemeinschaftsbetrieb". Die Pflicht trifft jeden einzelnen AG.[31] Der Bericht über Personal- und Organisationsstrukturen betrifft auch die Personalplanung sowie die betriebliche Fort- und Weiterbildung. Der Bericht über das Sozialwesen betrifft soziale Einrichtungen, wie Kantine und sonstige Sozialleistungen des Betriebes, Werkswohnungen, Aufenthaltsräume und Ähnliches.[32] Soweit der AG verpflichtet ist auch zum Stand der Gleichstellung zu berichten, hat er darzulegen, dass er die Gleichstellung fördert und auch Maßnahmen zur Frauenförderung ergreift.[33] Die Berichtspflicht zur betrieblichen Integration von Ausländern soll fremdenfeindlichen Tendenzen vorbeugen und die Integrationsangebote im Betrieb steigern. Die Darstellungen haben konkret und einzelfallbezogen zu sein und grenzen sich insoweit von allgemeinen Erörterungen ab. Insoweit ist für einen ordnungsgemäßen Bericht Vorraussetzung, dass die Verhältnisse zu Beginn des Berichtszeitraums mit denen am Ende verglichen werden. Die Berichtspflicht zum Umweltschutz ist hiervon ebenfalls betroffen. Inhalt und Umfang der Berichtspflicht zur wirtschaftlichen Lage und Entwicklung des Betriebes bestimmen sich nach der finanziellen Situation, der Investition und eventuell an Rationalisierungsabsichten ebenso wie der Produktions- und Absatzlage, aber auch anhand der Entwicklung des Unternehmens.[34] Berichte i.S.d. § 110 können durch den AG der Betriebsversammlung vorgelegt und erläutert werden.[35]

8 Soweit der AG sich auch zu der Art und Weise der Zusammenarbeit mit dem BR äußern will, hat der AG insoweit das Gebot der vertrauensvollen Zusammenarbeit zu beachten und darf folglich dem BR in seiner Amtsführung nicht beeinträchtigen.[36] Nach § 79 endet die Berichtspflicht des AG dort, wo **Betriebs- und Geschäftsgeheimnisse** objektiv gefährdet sind.[37] Der AG kann zu einem Bericht und zu einer Begrenzung eines bewusst lückenhaften Berichtes nach § 23 Abs. 3 gezwungen werden.[38]

VII. Recht zur Stellungnahme

9 Die AN haben einen Anspruch darauf, zu den Berichten des BR und des AG Fragen zu äußern und Stellungnahmen abzugeben.[39] AG und BR sind verpflichtet, die Fragen der AN zu beantworten und ihre eigenen Angaben zu erläutern.[40] Kritische Fragen der AN sind im Rahmen ehrverletzender Äußerungen oder aber möglicher Störung des Betriebsfriedens zulässig.[41] So kann sich auch der AG zum Bericht des BR äußern.[42] Antrags- und stimmberechtigt ist der AG daher nur insoweit, als dass Anträge zur Verfahrensordnung, d.h. zur Tagesordnung und deren Erweiterung gestellt werden.[43] Soweit der AG nach § 46 Abs. 1 S. 2 Beauftragte von AG-Verbänden hinzuziehen durfte, ist diesen auf seinen Antrag hin vom Leiter der Versammlung (regelmäßig der BR-Vorsitzende) das Wort zu erteilen.[44]

C. Verbindung zu anderen Rechtsgebieten und zum Prozessrecht

10 Über sämtliche Fragen im Zusammenhang mit der Einberufung und der Durchführung der Versammlung nach Ort, Zeit und Dauer entscheidet das ArbG im Beschlussverfahren. Dies gilt auch für die Verpflichtung des BR eine Betriebsversammlung nach Abs. 4 auf Antrag einer Gewerkschaft einzuberufen. Ebenso gilt dies auch für den Fall eines Antrags auf Erlass einer einstweiligen Verfügung auf zur Verfügungstellung von Räumlichkeiten des AG zur Durchführung einer Betriebsversammlung.

D. Beraterhinweise

11 S. § 42 Rn 10 f.

---

28 BAG 25.7.1989 – 1 ABR 41/88 – AP § 80 BetrVG 1972 Nr. 38.
29 *Fitting u.a.*, § 43 Rn 20.
30 BAG 8.3.1977 – 1 ABR 18/75 – AP § 43 BetrVG 1972 Nr. 1.
31 LAG Hamburg 15.12.1988 – 2 Ta BV 13/88 – BB 1989, 628.
32 *Fitting u.a.*, § 43 Rn 21.
33 ErfK/*Eisemann*, § 43 BetrVG Rn 8.
34 *Fitting u.a.*, § 43 Rn 24.
35 *Fitting u.a.*, § 43 Rn 24.
36 BAG 19.7.1995 – 7 ABR 60/94 – AP § 23 BetrVG 1972 Nr. 25.
37 ErfK/*Eisemann*, § 43 BetrVG Rn 8.
38 Richardi/*Richardi/Annuß*, § 43 Rn 20.
39 *Fitting u.a.*, § 43 Rn 26, 27.
40 Richardi/*Richardi/Annuß*, § 43 Rn 13, 17.
41 BAG 22.10.1964 – 2 AZR 479/63 – EzA § 44 BetrVG Nr. 1.
42 *Fitting u.a.*, § 43 Rn 31.
43 *Fitting u.a.*, § 42 Rn 30.
44 BAG 19.5.1978 – 6 ABR 41/75 – AP § 43 BetrVG 1972 Nr. 3.

§ 44   Zeitpunkt und Verdienstausfall

(1) ¹Die in den §§ 14a, 17 und 43 Abs. 1 bezeichneten und die auf Wunsch des Arbeitgebers einberufenen Versammlungen finden während der Arbeitszeit statt, soweit nicht die Eigenart des Betriebs eine andere Regelung zwingend erfordert. ²Die Zeit der Teilnahme an diesen Versammlungen einschließlich der zusätzlichen Wegezeiten ist den Arbeitnehmern wie Arbeitszeit zu vergüten. ³Dies gilt auch dann, wenn die Versammlungen wegen der Eigenart des Betriebs außerhalb der Arbeitszeit stattfinden; Fahrkosten, die den Arbeitnehmern durch die Teilnahme an diesen Versammlungen entstehen, sind vom Arbeitgeber zu erstatten.

(2) ¹Sonstige Betriebs- oder Abteilungsversammlungen finden außerhalb der Arbeitszeit statt. ²Hiervon kann im Einvernehmen mit dem Arbeitgeber abgewichen werden; im Einvernehmen mit dem Arbeitgeber während der Arbeitszeit durchgeführte Versammlungen berechtigen den Arbeitgeber nicht, das Arbeitsentgelt der Arbeitnehmer zu mindern.

A. Allgemeines 1	IV. Versammlungen außerhalb der Arbeitszeit 7
B. Regelungsgehalt 2	C. Verbindung zu anderen Rechtsgebieten und zum
I. Versammlungen innerhalb der Arbeitszeit 3	Prozessrecht 8
II. Eigenart des Betriebes 5	D. Beraterhinweise 9
III. Vergütung 6	

A. Allgemeines

Die Vorschrift kann weder durch TV noch durch BV zu Ungunsten der AN abgedungen werden.¹ Auf die Jugend- und Auszubildendenvertretung findet die Vorschrift entsprechende Anwendungen (§ 71). **1**

B. Regelungsgehalt

Die Versammlungen nach § 43 Abs. 1 S. 1 und 2, Abs. 4, Abs. 1 S. 4 sowie die außerordentliche Versammlung auf Antrag des AG nach § 43 Abs. 3 und die Betriebsversammlung nach § 17 finden während der Arbeitszeit statt. Anders verhält es sich bei der außerordentlichen Betriebsversammlung nach § 43 Abs. 3. Diese findet außerhalb der Arbeitszeit statt. Die Regelung des § 44 Abs. 1 garantiert, dass die größtmögliche Anzahl der AN an der Versammlung teilnehmen kann.² Die Zeit, zu der die Betriebsversammlung stattfindet, legt der BR fest. Der AG hat darauf keinen Einfluss.³ **2**

I. Versammlungen innerhalb der Arbeitszeit

Die Zustimmung des AG zu der Durchführung der Versammlung ist nicht erforderlich.⁴ Die Planung der Lage der Arbeitszeit steht insoweit im Ermessen des BR. Er hat allerdings auf die betrieblichen Erfordernisse Rücksicht zu nehmen.⁵ Insoweit kann es geboten sein, dass der BR die Versammlung auf das Ende oder den Beginn der Arbeitszeit bestimmt.⁶ Will der AG die Durchführung der Betriebsversammlung verhindern, so hat er zuvor dem BR in vertrauensvoller Zusammenarbeit zu klären, ob „dringende betriebliche Gründe" die Arbeit der AN verlangen.⁷ Betriebsversammlungen können auch während eines Arbeitskampfes oder dann stattfinden, wenn nur verkürzt gearbeitet wird, etwa aufgrund arbeitskampfbedingter Störungen.⁸ **3**

Da die AN von Gesetzes wegen zur Teilnahme an einer Betriebsversammlung nach § 44 Abs. 1 S. 1 und 2 berechtigt sind, ohne dass es diesbezüglich einer Freistellung durch den AG bedarf, fehlt es im Rahmen einer einstweiligen Verfügung sowohl am Verfügungsgrund als auch am Verfügungsanspruch.⁹ **4**

II. Eigenart des Betriebes

So ergibt sich etwa aus dem Infrastrukturauftrag des Art. 87f GG für die Post keine Eigenart des Betriebes i.S.d. § 44 Abs. 1 S. 1, die es zwingend erfordert, eine Betriebsversammlung außerhalb der Arbeitszeit durchzuführen.¹⁰ **5**

---

1 Richardi/*Richardi/Annuß*, § 44 Rn 16; *Fitting u.a.*, § 44 Rn 14.
2 BAG 27.11.1987 – 7 AZR 29/87 – AP § 44 BetrVG 1972 Nr. 7.
3 Richardi/*Richardi/Annuß*, § 44 Rn 18.
4 *Fitting u.a.*, § 44 Rn 9.
5 Richardi/*Richardi/Annuß*, § 44 Rn 13.
6 BAG 9.3.1976 – 1 ABR 74/74 – AP § 42 BetrVG 1972 Nr. 3.
7 LAG Hamburg 12.7.1984 – 7 Sa 30/84 – AiB 1989, 212.
8 BAG 5.5.1987 – 1 AZR 666/85 – AP § 44 BetrVG 1972 Nr. 6.
9 LAG München 11.3.1987 – 7 (8) TaBV 38/86 – juris.
10 LAG Schleswig-Holstein 28.10.1996 – 1 Ta BV 38/96 – AiB 1997, 348.

III. Vergütung

6 Die AN behalten während der Teilnahme an der Versammlung ihren Vergütungsanspruch. Ein AN kann auch während seines Erziehungsurlaubes an einer Betriebsversammlung teilnehmen. Hierfür steht ihm ein Vergütungsanspruch nach § 44 zu.[11] Zu den das Kurzarbeitergeld mindernden Zeiten, für die Arbeitsentgelt gezahlt wird, gehören auch die Zeiten innerhalb des Gewährungszeitraums, die der AG gem. § 44 Abs. 1 wegen einer sonntäglichen Betriebsversammlung wie Arbeitsentgelt vergütet.[12] Keine Vergütung besteht dann, wenn es sich um eine Versammlung nach Abs. 2 S. 1 handelt. Anderes gilt dann, wenn der AG der Durchführung der Versammlung während der Arbeitszeit zustimmt. Der AG kann daher seine Zustimmung nicht von dem Verzicht auf eine Vergütungsfortzahlung abhängig machen.[13] Keine Vergütungspflicht besteht auch dann, wenn die Versammlung über die betriebliche oder persönliche Arbeitszeit der AN hinausgeht.[14] Selbiges gilt, wenn der BR die Versammlung ohne die Zustimmung des AG während der Arbeitszeit anberaumt. Auch in diesem Fall haben die AN keinen Anspruch auf Vergütungsfortzahlung nach dem Lohnausfallprinzip. Die AN haben bei Versammlungen nach Abs. 1 S. 2 und 3 Anspruch auf Vergütung für die Wegezeiten.[15] Dies gilt gerade für die Fälle von Betriebsversammlungen in Betrieben mit weit verstreuten Betriebsstätten (unselbstständige Nebenbetriebe). Dies gilt auch für teilzeitbeschäftigte AN, die außerhalb Ihrer individuellen Arbeitszeit an den Betriebsversammlungen teilnehmen.[16] Die Teilnahme an einer Betriebsversammlung stellt grundsätzlich jedoch **keine Arbeitsleistung** dar.[17] Der AG ist daher regelmäßig nicht verpflichtet, die Zeit für die Fahrt von der Wohnung zu einer außerhalb des Betriebes stattfindenden Betriebsversammlung in vollem Umfang auf die Arbeitszeit der AN anzurechnen. Etwas anderes kann gelten, wenn eine BV diese Frage zum Gegenstand hat. Unter einer Dienstreise versteht man die Fahrt an einen Ort außerhalb der regulären Arbeitsstätte, an dem ein Dienstgeschäft zu erledigen ist.[18] Eine Dienstreise setzt voraus, dass vom AN an dem anderen Ort eine Arbeitsleistung erbracht werden soll. Der AN erbringt mit seiner Teilnahme keine vertraglich geschuldete Tätigkeit. Er macht lediglich von einer ihm betriebsverfassungsrechtlich eingeräumten Befugnis Gebrauch. Insoweit spricht die Regelung des § 44 auch nur davon, dass die Zeit der Teilnahme an einer Betriebsversammlung „wie Arbeitszeit" zu vergüten ist, ohne selbst Arbeitszeit zu sein.[19]

IV. Versammlungen außerhalb der Arbeitszeit

7 Lässt der BR eine Betriebsversammlung in grober Verletzung der Vorschrift des § 44 Abs. 1 S. 1 außerhalb der Arbeitszeit stattfinden, obwohl die Eigenart des Betriebes dies nicht zwingend erfordert, so entfällt grds. ein Anspruch der AN gegenüber dem AG auf Vergütung der Teilnahmezeit und zusätzlichen Wegezeiten sowie auf Erstattung von Fahrtkosten für die gesetzwidrige Versammlung. Dies gilt ausnahmsweise dann nicht, wenn die Teilnehmer den gesamten Umständen nach darauf vertrauen durften, dass die Versammlung nicht gegen das BetrVG verstößt.[20]

C. Verbindung zu anderen Rechtsgebieten und zum Prozessrecht

8 Siehe § 42 Rn 9.

D. Beraterhinweise

9 Siehe § 42 Rn 10.

---

§ 45 Themen der Betriebs- und Abteilungsversammlungen

[1]Die Betriebs- und Abteilungsversammlungen können Angelegenheiten einschließlich solcher tarifpolitischer, sozialpolitischer, umweltpolitischer und wirtschaftlicher Art sowie Fragen der Förderung der Gleichstellung von Frauen und Männern und der Vereinbarkeit von Familie und Erwerbstätigkeit sowie der Integration der im Betrieb beschäftigten ausländischen Arbeitnehmer behandeln, die den Betrieb oder seine Arbeitnehmer unmittelbar betreffen; die Grundsätze des § 74 Abs. 2 finden Anwendung. [2]Die Betriebs- und Abteilungsversammlungen können dem Betriebsrat Anträge unterbreiten und zu seinen Beschlüssen Stellung nehmen.

---

11 BAG 31.5.1989 – 7 AZR 574/88 – juris.
12 BSG 24.8.1988 – 7 RAr 82/86 – juris.
13 Richardi/*Richardi/Annuß*, § 44 Rn 46.
14 *Fitting u.a.*, § 44 Rn 46.
15 BAG 5.5.1987 – 1 AZR 292/85 – AP § 44 BetrVG 1972 Nr. 4.
16 *Fitting u.a.*, § 44 Rn 37.
17 BAG 14.11.2006 – 1 ABR 5/06 – NZA 2007,458.
18 BAG 23.7.1996 – 1 ABR 17/96 – NZA 1997, 216.
19 GK-BetrVG-*Weber*, § 44 Rn 42; *Fitting*, § 44 Rn 32.
20 LAG Hamm 10.12.1986 – 2 Sa 1359/86 – juris.

A. Allgemeines

Der AG ist berechtigt, auf den von ihm einberufenen Mitarbeiterversammlungen über betriebliche Belange zu informieren, auch wenn Fragen berührt werden, für die der BR zuständig ist. Solche Mitarbeiterversammlungen dürfen jedoch nicht zu „Gegenveranstaltungen" gegenüber Betriebsversammlungen missbraucht werden. Die Betriebsversammlung kann nach § 45 S. 2 an den BR Wünsche und Kritik herantragen, indem sie auf der Betriebsversammlung Anregungen unterbreitet und Stellungnahmen beschließt. Auch wenn ihren Entscheidungen keine Verbindlichkeit zukommt, so vollzieht sich dennoch auf der Betriebsversammlung die Meinungsbildung der Belegschaft. Sie wird daher auch als Forum der Aussprache zwischen Belegschaft und BR bezeichnet. Die vom AG einberufene und geleitete Informationsveranstaltung wird nicht schon dadurch zu einer Betriebsversammlung, deren Einberufung und Leitung dem BR vorbehalten ist, wenn der AG auch Angelegenheiten i.S.d. § 45 behandelt, „die den Betrieb oder seine AN unmittelbar betreffen (…)". Bei einem Ausschluss derartiger Themen würde dem AG ansonsten jede Möglichkeit einer betriebsbezogenen Berichterstattung genommen, da die Bandbreite der auf einer Betriebsversammlung behandlungsfähigen Angelegenheit so weit gezogen ist, dass sogar über den einzelnen Betrieb hinausgehende tarifpolitische, sozialpolitische und wirtschaftliche Fragen erörtert werden können. Die im vorliegenden Falle vom AG regelmäßig vorgenommene Berichterstattung über die wirtschaftliche Entwicklung und die von der Betriebsleitung beabsichtigten technischen und personellen Vorhaben wären bei einer derartigen Themenbegrenzung unzulässig.[1]

B. Regelungsgehalt

Die Hinzuziehung eines SV durch den BR bedarf der vorherigen näheren Vereinbarung gem. § 80 Abs. 3 S. 1 auch dann, wenn der SV in der Betriebsversammlung ein Referat halten soll; ohne eine Vereinbarung sind die Kosten für den SV nicht vom AG zu tragen. In der nach § 80 Abs. 3 S. 1 erforderlichen näheren Vereinbarung sind das Thema, zu dessen Klärung der SV hinzugezogen werden soll, die voraussichtlichen Kosten seiner Hinzuziehung und insb. die Person des SV festzulegen. Kommt es nicht zur näheren Vereinbarung über die Hinzuziehung des SV, so kann der BR eine arbeitsgerichtliche Entscheidung darüber herbeiführen. Wird einem solchen Antrag stattgegeben, so darf der BR nach Eintritt der Rechtskraft des Beschlusses den SV hinzuziehen. Zu den „Aufgaben des BR" i.S.d. § 80 Abs. 3 S. 1 zählt auch die ihm obliegende Durchführung einer Betriebsversammlung i.S.d. §§ 42 ff. Es ist denkbar, dass der BR einen SV hinzuzieht, um in einer Betriebsversammlung ein für seine konkrete Arbeit erforderliches Referat über ein Thema i.S.d. § 45 halten zu lassen. Der SV wird dann zur Erfüllung der Aufgaben des BR i.S.d. § 80 Abs. 3 S. 1 hinzugezogen, indem er als SV referiert. Auch in diesem Fall ist der AG nur dann verpflichtet, die durch die Hinzuziehung des SV erwachsenen Kosten i.S.d. § 40 Abs. 1 zu tragen, wenn die Hinzuziehung des SV auf einer näheren Vereinbarung i.S.d. § 80 Abs. 3 S. 1 bzw. auf einer rechtskräftigen, gerichtlichen Entscheidung beruht.[2] Gegenstand von Betriebsversammlungen sind überdies tarifpolitische und sozialpolitische Angelegenheiten, umweltpolitische und wirtschaftspolitische Angelegenheiten, Gleichstellungsangelegenheiten und Integrationsangelegenheiten. Die Meinungsfreiheit der Teilnehmer ist zu wahren.[3] So ist etwa der Bericht über die Vertrauensleutearbeit im Betrieb für ein Unternehmen der Metallindustrie grds. ein zulässiges Thema einer Betriebsversammlung, soweit dieser Bericht keine Gewerkschaftswerbung enthält. Hat der AG die Streichung eines solchen Berichtes von der bekanntgemachten Tagesordnung einer Betriebsversammlung veranlasst, so hat der AG den Versammelten den Lohn für eine Zeit fortzuzahlen, in der trotzdem der Bericht erstattet wird.[4]

C. Verbindung zu anderen Rechtsgebieten und zum Prozessrecht

Siehe § 42 Rn 9.

D. Beraterhinweise

Siehe § 42 Rn 10.

§ 46 Beauftragte der Verbände

(1) [1]An den Betriebs- oder Abteilungsversammlungen können Beauftragte der im Betrieb vertretenen Gewerkschaften beratend teilnehmen. [2]Nimmt der Arbeitgeber an Betriebs- oder Abteilungsversammlungen teil, so kann er einen Beauftragten der Vereinigung der Arbeitgeber, der er angehört, hinzuziehen.

---

1 BAG 27.6.1989 – 1 ABR 28/88 – AP § 42 BetrVG 1972 Nr. 5.
2 BAG 13.9.1977 – 1 ABR 67/75 – BAGE 29, 281, 289 = AP § 42 BetrVG 1972 Nr. 1.
3 BAG 19.4.1989 – 7 ABR 87/87 – AP § 80 BetrVG 1972 Nr. 35.
4 LAG Hamm 3.12.1986 – 3 Sa 1229/86 – AiB 2001, 714.

(2) Der Zeitpunkt und die Tagesordnung der Betriebs- oder Abteilungsversammlungen sind den im Betriebsrat vertretenen Gewerkschaften rechtzeitig schriftlich mitzuteilen.

A. Allgemeines

1 Es handelt sich um eine zwingende Vorschrift, die weder durch TV noch durch BV abbedungen werden kann und überdies für die BR-Versammlung und die Jugendausbildungsversammlung sowie die Bordversammlung entsprechend gilt (§§ 53 Abs. 3 S. 2, 71, 115 Abs. 5).

B. Regelungsgehalt

2 Nach § 46 haben Gewerkschaftsvertreter kraft eigenen Rechts einen Anspruch auf Teilnahme an sämtlichen Betriebs- und Abteilungsversammlungen. Die Gewerkschaft[1] muss im Betrieb vertreten sein.[2] Bei sonstigen Belegschaftsversammlungen haben die Vertreter der Gewerkschaften keinen eigenen Rechtsanspruch auf Teilnahme.[3] Zulässig ist auch die Entsendung eines AN-Vertreters aus dem AR eines Konkurrenzunternehmens, sofern es sich um einen Gewerkschaftsbeauftragten handelt.[4] Die Beauftragten der Gewerkschaft haben insoweit auch das Recht, ohne eine Genehmigung des AG das Betriebsgelände zu betreten.[5] Weder AG noch BR können dem Vertreter der Gewerkschaft den Zutritt verwehren und die Weigerung nicht auf § 2 Abs. 2 stützen. § 46 ist insoweit lex specialis.[6] Die Grenze des Teilnahmerechts des Gewerkschaftsvertreters ist die rechtsmissbräuchliche Teilnahme. In diesem Fall kann der AG der Teilnahme einer bestimmten Person als Vertreter der Gewerkschaft widersprechen.[7] Das ist aber nur dann zulässig, wenn mit an Sicherheit grenzender Wahrscheinlichkeit zu erwarten ist, dass der Beauftragte schwere rechtswidrige Verstöße gegenüber dem AG ausüben wird oder bereits begangen hat.[8] Die Gewerkschaft hat in diesem Fall die Möglichkeit, einen anderen Vertreter zu entsenden. Der Gewerkschaftsvertreter hat ein Stimmrecht und ein Antragsrecht. Er ist Berater und hat das Recht auf Redebeiträge.[9] Es ist dem Gewerkschaftsvertreter verwehrt, in der Versammlung z.B. zu einem Warnstreik aufzurufen.[10] Vertreter des AG haben aus § 46 Abs. 1 S. 2 kein eigenes Teilnahmerecht. Entsprechend hat das BAG bereits mit Beschluss vom 19.5.1978[11] entschieden, dass auch der vom AG zu Betriebsversammlungen nach § 46 Abs. 1 S. 2 hinzugezogene Beauftragte des zuständigen AG-Verbandes dort kein eigenes Teilnahmerecht hat, sondern seine Befugnis zur Anwesenheit und auch die Möglichkeit, das Wort zu ergreifen, allein vom AG abgeleitet ist, ohne damit gegenüber dem BR ein eigenes Recht auszuüben.[12] Nimmt der AG an einer Betriebsversammlung in seinem Betrieb teil, so kann er vom Leiter der Betriebsversammlung verlangen, dass dem von ihm hinzugezogenen Beauftragten seiner AG-Vereinigung zu bestimmten Einzelthemen an seiner Stelle und für ihn das Wort erteilt wird.[13]

C. Verbindung zu anderen Rechtsgebieten und zum Prozessrecht

3 Siehe § 42 Rn 9.

D. Beraterhinweise

4 Siehe § 42 Rn 10.

---

1 BAG 19.9.2006 – 1 ABR 53/05 – zum Gewerkschaftsbegriff NZA 2007, 508.
2 Richardi/*Richardi/Annuß*, § 46 Rn 4.
3 BAG 18.3.1964 – 1 ABR 12/63 – AP § 45 BetrVG Nr. 1.
4 LAG Hamburg 28.11.1986 – 8 Ta BV 5/86 – DB 1987, 1595.
5 *Fitting u.a.*, § 46 Rn 8.
6 Richardi/*Richardi/Annuß*, § 46 Rn 14; *Fitting u.a.*, § 46 Rn 8.
7 BAG 14.2.1967 – 1 ABR 7/66 – AP § 45 BetrVG Nr. 2.
8 ErfK/*Eisemann*, § 46 BetrVG Rn 3.
9 *Fitting u.a.*, § 46 Rn 11.
10 LAG Bremen 14.1.1983 – 1 Sa 117 und 232/82 – DB 1983, 778.
11 BAG 19.5.1978 – 6 ABR 41/75 – juris.
12 BAG 23.2.1984 – 6 ABR 22/81 – AP § 82 BetrVG 1972 Nr. 2.
13 BAG 19.5.1978 – 6 ABR 41/75 – AP § 43 BetrVG 1972 Nr. 3.

Fünfter Abschnitt: Gesamtbetriebsrat

§ 47 Voraussetzungen der Errichtung, Mitgliederzahl, Stimmengewicht

(1) Bestehen in einem Unternehmen mehrere Betriebsräte, so ist ein Gesamtbetriebsrat zu errichten.
(2) ¹In den Gesamtbetriebsrat entsendet jeder Betriebsrat mit bis zu drei Mitgliedern eines seiner Mitglieder; jeder Betriebsrat mit mehr als drei Mitgliedern entsendet zwei seiner Mitglieder. ²Die Geschlechter sollen angemessen berücksichtigt werden.
(3) Der Betriebsrat hat für jedes Mitglied des Gesamtbetriebsrats mindestens ein Ersatzmitglied zu bestellen und die Reihenfolge des Nachrückens festzulegen.
(4) Durch Tarifvertrag oder Betriebsvereinbarung kann die Mitgliederzahl des Gesamtbetriebsrats abweichend von Absatz 2 Satz 1 geregelt werden.
(5) Gehören nach Absatz 2 Satz 1 dem Gesamtbetriebsrat mehr als vierzig Mitglieder an und besteht keine tarifliche Regelung nach Absatz 4, so ist zwischen Gesamtbetriebsrat und Arbeitgeber eine Betriebsvereinbarung über die Mitgliederzahl des Gesamtbetriebsrats abzuschließen, in der bestimmt wird, dass Betriebsräte mehrerer Betriebe eines Unternehmens, die regional oder durch gleichartige Interessen miteinander verbunden sind, gemeinsam Mitglieder in den Gesamtbetriebsrat entsenden.
(6) ¹Kommt im Fall des Absatzes 5 eine Einigung nicht zustande, so entscheidet eine für das Gesamtunternehmen zu bildende Einigungsstelle. ²Der Spruch der Einigungsstelle ersetzt die Einigung zwischen Arbeitgeber und Gesamtbetriebsrat.
(7) ¹Jedes Mitglied des Gesamtbetriebsrats hat so viele Stimmen, wie in dem Betrieb, in dem es gewählt wurde, wahlberechtigte Arbeitnehmer in der Wählerliste eingetragen sind. ²Entsendet der Betriebsrat mehrere Mitglieder, so stehen ihnen die Stimmen nach Satz 1 anteilig zu.
(8) Ist ein Mitglied des Gesamtbetriebsrats für mehrere Betriebe entsandt worden, so hat es so viele Stimmen, wie in den Betrieben, für die es entsandt ist, wahlberechtigte Arbeitnehmer in den Wählerlisten eingetragen sind; sind mehrere Mitglieder entsandt worden, gilt Absatz 7 Satz 2 entsprechend.
(9) Für Mitglieder des Gesamtbetriebsrats, die aus einem gemeinsamen Betrieb mehrerer Unternehmen entsandt worden sind, können durch Tarifvertrag oder Betriebsvereinbarung von den Absätzen 7 und 8 abweichende Regelungen getroffen werden.

A. Allgemeines	1	IV. Amtszeit	7
B. Regelungsgehalt	2	V. Stimmgewichtung	11
I. Bildung des Gesamtbetriebsrates	2	C. Verbindung zu anderen Rechtsgebieten und zum Prozessrecht	13
II. Zusammensetzung	3	D. Beraterhinweise	14
III. Regelungen durch Tarifvertrag/Betriebsvereinbarungen	4		

A. Allgemeines

Soweit Unternehmen mit mehreren Betrieben wichtige Entscheidungen auf der Unternehmensleitungsebene treffen, steht ihnen auf dieser Ebene der GBR, zusammengesetzt aus den BR der eigenständigen Betriebe nach § 5, als ein gleichberechtigtes Vertretungsorgan der AN auf der Leitungsebene gegenüber. Die Regelung ist zwingend und kann weder durch TV noch durch BV abgedungen werden, soweit nicht ausdrücklich etwas anderes bestimmt ist. Bindende Beschlüsse können etwa durch Arbeitsgemeinschaften von BR oder ähnlichen Einrichtungen im betriebsverfassungsrechtlichen Sinne nicht getroffen werden und sind betriebsverfassungsrechtlich insoweit ohne Bedeutung.[1] Für Betriebe verschiedener Rechtsträger kann hingegen kein gemeinsamer Gesamtbetriebsrat errichtet werden. Dies gilt grundsätzlich auch für Gemeinschaftsbetriebe.[2]

---

1 *Fitting u.a.*, § 47 Rn 4. 2 BAG 13.2.2007 – 1 AZR 184/06 – BB 2007, 1284.

B. Regelungsgehalt

I. Bildung des Gesamtbetriebsrates

2   Soweit ein Unternehmen mehrere BR hat, ist die Bildung eines GBR zwingend.[3] Aufgaben und Abgrenzungen der Zuständigkeit ergeben sich aus § 50. Kommt einer der BR einer Mitwirkung zur Errichtung des GBR nicht nach, liegt hierin eine grobe Pflichtverletzung nach § 23 Abs. 1.[4] Das BAG verwendet insoweit den gesetzlich für Unternehmen vorgeschriebenen Rechts- und Organisationsbegriff. Aus diesem Grund kommt es allein auf die Identität des AG, d.h. die zivil- und handelsrechtliche Trägerschaft des Unternehmens an.[5] Unerheblich ist auch, dass es sich um eine juristische Person in Gestalt einer AG, GmbH, eine Personengesamtheit in Form der OHG, KG oder um eine natürliche Person handelt. Insoweit kann auch ein Gemeinschaftsbetrieb (vertraglicher Zusammenschluss) mehrerer natürlicher oder juristischer Personen in Betracht kommen (GbR), ebenso auch der nicht rechtsfähige Verein.[6] Bei der GmbH und Co. KG ist darauf abzustellen, ob die KG mehrere Betriebe unterhält. Soweit KG und GmbH selbstständige Betriebe unterhalten, kann kein GBR, sondern muss ein KBR gebildet werden.[7] Soweit mehrere BR unterschiedlichen Rechtsträgern zuzuordnen sind, können sie daher nicht gemeinsam einen GBR bilden.[8] Aus diesem Grund sind GBR nur dort zu bilden, wo Betriebe durch eine einheitliche und selbstständige Organisation, eine einheitliche Leitung verbunden sind.[9] Im Falle einer Betriebsführungsgesellschaft kommt es darauf an, ob die Betriebe der Unternehmen im eigenen Namen und als AG der Beschäftigten auftreten, dann ist ein GBR zu bilden oder aber ob die AN solche des Unternehmens bleiben und die Betriebsführungsgesellschaft nur deren Namen führt, dann ist kein GBR zu bilden.[10] Keine Voraussetzung ist, dass in jedem Betrieb des Unternehmens ein BR vorhanden ist.[11] BR-lose Betriebe sind daher am GBR nicht beteiligt. Soweit unabhängig von der Zahl der Betriebe im Unternehmen nur ein unternehmenseinheitlicher BR besteht, kann ebenfalls ein GBR nicht gebildet werden.[12] Soweit ein Gemeinschaftsbetrieb desselben Unternehmens besteht, können die Mitglieder des BR des Gemeinschaftsbetriebes in jeden bestehenden GBR jedes der beteiligten Unternehmen entsandt werden.[13] Anders verhält es sich dann, wenn Betriebe im Ausland liegen. Diese nehmen an der Errichtung eines GBR eines inländischen Unternehmens nicht teil.[14] Hintergrund ist, dass der GBR Beteiligungsrechte für AN-Vertretungen nicht wahrnehmen kann, sobald diese dem ausländischen Recht unterliegen. Dies ist jedoch gerade bei ausländischen Betrieben regelmäßig der Fall.

II. Zusammensetzung

3   Die Zusammensetzung des GBR regelt sich nach Abs. 2 bis 9. Danach werden sie vom BR entsandt. Es muss sich jedoch um Mitglieder des BR handeln. Eine Wahl findet nicht statt.[15] Es entscheidet das Gremium des BR durch Beschluss mit einfacher Mehrheit.[16] Für jedes der entsandten Mitglieder, ist ein gesonderter Beschluss zu fassen. Abs. 2 S. 2 stellt kein zwingendes Recht dar, sodass eine Entsendung von ausschließlich weiblichen oder männlichen BR wirksam wäre. Der Entsendungsbeschluss bleibt daher unabhängig von der Frage einer Frauen- oder Männerquote wirksam.[17] Etwas anderes ergibt sich auch nicht daraus, dass der Beschluss des BR ggf. durch „Wahl" zustande kommt.

BR i.S.d. Abs. 4 und 5 wählen ihren Vertreter in einer gemeinsamen Sitzung.[18] Die Bestellung eines Ersatzmitgliedes i.S.d. Abs. 3 ist ebenfalls erforderlich.[19]

III. Regelungen durch Tarifvertrag/Betriebsvereinbarungen

4   Eine Höchstgrenze der Mitgliederzahl des GBR ist gesetzlich nicht vorgeschrieben. Im Rahmen der Regelungen nach Abs. 4 und 5 können TV und BV abweichende Regelungen zu Abs. 2 festlegen.[20] Gleichwohl bleibt die Form der Bestellung durch die BR die Gleiche wie in den übrigen Fällen. Die abweichende Vereinbarung der Zusammenlegung von Betrieben unter anderen als den nach Abs. 5 angeführten Kriterien ist unzulässig.[21] Hinsichtlich der Vergrößerung oder Verkleinerung von GBR sind auch zusammengefasste Betriebe zu berücksichtigen.[22]

---

3 LAG Baden-Württemberg 26.3.2004 – 5 TaBV 6/03 – juris.
4 Richardi/*Annuß*, § 47 Rn 40.
5 BAG 9.8.2000 – 7 ABR 56/98 – AP § 47 BetrVG 1972 Nr. 9; BAG 23.9.1980 – 6 ABR 8/78 – AP § 47 BetrVG 1972 Nr. 4; BAG 11.12.1987 – 7 ABR 49/87 – AP § 47 BetrVG 1972 Nr. 7.
6 BAG 29.11.1989 – 7 ABR 64/87 – AP § 10 ArbGG 1979 Rn 3.
7 Richardi/*Annuß*, § 47 Rn 13.
8 BAG 13.2.2007 – 1 AZR 184/06 – BB 2007, 1284; BAG 29.11.1989 – 7 ABR 64/87 – AP § 10 ArbGG 1979 Rn 3.
9 ErfK/*Eisemmann*, § 47 BetrVG Rn 5 m.w.N.
10 BAG 29.11.1989 – 7 ABR 64/87 – AP § 10 ArbGG 1979 Rn 3.
11 Richardi/*Annuß*, § 47 Rn 17.
12 *Fitting u.a.*, § 47 Rn 21.
13 DKK/*Trittin*, § 47 Rn 22.
14 ErfK/*Eisemann*, § 47 BetrVG Rn 6.
15 BAG 15.8.1978 – 6 ABR 56/77 – AP § 47 BetrVG 1972 Nr. 3.
16 *Fitting u.a.*, § 47 Rn 33.
17 DKK/*Trittin*, § 47 Rn 32 ff.
18 BAG 15.8.1978 – 6 ABR 56/77 – AP § 47 BetrVG 1972 Nr. 3.
19 *Fitting u.a.*, § 47 Rn 68.
20 *Fitting u.a.*, § 47 Rn 71.
21 BAG 15.8.1978 – 6 ABR 56/77 – AP § 47 BetrVG 1972 Nr. 3.
22 *Fitting u.a.*, § 47 Rn 60.

Eine tarifliche Bindung des AG kann sowohl in einer tariflichen Bindung nach § 3 Abs. 2 TVG als auch im Abschluss eines Firmen- oder Verbands-TV bestehen.[23] Der TV hat gegenüber der Gesamt-BV stets Vorrang. Soweit einzelne Betriebe des Unternehmens vom Geltungsbereich des TV nicht umfasst sind, kann diese Regelung durch eine Gesamt-BV auf die restlichen Betriebe zur Anwendung gelangen.[24] Eine BV i.S.d. Abs. 4 und 5 wird mit dem GBR geschlossen, der damit zunächst in seiner originären Stärke zusammen kommen muss, um dann eine Gesamt-BV über die Reduzierung oder die Erweiterung schließen zu können.[25] Zu beachten ist ferner, dass bei einer tariflichen Regelung über die Größe des GBR eine Verkleinerung ausgeschlossen ist. Der Einigungsstelle ist insoweit die Möglichkeit der Einflussnahme verwehrt.

Im Fall eines **Betriebsübergangs** behalten Gesamt-BV, die in den Betrieben des abgebenden Unternehmens gelten, in den übertragenen Teilen des Unternehmens ihren Status als Rechtsnormen auch dann, wenn einer oder mehrere Betriebe übergehen. Dies gilt jedenfalls dann, wenn das andere Unternehmen bis dahin keinen Betrieb führte und die übertragenen Betriebe ihre Identität bewahrt haben. Wird nur ein Betrieb übernommen, bleiben die Gesamt-BV als Einzel-BV bestehen. Werden alle oder mehrere Betriebe übernommen, bleiben dort die Gesamt-BV als solche bestehen. Wird ein übernommener Betriebsteil vom Erwerber als selbstständiger Betrieb geführt, gelten in ihm die im ursprünglichen Betrieb bestehenden Einzel- und Gesamt-BV normativ weiter. Werden weder alle noch nur ein einziger, sondern werden mehrere Betriebe eines Unternehmens auf einen anderen Rechtsträger übertragen, der bis dahin keinen eigenen Betrieb führte, so gilt eine bestehende Gesamt-BV in den übertragenen Betrieben nicht jeweils als Einzel-BV, sondern als Gesamt-BV weiter. Zwar verliert der GBR des abgebenden Unternehmens auch in solchen Fällen seine Zuständigkeit für die übertragenen Betriebe, weil diese Zuständigkeit auf ein einziges – rechtlich selbstständiges – Unternehmen begrenzt ist. Es bilden auch nicht etwa die von den BR der übertragenen Betriebe in den bisher zuständigen GBR entsandten Mitglieder automatisch den GBR des übernehmenden, bisher betriebslosen Unternehmens; dieser ist nach Maßgabe des § 47 vollständig neu zu bilden.[26] Bis dahin besteht im Erwerberunternehmen eine GBR-lose Zeit. Das steht der Fortgeltung einer bisherigen Gesamt-BV als solcher in den übernommenen Betrieben aber nicht entgegen. Hierfür bedarf es des Fortbestehens und der weiterbestehenden Zuständigkeit des abschließenden GBR nicht. Ausreichend ist, dass eine GBR-fähige Anzahl der Betriebe ihre Identität bewahrt hat. Dies begründet den Bedarf an betriebsübergreifender Koordination, welcher Wesensmerkmal ist in Form einer Gesamt-BV getroffenen Regelungen ist.[27] Das rechtliche Schicksal einer Gesamt-BV ist nicht von der Wahrung einer „Unternehmensidentität" abhängig. Die Reduzierung der Betriebsstruktur eines Unternehmens auf lediglich noch einen Betrieb berührt deshalb die (Fort-)Geltung einer Gesamt-BV nicht.

IV. Amtszeit

Der GBR als Institution ist auf Dauer gegründet. Er ist daher nicht an die Amtszeit der einzelnen BR gebunden. Solange die Betriebe des Unternehmens daher bestehen und BR gebildet sind, besteht auch der GBR. Dieser endet nur dann, wenn seine Voraussetzungen für die Errichtung entfallen. Dies ist auch der Fall, wenn das Unternehmen die Betriebe übertragen hat oder aber aus den Betrieben rechtlich selbstständige Unternehmen gegründet werden.[28] Ein Auflösungsbeschluss, die Amtsniederlegung der Mitglieder des GBR oder Abberufungen einzelner Mitglieder sind ohne Auswirkungen auf den rechtlichen Bestand des GBR. Sinn und Zweck der Regelung ist es, sicherzustellen, dass ein Unternehmen nicht vorübergehend ohne GBR ist. Regelungen nach Abs. 4 und 5 werden, wenn sie nicht befristet geschlossen wurden, nur durch neue Vereinbarungen abgelöst oder enden dann, wenn sie gekündigt werden.

Überträgt ein Unternehmen seine sämtlichen Betriebe auf zwei andere, rechtlich selbstständige Unternehmen, endet das Amt des in dem übertragenden Unternehmen gebildeten GBR. Nach § 47 Abs. 1 ist ein GBR zu errichten, wenn in einem Unternehmen mehrere BR bestehen. Die Bildung des GBR ist, sofern diese Voraussetzungen vorliegen, zwingend. Das Amt des GBR als Gremium endet jedoch, wenn die Voraussetzungen für seine Errichtung nicht mehr vorliegen. Dies ist z.B. der Fall, wenn in dem Unternehmen nicht mehr mehrere BR bestehen.

Der Fortbestand des GBR kommt aber dann nicht in Betracht, wenn nicht sämtliche Betriebe eines Unternehmens auf den neuen Inhaber übertragen werden oder das übernehmende Unternehmen bereits einen oder mehrere Betriebe hat und sich die betrieblichen Strukturen im übernehmenden Unternehmen durch Integration der neuen Betriebe in das Unternehmen entsprechend ändern.

In diesem Fall entfallen die Grundlagen für die Errichtung dieses GBR. Es muss vielmehr ein neuer GBR von den nunmehr wenigstens teilweise neu gewählten BR nach den gesetzlichen Vorgaben des § 47 errichtet werden. Das gilt bereits dann, wenn die betriebsverfassungsrechtliche Identität eines Betriebes im Zusammenhang mit dem Betriebsübergang verändert wird. Auf wesentliche Änderungen oder auf eine Vielzahl von betroffenen Betrieben kommt es nicht an.[29]

---

23 Richardi/*Annuß*, § 47 Rn 48.
24 DKK/*Trittin*, § 47 Rn 55.
25 BAG 15.8.1978 – 6 ABR 56/77 – AP § 47 BetrVG 1972 Nr. 3.
26 BAG 5.62002 – 7 ABR 17/01 – ZIP 2003, 271.
27 BAG 18.9.2002 – 1 ABR 54/01 – juris.
28 BAG 5.6.2002 – 7 ABR 17/01 – AP § 47 BetrVG 1972 Nr. 11 = NZA 2003, 336.
29 BAG 5.6.2002 – 7 ABR 17/01 – AP § 47 BetrVG 1972 Nr. 11 = NZA 2003, 336.

V. Stimmgewichtung

11 Bei der Stimmgewichtung kommt es auf die Zahl der wahlberechtigten AN im jeweiligen Betrieb an. Entscheidend sind die Eintragungen auf der Wählerliste. Die Mitglieder des GBR unterliegen keinen Weisungen zur Stimmabgabe. Auf der anderen Seite können die Mitglieder des GBR jederzeit ohne weiteres durch den entsendenden BR abberufen werden. Zu beachten ist, dass das entsandte GBR-Mitglied, die ihm zur Verfügung stehenden Stimmen nur einheitlich abgeben kann und daher keine Splitting vorgenommen werden darf. Dies gilt auch für Mitglieder von Gemeinschaftsbetrieben oder für Mitglieder, die von mehreren Mitgliedern entsandt werden.[30]

12 Nach der Aufhebung des für die Entsendung in den GBR geltenden Gruppenprinzips in § 47 Abs. 2 S. 1 und 2 in der bis Juli 2001 geltenden alten Fassung durch das BetrV-ReformG 2001 kann bereits während der gesetzlich geregelten Übergangsphase bis zur Neuwahl des entsendenden BR gem. Art. 14 i.V.m. Art. 1 Nr. 35a BetrV-ReformG eine – nach wie vor jederzeit und grundlos mögliche – Abberufung des noch nach dem Gruppenprinzip entsandten Mitglieds des GBR im Wege der Mehrheitsentscheidung des BR ohne Rücksicht auf das Gruppenprinzip erfolgen. Andernfalls würde die nunmehrige paritätische Stimmenrepräsentation des GBR-Mitglieds (§ 47 Abs. 7) zu einer im Einzelfall tendenziell dramatischen Verfälschung des Stimmgewichts des noch als Vertreter der (Arbeits- oder Ang-)Gruppe entsandten BR-Mitglieds führen.[31]

C. Verbindung zu anderen Rechtsgebieten und zum Prozessrecht

13 Sämtliche Rechtsfragen im Zusammenhang mit der Errichtung, der Mitgliederzahl und der Zusammensetzung des GBR ebenso wie auch über die Wirksamkeit einer Vereinbarung nach Abs. 4, 5 und 9, wie die Zuständigkeit der Einigungsstelle und die Wirksamkeit des Einigungsstellenspruchs sind im arbeitsgerichtlichen Beschlussverfahren nach §§ 2a, 80 ff. ArbGG durch das zuständige ArbG am Sitz des Unternehmens nach § 82 S. 2 ArbGG zu entscheiden. Bei Unternehmen mit Sitz im Ausland ist das ArbG örtlich zuständig, in dessen Bezirk der Betrieb seine Hauptniederlassung hat.[32] Notwendige Beteiligte des Verfahrens eines solchen Beschlussverfahrens über die wirksame Errichtung eines GBR sind die einzelnen BR, die Mitglieder der einzelnen BR, der GBR, der AG und die in dem betroffenen Betrieb vertretene Gewerkschaft.[33] Die beteiligte Gewerkschaft hat keine eigenen Antragsbefugnisse.[34]

D. Beraterhinweise

14 Eine Entsendung eines nur vorübergehend in den BR nachgerückten Ersatzmitglieds in den GBR ist nicht zulässig. Das zeitweise nachgerückte Ersatzmitglied des BR ist kein Mitglied i.S.v. § 47 Abs. 2. Nur ein Ersatzmitglied des BR, das nach § 25 Abs. 1 S. 1 für ein ausgeschiedenes BR-Mitglied für den Rest der Amtszeit in den BR nachgerückt ist, ist ein vollwertiges BR-Mitglied, das auch in den GBR entsandt werden kann.[35] Die Entsendung von BR-Mitgliedern in den GBR nach § 47 Abs. 1 S. 1 erfolgt durch Mehrheitsbeschluss gem. § 33 Abs. 1 S. 1. Eine Verhältniswahl ist nicht vorgeschrieben. Im Beschlussverfahren um die Wirksamkeit des Entsendungsbeschlusses sind auch der GBR und die entsandten Voll- und Ersatzmitglieder zu beteiligen.[36]

15 Wird die Zahl der Mitglieder des GBR und des anzuwendenden Verfahrens durch TV geregelt, so ist weder zwingend erforderlich, dass ein Wahlverfahren festgelegt wird, noch dass die Wahl nach dem Prinzip des Verhältniswahlrechts erfolgt.[37]

16 Adressat der Künd einer BV ist grds. allein der Vertragspartner, d.h. bei der Künd einer Gesamt-BV – soweit noch gebildet – ungeachtet zwischenzeitlicher Umstrukturierungen des Unternehmens der GBR und nicht ein BR.[38]

§ 48 Ausschluss von Gesamtbetriebsratsmitgliedern

Mindestens ein Viertel der wahlberechtigten Arbeitnehmer des Unternehmens, der Arbeitgeber, der Gesamtbetriebsrat oder eine im Unternehmen vertretene Gewerkschaft können beim Arbeitsgericht den Ausschluss eines Mitglieds aus dem Gesamtbetriebsrat wegen grober Verletzung seiner gesetzlichen Pflichten beantragen.

---

30 Richardi/*Annuß*, § 47 Rn 74.
31 LAG München 18.3.2004 – 4 TaBV 47/03 – juris.
32 BAG 31.10.1975 – 1 ABR 4/74 – AP § 106 BetrVG 1972 Nr. 2.
33 BAG 15.8.1978 – 6 ABR 56/77 – AP § 47 BetrVG 1972 Nr. 3.
34 BAG 30.10.1986 – 6 ABR 52/83 – AP § 47 BetrVG 1972 Nr. 6.
35 Hessisches LAG 28.8.2003 – 9 TaBV 47/03 – juris.
36 Hessisches LAG 10.7.2003 – 9 TaBV 114/02 – juris.
37 LAG Köln 18.12.2003 – 5 TaBV 36/03 – juris.
38 LAG Düsseldorf 28.4.2004 – 17 Sa 1952/03 – juris.

A. Allgemeines	1	2. Entscheidung des Arbeitsgerichts	6
B. Regelungsgehalt	2	C. Verbindung zu anderen Rechtsgebieten und zum Prozessrecht	7
I. Grobe Pflichtverletzung	3		
II. Arbeitsgerichtliches Verfahren	4	D. Beraterhinweise	8
1. Antrag	4		

A. Allgemeines

Die Regelung ist § 23 Abs. 1 nachgebildet. Das Gesetz erlaubt nur den Ausschluss einzelner Mitglieder, nicht hingegen die Auflösung des GBR. Der Ausschluss ist nur statthaft bei groben Pflichtverletzungen des Mitgliedes des GBR. Die vorwerfbare Pflichtverletzung muss sich auf die Pflichten als Mitglied des GBR beziehen. Die Regelung gilt für die JAV gem. § 73 Abs. 2 entsprechend. Für den KBR regelt § 56 die Möglichkeit des Ausschlusses der Mitglieder. § 48 ist weder durch TV noch durch BV abdingbar.

B. Regelungsgehalt

Der Ausschluss setzt eine grobe Pflichtverletzung eines oder mehrerer Mitglieder des GBR in ihrer Eigenschaft als Mitglied des GBR voraus. Der Antrag kann von mindestens einem Viertel der wahlberechtigten AN des Unternehmens oder dem Unternehmen oder dem GBR oder einer Gewerkschaft, die einen Mitarbeiter des Unternehmens vertritt, gestellt werden und bedarf eines rechtskräftigen Beschlusses des ArbG gem. §§ 2a Abs. 1 Nr. 1, 80 ff. ArbGG.

I. Grobe Pflichtverletzung

Der unbestimmte Rechtsbegriff der groben Pflichtverletzung entspricht § 23 Abs. 1 (vgl. § 23 Rn 30 ff.). Die grobe Pflichtverletzung muss vom Mitglied im Rahmen seiner Tätigkeit als Mitglied des GBR begangen worden sein.[1] Diese kann vorliegen, wenn das Mitglied seine Mitarbeit im GBR verweigert oder vernachlässigt.[2] Eine grobe Pflichtverletzung, die ein Mitglied des GBR hingegen in Ausübung seines Amtes als Mitglied des entsendenden BR begangen hat, reicht für einen Ausschluss aus dem GBR allein noch nicht aus.[3] Der Ausschluss aus dem GBR lässt die Mitgliedschaft im BR regelmäßig unberührt. Anderes gilt dann, wenn die grobe Pflichtverletzung gleichzeitig auch in Zusammenhang mit der Tätigkeit als BR-Mitglied steht.[4] Scheidet ein Mitglied hingegen aus dem BR nach § 23 Abs. 1 aus, dann verliert er auch seine Mitgliedschaft im GBR.[5]

II. Arbeitsgerichtliches Verfahren

1. Antrag. Der Antrag ist beim zuständigen ArbG zu stellen und **an keine Frist gebunden**. Er hat das Mitglied zu bezeichnen, das ausgeschlossen werden soll. Der Antrag ist mit einer Begründung zu versehen, die die grobe Pflichtverletzung im Hinblick auf die Tätigkeit als Mitglied des GBR darlegt und glaubhaft macht. Der Antrag ist schriftlich zu stellen oder auf der Rechtsantragstelle zu Protokoll zu erklären. Unterschiede zum Antrag nach § 23 ergeben sich nur im Hinblick auf die **Antragsberechtigung**. Da es sich beim GBR um ein auf Unternehmensebene und nicht auf betrieblicher Ebene bestehendes Gremium handelt, sind neben dem AG und dem GBR oder einer im Unternehmen vertretenen Gewerkschaft mindestens ein Viertel der wahlberechtigten AN des Unternehmens antragberechtigt. Bei der **Ermittlung der Zahl der wahlberechtigten AN** ist auf die Zahl aller wahlberechtigten AN des Unternehmens zum Zeitpunkt der Antragstellung abzustellen. AN betriebsratsloser Betriebe sind nicht zu berücksichtigen. Sie stehen nicht außerhalb der Betriebsverfassung.[6] Hintergrund ist, dass der GBR auch die Interessen der betriebsratslosen Betriebe gem. § 50 Abs. 1 S. 1 Hs. 2 vertritt (vgl. § 50 Rn 3 ff.). Maßgebend ist die Zahl der regelmäßig im Zeitpunkt der Antragstellung wahlberechtigten Beschäftigten des gesamten Unternehmens.[7] Die für den Antrag erforderliche Mindestzahl muss während des gesamten Verfahrens gewahrt sein.[8] Ausscheidende Antragsteller können jedoch durch andere Wahlberechtigte durch nachträgliche Antragstellung an deren Stelle treten. Eine Gewerkschaft kann noch nach Einleitung des Verfahrens beitreten.[9] Stellt der **GBR** den Antrag auf Ausschluss, muss der zugrunde liegende Beschluss des GBR wirksam sein. An dem Beschluss darf das betroffene Mitglied des GBR, um dessen Ausschluss es geht, nicht mitstimmen. Dem Mitglied ist jedoch aus Anlass des beabsichtigten Ausschlusses Gehör zu gewähren.[10] Bei der Abstimmung stimmt das Ersatzmitglied nach § 47 Abs. 3 ab.[11] Es liegt ein Fall der zeitweiligen Verhinderung des ordentlichen GBR-Mitglieds gem. §§ 51 Abs. 1, 25 Abs. 1 S. 2 vor. Die hierzu vorgetragenen Bedenken, einer

---

1 *Fitting u.a.*, § 48 Rn 9.
2 Hess u.a./*Glaubik*, § 48 Rn 4.
3 ErfK/*Eisemann*, § 48 BetrVG Rn 2; *Fitting u.a.*, § 48 Rn 9; Richardi/*Annuß*, § 48 Rn 2.
4 *Fitting u.a.*, § 48 Rn 9.
5 GK-BetrVG/*Kreutz*, § 48 Rn 21.
6 *Fitting u.a.*, § 48 Rn 11 ff.; Richardi/*Annuß*, § 48 Rn 6; a.A. ErfK/*Eisemann*, § 48 BetrVG Rn 4; Hess u.a./*Glaubik*, § 48 Rn 6; GK-BetrVG/*Kreutz*, § 48 Rn 11.
7 *Fitting u.a.*, § 48 Rn 11; GK-BetrVG/*Kreutz*, § 48 Rn 10; Richardi/*Annuß*, § 48 Rn 6.
8 *Fitting u.a.*, § 48 Rn 13; GK-BetrVG/*Kreutz*, § 48 Rn 13; Richardi/*Annuß*, § 48 Rn 6.
9 GK-BetrVG/*Kreutz*, § 48 Rn 13.
10 GK-BetrVG/*Kreutz*, § 48 Rn 15.
11 *Fitting u.a.*, § 48 Rn 11; Hess u.a./*Glaubik*, § 48 Rn 7; GK-BetrVG/*Kreutz*, § 48 Rn 15; Richardi/*Annuß*, § 48 Rn 8.

Interessenkollision des nachrückenden Mitglieds an einer eigenen Tätigkeit im GBR ist entgegenzuhalten, dass in diesem Fall jede Vertretung durch Ersatzmitglieder wegen der Gefahr einer Interessenkollision generell ausgeschlossen werden müsste. Zudem kann die Beschlussfähigkeit des GBR gefährdet sein, wenn mehrere Mitglieder ausgeschlossen werden sollen. Zu berücksichtigen ist, dass die Interessen gerade des BR, dessen Mitglied ausgeschlossen werden soll, bei der Beschlussfassung im GBR berücksichtigt werden müssen. Den einzelnen BR steht ein Antragsrecht nicht zu. Eines derartigen Antragsrechts bedarf es nicht, da der entsendende BR seine Mitglieder aus dem GBR jederzeit und ohne Angabe von Gründen abberufen kann (vgl. auch § 47 Rn 12).[12] Eine **Gewerkschaft**, die im Unternehmen vertreten ist, kann den Ausschluss gleichfalls beantragen. Wenigstens ein AN, der in einem der Betriebe des Unternehmens beschäftigt wird, muss dann Mitglied der betreffenden Gewerkschaft sein. Das gilt unabhängig von der Frage, ob die Gewerkschaft auch in dem Betrieb vertreten ist, dessen BR das auszuschließende GBR-Mitglied entsandt hat. Hintergrund ist, dass den Gewerkschaften die Aufgabe zukommt, die Einhaltung des BetrVG zu kontrollieren.[13]

5 Das **Unternehmen**, in dem der GBR besteht, ist ebenfalls antragsberechtigt. Auch bei Antragstellung ist das Unternehmen weiterhin gem. § 2 Abs. 1 an die Pflicht zur vertrauensvollen Zusammenarbeit gebunden.

6 **2. Entscheidung des Arbeitsgerichts.** Da der Ausschluss aus dem GBR erst mit der rechtskräftigen arbeitsgerichtlichen Entscheidung Wirksamkeit entfaltet, bleibt das Mitglied des GBR bis zu diesem Zeitpunkt weiterhin Mitglied mit allen Rechten und Pflichten. Etwas anderes gilt nur dann, wenn der entsendende BR aufgrund dieses anhängigen Verfahrens das Mitglied abberuft oder die Mitgliedschaft des betroffenen Mitgliedes aus sonstigen Gründen bereits zu einem früheren Zeitpunkt endet. Für das ausgeschlossene Mitglied rückt ein Ersatzmitglied gem. § 47 Abs. 3 nach.

C. Verbindung zu anderen Rechtsgebieten und zum Prozessrecht

7 Das ArbG ist an die gestellten Anträge auf Ausschluss aus dem GBR gebunden. Insoweit ist es der Überprüfungskompetenz des ArbG entzogen, eigenständig auch einen Ausschluss aus dem BR auszusprechen.

Zulässig ist es hingegen, wenn das ArbG die Anträge auf Ausschluss aus dem GBR und auf Ausschluss aus dem BR prozessual miteinander verbindet. Vorraussetzung ist jedoch, dass das ArbG für beide Anträge örtlich zuständig ist.[14]

Mit dem rechtskräftigen Ausschluss eines GBR-Mitgliedes ist die erneute Entsendung des ausgeschlossenen GBR-Mitgliedes durch den entsendenden BR ausgeschlossen.[15] Soweit der BR neu gewählt wird, soll hingegen eine erneute Entsendung des einmal rechtskräftig ausgeschlossenen GBR-Mitgliedes wieder zulässig sein.[16] Begründet wird dies damit, dass in solchen Fällen eine erneute Legitimation des ausgeschlossenen Mitgliedes des GBR durch die Wahlen zum BR erfolgt, wodurch die Belegschaft des Betriebes das ausgeschlossene GBR-Mitglied erneut legitimiert hat und zugleich die Entsendung durch den neu konstituierten BR erfolgt.[17]

D. Beraterhinweise

8 Da die Vorschrift § 23 Abs. 1 nachgebildet ist, gelten für den Ausschluss von Mitgliedern dieselben Grundsätze (vgl. § 23 Rn 10 f.).

| § 49 | Erlöschen der Mitgliedschaft |

Die Mitgliedschaft im Gesamtbetriebsrat endet mit dem Erlöschen der Mitgliedschaft im Betriebsrat, durch Amtsniederlegung, durch Ausschluss aus dem Gesamtbetriebsrat aufgrund einer gerichtlichen Entscheidung oder Abberufung durch den Betriebsrat.

A. Allgemeines 1	IV. Abberufung 7
B. Regelungsgehalt 3	C. Verbindung zu anderen Rechtsgebieten und zum
I. Erlöschen der Mitgliedschaft 3	Prozessrecht 8
II. Amtsniederlegung 4	D. Beraterhinweise 10
III. Ausschluss aufgrund arbeitsgerichtlicher Entscheidung 6	

---

[12] Fitting u.a., § 48 Rn 16; GK-BetrVG/*Kreutz*, § 48 Rn 16.
[13] GK-BetrVG/*Kreutz*, § 48 Rn 17; Fitting u.a., § 48 Rn 17.
[14] GK-BetrVG/*Kreutz*, § 48 Rn 21.
[15] Fitting u.a., § 49 Rn 23; ErfK/*Eisemann*, § 49 BetrVG Rn 3.
[16] Richardi/*Annuß*, § 48 Rn 14; ErfK/*Eisemann*, § 48 BetrVG Rn 3.
[17] Fitting u.a., § 48 Rn 24.

A. Allgemeines

Ebenso wie nach den Voraussetzungen nach § 24 erlischt auch die Mitgliedschaft im GBR.[1] Entsprechende Regelungen für den KBR finden sich in § 57 und für die in der Gesamt-JAV in § 49 i.V.m. § 73 Abs. 2. Die Regelung nach § 49 fasst die Voraussetzungen zusammen, nach denen es zu einer Beendigung der Zugehörigkeit einzelner Mitglieder im GBR kommen kann. Mitglieder des GBR werden für festgelegte Amtszeiten, die regelmäßig mit der Amtszeit des entsendenden BR identisch sind – nicht jedoch sein müssen – in den GBR delegiert. § 49 stellt zwingendes Recht dar, vom dem weder durch TV noch durch BV abgewichen werden kann. Der GBR bleibt über die Amtszeit des einzelnen BR hinaus bestehen. Nur die Mitgliedschaft einzelner Mitglieder des GBR kann daher enden (vgl. § 47 Rn 7). Das Ende des Bestehens des GBR tritt nur dann ein, wenn die Voraussetzungen für seine Errichtung nachträglich entfallen. Zu unterscheiden ist dieser Vorgang von der wechselnden Zusammensetzung des GBR aufgrund von Neuwahlen der einzelnen BR bzw. von einem gemeinschaftlich erklärten Rücktritt aller Mitglieder des GBR. Auch im letzten Fall bleibt der GBR jedoch bestehen. Neue Mitglieder sind von den BR in diesen Fällen für den GBR zu benennen und zu entsenden. Bis dahin ist jedoch die Handlungsfähigkeit des GBR beeinträchtigt.[2]

Ein Rücktritt des GBR in seiner Funktion als Organ ist hingegen nicht möglich. Die Mitglieder, die ihr Amt niedergelegt haben, gehören dem GBR lediglich nicht mehr an.[3] Die vom BAG entwickelten Grundsätze zur Ausübung eines Restmandats durch den BR gelten auch für den GBR, etwa wenn es um die Abwicklung eines vom GBR im Insolvenzverfahren abgeschlossenen Sozialplans geht (§ 21b).

B. Regelungsgehalt

I. Erlöschen der Mitgliedschaft

Endet die Mitgliedschaft im BR, gleich aus welchem Grund, erlischt sie auch im GBR. Die Gründe, die zu einer Beendigung der Mitgliedschaft im BR führen können und damit zwangsläufig auch das Erlöschen der Mitgliedschaft im GBR zur Folge haben, sind im Einzelnen in § 24 Abs. 1 aufgeführt (vgl. § 24 Rn 3 ff.).

II. Amtsniederlegung

Soweit die Mitgliedschaft im GBR durch Amtsniederlegung erlischt, kann sie jederzeit erklärt werden und bedarf keiner besonderen Form. Sie muss sich auf die Mitgliedschaft im GBR beziehen. Die Niederlegung des Vorsitzes des GBR oder der Mitgliedschaft in einem Ausschuss reicht hierfür nicht.[4] Die Erklärung ist grundsätzlich dem Vorsitzenden des GBR gegenüber abzugeben, der den entsendenden BR hierüber unverzüglich zu informieren hat.[5]

Die Mitgliedschaft im GBR endet mit dem Zeitpunkt, in dem die Erklärung dem Vorsitzenden des GBR zugeht. Sie kann wegen ihrer rechtsgestaltenden Wirkung nicht zurückgenommen, angefochten oder widerrufen werden.[6] Es ist hingegen möglich, dass eine erneute Entsendung in den GBR – auch nach dem erklärten Rücktritt – erfolgt. Die Niederlegung des Amtes ist unabhängig von der Größe des entsendenden BR, so dass auch der Ein-Personen-BR sein Amt im GBR jederzeit niederlegen kann. Darin kann eine „grobe Pflichtverletzung" i.S.d. § 23 liegen.[7]

III. Ausschluss aufgrund arbeitsgerichtlicher Entscheidung

Das Erlöschen der Mitgliedschaft im GBR aufgrund eines Ausschlusses meint das Verfahren nach § 48, so dass ein gerichtlicher Ausschluss nur erfolgt, wenn das GBR-Mitglied eine „**grobe Pflichtverletzung**" i.S.d. § 23 Abs. 1 begangen hat. Der **Antrag** beim ArbG ist **nicht fristgebunden**. Der Antrag auf Ausschluss erfordert jedoch einen förmlichen Beschluss nach §§ 51 Abs. 4, 47 Abs. 7 nach erfolgter Anhörung des betroffenen GBR-Mitgliedes.

IV. Abberufung

Die Abberufung ist jederzeit – ohne Angabe von Gründen – möglich (vgl. § 47 BetrVG). Das Verfahren entspricht § 47 Abs. 2 S. 4. Die Erklärung der Abberufung hat gegenüber dem Vorsitzenden des GBR zu erfolgen. Mit ihrem Zugang endet die Mitgliedschaft des abberufenen Mitglieds im GBR.[8] Das abberufene GBR-Mitglied kann seiner Abberufung nicht mit Erfolg widersprechen, da diese allein im pflichtgemäßen Ermessen des entsendenden BR liegt.[9] Mit der Abberufung aus dem GBR endet zudem auch eine etwaige Mitgliedschaft im KBR (vgl. § 57 Rn 2). Die gem. § 49 erloschene Mitgliedschaft beendet die Amtstätigkeit mit Wirkung für die Zukunft. Dies schließt alle zusätzlichen Funktionen ein, die unmittelbar mit der Mitgliedschaft im GBR zusammenhängen, wie z.B. den Vorsitz im GBR, die Tätigkeit in einem seiner Ausschüsse usw. Es endet auch die Mitgliedschaft im KBR, in den das gem. § 47 Abs. 3 bestellte Ersatzmitglied nachrückt. Rückt ein Ersatzmitglied, für das aus dem GBR und dem

---

1 Vgl. Begründung des Regierungsentwurfs, BR-Drucks 715/70, S. 42.
2 GK-BetrVG/*Kreutz*, § 75 Rn 19.
3 GK-BetrVG/*Kreutz*, § 75 Rn 19.
4 GK-BetrVG/*Kreutz*, § 75 Rn 9.
5 Fitting u.a., § 75 Rn 12; Richardi/*Annuß*, § 75 Rn 6.
6 ErfK/*Eisemann*, § 75 BetrVG Rn 3; Richardi/*Annuß*, § 75 Rn 6.
7 Richardi/*Annuß*, § 75 Rn 7.
8 Fitting u.a., § 75 Rn 17.
9 Fitting u.a., § 75 Rn 18.

BR ausgeschiedene Mitglied in den BR nach, wird es nicht automatisch auch Mitglied des GBR. Eine Ausnahme gilt dann, wenn ein einköpfiger BR ausgeschieden ist. In diesem Fall wird das nach § 14 Abs. 4 gewählte Ersatzmitglied gleichzeitig Mitglied des GBR. I.Ü. richtet sich das Nachrücken von Ersatzmitgliedern für aus dem GBR ausscheidende Mitglieder nach § 47 Abs. 3 (siehe § 47 Rn 3 ff.).

C. Verbindung zu anderen Rechtsgebieten und zum Prozessrecht

8 Das ArbG entscheidet gem. §§ 2a, 80 f. ArbGG im Beschlussverfahren über den Bestand der Mitgliedschaft im GBR und die Wirksamkeit
- der Amtsniederlegung,
- der Abberufung,
- des Nachrückens des Ersatzmitgliedes und
- des Ausschlusses.

9 Das für den Sitz des Unternehmens maßgebliche ArbG ist gem. § 82 S. 2 ArbGG örtlich zuständig. Die örtliche Zuständigkeit des Gerichts richtet sich danach, ob es sich um einen Abberufungsbeschluss oder das Erlöschen der Mitgliedschaft im BR handelt. In diesem Fall ist das ArbG am Sitz des Betriebes zuständig. In den Fällen der Amtsniederlegung und des Nachrückens ist der Sitz des Unternehmens für die örtliche Zuständigkeit entscheidend, § 82 S. 2 ArbGG.

D. Beraterhinweise

10 In der Praxis stellen sich prozesstaktische Fragen für den Berater überwiegend schon im Vorfeld des beabsichtigen Ausschlusses (vgl. § 48 Rn 1). Grds. empfiehlt es sich, den Antrag auf Ausschluss aus dem GBR mit dem Antrag auf Ausschluss aus dem BR zu verknüpfen und in einer Antragsschrift zu stellen. Parallel kommt die Erwirkung einer einstweiligen Verfügung auf Untersagung der Amtsausübung als BR-Mitglied in Betracht.[10]

11 Musterantrag auf Ausschluss eines BR-Mitglieds gem. § 23 Abs. 1 in: *Hümmerich*, AnwaltFormulare ArbR, § 8 Anm. 114, Muster 6.

---

§ 50 Zuständigkeit

(1) [1]Der Gesamtbetriebsrat ist zuständig für die Behandlung von Angelegenheiten, die das Gesamtunternehmen oder mehrere Betriebe betreffen und nicht durch die einzelnen Betriebsräte innerhalb ihrer Betriebe geregelt werden können; seine Zuständigkeit erstreckt sich insoweit auch auf Betriebe ohne Betriebsrat. [2]Er ist den einzelnen Betriebsräten nicht übergeordnet.

(2) [1]Der Betriebsrat kann mit der Mehrheit der Stimmen seiner Mitglieder den Gesamtbetriebsrat beauftragen, eine Angelegenheit für ihn zu behandeln. [2]Der Betriebsrat kann sich dabei die Entscheidungsbefugnis vorbehalten. [3]§ 27 Abs. 2 Satz 3 und 4 gilt entsprechend.

A. Allgemeines 1	III. Zuständigkeit des Gesamtbetriebsrats kraft Bevollmächtigung 10
B. Regelungsgehalt 2	IV. Gesamtbetriebsvereinbarungen 12
I. Rechtsstellung des Gesamtbetriebsrats 2	C. Verbindung zu anderen Rechtsgebieten und zum Prozessrecht 15
II. Zuständigkeit des Gesamtbetriebsrats kraft Gesetzes 3	D. Beraterhinweise 17

A. Allgemeines

1 Die Regelung trennt die Zuständigkeit zwischen BR und GBR.[1] Sie ist nicht disponibel.[2] Die Delegierung an den BR i.S.d. Abs. 2 bleibt im Einzelfall jedoch zulässig.[3] Der GBR kann daher auch nur im Falle der Delegation BV schließen. I.Ü. bleibt er zuständig für den Abschluss von Gesamt-BV. **Verhandlungspartner** des GBR ist die Leitung des Unternehmens. Er muss **abschlussbevollmächtigt** sein. Soweit mehrere Betriebe betroffen sind, hat der GBR stets ein Abschlussmandat. Somit gilt die abgeschlossene Regelung für alle nach Abs. 1 geregelten Angelegenheiten.[4] In einem TV können dem GBR von § 50 abweichende Zuständigkeiten nicht eingeräumt werden.[5]

---

10 Richardi/*Annuß*, § 49 Rn 12.
1 BAG 11.11.1998 – 4 ABR 40/97 – AP § 50 BetrVG Nr. 18.
2 BAG 26.1.1993 – 4 Sa 68/91 – AP § 99 BetrVG Nr. 102.
3 BAG 26.1.1993 – 1 ABR 303/92 – juris.
4 GK-BetrVG/*Kreutz*, § 50 Rn 71.
5 BAG 11.11.1998 – 4 ABR 40/97 – juris.

B. Regelungsgehalt
I. Rechtsstellung des Gesamtbetriebsrats
Mindestens zwei Betriebe des Unternehmens müssen von der Angelegenheit betroffen sein. Die Angelegenheit darf nicht durch BR der einzelnen Betriebe geregelt werden können.[6]

II. Zuständigkeit des Gesamtbetriebsrats kraft Gesetzes
Der GBR steht zum BR nicht in Konkurrenz. Die gesetzliche Zuständigkeit der Gremien schließt sich gegenseitig aus.[7] Die Möglichkeiten des GBR für betriebsratslose Betriebe tätig zu werden ist abschließend in Abs. 1 geregelt. Die Zuständigkeit des GBR erstreckt sich nur auf solche Betriebe eines Unternehmens, in denen ein BR gewählt worden ist. Betriebsratslose Betriebe stehen außerhalb der Betriebsverfassung.

Der überwiegend vertretenen Auffassung[8] folgt die Rspr. nicht. Das BAG hält eine Zuständigkeit des GBR für betriebsratslose Betriebe eines Unternehmens jedenfalls dann nicht für gegeben, wenn diese Betriebe zwar betriebsratsfähig sind, die Belegschaft aber keinen BR gewählt hat. Dem GBR fehlt insoweit jede demokratische Legitimation zur Vertretung der Belegschaften solcher Betriebe, in denen kein BR gewählt worden ist. Der GBR besteht nur aus von den Einzel-BR entsandten BR-Mitgliedern (§ 47 Abs. 2). Betriebsratslose Betriebe sind also im GBR nicht vertreten. Es ist aber ein Grundprinzip des Betriebsverfassungsrechts, dass die Vertretungsorgane der AN aus Wahlen der Betriebsbelegschaft hervorgegangen sein müssen; nur die Wahl seitens der Belegschaften gibt ihnen letztlich die Legitimation, deren Interessen gegenüber dem AG wahrzunehmen und für sie zu handeln. Das gilt auch für den GBR. Da seine Mitglieder von den Einzel-BR in den GBR entsandt werden und ihrerseits wieder gewählte BR-Mitglieder sein müssen, ist das Prinzip der demokratischen Legitimation durch die betreffenden Belegschaften auch beim GBR gewahrt. Aus der Zuständigkeitsregelung des Abs. 1 lässt sich eine Durchbrechung des demokratischen Legitimationsprinzips durch Erstreckung der Zuständigkeit des GBR auch auf betriebsratslose Betriebe nicht herleiten. Hat also der AG mit dem GBR für die durch BR vertretenen Betriebe eine unternehmenseinheitliche Regelung getroffen, so wäre er bei Anwendung des Gleichbehandlungsgrundsatzes individualrechtlich gehalten, die mit dem GBR ausgehandelte Regelung auch den AN des betriebsratslosen Betriebes zugute kommen zu lassen. Dazu bedarf es keiner Erstreckung der Zuständigkeit des GBR auf den betriebsratslosen Betrieb.[9]

Soweit einheitliche Regelungen im Unternehmen nur Rahmenvorgaben für die BR beinhalten, bleiben die BR faktisch für die Ausfüllung der Vorgaben zuständig. Soweit die Beteiligungsrechte des GBR von der Anzahl der Mitarbeiter des Betriebes abhängen (§ 95 Abs. 2), steht auch dem GBR dieses Beteiligungsrecht nur für die Betriebe zu, die diese Anzahl der Mitarbeiter erfüllen.[10] Gem. Abs. 1 ist der GBR zuständig für die Behandlung von Angelegenheiten, die das Gesamtunternehmen oder mehrere Betriebe betreffen und nicht durch die einzelnen BR innerhalb ihrer Betriebe geregelt werden können,[11] soweit die Zuständigkeit voraussetzt, dass der betroffene BR des einzelnen Betriebes keine Regelungsmöglichkeit diesbezüglich hat. Die subjektive Unmöglichkeit, die Regelung zu vereinbaren, ist für sich allein nicht ausreichend;[12] das Vorliegen objektiver Unmöglichkeit ist hingegen nicht erforderlich.[13] Auch die bloße Zweckmäßigkeit einer einheitlichen Regelung oder das Koordinationsinteresse des AG allein genügen nicht.[14]

Die Notwendigkeit muss sich vielmehr grds. aus der Natur der Sache geradezu aufdrängen.[15] Zweckmäßigkeitserwägungen sind nicht ausreichend.[16] Die Unternehmensleitung kann dieses Kriterium auch nicht durch Übertragung der Verfügungsrechte umgehen.[17] Maßstab für die Beurteilung ist der Einzelfall und der Inhalt sowie der Zweck des jeweiligen Mitbestimmungsrechts.[18] Das Verlangen des AG kann eine einheitliche Regelung nur dann notwendig machen, wenn der AG allein unter diesen Voraussetzungen zu der regelungsbedürftigen Maßnahme bereit ist und insoweit mitbestimmungsfrei entscheiden kann, z.B. bei Gewährung freiwilliger Zulagen. Dagegen kann der AG nicht schon dadurch die Zuständigkeit des GBR begründen, dass er bei seiner mitbestimmungspflichtigen Entscheidung

---

6 BAG 26.1.1993 – 1 ABR 303/92 – juris.
7 BAG 6.4.1976 – 1 ABR 27/74 – juris.
8 Richardi/*Annuß*, § 50 Rn 31; *Fitting u.a.*, § 47 Rn 10b; *Mothes*, AuR 1974, 325, 328; a.A. GK-BetrVG/*Kreutz*, § 50 Rn 35 f.
9 BAG 16.8.1983 – 1 AZR 545/81 – juris.
10 BAG 8.6.1999 – 1 AZR 831/98 – BB 1999, 1382, 2244 = DB 1999, 1276 = NZA 1999, 1168.
11 BAG 15.1.2002 – 1 ABR 10/01 – AP § 50 BetrVG 1972 Nr. 23 = NZA 2002, 988; BAG 6.12.1988 – 1 ABR 44/87 – AP § 87 BetrVG 1972 Lohngestaltung Nr. 37.
12 BAG 9.12.2003 – 1 ABR 49/02 – juris; BAG 10.10.2006 – 1 ABR 59/05 – NZA 2007, 523.
13 BAG 18.10.1994 – 1 ABR 17/94 – AP § 87 BetrVG 1972 Nr. 70.
14 BAG 11.11.1998 – 7 ABR 47/97 – juris; BAG 15.1.2002 – 1 ABR 10/01 – NZA 2002, 988; BAG 11.12.2001 – 1 AZR 193/01 – NZA 2002, 688; BAG 13.3.2001 – 1 ABR 7/00 – juris; BAG 14.12.1999 – 1 ABR 27/98 – juris.
15 BAG 6.12.1988 – 1 ABR 44/87 – AP § 87 BetrVG 1972 Lohngestaltung Nr. 37.
16 BAG 16.6.1998 – 1 ABR 68/97 – AP § 87 BetrVG Nr. 7; BAG 15.1.2002 – 1 ABR 10/01 – AP § 50 BetrVG Nr. 23; BAG 11.12.2001 – 1 AZR 193/01 – AP § 50 BetrVG Nr. 22.
17 BAG 18.10.1994 – 1 ABR 17/94 – AP § 87 BetrVG 1972 Nr. 70.
18 BAG 16.6.1998 – 1 ABR 68/97 – AP § 87 BetrVG Nr. 7.

eine betriebsübergreifende Regelung verlangt. Die gesetzliche Zuständigkeitsverteilung ist zwingend.[19] In **personellen Angelegenheiten** ist der GBR zuständig, sofern es um die Personalplanung für das gesamte Unternehmen geht (Personalfragebögen/Beurteilungsgrundsätze für Mitarbeitergespräche/standardisierte Formulararbeitsverträge), gerade dann, wenn eine unternehmensweite, einheitliche Regelung notwendig ist.[20] Dies gilt auch für Aufstellungen von Auswahl-RL nach § 95.[21] Abzugrenzen ist dies von personellen Einzelmaßnahmen. In diesen Fällen bleibt der einzelne BR zuständig.[22]

7 In **sozialen Angelegenheiten** ist der GBR zuständig, wenn eine zwingende, sachliche Notwendigkeit für eine unternehmensweite Regelung besteht.[23] Dies ist etwa bei Sozialeinrichtungen, wie der **Altersversorgung**[24] oder bei der einheitlichen Regelung von **Entlohnungsgrundsätzen** im Unternehmen der Fall.[25] Dies kann auch bei freiwilligen Leistungen der Fall sein, wenn der AG das von einer unternehmensweiten Regelung abhängig macht.[26] I.Ü. ist regelmäßig nur der örtliche BR zuständig. Am zwingenden Erfordernis einer **unternehmensweiten Regelung** wird es jedoch regelmäßig fehlen. Daran fehlt es bei Arbeitszeitregelungen, Vereinbarungen über die Einführung von Kurzarbeit,[27] die Zahlungsweise des Arbeitsentgelts, die Aufstellung von Urlaubsplänen oder die Einführung von technischen Einrichtungen, wie z.B. der elektronischen Datenerfassung. Etwas anderes gilt nur dann, wenn es sich um die Einführung eines unternehmenseinheitlichen Datensystems handelt.[28] So ist der GBR für eine Regelung über die Arbeitszeit in Einzelbetrieben nur dann zuständig, wenn eine einheitliche Regelung zwingend aus sachlichen Gründen erforderlich ist. Das ist nicht der Fall, wenn ein bundesweit tätiges Versicherungsunternehmen, das eine bundesweite Verfügbarkeit aller AN zu Zeiten der meisten Kundenanrufe erreichen möchte, nicht im Einzelnen begründet, dass die konkrete Gefahr besteht, der BR würde bei Abschluss von Einzelbetriebsvereinbarungen Unternehmensinteressen nicht in dem von § 2 Abs. 1 geforderten Umfang beachten.[29]

8 Die Mitbestimmung in **wirtschaftlichen Angelegenheiten** bezieht sich auf Betriebsänderungen. Der wirtschaftliche Zwang zur Sanierung eines Unternehmens begründet nicht die Zuständigkeit des GBR für die Aufhebung einer BV über eine Kontoführungspauschale, die der BR eines einzelnen Betriebes abgeschlossen hat.[30] Hier ist der GBR zuständig, wenn die beabsichtigte Maßnahme das Unternehmen in seiner Gesamtheit oder aber mindestens zwei Betriebe des Unternehmens betrifft.[31] Das ist etwa bei der Zusammenlegung mehrerer Betriebe/Stilllegung der Betriebe der Fall.[32] Soweit die Maßnahme auf einem betriebsübergreifenden, unternehmenseinheitlichen Konzept beruht, ist der GBR zuständig. Dies gilt dann auch für den Abschluss des Interessenausgleichs.[33] Beabsichtigt der AG daher in einer ersten Stufe eines notwendig werdenden Personalabbaus zunächst nur die Entlassung älterer AN ohne Rücksicht auf betriebliche oder sonstige Besonderheiten in den einzelnen Betrieben, so ist für die Beratung über einen Interessenausgleich hinsichtlich dieser Maßnahme der GBR zuständig.[34] Die Zuständigkeiten für die Verhandlungen eines Sozialplans sind davon unabhängig.[35] Soweit die Betriebsänderung einzelne Betriebe unabhängig voneinander betrifft, ist ein Sozialplan ggf. nicht erzwingbar. Insoweit wird nach § 112a nicht auf den Begriff des Unternehmens, sondern auf den des Betriebes abgestellt.

9 Weitere gesetzliche Normierungen für die Zuständigkeit des GBR ergeben sich bei der Errichtung des KBR, bei der Errichtung des Wirtschaftsausschusses und dessen Aufgaben, der Bestellung des Wahlvorstandes, der Wahl der AR-Mitglieder nach dem MitbestErgG und dem MitbestG sowie bei der Anfechtung der Wahl der AR-Mitglieder und dem Widerruf der Bestellung eines AR-Mitgliedes der AN.

III. Zuständigkeit des Gesamtbetriebsrats kraft Bevollmächtigung

10 Nach Abs. 2 kann die Zuständigkeit des GBR auch mittels Vereinbarung bestehen.[36] In diesen Fällen überträgt der einzelne BR die Zuständigkeit für die Verhandlungen auf den GBR. Der GBR nimmt dann die Rechte des BR gegen-

---

19 BAG 11.11.1998 – 7 ABR 47/97 – juris.
20 Fitting u.a., § 50 Rn 52.
21 BAG 31.5.1983 – 1 ABR 6/80 – AP § 95 BetrVG Nr. 2.
22 BAG 26.1.1993 – 4 Sa 68/91 – AP § 99 BetrVG Nr. 102.
23 BAG 23.9.1975 – 1 ABR 122/73 – AP § 50 BetrVG Nr. 1.
24 BAG 21.1.2003 – 3 ABR 26/02 – juris.
25 BAG 29.3.1977 – 1 ABR 123/74 – EzA § 87 BetrVG 1972 Leistungslohn Nr. 2; BAG 6.12.1988 – 1 ABR 44/87 – AP § 87 BetrVG 1972 Lohngestaltung Nr. 37; BAG 29.1.2008 – 3 AZR 42/06 – NZA RR 2008, 469.
26 BAG 6.12.1988 – 1 ABR 44/87 – AP § 87 BetrVG 1972 Lohngestaltung Nr. 37.
27 BAG 12.11.1985 – 3 AZR 576/83 – AP § 611 BGB Nr. 18.
28 BAG 14.9.1984 – 1 ABR 23/82 – AP § 87 BetrVG Nr. 9; BAG 14.11.2006 – 1 ABR 4/06 – NZA 2007, 399.
29 LAG Nürnberg 29.11.2006 – 7 TaBV 30/05 – NZA 2007, 248; im Anschluss an BAG 23.9.1975 – 1 ABR 122/73 und BAG 9.12.2003 – 1 ABR 49/02 – NZA 2005, 234.
30 BAG 15.1.2002 – 1 ABR 10/01 – AP § 50 BetrVG 1972 Nr. 23.
31 BAG 24.1.1996 – 1 AZR 542/95 – AP § 50 BetrVG Nr. 16; BAG 11.12.2001 – 1 AZR 193/01 – AP § 50 BetrVG Nr. 22 = NZA 2002, 688.
32 BAG 24.1.1996 – 1 AZR 542/95 – AP § 50 BetrVG Nr. 16; BAG 11.12.2001 – 1 AZR 193/01 – AP § 50 BetrVG Nr. 22.
33 BAG 23.10.2002 – 7 ABR 55/01 – juris; BAG 24.1.1996 – 1 AZR 542/95 – juris; BAG 3.5.2006 -1 ABR 15/05 – RdA 2007, 114.
34 BAG 20.4.1994 – 10 AZR 186/93 – juris.
35 BAG 11.12.2001 – 1 AZR 193/01 – AP § 50 BetrVG Nr. 22 = NZA 2002, 688.
36 Hessisches LAG 22.1.2004 – 9 TaBV 71/03 – juris.

über dem Unternehmer wahr. Diese Übertragung erfolgt begrenzt auf den Einzelfall.[37] Eine Weisungsbefugnis seitens des BR gegenüber dem GBR besteht nach der Übertragung der Angelegenheit auf den GBR nicht mehr. Diese Übertragung der Aufgaben auf den GBR kann jedoch jederzeit schriftlich durch den BR nach § 27 Abs. 2 S. 4 widerrufen werden. Der BR entscheidet über die Übertragung und den Widerruf und die Übertragung an den GBR im Wege des Beschlusses mit der absoluten Mehrheit seiner Stimmen. Sie bedarf der Schriftform und muss ausdrücklich erfolgen.[38] Wirksam wird die Übertragung der Angelegenheit erst mit dem Zugang der schriftlichen Mitteilung gegenüber dem Vorsitzenden des GBR. Die Übertragung ermächtigt zur Verhandlung und auch zum Abschluss ebenso zur Künd der Vereinbarung.[39] Es handelt sich um die Vertretungsmacht nach §§ 164 ff. BGB. Die BV gilt damit für den BR ebenso wie für die AN des Betriebes, für den die BV geschlossen worden ist.

Hat der AG mit dem BR in einer Angelegenheit, die nicht der zwingenden Mitbestimmung unterliegt, eine freiwillige BV abgeschlossen, so muss er sich wegen deren Aufhebung durch eine neue freiwillige Vereinbarung an den BR wenden. Er kann sein Ziel nicht durch das Auswechseln des Vertragspartners erreichen, indem er sich mit dem GBR über die Aufhebung der BV verständigt. Umgekehrt kann der Regelung einer Angelegenheit der zwingenden Mitbestimmung, für deren Ausübung kraft Gesetzes der GBR zuständig ist, nicht durch freiwillige Vereinbarungen auf der betrieblichen Ebene vorgegriffen werden mit der Folge, dass ändernde Vereinbarungen nunmehr auf betrieblicher Ebene möglich wären.[40]

IV. Gesamtbetriebsvereinbarungen

Sowohl in Gemeinschaftsbetrieben als auch in Konzernen bleibt auf der AG-Seite grds. das (Einzel-)Unternehmen, mit dem der einzelne AN in arbeitsvertraglicher Beziehung steht, verpflichtet. Wegen ihrer finanziellen, steuerlichen und sozialen Bedeutung obliegen Fragen der betriebseinheitlichen Regelung der Altersversorgung jedoch kollektivrechtlich dem Gesamt- bzw KBR gem. § 50.[41]

Im Fall eines Betriebsübergangs behalten Gesamt-BV, die in den Betrieben des abgebenden Unternehmens gelten, in den übertragenen Teilen des Unternehmens ihren Status als Rechtsnormen auch dann, wenn nur einer oder mehrere Betriebe übergehen. Dies gilt jedenfalls dann, wenn das andere Unternehmen bis dahin keinen Betrieb führte und die übertragenen Betriebe ihre Identität bewahrt haben. Wird nur ein Betrieb übernommen, bleiben die Gesamt-BV als Einzel-BV bestehen. Werden alle oder mehrere Betriebe übernommen, bleiben dort die Gesamt-BV als solche bestehen. Wird ein übernommener Betriebsteil vom Erwerber als selbstständiger Betrieb geführt, gelten in ihm die im ursprünglichen Betrieb bestehenden Einzel- und Gesamt-BV normativ weiter.[42]

Wird ein übernommener Betriebsteil vom Erwerber als selbstständiger Betrieb geführt, gelten in ihm die im ursprünglichen Betrieb bestehenden Einzel- und Gesamt-BV normativ weiter.[43] **Adressat der Künd** einer BV ist grds. allein der Vertragspartner, d.h. bei der Künd einer Gesamt-BV – soweit noch gebildet – ungeachtet zwischenzeitlicher Umstrukturierungen des Unternehmens der GBR und nicht ein BR.[44]

C. Verbindung zu anderen Rechtsgebieten und zum Prozessrecht

Im Beschlussverfahren vor dem ArbG gem. §§ 2a, 80 ff. ArbGG werden Streitigkeiten über die Zuständigkeit des GBR entschieden. Örtlich ist das Gericht am Sitz des Unternehmers zuständig.[45] Bei Streitigkeiten zwischen dem GBR und dem BR ist der Sitz des betreffenden BR maßgeblich für die Bestimmung der örtlichen Zuständigkeit des ArbG. Dies gilt auch bei Aufgaben, die dem GBR übertragen worden sind. Hintergrund ist, dass es sich um eine betriebliche Streitigkeit handelt, auch dann, wenn die Angelegenheit dem GBR übertragen worden ist.[46] Wenn es um Rechte der Einzel-BR geht, ist die Beauftragung doch für die verfahrensrechtlichen Geltendmachung dieser Rechte jedenfalls dann zu berücksichtigen, wenn sie sich ausdrücklich hierauf erstreckt. Beteiligt ist dann nur der beauftragte GBR.[47] Überträgt der Einzel-BR dem GBR die Prozessführungsbefugnis, kann dieser im Sinne einer gewillkürten Prozessstandschaft die Rechte im eigenen Namen geltend machen.[48] Deshalb ist er auch in einer „eigenen" Rechtsposition betroffen und daher zu beteiligen. Für eine daneben erfolgende Beteiligung der Einzel-BR besteht kein Anlass. Nur dieses Ergebnis entspricht dem mit § 50 Abs. 2 verfolgten Ziel, die Beauftragung des GBR zu ermöglichen, wenn es zwar nicht i.S.d. § 50 Abs. 1 um originär in seine Zuständigkeit fallende Aufgaben geht, seine Einschaltung aber dem Einzel-BR als zweckmäßig erscheint.[49]

---

37 BAG 26.1.1993 – 4 Sa 68/91 – AP § 99 BetrVG Nr. 102.
38 BAG 26.1.1993 – 4 Sa 68/91 – AP § 99 BetrVG Nr. 102.
39 *Fitting u.a.*, § 50 Rn 73.
40 BAG 11.12.2001 – 1 ABR 193/01 – juris.
41 LAG Baden-Württemberg 21.7.2004 – 20 Sa 8/04 – juris.
42 BAG 18.9.2002, NZA 2003, 670; *Salomon*, NZA 2009, 471.
43 BAG 18.9.2002 – 1 ABR 54/01 – juris.
44 LAG Düsseldorf 28.4.2004 – 17 Sa 1952/03 – juris.
45 BAG 31.1.1989 – 1 ABR 60/87 – juris.
46 *Grunsky*, ArbGG, § 82 Rn 3.
47 *Germelmann* u.a., § 83 Rn 53; a.A. *Fitting u.a.*, § 50 Rn 52a; offengelassen BAG 11.11.1998 – 4 ABR 40/97 – juris.
48 Richardi/*Annuß*, § 50 Rn 39.
49 BAG 27.1.2000 – 1 ABR 31/99 – juris.

16 Notwendiger Beteiligter des Beschlussverfahrens ist der GBR dann, wenn BR und AG über Mitbestimmungsrechte streiten und diese im laufenden Verfahren auf den GBR übertragen werden.[50] Zu betonen ist, dass der GBR in einer sog. gewillkürten, aktiven Prozessstandschaft für einen BR ein Beschlussverfahren bestreiten kann. Die Beauftragung durch den BR gem. § 50 Abs. 2 ist jedoch die Voraussetzung.[51]

D. Beraterhinweise

17 Besondere Bedeutung ist dem Schicksal von Gesamt-BV aus Anlass von Verschmelzungen, Spaltung und Umwandlungen beizumessen. Bei einer Verschmelzung gilt die Gesamt-BV fort, wenn bei dem aufnehmenden Rechtsträger eine Regelung auf derselben Ebene im Rahmen der originären Zuständigkeit des GBR getroffen werden könnte.[52] Bei der Spaltung kommt es entscheidend darauf an, ob bei dem entstehenden Rechtsträger eine vergleichbare Regelung durch BV möglich wäre. In diesem Fall gilt die Regelung fort. Dies wiederum ist für jeden aus der Spaltung hervorgehenden Betrieb zu prüfen.[53]

§ 51 Geschäftsführung

(1) ¹Für den Gesamtbetriebsrat gelten § 25 Abs. 1, die §§ 26, 27 Abs. 2 und 3, § 28 Abs. 1 Satz 1 und 3, Abs. 2, die §§ 30, 31, 34, 35, 36, 37 Abs. 1 bis 3 sowie die §§ 40 und 41 entsprechend. ²§ 27 Abs. 1 gilt entsprechend mit der Maßgabe, dass der Gesamtbetriebsausschuss aus dem Vorsitzenden des Gesamtbetriebsrats, dessen Stellvertreter und bei Gesamtbetriebsräten mit

9 bis 16 Mitgliedern aus 3 weiteren Ausschussmitgliedern,

17 bis 24 Mitgliedern aus 5 weiteren Ausschussmitgliedern,

25 bis 36 Mitgliedern aus 7 weiteren Ausschussmitgliedern,

mehr als 36 Mitgliedern aus 9 weiteren Ausschussmitgliedern

besteht.

(2) ¹Ist ein Gesamtbetriebsrat zu errichten, so hat der Betriebsrat der Hauptverwaltung des Unternehmens oder, soweit ein solcher Betriebsrat nicht besteht, der Betriebsrat des nach der Zahl der wahlberechtigten Arbeitnehmer größten Betriebs zu der Wahl des Vorsitzenden und des stellvertretenden Vorsitzenden des Gesamtbetriebsrats einzuladen. ²Der Vorsitzende des einladenden Betriebsrats hat die Sitzung zu leiten, bis der Gesamtbetriebsrat aus seiner Mitte einen Wahlleiter bestellt hat. ³§ 29 Abs. 2 bis 4 gilt entsprechend.

(3) ¹Die Beschlüsse des Gesamtbetriebsrats werden, soweit nichts anderes bestimmt ist, mit Mehrheit der Stimmen der anwesenden Mitglieder gefasst. ²Bei Stimmengleichheit ist ein Antrag abgelehnt. ³Der Gesamtbetriebsrat ist nur beschlussfähig, wenn mindestens die Hälfte seiner Mitglieder an der Beschlussfassung teilnimmt und die Teilnehmenden mindestens die Hälfte aller Stimmen vertreten; Stellvertretung durch Ersatzmitglieder ist zulässig. ⁴§ 33 Abs. 3 gilt entsprechend.

(4) Auf die Beschlussfassung des Gesamtbetriebsausschusses und weiterer Ausschüsse des Gesamtbetriebsrats ist § 33 Abs. 1 und 2 anzuwenden.

(5) Die Vorschriften über die Rechte und Pflichten des Betriebsrats gelten entsprechend für den Gesamtbetriebsrat, soweit dieses Gesetz keine besonderen Vorschriften enthält.

A. Allgemeines 1	IV. Kosten der Sitzungen/Teilnahme an Bildungsveranstaltungen 5
B. Regelungsgehalt 2	V. Gesamtbetriebsausschuss und weitere Ausschüsse 6
I. Errichtung des Gesamtbetriebsrates 2	**C. Verbindung zu anderen Rechtsgebieten und zum Prozessrecht** 7
II. Geschäftsführung und Vorsitzender 3	
III. Sitzungen 4	

A. Allgemeines

1 Geregelt werden die Voraussetzungen für die erstmalige Konstituierung und die Wahl des Vorsitzenden, Fragen der Geschäftsführung und Organisation des GBR. Abweichungen zu den Regelungen des BR ergeben sich allein aus dem Umstand, dass der GBR auf Dauer und nicht auf Zeit konstituiert wird.

---

50 BAG 18.10.1988 – 1 ABR 31/87 – juris.
51 BAG 6.4.1976 – 1 ABR 27/74 – juris.
52 Röder/Haußmann, DB 1999, 1754; Sagasser/Bula/Brünger/Schmidt, Rn 22.
53 Jaeger/Röder/Heckelmann/Röder/Haußmann, Praxishandbuch Betriebsverfassungsrecht 2003, § 29 Rn 36.

B. Regelungsgehalt

I. Errichtung des Gesamtbetriebsrates
Zuständig für die Wahl zur Errichtung des GBR, ist der BR der Hauptverwaltung des Unternehmens. Ist dort ein BR nicht existent, so ist die Zahl der wahlberechtigten AN für die Bestimmung des „größten Betriebes" ausschlaggebend. Diese wiederum bestimmt sich anhand der Wählerliste der letzten BR-Wahl.[1]

II. Geschäftsführung und Vorsitzender
Der GBR wählt mit einfacher Stimmenmehrheit aus seiner Mitte den Vorsitzenden und den Stellvertreter (vgl. § 47 Rn 3). Die Wahl hat in getrennten Wahlgängen für den Vorsitzenden und dessen Stellvertreter zu erfolgen. Der Vorsitzende vertritt den GBR gem. Abs. 1 i.V.m. § 26 Abs. 2. Soweit ein GBR mit weniger als neun Mitgliedern besteht, überträgt er die laufenden Geschäfte auf den Vorsitzenden. Bei größeren GBR i.S.d. Abs. 1 führt er die laufenden Geschäfte des Gesamtbetriebsausschusses.

III. Sitzungen
Die Sitzungen des GBR sollen bei rechtzeitiger Einladung der Mitglieder und unter Bekanntgabe der Tagesordnung stattfinden. Die Tagesordnung kann auch von einem Viertel der Mitglieder des GBR geändert werden bzw. die Einberufung zu einer Sitzung verlangt werden. Entscheidend ist die Repräsentation von einem Viertel der Stimmen.[2] Sowohl die Gesamt-JAV als auch die Gesamt-SBV haben das Recht zur Teilnahme. Sie können überdies die Aussetzung von GBR-Beschlüssen für die Dauer von einer Woche beantragen.[3]

IV. Kosten der Sitzungen/Teilnahme an Bildungsveranstaltungen
Der AG trägt die Kosten der Sitzungen und der sachlichen Ausstattung des GBR, soweit die den BR zur Verfügung gestellten Mittel nicht ausreichend sind. Die Kosten für die Herausgabe eines Informationsblattes des GBR gehören jedoch nicht dazu.[4] Schließlich hat auch der GBR das Recht auf Hinzuziehung eines SV (§ 80 Abs. 3) sowie ein Einsichtsrecht in die Unterlagen i.S.d. § 34. Mitglieder des GBR sind überdies zur Teilnahme an Bildungsveranstaltungen berechtigt, sodass sie auch die Freistellung eines oder mehrerer Mitglieder verlangen können (§ 37 Abs. 2). § 38 Abs. 2 gilt insoweit für die Frage, welches Mitglied des GBR freizustellen ist.

V. Gesamtbetriebsausschuss und weitere Ausschüsse
Der Gesamtausschuss führt die laufenden Geschäfte i.S.d. § 27 Abs. 2. Eine Konkretisierung ist möglich (§ 27 Abs. 2 S. 3). Die laufenden Geschäfte führt der Vorsitzende des GBR, soweit ein Ausschuss nicht gewählt worden ist. Seit der Novellierung des BetrVG ist die Wahl der weiteren Mitglieder des Gesamtbetriebsausschusses nach Abs. 1 S. 2 i.V.m. § 27 Abs. 1 S. 3[5] nach den Grundsätzen der Verhältniswahl und nicht mehr nach den Grundsätzen der Mehrheitswahl durchzuführen. Nur dann, wenn nur ein Wahlvorschlag gemacht wird, erfolgt die Wahl nach den Grundsätzen der Mehrheitswahl (§ 27 Abs. 1 S. 4). § 51 Abs. 1 S. 2 verweist auf den gesamten § 27 Abs. 1, also auch auf dessen S. 3.[6] Das **Prinzip der Stimmgewichtung** findet auf die vom Gesamtbetriebsausschuss gefassten Beschlüsse keine Anwendung. Dies gilt auch für die weiteren Ausschüsse, soweit mehr als 100 AN im Unternehmen beschäftigt werden.[7] Diese weiteren Ausschüsse i.S.d. § 28 Abs. 1 S. 3 können eigenständige Beschlüsse zur eigenständigen Aufgabenerledigung fassen. Insoweit gelten dieselben Grundsätze wie für den Gesamtbetriebsausschuss.[8]

C. Verbindung zu anderen Rechtsgebieten und zum Prozessrecht
Streitigkeiten über die Errichtung und die Geschäftsführung sowie die Beschlussfassung nach Abs. 4 des GBR werden im Beschlussverfahren nach §§ 2a, 80 ff. ArbGG entschieden. Örtlich zuständig ist das ArbG am Hauptsitz des Unternehmens, § 82 Abs. 2 ArbGG. Etwas anderes gilt für etwaige Kürzungen von Gehaltszahlungen, die im Urteilsverfahren durch die einzelnen Mitglieder des GBR gegenüber ihrem AG geltend zu machen sind.

---

§ 52	Teilnahme der Gesamtschwerbehindertenvertretung

Die Gesamtschwerbehindertenvertretung (§ 97 Abs. 1 des Neunten Buches Sozialgesetzbuch) kann an allen Sitzungen des Gesamtbetriebsrats beratend teilnehmen.

---

1 Fitting u.a., § 51 Rn 9.
2 Fitting u.a., § 51 Rn 34.
3 Fitting u.a., § 51 Rn 40.
4 BAG 21.11.1978 – 6 ABR 55/76 – AP § 50 BetrVG 1972 Nr. 4.
5 I.d.F. der Bekanntmachung v. 25.9.2001, BGBl I, S. 2518.
6 Hessisches LAG 10.7.2003 – 9 TaBV 162/02 – juris; LAG Köln 18.12.2003 – 5 TaBV 36/03 – juris; *Löwisch*, BB 2001, 1734 ff.
7 Richardi/*Annuß*, § 51 Rn 22.
8 ErfK/*Eisemann*, § 51 BetrVG Rn 12.

150 BetrVG § 53

1 Die Regelung gewährt der Gesamt-SBV ein Recht auf Teilnahme an den Sitzungen des GBR. Dies gilt auch für solche Angelegenheiten, die ohne Bezug zu der Frage der Schwerbehinderung und den damit einhergehenden Rechten der Gesamt-SBV behandelt werden.[1] Sie hat kein Stimmrecht und daher nur beratende Funktion.[2] Ein Verstoß gegen die Verpflichtung des GBR, die Gesamt-SBV rechtzeitig zu den Sitzungen des GBR zu laden, führt jedoch nicht zur Unwirksamkeit der Beschlüsse des GBR.[3]

2 Die Gesamt-SBV hat das Recht zu verlangen, dass auf die Tagesordnung der Sitzung des GBR oder aber dessen Ausschüsse, Angelegenheiten aufgenommen werden, die die Gruppe der Schwerbehinderten im Betrieb/Unternehmen betreffen (zu den Aufgaben der Gesamt-SBV § 97 Abs. 7 i.V.m. § 95 Abs. 9 SGB IX). In diesem Zusammenhang nimmt die Gesamt-SBV auch an den monatlichen Gesprächen zwischen AG und GBR teil (§§ 51 Abs. 5, 74 Abs. 1). Zudem kann die Gesamt-SBV beantragen, dass die Beschlüsse des GBR für die Dauer von einer Woche ausgesetzt werden (vgl. § 51 Rn 4).

3 Bei Streitigkeiten über Fragen der Teilnahme der Gesamt-SBV an den Sitzungen des GBR und der Rechte der Gesamt-SBV während der Sitzungen des GBR, entscheidet das ArbG im Beschlussverfahren nach §§ 2a, 80 ff. ArbGG. In Betracht kommt gerade das Recht auf Aussetzung der vom GBR gefassten Beschlüsse.

§ 53 Betriebsräteversammlung

(1) ¹Mindestens einmal in jedem Kalenderjahr hat der Gesamtbetriebsrat die Vorsitzenden und die stellvertretenden Vorsitzenden der Betriebsräte sowie die weiteren Mitglieder der Betriebsausschüsse zu einer Versammlung einzuberufen. ²Zu dieser Versammlung kann der Betriebsrat abweichend von Satz 1 aus seiner Mitte andere Mitglieder entsenden, soweit dadurch die Gesamtzahl der sich für ihn nach Satz 1 ergebenden Teilnehmer nicht überschritten wird.

(2) In der Betriebsräteversammlung hat
1. der Gesamtbetriebsrat einen Tätigkeitsbericht,
2. der Unternehmer einen Bericht über das Personal- und Sozialwesen einschließlich des Stands der Gleichstellung von Frauen und Männern im Unternehmen, der Integration der im Unternehmen beschäftigten ausländischen Arbeitnehmer, über die wirtschaftliche Lage und Entwicklung des Unternehmens sowie über Fragen des Umweltschutzes im Unternehmen, soweit dadurch nicht Betriebs- und Geschäftsgeheimnisse gefährdet werden,

zu erstatten.

(3) ¹Der Gesamtbetriebsrat kann die Betriebsräteversammlung in Form von Teilversammlungen durchführen. ²Im Übrigen gelten § 42 Abs. 1 Satz 1 zweiter Halbsatz und Satz 2, § 43 Abs. 2 Satz 1 und 2 sowie die §§ 45 und 46 entsprechend.

A. Allgemeines 1	C. Verbindung zu anderen Rechtsgebieten und dem Prozessrecht 7
B. Regelungsgehalt 2	D. Beraterhinweise 8
I. Teilnahmeberechtigte Personen 2	
II. Betriebsräteversammlung 3	

A. Allgemeines

1 Die Vorschrift ermöglicht den Mitgliedern der BR, die nicht Mitglieder des GBR sind, Informationen über die Tätigkeit des GBR sowie die weiteren Entwicklungen des Unternehmens in den Bereichen Personal- und Sozialwesen und die wirtschaftliche Lage und Entwicklung des Unternehmens zu erhalten. Die Vorschrift kann weder durch TV noch durch BV abgedungen werden. Freiwillige BV über die Durchführung der BR-Versammlungen sind jedoch möglich.[1]

B. Regelungsgehalt

I. Teilnahmeberechtigte Personen

2 Mitglieder des GBR, der Vorsitzende, der stellvertretende Vorsitzende, Mitglieder der Betriebsausschüsse sind teilnahmeberechtigt. Wo ein Betriebsausschuss nicht besteht, nehmen der Vorsitzende und der stellvertretende Vorsitzende des BR teil. Auch andere Mitglieder können als Stellvertreter entsandt werden. Hierfür bedarf es der Be-

---

1 *Fitting u.a.*, § 52 Rn 15.
2 *Fitting u.a.*, § 52 Rn 15.

3 DKK/*Trittin*, § 52 Rn 10.
1 DKK/*Trittin*, § 53 Rn 3.

schlussfassung des entsendenden BR.² Zusätzliche Vertreter können entsandt werden. Dies gilt insb. dann, wenn der Vorsitzende der BR-Versammlung gleichzeitig Mitglied des GBR ist. I.Ü. darf die Gesamtzahl der vom BR entsandten Teilnehmer die der Betriebsausschussmitglieder nicht überschreiten.³ Verpflichtet zur Teilnahme ist ferner der Unternehmer (Abs. 2 Nr. 2). Ein AG-Vertreter kann ebenfalls durch den Unternehmer hinzugezogen werden (Abs. 3 i.V.m. § 46 Abs. 1 S. 2). Gewerkschaftsvertreter dürfen nach Abs. 3 i.V.m. § 46 Abs. 1 S. 1 an der BR-Versammlung teilnehmen. Die BR-Versammlung findet in **nicht öffentlicher** Sitzung statt. Weitere Personen wie etwa SV, Mitglieder der Gesamt-JAV sowie der Gesamt-SBV und des KBR dürfen im Rahmen der Zuständigkeit der BR-Versammlung ebenfalls teilnehmen, sofern sie eingeladen worden sind. Der Zustimmung des AG bedarf es nicht.⁴

II. Betriebsräteversammlung

Die Versammlung findet mindestens einmal im Kalenderjahr statt. I.Ü. steht die Durchführung weiterer Versammlungen im pflichtgemäßen Ermessen des GBR.⁵ Der AG hat keinen Anspruch auf Durchführung der BR-Versammlung.⁶ Teilversammlungen nach Abs. 3 S. 1 sind möglich, wenn der Sinn und Zweck der Versammlung angesichts der Anzahl der Teilnehmer ansonsten nicht erreicht werden könnte. Die Teilnehmer sind unter Beifügung der Tagesordnung so rechtzeitig einzuladen, dass Änderungswünsche zur Tagesordnung beachtet werden können. Auch die BR-Versammlung kann Beschlüsse fassen. Es muss jedoch mindestens die Hälfte der teilnahmeberechtigten Betriebs- und GBR-Mitglieder an der Beschlussfassung mitwirken. Die Beschlüsse sind wirksam, wenn sie mit einfacher Stimmenmehrheit getroffen werden. Sie sind jedoch nicht bindend.⁷

Der Unternehmer hat die Verpflichtung insb. die finanzielle Situation des Unternehmens, die Produktions- und Marktlage sowie Betriebsänderungen und eventuell geplante Investitionen zu darzulegen.⁸ Berichte des Unternehmers, etwa zum Stand der Gleichstellung und der Ausländerintegration ebenso wie im Hinblick auf den Umweltschutz, müssen hinreichend konkret sein und sich insoweit von „allgemeinpolitischen Stellungnahmen" deutlich abgrenzen. Der Unternehmer muss für Rückfragen zu seinem Bericht zur Verfügung stehen; er kann sich nur in zwingenden Fällen vertreten lassen.⁹ Der durch seinen Vorstand vertretene, unternehmerisch tätige, eingetragene Verein hat den Bericht in der BR-Versammlung (Abs. 2 Nr. 2) grds. durch ein oder mehrere Vorstandsmitglieder zu erstatten. Es steht ihm betriebsverfassungsrechtlich nicht frei, diesen Bericht „von Fall zu Fall" allein durch Hauptabteilungsleiter oder sonstige leitende Ang erstatten zu lassen. Etwas anderes kann indes gelten, wenn im konkreten Einzelfall dem Vorstand die Erstattung des Berichts durch Vorstandsmitglieder unzumutbar ist.¹⁰

Betriebs- und Geschäftsgeheimnisse sind jedoch zu wahren (vgl. § 79 Rn 3). Etwas anderes gilt jedoch dann, wenn nur Personen teilnehmen, die auch der Verschwiegenheit nach § 79 unterliegen. Der Unternehmer hat insoweit das Recht, zu jedem Tagesordnungspunkt zu sprechen (vgl. § 43 Rn 9). Da die BR-Versammlung dem allgemeinen Austausch und Informationsinteresse dient, können zudem auch Punkte behandelt werden, die nicht auf der Tagesordnung stehen.¹¹

Die Kosten der Versammlung trägt der AG nach § 40, die an der Versammlung teilnehmenden BR und AN behalten ihren Vergütungsanspruch auf Entgeltfortzahlung nach § 37 Abs. 3.

C. Verbindung zu anderen Rechtsgebieten und dem Prozessrecht

Soweit Einzel-BR oder Mitglieder des BR zum Unternehmer in Streit über ihre Teilnahme an der BR-Versammlung gelangen, ist das ArbG örtlich zuständig, in dessen Bezirk der jeweilige Betrieb liegt. Die Entscheidung ergeht im Beschlussverfahren nach §§ 2a, 80 ff. ArbGG. Die Geltendmachung der Vergütungsansprüche der AN ist im Klageverfahren geltend zu machen. Sowohl das Unterlassen der Einberufung, als auch die nicht rechtzeitige Einladung stellt einen Verstoß gegen die Pflichten des GBR dar. Hierin kann ein Ausschlussgrund nach § 48 liegen.¹²

D. Beraterhinweise

Ebenso wie bei Betriebsversammlungen so kann es auch bei der BR-Versammlung angezeigt sein, „Beauftragte" der Gewerkschaft zu den BR-Versammlungen hinzuzuziehen (vgl. § 42 Rn 10).

---

2 GK-BetrVG/*Kreutz*, § 53 Rn 11.
3 *Fitting u.a.*, § 53 Rn 8; DKK/*Trittin*, § 53 Rn 9.
4 *Fitting u.a.*, § 53 Rn 15.
5 *Fitting u.a.*, § 53 Rn 30; Richardi/*Richardi*/*Annuß*, § 53 Rn 18.
6 Richardi/*Richardi*/*Annuß*, § 53 Rn 22.
7 *Fitting u.a.*, § 53 Rn 44.
8 DKK/*Trittin*, § 53 Rn 18.
9 Hessisches LAG 26.1.1989 – 12 Ta BV 147/88 – DB 1989, 1473.
10 Hessisches LAG 26.1.1989 – 12 TaBV 147/88 – juris; Hessisches LAG 8.9.1988 – 12 TaBV Ga 37/88 – juris.
11 Richardi/*Annuß*, § 53 Rn 27.
12 DKK/*Trittin*, § 53 Rn 25.

Sechster Abschnitt: Konzernbetriebsrat

§ 54 Errichtung des Konzernbetriebsrats

(1) ¹Für einen Konzern (§ 18 Abs. 1 des Aktiengesetzes) kann durch Beschlüsse der einzelnen Gesamtbetriebsräte ein Konzernbetriebsrat errichtet werden. ²Die Errichtung erfordert die Zustimmung der Gesamtbetriebsräte der Konzernunternehmen, in denen insgesamt mehr als 50 vom Hundert der Arbeitnehmer der Konzernunternehmen beschäftigt sind.

(2) Besteht in einem Konzernunternehmen nur ein Betriebsrat, so nimmt dieser die Aufgaben eines Gesamtbetriebsrats nach den Vorschriften dieses Abschnitts wahr.

A. Allgemeines 1	V. Amtszeit des Konzernbetriebsrates 10
B. Regelungsgehalt 2	VI. Betriebsrat des Konzernunternehmens 11
I. Konzernbegriff 3	C. Verbindung zu anderen Rechtsgebieten und zum
II. Konstituierung des Konzernbetriebsrates ... 6	Prozessrecht 12
III. Gemeinschaftsunternehmen 8	D. Beraterhinweise 13
IV. Internationale Konzerne 9	

A. Allgemeines

1 Die Vorschrift regelt die Mitbestimmung auf Konzernebene. Dadurch wird u.a. sichergestellt, dass die betriebsverfassungsrechtlichen Mitbestimmungsrechte der AN auch auf der Konzernebene gesichert sind.[1] Weder durch TV noch durch BV kann hiervon abgewichen werden.[2] Das BetrVG bestimmt dabei nicht selbst, wann ein Konzern vorliegt und welche Unternehmen dem Konzern angehören. Abs. 1 verweist insoweit auf § 18 Abs. 1 AktG. Es gilt deshalb kein eigenständiger betriebsverfassungsrechtlicher Konzernbegriff.[3] Die Errichtung eines KBR ist nach Abs. 1 S. 1 nur in einem Unterordnungskonzern nach § 18 Abs. 1 AktG, nicht in einem Gleichordnungskonzern nach § 18 Abs. 2 AktG zulässig. Die Möglichkeit der Beherrschung der abhängigen Unternehmen muss gesellschaftsrechtlich vermittelt sein.[4]

B. Regelungsgehalt

2 Die Errichtung des KBR ist von der Entscheidung der GBR des Konzernunternehmens abhängig. Nicht in allen Konzernen besteht insoweit ein Bedürfnis für die Bildung eines KBR.[5]

I. Konzernbegriff

3 Der Konzernbegriff knüpft an den Begriff nach § 18 Abs. 1 AktG an. In einem Gleichordnungskonzern nach § 18 Abs. 2 AktG ist für die Bildung eines KBR daher kein Raum.[6] Ein solcher Unterordnungskonzern kann daher bei allen juristischen Personen vorkommen.[7] Nach § 17 Abs. 1 AktG kommt es maßgeblich auf das Merkmal der Abhängigkeit und der tatsächlichen Ausübung dieser Abhängigkeit vom beherrschenden auf das abhängige Unternehmen an. Auch die einheitliche Leitungsmacht muss tatsächlich ausgeübt werden.[8] Soweit ein Beherrschungs- und ein Gewinnabführungsvertrag nach § 291 AktG vorliegen und die Eingliederung nach § 319 AktG begründet wird, liegt gem. § 18 Abs. 1 S. 2 AktG die unwiderlegliche Vermutung eines Konzerns vor.[9]

4 Bei einem faktischen Konzern kommt es entscheidend darauf an, dass die einheitliche Leitung durch Stimmrechte oder Stimmbindungsverträge gesichert wird oder aber dass das Recht besteht, Personen in die Vertretungsorgane des abhängigen Unternehmens zu entsenden.[10] Zu berücksichtigen sind ferner alle vertraglichen Vereinbarungen, die sicherstellen, dass die Vertreter in den Organen des abhängigen Unternehmens vom beherrschenden Unternehmen kontrolliert werden, indem sie diese Positionen besetzen können.[11] Entscheidend kommt es auf die gesellschaftsrechtliche Verwurzelung der Leitungsmacht an.[12] In einem qualifiziert faktischen Konzern kann ein KBR

---

1 BAG 22.11.1995 – 7 ABR 9/95 – juris.
2 Fitting u.a., § 54 Rn 6.
3 BAG 14.2.2007 – 7 ABR 26/06 – BB 2007, 2408.
4 Hessisches LAG 5.2.2004 – 9 TaBV 64/03 – juris.
5 Begründung zum RegE, BT-Drucks VI/1786, S. 43.
6 BAG 22.11.1995 – 7 ABR 9/95 – juris.
7 BAG 22.11.1995 – 7 ABR 9/95 – juris.
8 BAG 22.11.1995 – 7 ABR 9/95 – juris; Fitting u.a., § 54 Rn 10.
9 Fitting u.a., § 54 Rn 18.
10 Fitting u.a., § 54 Rn 19.
11 BAG 30.10.1986 – 6 ABR 19/85 – AP § 55 BetrVG Nr. 1.
12 BGH 26.3.1984 – II ZR 171/83 – NJW 1984, 1893.

nicht errichtet werden.[13] In Gemeinschaftsunternehmen von mindestens zwei Unternehmen kann ein KBR gegründet werden, wenn es ein herrschendes Unternehmen gibt.[14]

Nach § 18 Abs. 1 AktG kann ein Konzern i.S.d. § 54 Abs. 1 nur angenommen werden, wenn ein herrschendes und ein oder mehrere abhängige Unternehmen unter der Leitung des herrschenden Unternehmens zusammengefasst sind. Durch diese unmissverständliche Verweisung wird klargestellt, dass der Konzernbegriff in Abs. 1 nicht anders bestimmt ist als es im Gesellschaftsrecht der Fall ist. Durch § 18 Abs. 1 AktG wird § 17 AktG einbezogen, weil dort das abhängige Unternehmen definiert wird.[15] Nach § 17 AktG sind abhängige Unternehmen rechtlich selbstständige Unternehmen, auf die ein anderes Unternehmen (herrschendes Unternehmen) unmittelbar oder mittelbar einen beherrschenden Einfluss ausüben kann. Nach §§ 17, 18 Abs. 1 AktG muss die einheitliche Leitung mithin durch ein herrschendes Unternehmen erfolgen. Durch die Verweisung in Abs. 1 S. 1 allein auf § 18 Abs. 1 AktG und nicht auf § 18 Abs. 2 AktG ist klargestellt, dass ein KBR nur in einem sog. Unterordnungskonzern und nicht in einem Gleichordnungskonzern gebildet werden kann.[16] Auch in einem mehrstufigen Konzern kann an der Konzernspitze ein KBR gebildet werden. Der Wortlaut des Abs. 1 deckt auch mehrstufige Konzernvertretungen, wenn die Zusammenfassung von einheitlicher arbeitsrechtlicher Leitungsmacht auf unteren Ebenen eines dezentralisierten, vertikal gegliederten Konzerns über weitere abhängige Unternehmen gegeben ist. Jedenfalls betriebsverfassungsrechtlich ist ein sog. Konzern im Konzern anerkannt.[17] Die betriebliche Mitbestimmung nach dem BetrVG soll dort ausgeübt werden, wo die unternehmerische Leitungsmacht konkret ausgeübt und entfaltet wird. Ein solcher Unterkonzern kann bei einheitlicher Leitungsmacht durch ein herrschendes Tochterunternehmen und abhängigen Enkelunternehmen bestehen. Immer ist aber Voraussetzung für die Annahme eines Unterordnungskonzerns zum einen das Vorliegen eines Abhängigkeitsverhältnisses und zum anderen die tatsächliche Beherrschung des abhängigen Unternehmens.[18] Für das Bestehen eines Abhängigkeitsverhältnisses ist entscheidend, dass die Einflussmöglichkeit gesellschaftsrechtlich vermittelt sein muss.[19]

Auch bei einer natürlichen Person als Konzernspitze kann bei Vorliegen der Voraussetzungen des § 18 Abs. 1 AktG ein KBR gebildet werden, wenn sie sich auch in anderen Gesellschaften unternehmerisch betätigt.[20]

II. Konstituierung des Konzernbetriebsrates

Die Errichtung des KBR ist fakultativ. Sie kann von jedem GBR eines konzernzugehörigen Unternehmens ausgehen.[21] Aus der Natur der Sache ergibt sich, dass mindestens zwei GBR existieren müssen.[22] In dem Fall, in dem von zwei Unternehmen nur eines einen GBR, das andere Unternehmen jedoch nur einen BR gewählt hat, nicht jedoch einen GBR errichtet hat, kann gleichwohl ein KBR implementiert werden.[23]

Die Errichtung des KBR ist davon abhängig, dass mindestens 50 % der AN in den Unternehmen des Konzerns beschäftigt werden, deren GBR durch jeweils eigenständige Beschlüsse für die Errichtung des KBR stimmen. Das Stimmverhältnis erfordert eine einfache Mehrheit i.S.d. § 51. Der KBR ist daher schon dann zu errichten, wenn nur ein GBR, der mindestens 50 % der AN des Konzerns repräsentiert, für die Errichtung ausspricht.[24] Bei der Feststellung der Zahl der beschäftigten AN kommt es wiederum auf die Anzahl der Mitarbeiter an, die in die Wählerliste für die BR-Wahlen eingetragen waren. Leitende Ang sind daher nicht zu berücksichtigen.[25] Dies wiederum ist auch unabhängig davon, ob in dem jeweiligen Betrieb bzw. Konzernunternehmen ein GBR existiert.[26]

III. Gemeinschaftsunternehmen

In Gemeinschaftsunternehmen wird der KBR bei dem herrschenden Unternehmen errichtet.[27] Nichts anderes gilt für den KBR des „Konzerns im Konzern". Die Errichtung des KBR kann daher sowohl in der Muttergesellschaft als auch in Tochterunternehmen erfolgen.[28]

IV. Internationale Konzerne

Für die Frage der Errichtung des KBR bei internationalen Konzernen ist zu differenzieren. Da das BetrVG nach dem Territorialprinzip nur auf inländische Unternehmen und Betriebe Anwendung findet, kann ein KBR in jedem herrschenden Unternehmen, das seinen Sitz im Inland hat, errichtet werden, soweit auch seine Tochtergesellschaften ih-

---

13 BAG 15.1.1991 – 1 AZR 94/90 – AP § 113 BetrVG 1972 Nr. 21.
14 BAG 30.10.1986 – 6 ABR 19/85 – AP § 55 BetrVG Nr. 1.
15 BAG 30.10.1986 – 6 ABR 19/85 – AP § 55 BetrVG Nr. 1.
16 BAG 22.11.1995 – 7 ABR 9/95 – EzA § 54 BetrVG 1972 Nr. 5; *Röder/Powietzka*, DB 2004, 542.
17 BAG 21.10.1980 – 6 ABR 41/78 – EzA § 54 BetrVG 1972 Nr. 1; vgl. *Röder/Powietzka*, DB 2004, 542, 543.
18 BAG 16.8.1995 – 7 ABR 57/94 – EzA § 76 BetrVG Nr. 15.
19 BGH 26.3.1984 – II ZR 171/83 – NJW 1984, 1893; DKK/*Trittin*, vor § 54 Rn 5.
20 BAG 22.11.1995 – 7 ABR 9/95 – EzA § 54 BetrVG 1972 Nr. 5.
21 DKK/*Trittin*, § 54 Rn 42.
22 ErfK/*Eisemann*, § 54 Rn 6.
23 BAG 10.2.1981 – 6 ABR 91/78 – AP § 54 BetrVG 1972 Nr. 2.
24 *Fitting u.a.*, § 54 Rn 43; DKK/*Trittin*, § 54 Rn 36.
25 *Fitting u.a.*, § 54 Rn 46 m.w.N.
26 BAG 11.8.1993 – 7 ABR 34/92 – AP § 54 BetrVG Nr. 6.
27 BAG 30.10.1986 – 6 ABR 19/85 – AP § 55 BetrVG Nr. 1.
28 BAG 21.10.1980 – 6 ABR 41/78 – AP § 54 BetrVG 1972 Nr. 1.

ren Sitz im Inland haben. Anders verhält es sich dann, wenn das herrschende Mutterunternehmen seinen Sitz im Ausland hat. Die Errichtung eines KBR für die im Inland liegenden Konzernunternehmen kommt nur ausnahmsweise in Betracht.[29] Insoweit ist danach zu differenzieren, ob die tatsächliche Leitungsmacht nicht von der Muttergesellschaft im Ausland, sondern von deren Tochterunternehmen im Inland wahrgenommen wird. In diesem Fall kann, je nach Gestaltung und Ausprägung der tatsächlich durchgeführten Leitung, die Bildung eines KBR in Betracht kommen.[30] Diese, lange Zeit nur in der Literatur erörterte, Frage hat das BAG in 2007 in 2 Beschlüssen differenzierend entschieden.[31] Im Ergebnis folgt der 7. Senat in seinen Beschlüssen der überwiegenden Auffassung der Literatur.[32] Das BAG unterscheidet danach, ob im Inland „wesentliche Leitungsaufgaben" im Sinne einer Teilkonzernspitze von einer inländischen Tochtergesellschaft wahrgenommen werden oder nicht. Nur dort, wo nach dem Territorialprinzip Raum für die Anwendung des BetrVG ist, kann ein KBR auf der Grundlage des BetrVG gegründet werden. Das BAG stellt fest, dass in einem mehrstufigen Konzern mit einer im Ausland ansässigen Konzernobergesellschaft ein KBR für die im Inland gelegenen Unternehmen nur dann gebildet werden kann, obwohl die ausländische Konzernobergesellschaft von ihrer Leitungsmacht zwar in wesentlichem Umfang Gebrauch macht, wenn einem im Inland ansässigen abhängigen Unternehmen als inländischer Teilkonzernspitze noch wesentliche Leitungsaufgaben in personellen, sozialen und wirtschaftlichen Angelegenheiten zur eigenständigen Ausübung gegenüber den diesen nachgeordneten Unternehmen verbleiben.[33] Zur Begründung wird angeführt, dass Abs. 1 für die Fälle der im Ausland ansässigen Konzernobergesellschaft keine unbewusste Regelungslücke beinhaltet. Nach der Ansicht des BAG hat der Gesetzgeber im Betriebsverfassungsrecht bewusst von einer § 5 Abs. 3 MitbestG vergleichbaren Teilkonzernregelung abgesehen. Daneben führt der Sitz eines herrschenden Unternehmens im Ausland bei der betrieblichen Mitbestimmung – anders als nach dem MitbestG – nicht zum Wegfall der Beteiligungsrechte der AN, sondern nur zu ihrer Verlagerung auf eine andere Ebene in den verbundenen Unternehmen. Die Beteiligungsrechte nach dem BetrVG werden in diesem Fall von den Gesamtbetriebsräten und Betriebsräten der konzernangehörigen Unternehmen wahrgenommen.[34] Die Literatur begründet die Errichtung eines KBR in diesen Fällen kurz mit den Grundsätzen über den Konzern im Konzern bei dem herrschenden Tochterunternehmen ein KBR.[35]

V. Amtszeit des Konzernbetriebsrates

10 Das Amt des KBR endet, wenn die Voraussetzungen für seine Errichtung dauerhaft entfallen. Das ist der Fall, wenn der Konzern, für den der KBR errichtet wurde, nicht mehr besteht, weil das herrschende Unternehmen seinen beherrschenden Einfluss verloren hat. Wird ein KBR unter Verkennung des Konzernbegriffs errichtet, ist er von Anfang an nicht existent und erwirbt keine betriebsverfassungsrechtlichen Befugnisse.[36] Zudem wird durch übereinstimmenden Beschluss der GBR des Konzernunternehmens der KBR aufgelöst. Die Anforderung an das Zustandekommen der Stimmverhältnisse unterliegt keiner gesetzlichen Regelung. Soweit daher die Beschlüsse der GBR mit der erforderlichen Mehrheit der Hälfte der AN, die im Konzern beschäftigt sind, getroffen werden, genügen diese Beschlüsse der demokratischen Legitimierung der Organe zur Errichtung des KBR. Ebenso wie diese Mehrheit für die Errichtung des KBR genügt, muss im Umkehrschluss demnach auch diese Mehrheit für die Auflösung ausreichend sein.[37] Daneben besteht die Möglichkeit, dass die Mitglieder des KBR geschlossen ihr Amt niederlegen. Dies führt jedoch dazu, dass zunächst die Ersatzmitglieder nachrücken. Diese wiederum müssten dann ebenfalls ihr Amt niederlegen. Dass hierin ein geeignetes Verfahren im Hinblick auf die Alternative der Beschlussfassung der GBR liegt, darf bezweifelt werden.

VI. Betriebsrat des Konzernunternehmens

11 Soweit ein Konzernunternehmen nur über einen betriebsratsfähigen Betrieb verfügt, gelten nach Abs. 2 die Vorschriften und Aufgaben eines GBR nach dem 6. Abschnitt des BetrVG. Die Regelung stellt insoweit sicher, dass ein einzelner BR eines Konzernunternehmens seine Rechte auch auf der KBR-Ebene wahrnehmen kann und nicht durch die GBR anderer Unternehmen verdrängt wird. Vor diesem Hintergrund wirkt der BR an den Beschlüssen über die Errichtung des KBR und die Abberufung sowie Entsendung seiner Mitglieder wie der GBR mit.[38]

---

29 *Fitting u.a.*, § 54 Rn 34; ErfK/*Eisemann*, § 54 BetrVG Rn 7; a.A. Richardi/*Annuß*, § 54 Rn 35; DKK/*Trittin*, § 54 Rn 29; GK-BetrVG/*Kreutz* Rn 43.
30 ErfK/*Eisemann*, § 54 BetrVG Rn 7; BetrVG/*Kreutz* Rn 44: Richardi/*Annuß* Rn 35.
31 BAG 14.2.2007 – 7 ABR 26/06 – AG 2007, 665 BAGE 121, 212; BB 2007, 2408 mit Anmerkung; BeckRS 2007–45432; DB 2007, 1589; FD-ArbR 2007, 237665; LSK 2007, 310530; RdA 2008, 107 mit Anmerkung; RiW 2007, 856; ZIP 2007, 1518.
32 ErfK/*Eisemann*, § 54 BetrVG Rn 7; a.A. *Fitting u.a.*, § 54 Rn 34.
33 BAG 14.2.2007 – 7 ABR 26/06 – BB 2007, 2048; BAG 16.5.2007 – 7 ABR 63/06 – NJOZ 2007, 733.
34 BAG 14.2.2007 – 7 ABR 26/06 – BB 2007, 2048.
35 ErfK/*Eisemann*, § 54 BetrVG Rn 7 unter Hinweis auf GK-BetrVG/*Kreutz* Rn 44; Richardi, Richardi/*Annuß* Rn 35.
36 BAG 23.8.2006 – 7 ABR 51/05- NZA 2007, 768.
37 *Fitting u.a.*, § 54 Rn 52; ErfK/*Eisemann*, § 54 BetrVG Rn 9.
38 *Fitting u.a.*, § 54 Rn 60.

C. Verbindung zu anderen Rechtsgebieten und zum Prozessrecht

Auch über die Errichtung sowie die Auflösung des KBR entscheidet bei Streitigkeiten das örtlich zuständige ArbG am Sitz des herrschenden Unternehmens im arbeitsgerichtlichen Beschlussverfahren nach §§ 2a, 80 ff. ArbGG. Die in einem einzelnen Betrieb vertretene Gewerkschaft ist nicht antragsberechtigt.[39]

D. Beraterhinweise

Eine Gesellschaft ist auch dann Konzerngesellschaft i.S.v. § 18 Abs. 1 AktG im Verhältnis zu anderen Gesellschaften, die nicht im Mehrheitsbesitz der erstgenannten Gesellschaft stehen und auch keinen Beherrschungsvertrag mit dieser geschlossen haben, wenn sie zusammen mit einer anderen – z.B. ausländischen – Gesellschaft über die Mehrheit der Anteile an einer weiteren ausländischen Gesellschaft verfügt, die ihrerseits Mehrheitsanteilseignerin einer nachgeordneten ausländischen Gesellschaft ist, deren Tochtergesellschaften die oben genannten anderen deutschen Gesellschaften sind, und wenn zwischen der deutschen und der ausländischen Obergesellschaft eine Vereinbarung dahin gehend besteht, dass das Stimmrecht hinsichtlich der Anteile an der ausländischen Gesellschaft der nächsten Ebene nur gebündelt ausgeübt werden kann.[40] Wegen des Territorialitätsprinzips kann, wenn das herrschende Unternehmen eines Unterordnungskonzerns seinen Sitz im Ausland hat, für diesen Konzern kein KBR gebildet werden. Voraussetzung für einen KBR bei einem Tochterunternehmen eines mehrstufigen, vertikal gegliederten Konzerns ist, dass in dem Tochterunternehmen eine Zusammenfassung unter einheitlicher Leitungsmacht gibt. Die Zulässigkeit der Bildung eines KBR, ohne dass sich die Konzernspitze im Inland befindet, kann auch nicht aus einer entsprechenden Anwendung des § 5 Abs. 3 MitbestG bzw. § 11 Abs. 3 PublG abgeleitet werden.[41]

Zu den Freistellungsansprüchen des KBR hinsichtlich der Kosten der konstituierenden Sitzung bei rechtsirriger Gründung des KBR s. § 59 Nr. 11.

§ 55 Zusammensetzung des Konzernbetriebsrats, Stimmengewicht

(1) ¹In den Konzernbetriebsrat entsendet jeder Gesamtbetriebsrat zwei seiner Mitglieder. ²Die Geschlechter sollen angemessen berücksichtigt werden.
(2) Der Gesamtbetriebsrat hat für jedes Mitglied des Konzernbetriebsrats mindestens ein Ersatzmitglied zu bestellen und die Reihenfolge des Nachrückens festzulegen.
(3) Jedem Mitglied des Konzernbetriebsrats stehen die Stimmen der Mitglieder des entsendenden Gesamtbetriebsrats je zur Hälfte zu.
(4) ¹Durch Tarifvertrag oder Betriebsvereinbarung kann die Mitgliederzahl des Konzernbetriebsrats abweichend von Absatz 1 Satz 1 geregelt werden. ²§ 47 Abs. 5 bis 9 gilt entsprechend.

A. Allgemeines 1	II. Stimmgewicht der Mitglieder des Konzernbetriebsrates 4
B. Regelungsgehalt 2	C. Verbindung zu anderen Rechtsgebieten und zum Prozessrecht 5
I. Zusammensetzung, Entsendung und Abberufung der Mitglieder 2	D. Beraterhinweise 6

A. Allgemeines

Die Vorschrift regelt die Zusammensetzung, die Mitgliederzahl und die Stimmgewichtung des KBR.

B. Regelungsgehalt

I. Zusammensetzung, Entsendung und Abberufung der Mitglieder

Zwei Mitglieder jedes GBR sind in den KBR zu entsenden. Die Mitgliederstärke des KBR wird hierdurch definiert. Eine abweichende Regelung durch TV oder BV ist möglich. Zudem ist zu berücksichtigen, dass eine Herabsetzung der Mitgliederzahl erforderlich ist, wenn mehr als 40 Mitglieder dem KBR angehören würden.[1] Soweit in einem Unternehmen des Konzerns kein GBR gebildet ist, aber ein BR besteht, entsendet dieser zwei seiner Mitglieder. Ergibt sich bei einer BR-internen Wahl über die Entsendung von Mitgliedern in einen in entsprechender Anwendung von §§ 54 ff. BetrVG gebildeten **Unterkonzern-BR** innerhalb der Ang-Gruppe ein Pattsituation, so geht das Wahlrecht nicht auf den BR über. Es hat ein **Losentscheid** zu erfolgen. Sind die gesetzlichen Voraussetzungen nach Abs. 1 S. 3

---

39 BAG 29.8.1985 – AP ArbGG 1979 – § 83 Nr. 13.
40 LAG München 1.7.2004 – 3 TaBV 53/03 – juris.
41 ArbG Stuttgart 1.8.2003 – 26 BV 11/02 – juris.
1 Richardi/*Annuß*, § 55 Rn 3.

bei dem BR erfüllt, so hatte auch die Wahl des zu entsendenden Mitglieds nach den dort statuierten Regelungen zu erfolgen, soweit keine entgegenstehende BV existiert. Eine entstandene **Pattsituation** kann nicht durch Übergang des Gruppenwahlrechts auf das BR-Plenum, sondern nur durch Losentscheid gelöst werden.[2] **Ersatzmitglieder** werden gem. Abs. 2 nach demselben Verfahren entsandt. Ein Ersatzmitglied rückt auch bei einer nur vorübergehenden Verhinderung und nicht nur bei dem Ausscheiden des ordentlichen Mitgliedes nach. § 54 Abs. 2 findet Anwendung. Die **Abberufung** eines KBR-Mitgliedes erfolgt nach denselben Grundsätzen wie die Entsendung.[3] Ein Ersatzmitglied rückt in diesem Falle nach. Eine abweichende Regelung ist jedoch möglich.[4]

3 **Abweichende Regelungen** über die Mitgliederzahl des KBR sind in Anwendung der Vorschrift des § 47 Abs. 5 bis 9 möglich (vgl. § 47 Rn 4). Eine entsprechende BV schließt der KBR mit dem herrschenden Unternehmen.[5] Der Tarifvorrang ist zu beachten (vgl. § 47 Rn 5). Die Einigungsstelle, die bei dem herrschenden Konzernunternehmen zu bilden ist, entscheidet, soweit zwischen den Beteiligten keine einvernehmliche Einigung erfolgt.[6]

II. Stimmgewicht der Mitglieder des Konzernbetriebsrates

4 Das Stimmgewicht des entsandten Mitgliedes bestimmt sich anhand der Anzahl der wahlberechtigten AN des entsendenden Betriebes, in dem das Mitglied gewählt wurde. Entscheidend kommt es auf die Anzahl der AN an, die in die Wählerliste des Betriebes eingetragen sind (vgl. § 47 Rn 11). In dem Fall, in dem nur ein Mitglied entsandt wird, verfügt dieses Mitglied über die Stimmen aller wahlberechtigten AN des Betriebes.[7] Die Mitglieder sind nicht berechtigt, ihre Stimmen zu teilen. Die Abgabe erfolgt daher einheitlich. Auch wenn die Mitglieder nicht an Weisungen des entsendenden GBR gebunden sind, so stehen sie doch unter dem potenziellen Makel der jederzeitigen Abberufung durch Beschluss des entsendenden GBR (vgl. § 54 Rn 11). Soweit sich die Betriebsparteien nach Abs. 4 über eine Verkleinerung des KBR geeinigt haben (§ 47 Abs. 5), ist das Stimmgewicht der entsendenden GBR maßgeblich.[8]

C. Verbindung zu anderen Rechtsgebieten und zum Prozessrecht

5 Sowohl die Entsendung als auch die Abberufung unterliegen der arbeitsgerichtlichen Kontrolle im Beschlussverfahren. Insoweit ist jedoch nur das Recht eines GBR und des betroffenen Mitglieds zur Entsendung und Abberufung betroffen. Streitigkeiten über die Anzahl der Mitglieder oder Streitigkeiten hinsichtlich der Stimmgewichtung werden ebenfalls im arbeitsgerichtlichen Beschlussverfahren nach §§ 2a, 80 ff. ArbGG entschieden. Insoweit ist das ArbG am Sitz des herrschenden Unternehmens zuständig.[9] Parteien des arbeitsgerichtlichen Beschlussverfahrens sind die entsendenden oder abberufenden GBR, der AG, das betroffene Mitglied des GBR soweit es um seine Entsendung oder die Abberufung geht. Die im Konzern vertretenen Gewerkschaften sind hingegen nicht antragsberechtigt und Parteien des Verfahrens.[10]

D. Beraterhinweise

6 Bei der Errichtung des KBR treffen den Berater gesteigerte Hinweis- und Kontrollpflichten. Eine rechtsfehlerhafte Errichtung führt jedoch nicht zwingend zur Nichtigkeit der Bildung des KBR.[11] Liegen wesentliche Mängel vor, kann das ArbG im Beschlussverfahren feststellen, dass die Errichtung des KBR nichtig ist. Von besonderer Bedeutung und Schwierigkeit ist insoweit die vorhergehende Feststellung und Kontrolle der repräsentierten AN-Schaft und damit die Anzahl der AN. Stimmen GBR der Errichtung eines KBR zu, die nicht mehr als 50 % der AN-Schaft des Konzerns repräsentieren, so liegt mit hoher Wahrscheinlichkeit ein Fall der Nichtigkeit der Errichtung des KBR vor. Besondere Sorgfalt ist daher auf die Stimmgewichtung und das Abstimmungsergebnis der GBR zu richten. Überdies verdient die rechtliche Bewertung der Frage, ob ein Konzern i.S.d. § 54 vorliegt, besondere Aufmerksamkeit.

---

2 LAG Düsseldorf 6.2.2001– 3 TaBV 79/00 – juris; zur Wahl für den Unterkonzern-BR LAG Düsseldorf 4.11.1999 – 5 TaBV 68/99 – juris; vgl. grds. zum Losentscheid bei Pattsituationen BAG 26.2.1987 – 6 ABR 54/85 – NZA 1987, 750; BAG 15.1.1992 – 7 ABR 24/91 – juris = NZA 1992, 1091; vgl. auch OVG Münster 6.7.1987 – CB 30/85 – PersR 1988, 196.
3 *Fitting u.a.*, § 55 Rn 10.
4 *Fitting u.a.*, § 55 Rn 12.
5 Richardi/*Annuß*, § 55 Rn 16, 21; *Fitting u.a.*, § 55 Rn 20; a.A. GK-BetrVG/*Kreutz*, § 55 Rn 28.
6 *Fitting u.a.*, § 55 Rn 26.
7 *Fitting u.a.*, § 55 Rn 16; DKK/*Trittin*, § 55 Rn 14.
8 Richardi/*Annuß*, § 55 Rn 20 ff.
9 BAG 31.10.1975 – 1 ABR 4/74 – AP § 106 BetrVG 1972 Nr. 2.
10 Richardi/*Annuß*, § 55 Rn 33.
11 Richardi/*Annuß*, § 55 Rn 59.

§ 56 Ausschluss von Konzernbetriebsratsmitgliedern

Mindestens ein Viertel der wahlberechtigten Arbeitnehmer der Konzernunternehmen, der Arbeitgeber, der Konzernbetriebsrat oder eine im Konzern vertretene Gewerkschaft können beim Arbeitsgericht den Ausschluss eines Mitglieds aus dem Konzernbetriebsrat wegen grober Verletzung seiner gesetzlichen Pflichten beantragen.

A. Regelungsgehalt

Der Ausschluss eines Mitgliedes des KBR setzt stets eine **grobe Pflichtverletzung** voraus. Diese muss das Mitglied in Ausübung seines Amtes – nicht aus Anlass – als Mitglied des KBR begehen.[1] Pflichtverletzungen als Mitglied des GBR sind damit nicht relevant. Das Verfahren und die Vorschrift entsprechen der Regelung des § 48 (vgl. § 48 Rn 4 f.).

Neben dem Ausschluss, der sich nicht auf die Stellung als Mitglied im GBR oder BR auswirkt, kommt eine Beendigung der Mitgliedschaft zum KBR auch dadurch zustande, dass das Mitglied aus dem entsendenden GBR (BR) ausscheidet. Die Mitgliedschaft im KBR ist darüber hinaus an die Mitgliedschaft im entsendenden BR gebunden.[2] Endet die Mitgliedschaft im GBR so endet auch das Mandat im KBR. Das Ersatzmitglied rückt an die Stelle des ausgeschiedenen Mitgliedes (§ 59 Abs. 1 i.V.m. § 25 Abs. 1).

Antragsberechtigt zum Ausschluss des Mitglieds ist der KBR, nicht hingegen der GBR.[3] Auch die AN des Konzernunternehmens können den Ausschlussantrag stellen. Streitig ist, ob hierfür ein Viertel der wahlberechtigten AN des Konzernunternehmens erforderlich ist.[4] Die Mindestzahl muss während des gesamten Verfahrens gewahrt sein. AG i.d.S. ist allein die Konzernleitung.[5] Die Gewerkschaft muss mindestens einen AN eines Konzernunternehmens zu ihren Mitgliedern zählen.[6]

B. Verbindung zu anderen Rechtsgebieten und zum Prozessrecht

Ein Mitglied eines GBR, der zur Leitung eines Unternehmens gebildet ist, hat für ein Beschlussverfahren, mit dem die Wirksamkeit der Entsendung von Mitgliedern des bei diesem Unternehmen gebildeten GBR in den bei einem weiteren Mitglied der GBR gebildeten KBR geklärt werden soll, keine Antragsbefugnis. Für ein Beschlussverfahren mit diesem Gegenstand haben die im Konzern und im Unternehmen vertretenen Gewerkschaften keine Beteiligungsbefugnis.[7]

C. Beraterhinweise

Siehe § 48 Rn 8.

§ 57 Erlöschen der Mitgliedschaft

Die Mitgliedschaft im Konzernbetriebsrat endet mit dem Erlöschen der Mitgliedschaft im Gesamtbetriebsrat, durch Amtsniederlegung, durch Ausschluss aus dem Konzernbetriebsrat aufgrund einer gerichtlichen Entscheidung oder Abberufung durch den Gesamtbetriebsrat.

A. Allgemeines

Die Vorschrift knüpft an dieselben Voraussetzungen wie die Regelungen des § 49 an. (vgl. § 49 Rn 3).

B. Regelungsgehalt

Anstelle der nach § 57 ausgeschiedenen Mitglieder rücken nach § 55 Abs. 2 die bestellten Ersatzmitglieder nach. Etwas anderes gilt nur dann, wenn der entsendende GBR beschließt, ein anderes Mitglied zu entsenden.[1] Überdies endet die Mitgliedschaft im KBR, wenn das Mitglied aus dem Arbvverh, aus dem GBR, aus dem BR oder der Betrieb aus dem Unternehmen oder das Unternehmen aus dem Konzern ausscheidet.[2] Der KBR selbst kann nur durch einen

---

1 Fitting u.a., § 56 Rn 5; Richardi/*Annuß*, § 56 Rn 7.
2 Fitting u.a., § 56 Rn 5; ErfK/*Eisemann* § 56 Rn 1.
3 Richardi/*Annuß*, § 56 Rn 7; Fitting u.a., § 56 Rn 5 f.
4 Fitting u.a., § 56 Rn 6; Richardi/*Annuß*, § 56 Rn 5; a.A. D/K/K/Trittin § 56 Rn 4.
5 Fitting u.a., § 56 Rn 8.
6 ErfK/*Eisemann*, § 56 Rn 2.
7 BAG 29.8.1985 – 6 ABR 63/82 – juris.
1 Fitting u.a., § 57 Rn 15.
2 ErfK/*Eisemann*, § 57 Rn 1.

entsprechenden Beschluss der GBR des Konzernunternehmens aufgelöst werden. Das Amt des KBR endet daher, wenn sich die GBR, die mehr als 50 % der AN des Konzerns repräsentieren (vgl. § 54 Rn 7), für die Beendigung des KBR aussprechen.[3] Mit dem Ausscheiden des Mitgliedes aus dem KBR endet auch das Mandat, also auch die Mitgliedschaft im Konzernbetriebsausschuss und in sonstigen Ausschüssen des KBR. Ersatzmitglieder rücken unter den Voraussetzungen nach § 59 Abs. 1 i.V.m. § 25 Abs. 1 nach. Das Entsendungsrecht des BR eines beherrschten Unternehmens in den KBR erlischt nicht dadurch, dass die Obergesellschaft ihren Kapitalanteil an dem beherrschten Unternehmen mit einem weiteren Unternehmen teilt (50:50-Konstellation).[4] Der KBR selbst erlischt nur dann, sobald ein Konzern i.S.d. § 18 AktG mehr besteht bzw. die Voraussetzungen nach § 54 zu keinem Zeitpunkt vorgelegen haben oder die GBR die Auflösung beschließen. Das Unterlassen der Bereitstellung von Mitgliedern durch die zuständigen Gremien ist hingegen ohne Auswirkungen auf den Bestand des KBR.[5]

C. Verbindung zu anderen Rechtsgebieten und zum Prozessrecht

3 Zuständig für Streitigkeiten über ein Ausscheiden aus dem Amt des KBR ist das ArbG am Sitz des herrschenden Unternehmens (§ 82 S. 2 ArbGG). Das ArbG entscheidet im Beschlussverfahren.

D. Beraterhinweise

4 Entfallen die Voraussetzungen für die Gründung eines KBR oder haben sie nie vorgelegen, dann empfiehlt sich die Einleitung eines arbeitsgerichtlichen Beschlussverfahrens auf Feststellung, dass die Voraussetzungen für die Bildung eines KBR zu dem festzustellenden Zeitpunkt nicht vorgelegen haben bzw. vorliegen, siehe § 54 Rn 8.

§ 58 Zuständigkeit

(1) [1]Der Konzernbetriebsrat ist zuständig für die Behandlung von Angelegenheiten, die den Konzern oder mehrere Konzernunternehmen betreffen und nicht durch die einzelnen Gesamtbetriebsräte innerhalb ihrer Unternehmen geregelt werden können; seine Zuständigkeit erstreckt sich insoweit auch auf Unternehmen, die einen Gesamtbetriebsrat nicht gebildet haben, sowie auf Betriebe der Konzernunternehmen ohne Betriebsrat. [2]Er ist den einzelnen Gesamtbetriebsräten nicht übergeordnet.
(2) [1]Der Gesamtbetriebsrat kann mit der Mehrheit der Stimmen seiner Mitglieder den Konzernbetriebsrat beauftragen, eine Angelegenheit für ihn zu behandeln. [2]Der Gesamtbetriebsrat kann sich dabei die Entscheidungsbefugnis vorbehalten. [3]§ 27 Abs. 2 Satz 3 und 4 gilt entsprechend.

A. Allgemeines 1	II. Zuständigkeit aufgrund gesetzlicher Regelung ... 7
B. Regelungsgehalt 2	III. Zuständigkeit durch Vereinbarung 8
I. Zuständigkeit des Konzernbetriebsrates 2	IV. Betriebsvereinbarungen im Konzern 9
1. Personelle Angelegenheiten 4	C. Verbindung zu anderen Rechtsgebieten und zum Prozessrecht 10
2. Soziale Angelegenheiten 5	
3. Wirtschaftliche Angelegenheiten 6	D. Beraterhinweise 11

A. Allgemeines

1 § 58 bestimmt die Zuständigkeit des KBR. Damit wird die Zuständigkeit des GBR und nach § 54 Abs. 2 des zuständigen BR begrenzt.[1] Der KBR ist an Weisungen nicht gebunden und selbst ebenfalls nicht befugt, Weisungen gegenüber den GBR und BR auszusprechen (Abs. 1 S. 2). Er koordiniert vielmehr die GBR.[2] Er hat insoweit dieselben Rechte und Pflichten wie der BR und GBR.[3] Verhandlungspartner ist die Konzernleitung, die insoweit über eine Rechtsfähigkeit im betriebsverfassungsrechtlichen Sinn verfügt.[4]

---

3 Richardi/*Annuß*, § 57 Rn 3.
4 LAG Hamm 16.1.1985 – 3 TaBV 53/84 – juris; nachgehend BAG 30.10.1986 – 6 ABR 19/85 – AP § 55 BetrVG 1972 Nr. 1.
5 ErfK/*Eisemann*, § 57 Rn 1; Richardi/*Annuß*, § 57 Rn 3; aA GK-BetrVG/*Kreutz* § 57 Rn 5.

1 BR-Drucks 715/70, S. 44; GK-BetrVG/*Kreutz*, § 58 Rn 2.
2 *Fitting u.a.*, § 58 Rn 4.
3 BAG 20.12.1995 – 7 ABR 8/95 – juris.
4 ErfK/*Eisemann*, § 58 BetrVG Rn 2 m.w.N.

B. Regelungsgehalt
I. Zuständigkeit des Konzernbetriebsrates

Die Kriterien der Zuständigkeitsabgrenzung entsprechen den Grundsätzen nach § 50 Abs. 1 (vgl. § 50 Rn 1). Anknüpfungspunkt ist erneut die mangelnde Regelungsfähigkeit auf der Ebene des GBR. Die zwingende sachliche Notwendigkeit für eine konzerneinheitliche Regelung ist daher ebenso erforderlich wie reine Zweckmäßigkeitserwägungen nicht ausreichen. Soweit die beabsichtigte Regelung und das Ziel eine einheitliche Anwendung auf mindestens zwei zum Konzern gehörende Unternehmen erfordern, ist der KBR zuständig.[5] Die originäre Zuständigkeit des KBR ist nach denselben Kriterien zu bestimmen wie diejenige des GBR. Sie kann sich aus – technisch oder rechtlich – objektiv zwingenden Gründen ergeben. Der Gleichbehandlungsgrundsatz begründet keine rechtliche Notwendigkeit einer unternehmensübergreifenden konzerneinheitlichen Regelung. Nach der vom BAG entwickelten Theorie der „subjektiven Unmöglichkeit" können GBR oder KBR auch dann zuständig sein, wenn der AG eine freiwillige Leistung nur betriebs- oder unternehmensübergreifend zur Verfügung stellt. In diesem Fall legt er durch die mitbestimmungsfreie Vorgabe des Adressatenkreises zugleich das Mitbestimmungsgremium fest. Die Theorie der „**subjektiven Unmöglichkeit**" ist nicht anwendbar, wenn der AG zur Reduzierung einer den AN zustehenden Leistung oder zu einer diese belastenden Regelung der Mitbestimmung des BR bedarf. In diesen Fällen gibt es keine mitbestimmungsfreie Vorgabe des AG, durch welche die Ebene der Mitbestimmung und damit das für diese zuständige Gremium festgelegt wird. Eine Beauftragung des KBR ist grundsätzlich nur durch die GBR möglich. Eine Beauftragung durch einen BR kommt nur in den Fällen des § 54 Abs. 2 in Betracht.[6]

Will die Konzernleitung etwa freiwillige Leistungen nur konzernweit regeln, so ist der KBR zuständig (vgl. § 50 Rn 7). Da es sich bei der Treueprämie um eine freiwillige Leistung handelt, kann der Konzern durch die Vorgabe, die Prämie nur unternehmensübergreifend zu gewähren, Regelungen auf betrieblicher oder auf Unternehmensebene ausschließen und so unter dem Gesichtspunkt der „subjektiven Unmöglichkeit" die Zuständigkeit des KBR nach § 58 Abs. 1 BetrVG begründen.[7] Die Zuständigkeit ist auch dann gegeben, wenn für einzelne Unternehmen und Betriebe kein BR oder GBR existiert. Dies gilt auch für nicht betriebsratsfähige Betriebe nach § 4.[8] Ohne Einfluss auf die Zuständigkeit ist es zudem, wenn einer der BR nach § 54 Abs. 2 oder der GBR kein Mitglied in den KBR entsendet. Gem. § 106 ist die Gründung des Wirtschaftsausschusses ausschließlich auf der Unternehmensebene durchzuführen. Die Zuständigkeit des KBR für eine ablösende Konzern-BV zur betrieblichen Altersversorgung kann sich gem. Abs. 1 ergeben, wenn eine konzerneinheitliche oder zumindest unternehmensübergreifende Regelung zwingend erforderlich ist. Ob dies der Fall ist, bestimmt sich nach dem konkreten Regelungsziel sowie den Verhältnissen des jeweiligen Konzerns und seiner Unternehmen. Reine Zweckmäßigkeitserwägungen oder ein bloßes Koordinationsinteresse genügen nicht. Entscheidend ist vielmehr der Inhalt der geplanten Regelung sowie das Ziel, das erreicht werden soll. Lässt sich dieses Ziel nur durch eine Regelung auf Konzernebene erreichen, ist der KBR zuständig.[9]

Besteht eine konzerneinheitliche Versorgungsordnung, erhalten aber die Ang in einem einzigen Konzernunternehmen zusätzliche Versorgungsleistungen, so ist für diese Zusatzversorgung nicht der KBR, sondern der GBR des betreffenden Unternehmens zuständig, solange keine konzerneinheitliche Zusatzregelung in Betracht kommt. Eine BV über die Zahlung einer Jubiläums-Zuwendung zwischen der Geschäftsleitung der Konzern-Muttergesellschaft und dem GBR einer Konzern-Tochtergesellschaft ist unwirksam und begründet keine Pflichten und Rechte für eine andere Konzern-Tochtergesellschaft und deren AN.[10]

Für Treueprämien, bei denen es sich um eine freiwillige Leistung handelt, deren Gewährung regelmäßig nur unternehmensübergreifend erfolgt, kann unter dem Gesichtspunkt der „subjektiven Unmöglichkeit" die Zuständigkeit des Konzernbetriebsrats nach Abs. 1 BetrVG begründet werden.[11] Der KBR ist ferner zuständig für die Bildung eines **EBR** erforderlichen Maßnahmen, wenn dieser auf Konzernebene zu bilden ist. Zur Vorbereitung der Bildung eines EBR ist es regelmäßig erforderlich, mit ausländischen AN-Vertretungen im Bereich der EG eine Abstimmung des Verhaltens zu versuchen. Der **Kostenerstattungsanspruch** für eine Reise zu einem derartigen Treffen ergibt sich

---

[5] BAG 29.1.2008 – 3 AZR 42/06 – NZA-RR 2008, 469 (Lohngrundsätze für Außendienstmitarbeiter eines Konzerns); BAG 24.1.2006 – 3 AZR 483/04 AP BetrAVG § 1 Ablösung Nr. 50 unter Hinweis auf BAG 26.4.2005 – 1 AZR 76/04 -AP BetrVG 1972 § 87 Nr. 12 = EzA BetrVG 2001 § 87 Betriebliche Lohngestaltung Nr. 6; BAG 20.12.1995 – 7 ABR 8/95 – AP § 58 BetrVG Nr. 1; BAG 22.7.2008 – 1 ABR 40/07 – NZA 2008, 1248 zur Zuständigkeit des KBR für einen Verhaltenskodex einer konzerneinheitlichen „Unternehmensphilosophie" und eines „ethisch-moralisch einheitlichen Erscheinungsbildes" und einer konzernweiten Identität.

[6] BAG 19.6.2007 – 1 AZR 454/06 NZA 2007 1184 (ausführliche zu den Kriterien der Zuständigkeit des KBR).
[7] BAG 19.2.2008 – 1 AZR 114/07 – juris.
[8] ErfK/*Eisemann*, § 58 BetrVG Rn 4.
[9] LAG Düsseldorf 12.9.2001 – 17 Sa 2/01 – juris; BAG 24.1.2006 – 3 AZR 484/04 – juris; hierzu auch BAG 20.12.1995 – 7 ABR 8/95 – AP § 58 BetrVG 1972 Nr. 1; BAG 12.11.1997 – 7 ABR 78/96 – juris.
[10] Hessisches LAG 30.6.1992 – 7 Sa 1404/91 – juris.
[11] BAG 19.2.2008 – 1 AZR 114/07 – NZA RR 2008, 412 unter Hinweis auf BAG 10.10.2006 1 ABR 59/05 – NZA 2007, 523; AP BetrVG 1972 § 77 Nr. 24; EzA BetrVG 2001 § 77 Nr. 18 Rn 18 m.w.N.

aus § 40. Er ist nicht nach §§ 16, 30 EBRG ausgeschlossen.[12] Sowohl in Gemeinschaftsbetrieben als auch in Konzernen werden zwar im Regelfall wegen ihrer finanziellen, steuerlichen und sozialen Bedeutung in Fragen der **Altersversorgung** betriebs- bzw. konzerneinheitliche Regelungen angestrebt, weshalb kollektivrechtlich auch die Zuständigkeit des Gesamt- bzw. KBR gem. §§ 50 und 58 gegeben ist.[13] Die Regelungszuständigkeit eines KBR ist nicht gegeben, wenn in einzelnen Unternehmen **unterschiedliche Softwareprogramme** eingesetzt werden, die eine konzernweite Vernetzung nicht zulassen. Ein für alle Unternehmen einheitliches EDV-Überwachungssystem ist damit noch nicht eingeführt worden.[14]

4 **1. Personelle Angelegenheiten.** Bei personellen Angelegenheiten ist der KBR regelmäßig nicht zuständig, da es sich regelmäßig um personelle Einzelmaßnahmen handelt. Zuständig sind dann die Einzel-BR. Dies gilt selbst im Falle einer Versetzung innerhalb des Konzerns oder aber bei einem Konzernversetzungsvorbehalt im Arbeitsvertrag.[15]

5 **2. Soziale Angelegenheiten.** Hierunter wird die Mitbestimmung des KBR bei einer Einführung konzernweiter Personalinformationssysteme und für den konzernweiten Datenaustausch verstanden.[16]

6 **3. Wirtschaftliche Angelegenheiten.** In Einzelfällen kann der KBR zuständig für den Abschluss von Interessenausgleich oder Sozialplan sein. Regelmäßig wird dies jedoch auf den Fall des Interessenausgleichs beschränkt sein und zudem nur dann möglich sein, wenn eine zwingende sachliche Notwendigkeit an einer unternehmensweiten Regelung besteht (vgl. § 50 Rn 8).[17] Einen Wirtschaftsausschuss kann der KBR nicht gründen.

II. Zuständigkeit aufgrund gesetzlicher Regelung

7 Nach der Wahlordnung des MitbestG sowie § 22 Abs. 2 MitbestG rückt der KBR bei der Wahl der AR-Mitglieder der AN in den AR mit. Dies gilt auch für die Einleitung und Durchführung von Abberufungsverfahren der AR-Mitglieder.

III. Zuständigkeit durch Vereinbarung

8 Der KBR wird zuständig nach Abs. 2, wenn der GBR die Aufgaben auf ihn überträgt. Dies geschieht durch Beschlussfassung des GBR. Die Schriftform ist zu wahren, § 27 Abs. 2 S. 3. Nach § 59 Abs. 1 i.V.m. § 51 Abs. 3 S. 1 ist die absolute Mehrheit der Stimmen des GBR erforderlich (vgl. § 51 Rn 3). Ein KBR hat eine Auftragsangelegenheit nach Abs. 2 zur Regelung des Mitbestimmungsrechts nach § 87 Abs. 1 Nr. 4 mit den jeweiligen Konzernunternehmen zu verhandeln. Die Leitung der herrschenden Konzerngesellschaft kann in diesen Fällen nicht zum Abschluss einer Konzern-BV verpflichtet werden.

IV. Betriebsvereinbarungen im Konzern

9 Die BV gelten unmittelbar und zwingend für die zum Konzern gehörenden Unternehmen und ihre AN. Die Geltungskraft beschränkt sich auf die Betriebe und Unternehmen sowie Unternehmensteile, für die der KBR zuständig ist (vgl. § 50 Rn 12 ff.).

Aus dem Geltungsbereich einer Konzern-BV über eine allgemeine Mitarbeitererfolgsbeteiligung können einzelne Gesellschaften oder Geschäftsbereiche herausgenommen werden, wenn die beherrschende Gesellschaft das Bestreben einzelner Konzernuntergesellschaften akzeptiert, nicht unter die konzernweite Kollektivvereinbarung zu fallen. Die Festlegung, auf welche Geschäftsbereiche oder Gesellschaften eines Konzerns es für die Bemessung einer am Unternehmens- oder Geschäftsbereichserfolg orientierten variablen Vergütung ankommt, unterliegt nicht dem Mitbestimmungsrecht des (Konzern-)BR nach § 87 Abs. 1 Nr. 10 oder 11. Ist eine Erfolgsbeteiligung für Mitarbeiter bereits durch KBV des beherrschenden Unternehmens geregelt, schließt dies (auch bei Herausnahme einzelner Mitarbeitergruppen oder Geschäftsbereiche aus dem Geltungsbereich) die Zuständigkeit der Einigungsstelle aus.[18] Dem gegenüber spielt die Vollzugspraxis eines einzelnen beherrschten Unternehmens für die Auslegung einer Konzern-BV keine Rolle. Die objektiv unrichtige Anwendung einer Konzern-BV in einem beherrschten Unternehmen begründet i.d.R. keine Ansprüche aus betrieblicher Übung.[19]

C. Verbindung zu anderen Rechtsgebieten und zum Prozessrecht

10 Im arbeitsgerichtlichen Beschlussverfahren werden Streitigkeiten nach §§ 2a, 80 ff. ArbGG behandelt. Soweit die Übertragung einer Angelegenheit vom GBR oder vom BR i.S.d. § 54 Abs. 2 auf den KBR im Streit steht, ist das

---

12 ArbG Hamburg 17.4.1997 – 4 BV 1/97 – juris.
13 LAG Baden-Württemberg 21.7.2004 – 20 Sa 8/04 – juris; BAG 28.7.2005 – 3 AZR 463/04 – NZA 2006, 1008.
14 LAG Niedersachsen 24.4.1997 – 1 TaBV 93/96 – juris.
15 BAG 19.2.1991 – 1 ABR 36/90 – juris.
16 BAG 20.12.1995 – 7 ABR 8/95 – juris.
17 BAG 17.9.1991 – 1 ABR 23/91 – juris.
18 LAG München 1.7.2004 – 3 TaBV 53/03 – juris, Rechtsbeschwerde eingelegt: BAG 1.11.2005 – 1 ABR 48/04 – juris.
19 BAG 22.1.2002 – 3 R 554/00 – juris.

ArbG örtlich zuständig, an dem der BR bzw. das Unternehmen des GBR seinen Sitz hat. Beteiligte des Verfahrens über die Wirksamkeit einer Konzern-BV sind alle GBR sowie die BR nach § 54 Abs. 2.[20] Über dies ist für den Antrag auf Erlass einer einstweiligen Verfügung kein Raum, wenn die Zuständigkeit des antragstellenden KBR nicht zweifelsfrei gegeben ist.[21] Dem GBR fehlt mangels betriebsverfassungsrechtlicher Betroffenheit in eigenen Rechten die Antragsbefugnis, wenn er in der Sache nicht die originäre Zuständigkeit des KBR für eine konzerneinheitliche betriebliche Altersversorgung, sondern lediglich die inhaltlichen Regelungen einer derartigen Konzern-BV rügt, weil diese Einzelzusagen an AN in unzulässiger Weise ablöst und dadurch in individuelle Rechtspositionen eingreift.[22] Ob aus prozessökonomischen Gründen eine Antragsbefugnis für die Geltendmachung der auf einer BV beruhenden Rechte der AN dann zu bejahen ist, wenn über den Inhalt einer BV mit Bindungswirkung für die AN entschieden werden kann, bleibt offen.[23]

D. Beraterhinweise

Es gilt stets zu bedenken, dass nach der ständigen Rechtsprechung des BAG in einem Urteilsverfahren die Zuständigkeit des KBR bzw. des GBR zum Abschluss einer Betriebsvereinbarung nur dann zu prüfen ist, wenn sie von einer Partei bestritten wird oder zweifelhaft erscheint.[24]

Sind dem KBR Kosten entstanden, die er zur Wahrnehmung betriebsverfassungsrechtlicher Aufgaben für erforderlich halten durfte (Kosten für die Anmietung von Räumlichkeiten und Bewirtungskosten anlässlich der Durchführung der konstituierenden Sitzung und einer weiteren KBR-Sitzung), kann er von dem herrschenden Unternehmen nach §§ 59 Abs. 1, 40 Abs. 1 Freistellung verlangen, wenn bei der Errichtung des Konzernbetriebsrats der Konzernbegriff nicht offensichtlich verkannt wurde und die übrigen Voraussetzungen des § 54 für die Errichtung eines KBR vorlagen. Voraussetzung für einen Freistellungsanspruch des KBR ist eine ordnungsgemäße Beschlussfassung über die Eingehung der die Kosten verursachenden Verbindlichkeit.[25]

Des Weiteren siehe § 50 Rn 17.

§ 59 Geschäftsführung

(1) Für den Konzernbetriebsrat gelten § 25 Abs. 1, die §§ 26, 27 Abs. 2 und 3, § 28 Abs. 1 Satz 1 und 3, Abs. 2, die §§ 30, 31, 34, 35, 36, 37 Abs. 1 bis 3 sowie die §§ 40, 41 und 51 Abs. 1 Satz 2 und Abs. 3 bis 5 entsprechend.

(2) ¹Ist ein Konzernbetriebsrat zu errichten, so hat der Gesamtbetriebsrat des herrschenden Unternehmens oder, soweit ein solcher Gesamtbetriebsrat nicht besteht, der Gesamtbetriebsrat des nach der Zahl der wahlberechtigten Arbeitnehmer größten Konzernunternehmens zu der Wahl des Vorsitzenden und des stellvertretenden Vorsitzenden des Konzernbetriebsrats einzuladen. ²Der Vorsitzende des einladenden Gesamtbetriebsrats hat die Sitzung zu leiten, bis der Konzernbetriebsrat aus seiner Mitte einen Wahlleiter bestellt hat. ³§ 29 Abs. 2 bis 4 gilt entsprechend.

A. Allgemeines	1	IV. Geschäftsführung	6
B. Regelungsgehalt	2	V. Sitzungen des Konzernbetriebsrats	7
I. Konstituierende Sitzung	2	VI. Konzernbetriebsausschuss	8
II. Beschlüsse	4	C. Verbindung zu anderen Rechtsgebieten und zum Prozessrecht	9
III. Vorsitz und Stellvertretung	5		

A. Allgemeines

Die Vorschrift über die Geschäftsführung des KBR verweist in weiten Teilen für Organisation und Geschäftsführung auf die Regelungen für den GBR. Die Errichtung von Konzernbetriebsausschüssen, denen Aufgaben zur selbstständigen Erledigung übertragen werden, ist möglich. Das Reformgesetz vom 23.7.2001 (BGBl I, S. 1852) hat Abs. 1 infolge der Abschaffung des Gruppenprinzips geändert. Die Verweisung auf § 51 Abs. 1 S. 2 enthält eine Bezugnahme auf § 27 Abs. 1. Der KBR-Ausschuss ist daher bei Vorliegen mehrerer Wahlvorschläge nach den Grundsätzen der geheimen Verhältniswahl zu besetzen. Der KBR hat über jede Verhandlung eine Niederschrift aufzunehmen; § 34 gilt entsprechend.

---

20 BAG 31.1.1989 – 1 ABR 60/87 – juris.
21 LAG Hessen 21.6.2001 – 5 TaBV Ga 45/01 – juris.
22 LAG Köln 20.5.1999 – 13 TaBV 37/98 – juris.
23 BAG 17.2.1992 – 10 AZR 448/91 – juris; *Paulus-Kamp*, NZA 1999, S. 245 f.
24 BAG 19.2.2008 – 1 AZR 114/07 – NZA RR 2008, 412
25 BAG 23.8.2006 – 7 ABR 51/05 – NZA 2007, 768; NJOZ 2007, 2862.

B. Regelungsgehalt

I. Konstituierende Sitzung

2 Es gelten die in § 51 Abs. 3 entwickelten Grundsätze. Nachdem die GBR nach § 54 Abs. 1 S. 2 die Errichtung des KBR beschlossen haben, hat der GBR des herrschenden Unternehmens bzw. des größten Konzernunternehmens nach der Anzahl der AN, zu der konstituierenden Sitzung zu laden. Gleichzeitig fordert er die GBR zu der Entsendung der nach § 55 zu bestimmenden Mitglieder des KBR auf.[1]

3 Entscheidend für die Feststellung der Betriebsgröße i.S.v. Abs. 1 ist die Eintragung in die Wählerlisten der letzten BR-Wahlen.[2]

II. Beschlüsse

4 Der KBR fasst seine Beschlüsse grds. mit der einfachen Mehrheit der Stimmen der teilnehmenden Mitglieder. Der absoluten Mehrheit bedarf es nach Abs. 1 i.V.m. §§ 27 Abs. 2, 28 aus Anlass der Übertragung von Aufgaben zur selbstständigen Erledigung auf den Konzernbetriebsausschuss und andere Ausschüsse oder einzelne KBR und nach Abs. 1 i.V.m. § 36 der Beschluss über eine Geschäftsordnung. Die Beschlussfähigkeit des KBR ist gegeben, wenn mindestens die Hälfte seiner anwesenden Mitglieder an der Beschlussfassung teilnimmt und mindestens die Hälfte des Stimmengewichtes aller KBR-Mitglieder repräsentiert werden.[3] Eine Beschlussfassung im Umlaufverfahren ist ausgeschlossen. Hinsichtlich des Ortes der Sitzungen ist der KBR frei. Er kann sie in jedem Betrieb der Konzernunternehmen und ggf. auch außerhalb der Betriebsstätten abhalten. Gegen Beschlüsse des KBR besteht ggf. ein suspensives Vetorecht der Konzern-Jugend- und Auszubildendenvertretung (§ 35) bzw. der Konzernschwerbehindertenvertretung (§ 97 Abs. 7 i.V.m. § 95 Abs. 4 S. 2, 3 SGB IX).

III. Vorsitz und Stellvertretung

5 Der Vorsitzende und der Stellvertreter werden nach Abs. 1 i.V.m. §§ 51 Abs. 2 S. 1 u. 2, 26 Abs. 1 in der konstituierenden Sitzung gewählt. Es gelten die Grundsätze wie beim GBR. Der KBR wählt den Vorsitzenden und Stellvertreter in geheimer bzw. offener Abstimmung mit einfacher Mehrheit. Das Amt ist an die Mitgliedschaft des BR gebunden. Es kann nur aus einem in der Person liegenden Grund, durch Absetzung oder durch Ausscheiden aus dem KBR enden. Die Aufgaben und Befugnisse des Vorsitzenden und Stellvertretenden entsprechen denen des Vorsitzenden und des Stellvertreter des GBR nach §§ 26 Abs. 2 und 27 Abs. 3.

IV. Geschäftsführung

6 Für die Geschäftsführung des KBR gelten dieselben Vorschriften wie für den GBR. Die Aufzählung nach Abs. 1 ist abschließend.[4] Besteht kein KBR-Ausschuss, so kann dem Vorsitzenden oder anderen Mitgliedern des KBR die Führung der laufenden Geschäfte durch Beschluss des KBR übertragen werden (Abs. 1 i.V.m. § 27 Abs. 3 Rn 13 f.). Der KBR hat nach Abs. 1 i.V.m. § 51 Abs. 6, 80 Abs. 2 u. 3 das Recht, Auskunftspersonen und Sachverständige hinzuzuziehen.[5]

V. Sitzungen des Konzernbetriebsrats

7 Liegen die Voraussetzungen nach Abs. 2 S. 3 i.V.m. § 29 Abs. 2 bis 4 vor, ist auch die Konzernleitung als AG zu den Sitzungen einzuladen. Das Teilnahmerecht einer Gewerkschaft besteht nur dann, wenn die Gewerkschaft im KBR vertreten ist.[6]

VI. Konzernbetriebsausschuss

8 Ein KBR mit mehr als acht Mitgliedern hat einen KBR-Ausschuss zu bilden, Abs. 1 i.V.m. § 51 Abs. 1 S. 2. Der Ausschuss führt die laufenden Geschäfte. Er besteht aus dem Vorsitzenden und stellvertretenden Vorsitzenden des KBR sowie weiteren Mitgliedern. Es gelten die für den GBR-Ausschuss anzuwendenden Vorschriften und Grundsätze (vgl. § 51). Die Grundsätze der Verhältniswahl sind anzuwenden.[7] Die Bildung weiterer Ausschüsse ist zulässig. Die Zusammensetzung erfolgt nach denselben Grundsätzen wie bei den Ausschüssen des GBR. Der KBR kann jedoch keinen Wirtschaftsausschuss errichten.[8] Die Beschlussfassung im KBR-Ausschuss erfolgt nach Köpfen und nicht nach dem Verhältnis der Stimmgewichte.[9]

---

1 DKK/*Trittin*, § 59 Rn 42; *Fitting u.a.*, § 59 Rn 15.
2 DKK/*Trittin*, § 59 Rn 39; *Fitting u.a.*, § 59 Rn 14.
3 *Fitting u.a.*, § 59 Rn 26.
4 GK-BetrVG/*Kreutz*, § 59 Rn 4; *Fitting u.a.*, § 59 Rn 22; a.A. DKK/*Trittin*, § 59 Rn 32.
5 DKK/*Trittin*, § 59 Rn 33; *Fitting u.a.*, § 59 Rn 24.
6 *Fitting u.a.*, § 59 Rn 19; GK-BetrVG/*Kreutz*, § 59 Rn 26; a.A. Richardi/*Annuß*, § 59 Rn 23; DKK/*Trittin*, § 59 Rn 27.
7 *Fitting u.a.*, § 59 Rn 9.
8 BAG 23.8.1989 – 7 ABR 39/88 – AP § 106 BetrVG 1972 Nr. 7.
9 DKK/*Trittin*, § 59 Rn 30.

C. Verbindung zu anderen Rechtsgebieten und zum Prozessrecht

Streitigkeiten über die Geschäftsführung und Konstituierung des KBR, über die Teilnahme der Gewerkschaften und AG an den Sitzungen des KBR werden im arbeitsgerichtlichen Beschlussverfahren nach den §§ 2a, 80 ff. ArbGG entschieden. Örtlich zuständig ist nach § 82 S. 2 ArbGG das für den Sitz des herrschenden Unternehmens zuständige Arbeitsgericht.

Soweit dem KBR unter Verkennung des Konzernbegriffs Kosten entstanden sind, die er zur Wahrnehmung betriebsverfassungsrechtlicher Aufgaben für erforderlich

halten durfte (Kosten für die Anmietung von Räumlichkeiten und Bewirtungskosten anlässlich der Durchführung der konstituierenden Sitzung und einer weiteren KBR-Sitzung), kann er von dem herrschenden Unternehmen nach §§ 59 Abs. 1, 40 Abs. 1 Freistellung verlangen, wenn bei der Errichtung des KBR der Konzernbegriff nicht offensichtlich verkannt wurde und die übrigen Voraussetzungen des § 54 für die Errichtung eines Konzernbetriebsrats vorlagen. Voraussetzung für einen Freistellungsanspruch des KBR gegen das herrschende Unternehmen ist eine ordnungsgemäße Beschlussfassung des Konzernbetriebsrats über die Eingehung der die Kosten verursachenden Verbindlichkeit.[10]

Ansprüche von KBR-Mitgliedern auf Zahlung von Arbeitsentgelt im Zusammenhang mit der KBR-Tätigkeit sind im arbeitsgerichtlichen Urteilsverfahren zu verfolgen. Insoweit ist allerdings zu beachten, dass KBR-Mitglieder ggf. mehrere AG haben können. Die örtliche Zuständigkeit richtet sich in allen Fällen nach §§ 12 ff. ZPO.

§ 59a Teilnahme der Konzernschwerbehindertenvertretung

Die Konzernschwerbehindertenvertretung (§ 97 Abs. 2 des Neunten Buches Sozialgesetzbuch) kann an allen Sitzungen des Konzernbetriebsrats beratend teilnehmen.

Nach den Vorschriften des Sozialgesetzbuches IX sind die Gesamtbehindertenvertretungen verpflichtet, eine Konzern-SBV zu wählen. Insoweit ist sie der Regelung des § 52 nachgebildet. Die Konzern-SBV vertritt die Interessen der schwerbehinderten Menschen auf der Konzernebene, wenn mindestens zwei Unternehmen des Konzerns vorhanden sind und von der Gesamt-SBV die Interessen nicht wahrgenommen werden können. Die Konzern-SBV vertritt auch die Interessen der schwerbehinderten Mitarbeiter der Unternehmen, die nicht über eine Gesamt-SBV repräsentiert werden.[1] Ebenso wie auch nach § 52 nimmt die Konzern-SBV beratend an den Sitzungen des KBR teil. Soweit Beschlüsse des KBR schwerbehinderte Mitarbeiter des Konzerns benachteiligen können, kann die Konzern-SBV die Aussetzung der Beschlüsse für die Dauer von einer Woche beantragen.[2] Die Kosten der Konzern-SBV trägt nach § 97 Abs. 7 i.V.m. § 96 SGB IX die Konzernobergesellschaft.

Dritter Teil: Jugend- und Auszubildendenvertretung

Erster Abschnitt: Betriebliche Jugend- und Auszubildendenvertretung

§ 60 Errichtung und Aufgabe

(1) In Betrieben mit in der Regel mindestens fünf Arbeitnehmern, die das 18. Lebensjahr noch nicht vollendet haben (jugendliche Arbeitnehmer) oder die zu ihrer Berufsausbildung beschäftigt sind und das 25. Lebensjahr noch nicht vollendet haben, werden Jugend- und Auszubildendenvertretungen gewählt.
(2) Die Jugend- und Auszubildendenvertretung nimmt nach Maßgabe der folgenden Vorschriften die besonderen Belange der in Absatz 1 genannten Arbeitnehmer wahr.

A. Allgemeines 1	III. Rechtsstellung der Jugend- und Auszubildendenvertretung 4
B. Regelungsgehalt 2	
I. Wahl der Jugend- und Auszubildendenvertretung 2	C. Verbindung zu anderen Rechtsgebieten und zum Prozessrecht 5
II. Aufgaben der Jugend- und Auszubildendenvertretung 3	

---

10 BAG 23.8.2006 – 7 ABR 51/05 – NJOZ 2007, 2862
1 ErfK/*Eisemann*, § 59a BetrVG Rn 1.
2 DKK/*Trittin*, § 59a Rn 15; ErfK/*Eisemann*, § 59a BetrVG Rn 2.

A. Allgemeines

1 Die JAV vertritt die Interessen der Jugendlichen und Auszubildenden gegenüber dem AG. Mitglieder der JAV unterliegen dem besonderen Künd-Schutz nach § 15 KSchG. Sie haben zudem gem. § 78a einen Anspruch auf Übernahme in ein Arbverh auf unbestimmte Zeit nach Abschluss des Berufsausbildungsverhältnisses. Bei der Vorschrift handelt es sich um zwingendes Recht, dass weder durch TV noch durch BV aufgehoben werden kann. Repräsentant der AN insg. bleibt jedoch der BR.

B. Regelungsgehalt

I. Wahl der Jugend- und Auszubildendenvertretung

2 Jugendliche und Auszubildende müssen in dem Betrieb eingegliedert sein, sodass ihre Ausbildung mit dem laufenden Arbeitsprozess (Produktion und/oder Dienstleistung) zwingend zusammen hängen muss.[1] Mithin gehören Umschüler sowie Teilnehmer Berufs vorbereitender Maßnahmen, Praktikanten, die zur Erbringung von Arbeitsleistungen verpflichtet sind, zu den eingegliederten Auszubildenden.[2]

II. Aufgaben der Jugend- und Auszubildendenvertretung

3 Die Aufgaben der JAV sind in den §§ 67 bis 73 abschließend geregelt. Die Mitglieder der JAV nehmen an den regelmäßigen Sitzungen des BR teil (vgl. § 67). Dabei stehen ihnen die Rechte in unterschiedlicher Ausprägung zu.
In betriebsverfassungsrechtlicher Hinsicht kommt den Beschlüssen der JAV keine Rechts gestaltende Wirkung zu, da ausschließlich der BR die Interessen der AN, so auch die der Auszubildenden vertritt.[3]

III. Rechtsstellung der Jugend- und Auszubildendenvertretung

4 Die JAV ist kein eigenständiger Repräsentant der Jugendlichen und der Auszubildenden. Es ist in erster Linie die Aufgabe der JAV, den BR in Fragen der Berufsbildung/Ausbildung zu unterstützen.[4] Mitbestimmungs- oder Mitwirkungsrechte kann die JAV daher nicht wahrnehmen.

C. Verbindung zu anderen Rechtsgebieten und zum Prozessrecht

5 Streitigkeiten über die Gründung sowie die Rechte und die Zuständigkeit der JAV werden vor dem örtlich zuständigen ArbG am Betriebssitz des Unternehmens im Beschlussverfahren entschieden, §§ 2a, 80 ff. ArbGG.

---

§ 61 Wahlberechtigung und Wählbarkeit

(1) Wahlberechtigt sind alle in § 60 Abs. 1 genannten Arbeitnehmer des Betriebs.
(2) ¹Wählbar sind alle Arbeitnehmer des Betriebs, die das 25. Lebensjahr noch nicht vollendet haben; § 8 Abs. 1 Satz 3 findet Anwendung. ²Mitglieder des Betriebsrats können nicht zu Jugend- und Auszubildendenvertretern gewählt werden.

A. Regelungsgegenstand 1	B. Verbindung zu anderen Rechtsgebieten und zum Prozessrecht 3
I. Wahlberechtigung 1	
II. Wählbarkeit 2	

A. Regelungsgegenstand

I. Wahlberechtigung

1 Wahlberechtigt sind die AN, die an der BR-Wahl durch Nichterreichen der Volljährigkeit nicht teilnehmen können.[1] Dies gilt auch für diejenigen, die unter Vormundschaft (§ 1773 BGB) stehen.[2] Gewählt wird in Betrieben i.S.d. § 1 und in Organisationseinheiten nach § 3 Abs. 5.

II. Wählbarkeit

2 Wählbar ist, wer die Altersgrenze nach Abs. 2 nicht überschreitet. Entscheidend kommt es auf den Beginn der Amtszeit an (§ 64 Abs. 3). Eine Mindestzeit der Betriebszugehörigkeit ist nicht Voraussetzung für die Wählbarkeit.[3] Mit-

---

1 BAG 20.3.1996 – 7 ABR 46/59 – juris.
2 ErfK/*Eisemann*, § 60 BetrVG Rn 2 m.w.N.
3 BAG 21.1.1982 – 6 ABR 17/79 – AP § 70 BetrVG Nr. 1.
4 BAG 13.3.1991 – 5 AZR 133/90 – AP § 611 BGB.

1 *Fitting u.a.*, § 61 Rn 6.
2 *Fitting u.a.*, § 62 Rn 5.
3 *Fitting u.a.*, § 61 Rn 12.

glieder des BR sind nicht wählbar.[4] Auch Ersatzmitglieder zum BR sind wählbar. Ist dieses Ersatzmitglied jedoch nachgerückt, scheidet es endgültig aus der JAV aus (§ 65 i.V.m. § 24 Abs. 1 Nr. 4).[5] Aus diesem Grund werden BR-Mitglieder zur Wahl der JAV als Kandidaten nicht zugelassen.[6] Umgekehrt können jedoch Mitglieder der JAV zu den Wahlen des BR kandidieren und gewählt werden.[7]

B. Verbindung zu anderen Rechtsgebieten und zum Prozessrecht

Es gelten dieselben Grundsätze wie bei der Wahl zum BR (vgl. § 7 Rn 1 ff., § 8 Rn 2 ff.). In Zweifelsfällen entscheidet daher zunächst der Wahlvorstand. Sodann entscheidet das örtlich für den Betriebssitz zuständige ArbG im Beschlussverfahren nach § 2a Abs. 1 Nr. 1, Abs. 2 i.V.m. §§ 80 ff. ArbGG. 　　3

---

§ 62 Zahl der Jugend- und Auszubildendenvertreter, Zusammensetzung der Jugend- und Auszubildendenvertretung

(1) Die Jugend- und Auszubildendenvertretung besteht in Betrieben mit in der Regel
5 bis 20 der in § 60 Abs. 1 genannten Arbeitnehmer aus einer Person,
21 bis 50 der in § 60 Abs. 1 genannten Arbeitnehmer aus 3 Mitgliedern,
51 bis 150 der in § 60 Abs. 1 genannten Arbeitnehmer aus 5 Mitgliedern,
151 bis 300 der in § 60 Abs. 1 genannten Arbeitnehmer aus 7 Mitgliedern,
301 bis 500 der in § 60 Abs. 1 genannten Arbeitnehmer aus 9 Mitgliedern,
501 bis 700 der in § 60 Abs. 1 genannten Arbeitnehmer aus 11 Mitgliedern,
701 bis 1 000 der in § 60 Abs. 1 genannten Arbeitnehmer aus 13 Mitgliedern,
mehr als 1 000 der in § 60 Abs. 1 genannten Arbeitnehmer aus 15 Mitgliedern.
(2) Die Jugend- und Auszubildendenvertretung soll sich möglichst aus Vertretern der verschiedenen Beschäftigungsarten und Ausbildungsberufe der im Betrieb tätigen in § 60 Abs. 1 genannten Arbeitnehmer zusammensetzen.
(3) Das Geschlecht, das unter den in § 60 Absatz 1 genannten Arbeitnehmern in der Minderheit ist, muss mindestens entsprechend seinem zahlenmäßigen Verhältnis in der Jugend- und Auszubildendenvertretung vertreten sein, wenn diese aus mindestens drei Mitgliedern besteht.

A. Regelungsgehalt	1	B. Verbindung zu anderen Rechtsgebieten und zum Prozessrecht	4
I. Anzahl der Vertreter	1		
II. Zusammensetzung	2		

A. Regelungsgehalt

I. Anzahl der Vertreter

Der Wahlvorstand prüft die Anzahl der AN unter 18 Jahren sowie der zur Berufsberufsausbildung Beschäftigten unter 25 Jahren. Der Tag des Wahlausschreibens ist der maßgebliche Tag für die Feststellung der Zahl der Beschäftigten Jugendlichen und Auszubildenden.[1] § 13 Abs. 2 Nr. 1 ist auf die Jugend- und Auszubildendenvertretung nicht anzuwenden.[2] Nur dann, wenn die Zahl der Beschäftigten Auszubildenden und Jugendlichen nach § 60 Abs. 1 dauerhaft unter fünf sinkt, so endet das Amt der Jugend- und Auszubildendenvertreter.[3] 　　1

II. Zusammensetzung

Soweit die Regelungen der Abs. 2 und 3 bei der Zusammensetzung JAV nicht beachtet werden, kann die Wahl anfechtbar sein.[4] I.Ü. finden die Vorschriften der §§ 38 bis 40 WO auch auf die Verteilung der Sätze zwischen den Geschlechtern Anwendung. 　　2

Nach Abs. 3 ist zwingende Voraussetzung, dass das in der Minderheit repräsentierte Geschlecht in der Vertretung, soweit diese aus mindestens drei Mitgliedern besteht, in Ihrem zahlenmäßigen Verhältnis nach § 60 Abs. 1 vertreten 　　3

---

4 ErfK/*Eisemann*, § 62 BetrvG Rn 3.
5 BAG 21.8.1979 – 6 AZR 789/77 – AP § 78a BetrVG Nr. 6.
6 Hessisches LAG 6.9.2002 – 12 Ta BV 47/01 – AuR 2002, 117.
7 Richardi/*Annuß*, § 61 Rn 12; *Fitting u.a.*, § 61 Rn 15.

1 BAG 22.11.1984 – 6 ABR 9/84 – AP § 64 BetrVG 1972 Nr. 1.
2 BAG 22.11.1984 – 6 ABR 9/84 – AP § 64 BetrVG 1972 Nr. 1.
3 *Fitting u.a.*, § 62 Rn 6; DKK/*Trittin*, § 62 Rn 8.
4 *Fitting u.a.*, § 62 Rn 11.

ist. Dadurch soll sichergestellt werden, dass das unterrepräsentierte Geschlecht dennoch überproportional vertreten sein kann.[5]

B. Verbindung zu anderen Rechtsgebieten und zum Prozessrecht

4 Eine Wahlanfechtung ist im Rahmen des Beschlussverfahrens nach § 2a Abs. 1 Nr. 1, Abs. 2 i.V.m. §§ 80 ff. ArbGG möglich. Der BR ist Beteiligter des Wahlanfechtungsverfahrens.[6] Ebenfalls ist an die Erwirkung einer einstweiligen Verfügung auf Abbruch der Wahl im Vorfeld der Wahlen zu denken, wenn ein Anfechtungsgrund schon vorher gegeben ist.

§ 63 Wahlvorschriften

(1) Die Jugend- und Auszubildendenvertretung wird in geheimer und unmittelbarer Wahl gewählt.
(2) ¹Spätestens acht Wochen vor Ablauf der Amtszeit der Jugend- und Auszubildendenvertretung bestellt der Betriebsrat den Wahlvorstand und seinen Vorsitzenden. ²Für die Wahl der Jugend- und Auszubildendenvertreter gelten § 14 Abs. 2 bis 5, § 16 Abs. 1 Satz 4 bis 6, § 18 Abs. 1 Satz 1 und Abs. 3 sowie die §§ 19 und 20 entsprechend.
(3) Bestellt der Betriebsrat den Wahlvorstand nicht oder nicht spätestens sechs Wochen vor Ablauf der Amtszeit der Jugend- und Auszubildendenvertretung oder kommt der Wahlvorstand seiner Verpflichtung nach § 18 Abs. 1 Satz 1 nicht nach, so gelten § 16 Abs. 2 Satz 1 und 2, Abs. 3 Satz 1 und § 18 Abs. 1 Satz 2 entsprechend; der Antrag beim Arbeitsgericht kann auch von jugendlichen Arbeitnehmern gestellt werden.
(4) ¹In Betrieben mit in der Regel fünf bis fünfzig der in § 60 Abs. 1 genannten Arbeitnehmer gilt auch § 14a entsprechend. ²Die Frist zur Bestellung des Wahlvorstands wird im Fall des Absatzes 2 Satz 1 auf vier Wochen und im Fall des Absatzes 3 Satz 1 auf drei Wochen verkürzt.
(5) In Betrieben mit in der Regel 51 bis 100 der in § 60 Abs. 1 genannten Arbeitnehmer gilt § 14a Abs. 5 entsprechend.

A. Allgemeines 1	C. Verbindung zu anderen Rechtsgebieten und zum Prozessrecht 5
B. Regelungsgehalt 2	D. Beraterhinweise 6
I. Wahlvorstand 2	
II. Wahlverfahren 4	

A. Allgemeines

1 Die Wahlen finden in geheimer, unmittelbarer Weise statt, wobei den Grundsätzen der Verhältniswahl (§ 14 Abs. 2 S. 1 und § 39 WO) entsprechend gewählt wird. Gewählt werden die Vertreter, die auf einen Wahlvorschlag hin benannt worden und in die Wählerliste aufgenommen worden sind. Dieses Recht zum Vorschlag eines Kandidaten steht den in § 60 Abs. 1 angeführten AN/Auszubildenden zu. Insoweit obliegt auch den im Betrieb vertretenen Gewerkschaften ein Vorschlagsrecht (§ 63 Abs. 2 S. 2 i.V.m. § 14 Abs. 4, 5).

B. Regelungsgehalt

I. Wahlvorstand

2 Der Wahlvorstand leitet die Wahl und stellt das Wahlergebnis fest. Insoweit handelt es sich um dieselben Aufgaben, wie im Fall der BR-Wahl nach § 18.

Aufgabe des Wahlvorstandes ist es, die Wählerliste zu führen, die Einsprüche gegen die Wählerliste zu entscheiden, die Stimmen zu zählen, das Wahlergebnis festzustellen und bekannt zu geben. Die Bestellung des Wahlvorstandes erfolgt durch den BR acht Wochen vor Ablauf der Amtszeit (Abs. 2 S. 1), andernfalls bestellt das ArbG den Wahlvorstand (Abs. 3).

3 Den Delegierten der JAV kommt ein Stimmrecht gem. § 67 Abs. 2 im Rahmen des Beschlusses des BR über die Bestellung des Wahlvorstandes zu. Der BR hat sein Ermessen hinsichtlich der Größe des Wahlvorstandes pflichtgemäß auszuüben. Dem Wahlvorstand gehören nach § 16 Abs. 1 S. 5 Frauen und Männer an. Es sind mindestens drei Mitglieder und unter diesen ein Vorsitzender zu bestellen. Der Vorsitzende ist aus der Mitte der Mitglieder des Wahlvorstandes zu wählen. Ersatzmitglieder können bestellt werden.[1]

---

5 Richardi/*Annuß*, § 62 Rn 9.   1 DKK/*Trittin*, § 63 Rn 17; *Fitting u.a.*, § 63 Rn 22.
6 BAG 20.2.1986 – 6 ABR 25/85 – AP § 63 BetrVG Nr. 1.

Bestellt das ArbG den Wahlvorstand, so können die Beteiligten des Verfahrens dem Gericht Vorschläge unterbreiten. Das Verfahren wird auf Antrag eingeleitet. Diesen Antrag können neben den AN auch Vertreter der im Betrieb vertretenen Gewerkschaft oder drei wahlberechtigte AN stellen.[2] Im letzteren Fall ist darauf zu achten, dass diese drei Mitarbeiter bis zum Ende des Verfahrens Mitarbeiter des Betriebes bleiben müssen.

II. Wahlverfahren

Die Wahl zur JAV erfolgt in geheimer und unmittelbarer Wahl. Wird nur ein Wahlvorschlag unterbreitet, so erfolgt die Wahl nach den Grundsätzen der Mehrheitswahl (§ 14 Abs. 2 S. 2). Jeder Wahlvorschlag muss von mindestens 1/20 unterzeichnet sein. In Betrieben, in denen i.d.R. nur bis zu 20 der in § 60 angeführten AN beschäftigt werden, sind die Unterschriften von zwei AN ausreichend. Sie unterzeichnen durch zwei wahlberechtigte AN i.S.d. Abs. 2 S. 2 i.V.m. § 14 Abs. 4. Die Wahl darf weder behindert noch vom AG unterbunden werden. Die Kosten der Wahl trägt der AG (§ 20 Abs. 3 S. 1). Die AN behalten insoweit ihren Anspruch auf Arbeitsentgelt (§ 20 Abs. 3 S. 2). Die Teilnehmer der Wahl, ebenso wie die zur Wahl einladenden AN, genießen den besonderen Künd-Schutz nach § 15 Abs. 2 KSchG. 4

C. Verbindung zu anderen Rechtsgebieten und zum Prozessrecht

Die Frage der Wahlanfechtung oder der Nichtigkeit der Wahl, bestimmt sich nach denselben Grundsätzen wie die BR-Wahl (§ 19). Die Antragsberechtigung zur Anfechtung unterscheidet sich jedoch dadurch, dass mindestens drei AN i.S.d. § 60 Abs. 1 die Wahl anfechten lassen.[3] 5

D. Beraterhinweise

Ist ein Wahlvorstand bestellt, wird dieser jedoch nicht aktiv und lädt daher nicht zur Wahl ein, so kann die unterlassene Handlung des Wahlvorstandes, soweit es sich um einen Pflichtenverstoß des Wahlvorstandes handelt, durch das ArbG auf Antrag eines der Beteiligten oder einer der im Betrieb vertretenen Gewerkschaften ersetzt werden. Ferner kommt zudem die Ersetzung des Wahlvorstandes i.S.d. § 18 Abs. 1 S. 2 bei objektiver Untätigkeit des Wahlvorstandes in Betracht (vgl. § 18 Rn 43). 6

---

§ 64 Zeitpunkt der Wahlen und Amtszeit

(1) ¹Die regelmäßigen Wahlen der Jugend- und Auszubildendenvertretung finden alle zwei Jahre in der Zeit vom 1. Oktober bis 30. November statt. ²Für die Wahl der Jugend- und Auszubildendenvertretung außerhalb dieser Zeit gilt § 13 Abs. 2 Nr. 2 bis 6 und Abs. 3 entsprechend.

(2) ¹Die regelmäßige Amtszeit der Jugend- und Auszubildendenvertretung beträgt zwei Jahre. ²Die Amtszeit beginnt mit der Bekanntgabe des Wahlergebnisses oder, wenn zu diesem Zeitpunkt noch eine Jugend- und Auszubildendenvertretung besteht, mit Ablauf von deren Amtszeit. ³Die Amtszeit endet spätestens am 30. November des Jahres, in dem nach Absatz 1 Satz 1 die regelmäßigen Wahlen stattfinden. ⁴In dem Fall des § 13 Abs. 3 Satz 2 endet die Amtszeit spätestens am 30. November des Jahres, in dem die Jugend- und Auszubildendenvertretung neu zu wählen ist. ⁵In dem Fall des § 13 Abs. 2 Nr. 2 endet die Amtszeit mit der Bekanntgabe des Wahlergebnisses der neu gewählten Jugend- und Auszubildendenvertretung.

(3) Ein Mitglied der Jugend- und Auszubildendenvertretung, das im Laufe der Amtszeit das 25. Lebensjahr vollendet, bleibt bis zum Ende der Amtszeit Mitglied der Jugend- und Auszubildendenvertretung.

A. Allgemeines	1	C. Verbindung zu anderen Rechtsgebieten und zum Prozessrecht	5
B. Regelungsgehalt	2	D. Beraterhinweise	6
I. Wahlen außerhalb des Wahlzeitraums	2		
II. Amtszeit	3		

A. Allgemeines

Die JAV wird regelmäßig in der Zeit vom 1.10. bis 30.11. alle zwei Jahre gewählt. Hintergrund ist, dass auch die neuen Auszubildenden, die ihre Ausbildung regelmäßig im Herbst beginnen, die Chance erhalten, an den Wahlen teilzunehmen. Außerhalb der regelmäßigen Wahlen, findet eine Wahl nur dann statt, wenn ein Grund nach § 13 Abs. 2 Nr. 1 bis 6 vorliegt (vgl. § 13 Rn 6). 1

---

2 ErfK/*Eisemann*, § 63 BetrVG Rn 7.   3 Richardi/*Annuß*, § 64 Rn 31; *Fitting u.a.*, § 63 Rn 15.

B. Regelungsgehalt

I. Wahlen außerhalb des Wahlzeitraums

2 Sinkt die Zahl der Jugend- und Auszubildendenvertreter unter die gesetzliche Mindestzahl, findet eine Neuwahl statt, wenn die Mitgliederzahl auch nicht durch das Nachrücken von Ersatzmitgliedern aufgestockt werden kann. Maßgeblich sind die Zahlen der Auszubildenden und Jugendlichen im Zeitpunkt des Wahlausschreibens. Wird die Wahl erfolgreich angefochten, so ist Raum für eine Neuwahl, nachdem das ArbG die Unwirksamkeit der Wahl festgestellt hat. Überdies führt der Rücktritt der JAV durch Mehrheitsbeschluss zu der Anberaumung von Neuwahlen.[1] Löst das ArbG die JAV auf, ist ebenfalls eine Neuwahl erforderlich. In diesem Fall hat der BR einen neuen Wahlvorstand zu bestellen. Soweit eine JAV im Betrieb noch nicht existiert, kann sie jederzeit durch Errichtung des Wahlvorstandes ins Leben gerufen werden.

II. Amtszeit

3 Die Amtszeit ist ebenso wie die Amtszeit des BR geregelt. Sie beginnt mit dem Tag nach Ablauf der Amtsperiode der bisherigen Vertretung. Existiert noch keine Vertretung, beginnt sie mit der Annahme der Wahl. I.Ü. endet sie spätestens am 30.11. des „regelmäßigen Wahljahres". Etwas anderes ergibt sich dann, wenn die Wahlen außerhalb der regelmäßigen Wahlzeiten erfolgt ist, sodass die Amtszeit kürzer oder länger als zwei Jahre dauert.[2]

4 Gem. Abs. 3 dauert die Amtszeit auch über das 25. Lebensjahr hinaus. Ein Ersatzmitglied rückt jedoch nicht nach, soweit vor Beginn des Amtes das 25. Lebensjahr vollendet wurde.[3]

C. Verbindung zu anderen Rechtsgebieten und zum Prozessrecht

5 Über Streitigkeiten über die Wahl und die Amtszeit der JAV entscheidet das ArbG im Beschlussverfahren nach §§ 2a, 80 ff. ArbGG.

D. Beraterhinweise

6 Die Behinderung der Wahl stellt eine Straftat nach § 119 Abs. 1 dar.

---

§ 65 Geschäftsführung

(1) Für die Jugend- und Auszubildendenvertretung gelten § 23 Abs. 1, die §§ 24, 25, 26, 28 Abs. 1 Satz 1 und 2, die §§ 30, 31, 33 Abs. 1 und 2 sowie die §§ 34, 36, 37, 40 und 41 entsprechend.

(2) [1]Die Jugend- und Auszubildendenvertretung kann nach Verständigung des Betriebsrats Sitzungen abhalten; § 29 gilt entsprechend. [2]An diesen Sitzungen kann der Betriebsratsvorsitzende oder ein beauftragtes Betriebsratsmitglied teilnehmen.

A. Allgemeines	1	IV. Kosten		5
B. Regelungsgehalt	2	C. Verbindung zu anderen Rechtsgebieten und zum Prozessrecht		6
I. Anwendbare Vorschriften	2			
II. Nichtanwendbare Vorschriften	3	D. Beraterhinweise		7
III. Sitzungen	4			

A. Allgemeines

1 Die Vorschrift verweist auf die Regelungen zur Geschäftsführung des BR. Die Anwendung dieser Regelungen müssen Sinn und Zweck der Interessenvertretung der JAV gerecht werden.[1]

B. Regelungsgehalt

I. Anwendbare Vorschriften

2 Wegen Verletzung gesetzlicher Pflichten kann die JAV aufgelöst werden. Antragsberechtigt sind der AG sowie der BR und ein Viertel der Wahlberechtigten i.S.d. § 60 Abs. 1. Nach § 23 Abs. 1 können auch einzelne Mitglieder ausgeschlossen werden. Wird der Ausschluss durch das ArbG festgestellt, so hat das ArbG einen Wahlvorstand zu bestellen. Die Mitgliedschaft erlischt entsprechend den Gründen nach § 24 Abs. 1. Die nachträgliche Mitgliedschaft im

---

[1] Richardi/*Annuß*, § 64 Rn 10.
[2] Richardi/*Annuß*, § 64 Rn 20.
[3] LAG Düsseldorf 13.10.1992 – 8 TaBV 119/92 – juris.
[1] Richardi/*Annuß*, § 65 Rn 1, 2.

BR beendet die Mitgliedschaft in der JAV.² Ersatzmitglieder rücken unter den Voraussetzungen des § 25 nach (vgl. § 25 Rn 4 ff.). Die Frauen- und Männerquote ist beim Nachrücken zu beachten. Nach § 26 vertritt der Vorsitzende die JAV. Ausschüsse nach § 28 werden mit einfacher Mehrheit gewählt.³ Der Schwellenwert wird erst bei 100 AN i.S.d. § 60 Abs. 1 erreicht.⁴ Zur eigenständigen Aufgabenwahrnehmung können Ausschüsse nicht gegründet und Aufgaben nicht übertragen werden.⁵

II. Nichtanwendbare Vorschriften

An den Sitzungen der JAV nehmen die Schwerbehindertenvertreter nicht teil. Dies gilt auch für die Vertrauensleute der Zivildienstleistenden (§ 32, §§ 94 ff. SGB IX, § 3 Abs. 1 ZDVG). Da die JAV die Geschäftsführung nicht übertragen kann, finden auch die Vorschriften nach §§ 27, 28 keine Anwendung.⁶ Schließlich kommt eine Freistellung nach §§ 37, 38 ebenfalls nicht in Betracht. Die Berufsausbildung steht insoweit im Vordergrund.⁷

III. Sitzungen

Die Sitzungen finden während der Arbeitszeit statt. Sie sind nicht öffentlich.⁸ Der Vorsitzende leitet die Versammlung. Er übt das Hausrecht aus und erteilt das Wort.⁹ Der BR ist zu benachrichtigen und die Teilnahme eines Vertreters zu ermöglichen. Der BR hat insoweit nur die Möglichkeit, die JAV zu beraten, jedoch kein eigenes Stimmrecht.¹⁰

Bei der Anberaumung der Versammlungen ist auf die betrieblichen Belange Rücksicht zu nehmen. Gewerkschaftsbeauftragte können eingeladen werden.¹¹

IV. Kosten

Die Kostenerstattung richtet sich nach § 40. Im Einzelfall können dies auch die Kosten des Rechtsanwalts sein.

C. Verbindung zu anderen Rechtsgebieten und zum Prozessrecht

Siehe hierzu § 26 Rn 16 ff.

D. Beraterhinweise

Siehe insoweit § 26 Rn 19 f.

---

§ 66   Aussetzung von Beschlüssen des Betriebsrats

(1) Erachtet die Mehrheit der Jugend- und Auszubildendenvertreter einen Beschluss des Betriebsrats als eine erhebliche Beeinträchtigung wichtiger Interessen der in § 60 Abs. 1 genannten Arbeitnehmer, so ist auf ihren Antrag der Beschluss auf die Dauer von einer Woche auszusetzen, damit in dieser Frist eine Verständigung, gegebenenfalls mit Hilfe der im Betrieb vertretenen Gewerkschaften, versucht werden kann.

(2) Wird der erste Beschluss bestätigt, so kann der Antrag auf Aussetzung nicht wiederholt werden; dies gilt auch, wenn der erste Beschluss nur unerheblich geändert wird.

A. Regelungsgehalt 1	II. Aussetzung des Beschlusses des Betriebsrates ... 2
I. Antragsstellung durch die Jugend- und Auszubildendenvertretung 1	B. Verbindung zu anderen Rechtsgebieten und zum Prozessrecht 3

A. Regelungsgehalt

I. Antragsstellung durch die Jugend- und Auszubildendenvertretung

Der Antrag auf Aussetzung kann von der JAV bei dem BR gestellt werden, wenn die Belange der Jugendlichen bzw. der Auszubildenden beeinträchtigt werden. Dies wiederum verlangt einen mit absoluter Mehrheit von der JAV ge-

---

2 ErfK/*Eisemann*, § 65 BetrVG Rn 3.
3 *Fitting u.a.*, § 65 Rn 33.
4 ErfK/*Eisemann*, § 65 BetrVG Rn 6; *Fitting u.a.*, § 65 Rn 33; a.A. DKK/*Trittin*, § 65 Rn 28a.
5 *Fitting u.a.*, § 65 Rn 32.
6 ErfK/*Eisemann*, § 65 BetrVG Rn 27.
7 Richardi/*Annuß*, § 65 Rn 38; *Fitting u.a.*, § 65 Rn 25; ErfK/*Eisemann*, § 65 BetrVG Rn 25.
8 Richardi/*Annuß*, § 65 Rn 20.
9 *Fitting u.a.*, § 65 Rn 29.
10 *Fitting u.a.*, § 65 Rn 30.
11 Richardi/*Annuß*, § 65 Rn 25; *Fitting u.a.* § 65 Rn 28.

fassten Beschluss.[1] Der Antrag auf Aussetzung setzt voraus, dass die Angelegenheit dem Teilnahme- oder Stimmrecht der JAV nach § 67 Abs. 1 S. 2 und Abs. 2 unterfällt.[2] Der Antrag sollte von der JAV begründet werden, auch wenn es sich nicht um eine Voraussetzung für die Wirksamkeit handelt.[3] Er ist gerechtfertigt, wenn die Interessen der durch die JAV Vertretenen erheblich beeinträchtigt sein können; auf das Vorliegen objektiver Gründe kommt es nicht an.[4] Der Antrag ist fristgebunden. Er muss unverzüglich erfolgen. Hintergrund ist, dass mit Ablauf der Wochenfrist der Zweck der Regelung andernfalls nicht mehr erreicht wird.[5]

II. Aussetzung des Beschlusses des Betriebsrates

2 Die Aussetzung hat keinerlei rechtliche Auswirkung auf die Wirksamkeit des BR-Beschlusses.[6] Die Aussetzung dient daher allein der Verständigung zwischen BR und JAV. Nach Ablauf einer Woche seit Beschlussfassung kann die Antragsstellung der JAV daher nicht mehr erfolgreich sein.[7]

B. Verbindung zu anderen Rechtsgebieten und zum Prozessrecht

3 Rechtsstreitigkeiten zwischen BR und JAV über die Berechtigung zur Antragsstellung werden im arbeitsgerichtlichen Beschlussverfahren vor dem ArbG gem. §§ 2a, 80 ff. ArbGG entschieden. Der Antrag der JAV ist begründet, wenn eine Interessenbeeinträchtigung der nach § 60 Abs. 1 repräsentierten Beschäftigten nach dem Inhalt des BR-Beschlusses wahrscheinlich ist. Eine objektive Interessenbeeinträchtigung ist für die Aussetzung nicht zwingend erforderlich.[8]

§ 67 Teilnahme an Betriebsratssitzungen

(1) ¹Die Jugend- und Auszubildendenvertretung kann zu allen Betriebsratssitzungen einen Vertreter entsenden. ²Werden Angelegenheiten behandelt, die besonders die in § 60 Abs. 1 genannten Arbeitnehmer betreffen, so hat zu diesen Tagesordnungspunkten die gesamte Jugend- und Auszubildendenvertretung ein Teilnahmerecht.
(2) Die Jugend- und Auszubildendenvertreter haben Stimmrecht, soweit die zu fassenden Beschlüsse des Betriebsrats überwiegend die in § 60 Abs. 1 genannten Arbeitnehmer betreffen.
(3) ¹Die Jugend- und Auszubildendenvertretung kann beim Betriebsrat beantragen, Angelegenheiten, die besonders die in § 60 Abs. 1 genannten Arbeitnehmer betreffen und über die sie beraten hat, auf die nächste Tagesordnung zu setzen. ²Der Betriebsrat soll Angelegenheiten, die besonders die in § 60 Abs. 1 genannten Arbeitnehmer betreffen, der Jugend- und Auszubildendenvertretung zur Beratung zuleiten.

A. Allgemeines 1	IV. Antragsrecht der Jugend- und Auszubildendenvertretung 5
B. Regelungsgehalt 2	
I. Recht auf Teilnahme 2	V. Informationspflicht des Betriebsrates 6
II. Teilnahme aller Mitglieder der Jugend- und Auszubildendenvertretung 3	C. Verbindung zu anderen Rechtsgebieten und zum Prozessrecht 7
III. Stimmrecht im Betriebsrat 4	

A. Allgemeines

1 Die Regelung sichert die Beteiligung der JAV bei der Entscheidungsfindung des BR. Sie sieht ein gestaffeltes Recht der JAV hinsichtlich der Teilnahme sowie besondere Antrags- und Informationsrechte zu, soweit die Angelegenheit für die Vertretenen der JAV von besonderer Bedeutung ist. Weder durch TV noch durch BV kann die Regelung aufgehoben werden.[1]

---

1 ErfK/*Eisemann*, § 66 Rn 1; *Fitting u.a.*, § 66 Rn 3; GK-BetrVG/*Oetker*, § 66 Rn 6; a.A. Richardi/*Annuß*, § 66 Rn 4.
2 DKK/*Trittin*, § 66 Rn 6; *Fitting u.a.*, § 66 Rn 4.
3 Richardi/*Annuß*, § 66 Rn 5; D/K/K/*Trittin* § 66 Rn 7; *Fitting* u.a § 66 Rn 6;

4 *Fitting u.a.*, § 66 Rn 5, 6.
5 *Fitting u.a.*, § 35 Rn 14; GK-BetrVG/*Oetker*, § 66 Rn 10.
6 *Fitting u.a.*, § 35 Rn 30.
7 *Fitting u.a.*, § 35 Rn 14.
8 ErfK/*Eisemann*, § 67 Rn 1.
1 *Fitting u.a.*, § 67 Rn 1.

B. Regelungsgehalt

I. Recht auf Teilnahme

Ein Mitglied der JAV kann an jeder Sitzung des BR beratend teilnehmen. Eine Pflicht zur Teilnahme besteht nicht. Ein Teilnahmerecht besteht auch hinsichtlich der Ausschüsse des BR (§ 28).[2] In den Ausschüssen ist das Teilnahmerecht der JAV davon abhängig, dass der Ausschuss an Stelle des BR tagt, soweit das allgemeine Teilnahmerecht nur an den Plenarsitzungen des BR besteht.[3]

II. Teilnahme aller Mitglieder der Jugend- und Auszubildendenvertretung

Alle Mitglieder der JAV sind teilnahmeberechtigt, wenn auf der BR-Sitzung Angelegenheiten der Jugendlichen und Auszubildenden behandelt werden. Unbeachtlich ist, ob daneben auch weitere Punkte behandelt werden.[4] Bei personellen Einzelmaßnahmen kann die Teilnahme aller Mitglieder der JAV im Einzelfall geboten sein, soweit die Maßnahme für die Beschäftigten nach § 60 Abs. 1 von Bedeutung ist.[5]

III. Stimmrecht im Betriebsrat

Das Stimmrecht knüpft an den Begriff der „besonderen Betroffenheit" an. Sind die Beschäftigten nach § 60 Abs. 1 „überwiegend" betroffen, dann kommt den Mitgliedern der JAV ein Stimmrecht im BR zu. Besondere Betroffenheit liegt insb. dann vor, wenn zahlenmäßig mehr jugendliche und auszubildende AN betroffen sind als die sonstigen AN des Betriebes.[6] Dies kann auch der Fall bei einer beabsichtigten Künd oder Teilnahme von Mitgliedern der JAV an Schulungsveranstaltungen sein.[7] Die Mitglieder der JAV sind bei ihrer Stimmabgabe an vorangegangene Beschlüsse der JAV nicht gebunden.[8] In Einzelfällen kann es daher vorkommen, dass die Mitglieder der JAV die BR-Mitglieder überstimmen können. In diesen Fällen hat der BR kein Vetorecht.[9]

IV. Antragsrecht der Jugend- und Auszubildendenvertretung

Mitglieder der JAV sind nicht nur teilnahmeberechtigt, sie haben auch ein Recht auf Stellung von Anträgen zur Tagesordnung. Die erforderliche Vorberatung der JAV ist dem BR zusammen mit der Antragstellung auf Aufnahme in die Tagesordnung mitzuteilen und nachzuweisen.[10] Da der BR die Angelegenheiten nicht abschließend beraten muss, kann er sie auch einem Ausschuss (§§ 27 Abs. 2, 28 Abs. 1 S. 3) zur weiteren Bearbeitung übertragen.[11]

V. Informationspflicht des Betriebsrates

Um die JAV in die Lage zu versetzen, zu entscheiden, ob der BR auf seinen Versammlungen Angelegenheiten nach Abs. 2 oder nach Abs. 1 berät, trifft den BR die Pflicht gegenüber der JAV, die beabsichtigte Tagesordnung rechtzeitig zuzuleiten. Die JAV kann erst dann rechtzeitig und umfangreich vorberaten, ob ggf. ein Fall vorliegt, der zur Teilnahme aller Mitglieder der JAV berechtigt (Abs. 2 S. 2).[12] Der BR kann der JAV eine Frist zur Stellungnahme setzen. Auf der anderen Seite ist die JAV gehalten, ihre Teilnahme- oder aber Änderungswünsche zur Tagesordnung dem BR rechtzeitig unter Hinweis auf ihre Vorberatungsergebnisse mitzuteilen. Die Informationspflicht trifft den Vorsitzenden des BR. Ein Beschluss des BR ist nicht erforderlich.[13]

C. Verbindung zu anderen Rechtsgebieten und zum Prozessrecht

Das ArbG entscheidet im Beschlussverfahren nach §§ 2a, 80 ff. ArbGG über
- die Teilnahme aller Mitglieder der JAV an der BR-Sitzung und seiner Ausschüsse,
- das Stimmrecht der Mitglieder der JAV,
- die Wirksamkeit von Beschlüssen des BR unter Beteiligung der JAV,
- die Aufnahme von Tagesordnungspunkten auf Antrag der JAV sowie
- die Wirksamkeit von Beschlüssen des BR bei Nichtteilnahme der Mitglieder der JAV.

---

2 Richardi/*Annuß*, § 67 Rn 8; ErfK/*Eisemann*, § 66 BetrVG Rn 1; DKK/*Trittin*, § 66 Rn 7.
3 *Fitting u.a.*, § 67 Rn 6.
4 *Fitting u.a.*, § 67 Rn 12.
5 *Fitting u.a.*, § 67 Rn 14; ErfK/*Eisemann*, § 67 BetrVG Rn 2; weitergehend für alle personellen Einzelmaßnahmen von Jugendlichen und Auszubildenden: Richardi/*Annuß*, § 67 Rn 13; DKK/*Trittin*, § 67 Rn 15.
6 Richardi/*Annuß*, § 67 Rn 20.
7 *Fitting u.a.*, § 67 Rn 20.
8 ErfK/*Eisemann*, § 67 BetrVG Rn 4; *Fitting u.a.*, § 67 Rn 24.
9 ErfK/*Eisemann*, § 67 BetrVG Rn 4.
10 *Fitting u.a.*, § 67 Rn 27.
11 Richardi/*Annuß*, § 67 Rn 26; *Fitting u.a.*, § 67 Rn 28; ErfK/*Eisemann*, § 67 BetrVG Rn 5.
12 ErfK/*Eisemann*, § 67 BetrVG Rn 6; Richardi/*Annuß*, § 67 Rn 29.
13 ErfK/*Eisemann*, § 67 BetrVG Rn 6.

§ 68 Teilnahme an gemeinsamen Besprechungen

Der Betriebsrat hat die Jugend- und Auszubildendenvertretung zu Besprechungen zwischen Arbeitgeber und Betriebsrat beizuziehen, wenn Angelegenheiten behandelt werden, die besonders die in § 60 Abs. 1 genannten Arbeitnehmer betreffen.

A. Regelungsgehalt

1 Zu Besprechungen zwischen dem AG und dem BR sind Vertreter der JAV hinzuzuziehen. Über die monatlichen Besprechungen nach § 74 Abs. 1 hinaus ist die JAV dann hinzuzuziehen, wenn Angelegenheiten von besonderer Bedeutung für die Beschäftigten nach § 60 Abs. 1 erörtert werden.[1] Soweit ein besonderer Bezug in Angelegenheiten nach § 60 Abs. 1 nicht festzustellen ist, ist auch nicht der Vorsitzende der JAV zu beteiligen. In dem Fall, dass der BR-Vorsitzende seiner Pflicht zur Mitteilung und Einladung wiederholt nicht nachkommt, kann hierin eine grobe Pflichtverletzung nach § 23 Abs. 1 liegen. Unter dem Teilnahmerecht ist die Berechtigung aller Mitglieder der JAV zur Teilnahme an den Besprechungen zu verstehen. Sie nehmen insoweit an der Erörterung aktiv teil.[2]

B. Verbindung zu anderen Rechtsgebieten und zum Prozessrecht

2 Das Teilnahmerecht der Mitglieder der JAV kann ggf. mittels einstweiliger Verfügung durchgesetzt werden. Ein Anspruch auf rechtzeitige Information kann überdies im Wege des Beschlussverfahrens vor dem örtlich zuständigen ArbG im Rahmen von §§ 2a, 80 ff. ArbGG durchgesetzt werden.[3]

§ 69 Sprechstunden

[1]In Betrieben, die in der Regel mehr als fünfzig der in § 60 Abs. 1 genannten Arbeitnehmer beschäftigen, kann die Jugend- und Auszubildendenvertretung Sprechstunden während der Arbeitszeit einrichten. [2]Zeit und Ort sind durch Betriebsrat und Arbeitgeber zu vereinbaren. [3]§ 39 Abs. 1 Satz 3 und 4 und Abs. 3 gilt entsprechend. [4]An den Sprechstunden der Jugend- und Auszubildendenvertretung kann der Betriebsratsvorsitzende oder ein beauftragtes Betriebsratsmitglied beratend teilnehmen.

A. Regelungsgehalt 1	B. Verbindung zu anderen Rechtsgebieten und zum
I. Sprechstunden 1	Prozessrecht 3
II. Teilnahmerecht des Betriebsrates 2	

A. Regelungsgehalt

I. Sprechstunden

1 Entscheidend ist, dass die JAV das Recht, nicht jedoch die Pflicht hat, während der Arbeitszeit eine Sprechstunde einzurichten.[1] In dem jeweiligen Betrieb müssen i.d.R. mehr als 50 Jugendliche oder Auszubildende beschäftigt werden. Wird diese Anzahl nicht erreicht, so können die Sprechstunden nicht während der Arbeitszeit abgehalten werden.[2] Die Festlegung von Ort und zeitlicher Dauer legen AG und BR fest. An dieser Absprache sind die Vertreter der JAV zu beteiligen (§§ 67 Abs. 2, 68). Einigen sich die Betriebsparteien nicht, so entscheidet hierüber die Einigungsstelle nach § 39 Abs. 1. Ein eigenes Antragsrecht auf Anrufung der Einigungsstelle kommt der JAV nicht zu.[3] Die Kosten der Einrichtung sowie der Räumlichkeiten trägt der AG nach §§ 65 Abs. 1, 40.

II. Teilnahmerecht des Betriebsrates

2 Der BR ist berechtigt, an den Sprechstunden der JAV teilzunehmen. Das BR-Mitglied kann in Sachen Rechtsfragen die JAV ebenso wie den Beschäftigten beraten. Das Recht des BR beschränkt sich auf seine Anwesenheit.[4]

---

1 Richardi/*Annuß*, § 68 Rn 4; DKK/*Trittin*, § 68 Rn 2; *Fitting u.a.*, § 68 Rn 5.
2 ErfK/*Eisemann*, § 68 BetrVG Rn 1.
3 *Fitting u.a.*, § 68 Rn 10; Richardi/*Annuß*, § 68 Rn 10.

1 Richardi/*Annuß*, § 69 Rn 3.

2 ErfK/*Eisemann*, § 69 BetrVG Rn 1.
3 Richardi/*Annuß*, § 69 Rn 5, 6.
4 *Fitting u.a.*, § 69 Rn 13; DKK/*Trittin*, § 68 Rn 15; ErfK/*Eisemann*, § 69 BetrVG Rn 4.

B. Verbindung zu anderen Rechtsgebieten und zum Prozessrecht

Sowohl die Mitglieder der JAV als auch die Auszubildenden und Jugendlichen behalten für die Dauer der Teilnahme an der Sprechstunde ihren Anspruch auf Vergütung (vgl. § 39 Rn 8 f.). 3

Bei Streitigkeiten über die Einrichtung der Sprechstunden entscheidet zunächst die Einigungsstelle. Der Anspruch der Einigungsstelle ist unter den allgemeinen Voraussetzungen anfechtbar. Über das Teilnahmerecht des BR wird ebenso wie die mögliche Anfechtung des Einigungsstellenspruchs und das Beteiligungsrecht der JAV an Gesprächen zwischen BR und AG im Beschlussverfahren nach §§ 2a, 80 ff. ArbGG entschieden. Streitigkeiten über Geldzahlungsansprüche aufgrund der Teilnahme an den Sprechstunden sind im Urteilsverfahren zwischen AN und AG geltend zu machen. 4

§ 70 Allgemeine Aufgaben

(1) Die Jugend- und Auszubildendenvertretung hat folgende allgemeine Aufgaben:
1. Maßnahmen, die den in § 60 Abs. 1 genannten Arbeitnehmern dienen, insbesondere in Fragen der Berufsbildung und der Übernahme der zu ihrer Berufsausbildung Beschäftigten in ein Arbeitsverhältnis, beim Betriebsrat zu beantragen;
2. Maßnahmen zur Durchsetzung der tatsächlichen Gleichstellung der in § 60 Abs. 1 genannten Arbeitnehmer entsprechend § 80 Abs. 1 Nummer 2a und 2b beim Betriebsrat zu beantragen;
3. darüber zu wachen, dass die zugunsten der in § 60 Abs. 1 genannten Arbeitnehmer geltenden Gesetze, Verordnungen, Unfallverhütungsvorschriften, Tarifverträge und Betriebsvereinbarungen durchgeführt werden;
4. Anregungen von in § 60 Abs. 1 genannten Arbeitnehmern, insbesondere in Fragen der Berufsbildung, entgegenzunehmen und, falls sie berechtigt erscheinen, beim Betriebsrat auf eine Erledigung hinzuwirken. Die Jugend- und Auszubildendenvertretung hat die betroffenen in § 60 Abs. 1 genannten Arbeitnehmer über den Stand und das Ergebnis der Verhandlungen zu informieren;
5. die Integration ausländischer, in § 60 Abs. 1 genannter Arbeitnehmer im Betrieb zu fördern und entsprechende Maßnahmen beim Betriebsrat zu beantragen.

(2) ¹Zur Durchführung ihrer Aufgaben ist die Jugend- und Auszubildendenvertretung durch den Betriebsrat rechtzeitig und umfassend zu unterrichten. ²Die Jugend- und Auszubildendenvertretung kann verlangen, dass ihr der Betriebsrat die zur Durchführung ihrer Aufgaben erforderlichen Unterlagen zur Verfügung stellt.

A. Allgemeines 1	III. Anregungen nach Abs. 1 Nr. 3 4
B. Regelungsgehalt 2	IV. Rechte gegenüber dem Betriebsrat nach Abs. 2 .. 5
I. Initiativrecht der Jugend- und Auszubildendenvertretung 2	C. Verbindung zu anderen Rechtsgebieten und zum Prozessrecht 6
II. Überwachungsaufgaben nach Abs. 1 Nr. 2 3	

A. Allgemeines

Die Vorschrift regelt ebenso wie § 80 Abs. 1 die Aufgaben sowie die Informationsrechte der JAV. Insoweit ist sie auf die Mitwirkung des BR zur Durchsetzung ihrer Informationsrechte angewiesen.¹ Aus diesem Grund trifft die Pflicht zur Erteilung der Information nicht den AG, sondern den BR. 1

B. Regelungsgehalt

I. Initiativrecht der Jugend- und Auszubildendenvertretung

Der JAV steht das Recht zu, sich mit allen Themen zu befassen, die die Beschäftigten i.S.d. § 60 Abs. 1 interessieren und für diese von Belang sind. Die Informationsrechte sind gegenüber dem BR einzufordern.² Hierunter fallen u.a. die Gestaltung der Arbeitszeit, Urlaubsregelungen, alle Fragen im Zusammenhang mit der Ausbildung (Beurteilungsbögen und Ausbildungsmethoden, Beschaffung von Arbeitsmitteln oder auch Zielvereinbarungen). Das Initiativ- und Antragsrecht der JAV setzt einen wirksamen Beschluss der JAV voraus. Der BR ist verpflichtet, sich mit diesem Antrag zu befassen.³ Erklärt sich der BR nach Beratung damit einverstanden, den Antrag der JAV weiter- 2

---

1 BAG 10.5.1974 – 1 ABR 57/73 – AP § 65 BetrVG 1972 Nr. 3.
2 Richardi/*Annuß*, § 70 Rn 5, 9; DKK/*Trittin*, § 70 Rn 10.
3 ErfK/*Eisemann*, § 70 BetrVG Rn 2.

II. Überwachungsaufgaben nach Abs. 1 Nr. 2

3 Der JAV kommt insb. die Aufgabe zu, die Einhaltung der gesetzlichen Vorschriften, die das Ausbildungsverhältnis betreffen, zu überwachen. Daneben kann die JAV auch die Einhaltung der allgemeinen arbeitsrechtlichen Vorschriften kontrollieren. Da ihr jedoch keine unmittelbaren Kontrollrechte zukommen,[5] ist sie darauf angewiesen, dass der BR auf ihren Antrag hin tätig wird. Nur der BR kann gegenüber dem AG Rechte auch mittels gerichtlicher Inanspruchnahme durchsetzen.[6]

Soweit die JAV daher in Ausübung ihrer Kontrollfunktion in den Arbeitsablauf während der Arbeitszeit eingreifen kann, ist sie auf die vorhergehende Zustimmung des BR angewiesen.[7]

III. Anregungen nach Abs. 1 Nr. 3

4 Die JAV bündelt die Interessen der nach § 60 Abs. 1 Vertretenen und leitet berechtigte Anliegen an den BR weiter. Inwieweit Beschwerden aus Sicht der JAV berechtigt sind, prüft sie eigenständig und stellt die Berechtigung mittels Beschluss fest. Sodann wird die Beschwerde an den BR-Vorsitzenden weitergeleitet. Der BR prüft in eigener Zuständigkeit nach pflichtgemäßem Ermessen, ob er nach § 80 Abs. 1 Nr. 3 gegenüber dem AG tätig wird. An diesen Gesprächen kann die JAV gem. § 68 teilnehmen. Über das Ergebnis der Gespräche hat sie das vertretene Mitglied zu unterrichten.[8]

IV. Rechte gegenüber dem Betriebsrat nach Abs. 2

5 Die JAV hat gegenüber dem BR einen Anspruch auf sämtliche Informationen, die sich auf ihr Tätigkeitsfeld beziehen. Dieser Anspruch beinhaltet Rechtsauskünfte,[9] die Überlassung sämtlicher Unterlagen des BR i.S.d. Abs. 1, soweit dies zur Erfüllung ihrer Aufgaben erforderlich ist.[10] Nicht umfasst vom Informationsanspruch der JAV auf Überlassung von Unterlagen sind die Geschäftsgeheimnisse des AG nach § 79 Abs. 1.[11]

C. Verbindung zu anderen Rechtsgebieten und zum Prozessrecht

6 Der JAV steht hinsichtlich der Regelung nach § 70 nicht die Möglichkeit zu, individuelle Ansprüche der von ihr nach § 60 Abs. 1 Vertretenen gerichtlich durchzusetzen. Sie ist vielmehr auf die Geltendmachung und Durchsetzung durch den BR angewiesen. Streitigkeiten zwischen der JAV und dem BR über das Tätigwerden des BR wiederum sind im Beschlussverfahren vor dem ArbG zu überprüfen. Hiervon umfasst ist die Überlassung von Unterlagen durch den BR.[12] Verletzungen der Informations-, Initiativ- und Überlassungsrechte der JAV können durch den Antrag auf Unterlassung und Feststellung im Wege des Beschlussverfahrens vor dem ArbG gegenüber dem BR durchgesetzt werden. Darüber hinaus kann die wiederholte Verletzung dieser Rechte durch den BR eine grobe Pflichtverletzung i.S.d. § 23 Abs. 1 darstellen und zum Ausschluss einzelner Mitglieder oder zur Amtsenthebung des gesamten BR führen.[13]

§ 71 Jugend- und Auszubildendenversammlung

[1]Die Jugend- und Auszubildendenvertretung kann vor oder nach jeder Betriebsversammlung im Einvernehmen mit dem Betriebsrat eine betriebliche Jugend- und Auszubildendenversammlung einberufen. [2]Im Einvernehmen mit Betriebsrat und Arbeitgeber kann die betriebliche Jugend- und Auszubildendenversammlung auch zu einem anderen Zeitpunkt einberufen werden. [3]§ 43 Abs. 2 Satz 1 und 2, die §§ 44 bis 46 und § 65 Abs. 2 Satz 2 gelten entsprechend.

A. Allgemeines 1	II. Kosten der Versammlungen 4
B. Regelungsgehalt 2	C. Verbindung zu anderen Rechtsgebieten und zum
I. Versammlungen der Jugend- und Auszubildendenvertretung 2	Prozessrecht 5
	D. Beraterhinweise 6

---

4 Richardi/*Annuß*, § 70 Rn 10; *Fitting u.a.*, § 70 Rn 10; GK-BetrVG/*Oetker*, § 70 Rn 21.
5 Richardi/*Annuß*, § 70 Rn 13; *Fitting u.a.*, § 70 Rn 14.
6 *Fitting u.a.*, § 70 Rn 14; DKK/*Trittin*, § 70 Rn 16.
7 BAG 8.2.1977 – 1 ABR 82/74 – AP § 80 BetrVG 1972 Nr. 10; BAG 21.1.1982 – 6 ABR 17/79 – AP § 70 BetrVG 1972 Nr. 1; *Fitting u.a.*, § 70 Rn 14; ErfK/*Eisemann*, § 70 BetrVG Rn 3.
8 DKK/*Trittin*, § 70 Rn 26, *Fitting u.a.*, § 70 Rn 19.
9 Richardi/*Annuß*, § 70 Rn 19.
10 *Fitting u.a.*, § 70 Rn 23; ErfK/*Eisemann*, § 70 BetrVG Rn 6.
11 *Fitting u.a.*, § 70 Rn 21.
12 BAG 8.2.1977 – 1 ABR 82/74 – AP § 80 BetrVG 1972 Nr. 10.
13 Richardi/*Annuß*, § 70 Rn 31; DKK/*Trittin*, § 70 Rn 37.

A. Allgemeines

Die Vorschrift gewährt der JAV und den Jugendlichen sowie Auszubildenden des Betriebes die Möglichkeit, sich in eigenen Versammlungen zu organisieren. [1]

B. Regelungsgehalt

I. Versammlungen der Jugend- und Auszubildendenvertretung

Die Versammlungen der JAV sind nicht öffentlich.[1] Sowohl Voll- als auch Teilversammlungen sind zulässig.[2] Dies gilt auch für Abteilungsversammlungen.[3] Neben der Möglichkeit, die Versammlungen im Anschluss an die allgemeinen Betriebsversammlungen abzuhalten, besteht darüber hinaus im Falle der Erforderlichkeit auch die Möglichkeit zusätzliche Versammlungen abzuhalten.[4] Die Durchführung der Veranstaltungen ist freiwillig. Sie finden während der Arbeitszeit statt. Bei der Anberaumung der Versammlungen ohne zeitlichen Bezug zu den Betriebsversammlungen ist auf die besonderen betrieblichen Belange durch die JAV Rücksicht zu nehmen. Dies geschieht in Ausübung des pflichtgemäßen Ermessens.[5] Die JAV trifft die Entscheidung zur Anberaumung einer Versammlung durch Beschluss. Dieser ist sodann dem BR zuzuleiten und von diesem nach pflichtgemäßem Ermessen zu überprüfen. Die Überprüfung vollzieht der BR gleichfalls durch Beschluss. An dieser Beschlussfassung ist die JAV nach § 67 Abs. 1, 2 zu beteiligen. [2]

Der AG nimmt an den Versammlungen der JAV teil (§ 49 Abs. 2 S. 1, 2 i.V.m. § 71 Abs. 3). Vertreter des AG-Verbandes haben kein eigenes Teilnahmerecht. Darüber hinaus nimmt der Vorsitzende des BR oder ein beauftragtes Mitglied des BR teil. Vertreter der Gewerkschaften haben ebenfalls gem. § 46 Abs. 1 S. 1 ein Teilnahmerecht. Stimmrecht haben nur die Mitglieder der JAV und die Vertretenen nach § 60 Abs. 1. Ein Rederecht können jedoch alle Geladenen und Teilnahmeberechtigten ausüben.[6] Der Vorsitzende der JAV leitet die Versammlungen und nimmt das Hausrecht wahr. [3]

II. Kosten der Versammlungen

Die Kosten der Versammlungen trägt der AG. Da die Versammlungen während der gewöhnlichen Arbeits-/Ausbildungszeit stattfinden und der AG die Ausbildungsvergütung bzw. den Lohn zu zahlen hat, liegen hierin die überwiegenden Kosten. Daneben muss der AG auch die erforderlichen Sachkosten tragen. Vor diesem Hintergrund sieht die Regelung des § 71 die Durchführung der JAV-Versammlungen im unmittelbaren Anschluss an die Betriebsversammlungen vor. [4]

C. Verbindung zu anderen Rechtsgebieten und zum Prozessrecht

Siehe § 40 Rn 35. [5]

D. Beraterhinweise

Siehe dazu § 40 Rn 36 ff. [6]

Zweiter Abschnitt: Gesamt-Jugend- und Auszubildendenvertretung

§ 72 Voraussetzungen der Errichtung, Mitgliederzahl, Stimmengewicht

(1) Bestehen in einem Unternehmen mehrere Jugend- und Auszubildendenvertretungen, so ist eine Gesamt-Jugend- und Auszubildendenvertretung zu errichten.

(2) In die Gesamt-Jugend- und Auszubildendenvertretung entsendet jede Jugend- und Auszubildendenvertretung ein Mitglied.

---

1 Richardi/*Annuß*, § 71 Rn 19; *Fitting u.a.*, § 71 Rn 20.
2 Richardi/*Annuß*, § 71 Rn 8; ErfK/*Eisemann*, § 71 BetrVG Rn 1.
3 DKK/*Trittin*, § 71 Rn 7; ErfK/*Eisemann*, § 71 BetrVG Rn 2; a.A. GK-BetrVG/*Oetker*, § 71 Rn 18; *Fitting u.a.* § 71 Rn 8.
4 *Fitting u.a.*, § 71 Rn 13; DKK/*Trittin*, § 71 Rn 13; GK-BetrVG/*Oetker*, § 71 Rn 33; ErfK/*Eisemann*, § 71 BetrVG Rn 1.
5 BAG 15.8.1978 – 6 ABR 10/76 – AP § 23 BetrVG 1972 Nr. 1.
6 GK-BetrVG/*Oetker*, § 71 Rn 49; *Fitting u.a.*, § 71 Rn 6; ErfK/*Eisemann*, § 71 BetrVG Rn 3.

(3) Die Jugend- und Auszubildendenvertretung hat für das Mitglied der Gesamt-Jugend- und Auszubildendenvertretung mindestens ein Ersatzmitglied zu bestellen und die Reihenfolge des Nachrückens festzulegen.

(4) Durch Tarifvertrag oder Betriebsvereinbarung kann die Mitgliederzahl der Gesamt-Jugend- und Auszubildendenvertretung abweichend von Absatz 2 geregelt werden.

(5) Gehören nach Absatz 2 der Gesamt-Jugend- und Auszubildendenvertretung mehr als zwanzig Mitglieder an und besteht keine tarifliche Regelung nach Absatz 4, so ist zwischen Gesamtbetriebsrat und Arbeitgeber eine Betriebsvereinbarung über die Mitgliederzahl der Gesamt-Jugend- und Auszubildendenvertretung abzuschließen, in der bestimmt wird, dass Jugend- und Auszubildendenvertretungen mehrerer Betriebe eines Unternehmens, die regional oder durch gleichartige Interessen miteinander verbunden sind, gemeinsam Mitglieder in die Gesamt-Jugend- und Auszubildendenvertretung entsenden.

(6) [1]Kommt im Fall des Absatzes 5 eine Einigung nicht zustande, so entscheidet eine für das Gesamtunternehmen zu bildende Einigungsstelle. [2]Der Spruch der Einigungsstelle ersetzt die Einigung zwischen Arbeitgeber und Gesamtbetriebsrat.

(7) [1]Jedes Mitglied der Gesamt-Jugend- und Auszubildendenvertretung hat so viele Stimmen, wie in dem Betrieb, in dem es gewählt wurde, in § 60 Abs. 1 genannte Arbeitnehmer in der Wählerliste eingetragen sind. [2]Ist ein Mitglied der Gesamt-Jugend- und Auszubildendenvertretung für mehrere Betriebe entsandt worden, so hat es so viele Stimmen, wie in den Betrieben, für die es entsandt ist, in § 60 Abs. 1 genannte Arbeitnehmer in den Wählerlisten eingetragen sind. [3]Sind mehrere Mitglieder der Jugend- und Auszubildendenvertretung entsandt worden, so stehen diesen die Stimmen nach Satz 1 anteilig zu.

(8) Für Mitglieder der Gesamt-Jugend- und Auszubildendenvertretung, die aus einem gemeinsamen Betrieb mehrerer Unternehmen entsandt worden sind, können durch Tarifvertrag oder Betriebsvereinbarung von Absatz 7 abweichende Regelungen getroffen werden.

A. Allgemeines 1	III. Stimmgewichtung nach Abs. 7 4
B. Regelungsgehalt 2	C. Verbindung zu anderen Rechtsgebieten und zum Prozessrecht 5
I. Erstmalige Errichtung und Dauer 2	D. Beraterhinweise 6
II. Abweichende Größe der Gesamtjugend- und Auszubildendenvertretung 3	

A. Allgemeines

1 Die Regelung über die Zuständigkeit der Gesamt-JAV entspricht der Zuständigkeitsverteilung zwischen BR und GBR (vgl. § 50 Rn 3 ff.). Das Verhältnis zwischen Gesamt-JAV und GBR entspricht dem Verhältnis zwischen JAV und BR.

B. Regelungsgehalt

I. Erstmalige Errichtung und Dauer

2 Die Gesamt-JAV ist ebenso wie der GBR eine **Daueréinrichtung**, so dass sie nicht auf Zeit errichtet wird. Die Gesamt-JAV endet, wenn ihre Voraussetzung zur Errichtung nachträglich entfallen (vgl. § 47 Rn 7 ff.). Die **Errichtung** der Gesamt-JAV ist **zwingend**.[1] Die JAV eines jeden Betriebes hat durch Beschluss aller Mitglieder zu entscheiden, welches Mitglied in die Gesamt-JAV entsandt wird.[2] Der Mehrheitsbeschluss gilt auch für die Festlegung der Ersatzmitglieder nach Abs. 3. (vgl. § 63 Rn 4) Voraussetzung für die Errichtung einer Gesamt-JAV ist jedoch, dass ein GBR existiert.[3]

II. Abweichende Größe der Gesamtjugend- und Auszubildendenvertretung

3 Durch TV oder Gesamt-BV kann die Zahl der Mitglieder der Gesamt-JAV verkleinert oder vergrößert werden (vgl. § 47 Rn 4). Die Mindestzahl der Mitglieder der Gesamt-JAV beträgt jedoch 20 Personen.[4] Eine Gesamt-BV schließt der gesamte BR mit dem AG, so dass wie auch die JAV auch die Gesamt-JAV ein eigenes Recht zu Vereinbarungen mit dem AG hat. Mitglieder der Gesamt-JAV können jedoch bei den Verhandlungen über den Abschluss von Gesamt-BV gem. §§ 73 Abs. 2 i.V.m. 67 Abs. 1, 2, 68 mitwirken und ihr Stimmrecht im GBR ausüben.[5] Da nach Abs. 5 eine Gesamt-BV in den dortigen Fällen abzuschließen ist, kann sie vom GBR gegenüber dem AG erzwungen

---

1 Richardi/*Annuß*, § 72 Rn 6; *Fitting u.a.*, § 72 Rn 12; ErfK/*Eisemann*, § 72 BetrVG Rn 2.

2 *Fitting u.a.*, § 72 Rn 16; ErfK/*Eisemann*, § 72 BetrVG Rn 2; Richardi/*Annuß*, § 72 Rn 11.

3 Richardi/*Annuß*, § 72 Rn 5; *Fitting u.a.*, § 72 Rn 11; GK-BetrVG/*Oetker*, § 72 Rn 10; ErfK/*Eisemann*, § 72 BetrVG Rn 2; a.A. DKK/*Trittin*, § 72 Rn 6.

4 DKK/*Trittin*, § 72 Rn 21; *Fitting u.a.*, § 72 Rn 34, 40.

5 ErfK/*Eisemann*, § 72 BetrVG Rn 3; DKK/*Trittin*, § 72 Rn 17; GK-BetrVG/*Oetker*, § 72 Rn 34.

werden. Im Falle eines Einigungsstellenverfahrens zwischen GBR und Unternehmensleitung soll die Gesamt-JAV angehört werden.[6]

III. Stimmgewichtung nach Abs. 7
Maßgeblich ist die Zahl der in die Wählerliste eingetragenen Wahlberechtigten zur JAV. Auf die aktuellen Zahlen der AN nach § 60 Abs. 1 der entsendenden Betriebe kommt es daher nicht an.[7] Die Mitglieder der Gesamt-JAV sind nicht an Weisungen der entsendenden JAV gebunden. Eine Stimmensplittung ist unzulässig.[8] Abweichende Vereinbarungen über die Zahl der Mitglieder der Gesamt-JAV führen dazu, dass bei einer Vergrößerung der Gesamt-JAV die entsandten Mitglieder zu gleichen Teilen die Stimmen teilen, die den einzelnen Mitgliedern zugekommen wären. Im Falle einer Verkleinerung stehen einem einzelnen entsandten Mitglied alle Stimmen zu, die aus den „zusammengefassten Betrieben" stammen.[9]

C. Verbindung zu anderen Rechtsgebieten und zum Prozessrecht
Streitigkeiten über die Errichtung einer Gesamt-JAV, etwaige Probleme bei der Bestimmung der Stimmgewichtung, werden im arbeitsgerichtlichen Beschlussverfahren vor dem örtlich zuständigen ArbG am Sitz des Unternehmens entschieden.

D. Beraterhinweise
Siehe § 47 Rn 14 und § 50 Rn 17.

§ 73 Geschäftsführung und Geltung sonstiger Vorschriften

(1) ¹Die Gesamt-Jugend- und Auszubildendenvertretung kann nach Verständigung des Gesamtbetriebsrats Sitzungen abhalten. ²An den Sitzungen kann der Vorsitzende des Gesamtbetriebsrats oder ein beauftragtes Mitglied des Gesamtbetriebsrats teilnehmen.
(2) Für die Gesamt-Jugend- und Auszubildendenvertretung gelten § 25 Abs. 1, die §§ 26, 28 Abs. 1 Satz 1, die §§ 30, 31, 34, 36, 37 Abs. 1 bis 3, die §§ 40, 41, 48, 49, 50, 51 Abs. 2 bis 5 sowie die §§ 66 bis 68 entsprechend.

A. Regelungsgehalt 1
   I. Sitzung der Gesamt-Jugend- und Auszubildendenvertretung 1
   II. Anwendbare Vorschriften nach Abs. 2 2
B. Verbindung zu anderen Rechtsgebieten und zum Prozessrecht 4

A. Regelungsgehalt

I. Sitzung der Gesamt-Jugend- und Auszubildendenvertretung
Soweit ein Viertel der Mitglieder der Gesamt-JAV oder der AG eine Sitzung der Gesamt-JAV beantragt, hat der Vorsitzende die Versammlung einzuberufen. Zuvor muss er den Vorsitzenden des GBR informieren (Abs. 2 i.V.m. §§ 51 Abs. 2, 3, 29 Abs. 2). An den Sitzungen der Gesamt-JAV nimmt der AG, auf dessen Wunsch ein Beauftragter des AG-Verbandes, auf Beschluss des GBR ein Beauftragter der Gewerkschaft und der Vorsitzende des GBR teil.[1]

II. Anwendbare Vorschriften nach Abs. 2
Die Verweisung ist abschließend. Auch über § 51 Abs. 5 findet eine Erweiterung auf Fragen der Geschäftsführung keine Anwendung.[2] Die anwendbaren Vorschriften sind im Hinblick auf ihre Anwendung nach dem Sinn und Zweck der Regelungen über die Gesamt-JAV/JAV anzuwenden und dürfen damit dem Regelungszweck der Gesamt-JAV nicht zuwiderlaufen.

Soweit das Unternehmen mehr als 100 AN beschäftigt, kann die Gesamt-JAV Ausschüsse nach § 28 Abs. 1 S. 1 bilden. Der BR entscheidet i.Ü. über das Erfordernis an Teilnahme an Schulungen durch die Gesamt-JAV-Vertreter (§ 37 Abs. 6).[3] Ferner ist die Gesamt-JAV berechtigt, an den Sitzungen des GBR teilzunehmen. Dieses Teilnahmerecht berechtigt die Gesamt-JAV-Vertreter auch an den Ausschusssitzungen des GBR teilzunehmen, wenn der GBR eine Aufgabe auf den Ausschuss zur selbstständigen Erledigung übertragen hat.[4]

---

6 ErfK/*Eisemann*, § 72 BetrVG Rn 3.
7 *Fitting u.a.*, § 72 Rn 27; Richardi/*Annuß*, § 72 Rn 21.
8 Richardi/*Annuß*, § 72 Rn 25; *Fitting u.a.*, § 72 Rn 30, 37.
9 *Fitting u.a.*, § 72 Rn 38; Richardi/*Annuß*, § 72 Rn 22.
1 *Fitting u.a.*, § 73 Rn 11.

2 *Fitting u.a.* § 73 Rn 15.
3 BAG 10.6.1975 – 1 ABR 140/73 – AP § 73 BetrVG 1972 Nr. 1.
4 *Fitting u.a.*, § 73 Rn 14.

B. Verbindung zu anderen Rechtsgebieten und zum Prozessrecht

4 Über Streitigkeiten zwischen der Gesamt-JAV und dem BR und/oder dem AG entscheidet das ArbG am Sitz des Unternehmens im Beschlussverfahren nach §§ 2a, 80 ff. ArbGG.

Dritter Abschnitt: Konzern-Jugend- und Auszubildendenvertretung

§ 73a Voraussetzung der Errichtung, Mitgliederzahl, Stimmengewicht

(1) [1]Bestehen in einem Konzern (§ 18 Abs. 1 des Aktiengesetzes) mehrere Gesamt-Jugend- und Auszubildendenvertretungen, kann durch Beschlüsse der einzelnen Gesamt-Jugend- und Auszubildendenvertretungen eine Konzern-Jugend- und Auszubildendenvertretung errichtet werden. [2]Die Errichtung erfordert die Zustimmung der Gesamt-Jugend- und Auszubildendenvertretungen der Konzernunternehmen, in denen insgesamt mindestens 75 vom Hundert der in § 60 Abs. 1 genannten Arbeitnehmer beschäftigt sind. [3]Besteht in einem Konzernunternehmen nur eine Jugend- und Auszubildendenvertretung, so nimmt diese die Aufgaben einer Gesamt-Jugend- und Auszubildendenvertretung nach den Vorschriften dieses Abschnitts wahr.
(2) [1]In die Konzern-Jugend- und Auszubildendenvertretung entsendet jede Gesamt-Jugend- und Auszubildendenvertretung eines ihrer Mitglieder. [2]Sie hat für jedes Mitglied mindestens ein Ersatzmitglied zu bestellen und die Reihenfolge des Nachrückens festzulegen.
(3) Jedes Mitglied der Konzern-Jugend- und Auszubildendenvertretung hat so viele Stimmen, wie die Mitglieder der entsendenden Gesamt-Jugend- und Auszubildendenvertretung insgesamt Stimmen haben.
(4) § 72 Abs. 4 bis 8 gilt entsprechend.

§ 73b Geschäftsführung und Geltung sonstiger Vorschriften

(1) [1]Die Konzern-Jugend- und Auszubildendenvertretung kann nach Verständigung des Konzernbetriebsrats Sitzungen abhalten. [2]An den Sitzungen kann der Vorsitzende oder ein beauftragtes Mitglied des Konzernbetriebsrats teilnehmen.
(2) Für die Konzern-Jugend- und Auszubildendenvertretung gelten § 25 Abs. 1, die §§ 26, 28 Abs. 1 Satz 1, die §§ 30, 31, 34, 36, 37 Abs. 1 bis 3, die §§ 40, 41, 51 Abs. 3 bis 5, die §§ 56, 57, 58, 59 Abs. 2 und die §§ 66 bis 68 entsprechend.

A. Allgemeines 1	II. Stimmgewichtung 3
B. Regelungsgehalt 2	III. Sitzungen 4
I. Errichtung der Gesamtjugend- und -Auszubildendenvertretung 2	C. Verbindung zu anderen Rechtsgebieten und zum Prozessrecht 5

A. Allgemeines

1 Die Konzern-JAV ist der Gesamt-JAV nicht übergeordnet.[1] Ebenso wie das Verhältnis zwischen KBR und GBR geregelt ist, so stehen die Organe der Gesamt-JAV und der Konzern-JAV gleichberechtigt nebeneinander im Konzern. Für die Errichtung einer Konzern-JAV müssen damit zunächst die Voraussetzungen eines Konzerns i.S.d. § 54 gegeben sein (vgl. § 54 Rn 3 ff.). Örtlich kann die Konzern-JAV nur über den KBR gegenüber der Unternehmensleitung tätig werden.[2] Gebildet wird sie durch Beschluss der Gesamt-JAV.[3] Die nach § 73a Abs. 2 S. 2 gewählten Ersatzmitglieder müssen Mitglieder der Gesamt-JAV sein.[4] Auch die Konzern-JAV ist eine Daueeinrichtung, deren Mitglieder von der jeweiligen Gesamt-JAV entsendet werden. Die Mitglieder können folglich wie von der JAV zur Gesamt-JAV jederzeit durch Mehrheitsbeschluss abberufen werden.[5]

---

1 *Fitting u.a.*, § 73a Rn 5.
2 *Fitting u.a.*, § 73a Rn 7.
3 Richardi/*Annuß*, § 73a Rn 9.
4 *Fitting u.a.*, § 73a Rn 21.
5 *Fitting u.a.*, § 73a Rn 23.

B. Regelungsgehalt

I. Errichtung der Gesamtjugend- und -Auszubildendenvertretung

Für die erstmalige Errichtung sind 75 % der Stimmen der nach § 60 Abs. 1 genannten AN erforderlich. Verantwortlich für die Errichtung in der konstituierenden Sitzung ist die Gesamt-JAV des herrschenden Unternehmens. Zunächst leitet der Vorsitzende dieser Gesamt-JAV die Sitzung bis der Wahlvorstand für die Errichtung der Konzern-JAV gewählt ist.[6] Das Verhältnis der Stimmen nach § 73a Abs. 1 bestimmt sich maßgeblich anhand der Zahl der bei der letzten Wahl zur Gesamt-JAV eingetragenen AN in die Wählerlisten des Konzernunternehmens (AN nach § 60 Abs. 1). TV oder BV können das Stimmgewicht abweichend von § 73a Abs. 1 regeln (§ 73a Abs. 4 i.V.m. § 72 Abs. 4 bis 8).

II. Stimmgewichtung

Das Verhältnis der Stimmen nach § 73a Abs. 1 bestimmt sich maßgeblich anhand der Zahl der bei der letzten Wahl zur Gesamt-JAV in die Wählerlisten des Konzernunternehmens eingetragenen AN (§ 60 Abs. 1). TV oder BV können das Stimmgewicht abweichend von § 73a Abs. 1 regeln (§ 73a Abs. 4 i.V.m. § 72 Abs. 4 bis 8).

Entsendet eine Gesamt-JAV mehr als ein Mitglied, so teilen sich die Mitglieder die Stimmen zu gleichen Teilen. Wird die Anzahl der entsandten Mitglieder der Gesamt-JAV verkleinert, so werden die Stimmanteile zusammengelegt.[7]

III. Sitzungen

Sitzungen der Konzern-JAV nach § 73b Abs. 1 werden vom Vorsitzenden der Konzern-JAV dem Vorsitzenden des KBR rechtzeitig bekannt gegeben. Die Tagesordnung wird dem KBR mit dieser Mitteilung zugeleitet.[8] Die Unternehmensleitung des herrschenden Konzerns kann an den Sitzungen der Konzern-JAV teilnehmen, soweit ein Antrag auf Teilnahme gestellt wurde oder eine Einladung der Konzern-JAV erfolgt ist.[9] Das **Teilnahmerecht der Gewerkschaft** folgt aus § 73a Abs. 2 i.V.m. § 31.

Die Beschlussfassung der Konzern-JAV erfolgt nach denselben Regelungen wie für den GBR nach § 51 Abs. 3.

C. Verbindung zu anderen Rechtsgebieten und zum Prozessrecht

Das ArbG am Sitz des herrschenden Konzernunternehmens entscheidet über sämtliche Streitigkeiten nach § 73a und § 73b im Beschlussverfahren nach §§ 2a, 80 ff. ArbGG. Über die Teilnahme an Schulungsveranstaltungen entscheidet der BR des Betriebes dem das entsandte Mitglied des KBR über seine Mitgliedschaft in der Gesamt-JAV und dadurch in der JAV des einzelnen Betriebes angehört.[10] Über Streitigkeiten zwischen BR und dem Mitglied der Gesamt-JAV entscheidet das örtlich am Sitz des Betriebes zuständige ArbG.

Vierter Teil: Mitwirkung und Mitbestimmung der Arbeitnehmer

Erster Abschnitt: Allgemeines

§ 74 Grundsätze für die Zusammenarbeit

(1) ¹Arbeitgeber und Betriebsrat sollen mindestens einmal im Monat zu einer Besprechung zusammentreten. ²Sie haben über strittige Fragen mit dem ernsten Willen zur Einigung zu verhandeln und Vorschläge für die Beilegung von Meinungsverschiedenheiten zu machen.

(2) ¹Maßnahmen des Arbeitskampfes zwischen Arbeitgeber und Betriebsrat sind unzulässig; Arbeitskämpfe tariffähiger Parteien werden hierdurch nicht berührt. ²Arbeitgeber und Betriebsrat haben Betätigungen zu unterlassen, durch die der Arbeitsablauf oder der Frieden des Betriebs beeinträchtigt werden. ³Sie haben jede parteipolitische Betätigung im Betrieb zu unterlassen; die Behandlung von Angelegenheiten tarifpolitischer, sozialpolitischer, umweltpolitischer und wirtschaftlicher Art, die den Betrieb oder seine Arbeitnehmer unmittelbar betreffen, wird hierdurch nicht berührt.

(3) Arbeitnehmer, die im Rahmen dieses Gesetzes Aufgaben übernehmen, werden hierdurch in der Betätigung für ihre Gewerkschaft auch im Betrieb nicht beschränkt.

---

6 *Fitting u.a.*, § 73a Rn 26.
7 *Richardi/Annuß*, § 73a Rn 27; *Fitting u.a.*, § 73a Rn 35.
8 *Fitting u.a.*, § 73b Rn 4; *Richardi/Annuß*, § 73b Rn 6.
9 *Richardi/Annuß*, § 73b Rn 7.
10 ErfK/*Eisemann*, § 73b BetrVG Rn 3; *Fitting u.a.*, § 73b Rn 15.

A. Allgemeines	1	IV. Verbot der parteipolitischen Betätigung	5
B. Regelungsgehalt	2	V. Behandlung tarif-, sozial-, umweltpolitischer und wirtschaftlicher Fragen nach Abs. 2	6
I. Besprechungen einmal im Monat	2	VI. Gewerkschaftstätigkeit der Betriebsratsmitglieder nach Abs. 3	7
II. Friedenspflicht/Verbot des Arbeitskampfes nach Abs. 2	3	C. Verbindung zu anderen Rechtsgebieten und zum Prozessrecht	8
III. Untersagung von Arbeitsablauf- und Betriebsstörungen nach Abs. 2	4		

A. Allgemeines

1 Die Zusammenarbeit zwischen BR und AG unterliegt dem Gebot der vertrauensvollen Zusammenarbeit (vgl. § 2 Rn 5 ff.). Als **lex specialis zu § 2** konkretisiert § 74 das **Gebot der vertrauensvollen Zusammenarbeit**. AG und BR haben sich monatlich in Besprechungen auszutauschen. Aus diesem Grund sind **Arbeitskämpfe** zwischen AG und BR nach § 74 Abs. 2 untersagt. Zudem werden jede Tätigkeit, durch die der **Arbeitsablauf** oder der **Frieden im Betrieb** beeinträchtigt wird, sowie auch **parteipolitische Tätigkeiten im Betrieb** untersagt. Gem. §§ 51 Abs. 6, 59 Abs. 1 gilt diese Vorschrift auch für den GBR und den KBR und deren Ausschüsse, die JAV, die Gesamt-JAV und den Wirtschaftsausschuss.[1]

B. Regelungsgehalt

I. Besprechungen einmal im Monat

2 AG und sämtliche BR-Mitglieder sind zu einer Teilnahme an den monatlichen Gesprächen verpflichtet, wenngleich AN und BR einvernehmlich vereinbaren können, dass eine Monatsbesprechung ausfällt.[2] Ein Vertreter des AG muss über die nötige Sachkompetenz verfügen und eine verantwortliche Position im Unternehmen einnehmen.[3] Die Monatsgespräche können auch vom Ausschuss (§ 28) oder vom Betriebsausschuss (§ 27) mit dem AG geführt werden.[4] Teilnahmeberechtigt sind nach § 68 Abs. 4, soweit Themen mit Relevanz für die Vertretenen nach § 60 Abs. 1 besprochen werden, die JAV und nach § 95 Abs. 4 SGB IX die SBV. Im Falle des Einverständnisses der Beteiligten können auch Vertreter der Gewerkschaften und der AG-Verbände an den Gesprächen teilnehmen.[5] Dies gilt auch für die Mitglieder des Sprecherausschusses. In den Gesprächen besteht eine Einlassungs- und Erörterungspflicht für den BR und den AG. Die ausschließliche **Passivität** einer der beteiligten Parteien kann **eine grobe Pflichtverletzung** nach § 23 Abs. 1 BetrVG darstellen.

II. Friedenspflicht/Verbot des Arbeitskampfes nach Abs. 2

3 Maßnahmen des **Streiks**, der **Aussperrung** und der **Arbeitsbummelei** sind den Betriebsparteien zur Durchsetzung betriebsverfassungsrechtlicher Ziele verboten.[6] Vor diesem Hintergrund hat sich der BR bei Arbeitskampfmaßnahmen der Tarifparteien **neutral** zu verhalten. Der BR hat aber nicht die Pflicht, rechtswidrig streikende AN zur Aufnahme der Arbeit anzuhalten.[7] Durch die Entscheidung des 1. Senats vom 24.4.2007 ist zudem klar gestellt, dass die Regelung einen Streikaufruf der Gewerkschaften aus Anlass von Verhandlungen über Verbands- bzw. Firmentarifverträge nicht beeinflusst. Das Arbeitskampfverbot des Abs. 2 wird insoweit nicht berührt. Es richtet sich ausschließlich an die Betriebsparteien. Arbeitskämpfe der Tarifvertragsparteien werden von ihm nicht erfasst; das zeigt auch § 2 Abs. 3.[8] Davon abzugrenzen ist das Verhalten von BR-Mitgliedern, die nicht in ihrer Eigenschaft als BR, sondern als Vertreter der Gewerkschaft oder als AN an einem rechtmäßigen Streik teilnehmen.[9] Die Teilnahme eines BR-Mitgliedes, das in seiner Eigenschaft als AN und nicht als Mitglied des BR an dem Streik teilnimmt, berechtigt nicht zur Künd des Arbverh.[10] Der BR ist insoweit nicht in eigenen Rechten betroffen, wenn der AG während eines Arbeitskampfes einen Notdienst für die Aufrechterhaltung der Produktion/des Betriebes festlegt.[11] Schließlich nimmt der BR auch während des Arbeitskampfes die Rechte nach dem BetrVG wahr.[12] Insoweit werden die **Mitwirkungs-**

---

1 Fitting u.a., § 74 Rn 2.
2 ErfK/Kania, § 74 BetrVG Rn 3, 4; Fitting u.a., § 74 Rn 4.
3 BAG 11.12.1991 – 7 ABR 16/91 – AP § 90 BetrVG 1972 Nr. 2 = AiB 1992, 534; Fitting u.a., § 74 Rn 7.
4 Fitting u.a., § 74 Rn 5; ErfK/Kania, § 74 BetrVG Rn 5.
5 GK-BetrVG/Kreutz, § 74 Rn 18.
6 BAG 7.6.1988 – 1 AZR 372/86 – AP Art. 9 GG Arbeitskampf Nr. 106.
7 BAG 5.12.1978 – 6 AZR 485/76 – juris; LAG Hamm 6.11.1975 – 8 Ta BV 70/75 – BB 1976, 363.
8 BAG 24.4.2007 – 1 AZR 252/06 – NZA 2007 987.
9 ErfK/Kania, § 74 BetrVG Rn 12; GK-BetrVG/Kreutz, § 74 Rn 38; LAG Düsseldorf 5.7.1994 – 8 Ta BV 57/94 – AuR 1995, 107; Fitting u.a., § 74 Rn 16; BAG 25.10.1988 – 1 AZR 368/87 – AP Art. 9 GG Arbeitskampf Nr. 110.
10 BAG GS 21.4.1971 – GS 1/68 – AP Art. 9 GG Arbeitskampf Nr. 43; BVerfG 19.2.1975 – 1 BvR 418/71 – AP Art. 9 GG Arbeitskampf Nr. 50.
11 BAG 30.3.1982 – 1 AZR 265/80 – AP Art. 9 GG Arbeitskampf Nr. 74; Hessisches LAG 22.4.1969 – 5 Sa 627/68 – AP Art. 9 GG Arbeitskampf Nr. 40; LAG Niedersachsen 1.2.1980 – 10 Sa 110/79 – AP Art. 9 GG Arbeitskampf Nr. 69.
12 BAG 14.2.1978 – 1 AZR 76/76 – AP Art. 9 GG Arbeitskampf Nr. 58; BVerfG 7.4.1997 – 1 BvL 11/96 – AP Art. 100 GG Nr. 11.

rechte des BR für die Dauer des Arbeitskampfes zum **Ruhen** gebracht, wenn sie Einfluss auf den Arbeitkampf haben.[13] Etwas anderes gilt für die Ansprüche des BR auf Auskunft und Information.[14]

III. Untersagung von Arbeitsablauf- und Betriebsstörungen nach Abs. 2

Die Betriebsparteien sind verpflichtet, weder den Arbeitsablauf noch den Betriebsfrieden zu stören. Diese Pflicht trifft den BR und seine Mitglieder ebenso wie den AG. Der AN ist nicht aus § 74 Abs. 2 S. 2, sondern aufgrund seiner arbeitsvertraglichen Nebenpflicht hierzu verpflichtet.[15] Die Betriebsparteien haben daher alles zu unterlassen, was zu einer Beeinträchtigung des Arbeitsablaufs und des Betriebsfriedens führen kann, insb. den Arbeitsablauf nicht zu unterbrechen,[16] das Gebot der vertrauensvollen Zusammenarbeit zu achten, die jeweiligen Zuständigkeitsbereiche zu beachten und die Beteiligungsrechte einzuhalten. Beachtet der AG daher die Mitwirkungs- und Mitbestimmungsrechte des BR nicht oder verbreitet der BR wahrheitswidrig Behauptungen über den AG, die geeignet sind, den Betriebsfrieden zu stören, so liegt hierin ein Verstoß gegen § 74 Abs. 2.[17]

IV. Verbot der parteipolitischen Betätigung

AG, BR sowie die Mitglieder des BR sind vom Verbot betroffen. Parteipolitische Betätigungen innerhalb des Unternehmens oder eine Tätigkeit, die im unmittelbaren Zusammenhang mit der BR-Tätigkeit steht, ist den betroffenen Betriebsparteien und ihren Vertretern in Ausübung ihres Amtes untersagt.[18] Die **Einschränkung** des **Art. 5 Abs. 1 GG** ist zum Zwecke der Wahrung des Betriebsfriedens gerechtfertigt und insoweit **verhältnismäßig**.[19] AN und Gewerkschaftsvertreter unterliegen dem Verbot nach § 74 Abs. 2 nicht. Der individualarbeitsvertragliche Anspruch des AG auf Unterlassung einer politischen Betätigung des AN kann jedoch im Einzelfall gerechtfertigt sein.[20] Vom Verbot ausgenommen sind aktive Betätigungen für Bürgerinitiativen, da sie keinen Bezug zu allgemeinpolitischen Themen, sondern nur zu Einzelfallfragen haben.[21] Auf der anderen Seite setzt die parteipolitische Tätigkeit nicht voraus, dass der betroffene BR für eine Partei i.S.d. PartG eintritt. Es reicht aus, dass es sich um eine parteipolitische Gruppierung oder eine Wählervereinigung handelt. Das Verbot ist zudem begrenzt auf den betrieblichen Raum, auf das Betriebsgelände, Betriebsteile, Nebenbetriebe sowie unmittelbare Nähe zum Betrieb.[22] Soweit sich das Verbot nur auf den Amtsbereich des einzelnen BR bezieht, sind die Mitglieder des Gesamt- und des KBR in allen Betrieben des Unternehmens und des Konzerns an § 74 Abs. 2 gebunden.[23]

V. Behandlung tarif-, sozial-, umweltpolitischer und wirtschaftlicher Fragen nach Abs. 2

Unabhängig von den in Abs. 2 genannten Verboten sind dem BR und dem AG die Erörterung aller weiteren Fragen, insb. tarifpolitischer, sozialpolitischer und umweltpolitischer Art sowie im Bezug zur wirtschaftlichen Tätigkeit des Unternehmens weiterhin gestattet.[24] Soweit Angelegenheiten Bezug zu den Arbeitsbedingungen der Belegschaft haben, handelt es sich um tarifpolitische Angelegenheiten. Sozialpolitischen Bezug haben auch die Fragen, die in weiter Auslegung des Begriffs geeignet sind, Sicherung und Existenz der AN und ihrer Angehörigen jedenfalls zu dienen.[25] Hierzu zählen Fragen des Unfallschutzes, der Arbeitsbedingungen und des Sozialwesens.[26] Die Erörterung wirtschaftlicher Fragen ist sowohl in Bezug auf das Unternehmen als solches, als auch in Bezug auf die AN und Unternehmensleitung zu verstehen. So kann der BR sowie auch der AG konkrete Einzelmaßnahmen im Hinblick auf ihren wirtschaftlichen Bezug für die Existenz des Unternehmens als auch wirtschaftspolitischer Art im Allgemeinen erörtern.[27]

VI. Gewerkschaftstätigkeit der Betriebsratsmitglieder nach Abs. 3

Die Regelung stellt klar, dass eine gewerkschaftspolitische Betätigung von BR nach dem BetrVG möglich ist. Beide Tätigkeiten dürfen jedoch nicht so miteinander verbunden werden, dass das Neutralitätsgebot der BR verletzt wird.[28] Soweit keine konkreten Anhaltspunkte dafür vorliegen, ist davon auszugehen, dass ein BR-Mitglied seine gewerkschaftspolitische Arbeit von seiner betriebsverfassungsrechtlichen Arbeit trennt und das Neutralitätsgebot beachtet.

---

13 BAG 22.12.1980 – 1 ABR 76/79 – AP Art. 9 GG Arbeitskampf Nr. 71.
14 BAG 10.12.2002 – 1 ABR 7/02 – NZA 2004, 223.
15 GK-BetrVG/*Kreutz*, § 74 Rn 131; BAG 26.5.1977 – 2 AZR 632/76 – AP § 611 BGB Nr. 5.
16 GK-BetrVG/*Kreutz*, § 74 Rn 135.
17 LAG Köln 16.11.1990 – 12 TaBV 57/90 – BB 1991, 1191; BAG 22.7.1980 – 6 ABR 5/78 – AP § 74 BetrVG 1972 Nr. 3.
18 GK-BetrVG/*Kreutz*, § 74 Rn 102.
19 BVerfG 28.4.1976 – 1 BvR 71/73 – AP § 74 BetrVG Nr. 2; BAG 13.9.1977 – 1 ABR 67/75 – EzA § 45 BetrVG 1972 Nr. 1.
20 BAG 9.12.1982 – 2 AZR 620/80 – AP § 626 BGB Nr. 73 (Anti-Strauß-Plakette); BAG 2.3.1982 – 1 AZR 694/7 – AP Art. 5 Abs. 1 GG Meinungsfreiheit Nr. 8 (Anti-Atomkraft-Plakette).
21 *Fitting u.a.*, § 74 Rn 48; a.A. GK-BetrVG/*Kreutz*, § 74 Rn 110.
22 BAG 21.2.1978 – 1 ABR 54/76 – AP § 74 BetrVG 1972 Nr. 1.
23 ErfK/*Kania*, § 74 BetrVG Rn 28; *Fitting u.a.*, § 74 Rn 52.
24 BAG 14.2.1967 – 1 ABR 7/66 – AP § 45 BetrVG Nr. 2; ErfK/*Kania*, § 74 BetrVG Rn 29; *Fitting u.a.*, § 74 Rn 54.
25 BAG 13.9.1977 – 1 ABR 67/75 – EzA § 45 BetrVG 1972 Nr. 1.
26 *Fitting u.a.*, § 74 Rn 59.
27 *Fitting u.a.*, § 74 Rn 59.
28 BVerfG 27.3.1979 – 2 BvR 1011/78 – NJW 1979, 1875.

Die Regelung gilt darüber hinaus auch für sämtliche AN, die Aufgaben nach dem BetrVG zu erfüllen haben. Insb. für die Mitglieder der JAV, des Wirtschaftsausschusses, des Wahlvorstandes und der Einigungsstelle.[29] § 74 Abs. 3 gewährleistet insoweit im Betriebsbereich die Betätigung der AN nach Art. 9 Abs. 3 GG. Hierunter fällt die Plakatwerbung für die Gewerkschaften nach vorhergehender Information des AG[30] und das Verteilen von Informationsmaterialien.[31] Unzulässig kann die Werbung zu allgemeinen politischen Wahlen durch die Gewerkschaften sein, wenn die Arbeitsleistung der beworbenen AN hierdurch kausal beeinträchtigt wird und der AG unverhältnismäßig in seinen Grundrechten aus Art. 12, 14 GG beeinträchtigt wird.[32]

C. Verbindung zu anderen Rechtsgebieten und zum Prozessrecht

8   Ein Verstoß gegen die Pflichten nach § 74 Abs. 2 führt zu einem Unterlassungsanspruch des BR gegenüber dem AG. Dieser kann im Beschlussverfahren auch mittels einstweiliger Verfügung durchgesetzt werden, §§ 2a, 80 ff. ArbGG. Grobe Verstöße des BR gegen die ihm nach § 74 obliegenden Verpflichtungen können den Ausschluss nach § 23 Abs. 1 rechtfertigen. Dies wiederum kann der AG im Beschlussverfahren vor dem örtlich zuständigen ArbG am Betriebssitz durchsetzen. Rechtswidrige Eingriffe in den Arbeitsablauf des Unternehmens können im Einzelfall Schadenersatzpflichten der BR-Mitglieder nach § 823 Abs. 1 BGB („Eingriff in den eingerichteten und ausgeübten Gewerbebetrieb") begründen.[33] Grobe Verstöße des AG gegen § 74 Abs. 2 rechtfertigen im Einzelfall einen Antrag des BR gem. § 23 Abs. 3 auf strafbewehrte Unterlassung. Daneben kommt die Einleitung eines Ordnungswidrigkeitenverfahrens mit der Sanktion der Bußgeldverhängung gem. § 119 Abs. 1 Nr. 2, 3 in Betracht.

§ 75 Grundsätze für die Behandlung der Betriebsangehörigen

(1) Arbeitgeber und Betriebsrat haben darüber zu wachen, dass alle im Betrieb tätigen Personen nach den Grundsätzen von Recht und Billigkeit behandelt werden, insbesondere, dass jede Benachteiligung von Personen aus Gründen ihrer Rasse oder wegen ihrer ethnischen Herkunft, ihrer Abstammung oder sonstigen Herkunft, ihrer Nationalität, ihrer Religion oder Weltanschauung, ihrer Behinderung, ihres Alters, ihrer politischen oder gewerkschaftlichen Betätigung oder Einstellung oder wegen ihres Geschlechts oder ihrer sexuellen Identität unterbleibt.

(2) ¹Arbeitgeber und Betriebsrat haben die freie Entfaltung der Persönlichkeit der im Betrieb beschäftigten Arbeitnehmer zu schützen und zu fördern. ²Sie haben die Selbständigkeit und Eigeninitiative der Arbeitnehmer und Arbeitsgruppen zu fördern.

A. Allgemeines 1	II. Diskriminierungsverbot 5
B. Regelungsgehalt 2	III. Benachteiligungsverbot aus Altersgründen 6
I. Überwachungsgebot 2	IV. Freie Entfaltung der Persönlichkeit 7
1. Überwachungspflicht/Überwachungsrecht 3	C. Verbindung zu anderen Rechtsgebieten und zum
2. Grundsatz von Recht und Billigkeit 4	Prozessrecht 10

A. Allgemeines

1   § 75 begründet unmittelbare Pflichten des AG und des BR. Subjektive Rechte der im Betrieb tätigen AN werden hierdurch nicht begründet.[1] Zudem ist der Inhalt des § 75 Maßstab für die Auslegung und Gestaltung der Beteiligungsrechte und Pflichten der Betriebsparteien und der Rechte der AN nach § 81 ff.[2]

B. Regelungsgehalt

I. Überwachungsgebot

2   Die Einhaltung der Grundsätze nach § 75 ist von den Betriebsparteien sowohl im Hinblick auf die unmittelbaren Ang als auch im Hinblick auf die Leih-Arb und Aushilfskräfte zu berücksichtigen.[3] Mitarbeiter von Fremdfirmen werden jedoch nicht berücksichtigt. Diese sind abzugrenzen von den Beschäftigten nach § 5 Abs. 2. Auch auf leitende Ang

---

29 ErfK/*Kania*, § 74 BetrVG Rn 35.
30 BAG 30.8.1983 – 1 AZR 121/81 – AP Art. 9 GG Nr. 38.
31 BAG 12.6.1986 – 6 AZR 559/84 – NZA 1987, 153.
32 BVerfG 14.11.1995 – 1 BvR 601/92 – AP Art. 9 GG Nr. 80.

33 ErfK/*Kania*, § 74 BetrVG Rn 38; GK-BetrVG/*Kreutz*, § 74 Rn 93.
1 BAG 3.12.1985 – 4 ABR 60/85 – AP § 75 BAT Nr. 2.
2 ErfK/*Kania*, § 75 BetrVG Rn 1; *Fitting u.a.*, § 75 Rn 4.
3 BAG 25.11.1990 – 3 AZR 613/89 – AP § 1 BetrAVG Gleichberechtigung Nr. 8.

findet die Vorschrift keine Anwendung. Das BAG stellt fest, dass auch solche Personen unter den Schutzbereich von § 75 fallen, die sich auf einen Wiedereinstellungsanspruch aufgrund der Verletzung von § 75 berufen können.[4]

1. Überwachungspflicht/Überwachungsrecht. AG und BR sind für die Einhaltung der Grundsätze nach § 75 verantwortlich. Sobald sie feststellen, dass diese Grundsätze drohen verletzt zu werden oder verletzt worden sind, haben sie für Abhilfe zu sorgen.[5] Folglich haben sich BV an den Grundsätzen von Recht und Billigkeit messen zu lassen. Eine BV, die gegen diese Grundsätze verstößt, ist unwirksam und ein Einigungsstellenspruch kann unter Hinweis auf § 75 angefochten werden.[6]

2. Grundsatz von Recht und Billigkeit. Die Einhaltung des geltenden Rechts und die Erfüllung der Ansprüche der AN sind von den Betriebsparteien zu überwachen. Hierzu zählen neben der Auslegung der geltenden Rechtsgrundsätze auch die Wertungen des GG und damit die Beachtung des Vertrauensschutzes und der Verhältnismäßigkeit. Zum geltenden Recht gehören im Betriebsverfassungsrecht auch TV und BV sowie alle sonstigen Arbeitsbedingungen und die betriebliche Ordnung.[7] Kollektive Regelungen außerhalb von Sozialplänen, in denen den AN für den Verlust des Arbeitsplatzes eine Abfindung versprochen wird, die aber dann entfallen soll, wenn der Begünstigte Künd-Schutzklage erhebt, sind nach Sinn und Zweck einschränkend auszulegen. Die Erhebung einer Künd-Schutzklage führt nur dann zum Erlöschen des Abfindungsanspruchs, wenn für den AN zu diesem Zeitpunkt erkennbar ist, dass er die Wahl zwischen Abfindung und Klageerhebung hat.[8] Eine Sozialplanregelung, wonach grundsätzlich auf das zuletzt erzielte Monatsgehalt bei der Bemessung der Abfindung abzustellen ist, und nur bei AN, bei denen sich erst in den letzten drei Jahren vor Abschluss des Sozialplans die Arbeitszeit verändert hat, ein nach dem durchschnittlichen Beschäftigungsgrad während der gesamten Betriebszugehörigkeit ermitteltes Monatsgehalt zugrunde zu legen ist, verstößt nicht gegen das Gebot zur Beachtung der Grundsätze von Recht und Billigkeit.[9] Fordert ein Sozialplan die Unterbreitung von Angeboten anderer vergleichbarer, adäquater Arbeitsplätze, so ist das zulässig. Der AG erfüllt diese Forderung, wenn die Arbeitsbedingungen auf diesem Arbeitsplatz den bisherigen Arbeitsbedingungen in finanzieller und beruflicher Hinsicht entsprechen.[10] Ist ein Eingriff in laufende Betriebsrenten durch Betriebsvereinbarung möglich, weil die Versorgungsordnung betriebsvereinbarungsoffen ist, sind die Betriebsparteien bei ihrem Eingriff an die Grundsätze des Vertrauensschutzes und der Verhältnismäßigkeit gebunden. Dient der Eingriff dem Abbau einer planwidrigen Überversorgung, sind auch die Betriebsparteien an die Grenzen gebunden, die nach den Regeln über die Störung der Geschäftsgrundlage gelten. Ein weitergehender Eingriff wäre unverhältnismäßig. In einschränkender Auslegung von § 315 Abs. 3 BGB kann das Gericht jedoch seine Bestimmung über das billige Ermessen nicht an die Stelle des AG setzen.[11] Fordert ein Sozialplan etwa das Angebot eines anderen vergleichbaren, adäquaten Arbeitsplatzes, so erfüllt der AG diese Forderung, wenn er dem AN einen anderen Arbeitsplatz anbietet und die Arbeitsbedingungen auf diesem Arbeitsplatz den bisherigen Arbeitsbedingungen in finanzieller und beruflicher Hinsicht entsprechen.[12]

II. Diskriminierungsverbot

Das Diskriminierungsverbot konkretisiert den Gleichbehandlungsgrundsatz und stellt Kriterien auf, die absolute Differenzierungsverbote beinhalten. Insoweit kommt den Betriebsparteien eine Kontrollbefugnis zu, die den Gerichten im Hinblick auf § 310 Abs. 4 S. 1 BGB für BV und TV entzogen ist, da eine Kontrolle nach §§ 307 bis 309 BGB im Hinblick auf die „arbeitsrechtlichen Besonderheiten" nicht möglich ist.[13] Ein Verstoß ist jedoch nur dann gegeben, wenn die erfolgte Ungleichbehandlung unmittelbar auf der Verletzung des konkreten Differenzierungsverbotes beruht[14] (vgl. § 80 Rn 2). Das Verbot schützt insoweit sowohl die im Betrieb Beschäftigten als auch die Mitarbeiter im

---

4 BAG 15.3.1984 – 2 AZR 24/83 – AP § 1 KSchG 1969 Soziale Auswahl Nr. 2.
5 BAG 26.1.1988 – 1 ABR 34/86 – AP § 80 BetrVG 1972 Nr. 31; GK-BetrVG/*Kreutz*, § 75 Rn 19.
6 BAG 11.11.1986 – 3 ABR 74/85 – AP § 1 BetrAVG Gleichberechtigung Nr. 4; BAG 20.7.1993 – 3 AZR 52/93 – AP § 1 BetrAVG Gleichbehandlung Nr. 1; BAG 12.2.1980 – 6 ABR 2/78 – AP § 80 BetrVG Nr. 12.
7 Richardi/*Annuß*, § 75 Rn 11; ErfK/*Kania*, § 75 BetrVG Rn 5; GK-BetrVG/*Kreutz*, § 75 Rn 29; BAG 23.10.1990 – 3 AZR 260/89 – AP § 1 BetrAVG Ablösung Nr. 13; BAG 21.1.1992 – 3 AZR 21/91 – AP § 1 BetrAVG Ablösung Nr. 17; BAG 26.10.1994 – 10 AZR 482/93 – AP § 611 BGB Anwesenheitsprämie Nr. 18; BAG 16.7.1996 – AP § 77 BetrVG Billigkeitskontrolle Nr. 3; BAG 18.9.2001 – 3 AZR 728/00 – EzA § 1 BetrAVG Ablösung Nr. 31.
8 BAG 3.5.2006 – 4 AZR 189/05 – NZA 2006, 1420.
9 LAG Köln – 22.1.2008 – 9 Sa 1116/07 – NZA RR 2008, 523.
10 LAG Hamm 18.1.2006 – 18 Sa 907/05 – NZA-RR 2006, 304.
11 BAG – 13.11.2007 – 3 AZR 455/06 – NZA RR 2008, 520; BAG 13.2.2007 – 1 AZR 163/06 – NZA 2007, 756 Sozialplan – Gleichbehandlungsgrundsatz bei Abfindung; BAG 2.10.2007 – 1 AZR 815/06 – NZA RR 2008, 242 – Vertrauensschutz und Verhältnismäßigkeitsprinzip bei rückwirkender Änderung eines Sozialplans – Auslegung einer Protokollnotiz.
12 LAG Hamm 18.1.2006 – 18 Sa 907/05 – NZA RR 2006, 304.
13 BAG 1.2.2006 – Az: 5 AZR 187/05 – NZA 2006, 563.
14 BAG 23.1.2008 – Az: 1 AZR 988/06 – NZA 2008, 709 zu einer ablösenden Betriebsvereinbarung – Rückwirkungsverbot und Gleichbehandlungsgrundsatz; BAG – 2.8.2006 – 10 AZR 572/05 NZA 2007, 55 zu Besitzstandswahrung – Anspruch auf Gleichbehandlung.

Ruhestand und externe Bewerber, soweit eine Differenzierung bei Einstellung wegen einer Gewerkschaftszugehörigkeit unzulässig wäre.[15] Das Diskriminierungsverbot hat zum Ziel, eine Gleichbehandlung von Personen in vergleichbaren Sachverhaltslagen sicherzustellen und eine gleichheitswidrige Gruppenbildung auszuschließen. Insoweit ist vor allem der mit der Regelung verfolgte Zweck heranzuziehen. Die Begründung unterschiedlicher Leistungspflichten zugunsten von Altersteilzeit-AN und Vorruheständlern kann vom Beurteilungsspielraum der Betriebsparteien gedeckt sein. Die Gruppenbildung beruht auf einem Umstand von erheblichem Gewicht. Die Arbvverh der Altersteilzeit-AN bestehen auch in der Freistellungsphase der Blockaltersteilzeit fort, während die Arbvverh der Vorruheständler enden.[16] Eine sachfremde Gruppenbildung liegt nicht vor, wenn sich nach dem Zweck der Leistung Gründe ergeben, die es unter Berücksichtigung aller Umstände rechtfertigen, der einen AN-Gruppe Leistungen vorzuenthalten, die der anderen Gruppe eingeräumt worden sind. Erhält eine AN-Gruppe aus Gründen der Besitzstandswahrung eine Zulage als nicht abbaubaren, ruhegeldfähigen Entgeltbestandteil und eine andere Gruppe von AN nicht, kann die Wahrung sozialer Besitzstände als sachlicher Grund die unterschiedliche Behandlung rechtfertigen.[17]

Im Rahmen eines Sozialplans sind die Betriebsparteien grundsätzlich verpflichtet, diejenigen AN, die aufgrund einer vom AG veranlassten Eigenkünd ausscheiden, mit denjenigen gleich zu behandeln, deren Arbvverh vom AG gekündigt wird. Es ist ihnen allerdings nicht verwehrt, eine typisierende Beurteilung dahin vorzunehmen, dass AN, die ihr Arbvverh „vorzeitig", also zu einem früheren Zeitpunkt als durch die Betriebsänderung geboten, selbst kündigen, durch die Betriebsänderung keine oder geringere wirtschaftliche Nachteile drohen als den anderen AN. Insoweit sind Stichtagsregelungen in Sozialplänen grundsätzlich zulässig. Die mit ihnen bisweilen verbundenen Härten müssen hingenommen werden, wenn sich die Wahl des Zeitpunkts am Zweck der Regelung orientiert und somit sachlich vertretbar ist und das auch auf die zwischen den Gruppen gezogenen Grenzen zutrifft.[18]

Unter das Differenzierungsverbot der Geschlechterdiskriminierung fällt sowohl das Verbot zur Diskriminierung von AN durch den AG als auch von AN untereinander, wie etwa die sexuelle Belästigung durch Arbeitskollegen. Diese Regelung findet ihre Ergänzung in § 80 Abs. 1 Nr. 2a (vgl. insoweit auch die Kommentierung zu § 7 AGG). Unter das Verbot fallen nicht nur unmittelbare, sondern auch mittelbare Diskriminierungen, die dann vorliegen, wenn z.B. bei der Bereitstellung von Teilzeitarbeitsplätzen mehr Frauen als Männer oder umgekehrt berücksichtigt werden (vgl. § 4 TzBfG Rn 4 ff.).

III. Benachteiligungsverbot aus Altersgründen

6   Verboten ist jede objektive Benachteiligung aufgrund des Erreichens einer bestimmten Altersgrenze.[19] Abzugrenzen ist das Verbot jedoch von den Festlegungen von Altersgrenzen bei Versorgungsordnungen.[20] Dies betrifft auch die Schlechterstellung von AN bei Sozialplanabfindungen oder das vorgezogene Altersruhegeld oder die Inanspruchnahme von vorgezogenem Altersruhegeld.[21] Die Höchstbegrenzung einer mit Alter und Betriebszugehörigkeit steigenden Sozialplanabfindung stellte auch unter Berücksichtigung gemeinschaftsrechtlicher Vorgaben keine nach § 75 Abs. 1 S. 2 BetrVG a.F. verbotene Benachteiligung älterer AN dar. Durch die Anwendung einer Höchstbetragsklausel findet keine Differenzierung nach dem Alter statt. Vielmehr werden die Folgen begrenzt, die sich aus einer das höhere Lebensalter begünstigenden Abfindungsregel ergeben.[22] Keinen Verstoß stellt auch die Festlegung von Altersgrenzen zum Ausscheiden aus dem Arbvverh durch BV dar.[23] Schließlich können Sozialplänen geringere Abfindungen für AN rentennaher Jahrgänge vorsehen, die nach einem relativ kurzen, vollständig oder überwiegend durch den Bezug von Arbeitslosengeld überbrückbaren Zeitraum Anspruch auf eine gesetzliche Altersrente haben. Das gemeinschaftsrechtliche Verbot der Altersdiskriminierung in der Richtlinie 2000/78/EG ist für vor dem Inkrafttreten des AGG geschlossene Sozialpläne nicht von Bedeutung.[24] Der EuGH hat in diesem Zusammenhang entschieden, dass das Gemeinschaftsrecht kein Verbot der Diskriminierung aus Gründen des Alters enthält, dessen Schutz die Gerichte der Mitgliedstaaten zu gewährleisten haben, wenn die möglicherweise diskriminierende Behandlung keinen gemeinschaftsrechtlichen Bezug aufweist. Ein solcher gemeinschaftsrechtlicher Bezug wird weder durch Art. 13

---

15 BAG 2.6.1987 – 1 AZR 651/85 – AP Art. 9 GG Nr. 49.
16 BAG 20.5.2008 – 9 AZR 271/07 – Verhältnis zu bisheriger Rechtsprechung:Bestätigung und Fortführung der st. Rspr 19.2.2008 – NZA 2008, 719 = ZIP 2008, 1087.
17 BAG 2.8.2006 – 10 AZR 572/05 – NZA-RR 2006, 30 unter Hinweis auf BAG, NJW 1994, 959 = NZA 1993, 1049 = AP BGB § 612 Diskriminierung Nr. 2 = EzA BeschFG 1985 § 2 Nr. 28; BAGE 71, 195 = NJW 1993, 3091 = NZA 1993, 891.
18 BAG 19.2.2008 – 1 AZR 1004/06 – NZA 2008, 720
19 BAG 2.10.2007 – Az: 1 AZN 793/07 – Höchstbegrenzung einer Sozialplanabfindung – Altersdiskriminierung.
20 BAG 14.1.1986 – 3 AZR 456/84 – AP § 1 BetrAVG Gleichbehandlung Nr. 5; BAG 13.2.1975 – 3 AZR 24/74 – AP § 242 BGB Ruhegeld-Unverfallbarkeit Nr. 9.
21 BAG 26.7.1988 – 1 AZR 156/87 – AP § 112 BetrVG Nr. 45; BAG 19.10.1999 – 1 AZR 838/98 – AP § 112 BetrVG 1972 Nr. 135 = DB 2000, 930.
22 BAG 2.10.2007 – 1 AZN 793/07 – Verhältnis zu bisheriger Rechtsprechung: Bestätigung von BAG 19.10.1999 – NZA 2000, 732 = AP BetrVG 1972 § 112 Nr. 135 = EzA BetrVG 1972 § 112 Nr. 104; BAG 19.6.2007 – 1 AZN 1043/06 – NZA-RR 2007 § 75 I 2 a.F.; Richtlinie 2000/78/EG Art. 1, 2 I, II, 6.
23 DKK/*Däubler*, § 75 Rn 29 ff.
24 BAG 20.1.2009 – 1 AZR 740/07 – NZA 2009, 495; Verhältnis zu bisheriger Rechtsprechung: Anknüpfung an und Fortführung von BAG 30.9.2008 – NJW 2009, 1103 L; BAG 11.11.2008, NZA 2009, 210 = NJW 2009, 1103 L.

EG hergestellt noch durch die Richtlinie 2000/78/EG vor Ablauf der dem betreffenden Mitgliedstaat für die Umsetzung dieser Richtlinie gesetzten Frist.[25]

IV. Freie Entfaltung der Persönlichkeit

Die Betriebsparteien haben dafür Sorge zu tragen, dass das Persönlichkeitsrecht der im Betrieb beschäftigten AN sowohl bei der täglichen Arbeit als auch bei der Ausübung der Rechte nach dem BetrVG gewahrt wird.[26] Hierunter fallen auch „Mobbing-Fälle".[27] Das Übermaßverbot schränkt insoweit die Beteiligungsrechte des BR ein.

Zulässig ist die Erfassung der Daten dienstlich veranlasster Gespräche[28] und die Pflicht zur Angabe des Vornamens in Geschäftsbriefen.[29] Zulässig ist eine betriebliche Kleiderordnung dann, wenn betriebliche Verhältnisse dies erfordern.[30] Grundlegend ist die Frage der Videoüberwachung durch das BAG dahingehend beantwortet, dass AG und BR grundsätzlich befugt sind, eine Videoüberwachung im Betrieb einzuführen. Die Zulässigkeit des damit verbundenen Eingriffs in die Persönlichkeitsrechte der AN richtet sich nach dem Grundsatz der Verhältnismäßigkeit. Dieser verlangt, dass die getroffene Regelung geeignet, erforderlich und unter Berücksichtigung der gewährleisteten Freiheitsrechte angemessen ist, um den erstrebten Zweck zu erreichen. Es bedarf daher im Einzelfall einer exakten und ausführlichen Dokumentation von Anlass und Anzahl der beobachteten Personen, der Dauer der Überwachung sowie der Frage, ob die Betroffenen einen zurechenbaren Anlass für ihre Beobachtung gesetzt haben.[31]

Unzulässig ist das heimliche Abhören dienstlicher und privater Telefongespräche.[32] Ein graphologisches Gutachten ohne Einwilligung des AN verstößt gegen dessen Persönlichkeitsrecht.[33] Die Installation von Videokameras oder anderer technischer Kontrolleinrichtungen verstößt gegen das Persönlichkeitsrecht, soweit nicht zuvor eine Regelung nach § 87 Abs. 1 Nr. 6 herbeigeführt worden ist (vgl. § 87 Rn 91 ff.). In seiner Entscheidung vom 27.3.2003 hatte das BAG die Videoüberwachung jedoch in den Fällen für zulässig erklärt, in denen der AG alle anderen Möglichkeiten zuvor erfolglos ausgeschöpft hatte, um im konkreten Fall die Kassendifferenzen aufzuklären.[34] Eine BV, die alle AN zur gleichmäßigen Tragung der Kosten einer Kantine verpflichtet, verstößt gegen das Persönlichkeitsrecht soweit auch AN davon betroffen sind, die Kantine gar nicht in Anspruch nehmen möchten.[35] Unzulässig ist die Weitergabe des Inhalts der Personalakte an Dritte ohne die vorhergehende Einwilligung des AN.[36] Bei der Kollision der Persönlichkeitsrechte der AN, z.B. bei der Anordnung eines Rauchverbots am Arbeitsplatz, haben die Interessen und die Persönlichkeitsrechte der Raucher hinter den Interessen der anderen AN an ihrer Gesundheit zurückzutreten.[37] Unzulässig ist jedoch ein generelles Rauchverbot auch im Freien mit dem Ziel, auch die rauchenden AN vor gesundheitsschädlichen Beeinträchtigungen zu schützen.[38] Aus der Förderpflicht der Betriebsparteien folgt kein gesondertes Mitwirkungs- und Mitbestimmungsrecht des BR. Die Förderpflicht dient vielmehr der Auslegung gesetzlicher Ge- und Verbote, die die freie Entfaltung der Persönlichkeit des AN tangieren.[39]

C. Verbindung zu anderen Rechtsgebieten und zum Prozessrecht

Ein Verstoß von BV gegen § 75 führt zu deren Nichtigkeit.[40] Anordnungen der Betriebsparteien sind dann unwirksam. Die AN sind berechtigt zur Leistungsverweigerung.[41] Ferner stellt § 75 ein Schutzgesetz i.S.d. § 823 Abs. 2 BGB dar. Eine schuldhafte Verletzung führt mithin zu deliktischen Schadenersatzansprüchen.[42] Streitigkeiten zwischen AG und BR über die Verletzung des § 75 können im arbeitsgerichtlichen Beschlussverfahren (Feststellungs-/

---

25 EuGH Große Kammer 23.9.2008 – C-427/06 – NJW 2008, 3417.
26 Richardi/*Annuß*, § 75 Rn 33; *Fitting u.a.*, § 75 Rn 78; BAG 11.7.2000 – 1 AZR 551/99 – § 87 BetrVG 1972 Sozialeinrichtung Nr. 16 = NZA 2001, 462; GK-BetrVG/*Kreutz*, § 75 Rn 95.
27 BAG 16.5.2007 – 8 AZR 709/06 – NZA 2007, 1154.
28 BAG 27.5.1986 – 1 ABR 48/84 – AP § 87 BetrVG 1972 Nr. 15.
29 BAG 8.6.1999 – 1 ABR 67/98 – AP § 87 BetrVG Nr. 31.
30 BAG 8.8.1989 – 1 ABR 65/88 – AP § 87 BetrVG 1972 Nr. 15; *Fitting u.a.*, § 75 Rn 31 ff. mit einer Aufzählung von Einzelfällen.
31 Ausführlich BAG – 26.8.2008 – 1 ABR 21/07 – DB 2008, 2144; NZA 2008, 1187 – Anknüpfung an und Bestätigung von BAG 29.6.2004 – NZA 2004, 1278 = NJW 2005, 313 = AP BetrVG 1972 § 87 Überwachung Nr. 41 = EzA BGB 2002 § 611 Persönlichkeitsrecht Nr. 2; BAG 14.12.2004 – NZA 2005, 839; Anknüpfung an und Fortführung von BAG 8.6.2004 – NZA 2005, 227; Bestätigung von BAG 22.3.2005 – NZA 2006, 383 = AP TVG § 4 Geltungsbereich Nr. 26 = EzA BetrVG 2001 § 77 Nr. 10.
32 BVerfG 19.12.1991 – 1 BvR 382/85 – AP § 611 BGB Persönlichkeitsrecht Nr. 24; BAG 1.3.1973 – 5 AZR 453/72 – AP § 611 BGB Persönlichkeitsrecht Nr. 1.
33 GK-BetrVG/*Kreutz*, § 75 Rn 101.
34 BAG 27.3.2003 – 2 AZR 51/02 – juris; ausführlich nun BAG – 26.8.2008 – 1 ABR 21/07 – DB 2008, 2144; NZA 2008, 1187
35 BAG 11.7.2000 – 1 AZR 551/99 – AP § 87 BetrVG 1972 Nr. 16 = DB 2000, 1522.
36 BAG 18.12.1984 – 3 AZR 389/83 – AP § 611 BGB Persönlichkeitsrecht Nr. 8.
37 BAG 19.1.1999 – 1 AZR 499/98 – AP § 87 BetrVG 1972 Ordnung des Betriebes Nr. 28.
38 BAG 19.1.1999 – 1 AZR 499/98 – AP § 87 BetrVG 1972 Ordnung des Betriebes Nr. 28.
39 Richardi/*Annuß*, § 75 Rn 35; GK-BetrVG/*Kreutz*, § 75 Rn 121.
40 ErfK/*Kania*, § 75 BetrVG Rn 12; GK-BetrVG/*Kreutz*, § 75 Rn 139.
41 *Fitting u.a.*, § 75 Rn 98; ErfK/*Eisemann*, § 75 BetrVG Rn 12.
42 BAG 5.4.1984 – 2 AZR 513/82 – AP § 17 BBiG Nr. 2.

Unterlassungsantrag) geltend gemacht werden.[43] Die Erwirkung einer einstweiligen Verfügung kann im Einzelfall aufgrund der Eilbedürftigkeit möglich sein.[44] Grobe, hartnäckige Verstöße gegen § 75 rechtfertigen ein Verfahren nach § 23 Abs. 3. Aufseiten des BR kann der mehrfache Verstoß einen Grund für den Antrag auf Auflösung des BR bzw. einen Ausschlussgrund gegenüber einem einzelnen Mitglied des BR darstellen.[45]

§ 76 Einigungsstelle

(1) ¹Zur Beilegung von Meinungsverschiedenheiten zwischen Arbeitgeber und Betriebsrat, Gesamtbetriebsrat oder Konzernbetriebsrat ist bei Bedarf eine Einigungsstelle zu bilden. ²Durch Betriebsvereinbarung kann eine ständige Einigungsstelle errichtet werden.

(2) ¹Die Einigungsstelle besteht aus einer gleichen Anzahl von Beisitzern, die vom Arbeitgeber und Betriebsrat bestellt werden, und einem unparteiischen Vorsitzenden, auf dessen Person sich beide Seiten einigen müssen. ²Kommt eine Einigung über die Person des Vorsitzenden nicht zustande, so bestellt ihn das Arbeitsgericht. ³Dieses entscheidet auch, wenn kein Einverständnis über die Zahl der Beisitzer erzielt wird.

(3) ¹Die Einigungsstelle hat unverzüglich tätig zu werden. ²Sie fasst ihre Beschlüsse nach mündlicher Beratung mit Stimmenmehrheit. ³Bei der Beschlussfassung hat sich der Vorsitzende zunächst der Stimme zu enthalten; kommt eine Stimmenmehrheit nicht zustande, so nimmt der Vorsitzende nach weiterer Beratung an der erneuten Beschlussfassung teil. ⁴Die Beschlüsse der Einigungsstelle sind schriftlich niederzulegen, vom Vorsitzenden zu unterschreiben und Arbeitgeber und Betriebsrat zuzuleiten.

(4) Durch Betriebsvereinbarung können weitere Einzelheiten des Verfahrens vor der Einigungsstelle geregelt werden.

(5) ¹In den Fällen, in denen der Spruch der Einigungsstelle die Einigung zwischen Arbeitgeber und Betriebsrat ersetzt, wird die Einigungsstelle auf Antrag einer Seite tätig. ²Benennt eine Seite keine Mitglieder oder bleiben die von einer Seite genannten Mitglieder trotz rechtzeitiger Einladung der Sitzung fern, so entscheiden der Vorsitzende und die erschienenen Mitglieder nach Maßgabe des Absatzes 3 allein. ³Die Einigungsstelle fasst ihre Beschlüsse unter angemessener Berücksichtigung der Belange des Betriebs und der betroffenen Arbeitnehmer nach billigem Ermessen. ⁴Die Überschreitung der Grenzen des Ermessens kann durch den Arbeitgeber oder den Betriebsrat nur binnen einer Frist von zwei Wochen, vom Tage der Zuleitung des Beschlusses an gerechnet, beim Arbeitsgericht geltend gemacht werden.

(6) ¹Im Übrigen wird die Einigungsstelle nur tätig, wenn beide Seiten es beantragen oder mit ihrem Tätigwerden einverstanden sind. ²In diesen Fällen ersetzt ihr Spruch die Einigung zwischen Arbeitgeber und Betriebsrat nur, wenn beide Seiten sich dem Spruch im Voraus unterworfen oder ihn nachträglich angenommen haben.

(7) Soweit nach anderen Vorschriften der Rechtsweg gegeben ist, wird er durch den Spruch der Einigungsstelle nicht ausgeschlossen.

(8) Durch Tarifvertrag kann bestimmt werden, dass an die Stelle der in Absatz 1 bezeichneten Einigungsstelle eine tarifliche Schlichtungsstelle tritt.

Literatur: *Bauer*, Einigungsstellen – ein ständiges Ärgernis!, NZA 1992, 433; *ders.*, Schnellere Einigungsstelle – Gesetzesreform nötig, ZIP 1996, 117; *Bauer/Diller*, Der Befangenheitsantrag gegen den Einigungsstellenvorsitzenden, DB 1996, 137; *Behrens*, Konkretisierung des Gegenstandes der Einigungsstelle, NZA Beil. 2/1991, 23; *Bengelsdorf*, Rechtliche Möglichkeiten zur Beschleunigung des erzwingbaren Einigungsstellenverfahrens, BB 1991, 613; *Bertelsmann*, Geltendmachung der Besorgnis der Befangenheit bei Einigungsstellen, NZA 1996, 234; *Caspers*, Ablehnung eines Einigungsstellenvorsitzenden wegen Befangenheit, BB 2002, 578; *Feudner*, Die betriebliche Einigungsstelle – ein unkalkulierbares Risiko, DB 1997, 826; *Fiebig*, Grundprobleme der Arbeit betrieblicher Einigungsstellen, DB 1995, 1278; *Fischer*, Der Spruch der Einigungsstelle – Folgen einer Teilunwirksamkeit, NZA 1997, 1017; *ders.*, Einigungsstellenvorsitz – Quasirichterliche oder Mediationstätigkeit sui generis?, DB 2000, 217; *Francken*, streitiger Einigungsstellenvorsitz als richterliche Dienstaufgabe, NZA 2008, 750; *Hanau/Reitze*, Die Wirksamkeit von Sprüchen der Einigungsstelle, in: FS für Kraft, 1998, S. 167; *Heinze*, Verfahren und Entscheidung der Einigungsstelle, RdA 1990, 262; *ders.*, Regelungsabrede, Betriebsvereinbarung und Spruch der Einigungsstelle, NZA 1994, 580; *Henssler*, Die Entscheidungskompetenz der betriebsverfassungsrechtlichen Einigungsstelle in Rechtsfragen, RdA 1991, 268; *Hunold*, Die Sorgfaltspflichten des Einigungsstellenvorsitzenden, insbesondere im Verfahren über einen Sozialplan, NZA 1999, 785; *Leinemann*, Schlichten oder Richten – Kann ein Vorsitzender einer betriebsverfassungsrechtlichen Einigungsstelle wegen der Besorgnis der Befangenheit abgelehnt werden?, in: FS für Schwerdtner, 2003, S. 323; *Mues*, Neue Geschwindigkeit für die Einigungsstelle – die Unverzüglichkeit des Tätigwerdens, ArbRB 2002, 371; *Neumann*, Einigungsstelle und Schlichtung, RdA 1997, 142; *Reichel*, Betriebliche Einigungsstelle,

---

[43] LAG Köln 19.12.1988 – 10 Ta BV 69/87 – AiB 1989, 163 f.
[44] ArbG Regensburg 28.7.1989 – 3 BV Ga 1/89L – AiB 1989, 354.
[45] BAG 4.5.1955 – 1 ABR 4/53 – AP § 44 BetrVG 1952 Nr. 1; Fitting u.a., § 75 Rn 100.

AuA 2004, 8; *ders.*, Das Einigungsstellenverfahren nach § 76, 76a BetrVG und gerichtlicher Rechtsschutz, BuW 2004, 204; *Reichold*, Mitbestimmung bei Prämienlohn – Grenzen der mitbestimmungsrechtlichen „Umdeutung" durch die Einigungsstelle, RdA 2002, 242; *Rieble*, Die Kontrolle der Einigungsstelle in Rechtsstreitigkeiten, BB 1991, 471; *ders.*, Die tarifliche Schlichtungsstelle nach § 76 Abs. 8 BetrVG, RdA 1993, 140; *Rupp*, Ablauf des Einigungsstellenverfahrens, AiB 2002, 335; *Schaub*, Die Bestellung und Abberufung der Vorsitzenden von Einigungsstellen, NZA 2000, 1087; *Schönfeld*, Die Person des Einigungsstellenvorsitzenden, DB 1988, 1996; *Schmidt/Spiegelhalter*, Der Spruch der Einigungsstelle – Folgen einer Teilunwirksamkeit, NZA 1997, 1017; *Sowka*, Die Tätigkeit von Rechtsanwälten als Parteivertreter vor der Einigungsstelle, NZA 1990, 91; *Tschöpe*, Die Bestellung der Einigungsstelle – Rechtliche und taktische Fragen, NZA 2004, 945; *Weber/Burmester*, Die Ermessensentscheidung der Einigungsstelle bei Sozialplänen und ihre arbeitsgerichtliche Überprüfung, BB 1995, 2268; *Worzalla*, Beschleunigung des Einigungsstellenverfahrens, FA 2001, 365; *Ziege*, Der Rechtsanwalt im Einigungsstellenverfahren gemäß § 76 BetrVG, NZA 1990, 926

A. Allgemeines	1	6. Betriebsverfassungsrechtliche Regelungsmöglichkeit	36
B. Regelungsgehalt	3	VI. Besonderheiten bei erzwingbarer Mitbestimmung	37
I. Bildung der Einigungsstelle	3	VII. Freiwillige Einigungsstellenverfahren	40
II. Besondere Formen der Einigungsstelle	5	VIII. Rechtswirkungen des Beschlusses der Einigungsstelle	42
III. Zusammensetzung	9	IX. Gerichtliche Überprüfbarkeit	44
1. Vorsitzender	10	1. Zuständigkeit	45
2. Beisitzer	15	2. Überprüfungsmöglichkeiten	46
IV. Bestellung durch das Arbeitsgericht	19	3. Antragsberechtigung im Beschlussverfahren	47
1. Bestimmung des Vorsitzenden	19	4. Rechtskontrolle	48
2. Bestimmung der Anzahl der Beisitzer	21	5. Ermessensentscheidung	50
3. Entscheidung von Vorfragen	22	6. Verfahrensfragen bei Entscheidungsüberprüfung	52
4. Weitere Rechtsschutzmöglichkeiten	23	X. Weitere Rechtswegmöglichkeiten	55
V. Verfahren	25	C. Verbindung zu anderen Rechtsgebieten und zum Prozessrecht	56
1. Pflicht zur unverzüglichen Tätigkeit	26	D. Beraterhinweise	57
2. Verfahrensgrundsätze	27		
3. Beschlussfähigkeit	33		
4. Besondere Formen der Entscheidung	34		
5. Form des Beschlusses	35		

A. Allgemeines

Abs. 1 S. 1 statuiert als **Aufgabe der Einigungsstelle**, Meinungsverschiedenheiten beizulegen. Hiermit ist jedoch nicht nur das Verhältnis zwischen dem AG und dem BR gemeint. Vielmehr sind auch der GBR und der KBR in Abs. 1 S. 1 ausdrücklich genannt. Die Einigungsstelle stellt ein **Organ der Betriebsverfassung** dar und wird entweder einvernehmlich von den Beteiligten oder durch das ArbG bestellt. Die Einigungsstelle ist eine privatrechtliche innerbetriebliche Schlichtungs- und Entscheidungsstelle, die ersatzweise die Funktion der Betriebspartner wahrnimmt.[1] Im Hinblick auf das Gebot der vertrauensvollen Zusammenarbeit gem. § 2 Abs. 1 stellt sie ein vorrangiges Institut zur Beilegung von Rechtsstreitigkeiten betrieblicher Art dar.[2] Gegen die in § 76 getroffene Regelung bestehen **keine verfassungsrechtlichen Bedenken**. Art. 9 Abs. 3 GG ist nicht betroffen, da keine Streitigkeit zwischen den TV-Parteien vorliegt. Dadurch, dass die gesetzgeberische Konzeption die Berücksichtigung verfassungsrechtlicher Vorgaben ermöglicht, insb. die Einigungsstelle ihre Entsch. unter angemessener Berücksichtigung der Belange des Betriebs und der AN nach billigem Ermessen gem. Abs. 5 S. 3 trifft, sind durch die Gesetzeskonzeption keine Verstöße gegen den Grundsatz der Verhältnismäßigkeit oder gegen das Rechtsstaatsprinzip anzunehmen.[3] Durch die Betriebsverfassungsreform des Jahres 2001 ist § 76 nicht geändert worden. Erst im Nachgang durch Art. 8 Job-AQTIV-Gesetz vom 10.12.2001 ist bei Abs. 3 ein neuer S. 1 eingefügt worden. Danach hat die Einigungsstelle unverzüglich tätig zu werden.

Bei der **rechtlichen Bewertung eines Einigungsstellenverfahrens** ist zwischen Maßnahmen, die der erzwingbaren Mitbestimmung unterliegen, und solchen freiwilliger Mitbestimmung zu unterscheiden. In Verfahren der erzwingbaren Mitbestimmung, in denen der Spruch der Einigungsstelle die Einigung zwischen AG und BR ersetzt, greift Abs. 5. Für ein freiwilliges Einigungsstellenverfahren legt Abs. 6 die Voraussetzungen und Rahmenbedingungen fest.

B. Regelungsgehalt

I. Bildung der Einigungsstelle

Nach Abs. 1 S. 1 ist zur **Beilegung von Meinungsverschiedenheiten** zwischen AG und BR, GBR sowie dem KBR bei Bedarf eine Einigungsstelle zu bilden. Eine Einigungsstelle unter Beteiligung des GBR setzt zunächst voraus, dass ein solcher errichtet ist. Hierbei ist auf die §§ 47 ff. zu verweisen. Eine Einigungsstelle unter Beteiligung des

---

1 BAG 22.1.1980 – 1 ABR 28/78 – AP § 111 BetrVG 1972 Nr. 7; *Fitting u.a.*, § 76 Rn 3.
2 Vgl. LAG München 4.4.2007 – 8 TaBV 13/07 – juris.
3 BVerfG 18.10.1986 – 1 BvR 1426/83 – AP § 87 BetrVG 1972 Auszahlung Nr. 7.

KBR setzt voraus, dass dieser gem. § 54 ff. gebildet ist. Voraussetzung ist jeweils, dass für die zu regelnde Materie die Zuständigkeit des GBR oder des KBR besteht (siehe § 50 Rn 3 ff.; § 58 Rn 2 ff.). Besteht keine Zuständigkeit des GBR oder KBR oder sind diese Organe nicht gebildet und besteht ein BR, so ist bei Meinungsverschiedenheiten zwischen dem AG und dem BR die Einigungsstelle zwischen dem AG und dem BR zu bilden. Entsprechende Zuständigkeiten bestehen für betriebsverfassungsrechtliche Organe gem. § 3 Abs. 1 Nr. 1, Nr. 2, sog. Sparten-BR, und Nr. 3. Arbeitsgemeinschaften nach § 3 Nr. 4 und zusätzliche betriebsverfassungsrechtliche Vertretungen der AN nach § 3 Nr. 5 können jedoch nicht unter den Begriff des BR des Abs. 1 S. 1 gefasst werden. In diesen Fällen kann daher auch keine Einigungsstelle nach § 76 gebildet werden. Gleichwohl besteht die Möglichkeit, dass sich die beteiligten Organisationseinheiten auf ein entsprechendes freiwilliges Verfahren einigen.

4 Nicht unter den Begriff des BR sind die JAV, die Gesamt-JAV und die Konzern-JAV zu fassen. Ebenso gilt Abs. 1 S. 1 nicht für Arbeitsgruppen nach § 28a. Nach § 28a Abs. 2 S. 3 wird in dem Fall einer fehlenden Einigung erneut die Zuständigkeit des BR begründet, so dass eine Beteiligung einer Arbeitsgruppe bei einer Einigungsstelle nicht unmittelbar erfolgen kann.

II. Besondere Formen der Einigungsstelle

5 Nach der gesetzgeberischen Grundkonzeption besteht – anders als in einigen Personalvertretungsgesetzen –[4] als gesetzgeberischer Normalfall keine dauerhaft gebildete Einigungsstelle. Vielmehr stellt Abs. 1 S. 1 klar, dass eine Einigungsstelle regelmäßig nur bei Bedarf zu bilden ist. Durch Abs. 1 S. 2 wird jedoch ausdrücklich die Möglichkeit betont, eine ständige Einigungsstelle durch BV zu errichten. Eine Einigungsstelle als Dauereinrichtung dürfte hierbei nur für größere Betriebe in Betracht kommen. Hierbei darf eine nach Abs. 1 S. 2 gebildete Einigungsstelle nicht mit einer nach § 3 gebildeten Organisationseinheit verwechselt werden. Ebenso ist keine Einigungsstelle gegeben, wenn durch eine BV eine betriebliche Schiedsstelle errichtet wird, die abweichend von Abs. 2 S. 1 zusammengesetzt ist.[5]

6 Durch Abs. 8 wird darüber hinaus TV-Parteien das Recht eingeräumt, durch einen TV an die Stelle der in Abs. 1 bezeichneten Einigungsstelle eine **tarifliche Schlichtungsstelle** treten zu lassen. Dies setzt lediglich voraus, dass der AG tarifgebunden ist. Auf die Tarifbindung eines AN kommt es nicht an, da hierdurch allein kollektivrechtliche Fragen betroffen sind und vom Gesetzeszweck her eine Begrenzung der Zuständigkeit des Einigungsstelle auf Gewerkschaftsmitglieder nicht der gesetzgeberischen Konzeption entsprechen kann.[6] Da nach Abs. 8 durch TV bestimmte tarifliche Schlichtungsstellen lediglich an die Stelle der in Abs. 1 bezeichneten Einigungsstellen treten, gelten für solche Schlichtungsstellen die Vorgaben der Abs. 2 bis 7. Diese Verfahrensvorgaben sind nicht disponibel.[7] Da durch Abs. 1 S. 2 den Betriebsparteien die Bildung einer ständigen Einigungsstelle ermöglicht wird, können auch im Rahmen der tarifvertraglichen Vereinbarungen nach Abs. 8 den Betriebsparteien wiederum entsprechende Möglichkeiten eingeräumt werden. Insb. ist es zulässig, einen Instanzenzug einzurichten.[8] Ist durch TV eine tarifliche Schlichtungsstelle bestimmt worden, kann nicht mehr gleichzeitig eine Einigungsstelle nach Abs. 1 S. 1 gebildet werden. Dies wird unmittelbar aus der vom Gesetzgeber gewählten Formulierung, nach der eine tarifliche Schlichtungsstelle „an die Stelle der in Abs. 1 bezeichneten Einigungsstelle tritt", deutlich. Der die Grundlage der tariflichen Schlichtungsstelle bildende TV wird regelmäßig auch eine Aussage zur Zusammensetzung und Bildung der Schlichtungsstelle enthalten. Sollte dies nicht der Fall sein, kommt Abs. 2 zur Anwendung.

7 Wie durch Abs. 1 S. 2 klargestellt wird, kann auch durch eine BV eine ständige Einigungsstelle errichtet werden. Da nur von einer BV im Gesetzestext die Rede ist und nicht von einer GBV oder KBV, kann auch nur eine ständige Einigungsstelle für Angelegenheiten, die einen BR und den AG betreffen, gebildet werden. Eine ständige Einigungsstelle im Verhältnis zwischen AG und GBR oder AG und KBR ist dagegen unzulässig.

8 Die nach Abs. 1 S. 2 durch BV gebildete ständige Einigungsstelle verdrängt nicht die Einigungsstelle nach Abs. 1 S. 1. Dies wird schon durch die systematische Zusammenschau mit der in Abs. 8 getroffenen Regelung klar, denn dort wird ausdrücklich geregelt, dass die durch TV gebildete tarifliche Schlichtungsstelle an die Stelle der in Abs. 1 bezeichneten Einigungsstelle tritt. Da eine solche Formulierung für Abs. 1 S. 2 nicht gewählt ist, besteht auch die Möglichkeit, dass durch BV gebildete Einigungsstellen von vornherein nur für Teilbereiche eine Zuständigkeit besitzen sollen. Bei einer ständigen Einigungsstelle besteht nicht die Verpflichtung der Betriebsparteien, sich auf die Personen der Beisitzer für alle Fälle verbindlich zu einigen. Vielmehr können sowohl die Person des Vorsitzenden als auch die Beisitzer abhängig von der zu regelnden Materie ausgewählt werden.

III. Zusammensetzung

9 Aus Abs. 2 S. 1 ergibt sich, dass eine Einigungsstelle aus einer **gleichen Anzahl von Beisitzern** und einem **unparteiischen Vorsitzenden** besteht. Die Beisitzer werden vom AG und dem BR bestellt. Nach Abs. 2 S. 1 sollen AG und

---

4 Z.B. § 67 LPVG NW; § 71 LPVG BW; § 81 LPVG Berlin; § 71 HPVG; Art. 71 BayPVG.
5 BAG 19.5.1978 – 6 ABR 25/75 – BAGE 30, 298, 307 = DB 1978, 2225.
6 GK-BetrVG/*Kreutz*, § 76 Rn 185; a.A. *Rieble*, RdA 1993, 140, 143.
7 GK-BetrVG/*Kreutz*, § 76 Rn 182; *Fitting u.a.*, § 76 Rn 116.
8 Richardi/*Richardi*, § 76 Rn 150.

BR sich auf einen unparteiischen Vorsitzenden einigen. Die Einigungsstelle hat daher stets eine ungerade Zahl von Mitgliedern, so dass es bei einer Abstimmung – die in der Praxis recht selten vorkommt – regelmäßig zu einer Mehrheit kommt. Lediglich im Falle, in dem sich einzelne Beisitzer oder der Vorsitzende enthalten, kann es zu einer Pattsituation kommen.

1. Vorsitzender. Nach der gesetzlichen Grundkonzeption sollen sich die Parteien auf die Person des **Vorsitzenden** einigen. Den Parteien steht es frei, den Einigungsstellenvorsitzenden im Laufe des Verfahrens durch einen anderen einvernehmlich zu ersetzen.[9]

Von Abs. 2 S. 1 wird im Hinblick auf den Vorsitzenden lediglich gefordert, dass dieser unparteiisch ist. Weitere Qualifikationsmerkmale sind dem Gesetzestext unmittelbar nicht zu entnehmen. Da der AG und der BR sich auf die Person des Vorsitzenden verständigen sollen, ist grds. davon auszugehen, dass als Vorsitzender der Einigungsstelle niemand benannt werden wird, der offensichtlich parteiisch ist. Erfolgt daher die Bestellung einvernehmlich, ist von einer Unparteilichkeit regelmäßig auszugehen. Etwas anderes kann jedoch dann gelten, wenn sich später herausstellt, dass der Vorsitzende Leistungen im Wesentlichen Umfang von einem der Betriebsparteien entgegengenommen hat. Der Vorsitzende kann dann bei Vorliegen von Anhaltspunkten für seine Parteilichkeit wegen Besorgnis der Befangenheit abgelehnt werden.[10] Ein **Befangenheitsantrag** gegen den Vorsitzenden der betrieblichen Einigungsstelle können nur die Betriebsparteien selbst und nicht in ihrer Vertretung die in die Einigungsstelle entsandten Beisitzer stellen.[11] Der Einigungsstellenvorsitzende nimmt an der Abstimmung über den gegen ihn gerichteten Befangenheitsantrag nicht teil.[12] Findet diese Teilnahme statt, ist sie als rechtsstaatswidrige richterliche Tätigkeit in eigener Sache zu qualifizieren und lässt den Vorwurf der Befangenheit als begründet erscheinen.[13] Im Zusammenhang mit der Ablehnung des Einigungsstellenvorsitzenden finden die Vorschriften über die Ablehnung eines Schiedsrichters nach §§ 1036 ff. ZPO entsprechend Anwendung, soweit dem nicht zwingende Grundsätze des Einigungsstellenverfahrens nach § 76 entgegenstehen.[14] Das Ablehnungsrecht verliert, wer sich auf die Verhandlung der Einigungsstelle rügelos einlässt, obwohl ihm die Ablehnungsgründe bekannt sind.[15]

Grds. werden als Vorsitzende der Einigungsstelle betriebsfremde Parteien gewählt. Einigen sich jedoch die Betriebsparteien auf eine Person, die dem Betrieb angehört, ist in diesem Fall auch von einer unparteiischen Position des Vorsitzenden auszugehen. Zwar ist ein solcher Vorsitzender der Einigungsstelle in seiner Funktion als AN regelmäßig potenziellen Drucksituationen des AG ausgesetzt, ohne die besondere Schutzposition des § 15 KSchG zu genießen. Gleichwohl ist in der Praxis von einer sicheren Stellung auszugehen, da ansonsten die AN-Vertretung wohl nicht damit einverstanden gewesen wäre, dass diese Person zum Vorsitzenden der Einigungsstelle bestimmt wird. AG- und AN-Vertreter müssen die Bestellung eines Einigungsstellenvorsitzenden nicht persönlich vornehmen. Häufig wird gerade vonseiten der die Betriebsparteien vertretenden Anwälte um die Bestimmung des Einigungsstellenvorsitzenden gekämpft, da hierdurch häufig schon der Ausgang des Verfahrens wesentlich beeinflusst werden kann. So kommt dem Vorsitzenden sowohl im Hinblick auf seine schlichtende als auch den Streit entscheidende Funktion eine Schlüsselrolle zu.[16] Neben seiner Unvoreingenommenheit kommt es daher bei der Bestimmung des Einigungsstellenvorsitzenden auch auf seine Rechts- und Fachkenntnisse an. Für AG ist es darüber hinaus regelmäßig von hoher Bedeutung, dass der Einigungsstellenvorsitzende über ausreichendes wirtschaftliches Verständnis verfügt.[17] Nicht zuletzt ist seine Persönlichkeitsstruktur im Hinblick auf polarisierende Eigenschaften, Verhandlungsgeschick und der Begabung für kreative Lösungen von nicht zu unterschätzender praktischer Bedeutung.

Häufig – einige Schätzungen beziffern die Zahl mit 90 % –[18] werden **Richter als Vorsitzende der Einigungsstelle** vorgeschlagen. Hiergegen bestehen grds. keine Bedenken.[19] Schließlich stehen sie schon kraft ihres Amtes für eine gewisse unparteiische Haltung.[20] An einer fehlenden unparteiischen Haltung eines Einigungsstellenvorsitzenden scheitert es jedoch bei Richtern, bei denen aufgrund der gerichtlichen Geschäftsverteilung nicht ausgeschlossen werden kann, dass sie mit der Auslegung, Überprüfung oder Anwendung des Spruchs der Einigungsstelle befasst werden. Diese Vorgabe enthält auch § 98 Abs. 1 S. 5 ArbGG. Auch in dem Fall, in dem eine Versetzung zu einem anderen Gericht zu erwarten steht, ist die Unparteilichkeit des betreffenden Richters nicht anzunehmen, wenn der Richter in der neuen Funktion mit der Überprüfung, der Auslegung oder der Anwendung des Spruchs der Einigungsstelle befasst werden könnte. Eine **Verpflichtung zur Übernahme** des Amtes eines Einigungsstellenvorsitzenden besteht in

---

9 *Bertelsmann*, NZA 1996, 234, 235; *Schaub*, NZA 2000, 1087.
10 BAG 11.9.2001 – 1 ABR 5/01 – BB 2002, 576.
11 BAG 29.1.2002 – 1 ABR 18/01 – DB 2002, 1948.
12 BAG 11.9.2001 – 1 ABR 5/01 – BB 2002, 576.
13 LAG Düsseldorf 2.11.2000 – 13 TaBV 23/00 – AuR 2001, 157.
14 BAG 29.1.2002 – 1 ABR 18/01 – DB 2002, 1948; BAG 11.9.2001 – 1 ABR 5/01 – NZA 2002, 572; zur Wertfestsetzung: LAG Düsseldorf 5.3.2001 – 7 Ta 61/01 – juris (LS).
15 BAG 9.5.1995 – 1 ABR 56/94 – NZA 1996, 156.
16 Vgl. *Fischer*, DB 2000, 217.
17 Eingehend: *Fischer*, DB 2000, 217, 219.
18 *Fischer*, DB 2000, 217, 218.
19 LAG Köln 21.8.1984 – 3 TaBV 27/84 – DB 1985, 135; LAG Hamburg 7.3.1985 – 1 TaBV 1/84 – DB 1985, 1798 = LAGE § 98 ArbGG 1979 Nr. 6.
20 *Fischer*, DB 2000, 217, 218.

keinem Falle. Sie kann von dem Betreffenden ohne Angabe von Gründen abgelehnt werden.[21] Ebenso hat ein Einigungsstellenvorsitzender jederzeit das Recht, sein Mandat nieder zu legen, selbst wenn er vom Gericht bestellt worden ist.[22] Mit der Annahme der Bestellung zum Vorsitzenden der Einigungsstelle kommt zwischen dem Vorsitzenden und dem AG kraft Gesetzes ein betriebsverfassungsrechtliches Schuldverhältnis zustande.[23] Dies hat aufgrund der Entgeltlichkeit den Charakter eines entgeltlichen Geschäftsbesorgungsvertrages, soweit kein Betriebsangehöriger als Vorsitzender der Einigungsstelle benannt ist. Zwischen dem Organ der AN-Vertreter und dem Vorsitzenden der Einigungsstelle wie auch zu dem von ihm bestellten Mitglied der Einigungsstelle besteht kein Vertragsverhältnis.[24]

14 Das Amt des Vorsitzenden der Einigungsstelle ist ein höchstpersönliches. Eine Stellvertretung ist daher ausgeschlossen. Die Betriebsparteien können sich jedoch mit der **Stellvertretung** ausdrücklich einverstanden erklären. Der Stellvertreter nimmt dann die Funktion des Vorsitzenden wahr. Aufgrund der Entgeltlichkeit des Geschäftsbesorgungsvertrags, der sich nach den §§ 675, 611 BGB richtet,[25] **haftet der Vorsitzende einer Einigungsstelle** für eine Verletzung der Geheimhaltungspflicht oder bei einem fehlerhaften Spruch der Einigungsstelle für daraus entstehende Schäden. Die Haftung richtet sich hierbei nach den allgemeinen Regeln, die sich für entgeltliche Geschäftsbesorgungsverträge herausgebildet haben. Eine Begrenzung auf Vorsatz und grobe Fahrlässigkeit erscheint auch im Hinblick auf die allgemein vom AG zu zahlenden erheblichen Geldbeträge für die Leistungen des Vorsitzenden nicht angezeigt.

15 **2. Beisitzer.** Die Beisitzer werden je zur Hälfte durch die AN-Vertretung und den AG bestellt. Die Bestellung durch den BR, den GBR oder den KBR erfolgt durch Beschl. Er hat den allgemeinen Wirksamkeitsvoraussetzungen zu entsprechen.[26] Im Gegensatz zum Vorsitzenden stellt das Gesetz keine besonderen Voraussetzungen für die Qualifikationen der Beisitzer auf. Sie besitzen nicht die Verpflichtung, unparteiisch zu sein, sondern können gerade im Sinne einer Partei tätig werden. Dem entsprechend bleibt ihre Auswahl der AG-Seite bzw. den AN-Vertretern überlassen. Es begegnen keinen Bedenken, Vertreter von AG-Verbänden oder Gewerkschaften als Beisitzer zu bestellen.[27] Die AN-Vertreter sind nicht verpflichtet, betriebsinterne Personen oder einen Gewerkschaftssekretär zu benennen, um Kosten gegenüber einer anwaltlichen Vertretung einzusparen. Selbstverständlich – und i.d.R. auch der Fall – ist es auch möglich, dass der AG eigene Organe und der BR, GBR oder KBR auch eines seiner Mitglieder als Beisitzer zur Einigungsstelle bestellt. Da Beisitzer nicht unparteiisch sein müssen, kann ein Beisitzer von der anderen Seite nicht abgelehnt werden.[28] Insb. läuft ein etwaiger Ablehnungsgrund wegen Befangenheit leer,[29] da Beisitzer durchaus parteiisch sein können und es regelmäßig auch sind.

16 Sowohl AG- als auch AN-Vertreter können die von ihnen bestellten Beisitzer **abberufen** und ersetzen. Wird jedoch ein Beisitzer lediglich abberufen, aber keine Ersatzbenennung vorgenommen, entscheidet die Einigungsstelle, ohne dass eine etwaige Berücksichtigung der Stimme des nicht benannten Beisitzers erfolgt. Insb. ist es nicht möglich, dass in diesem Fall die Stimme des fehlenden Beisitzers von einem anderen Beisitzer mit übernommen wird, oder er diesen vertritt.

17 Über die **Zahl der Beisitzer** lässt sich dem Gesetz kein Anhaltspunkt entnehmen. Abs. 2 S. 1 verlangt lediglich, dass die Einigungsstelle aus einer gleichen Anzahl von Beisitzern besteht. Im Regelfall ist die Besetzung mit zwei Beisitzern für jede Seite erforderlich, aber auch ausreichend.[30] So hat die Rechtsprechung für den Fall, dass es sich nicht um eine besonders schwierige Thematik handelt, eine Besetzung mit je zwei Beisitzern für ausreichend erachtet.[31] Stellt sich der Sachverhalt sowohl bei rechtlicher Bewertung als auch in tatsächlicher Hinsicht sehr einfach dar, kann auch die Besetzung mit jeweils nur einem Beisitzer sachgerecht sein. Ist dagegen der Sachverhalt im Hinblick auf die rechtlichen Implikationen sehr kompliziert und umfangreich, kann sich die Besetzung der Einigungsstelle mit mehr als zwei Beisitzern anbieten. Letztlich sind daher für die Anzahl der Beisitzer die Schwierigkeit des Streitgegenstandes, die zur Beilegung des Streits notwendigen Fachkenntnisse sowie die betriebspraktischen Erfahrungen maßgebend.[32] Letztlich ist aber auch zu berücksichtigen, dass bei einer Besetzung der Einigungsstelle mit mehr als je zwei Beisitzern auch unverhältnismäßige Kosten durch die Heranziehung mehrerer externer Beisitzer begründet werden können.[33]

---

21 ErfK/Hanau/*Kania*, § 76 BetrVG Rn 7.
22 *Bertelsmann*, NZA 1996, 234, 235; MünchArb/*Joost*, Bd. 3, § 320 Rn 99.
23 GK-BetrVG/*Kreutz*, § 76 Rn 86; *Hunold*, NZA 1999, 785, 786 spricht vom besonderen betriebsverfassungsrechtlichen Rechtsverhältnis.
24 BAG 15.12.1978 – 6 ABR 93/77 – AP § 76 BetrVG 1972 Nr. 6.
25 *Fitting u.a.*, § 76 Rn 31.
26 BAG 19.8.1992 – 7 ABR 58/91 – AP § 76a BetrVG 1972 Nr. 3 = NZA 1993, 710.
27 BAG 14.12.1988 – 7 ABR 73/87 – AP § 76 BetrVG 1972 Nr. 30.
28 BAG 14.12.1988 – 7 ABR 73/87 – AP § 76 BetrVG 1972 Nr. 30.
29 LAG Baden-Württemberg 4.9.2001 – 8 TaBV 2/01 – AuR 2002, 118.
30 LAG Düsseldorf 28.11.1980 – 16 TaBV 13/80 – DB 1981, 379; LAG Hamm 29.2.2008 – 13 TaBV 6/08 spricht hier von einer „Regelbesetzung" – juris; LAG Frankfurt 8.5.2007 – 4 TaBV 70/07 – juris.
31 LAG Hamm 29.2.2008 – 13 TaBV 6/08 – juris.
32 LAG Hamburg 13.1.1999 – 4 TaBV 9/98 – AiB 1999, 223.
33 LAG Frankfurt 8.5.2007 – 4 TaBV 70/07 – juris.

Die Bestellung von **stellvertretenden Beisitzern** ist möglich. Dies ergibt sich schon aus dem Umstand, dass jede 18
Partei Beisitzer wieder abberufen und durch andere Personen ersetzen kann. Dies muss dann auch in einem ordentlichen Verfahren der Benennung eines stellvertretenden Beisitzers möglich sein. Da stellvertretende Beisitzer bis zu ihrem Nachrücken nicht Teil der Einigungsstelle sind, können sie auch vor ihrem Nachrücken nicht bei Verhandlungen und Beratungen zugegen sein.[34]

IV. Bestellung durch das Arbeitsgericht

1. Bestimmung des Vorsitzenden. Nach Abs. 2 S. 1 geht die gesetzgeberische Konzeption von einer Einigung 19
der Betriebsparteien über den Vorsitzenden aus. Auch wenn das Gesetz davon spricht, dass der AG und der BR sich einigen müssen, wird in Abs. 2 S. 2 gleichwohl geregelt, dass im Fall, dass eine Einigung über die Person des Vorsitzenden nicht zustande kommt, das ArbG ihn bestellt. Voraussetzung hierfür ist zunächst ein Antrag einer der Betriebsparteien an das ArbG. Zuständig ist das ArbG am Sitz des Betriebes. Wird eine Einigungsstelle bei Meinungsverschiedenheiten zwischen dem AG und dem GBR oder KBR gebildet, so ist nach § 82 S. 2 ArbGG das ArbG zuständig, in dessen Bezirk das Unternehmen seinen Sitz hat. Die Entsch. über die Bestimmung des Vorsitzenden der Einigungsstelle trifft der Vorsitzende der zuständigen Kammer des ArbG alleine. Es bedarf hier keiner Entsch. der Kammer in voller Besetzung. Dieses regelt nun § 98 Abs. 1 S. 1 ArbGG ausdrücklich. Im Rahmen des Bestimmungsverfahrens nach Abs. 2 betragen die Einlassungs- und Ladungsfristen 48 Stunden. Dem beteiligten AG als auch den AN-Vertretern ist rechtliches Gehör zu gewähren. Anders als im einstweiligen Verfügungsverfahren kann daher keine Entsch. ohne Anhörung des Antragsgegners ergehen. Einer Beteiligung des vorgeschlagenen oder in Aussicht genommenen Vorsitzenden der Einigungsstelle bedarf es hingegen nicht.[35]

Es entspricht häufiger Übung, dass die Vorsitzenden der zur Entsch. berufenen Kammer weder die von der einen noch 20
von der anderen Seite vorgeschlagenen Personen zu Vorsitzenden der Einigungsstelle bestimmen. Vielmehr werden dann dritte Personen zu Vorsitzenden der Einigungsstelle benannt. Dies erfolgt oft auf dem Wege des Vergleichs. Hierbei entspricht es professioneller Arbeitsweise, wenn der zur Entsch. berufene Vorsitzende der Kammer vorab die Bereitschaft und Verfügbarkeit des von ihm vorgeschlagenen Kandidaten als Vorsitzenden der Einigungsstelle abfragt. Als Alternative kann dann auch ein Stufenverhältnis von mehreren Vorsitzenden der Einigungsstelle vereinbart werden, so dass bei fehlender Verfügbarkeit des Erstgelisteten der Zweitgelistete als Vorsitzender benannt ist. Kommt es nicht zu einem solchen Vergleich, entscheidet der Vorsitzende der zuständigen Kammer am ArbG durch Beschl. Diesen soll er nach § 98 Abs. 1 S. 6 ArbGG den Beteiligten innerhalb von zwei Wochen nach Eingang des Antrags zustellen. Der Vorsitzende hat den Beteiligten spätestens innerhalb von vier Wochen nach diesem Zeitpunkt den Beschl. zuzustellen.

2. Bestimmung der Anzahl der Beisitzer. Nach Abs. 2 S. 3 entscheidet das Gericht auch in dem Fall, in dem 21
keine Einigung zwischen den Betriebsparteien über die Zahl der Beisitzer erzielt wird. Hierbei sollte sich das Gericht von den oben dargestellten Rahmenbedingungen zur Bestimmung der Anzahl der Beisitzer leiten lassen.

3. Entscheidung von Vorfragen. Sowohl bei der Bestimmung des Vorsitzenden der Einigungsstelle als auch bei 22
der Festlegung der Zahl der Beisitzer hat das ArbG grds. nur diesbezügliche Entsch. zu treffen und nicht das Verfahren vor der Einigungsstelle in materieller Hinsicht vorwegzunehmen. Gleichwohl muss auch für diese Entsch. in Besetzungsfragen ein **Rechtsschutzbedürfnis** bestehen.[36] Dies wird insb. dann abzulehnen sein, wenn zwischen den Betriebsparteien keine Verhandlung gem. § 74 Abs. 2 geführt worden ist, oder nicht einmal der Versuch einer Einigung zwischen den Vertriebspartnern unternommen wurde.[37] Nach § 74 Abs. 2 haben die Betriebsparteien über strittige Fragen mit dem ernsten Willen zur Einigung zu verhandeln und Vorschläge für die Beilegung von Meinungsverschiedenheiten zu machen.[38] Es ist daher unzulässig, dieses Verhandlungsstadium zu überspringen und direkt den Versuch der gerichtlichen Bestellung einer Einigungsstelle zu unternehmen.[39] Die Darlegung konkreter Regelungsvorstellungen sind jedoch keine Voraussetzung für konkrete Verhandlungen. Die Vorlage eigener Vorschläge ist für einen solchen Einigungsversuch zumindest dann nicht geboten, wenn eine Seite die Einigungsstelle aus welchen Gründen auch immer ablehnt. In diesem Fall ist auch von der Gegenseite nicht zu verlangen, dass sie konkrete Regelungsvorstellungen unterbreitet. Dies findet seinen Grund insbesondere darin, dass eine verhandlungsunwillige oder auf Verzögerung ausgerichtete Verhandlungsstrategie einer Seite nicht die Unzuständigkeit der Einigungsstelle begründen kann.[40] Die Einigungsstelle soll daher erst zum Zuge kommen, wenn Verhandlungen zwischen den Parteien gescheitert oder jedenfalls erkennbar von vornherein zum Scheitern verurteilt sind.[41] Ist die Zuständigkeit der

---

34 GK-BetrVG/*Kreutz*, § 76 Rn 49.
35 LAG Berlin 22.6.1998 – 9 TaBV 3/98 – NZA-RR 1999, 34.
36 Vgl. nur LAG München 4.4.2007 – 8 TaBV 13/07 – juris.
37 LAG Hamm 10.12.2007 – 13 TaBV 118/07 – juris.
38 LAG Hamm 29.2.2008 – 13 TaBV 6/08 – juris.
39 BAG 24.11.1981 – 1 ABR 42/79 – AP § 76 BetrVG 1972 Nr. 11; a.A. LAG Hamm 26.7.2004 – 10 TaBV 64/04 – juris, das von der Zulässigkeit ausgeht, auch wenn „Verhandlungsanspruch nach § 74 Abs. 1 S. 2 noch nicht oder noch nicht vollständig erfüllt ist"
40 Vgl. LAG Mainz 29.8.2006 – 4 TaBV 33/06 – juris.
41 LAG München 4.4.2007 – 8 TaBV 13/07 – juris.

Einigungsstelle zur Sachentsch. zweifelhaft, hat der Vorsitzende des ArbG diesen Punkt gleichwohl nicht eingehend zu prüfen, denn die Einigungsstelle hat ihre Zuständigkeit selbst zu prüfen. Lediglich im Falle einer offensichtlich nicht bestehenden Zuständigkeit der Einigungsstelle kann dem gerichtlichen Verfahren nach Abs. 2 das Rechtsschutzbedürfnis aufgrund nicht bestehender Zuständigkeit der Einigungsstelle fehlen. Dies ist insb. dann der Fall, wenn schon auf den ersten Blick eine Zuständigkeit der Einigungsstelle unter keinem denkbaren rechtlichen Gesichtspunkt möglich erscheint,[42] oder wenn auch bei grober Prüfung ein verbindlicher Spruch der Einigungsstelle nicht ergehen kann.[43] Ausreichend ist es jedoch, wenn AG und Betriebsrat wissen, was Gegenstand der Verhandlungen ist. Es liegt dann in der Hand jeder Seite, frei zu entscheiden, in welchem Stadium sie die Einrichtung der Einigungsstelle für notwendig erachten. Nur auf diese Weise wird dem Beschleunigungszweck des § 98 ArbGG hinreichend Rechnung getragen, wonach bei Auftreten von Meinungsverschiedenheiten in einer beteiligungspflichtigen Angelegenheit möglichst rasch eine formal funktionsfähige Einigungsstelle zur Verfügung stehen soll, um jede weitere Verzögerung der Sachverhandlung zu vermeiden.[44] Bei einem erzwingbaren Einigungsstellenverfahren nach Abs. 3 liegt eine offensichtliche Unzuständigkeit nur vor, wenn die Streitigkeit klar erkennbar unter keinen mitbestimmungspflichtigen Tatbestand subsumiert werden kann.[45] Liegt noch keine höchstrichterliche Rechtsprechung zum Bestehen eines Mitbestimmungstatbestandes vor, bewirkt dies noch keine offensichtliche Unzuständigkeit der Einigungsstelle.[46] Handelt es sich um einen Fall eines freiwilligen Einigungsstellenverfahrens nach Abs. 4 liegt eine offensichtliche Unzuständigkeit dann vor, wenn das Einverständnis nicht vorliegt und auf Anfrage des Gerichts auch verneint wird. Entscheidungserheblich können auch rechtliche Vorfragen sein. Auch diese sind lediglich am Maßstab der Offensichtlichkeit vom Gericht zu prüfen. Der AG kann die Anrufung der Einigungsstelle nicht verhindern und das Unterlassen der Anrufung nicht fordern, wenn die Zulässigkeitsvoraussetzungen gegeben sind. Ein Antrag, der dies verlangt, wäre unbegründet.[47] Das Gericht kann das Verfahren nach Abs. 2 auch nicht gem. § 148 ZPO aussetzen, wenn in einem anderen Beschlussverfahren die rechtliche Frage bereits rechtshändig gemacht worden ist. Ansonsten bestünde die Möglichkeit, durch die Bewirkung der gerichtlichen Anhängigkeit eines Verfahrens, das sich auf einen Mitbestimmungstatbestand bezieht, das Verfahren nach Abs. 2 zu verzögern. Dies ist nach st. Rspr. des BAG unzulässig.[48] Hierdurch würde der Zweck der gesetzlichen Regelung, die schnelle Errichtung der Einigungsstelle und eine zügige Durchführung des Einigungsstellenverfahrens zu ermöglichen, vereitelt. Die Entsch. über die Errichtung der Einigungsstelle hat hingegen keine präjudizielle Wirkung für das ebenfalls anhängige Beschlussverfahren.[49]

23 **4. Weitere Rechtsschutzmöglichkeiten.** Gegen die Entsch. des Vorsitzenden des ArbG findet gem. § 98 Abs. 2 S. 1 ArbGG die **Beschwerde** an das LAG statt. Sie ist nach § 98 Abs. 2 S. 2 ArbGG innerhalb von zwei Wochen einzulegen und zu begründen. Für das Verfahren gelten die §§ 87 Abs. 2 und 3 und 88 bis 90 Abs. 1 und 2 sowie 91 Abs. 1 und 2 ArbGG mit der Maßgabe, dass an die Stelle der Kammer des LAG der Vorsitzende tritt. Auch vor dem LAG entscheidet daher nicht die Kammer, sondern der jeweilige Vorsitzende der Kammer allein. Gegen die Entsch. des LAG sind gem. § 98 Abs. 2 S. 4 ArbGG keine Rechtsmittel vorgesehen.

24 Ein gerichtlich bestellter Einigungsstellenvorsitzender kann selbst bei rechtskräftiger Entsch. im Nachgang wegen Befangenheit abberufen werden, wenn seine Verhandlungsführung oder später bekannt gewordene Umstände dies rechtfertigen.[50] In diesen Fällen besteht auch die Möglichkeit, dass der AG und die AN-Vertretung gemeinschaftlich die Bestellung widerrufen. Kommt es zu einem uneinvernehmlichen Widerruf, entscheidet das ArbG auf Antrag einer der Parteien im Beschlussverfahren nach § 98 ArbGG. Denn auch dieses Verfahren ist als ein Verfahren i.S.v. § 76 Abs. 2 zu sehen. Eine Partei wird ihres Ablehnungsrechts jedoch verlustig, wenn sie sich auf die Verhandlung der Einigungsstelle unter ihrem Vorsitzenden rügelos einlässt, obwohl ihr die Ablehnungsgründe bekannt sind.[51] Von einer Befangenheit ist grds. auch dann auszugehen, wenn sich die Einigungsstelle nicht mit einem gegen sie gerichteten Befangenheitsantrag befasst. Der Beschl. der Einigungsstelle ist dann unwirksam.[52]

---

42 LAG Hamm 29.2.2008 – 13 TaBV 6/08 – juris; LAG Hessen 8.5.2007 – 4 TaBV 70/07 – juris; LAG Düsseldorf 4.11.1988 – 17 (6) TaBV 114/88 – NZA 1989, 146; LAG Baden-Württemberg 5.3.1991 – 14 TaBV 15/90 – NZA 1992, 184.
43 LAG Berlin 3.7.2007 – 12 TaBV 1116/07 – juris.
44 LAG Hamm 29.2.2008 – 13 TaBV 6/08 – juris.
45 LAG Düsseldorf 4.11.1988 – 17 (6) TaBV 114/88 – NZA 1989, 146.
46 LAG Hessen 8.5.2007 – 4 TaBV 70/07 für den Fall der Bestimmung der Beschwerdestelle nach § 13 AGG – juris.
47 BAG 22.2.1983 – 1 ABR 27/81 – AP § 23 BetrVG 1972 Nr. 2.
48 BAG 24.11.1981 – 1 ABR 42/79 – BAGE 37, 102 = AP § 76 BetrVG 1972 Nr. 11; BAG 16.3.1982 – 1 ABR 63/80 – AP § 87 BetrVG 1972 Vorschlagswesen Nr. 2; BAG 16.8.1983 – 1 ABR 11/82 – AP § 81 ArbGG 1979 Nr. 2.
49 BAG 25.4.1989 – 1 ABR 91/87 – AP § 98 ArbGG 1979 Nr. 3; Richardi/*Richardi*, § 76 Rn 72.
50 BAG 9.5.1995 – 1 ABR 56/94 – AP § 76 BetrVG 1972 Einigungsstelle Nr. 2.
51 BAG 9.5.1995 – 1 ABR 56/94 – AP § 76 BetrVG 1972 Einigungsstelle Nr. 2.
52 LAG Köln 23.1.1997 – 6 TaBV 48/96 – LAGE § 76 BetrVG 1972 Nr. 45.

V. Verfahren

Grundsätze zum Verfahren der Einigungsstelle finden sich in Abs. 3. Diese gelten für die erzwingbare Mitbestimmung, für die weitere Verfahrensgrundsätze in Abs. 5 geregelt sind. Ebenso findet Abs. 3 in den Fällen der freiwilligen Mitbestimmung Anwendung, für die ergänzend in Abs. 6 Grundsätze geregelt sind. Die allgemeinen Grundsätze des Abs. 3 können gem. Abs. 4 durch BV in Bezug auf weitere Einzelheiten geregelt werden.

1. Pflicht zur unverzüglichen Tätigkeit. Durch Art. 8 des Job-AQTIV-Gesetzes vom 10.12.2001[53] ist Abs. 3 S. 1 neu in § 76 eingefügt worden. Demzufolge hat die Einigungsstelle **unverzüglich** tätig zu werden. Der Gesetzgeber hat es daher für notwendig erachtet, nach den gemachten Erfahrungen eine gesetzliche Pflicht zur schnellen Einleitung und weiteren Behandlung der Angelegenheit durch die Einigungsstelle gesetzlich zu verankern. Unter Unverzüglichkeit ist hier in Anlehnung an § 121 Abs. 1 S. 1 BGB ein Handeln ohne schuldhaftes Zögern zu verstehen. Zwar spricht Abs. 3 S. 1 lediglich von der Verpflichtung der Einigungsstelle, unverzüglich tätig zu werden. Abs. 3 S. 1 ist jedoch nicht nur auf die Einleitung des Verfahrens zu begrenzen. Vielmehr besteht auch während des gesamten Einigungsstellenverfahrens die Pflicht, dieses stets ohne zeitlichen Verzug durchzuführen, da ansonsten ein schuldhaftes Zögern vorliegt. Eine besondere Verantwortung trifft hierbei den Vorsitzenden der Einigungsstelle. Er trifft die verfahrensleitenden Anordnungen und ist daher auch besonders befähigt und verpflichtet, dem Verfahren einen schnellen und zügigen Fortgang zu geben. Weil eine schnelle Fortführung eines Einigungsstellenverfahrens voraussetzt, dass die Sitzungen professionell und gründlich vorbereitet werden und eventuelle Vorfragen bereits im Vorfeld durch Information des Vorsitzenden geklärt werden, ist der Vorsitzende der Einigungsstelle zur Vorbereitung der Sitzungen verpflichtet. Hierzu gehört auch die Information und Einbindung der benannten Beisitzer, so dass auch diese möglichst frühzeitig alle notwendigen Informationen, die dem Vorsitzenden bekannt sind, erhalten. Da Abs. 3 S. 1 nicht nur von der Pflicht des Vorsitzenden, sondern von der Pflicht der Einigungsstelle zu unverzüglicher Tätigkeit spricht, trifft diese Verpflichtung sämtliche Mitglieder der Einigungsstelle, daher auch alle Beisitzer. Werden Ort und Zeit einer Sitzung der Einigungsstelle nicht zwischen allen Mitgliedern abgesprochen, hat der Vorsitzende für die Einladung der Beisitzer zu sorgen. Bedient er sich dazu einzelner Beisitzer und leiten diese die Einladung nicht weiter, so fehlt es an einer ordnungsgemäßen Einladung. Ein dennoch ergehender Einigungsstellenspruch wäre unwirksam,[54] auch wenn sie gegen ihre Verpflichtungen aus Abs. 3 S. 1 verstoßen hätten.

2. Verfahrensgrundsätze. Nach Abs. 3 S. 2 fasst die Einigungsstelle ihre Beschlüsse nach **mündlicher Beratung** mit Stimmenmehrheit. Da das Gesetz eine mündliche Beratung fordert, verbietet es eine Beschlussfassung im schriftlichen Umlaufverfahren oder durch schriftliches Votum. Die mündliche Beratung hat nur mit den Mitgliedern der Einigungsstelle zu erfolgen. Da für die Einigungsstelle der Grundsatz der **nicht öffentlichen Sitzungen** gilt, dürfen weitere Personen nicht an den Sitzungen der Einigungsstelle teilnehmen. Dies gilt sowohl für weitere Mitglieder des BR, GBR oder KBR als auch für weitere Vertreter des AG. Auch die Anwesenheit eines Protokollführers, der weder Vorsitzender der Einigungsstelle noch Beisitzer ist, stellt eine Verletzung des Prinzips der Nichtöffentlichkeit dar. Dies findet seinen Grund darin, dass die Protokollführung, die vom Gesetz nicht gefordert wird, aber hinsichtlich der gerichtlichen Überprüfbarkeit von Sprüchen der Einigungsstelle sinnvoll ist,[55] leicht vom Vorsitzenden selbst wahrgenommen werden kann. Es gibt daher keinen zwingenden Grund, warum ein Externer die relativ leichte Aufgabe der Protokollführung wahrnehmen muss, wohingegen die Vertraulichkeit der Entsch. der Einigungsstelle durch die Anwesenheit eines Dritten zumindest potenziell beeinträchtigt ist. Ebenfalls dürfen nicht als Beisitzer benannte Betriebsangehörige, selbst wenn sie durch das Einigungsstellenverfahren unmittelbar betroffen sind, an der Beschlussfassung teilnehmen. Etwas anderes gilt dann, wenn Personen in einer anderen Funktion, bspw. als Zeuge oder SV oder zur Erläuterung und Erklärung des Sachverhalts herangezogen werden. Dies ändert allerdings nichts daran, dass an der abschließenden Beratung und insb. Beschlussfassung lediglich der Vorsitzende der Einigungsstelle sowie die Beisitzer teilnehmen dürfen. Wird gegen diesen Grundsatz verstoßen, der insb. auch der Unabhängigkeit der Entsch. der Einigungsstelle und ihrer Funktion zur Streitschlichtung Rechnung trägt, ist der Spruch der Einigungsstelle unwirksam.[56]

Die Einigungsstelle hat vor einer Sachentsch. über die Vorfrage ihrer **Zuständigkeit** selbst zu befinden.[57] Verneint die Einigungsstelle ihre Zuständigkeit, hat sie das Verfahren durch Beschl. einzustellen. Bejaht sie hingegen ihre Zuständigkeit, ist das Verfahren fortzuführen. Das Verfahren ist auch fortzuführen und nicht nach 148 ZPO auszusetzen, wenn über die Frage der Zuständigkeit der Einigungsstelle ein arbeitsgerichtliches Beschlussverfahren eingeleitet worden ist.[58] Dieses gebietet die Notwendigkeit einer schnellen Entsch. der Einigungsstelle, die durch die Einfügung des Abs. 3 S. 1, nach der die Einigungsstelle unverzüglich tätig zu werden hat, noch einmal vom Gesetzgeber deutlich gemacht worden ist. Eine Vorabentsch. im allg. arbeitsgerichtlichen Beschlussverfahren, welches

---

53 BGBl I 2001 S. 3443.
54 BAG 27.6.1995 – 1 ABR 3/95 – NZA 1996, 161.
55 *Hunold*, NZA 1999, 785, 790.
56 BAG 18.1.1994 – 1 ABR 43/93 – AP § 76 BetrVG 1972 Nr. 51.
57 BAG 28.7.1981 – 1 ABR 65/79 – AP § 87 BetrVG 1972 Arbeitssicherheit Nr. 3; *Feudner*, DB 1997, 826, 828.
58 BAG 16.8.1983 – 1 ABR 11/82 – AP § 81 ArbGG 1979 Nr. 2.

möglicherweise über drei Instanzen geführt wird, würde die effektive Ausübung des Beteiligungsrechts unangemessen verzögern.[59] Erklären sich hingegen beide Parteien ausdrücklich mit der Aussetzung einverstanden, kann eine Vorabentsch. eingeholt werden, denn es besteht auch die Entscheidungsmacht der den Antrag stellenden Partei, diesen jederzeit zurückzunehmen. Daher muss auch die Möglichkeit bestehen, einvernehmlich das Verfahren nicht nur aufzuheben, sondern auch zu verlangsamen.

29 Besteht die Entsch. der Einigungsstelle in dem **Erlass einer BV, GBV oder KBV**, so wird regelmäßig die Einigungsstelle eine Künd-Möglichkeit dieser Vereinbarung vorsehen. Diese wird regelmäßig mit der Festlegung einer Künd-Frist einhergehen. Die Festlegung einer Künd-Möglichkeit und einer Künd-Frist ist grds. zulässig.[60] Entsch. der Einigungsstelle können auch rückwirkenden Charakter besitzen. Dies ist jedenfalls dann zulässig, wenn keine schutzwürdigen Vertrauenstatbestände verletzt werden. Dies ist wiederum dann der Fall, wenn der durch die Rückwirkung Belastete mit einer rückwirkenden Regelung rechnen musste und sich hierauf einstellen konnte.[61]

30 Die Beschlüsse der Einigungsstelle sind nach Abs. 3 S. 2 mit **Stimmenmehrheit** zu fassen. Ergänzend bestimmt Abs. 3 S. 3, dass bei der Beschlussfassung der Vorsitzende sich zunächst der Stimme zu enthalten hat. Kommt bei der ersten Abstimmung eine Stimmenmehrheit nicht zustande, so regelt Abs. 3 S. 3 Alt. 2, dass in diesem Fall der Vorsitzende nach weiterer Beratung an der erneuten Beschlussfassung teilnimmt. Für einen wirksamen Beschl. der Einigungsstelle ist die einfache Stimmenmehrheit ausreichend. Es reicht daher die Mehrheit der abgegebenen Stimmen.[62] Diese Sichtweise bestätigt auch der Wortlaut des Abs. 3 S. 2. Dort ist von einer Entsch. mit Stimmenmehrheit und nicht mit der Mehrheit der Stimmen der Einigungsstelle die Rede. Enthalten sich daher einige Mitglieder einer Einigungsstelle bei der Abstimmung, so liegt ein Beschl. der Einigungsstelle vor, wenn eine Mehrheit der abgegebenen Stimmen gegeben ist. Eine Entsch. mit einfacher Stimmenmehrheit ist auch bei den zweiten Abstimmungen nach Abs. 3 S. 3, Alt. 2, an der der Vorsitzende teilnimmt, ausreichend.

31 Dieselben Grundsätze sind anzuwenden, wenn im Rahmen der erzwingbaren Mitbestimmung eine Seite keine Beisitzer benennt. Dann kommt die Entsch. im ersten Gang durch eine Abstimmung der Beisitzer einer Seite zustande. Regelmäßig wird es dann keiner zweiten Entsch. unter Teilnahme des Vorsitzenden bedürfen. In diesem Fall wäre wiederum die einfache Mehrheit ausreichend. Eine ausdrückliche Stimmabgabe ist nicht notwendig. Ebenso ist eine schriftliche Stimmabgabe nicht gefordert. Die Mitglieder der Einigungsstelle können selbst durch **konkludentes Verhalten** ihre Stimme wirksam abgeben. Insb. ist es nicht notwendig, dass ausdrücklich nach Gegenstimmen oder Stimmenthaltungen seitens des Vorsitzenden gefragt wird.[63] Die Stimmabgabe hat jedoch persönlich zu erfolgen. Eine Delegation auf einen anderen Beisitzer ist nicht möglich. Jede Stimme hat den gleichen Zählwert. Dies gilt sowohl für jede einzelne Stimme der Beisitzer als auch für die gleichgewichtige Stimme des Vorsitzenden. Eine **geheime Abstimmung** ist nicht notwendig. Die Mitglieder der Einigungsstelle können ein solches Vorgehen jedoch als selbstorganisatorischen Akt beschließen. Regelmäßig erfolgt die Abstimmung jedoch innerhalb der Einigungsstelle offen. Der Vorsitzende der Einigungsstelle wird während des gesamten Verfahrens darauf hinwirken, dass eine gütliche Einigung zwischen den Beteiligten des Verfahrens herbeigeführt wird. Dies ergibt sich bereits aus der Konzeption, dass das Betriebsverfassungsrecht grds. nicht zur konfrontativen und polarisierenden Wahrnehmung von Rechtspositionen gedacht ist, sondern vielmehr das betriebliche Zusammenleben fördern soll. Dieses Ziel wird umso mehr erreicht, wenn nicht ein externer Dritter letztlich den Streit entscheidet, sondern die Betriebsparteien selbst eine Einigung herbeiführen. Dieser Grundsatz wird auch dadurch deutlich, dass gem. Abs. 3 S. 3, Alt. 1, sich der Vorsitzende bei der ersten Beschlussfassung zu enthalten hat. Nach dem Idealbild des Gesetzgebers kommt es daher zu einer Entsch. der Betriebsparteien, an denen der Vorsitzende bei der Abstimmung nicht die Entsch. trifft. Erst wenn bei dieser ersten Abstimmung keine Mehrheit zustande gekommen ist, hat zunächst eine weitere Beratung zu erfolgen. Dies fordert das Gesetz ausdrücklich durch Abs. 3 S. 3. Eine zweite Beschlussfassung ohne erneute weitere Beratung stellt daher einen Verfahrensverstoß dar.[64] Erst wenn diese erneute Beratung nicht zu einer Einigung geführt hat, nimmt der Vorsitzende an der zweiten Beschlussfassung teil. Diese weitere Beratung markiert hierbei die Grenze zwischen zwei verschiedenen Verfahrensabschnitten.[65] Lediglich in dem Fall, in dem sämtliche Mitglieder der Einigungsstelle eine erneute Beratung nicht mehr für erforderlich halten, kann hiervon abgesehen werden.[66] Kommt es bei der ersten oder bei der zweiten Abstimmung zu einer Pattsituation, liegt keine Entsch. der Einigungs-

---

59 *Fitting u.a.*, § 76 Rn 84.
60 BAG 28.7.1981 – 1 ABR 65/79 – AP § 87 BetrVG 1972 Arbeitssicherheit Nr. 3.
61 BAG 19.9.1985 – 1 AZR 208/95 – BAGE 81, 38 = NZA 1996, 386.
62 BAG 17.9.1991 – 1 ABR 23/91 – AP § 112 BetrVG 1972 Nr. 59; zustimmend *Däubler*, EWiR 1992, 229; *Vogg*, EzA § 112 BetrVG 1972 Nr. 58; a.A. Richardi/*Richardi*, § 76 Rn 98.
63 BAG 11.11.1998 – 7 ABR 47/97 – AP § 50 BetrVG 1972 Nr. 19.
64 *Hunold*, NZA 1999, 785, 789.
65 *Hunold*, NZA 1999, 785, 789.
66 BAG 30.1.1990 – 1 ABR 2/89 – AP § 87 BetrVG 1972 Lohngestaltung Nr. 41; zustimmend: *van Venrooy*, SAE 1990, 352; *Fitting u.a.*, § 76 Rn 56; GK-BetrVG/*Kreutz*, § 76 Rn 113; Hess u.a./*Worzalla*, § 76 Rn 49 mit Verweis auf LAG Hamburg 5.5.2000 – 3 TaBV 6/00 – AuR 2000, 356.

stelle vor. Insb. gibt die Stimme des Vorsitzenden keinen Ausschlag.[67] Kommt es selbst bei der zweiten Abstimmung zu keiner Entsch., ist das Einigungsstellenverfahren nicht abzubrechen, sondern fortzuführen. Es können daher noch weitere Abstimmungen erfolgen. An diesen hat wiederum der Vorsitzende teilzunehmen. Dies ergibt sich aus Abs. 3 S. 3, 2. Fall, da dieser nicht von der zweiten Beschlussfassung, sondern von der erneuten Beschlussfassung spricht. Bei einer Abstimmung können sich die Beisitzer enthalten.[68] Eine Stimmenthaltung der Beisitzer zählt als eine nicht mit zu berücksichtigende Stimme und kann nicht als Neinstimme gewertet werden.[69] Eine Enthaltung des Vorsitzenden bei der zweiten und bei den eventuell folgenden Abstimmungen ist nicht zulässig, da das Gesetz gerade seine Entscheidungsfunktion dadurch unterstreicht, dass er erst bei der zweiten Abstimmung mit stimmen soll.[70] Über einen Antrag auf Verlagerung der Sitzung hat die Einigungsstelle mit Mehrheit zu entscheiden. Es liegt ein Verfahrensfehler vor, wenn der Vorsitzende der Einigungsstelle allein über den Verlegungsantrag entscheidet.[71]

32 Die Tätigkeit der Einigungsstelle setzt einen **Antrag** voraus. Sie wird daher nicht von Amts wegen tätig. Antragsberechtigt ist nur derjenige, der auch die Bildung einer Einigungsstelle verlangen oder freiwillig bilden kann. Die den Antrag stellende Partei kann diesen jederzeit zurücknehmen. Die **Rücknahme** des Antrages bedarf auch in den Fällen der zwingenden Mitbestimmung nicht der Zustimmung des anderen Betriebspartners, es sei denn, dieser hat im Verfahren mitgeteilt, dass er ansonsten selbst das Einigungsstellenverfahren betrieben hätte.[72] Entsprechendes gilt, wenn die Einigungsstelle im Rahmen eines gerichtlichen Verfahrens nach Abs. 2 S. 2 oder 3 gebildet worden ist. Die Einigungsstelle ist bei ihrer Entsch. an die gestellten Anträge gebunden. Insb. reichen ihre Möglichkeiten nicht weiter als die Rechte der Betriebspartner.[73] Da die Einigungsstelle gegenüber den Beteiligten am Einigungsstellenverfahren keine Zwangsmittel einsetzen kann, ist sie auf deren Mitwirkung angewiesen. Sie hat daher auch nicht den Sachverhalt von Amts wegen aufzuklären.[74] Die Entsch. des Vorsitzenden über die Erhebung eines Beweises ist als solcher nicht gerichtlich anfechtbar.[75] Für die Hinzuziehung eines SV bedarf es – trotz der Kostenauswirkung – keiner Vereinbarung mit dem AG nach § 80 Abs. 3.[76] Eine am Einigungsstellenverfahren beteiligte Partei muss dieses Verfahren aktiv unterstützen. Insb. ist eine **Boykotthaltung** nicht mit § 2 Abs. 1 und der Beschleunigungsregelung des Abs. 3 S. 1 in Übereinstimmung zu bringen. Die Einigungsstelle besitzt nicht die Kompetenzen eines ArbG. Insb. besteht keine Verpflichtung von SV, tatsächlich der Einigungsstelle Auskunft zu geben. Ebenso besteht keine Verpflichtung von Zeugen, sich vor der Einigungsstelle zu äußern. Die Einigungsstelle hat jedoch zu vermeiden, dass durch ihren Spruch wesentliche Fragen offen bleiben und daher zukünftig Konflikte erneut aufkommen werden.[77] Die Einigungsstelle darf aber keinesfalls über den ihr unterbreiteten Streitgegenstand hinausgehen – selbst wenn sie das für sinnvoll erachtet – und weitere Fragen in ihre Entsch. einbeziehen.[78] Die Einigungsstelle ist darüber hinaus verpflichtet, den Parteien – und nicht nur den Mitgliedern der Einigungsstelle – rechtliches Gehör zu gewähren.[79]

33 **3. Beschlussfähigkeit.** Die Beschlussfähigkeit der Einigungsstelle setzt zunächst voraus, dass alle Beisitzer vom Vorsitzenden über die Einigungsstellensitzung informiert worden sind.[80] Die Beschlussfähigkeit ist auch dann gegeben, wenn eine Seite sich entscheidet, nicht an der Einigungsstelle teilzunehmen. Auch wenn von mehreren Beisitzern einer Seite einzelne Beisitzer fehlen, ist die Beschlussfähigkeit gegeben. Es ist nicht erforderlich, dass alle Mitglieder bei der Beschlussfassung anwesend sind.[81] Fällt ein Beisitzer aus und kann er deshalb nicht an der Einigungsstellensitzung teilnehmen, kann ein von dieser Seite benanntes Ersatzmitglied teilnehmen. Ist kein Ersatzmitglied benannt, fällt das in den Verantwortungsbereich dieser Partei. Die Einigungsstelle ist gleichwohl beschlussfähig. Um Zufallsentsch. zu verhindern, kann die Seite, die durch einen oder mehrere Beisitzer überproportional vertreten ist, selbstverständlich bewirken, dass einer oder mehrere ihrer Beisitzer sich der Stimme enthalten. Eine Absprache hierzu oder gar einer einstimmigen Entsch. bedarf es jedoch nicht, denn schließlich kann die Gegenseite mit keinen rechtlichen Mitteln die Stimmenthaltung eines Beisitzers der anderen Seite verhindern.

---

67 *Fitting u.a.*, § 76 Rn 57; GK-BetrVG/*Kreutz*, § 76 Rn 113; *Hess u.a./Worzalla*, § 76 Rn 51; a.A. MünchArb/*Joost*, Bd. 3, § 320 Rn 52.
68 BAG 17.9.1991 – 1 ABR 23/91 – AP § 112 BetrVG 1972 Nr. 59; a.A. Richardi/*Richardi*, § 76 Rn 103 m.w.N.
69 BAG 17.9.1991 – 1 ABR 23/91 – AP § 112 BetrVG 1972 Nr. 59; a.A. Richardi/*Richardi*, § 76 Rn 103 m.w.N.
70 *Fitting u.a.*, § 76 Rn 58.
71 LAG Köln 26.7.2005 – 9 TaBV 5/05 – NZA-RR 2006, 197.
72 A.A. *Fitting u.a.*, § 76 Rn 39.
73 Richardi/*Richardi*, § 76 Rn 92.
74 Richardi/*Richardi*, § 76 Rn 92; a.A. *Fitting u.a.*, § 76 Rn 44.
75 BAG 4.7.1989 – 1 ABR 40/88 – BAGE 62, 233 = NZA 1990, 29.
76 BAG 13.11.1991 – 7 ABR 70/90 – AP § 76a BetrVG 1972 Nr. 1.
77 BAG 30.1.1990 – 1 ABR 2/89 – AP § 87 BetrVG 1972 Lohngestaltung Nr. 41.
78 BAG 27.10.1992 – 1 ABR 4/92 – BAGE 71, 259 = NZA 1993, 607.
79 BAG 27.6.1995 – 1 ABR 3/95 – AP § 76 BetrVG 1972 Einigungsstelle Nr. 1.
80 *Hunold*, NZA 1999, 785, 787.
81 Richardi/*Richardi*, § 76 Rn 99; Hess u.a./*Worzalla*, § 76 Rn 47; a.A. *Fitting u.a.*, § 76 Rn 51; GK-BetrVG/*Kreutz*, § 76 Rn 109.

34 4. Besondere Formen der Entscheidung. In allen Fällen kann die Einigungsstelle auch eine vorläufige Regelung bis zu ihrem endgültigen Spruch treffen.[82] Dies kann insb. zur Verhinderung ansonsten nicht abwendbarer wirtschaftlicher Schäden des AG sinnvoll sein. Bei sehr umfangreichen Streitgegenständen können auch verfahrensbegleitende Zwischenbeschlüsse der Einigungsstelle erfolgen.[83] Auch können Teilentsch. durch die Einigungsstelle ergehen.[84] In jedem Fall ist dann aber bei einer Schlussabstimmung nochmals über den gesamten Streitstand eine Entsch. herbeizuführen.[85] Erklärt eine Betriebspartei, dass sie die von ihr beabsichtigten Maßnahmen nicht mehr vornehmen möchte, welches jedoch zu diesem Einigungsstellenverfahren geführt hat, ist das Verfahren einzustellen. Dies gilt auch, wenn der AG erklärt, dass er keine Betriebsstilllegung vornehmen möchte, denn schließlich kann er nicht durch die Einigungsstelle zur Vornahme einer Betriebsstillegung oder Betriebsänderung gezwungen werden.[86]

35 5. Form des Beschlusses. Abs. 3 S. 4 fordert, dass die Beschlüsse der Einigungsstelle **schriftlich** niederzulegen sind. Darüber hinaus sind sie nach Abs. 3 S. 4 vom Vorsitzenden zu unterschreiben. Es ist daher nicht notwendig, dass die Beisitzer ebenfalls die Beschlüsse der Einigungsstelle unterschreiben. Nach Abs. 3 S. 4 sind die unterschriebenen schriftlich niedergelegten Beschlüsse der Einigungsstelle vom Vorsitzenden dem AG und dem BR zuzuleiten. Wird eine Einigungsstelle zwischen dem AG und dem GBR oder dem KBR gebildet, so sind die Beschlüsse dem GBR oder dem KBR zuzuleiten. Der Gesetzestext spricht zwar nur vom BR und ist insofern unpräzise. Zu informieren ist jedoch stets derjenige, der an der Einigungsstelle beteiligt war. Abs. 3 S. 4 spricht von der Zuleitung der Beschlüsse an den AG und den BR. Der Begriff des Zuleitens ist hierbei mit dem des Zugangs identisch. Dies ist auch deshalb wichtig, da die Frist zur gerichtlichen Angreifbarkeit bei erzwingbarer Mitbestimmung nach Abs. 5 S. 4 an den Tag der Zuleitung anknüpft. Letztlich ist daher die Zuleitung dann erfolgt, wenn der Vorsitzende bewirkt hat, dass der schriftliche Beschl. der Einigungsstelle so in den Machtbereich der Beteiligten gekommen ist, dass mit deren Kenntnisnahme gerechnet werden durfte.

36 6. Betriebsverfassungsrechtliche Regelungsmöglichkeit. Durch Abs. 4 wird die Möglichkeit eröffnet, durch BV weitere Einzelheiten des Verfahrens vor der Einigungsstelle zu regeln. Diese Möglichkeit besteht jedoch nicht nur durch BV, sondern sie kann auch für die entsprechenden Einigungsstellen durch GBV oder KBV begründet werden. Unzulässig ist es jedoch, für Einigungsstellen, an denen der AG und ein örtlicher BR teilnehmen, Regelungen durch GBV oder KBV zu treffen. Diesbezüglich besteht eine Regelungsmöglichkeit über alle diejenigen Sachverhalte, die nicht schon durch das Gesetz – insb. in Abs. 3 – zwingend geregelt worden sind.

VI. Besonderheiten bei erzwingbarer Mitbestimmung

37 Abs. 5 enthält **Sonderregelungen** für Fälle, in denen die Einigungsstelle in dem Bereich der erzwingbaren Mitbestimmung tätig wird. Berührt die Einigungsstelle gleichzeitig Fragen, bei denen erzwingbare und freiwillige Mitbestimmung zusammenfallen, so kann auf die in Abs. 5 festgelegten Grundsätze unmittelbar nur in dem Bereich der erzwingbaren Mitbestimmung zurückgegriffen werden. Freilich können sich die Parteien aber auch nach den Grundsätzen des Abs. 6 mit einer Entsch. der Einigungsstelle einverstanden erklären. Dann können beide Bereiche gemeinsam durch die Einigungsstelle abgearbeitet werden. Da Abs. 5 S. 2 vorsieht, bei fehlender Benennung von Mitgliedern durch eine Seite oder bei dem Fall, dass von einer Seite benannte Mitglieder trotz rechtzeitiger Einladung der Sitzung fernbleiben, der Vorsitzende und die erschienenen Mitglieder allein entscheiden, ist streng zwischen erzwingbaren Mitbestimmungstatbeständen und freiwilligen Mitbestimmungstatbeständen zu unterscheiden. Denn es kann keine Entsch. nach Abs. 5 S. 2 für den Bereich der freiwilligen Mitbestimmung erfolgen.[87] Unter erzwingbare Mitbestimmung fallen alle diejenigen Fälle, in denen per Gesetz die Regelung der Angelegenheit zwingend an die Einhaltung des Mitbestimmungsrechts des BR, eines GBR oder des KBR gebunden ist. Hierbei kann auch ein Mitbestimmungsrecht in der Form eines Initiativrechtes ausreichen.[88] Die Annahme eines fehlenden Mitbestimmungsrechts kann jedoch nicht nur unter Hinweis darauf erfolgen, dass es zu der konkreten Frage keine höchstrichterliche Rspr. gibt.[89] Da in den Fällen erzwingbarer Mitbestimmung ein Mitbestimmungsrecht einzuhalten ist, enthält Abs. 5 S. 1 und S. 2 Sonderregelungen, durch die eine Blockade durch eine der Parteien verhindert werden soll. Werden erzwingbare Mitbestimmungsrechte des BR, eines GBR oder eines KBR durch TV oder auch durch BV erweitert und somit zwingend dem Mitbestimmungsrecht des jeweiligen Kollektivorgans unterworfen, unterliegen diese Angelegenheiten ebenfalls dem erzwingbaren Einigungsstellenverfahren nach Abs. 5.[90] Aus Abs. 5 S. 1 ergibt sich unmittelbar, dass in Fällen der erzwingbaren Mitbestimmung der Antrag einer der beteiligten Parteien ausreichend ist.

---

82 GK-BetrVG/*Kreutz*, § 76 Rn 115; *Fitting u.a.*, § 76 Rn 62.
83 LAG Hamburg 14.11.2007 – 5 TaBV 9/07 – juris.
84 Vgl. hierzu BAG 14.6.2006 – 5 AZR 584/05 – NZA 2007, 221.
85 BAG 18.4.1989 – 1 ABR 2/88 – BAGE 61, 305 = NZA 1989, 807.
86 A.A. LAG Köln 23.8.2000 – 7 TaBV 35/00 – NZA-RR 2001, 428.
87 BAG 30.8.1995 – 1 ABR 4/95 – AP § 87 BetrVG 1972 Überwachung Nr. 29.
88 LAG Düsseldorf 22.7.2004 – 5 TaBV 38/04 – AiB 2005, 122–123, zum Thema Mobbing.
89 LAG Hamm 26.7.2004 – 10 TaBV 73/04 – juris.
90 BAG 9.5.1995 – 1 ABR 56/94 – AP § 76 BetrVG 1972 Einigungsstelle Nr. 2.

Das Gesetz sieht jedoch in einigen Fällen die Antragsbefugnis für eine Betriebspartei vor. So ist bspw. allein der AG bei Schulungsveranstaltungen des BR nach § 37 Abs. 6 S. 5 antragsberechtigt, wenn er die betriebliche Notwendigkeit für die Schulung nicht für ausreichend berücksichtigt hält. Ebenso steht nur dem AG ein Antragsrecht an die Einigungsstelle zu, wenn er eine Freistellung eines BR für sachlich nicht vertretbar hält und somit einen Antrag nach § 38 Abs. 2 S. 4 stellt. Auch besteht ausschließlich ein Antragsrecht des AG bei Auswahl-RL nach § 95 Abs. 1 S. 2, wenn eine Einigung über die RL oder ihren Inhalt nicht zustande kommt. Allein der BR hat hingegen ein Antragsrecht nach § 85 Abs. 2 in den Fällen, in denen zwischen BR und AG Meinungsverschiedenheit über die Berechtigung einer AN-Beschwerde besteht.

Der **Antrag muss dem Gegner zugehen**. Er sollte mit einem oder mehreren Vorschlägen für die Person des Vorsitzenden verbunden sein. Ebenso sollte er einen Vorschlag zur Anzahl der jeweiligen Beisitzer enthalten. Zwar sieht das Gesetz die Schriftform nicht vor, sie dürfte sich regelmäßig jedoch schon aus Beweis- und Klarstellungsgründen anbieten. Kommt keine Einigung über den Vorsitzenden der Einigungsstelle zustande, greift die Regelung des § 76 Abs. 2 S. 2. Können sich die Parteien der Einigungsstelle nicht über die Zahl der Beisitzer einigen, kann eine gerichtliche Bestimmung nach Abs. 2 S. 3 erfolgen. Durch eine Insolvenz wird die Einigungsstelle nicht aufgelöst. Sie bleibt bestehen.[91]

Abs. 5 S. 3 enthält auch inhaltliche Vorgaben für die Entsch. der Einigungsstelle. So hat die Einigungsstelle ihre Beschlüsse unter **angemessener Berücksichtigung der Belange des Betriebs und der betroffenen AN nach billigem Ermessen** zu treffen. Es sind daher sowohl die Interessen des AG als auch der betroffenen AN zu berücksichtigen. In diesem Zusammenhang ist aber darauf hinzuweisen, dass das Gesetz von den Belangen des Betriebs spricht und nicht von den Belangen des Unternehmens oder des AG. Die Einigungsstelle hat daher insb. die Interessen des Betriebs zu gewichten. Die gesetzliche Vorgabe, dass die Entsch. nach billigem Ermessen zu erfolgen hat, soll verhindern, dass keine sachfremden Erwägungen oder Erwägungen, die gegen allgemeine Denkgrundsätze verstoßen, als Grundlage der Entsch. der Einigungsstelle bestehen dürfen. Auch in Fällen des Ermessensnichtgebrauchs durch die Einigungsstelle liegt ein Verstoß gegen Abs. 5 S. 3 vor.

VII. Freiwillige Einigungsstellenverfahren

Abs. 6 enthält für den Bereich, in dem keine erzwingbaren Mitbestimmungstatbestände vorliegen, einen **Auffangtatbestand** für freiwillige Einigungsstellenverfahren. Abs. 6 S. 1 legt in diesen Fällen fest, dass – im Gegensatz zu Abs. 5 S. 1 – die Einigungsstelle nur tätig wird, wenn beide Seiten dies beantragen oder mit ihrem Tätigwerden einverstanden sind. Sieht daher eine Seite hierfür kein Bedürfnis und erklärt sich mit dem Tätigwerden der Einigungsstelle nicht einverstanden, kann die Einigungsstelle nicht entscheiden. Eine Blockade im freiwilligen Einigungsstellenverfahren ist daher möglich. Besteht aber grundsätzliche Einigkeit zwischen den Beteiligten, dass eine Einigungsstelle gebildet werden soll, kann aber kein Einvernehmen über die Person des Vorsitzenden oder der Anzahl der Beisitzer getroffen werden, so ist grds. eine gerichtliche Bestimmung nach den Vorgaben des Abs. 2 möglich. Steht jedoch zu erwarten, dass in diesen Fällen eine der Parteien grds. nicht mit der Durchführung des Einigungsstellenverfahrens einverstanden ist und es daher nicht zu einem Einigungsstellenverfahren kommen wird, ist auch das Bestellungsverfahren nach Abs. 2 S. 2 nicht zulässig. Da die gesetzliche Konzeption des Abs. 6 für freiwillige Einigungsstellenverfahren von einem gemeinsamen Vorgehen der am Einigungsstellenverfahren beteiligten AN- und AG-Vertreter ausgeht, reicht auch der Antrag nur eines Betriebspartners nicht aus, wenn sich der andere Teil nicht anschließt.[92] Das Einverständnis zur Bildung einer freiwilligen Einigungsstelle kann jederzeit ohne Angabe von Gründen widerrufen werden. Dies kann auch konkludent durch Zurückziehung der von einer Seite benannten Beisitzer erfolgen.[93] Durch ein freiwilliges Einigungsstellenverfahren können Mitbestimmungsrechte jedoch nicht über den gesetzlich zulässigen Bereich ausgedehnt werden. Insb. können durch im Wege einer Einigungsstelle erlassene BV nicht in tarifvertraglich garantierte Rechte – soweit keine Öffnungsklausel besteht – eingreifen. Ansonsten kann ein freiwilliges Einigungsstellenverfahren in allen Angelegenheiten durchgeführt werden, die in die Zuständigkeit des BR, des GBR oder des KBR fallen. Zulässig ist ein freiwilliges Einigungsstellenverfahren auch zur Klärung von Meinungsverschiedenheiten rechtlicher Art.[94] Selbstverständlich kann durch den Spruch der Einigungsstelle nicht eine vertragliche Regelung zu Lasten Dritter – insb. der AN – entstehen. Ein zulässiges freiwilliges Einigungsstellenverfahren im Falle des § 85 Abs. 2 S. 3 schließt daher die gerichtliche Geltendmachung der in der Beschwerde geltend gemachten Rechtsansprüche durch den AN nicht aus.

Zwar ist im freiwilligen Einigungsstellenverfahren nach Abs. 6 nicht aufgeführt, dass die Einigungsstelle ihre Beschlüsse unter angemessener Berücksichtigung der Belange des Betriebes und der betroffenen AN nach billigem Ermessen zu treffen hat, gleichwohl wird sich die Einigungsstelle auch von diesen allgemeinen Leitlinien regelmäßig bei ihrer Entscheidungsfindung führen lassen. Ist dies ausnahmsweise nicht der Fall, da z.B. ein Ermessensnicht-

---

[91] BAG 27.3.1979 – 6 ABR 39/76 – AP § 76 BetrVG 1972 Nr. 7.
[92] So i.E. GK-BetrVG/*Kreutz*, § 76 Rn 32; a.A. *Fitting u.a.*, § 76 Rn 78.
[93] GK-BetrVG/*Kreutz*, § 76 Rn 33; Richardi/*Richardi*, § 76 Rn 39.
[94] BAG 20.11.1990 – 1 ABR 45/89 – BAGE 66, 243 = NZA 1991, 473.

gebrauch vorliegt, so kann die Entsch. erfolgreich einer gerichtlichen Überprüfung unterzogen werden. Dies ist aber ausgeschlossen, wenn die Parteien nach Abs. 6 S. 2 Alt. 2 den Spruch der Einigungsstelle nachträglich angenommen haben. Denn die Betriebsparteien können sehr wohl auch einvernehmlich Regelungen treffen, denen Ermessensfehler zugrunde liegen.[95]

VIII. Rechtswirkungen des Beschlusses der Einigungsstelle

42 Um die Rechtswirkungen des Spruchs der Einigungsstelle bewerten zu können, ist zunächst die Unterteilung zwischen erzwingbarer Mitbestimmung und einem freiwilligen Einigungsstellenverfahren vorzunehmen. Bei der erzwingbaren Mitbestimmung regelt Abs. 5 S. 4 die Rechtsfolgen. Beim freiwilligen Einigungsstellenverfahren sind die Rechtswirkungen des Spruchs in Abs. 6 S. 2 festgelegt.

43 Bei dem erzwingbaren Einigungsstellenverfahren nach Abs. 5 ist der Spruch der Einigungsstelle für die Betriebspartner verbindlich. Eine sehr bedeutende Ausnahme findet sich in dem Fall des **Interessenausgleichs** nach § 112 Abs. 3. Zwar besteht auch hier die Möglichkeit, das Einigungsstellenverfahren nur auf Antrag einer Partei und gegen den Willen des Betriebspartners durchzuführen. Die Einigungsstelle kann jedoch über einen Interessenausgleich lediglich einen Einigungsvorschlag machen. Den Betriebspartnern steht dann frei, diesen anzunehmen. Daher ist es unzulässig, Regelungsgegenstände eines freiwilligen Interessenausgleichs in den Spruch der Einigungsstelle über die Aufstellung eines Sozialplans nach § 112 Abs. 4 aufzunehmen. Hier kommt wiederum die oben dargelegte Rechtslage bei gemeinsamer Behandlung von erzwingbaren Mitbestimmungsbereichen und freiwilligen Regelungsgegenständen zum Tragen (siehe § 76 Rn 37). Beachtet die Einigungsstelle diese Grenzen nicht, ist ihr Spruch unwirksam. Eine Ausnahme gilt allein in dem Fall, in dem die Betriebspartner den Spruch der Einigungsstelle nachträglich akzeptieren.[96]

IX. Gerichtliche Überprüfbarkeit

44 Sprüche der Einigungsstelle unterliegen der **arbeitsgerichtlichen Rechtskontrolle**. Hiervon erfasst werden sowohl Entsch. der Einigungsstelle über ihre Zuständigkeit, die von ihr zu beachtenden Verfahrensgrundsätze als auch die Überprüfung der inhaltlichen Rechtmäßigkeit ihrer Entsch. Verfahrensbegleitende Zwischenbeschlüsse der Einigungsstelle sind jedoch nicht gesondert gerichtlich anfechtbar.[97]

45 **1. Zuständigkeit.** Die Einigungsstelle hat sich vor einer Sachentsch. für zuständig zu erklären.[98] Dies kann selbstverständlich konkludent durch das Fällen einer Entsch. erfolgen. Da es sich bei der Annahme der Zuständigkeit um eine Rechtsfrage handelt, unterliegt die entsprechende Entsch. der Einigungsstelle in vollem Umfang der grds. nicht fristgebundenen **arbeitsgerichtlichen Kontrolle**. Wird durch eigenen Beschl. der Einigungsstelle die Zuständigkeit verneint, stellt sich in dem arbeitsgerichtlichen Verfahren jedoch heraus, dass die Zuständigkeit besteht, so ist das Verfahren vor der Einigungsstelle fortzusetzen, ohne dass es einer Neuerrichtung der Einigungsstelle bedarf.[99] Bejaht die Einigungsstelle ihre Zuständigkeit, wird sie das Verfahren fortführen. Stellt sich jedoch im arbeitsgerichtlichen Verfahren heraus, dass die Einigungsstelle nicht zuständig war, ist ihr Beschl. rechtswidrig. Ob die Einigungsstelle offensichtlich unzuständig ist, wenn von einem Mitbestimmungsrecht bereits durch Abschluss einer BV Gebrauch gemacht wurde, wird nicht einheitlich beurteilt.[100]

46 **2. Überprüfungsmöglichkeiten.** Die Überprüfung des Spruchs der Einigungsstelle folgt regelmäßig im **arbeitsgerichtlichen Beschlussverfahren**.[101] Für die Frage, ob die Einigungsstelle im Rahmen der erzwingbaren Mitbestimmung nach Abs. 5 S. 4 die Grenzen des ihr eingeräumten Ermessens überschritten hat, ist dieses Beschlussverfahren die ausschließliche Verfahrensart. Andere Verstöße können auch als Vorfrage in anderen Verfahren geltend gemacht werden. Insb. kann sich in Individualrechtsstreitigkeiten die Frage nach der Rechtmäßigkeit einer Entsch. der Einigungsstelle ergeben. Auch hierin kann die Rechtswidrigkeit der Entsch. der Einigungsstelle festgestellt werden. Somit kann auch im Urteilsverfahren die Feststellung der Rechtswidrigkeit der Entsch. der Einigungsstelle erfolgen. Für einen solchen Fall ist das Urteilsverfahren bis zum rechtskräftigen Abschluss des Beschlussverfahrens entsprechend § 148 ZPO auszusetzen, da die Frage der Wirksamkeit der Entsch. der Einigungsstelle in dem Urteilsverfahren nicht rechtskräftig festgestellt, sondern nur im Beschlussverfahren rechtsverbindlich geklärt werden kann.[102]

---

95 *Fitting u.a.*, § 76 Rn 90.
96 BAG 17.9.1991 – 1 ABR 23/91 – BAGE 68, 277 = NZA 1992, 227.
97 LAG Hamburg 14.11.2007 – 5 TaBV 9/07 – juris.
98 BAG 8.3.1983 – 1 ABR 38/81 – AP § 87 BetrVG 1972 Lohngestaltung Nr. 14.
99 BAG 30.1.1990 – 1 ABR 2/89 – NZA 1990, 571 = AP § 87 BetrVG 1972 Nr. 41.
100 LAG Köln 6.9.2005 – 4 TaBV 41/05 – LAGE § 98 ArbGG 1979 Nr. 44a; LAG Hamm 17.10.2005 – 10 TaBV 143/05 – juris.
101 *Schaub*, NZA 2000, 1087, 1089.
102 GK-BetrVG/*Kreutz*, § 76 Rn 139; Hess u.a./*Worzalla*, § 76 Rn 56 mit Verweis auf LAG Hamm 22.6.1978 – 8 TaBV – BB 1978, 1014.

3. Antragsberechtigung im Beschlussverfahren. Im arbeitsgerichtlichen Beschlussverfahren sind die Parteien der Einigungsstelle zur Überprüfung des Beschl. befugt. Dieses sind daher der AG und der BR bzw. bei entsprechender Bildung der Einigungsstelle der GBR oder der KBR. Einzelne betroffene AN oder die Einigungsstelle als solche sind nicht antragsbefugt.[103] Die Einigungsstelle ist auch nicht Beteiligte des Beschlussverfahrens. Sie ist lediglich Hilfsorgan der Parteien des Einigungsstellenverfahrens und kann deshalb nicht in eigenen betriebsverfassungsrechtlichen Rechten verletzt sein.[104] Beteiligungsfähig können daher auch nicht die einzelnen AN sein, da sie auch nicht in eigenen betriebsverfassungsrechtlichen Rechten verletzt sind.[105] Der Antrag ist auf Feststellung der Unwirksamkeit der Entsch. der Einigungsstelle zu richten. Mit ihm wird nicht die Aufhebung begehrt. Dabei ist das Feststellungsbegehren die zutreffende Antragsart, denn die Entsch. über die Wirksamkeit des Spruchs einer Einigungsstelle hat feststellende und nicht rechtsgestaltende Wirkung.[106]

4. Rechtskontrolle. Eine Verletzung von **Verfahrensgrundsätzen**, für die nicht die Zwei-Wochen-Frist des Abs. 5 S. 4 gilt, kann die Unwirksamkeit des Spruchs der Einigungsstelle und in drastischen Fällen sogar die Nichtigkeit dieses Spruchs zur Folge haben. Beispiele für die Verletzung solcher Verfahrensgrundsätze ist die Nichteinhaltung der Abstimmungsregelungen des Abs. 3 S. 3,[107] die nicht ordnungsgemäße Beschlussfassung mit Stimmenmehrheit,[108] die abschließende Beratung und Beschlussfassung bei Anwesenheit der Betriebspartner,[109] die ordnungsgemäße Ladung der Beisitzer,[110] sowie, als sehr wesentliche Verletzung von Verfahrensgrundsätzen, die Missachtung des Anspruchs auf rechtliches Gehör.[111] Ebenso unterliegt zeitlich unbefristet und in vollem Umfange die Überprüfung der Beantwortung einer Rechtsfrage durch die Einigungsstelle der gerichtlichen Rechtskontrolle.[112] Verfahrensbegleitende Zwischenbeschlüsse der Einigungsstelle sind jedoch nicht gesondert gerichtlich anfechtbar.[113]

Auch hinsichtlich von Regelungsfragen unterliegt der Spruch der Einigungsstelle grds. einer umfassenden und zeitlich unbefristeten **Rechtskontrolle**. Das gilt insb. bei möglichen Verletzungen höherrangigen Rechts, wie etwa bei Verstößen gegen TV[114] oder für den Fall, dass sich die Einigungsstelle bei ihrem Spruch nicht im Rahmen der ihr eingeräumten Entscheidungszuständigkeit gehalten hat. Verkennt die Einigungsstelle daher die Grenzen eines Mitbestimmungsrechts oder überschreitet sie diese, hat dies die Unwirksamkeit ihres Spruchs zur Folge.[115] Lediglich im Rahmen der erzwingbaren Mitbestimmung und bei der Überschreitung der Grenzen des Ermessens ist die gerichtliche Überprüfung beschränkt möglich. Dies kann allerdings durch den AG oder den BR nur binnen einer Frist von zwei Wochen geltend gemacht werden. Nach Abs. 5 S. 4 wird die Zwei-Wochen-Frist vom Tage der Zuleitung des Beschl. an den AG oder der AN-Vertretung gerechnet. Erfolgt die Zuleitung an beide Seiten nicht am selben Tag, so beginnt die Frist für den Antragstellenden erst mit Zuleitung an ihn. Aus der Natur des Umstands, dass durch diesen Antrag nach Abs. 5 S. 4 die Überschreitung der Grenzen des Ermessens geltend gemacht werden, ergibt sich zwingend, dass der Antrag zu begründen ist. Dies muss gleichzeitig mit seiner Einlegung erfolgen, denn sonst gäbe die Zwei-Wochen-Frist im Hinblick auf die besondere Eilbedürftigkeit, die auch durch die Neufassung des Abs. 3 S. 1 deutlich wird, keinen Sinn. Im Ergebnis würde es ansonsten auf eine unzulässige Verlängerung der Ausschlussfrist hinauslaufen.[116]

5. Ermessensentscheidung. Erfolgt eine Ermessensentsch. durch die Einigungsstelle, so darf das Gericht sich nicht an die Stelle der Einigungsstelle setzen.[117] Vielmehr darf das ArbG die Ermessensentsch. nur auf **Ermessensfehler** überprüfen. Die Ermessensentsch. hat unter angemessener Berücksichtigung der Belange des Betriebs und der betroffenen AN zu erfolgen.[118] Hält sich der Spruch der Einigungsstelle innerhalb des gesetzlichen Ermessensrahmens, ist der Antrag vom ArbG abzuweisen. Es kommt nicht auf eine „grobe Ermessensüberschreitung" oder eine „offenbare Unbilligkeit" an.[119] Dem ArbG steht keine allg. Zweckmäßigkeitskontrolle der Entsch. der Einigungsstelle zu, selbst wenn die Entsch. und ihre Sinnhaftigkeit höchst zweifelhaft sind. Der gerichtlichen Kontrolle unter-

---

103 Fitting u.a., § 76 Rn 98; GK-BetrVG/Kreutz, § 76 Rn 146, 147.
104 BAG 28.4.1981 – 1 ABR 53/79 – AP § 87 BetrVG 1972 Vorschlagswesen Nr. 1.
105 BAG 28.6.1984 – 6 ABR 5/83 – AP § 85 BetrVG 1972 Nr. 1.
106 BAG 14.12.1993 – 1 ABR 31/93 – NZA 1994, 809; BAG 22.7.2003 – 1 ABR 28/02 – NZA 2004, 507.
107 BAG 30.1.1990 – 1 ABR 2/89 – AP § 87 BetrVG 1972 Lohngestaltung Nr. 41.
108 BAG 17.9.1991 – 1 ABR 23/91 – BAGE 68, 277 = NZA 1992, 227.
109 BAG 18.1.1994 – 1 ABR 43/93 – AP § 76 BetrVG 1972 Nr. 51.
110 BAG 27.6.1995 – 1 ABR 3/95 – AP § 76 BetrVG 1972 Einigungsstelle Nr. 1.
111 BAG 11.2.1992 – 1 ABR 51/91 – NZA 1992, 702 = DB 1992, 1730.
112 BAG 11.7.2000 – 1 ABR 43/99 – AP § 109 BetrVG 1972 Nr. 2.
113 LAG Hamburg 14.11.2007 – 5 TaBV 9/07 – juris.
114 Vgl. LAG München 1.7.2004 – 3 TaBV 53/03 – juris.
115 BAG 15.5.2001 – 1 ABR 39/00 – BAGE 97, 379 – NZA 2001, 1154; BAG 22.7.2003 – 1 ABR 28/02 – NZA 2004, 507.
116 BAG 26.5.1988 – 1 ABR 11/87 – AP § 76 BetrVG 1972 Nr. 26.
117 BAG 22.7.2003 – 1 ABR 28/02 – NZA 2004, 507.
118 LAG Niedersachsen 20.1.2005 – TaBV 40/04 – AiB 2005, 687.
119 LAG Niedersachsen 20.1.2005 – TaBV 40/04 – AiB 2005, 687.

fällt die von der Einigungsstelle beschlossene Regelung als solche, nicht die Richtigkeit der ihr zugrunde liegenden tatsächlichen oder rechtlichen Annahmen.[120] Der Überprüfung durch das ArbG unterliegt allein das Ergebnis der Einigungsstelle, nicht aber ihre Überlegungen und Erwägungen bei der Entscheidungsfindung.[121] Durch Spruch der Einigungsstelle kann nicht die Besetzung einer ständigen oder einer künftig für bestimmte Gegenstände zuständigen Einigungsstelle festgelegt werden.[122]

51 Bejaht das ArbG eine Verletzung der Ermessensausübung durch die Einigungsstelle, so hat es die Unwirksamkeit des Beschlusses festzustellen.[123] Erkennt das ArbG nur einen partiellen Rechtsverstoß, kann auch eine **teilweise Unwirksamkeit** des Einigungsstellenspruchs festgestellt werden. Voraussetzung hierfür ist jedoch, dass die verbleibende Regelung noch ein sinnvolles Ganzes ergibt.[124] Da die Einigungsstelle in diesen Fällen keinen rechtswirksamen Spruch gefällt hat, hat sie das Verfahren aufzugreifen und weiterzuführen. Dies gilt jedoch nicht, wenn ihre Unzuständigkeit festgestellt wurde.[125] Erkennt das Gericht, dass die Einigungsstelle fehlerhaft bestellt oder unzutreffend zusammengesetzt war und deshalb ihr Spruch rechtsunwirksam ist, bedarf es einer neuen Zusammensetzung der Einigungsstelle.

52 **6. Verfahrensfragen bei Entscheidungsüberprüfung.** Die Anrufung des ArbG zur Frage der Rechtmäßigkeit einer Entsch. der Einigungsstelle hat keine **suspendierende Wirkung** bezüglich der Geltung des Spruchs der Einigungsstelle.[126] Um die Pflicht zur Befolgung des Spruchs der Einigungsstelle abzuwenden, können jedoch die Antragsberechtigten eine **einstweilige Verfügung** zur Aussetzung des Beschlusses herbeiführen.[127] Wird die Rechtsunwirksamkeit eines Spruchs der Einigungsstelle wegen eines Ermessensfehlers beantragt und in einem zweiten Verfahren bezüglich derselben Entsch. der Einigungsstelle deren fehlende Zuständigkeit gerügt, ist vom ArbG nur über das zuerst eingelegte Verfahren zu entscheiden. Dem als zweites gestellten Antrag steht der Einwand der anderweitigen Rechtshängigkeit entgegen.[128]

53 Die Bestimmung des Gegenstandswerts bei der Anfechtung eines Einigungsstellenspruchs ist von den Besonderheiten des jeweiligen Falles abhängig.[129]

54 Nach § 94 Abs. 2 S. 2 ArbGG muss die Rechtsbeschwerdebegründung angeben, inwieweit die Abänderung des angefochtenen Beschl. beantragt wird, welche Bestimmungen verletzt sein sollen und worin die Verletzung bestehen soll. In Bezug auf ein einheitliches Regelungswerk einer BV hat das BAG entschieden, dass, wenn die Wirksamkeit einer Bestimmung angegriffen wird, die Wirksamkeit des gesamten Regelungskomplexes zur Entsch. steht. In einem solchen Falle sei stets § 139 BGB zu beachten. Bei einem einheitlichen Verfahrensgegenstand müsse der Beschwerdeführer daher nicht zu allen für ihn nachteiligen Streitpunkten in der Rechtsmittelbegründung Stellung nehmen. I.d.R. ist vielmehr ein einziger erfolgreicher Angriff ausreichend, den gesamten Spruch der Einigungsstelle zur Überprüfung zu stellen.[130] Ob die Voraussetzungen des § 139 BGB tatsächlich vorliegen, ist nicht eine Frage der Zulässigkeit, sondern der Begründetheit des Rechtsmittels, so dass auch eine durch den Spruch einer Einigungsstelle gebildete BV als teilweise wirksam angesehen werden kann.[131] Will eine Seite sich nicht damit abfinden, ist sie auf den Weg der Künd der (Teil-) BV verwiesen.[132]

X. Weitere Rechtswegmöglichkeiten

55 Abs. 7 stellt klar, dass, soweit nach anderen Vorschriften der Rechtsweg gegeben ist, er durch den Spruch der Einigungsstelle nicht ausgeschlossen wird. Hierdurch wird zum einen begründet, dass die Entsch. der Einigungsstelle selbst einer arbeitsgerichtlichen Kontrolle unterliegt. Darüber hinaus wird klar, dass insb. für individualrechtliche Rechtsansprüche von AN der Rechtsweg gegen Sprüche der Einigungsstelle offen steht. Bei Rechtsansprüchen des einzelnen AN besteht daher keine bindende Drittwirkung des Spruchs der Einigungsstelle. Diese ersetzt vielmehr lediglich die Einigung zwischen AG und AN-Vertretung. Der Spruch der Einigungsstelle ist auch kein Vollstreckungstitel eines Gerichts. Ein AN muss daher ihn begünstigende Umstände eines Spruches der Einigungsstelle zur Vollstreckung zunächst einklagen. Soweit eine BV durch den Spruch einer Einigungsstelle zustande gekommen

---

120 BAG 22.7.2003 – 1 ABR 28/02 – NZA 2004, 507.
121 BAG 31.8.1982 – 1 ABR 27/80 – AP § 87 BetrVG 1972 Arbeitszeit Nr. 8; BAG 30.8.1995 – 1 ABR 4/95 – AP § 87 BetrVG 1972 Überwachung Nr. 29; a.A. *Fiebig*, DB 1995, 1278, 1280.
122 BAG 26.8.2008 – 1 ABR 16/07; LAG Berlin 23.6.2008 – 10 TaBV 303/08.
123 BAG 27.5.1986 – 1 ABR 48/84 – AP zu § 87 BetrVG 1972 Überwachung Nr. 15.
124 BAG 26.8.2008 – 1 ABR 16/07; LAG Berlin 23.6.2008 – 10 TaBV 303/08.
125 BAG 30.1.1990 – 1 ABR 2/89 – AP § 87 BetrVG 1972 Lohngestaltung Nr. 41; a.A. Richardi/*Richardi*, § 76 Rn 138.
126 LAG Köln 20.4.1999 – 13 Ta 243/98 – NZA – RR 2000, 311.
127 LAG Köln 20.4.1999 – 13 Ta 243/98 – NZA-RR 2000, 311; LAG Berlin 8.11.1990 – 14 TaBV 5/90 – BB 1991, 206.
128 BAG 16.7.1996 – 3 ABR 13/95 – BAGE 83, 288 = NZA 1997, 337.
129 Vgl. BAG 9.11.2004 – 1 ABR 11/02 – NZA 2005, 70; Hessisches LAG 11.2.2004 – 5 Ta 510/03 – LAGE § 8 BRAGO Nr. 57.
130 BAG 22.7.2003 – 1 ABR 28/02 – NZA 2004, 507.
131 Zu Folgen einer Teilunwirksamkeit *Schmidt/Spiegelhalter*, NZA 1997, 1017.
132 BAG 22.7.2003 – 1 ABR 28/02 – NZA 2004, 507.

ist, kann die Entsch. über Meinungsverschiedenheiten und insb. über das Bestehen von Ansprüchen aus dieser BV zwischen AG und dem einzelnen AN nicht der Einigungsstelle übertragen werden. Dies wäre nach der Rspr. des BAG eine nach § 101 ArbGG nicht zulässige Schiedsabrede.[133]

C. Verbindung zu anderen Rechtsgebieten und zum Prozessrecht

Im **BPersVG findet sich in § 71** eine entsprechende Regelung. Das **SprAuG kennt hingegen keine Einigungsstelle** oder eine vergleichbare Einrichtung. Wesentliche Regelungen und inhaltliche Ausgestaltungen zur Entsch. über die Besetzung der Einigungsstelle finden sich in **§ 98 ArbGG**. Dies gilt insb. für Einlassungs- und Ladungsfristen sowie für den Ausschluss von Richtern als Vorsitzende der Einigungsstelle, wenn aufgrund der Geschäftsverteilung nicht ausgeschlossen ist, dass der Richter mit der Überprüfung der Auslegung und der Anwendung des Spruchs der Einigungsstelle befasst wird. Darüber hinaus enthält § 98 ArbGG Vorgaben zur Zustellung der Entsch. der Einigungsstelle. § 98 Abs. 2 ArbGG enthält darüber hinaus Vorgaben für den Instanzenzug.

56

D. Beraterhinweise

Zwar sieht Abs. 1 S. 2 die Möglichkeit vor, **durch BV ständige Einigungsstellen** durch freiwillige nicht erzwingbare BV zu errichten. Von dieser Möglichkeit wird in der Praxis indes selten Gebrauch gemacht. Ein Vorteil eines solchen Vorgehens liegt in der Schaffung von Strukturen, die eine schnelle Entsch. im Streitfall ermöglichen. Darüber hinaus können hierdurch Rahmenbedingungen verankert werden, die eine kostengünstige Behandlung der Angelegenheiten ermöglicht. Die Bildung einer ständigen Einigungsstelle durch BV ist von der Struktur her schon nicht mit einer ständigen Einigungsstelle zu vergleichen, wie sie bspw. das LPVG NW in § 67 vorsieht, da nach dem LPVG NW ohnehin nur eine ständige Einigungsstelle gebildet werden kann.

57

Auch wenn Abs. 3 Vorgaben über die Entsch. der Einigungsstelle niederlegt, sind solche Entsch. der Einigungsstelle in der Praxis die Ausnahme. Der weitaus überwiegende Teil der Entsch. erfolgt durch eine **Einigung**. Diese wird in der Praxis häufig auch dadurch herbeigeführt, dass der Einigungsstellenvorsitzende den Inhalt seines Votums mehr oder minder deutlich im Rahmen der Verhandlung klarmacht. In nicht wenigen Fällen hat daher eine Partei oft nur die Möglichkeit, sich einem Beschl. der Einigungsstelle zu beugen, wodurch klar wird, dass diese Partei unterliegt oder sich auf dem einvernehmlichen Wege zumindest unter gewisser Gesichtswahrung mit diesem Vorgehen einverstanden zu erklären. In der Praxis ist daher bei Einigungsstellenverfahren die Frage an den Vorsitzenden, ob sein Vorschlag zur gütlichen Einigung auch dem von ihm zu erwartenden Abstimmungsverhalten entspricht, von entscheidender Bedeutung.

58

Im Zusammenhang mit der **Bestellung des Vorsitzenden** einer Einigungsstelle nach Abs. 2 wird häufig von Gerichten eine Bestellung eines Vorsitzenden, der von einer der Parteien vorgeschlagen worden ist, abgelehnt. Einige Gerichte leben den ungeschriebenen Grundsatz, per se niemanden zum Vorsitzenden der Einigungsstelle zu bestellen, der von einer der Parteien bereits benannt wurde. Von daher kann es sich anbieten, Kandidaten erst im Bestellungsverfahren bzw. in der mündlichen Verhandlung zu benennen. Hierbei darf unter Praxisgesichtspunkten nicht verkannt werden, dass gerade mit der Auswahl des Vorsitzenden der Einigungsstelle und dessen Durchsetzung schon wesentliche Weichenstellungen erfolgen können. Die Frage der Verfügbarkeit der entsprechenden Persönlichkeit sollte in jedem Falle vorab geklärt sein.

59

§ 76a Kosten der Einigungsstelle

(1) Die Kosten der Einigungsstelle trägt der Arbeitgeber.
(2) [1]Die Beisitzer der Einigungsstelle, die dem Betrieb angehören, erhalten für ihre Tätigkeit keine Vergütung; § 37 Abs. 2 und 3 gilt entsprechend. [2]Ist die Einigungsstelle zur Beilegung von Meinungsverschiedenheiten zwischen Arbeitgeber und Gesamtbetriebsrat oder Konzernbetriebsrat zu bilden, so gilt Satz 1 für die einem Betrieb des Unternehmens oder eines Konzernunternehmens angehörenden Beisitzer entsprechend.
(3) [1]Der Vorsitzende und die Beisitzer der Einigungsstelle, die nicht zu den in Absatz 2 genannten Personen zählen, haben gegenüber dem Arbeitgeber Anspruch auf Vergütung ihrer Tätigkeit. [2]Die Höhe der Vergütung richtet sich nach den Grundsätzen des Absatzes 4 Satz 3 bis 5.
(4) [1]Das Bundesministerium für Arbeit und Soziales kann durch Rechtsverordnung die Vergütung nach Absatz 3 regeln. [2]In der Vergütungsordnung sind Höchstsätze festzusetzen. [3]Dabei sind insbesondere der erforderliche Zeitaufwand, die Schwierigkeit der Streitigkeit sowie ein Verdienstausfall zu berücksichtigen. [4]Die Vergütung

---

133 BAG 27.10.1987 – 1 AZR 80/86 – NZA 1988, 207 = DB 1988, 503; zustimmend *Richardi*, EWiR 1988, 537.

der Beisitzer ist niedriger zu bemessen als die des Vorsitzenden. [5]Bei der Festsetzung der Höchstsätze ist den berechtigten Interessen der Mitglieder der Einigungsstelle und des Arbeitgebers Rechnung zu tragen.

(5) Von Absatz 3 und einer Vergütungsordnung nach Absatz 4 kann durch Tarifvertrag oder in einer Betriebsvereinbarung, wenn ein Tarifvertrag dies zulässt oder eine tarifliche Regelung nicht besteht, abgewichen werden.

Literatur: *Bauer/Hahn*, Einigungsstelle – zur Bemessung des Beisitzerhonorars eines Rechtsanwalts, EWiR 1991, 955; *Bengelsdorf*, Die Vergütung der Einigungsstellenmitglieder, NZA 1989, 489; *ders.*, Vergütung des Einigungsstellenbeisitzers, SAE 1995, 26; *Berger-Delhey*, Der Rechtsanwalt als Vertreter des Betriebsrats vor der Einigungsstelle, ZTR 1990, 282; *Cecior/Vallendar/Lechtermann*, Das Personalvertretungsrecht in Nordrhein-Westfalen, Loseblatt, Stand Juli 2008; *Ebert*, Kosten der Einigungsstelle, ArbRB 2002, 84; *Eich*, Anwaltshonorar für Vertretung vor der Einigungsstelle, SAE 1990, 111; *Hergenröder*, Die Kosten der Einigungsstelle, AR-Blattei: Einigungsstelle II SD 630.2, 2001; *Kamphausen*, Pauschalierung oder Stundensatz – Vergütung für außerbetriebliche Beisitzer in Einigungsstellen, NZA 1992, 55; *ders.*, Rechtsanwälte „vor" oder „in" der Einigungsstelle – auch eine Frage der Meistbegünstigung von Anwälten?, NZA 1994, 49; *Löwisch*, Zum Vergütungsanspruch eines betriebsfremden Gewerkschaftsmitgliedes für die Tätigkeit als Beisitzer im Einigungsstellenverfahren, EWiR 1989, 321; *ders.*, Die gesetzliche Regelung der Einigungsstellenkosten, DB 1989, 223; *Lunk/Nebendahl*, Die Vergütung der außerbetrieblichen Einigungsstellenbeisitzer, NZA 1990, 921; *Plander*, Honorar der Einigungsstellenmitglieder, EWiR 1997, 97; *Platz*, Der Grundsatz der prozessualen Waffengleichheit als Grenze der Kostentragungspflicht des Arbeitgebers bei Einigungsstellen- und Beschlussverfahren, ZfA 1993, 373; *Reichel*, Das Einigungsstellenverfahren nach § 76, 76a BetrVG und gerichtlicher Rechtsschutz, BuW 2004, 204; *Schäfer*, Zur Vergütung der außerbetrieblichen Mitglieder der Einigungsstelle nach § 76a BetrVG, NZA 1991, 836; *Schneider*, Die Vergütung von Einigungsstellenmitgliedern – Rechtsgrundlage und Rechtstatsachen, in: FS für Stege, 1997, S. 253; *Sowka*, Die Tätigkeit von Rechtsanwälten als Parteivertreter vor der Einigungsstelle, NZA 1990, 91, 92; *Tschöpe*, Die Bestellung der Einigungsstelle – rechtliche und taktische Fragen, NZA 2004, 945; *Willemsen*, Zur Berechnung der Vergütung des Beisitzers einer Einigungsstelle, EWiR 1993, 1059

A. Allgemeines 1	V. Regelungsmöglichkeiten durch Tarifvertrag und Betriebsvereinbarung 15
B. Regelungsgehalt 2	VI. Streitigkeiten über Kostenlast 18
I. Arbeitgeberseitige Kostentragungspflicht 3	C. Verbindung zu anderen Rechtsgebieten und zum Prozessrecht 20
II. Organisationsinterne Beisitzer 6	
III. Vorsitzender und externe Beisitzer 8	D. Beraterhinweise 21
IV. Höhe der Vergütung 9	

A. Allgemeines

1 Die Regelung über die Kosten der Einigungsstelle ist erst **1989 durch eine Gesetzesänderung nachträglich eingefügt worden**. Hierdurch sind wesentliche Vorgaben, die zuvor von der Rspr. aufgestellt worden sind, in Gesetzesform gegossen worden. Schon vor Erl. des § 76a traf den AG nach der Rspr. des BAG die Kostenlast.[1] Hiernach hatten betriebsangehörige Beisitzer keinen besonderen Vergütungsanspruch.[2] Das Gericht erkannte für den Vorsitzenden und die außerbetrieblichen Beisitzer aber entsprechende Ansprüche an. Hierbei bestimmte das BAG, dass sich die Höhe der Vergütung nach der getroffenen Honorarvereinbarung zu richten habe.[3] Bei Fehlen einer Vereinbarung zog das BAG die BRAGO entsprechend heran.[4] Die Anbindung an die BRAGO oder das RVG enthält hingegen § 76a nicht. Dies ist auch sachgerecht, da gerade Anwaltsgebühren einen sehr hohen Anteil für den Vorhalt der Kanzlei und deren Allgemeinkosten beinhalten, die bei Beisitzern regelmäßig jedoch nicht anfallen. Eine Vergütung nach dem RVG für Beisitzer einer Einigungsstelle, die im Falle der AN-Vertretung regelmäßig sogar ohne jegliches Haftungsrisiko ihre Tätigkeit durchführen, kann nicht sachgerecht sein.

B. Regelungsgehalt

2 Abs. 1 legt die AG-seitige Pflicht zur Tragung der Kosten fest. Abs. 2 bestimmt, dass für bestimmte mit der AG-Seite verbundene Beisitzer keine besondere Vergütung zu zahlen ist. Abs. 3 regelt die Vergütungsverpflichtung des AG für den Vorsitzenden und die externen Beisitzer. Zur Höhe der Vergütung finden sich in Abs. 4 Regelungen. Abs. 5 ermöglicht besondere Regelungen durch TV oder BV.

I. Arbeitgeberseitige Kostentragungspflicht

3 Nach Abs. 1 trägt der AG die Kosten der Einigungsstelle. Hierzu gehören sämtliche finanziellen Aufwendungen, die notwendig sind, damit die Einigungsstelle ihren Auftrag erfüllen kann. Er muss all diejenigen Aufwendungen tätigen, die notwendig sind, damit die Einigungsstelle ihren Auftrag angemessen erfüllen kann. Der AG hat daher für die

---

1 BAG 18.4.1967 – 1 ABR 11/66 – AP § 39 BetrVG Nr. 7.
2 BAG 11.5.1976 – 1 ABR 15/75 – AP § 76 BetrVG 1972 Nr. 2.
3 *Fitting u.a.*, § 76a Rn 2; *Richardi/Richardi*, § 76a Rn 1; s.a. BAG 11.5.1976 – 1 ABR 37/75 – AP § 76 BetrVG 1972 Nr. 3m. zust. Anm. *Dütz*.
4 GK-BetrVG/*Kreutz*, § 76a Rn 2; vgl. *Fitting u.a.*, § 76a Rn 2; vgl. auch BAG 15.12.1978 – 6 ABR 64/77 – AP § 76 BetrVG 1972 Nr. 5; *Gaul*, DB 1983, 1148; s. zur Kritik auch BT-Drucks 11/3618, S. 18.

Vorbereitung der Sitzungen, die Sitzungen selbst als auch für den Abschluss des Verfahrens alle erforderlichen Mittel zur Verfügung zu stellen. Hierunter fällt auch die Bereitstellung der für die Aufgabenerfüllung notwendigen Räumlichkeiten sowie der sächlichen und personellen Mittel.

Der AG kann nur verpflichtet werden, die notwendigen Aufwendungen zu tätigen. Er ist nicht verpflichtet, der Einigungsstelle die bestmögliche Ausstattung zu gewähren. Im Falle des Rechtsmissbrauchs besteht schon kein Anspruch auf Einrichtung der Einigungsstelle, so dass in Folge dessen auch die Kosten nicht zu tragen wären.[5] **Der Grundsatz der Verhältnismäßigkeit** ist zu beachten.[6] Tätigt der AG darüber hinausgehende Aufwendungen, die bspw. dadurch begründet werden können, dass er keine Sitzung der Einigungsstelle im Betrieb durchführen möchte, sondern in einem Hotel Räumlichkeiten anmietet, ist er daran nicht gehindert. Es besteht daher kein Anspruch des Gegners, die Kosten der Einigungsstelle möglichst gering zu halten. AN-Vertreter können daher nicht verlangen, dass die Einigungsstellensitzungen tatsächlich im Betrieb abgehalten werden.

Nicht unter Abs. 1 fallen die Kosten für den Vorsitzenden und die Beisitzer der Einigungsstelle, denn hier enthalten Abs. 2 bis 5 spezielle Regelungen. Ebenso fallen die Kosten für einen RA, den die AN-Seite zur Unterstützung vor der Einigungsstelle heranzieht, nicht unter § 76a. Vielmehr sind diesbezüglich die Regelungen aus § 40 Abs. 1 analog heranzuziehen.[7] Der BR ist auch nicht berechtigt, in jedem Fall einen RA mit der Vertretung seiner Interessen vor der Einigungsstelle zu beauftragen. Ein solches Recht steht ihm allenfalls dann zu, wenn die Regelungsmaterie sehr schwierige und zwischen den Parteien umstrittene Rechtsfragen beinhaltet und kein Mitglied der AN-Seite über den zur sachgerechten Interessenwahrnehmung notwendigen rechtlichen Sachverstand verfügt.[8]

II. Organisationsinterne Beisitzer

Nach Abs. 2 S. 1 erhalten die Beisitzer der Einigungsstelle, die dem **Betrieb angehören**, keine Vergütung. Schon aufgrund des ausdrücklichen Verweises in Abs. 2 S. 1 Alt. 2 auf § 37 Abs. 2 und 3 sind sie von ihrer beruflichen Tätigkeit ohne Minderung des Arbeitsentgelts zu befreien, wenn und soweit es nach Umfang und Art des Betriebs zur ordnungsgemäßen Durchführung ihrer Aufgaben in der Einigungsstelle erforderlich ist. Darüber hinaus haben sie aufgrund der Verweisung auf § 37 Abs. 3 zum Ausgleich für ihre Einigungsstellentätigkeit, die aus betriebsbedingten Gründen außerhalb der Arbeitszeit durchzuführen ist, einen Anspruch auf entsprechende Arbeitsbefreiung und auf Fortzahlung des Arbeitsentgelts. Dabei liegen betriebsbedingte Gründe auch vor, wenn die Tätigkeit des Beisitzers wegen der unterschiedlichen Arbeitszeiten der Einigungsstellenmitglieder nicht innerhalb der persönlichen Arbeitszeit des Beisitzers erfolgen kann. Die Arbeitsbefreiung ist nach § 37 Abs. 3 S. 3 vor Ablauf eines Monats zu gewähren. Erst wenn dies aus betriebsbedingten Gründen nicht möglich ist, ist die vom Beisitzer aufgewendete Zeit wie Mehrarbeit zu vergüten (siehe zu weiteren Einzelheiten § 37 Rn 26 ff.). Die Tätigkeit als Beisitzer in einer Einigungsstelle stellt – auch wenn kein ausdrücklicher Verweis auf § 37 Abs. 1 erfolgt ist – ein **unentgeltliches Ehrenamt** dar, wenn der Beisitzer in die durch § 76a Abs. 2 erfasste Personengruppe fällt.

Nach Abs. 2 S. 2 ist in den Fällen, in denen die Einigungsstelle zur Beilegung von Meinungsverschiedenheiten zwischen dem AG und einem GBR bzw. einem KBR gebildet wird, S. 1 für die einem Betrieb des Unternehmens oder eines Konzernunternehmens angehörenden Beisitzer entsprechend anzuwenden. Aus dem eindeutigen Wortlaut ergibt sich, dass in einer Einigungsstelle zwischen einem AG und einem BR ein Beisitzer, der anderen Betrieben des Unternehmens oder anderen Unternehmen des Konzerns angehört, nicht unter Abs. 2 fällt.[9] Wenn er aber gerade aufgrund seiner Tätigkeit im GBR oder KBR als Beisitzer in einer Einigungsstelle zwischen dem AG und einem BR benannt wird, spricht gegen die Entlohnung nach Abs. 3 die Vorschrift des § 37 Abs. 1. Danach üben die Mitglieder des BR ihr Amt unentgeltlich aus. Diese Vorschrift gilt gem. § 51 Abs. 1 auch für den GBR und gem. § 59 Abs. 1 auch für den KBR. Sind die Mitglieder eines GBR oder eines KBR aufgrund ihrer Stellung im GBR bzw. im KBR zu Mitgliedern der Einigungsstelle benannt, gilt trotz der Regelungslücke, die sich aus unmittelbarer Anwendung des Wortlauts des Abs. 2 ergibt, keine Vergütungspflicht des AG. Vielmehr sind sogar entsprechende Beisitzer rechtlich gehindert, aufgrund ihrer Tätigkeit in der Einigungsstelle Leistungen i.S.d. Abs. 3 entgegen zu nehmen. Dagegen kann ein BR-Mitglied, das in einem anderen Betrieb des Unternehmens beschäftigt ist, für die Tätigkeit als Beisitzer in einer Einigungsstelle ein Honorar erhalten, sofern seine Mitarbeit in der Einigungsstelle erforderlich ist, weil es hinsichtlich des Regelungsgegenstandes der Einigungsstelle über besondere Erfahrungen oder Kenntnisse verfügt, und

---

5 Vgl. hierzu im Ergebnis LAG München 4.4.2007 – 8 TaBV 13/07 – NZA-RR 2008, 71 f.
6 Vgl. Hessiches LAG 8.5.2007 – 4 TaBV 70/07 – NZA RR 2007, 637 f.; Richardi/*Richardi*, § 76a Rn 7.
7 BAG 14.2.1996 – 7 ABR 25/95 – AP § 76a BetrVG 1972 Nr. 5; GK-BetrVG/*Kreutz*, § 76a Rn 17; a.A. *Sowka*, NZA 1990, 91, 92; krit. Hess u.a./*Worzalla*, § 76a Rn 13.
8 BAG 21.6.1989 – 7 ABR 78/87 – AP § 76 BetrVG 1972 Nr. 34m. abl. Anm. *Berger-Delhey*; gegen das BAG auch *Sowka*, NZA 1990, 107; *Eich*, SAE 1990, 111.
9 LAG Baden-Württemberg 30.12.1988 – 7 TaBV 9/88 – DB 1989, 736; Hessisches LAG 28.8.2003 – 9 TaBV 40/03 – AR-Blattei ES 630 Nr. 76.; a.A. LAG Niedersachsen 18.8.1987 – 1 TaBV 6/87 – NZA 1988, 290. Nachgehend jedoch BAG 21.6.1989 – 7 ABR 92/87 – AP § 76 BetrVG 1972 Nr. 35.

der BR keinen betriebsangehörigen AN, der sein Vertrauen genießt, mit vergleichbaren Erfahrungen und Kenntnissen findet.[10]

III. Vorsitzender und externe Beisitzer

8 Nach Abs. 3 haben der Vorsitzende und die Beisitzer der Einigungsstelle, die nicht zu den in Abs. 2 genannten Personen zählen, gegenüber dem AG Anspruch auf Vergütung ihrer Tätigkeit. Die Höhe der Vergütung bestimmt sich gem. Abs. 3 S. 2 nach den in Abs. 4 getroffenen Regelungen. Weil sich der Anspruch des Vorsitzenden der Einigungsstelle bzw. der externen Beisitzer aus dem Gesetz ergibt, ist eine Honorarvereinbarung nicht notwendig.[11] Dieser Anspruch folgt aus dem gesetzlich statuierten betriebsverfassungsrechtlichen Schuldverhältnis, welches durch die Bildung der Einigungsstelle zwischen dem AG und seinem Gegner begründet wird.[12] Obwohl der AG durch die Vergütung der Einigungsstellentätigkeit, die regelmäßig nicht nur die entstandenen Kosten deckt, einen Koalitionsgegenspieler finanziert, ergibt sich aus dem klaren Wortlaut des Abs. 3 S. 1 die Verpflichtung des AG, auch eine Vergütung an einen Gewerkschaftsvertreter, den die AN-Seite zum Beisitzer bestellt hat, zu zahlen. Dies soll auch dann gelten, wenn der Beisitzer gegenüber der Gewerkschaft verpflichtet ist, das Honorar an sie oder eine gewerkschaftsnahe Stiftung abzuführen.[13] Der Vergütungsanspruch entsteht nicht erst mit einer Tätigkeit für die Einigungsstelle. Vielmehr wird er schon durch die Bestellung zum Vorsitzenden oder zum Beisitzer der Einigungsstelle begründet.[14]

IV. Höhe der Vergütung

9 Zur Höhe der Vergütung enthält Abs. 4 Vorgaben. Nach Abs. 4. 1 kann das Bundesministerium für Wirtschaft und Arbeit durch **Rechts-VO** die Vergütung nach Abs. 3 regeln. Nach Abs. 4 S. 2 sind in dieser Vergütungsordnung Höchstsätze festzusetzen. Diese Konkretisierung durch eine Rechts-VO fehlt allerdings bislang. Solange eine Rechts-VO nach Abs. 4 S. 1 nicht erlassen worden ist, richtet sich die Höhe der Vergütung unmittelbar nach den Vorgaben des Abs. 4 S. 3 bis 5.

10 In der Praxis besteht zunächst die Möglichkeit, dass der AG mit dem Vorsitzenden und den Beisitzern eine Regelung über die Vergütung trifft. Diese bedarf bei einem RA als außerbetrieblichem Beisitzer einer Einigungsstelle nicht nach § 4 Abs. 1 RVG der Schriftform.[15] Es ist jedoch von Seiten des AG nicht durchsetzbar, den Vergütungsanspruch auf die Höhe des von ihm mit seinem Berater ausgehandelten Honorars zu begrenzen.[16] Zumindest mittelbar kann jedoch die vom AG getroffene Vergütungsabrede auch für die an die Gegenseite zu zahlende Vergütung Indizwirkung besitzen. Verlangt die Gegenseite daher deutlich höhere Leistungen, ist der AG aber in der Lage, entsprechende Beratungsleistungen zu günstigeren Konditionen zu erhalten, erscheinen die Aufwendungen der AN-Seite nicht notwendig. Die Begrenzung auf die Übernahme notwendiger Kosten, die aus § 40 Abs. 1 und dazu ergangene Rspr. hergeleitet wird (siehe § 40 Rn 3), bestimmt als allgemeine Grundsatzregelung auch die Verpflichtungen des AG aus § 76a Abs. 4. Dies gilt zumindest solange, bis die vom Gesetzgeber grds. vorgesehene Rechts-VO erlassen worden ist, also ohnehin eine Lücke besteht. Die Geltendmachung von Mehrwertsteuer bedarf nicht vorheriger Vereinbarung mit dem AG.[17]

11 Solange es an einer Rechts-VO nach Abs. 4 S. 1 mangelt, erfolgt die Bestimmung der Höhe der Vergütung gem. **§ 315 Abs. 1 BGB nach billigem Ermessen**.[18] Dabei sind insb. die Vorgaben des Abs. 4 S. 3 zu beachten. Bei der Vergütung sind daher der erforderliche Zeitaufwand, die rechtliche Schwierigkeit der Streitigkeit sowie ein Verdienstausfall zu berücksichtigen. Die Maßstäbe des Zeitaufwandes können sowohl durch **Tagessätze** als auch durch **Stundensätze** erfasst werden. Auch wenn der Zeitaufwand bei der Vergütung zu berücksichtigen ist, bleibt dennoch eine Regelung möglich, nach der der AG für den ersten Tag der Einigungsstelle eine Vergütung zahlt, deren Höhe sich am zweiten Tage halbiert, am dritten Tage auf 25 % reduziert wird und ab dem vierten Tag keine weitere Vergütung mehr bewirkt. Diese Regelung, die in der Praxis nicht selten angestrebt wird, bewirkt i.d.R. eine Beschleunigung des Einigungsstellenverfahrens. Da der Gesetzgeber durch seine letzte Änderung des § 76 Abs. 3 S. 1 gerade die schnelle Tätigkeit der Einigungsstelle noch einmal ausdrücklich als gesetzgeberisches Ziel hervorgehoben hat, wird eine solche Vereinbarung auch als zulässig angesehen werden müssen. Auch die Vereinbarung einer Pauschalvergütung ist zulässig.[19]

---

10 BAG 21.6.1989 – 7 ABR 92/87 – AP § 76 BetrVG 1972 Nr. 35.
11 So schon die frühere h.M.: *Fitting u.a.*, § 76a Rn 14; GK-BetrVG/*Kreutz*, § 76a Rn 27 m.w.N.; vgl. auch BAG 12.2.1992 – 7 ABR 20/91 – BAGE 69, 331 = NZA 1993, 605.
12 BAG 27.7.1994 – 7 ABR 10/93 – AP § 76a BetrVG 1972 Nr. 4.
13 BAG 14.12.1988 – 7 ABR 73/87 – NZA 1989, 515; zust. *Löwisch*, EWiR 1989, 321; vgl. auch LAG Frankfurt 15.6.1989 – 12 TaBV 195/88 – BB 1989, 2251.
14 BAG 19.8.1992 – 7 ABR 58/91 – AP § 76a BetrVG 1972 Nr. 3.
15 LAG Hamm 20.1.2006 – 10 TaBV 131/05 – NZA 2006, 878.
16 So aber im Ergebnis *Fitting u.a.*, § 76a Rn 26; wie hier GK-BetrVG/*Kreuz*, § 76a Rn 37, 46 m.w.N.
17 LAG Hamm 20.1.2006 – 10 TaBV 131/05 – NZA 2006, 878.
18 BAG 28.8.1996 – 7 ABR 42/95 – AP § 76a BetrVG 1972 Nr. 4m. zust. Anmerkung *Jost*; krit. *Plander*, EWiR 1997, 97.
19 LAG Niedersachsen 25.1.2005 – 1 TaBV 65, 69/04, 1 TaBV 65/04, 1 TaBV 69/04 – LAGE § 76a BetrVG 2001 Nr. 1.

Zur Höhe der Vergütung regelt Abs. 4 S. 4 darüber hinaus, dass die Vergütung der Beisitzer niedriger zu bemessen ist als die des Vorsitzenden. Diesbezüglich hat das BAG durch mehrere Entsch. klargestellt, dass eine Reduzierung der Vergütung des Vorsitzenden um 30 % als Vergütung für die Beisitzenden regelmäßig angemessen ist. Durch diese Vergütung werde im Allgemeinen dem Unterschied in den Aufgaben und der Beanspruchung des Vorsitzenden und der Beisitzer der Einigungsstelle ausreichend Rechnung getragen.[20] Es kann indes auch die Zahlung eines höheren Honorars an einen RA als außerbetrieblichen Beisitzer als an den Vorsitzenden der Einigungsstelle vereinbart werden.[21] Insb. lässt sich dem § 76a kein Anhaltspunkt dafür entnehmen, dass eine andere Bezugsgröße für die Bemessung der Vergütung der Beisitzer zugrunde zu legen ist.[22] Abs. 4 S. 5 regelt darüber hinaus, dass bei der Festsetzung der Höchstsätze den berechtigten Interessen der Mitglieder der Einigungsstelle und dem AG Rechnung zu tragen ist. Da Abs. 4 S. 5 ausdrücklich von Höchstsätzen spricht, bezieht sich dieser Satz als inhaltliche Bestimmung auf den Spielraum, der durch Abs. 4 S. 1 dem Verordnungsgeber eingeräumt worden ist. Allgemeine Grundsätze außerhalb einer VO sind hingegen Abs. 4 S. 5 für die Vergütung des Vorsitzenden und der Beisitzer nicht zu entnehmen, da dort ausdrücklich nur von Höchstsätzen gesprochen wird. Darüber hinaus ist der Regelungsgehalt von Abs. 4 S. 5 auch sehr gering, da die berechtigten Interessen des AG darin liegen dürften, die Kosten der Einigungsstelle möglichst gering zu halten, wohingegen die berechtigten Interessen der Mitglieder der Einigungsstelle darin zu erblicken sein dürften, dass diese im Rahmen des Vertretbaren eine möglichst hohe Vergütung für ihre Tätigkeit erhalten wollen.

Sowohl für die Vergütungsansprüche des Vorsitzenden als auch der Beisitzer, insb. eines RA, der als Beisitzer in einer Einigungsstelle tätig wird, können die Gebühren nicht nach dem RVG bestimmt werden. Die Gebührensätze nach dem RVG decken auch Bürokosten eines Anwalts, insb. Miete, Personalkosten und Haftpflichtversicherung ab, die insb. bei Richtern, die als Vorsitzende einer Einigungsstelle tätig werden, nicht anfallen. Da bei einer Vergütung des Vorsitzenden der Einigungsstelle – und daran angepasst der Beisitzer – bei Anwendung des RVG auch Allgemeinkosten eines Anwalts ersetzt werden würden, die regelmäßig im Rahmen der Einigungsstelle jedoch nicht anfallen, führte dies zu einer zu hohen Vergütung. Diese kritische Sichtweise hat auch im Bericht des Bundestags-Ausschusses für Arbeit- und Sozialordnung ausdrücklich seinen Niederschlag gefunden.[23]

Wird ein RA zum Vorsitzenden oder zum Beisitzer einer Einigungsstelle bestellt, kann also das RVG keine Anwendung finden, da er nicht in seiner Eigenschaft als RA tätig wird.[24]

V. Regelungsmöglichkeiten durch Tarifvertrag und Betriebsvereinbarung

Nach Abs. 5 kann von den in Abs. 3 vorgegebenen Vergütungsmaßstäben durch einen TV oder durch eine BV, wenn ein TV dies zulässt oder eine tarifliche Regelung nicht besteht, abgewichen werden. Abs. 5 verweist ausdrücklich nur auf Abs. 3, so dass durch TV oder BV Regelungen für eine Vergütung getroffen werden können. Abs. 5 eröffnet jedoch nicht die Möglichkeit, für nicht nach Abs. 2 zu vergütende Tätigkeiten, durch TV oder BV eine Vergütungspflicht überhaupt einzuführen. Abs. 5 gibt auch nicht die Möglichkeit, von der Pflicht des AG zur Tragung der Kosten, die in Abs. 1 festgelegt worden ist, abweichende Regelungen durch einen TV oder eine BV zu schaffen.

Soweit eine Regelung durch BV erfolgt, darf keine Regelung durch TV bereits bestehen. Ausnahmsweise kann schon eine Regelung durch einen TV getroffen worden sein, wenn dieser eine Öffnungsklausel enthält. In der Praxis sind sowohl entsprechende TV als auch BV eher selten.

Da eine tarifvertragliche Regelung nach Abs. 5 allein betriebsverfassungsrechtliche Fragen betrifft, reicht es gem. § 3 Abs. 2 TVG aus, wenn der AG tarifgebunden ist. Eine Tarifgebundenheit der AN ist daher nicht notwendig.

VI. Streitigkeiten über Kostenlast

Streitigkeiten über die Vergütung sind dem Grunde und der Höhe nach gem. § 2a Abs. 1 Nr. 1 ArbGG im **Beschlussverfahren** vor den ArbG auszutragen. Dies gilt auch für außerbetriebliche Mitglieder der Einigungsstelle.[25] Der die Vergütung beanspruchende Antragsteller hat hierbei entweder die getroffene Honorarvereinbarung oder die Voraussetzungen des Abs. 3 und des Abs. 4 S. 3–5 darzulegen und zu beweisen.

Der BR, GBR oder KBR ist in einem Verfahren, in dem ein Mitglied der Einigungsstelle oder der Vorsitzende einen Anspruch auf Vergütung oder höhere Vergütung geltend macht, nicht zu beteiligen, da es sich bei dem Anspruch auf Vergütung um einen gesetzlichen Anspruch handelt.[26] Auch die Kosten, die durch die gerichtliche Durchsetzung des

---

20 BAG 20.2.1991 – 7 ABR 6/90 – AP § 76 BetrVG 1972 Nr. 44 = NZA 1991, 651; dazu krit. *Bauer/Hahn*, EWiR 1991, 955.
21 LAG Hamm 20.1.2006 – 10 TaBV 131/05 – NZA 2006, 878; siehe auch LAG Niedersachsen 25.1.2005 – 1 TaBV 65, 69/04, 1 TaBV 65/04, 1 TaBV 69/04 – LAGE § 76a BetrVG 2001 Nr. 1.
22 BAG 12.2.1992 – 7 ABR 20/91 – AP § 76a BetrVG 1972 Nr. 2; *Willemsen*, EWiR 1993, 1059; krit. *Bengelsdorf*, SAE 1995, 26.
23 Richardi/*Richardi*, § 76a Rn 1; GK-BetrVG/*Kreutz*, § 76a Rn 2; jeweils m. Hinweis auf BT-Drucks 11/3618, S. 18.
24 So für die BRAGO: BAG 20.2.1991 – 7 ABR 6/90 – BAGE 67, 248 = NZA 1991, 651.
25 BAG 27.7.1994 – 7 ABR 10/93 – AP § 76a BetrVG 1972 Nr. 4.
26 So für den Fall eines BR: BAG 12.2.1992 – 7 ABR 20/91 – AP § 76a BetrVG 1972 Nr. 2.

Vergütungsanspruchs entstehen, sind im arbeitsgerichtlichen Beschlussverfahren einzufordern.[27] Derartige Kosten gehören zwar nicht unmittelbar zu den Kosten der Einigungsstelle nach Abs. 1. Sie werden sich jedoch regelmäßig aus dem Gesichtspunkt eines Verzugsschadens ergeben.[28] Ist ein Mitglied der Einigungsstelle in dem Verfahren zur Durchsetzung eines Vergütungsanspruchs teilweise unterlegen, berechnen sich die erstattungsfähigen Durchsetzungskosten nach der Höhe der zugesprochenen Vergütung.[29] Betriebsangehörige Beisitzer haben ihren Anspruch auf Freizeitausgleich bzw. Mehrarbeitsvergütung nach § 37 Abs. 3 i.V.m. Abs. 2 S. 1 Alt. 2 im arbeitsgerichtlichen Urteilsverfahren geltend zu machen.[30]

C. Verbindung zu anderen Rechtsgebieten und zum Prozessrecht

20 Da das SprAuG keine Einigungsstelle kennt, gibt es dort auch keine entsprechende Vorschrift zur Kostentragung. Auch das BPersVG, das in § 71 BPersVG die Einigungsstelle regelt, enthält keine ausdrücklichen Vorgaben zur Kostentragungspflicht. Jedoch enthalten einzelne Landespersonalvertretungsgesetze diesbezüglich Regelungen. So ist bspw. in § 67 Abs. 2 S. 3 LPVG NW festgelegt, dass dem Vorsitzenden eine Entschädigung für Zeitaufwand gewährt werden kann. Dies wird mit dem Hinweis begründet, dass ohne Entschädigung kein ausreichend qualifiziertes Personal für die Position des Vorsitzenden der Einigungsstelle gewonnen werden kann.[31]

D. Beraterhinweise

21 Um die **Kosten von Einigungsstellenverfahren** möglichst gering zu halten, sollte von AG-Seite versucht werden, bereits im Rahmen der Benennung eines Vorsitzenden der Einigungsstelle eine Honorarabrede zu treffen. Hierdurch werden gleichzeitig mittelbar die Kosten für eventuell eingeschaltete externe Beisitzer verringert. Darüber hinaus sollte angestrebt werden, schon in der vereinbarten Vergütungsstruktur das Ziel einer schnellen Erledigung zu verankern. Dies kann bspw. durch die Vereinbarung eines Tagessatzes geschehen, der sich für jeden weiteren benötigten Tag reduziert, so dass letztlich eine lang andauernde Einigungsstelle unter lediglich wirtschaftlichen Gesichtspunkten auch für externe Beisitzer kaum lohnend ist. Im Übrigen sollte bei einer etwaigen Vereinbarung eines Stundensatzes mit dem Einigungsstellenvorsitzenden darauf Wert gelegt werden, dass jeweils kleinere Zeitabschnitte – also in fünf bis fünfzehn Minuten-Schritten – vereinbart wird und dass eine Pflicht zur Vergütung nur besteht, wenn durch eine schriftliche Erklärung detailliert der Inhalt der Tätigkeit angegeben wird. Dies ist erfahrungsgemäß bei Vorsitzenden der Einigungsstelle regelmäßig unproblematisch. Bei dem sozialen Gegenspieler des AG besteht aber nicht selten eine gewisse Selbstbedienungsmentalität, die durch entsprechende Vereinbarungen zumindest vom Grundsatz her begrenzt werden können. In diesem Zusammenhang kann es sich auch empfehlen, dass für die Vertretung in der Einigungsstelle Höchstsummen vereinbart werden, die unabhängig von der anfallenden Arbeit nicht überschritten werden. In jedem Fall sollte vermieden werden, eine Vergütung nach den Grundsätzen des RVG zu vereinbaren. Dies gilt insb. aufgrund des Umstandes, dass bei Einigungsstellen, die im Zusammenhang mit Interessenausgleich und Sozialplanmaßnahmen durchgeführt werden, regelmäßig mit sehr hohen Streitwerten zu rechnen ist. Sollte eine Vergütung nach dem RVG gleichwohl erwogen werden, kann in dieser Vereinbarung der Streitwert festgesetzt werden. Wird dieser relativ gering beziffert, können gleichzeitig auch die Kosten der Einigungsstelle reduziert werden. Auch im Besetzungsverfahren der Einigungsstelle nach § 76 sollte die Kostenseite mit bedacht werden, denn wenn lediglich interne Personen zu Beisitzern der Einigungsstelle bestellt werden, sind Vergütungsansprüche nach § 76a Abs. 2 ausgeschlossen.

§ 77 Durchführung gemeinsamer Beschlüsse, Betriebsvereinbarungen

(1) ¹Vereinbarungen zwischen Betriebsrat und Arbeitgeber, auch soweit sie auf einem Spruch der Einigungsstelle beruhen, führt der Arbeitgeber durch, es sei denn, dass im Einzelfall etwas anderes vereinbart ist. ²Der Betriebsrat darf nicht durch einseitige Handlungen in die Leitung des Betriebs eingreifen.
(2) ¹Betriebsvereinbarungen sind von Betriebsrat und Arbeitgeber gemeinsam zu beschließen und schriftlich niederzulegen. ²Sie sind von beiden Seiten zu unterzeichnen; dies gilt nicht, soweit Betriebsvereinbarungen auf einem Spruch der Einigungsstelle beruhen. ³Der Arbeitgeber hat die Betriebsvereinbarungen an geeigneter Stelle im Betrieb auszulegen.

---

27 BAG 27.7.1994 – 7 ABR 10/93 – AP § 76a BetrVG 1972 Nr. 4.
28 BAG 27.7.1994 – 7 ABR 10/93 – AP § 76a BetrVG 1972 Nr. 4; Richardi/*Richardi*, § 76a Rn 24.
29 ArbG Regensburg 23.9.1999 – 5 BV 17/99 N – AiB 2000, 690, m. zust. Anm. *Manske*.
30 *Fitting u.a.*, § 76a Rn 35; GK-BetrVG/*Kreutz*, § 76a Rn 23.
31 *Cecior/Dietz/Vallendar/Lechtermann/Klein*, Personalvertretungsrecht NW, Band II, § 67 Rn 23.

(3) ¹Arbeitsentgelte und sonstige Arbeitsbedingungen, die durch Tarifvertrag geregelt sind oder üblicherweise geregelt werden, können nicht Gegenstand einer Betriebsvereinbarung sein. ²Dies gilt nicht, wenn ein Tarifvertrag den Abschluss ergänzender Betriebsvereinbarungen ausdrücklich zulässt.
(4) ¹Betriebsvereinbarungen gelten unmittelbar und zwingend. ²Werden Arbeitnehmern durch die Betriebsvereinbarung Rechte eingeräumt, so ist ein Verzicht auf sie nur mit Zustimmung des Betriebsrats zulässig. ³Die Verwirkung dieser Rechte ist ausgeschlossen. ⁴Ausschlussfristen für ihre Geltendmachung sind nur insoweit zulässig, als sie in einem Tarifvertrag oder einer Betriebsvereinbarung vereinbart werden; dasselbe gilt für die Abkürzung der Verjährungsfristen.
(5) Betriebsvereinbarungen können, soweit nichts anderes vereinbart ist, mit einer Frist von drei Monaten gekündigt werden.
(6) Nach Ablauf einer Betriebsvereinbarung gelten ihre Regelungen in Angelegenheiten, in denen ein Spruch der Einigungsstelle die Einigung zwischen Arbeitgeber und Betriebsrat ersetzen kann, weiter, bis sie durch eine andere Abmachung ersetzt werden.

Literatur: 10. Hauptgutachten der Monopolkommission, BT-Drucksache 12/8323, Nr. 937; *Adomeit*, Thesen zur betrieblichen Mitbestimmung nach dem neuen BetrVG, BB 1972, 53; *Ahrens*, Eingeschränkte Rechtskontrolle von Betriebsvereinbarungen, NZA 1999, 686; *Andelewski/Eckert*, Kippt das kirchliche Arbeitsrecht den Tarifvorrang des § 77 III BetrVG?, NZA 2005, 662; *Annuß*, Schutz der Gewerkschaften vor tarifwidrigem Handeln der Betriebsparteien?, RdA 2000, 287; *Bachner*, Auswirkungen unternehmensinterner Betriebsumstrukturierungen auf die Wirksamkeit von Betriebsvereinbarungen, NZA 1997, 79; *Barton*, Betriebliche Übung und private Nutzung des Internetarbeitsplatzes, NZA 2006, 460; *Belling/Hartmann*, Die Rechtswirkungen einer gegen § 77 III BetrVG verstoßenden Betriebsvereinbarung, NZA 1998, 673; *Bepler*, Mitbestimmung des Betriebsrats bei der Regelung der Arbeitszeit, NZA 2006, Beil. 1, 45; *Blomeyer*, Die Billigkeitskontrolle der abändernden Betriebsvereinbarung über betriebliche Ruhegelder, DB 1984, 926; *ders.*, Das Günstigkeitsprinzip in der Betriebsverfassung – Die Betriebsvereinbarung zwischen Individual- und Tarifvertrag, NZA 1996, 337; *Berg/Platow*, Unterlassungsanspruch der Gewerkschaften gegen tarifwidrige betriebliche Regelungen, DB 1999, 2362; *Beuthien*, Tariföffnungsklauseln zwecks Arbeitsplatzsicherung, BB 1983, 1992; *Birk*, Innerbetriebliche Regelungen – Typen und Rechtswirkungen –, ZfA 1986, 73; *Braun*, Verbandstarifliche Normen in Firmentarifverträgen und Betriebsvereinbarungen, BB 1986, 1428; *Buchner*, Das Gesetz zur Änderung des Gesetzes über Sprecherausschüsse der leitenden Angestellten, NZA 1989, Beil. 1, 2; *ders.*, Die Umsetzung der Tarifverträge im Betrieb – Bewältigtes und Unbewältigtes aus dem Spannungsverhältnis tariflicher und betrieblicher Regelungsbefugnis, RdA 1990, 1; *ders.*, Der Unterlassungsanspruch der Gewerkschaft – Stabilisierung oder Ende des Verbandstarifvertrages? – Zum Beschluß des BAG vom 20.4.1999 – 1 ABR 72/98, NZA 1999, 897; *Dieterich*, Betriebsverfassungsrecht und betriebliche Altersversorgung, NZA 1984, 273; *Ehmann*, Empfiehlt es sich, die Regelungsbefugnis der Tarifparteien im Verhältnis zu den Betriebsparteien zu ordnen?, ZRP 1996, 314; *ders.*, Die Tarifbindung des Arbeitgebers als Voraussetzung des Tarifvorbehalts, in: FS Zöllner, 1998, S. 715; *Ehmann/Lambrich*, Vorrang der Betriebs- vor der Tarifautonomie kraft des Subsidiaritätsprinzips? – Betriebsvereinbarungen als „andere Abmachungen", NZA 1996, 346; *Ehmann/Schmidt*, Betriebsvereinbarungen und Tarifverträge, NZA 1995, 193; *Eich*, Die Vorzugsstellung des Verbandstarifvertrags auf dem Markt privat-autonomer Rechtsquellen, NZA 2006, 1014; *Farthmann*, Die Mitbestimmung des Betriebsrates bei der Regelung der Arbeitszeit, RdA 1974, 65; *Franzen*, Betriebsvereinbarung: Alternative zu Tarifvertrag und Arbeitsvertrag?, NZA 2006, 107; *Gast*, Zu Fragen von Tarifvorbehalt und Tarifvorrang, BB 1987, 1249; *Glaubitz*, Billigkeitsprüfung von Betriebsvereinbarungen, Anm. zu BAG, Urt. v. 11.6.1975, SAE 1976, 105; *Goethner*, Nochmals: die Regelungsschranken des § 77 III BetrVG im System der tarifvertraglichen Ordnung des TVG, NZA 2006, 303; *Hablitzel*, Verhältnis von Tarif- und Betriebsautonomie im Lichte des Subsidiaritätsprinzips, NZA 2001, 467; *Hammen*, Die „richterliche Inhaltskontrolle" von Betriebsvereinbarungen (Sozialplänen) durch das Bundesarbeitsgericht insbesondere aus revisionsrechtlicher Sicht, RdA 1986, 23; *Hanau*, Allgemeine Grundsätze der betrieblichen Mitbestimmung, RdA 1973, 281; *ders.*, Probleme der Mitbestimmung des Betriebsrats über den Sozialplan, ZfA 1974, 89; *ders.*, Aktuelle Probleme der Mitbestimmung über das Arbeitsentgelt gemäß § 87 Nr. 10 BetrVG, BB 1977, 350; *ders.*, Probleme der Ausübung des Mitbestimmungsrechts des Betriebsrats, NZA 1985, Beil. 2, 3; *ders.*, Rechtswirkungen der Betriebsvereinbarung, RdA 1989, 207; *ders.*, Betriebsvereinbarung oder Regelungsabrede, AuR 1995, 401; *Haug*, Tarifvorrang und innerbetriebliche Regelungsmechanismen, BB 1986, 1921; *Heinze*, Betriebsvereinbarung versus Tarifvertrag?, NZA 1989, 41; *ders.*, Regelungsabrede, Betriebsvereinbarung und Spruch der Einigungsstelle Zustandekommen und Rechtswirkungen betrieblicher Regelungen, NZA 1994, 580; *Hayen*, Das AGG und die Betriebsräte – Auswirkungen des Allgemeinen Gleichbehandlungsgesetzes für die Betriebspraxis, AiB 2006, 730; *Heinze*, Kollektive Arbeitsbedingungen im Spannungsfeld zwischen Tarif- und Betriebsautonomie, NZA 1995, 5; *Heither*, Möglichkeiten und Grenzen der Änderungen von Zusagen auf betriebliche Altersversorgung, BB 1992, 145; *Herschel*, Betriebsvereinbarung statt Betriebssatzung?, RdA 1948, 47; *Herschel*, Zur Entstehung der Tarifvertragssystems, AuR 1973, 183; *v. Hoyningen-Huene*, Fehlerhafte Betriebsvereinbarungen und ihre Auswirkungen auf die Arbeitnehmer, DB 1984, Beil. 1, 1; *ders.*, Die Inhaltskontrolle von Betriebsvereinbarungen der betrieblichen Altersversorgung, BB 1992, 1640; *v. Hoyningen-Huene/Meier-Krenz*, Mitbestimmung trotz Tarifvertrages? – Tarifvorbehalt und Tarifvorrang in § 77 III BetrVG, NZA 1987, 793; *dies.*, Flexibilisierung des Arbeitsrechts durch Verlagerung tariflicher Regelungskompetenzen auf den Betrieb, NZA 1988, 293; *Hromadka*, Betriebsvereinbarung oder mitbestimmungspflichtige soziale Angelegenheiten bei Tariflüblichkeit: Zwei-Schranken-Theorie ade?, DB 1987, 1991; *Hueck*, Die Teilkündigung im Arbeitsrecht, RdA 1968, 201; *Jobs*, Gerichtliche Billigkeitskontrolle bei abändernden Betriebsvereinbarungen, AuR 1986, 147; *Joost*, Tarifrechtliche Grenzen der Verkürzung der Wochenarbeitszeit, ZfA 1984, 173; *ders.*, Betriebliche Mitbestimmung bei der Lohngestaltung im System von Tarifautonomie und Privatautonomie, ZfA 1993, 257; *Junker*, Über den richtigen Weg zu angemessenen Arbeitsbedingungen – Einführung, NZA 2006, 147; *Käppler*, Arbeitsrecht in der Bewährung, in: FS Kissel, 1994, S. 475; *Kania*, § 77 Abs. 3 Betriebsverfassungsgesetz auf dem Rückzug – auch mit Hilfe der Verbände, BB 2001, 1091; *Kissel*, Kollektive Arbeitsbedingungen im Spannungsfeld zwischen Tarif- und Betriebsautonomie, NZA 1995, 1; *Konzen*, Tarifvertragliche und innerbetriebliche Normsetzung, BB 1977, 1307; *Kort*, Arbeitszeitverlängerndes

„Bündnis für Arbeit" zwischen Arbeitgeber und Betriebsrat – Verstoß gegen die Tarifautonomie?, NJW 1997, 1479; *ders.*, Rechtsfolgen einer wegen Verstoßes gegen § 77 III BetrVG (teil-) unwirksamen Betriebsvereinbarung, NZA 2005, 620; *Kreutz*, Kritische Gedanken zur gerichtlichen Billigkeitskontrolle von Betriebsvereinbarungen, ZfA 1975, 65; *ders.*, Grundsätzliches zum persönlichen Geltungsbereich der Betriebsvereinbarung, ZfA 2003, 361; *Leinemann*, Änderung von Arbeitsbedingungen durch Betriebsvereinbarungen, BB 1989, 1905; *Lieb*, Mehr Flexibilität im Tarifvertragsrecht? „Moderne" Tendenzen auf dem Prüfstand, NZA 1994, 289; *Löwisch*, Deliktschutz gegen abtrünnige Mitglieder?, BB 1999, 2080; *ders.*, Beschäftigungssicherung als Gegenstand betrieblicher und tariflicher Regelungen und von Arbeitskämpfen, DB 2005, 554; *Möller/Welkoborsky*, Bestätigung der OT-Mitgliedschaft durch das BAG – Grundsätzliche Anerkennung – offene Folgefragen, NZA 2006, 1377; *Molkenbur/Roßmanith*, Mitbestimmung des Betriebsrats bei Änderungen in der betrieblichen Altersversorgung, AuR 1990, 333; *Müller*, Privatautonomie gegen Kollektivgewalt, DB 1999, 2310; *Oetker*, Sprecherausschuß Neues Gesetz, ZfA 1990, 43; *Reuter*, Das Verhältnis zwischen Individualautonomie, Betriebsautonomie und Tarifautonomie, RdA 1991, 193; *ders.*, Deregulierung auf dem Arbeitsmarkt, DWiR, 1991, 221; *ders.*, Die Lohnbestimmung im Betrieb – Realität, rechtliche Einordnung, rechtspraktische Konsequenz, ZfA 1993, 221; *ders.*, Änderung von Ruhegeldordnungen durch die Versorgungsrichtlinie einer Unterstützungskasse oder durch Betriebsvereinbarungen, SAE 1983, 201; *ders.*, Betriebsverfassung und Tarifvertrag, RdA 1994, 152; *ders.*, Möglichkeiten und Grenzen einer Auflockerung des Tarifkartells, ZfA 1995, 1; *Richardi*: Kehrtwende des BAG zum betriebsverfassungsrechtlichen Unterlassungsanspruch des Betriebsrats, NZA 1995, 8; *ders.*, Tarifautonomie und Betriebsautonomie als Formen wesensverschiedener Gruppenautonomie im Arbeitsrecht, DB 2000, 42; *Säcker*, Die Regelungen sozialer Angelegenheiten im Spannungsfeld zwischen tariflicher und betriebsvereinbarungsrechtlicher Normsetzungsbefugnis, ZfA 1972, Sonderheft S. 41; *ders.*, Tarifvorrang und Mitbestimmung des Betriebsrats beim Arbeitsentgeltfortzahlungsgesetz und über die individuelle und kollektive Vertragsfreiheit, AuR 1994, 1; *Schaub*, Änderungskündigung und Kündigungsschutz bei Betriebsvereinbarungen, BB 1990, 289; *ders.*, Wege und Irrwege aus dem Flächentarifvertrag, NZA 1998, 617; *Schulin*, Sozialplan Zuständigkeit des Gesamtbetriebsrats, Anm. zu BAG, Urt. v. 17.2.1981, SAE 1982, 47; *Sowka/Weiss*, Gesamtbetriebsvereinbarung und Tarifvertrag bei Aufnahme eines neuen Betriebs in das Unternehmen, DB 1991, 1518; *v. Stebut*, Die Zulässigkeit der Einführung von Kurzarbeit, RdA 1974, 332; *Thon*, Die Regelungsschranken des § 77 III BetrVG im System der tarifvertraglichen Ordnung des TVG – Eine Bestandsaufnahme des geltenden Rechts, NZA 2005, 858; *Thüsing*, Der Schutz des Tarifvertrags vor den tarifvertraglich Geschützten, DB 1999, 1552; *Trappehl/Lambrich*, Unterlassungsanspruch der Gewerkschaft – Das Ende für betriebliche Bündnisse für Arbeit?, NJW 1999, 3217; *Vollmer*, Aufgaben und Zuständigkeitsverteilung zwischen mitbestimmungsrechtlicher und tarifrechtlicher Interessenvertretung, DB 1979, 308; *Walker*, Rechtsschutz der Gewerkschaft gegen tarifwidrige Vereinbarungen, ZfA 2000, 29; *Waltermann*, 75 Jahre Betriebsvereinbarung, NZA 1995, 1177; *ders.*, Gestaltung von Arbeitsbedingungen durch Vereinbarung mit dem Betriebsrat, NZA 1996, 357; *ders.*, Zuständigkeiten und Regelungsbefugnis im Spannungsfeld von Tarifautonomie und Betriebsautonomie, RdA 1996, 129; *ders.*, Ablösende Betriebsvereinbarung für Ruheständler?, NZA 1998, 505; *Wank*, Tarifautonomie oder betriebliche Mitbestimmung? Zur Verteidigung der Zwei-Schranken-Theorie, RdA 1991, 129; *ders.*, Empfiehlt es sich, die Regelungsbefugnis der Tarifparteien im Verhältnis zu den Betriebsparteien neu zu ordnen?, NJW 1996, 2273; *Wilhelm/Dannhorn*, Die „OT-Mitgliedschaft" – neue Tore für die Tarifflucht?, NZA 2006, 466; *Wlotzke*, Die Änderungen des Betriebsverfassungsgesetzes und das Gesetz über Sprecherausschüsse der leitenden Angestellten, DB 1989, 173; *ders.*, Arbeitsrechtliche Aspekte des neuen Umwandlungsrechts, DB 1995, 40; *Wolf/Hammen*, Zulässigkeit der Beschränkung eines Sozialplans auf einzelne Arbeitnehmergruppen, Anm. zu BAG, Urt. v. 9.12.1981, SAE 1982, 301; *Zachert*, „Jenseits des Tarifvertrags"? – Sonstige Kollektivvereinbarungen der Koalitionen, NZA 2006, 10; *ders.*, Krise des Flächentarifvertrages?, RdA 1996, 140; *Zöllner*, Zur Publikation von Tarifvertrag und Betriebsvereinbarung, DVBl. 1958, 124; *ders.*, Flexibilisierung des Arbeitsrechts, ZfA 1988, 265

A. Allgemeines 1	5. Reichweite der Regelungssperre des Abs. 3 und alternative Regelungsmöglichkeiten 36
B. Regelungsgehalt 2	6. Ausnahmen von der Regelungssperre 40
I. Durchführung von Vereinbarungen durch den Arbeitgeber 2	a) Sozialpläne 40
II. Betriebsvereinbarungen 3	b) Tarifvertragliche Öffnungsklauseln nach Abs. 3 S. 2 41
1. Rechtsnatur 3	7. Rechtsentwicklungen 44
2. Abschluss und Veröffentlichung 4	IV. Die normative Wirkung der Betriebsvereinbarung nach Abs. 4 S. 1 45
3. Anhörung des Sprecherausschusses der leitenden Angestellten 7	V. Arbeitnehmerverzicht auf Rechte aus Betriebsvereinbarungen gem. Abs. 4 S. 2 50
4. Abschlussmängel (Nichtigkeit und Anfechtung) 8	VI. Verwirkung der Arbeitnehmerrechte aus Betriebsvereinbarungen gem. Abs. 4 S. 3 51
5. Geltungsbereich 11	VII. Ausschlussfristen für Geltendmachung von Rechten aus Betriebsvereinbarungen und Verkürzung der entsprechenden Verjährungsfristen (Abs. 4 S. 4) . 52
a) Räumlich 11	
b) Zeitlich 12	
c) Persönlich 13	
6. Inhalt von Betriebsvereinbarungen 15	VIII. Beendigung von Betriebsvereinbarungen 53
a) Allgemein regelbare Angelegenheiten 15	1. Zeitablauf und Zweckerreichung 53
b) Vereinbarung von Betriebsnormen 16	2. Aufhebungsvertrag 54
c) Vereinbarung von Betriebsverfassungsnormen 19	3. Kündigung gem. Abs. 5 55
d) Schuldrechtliche Vereinbarungen 20	4. Keine Beendigungsgründe 60
7. Auslegung von Betriebsvereinbarungen 22	a) Einleitung 60
III. Vorrang des Tarifvertrages (Abs. 3) 23	b) Wechsel des Betriebsinhabers 61
1. Zweck der Norm 23	c) Amtsende des Betriebsrats 63
2. Verhältnis vis Abs. 2 zu § 87 Abs. 1 27	IX. Nachwirkung von Betriebsvereinbarungen 65
3. Voraussetzungen der Regelungssperre des Abs. 3 31	**C. Verbindung zum Prozessrecht** 68
4. Rechtsfolgen der Regelungssperre des Abs. 3 . 35	**D. Beraterhinweise** 72

A. Allgemeines

§ 77 regelt die Durchführung der zwischen BR und AG getroffenen Vereinbarungen, sowie das generelle Verbot für den BR, einseitig in die Leitung des Betriebs einzugreifen. Die Abs. 2 bis 6 enthalten nähere Regelungen zu den Gegenständen Form, Zustandekommen, Inhalt, Rechtswirkungen, Beendigung und Nachwirkungen von BV. Abs. 3 statuiert den grundsätzlichen tarifvertraglichen Vorrang.[1]

B. Regelungsgehalt

I. Durchführung von Vereinbarungen durch den Arbeitgeber

Der alleinige Durchführungsanspruch hinsichtlich der BV kommt dem AG zu, der die ausschließliche Organisations- und Leitungsmacht innerhalb des Betriebs innehat. Hieraus erwächst aber auch eine Durchführungspflicht des AG, die wiederum mit einem Anspruch des BR auf Durchführung gegenüber dem AG korrespondiert.[2] Je nach Wortlaut der BV kann neben dem Durchführungsanspruch des BR überdies ein Anspruch des BR bestehen, gerichtet auf Herausgabe von Unterlagen, die die ordnungsgemäße Durchführung der BV durch den AG belegen.[3] Bspw. hat der AG, in dessen Betrieb durch BV die sog. Vertrauensarbeitszeit eingeführt wurde, über die Einhaltung der Regelungen des Arbeitszeitgesetzes und der einschlägigen TV und BV zu wachen und den BR mit den entsprechenden Daten zu versorgen.[4] AG und BR können im Einzelfall eine Übertragung der Durchführung auf den BR beschließen. In Betracht kommt hier z.B. die Organisation einer Sozialeinrichtung, wie etwa einer Kantine.[5] Der AG kann jedoch die Durchführungspflicht nicht einseitig auf den BR abwälzen.[6]

II. Betriebsvereinbarungen

1. Rechtsnatur. Der Begriff der BV ist im Gesetz nicht näher definiert und daher umstr. (Vertrags-, Satzungs- oder Vereinbarungstheorie).[7] Die h.M. geht davon aus, dass es sich bei einer BV um einen privatrechtlichen Normenvertrag handelt.[8]

2. Abschluss und Veröffentlichung. Vertragspartner einer BV auf AN-Seite ist der BR und auf AG-Seite der Inhaber des Betriebs.[9] Eine BV kann auch auf einem Spruch der Einigungsstelle beruhen, falls es sich um eine Angelegenheit der erzwingbaren Mitbestimmung oder einen Fall der vorherigen Unterwerfung der Betriebsparteien unter den Spruch der Einigungsstelle handelt.[10]

Die BV bedarf zu ihrer Gültigkeit der schriftlichen Niederlegung und der eigenhändigen Unterschrift von vertretungsberechtigten Personen beider Seiten. Der BR wird durch den Vorsitzenden vertreten. Die Vertretungsregelung auf Seiten des AG folgt aus der Satzung. Die Schriftform kann nicht durch die elektronische Form ersetzt werden. Sie ist jedoch gewahrt, wenn auf eine andere schriftliche Regelung, wie z.B. einen TV Bezug genommen wird. Das Schriftformerfordernis wirkt konstitutiv.[11]

Die Unterschriften müssen sich auf derselben Urkunde befinden, wobei für den Fall, dass mehrere Seiten (z.B. durch eine Heftklammer) verbunden sind oder durch Nummerierung aufeinander Bezug nehmen, nicht jedes Blatt einzeln unterschrieben werden muss.[12]

Der AG hat die BV an geeigneter Stelle im Betrieb auszulegen. Die Auslegung muss nicht in schriftlicher Form an jeden Mitarbeiter erfolgen. Wenn vorhanden, ist eine Bekanntmachung per Intranet, Werkszeitung oder aber klassisch am „Schwarzen Brett" ausreichend.[13] Abs. S. 3 ist nach ganz h.M. bloße Ordnungsvorschrift, die keine Auswirkungen auf die Wirksamkeit der BV hat.[14] Ob sich aus dieser Norm jedoch konkrete Schadensersatzansprüche gegen den AG herleiten lassen, ist umstr. Einig ist man sich dahingehend, dass Abs. 2 S. 3 kein Schutzgesetz i.S.d. § 823 Abs. 2 BGB darstellt.[15] Teilweise wird vertreten, Abs. 2 S. 3 konkretisiere die Fürsorgepflicht des AG, bei deren Verletzung er sich schadensersatzpflichtig machen könne, für den Fall, dass dem AN wegen der Nichtveröffent-

---

1 Richardi/*Richardi*, § 77 Rn 1; *Fitting u.a.*, § 77 Rn 1; ErfK/*Kania*, § 77 BetrVG Rn 1.
2 GK-BetrVG/*Kreutz*, § 77 Rn 20, 21; *Fitting u.a.*, § 77 Rn 4; ErfK/*Kania*, § 77 BetrVG Rn 5; Richardi/*Richardi*, § 77 Rn 3.
3 BAG 24.1.2006 – NZA 2006, 1052.
4 BAG 6.5.2003 – AP § 77 BetrVG 1972 Nr. 61 = NZA 2003, 1348; *Bepler*, NZA 2006, 50.
5 BAG 24.4.1986 – AP § 77 BetrVG 1972 Nr. 7.
6 DKK/*Berg*, § 77 Rn 4; GK-BetrVG/*Kreutz*, § 77 Rn 25.
7 DKK/*Berg*, § 77 Rn 8; GK-BetrVG/*Kreutz*, § 77 Rn 31 ff. m.w.N.
8 *Fitting u.a.*, § 77 Rn 13; GK-BetrVG/*Kreutz*, § 77 Rn 31; *Schaub*, Arbeitsrechts-Handbuch, S. 1680 f.; ErfK/*Kania*, § 77 BetrVG Rn 19; Richardi/*Richardi*, § 77 Rn 26.
9 ErfK/*Kania*, § 77 BetrVG Rn 20; *Fitting u.a.*, § 77 Rn 20.
10 GK-BetrVG/*Kreutz*, § 77 Rn 36; *Fitting u.a.*, § 77 Rn 19; ErfK/*Kania*, § 77 BetrVG Rn 20.
11 Richardi/*Richardi*, § 77 Rn 33-37; GK-BetrVG/*Kreutz*, § 77 Rn 37; *Fitting u.a.*, § 77 Rn 21; ErfK/*Kania*, § 77 BetrVG Rn 21; *Goethner*, NZA 2006, 304.
12 *Fitting u.a.*, § 77 Rn 21.
13 ErfK/*Kania*, § 77 BetrVG Rn 25; *Fitting u.a.*, § 77 Rn 25.
14 GK-BetrVG/*Kreutz*, § 77 Rn 36; DKK/*Berg*, § 77 Anm 13; *Fitting u.a.*, § 77 Anm. 24; Richardi/*Richardi*, § 77 Rn 33-40; *Galperin/Löwisch*, § 77 Rn 13; ErfK/*Kania*, § 77 BetrVG Rn 25.; a.A. *Heinze*, NZA, 1994, 580, 582; *Zöllner*, DVBl. 1958, 124, 127.
15 *Fitting u.a.*, § 77 Rn 26; Richardi/*Richardi*, § 77 Rn 35; GK-BetrVG/*Kreutz*, § 77 Rn 36.

lichung der BV Schaden entsteht.[16] Andere Auff. in der Lit. sehen die Konkretisierung der Fürsorgepflicht des AG nicht in Abs. 2 S. 3, sondern in § 2 Abs. 1 Nr. 10 NachwG, der sich u.a. auch auf die BV bezieht die auf das Arbverh eines AN anzuwenden sind. Hiernach hat der AG in die Arbeitsvertragsunterlagen einen Hinweis auf die anwendbaren BV aufzunehmen. Bei schuldhaftem Unterlassen kommt ein Schadensersatzanspruch aus positiver Forderungsverletzung in Betracht.[17]

7 **3. Anhörung des Sprecherausschusses der leitenden Angestellten.** Falls durch eine BV rechtliche Interessen der leitenden Ang berührt werden, ist nach § 2 Abs. 1 S. 2 SprAuG vor deren Abschluss der Sprecherausschuss anzuhören. Die vorherige Anhörung ist jedoch keine Wirksamkeitsvoraussetzung und zieht somit bei Nichteinhaltung keinerlei Sanktionen nach sich.[18] Als denkbare Regelungskomplexe kommen z.B. Arbeitszeitregelungen im Betrieb, der Urlaubsplan, die Nutzungsbedingungen für Sozialeinrichtungen, die Altersvorsorge[19] sowie, soweit tarifvertraglich zulässig, Regelungen im Zusammenhang mit der Ausgestaltung von variablen Vergütungssystemen (Stichwort: Zielvereinbarungsprozess) in Betracht.

8 **4. Abschlussmängel (Nichtigkeit und Anfechtung).** Eine BV kann Abschlussmängeln unterliegen. Diese können eine Unwirksamkeit ex tunc oder ex nunc nach sich ziehen, oder aber auch nachträglich heilbar sein.[20]

Eine nichtige BV ist von Anfang an unwirksam und entfaltet keine Rechtswirkung. Eine Umdeutung nach § 140 BGB in eine Regelungsabrede scheidet (regelmäßig) aus, u.U. wird aber bei der Gewährung von Leistungen durch den AG an die AN eine betriebliche Übung begründet. Diese setzt voraus, dass der AN aus der regelmäßigen Wiederholung bestimmter Verhaltensweisen des AG darauf schließen kann, die Leistung oder Vergünstigung solle auf Dauer gewährt werden. Diese konkludente Willenserklärung des AG kann der AN annehmen, mit der Folge, dass ein vertragliches Schuldverhältnis samt einklagbarem Anspruch auf die Leistung/Vergütung seitens des AN entsteht.[21]

9 Als Nichtigkeitsgründe kommen z.B. in Betracht:[22]
– fehlende Schriftform
– kein Abschluss auf AN-Seite durch allein zuständigen BR
– Verweigerung der Genehmigung durch den BR nach Handeln des BR-Vorsitzenden ohne Vertretungsmacht
– handelnder BR ging aus nichtiger BR-Wahl hervor
– Vereinbarung beruht auf unwirksamem Spruch der Einigungsstelle
– Betriebspartner überschreiten ihre Regelungszuständigkeit
– Inhalt der Vereinbarung verstößt gegen Gesetz oder gute Sitten. Hier ist insb. an das seit 18.8.2006 in Kraft getretene AGG zu denken. Nach dem Anwendungsbereich des AGG sind Benachteiligungen aus Gründen der Rasse, der ethnischen Herkunft, des Geschlechts, der Religion, der Weltanschauung, der Behinderung, des Alters und der sexuellen Identität (§ 1 AGG) u.a. bezogen auf die Beschäftigungs- und Arbeitsbedingungen einschließlich Arbeitsentgelt und Entlassungsbedingungen, insb. in individual- und kollektivrechtlichen Vereinbarungen und Maßnahmen bei der Durchführung und Beendigung eines Beschäftigungsverhältnisses sowie beim beruflichen Aufstieg, unzulässig (§ 2 Abs. 1 Nr. 2 AGG). Da der Begriff der Vereinbarung weit zu verstehen ist, erfasst er damit auch BV sowie TV und vergleichbare kollektive Regelungen (etwa formlose Regelungsabreden).[23] Abweichungen von den Regelungen des AGG im Wege der BV sind generell nur zugunsten der Beschäftigten möglich.[24]
– Vereinbarung steht im Widerspruch zu TV.

Ist nur ein Teil der BV nichtig, hat dies grds. keine Auswirkungen auf die Wirksamkeit des restlichen Teils, sofern dieser noch sinnvoll allein fortbestehen kann.[25]

Bestimmungen in gemischten, von AG, Gewerkschaft und BR gemeinsam unterzeichneten Vereinbarungen sind unwirksam, wenn sich nicht aus diesen selbst ohne Weiteres und zweifelsfrei ergibt, wer Urheber der einzelnen Rege-

---

16 DKK/*Berg*, § 77 Rn 33; *Fitting u.a.*, § 77 Rn 25.
17 GK-BetrVG/*Kreutz*, § 77 Rn 53; Richardi/*Richardi*, § 77 Rn 42; ArbG Frankfurt/M. 25.8.1999 – DB 1999, 2316.
18 *Fitting u.a.*, § 77 Rn 28; Richardi/*Richardi*, § 77 Rn 43, 44; GK-BetrVG/*Kreutz*, § 77 Rn 55; *Löwisch*, SprAuG, § 2 Rn 7; DKK/*Berg*, § 77 Anm 28; *Oetker*, ZfA 1990, 43, 67; *Wlotzke*, DB 1989, 173, 174.
19 *Buchner*, NZA 1989, Beil. 1, 14; *Fitting u.a.*, § 77 Rn 28; GK-BetrVG/*Kreutz*, § 77 Rn 55.
20 *Fitting u.a.*, § 77 Rn 30.
21 BAG 28.6.2006 – NZA 2006, 1174, 1176.
22 GK-BetrVG/*Kreutz*; § 77 Rn 58; Richardi/*Richardi*, § 77 Rn 46, 47.
23 BT-Drucks 16/1780, S. 31; DKK/*Berg*, § 77 Rn 79 ff.; *Hayen*, AiB 2006, 731.
24 BT-Drucks 16/1780, S. 53; *Schleusener/Suckow/Voigt*, AGG, § 31 Rn 3, 4.
25 BAG 15.5.1964 – AP § 56 BetrVG Akkord Nr. 5; BAG 28.4.1981 – AP § 87 BetrVG 1972 Vorschlagswesen Nr. 1; BAG 30.8.1995 – AP § 87 BetrVG 1972 Überwachung Nr. 29; BAG 12.10.1994 – AP § 87 BetrVG 1972 Arbeitszeit Nr. 66; BAG 18.12.1990 – AP § 1 TVG TV Metallindustrie Nr. 98; BAG 15.5.2001 – AP § 87 BetrVG 1972 Prämie Nr. 17; BAG 21.1.2003 – AP § 21a BetrVG 1972 Nr. 1; *Fitting u.a.*, § 77 Rn 32; MünchArb/ *Matthes*, Bd. 3, § 328 Rn 77; Richardi/*Richardi*, § 77 Rn 48; GK-BetrVG/*Kreutz*; § 77 Rn 61.

lungskomplexe ist und um welche Rechtsquellen es sich folglich handelt. Dies folgt aus dem Gebot der Rechtsquellenklarheit, das den Schriftformerfordernissen des § 1 Abs. 2 TVG, § 77 Abs. 2 S. 1 und 2 zugrunde liegt.[26]

Die Vorschriften über die Anfechtung wegen Willensmängeln (§§ 119, 123 BGB) finden grds. Anwendung, jedoch mit der Maßgabe, dass keine Rückwirkung nach § 142 BGB in Betracht kommt, da eine bereits in Vollzug gesetzte Regelung praktisch nicht rückgängig gemacht werden kann. Die (Teil-)Anfechtung bezieht sich folglich ausschließlich auf die Zukunft.[27] Teilweise wird eine Rückwirkung der Anfechtung nach § 123 BGB vertreten, um Arglist und Drohung nicht zum Erfolg kommen zu lassen.[28] In der betrieblichen Praxis dürfte dies indes zu nicht unerheblichen Schwierigkeiten im Zusammenhang mit der dann erforderlichen Rückgängigmachung von bereits vollzogenen Regelungen führen.

5. Geltungsbereich. a) Räumlich. Der räumliche Geltungsbereich einer BV beschränkt sich auf den Betrieb, für den der vereinbarende BR gewählt worden ist. Die Vereinbarung kann nicht auf betriebsratslose Betriebe erstreckt werden, außer für den Fall, dass der GBR dies im Rahmen seiner originären Zuständigkeit vereinbart.[29] Umfasst von den Gesamt-BV sind dann nach h.M. auch diejenigen Betriebe, die erst nach Abschluss der Vereinbarung errichtet, oder nach § 613a BGB erworben worden sind.[30] Die teilweise vertretene Auff., dass für die Geltung der Vereinbarung das Bestehen eines BR im neuen Betrieb Vorraussetzung ist,[31] dürfte durch § 50 Abs. 1 n.F. zwischenzeitlich überholt sein. Dem AG ist es natürlich unbenommen, begünstigende Regelungen durch Gesamtzusage oder betriebliche Übung einseitig auf Betriebe ohne BR zu erstrecken. Dies sollte jedoch so ausgestaltet werden, dass die Begünstigung jederzeit wieder entfallen kann.

Wird der Betrieb nach Abschluss der BV in ein neues Unternehmen eingegliedert, gilt die BV weiter, bis sie durch Gesamt-BV, bzw. Konzern-BV abgelöst wird.[32]

Ferner besteht die Möglichkeit, einzelne Betriebe von der Geltung einer Konzern- oder Gesamt-BV auszunehmen. Bei Zuständigkeitsstreitigkeiten zwischen BR, GBR und KBR entscheidet das ArbG im Beschlussverfahren.[33]

b) Zeitlich. Der zeitliche Geltungsbereich der BV ist grds. in das Ermessen der Betriebsparteien gestellt. Der Beginn der Rechtswirkung kann, soweit tatsächlich möglich und keine Vertrauensschutzerwägungen entgegenstehen, auch in die Vergangenheit vorverlegt werden.[34] Falls kein Zeitpunkt für das Inkrafttreten geregelt wird, gilt die Vereinbarung ab dem Tag, an dem die letzte erforderliche Unterschrift geleistet worden ist. Falls die Vereinbarung auf einem Spruch der Einigungsstelle beruht, gilt erstere ab der Zustellung an beide Betriebspartner.[35] Auch haben die Betriebspartner die Möglichkeit zur Vereinbarung einer auflösenden (oder aufhebenden) Bedingung.[36]

c) Persönlich. BV erstrecken sich grds. auf alle AN unabhängig von ihrer Gewerkschaftszugehörigkeit[37] und unabhängig davon, ob sie zum Zeitpunkt der Vereinbarung schon Mitarbeiter des Betriebs waren.[38] Es besteht jedoch grds. die Möglichkeit der Geltungsbeschränkung auf bestimmte Mitarbeitergruppen oder Betriebsteile,[39] die Vereinbarungen gelten jedoch nicht für die in § 5 Abs. 2 genannten Personen und auch nicht für die leitenden Ang (§ 5 Abs. 3, 4).[40] Nicht anwendbar sind die BV grds. auf AN, die zum Zeitpunkt des Abschlusses bereits aus dem Betrieb ausgeschieden sind.[41] Ausnahmen können sich im Falle von Sozialplanregelungen aus Anlass einer Betriebsänderung[42] oder Bestimmungen bzgl. Werkswohnungen[43] ergeben.

Inwieweit im Wege der BV in die Rechtsverhältnisse von Pensionären eingegriffen werden kann, ist umstr. Rspr. und Teile der Lit. verneinen dies mit dem Argument der fehlenden Legitimation des BR, dessen Besetzung die Ruhe-

---

26 BAG 15.4.2008 – 9 AZR 159/07 – juris.
27 BAG 15.12.1961 – AP § 615 BGB Nr. 1; Richardi/*Richardi*, § 77 Rn 49; *Fitting u.a.*, § 77 Rn 33; GK-BetrVG/*Kreutz*; § 77 Rn 62; *Galperin/Löwisch*, § 77 Rn 16; MünchArb/*Matthes*, Bd. 3, § 328 Rn 49.
28 ErfK/*Kania*, § 77 BetrVG Rn 25.
29 *Fitting u.a.*, § 77 Rn 34; GK-BetrVG/*Kreutz*; § 77 Rn 191.
30 DKK/*Berg*, § 77 Rn 15; *Fitting u.a.*, § 77 Rn 34.
31 LAG München 8.11.1988 – DB 1989, 1880; a.A. Sowka/*Weiss*, DB 1991, 1518.
32 DKK/*Berg*, § 77 Rn 18; BAG 7.9.2004 – DB 2005, 1223, 1224.
33 *Fitting u.a.*, § 77 Rn 34; BAG 9.12.2003 – AP § 50 BetrVG 1972 Nr. 27.
34 ErfK/*Kania*, § 77 BetrVG Rn 35; BAG 19.9.1995 – AP § 77 BetrVG 1972 Nr. 61; Richardi/*Richardi*, § 77Rn 128; *Fitting u.a.*, § 77 Rn 41; MünchArb/*Matthes*, § 328 Rn 29; a.A. GK-BetrVG/*Kreutz*, § 77 Rn 195.
35 *Fitting u.a.*, § 77 Rn 40;
36 BAG 22.7.2003 – AP § 112 BetrVG 1972 Nr. 160.
37 DKK/*Berg*, § 77 Rn 35; *Fitting u.a.*, § 77 Rn 35.
38 BAG 5.9.1960 – AP § 399 BGB Nr. 4; *Fitting u.a.*, § 77 Rn 33; *Galperin/Löwisch*, § 77 Rn 22; *Hess u.a.*, § 77 Rn 10.
39 BAG 1.2.1957 – AP § 32 SchwbeschG Nr. 1 zu; *Fitting u.a.*, § 77 Rn 33; *Galperin/Löwisch*, § 77 Rn 34; *Hess u.a.*, § 77 Rn 12.
40 BAG 31.1.1979 – AP § 112 BetrVG 1972 Nr. 8; GK-BetrVG/*Kreutz*, § 77 Rn 174; DKK/*Berg*, § 77 Rn 35; § 77 Rn 174; *Fitting u.a.*, § 77 Rn 35.
41 DKK/*Berg*, § 77 Rn 36; *Fitting u.a.*, § 77 Rn 37; Richardi/, § 77 Rn 75.
42 BAG 6.8.1997 – AP § 112 BetrVG 1972 Nr. 116; *Kreutz*, ZfA 2003, 361; BAG 10.8.1994 – AP § 112 BetrVG 1972 Nr. 86; BAG 11.2.1998 – AP § 112 BetrVG 1972 Nr. 121; *Galperin/Löwisch*, § 112 Rn 32; Richardi/*Richardi*, § 77 Rn 75; *Fitting u.a.*, § 77 Rn 37; GK-BetrVG/*Kreutz*, § 77 Rn 152.
43 GK-BetrVG/*Kreutz*, § 77 Rn 154; DKK/*Berg*, § 77 Rn 36.

ständler nicht mehr mitbestimmen können.[44] Eine Verletzung des Mitbestimmungsrechts durch den AG kann sich nach Auffassung des BAG aber auch auf Betriebsrentner auswirken. Dies ist der Fall, wenn die Neuregelung gegenüber den aktiven AN wegen Verletzung des Mitbestimmungsrechts unwirksam ist. Dann führt dies entsprechend § 139 BGB zur vollständigen Unwirksamkeit der Neuregelung auch gegenüber den Betriebsrentnern. Dabei kommt es nicht darauf an, ob die Neuregelung erheblich mehr Betriebsrentner als aktive AN betrifft.[45]

Die überwiegende Meinung im Schrifttum steht einer restriktiven Auslegung der Regelungskompetenz kritisch gegenüber.[46] Es wird betont, dass das Ruhegeld aufgrund eines früheren Arbeitsvertrages mit dem AG gewährt wird. Diese Zuordnung zum Betrieb soll auch im Falle der Aufstellung von Vorschriften über Pensionäre aufrecht erhalten bleiben. Die Ruheständler sollen als Teil der kollektiven Ordnung automatisch auch Teil der Regelungskompetenz der Betriebsparteien sein. Dies gilt sowohl bzgl. einer Besserstellung der Pensionäre, als auch hinsichtlich Schlechterstellung, z.B. im Rahmen der Herabsetzung einer unangemessenen Überversorgung.[47] Fraglich ist in diesem Zusammenhang jedoch, inwieweit Ansprüche, insb. bezogen auf materielle Arbeitsbedingungen, wie z.B. Sozialleistungen, rückwirkend verschlechtert werden dürfen. Sofern die zugrunde liegende vorteilhafte Regelung auf einem arbeitsvertraglichen Passus beruht, kann diese grds. nicht im Wege der BV aufgehoben werden. Anders liegt der Fall, wenn schon die Ausgangsregelung auf einer BV beruhte, da diese dann auch mangels Vertrauens der Regelungsadressaten wieder aufgehoben werden kann (actus contrarius Theorie).[48] Dies gilt jedoch laut BAG nicht unbeschränkt, denn auch besagte rückwirkende Verschlechterungen müssen sich am Grundsatz der Verhältnismäßigkeit messen lassen. Das BAG hat hierzu ein Drei-Stufen-Modell entwickelt, wonach Eingriffe in erdiente Teilbeträge nur aus zwingenden Gründen, in die erdiente Dynamik nur aus triftigen Gründen sowie in künftige, dienstzeitabhängige Zuwächse nur aus sachlich-proportionalen Gründen zulässig sind.[49] Die extensive Auslegung der Rspr. hinsichtlich des Schutzes von Rentenansprüchen und -anwartschaften führt de facto zum Schutz nahezu aller Besitzstände.[50]

15 **6. Inhalt von Betriebsvereinbarungen. a) Allgemein regelbare Angelegenheiten.** Im Rahmen seines Aufgabenbereichs kann der BR mit dem AG BV abschließen, die – wie ein TV – normative Regelungen über Inhalt, Abschluss und Beendigung von Arbverh (sog. Inhaltsnormen) sowie über betriebliche und betriebsverfassungsrechtliche Fragen treffen.[51] Die regelbaren Angelegenheiten der BV müssen zur funktionalen Zuständigkeit des BR gehören, wobei die Kompetenzen über die gesetzlichen Beteiligungsrechte hinausgehen und alle Angelegenheiten, die den Betrieb oder die AN betreffen, mit umfassen.[52] Seit der Geltung des neu geschaffenen AGG sind insb. BV zur Sicherstellung einer diskriminierungsfreien Arbeitswelt denkbar, etwa zur Regelung präventiver Schutzmaßnahmen.[53] Die BV kann sich dabei auch auf eine Rahmenregelung beschränken, deren Ausfüllung dem billigen Ermessen des AG überlassen wird.[54]

16 **b) Vereinbarung von Betriebsnormen.** Es ist möglich, in die BV Rechtsnormen bzgl. des Inhalts und die Beendigung von Arbverh aufzunehmen. Auch können Inhaltsnormen über Fragen der Ordnung des Betriebs vereinbart werden. Es empfiehlt sich, diese unmittelbar und zwingend wirkenden Normen entsprechend den tarifvertraglichen Rechtsnormen als Betriebsnormen zu bezeichnen.[55]

Regelbar im Rahmen einer BV sind nach h.M. grds. alle Arbeitsbedingungen, unabhängig davon, ob es sich um materielle oder formelle Arbeitsbedingungen handelt.[56] Teilweise wird bei Regelungen mit Verpflichtungswirkung für

---

44 BAG 16.3.1956 – AP § 57 BetrVG Nr. 1; BAG 30.1.1970 – AP § 242 BGB Ruhegehalt Nr. 142; BAG 18.5.1977 – AP § 242 BGB Ruhegehalt Nr. 175; BAG 17.1.1980 – AP § 242 BGB Ruhegehalt Nr. 185; BAG 10.11.1977 – AP § 242 BGB Ruhegehalt – Unterstützungskassen Nr. 8; BAG 25.10.1988 – AP § 1 BetrAVG Betriebsvereinbarung Nr. 1; ErfK/*Kania*, § 77 BetrVG Rn 6; Richardi/*Richardi*, § 77 Rn 75; Fitting u.a., § 77 Rn 38.
45 BAG 18.11.2008 – 3 AZR 417/07 – juris.
46 DKK/*Berg*, § 77 Rn 36; Fitting u.a., § 77 Rn 39; GK-BetrVG/*Kreutz*, § 77 Rn 178; *Kreutz*, ZfA, 2003, 362; *Dieterich*, NZA 1984, 273, 278; *Galperin/Löwisch*, § 77 Rn 23; *Hanau*, ZfA 1974, 89, 107 f.; *Waltermann*, NZA 1996, 363; ders., NZA 1998, 505, 507; MünchArb/*Matthes*, Bd. 3, § 327 Rn 12.
47 BAG 9.7.1985 – AP § 1 BetrAVG Ablösung Nr. 6; Fitting u.a., § 77 Rn 39.
48 BAG 13.5.1997 – AP § 77 BetrVG 1972 Nr. 65; GK-BetrVG/*Kreutz*, § 77 Rn 185; Fitting u.a., § 77 Rn 39.
49 BAG 16.7.1996 – AP § 1 BetrAVG Ablösung Nr. 21; BAG 27.8.1996 – AP § 1 BetrAVG Ablösung Nr. 22; BAG 17.3.1987 – AP § 1 BetrAVG Ablösung Nr. 9; GK-BetrVG/*Kreutz*, § 77 Rn 329; Fitting u.a., § 77 Rn 193.
50 Vgl. GK-BetrVG/*Kreutz*, § 77 Rn 329.
51 ErfK/*Kania*, § 77 BetrVG Rn 36; Fitting u.a., § 77 Rn 45; DKK/*Berg*, § 77 Rn 37.
52 BAG 1.12.1992 – AP § 77 BetrVG 1972 Tarifvorbehalt Nr. 3; BAG 1.12.1992 – AP § 87 BetrVG 1972 Ordnung des Betriebs Nr. 20; BAG 9.4.1991 – AP § 77 BetrVG 1972 Tarifvorbehalt Nr. 1; BAG 18.8.1987 – AP § 77 BetrVG 1972 Nr. 23; BAG 7.11.1989 – AP § 77 BetrVG 1972 Nr. 46; MünchArb/*Matthes*, § 327 Rn 50 f.; Fitting u.a., § 77 Rn 45; DKK/*Berg*, Rn 37 ff.; ausführlich dazu GK-BetrVG/*Kreutz*, Rn 83 ff.
53 *Hayen*, AuR 2006, 3.
54 BAG 28.11.1989 – AP § 88 BetrVG 1972 Nr. 6; ErfK/*Kania*, § 77 BetrVG Rn 39c.
55 Richardi/*Richardi*, § 77 Rn 51–53.
56 BAG 6.8.1991 – AP § 77 BetrVG 1972 Nr. 52; BAG 9.4.1991 – AP § 77 BetrVG 1972 Tarifvorbehalt Nr. 1; BAG 19.5.1978 – AP § 88 BetrVG 1972 Nr. 1; Fitting u.a., § 77 Rn 46; GK-BetrVG/*Kreutz*, § 77 Rn 75; MünchArb/*Matthes*, § 327 Rn 51.

die AN eine Begrenzung der Regelungsbefugnis durch den Gesetzesvorbehalt bei Grundrechtseingriffen angenommen.[57]

Betriebsnormen betreffen die Gesamtheit oder Gruppen der Arbeitnehmerschaft des Betriebs. Trotz der nur mittelbaren Wirkung für das Einzel-Arbverh kommt diesen Regelungen normativer Charakter zu. Hierher gehören insbesondere die in § 87 Abs. 1 Nr. 1, 6, 7, 8 und 12 sowie die in § 88 Nr. 1 und 2 genannten Angelegenheiten, soweit sie nicht unmittelbar den Inhalt des Einzel-Arbverh, sondern das betriebliche Rechtsverhältnis der AN gestalten.[58] Demzufolge können BV bspw. die Zahlung von Sozialleistungen i.S.d. § 87 Nr. 12 durch den AG an den AN festschreiben.[59]

Betriebsnormen können Regelungen zu Einstellungen von AN, nicht jedoch zum Abschluss von Arbeitsverträgen enthalten. Der BR kann nach § 93 verlangen, dass Arbeitsplätze ausgeschrieben werden und hat nach § 95 auch ein Mitbestimmungsrecht bei der Festlegung von RL über die personelle Auswahl bei Einstellungen, Versetzungen, Umgruppierungen und Künd. Sofern BV gleichwohl Abschlussnormen enthalten, haben diese keine unmittelbare Wirkung auf die Begründung des Arbverh, denn die potenziellen AN gehören dem Betrieb noch gar nicht an.[60] Abschlussnormen berechtigen aber den BR, seine Zustimmung zu einer personellen Einzelmaßnahme (§ 99) zu verweigern.[61]

c) Vereinbarung von Betriebsverfassungsnormen. Betriebsverfassungsnormen regeln Fragen der Rechtsstellung der Betriebsorgane zueinander, soweit keine zwingenden gesetzlichen Regelungen entgegenstehen. Ausdrücklich vorgesehene Modifikationsmöglichkeiten für gesetzliche Regelungen durch BV finden sich in §§ 3 Abs. 1 u. 2 (Errichtung anderer AN-Vertretungen), 28a (Übertragung von Aufgaben auf Arbeitsgruppen), 38 Abs. 1 S. 5 (anderweitige Regelung der Freistellung), 47 Abs. 4, 5 u. 9 (abweichende Regelung der Mitgliederzahl des GBR), 55 Abs. 4 (abweichende Regelung der Mitgliederzahl des KBR), 72 Abs. 4, 5 und 8 (anderweitige Regelung der Mitgliederzahl der Gesamt-JAV), 73a Abs. 4 (anderweitige Regelung der Mitgliederzahl der Konzern-JAV), 76 Abs. 1 und 4 (Errichtung einer ständigen Einigungsstelle, nähere Regelung des Einigungsstellenverfahrens), 86 (anderweitige Regelung des Beschwerdeverfahrens), 102 Abs. 6 (echte Mitbestimmung bei Künd) sowie nach § 325 Abs. 2 UmwG für die Regelung der Weitergeltung von Rechten und Beteiligungsrechten des BR für den Fall der Spaltung eines Rechtsträgers.[62]

d) Schuldrechtliche Vereinbarungen. Es ist umstr., ob BV aufgrund ihrer unmittelbaren und zwingenden Wirkung (Abs. 4 S. 1) auch schuldrechtliche Wirkung entfalten und die Betriebsparteien zusätzliche schuldrechtliche Abreden in der BV treffen können.[63]

Die Vertreter der Satzungstheorie vertreten die Auffassung, dass eine BV keinerlei schuldrechtliche Wirkung entfalten kann und demzufolge auch keinen Raum für obligatorische Abreden lässt.[64]

Nach a.A. kommt BV auch eine schuldrechtliche Wirkung zu, allerdings nur dahingehend, dass der AG nicht nur gegenüber den AN, sondern auch gegenüber dem BR zu ihrer Durchführung verpflichtet ist. Regelungen, die ausschließlich schuldrechtliche Wirkung haben, den AG also nur im Verhältnis zum BR verpflichten oder ermächtigen, können nicht als schuldrechtliche BV, sondern nur als Regelungsabrede, bzw. als eine Rechte und Pflichten der Betriebspartner begründende Betriebsabsprache in der Form einer BV, angesehen werden.[65]

Sofern man der BV einen obligatorischen Teil zubilligt, gelten die Formerfordernisse der BV ausschließlich für den normativen Teil.[66]

7. Auslegung von Betriebsvereinbarungen. BV sind nach der st. Rspr. des BAG wegen ihres normativen Charakters wie Gesetze auszulegen. Auszugehen ist zunächst vom Wortlaut und dem dadurch vermittelten Wortsinn. Über den reinen Wortlaut hinaus ist der wirkliche Wille der Betriebsparteien zu berücksichtigen, soweit er in den Vorschriften seinen Niederschlag gefunden hat. Dabei sind insb. der Gesamtzusammenhang sowie der Sinn und Zweck der Regelung zu beachten. Bleiben hiernach noch Zweifel, so können ohne Bindung an eine Reihenfolge weitere Kriterien wie die Entstehungsgeschichte oder auch eine tatsächliche Übung herangezogen werden. Im Zweifel gebührt der Auslegung der Vorzug, die zu einer gesetzeskonformen, sachgerechten und praktisch handhabbaren Regelung führt.[67]

---

57 Richardi/*Richardi*, § 77 Rn 71; *Käppler*, in FS Kissel, 1994, S. 475, 478 ff.
58 *Fitting u.a.*, § 77 Rn 47; Richardi/*Richardi*, § 77 Rn 55.
59 BAG 7.9.2004 – DB 2005, 1223, 1224; *Fitting u.a.*, § 77 Rn 47.
60 LAG Saarbrücken 2.2.1966 – NJW 1966, 2137.
61 Richardi/*Richardi*, § 77 Rn 55.
62 GK-BetrVG/*Kreutz*, § 77 Rn 210; Richardi/*Richardi*, § 77 Rn 56; *Fitting u.a.*, § 77 Rn 48.
63 ErfK/*Kania*, § 77 BetrVG Rn 38; Richardi/*Richardi*, § 77 Rn 59–60.
64 *Galperin/Siebert*, § 52 Rn 20; *Herschel*, RdA 1948, 47.
65 *Hanau*, AuR 1995, 402; *Hanau*, RdA 1989, 207, 209; ErfK/*Kania*, § 77 BetrVG Rn 38; *Fitting u.a.*, § 77 Rn 50; GK-BetrVG/*Kreutz*, § 77 Rn 187; *Birk*, TfA 1986, 73, 79.
66 Richardi/*Richardi*, § 77 Rn 63; *Nipperdey/Säcker*, in: Hueck/Nipperdey, Bd. II/2, S. 1270.
67 BAG 19.10.2005 – NZA 2006, 395; BAG 21.1.2003 – NZA 2003, 810 = AP § 87 BetrVG Lohngestaltung Nr. 117; BAG 22.7.2003 – NZA 2004, 568.

III. Vorrang des Tarifvertrages (Abs. 3)

23 1. Zweck der Norm. Die Regelung des Abs. 3 dient der der Sicherung der ausgeübten und aktualisierten Tarifautonomie sowie der Erhaltung und Stärkung der Funktionsfähigkeit der Koalitionen.[68]

Gem. Abs. 3 S. 1 haben einschlägige TV grds. Vorrang vor entgegenstehenden früheren oder späteren BV. Derartige Vereinbarungen sind nichtig, aber genehmigungsfähig. Das Günstigkeitsprinzip des § 4 Abs. 3 TVG wird durch Abs. 3 verdrängt.[69] Bspw. können die Betriebsparteien aufgrund des Tarifvorbehalts keine Regelungen über tarifliche Vergütungsbestandteile treffen. Sie sind jedoch nicht daran gehindert, im Rahmen einer BV zu regeln, ob und inwieweit Tariferhöhungen auf übertarifliche Zulagen angerechnet werden können.[70]

24 Die Regelungssperre des Abs. 3 greift bereits dann, wenn der Betrieb, unabhängig von seiner tatsächlichen Tarifbindung, unter den räumlichen, betrieblichen, fachlichen und zeitlichen Geltungsbereich des TV fällt, der auch bloß nachwirkend oder sogar nur üblich (Abs. 3 S. 1 Alt. 2) sein kann.[71] Mit der Ergänzung „oder üblicherweise geregelt werden" wollte der Gesetzgeber zum Ausdruck bringen, dass eine vorübergehende tariflose Zeit die Regelungssperre des Abs. 3 nicht außer Kraft setzt.[72]

25 Die Tarifparteien haben die Möglichkeit, die Wirkung des Abs. 3 ausdrücklich auszuschließen, indem sie die persönellen Geltung des TV zwingend an die Mitgliedschaft des AG im jeweiligen tarifschließenden Verband koppeln. Dies hat zur Folge, dass die nicht dem Verband angehörenden AG nicht der Sperrwirkung des Abs. 3 unterfallen.[73] Auch besteht die Möglichkeit, im TV den Abschluss ergänzender BV ausdrücklich zuzulassen, wobei die tarifvertraglichen Bestimmungen aber restriktiv auszulegen sind, auch wenn der Begriff „BV" nicht wörtlich erwähnt werden muss.[74]

26 Trotz dieser bestehenden Gestaltungsmöglichkeiten mehren sich in den letzten Jahren die Stimmen, die aufgrund der wachsenden Probleme auf dem Arbeitsmarkt und dem gestiegenen Wettbewerbsdruck durch die Globalisierung auf eine Abschaffung oder zumindest Beschränkung des Tarifvorbehalts drängen.[75] Teilweise wird Abs. 3 auch wegen Verletzung des Übermaßverbotes für unwirksam gehalten.[76] Überwiegend werden solche Überlegungen jedoch unter Hinweis auf Art. 9 Abs. 3 GG abgelehnt, der eine hinreichende Rechtsgrundlage biete, um TV mit normativer Wirkung auszustatten und ihnen generellen Vorrang vor BV einzuräumen.[77] Denkbar soll hiernach nur eine mit dem Grundrecht auf Koalitionsfreiheit zu vereinbarende, sachlich gebotene Durchbrechung des Tarifvorbehalts sein.[78]

27 2. Verhältnis von Abs. 3 zu § 87 Abs. 1. Gem. § 87 Abs. 1 hat der BR in den Angelegenheiten des § 87 zwingend mitzubestimmen, sofern nicht eine gesetzliche oder tarifliche Regelung besteht. § 87 Abs. 1 stellt eine Sperre für mitbestimmte BV dar. Seinem Wortlaut nach gilt die Norm jedoch auch als Sperre für freiwillige mitbestimmte BV nach § 77. Dies ergibt sich aus dem Zusammenhang mit Abs. 3, nach dem Arbeitsentgelte und sonstige Arbeitsbedingungen, die durch TV geregelt sind oder üblicherweise geregelt werden, nicht Gegenstand einer BV sein können.[79]

28 Ob die Sperre des Abs. 3 auch im Anwendungsbereich des § 87 Abs. 1 gilt ist umstr.[80]

---

[68] BAG 22.5.1979 – AP § 118 BetrVG 1972 Nr. 13; BAG 21.1.1980 – AP § 87 BetrVG Lohngestaltung Nr. 3; BAG 27.1.1987 – AP § 99 BetrVG 1972 Nr. 42; BAG 24.2.1987 – AP § 77 BetrVG 1972 Nr. 21; BAG 3.12.1991 – AP § 87 BetrVG 1972 Lohngestaltung Nr. 51; BAG 22.6.1963 – AP § 23 BetrVG 1972 Nr. 22; BAG 24.1.1996 – AP § 77 BetrVG 1972 Tarifvorbehalt Nr. 8; BAG 29.10.2002 – AP § 77 BetrVG 1972 Tarifvorbehalt Nr. 18; BAG 21.1.2003 – AP § 21a BetrVG 1972 Nr. 1; *Fitting u.a.*, § 77 Rn 67; DKK/*Berg*, Rn 62; GK-BetrVG/*Kreutz*, § 77 Rn 78; *Richardi/Richardi*, § 77 Rn 244; MünchArb/*Matthes*, § 327 Rn 59; *Hromadka*, DB 1987, 1993; *Heinze*, NZA 1989; 41; *Wank*, RdA 1991, 129; *Waltermann*, RdA 1996, 131; *ders.*, NZA 1995, 6.

[69] ErfK/*Kania*, § 77 BetrVG Rn 40; BAG 26.2.1986 – AP § 4 TVG Ordnungsprinzip Nr. 12; *Fitting u.a.*, § 77 Rn 97; *Richardi/Richardi*, § 77 Rn 278; *Eich*, NZA 2006, 1019.

[70] BAG 30.5.2006, 1170.

[71] BAG 24.1.1996 – AP § 77 BetrVG 1972 Tarifvorbehalt Nr. 8; BAG 9.12.1997 – AP § 77 BetrVG 1972 Tarifvorbehalt Nr. 11; BAG 20.11.2001 – NZA 2002, 872; DKK/*Berg*, Rn 62; ErfK/*Kania*, § 77 BetrVG Rn 40; *Fitting u.a.*, § 77 Rn 67, 78 m.w.N.; *Junker*, NZA 2006, Beil. 3, 150; a.A. GK-BetrVG/*Kreutz*, § 77 Rn 100.

[72] BAG 20.2.2001 – AP § 87 BetrVG 1972 Lohngestaltung Nr. 107; *Junker*, NZA 2006, 150, 151.

[73] BAG 24.2.1999 – AP § 3 TVG Verbandszugehörigkeit Nr. 17; LAG Köln 16.3.1999 – NZA-RR 1999, 481; LAG Köln 14.8.1996 – NZA-RR 1997, 92; *Fitting u.a.*, § 77 Rn 76; ErfK/*Kania*, § 77 BetrVG Rn 40; GK-BetrVG/*Kreutz*, § 77 Rn 98; *Buchner*, DB 1997, 573; *Kania*, BB 2001, 1091; a.A. *Ehmann*, in: FS Zöllner, 1998, S. 715; *Löwisch/Kaiser*, § 77 Rn 63.

[74] BAG 6.3.1958 – AP § 59 BetrVG Nr. 1; BAG 6.12.1963 – AP § 59 BetrVG Nr. 23; BAG 21.2.1967 – AP § 59 BetrVG Nr. 26; BAG 20.12.1961 – AP § 59 BetrVG Nr. 7; DKK/*Berg*, Rn 73; GK-BetrVG/*Kreutz*, § 77 Rn 127.

[75] 10. Hauptgutachten der Monopolkommission, BT-Drucks 12/8323, Nr. 937; *Reuter*, DWiR, 1991, 221, 225; *Reuter*, TfA 1991, 1; *Ehmann*, ZRP 1996, 314; *Ehmann/Schmidt*, NZA 1995, 193; *Hablitzel*, 2001, 468.

[76] *Reuter*, RdA 1991, 199; *Ehmann/Lambrich*, NZA 1996, 346.

[77] ErfK/*Dieterich*, Art. 9 GG Rn 40; *Fitting u.a.*, § 77 Rn 69.

[78] *Richardi/Richardi*, § 77 Rn 243; *Fitting u.a.*, § 77 Rn 69.

[79] Vgl. ErfK/*Kania*, § 77 Rn 44.

[80] *Fitting u.a.*, § 77 Rn 109.

Nach der Zwei-Schranken-Theorie soll dies der Fall sein. Zum Schutze der Tarifautonomie dürfen die nach § 87 tarifvertraglich ausgestalteten Mitbestimmungsrechte hiernach nur mittels Regelungsabreden und nicht mithilfe von BV ausgeübt werden.[81]

Die neuere Rspr. des BAG folgt demgegenüber der Vorrangtheorie, wonach die Regelungssperre des Abs. 3 nicht für über die Einigungsstelle erzwingbare BV nach i.S.d. § 87 gilt.[82] Nach der Vorrangtheorie soll § 87 Abs. 1 als speziellere Norm den Abs. 3 verdrängen, da § 87 Abs. 1 die Mitbestimmungsrechte des BR durch BV für den Fall umfassend schützen soll, dass der Sachverhalt weder spezialgesetzlich oder tarifvertraglich geregelt ist.[83] Im Bereich der sozialen Mitbestimmung nach § 87 sind BV folglich erst dann unzulässig, wenn ein TV unmittelbar und zwingend auf den Betrieb anwendbar ist, also mindestens der AG tarifgebunden ist. Bloße Tarifüblichkeit ist im Rahmen des § 87 Abs. 1 nicht ausreichend, um die Regelungsmöglichkeit durch BV auszuschließen.

29

Seitdem der Anwendungsbereich des Abs. 3 durch die Rspr. stark eingeengt worden ist, gilt die Vorschrift praktisch nur noch für freiwillige BV. Somit ist heute nur noch problematisch, ob die Vorschrift dem Abschluss freiwilliger und teilmitbestimmter Regelungsabreden entgegensteht.[84] Das BAG verneint dies grds., da Regelungsabreden den AN gegenüber nur durch Arbeitsvertrag umgesetzt werden und deshalb nicht als Konkurrenz zum TV wirken können.[85]

30

3. Voraussetzungen der Regelungssperre des Abs. 3. Die Regelungssperre des Abs. 3 gilt für alle Regelungen hinsichtlich Arbeitsentgelten und Arbeitsbedingungen, die durch TV geregelt sind oder üblicherweise geregelt werden. Unter Arbeitsentgelt ist jede vermögenswerte AG-Leistung zu verstehen, wie z.B. Lohn einschließlich Zulagen und Prämien, Gratifikationen, Deputate oder Gewinnbeteiligungen.[86] Sonstige Arbeitsbedingungen sind alle Regelungen, die Gegenstand der Inhaltsnormen eines TV sein können. Unter den Begriff fallen sowohl formelle als auch materielle Arbeitsbedingungen.[87]

31

Arbeitsbedingungen sind durch TV geregelt, wenn ein TV über die betreffenden Arbeitsbedingungen (erstmals) abgeschlossen worden ist und der Betrieb bzw. die dort beschäftigten AN in den räumlichen, betrieblichen, fachlichen und persönlichen Geltungsbereich dieses TV fallen.[88] Dies gilt, falls der TV seinen Geltungsbereich nicht durch die Angabe eines Wirtschaftszweigs, sondern durch die Mitgliedschaft im tarifschließenden AG-Verband bestimmt, auch schon dann, wenn die fraglichen Unternehmen Mitglieder des entsprechenden Verbandes werden können, es aber noch nicht sind.[89] Nach Ablauf des TV gilt nur noch die Nachwirkung des § 4 Abs. 5 TVG. Es bedarf daher einer gesonderten Abmachung i.S.v. § 4 Abs. 5 TVG, die die Tarifnormen ersetzt. Die Bestimmungen des TV können daher einzelvertraglich oder – soweit vor dem Hintergrund der Sperrwirkung des Abs. 3 zulässig – durch BV abbedungen werden.[90]

32

---

81 Richardi/*Richardi*, § 77 Rn 247 ff.; GK-BetrVG/*Kreutz*, § 77 Rn 139 ff.; Hanau, RdA 1973, 284; *ders.*, BB 1977, 350; *Haug*, BB 1986, 1925; *Heinze*, NZA 1989, 44; *ders.*, NZA 1995, 6; *Hromadka*, DB 1987, 1994; *Joost*, ZfA 1993, 257; *Konzen*, BB 1987, 1311; *Lieb*, NZA 1994, 341; *Richardi*, ZfA 1976, 4; *ders.*, NZA 1995, 6; *Waltermann*, NZA 1995, 1183; *ders.*, RdA 1996, 138; *Wank*, RdA 1991, 129.
82 BAG 24.2.1987 – AP § 77 BetrVG 1972 Nr. 21; BAG 24.11.1987 – AP § 87 BetrVG 1972 Auszahlung Nr. 6; BAG 10.2.1988 – § 87 BetrVG 1972 Lohngestaltung AP Nr. 33; BAG 6.12.1988 – AP § 87 BetrVG 1972 Lohngestaltung Nr. 37; BAG 20.8.1991 – AP § 77 BetrVG 1972 Tarifvorbehalt Nr. 2; BAG 3.12.1991 – AP § 87 BetrVG 1972 Lohngestaltung Nr. 51; BAG 22.6.1993 – AP § 23 BetrVG 1972 Nr. 22; BAG 24.1.1996 – AP § 77 BetrVG 1972 Tarifvorbehalt Nr. 8; BAG 5.3.1997 – AP § 77 BetrVG 1972 Tarifvorbehalt Nr. 10; BAG 1.8.2001 – AP § 3 TVG Betriebsnormen Nr. 5; BAG 29.10.2002 – AP § 77 BetrVG 1972 Tarifvorbehalt Nr. 18; BAG 27.11.2002 – AP § 87 BetrVG 1972 Tarifvorrang Nr. 34; BAG 24.8.2004 – NZA 2005, 51, 53; BAG 26.4.2005 – NZA 2005, 884, 886; BAG 29.4.2004 – NZA 2004, 670 m.w.N.; *Fitting u.a.*, § 77 Rn 109 m.w.N.
83 BAG 24.2.1987 – AP § 77 BetrVG 1972 Nr. 21; BAG 24.11.1987 – AP § 87 BetrVG 1972 Auszahlung Nr. 6; BAG 10.2.1988 – AP § 87 BetrVG 1972 Lohngestaltung Nr. 33; BAG 3.12.1991 – AP § 87 BetrVG 1972 Lohngestaltung Nr. 51; BAG 20.8.1991 – AP § 77 BetrVG Tarifvorbehalt Nr. 2; BAG 24.1.1996 – AP § 77 BetrVG Tarifvorbehalt Nr. 8; BAG 29.10.2002 – AP § 77 BetrVG Tarifvorbehalt Nr. 18; BAG 22.6.1993 – AP § 23 BetrVG 1972 Nr. 22; BAG 29.1.2002 – AP § 76 BetrVG 1972 Einigungsstelle Nr. 19; BAG 21.1.2003 – AP § 21a BetrVG 1972 (2002) Nr. 1 zu; DKK/*Berg*, Rn 66; MünchArb/*Matthes*, Bd. 3, § 327 Rn 70 f.; *Farthmann*, RdA 1974, 71; v. *Hoyningen-Huene/Meier-Krenz*, NZA 1987, 799; *Ehmann/Schmidt*, NZA 1995, 197; *Gast*, BB 1987, 1249; *Zachert*, RdA 1996, 140.
84 ErfK/*Kania*, § 77 Rn 56.
85 BAG 20.4.1999 – AP Art. 9 GG Nr. 89; BAG 21.1.2003 – AP § 21a BetrVG 1972 Nr. 1; *Fitting u.a.*, § 77 Rn 102; a.A. DKK/*Berg*, § 77 Rn 78.
86 DKK/*Berg*, § 77 Rn 63; Richardi/*Richardi*, § 77 Rn 253; ErfK/*Kania*, § 77 BetrVG Rn 43.
87 BAG 9.4.1991 – AP § 77 BetrVG 1972 Tarifvorbehalt Nr. 1; *Fitting u.a.*, § 77 Rn 71; DKK/*Berg*, § 77 Rn 63; GK-BetrVG/*Kreutz*, § 77 Rn 83 ff.; ErfK/*Kania*, § 77 BetrVG Rn 43; *Haug*, BB 1986, 1928; v. *Hoyningen-Huene/Meyer-Krenz*, NZA 1987, 794; *Säcker*, BB 1979, 1202; *Vollmer*, DB 1979, 309.
88 GK-BetrVG/*Kreutz*, § 77 Rn 97; DKK/*Berg*, § 77 Rn 69; Richardi/*Richardi*, § 77 Rn 264 f.; *Fitting u.a.*, § 77 Rn 75; *Eich*, NZA 2006, 1019; v. *Hoyningen-Huene/Meier-Krenz*, NZA 1987, 793, 795.
89 BAG 22.3.2005 – AP § 4 TVG Geltungsbereich Nr. 26 = NZA 2006, 383.
90 BAG 23.2.2005 – NZA 2006, 383; *Wilhelm/Dannhorn*, NZA 2006, 472.

33 Ein AG-Verband kann seine Tarifzuständigkeit nicht wirksam auf seine jeweiligen Mitglieder beschränken, er kann jedoch in seiner Satzung eine Form der Mitgliedschaft vorsehen, die nicht zur Tarifgebundenheit nach § 3 Abs. 1 TVG führt. Das BAG bezeichnet diese Mitglieder als sog. OT (= Ohne Tarif)-Mitglieder.[91] OT-Mitglieder sind zwar im vereinsrechtlichen, nicht aber im tarifrechtlichen Sinne Mitglieder des AG-Verbandes. Dies hat zur Folge, dass sie von der Sperrwirkung des Abs. 3, von der Fortgeltung des TV nach § 3 Abs. 3 TVG und der Allgemeinverbindlichkeitserklärung des TV nach § 5 Abs. 1, 5 TVG erfasst werden.[92] Hinsichtlich der Tarifüblichkeit ist vom Geltungsbereich des TV auszugehen, der die Tarifüblichkeit begründen soll. Um die Tarifüblichkeit anzunehmen, müssen die TV-Parteien für den räumlichen Bereich, zu dem der Betrieb gehört, üblicherweise eine Regelung treffen.[93] Eine tarifvertragliche Regelung ist üblich, wenn sie sich eingebürgert hat, was der Fall sein soll, wenn mehrere aufeinander folgende TV die gleichen Arbeitsbedingungen erfasst haben, wobei auch der einmalige Abschluss eines TV bereits die Tarifüblichkeit begründen kann, wenn er schon lange genug gilt.[94]

34 Falls ein Firmen-TV besteht, kommt es für die Regelungskompetenz der Betriebsparteien auf die Üblichkeit eines außerdem bestehenden Verbands-TV nicht an.[95] Eine derartige Tarifkonkurrenz ist dahingehend zu lösen, dass der Firmen-TV als der speziellere TV dem Verbands-TV vorgeht.[96] Es kann auch trotz der Existenz einer Vielzahl von Firmentarifverträgen für fachlich vergleichbare Betriebe keine Tarifüblichkeit für die von diesen TV nicht erfassten Betriebe angenommen werden.[97] Die Tarifüblichkeit entfällt, wenn die Tarifparteien einen neuen TV abschließen, in dem die entsprechenden Arbeitsbedingungen nicht mehr geregelt werden und dies auch genauso von den Parteien beabsichtigt war. Keine Tarifüblichkeit liegt demgegenüber vor, wenn die TV-Parteien lediglich beabsichtigen, eine bestimmte Angelegenheit in Zukunft zu regeln, bzw. sich schon in langwierigen Vertragsverhandlungen befinden.[98]

Die Tarifüblichkeit entfällt, wenn eine Vertragspartei nicht mehr existiert, bzw. sich durch Satzungsänderung für tarifunzuständig erklärt oder aus dem AG-Verband ausscheidet.[99]

35 4. Rechtsfolgen der Regelungssperre des Abs. 3. Soweit Arbeitsbedingungen durch TV geregelt sind oder üblicherweise durch TV geregelt werden, können sie nicht Gegenstand einer BV sein, sofern sie nicht durch TV ausdrücklich zugelassen wurde. Eine gegen Abs. 3 verstoßende BV ist unwirksam,[100] das Günstigkeitsprinzip gilt im Rahmen des Abs. 3 nicht.[101] Die Unwirksamkeit ergibt sich für tarifgebundene AN zudem aus § 4 Abs. 1 und 3 TVG.[102]

Die Sperrwirkung gilt nicht nur für zukünftige, nachtarifliche BV. Es werden auch vortarifliche BV mit umfasst. In diesem Fall wird zusammen mit dem In-Krafttreten der neuen tarifvertraglichen Regelung die bisherige BV abgelöst. Statt des Günstigkeitsprinzips gilt in dieser Konstellation das Ablösungsprinzip.[103]

Die Umdeutung einer nach Abs. 3 unwirksamen BV in eine einzelvertragliche Regelung bzw. Regelungsabrede scheitert im Regelfall daran, dass wegen der unterschiedlichen Wirkungsweisen ein entsprechender hypothetischer Bindungswille auf AG-Seite nicht besteht.[104]

---

91 BAG 18.7.2006 – NZA 2006, 1225.
92 Möller/Welkoborsky, NZA 2006, 1382.
93 BAG 21.2.1967 – AP § 59 BetrVG Nr. 26; Richardi/Richardi, § 77 Rn 268, 269; Fitting u.a., § 77 Rn 90; GK-BetrVG/Kreutz, § 77 Rn 118.
94 BAG 6.12.1963 – AP § 59 BetrVG Nr. 23; BAG 1.2.1963 – AP § 59 BetrVG Nr. 8: über 3 ½ Jahre Fitting u.a., § 77 Rn 90; Richardi/Richardi, § 77 Rn 273; GK-BetrVG/Kreutz, § 77 Rn 104;
95 GK-BetrVG/Kreutz, § 77 Rn 117; DKK/Berg, § 77 Rn 71; Fitting u.a., § 77 Rn 92.
96 BAG 21.6.2005 – NZA 2006, 456.
97 BAG 22.3.2005 – NZA 2006, 383; BAG 27.1.1987 – AP § 99 BetrVG 1972 Nr. 42; DKK/Berg, § 77 Rn 71.
98 BAG 22.5.1979 – AP § 118 BetrVG 1972 Nr. 13; BAG 23.10.1985 – AP § 1 TVG Tarifverträge: Metallindustrie Nr. 33; Richardi/Richardi, § 77 Rn 274; Fitting u.a., § 77 Rn 91.
99 Richardi/Richardi, § 77 Rn 275, 276; GK-BetrVG/Kreutz, § 77 Rn 117; Fitting u.a., § 77 Rn 94.
100 BAG 24.1.1996 – AP § 77 BetrVG 1972 Tarifvorbehalt Nr. 8; BAG 5.3.1997 – AP § 77 BetrVG 1972 Tarifvorbehalt Nr. 10; BAG 20.4.1999 – AP § 77 BetrVG 1972 Tarifvorbehalt Nr. 12; BAG 13.8.1980 – AP § 77 BetrVG 1972 Nr. 2; BAG 21.1.2003 – AP § 21a BetrVG 1972 Nr. 1; GK-BetrVG/Kreutz, § 77 Rn 123; Belling/Hartmann, NZA 1998, 673; Birk, ZfA 1986, 73, 101; Haug, BB 1986, 1921, 1927; v. Hoyningen-Huene/Meier-Krenz, NZA 1987, 793, 795; DKK/Berg, § 77 Rn 65; Fitting u.a., § 77 Rn 97; Richardi/Richardi, § 77 Rn 310.
101 Fitting u.a., § 77 Rn 97; Richardi/Richardi, § 77 Rn 278; Galperin/Löwisch, § 77 Rn 84; GK-BetrVG/Kreutz, § 77 Rn 129; Kort, NZA 2005, 620–621; a.A. Ehmann/Lambrich, NZA 1996, 346 ff.; Ehmann/Schmidt, NZA 1995, 199; Hablitzel, NZA 2001, 471; Blomeyer, NZA 1996, 345.
102 Fitting u.a., § 77 Rn 97.
103 Richardi/Richardi, § 77 Rn 279; Fitting u.a., § 77 Rn 99; GK-BetrVG/Kreutz, § 77 Rn 132; v. Hoyningen-Huene, DB 1984, Beil. 1, S. 4; MünchArb/Matthes, Bd. 3, § 328 Rn 74.
104 BAG 5.3.1997 – AP § 77 BetrVG 1972 Tarifvorbehalt Nr. 10; GK-BetrVG/Kreutz, § 77 Rn 125, 126; Richardi/Richardi, § 77 Rn 297.

Die Teilunwirksamkeit einer BV hat im Zweifel nicht die komplette Unwirksamkeit der BV zur Folge, außer für den Fall, dass die Regelung ohne den unwirksamen Teil nicht mehr sinnvoll isoliert bestehen kann. Sofern die Restregelung ihre Ordnungsfunktion entfalten kann, bleibt sie erhalten.[105]

Nach zutreffender Rspr. des BAG[106] können die TV-Parteien durch eine rückwirkende Öffnungsklausel auch noch nachträglich BV genehmigen, die zunächst wegen Verstoßes gegen die Regelungssperre des Abs. 3 S. 1 schwebend unwirksam waren.[107] Je nach Einzelfall kann zudem die Möglichkeit bestehen, die aufgrund des Tarifvorbehalts unwirksame BV entgegen ihrer eindeutigen Bezeichnung in einen Haus-TV umzudeuten. Dies setzt jedoch einen dreiseitigen Vertragsschluss zwischen AG, BR und zuständiger Gewerkschaft voraus.[108] Zu der Frage, ob ein nach § 613a Abs. 1 S. 2 BGB transformierter TV nur durch einen anderen TV oder auch durch eine BV abgelöst werden kann, hat das BAG nunmehr darauf erkannt, dass eine „Überkreuzablösung" nach § 613a Abs. 1 S. 3 BGB jedenfalls außerhalb des Bereichs zwingender Mitbestimmung ausgeschlossen sei.[109]

5. Reichweite der Regelungssperre des Abs. 3 und alternative Regelungsmöglichkeiten. Von der Sperrwirkung des Abs. 3 werden nur BV umfasst, individualrechtliche Vereinbarungen über Arbeitsbedingungen bleiben weiterhin zulässig. Bspw. können einzelarbeitsvertraglich übertarifliche Zulagen vereinbart werden, wobei eine anschließende Änderung oder Beseitigung der vereinbarten Wirkungen nur im Wege des Arbeitsvertragsrechts möglich ist.[110] Durch BV sind jedoch keine Lohnzulagen möglich, wenn der Grundlohn durch TV geregelt wird.[111]

Abs. 3 schließt seinem Wortlaut nach nur BV aus, weshalb sich die Frage stellt, ob stattdessen eine Regelungsabrede abgeschlossen werden kann. Seit Abs. 3 praktisch nur noch für freiwillige BV gilt, ist heute nur noch problematisch, ob die Vorschrift dem Abschluss freiwilliger und teilmitbestimmter Regelungsabreden entgegensteht. Dies wird von der Rspr. und dem überwiegenden Schrifttum grds. verneint.[112] Für die Zulässigkeit von Regelungsabreden spricht unter anderem der Wortlaut des Abs. 3, der explizit (nur) „Betriebsvereinbarungen" verbietet, während in Abs. 1 global von „Vereinbarungen" die Rede ist.[113] Überdies befassen sich der BV, weshalb es nach der Gesetzessystematik näher gelegen hätte, den Abs. 3 vorab zu regeln, falls dieser allg. für Vereinbarungen und nicht nur für die BV im Speziellen hätte gelten sollen.[114]

Regelungsabreden können den AN gegenüber auch nur durch Arbeitsvertrag umgesetzt werden und insoweit nicht als Konkurrenz zum TV wirken.[115] Darüber hinaus unterliegen sie im Gegensatz zu BV und TV einer AGB-Kontrolle.[116]

Die überwiegende Auffassung betont demgegenüber, dass die Normsetzungsprärogative der TV-Parteien durch formlose Absprachen über Entgelte und sonstige Arbeitsbedingungen de facto umgangen werden kann.[117]

Dem ist entgegenzuhalten, dass nicht zum Nachteil der AN vom TV abgewichen werden kann, sondern dass nach § 4 Abs. 3 TVG lediglich günstigere Entgelte und Arbeitsbedingungen vereinbart werden können. „Günstiger" bedeutet hier bessere Konditionen im gleichen Sachzusammenhang, weshalb die Vereinbarung eines niedrigeren Lohnes in Verbindung mit dem Ausschluss ordentlicher Künd – etwa im Rahmen eines sog. „betrieblichen Bündnisses" – nicht als günstigere Regelung, und folglich als unzulässig einzuordnen ist.[118] Soweit es, insb. aufgrund der prekären Lage auf dem Arbeitsmarkt, vermehrt Stimmen gibt, die für die Zulassung von betrieblichen Bündnissen plädieren, wäre hierfür die Schaffung einer gesetzlichen Grundlage erforderlich.

6. Ausnahmen von der Regelungssperre. a) Sozialpläne. Für Sozialpläne nach §§ 112, 112a gilt die Regelungssperre des Abs. 3 nicht, was § 112 Abs. 1 S. 4 ausdrücklich festlegt. Sozialpläne können demgemäß für die AN sowohl günstigere, als auch nachteiligere Regelungen (im Vergleich zum einschlägigen TV) treffen.[119]

---

105 BAG 15.5.2001 – AP § 87 BetrVG 1972 Prämie Nr. 17; BAG 21.1.2003 – AP § 21a BetrVG 1972 Nr. 1; BAG 28.4.1981 – AP § 87 1972 Vorschlagswesen Nr. 1; *Fitting u.a.*, § 77 Rn 103; *Kort*, NZA 2005, 620; GK-BetrVG/ *Kreutz*, § 77 Rn 61; *Galperin/Löwisch*, § 77 Rn 18; *Richardi/Richardi*, § 77 Rn 48; MünchArb/*Matthes*, Bd. 3, § 328 Rn 77.

106 BAG 29.10.2002 – NZA 2003, 393, 395; BAG 20.4.1999 – EzA § 77 BetrVG 1972 Nr. 64; BAG 29.1.2002 – EzA § 77 BetrVG 1972 Nr. 71.

107 *Kort*, NZA 2005, 620; a.A. GK-BetrVG/*Kreutz*, § 77 Rn 123.

108 BAG 7.11.2000 – NZA 2001, 727; *Zachert*, NZA 2006, 12.

109 BAG 6.11.2007 – 1 AZR 862/06 – NZA 2008, 542.

110 BAG 24.7.1958 – AP § 611 BGB Akkordlohn Nr. 6; BAG 24.1.1996 – AP § 77 BetrVG 1972 Tarifvorbehalt Nr. 8; BAG 13.8.1980 – AP § 77 BetrVG 1972 Nr. 2; *Fitting u.a.*, § 77 Rn 101; GK-BetrVG/*Kreutz*, § 77 Rn 134; *Richardi/Richardi*, § 77 Rn 295 f.

111 BAG 6.3.1958 – AP § 59 BetrVG Nr. 1; BAG 29.5.1964 – AP § 59 BetrVG Nr. 24; BAG 13.8.1980 – AP § 77 BetrVG 1972 Nr. 2; *Richardi/Richardi*, § 77 Rn 280.

112 BAG 20.4.1999 – AP Art. 9 GG Nr. 89; BAG 21.1.2003 – AP § 21a BetrVG 1972 Nr. 1; ErfK/*Kania*, § 77 Rn 56; GK-BetrVG/*Kreutz*, § 77 Rn 135; *Goethner*, NZA 2006, 303, 306; *Adomeit*, BB 1972, 53; *Haug*, BB 1986, 1929; *Heinze*, NZA 1995, 5; *Hromadka*, DB 1987, 1993; *Waltermann*, RdA 1996, 132; *Wank*, RdA 1991, 133; *Zöllner*, ZfA 1988, 281; *Kort*, NJW 1997, 1480; *Walker*, ZfA 2000, 35.

113 Vgl. *Fitting u.a.*, § 77 Rn 102.

114 *Goethner*, NZA 2006, 304.

115 ErfK/*Kania*, § 77 BetrVG Rn 56.

116 *Eich*, NZA 2006, 1019.

117 DKK/*Berg*, § 77 Rn 78; *Richardi/Richardi*, § 77 Rn 293; *Annuß*, RdA 2000, 287, 291.

118 *Fitting u.a.*, § 77 Rn 102.

119 GK-BetrVG/*Kreutz*, § 77 Rn 136; *Fitting u.a.*, § 77 Rn 102; *Löwisch*, NZA 2005, 554–559.

Bedeutung hat dies z.B. für tarifvertragliche Rationalisierungsschutzabkommen, mittels derer weitergehende betriebliche Sozialpläne und ihre Erzwingbarkeit nicht ausgeschlossen werden können. Dagegen kann ein TV bestimmen, dass die in ihm vorgesehenen Leistungen entfallen, wenn und soweit betriebliche Sozialpläne entspr. Leistungen gewähren.[120]

41 **b) Tarifvertragliche Öffnungsklauseln nach Abs. 3 S. 2.** Die Sperrwirkung des Abs. 3 S. 1 gilt dann nicht, wenn der einschlägige TV in schriftlicher Form den Abschluss ergänzender BV ausdrücklich zulässt, wobei die Zulassung restriktiv auszulegen ist.[121] Dabei besteht die Möglichkeit der Schaffung von die AN begünstigenden, aber auch benachteiligenden Regelungen. Bei Zweifelsfällen über die Zulässigkeit ungünstiger Vereinbarungen, muss die Öffnungsklausel ausgelegt werden.[122]

42 Abs. 3 S. 2 erlaubt nur „ergänzende" BV, weshalb zumindest eine Grundregelung im Rahmen des TV getroffen worden sein muss, die dann durch die Ergänzung eine nähere Ausgestaltung erhält.[123] Die ergänzende BV gilt auch für nicht tarifgebundene AN, wenn auch die zugrunde liegende tarifvertragliche Bestimmung auf sie Anwendung findet.[124]

43 Der Öffnungsklausel unterfallen nach h.M. auch untertarifliche Regelungen, da § 4 Abs. 3 TVG generell von TV abweichende Abmachungen zulässt.[125] Gestattet der TV allerdings (nur) Abweichungen durch BV, reicht eine Regelungsabrede nicht aus.[126]

Die Ermächtigung, eine ergänzende oder abweichende Regelung zu vereinbaren, bleibt bis zum Abschluss eines neuen TV bestehen; bei Ablauf des alten TV wirkt dieser für die tarifvertragsfreie Zeit gem. § 4 Abs. 5 TVG nach.[127] Die Öffnungsklausel wird mit Abschluss eines neuen TV ohne Öffnungsklausel unwirksam.[128]

Tarifvertragliche Öffnungsklauseln können nur von den zuständigen TV-Parteien abgeschlossen werden, weshalb bspw. die Vereinbarung einer entsprechenden Klausel in einem Firmen-TV zwischen einem durch Verbands-TV gebundenen AG und der vertragsschließenden Gewerkschaft nicht möglich ist.[129]

Bisher unwirksame BV können durch die Vereinbarung einer rückwirkenden tarifvertraglichen Öffnungsklausel mit nachträglicher Wirkung versehen werden, allerdings dürfen bei einer rückwirkenden Statusverschlechterung auf Seiten der AN Aspekte des Vertrauensschutzes nicht missachtet werden, da insb. nicht schrankenlos in Besitzstände der AN eingegriffen werden darf.[130] Die Beschränkung einer tariflichen Öffnungsklausel auf BV, die bereits vor dem Inkrafttreten eines TV bestanden haben, ist im Zweifel nicht gewollt.[131]

44 **7. Rechtsentwicklungen.** Schon seit einiger Zeit mehren sich die Stimmen derjenigen, die eine Modifizierung des Abs. 3 zur Arbeitsplatzsicherung fordern. Zumeist wird eine Lockerung des Tarifvorbehalts, zum Teil auch dessen Streichung insg. gefordert.[132] Allerdings konnten sich solche Bestrebungen bislang nicht durchsetzen, da das Grundrecht der Koalitionsfreiheit dem Gesetzgeber verbietet, die Unabdingbarkeit der Tarifnormen gegenüber den Betriebsparteien zu beseitigen.

Allerdings hat nun erstmalig in der Geschichte der Bundesrepublik ein Gesetzgebungsorgan für den ihm zugewiesenen Bereich des Arbeitsrechts den Normvorrang des TV teilweise durchbrochen.[133]

---

120 ErfK/*Kania*, § 77 BetrVG Rn 57.
121 BAG 6.3.1958 – AP § 59 BetrVG Nr. 1; BAG 6.12.1963 – AP § 59 BetrVG Nr. 23; BAG 21.2.1967 – AP § 59 BetrVG Nr. 26; DKK/*Berg*, § 77 Rn 73; *Galperin/Löwisch*, § 77 Rn 86; GK-BetrVG/*Kreutz*, § 77 Rn 127.
122 BAG 11.7.1995 – AP § 1 TVG Tarifverträge: Versicherungsgewerbe Nr. 10; Richardi/*Richardi*, § 77 Rn 299; GK-BetrVG/*Kreutz*, § 77 Rn 154; *Fitting u.a.*, § 77 Rn 122.
123 BAG 9.2.1984 – AP Nr. 9 zu § 77 BetrVG 1972; *Fitting u.a.*, § 77 Rn 120.
124 GK-BetrVG/*Kreutz*, § 77 Rn 153; *Fitting u.a.*, § 77 Rn 120; *Buchner*, RdA 1990, 1, 5, 13; *Braun*, BB 1986, 1433; *v. Stebut*, RdA 1974, 341; *v. Hoyningen-Huene/Meyer-Krenz*, ZfA 1988, 303.
125 *Fitting u.a.*, § 77 Rn 121; ErfK/*Kania*, § 77 Rn 59; GK-BetrVG/*Kreutz*, § 77 Rn 154; Richardi/*Richardi*, § 77 Rn 301; *Beuthien*, BB 1983, 1992; *Lieb*, NZA 1994, 290; *Waltermann*, RdA 1996, 136; a.A. DKK/*Berg*, § 77 Rn 74.
126 BAG 18.12.1997 – AP Nr. 46 zu § 2 KSchG 1969; ErfK/*Kania*, § 77 Rn 59.
127 Richardi/*Richardi*, § 77 Rn 301; *Fitting u.a.*, § 77 Rn 123; GK-BetrVG/*Kreutz*, § 77 Rn 162; DKK/*Berg*, § 77 Rn 77.
128 BAG 25.8.1983 – AP Nr. 7 zu § 77 BetrVG 1972; ErfK/*Kania*, § 77 Rn 59.
129 BAG 20.4.1999 – AP Nr. 12 zu § 77 BetrVG 1972 Tarifvorbehalt; *Fitting u.a.*, § 77 Rn 118; ErfK/*Kania*, § 77 Rn 59.
130 BAG 20.4.1999 – AP Nr. 12 zu § 77 BetrVG Tarifvorbehalt; BAG 29.10.2002 – AP Nr. 18 zu § 77 BetrVG Tarifvorbehalt; BAG 19.9.1995 – AP Nr. 61 zu § 77 BetrVG 1972; BAG 23.11.1994 – AP Nr. 12 zu § 77 TVG Rückwirkung; BAG 17.5.2000 – AP Nr. 19 zu § 1 TVG Rückwirkung; BAG 16.9.1986 – AP Nr. 17 zu § 77 BetrVG 1972; *Fitting u.a.*, § 77 Rn 119, 44, 193; ErfK/*Kania*, § 77 Rn 59; GK-BetrVG/*Kreutz*, § 77 Rn 198; Richardi/*Richardi*, § 77 Rn 130; MünchArb/*Matthes*, Bd. 3, § 328 Rn 30; a.A. GK-BetrVG/*Kreutz*, § 77 Rn 123; *Schaub*, NZA 1998, 623.
131 BAG 20.2.2001 – AP Nr. 15 zu § 77 BetrVG 1972 Tarifvorbehalt; ErfK/*Kania*, § 77 Rn 59.
132 Richardi/*Richardi*, § 77 Rn 242; Deregulierungskommission, Marktöffnung und Wettbewerb, 1991 Nr. 197, S. 149; *Reuter*, DWir 1991, 221, 225; *ders.*, RdA 1991, 193, 199 f.; *Ehmann/Lambrich*, NZA 1996, 346 ff.
133 *Andelewski/Eckert*, NZA 2005, 662–667.

Nach § 36 Abs. 1 S. 2, 3 Mitarbeitergesetz der Evangelischen Kirche in Deutschland (MVG.EKD) ist es den kirchlichen „Betriebsparteien" untersagt, in Dienstvereinbarungen Arbeitsentgelte und sonstige Arbeitsbedingungen zu regeln, die Gegenstand von Beschlüssen der Arbeitsrechtlichen Kommission, von TV oder Entscheidungen des Schlichtungsausschusses nach dem Arbeitsrechtsregelungsgesetz oder allgemeinverbindlichen RL der Kirche sind oder dort üblicherweise geregelt werden. Diese Norm entspricht inhaltlich weitgehend dem Abs. 1. Am 22./23.4.2005 hat die Landessynode der Evangelischen Kirche Berlin-Brandenburg-Schlesische Oberlausitz durch Modifizierung des Anwendungsgesetzes zum MVG.EKD für die Evangelische Landeskirche Berlin-Brandenburg-schlesische Oberlausitz und deren Diakonie beschlossen, § 36 Abs. 1 S. 3 MVG.EKD mit der Maßgabe anzuwenden, das Arbeitsentgelte und sonstige Arbeitsbedingungen im Falle des Bestehens einer wirtschaftlichen Notlage auch Gegenstand einer Dienstvereinbarung sein können (§ 8 MVG-Anwendungsgesetz). Die Regelung ist am 1.12.2005 in Kraft getreten. Sie durchbricht erstmalig den gesetzlich vorgeschriebenen Tarifvorrang zugunsten von Regelungen auf betrieblicher Ebene, allerdings nur für den Sonderfall des Bestehens einer wirtschaftlichen Notlage. Diese Beschränkung zusammen mit der verfassungsrechtlichgeschützten Stellung der Kirche verhindert die Rechtswidrigkeit der Regelung wegen eines Verstoßes gegen die Tarifautonomie. Die Regelung ist auch nicht wegen Verstoßes gegen das Günstigkeitsprinzip unwirksam, da § 8 MVG-Anwendungsgesetz lex specialis ist. Weiteres Wirksamkeitserfordernis einer auf § 8 MVG-Anwendungsgesetz basierenden Dienstvereinbarung ist die Nichtunterschreitung der gesetzlichen Mindestarbeitsbedingungen. Inwieweit diese Regelung eine Trendwende in der Diskussion über den Tarifvorrang im Verhältnis zu betrieblichen Vereinbarungen bewirken wird, bleibt abzuwarten.[134]

Es gibt weiterhin auch Stimmen, die gerade vor der Aufweichung des Tarifvorbehalts warnen und auf das erhöhte Gefährdungspotenzial durch formlose Regelungen wie Regelungsabreden für die Tarifautonomie hinweisen.[135] Weiterhin wird abzuwarten sein, inwieweit die BAG Entscheidung vom 23.2.2005 zur Zulässigkeit von OT-Mitgliedschaften in AG-Verbänden zur „Tarifflucht" genutzt wird. Während die Annehmlichkeiten einer Verbandsmitgliedschaft in Anspruch genommen werden, entledigt man sich auf diesem Wege der Tarifunterworfenheit.[136]

IV. Die normative Wirkung der Betriebsvereinbarung nach Abs. 4 S. 1

BV gelten gem. Abs. 4 S. 1ebenso wie Tarifnormen nach § 4 Abs. 1 TVG unmittelbar und zwingend für die Arbvverh der AN eines Betriebs. Gleiches gilt für Sozialpläne, die laut BAG als BV besonderer Art zu charakterisieren sind. Ihre normative Wirkung ergibt sich aus §§ 74 Abs. 4 S. 1, 112 Abs. 1 S. 3.[137] Sie sind nicht durch einzelvertragliche Vereinbarungen abdingbar, außer sie sehen dies selbst explizit vor.[138]

Sehr praxisrelevant ist die Frage, ob die Arbeitsvertragsparteien von den Regelungen einer BV einzelvertraglich abweichen können. Interessant wird diese Frage v.a. bei angestrebten Abweichungen zugunsten der AN. Das Gesetz stellt hierzu keine klarstellende Regelung zur Verfügung. Hieraus darf aber nicht auf eine ablehnende Haltung des Gesetzgebers gegenüber Positivabweichungen geschlossen werden, da Art. 12 Abs. 1 GG im Rahmen der Berufsfreiheit auch das Recht schützt, Arbeitsbedingungen mit der Möglichkeit einer einzelvertraglichen Abweichung zu vereinbaren.[139] Folglich steht die BV nicht generell über dem Arbeitsvertrag. Vielmehr gilt das Günstigkeitsprinzip. Dieses ist in § 28 Abs. 2 SprAuG gesetzlich normiert, und es kann nicht angenommen werden, dass für die Betriebsverfassung anderes gelten sollte als für den Sprecherausschuss.[140] BV können nur solche Regelungen treffen, die nicht schon in günstigerer Form durch Arbeitsvertrag statuiert wurden, es sei denn der Arbeitsvertrag sieht ausdrücklich oder konkludent die Möglichkeit des Abschlusses verschlechternder BV vor. Das Günstigkeitsprinzip bestimmt die Unabdingbarkeitswirkung, die Bestimmungen einer BV wirken nur einseitig zwingend und sind zugunsten des AN stets dispositiv.[141]

Ob eine Regelung günstiger als eine andere ist, muss anhand objektiver Maßstäbe bewertet werden. Hierbei ist das Individualinteresse des jeweiligen AN und nicht dasjenige der gesamten Belegschaft entscheidend. Bei einer Entgeltleistung des AG ist z.B. für die Günstigkeitsbeurteilung das Verhältnis von Leistung und Gegenleistung entscheidend.[142]

Falls der Günstigkeitsvergleich nicht eindeutig vorgenommen werden kann, bleibt es bei der Geltung der BV.[143]

---

134 Ausführlich *Andelewski/Eckert*, NZA 2005, 662–667.
135 *Thon*, NZA 2005, 858–860.
136 Vgl. *Wilhelm/Dannhorn*, NZA 2006, 473.
137 BAG 27.6.2006 – NZA 2006, 1239; BAG 13.12.2005 – NZA 2006, 1430; BAG 22.11.2005 – NZA 2006, 220; *Franzen*, NZA 2006, 108.
138 DKK/*Berg*, § 77 Rn 42; *Galperin/Löwisch*, § 77 Rn 38; *Fitting u.a.*, § 77 Rn 111; GK-BetrVG/*Kreutz*, § 77 Rn 195 ff.; *Hanau*, RdA 1989, 207 ff.
139 Vgl. Richardi/*Richardi*, § 77 Rn 301.
140 *Franzen*, NZA 2006, 113.
141 BAG 20.11.1990 – AP Nr. 14 zu § 1 BetrAVG Ablösung; BAG 7.11.1989 – AP Nr. 46 zu § 77 BetrVG 1972; BAG 16.9.1986 – AP Nr. 17 zu § 77 BetrVG 1972; ErfK/*Kania*, § 77 Rn 3; Richardi/*Richardi*, § 77 Rn 143, 144; *Galperin/Löwisch*, § 77 Rn 94; *Fitting u.a.*, § 77 Rn 196; GK-BetrVG/*Kreutz*, § 77 Rn 234.
142 Richardi/*Richardi*, § 77 Rn 146; GK-BetrVG/*Kreutz*, § 77 Rn 246, 247; *Fitting u.a.*, § 77 Rn 200; *Joost*, ZfA 1984, 173, 178; *Wank*, NJW 1996, 2277; *Annuß*, RdA 2000, 287, 296.
143 BAG 12.4.1972 – AP Nr. 13 zu § 4 TVG Günstigkeitsprinzip; GK-BetrVG/*Kreutz*, § 77 Rn 250.

48 Arbeitsverträge können gemäß der Rspr. des Großen Senats vom 16.9.1986[144] aber durchaus einen Vorbehalt der Abänderung – sowohl zu Gunsten, als auch Lasten der AN – durch BV enthalten, also betriebsvereinbarungsoffen ausgestaltet sein. Der Vorbehalt kann ausdrücklich oder – bei Vorliegen entsprechender Begleitumstände – auch konkludent erklärt werden. Sollen Rechte eines AN durch eine BV beeinträchtigt werden, bedarf es dazu jedenfalls einer ausdrücklichen Regelung in der BV. Im Zweifel ist eine Auslegung der vom AG erteilten Zusage erforderlich.[145] Wenn eine vertragliche Versorgungszusage eine vertragliche Änderungsklausel enthält, die verschiedene Änderungssachverhalte aufführt (Gesetz, TV usw.), jedoch BV nicht erwähnt, ist regelmäßig davon auszugehen, dass die Versorgungszusage nicht betriebsvereinbarungsoffen ist, also nicht durch BV abgeändert werden kann.[146] In diesem Fall können bspw. Gesamtzusagen oder Ansprüche aus einer betrieblichen Übung grds. nur erweitert, nicht aber abgebaut werden.[147]

49 Bei Inkrafttreten der BV werden bereits bestehende ungünstigere Arbeitsvertragsbedingungen für die Dauer der Geltung der BV nach h.M. lediglich verdrängt; sie leben nach dem ersatzlosen Wegfall der BV wieder auf.[148] Normative Wirkung gegenüber den AN haben neben den BV, auch die über ihre Wirksamkeit und ihren Inhalt ergangenen Entscheidungen der Arbeitsgerichte in Beschlussverfahren zwischen AG und BR. Die gleiche Wirkung kommt solchen Entscheidungen gegenüber denjenigen AN zu, die Ansprüche aus der BV gerichtlich geltend machen.[149]

V. Arbeitnehmerverzicht auf Rechte aus Betriebsvereinbarungen gem. Abs. 4 S. 2

50 Der Verzicht eines AN auf die Rechte aus einer BV ist nur mit Zustimmung des BR möglich, ohne die der Verzicht unwirksam ist.[150] Die Zustimmung hat individuell und fallbezogen zu erfolgen, eine generelle Zustimmung des BR ist nicht möglich.[151] Die Zustimmung des BR kann formlos erteilt werden, setzt aber sowohl inhaltliche Eindeutigkeit, als auch einen ordnungsgemäßen BR-Beschluss voraus.[152] Dieses Zustimmungserfordernis gilt sowohl während, als auch nach Beendigung des Arbverh, etwa wenn um Ansprüche aus dem Arbeitsvertrag gestritten wird. In diesen Fällen sind auch außergerichtliche, sowie gerichtliche Vergleiche nicht ohne entsprechende Zustimmung des BR möglich.[153] Zulässig und in der Praxis häufig ist jedoch ein Vergleich über die tatsächlichen Voraussetzungen des Anspruchs.[154] Der AG kann seinerseits zu jeder Zeit auf seine Rechte aus der BV verzichten.[155]

VI. Verwirkung der Arbeitnehmerrechte aus Betriebsvereinbarungen gem. Abs. 4 S. 3

51 Die Verwirkung der aus BV erwachsenden AN-Rechte ist gem. Abs. 4 S. 3 ausgeschlossen. Folglich kann auch durch längerfristige Nichtgeltendmachung von Rechten kein Rechtsverlust auf AN-Seite entstehen.[156] Auf Rechte des AG findet Abs. 4 S. 3 keine Anwendung. Hier kommt eine Verwirkung also grds. in Betracht.

VII. Ausschlussfristen für Geltendmachung von Rechten aus Betriebsvereinbarungen und Verkürzung der entsprechenden Verjährungsfristen (Abs. 4 S. 4)

52 Gem. Abs. 4 S. 4 können die durch BV konstituierten AN-Rechte nicht durch arbeitsvertragliche Regelungen beschnitten werden, in denen Ausschlussfristen oder eine Verkürzung der gesetzlichen Verjährungsfristen vereinbart wird. Möglich sind derartige Einschnitte nur im Wege von BV oder TV.

Ausschlussfristen sind Fristen für die Geltendmachung von rechten, bei deren Versäumung das Recht mit Fristablauf ipso iure erlöscht, was im Falle eines Rechtsstreits von Amts wegen zu berücksichtigen ist.[157] Extrem kurze Ausschlussfristen können wegen Sittenwidrigkeit nichtig[158] oder wegen Verstoßes gegen § 307 BGB unwirksam sein.[159]

Im Gegensatz zu den Ausschlussfristen erlischt mit dem Ablauf der Verjährungsfrist nicht der Anspruch, vielmehr erhält der Schuldner ein Leistungsverweigerungsrecht gemäß § 214 Abs. 1 BGB. Die nach § 202 BGB grds. disposi-

---

144 BAG 16.9.1986 – AP Nr. 17 zu BetrVG 1972 § 77 Nr. 17 BetrVG 1972.
145 ErfK/*Kania*, § 77 Rn 81.
146 BAG 23.9.2003, NZA 2005, 72.
147 *Barton*, NZA 2006, 465.
148 BAG 28.3.2000 – AP Nr. 83 zu § 77 BetrVG 1972; *Fitting u.a.*, § 77 Rn 197; *Franzen*, NZA 2006, 113; a.A. GK-BetrVG/*Kreutz*, § 77 Rn 232.
149 BAG 17.8.1999 – AP Nr. 79 zu § 77 BetrVG 1972; ErfK/*Kania*, § 77 Rn 4.
150 DKK/*Berg*, § 77 Rn 43; Richardi/*Richardi*, § 77 Rn 178; GK-BetrVG/*Kreutz*, § 77 Rn 272.
151 BAG 27.1.2004 – AP Nr. 166 zu § 112 BetrVG 1972; ErfK/*Kania*, § 77 Rn 39.
152 BAG 3.6.1997 – AP Nr. 69 zu § 77 BetrVG 1972; BAG 27.1.2004 – AP Nr. 166 zu § 112 BetrVG 1972; *Fitting u.a.*, § 77 Rn 132; Richardi/*Richardi*, § 77 Rn 181.
153 DKK/*Berg*, § 77 Rn 43.
154 BAG 31.7.1996 – AP Nr. 63 zu § 77 BetrVG 1972; ErfK/*Kania*, § 77 Rn 39.
155 GK-BetrVG/*Kreutz*, § 77 Rn 280; DKK/*Berg*, § 77 Rn 43.
156 *Fitting u.a.*, § 77 Rn 137; DKK/*Berg*, § 77 Rn 44;
157 GK-BetrVG/*Kreutz*, § 77 Rn 280; *Herschel*, AuR 1973, 126.
158 BAG 16.11.1965 – AP Nr. 30 zu § 4 TVG Ausschlussfristen; GK-BetrVG/*Kreutz*, § 77 Rn 286; *Fitting u.a.*, § 77 Rn 138.
159 BAG 28.9.2005 – 5 AZR 52/05 – n.v.

tiven Verjährungsfristen können, wenn sie im Rahmen einer BV (oder einem TV) vereinbart wurden, nicht einzelvertraglich abgekürzt werden. Ansonsten sind Verjährungsverkürzungen nur durch BV oder TV möglich.[160]

VIII. Beendigung von Betriebsvereinbarungen

1. Zeitablauf und Zweckerreichung. Eine befristete BV endet mit Ablauf desjenigen Zeitraums, für den sie geschlossen wurde. Falls sich aus dem Zweck der Vereinbarung keine zeitliche Limitierung ergibt, endet die BV mit der Zweckerreichung.[161] Bspw. ist der Zweck einer aufgrund tarifvertraglicher Öffnungsklausel ergangenen BV erreicht, wenn der zugrunde liegende TV endet.[162]

Eine BV kann zudem unter einer (auflösenden oder aufschiebenden) Bedingung stehen, allerdings nur unter einer solchen, deren Eintritt oder Nichteintritt für alle Beteiligten ohne weiteres feststellbar ist.[163]

2. Aufhebungsvertrag. Eine BV kann auch durch einen Aufhebungsvertrag enden, der jederzeit zwischen AG und BR geschlossen werden kann. Die Aufhebung bedarf allerdings aufgrund des normativen Charakters der BV der Schriftform, eine lediglich schuldrechtlich wirkende Regelungsabrede genügt hier nicht.[164] Wird eine neue BV über den gleichen Regelungsgegenstand geschlossen, heben die Betriebsparteien konkludent die bisherige Vereinbarung auf.[165] Sofern die alte Vereinbarung nur zum Teil ersetzt wird, bleibt sie in Gestalt des verbleibenden Rests weiterhin wirksam.[166] Man spricht in diesem Zusammenhang vom sog. Ablösungsprinzip, in dessen Rahmen die eine BV die andere ranggleiche ersetzt. Das Günstigkeitsprinzip ist auf ranggleiche Gestaltungsfaktoren nicht anwendbar, es dient jedoch als Kollisionsnorm zwischen BV und Arbeitsvertrag.[167]

3. Kündigung gem. Abs. 5. Die Künd einer BV kommt mit einer Künd-Frist von drei Monaten in Betracht, Abs. 5. Eine außerordentliche Künd ohne Einhaltung der Frist ist möglich, wenn Gründe vorliegen, die unter Berücksichtigung aller Umstände und unter Abwägung aller Interessen der Betroffenen – AG, BR, AN – ein Festhalten an der BV bis zum Ablauf der Künd-Frist nicht zumutbar erscheinen lassen.[168] Das Recht zur außerordentlichen Künd ist nicht abdingbar.[169]

Falls die BV nur einen einmaligen Sachverhalt regelt, scheiden sowohl die ordentliche, als auch die außerordentliche Künd aus.[170]

Für die ordentliche Künd bedarf es keines sachlichen Künd-Grundes, es gelten auch keinerlei Künd-Schutzbestimmungen.[171]

Die Künd-Möglichkeit besteht auch in Angelegenheiten, in denen der Spruch der Einigungsstelle die Einigung zwischen AG und AN ersetzen kann, bzw. ersetzt hat.[172] Nicht erheblich für die Zulässigkeit einer Künd ist, ob dem BR für den geregelten Sachverhalt ein Mitbestimmungsrecht nach § 87 Abs. 1 zukommt.[173]

---

160 GK-BetrVG/*Kreutz*, § 77 Rn 288; DKK/*Berg*, § 77 Rn 44; Richardi/*Richardi*, § 77 Rn 186–189; *Fitting u.a.*, § 77 Rn 144.
161 BAG 20.12.1961 – AP Nr. 7 zu § 59 BetrVG; BAG 14.12.1966 – AP Nr. 27 zu § 59 BetrVG; BAG 12.8.1982 – AP Nr. 5 zu § 77 BetrVG 1972; BAG 25.8.1983 – AP Nr. 7 zu § 77 BetrVG 1972; ErfK/*Kania*, § 77 Rn 95; DKK/*Berg*, § 77 Rn 45; Richardi/*Richardi*, § 77 Rn 193; *Galperin/Löwisch*, § 77 Rn 60; GK-BetrVG/*Kreutz*, § 77 Rn 354; *Fitting u.a.*, § 77 Rn 142;
162 BAG 20.12.1961 – AP Nr. 7 zu § 59 BetrVG; BAG 14.12.1966 – AP Nr. 27 zu § 59 BetrVG; BAG 25.8.1983 – AP Nr. 7 zu § 77 BetrVG 1972; GK-BetrVG/*Kreutz*, § 77 Rn 354.
163 ErfK/*Kania*, § 77 Rn 96.
164 BAG 27.6.1985 – AP Nr. 14 zu § 77 BetrVG 1972; BAG 20.11.1990 – AP Nr. 48 zu § 77 BetrVG 1972; DKK/*Berg*, § 77 Rn 46; *Fitting u.a.*, § 77 Rn 143; GK-BetrVG/*Kreutz*, § 77 Rn 355; Richardi/*Richardi*, § 77 Rn 194; ErfK/*Kania*, § 77 Rn 114 f.
165 BAG 10.8.1994 – AP Nr. 86 zu § 112 BetrVG 1972; *Fitting u.a.*, § 77 Rn 143; Richardi/*Richardi*, § 77 Rn 195; MünchArb/*Matthes*, Bd. 3, § 328 Rn 37.
166 BAG 16.9.1986 – AP Nr. 17 zu § 77 BetrVG 1972; BAG 17.3.1987 – AP Nr. 9 zu § 1 BetrAVG Ablösung; BAG 24.3.1981 – AP Nr. 12 zu § 112 BetrVG 1972.
167 Richardi/*Richardi*, § 77 Rn 176.
168 BAG 28.4.1992 – AP Nr. 11 zu § 50 BetrVG 1972; BAG 19.7.1957 – AP Nr. 1 zu § 52 BetrVG; BAG 29.5.1964 – AP Nr. 24 zu § 59 BetrVG; *Fitting u.a.*, § 77 Rn 151; DKK/*Berg*, § 77 Rn 54; GK-BetrVG/*Kreutz*, § 77 Rn 366; Richardi/*Richardi*, § 77 Rn 201.
169 BAG 17.1.1995 – AP Nr. 7 zu § 77 BetrVG 1972 Nachwirkung; Richardi/*Richardi*, § 77 Rn 202.
170 BAG 10.8.1994 – AP Nr. 86 zu § 112 BetrVG 1972; BAG 26.4.1990 – AP Nr. 4 zu § 77 BetrVG 1972 Nachwirkung; ErfK/*Kania*, § 77 Rn 102; DKK/*Berg*, § 77 Rn 55; *Fitting u.a.*, § 77 Rn 145; MünchArb/*Matthes*, Bd. 3, § 328 Rn 39; einschränkend GK-BetrVG/*Kreutz*, § 77 Rn 362.
171 BAG 18.9.2001 – AP Nr. 34 zu § 1 BetrAVG Ablösung; BAG 21.8.2001 – AP Nr. 8 zu § 1 BetrAVG Betriebsvereinbarung; BAG 17.8.1999 – AP Nr. 79 zu § 77 BetrVG 1972; BAG 11.5.1999 – AP Nr. 6 zu § 1 BetrAVG Betriebsvereinbarung; BAG 17.1.1995 – AP Nr. 7 zu § 77 BetrVG 1972 Nachwirkung; BAG 26.10.1993 – BB 1994, 1072; BAG 10.3.1992 – DB 1992, 1735; BAG 26.4.1990 – DB 1992, 1871, 1872 m.w.N.; DKK/*Berg*, § 77 Rn 53b; *Heither*, BB 1992, 145, 148; *Molkenburg/Roßmanith*, AuR 1990, 333, 338.
172 *Fitting u.a.*, § 77 Rn 144; Richardi/*Richardi*, § 77 Rn 208; DKK/*Berg*, § 77 Rn 55; *Galperin/Löwisch*, § 77 Rn 61; GK-BetrVG/*Kreutz*, § 77 Rn 360; *Hanau*, NZA 1985, Beil. 2, S. 3, 9.
173 BAG 7.12.1962 – AP Nr. 3 zu § 56 BetrVG Akkord; Richardi/*Richardi*, § 77 Rn 208; GK-BetrVG/*Kreutz*, § 77 Rn 360.

58 Im Falle einer Änderungs-Künd, also der Künd in Verbindung mit einem Änderungsangebot, entfaltet die Künd erst bei Nichtannahme des Angebotes ihre Wirkung. Falls der andere Teil mit der Änderung einverstanden ist, bedarf die Änderung der BV der Schriftform.[174]

59 Zur Frage der Teilkünd einer BV hat das BAG nunmehr darauf erkannt, dass eine solche regelmäßig zulässig sei, wenn der gekündigte Teil einen selbstständigen Regelungskomplex betrifft. Auf den erkennbaren Willen der Betriebsparteien, ein rechtlich eigenständiges Schicksal der Regelungskomplexe zu ermöglichen, soll es nicht ankommen. Es ist nach Auffassung des BAG vielmehr Aufgabe der Betriebsparteien, die Teilkünd soweit gewollt durch einen entsprechenden Hinweis in der BV auszuschließen.[175]

60 **4. Keine Beendigungsgründe. a) Einleitung.** Veränderungen im Betrieb haben keine Auswirkungen auf die BV, solange der Betrieb als organisatorische Einheit erhalten bleibt. Unschädliche Änderungen sind bspw. der Tod des AG, das Amtsende des BR, Fluktuation innerhalb der Belegschaft oder die Umstellung des Betriebszwecks.[176]

61 **b) Wechsel des Betriebsinhabers.** Der Wechsel des Betriebsinhabers, sei es durch Tod des Eigentümers oder durch Verschmelzung, Umwandlung, Unternehmensspaltung oder Teilübertragung des Unternehmens auf einen neuen Inhaber haben als bloße rechtliche Neuzuordnungen keinen Einfluss auf die Organisation auf Betriebsebene und folglich auch nicht auf den Bestand der BV.[177]

62 Gesetzlich nicht geregelt ist das Schicksal von BV, wenn eine unternehmensinterne Umstrukturierung den Verlust der Betriebsidentität zur Folge hat. Eine analoge oder gar direkte Anwendung von § 613a BGB scheidet aufgrund eines fehlenden AG-Wechsels aus.[178] Besteht die Umstrukturierung in einer Stilllegung des Betriebs, enden alle BV, mit Ausnahme derer, die gerade auf die Stilllegung geschlossen wurden, wie z.B. Sozialpläne oder Vereinbarungen zur betrieblichen Altersvorsorge.[179]

63 **c) Amtsende des Betriebsrats.** Wenn die Amtszeit des BR endet, oder der Betrieb betriebsratslos wird, hat dies keinerlei Auswirkungen auf die Fortgeltung der bereits getroffenen BV. Deshalb ist es auch unerheblich, wann und ob überhaupt wieder ein neuer BR gewählt wird. Auch dem AG erwächst aus dieser Situation kein Nachteil, da ihm weiterhin die Möglichkeit der Künd der Vereinbarung offen steht. In Ermangelung eines BR kann diese dann gegenüber allen betroffenen AN erfolgen.[180]

64 Falls bei einer Gesamt-BV ein Betriebsübergang dazu führt, dass der GBR seine bisherige Zuständigkeit für die Vereinbarung verliert, besteht diese als Einzel-BV fort.[181]

IX. Nachwirkung von Betriebsvereinbarungen

65 Abs. 6 regelt die Weitergeltung von über die Einigungsstelle erzwingbaren BV bis zur Ersetzung durch eine neue BV. Die Nachwirkung besteht ausschließlich bei erzwingbaren und nicht bei freiwilligen BV.[182] Durch die Regelung wird sichergestellt, dass in mitbestimmungspflichtigen Angelegenheiten auch nach Beendigung einer BV Neuregelungen über den gleichen Gegenstand ausschließlich zwischen AG und BR, bzw. durch den Spruch der Einigungsstelle, getroffen werden können.

66 Ob die Nachwirkung auch für den Fall der außerordentlichen Künd gilt, ist umstr. Teilweise wird die Nachwirkung mit dem Argument bejaht, dass der wichtige Grund, der es dem kündigenden Betriebspartner unzumutbar mache, an der BV festzuhalten, lediglich zur Beseitigung der Bindung an die BV für die vereinbarte Zeit führe. Der wichtige Grund mache aber die BV selbst nicht unwirksam, so dass ihre Regelungen nachwirken können, bis sie durch eine neue Abmachung ersetzt werden.[183] Andere Stimmen in der Lit. sehen es als grds. widersprüchlich an, zunächst

---

174 GK-BetrVG/*Kreutz*, § 77 Rn 370; Richardi/*Richardi*, § 77 Rn 204, 205; *Fitting u.a.*, § 77 Rn 150; *Schaub*, BB 1990, 289.
175 BAG 6.11.2007 – 1 AZR 826/06 – NZA 2008, 422.
176 GK-BetrVG/*Kreutz*, § 77 Rn 381.
177 *Fitting u.a.*, § 77 Rn 167; GK-BetrVG/*Kreutz*, § 77 Rn 385; Richardi/*Richardi*, § 77 Rn 214, 215; ErfK/*Kania*, § 77 Rn 123, 124, 126; DKK/*Berg*, § 77 Rn 49, 50; *Däubler*, RdA 1995, 140; *Wlotzke*, DB 1995, 40.
178 ErfK/*Kania*, § 77 Rn 121; *Bachner*, NZA 1997, 79.
179 BAG 24.3.1981 – AP Nr. 12 zu § 112 BetrVG 1972; DKK/*Berg*, § 77 Rn 47; *Fitting u.a.*, § 77 Rn 149, 160; *Galperin/Löwisch*, § 77 Rn 66; GK-BetrVG/*Kreutz*, § 77 Rn 319; Richardi/*Richardi*, § 77 Rn 210; MünchArb/*Matthes*, Bd. 3, § 328 Rn 47.
180 BAG 28.7.1981 – AP Nr. 2 zu § 87 BetrVG 1972 Urlaub; BAG 18.9.2002 – EzA Nr. 5 zu § 613a BGB = NZA 2003,

670; GK-BetrVG/*Kreutz*, § 77 Rn 383; Richardi/*Richardi*, § 77 Rn 209; *Galperin/Löwisch*, § 77 Rn 62; DKK/*Berg*, § 77 Rn 52; *Fitting u.a.*, § 77 Rn 175; MünchArb/*Matthes*, Bd. 3, § 328 Rn 45.
181 Richardi/*Richardi*, § 77 Rn 209.
182 BAG 26.4.1990 – AP Nr. 4 zu § 77 BetrVG 1972 Nachwirkung; BAG 21.8.1990 – AP Nr. 5 zu § 77 BetrVG 1972 Nachwirkung; BAG 26.10.1993 – AP Nr. 6 zu § 77 BetrVG 1972 Nachwirkung; BAG 12.8.1982 – AP Nr. 5 zu § 77 BetrVG 1972; BAG 27.6.1985 – AP Nr. 14 zu § 77 BetrVG 1972; BAG 9.2.1989 – AP Nr. 40 zu § 77 BetrVG 1972; BAG 21.9.1989 – AP Nr. 43 zu § 77 BetrVG 1972; BAG 18.4.1989 – AP Nr. 2 zu § 1 BetrAVG Betriebsvereinbarung; *Fitting u.a.*, § 77 Rn 178; DKK/*Berg*, § 77 Rn 58 f.
183 DKK/*Berg*, § 77 Rn 58; MünchArb/*Matthes*, Bd. 3, § 328 Rn 52.

die außerordentliche Künd eines Kollektivvertrages zu bejahen, weil seine Fortsetzung unzumutbar sei, und trotzdem von einer Nachwirkung auszugehen.[184] Das BAG hat die Nachwirkung im Falle der außerordentlichen Künd eines Sozialplans bejaht.[185]

Eine aufgrund WGG gekündigte BV wirkt demgegenüber nach.[186]

Die Nachwirkung setzt ferner das Ende der zeitlichen Geltung, etwa durch Künd oder Ablauf der Befristung, der BV voraus. Trotzdem wirkt nicht jede BV nach. Bspw. entfällt die Nachwirkung, wenn der wirksam in der BV vereinbarte Zweck eingetreten ist. Dies ist z.B. der Fall, wenn die einmalig vereinbarte Mehrarbeit abgeleistet worden ist.[187]

Auch besteht die Möglichkeit, dass die Betriebsparteien die Nachwirkung der BV explizit in der Vereinbarung ausschließen. Dies folgt aus der kollektiven Vertragsfreiheit der Betriebsparteien und der Option, die Nachwirkung jederzeit durch eine neue BV auszuschließen oder zu beenden.[188]

C. Verbindung zum Prozessrecht

Nach st. Rspr. ist im arbeitsgerichtlichen Beschlussverfahren nur antragsbefugt, wer nach materiellem Recht im konkreten Fall durch die begehrte Entscheidung in seiner eigenen betriebsverfassungsrechtlichen Rechtsstellung unmittelbar betroffen wird bzw. dies zumindest behauptet.[189] Aus der Tarifwidrigkeit der BV erwächst laut BAG ein Unterlassungsanspruch sowohl der Gewerkschaft, als auch des BR.[190] Der BR kann jedoch nicht für den einzelnen AN dessen Individualansprüche gegenüber dem AG gerichtlich geltend machen.[191] Individuelle Ansprüche aus einer streitigen BV sind durch den AN im Urteilsverfahren (§§ 2 Abs. 1 Nr. 3a Abs. 5, 46 ff. ArbGG) geltend zu machen.[192] Falls in dem Verfahren im Wege der Vorfrage inzident über die Gültigkeit einer BV entschieden wurde, ist diese Entscheidung nur für das konkrete Verfahren und dessen Parteien bindend.[193]

Streitigkeiten darüber, ob eine BV wegen Verstoß gegen den Tarifvorbehalt unwirksam ist, entscheidet das ArbG im Beschlussverfahren (§ 2a Abs. 1 Nr. 1, Abs. 2 i.V.m. §§ 80 ff. ArbGG).

Weiterhin im Beschlussverfahren entschieden über:
– die ordnungsgemäße Durchführung einer BV[194]
– den einstweiligen Rechtsschutz, im Rahmen der rechtlichen Überprüfung der ordnungsgemäßen Vereinbarungsdurchführung[195]
– Meinungsverschiedenheiten über die Mitbestimmungsrechte des BR oder das Bestehen, bzw. Nichtbestehen einer BV[196]
– die Nachwirkung und die Auslegung einer BV.[197]

---

184 ErfK/*Kania*, § 77 Rn 106; *Fitting u.a.*, § 77 Rn 153; GK-BetrVG/*Kreutz*, § 77 Rn 334.
185 BAG 10.8.1994 – DB 1995, 480, 481.
186 BAG 29.9.2004 – NZA 2005, 532, 533; ErfK/*Kania*, § 77 Rn 106; *Fitting u.a.*, § 77 Rn 179.
187 BAG 17.1.1995 – AP Nr. 7 zu § 77 BetrVG 1972 Nachwirkung; *Fitting u.a.*, § 77 Rn 179; GK-BetrVG/*Kreutz*, § 77 Rn 399; *Meyer*, NZA 1997, 289, 290 f., 293.
188 BAG 9.2.1984 – AP Nr. 9 zu § 77 BetrVG 1972; BAG 17.1.1995 – AP Nr. 7 zu § 77 BetrVG 1972 Nachwirkung; ErfK/*Kania*, § 77 Rn 107; *Fitting u.a.*, § 77 Rn 180; GK-BetrVG/*Kreutz*, § 77 Rn 415; *Galperin/Löwisch*, § 77 Rn 45.
189 BAG 20.12.1995 – AP Nr. 1 zu § 58 BetrVG 1972; LAG Köln 20.5.1999 – NZA-RR 2000, 140; GK-BetrVG/*Kreutz*, § 77 Rn 421; ErfK/*Kania*, § 77 Rn 151.
190 BAG 20.4.1999 – AP Nr. 89 zu Art. 9 GG; BAG 20.8.1991 – AP Nr. 2 zu § 77 BetrVG 1972 Tarifvorbehalt; GK-BetrVG/*Kreutz*, § 77 Rn 425; *Fitting u.a.*, § 77 Rn 227; *Däubler*, AiB 1999, 418 ff.; abl. Richardi/*Richardi*, § 77 Rn 315; *Annuß*, RdA 2000, 287, 297; *Berg/Platow*, DB 1999, 2362 ff.; *Buchner*, NZA 1999, 897 ff.; *Löwisch*, BB 1999, 2080 ff.; *Müller*, DB 1999, 2310 ff.; *Trappehl/Lambrich*, NJW 1999, 3217 ff.; *Richardi*, DB 2000, 42, 44 ff.; *Thüsing*, DB 1999, 1552 ff.
191 BAG 17.10.1989 – AP Nr. 39 zu § 76 BetrVG 1972; BAG 17.10.1989 – AP Nr. 53 zu § 112 BetrVG 1972; *Fitting u.a.*, § 77 Rn 229.
192 ErfK/*Kania*, § 77 Rn 155; *Fitting u.a.*, § 77 Rn 229; GK-BetrVG/*Kreutz*, § 77 Rn 429.
193 BAG 3.6.2003 – AP Nr. 19 zu § 77 BetrVG 1972 Tarifvorbehalt; BAG 29.10.2002 – AP Nr. 18 zu § 77 BetrVG 1972 Tarifvorbehalt; *Fitting u.a.*, § 77 Rn 229; GK-BetrVG/*Kreutz*, § 77 Rn 429; Richardi/*Richardi*, § 77 Rn 314.
194 BAG 18.1.2005 – NZA 2006, 167; BAG 21.1.2003 – AP Nr. 1 zu § 21a BetrVG 1972; BAG 24.2.1987 – AP Nr. 21 zu § 77 BetrVG 1972; BAG 10.11.1987 – AP Nr. 24 zu § 77 BetrVG 1972; BAG 13.10.1987 – AP Nr. 2 zu § 77 BetrVG 1972 Auslegung; BAG 28.9.1988 – AP Nr. 29 zu § 87 BetrVG 1972 Arbeitszeit; DKK/*Berg*, § 77 Rn 83; *Fitting u.a.*, § 77 Rn 227.
195 Hessisches LAG 24.11.1987, BB 1988, 1461; Hessisches LAG 12.7.1988, AiB 1988, 288; DKK/*Berg*, § 77 Rn 5, 83.
196 BAG 17.8.1999 – AP Nr. 79 zu § 77 BetrVG 1972; BAG 10.3.1992 – EzA § 77 BetrVG 1972, Nr. 46, S. 4; BAG 24.2.1987 – AP Nr. 21 zu § 77 BetrVG 1972; BAG 18.4.1989 – AP Nr. 33 zu § 87 BetrVG 1972 Arbeitszeit; BAG 10.3.1992 – AP Nr. 5 zu § 1 BetrAVG Betriebsvereinbarung; BAG 8.12.1970 – AP Nr. 28 zu § 59 BetrVG; BAG 8.12.1970 – AP Nr. 26 zu § 59 BetrVG; BAG 21.2.1967 – AP Nr. 25 zu § 59 BetrVG; GK-BetrVG/*Kreutz*, § 77 Rn 419; *Fitting u.a.*, § 77 Rn 228; DKK/*Berg*, § 77 Rn 83.
197 BAG 21.8.1990 – BB 1990, 2406; DKK/*Berg*, § 77 Rn 83.

70 BV unterliegen uneingeschränkt der gerichtlichen Überprüfung.[198] Das ArbG überprüft ob Verstöße gegen zwingendes vorrangiges Recht vorliegen, nicht aber, ob die BV zweckmäßig ist.[199] Wohl aber unterziehen die ArbG seit der Leitentscheidung des BAG vom 30.1.1970 BV einer allg. gerichtlichen Billigkeitskontrolle, wobei nach dem BAG nur offensichtliche Unbilligkeit der BV zur Unwirksamkeit derselben führen soll.[200] Diese Auff. wird auch von Teilen der Lit. geteilt.[201] Dogmatisch begründet wird das Erfordernis der gerichtlichen Billigkeitskontrolle einerseits mit dem notwendigen Ausgleich der Vormachtstellung des AG gegenüber dem nicht streikberechtigten BR,[202] andererseits mit einer analogen Anwendung der Leistungsbestimmungsvorschriften der §§ 315, 317, 319 BGB.[203] Schließlich wird mit dem Gedanken der §§ 75 Abs. 1 u. 76 Abs. 5 S. 3 argumentiert, der die Einhaltung von Recht und Billigkeit als generellen Maßstab an das Handeln von AG, BR und Einigungsstelle anlegt.[204]

71 Die überwiegende Auffassung im Schrifttum lehnt die Rspr. des BAG ab.[205] Zur Begründung wird darauf hingewiesen, dass es für die Billigkeitskontrolle an einer dogmatischen Grundlage fehle, und dass eine Billigkeitskontrolle, die der Gerechtigkeit im Einzelfall dienen solle, auf kollektive Tatbestände nicht passe.[206] Auch wird auf die fehlende Rechtssicherheit hingewiesen.[207]

Der Streit wird in den meisten Fällen eher theoretische Bedeutung haben, da sich das BAG in der Sache grds. auf eine konsensfähige Rechtskontrolle beschränkt.[208] Der große Senat des BAG hat ausdrücklich auf den Grundsatz der Verhältnismäßigkeit als Prüfungsmaßstab abgestellt und den Begriff Billigkeitskontrolle komplett vermieden.[209] Dieser rechtlichen Einschätzung sind die anderen Senate weitestgehend gefolgt.[210] Das Verhältnismäßigkeitsprinzip ist insb. dann ein maßgeblicher Grundsatz, wenn in grundrechtlich geschützte Wertpositionen der AN eingegriffen wird.[211]

D. Beraterhinweise

72 Fehler im Zusammenhang mit der Vorschrift sind in den meisten Fällen solche der Rechtsgestaltung und -anwendung, wobei es im Kern weniger um formelle Gesichtspunkte des Zustandekommens sowie der Durchführung von BV, als um Fragen des Tarifvorrangs, Abs. 3, sowie der inhaltlichen Gestaltung von BV geht, die häufig als Folge eines Kompromisses Auslegungsfreiräume eröffnen, die mit der Regelung verfolgte unternehmerische Zielsetzung konterkarieren. Hier ist bei der inhaltlichen Ausgestaltung Aufmerksamkeit geboten. Soweit in der Praxis gerne die ansonsten geltende Nachwirkung, Abs. 6, ausgeschlossen wird, ist Zurückhaltung geboten. Interessengerechte

---

198 BAG 22.7.2003 – NZA 2004, 568; BAG 8.11.1988 – AP Nr. 48 zu § 112 BetrVG 1972; BAG 21.1.2003 – AP Nr. 117 zu § 87 BetrVG 1972 Lohngestaltung.
199 Fitting u.a., § 77 Rn 230.
200 BAG 30.1.1970 – AP Nr. 142 zu § 242 BGB Ruhegehalt; BAG 25.3.1971 – AP Nr. 5 zu § 57 BetrVG; BAG 13.9.1974 – AP Nr. 84 zu § 611 BGB Gratifikation; BAG 11.6.1975 – AP Nr. 1 zu § 77 BetrVG 1972 Auslegung; BAG 11.3.1976 – AP Nr. 11 zu § 242 BGB Ruhegehalt-Unverfallbarkeit; BAG 17.2.1981 – AP Nr. 11 zu § 112 BetrVG 1972; BAG 8.12.1981 – AP Nr. 1 zu § 1 BetrAVG Ablösung; BAG 9.12.1981 – AP Nr. 14 zu § 112 BetrVG 1972; BAG 17.3.1987 – AP Nr. 9 zu § 1 BetrAVG Ablösung; BAG 20.11.1987 – AP Nr. 2 zu § 620 BGB Altersgrenze; BAG 25.4.1991 – AP Nr. 138 zu § 611 BGB Gratifikation; BAG 21.1.1992 – EzA Nr. 8 zu § 1 BetrAVG Ablösung; BAG 1.12.1992 – AP Nr. 3 zu § 77 BetrVG 1972 Tarifvorbehalt; BAG 27.8.1996 – AP Nr. 22 zu § 1 BetrAVG Ablösung; BAG 21.1.1997 – EzA Nr. 36 zu § 242 BGB Betriebliche Übung; Richardi/Richardi, § 77 Rn 117; GK-BetrVG/Kreutz, § 77 Rn 299; Fitting u.a., § 77 Rn 231.
201 DKK/Berg, § 77 Rn 84; Galperin/Löwisch, § 77 Rn 54; Kissel, NZA 1995, 1, 4; Säcker, ZfA 1972, Sonderheft S. 41, 48 f.; Säcker, AuR 1994, 1, 10.
202 BAG 30.1.1970 – AP Nr. 142 zu § 242 BGB Ruhegehalt; Fitting u.a., § 77 Rn 232; GK-BetrVG/Kreutz, § 77 Rn 302.
203 BAG 8.12.1981 – AP Nr. 1 zu § 1 BetrAVG Ablösung.
204 BAG 9.12.1981 – AP Nr. 14 zu § 112 BetrVG 1972; BAG 11.3.1976 – AP Nr. 11 zu § 242 BGB Ruhegehalt – Unverfallbarkeit; Säcker, ZfA 1972, Sonderheft S. 48.
205 Kreutz, ZfA 1975, 65; v. Hoyningen-Huene, BB 1992, 1640, 1641 f.; Blomeyer, DB 1984, 926, 927; Hammen, RdA 1986, 23; MünchArb/Matthes, Bd. 3, § 328 Rn 85; Richardi/Richardi, § 77 Rn 118; Fitting u.a., § 77 Rn 232; Glaubitz, SAE 1976, 105 f.; Hammen, RdA 1986, 23; Hromadka, SAE 1984, 330 ff.; Jobs, AuR 1986, 147; Leinemann, BB 1989, 1905; Reuter, SAE 1983, 201 f.; ders., RdA 1994, 152, 159; Schulin, SAE 1982, 48 f.; Wolf/Hammen, SAE 1982, 301 ff.
206 GK-BetrVG/Kreutz, § 77 Rn 301; Konzen, Anm. zu BAG AP Nr. 21 zu § 112 BetrVG 1972, Bl. 5 R f; Staudinger/Mayer-Maly, § 315 BGB Rn 37, 46.
207 Fitting u.a., § 77 Rn 232; GK-BetrVG/Kreutz, § 77 Rn 301; Hammen, RdA 1986,23.
208 BAG 26.10.1994 – AP Nr. 18 zu § 611 BGB Anwesenheitsprämie; BAG 12.11.2002 – AP Nr. 159 zu § 112 BetrVG 1972; GK-BetrVG/Kreutz, § 77 Rn 305 f.; Richardi/Richardi, § 77 Rn 118.
209 BAG 16.9.1986 – AP Nr. 17 zu § 77 BetrVG 1972 = EzA Nr. 17 zu § 77 BetrVG.
210 BAG 17.3.1987 – AP Nr. 9 zu § 1 BetrAVG Ablösung; BAG 21.1.1992 – EzA Nr. 8 zu § 1 BetrAVG Ablösung; BAG 3.11.1987 – EzA Nr. 20 zu § 77 BetrVG 1972; BAG 22.5.1990 – AP Nr. 3 zu § 1 BetrAVG Betriebsvereinbarung; BAG 23.10.1990 – AP Nr. 13 zu § 1 BetrAVG Ablösung; BAG 11.5.1999 – AP Nr. 6 zu § 1 BetrAVG Betriebsvereinbarung; BAG 21.8.2001 – AP Nr. 8 zu § 1 BetrAVG Betriebsvereinbarung; BAG 29.10.2002 – EzA Nr. 4 zu § 112 BetrVG 2001; BAG 21.10.2003 – EzA Nr. 9 zu § 112 BetrVG 2001.
211 GK-BetrVG/Kreutz, § 77 Rn 306; Fitting u.a., § 77 Rn 233; Reuter, ZfA 1995, 1, 59 f.; ders., ZfA 1993, 221, 240; Ahrens, NZA 1999, 686, 689 f.

Ergebnisse lassen sich häufig bereits durch die Vereinbarung von Monitoring- oder Revisionsklauseln erzielen, durch die die BV einer regelmäßigen Überprüfung durch die Betriebspartner unterworfen wird, mit dem Ziel der Vermeidung einer Künd. Soweit gleichwohl eine Künd ausgesprochen wird, bestimmen sich die weiteren Rechtsfolgen nach Abs. 6. Im Einzelfall kann darüber nachgedacht werden, die Künd-Frist, auch in Kombination mit einem bestimmten Künd-Stichtag, über die Drei-Monats-Frist nach Abs. 5 auszuweiten. Auch hierdurch erhält der AG ein Mehr an Planungssicherheit. Zur Zulässigkeit oder Unzulässigkeit der Teilkünd einer BV empfiehlt sich eine ausdrückliche Regelung in der BV selbst.

§ 78 Schutzbestimmungen

¹Die Mitglieder des Betriebsrats, des Gesamtbetriebsrats, des Konzernbetriebsrats, der Jugend- und Auszubildendenvertretung, der Gesamt-Jugend- und Auszubildendenvertretung, der Konzern-Jugend- und Auszubildendenvertretung, des Wirtschaftsausschusses, der Bordvertretung, des Seebetriebsrats, der in § 3 Abs. 1 genannten Vertretungen der Arbeitnehmer, der Einigungsstelle, einer tariflichen Schlichtungsstelle (§ 76 Abs. 8) und einer betrieblichen Beschwerdestelle (§ 86) sowie Auskunftspersonen (§ 80 Abs. 2 Satz 3) dürfen in der Ausübung ihrer Tätigkeit nicht gestört oder behindert werden. ²Sie dürfen wegen ihrer Tätigkeit nicht benachteiligt oder begünstigt werden; dies gilt auch für ihre berufliche Entwicklung.

A. Allgemeines	1	2. Behinderungsverbot	3
B. Regelungsgehalt	2	II. Benachteiligungs- und Begünstigungsverbot (S. 2)	4
I. Störung oder Behinderung der Amtstätigkeit (S. 1)	2	C. Verbindung zu anderen Rechtsgebieten und zum Prozessrecht	6
1. Persönlicher Schutzbereich	2		

A. Allgemeines

Die Tätigkeit des BR und der sonstigen Organe der Betriebsverfassung werden durch § 78 umfassend abgesichert. Freilich handelt es sich dabei allein um eine juristische Absicherung, die Spannungen und Konflikte in der Betriebswirklichkeit nicht ausschließen kann.[1] Der Schutzbereich des § 78 erstreckt sich zum einen auf ein umfassendes Verbot der Störung oder der Behinderung der Amtstätigkeit (S. 1). Zum anderen dürfen die betriebsverfassungsrechtlichen Organe wegen ihrer Tätigkeit nicht benachteiligt oder begünstigt werden, einschließlich ihrer beruflichen Entwicklung (S. 2). Die zwingende Vorschrift kann weder durch TV noch durch eine BV oder einzelvertragliche Absprache abbedungen werden.[2]

B. Regelungsgehalt

I. Störung oder Behinderung der Amtstätigkeit (S. 1)

1. Persönlicher Schutzbereich. Der persönliche Schutzbereich des Verbotes der Störung oder Behinderung der Amtstätigkeit erstreckt sich zunächst auf alle in S. 1 genannten **Organe der Betriebsverfassung**. Ersatzmitglieder sind nicht ausdrücklich genannt; deren Schutzbereich wird erst dann eröffnet, wenn ein Vertretungsfall eingetreten ist.[3] Der Schutz der Vorschrift erstreckt sich auch auf die **AN-Vertreter im AR** (früher nach § 76 Abs. 2 S. 5 BetrVG 1952 i.V.m. § 129 Abs. 2 BetrVG, jetzt § 9 DrittelbG; vgl. auch § 26 MitbestG). Für Mitglieder der **SBV** gilt § 96 Abs. 2 SGB IX.

2. Behinderungsverbot. Der Begriff der Behinderung in S. 1 ist **weit** zu verstehen. Er umfasst jede unzulässige Erschwerung, Störung oder Verhinderung der BR-Tätigkeit.[4] Der weite Schutzbereich gebietet es, dass die Vorschrift sich gegen **jedermann** richtet, also nicht nur gegen den AG, sondern auch gegen AN (auch leitende Ang), Betriebsangehörige und Dritte, die nicht AN sind.[5] Die Behinderung kann sowohl durch positives Tun als auch durch Unterlassen erfolgen. Auf ein Verschulden kommt es nicht an. Maßgeblich ist allein die **objektive Behinderung**.[6] Für Beispiele einer Störung oder Behinderung und die Nachweise zur Rspr. s. die umfangreichen Darstellungen in der einschlägigen Kommentar-Lit.[7]

---

1 So zutreffend MünchArb/*Joost*, Bd. 3, § 308 Rn 143.
2 HWK/*Schrader*, § 78 BetrVG Rn 1.
3 *Fitting u.a.*, § 78 Rn 2.
4 BAG 20.10.1999 – 7 ABR 37/98 – juris; BAG 12.11.1997 – 7 ABR 14/97 – AP § 23 BetrVG 1972 Nr. 27; BAG 19.7.1995 – 7 ABR 60/94 – AP § 23 BetrVG 1972 Nr. 25.
5 *Fitting u.a.*, § 78 Rn 7.
6 BAG 20.10.1999 – 7 ABR 37/98 – juris.
7 DKK/*Buschmann*, § 78 Rn 14; Richardi/*Thüsing*, § 78 Rn 17; *Fitting u.a.*, § 78 Rn 9.

II. Benachteiligungs- und Begünstigungsverbot (S. 2)

4 Das Verbot der Störung oder Behinderung nach S. 1 dient dem Schutz des Amtes. Mit S. 2 wird hingegen die persönliche Unabhängigkeit und Unparteilichkeit der betriebsverfassungsrechtlichen Gremien bzw. Organe gegenüber jedermann gesichert. Jede Bevorzugung oder Benachteiligung ist ausgeschlossen. Das Ehrenamtsprinzip der Betriebsverfassung (vgl. auch § 37 Abs. 1) erfährt damit eine umfassende Ausgestaltung und sichert die innere und äußere Unabhängigkeit des BR. Nur auf diese Weise werden die unabhängige Amtsausübung und damit eine sachgerechte Durchführung der betriebsverfassungsrechtlichen Aufgaben ermöglicht.[8]

5 Der Begriff der Benachteiligung ist **umfassend** zu verstehen und erfasst jede Schlechterstellung im Verhältnis zu anderen vergleichbaren AN.[9] Nach S. 2 Hs. 2 wird ausdrücklich auch die berufliche Entwicklung erfasst (vgl. auch § 37 Abs. 4 und 5). Wegen der Amtstätigkeit dürfen dem BR auch keine Zuwendungen zufließen, auf die andere AN keinen Anspruch haben. Dies schließt bspw. höhere Abfindungen anlässlich der Beendigung des Arbverh ein.[10] Für weitere Beispiele einer Bevorzugung und/oder Benachteiligung wird auf die Großkommentare verwiesen.[11]

C. Verbindung zu anderen Rechtsgebieten und zum Prozessrecht

6 Verstöße gegen S. 1 oder S. 2 haben die **Nichtigkeit** der jeweiligen Rechtsgeschäfte und Anweisungen zur Folge, § 134 BGB.[12] Verstöße können mit Unterlassungsklagen geltend gemacht werden, ggf. auch im Wege der einstweiligen Verfügung. Bei groben Verstößen greift zudem § 23 Abs. 3 sowie bei Vorsatz ergänzend § 119 Abs. 1 Nr. 2.[13] Möglich sind schließlich Schadensersatzansprüche aus § 823 Abs. 2 BGB, denn bei § 78 handelt es sich um ein **Schutzgesetz**.[14] Für Letztere gilt das arbeitsgerichtliche Urteilsverfahren; i.Ü. kommt bei Streitigkeiten aus § 78 das Beschlussverfahren nach §§ 2a, 80 ff. ArbGG in Betracht.

§ 78a Schutz Auszubildender in besonderen Fällen

(1) Beabsichtigt der Arbeitgeber, einen Auszubildenden, der Mitglied der Jugend- und Auszubildendenvertretung, des Betriebsrats, der Bordvertretung oder des Seebetriebsrats ist, nach Beendigung des Berufsausbildungsverhältnisses nicht in ein Arbeitsverhältnis auf unbestimmte Zeit zu übernehmen, so hat er dies drei Monate vor Beendigung des Berufsausbildungsverhältnisses dem Auszubildenden schriftlich mitzuteilen.

(2) [1]Verlangt ein in Absatz 1 genannter Auszubildender innerhalb der letzten drei Monate vor Beendigung des Berufsausbildungsverhältnisses schriftlich vom Arbeitgeber die Weiterbeschäftigung, so gilt zwischen Auszubildendem und Arbeitgeber im Anschluss an das Berufsausbildungsverhältnis ein Arbeitsverhältnis auf unbestimmte Zeit als begründet. [2]Auf dieses Arbeitsverhältnis ist insbesondere § 37 Abs. 4 und 5 entsprechend anzuwenden.

(3) Die Absätze 1 und 2 gelten auch, wenn das Berufsausbildungsverhältnis vor Ablauf eines Jahres nach Beendigung der Amtszeit der Jugend- und Auszubildendenvertretung, des Betriebsrats, der Bordvertretung oder des Seebetriebsrats endet.

(4) Der Arbeitgeber kann spätestens bis zum Ablauf von zwei Wochen nach Beendigung des Berufsausbildungsverhältnisses beim Arbeitsgericht beantragen,
1. festzustellen, dass ein Arbeitsverhältnis nach Absatz 2 oder 3 nicht begründet wird, oder
2. das bereits nach Absatz 2 oder 3 begründete Arbeitsverhältnis aufzulösen,

wenn Tatsachen vorliegen, aufgrund derer dem Arbeitgeber unter Berücksichtigung aller Umstände die Weiterbeschäftigung nicht zugemutet werden kann. In dem Verfahren vor dem Arbeitsgericht sind der Betriebsrat, die Bordvertretung, der Seebetriebsrat, bei Mitgliedern der Jugend- und Auszubildendenvertretung auch diese Beteiligte.

(5) Die Absätze 2 bis 4 finden unabhängig davon Anwendung, ob der Arbeitgeber seiner Mitteilungspflicht nach Absatz 1 nachgekommen ist.

---

8 Vgl. auch BAG 5.3.1997 – 7 ARZ 581/92 – AP § 37 BetrVG 1972 Nr. 123.
9 HWK/*Schrader*, § 78 BetrVG Rn 11.
10 S. LAG Düsseldorf 13.9.2001 – 11 (4) Sa 906/01 – BB 2002, 306.
11 DKK/*Buschmann*, § 78 Rn 19, 26; *Fitting u.a.*, § 78 Rn 18; Richardi/*Thüsing*, § 78 Rn 25, 33.
12 H.M., vgl. *Fitting u.a.*, § 78 Rn 12 u. 21.
13 Zum ganzen DKK/*Buschmann*, § 78 Rn 30; s. ferner GK-BetrVG/*Kreutz*, § 78 Rn 38 ff. und 69 ff; *Fitting u.a.*, § 78 Rn 25; Richardi/*Thüsing*, § 78 Rn 39.
14 Vgl. BAG 9.6.1982 – 4 AZR 766/79 – AP § 107 BPersVG Nr. 1; s. ferner HWK/*Schrader*, § 78 BetrVG Rn 20.

Literatur: *Malottke*, Aktuelles zur Übernahme von JAV- und Betriebsratsmitgliedern, AiB 2009, 202; *Opolony*, Die Weiterbeschäftigung von Auszubildenden nach § 78a BetrVG, BB 2003, 1329; *Reuter*, Betrieblich beschränkter Prüfungsmaßstab für Auflösungsanträge nach § 78a Abs. 4 BetrVG, BB 2007, 2678; *Werhahn*, Die unternehmerische Freiheit zum dauerhaften Einsatz von Leiharbeitnehmern, SAE 2009, 189

A. Allgemeines 1	1. Feststellungsantrag (Nr. 1) 9
B. Regelungsgehalt 2	2. Auflösungsantrag (Nr. 2) 10
I. Geschützter Personenkreis 2	3. Unzumutbarkeit der Weiterbeschäftigung 11
1. Begriff des Auszubildenden 2	a) Prüfungsmaßstab 11
2. Nachwirkung 3	b) Betriebsbedingte Gründe 12
II. Mitteilungspflicht des Arbeitgebers (Abs. 1) 4	c) Sonstige Gründe 14
1. Unbefristetes Arbeitsverhältnis 4	C. Verbindung zum Prozessrecht 15
2. Frist und Form 5	I. Darlegungs- und Beweislast 15
3. Rechtsfolge bei Verstoß 6	II. Prozessuales 16
III. Weiterbeschäftigungsverlangen des Auszubildenden (Abs. 2) 7	D. Beraterhinweise 18
1. Frist und Form 7	I. Allgemeines 18
2. Rechtsfolgen 8	II. Anträge 20
IV. Entbindung von der Weiterbeschäftigungspflicht (Abs. 4) 9	III. Kosten 23

A. Allgemeines

Die erst 1974 in das BetrVG eingefügte Vorschrift des § 78a erweitert das allgemeine Benachteiligungsverbot des § 78.[1] Es handelt sich um eine besondere Schutzregelung für Auszubildende. Ausbildungsverhältnisse enden nach § 14 BBiG mit Ablauf der Ausbildungszeit oder früher mit Bestehen der Abschlussprüfung. Der besondere KündSchutz für Mandatsträger nach § 15 KSchG und § 103 entfaltet damit für Auszubildende keine Wirkung. Dem soll § 78a entgegenwirken, in dem er ein Recht auf Übernahme in ein unbefristetes Arbverh (auch gegen den Willen des AG) einräumt.[2] **1**

B. Regelungsgehalt

I. Geschützter Personenkreis

1. Begriff des Auszubildenden. S. 1 erstreckt sich auf die Auszubildenden, die Mitglied der JAV, des BR, der Bordvertretung oder des See-BR sind. Der Begriff des Auszubildenden ist betriebsverfassungsrechtlich nicht definiert. Der Schutz erstreckt sich grds. auf alle Auszubildenden, die einen Berufsausbildungsvertrag nach den §§ 10, 11 BBiG zu einem nach § 4 BBiG staatlich anerkannten Ausbildungsberuf abgeschlossen haben.[3] Ausbildungsberufe aufgrund von tariflichen Regelungen sind ebenfalls geschützt.[4] Praktikanten und Volontäre sind grds. keine Auszubildenden i.S.d. § 78a.[5] **2**

2. Nachwirkung. Unter den Schutzbereich fallen die **amtierenden Mitglieder** der in Abs. 1 genannten betriebsverfassungsrechtlichen Organe. Voraussetzung für den Schutz ist allerdings eine wirksame Wahl (siehe auch Rn 18).[6] Die Vorschrift gilt auch für Ersatzmitglieder, allerdings nur im Falle des Nachrückens. Nach Abs. 3 besteht der besondere Schutz für **ausgeschiedene Mitglieder** während des ersten Jahres nach Ablauf der Amtszeit. Voraussetzung ist jedoch, dass das Ausscheiden nicht auf einem gerichtlichen Ausschluss, der Nichtwählbarkeit oder einer Auflösung des Betriebsverfassungsorgans beruht.[7] **3**

II. Mitteilungspflicht des Arbeitgebers (Abs. 1)

1. Unbefristetes Arbeitsverhältnis. Beabsichtigt der AG, einen Auszubildenden nach Beendigung des Berufsausbildungsverhältnisses nicht in ein Arbverh auf unbestimmte Zeit zu übernehmen, so hat er dies drei Monate vor Beendigung des Berufsausbildungsverhältnisses dem Auszubildenden schriftlich mitzuteilen. Die Mitteilungspflicht des AG bezieht sich damit allein auf ein **unbefristetes Vollzeit-Arbverh**. Bietet deshalb der AG lediglich ein befristetes Arbverh oder ein Teilzeit-Arbverh an oder ein sonstiges Arbverh mit schlechteren Bedingungen, bleibt der Schutzbereich der Vorschrift weiter eröffnet. Der Auszubildende kann dann also sein Weiterbeschäftigungsver- **4**

---

1 Allg. zu § 78a, *Malottke*, AiB 2009, 202; *Opolony*, BB 2003, 1329.
2 Vgl. BAG 24.7.1991 – 7 ABR 68/90 – AP § 78a BetrVG 1972 Nr. 23; verfassungsrechtliche Bedenken bestehen i.Ü. nicht, vgl. nur *Richardi/Thüsing*, § 78a Rn 3; ferner *Fitting u.a.*, § 78a Rn 2.
3 Vgl. hierzu BAG 17.8.2005 – 7 AZR 553/04 – NZA 2006, 624.
4 Vgl. *Fitting u.a.*, § 78a Rn 6; *Besgen*, Betriebsverfassungsrecht, § 11 Rn 25.
5 GK-BetrVG/*Oetker*, § 78a Rn 14; BAG 1.12.2004 – 7 AZR 129/04 mit Anm. *Bertzbach*, jurisPR 28/2005.
6 BAG 15.1.1980 – 6 AZR 726/79 – AP § 78a BetrVG 1972 Nr. 8.
7 BAG 21.8.1979 – 6 AZR 789/77 – AP § 78a BetrVG 1972 Nr. 6.

langen nach Abs. 2 in ein unbefristetes Vollzeit-Arbverh dennoch geltend machen.[8] Der Auszubildende wird in solchen Fällen das Angebot des AG regelmäßig **unter Vorbehalt** annehmen und seine Rechte aus Abs. 2 parallel verfolgen.[9] Auf diese Weise erhält er sich alle Rechte.

5 **2. Frist und Form.** Die Mitteilung des AG muss **schriftlich** erfolgen, also **eigenhändig unterschrieben** werden (s. § 126 BGB). Die **Frist** für die Mitteilung beträgt drei Monate vor Beendigung des Berufsausbildungsverhältnisses. Die Fristberechnung erfolgt nach §§ 187 ff. BGB. Dabei kann die Fristberechnung Probleme bereiten, denn der Ablauf der vereinbarten Ausbildungszeit nach § 21 Abs. 1 BBiG stellt regelmäßig nicht das tatsächliche Ende des Berufsausbildungsverhältnisses dar. Dieses tritt vielmehr auch vor Ablauf der Ausbildungszeit mit Bestehen der Abschlussprüfung ein, § 21 Abs. 2 BBiG. In letzterem Fall ist für die Berechnung der Drei-Monats-Frist vom Bestehen der Abschlussprüfung zurückzurechnen.[10] Besteht der Auszubildende die Abschlussprüfung nicht, verlängert sich auf sein Verlangen das Ausbildungsverhältnis bis zur nächstmöglichen Wiederholungsprüfung, höchstens jedoch um ein Jahr, § 21 Abs. 3 BBiG. In diesen Fällen gilt für die Fristberechnung die Wiederholungsprüfung bzw. der Tag des Jahresablaufs.[11]

6 **3. Rechtsfolge bei Verstoß** Verstößt der AG gegen seine Mitteilungspflichten aus Abs. 1, führt dies nicht zur Begründung eines automatischen Arbverh. Vielmehr bleibt der Schutz des Auszubildenden nach Abs. 5 unberührt mit der Folge, dass der Auszubildende zur Wahrung seiner Rechte das **Weiterbeschäftigungsverlangen** geltend machen muss. Das BAG verneint in solchen Fällen ein Vertrauen des Auszubildenden auf eine freiwillige Weiterbeschäftigung.[12] Lehnt allerdings der Auszubildende aufgrund der verspäteten oder unterbliebenen Mitteilung durch den AG ein anderes Arbverh ab, kann dies **Schadensersatzansprüche** auslösen.[13] Die Vorschrift des § 24 BBiG bleibt i.Ü. unberührt. Beschäftigt deshalb der AG den Auszubildenden im Anschluss an das Berufsausbildungsverhältnis – wissentlich oder unwissentlich – weiter, entsteht ein unbefristetes Arbverh.

III. Weiterbeschäftigungsverlangen des Auszubildenden (Abs. 2)

7 **1. Frist und Form.** Das Weiterbeschäftigungsverlangen des Auszubildenden ist ebenfalls fristgebunden. Es muss **drei Monate vor Beendigung** des Berufsausbildungsverhältnisses **schriftlich** geltend gemacht werden.[14] Der Zugang muss damit spätestens am letzten Tag des Berufsausbildungsverhältnisses erfolgen.[15] Eine Begründung ist nicht erforderlich, einzuhalten ist aber das Schriftformerfordernis des § 126 BGB (eigenhändige Unterschrift). Ein mündliches Weiterbeschäftigungsverlangen ist nicht ausreichend. Es kann auch nicht vor Beginn der Drei-Monats-Frist gestellt werden, sondern muss in diesen Fällen innerhalb der Frist nachgeholt werden.[16]

8 **2. Rechtsfolgen.** Ein unwirksames oder fehlendes Weiterbeschäftigungsverlangen führt unweigerlich zum Ausscheiden des Auszubildenden. Unberührt bleibt lediglich der Schutz nach § 24 BBiG (siehe auch Rn 6). Ein wirksames Weiterbeschäftigungsverlangen begründet hingegen ein unbefristetes Vollzeit-Arbverh (gesetzliches Gestaltungsrecht). In diesen Fällen bestimmt sich der Inhalt des Arbverh nach den Tätigkeiten vergleichbarer AN mit betriebsüblicher beruflicher Entwicklung, was der Verweis in Abs. 2 S. 2 auf den Entwicklungs- und Tätigkeitsschutz in § 37 Abs. 4 und 5 klarstellt.

IV. Entbindung von der Weiterbeschäftigungspflicht (Abs. 4)

9 **1. Feststellungsantrag (Nr. 1).** Der Feststellungsantrag nach Abs. 4 S. 1 Nr. 1 soll die Begründung eines Arbverh mit dem Auszubildenden verhindern. Der Feststellungsantrag kann daher nur **vor Beendigung des Berufsausbildungsverhältnisses** gestellt werden und ist auch erst dann möglich, wenn der Auszubildende seinerseits das Weiterbeschäftigungsverlangen geltend macht.[17] Regelmäßig wird bis zum Ablauf des Berufsausbildungsverhältnisses über den Feststellungsantrag nach Nr. 1 noch nicht entschieden sein. In diesen Fällen wandelt sich der Feststellungsantrag in einen **Auflösungsantrag** nach Abs. 4 S. 1 Nr. 2 um.[18] Der 7. Senat des BAG hält eine Antragsänderung in diesen Fällen nicht für erforderlich, sie ist in der Praxis aber dennoch zu empfehlen.[19] Insoweit betreffen der Fest-

---

8 Vgl. *Fitting u.a.*, § 78a Rn 15.
9 Vgl. dazu auch BAG 16.8.1995 – 7 ABR 52/94 – AP § 78a BetrVG 1972 Nr. 25; aber: BAG 15.11.2006 – 7 ABR 15/06 – juris.
10 BAG 31.10.1985 – 6 AZR 557/84 – AP § 78a BetrVG 1972 Nr. 15.
11 *Fitting u.a.*, § 78a Rn 14 a.E.
12 BAG 31.10.1985 – 6 AZR 557/84 – AP § 78a BetrVG 1972 Nr. 15.
13 Überwiegende Ansicht, vgl. nur *Fitting u.a.*, § 78a Rn 16 m.w.N.; mit zutreffenden Zweifeln aber auch HWK/*Schrader*, § 78a BetrVG Rn 13.
14 Vgl. zur Wahl eines AN in dieser Zeit *Houben*, NZA 2006, 769; vgl. auch *Blaha/Mehlich*, NZA 2005, 667.
15 *Fitting u.a.*, § 78a Rn 20; *Besgen*, Betriebsverfassungsrecht, § 11 Rn 31.
16 Vgl. BAG 15.1.1980 – 6 AZR 621/78 – AP § 78a BetrVG 1972 Nr. 7; a.A. allerdings *Fitting u.a.*, § 78a Rn 19 wegen der geänderten Frist in § 5 Abs. 1 BBiG auf sechs Monate; vgl. weiterhin *Besgen*, Betriebsverfassungsrecht, § 11 Rn 31 ff.
17 Str., wie hier *Fitting u.a.*, § 78a Rn 35; a.A. Richardi/*Thüsing*, § 78a Rn 33, jeweils m.w.N.
18 S. BAG 11.1.1995 – 7 AZR 574/94 – AP § 78a BetrVG 1972 Nr. 24.
19 Vgl. dazu auch *Bauer u.a.*, M 38.12 Fn 5.

stellungsantrag und der Auflösungsantrag nach Abs. 4 S. 1 Nr. 1 und 2 denselben Streitgegenstand.[20] Bei einer ablehnenden und auch bei einer stattgebenden Entscheidung des ArbG treten endgültige Rechtsfolgen erst mit der **Rechtskraft** der Entscheidung ein. Vor Eintritt der Rechtskraft bis zum Ablauf des Ausbildungsverhältnisses wandelt sich daher der Feststellungsantrag stets in einen Auflösungsantrag um (i.Ü. siehe auch Rn 20 ff.).

2. Auflösungsantrag (Nr. 2). Der Auflösungsantrag nach Abs. 4 S. 1 Nr. 2 setzt ein abgelaufenes **Berufsausbildungsverhältnis** voraus. Der Antrag ist fristgebunden und muss vor Ablauf von zwei Wochen nach Beendigung des Ausbildungsverhältnisses gestellt werden. Es gelten die §§ 187 ff. BGB. Die Rechtsnatur der Zwei-Wochen-Frist ist in der betriebsverfassungsrechtlichen Lit. umstr.[21] Bei den Rechtsfolgen ist, wie schon bei Nr. 1, zwischen einer antragstattgebenden und einer antragablehnenden Entscheidung zu unterscheiden. Die rechtsgestaltende gerichtliche Entscheidung wirkt ab Rechtskraft für die Zukunft.[22]

3. Unzumutbarkeit der Weiterbeschäftigung. a) Prüfungsmaßstab. Der Feststellungs- oder Auflösungsantrag ist dann begründet, wenn Tatsachen vorliegen, aufgrund derer dem AG unter Berücksichtigung aller Umstände die Weiterbeschäftigung nicht zugemutet werden kann. Diese Formulierung ist an den Wortlaut des § 626 BGB zur außerordentlichen Künd aus wichtigem Grund angelehnt. Die **Zumutbarkeitsbegriffe** sind allerdings inhaltlich nicht identisch.[23] Dies folgt schon daraus, dass sich die Unzumutbarkeit bei § 626 Abs. 1 BGB darauf beziehen muss, dass für die Beendigung des Arbverh nicht einmal der Ablauf der ordentlichen Künd abgewartet werden kann.[24] Demgegenüber ist bei Abs. 4 zu entscheiden, ob dem AG die Beschäftigung des AN in einem unbefristeten Arbverh zumutbar ist. Die Frage der Unzumutbarkeit der Weiterbeschäftigung ist damit an diesen unterschiedlichen Funktionen zu messen.[25] Umgekehrt liegt bei einem wichtigen Grund i.S.v. § 626 Abs. 1 BGB aber regelmäßig auch die Unzumutbarkeit der Weiterbeschäftigung i.S.v. Abs. 4 S. 1 vor.[26] Gleichwohl findet die Ausschlussfrist des § 626 Abs. 2 BGB hier keine Anwendung.[27]

b) Betriebsbedingte Gründe. Prüfungsmaßstab für die Unzumutbarkeit ist die Frage, ob dem AG die Beschäftigung des AN in einem unbefristeten Arbverh zumutbar ist. Dies kann durch betriebliche Gründe begründet werden, bspw. wenn zum Zeitpunkt der Beendigung des Berufsausbildungsverhältnisses **kein freier Arbeitsplatz** vorhanden ist, auf dem der Auszubildende mit seiner in der Ausbildung erworbenen Qualifikationen beschäftigt werden könnte.[28] Nach § 78a ist der AG nicht verpflichtet, freie Arbeitsplätze zu schaffen,[29] indem er z.B. einen Arbeitsplatz freikündigt.[30] Andererseits ist dem AG die Übernahme eines Auszubildenden nicht deshalb aus betrieblichen Gründen unzumutbar, weil er sich entschlossen hat, die in seinem Betrieb anfallenden Arbeitsaufgaben zukünftig Leih-AN zu übertragen.[31] Ob die Weiterbeschäftigungsmöglichkeiten für den Auszubildenden im **gesamten Unternehmen** zu suchen sind oder allein in dem Betrieb, in dem der Auszubildende beschäftigt bzw. Mitglied des betriebsverfassungsrechtlichen Organs war, ist umstritten.[32] Das BAG vertritt insoweit die Auffassung, die Prüfung der ausbildungsadäquaten Weiterbeschäftigungsmöglichkeit sei auf den Ausbildungsbetrieb beschränkt.[33]

Bei einem **künftigen Wegfall** von Arbeitsplätzen stehen nach der Rspr. des BAG nur innerhalb von drei Monaten vor Ablauf des Ausbildungsverhältnisses freiwerdende Stellen im Zeitpunkt der Übernahme gleich.[34] Etwas anderes gilt nur dann, wenn eine sofortige Neubesetzung geboten war, was regelmäßig kaum nachgewiesen werden kann. I.Ü. gilt: Der AG ist bei der Besetzung von Arbeitsplätzen nicht verpflichtet, die Möglichkeit eines Weiterbeschäftigungsverlangens nach § 78a in seine Stellenbesetzungspläne mit einzubeziehen.[35]

---

20 BAG 29.11.1989 – 7 ABR 67/88 – AP § 78a BetrVG 1972 Nr. 20.
21 Materielle oder prozessuale Ausschlussfrist, s. zum Streit die Nachweise bei *Fitting u.a.*, § 78a Rn 38; ferner Richardi/*Thüsing*, BetrVG § 78a Rn 35; HWK/*Schrader*, § 78a BetrVG Rn 35.
22 BAG 29.11.1989 – 7 ABR 67/88 – AP § 78a BetrVG 1972 Nr. 20.
23 BAG 6.11.1996 – 7 ABR 54/95 – AP § 78a BetrVG 1972 Nr. 26; BAG 16.7.2008 – 7 ABR 13/07 – juris.
24 S.a. *Fitting u.a.*, § 78a Rn 46.
25 BAG 6.11.1996 – 7 ABR 54/95 – AP § 78a BetrVG 1972 Nr. 26; BAG 16.7.2008 – 7 ABR 13/07 – juris; s.a. HWK/*Schrader*, § 78a BetrVG Rn 43.
26 BAG 6.11.1996 – 7 ABR 54/95 – AP § 78a BetrVG 1972 Nr. 26.
27 BAG 15.12.1983 – 6 AZR 60/83 – AP § 78a BetrVG 1972 Nr. 12.
28 BAG 12.11.1997 – 7 ABR 73/96 – AP § 78a BetrVG 1972 Nr. 31; BAG 15.11.2006 – 7 ABR 15/06 – BeckRS 2007, 42256; BAG 8.8.2007 – 7 ABR 43/06 – juris.
29 So schon BAG 16.1.1979 – 6 AZR 153/77 – AP § 78a BetrVG 1972 Nr. 5 zum Stellenabbau vgl. LAG Schleswig-Holstein 21.3.2006 – 5 Ta BV 45/05 – DB 2006, 1224.
30 Richardi/*Thüsing*, § 78a Rn 38; *Werhahn*, SAE 2009, 189.
31 BAG 16.7.2008 – 7 ABR 13/07 – juris; BAG 25.2.2009 – 7 ABR 61/07 – DB 2009, 1473, a.A. *Werhahn*, SAE 2009, 189, 190.
32 Für eine Weiterbeschäftigungspflicht im Unternehmen s. LAG Niedersachsen 26.4.1996 – 16 Ta BV 107/95 – LAGE § 78a BetrVG 1972 Nr. 9; Richardi/*Thüsing*, § 78a Rn 39.
33 BAG 15.11.2006 – 7 ABR15/06 – AP § 78a BetrVG 1972 Nr. 38; BAG 8.8.2007 – 7 ABR 43/06 – juris; vgl. dazu auch *Reuter*, BB 2007, 2678, 2680.
34 BAG 12.11.1997 – 7 ABR 63/96 – AP § 78a BetrVG 1972 Nr. 30.
35 BAG 12.11.1997 – 7 ABR 73/96 – AP § 78a BetrVG 1972 Nr. 31; vgl. auch Richardi/*Thüsing*, § 78a Rn 40; GK-BetrVG/*Oetker*, § 78a Rn 100.

14 **c) Sonstige Gründe.** Personen- oder verhaltensbedingte Gründe führen im Regelfall nicht zur Unzumutbarkeit i.S.d. Abs. 4. Liegen allerdings Gründe für eine außerordentliche Künd aus personen- oder verhaltensbedingten Gründen vor, rechtfertigt dies ausnahmsweise auch die Nichtübernahme eines Auszubildenden nach § 22 BBiG.[36]

C. Verbindung zum Prozessrecht

I. Darlegungs- und Beweislast

15 Der Auszubildende ist für Frist und Form sowie Zugang des Weiterbeschäftigungsverlangens darlegungs- und beweispflichtig.[37] Umgekehrt muss der AG die Frage der Unzumutbarkeit der Weiterbeschäftigung nachweisen.

II. Prozessuales

16 Der Feststellungs- oder Auflösungsantrag des AG für Unzumutbarkeit der Weiterbeschäftigung wird im arbeitsgerichtlichen Beschlussverfahren nach §§ 2a, 80 ff. ArbGG ausgetragen. Auch etwaige Vorfragen zu § 78a, bspw. ob die Voraussetzungen nach Abs. 2 oder Abs. 3 vorliegen, werden im Beschlussverfahren entschieden.[38] Beteiligte an diesem Beschlussverfahren sind neben dem AG und dem Auszubildenden nach Abs. 4 S. 2 auch das jeweilige betriebsverfassungsrechtliche Organ.

17 Der Antrag des Auszubildenden auf Feststellung des Bestehens eines Arbverh ist demgegenüber im Urteilsverfahren zu verfolgen, denn es handelt sich dabei um eine individualrechtliche Streitigkeit.[39] Der Auszubildende kann seine Rechte auf Beschäftigung aus § 78a im Wege der einstweiligen Verfügung geltend machen, sofern der AG die Begründung eines Arbverh bestreitet.[40] Der AG allerdings kann die Vertragsauflösung nicht mit dem einstweiligen Rechtsschutz geltend machen.[41] Für zulässig wird aber die einstweilige Verfügung des AG gerichtet auf Entbindung von der tatsächlichen Weiterbeschäftigung gehalten.[42] Wegen der Auswirkungen auf das betriebsverfassungsrechtliche Amt sind allerdings an eine solche einstweilige Verfügung strenge Anforderungen zu stellen.[43]

D. Beraterhinweise

I. Allgemeines

18 Der Auszubildende kann sich auf § 78a nur dann berufen, wenn seine Wahl zum Mitglied eines der genannten betriebsverfassungsrechtlichen Organe wirksam war.[44] Soweit der AG das Übernahmeverlangen ablehnen möchte, sollte daher zusätzlich immer auch die Wirksamkeit der Wahl überprüft werden. Die schwierigen Fragen der Unzumutbarkeit im Rahmen von Abs. 4 müssten dann nicht nachgewiesen werden.

19 Dem Auszubildenden ist ein Arbeitsplatz entsprechend seiner in der Ausbildung erworbenen Qualifikation anzubieten, um die Weiterbeschäftigung zu gewährleisten. Für den Auszubildenden empfiehlt es sich daher, die Weiterbeschäftigung hilfsweise auch unter Erhalt der erworbenen Qualifikation geltend zu machen. Damit erweitert er die Möglichkeiten seiner Weiterbeschäftigung erheblich, denn sein künftiger Einsatz wird auch auf weitere Tätigkeitsbereiche erstreckt[45] (zur Annahme eines schlechteren Angebots des AG durch den Auszubildenden unter Vorbehalt siehe auch Rn 4).

II. Anträge

20 Ein Antrag nach Abs. 4 S. 1 Nr. 1 (**Feststellungsantrag**) könnte wie folgt formuliert werden:

„Es wird festgestellt, dass zwischen den Parteien nach Ablauf der Ausbildungszeit am ... ein Arbeitsverhältnis nicht begründet werden wird."

21 Für einen **Auflösungsantrag** nach Abs. 4 S. 1 Nr. 2 kann folgende Formulierung verwandt werden:

„Das am ... begründete Arbeitsverhältnis wird aufgelöst."

22 Will der AG geltend machen, dass bereits die Voraussetzungen des § 78a nicht vorliegen, also bspw. der Auszubildende nicht zu dem geschützten Personenkreis gehört oder aber Frist und Form des Weiterbeschäftigungsverlangen nicht ordnungsgemäß eingehalten hat, kann er neben den speziellen Anträgen nach Abs. 4 auch einen allgemeinen

---

[36] Vgl. BAG 16.1.1979 – 6 AZR 153/77 – AP § 78a BetrVG 1972 Nr. 5; so auch *Fitting u.a.*, § 78a Rn 47 m.w.N.; a.A. jedoch Richardi/*Thüsing*, § 78a Rn 36, der auf die Möglichkeiten der außerordentlichen Künd verweist.
[37] Vgl. auch BAG 31.10.1985 – 6 AZR 557/84 – AP § 78a BetrVG 1972 Nr. 15.
[38] Vgl. auch BAG 11.1.1995 – 7 AZR 574/94 – AP § 78a BetrVG 1972 Nr. 24; dazu auch *Fitting u.a.*, § 78a Rn 60 m.w.N. zur älteren Rspr., wonach in diesen Fällen im arbeitsgerichtlichen Urteilsverfahren zu entscheiden war.
[39] BAG 13.11.1987 – 7 AZR 246/87 – AP § 78a BetrVG 1972 Nr. 18.
[40] H.M., vgl. nur *Fitting u.a.*, § 78a Rn 64 m.w.N.
[41] DKK/*Kittner/Bachner*, § 78a Rn 46.
[42] S. HWK/*Schrader*, § 78a BetrVG Rn 55 m.w.N.
[43] S. dazu KR/*Weigand*, § 78a BetrVG Rn 53.
[44] BAG 15.1.1980 – 6 AZR 726/79 – AP § 78a BetrVG 1972 Nr. 8.
[45] Vgl. Richardi/*Thüsing*, § 78a Rn 37; ferner HWK/*Schrader*, § 78a BetrVG Rn 22.

Feststellungsantrag wie folgt stellen, wobei das BAG in neuerer Rspr. auch für dieses Verfahren dazu tendiert, das Beschlussverfahren anzuwenden.[46]

„1. Es wird festgestellt, dass zwischen den Parteien nach Ablauf der Ausbildungszeit am ... ein Arbeitsverhältnis nicht begründet worden ist,

2. hilfsweise: das am ... begründete Arbeitsverhältnis wird aufgelöst."

Diese Antragsformulierung setzt den Ablauf des Ausbildungsverhältnisses voraus.[47]

III. Kosten

Das Weiterbeschäftigungsverlangen eines Auszubildenden ist keine betriebsverfassungsrechtliche Angelegenheit, sondern vielmehr nimmt der Auszubildende seine individualrechtlichen Interessen gegenüber dem AG wahr. Der AG hat daher die Kosten für die anwaltliche Vertretung, die dem Auszubildenden entstehen, nicht nach § 40 zu übernehmen.[48]

23

§ 79 Geheimhaltungspflicht

(1) ¹Die Mitglieder und Ersatzmitglieder des Betriebsrats sind verpflichtet, Betriebs- oder Geschäftsgeheimnisse, die ihnen wegen ihrer Zugehörigkeit zum Betriebsrat bekannt geworden und vom Arbeitgeber ausdrücklich als geheimhaltungsbedürftig bezeichnet worden sind, nicht zu offenbaren und nicht zu verwerten. ²Dies gilt auch nach dem Ausscheiden aus dem Betriebsrat. ³Die Verpflichtung gilt nicht gegenüber Mitgliedern des Betriebsrats. ⁴Sie gilt ferner nicht gegenüber dem Gesamtbetriebsrat, dem Konzernbetriebsrat, der Bordvertretung, dem Seebetriebsrat und den Arbeitnehmervertretern im Aufsichtsrat sowie im Verfahren vor der Einigungsstelle, der tariflichen Schlichtungsstelle (§ 76 Abs. 8) oder einer betrieblichen Beschwerdestelle (§ 86).

(2) Absatz 1 gilt sinngemäß für die Mitglieder und Ersatzmitglieder des Gesamtbetriebsrats, des Konzernbetriebsrats, der Jugend- und Auszubildendenvertretung, der Gesamt-Jugend- und Auszubildendenvertretung, der Konzern-Jugend- und Auszubildendenvertretung, des Wirtschaftsausschusses, der Bordvertretung, des Seebetriebsrats, der gemäß § 3 Absatz 1 gebildeten Vertretungen der Arbeitnehmer, der Einigungsstelle, der tariflichen Schlichtungsstelle (§ 76 Abs. 8) und einer betrieblichen Beschwerdestelle (§ 86) sowie für die Vertreter von Gewerkschaften oder von Arbeitgebervereinigungen.

A. Allgemeines	1	6. Umfang der Schweigepflicht	7
B. Regelungsgehalt	2	II. Verpflichteter Personenkreis	8
I. Betriebs- oder Geschäftsgeheimnisse	2	III. Sonstige Schweigepflichten	9
1. Definition	2	C. Verbindung zu anderen Rechtsgebieten und zum Prozessrecht	10
2. Geheimhaltungserklärung des Arbeitgebers	3		
3. Kenntniserlangung wegen Zugehörigkeit zum Betriebsrat	4	I. Verletzung der Geheimhaltungspflicht	10
		II. Darlegungs- und Beweislast	11
4. Dauer der Geheimhaltungspflicht	5	III. Beschlussverfahren	12
5. Ausnahmen zur Geheimhaltungsbedürftigkeit	6	D. Beraterhinweise	13

A. Allgemeines

Die **vertrauensvolle Zusammenarbeit** zwischen AG und BR (§ 2 Abs. 1) und die umfassenden Unterrichtungspflichten des AG bringen es mit sich, dass der BR zahlreiche Informationen über das Unternehmen erhält, an deren besonderer Geheimhaltung für den AG ein erhebliches Interesse besteht. U.U. erlangen die betriebsverfassungsrechtlichen Organe sogar Informationen, die für die Wettbewerbsfähigkeit und den Fortbestand der Firma von erheblicher Bedeutung sind. Das BetrVG legt daher den BR-Mitgliedern und auch den Ersatzmitgliedern mit § 79 eine besondere Geheimhaltungspflicht auf. Allerdings besteht die Geheimhaltungspflicht nur für solche Betriebs- oder Geschäftsgeheimnisse, die vom AG ausdrücklich als geheimhaltungsbedürftig bezeichnet worden sind.

1

---

46 BAG 11.1.1995 – 7 AZR 574/94 – AP § 78a BetrVG 1972 Nr. 24.
47 Formulierungsbeispiele sind an *Bauer* u.a., M 38.12 angelehnt.

48 BAG 5.4.2000 – 7 ABR 6/99 – AP § 78a BetrVG 1972 Nr. 33; s.a. KR/*Weigand*, § 78a BetrVG Rn 54.

B. Regelungsgehalt
I. Betriebs- oder Geschäftsgeheimnisse

1. Definition. Der Begriff des Betriebs- oder Geschäftsgeheimnisses wird betriebsverfassungsrechtlich nicht definiert. Nach der **Rspr. des BAG** ist darunter jede im Zusammenhang mit einem Betrieb stehende Tatsache zu verstehen, die nicht offenkundig, sondern nur einem eng begrenzten Personenkreis bekannt ist und nach dem Willen des Betriebsinhabers aufgrund eines berechtigten wirtschaftlichen Interesses geheim gehalten werden soll (sog. materielles Geheimnis).[1]

Beispiele: Mengen- und Preiskalkulationen, Diensterfindungen Patente, Lizenzen, Materialzusammensetzungen, Lohn- und Gehaltsdaten,[2] bedeutsame Verträge, Vorzugspreise, Rezepturen etc. Regelmäßig lässt sich objektiv feststellen, ob es sich um ein Betriebs- oder Geschäftsgeheimnis handelt. Offenkundiges wird nicht erfasst; ebenso wenig reicht die Kennzeichnung als vertraulich aus.

2. Geheimhaltungserklärung des Arbeitgebers. Das materielle Geheimnis allein reicht für die Anwendung des § 79 noch nicht aus. Vielmehr muss der AG das Betriebs- oder Geschäftsgeheimnis ausdrücklich als geheimhaltungsbedürftig bezeichnen (sog. **formelles Geheimnis**).[3] Diese ausdrückliche Erklärung kann auch durch einen Vertreter des AG abgegeben werden. Ohne die Geheimhaltungserklärung wird die Schweigepflicht nicht begründet. Daher entsteht die Geheimhaltungspflicht erst mit **Zugang** der Geheimhaltungserklärung bei einem empfangszuständigen Mitglied des BR (regelmäßig der BR-Vorsitzende, § 26 Abs. 2 S. 2).

3. Kenntniserlangung wegen Zugehörigkeit zum Betriebsrat. Die Betriebs- oder Geschäftsgeheimnisse müssen nach Abs. 1 S. 1 den Mitgliedern und Ersatzmitgliedern des BR wegen ihrer Zugehörigkeit zum BR bekannt geworden sein. Soweit betriebsverfassungsrechtliche Mandatsträger ohne Zusammenhang mit ihrer Amtstätigkeit Betriebs- oder Geschäftsgeheimnisse erfahren, besteht keine Geheimhaltungspflicht nach § 79. Allerdings folgt regelmäßig bereits eine Geheimhaltungspflicht aus der allgemeinen arbeitsvertraglichen Treuepflicht des AN.[4]

4. Dauer der Geheimhaltungspflicht. Die Geheimhaltungspflicht aus § 79 greift für Mandatsträger und beginnt mit dem **Amtsantritt**. Die konkrete Verschwiegenheitspflicht wird allerdings erst wirksam, wenn ein materielles Geheimnis (siehe Rn 2) vorliegt und die Geheimhaltungserklärung des AG abgegeben wurde (siehe Rn 3). Abs. 1 S. 2 stellt weiter klar, dass die Geheimhaltungspflicht auch nach dem Ausscheiden aus dem BR fortbesteht.[5] Der AG kann allerdings die Geheimhaltungsbedürftigkeit aufheben. Auch kann das Betriebs- oder Geschäftsgeheimnis allgemein bekannt werden, so dass auch aus diesem Grunde keine Geheimhaltungsbedürftigkeit mehr besteht.[6]

5. Ausnahmen zur Geheimhaltungsbedürftigkeit. Die Geheimhaltungspflicht aus § 79 gilt nach Abs. 1 S. 3 nicht gegenüber Mitgliedern des BR. Ferner besteht keine Geheimhaltungspflicht gegenüber den in Abs. 1 S. 4 genannten betriebsverfassungsrechtlichen Organen. Unzulässig ist hingegen die Offenbarung von Betriebs- und Geschäftsgeheimnissen an die Stellen und Personen, die nur in Abs. 2, nicht jedoch auch in Abs. 1 genannt sind.[7] Besteht eine **Pflicht zur Offenbarung**, muss die Schweigepflicht im Einzelfall zurücktreten, insb. bei Zeugenaussagen vor Gericht.[8]

6. Umfang der Schweigepflicht. Die Schweigepflicht nach § 79 verbietet die Offenbarung und Verwertung von Betriebs- und Geschäftsgeheimnissen. **Offenbarung** bedeutet die Weitergabe an unberechtigte Dritte, wobei es weder auf die Art der Weitergabe (schriftlich, mündlich, privat) noch auf ihren Zweck ankommt.[9] Unter **Verwertung** versteht man die Ausnutzung des Geheimnisses zu eigenen wirtschaftlichen Zwecken; eine Offenbarung muss damit nicht notwendigerweise verbunden sein.[10]

II. Verpflichteter Personenkreis

Der verpflichtete Personenkreis ergibt sich zunächst aus Abs. 1 S. 1, also die Mitglieder und Ersatzmitglieder des BR. Abs. 2 erstreckt die Geheimhaltungspflicht ferner auf die Mitglieder und Ersatzmitglieder aller Institutionen der Betriebsverfassung. Verpflichtet ist auch, obwohl nicht ausdrücklich genannt, der BR als Organ.[11] SV und sachkundige

---

1 BAG 26.2.1987 – 6 ABR 46/84 – AP § 79 BetrVG 1972 Nr. 2; BAG 13.2.2007 – 1 ABR 14/06 – AP § 118 BetrVG 1972 Nr. 81; h.A. in der betriebsverfassungsrechtlichen Lit., s. nur *Fitting u.a.*, § 79 Rn 3; vgl. hierzu auch *Besgen*, Betriebsverfassungsrecht, § 4 Rn 36 f.
2 S. dazu BAG 26.2.1987 – 6 ABR 46/84 – AP § 79 BetrVG 1972 Nr. 2; BAG 13.2.2007 – 1 ABR 14/06 – AP § 118 BetrVG 1972 Nr. 81.
3 Vgl. DKK/*Buschmann*, § 79 Rn 11; *Besgen*, Betriebsverfassungsrecht, § 4 Rn 38.
4 So *Fitting u.a.*, § 79 Rn 7; DKK/*Buschmann*, § 79 Rn 12 u. 32.
5 Vgl. DKK/*Buschmann*, § 79 Rn 15.
6 S. *Fitting u.a.*, § 79 Rn 17.
7 S. dazu *Fitting u.a.*, § 79 Rn 25.
8 DKK/*Buschmann*, § 79 Rn 25.
9 *Fitting u.a.*, § 79 Rn 16; DKK/*Buschmann*, § 79 Rn 18.
10 Siehe GK-BetrVG/*Oetker*, § 79 Rn 29; *Fitting u.a.*, § 79 Rn 16.
11 BAG 26.2.1987 – 6 ABR 46/84 – AP § 79 BetrVG 1972 Nr. 2.

AN als Auskunftspersonen i.S.v. § 80 Abs. 2 S. 3 und Abs. 3 werden nach § 80 Abs. 4 ebenfalls erfasst. Siehe i.Ü. auch die Regelungen in §§ 107 Abs. 3 S. 4, 108 Abs. 2 S. 3 und § 109 S. 3 Hs. 2.

III. Sonstige Schweigepflichten

Die Geheimhaltungspflicht aus § 79 erstreckt sich allein auf Betriebs- und Geschäftsgeheimnisse. Persönliche Verhältnisse und besondere Angelegenheiten der AN werden von dieser Geheimhaltungspflicht nicht erfasst. Eine Pflicht zur Verschwiegenheit kann sich über den Verweis aus anderen betriebsverfassungsrechtlichen Normen[12] auch aus anderen Gesetzen ergeben. So gilt die Vorschrift des § 5 BDSG über das Datengeheimnis auch für den BR.[13] Darüber hinaus ergeben sich Verschwiegenheitsverpflichtungen aus § 17 ff. UWG und der arbeitsvertraglichen Treuepflicht. Für die Vertrauensperson der schwerbehinderten Menschen gilt § 96 Abs. 7 SGB IV. Die Verschwiegenheitspflicht der AN-Vertreter im AR bestimmt sich nach den einschlägigen gesellschaftsrechtlichen Vorschriften.[14]

C. Verbindung zu anderen Rechtsgebieten und zum Prozessrecht

I. Verletzung der Geheimhaltungspflicht

Verletzt ein BR-Mitglied seine Schweigepflicht aus § 79, kann dies zur Amtsenthebung nach § 23 Abs. 1 führen, ggf. sogar zur Auflösung des BR.[15] Steht eine Verletzung der Geheimhaltungspflicht unmittelbar bevor oder liegt bereits ein Verstoß gegen die Verschwiegenheitspflicht vor, steht dem AG ein Unterlassungsanspruch zu.[16] Die Verletzung der Schweigepflicht kann im Einzelfall auch eine außerordentliche Künd rechtfertigen, allerdings nur bei schweren Verstößen und in engen Grenzen.[17] Hinzuweisen ist in diesem Zusammenhang auch auf § 120, wonach die Verletzung der Geheimhaltungspflicht strafbar ist (Antragsdelikt). Bei § 79 handelt es sich ferner um ein Schutzgesetz i.S.v. § 823 Abs. 2 BGB, so dass auch Schadensersatzansprüche ausgelöst werden können.[18]

II. Darlegungs- und Beweislast

Die Darlegungs- und Beweislast für die vorgenannten Ansprüche trägt derjenige, der Ansprüche geltend macht. Dies ist im Regelfall der AG. Der Nachweis eines Schadensersatzanspruchs aus § 823 BGB erfordert allerdings die konkrete Bezifferung, was regelmäßig problematisch sein wird.[19]

III. Beschlussverfahren

Streitigkeiten über das Bestehen und den Umfang einer Geheimhaltungspflicht nach § 79 werden im arbeitsgerichtlichen Beschlussverfahren nach §§ 2a, 80 ff. ArbGG entschieden. Bei einer inzidenten Prüfung im Rahmen eines Künd- oder Schadensersatzprozesses findet das Urteilsverfahren Anwendung. I.Ü. können Unterlassungsansprüche im Wege der einstweiligen Verfügung durchgesetzt werden.[20]

D. Beraterhinweise

Die Geheimhaltungspflicht aus § 79 besteht erst dann, wenn der AG Betriebs- oder Geschäftsgeheimnisse ausdrücklich als geheimhaltungsbedürftig bezeichnet (siehe Rn 3). Es ist daher zu empfehlen, dass der AG diese Erklärung nachweisbar abgibt, sich also schriftlich äußert und ggf. den Empfang quittieren lässt oder aber die Erklärung in die Sitzungsniederschrift nach § 34 aufnehmen lässt.

I.Ü. haben auch die in § 79 genannten Stellen und Personen dafür Sorge zu tragen, dass andere Mitglieder der betreffenden betriebsverfassungsrechtlichen Organe von der Geheimhaltungsbedürftigkeit Kenntnis erlangen und darüber unterrichtet werden.[21]

---

§ 80 Allgemeine Aufgaben

(1) Der Betriebsrat hat folgende allgemeine Aufgaben:
1. darüber zu wachen, dass die zugunsten der Arbeitnehmer geltenden Gesetze, Verordnungen, Unfallverhütungsvorschriften, Tarifverträge und Betriebsvereinbarungen durchgeführt werden;

---

12 Vgl. die Nachweise bei GK-BetrVG/*Oetker*, § 79 Rn 48 ff.
13 *Fitting u.a.*, § 79 Rn 35.
14 S. die Nachweise bei Richardi/*Thüsing*, § 79 Rn 25.
15 *Fitting u.a.*, § 79 Rn 41; eingeschränkt auch DKK/*Buschmann*, § 79 Rn 34; *Besgen*, Betriebsverfassungsrecht, § 4 Rn 43.
16 Vgl. BAG 26.2.1987 – 6 ABR 46/84 – AP § 79 BetrVG 1972 Nr. 2.
17 S. DKK/*Buschmann*, § 79 Rn 35; ferner GK-BetrVG/*Oetker*, § 79 Rn 46.
18 *Fitting u.a.*, § 79 Rn 43.
19 So zutreffend HWK/*Schrader*, § 79 BetrVG Rn 25.
20 ErfK/*Kania*, § 79 BetrVG Rn 22.
21 S. *Fitting u.a.*, § 79 Rn 6.

2. Maßnahmen, die dem Betrieb und der Belegschaft dienen, beim Arbeitgeber zu beantragen;
3. die Durchsetzung der tatsächlichen Gleichstellung von Frauen und Männern, insbesondere bei der Einstellung, Beschäftigung, Aus-, Fort- und Weiterbildung und dem beruflichen Aufstieg, zu fördern;
4. die Vereinbarkeit von Familie und Erwerbstätigkeit zu fördern;
5. Anregungen von Arbeitnehmern und der Jugend- und Auszubildendenvertretung entgegenzunehmen und, falls sie berechtigt erscheinen, durch Verhandlungen mit dem Arbeitgeber auf eine Erledigung hinzuwirken; er hat die betreffenden Arbeitnehmer über den Stand und das Ergebnis der Verhandlungen zu unterrichten;
6. die Eingliederung Schwerbehinderter und sonstiger besonders schutzbedürftiger Personen zu fördern;
7. die Wahl einer Jugend- und Auszubildendenvertretung vorzubereiten und durchzuführen und mit dieser zur Förderung der Belange der in § 60 Abs. 1 genannten Arbeitnehmer eng zusammenzuarbeiten; er kann von der Jugend- und Auszubildendenvertretung Vorschläge und Stellungnahmen anfordern;
8. die Beschäftigung älterer Arbeitnehmer im Betrieb zu fördern;
9. die Integration ausländischer Arbeitnehmer im Betrieb und das Verständnis zwischen ihnen und den deutschen Arbeitnehmern zu fördern sowie Maßnahmen zur Bekämpfung von Rassismus und Fremdenfeindlichkeit im Betrieb zu beantragen;
10. die Beschäftigung im Betrieb zu fördern und zu sichern;
11. Maßnahmen des Arbeitsschutzes und des betrieblichen Umweltschutzes zu fördern.

(2) ¹Zur Durchführung seiner Aufgaben nach diesem Gesetz ist der Betriebsrat rechtzeitig und umfassend vom Arbeitgeber zu unterrichten; die Unterrichtung erstreckt sich auch auf die Beschäftigung von Personen, die nicht in einem Arbeitsverhältnis zum Arbeitgeber stehen. ²Dem Betriebsrat sind auf Verlangen jederzeit die zur Durchführung seiner Aufgaben erforderlichen Unterlagen zur Verfügung zu stellen; in diesem Rahmen ist der Betriebsausschuss oder ein nach § 28 gebildeter Ausschuss berechtigt, in die Listen über die Bruttolöhne und -gehälter Einblick zu nehmen. ³Soweit es zur ordnungsgemäßen Erfüllung der Aufgaben des Betriebsrats erforderlich ist, hat der Arbeitgeber ihm sachkundige Arbeitnehmer als Auskunftspersonen zur Verfügung zu stellen; er hat hierbei die Vorschläge des Betriebsrats zu berücksichtigen, soweit betriebliche Notwendigkeiten nicht entgegenstehen.

(3) Der Betriebsrat kann bei der Durchführung seiner Aufgaben nach näherer Vereinbarung mit dem Arbeitgeber Sachverständige hinzuziehen, soweit dies zur ordnungsgemäßen Erfüllung seiner Aufgaben erforderlich ist.

(4) Für die Geheimhaltungspflicht der Auskunftspersonen und der Sachverständigen gilt § 79 entsprechend.

Literatur: *Besgen, N.*, Die Neuregelungen des Betriebsverfassungsrechts, B+P 2001, Beihefter Nr. 2/2001 zu Heft 8, 11; *Hanau*, Denkschrift zu dem Regierungsentwurf eines Gesetzes zur Reform des Betriebsverfassungsgesetzes, RdA 2001, 65; *Löwisch*, Änderung der Betriebsverfassung durch das Betriebsverfassungs-Reformgesetz, BB 2001, 1790; *Lunk*, Hinzuziehung eines Sachverständigen durch den Betriebsrat zur Überprüfung Allgemeiner Geschäftsbedingungen in Arbeitsverträgen – Besprechung des Beschlusses BAG v. 16.11.2005 – 7 ABR 12/05, RdA 2007, 44; *Natzel*, Hinzuziehung internen wie externen Sachverstands nach dem neuen Betriebsverfassungsgesetz, Teil II, NZA 2001, 872; *Oetker*, Der sachkundige Arbeitnehmer als Auskunftsperson des Betriebsrates, NZA 2003, 1233; *Pulte*, Beteiligungsrecht des Betriebsrats außerhalb der Betriebsverfassung, NZA 2000, 234; *Rieble*, Die Betriebsverfassungsgesetz-Novelle in ordnungspolitischer Sicht, ZIP 2001, 133; *Schaub*, Reform der Betriebsverfassung, ZTR 2001, 437; *Schipp*, Die Informationsrechte des Betriebsrats – Ein mächtiges Instrument, ArbRB 2009, 113.

A. Allgemeines	1
B. Regelungsgehalt	2
I. Allgemeine Aufgaben (Abs. 1)	2
1. Überwachungsaufgaben (Nr. 1)	2
a) Gegenstand	2
b) Inhalt und Ausübung des Überwachungsrechts	3
2. Antragsrechte (Nr. 2 und Nr. 7)	4
a) Initiativrechte	4
b) Gegenstand	5
3. Durchsetzung der tatsächlichen Gleichstellung (Nr. 2a)	7
a) Gegenstand	7
b) Inhalt	8
4. Förderung der Vereinbarkeit von Familie und Erwerbstätigkeit (Nr. 2b)	9
5. Behandlung von Anregungen (Nr. 3)	10
a) Gegenstand	10
b) Anregungen von Arbeitnehmern oder der Jugend- und Auszubildendenvertretung	11
6. Besondere Schutzaufträge (Nr. 4, 6 und 7)	12
a) Eingliederung besonders schutzbedürftiger Personen (Nr. 4)	12
b) Beschäftigung älterer Arbeitnehmer (Nr. 6)	13
c) Integration ausländischer Arbeitnehmer (Nr. 7)	14
7. Wahl der Jugend- und Auszubildendenvertretung (Nr. 5)	16
8. Beschäftigungssicherung (Nr. 8)	17
9. Arbeitsschutz und betrieblicher Umweltschutz (Nr. 9)	18
II. Unterrichtungspflichten (Abs. 2)	19
1. Allgemeiner Unterrichtungsanspruch (S. 1)	19
a) Aufgabenbezug	20
b) Rechtzeitig und umfassend	22
c) Grenzen der Unterrichtungspflicht	24

2.	Beschäftigung von Nicht-Arbeitnehmern (S. 1 Hs. 2)	25	b) Begriff der Auskunftsperson	33
			c) Vorschlagsrecht des Betriebsrats	34
3.	Vorlage von Unterlagen (S. 2 Hs. 1)	26	III. Hinzuziehung von Sachverständigen (Abs. 3)	35
	a) Unterlagen	26	1. Begriff des Sachverständigen	35
	b) Art und Weise	27	2. Erforderlichkeit	36
4.	Einblick in Gehaltslisten (S. 2 Hs. 2)	29	3. Vereinbarung mit dem Arbeitgeber	37
	a) Gegenstand	29	IV. Geheimhaltungspflicht (Abs. 4)	39
	b) Einblicksrecht	30	**C. Verbindung zu anderen Rechtsgebieten und zum Prozessrecht**	40
	c) Berechtigte	31		
5.	Auskunftsperson (S. 3)	32	**D. Beraterhinweise**	44
	a) Zweck der Regelung	32		

A. Allgemeines

Bei § 80 handelt es sich um eine **zentrale Vorschrift des BetrVG**. Sie regelt in Abs. 1 die allg. Aufgaben des BR unter konkreter Benennung der einzelnen Tätigkeitsbereiche im sozialen, personellen und wirtschaftlichen Bereich. Ferner werden in Abs. 2 Informationsrechte gewährt und schließlich enthält die Vorschrift Regelungen über die Informationsbeschaffung durch die Hinzuziehung von sachkundigen AN als Auskunftsperson und SV (Abs. 2 und 3). Den BR trifft die Verpflichtung, die ihm zugewiesenen Aufgaben auch tatsächlich wahrzunehmen. Die allg. Aufgaben bestehen daher unabhängig von konkreten Mitwirkungs- und/oder Mitbestimmungsrechten.

B. Regelungsgehalt
I. Allgemeine Aufgaben (Abs. 1)
1. Überwachungsaufgaben (Nr. 1). a) Gegenstand. Gegenstand der Überwachung nach Nr. 1 sind in erster Linie **Gesetze, VO, Unfallverhütungsvorschriften, TV und BV**. Mit dieser zentralen und grundlegenden Aufgabe soll sichergestellt werden, dass die zugunsten der AN vorhandenen Schutzvorschriften tatsächlich eingehalten und angewendet werden.[1] Ein konkretes Mitbestimmungs- und/oder Mitwirkungsrecht muss nicht bestehen, so dass die Wahrnehmung der Überwachungsaufgaben aus Nr. 1 nicht vom Vorliegen bestimmter Mitwirkungs- bzw. Mitbestimmungsrechte abhängig ist.[2] Erfasst werden sämtliche denkbaren Rechtsvorschriften, die sich zugunsten der AN auswirken können.[3] Beispielhaft zu nennen sind (selbstverständlich) die arbeitsrechtlichen Gesetze, aber auch sozialversicherungsrechtliche Vorschriften sowie die **allg. arbeitsrechtlichen Grundsätze** (arbeitsrechtlicher Gleichbehandlungsgrundsatz, betriebliche Übung, Fürsorgepflicht). Auch wenn in Nr. 1 nicht ausdrücklich genannt, gehören zu dem Begriff der Gesetze auch die Grundrechte und **europarechtlichen Vorschriften**.[4] Nicht zu den allg. Überwachungsaufgaben gehören der Inhalt und die Ausgestaltung individueller Arbeitsverträge.[5] Bei der arbeitsvertraglichen Einheitsregelung (Gesamtzusage, betriebliche Übung) greift allerdings die Überwachungspflicht insoweit ein, als der AG den Gleichbehandlungsgrundsatz beachten muss.[6] Durch TV können die Überwachungspflichten und das ihnen korrespondierende Überwachungsrecht des BR nicht aufgehoben werden.[7]

b) Inhalt und Ausübung des Überwachungsrechts. Bei der Ausübung des Überwachungsrechts unterliegt der BR zunächst den Schranken des § 77 Abs. 1 S. 2, wonach er nicht durch einseitige Handlungen in die Leitung des Betriebes eingreifen kann. Der BR ist nach einer frühen Entscheidung des BAG kein dem AG übergeordnetes Kontrollorgan.[8] Ihm obliegt allein eine **Rechtskontrolle**,[9] denn die Überwachungspflicht räumt dem BR keinen umfassenden Anspruch auf Unterlassung der beanstandeten Maßnahmen ein;[10] Folge dessen ist, dass dem BR keine effektiven Durchsetzungsmöglichkeiten zur Seite stehen.

2. Antragsrechte (Nr. 2 und Nr. 7). a) Initiativrechte. Der BR hat nach Nr. 2 und Nr. 7 Hs. 2 das Recht, Maßnahmen, die dem Betrieb und der Belegschaft dienen, beim AG zu beantragen sowie ein Antragsrecht für Maßnahmen zur Bekämpfung von Rassismus und Fremdenfeindlichkeit. Damit wird dem BR ein aktiver Part zugewiesen. Er kann von sich aus Maßnahmen anregen oder Regelungen verlangen und ist damit nicht auf eine rein passive Haltung

---

1 Fitting u.a., § 80 Rn 5; *Besgen*, Betriebsverfassungsrecht, § 16 Rn 5.
2 BAG 19.10.1999 – 1 ABR 75/98 – AP § 80 BetrVG 1972 Nr. 58.
3 Vgl. die ausführliche Übersicht bei *Pulte*, NZA 2000, 234; ferner die Nachweise bei DKK/*Buschmann*, Rn 6 ff.; GK-BetrVG/*Kraft*/*Weber*, § 80 Rn 10 ff.
4 DKK/*Buschmann*, § 80 Rn 6.
5 Fitting u.a., § 80 Rn 12; zur Rechtskontrolle von Arbeitsverträgen vgl. BAG 16.11.2005 – 7 ABR 12/05 – NZA 2006, 553 sowie *Lunk*, RdA 2007, 44.
6 Vgl. dazu MünchArb/*Matthes*, Bd. 3, § 325 Rn 13 m.w.N.
7 BAG 21.10.2003 – 1 ABR 39/02 – AP § 80 BetrVG 1972 Nr. 62.
8 BAG 11.7.1972 – 1 ABR 2/72 – AP § 80 BetrVG 1972 Nr. 1.
9 Fitting u.a., § 80 Rn 13.
10 S. BAG 10.6.1986 – 1 ABR 59/84 – AP § 80 BetrVG 1972 Nr. 26; s.a. BAG 9.12.2003 – 1 ABR 44/02 – AP § 33 BetrVG 1972 Nr. 1; BAG 13.3.2007 – 1 ABR 22/06 – AP § 95 BetrVG 1972 Nr. 52.

verwiesen. Zusätzliche Mitbestimmungsrechte werden dem BR jedoch nicht zugewiesen und das Initiativrecht, besser Anregungsrecht, nach Nr. 2 und 7 ist von den weitergehenden Initiativrechten in mitbestimmungspflichtigen Angelegenheiten, insb. nach § 87, zu unterscheiden.[11]

5 **b) Gegenstand.** Der BR kann bei dem AG **alle Maßnahmen** beantragen, die dem Betrieb und der Belegschaft dienen. Dabei kann es sich um Maßnahmen auf sozialem, personellem oder wirtschaftlichem Gebiet handeln.[12] Rein individuelle Belange werden hingegen nicht erfasst.[13] So kann der BR bspw. auf sozialem Gebiet Anregungen zur Zahlung von Gratifikationen, Ausgleichszahlungen und außertariflichen Lohnerhöhungen geben. Es besteht für ihn auch die Möglichkeit, auf personellem Gebiet Anträge für Einstellungen, Versetzungen und Umgruppierungen an den AG zu richten oder auf wirtschaftlichem Gebiet eine humanere Gestaltung der Arbeitsbedingungen anzuregen.[14]

6 Im Zuge des Betriebsverfassungsreformgesetzes 2001 wurde Nr. 7 um einen weiteren Hs. ergänzt. Der BR ist nun gehalten, **Maßnahmen zur Bekämpfung von Rassismus und Fremdenfeindlichkeit** im Betrieb zu beantragen. Die Vorschrift ist in Zusammenhang mit den weiteren Regelungen in § 45 S. 1, § 99 Abs. 2 Nr. 6 und § 104 S. 1 zu lesen. Die Gefahr eines Gesinnungsarbeitsrechts besteht zwar nicht, dennoch ist denjenigen, die dies befürchten, zuzugeben, dass die Neuregelung weniger betriebsverfassungsrechtliche Probleme als mehr allg. gesellschaftspolitische Fragen behandelt.[15]

7 **3. Durchsetzung der tatsächlichen Gleichstellung (Nr. 2a). a) Gegenstand.** Die Vorschrift legt dem BR die Verpflichtung auf, die Durchsetzung der tatsächlichen Gleichstellung von Frauen und Männern, insb. bei der Einstellung, Beschäftigung, Aus-, Fort- und Weiterbildung und dem beruflichen Aufstieg zu fördern. Zweck der Vorschrift ist es, die Benachteiligungen der Frauen im Berufsleben abzubauen und dem BR insoweit eine Verpflichtung zur aktiven Förderung der Gleichstellungsmaßnahmen aufzuerlegen.[16]

8 **b) Inhalt.** Die dem BR gestellte Aufgabe ist eine Zielvorgabe,[17] da ihm die Pflicht auferlegt wird, im Rahmen der bestehenden Mitbestimmungsrechte auf eine Durchsetzung der tatsächlichen Gleichberechtigung hinzuwirken, bspw. durch die Ausschreibung bestimmter Arbeitsplätze auch als Teilzeitarbeitsplätze (vgl. § 93).

9 **4. Förderung der Vereinbarkeit von Familie und Erwerbstätigkeit (Nr. 2b).** Die Regelung der Nr. 2b wurde im Zuge des Betriebsverfassungsreformgesetzes 2001 aufgenommen. Die betriebliche Arbeitszeit soll familienfreundlicher gestaltet werden, um es AN zu erlauben, ihren familiären Pflichten leichter nachzukommen.[18] I.Ü. gelten die Ausführungen zu Nr. 2a entsprechend; es handelt sich ebenfalls um eine Zielvorgabe an den BR. Beispiele für eine familienfreundliche Gestaltung sind betriebliche Kindergärten und Horte, verstärkte Einrichtung von Teilzeitarbeitsplätzen, Einrichtung von (Tele-)Heimarbeitsplätzen, flexible Arbeitszeiten etc.[19]

10 **5. Behandlung von Anregungen (Nr. 3). a) Gegenstand.** Die Regelung in Nr. 3 ergänzt Nr. 2. Der BR soll nicht nur aktiv Maßnahmen beim AG beantragen, sondern auch Anregungen der AN und der JAV entgegen nehmen. Letzteres zwingt ihn dazu, sich mit Anregungen von außen sachlich zu befassen. Allg. sind unter Anregungen Vorschläge und Beschwerden zu verstehen.[20] Die Pflicht zur Entgegennahme von Anregungen beinhaltet auch die Verpflichtung, sich mit ihnen zu befassen.[21] Hält die Mehrheit[22] des BR die Anregung für berechtigt, muss er durch Verhandlungen mit dem AG auf eine Erledigung hinwirken. Die Behandlung von Anregungen nach Nr. 3 kann auch auf Ausschüsse nach §§ 27, 28 übertragen werden.[23]

11 **b) Anregungen von Arbeitnehmern oder der Jugend- und Auszubildendenvertretung.** Der BR hat die Anregungen der AN oder der JAV entgegen zu nehmen. Die Rechte der AN aus §§ 84 ff. sowie das Vorschlagsrecht nach § 86a bleiben allerdings unberührt. Der betroffene AN kann daneben auch unmittelbar tätig werden.[24] Die JAV ist hingegen kein selbstständiges Organ der Betriebsverfassung und damit gehalten, ausschließlich über den BR zu agieren (vgl. auch § 70 Abs. 1 Nr. 3). Über das Ergebnis der Verhandlungen mit dem AG ist der AN bzw. die JAV zu informieren. Ziehen sich die Verhandlungen in die Länge, sollte ein Zwischenbescheid erteilt werden.[25]

12 **6. Besondere Schutzaufträge (Nr. 4, 6 und 7). a) Eingliederung besonders schutzbedürftiger Personen (Nr. 4).** Der BR hat nach Nr. 4 die Pflicht, die Eingliederung Schwerbehinderter und besonders schutzbedürftiger

---

11 So auch *Fitting u.a.*, § 80 Rn 18.
12 DKK/*Buschmann*, § 80 Rn 23.
13 *Richardi/Thüsing*, § 80 Rn 23; a.A. DKK/*Buschmann*, § 80 Rn 23.
14 S. die Bsp. bei *Fitting u.a.*, § 80 Rn 20; DKK/*Buschmann*, § 80 Rn 24.
15 S. *Rieble*, ZIP 2001, 133; *Fitting u.a.*, § 80 Rn 23.
16 *Fitting u.a.*, § 80 Rn 34.
17 *Richardi/Thüsing*, § 80 Rn 29.
18 BT-Drucks 14/5741, S. 46.
19 S. auch DKK/*Buschmann*, § 80 Rn 34.
20 *Fitting u.a.*, § 80 Rn 24.
21 HWK/*Schrader*, § 80 BetrVG Rn 34.
22 Dazu GK-BetrVG/*Kraft/Weber*, § 80 Rn 37.
23 DKK/*Buschmann*, § 80 Rn 38.
24 *Fitting u.a.*, § 80 Rn 25.
25 *Richardi/Thüsing*, § 80 Rn 35.

Personen zu fördern. Betroffen sind neben den schwerbehinderten Menschen i.S.v. § 2 SGB IX körperlich, geistig oder seelisch beeinträchtigte Personen nach § 19 SGB III und Langzeitarbeitslose nach § 18 SGB III.[26] Die Eingliederung schwerbehinderter Menschen nach §§ 81 bis 84 SGB IX wird besonders hervorgehoben. Der BR arbeitet mit der SBV (§ 94 SGB IX) zusammen und hat auch auf die Wahl einer solchen Vertretung hinzuwirken, § 93 SGB IX. Den AG trifft die Pflicht, sich mit den Anliegen des BR ernsthaft zu befassen; eine Pflicht zur Umsetzung besteht jedoch nicht.

b) Beschäftigung älterer Arbeitnehmer (Nr. 6). Der BR ist nach Nr. 6 gehalten, die Beschäftigung älterer AN im Betrieb zu fördern. Damit werden die §§ 75 Abs. 1 S. 2, 96 Abs. 2 ergänzt.[27] Als Förderungsmaßnahme kommt bspw. die erleichterte befristete Einstellung älterer AN ohne Sachgrund nach § 14 Abs. 3 TzBfG in Betracht.

c) Integration ausländischer Arbeitnehmer (Nr. 7). Als weiteren Schutzauftrag sieht Nr. 7 die Integration ausländischer AN im Betrieb vor. Der BR soll das Verständnis zwischen ihnen und den deutschen AN fördern. Die Pflicht bezieht sich auf die bereits eingestellten AN, so dass sich der Schutzauftrag nicht auf eine Förderung der Einstellung ausländischer AN erstreckt.[28] Beispiele für eine Integrationsförderung sind Sprachkurse, Wohnraumbeschaffung, Kommunikationsförderung, Abbau von Vorurteilen, allg. Hilfe zur Integration etc.

Zum Schutz vor Rassismus und Fremdenfeindlichkeit und dem damit verbundenen Antragsrecht des BR (siehe oben Rn 6).

7. Wahl der Jugend- und Auszubildendenvertretung (Nr. 5). Die Wahl einer JAV gehört zu den Aufgaben des BR. Nr. 5 wiederholt insoweit die bereits aus § 63 Abs. 2 resultierende Verpflichtung. Ferner wird die allg. Verpflichtung des BR normiert, mit der JAV zur Förderung der Belange der in § 60 Abs. 1 genannten AN eng zusammen zu arbeiten. Auch kann der BR von der JAV Vorschläge und Stellungnahmen anfordern. Die Einzelheiten sind in §§ 65 bis 70 geregelt, weiter auch in § 29 Abs. 2 und § 35. Hierauf wird verwiesen.

8. Beschäftigungssicherung (Nr. 8). Der BR ist nach Nr. 9 gehalten, die Beschäftigung im Betrieb zu fördern und zu sichern. Die Regelung wurde im Zuge des Betriebsverfassungsreformgesetzes 2001 aufgenommen und durch eine Reihe weiterer Beteiligungsrechte flankiert, insb. dem neu geschaffenen Vorschlagsrecht zur Beschäftigungssicherung in § 92a sowie der Förderung der Berufsbildung nach § 96. S. ferner die Regelungen der §§ 97, 112 Abs. 5 Nr. 2a. Unter Sicherung versteht man den Erhalt von Arbeitsplätzen im Betrieb. Ein allg. beschäftigungspolitisches Mandat wurde nicht geschaffen.[29] Vorschläge zur Sicherung und Förderung der Beschäftigung können bspw. in einer Änderung der Arbeitsorganisation, der Arbeitsmethoden und -abläufe oder aber in der Qualifizierung der AN bestehen.[30]

9. Arbeitsschutz und betrieblicher Umweltschutz (Nr. 9). Im Zuge des Betriebsverfassungsreformgesetzes 2001 wurde schließlich in den Katalog des Abs. 1 eine Nr. 9 eingefügt. Danach wird dem BR die Aufgabe zugewiesen, sich mit Maßnahmen des Arbeitsschutzes und des betrieblichen Umweltschutzes zu befassen. Eine Legaldefinition des betrieblichen Umweltschutzes findet sich in § 89 Abs. 3.[31] Mit dem Betriebsverfassungsreformgesetz 2001 wurde der Umweltschutz in zahlreichen Bestimmungen des BetrVG integriert: §§ 43 Abs. 2 S. 3, 45 S. 2, 88 Nr. 1a, 89 und § 106 Abs. 3 Nr. 5a. Auch hier gilt: Ein allg. umweltpolitisches Mandat steht dem BR nicht zu.[32] Betriebliche Maßnahmen zur Abfallvermeidung, zur Energieeinsparung oder zur Einführung von Jobtickets etc. werden allerdings von der Förderpflicht erfasst.[33]

II. Unterrichtungspflichten (Abs. 2)

1. Allgemeiner Unterrichtungsanspruch (S. 1). Der BR ist nach Abs. 2 S. 1 Hs. 1 rechtzeitig und umfassend vom AG zur Durchführung seiner Aufgaben zu unterrichten. Wegen des systematischen Zusammenhangs zwischen dem Auskunftsanspruch nach Abs. 2 S. 1 Hs. 1 und dem Vorlageanspruch nach Abs. 2 S. 2 Hs. 1 besteht auch der Auskunftsanspruch „jederzeit", so dass der BR ihn ohne besonderen Anlass geltend machen kann.[34] Dem BR soll durch diese allg. Unterrichtungspflicht die sachgerechte und wirksame Wahrnehmung seiner gesetzlichen Aufgaben ermöglicht werden. Die Generalklausel ist Ausfluss des Gebotes der vertrauensvollen Zusammenarbeit (§ 2 Abs. 1).

a) Aufgabenbezug. Der BR soll durch die Informationen des AG in die Lage versetzt werden, in eigener Verantwortung zu prüfen, ob sich für ihn Aufgaben ergeben und ob er zur Wahrnehmung dieser Aufgaben tätig werden muss.[35] Es muss damit eine **gewisse Wahrscheinlichkeit** für das Bestehen von Aufgaben des BR vorhanden sein,

---

26 HWK/*Schrader*, § 80 BetrVG Rn 41.
27 Vgl. dazu auch *Fitting u.a.*, § 80 Rn 31.
28 So zutreffend Richardi/*Thüsing*, § 80 Rn 43.
29 So Richardi/*Thüsing*, § 80 Rn 44; krit. auch HWK/*Schrader*, § 80 BetrVG Rn 53.
30 Vgl. *Schaub*, ZTR 2001, 437, 443.
31 Krit. dazu Richardi/*Thüsing*, § 80 Rn 45.
32 BT-Drucks 14/5741, S. 30.
33 So *Fitting u.a.*, § 80 Rn 47; vgl. auch die Bsp. bei HWK/*Schrader*, § 80 BetrVG Rn 58.
34 BAG 19.2.2008 – 1 ABR 84/06 – NZA 2008, 1078, 1080.
35 St. Rspr., s. z.B. BAG 6.8.1999 – 1 ABR 28/97 – AP § 80 BetrVG 1972 Nr. 57.

aber auch ausreichen.[36] Dabei ist vom jeweiligen Kenntnisstand des BR auszugehen. Die Grenzen des Auskunftsanspruchs liegen dort, wo Anhaltspunkte dafür fehlen, dass ein Beteiligungsrecht in Betracht kommen könnte. Je weniger der BR erkennen kann, ob die begehrte Auskunft tatsächlich zur Durchführung seiner Aufgaben erforderlich ist, desto eher kommt ein Auskunftsanspruch in Betracht.[37]

21 **Aufgaben** i.S.d. Vorschrift sind nicht nur die allg. Aufgaben nach Abs. 1 Nr. 1 bis 9, sondern auch alle anderen Mitwirkungsrechte nach dem BetrVG, insb. die Wahrnehmung der Mitbestimmungsrechte nach § 87 Abs. 1 und die Überwachung der Einhaltung der in § 78 festgelegten Grundsätze für die Behandlung von Betriebsangehörigen.[38]

22 **b) Rechtzeitig und umfassend.** Der BR ist rechtzeitig und umfassend vom AG zu unterrichten. **Rechtzeitig** ist eine Unterrichtung dann, wenn der BR noch Überlegungen anstellen und sich gegenüber dem AG äußern und ggf. auf ihn Einfluss nehmen kann. Der BR soll selbst in die Lage versetzt werden, in eigener Verantwortung zu prüfen, ob sich für ihn Aufgaben ergeben und ob er zur Wahrnehmung dieser Aufgaben tätig werden muss.[39] Der BR darf also nicht vor vollendete Tatsachen gestellt werden.[40] Zum Teil wird zur Ermittlung des Zeitpunkts der Rechtzeitigkeit auf die 6-Stufen-Methode der Systemgestaltung (REFA-Standardprogramm Arbeitsgestaltung) verwiesen.[41]

23 Die Unterrichtung muss ferner **umfassend** erfolgen. Der AG muss also alle Angaben mitteilen, die der BR zur ordnungsgemäßen Erfüllung seiner Aufgaben benötigt.

24 **c) Grenzen der Unterrichtungspflicht.** Für die BR-Mitglieder gilt die Geheimhaltungspflicht aus § 79. Der AG kann deshalb seine Unterrichtungspflicht nicht unter Hinweis auf Betriebs- oder Geschäftsgeheimnisse verweigern.[42] Der Unterrichtungsanspruch besteht auch im Arbeitskampf.[43] Eine Einschränkung der Informationspflichten erfolgt auch nicht durch das BDSG.[44]

25 **2. Beschäftigung von Nicht-Arbeitnehmern (S. 1 Hs. 2).** Im Zuge der Betriebsverfassungsreform 2001 wurde die Unterrichtungspflicht des AG in S. 1 konkretisiert. Es wurde klar gestellt, dass sich die Unterrichtung nunmehr auch auf Personen erstreckt, die zwar im Betrieb tätig sind, aber nicht in einem Arbverh zum Betriebsinhaber stehen. Diese Verpflichtung entsprach ohnehin der bereits geltenden Rspr. des BAG.[45] In der Gesetzesbegründung wurde insb. auf AN verwiesen, die bspw. aufgrund von Dienst- oder Werkverträgen des AG mit Dritten als deren Erfüllungsgehilfen im Einsatzbetrieb tätig werden. Weiter werden **Leih-AN** genannt.[46] Die Vorschrift erlangt auch im Zusammenhang mit dem Eingliederungsbegriff des BAG Bedeutung, wonach es nicht auf den Bestand eines Arbverh ankommt (siehe § 99 Rn 27 ff.). Ferner sind auch Leih-AN nach § 7 S. 2 wahlberechtigt (siehe § 7 Rn 11 ff.).

26 **3. Vorlage von Unterlagen (S. 2 Hs. 1). a) Unterlagen.** Dem BR sind nach Abs. 2 S. 2 Hs. 1 auf Verlangen jederzeit die zur Durchführung seiner Aufgaben erforderlichen Unterlagen zur Verfügung zu stellen. Der Begriff der **Unterlagen** ist nicht definiert. Grds. handelt es sich um schriftliche Aufzeichnungen. Es können aber auch Fotos, elektronische Datenträger, Statistiken oder Tonträger in Betracht kommen.[47] Insb. erfasst die Vorschrift die Pflicht des AG, dass Verträge mit Fremdfirmen zur Verfügung gestellt werden, um seine Zuständigkeiten auch für Leih-AN prüfen zu können.[48] Was die Grenzen des Herausgabeverlangens angeht, gelten die Ausführungen zu Rn 24 entsprechend. I.Ü. kann die **Herausgabe von Personalakten** nicht verlangt werden, was sich mittelbar aus § 83 Abs. 1 ergibt.[49]

27 **b) Art und Weise.** Das Recht des BR besteht **jederzeit**. Ein konkreter Streitfall zwischen den Betriebsparteien ist damit nicht Voraussetzung für die Vorlagepflicht. Ausreichend ist vielmehr die Absicht des BR, im Rahmen seiner gesetzlichen Aufgaben tätig zu werden. Das BAG wendet eine **2-stufige Prüfung** an: Zunächst ist zu klären, ob über-

---

36 BAG 15.12.1998 – 1 ABR 9/98 – AP § 80 BetrVG 1972 Nr. 56; BAG 19.2.2008 – 1 ABR 84/06 – NZA 2008, 1078, 1079.
37 BAG 8.6.1999 – 1 ABR 28/97 – AP § 80 BetrVG 1972 Nr. 57; s. auch *Fitting u.a.*, § 80 Rn 51; *Schipp*, ArbRB 2009, 113.
38 BAG 26.1.1988 – 1 ABR 34/86 – AP § 80 BetrVG 1972 Nr. 31.
39 BAG 27.6.1989 – 1 ABR 19/88 – AP § 89 BetrVG 1972 Nr. 37.
40 Richardi/*Thüsing*, § 80 Rn 53.
41 *Fitting u.a.*, § 80 Rn 54 ff. und Bild 34 auf S. 1154; ebenso HWK/*Schrader*, § 80 BetrVG Rn 69.
42 BAG 5.2.1991 – 1 ABR 24/90 – AP § 106 BetrVG 1972 Nr. 10; s. auch *Fitting u.a.*, § 80 Rn 60; Richardi/*Thüsing*, § 80 Rn 58; *Besgen*, Betriebsverfassungsrecht, § 16 Rn 26; einschränkend *Schipp*, ArbRB 2009, 113, 115..
43 BAG 10.12.2002 – 1 ABR 7/02 – BB 2003, 1900 = AP § 80 BetrVG 1972 Nr. 59.
44 BAG 17.3.1983 – 6 ABR 33/80 – AP § 80 BetrVG 1972 Nr. 18; ebenso die Kommentar-Lit., allerdings mit unterschiedlichen Begründungen, s. Richardi/*Thüsing*, § 80 Rn 57; *Fitting u.a.*, § 80 Rn 58; GK-BetrVG/*Kraft/Weber*, § 80 Rn 75 m.w.N. auch zur datenschutzrechtl. Lit.; DKK/*Buschmann*, § 80 Rn 86 m.w.N. zur Rspr.
45 BAG 15.12.1998 – 1 ABR 9/98 – AP § 80 BetrVG 1972 Nr. 56.
46 BT-Drucks 14/5741, S. 46.
47 BAG 7.8.1986 – 6 ABR 77/83 – AP § 80 BetrVG 1972 Nr. 25; ferner die umfangreichen Bsp. bei DKK/*Buschmann*, § 80 Rn 88 ff.
48 BAG 31.1.1989 – 1 ABR 72/87 – AP § 80 BetrVG 1972 Nr. 33.
49 BAG 20.12.1988 – 1 ABR 63/87 – AP § 92 ArbGG 1979 Nr. 5.

haupt eine Aufgabe des BR gegeben ist und in einem zweiten Schritt im konkreten Einzelfall zu prüfen, ob die begehrte Information bzw. Zurverfügungstellung von Unterlagen erforderlich ist.[50]

Der AG muss nicht von sich aus tätig werden. Vielmehr besteht eine Pflicht nur auf Verlangen des BR.[51] Die Unterlagen sind dem BR **zur Verfügung zu stellen**, d.h. im Original, in Durchschrift oder in Fotokopie auf Zeit oder Dauer zu überlassen.[52] Ein Anspruch auf Vorlage von Unterlagen, die dem AG selbst nicht zur Verfügung stehen, besteht nicht; aus Abs. 2 S. 2 folgt kein Herstellungs- oder Verschaffungsanspruch; allerdings kann sich ein entsprechender Anspruch aus § 80 Abs. 2 S. 1 ergeben.[53] Der BR kann im Einzelfall berechtigt sein, sich Fotokopien der Unterlagen anzufertigen.[54] Dies gilt insb., wenn die Unterlagen für den Betrieb unentbehrlich oder sehr umfangreich sind.[55]

4. Einblick in Gehaltslisten (S. 2 Hs. 2). a) Gegenstand. Dem BR steht nach Abs. 2 S. 2 Hs. 2 das Recht zu, die Listen über die Bruttolöhne und -gehälter einzusehen. Gemeint sind die den AN zustehenden Arbeitsentgelte ohne die gesetzlichen Abzüge.[56] Die persönlichen Verhältnisse der AN sollen dem BR verschlossen sein, so dass sich das Einsichtsrecht auf die **Bruttolisten** beschränkt, denn das Nettoentgelt hängt meist von besonderen familiären Umständen ab. I.Ü. besteht das Einblicksrecht hinsichtlich aller Lohnbestandteile einschl. der übertariflichen Zulagen.[57] Die Gehälter der leitenden Ang werden von dem Einblicksrecht hingegen nicht erfasst, denn leitende Ang werden vom BR nicht vertreten (siehe § 5 Abs. 3).

b) Einblicksrecht. Der Wortlaut gewährt lediglich ein Einblicksrecht. Damit ist die **Vorlage** der Listen zur Einsichtnahme gemeint, nicht hingegen die Aushändigung der Listen.[58] Der BR darf sich auch keine Kopien anfertigen, er hat aber die Möglichkeit, sich Notizen zu machen.[59] Während der Einsichtnahme dürfen i.Ü. keine Personen anwesend sein, die den BR überwachen oder mit seiner Überwachung beauftragt sind.[60]

c) Berechtigte. Die Einsichtsberechtigten sind dem Wortlaut nach entweder der Betriebsausschuss oder ein nach § 28 gebildeter Ausschuss. Damit wird der Vertraulichkeit der Information Rechnung getragen. Entgegen dem Wortlaut besteht das **Einblicksrecht aber auch in Kleinbetrieben**, die nicht über einen Betriebsausschuss verfügen oder einen Ausschuss nach § 28 gebildet haben. Kleinere Betriebe sollen nach der Rspr. des BAG von der Information nicht ausgeschlossen werden.[61] In Kleinbetrieben steht dann aber das Einblicksrecht dem Vorsitzenden des BR und im Falle seiner Verhinderung seinem Stellvertreter zu. Der BR kann jedoch ohne weiteres ein anderes Mitglied beauftragen.[62]

5. Auskunftsperson (S. 3). a) Zweck der Regelung. Im Zuge der Betriebsverfassungsreform wurde neben der in Abs. 3 unverändert beibehaltenen Möglichkeit des BR, nach näherer Vereinbarung mit dem AG SV hinzuziehen zu können, nunmehr in Abs. 2 S. 3 die Verpflichtung des AG normiert, dem BR **sachkundige AN** im Rahmen des Erforderlichen als Auskunftsperson zur Verfügung zu stellen. Der BR soll auf den internen Sachverstand des Betriebes zurückgreifen können.[63] Aufgegriffen wird mit dem neu eingefügten S. 3 auch die Rspr. des BAG, wonach die Hinzuziehung eines externen SV nach Abs. 3 voraussetzt, dass dem BR sowohl die erforderliche Sachkunde fehlt und er sich auch nicht kostengünstiger durch die Inanspruchnahme sachkundiger Betriebs- oder Unternehmensangehöriger informieren kann.[64]

b) Begriff der Auskunftsperson. Auskunftsperson können alle in einem Arbverh stehenden AN des Betriebs sein, wobei die **Unternehmenszugehörigkeit** ausreichend ist.[65] Sachkundige AN können (gerade) auch leitende Ang sein, auch wenn diese regelmäßig nicht vom BR vertreten werden. Die Zweckrichtung des Abs. 2 S. 3 zielt jedoch auf die Nutzung des internen Sachverstandes, so dass es auf § 5 Abs. 3 in diesem Zusammenhang nicht ankommt. Auch leitende Ang stehen in einem Arbverh.[66] Der sachkundige AN wird vom AG grds. im Rahmen des **Di-**

---

50 BAG 19.10.1999 – 1 ABR 75/98 – AP § 80 BetrVG 1972 Nr. 58.
51 Richardi/*Thüsing*, § 80 Rn 65.
52 DKK/*Buschmann*, § 80 Rn 95 m.w.N.
53 BAG 30.9.2008 – 1 ABR 54/07 – NZA 2009, 502.
54 Vgl. dazu BAG 20.11.1984 – 1 ABR 64/82 – AP § 106 BetrVG 1972 Nr. 3; vgl. auch GK-BetrVG/*Kraft/Weber*, § 80 Rn 86.
55 Zu den Folgen und Maßnahmen bei Verletzung der Unterrichtungs- u. Vorlagepflicht vgl. *Besgen*, Betriebsverfassungsrecht, § 15 Rn 13.
56 Richardi/*Thüsing*, § 80 Rn 78.
57 St. Rspr. des BAG, s. die Nachweise bei Richardi/*Thüsing*, § 80 Rn 79.
58 H.M., s. BAG 3.12.1981 – 6 ABR 8/80 – AP § 80 BetrVG 1972 Nr. 17; *Fitting u.a.*, § 80 Rn 76.
59 Vgl. BAG 15.6.1976 – 1 ABR 116/74 – AP § 80 BetrVG 1972 Nr. 9.
60 BAG 16.8.1995 – 7 ABR 63/94 – AP § 80 BetrVG 1972 Nr. 53.
61 Vgl. BAG 10.2.1987 – 1 ABR 43/84 – AP § 80 BetrVG 1972 Nr. 27.
62 Richardi/*Thüsing*, § 80 Rn 73.
63 BT-Drucks 14/5741, S. 46 f.
64 So BAG 26.2.1992 – 7 ABR 51/90 – AP § 80 BetrVG 1972 Nr. 48.
65 So zutreffend Richardi/*Thüsing*, § 80 Rn 86; a.A. wohl *Fitting u.a.*, § 80 Rn 85.
66 Wie hier DKK/*Buschmann*, § 80 Rn 120; Richardi/*Thüsing*, § 80 Rn 86; a.A. *Fitting u.a.*, § 80 Rn 85; *Hanau*, RdA 2001, 65, 72; *Oetker*, NZA 2003, 1233.

150 BetrVG § 80

rektionsrechtes zur Auskunftserteilung an den BR verpflichtet[67] und erfüllt damit einen Teil der Arbeitsleistung. Mehrarbeit ist ggf. als Arbeitszeit zu vergüten.[68]

34 **c) Vorschlagsrecht des Betriebsrats.** Nach S. 3 Hs. 2 hat der AG die Vorschläge des BR zu berücksichtigen, soweit betriebliche Notwendigkeiten nicht entgegenstehen. Dies bedeutet allerdings nicht, dass dem BR ein Bestimmungsrecht für die Auswahl der sachkundigen AN zusteht.[69] Auf der anderen Seite darf der AG einen Personalvorschlag nicht ignorieren. Dies ist ihm nur gestattet, wenn betriebliche Notwendigkeiten entgegenstehen, bspw. die Unabkömmlichkeit des AN, Erledigung von Eilaufträgen oder sonstige betriebliche Ablaufstörungen.[70]

III. Hinzuziehung von Sachverständigen (Abs. 3)

35 **1. Begriff des Sachverständigen.** SV sollen dem BR oder dem sonstigen betriebsverfassungsrechtlichen Organ die ihm fehlenden fachlichen und/oder rechtlichen Kenntnisse vermitteln. Auf diese Weise wird dem BR die Möglichkeit eingeräumt, seine Aufgaben sachgemäß zu erfüllen.[71] SV kann somit grds. jeder sein, der diese fehlenden Informationen erbringen kann. Regelmäßig sind SV betreuende RA, Gewerkschaftssekretäre oder spezialisierte Berater. Wird ein SV hinzugezogen, handelt es sich dabei um eine sachkundige Interessenvertretung des BR, so dass der SV nicht neutral sein muss.[72]

36 **2. Erforderlichkeit.** Die Hinzuziehung eines SV muss erforderlich sein. Nach der Rspr. des BAG setzt dies voraus, dass betriebsinterne Informationsquellen vorher ausgeschöpft werden.[73] Dies ergibt sich mittelbar auch aus dem neu eingefügten Abs. 2 S. 3 Hs. 2 (siehe oben Rn 32 ff.). Vor dem Hintergrund, dass der BR stets die für den AG kostengünstigste Variante wählen muss, wird er deshalb in pflichtgemäßem Ermessen unter Berücksichtigung der Umstände des Einzelfalles entscheiden müssen, ob ein SV hinzugezogen werden soll oder zunächst sachkundige Personen des Betriebes in Anspruch genommen werden.[74] Es muss also um die Wahrnehmung einer konkreten Aufgabe gehen, deren ordnungsgemäße Behandlung dem BR wegen fehlender Sachkunde nicht möglich ist. Bei schwierigen Rechtsfragen ist die Erforderlichkeit grds. zu bejahen, bspw. bei Vorbereitungen für einen Interessenausgleich und Sozialplan oder aber komplizierten betriebsverfassungsrechtlichen Fragen.[75]

37 **3. Vereinbarung mit dem Arbeitgeber.** Das Recht des BR besteht nach näherer Vereinbarung mit dem AG. Diese Vereinbarung bedarf keiner besonderen Form (BV); vielmehr ist eine **formlose Betriebsabsprache** ausreichend.[76] Eine schriftliche Abstimmung ist aber schon aus Beweiszwecken zu empfehlen. Der BR benötigt in jedem Fall die **vorherige Zustimmung** des AG. Inhaltlich bezieht sich die Einigung auf das Thema der Beratung, die Person des SV, Kosten und Zeitpunkt.[77]

38 Verweigert der AG seine Zustimmung zur Hinzuziehung eines SV, bleibt dem BR nur die Möglichkeit, die Zustimmung durch das ArbG ersetzen zu lassen (siehe auch Rn 44).

IV. Geheimhaltungspflicht (Abs. 4)

39 Die Geheimhaltungspflicht nach § 79 gilt für die Mitglieder und Ersatzmitglieder des BR (vgl. § 79 Rn 2 ff.). Für die Auskunftsperson nach Abs. 2 S. 3 und die SV nach Abs. 3 gilt § 79 entsprechend (vgl. § 79 Rn 8). Besondere Bedeutung erlangt die Vorschrift vorrangig für die SV, denn für die Auskunftsperson ergibt sich bereits eine arbeitsvertragliche Geheimhaltungspflicht.[78]

C. Verbindung zu anderen Rechtsgebieten und zum Prozessrecht

40 Streitigkeiten aus § 80 werden grds. im arbeitsgerichtlichen Beschlussverfahren nach §§ 2a, 80 ff. ArbGG ausgetragen. Dies betrifft das Bestehen und den Umfang der Informations- und Vorlagepflichten sowie das Einblicksrecht in die Lohn- und Gehaltslisten. Die Zwangsvollstreckung richtet sich insoweit nach § 888 ZPO. Die Vorlage von Unterlagen kann im Wege der einstweiligen Verfügung durchgesetzt werden.

41 Das arbeitsgerichtliche Beschlussverfahren ist auch für Streitigkeiten über die Hinzuziehung einer Auskunftsperson oder eines SV einschlägig. In dringenden Fällen kann auch hier ein SV oder eine Auskunftsperson mittels einstweiliger Verfügung hinzugezogen werden.[79]

---

67 *Fitting u.a.*, § 80 Rn 85.
68 Vgl. auch *Löwisch*, BB 2001, 1790.
69 *Natzel*, NZA 2001, 872.
70 Vgl. *Fitting u.a.*, § 80 Rn 83.
71 *Fitting u.a.*, § 80 Rn 87.
72 BAG 26.2.1992 – 7 ABR 51/90 – AP § 80 BetrVG 1972 Nr. 48.
73 BAG 4.6.1987 – 6 ABR 63/85 – AP § 80 BetrVG 1972 Nr. 30; BAG 16.11.2005 – 7 ABR 12/05 – NZA 2006, 553.
74 Vgl. auch *N. Besgen*, B+P 2001, Beihefter zu Heft Nr. 8, 11.
75 Vgl. schon BAG 5.11.1981 – 6 ABR 24/78 – AP § 76 BetrVG 1972 Nr. 9.
76 *Richardi/Thüsing*, § 80 Rn 89.
77 *Fitting u.a.*, § 80 Rn 90 m.w.N. zur Rspr.
78 So zutreffend GK-BetrVG/*Kraft/Weber*, § 80 Rn 134.
79 HWK/*Schrader*, § 80 BetrVG Rn 102; zur Auskunftsperson LAG Hamm 2.10.2001 – 13 TaBV 106/01 – AuR 2002, 278.

Grobe Verstöße des AG gegen seine in § 80 geregelten Pflichten werden nach § 23 Abs. 3 sanktioniert. **42**

Ansprüche der Auskunftsperson auf Zahlung der ihm zustehenden Mehrarbeitsvergütung werden individualrechtlich im Urteilsverfahren ausgetragen.[80] **43**

D. Beraterhinweise

Die erforderliche Hinzuziehung eines SV führt in der Praxis wegen der damit verbundenen Kosten häufig zu Streit. Kommt eine Vereinbarung jedoch nicht zustande, kann der BR den SV nicht ohne weiteres beauftragen, denn etwaige Kosten wären dann vom AG nicht zu tragen. Dies führt zu Zeitverzögerungen. Auf der anderen Seite treibt man den BR auf diese Weise in ein **Zustimmungsersetzungsverfahren** vor das ArbG. Für dieses Verfahren benötigt der BR keine Zustimmung des AG; vielmehr tritt ohne weiteres die Kostentragungspflicht nach § 40 Abs. 1 ein. Für den AG hat dies regelmäßig zur Folge, dass er sowohl die Prozesskosten zahlen muss als auch zusätzlich – nach erfolgter Zustimmungsersetzung durch das ArbG – die SV-Vergütung. **44**

Im Falle eines gerichtlichen Zustimmungsersetzungsverfahrens darf der BR allerdings erst nach Eintritt der Rechtskraft den SV hinzuziehen.[81] Damit kommt dem Ersetzungsbeschluss auch keine Rückwirkung zu.[82] **45**

Für den außerhalb eines Rechtsstreits beratenden RA des BR besteht damit das volle **Kostenrisiko**, wenn die Zustimmung des AG zu der SV-Tätigkeit nicht vorliegt. Hierauf wird er zu achten haben. **46**

Zweiter Abschnitt: Mitwirkungs- und Beschwerderecht des Arbeitnehmers

§ 81 Unterrichtungs- und Erörterungspflicht des Arbeitgebers

(1) ¹Der Arbeitgeber hat den Arbeitnehmer über dessen Aufgabe und Verantwortung sowie über die Art seiner Tätigkeit und ihre Einordnung in den Arbeitsablauf des Betriebs zu unterrichten. ²Er hat den Arbeitnehmer vor Beginn der Beschäftigung über die Unfall- und Gesundheitsgefahren, denen dieser bei der Beschäftigung ausgesetzt ist, sowie über die Maßnahmen und Einrichtungen zur Abwendung dieser Gefahren und die nach § 10 Abs. 2 des Arbeitsschutzgesetzes getroffenen Maßnahmen zu belehren.

(2) ¹Über Veränderungen in seinem Arbeitsbereich ist der Arbeitnehmer rechtzeitig zu unterrichten. ²Absatz 1 gilt entsprechend.

(3) In Betrieben, in denen kein Betriebsrat besteht, hat der Arbeitgeber die Arbeitnehmer zu allen Maßnahmen zu hören, die Auswirkungen auf Sicherheit und Gesundheit der Arbeitnehmer haben können.

(4) ¹Der Arbeitgeber hat den Arbeitnehmer über die aufgrund einer Planung von technischen Anlagen, von Arbeitsverfahren und Arbeitsabläufen oder der Arbeitsplätze vorgesehenen Maßnahmen und ihre Auswirkungen auf seinen Arbeitsplatz, die Arbeitsumgebung sowie auf Inhalt und Art seiner Tätigkeit zu unterrichten. ²Sobald feststeht, dass sich die Tätigkeit des Arbeitnehmers ändern wird und seine beruflichen Kenntnisse und Fähigkeiten zur Erfüllung seiner Aufgaben nicht ausreichen, hat der Arbeitgeber mit dem Arbeitnehmer zu erörtern, wie dessen berufliche Kenntnisse und Fähigkeiten im Rahmen der betrieblichen Möglichkeiten den künftigen Anforderungen angepasst werden können. ³Der Arbeitnehmer kann bei der Erörterung ein Mitglied des Betriebsrats hinzuziehen.

A. **Allgemeines**	1	V. Anhörung der Arbeitnehmer in betriebsratslosen Betrieben zu Arbeitsschutzmaßnahmen (Abs. 3)	8
B. **Regelungsgehalt**	2	VI. Planung und Einführung neuer Techniken (Abs. 4)	9
I. Geltungsbereich	2	1. Unterrichtung (Abs. 4 S. 1)	9
II. Unterrichtung über Aufgabe, Tätigkeitsbereich und Verantwortung (Abs. 1 S. 1)	3	2. Erörterung (Abs. 4 S. 2)	10
III. Unterrichtung über Unfallgefahren (Abs. 1 S. 2)	6	C. **Verbindung zum Prozessrecht**	11
IV. Veränderungen im Arbeitsbereich (Abs. 2)	7	D. **Beraterhinweise**	12

---

[80] *Fitting u.a.*, § 80 Rn 93 a.E.
[81] BAG 19.4.1989 – 7 ABR 87/87 – AP § 80 BetrVG 1972 Nr. 35.
[82] HWK/*Schrader*, § 80 BetrVG Rn 99; s. ferner schon BAG 25.4.1978 – 6 ABR 9/75 – EzA § 80 BetrVG 1972 Nr. 15; dagegen Hessisches LAG 11.11.1986 – 5 Ta BV 121/86 – BB 1987, 1440.

A. Allgemeines

1 Bei den dem im zweiten Abschnitt (§§ 81 bis 86a) aufgeführten Mitwirkungs- und Beschwerderechten der einzelnen AN handelt es sich in erster Linie um individuelle Rechte (§§ 81 bis 84). Lediglich die §§ 85 und 86 haben kollektivrechtlichen Bezug. Dem AN soll rund um seinen Arbeitsplatz[1] ein unmittelbares Mitspracherecht zustehen.

B. Regelungsgehalt

I. Geltungsbereich

2 Der persönliche Geltungsbereich der §§ 81 ff. richtet sich nach dem allg. räumlichen, sachlichen und persönlichen Geltungsbereich des BetrVG.[2] Damit finden die Vorschriften keine Anwendung für AN des öffentlichen Dienstes (vgl. § 130) sowie die in § 5 Abs. 2 genannten Personen und **leitende Ang** nach § 5 Abs. 3. Für **Leih-AN** ordnet § 14 Abs. 2 S. 3 AÜG die Anwendung der §§ 81, 82 Abs. 1, 84, 85 und 86 im Entleiherbetrieb an. Dies gilt auch für die nichtgewerbsmäßige AÜ.[3] In nichtbetriebsratsfähigen Einheiten finden §§ 81 ff. BetrVG keine, auch keine entsprechende, Anwendung (siehe Rn 8).[4]

II. Unterrichtung über Aufgabe, Tätigkeitsbereich und Verantwortung (Abs. 1 S. 1)

3 Der AG hat nach Abs. 1 S. 1 den AN über dessen Aufgabe und Verantwortung sowie über die Art seiner Tätigkeit und ihrer Einordnung in den Arbeitsablauf des Betriebs zu unterrichten. Die Unterrichtung dient dem Zweck, dem AN ein rechtzeitiges Vertrautmachen und Einstellen auf seine Arbeit zu ermöglichen.[5] Zur Erfüllung dieses Zwecks hat die Unterrichtung **vor Aufnahme** der tatsächlichen Beschäftigung zu erfolgen. Inhaltlich erfordert die Unterrichtung eine **fachliche Einweisung**. Zudem sind dem AN seine **Verantwortlichkeiten** mitzuteilen.[6]

4 Die mitbestimmungsfreie Unterrichtung nach § 81 Abs. 1 ist von den betrieblichen Bildungsmaßnahmen nach § 98 Abs. 1 abzugrenzen. Der Anwendungsbereich des § 81 erfordert bereits vorhandene berufliche Kenntnisse und Fähigkeiten.[7] Demgegenüber sollen dem AN im Rahmen der §§ 96 ff. die für die Ausfüllung des Arbeitsplatzes notwendigen Kenntnisse und Fähigkeiten verschafft werden.[8]

5 Die Unterrichtung hat durch den **AG** zu erfolgen. Besondere Formvorschriften bestehen nicht. Allerdings reicht die Aushändigung eines Merkblatts nicht aus.[9] Die Rechte aus § 2 Abs. 1 Nr. 5 NachwG bleiben unberührt. Bei ausländischen AN muss die Unterrichtung ggf. in der Landessprache erfolgen.[10]

III. Unterrichtung über Unfallgefahren (Abs. 1 S. 2)

6 Der AN ist nach Abs. 1 S. 2 vor Beginn der Beschäftigung über die Unfall- und Gesundheitsgefahren, denen er bei der Beschäftigung ausgesetzt ist, sowie über die Maßnahmen und Einrichtungen zur Abwendung dieser Gefahren und die nach § 10 Abs. 2 ArbSchG getroffenen Maßnahmen zu belehren. Dazu gehört zunächst, im Einzelnen den konkreten Umfang der Unfall- und Gesundheitsgefahren, die im Zusammenhang mit der aufzunehmenden Beschäftigung stehen, mitzuteilen. Dies beinhaltet die fachgerechte Einweisung in die Verwendung von Schutzkleidung, die Demonstration von Sicherheitseinrichtungen, die Erläuterung von Warnsignalen und deren Betätigung, Informationen über vorhandene Schutzeinrichtungen (Sanitätsräume, Werksarzt, Feuerwehr, Feuerlöscher, Notausgänge) sowie etwaige weitere Vorsichtsmaßnahmen zur Schadensvermeidung.[11] Die Belehrungspflichten werden konkretisiert durch Vorschriften des gesetzlichen Arbeitsschutzes.[12] Für die Form der Unterrichtung gelten die Ausführungen zu Rn 5 entspr.

IV. Veränderungen im Arbeitsbereich (Abs. 2)

7 Der AG hat den AN ferner über Veränderungen in einem Arbeitsbereich rechtzeitig zu unterrichten. Abs. 2 S. 2 verweist für den Inhalt der Unterrichtungspflicht auf Abs. 1. Damit können Veränderungen nach Abs. 2 S. 1 alle Gegenstände sein, die eine Unterrichtungspflicht nach Abs. 1 auslösen und sich auf den AN unmittelbar auswirken.[13] Hinzuweisen ist für den Bereich der Sicherheitsbelehrung auf § 12 ArbSchG.

---

1 MünchArb/*v. Hoyningen-Huene*, Bd. 3, § 303 Rn 1.
2 MünchArb/*v. Hoyningen-Huene*, Bd. 3, § 303 Rn 3.
3 MünchArb/*v. Hoyningen-Huene*, Bd. 3, § 303 Rn 3.
4 Str., wie hier Richardi/*Thüsing*, vor § 81 Rn 5; GK-BetrVG/*Wiese*, vor § 81 Rn 21; a.A. *Fitting u.a.*, § 81 Rn 2; HWK/*Schrader*, § 81 BetrVG Rn 1.
5 ErfK/*Kania*, § 81 BetrVG Rn 2.
6 Vgl. HWK/*Schrader*, § 81 BetrVG Rn 5; zu den Kosten vgl. *Besgen*, Betriebsverfassungsrecht, § 13 Rn 8.
7 Vgl. BAG 23.4.1991 – 1 ABR 49/90 – AP § 98 BetrVG 1972 Nr. 7.
8 So zutreffend HWK/*Schrader*, § 81 BetrVG Rn 4.
9 GK-BetrVG/*Wiese*, § 81 Rn 14; Richardi/*Thasing*, § 81 Rn 16.
10 Vgl. LAG Baden-Württemberg 1.12.1989 – 5 Sa 55/89 – AiB 1990, 313.
11 Beispiele nach Richardi/*Thüsing*, § 81 Rn 7.
12 § 12 ArbSchG, § 29 JarbSchG, § 7a HAG, §§ 20 Abs. 2, 21 GefstoffV, § 6 StörfallVO; s. dazu ausführlich *Fitting u.a.*, § 81 Rn 9 ff.
13 Vgl. HWK/*Schrader*, § 81 BetrVG Rn 15.

V. Anhörung der Arbeitnehmer in betriebsratslosen Betrieben zu Arbeitsschutzmaßnahmen (Abs. 3)

In **betriebsratslosen Betrieben** hat der AG die AN zu allen Maßnahmen zu hören, die Auswirkungen auf die Sicherheit und die Gesundheit der AN haben können. Betriebsratslose Betriebe sind nach der hier vertretenen Auffassung (Nachweise siehe Rn 2) betriebsratsfähige Betriebe, in denen kein BR gewählt wurde. **Nichtbetriebsratsfähige Einheiten** werden hingegen nicht erfasst (str.). Mit dem Anhörungsrecht der AN sollen die nicht zum Tragen kommenden kollektiven Beteiligungsrechte in Fragen des Arbeitsschutzes ausgeglichen werden. Dieser Zweck kann in nichtbetriebsratsfähigen Betrieben nicht verwirklicht werden.

VI. Planung und Einführung neuer Techniken (Abs. 4)

1. Unterrichtung (Abs. 4 S. 1). Der AG hat den AN entspr. Abs. 4 S. 1 zu unterrichten. Es müssen sich bestimmte konkrete Maßnahmen abzeichnen, so dass sie regelmäßig zeitlich später als die Unterrichtung des BR nach § 90 erfolgen wird.[14]

2. Erörterung (Abs. 4 S. 2). Steht eine Tätigkeitsänderung des AN fest und werden seine beruflichen Kenntnisse und Fähigkeiten zur Erfüllung seiner Aufgaben nicht mehr ausreichen, muss der AG nach S. 2 mit dem AN erörtern, wie dessen berufliche Kenntnisse und Fähigkeiten im Rahmen der betrieblichen Möglichkeiten den künftigen Anforderungen angepasst werden können, bspw. durch Umschulungen oder Weiterbildungen.[15] Einen **Rechtsanspruch** kann der AN jedoch aus Abs. 4 nicht herleiten.[16] Im Rahmen der Erörterung kann der AN nach Abs. 4 S. 3 ein BR-Mitglied seiner Wahl hinzuziehen.

C. Verbindung zum Prozessrecht

Bei der Vorschrift des § 81 handelt es sich um ein **individuelles Recht** des einzelnen AN. Die AN müssen deshalb ihre Ansprüche im arbeitsgerichtlichen Urteilsverfahren geltend machen. Bei groben Verstößen des AG gegen seine Verpflichtungen aus § 31 kann der BR im arbeitsgerichtlichen Beschlussverfahren nach § 23 Abs. 3 vorgehen. Einstweilige Verfügungen sind grds. möglich, werden aber wegen der hohen Voraussetzungen praktisch kaum relevant und durchzusetzen sein.

D. Beraterhinweise

Die Vorschrift des § 81 findet in der arbeitsrechtlichen Praxis nur geringe Bedeutung. Dennoch sind bei einem Verstoß an die Unterrichtungs- und Erörterungspflichten aus § 81 zahlreiche Rechtsfolgen geknüpft.

Der AN kann bei einer fehlenden ordnungsgemäßen Einweisung seine Arbeitsleistung nach § 273 BGB zurückhalten.[17] Ein Erfüllungsanspruch, gerichtet auf Vornahme einer ordnungsgemäßen Einweisung, ist jedoch abzulehnen.[18] Treten durch die unterlassene Belehrung Verletzungen an absoluten Rechten, entstehen Schadensersatzansprüche aus § 823 Abs. 1 BGB. Daneben kommen u.U. auch Ansprüche aus § 280 BGB und aus § 823 Abs. 2 BGB in Betracht.[19] In diesem Fall sind §§ 104 ff. SGB VII zu beachten.[20]

Der Ausspruch einer **personenbedingten Künd** wegen unzureichender Kenntnisse und Fähigkeiten ist bei einer versäumten Erörterung nach Abs. 4 S. 2 dem AN grds. ein längerer Anpassungszeitraum an die neuen Anforderungen einzuräumen.[21]

---

§ 82 Anhörungs- und Erörterungsrecht des Arbeitnehmers

(1) ¹Der Arbeitnehmer hat das Recht, in betrieblichen Angelegenheiten, die seine Person betreffen, von den nach Maßgabe des organisatorischen Aufbaus des Betriebs hierfür zuständigen Personen gehört zu werden. ²Er ist berechtigt, zu Maßnahmen des Arbeitgebers, die ihn betreffen, Stellung zu nehmen sowie Vorschläge für die Gestaltung des Arbeitsplatzes und des Arbeitsablaufs zu machen.

(2) ¹Der Arbeitnehmer kann verlangen, dass ihm die Berechnung und Zusammensetzung seines Arbeitsentgelts erläutert und dass mit ihm die Beurteilung seiner Leistungen sowie die Möglichkeiten seiner beruflichen Entwicklung im Betrieb erörtert werden. ²Er kann ein Mitglied des Betriebsrats hinzuziehen. ³Das Mitglied des

---

14 So zutreffend *Fitting u.a.*, § 81 Rn 24; weitergehend *Besgen*, Betriebsverfassungsrecht, § 13 Rn 14.
15 DKK/*Buschmann*, § 81 Rn 17.
16 HWK/*Schrader*, § 81 BetrVG Rn 19.
17 H.M., s. nur *Fitting u.a.*, § 81 Rn 28 m.w.N.
18 Str., wie hier MünchArb/*v. Hoyningen-Huene* Bd. 3, § 303 Rn 13; a.A. jedoch *Fitting u.a.*, § 81 Rn 28.
19 Vgl. DKK/*Buschmann*, § 81 Rn 21.
20 S. Hinw. bei HWK/*Schrader*, § 81 BetrVG Rn 24.
21 S. die Nachw. bei DKK/*Buschmann*, § 81 Rn 21 a.E.; eingeschränkt auch HWK/*Schrader*, § 81 BetrVG Rn 25.

Betriebsrats hat über den Inhalt dieser Verhandlungen Stillschweigen zu bewahren, soweit es vom Arbeitnehmer im Einzelfall nicht von dieser Verpflichtung entbunden wird.

A. Allgemeines	1	2. Beurteilung seiner Leistungen (Alt. 2)	7
B. Regelungsgehalt	2	3. Möglichkeiten der beruflichen Entwicklung (Alt. 3)	8
I. Geltungsbereich	2	V. Hinzuziehung eines Betriebsratsmitglieds (Abs. 2 S. 2 und 3)	9
II. Anhörungsrecht (Abs. 1 S. 1)	3		
III. Stellungnahmerecht (Abs. 1 S. 2)	5		
IV. Erörterungsrecht (Abs. 2 S. 1)	6	**C. Verbindung zum Prozessrecht**	13
1. Berechnung und Zusammensetzung des Arbeitsentgelts (Alt. 1)	6		

A. Allgemeines

1 Bei der Regelung des § 82 geht die Initiative nicht wie bei § 81 von Seiten des AG, sondern vielmehr vom AN aus. Ihm soll auf sein Verlangen hin Auskunft über seine persönliche Stellung und seine berufliche Entwicklung erteilt werden. Ferner ist ihm die Berechnung und Zusammensetzung seines Arbeitsentgelts zu erläutern. Inhalt der Gespräche können auch die Beurteilung seiner Leistungen sowie die Möglichkeiten seiner beruflichen Entwicklung im Betrieb sein. Bei Bedarf kann der AN ein Mitglied des BR hinzuziehen.

B. Regelungsgehalt

I. Geltungsbereich

2 Der Geltungsbereich des § 82 entspricht dem des § 81. Auf die Ausführungen zu § 81 wird daher verwiesen. Hingewiesen wird auf die hier vertretene Auffassung, dass §§ 81 ff. keine Anwendung auf nichtbetriebsratsfähige Einheiten finden (siehe § 81 Rn 2).

II. Anhörungsrecht (Abs. 1 S. 1)

3 Nach Abs. 1 S. 1 hat der AN das Recht, in allen betrieblichen Angelegenheiten, die seine Person betreffen, gehört zu werden. Unter **betrieblichen Angelegenheiten** versteht man alle Fragen, die mit der Arbeitsleistung zusammenhängen, aber auch solche der betrieblichen Organisation, der Arbeitsabläufe oder aber Angelegenheiten, die mit der Stellung und der Arbeitsfunktion zusammenhängen.[1]

4 Ansprechpartner für den AN sind die jeweils **zuständigen Vorgesetzten**. Das Anhörungsrecht beinhaltet lediglich einen Anspruch darauf, gehört zu werden, hingegen keinen Anspruch auf Abhilfe.[2] Allerdings bleiben die Rechte aus § 84 Abs. 1 unberührt, so dass der AN nach dieser Vorschrift eine Beschwerde vorbringen kann.[3] Der BR kann i.Ü. auch unmittelbar über § 80 Abs. 1 Nr. 3 tätig werden.

III. Stellungnahmerecht (Abs. 1 S. 2)

5 Neben dem Anhörungsrecht steht den AN nach Abs. 1 S. 2 das Recht zu, zu Maßnahmen des AG **Stellung** zu nehmen. Eine konkrete Beeinträchtigung ist nicht erforderlich.[4] Die Vorschläge können sich auf alle Aspekte des Arbeitsplatzes und des Arbeitsablaufs beziehen. In der Lit. wird zutreffend darauf hingewiesen, dass es sich bei den Rechten aus Abs. 1 um Selbstverständlichkeiten handelt.[5] I.Ü. bleibt auch von Abs. 1 S. 2 das Beschwerderecht des AN gegenüber AG und BR unberührt (siehe Rn 4).

IV. Erörterungsrecht (Abs. 2 S. 1)

6 **1. Berechnung und Zusammensetzung des Arbeitsentgelts (Alt. 1).** Der AN hat nach Abs. 2 S. 1 ein Recht darauf, dass ihm die Berechnung und Zusammensetzung seines Arbeitsentgelts erläutert werden. Dieses **Individualrecht** lässt die kollektiven Rechte des BR auf Einsichtnahme in die Bruttolöhne nach § 80 Abs. 2 S. 2 (siehe § 80 Rn 29 ff.) unberührt.[6] Unter dem Begriff **Arbeitsentgelt** sind alle dem AN zustehenden Bezüge zu verstehen.[7] Der Anspruch erstreckt sich sowohl auf die Erläuterung der Zusammensetzung des Gehalts als auch auf dessen Höhe. Gerade die weit verbreitete Tendenz, auf Lohnabrechnungen nur noch mit Gehaltsschlüsseln zu arbeiten, erschwert regelmäßig das Verständnis der Lohnabrechnung. Das Recht des AN bezieht sich daher auf die vollständige Entschlüsselung und der AG ist verpflichtet, die Abrechnung verständlich zu erklären. Der AN kann seine Ansprüche

---

1 S. *Fitting u.a.*, § 82 Rn 4; ferner DKK/*Buschmann*, § 82 Rn 4; *Besgen*, Betriebsverfassungsrecht, § 13 Rn 20.
2 HWK/*Schrader*, § 82 BetrVG Rn 7.
3 DKK/*Buschmann*, § 82 Rn 4.
4 *Fitting u.a.*, § 82 Rn 7.
5 Richardi/*Thüsing*, § 82 Rn 6.
6 Vgl. schon BAG 18.9.1973 – 1 ABR 17/73 – AP § 80 BetrVG 1972 Nr. 4.
7 *Fitting u.a.*, § 82 Rn 6.

aus Abs. 2 S. 1 **ohne konkreten Anlass** geltend machen, ist aber gehalten, sich die Zusammensetzung und Berechnung seines Arbeitsentgelts nicht in unangemessenen Zeitabständen erläutern zu lassen.[8]

2. Beurteilung seiner Leistungen (Alt. 2). Der AN kann ferner verlangen, dass mit ihm die Beurteilung seiner Leistungen erörtert wird, da mit ihr die berufliche Entwicklung eng zusammenhängt. Ziel der Vorschrift ist es deshalb, dem AN die Möglichkeit einzuräumen, seine berufliche Situation realistisch einschätzen zu können.[9] Negativen Entwicklungen kann er so frühzeitig (im Idealfall) entgegenwirken oder sich ggf. innerbetrieblich auf eine andere Stelle bewerben.

3. Möglichkeiten der beruflichen Entwicklung (Alt. 3). Die Erörterungspflicht nach Abs. 2 S. 1 erstreckt sich schließlich auch auf die Möglichkeiten der beruflichen Entwicklung. Auch hier dient die Information dem AN zur realistischen Einschätzung seiner Situation. Die Erörterung hat **möglichst umfassend** unter Berücksichtigung der Leistungen, der betrieblichen Berufsbildungsmaßnahme und etwaigen Personalüberlegungen zu erfolgen.[10] Ein Anspruch auf bestimmte Zusagen besteht nicht; der AG ist aber frei darin, solche zu erteilen. I.Ü. ist er verpflichtet, dem AN **wahrheitsgemäß** Auskunft zu geben.[11]

V. Hinzuziehung eines Betriebsratsmitglieds (Abs. 2 S. 2 und 3)

Bei der Erläuterung des Arbeitsentgelts und der Erörterung seiner Leistungen sowie der Möglichkeiten seiner beruflichen Entwicklung im Betrieb kann der AN nach Abs. 2 S. 2 ein BR-Mitglied hinzuziehen. Die Initiative für diese Teilnahme geht allein von dem AN aus. Ein Recht des BR, von sich aus an der Erörterung teilzunehmen, besteht nicht.[12] Wird ein BR-Mitglied hinzugezogen, kann es während der Erörterung Fragen stellen und Vorschläge unterbreiten.[13]

Das Recht der AN ist zunächst begrenzt auf Gespräche über die in Abs. 2 S. 1 genannten Gegenstände. Durch das Recht auf Hinzuziehung eines BR-Mitglieds wird das Erörterungsrecht gestärkt, dass das BR-Mitglied dem AN bei dem Gespräch beratend zur Seite stehen kann. Durch die Teilnahme soll ein etwa vorhandenes intellektuelles Übergewicht des AG ausgeglichen oder abgemildert werden. Auch kann dem hinzugezogenen BR-Mitglied eine wichtige Kontroll- und Korrekturfunktion zukommen. Schließlich wird durch die Hinzuziehung eines BR-Mitglieds auch dafür gesorgt, dass für den AN bei der Unterredung eine Person seines Vertrauens als Zeuge zugegen ist.

Das BAG hat nun klargestellt, dass es für den Anspruch auf Hinzuziehung eines BR-Mitglieds ausreichend ist, wenn die **Gesprächsgegenstände** zumindest teilweise identisch mit den Themen aus Abs. 2 S. 1[14] sind. Es muss sich nicht ausschließlich um solche Themen handeln. Es kommt auch nicht darauf an, wer den Anlass für das Gespräch gegeben oder dieses verlangt hat. Das Recht des AN auf Teilnahme eines BR-Mitglieds wird daher nicht dadurch ausgeschlossen, dass der AG die Erörterung mit dem AN sucht.[15] Regelmäßig werden daher auch **Personalgespräche** über den **Abschluss eines Aufhebungsvertrages** Themen i.S.v. Abs. 2 S. 2 zum Gegenstand haben.[16] In diesen Fällen hat daher der AN regelmäßig einen Anspruch darauf, zu erfahren, wie seine bisherigen Leistungen beurteilt werden und warum er für ihn keine beruflichen Entwicklungsmöglichkeiten im Betrieb mehr geben soll. Nur in Fallgestaltungen, in denen bei einem Gespräch über den Abschluss eines Aufhebungsvertrages nicht mehr sinnvoll über die Leistungsbeurteilung oder die weitere berufliche Entwicklung des AN im Betrieb gesprochen werden kann, bspw. bei einer vollständigen Betriebsstilllegung, besteht kein Anspruch auf Hinzuziehung eines BR-Mitglieds.[17]

Das BR-Mitglied hat nach Abs. 2 S. 3 über den Inhalt der Verhandlungen **Stillschweigen** zu bewahren, soweit es vom AN nicht von dieser Verpflichtung im Einzelfall entbunden wird.

C. Verbindung zum Prozessrecht

Streitigkeiten aus § 82 sind im arbeitsgerichtlichen Urteilsverfahren auszutragen. Dies gilt auch für den Anspruch des AN gegen den AG auf Beteiligung eines BR-Mitglieds in den Fällen des Abs. 2. Nach neuerer Rspr. kann der BR diesen Anspruch auch selbstständig geltend machen, denn er ist immer dann antragsberechtigt, wenn er die im BetrVG begründeten Rechte der einzelnen AN verfolgt.[18] Dies gilt allerdings nur bei der Feststellung fremder Rechte, denn dem BR ist aus Abs. 2 S. 2 keine eigene Rechtsposition eingeräumt.[19]

---

8 So GK-BetrVG/*Wiese*, § 82 Rn 18.
9 Vgl. GK-BetrVG/*Wiese*, § 82 Rn 15.
10 S. GK-BetrVG/*Wiese*, § 82 Rn 18.
11 *Fitting u.a.*, § 82 Rn 11.
12 *Fitting u.a.*, § 82 Rn 12.
13 DKK/*Buschmann*, § 82 Rn 13.
14 BAG 16.11.2004 – 1 ABR 53/03 – DB 2005, 504.
15 BAG 16.11.2004 – 1 ABR 53/03 – DB 2005, 504.
16 BAG 16.11.2004 – 1 ABR 53/03 mit Anm. *Matthes*, jurisPR-ArbR 12/2005 Anm. 1.
17 BAG 16.11.2004 – 1 ABR 53/03 – DB 2005, 504.
18 BAG 16.11.2004 – 1 ABR 53/03 – DB 2005, 504; ebenso GK-BetrVG/*Wiese*, § 82 Rn 25.
19 S. dazu die Nachw. unter B. 2. b) der Gründe des vorgenannten BAG-Beschlusses.

§ 83 Einsicht in die Personalakten

(1) ¹Der Arbeitnehmer hat das Recht, in die über ihn geführten Personalakten Einsicht zu nehmen. ²Er kann hierzu ein Mitglied des Betriebsrats hinzuziehen. ³Das Mitglied des Betriebsrats hat über den Inhalt der Personalakte Stillschweigen zu bewahren, soweit es vom Arbeitnehmer im Einzelfall nicht von dieser Verpflichtung entbunden wird.

(2) Erklärungen des Arbeitnehmers zum Inhalt der Personalakte sind dieser auf sein Verlangen beizufügen.

Literatur: *Bartosch*, Digitale Personalakte, 2008; *Bergmann/Möhrle/Herb*, Datenschutzrecht, 2006; *Conze*, Die aktuelle Rechtsprechung des BAG zur Entfernung von Vorgängen aus der Personalakte, DB 1989, 778; *Fleck*, Brauchen wir ein Arbeitnehmerdatenschutzgesetz?, BB 2003, 306; *Gola*, Die digitalisierte Personalakte, RDV 2008, 135; *ders.*, Die Einwilligung als Legitimation für die Verarbeitung von Arbeitnehmerdaten, RDV 2002, 109; *Grobys*, Wir brauchen ein Arbeitnehmerdatenschutzgesetz, BB 2003, 682; *Hold*, Arbeitnehmerdatenschutz – ein Überblick, RDV 2006, 249; *Kammerer*, Die Berichtigung der Personalakte bei unzutreffenden Abmahnungen, BB 1991, 1926; *Linnenkohl/Töfflinger*, Personalakte und Inhaltskontrolle durch den Arbeitnehmer, AuR 1986, 199; *Pulte*, Aufbewahrungsnormen und Fristen im Personalbereich, 7. Aufl. 2007; *Schaub*, Die arbeitsrechtliche Abmahnung, NJW 1990, 872; *Simitis*, Arbeitnehmerdatenschutzgesetz – Realistische Erwartungen oder Lippenbekenntnis?, AuR 2001, 429; *Zillkens/Klett*, Datenschutz im Personalwesen, DuD 2008, 41

A. Allgemeines 1	3. Personalaktenrechtliche Benachrichtigungspflichten 18
I. Individual- und kollektivrechtlicher Arbeitnehmerdatenschutz 1	4. Der Umfang der Einsichtnahme 21
II. Das BDSG 6	5. Durchführung der Einsichtnahme 23
III. Personalakten und BDSG 7	6. Hinzuziehung Dritter 24
B. Regelungsgehalt 8	7. Kein allgemeines Personalaktenzugangsrecht des Betriebsrats 26
I. Reichweite des Transparenz- und Korrekturrechts 8	III. Das Gegendarstellungsrecht 27
1. Der materielle Personalaktenbegriff 8	**C. Verbindung zu anderen Rechtsgebieten und zum Prozessrecht** 32
2. Keine Pflicht zur qualifizierten Personalaktenführung 12	I. Mitbestimmung 32
3. Betriebsdaten/Sachaktendaten 13	II. Die parallelen Regelungen des BDSG 33
II. Das Einsichtsrecht (Abs. 1) 15	1. Das Auskunftsrecht nach § 34 BDSG 33
1. Allgemeines 15	2. Die Korrekturrechte nach § 35 BDSG 34
2. Der berechtigte Personenkreis 17	**D. Beraterhinweise** 35

A. Allgemeines

I. Individual- und kollektivrechtlicher Arbeitnehmerdatenschutz

1 AN-Datenschutz,¹ d.h. der Schutz der AN vor zu tief in das Persönlichkeitsrecht eindringender Erfassung, Kontrolle und Steuerung durch den AG, wird auf zwei Ebenen gestaltet; durch individual- und kollektivrechtliche Regelungen. Dabei geht es zum einen um die Festlegung der Befugnisse des AG, Informationen über die Beschäftigten zu erheben (siehe § 32 BDSG Rn 1 ff.), zu speichern sowie auszuwerten und die hierbei zu beachtenden Rechte der Beschäftigten auf Auskunft und Korrektur und zum anderen darum, dass den Mitarbeitervertretungen Kontroll- und Einflussmöglichkeiten eingeräumt sind, die dazu beitragen sollen, dass der AG seinem Auftrag, die freie Entfaltung der Persönlichkeitsrechte der Beschäftigten zu fördern (§ 75 Abs. 2 BetrVG), in vollem Umfang nachkommt.

2 Arbeitsrechtliche Bestimmungen, die diesen Schutz umfangreich gestalten, fehlen jedoch. Die diesbezüglichen Aufgaben bzw. Kollektivrechte des BR haben zwar im BetrVG (vornehmlich § 80 Abs. 1 Nr. 1, Abs. 2 und § 87 Abs. 1 Nr. 1 und 6 sowie § 94) eine gesetzliche Grundlage. Verfasst wurden diese Bestimmungen jedoch zu einer Zeit als die automatisierte Verarbeitung von Personaldaten und der Einsatz der Computer in Betrieben und Verwaltungen noch keine Rolle spielten. Es war Aufgabe der Rspr. diese Bestimmungen und hierbei insb. § 87 Abs. 1 Nr. 6 den neuen Problemen gerecht werdend zu interpretieren.

3 Noch deutlicher wird das Fehlen arbeitsrechtlicher Regelungen auf individualrechtlicher Ebene. Hier ist als eindeutige Regelung des AN-Datenschutzes zunächst § 83 zu nennen, wobei die Vorschrift sich zu Zulässigkeitsfragen nicht äußert, sondern lediglich ein spezielles Informations- und Korrekturrecht gewährt. Daneben steht die 2009 in das BDSG eingefügte Zulässigkeitsnorm des § 32 BDSG. Ansonsten ist hinsichtlich der Zulässigkeit der Verarbeitung seiner Daten auf den Anspruch des Beschäftigten auf Persönlichkeitsrechtsschutz (§ 75 Abs. 2) und die Wahrung seiner Intimsphäre abzustellen.

---

1 Gesamtdarstellung der Thematik *Däubler*, Gläserne Belegschaften?, 4. Aufl. 2002; *Gola/Wronka*, Handbuch zum Arbeitnehmerdatenschutz, 5. Aufl., 2009.

Anders ist die Situation im **öffentlichen Dienst** und hier speziell im Beamtenrecht. Bund[2] und Länder haben ihre Vorschriften über die Personalaktenführung umfassend ergänzt und der durch die Rspr. bereits weitgehend gestalteten Rechtslage angepasst (siehe § 12 BDSG Rn 1 ff.). In einer Reihe von Bundesländern gelten die beamtenrechtlichen Vorschriften des Personalaktenrechts aufgrund gesetzlicher Verweisung (z.B. § 34 Abs. 1 S. 2 BDSG) oder interner Regelung auch für die AN des öffentlichen Dienstes.

Bei der Aktenführung hat der AG den Schutzinteressen des AN Rechnung zu tragen. So sind sensible Gesundheitsdaten vor unbefugter Kenntnisnahme z.B. durch Verschluss in einem Umschlag oder Aufnahme in eine Teilakte zu schützen.[3] Die Akte darf bzw. muss von zwischenzeitlich bedeutungslosen Vorgängen bereinigt werden. Sofern hierdurch schutzwürdige Interessen des AN berührt werden könnten, ist er zu benachrichtigen.[4] Dem AN steht jedoch kein Anspruch zu, dass die Blätter der Akte, z.B. zum Schutz vor Manipulierungen bei der Einsichtnahme, paginiert werden.[5]

II. Das BDSG

Bei dateigebundener und automatisierter Verarbeitung (siehe § 27 BDSG Rn 1 ff.) von Personaldaten greift regelmäßig das BDSG, das jedoch auf spezielle Problemstellungen des Arbverh nur in der Tendenznorm des § 32 eingeht. Ergänzend zu nennen ist in diesem Zusammenhang § 12 Abs. 4 BDSG (Verweisung auf Regelungen des 3. Abschnitts bzgl. des Umgangs mit Mitarbeiterdaten des öffentlichen Dienstes). Das BDSG stellt die Verarbeitung von in seinem Geltungsbereich gespeicherten Personaldaten zwar unter ein Verbot mit Erlaubnisvorbehalt (§ 4 Abs. 1 BDSG), es ist mit seinen Zulässigkeitsregelungen dann jedoch in zweifacher Weise subsidiär, da zum einen bereichsspezifischen Vorschriften den Bundes (§ 1 Abs. 4 BDSG) und zum anderen sonstigen Zulässigkeitsregelungen (§ 4 Abs. 1 BDSG) Vorrang eingeräumt wird. Ansonsten ist gem. § 32 Abs. 1 BDSG auf die **Zweckbestimmung des Arbverh** abzustellen. Lässt sich die Zulässigkeit der Erhebung und Verarbeitung auch nicht aus Informationsbefugnissen ableiten, die dem AG vernünftigerweise aufgrund der arbeitsvertraglichen Beziehung zuzubilligen sind, kann ggf. die **Einwilligung** des Beschäftigten als Legitimation herangezogen werden. Zu beachten ist hierbei jedoch, dass der Einwilligung – wegen des regelmäßig bestehenden Abhängigkeitsverhältnisses – nur ausnahmsweise eine Legitimationswirkung zukommt (siehe § 4a BDSG Rn 2 ff.).[6]

III. Personalaktenrecht und BDSG

Personaldatenverarbeitungen der Privatwirtschaft, die außerhalb des Schutzbereichs des BDSG stattfinden, stehen nicht etwa zur beliebigen Disposition des AG. Vielmehr gilt der Persönlichkeitsschutz bzw. das **Recht auf informationelle Selbstbestimmung**[7] auch im Arbverh. Ausgehend von diesem Schutzanspruch hat die Rspr. Grundsätze zum Umgang mit Personaldaten entwickelt, die dem AN bei herkömmlicher Personalaktenführung im Ergebnis gleiche Rechte einräumen wie bei im Geltungsbereich des BDSG stattfindenden Datenerhebungen, -verarbeitungen und -nutzungen. In seiner rechtlichen Ausgestaltung bietet der arbeitsrechtliche Datenschutz somit ein Bild der Zweigleisigkeit. Das BDSG trägt den besonderen Gefährdungen bei automatisierten Verarbeitungen bzw. nicht automatisierten Dateien durch seine Verbotsregelung mit Erlaubnisvorbehalt Rechnung. Ergänzt wird dies durch den grds. auch im Arbverh zu gewährleistenden allgemeinen **Persönlichkeitsschutz**. Letztlich wird die vom äußeren Bild her bestehende Zweigleisigkeit aber durch weitgehend gleiche Grundsätze und Wertungen bzgl. der Zulässigkeit der Datenerhebung und Verarbeitung relativiert. Dem entsprechend ist bislang auch noch keine gerichtliche Entscheidung ergangen, wonach einem AG untersagt wurde, eine „herkömmlich" zulässige Personaldatenverarbeitung nicht auch in automatisierter Form durchzuführen.

B. Regelungsgehalt

I. Reichweite des Transparenz- und Korrekturrechts

1. Der materielle Personalaktenbegriff. Wesentlich für das Verständnis und die Reichweite der Transparenz- und Korrekturregelung des § 83 ist, dass diese von dem sog. **materiellen Personalaktenbegriff** ausgeht. Nach der hinsichtlich der Abgrenzung dieses Begriffs zwar nicht immer eindeutigen[8] Rspr.[9] gehören zu der Personalakte alle die Unterlagen und Vorgänge, die – auch wenn sie automatisiert oder in Dateien gespeichert sind – in einem unmittelbaren inneren Zusammenhang mit dem Beschäftigungsverhältnis des Mitarbeiters stehen, wobei hiermit

---

2 Gesetz zur Änderung dienstrechtlicher Vorschriften v. 11.6.1992, BGBl I S. 1030; Dienstrechtsneuordnungsgesetz v. 5.2.2009, BGBl I S. 160.
3 BAG 12.9.2006 – 9 AZR 271/06 – NZA 2007, 502 = DB 2007, 1198.
4 *Bartosch*, Digitale Personalakte, S. 42.
5 BAG 16.10.2007 – 9 AZR 110/07 – NZA 2008, 367.
6 *Gola*, RDV 2002, 109.
7 S. BAG 22.10.1986 – 5 AZR 660/85 – NZA 1987, 415 = RDV 1987, 129.
8 Vgl. im Einzelnen zur Entwicklung der Rspr. bei *Geulen*, S. 39 f.
9 Vgl. auch BAG 8.4.1992 – 5 AZR 101/91 – RDV 1993, 171.

gleichzeitig die Gesetzesdefinition des im Beamtenrecht neu eingeführten Begriffs der „Personalaktendaten" (§ 90 Abs. 1 S. 2 BBG) gegeben ist.[10] Mit anderen Worten: Zur Personalakte zählen alle schriftlichen vom AG oder in seinem Auftrag[11] geführten Aufzeichnungen, die sich mit der Person des AN und dem Inhalt und Verlauf seines Beschäftigungsverhältnisses befassen. Es ist also nicht entscheidend, wo, in welcher Form und unter welcher Bezeichnung die Daten gespeichert sind.

9 Zu den in dem geforderten inneren Zusammenhang mit dem Beschäftigungsverhältnis stehenden Vorgängen gehören – neben Personalunterlagen und dienstlichen Beurteilungen – nicht nur Unterlagen, die den Inhalt des Dienstverhältnisses insgesamt oder einzelne aus ihm fließende Rechte und Pflichten bestimmen oder verändern, sondern auch solche Unterlagen, die die Art und Weise erhellen, in der die jeweilige Entscheidung vorbereitet worden ist, oder die Aufschluss über Gesichtspunkte oder Erwägungen geben, die für die einzelne Maßnahme oder dafür, dass sie unterblieben ist, maßgebend waren.

10 So gehören neben den sog. Arbeitspapieren als typische Vorgänge zu den Personalakten: Bewerbungsunterlagen, Personalfragebogen, Nachweise über Vor-, Aus- und Fortbildung, Zeugnisse, Bescheinigungen, Arbeitserlaubnis bei Ausländern, Arbeitsvertrag oder Ernennungsurkunden, Versetzungsverfügungen, Nebentätigkeitsgenehmigungen, Beurteilungen, Abmahnungen, Rügen, Vereinbarungen über Darlehen, Vorschüsse, Lohnabtretungen, Gehaltspfändungen, das Arbverh betreffender Schriftwechsel zwischen dem AG und dem AN oder Dritten.[12]

11 Inzwischen gehen größere Unternehmen zunehmend dazu über, ihre Personalakten zu digitalisieren. Die den Mitarbeiter betreffenden Schriftstücke werden hierbei nicht mehr in Papierform in einer herkömmlichen Akte (Ordner) abgelegt, sondern mittels eines Scanners erfasst und elektronisch gespeichert. Eine derartige **Digitalisierung** ändert aber am Personalaktencharakter nichts.

12 **2. Keine Pflicht zur qualifizierten Personalaktenführung.** Abgesehen davon, dass der AG bei bestimmten Unterlagen (hierzu gehören die sog. Arbeitspapiere) gehalten ist, diese – u.a. auch zu Zwecken behördlicher Kontrolle – verfügbar zu haben und ggf. auch noch nach Ausscheiden des Mitarbeiters aufzubewahren,[13] steht die Anlage von „qualifizierten" Personalakten, d.h. einem in welcher Form auch immer geführten Personalinformationssystem in seinem Belieben. Demgemäß hat ein AN der Privatwirtschaft zumindest keinen generellen Anspruch darauf, dass der AG alle ihn und sein Arbverh betreffenden Unterlagen aufbewahrt.

13 **3. Betriebsdaten/Sachaktendaten.** Aus der Eingrenzung des materiellen Personalaktenbegriffs folgt andererseits, dass ein AG ggf. auch personenbezogene Daten seiner Mitarbeiter speichert, die nicht dem arbeitsrechtlichen Personaldatenschutz des § 83 unterliegen; dies ist dann der Fall, wenn es sich um Aufzeichnungen im Rahmen sog. **Betriebsdatenerfassung** handelt (der Mitarbeiter wird als Bearbeiter eines bestimmten Werkstücks registriert oder er hat einen Vorgang als zur Kenntnis genommen abgezeichnet) bzw. um Vorgänge, die arbeits- oder dienstrechtliche Beziehungen zwar berühren,[14] aber – noch – nicht in dem geforderten unmittelbaren Zusammenhang mit dem Inhalt und dem Verlauf des Beschäftigungsverhältnisses stehen, wie es bei vorbereitenden Personalplanungen,[15] Vorüberlegungen zu Stellenbesetzungen, Vorentwürfen von Zeugnissen oder Beurteilungen und Ermittlungen zur Aufdeckung strafbarer Handlungen[16] (siehe auch § 34 BDSG Rn 9) oder Prozessakten[17] der Fall ist. Derartige Vorgänge werden im Beamtenrecht als Sachakten. Sachaktendaten bezeichnet.

14 Leistungsunterlagen über Vergütung, Besoldung, Reisekosten etc. gehören insoweit zu der Personalakte, wie Rechtsansprüche des Beschäftigten begründet oder belegt werden; die internen Zahlungsunterlagen, wie z.B. Kassenanweisungen, Buchungsbelege, Lohn- und Gehaltslisten oder Daten im Gehaltsabrechnungsprogramm haben dagegen keine Personalaktendatenqualität.

II. Das Einsichtsrecht (Abs. 1)

15 **1. Allgemeines.** Die Transparenz der Personalakte, d.h. das Recht des Betroffenen, in „seine" Personalakte Einsicht nehmen zu können, gehört zu den grundlegenden Datenschutzrechten im Beschäftigungsverhältnis.

---

10 S. aber auch *Fitting* § 83 Rn 1, wonach der Personalaktenbegriff des § 83 weiter sein soll als der des öffentlichen Dienstes.

11 Zur Verantwortung des AG bei im Auftrag verarbeiteten Daten vgl. BAG 17.3.1987 – 1 ABR 59/85 – NZA 1987, 747 = RDV 1987, 189; *Gola/Wronka*, Rn 953 f.

12 S.a. bei *Fitting*, § 83 Rn 4; DKK/*Buschmann*, § 83 Rn 3.

13 *Pulte*, Aufbewahrungsnormen und Fristen im Personalbereich, 7. Aufl. 2007.

14 So BVerwG 23.1.1991 – 1 WB 89/90 – RDV 1991, 251 zur Nichtaufnahme privater Dankschreiben in die Personalakte.

15 *Fitting*, § 83 Rn 38.

16 A.A. DKK/*Buschmann*, § 83 Rn 8; *Fitting*, § 83 Rn 6, die auch hier trotz des Geheimhaltungsinteresses das Einsichtsrecht bejahen, dem jedoch ggf. der Einwand des Rechtsmissbrauchs entgegenstehen könnte.

17 BAG 8.4.1992 – 5 AZR 101/91 – RDV 1993, 171, wonach eine Akte, die eine Sammlung von Beschwerden von Patienten über einen angestellten Chefarzt enthält, „Verfahrensakte" und nicht Personalakte ist, wobei jedoch auch hier die Fürsorgepflicht ein Einsichtsrecht begründen kann.

Durch das **Recht auf Einsicht** soll der Beschäftigte der Gefahr begegnen können, dass über ihn Unterlagen gesammelt werden, die unzutreffend oder unzulässig sind und die ihm zu Unrecht zum Nachteil gereichen können. Zudem soll er die Möglichkeit haben, mit zu der Richtigkeit der Angaben in der Personalakte beizutragen, was auch im Interesse des AG liegt. Das Recht besteht unabhängig von einem besonderen Anlass bzw. der Darlegung eines berechtigten Interesses, wird während der Arbeitszeit ausgeübt und kann – abgesehen von dem Fall des Rechtsmissbrauchs – auch wiederholt geltend gemacht werden.

2. Der berechtigte Personenkreis. Zur Einsichtnahme in die Personalunterlagen berechtigt sind zunächst alle AN gem. der Definition des § 5. Leitende Ang haben ein Einsichtsrecht nach § 26 Abs. 2 SprAuG. Nicht unter § 83 fallen Beschäftigte, die nicht – mehr – in einem Arbverh stehen, wie ausgeschiedene Beschäftigte, abgewiesene Bewerber oder freie Mitarbeiter. Jedoch kann auch diesen ein Einsichtsrecht jedenfalls nicht generell verwehrt werden. Rechtseinbußen im Rahmen der Führung qualifizierter Personalakten treten unabhängig von dem Rechtsstatus des Beschäftigten ein. Der individualrechtliche Einsichtsanspruch steht daher unabhängig davon, ob er gesetzlich verankert ist, jedem Mitarbeiter zu, über den qualifizierte Personalakten geführt werden. Anspruchsgrundlage bildet die **Fürsorgepflicht**.[18] Gleiches gilt bei ausgeschiedenen Mitarbeitern oder erfolglosen Bewerbern.[19] Diese werden zwar nicht – mehr – von dem AN-Begriff des § 83 erfasst. Jedoch kann auch hier die nachwirkende Fürsorgepflicht im Einzelfall, d.h. bei einem speziellen Informationsinteresse zur Einsichtsgewährung verpflichten.[20]

3. Personalaktenrechtliche Benachrichtigungspflichten. Der AG ist gegenüber AN nicht ausdrücklich gesetzlich verpflichtet, diese formell über die Führung von Personalakten und ggf. die einzelnen Datensammlungen und deren Verarbeitungszwecke zu informieren. Andererseits setzt die Wahrnehmung des Einsichtsrechts die Kenntnis voraus, dass es „etwas zum Einsehen" gibt. Diese Kenntnis kann jedoch unterstellt werden. Andererseits können bestimmte Datenbestände nicht dadurch dem Einsichtsrecht entzogen werden, dass der Betroffene mangels Kenntnis gar nicht auf den Gedanken kommt, von seinem Einsichtsrecht Gebrauch zu machen. Die arbeitsrechtliche Rspr. hat daher festgelegt, dass spätestens dann, wenn der Beschäftigte Einsicht begehrt, ihm alle dem Einsichtsrecht unterliegenden Datenbestände offen gelegt werden.[21] Das Beamtenrecht enthält eine besondere Informationspflicht bei automatisierten Verarbeitungen (§ 114 Abs. 5 BBG).

Neben dieser allgemeinen **Benachrichtigungspflicht** können für den AG gem. § 4 Abs. 2 BDSG Benachrichtigungs- bzw. Informationspflichten im Zusammenhang mit der Erhebung von solchen Personaldaten entstehen, die im Geltungsbereich des BDSG gespeichert werden sollen (siehe § 4 BDSG Rn 10 ff.).

Dem Grundsatz der Transparenz gegenüber dem Betroffenen kann auch das – im öffentlichen Dienst (§ 109 BBG, § 3 Abs. 6 TV-L)[22] sogar expressis verbis eingeräumte – **Anhörungsrecht** des Mitarbeiters zugeordnet werden. Bereits die Fürsorgepflicht des AG gebietet, dass, bevor negative Vorgänge wie – z.B. Abmahnungen – zu einer Personalakte genommen werden, dem Betroffenen Gelegenheit zur Stellungnahme gegeben wird.[23] Gleiches gilt bei der Erstellung von Beurteilungen etc.[24]

4. Der Umfang der Einsichtnahme. Der die Einsichtnahme begehrende AN muss Gelegenheit erhalten, von sämtlichen ihn betreffenden Personaldaten Kenntnis zu nehmen. Folglich müssen verschlüsselte Angaben entschlüsselt werden, wobei auch die Aushändigung eines Schlüsselverzeichnisses an den Mitarbeiter ausreichen kann, nicht aber der bloße Verweis auf das Ausliegen eines solchen Verzeichnisses im Personalbüro oder beim BR; Mikrofilme sind sichtbar, auf EDV-Datenträgern gespeicherte Angaben sind lesbar zu machen. Gleiches gilt für in Kurzschrift aufgenommene Vorstellungsprotokolle oder etwa in fremder Sprache niedergelegte Teile der Personalakte.

Auch so genannte **Sammelbelege**, d.h. Vorgänge, die Personaldaten mehrerer Beschäftigter enthalten, sind, soweit dies unter Wahrung des Datenschutzes der übrigen Beschäftigten technisch möglich ist, zur Einsicht vorzulegen. Der AG muss also bereits bei der Anlage von Personalvorgängen darauf achten, dass der Grundsatz der Vertraulichkeit einerseits und das Einsichtsrecht andererseits gewahrt werden. Kann die Zusammenstellung von Personaldaten mehrerer Mitarbeiter nach ihrer Zweckbestimmung nur so vollzogen werden, dass bei Wahrnehmung des Einsichtsrechts vertrauliche Daten anderer Mitarbeiter eingesehen werden, so muss i.d.R. – anderes gilt z.B. bei Konkurrentenstreitigkeiten[25] – der Grundsatz der Vertraulichkeit Vorrang haben. Dies gilt bspw. für vergleichende Beurteilungen oder Ranglisten zur Vergabe einer Werkswohnung.

5. Durchführung der Einsichtnahme. Die Einsichtnahme erfolgt während der Arbeitszeit. Bei größeren Betrieben wird es zweckmäßig und gerechtfertigt sein, die Einsichtnahme nach Voranmeldung oder während bestimmter

---

18 Vgl. auch *Linnenkohl/Töfflinger*, AuR 1986, 201 m.w.N.; *Fitting u.a.*, § 83 Rn 1.
19 *Fitting u.a.*, § 83 Rn 8; DKK/*Buschmann*, § 83 Rn 8.
20 BAG 11.5.1994 – 5 AZR 660/93 – RDV 1994, 249.
21 DKK/*Buschmann*, § 83 Rn 2.
22 BAG 19.11.1989 – 6 AZR 64/88 – NZA 1990, 477 = RDV 1990, 145.
23 ArbG Frankfurt/Oder 7.4.1999 – 6 Ca 61/99 – RDV 2000, 227 mit umfassenden Nachweisen.
24 *Kammerer*, BB 1991, 1926; *Schaub*, NJW 1990, 872.
25 BVerwG 4.8.1975 – VI C 30.72 – MDR 1976, 77.

Sprechstunden zu gewähren. Zur Verhinderung von Manipulationen des Einsichtnehmenden ist es zulässig und geboten, dass die Einsicht unter **Aufsicht** stattfindet.[26] Die Fertigung eines Vermerks über die erfolgte Einsichtnahme ist im Hinblick auf das Verwendungsverbot des § 6 Abs. BDSG nicht mehr als rechtmäßig anzusehen (vgl. § 6 Rn 3). Ein wegen der Einsichtnahme eventuell eintretender Arbeitsausfall ist vom AG zu tragen, d.h. es besteht Lohn- und Gehaltsfortzahlungspflicht. Befindet sich die Akte nicht am Ort der Beschäftigung so gilt der Grundsatz: Die Akte reist und nicht der Mitarbeiter. Der AN kann sich bei der Einsichtnahme Notizen etc. machen, darüber hinaus kann er – dann auf seine eigenen Kosten – in angemessenen Rahmen die Aushändigung von **Kopien**[27] verlangen.

24 **6. Hinzuziehung Dritter.** Das Recht auf Einsichtnahme ist grds. höchstpersönlicher Natur,[28] jedoch wird es häufig durch tarifvertragliche Regelung (z.B. § 4 Abs. 2 TVöD) auf **Bevollmächtigte** des Beschäftigten ausgedehnt. Unabhängig davon wird einem Bevollmächtigten dann Einsicht zu gewähren sein, wenn der AN z.B. wegen Krankheit verhindert ist.

25 Nach Abs. 1 S. 2 kann der AN bei der Akteneinsicht ein **Mitglied des BR** hinzuziehen.[29] Schwerbehinderte sind nach § 95 Abs. 3 SGB IX befugt, bei der Einsichtnahme den Vertrauensmann hinzuzuziehen. Gleiches muss schon im Hinblick auf ihr eigenständiges Kontrollrecht für den von dem Betroffenen eingeschalteten **Datenschutzbeauftragten** (siehe § 4g BDSG Rn 1) oder die im öffentlichen Dienst vorgeschriebene Frauen- bzw. Gleichstellungsbeauftragte gelten.

26 **7. Kein allgemeines Personalaktenzugangsrecht des Betriebsrats.** Aus der Tatsache, dass der Gesetzgeber es in das Selbstbestimmungsrecht des AN gelegt hat, ob und in welchen Umfang der BR losgelöst von konkreten Informationsansprüchen gegenüber dem AG Personalakteninformationen erhält, ist zu folgern, dass der BR sich nicht unter Auswertung der ihm bei den verschiedensten Gelegenheiten anlassbezogen zur Verfügung gestellten Personalinformationen eigene, ggf. automatisiert geführte Personalakten/-dateien anlegt. Derartige Dateien müssen sich auf die Angaben beschränken, die ständig zur Aufgabenwahrnehmung benötigt werden.[30]

III. Das Gegendarstellungsrecht

27 Im Rahmen der Gewährleistung seines Persönlichkeitsrechtsschutzes kann der AN verlangen, dass die Personalakte richtige Angaben enthält. Soweit sich der AG entschlossen hat, qualifizierte Personalakten zu führen, umfasst der Grundsatz ferner, dass das Bild, das die Akte über Person, Qualifikation und Werdegang des Betroffenen zeichnet, nicht dadurch unrichtig werden darf, dass einzelne relevante Angaben willkürlich nicht aufgenommen oder entfernt werden.

28 Bei der Ausübung des Ermessens hinsichtlich des Umfangs der Personalaktenführung ist ferner der **Gleichbehandlungsgrundsatz** zu beachten, d.h. es dürfen nicht einige Beschäftigte ohne sachlichen Grund durch die Führung umfangreicher Akten im Hinblick auf ihr weiteres berufliches Fortkommen unzulässig bevorzugt oder benachteiligt werden.

29 Ist der AN der Auff., dass einzelne Angaben in seiner Personalakten oder das Gesamtbild unzutreffend oder unvollständig sind, kann er eine Erklärung zum Inhalt der Akte abgeben. Die Erklärung muss sich also nicht auf einen konkreten „Inhalt", d.h. Vorgang beziehen. Er kann der Erklärung auch seine Angaben belegende Unterlagen beifügen.[31]

30 Der AG muss die Erklärung, gleichgültig ob er sie für unzutreffend oder nicht zu den Personalakten gehörig ansieht, in die Akte aufnehmen und zwar in räumlichen Zusammenhang zu dem bestrittenen Vorgang, so dass die Akte aus Rede und Gegenrede besteht und jeder Einsichtnehmende sich ein eigenes Bild machen kann. Dies gilt selbst für den Fall, dass eine Klage auf Entfernung des Vorgangs zuvor abgewiesen wurde.[32] Führt der AG jedoch keine qualifizierten Personalakten oder speichert er bestimmte Angaben (z.B. Sprachkenntnisse) generell nicht, so kann er entsprechende Personalaktenergänzungen zurückweisen.[33]

31 Dieses Gegendarstellungsrecht ist keine abschließende Regelung der Korrekturrechte bei unrichtigen oder unzulässigen Personalakteninhalten (siehe Rn 33 ff. und § 35 BDSG Rn 18 ff.).

---

26 A.A. DKK/*Buschmann*, § 83 Rn 7, wobei der herangezogene Fall der Einsichtnahme des BR in Bruttolohn- und Gehaltslisten nicht das Problem der Manipulation hat.

27 LAG Niedersachsen 31.3.1981 – 2 Sa 79/80 – DB 1981, 1623; DKK/*Buschmann*, § 83 Rn 6.

28 *Linnenkohl/Töfflinger*, AuR 1986, 202.

29 Nach DKK/*Buschmann*, § 83 Rn 10 soll auch die Einsicht ohne Begleitung des Beschäftigten bei entsprechender Bevollmächtigung zulässig sein.

30 S. *Gola/Wronka*, Rn 1832ff. mit Stellungnahmen der Aufsichtsbehörden; ferner BVerwG 4.9.1990 – 6 P 28.87 – NJW 1991, 375 = RDV 1991, 33.

31 BVerfG 16.10.1998 – 1 BvR 1685/92 – NZA 1999, 77 = AuR 1999, 36 = RDV 1999, 70.

32 BVerfG 16.10.1998 – 1 BvR 1685/92 – NZA 1999, 36 = AuR 1999, 36 = RDV 1999, 70.

33 GK-BetrVG/*Wiese*, § 83 Rn 61; a.A. wohl *Fitting u.a.*, § 83 Rn 14; DKK/*Buschmann*, § 83 Rn 12.

C. Verbindung zu anderen Rechtsgebieten und zum Prozessrecht
I. Mitbestimmung
Allgemeine Regelungen zur Durchführung des Einsichtsrechts unterliegen der Mitbestimmung nach § 87 Abs. 1 Nr. 1. Regelungen über die Organisation der Akten (z.B. Nummerierung der Seiten, Führung in Teilakten, Zeitabstände für die Entfernung bestimmter Vorgänge) sind mitbestimmungsfrei.

32

II. Die parallelen Regelungen des BDSG
1. Das Auskunftsrecht nach § 34 BDSG. Das personalaktenrechtliche Einsichtsrecht ist zwar eine bereichsspezifische Vorschrift des Bundesrechts; eine vollständige Verdrängung (vgl. § 1 Abs. 4 BDSG) des **Auskunftsrechts** nach § 34 BDSG erfolgt jedoch nicht. Der Auskunftsanspruch nach dem BDSG ist in mancherlei Hinsicht anders ausgestaltet, als das personalaktenrechtliche Einsichtsrecht. Soweit das Einsichtsrecht reicht, hat es Vorrang; darüber hinaus steht dem Beschäftigten der Auskunftsanspruch nach § 34 Abs. 1 BDSG zu (siehe § 34 BDSG Rn 8 ff).[34] Relevant ist insb., dass § 34 BDSG personenbezogene Daten des AN schlechthin und nicht nur „Personalaktendaten" erfasst.

33

2. Die Korrekturrechte nach § 35 BDSG. Erfährt der AG durch die Gegendarstellung, dass Daten unrichtig sind, so greift im Geltungsbereich des BDSG vorrangig die **Berichtigungs- und Löschungspflicht** nach § 35 Abs. 1 bzw. Abs. 2.[35] Gleiches gilt, wenn die Daten statt gelöscht gesperrt werden. Akzeptiert der AG die Gegendarstellung jedoch nicht als zutreffend, so ist der „non-liquet"-Fall zunächst nach der arbeitsrechtlichen Spezialregelung zu behandeln (siehe § 35 BDSG Rn 19).[36] Sollen die per Gegendarstellung bestrittenen Daten – was bei automatisierter Speicherung sich ggf. aus Praktikabilitätsgründen anbietet – stattdessen gesperrt werden, so bedarf dies der Zustimmung des AN.[37]

34

D. Beraterhinweise
Korrekturrechte des Mitarbeiters spielen im Wesentlichen im Zusammenhang mit als unberechtigt angesehenen **Abmahnungen** eine Rolle, wobei statt der Gegendarstellung ein **Entfernungsanspruch**[38] geltend gemacht werden kann bzw. wird. Geht der Mitarbeiter nicht per Gegendarstellung oder Entfernungsbegehren gegen die Abmahnung vor, hindert das nicht, die Einwendungen noch in einem ggf. später nachfolgenden Künd-Rechtsstreit vorzubringen.[39] Eine tarifliche **Ausschlussfrist** gilt für die Beseitigung der persönlichkeitsrechtlichen Störung nicht.[40] Ist die Abmahnung z.B. nur aus formellen Gründen entfernt worden und dauert die Rechtsbeeinträchtigung an, so kann ein Anspruch auf **Widerruf** ggf. gerichtlich geltend gemacht werden.[41]

35

Der Entfernungsanspruch bzw. die Nichtverwertbarkeit von Angaben kann sich auch daraus ergeben, dass Daten in einem Verfahren erhoben wurden, das die Korrektheit der Angaben in Bezug auf den betroffenen Beschäftigten nicht gewährleistet.[42]

36

---

§ 84 Beschwerderecht

(1) ¹Jeder Arbeitnehmer hat das Recht, sich bei den zuständigen Stellen des Betriebs zu beschweren, wenn er sich vom Arbeitgeber oder von Arbeitnehmern des Betriebs benachteiligt oder ungerecht behandelt oder in sonstiger Weise beeinträchtigt fühlt. ²Er kann ein Mitglied des Betriebsrats zur Unterstützung oder Vermittlung hinzuziehen.
(2) Der Arbeitgeber hat den Arbeitnehmer über die Behandlung der Beschwerde zu bescheiden und, soweit er die Beschwerde für berechtigt erachtet, ihr abzuhelfen.
(3) Wegen der Erhebung einer Beschwerde dürfen dem Arbeitnehmer keine Nachteile entstehen.

---

34 *Fitting u.a.*, § 83 Rn 33.
35 Vgl. aber auch DKK/*Buschmann*, § 83 Rn 25; *Fitting u.a.*, § 83 Rn 34, die dem AN insoweit ein Wahlrecht einräumen.
36 *Bergmann/Möhrle/Herb*, § 35 Rn 135.
37 Nicht geteilt werden kann die Auffassung von *Fitting u.a.* § 83 Rn 35, nach der per BV geregelt werden kann, wann mit bei nicht feststellbarer Richtigkeit die Sperrung oder die Gegendarstellung zum Zuge kommen soll.
38 BAG 13.3.1991 – 5 AZR 133/90 – NZA 1991, 768 für auch nur teilweise unzutreffende Abmahnungen.
39 BAG 3.2.1993 – 5 AZR 283/92 – AuR 1993, 184 = DB 1993, 438.
40 BAG 14.12.1994 – 5 AZR 137/94 – NZA 1995, 676 = RDV 1995, 78.
41 BAG 15.4.1999 – 7 AZR 716/97 – NJW 1999, 3576 = AuR 1999, 352 = RDV 1999, 264.
42 BVerfG 14.1.2005 – 2 BvR 488/04 – RDV 2005, 214 hinsichtlich der Aufnahme eines Drogenscreenings in die Personalakte. BAG 18.11.2008 – 9 AZR 865/07 – RDV 2009, 70 zum nicht ordnungsgemäß durchgeführten Beurteilungsverfahren.

Literatur: *Besgen, N.*, Mobbing, Psychoterror am Arbeitsplatz, B+P 2001, 582; *Nebendahl/Lunk*, Die Zuständigkeit der Einigungsstelle bei Beschwerden nach § 85 II BetrVG, NZA 1990, 676; *Uhl/Polloczek*, „Man kann sich ja mal beschweren – die Beschwerdeverfahren nach den §§ 84, 85 BetrVG, BB 2008, 1730

A. Allgemeines 1	3. Hinzuziehung eines Betriebsratsmitglieds 6
B. Regelungsgehalt 2	III. Bescheidung der Beschwerde (Abs. 2) 7
I. Geltungsbereich 2	IV. Benachteiligungsverbot (Abs. 3) 8
II. Beschwerderecht (Abs. 1) 3	C. Verbindung zum Prozessrecht 9
1. Begriff und Gegenstand der Beschwerde 3	D. Beraterhinweise 10
2. Zuständige Stellen 5	

A. Allgemeines

1 In §§ 84 bis 86 sind die Beschwerderechte der einzelnen AN geregelt. Es handelt sich auch hier um **Individualrechte** der AN, nicht um kollektivrechtliche Regelungen. § 84 regelt das Beschwerderecht des AN bei den zuständigen Stellen des Betriebs. In § 85 wird hingegen die Behandlung von Beschwerden durch den BR normiert. Beide Vorschriften unterscheiden sich nach den Adressaten und stehen selbstständig nebeneinander.[1] Abschließend lässt § 86 ergänzende Vereinbarungen durch TV oder BV zu, in denen die Einzelheiten des Beschwerdeverfahrens geregelt werden können.

B. Regelungsgehalt

I. Geltungsbereich

2 Das Recht der AN, sich zu beschweren, kann unabhängig von §§ 84 bis 86 aus der **Treuepflicht des AG** allg. abgeleitet werden.[2] Es besteht neben §§ 84 bis 86. Die besonderen Verfahrensregelungen der §§ 84 bis 86 gelten daher nur dann, wenn der konkrete **Geltungsbereich der Betriebsverfassung** eröffnet ist. Nach der hier vertretenen Auffassung greifen diese Verfahrensregelungen nur in betriebsratsfähigen Einheiten (siehe § 81 Rn 2). Ist hingegen die Bildung eines BR grds. möglich, spielt die Wahl an sich keine Rolle.[3] I.Ü. gelten die Beschwerderechte auch für **Leih-AN**, was der Verweis in § 14 Abs. 2 S. 3 AÜG klarstellt. Nicht erfasst werden hingegen die in § 5 Abs. 2 genannten Personen sowie die **leitenden Ang** nach § 5 Abs. 3. Für Letztere sieht auch das SprAuG keine besonderen Regelungen vor. Andere Beschwerderechte bleiben von §§ 84 bis 86 unberührt. Dies betrifft insb. das Beschwerderecht der Beschäftigten aus § 13 AGG; s.a. § 17 Abs. 2 ArbSchG.

II. Beschwerderecht (Abs. 1)

3 **1. Begriff und Gegenstand der Beschwerde.** Der Begriff der Beschwerde erfasst jedes Vorbringen eines AN, mit dem dieser auf eine Benachteiligung, eine ungerechte Behandlung oder auf eine Beeinträchtigung in sonstiger Weise hinweist. Entscheidend ist allein der **subjektive Standpunkt** des jeweiligen AN.[4] Die Behauptung, i.S.v. § 84 benachteiligt zu sein, ist daher ausreichend; ob das Verlangen des AN objektiv begründet ist, ist unerheblich.[5] Damit werden auch Popularbeschwerden ausgeschlossen.[6] Die Bündelung verschiedener Einzelbeschwerden ist jedoch ohne weiteres zulässig.[7] Beispiele: Arbeits- und Gesundheitsschutz (Lärm, Vibrationen, Geruch, Raumklima),[8] betrieblicher Umweltschutz, herablassendes Verhalten anderer Arbeitskollegen (Mobbing), ausländerfeindliches Verhalten usw.[9]

4 Auf die **Amtstätigkeit des BR** dürfen sich die Beschwerden hingegen nicht beziehen. Für Beschwerden gegen den BR oder einzelne BR-Mitglieder ist vielmehr das speziellere Verfahren nach § 23 Abs. 1 vorgesehen.[10] Das Beschwerderecht bezieht sich ausdrücklich auch auf Beeinträchtigungen durch Arbeitskollegen/AN des Betriebs, so dass auch das moderne Phänomen des Mobbings insg. von § 84 erfasst wird.[11]

5 **2. Zuständige Stellen.** Das Beschwerderecht des AN besteht gegenüber den zuständigen Stellen des Betriebs. Diese ergeben sich aus dessen **organisatorischem Aufbau**.[12] Regelmäßig ist der unmittelbare Vorgesetzte zur Entgegennahme der Beschwerden zuständig, wobei auch andere Stellen durch den AG bestimmt werden können. Wei-

---

1 Vgl. GK-BetrVG/*Wiese*, § 84 Rn 31.
2 S. GK-BetrVG/*Wiese*, vor § 81 Rn 25; Richardi/*Thüsing*, § 84 Rn 2.
3 S. auch Richardi/*Thüsing*, § 84 Rn 2.
4 *Fitting u.a.*, § 84 Rn 4; *Besgen*, Betriebsverfassungsrecht, § 13 Rn 50; *Uhl/Polloczek*, BB 2008, 1730.
5 HWK/*Schrader*, § 84 BetrVG Rn 3.
6 H.M., s. nur GK-BetrVG/*Wiese*, § 84 Rn 11; *Uhl/Polloczek*, BB 2008, 1730.
7 *Nebendahl/Lunk*, NZA 1990, 676.
8 S. die weiteren Bsp. bei *Fitting u.a.*, § 84 Rn 6.
9 S. auch die Bsp. bei HWK/*Schrader*, § 84 BetrVG Rn 4 m.w.N.
10 *Fitting u.a.*, § 84 Rn 12.
11 ErfK/*Kania*, § 84 BetrVG Rn 5; s. zum Mobbing auch *N. Besgen*, B+P 2001, 582; ferner die Nachweise bei GK-BetrVG/*Wiese*, § 84 Rn 8.
12 Richardi/*Thüsing*, § 84 Rn 11.

tere Einzelheiten können auch nach § 86 durch TV oder BV geregelt werden (vgl. § 86 Rn 2 ff.).[13] Der BR ist keine zuständige Stelle i.S.v. § 84.[14] Weitere Voraussetzungen, insb. zur **Form und Frist** der Beschwerdeeinlegung, bestehen nicht.[15]

3. Hinzuziehung eines Betriebsratsmitglieds. Der AN kann nach Abs. 1 S. 2 ein Mitglied des BR zur Unterstützung oder Vermittlung hinzuziehen. Dieses Recht ergibt sich aus § 82 Abs. 2 (siehe § 82 Rn 9 ff.) und § 83 Abs. 1 (siehe § 83 Rn 25). Die in §§ 82, 83 vorgesehene **Stillschweigenspflicht** besteht allerdings im Rahmen von § 84 nicht. Der AN hat damit nach h.M. keinen Anspruch auf eine anonyme Behandlung seiner Beschwerde.[16] Allerdings wird nach überwiegender Auffassung aus dem allgemeinen Persönlichkeitsrecht des AN abgeleitet, dass ihm grds. eine vertrauliche Behandlung seiner Beschwerde zuteil werden muss.[17]

III. Bescheidung der Beschwerde (Abs. 2)

Der AG hat entweder selbst oder durch seinen bevollmächtigten Vertreter die Berechtigung der Beschwerde zu prüfen. Ein Anspruch auf generelle Abhilfe hat der AN hingegen nicht; vielmehr besteht nur ein **Anspruch auf Prüfung** der Beschwerde.[18] Lehnt der AG eine Abhilfe der Beschwerde ab, sollte eine Begründung geliefert werden, auch wenn der Wortlaut des Abs. 2 dies nicht vorsieht.[19] Weiter sieht Abs. 2 für die **Bescheidung** der Beschwerde keine besonderen Formvorschriften oder besondere Fristen vor. Zieht sich allerdings die Bescheidung zeitlich in die Länge, ist es angemessen, dem AN einen Zwischenbescheid zukommen zu lassen.[20] Sieht der AG die Beschwerde als berechtigt an, tritt eine **Selbstbindung** zur Abhilfe ein.[21] Aus dieser Selbstbindung folgen eine **vertragliche Verpflichtung** und ein Rechtsanspruch des AN.[22] Dies setzt freilich voraus, dass die Abhilfemöglichkeit im Machtbereich des AG liegt.

IV. Benachteiligungsverbot (Abs. 3)

Dem AN dürfen wegen der Erhebung einer Beschwerde keine Nachteile entstehen. Das in Abs. 3 geregelte Benachteiligungsverbot ist eine spezielle Ausformung des **allg. Maßregelungsverbotes** nach § 612a BGB.[23] Zugefügte Nachteile sind damit unwirksam und eine etwaige Künd wäre nichtig.[24] Auch Schadensersatzansprüche nach § 823 Abs. 2 BGB i.V.m. § 84 Abs. 3 als Schutzgesetz kommen in Betracht.[25] Auf die Berechtigung der Beschwerde kommt es für den Schutz aus Abs. 3 nicht an.[26] Werden jedoch völlig haltlose schwere Anschuldigungen gegen den AG bzw. Arbeitskollegen erhoben, kann eine Künd im Einzelfall gerechtfertigt sein.[27]

C. Verbindung zum Prozessrecht

Streitigkeiten aus § 84 werden im Urteilsverfahren entschieden. Dies betrifft die Entgegennahme und Bescheidung der Beschwerde, etwaige vertragliche Ansprüche aus der Anerkennung der Berechtigung der Beschwerde (siehe Rn 7), Schadensersatzansprüche oder Streitigkeiten zwischen den Arbeitsvertragsparteien über die Hinzuziehung eines BR-Mitglieds.[28]

D. Beraterhinweise

Mit der Erhebung der Beschwerde werden grds. sonstige **arbeitsrechtliche Fristen** nicht gehemmt oder unterbrochen.[29] Die Beschwerde hat damit auch keinerlei aufschiebende Wirkung gegen etwaige Maßnahmen des AG. Allerdings sehen bestimmte **tarifliche Ausschlussfristen** die bloße Geltendmachung eines Anspruchs vor. In diesen Fällen kann die Einlegung eine Beschwerde ggf. verhindern, dass diese Ausschlussfristen greifen.[30] Aus diesen Gründen ist für den AN zu empfehlen, dass er, obwohl Schriftform für die Beschwerde nicht vorgesehen ist, zu Beweis- und Dokumentationszwecken Beschwerden schriftlich formuliert.[31]

Die fehlende aufschiebende Wirkung beinhaltet auch, dass der AN einer Anordnung, über die er sich beschwert, grds. zunächst nachkommen muss. Ein Leistungsverweigerungsrecht steht ihm nicht zu.[32] Kommt der AN im Zusammen-

---

13 S. auch Richardi/*Thüsing*, § 84 Rn 12.
14 GK-BetrVG/*Wiese*, § 84 Rn 16.
15 HWK/*Schrader*, § 84 BetrVG Rn 7; *Uhl/Polloczek*, BB 2008, 1730.
16 S. nur DKK/*Buschmann*, § 84 Rn 14.
17 S. MünchArb/*v. Hoyningen-Huene*, Bd. 3, § 303 Rn 20; ferner Nachw. bei DKK/*Buschmann*, § 84 Rn 14 a.E.
18 HWK/*Schrader*, § 84 BetrVG Rn 9.
19 S. DKK/*Buschmann*, § 84 Rn 16; weitergehend GK-BetrVG/*Wiese*, § 84 Rn 27.
20 S. *Fitting u.a.*, § 84 Rn 15.
21 ErfK/*Kania*, § 84 BetrVG Rn 7.
22 *Fitting u.a.*, § 84 Rn 18.
23 S. GK-BetrVG/*Wiese*, § 84 Rn 33.
24 So BAG 11.3.1982 – 2 AZR 798/79 – juris.
25 *Fitting u.a.*, § 84 Rn 21.
26 GK-BetrVG/*Wiese*, § 84 Rn 34.
27 GK-BetrVG/*Wiese*, § 84 Rn 34; s. auch *Fitting u.a.*, § 84 Rn 21; DKK/*Buschmann*, § 84 Rn 20.
28 S. dazu auch BAG 24.4.1979 – 6 AZR 69/77 – AP § 82 BetrVG 1972 Nr. 1.
29 S. Richardi/*Thüsing*, § 84 Rn 17.
30 S. DKK/*Buschmann*, § 84 Rn 2.
31 So HWK/*Schrader*, § 84 BetrVG Rn 7 und 9.
32 *Fitting u.a.*, § 84 Rn 15; HWK/*Schrader*, § 84 BetrVG Rn 10.

hang mit einer arbeitgeberseitigen Anordnung dieser wegen einer eingelegten Beschwerde nicht nach, besteht daher das Risiko einer außerordentlichen Künd des Arbverh wegen beharrlicher Arbeitsverweigerung.

§ 85 Behandlung von Beschwerden durch den Betriebsrat

(1) Der Betriebsrat hat Beschwerden von Arbeitnehmern entgegenzunehmen und, falls er sie für berechtigt erachtet, beim Arbeitgeber auf Abhilfe hinzuwirken.

(2) ¹Bestehen zwischen Betriebsrat und Arbeitgeber Meinungsverschiedenheiten über die Berechtigung der Beschwerde, so kann der Betriebsrat die Einigungsstelle anrufen. ²Der Spruch der Einigungsstelle ersetzt die Einigung zwischen Arbeitgeber und Betriebsrat. ³Dies gilt nicht, soweit Gegenstand der Beschwerde ein Rechtsanspruch ist.

(3) ¹Der Arbeitgeber hat den Betriebsrat über die Behandlung der Beschwerde zu unterrichten. ²§ 84 Abs. 2 bleibt unberührt.

A. Allgemeines 1	3. Prüfung des Betriebsrats 5
B. Regelungsgehalt 2	III. Einigungsstellenverfahren (Abs. 2) 7
I. Verhältnis zu § 84 2	1. Zuständigkeit der Einigungsstelle 7
II. Beschwerdeverfahren (Abs. 1) 3	2. Entscheidung der Einigungsstelle 10
1. Begriff und Gegenstand der Beschwerde 3	C. Verbindung zum Prozessrecht 11
2. Betriebsrat als Adressat 4	D. Beraterhinweise 13

A. Allgemeines

1 Es gelten obige Ausführungen (siehe § 84 Rn 1).

B. Regelungsgehalt

I. Verhältnis zu § 84

2 § 84 und § 85 stehen selbstständig nebeneinander, können also **alternativ** in Anspruch genommen werden. Möglich ist sogar, beide Beschwerdewege gleichzeitig einzuleiten.[1]

II. Beschwerdeverfahren (Abs. 1)

3 **1. Begriff und Gegenstand der Beschwerde.** Begriff und Gegenstand von Beschwerden entsprechen § 84, so dass auf die dortigen Ausführungen verwiesen werden kann (siehe § 84 Rn 3).

4 **2. Betriebsrat als Adressat.** Adressat des Beschwerdeverfahrens nach Abs. 1 ist der BR. Zuständig ist damit gem. § 26 Abs. 2 S. 2 der Vorsitzende des BR oder im Fall seiner Verhinderung sein Stellvertreter. Es bestehen keine Bedenken, für die Entgegennahme von Beschwerden einen besonderen Ausschuss, in großen Betrieben ggf. einen Beschwerdeausschuss, einzurichten.

5 **3. Prüfung des Betriebsrats.** Der BR hat die Beschwerde **entgegenzunehmen** und zu **prüfen**. Hält er sie für unberechtigt, teilt er dies dem AN entsprechend mit. Weitere Ansprüche gegen den BR bestehen nicht. Der AN kann also kein Tätigwerden des BR (gerichtlich) erzwingen.[2]

6 Hält der BR die Beschwerde hingegen für berechtigt, hat er beim AG auf **Abhilfe** hinzuwirken. Dies ergibt sich i.Ü. auch aus § 80 Abs. 1 Nr. 3. Erforderlich sind damit Verhandlungen zwischen BR und AG über die Erledigung der Beschwerde. Hält der AG in diesen Verhandlungen die Beschwerde für berechtigt, hat er für Abhilfe zu sorgen. Insoweit gilt § 84 Abs. 2, auf den Abs. 3 S. 2 verweist, entsprechend (siehe § 84 Rn 7). Hilft der AG ab, ist der BR entsprechend Abs. 3 S. 1 hierüber zu **unterrichten**. Hält der AG hingegen die Beschwerde entgegen der Auffassung des BR für unberechtigt und schafft er keine Abhilfe, ist das Verfahren nach Abs. 1 i.V.m. § 84 abgeschlossen.[3] In diesem letzten Fall bleibt dem BR nur der Weg des Einigungsstellenverfahrens nach Abs. 2.

III. Einigungsstellenverfahren (Abs. 2)

7 **1. Zuständigkeit der Einigungsstelle.** Die Einigungsstelle ist nach Abs. 2 S. 3 ausdrücklich nicht bei Rechtsansprüchen zuständig. Vielmehr beschränkt sich die Zuständigkeit der Einigungsstelle auf **Regelungsstreitigkeiten**.

---

1 HWK/*Schrader*, § 85 BetrVG Rn 1; *Uhl/Polloczek*, BB 2008, 1730.

2 ErfK/*Kania*, § 85 BetrVG Rn 2; *Besgen*, Betriebsverfassungsrecht, § 13 Rn 57.

3 MünchArb/*v. Hoyningen-Huene*, Bd. 3, § 303 Rn 30.

Rechtsansprüche sind von dem AN im arbeitsgerichtlichen Urteilsverfahren einzuklagen. Eine Zuständigkeit der Einigungsstelle ist in diesen Fällen allenfalls im Rahmen eines freiwilligen Einigungsstellenverfahrens nach § 76 Abs. 6 gegeben.[4]

Problematisch sind **Grenzfälle**, in denen der Beschwerdegegenstand nicht eindeutig zugeordnet werden kann. Dies betrifft insb. Rechtsansprüche aus **arbeitsvertraglichen Nebenpflichten**. In der Lit. wird teilweise auch in diesen Fällen die Zuständigkeit der Einigungsstelle bejaht, um das Beschwerderecht nach § 85 nicht weit gehend leer laufen zu lassen.[5] Diese Ansichten verkennen jedoch, dass Abs. 2 S. 3 allein auf Rechtsansprüche abstellt und nicht weiter differenziert, ob diese Rechtsansprüche auf Haupt- oder Nebenpflichten beruhen.[6] In diesen Fällen werden die Rechte der AN auch nicht verkürzt, denn es verbleibt in jedem Fall die Möglichkeit, die Ansprüche im Urteilsverfahren vor den ArbG einzuklagen.[7] Den Betriebspartnern bleibt es jedoch unbenommen, ein freiwilliges Einigungsstellenverfahren nach § 76 Abs. 6 durchzuführen.

Das Einigungsstellenverfahren kann schließlich auch dann nicht eingeleitet werden, wenn dadurch die kollektiven Mitbestimmungsrechte des BR erweitert werden.[8]

2. Entscheidung der Einigungsstelle. Der Spruch der Einigungsstelle ersetzt nach Abs. 2 S. 2 die Einigung zwischen AG und BR. Gegenstand des Einigungsstellenverfahrens ist also nur die fehlende Einigung zwischen AG und BR. Nicht in die Entscheidungskompetenz fällt hingegen die zu treffende Maßnahme selbst.[9] Kommt die Einigungsstelle daher zu dem Ergebnis (Spruch), die Beschwerde für berechtigt zu erachten, muss der AG der Beschwerde abhelfen. Der AG muss sich dann so behandeln lassen, als erachte er die Beschwerde für berechtigt nach § 84 Abs. 2 (siehe § 84 Rn 7). Art und Weise der Abhilfe bestimmt in diesen Fällen allein der AG.[10] I.Ü. entsteht dem AN ein im Klageweg (Urteilsverfahren) durchsetzbarer Rechtsanspruch auf Abhilfe (siehe auch § 84 Rn 7).[11] BR und AN sind in diesen Fällen zu informieren (vgl. auch Abs. 3 S. 1).

Das Benachteiligungsverbot aus § 84 Abs. 3 gilt auch im Rahmen von § 85.[12]

C. Verbindung zum Prozessrecht

Für Rechtsansprüche der AN ist die Einigungsstelle nicht zuständig, Abs. 2 S. 3. Solche Ansprüche können deshalb von den AN unmittelbar im arbeitsgerichtlichen Urteilsverfahren geltend gemacht werden. Dies gilt auch, wenn der AG eine Beschwerde als berechtigt anerkannt hat. Dies führt zu einem vertraglichen Rechtsanspruch (siehe Rn 10), der eingeklagt werden kann.

Befasst sich der BR mit der Beschwerde nicht, kann dies zwar von dem AN nicht gerichtlich durchgesetzt werden. Allerdings kann die beharrliche Weigerung zum Amtsenthebungsverfahren des § 23 Abs. 1 führen, über das im arbeitsgerichtlichen Beschlussverfahren entschieden wird, §§ 2a, 80 ff. ArbGG.

Der Spruch der Einigungsstelle kann nach § 76 Abs. 5 S. 4 angefochten werden. In einem solchen Verfahren ist der AN nicht zu beteiligen.[13]

D. Beraterhinweise

Die Einzelheiten des Beschwerdeverfahrens nach §§ 84 und 85 können nach § 86 durch TV oder BV ergänzend geregelt werden. In größeren Betrieben ist dies regelmäßig zu empfehlen, um eine einheitliche Handhabung von Beschwerden zu gewährleisten.

Die Beschwerde nach § 85 ist für den AN aus tatsächlicher Hinsicht mit Risiken behaftet. Der unmittelbare Vorgesetzte, gegen den sich eine Beschwerde richtet, wird in solchen Fällen übergangen. Das Vertrauensverhältnis kann dadurch gestört werden.[14]

---

4 H.M., s. BAG 28.6.1984 – 6 ABR 5/83 – AP § 85 BetrVG 1972 Nr. 1; differenzierend jedoch DKK/*Buschmann*, § 85 Rn 10.
5 So ErfK/*Kania*, § 85 BetrVG Rn 5; Richardi/*Thüsing*, § 85 Rn 20; *Uhl/Polloczek*, BB 2008, 1730.
6 So zutreffend HWK/*Schrader*, § 85 BetrVG Rn 17.
7 S. auch MünchArb/*v. Hoyningen-Huene*, Bd. 3, § 303 Rn 34.
8 *Fitting u.a.*, § 85 Rn 12.
9 DKK/*Buschmann*, § 85 Rn 17.
10 BAG 22.11.2005 – 1 ABR 50/04 – NZA 2006, 803; vgl. auch *Hunold*, NZA 2006, 1025.
11 *Fitting u.a.*, § 85 Rn 9.
12 S. Richardi/*Thüsing*, § 85 Rn 37.
13 BAG 28.6.1984 – 6 ABR 5/83 – AP § 85 BetrVG 1972 Nr. 1.
14 So MünchArb/*v. Hoyningen-Huene*, Bd. 3, § 303 Rn 25.

§ 86 Ergänzende Vereinbarungen

¹Durch Tarifvertrag oder Betriebsvereinbarung können die Einzelheiten des Beschwerdeverfahrens geregelt werden. ²Hierbei kann bestimmt werden, dass in den Fällen des § 85 Abs. 2 an die Stelle der Einigungsstelle eine betriebliche Beschwerdestelle tritt.

A. Allgemeines 1	II. Betriebliche Beschwerdestelle (S. 2) 4
B. Regelungsgehalt 2	C. Verbindung zum Prozessrecht 6
I. Tarifvertrag oder Betriebsvereinbarung (S. 1) 2	D. Beraterhinweise 7

A. Allgemeines

1 Die Regelungen der §§ 84 und 85 können durch TV oder BV ergänzt werden (S. 1). Zudem ermöglicht S. 2 die Einrichtung einer betrieblichen Beschwerdestelle anstelle der Einigungsstelle gem. § 85 Abs. 2.

B. Regelungsgehalt

I. Tarifvertrag oder Betriebsvereinbarung (S. 1)

2 Die Einzelheiten des individuellen und kollektiven Beschwerdeverfahrens nach §§ 84, 85 können durch TV oder BV näher geregelt werden. Die gesetzlich dort nicht geregelten Fragen zur Frist und Form, zur Zuständigkeit oder auch zur Behandlung der Beschwerden können damit im Einzelnen ausgestaltet werden. Regelungsfähig sind jedoch dem eindeutigen Wortlaut nach nur die **Einzelheiten des Beschwerdeverfahrens**. Regelungen betreffend das Einigungsstellenverfahren nach § 85 Abs. 2 sind damit nicht möglich, abgesehen von der Ersetzung der Einigungsstelle durch eine betriebliche Beschwerdestelle nach S. 2.

3 Ein TV nach § 86 beinhaltet Rechtsnormen über betriebliche und betriebsverfassungsrechtliche Fragen i.S.d. § 1 Abs. 1 TVG, so dass es für die Geltung des TV allein auf die **Tarifbindung** des AG nach § 3 Abs. 2 TVG ankommt.¹ Eine bestehende tarifliche Regelung nach § 86 geht einer BV stets vor. Inhaltlich regelt der TV allerdings keine Arbeitsbedingungen, so dass Tarifüblichkeit für diese Sperre nicht ausreicht, § 77 Abs. 3. Dies hat dann Bedeutung, wenn ein TV nur noch nachwirkt. Dann greift die Sperrwirkung nicht und eine BV kann abgeschlossen werden.² BV nach S. 1 sind stets freiwillige BV. Damit können sie auch nicht über ein Einigungsstellenverfahren erzwungen werden.

II. Betriebliche Beschwerdestelle (S. 2)

4 Die betriebliche Beschwerdestelle kann nach S. 2 in den Fällen des § 85 Abs. 2 an die Stelle der Einigungsstelle treten. Die Zuständigkeit der betrieblichen Beschwerdestelle richtet sich allein nach § 85 Abs. 2 und kann daher im Rahmen von § 86 nicht erweitert oder verändert werden.³ Auf die Ausführungen zum Einigungsstellenverfahren nach § 85 Abs. 2 (siehe § 85 Rn 7 ff.) wird verwiesen. Eine **tarifliche Schlichtungsstelle** sieht S. 2 hingegen nicht vor und kann daher auch nicht (auch nicht entsprechend) errichtet werden.⁴

5 Die Mitglieder einer betrieblichen Beschwerdestelle genießen den Schutz aus § 78 und unterliegen der Geheimhaltungspflicht aus § 79. Ferner wird die Behinderung oder Störung der Tätigkeit der betrieblichen Beschwerdestelle nach § 119 geschützt.

C. Verbindung zum Prozessrecht

6 Streitigkeiten aus § 86 werden im arbeitsgerichtlichen Beschlussverfahren entschieden, §§ 2a, 80 ff. ArbGG.

D. Beraterhinweise

7 Sinn und Zweck der Vorschrift bestehen darin, eine den betrieblichen Verhältnissen angepasste Regelung des Beschwerdeverfahrens zu ermöglichen, was regelmäßig nur in Großbetrieben zweckmäßig sein wird. I.Ü. ermöglicht ein einheitliches Beschwerdeverfahren, das durch TV oder BV vorgegeben wird, eine grds. gleichförmige Behandlung aller Beschwerden.⁵

---

1 So zutreffend ErfK/*Kania*, § 86 BetrVG Rn 2; s. auch GK-BetrVG/*Wiese*, § 86 Rn 1.
2 DKK/*Buschmann*, § 86 Rn 3; s. auch *Fitting u.a.*, § 86 Rn 2.
3 S. DKK/*Buschmann*, § 86 Rn 4.
4 Richardi/*Thüsing*, § 86 Rn 9; a.A. DKK/*Buschmann*, § 86 Rn 4; ferner *Fitting u.a.*, § 86 Rn 5, die auf § 76 Abs. 8 verweisen; ebenso ErfK/*Kania*, § 86 BetrVG Rn 1.
5 S. GK-BetrVG/*Wiese*, § 86 Rn 2.

§ 86a Vorschlagsrecht der Arbeitnehmer

¹Jeder Arbeitnehmer hat das Recht, dem Betriebsrat Themen zur Beratung vorzuschlagen. ²Wird ein Vorschlag von mindestens 5 vom Hundert der Arbeitnehmer des Betriebs unterstützt, hat der Betriebsrat diesen innerhalb von zwei Monaten auf die Tagesordnung einer Betriebsratssitzung zu setzen.

A. Allgemeines	1	II. Quorum (S. 2)	3
B. Regelungsgehalt	2	C. Verbindung zum Prozessrecht	4
I. Vorschlagsrecht	2		

A. Allgemeines

Die Vorschrift wurde im Zuge des Betriebsverfassungsreformgesetzes 2001 neu eingefügt. Nach der Gesetzesbegründung soll das „demokratische Engagement der Arbeitnehmer" gestärkt werden.[1] Aus diesem Grunde gewährt § 86a nun jedem AN das Recht, dem BR Themen zur Beratung vorzuschlagen. Die Neuheit dieser Vorschrift erscheint zweifelhaft, da es ja auch bislang jedem AN unbenommen war, sich mit bestimmten Hinweisen und/oder Vorschlägen an den BR zu wenden. Auch die Tatsache, dass die Vorschrift keine Sanktion erhält und der BR letztlich frei darin ist, ob er den Vorschlag „nur zur Kenntnis nimmt oder aber weiterverfolgt" (so die Gesetzesbegründung),[2] stellt die tatsächliche Bedeutung der Regelung für die betriebliche Praxis in Frage.

B. Regelungsgehalt

I. Vorschlagsrecht

Das Vorschlagsrecht unterscheidet sich von den Beschwerderechten der §§ 81 ff. dahingehend, dass eine individuelle und subjektive Betroffenheit der AN nicht vorliegen muss.[3] Gegenstand des Vorschlagsrechts können damit alle Themen sein, die in die Zuständigkeit des BR fallen.[4] Anders als bei §§ 84, 85 sind deshalb auch **Popularbeschwerden** möglich.[5] Adressat des Vorschlagsrechts ist der BR, also der BR-Vorsitzende oder im Falle seiner Verhinderung sein Stellvertreter, § 26 Abs. 2 S. 2. I.Ü. sieht das Vorschlagsrecht **keine Formvorschriften** oder sonstige Bedingungen vor, kann also grds. jederzeit ohne Einhaltung einer bestimmten Form oder Frist (mündlich, schriftlich, per E-Mail etc.) erfolgen. Eine Verpflichtung des BR, den Vorschlag zu verfolgen, besteht nicht.[6] Er kann sich deshalb darauf beschränken, den Vorschlag nur zur Kenntnis zu nehmen. Allerdings ist er gehalten, den AN über seine Entscheidung zu informieren.[7]

II. Quorum (S. 2)

Die Freiheit des BR, auf den Vorschlag des AN zu reagieren, wird erheblich eingeschränkt, wenn mind. 5 % der AN des Betriebs den Vorschlag unterstützen. In diesen Fällen besteht ein Rechtsanspruch gegen den BR, den Vorschlag innerhalb von zwei Monaten auf die Tagesordnung einer BR-Sitzung zu setzen.[8] Weiter geht der Anspruch allerdings nicht, also insb. nicht auf Weiterverfolgung. Vielmehr bleibt es bei der Entscheidungsfreiheit des BR, wie er mit dem Vorschlag verfahren will.[9]

C. Verbindung zum Prozessrecht

Streitigkeiten über die Behandlung eines Vorschlags werden im arbeitsgerichtlichen Beschlussverfahren entschieden, §§ 2a, 80 ff. ArbGG. Die Freiheit des BR, den Vorschlag zu behandeln, ihn nur zur Kenntnis zu nehmen oder aber gar nicht weiterzuverfolgen, schließt entgegen der überwiegenden Ansicht eine Pflichtverletzung des BR, die ein Amtsenthebungsverfahren nach § 23 Abs. 1 rechtfertigen kann, aus.[10]

---

1 BT-Drucks 14/5741, S. 47.
2 BT-Drucks 14/5741, S. 47.
3 DKK/*Buschmann*, § 86a Rn 11.
4 BT-Drucks 14/5741, S. 47.
5 HWK/*Schrader*, § 86a BetrVG Rn 3.
6 BT-Drucks 14/5741, S. 47.
7 *Fitting u.a.*, § 86a Rn 8; s. auch Richardi/*Thüsing*, § 86a Rn 10.
8 BT-Drucks 14/5741, S. 47.
9 So ausdr. die Gesetzesbegründung BT-Drucks 14/5741, S. 47.
10 So aber *Fitting u.a.*, § 86a Rn 11; HWK/*Schrader*, § 86a BetrVG Rn 15; s. auch DKK/*Buschmann*, § 86a Rn 18.

Dritter Abschnitt: Soziale Angelegenheiten

§ 87 Mitbestimmungsrechte

(1) Der Betriebsrat hat, soweit eine gesetzliche oder tarifliche Regelung nicht besteht, in folgenden Angelegenheiten mitzubestimmen:
1. Fragen der Ordnung des Betriebs und des Verhaltens der Arbeitnehmer im Betrieb;
2. Beginn und Ende der täglichen Arbeitszeit einschließlich der Pausen sowie Verteilung der Arbeitszeit auf die einzelnen Wochentage;
3. vorübergehende Verkürzung oder Verlängerung der betriebsüblichen Arbeitszeit;
4. Zeit, Ort und Art der Auszahlung der Arbeitsentgelte;
5. Aufstellung allgemeiner Urlaubsgrundsätze und des Urlaubsplans sowie die Festsetzung der zeitlichen Lage des Urlaubs für einzelne Arbeitnehmer, wenn zwischen dem Arbeitgeber und den beteiligten Arbeitnehmern kein Einverständnis erzielt wird;
6. Einführung und Anwendung von technischen Einrichtungen, die dazu bestimmt sind, das Verhalten oder die Leistung der Arbeitnehmer zu überwachen;
7. Regelungen über die Verhütung von Arbeitsunfällen und Berufskrankheiten sowie über den Gesundheitsschutz im Rahmen der gesetzlichen Vorschriften oder der Unfallverhütungsvorschriften;
8. Form, Ausgestaltung und Verwaltung von Sozialeinrichtungen, deren Wirkungsbereich auf den Betrieb, das Unternehmen oder den Konzern beschränkt ist;
9. Zuweisung und Kündigung von Wohnräumen, die den Arbeitnehmern mit Rücksicht auf das Bestehen eines Arbeitsverhältnisses vermietet werden, sowie die allgemeine Festlegung der Nutzungsbedingungen;
10. Fragen der betrieblichen Lohngestaltung, insbesondere die Aufstellung von Entlohnungsgrundsätzen und die Einführung und Anwendung von neuen Entlohnungsmethoden sowie deren Änderung;
11. Festsetzung der Akkord- und Prämiensätze und vergleichbarer leistungsbezogener Entgelte, einschließlich der Geldfaktoren;
12. Grundsätze über das betriebliche Vorschlagswesen;
13. Grundsätze über die Durchführung von Gruppenarbeit; Gruppenarbeit im Sinne dieser Vorschrift liegt vor, wenn im Rahmen des betrieblichen Arbeitsablaufs eine Gruppe von Arbeitnehmern eine ihr übertragene Gesamtaufgabe im Wesentlichen eigenverantwortlich erledigt.

(2) [1]Kommt eine Einigung über eine Angelegenheit nach Absatz 1 nicht zustande, so entscheidet die Einigungsstelle. [2]Der Spruch der Einigungsstelle ersetzt die Einigung zwischen Arbeitgeber und Betriebsrat.

Literatur: *Adomeit*, Thesen zur betrieblichen Mitbestimmung nach dem neuen BetrVG, BB 1972, 53; *Annuß*, Mitwirkung und Mitbestimmung der Arbeitnehmer im Regierungsentwurf eines Gesetzes zur Reform des BetrVG, NZA 2001, 367; *Anzinger*, Neues Arbeitszeitgesetz in Kraft getreten, BB 1994, 1492; *Badura*, Die Verfassung als Auftrag, Richtlinie und Grenze der wirtschafts- und arbeitspolitischen Gesetzgebung, WiR 1974, 1; *Barton*, Betriebliche Übung und private Nutzung des Internetarbeitsplatzes – „Arbeitsrechtliche Alternativen" zur Wiedereinführung der alleinigen dienstlichen Verwendung, NZA 2006, 460; *Bauer/Diller/Göpfert*, Zielvereinbarungen auf dem arbeitsrechtlichen Prüfstand, BB 2002, 882; *Beck*, Das betriebliche Vorschlagswesen – „Enteignung der Köpfe" oder Gestaltungsaufgabe der Betriebsräte?, BetrR 1990, 153; *Beckschulze*, Internet-, Intranet- und E-Mail-Einsatz am Arbeitsplatz, DB 2003, 2777; *Beckschulze/Henkel*, Der Einfluss des Internets auf das Arbeitsrecht, DB 2001, 1491; *Behrens/Rinsdorf*, Beweislast für die Zielerreichung bei Vergütungsansprüchen aus Zielvereinbarungen, NZA 2003, 364; *Bepler*, Mitbestimmung des Betriebsrats bei der Regelung der Arbeitszeit, NZA 2006; *Bergmeier*, AT-Angestellte und das Betriebsverfassungsgesetz, AiB 2000, 18; *Bernig*, Die Änderung des Arbeitszeitgesetzes durch das Gesetz zu Reformen am Arbeitsmarkt, BB 2004, 101; *Berscheid*, Die arbeitsrechtlichen Vorschriften der Insolvenzordnung, BuW 1998, 913; *Berwanger*, Zielvereinbarungen und ihre rechtlichen Grundlagen, BB 2003, 1499; *Beuthien*, Die Unternehmensautonomie im Zugriff des Arbeitsrechts, ZfA 1988, 1; *Bieback*, Die rechtliche Stellung des Betriebsrats in der Arbeitsmarktpolitik, AuR 1986, 161; *Bischof*, Mitbestimmung bei Einführung und Abbau von Kurzarbeit, NZA 1995, 1021; *Blanke*, Arbeitsgruppen und Gruppenarbeit in der Betriebsverfassung. RdA 2003, 140; *Blomeyer*, Die Entwicklung des arbeitsrechtlichen Schrifttums im Jahre 1974, ZfA 1975, 243; *ders.*, Der Entgeltumwandlungsanspruch des Arbeitnehmers in individual- und kollektivrechtlicher Sicht, DB 2001, 1413; *Böhm*, Massenentlassung und Kurzarbeit, BB 1974, 281; *Boerner*, Anpassung des Arbeitszeitgesetzes an das Gemeinschaftsrecht, NJW 2004, 1559; *Boewer*, Das Initiativrecht des Betriebsrats in sozialen Angelegenheiten, DB 1973, 522; *Brossette*, Der Zweck als Grenze der Mitbestimmung des Betriebsrats, NZA 1992, 379; *Buschmann*, Mitbestimmung bei Teilzeitbeschäftigung, NZA 1986, 177; *Däubler*, Der Arbeitsvertrag – ein Mittel zur Verlängerung der Wochenarbeitszeit?, DB 1989, 2534; *Däubler*, Zielvereinbarungen als Mitbestimmungsproblem, NZA 2005, 793; *Denck*, Arbeitsschutz und Mitbestimmung des Betriebsrats, ZfA 1976, 447, *ders.*, Mitbestimmung Bildschirmarbeitsplätze und Mitbestimmung des Betriebsrats, RdA 1982, 279; *ders.*, Kurzarbeit vor Kündigung?, Jura 1985, 178; *Dencker*, Betriebsbedingte Kündigung und Kurzarbeitergeld, ZfA 1985, 249; *Dietz*, Kommentar zum Betriebsverfassungsgesetz, 4. Aufl. 1967; *Diller*, Fortschritt oder Rückschritt- Das neue Arbeitszeitrecht, NJW 1994, 2726; *Dütz*, Verfahrensrecht der Betriebsverfassung, AuR 1973, 353; *Ehmann*, Technische Arbeitnehmer-Überwachung und Datensicherung – Zum Mitbestimmungs- und Mitbeurteilungsrecht bei der Eingabe- und Benutzerkontrolle gem. § 6 BDSG, in: FS Hilger und Stumpf, 1983, S. 125; *ders.*, Über Datenverarbeitung zur Generalklausel betrieblicher Mitbestimmung, ZfA 1986, 357; *Eich*, Das Job-sharing-Arbeitsverhältnis, DB-Beilage Nr. 9 1982; *Engels/Trebinger/Löhr-Steinhaus*, Regierungsentwurf eines Gesetzes zur Reform des Betriebsverfassungsgesetzes, DB 2001, 532; *Erasny*, Ausgewählte Rechtsfragen zum neuen Arbeitszeitrecht (I), NZA 1994, 1105; *ders.*, Ausgewählte Rechtsfragen zum neuen Arbeitszeitrecht (II), NZA 1995, 97; *Ernst*, Der Arbeitgeber, die E-Mail und das Internet, NZA 2002, 585; *Fabricius*, Die Mitbestimmung des Betriebsrats bei der Umsetzung des neuen Arbeitsschutzrechts, BB 1997, 1254; *Farthmann*, Die Mitbestimmung des Betriebsrates bei der Regelung der Arbeitszeit, RdA 1974, 65; *Feudner*, Zur Mitbestimmung bei der Durchführung des Altersvermögensgesetzes („Riester-Rente"), DB 2001, 2047; *Föhr*, Mitbestimmung des Betriebsrats in sozialen Angelegenheiten unter besonderer Berücksichtigung der außertariflichen Angestellten, AuR 1975, 353; *Franzen*, Betriebsvereinbarung: Alternative zu Tarifvertrag und Arbeitsvertrag?, NZA 2006, 107; *ders.*, Die Freiheit der Arbeitnehmer zur Selbstbestimmung nach dem neuen BetrVG, ZfA 2001, 423; *v. Friesen*, Die Rechtsstellung des Betriebsrats gegenüber nichtleitenden AT-Angestellten, DB 1980, Beilage Nr. 1, S. 2; *Fröhlich*, Vertrauensgleitzeit – eine Weiterentwicklung der gleitenden Arbeitszeit, BuW 1998, 230; *Gäbert*, Das Initiativrecht des Betriebsrates bei der Einführung von Kurzarbeit, NZA 1986, 412; *Gaul*, Betriebliche Gehaltspolitik für außertarifliche Angestellte und deren rechtliche Ordnung, BB 1978, 764; *ders.*, Der Verbesserungsvorschlag in seiner Abgrenzung zur Arbeitnehmererfindung, BB 1983, 1357; *ders.*, Der betriebsverfassungsrechtliche Persönlichkeitsschutz des § 87 Abs. 1 Ziff. 6 BetrVG, RDV 1987, 109; *ders.*, Rechtsprobleme der Akkordentlohnung, BB 1990, 1549; *ders.*, Die Mitbestimmung des Betriebsrats bei der fehlzeitorientierten Gewährung von Sonderleistungen, DB 1994, 1137; *Gebhardt/Umnuß*, Anonymisierung als Weg aus der Mitbestimmung bei elektronischer Datenverarbeitung gemäß § 87 I Nr. 6 BetrVG?, NZA 1995, 103; *Geffken*, Zielvereinbarungen – Eine Herausforderung für Personalwesen und Arbeitsrecht, NZA 2000, 1033; *Gester/Isenhardt*, Das Initiativrecht des Betriebsrats zur Regelung materieller Lohnbedingungen, RdA 1974, 80; *Gola*, Mitbestimmung bei technischen Überwachungseinrichtungen und Reichweite, AiB 1988, 105; *Hamann*, Mitbestimmung des Betriebsrats in Arbeitszeitfragen bei der gewerbsmäßigen Arbeitnehmerüberlassung, AuR 2002, 322; *Hanau*, Praktische Fragen zur Neuregelung der Mitbestimmung in personellen Angelegenheiten, BB 1972, 451; *ders.*, Praktische Fragen der Mitbestimmung in sozialen Angelegenheiten, BB 1972, 499; *ders.*, Allgemeine Grundsätze der betrieblichen Mitbestimmung, RdA 1973, 281; *ders.*, Die Mitbestimmung in der betrieblichen Altersversorgung nach der neuen Rechtsprechung des Bundesarbeitsgerichts, BB 1976, 91; *ders.*, Aktuelle Probleme der Mitbestimmung über das Arbeitsentgelt gemäß § 87 Nr. 10 BetrVG, BB 1977, 350; *Haug*, Tarifvorrang und innerbetriebliche Regelungsmechanismen, BB 1986, 1921; *Hayen*, Das AGG und die Betriebsräte – Auswirkungen des Allgemeinen Gleichbehandlungsgesetzes für die Betriebspraxis, AiB 2006, 730; *ders.*, Handlungsmöglichkeiten und Durchsetzungsdefizite für Interessenvertretungen nach dem Allgemeinen Gleichbehandlungsgesetz, AuR 2006, 1; *Heinze*, Die Mitbestimmungsrechte des Betriebsrates bei Provisionsentlohnung, NZA 1986, 1; *ders.*, Betriebsvereinbarung versus Tarifvertrag?, NZA 1989, 41; *ders.*, Flexible Arbeitszeitmodelle, NZA 1997, 681; *Heither*, Die Rechtsprechung des Bundesarbeitsgerichts zum Datenschutz für Arbeitnehmer, BB 1988, 1052; *Henkel/Hagemeier*, Mitwirkungs- und Mitbestimmungsrechte des Betriebsrates in Angelegenheiten der außertariflichen Angestellten, BB 1976, 1420; *Henssler*, Der mitbestimmte Betrieb als „Insel der Beschaulichkeit" – Zum Mitbestimmungsrecht des Betriebsrats gem. § 87 Abs. 1 Nr. 3 BetrVG in Eilfällen, in: FS Hanau, 1999, S. 413; *Herschel*, Betriebsjustiz und Rechtsstaat, BB 1975, 1209; *Hornung/Steidle*, Biometrie am Arbeitsplatz – sichere Kontrollverfahren versus ausufernds Kontrollpotential, AuR 2005, 201; *v. Hoyningen-Huene*, Rechtliche Gestaltungsmöglichkeiten bei Job-sharing-Arbeitsverhältnis, BB 1982, 1240; *ders.*, Die fehlerhafte Beteiligung des Betriebsrats in sozialen Angelegenheiten – Rechtsfolgen und Handlungsmöglichkeiten des Betriebsrats, DB 1987, 1426; *ders.*, Mitbestimmung trotz Tarifvertrages? – Tarifvorbehalt und Tarifvorrang in § 77 III BetrVG, NZA 1987, 793; *ders.*, Die Abmahnung im Arbeitsrecht, RdA 1990, 193; *ders.*, Belästigungen und Beleidigungen von Arbeitnehmern durch Vorgesetzte, BB 1991, 2215; *Hromadka*, Betriebsverfassungsgesetz 1972, NJW 1972, 183; *ders.*, Der Große Senat zu den übertariflichen Zulagen – Folgerungen für die Praxis, DB 1992, 1573; *Hunold*, Aktenlesen in der Bahn – Probleme von Arbeitszeit und Vergütung bei Dienstreisen, NZA 2006, 38; *ders.*, Zum Einfluß der ArbStättV auf die Mitwirkungs- und Mitbestimmungsrechte des Betriebsrates bei der menschengerechten Gestaltung der Arbeit, DB 1976, 1059; *Jahnke*, Zur Mitbestimmung des Betriebsrats bei der Anwendung technischer Überwachungseinrichtungen, DB 1978, 1691; *ders.*, Die Mitbestimmung des Betriebsrats auf dem Gebiet der betrieblichen Sozialeinrichtungen, ZfA 1980, 863; *ders.*, Mitbestimmungsrecht des Betriebsrats bei der Anordnung von Mehrarbeit oder Überstunden, Anm. zu BAG, Beschl. v. 8.6.1982, SAE 1983, 145; *Janert*, AT-Angestellte und Betriebsrat, DB 1976, 243; *Jedzig*, Mitbestimmung des Betriebsrats bei der Durchführung von Betriebsvereinbarungen über Leistungsbeurteilung von Arbeitnehmern, DB 1991, 872; *Jobs*, Mitbestimmung des Betriebsrats gemäß § 87 Abs. 1 Nr. 6 BetrVG bei Personalinformationssystemen und Bildschirmarbeitsplätzen, DB 1983, 2307; *Joussen*, Die Rechte des Betriebsrats bei unvorhergesehenem Schichtausfall, DB 2004, 1314; *Junker/Band/Feldmann*, Neue Kommunikationsmittel und Rechte des Betriebsrats, BB 2000, Beilage 10, 14; *Kalb*, Mitbestimmung bei arbeitskampfbedingter Kurzarbeit?, BB 1979, 1829; *Kamanabrou*, Vertragsgestaltung und Antidiskriminierung, NZA 2006, 138; *Kania*, Die betriebsverfassungsrechtliche Abmahnung, DB 1996, 374; *Kappus*, Mitbestimmung Sonntagsarbeit, DB 1990, 478; *Kehrmann*, Arbeit und Recht, in: FS Gnade, 1992, S. 227; *Klebe*, Personaldatenverarbeitung und Verhaltenskontrolle, DB 1986, 380; *Klebe/Roth*, Handlungskonzept für Betriebsräte bei Computertechnologien – am Beispiel CAD/CAM, AiB 1984, 70; *ders.*, Betriebsrat und Personaldatenverarbeitung, AiB 1985, 131; *Klemm*, Lebensarbeitszeitkonten – Ein Modell für die Zukunft, NZA 2006, 946; *Klevemann*, Mitbestimmung Arbeitszeit, DB 1988, 334; *Klinkhammer*, Die Mitbestimmung des Betriebsrats bei der Provisionsfestsetzung, AuR 1977, 363; *Kock/Ulber*, Gleitzeit und Umsetzung der tariflichen Arbeitsverkürzung, AiB 1986, 31; *Körner*, Neue Betriebsratsrechte bei atypischer Beschäftigung, NZA 2006, 573; *Kohte*, Mitbestimmung des Betriebsrats bei Werkmietwohnungen (§ 87 Abs. 1 Nr. 9 BetrVG), BetrR 1993, 81; *Konzen*, Tarifvertragliche und innerbetriebliche Normsetzung, BB 1977, 1307; *ders.*, Der Mißbrauch betrieblicher Beteiligungsrechte, in: FS Zöllner, 1998, S. 799; *Kornwachs*, Expertensysteme. Entscheidungsunterstützung und -ersetzung, CR 1992, 44; *Kort*, EDV und betriebsverfassungsrechtliche Mitbestimmung, CR 1987, 300; *ders.*, Betriebsverfassung und EDV, CR 1992, 611; *ders.*, Die Auswirkungen des neuen Bundesdatenschutzgesetzes auf die Mitbestimmung im Arbeitsrecht, RdA 1992, 378; *ders.*, Die Grenzen betrieblicher Mitbestimmung bei tarifvertraglicher Zulassung lediglich „freiwilliger" Betriebsvereinbarungen NZA 2001, 477; *Kraft*, Technische Einrichtungen im Sinne von § 87 Abs. 1 Nr. 6 BetrVG, ZfA 1985, 141; *Küttner/Schmidt*, Einseitige Anordnung von Überstunden durch den Arbeitgeber im Arbeitskampf?, DB 1988, 704; *Kuhr*, Die Sonntagsruhe im Arbeitszeitgesetz aus verfassungsrechtlicher Sicht, DB 1994, 2186; *Kunze*, Arbeitnehmererfinder- und Arbeitnehmerurheberrecht als Arbeitsrecht, RdA 1975, 42; *Leinemann*, Betriebsbußen – Betriebs- oder

Vertragsstrafen?, AuR 1970, 134; *Lieb*, Die Regelungszuständigkeit des Betriebsrats für die Vergütung von AT-Angestellten, ZfA 1978, 179; *Lindemann/Simon*, Betriebsvereinbarungen zu E-Mail, Internet- und. Intranetnutzung, BB 2001, 1950; *Linnenkohl*, Arbeitnehmerdatenschutz und BAG-Rechtsprechung, RDV 1990, 61; *Löwisch*, Die Mitbestimmung des Betriebsrats bei der Gehaltsfestsetzung für Angestellte nach Arbeitsplatzrangfolge und Leistungsbeurteilung, DB 1973, 1746; *ders.*, Teil II: Die neuen Regelungen zur Mitwirkung und Mitbestimmung, BB 2001, 1790; *ders.*, Kurzarbeit vor Kündigung zwischen Betriebsverfassungs- und Kündigungsschutzrecht, in: FS Wiese, 1998, S. 249; *Loritz*, Investivlohnmodelle und Arbeitsrecht, in: FS Kissel, 1994, S. 687; *Matthes*, Die Beteiligung des Betriebsrates bei Maßnahmen der Personaldatenverarbeitung, RDV 1985, 16; *ders.*, Die Rechtsprechung des Bundesarbeitsgerichts zur Mitbestimmung des Betriebsrates in Entgeltfragen, NZA 1987, 289; *Mayer-Maly*, Lohnzahlungspflicht und Kurzarbeit in mittelbar kampfbetroffenen Betrieben, BB 1979, 1305; *Mengel*, Die mitbestimmte soziale Mitbestimmung und ihre Grenzen, DB 1982, 43; *Mengel*, Kontrolle der E-Mail- und Internetkommunikation am Arbeitsplatz, BB 2004, 2014; *Mengel/Ullrich*, Arbeitsrechtliche Aspekte unternehmensinterner Investigations, NZA 2006, 240; *Moll*, Rezension von *Wiese*, Das Initiativrecht nach dem Betriebsverfassungsgesetz 1977, RdA 1979, 245; *Otto*, Mitbestimmung des Betriebsrats bei der Regelung von Dauer und Lage der Arbeitszeit, NZA 1992, 97; *Peterek*, Zur Mitbestimmung des Betriebsrats bei der Regelung von Kontoführungsgebühren, Anm. zu BAG, Beschl. v. 8.3.1977, SAE 1978, 142; *Plander*, Kapazitätsorientierte variable Arbeitszeit als Gegenstand von Tarifverträgen und Betriebsvereinbarungen, AuR 1987, 281; *Preis*, Mitbestimmung bei Teilzeitarbeit und befristeter Beschäftigung, NZA-Sonderheft 2001, 39; *Preis/Elert*, Erweiterung der Mitbestimmung bei Gruppenarbeit?, NZA 2001, 373; *Raab*, Der Unterlassungsanspruch des Betriebsrats. Die neue Rechtsprechung des Bundesarbeitsgerichts und ihre Folgen für die einzelnen Mitbestimmungstatbestände, ZfA 1997, 183; *ders.*, Der kollektive Tatbestand als Voraussetzung der Mitbestimmung des Betriebsrats in sozialen Angelegenheiten, ZfA 2001, 31; *ders.*, Die Arbeitsgruppe als neue betriebsverfassungsrechtliche Beteiligungsebene – Der neue § 28a BetrVG, NZA 2002, 474; *Reim*, Die Neuregelung im Arbeitszeitgesetz zum 1.1.2004, DB 2004, 186; *Reuter*, Arbeitsrecht Grundfragen, RdA 1981, 201; *ders.*, Die Mitbestimmung des Betriebsrats über die Lage der Arbeitszeit von Ladenangestellten, ZfA 1981, 165; *Richardi*, Lohngerechtigkeit und Leistungslohn, RdA 1969, 234; *ders.*, Die Mitbestimmung des Betriebsrats bei der Regelung des Arbeitsentgelts, ZfA 1976, 1; *ders.*, Der Große Senat des BAG zur Mitbestimmung bei der Anrechnung einer Tariflohnerhöhung auf über- und außertarifliche Zulagen, NZA 1992, 961; *ders.*, Die Mitbestimmung des Betriebsrats bei flexibler Arbeitszeitgestaltung, NZA 1994, 593; *Richenhagen*, EDV-Betriebsvereinbarungen in der Einigungsstelle, AiB 1993, 204; *Rieble/Gistel*, Betriebsratszugriff auf Zielvereinbarungsinhalte?, BB 2004, 2462; *dies.*, Ideenmanagement und betriebliche Mitbestimmung, DB 2005, 1382; *Riesenhuber/v. Steinau-Steinrück*, Zielvereinbarungen, NZA 2005, 785; *Rose*, AT-Angestellte – Gehaltserhöhung allein Sache des Arbeitgebers?, BetrR 1986, 431; *Rüthers*, Rechtsprobleme des Zeitlohnes bei taktgebundenen Produktionsanlagen, ZfA 1973, 399; *Rumpff*, das Mitbestimmungsrecht des Betriebsrats bei Entgeltfragen, insbesondere beim Leistungslohn, nach dem Betriebsverfassungsgesetz 1972, AuR 1972, 65; *Säcker*, Die Regelung sozialer Angelegenheiten im Spannungsfeld zwischen tariflicher und betriebsverfassungsrechtlicher Normsetzungsbefugnis, ZfA-Sonderheft 1972, 41; *Säcker/Oetker*, Alleinentscheidungsbefugnisse des Arbeitgebers in mitbestimmungspflichtigen Angelegenheiten aufgrund kollektivrechtlicher Dauerregelungen, RdA 1992, 16; *Schaefer*, Arbeitstechnische Betrachtungen zum Betriebsverfassungsgesetz 1972, BB 1972, 711; *Schirge*, Muster einer BV über familienbezogene Regelungen, AiB 1994, 2; *Schlottfeldt/Hoff*, „Vertrauensarbeitszeit" und arbeitszeitrechtliche Aufzeichnungspflicht nach § 16 II ArbZG, NZA 2001, 530; *Schlüter*, Die Rechtsfolgen mangelnder Beteiligung des Betriebsrats in sozialen Angelegenheiten (§ 87 BetrVG n.F.), DB 1972, 92; *Schoden*, Die Beteiligungsrechte des Betriebsrats beim betrieblichen Vorschlagswesen, AuR 1980, 73; *Schukai*, Praktische Konsequenzen aus den Entscheidungen des Großen Senats des BAG vom 3.12.1991, NZA 1992, 967; *Schwab*, Offene Fragen und Rechtsanwendungsprobleme nach dem Zulagen-Beschluß des Bundesarbeitsgerichts, BB 1993, 495; *ders.*, Betriebsrat und betriebliches Vorschlagswesen, AiB 1999, 445; *Schwarz*, Die Reichweite des Mitbestimmungsrechts des Betriebsrats bei der Einführung und Anwendung technischer Kontrolleinrichtungen (§ 87 Abs. 1 Nr. 6 BetrVG), DB 1983, 226; *ders.*, Das Mitbestimmungsrecht des § 87 Abs. 1 Nr. 6 BetrVG, BB 1985, 531; *Schwerdtner*, Die Reichweite der Mitbestimmungsrechte nach § 87 Abs. 1 Nr. 2, 3 BetrVG bei Teilzeitbeschäftigten mit variabler Arbeitszeit, DB 1983, 2763; *Seiter*, Mitbestimmung des Betriebsrats bei vorübergehender Stillegung mittelbar kampfbetroffener Betriebe?, RdA 1979, 393; *Sibben*, Das Urlaubsgeld, DB 1997, 1178; *Siemes*, Die Neuregelung der Mitbestimmung des Betriebsrates nach § 87 I Nr. 7 BetrVG bei Bildschirmarbeit, NZA 1998, 232; *Simitis*, Mitbestimmung als Regulativ einer technisierten Kontrolle von Arbeitnehmern, NJW 1985, 401; *Simitis/Weiss*, Zur Mitbestimmung des Betriebsrats bei Kurzarbeit, DB 1973, 1240; *Stadler*, Die Mitbestimmung des Betriebsrats nach dem neuen Betriebsverfassungsgesetz in fragen der Leistungsentlohnung, BB 1972, 800; *v. Stebut*, Die Zulässigkeit der Einführung von Kurzarbeit, RdA 1974, 332; *Troidl*, Technische Verbesserungsvorschläge, BB 1974, 468; *Vogt*, Harmonisierung von Arbeitern und Angestellten durch vereinheitlichte Lohn- und Gehaltssysteme, DB 1975, 1025; *ders.*, Umfang und Grenzen der Leitungs- und Entscheidungsbefugnis von Arbeitgeber/Unternehmer in der Betriebsverfassung, RdA 1984, 140; *Weber/Hoß*, Die Umsetzung der Entscheidung des Großen Senats zur Mitbestimmung bei außertariflicher Zulagen durch die Rechtsprechung des 1. Senats, NZA 1993, 632; *Weng*, Mitbestimmung des Betriebsrats nach § 87 Abs. 1 Nr. 6 BetrVG bei Erfassung von Verhalten und Leistung der Arbeitnehmer und der Verarbeitung entsprechender personenbezogener bzw. personenbeziehbarer Daten, DB 1985, 1341; *Westhoff*, Die Veränderung der Versorgungsform in der betrieblichen Altersversorgung, RdA 1979, 412; *Weyand*, Die normativen Rahmenbedingungen der betrieblichen Lohngestaltung und die Entscheidung des Großen Senats vom 3.12.1991, AuR 1993, 1; *Wiese*, Mitbestimmung bei tariflicher Regelung, Anm. zu BAG, Beschl. vom 24.2.1987, SAE 1989, 1; *Wiese*, Individuum und Kollektiv im Betriebsverfassungsrecht, NZA 2006, 1; *ders.*, Mitbestimmungspflichtige kollektive Tatbestände bei der Anrechnung von Zulagen auf Tariflohnerhöhungen, RdA 1995, 355; *Wisskirchen*, Arbeiten, wenn Arbeit da ist, NZA 2006, 24; *Wisskirchen/Jordan/Bissels*, Arbeitsrechtliche Probleme bei der Einführung internationaler Verhaltens- und Ethikrichtlinien (Codes of Conduct/Codes of Ethics), DB 2005, 2190; *Wohlgemut*, AT-Angestellte und Betriebsverfassung – am Beispiel von Entgeltregelungen, BB 1993, 286; *Wolter*, Arbeitskampfrecht- Grenzen richterlicher Rechtsfortbildung, AuR 1979, 333; *Worzalla*, Die Wirksamkeit einzelner Arbeitsvertragklauseln nach der Schuldrechtsreform – Entgelt, Arbeitszeit und Tätigkeit, Betriebsvereinbarungs- und Tarifvertragsoffenheit, Änderung des Arbeitsvertrags, NZA 2006, Beil. 3, 122; *Ziegler*, Die betriebliche Mitbestimmung und das Atomrecht, NZA 1987, 224; *Zmarzlik*, Das neue Arbeitszeitgesetz, DB 1994, 1082; *Zöllner*, Betriebsjustiz, ZZP 1983, 365; *ders.*, Die Nutzung DV-gestützter Personalinformationssysteme im Schnittpunkt von Datenschutzrecht und Betriebsverfassung, DB 1984, 241

A. Allgemeines	1
B. Regelungsgehalt	2
I. Allgemeine Voraussetzungen der Mitbestimmungsrechte	2
1. Persönlicher Geltungsbereich	2
2. Kollektiver Tatbestand	3
3. Formelle/Materielle Arbeitsbedingungen	4
4. Eil- und Notfälle	5
5. Initiativrecht des Betriebsrats/Unternehmerische Entscheidungsfreiheit	8
II. Gesetzes- und Tarifvorrang	14
1. Gesetzliche Regelungen	14
2. Tarifliche Regelungen	20
3. Verhältnis von Abs. 1 zu § 77 Abs. 3	26
III. Angelegenheiten der notwendigen Mitbestimmung (Abs. 1 Nr. 1 bis 13)	31
1. Fragen der Ordnung des Betriebs und des Verhaltens der Arbeitnehmer im Betrieb	31
a) Allgemeines	31
b) Einzelfälle	38
c) Betriebsbußen	40
d) Auswirkungen durch das AGG	50
2. Beginn und Ende der täglichen Arbeitszeit einschließlich der Pausen sowie Verteilung der Arbeitszeit auf die einzelnen Wochentage	51
a) Allgemeines	51
b) Beginn und Ende der täglichen Arbeitszeit	53
c) Pausen	54
d) Sonn- und Feiertagsruhe	55
e) Teilzeitbeschäftigung	56
f) Initiativrecht des Betriebsrats	57
3. Vorübergehende Verkürzung oder Verlängerung der betriebsüblichen Arbeitszeit	58
a) Allgemeines	58
b) Vorübergehende Veränderung der betriebsüblichen Arbeitszeit	60
c) Kollektiver Tatbestand	62
d) Überstunden	63
e) Kurzarbeit	68
f) Vergütung	70
g) Veränderungen der betrieblichen Arbeitszeit im Arbeitskampf	71
4. Zeit, Ort und Art der Auszahlung der Arbeitsentgelte	75
a) Allgemeines	75
b) Arbeitsentgelte	76
c) Zeit der Auszahlung	77
d) Art der Auszahlung	78
e) Ort der Auszahlung	81
5. Aufstellung allgemeiner Urlaubsgrundsätze und des Urlaubsplans sowie die Festsetzung der zeitlichen Lage des Urlaubs für einzelne Arbeitnehmer, wenn zwischen dem Arbeitgeber und den beteiligten Arbeitnehmern kein Einverständnis erzielt wird	83
a) Allgemeines	83
b) Urlaubsbegriff	84
c) Allgemeine Urlaubsgrundsätze	87
d) Urlaubsplan	89
e) Lage des Urlaubs für einzelne Arbeitnehmer	90
f) Urlaubsdauer/Urlaubsentgelt/Urlaubsgeld	91
6. Einführung und Anwendung von technischen Einrichtungen, die dazu bestimmt sind, das Verhalten oder die Leistung der Arbeitnehmer zu überwachen	92
a) Allgemeines	92
b) Technische Einrichtungen	93
c) Zur Überwachung	94
d) Verhaltens- oder Leistungskontrolle	95
e) Inhalt und Umfang der Mitbestimmung	100
f) Verhältnis zum BDSG	105
g) Einzelfälle	106
7. Regelungen über die Verhütung von Arbeitsunfällen und Berufskrankheiten sowie über den Gesundheitsschutz im Rahmen der gesetzlichen Vorschriften oder der Unfallverhütungsvorschriften	107
a) Allgemeines	107
b) Arbeitsunfall	108
c) Berufskrankheit	109
d) Gesundheitsschutz	110
e) Gesetzliche Vorschriften	112
f) Unfallverhütungsvorschriften	113
g) Ausfüllungsbedürftige Rahmenvorschrift	114
h) Umfang, Inhalt und Form des Mitbestimmungsrechts	115
8. Form, Ausgestaltung und Verwaltung von Sozialeinrichtungen, deren Wirkungsbereich auf den Betrieb, das Unternehmen oder den Konzern beschränkt ist	119
a) Allgemeines	119
b) Sozialeinrichtung	120
c) Einzelfälle	125
d) Umfang des Mitbestimmungsrechts	127
aa) Allgemeines	127
bb) Form der Einrichtung	128
cc) Ausgestaltung der Einrichtung	130
dd) Verwaltung der Einrichtung	131
e) Durchführung der Mitbestimmung	132
f) Zuständigkeit für die Ausübung des Mitbestimmungsrechts	136
9. Zuweisung und Kündigung von Wohnräumen, die den Arbeitnehmern mit Rücksicht auf das Bestehen eines Arbeitsverhältnisses vermietet werden, sowie die allgemeine Festlegung der Nutzungsbedingungen	139
a) Allgemeines	139
aa) Verhältnis von Nr. 8 zu Nr. 9	139
bb) Sinn und Zweck der Vorschrift	140
b) Wohnraum	141
c) Zuweisung und Kündigung von Wohnraum	142
d) Nutzungsbedingungen	147
e) Durchführung der Mitbestimmung	149
f) Zuständigkeit für die Ausübung der Mitbestimmung	150
10. Fragen der betrieblichen Lohngestaltung, insbesondere die Aufstellung von Entlohnungsgrundsätzen und die Einführung und Anwendung von neuen Entlohnungsmethoden sowie deren Änderung	151
a) Allgemeines	151
b) Lohn	152
c) Betriebliche Lohngestaltung	156
d) Entlohnungsgrundsätze	159
e) Entlohnungsmethoden	162
f) Umfang der Mitbestimmungsrechte	163
g) Mitbestimmungsfreie Vorgaben	164
h) Freiwillige Leistungen des Arbeitgebers	165
i) Leistungen der betrieblichen Altersversorgung	169
j) Anrechnung und Widerruf freiwilliger übertariflicher Zulagen	172
k) Vergütung der AT-Angestellten	178
l) Auswirkungen des AGG	182
11. Festsetzung der Akkord- und Prämiensätze und vergleichbarer leistungsbezogener Entgelte, einschließlich der Geldfaktoren	183
a) Allgemeines	183
b) Leistungsbezogene Entgelte	184
aa) Akkordsätze	184
bb) Prämiensätze	189

cc) Vergleichbare leistungsbezogene Entgelte	191	13. Grundsätze über die Durchführung von Gruppenarbeit	202
c) Initiativrecht des Betriebsrats	195	a) Allgemeines	202
d) Auswirkungen des AGG	196	b) Gruppenarbeit	203
12. Grundsätze über das betriebliche Vorschlagswesen	197	c) Umfang der Mitbestimmung	204
a) Allgemeines	197	d) Initiativrecht des Betriebsrats	208
b) Betriebliches Vorschlagswesen	198	e) Zuständigkeit für die Mitbestimmung	209
c) Umfang der Mitbestimmung	199	**C. Verbindung zum Prozessrecht**	210
d) Initiativrecht des Betriebsrats	201	**D. Beraterhinweise**	214

A. Allgemeines

1 § 87 stellt den Kernbereich der betrieblichen Mitbestimmung dar, der auch als obligatorische Mitbestimmung bezeichnet wird. Im Rahmen der geregelten Themenkomplexe können keine einseitigen Anordnungen von Seiten des AG im Wege des Direktionsrechts erfolgen. Vielmehr sollen in diesen zentralen Angelegenheiten einvernehmliche Regelungen vereinbart werden, die notfalls über die Einigungsstelle erzwungen werden können.[1] Die Mitbestimmung nach § 87 betrifft ausschließlich soziale Angelegenheiten, also Arbeitsbedingungen im weitesten Sinne.[2] Ob sich die Mitbestimmung sowohl auf formelle als auch auf materielle Angelegenheiten erstreckt, muss für jeden Tatbestand gesondert bestimmt werden.[3] Die Mitbestimmungsrechte nach dürfen weder durch TV noch durch BV eingeschränkt werden,[4] eine Erweiterung durch freiwillige BV oder Regelungsabrede ist aber möglich, da von einer umfassenden funktionellen Zuständigkeit des BR zur Mitregelung sämtlicher sozialer Angelegenheiten auszugehen ist.[5]

Das Mitbestimmungsrecht nach § 87 steht dem BR unabhängig von seiner Größe zu und gilt somit letztlich auch für einen Kleinbetrieb mit nur einem BR-Mitglied.[6] Dies wird zu Recht häufig kritisiert. Die Forderung nach einem abgestuften System der betrieblichen Mitbestimmung blieb jedoch bislang unerfüllt.

B. Regelungsgehalt

I. Allgemeine Voraussetzungen der Mitbestimmungsrechte

2 **1. Persönlicher Geltungsbereich.** Das Mitbestimmungsrecht nach § 87 erstreckt sich auf alle AN des Betriebs, also auch auf außertarifliche Ang,[7] nicht jedoch auf leitende Ang.[8] Auch bezogen auf Leih-AN können, trotz ihrer rechtlichen Zuordnung zum Entsendebetrieb, die Mitbestimmungsrechte nach § 87 bestehen. Dies ist dann der Fall, wenn der Normzweck und das dem Entleiher zustehende Weisungsrecht eine betriebsverfassungsrechtliche Zuordnung der Leih-AN auch zum Entleiherbetrieb erforderlich machen, weil ansonsten diese AN ohne kollektiven Schutz durch eine Interessenvertretung der AN blieben.[9] Das BAG hat das Mitbestimmungsrecht nach Abs. 1 Nr. 2 auf Leih-AN für anwendbar erklärt,[10] für Überstunden durch höhere regelmäßige Arbeitszeit beim Entleiher soll nach dem BAG jedoch der BR des Verleihers zuständig bleiben.[11] Das Problem derartiger Mitbestimmung im Entleiherbetrieb, dass nämlich der BR in Bezug auf die Leih-AN nicht durch Wahl legitimiert war, wird nun durch das im Zuge der Reform des BetrVG 2001 geschaffene Wahlrecht der Leih-AN im Entleiherbetrieb gem. § 7 entschärft.[12]

3 **2. Kollektiver Tatbestand.** Nach h.M. müssen sich die Mitbestimmungsrechte nach § 87 zwingend auf kollektivrechtliche Sachverhalte beziehen. Ausnahmen bestehen nur im Rahmen von Abs. 1 Nr. 5 (Urlaub für einzelne AN) und Nr. 9 (Zuweisung und Künd von Wohnräumen). In der Neuformulierung der beiden Ausnahmefälle wird dies nunmehr unmissverständlich ausgedrückt: In Nr. 5 durch die Formulierung „einzelne" AN und in Nr. 9 mit der Be-

---

1 ErfK/*Kania*, § 87 BetrVG Rn 1; *Fitting u.a.*, § 87 Rn 1, 2; DKK/*Klebe*, § 87 Rn 4.
2 Richardi/*Richardi*, § 87 Rn 3; *Fitting u.a.*, § 87 Rn 2, § 88 Rn 2.
3 BAG 13.3.1973 – AP § 87 BetrVG 1972 Werkmietwohnungen Nr. 1; BAG 29.3.1977 – AP § 87 BetrVG 1972 Provision Nr. 1; ErfK/*Kania*, § 87 BetrVG Rn 2; *Fitting u.a.*, § 87 Rn 21.
4 GK-BetrVG/*Wiese*, § 87 Rn 5; Richardi/*Richardi*, vor § 87 Rn 12; DKK/*Klebe*, § 87 Rn 38; *Fitting u.a.*, § 87 Rn 6.
5 BAG 14.8.2001 – AP § 77 BetrVG 1972 Regelungsabrede Nr. 4; DKK/*Klebe*, § 87 Rn 2; *Fitting u.a.*, § 87 Rn 7; GK-BetrVG/*Wiese*, § 87 Rn 7–10.
6 DKK/*Klebe*, § 87 Rn 4; *Fitting u.a.*, § 87 Rn 9.
7 BAG 11.2.1992 – AP § 76 BetrVG 1972 Nr. 50; ErfK/*Kania*, § 87 BetrVG Rn 4; *Fitting u.a.*, § 87 Rn 11; DKK/*Klebe*, § 87 Rn 40; *Wohlgemut*, BB 1993, 286 ff.
8 BAG 10.6.1986 – AP § 87 BetrVG 1972 Arbeitszeit Nr. 18; BAG 30.4.1974 – AP § 87 BetrVG 1972 Werkmietwohnungen Nr. 2; Richardi/*Richardi*, § 87 Rn 14; ErfK/*Kania*, § 87 BetrVG Rn 4; *Fitting u.a.*, § 87 Rn 11; DKK/*Klebe*, § 87 Rn 40.
9 ErfK/*Kania*, § 87 BetrVG Rn 5; *Fitting u.a.*, § 87 Rn 12.
10 BAG 15.12.1992 – AP § 14 AÜG Nr. 7.
11 BAG 19.6.2001 – AP § 87 BetrVG 1972 Leiharbeitnehmer Nr. 1.
12 *Körner*, NZA 2006, 576.

zugnahme auf die Zuweisung und Künd von Wohnräumen, was jeweils ebenfalls einzelne AN betrifft.[13] Demgemäß sind – mit Ausnahme von Regelungen bzgl. der Nr. 5 und 9 – nur Vereinbarungen, die den individuellen Besonderheiten einzelner Arbverh Rechnung tragen und deren Auswirkungen sich auf die Arbverh dieser AN beschränken, mitbestimmungsfrei im Sinne von § 87.[14] Mitbestimmungsrechte nach anderen Vorschriften bleiben unberührt.

Anderen Auffassungen zufolge, die sich noch an der Rspr. des BAG zu § 56 BetrVG 1952 orientieren, soll nach wie vor ausnahmslos ein kollektiver Tatbestand Voraussetzung für das Bestehen des Mitbestimmungsrechts nach § 87 sein.[15] Dieser Standpunkt scheint indes seit der Neufassung der Vorschrift nur noch schwer vertretbar.

3. Formelle/Materielle Arbeitsbedingungen. Die Annahme eines Mitbestimmungsrechts nach § 87 hängt nicht davon ab, ob es sich im Einzelfall um formelle oder materielle Arbeitsbedingungen handelt. Formelle Arbeitsbedingungen sind diejenigen Dienst- und Ordnungsvorschriften, die die Ordnung des Betriebs und das damit zusammenhängende Verhalten der AN im Betrieb regeln, wohingegen materielle Arbeitsbedingungen unmittelbar das Verhältnis von Leistung und Gegenleistung bestimmen.[16] Die Ausgestaltung der Mitbestimmungstatbestände ist so ausdifferenziert, dass seit der Neufassung der Regelung keine Beschränkung der Mitbestimmung auf formelle Arbeitsbedingungen mehr vertretbar erscheint und sich das Mitbestimmungsrecht im Wege der Annexzuständigkeit auf alles bezieht, was mit der geregelten Angelegenheit unmittelbar zusammenhängt.[17]

Gleichwohl wird in Anlehnung an die Rspr. des BAG zum BetrVG 1952 zum Teil weiterhin eine Beschränkung der Mitbestimmungsrechte auf formelle Arbeitbedingungen angenommen.[18]

4. Eil- und Notfälle. Das Mitbestimmungsrecht des BR besteht nach st. Rspr. des BAG auch in Eilfällen, also in Konstellationen, die einer dringenden Entscheidung bedürfen, in denen der BR aber seine erforderliche Zustimmung (noch) nicht erteilt hat bzw. in denen ein baldiges Einvernehmen von AG und BR nicht zu erwarten ist.[19] Die eingetretene Zwangslage wird als Ergebnis mangelhafter Organisation des AG gewertet, das dieser durch den frühzeitigen Abschluss von Rahmenbetriebsvereinbarungen hätte abfangen können.[20]

Dagegen wird in „echten" Notfällen das Mitbestimmungsrecht häufig verneint. Ein solcher wird aber nur in einer Extremsituation anzunehmen sein, wenn eine plötzliche, nicht voraussehbare und schwerwiegende Situation zur Verhinderung nicht wieder gutzumachender Schäden für Betrieb und AN zu unaufschiebbaren Maßnahmen zwingt.[21] Ursachen für einen echten Notfall sind häufig tatsächlicher Natur, wie das Auftreten von Bränden, Überschwemmungen oder andere Katastrophen, Explosionsgefahr, oder die z.B. Auslieferung verderblicher Ware kurz vor Arbeitsschluss.[22] Der echte Notfall kann aber auch rechtlicher Natur sein, wenn eine mitbestimmte Regelung fehlt, die von Rechts wegen erforderlich ist, wie z.B. die Festlegung der Arbeitszeit.[23]

Die Maßnahme des AG hat sich in jedem Fall auf eine vorläufige Regelung zu beschränken. Der BR ist davon auch unverzüglich in Kenntnis zu setzen und, für den Fall, dass der BR die Maßnahme zurückweist, ist ohne schuldhaftes Zögern die Einigungsstelle anzurufen. Die Anrufung der Einigungsstelle ist allerdings nur für den Fall der Fortwirkung der Maßnahme erforderlich. Nach Abschluss und Ablehnung der Maßnahme durch den BR kann nur noch das

---

13 DKK/*Klebe*, § 87 Rn 15, 16; Richardi/*Richardi*, § 87 Rn 17; *Fitting u.a.*, § 87 Rn 14; GK-BetrVG/*Wiese*, § 87 Rn 15 ff.; ErfK/*Kania*, § 87 BetrVG Rn 6; MünchArb/*Matthes*, Bd. 3, § 332 Rn 24; *Hanau*, BB 1972, 499 f.; *Hanau*, RdA 1973, 281, 287; *Säcker*, ZfA-Sonderheft 1972, 41, 62; *Raab*, ZfA 2001, 31, 45 ff.

14 BAG 3.12.1991 – AP § 87 BetrVG 1972 Lohngestaltung Nr. 51, 52; BAG 22.9.1992 – AP § 87 BetrVG 1972 Lohngestaltung Nr. 56, 60; ErfK/*Kania*, § 87 BetrVG Rn 6.

15 Vgl. DKK/*Klebe*, § 87 Rn 15; GK-BetrVG/*Wiese*, § 87 Rn 15 ff.; Richardi/*Richardi*, § 87 Rn 15 ff. m.w.N.

16 Richardi/*Richardi*, § 87 Rn 35.

17 BAG 8.3.1977 – AP § 87 BetrVG 1972 Auszahlung Nr. 1; DKK/*Klebe*, § 87 Rn 17; *Fitting u.a.*, § 87 Rn 21; Richardi/*Richardi*, § 87 Rn 39; MünchArb/*Matthes*, Bd. 3, § 324 Rn 5; *Hanau*, RdA 1973, 281, 283; *Fitting u.a.*, § 87 Rn 72;, 64, 123, 159; *Gester/Isenhardt*, RdA 1974, 80, 84; *Reuter*, RdA 1981, 201, 207.

18 GK-BetrVG/*Wiese*, § 87 Rn 41; *Blomeyer*, ZfA 1975, 243, 293; *Mengel*, DB 1982, 43–45; *Peterek*, SAE 1978, 142 f.; Richardi/*Richardi*, § 87 Rn 38 f.

19 BAG 2.3.1982 – AP § 87 BetrVG 1972 Arbeitszeit Nr. 6; BAG 19.2.1991 – AP § 87 BetrVG 1972 Arbeitszeit Nr. 42; BAG 17.11.1998 – AP § 87 BetrVG 1972 Arbeitszeit Nr. 79; BAG 5.3.1974 – AP § 87 BetrVG 1972 Kurzarbeit Nr. 1; BAG 13.7.1977 – AP § 87 BetrVG 1972 Kurzarbeit Nr. 2; BAG 22.2.1983 – AP § 23 BetrVG 1972 Nr. 2; BAG 12.1.1988 – AP § 81 ArbGG 1979 Nr. 8; DKK/*Klebe*, § 87 Rn 21; *Fitting u.a.*, § 87 Rn 24; GK-BetrVG/*Wiese*, § 87 Rn 138 ff.; MünchArb/*Matthes*, Bd. 3, § 324 Rn 27; ErfK/*Kania*, § 87 BetrVG Rn 7; Richardi/*Richardi*, § 87 Rn 55.

20 ErfK/*Kania*, § 87 BetrVG Rn 7; DKK/*Klebe*, § 87 Rn 21; *Henssler*, in: FS für Hanau, 1999, S. 413; *Simitis/Weiss*, DB 1973, 1243.

21 LAG Hamm 23.4.1975 – DB 1975, 1515; offengelassen von BAG 13.7.1977 – AP § 87 BetrVG 1972 Kurzarbeit Nr. 2; BAG 2.3.1982 – AP § 87 BetrVG 1972 Arbeitszeit Nr. 6; BAG 3.5.1994 – DB 1994, 2450, 2451 f.; *Henssler*, in: FS für Hanau, 1999, S. 413, 422; *Fitting u.a.*, § 87 Rn 26; Richardi/*Richardi*, § 87 Rn 62; *Galperin/Löwisch*, § 87 Rn 25; ErfK/*Kania*, § 87 BetrVG Rn 8; DKK/*Klebe*, § 87 Rn 23; GK-BetrVG/*Wiese*, § 87 Rn 162; *Kappus*, DB 1990, 478 f.; *Raab*, ZfA 1997, 183, 218 f.

22 DKK/*Klebe*, § 87 Rn 23; ErfK/*Kania*, § 87 Rn 8; *Fitting u.a.*, § 87 Rn 26; Richardi/*Richardi*, § 87 Rn 62.

23 ErfK/*Kania*, § 87 BetrVG Rn 8.

ArbG im Wege des Beschlussverfahrens nachträglich über die Zulässigkeit der Maßnahme entscheiden. Auf diesem Wege können grds. auch einstweilige Verfügungen erwirkt werden.[24]

8 5. Initiativrecht des Betriebsrats/Unternehmerische Entscheidungsfreiheit. Neben dem AG hat nach § 87 auch der BR generell ein Initiativrecht hinsichtlich der Vereinbarung kollektivrechtlicher Regelungen. Umstr. ist jedoch die Reichweite des Initiativrechts. Teilweise wird der Umfang des Initiativrechts aufseiten des BR mit der Rechweite des jeweiligen Mitbestimmungsrechts gleichgesetzt.[25] Begründet wird diese Annahme u.a. mit der Entstehungsgeschichte des § 87. Im Gesetzesentwurf wurde noch zwischen Angelegenheiten mit echten Mitbestimmungsrechten des BR einschließlich Initiativrecht und anderen Angelegenheiten, in denen eine Regelung ausschließlich von einer AG-Initiative abhängig war, unterschieden. Dieser Dualismus wurde jedoch ausdrücklich verworfen, weshalb man ein generelles Initiativrecht des BR annehmen könnte.

9 Allerdings ist das Initiativrecht anders als das Mitbestimmungsrecht weder ausdrücklich im Gesetz geregelt, noch zwingend aus Wortsinn oder Bedeutungszusammenhang zu erschließen.[26]

10 Einschränkungen des Initiativrechts können sich im Wege der teleologischen Reduktion und nach dem jeweiligen Zweck des Mitbestimmungsrechts ergeben.[27] Bspw. kann ein BR nicht eine technische Überwachungseinrichtung fordern, da sein Mitbestimmungsrecht nach Nr. 6 allein dem Schutz der AN vor den Gefahren einer technischen Überwachung dient.[28] Auf der anderen Seite besteht für Fragen der betrieblichen Ordnung i.S.d. Nr. 1 keine Einschränkung des Initiativrechts.[29]

11 Umstr. ist, ob die unternehmerische Entscheidungsfreiheit der Mitbestimmung, bzw. dem Initiativrecht Grenzen setzt.

Teilweise wird angenommen, dass die unternehmerische Entscheidungsfreiheit und das Initiativrecht des BR als ungeregelte Prinzipien der Mitbestimmung in sozialen Angelegenheiten miteinander in Einklang zu bringen sind, wobei zwischen mittelbaren und unmittelbaren Eingriffen in die Unternehmerfreiheit zu unterscheiden sein soll.[30] In diesem Zusammenhang herrscht größtenteils Einigkeit darüber, dass mittelbare Folgen des Initiativrechts für die unternehmerische Freiheit grds. hinzunehmen sind, denn dies ist praktisch für jede mitbestimmte Entscheidung der Fall. Zudem hat der Gesetzgeber die Erweiterung der Mitbestimmung in sozialen Angelegenheiten gerade nicht als Eingriff in die unternehmerische Entscheidungsfreiheit verstanden.[31]

12 Streit besteht hingegen darüber, ob sich das Initiativrecht auch auf Sachverhalte erstreckt, deren Regelungsgegenstand unmittelbar die unternehmerische Freiheit ist. Dieser Streit wird jedoch in der betrieblichen Praxis zumeist im Ergebnis nicht relevant sein, da nach einer Auff. zwar grds. unmittelbare Eingriffe in die unternehmerische Freiheit als unzulässig angesehen werden[32] und die Gegenauff. und wohl h.M. keine Einschränkung des Initiativrechts durch die unternehmerische Freiheit zulassen will, da die Mitbestimmungsrechte gerade die Gestaltungsrechte des

---

24 Richardi/*Richardi*, § 87 Rn 64; *Fitting u.a.*, § 87 Rn 26; GK-BetrVG/*Wiese*, § 87 Rn 144 ff., 165.

25 BAG 31.8.1982 – AP § 87 BetrVG 1972 Arbeitszeit Nr. 8; BAG 4.3.1986 – AP § 87 BetrVG 1972 Kurzarbeit Nr. 3; BAG 8.8.1989 – AP § 87 BetrVG 1972 Initiativrecht Nr. 3; BAG 28.11.1989 – AP § 87 BetrVG 1972 Initiativrecht Nr. 4; BAG 25.4.1989 – AP § 98 ArbGG 1979 Nr. 3; GK-BetrVG/*Wiese*, § 87 Rn 136; *Fitting u.a.*, § 87 Rn 583 ff.; DKK/*Klebe*, § 87 Rn 18 f.; Richardi/*Richardi*, § 87 Rn 70; *Farthmann*, RdA 1974, 65, 68 f.; *Löwisch*, DB 1973, 1746, 1750; *Reuter*, ZfA 1981, 165, 174 ff.; *Richardi*, ZfA 1976, 1, 38 f.; *Säcker*, ZfA Sonderheft 1972, 41, 63; *Schlüter*, DB 1972, 92, 139, 143.

26 GK-BetrVG/*Wiese*, § 87 Rn 137; Richardi/*Richardi*, § 87 Rn 65.

27 BAG 8.8.1989 – AP § 87 BetrVG 1972 Initiativrecht Nr. 3; BAG 28.11.1989 – AP § 87 BetrVG 1972 Initiativrecht Nr. 4; BAG 8.12.1981 – AP § 87 BetrVG 1972 Prämie Nr. 1; BAG 31.8.1982 – AP § 87 BetrVG 1972 Arbeitszeit Nr. 8; BAG 4.3.1986 – AP § 87 BetrVG 1972 Kurzarbeit Nr. 3; *Fitting u.a.*, § 87 Rn 584; DKK/*Klebe*, § 87 Rn 20; GK-BetrVG/*Wiese*, § 87 Rn 137; Richardi/*Richardi*, § 87 Rn 72; ErfK/*Kania*, § 87 Rn 9; *Richardi*, ZfA 1976, 1, 43; *Dütz*, AuR 1973, 353, 364; *Hanau*, RdA 1973, 281, 286; *ders.*, BB 1977, 350, 356; *Hromadka*, NJW 1972, 183, 185; *Rüthers*, ZfA 1973, 399, 417 ff.

28 BAG 28.11.1989 – AP § 87 BetrVG 1972 Initiativrecht Nr. 4; ErfK/*Kania*, § 87 BetrVG Rn 9; Richardi/*Richardi*, § 87 Rn 72; a.A. DKK/*Klebe*, § 87 Rn 135; *Fitting u.a.*, § 87 Rn 587.

29 LAG Nürnberg 10.9.2002 – NZA-RR 2003, 197; ErfK/*Kania*, § 87 BetrVG Rn 9.

30 LAG Baden-Württemberg 28.2.1980 – EzA § 87 BetrVG 1972 Initiativrecht Nr. 4; GK-BetrVG/*Wiese*, § 87 Rn 143; *Vogt*, RdA 1984, 140, 144.

31 BAG 31.8.1982 – AP § 87 BetrVG 1972 Arbeitszeit Nr. 8; BAG 22.10.1991 – AP § 87 BetrVG 1972 Arbeitszeit Nr. 48; LAG Baden-Württemberg 28.2.1980 – EzA § 87 BetrVG 1972 Initiativrecht Nr. 4; BAG 4.3.1986 – AP § 87 BetrVG 1972 Kurzarbeit Nr. 3; BAG 13.3.1987 – AP § 87 BetrVG 1972 Provision Nr. 4; BAG 16.7.1991 – AP § 87 BetrVG 1972 Lohngestaltung Nr. 49; BAG 24.11.1987 – AP § 87 BetrVG 1972 Akkord Nr. 6; GK-BetrVG/*Wiese*, § 87 Rn 144; *Beuthien*, ZfA 1988, 1, 10; a.A. Richardi/*Richardi*, § 87 Rn 41.

32 GK-BetrVG/*Wiese*, § 87 Rn 146, 147; *Beuthien*, ZfA 1988, 1, 11 f.

AG einschränken sollen.[33] Auch die Anhänger der wohl h.M. korrigieren den Umfang des Initiativrechts des BR aber dahingehend, dass dieses Recht keinesfalls zu Eingriffen in die Unternehmensführung berechtigt.[34]

Mitbestimmungsfreie Elemente der Unternehmensführung sind hiernach z.B.:

- die Einführung einer Dienstkleidung aus Gründen der einheitlichen externen Repräsentation des Unternehmens,[35]
- die Entscheidung über die Anforderungen des Marktes an das Unternehmen und dessen arbeitstechnische Organisation,[36]
- der Umfang der Produktion, der Lagerhaltung oder die Verkaufspolitik,[37]
- die Einführung freiwilliger Leistungen des AG[38] sowie
- Betriebsänderungen, da der BR hier nur nach §§ 111 bis 113 zu beteiligen ist.[39]

II. Gesetzes- und Tarifvorrang

1. Gesetzliche Regelungen. Nach Abs. 1 Eingangssatz bestehen die Mitbestimmungsrechte nach Abs. 1 nur, soweit eine gesetzliche oder tarifliche Regelung nicht besteht. Besteht eine gesetzliche Regelung, sind die Interessen der AN hinreichend durch das Gesetz geschützt; für einen weiteren Schutz durch Mitbestimmungsrechte besteht dann kein Bedürfnis. Wenn auch der AG keinen Entscheidungsspielraum hat, besteht kein Raum für betriebliche Mitbestimmung.[40] Allerdings muss die gesetzliche (oder tarifliche) Regelung abschließend sein. Durch Auslegung ist zu ermitteln, ob ein Regelungsspielraum verbleibt, in dessen Rahmen die Mitbestimmung nicht ausgeschlossen ist.[41] Bspw. regelt das Ladenschlussgesetz nur die äußersten Ladenöffnungszeiten und damit Arbeitszeiten, untersagt aber keinesfalls eine Gestaltung der Arbeitszeiten in dem vorgegebenen Rahmen.[42] Ein weiteres Beispiel für einen Regelungsspielraum ist § 6 Abs. 5 ArbZG, der den AG lediglich verpflichtet, dem AN für seine während der Nachtzeit geleistete Arbeit entweder freie Tage oder einen angemessenen Gehaltszuschlag zu gewähren. Bei der Gestaltung des geschuldeten Freizeitausgleichs verbleibt ein Spielraum, bzgl. dessen der BR mitzubestimmen hat.[43] § 8 TzBfG begründet keinen Gesetzesvorbehalt i.S.v. Abs. 1 Eingangssatz, der das Mitbestimmungsrecht des BR ausschlösse. Der Teilzeitanspruch aus § 8 TzBfG lässt dem AG einen mitbestimmten Regelungsspielraum hinsichtlich der Beschäftigung im betrieblichen System der Arbeitszeitverteilung.[44]

Gesetz i.S.d. der Vorschrift ist jedes förmliche oder materielle Gesetz, also auch eine RechtsVO.[45] RL oder ergänzungsbedürftige Rahmenvorschriften reichen dort nicht aus.[46]

Umstr. ist, ob dem Gesetz auch das Richterrecht gleichzustellen ist. Dies wird teilweise bejaht, soweit das Richterrecht zwingendem Recht gleichkommt, da es im System der geltenden Rechtsordnung keine Rechtsquelle, sondern eine Rechtserkenntnisquelle darstellt.[47]

Dagegen wird zu Recht argumentiert, dass der Richter im Rahmen einer Einzelfallentscheidung keine allgemeingültige Regelung schaffen kann.[48]

Des Weiteren muss die gesetzliche Regelung nach h.M. zwingend sein, da bei dispositivem Gesetzesrecht jederzeit eine abweichende Regelung getroffen werden kann.[49]

---

33 BVerfG 18.12.1985 – AP § 87 BetrVG 1972 Arbeitszeit Nr. 15.
34 BAG 31.8.1982 – AP § 87 BetrVG 1972 Arbeitszeit Nr. 8; BAG 4.3.1986 – AP § 87 BetrVG 1972 Kurzarbeit Nr. 3; BAG 24.11.1987 – AP § 87 BetrVG 1972 Akkord Nr. 6; *Fitting u.a.*, § 87 Rn 586; Richardi/*Richardi*, § 87 Rn 71; DKK/*Klebe*, § 87 Rn 20; ErfK/*Kania*, § 87 BetrVG Rn 9.
35 *Fitting u.a.*, § 87 Rn 586.
36 Richardi/*Richardi*, § 87 Rn 44; *Reuter*, ZfA 1981, 165, 202.
37 *Rüthers*, ZfA 1973, 411 ff.
38 *Fitting u.a.*, § 87 Rn 588.
39 GK-BetrVG/*Wiese*, § 87 Rn 146 f.; Richardi/*Richardi*, § 87 Rn 71.
40 BAG 28.5.2002 – AP § 87 BetrVG 1972 Urlaub Nr. 10; BAG 24.2.1987 – AP § 77 BetrVG 1972 Nr. 21; ErfK/*Kania*, § 87 BetrVG Rn 10; *Fitting u.a.*, § 87 Rn 28.
41 BAG 4.7.1989 – AP § 87 BetrVG 1972 Tarifvorrang Nr. 20; BAG 13.2.1979 – AP § 87 BetrVG Sozialeinrichtung Nr. 2; BAG 7.4.1992 – AP § 75 LPVG Niedersachsen Nr. 4; GK-BetrVG/*Wiese*, § 87 Rn 69.
42 BAG 31.8.1982 – AP § 87 BetrVG 1972 Arbeitszeit Nr. 8; ErfK/*Kania*, § 87 BetrVG Rn 13.
43 BAG 26.4.2005 – NZA 2005, 884.
44 BAG 18.8.2009 – 9 AZR 517/08.
45 BAG 25.5.1982 – AP § 611 BGB Dienstordnungs-Angestellte Nr. 53; DKK/*Klebe*, § 87 Rn 27; *Fitting u.a.*, § 87 Rn 29.
46 BAG 3.4.1979 – AP § 87 BetrVG 1972 Nr. 2; BAG 4.8.1981 – AP § 87 BetrVG 1972 Tarifvorrang Nr. 1; BAG 20.12.1988 – AP § 87 BetrVG 1972 Auszahlung Nr. 9; GK-BetrVG/*Wiese*, § 87 Rn 74; Galperin/Löwisch, § 87 Rn 49; Galperin/Siebert, § 56 Rn 19; Simitis/Weiss, DB 1973, 1240, 1251.
47 BAG 10.6.1980 – AP Art. 9 GG Arbeitskampf Nr. 64; MüKo-ArbR/*Matthes*, § 332 Rn 13; Richardi/*Richardi*, § 87 Rn 145; GK-BetrVG/*Wiese*, § 87 Rn 58; *Ziegler*, NZA 1987, 224, 226.
48 *Schaub*, Arbeitsrechts-Handbuch, § 235 Rn 99; DKK/*Klebe*, § 87 Rn 20; *Fitting u.a.*, § 87 Rn 30; ErfK/*Kania*, § 87 BetrVG Rn 11; *Wolter*, AuR 1979, 333, 336.
49 BAG 13.3.1973 – AP § 87 BetrVG 1972 Werkmietwohnungen Nr. 1; BAG 26.5.1988 – AP § 87 BetrVG 1972 Ordnung des Betriebes Nr. 14; BAG 29.3.1977 – AP § 87 BetrVG 1972 Provision Nr. 1; Richardi/*Richardi*, § 87 Rn 146; Galperin/Löwisch, § 87 Rn 45; *Fitting u.a.*, § 87 Rn 29; GK-BetrVG/*Wiese*, § 87 Rn 58; *Säcker*, ZfA-Sonderheft 1972, 41, 61.

17 Die Gegenauffassung beruft sich darauf, dass zwingendes Recht ohnehin unabänderlich sei, so dass die besondere Sperrwirkung gegenüber der Mitbestimmung hier sinnlos sei.

18 VA und Anordnungen aufgrund gesetzlicher Vorschriften oder Ermächtigungen, insb. im Bereich des öffentlichen Rechts, stehen nach zutreffender Auff. nach Sinn und Zweck des Gesetzes in ihrer Wirkung einer gesetzlichen Regelung gleich.[50]

19 Das Mitbestimmungsrecht besteht fort, wenn die öffentliche Hand als Zuwendungsgeber für private Forschungseinrichtungen lediglich Auflagen für die Vergütung der AN macht. Eine solche faktische Zwangslage kann zwar das Direktionsrecht des AG ebenso beschränken wie eine gesetzliche oder tarifliche Regelung. In der Praxis können diese Auflagen aber BR bzw. Einigungsstelle bei der Ausübung des Mitbestimmungsrechts i.S. einer Ermessensreduzierung faktisch binden, bis hin zum Verbot das Mitbestimmungsrecht überhaupt auszuüben. Beispiel für eine solche faktische Zwangslage ist es etwa, wenn in einem Einkaufszentrum die Vergabe von Ladenlokalen an die Einhaltung bestimmter Ladenöffnungszeiten gekoppelt wird.[51]

Umstr. ist das Bestehen eines Mitbestimmungsrechts im Zusammenhang mit der Einrichtung der Beschwerdestelle nach § 13 AGG. Richtigerweise wird man ein Mitbestimmungsrecht verneinen müssen, weil die Vorschrift dem AG die Einrichtung der Beschwerdestelle pflichtig vorschreibt und die Auswahl dem AG als zuständiger Stelle obliegt. Die Regelung erscheint abschließend.[52]

20 **2. Tarifliche Regelungen.** Auch eine tarifliche Regelung der Angelegenheit schließt das Mitbestimmungsrecht des BR aus. Der tariflichen Regelung sind die Festsetzung der Heimarbeitsausschüsse nach § 19 HAG gleichzusetzen.[53] Dahinter steckt, ebenso wie beim Bestehen einer abschließenden gesetzlichen Regelung, der gesetzgeberische Gedanke, dass bei Vorliegen einer tariflichen Regelung zu dem entsprechenden Themenkomplex dem AN-Schutz Genüge getan ist und weitergehende Mitbestimmungsrechte obsolet erscheinen.[54]

21 Eine tarifvertragliche Regelung besteht nur, wenn der jeweilige TV im Betrieb mit unmittelbarer und zwingender Wirkung gem. § 4 Abs. 1 TVG gilt. Der TV muss bereits in Kraft getreten und noch nicht abgelaufen sein. Ein lediglich nachwirkender TV nach § 4 Abs. 5 TVG sperrt die Mitbestimmungsrechte nicht.[55] Ebenfalls verneint hat das BAG den Tarifvorrang bei lediglich üblicherweise vorliegenden Tarifregelungen und somit das elementare Regelungsinteresse der Betriebsparteien im Bereich der sozialen Mitbestimmung nach § 87 anerkannt.[56]

Der AG, nicht aber die AN, muss tarifgebunden sein.[57] Die AN müssen aber jedenfalls unter den fachlichen und persönlichen Geltungsbereich des TV fallen.[58]

Die Tarifsperre gilt somit nicht für die außertariflichen Ang.[59]

Nach Wegfall der Tarifbindung soll die Änderung von tariflichen Entlohnungsgrundsätzen möglich sein, jedoch nur mit Zustimmung des BR.[60]

---

50 BAG 26.5.1988 – AP § 87 BetrVG 1972 Ordnung des Betriebes Nr. 14; *Fitting u.a.*, § 87 Rn 31; ErfK/*Kania*, § 87 BetrVG Rn 12; *Galperin/Löwisch*, § 87 Rn 45; *Ziegler*, NZA 1987, 224 ff.

51 BAG 27.1.1987 – AP § 99 BetrVG 1972 Nr. 42; BAG 24.11.1987 – AP § 87 BetrVG 1972 Auszahlung Nr. 6; *Fitting u.a.*, § 87 Rn 34; ErfK/*Kania*, § 87 BetrVG Rn 12.

52 ErfK/*Kania*, § 87 Rn 13 m.w.N.

53 Richardi/*Richardi*, § 87 Rn 146; *Fitting u.a.*, § 87 Rn 36; *Galperin/Löwisch*, § 87 Rn 42; ErfK/*Kania*, § 87 BetrVG Rn 14; GK-BetrVG/*Wiese*, § 87 Rn 60; DKK/*Klebe*, § 87 Rn 29.

54 BAG 18.3.1976 – AP § 87 BetrVG 1972 Altersversorgung Nr. 4; BAG 4.8.1981 – AP § 87 BetrVG 1972 Tarifvorrang Nr. 1; BAG 5.3.1974 – AP § 87 BetrVG 1972 Kurzarbeit Nr. 1; ErfK/*Kania*, § 87 BetrVG Rn 14; *Fitting u.a.*, § 87 Rn 38; DKK/*Klebe*, § 87 Rn 29; GK-BetrVG/*Wiese*, § 87 Rn 71.

55 BAG 13.7.1977 – AP § 87 BetrVG 1972 Kurzarbeit Nr. 2; BAG 24.2.1987 – AP § 77 BetrVG 1972 Nr. 21; BAG 14.2.1989 – AP § 87 BetrVG 1972 Akkord Nr. 8; *Galperin/Löwisch*, § 87 Rn 46; GK-BetrVG/*Wiese*, § 87 Rn 58; ErfK/*Kania*, § 87 BetrVG Rn 15; *Fitting u.a.*, § 87 Rn 41.

56 BAG 24.2.1987 – AP § 77 BetrVG 1972 Nr. 21.

57 BAG 24.2.1987 – AP § 77 BetrVG 1972 Nr. 21; BAG 24.11.1987 – AP § 87 BetrVG 1972 Auszahlung Nr. 6; BAG 20.12.1988 – AP § 87 BetrVG 1972 Auszahlung Nr. 9; BAG 10.8.1993 – AP § 87 BetrVG 1972 Auszahlung Nr. 12; BAG 30.1.1990 – AP § 99 BetrVG 1972 Nr. 78; Richardi/*Richardi*, § 87 Rn 154; *Dietz*, § 87 Rn 67; *Fitting u.a.*, § 87 Rn 42; DKK/*Klebe*, § 87 Rn 30; ErfK/*Kania*, § 87 BetrVG Rn 15; MünchArb/*Matthes*, Bd. 3, § 332 Rn 16; *Säcker*, ZfA-Sonderheft 1972, 41, 68; *Boewer*, DB 1973, 522, 525; *Simitis/Weiss*, DB 1973, 1240, 1249 f.; *Farthmann*, RdA 1974, 65, 70; v. Hoyningen-Huene, NZA 1987, 793, 796; *Heinze*, NZA 1989, 41 ff.; a.A. GK-BetrVG/*Wiese*, § 87 Rn 68; *Galperin/Löwisch*, § 87 Rn 56; *Rumpff*, AuR 1972, 65, 78.

58 BAG 22.3.2005 – BB 2005, 2024.

59 BAG 22.1.1980 – AP § 87 BetrVG 1972 Lohngestaltung Nr. 3; BAG 21.3.2003 – AP § 21a BetrVG 1972 Nr. 1; BAG 30.4.1981 – AP § 80 BetrVG 1972 Nr. 13; BAG 18.9.1973 – AP § 80 BetrVG 1972 Nr. 3; BAG 28.5.1974 – AP § 80 BetrVG 1972 Nr. 6; BAG 21.8.1990 – NZA 1991, 434, 435; BAG 27.11.1990 – AP § 87 BetrVG 1972 Arbeitszeit Nr. 41; BAG 27.10.1992 – AP § 87 BetrVG 1972 Lohngestaltung Nr. 61; Richardi/*Richardi*, § 87 Rn 159; *Galperin/Löwisch*, § 87 Rn 54a; *Fitting u.a.*, § 87 Rn 44; GK-BetrVG/*Wiese*, § 87 Rn 76; DKK/*Klebe*, § 87 Rn 40; *Richardi*, ZfA 1976, 1, 5 21; *von Friesen*, DB 1980, Beilage Nr. 1, S. 2 ff.; *Gaul*, BB 1978, 764, 765 f.; *Bergmeier*, AiB 2000, 18; *Föhr*, AuR 1975, 353; Henkel/*Hagemeier*, BB 1976, 1420, 1422; a.A. *Janert*, DB 1976, 243.

60 BAG 15.4.2008 – 1 AZR 65/07 – NZA 2008, 888.

Inhaltlich muss der TV – ebenso wie eine gesetzliche Regelung – eine abschließende materielle Regelung der mitbestimmungspflichtigen Angelegenheit enthalten, damit das Mitbestimmungsrecht vollständig entfällt. Es dürfen keine Regelungslücken bestehen, schon gar nicht darf der TV sie ausdrücklich vorsehen.[61] Nicht möglich ist, dass die TV-Parteien das Mitbestimmungsrecht ausdrücklich ausschließen, ohne die mitbestimmungspflichtige Angelegenheit (abschließend) selbst zu regeln.[62] Wenn die TV-Parteien über eine bestimmte Angelegenheit im TV überhaupt keine Regelung treffen, bleibt es beim Mitbestimmungsrecht des BR.[63]

Die Tarifpartner können sich darauf beschränken, statt einer materiellen Regelung nach § 87 lediglich Verfahrensvorschriften zu vereinbaren und dabei auch die Zuständigkeit der Einigungsstelle nach Abs. 2, § 76 Abs. 5 durch eine tarifliche Schlichtung zu ersetzen.[64]

Möglich und in der Praxis häufig sind tarifliche Regelungen, die ausdrücklich zu dem für betriebliche Mitbestimmung verbleibenden Raum eine Aussage treffen. Es kann den Betriebsparteien durch TV ausdrücklich vorgegeben werden, die tariflichen Normen näher auszugestalten. Dies gilt zum einen für Tarifnormen, die den Betriebspartnern unmittelbar aufgeben, die tariflichen Regelungen näher auszugestalten. Ein TV über Nachtarbeitszuschläge kann z.B. vorsehen, dass sich AG und Betriebspartner über die entsprechenden Zeitspannen im Wege der BV zu einigen haben.[65] Es ist auch möglich, dass der TV in einer Öffnungsklausel eine Abweichung von einer tariflichen Regelung durch freiwillige BV gestattet.[66]

Schließlich können die TV-Parteien festlegen, dass der AG bei Vorliegen von unerwartetem Bedarf einseitige Anordnungen treffen kann, z.B. in außergewöhnlichen Fällen Überstunden anordnen.[67] Allerdings darf dieses Anordnungsrecht nicht per se nach Gutdünken des AG bestehen und der AG nicht zu einseitigen, die notwendige Mitbestimmung des BR ausschließenden oder Einschränkungen ermächtigt werden, da ansonsten das Mitbestimmungsrecht des BR ausgehebelt würde. In diesem Fall besteht das Mitbestimmungsrecht ohne Rücksicht auf die tarifliche Regelung fort.[68] Soweit bisherige tarifliche Regelungen, z.B. bzgl. der betrieblichen Entgeltstruktur (s. Abs. 1 Nr. 10), wegen Verstoß gegen das Benachteiligungsverbot aus § 7 Abs. 2 AGG unwirksam sind und mithin fehlen, sind die Betriebspartner frei eine diesbzgl. BV zu vereinbaren, die bis zur Vereinbarung einer wirksamen tariflichen Regelung Bestand hat.[69]

3. Verhältnis von Abs. 1 zu § 77 Abs. 3. Es gab in der Lit. Streit darüber, ob das Mitbestimmungsrecht sowohl durch Abs. 1 wie auch bei Vorliegen der Voraussetzungen des § 77 Abs. 3 ausgeschlossen wird (Zwei-Stufen Theorie), oder eine Anwendung von § 77 Abs. 3 auf die Themenkomplexe des Abs. 1 ausscheidet (Vorrangtheorie).[70] Das BAG hat diesen Streit mittlerweile zugunsten der Vorrangtheorie entschieden. § 77 Abs. 3 stellt danach grds. keinen weiteren Ausschlusstatbestand für die Mitbestimmungsrechte nach Abs. 1 dar.[71]

---

61 BAG 24.8.2004 – NZA 2005, 51, 53; BAG 3.12.1991 – AP § 87 BetrVG 1972 Lohngestaltung Nr. 51, 52; BAG 21.9.1993 – AP BetrVG 1972 Arbeitszeit Nr. 62; BAG 17.11.1998 – AP § 87 BetrVG 1972 Arbeitszeit Nr. 79; BAG 10.11.1992 – AP § 87 BetrVG 1972 Lohngestaltung Nr. 58; BAG 14.12.1993 – AP § 87 BetrVG 1972 Lohngestaltung Nr. 65; Richardi/*Richardi*, § 87 Rn 161 f.; ErfK/*Kania*, § 87 BetrVG Rn 16; *Fitting u.a.*, § 87 Rn 46; DKK/*Klebe*, § 87 Rn 29.
62 BAG 21.9.1993 – AP § 87 BetrVG 1972 Arbeitszeit Nr. 62; *Fitting u.a.*, § 87 Rn 46; ErfK/*Kania*, § 87 BetrVG Rn 16.
63 BAG 18.4.1989 – AP § 87 BetrVG 1972 Tarifvorrang Nr. 18; BAG 21.9.1993 – AP § 87 BetrVG 1972 Arbeitszeit Nr. 62.
64 BAG 17.11.1998 – AP § 87 BetrVG 1972 Arbeitszeit Nr. 79; BAG 23.3.1962 – AP § 56 BetrVG Akkord Nr. 1 = AuR 1962, 252; *Farthmann*, RdA 1974, 65, 69; GK-BetrVG/*Wiese*, § 87 Rn 75; Richardi/*Richardi*, § 87 Rn 163; *Fitting u.a.*, § 87 Rn 56.
65 BAG 21.9.1993 – AP § 87 BetrVG 1972 Arbeitszeit Nr. 62; Richardi/*Richardi*, § 87 Rn 163; ErfK/*Kania*, § 87 BetrVG Rn 17.
66 BAG 28.2.1984 – AP § 87 BetrVG 1972 Tarifvorrang Nr. 4; BAG 24.11.1987 – AP § 87 BetrVG 1972 Akkord Nr. 6; BAG 25.4.1989 – AP § 98 ArbGG 1979 Nr. 3; Richardi/*Richardi*, § 87 Rn 164; *Fitting u.a.*, § 87 Rn 55; *Kort*, NZA 2001, 477, 478.
67 BAG 17.11.1998 – AP § 87 BetrVG 1972 Arbeitszeit Nr. 79; Richardi/*Richardi*, § 87 Rn 164; a.A. DKK/*Klebe*, § 87 Rn 29; *Fitting u.a.*, § 87 Rn 54; GK-BetrVG/*Wiese*, § 87 Rn 75.
68 BAG 18.4.1989 – AP § 87 BetrVG 1972 Tarifvorrang Nr. 18; 21.9.1993 – AP § 87 BetrVG 1972 Arbeitszeit Nr. 62; BAG 17.11.1998 – AP § 87 BetrVG 1972 Arbeitszeit Nr. 79; BAG 23.3.1999 – AP § 87 BetrVG 1972 Arbeitszeit Nr. 80; BAG 18.3.1976 – AP § 87 BetrVG1972 Altersversorgung Nr. 4; BAG 17.10.1989 – AP § 76 BetrVG 1972 Nr. 39; BAG 13.2.1990 – AP § 118 BetrVG 1972 Nr. 45; BAG 9.12.2003 – EzA § 87 BetrVG 2001 Nr. 6; DKK/*Klebe*, § 87 Rn 29; *Fitting u.a.*, § 87 Rn 54; GK-BetrVG/*Wiese*, § 87 Rn 79; Richardi/*Richardi*, § 87 Rn 164; ErfK/*Kania*, § 87 Rn 17; *Farthmann*, RdA 1974, 65, 70; *Haug*, DB 1986, 1921, 1926; *Konzen*, BB 1977, 1307, 1309; *von Stebut*, RdA 1974, 332, 338 f.; a.A. *Galperin/Löwisch*, § 87 Rn 50 ff.; *Lieb*, ZfA 1978, 179, 210; *Säcker*, ZfA-Sonderheft 1972, 41, 49; *Säcker/Oetker*, RdA 1992, 16, 17 ff.; *Löwisch*, AuR 1978, 97, 105.
69 *Schleusener/Suckow/Voigt*, AGG, § 7 Rn 47.
70 Vgl. *Fitting u.a.*, § 77 Rn 109.
71 BAG 3.12.1991 – AP § 87 BetrVG 1972 Lohngestaltung Nr. 51, 52; BAG 24.11.1987 – AP § 87 BetrVG 1972 Auszahlung Nr. 6; BAG 24.2.1987 – AP § 77 BetrVG 1972 Nr. 21.

150 BetrVG § 87

Der Streit hat nur noch praktische Relevanz für den Fall, dass lediglich Tarifüblichkeit gegeben ist.[72] Die bloße Tarifüblichkeit einer Regelung hat für das Mitbestimmungsrecht des BR keine Sperrwirkung.[73]

27 Umstr. ist, ob bei Tarifüblichkeit einer Regelung das Mitbestimmungsrecht durch den Abschluss einer BV ausgeübt werden kann.

Dies wird vom BAG mit der Begründung, dass die BV zur Ausübung der Mitbestimmung das geeignete Instrument und Abs. 1 gegenüber § 77 Abs. 3 lex specialis sei, bejaht.[74]

28 Gegen die Vorrangtheorie wird insoweit angeführt, dass sich Abs. 1 nur auf das Mitbestimmungsrecht beziehe, wohingegen § 77 Abs. 3 bei Vorliegen einer tariflichen oder tarifüblichen Regelung explizit den Abschluss einer BV verbiete. Dieses Verbot sei auch im Rahmen der Regelungskomplexe des § 87 erforderlich und insb. für den Fall der bloßen Nachwirkung eines TV relevant, da hier die Tarifpartner vor Abschluss eines neuen TV die Option besäßen, Letzteren durch präjudizierende BV zu konterkarieren. Hierin wird eine Schwächung der Tarifautonomie gesehen.[75]

29 Entscheidend für die Vorrangtheorie des BAG spricht aber der Zweck des § 87, der vorsieht, dass die Interessen der AN umfassend geschützt werden sollen und Mitbestimmungsrechte ausschließlich bei Vorliegen von einschlägigen Gesetzen oder TV ausgeschlossen sein sollen. Würde schon bei Tarifüblichkeit einer Regelung die Mitbestimmungsrechte nach § 87, bzw. die BV als deren zentrales Ausübungsinstrument ausschließen, würde der AN-Schutz unzumutbar eingeschränkt werden. Auch der Tarifautonomie wäre nicht gedient, da die TV-Parteien jederzeit tarifvertraglich zwingende Regelungen vereinbaren könnten.[76]

30 Einigkeit besteht im Wesentlichen dahingehend, dass durch das Vorliegen einer tariflichen Regelung zu einem der in § 87 genannten Themenkomplexe lediglich das entsprechende Mitbestimmungsrecht, nicht aber die Möglichkeit der freiwilligen Mitbestimmung ausgeschlossen wird. Dies gilt unabhängig von der Frage, ob die Mitbestimmung in der Form einer BV erfolgen kann.[77] Es ist den Parteien unbenommen, soweit keine gesetzliche oder tarifvertragliche Regelung entgegensteht, auch bei Tarifüblichkeit der entsprechenden Regelung, eine formlose Betriebsabsprache zu dem entsprechenden Themenkomplex abzuschließen, da § 77 Abs. 3 losgelöst davon, ob die Vorschrift nun im Rahmen der Angelegenheiten des § 87 gilt oder nicht, unstreitig nur für das Regelungsinstrument der BV gilt.[78]

III. Angelegenheiten der notwendigen Mitbestimmung (Abs. 1 Nr. 1 bis 13)

31 **1. Fragen der Ordnung des Betriebs und des Verhaltens der Arbeitnehmer im Betrieb. a) Allgemeines.** Das Mitbestimmungsrecht nach Nr. 1 betrifft alle Maßnahmen des AG tatsächlicher oder rechtlicher Art, die sich auf die allgemeine Ordnung des Betriebes und (oder) das Verhalten der AN oder Gruppen von AN im Betrieb beziehen. Zu unterscheiden sind – unzulässige – Eingriffe in die private Lebensführung der AN.[79] Die Vorschrift soll verbindliche Verhaltensregeln zur Sicherung eines ungestörten Arbeitsablaufs und eines reibungslosen Zusammenlebens und Zusammenwirkens der AN im Betrieb statuieren.[80] Des Weiteren können in Bezug auf das Verhalten der AN im Betrieb Regelungen für eine diskriminierungsfreie Arbeitswelt vereinbart werden. Die Zahl dieser Vereinbarungen wird wohl vor dem Hintergrund des neu geschaffenen § 7 AGG deutlich zunehmen.[81]

Zweck ist die Schaffung eines arbeitnehmerseitigen Mitbestimmungsrechts hinsichtlich der durch das Direktionsrecht des AG bedingten einseitigen Koordination der Arbeitsleistungserbringung.[82]

32 Abs. 1 Nr. 1 führt neben der Ordnung des Betriebs explizit das Verhalten der AN als mitbestimmungspflichtigen Tatbestand auf. Umstr. ist, ob beide Tatbestände ein und denselben Sachverhalt betreffen oder die Ordnung des Betriebs einen selbstständigen Mitbestimmungstatbestand beinhaltet.

---

72 BAG 3.12.1991 – AP § 87 BetrVG 1972 Lohngestaltung Nr. 51, 52; DKK/*Klebe*, § 87 Rn 32; *Fitting u.a.*, § 87 Rn 58; a.A. GK-BetrVG/*Wiese*, § 87 Rn 48 ff. m.w.N.
73 Richardi/*Richardi*, § 87 Rn 166.
74 BAG 24.2.1987 – AP § 77 BetrVG 1972 Nr. 21; BAG 3.12.1991 – AP § 87 BetrVG 1972 Lohngestaltung Nr. 51, 52; Richardi/*Richardi*, § 77 Rn 167.
75 GK-BetrVG/*Wiese*, § 87 Rn 52.
76 *Fitting u.a.*, § 87 Rn 60; *Schlachter*, RdA 1993, 321; BAG 24.2.1987 – AP § 77 BetrVG 1972 Nr. 21; BAG 3.12.1991 – AP § 87 BetrVG 1972 Lohngestaltung Nr. 51, 52; Richardi/*Richardi*, § 77 Rn 167.
77 MünchArb/*Matthes*, Bd. 3, § 322 Rn 22; Richardi/*Richardi*, § 77 Rn 170; GK-BetrVG/*Wiese*, § 87 Rn 52; *Wiese*, SAE 1989, 1, 6, 8.
78 BAG 21.1.2003 – AP § 21a BetrVG 2002 Nr. 1; BAG 20.4.1999 – AP Art. 9 GG Nr. 89; BAG 3.12.1991 – AP § 77 BetrVG 1972 Lohngestaltung Nr. 51, 52; GK-BetrVG/*Wiese*, § 87 Rn 53; MünchArb/*Matthes*, Bd. 3,

§ 322 Rn 22; Richardi/*Richardi*, § 77 Rn 170; *Adomeit*, BB 1972, 53; a.A. *Galperin/Löwisch*, § 77 Rn 91; *Hanau*, RdA 1973, 281, 285; *Hanau*, BB 1977, 350.
79 BAG 27.1.2004 – AP § 87 BetrVG 1972 Überwachung Nr. 40; BAG 28.5.2002 – AP § 87 BetrVG 1972 Ordnung des Betriebes Nr. 39; *Fitting u.a.*, § 87 Rn 62.
80 BAG 9.12.1980 – AP § 87 BetrVG 1972 Ordnung des Betriebes Nr. 2; BAG 23.10.1984 – AP § 87 BetrVG 1972 Ordnung des Betriebes Nr. 8; BAG 14.1.1986 – AP § 87 BetrVG 1972 Ordnung des Betriebes Nr. 10; BAG 1.12.1992 – AP § 87 BetrVG 1972 Ordnung des Betriebes Nr. 20; BAG 8.11.1994 – AP § 87 BetrVG 1972 Ordnung des Betriebes Nr. 24; Richardi/*Richardi*, § 77 Rn 175; BAG 24.3.1981 – AP § 87 BetrVG 1972 Arbeitssicherheit Nr. 2; ErfK/*Kania*, § 87 BetrVG Rn 18.
81 *Hayen*, AuR 2006, 3.
82 BVerfG 30.7.2003 – NZA 2003, 959; BAG 28.5.200 – AP § 87 BetrVG 1972 Ordnung des Betriebes Nr. 39; *Fitting u.a.*, § 87 Rn 63.

Teile der Lit. weisen das Vorliegen zweier selbstständiger Tatbestände zurück, da anderenfalls die Ordnung im Betrieb nicht nur auf das AN-Verhalten bezogen wäre, sondern auch die betriebsverfassungsrechtliche Ordnung mit umfassen würde, die aber ersichtlich bereits abschließend durch das BetrVG geregelt sei.[83]   33

Das BAG geht demgegenüber grds. von zwei verschiedenen Tatbeständen aus, nämlich dem mitbestimmungsfreien Arbeitsverhalten einerseits und dem mitbestimmungspflichtigen Ordnungsverhalten der AN andererseits. Das BAG verweist zur Begründung auf die Zusammenschau beider gesetzlich angesprochenen Tatbestände hin, aus der ersichtlich sei, dass mit „Verhalten" nur das sog. Ordnungsverhalten des AN im Betrieb gemeint sein könne. Mitbestimmungspflichtig sind hiernach ausschließlich Regelungen, die das Zusammenleben und -wirken der AN betreffen und nicht etwa auf die Arbeitsleistung (Arbeitsverhalten) oder gar das außerbetriebliche, private Verhalten des AN bezogen sind. Insb. in seinen neueren Entscheidungen kommt das BAG im Wege der teleologischen Reduktion dazu, das Arbeitsverhalten vom Mitbestimmungsrecht nach Abs. 1 Nr. 1 zu subtrahieren.[84]   34

Losgelöst davon betrifft Abs. 1 Nr. 1 ausschließlich Verhaltensweisen im „Betrieb", wobei der Begriff nicht räumlich (d.h. beschränkt auf die Betriebsstätte), sondern funktional zu verstehen ist.[85]   35

Das Mitbestimmungsrecht nach Abs. 1 Nr. 1 steht dem BR unabhängig von der Anzahl der AN zu, die die in Frage stehende Regelung letztlich tatsächlich betrifft.[86] Allerdings besteht das Mitbestimmungsrecht ausschließlich im Rahmen von kollektiven Tatbeständen.[87]   36

Mitbestimmungsfrei sind demzufolge z.B. arbeitsbezogene Einzelanweisungen an einen AN, ohne die die geschuldete Arbeitsleistung nicht sinnvoll erbracht werden kann, da der Arbeitsvertrag nicht alle denkbaren Aspekte der Arbeitsleistung umfassend regeln kann.[88]

Die Ausübung des Mitbestimmungsrechts darf beim AN in keinem Falle zu einer Verletzung des allgemeinen Persönlichkeitsrechts führen. Ein Verstoß kann bspw. bei Vereinbarung eines generellen Rauchverbots auf dem Betriebsgelände gegeben sein,[89] nicht aber bei Einführung einer einheitlichen Arbeitskleidung.[90] Auch muss das Diskriminierungsverbot aus § 75 Abs. 1 beachtet werden.[91] Auf der anderen Seite können BR auch durch Ausübung von Mitbestimmungsinitiativrechten, insb. in Bezug auf das Verhalten der AN im Betrieb, zu einer diskriminierungsfreien Arbeitsumgebung beitragen. Dieses erzwingbare Mitbestimmungsrecht erfasst auch Regelungen zur Vermeidung von Benachteiligungen und zum Umgang mit diskriminierenden Vorgängen.[92]   37

b) Einzelfälle. Nach den dargestellten Grundsätzen sind – beispielhaft – folgende Maßnahmen mitbestimmungspflichtig, die das Ordnungsverhalten des AN betreffen: 38

– Torkontrollen, einschließlich dem Durchleuchten von Taschen,[93] sowie der Benutzung von Werksausweisen[94] und der Erfassung von Fingerabdrücken (biometrische Zugangskontrolle),[95]

---

83 GK-BetrVG/*Wiese*, § 87 Rn 172; *Raab*, NZA 1993, 193, 198 ff.; *Raab*, ZfA 2001, 31, 48.
84 BAG 24.3.1981 – AP § 87 BetrVG 1972 Arbeitssicherheit Nr. 2; BAG 24.11.1981 – AP § 87 BetrVG 1972 Ordnung des Betriebes Nr. 3; BAG 10.4.1984 – AP § 87 BetrVG 1972 Ordnung des Betriebes Nr. 7; BAG 23.10.1984 – AP § 87 BetrVG 1972 Ordnung des Betriebes Nr. 8; BAG 14.1.1986 – AP § 87 BetrVG 1972 Ordnung des Betriebes Nr. 10; BAG 8.8.1989 – AP § 87 BetrVG 1972 Ordnung des Betriebes Nr. 15; BAG 1.12.1992 – AP § 87 BetrVG 1972 Ordnung des Betriebes Nr. 20; BAG 21.1.1997 – AP § 87 BetrVG 1972 Ordnung des Betriebes Nr. 27; BAG 19.1.1999 – AP § 87 BetrVG 1972 Ordnung des Betriebes Nr. 28; BAG 25.1.2000 – AP § 87 BetrVG 1972 Ordnung des Betriebes Nr. 34; BAG 11.6.2002 – AP § 87 BetrVG 1972 Ordnung des Betriebes Nr. 38; BAG 27.1.2004 – AP § 87 BetrVG 1972 Überwachung Nr. 40; BAG 8.12.1981 – AP § 87 BetrVG 1972 Lohngestaltung Nr. 6; Richardi/*Richardi*, § 77 Rn 177, 178; GK-BetrVG/*Wiese*, § 87 Rn 170; *Fitting u.a.*, § 87 Rn 66; DKK/*Klebe*, § 87 Rn 45; ErfK/*Kania*, § 87 BetrVG Rn 21.
85 BAG 27.1.2004 – AP § 87 BetrVG 1972 Überwachung Nr. 40; GK-BetrVG/*Wiese*, § 87 Rn 170.
86 DKK/*Klebe*, § 87 Rn 29.
87 BAG 9.12.1980 – AP § 87 BetrVG 1972 Ordnung des Betriebes Nr. 2; BAG 24.11.1981 – AP § 87 BetrVG 1972 Ordnung des Betriebes Nr. 3; BAG 23.10.1984 – AP § 87 BetrVG 1972 Ordnung des Betriebes Nr. 8; BAG 14.1.1986 – AP § 87 BetrVG 1972 Ordnung des Betriebes Nr. 10; BAG 24.3.1981 – AP § 87 BetrVG 1972 Arbeitssicherheit Nr. 2; BAG 27.5.1960 – AP § 56 BetrVG 1972 Ordnung des Betriebes Nr. 1; GK-BetrVG/*Wiese*, § 87 Rn 178; *Galperin/Löwisch*, § 87 Rn 67; *Raab*, ZfA 2001, 31, 47 ff.
88 *Fitting u.a.*, § 87 Rn 67; GK-BetrVG/*Wiese*, § 87 Rn 197 ff.; DKK/*Klebe*, § 87 Rn 47; *Galperin/Löwisch*, § 87 Rn 60.
89 BAG 19.1.1999 – AP § 87 BetrVG 1972 Ordnung des Betriebes Nr. 28; DKK/*Klebe*, § 87 Rn 49; *Fitting u.a.*, § 87 Rn 70.
90 BAG 1.12.1992 – AP § 87 BetrVG 1972 Ordnung des Betriebes Nr. 20u.
91 DKK/*Klebe*, § 87 Rn 49; *Fitting u.a.*, § 87 Rn 70.
92 *Hayen*, AiB 2006, 734.
93 BAG 26.5.1988 – AP § 87 BetrVG 1972 Ordnung des Betriebes Nr. 14; BAG 12.8.1999 – AP § 626 BGB Verdacht strafbarer Handlung Nr. 28; *Fitting u.a.*, § 87 Rn 71.
94 BAG 16.12.1986 – AP § 87 BetrVG 1972 § 87 Ordnung des Betriebes Nr. 13; ErfK/*Kania*, § 87 BetrVG Rn 20.
95 BAG 27.1.2004 – AP § 87 BetrVG 1972 Ordnung des Betriebes Nr. 40; Richardi/*Richardi*, § 87 Rn 184.

150 BetrVG § 87

- Einführung und Beschäftigung eines Werkschutzes, der zumindest auch das Verhalten der AN kontrolliert;[96] die Einstellung eines Kaufhausdetektivs ist dagegen mitbestimmungsfrei, da dieser nicht der Beaufsichtigung der Mitarbeiter dient,[97]
- Einführung von Pünktlichkeitskontrollen (z.B. Stechuhren),[98]
- Verhaltensanweisungen, die sich auf Tätigkeiten in einem Kundenbetrieb beziehen,[99]
- Erfassung der Arbeitszeit (kann bei der Einführung von Lebensarbeitszeitkonten eine Rolle spielen)[100]
- Einführung und Ausgestaltung einer einheitlichen Arbeitskleidung,[101] nicht aber die Kostentragungspflicht,[102]
- das Tragen von Namensschildern,[103]
- den Erlass eines Alkoholverbotes[104] oder eines Rauchverbots, soweit dies nicht schon gesetzlich angeordnet ist,[105]
- Regelungen über die Benutzung des Telefons oder des Computers mit Internet-Zugang für private Zwecke,[106] sowie Vorschriften über das Radiohören im Betrieb,[107]
- das Abstellen von Privatfahrzeugen,[108]
- Regelungen über den Nachweis der Arbeitsunfähigkeit in einer bestimmten Frist,[109]
- formalisierte Mitarbeitergespräche zur Vorbereitung von Zielvereinbarungen und die Zielvereinbarungsgespräche selbst, soweit es nicht um den mitbestimmungsfreien Inhalt der Vereinbarungen geht, sondern um Zeitpunkt, Häufigkeit, beteiligte AN etc. der Vereinbarungen,[110]
- formalisierte Krankengespräche zur Aufklärung eines überdurchschnittlichen Krankenstandes,[111] nicht aber Krankenbesuche zur Überprüfung, ob der AN überhaupt krank ist,[112]
- standardisierte Verschwiegenheitserklärungen, soweit sich die Verschwiegenheitspflicht auf das Ordnungsverhalten der AN bezieht und nicht schon gesetzlich geregelt ist,[113]
- Einführung eines sog. „code of conduct", bzw. einer Ethikrichtlinie, der generelle Verhaltensmaßregeln vorgibt und sich nicht darauf beschränkt, gesetzliche Regelungen zu rezitieren. Dieser kann z.B. Diskriminierungsverbote, Alkoholverbote, das Verbot von Liebesbeziehungen am Arbeitsplatz, Regelungen zum „Whistleblowing" (internes Anzeigeverfahren bei Verhaltensverstößen) oder Bestimmungen zur Annahme von Lieferantengeschenken durch AN beinhalten.[114] Ethik-RL können sowohl mitbestimmungspflichtige als auch mitbestimmungsfreie Teile enthalten. Das Mitbestimmungsrecht an einzelnen Regelungen begründet nicht notwendig ein Mitbestimmungsrecht am Gesamtwerk.[115]

39 Auch BV benachteiligungsfreies Verhalten nach dem neuen AGG betreffend unterliegen dem Mitbestimmungsrecht des BR nach Abs. 1 Nr. 1.[116] Nach Auff. des BAG ausdrücklich mitbestimmungsfrei sind Regelungen im Zusammenhang mit arbeitsbegleitenden Papieren, wie z.B. Tätigkeitsberichten,[117] Arbeitsbögen, die aus kalkulatorischen

---

96 MünchArb/*Matthes*, Bd. 3, § 325 Rn 8; GK-BetrVG/*Wiese*, § 87 Rn 192; *Fitting u.a.*, § 87 Rn 71; DKK/*Klebe*, § 87 Rn 55.
97 BAG 26.3.1991 – AP § 87 BetrVG 1972 Überwachung Nr. 21; GK-BetrVG/*Wiese*, § 87 Rn 214; a.A. *Fitting u.a.*, § 87 Rn 71.
98 BAG 9.12.1980 – AP § 87 BetrVG 1972 Ordnung des Betriebes Nr. 2; DKK/*Klebe*, § 87 Rn 53; ErfK/*Kania*, § 87 BetrVG Rn 20; GK-BetrVG/*Wiese*, § 87 Rn 213.
99 BAG 27.1.2004 – NZA 2004, 556; ErfK/*Kania*, § 87 BetrVG Rn 20.
100 *Klemm*, NZA 2006, 948.
101 BAG 8.8.1989 – 1 ABR 65/88 – DB 1990, 893 f.; BAG 1.12.1992 – 1 AZR 260/92 – AP § 87 BetrVG 1972 Ordnung des Betriebes Nr. 20; BAG 11.6.2002 – 1 ABR 46/01 – AP § 87 BetrVG 1972 Ordnung des Betriebes Nr. 38; DKK/*Klebe*, § 87 Rn 50; Richardi/*Richardi*, § 87 Rn 188.
102 BAG 13.2.2007 – 1 ABR 18/06 – NZA 2007, 641.
103 BAG 11.6.2002 – NZA 2002, 1299; *Fitting u.a.*, § 87 Rn 71; ErfK/*Kania*, § 87 BetrVG Rn 19.
104 BAG 23.9.1986 – AP § 75 BPersVG Nr. 20; ErfK/*Kania*, § 87 BetrVG Rn 19; Richardi/*Richardi*, § 87 Rn 190.
105 BAG 19.1.1999 – AP § 87 BetrVG 1972 Ordnung des Betriebes Nr. 28; LAG Hamm 9.11.2005 – NZA 2006, 288; LAG München 27.11.1990 – NZA 1991, 521; GK-BetrVG/*Wiese*, § 87 Rn 214; DKK/*Klebe*, § 87 Rn 50; ErfK/*Kania*, § 87 BetrVG Rn 19; *Fitting u.a.*, § 87 Rn 71.
106 LAG Nürnberg 29.1.1987 – NZA 1987, 572; *Mengel*/*Ullrich*, NZA 2006, 244; *Fitting u.a.*, § 87 Rn 71; ErfK/*Kania*, § 87 BetrVG Rn 19; Richardi/*Richardi*, § 87 Rn 186;

MünchArb/*Matthes*, Bd. 3, § 333 Rn 6; *Galperin*/*Löwisch*, § 87 Rn 64.
107 BAG 14.1.1986 – AP § 87 BetrVG 1972 Ordnung des Betriebes Nr. 10; ErfK/*Kania*, § 87 BetrVG Rn 19; *Fitting u.a.*, § 87 Rn 71.
108 BAG 5.3.1959 – AP § 611 BGB Führsorgepflicht Nr. 26; Richardi/*Richardi*, § 87 Rn 184.
109 BAG 21.1.1997 – AP § 87 BetrVG 1972 Ordnung des Betriebes Nr. 27; BAG 25.1.2000 – AP § 87 BetrVG 1972 Ordnung des Betriebes Nr. 34; Richardi/*Richardi*, § 87 Rn 193; *Fitting u.a.*, § 87 Rn 71.
110 *Fitting u.a.*, § 87 Rn 71; *Däubler*, NZA 2005, 793.
111 BAG 8.11.1994 – AP § 87 BetrVG 1972 Ordnung des Betriebes Nr. 24.
112 LAG RP 29.6.2006 – 11 TaBV 43/05 – NZA-RR 2007, 417.
113 BAG 10.3.2009 – 1 ABR 87/07.
114 ArbG Wuppertal 15.6.2005 – DB 2005, 1800, 1801 m. Anm. *Simon*/*Kock*; *Wisskirchen*/*Jordan*/*Bissels*, DB 2005, 2190 ff.; LAG Düsseldorf 14.11.2005 – NZA 2006, 63.
115 BAG 22.7.2008 – 1 ABR 40/07 – juris.
116 *Kamanabrou*, NZA 2006, 139.
117 BAG 9.12.1980 – AP § 87 BetrVG 1972 Ordnung des Betriebes Nr. 2 m. krit. Anm. *Pfarr*; BAG 24.11.1987 – AP § 87 BetrVG 1972 Ordnung des Betriebes Nr. 3; BAG 4.8.1981 – AP § 87 BetrVG 1972 Tarifvorrang Nr. 1; vgl. auch GK-BetrVG/*Wiese*, § 87 Rn 205; Richardi/*Richardi*, § 87 Rn 195; GK-BetrVG/*Wiese*, § 87 Rn 205; a.A. DKK/*Klebe*, § 87 Rn 50; *Fitting u.a.*, § 87 Rn 72.

Gründen die Zeiten für bestimmte Arbeitsvorgänge wiedergeben,[118] und Überstundennachweise.[119] Des Weiteren unterfallen auch die Reisezeiten im Rahmen einer außerplanmäßigen Dienstreise dann keinem Mitbestimmungsrecht des BR, wenn während der Reisezeit keine Arbeitsleistung zu erbringen ist.[120]

c) Betriebsbußen. Abs. 1 Nr. 1 enthält keine ausdrückliche Sanktionsregelung für den Fall des Verstoßes gegen die betriebliche Ordnung. **40**

Ob AG und BR zur Durchsetzung der betrieblichen Ordnung eine Betriebsbußenordnung aufstellen dürfen, ist umstr. Die h.M. bejaht dies.[121]

Nach Auff. des BAG ergibt sich die die Befugnis von AG und BR zur Regelung eines entsprechenden Katalogs aus einer Annexkompetenz zum Tatbestand des Abs. 1 Nr. 1, da demjenigen, der Grundsätze für die betriebliche Ordnung aufstellen dürfe, auch entsprechende Mittel zu deren Durchsetzung an die Hand gegeben werden müssen.[122] Der Arbeitsvertrag kann demgegenüber nicht als Ermächtigungsgrundlage herhalten, da die Betriebsbuße nach h.M. als Ausfluss der autonomen Gewalt der Betriebspartner keine Vertragsstrafe i.S.d. §§ 339 ff. BGB darstellt und ihr überdies das Mittel des Schadensersatzes fehlt.[123] **41**

Die Verhängung von Betriebsbußen setzt zwingend eine bestehende Bußordnung voraus, die den Anforderungen des § 77 Abs. 2 entsprechen muss.[124] **42**

Die Betriebsparteien können jedoch keine Vereinbarung treffen, wonach sich der AG verpflichtet, an den BR im Falle der Verletzung von Mitbestimmungsrechten eine Vertragsstrafe zu bezahlen. Hierfür besitzt der BR nicht die erforderliche Vermögens- und Rechtsfähigkeit.[125] **43**

Ansonsten hat das BAG für das Betriebsbußwesen notwendige Verfahrensgarantien entwickelt, die zum Gegenstand haben, dass **44**
– die Bußordnung wirksam geschaffen und bekannt gemacht ist,
– in ihr die die Verhängung von Bußen bedingenden Tatbestände festgelegt und zulässige Bußen normiert sind,
– ein rechtsstaatliches, ordnungsgemäßes Verfahren vorgesehen ist und eingehalten wird,
– rechtliches Gehör gewährt und eine Vertretung zugelassen wird,
– auch bei Verhängung der einzelnen Buße der BR im Sinne der Mitbestimmung eingeschaltet wird.[126]

Betriebliche Bußordnungen sehen die Sanktionsmittel zumeist gestuft nach verschiedenen Sanktionen je nach der Schwere und Häufigkeit des Fehlverhaltens vor, was auch aufgrund des Verhältnismäßigkeitsgrundsatzes geboten erscheint. Als Mittel kommen insb. Verwarnungen, Verweise, der zeitweilige Ausschluss von Vergünstigungen, Geldbußen, zeitweilige Beförderungssperren oder ähnliche Disziplinarmittel in Betracht.[127] Unzulässig sind demgegenüber alle Maßnahmen, wie z.B. Entlassungen, Versetzungen oder Rückgruppierungen, die allein durch zwingendes Künd-Recht erfolgen dürfen.[128] Ebenfalls untersagt sind die Veröffentlichung von Ordnungsverstößen und Tätern, z.B. an einem schwarzen Brett. Ein solches Vorgehen verstößt gegen die Menschenwürde und wird auch nicht konkludent von den AN durch die generelle Anerkennung einer Betriebsstrafgewalt anerkannt.[129] **45**

---

118 BAG 24.11.1981 – AP § 87 BetrVG 1972 Ordnung des Betriebes Nr. 3; GK-BetrVG/*Wiese*, § 87 Rn 205; a.A. *Fitting u.a.*, § 87 Rn 72.
119 BAG 9.12.1980 – AP § 87 BetrVG 1972 Ordnung des Betriebes Nr. 2 m. krit. Anm. *Pfarr*; Richardi/*Richardi*, § 87 Rn 186; GK-BetrVG/*Wiese*, § 87 Rn 205; ErfK/*Kania*, § 87 BetrVG Rn 21; a.A. *Fitting u.a.*, § 87 Rn 72; DKK/*Klebe*, § 87 Rn 50, 54.
120 BAG 23.7.1996 – NZA 1997, 216; *Hunold*, NZA 2006, Beil. 1, 44.
121 BAG 5.12.1975 – AP § 87 BetrVG 1972 Betriebsbuße Nr. 1; BAG 30.1.1979 – AP § 87 BetrVG 1972 Betriebsbuße Nr. 2; BAG 7.11.1979 – AP § 87 BetrVG 1972 Betriebsbuße Nr. 3; BAG 28.4.1982 – AP § 87 BetrVG 1972 Betriebsbuße Nr. 4; BAG17.10.1989 – AP § 87 BetrVG 1972 Betriebsbuße Nr. 12; BAG 22.2.1978 – AP § 611 BGB Fürsorgepflicht Nr. 84; GK-BetrVG/*Wiese*, § 87 Rn 236; *Fitting u.a.*, § 87 Rn 76 ff.; *Galperin/Löwisch*, § 87 Rn 76 ff.; MünchArb/*Matthes*, Bd. 3, § 333 Rn 22 ff.; ErfK/*Kania*, § 87 BetrVG Rn 22 ff.; *Kraft*, NZA 1989, 777, 783; *Leßmann*, DB 1989, 1769; a.A. DKK/*Klebe*, § 87 Rn 56; Richardi/*Richardi*, § 87 Rn 215 ff.; *von Hoyningen-Huene*, RdA 1990, 193, 204; *ders.*, BB 1991, 2215, 2217; *Herschel*, BB 1975, 1209, 1211.
122 BAG 17.10.1989 – AP § 87 BetrVG 1972 Betriebsbuße Nr. 12; *Fitting u.a.*, § 87 Rn 78.
123 BAG 5.2.1986 – AP § 339 BGB Nr. 12; BAG 17.10.1989 – AP § 87 BetrVG 1972 Betriebsbuße Nr. 12; GK-BetrVG/*Wiese*, § 87 Rn 240; *Fitting u.a.*, § 87 Rn 79; ErfK/*Kania*, § 87 BetrVG Rn 22; a.A. Richardi, § 87 Rn 183, 232 ff.; *Leinemann*, AuR 1970, 134; *Herschel*, BB 1975, 1209; *Zöllner*, ZZP 1970, 365, 378 ff.
124 BAG 17.10.1989 – AP § 87 BetrVG 1972 Betriebsbuße Nr. 12; *Fitting u.a.*, § 87 Rn 81.
125 BAG 29.9.2004 – NZA 2005, 123.
126 BAG 12.9.1967 – AP § 56 BetrVG Nr. 1; vgl. auch Richardi/*Richardi*, § 87 Rn 241; *Wlotzke*, § 87 Rn 50; *Fitting u.a.*, § 87 Rn 93; ErfK/*Kania*, § 87 BetrVG Rn 24.
127 ErfK/*Kania*, § 87 BetrVG Rn 24; *Fitting u.a.*, § 87 Rn 83; *Wlotzke*, § 87 Rn 51.
128 BAG 28.4.1982 – AP § 87 BetrVG 1972 Betriebsbuße Nr. 4; ErfK/*Kania*, § 87 BetrVG Rn 24; GK-BetrVG/*Wiese*, § 87 Rn 256 ff.; *Fitting u.a.*, § 87 Rn 89; *Wlotzke*, § 87 Rn 51.
129 *Maunz/Dürig*, GG, Art. 92 Rn 163; Richardi/*Richardi*, § 87 Rn 246; *Fitting u.a.*, § 87 Rn 90; GK-BetrVG/*Wiese*, § 87 Rn 260; *Galperin/Löwisch*, § 87 Rn 77.

I.Ü. unterliegt die Angemessenheit der verhängten Sanktion vollumfänglich der arbeitsgerichtlichen Kontrolle. Die gerichtliche Nachprüfung kann nicht im Rahmen der Bußordnung von vornherein ausgeschlossen werden.[130]

46 Die Betriebsbuße muss gegen die mitbestimmungsfreie Abmahnung abgegrenzt werden. In diesem Zusammenhang sind Betriebsbußen lediglich bei Verstößen gegen die kollektive Ordnung möglich, wohingegen der AG auf Arbeitsvertragsverletzungen mit Abmahnungen bzw. Künd reagieren muss.[131] Auch stellt die Betriebsbuße ein repressives Zwangsmittel dar, wohingegen die Abmahnung gerade keine Strafe für rechtlich zu missbilligendes Verhalten in der Vergangenheit, sondern (als Vorstufe für eine verhaltensbedingte Künd) die Prognosegrundlage für die zukünftige Entwicklung des Arbverh darstellt.[132]

47 Falls das arbeitsvertragswidrige Verhalten zugleich einen Verstoß gegen die kollektive Ordnung darstellt, kann sich der AG auf eine mitbestimmungsfreie Abmahnung beschränken. Seine Erklärung bedarf dahingehend der Auslegung.[133]

48 Falls der AG über die bloße Abmahnung hinaus Sanktionen vorsieht, was dem objektiven Erklärungswert entnommen werden können muss, ist allerdings nur noch ausschließlich von einer mitbestimmungspflichtigen Betriebsbuße auszugehen.[134]

49 Verstößt ein BR-Mitglied gegen seine betriebsverfassungsrechtlichen Pflichten, kann der AG beim ArbG sowohl gem. § 23 Abs. 1 den Ausschluss des entsprechenden Mitglieds aus dem BR beantragen als auch, bei Vorliegen der genannten Voraussetzungen, eine Betriebsbuße verhängen. Letzter Weg steht dem AG allerdings nur dann offen, wenn der Verstoß zugleich gegen die betriebliche Ordnung erfolgte.[135] In diesem Fall muss der BR allerdings ausdrücklich der Bußerteilung zustimmen.[136]

50 **d) Auswirkungen durch das AGG.** Nach Inkrafttreten des AGG sind insbesondere Regelungen mit folgendem Inhalt unzulässig:[137]
– Benachteiligung wegen Religion und Rasse/Ethnie (z.B. Verbot des Kopftuchs beim Kundenkontakt)
– Schutzkleidung, z.B. Schutzhandschuhe sind nur in Männergröße vorrätig, Benachteiligung wegen des Geschlechts
– Arbeitsvorschriften und andere wichtige Unterlagen sind nicht in Großschrift vorhanden; Benachteiligung wegen des Alters
– Ausschluss Behinderter vom Kundenkontakt

Zulässig sind jedoch unterschiedliche Arbeitsbedingungen, die mit einer zulässigen unterschiedlichen Behandlung wegen beruflicher Anforderungen, der Religion/Weltanschauung oder des Alters einhergehen (§§ 8 bis 10 AGG).

51 **2. Beginn und Ende der täglichen Arbeitszeit einschließlich der Pausen sowie Verteilung der Arbeitszeit auf die einzelnen Wochentage. a) Allgemeines.** Das Mitbestimmungsrecht nach § 87 Abs. 1 Nr. 2 besteht in Bezug auf Beginn und Ende der täglichen Arbeitszeit einschließlich der Pausen sowie der Verteilung der Arbeitszeit auf die einzelnen Wochentage. Es dient dazu, den AN vor einer arbeitgeberseitigen Abwälzung des Betriebs- und Wirtschaftsrisikos in Arbeitszeitfragen zu schützen. Auch sollen die Interessen der AN an der Lage ihrer freien Zeit für die Gestaltung ihres Privatlebens zur Geltung gebracht werden.[138] Die Regelung soll jedoch nicht dem Schutz des AN vor Überforderung dienen.[139]

---

130 BAG 12.9.1967 – AP § 56 BetrVG Betriebsbuße Nr. 1; BAG 11.11.1971 – AP § 56 BetrVG 1952 Betriebsbuße Nr. 2; Richardi/*Richardi*, § 87 Rn 246; ErfK/*Kania*, § 87 BetrVG Rn 24; *Wlotzke*, § 87 Rn 50; DKK/*Klebe*, § 87 Rn 63; GK-BetrVG/*Wiese*, § 87 Rn 266; a.A. *Fitting u.a.*, § 87 Rn 94.
131 BAG 5.2.1986 – AP § 339 BGB Nr. 12; BAG 17.3.1988 – AP § 626 BGB Nr. 99; *Fitting u.a.*, § 87 Rn 82; GK-BetrVG/*Wiese*, § 87 Rn 242; ErfK/*Kania*, § 87 BetrVG Rn 23; *Wlotzke*, § 87 Rn 46.
132 BAG 5.2.1986 – AP § 339 BGB Nr. 12; *Wlotzke*, § 87 Rn 46; Richardi/*Richardi*, § 87 Rn 230; DKK/*Klebe*, § 87 Rn 66; GK-BetrVG/*Wiese*, § 87 Rn 243, 244.
133 BAG 30.1.1979 – AP § 87 BetrVG 1972 Betriebsbuße Nr. 2; BAG 17.10.1989 – AP § 87 BetrVG 1972 Betriebsbuße Nr. 12; *Fitting u.a.*, § 87 Rn 83; *Wlotzke*, § 87 Rn 47; DKK/*Klebe*, § 87 Rn 66; GK-BetrVG/*Wiese*, § 87 Rn 249.
134 BAG 30.1.1979 – AP § 87 BetrVG 1972 Betriebsbuße Nr. 2; BAG 17.10.1989 – AP § 87 BetrVG 1972 Betriebsbuße Nr. 12; *Wlotzke*, § 87 Rn 47; Richardi/*Richardi*, § 87 Rn 229; GK-BetrVG/*Wiese*, § 87 Rn 249; *Fitting u.a.*, § 87 Rn 83.

135 BAG 31.8.1994 – NZA 1995, 225, 227; BAG 15.7.1992 –, AP § 611 BGB Abmahnung Nr. 9; *Fitting u.a.*, § 87 Rn 84; DKK/*Klebe*, § 87 Rn 67; *Weber*, DB 1992, 2135; *Kania*, DB 1996, 374.
136 BAG 5.12.1975 – AP § 87 BetrVG 1972 Betriebsbuße Nr. 1; BAG 6.8.1981 – BB 1982, 675; DKK/*Klebe*, § 87 Rn 67.
137 *Leisten*, AGG, S. 19, 20.
138 BAG 21.12.1982 – AP § 87 BetrVG 1972 Arbeitszeit Nr. 9; BAG 25.2.1997 – AP § 87 BetrVG 1972 Arbeitszeit Nr. 72; BAG 29.2.2000 – AP § 87 BetrVG 1972 Arbeitszeit Nr. 81; BAG 1.7.2003 – AP § 87 BetrVG 1972 Arbeitszeit Nr. 103; BAG 1.7.2003 – AP § 87 BetrVG 1972 Arbeitszeit Nr. 103; BAG 29.9.2004 – AP § 87 BetrVG 1972 Arbeitszeit Nr. 112; BAG 15.12.1992 – AP § 14 AÜG Nr. 7; Richardi/*Richardi*, § 87 Rn 255; *Fitting u.a.*, § 87 Rn 101; *Wlotzke*, § 87 Rn 52; GK-BetrVG/*Wiese*, § 87 Rn 270; *Hamann*, AuR 2002, 322, 323.
139 BAG 28.5.2002 – AP § 87 BetrVG 1972 Arbeitszeit Nr. 96; GK-BetrVG/*Wiese*, § 87 Rn 270.

Auch hat der BR nach § 87 Abs. 1 Nr. 2 nicht über die Zuweisung der von den AN innerhalb der maßgeblichen Arbeitszeit zu verrichtenden Arbeit mitzubestimmen.[140]

Zur Arbeitszeit gehören auch Zeiten der Arbeitsbereitschaft, des Bereitschaftsdienstes und der Rufbereitschaft,[141] nicht jedoch die Reisezeit (während der keine Arbeitsleistung zu erbringen ist) oder der Besuch einer Betriebsversammlung.[142]

52

Nicht vom Mitbestimmungsrecht umfasst ist nach ganz h.M. auch die Dauer der wöchentlichen Arbeitszeit. Dies folgt zum einen aus einem Gegenschluss zu § 87 Abs. 1 Nr. 3, der nur für den Sonderfall der vorübergehenden Verkürzung oder Verlängerung der betriebsüblichen Arbeitszeit ein Mitbestimmungsrecht über die Dauer der Arbeitszeit einräumt.[143] Zum anderen spricht auch der Wortlaut der Vorschrift nicht zwangsläufig für eine Einbeziehung der Arbeitsdauer in das Mitbestimmungsrecht. Schließlich rechtfertigt auch der Schutzzweck der Vorschrift eine etwaige Mitbestimmung über die Arbeitsdauer nicht, die eine solche unzulässigerweise unmittelbar in das Austauschverhältnis von Leistung und Gegenleistung eingreifen würde, dessen Regelung Aufgabe der der Tarifparteien ist.[144] Möglich bleibt jedoch eine Regelung über die Dauer der wöchentlichen Arbeitszeit als freiwillige BV nach § 88, wobei aber in jedem Fall der Tarifvorrang des § 77 Abs. 3 zu beachten ist.[145]

Ebenfalls nicht vom Mitbestimmungsrecht des Abs. 1 Nr. 2 mitumfasst ist die Mitwirkung bei der Zuweisung der in der Arbeitszeit zu erbringenden Arbeiten.[146] Das Mitbestimmungsrecht des BR besteht nur im Rahmen des öffentlich-rechtlichen Arbeitsrechts nach dem ArbZG als gesetzlicher Regelung i.S.d. Abs. 1 S. 1 sowie im Rahmen der festgelegten tarifvertraglichen Vereinbarungen. Hierdurch werden die Grenzen der höchstzulässigen Arbeitszeit, sowie der möglichen Dispositionen im Einzelfall zwingend festgelegt.[147]

Schließlich besteht auch kein Mitbestimmungsrecht hinsichtlich der Anordnung von Dienstreisen, während derer der AN nicht arbeiten muss.[148]

b) Beginn und Ende der täglichen Arbeitszeit. Beginn und Ende der täglichen Arbeitszeit, und somit die tägliche Arbeitsdauer, sind mitbestimmungspflichtig.[149]

53

Relevant wird das Mitbestimmungsrecht nach Nr. 2 insb. bei der Einführung und Ausgestaltung von Schichtarbeit. Der BR hat in diesem Zusammenhang sowohl über die Frage der Einführung von Schichtarbeit, als auch über die Lage der einzelnen Schichten samt tätiger Mitarbeitergruppen mitzubestimmen. Gleiches gilt für die Abweichung von bereits aufgestellten Schichtplänen.[150]

Auch die Einführung der sog. gleitenden Arbeitszeit einschließlich deren Kontrolle für AN unterliegt dem Mitbestimmungsrecht. Hierbei ist nur eine starre Kernarbeitszeit vorgegeben, Beginn und Ende der Arbeitszeit werden

---

140 BAG 29.9.2004 – NZA 2005, 314.
141 *Fitting u.a.*, § 87 Rn 96; BAG 23.1.2003 – AP § 75 BPersVG § 75 Nr. 78; *Bepler*, NZA 2006, 48.
142 BAG 14.11.2006 – 1 ABR 5/06; BAG 23.7.1996 – AP § 87 BetrVG 1972 Ordnung des Betriebes Nr. 26; *Wisskirchen*, NZA 2006, Beil. 1, 26.
143 BAG 13.10.1987 – AP § 87 BetrVG 1972 Arbeitszeit Nr. 24; BAG 28.9.1988 – AP § 87 BetrVG 1972 Arbeitszeit Nr. 29; BAG 22.6.1993 – AP § 23 BetrVG 1972 Nr. 22; BAG 27.1.1998 – AP § 87 BetrVG 1972 Sozialeinrichtung Nr. 14; ErfK/*Kania*, § 87 BetrVG Rn 26; Richardi/*Richardi*, § 87 Rn 262; *Fitting u.a.*, § 87 Rn 103; *Wlotzke*, § 87 Rn 54; a.A. DKK/*Klebe*, § 87 Rn 73; *Gnade*, in: FS für Kehrmann, 1992, S. 227.
144 *Fitting u.a.*, § 87 Rn 104, 105.
145 BAG 18.8.1987 – AP § 77 BetrVG 1972 Nr. 23; GL/*Löwisch*, § 87 Rn 85; *Wlotzke*, § 87 Rn 53; Richardi/*Richardi*, § 87 Rn 271; GK-BetrVG/*Wiese*, § 87 Rn 280.
146 BAG 29.9.2004 – AP § 87 BetrVG 1972 Arbeitszeit Nr. 112 = NZA 2005, 313; *Bepler*, NZA 2006, 47.
147 BAG 24.1.2006 – NZA 2006, 862; DKK/*Klebe*, § 87 Rn 69, 70; *Wlotzke*, § 87 Rn 53; GK-BetrVG/*Wiese*, § 87 Rn 271; *Fitting u.a.*, § 87 Rn 98, 99; Hessisches LAG 2.6.1992 – NZA 1993, 279 ff.; BAG 22.7.2003 – AP § 87 BetrVG 1972 Arbeitszeit Nr. 108; *Anzinger*, BB 1994, 1492; *Diller*, NJW 1994, 2726; *Erasny*, NZA 1994, 1105; *Erasny*, NZA 1995, 97; *Kuhr*, DB 1994, 2186; *Zmarzlik*, DB 1994, 1082; *Bernig*, BB 2004, 101 ff.; *Boerner*, NJW 2004, 1559 ff.; *Reim*, DB 2004, 186 ff.
148 BAG 14.11.2006 – 1 ABR 5/06 – NZA 2007, 458.
149 BAG 13.10.1987 – BAGE 56, 212 f.; BAG 21.11.1978 – AP § 87 BetrVG 1972 Arbeitszeit Nr. 2; BAG 4.8.1981 – AP § 87 BetrVG 1972 Arbeitszeit Nr. 5; BAG 13.10.1987 – AP § 87 BetrVG 1972 Arbeitszeit Nr. 24; BAG 28.9.1988 – AP § 87 BetrVG 1972 Arbeitszeit Nr. 29; BAG 31.1.1989 – AP § 87 BetrVG 1972 Arbeitszeit Nr. 31; BAG 25.7.1989 – AP § 87 BetrVG 1972 Arbeitszeit Nr. 38; BAG 13.10.1987 – AP § 87 BetrVG 1972 Arbeitszeit Nr. 24; BAG 16.7.1991 – AP § 87 BetrVG 1972 Arbeitszeit Nr. 44; BAG 25.2.1997 – AP § 87 BetrVG 1972 Arbeitszeit Nr. 72; GK-BetrVG/*Wiese*, § 87 Rn 275, 277; *Fitting u.a.*, § 87 Rn 112; DKK/*Klebe*, § 87 Rn 71; *Galperin/Löwisch*, § 87 Rn 85; Richardi/*Richardi*, § 87 Rn 267; *Plander*, AuR 1987, 281, 287.
150 BAG 27.6.1989 – BAGE 62, 202, 208; BAG 27.6.1989 – AP § 87 BetrVG 1972 Arbeitszeit Nr. 20; BAG 27.6.1989 – AP § 87 BetrVG 1972 Arbeitszeit Nr. 35; BAG 28.5.2002 – AP § 87 BetrVG 1972 Arbeitszeit Nr. 96; BAG 1.7.2003 – AP § 87 BetrVG 1972 Arbeitszeit Nr. 103; BAG 29.9.2004 – AP § 87 BetrVG 1972 Arbeitszeit Nr. 111; *Wlotzke*, § 87 Rn 62; *Richardi*, § 87 Rn 288.

flexibel gehandhabt.¹⁵¹ Auch Regelungen zur Einführung von Lebensarbeitszeitkonten können Beginn und Ende der Arbeitszeit betreffen und somit der Mitbestimmung des BR unterfallen.¹⁵²

Mitbestimmungspflichtig sind auch die Einführung und die Modalitäten der sog. Vertrauensarbeit. Hierbei hat der AN innerhalb eines abgesteckten Zeitrahmens bestimmte Arbeitsziele zu erreichen. Der AG verzichtet insoweit gezielt auf Erfassung und Kontrolle der Arbeitszeit, allenfalls Kontrollmechanismen zur Vermeidung von Überarbeitung können vorgesehen werden (z.B. Festlegung von arbeitsfreien Tagen oder Kontrollaufzeichnungen mit ausschließlicher Leseberechtigung des BR).¹⁵³

Auch die Gewährung von Freizeitausgleich betrifft das Thema Arbeitszeit und unterliegt der Mitbestimmung nach Abs. 1 Nr. 2.¹⁵⁴

54 **c) Pausen.** Das Mitbestimmungsrecht nach Abs. 1 Nr. 2 umfasst auch die Dauer und die Lage der Pausen. Pausen i.S.d. Norm sind vor allem Ruhepausen nach § 4 ArbZG, durch die die Arbeitszeit für eine bestimmte Dauer unterbrochen wird und die der Erholung dienen. Sie gehören nicht zur Arbeitszeit und sind nicht zu vergüten.¹⁵⁵ Das Fehlen einer Vergütung ist für den Begriff der Pause jedoch nicht wesensnotwendig, weshalb auch bezahlte Pausen als Pausen i.S.d. Abs. Nr. 2 zu verstehen sind.¹⁵⁶

Keine Pausen stellen demgegenüber die Erholungszeiten beim Akkord,¹⁵⁷ die Pausenzeiten im Rahmen eines Bereitschaftsdienstes¹⁵⁸ und die Arbeitsunterbrechung aus technischen Gründen oder aus Gründen des Arbeitsschutzes dar.¹⁵⁹ In den zuletzt genannten Fällen besteht kein Mitbestimmungsrecht. Es kann jedoch kann ein Mitbestimmungsrecht aufgrund Abs. 1 Nr. 7 gegeben sein.¹⁶⁰

55 **d) Sonn- und Feiertagsruhe.** Gemäß § 9 Abs. 1 ArbZG dürfen AN an Sonn- und gesetzlichen Feiertagen von 0 bis 24 Uhr nicht beschäftigt werden. Nach § 9 Abs. 2 ArbZG kann jedoch in mehrschichtigen Betrieben mit regelmäßiger Tag- und Nachtschicht Beginn oder Ende der Sonn- und Feiertagsruhe um bis zu sechs Stunden vor- oder zurückverlegt werden, falls dann der Betrieb mit Beginn der Ruhezeit für die nächsten 24 Stunden ruht. Diese Zeitverlegungen sind ebenfalls vom Mitbestimmungsrecht des BR nach Abs. 1 Nr. 2 umfasst und berechtigen den BR bspw. zu einer BV mit dem AG.¹⁶¹

56 **e) Teilzeitbeschäftigung.** Grds. gelten mitbestimmungsrechtlich für Teilzeitbeschäftigte die gleichen Grundsätze wie für Vollzeitarbeitskräfte. Auch hier fehlt es an einem Mitbestimmungsrecht bzgl. der Gesamtwochendauer der Arbeitszeit. Mitspracherechte des BR bestehen aber hinsichtlich der Verteilung der Arbeitszeit auf die einzelnen Wochentage (inklusive der Bestimmung der arbeitsfreien Tage), bzgl. der Frage, ob zusammenhängend oder in Schichten gearbeitet werden soll, und im Hinblick auf die Festlegung der Mindestdauer der täglichen Arbeitszeit.¹⁶²

Falls der AG mehr als 15 Personen beschäftigt, hat ein AN, dessen Arbverh länger als sechs Monate bestanden hat, nach § 8 TzBfG einen Anspruch auf Verringerung der Arbeitszeit. Da die Verringerung der Arbeitszeit das Volumen

---

151 BAG 18.4.1989 – AP § 87 BetrVG 1972 Arbeitszeit Nr. 33; *Fitting u.a.*, § 87 Rn 115; GK-BetrVG/*Wiese*, § 87 Rn 334; Richardi/*Richardi*, § 87 Rn 279; DKK/*Klebe*, § 87 Rn 80; *Galperin/Löwisch*, § 87 Rn 89; *Kock/Ulber*, AiB 1986, 31 ff.
152 *Klemm*, NZA 2006, 948.
153 *Fitting u.a.*, § 87 Rn 115 a; DKK/*Klebe*, § 87 Rn 80 a; *Reichold*, in: FS für Wiese, 1998, S. 470 ff.; *Fröhlich*, BuW 1998, 230; *Trümner*, in: FS 50 Jahre Arbeitsgerichtsbarkeit Rheinland-Pfalz,1999, S. 395; *Schlottfeldt/Hoff*, NZA 2001, 530.
154 BAG 26.4.2005 – NZA 2005, 884, 888.
155 BAG 28.7.1981 – AP § 87 BetrVG 1972 Arbeitssicherheit Nr. 3 zust. *Richardi*; BAG 6.12.1983 – AP § 87 BetrVG 1972 Überwachung Nr. 7; BAG 23.6.1988 – AP § 242 BGB Betriebliche Übung Nr. 33; BAG 1.7.2003 – AP § 87 BetrVG 1972 Arbeitszeit Nr. 107; BAG 22.7.2003 – AP § 87 BetrVG 1972 Arbeitszeit Nr. 108; BVerwG 8.1.2001 – AP § 75 BPersVG Nr. 79; GK-BetrVG/*Wiese*, § 87 Rn 344; DKK/*Klebe*, § 87 Rn 79; *Wlotzke*, § 87 Rn 65; Richardi/*Richardi*, § 87 Rn 276 f.
156 BAG 1.7.2003 – AP § 87 BetrVG 1972 Arbeitszeit Nr. 107; *Wlotzke*, § 87 Rn 65; *Fitting u.a.*, § 87 Rn 117;
GK-BetrVG/*Wiese*, § 87 Rn 345; Richardi/*Richardi*, § 87 Rn 278; a.A. ErfK/*Kania*, § 87 BetrVG Rn 25.
157 BAG 7.12.1962 – AP § 56 BetrVG 1972 Akkord Nr. 3; GK-BetrVG/*Wiese*, § 87 Rn 347; Richardi/*Richardi*, § 87 Rn 277.
158 BAG 22.7.2003 – AP § 87 BetrVG 1972 Arbeitszeit Nr. 108; Richardi/*Richardi*, § 87 Rn 277.
159 BAG 6.12.1983 – AP § 87 BetrVG 1972 Überwachung Nr. 7; BAG 28.7.1981 – AP § 87 BetrVG 1972 Arbeitssicherheit Nr. 3; *Fitting u.a.*, § 87 Rn 118; DKK/*Klebe*, § 87 Rn 79; Richardi/*Richardi*, § 87 Rn 277, 315; *Wlotzke*, § 87 Rn 66.
160 *Wlotzke*, § 87 Rn 66; *Fitting u.a.*, § 87 Rn 118; DKK/*Klebe*, § 87 Rn 79.
161 BAG 29.9.2004 – NZA 2005, 533, 534.
162 BAG 13.10.1987 – AP § 87 BetrVG 1972 Arbeitszeit Nr. 24; BAG 28.9.1988 – AP § 87 BetrVG 1972 Arbeitszeit Nr. 29; BAG 16.7.1991 – AP § 87 BetrVG 1972 Arbeitszeit Nr. 44; *Fitting u.a.*, § 87 Rn 124; Richardi/*Richardi*, § 87 Rn 296; ErfK/*Kania*, § 87 BetrVG Rn 30; GK-BetrVG/*Wiese*, § 87 Rn 312 f.; *Preis*, NZA-Sonderheft 2001, 39; *Klevemann*, DB 1988, 334; *Buschmann*, NZA 1986, 227.

der Arbeit betrifft, besteht hierzu kein Mitbestimmungsrecht, wohl aber bzgl. der Verteilung der verkürzten Arbeitszeit.[163] Eine auf der Grundlage von § 87 Abs. 1 Nr. 2 BetrVG geschlossene BV kann den AG dazu verpflichten, den Verteilungswunsch eines AN abzulehnen.[164]

Teilen sich mehrere AN eine Stelle (Job-Sharing), wird die betriebliche Arbeitszeit anders als bei der Einführung von Gleitzeit nicht verändert, so dass hinsichtlich der Einführung des Job-Sharings kein Mitbestimmungsrecht des BR besteht.[165] Wiederum besteht aber ein Mitbestimmungsrecht bzgl. der Lage der verteilten Arbeitszeit.[166]

Kein Mitbestimmungsrecht nach Nr. 2 ist hinsichtlich der Frage anzuerkennen, ob Teilzeitbeschäftigte zu festen Zeiten oder nach Bedarf beschäftigt werden. Wenn allerdings, nach Entscheidung für die eine oder die andere Variante, der konkrete Mitarbeitereinsatz gestaltet wird, unterliegt dies wiederum der Mitbestimmung des BR.[167]

f) Initiativrecht des Betriebsrats. Im Rahmen des Abs. 1 Nr. 2 hat der BR grds. ein umfassendes Initiativrecht. Der BR kann verlangen, dass eine neue Arbeitszeitregelung mit seiner Zustimmung festgelegt wird.[168] Er kann auch etwa dahingehend initiativ werden, dass (immer) an einem bestimmten Termin im Jahr Ausnahmen von der regulären Arbeitszeit vorgenommen werden sollen.[169] Daraus folgt, dass eine einseitige Regelung des AG, die besagt, dass der AG die Zeit der Arbeitsleistung nach billigem Ermessen bestimmen kann, nur in Betrieben ohne BR zulässig ist.[170]

3. Vorübergehende Verkürzung oder Verlängerung der betriebsüblichen Arbeitszeit. a) Allgemeines. Die Regelung der Abs. 1 Nr. 3 stellt einen Unterfall der Nr. 2 für den Fall der vorübergehenden Verkürzung (Kurzarbeit) oder Verlängerung (Überstunden) der Arbeitszeit dar und umfasst anders als Nr. 2 auch die Dauer der wöchentlichen oder monatlichen Arbeitszeit.[171]

In Gestalt der Nr. 3 kommt die Intention des Gesetzgebers zum Ausdruck, den AN vor zu hohen Arbeitsbelastungen zu schützen und hinsichtlich seines Lohnes Verteilungsgerechtigkeit sicher zu stellen.[172]

Im Einzelnen bezweckt das Mitbestimmungsrecht bzgl. der Kurzarbeit einen Ausgleich der Interessen des AG an einer wirtschaftlichen Betriebsführung einerseits und dem Interesse des AN an einem ungekürzten Lohn trotz verkürzter Arbeitszeit auf der anderen Seite. Zudem kann die Einführung von Kurzarbeit u.U. dazu führen, dass betriebsbedingte Künd obsolet werden.[173] Die zwingende Mitbestimmung beim Thema Überstundenanordnung bezweckt, die Mitarbeiter vor den steigenden physischen und psychischen Belastungen zu schützen, die Gefährdung der Freizeit auf Mitarbeiterseite (möglichst) zu vermeiden und die gerechte Verteilung der Belastungen und Verdienstchancen unter den AN sicherzustellen.[174] Das Mitbestimmungsrecht betrifft somit nur solche Zeiten, in denen der AN dem Direktionsrecht des AG unterliegt und eine Arbeitsleistung erbringt oder sich hierfür bereithalten muss und deshalb in seiner privaten Lebensgestaltung beschränkt wird. Daher ist eine freiwillige Mitarbeiterversammlung mitbestimmungsfrei möglich.[175] Sowohl Überstunden, als auch Kurzarbeit können laut BAG durch BV angeordnet werden, ohne dass es einer darüber hinaus reichenden ausdrücklichen Grundlage im Arbeits- oder TV bedarf.[176]

---

163 BAG 18.2.2003 – AP § 8 TzBfG Nr. 2; BAG 16.3.2004 – AP § 8 TzBfG Nr. 10; BAG 13.10.1987 – AP § 87 BetrVG 1972 Arbeitszeit Nr. 24; BAG 28.9.1988 – AP § 87 BetrVG 1972 Arbeitszeit Nr. 29; Richardi/*Richardi*, § 87 Rn 298; *Fitting u.a.*, § 87 Rn 125; MünchArb/*Matthes*, Bd. 3, § 334 Rn 36 f.; GK-BetrVG/*Wiese*, § 87 Rn 313; *Galperin/Löwisch*, § 87 Rn 94; DKK/*Klebe*, § 87 Rn 85; *Heinze*, NZA 1997, 681, 683.

164 BAG 18.8.2209 – 9 AZR 517/08 – juris.

165 GK-BetrVG/*Wiese*, § 87 Rn 316; *Fitting u.a.*, § 87 Rn 125; MünchArb/*Matthes*, Bd. 3, § 334 Rn 61; *von Hoyningen-Huene*, BB 1982, 1240, 1246; *Schwerdtner*, DB 1983, 2763, 2767 f.

166 Richardi/*Richardi*, § 87 Rn 297; *Fitting u.a.*, § 87 Rn 125; GK-BetrVG/*Wiese*, § 87 Rn 317; *Eich*, DB-Beil. Nr. 9 1982, 10; *von Hoyningen-Huene*, BB 1982, 1240, 1246.

167 BAG 13.10.1987 – AP § 87 BetrVG 1972 Arbeitszeit Nr. 24; BAG 28.9.1988 – AP § 87 BetrVG 1972 Arbeitszeit Nr. 29; GK-BetrVG/*Wiese*, § 87 Rn 318; Richardi/*Richardi*, § 87 Rn 297; *Preis*, NZA-Sonderheft 2001, 39 f.; a.A. zum „Ob der Entscheidung" *Fitting u.a.*, § 87 Rn 126.

168 BAG 31.8.1982 – AP § 87 BetrVG 1972 Arbeitszeit Nr. 8; BAG 23.6.1992 – AP § 611 BGB Arbeitszeit Nr. 1; BAG 4.6.1969 – AP § 16 BMT-G II Nr. 1; BAG 5.7.1976 – AP § 12 AZO Nr. 10; GK-BetrVG/*Wiese*, § 87 Rn 349; Richardi/*Richardi*, § 87 Rn 310.

169 BAG 26.10.2004 – NZA 2005, 538.

170 *Worzalla*, NZA 2006, 127.

171 BAG 5.3.1974 – AP § 87 BetrVG 1972 Kurzarbeit Nr. 1; BAG 13.3.2001 – AP § 87 BetrVG 1972 Arbeitszeit Nr. 87; *Wlotzke*, § 87 Rn 67; ErfK/*Kania*, § 87 Rn 31; *Fitting u.a.*, § 87 Rn 130; GK-BetrVG/*Wiese*, § 87 Rn 358 m.w.N.

172 BAG 23.7.1996 – AP § 87 BetrVG Ordnung des Betriebes Nr. 26; BAG 23.7.1996 – AP § 87 BetrVG 1972 Arbeitszeit Nr. 68; BAG 25.2.1987 – AP § 87 BetrVG 1972 Arbeitszeit Nr. 72; BAG 13.3.2001 – AP § 87 BetrVG 1972 Arbeitszeit Nr. 87; *Hunold*, NZA 2006, 44; *Hamann*, AuR 2002, 322, 323 ff.; GK-BetrVG/*Wiese*, § 87 Rn 362; *Fitting u.a.*, § 87 Rn 131.

173 *Fitting u.a.*, § 87 Rn 131; Richardi/*Richardi*, § 87 Rn 335; *Wlotzke*, § 87 Rn 67.

174 BAG 23.7.1996 – AP § 87 BetrVG 1972 Ordnung des Betriebes Nr. 26; DKK/*Klebe*, § 87 Rn 87; MünchArb/*Matthes*, Bd. 3, § 327 Rn 3; *Fitting u.a.*, § 87 Rn 131; ErfK/*Kania*, § 87 BetrVG Rn 31.

175 BAG 13.3.2001 – AP § 87 BetrVG 1972 Arbeitszeit Nr. 87; *Bepler*, NZA 2006, 48.

176 BAG 14.2.1991 – AP § 615 BGB Kurzarbeit Nr. 4 = NZA 1991, 607; BAG 3.6.2003 – AP § 77 BetrVG 1972 Tarifvorbehalt Nr. 19 = NZA 2003, 1155; a.A. *Franzen*, NZA 2006, 110.

60 **b) Vorübergehende Veränderung der betriebsüblichen Arbeitszeit.** Gegenstand der Mitbestimmung nach Abs. 1 Nr. 3 ist die Veränderung der „betriebsüblichen" Arbeitszeit, worunter die regelmäßige betriebliche Arbeitszeit zu verstehen ist.[177] Die Bestimmung erfolgt aufgrund der individualarbeitsvertraglichen Abreden in Bezug auf Umfang und Verteilung der Arbeitszeiten.[178] Die Arbeitszeit kann zwischen verschiedenen Arbeitsplätzen und Mitarbeitergruppen variieren, mit der Folge, dass es mehrere betriebsübliche Arbeitszeiten geben kann und auch die vorübergehende Arbeitszeitveränderung für Teilzeitbeschäftigte mitbestimmungspflichtig ist.[179]

61 Die Arbeitszeitveränderung muss vorübergehend sein, der entsprechende Zeitraum also überschaubar und nicht dauerhaft sein.[180] Als vorübergehend sind z.B. folgende Konstellationen einzustufen:
- der Arbeitsausfall an einem Tag (Rosenmontag) aus besonderem Anlass oder die Einlegung einer Sonderschicht aus demselben Grund[181] (nicht vorübergehend ist demgegenüber allerdings die Aufhebung einer jahrelangen Arbeitsfreistellung an einem bestimmten Karnevalstag auf unbestimmte Zeit),[182]
- die Einführung von Bereitschaftsdiensten außerhalb der regelmäßigen Arbeitszeit[183] (keine vorübergehende Veränderung der Arbeitszeit stellt jedoch die ständige Heranziehung von AN zum Sonntagsdienst dar),[184]
- Entsendung von Leiharbeitern in Betriebe, in denen eine höhere Arbeitszeit betriebsüblich ist als die vertraglich geschuldete Arbeitszeit der Leiharbeiter, wobei das Mitbestimmungsrecht beim BR des entsendenden Betriebs besteht.[185]

62 **c) Kollektiver Tatbestand.** Für die Annahme des Mitbestimmungsrechts nach Nr. 3 bedarf es eines kollektiven Tatbestands. Die Arbeitszeitänderung muss also einen betrieblich-organisatorischen Ursprung haben. An einem solchen mangelt es, wenn der AG mit der abweichenden Regelung der Arbeitszeit nur den Interessen eines einzigen AN entgegenkommt.[186] Anzunehmen ist ein kollektiver Tatbestand allerdings für den Fall, dass aus einer Gruppe von AN einzelne zu Überstunden herangezogen werden sollen, weil von der zu treffenden Auswahl jedes Mitglied der Gruppe (positiv oder negativ) betroffen ist, was auch auf lediglich einen einzigen betroffenen AN hinauslaufen kann.[187]

---

177 BAG 21.11.1978 – AP § 87 BetrVG 1972 Arbeitszeit Nr. 2; BAG 13.6.1989 – AP § 87 BetrVG 1972 Arbeitszeit Nr. 36; BAG 16.7.1991 – AP § 87 BetrVG 1972 Arbeitszeit Nr. 44; BAG 11.12.2001 – AP § 87 BetrVG 1972 Arbeitszeit Nr. 93; BAG 3.6.2003 – AP § 77 BetrVG 1972 Tarifvorbehalt Nr. 19; ErfK/*Kania*, § 87 BetrVG Rn 32; Richardi/*Richardi*, § 87 Rn 337; DKK/*Klebe*, § 87 Rn 87; GK-BetrVG/*Wiese*, § 87 Rn 381.

178 BAG 11.12.2001 – AP § 87 BetrVG 1972 Arbeitszeit Nr. 93; BAG 3.6.2002 – AP § 77 BetrVG 1972 Tarifvorbehalt Nr. 19; *Wlotzke*, § 87 Rn 68; *Fitting u.a.*, § 87 Rn 132; GK-BetrVG/*Wiese*, § 87 Rn 338.

179 BAG 13.6.1989 – AP § 87 BetrVG 1972 Arbeitszeit Nr. 36; BAG 16.7.1991 – AP § 87 BetrVG 1972 Arbeitszeit Nr. 44; BAG 25.2.1987 – AP § 87 BetrVG Arbeitszeit Nr. 72; BAG 19.6.2001 – AP § 87 BetrVG 1972 Leiharbeitnehmer Nr. 1; BAG 3.6.2003 – AP § 77 BetrVG 1972 Tarifvorbehalt Nr. 19; ErfK/*Kania*, § 87 BetrVG Rn 32; GK-BetrVG/*Wiese*, § 87 Rn 381; Richardi/*Richardi*, § 87 Rn 337; DKK/*Klebe*, § 87 Rn 87; *Fitting u.a.*, § 87 Rn 132; *Galperin/Löwisch*, § 87 Rn 108; *Preis*, NZA-Sonderheft 2001, 40.

180 BAG 22.7.2003 – AP § 87 BetrVG 1972 Arbeitszeit Nr. 108; BAG 27.1.1998 – AP § 87 BetrVG 1972 Sozialeinrichtung Nr. 14; BAG 3.6.2003 – AP § 77 BetrVG 1972 Tarifvorbehalt Nr. 19; *Bepler*, NZA 2006, 48; DKK/*Klebe*, § 87 Rn 87; GK-BetrVG/*Wiese*, § 87 Rn 385; *Fitting u.a.*, § 87 Rn 133; ErfK/*Kania*, § 87 BetrVG Rn 33; MünchArb/*Matthes*, Bd. 3, § 327 Rn 13; Richardi/*Richardi*, § 87 Rn 345.

181 BAG 3.6.2003 – NZA 2003, 1155; DKK/*Klebe*, § 87 Rn 88; ErfK/*Kania*, § 87 BetrVG Rn 33; *Fitting u.a.*, § 87 Rn 133.

182 BAG 26.10.2004 – NZA 2005, 538; *Wlotzke*, § 87 Rn 69.

183 BAG 29.2.2000 – AP § 87 BetrVG 1972 Arbeitszeit Nr. 81; *Fitting u.a.*, § 87 Rn 133.

184 BAG 25.2.1997 – AP § 87 BetrVG 1972 Arbeitszeit Nr. 72; ErfK/*Kania*, § 87 BetrVG Rn 33.

185 BAG 19.6.2001 – AP § 87 BetrVG 1972 Leiharbeitnehmer Nr. 1; ErfK/*Kania*, § 87 BetrVG Rn 33.

186 BAG 18.11.1980 – AP § 87 BetrVG 1972 Arbeitszeit Nr. 3; BAG 2.3.1986 – AP § 87 BetrVG 1972 Arbeitszeit Nr. 6; BAG 8.6.1982 – AP § 87 BetrVG 1972 Arbeitszeit Nr. 7; BAG 21.12.1982 – AP § 87 BetrVG 1972 Arbeitszeit Nr. 9; BAG 8.11.1983 – AP § 87 BetrVG 1972 Arbeitszeit Nr. 11; BAG 10.6.1986 – AP § 87 BetrVG 1972 Arbeitszeit Nr. 18; BAG 11.11.1986 – AP § 87 BetrVG 1972 Arbeitszeit Nr. 21; BAG 13.6.1989 – AP § 87 BetrVG 1972 Arbeitszeit Nr. 36; BAG 27.11.1990 – AP § 87 BetrVG 1972 Arbeitszeit Nr. 41; BAG 16.7.1991 – AP § 87 BetrVG 1972 Arbeitszeit Nr. 44; BAG 22.10.1991 – AP § 87 BetrVG 1972 Arbeitszeit Nr. 48; BAG 17.11.1998 – AP § 87 BetrVG 1972 Arbeitszeit Nr. 79; BAG 22.2.1983 – AP § 23 BetrVG 1972 Nr. 2; BAG 21.1.1988 – AP § 81 ArbGG 1979 Nr. 8; BAG 10.3.1992 – AP § 77 BetrVG 1972 Regelungsabrede Nr. 1; *Wlotzke*, § 87 Rn 70; MünchArb/*Matthes*, Bd. 3, § 335 Rn 15 ff.; *Fitting u.a.*, § 87 Rn 134; DKK/*Klebe*, § 87 Rn 97; *Galperin/Löwisch*, § 87 Rn 108; GK-BetrVG/*Wiese*, § 87 Rn 373; *Böhm*, BB 1974, 281, 372, 373 ff.; *Otto*, NZA 1992, 97, 98.

187 BAG 3.12.1991 – AP § 87 BetrVG 1972 Lohngestaltung Nr. 51; BAG 3.12.1991 – AP § 87 BetrVG 1972 Lohngestaltung Nr. 52; BAG 22.9.1992 – AP § 87 BetrVG 1972 Lohngestaltung Nr. 54; BAG 22.9.1992 – AP § 87 BetrVG 1972 Lohngestaltung Nr. 55; BAG 27.10.1992 – AP § 87 BetrVG 1972 Lohngestaltung Nr. 61; BAG 23.3.1993 – AP § 87 BetrVG 1972 Lohngestaltung Nr. 64; BAG 18.10.1994 – AP § 87 BetrVG 1972 Lohngestaltung Nr. 70; BAG 22.4.1997 – AP § 87 BetrVG 1972 Lohngestaltung Nr. 88; BAG 2.3.1982 – AP § 87 BetrVG 1972 Arbeitszeit Nr. 6; BAG 8.6.1982 – AP § 87 BetrVG 1972 Arbeitszeit Nr. 9; BAG 10.6.1986 – AP § 87 BetrVG 1972 Arbeitszeit Nr. 18; BAG 11.11.1986 – AP § 87 BetrVG 1972 Arbeitszeit Nr. 21; GK-BetrVG/*Wiese*, § 87 Rn 374, 30; *Farthmann*, RdA 1974, 65, 68; *Jahnke*, SAE 1983, 145, 146.

Ein kollektiver Tatbestand liegt auch dann vor, wenn der AG die Arbeitszeit für einen oder mehrere einzelne AN aus dringenden, nicht vorhersehbaren betrieblichen Gründen ändern will, z.B. Beladen eines LKW nach Dienstschluss. AG und BR können entsprechende Eilfälle im Voraus regeln, weshalb eine einseitige Anordnung von Überstunden – mit nachträglicher Genehmigung durch den BR – durch den AG nur in eng gefassten Notfällen, wie z.B. Brand, Überschwemmungen, Explosionsgefahr, möglich ist.[188] Die entsprechenden Notfälle haben gemein, dass sofort gehandelt werden muss, um vom Betrieb oder den AN Schaden abzuwenden, und dass der BR entweder nicht erreichbar ist oder keinen ordnungsgemäßen Zustimmungsbeschluss fassen kann. Gleiches gilt für den Fall der willkürlichen Zustimmungsverweigerung.[189]

d) Überstunden. Überstunden sind die Arbeitszeit, die über diejenige herausgeht, die nach dem TV oder nach dem Einzelarbeitsvertrag zu leisten ist.[190] Keine Überstunden i.S.d. Abs. 1 Nr. 3 sind demgegenüber die sog. Überstunden mit vollem Freizeitausgleich, da hierdurch lediglich die Lage der Arbeitszeit verändert und nicht die Arbeitszeit verlängert wird.[191] Auch für den Zeitraum einer gelegentlich erforderlichen Dienstreise, die keine zusätzliche Arbeitsleistung während der Reisezeit erfordert, sind keine Überstunden anzunehmen.[192] **63**

Soll die normale Arbeitszeit vorübergehend geändert werden und z.B. Bereitschaftsdienste oder Rufbereitschaften eingeführt werden, leistet der hierzu herangezogene AN Überstunden hinsichtlich deren Anordnung das Mitbestimmungsrecht besteht.[193] Bei generell variabler Arbeitszeit scheidet das Mitbestimmungsrecht aus, solange der vereinbarte Arbeitszeitrahmen eingehalten wird.[194] **64**

Von den Überstunden ist begrifflich Mehrarbeit zu unterscheiden. Mehrarbeit liegt vor, wenn die gesetzliche Höchstarbeitszeitdauer nach dem ArbZG überschritten wird. Für das Mitbestimmungsrecht des BR ist es jedoch ohne Belang, ob es sich bei der Leistung zugleich um Mehrarbeit handelt. Die arbeitszeitrechtliche Zulässigkeit der Mehrarbeit schließt das Mitbestimmungsrecht nicht aus.[195] **65**

Das Mitbestimmungsrecht bezieht sich bei Überstunden sowohl auf die Frage, ob und in welchem Umfang Überstunden zu leisten sind, als auch darauf, welche AN dafür herangezogen werden. Gleiches gilt für vom AN freiwillig abgeleistete Überstunden, die der AG duldend entgegennimmt.[196] Teilzeitbeschäftigte sind in diesem Zusammenhang vom Mitbestimmungsrecht mitumfasst.[197] **66**

Das Mitbestimmungsrecht erfasst kein Initiativrecht des BR auf Überstundenanordnung, da Abs. 1 Nr. 3 bezweckt, die AN gerade vor Mehrarbeit zu schützen und nicht etwa Neueinstellungen wegen erhöhten Arbeitsbedarfs zu verhindern.[198] Falls jedoch regelmäßig Überstunden anfallen, hat der BR ein dementsprechendes Initiativrecht, um eine Dauerregelung, z.B. in Gestalt einer Obergrenze für Überstunden, zu erzwingen.[199] **67**

e) Kurzarbeit. Kurzarbeit ist die vorübergehende Herabsetzung der betriebsüblichen Arbeitszeit, um anschließend zur betriebsüblichen Arbeitszeit zurückzukehren. Ob einzelne Stunden, bestimmte Tage oder ganze Wochen an Ar- **68**

---

188 BAG 19.2.1991 – AP § 87 BetrVG Arbeitszeit Nr. 42; BAG 17.11.1998 – AP § 87 BetrVG Arbeitszeit Nr. 79; *Richardi/Richardi*, § 87 Rn 371; *Fitting u.a.*, § 87 Rn 135; GK-BetrVG/*Wiese*, § 87 Rn 402, 154 ff. m.w.N.

189 BAG 19.2.1991 – AP § 87 BetrVG 1972 Arbeitszeit Nr. 42; BAG 17.11.1998 – AP § 87 BetrVG 1972 Arbeitszeit Nr. 79; MünchArb/*Matthes*, Bd. 3, § 332 Rn 30; GK-BetrVG/*Wiese*, § 87 Rn 162; Richardi/*Richardi*, § 87 Rn 62 f.; *Farthmann*, RdA 1974, 65, 68; *Henssler*, in: FS Hanau, 1999, S. 413, 422 ff.; *von Hoyningen-Huene*, DB 1987, 1426, 1431 f.; *Konzen*, in: FS Zöllner, 1998, S. 799, 827, 829; *Küttner/Schmidt*, DB 1988, 704; *Säcker*, ZfA-Sonderheft 1972, 41, 60.

190 MünchArb/*Anzinger*, Bd. 2, § 210 Rn 45; *Fitting u.a.*, § 87 Rn 140; Richardi/*Richardi*, § 87 Rn 349; *Wlotzke*, § 87 Rn 77.

191 BAG 11.11.1997 – AP § 611 BGB Mehrarbeitsvergütung Nr. 25; GK-BetrVG/*Wiese*, § 87 Rn 398.

192 BAG 23.7.1996 – AP § 87 BetrVG 1972 Ordnung des Betriebes Nr. 26; *Fitting u.a.*, § 87 Rn 140; *Wlotzke*, § 87 Rn 77; GK-BetrVG/*Wiese*, § 87 Rn 398; DKK/*Klebe*, § 87 Rn 98 a.

193 BAG 21.12.1982 – AP § 87 BetrVG 1972 Arbeitszeit Nr. 9; BAG 29.2.2000 – AP § 87 BetrVG 1972 Arbeitszeit Nr. 81; Richardi/*Richardi*, § 87 Rn 350; *Fitting u.a.*, § 87 Rn 133, DKK/*Klebe*, § 87 Rn 98 b; GK-BetrVG/*Wiese*, § 87 Rn 400; ErfK/*Kania*, § 87 BetrVG Rn 34.

194 GK-BetrVG/*Wiese*, § 87 Rn 400; *Schwerdtner*, DB 1983, 2763, 2775.

195 DKK/*Klebe*, § 87 Rn 99; *Fitting u.a.*, § 87 Rn 146; *Wlotzke*, § 87 Rn 79; GK-BetrVG/*Wiese*, § 87 Rn 397; MünchArb/*Anzinger*, Bd. 2, § 218 Rn 33; Richardi/*Richardi*, § 87 Rn 349.

196 BAG 27.11.1990 – AP § 87 BetrVG 1972 Arbeitszeit Nr. 41; BAG 16.7.1991 – AP § 87 BetrVG 1972 Arbeitszeit Nr. 44; BAG 23.3.1999 – AP § 87 BetrVG 1972 Arbeitszeit Nr. 80; ErfK/*Kania*, § 87 BetrVG Rn 34; *Wlotzke*, § 87 Rn 78; Richardi/*Richardi*, § 87 Rn 142.

197 BAG 23.7.1996 – AP § 87 BetrVG 1972 Arbeitszeit Nr. 68; BAG 16.7.1991 – AP § 87 BetrVG 1972 Arbeitszeit Nr. 44; *Wlotzke*, § 87 Rn 78; GK-BetrVG/*Wiese*, § 87 Rn 329, 345, 382; *Fitting u.a.*, § 87 Rn 138; *Galperin/Löwisch*, § 87 Rn 108; Richardi/*Richardi*, § 87 Rn 343; *Richardi*, NZA 1994. 593, 597.

198 MünchArb/*Matthes*, Bd. 3, § 335 Rn 43; Richardi/*Richardi*, § 87 Rn 343.

199 BAG 13.6.1989 – AP § 87 BetrVG 1972 Arbeitszeit Nr. 36; Richardi/*Richardi*, § 87 Rn 369; *Däubler*, DB 1989, 2534, 2537.

beitszeit ausfallen, ist für den Bestand des Mitbestimmungsrechts ohne Belang. Das Mitbestimmungsrecht besteht hinsichtlich der Einführung von Kurzarbeit und bzgl. der Verteilung der geänderten Arbeitszeit.[200]

Kurzarbeit kann auch in einer vorübergehenden Kürzung der Arbeitszeit auf Null, also einer Freistellung von AN bestehen.[201]

69 Eine vorübergehende Verkürzung der betriebsüblichen Arbeitszeiten führt nicht nur zu einer Minderung des Arbeitsentgelts aufseiten der AN, sondern kann u.U. die ansonsten bestehende Notwendigkeit betrieblicher Künd verhindern. Aus diesem Grund hat das BAG ein Initiativrecht des BR hinsichtlich der Einführung von Kurzarbeit anerkannt.[202]

Die Rückkehr von der Kurzarbeit zur betriebsüblichen Arbeitszeit ist nach Ansicht des BAG nicht mitbestimmungspflichtig, da sie keine Veränderung der betriebsüblichen Arbeitszeit, sondern der vorübergehend festgelegten Ausnahme-Arbeitszeit darstelle.[203]

Nach a.A. soll das Mitbestimmungsrecht des BR unter Verweis auf den actus-contrarius-Gedanken auch für den Abbau von Kurzarbeit bestehen.[204]

Falls der AG Massenentlassungen nach § 17 KSchG beabsichtigt, kann er bei der BA gem. § 19 KSchG beantragen, Kurzarbeit einzuführen. Die ggf. erteilte Ermächtigung stellt einen privatrechtsgestaltenden VA dar, der dem AG ein besonderes Gestaltungsrecht zur Änderung der individualvertraglich vereinbarten Arbeitszeit verleiht, ihn jedoch nicht von der Beachtung der zwingenden Mitbestimmung des BR bzgl. des „Ob" und „Wie" der Kurzarbeit entbindet.[205]

Die Ausübung des Mitbestimmungsrechts sollte durch förmliche BV erfolgen, da nur hierdurch eine unmittelbare und zwingende Wirkung gegenüber den AN erzeugt wirkt. Bei Einführung von Kurzarbeit auf der Grundlage einer bloßen Regelungsabrede bleibt der AG auf die Zustimmung des einzelnen AN bzw. die Zulassung durch die Bundesagentur für Arbeit (§ 19 KSchG) angewiesen. Die BV sollte im Sinne der Bestimmtheit konkrete Regelungen zum Umfang der Kurzarbeit und der betroffenen Personengruppe enthalten.[206]

70 **f) Vergütung.** Das Mitbestimmungsrecht des BR erstreckt sich nicht auf das während der veränderten Arbeitszeit zu zahlende Entgelt. Der BR kann folglich keine Regelungen erzwingen, die eine Aufstockung des Kurzarbeitergeldes nach §§ 169 ff. SGB III durch den AG anlässlich einer Arbeitszeitverkürzung beinhalten.[207] Entgeltfragen sind ausschließlich im Rahmen der Regelungstatbestände des Abs. 1 Nr. 4, 10 und 11 mitbestimmungspflichtig.[208]

71 **g) Veränderungen der betrieblichen Arbeitszeit im Arbeitskampf.** Im Arbeitskampf kollidiert das Mitbestimmungsrecht des BR mit dessen Neutralitätspflicht.[209]

72 Falls der Betrieb unmittelbar vom Arbeitskampf betroffen ist, entfallen die Mitbestimmungsrechte des BR. Dies gilt auch für die Aufrechterhaltung der Produktion mit arbeitswilligen AN während eines Streiks und wird vom BAG mit

---

200 BAG 5.3.1974 – AP § 87 BetrVG 1972 Kurzarbeit Nr. 1; BAG 13.7.1977 – AP § 87 BetrVG 1972 Kurzarbeit Nr. 2; BAG 1.7.2003 – AP § 87 BetrVG 1972 Arbeitszeit Nr. 103; BAG 14.2.1991 – AP § 615 BGB Kurzarbeit Nr. 4; BAG 29.11.1978 – AP § 611 BGB Bergbau Nr. 18; BAG 25.11.1981 – AP § 9 TVAL II Nr. 3; BAG 22.12.1980 – AP Art. 9 GG Arbeitskampf Nr. 70; BAG 9.5.1984 – AP § 1 LohnFG Nr. 58; *Fitting u.a.*, § 87 Rn 150; *Galperin/Löwisch*, § 87 Rn 107; DKK/*Klebe*, § 87 Rn 101; ErfK/*Kania*, § 87 BetrVG Rn 34; *Richardi/Richardi*, § 87 Rn 353; *Wlotzke*, § 87 Rn 73; GK-BetrVG/*Wiese*, § 87 Rn 389; *Preis/Lindemann*, NZA-Sonderheft 2001, 42; *Farthmann*, RdA 1974, 65; *Joussen*, DB 2004, 1314, 1316; *Simitis/Weiss*, DB 1973, 1240, 1244.
201 ErfK/*Kania*, § 87 BetrVG Rn 35; *Berscheid*, BuW 1998, 913, 918; LAG Hamm 20.9.2002 – NZA-RR 2003, 422.
202 BAG 4.3.1986 – AP § 87 BetrVG 1972 Kurzarbeit Nr. 3 m. krit. Anm. *Wiese*; *Richardi/Richardi*, § 87 Rn 366; ErfK/*Kania*, § 87 BetrVG Rn 35; DKK/*Klebe*, § 87 Rn 101; *Löwisch*, in: FS für Wiese, 1998, S. 249, 252 f.; *Badura*, WiR 1974, 1, 21 ff.; *Beuthien*, ZfA 1988, 1, 19; *Denck*, ZfA 1985, 249, 263; *ders.*, Jura 1985, 178, 180; *Farthmann*, RdA 1974, 65, 68 f.; *von Friesen*, DB 1980, Beilage Nr. 1, 12; *Gäbert*, NZA 1986, 412 ff.; *Henkel/Hagemeier*, BB 1976, 1420, 1423; *Kalb*, BB 1979, 1829, 1834; *Moll*, RdA 1979, 245, 246; a.A. GK-BetrVG/*Wiese*, § 87 Rn 367; *Adomeit*, BB 1972, 53, 54; *Bischof*, NZA 1995, 1021, 1024; *Otto*, NZA 1992, 97, 100; *Boewer*, DB 1973, 522, 527; *Brossette*, ZfA 1992, 379, 430 ff., 450 ff.
203 BAG 21.10.1978 – AP § 87 BetrVG 1972 Arbeitszeit Nr. 2; *Richardi/Richardi*, § 87 Rn 348, 354; *Preis/Lindemann*, NZA-Sonderheft 2001, 42.
204 *Wlotzke*, § 87 Rn 75; ErfK/*Kania*, § 87 BetrVG Rn 35; *Fitting u.a.*, § 87 Rn 151; GK-BetrVG/*Wiese*, § 87 Rn 388.
205 *Fitting u.a.*, § 87 Rn 155; GK-BetrVG/*Wiese*, § 87 Rn 393; *Wlotzke*, § 87 Rn 76; DKK/*Klebe*, § 87 Rn 103; *Galperin/Löwisch*, § 87 Rn 114; *Richardi/Richardi*, § 87 Rn 376; KR/*Weigand*, KSchG, § 19 Rn 31; *Bieback*, AuR 1986, 161; *Farthmann*, RdA 1974, 65, 69 f.; *von Stebut*, RdA 1974, 332, 343 ff.; a.A. *Hess u.a./Worzalla*, § 87 Rn 196; *Säcker*, ZfA-Sonderheft 1972, 41, 49; *Böhm*, BB 1974, 281, 284.
206 ErfK/*Kania*, § 87 BetrVG Rn 36.
207 BAG 1.7.2003 – NZA 2003, 1209; LAG Köln 14.6.1989 – NZA 1989, 939; ErfK/*Kania*, § 87 BetrVG Rn 37; *Fitting u.a.*, § 87 Rn 160; *Hess u.a./Worzalla*, § 87 Rn 197; *Wlotzke*, § 87 Rn 74; GK-BetrVG/*Wiese*, § 87 Rn 360; *Otto*, NZA 1992, 97; a.A. DKK/*Klebe*, § 87 Rn 102.
208 *Wlotzke*, § 87 Rn 74; GK-BetrVG/*Wiese*, § 87 Rn 360; *Fitting u.a.*, § 87 Rn 153; MünchArb/*Matthes*, Bd. 3, § 335 Rn 28; *Richardi/Richardi*, § 87 Rn 372; ErfK/*Kania*, § 87 BetrVG Rn 37; *Brossette*, ZfA 1992, 379, 422 m.w.N.
209 ErfK/*Kania*, § 87 Rn 38.

der Friedenspflicht des BR und dem übergeordneten Grundsatz der Kampfparität begründet. In diesem Fall entfällt in dem unmittelbar bestreikten Betrieb auch das Mitbestimmungsrecht des BR bzgl. der Anordnung von Kurzarbeit.[210]
Auch wenn der AG den Betrieb im Rahmen einer Arbeitskampfmaßnahme komplett still legt, gilt das in Rn 71 Gesagte. Dieses Mittel steht dem AG auch bei lediglich teilweiser Bestreikung seines Betriebs offen.[211]

Umstr. ist der Umfang des Mitbestimmungsrechts für den häufigen Fall der lediglich mittelbaren Betroffenheit eines Betriebs von den Arbeitskampfmaßnahmen in einem anderen Betrieb.

Unter Berücksichtigung der Betriebsrisikolehre geht das BAG davon aus, dass der AG grds. das Betriebs- und Wirtschaftsrisiko trägt, er also das Arbeitsentgelt unabhängig von Arbeitsaufkommen oder wirtschaftlicher Sinnhaftigkeit zu zahlen hat. Dies gilt insb. auch für den Fall, dass der betroffene Betrieb direkt bestreikt wird. In der Konstellation der lediglich mittelbaren Betroffenheit durch einen Arbeitkampf, der in anderen Betrieben geführt wird, etwa wenn für mittelbar betroffene Betriebe in derselben Branche dieselben Verbände zuständig sind oder eine enge wirtschaftliche Verflechtung (Konzern) besteht, fehlt es laut BAG an der arbeitskampftypischen Konfrontation zwischen Belegschaft und AG. Hier muss i.S.d. Kampfparität das Arbeitskampfrisiko auf beide Seiten, also auf AG und auf AN, gleichermaßen verteilt werden. Für den AG bedeutet das, dass er den Schaden durch den Produktionsausfall zu tragen hat, ebenso wie die AN den Verlust des Beschäftigung- und Vergütungsanspruchs.

Die Risikogrundsätze sind den Parteien also vorgegeben. Es besteht somit bzgl. der Einführung und des Umfangs der Arbeitszeitänderung kein Raum mehr für ein Mitbestimmungsrecht.

Der BR kann und muss folglich nur über die Modalitäten einer Arbeitszeitänderung, also das „Wie" mitbestimmen, da ein derartiges Mitbestimmungsrecht laut BAG objektiv nicht geeignet ist, die Maßnahmen des AG zu vereiteln.[212]

Beide Seiten müssen sich dann auf sofortige Verhandlungen einlassen. Kann keine rechtzeitige Einigung (ggf. über die Einigungsstelle) erreicht werden, liegt für den AG ein „Notfall" vor, der ihn zur alleinigen Anordnung arbeitskampfbedingter Kurzarbeit ermächtigt.[213]

4. Zeit, Ort und Art der Auszahlung der Arbeitsentgelte. a) Allgemeines. Nach Abs. 1 Nr. 4 hat der BR bei den Modalitäten der Arbeitsentgelte hinsichtlich Zeit, Ort und Art, nicht aber über die Höhe der Arbeitsentgelte mitzubestimmen.[214]

b) Arbeitsentgelte. Arbeitsentgelte sind die vom AG zu erbringenden Vergütungsleistungen ohne Rücksicht auf ihre Bezeichnung. Hierzu zählen nicht nur die in Geld zu gewährenden Leistungen wie Gehalt, Lohn, Provisionen, Kindergeld, Familienzulage, Teuerungszulage, Urlaubsgeld, Reisekosten, Wegegelder, Spesen, Auslösungen, vermögenswirksame Leistungen etc., sondern auch Deputate und sonstige Sachleistungen wie Unterkunft und Kost.[215]

Das Mitbestimmungsrecht des BR nach Abs. 1 Nr. 4 betrifft nicht Umfang oder Höhe der Verpflichtung zur Leistung der Arbeitsentgelte, sondern lediglich die Art und Weise ihrer Auszahlung.[216]

c) Zeit der Auszahlung. Unter Zeit der Auszahlung des Arbeitsentgelts ist das „Wann" der Zahlung zu verstehen, also die Festlegung der Entgeltzeiträume, wie z.B. monatliche, halbmonatliche oder wöchentliche Lohnzahlung.[217] Der Mitbestimmung des BR unterliegt auch der Zeitpunkt der Entgeltzahlung, also zu welcher Stunde oder an welchem Tag gezahlt wird, soweit dieser nicht durch Gesetz oder TV (bindende Festsetzung nach § 19 HAG) geregelt ist.[218]

---

210 BAG 24.4.1979 – AP Art. 9 GG Arbeitskampf Nr. 63; BAG 22.12.1989 – AP Art. 9 GG Arbeitskampf Nr. 70; BAG 22.12.1980 – AP Art. 9 GG Arbeitskampf Nr. 71; *Fitting u.a.*, § 87 Rn 165; *Wlotzke*, § 87 Rn 83; GK-BetrVG/*Wiese*, § 87 Rn 406 m.w.N.; a.A. DKK/*Klebe*, § 87 Rn 94.

211 BAG 22.3.1994 – AP Art. 9 GG Arbeitskampf Nr. 130; *Fitting u.a.*, § 87 Rn 167; Richardi/*Richardi*, § 87 Rn 380; *Wlotzke*, § 87 Rn 83.

212 BAG 22.12.1980 – BAGE 34, 331, 342; BAG 22.12.1980 – AP Art. 9 GG Arbeitskampf Nr. 71; GK-BetrVG/*Wiese*, § 87 Rn 408; Richardi/*Richardi*, § 87 Rn 388; *Galperin/Löwisch*, § 74 Rn 13; *Wlotzke*, § 87 Rn 84, 85; *Farthmann*, RdA 1974, 65, 70; *Mayer-Maly*, BB 1979, 1305, 1310 ff.; *Seiter*, RdA 1979, 393 ff.; weitergehend *Fitting u.a.*, § 87 Rn 164 f.; DKK/*Klebe*, § 87 Rn 94.

213 ErfK/*Kania*, § 87 BetrVG Rn 38; GK-BetrVG/*Wiese*, § 87 Rn 415.

214 *Wlotzke*, § 87 Rn 86; ErfK/*Kania*, § 87 BetrVG Rn 40; *Fitting u.a.*, § 87 Rn 179.

215 BAG 25.4.1989 – AP § 98 ArbGG 1979 Nr. 3; Richardi/*Richardi*, § 87 Rn 413; GK-BetrVG/*Wiese*, § 87 Rn 425; *Fitting u.a.*, § 87 Rn 180; *Galperin/Löwisch*, § 87 Rn 119; DKK/*Klebe*, § 87 Rn 105; *Wlotzke*, § 87 Rn 87; Hess u.a./*Worzalla*, § 87 Rn 242; MünchArb/*Matthes*, Bd. 3, § 336 Rn 2.

216 GK-BetrVG/*Wiese*, § 87 Rn 426; DKK/*Klebe*, § 87 Rn 105; Hess u.a./*Worzalla*, § 87 Rn 243; Richardi/*Richardi*, § 87 Rn 413; *Fitting u.a.*, § 87 Rn 179.

217 BAG 15.1.2002 – NZA 2002, 1112; BAG 26.1.1983 – AP § 75 LPVG Rheinland-Pfalz Nr. 1; ErfK/*Kania*, § 87 BetrVG Rn 40; DKK/*Klebe*, § 87 Rn 106; GK-BetrVG/*Wiese*, § 87 Rn 427; MünchArb/*Matthes*, Bd. 3, § 328 Rn 5; *Fitting u.a.*, § 87 Rn 181; Richardi/*Richardi*, § 87 Rn 414.

218 LAG Baden-Württemberg 10.11.1987 – NZA 1988, 325 f.; DKK/*Klebe*, § 87 Rn 106; GK-BetrVG/*Wiese*, § 87 Rn 372.

Ob auch die Leistung von Abschlagszahlungen dem Tatbestand der Nr. 4 zugerechnet werden muss, ist umstr. und wird in der Lit. z.T. pauschal angenommen[219] und zum anderen Teil unter Hinweis auf das fehlende Mitbestimmungsrecht des BR in Bezug auf die Fälligkeitsbestimmung des Arbeitsentgelts verneint.[220]

Ob jedoch pro Stunde, Monat etc. bezahlt wird, ist Frage der Lohngestaltung und unterfällt ausschließlich dem Mitbestimmungsrecht nach Abs. 1 Nr. 10.[221]

78 **d) Art der Auszahlung.** Gem. § 107 Abs. 1 GewO ist das Arbeitsentgelt für alle AN in EUR zu berechnen und auszuzahlen.[222]

Hauptgegenstand des Mitbestimmungsrechts im Rahmen der Auszahlungsart ist somit noch die Frage, ob das Arbeitsentgelt in bar oder bargeldlos mittels Überweisung auf das Bankkonto des AN auszuzahlen ist.[223]

79 Laut BAG ist im Wege einer Annex-Kompetenz auch darüber mitzubestimmen, wer die Kosten für den bargeldlosen Zahlungsverkehr (z.B. Kontoführungsgebühren oder Gebühren für die Überweisung des Arbeitsentgelts) zu tragen hat und ob der damit verbundene Zeitaufwand zu vergüten ist.[224]

Falls die Betriebsparteien die Übernahme der Kontoführungsgebühren nicht geregelt haben, sind die AN zur Tragung verpflichtet. Nach Ansicht des BAG entfällt in dieser Konstellation das Mitbestimmungsrecht.[225] Ansonsten sind pauschalierte Regelungen zur Kostenübernahme im Wege der BV möglich.[226]

80 Für Einigungsstellensprüche gilt die Grenze billigen Ermessens nach § 76 Abs. 5. Diese Grenze ist überschritten, wenn ein Einigungsstellenspruch den AG verpflichtet, alle AN monatlich eine Stunde von der Arbeit freizustellen, um den Zeitaufwand für das Abholen des Geldes von der Bank auszugleichen, obwohl der AG die Zahlung per Scheck im Betrieb angeboten hat.[227] Gleiches gilt, wenn der AN gezwungen werden soll, sein Konto bei einer bestimmten Bank einzurichten.[228]

Ein Lohnabtretungsverbot hingegen unterfällt nicht dem Mitbestimmungsrecht nach Abs. 1 Nr. 4, da es nichts mit den Zahlungsmodalitäten Zeit, Ort und Art zu tun hat.[229]

81 **e) Ort der Auszahlung.** Der BR hat außerdem bei der Wahl des Ortes der Entgeltzahlung mitzubestimmen.

Dies ist v.a. für Außendienstmitarbeiter relevant, da in diesem Zusammenhang vereinbart werden kann, dass das Entgelt an einer bestimmten Kasse, in der Regel im Betrieb des AG, abzuholen ist, oder aber an den Wohnort des AN überwiesen wird.[230]

82 Bei der Vereinbarung über den Ort der Auszahlung handelt es sich um eine erlaubte Abweichung von § 269 BGB, bei der allerdings zwingende rechtliche Vorgaben, wie z.B. § 35 Abs. 2 SeemG oder § 115a GewO, die beide die Lohnauszahlung in Gastwirtschaften und Verkaufsstellen verbieten, zu beachten sind.[231]

Bei Deputaten ist mitbestimmungspflichtig, ob der AG sie anzuliefern oder ob der AN sie an einem bestimmten Ort abzuholen hat.[232]

---

219 *Fitting u.a.*, § 87 Rn 181; DKK/*Klebe*, § 87 Rn 106; MünchArb/*Matthes*, Bd. 3, § 336 Rn 6.
220 *Richardi*/*Richardi*, § 87 Rn 415; *Hess u.a.*/*Worzalla*, § 87 Rn 246 a.
221 *Fitting u.a.*, § 87 Rn 181; *Wlotzke*, § 87 Rn 88; *Richardi*/*Richardi*, § 87 Rn 414; MünchArb/*Matthes*, Bd. 3, § 328 Rn 5.
222 Vgl. GK-BetrVG/*Wiese*, § 87 Rn 430; *Richardi*/*Richardi*, § 87 Rn 423.
223 BAG 8.3.1977 – AP § 87 BetrVG 1972 Auszahlung Nr. 1; BAG 24.11.1987 – AP § 87 BetrVG 1972 Auszahlung Nr. 6; BAG 5.3.1991 – AP § 87 BetrVG 1972 Auszahlung Nr. 11; BAG 10.8.1993 – AP § 87 BetrVG 1972 Auszahlung Nr. 12; BAG 15.1.2002 – AP § 50 BetrVG 1972 Nr. 23; BAG 12.11.1997 – AP § 58 BetrVG 1972 Nr. 2; BAG 31.7.1984 – AP § 26a BMT-G II Nr. 1; *Wlotzke*, § 87 Rn 88; GK-BetrVG/*Wiese*, § 87 Rn 430; *Fitting u.a.*, § 87 Rn 185; DKK/*Klebe*, § 87 Rn 108; *Richardi*/*Richardi*, § 87 Rn 420, 421.
224 BAG 12.11.1997 – AP § 58 BetrVG 1972 Nr. 2; BAG 10.8.1993 – AP § 87 BetrVG 1972 Auszahlung Nr. 12; *Wiese*, NZA 2006, 9; *Fitting u.a.*, § 87 Rn 186; MünchArb/*Matthes*, Bd. 3, § 328 Rn 10; *Richardi*/*Richardi*, § 87 Rn 427; DKK/*Klebe*, § 87 Rn 109; ErfK/*Kania*, § 87 BetrVG Rn 40; a.A. GK-BetrVG/*Wiese*, § 87 Rn 432.
225 BAG 31.8.1982 – AP § 87 BetrVG 1972 Auszahlung Nr. 2; DKK/*Klebe*, § 87 Rn 110.
226 BAG 8.3.1977 – AP § 87 BetrVG 1972 Auszahlung Nr. 1; BAG 5.3.1991 – AP § 87 BetrVG 1972 Auszahlung Nr. 11 = NZA 1991, 611, 612; BAG 15.1.2002 – AP § 50 BetrVG 1972 Nr. 23; DKK/*Klebe*, § 87 Rn 110; *Fitting u.a.*, § 87 Rn 187; GK-BetrVG/*Wiese*, § 87 Rn 433; *Richardi*/*Richardi*, § 87 Rn 429; *Wlotzke*, § 87 Rn 90.
227 BAG 10.8.1993 – AP § 87 BetrVG Auszahlung Nr. 12; ErfK/*Kania*, § 87 BetrVG Rn 40; *Wlotzke*, § 87 Rn 91.
228 *Fitting u.a.*, § 87 Rn 189; *Wlotzke*, § 87 Rn 91.
229 BAG 26.1.1983 – AP § 75 LPVG Rheinland-Pfalz Nr. 1; *Richardi*/*Richardi*, § 87 Rn 422; *Fitting u.a.*, § 87 Rn 190; a.A. MünchArb/*Matthes*, Bd. 3, § 328 Rn 12.
230 *Richardi*/*Richardi*, § 87 Rn 417; *Wlotzke*, § 87 Rn 89; *Fitting u.a.*, § 87 Rn 184; DKK/*Klebe*, § 87 Rn 107; GK-BetrVG/*Wiese*, § 87 Rn 429 m.w.N.
231 GK-BetrVG/*Wiese*, § 87 Rn 429; *Richardi*/*Richardi*, § 87 Rn 417; *Wlotzke*, § 87 Rn 89; DKK/*Klebe*, § 87 Rn 107; *Fitting u.a.*, § 87 Rn 184.
232 MünchArb/*Matthes*, Bd. 3, § 336 Rn 8; DKK/*Klebe*, § 87 Rn 107; GK-BetrVG/*Wiese*, § 87 Rn 429; DKK/*Klebe*, § 87 Rn 107; *Fitting u.a.*, § 87 Rn 184; *Richardi*/*Richardi*, § 87 Rn 418.

5. Aufstellung allgemeiner Urlaubsgrundsätze und des Urlaubsplans sowie die Festsetzung der zeitlichen Lage des Urlaubs für einzelne Arbeitnehmer, wenn zwischen dem Arbeitgeber und den beteiligten Arbeitnehmern kein Einverständnis erzielt wird. a) Allgemeines. Das Mitbestimmungsrecht nach Abs. 1 Nr. 5 dient dazu, das individuelle Gestaltungsrecht des AG hinsichtlich der Lage des Urlaubs zu beschränken, mit dem Ziel, sein Interesse an einem ungestörten Betriebsablauf und die individuellen Urlaubswünsche der AN in Einklang zu bringen bzw. Letztere untereinander zu koordinieren.[233]

b) Urlaubsbegriff. Die Mitbestimmung bezieht sich neben dem jährlichen Erholungsurlaub nach § 1 UrlG auch auf jede Form der bezahlten oder unbezahlten Arbeit, soweit aus betrieblichen Gründen nicht auf alle Urlaubswünsche der verschiedenen AN eingegangen werden kann und entsprechend eine Abwägung zu treffen ist.[234]

Andere Urlaubsvarianten sind z.B.:
– Zusatzurlaub für Schwerbehinderte,[235]
– Sonderurlaub für Eheschließung (dieser muss dann auch für die Eingehung einer Lebenspartnerschaft gewährt werden, da ansonsten Verstoß gegen das AGG wegen Benachteiligung aufgrund sexueller Identität),[236]
– Bildungsurlaub,[237]
– Sonderurlaub, z.B. für Gastarbeiter[238] sowie
– bezahlte oder unbezahlte Freistellung, wie z.B. auch Sabbaticals und Familienpausen.[239]

Mitbestimmungsfrei ist hingegen die vorübergehende oder dauerhafte Suspendierung von der Arbeitspflicht. Diese kann ohne Abstimmung mit dem BR ausgesprochen werden, wenn die individualrechtlichen Voraussetzungen vorliegen.[240]

c) Allgemeine Urlaubsgrundsätze. Der BR hat bei der Aufstellung allg. Urlaubsgrundsätze mitzubestimmen, also allg. RL, nach denen der Urlaub im Einzelfall gewährt oder nicht gewährt werden darf.[241] Große Bedeutung hat in diesem Zusammenhang die Mitsprache bei der Einführung und zeitlichen Verortung von Betriebsferien.[242] Ebenso mitbestimmungspflichtig ist die Frage, wie der dem einzelnen AN ggf. über die Betriebsferien hinaus zustehende Urlaub über das Jahr anzutreten ist. Noch nicht urlaubsberechtigte AN haben während der Betriebsferien grds. einen ungeminderten Lohnanspruch.[243]

Andere Regelungskomplexe im Rahmen des Mitbestimmungsrechts sind u.a.:
– die Anordnung einer Urlaubssperre,[244]
– die Festlegung von Fristen für die Auslage der Urlaubsliste, in die die Urlaubswünsche der AN eingetragen werden, nicht aber die Urlaubsliste selbst,[245]

---

233 BAG 18.6.1974 – AP § 87 BetrVG 1972 Urlaub Nr. 1; BAG 28.5.2002 – AP § 87 BetrVG 1972 Urlaub Nr. 10; BAG 26.11.1964 – AP § 10 BUrlG Schonzeit Nr. 1; BAG 10.12.2002 – AP § 95 BetrVG 1972 Nr. 42; ErfK/*Kania*, § 87 BetrVG Rn 42; *Galperin/Löwisch*, § 87 Rn 127; *Fitting u.a.*, § 87 Rn 191; Richardi/*Richardi*, § 87 Rn 440; GK-BetrVG/*Wiese*, § 87 Rn 443.

234 BAG 18.6.1974 – AP § 87 Urlaub Nr. 1; DKK/*Klebe*, § 87 Rn 111; MünchArb/*Matthes*, Bd. 3, § 337 Rn 14 ff.; *Fitting u.a.*, § 87 Rn 192, 193; Richardi/*Richardi*, § 87 Rn 441; *Galperin/Löwisch*, § 87 Rn 127.

235 Hessisches LAG 28.4.1987 – NZA 1988, 257; *Fitting u.a.*, § 87 Rn 192; DKK/*Klebe*, § 87 Rn 111; GK-BetrVG/*Wiese*, § 87 Rn 444.

236 *Leisten*, AGG, S. 20.

237 BAG 28.5.2002 – AP § 87 BetrVG 1972 Urlaub Nr. 10; DKK/*Klebe*, § 87 Rn 111; GK-BetrVG/*Wiese*, § 87 Rn 447; *Fitting u.a.*, § 87 Rn 193; Richardi/*Richardi*, § 87 Rn 458; *Galperin/Löwisch*, § 87 Rn 128; MünchArb/*Matthes*, Bd. 3, § 337 Rn 17.

238 BAG 18.6.1974 – AP § 87 BetrVG 1972 Urlaub Nr. 1; BAG 17.11.1977 – AP § 9 BUrlG Nr. 8; Richardi/*Richardi*, § 87 Rn 441; GK-BetrVG/*Wiese*, § 87 Rn 447; DKK/*Klebe*, § 87 Rn 111; ErfK/*Kania*, § 87 BetrVG Rn 43; *Blomeyer*, SAE 1976, 10, 11.

239 BAG 10.12.2002 – AP § 95 BetrVG 1972 Nr. 42; BAG 18.6.1976 – AP § 87 BetrVG 1972 Urlaub Nr. 1; BAG 28.5.2002 – AP § 87 BetrVG 1972 Urlaub Nr. 10; *Fitting u.a.*, § 87 Rn 194; GK-BetrVG/*Wiese*, § 87 Rn 445; Richardi/*Richardi*, § 87 Rn 442; DKK/*Klebe*, § 87 Rn 111; *Schirge*, AiB 1994, 2 ff.

240 LAG Köln 16.3.2000 – LAGE § 7 BUrlG Nr. 37; ErfK/*Kania*, § 87 BetrVG Rn 43.

241 BAG 18.6.1976 – AP § 87 BetrVG 1972 Urlaub Nr. 1; BAG 28.5.2002 – AP § 87 BetrVG 1972 Urlaub Nr. 10; *Wlotzke*, § 87 Rn 94; GK-BetrVG/*Wiese*, § 87 Rn 449; ErfK/*Kania*, § 87 BetrVG Rn 44; *Fitting u.a.*, § 87 Rn 195; Richardi/*Richardi*, § 87 Rn 443.

242 BAG 16.3.1972 – AP § 9 BUrlG Nr. 3; BAG 28.7.1981 – AP § 87 BetrVG 1972 Urlaub Nr. 2; BAG 9.5.1984 – AP § 1 LohnFG Nr. 58; BAG 31.5.1988 – AP § 1 Feiertags-LohnzahlungsG Nr. 57; ErfK/*Kania*, § 87 BetrVG Rn 44; *Fitting u.a.*, § 87 Rn 196; Richardi/*Richardi*, § 87 Rn 446; MünchArb/*Matthes*, Bd. 3, § 329 Rn 10 f.; DKK/*Klebe*, § 87 Rn 112.

243 BAG 2.10.1974 – AP § 7 BUrlG Betriebsferien Nr. 2; BAG 30.6.1976 – AP § 7 BUrlG Betriebsferien Nr. 3; GK-BetrVG/*Wiese*, § 87 Rn 451; MünchArb/*Matthes*, Bd. 3, § 337 Rn 12 f.; Richardi/*Richardi*, § 87 Rn 447; DKK/*Klebe*, § 87 Rn 112.

244 BAG 28.5.2002 – AP § 87 BetrVG 1972 Urlaub Nr. 10; GK-BetrVG/*Wiese*, § 87 Rn 453; DKK/*Klebe*, § 87 Rn 113; *Fitting u.a.*, § 87 Rn 199.

245 DKK/*Klebe*, § 87 Rn 113; *Fitting u.a.*, § 87 Rn 202; *Wlotzke*, § 87 Rn 97, 98; GK-BetrVG/*Wiese*, § 87 Rn 454; ErfK/*Kania*, § 87 BetrVG Rn 45.

- die Aufstellung von Grundsätzen zur Urlaubsvertretung[246] sowie
- die Bestimmung von Kriterien für die Behandlung gleichgelagerter Urlaubswünsche. Im Zusammenhang mit dem letzten Punkt können z.B. die Frage, ob ein AN schulpflichtige Kinder hat, sein Lebensalter oder sein Familienstand den Ausschlag für eine Bevorzugung geben.[247]

89 **d) Urlaubsplan.** Aufgrund der vereinbarten Urlaubsgrundsätze ist unter Beteiligung des BR ein – für den AG verbindlicher – Urlaubsplan aufzustellen, in dem für die jeweiligen AN der konkrete Urlaub für bestimmte Zeiträume des jeweiligen Jahres festgelegt wird.[248]

Mitbestimmungspflichtig ist der Widerruf des Urlaubs aus dringenden betrieblichen Gründen.[249]

90 **e) Lage des Urlaubs für einzelne Arbeitnehmer.** Auch hinsichtlich der Festlegung der Lage des Urlaubs der einzelnen AN besteht ein Mitbestimmungsrecht des BR. Dies ist allerdings nur dann der Fall, wenn entweder kein Urlaubsplan existiert, dieser unvollständig ist oder eine vom Urlaubsplan abweichende Vereinbarung zwischen AG und AN getroffen wurde.[250] Zudem erfordert der kollektive Bezug des Mitbestimmungsrechts die Betroffenheit von mindestens zwei AN.[251]

91 **f) Urlaubsdauer/Urlaubsentgelt/Urlaubsgeld.** Kein Mitbestimmungsrecht räumt Abs. 1 Nr. 5 hinsichtlich der Dauer des Urlaubs, des während des Urlaubs fortzuzahlenden Urlaubsentgelts sowie der Gewährung von zusätzlichem Urlaubsgeld ein. Die genannten Regelungskomplexe sind jedoch in der Praxis zumeist Gegenstand von TV.[252]

92 **6. Einführung und Anwendung von technischen Einrichtungen, die dazu bestimmt sind, das Verhalten oder die Leistung der Arbeitnehmer zu überwachen. a) Allgemeines.** Abs. 1 Nr. 6 dient dem Schutz des einzelnen AN gegen anonyme Kontrolleinrichtungen, die stark in den persönlichen Bereich der AN eingreifen.[253] Die Norm soll dafür Sorge tragen, dass bei der Ausgestaltung der Kontrolleinrichtungen sowohl die AG- als auch die AN-Seite angemessen berücksichtigt wird und umfasst nach Ansicht des BAG praktisch jede Form der automatischen Erhebung, Speicherung und sonstigen Verarbeitung von Daten, wenn sie Rückschlüsse auf Verhalten oder Leistung der AN zulassen.[254]

93 **b) Technische Einrichtungen.** Zum Schutz des Persönlichkeitsrechts der AN sind an den Begriff der technischen Einrichtung keine hohen Anforderungen zu stellen. Das Mitbestimmungsrecht ist lediglich insoweit beschränkt, als es sich nur auf die technische Überwachung (im Gegensatz zur Überwachung durch Personen) bezieht.[255] Was von dem Begriff umfasst wird, richtet sich nach dem Zweck der Vorschrift, den AN nicht zum bloßen Objekt einer Überwachungstechnik zu machen.[256]

Eine technische Einrichtung im Sinne der Vorschrift stellt grds. jedes optische, mechanische, akustische oder elektronische Gerät dar.[257]

---

246 Richardi/*Richardi*, § 87 Rn 445; *Wlotzke*, § 87 Rn 98; DKK/*Klebe*, § 87 Rn 113, 115; GK-BetrVG/*Wiese*, § 87 Rn 454.

247 BAG 4.12.1970 – AP § 7 BUrlG Nr. 5; DKK/*Klebe*, § 87 Rn 113; GK-BetrVG/*Wiese*, § 87 Rn 453; *Fitting u.a.*, § 87 Rn 199, 205; *Wlotzke*, § 87 Rn 96, 97; ErfK/*Kania*, § 87 BetrVG Rn 46.

248 *Fitting u.a.*, § 87 Rn 201; GK-BetrVG/*Wiese*, § 87 Rn 460, 464; DKK/*Klebe*, § 87 Rn 115; Richardi/*Richardi*, § 87 Rn 448 f.

249 GK-BetrVG/*Wiese*, § 87 Rn 467, 468; *Fitting u.a.*, § 87 Rn 203; DKK/*Klebe*, § 87 Rn 115, 117; Richardi/*Richardi*, § 87 Rn 448, 449; *Wlotzke*, § 87 Rn 100; ErfK/*Kania*, § 87 BetrVG Rn 47.

250 *Wlotzke*, § 87 Rn 101; GK-BetrVG/*Wiese*, § 87 Rn 470; Richardi/*Richardi*, § 87 Rn 464; DKK/*Klebe*, § 87 Rn 118; ErfK/*Kania*, § 87 BetrVG Rn 46.

251 MünchArb/*Matthes*, Bd. 3, § 337 Rn 20; *Wlotzke*, § 87 Rn 101; GK-BetrVG/*Wiese*, § 87 Rn 471 ff.; *Raatz*, DB-Beilage 1/1972, 13; a.A. *Fitting u.a.*, § 87 Rn 206; DKK/*Klebe*, § 87 Rn 118; Hess u.a./*Worzalla*, § 87 Rn 278; Richardi/*Richardi*, § 87 Rn 467; ErfK/*Kania*, § 87 BetrVG Rn 46.

252 *Fitting u.a.*, § 87 Rn 212, 213; GL/*Löwisch*, § 87 Rn 137; Hess u.a./*Worzalla*, § 87 Rn 265; DKK/*Klebe*, § 87 Rn 120–122; ErfK/*Kania*, § 87 BetrVG Rn 47; Richardi/*Richardi*, § 87 Rn 456; GK-BetrVG/*Wiese*, § 87 Rn 446 f.

253 BAG 7.10.1987 – AP § 611 BGB Persönlichkeitsrecht Nr. 15; BAG 11.3.1986 – AP § 87 BetrVG 1972 Überwachung Nr. 14; BAG 8.11.1994 – AP § 87 BetrVG 1972 Überwachung Nr. 27; BAG 27.1.2004 – AP § 87 BetrVG 1972 Überwachung Nr. 40; BAG 29.6.2004 – AP § 87 BetrVG 1972 Überwachung Nr. 41; BAG 14.12.2004 – AP § 87 BetrVG 1972 Überwachung Nr. 42; BAG 28.11.1989 – AP § 87 BetrVG 1972 Initiativrecht Nr. 4; *Fitting u.a.*, § 87 Rn 215; *Wlotzke*, § 87 Rn 106; GK-BetrVG/*Wiese*, § 87 Rn 484.

254 BAG 6.12.1983 – AP § 87 BetrVG 1972 Überwachung Nr. 7; BAG 14.9.1984 – AP § 87 BetrVG 1972 Überwachung Nr. 9; BAG 27.5.1986 – AP § 87 BetrVG 1972 Überwachung Nr. 15; ErfK/*Kania*, § 87 BetrVG Rn 48; Richardi/*Richardi*, § 87 Rn 476; *Fitting u.a.*, § 87 Rn 215.

255 BAG 26.3.1991 – AP § 87 BetrVG 1972 Überwachung Nr. 21; GK-BetrVG/*Wiese*, § 87 Rn 497; *Fitting u.a.*, § 87 Rn 224; *Wlotzke*, § 87 Rn 112; DKK/*Klebe*, § 87 Rn 137; GK-BetrVG/*Wiese*, § 87 Rn 504.

256 BAG 6.12.1983 – AP § 87 BetrVG 1972 Überwachung Nr. 7; BAG 14.9.1984 – AP § 87 BetrVG 1972 Überwachung Nr. 9; BAG 18.2.1986 – AP § 87 BetrVG 1972 Überwachung Nr. 13; Richardi/*Richardi*, § 87 Rn 484, 485.

257 BAG 8.11.1994 – AP § 87 BetrVG 1972 Überwachung Nr. 27; DKK/*Klebe*, § 87 Rn 137; GK-BetrVG/*Wiese*, § 87 Rn 500; *Fitting u.a.*, § 87 Rn 225.

c) **Zur Überwachung.** Die technische Einrichtung muss objektiv in ihrer konkreten Einsatzart zur Überwachung geeignet sein. Ob die Überwachungsfunktion vom AG gewollt wird, oder nur einen Nebeneffekt darstellt, ohne dass der AG beabsichtigt, eine entsprechende Auswertung vorzunehmen, ist unerheblich.[258]

Unter dem Begriff der Überwachung versteht das BAG zum einen die Datenerhebung, also einen Vorgang, durch den Informationen über das Verhalten oder die Leistung der AN erhoben und in aller Regel aufgezeichnet werden, z.B. durch Film- oder Fernsehkameras, Abhörgeräte, Stechuhren, Produktographen, Fahrtenschreiber und ähnliche Geräte, um diese auf diesem Wege der menschlichen Wahrnehmung zugänglich zu machen.[259]

Nach dem BAG und dem ganz überwiegenden Teil des Schrifttums wird aber auch die alleinige Datenauswertung vom Mitbestimmungsrecht des BR nach Nr. 6 mit umfasst. Unter Auswertung bereits vorhandener, auf nichttechnischem Wege gewonnener, Informationen wird das Sichten, Ordnen, Trennen und Inbeziehungsetzen von Aussagen über das Verhalten oder die Leistung der AN verstanden.[260]

d) **Verhaltens- oder Leistungskontrolle.** Die technische Einrichtung muss zur Überwachung von Verhalten oder Leistung der AN bestimmt sein. Die gewonnenen Daten müssen programmgemäß zu entsprechenden Aussagen verarbeitet werden können, ohne dass der AG notwendigerweise diesen Zweck verfolgen muss.[261]

Unter „Verhalten" i.S.d. Abs. 1 Nr. 6 ist jedes für die Beurteilung der AN relevante Tun oder Unterlassen zu verstehen.[262]

„Leistung" ist das vom AN in Erfüllung seiner vertraglichen Arbeitspflicht geleistete Arbeiten. Dem Tatbestandsmerkmal kommt jedoch nach zutreffender Auff. keine eigenständige Bedeutung zu, da das Verhalten des AN dessen Leistung beinhaltet.[263]

Nicht ausreichend für eine Bejahung des Mitbestimmungsrechts ist der Fall, dass lediglich der Lauf oder die Ausnutzung einer Maschine kontrolliert wird (Betriebsdaten).[264] Sofern Betriebsdaten jedoch in Verbindung mit zusätzlichen Informationen auf die AN bezogen werden können, z.B. wenn der Betrieb einer Maschine technisch dokumentiert wird und gleichzeitig Unterlagen zur Besetzung der entsprechenden Arbeitsschicht existieren, bestimmt der BR hinsichtlich der technischen Einrichtung zwingend mit.[265]

Gleiches gilt für die Erhebung von sog. Statusdaten, z.B. Vor- und Zuname, Anschrift, Ausbildung, beruflicher Werdegang oder Familienstand, die für sich betrachtet lediglich persönliche Eigenschaften betreffen. In Kombination mit anderen Informationen können diese Daten jedoch ebenfalls dazu geeignet sein, Aussagen über Leistungen des AN zu treffen, z.B. wenn die Ausbildung des AN mit dessen tatsächlicher aktueller Funktion im Betrieb verglichen wird. Entscheidend ist immer die Verknüpfungsmöglichkeit der Daten.[266] Evident wird die Möglichkeit von Aussagen über AN-Leistungen beim Blick auf Statusdaten wie z.B. krankheitsbedingten Fehlzeiten. Falls Informationen hierüber in einem Personalinformationssystem verarbeitet werden, hat der BR ebenfalls mitzubestimmen.[267]

---

258 BAG 9.9.1975 – AP § 87 BetrVG 1972 Überwachung Nr. 2; BAG 10.7.1979 – AP § 87 BetrVG 1972 Überwachung Nr. 3; BAG 6.12.1983 – AP § 87 BetrVG 1972 Überwachung Nr. 7; BAG 23.4.1985 – AP § 87 BetrVG 1972 Überwachung Nr. 11; BAG 29.6.2004 – AP § 87 BetrVG 1972 Überwachung Nr. 41; Richardi/*Richardi*, § 87 Rn 501; *Fitting u.a.*, § 87 Rn 226; Hess u.a./*Worzalla*, § 87 Rn 293; GK-BetrVG/*Wiese*, § 87 Rn 507, 508.

259 BAG 6.12.1983 – AP § 87 BetrVG 1972 Überwachung Nr. 7; BAG 14.9.1984 – AP § 87 BetrVG 1972 Überwachung Nr. 9; DKK/*Klebe*, § 87 Rn 142; GK-BetrVG/*Wiese*, § 87 Rn 5; ErfK/*Kania*, § 87 BetrVG Rn 48.

260 BAG 14.9.1984 – AP § 87 BetrVG 1972 Überwachung Nr. 9; ErfK/*Kania*, § 87 BetrVG Rn 49; DKK/*Klebe*, § 87 Rn 143; *Fitting u.a.*, § 87 Rn 218; GK-BetrVG/*Wiese*, § 87 Rn 5 m.w.N.; a.A Hess u.a./*Worzalla*, § 87 Rn 314 ff.; *Kraft*, ZfA 1985, 141, 152 ff.; *Zöllner*, DB 1984, 241, 244 f.; *Weng*, DB 1985, 1341, 1345.

261 BAG 14.9.1984 – AP § 87 BetrVG 1972 Überwachung Nr. 9; BAG 18.2.1986 – AP § 87 BetrVG 1972 Überwachung Nr. 13; Richardi/*Richardi*, § 87 Rn 493.

262 BAG 11.3.1986 – AP § 87 BetrVG 1972 Überwachung Nr. 14; *Fitting u.a.*, § 87 Rn 221; GK-BetrVG/*Wiese*, § 87 Rn 537; Hess u.a./*Worzalla*, § 87 Rn 300; Richardi/*Richardi*, § 87 Rn 494; *Gaul*, RDV 1987, 109, 113; *Matthes*, RDV 1985, 16, 21.

263 BAG 23.4.1985 – AP § 87 BetrVG 1972 Überwachung Nr. 12; BAG 18.2.1986 – AP § 87 BetrVG 1972 Überwachung Nr. 13; BAG 11.3.1986 – AP § 87 BetrVG 1972 Überwachung Nr. 14; GK-BetrVG/*Wiese*, § 87 Rn 538; *Wlotzke*, § 87 Rn 123; Hess u.a./*Worzalla*, § 87 Rn 305; *Fitting u.a.*, § 87 Rn 221; Richardi/*Richardi*, § 87 Rn 494.

264 BAG 9.9.1975 – AP § 87 BetrVG 1972 Überwachung Nr. 2.

265 BAG 9.9.1975 – AP § 87 BetrVG 1972 Überwachung Nr. 2; BAG 18.2.1986 – AP § 87 BetrVG 1972 Überwachung Nr. 13; BAG 18.4.2000 – DB 2000, 2227, 2228; DKK/*Klebe*, § 87 Rn 146; Hess u.a./*Worzalla*, § 87 Rn 308; *Galperin/Löwisch*, § 87 Rn 144a; *Fitting u.a.*, § 87 Rn 219.

266 BAG 11.3.1986 – AP § 87 BetrVG 1972 Überwachung Nr. 14; *Fitting u.a.*, § 87 Rn 236; ErfK/*Kania*, § 87 BetrVG Rn 52; DKK/*Klebe*, § 87 Rn 150; *Linnenkohl*, RDV 1990, 61, 63, 65; *Klebe*, DB 1986, 380, 382; *Heither*, BB 1988, 1052; *Simitis*, NJW 1985, 401, 406; *Kort*, CR 1992, 611, 617; a.A. BAG 22.10.1986 – AP § 23 BDSG Nr. 2.

267 BAG 18.2.1986 – AP § 87 BetrVG 1972 Überwachung Nr. 13; BAG 11.3.1986 – AP § 87 BetrVG 1972 Überwachung Nr. 14; Richardi/*Richardi*, § 87 Rn 512; *Fitting u.a.*, § 87 Rn 223; DKK/*Klebe*, § 87 Rn 150; Hess u.a./*Worzalla*, § 87 Rn 301; *Klebe*, DB 1986, 380, 382; *Ehmann*, ZfA 1986, 357.

98 Des Weiteren erfordert eine mitbestimmungspflichtige Überwachung i.S.d. Abs. 1 Nr. 6, dass die erhobenen Verhaltens- oder Leistungsdaten einzelnen AN zugeordnet werden können, also individualisiert oder individualisierbar sind.[268] Die technische Einrichtung muss die Individualisierung nicht selbst vornehmen. Es ist ausreichend, dass der jeweilige AN durch seinen Namen, seine Personalnummer etc. bestimmt ist oder z.B. über Schichtpläne mit vertretbarem Aufwand bestimmbar ist, wer wann wie lange an welcher Maschine gearbeitet hat.[269]

99 Falls die Daten dauerhaft anonymisiert erhoben werden und eine Individualisierung generell nicht möglich ist, entfällt das Mitbestimmungsrecht des BR.[270]

Eine Ausnahme von diesem Grundsatz macht das BAG für den Fall, dass Daten über eine überschaubare Gruppe von AN erhoben werden und diese für eine konkrete Arbeitsleistung verantwortlich sind. Hier solle der Überwachungsdruck der technischen Einrichtung auf den einzelnen AN „durchschlagen", weshalb das Mitbestimmungsrecht in dieser Konstellation anzunehmen ist.[271] Die Gegenauff. verneint das Mitbestimmungsrecht u.a. mit der Begründung, dass der Druck nicht von der Überwachungseinrichtung, sondern von der Gruppe selbst ausgehe.[272]

100 **e) Inhalt und Umfang der Mitbestimmung.** Das Mitbestimmungsrecht besteht bei der Einführung und Anwendung von technischen Überwachungseinrichtungen.

Unter Einführung sind nicht nur die erstmalige Anwendung, sondern auch alle Maßnahmen zur Vorbereitung der geplanten Anwendung, wie insbesondere die Festlegung von Art und Gegenstand (z.B. Softwareauswahl), sowie Zeitraum, Ort, Zweckbestimmung und Wirkungsweise der Überwachung, als auch die Maßnahmen zur Installation der Anwendung zu verstehen.[273]

Auch der Betrieb einer neuen Anlage zur Probe mit realen AN-Daten fällt unter den Tatbestand der Nr. 6.[274]

Die Abschaffung einer technischen Überwachungseinrichtung ist hingegen laut BAG und h.M. nur dann mitbestimmungspflichtig, wenn sie auf Initiative des BR geschehen soll.[275]

101 Die Anwendung der technischen Einrichtung betrifft den eigentlichen Einsatz zur AN-Überwachung, wozu auch die Festlegung der Betriebszeiten der Anlage, die Zahl der zu überwachenden AN und die Wahl des Aufstellungsortes gehört.[276]

Zum Begriff der Anwendung gehört im Grundsatz auch die Veränderung von technischen Einrichtungen bzw. die Änderungen der Modalitäten ihres Einsatzes.[277]

Allerdings besteht das Mitbestimmungsrecht nach Abs. 1 Nr. 6 laut BAG, BVerwG und h.M. in der Lit. ausschließlich im Rahmen einer Intensivierung, bzw. Erweiterung der Kontrollmechanismen.[278]

102 Die Mitbestimmungspflichtigkeit nach Abs. 1 Nr. 6 wird nicht dadurch beseitigt, dass der AG die Überwachungstätigkeit einem Drittunternehmen überlässt. Der AG ist in diesem Fall verpflichtet, durch eine entsprechende Ver-

---

268 BAG 6.12.1983 – AP § 87 BetrVG 1972 Überwachung Nr. 7; BAG 14.9.1984 – AP § 87 BetrVG 1972 Überwachung Nr. 9; BAG 23.4.1985 – AP § 87 BetrVG 1972 Überwachung Nr. 12; BAG 18.2.1986 – AP § 87 BetrVG 1972 Überwachung Nr. 13; BAG 26.7.1994 – AP § 87 BetrVG 1972 Überwachung Nr. 26; BAG 18.4.2000 – AP § 87 BetrVG 1972 Überwachung Nr. 33; BAG 10.4.1984 – AP § 87 BetrVG 1972 Ordnung des Betriebes Nr. 7; MünchArb/*Matthes*, Bd. 3, § 338 Rn 27; GK-BetrVG/*Wiese*, § 87 Rn 546; *Fitting u.a.*, § 87 Rn 219; DKK/*Klebe*, § 87 Rn 146; Hess u.a./*Worzalla*, § 87 Rn 306; Richardi/*Richardi*, § 87 Rn 499.

269 BAG 6.12.1983 – AP § 87 BetrVG 1972 Überwachung Nr. 7; MünchArb/*Matthes*, Bd. 3, § 338 Rn 27; ErfK/*Kania*, § 87 BetrVG Rn 53; GK-BetrVG/*Wiese*, § 87 Rn 546; *Fitting u.a.*, § 87 Rn 219; Hess u.a./*Worzalla*, § 87 Rn 308; *Schwarz*, BB 1985, 531.

270 *Gebhardt/Umnuß*, NZA 1995, 103 ff.; ErfK/*Kania*, § 87 BetrVG Rn 53; GK-BetrVG/*Wiese*, § 87 Rn 547; DKK/*Klebe*, § 87 Rn 438.

271 BAG 10.4.1984 – AP § 87 BetrVG 1972 Überwachung Nr. 7; BAG 18.2.1986 – AP § 87 BetrVG 1972 Überwachung Nr. 13; BAG 26.7.1994 – AP § 87 BetrVG 1972 Überwachung Nr. 26; *Fitting u.a.*, § 87 Rn 220; Hess u.a./*Worzalla*, § 87 Rn 306; GK-BetrVG/*Wiese*, § 87 Rn 549; *Denck*, RdA 1982, 279, 297; *Jobs*, DB 1983, 2307, 2310.

272 ErfK/*Kania*, § 87 BetrVG Rn 54; DKK/*Klebe*, § 87 Rn 147; *Klebe/Roth*, AiB 1985, 131, 133; *Ehmann*, ZfA 1986, 357, 381; *Kort*, CR 1987, 300, 307.

273 *Fitting u.a.*, § 87 Rn 248; *Wlotzke*, § 87 Rn 129; ErfK/*Kania*, § 87 BetrVG Rn 58; Richardi/*Richardi*, § 87 Rn 513.

274 LAG Berlin 12.8.1986 – DB 1987, 544; ErfK/*Kania*, § 87 BetrVG Rn 58; *Fitting u.a.*, § 87 Rn 248.

275 BAG 28.11.1989 – AP § 87 BetrVG 1972 Initiativrecht Nr. 4; LAG Düsseldorf 4.11.1988 – NZA 1989, 149; Richardi/*Richardi*, § 87 Rn 514, 519; GK-BetrVG/*Wiese*, § 87 Rn 571, 574; *Wlotzke*, § 87 Rn 131; ErfK/*Kania*, § 87 BetrVG Rn 60; MünchArb/*Matthes*, Bd. 3, § 338 Rn 54; a.A. DKK/*Klebe*, § 87 Rn 135; *Fitting u.a.*, § 87 Rn 251.

276 *Wlotzke*, § 87 Rn 130; Hess u.a./*Worzalla*, § 87 Rn 292 a; *Fitting u.a.*, § 87 Rn 249; ErfK/*Kania*, § 87 BetrVG Rn 59; Richardi/*Richardi*, § 87 Rn 514; GK-BetrVG/*Wiese*, § 87 Rn 569.

277 BVerwG 13.8.1992 – AP § 75 BPersVG Nr. 39; *Wlotzke*, § 87 Rn 130; ErfK/*Kania*, § 87 BetrVG Rn 59; *Fitting u.a.*, § 87 Rn 249; GK-BetrVG/*Wiese*, § 87 Rn 570; DKK/*Klebe*, § 87 Rn 156.

278 BAG 28.11.1989 – DB 1990, 743 f.; BVerwG 13.8.1992 – AP § 87 BetrVG 1972 Überwachung Nr. 23; *Fitting u.a.*, § 87 Rn 249; *Wlotzke*, § 87 Rn 130; ErfK/*Kania*, § 87 BetrVG Rn 59; a.A. DKK/*Klebe*, § 87 Rn 156; GK-BetrVG/*Wiese*, § 87 Rn 570.

tragsgestaltung mit dem Dritten darauf hinzuwirken, dass die Ausübung der Mitbestimmung gewährleistet wird.[279] Praxisrelevant ist hier insb. der Fall des Einsatzes (biometrischer) Zugangskontrollsysteme im Kundenbetrieb, denen üblicherweise auch AN von Drittunternehmen unterworfen werden. Es hat sich hier, mit dem Ziel der Antizipierung der betriebsrätlichen Zustimmung für eine abstrakte Vielzahl von Fällen, bewährt, mit dem BR eine Rahmenregelung hinsichtlich der grds. zu erfüllenden Anforderungen an Inhalte und Verfahren zu vereinbaren.

Kein Mitbestimmungsrecht besteht gemäß Abs. 1 S. 1 bei gesetzlich oder tariflich vorgeschriebenen Arbeitskontrollgeräten, z.B. bei der nach § 57a StVO zwingenden Einrichtung von Fahrtenschreibern, soweit der AG nur seiner gesetzlichen Obliegenheit nachkommt.[280] Geht die Überwachung aber über das gesetzlich bzw. tarifvertraglich Gebotene hinaus, kommt das Mitbestimmungsrecht in diesem Umfang wieder zum Tragen.[281]

103

Auf welche Weise die Mitbestimmung gewährleistet wird, ist Sache der Betriebsparteien. Möglich sind sowohl BV als auch formlose Regelungsabsprachen. Bei elektronischen Datenverarbeitungssystemen wird schon aus Gründen der Rechtssicherheit und Komplexität der Materie regelmäßig die Form der BV gewählt.[282]

104

f) Verhältnis zum BDSG. § 28 BDSG regelt, unter welchen Voraussetzungen zur Erfüllung eigener Geschäftszwecke personenbezogene Daten gespeichert, verändert, übermittelt oder genutzt werden dürfen. Umstr. ist, ob diese Vorschrift einen Mindeststandard für den Inhalt einer BV zur Mitarbeiterüberwachung konstituiert. Nach dem BAG darf im Wege der BV auch negativ von den Vorschriften des Bundesdatenschutzgesetzes abgewichen werden, denn die BV stellt „eine andere Rechtsvorschrift" i.S.d. § 4 Abs. 1 BDSG dar, mittels derer personenbezogene Daten unabhängig von einem Verstoß gegen § 28 BDSG verarbeitet werden dürfen.[283] Die BV darf jedoch nicht gegen höherrangiges Recht oder dies Persönlichkeitsrechte der AN verstoßen.[284]

105

g) Einzelfälle. Als technische Überwachungseinrichtungen kommen z.B. in Betracht:
- Datenverarbeitungssysteme,[285]
- Personalabrechnungs- und Informationssysteme (PAISY),[286]
- Mobiltelefone,[287]
- Telefondatenerfassung,[288]
- Internet samt Nutzungserfassung,[289]
- elektronische Torkontrollen und Zeiterfassungssysteme bzw. Stechuhren,[290]
- Mikrophone bzw. Abhörgeräte („Wanzen"),[291]
- Fernseh-, Film- und Videoanlagen,[292]

106

---

279 BAG 27.1.2004 – AP § 87 BetrVG 1972 Überwachung Nr. 40; BAG 18.4.2000 – NZA 2000, 1176; BAG 17.3.1987 – AP § 80 BetrVG 1972 Nr. 29; ErfK/*Kania*, § 87 BetrVG Rn 59; *Fitting u.a.*, § 87 Rn 250.

280 BAG 10.7.1979 – AP § 87 BetrVG 1972 Überwachung Nr. 3; GK-BetrVG/*Wiese*, § 87 Rn 575; *Fitting u.a.*, § 87 Rn 254; Hess u.a./*Worzalla*, § 87 Rn 320; Richardi/*Richardi*, § 87 Rn 508, 523; *Ehmann*, in: FS Hilger und Stumpf, 1983, S. 125, 145 f.; *Gola*, AuR 1988, 105, 111 f.; *Jahnke*, DB 1978, 1691, 1693; *Schwarz*, DB 1983, 226, 229; *ders.*, BB 1985, 531, 535.

281 BAG 12.1.1988 – AP § 75 BPersVG Nr. 23; GK-BetrVG/*Wiese*, § 87 Rn 576; Richardi/*Richardi*, § 87 Rn 524; *Fitting u.a.*, § 87 Rn 254; a.A. Hess u.a./*Worzalla*, § 87 Rn 321.

282 BAG 27.5.1986 – AP § 87 BetrVG 1972 Überwachung Nr. 15; *Wlotzke*, § 87 Rn 132; Richardi/*Richardi*, § 87 Rn 527, 528; MünchArb/*Matthes*, Bd. 3, § 338 Rn 51; GK-BetrVG/*Wiese*, § 87 Rn 578.

283 BAG 27.5.1986 – AP § 87 BetrVG 1972 Überwachung Nr. 15; BAG 27.5.1986 – BAGE 52, 88, 101 ff.; MünchArb/*Matthes*, Bd. 3, § 338 Rn 49; *Fitting u.a.*, § 83 Rn 29; ErfK/*Kania*, § 87 BetrVG Rn 61; Richardi/*Richardi*, § 87 Rn 528; *Wlotzke*, § 87 Rn 133; a.A. DKK/*Klebe*, § 87 Rn 163; *Kort*, RdA 1992, 378, 385.

284 DKK/*Klebe*, § 87 Rn 163; *Wlotzke*, § 87 Rn 132; ErfK/*Kania*, § 87 BetrVG Rn 61.

285 BAG 14.9.1984 – AP § 87 BetrVG 1972 Überwachung Nr. 9; BAG 23.4.1985 – AP § 87 BetrVG 1972 Überwachung Nr. 11; BAG 23.4.1985 – AP § 87 BetrVG 1972 Überwachung Nr. 12; ErfK/*Kania*, § 87 BetrVG Rn 62; GK-BetrVG/*Wiese*, § 87 Rn 551, 527 ff.

286 BAG 23.4.1985 – AP § 87 BetrVG 1972 Überwachung Nr. 12; BAG 11.3.1986 – AP § 87 BetrVG 1972 Überwachung Nr. 14; *Fitting u.a.*, § 87 Rn 244; ErfK/*Kania*, § 87 BetrVG Rn 62; GK-BetrVG/*Wiese*, § 87 Rn 551, 527.

287 ErfK/*Kania*, § 87 BetrVG Rn 62; GK-BetrVG/*Wiese*, § 87 Rn 551; *Wedde*, CR 1995, 41, 44; *Fitting u.a.*, § 87 Rn 244.

288 BAG 27.5.1986 – AP § 87 BetrVG 1972 Überwachung Nr. 15; BAG 30.8.1995 – NZA 1996, 218, 219; BAG 11.11.1998 – BB 1999, 1327; DKK/*Klebe*, § 87 Rn 166; *Fitting u.a.*, § 87 Rn 244 f.; Richardi/*Richardi*, § 87 Rn 511; *Wisskirchen/Jordan/Bissels*, DB 2005, 2192.

289 *Beckschulze*, DB 2003, 2777; *Beckschulze/Henkel*, DB 2001, 1491; *Ernst*, NZA 2002, 585; 590 f.; *Lindemann/Simon*, BB 2001, 1950, 1953 f.; *Mengel*, BB 2004, 2014 ff.; *Junker/Band/Feldmann*, BB 2000, Beilage 10; *Fitting u.a.*, § 87 Rn 245; ErfK/*Kania*, § 87 BetrVG Rn 62.

290 BAG 10.4.1984 – AP § 87 BetrVG 1972 Ordnung des Betriebes Nr. 7; OVG Münster 30.10.1996 – AP § 72 LPVG NW Nr. 11; *Barton*, NZA 2006, 460; DKK/*Klebe*, § 87 Rn 165; GK-BetrVG/*Wiese*, § 87 Rn 551, 213; *Fitting u.a.*, § 87 Rn 244; *Hornung/Steidle*, AuR 2005, 201.

291 *Fitting u.a.*, § 87 Rn 244; GK-BetrVG/*Wiese*, § 87 Rn 551, 498, 500, 555.

292 BAG 10.7.1979 – AP § 87 BetrVG 1972 Überwachung Nr. 4; BAG 27.3.2003 – AP § 87 BetrVG 1972 Überwachung Nr. 36; BAG 29.6.2004 – AP § 87 BetrVG 1972 Überwachung Nr. 41 = NZA 2004, 1278; BAG 14.12.2004 – NZA 2005, 839; DKK/*Klebe*, § 87 Rn 165; GK-BetrVG/*Wiese*, § 87 Rn 551.

- Produktographen,[293]
- Fahrtenschreiber (soweit der AG damit nicht ausschließlich einer gesetzlichen Pflicht genügt),[294]
- Expertensystem bzw. elektronische Wissensbasen, bei denen auf den eingebenden Mitarbeiter geschlossen werden kann,[295]
- Zielvereinbarungen mit Datenverarbeitung.[296]
- Zur Videoüberwachung im Betrieb hat das BAG jüngst die Beachtung des allgemeinen Persönlichkeitsrechts der Mitarbeiter betont und Eingriffe nur unter strenger Beachtung des Verhältnismäßigkeitsgrundsatzes zugelassen. Bei Videoüberwachung im Innenbereich soll dieser Grundsatz nur bei Vorliegen eines auf konkrete Personen bezogenen Verdachts einer strafbaren Handlung gewahrt sein. Eine verdachtsunabhängige präventive Inbetriebnahme hält das BAG demgegenüber für unzulässig, ebenso die Erstreckung der Videoaufzeichnung auf weitere Teile des Betriebs, wenn die zunächst beschränkte Videoaufzeichnung nicht zur Überführung des Täters geführt hat. Im Außenbereich soll eine grundsätzliche Überwachung während der Betriebszeiten dagegen zulässig sein.[297]

107 **7. Regelungen über die Verhütung von Arbeitsunfällen und Berufskrankheiten sowie über den Gesundheitsschutz im Rahmen der gesetzlichen Vorschriften oder der Unfallverhütungsvorschriften. a) Allgemeines.** Abs. 1 Nr. 7 dient dazu, die AN an Regelungen zum Schutz ihres Lebens und ihrer Gesundheit zu beteiligen, soweit öffentliche Rahmenvorschriften des technischen Arbeitsschutzes mit Handlungsspielraum bei der Umsetzung bestehen, um einen möglichst effizienten Schutz zu gewährleisten.[298] Erforderlich für das Eingreifen des Mitbestimmungsrechts ist neben dem Vorliegen eines Ermessensspielraums bei der Umsetzung, die Konkretisierung der gesetzlichen Vorgaben. Eine Überschreitung des gesetzlichen Schutzniveaus ist hingegen nicht zwingend mitbestimmungspflichtig, sondern kann allenfalls im Wege einer freiwilligen BV nach § 88 konstituiert werden. Der BR kann nach § 80 Abs. 1 Nr. 2 Anregungen geben.[299]

108 **b) Arbeitsunfall.** Abs. 1 Nr. 7 betrifft u.a. Regelungen über die Verhütung von Arbeitsunfällen. Arbeitsunfälle sind nach der Definition des § 8 Abs. 1 SGB VII von außen auf den Körper einwirkende Ereignisse, die der Versicherte im Rahmen der versicherten Tätigkeit erleidet und die zu einem Gesundheitsschaden oder zum Tode führen. Zur versicherten Tätigkeit gehört nicht nur die berufliche Tätigkeit als solche, sondern auch mit ihr zusammenhängende Tätigkeiten (§ 8 Abs. 2 SGB VII).[300]

109 **c) Berufskrankheit.** Berufskrankheiten sind in erster Linie die in der BerufskrankheitenVO festgelegten Krankheiten, die ein Versicherter bei einer der genannten Arbeiten erleidet (§ 9 Abs. 1 SGB VII), z.B. durch den Beruf erlittene Schwerhörigkeit, Asbesterkrankungen oder Bandscheibenleiden. Zusätzlich wird gemäß § 9 Abs. 2 SGB VII eine nicht aufgeführte Krankheit im Einzelfall als Berufskrankheit anerkannt, wenn für sie das Risiko der Erkrankung für eine bestimmte Berufsgruppe besonders ausgeprägt ist.[301]

110 **d) Gesundheitsschutz.** Der Begriff des Gesundheitsschutzes ist nicht gesetzlich definiert, stimmt aber mit dem Begriff des § 1 Abs. 1 ArbSchG überein. Im Rahmen einer weiten Auslegung sind hierunter diejenigen Maßnahmen zu verstehen, die dazu dienen, die physische und psychische Integrität des AN zu erhalten, der arbeitsbedingten Beeinträchtigungen ausgesetzt ist, die zu medizinisch feststellbaren Verletzungen führen oder führen können.[302] Der Gesundheitsschutz umfasst jedoch auch die Verhütung von Arbeitsunfällen und Berufskrankheiten als besonderen Teilbereich und stellt mithin einen Oberbegriff dar.[303]

---

293 BAG 9.9.1975 – AP § 87 BetrVG 1972 Überwachung Nr. 2; BAG 18.2.1986 – AP § 87 BetrVG 1972 Überwachung Nr. 13; Richardi/*Richardi*, § 87 Rn 508; *Fitting u.a.*, § 87 Rn 244; DKK/*Klebe*, § 87 Rn 165; Hess u.a./*Worzalla*, § 87 Rn 309; GK-BetrVG/*Wiese*, § 87 Rn 551, 515.

294 BAG 10.7.1979 – AP § 87 BetrVG 1972 Überwachung Nr. 3; BAG 12.1.1988 – AP § 75 BPersVG Nr. 23; *Fitting u.a.*, § 87 Rn 244, 254; Richardi/*Richardi*, § 87 Rn 508; GK-BetrVG/*Wiese*, § 87 Rn 551; Hess u.a/*Worzalla*, § 87 Rn 320; *Ehmann*, in: FS Hilger und Stumpf, 1983, S. 125, 145; *Gola*, AuR 1988, 105, 111 f.; *Jahnke*, DB 1978, 1691, 1693; *Schwarz*, DB 1983, 226; *Schwarz*, BB 1985, 531, 535.

295 *Fitting u.a.*, § 87 Rn 246; DKK/*Klebe*, § 87 Rn 166; GK-BetrVG/*Wiese*, § 87 Rn 551; *Kornwachs*, CR 1992, 44; *Richenhagen*, AiB 1992, 305.

296 BAG 21.10.2003 – AP § 80 BetrVG 1972 Nr. 62; DKK/*Klebe*, § 87 Rn 166; GK-BetrVG/*Wiese*, § 87 Rn 551; *Geffken*, NZA 2000, 1033, 1037; *Däubler*, NZA 2005, 793; *Rieble/Gistel*, BB 2004, 2462, 2463.

297 BAG 26.8.2008 – 1 ABR 16/07 – NZA 2008, 1187.

298 BAG 15.1.2002 – AP § 87 BetrVG 1972 Gesundheitsschutz Nr. 12; Richardi/*Richardi*, § 87 Rn 535; *Wlotzke*, § 87 Rn 134; DKK/*Klebe*, § 87 Rn 167; GK-BetrVG/*Wiese*, § 87 Rn 585; *Fitting u.a.*, § 87 Rn 257.

299 BAG 28.7.1981 – AP § 87 BetrVG 1972 Arbeitssicherheit Nr. 3; BAG 15.1.2002 – NZA 2002, 995; ErfK/*Kania*, § 87 BetrVG Rn 63; *Wlotzke*, § 87 Rn 135; Richardi/*Richardi*, § 87 Rn 537; MünchArb/*Matthes*, Bd. 3, § 343 Rn 5; *Fitting u.a.*, § 87 Rn 270; *Denck*, ZfA 1976, 447, 483.

300 Vgl. *Fitting u.a.*, § 87 Rn 260; GK-BetrVG/*Wiese*, § 87 Rn 589.

301 DKK/*Klebe*, § 87 Rn 171; GK-BetrVG/*Wiese*, § 87 Rn 590.

302 BAG 8.6.2004 – AP § 87 BetrVG 1972 Gesundheitsschutz Nr. 13; *Fitting u.a.*, § 87 Rn 262; MünchArb/*Wlotzke*, Bd. 2, § 206 Rn 35.

303 Richardi/*Richardi*, § 87 Rn 541; *Wlotzke*, in: FS für Wissmann, 2005, S. 426, 428 f.

Mitbestimmt nach Abs. 1 Nr. 7 sind auch Regelungen, die die Umwandlung von Freizeitausgleichsansprüchen in Entgeltzuschlagsansprüche oder den Ausschluss von Nachtarbeitszuschlägen betreffen, da diese dazu beitragen sollen, dass der Freizeitausgleich möglichst zeitnah erfolgt und dadurch mittelbar dem Gesundheitsschutz dienen.[304] Somit erstreckt sich der Geltungsbereich auf den gesamten Bereich des Arbeitsschutzes.[305] **111**

e) Gesetzliche Vorschriften. Gesetzliche Vorschriften i.S.d. Norm sind öffentlich-rechtliche Gesetze und Rechts-VO, wie z.B. das ASiG, die ArbStättV, das Gerätesicherheitsgesetz, die GefStoffV, wobei die Grundsatzregelung für den betrieblichen Arbeitsschutz im 1996 ergangenen Arbeitsschutzgesetz (ArbSchG) enthalten ist.[306] Das Gesetz enthält an vielen Stellen Regelungen, die den Betriebsparteien Gestaltungsspielräume überlassen, bei deren Ausfüllung der BR zwingend mitzubestimmen hat. Dies ist insb. bei § 3 Abs. 1 ArbSchG der Fall, der generalklauselartig die Grundpflichten des AG beim Arbeitsschutz beschreibt.[307] Weitere ausfüllungsbedürftige Rahmenvorschriften finden sich z.B. in § 5 ArbSchG über Gefährdungsbeurteilungen, in § 10 ArbSchG über erforderliche Maßnahmen zur ersten Hilfe oder sonstige Notmaßnahmen sowie in § 12 ArbSchG zur Unterweisung der AN.[308] Falls auf Bestreben des BR einer betrieblichen Einigungsstelle ein Mitbestimmungsrecht bzgl. einer Gefährdungsbeurteilung überantwortet wurde, muss diese eine eigene Entscheidung in den zu regelnden Angelegenheiten treffen und darf diese nicht der einseitigen Festlegung durch den AG überlassen.[309] **112**

Überdies enthält § 18 ArbSchG eine Verordnungsermächtigung, aufgrund derer wiederum ausfüllungsbedürftige Regelungen, wie z.B. die LasthandhabungsVO oder die BilschirmarbeitsplatzVO ergangen sind.[310]

f) Unfallverhütungsvorschriften. Unfallverhütungsvorschriften nach Abs. 1 Nr. 7 sind die Vorschriften, die nach § 15 SGB VII von den Berufsgenossenschaften erlassen werden und der Genehmigung des Bundesministers für Arbeit und Sozialordnung (§ 15 Abs. 4 SGB VII) bedürfen. Besondere Bedeutung haben in diesem Zusammenhang v.a. die von den gewerblichen Berufsgenossenschaften erlassene Unfallvorschrift „Allgemeine Vorschriften" (VBG 1).[311] Einen Ermessensspielraum eröffnet hier insb. die Generalklausel des § 2 Abs. 1 VBG 1, gemäß derer der Unternehmer zur Verhütung von Arbeitsunfällen Einrichtungen, Anordnungen und Maßnahmen zu treffen hat, die den Bestimmungen dieser BG-Vorschrift, den für ihn sonst geltenden BG-Vorschriften und im Übrigen den allg. anerkannten sicherheitstechnischen und arbeitsmedizinischen Regeln entsprechen.[312] Andere Unfallverhütungsvorschriften sind z.B. die Unfallverhütungsvorschrift „Lärm" (VBG 121) und die Unfallverhütungsvorschrift „Kernkraftwerke" (VBG 30).[313] **113**

g) Ausfüllungsbedürftige Rahmenvorschrift. Allen nach Abs. 1 Nr. 7 denkbaren Regelungsformen ist gemeinsam, dass sie zur Bejahung des Mitbestimmungsrechts dem AG im Rahmen der gesetzlichen Vorschriften oder Unfallverhütungsvorschriften einen Regelungsspielraum belassen müssen.[314] Falls der AG lediglich zwingende Anordnungen umzusetzen hat, scheidet das Mitbestimmungsrecht aus.[315] Ein Ermessensspielraum besteht bspw., falls der AG selbst entscheiden darf, auf welche von mehreren Möglichkeiten er bei der Erfüllung seiner Verpflichtung zurückgreift. Gleiches gilt für den Fall, dass der AG zu „angemessenen" oder „geeigneten" Maßnahmen verpflichtet wird.[316] **114**

---

304 BAG 26.4.2005 – NZA 2005, 884, 888.
305 GK-BetrVG/*Wiese*, § 87 Rn 585.
306 Richardi/*Richardi*, § 87 Rn 544, 545; DKK/*Klebe*, § 87 Rn 174.
307 BAG 2.4.1996 – AP § 87 BetrVG 1972 Gesundheitsschutz Nr. 5; BAG 16.6.1998 – AP § 87 BetrVG 1972 Gesundheitsschutz Nr. 7; ErfK/*Kania*, § 87 BetrVG Rn 66; DKK/*Klebe*, § 87 Rn 178; *Fitting u.a.*, § 87 Rn 273; GK-BetrVG/*Wiese*, § 87 Rn 598 ff.; *Kothe*, AuR 1984, 269; a.A. MünchArb/*Matthes*, Bd. 3, § 343 Rn 18; Hess u.a./*Worzalla*, § 87 Rn 352 ff.
308 BAG 8.6.2004 – NZA 2004, 1175; *Fitting u.a.*, § 87 Rn 273; GK-BetrVG/*Wiese*, § 87 Rn 609 ff.; ErfK/*Kania*, § 87 BetrVG Rn 66.
309 BAG 8.6.2004 – NZA Jahr 2005, 227.
310 ErfK/*Kania*, § 87 BetrVG Rn 66; *Fabricius*, BB 1997, 1254; *Siemes*, NZA 1998, 232 ff.
311 Richardi/*Richardi*, § 87 Rn 547; MünchArb/*Wlotzke*, Bd. 2, § 215 Rn 2, 8 ff.; GK-BetrVG/*Wiese*, § 87 Rn 623.
312 BAG 16.6.1998 – AP § 87 BetrVG 1972 Gesundheitsschutz Nr. 7; *Wlotzke*, § 87 Rn 150.
313 Richardi/*Richardi*, § 87 Rn 547.
314 BAG 28.7.1981 – AP § 87 BetrVG Arbeitssicherheit Nr. 3; BAG 6.12.1983 – AP § 87 BetrVG Überwachung Nr. 7; BAG 15.1.2002 – AP § 87 BetrVG Gesundheitsschutz Nr. 12; *Fitting u.a.*, § 87 Rn 272; *Galperin/Löwisch*, § 87 Rn 155; Hess u.a./*Worzalla*, § 87 Rn 352; GK-BetrVG/*Wiese*, § 87 Rn 586; Richardi/*Richardi*, § 87 Rn 549; DKK/*Klebe*, § 87 Rn 182; ErfK/*Kania*, § 87 BetrVG Rn 63; *Denck*, ZfA 1976, 447 ff.
315 BAG 28.7.1981 – AP § 87 BetrVG Arbeitssicherheit Nr. 3; BAG 6.12.1983 – AP § 87 BetrVG Überwachung Nr. 7; DKK/*Klebe*, § 87 Rn 176; *Fitting u.a.*, § 87 Rn 270; GK-BetrVG/*Wiese*, § 87 Rn 596; Richardi/*Richardi*, § 87 Rn 551.
316 BAG 15.1.2002 – AP § 87 BetrVG 1972 Gesundheitsschutz Nr. 12; BAG 8.6.2004 – AP § 87 BetrVG 1972 Gesundheitsschutz Nr. 13; *Fitting u.a.*, § 87 Rn 272; ErfK/*Kania*, § 87 BetrVG Rn 63.

Laut nunmehr ganz h.M. gehören auch Generalklauseln zu den Rahmenvorschriften i.S.d. Abs. 1 Nr. 7, da sie dem AG keine konkreten Einzelmaßnahmen vorschreiben.[317]

115 **h) Umfang, Inhalt und Form des Mitbestimmungsrechts.** Abhängig von der zugrunde liegenden Rahmenvorschrift kann sich das Mitbestimmungsrecht sowohl auf objektive Sachmaßnahmen oder auch auf personelle Angelegenheiten des Arbeits- und Gesundheitsschutzes beziehen, erforderlich ist jedoch, dass die mitbestimmte Maßnahme geeignet ist, die den AG treffenden Verpflichtungen zur Gewährleistung eines bestimmten Gesundheitsschutzes zu erfüllen. Die geschaffene Regelung darf nicht erneut einen Ermessensspielraum beinhalten.[318]

116 Des Weiteren muss es sich bei der betreffenden Regelung um einen abstrakt generellen, kollektiven Tatbestand handeln, unabhängig davon, ob im konkreten Fall tatsächlich nur ein Arbeitsplatz betroffen ist, oder es sich bei dem geregelten Vorgang um einen einmaligen handelt.[319]

117 Aus der Existenz des Mitbestimmungsrechts des Abs. 1 Nr. 7 folgt keine Annexkompetenz dahingehend, auch die Frage der Kostentragung der Arbeitsschutzregelung mitbestimmen zu dürfen. Die aus den arbeitsschutzrechtlichen Vorschriften resultierenden Kosten hat der AG zu tragen. Dies gilt z.B. auch für die Kosten einer persönlichen Schutzkleidung. Solche Kosten können ausschließlich im Rahmen einer freiwilligen BV auf den AN umgelegt werden, wobei das BAG die Einschränkung macht, dass dem AN eine Privatnutzung der Kleidung möglich und diese von ihm gewünscht ist.[320]

118 Das Mitbestimmungsrecht nach Abs. 1 Nr. 7 umfasst auch ein Initiativrecht des BR zum Zwecke des Erlasses von Regelungen des Arbeits- und Gesundheitsschutzes. Dies besteht jedoch ausschließlich im Hinblick auf eine konkretisierende Maßnahme, nicht auf den Erlass einer (weiteren) Rahmenregelung.[321]

119 **8. Form, Ausgestaltung und Verwaltung von Sozialeinrichtungen, deren Wirkungsbereich auf den Betrieb, das Unternehmen oder den Konzern beschränkt ist. a) Allgemeines.** Zweck der Mitbestimmung nach Abs. 1 Nr. 8 ist die Sicherung der innerbetrieblichen Verteilungsgerechtigkeit und die Sicherstellung der Transparenz aller Maßnahmen.[322]

120 **b) Sozialeinrichtung.** Bei einer Sozialeinrichtung i.S.d. Abs. 1 Nr. 8 muss es sich um ein zweckgebundenes Sondervermögen mit einer abgrenzbaren, auf Dauer gerichteten Organisation handeln, die der Verwaltung bedarf.[323] Das Erfordernis einer eigenen Organisation setzt voraus, dass sachliche oder finanzielle Mittel auf Dauer für soziale Zwecke verselbstständigt, d.h. von dem übrigen Betriebsvermögen hinreichend abgegrenzt und damit einer gesonderten Verwaltung zugänglich und bedürftig sind.[324] Der Unterschied zu Abs. 1 Nr. 10 besteht in erster Linie darin, dass für die Sozialeinrichtung nach Nr. 8 eine relativ selbstständige Verwaltungsorganisation geschaffen wird, was z.B. bei der Gewährung von einmaligen oder wiederkehrenden Sozialleistungen nach generellen RL aus laufenden Mitteln durch den AG gerade nicht der Fall ist.[325]

121 Weiterhin muss die Einrichtung „sozial" sein. Für dieses Merkmal sind keine altruistischen Motive des AG erforderlich. Voraussetzung ist aber, dass der AG den AN oder deren Familienangehörigen über das unmittelbare Arbeits-

---

317 BAG 2.4.1996 – AP § 87 BetrVG 1972 Gesundheitsschutz Nr. 5; BAG 6.12.1983 – AP § 87 BetrVG Überwachung Nr. 7; *Wlotzke*, § 87 Rn 142; DKK/*Klebe*, § 87 Rn 182 ff.; MünchArb/*Matthes*, Bd. 3, § 343 Rn 16 f.; *Fitting u.a.*, § 87 Rn 273 f.; GK-BetrVG/*Wiese*, § 87 Rn 597 ff.; a.A. Hess u.a./*Worzalla*, § 87 Rn 348.

318 BAG 6.12.1983 – AP § 87 BetrVG Überwachung Nr. 7; *Richardi*, § 87 Rn 557, 558; *Fitting u.a.*, § 87 Rn 287; *Denck*, ZfA 1976, 447, 453; *Klebe/Roth*, AiB 1984, 70, 75.

319 BAG 10.4.1979 – AP § 87 BetrVG 1972 Arbeitssicherheit Nr. 1; DKK/*Klebe*, § 87 Rn 185; *Galperin/Löwisch*, § 87 Rn 159 a; *Fitting u.a.*, § 87 Rn 286; GK-BetrVG/*Wiese*, § 87 Rn 607; *Denck*, ZfA 1976, 447, 453.

320 BAG 10.3.1976 – AP § 618 BGB Nr. 17; BAG 18.8.1982 – AP § 618 BGB Nr. 18; BAG 21.8.1985 – AP § 618 BGB Nr. 19; BAG 19.5.1998 – BB 1998, 2527, 2528; *Richardi/Richardi*, § 87 Rn 561; DKK/*Klebe*, § 87 Rn 187; GK-BetrVG/*Wiese*, § 87 Rn 625; Schaub/*Koch*, § 235 Rn 72; MünchArb/*Matthes*, Bd. 3, § 335 Rn 27; a.A. *Galperin/Löwisch*, § 87 Rn 159; *Denck*, ZfA 1976, 447, 458 f.

321 BAG 6.12.1983 – AP § 87 BetrVG 1972 Überwachung Nr. 7; *Wlotzke*, § 87 Rn 151; DKK/*Klebe*, § 87 Rn 186; *Fitting u.a.*, § 87 Rn 287; GK-BetrVG/*Wiese*, § 87 Rn 639; MünchArb/*Matthes*, Bd. 3, § 343 Rn 30; *Richardi/Richardi*, § 87 Rn 560; *Hunold*, DB 1976, 1059, 1060.

322 *Fitting u.a.*, § 87 Rn 333.

323 BAG 15.9.1987 – AP § 87 BetrVG 1972 Sozialeinrichtung Nr. 9; BAG 12.6.1975 – AP § 87 BetrVG 1972 Altersversorgung Nr. 1; BAG 12.6.1975 – AP § 87 BetrVG 1972 Altersversorgung Nr. 2; BAG 12.6.1975 – AP § 87 BetrVG 1972 Altersversorgung Nr. 3; BAG 18.3.1976 – AP § 87 BetrVG 1972 Altersversorgung Nr. 4; BAG 9.12.1980 – AP § 87 BetrVG 1972 Lohngestaltung Nr. 5; BAG 16.6.1998 – AP § 87 BetrVG 1972 Lohngestaltung Nr. 92; *Richardi/Richardi*, § 87 Rn 603; ErfK/*Kania*, § 87 BetrVG Rn 68; DKK/*Klebe*, § 87 Rn 204; *Fitting u.a.*, § 87 Rn 340; *Galperin/Löwisch*, § 87 Rn 171; GK-BetrVG/*Wiese*, § 87 Rn 678; Hess u.a./*Worzalla*, § 87 Rn 392.

324 GK-BetrVG/*Wiese*, § 87 Rn 679; MünchArb/*Matthes*, Bd. 3, § 339 Rn 9; *Fitting u.a.*, § 87 Rn 340.

325 BAG 9.12.1980 – AP § 87 BetrVG 1972 Lohngestaltung Nr. 5; BAG 15.5.1957 – AP § 56 BetrVG Nr. 5; *Richardi/Richardi*, § 87 Rn 605, 607; *Wlotzke*, § 87 Rn 155; GK-BetrVG/*Wiese*, § 87 Rn 681; *Galperin/Löwisch*, § 87 Rn 172.

entgelt für die Arbeitsleistung hinaus weitere Vorteile gewährt. Im Gegensatz dazu betrifft das Mitbestimmungsrecht nach Abs. 1 Nr. 10 die unmittelbar leistungsbezogene Entlohnung.[326]

Unerheblich für das Mitbestimmungsrecht ist, ob der AG die finanziellen Mittel dafür selbst aufbringt oder die AN an den Kosten beteiligt werden.[327]

122

Keinen Unterschied für den Bestand des Mitbestimmungsrechts macht auch die Tatsache, dass die Einrichtung nicht vom AG selbst betrieben wird, sondern von einem Dritten, bspw. in Form einer Stiftung den AN zu Gute kommt. Allerdings ist das Mitbestimmungsrecht nur dann zu bejahen, wenn dem AG auf Grundlage der Stiftungsverfassung Rechte in Bezug auf die Ausgestaltung und Verwaltung der Stiftung zustehen. Die Rspr. des BAG gibt dem AG in diesem Zusammenhang auf, sich gegenüber dem jeweiligen Dritten nicht dergestalt zu binden, dass die Mitbestimmung des BR unmöglich wird.[328]

123

Weitere Voraussetzung für das Eingreifen des Mitbestimmungsrechts der Nr. 8 ist, dass der Wirkungsbereich der Sozialeinrichtung auf den Betrieb, das Unternehmen oder den Konzern beschränkt ist. Konzern i.S.d. Vorschrift ist nur ein sog. Unterordnungskonzern nach § 18 AktG, was der Gesetzessystematik entspricht, da auch ein KBR als Träger von Mitbestimmungsrechten nach § 54 Abs. 1 aufgrund der Verweisung auf § 18 Abs. 1 nur bei einem Unterordnungskonzern, nicht auch im Gleichordnungskonzern gebildet werden kann.[329]

124

Mangels Beschränkung des Wirkungsbereichs stellen für einen unbestimmten Personenkreis zugängliche Einrichtungen, wie z.B. für einen ganzen Gewerbezweig geschaffene Einrichtungen oder publikumsoffene Kantinen, keine Sozialeinrichtungen i.S.d. Nr. 8 dar.[330] Unschädlich für das Mitbestimmungsrecht ist jedoch die Öffnung der Einrichtung für Pensionäre, für Familienangehörige der Beschäftigten oder für leitende Ang des Unternehmens. Maßgeblich ist lediglich eine Verbindung der Begünstigten zum Unternehmen.[331] Allerdings darf die Einrichtung nicht ausschließlich leitenden Ang nach § 5 Abs. 3 zu Gute kommen, da diese nicht vom BR repräsentiert werden und folglich in dieser Konstellation das Mitbestimmungsrecht des Abs. 1 Nr. 8 gar nicht besteht.[332]

c) Einzelfälle. Beispiele für Sozialeinrichtungen können sein:

125

– Pensions- oder Unterstützungskassen, soweit sie von einem oder mehreren AG
unterhalten werden und soweit die Leistungen einem zweckgebundenen Sondervermögen des Unternehmens entstammen und nicht aus den Erträgen entnommen werden,[333]
– Kantinen und Werksküchen,[334]
– Kindergärten und Kindertagesstätten,[335]

---

326 BAG 12.6.1975 – AP § 87 BetrVG 1972 Altersversorgung Nr. 1; ErfK/*Kania*, § 87 BetrVG Rn 69; *Fitting u.a.*, § 87 Rn 335; MünchArb/*Matthes*, Bd. 3, § 339 Rn 3, 4; DKK/*Klebe*, § 87 Rn 208; GK-BetrVG/*Wiese*, § 87 Rn 687; Richardi/*Richardi*, § 87 Rn 609.
327 BAG 11.7.2000 – AP § 87 BetrVG 1972 Sozialeinrichtung Nr. 16; *Fitting u.a.*, § 87 Rn 338; DKK/*Klebe*, § 87 Rn 208; GK-BetrVG/*Wiese*, § 87 Rn 688; Hess u.a./*Worzalla*, § 87 Rn 393.
328 BAG 18.4.2000 – AP § 87 Betr VG 1972 Überwachung Nr. 33; BAG 27.1.2004 – AP § 87 BetrVG 1972 Überwachung Nr. 40; *Wlotzke*, § 87 Rn 158; DKK/*Klebe*, § 87 Rn 209; Hess u.a./*Worzalla*, § 87 Rn 395; *Galperin/Löwisch*§ 87 Rn 181; a.A. Richardi/*Richardi*, § 87 Rn 616.
329 BAG 22.4.1986 – AP § 87 BetrVG 1972 Altersversorgung Nr. 13; ErfK/*Kania*, § 87 BetrVG Rn 70; GK-BetrVG/*Wiese*, § 87 Rn 698; Hess u.a./*Worzalla*, § 87 Rn 398; Richardi/*Richardi*, § 87 Rn 613; MünchArb/*Matthes*, Bd. 3, § 331 Rn 18; a.A. *Fitting u.a.*, § 87 Rn 346; DKK/*Klebe*, § 87 Rn 211.
330 BAG 21.6.1979 – AP § 87 BetrVG 1972 Sozialeinrichtung Nr. 1; BAG 21.10.1980 – AP 111 BetrVG 1972 Nr. 8; DKK/*Klebe*, § 87 Rn 210; *Galperin/Löwisch*, § 87 Rn 180; *Fitting u.a.*, § 87 Rn 342.
331 BAG 21.6.1979 – AP § 87 BetrVG 1972 Sozialeinrichtung Nr. 1; BAG 30.4.1974 – BB 1974, 1070; ErfK/*Kania*, § 87 BetrVG Rn 70; GK-BetrVG/*Wiese*, § 87 Rn 699.
332 BAG 30.4.1974 – AP § 87 BetrVG 1972 Werkmietwohnungen Nr. 2; Richardi/*Richardi*, § 87 Rn 617; *Fitting u.a.*, § 87 Rn 344; MünchArb/*Matthes*, Bd. 3, § 339 Rn 17; *Galperin/Löwisch*§ 87 Rn 182; GK-BetrVG/*Wiese*, § 87 Rn 697; ErfK/*Kania*, § 87 BetrVG Rn 70.
333 BAG 12.6.197 – AP § 87 BetrVG 1972 Altersversorgung Nr. 1; BAG 18.3.1976 – AP § 87 BetrVG 1972 Altersversorgung Nr. 4; BAG 22.4.1986 – AP § 87 BetrVG 1972 Altersversorgung Nr. 13; BAG 26.4.1988 – AP § 87 BetrVG 1972 Altersversorgung Nr. 16; BAG 21.6.1979 – AP § 87 BetrVG 1972 Sozialeinrichtung Nr. 1; *Fitting u.a.*, § 87 BetrVG Rn 347; Richardi/*Richardi*, § 87 Rn 620; GK-BetrVG/*Wiese*, § 87 Rn 692, 685; DKK/*Klebe*, § 87 Rn 226; *Wlotzke*, § 87 Rn 161.
334 BAG 24.4.1986 – AP § 87 BetrVG 1972 Sozialeinrichtung Nr. 7; BAG 15.9.1987 – AP § 87 BetrVG 1972 Sozialeinrichtung Nr. 9; BAG 11.7.2000 – AP § 87 BetrVG 1972 Sozialeinrichtung Nr. 16; BAG 6.12.1963 – AP § 56 BetrVG Wohlfahrtseinrichtungen Nr. 6; *Wlotzke*, § 87 Rn 161; *Fitting u.a.*, § 87 Rn 347; GK-BetrVG/*Wiese*, § 87 Rn 692; ErfK/*Kania*, § 87 BetrVG Rn 71; Richardi/*Richardi*, § 87 Rn 619; DKK/*Klebe*, § 87 Rn 226.
335 BAG 22.10.1981 – AP § 76 BetrVG 1972 Nr. 10; ErfK/*Kania*, § 87 BetrVG Rn 71; *Wlotzke*, § 87 Rn 161; GK-BetrVG/*Wiese*, § 87 Rn 692; Richardi/*Richardi*, § 87 Rn 619; *Fitting u.a.*, § 87 Rn 347.

150 BetrVG § 87

- Werkmietwohnungen, zu deren Bereitstellung der AG nicht schon aufgrund des Arbeitsvertrags verpflichtet ist (denn bei Dienstwohnungen ist das Mitbestimmungsrecht aus Abs. 1 Nr. 9 vorrangig),[336]
- betriebliche Sportanlagen,[337]
- Fortbildungseinrichtungen[338]
- Werksbusse, die der AG mit eigenen Wagen und eigenem Personal betreibt,[339]
- Verkaufsautomaten,[340]
- Beschäftigungs- und Qualifizierungsgesellschaften.[341]

126 Keine Sozialeinrichtungen sind demgegenüber:
- Betriebskrankenkassen, die auf öffentlich-rechtlicher Grundlage organisiert sind,[342]
- Werkszeitungen, da sie nicht als vermögenswerter Vorteil gewährt werden, sondern lediglich die Belegschaft informieren sollen,[343]
- Betriebsausflüge und Betriebsfeiern, da es hier an einer dauerhaften Organisation fehlt,[344]
- einzelvertragliche Pensionsleistungen aufgrund unmittelbarer Versorgungszusagen des AG, sofern kein abgesondertes Vermögen vorhanden ist,[345]
- Direktversicherungen, da es auch hier an einer dauerhaften Organisation mangelt,[346]
- AG-Darlehen[347]
- Ermöglichung von verbilligtem Warenbezug durch Personalrabatt,[348]
- Ausgabe von Essensmarken durch den AG.[349]

127 **d) Umfang des Mitbestimmungsrechts. aa) Allgemeines.** Das Mitbestimmungsrecht nach Nr. 8 erstreckt sich auf die Form, Ausgestaltung und Verwaltung, nicht aber auf die Errichtung der sozialen Einrichtung selbst (das „Ob"). Die wird durch § 88 Abs. 2 bestätigt, der die Möglichkeit der Errichtung ausdrücklich zum Regelungskomplex einer freiwilligen BV zählt.[350] Unter Errichtung ist die Widmung einer Einrichtung für soziale Zwecke, nicht der tatsächliche Errichtungsvorgang zu verstehen.[351]

---

336 BAG 13.3.1973 – AP § 87 BetrVG 1972 Werkmietwohnungen Nr. 1; BAG 3.6.1975 – AP § 87 BetrVG 1972 Werkmietwohnungen Nr. 3; DKK/*Klebe*, § 87 Rn 226; Richardi/*Richardi*, § 87 Rn 621; GK-BetrVG/*Wiese*, § 87 Rn 693; *Galperin/Löwisch*§ 87 Rn 175; *Wlotzke*, § 87 Rn 161.
337 ErfK/*Kania*, § 87 BetrVG Rn 71; Richardi/*Richardi*, § 87 Rn 619; GK-BetrVG/*Wiese*, § 87 Rn 692.
338 GK-BetrVG/*Wiese*, § 87 Rn 692; *Wlotzke*, § 87 Rn 161.
339 BAG 9.7.1985 – AP § 75 BPersVG Nr. 16; LAG Schleswig Holstein 17.3.1983 – BB 1984, 140; GK-BetrVG/ *Wiese*, § 87 Rn 692; DKK/*Klebe*, § 87 Rn 226; *Fitting u.a.*, § 87 Rn 347.
340 BAG 26.10.1965 – AP § 56 BetrVG Wohlfahrtseinrichtungen Nr. 8; DKK/*Klebe*, § 87 Rn 226; MünchArb/*Matthes*, Bd. 3, § 339 Rn 12; *Wlotzke*, § 87 Rn 161; GK-BetrVG/*Wiese*, § 87 Rn 692.
341 BAG 23.8.2001 – AP § 2 ArbGG 1979 Nr. 77; *Fitting u.a.*, § 87 Rn 347; DKK/*Klebe*, § 87 Rn 226; GK-BetrVG/*Wiese*, § 87 Rn 692; *Wlotzke*, § 87 Rn 161.
342 *Wlotzke*, § 87 Rn 162; DKK/*Klebe*, § 87 Rn 227; *Galperin/ Löwisch*, § 87 Rn 176; Richardi/*Richardi*, § 87 Rn 625; *Fitting u.a.*, § 87 Rn 348; GK-BetrVG/*Wiese*, § 87 Rn 695; Hess u.a./*Worzalla*, § 87 Rn 395.
343 Richardi/*Richardi*, § 87 Rn 622; *Wlotzke*, § 87 Rn 162; *Fitting u.a.*, § 87 Rn 348; GK-BetrVG/*Wiese*, § 87 Rn 694; a.A. DKK/*Klebe*, § 87 Rn 213.
344 BAG 27.1.1998 – AP § 87 BetrVG 1972 Sozialeinrichtung Nr. 14; *Fitting u.a.*, § 87 Rn 348; *Wlotzke*, § 87 Rn 162; Richardi/*Richardi*, § 87 Rn 623; ErfK/*Kania*, § 87 BetrVG Rn 72; DKK/*Klebe*, § 87 Rn 227; Hess u.a./*Worzalla*, § 87 Rn 395; *Galperin/Löwisch*§ 87 Rn 172.
345 BAG 18.3.1976 – AP § 87 BetrVG 1972 Altersversorgung Nr. 4; *Fitting u.a.*, § 87 Rn 348; ErfK/*Kania*, § 87 BetrVG Rn 72; *Wlotzke*, § 87 Rn 162; *Fitting u.a.*, § 87 Rn 348.
346 BAG 12.6.1975 – AP § 87 BetrVG 1972 Altersversorgung Nr. 1; BAG 18.3.1976 – AP § 87 BetrVG 1972 Altersversorgung Nr. 4; BAG 29.7.2003 – AP § 87 BetrVG 1972 Sozialeinrichtung Nr. 18; *Wlotzke*, § 87 Rn 162.
347 BAG 9.12.1980 – AP § 87 BetrVG 1972 Lohngestaltung Nr. 5; ErfK/*Kania*, § 87 BetrVG Rn 72; DKK/*Klebe*, § 87 Rn 227; *Wlotzke*, § 87 Rn 162.
348 BAG 18.5.1965 – AP § 56 BetrVG 1952 Nr. 26; *Fitting u.a.*, § 87 Rn 348; *Wlotzke*, § 87 Rn 162; ErfK/*Kania*, § 87 BetrVG Rn 72.
349 BAG 15.1.1987 – AP § 75 BPersVG Nr. 21; ErfK/*Kania*, § 87 BetrVG Rn 72; *Wlotzke*, § 87 Rn 162; *Fitting u.a.*, § 87 Rn 348.
350 BAG 13.3.1973 – AP § 87 BetrVG 1972 Werkmietwohnungen Nr. 1; BAG 15.9.1987 – AP § 87 BetrVG 1972 Sozialeinrichtung Nr. 9; BAG 26.4.1988 – AP § 87 BetrVG 1972 Altersversorgung Nr. 16; Richardi/*Richardi*, § 87 Rn 626; ErfK/*Kania*, § 87 BetrVG Rn 73; *Fitting u.a.*, § 87 Rn 350; GK-BetrVG/*Wiese*, § 87 Rn 705; Hess u.a./ *Worzalla*, § 87 Rn 413 f.; *Galperin/Löwisch*, § 87 Rn 186; DKK/*Klebe*, § 87 Rn 213.
351 BAG 12.6.1975 – AP § 87 BetrVG 1972 Altersversorgung Nr. 3; BAG 26.4.1988 – AP § 87 BetrVG 1972 Altersversorgung Nr. 16; GK-BetrVG/*Wiese*, § 87 Rn 706.

Neben der Errichtung sind u.a. mitbestimmungsfrei möglich:
- die Bestimmung des sozialen Einrichtungszwecks,[352]
- die finanzielle Ausstattung der Einrichtung,[353]
- die Bestimmung des Kreises der Begünstigten bzw. die Änderung des Personenkreises[354] sowie
- Änderungen der Zweckbestimmung, des Begünstigtenkreises, der Höhe der Zuwendungen und Entwidmung (Schließung) der Einrichtung.[355]

bb) Form der Einrichtung. Das Mitbestimmungsrecht des BR beginnt bei der Festlegung der Rechtsform, in der die soziale Einrichtung geführt werden soll. Die Einrichtung kann insoweit einen selbstständigen Rechtsträger erhalten oder aber auch in das Unternehmen eingegliedert sein.[356] **128**

Die Mitbestimmung umfasst auch die Frage, ob der AG die Einrichtung selbst betreibt oder ein Dritter als Träger betraut werden soll sowie die Entscheidung, ob und wie ggf. die einmal gewählte Form geändert werden soll.[357] **129**

cc) Ausgestaltung der Einrichtung. Gegenstand der Mitbestimmung ist auch die Ausgestaltung der Einrichtung. Unter Ausgestaltung ist die Festlegung allg. Grundsätze für die Arbeitsweise der Einrichtung.[358] Sie umfasst u.a.: **130**
- die Erstellung einer Satzung,[359]
- die Bildung von Verwaltungsgremien, in denen AG und BR gleichberechtigt die Aufsicht führen,[360]
- die Aufstellung einer Geschäftsordnung,[361]
- die Aufstellung einer Nutzungsordnung[362] sowie
- eines Leistungsplans, der die Inanspruchnahme der Einrichtung durch die Begünstigten regelt,[363]
- Grundsätze über die Ausstattung[364] und
- die Änderung der Ausgestaltung.[365]

dd) Verwaltung der Einrichtung. Die Verwaltung der Einrichtung betrifft alle Entscheidungen und Maßnahmen nach der Errichtung. Die Abgrenzung zur Ausgestaltung ist fließend. Von der Verwaltung umfasst werden die gesamte innerbetriebliche Organisation bis hin zur Geschäftsführung sowie auch die Entscheidungsfindung im Einzel- **131**

---

[352] BAG 13.3.1973 – AP § 87 BetrVG 1972 Werkmietwohnungen Nr. 1; BAG 26.4.1988 – AP § 87 BetrVG 1972 Altersversorgung Nr. 16; *Wlotzke*, § 87 Rn 163; ErfK/*Kania*, § 87 BetrVG Rn 73; *Fitting u.a.*, § 87 Rn 350 ff.; Richardi/*Richardi*, § 87 Rn 627; GK-BetrVG/*Wiese*, § 87 Rn 710.

[353] BAG 12.6.1975 – AP § 87 BetrVG 1972 Altersversorgung Nr. 3; BAG 26.4.1988 – AP § 87 BetrVG 1972 Altersversorgung Nr. 16; ErfK/*Kania*, § 87 BetrVG Rn 73; *Wlotzke*, § 87 Rn 165; GK-BetrVG/*Wiese*, § 87 Rn 710; *Fitting u.a.*, § 87 Rn 351; Richardi/*Richardi*, § 87 Rn 630.

[354] BAG 26.4.1988 – AP § 87 BetrVG 1972 Altersversorgung Nr. 16; BAG 14.2.1967 – AP § 56 BetrVG Wohlfahrtseinrichtungen Nr. 9; GK-BetrVG/*Wiese*, § 87 Rn 708; *Fitting u.a.*, § 87 Rn 353; Richardi/*Richardi*, § 87 Rn 629; DKK/*Klebe*, § 87 Rn 213; ErfK/*Kania*, § 87 BetrVG Rn 73.

[355] BAG 13.3.1973 – AP § 87 BetrVG 1972 Werkmietwohnungen Nr. 1; BAG 22.10.1985 – AP § 87 BetrVG 1972 Werkmietwohnungen Nr. 5; BAG 23.3.1993 – AP § 87 BetrVG 1972 Werkmietwohnungen Nr. 8; BAG 13.7.1978 – AP § 87 BetrVG 1972 Altersversorgung Nr. 5; GK-BetrVG/*Wiese*, § 87 Rn 712; *Fitting u.a.*, § 87 Rn 354 ff.; DKK/*Klebe*, § 87 Rn 213; MünchArb/*Matthes*, Bd. 3, § 339 Rn 27; Richardi/*Richardi*, § 87 Rn 640, 671 ff., 677; ErfK/*Kania*, § 87 BetrVG Rn 75; *Wlotzke*, § 87 Rn 164; *Hanau*, BB 1976, 91, 96.

[356] *Fitting u.a.*, § 87 Rn 357; MünchArb/*Matthes*, Bd. 3, § 331 Rn 31; Richardi/*Richardi*, § 87 Rn 634; DKK/*Klebe*, § 87 Rn 215; ErfK/*Kania*, § 87 BetrVG Rn 76; GK-BetrVG/*Wiese*, § 87 Rn 716; *Wlotzke*, § 87 Rn 165.

[357] DKK/*Klebe*, § 87 Rn 215; ErfK/*Kania*, § 87 BetrVG Rn 79; *Wlotzke*, § 87 Rn 165; GK-BetrVG/*Wiese*, § 87 Rn 722 m.w.N.

[358] BAG 13.3.1973 – AP § 87 BetrVG 1972 Werkmietwohnungen Nr. 1; *Fitting u.a.*, § 87 Rn 361; GK-BetrVG/*Wiese*, § 87 Rn 726; MünchArb/*Matthes*, Bd. 3, § 331 Rn 36; ErfK/*Kania*, § 87 BetrVG Rn 77; DKK/*Klebe*, § 87 Rn 216.

[359] BAG 10.11.1977 – AP § 242 BGB Ruhegehalt-Unterstützungskassen Nr. 8; BAG 13.7.1978 – AP § 87 BetrVG 1972 Altersversorgung Nr. 5; DKK/*Klebe*, § 87 Rn 216; *Wlotzke*, § 87 Rn 166; *Fitting u.a.*, § 87 Rn 361; GK-BetrVG/*Wiese*, § 87 Rn 727, 752.

[360] BAG 13.3.1973 – AP § 87 BetrVG 1972 Werkmietwohnungen Nr. 1; *Wlotzke*, § 87 Rn 166; DKK/*Klebe*, § 87 Rn 216; GK-BetrVG/*Wiese*, § 87 Rn 727, 743.

[361] DKK/*Klebe*, § 87 Rn 216.

[362] BAG 15.9.1997 – AP § 87 BetrVG 1972 Sozialeinrichtung Nr. 9; BAG 13.3.1973 – AP § 87 BetrVG 1972 Werkmietwohnungen Nr. 1; ErfK/*Kania*, § 87 BetrVG Rn 77; *Fitting u.a.*, § 87 Rn 362; GK-BetrVG/*Wiese*, § 87 Rn 727; Richardi/*Richardi*, § 87 Rn 642; MünchArb/*Matthes*, § 331 Rn 36.

[363] BAG 13.3.1973 – AP § 87 BetrVG 1972 Werkmietwohnungen Nr. 1; BAG 10.11.1977 – AP § 242 BGB Ruhegehalt-Unterstützungskassen Nr. 8; BAG 13.7.1978 – AP § 87 BetrVG 1972 Altersversorgung Nr. 5; BAG 26.4.1988 – AP § 87 BetrVG 1972 Altersversorgung Nr. 16; GK-BetrVG/*Wiese*, § 87 Rn 728; *Galperin/Löwisch*, § 87 Rn 184, 188; ErfK/*Kania*, § 87 BetrVG Rn 77; *Fitting u.a.*, § 87 Rn 363; *Wlotzke*, § 87 Rn 166; Richardi/*Richardi*, § 87 Rn 644.

[364] *Wlotzke*, § 87 Rn 167; ErfK/*Kania*, § 87 BetrVG Rn 77.

[365] GK-BetrVG/*Wiese*, § 87 Rn 731; DKK/*Klebe*, § 87 Rn 216.

fall hinsichtlich der Frage, ob und wie Leistungen der Sozialeinrichtung gewährt werden sollen.³⁶⁶ Zur Verwaltung zählen z.B. auch der Abschluss und die Künd von Pachtverträgen für den Betrieb von Sozialeinrichtungen.³⁶⁷

132 **e) Durchführung der Mitbestimmung.** Die Ausübung des Mitbestimmungsrechts durch den BR folgt den allg. Grundsätzen. Jedoch besteht bei Sozialeinrichtungen mit eigener Rechtspersönlichkeit ein erweiterter Gestaltungsspielraum.

Die Mitbestimmung kann hier zweistufig oder organschaftlich ausgeübt werden.³⁶⁸

133 Im Falle der zweistufigen Mitbestimmung sind alle mitbestimmungspflichtigen Fragen zwischen AG und BR auszuhandeln. Die Umsetzung der getroffenen Regelung erfolgt dann ausschließlich durch den AG, dessen Aufgabe es auch ist, auf den Träger der Einrichtung dahingehend einzuwirken, dass die getroffenen Vereinbarungen umsetzt werden. Hierzu ist es unerlässlich, dass sich der AG durch entsprechende Vertragsgestaltung mit dem Träger einen ausreichenden Einfluss auf die Verwaltung der Einrichtung sichert.³⁶⁹

134 Wird die organschaftliche Lösung gewählt, entsenden AG und BR gleichberechtigte Vertreter in ein paritätisch besetztes Verwaltungsgremium. Dieses entscheidet grds. über alle sich im Rahmen der Verwaltung stellenden Fragen selbst. Nur bei einer Pattsituation müssen sich AG und BR selbst ins Benehmen setzen. Bei Nichteinigung entscheidet die Einigungsstelle. Zu empfehlen ist, dass bereits auf der Ebene der Satzung Konfliktlösungen bzw. darauf gerichtete Mechanismen für den Fall von Pattsituationen im Verwaltungsgremium vorgesehen werden.³⁷⁰

135 Der BR darf jedoch nach st. Rspr. des BAG in keinem Falle in der Weise sein Mitbestimmungsrecht ausüben, dass er dem AG das alleinige Gestaltungsrecht über den mitbestimmungspflichtigen Tatbestand eröffnet, oder indem er dem AG in dem erwähnten paritätisch besetzten Verwaltungsgremium den alleinigen Letztentscheid einräumt.³⁷¹

136 **f) Zuständigkeit für die Ausübung des Mitbestimmungsrechts.** Zuständig für die Ausübung des Mitbestimmungsrechts ist grds. der BR des begünstigten Betriebs.³⁷²

137 Falls das Unternehmen aus mehreren Betrieben besteht, die alle in den Genuss der sozialen Einrichtung kommen (sollen), steht das Mitbestimmungsrecht dem GBR³⁷³ bzw. dem KBR zu, falls die Einrichtung konzernweit genutzt werden soll.³⁷⁴

138 Für den Fall, dass in der Sozialeinrichtung ein eigener BR gebildet worden ist, ist dieser nur für die in der Einrichtung tätigen AN zuständig. Das Mitbestimmungsrecht des Stammbetriebs bzgl. der Ausgestaltung und Verwaltung der Sozialeinrichtung bleibt davon unberührt, so dass es grds. nicht zu Kompetenzüberschreitungen kommen kann.³⁷⁵ Davon abgesehen ist für den Fall, dass die Sozialeinrichtung als eigener Betrieb mit eigenem BR gebildet ist, die Ausübung des Mitbestimmungsrechts nach Abs. 1 Nr. 8 ohnehin stets betriebsübergreifend, weshalb (soweit gebildet) die Zuständigkeit des Gesamt- bzw. KBRs gegeben ist.³⁷⁶

139 **9. Zuweisung und Kündigung von Wohnräumen, die den Arbeitnehmern mit Rücksicht auf das Bestehen eines Arbeitsverhältnisses vermietet werden, sowie die allgemeine Festlegung der Nutzungsbedingungen. a) Allgemeines. aa) Verhältnis von Nr. 8 zu Nr. 9.** Nach dem BAG stellt jede mitbestimmungspflichtige

---

366 ErfK/*Kania*, § 87 BetrVG Rn 78; *Fitting u.a.*, § 87 Rn 366; DKK/*Klebe*, § 87 Rn 217; GK-BetrVG/*Wiese*, § 87 Rn 736; Richardi/*Richardi*, § 87 Rn 643; MünchArb/*Matthes*, § 331 Rn 38.
367 VGH Kassel 12.10.1959 – AP § 67 PersVG Nr. 1; *Fitting u.a.*, § 87 Rn 367; GK-BetrVG/*Wiese*, § 87 Rn 722; DKK/*Klebe*, § 87 Rn 217.
368 BAG 13.7.1978 – AP § 87 BetrVG 1972 Altersversorgung Nr. 5; BAG 24.4.1986 – AP § 87 BetrVG 1972 Sozialeinrichtung Nr. 7; Richardi/*Richardi*, § 87 Rn 654; ErfK/*Kania*, § 87 BetrVG Rn 80, 81; *Fitting u.a.*, § 87 Rn 371; MünchArb/*Matthes*, Bd. 3, § 339 Rn 40 f.; Hess u.a./*Worzalla*, § 87 Rn 426.
369 BAG 13.7.1978 – AP § 87 BetrVG 1972 Altersversorgung Nr. 5; BAG 18.7.1978 – AP § 87 BetrVG 1972 Werkmietwohnungen Nr. 4; BAG 10.3.1992 – AP § 1 BetrAVG Unterstützungskassen Nr. 34; ErfK/*Kania*, § 87 BetrVG Rn 81; *Fitting u.a.*, § 87 Rn 371; Richardi/*Richardi*, § 87 Rn 655; DKK/*Klebe*, § 87 Rn 219 f.; GK-BetrVG/*Wiese*, § 87 Rn 746; Galperin/*Löwisch*, § 87 Rn 195.
370 BAG 13.7.1978 – AP § 87 BetrVG 1972 Altersversorgung Nr. 5; BAG 8.12.1981 – AP § 1 BetrAVG Unterstützungskassen Nr. 1; BAG 10.9.2002 – AP § 1 BetrAVG Ablösung Nr. 37; Richardi/*Richardi*, § 87 Rn 656; *Fitting u.a.*, § 87 Rn 371 f.; DKK/*Klebe*, § 87 Rn 221; GK-BetrVG/*Wiese*, § 87 Rn 747 ff.; *Wlotzke*, § 87 Rn 173.
371 BAG 26.4.2005 – NZA 2005, 892; BAG 23.3.1999 – AP § 87 BetrVG 1972 Arbeitszeit Nr. 80; BAG 3.6.2003 – AP § 77 BetrVG 1972 Tarifvorbehalt Nr. 19 zu; BAG8.6.2004, AP § 76 Einigungsstelle Nr. 20.
372 ErfK/*Kania*, § 87 BetrVG Rn 82; Richardi/*Richardi*, § 87 Rn 649.
373 BAG 30.1.1970 – AP § 242 BGB Ruhegehalt Nr. 142; Richardi/*Richardi*, § 87 Rn 650; *Wlotzke*, § 87 Rn 175.
374 BAG 21.6.1979 – AP § 87 BetrVG 1972 Sozialeinrichtung Nr. 1; Richardi/*Richardi*, § 87 Rn 650; *Wlotzke*, § 87 Rn 175.
375 *Fitting u.a.*, § 87 Rn 368; ErfK/*Kania*, § 87 BetrVG Rn 82; GK-BetrVG/*Wiese*, § 87 Rn 757, 758; *Wlotzke*, § 87 Rn 176; DKK/*Klebe*, § 87 Rn 212.
376 ErfK/*Kania*, § 87 BetrVG Rn 82.

Werkmietwohnung zugleich eine Sozialeinrichtung gemäß Abs. 1 Nr. 8 dar, so dass die Nr. 9 einen Unter-, bzw. Spezialfall der Nr. 8 darstellt.[377]

bb) Sinn und Zweck der Vorschrift. Sinn und Zweck des Mitbestimmungsrechts ist die gerechte Verteilung der vom AG zur Verfügung gestellten Räume und die Gleichbehandlung der Belegschaft bei der Gestaltung der Mietbedingungen.[378]

140

b) Wohnraum. Unter „Wohnraum" i.S.d. Nr. 9 ist jede Art von Räumen zu verstehen, die zum Wohnen geeignet und bestimmt sind, wozu auch Behelfsheime, Baracken, Wohnwagen und andere Schlafstätten gehören.[379] Eine Einschränkung besteht jedoch dahingehend, dass nur Wohnräume umfasst werden, die den AN mit Rücksicht auf das Bestehen eines Arbverh vermietet wurden.[380]

141

Folglich besteht kein Mitbestimmungsrecht in Bezug auf Werkdienstwohnungen, die den AN aus dienstlichen Gründen überlassen werden. Hier wird kein Mietvertrag abgeschlossen. Die Raumüberlassung ist vielmehr unmittelbarer Bestandteil der Arbeitsvergütung. Beispielhafte Berufsgruppen mit Werkdienstwohnungen sind typischerweise Hausmeister, Pförtner oder Kraftfahrer.[381] Die Raumüberlassung muss allerdings im Interesse des Betriebes liegen, weil ansonsten eine Umgehung des Mitbestimmungsrechts vorliegen würde.[382] Im Gegensatz zur Werkwohnung endet mit Beendigung des Arbverh auch automatisch das Nutzungsrecht an der Werkdienstwohnung, ohne dass es einer separaten Künd bedarf. Ausnahmsweise besteht ein Mieterschutz, wenn der AN die Wohnung ganz oder überwiegend möbliert hat oder wenn er in der Wohnung mit seiner Familie einen eigenen Hausstand führt.[383]

c) Zuweisung und Kündigung von Wohnraum. Wie auch bei Nr. 8 ist die Frage, ob der AG Wohnräume im Zusammenhang mit dem Arbverh zur Verfügung stellt, bzw. davon (wieder) absieht, nicht der Mitbestimmung durch den BR unterworfen.[384]

142

Ebenfalls nicht von Nr. 9 umfasst sind u.a. folgende Regelungskomplexe:

143

- die Bestimmung des finanziellen Umfangs bzw. der Dotierung des Wohnungsangebots[385] sowie
- die Festlegung des begünstigten Benutzerkreises.[386]

Von der Mitbestimmung nach Abs. 1 Nr. 9 umfasst sind jedoch ausdrücklich die Zuweisung und Künd von Wohnraum, wobei sich das Mitbestimmungsrecht auf jeden Einzelfall bezieht.[387]
Die Zuweisung betrifft die dem Mietvertrag vorgelagerte Entscheidung, wer die Wohnräume erhält.[388]

144

---

377 BAG 13.3.1973 – AP § 87 BetrVG 1972 Werkmietwohnungen Nr. 1; BAG 3.6.1975 – AP § 87 BetrVG 1972 Werkmietwohnungen Nr. 3; ErfK/*Kania*, § 87 BetrVG Rn 84; a.A. GK-BetrVG/*Wiese*, § 87 Rn 762.

378 *Wlotzke*, § 87 Rn 178; GK-BetrVG/*Wiese*, § 87 Rn 762; MünchArb/*Matthes*, Bd. 3, § 340 Rn 3; *Galperin/Löwisch*, § 87 Rn 200, 209.

379 BAG 3.6.1975 – AP § 87 BetrVG 1972 Werkmietwohnungen Nr. 3; Hess u.a./*Worzalla*, § 87 Rn 435; *Fitting u.a.*, § 87 Rn 381; DKK/*Klebe*, § 87 Rn 229; ErfK/*Kania*, § 87 BetrVG Rn 83; Richardi/*Richardi*, § 87 Rn 691; GK-BetrVG/*Wiese*, § 87 Rn 772.

380 BAG 13.3.1973 – AP § 87 BetrVG 1972 Werkmietwohnungen Nr. 1; BAG 3.6.1975 – AP § 87 BetrVG 1972 Werkmietwohnungen Nr. 3; BAG 23.3.1993 – AP § 87 BetrVG 1972 Werkmietwohnungen Nr. 8; Richardi/*Richardi*, § 87 Rn 690; *Fitting u.a.*, § 87 Rn 381; *Wlotzke*, § 87 Rn 177; GK-BetrVG/*Wiese*, § 87 Rn 772; MünchArb/*Matthes*, Bd. 3, § 340 Rn 8; DKK/*Klebe*, § 87 Rn 232.

381 BAG 3.6.1975 – AP § 87 BetrVG 1972 Werkmietwohnungen Nr. 3; BAG 28.7.1992 – AP § 87 BetrVG 1972 Werkmietwohnungen Nr. 7; BAG 28.7.1992 – NZA 1993, 272, 273; DKK/*Klebe*, § 87 Rn 231; *Fitting u.a.*, § 87 Rn 385; *Wlotzke*, § 87 Rn 181; ErfK/*Kania*, § 87 BetrVG Rn 85; *Galperin/Löwisch*, § 87 Rn 202; GK-BetrVG/*Wiese*, § 87 Rn 767.

382 *Fitting u.a.*, § 87 Rn 385; Hess u.a./*Worzalla*, § 87 Rn 438; *Wlotzke*, § 87 Rn 181; DKK/*Klebe*, § 87 Rn 231.

383 *Wlotzke*, § 87 Rn 181; *Fitting u.a.*, § 87 Rn 385; DKK/*Klebe*, § 87 Rn 231.

384 BAG 23.3.1993 – AP § 87 BetrVG 1972 Werkmietwohnungen Nr. 8; *Fitting u.a.*, § 87 Rn 387; MünchArb/*Matthes*, Bd. 3, § 332 Rn 8; DKK/*Klebe*, § 87 Rn 232; ErfK/*Kania*, § 87 BetrVG Rn 86; GK-BetrVG/*Wiese*, § 87 Rn 776; *Wlotzke*, § 87 Rn 184.

385 BAG 13.3.1973 – AP § 87 BetrVG 1972 Werkmietwohnungen Nr. 1; BAG 23.3.1993 – AP § 87 BetrVG 1972 Werkmietwohnungen Nr. 8; Richardi/*Richardi*, § 87 Rn 699, 670; *Wlotzke*, § 87 Rn 184; *Fitting u.a.*, § 87 Rn 388; DKK/*Klebe*, § 87 Rn 232; ErfK/*Kania*, § 87 BetrVG Rn 86; GK-BetrVG/*Wiese*, § 87 Rn 776.

386 BAG 23.3.1993 – AP § 87 BetrVG 1972 Werkmietwohnungen Nr. 8; ErfK/*Kania*, § 87 BetrVG Rn 86; Hess u.a./*Worzalla*, § 87 Rn 438; *Fitting u.a.*, § 87 Rn 389; GK-BetrVG/*Wiese*, § 87 Rn 776; *Wlotzke*, § 87 Rn 184; Richardi/*Richardi*, § 87 Rn 703; a.A. DKK/*Klebe*, § 87 Rn 232; *Kohte*, BetrR 1993, 81.

387 ErfK/*Kania*, § 87 BetrVG Rn 87; *Fitting u.a.*, § 87 Rn 390; Hess u.a./*Worzalla*, § 87 Rn 438; *Wlotzke*, § 87 Rn 185; *Galperin/Löwisch*, § 87 Rn 11, 209 a; Richardi/*Richardi*, § 87 Rn 701.

388 GK-BetrVG/*Wiese*, § 87 Rn 770; Richardi/*Richardi*, § 87 Rn 701; MünchArb/*Matthes*, Bd. 3, § 340 Rn 21; Hess u.a./*Worzalla*, § 87 Rn 441.

145 Der Begriff Werkmietwohnung zeigt auch, dass das Mitbestimmungsrecht nur dann besteht, wenn die Wohnungen (zumindest auch) für vom BR repräsentierte AN des Betriebs bestimmt sind. Sofern die Wohnungen ausschließlich leitenden Ang oder Pensionären gewidmet sind, entfällt das Mitbestimmungsrecht.[389]

Wenn der BR bei der Zuweisung einer Werkmietwohnung vom AG übergangen worden ist, hat dies nach h.M. keine Auswirkungen auf den von der Zuweisung unabhängigen Mietvertragsschluss zwischen AG und begünstigtem AN. Hinsichtlich des Mietvertragsschlusses besteht nämlich gerade kein Mitbestimmungsrecht. Trotzdem läuft in dieser Konstellation die Mitbestimmung nicht leer, da der BR vom AG die Künd des Mietvertrags bzw. ggf. die Zahlung von Schadensersatz an die benachteiligten AN fordern kann.[390]

146 Die Künd des Mietverhältnisses unterliegt sowohl als ordentliche wie auch in Gestalt der außerordentlichen Künd dem Mitbestimmungsrecht des BR. Dies gilt unabhängig davon, ob die Wohnung an AN des Unternehmens vermietet worden ist, solange der BR auch über die Zuordnung der Wohnung mitzubestimmen hat. Bei der Künd sind die §§ 576 ff. BGB zu beachten, die u.a. eine ordentliche Künd nach Beendigung des Arbverh zulassen, die Festlegung eines dahingehenden Automatismus jedoch untersagen.[391]

Nach der Künd des Arbverh bzw. nach Pensionierung des AN, besteht das Mitbestimmungsrecht des BR trotz fehlender AN-Eigenschaft des Mieters fort, da der BR weiterhin ein objektbezogenes Interesse an der Belegung durch die von ihm vertretenen AN innehat.[392]

147 d) Nutzungsbedingungen. Bei der mitbestimmten Festlegung von Nutzungsbedingungen handelt es sich um typische Regelungen in Mietverträgen und Hausordnungen, wie z.B. die Festlegung der Grundsätze für die Mietzinsbildung, die Aufstellung eines Mustermietvertrags, Regelungen über Schönheitsreparaturen, die Reinigung von Treppenhäusern das Anbringen von Satellitenanlagen, die Haltung von Tieren, die Untermiete betreffend und ganz allg. sämtliche Modalitäten der Wohnraumnutzung bzw. deren Änderung.[393]

148 Die Mitbestimmung besteht nur im Rahmen der vom AG vorgegebenen Dotierung der Wohnungen. Der AG kann nicht etwa im Wege der Mitbestimmung gezwungen werden, den von ihm gewählten Dotierungsrahmen zu erhöhen. Daraus folgt, dass der BR zwar bei der Festlegung der Grundsätze für die Mietzinsbildung mitzubestimmen hat,[394] nicht aber hinsichtlich der Mietzinsfestsetzung im Einzelfall, was auch für alle anderen Nutzungsbedingungen gilt.[395]

149 e) Durchführung der Mitbestimmung. Aus Gründen der Rechtssicherheit empfiehlt sich zur Durchführung der Mitbestimmung nach Nr. 9 der Abschluss von BV. Zulässig sind jedoch auch formlose Betriebsabsprachen.[396]

Falls die vermieteten Räume einem Dritten gehören, und der AG lediglich ein Belegungsrecht erworben hat, reicht das Mitbestimmungsrecht des BR nur soweit, wie die vertraglich garantierten Möglichkeiten der Einflussnahme auf Seiten des AG bei der Begründung und Durchführung der Mietverträge reichen. Das Mitbestimmungsrecht besteht in jedem Falle nur gegenüber dem AG (nicht gegenüber dem Dritten), der das Mitbestimmungsrecht entweder durch

---

389 BAG 30.4.1974 – AP § 87 BetrVG 1972 Werkmietwohnungen Nr. 2; BAG 28.7.1992 – AP § 87 BetrVG 1972 Werkmietwohnungen Nr. 7; BAG 23.3.1993 – AP § 87 BetrVG 1972 Werkmietwohnungen Nr. 8; Richardi/*Richardi*, § 87 Rn 695 ff.; *Fitting u.a.*, § 87 Rn 391, 392; GK-BetrVG/*Wiese*, § 87 Rn 769 ff.; *Galperin/Löwisch*, § 87 Rn 208; *Hanau*, BB 1972, 451, 452.

390 *Wlotzke*, § 87 Rn 186; ErfK/*Kania*, § 87 Rn 89; Richardi/*Richardi*, § 87 Rn 724; Hess u.a./*Worzalla*, § 87 Rn 453; GK-BetrVG/*Wiese*, § 87 Rn 781, 782; MünchArb/*Matthes*, Bd. 3, § 340 Rn 41; a.A. *Fitting u.a.*, § 87 Rn 393; DKK/*Klebe*, § 87 Rn 235.

391 BAG 28.7.1992 – AP § 87 BetrVG 1972 Werkmietwohnungen Nr. 7; ErfK/*Kania*, § 87 BetrVG Rn 90; *Wlotzke*, § 87 Rn 187; DKK/*Klebe*, § 87 Rn 236; *Fitting u.a.*, § 87 Rn 394 ff.; MünchArb/*Matthes*, Bd. 3, § 340 Rn 26; GK-BetrVG/*Wiese*, § 87 Rn 784 ff.

392 BAG 28.7.1992 – AP § 87 BetrVG 1972 Werkmietwohnungen Nr. 7; DKK/*Klebe*, § 87 Rn 236; *Fitting u.a.*, § 87 Rn 397; MünchArb/*Matthes*, Bd. 3, § 340 Rn 26; ErfK/*Kania*, § 87 BetrVG Rn 90; *Wlotzke*, § 87 Rn 187; GK-BetrVG/*Wiese*, § 87 Rn 784 ff.; *Kohte*, BetrR 1993, 81; a.A. *Galperin/Löwisch*, § 87 Rn 208; Hess u.a./*Worzalla*, § 87 Rn 443.

393 BAG 13.3.1973 – AP § 87 BetrVG 1972 Werkmietwohnungen Nr. 1; BAG 3.6.1975 – AP § 87 BetrVG 1972 Werkmietwohnungen Nr. 3; Richardi/*Richardi*, § 87 Rn 707; GK-BetrVG/*Wiese*, § 87 Rn 791; *Wlotzke*, § 87 Rn 190; ErfK/*Kania*, § 87 BetrVG Rn 91; *Fitting u.a.*, § 87 Rn 399; DKK/*Klebe*, § 87 Rn 238.

394 BAG 13.3.1973 – AP § 87 BetrVG 1972 Werkmietwohnungen Nr. 1; BAG 3.6.1975 – AP § 87 BetrVG 1972 Werkmietwohnungen Nr. 3; BAG 28.7.1992 – AP § 87 BetrVG 1972 Werkmietwohnungen Nr. 7; Richardi/*Richardi*, § 87 Rn 709; ErfK/*Kania*, § 87 BetrVG Rn 92; *Galperin/Löwisch*, § 87 Rn 211; DKK/*Klebe*, § 87 Rn 238 f.; Hess u.a./*Worzalla*, § 87 Rn 446; *Wlotzke*, § 87 Rn 192, 193; *Fitting u.a.*, § 87 Rn 400; GK-BetrVG/*Wiese*, § 87 Rn 792.

395 BAG 13.3.1973 – AP § 87 BetrVG 1972 Werkmietwohnungen Nr. 1; BAG 3.6.1975 – AP § 87 BetrVG 1972 Werkmietwohnungen Nr. 3; Richardi/*Richardi*, § 87 Rn 710; GK-BetrVG/*Wiese*, § 87 Rn 797; *Galperin/Löwisch*, § 87 Rn 211; ErfK/*Kania*, § 87 BetrVG Rn 92; DKK/*Klebe*, § 87 Rn 238; *Wlotzke*, § 87 Rn 195; MünchArb/*Matthes*, Bd. 3, § 340 Rn 20.

396 MünchArb/*Matthes*, Bd. 3, § 340 Rn 31; *Fitting u.a.*, § 87 Rn 406; GK-BetrVG/*Wiese*, § 87 Rn 797; Hess u.a./*Worzalla*, § 87 Rn 452; Richardi/*Richardi*, § 87 Rn 718 f.

seine Einflussnahme auf den Dritten oder aber durch die Schaffung eines paritätisch besetzten Entscheidungsgremiums sicherzustellen hat.[397]

f) Zuständigkeit für die Ausübung der Mitbestimmung. Die Zuständigkeit von BR, GBR und KBR richtet sich nach den allg. Vorschriften. 150

10. Fragen der betrieblichen Lohngestaltung, insbesondere die Aufstellung von Entlohnungsgrundsätzen und die Einführung und Anwendung von neuen Entlohnungsmethoden sowie deren Änderung. a) Allgemeines. Das Mitbestimmungsrecht der Abs. 1 Nr. 10 sichert die Angemessenheit und Durchsichtigkeit des innerbetrieblichen Lohngefüges sowie die innerbetriebliche Lohngerechtigkeit.[398] 151

b) Lohn. Unter dem Begriff „Lohn" ist Lohn im weitesten Sinne zu verstehen. Unabhängig von ihrer Bezeichnung fallen unter den Begriff alle Leistungen, die der AG als Gegenwert für die AN-Leistungen gewährt, unabhängig, davon, ob es sich um Geld- oder Sachleistungen (Deputate) handelt.[399] Unerheblich ist auch, ob durch die Entlohnung die Leistung des AN unmittelbar oder nur mittelbar abgegolten werden soll.[400] 152

Zu den unmittelbar auf die Leistung bezogenen Entgelten gehören neben dem Grundgehalt u.a.:
– Zeit- und Akkordlöhne,[401]
– Zulagen aller Art, wie z.B. Leistungs-,[402] Erschwernis-[403] oder Auslandszulagen,[404]
– Provisionen und Prämien,[405]
– Urlaubsentgelt,[406]
– Zeitgutschriften aus besonderem Anlass,[407]
– Investivlöhne[408] sowie
– Zielvereinbarungen.[409]

Mitbestimmungspflichtig nach Nr. 10 sind ferner Regelungen zur Besitzstandwahrung beim Übergang von Leistungslohn zu Zeitlohn[410] sowie die mittelbar leistungsbezogenen, wie etwa: 153
– Gratifikationen, wie z.B. Urlaubs- und Weihnachtsgeld, Treueprämien, Jubiläumsgelder, Anwesenheitsprämien, 13.–15. Monatsgehälter, Belegschaftsaktien, sonstige Sonderzahlungen und Familienzulagen,[411]
– Sonderzahlungen ohne vorherige Ankündigung.[412]

---

397 BAG 18.7.1978 – AP § 87 BetrVG 1972 Werkmietwohnungen Nr. 4; BAG 13.7.1978 – AP § 87 BetrVG 1972 Altersversorgung Nr. 5; BAG 26.4.1988 – AP § 87 BetrVG 1972 Altersversorgung Nr. 16; BAG 8.12.1981 – AP § 1 BetrAVG Unterstützungskassen Nr. 1; ErfK/*Kania*, § 87 BetrVG Rn 93; Richardi/*Richardi*, § 87 Rn 721 ff., 658; *Fitting u.a.*, § 87 Rn 372; DKK/*Klebe*, § 87 Rn 221.
398 BAG 3.12.1991 – AP § 87 BetrVG 1972 Lohngestaltung Nr. 51; BAG 11.6.2002 – AP § 87 BetrVG 1972 Lohngestaltung Nr. 113; BAG 2.3.2004 – AP § 3 TVG Nr. 31; *Fitting u.a.*, § 87 Rn 408; Richardi/*Richardi*, § 87 Rn 731; ErfK/*Kania*, § 87 BetrVG Rn 96; DKK/*Klebe*, § 87 Rn 241; GK-BetrVG/*Wiese*, § 87 Rn 804, 805.
399 BAG 16.9.1986 – AP § 77 BetrVG 1972 Nr. 17; ErfK/*Kania*, § 87 BetrVG Rn 96; GK-BetrVG/*Wiese*, § 87 Rn 822; *Fitting u.a.*, § 87 Rn 412; *Wlotzke*, § 87 Rn 198.
400 *Wlotzke*, § 87 Rn 198; Hess u.a./*Worzalla*, § 87 Rn 464; *Fitting u.a.*, § 87 Rn 413.
401 *Wlotzke*, § 87 Rn 199.
402 BAG 26.4.2005 – NZA 2005, 892; BAG 22.10.1985 – AP § 87 BetrVG 1972 Leistungslohn Nr. 3; BAG 3.12.1991 – AP § 87 BetrVG 1972 Lohngestaltung Nr. 51; BAG 8.12.1981 – AP § 87 BetrVG 1972 Prämie Nr. 1; *Wlotzke*, § 87 Rn 199; GK-BetrVG/*Wiese*, § 87 Rn 823; Richardi/*Richardi*, § 87 Rn 735; ErfK/*Kania*, § 87 BetrVG Rn 97; *Fitting u.a.*, § 87 Rn 413.
403 BAG 22.12.1981 – AP § 87 BetrVG 1972 Lohngestaltung Nr. 7; Richardi/*Richardi*, § 87 Rn 735; *Wlotzke*, § 87 Rn 199; ErfK/*Kania*, § 87 BetrVG Rn 97; *Fitting u.a.*, § 87 Rn 413; GK-BetrVG/*Wiese*, § 87 Rn 823.
404 BAG 30.1.1990 – AP § 87 BetrVG 1972 Lohngestaltung Nr. 41; *Fitting u.a.*, § 87 Rn 413; *Wlotzke*, § 87 Rn 199; GK-BetrVG/*Wiese*, § 87 Rn 823.
405 BAG 13.3.1984 – AP § 87 BetrVG 1972 Provision Nr. 4; BAG 26.7.1988 – AP § 87 BetrVG 1972 Provision Nr. 6; MünchArb/*Matthes*, Bd. 3, § 341 BetrVG Rn 13; DKK/*Klebe*, § 87 Rn 243; Richardi/*Richardi*, § 87 Rn 737; *Fitting u.a.*, § 87 Rn 414; *Wlotzke*, § 87 Rn 200, 202, 265; GK-BetrVG/*Wiese*, § 87 Rn 823, 900, 914 ff., 971 f.
406 BAG 3.12.2002 – AP § 11 BUrlG Nr. 57; *Fitting u.a.*, § 87 Rn 413; GK-BetrVG/*Wiese*, § 87 Rn 823; *Wlotzke*, § 87 Rn 199.
407 BAG 27.1.1998 – AP § 87 BetrVG 1972 Sozialeinrichtung Nr. 14; *Wlotzke*, § 87 Rn 199; ErfK/*Kania*, § 87 BetrVG Rn 97.
408 MünchArb/*Matthes*, Bd. 3, § 341 Rn 9; HSWG/*Worzalla*, § 87 Rn 464; *Fitting u.a.*, § 87 Rn 413; *Wlotzke*, § 87 Rn 199; DKK/*Klebe*, § 87 Rn 243; GK-BetrVG/*Wiese*, § 87 Rn 823; a.A. *Loritz*, in: FS für Kissel, 1994, S. 687 ff., 704 f.
409 BAG 21.10.2003 – AP § 80 BetrVG 1972 Nr. 62; GK-BetrVG/*Wiese*, § 87 Rn 823; Behrens/Rinsdorf, NZA 2003, 364 ff.; Berwanger, BB 2003, 1499; Bauer/Diller/Göpfert, BB 2002, 882.
410 BAG 16.4.2002 – AP § 4 TVG Übertariflicher Lohn und Tariflohnerhöhung Nr. 38; *Wlotzke*, § 87 Rn 199; *Fitting u.a.*, § 87 Rn 414.
411 BAG 28.11.1989 – AP § 88 BetrVG 1972 Nr. 6; *Fitting u.a.*, § 87 Rn 413; *Wlotzke*, § 87 Rn 199; Richardi/*Richardi*, § 87 Rn 736; GK-BetrVG/*Wiese*, § 87 Rn 830.
412 BAG 29.2.2000 – AP § 87 BetrVG 1972 Lohngestaltung Nr. 105.

154 Des Weiteren unterfallen dem Mitbestimmungsrecht der Nr. 10 alle sonstigen freiwilligen Leistungen des AG wie u.a.:
- AG-Darlehen,[413]
- Leistungen der betrieblichen Altersversorgung,[414]
- zusätzliches Urlaubsgeld,[415]
- übertarifliche Zulagen aller Art,[416]
- Sachleistungen, wie z.B. verbilligtes Heizgas aus eigener Produktion,[417]
- „Haustrunk" in einer Brauerei bzw. verbilligte oder kostenlose Personalfahrten von der Wohnung zur Arbeitsstätte,[418]
- Zuschüsse, z.B. zur Miete und zu Heimflügen,[419]
- Gestattung der Privatnutzung von Dienstwagen[420] und betrieblichen Telekommunikationseinrichtungen[421]
- Einrichtung eines Liquidationspools bei Chefärzten.[422]

155 Nicht zum Lohn gehören demgegenüber Leistungen ohne Vergütungscharakter, die allein dem Ersatz von Aufwendungen oder Schäden dienen, wie z.B. Erstattung von Kontoführungsgebühren, Tage- und Übernachtungsgelder, Umzugskosten, Abfindungen oder Zahlungen bei dienstlicher Nutzung eines privaten Pkw.[423] Auch bei der Zuweisung eines eigenen Büros und eines Innendienstmitarbeiters an Bezirksdirektoren fehlt der Lohncharakter, da die Direktoren weder einen Sachwert erhalten, noch die Arbeitskraft des betreffenden Mitarbeiters zu privaten Zwecken zu nutzen befugt sind.[424]

156 **c) Betriebliche Lohngestaltung.** Die Mitbestimmung nach Nr. 10 ist begrenzt auf Fragen der betrieblichen Lohngestaltung, in Abgrenzung zur tariflichen oder individuellen Lohngestaltung. Lohngestaltung ist gegenüber den in der Norm weiter erwähnten Entlohnungsgrundsätzen und Entlohnungsmethoden der umfassendere Begriff mit dem Charakter einer Generalklausel.[425]

157 Mit der Erwähnung der Lohngestaltung in Nr. 10 ist die Festlegung kollektiver abstrakter Regelungen für die Entlohnung, wie z.B. die Schaffung von Lohn- und Gehaltsgruppen oder von Vergabe-RL für die Gewährung übertariflicher Zulagen gemeint. Angesprochen sind die Entgeltstruktur und die Grundlagen der Lohnfindung, nicht aber die Höhe der Vergütung im Einzelfall.[426] Die Anzahl der von der Lohnregelung betroffenen AN bietet insoweit (nur) ein

Indiz für das Vorliegen eines kollektiven Sachverhalts. Entscheidend ist aber, ob die Lohnbestandteile nach allg. Merkmalen, wie z.B. nach Leistung, Anzahl der Fehlzeiten, Dauer der Betriebszugehörigkeit oder anderen Erwägungen sozialer Art,[427] und nicht im Hinblick auf die besonderen Umstände des einzelnen AN gewährt werden, z.B. beim unmittelbar leistungsbezogenen Entgelt die Leistung des AN mit einer Normal- oder Mindestleistung verglichen wird.[428] Entlohnungsgrundsätze sind z.B. auch betroffen, wenn der nicht tarifgebundene AG mit seinen AN arbeitsvertraglich die Geltung von TV über Zuschläge, Zulagen, Urlaubsgeld und eine Jahreszuwendung vereinbart, die solche Leistungen für unterschiedliche Gehaltsgruppen in gleicher Höhe vorsehen und diese dann vollständig streicht.[429]

Eine ausschließlich einzelfallbezogene Maßnahme, wie z.B. eine Lohnbemessung anhand der Wünsche des einzelnen AN, ist demgemäß keine Maßnahme der betrieblichen Lohngestaltung,[430] ebenso wenig die Anwendung der abstrakten Grundsätze im Einzelfall.[431] Auch die Einführung der „Riester-Rente" stellt keinen kollektiven Tatbestand dar, da § 1a BetrAVG einen individuellen Anspruch auf Lohnumwandlung begründet.[432]

158

d) Entlohnungsgrundsätze. Das Merkmal der Entlohnungsgrundsätze umfasst begrifflich Systeme, nach denen das Arbeitsentgelt für den Betrieb, bestimmte Betriebsabteilungen oder Gruppen von AN bemessen werden soll, sowie deren Ausformung.[433]

159

Dazu gehört die Frage, ob im Zeit- (Stunden-, Schicht-, Wochen- oder Monatslohn) oder Leistungslohn (Akkordlohn) gearbeitet werden soll, ebenso wie die Entscheidung, ob bei leistungsbezogenen Entgelten arbeitabhängig oder erfolgsabhängig gezahlt wird.[434] Entsprechendes gilt für die Einführung und Ausgestaltung eines Prämiensystems,[435] einer Provision,[436] sowie der Festlegung der Zeitspanne für die Nachtarbeitszuschläge gezahlt werden.[437] Auch Gewinn- oder Ergebnisbeteiligungssysteme zählen zu den Entlohnungsgrundsätzen.[438]

Nicht umfasst sind demgegenüber Regelungen darüber, wann, wo und wie das Arbeitsentgelt ausgezahlt wird.[439] Hier ist jedoch Abs. 1 Nr. 4 zu beachten.

160

Bei Zielvereinbarungen muss differenziert werden, ob sie nur individuell mit einem AN geschlossen werden, oder Ausdruck einer Vergütungsstruktur im Betrieb sind. Im ersten Fall mangelt es an einem kollektiven Sachverhalt, wohingegen in der zweiten Variante das Mitbestimmungsrecht nach Nr. 10 besteht. Allerdings hat es nur geringe praktische Auswirkungen, da es sich um eine freiwillige AG-Leistung handelt, bei der der AG über Einführung, Abschaffung und Zielfestlegung allein entscheidet.[440] Ebenfalls nicht der Mitbestimmung nach Abs. 2 Nr. 10 unterliegt die Frage, nach welchen Kriterien (Beförderungs-)Planstellen für Beamte aus dem dafür gemäß dem genehmigten Stellenplan zur Verfügung stehenden Stellenpool den einzelnen Betrieben zugewiesen werden. Durch die Festlegung der Anzahl der Zuweisungen wird nicht die bestehende Vergütungsordnung gestaltet, es wird im Gegenteil von den Festlegungen des bestehenden Besoldungssystems ausgegangen. Hinzu kommt, dass bei einem AG des öffentlichen Dienstes die Besonderheit gilt, wonach Planstellen für Beamte bei gleicher Tätigkeit unterschiedlichen Besoldungsgruppen zugeordnet werden können. Mit der Zuweisung bestimmter (höherer) Planstellen an die einzelnen Betriebe ändert sich zwar der Stellenkegel i.S.d. Verhältnisses von Beförderungs- zu Eingangsstellen, es ändert sich aber nichts an der Entgeltstruktur.[441]

161

---

427 ErfK/*Kania*, § 87 BetrVG Rn 99; *Fitting u.a.*, § 87 Rn 419; *Wiese*, RdA 1995, 355.
428 BAG 22.9.1992 – AP § 87 BetrVG 1972 Lohngestaltung Nr. 56; BAG 27.10.1992 – AP § 87 BetrVG 1972 Lohngestaltung Nr. 61; BAG 14.6.1994 – AP § 87 BetrVG 1972 Lohngestaltung Nr. 69; *Fitting u.a.*, § 87 Rn 419; ErfK/*Kania*, § 87 BetrVG Rn 99.
429 BAG 28.2.2006 – NZA 2006, 1426.
430 BAG 27.10.1992 – AP § 87 BetrVG 1972 Lohngestaltung Nr. 61; *Wlotzke*, § 87 Rn 207; *Richardi/Richardi*, § 87 Rn 855; *Fitting u.a.*, § 87 Rn 420.
431 BAG 17.12.1980 – AP § 87 BetrVG 1972 Lohngestaltung Nr. 4; *Richardi/Richardi*, § 87 Rn 856; ErfK/*Kania*, § 87 BetrVG Rn 99.
432 ErfK/*Kania*, § 87 BetrVG Rn 99; *Fender*, DB 2001, 2047, 2049; *Blomeyer*, DB 2001, 1413, 1418.
433 BAG 29.3.1977 – AP § 87 BetrVG 1972 Provision Nr. 1; BAG 22.1.1980 – AP § 87 BetrVG 1972 Lohngestaltung Nr. 3; BAG 6.12.1988 – AP § 87 BetrVG 1972 Lohngestaltung Nr. 37; BAG 22.3.2005 – NZA 2006, 388; DKK/*Klebe*, § 87 Rn 246; *Wlotzke*, § 87 Rn 210; ErfK/*Kania*, § 87 BetrVG Rn 100.
434 *Wlotzke*, § 87 Rn 210; *Richardi/Richardi*, § 87 Rn 753; ErfK/*Kania*, § 87 BetrVG Rn 100; GK-BetrVG/*Wiese*, § 87 Rn 919, 893; *Fitting u.a.*, § 87 Rn 426.
435 BAG 20.11.1990 – AP § 77 BetrVG Regelungsabrede Nr. 2; ErfK/*Kania*, § 87 BetrVG Rn 100; *Wlotzke*, § 87 Rn 210.
436 BAG 29.3.1977 – AP § 87 BetrVG 1972 Provision Nr. 1; BAG 26.7.1988 – AP § 87 BetrVG 1972 Provision Nr. 6; *Wlotzke*, § 87 Rn 210; ErfK/*Kania*, § 87 BetrVG Rn 100.
437 *Wlotzke*, § 87 Rn 210.
438 GK-BetrVG/*Wiese*, § 87 Rn 919; *Richardi/Richardi*, § 87 Rn 753 f.; *Wlotzke*, § 87 Rn 210; DKK/*Klebe*, § 87 Rn 247; *Fitting u.a.*, § 87 Rn 426 f.
439 *Richardi/Richardi*, § 87 Rn 759.
440 BAG 21.10.2003 – AP § 80 BetrVG 1972 Nr. 62; *Däubler*, NZA 2005, 793, 795; GK-BetrVG/*Wiese*, § 87 Rn 823; *Behrens/Rinsdorf*, NZA 2003, 364 ff.; *Berwanger*, BB 2003, 1499; *Bauer/Diller/Göpfert*, BB 2002, 882; *Fitting u.a.*, § 87 Rn 423; *Wlotzke*, § 87 Rn 210; ErfK/*Kania*, § 87 BetrVG Rn 100.
441 BAG 28.3.2006 – NZA 2006, 1367, 1369.

162 **e) Entlohnungsmethoden.** Der Begriff der Entlohnungsmethoden beschreibt die Art und Weise, in der die zwischen AG und AN ausgehandelten Entlohnungsgrundsätze durchgeführt werden.[442] Angesprochen ist das technische Verfahren zur Durchführung der Entlohnungsgrundsätze.[443] Dabei geht es u.a. um die Ermittlung des Arbeitswertes, also die Feststellung eines Schwierigkeitsgrades einer Arbeitstätigkeit, von dem die Einstufung in eine bestimmte Entgeltgruppe abhängt.[444] Des Weiteren sind Maßnahmen zur Messung des Leistungsgrades, also der Effektivität der menschlichen Arbeitsleistung, von den Entlohnungsmethoden mit umfasst. Wichtig ist diese Größe bei der Festsetzung leistungsbezogener Entgelte wie z.B. Akkord, Prämie oder Provision. Beim Akkord betrifft die Entlohnungsmethode z.B. u.a. das System zur Ermittlung der Vorgabezeiten, bei Prämien den Verlauf der Prämienkurve oder bei Provisionen die Zuordnung von bestimmten Provisionssätzen zu bestimmten Geschäftsabschlüssen wie auch die Festlegung der Provisionspunkte pro Geschäftsabschluss.[445]

163 **f) Umfang der Mitbestimmungsrechte.** Das Mitbestimmungsrecht besteht umfassend im Rahmen der Einführung, Anwendung und Änderung von Entlohnungsgrundsätzen und -methoden.[446] Dabei kommt es für das Beteiligungsrecht des BR nicht darauf an, auf welcher rechtlichen Grundlage die Anwendung der bisherigen Entlohnungsgrundsätze erfolgte. Eine Gesamtvergütung lässt sich regelmäßig nicht in mehrere voneinander unabhängige Bestandteile aufspalten. Vielmehr bildet ihre Gesamtheit die Vergütungsordnung, bei deren Aufstellung und Veränderung der BR mitzubestimmen hat. Die Vergütungsstruktur wird regelmäßig auch dann geändert, wenn nur einer von mehreren Bestandteilen, aus denen sich die Gesamtvergütung zusammensetzt, gestrichen, erhöht oder vermindert wird.[447]

164 **g) Mitbestimmungsfreie Vorgaben.** Kein Mitbestimmungsrecht nach Nr. 10 besteht hinsichtlich Lohn- oder Gehaltshöhe sowie der Dauer der regelmäßigen Arbeitszeit.[448] Dass der Gesetzestext explizit die Begriffe Lohngestaltung, Entlohnungsgrundsätze und Entlohnungsmethoden benutzt, zeigt, dass der Lohn selbst bzw. dessen Höhe gerade nicht nach Abs. 1 Nr. 10 mitbestimmt werden sollen. Zudem zeigt nach dem BAG der Vergleich zu den Regelungsgegenständen des Abs. 1 Nr. 11, die im Gegensatz zu Nr. 10 die Festsetzung von Geldfaktoren mitumfassen, dass diese gerade nicht der Mitbestimmung nach Nr. 10 unterworfen werden sollen.[449]

Auch würde eine Mitbestimmung des BR bzgl. der Lohnhöhe der Grundkonzeption des BetrVG widersprechen, die dem AG die wirtschaftliche Verantwortung verbunden mit dem Risiko für die Produktionsmittel zuweist.[450]

---

442 BAG 29.3.1977 – AP § 87 BetrVG 1972 Provision Nr. 1; BAG 10.7.1979 – AP § 87 BetrVG 1972 Lohngestaltung Nr. 2; BAG 22.1.1980 – AP § 87 BetrVG 1972 Lohngestaltung Nr. 3; BAG 6.12.1988 – AP § 87 BetrVG 1972 Lohngestaltung Nr. 37; BAG 16.7.1991 – AP § 87 BetrVG 1972 Lohngestaltung Nr. 49; BAG 16.4.2002 – AP § 87 BetrVG 1972 Akkord Nr. 9; Richardi/*Richardi*, § 87 Rn 760; DKK/*Klebe*, § 87 Rn 249; ErfK/*Kania*, § 87 BetrVG Rn 101; *Fitting u.a.*, § 87 Rn 439; *Wlotzke*, § 87 Rn 213; GK-BetrVG/*Wiese*, § 87 Rn 921; Hess u.a./*Worzalla*, § 87 Rn 477, 498; *Richardi*, ZfA 1976, 1, 9; *Rumpff*, AuR 1972, 65, 67 ff.; *Stadler*, BB 1972, 800, 802; *Vogt*, DB 1975, 1025, 1028.

443 Richardi/*Richardi*, § 87 Rn 760; *Wlotzke*, § 87 Rn 213; GK-BetrVG/*Wiese*, § 87 Rn 921; ErfK/*Kania*, § 87 BetrVG Rn 101; *Fitting u.a.*, § 87 Rn 439.

444 ErfK/*Kania*, § 87 BetrVG Rn 101; Richardi/*Richardi*, § 87 Rn 761; GK-BetrVG/*Wiese*, § 87 Rn 922; *Löwisch*, DB 1973, 1746.

445 BAG 16.12.1986 – AP § 87 BetrVG 1972 Prämie Nr. 8; BAG 13.3.1984 – AP § 87 BetrVG 1972 Provision Nr. 4; BAG 26.7.1988 – AP § 87 BetrVG 1972 Provision Nr. 6; ErfK/*Kania*, § 87 BetrVG Rn 101; *Wlotzke*, § 87 Rn 214.

446 BAG 31.1.1984 – AP § 87 BetrVG 1972 Lohngestaltung Nr. 15; BAG 3.12.1991 – AP § 87 BetrVG 1972 Lohngestaltung Nr. 51; BAG 3.12.1991 – AP § 87 BetrVG 1972 Lohngestaltung Nr. 52; BAG 11.6.2002 – AP § 87 BetrVG 1972 Lohngestaltung Nr. 113; BAG 27.1.1987 – AP § 87 BetrVG 1972 Nr. 42; BAG 30.10.2001 – AP § 99 BetrVG 1972 Eingruppierung Nr. 26; BAG 17.12.1956 – AP § 56 BetrVG Nr. 27; Hess u.a./*Worzalla*,

§ 87 Rn 496; GK-BetrVG/*Wiese*, § 87 Rn 932 ff.; Richardi/*Richardi*, § 87 Rn 766, 767; ErfK/*Kania*, § 87 BetrVG Rn 102; *Wlotzke*, § 87 Rn 215; DKK/*Klebe*, § 87 Rn 252.

447 BAG 23.6.2009 – 1 AZR 214/08 und 215/08.

448 BAG 22.3.2005 – NZA 2006, 388; BAG 30.10.2001 – NZA 2002, 920; BAG 3.12.1991 – AP § 87 BetrVG 1972 Lohngestaltung Nr. 51; BAG 29.3.1977 – AP § 87 BetrVG 1972 Provision Nr. 1; BAG 13.3.1984 – AP § 87 BetrVG 1972 Provision Nr. 4; BAG 22.1.1980 – AP § 87 BetrVG 1972 Lohngestaltung Nr. 3; BAG 22.12.1981 – AP § 87 BetrVG 1972 Lohngestaltung Nr. 7; BAG 31.1.1984 – AP § 87 BetrVG 1972 Lohngestaltung Nr. 15; BAG 27.10.1992 – AP § 87 BetrVG 1972 Lohngestaltung Nr. 61; BAG 28.9.1994 – AP § 87 BetrVG 1972 Lohngestaltung Nr. 68; BAG 21.1.2003 – AP § 87 BetrVG 1972 Lohngestaltung Nr. 117; *Bepler*, NZA 2006, 47; *Galperin*/*Löwisch*, § 87 Rn 226; Richardi/*Richardi*, § 87 Rn 768; Hess u.a./*Worzalla*, § 87 Rn 474; ErfK/*Kania*, § 87 BetrVG Rn 103; MünchArb/*Matthes*, Bd. 3, § 341 Rn 4; Richardi/*Richardi*, ZfA 1976, 1, 18 ff.; *Jahnke*, ZfA 1980, 863, 889 ff.; *Heinze*, NZA 1986, 1, 4 f.; a.A. DKK/*Klebe*, § 87 Rn 255; *Klinkhammer*, AuR 1977, 363, 365 f.

449 BAG 22.1.1980 – BAGE 32, 350, 362; Richardi/*Richardi*, § 87 Rn 769, 770.

450 BAG 3.12.1991 – AP § 87 BetrVG 1972 Lohngestaltung Nr. 51; BAG 11.6.2002 – AP § 87 BetrVG 1972 Lohngestaltung Nr. 113; BAG 21.1.2003 – AP § 87 BetrVG 1972 Lohngestaltung Nr. 117; ErfK/*Kania*, § 87 BetrVG Rn 103; *Wlotzke*, § 87 Rn 216; *Fitting u.a.*, § 87 Rn 442; Richardi/*Richardi*, § 87 Rn 768 f.

h) Freiwillige Leistungen des Arbeitgebers. Freiwillige Leistungen des AG sind solche, zu denen der AG weder nach Gesetz noch aus Tarif- oder Arbeitsvertrag verpflichtet ist. Dementsprechend besteht hier lediglich eine eingeschränkte Mitbestimmung des BR.[451]

Der AG bestimmt allein über den Dotierungsrahmen seiner Lohnpolitik. Allerdings können die Dotierungsgrenzen überschritten werden, wenn der AG vor Beteiligung des BR schon mitbestimmungswidrige Zahlungen geleistet hat. Solche Zahlungen müssen bei der Schaffung neuer Entlohnungsgrundsätze nicht berücksichtigt oder gar später verrechnet werden.[452]

Weiterhin mitbestimmungsfrei sind u.a.:
- die Festlegung des abstrakten Zwecks der Leistung,[453]
- die Festlegung des begünstigter Personenkreis sowie[454]
- die Änderung, Kürzung und Einstellung der Leistung.[455]

Bei freiwilligen Leistungen des AG ist die Mitbestimmung somit im Kern auf die gerechte Verteilung der Leistung in dem vom AG vorgegebenen Rahmen beschränkt.[456] Ist eine Leistung z.B. durch Entstehen einer betrieblichen Übung nicht mehr freiwillig, so kommt eine Ablösung durch Betriebsvereinbarung nur in Betracht, wenn der AG einen entsprechenden Vorbehalt hinreichend klar und verständlich zum Ausdruck gebracht hat (Transparenzgebot, § 307 Abs. 1 S. 2 BGB). Ansonsten gilt im Verhältnis zwischen betrieblicher Übung und Betriebsvereinbarung das Günstigkeitsprinzip. Ein durch betriebliche Übung entstandener Anspruch ist ebensowenig wie ein im Arbeitsvertrag vereinbarter Anspruch per se „betriebsvereinbarungsoffen".[457]

i) Leistungen der betrieblichen Altersversorgung. Die betriebliche Altersversorgung gehört zu den Formen der betrieblichen Lohngestaltung und unterliegt der Mitbestimmung nach Nr. 10, soweit die Altersversorgung nicht durch eine Sozialeinrichtung gewährt wird und somit das Mitbestimmungsrecht Abs. 1 Nr. 8 vorrangig ist.[458]

Auch in Bezug auf Leistungen der betrieblichen Altersversorgung setzt das Merkmal der Freiwilligkeit der Mitbestimmung Grenzen.[459] Mitbestimmungsfrei sind hiernach insb.:
- die Bestimmung des Zwecks der Leistung, z.B. reine Altersversorgung oder auch Hinterbliebenen- oder Invaliditätsversorgung,[460]
- die Wahl der Durchführungsform, z.B. Direktzusage, Direktversicherung, Pensions- oder Unterstützungskassen, Pensionsfonds, einschließlich der Wahl des Versicherers,[461]

---

451 BAG 16.9.1986 – AP § 77 BetrVG 1972 Nr. 17; BAG 3.12.1991 – AP § 87 BetrVG 1972 Lohngestaltung Nr. 51; BAG 26.5.1998 – AP § 87 BetrVG 1972 Lohngestaltung Nr. 98; *Fitting u.a.*, § 87 Rn 443, 444; *Hess u.a./Worzalla*, § 87 Rn 512; MünchArb/*Matthes*, Bd. 3, § 333 Rn 21; GK-BetrVG/*Wiese*, § 87 Rn 833; *Richardi/Richardi*, § 87 Rn 771; ErfK/*Kania*, § 87 BetrVG Rn 107.

452 BAG 14.6.1994 – AP § 87 BetrVG 1972 Lohngestaltung Nr. 69; ErfK/*Kania*, § 87 BetrVG Rn 108; *Fitting u.a.*, § 87 Rn 445, 446; *Wlotzke*, § 87 Rn 218; MünchArb/*Matthes*, Bd. 3, § 341 Rn 26 ff.

453 BAG 17.12.1980 – AP § 87 BetrVG 1972 Lohngestaltung Nr. 4; BAG 9.12.1980 – AP § 87 BetrVG 1972 Lohngestaltung Nr. 5; BAG 3.8.1982 – AP § 87 BetrVG 1972 Lohngestaltung Nr. 12; BAG 8.12.1981 – AP § 87 BetrVG 1972 Prämie Nr. 1; *Richardi/Richardi*, § 87 Rn 771; *Fitting u.a.*, § 87 Rn 449; DKK/*Klebe*, § 87 Rn 257; *Gaul*, DB 1994, 1137.

454 BAG 17.12.1980 – AP § 87 BetrVG 1972 Lohngestaltung Nr. 4; BAG 9.12.1980 – AP § 87 BetrVG 1972 Lohngestaltung Nr. 5; BAG 3.8.1982 – AP § 87 BetrVG 1972 Lohngestaltung Nr. 12; BAG 8.12.1981 – AP § 87 BetrVG 1972 Prämie Nr. 1; DKK/*Klebe*, § 87 Rn 257; *Fitting u.a.*, § 87 Rn 450; ErfK/*Kania*, § 87 BetrVG Rn 109; *Richardi/Richardi*, § 87 Rn 771; *Wlotzke*, § 87 Rn 218.

455 BAG 10.2.1988 – AP § 87 BetrVG 1972 Lohngestaltung Nr. 33; BAG 3.12.1991 – AP § 87 BetrVG 1972 Lohngestaltung Nr. 51; BAG 8.6.2004 – AP § 87 BetrVG 1972 Lohngestaltung Nr. 124; *Fitting u.a.*, § 87 Rn 448; *Richardi/Richardi*, § 87 Rn 771; DKK/*Klebe*, § 87 Rn 257; *Wlotzke*, § 87 Rn 218.

456 BAG 3.12.1991 – AP § 87 BetrVG 1972 Lohngestaltung Nr. 51; BAG 26.5.1998 – AP § 87 BetrVG 1972 Lohngestaltung Nr. 98; *Fitting u.a.*, § 87 Rn 453, 454; ErfK/*Kania*, § 87 BetrVG Rn 109; *Jedzig*, DB 1991, 872.

457 BAG 5.8.2009 – 10 AZR 483/08.

458 BAG 12.6.1975 – AP § 87 BetrVG 1972 Altersversorgung Nr. 1; BAG 12.6.1975 – AP § 87 BetrVG 1972 Altersversorgung Nr. 2; BAG 12.6.1975 – AP § 87 BetrVG 1972 Altersversorgung Nr. 3; BAG 18.3.1976 – AP § 87 BetrVG 1972 Altersversorgung Nr. 4; BAG 4.5.1982 – AP § 87 BetrVG 1972 Altersversorgung Nr. 6; BAG 22.4.1986 – AP § 87 BetrVG 1972 Altersversorgung Nr. 13; BAG 9.5.1989 – AP § 87 BetrVG 1972 Altersversorgung Nr. 18; *Richardi/Richardi*, § 87 Rn 837; *Galperin/Löwisch*, § 87 Rn 227; *Fitting u.a.*, § 87 Rn 455; *Wlotzke*, § 87 Rn 235; GK-BetrVG/*Wiese*, § 87 Rn 845.

459 *Wlotzke*, § 87 Rn 236; *Fitting u.a.*, § 87 Rn 456.

460 BAG 29.7.2003 – AP § 87 BetrVG 1972 Sozialeinrichtung Nr. 18; BAG 16.2.1993 – AP § 87 BetrVG 1972 Altersversorgung Nr. 19; *Galperin/Löwisch*, § 87 Rn 227; *Richardi/Richardi*, § 87 Rn 846; GK-BetrVG/*Wiese*, § 87 Rn 853; *Fitting u.a.*, § 87 Rn 459; *Hanau*, BB 1977, 350, 351 f.; *Lieb*, ZfA 1978, 179, 196 f.

461 BAG 5.5.1977 – AP § 613a BGB Nr. 7; BAG 16.2.1993 – AP § 87 BetrVG 1972 Altersversorgung Nr. 19; BAG 29.7.2003 – AP § 87 BetrVG 1972 Sozialeinrichtung Nr. 18; *Hess u.a./Worzalla*, § 87 Rn 506 a, 519, 419; *Fitting u.a.*, § 87 Rn 456; *Wlotzke*, § 87 Rn 236; GK-BetrVG/*Wiese*, § 87 Rn 852; *Richardi/Richardi*, § 87 Rn 850; *Westhoff*, RdA 1979, 412, 417 f.; *Hanau*, BB 1976, 91, 92 f.

- der Dotierungsrahmen,[462]
- die Festlegung des begünstigten Personenkreises[463] sowie
- die Änderung, bzw. Abschaffung der Form der Versorgungsleistungen.[464]

171 Mitbestimmungspflichtig sind demgegenüber:

- die Ausgestaltung der Leistungsordnung, in der die Voraussetzungen für das Entstehen und Erlöschen von Anwartschaften und Ansprüchen niedergelegt sind,[465]
- die Einführung, Anwendung und Änderung von Versorgungsmethoden einschließlich des Verteilungs- und Leistungsplans und[466]
- die Aufstellung von sonstigen Versorgungsgrundsätzen.[467]

172 **j) Anrechnung und Widerruf freiwilliger übertariflicher Zulagen.** Bei der Anrechnung, Kürzung und Einstellung übertariflicher Lohnbestandteile muss bzgl. des Mitbestimmungsrechts zwischen der individualrechtlichen und der kollektivrechtlichen Ebene unterschieden werden.[468]

173 Ob der AG individualvertraglich dazu befugt ist, übertarifliche Zulagen einzustellen, zu kürzen oder auf Tariflohnerhöhungen anzurechnen, hängt von entsprechenden Regelungen in BV und/oder Individualarbeitsverträgen ab. Typischerweise werden diese Sachverhalte in Form von Widerrufs- oder Freiwilligkeitsvorbehalten geregelt. Von der Anrechenbarkeit von Tariflohnerhöhungen ist auch ohne entsprechende Regelung auszugehen. Die Zulage muss explizit als „tariffest", „nicht anrechenbar" oder ähnlich bezeichnet werden, um ein Anrechnungsverbot auszulösen.[469] Falls kein Anrechnungsverbot besteht, können auch tarifliche Einmalzahlungen auf das übertarifliche Entgelt angerechnet werden.[470] Der AG darf nach jeder Tariflohnerhöhung neu darüber befinden, ob und ggf. in welchem Umfang er diese auf die übertariflichen Zulagen anrechnen will.[471]

174 Auf der kollektivrechtlichen Ebene kommt eine Mitbestimmung des BR nur in Betracht, wenn die Anrechnung individualrechtlich zulässig ist.[472]

Das Mitbestimmungsrecht hängt nach der Entscheidung des Großen Senats des BAG vom 3.12.1991 i.Ü. davon ab, ob nach der Kürzungs- oder Anrechnungsentscheidung des AG eine Änderung der Verteilungsgrundsätze eintritt.[473] Dies ist der Fall, wenn durch die Neufestsetzung des Gesamtvolumens der Zulagen das rechnerische Verhältnis der einzelnen Zulagen zueinander verschoben wird.[474]

Nach dem Großem Senat ist dies nicht der Fall, wenn die Tariflohnerhöhung vollständig auf die Zulagen angerechnet wird. Hier bleibt das Verhältnis der Zulagen gleich und es besteht kein Mitbestimmungsrecht, da es Sache des AG ist, ob er ein zusätzliches Entgelt gewährt oder einstellt. Gleiches gilt für den Fall, dass die Anrechnung zum vollstän-

---

462 BAG 13.7.1978 – AP § 87 BetrVG 1972 Altersversorgung Nr. 5; BAG 16.2.1993 – AP § 87 BetrVG 1972 Altersversorgung Nr. 19; BAG 26.4.1988 – AP § 1 BetrAVG Geschäftsgrundlage Nr. 3; BAG 21.1.2003 – AP § 3 BetrAVG Nr. 13; BAG 29.7.2003 – AP § 87 BetrVG 1972 Sozialeinrichtung Nr. 18; *Wlotzke*, § 87 Rn 236; *Fitting u.a.*, § 87 Rn 456; GK-BetrVG/*Wiese*, § 87 Rn 851.

463 BAG 29.7.2003 – AP § 87 BetrVG 1972 Sozialeinrichtung Nr. 18; BAG 16.2.1993 – AP § 87 BetrVG 1972 Altersversorgung Nr. 19; GK-BetrVG/*Wiese*, § 87 Rn 853; *Fitting u.a.*, § 87 Rn 456; *Wlotzke*, § 87 Rn 236.

464 BAG 26.4.1988 – AP § 1 BetrAVG Geschäftsgrundlage Nr. 3; BAG 21.1.2003 – AP § 3 BetrAVG Nr. 13; BAG 29.7.2003 – AP § 87 BetrVG 1972 Sozialeinrichtung Nr. 18; *Wlotzke*, § 87 Rn 236; GK-BetrVG/*Wiese*, § 87 Rn 850, 852.

465 BAG 26.4.1988 – AP § 87 BetrVG 1972 Altersversorgung Nr. 16; BAG 16.2.1993 – AP § 87 BetrVG 1972 Altersversorgung Nr. 19; BAG 21.1.2003 – AP § 3 BetrAVG Nr. 13; *Wlotzke*, § 87 Rn 237; *Fitting u.a.*, § 87 Rn 460.

466 BAG 18.3.1976 – AP § 87 BetrVG 1972 Altersversorgung Nr. 4; BAG 16.2.1993 – AP § 87 BetrVG 1972 Altersversorgung Nr. 19; BAG 1.6.1978 – AP § 6 BetrAVG Nr. 1; BAG 11.9.1980 – AP § 6 BetrAVG Nr. 3; BAG 20.4.1982 – AP § 6 BetrAVG Nr. 4; BAG 26.3.1985 – AP § 6 BetrAVG Nr. 10; GK-BetrVG/*Wiese*, § 87 Rn 864, 855; *Wlotzke*, § 87 Rn 237; *Fitting u.a.*, § 87 Rn 460.

467 *Wlotzke*, § 87 Rn 237.

468 ErfK/*Kania*, § 87 BetrVG Rn 111; *Fitting u.a.*, § 87 Rn 470; Richardi/*Richardi*, § 87 Rn 790; *Wlotzke*, § 87 Rn 224.

469 BAG 22.9.1992 – NZA 1993, 232; BAG 7.2.1995 – AP § 4 TVG Verdienstsicherung Nr. 6; BAG 23.3.1993 – AP § 87 Tarifvorrang Nr. 26; BAG 11.8.1992 – AP § 87 BetrVG 1972 Lohngestaltung Nr. 53; BAG 21.1.2003 – AP § 87 BetrVG 1972 Lohngestaltung Nr. 118; ErfK/*Kania*, § 87 BetrVG Rn 111; Richardi/*Richardi*, § 87 Rn 791; *Wlotzke*, § 87 Rn 224.

470 BAG 19.5.2004 – NZA 2005, 599.

471 BAG 8.6.2004 – NZA 2005, 66.

472 BAG 13.6.1958 – AP § 4 TVG Effektivklausel Nr. 2; BAG 14.2.1963 – AP § 4 TVG Effektivklausel Nr. 7; BAG 16.9.1987 – AP § 4 TVG Effektivklausel Nr. 15; Richardi/*Richardi*, § 87 Rn 792; GK-BetrVG/*Wiese*, § 87 Rn 832; MünchArb/*Matthes*, Bd. 3, § 341 Rn 22; *Matthes*, NZA 1987, 289, 293.

473 BAG 3.12.1991 – AP § 87 BetrVG 1972 Lohngestaltung Nr. 51; BAG 14.12.1993 – AP § 87 BetrVG 1972 Lohngestaltung Nr. 65; Richardi/*Richardi*, § 87 Rn 794; *Fitting u.a.*, § 87 Rn 473.

474 BAG 28.9.1994 – AP § 87 BetrVG 1972 Lohngestaltung Nr. 68; *Fitting u.a.*, § 87 Rn 474; *Wlotzke*, § 87 Rn 226.

digen Wegfall aller Zulagen führen würde, weshalb es nichts mehr zu verteilen gäbe, worüber der BR mitbestimmen könnte.[475] Anderes gilt, wenn ein TV von vornherein eine Lohnerhöhung in zwei Stufen vorsieht und der AG bereits bei der Entscheidung über die Nichtanrechnung der ersten Stufe eine Anrechnung der zweiten Stufe beschließt. In diesem Falle verbleibt ein Spielraum für eine andere Verteilungsregelung, weshalb der BR schon an der Entscheidung über die Nichtanrechnung der ersten Stufe zu beteiligen ist.[476]

Falls die Tariflohnerhöhung nur teilweise auf die Zulagen angerechnet wird, bestimmt der BR mit, wenn sich durch die Anrechnung der rechnerisch prozentuale Verteilungsschlüssel für die Empfänger der Zulage ändert. Dies ist z.B. der Fall, wenn der AG die Tariflohnerhöhungen unterschiedlich auf die übertariflichen Zulagen anrechnen will. Hierbei sind verschiedene Konstellationen zu unterscheiden:

Zum einen kann der AG einen bestimmten gleichen Prozentsatz der Tariflohnerhöhung auf die Zulagen anrechnen. Dies führt dazu, dass sich das rechnerische Verhältnis der Zulagen zueinander, also die Verteilungsgrundsätze verschieben, mit der Konsequenz der zwingenden Mitbestimmung. Die Verteilungsgrundsätze ändern sich nur dann nicht, wenn alle Zulagen in einem gleichen Verhältnis zur Tariflohnerhöhung stehen, weil dann durch die Anrechnung keine Änderung des prozentualen Verhältnisses der Zulagen zueinander eintritt.

Zum anderen kann der AG die Zulagen um einen bestimmten gleichen Prozentsatz kürzen, was wiederum am Verhältnis der Zulagen zueinander nichts ändern würde. Einzig und allein die Konstellation, dass bestimmten AN-Gruppen ein bestimmter Sockelbetrag für die Zulagen zugesichert worden ist, würde sich verändernd auf die Verteilungsgrundsätze auswirken, wobei dies dann auch wieder die Mitbestimmung des BR zur Folge hätte.[477]

Falls der AG bei der Kürzung bzw. Anrechnung ein bestehendes Mitbestimmungsrecht missachtet, hat der AN bis zur Einigung des AG mit dem BR ein Recht auf Fortzahlung der Zulage in der bisherigen Höhe.[478]

k) Vergütung der AT-Angestellten. Die Vergütung der AT-Ang bewegt sich oberhalb der höchsten Tarifgruppe und wird folglich nicht durch TV geregelt. Demzufolge ist der Tarifvorrang aus § 77 Abs. 3 für diese AN-Gruppe nicht einschlägig, vielmehr ist das BetrVG uneingeschränkt anwendbar.[479]

Mitbestimmungsfrei sind hiernach:
– die Festsetzung der Gehaltshöhe und spätere Gehaltserhöhungen[480] sowie
– die Festlegung des Wertunterschieds zwischen der Gehaltshöhe und der höchsten Tarifgruppe.[481]

Zur Frage der mitbestimmungspflichtigen Lohngestaltung zählen demgegenüber:
– die Aufstellung eines Entgeltsystems inklusive Gehaltsgruppen und die Festlegung von Wertigkeiten zur Abgrenzung,[482]

---

475 BAG 1.3.2006 – NZA 2006, 688; BAG 1.3.2006 – NZA 2006, 746; BAG 13.1.1987 – AP § 87 BetrVG 1972 Lohngestaltung Nr. 26; BAG 3.12.1991 – AP § 87 BetrVG 1972 Lohngestaltung Nr. 51; BAG 22.9.1992 – AP § 87 BetrVG 1972 Lohngestaltung Nr. 55; BAG 21.1.2003 – AP § 87 BetrVG 1972 Lohngestaltung Nr. 118; BAG 8.6.2004 – AP § 87 BetrVG 1972 Lohngestaltung Nr. 124; BAG 3.3.1993 – AP § 611 BGB Gratifikation Nr. 151; BAG 21.9.1999 – NZA 2000, 898; ErfK/*Kania*, § 87 BetrVG Rn 113, 115; GK-BetrVG/*Wiese*, § 87 Rn 882, 883, 884; *Wlotzke*, § 87 Rn 225; *Fitting u.a.*, § 87 Rn 477, 478.

476 BAG 8.6.2004 – NZA 2005, 67.

477 BAG 3.12.1991 – BAGE 69, 134, 168 f. = BAG 3.12.1991 – AP § 87 BetrVG 1972 Lohngestaltung Nr. 51; *Richardi*, § 87 Rn 796, 797; GK-BetrVG/*Wiese*, § 87 Rn 860 ff.; ErfK/*Kania*, § 87 BetrVG Rn 111 ff.; *Fitting u.a.*, § 87 Rn 473 ff.; *Wlotzke*, § 87 Rn 225 ff.; a.A. *Hromadka*, DB 1992, 1573; *Richardi*, NZA 1992, 961 ff.; *Schwab*, BB 1993, 495 ff.; *Schukai*, NZA 1992, 967 ff.; *Weber/Hoß*, NZA 1993, 632 ff.; *Weyand*, AuR 1993, 1 ff.

478 BAG 3.12.1991 – AP § 87 BetrVG 1972 Lohngestaltung Nr. 51; BAG 11.6.2002 – NZA 2003, 570; ErfK/*Kania*, § 87 BetrVG Rn 116.

479 BAG 22.1.1980 – AP § 87 BetrVG 1972 Lohngestaltung Nr. 3; BAG 27.10.1992 – AP § 87 BetrVG 1972 Lohngestaltung Nr. 61; BAG 28.9.1994 – AP § 87 BetrVG 1972 Lohngestaltung Nr. 68; DKK/*Klebe*, § 87 Rn 267; *Galperin/Löwisch*, § 87 Rn 218 b, 226 ff.; GK-BetrVG/*Wiese*, § 77 Rn 112; § 87 Rn 939; Hess u.a./*Worzalla*, § 87 Rn 483; ErfK/*Kania*, § 87 BetrVG Rn 106; *Wlotzke*, § 87 Rn 242; *Fitting u.a.*, § 87 Rn 481 f., 488, 489; Richardi/*Richardi*, § 77 Rn 265; *Hanau*, BB 1977, 350 f.; *Wohlgemuth*, BB 1993, 286, 287 f.

480 BAG 22.1.1980 – AP § 87 BetrVG 1972 Lohngestaltung Nr. 3; BAG 28.9.1994 – AP § 87 BetrVG 1972 Lohngestaltung Nr. 68; BAG 21.1.2003 – AP § 87 BetrVG 1972 Lohngestaltung Nr. 117; GK-BetrVG/*Wiese*, § 87 Rn 941; ErfK/*Kania*, § 87 BetrVG Rn 106; *Wlotzke*, § 87 Rn 243; *Fitting u.a.*, § 87 Rn 490; *Lieb*, ZfA 1978, 179, 194.

481 BAG 22.1.1980 – AP § 87 BetrVG 1972 Lohngestaltung Nr. 3; BAG 28.9.1994 – AP § 87 BetrVG 1972 Lohngestaltung Nr. 68; Hess u.a./*Worzalla*, § 87 Rn 483; GK-BetrVG/*Wiese*, § 87 Rn 941; ErfK/*Kania*, § 87 BetrVG Rn 106; *Wlotzke*, § 87 Rn 244; *Lieb*, ZfA 1978, 179, 194; a.A. *Fitting u.a.*, § 87 Rn 491; *Wohlgemuth*, BB 1993, 286.

482 BAG 22.1.1980 – AP § 87 BetrVG 1972 Lohngestaltung Nr. 3; BAG 22.12.1981 – AP § 87 BetrVG 1972 Lohngestaltung Nr. 7; BAG 28.9.1994 – AP § 87 BetrVG 1972 Lohngestaltung Nr. 68; Richardi/*Richardi*, § 87 Rn 782; *Wlotzke*, § 87 Rn 242; *Wohlgemuth*, BB 1993, 286, 288; ErfK/*Kania*, § 87 BetrVG Rn 106; GK-BetrVG/*Wiese*, § 87 Rn 942.

- die Bestimmung von Kriterien für Gehaltserhöhungen bzw. Höher- oder Abgruppierungen und[483]
- die Änderung der gebildeten Gehaltsgruppen, z.B. anlässlich einer Tariflohnerhöhung.[484]

180 Grundlegende Voraussetzung für das Bestehen eines Mitbestimmungsrechts ist aber, dass der AG die Vergütungsstruktur der AT-Ang nach abstrakt generellen Kriterien und nicht etwa den individuellen Besonderheiten und Bedürfnissen des einzelnen AN festlegt (kollektiver Tatbestand), wobei jedoch ein gewisser Spielraum für individuelle Gehaltsvereinbarungen nicht schädlich ist.[485]

181 Dem BR steht dem Umfang des Mitbestimmungsrechts entsprechend auch ein Initiativrecht zu. Er kann z.B. eine Gehaltsgruppenordnung für AT-Ang verlangen.[486]

182 **l) Auswirkungen des AGG.** Seit Inkrafttreten des AGG – und insb. dessen § 8 Abs. 2, der das geltende Prinzip – gleicher Lohn für gleiche Arbeit gesetzlich festschreibt – sind folgende Regelungen im Betrieb unzulässig:[487]

- Ungleiche Entlohnung bei gleicher Ausbildung/Tätigkeit/Leistung allein wegen unterschiedlichen Alters oder eines anderen Merkmals. Aber: zulässige unterschiedliche Behandlung z.B. bei unterschiedlicher Vergütung wegen mehrjährigen, einschlägigen Erfahrungsvorsprungs im Unternehmen im Vergleich zum Neueinsteiger.
- Entgeltsystem inkl. höheren Grundgehalts allein wegen der Bereitschaft zu Überstunden oder wegen einer höheren örtlichen und zeitlichen Flexibilität, denn dadurch werden Frauen mittelbar benachteiligt (Benachteiligung wegen des Geschlechts), da die vorgenannten Eigenschaften eher Männern (ohne Kindererziehung) zugeschrieben werden.
- Abhängigkeit der Sonderzulagen von ununterbrochener Betriebszugehörigkeit/Anzahl der Arbeitsstunden, da Frauen als Mütter und Teilzeitbeschäftigte überdurchschnittlich häufig betroffen sind.
- Unterschiedliche Behandlung wegen sexueller Identität, wenn ein Familienzuschlag/Ansprüche aus betrieblicher Altersvorsorge nur für verheiratete heterosexuelle Paare gezahlt werden soll.[488] Aber: zulässig sind Sozialleistungen, die an den Bestand einer Ehe anknüpfen, da sie dem rechtmäßigen (verfassungsgemäßen) Ziel der Förderung und Unterstützung von Familien und solchen Partnerschaften, die eine Familie werden können, dienen.

Zulässig sind weiterhin benachteiligende Vergütungen, die im Rahmen des AGG zulässig sind (§§ 8 bis 10 AGG), also z.B. die schlechtere Entlohnung eines älteren AN bei gleicher Leistung/Qualifikation, wenn hierdurch z.B. nach langer Arbeitslosigkeit eine berufliche Wiedereingliederung ermöglicht wird.

183 **11. Festsetzung der Akkord- und Prämiensätze und vergleichbarer leistungsbezogener Entgelte, einschließlich der Geldfaktoren. a) Allgemeines.** Anders als Abs. 1 Nr. 10 BetrVG umfasst das Mitbestimmungsrecht nach Abs. 1 Nr. 11 auch Festlegungen der Lohnhöhe. Dies dient zum einen dem Schutz der AN vor der besonderen Belastung durch leistungsabhängige Bezahlung, soll aber auch die innerbetriebliche Lohngerechtigkeit fördern.[489]

184 **b) Leistungsbezogene Entgelte. aa) Akkordsätze.** Beim mitbestimmten Akkordlohn richtet sich die Höhe des Arbeitsentgelts ausschließlich nach der in einer bestimmten Zeit geleisteten Arbeitsmenge.[490] Voraussetzung ist, dass eine Referenzleistung festgelegt und die tatsächlich vom AN individuell geleistete Arbeitsmenge dazu in Beziehung und das konkrete Entgelt bemessen wird.[491]

Es ist zwischen Geld- und Zeitakkord (sowie deren Unterarten wie z.B. Gewichts-, Flächen-, Maß- oder Pauschalakkord) zu unterscheiden.[492]

---

483 BAG 22.1.1980 – AP § 87 BetrVG 1972 Lohngestaltung Nr. 3; BAG 27.10.1992 – AP § 87 BetrVG 1972 Lohngestaltung Nr. 61; BAG 21.8.1990 – NZA 1991, 434; DKK/*Klebe*, § 87 Rn 267; ErfK/*Kania*, § 87 BetrVG Rn 106; *Wohlgemuth*, BB 1993, 286; *Rose*, BetrR 1986, 413 ff.

484 BAG 28.9.1994 – AP § 87 BetrVG 1972 Lohngestaltung Nr. 68; *Fitting u.a.*, § 87 Rn 489; *Wlotzke*, § 87 Rn 242.

485 BAG 22.1.1980 – AP § 87 BetrVG 1972 Lohngestaltung Nr. 3; BAG 28.9.1994 – AP § 87 BetrVG 1972 Lohngestaltung Nr. 68; ErfK/*Kania*, § 87 BetrVG Rn 106; *Wlotzke*, § 87 Rn 242; Richardi/*Richardi*, § 77 Rn 281, 782.

486 MünchArb/*Matthes*, Bd. 3, § 341 Rn 93; *Wlotzke*, § 87 Rn 242.

487 *Leisten*, AGG, S. 18, 19.

488 VG Koblenz 14.9.2004 – 6 K 631/04.

489 BAG 29.3.1977 – AP § 87 BetrVG 1972 Provision Nr. 1; BAG 29.7.1981 – AP § 87 BetrVG 1972 Provision Nr. 2; BAG 28.7.1981 – AP § 87 BetrVG 1972 Provision Nr. 2;

BAG 15.5.2001 – BB 2001, 2320 f.; BAG 21.10.2003 – NZA 2004, 936, 938; DKK/*Klebe*, § 87 Rn 257; GK-BetrVG/*Wiese*, § 87 Rn 962; *Fitting u.a.*, § 87 Rn 499 f., 500; Richardi/*Richardi*, § 87 Rn 876; *Wlotzke*, § 87 Rn 251.

490 GK-BetrVG/*Wiese*, § 87 Rn 980; Richardi/*Richardi*, § 87 Rn 881; ErfK/*Kania*, § 87 BetrVG Rn 118; *Wlotzke*, § 87 Rn 252.

491 BAG 28.7.1981 – AP § 87 BetrVG 1972 Provision Nr. 2; BAG 26.7.1988 – AP § 87 BetrVG 1972 Provision Nr. 6; BAG 25.5.1982 – AP § 87 BetrVG Prämie Nr. 2; BAG 15.5.2001 – AP § 87 BetrVG Prämie Nr. 17; BAG 29.2.2000 – AP § 87 BetrVG 1972 Lohngestaltung Nr. 105; *Fitting u.a.*, § 87 Rn 501; *Wlotzke*, § 87 Rn 252; Richardi/*Richardi*, § 87 Rn 883.

492 BAG 26.4.1961 – AP § 611 BGB Akkordlohn Nr. 14; DKK/*Klebe*, § 87 Rn 270; GK-BetrVG/*Wiese*, § 87 Rn 981; *Fitting u.a.*, § 87 Rn 502; *Wlotzke*, § 87 Rn 253; ErfK/*Kania*, § 87 BetrVG Rn 118.

§ 87 BetrVG 150

Beim Geldakkord richtet sich das Entgelt nach der Zahl der geleisteten Einheiten bzw. gefertigten Stücke, wobei pro Leistungseinheit ein konkreter Geldbetrag vorgegeben ist.[493]   **185**

Beim Zeitakkord wird jeder Leistungseinheit ein bestimmter, zumeist in Minuten bemessener, Zeitwert (Zeitfaktor) zugeordnet. Jeder Akkordminute wird sodann ein bestimmter Geldbetrag (Geldfaktor) zugerechnet. Das Arbeitsentgelt bemisst sich aus der Multiplikation des Zeitfaktors mit dem Geldfaktor.[494]   **186**

Der bei beiden Akkordarten festzulegende Geldbetrag (einmal pro Leistungseinheit, das andere Mal pro Zeiteinheit) wird als Akkordvorgabe bezeichnet, die so bemessen wird, dass der Arbeiter bei normaler Arbeitsleistung den sog. – zumeist tarifvertraglich festgelegten – Akkordrichtsatz pro Stunde verdient.[495] Normalleistung ist dementsprechend die Leistung, die ein ausreichend geeigneter, eingearbeiteter und voll geübter AN ohne Gesundheitsgefährdung auf Dauer erbringen kann.[496]   **187**

Der BR hat in diesem Zusammenhang u.a. bei folgenden Sachverhalten mitzubestimmen: **188**
– Vornahme und Abänderung von Zeitstudien zur Bestimmung der Normalleistung,[497]
– Festlegung der Vorgabezeit (Zeitfaktor), einschließlich des Umfangs der in die Vorgabezeit einfließenden Rüst-, Verteil- und Erholungszeiten,[498]
– Ermittlung des Geldfaktors und daher mittelbar auch der Entgelthöhe, sofern sich dieser nicht unmittelbar aus TV ergibt,[499]
– Festsetzung jedes einzelnen Akkordsatzes (pro Arbeitsplatz), jedoch nicht bei der individuellen Lohnberechnung des einzelnen AN und[500]
– Änderung der Akkordsätze.[501]

bb) Prämiensätze. Das Mitbestimmungsrecht nach Nr. 11 bezieht sich ausdrücklich auch auf die – zumeist betriebsbezogen definierten – Prämiensätze. Im Unterschied zum Akkord stellt bei der Prämie die erwirtschaftete Leistungsmenge pro Zeiteinheit nicht die einzige Bezugsgröße zur Leistungs- und Entgeltbestimmung dar. Andere Bezugsgrößen können z.B. die Qualität der Leistung, Materialausnutzung, Maschinennutzung sowie die termingerechte Fertigstellung sein.[502]   **189**

Gleichwohl stellt auch der Prämienlohn ein Leistungsentgelt dar, mit der Folge, dass der AN die Möglichkeit haben muss, durch entsprechende Leistung die Bezahlung zu beeinflussen. Erforderlich ist demzufolge auch bei der Prämie, dass die individuelle AN-Leistung mit einer abstrakten Bezugsleistung verglichen werden kann.[503]

---

493 DKK/*Klebe*, § 87 Rn 271; ErfK/*Kania*, § 87 BetrVG Rn 119; *Wlotzke*, § 87 Rn 253; *Fitting u.a.*, § 87 Rn 503; GK-BetrVG/*Wiese*, § 87 Rn 981.

494 BAG 13.9.1983 – AP § 87 BetrVG Prämie Nr. 3; BAG 16.12.1986 – AP § 87 BetrVG Prämie Nr. 8; ErfK/*Kania*, § 87 BetrVG Rn 119; DKK/*Klebe*, § 87 Rn 272; *Wlotzke*, § 87 Rn 253; GK-BetrVG/*Wiese*, § 87 Rn 981.

495 *Fitting u.a.*, § 87 Rn 507; ErfK/*Kania*, § 87 BetrVG Rn 119; *Wlotzke*, § 87 Rn 254; DKK/*Klebe*, § 87 Rn 275; GK-BetrVG/*Wiese*, § 87 Rn 982.

496 BAG 16.4.2002 – AP § 87 BetrVG Akkord Nr. 9; *Wlotzke*, § 87 Rn 254; *Fitting u.a.*, § 87 Rn 510.

497 BAG 24.2.1987 – AP § 77 BetrVG 1972 Nr. 21; BAG 24.11.1987 – AP § 87 BetrVG 1972 Akkord Nr. 6; BAG 16.4.2002 – AP § 87 BetrVG Akkord Nr. 9; Richardi/*Richardi*, § 87 Rn 898; DKK/*Klebe*, § 87 Rn 285; *Fitting u.a.*, § 87 Rn 511; GK-BetrVG/*Wiese*, § 87 Rn 1000; a.A. ErfK/*Kania*, § 87 BetrVG Rn 124; Hess u.a./*Worzalla*, § 87 Rn 549.

498 BAG 24.11.1987 – AP § 87 BetrVG 1972 Akkord Nr. 6; BAG 16.4.2002 – AP § 87 BetrVG Akkord Nr. 9; *Wlotzke*, § 87 Rn 258; GK-BetrVG/*Wiese*, § 87 Rn 989; ErfK/*Kania*, § 87 BetrVG Rn 121; DKK/*Klebe*, § 87 Rn 283.

499 BAG 14.2.1989 – AP § 87 BetrVG 1972 Akkord Nr. 8; *Fitting u.a.*, § 87 Rn 514, 515, 516; MünchArb/*Matthes*, Bd. 3, § 333 Rn 76 § 341 Rn 80 ff.; GK-BetrVG/*Wiese*, § 87 Rn 992 ff.; DKK/*Klebe*, § 87 Rn 284; ErfK/*Kania*,

§ 87 BetrVG Rn 121 f.; *Hanau*, RdA 1973, 281, 282; *Rumpff*, AuR 1972, 65, 71, 74; *Klinkhammer*, AuR 1977, 363, 365 f.; a.A. Richardi/*Richardi*, § 87 Rn 904.

500 BAG 16.4.2002 – AP § 87 BetrVG Akkord Nr. 9; Richardi/*Richardi*, § 87 Rn 900; ErfK/*Kania*, § 87 BetrVG Rn 121; *Galperin/Löwisch*, § 87 Rn 240; *Fitting u.a.*, § 87 Rn 521; GK-BetrVG/*Wiese*, § 87 Rn 990; Hess u.a./*Worzalla*, § 87 Rn 542; Richardi/*Richardi*, ZfA 1976, 1, 25 f.; *Rumpff*, AuR 1972, 65, 73; *Schaefer*, BB 1972, 711, 713.

501 BAG 16.4.2002 – AP § 87 BetrVG Akkord Nr. 9; GK-BetrVG/*Wiese*, § 87 Rn 1002; *Galperin/Löwisch*, § 87 Rn 240; Richardi/*Richardi*, § 87 Rn 900; Hess u.a./*Worzalla*, § 87 Rn 553; *Wlotzke*, § 87 Rn 256; DKK/*Klebe*, § 87 Rn 283.

502 BAG 29.7.1981 – AP § 87 BetrVG 1972 Provision Nr. 2; BAG 13.9.1983 – AP § 87 BetrVG Prämie Nr. 3; BAG 16.12.1986 – AP § 87 BetrVG Prämie Nr. 8; *Wlotzke*, § 87 Rn 260; ErfK/*Kania*, § 87 BetrVG Rn 125; *Fitting u.a.*, § 87 Rn 523, 524; Richardi/*Richardi*, § 87 Rn 882, 821.

503 BAG 13.9.1983 – AP § 87 BetrVG Prämie Nr. 3; BAG 16.12.1986 – AP § 87 BetrVG Prämie Nr. 8; BAG 15.5.2001 – AP § 87 BetrVG Prämie Nr. 17; *Fitting u.a.*, § 87 Rn 525; GK-BetrVG/*Wiese*, § 87 Rn 986; ErfK/*Kania*, § 87 BetrVG Rn 125; Richardi/*Richardi*, § 87 Rn 821; *Richardi*, RdA 1969, 234, 235.

190 Im Bereich der Prämienregelungen hat der BR bereits nach Abs. 1 Nr. 10 ein weitgehendes Mitbestimmungsrecht hinsichtlich der zur Ermittlung der Leistung herangezogenen Methoden, der Art der Prämien, der Bezugsgröße, des Leistungsmaßstabs, des Verteilungsschlüssels sowie des Verlaufs der Prämienkurve.[504]

Nr. 11 erweitert das Mitbestimmungsrecht des BR auf die Bestimmung der Entgelteinheit (Höhe der Prämie), die den Prämiengrundlohn, den Prämienhöchstlohn und die einzelnen Prämienstufen umfasst und dem Geldfaktor beim Akkord entspricht.[505]

191 cc) Vergleichbare leistungsbezogene Entgelte. Nr. 11 umfasst daneben auch andere leistungsbezogene Entgelte, soweit sie mit Akkord- und Prämienlöhnen vergleichbar sind. Merkmal ist, dass der AN seinen Lohn unmittelbar durch seine Leistung beeinflussen kann, und dass die individuelle AN-Leistung mit einer Bezugs- bzw. Normalleistung verglichen wird.[506]

192 Kein vergleichbarer Tatbestand liegt demnach vor, wenn zwischen die Mehrleistung des AN und die Entgelterhöhung noch eine AG-Entscheidung tritt.[507] Nicht umfasst sind ebenfalls diejenigen Leistungszulagen, die zwar in Erwartung besonderer Leistungen gezahlt werden, die aber ohne weitere Anforderungen gleich bleiben, wie z.B. Gratifikationen, Jahresabschlussvergütungen oder Ergebnis- bzw. Gewinnbeteiligungen.[508] Des Weiteren unterfallen auch alle Zulagen, die vom AG aufgrund von arbeitsvertraglichen Verpflichtungen gewährt werden, wie z.B. Nachtschicht- und Erschwerniszulagen oder Überstundenvergütung, nicht unter den Tatbestand der Nr. 11 und somit nicht dem Mitbestimmungsrecht des BR.[509]

193 Umstr. ist die Rechtslage bei Provisionen. Das BAG hat sowohl für die Abschluss- und Vermittlungsprovision[510] als auch für die Anteil- oder Leistungsprovision[511] darauf erkannt, dass ein Mitbestimmungsrecht nach Nr. 11 nicht besteht. Provisionen sind somit nur im Rahmen des Abs. 1 Nr. 10, also in Bezug auf die Ausgestaltung des Provisionssystems, nicht auch der Provisionshöhe, mitbestimmungspflichtig.[512]

194 In Bezug auf Zielvereinbarungen neigt das BAG wohl dazu, ein vergleichbares leistungsbezogenes Entgelt anzunehmen, unabhängig davon, ob der AG bei nicht rein quantitativen Messgrößen noch eine Bewertung vornehmen muss.[513] Man wird hier aber einschränkend nur für den Fall die erforderliche Unmittelbarkeit annehmen können, dass der AN tatsächlich unmittelbar die gesetzten Ziele verwirklichen kann und keine Beurteilung des AG zwischengeschaltet ist.[514] Nach diesen Grundsätzen stellen auch Umsatzbeteiligungen im Gaststättengewerbe bzw. ausschließlich umsatzabhängige Bedienungsgelder keine vergleichbaren leistungsbezogenen Entgelte dar.[515]

Dazu gerechnet werden muss jedoch das im Bergbau übliche Gedinge.[516]

---

504 BAG 25.5.1982 – AP § 87 BetrVG Prämie Nr. 2; BAG 13.9.1983 – AP § 87 BetrVG Prämie Nr. 3; BAG 16.12.1986 – AP § 87 BetrVG Prämie Nr. 8; BAG 13.3.1984 – AP § 87 BetrVG 1972 Provision Nr. 4; *Wlotzke*, § 87 Rn 261; ErfK/*Kania*, § 87 BetrVG Rn 125; *Fitting u.a.*, § 87 Rn 526; GK-BetrVG/*Wiese*, § 87 Rn 1003; Richardi/*Richardi*, § 87 Rn 824.

505 BAG 13.9.1983 – AP § 87 BetrVG Prämie Nr. 3; BAG 16.12.1986 – AP § 87 BetrVG Prämie Nr. 8; Richardi/*Richardi*, § 87 Rn 824; DKK/*Klebe*, § 87 Rn 286; *Wlotzke*, § 87 Rn 261; ErfK/*Kania*, § 87 BetrVG Rn 125; *Fitting u.a.*, § 87 Rn 527; a.A. Hess u.a./*Worzalla*, § 87 Rn 560, 560 a.

506 BAG 22.10.1985 – AP § 87 BetrVG 1972 Leistungslohn Nr. 3; BAG 29.7.1981 – AP § 87 BetrVG 1972 Provision Nr. 2; DKK/*Klebe*, § 87 Rn 281; Hess u.a./*Worzalla*, § 87 Rn 561; Richardi/*Richardi*, § 87 Rn 879; GK-BetrVG/*Wiese*, § 87 Rn 965 f.; ErfK/*Kania*, § 87 BetrVG Rn 126; *Fitting u.a.*, § 87 Rn 530; *Galperin/Löwisch*, § 87 Rn 248 m.w.N.

507 BAG 22.10.1985 – AP § 87 BetrVG 1972 Leistungslohn Nr. 3; ErfK/*Kania*, § 87 BetrVG Rn 126.

508 BAG 28.2.1984 – AP § 87 BetrVG 1972 Tarifvorrang Nr. 4; BAG 15.5.2001 – AP § 87 BetrVG Prämie Nr. 17; *Wlotzke*, § 87 Rn 260; ErfK/*Kania*, § 87 BetrVG Rn 126, 127; GK-BetrVG/*Wiese*, § 87 Rn 968; *Fitting u.a.*,
§ 87 Rn 532; Richardi/*Richardi*, § 87 Rn 890; a.A. DKK/*Klebe*, § 87 Rn 281.

509 *Fitting u.a.*, § 87 Rn 532; ErfK/*Kania*, § 87 BetrVG Rn 127; *Wlotzke*, § 87 Rn 264.

510 BAG 13.3.1984 – AP § 87 BetrVG 1972 Provision Nr. 4; BAG 26.7.1988 – AP § 87 BetrVG 1972 Provision Nr. 6; GK-BetrVG/*Wiese*, § 87 Rn 976; ErfK/*Kania*, § 87 BetrVG Rn 127; Hess u.a./*Worzalla*, § 87 Rn 564; MünchArb/*Matthes*, Bd. 3, § 333 Rn 68; *Wlotzke*, § 87 Rn 265; a.A. *Fitting u.a.*, § 87 Rn 533; DKK/*Klebe*, § 87 Rn 282.

511 BAG 28.7.1981 – AP § 87 BetrVG 1972 Provision Nr. 2; BAG 13.3.1984 – AP § 87 BetrVG 1972 Provision Nr. 4; BAG 26.7.1988 – AP § 87 BetrVG 1972 Provision Nr. 6; GK-BetrVG/*Wiese*, § 87 Rn 97; *Fitting u.a.*, § 87 Rn 534; ErfK/*Kania*, § 87 BetrVG Rn 127; *Wlotzke*, § 87 Rn 265; Hess u.a./*Worzalla*, § 87 Rn 564.

512 GK-BetrVG/*Wiese*, § 87 Rn 976.

513 BAG 21.10.2003 – NZA 2004, 936; DKK/*Klebe*, § 87 Rn 281; *Däubler*, NZA 2005, 793, 796; *Riesenhuber/v. Steinau-Steinrück*, NZA 2005, 785, 788.

514 ErfK/*Kania*, § 87 BetrVG Rn 127; *Rieble/Gistel*, ZIP 2004, 2462, 2463; *Rieble/Gistel*, BB 2004, 2462.

515 Richardi/*Richardi*, § 87 Rn 892; Hess u.a./*Worzalla*, § 87 Rn 566; GK-BetrVG/*Wiese*, § 87 Rn 970.

516 *Schaub*, § 67 Rn 52 ff.; GK-BetrVG/*Wiese*, § 87 Rn 977; Richardi/*Richardi*, § 87 Rn 891; Hess u.a./*Worzalla*, § 87 Rn 562; *Gaul*, BB 1990, 1549, 1550.

c) Initiativrecht des Betriebsrats. Der BR hat, ausgenommen den Bereich freiwilliger Leistungen, für den gesamten Tatbestand des Abs. 1 Nr. 11 einschließlich der Geldfaktoren ein Initiativrecht.[517]

d) Auswirkungen des AGG. Für die Auswirkungen des AGG auf den Abs. 1 Nr. 11 gilt das zu Abs. 1 Nr. 10 Ausgeführte (siehe Rn 182).

12. Grundsätze über das betriebliche Vorschlagswesen. a) Allgemeines. Das Mitbestimmungsrecht nach Abs. 1 Nr. 12 dient einer gerechten Bewertung der Vorschläge im Rahmen des betrieblichen Vorschlagswesens sowie dem Schutz und der Förderung der Persönlichkeit der AN. Ziel ist es, die AN zum Mitdenken und zur Teilnahme an der Gestaltung der Arbeit und der Entwicklung des Betriebs zu bewegen und dadurch die Produktivität sowie den Kostenrahmen zu verbessern. Auch sollen die AN Einfluss auf die betriebliche Unfallverhütung und die Sicherheit am Arbeitsplatz nehmen können.[518]

b) Betriebliches Vorschlagswesen. Zum betrieblichen Vorschlagswesen gehören alle Systeme und Methoden, durch die Vorschläge der AN zur Verbesserung der betrieblichen Arbeit angeregt, gesammelt, ausgewertet und belohnt werden. Dabei ist es unerheblich, ob es sich um technische, kaufmännische oder organisatorische Neuerungen handelt. Zum betrieblichen Vorschlagswesen werden nach h.M. jedoch nicht die AN-Erfindungen, die patent- oder gebrauchsmusterfähig sind, gezählt, da diese über das ArbnErfG abschließend geregelt sind.[519]
Dem Mitbestimmungsrecht unterfallen nur die sog. freien Verbesserungsvorschläge. Hierunter versteht man zusätzliche Leistungen des AN, zu denen keine arbeitsvertragliche Verpflichtung besteht.[520]

c) Umfang der Mitbestimmung. Mitbestimmt sind die Grundsätze des betrieblichen Vorschlagswesens. Darunter fallen:
– die Organisation des betrieblichen Vorschlagswesens, wie z.B. die organisatorische Einordnung in den Betrieb, nebst Verfahren für die Anerkennung der Vorschläge, die Festlegung von Entscheidungsorganen, wie z.B. einem Sachbearbeiter oder einem paritätisch besetzten Prüfungs- und Bewertungsausschuss, oder auch die Einrichtung eines ständigen Vorschlagsystems und/oder eines Ideenwettbewerbs,[521]
– der berechtigte Personenkreis,[522]
– materielle Gesichtspunkte zur Anerkennung und Bewertung der Verbesserungsvorschläge,[523] sowie
– die Prämierungsgrundsätze und deren Ausformung.[524]

Mitbestimmungsfrei sind demgegenüber:
– die Entscheidung, ob ein betriebliches Vorschlagswesen eingeführt wird und die Aufbringung entsprechender finanzieller Mittel durch den AG,[525]

---

517 BAG 14.11.1974 – AP § 87 BetrVG 1972 Nr. 1; BAG 20.9.1990 – EzA § 80 BetrVG 1972 Nr. 39; GK-BetrVG/*Wiese*, § 87 Rn 1006; Richardi/*Richardi*, § 87 Rn 912; *Fitting u.a.*, § 87 Rn 520, 583 ff.; MünchArb/*Matthes*, Bd. 3, § 341 Rn 91; *Galperin/Löwisch*, § 87 Rn 33, 255; Hess u.a./*Worzalla*, § 87 Rn 568 f.; *Richardi*, ZfA 1976, 1, 40, 43.
518 BAG 28.4.1981 – AP § 87 BetrVG 1972 Vorschlagswesen Nr. 1; BAG 16.3.1982 – AP § 87 BetrVG 1972 Vorschlagswesen Nr. 2; *Fitting u.a.*, § 87 Rn 536; DKK/*Klebe*, § 87 Rn 289; *Wlotzke*, § 87 Rn 266; GK-BetrVG/*Wiese*, § 87 Rn 1017; Richardi/*Richardi*, § 87 Rn 925; ErfK/*Kania*, § 87 BetrVG Rn 128; *Schoden*, AuR 1980, 73.
519 ErfK/*Kania*, § 87 BetrVG Rn 129; DKK/*Klebe*, § 87 Rn 290 ff.; Richardi/*Richardi*, § 87 Rn 925, 926; Hess u.a./*Worzalla*, § 87 Rn 581, 582; *Fitting u.a.*, § 87 Rn 539, 542; *Galperin/Löwisch*, § 87 Rn 261; MünchArb/*Matthes*, Bd. 3, § 342 Rn 3, 4; GK-BetrVG/*Wiese*, § 87 Rn 1011, 1015; *Gaul*, BB 1983, 1357, 1358; *Kunze*, RdA 1975, 42, 46.
520 BAG 20.1.2004 – NZA 2004, 994, 997, 999; DKK/*Klebe*, § 87 Rn 293; GK-BetrVG/*Wiese*, § 87 Rn 1013; *Fitting u.a.*, § 87 Rn 541; Hess u.a./*Worzalla*, § 87 Rn 584; ErfK/*Kania*, § 87 BetrVG Rn 130; Richardi/*Richardi*, § 87 Rn 930; *Schwab*, AiB 1999, 445 f.; *Rieble/Gistel*, DB 2005, 1382; *Troidl*, BB 1974, 468, 470.
521 BAG 28.4.1981 – AP § 87 BetrVG 1972 Vorschlagswesen Nr. 1; BAG 16.3.1982 – AP § 87 BetrVG 1972 Vorschlagswesen Nr. 2; BAG 20.1.2004 – AP § 87 BetrVG 1972 Vorschlagswesen Nr. 3; Richardi/*Richardi*, § 87 Rn 932; *Galperin/Löwisch*, § 87 Rn 269 f.; MünchArb/*Matthes*, Bd. 3, § 342 Rn 15; GK-BetrVG/*Wiese*, § 87 Rn 1030; *Wlotzke*, § 87 Rn 273; *Fitting u.a.*, § 87 Rn 552; *Schoden*, AuR 1980, 73, 75 f.
522 *Fitting u.a.*, § 87 Rn 553; GK-BetrVG/*Wiese*, § 87 Rn 1029; *Wlotzke*, § 87 Rn 274; Richardi/*Richardi*, § 87 Rn 934; *Galperin/Löwisch*, § 87 Rn 272; Hess u.a./*Worzalla*, § 87 Rn 588; *Schoden*, AuR 1980, 73, 76.
523 BAG 28.4.1981 – AP § 87 BetrVG 1972 Vorschlagswesen Nr. 1; BAG 16.3.1982 – AP § 87 BetrVG 1972 Vorschlagswesen Nr. 2; Richardi/*Richardi*, § 87 Rn 935; ErfK/*Kania*, § 87 BetrVG Rn 131; *Wlotzke*, § 87 Rn 275; GK-BetrVG/*Wiese*, § 87 Rn 1035;
524 BAG 28.4.1981 – AP § 87 BetrVG 1972 Vorschlagswesen Nr. 1; BAG 16.3.1982 – AP § 87 BetrVG 1972 Vorschlagswesen Nr. 2; DKK/*Klebe*, § 87 Rn 298; Richardi/*Richardi*, § 87 Rn 936; *Fitting u.a.*, § 87 Rn 551; *Galperin/Löwisch*, § 87 Rn 274; Hess u.a./*Worzalla*, § 87 Rn 589; MünchArb/*Matthes*, Bd. 3, § 342 Rn 18; GK-BetrVG/*Wiese*, § 87 Rn 1035; *Wlotzke*, § 87 Rn 275; ErfK/*Kania*, § 87 BetrVG Rn 131.
525 BAG 28.4.1981 – AP § 87 BetrVG 1972 Vorschlagswesen Nr. 1; GK-BetrVG/*Wiese*, § 87 Rn 1020; ErfK/*Kania*, § 87 BetrVG Rn 132; *Fitting u.a.*, § 87 Rn 549; *Galperin/Löwisch*, § 87 Rn 273; Hess u.a./*Worzalla*, § 87 Rn 593; DKK/*Klebe*, § 87 Rn 294, 298; *Wlotzke*, § 87 Rn 272; Richardi/*Richardi*, § 87 Rn 938; a.A. *Schoden*, AuR 1980, 73, 76f.; *Föhr*, AuR 1975, 353, 362.

- die Prämienhöhe,[526]
- die Bestimmung der Person des Beauftragten für das betriebliche Vorschlagswesen,[527]
- die Ausführung der ausgehandelten Bewertungsgrundsätze und die Prämierung im Einzelfall, da das Mitbestimmungsrecht einen kollektiven Sachverhalt erfordert.[528]

201 **d) Initiativrecht des Betriebsrats.** Entsprechend seinem Mitbestimmungsrecht kommt dem BR ein inhaltsgleiches Initiativrecht zu, unabhängig davon, ob der AG sich für oder gegen eine Errichtung eines betrieblichen Vorschlagssystems entschieden hat.[529]

202 **13. Grundsätze über die Durchführung von Gruppenarbeit. a) Allgemeines.** Das Mitbestimmungsrecht nach Abs. 1 Nr. 13 ist durch die Gesetzesnovellierung von 2001 eingeführt worden und soll durch Mitbestimmung bei der Durchführung von Gruppenarbeit der Gefahr entgegenwirken, dass der interne Druck innerhalb der Gruppe zu einer Selbstausbeutung ihrer Mitglieder und zu einer Ausgrenzung leistungsschwächerer AN führt.[530]

203 **b) Gruppenarbeit.** Der Begriff der Gruppenarbeit wird gesetzlich nicht definiert. Es liegt jedoch nahe, dass nicht jede Form der Gruppenarbeit umfasst ist. Erforderlich ist vielmehr, dass eine organisierte Gemeinschaft eine Arbeitsleistung erbringt, für deren Erfolg die Gruppenmitglieder eine gemeinsame Verantwortung tragen. Abgrenzungsmerkmal ist mithin die Eigenverantwortlichkeit im Sinne einer Teilautonomie der Gruppe. Die teilautonomen Gruppen i.S.d. Vorschrift müssen im Rahmen des betrieblichen Arbeitsablaufs eine ihnen übertragene Gesamtaufgabe im Wesentlichen eigenverantwortlich erledigen, wobei die Verantwortung tätigkeits- und nicht ergebnisbezogen ist.[531] Die Gruppe muss dergestalt teilautonom sein, dass der AG sein Direktionsrecht eingeschränkt hat und der Gruppe die Entscheidungen und Planungen der Arbeitsleistung, inklusive Selbstverwaltung und Problemlösungen, überlässt.[532] Trotzdem muss die Arbeitsgruppe noch Teil des betrieblichen Arbeitsablaufs sein, also nicht parallel dazu existieren, wie bspw. Projekt- oder Steuergruppen, weil ansonsten die Gefahr der Selbstausbeutung nicht besteht.[533] Die Gesamtaufgabe muss auf Dauer und nicht lediglich vorübergehend auf die Gruppe übertragen worden sein.[534]

204 **c) Umfang der Mitbestimmung.** Das Mitbestimmungsrecht des BR bezieht sich ausschließlich auf die „Durchführung" der Gruppenarbeit. Einführung und Beendigung, sowie Festlegung des personellen und sachlichen Umfangs der Gruppenarbeit obliegen allein dem AG und seiner unternehmerischen Entscheidungsfreiheit.[535]

205 Mitbestimmungspflichtig sind demnach:
- die Wahl eines Gruppensprechers, sowie dessen Aufgabenbeschreibung,
- das Abhalten von Gruppengesprächen,
- Regelungen über Zusammenarbeit in der Gruppe einschließlich Konfliktbewältigung und Zusammenarbeit mit anderen Gruppen, sowie
- die Berücksichtigung von leistungsschwachen AN.[536]

---

526 BAG 28.4.1981 – AP § 87 BetrVG 1972 Vorschlagswesen Nr. 1; ErfK/*Kania*, § 87 BetrVG Rn 131; GK-BetrVG/*Wiese*, § 87 Rn 1020; *Fitting u.a.*, § 87 Rn 551, 555; Richardi/*Richardi*, § 87 Rn 939; *Wlotzke*, § 87 Rn 272, 275; a.A. DKK/*Klebe*, § 87 Rn 294; *Schoden*, AuR 1980, 73, 76 f.; *Beck*, BetrR 1990, 153, 156.

527 BAG 16.3.1982 – AP § 87 BetrVG 1972 Vorschlagswesen Nr. 2; *Fitting u.a.*, § 87 Rn 557; ErfK/*Kania*, § 87 BetrVG Rn 133.

528 BAG 28.4.1981 – AP § 87 BetrVG 1972 Vorschlagswesen Nr. 1; BAG 16.3.1982 – AP § 87 BetrVG 1972 Vorschlagswesen Nr. 2; *Fitting u.a.*, § 87 Rn 555; ErfK/*Kania*, § 87 BetrVG Rn 131; GK-BetrVG/*Wiese*, § 87 Rn 1036; Richardi/*Richardi*, § 87 Rn 936.

529 BAG 28.4.1981 – AP § 87 BetrVG 1972 Vorschlagswesen Nr. 1; Hess u.a./*Worzalla*, § 87 Rn 590; DKK/*Klebe*, § 87 Rn 294; *Wlotzke*, § 87 Rn 271; *Fitting u.a.*, § 87 Rn 551; GK-BetrVG/*Wiese*, § 87 Rn 1024.

530 BT-Drucks 14/5741, S. 47; *Wiese*, NZA 2006, 3; DKK/*Klebe*, § 87 Rn 301; ErfK/*Kania*, § 87 BetrVG Rn 134; GK-BetrVG/*Wiese*, § 87 Rn 1047; Richardi/*Richardi*, § 87 Rn 947; *Fitting u.a.*, § 87 Rn 551; *Preis/Elert*, NZA 2001, 373.

531 BAG 24.4.1974 – AP § 611 BGB Akkordkolonne Nr. 4; Richardi/*Richardi*, § 87 Rn 953; ErfK/*Kania*, § 87 BetrVG Rn 134; *Fitting u.a.*, § 87 Rn 566; GK-BetrVG/*Wiese*, § 87 Rn 1044; *Wlotzke*, § 87 Rn 276; DKK/*Klebe*, § 87 Rn 304; *Annuß*, NZA 2001, 367, 370; *Preis/Elert*, NZA 2001, 371, 372.

532 *Wlotzke*, § 87 Rn 279; DKK/*Klebe*, § 87 Rn 304; *Fitting u.a.*, § 87 Rn 568; ErfK/*Kania*, § 87 BetrVG Rn 134; Richardi/*Richardi*, § 87 Rn 953; GK-BetrVG/*Wiese*, § 87 Rn 1044; *Preis/Elert*, NZA 2001, 372.

533 BT-Drucks 14/5741, S. 47; DKK/*Klebe*, § 87 Rn 305; *Fitting u.a.*, § 87 Rn 570; *Wlotzke*, § 87 Rn 280; Hess u.a./*Worzalla*, § 87 Rn 597 f.; GK-BetrVG/*Wiese*, § 87 Rn 1046; *Preis/Elert*, NZA 2001, 371, 373.

534 GK-BetrVG/*Wiese*, § 87 Rn 1045; *Fitting u.a.*, § 87 Rn 551; Hess u.a./*Worzalla*, § 87 Rn 597e; *Wlotzke*, § 87 Rn 279; *Preis/Elert*, NZA 2001, 372 f.

535 DKK/*Klebe*, § 87 Rn 306; *Fitting u.a.*, § 87 Rn 572; Hess u.a./*Worzalla*, § 87 Rn 597 g; GK-BetrVG/*Wiese*, § 87 Rn 1049; ErfK/*Kania*, § 87 BetrVG Rn 134; *Annuß*, NZA 2001, 370; *Preis/Elert*, NZA 2001, 373; *Engels/Trebinger/Löhr-Steinhaus*, DB 2001, 540.

536 ErfK/*Kania*, § 87 BetrVG Rn 134; *Fitting u.a.*, § 87 Rn 575, 576; DKK/*Klebe*, § 87 Rn 310; GK-BetrVG/*Wiese*, § 87 Rn 1058 ff.

Umstr. ist, ob die Zusammensetzung der Gruppe Bestandteil der Mitbestimmung ist. **206**
Z.T. wird das Mitbestimmungsrecht unter Hinweis darauf verneint, dass ein derart weitgehender Eingriff in die Rechte des AG keine Grundlage im Gesetz bzw. in der Gesetzesbegründung findet, und dass Fragen der zahlenmäßigen und personellen Besetzung der Gruppen zur Entscheidung des AG über deren Einführung gehören.[537]

Dem wird entgegengehalten, dass die Frage nach der Gruppenzusammensetzung erst logische Folge der Grundsatzentscheidung des AG für die Einführung sei und somit dem Mitbestimmungsrecht unterfalle.[538] Der Streit kann in der Praxis durchaus zu sehr unterschiedlichen Ergebnissen führen, weil hierdurch die Frage unmittelbar beeinflusst wird, ob der AG überhaupt Gruppenarbeit einrichtet. **207**

d) Initiativrecht des Betriebsrats. Das Initiativrecht des BR richtet sich nach dem Umfang des Mitbestimmungsrechts. Der BR hat somit die Möglichkeit selbst Grundsätze über die Durchführung von Gruppenarbeit vorzuschlagen und bei Nichteinigung mit dem AG ggf. über die Einigungsstelle durchzusetzen. Jedoch kann der BR nicht die Einführung oder Abschaffung von Gruppenarbeit selbst fordern, da ihm insoweit kein Mitbestimmungsrecht zusteht.[539] **208**

e) Zuständigkeit für die Mitbestimmung. Der BR hat nach § 28a die Möglichkeit, in Betrieben mit mehr als 100 AN nach Maßgabe einer mit dem AG abzuschließenden BV Aufgaben zur selbstständigen Erledigung auf Arbeitsgruppen zu übertragen. Die Arbeitsgruppe ist in diesem Fall selbst Träger des Mitbestimmungsrechts nach Abs. 1 Nr. 13 und hat die Möglichkeit, mit dem AG nach § 77 verbindliche BV zu schließen, für die ansonsten der BR zuständig wäre.[540] Die Vereinbarung über die Aufgabenübertragung ist jedoch nicht über die Einigungsstelle erzwingbar.[541] **209**

C. Verbindung zum Prozessrecht

Kommt eine Einigung zwischen den Betriebspartnern über eine Angelegenheit nach § 87 nicht zustande, entscheidet die Einigungsstelle, Abs. 2 S. 1. Unter den Voraussetzungen des § 76 Abs. 8 kann an die Stelle des Einigungsstellenverfahrens ein Verfahren vor einer tariflichen Schlichtungsstelle treten. Die Einigungsstelle entscheidet im verbindlichen Einigungsverfahren, wobei sich das Mitbestimmungsrecht des BR nach Abs. 1 mit der Zuständigkeit der Einigungsstelle nach Abs. 2 deckt.[542] Das Einigungsstellenverfahren bestimmt sich nach § 76. Die Anrufung der Einigungsstelle ist dem BR nicht deshalb versagt, weil der AG das Bestehen eines Mitbestimmungsrechts bestreitet. Der BR kann in diesem Fall gleichwohl beim ArbG beantragen, einen Vorsitzenden zu bestellen und die Anzahl der Beisitzer festzulegen. Der Antrag kann durch das ArbG nur dann wegen fehlender Zuständigkeit der Einigungsstelle zurückgewiesen werden, wenn die Einigungsstelle offensichtlich unzuständig ist, § 98 Abs. 1 S. 2 ArbGG. Der Spruch der Einigungsstelle ersetzt die Einigung zwischen AG und BR, § 76 Abs. 2 S. 2. Sofern eine Regelung getroffen wird, hat diese den Charakter einer BV.[543] Sofern hingegen eine Rechtsentscheidung getroffen wird, hat der Spruch der Einigungsstelle nur die Bedeutung wie auch sonst in einem außergerichtlichen Vorverfahren.[544] **210**

In Streitigkeiten zwischen BR und AG über das Bestehen eines Mitbestimmungsrechts nach § 87 entscheidet das ArbG im Beschlussverfahren, § 2a Abs. 1 Nr. 1, Abs. 2, §§ 80 ff. ArbGG. Der Antrag ist darauf zu richten, das Bestehen oder Nichtbestehen des Mitbestimmungsrechts in einer konkret zu bezeichnenden Angelegenheit festzustellen, wobei der Streitgegenstand so konkret zu bezeichnen ist, dass die Streitfrage selbst mit Rechtswirkung zwischen den Beteiligten entschieden werden kann.[545] Das erforderliche Rechtsschutzinteresse[546] entfällt z.B., wenn ausschließlich die Feststellung begehrt wird, eine bestimmte, bereits abgeschlossene Maßnahme sei unwirksam, wenn diese Maßnahme für die Verfahrensbeteiligten im Zeitpunkt der Entscheidung keine Rechtswirkungen mehr entfaltet.[547] Ebenso fehlt das Rechtsschutzinteresse, wenn der BR sein Mitbestimmungsrecht bereits ausgeübt hat.[548] **211**

Seit 1994 steht das BAG zutreffend auf dem Standpunkt, dass der BR nicht nur unter den Voraussetzungen des § 23 Abs. 3 (grobe Pflichtverletzung), sondern auch unterhalb dieser Schwelle bei einer Verletzung seines Mitbestimmungsrechts aus Abs. 1 im arbeitsgerichtlichen Beschlussverfahren die Aufhebung der Maßnahme verlangen **212**

---

537 GK-BetrVG/*Wiese*, § 87 Rn 1055; ErfK/*Kania*, § 87 BetrVG Rn 134; *Wlotzke*, § 87 Rn 281; Richardi/*Richardi*, § 87 Rn 954; Hess u.a./*Worzalla*, § 87 Rn 597 g, 597; *Preis/Elert*, NZA 2001, 371, 374; *Franzen*, ZfA 2001, 423, 447; *Löwisch*, BB 2001, 1790, 1792.
538 *Fitting u.a.*, § 87 Rn 575; DKK/*Klebe*, § 87 Rn 308.
539 Richardi/*Richardi*, § 87 Rn 1057; *Fitting u.a.*, § 87 Rn 574; DKK/*Klebe*, § 87 Rn 307; Hess u.a./*Worzalla*, § 87 Rn 597 j; *Wlotzke*, § 87 Rn 283; *Preis/Elert*, NZA 2001, 371, 373; *Raab*, NZA 2002, 474, 476 f.
540 Richardi/*Richardi*, § 87 Rn 963; ErfK/*Kania*, § 87 BetrVG Rn 135; GK-BetrVG/*Wiese*, § 87 Rn 1068, 1069; *Wlotzke*, § 87 Rn 283; *Fitting u.a.*, § 87 Rn 577; *Blanke*, RdA 2003, 140, 148 ff.
541 *Wlotzke*, § 87 Rn 284; *Fitting u.a.*, § 87 Rn 577; *Blanke*, RdA 2003, 140.
542 Richardi/*Richardi*, § 87 Rn 965.
543 BAG 8.3.1977 – AP § 87 BetrVG 1972 Auszahlung Nr. 1.
544 Richardi/*Richardi*, § 87 Rn 973.
545 Richardi/*Richardi*, § 87 Rn 976 m.w.N.
546 St. Rspr., vgl. nur die Nachweise bei Richardi/*Richardi*, § 87 Rn 977.
547 BAG 29.7.1982 – AP § 83 ArbGG 1979 Nr. 5; BAG 10.4.1984 – AP § 81 ArbGG 1979 Nr. 3.
548 BAG 15.9.1965 – AP § 94 ArbGG 1953 Nr. 4.

kann.[549] Je nach den Umständen des Einzelfalls und dem verletzten Mitbestimmungsrecht kommt hier auch einstweiliger Rechtsschutz in Betracht.

213 Der Verstoß gegen ein betriebsverfassungsrechtliches Mitbestimmungsrecht, insbesondere auch nach § 87, zieht für sich betrachet im Arbeitsgerichtsverfahren noch kein Verwertungsverbot nach sich. Namentlich kennt das deutsche Zivilprozessrecht kein Verwertungsverbot hinsichtlich unstreitig vorgetragener Tatsachen. Es ist vielmehr im Einzelfall zu prüfen, ob ein Verstoß gegen das grundrechtlich geschützte Persönlichkeitsrecht des AN vorliegt, das gegen die Interessen des AG abzuwägen ist.[550]

D. Beraterhinweise

214 Das Mitbestimmungsrecht in sozialen Angelegenheiten hat in der betrieblichen Praxis eine sehr große Bedeutung und bietet angesichts seiner inhaltlichen Weite eine breite Grundlage für betriebliche Regelungen. Der Tarifvorrang kommt in vielen Fällen deshalb nicht zur Geltung, weil Angelegenheiten angesprochen sind, die wegen ihres betriebsspezifischen Charakters tarifvertraglich nicht geregelt sind und sich für einzelarbeitsvertragliche Regelungen nicht eignen, weil der AG ein Interesse daran hat, sie einheitlich für alle AN oder zumindest die AN einer bestimmten Gruppe oder Ordnung zu regeln. Schwierigkeiten bereitet auch die Intensität des Mitbestimmungsrechts, das gesetzlich als paritätisches Beteilungsrecht ausgestaltet ist.

215 In der Praxis wird häufig versucht, das Mitbestimmungsrecht durch eine Summe von (vermeintlich) mitbestimmungsfreien Einzelmaßnahmen zu umgehen. Hieran ist richtig, dass in jedem Fall sorgfältig zu prüfen ist, ob ein Gegenstand der Mitbestimmung in sozialen Angelegenheiten tatbestandlich angesprochen ist. Die Zahl der betroffenen AN ist jedoch eben nur ein Indiz für das Vorliegen eines kollektiven Tatbestandes. Generelle Regelungsfragen können u.U. nur einen AN betreffen und mitbestimmungspflichtig sein. Ebenso ist es möglich, dass eine Summe von individuellen Maßnahmen nur durch ein Zeitmoment verbunden und jede einzelne Maßnahme für sich betrachtet mitbestimmungsfrei ist. Die Frage kann nur im Einzelfall beantwortet werden.

216 Aufgrund der Intensität der Mitbestimmung nach Abs. 1 ist auf jeden Fall zu empfehlen, das Verfahren sorgfältig vorzubereiten, dem BR die erforderlichen Informationen rechtzeitig und umfassend zur Verfügung zu stellen und einen Verhandlungskalender zu vereinbaren – und einzuhalten –, der zeitlichen Spielraum für die Durchführung eines erforderlichen Einigungsstellenverfahrens belässt. Hier ist Augenmaß geboten. Probleme sind häufig hausgemacht, etwa weil der AG dem BR die für seine Entscheidungsfindung erforderlichen Informationen und Unterlagen vorenthält oder verspätet oder unvollständig oder sonstwie fehlerbehaftet zur Verfügung stellt. Störungen treten auch häufig deshalb auf, weil der AG seine Ziele während des Verfahrens unnötig korrigiert und den BR dadurch entsprechend verunsichert. Die Zeitdauer bis hin zu einer Regelung und deren Qualität hängen nicht selten auch davon ab, dass sich der AG stabil positioniert. Häufiges Nachjustieren kostet erfahrungsgemäß Zeit und trägt nicht zur Überzeugung der anderen Seite bei.

217 Namentlich im Zusammenhang mit der Einführung und Anwendung von technischen Einrichtungen nach Nr. 6 hat sich der Abschluss von Rahmen-BV bewährt, die das hiermit im Zusammenhang stehende Verfahren, möglicherweise bis hin zu der Einrichtung einer ständigen Einigungsstelle (§ 76 Abs. 1 S. 2), sowie die durch den AG im Einzelfall zu erfüllenden Anforderungen verbindlich regeln. Das Mitbestimmungsverfahren wird hierdurch formalisiert und soweit möglich standardisiert, mit dem Ziel, im Einzelfall nur noch ein erforderliches „Customizing" durchzuführen, unter Ausblendung von ansonsten regelmäßig und üblicherweise wiederkehrenden Fragestellungen, auf die bereits die Rahmen-BV Antwort gibt. Ein verständiger BR wird sich hierfür offen zeigen, weil auch sein Interesse angesichts der ständig steigenden Vielzahl von Anwendungen nach Nr. 6 nicht dahin gehen sollte, in jedem Einzelfall wieder mit dem kleinen Einmaleins zu beginnen.

218 Rahmenregelungen können auch in den weiteren Fällen des Abs. 1 ein hilfreiches Instrument darstellen, sind hier aber soweit ersichtlich weniger verbreitet.

§ 88 Freiwillige Betriebsvereinbarungen

Durch Betriebsvereinbarung können insbesondere geregelt werden
1. zusätzliche Maßnahmen zur Verhütung von Arbeitsunfällen und Gesundheitsschädigungen;
2. Maßnahmen des betrieblichen Umweltschutzes;
3. die Errichtung von Sozialeinrichtungen, deren Wirkungsbereich auf den Betrieb, das Unternehmen oder den Konzern beschränkt ist;

---

549 BAG 3.5.1994 – AP § 23 BetrVG 1972 Nr. 23.   550 BAG 13.12.2007 – 2 AZR 537/06 – juris.

4. Maßnahmen zur Förderung der Vermögensbildung;
5. Maßnahmen zur Integration ausländischer Arbeitnehmer sowie zur Bekämpfung von Rassismus und Fremdenfeindlichkeit im Betrieb.

A. Allgemeines 1	3. Errichtung von Sozialeinrichtungen, deren Wirkungsbereich auf den Betrieb, das Unternehmen oder den Konzern beschränkt ist 7
B. Regelungsgehalt 2	
I. Generell regelbare Sachverhalte 2	
II. Die gesetzlich normierten Angelegenheiten 3	4. Maßnahmen zur Förderung der Vermögensbildung 9
1. Maßnahmen zur Verhütung von Unfällen und Gesundheitsschädigungen 3	
2. Maßnahmen des betrieblichen Umweltschutzes 6	5. Maßnahmen zur Bekämpfung von Rassismus und Fremdenfeindlichkeit 10
	C. Verbindung zum Prozessrecht 12
	D. Beraterhinweise 14

A. Allgemeines

In Ergänzung zu § 87, der diejenigen Angelegenheiten behandelt, in denen dem BR ein zwingendes Mitbestimmungsrecht zusteht, stellt § 88 klar, dass in allen anderen Angelegenheiten freiwillige BV geschlossen werden dürfen.[1] § 88 zählt in diesem Zusammenhang lediglich beispielhaft Regelungstatbestände auf. Freiwillige BV sind darüber hinaus in allen durch TV regelbaren Angelegenheiten möglich, soweit nicht der Tarifvorbehalt nach § 77 Abs. 3 eingreift.[2] Für die Bejahung einer umfassenden Regelungskompetenz spricht auch § 28 Abs. 1 SprAuG. Nach dieser Vorschrift können AG und Sprecherausschuss schriftliche Vereinbarungen über Inhalt, Abschluss und Beendigung von Arbverh der leitenden Ang schließen, die für die Parteien unmittelbare und zwingende Wirkung entfalten. Da die Regelungskompetenz des Sprecherausschusses entsprechend derjenigen des BR ausgestaltet ist, muss davon ausgegangen werden, dass auch der BR in anderen als sozialen Angelegenheiten die Kompetenz zum Abschluss umfassender BV mit dem AG besitzt.[3]

B. Regelungsgehalt

I. Generell regelbare Sachverhalte

Zu den regelbaren Sachverhalten i.S.d. Vorschrift gehören bspw:
- Regelungen über freiwillige Sozialleistungen, wie z.B.:
  - Gratifikationszahlungen,[4]
  - Treueprämien,[5]
  - Beihilfen zu Familienereignissen,[6]
  - Weihnachtsgelder,[7]
  - Betriebliche Altersversorgung,[8]
- Regelungen der Dauer der wöchentlichen Arbeitszeit,[9]
- Höhe und Art des Arbeitsentgelts,[10]
- die Urlaubsdauer,[11]
- Vertragsstrafen,[12]

---

1 *Fitting u.a.*, § 88 Rn 1; GK-BetrVG/*Wiese*, § 88 Rn 3; ErfK/*Kania*, § 88 BetrVG Rn 1; Richardi/*Richardi*, § 88 Rn 1.
2 BAG 18.8.1987 – AP § 77 BetrVG 1972 Nr. 23; BAG 7.11.1989 – AP § 77 BetrVG 1972 Nr. 46; *Fitting u.a.*, § 88 Rn 1; Richardi/*Richardi*, § 88 Rn 1; GK-BetrVG/*Wiese*, § 88 Rn 3; MünchArbR/*Matthes*, Bd. 3, § 318 Rn 50 f.; DKK/*Berg*, § 88 Rn 1; ErfK/*Kania*, § 88 BetrVG Rn 1.
3 BAG 31.5.2005 – MDR 2005, 1297 = AP § 112 BetrVG 1972 Nr. 175; BAG 7.11.1989 – AP § 77 BetrVG 1972 Nr. 46; *Fitting u.a.*, § 88 Rn 3; Richardi/*Richardi*, § 88 Rn 4; *Franzen*, NZA 2006, 109; ErfK/*Kania*, § 88 BetrVG Rn 1.
4 BAG 12.8.1982 – AP § 77 BetrVG 1972 Nr. 4; GK-BetrVG/*Wiese*, § 88 Rn 12; DKK/*Berg*, § 88 Rn 6; ErfK/*Kania*, § 88 BetrVG Rn 2; *Fitting u.a.*, § 88 Rn 3.

5 DKK/*Berg*, § 88 Rn 6; *Fitting u.a.*, § 88 Rn 3; ErfK/*Kania*, § 88 BetrVG Rn 2.
6 GK-BetrVG/*Wiese*, § 88 Rn 3; DKK/*Berg*, § 88 Rn 6; *Fitting u.a.*, § 88 Rn 3; ErfK/*Kania*, § 88 BetrVG Rn 2.
7 *Fitting u.a.*, § 88 Rn 3; ErfK/*Kania*, § 88 BetrVG Rn 2.
8 *Fitting u.a.*, § 88 Rn 3.
9 BAG 18.8.1987 – AP § 77 BetrVG 1972 Nr. 23; BAG 13.10.1987 – AP § 87 BetrVG 1972 Nr. 2; ErfK/*Kania*; § 88 BetrVG Rn 2; *Fitting u.a.*, § 88 Rn 1; GK-BetrVG/*Wiese*, § 88 Rn 3.
10 ErfK/*Kania*, § 88 BetrVG Rn 2; GK-BetrVG/*Wiese*, § 88 Rn 3; DKK/*Berg*, § 88 Rn 7; *Fitting u.a.*, § 88 Rn 1.
11 GK-BetrVG/*Wiese*, § 88 Rn 3; DKK/*Berg*, § 88 Rn 7; *Fitting u.a.*, § 88 Rn 1.
12 *Fitting u.a.*, § 88 Rn 3.

- präventive Schutzmaßnahmen zur Sicherstellung einer diskriminierungsfreien Arbeitswelt i.S.v. § 7 AGG,[13]
- die Insolvenzsicherung.[14]

Zustandekommen und Wirkung der schriftlich niederzulegenden Betriebsvereinbarungen richten sich nach § 77. Vereinbarungen zu Lasten Dritter, z.B. zwischen GmbH und BR hinsichtlich der Haftung des Geschäftsführers für die Insolvenzsicherung, sind unzulässig.[15]

II. Die gesetzlich normierten Angelegenheiten

1. Maßnahmen zur Verhütung von Unfällen und Gesundheitsschädigungen. Die nach Abs. 1 zu vereinbarenden Maßnahmen zur Verhütung von Unfällen und Gesundheitsschädigungen betreffen zusätzliche Maßnahmen, zu deren Durchführung der AG nicht schon von Gesetzeswegen oder aufgrund TV verpflichtet ist.[16] Darauf gerichtete BV kann der BR in Ermangelung eines Mitbestimmungsrechts nicht über die Einigungsstelle erzwingen.[17]

Falls die Maßnahmen jedoch ergänzend auch die Voraussetzungen eines anderen Mitbestimmungstatbestandes erfüllen (z.B. § 87), hat der BR unabhängig davon, dass auch § 88 Nr. 1 berührt ist, mitzubestimmen. Beispielhaft dafür sei die Durchführung eines Sicherheitswettbewerbs genannt, der nach Abs. 1 Nr. 1 mitbestimmungspflichtig ist.[18]

BV nach § 88 Nr. 1 können z.B. regeln:[19]
- Verbesserung der Arbeitshygiene
- Vorschriften über die Entlüftung oder Entstaubung
- Schutzeinrichtungen an Maschinen, Fahrstühlen uns sonstigen Werkseinrichtungen
- Maßnahmen zur Verbesserung der Licht-, Luft- und Schallverhältnisse
- Schutzkleidung und andere Arbeitsschutzausrüstungen
- Sicherheitsschulungen
- Einrichtung einer Unfallstation
- Einführung von freiwilligen Reihenuntersuchungen
- Vorsorge und Rehabilitationsmaßnahmen
- Aufklärungsaktionen gegen Alkoholismus.

2. Maßnahmen des betrieblichen Umweltschutzes. § 88 Nr. 1a gibt den Betriebsparteien die Möglichkeit, über die gesetzlichen Bestimmungen hinausgehend Maßnahmen des betrieblichen Umweltschutzes zu vereinbaren. Es besteht auch insoweit kein erzwingbares Mitbestimmungsrecht des BR.[20] Es kommen aber freiwillige BV oder Regelungsabreden in Betracht, die z.B. die Vereinbarung eines allg. Unterrichtungs- und Beratungsrechts des BR in allen umweltschutzrelevanten Angelegenheiten, die Bildung (gemeinsamer) Umweltausschüsse oder die Einführung umweltschutzfreundlicher Techniken und Produkte sowie Fragen der Abfallentsorgung zum Thema haben können.[21] Durch die Vorschrift erhält der BR indes kein allg. Mandat für den Bereich Umweltschutz. Die Regelungsbefugnis beschränkt sich auf den engeren Bereich des Betriebes. Die Einordnung der Norm in den Bereich der „sozialen Angelegenheiten" impliziert auch die weitere Einschränkung, dass die geregelten Maßnahmen einen Bezug zu den Arbeitsbedingungen haben müssen.[22]

3. Errichtung von Sozialeinrichtungen, deren Wirkungsbereich auf den Betrieb, das Unternehmen oder den Konzern beschränkt ist. Abs. 1 Nr. 8 gewährt dem BR ein Mitbestimmungsrecht hinsichtlich der Form, Ausgestaltung und Verwaltung von Sozialeinrichtungen (zum Begriff der Sozialeinrichtung siehe § 87 Rn 119). Die Frage der Errichtung der Sozialeinrichtung überhaupt ist hingegen nicht mitbestimmungspflichtig und kann von den Betriebsparteien freiwillig vereinbart werden, Nr. 2.[23] Ob es hierzu kommt, entscheidet letztendlich aber allein der AG, da er die finanziellen Mittel für die Sozialeinrichtung aufzubringen hat und nicht gegen seinen Willen zu entsprechenden Ausgaben gezwungen werden soll.[24] Der AG wird hier in jedem Fall sorgfältig abzuwägen haben, ob und mit welchem Inhalt er eine Regelung abschließen und welche Freiheitsgrade er sich vorbehalten möchte. Werden z.B. auch Regelungen über Einrichtung als solche und deren Dotierung getroffen, kommt eine Schließung oder Änderung der Dotierung nicht ohne Weiteres, sondern erst Einigung mit dem BR oder aber nach Künd in Betracht.

---

13 BAG 13.12.2005 – NZA 2006, 729 ff.; BAG 16.8.2005 – NZA 2006, 1052 ff., 1057.
14 BAG 13.12.2005 – NZA 2006, 729, 734; BAG 16.8.2005 – NZA 2006, 1052 ff., 1057.
15 *Hayen*, AuR 2006, 3.
16 *Fitting u.a.*, § 88 Rn 15; GK-BetrVG/*Wiese*, § 88 Rn 14; ErfK/*Kania*, § 88 BetrVG Rn 3; DKK/*Berg*, § 88 Rn 10.
17 BAG 24.3.1981 – AP § 87 BetrVG 1972 Nr. 2; Richardi/*Richardi*, § 88 Rn 11.
18 Vgl. BAG 3.4.1979 – AP § 87 BetrVG 1972 Nr. 2; GK-BetrVG/*Wiese*, § 88 Rn 15.
19 Richardi/*Richardi*, § 88 Rn 12; DKK/*Berg*, § 88 Rn 10; GK-BetrVG/*Wiese*, § 88 Rn 17; *Fitting u.a.*, § 88 Rn 16 f.
20 *Fitting u.a.*, § 88 Rn 19.
21 *Fitting u.a.*, § 88 Rn 18; Teicher/*Küppers*, WSI-Mitt. 1990, 755; *Teichert*, AiB 1994, 238.
22 Richardi/*Richardi*, § 88 Rn 17; GK/*Wiese*, § 88 Rn 20 f.; *Reinhold*, NZA 2001, 857, 863.
23 DKK/*Berg*, § 88 Rn 11; ErfK/*Kania*, § 88 BetrVG Rn 5.
24 GK-BetrVG/*Wiese*, § 88 Rn 24.

Der Wirkungskreis der Sozialeinrichtung kann sich, wie bei Abs. 1 Nr. 8 auf den Betrieb, das Unternehmen oder den **8**
Konzern erstrecken. Entsprechend liegt die funktionale Zuständigkeit beim BR, GBR oder KBR.[25]

4. Maßnahmen zur Förderung der Vermögensbildung. Durch Nr. 3 wird den Betriebsparteien die Möglichkeit **9**
eröffnet, weitere Formen der Vermögensbildung neben denen im Vermögensbildungsgesetz geregelten zu vereinbaren, etwa durch Beteiligung am Betriebsvermögen oder die Ausgabe von Beteiligungspapieren (Belegschaftsaktien).[26] Freiwillige Vereinbarungen nach Nr. 3 finden ihre Grenze, soweit der Anwendungsbereich des § 87 Abs. 1 Nr. 10 berührt ist.[27] Soweit – was in der Praxis häufig der Fall sein wird – TV den Bereich Vermögensbildung regeln, sind diese wegen § 77 Abs. 3 vorrangig.[28]

5. Maßnahmen zur Bekämpfung von Rassismus und Fremdenfeindlichkeit. Nr. 4 stellt ausdrücklich klar, **10**
dass dem BR im Rahmen der Bekämpfung von Rassismus und Fremdenfeindlichkeit im Betrieb nicht nur die Rechte aus § 80 Abs. 1 Nr. 7 zustehen, sondern ergänzend auch die Möglichkeit freiwilliger BV besteht.[29] Hierbei können z.B. erwünschtes oder unerlaubtes Verhalten formuliert und Maßnahmen bei Zuwiderhandlungen vereinbart werden. Mögliche Regelungsinhalte sind auch Verfahrensregelungen und Präventionsmaßnahmen, wie z.B. die Bildung gemeinsamer Ausschüsse der Betriebspartner, Aufklärungsaktionen, besondere Veranstaltungen, Fortbildungsmaßnahmen für AN sowie die Bestellung von Ansprechpartnern und Beauftragten.[30] Denkbar sind auch Regelungen über die Belohnung erwünschten[31] und Ahndung unerwünschten Verhaltens.

Nr. 4 stellt jedoch keine Erweiterung des Regelungsgegenstandes der sozialen Angelegenheiten dar. Vielmehr erfolgt **11**
nur eine Konkretisierung des Tatbestands. Aus der Norm soll nach z.T. vertretener Auff. ferner ein über den betrieblichen Bereich hinaus gehendes allgemeinpolitisches Mandat des BR für Fragen der Bekämpfung von Fremdenfeindlichkeit und Rassismus folgen.[32] Dies dürfte jedoch im Wertungswiderspruch zu § 74 Abs. 2 S. 3 stehen, der dem BR eigentlich allgemeinpolitische Aktivitäten untersagt.[33] Nr. 4 ist auch seinem eindeutigen Wortlaut nach auf den Bereich des Betriebs beschränkt.

C. Verbindung zum Prozessrecht

In Regelungsstreitigkeiten in Bezug auf freiwillige BV nach § 88 entscheidet die Einigungsstelle nur unter den Voraussetzungen des § 76 Abs. 6.[34] Der Abschluss einer freiwilligen BV kann nicht im Wege der Einigungsstelle erzwungen werden.[35] Eine freiwillige BV kann auch im Wege des arbeitsgerichtlichen Vergleichs abgeschlossen werden. Für die Künd der BV gelten in diesem Fall mangels anderweitiger Bestimmung die allgemeinen Regeln. Die Künd ist nicht deshalb ausgeschlossen, weil die BV zur Beendigung eines arbeitsgerichtlichen Beschlussverfahrens in einem gerichtlichen Vergleich geschlossen wurde.[36] **12**

Streitigkeiten über Zulässigkeit, Bestehen, Inhalt und Durchführung von freiwilligen BV entscheidet gemäß § 2a **13**
Abs. 1 Nr. 1, Abs. 2 ArbGG das ArbG im Beschlussverfahren.[37] Individualansprüche einzelner AN gegen den AG aufgrund der getroffenen Vereinbarungen sind durch den AN im Urteilsverfahren gemäß § 2 Abs. 1 Nr. 3 ArbGG geltend zu machen.[38]

D. Beraterhinweise

Die Vorschrift hat in der betrieblichen Praxis auch nach ihrer inhaltlichen Aufwertung durch das Gesetz zur Reform **14**
des Betriebsverfassungsgesetzes eine eher untergeordnete Bedeutung. Dabei wird verkannt, dass auch von freiwilligen BV eine Ordnungsfunktion ausgeht, die sich aus einer Summe von Einzelmaßnahmen häufig nur schwer herstellen lässt. Namentlich kann der AG durch Regelungen zu freiwilligen Sozialleistungen die im Falle wiederholter Gewährung ansonsten ggf. drohende Entstehung einer betrieblichen Übung als Grundlage für einen Weitergewährungsanspruch zu verhindern. Es kommt hier aber natürlich im Einzelfall auf die Inhalte und die vom AG gewünschten Freiheitsgrade an. Soweit nicht ausdrücklich eine Nachwirkung vereinbart wurde, ist diese ausgeschlossen. Der

---

25 *Fitting u.a.*, § 88 Rn 21; ErfK/*Kania*, § 88 BetrVG Rn 5; GK-BetrVG/*Wiese*, § 88 Rn 25.
26 BAG 28.11.1989 – AP § 88 BetrVG 1972 Nr. 6; *Fitting u.a.*, § 88 Rn 24; ErfK/*Kania*, § 88 BetrVG Rn 6; Richardi/*Richardi*, § 88 Rn 22 f.
27 DKK/*Berg*, § 88 Rn 11.
28 ErfK/*Kania*, § 88 BetrVG Rn 6; GK-BetrVG/*Wiese*, § 88 Rn 29; a.A. *Fitting u.a.*, § 88 Rn 25.
29 GK-BetrVG/*Wiese*, § 88 Rn 30; *Fitting u.a.*, § 88 Rn 26.
30 *Fitting u.a.*, § 88 Rn 27.
31 *Fitting u.a.*, § 88 Rn 27.
32 *Picker*, RdA 2001, 257, 274.
33 Richardi/*Richardi*, § 88 Rn 33; *Annuß*, NZA 2001, 367, 370; *Picker*, RdA 2001, 257, 274.
34 GK-BetrVG/*Wiese*, § 88 Rn 36.
35 DKK/*Berg*, § 88 Rn 14; ErfK/*Kania*, § 88 BetrVG Rn 8; Richardi/*Richardi*, § 88 Rn 34.
36 BAG 19.2.2008 – 1 ABR 86/06 – juris.
37 *Fitting u.a.*, § 88 Rn 29; ErfK/*Kania*, § 88 BetrVG Rn 8; DKK/*Berg*, § 88 Rn 15; Richardi/*Richardi*, § 88 Rn 33; GK-BetrVG/*Wiese*, § 88 Rn 32.
38 DKK/*Berg*, § 88 Rn 15; ErfK/*Kania*, § 88 BetrVG Rn 8; GK-BetrVG/*Wiese*, § 88 Rn 32.

BR kann im Falle einer Künd nicht etwa eine einvernehmliche Neuregelung erzwingen. Die Künd-Frist kann frei bestimmt werden. In Ermangelung einer abweichenden Festlegung findet § 77 Abs. 5 Anwendung.

15 Nicht selten bestehen zwischen den Betriebspartnern unterschiedliche Auff. über den Charakter einer Regelung als freiwillige BV. Die Tendenz auf AG-Seite, das Bestehen eines paritätischen Beteiligungsrechts im Zweifel in Abrede zu stellen, ist verhandlungstaktisch ebenso verständlich wie die grundsätzliche Neigung des BR, sich auf das gerade Gegenteil zu berufen. Eine saubere Abgrenzung ist insbesondere bei Regelungen zu mehrschichtigen Lebenssachverhalten erschwert. Mischtatbestände sind insb. bei der Ausgestaltung betrieblicher Sozialeinrichtungen, aber auch in anderen Fällen nicht selten anzutreffen. Hier ist eine sorgfältige Prüfung im Einzelfall unerlässlich. In der Praxis wird hier häufig so zu verfahren, die gegenteiligen Rechtsstandpunkte zu wahren und dies in der Vereinbarung entsprechend niederzulegen. Auf AG-Seite sollte in diesem Fall darauf geachtet werden, einer dauerhaften Bindung und drohenden Folgerechtsstreitigkeiten über das Bestehen eines Mitbestimmungsrechts durch den (vorsorglichen) Ausschluss der Nachwirkung entgegenzutreten. Die bloße Befristung der BV reicht hierzu nicht aus, weil daraus ohne Hinzutreten besonderer Anhaltspunkte nicht auf den Willen der Betriebspartner geschlossen werden kann, die Nachwirkung auszuschließen. Im Nachhinein wird der BR zu einem Verzicht auf die Nachwirkung regelmäßig nur auf entsprechende Gegenleistung hin bereit sein.

§ 89 Arbeits- und betrieblicher Umweltschutz

(1) ¹Der Betriebsrat hat sich dafür einzusetzen, dass die Vorschriften über den Arbeitsschutz und die Unfallverhütung im Betrieb sowie über den betrieblichen Umweltschutz durchgeführt werden. ²Er hat bei der Bekämpfung von Unfall- und Gesundheitsgefahren die für den Arbeitsschutz zuständigen Behörden, die Träger der gesetzlichen Unfallversicherung und die sonstigen in Betracht kommenden Stellen durch Anregung, Beratung und Auskunft zu unterstützen.

(2) ¹Der Arbeitgeber und die in Absatz 1 Satz 2 genannten Stellen sind verpflichtet, den Betriebsrat oder die von ihm bestimmten Mitglieder des Betriebsrats bei allen im Zusammenhang mit dem Arbeitsschutz oder der Unfallverhütung stehenden Besichtigungen und Fragen und bei Unfalluntersuchungen hinzuzuziehen. ²Der Arbeitgeber hat den Betriebsrat auch bei allen im Zusammenhang mit dem betrieblichen Umweltschutz stehenden Besichtigungen und Fragen hinzuzuziehen und ihm unverzüglich die den Arbeitsschutz, die Unfallverhütung und den betrieblichen Umweltschutz betreffenden Auflagen und Anordnungen der zuständigen Stellen mitzuteilen.

(3) Als betrieblicher Umweltschutz im Sinne dieses Gesetzes sind alle personellen und organisatorischen Maßnahmen sowie alle die betrieblichen Bauten, Räume, technische Anlagen, Arbeitsverfahren, Arbeitsabläufe und Arbeitsplätze betreffenden Maßnahmen zu verstehen, die dem Umweltschutz dienen.

(4) An Besprechungen des Arbeitgebers mit den Sicherheitsbeauftragten im Rahmen des § 22 Abs. 2 des Siebten Buches Sozialgesetzbuch nehmen vom Betriebsrat beauftragte Betriebsratsmitglieder teil.

(5) Der Betriebsrat erhält vom Arbeitgeber die Niederschriften über Untersuchungen, Besichtigungen und Besprechungen, zu denen er nach den Absätzen 2 und 4 hinzuzuziehen ist.

(6) Der Arbeitgeber hat dem Betriebsrat eine Durchschrift der nach § 193 Abs. 5 des Siebten Buches Sozialgesetzbuch vom Betriebsrat zu unterschreibenden Unfallanzeige auszuhändigen.

Literatur: *Ahrens/Donner/Simon* (Hrsg.), Arbeit – Umwelt, 2001; *Becker/Kniep*, Die Beauftragten im betrieblichen Umweltschutz – arbeitsrechtliche Aspekte, NZA 1999, 243; *Bergmann*, Weitergabe elektronisch erfasster Arbeitszeiten durch den Betriebsrat, AiB 2004, 184; *Bücker/Feldhoff/Kohte*, Vom Arbeitsschutz zur Arbeitsumwelt, 1994; *Fabricius*, Die Mitbestimmung des Betriebsrats bei der Umsetzung des neuen Arbeitsschutzrechts, BB 1997, 1254; *Hanau*, Denkschrift zu dem Regierungsentwurf eines Gesetzes zur Reform des Betriebsverfassungsgesetzes, RdA 2001, 65; *Huke*, Die Beteiligung des Betriebsrats bei der Gefährdungsbeurteilung, FA 2005, 165; *Kieper*, Betrieblicher Umweltschutz, 2002; *Kittner/Kieper*, Sicherheit und Gesundheitsschutz als Handlungsfeld des Betriebsrats und des Personalrats, PersR 2005, 339; *Konzen*, Der Regierungsentwurf des Betriebsverfassungsreformgesetzes, RdA 2001, 1790; *Leitretter*, Betriebs- und Dienstvereinbarungen – Betrieblicher Umweltschutz, 1999; *Reichel/Meyer*, Betrieblicher Umweltschutz als Schnittstelle zwischen Arbeitsrecht und Umweltrecht, RdA 2003, 101; *Rudow*, Arbeitsschutz und psychische Belastungen, AiB 2007, 470; *Schubert*, Europäisches Arbeitsschutzrecht und betriebliche Mitbestimmung, Diss., 2005; *Schwede*, Gesundheitsschutz und Mitbestimmung, AiB 2004, 465; *Springmann*, Der Betriebsrat und die Betriebsbeauftragten – Ein Vergleich zweier betrieblicher Funktionsträger unter besonderer Berücksichtigung ihres Verhältnisses zueinander, Diss., 2004; *Strecker*, Beteiligung des Betriebsrats im Zusammenhang mit der Gefahrgutbeauftragtenverordnung, AiB 1995, 768; *Wagner*, Die Beteiligung des Betriebsrats bei Umweltmanagementsystemen nach der EG-Öko-Audit-Verordnung, AiB 1996, 453; *Wiese*, Beteiligung des Betriebsrats beim betrieblichen Umweltschutz nach dem Gesetz zur Reform des Betriebsverfassungsgesetzes, BB 2002, 674

A. Allgemeines	1	3. Hinzuziehungs- und Mitteilungspflichten, Informationsansprüche	11
B. Regelungsgehalt	3	III. Verstöße	16
I. Begriffe	3	C. Verbindung zu anderen Rechtsgebieten und zum Prozessrecht	17
II. Die Pflichten und Mitwirkungsrechte des Betriebsrats	5	D. Beraterhinweise	21
1. Überwachungsbefugnis und -verpflichtung	6		
2. Unterstützungspflicht	8		

A. Allgemeines

Die Vorschrift regelt die Beteiligungsrechte und -pflichten des BR hinsichtlich des Arbeitsschutzes, der Unfallverhütung im Betrieb und des betrieblichen Umweltschutzes. Mit dem am 28.7.2001 in Kraft getretenen Gesetz zur Reform des BetrVG[1] ist dem BR in Fragen des betrieblichen Umweltschutzes ausdrücklich eine vergleichbare Rechtsstellung eingeräumt worden wie in Fragen des Arbeitsschutzes.[2] Nach dem Willen des Gesetzgebers sollen im Interesse der AN die Sachkunde und die besondere Sachnähe der BR-Mitglieder für den Arbeits-, Unfall- und Umweltschutz im Betrieb nutzbar gemacht werden.[3]

Die Bestimmung verstärkt für diesen Bereich die bereits nach § 80 Abs. 1 Nr. 1 und 9 BetrVG bestehende allgemeine Überwachungs- und Förderungspflicht des BR.[4]

B. Regelungsgehalt

I. Begriffe

Der Begriff der **Arbeitsschutzvorschriften** in Abs. 1 S. 1 ist weit zu verstehen.[5] Er umfasst alle Bestimmungen, die der Sicherheit am Arbeitsplatz und der Erhaltung der Gesundheit bei der Arbeit dienen. Neben den staatlichen Arbeitsschutzregelungen, insb. den RL der EU,[6] den Gesetzen, VO und ihren konkretisierenden Einzelanweisungen (Verwaltungsakte) sowie den allgemein anerkannten sicherheitstechnischen, arbeitsmedizinischen und hygienischen Regeln,[7] fallen auch TV und BV, soweit sie arbeitsschutzrechtliche Bestimmungen enthalten,[8] unter den gesetzlichen Tatbestand. Mit den **Vorschriften über die Unfallverhütung (UVV)** wird das autonome Satzungsrecht der Unfallversicherungsträger angesprochen. Die UVV gelten für die Mitgliedsunternehmen und deren Beschäftigte als Versicherte der Berufsgenossenschaft und nicht für die Allgemeinheit. Sie bedürfen der Genehmigung durch die Aufsichtsbehörde (§ 15 Abs. 4 SGB VII). Der Unternehmer hat im Rahmen seiner Sorgfaltspflicht eigenständig Maßnahmen zum Arbeitsschutz zu ergreifen und darf nur in Ausnahmefällen von den bindenden UVV abweichen.

Der Begriff des **betrieblichen Umweltschutzes** ist in Abs. 3 definiert.[9] Als betrieblicher Umweltschutz i.S.d. Gesetzes werden alle personellen und organisatorischen Maßnahmen sowie alle die betriebliche Bauten, Räume, technische Anlagen, Arbeitsverfahren, Arbeitsabläufe und Arbeitsplätze betreffenden Maßnahmen verstanden. Umweltschutz und Arbeitsschutz unterscheiden sich durch ihre Zielrichtungen; es kann zu Überschneidungen kommen.[10] Eine Umweltschutzmaßnahme kann dem Schutz der AN dienen und umgekehrt.[11] Die Aufgaben des BR beziehen sich auf die Sicherstellung der tatsächlichen Durchführung des betrieblichen Umweltschutzes.[12] Sie sollen den BR dazu anhalten, bei seinen Aktivitäten umweltschutzrelevante Aspekte und Auswirkungen zu prüfen und zu berücksichtigen. Die Rechte des BR erstrecken sich auf **alle vom Betrieb ausgehenden** Umweltaspekte. Dem BR kommt aber **kein allgemeines umweltpolitisches Mandat** zu.[13] Der betriebsverfassungsrechtlichen Aufgabenstellung des BR widerspricht es jedoch nicht, wenn sich Maßnahmen des betrieblichen Umweltschutzes – und sei es mittelbar – auch außerhalb des Betriebs auswirken.[14]

II. Die Pflichten und Mitwirkungsrechte des Betriebsrats

Der BR hat sich dafür einzusetzen, dass die Vorschriften über den Arbeitsschutz und die Unfallverhütung im Betrieb sowie über den Umweltschutz durchgeführt werden (Abs. 1 S. 1). Hierzu räumt ihm das Gesetz eine Überwachungs- und Unterstützungspflicht bzw. entsprechende Rechte ein. Die Regelung konkretisiert und verstärkt das allgemeine Überwachungsrecht des BR nach § 80 Abs. 1 Nr. 1.

---

1 BGBl I 2001 S. 1852.
2 BT-Drucks 14/5741; *Wiese*, BB 2002, 674, 676.
3 DKK/*Buschmann*, § 89 Rn 1.
4 BAG 3.6.2003 – 1 ABR 19/02 – AP § 89 BetrVG 1972 Nr. 1.
5 DKK/*Buschmann*, § 89 Rn 3; *Reichel/Meyer*, RdA 2003, 101, 102.
6 Einen Überblick über die Regelungen gibt: DKK/*Buschmann*, § 89 Rn 16.
7 Ausführlich hierzu: GK-BetrVG/*Wiese*, § 89 Rn 16.
8 HWK/*Clemenz*, § 89 BetrVG Rn 4; DKK/*Buschmann*, § 89 Rn 3.
9 Kritisch zur gesetzlichen Begriffsbestimmung: *Konzen*, RdA 2001, 76, 89.
10 *Reichel/Meyer*, RdA 2003, 101, 104.
11 *Wiese*, BB 2002, 674, 676 m.w.H.
12 *Wiese*, BB 2002, 674, 677.
13 BT-Drucks 14/5741, S. 41; *Fitting u.a.*, § 89 Rn 10.
14 DKK/*Buschmann*, § 89 Rn 56; *Wiese*, BB 2002, 674, 675.

6 1. Überwachungsbefugnis und -verpflichtung. Hinsichtlich der Vorschriften über den Arbeitsschutz und die Unfallverhütung sowie über den betrieblichen Umweltschutz kommen dem BR nach Abs. 1 S. 1 eine **Überwachungspflicht** und ein damit korrelierendes **Überwachungsrecht** zu. Die Regelung konkretisiert und verstärkt das allgemeine Überwachungsrecht des BR nach § 80 Abs. 1 Nr. 1. Die Pflicht und das Recht bestehen nicht nur gegenüber dem AG, sondern auch in Bezug auf die im Betrieb Beschäftigten.[15] Die Pflicht zur Information und Sensibilisierung der im Betrieb tätigen Mitarbeiter seitens des BR in Fragen des Arbeitsschutzes, der Unfallverhütung und des betrieblichen Umweltschutzes (z.B. auf Betriebsversammlungen) umfasst aber nicht die Berechtigung, einseitig Arbeitsschutz- oder Umweltschutzmaßnahmen zu ergreifen oder gegen den Willen des AG durchzusetzen. Für die Durchführung und Gewährleistung des betrieblichen Arbeits- und Umweltschutzes sowie der Unfallverhütung bleibt allein der AG verantwortlich.[16] Dieser hat nach den gesetzlichen Vorschriften und den UVV der Berufsgenossenschaften bspw. Sicherheitsfachkräfte und Betriebsärzte zu bestellen. Einige Berufsgenossenschaften bieten unternehmensbezogene sicherheitstechnische Betreuungsmöglichkeiten an. Der BR hat sich über den Stand des Arbeits- und Umweltschutzes im Betrieb zu informieren. Der AG hat dem BR deshalb die für den Betrieb geltenden Bestimmungen auf dem Gebiet des Umweltschutzes zur Verfügung zu stellen.

Die Überwachungsbefugnis knüpft nicht an das Arbverh oder den AN-Begriff an. Der BR ist auch für die Überwachung der genannten Vorschriften hinsichtlich der im Betrieb tätigen Leih-AN, leitenden Ang und Selbstständigen zuständig.[17]

7 Der BR hat das Recht, **alle** zur Erfüllung seiner Aufgaben erforderlichen Maßnahmen zu ergreifen.[18] Er kann sein Überwachungsrecht **jederzeit und unangekündigt** wahrnehmen und bspw. eine Betriebsbegehung vornehmen[19] oder einzelne Arbeitsplätze im Hinblick auf die Einhaltung von Arbeitsschutzvorschriften besichtigen, Betriebskontrollen und Stichproben durchführen sowie Anregungen oder Beschwerden von AN nachgehen.[20] Der BR hat das Recht, bei Betriebsbegehungen durch den auf den Umweltschutz bezogenen Unternehmensberater anwesend zu sein. Konkreter Verdachtsmomente der Nichteinhaltung von Arbeitsschutz- oder Unfallverhütungsvorschriften oder solcher des betrieblichen Umweltschutzes bedarf es nicht.[21] Der BR muss seiner **umfassende Überwachungsaufgabe** nachkommen können, ohne dass ihn Zugangshindernisse blockieren können. Dies betrifft auch Betriebsbereiche, zu denen aus Sicherheitsgründen der Zutritt verboten ist;[22] in Einzelfällen bedarf es der Voranmeldung des BR nur in solchen Fällen, in denen der Zutritt erst nach der Erfüllung bestimmter Sicherheitsmaßnahmen oder der Einholung von Genehmigungen möglich ist.[23] Der AG muss insoweit alles ihm Zumutbare unternehmen, um dem BR Zutritt zu verschaffen.

8 2. Unterstützungspflicht. Der BR ist nach Abs. 1 S. 2 verpflichtet, die für den gesetzlichen Arbeitsschutz zuständigen Behörden und Stellen zu **unterstützen**. Gemeint sind z.B. staatliche Gewerbeärzte und Gewerbeaufsichtsbeamte, Baubehörden, Gesundheitsämter, Bergaufsichtsbehörden, amtlich anerkannte SV der Technischen Überwachungsorganisation (TÜV), Immissionsschutzbehörden, Technische Aufsichtspersonen der Berufsgenossenschaften, die für den vorbeugenden Brandschutz zuständigen Behörden, Ämter für Arbeitssicherheit (bzw. Arbeitsschutz) und Sicherheitstechnik und Umweltschutzbehörden.[24]

9 Die Unterstützung erfolgt durch **Anregung, Beratung und Auskunft.** Der BR ist berechtigt und verpflichtet, über arbeitsschutzrelevante Missstände im Betrieb die Aufsichtsbehörden zu informieren, ggf. Kontrollen anzuregen[25] und an der Bekämpfung von Unfall- und Gesundheitsgefahren aktiv mitzuwirken. Die Vorschrift umfasst ebenso eine **Befugnis** für den BR **zur Zusammenarbeit** mit den genannten Behörden. Diese Zusammenarbeit kann es erforderlich machen, nähere Informationen über innerbetriebliche Vorgänge an die zuständigen Stellen weiterzuleiten.[26] Zwar ist der BR nach § 79 Abs. 1 grds. zur Verschwiegenheit verpflichtet; aufgrund der ausdrücklichen gesetzlichen Verpflichtung zur Auskunftserteilung wird er aber in diesen Fällen regelmäßig von ihr befreit sein.[27] Lediglich ausnahmsweise (Wahrung eines besonders sensiblen Betriebs- oder Geschäftsgeheimnisses) kann der Schweigepflicht ein Vorrang eingeräumt werden.[28] Der BR hat in jedem Falle aber die **datenschutzrechtlichen Vorgaben** zu beachten. Die Erforderlichkeit einer Datenweitergabe muss er in eigener Verantwortung prüfen und hierbei v.a. auch die Interessen der betroffenen AN berücksichtigen. So ist der BR auch im Hinblick auf die Unterstützungspflicht der für den Arbeitsschutz zuständigen Behörden nicht stets und einschränkungslos berechtigt, die vom AG elektronisch erfassten tatsächlich geleisteten Arbeitszeiten der AN namensbezogen mitzuteilen.[29]

---

15 Richardi/*Annuß*, § 89 Rn 11.
16 *Fitting u.a.*, § 89 Rn 15.
17 DKK/*Buschmann*, § 89 Rn 3.
18 *Fitting u.a.*, § 89 Rn 11; DKK/*Buschmann*, § 89 Rn 28.
19 *Fitting u.a.*, § 89 Rn 12; DKK/*Buschmann* § 89 Rn 28.
20 ErfK/*Kania*, § 89 BetrVG Rn 3; *Fitting u.a.*, § 89 Rn 12.
21 *Fitting u.a.*, § 89 Rn 12; GK-BetrVG/*Wiese*, § 89 Rn 10.
22 *Fitting u.a.*, § 89 Rn 12; Richardi/*Annuß*, § 89 Rn 12.
23 Str.: a.A. HWK/*Clemenz*, § 89 BetrVG Rn 12 m.w.N.
24 Weitere Bsp. bei GK-BetrVG/*Wiese*, § 89 Rn 9.

25 ErfK/*Kania*, § 89 BetrVG Rn 3; GK-BetrVG/*Wiese*, § 89 Rn 59.
26 BAG 3.6.2003 – 1 ABR 19/02 – AP § 89 BetrVG 1972 Nr. 1.
27 *Fitting u.a.*, § 89 Rn 18.
28 BAG 3.6.2003 – 1 ABR 19/02 – AP § 89 BetrVG 1972 Nr. 1.
29 BAG 3.6.2003 – 1 ABR 19/02 – AP § 89 BetrVG 1972 Nr. 1 m. zust. Anm. *Simitis*.

Im Übrigen hat der BR im Rahmen der Unterstützungspflicht den **Grundsatz der vertrauensvollen Zusammenarbeit** nach § 2 Abs. 1 zu wahren. Überwiegend wird dementsprechend angenommen, vor einer **unaufgeforderten** Unterrichtung der Überwachungsbehörde müsse erfolglos der Versuch unternommen worden sein, den AG zur Mängelbeseitigung zu bewegen.[30] Ob ein derartiges Verständnis der Unterstützungspflicht mit europarechtlichen Vorgaben vereinbar ist, erscheint zweifelhaft. Nach Art. 11 Abs. 6 der RL des Rates 89/391/EWG über die Durchführung von Maßnahmen zur Verbesserung der Sicherheit und des Gesundheitsschutzes der AN bei der Arbeit vom 12.6.1989 (Arbeitsschutz-RL) haben AN sowie ihre Vertreter das Recht, sich gemäß den nationalen Rechtsvorschriften bzw. Praktiken an die für die Sicherheit und den Gesundheitsschutz am Arbeitsplatz zuständige Behörde zu wenden, wenn sie der Auffassung sind, dass die vom AG getroffenen Maßnahmen und bereitgestellten Mittel nicht ausreichen, um die Sicherheit und den Gesundheitsschutz am Arbeitsplatz sicherzustellen. Die Arbeitsschutz-RL macht die Wahrnehmung dieses Rechts nicht von bestimmten Vorgaben – wie etwa dem erfolglosen innerbetrieblichen Abhilfeversuch – abhängig (so explizit aber § 17 Abs. 2 ArbSchG beim Recht der Beschäftigten, sich erst nach einer nicht abgeholfenen innerbetrieblichen Beschwerde an die zuständige Behörde wenden zu können).

3. Hinzuziehungs- und Mitteilungspflichten, Informationsansprüche. Nach Abs. 2 S. 1 sind der AG und die mit dem Arbeitsschutz und der Unfallverhütung befassten Stellen verpflichtet, den BR oder von ihm bestimmte BR-Mitglieder bei allen im Zusammenhang mit dem Arbeitsschutz oder der Unfallverhütung stehenden **Besichtigungen** und **Fragen** sowie bei **Unfalluntersuchungen** hinzuziehen. Bei allen im Zusammenhang mit dem **betrieblichen Umweltschutz** stehenden Inspektionen und Problemen trifft die Pflicht, den Betriebsrat hinzuziehen, nach dem eindeutigen[31] Wortlaut des Abs. 2 S. 2 allein den AG.

Ein zu weites Verständnis des Tatbestandsmerkmals „alle im Zusammenhang stehenden Besichtigungen und Fragen" wirft erhebliche praktische Anwendungsprobleme auf. Eine Beteiligung des BR ist in den Fällen schwer zu verwirklichen, in denen bspw. bei Besprechungen des AG – ggf. sogar unvorhersehbar – Fragestellungen des Arbeitsschutzes, der Unfallverhütung oder des betrieblichen Umweltschutzes lediglich tangiert werden. Im Zweifel ist der BR zumindest nachträglich über die behandelten Probleme zu informieren. Nach der Rspr. ist der AG nicht verpflichtet den BR an allen Besprechungen mit der Sicherheitsfachkraft, soweit sie das Thema Arbeitssicherheit betrifft, zu beteiligen. Da kein allgemeiner, voraussetzungsloser Teilnahmeanspruch des BR bestehe, brauche er nur hinzugezogen zu werden, wenn konkrete Fragen des Arbeitsschutzes oder der Unfallverhütung besprochen würden.[32]

Der AG ist nach Abs. 2 S. 2 verpflichtet, dem BR die den Arbeitsschutz, die Unfallverhütung und den betrieblichen Umweltschutz betreffenden Auflagen und Anordnungen der zuständigen Stellen unverzüglich (ohne schuldhaftes Zögern)[33] mitzuteilen. Aus der **Mitteilungspflicht** folgt ein entsprechender **Informationsanspruch** des BR. Er steht im Zusammenhang mit der Überwachungspflicht und -befugnis des BR nach Abs. 1 S. 1 sowie seiner besonderen Förderungsaufgabe nach § 80 Abs. 1 Nr. 9; nur ein umfassend informierter BR kann seine diesbezüglichen Aufgaben wahrnehmen.

Bei den Besprechungen des AG mit dem im Unternehmen bestellten **Sicherheitsbeauftragten** haben vom BR beauftragte BR-Mitglieder ein Teilnahmerecht (Abs. 4). Die Vorschrift verweist auf § 22 Abs. 2 SGB VII, welcher die Aufgaben des Sicherheitsbeauftragten regelt. Handelt es sich um Unterredungen zwischen Sicherheitsbeauftragtem und AG im Zusammenhang mit der Wahrnahme dieser Aufgaben, sind die vom BR beauftragten Mitglieder (zweckmäßigerweise bereits in der Geschäftsordnung des BR benannt) hinzuziehen.

Der AG muss dem BR nach Abs. 5 die Niederschriften über Untersuchungen, Besichtigungen und Besprechungen, zu denen der BR hinzuziehen ist, zuleiten. Diese Pflicht besteht auch dann, wenn der BR nicht zu den in Abs. 2 und Abs. 4 genannten Besichtigungen, Untersuchungen und Besprechungen hinzugezogen worden ist oder an diesen trotz entsprechender Benachrichtigung nicht teilgenommen hat.[34] Dies folgt aus dem Wortlaut von Abs. 5, welcher auf die Hinzuziehungspflicht und nicht die tatsächliche Hinzuziehung abstellt. § 193 Abs. 5 S. 1 SGB VII bestimmt, dass eine **Unfallanzeige** vom BR- oder PR mit zu unterzeichnen ist. Die Vorschrift soll den BR in die Lage versetzen, Einwendungen gegen die Unfallschilderung zu machen[35] und somit zu einer höheren Richtigkeitsgewähr zu kommen. Eine Durchschrift dieser Anzeige ist nach Abs. 6 dem BR **auszuhändigen**. Der AG hat die in Abs. 5 und 6 genannten Schriftstücke dem BR unaufgefordert zuzuleiten bzw. auszuhändigen. Der BR hat einen **Überlassungsanspruch**; die Möglichkeit der Einsichtnahme genügt nicht.

---

30 So die h.M. im Schrifttum, vgl. etwa *Fitting u.a.*, § 89 Rn 18; ErfK/*Kania*, § 89 BetrVG Rn 2; GK-BetrVG/*Wiese*, § 89 Rn 58 m.w.N.; Richardi/*Annuß*, § 89 Rn 19; a.A. wohl HaKo-BetrVG/*Kohte*, § 89 Rn 25; wohl auch DKK/ *Buschmann*, § 89 Rn 23; offen gelassen: BAG 3.6.2003 – 1 ABR 19/02 – AP § 89 BetrVG 1972 Nr. 1; zust.: *Thüsing*/ *Bodenstedt*, EWiR 2004, 317.

31 LAG Düsseldorf 3.1.1989 – 11 TaBV 160/88 – NZA 1989, 733.

32 LAG Düsseldorf 3.1.1989 – 11 TaBV 160/88 – NZA 1989, 733.

33 *Fitting u.a.*, § 89 Rn 24.

34 Ebenso: ErfK/*Kania*, § 89 BetrVG Rn 7.

35 ErfK/*Kania*, § 89 BetrVG Rn 8.

III. Verstöße

16 Verstößt der BR gegen die ihm nach § 89 auferlegten Pflichten in grober Weise, kommt die Auflösung des BR oder der Ausschluss einzelner BR-Mitglieder nach § 23 Abs. 1 in Betracht. Gegen den AG kann bei grober Verletzung seiner Pflichten aus § 89 ein Verfahren nach § 23 Abs. 3 angestrengt werden. Die Nichtbeachtung der Pflichten des AG im Zusammenhang mit § 89 kann den Straftatbestand nach § 119 Abs. 1 Nr. 2 (Behinderung oder Störung der Tätigkeit des BR) erfüllen.

C. Verbindung zu anderen Rechtsgebieten und zum Prozessrecht

17 Neben den in § 89 geregelten Rechten und Pflichten kommen dem BR in Angelegenheiten des Arbeitsschutzes, der Unfallverhütung und des betrieblichen Umweltschutzes weitere im BetrVG (vgl. §§ 43 Abs. 2, 80 Abs. 1 Nr. 1 und 9, 87 Abs. 1 Nr. 7, 88 Nr. 1a, 90, 91 sowie – den Wirtschaftsausschuss betreffend – § 106 Abs. 3 Nr. 5a) und in anderen Gesetzen (insb. im ASiG) geregelte **Beteiligungsrechte und Aufgaben** zu. So ist der BR bspw. bei der Bestellung und Abberufung[36] des Sicherheitsbeauftragten zu beteiligen (§ 22 Abs. 1 S. 1 SGB VII), hat Mitbestimmungsrechte im Hinblick auf die Betriebsärzte[37] und die Fachkräfte für Arbeitssicherheit (§ 9 ASiG), ist Mitglied im ggf. im Betrieb zu bildenden Arbeitsschutzausschuss (§ 11 S. 2 ASiG), sind die Betriebsärzte und die Fachkräfte für Arbeitssicherheit verpflichtet, bei der Erfüllung ihrer Aufgaben mit dem BR zusammenzuarbeiten (§ 9 Abs. 1 ASiG) und muss die zuständige Behörde den BR über eine arbeitssicherheitsrelevante Anordnung schriftlich in Kenntnis setzen (§ 12 Abs. 4 ASiG). Beauftragt der AG Personen aus dem externen Bereich, die die an sich ihm obliegenden Aufgaben nach dem Arbeitsschutzgesetz in eigener Verantwortung wahrzunehmen (§ 13 Abs. 2 ArbSchG), besteht ein Mitbestimmungsrecht des Betriebsrats.[38]

18 **Besondere Aufgaben** im Arbeits- und Gesundheitsschutz sowie im betrieblichen Umweltschutz nehmen wahr:[39] Betriebsbeauftragter für Immissionsschutz (§§ 53 ff. BImSchG), Störfallbeauftragter (§§ 58a ff. BImSchG), Betriebsbeauftragter für Gewässerschutz (§§ 21a ff. WHG), Betriebsbeauftragter für Abfälle (§§ 54, 55 AbfG), Gefahrgutbeauftragter[40] (Gefahrgutbeauftragten-VO vom 26.3.1998,[41] zuletzt geändert durch VO vom 11.12.2001),[42] Laserschutzbeauftragter für technische Anwendungen (§ 6 Unfallverhütungsvorschrift BGV B2), Strahlenschutzbeauftragter (§§ 29 bis 31 der VO über den Schutz vor Schäden durch ionisierende Strahlen vom 20.7.2001[43] bzw. §§ 13 bis 15 der VO über den Schutz vor Schäden durch Röntgenstrahlen vom 30.4.2003),[44] Beauftragter für biologische Sicherheit (§§ 16 bis 18 GenTSV). Teilweise sind diese Beauftragten kraft ausdrücklicher Anweisung in den Spezialgesetzen und -VO zur Zusammenarbeit mit dem BR verpflichtet.[45] Mögliche Kooperationsbeispiele: Beauftragte als sachverständige Ansprechpartner für den BR bei gesundheitlichen (evtl. schadstoffbedingten) Beschwerden von AN; Beauftragte als sachkundige AN i.S.v. § 80 Abs. 2 S. 3 oder als Vortragende auf Betriebsversammlungen (z.B. zu Umweltauswirkungen von Immissionen oder zu technisch möglichen Abhilfemaßnahmen); Zusammenarbeit bei der Eruierung branchenspezifischen Bildungsbedarfs.

19 Die dem BR im Rahmen des betrieblichen Arbeits- und Gesundheitsschutzes zugewiesenen Aufgaben begründen ein besonderes Informationsbedürfnis, welches z.B. durch Fachzeitschriften – für deren Kosten der AG aufzukommen hat (§ 40 Abs. 1) – abgedeckt werden kann. Steht dem BR bereits eine arbeitsrechtliche Fachzeitschrift zur Verfügung, die sich regelmäßig mit arbeits- und gesundheitswissenschaftlichen Themenstellungen befasst, hat der BR darzulegen, welche betrieblichen oder betriebsratsbezogenen Gründe die Anschaffung einer weiteren Fachzeitschrift erfordern.[46] Ein Seminar zum Thema „Neue Gesetze und Verordnungen im betrieblichen Arbeits- und Gesundheitsschutz", in dem Fragen zur Bildschirmarbeits-VO erörtert werden, ist erforderlich i.S.d. § 37 Abs. 6.[47] Ungeachtet der Anerkennung einer Schulungs- und Bildungsveranstaltung zum betrieblichen Umweltschutz als „geeignet" i.S.v. § 37 Abs. 7[48] ist wegen der ausdrücklich in § 80 Nr. 9 und § 89 erweiterten Aufgabenzuständigkeit eine Schulung des BR zu diesem Thema als „erforderlich" i.S.v. § 37 Abs. 6 anzusehen.

20 Über Streitigkeiten zwischen BR und AG sowie zwischen BR und den nach § 89 verpflichteten außerbetrieblichen Stellen entscheidet das ArbG im Beschlussverfahren.

---

36 Str.: vgl. *Fitting u.a.*, § 89 Rn 34 m.w.N.
37 Zur betriebsbedingten Künd einer Betriebsärztin nach ihrer Abberufung mit Zustimmung des BR vgl. LAG Bremen 9.1.1998 – 4 Sa 11/97 – DB 1998, 684.
38 LAG Niedersachsen 4.4.2008 – 16 TaBV 110/07 – Rechtsbeschwerde eingelegt unter dem Az. 1 ABR 43/08.
39 Ausführlich hierzu: *Springmann*, Der Betriebsrat und die Betriebsbeauftragten.
40 Hierzu: *Strecker*, AiB 1995, 768.
41 BGBl I 1998 S. 648.
42 BGBl I 2001 S. 3529.
43 Strahlenschutz-VO (BGBl I S. 1741), zuletzt geändert durch VO v. 18.6.2002 (BGBl I 2001 S. 1869).
44 Röntgen-VO (BGBl I 2003 S. 604).
45 Ausführlich: *Becker/Kniep*, NZA 1999, 243.
46 BAG 25.1.1995 – 7 ABR 37/94 – NZA 1995, 591.
47 ArbG Berlin 4.2.1998 – 2 BV 25577/97 m. zust. Anm. *Noll*, AiB 1998, 643 f. – AiB 1998, 643.
48 Hierzu (zur Rechtslage vor der Reform des BetrVG): BAG 11.10.1995 – 7 ABR 42/94 – NZA 1996, 934.

D. Beraterhinweise

Bei der Zusammenarbeit des BR mit außerbetrieblichen Stellen i.S.d. Unterstützungspflicht nach Abs. 1 S. 2 ist darauf zu achten, dass eine innerbetriebliche Konfliktlösung überwiegend als vorrangig angesehen wird (vgl. Rn 10). Bevor sich der BR an die zuständigen Behörden und Stellen wendet, muss er arbeitsschutzrelevante Missstände und Unzulänglichkeiten dem AG anzeigen und auf Abhilfe drängen. 21

Nehmen der Betrieb oder das Unternehmen freiwillig an **Umweltschutzmanagementsystemen** (z.B. EMAS)[49] oder **Arbeitsschutzmanagementsystemen** (Occupational Health and Risk Managementsystem) teil, können – je nach betrieblicher Ausgestaltung – Beteiligungsrechte des BR berührt sein (§§ 87 Abs. 1, 90, 96 ff., 106, 111).[50] In jedem Fall bietet sich der Abschluss einer freiwilligen BV an. 22

Beispiel für eine freiwillige BV zum **betrieblichen Umweltschutz**: *Hümmerich*, AnwaltFormulare ArbR, § 5 Rn 76.

Beispiel für eine erzwingbare BV zum **Unfallschutz** (Sicherheitsbeauftragter): *Hümmerich*, AnwaltFormulare ArbR, § 5 Rn 158.

Vierter Abschnitt: Gestaltung von Arbeitsplatz, Arbeitsablauf und Arbeitsumgebung

§ 90 Unterrichtungs- und Beratungsrechte

(1) Der Arbeitgeber hat den Betriebsrat über die Planung
1. von Neu-, Um- und Erweiterungsbauten von Fabrikations-, Verwaltungs- und sonstigen betrieblichen Räumen,
2. von technischen Anlagen,
3. von Arbeitsverfahren und Arbeitsabläufen oder
4. der Arbeitsplätze

rechtzeitig unter Vorlage der erforderlichen Unterlagen zu unterrichten.

(2) ¹Der Arbeitgeber hat mit dem Betriebsrat die vorgesehenen Maßnahmen und ihre Auswirkungen auf die Arbeitnehmer, insbesondere auf die Art ihrer Arbeit sowie die sich daraus ergebenden Anforderungen an die Arbeitnehmer so rechtzeitig zu beraten, dass Vorschläge und Bedenken des Betriebsrats bei der Planung berücksichtigt werden können. ²Arbeitgeber und Betriebsrat sollen dabei auch die gesicherten arbeitswissenschaftlichen Erkenntnisse über die menschengerechte Gestaltung der Arbeit berücksichtigen.

Literatur: *Albrecht*, Die Einrichtung von Tele- und Außenarbeitsplätzen – rechtliche und personalpolitische Anforderungen, NZA 1996, 1240; *Boemke/Ankersen*, Telearbeit und Betriebsverfassung, BB 2000, 2254; *Däubler*, Internet und Arbeitsrecht, 2004; *ders.*, Balanced Scorecard und Betriebsverfassung, AiB 2001, 208; *ders.*, Balanced Scorecard – ein Problem für Wirtschaftsausschuss und Betriebsräten, DB 2000, 2270; *Engels/Natter*, Die geänderte Betriebsverfassung, BB 1989, Beil. 8, S. 1; *Fabricius*, Einstellung der Arbeitsleistung bei gefährlichen und normwidrigen Tätigkeiten, Diss. 1996; *Gerber/Trojan*, Knowledge-Management – Ressource Wissen besser nutzen, AuA 2002, 340; *Grässle/Mohr/Neumann*, Die neue ISO 9000 ff. – Wichtige Änderungen und Konsequenzen für die Betriebsratsarbeit, AiB 2001, 460; *Grundmann*, Shared Service Center und betriebliche Mitbestimmung – die juristische Sicht, AiB 2008, 198; *ders.*, Betriebsrat und Benchmarking – die juristische Sicht, AiB 2007, 397; *Kreikebaum/Herbert*, Arbeitsgestaltung und Betriebsverfassung – Eine empirische Untersuchung zum autonomen Arbeitsschutz bei Arbeitsräten, 1990; *Kirsch*, Segmentberichterstattung nach IAS 14 als Basis eines kennzahlengestützten Unternehmenscontrolling, DB 2001, 1513; *Lachenmann*, Betriebsverfassungsrechtliche Fragen bei der Einführung eines nach der DIN EN ISO 9001 zertifizierbaren Qualitätsmanagementsystems, RdA 1998, 105; *Merten*, Betriebsverfassungsrechtliche Fragen bei der Einführung des Umweltmanagementsystems nach der Umwelt-Audit-Verordnung der EG, DB 1996, 90; *Pornschlegel/Schardt/Zachert*, Humane Arbeit I, Arbeitsgestaltung und Mitbestimmung, Arbeitsbedingungen, Humanisierung, Interessenvertretung, 1982; *Schmechel*, Die Rolle des Betriebsrats bei der Einführung und Durchführung von Telearbeit, NZA 2004, 237; *Schmidt/Dobberahn*, Betriebsverfassungsrechtliche Fragen bei einem Zertifizierungsverfahren nach DIN ISO 9000 ff., NZA 1995, 1017; *Thelen*, Die Beteiligungsrechte des Betriebsrates gemäß §§ 90, 91 BetrVG unter besonderer Berücksichtigung der Sanktion bei Nichtbeachtung der Beteiligungsrechte durch den Arbeitgeber, Diss. 1988; *Theune*, Strategische Personalentwicklung – Möglichkeiten für Betriebsräte, AiB 2001, 272; *Tuchbreiter*, Betriebsverfassungsrechte des Betriebsrats bei der Einführung und Durchführung flexibler Arbeitszeitmodelle, Diss. 2001; *Weberling*, Unterlassungsansprüche des Betriebsrats bei Verstößen gegen § 90 BetrVG insbesondere in Tendenzunternehmen, AfP 2005, 139; *Wellenhofer/Klein*, Just-In-Time-Produktion und betriebsverfassungsrechtliche Mitbestimmung, DB 1998, 978; *Wiese*, Die Mitbestimmung des Betriebsrats über Grundsätze zur Durchführung von Gruppenarbeit nach § 87 Abs. 1 Nr. 13 BetrVG, BB 2002, 198

---

49 VO (EG) Nr. 761/2001 des Europäischen Parlaments und des Rates über die freiwillige Beteiligung von Organisationen an einem Gemeinschaftssystem für das Umweltmanagement und die Umweltbetriebsprüfung (EMAS), ABl EG L 114 v. 24.4.2001, S. 1; EMAS steht für: *Eco-Management and Audit Scheme*, auch bekannt als EU-Öko-Audit oder Öko-Audit.

50 Vgl. *Fitting u.a.*, § 89 Rn 6.

A. Allgemeines	1	1. Beratungszeitpunkt und -inhalt	12
B. Regelungsgehalt	2	2. Beratungsmaxime	15
I. Unterrichtung	2	III. Verstöße	18
1. Gegenstände der Unterrichtung	3	C. Verbindung zu anderen Rechtsgebieten und zum Prozessrecht	20
2. Unterrichtungszeitpunkt und -weise	8		
II. Beratung	12	D. Beraterhinweise	23

A. Allgemeines

1 Die Vorschrift regelt gemeinsam mit § 91 die Beteiligungsrechte des BR bei der **Gestaltung von Arbeitsplatz, Arbeitsablauf und Arbeitsumgebung**. Sie räumt dem BR ein Informations- und Beratungsrecht bereits im **Planungsstadium** ein.[1] Damit soll ein präventiver Schutz verwirklicht werden.[2] Mit diesem Beteiligungsrecht soll der BR Einfluss auf die äußeren Bedingungen bei der Erbringung der Arbeitsleistung erhalten und so für eine menschenwürdige Arbeitswelt im Betrieb Sorge tragen.[3] Mögliche betriebliche Belastungen der AN sollen von vornherein vermieden oder jedenfalls begrenzt und gemildert werden. Durch das Unterrichtungs- und Beratungsrecht nach § 90 sollen dem BR frühzeitig Einflussmöglichkeiten auf das Planungsergebnis eröffnet werden.

B. Regelungsgehalt

I. Unterrichtung

2 Nach § 90 Abs. 1 S. 1 ist der BR über die Planung aller Neu-, Um- und Erweiterungsbauten von Fabrikations-, Verwaltungs- und sonstigen betrieblichen Räumen (Nr. 1), von technischen Anlagen (Nr. 2), von Arbeitsverfahren und Arbeitsabläufen (Nr. 3) oder der Arbeitsplätze (Nr. 4) rechtzeitig zu unterrichten.

3 **1. Gegenstände der Unterrichtung.** Die Unterrichtungspflicht des AG bezieht sich abschließend[4] auf die vier in Abs. 1 genannten Unterrichtungsgegenstände. Die Nr. 1 erfasst die räumlichen Einflüsse auf die Arbeitsbedingungen. Hiernach ist der BR über alle Neu-, Um- und Erweiterungsbauten der betrieblichen Räume zu unterrichten. **Betriebliche Räume** sind alle Örtlichkeiten, in denen AN beschäftigt werden oder sich – wenn auch nur vorübergehend – AN aufhalten und ein (zumindest indirekter) Bezug zu ihrer Tätigkeit besteht,[5] wie bspw. Waschräume und Toiletten, Pausen-, Ruhe- oder andere betriebliche Sozialräume bzw. -einrichtungen (z.B. Kantinen).[6] Bei dem Aufstellen einer Mobilfunkantenne auf einem nicht zu betrieblichen Zwecken genutzten Dach fehlt es hingegen an dem Bezug zum „betrieblichen Raum".[7] Eine räumliche Umfassung ist nicht notwendig, so dass auch Betriebsparkplätze zu den betrieblichen Räumen i.S.d. Norm zählen.[8] Neu-, Um- oder Erweiterungsbauten betrieblicher Sportplätze und Spielstätten, Freizeitanlagen oder Fitnessräume haben dagegen keinen hinreichenden Bezug mehr zur Erbringung der Arbeitsleistung und unterfallen dem Normzweck entsprechend nicht der Unterrichtungspflicht.[9] **Baumaßnahmen** i.S.d. Norm erfordern grds. – aber nicht ausschließlich – eine Veränderung der baulichen Substanz.[10] Jede Veränderung des Baukörpers ist als Umbau anzusehen, sofern dadurch die Arbeitsbedingungen beeinflusst werden.[11] Maßgeblich ist, ob der Neu-, Um- oder Erweiterungsbau der Betriebsstätten mit einer nicht nur geringfügigen Veränderung der Umstände für die Erbringung der Arbeitsleistung[12] oder einer Zweckmodifikation einhergeht. Geplante Abbrucharbeiten sind nicht unterrichtungspflichtig.[13] Bloße Renovierungs- oder Reparaturarbeiten sind es grds. auch nicht, es sei denn, die Bausubstanz wird verändert, bspw. durch einen Austausch maroder Fenster mit Auswirkungen auf die Belüftung oder Beleuchtung.[14]

4 Die Nr. 2 bezieht das Beteiligungsrecht auf die Einflüsse der **technischen Anlagen** auf die Arbeitsbedingungen der AN im Betrieb. Technische Anlagen i.S.d. Nr. 2 sind alle Maschinen, Geräte und Hilfsmittel im Fabrikations- und Verwaltungsbereich, die unmittelbar oder mittelbar dem Arbeitsablauf dienen, ihn ermöglichen, erleichtern oder beeinflussen.[15] Auf die Größe der technischen Anlage kommt es nicht an, es kann sich sowohl um stationäre als auch

---

1 GK-BetrVG/*Wiese/Weber*, § 90 Rn 1; HWK/*Schrader*, § 90 BetrVG Rn 1.
2 GK-BetrVG/*Wiese/Weber*, § 90 Rn 1.
3 *Fitting u.a.*, § 90 Rn 2.
4 Ebenso: ErfK/*Kania*, § 90 BetrVG Rn 2; GK-BetrVG/ *Wiese/Weber*, § 90 Rn 8.
5 *Fitting u.a.*, § 90 Rn 18; HWK/*Schrader*, § 90 BetrVG Rn 5.
6 *Fitting u.a.*, § 90 Rn 18; DKK/*Klebe*, § 90 Rn 7; GK-BetrVG/*Wiese/Weber*, § 90 Rn 9.
7 LAG Nürnberg 4.2.2003 – 6 (2) TaBV 39/01 – LAGE § 87 BetrVG 2001 Gesundheitsschutz Nr. 1.
8 A.A. ErfK/*Kania*, § 90 BetrVG Rn 2.
9 A.A. *Stege/Weinspach*, § 90 Rn 6.
10 Auf eine bauliche Substanzveränderung stellt z.B. ab: ErfK/*Kania*, § 90 BetrVG Rn 2 m.w.N.
11 GK-BetrVG/*Wiese/Weber*, § 90 Rn 10.
12 Ebenso: Richardi/*Annuß*, § 90 Rn 8.
13 GK-BetrVG/*Wiese/Weber*, § 90 Rn 10.
14 GK-BetrVG/*Wiese/Weber*, § 90 Rn 10 m.w.H.; a.A. ErfK/ *Kania*, § 90 BetrVG Rn 2.
15 GK-BetrVG/*Wiese/Weber*, § 90 Rn 13.

mobile technische Vorrichtung handeln.[16] Beispiele sind: numerisch gesteuerte, computer- und zentralcomputergesteuerte Maschinen, Förderbänder, Fahrstühle, EDV-gesteuerte Personalabrechnungssysteme,[17] die Umstellung der durch EDV ausgeführten Personalabrechnung vom Offline- auf den Online-Betrieb,[18] EDV-Systeme,[19] Bildschirmgeräte,[20] Industrieroboter, Büroautomation, Informations- und Kommunikationstechnologien und Verbrennungsanlagen.[21] Bei gebäudetechnischen Anlagen (Elektroanlagen, Entlüftungsanlagen, Heizungs- und Klimatechnik) kommt es darauf an, inwieweit diesen – wenigstens mittelbar – ein arbeitsablaufgewährender Zweck zukommt. Soll bspw. die Klimaanlage in einem Serverraum die Computer vor Überhitzung schützen, ist sie eine technische Anlage. Dagegen fallen Arbeitsmaterialien und Werkzeuge nicht hierunter.[22] Die Ersetzung einer veralteten durch eine neue Anlage kommt einer Neuanschaffung gleich.[23] Die Reparatur oder die Ersatzbeschaffung technischer Anlagen ohne nachhaltige Änderung der gegebenen Bedingungen wird hingegen von der Vorschrift nicht erfasst.[24]

Nr. 3 betrifft die Gestaltung des Arbeitsprozesses. Sie erfasst das Arbeitsverfahren und die Arbeitsabläufe. **Arbeitsverfahren** meint den Einsatz technischer Mittel, mit denen auf den Arbeitsgegenstand eingewirkt wird.[25] **Arbeitsablauf** ist die räumliche und zeitliche Folge des Zusammenwirkens von Mensch, Betriebs- bzw. Arbeitsmittel, Stoff, Energie und Information in einem Arbeitssystem.[26] Hierzu gehört die Festlegung über den Ort der Arbeit (bspw. Betriebsabteilung, Arbeit in der Halle oder im Freien etc.),[27] die Arbeitszeit (Lage, Schichtarbeit, Sonderschichten), das Arbeitstempo und den -rhythmus (bspw. Fließbandarbeit) oder die sonstige Organisation der Arbeit (bspw. Gruppen- oder Einzelarbeit), nicht jedoch die geplante Einführung von Bedarfsarbeit (KAPOVAZ).[28] Als mögliche Beteiligungstatbestände der Nr. 3 kommen hiernach in Betracht:[29] flexible Arbeitszeitsysteme,[30] Gruppenarbeit,[31] Internet und Intranet,[32] Just-in-time,[33] Knowledge-Management,[34] Lean-Produktion und Lean Management,[35] Outsourcing[36] und Telearbeit.[37] Auch die Einführung von Controlling-Systemen (Segmentberichterstattung nach IAS 14 als Basis eines kennzahlengestützten Unternehmenscontrolling,[38] Balanced Scorecard),[39] Qualitätsmanagement-Systemen (sofern sie nicht änderungsneutral rein produktbezogen sind),[40] Arbeitsschutz- und Umweltmanagement-Systemen oder die Implementierung von Umweltinformationssystemen kann arbeitssystematische Abläufe beeinflussen und somit Beteiligungsrechte des BR bereits in der Planungsphase zur Folge haben. Das Beteiligungsrecht wird **nicht bei Einzelanweisungen** hinsichtlich des Arbeitsablaufs, sondern nur bei einem prinzipiellen Einfluss der Weisung auf die Bewältigung der Arbeitsaufgabe ausgelöst.[41] Indikator ist die nicht nur unwesentliche und dauerhafte Änderung der Arbeitsaufgabe oder der Umstände, unter denen sie zu bewältigen ist. Nicht von der Nr. 3 werden auch die Kontrollen des Arbeitsablaufs als solche[42] oder die bloße Dokumentation der Verfahrens- und Arbeitsanweisungen beim Zertifikationsverfahren nach DIN ISO 9000 ff. erfasst.[43]

Arbeitsplätze nach Nr. 4 sind die räumlichen Bereiche im Arbeitssystem, in denen die Arbeitsaufgabe verrichtet wird.[44] Es geht nicht um die Planung von Arbeitsplätzen in ihrer beschäftigungspolitischen Bedeutung, sondern um die Ausgestaltung des einzelnen Arbeitsplatzes. Die Unterrichtungspflicht wird schon ausgelöst, wenn ein Arbeitsplatz betroffen ist. Damit ist ein weiter Anwendungsbereich der generalklauselartigen Norm gegeben.[45] Eine Beteiligung des BR nach Nr. 4 wird oft neben einer solchen nach den Nr. 1 bis 3 in Betracht kommen.[46]

Sinn und Zweck des Beteiligungsrechts ist es, dem BR eine Einwirkungsmöglichkeit auf die Unterbringung und räumliche Anordnung der Maschinen und anderer Arbeitsmittel, die Ausstattung und die Arbeitsumgebung des Arbeitsplatzes (u.a. Beleuchtung, Belüftung oder Heizung)[47] zu eröffnen. Die Gestaltung des gesamten Arbeitsumfeldes aus Gründen der Gesundheitssicherung der AN steht im Vordergrund der Beteiligung des BR. Sicherheitstech-

---

16 GK-BetrVG/*Wiese/Weber*, § 90 Rn 13.
17 ErfK/*Kania*, § 90 BetrVG Rn 3.
18 LAG Hamburg 20.6.1985 – 7 TaBV 10/84 – BB 1985, 2110.
19 *Fitting u.a.*, § 90 Rn 21; GK-BetrVG/*Wiese/Weber*, § 90 Rn 14.
20 GK-BetrVG/*Wiese/Weber*, § 90 Rn 14.
21 ErfK/*Kania*. § 90 BetrVG Rn 3 m.w.Bsp.
22 *Fitting u.a.*, § 90 Rn 20; Richardi/*Annuß*, § 90 Rn 11.
23 OLG Düsseldorf 8.4.1982 – 5 Ss 136/82 – DB 1982, 1575.
24 GK-BetrVG/*Wiese*, § 90 Rn 15; Richardi/*Annuß*, § 90 Rn 12.
25 DKK/*Klebe*, § 90 Rn 12; *Fitting u.a.*, § 90 Rn 23.
26 *Fitting u.a.*, § 90 Rn 24.
27 GK-BetrVG/*Wiese/Weber*, § 90 Rn 17.
28 GK-BetrVG/*Wiese/Weber*, § 90 Rn 17.
29 Überblick bei GK-BetrVG/*Wiese/Weber*, § 90 Rn 18 f.
30 *Tuchbreiter*, S. 39 f.
31 *Wiese*, BB 2002, 198, 200; *Fitting u.a.*, § 90 Rn 25.
32 *Däubler*, Internet und Arbeitsrecht, Rn 112.
33 *Wellenhofer/Klein*, DB 1997, 978, 978.
34 *Gerber/Trojan*, AuA 2002, 340, 344.
35 *Fitting u.a.*, § 90 Rn 27.
36 *Fitting u.a.*, § 90 Rn 27.
37 *Albrecht*, NZA 1996, 1240, 1244; *Boemke/Ankersen*, BB 2000, 2254, 2256; *Schmechel*, NZA 2004, 237, 238.
38 *Kirsch*, DB 2001, 1513.
39 *Däubler*, AiB 2001, 208; *ders.*, DB 2000, 2270, 2275.
40 *Fitting u.a.*, § 90 Rn 28; *Schmidt/Dobberahn*, NZA 1995, 1017, 1019; *Lachenmann*, RdA 1998, 105, 110; *Grässle/Mohr/Neumann*, AiB 2001, 460.
41 Ähnlich LAG Hamm 3.12.1976 – 3 TaBV 68/76 – DB 1977, 2190.
42 GK-BetrVG/*Wiese/Weber*, § 90 Rn 18.
43 GK-BetrVG/*Wiese/Weber*, § 90 Rn 18; *Schmidt/Dobberahn*, NZA 1995, 1017, 1019.
44 Regeltechnische Definition: DIN 33500 Nr. 2.4.
45 DKK/*Klebe*, § 90 Rn 15.
46 GK-BetrVG/*Wiese/Weber*, § 90 Rn 21.
47 *Fitting u.a.*, § 90 Rn 32.

nische, ergonomische, anthropometrische, arbeitsphysiologische, immissionsschutzrelevante und bewegungstechnische Gesichtspunkte spielen in diesem Zusammenhang eine Rolle.

8 **2. Unterrichtungszeitpunkt und -weise.** Das Unterrichtungsrecht des BR besteht bereits in der Planungsphase. Die Informationspflicht des AG betrifft die **beabsichtigten** Änderungen oder Vorhaben. Der BR ist hierüber **rechtzeitig** (zu Beginn der Planung) zu unterrichten. Durch die Informationen soll der BR in die Lage versetzt werden, sich über die Auswirkungen der geplanten Maßnahme auf die AN eine Meinung zu bilden und durch die Beratung mit dem AG auf die – zukünftige – Gestaltung der Arbeitsplätze Einfluss nehmen zu können.[48]

9 Die Unterrichtung muss in der Planungsphase erfolgen. Erst eine Planung löst den Unterrichtungsanspruch aus. Hierzu gehört auch die Vorplanungsphase im engeren Sinne (konzeptionelle Vorüberlegungen, Formulieren von Zielstellungen).[49] Der BR soll nämlich zu einem Zeitpunkt informiert werden, zu dem die Berücksichtigung seiner Vorschläge und Bedenken noch ohne weiteres möglich ist.[50]

10 Die Unterrichtung kann mündlich oder schriftlich erfolgen.[51] Sie hat **umfassend** (d.h. auch hinsichtlich der Auswirkungen der sich in der Planungsphase befindlichen Maßnahmen) und unter **Vorlage der erforderlichen Unterlagen** zu erfolgen. Umfang und Art der erforderlichen Unterlagen variieren je nach Änderungsvorhaben. Alle für das Planungsergebnis relevanten schriftlichen Aufzeichnungen und Dokumentationen (technische Zeichnungen, Baupläne, empirische Erhebungen usw.) sind dem BR **unaufgefordert** vorzulegen.[52]

11 Der BR kann lediglich Einsichtnahme in die Unterlagen und deren zeitweilige Überlassung verlangen. Ein Anspruch auf dauerhafte Überlassung der Dokumente (in Kopie) besteht nicht.[53] Bei umfangreichen Unterlagen wird der BR aber eine kurze, zeitweilige Überlassung beanspruchen können.[54] Im Gegensatz zu § 80 Abs. 2 S. 2 regelt die speziellere Norm des § 90 Abs. 1 nicht ein „Zurverfügungstellen" der Unterlagen, sondern nur eine Vorlagepflicht des AG. Beauftragt der AG mit den Planungsmaßnahmen Dritte (externe Planungsbüros), hat er durch entsprechende Vereinbarung mit dem Drittunternehmen sicherzustellen, dass der BR seine Rechte ausüben kann.[55]

Die Unterrichtungs- und Vorlagepflicht kann der AG nicht mit einem Hinweis auf Betriebs- oder Geschäftsgeheimnisse abwenden oder einschränken. Solche Einschränkungen sieht die Regelung des § 90 nicht vor.[56] Zur Geheimhaltung ist der BR nur nach § 79 verpflichtet.

II. Beratung

12 **1. Beratungszeitpunkt und -inhalt.** Der Unterrichtung des BR folgt zeitlich die Pflicht des AG, die vorgesehenen Maßnahmen und ihre Auswirkungen auf die AN mit dem BR zu beraten. Die Unterrichtung schafft die Basis für die Beratungen.[57] Bei der Beratung geht es um Maßnahmen i.S.d. Abs. 1. Die **Rechtzeitigkeit der Beratung** ist in Abs. 2 näher eingegrenzt: Nur eine solche Beratung ist rechtzeitig, die es dem BR ermöglicht, das Planungsergebnis noch durch eigene Vorschläge und Bedenken zu beeinflussen. Stehen die Planungsergebnisse fest, ist eine Besprechung mit dem BR nicht mehr ergebnisoffen und deshalb keine fristgemäße Beratung.

13 Die Beratungspflicht mit dem BR erstreckt sich auf die vorgesehenen Maßnahmen und auf deren Auswirkungen auf die Art der Arbeit der AN und der sich daraus ergebenden Anforderungen an die AN. Damit sind vor allem die Stellung des AN im Betrieb, seine Qualifikation und seine zukünftigen Arbeitsbedingungen angesprochen,[58] z.B. die Änderungen der Arbeitsumstände (Lärmbelastung, Schichtarbeit) oder der Qualifikationsanforderungen (Gewandtheit, Schnelligkeit, Verantwortung).[59] Diese Gesichtspunkte sind nicht abschließend, wie sich aus dem Gesetzeswortlaut („insbesondere") ergibt. Beratungspflichtig sind vielmehr **alle Folgen für die AN**, also auch technische, organisatorische, wirtschaftliche und finanzielle Fragen, selbst wenn sie keinen Bezug zu arbeitswissenschaftlichen Erkenntnissen oder menschengerechter Arbeitsgestaltung haben.[60]

14 Der AG muss mit dem BR eine geplante Maßnahme nur beraten. Er muss die Anregungen und Vorschläge des BR nicht berücksichtigen. Der BR hat auch keine rechtlich effektiven Mittel, seine Vorstellungen durchzusetzen. Der AG bleibt in seiner Entscheidung frei, ob und wie er die geplante Maßnahme durchführt.[61]

---

48 BAG 11.12.1991 – 7 ABR 16/91 – AP § 90 Betr-VG 1972 Nr. 2; GK-BetrVG/*Wiese*/*Weber*, § 90 Rn 5.
49 Ebenso LAG Hamburg 20.6.1985 – 7 TaBV 10/84 – BB 1985, 2110; *Fitting u.a.*, § 90 Rn 8; ausführlich zur Abgrenzung von „vager Vorüberlegung" und „konzeptionellen Entwurf" bei Hess u.a./*Rose*, § 90 Rn 7 ff.
50 BAG 11.12.1991 – 7 ABR 16/91 – AP § 90 BetrVG 1972 Nr. 2; GK-BetrVG/*Wiese*/*Weber*, § 90 Rn 5; *Fitting u.a.*, § 90 Rn 8 f.
51 GK-BetrVG/*Wiese*/*Weber*, § 90 Rn 25.
52 DKK/*Klebe*, § 90 Rn 22.
53 Ebenso ErfK/*Kania*, § 90 BetrVG Rn 7 m.w.N.
54 GK-BetrVG/*Wiese*/*Weber*, § 90 Rn 26; *Engels*/*Natter*, BB 1989 Beil. Nr. 8, 1, 24.
55 LAG Hamburg 20.6.1985 – 7 TaBV 10/84 – BB 1985, 2110.
56 HWK/*Schrader*, § 90 BetrVG Rn 10; MünchArb/*Matthes*, Bd. 3, § 345 Rn 15; GK-BetrVG/*Wiese*/*Weber*, § 90 Rn 27.
57 Richardi/*Annuß*, § 90 Rn 14.
58 HWK/*Schrader*, § 90 BetrVG Rn 15.
59 ErfK/*Kania*, § 90 Rn 9.
60 *Fitting u.a.*, § 90 Rn 36.
61 GK-BetrVG/*Wiese*/*Weber*, § 90 Rn 32; Richardi/*Annuß*, § 90 Rn 24; *Fitting u.a.*, § 90 Rn 48; LAG Nürnberg 4.2.2003 – 6(2) TaBV 39/01 – LAGE § 87 BetrVG 2001 Gesundheitsschutz Nr. 1.

2. Beratungsmaxime. Die Betriebsparteien sollen bei der Beratung u.a. die gesicherten arbeitswissenschaftlichen Erkenntnisse über die menschengerechte Gestaltung der Arbeit berücksichtigen. Sinn und Zweck einer Berücksichtigung der gesicherten arbeitswissenschaftlichen Erkenntnisse über die menschengerechte Gestaltung der Arbeit ist es, die Arbeit und die Arbeitsbedingungen den Bedürfnissen und Möglichkeiten der arbeitenden Menschen entsprechend anzupassen und zu gestalten.[62]

Der Begriff der **gesicherten arbeitswissenschaftlichen Erkenntnisse** wird auch in anderen Vorschriften verwandt (z.B. § 6 Abs. 1 ArbZG). Einen ersten Anhaltspunkt für die Auslegung und Anwendung dieses unbestimmten Rechtsbegriffs geben § 3 Abs. 1 Nr. 1 ArbStättV und § 4 Nr. 3 ArbSchG. Ausdrücklich genannt sind in diesen Vorschriften allgemein anerkannte sicherheitstechnische, arbeitsmedizinische und hygienische Regeln bzw. der Stand der Technik, Arbeitsmedizin und Hygiene. Nach einer allgemein anerkannten Definition sind Arbeitswissenschaft und deren Zielsetzungen eine „Systematik der Analyse, Ordnung und Gestaltung der technischen, organisatorischen und sozialen Bedingungen von Arbeitsprozessen, mit dem Ziel, dass die arbeitenden Menschen in produktiven und effizienten Arbeitsprozessen schädigungslose, ausführbare, erträgliche und beeinträchtigungsfreie Arbeitsbedingungen vorfinden, Standards sozialer Angemessenheit nach Arbeitsinhalt, -aufgabe, -umgebung sowie Entlohnung und Kooperation erfüllt sehen, Handlungsspielräume entfalten, Fähigkeiten erwerben und in Kooperation mit anderen ihre Persönlichkeit erhalten und entwickeln können".[63] **Gesichert** ist eine arbeitswissenschaftliche Erkenntnis dann, wenn sie den Methoden der Erkenntnisgewinnung der betreffenden Einzeldisziplin entspricht, es sei denn, sie wird durch Erkenntnis einer anderen arbeitswissenschaftlichen Disziplin generell oder bei der konkreten Anwendung auf die Arbeitsgestaltung des Betriebs widerlegt oder als ergänzungsbedürftig ausgewiesen.[64]

Der Begriff der **menschengerechten Gestaltung der Arbeit** ist nicht näher erläutert.[65] Nach allgemeiner Ansicht ist eine Arbeit menschengerecht, wenn zur Beurteilung der Arbeitsgestaltung vier Bewertungskriterien herangezogen worden sind: Ausführbarkeit, Schädigungslosigkeit, Beeinträchtigungsfreiheit und Persönlichkeitsförderlichkeit.[66] Als weitere Bewertungsebenen kommen Sozialverträglichkeit sowie die Berücksichtigung ökologischer Belange in Betracht. Das Ziel ist eine gesundheits- und persönlichkeitsfördernde Arbeit. Bereits in der Planungsphase sollen Gefährdungen durch eine gesundheitsfördernde und menschengerechte Arbeitsgestaltung vermieden werden. Die Beratung mit dem BR dient auch dem Erfolg der Arbeitsgestaltung, weil die Einbeziehung der von der Umgestaltung betroffenen Personen bzw. deren Interessenvertretung bereits in der Planungsphase zu einer höheren Akzeptanz führt. Schulungen über wissenschaftliche Erkenntnisse zur menschengerechten Gestaltung der Arbeit können für die Arbeit des BR erforderliche Kenntnisse vermitteln, so dass ggf. ein entsprechender Schulungsanspruch besteht.[67] **Handlungsmöglichkeiten für den BR** (im Sinne von Vorschlägen) sind bspw.: job enlargement (horizontale Aufgabenerweiterung), job enrichment (vertikale Aufgabenanreicherung), Angemessenheit der Arbeitsmenge, häufig wechselnde Aufgaben mit unterschiedlichen Anforderungen an die Körperfunktionen, ganzheitliche Arbeitseinheiten, Intensivierung der Kommunikations- und Beteiligungsmöglichkeiten, Bereitstellen betrieblicher Weiterbildungsmöglichkeiten, Rückmeldungen über Arbeitsergebnisse, vergrößerte Handlungs- und Entscheidungskompetenzen, Möglichkeiten kurzfristiger Arbeitsunterbrechungen, Einarbeitungs- und Aufstiegsmöglichkeiten, bei notwendiger Einzelarbeit die Sicherstellung sozialer Kontaktmöglichkeiten, teilautonome Gruppenarbeit, bereichsübergreifende Projektteambildung.[68]

III. Verstöße

Die wahrheitswidrige, verspätete oder unvollständige Unterrichtung des BR ist bußgeldbewehrt. Der AG handelt auch **ordnungswidrig**, wenn er seiner Beratungspflicht nicht nachkommt (§ 121). Aus der Ausgestaltung der Mitwirkung als bloße Unterrichtungs- und Beratungsrechte folgt, dass bei einer Verletzung der Rechte des BR grds. **kein allgemeiner Unterlassungs- und Beseitigungsanspruch bezüglich der Maßnahme** selbst besteht.[69] Das Beteiligungsrecht des BR nach § 90 ist weniger intensiv ausgestaltet als bspw. die Mitbestimmungsrechte des BR nach § 87, nach dem eine Maßnahme solange nicht durchgeführt werden darf, bis eine Einigung mit dem BR oder deren Ersetzung durch die Einigungsstelle vorliegt.

Der Unterrichtungs- und Beratungsanspruch kann im Wege einer **einstweiligen Verfügung** geltend gemacht werden.[70] Widerspricht eine geplante Maßnahme zum Zeitpunkt des Erlasses der einstweiligen Verfügung offensicht-

---

62 HWK/*Schrader*, § 90 BetrVG Rn 17.
63 *Fitting u.a.*, § 90 Rn 42 m.w.N.; ErfK/*Kania*, § 90 BetrVG Rn 12.
64 *Kittner*/*Pieper*, § 4 Rn 15.
65 Vgl. aber – für den Jugendarbeitsschutz – § 28 JArbSchG.
66 Z.B. *Pornschlegel*/*Schardt*/*Zachert*, Humane Arbeit I, Arbeitsgestaltung und Mitbestimmung, Arbeitsbedingungen, Humanisierung, Interessenvertretung, 1982.
67 LAG Hamm 31.5.2006 – 10 TaBV 202/05 – AuR 2007, 105.
68 Ausführlich *Fitting u.a.*, § 90 Rn 40.
69 ErfK/*Kania*, § 90 Rn 13 m.w.N.; LAG Nürnberg 4.2.2003 – 6 (2) TaBV 39/01 – LAGE § 87 BetrVG 2001 Gesundheitsschutz Nr. 1; a.A. DKK/*Klebe*, § 90 Rn 37 m.w.N.: Sicherung des Beratungsrechts durch Stoppung der beabsichtigten Maßnahme im Wege der einstw. Vfg., was nicht von einem Unterlassungsanspruch abhänge.
70 *Fitting u.a.*, § 90 Rn 48: Aufschub der Maßnahme bis zur vollständigen Unterrichtung/Beratung.

lich den gesicherten arbeitswissenschaftlichen Erkenntnissen über die menschengerechte Gestaltung der Arbeit, kommt ausnahmsweise die Untersagung der Maßnahme in Betracht.[71] I.Ü. ist die mehrfach unterlassene oder nicht rechtzeitige Unterrichtung des BR über beabsichtigte Maßnahmen ein **grober Verstoß des AG**. In diesem Fall steht dem BR ein Unterlassungsanspruch gegen den AG zu, künftig Planungen ohne rechtzeitige Unterrichtung oder Beratung mit dem BR vorzunehmen.[72]

C. Verbindung zu anderen Rechtsgebieten und zum Prozessrecht

20 Häufig wird eine der geplanten Maßnahmen des § 90 Abs. 1 Nr. 1 bis 4 zugleich eine Betriebsänderung nach § 111 sein. Während der BR nach § 111 zu beteiligen ist, um die wirtschaftlichen Nachteile für die von der Betriebsänderung betroffenen AN zu verhindern oder auszugleichen, will das vorliegende Beteiligungsrecht durch die Beteiligung des BR sicherstellen, dass die von den geplanten Maßnahmen betroffenen AN – (auch) zukünftig – menschengerechte Arbeitsplätze im Betrieb vorfinden.

21 Die Bezugnahme auf den Begriff der menschengerechten Arbeitsgestaltung eröffnet neben der Einhaltung arbeits- und gesundheitsschutzrechtlicher Mindeststandards zahlreiche Querverbindungen zu arbeitstechnischen, arbeitsmedizinischen, arbeitsphysiologischen und arbeitspsychologischen Bereichen. Betriebliche Entscheidungsträger benötigen aktuelle arbeitswissenschaftliche Kenntnisse über die Zusammenhänge bestimmter Merkmale der Arbeit und der zu erwartenden Auswirkungen. Plant der AG die Einführung eines Qualitätsmanagementsystems (DIN/ISO 9000–9004, EFQM, TQM-Scorecard), das die Sicherstellung der ständig gleich bleibenden Qualität eines Produktionsprozesses bzw. die Teilnahme an einem entsprechenden Zertifizierungsverfahren zum Gegenstand hat, kann eine Schulung von BR-Mitgliedern über den Inhalt dieses Systems erforderliche Kenntnisse i.S.v. § 37 Abs. 6 vermitteln.[73] Dies gilt auch für die wichtigsten Maßnahmen anderer moderner Managementkonzepte, sofern sich der AG ihrer bedienen will, sie sich insgesamt auf den Produktionsprozess auswirken und deshalb geeignet sind, Folgen für sämtliche am Produktionsprozess teilnehmenden Mitarbeiter auszulösen.[74]

22 Ggf. hat der BR einen Anspruch auf Hinzuziehung eines sachkundigen AN als **Auskunftsperson** (§ 80 Abs. 2 S. 3) oder eines **SV** (§ 80 Abs. 3). Insb. auf die nach den arbeitsschutzrechtlichen Vorschriften zu bestellenden besonderen Betriebsbeauftragten (vgl. § 89 Rn 18) kann zurückgegriffen werden.

Bei Streitigkeiten über die Informations- und Beratungspflicht entscheidet das ArbG im Beschlussverfahren.

D. Beraterhinweise

23 Die Planungen erfolgen regelmäßig kontinuierlich. Hieraus folgt die Erforderlichkeit einer laufenden Unterrichtung und ggf. sukzessiven Beratung mit dem BR. Um Streitigkeiten der Betriebsparteien über die Rechtzeitigkeit der Beteiligungsrechte zu vermeiden, bietet sich der Abschluss einer (freiwilligen) BV an.[75]

§ 91 Mitbestimmungsrecht

[1]Werden die Arbeitnehmer durch Änderungen der Arbeitsplätze, des Arbeitsablaufs oder der Arbeitsumgebung, die den gesicherten arbeitswissenschaftlichen Erkenntnissen über die menschengerechte Gestaltung der Arbeit offensichtlich widersprechen, in besonderer Weise belastet, so kann der Betriebsrat angemessene Maßnahmen zur Abwendung, Milderung oder zum Ausgleich der Belastung verlangen. [2]Kommt eine Einigung nicht zustande, so entscheidet die Einigungsstelle. [3]Der Spruch der Einigungsstelle ersetzt die Einigung zwischen Arbeitgeber und Betriebsrat.

Literatur: vgl. Hinweise bei § 90

---

71 Richardi/*Annuß*, § 90 Rn 42.
72 Hessisches LAG 3.11.1992 – 5 TaBV 27/92 – AiB 1993, 731; ArbG Frankfurt/M. 11.11.1993 – 13 BV 25/92 – AuR 1994, 201.
73 LAG Rheinland-Pfalz 19.11.1996 – 3 TaBV 23/96 – NZA-RR 1997, 215 m. zust. Anm. *Peter*, AiB 1997, 534; einen Schulungsanspruch (jedenfalls bei einer Zertifizierung in mehreren Betriebsbereichen) bejahen auch Hessisches LAG 13.7.1999 – 4 TaBV 192/97 – NZA-RR 1999, 641; ArbG Wetzlar 22.11.1995 – 2 BV 8/95 – NZA-RR 1996, 115.
74 Vgl. auch DKK/*Klebe*, § 37 Rn 92 ff.
75 Eine umfangreiche Liste weiterführender Links zum Thema „Arbeits- und gesundheitswissenschaftliche Erkenntnisse" (u.a. Europäische RL, Entscheidungen des EuGH, Europäische Adressen und Studien) kann im Internet bspw. unter: http://www.uni-regensburg.de/Fakultaeten/Jura/schlachter/links/ArbSchutzR.shtml (Universität Regensburg; Stand 19.7.2009) oder unter http://www2.jura.uni-halle.de/kohte/projekt/gage/homepage.htm (Prof. Dr. Kohte/Prof. Dr. Slesina, Martin-Luther Universität Halle-Wittenberg; Stand 19.7.2009) abgerufen werden.

A. Allgemeines	1	III. Nichteinigung	9
B. Regelungsgehalt	2	C. Verbindung zu anderen Rechtsgebieten und zum Prozessrecht	10
I. Voraussetzungen	2		
II. Angemessene Abhilfemaßnahmen	5	D. Beraterhinweise	12

A. Allgemeines

Die Vorschrift ergänzt § 90 um ein „korrigierendes" zwingendes Mitbestimmungsrecht.[1] Nimmt der AG Änderungen der Arbeitsplätze, des Arbeitsablaufs oder der Arbeitsumgebung vor, die den gesicherten arbeitswissenschaftlichen Erkenntnissen über die menschengerechte Gestaltung der Arbeit offensichtlich widersprechen und die AN in besonderer Weise belasten, kann der BR angemessene Maßnahmen zur Abwendung, Milderung oder zum Ausgleich der Belastung verlangen und durchsetzen. Allerdings ist das Mitbestimmungsrecht auf die Beseitigung konkreter Verstöße beschränkt.[2] Die Durchsetzung genereller Regelungen und Maßnahmen zur Berücksichtigung gesicherter arbeitswissenschaftlicher Erkenntnisse gegen den Willen des AG werden dem BR durch dieses Beteiligungsrecht nicht eröffnet.[3]

B. Regelungsgehalt

I. Voraussetzungen

Die Begriffe **Arbeitsplatz** und **Arbeitsabläufe** sind identisch mit denen in § 90 (vgl. § 90 Rn 5 und 6). Mit dem Begriff der **Arbeitsumgebung** sind alle von außen auf den AN an seinem Arbeitsplatz einwirkenden Umstände gemeint.[4] Dazu zählen alle physikalischen, chemischen oder biologischen Einflüsse, insb. Umwelteinflüsse wie Luft- oder Lichtverhältnisse. Das Mitbestimmungsrecht setzt eine **Änderung** der bestehenden Verhältnisse voraus.[5] Es ist nicht auf die Beseitigung oder Verbesserung bestehender (unveränderter) Belastungen gerichtet.[6] Dass Mitbestimmungsrecht greift nicht ein, wenn Arbeitsplatz, Arbeitsablauf und Arbeitsumgebung nicht modifiziert worden sind. Insoweit hat der BR nur das Überwachungsrecht nach § 89.

Die Änderungen müssen den **gesicherten arbeitswissenschaftlichen Erkenntnissen über die menschengerechte Gestaltung der Arbeit** (vgl. zu diesem Begriff § 90 Rn 17) **offensichtlich** widersprechen. Dies ist der Fall, wenn die Änderungen ohne weitere Ermittlungen deutlich erkennbar („auf der Hand liegend") spätestens zum Zeitpunkt ihrer Durchführung[7] gegen die auf arbeitswissenschaftlichen Verständnissen basierende menschengerechte Arbeitsgestaltung verstoßen. Entscheidend ist die Sichtweise eines auf dem einschlägigen Gebiet der Arbeitswissenschaft tätigen Fachkundigen, der mit dem Lebenssachverhalt vertraut ist;[8] teilweise wird auf den Blickwinkel eines sachkundigen Betriebspraktikers[9] oder einigermaßen Fachkundigen[10] abgestellt.[11] Aus der verständigen Sicht des Fachmanns, der den konkreten Lebenssachverhalt kennt und die entsprechende Kenntnis des Fachgebiets der Arbeitswissenschaft hat, muss der Widerspruch zu den wissenschaftlichen Standards deutlich erkennbar sein.[12]

Auf die abstrakte Gewichtigkeit der Auswirkungen der im Widerspruch zu gesicherten arbeitswissenschaftlichen Erkenntnissen über die menschengerechte Arbeitsgestaltung getroffenen Maßnahmen kommt es nicht an. Es bedarf aber einer **besonderen Belastung** der betroffenen AN, die auf einer Änderung von Arbeitsplätzen, des Arbeitsablaufs oder der Arbeitsumgebung **beruhen**.[13] Eine solche liegt unabhängig von der Zahl der betroffenen AN[14] vor. D.h. das objektiv zumutbare und durchschnittliche Maß der Beanspruchung, z.B. durch Umwelteinflüsse oder die Art der Arbeitsleistung, muss allg. und dauerhaft überschritten sein. Die persönlichen Verhältnisse oder Expositionen des AN und dessen subjektive Befindlichkeiten sind nicht entscheidend.[15] Eine besondere Belastung ist vielmehr erst gegeben, wenn sie objektiv und generell an dem bestimmten Arbeitsplatz auftreten[16] und das normale Maß der Belastung überschreiten. Dabei genügt – entgegen der wohl h.M.[17] – **jedes Maß der Belastungsüberschreitung**. Jegliche (und sei es geringfügige) Abweichung von einer durchschnittlichen Belastung stellt eine „besondere" Belastung i.S.d. Normwortlauts dar.

---

1 BAG 6.12.1983 – 1 ABR 43/81 – AP § 87 BetrVG 1972 Überwachung Nr. 7; WP/*Bender*, § 91 Rn 1.
2 *Fitting u.a.*, § 91 Rn 2.
3 BAG 6.12.1983 – 1 ABR 43/81 – AP § 87 BetrVG 1972 Überwachung Nr. 7.
4 ErfK/*Kania*, § 91 BetrVG Rn 1; WP/*Bender*, § 91 Rn 3; GK-BetrVG/*Wiese*, § 91 Rn 5.
5 BAG 28.7.1981 – 1 ABR 65/79 – DB 1982, 386.
6 Richardi/*Annuß*, § 91 Rn 6; WP/*Bender*, § 91 Rn 4.
7 *Fitting u.a.*, § 91 Rn 12.
8 GK-BetrVG/*Wiese*, § 91 Rn 14.
9 LAG Baden-Württemberg 18.2.1981 – 2 TaBV 5/80 – DB 1981, 1781.
10 LAG Niedersachsen 25.3.1982 – 11 TaBV 7/81 – DB 1982, 2039.
11 Kritisch hierzu: DKK/*Klebe*, § 91 Rn 14.
12 ErfK/*Kania*, § 91 BetrVG Rn 1; *Fitting u.a.*, § 91 Rn 12; GK-BetrVG/*Wiese*, § 91 Rn 14.
13 BAG 28.7.1981 – 1 ABR 65/79 – DB 1982, 386.
14 *Fitting u.a.*, § 91 Rn 3; GK-BetrVG/*Wiese*, § 91 Rn 8.
15 *Fitting u.a.*, § 91 Rn 6 m.w.N.; a.A. DKK/*Klebe*, § 91 Rn 18.
16 *Fitting u.a.*, § 91 Rn 6; ErfK/*Kania*, § 91 BetrVG Rn 1; GK-BetrVG/*Wiese*, § 91 Rn 20.
17 Vgl. ErfK/*Kania*, § 91 BetrVG Rn 1 m.w.N. („nicht nur unwesentlich").

II. Angemessene Abhilfemaßnahmen

5 Der BR kann angemessene Schritte zur Abwendung, Milderung oder zum Ausgleich der Belastung verlangen. **Angemessen** sind die Maßnahmen, die im Rahmen des technisch Möglichen geeignet und erforderlich sind, den bestehenden Zustand zu ändern und die besondere Belastung der AN abzubauen oder zu mildern. Diese möglichen Maßnahmen müssen für den AG wirtschaftlich vertretbar sein.[18] Dabei kommt es auf eine objektive wirtschaftliche Vertretbarkeit und nicht auf die spezifische wirtschaftliche Situation des AG an. Aus dem Grundsatz der vertrauensvollen Zusammenarbeit (§ 2 Abs. 1) folgt aber, dass der BR beim Verlangen von Abhilfeaktionen die finanziellen Möglichkeiten des AG zu berücksichtigen hat.

6 Die Abwendung der Belastung ist unter Berücksichtigung des Verhältnismäßigkeitsgrundsatzes vorrangig gegenüber einer Milderung der Belastung. Letztere geht wiederum einem Ausgleich der Belastung vor. Maßnahmen zur **Abwendung** der Belastung zielen v.a. auf deren Beseitigung. Sie korrigieren die Belastung, in dem bspw. die ergonomische Gestaltung des Arbeitsplatzes verbessert,[19] Nachtschichten abgebaut,[20] die Fließbandgeschwindigkeit herabgesetzt[21] oder eine Verschmutzungsquelle beseitigt wird.[22] Als **Milderungsmaßnahmen** kommen betriebsärztliche Vorsorgeuntersuchungen, (zusätzliche) Erholzeiten, Festlegung von Ablösungen, Ausgleichstätigkeiten sowie der Einsatz von Schutzkleidung und -werkzeug in Betracht.[23] Mögliche **Ausgleichsmaßnahmen** sind u.a. zusätzliche Freitage, Verkürzung der Arbeitszeiten bei extremen klimatischen Bedingungen oder bezahlte Kurzzeitunterbrechungen der Arbeit, Stellen von Wechselkleidung und -körperschutzmitteln, Einrichtung von Ruheräumen, Anschaffung von Stehpulten, Versorgung mit Getränken sowie der Einsatz von Ventilatoren bei großer Hitze.[24] Der Entgeltausgleich besonderer Belastungen (Schmutz- oder andere Erschwerniszulage) ist aus arbeitsschutzwissenschaftlicher Sicht keine Ausgleichsmaßnahme, weil er nicht der Balancierung überproportionaler Beanspruchung, sondern allein deren finanzieller Abgeltung dient.[25]

7 Das **Abhilfeverlangen** des BR ist auf konkrete Änderungsmaßnahmen zu richten. Der BR hat ein **Initiativrecht** zur Ein- und Durchführung bestimmter Abhilfemaßnahmen.[26] Bei einem allgemeinen Begehren der „menschengerechteren Gestaltung der Arbeit" nimmt der BR das Mitbestimmungsrecht nach § 91 nicht wahr, selbst wenn die Arbeit im Betrieb insg. augenscheinlich nicht entsprechend der gesicherten arbeitswissenschaftlichen Erkenntnisse menschengerecht gestaltet sein sollte. Welche besonderen Belastungen bei den betroffenen AN bestehen und welchen gesicherten arbeitswissenschaftlichen Erkenntnissen die Änderungsmaßnahme zuwiderläuft, sollte der BR im Zusammenhang mit dem Abhilfeverlangen angeben. Dies ist jedoch nicht zwingend für die Inanspruchnahme des Mitbestimmungsrechts,[27] weil dieses bei objektivem Vorliegen der Voraussetzungen ausgelöst wird und nicht von der Benennung der negativen Aspekte der Arbeitsgestaltung bzw. von der Einschätzungsprärogative des BR (oder AG) abhängt.

8 Der BR kann das Mitbestimmungsrecht bereits in der **Planungsphase** der auf die Arbeitsplätze, den Arbeitsablauf oder die Arbeitsumgebung bezogenen Änderungen ausüben.[28] Die besonderen Belastungen für die AN müssen sich noch nicht verwirklicht haben; es genügt, wenn sie absehbar sind. Der Geltendmachung nach Durchführung der Änderungsmaßnahme steht nicht entgegen, dass der BR bereits in der Vorbereitungsphase erkannt hat oder erkennen musste, dass das Vorhaben den Zielvorgaben einer menschengerechten Gestaltung der Arbeit offensichtlich widerspricht.

III. Nichteinigung

9 Kommt eine Einigung der Betriebsparteien nicht zustande, entscheidet auf Antrag des BR oder AG die Einigungsstelle verbindlich über die Abhilfemaßnahmen (§ 91 S. 3). Die Einigungsstelle hat das Bestehen des Mitbestimmungsrechts und somit ihre Zuständigkeit zur Entscheidung vorab zu prüfen. Kommt das Mitbestimmungsrecht nach § 91 auch nur in Betracht (bspw. bei der Verteilung der Arbeitsplätze in einem Großraumbüro)[29] ist die Einigungsstelle nicht offensichtlich unzuständig i.S.v. § 98 Abs. 1 ArbGG.

C. Verbindung zu anderen Rechtsgebieten und zum Prozessrecht

10 Dem Mitbestimmungsrecht nach § 91 kommt aufgrund der gesetzlichen Regelungen des ArbSchG und dem damit im Zusammenhang stehenden Mitbestimmungsrecht des BR nach § 87 Abs. 1 Nr. 7 praktisch nur eine geringe Bedeu-

---

[18] GK-*Wiese*, § 91 Rn 27; ErfK/*Kania*, § 91 Rn 2; *Fitting u.a.*, § 91 Rn 17; WP/*Bender*, § 91 Rn 11.
[19] *Fitting u.a.*, § 91 Rn 19 m.w.N.
[20] *Fitting u.a.*, § 91 Rn 19.
[21] A.A. wohl ErfK/*Kania*, § 91 BetrVG Rn 2 (Herabsetzung des Arbeitstempos als „Milderungsmaßnahme").
[22] *Fitting u.a.*, § 91 Rn 19.
[23] Vgl. auch Bsp. bei *Fitting u.a.*, § 91 Rn 20.
[24] Vgl. auch Bsp. bei *Fitting u.a.*, § 91 Rn 21; WP/*Bender*, § 91 Rn 14.
[25] Ebenso: DKK/*Klebe*, § 91 Rn 21.
[26] *Fitting u.a.*, § 91 Rn 2; Richardi/*Annuß*, § 91 Rn 1.
[27] Str., a.A. GK-BetrVG/*Wiese*, § 91 Rn 21; *Fitting u.a.*, § 91 Rn 16.
[28] BAG 6.12.1983 – 1 ABR 43/81 – AP § 87 BetrVG 1972 Überwachung Nr. 7; LAG München 16.4.1987 – 8 (9) TaBV 56/86 – DB 1988, 186; ErfK/*Kania*, § 91 BetrVG Rn 1; WP/*Bender*, § 91 Rn 6.
[29] LAG München 16.4.1987 – 8 (9) TaBV 56/86 – DB 1988, 186.

tung zu.³⁰ Gleiches gilt für das Verhältnis der Norm zum Beteiligungsrecht des BR in wirtschaftlichen Angelegenheiten nach §§ 111 ff.³¹

Für den einzelnen AN kommt bei einer besonderen Belastung am Arbeitsplatz ein Zurückbehaltungsrecht³² hinsichtlich seiner Arbeitsleistung in Betracht.³³ Ein solches folgt sowohl aus arbeitsschutzrechtlichen Spezialnormen, z.B. gibt § 21 Abs. 6 S. 2 GefStoffV dem einzelnen AN das Recht, die Arbeit zu verweigern, wenn durch die Überschreitung bestimmter Konzentrations- oder Toleranzwerte eine unmittelbare Gefahr für Leben oder Gesundheit besteht (vgl. §§ 28 bis 31 JArbSchG Rn 2 u. 8) als auch allg. aus § 273 Abs. 1 BGB i.V.m. § 618 Abs. 1 BGB. Seiner Pflicht aus § 618 Abs. 1 BGB genügt der AG in aller Regel dadurch, dass er einen Arbeitsplatz zur Verfügung stellt, dessen Belastung mit Schadstoffen nicht über das in der Umwelt sonst übliche Maß hinausgeht.³⁴ Das Zurückbehaltungsrecht nach § 273 Abs. 1 BGB kommt weiter auch dann in Betracht, wenn der AG seine aus einer BV zu § 91 folgenden Pflichten nicht erfüllt hat.³⁵

Streitigkeiten über die Voraussetzungen des Mitbestimmungsrechts klärt das ArbG im Beschlussverfahren.

D. Beraterhinweise

Zeichnet sich bereits in der Planungsphase einer Änderungsmaßnahme ab, dass das Vorhaben offensichtlich den gesicherten arbeitswissenschaftlichen Erkenntnisse über die menschengerechte Gestaltung der Arbeit widerspricht, sollte der BR **frühzeitig auf Abhilfe drängen**. Auch wenn die spezifischen Voraussetzungen des Mitbestimmungsrechts nicht vorliegen (**offensichtlicher** Widerspruch), kann eine höhere Akzeptanz der Änderungsmaßnahme in der Belegschaft durch den freiwilligen Abschluss einer BV über Milderungs- und Ausgleichsmaßfaktoren erreicht werden.

Schließen die Betriebsparteien zum Ausgleich oder zur Milderung von besonderen Belastungen der AN eine BV, die insb. finanzielle Kompensationen (bspw. Schmutz- oder Erschwerniszuschläge) vorsieht, so ist der Tarifvorbehalt des § 77 Abs. 3 zu beachten.³⁶

Fünfter Abschnitt: Personelle Angelegenheiten

Erster Unterabschnitt: Allgemeine personelle Angelegenheiten

§ 92 Personalplanung

(1) ¹Der Arbeitgeber hat den Betriebsrat über die Personalplanung, insbesondere über den gegenwärtigen und künftigen Personalbedarf sowie über die sich daraus ergebenden personellen Maßnahmen und Maßnahmen der Berufsbildung anhand von Unterlagen rechtzeitig und umfassend zu unterrichten. ²Er hat mit dem Betriebsrat über Art und Umfang der erforderlichen Maßnahmen und über die Vermeidung von Härten zu beraten.

(2) Der Betriebsrat kann dem Arbeitgeber Vorschläge für die Einführung einer Personalplanung und ihre Durchführung machen.

(3) Die Absätze 1 und 2 gelten entsprechend für Maßnahmen im Sinne des § 80 Abs. 1 Nr. 2a und 2b, insbesondere für die Aufstellung und Durchführung von Maßnahmen zur Förderung der Gleichstellung von Frauen und Männern.

Literatur: *Bontrup*, Mehr Sicherheit und Kontinuität durch Bedarfsplanung, AuA 2001, 17; *Böttcher*, Betriebsrat und Personalplanung, AiB 1994, 5; *Kadel*, Personalabbauplanung und die Unterrichtungs- und Beratungsrechte des Betriebsrats nach § 92 BetrVG, BB 1993, 797; *Kador/Pornschlegel*, Personalplanung – Grundlage eines systematischen Personalmanagements, 2004; *Kraft*, Unterrichtung und Beratung des Betriebsrats bei der Personalplanung, SAE 1992, 7; *Peltzer*, Personalplanung, innerbetriebliche Stellenausschreibung, Personalfragebogen und Auswahlrichtlinien (§§ 92 ff. BetrVG 72), DB 1972, 1164; *Redaktion Arbeit und Arbeitsrecht*, Personalberater, AuA Sonderausgabe September 2007, 6–92; *Rumpff/Boewer*, Mitbestimmung in wirtschaftlichen Angelegenheiten und bei Unternehmens- und Personalplanung, 3. Aufl. 1990; *Stubbe*, Assessment-Center, Diss., 2006; *Ulrich/Kaiser*, Personalplanung, MittAB 1973, 92; *Wendeling-Schröder*, Neue Mitbestimmungsrechte im neuen Betriebsverfassungsgesetz?, NZA-Sonderheft 2001, 29

---

30 WP/*Bender*, § 90 Rn 2 und § 91 Rn 2; zur Abgrenzung von § 87 Abs. 1 Nr. 7 und § 91 vgl. LAG Hamburg 17.8.2007 – 6 TaBV 9/07 – AiB 2008, 101.
31 GK-BetrVG/*Wiese*, § 90 Rn 4.
32 Allg. zum Zurückbehaltungsrecht vgl. z.B. Kittner/Zwanziger/*Lakies*, Arbeitsrecht Handbuch, § 77 Rn 21 ff.
33 Ausführlich: *Fabricius*, S. 139 ff.
34 BAG 8.5.1996 – 5 AZR 315/95 – NZA 1997, 86.
35 DKK/*Klebe*, § 91 Rn 26; *Fitting u.a.*, § 91 Rn 23; WP/*Bender*, § 91 Rn 18.
36 *Fitting u.a.*, § 91 Rn 22; GK-BetrVG/*Wiese*, § 91 Rn 26; WP/*Bender*, § 91 Rn 16.

A. Allgemeines	1	3. Beratungspflicht des Arbeitgebers	13
B. Regelungsgehalt	2	III. Vorschlagsrecht des Betriebsrats	14
I. Begriff der Personalplanung	2	IV. Spezifische Fördermaßnahmen	15
II. Unterrichtungs- und Beratungspflicht des Arbeitgebers	7	V. Verstöße	16
1. Zeitpunkt und Umfang der Unterrichtung	9	C. Verbindung zu anderen Rechtsgebieten und zum Prozessrecht	17
2. Unterlagen	11	D. Beraterhinweise	18

A. Allgemeines

1 Das Personalmanagement in Unternehmen muss sich unterschiedlichsten Herausforderungen stellen. Einerseits sind oft Einschnitte notwendig, andererseits muss das Know-how im Unternehmen bewahrt und ausgebaut werden. Grds. verfolgt die Personalplanung als zentrales Element der Personalpolitik das Ziel, dass dem Unternehmen die nach Quantität und Qualität (Qualifikation) erforderlichen Mitarbeiter „zum richtigen Zeitpunkt an der richtigen Stelle" ausreichend zur Verfügung stehen. Die Beteiligungsrechte des BR in diesem Bereich sollen die Objektivierung und Transparenz der hierfür erforderlichen personellen Maßnahmen erhöhen.[1] Der BR soll zu einem möglichst frühen Zeitpunkt in die Lage versetzt werden, auf personelle Maßnahmen nicht nur reagieren zu können, sondern vorausschauend und bereits im Planungsstadium die Faktoren mit zu beeinflussen, die später zu personellen Einzelentscheidungen führen.[2] § 92 steht in engem Zusammenhang mit den Mitwirkungs- und Mitbestimmungsrechten bei den allg. personellen Angelegenheiten nach §§ 92a–95 und mit den Beteiligungsrechten bei der Berufsbildung nach §§ 96–98.

B. Regelungsgehalt

I. Begriff der Personalplanung

2 Das Gesetz definiert den Begriff der **Personalplanung** nicht. Im betriebswirtschaftlichen Sinne wird hierunter – sehr allgemein – die Planung von Maßnahmen, Aufgaben und Zuständen im Personalbereich verstanden.[3] Ausgehend vom Zweck des Beteiligungsrechts ist Personalplanung jede Planung, die sich auf den gegenwärtigen und künftigen Personalbedarf in quantitativer oder qualitativer Hinsicht, auf dessen Deckung im weiteren Sinne und auf den abstrakten Einsatz der personellen Kapazitäten bezieht,[4] unabhängig davon, ob die Planung gezielt oder intuitiv erfolgt[5] und ob sie lang-, mittel- oder kurzfristig angelegt ist.

3 Vom Beteiligungsrecht sind folgende **Teilbereiche der Personalplanung** umfasst:
- (quantitative und qualitative) Personalbedarfsplanung,[6] d.h. die Festlegung der Anzahl zukünftig benötigter Arbeitskräfte, derer Fähigkeiten und/oder ihrer Ausbildung;
- Organisations- und Stellenplanung;[7]
- Personalbeschaffungsplanung,[8] d.h. die Bestimmung der Möglichkeiten und Maßnahmen zur Gewinnung neuer Mitarbeiter;
- Personalentwicklungsplanung,[9] d.h. die Anpassung der Qualifikation der Mitarbeiter an die Bedarfsziele des Betriebs;
- Personaleinsatzplanung,[10] d.h. die quantitative und qualitative Festlegung und Zuordnung des Einsatzes der Arbeitskräfte für bestimmte Aufgaben nach zeitlichen, örtlichen und aufgabengebundenen Gesichtspunkten;
- Personaleinstellungsplanung;
- Personalabbauplanung[11] und -freisetzungsplanung (outplacement);
- Planung der Personalerhaltung und -pflege;
- Personalkostenplanung.[12]

4 Die Rechtsprechung hat bisher „jedenfalls" in den Bereichen der **Personalbedarfsplanung**, der **Personaldeckungsplanung** (Personalbeschaffung, Personalabbau), der **Personalentwicklungsplanung** und der **Personaleinsatzpla-**

---

[1] ErfK/*Kania*, § 92 BetrVG Rn 1.
[2] BAG 6.11.1990 – 1 ABR 60/89 – AP § 92 BetrVG 1972 Nr. 3.
[3] *Ulrich/Kaiser*, MittAB, 1973, 92.
[4] *Fitting u.a.*, § 92 Rn 9; WP/*Preis*, § 92 Rn 2.
[5] MünchArb/*Matthes*, Bd. 3, § 346 Rn 6; HWK/*Ricken*, § 92 BetrVG Rn 2.
[6] BAG 6.11.1990 – 1 ABR 60/89 – AP § 92 BetrVG 1972 Nr. 3.
[7] BAG 6.11.1990 – 1 ABR 60/89 – AP § 92 BetrVG 1972 Nr. 3; a.A. wohl LAG Berlin 13.6.1988 – 9 TaBV 1/86 – DB 1988, 1860.
[8] Ausführlich: *Fitting u.a.*, § 92 Rn 13 f.
[9] Ausführlich: *Fitting u.a.*, § 92 Rn 15 f.
[10] Ausführlich: *Fitting u.a.*, § 92 Rn 17.
[11] Ausführlich: *Fitting u.a.*, § 92 Rn 18.
[12] *Fitting u.a.*, § 92 Rn 15; Richardi/*Thüsing*, § 92 Rn 20; a.A. GK-BetrVG/*Kraft*, § 92 Rn 18.

nung ein Beteiligungsrecht des BR anerkannt.[13] Zur Personalplanung zählen aber auch: die **Stellenbeschreibung** (Festlegung der Funktion einer bestimmten Stelle innerhalb des betrieblichen Geschehens);[14] die Fragestellung, ob zur Bewältigung bestimmter Arbeitsaufgaben **betriebsfremde AN** eingesetzt werden sollen oder die Planung eines **Assessment-Centers**. Wird in einem Unternehmen eine monatliche Personalstatistik geführt, die einen Abgleich des Soll-Personalstandes mit dem Ist-Stand vornimmt, hat der Betriebsrat einen Anspruch aus § 80 Abs. 2 S. 2 und aus § 92 auf Vorlage dieser Statistik.[15] Der BR soll aber keinen Anspruch darauf haben, dass ihm vor Einstellung eines befristet beschäftigten AN der Rechtsgrund, auf den der AG die Befristung stützt, mitgeteilt wird.[16] Führt der AG ein sog. Bewerberranking durch, ist er verpflichtet, den BR umfassend und unverzüglich über die aus dem Wahlbetrieb des BR stammenden Bewerber unter Zurverfügungstellung sämtlicher Unterlagen, insbesondere Bewerbungsunterlagen zu unterrichten.[17]

Voraussetzung der Personalplanung ist nicht **ihre objektive Richtigkeit**.[18] Denn aufgrund des zwischen Planung und Realisierung einhergehenden Zeitraumes kann es wegen geänderter Bedingungen ohnehin häufig zu Veränderungen kommen. I.Ü. ist jeder Planung ein prognostisches Unsicherheitselement immanent. Es kommt auch nicht darauf an, ob es sich um eine strategische, operative oder taktische Personalplanung handelt.

Der Personalplanung **vorgelagerte wirtschaftliche Entscheidungen** unterfallen dem Geltungsbereich der Norm ebenso wenig wie die bloße Fixierung von Personaldaten,[19] Erkundungen von möglichen Personalerweiterungen[20] oder Planungen, die sich auf konkrete, einzelne AN beziehen (Einarbeitungsplanung, Ausbildungsplanung, Laufbahnplanung, Ausschöpfung des Mitarbeiterpotenzials) und deshalb keinen kollektiven Bezug aufweisen sowie Planungen hinsichtlich der Beschäftigungsbedingungen.[21]

II. Unterrichtungs- und Beratungspflicht des Arbeitgebers

Der AG hat den BR über die gesamte Personalplanung (einschließlich aller Teilbereiche), insb. über den gegenwärtigen und künftigen Personalbedarf sowie die daraus folgenden personellen Maßnahmen, **rechtzeitig** und **umfassend anhand von Unterlagen** zu **unterrichten** sowie über die sich aus der Planung ergebenden Maßnahmen mit dem BR zu **beraten**. Personalplanungsmaßnahmen sind nicht zustimmungspflichtig. Die Unterrichtungs- und Beratungspflicht besteht i.Ü. auch nur dann, wenn der AG eine Personalplanung durchführt.[22] Nimmt er keine Personalplanung vor, kann der BR nur Vorschläge nach § 92 Abs. 2 unterbreiten. Der AG muss hierauf weder eine entsprechende noch eine Personalplanung nunmehr einführen. Wird aber bspw. in monatlichen Personalstatistiken detailliert ein Abgleich des personellen Ist-Bestands mit dem personellen Soll-Bestand vorgenommen, so ist dies ein Element der Personalplanung, so dass der Anspruch des BR aus Abs. 1 besteht.[23]

Existiert im Unternehmen eine Personalplanung muss der AG den BR auch ohne ein Unterrichtungs- und Beratungsverlangens der Interessenvertretung beteiligen. In Tendenzbetrieben und Religionsgemeinschaften sind die Beteiligungsrechte nicht generell ausgeschlossen. Allgemeine personelle Angelegenheiten sind tendenzneutral.[24] So steht die Tendenz eines Unternehmens, welches sich die Betreuung und Eingliederung Behinderter zum Ziel gesetzt hat, der Unterrichtungs- und Beratungspflicht des AG nicht entgegen.[25] Bei einheitlicher, betriebsübergreifender Personalplanung kann das Beteiligungsrecht in die Zuständigkeit des GBR fallen.[26]

1. Zeitpunkt und Umfang der Unterrichtung. Die Unterrichtung muss **rechtzeitig** erfolgen, d.h. der BR muss noch die Möglichkeit haben, auf das Ergebnis der personalplanerischen Entscheidungen Einfluss nehmen zu können. Da Personalplanung – insb., wenn sie methodisch erfolgt – fortdauernd geschieht, besteht auch das Beteiligungsrecht des BR kontinuierlich.[27] Der Wissensstand des BR ist den fortwährenden Planungsvorstellungen des AG anzupassen. Deshalb besteht ein Anspruch des BR auf monatliche Vorlage des Stellenplans, der die personellen Zielvorstellungen des AG enthält, sowie des Stellenbesetzungsplans mit dem aktuellen tatsächlichen Personalbestand.[28] Der BR braucht aber über eine Personalplanung erst unterrichtet zu werden, wenn die Überlegungen des AG die Phase kon-

---

13 BAG 6.11.1990 – 1 ABR 60/89 – NZA 1991, 358; LAG Hamm 8.2.2008 – 10 TaBV 89/07 – zitiert nach juris.
14 BAG 31.1.1984 – 1 ABR 63/81 – NZA 1984, 51.
15 LAG Niedersachsen 4.6.2007 – 12 TaBV 56/06 – zitiert nach juris.
16 LAG Berlin-Brandenburg 19.2.2009 – 25 TaBV 20/09 – juris (n. rkr.; Rechtsbeschwerde eingelegt unter dem Aktenzeichen 1 ABR 86/09).
17 LAG München 24.7.2008 – 3 TaBV 4/08 – juris (n. rkr.; Rechtsbeschwerde eingelegt unter dem Aktenzeichen 1 ABR 81/08).
18 BAG 6.11.1990 – 1 ABR 60/89 – AP § 92 BetrVG 1972 Nr. 3.
19 HWK/*Ricken*, § 92 BetrVG Rn 2.
20 BAG 6.11.1990 – 1 ABR 60/89 – AP § 92 BetrVG 1972 Nr. 3.
21 LAG Berlin 13.6.1988 – 9 TaBV 1/86 – DB 1988, 1860.
22 HWK/*Ricken*, § 92 BetrVG Rn 2.
23 LAG Niedersachsen 4.6.2007 – 12 TaBV 56/06 – zitiert nach juris.
24 LAG Niedersachsen 4.6.2007 – 12 TaBV 56/06 – zitiert nach juris.
25 BAG 6.11.1990 – 1 ABR 69/89 – NZA 1991, 358.
26 Ebenso: *Fitting u.a.*, § 92 Rn 38.
27 DKK/*Schneider*, § 92 Rn 38; diff.: GK-BetrVG/*Kraft*, § 92 Rn 24.
28 LAG Bremen 18.3.1992 – 2 TaBV 25/91 – AiB 1993, 185.

kreter Entscheidungsfindung erreicht haben.[29] Solange der AG nur Möglichkeiten einer Personalreduzierung erkundet, diese aber ersichtlich nicht nutzen will, muss er dem BR keine Einsicht in einen Bericht gewähren, der sich mit Rationalisierungsmöglichkeiten erfasst.[30]

10 Die **insb. aufgeführten Unterrichtungsgegenstände** sind nicht abschließend. Auch auf die Methoden der Personalplanung und die organisatorischen und technischen Hilfsmittel, derer sich der AG hierbei bedient, bezieht sich die Unterrichtungspflicht.[31] Führt der AG nur in einzelnen Teilbereichen eine Personalplanung durch, ist der BR über diese Teilbereiche zu unterrichten.[32] Geht der AG bei der Planung methodisch vor, umfasst das Unterrichtungsrecht die einzelnen Planungsschritte.[33] Auch wenn keine langfristige oder systematische Personalplanung erfolgt, enthalten viele Überlegungen des AG personalplanerische Elemente (z.B. die Entscheidung, ob frei werdende Stellen bei Ausscheiden von AN grds. wieder besetzt werden sollen oder nicht); hinsichtlich dieser Entscheidungen besteht dann bereits in der Planungsphase eine Informationspflicht. Bei Einsatz betriebsfremder AN ist der BR vor dem Abschluss von Fremdvergabe- und (Werks-)verträgen zu unterrichten.[34] Der AG kann sich seiner Unterrichtungs- und Beratungspflicht auch nicht mit dem Hinweis entziehen, die Personalplanung werde von einem externen Beratungsunternehmen vorgenommen.[35] Dementsprechend ist der BR bei Einführung eines Assessment-Centers über das Vorhaben, die Stellenbeschreibungen, das Anforderungsprofil, den Merkmalskatalog, das Übungsinstrumentarium und den Teilnehmerkreis zu informieren.

11 **2. Unterlagen.** Die Unterrichtung **anhand von Unterlagen** betrifft alle Dokumentationen und Aufzeichnungen, die der AG zur Grundlage seiner Personalplanung machen will. Der BR soll sich anhand dieser Unterlagen vergewissern können, ob die vom AG zur Personalplanung gemachten Angaben auch tatsächlich zutreffen. Alle tatsächlichen Angaben des AG zur Personalplanung müssen belegt werden, soweit solche Materialien vorhanden sind.[36] Dies gilt für Personaldaten, Stellenpläne, Beschäftigungsdaten und statistische Übersichten[37] sowie sog. Arbeitsblätter (Maßnahmeplan), die eine Unternehmensberatungsfirma für den AG als Ergebnis innerbetrieblicher Planungsüberlegungen erstellt hat.[38]

12 Der AG muss im Rahmen der Unterrichtung über die Personalplanung dem BR die Unterlagen dann für eine gewisse Zeit **überlassen**, wenn nur auf diese Art und Weise dem Beratungsrecht und BR Rechnung getragen werden kann.[39] Die Dauer der gebotenen Aushändigung hängt von den Umständen und insb. davon ab, wann der BR über die Ausübung seines Beratungsrechts beschließen kann. Der BR darf von den Unterlagen keine Abschriften herstellen und muss sich mit einzelnen Notizen begnügen.[40]

13 **3. Beratungspflicht des Arbeitgebers.** Die Beratungspflicht nach Abs. 1 S. 2 erstreckt sich nicht auf alle Unterrichtungsgegenstände,[41] sondern auf Art und Umfang der erforderlichen Maßnahmen und die Vermeidung von Härten. Eine Beratung über Planungsgrundlagen oder andere vorbereitende Aspekte der Personalplanung ist (auf freiwilliger Basis) nicht ausgeschlossen,[42] vom Wortlaut der Norm aber nicht erfasst. Beschränkt sich die Personalplanung des AG nur auf eine Personalbedarfsplanung, so ist der AG zwar zur Unterrichtung des BR verpflichtet. Er ist aber nicht gehalten, von sich aus hierüber mit dem BR zu beraten, weil sich aus der Ermittlung des künftigen Personalbedarfs allein noch keine personellen Maßnahmen ergeben können. Erst wenn aus der Personalbedarfsplanung im Rahmen der Personaldeckungsplanung konkrete Maßnahmen folgen sollen, hat der AG darüber von sich aus mit dem BR zu beraten.[43]

III. Vorschlagsrecht des Betriebsrats

14 Der BR kann von sich aus Vorschläge für die Durchführung einer Personalplanung machen. Betreibt der AG keine Personalplanung, kann der BR eine Einführung vorschlagen. Der AG muss sich mit den Anregungen ernsthaft beschäftigen.[44] Er ist aber nicht gezwungen, sie umsetzen.[45]

---

29 LAG Mecklenburg-Vorpommern 17.1.2006 – 5 TaBV 3/05 – zitiert nach juris.
30 BAG 19.6.1984 – 1 ABR 6/83 – AP § 92 BetrVG 1972 Nr. 2; WP/*Preis*, § 92 Rn 6; HWK/*Ricken*, § 92 BetrVG Rn 11: kritisch DKK/*Schneider*, § 92 Rn 36.
31 Fitting u.a., § 92 Rn 24.
32 DKK/*Schneider*, § 92 Rn 33.
33 Fitting u.a., § 92 Rn 29.
34 Vgl. LAG Köln 9.8.1989 – 5 TaBV 3/89 – AiB 1990, 76.
35 HWK/*Ricken*, § 92 BetrVG Rn 12.
36 Ausf. Bsp. bei Fitting u.a., § 92 Rn 31.
37 BAG 19.6.1984 – 1 ABR 6/83 – NZA 1984, 329.
38 LAG Schleswig-Holstein 14.12.1993 – 1 TaBV 3/93 – AuR 1994, 202.
39 Fitting u.a., § 92 Rn 31; WP/*Preis*, § 92 Rn 7; a.A. ErfK/*Kania*, § 92 BetrVG Rn 7 („Einblick-Gewährung" ausreichend).
40 LAG München 6.8.1986 – 8 TaBV 34/86 – DB 1987, 281.
41 A.A. *Kadel*, BB 1993, 797.
42 Hierzu: Fitting u.a., § 92 Rn 35; weitergehend: DKK/*Schneider*, § 92 Rn 43.
43 BAG 6.11.1990 – 1 ABR 60/89 – AP § 92 BetrVG 1972 Nr. 3.
44 Fitting u.a., § 92 Rn 37.
45 GK-BetrVG/*Kraft*, § 92 Rn 30.

IV. Spezifische Fördermaßnahmen

Das Unterrichtungs- und Beratungsrecht sowie Vorschlagsrecht des BR besteht auch bei den in Abs. 3 angesprochenen Maßnahmen. Sie sollen schon in einem frühzeitigen Planungsstadium Berücksichtigung finden. Hierunter fallen z.B. Frauenförderpläne, die Entwicklung familienfreundlicher Arbeitszeitmodelle, Telearbeitsmodelle, Qualifizierungsmaßnahmen während der Elternzeit, Schutz ausländischer AN oder Fördermaßnahmen in Bezug auf Teilzeitarbeit.[46]

V. Verstöße

Die unter Verletzung der Beteiligungsrechte des BR getroffenen konkreten personellen Einzelmaßnahmen sind wirksam. Eine Verletzung des § 92 wirkt sich individualrechtlich nicht aus.[47] Bei Missachtung der Beteiligungsrechte begeht der AG eine OWi i.S.v. § 121. In Betracht kommt auch ein Verfahren nach § 23 Abs. 3.

C. Verbindung zu anderen Rechtsgebieten und zum Prozessrecht

Das betriebliche Personalwesen ist ein Bereich mit Bezugspunkten zu betriebswissenschaftlichen und -wirtschaftlichen Fragen und weist v.a. Schnittpunkte zum Komplex des Personalmanagements und -controllings auf. Streitigkeiten über den Umfang des Beteiligungsrechts entscheidet das ArbG im Beschlussverfahren.

D. Beraterhinweise

Um Streitigkeiten – insb. über die Rechtzeitigkeit und Umfänglichkeit der Unterrichtung des BR über die Personalplanung – vermeiden, bietet sich der Abschluss einer freiwilligen BV an.[48]

---

§ 92a   Beschäftigungssicherung

(1) ¹Der Betriebsrat kann dem Arbeitgeber Vorschläge zur Sicherung und Förderung der Beschäftigung machen. ²Diese können insbesondere eine flexible Gestaltung der Arbeitszeit, die Förderung von Teilzeitarbeit und Altersteilzeit, neue Formen der Arbeitsorganisation, Änderungen der Arbeitsverfahren und Arbeitsabläufe, die Qualifizierung der Arbeitnehmer, Alternativen zur Ausgliederung von Arbeit oder ihrer Vergabe an andere Unternehmen sowie zum Produktions- und Investitionsprogramm zum Gegenstand haben.

(2) ¹Der Arbeitgeber hat die Vorschläge mit dem Betriebsrat zu beraten. ²Hält der Arbeitgeber die Vorschläge des Betriebsrats für ungeeignet, hat er dies zu begründen; in Betrieben mit mehr als 100 Arbeitnehmern erfolgt die Begründung schriftlich. ³Zu den Beratungen kann der Arbeitgeber oder der Betriebsrat einen Vertreter der Bundesagentur für Arbeit hinzuziehen.

Literatur: *Annuß*, Mitwirkung und Mitbestimmung der Arbeitnehmer im Regierungsentwurf eines Gesetzes zur Reform des BetrVG, NZA 2001, 367; *Bauer*, Neues Spiel bei der Betriebsänderung und der Beschäftigungssicherung, NZA 2001, 375; *Boemke*, Reform des Betriebsverfassungsgesetzes, JuS 2001, 521; *Fischer*, Beschäftigungsförderung nach neuem Betriebsverfassungsgesetz, DB 2002, 322; *Däubler*, Eine bessere Betriebsverfassung?, AuR 2001, 1; *ders.*, Die veränderte Betriebsverfassung – Erste Anwendungsprobleme, AuR 2001, 285; *Disselkamp*, Betriebsklima und Beschäftigungssicherung, AiB 2004, 223; *Lerch/Kischewski/Hoffmann*, Nachhaltige Standort- und Beschäftigungssicherung, AiB 2008, 76; *Löwisch*, Beschäftigungssicherung als Gegenstand betrieblicher und tariflicher Regelungen und von Arbeitskämpfen, DB 2005, 554; *ders.*, Beschäftigungssicherung als Gegenstand von Mitwirkungs- und Mitbestimmungsrechten im europäischen und deutschen Recht, in: Festschrift Konzen, 2006, 533; *Niemeyer*, Zur Umsetzung des neuen Initiativrechts nach § 92a BetrVG, AiB 2002, 616; *Reichold*, Die reformierte Betriebsverfassung 2001, NZA 2001, 857; *Rieble*, Die Betriebsverfassungsgesetz-Novelle 2001 in ordnungspolitischer Sicht, ZIP 2001, 133; *Schwarzbach*, Möglichkeit zur Beschäftigungssicherung in der Praxis – Vorschläge des Betriebsrats nach § 92a BetrVG, AiB 2003, 467; *ders.*, Agieren für Beschäftigungssicherung, AiB 2008, 147; *Wendeling-Schröder/Welkoborsky*, Beschäftigungssicherung und Transfersozialplan, NZA 2003, 1370; *Wiesinger*, Mitbestimmung bei Beschäftigungssicherung, AuA 2003, 16

A. Allgemeines	1	IV. Einigung über die Vorschläge des Betriebsrats	11
B. Regelungsgehalt	2	V. Verstöße	12
I. Vorschlagsrecht	2	C. Verbindung zu anderen Rechtsgebieten und zum Prozessrecht	14
II. Beratungspflicht des Arbeitgebers	8		
III. Ablehnung der Vorschläge durch den Arbeitgeber	10	D. Beraterhinweise	17

---

[46] Ausf. bei *Fitting u.a.*, § 92 Rn 39 ff.
[47] *Fitting u.a.*, § 92 Rn 45; GK-Kraft/*Raab* § 92 Rn 45.
[48] Bsp. für eine nicht erzwingbare BV über Personalplanung, zur Frauenförderung und zum Schutz ausländischer AN: *Hümmerich*, AnwaltFormulare ArbR, § 5 Rn 64–66.

A. Allgemeines

1 Aus gesellschafts- und sozialpolitischer Sicht besteht ein großes Interesse an einer möglichst hohen Beschäftigungsquote der erwerbsfähigen Bevölkerung. Das Betriebsverfassungsreformgesetz von 2001[1] statuiert zur Beschäftigungsförderung und -sicherung erstmals ein Vorschlags- und Beratungsrecht des BR. Damit legt das Gesetz den Betriebsparteien eine besondere Verantwortung für den Erhalt von Arbeitsplätzen auf.[2] § 92a konkretisiert insoweit die allg. Aufgabe des BR aus § 80 Abs. 1 Nr. 8[3] und eröffnet dem BR Möglichkeiten, zur Beschäftigungsförderung und -sicherung im Betrieb initiativ zu werden.[4] § 92a will die Eigeninitiative des BR verstärken und beschäftigungsfördernde Impulse freisetzen. Die Norm gewährt aber kein Mitbestimmungsrecht in Fragen der Unternehmensführung.[5] Auch eröffnet sie dem BR kein allg. arbeitsmarktpolitisches Mandat.[6]

B. Regelungsgehalt

I. Vorschlagsrecht

2 Nach Abs. 1 S. 1 kann der BR dem AG **Vorschläge zur Beschäftigungssicherung und -förderung** der im Betrieb beschäftigten AN machen.[7] Die Vorschrift regelt ein eigenständiges, abgeschwächtes Initiativrecht des BR.[8] Der BR kann unabhängig vom AG vorbeugend und aktiv tätig werden und Vorschläge zur Beschäftigungssicherung und -förderung unterbreiten. Er ist einerseits nicht auf ein bloßes Reagieren anlässlich von konkret geplanten Personalmaßnahmen des AG, wie bei §§ 111 ff., beschränkt. Andererseits ergänzt die Vorschrift die Regelungen der §§ 111 ff. Bei einer Betriebsänderung i.S.d. § 111 kann der BR den Vorstellungen des AG mit Vorschlägen zur Arbeitsplatzsicherung begegnen.[9]

3 Unter **Beschäftigungssicherung** versteht man den Erhalt der bestehenden Arbeitsplätze.[10] Die **Beschäftigungsförderung** betrifft alle individualrechtlichen oder kollektiven Maßnahmen, die die Beschäftigungssituation im Betrieb stabilisieren und begünstigen bzw. die geeignet sind, die Arbeit im Betrieb für die AN attraktiver zu machen.[11] Dies können auch Anregungen zur Betriebsführung sein. Soweit dabei aber unternehmerische Entscheidungen tangiert werden, hat der BR bereits bei der Unterbreitung von Vorschlägen deutlich zu machen, warum er gerade hierin einen positiven Effekt für eine Beschäftigungssicherung und -förderung sieht. Betriebsstandortübergreifende Anregungen können vom GBR oder KBR unterbreitet werden.

4 Die im Gesetz aufgezählten Gegenstände sind – wie die Formulierung „insbesondere" zeigt – **nicht abschließend**. Ausdrücklich erwähnt werden folgende Möglichkeiten:

- flexible Arbeitszeitgestaltung (bspw. Vorschläge zur besseren Nutzung betrieblicher Kapazitäten);
- Förderung von Teilzeitarbeit und Altersteilzeit (bspw. Vorschläge zur Integration von AN mit Kindern ins Berufsleben und Erhöhung der Beschäftigungs- und Aufstiegschancen „nachrückender" AN);
- neue Formen der Arbeitsorganisation (bspw. Vorschläge zur Einführung von Gruppenarbeit);
- Änderung von Arbeitsverfahren und Arbeitsabläufen (bspw. Vorschläge zur Verbesserung der Produktivität oder zur Reduzierung betrieblicher Kosten ohne Personalabbau);
- Qualifizierung der AN (bspw. Vorschläge zur Produktivitätssteigerung durch Fortbildung);
- Alternativen zur Ausgliederung und Fremdvergabe der Arbeit (bspw. Vorschläge zum Vorrang innerbetrieblicher Lösungen);
- Produktions- und Investitionsprogramm (bspw. Vorschläge für eine andere Produktpalette oder ein Hinwirken auf umweltbewussteres, nachfrageorientiertes Produzieren).

5 Darüber hinaus kommen bspw. auch Anregungen zur Einführung eines Arbeitsschutz-, Umweltschutz- oder Qualitätsmanagementsystems, Vorschläge zur Inanspruchnahme von Leistungen der Arbeitsförderung durch die BA (Eingliederungszuschüsse, Teilnahme an Transfermaßnahmen), der Inanspruchnahme des Unterhaltsgeldes nach den Richtlinien des Europäischen Sozialfonds (ESF), der Aufstellung eines Beschäftigungsplans bei sich abzeichnendem Stellenabbau,[12] der Rückführung freiwilliger oder widerrufbarer Leistungen (Weihnachtsgeld) bei Arbeitsplatzerhalt oder die Einführung eines strategischen Human-Resources-Managements (vgl. hierzu auch das Vorschlagsrecht nach § 92 Abs. 2) in Betracht. Im Endeffekt sind der Kreativität des BR für weitergehende Vorschläge, solange sie dem Erhalt von Arbeitsplätzen dienen, keine Grenzen gesetzt.[13]

---

1 BGBl I 2001 S. 1852.
2 WP/*Preis*, § 92a Rn 1; *Bauer*, NZA 2001, 375, 378.
3 *Reichold*, NZA 2001, 857, 863.
4 HWK/*Ricken*, § 92a BetrVG Rn 1; *Boemke*, JuS 2002, 521, 527.
5 *Fitting u.a.*, § 92a Rn 3; *Bauer*, NZA 2001, 375, 378.
6 *Reichold*, NZA 2001, 857, 863; *Rieble*, ZIP 2001, 140; WP/*Preis*, § 92a Rn 1.
7 WP/*Preis*, § 92a Rn 1; *Rieble*, ZIP 2001, 133, 140.
8 *Richardi/Thüsing*, § 92a Rn 6; *Fischer*, DB 2002, 322, 323; kritisch: *Bauer*, NZA 2001, 375, 378.
9 *Fischer*, DB 2002, 322, 324.
10 HWK/*Ricken*, § 92a BetrVG Rn 2.
11 HWK/*Ricken*, § 92a BetrVG Rn 2.
12 *Wendeling-Schröder/Welkoborsky*, NZA 2002, 1370.
13 WP/*Preis*, § 92a Rn 3.

Es bedarf **keines konkreten Anlasses**, um das Vorschlagsrecht des BR auszulösen. Insb. muss kein Personalabbau bevorstehen oder eine „beschäftigungsbedrohliche Situation" vorliegen. Allerdings müssen alle Vorschläge einen kollektiven Bezug aufweisen.[14] Beschäftigungsförderung oder -sicherung bezogen auf einen konkreten Arbeitsplatz oder AN sind nach dieser Norm nicht möglich.

Bei bestimmten Maßnahmen im Zusammenhang mit der Beschäftigungssicherung und -förderung kommt die Hinzuziehung betrieblicher Auskunftspersonen oder eines SV (§ 80 Abs. 2 S. 3 und Abs. 3) in Betracht. So kann der BR zur Vorbereitung eines Beschäftigungssicherungsplanes i.S.v. § 92a einen RA als SV hinzuziehen. Arbeitsstreckungsmaßnahmen wie Absenkung der Arbeitszeit, Qualifizierungsmaßnahmen, Maßnahmen nach dem SGB III und Zielvereinbarungen sind keine Standardprobleme der betriebsverfassungsrechtlichen Arbeit, weshalb eine Beratung durch einen SV erforderlich erscheint. Die Möglichkeit der Hinzuziehung von Vertretern der AA nach Abs. 2 S. 2 steht einer SV-Hinzuziehung nicht entgegen. Die AA neutrale Instanz kann erst zu den Beratungen zwischen AG und BR und nicht zur Beratung des BR im Vorfeld der Verhandlungen über Vorschläge zur Beschäftigungssicherung herangezogen werden.[15]

II. Beratungspflicht des Arbeitgebers

Nach Abs. 2 S. 1 hat der AG die Vorschläge und Ideen zur Beschäftigungsförderung und -sicherung mit dem BR zu beraten. Er kommt seiner Beratungspflicht nur nach, wenn er **ernsthaft, zeitnah und in angemessener Zeit** die Vorschläge mit dem BR erörtert und sich insb. mit den Argumenten des BR auseinandersetzt und zu einem Austausch der Standpunkte bereit ist.[16] Die Beratungspflicht trifft den AG, z.B. den Geschäftsführer einer GmbH. Stellvertretung ist zulässig.[17] Beratungsintensität und -dauer sind abhängig vom Inhalt des jeweiligen Vorschlags.[18] Deshalb sollten die Vorschläge des BR auch eine ausreichende Substanz haben, um das Beratungsrecht auszulösen.[19] Allerdings darf sich der AG darauf beschränken, die Geeignetheit der vom BR unterbreiteten Anregungen für die Beschäftigung zu besprechen; es muss nicht im Sinne einer Entscheidungsfindung verhandelt werden. Eine Beratungspflicht besteht nicht mehr für solche Vorschläge des BR, die der AG schon früher abgelehnt hatte und der BR sie ohne Änderung der tatsächlichen Gegebenheiten erneut einbringt.

Zu den Beratungen kann ein Vertreter der Bundesagentur für Arbeit hinzugezogen werden (Abs. 2 S. 3). Dieser soll zum einen die Betriebsparteien über beschäftigungsfördernde Maßnahmen auf dem Gebiet des Arbeitsförderungsrechts aufklären und zum anderen als neutrale Instanz moderierend tätig sein.[20] Die Initiative hierfür kann vom AG oder vom BR ausgehen.

III. Ablehnung der Vorschläge durch den Arbeitgeber

Der AG kann die Vorschläge des BR **ablehnen**. Hält er die Anregungen für **ungeeignet**, muss er dies **begründen**. Die Begründung kann auch unmittelbar nach der Beratung erfolgen. In Betrieben mit mehr als 100 AN unterliegt die Begründungspflicht der Schriftform. Es ist auf die konkrete Belegschaftsstärke zum Zeitpunkt der Stellungnahme abzustellen[21] (keine Einschränkung des Gesetzeswortlauts „in der Regel" wie z.B. bei § 9) und es zählen alle AN einschließlich der Leih-AN,[22] nicht nur die Wahlberechtigten (keine Einschränkung des Gesetzeswortlauts „wahlberechtigte AN" wie z.B. bei § 9).

IV. Einigung über die Vorschläge des Betriebsrats

Im Gesetz ist nicht ausdrücklich geregelt, was gilt, wenn sich AG und BR über die – ggf. modifizierten – Vorschläge des BR einig werden. Hält der AG die Vorschläge des BR lediglich für geeignet und äußert er dies gegenüber dem BR, so hat dies keine weiteren betriebsverfassungsrechtlichen Konsequenzen. Es handelt sich nur um eine Wissenserklärung des AG.[23] BR und AG können eine freiwillige BV nach § 88 abschließen. So münden die Vorschläge des BR oft in sog. Standortvereinbarungen[24] bzw. in betrieblichen Bündnissen für Arbeit.[25] Diese freiwilligen BV können aber nicht gegen den Willen des AG erzwungen werden. Dem BR bleibt dann nur die Möglichkeit, für seine Vorstellungen im Betrieb, insb. auf einer Betriebsversammlung, zu werben.[26]

---

14 HWK/*Ricken*, § 92a BetrVG Rn 2.
15 ArbG Essen 16.12.2003 – 6 BV 97/03 – AiB 2004, 436 mit zust. Anm. *Welkoborsky*.
16 *Fischer*, DB 2002, 322, 322.
17 Richardi/*Thüsing*, § 92a Rn 9; HWK/*Ricken*, § 92a BetrVG Rn 4; a.A. WP/*Preis*, § 92a Rn 4.
18 *Fitting u.a.*, § 92a Rn 10.
19 WP/*Preis*, § 92a Rn 4.
20 DKK/*Däubler*, § 92a Rn 15; kritisch: GK-BetrVG/*Kraft*, § 92a Rn 5.
21 Richardi/*Thüsing*, § 92a Rn 12; *Fitting u.a.*, § 92a Rn 12.
22 *Fitting u.a.*, § 92a Rn 12; a.A. Richardi/*Thüsing*, § 92a Rn 12.
23 *Fischer*, DB 2002, 322, 323.
24 Bei weiterer Beteiligung der Gewerkschaft wird auch von dreigliedrigen Standortvereinbarungen gesprochen; hierzu: *Thüsing*, NZA 2008, 201.
25 WP/*Preis*, § 92a Rn 2; s.a. Rn 15.
26 *Fischer*, DB 2002, 322, 323.

V. Verstöße

12 Die Verpflichtung des AG, Vorschläge des BR zu beraten und seine Ablehnung (ggf. schriftlich) zu begründen, kann vom BR im Rahmen eines Beschlussverfahrens vor den ArbG durchgesetzt werden.[27] Nachhaltige Verletzungen der Beratungs- und/oder Begründungspflicht durch den AG können ein **grober Pflichtverstoß** i.S.v. § 23 Abs. 3 sein. Es handelt sich aber um keine OWi i.S.v. § 121 Abs. 1. Ein Verstoß des AG gegen Beteiligungsrechte des BR rechtfertigt keine Zustimmungsverweigerung zur Einstellung.[28]

13 Durchsetzbar ist nur der Beratungsanspruch des BR und die Begründungspflicht des AG bei Ablehnung der Vorschläge,[29] ggf. kommt aber auch ein Unterrichtungsanspruch in Frage. Macht der BR im Zusammenhang mit § 92a Unterrichtungsansprüche geltend, hat er seine Idee einer beschäftigungssichernden Maßnahme wenigstens grob zu umreißen, damit der AG prüfen kann, ob die geforderten Unterlagen zur weiteren Ausarbeitung der Beschäftigungssicherungsidee erforderlich sind.[30] Hinsichtlich der vorgeschlagenen Maßnahmen besteht auch dann kein Umsetzungsanspruch, wenn die Anregungen nicht oder nicht ernsthaft mit dem BR erörtert worden sind oder eine Ablehnung unbegründet erfolgt ist. Eine andere Sichtweise würde in den mitbestimmungsfreien Bereich der Unternehmensleitung und -führung eingreifen. Insoweit wird der Norm teilweise eine größere praktische Bedeutung abgesprochen.[31] Deshalb kommt auch ein – ggf. durch eine einstweilige Verfügung zu sichernder – Unterlassungsanspruch gegen Maßnahmen, die noch nicht hinreichend beratene Vorschläge des BR gegenstandslos machen, nicht in Betracht.[32] Reagiert der AG auf die Vorschläge des BR nicht bzw. unterlässt er die vom Gesetz geforderte Beratung, so führt dieses betriebsverfassungsrechtliche Fehlverhalten des AG gleichwohl nicht zur Unwirksamkeit einer zeitnah vom AG ausgesprochenen Künd.[33] § 92a begründet Rechte und Pflichten im Verhältnis zwischen BR und AG. Dagegen entfaltet die Vorschrift keine unmittelbaren Rechtswirkungen für das Rechtsverhältnis zwischen dem AG und dem einzelnen AN. Eine Beschränkung des Künd-Rechts ergibt sich deshalb nicht allein daraus, dass der AG seiner Beratungs- oder Begründungspflicht nicht ausreichend nachgekommen ist.[34]

C. Verbindung zu anderen Rechtsgebieten und zum Prozessrecht

14 Auf dem Gebiet der **Arbeitsförderung** nach dem SGB III und der **öffentlich geförderten Beschäftigung** nach dem SGB II bestehen zahlreiche Möglichkeiten, beschäftigungssichernde und -fördernde Maßnahmen durch Zuschusszahlungen zu finanzieren (z.B. Lohnkostenzuschüsse für die Qualifizierung un- und angelernter Beschäftigter nach § 235c SGB III, Lohnkostenzuschüsse bei der Ersatzeinstellung Arbeitsloser für sich beruflich weiter bildende AN: §§ 229 ff. SGB III; Förderung externer Qualifizierung für ältere Beschäftigte nach § 417 SGB III bei bis 31.12.2010 begonnenen Maßnahmen; Durchführung von Maßnahmen zur Qualifizierung im Rahmen des Europäischen Sozialfonds;[35] Kurzarbeitergeld nach §§ 169 ff. SGB III; Arbeitsbeschaffungsmaßnahmen nach § 16 Abs. 1 SGB II i.V.m. §§ 260 ff. SGB III; Arbeitsgelegenheiten in der Entgeltvariante nach § 16 Abs. 3 S. 1 SGB II und Arbeitsgelegenheiten mit Mehraufwandsentschädigung nach § 16 Abs. 3 S. 2 SGB II). Hinsichtlich der **Altersteilzeit** sind die Vorschriften des AltersteilzeitG zu beachten.

15 Treffen BR und AG auf betrieblicher Ebene Vereinbarungen zur Beschäftigungssicherung („**Betriebliche Bündnisse für Arbeit**"), bewegen sie sich vielfach in einem „Spannungsfeld". V.a. Fragen der Regelungskompetenz (§§ 77 Abs. 3, 87 Abs. 1 S. 1), der Vereinbarungsbefugnis für den gesamten Funktionsbereich des BR[36] und des Widerspruchs zu tariflichen Vorgaben im Falle einer verbindlichen Tarifgeltung (Günstigkeitsvergleich) werden kontrovers diskutiert.[37] Bei kollektiven betrieblichen Absprachen, die das zwingend im Betrieb geltende tarifliche Entgeltniveau unterschreiten, steht der tarifschließenden Gewerkschaft ein Unterlassensanspruch zu, selbst wenn die Absprachen auf einen Arbeitsplatzerhalt abzielen.[38]

16 Schulungen zum Bereich Beschäftigungssicherung und Innovation können für die Arbeit des BR erforderliche Kenntnisse vermitteln; ggf. besteht ein entsprechender Schulungsanspruch.[39]

---

27 *Däubler*, AuR 2001, 285, 290.
28 LAG Niedersachsen 19.11.2008 – 15 TaBV 159/07 – juris (n. rkr.; Rechtsbeschwerde eingelegt unter 1 ABR 2/09).
29 *Annuß*, NZA 2001, 367, 368.
30 LAG Mecklenburg-Vorpommern 17.1.2006 – 5 TaBV 3/05 – zitiert nach juris.
31 ErfK/*Kania*, § 92a BetrVG Rn 1.
32 Richardi/*Thüsing*, § 92a Rn 15; a.A: *Däubler*, AuR 2001, 285, 290.
33 WP/*Preis*, § 92a Rn 8; *Bauer*, NZA 2001, 375, 379.
34 BAG 18.10.2006 – 2 AZR 434/05 – DB 2007, 810.
35 Informationen im Internet unter http://ec.europa.eu/employment_social/esf/index_de.htm, Stand: 19.7.2009.
36 Hierzu ErfK/*Kania*, § 92a Rn 1; Richardi/*Thüsing*, § 92a Rn 3a; *Däubler*, AuR 2001, 6.
37 Vgl. – statt vieler – z.B. *Annuß*, RdA 2000, 287; *Bauer*, NZA 1999, 987; *Dieterich*, DB 2001, 2398; *Richardi*, DB 2000, 42; *Schmidt*, RdA 2004, 152 ff.; *Franzen*, NZA Beil. 2006, Nr. 3, 107.
38 BAG 20.4.1999 – 1 ABR 72/98 – DB 1999, 1657 ff. („Burda-Entscheidung").
39 LAG Hamm 31.5.2006 – 10 TaBV 202/05 – AuR 2007, 105.

D. Beraterhinweise

Handlungsalternativen **vor einem Personalabbau** können sein:
- arbeitszeitgestaltende Maßnahmen (Abbau von Überstunden, Einführung von Arbeitszeitkonten oder Kurzarbeit);
- qualifizierende Maßnahmen (outplacement, Freistellung für externen Bildungsabschluss, Bezuschussung durch arbeitsförderungsrechtliche Möglichkeiten);
- quantitative Maßnahmen (Um- und Versetzung, Altersteilzeit).

§ 93 Ausschreibung von Arbeitsplätzen

Der Betriebsrat kann verlangen, dass Arbeitsplätze, die besetzt werden sollen, allgemein oder für bestimmte Arten von Tätigkeiten vor ihrer Besetzung innerhalb des Betriebs ausgeschrieben werden.

Literatur: *Fischer*, Verletzung der Ausschreibungsverpflichtung nach § 7 Abs. 1 TzBfG und Zustimmungsverweigerung nach § 99 Abs. 2 BetrVG, AuR 2001, 325; *ders.*, Zustimmungsverweigerung wegen unterbliebener Ausschreibung in Teilzeit, AuR 2005, 255; *Hromadka*, Beschäftigung von freien Mitarbeitern als mitbestimmungspflichtige Einstellung – Ausschreibung von Arbeitsplätzen, SAE 1994, 133; *Kleinebrink*, Mitbestimmungsrechte und Gestaltungsmöglichkeiten bei innerbetrieblichen Stellenausschreibungen, ArbRB 2006, 217; *Schartel*, Ausschreibung von Arbeitsplätzen, AuA 1993, 20; *Schlosser*, Stellenausschreibung auch als Teilzeitarbeitsplatz – ein Gebot ohne Sanktion; BB 2001, 411; *Schneider*, Ist die Stellenbeschreibung gesetzlich normiert?, AuA 1997, 1491; *Wagner*, Mitbestimmung des Betriebsrats bei der Einstellung von Leiharbeitnehmern – innerbetriebliche Stellenausschreibung, AiB 2007, 730

A. Allgemeines	1	III. Rechtsfolgen	10
B. Regelungsgehalt	2	C. Verbindung zu anderen Rechtsgebieten und zum Prozessrecht	14
I. Innerbetriebliche Arbeitsplatzausschreibung	2		
II. Ausschreibungsverlangen des Betriebsrats	5	D. Beraterhinweise	15

A. Allgemeines

Die Norm dient zum einen der Aktivierung des innerbetrieblichen Arbeitsmarktes[1] und zum anderen der Transparenz betrieblicher Entscheidungsvorgänge und damit der Vermeidung von Verärgerungen und Beunruhigungen der Belegschaft[2] durch eine Besetzung von betrieblichen Arbeitsplätzen mit Externen. Ein beschäftigungspolitischer Zweck kommt der Regelung nicht zu. Das Mitbestimmungsrecht erstreckt sich auf freie oder vom AG neu geschaffene Arbeitsplätze. Das Initiativrecht des § 93 steht in engem Zusammenhang mit § 99 Abs. 2 Nr. 5.

B. Regelungsgehalt

I. Innerbetriebliche Arbeitsplatzausschreibung

Eine Ausschreibung von Arbeitsplätzen ist die allgemeine Aufforderung an alle oder eine bestimmte Gruppe von AN des Betriebs, sich für einen bestimmten Arbeitsplatz im Betrieb zu bewerben.[3] Einen bestimmten Inhalt für die Ausschreibung schreibt das Gesetz nicht vor.[4] Aus Sinn und Zweck folgt jedoch, dass aus der Stellenausschreibung mindestens hervorgehen muss, um welchen Arbeitsplatz es sich handelt und welches Anforderungsprofil der Bewerber erfüllen muss.[5] Die Ausschreibung sollte ferner eine bestimmte Frist für die Bewerbung enthalten.[6] Bei Tarifvertragsgeltung gehört die Angabe der Tarifgruppe des vakanten Arbeitsplatzes nicht zum zwingenden Mindestinhalt der Stellenausschreibung.[7]

Eine Ausschreibung ist **innerbetrieblich**, wenn die AN des Betriebes die Möglichkeit zur unmittelbaren Kenntnisnahme haben. Möglich sind z.B. Anschläge am Schwarzen Brett, Veröffentlichung in der Werkszeitung, Rundschrei-

---

1 Hierzu: ErfK/*Kania*, § 93 BetrVG Rn 1; HWK/*Ricken*, § 93 BetrVG Rn 1.
2 BAG 23.2.1988 – 1 ABR 82/86 – AP § 93 BetrVG 1972 Nr. 2; BAG 27.7.1993 – 1 ABR 7/93 – AP § 93 BetrVG 1972 Nr. 3; Sächsisches LAG 13.8.1993 – 3 TaBV 2/93 – AuA 1994, 26; WP/*Preis*, § 93 Rn 1.
3 BAG 23.2.1988 – 1 ABR 82/86 – AP § 93 BetrVG 1972 Nr. 2; BAG 27.10.1992 – 1 ABR 4/92 – AP § 95 BetrVG 1972 Nr. 29.
4 BAG 23.2.1988 – 1 ABR 82/86 – AP § 93 BetrVG 1972 Nr. 2.
5 BAG 23.2.1988 – 1 ABR 82/86 – AP § 93 BetrVG 1972 Nr. 2.
6 HWK/*Ricken*, § 93 Rn 7.
7 LAG Berlin 11.2.2005 – 6 TaBV 2252/04 – EzA-SD 2005, Nr. 8, 14.

ben oder Hausmitteilungen oder Ausschreibungen im Intranet, wenn dieses für alle mit der Stellenausschreibung angesprochenen AN zugänglich ist.

4 Gem. § 7 Abs. 1 TzBfG ist der AG verpflichtet, einen Arbeitsplatz, den er öffentlich oder innerhalb des Betriebs ausschreibt, als **Teilzeitarbeitsplatz** auszuschreiben, wenn sich der Arbeitsplatz hierfür eignet. Streitig ist, ob der BR eine Ausschreibung verlangen kann, wenn der AG eine befristete in eine unbefristete Stelle umwandeln will.[8]

II. Ausschreibungsverlangen des Betriebsrats

5 Dem Ausschreibungsverlangen des BR muss ein **ordnungsgemäßer Beschluss** des Gremiums zugrunde liegen. Eine Form für das Verlangen ist nicht vorgesehen. Schon aus Gründen der Eindeutigkeit und zur Vermeidung von Streit sollte das Begehren schriftlich formuliert werden.

6 Der BR kann die betriebsinterne Ausschreibung **allgemein oder für bestimmte Arten von Tätigkeiten** verlangen. „Allgemein" bedeutet, dass der BR verlangen kann, alle freien Stellen ohne Rücksicht auf deren Anforderungen auszuschreiben. Der BR kann aber sein Verlangen auch auf bestimmte Gruppen von Arbeitsplätzen beschränken. Er kann bspw. sein Ausschreibungsgesuch auf freie oder zu schaffende Stellen ab einer bestimmten Hierarchiestufe im Betrieb beschränken. Eine interne Ausschreibungspflicht für einzelne (konkrete) Arbeitsplätze besteht nicht.[9]

7 Das Ausschreibungsverlangen kann sich nur auf Stellen **innerhalb des Betriebes** beziehen. Eine unternehmensbezogene Stellenausschreibung kann der BR regelmäßig nicht verlangen.[10] Ausnahmen folgen aus der Zuständigkeit des GBR nach § 50, wenn z.B. die Ausschreibung auf Unternehmensebene aufgrund einer unternehmenseinheitlichen Personalplanung im Interesse der AN liegt (§ 50 Abs. 1) oder die einzelnen BR eine unternehmensweite Stellenausschreibung favorisieren und deshalb den GBR beauftragen (§ 50 Abs. 2)[11] In einer GBV kann deshalb festgelegt werden, freie Arbeitsplätze zunächst örtlich und sodann unternehmensweit auszuschreiben. Ein Ausschreibungsverlangen des GBR gilt auch für Stellenausschreibungen in einem betriebsratslosen Betrieb.[12] Entsprechendes ergibt sich für die Zuständigkeit des KBR (§ 58). Die Ausschreibung muss der BR **vor** der Besetzung des Arbeitsplatzes verlangen. Ein späteres Ausschreibungsverlangen genügt nicht.[13]

8 Der BR kann auch eine bestimmte **Veröffentlichungsart** verlangen. Auf den Inhalt der Ausschreibung, d.h. welche Anforderungen der Stellenbewerber erfüllen soll, hat der BR jedoch keinen Einfluss. Ansonsten könnte der BR über das Anforderungsprofil mitbestimmen.[14] Ein solches Mitbestimmungsrecht versagt ihm jedoch die Rspr. Auf die Einhaltung des Mindestinhalts einer Stellenbeschreibung kann der BR hinwirken; auf eine Ausschreibungs-**Mindestdauer** bezieht sich der MB-Tatbestand regelmäßig nicht.[15]

9 In **Tendenzbetrieben** kann sich das Verlangen des BR auch auf Stellen beziehen, die mit Tendenzträgern besetzt werden sollen.[16] Bei der Besetzung von Stellen für **leitende Ang** i.S.v. § 5 Abs. 3 gilt § 93 nicht.[17] Bei freien Mitarbeitern kommt es darauf an, ob es sich bei der vorgesehenen Beschäftigung um eine nach § 99 mitbestimmungspflichtige Einstellung handelt.[18]

III. Rechtsfolgen

10 Hat der BR verlangt, freie oder neu geschaffene Arbeitsplätze intern auszuschreiben, muss der AG diesem Begehren entsprechen. Dies gilt auch, wenn er der Ansicht ist, im Betrieb seien keine für die Stelle geeigneten AN vorhanden

---

8 Bejahend: WP/*Preis*, § 93 Rn 5; LAG Hamm 31.10.2000 – 13 TaBV 47/00 – LAGE § 93 BetrVG 1972 Nr. 3; ablehnend: ErfK/*Kania*, § 93 BetrVG Rn 6.
9 ErfK/*Kania*, § 93 BetrVG Rn 3 m.w.N.; HWK/*Ricken*, § 93 BetrVG Rn 2.
10 HWK/*Ricken*, § 93 BetrVG Rn 5; GK-BetrVG/*Kraft*, § 93 Rn 9; offen geblieben bei: LAG München 8.11.1988 – 2 Sa 69/88 – DB 1989, 1880.
11 Vgl. zur Zuständigkeit des Gesamtbetriebsrates für überbetriebliche Stellenausschreibungen ArbG Hamburg 20.6.2008 – 27 BV 5/08 – zitiert nach juris.
12 *Fitting u.a.*, § 93 Rn 10.
13 BAG 14.12.2004 – 1 ABR 54/03 – AP § 99 BetrVG 1972 Nr. 121; Richardi/*Thüsing*, § 93 Rn 13.

14 BAG 23.2.1988 – 1 ABR 82/86 – AP § 93 BetrVG 1972 Nr. 2; BAG 27.10.1992 – 1 ABR 4/92 – AP § 95 BetrVG 1972 Nr. 29; BAG 7.11.1996 – 2 AZR 811/95 – AP § 1 KSchG 1969 Betriebsbedingte Kündigung Nr. 82; WP/*Preis*, § 93 Rn 4; ErfK/*Kania*, § 93 BetrVG Rn 5 m.w.N.; kritisch: DKK/*Buschmann*, § 93 Rn 4.
15 LAG München 18.12.2008 – 4 TaBV 70/08 – juris (n.rkr.; Rechtsbeschwerde eingelegt unter dem Az. 1 ABR 18/09).
16 BAG 30.1.1979 – 1 ABR 78/76 – AP § 118 BetrVG Nr. 11; Richardi/*Thüsing*, § 93 Rn 18; HWK/*Ricken*, § 93 BetrVG Rn 6; a.A. GK-BetrVG/*Kraft*, § 93 Rn 6.
17 BAG 27.7.1993 – 1 ABR 7/93 – AP § 93 BetrVG 1972 Nr. 3.
18 BAG 27.7.1993 – 1 ABR 7/93 – AP § 93 BetrVG 1972 Nr. 3.

sind bzw. die AN des Betriebes hätten kein Interesse an der Stelle,[19] er wolle die Stelle sowieso mit Leih-AN[20] oder freien Mitarbeitern besetzen[21] oder die Stellenausschreibung erfolge „personenbezogen".[22]

An einer zusätzlichen, zeitgleichen externen Stellenausschreibung ist der AG nicht gehindert.[23] In diesem Fall dürfen in der außerbetrieblichen Stellenausschreibung keine anderen Anforderungen formuliert sein als in der innerbetrieblichen.[24] Die Entscheidung, wer bei konkurrierenden internen und externen Bewerbern eingestellt werden soll, liegt – vorbehaltlich einer vereinbarten Auswahlrichtlinie nach § 95 – allein beim AG.[25] Die betriebliche Ausschreibung verpflichtet den AG nicht, bei der Besetzung der Stelle dem internen Bewerber den Vorzug einzuräumen.[26] Durch die innerbetriebliche Stellenausschreibung erlangen die internen Bewerber lediglich eine Chance, nicht aber einen Anspruch auf Besetzung der Stelle.[27]

11

Bei Verstößen gegen die auf Verlangen des BR ausgelöste innerbetriebliche Ausschreibungspflicht kann der BR seine Zustimmung zur personellen Maßnahme der Einstellung nach § 99 Abs. 2 Nr. 5 verweigern. Dies gilt nur bei einem **vor** der beabsichtigten Einstellung verlangten internen Ausschreibungsbegehren. Der **Zustimmungsverweigerungsgrund** greift nicht nur im Falle der unterbliebenen internen Ausschreibung, sondern auch, wenn die interne Ausschreibung nicht den Mindestanforderungen entspricht (also gar keine „Stellenausschreibung" vorliegt),[28] eine zugleich erfolgte externe Ausschreibung ein anderes Anforderungsprofil bestimmt[29] oder ohne Rechtfertigung nicht geschlechtsneutral (vgl. Gebot diskriminierungsfreier Ausschreibung nach § 11 AGG)[30] ausgeschrieben worden ist. Verlangt der BR vom AG vor der geplanten Einstellung von Leih-AN eine innerbetriebliche Stellenausschreibung und unterbleibt diese, kann der BR der Einstellung der Leih-AN gem. § 99 Abs. 1 Nr. 5 die Zustimmung verweigern.[31] Allerdings zwingt das allgemeine Ausschreibungsverlangen den AG nicht dazu, einen Hinweis zu unterlassen, dass die ausgeschriebene Stelle mit einem Leih-AN besetzt werden soll.[32] Über die Ausschreibungspflicht soll der BR nach der instanzgerichtlichen Rspr. nicht erzwingen können, die Stelle auch als Teilzeitstelle auszuschreiben.[33] Hiergegen spricht die Verpflichtung des AG nach § 7 Abs. 1 TzBfG. Die Ausübung des Mitbestimmungsrechts nach § 93 löst die Ausschreibungspflicht nach § 7 Abs. 1 TzBfG aus; entsprechend kann der BR seine Zustimmung zu einer pers. Maßnahme verweigern, wenn der AG eine zu besetzende Stelle trotz Geeignetheit nicht als Teilzeitarbeitsplatz ausgeschrieben hat.[34]

12

Hat der AG die Stelle trotz innerbetrieblichem Ausschreibungsverlangen nur extern ausgeschrieben, besteht der Zustimmungsverweigerungsgrund (u.U. bezogen auf eine Versetzung) auch dann, wenn sich auf die Stelle nur im Betrieb beschäftigte AN beworben haben; die Gewährung der Chancengleichheit für interne Bewerber gilt umfassend. Auf Verlangen des BR ist der AG auch dann zur innerbetrieblichen Ausschreibung eines Arbeitsplatzes verpflichtet, wenn der AG ein befristetes Arbverh in ein unbefristetes Arbverh umwandeln will.[35] Bei der Einstellung von Tendenzträgern besteht kein Zustimmungsverweigerungsgrund nach § 99 Abs. 2 Nr. 5, selbst wenn die Stelle nach einem internen Ausschreibungsverlangen des BR nur außerbetrieblich ausgeschrieben wurde.[36]

13

Die nachhaltige Verletzung der internen Ausschreibungspflicht des AG kann eine **grobe Pflichtverletzung** i.S.v. § 23 Abs. 3 sein.

---

19 Hessisches LAG 2.11.1999 – 4 TaBV 31/99 – AP § 93 BetrVG 1972 Nr. 7; Richardi/*Thüsing*, § 93 Rn 3; WP/*Preis*, § 93 Rn 3.
20 ArbG Detmold 12.9.2007 – 2 BV 44/07 – zitiert nach juris mit zust. Anm. *Bödecker* jurisPR-ArbR 21/2008 Anm. 2; a.A. aber LAG Niedersachsen 9.8.2006 – 15 TaBV 53/05 – EzAÜG BetrVG Nr. 94 (die der Rechtsbeschwerde stattgebende Entscheidung des BAG vom 23.1.2008 – 1 ABR 74/06 – nimmt zur Frage der Ausschreibungspflicht keine Stellung).
21 *Fitting u.a.*, § 93 Rn 5.
22 Sächsisches LAG 13.8.1993 – 3 TaBV 2/93 – AuA 1994, 26.
23 GK-BetrVG/*Kraft*, § 93 Rn 12 m.w.N.
24 BAG 23.2.1988 – 1 ABR 82/86 – NZA 1988, 551.
25 BAG 18.11.1980 – 1 ABR 63/78 – AP § 93 BetrVG 1972 Nr. 1; WP/*Preis*, § 93 Rn 7.
26 BAG 18.11.1980 – 1 ABR 63/78 – AP § 93 BetrVG 1972 Nr. 1.
27 Hessisches LAG 26.3.2001 – 13 Sa 335/99 – NZA-RR 2001, 464.
28 BAG 23.2.1988 – 1 ABR 82/86 – AP § 93 BetrVG 1972 Nr. 2; WP/*Preis*, § 93 Nr. 2; vgl. aber auch Rn 8 und Fn 15.
29 BAG 23.2.1988 – 1 ABR 82/86 – AP § 93 BetrVG 1972 Nr. 2; ErfK/*Kania*, § 93 BetrVG Rn 8; WP/*Preis*, § 93 Rn 6.
30 Hierzu: *Fitting u.a.*, § 93 Rn 8.
31 ArbG Detmold 12.9.2007 – 2 BV 44/07 – zitiert nach juris mit zust. Anm. *Bödecker* jurisPR-ArbR 21/2008 Anm. 2; a.A. aber LAG Niedersachsen 9.8.2006 – 15 TaBV 53/05 – EzAÜG BetrVG Nr. 94 (die der Rechtsbeschwerde stattgebende Entscheidung des BAG vom 23.1.2008 – 1 ABR 74/06 – nimmt zur Frage der Ausschreibungspflicht keine Stellung).
32 Hessisches LAG 24.4.2007 – 4 TaBV 24/07 – zitiert nach juris, mit Verweis auf BAG 27.7.1993 – 1 ABR 7/93 – AP BetrVG 1972 § 93 Nr. 3, zu B. II. 1. c. der Gründe.
33 ArbG Hannover 13.1.2005 – 10 BV 7/04 – zitiert nach juris mit abl. Anm. *Fischer*, AuR 2005, 255; s.a. *Fischer*, AuR 2001, 325.
34 Ebenso: *Fitting u.a.*, § 93 Rn 16 f. m.w.N.
35 LAG Hamm 31.10.2000 – 13 TaBV 47/00 – LAGE § 93 BetrVG 1972 Nr. 3; kritisch hierzu: ErfK/*Kania*, § 93 BetrVG Rn 6.
36 BAG 30.1.1979 – 1 ABR 78/76 – AP § 118 BetrVG 1972 Nr. 11; *Fitting u.a.*, § 93 Rn 11.

C. Verbindung zu anderen Rechtsgebieten und zum Prozessrecht

14 Die Ausschreibung von Arbeitsplätzen gehört zur Personalplanung. Diesbezüglich besteht ein Unterrichtungs- und Beratungsrecht des BR (§ 92 Abs. 1). Bei Streit über Inhalt und Form der Ausschreibungspflicht entscheidet das ArbG im Beschlussverfahren. Im Zusammenhang mit einem Zustimmungsersetzungsverfahren nach § 99 Abs. 4 ist die Frage zu klären, ob der BR ein internes Ausschreibungsverlangen vor der Einstellung geltend gemacht hat.

D. Beraterhinweise

15 Der AG ist gehalten, bei der Ausschreibung von Arbeitsplätzen die Mindestanforderungen zu wahren. Generell sollte eine Stellenbeschreibung immer den Arbeitsplatz, die hierfür erforderliche Qualifikation, die Arbeitsaufgabe, den Zeitpunkt der Stellenbesetzung und die zu erwartende Vergütung benennen. Für den BR bietet sich an, sein internes Ausschreibungsverlangen eindeutig zu formulieren und sich ggf. den Zugang des Begehrens vom AG bestätigen zu lassen. Die Festlegung einer Bevorzugung des internen Bewerbers vor dem externen Interessenten bei gleichen Voraussetzungen in einer (freiwilligen) BV ist rechtlich unbedenklich.[37] Ein Bsp. für eine freiwillige BV über innerbetriebliche Stellenausschreibungen findet sich bei *Hümmerich*.[38]

§ 94   Personalfragebogen, Beurteilungsgrundsätze

(1) [1]Personalfragebogen bedürfen der Zustimmung des Betriebsrats. [2]Kommt eine Einigung über ihren Inhalt nicht zustande, so entscheidet die Einigungsstelle. [3]Der Spruch der Einigungsstelle ersetzt die Einigung zwischen Arbeitgeber und Betriebsrat.

(2) Absatz 1 gilt entsprechend für persönliche Angaben in schriftlichen Arbeitsverträgen, die allgemein für den Betrieb verwendet werden sollen, sowie für die Aufstellung allgemeiner Beurteilungsgrundsätze.

Literatur: *Abeln/Reimann*, Personalauswahl und -entwicklung im Umbruch – DIN 33430 und die Folgen, AuA 2004, 8; *Annuß*, Arbeitsrechtliche Aspekte von Zielvereinbarungen in der Praxis, NZA 2007, 290; *Breisig*, Besser beurteilt, Mitbestimmung 1998, S. 38; *ders.*, Personalentwicklung und Qualifizierung als Handlungsfeld des Betriebsrates, 1997; *ders.*, Personalbeurteilung – Mitarbeitergespräch – Zielvereinbarungen. Grundlagen, Gestaltungsmöglichkeiten und Umsetzung in Betriebs- und Dienstvereinbarungen, 2001; *ders.*, Potenzialermittlung durch das „Assessment Center", AiB 2003, 138; *Breisig/König/Rehling/Wengelowski*, Balanced Scorecard, 2004; *Breisig/Schulze*, Das mitbestimmte Assessment Center, 1998; *Däubler*, Balanced Scorecard und Betriebsverfassung, AiB 2001, 208; *Däubler*, Zielvereinbarungen als Mitbestimmungsproblem, NZA 2005, 793; *Deckers, R./Deckers, S.*, Die Beteiligungsrechte des Betriebsrats beim Testkauf, NZA 2004, 139; *Diller/Schuster*, Rechtsfragen der elektronischen Personalakte, DB 2008, 928; *Geffken*, Zielvereinbarungen – Eine Herausforderung für Personalwesen und Arbeitsrecht, NZA 2000, 1033; *Gerber/Linde*, Expertendatenbanken – Rechtliche Einordnung und praktische Umsetzung, AuA 2005, 72; *Harhoff*, Beteiligungsrechte des Betriebsrates bei automatisierten Personalinformationssystemen, Diss. 1987; *v. Hoyningen-Huene*, Der psychologische Test im Betrieb, BB Beil. 1991, Nr. 10, 1; *Hunold*, Einstellung – Welche Fragen sind erlaubt?, AuA 2001, 260; *Jedzig*, Mitbestimmung bei Einführung von Verfahren zur Potentialanalyse von Arbeitnehmern, DB 1996, 1337; *ders.*, Einführung standardisierter Verfahren zur Leistungsbeurteilung von Arbeitnehmern – Mitbestimmung des Betriebsrates sowie rechtliche und tatsächliche Grenzen, DB 1991, 753; *Raab*, Der Unterlassungsanspruch des Betriebsrats, ZfA 1997,183; *Rehwald*, Einstellungsuntersuchungen auf Alkohol- und Drogenkonsum, AiB 2000, 125; *Rieble/Gistel*, Betriebsratszugriff auf Zielvereinbarungsinhalte?, BB 2004, 2462; *Schmidt/Stracke*, Mitbestimmung bei Fragebögen, AiB 1999, 191; *Schönfeld/Gennen*, Mitbestimmung bei Assessment Centern – Beteiligungsrechte des Betriebsrats und des Sprecherausschusses, NZA 1989, 543; *Thüsing/Lambrich*, Das Fragerecht des Arbeitgebers – aktuelle Probleme zu einem klassischen Thema, BB 2002, 1146

A. Allgemeines	1	3. Allgemeine Beurteilungsgrundsätze	8
B. Regelungsgehalt	3	II. Umfang der Mitbestimmung	12
I. Begriffe	3	III. Verstöße	15
1. Personalfragebogen	3	C. Verbindung zu anderen Rechtsgebieten und zum Prozessrecht	17
2. Angaben in allgemein verwandten Arbeitsverträgen (Abs. 2)	7	D. Beraterhinweise	18

A. Allgemeines

1 Personalfragebögen, persönliche Angaben in einem Formulararbeitsvertrag und allgemeine Beurteilungsgrundsätze sind wichtige Instrumente der Personalplanung. Durch die Verwendung von Personalfragebögen und der Abforde-

---

[37] Hierzu: ArbG Bonn 23.11.1990 – 3 BV 88/90 – AiB 1991, 108.

[38] Arbeitsrecht, § 5 Rn 68.

rung von persönlichen Angaben generiert der AG viele persönliche Daten der AN.[1] Dabei entsteht die Gefahr, dass durch die Beantwortung der gestellten Fragen tief in das verfassungsrechtlich garantierte Persönlichkeitsrecht der AN eingegriffen wird. Das vorliegende Mitbestimmungsrecht dient dem präventiven Schutz der AN vor den Gefahren einer Persönlichkeitsverletzung.[2] Das Beteiligungsrecht des BR soll sicherstellen, dass die vom AG gestellten Fragen in Gegenstand und Umfang auf die Fälle beschränkt bleiben, für die ein berechtigtes Auskunftsbedürfnis des AG besteht und die einen Bezug zum bestehenden oder zu begründenden Arbverh haben.[3] Um einerseits den Missbrauch von persönlichen Daten zu verhindern und das Auskunftsbegehren des AG auf ein berechtigtes Maß zu beschränken und um andererseits die Menschenwürde und das Persönlichkeitsrecht der AN zu schützen, eröffnet die Regelung dem BR das Mitbestimmungsrecht,[4] das seinem Inhalt nach v.a. ein Mitbeurteilungsrecht über die Zulässigkeit der gestellten Fragen ist.[5] Das Beteiligungsrecht kann insoweit als eine besondere Ausprägung des Grundrechts auf informationelle Selbstbestimmung gesehen werden.[6]

Bei dem Mitbestimmungsrecht des BR für die Aufstellung allgemeiner Beurteilungsgrundsätze steht hingegen nicht der Schutz der Persönlichkeitsrechte der AN, sondern die Gleichbehandlung der Mitarbeiter im Betrieb im Vordergrund.[7] Mit den allgemeinen Beurteilungsgrundsätzen soll ein einheitliches Vorgehen bei der Beurteilung und ein Bewerten nach einheitlichen Maßstäben ermöglicht werden.[8]

B. Regelungsgehalt
I. Begriffe

1. Personalfragebogen. Die Norm definiert den Begriff des Personalfragebogens nicht, sondern setzt ihn voraus.[9] Unter einem Personalfragebogen ist die – regelmäßig formularmäßige – systematische und schriftliche Zusammenfassung von Fragen über die persönlichen Verhältnisse, insb. über die Eignung, Kenntnisse, Fähigkeiten und Fertigkeiten eines AN, zu verstehen.[10] Dazu gehören standardisierte Vorgaben, die zur Befragung oder Bewertung von AN angewandt werden und schriftlich fixierte Angaben enthalten („Checklisten")[11] sowie jegliche formalisierte und standardisierte Informationserhebungen über AN-Daten.[12] Entscheidend ist, ob Angaben über die persönlichen Verhältnisse des AN (Familien- oder Vermögensverhältnisse, Beziehung zu Personen oder Organisationen, persönliche Aspekte der Eignung, wie bspw. der Gesundheitszustand, oder Neigungen und Vorlieben sowie von Kenntnissen und Fertigkeiten) gefragt werden,[13] d.h. ob Fragen gestellt werden, die objektiv geeignet sind, Aufschluss über die Person sowie über die Kenntnisse und Fähigkeiten des Befragten zu geben.[14] Solche Fragen darf der AG nur stellen, wenn er ein berechtigtes betriebliches Interesse an ihrer Beantwortung hat.[15] Dabei kommt es auf den Inhalt der Fragen, nicht aber auf den mit der Erhebung verfolgten Zweck an.

Formalisierte Krankengespräche und im Zusammenhang mit (zulässigen) psychologischen (psychometrischen) Tests erstellte Unterlagen können dem Mitbestimmungsrecht des BR unterliegen.[16] Auch bei der Erstellung von Expertendatenbanken (Wissensträgerkarten und yellow pages),[17] der Verwendung von Fragebogen für Jahresgespräche[18] und zur Diebstahlsaufklärung[19] bzw. zur Zeugnisvorbereitung,[20] Eignungsfeststellungen nach DIN 33430 („Anforderungen an Verfahren und deren Einsatz bei berufsbezogenen Eignungsbeurteilungen", wonach Qualitätskriterien und -standards für die Eignungsbeurteilung sowie Qualifikationsanforderungen an die beteiligten Personen beschrieben werden oder bei der Einführung von Balanced Scorecard (Aspekt der Kundenbefragung)[21] kann der BR nach dieser Regelung mitbestimmen. Mitbestimmungspflichtig ist gleichfalls die Ausgestaltung eines Assessment-

---

1 BAG 21.9.1993 – 1 ABR 28/93 – AP § 94 BetrVG 1972 Nr. 4.
2 BAG 21.9.1993 – 1 ABR 28/93 – AP § 94 BetrVG 1972 Nr. 4.
3 BT-Drucks VI/1786, S. 50.
4 BAG 21.9.1993 – 1 ABR 28/93 – AP § 94 BetrVG 1972 Nr. 4; BAG 9.7.1991 – 1 ABR 57/90 – AP § 87 BetrVG 1972 Ordnung des Betriebs Nr. 19; *Raab*, ZfA 1997, 183, 226.
5 *Thüsing/Lambrich*, BB 2002, 1146 ff.
6 Grundlegend: BVerfG 15.12.1983 – 1 BvR 209/83 – BVerfGE 65, 1 (Volkszählungsurteil); s.a. *v. Münch/Kunig*, Art. 2 Rn 1, 30 ff.
7 BAG 18.4.2000 – 1 ABR 22/99 – AP § 87 BetrVG 1972 Überwachung Nr. 33.
8 BAG 18.4.2000 – 1 ABR 22/99 – AP § 87 BetrVG 1972 Überwachung Nr. 33.
9 BAG 21.9.1993 – 1 ABR 28/93 – AP § 94 BetrVG 1972 Nr. 4.
10 BAG 9.7.1991 – 1 ABR 57/90 – AP § 87 BetrVG 1972 Ordnung des Betriebs Nr. 19; BAG 21.9.1993 – 1 ABR 28/93 – AP § 94 BetrVG 1972 Nr. 4; BAG 2.12.1999 – 2 AZR 724/98 – BAGE 93,41; ArbG Bonn 31.10.2003 – 2 BVGa 15/03 – PersR 2004, 190; *Fitting u.a.*, § 94 Rn 6; WP/*Preis* § 94 Rn 3.
11 *Fitting u.a.*, § 94 Rn 8; *Däubler*, NZA 2005, 793, 794.
12 DKK/*Klebe*, § 94 Rn 3.
13 HWK/*Ricken*, § 94 BetrVG Rn 5.
14 ArbG Bonn 31.10.2003 – 2 BVGa 15/03 – PersR 2004, 190.
15 HWK/*Ricken*, § 94 BetrVG Rn 6; zum Inhalt des Fragerechts vgl. Kommentierung zu § 123 BGB.
16 *Fitting u.a.*, § 94 Rn 12.
17 Hierzu: *Gerber/Linde*, AuA 2005, 72.
18 LAG Köln 21.4.1997 – 3 TaBV 79/96 – NZA-RR 1997, 481.
19 ArbG Offenbach 21.6.1995 – 3 BV 2/95 – AiB 1995, 671 mit zust. Anm. *Thon*.
20 Hessisches LAG 5.10.1993 – 5 TaBVGa 112/93 – AiB 1994, 121.
21 *Däubler*, AiB 2001, 208.

Centers bzw. von Potenzialanalysen (Übungsinstrumentarium, standardisierte Checklists).[22] Auch in Audit-Checklisten werden in aller Regel Informationen erhoben, die Rückschlüsse auf Leistung oder Eignung der Befragten zulassen. Bei Zielvereinbarungsverfahren können das Zielvereinbarungsformular und das Formblatt über die festgestellte Zielerreichung mitbestimmungsbegründend sein, wenn der AN unter Offenlegung persönlicher Angaben zur Zielauswahl und -gewichtung Stellung nimmt bzw. Leistungsergebnisse dokumentiert werden, die aufgrund persönlicher Kenntnisse und Fähigkeiten zustande gekommen sind.[23]

5 Ob die persönlichen Daten schriftlich oder in elektronischer Form (Befragungsaktionen per E-Mail oder Intranet)[24] erhoben oder vom AG selbst erfasst werden, ist unerheblich. Eine Datenerhebung ist auch dann mitbestimmungspflichtig, wenn der AN anhand eines standardisierten Fragenkatalogs („Checkliste") vom AG mündlich befragt wird[25] oder der AG mit der Datenerhebung eine Drittfirma beauftragt, die die Ergebnisse an den AG nur in anonymisierter Form weitergibt,[26] wenn die erhobenen Daten objektiv geeignet sind bzw. waren, Rückschlüsse auf die persönliche Leistung oder Eignung des Befragten zulassen.

6 **Mitbestimmungsfrei** ist dagegen die Datenerhebung durch eine Aufsichtsbehörde im Rahmen einer vor der Einstellung erforderlichen Sicherheitsüberprüfung,[27] die Verwendung von ärztlichen Fragebogen für die Einstellungsuntersuchung,[28] rein arbeitsplatzbezogene Stellenbeschreibungen oder von Anforderungsprofilen.[29] Sachbezogene Arbeitsplatzerhebungsbögen ohne personenbezogene Fragen[30] sind gleichfalls nicht mitbestimmungspflichtig. Ebenso besteht kein Mitbestimmungsrecht im Hinblick auf Führungsrichtlinien, die Vorgaben zur Aufgabenerledigung beinhalten,[31] und bei Funktionsbeschreibungen.[32] Kein Mitbestimmungsrecht nach dieser Norm hat der BR auch, wenn der AG Auskünfte über seinen AN bei Dritten einholt oder Kunden über ihn befragt.[33]

7 **2. Angaben in allgemein verwandten Arbeitsverträgen (Abs. 2).** Für die Verwendung von personenbezogenen Angaben in Formulararbeitsverträgen, die im Betrieb allgemein und nicht nur individuell[34] verwandt werden (bzw. bei schriftlichen Arbeitsvertragsergänzungen),[35] gilt das Mitbestimmungsrecht des BR nach Abs. 1 entsprechend. Damit soll eine mögliche Umgehung des Mitbestimmungsrechts nach Abs. 1 verhindert werden, in dem der AG statt der Verwendung eines Fragebogens sich die entsprechenden persönlichen Daten durch Angaben im Arbeitsvertrag verschafft.[36] Das Mitbestimmungsrecht setzt nur ein, wenn der Formulararbeitsvertrag persönliche Daten, die über die bloße Angabe der Personalien des AN hinausgehen,[37] enthält. Der weitere Inhalt des Formulararbeitsvertrags ist hingegen nicht mitbestimmungspflichtig.[38]

8 **3. Allgemeine Beurteilungsgrundsätze.** Allgemeine Beurteilungsgrundsätze nach Abs. 2 sind generelle Regelungen, die die Bewertung des Verhaltens oder der Leistung der AN anhand einheitlicher Kriterien feststellen sollen.[39] Gegenstand des Mitbestimmungsrechts ist danach die Frage, nach welchen Aspekten der AN insg. oder in Teilen seiner Leistung oder seines Verhaltens beurteilt werden soll. Mit solchen allg. Grundsätzen soll ein einheitliches Vorgehen bei der Beurteilung und ein Bewerten nach einheitlichen Maßstäben ermöglicht und erreicht werden, so dass die Beurteilungsergebnisse miteinander vergleichbar sind.[40] Solche Beurteilungsgrundsätze müssen sich stets auf die Person eines oder mehrerer bestimmter AN beziehen und nicht nur auf einzelne Arbeitsplätze.

9 Allgemeine Beurteilungsgrundsätze können sowohl die materiellen Beurteilungsmerkmale als auch das Beurteilungsverfahren regeln.[41] Als allgemeine Beurteilungsgrundsätze werden alle Vorgaben angesehen, die – gleich in welcher Form[42] und unabhängig vom zugrunde liegenden Verfahren – Beurteilungsmerkmale enthalten,[43] wie z.B. standardisierte Eignungsbewertungen, Assessment-Center (insb. die üblicherweise in den Checklists enthalte-

---

22 *Fitting u.a.*, § 94 Rn 26; differenzierend: HWK/*Ricken*, § 94 BetrVG Rn 3.
23 *Däubler*, NZA 2005, 793, 794.
24 HWK/*Ricken*, § 94 BetrVG Rn 2; Hessisches LAG 5.7.2001 – 5 TaBV 153/00 – DB 2001, 2254.
25 BAG 21.9.1993 – 1 ABR 28/93 – AP § 94 BetrVG 1972 Nr. 4.
26 ArbG Bonn 31.10.2003 – 2 BVGa 15/03 – PersR 2004, 190.
27 BAG 9.7.1991 – 1 ABR 57/90 – NZA 1992, 126.
28 HWK/*Ricken*, § 94 BetrVG Rn 3.
29 ErfK/*Kania*, § 94 BetrVG Rn 3; WP/*Preis* § 94 Rn 5.
30 *Fitting u.a.*, § 94 Rn 7 m.w.N.
31 BAG 23.10.1984 – 1 ABR 2/83 – DB 1985, 495.
32 BAG 14.1.1986 – 1 ABR 82/83 – DB 1986, 1286.
33 HWK/*Ricken* § 94 BetrVG Rn 4; MünchArb/*Matthes*, § 347 Rn. 11; ErfK/*Kania*, § 94 BetrVG Rn 2.
34 Hierzu: ErfK/*Kania*, § 94 BetrVG Rn 2.
35 DKK/*Klebe*, § 94 Rn 27.
36 BT-Drucks VI/2729, S. 30; Richardi/*Thüsing*, § 94 Rn 52.
37 *Fitting u.a.*, § 94 Rn 27.
38 GK-BetrVG/*Kraft*, § 94 Rn 9; *Fitting u.a.*, BetrVG § 94 Rn 27; Richardi/*Thüsing*, § 94 Rn 53.
39 BAG 23.10.1984 – 1 ABR 2/83 – BAGE 47, 96, 112; BAG 18.4.2000 – 1 ABR 22/99 – AP § 87 BetrVG 1972 Überwachung Nr. 33.
40 BAG 23.12.1984 – 1 ABR 2/83 – BAGE 47, 96; BAG 18.4.2000 – 1 ABR 22/99 – AP § 87 BetrVG 1972 Überwachung Nr. 33.
41 Richardi/*Thüsing*, § 94 Rn 55.
42 LAG Niedersachsen 6.3.2007 – 11 TaBV 101/06 – AuR 2008, 77 (die unter dem Az. 1 ABR 48/07 eingelegte Rechtsbeschwerde hat sich erledigt); a.A. ErfK/*Kania*, § 94 BetrVG Rn 4 („Verfestigung durch schriftliche Fixierung der Grundsätze").
43 Ebenso *Fitting u.a.*, § 94 Rn 29; zugleich kritisch zu: BAG 23.10.1984 – 1 ABR 2/83 – DB 1985, 495 (Führungsrichtlinien).

nen Beurteilungsdimensionen),[44] Katalogisierung von Fähigkeits- und Eignungsprofilen,[45] Zeugniserstellung anhand von Beurteilungsfragebogen und Textbausteinen,[46] Beurteilungsrichtlinien, vereinheitlichte Ausbildungsstandkontrollen. Es genügt, wenn der AG auf der Grundlage von formularmäßig erhobenen Leistungsdaten regelmäßig gegenüber AN Rügen oder Belobigungen ausspricht, ohne die Kriterien dafür betrieblich offen zu legen.[47]

Zielvereinbarungen stellen als solche stellen keine allgemeinen Beurteilungsgrundsätze dar.[48] Ansonsten ist bei Zielvereinbarungen zwischen solchen ohne und mit Auswirkungen auf das Entgelt zu differenzieren: Besteht ein unmittelbarer Bezug zum Entgelt, sind die Mitbestimmungstatbestände nach § 87 Abs. 1 Nr. 10 (Einführung neuer Entlohnungsmethoden), § 87 Abs. 1 Nr. 11 (leistungsbezogenes Entgelt) und u.U. § 87 Abs. 1 Nr. 12 (Grundsätze des betrieblichen Vorschlagswesens) berührt und lex specialis zu § 94.[49] Eine Zielvereinbarung ohne Entgeltbezug unterliegt im Rahmen von Verhaltens- oder Leistungsbewertungen dann der Mitbestimmung nach § 94 Abs. 2, wenn sie generelle Kriterien, Beurteilungsmerkmale und Ziele fixiert.[50]

10

Da sich allgemeine Beurteilungsgrundsätze stets auf die Person eines oder mehrerer bestimmter AN und nicht nur auf einen Arbeitsplatz beziehen müssen, stellen **Stellenbewertungen**[51] und **Arbeitsplatzbewertungen**, weil sie nicht personen- sondern arbeitsplatzbezogen sind, keine allgemeinen Beurteilungsgrundsätze dar und sind deshalb **nicht mitbestimmungspflichtig** (bspw. „Schaltertests").[52] Auch **Führungsrichtlinien**, die festlegen, wie Führungskräfte ihre Führungsaufgaben wahrnehmen sollen,[53] und **Anforderungsprofile** werden von dem Mitbestimmungstatbestand nicht erfasst, weil mit ihnen nicht das Verhalten oder die Leistung des AN beurteilt wird.[54]

11

II. Umfang der Mitbestimmung

Bei **Personalfragebogen** und **persönlichen Angaben** in allg. im Betrieb verwandten Arbeitsverträgen unterliegen deren Einführung, nachträgliche Änderungen und Inhalte, d.h. die konkret gestellten Fragen,[55] sowie die Festlegung des Verwendungszwecks[56] der personenbezogenen Angaben dem Mitbestimmungsrecht.

12

Der BR hat **kein Initiativrecht** zur Einführung von Fragebogen.[57] Er hat auch keinen Anspruch auf die Verwendung von Fragebogen mit einem bestimmten Inhalt.[58] Erfasst werden Fragebogen für im Betrieb tätige AN und für Bewerber.[59] Eine Einigung kann im Wege einer BV oder einer formlosen Regelungsabrede erfolgen.[60] Einigen sich die Betriebsparteien nicht, entscheidet die Einigungsstelle verbindlich.

13

Auch bei **allgemeinen Beurteilungsgrundsätzen** hat der BR nur ein Zustimmungs- und kein Initiativrecht.[61] Der AG ist frei, ob er solche Grundsätze aufstellen will. Entscheidet er sich hierfür, hat der BR aber ein über die Einigungsstelle durchsetzbares, zwingendes Mitbestimmungsrecht bzgl. der inhaltlichen Gestaltung der Beurteilungsgrundsätze, d.h. über die Beurteilungsmerkmale und das -verfahren.[62] Das Mitbestimmungsrecht besteht aber nicht bei der Durchführung der Beurteilungen im Einzelfall.[63] Der BR kann mit seinem Mitbestimmungsrecht auch nicht verhindern, dass der AG überhaupt allgemeine Beurteilungsgrundsätze aufstellen und verwenden will.[64]

14

III. Verstöße

Verwendet der AG einen Personalfragebogen oder persönliche Angaben des AN aus einem Formulararbeitsvertrag ohne Zustimmung des BR bzw. ohne eine durch die Einigungsstelle ersetzte Einigung, so handelt er betriebsverfassungswidrig. Der BR kann Unterlassung nach § 23 Abs. 3 bzw. nach allg. Grundsätzen[65] verlangen. Neben einem bereits anhängigen Antrag auf Untersagung der Verwendung von Personalfragebögen ohne Zustimmung des BR

15

---

44 WP/*Preis*, § 94 Rn 8; Richardi/*Thüsing*, § 94 Rn 65.
45 *Fitting u.a.*, § 94 Rn 30.
46 *Fitting u.a.*, § 94 Rn 32.
47 LAG Niedersachsen 6.3.2007 – 11 TaBV 101/06 – AuR 2008, 77 (die unter dem Az. 1 ABR 48/07 eingelegte Rechtsbeschwerde hat sich erledigt).
48 *Däubler*, NZA 2005, 793, 795.
49 ErfK/*Kania*, § 94 BetrVG Rn 3 f.; *Däubler*, NZA 2005, 793,796; Richardi/*Thüsing*, § 94 Rn 57; DKK/*Klebe*, § 94 Rn 29; zum Auskunftsanspruch des BR im Zusammenhang mit der Überwachung der Ausgestaltung von Zielvereinbarungen aufgrund tariflicher Vorgaben (§ 80 Abs. 1 Nr. 1) vgl. BAG 21.10.2003 – 1 ABR 39/02 – NZA 2004, 936 mit abl. Anm. *Gistel/Rieble*, BB 2004, 2462.
50 *Däubler*, NZA 2005,793,795; *Geffken*, NZA 2000, 1033.
51 Richardi/*Thüsing*, § 94 Rn 55.
52 BAG 18.4.2000 – 1 ABR 22/99 – AP § 87 BetrVG 1972 Überwachung Nr. 33.
53 BAG 18.4.2000 – 1 ABR 22/99 – AP § 87 BetrVG 1972 Überwachung Nr. 33.
54 GK-BetrVG/*Kraft*, § 94 Rn 14; Richardi/*Thüsing*, § 94 Rn 55; *Raab*, ZfA 1997, 183, 226.
55 DKK/*Klebe*, § 94 Rn 6 m.w.N..
56 *Fitting u.a.*, § 94 Rn 9 f.; DKK/*Klebe*, § 94 Rn 7; a.A. ErfK/*Kania*, § 94 BetrVG Rn 3 m.w.N.; Richardi/*Thüsing*, § 94 Rn 36: Verwendung des Personalfragebogens ist nicht mitbestimmt.
57 BAG 18.4.2000 – 1 ABR 22/99 – AP § 87 BetrVG 1972 Überwachung Nr. 33.
58 Hessisches LAG 8.1.1991 – 5 TaBV 162/90 – DB 1992, 534..
59 *Jedzig*, DB 1996, 1337.
60 Hessisches LAG 8.1.1991 – 5 TaBV 162/90 – DB 1992, 534..
61 Richardi/*Thüsing*, § 94 Rn 62.
62 Richardi/*Thüsing*, § 94 Rn 63 f.; DKK/*Klebe*, § 94 Rn 44.
63 DKK/*Klebe*, § 94 Rn 29; Richardi/*Thüsing*, § 94 Rn 69.
64 Richardi/*Thüsing*, § 94 Rn 63.
65 Hierzu: ErfK/*Kania*, § 94 BetrVG Rn 5.

fehlt für ein weiteres Verfahren auf Feststellung eines entsprechenden Mitbestimmungsrechts aber das nach § 256 Abs. 1 ZPO erforderliche Rechtsschutzinteresse.[66]

Nicht mitbestimmte Personalfragebogen sind unzulässig und müssen vom AN nicht ausgefüllt werden.[67] Ein mit einem Bewerber zustande gekommener Arbeitsvertrag ist aber wirksam.[68] Unzulässige Fragen[69] darf der AN folgenlos wahrheitswidrig beantworten.[70] Eine unzulässige Frage wird auch nicht durch die Zustimmung des BR zulässig.[71] Die fehlende Zustimmung des BR zu einem Personalfragebogen gibt dem AN jedoch nicht das Recht, eine in dem Fragebogen individualrechtlich zulässigerweise gestellte Frage wahrheitswidrig zu beantworten.[72] Ein anderes Ergebnis würde dem Charakter dieses Beteiligungsrechts als einem „Mitbeurteilungsrecht" widersprechen.

16 Ein **Unterlassensanspruch** besteht auch bei der Verwendung allgemeiner Beurteilungsgrundsätze ohne Zustimmung des BR. Dieser trifft bereits das Erheben der Leistungsdaten durch den AG.[73] Eine Beurteilung, der nicht mitbestimmte Grundsätze zugrunde liegen, ist im Verhältnis zum beurteilten AN unwirksam. Der AN kann ihr widersprechen und ihre Entfernung aus der Personalakte verlangen.[74]

C. Verbindung zu anderen Rechtsgebieten und zum Prozessrecht

17 Zum zulässigen Inhalt von Personalfragebogen und dem Recht des AG zur Anfechtung des Arbeitsvertrags bei der Falschbeantwortung von (zulässigen) Fragen vor der Einstellung des AN vgl. die Kommentierung zu § 123 BGB. Die in einer BV geregelte Speicherung der Beurteilungsergebnisse in automatisierten Verfahren ist eine „anderweitige Rechtsvorschrift" i.S.v. § 4 Abs. 1 BDSG.[75]

Streitigkeiten zwischen AG und BR über das Bestehen und die Reichweite des Mitbestimmungsrechts klärt das ArbG im Beschlussverfahren.

D. Beraterhinweise

18 Eine Musterbetriebsvereinbarung zu Arbeits- und Ausbildungszeugnissen findet sich z.B. bei *Weuster*, AiB 1992, 339. Einen Überblick zu möglichen Beurteilungsansätzen geben z.B. *Stöve/Weidemann*, Mitarbeiterbeurteilung und Zielvereinbarung (Musterhandbuch mit Gesprächsleitfaden und Textbausteinen einschl. CD-ROM), 2005.

§ 95 Auswahlrichtlinien

(1) ¹Richtlinien über die personelle Auswahl bei Einstellungen, Versetzungen, Umgruppierungen und Kündigungen bedürfen der Zustimmung des Betriebsrats. ²Kommt eine Einigung über die Richtlinien oder ihren Inhalt nicht zustande, so entscheidet auf Antrag des Arbeitgebers die Einigungsstelle. ³Der Spruch der Einigungsstelle ersetzt die Einigung zwischen Arbeitgeber und Betriebsrat.

(2) ¹In Betrieben mit mehr als 500 Arbeitnehmern kann der Betriebsrat die Aufstellung von Richtlinien über die bei Maßnahmen des Absatzes 1 Satz 1 zu beachtenden fachlichen und persönlichen Voraussetzungen und sozialen Gesichtspunkten verlangen. ²Kommt eine Einigung über die Richtlinien oder ihren Inhalt nicht zustande, so entscheidet die Einigungsstelle. ³Der Spruch der Einigungsstelle ersetzt die Einigung zwischen Arbeitgeber und Betriebsrat.

(3) ¹Versetzung im Sinne dieses Gesetzes ist die Zuweisung eines anderen Arbeitsbereichs, die voraussichtlich die Dauer von einem Monat überschreitet, oder die mit einer erheblichen Änderung der Umstände verbunden ist, unter denen die Arbeit zu leisten ist. ²Werden Arbeitnehmer nach der Eigenart ihres Arbeitsverhältnisses üblicherweise nicht ständig an einem bestimmten Arbeitsplatz beschäftigt, so gilt die Bestimmung des jeweiligen Arbeitsplatzes nicht als Versetzung.

Literatur: *Bauer/Krieger*, Neue Spielregeln für Punkteschemata bei betriebsbedingten Kündigungen, in: FS Richardi, 2007, S. 177; Beck, Betriebliche Mitbestimmung und Kündigungsschutz, Diss. 2004; *Gaul/Bonanni/Naumann*, Mitbestimmungsrecht des Betriebsrats bei der Anwendung von Punkteschemata für die Sozialauswahl, BB 2006,289; *Gaul/Lunk*, Gestaltungsspielraum bei Punk-

---

66 LAG Berlin-Brandenburg 8.5.2009 – 6 TaBV 88/09 – juris.
67 *Fitting u.a.*, § 94 Rn 34.
68 GK-BetrVG/*Kraft*, § 94 Rn 33 m.w.N.
69 S. hierzu: Kommentierung zu § 123 BGB; *Thüsing/Lambrich*, BB 2002, 1146.
70 Richardi/*Thüsing*, § 94 Rn 46.
71 WP/*Preis*, § 94 Rn 1 u. 14; Richardi/*Thüsing*, § 94 Rn 46; *Raab*, ZfA 1997, 183, 226 f.
72 BAG 2.12.1999 – 2 AZR 724/98 – BAGE 93, 41; Richardi/*Thüsing*, § 94 Rn 51; *Raab*, ZfA 1997, 183, 227.
73 LAG Niedersachsen 6.3.2007 – 11 TaBV 101/06 – AuR 2008, 77 (die unter dem Az. 1 ABR 48/07 eingelegte Rechtsbeschwerde hat sich erledigt).
74 ErfK/*Kania*, § 94 BetrVG Rn 5 m.w.N.
75 *Fitting u.a.*, § 94 Rn 32.

teschemata zur betriebsbedingten Kündigung, NZA 2004, 184; *Jakobs/Burger,* Punkteschema für soziale Auswahl für konkret bevorstehende Kündigungen als Auswahlrichtlinie i.S.d. § 95 Abs. 1 S. 1 BetrVG – allgemeiner Unterlassungsanspruch, SAE 2006, 256; *König/Breisig,* Auswahlrichtlinien – Mittel zur transparenten Personalauswahl?, Personalwirtschaft – Magazin für Human Resources 2002, 68; *Kröger,* Betriebliche Personalauswahlrichtlinien über die Kündigung und gesetzlicher Kündigungsschutz, Diss. 1998; *Lingemannn/Beck,* Auswahlrichtlinie, Namensliste, Altersgruppenbildung und Altersdiskriminierung, NZA 2009, 577; *Niedrig,* Die Gestaltung von Auswahlrichtlinien für Einstellungen und Versetzungen gem. § 95 BetrVG unter Einbeziehung betriebswirtschaftlicher Anforderungen und Erfahrungen, Diss. 2002; *Richardi,* Mitbestimmung des Betriebsrats über Kündigungs- und Versetzungsrichtlinien, in: FS für Stahlhacke, 1995, S. 447; *Rossa/Salamon,* Personalabbau trotz Nichtbeteiligung des Betriebsrats bei Auswahlrichtlinien, NJW 2008,1991; *Vogt,* Personal-Auswahlrichtlinien (§ 95 BetrVG) – Systematische Analyse der Auswahlgrundsätze und -kriterien bei Einstellungen, Versetzungen, Umgruppierungen und Kündigungen von Arbeitnehmern, Berlin 1987; *Wolter,* Die Wirksamkeit der Theorie der Wirksamkeitsvoraussetzung, RdA 2006, 137

A. Allgemeines	1	IV. Betriebsgrößenabhängiges Initiativrecht	14
B. Regelungsgehalt	3	V. Versetzung	16
I. Auswahlrichtlinien und Auswahlgesichtspunkte	3	**C. Verbindung zu anderen Rechtsgebieten und zum**	
II. Ausübung und Umfang der Mitbestimmung	6	**Prozessrecht**	17
III. Rechtsfolgen ausgeübter und unterlassener Mitbestimmung	10	**D. Beraterhinweise**	18

A. Allgemeines

Personelle Auswahlrichtlinien sollen die Personalführung versachlichen und Personalentscheidungen für die AN transparenter und nachvollziehbarer machen.[1] Der AN soll erkennen können, warum er und nicht ein anderer von einer ihn belastenden Personalmaßnahme betroffen wird oder warum eine günstige Maßnahme nicht ihn, sondern einen anderen trifft.[2] Die durch eine Auswahlrichtlinie gesteuerte Entscheidung soll vereinheitlicht werden und sachbezogener erfolgen. Dadurch soll vor allem der Ermessensspielraum des AG bei personellen Einzelmaßnahmen – durch eine Selbstbindung des AG – eingeschränkt und so ein Beitrag zur Gleichbehandlung im Betrieb geleistet werden.[3] Für den AG bringt eine Auswahlrichtlinie vor allem bei Künd erhebliche Vorteile: Zum einen kann die Bewertung der sozialen Auswahlaspekte nur noch auf grobe Fehler überprüft werden. Zum anderen greift bei Verwendung einer abschließenden Auswahlrichtlinie die sog. Dominotheorie nicht.

Bei der Aufstellung von Auswahlrichtlinien für bestimmte, im Gesetz genannte personelle Einzelmaßnahmen hat der BR schon wegen des kollektiven Bezugs ein zwingendes Mitbestimmungsrecht. Hierdurch gewinnt er einen erheblichen Einfluss auf zukünftige Personalentscheidungen.

B. Regelungsgehalt

I. Auswahlrichtlinien und Auswahlgesichtspunkte

Die Norm definiert den Begriff der Auswahlrichtlinie nicht.[4] Auswahlrichtlinien sind abstrakt-generelle Grundsätze, die festlegen, anhand welcher – objektiven – Kriterien die Entscheidung über eine beabsichtigte personelle Einzelmaßnahme, für die mehrere AN oder Bewerber in Frage kommen, erfolgen soll.[5] Sie legen für eine Mehrzahl personeller Entscheidungen bei Einstellungen (zum deckungsgleichen Begriff in § 99, vgl. § 99 Rn 27), Versetzungen (Abs. 3, vgl. § 99 Rn 50), Umgruppierungen (zum Begriff Anmerkungen vgl. § 99 Rn 48) und Künd positiv oder negativ vorab fest, welche Kriterien im Zusammenhang mit den zu beachtenden fachlichen und persönlichen Voraussetzungen und sozialen Gesichtspunkten in welcher Weise zu berücksichtigen sind.[6] Sie müssen nicht zwingend schriftlich aufgestellt worden sein, sie können sich auch aus einer vom AG geübten Praxis ergeben (z.B. Anweisung, zur Einstellung vorgesehene Personen durch den werksärztlichen Dienst bei der Eignungsuntersuchung Blut- und Urinproben zu entnehmen und diese auf Alkoholmissbrauch und Drogenkonsum zu überprüfen,[7] Regelanfragen beim Landesamt für Verfassungsschutz bei Einstellungen[8] oder eine vom AG selbst erstellte und verwandte „Punktetabelle"[9]).[10] Die Auswahl selbst ist letztlich Sache des AG. Die RL sollen lediglich seinen Ermessensspielraum durch

---

1 BT-Drucks 6/1786, S. 50; siehe auch BAG 28.3.2006 – 1 ABR 59/04 – NZA 2006, 1367, 1369.
2 BAG 31.5.1983 – 1 ABR 6/80 – AP § 95 BetrVG 1972 Nr. 2; BAG 27.10.1992 – 1 ABR 4/92 – AP § 95 BetrVG 1972 Nr. 29; BAG 26.7.2005 – 1 ABR 29/04 – AP § 95 BetrVG 1972 Nr. 43; BAG 28.3.2006 – 1 ABR 59/04 – NZA 2006, 1367, 1369.
3 BVerwG 5.9.1990 – 6 P 27/87 – AP § 76 BPersVG Nr. 1; BVerwG 5.6.2008 – 2 AZR 907/08 – NZA 2008,1120.
4 WP/*Preis,* § 95 Rn 2; HWK/*Ricken,* § 95 BetrVG Rn 2.
5 BAG 28.3.2006 – 1 ABR 69/04 – NZA 2006, 1367, 1369; GK-BetrVG/*Kraft/Raab,* § 95 Rn 2; WP/*Preis,* § 95 Rn 2; *Jakobs/Burger,* SAE 2006, 256.
6 ErfK/*Kania,* § 95 BetrVG Rn 5; WP/*Preis,* § 95 Rn 2.
7 LAG Baden-Württemberg 13.12.2002 – 16 TaBV 4/02 – NZA-RR 2003, 417.
8 ArbG München 22.12.1987 – 14 BV 131/87 – AiB 1988, 266.
9 BAG 26.7.2005 – 1 ABR 29/04 – AP § 95 BetrVG 1972 Nr. 43.
10 Vgl. auch *Fitting* u.a., § 95 Rn 10.

Aufstellung von Entscheidungskriterien einschränken, ohne ihn aber praktisch ganz zu beseitigen.[11] Deshalb soll keine Auswahlrichtlinie mehr vorliegen, wenn ein Entscheidungsspielraum des AG nicht mehr besteht.[12] Ob dies auch der Fall ist, wenn in einer Auswahlrichtlinie die – vier – Sozialdaten angemessen gewichtet worden sind und der AG sich verpflichtet hat, die AN mit den geringsten Sozialpunkten zu kündigen, muss im Hinblick auf die klaren gesetzlichen Regelungen des § 1 Abs. 3 S. 1, Abs. 4 KSchG bezweifelt werden.[13]

4 Eine mitbestimmungspflichtige Auswahlrichtlinie liegt auch vor, wenn die Auswahlprinzipien nicht für alle zukünftigen Fälle gelten sollen, sondern anlassbezogen (bei einer unmittelbar bevorstehenden und begrenzten personellen Einzelmaßnahme, bspw. ein Punkteschema vor einer konkret beabsichtigten betriebsbedingten Künd(swelle)) aufgestellt und angewandt werden.[14]

5 Ergeben sich Auswahlkriterien unmittelbar aus dem Gesetz (z.B. aus Art. 33 Abs. 2 GG im öffentlichen Dienst bei der Einstellung), handelt es sich nicht um Auswahlrichtlinien.[15] Die Festlegung sog. Anforderungsprofile ist nicht mitbestimmungspflichtig.[16] Anforderungsprofile dienen dazu, für bestimmte Arbeitsplätze (oder offene Stellen) auszuweisen, welchen fachlichen, persönlichen oder anderen Anforderungen ein potenzieller Stelleninhaber oder Bewerber genügen muss, um die dem Arbeitsplatz zugewiesene Aufgabe erfüllen zu können. Geht es dagegen um generelle, für alle Bewerbungen maßgebliche Eignungskriterien, die jeder AN erfüllen muss und die nicht mit den konkreten Anforderungen identisch sind, die der AG für eine bestimmte Stelle seiner Ansicht nach als notwendig erachtet, ist der Mitbestimmungstatbestand eröffnet.[17] Der BR hat kein Mitbestimmungsrecht bei der Erarbeitung von Funktionsbezeichnungen und der Erstellung von Funktionsbeschreibungen, in denen für Gruppen von Stelleninhabern mit vergleichbaren Tätigkeiten deren Funktionen festgelegt und ihre Tätigkeitsschwerpunkte beschrieben werden.[18] Eine Arbeitsplatz- bzw. Stellenbeschreibung[19] oder eine Sammlung von AN-Daten[20] stellt noch keine Auswahlrichtlinie dar.

II. Ausübung und Umfang der Mitbestimmung

6 Die Aufstellung von Auswahlrichtlinien über die personelle Auswahl bei Einstellungen, Versetzungen, Umgruppierungen (nicht Eingruppierungen)[21] und Künd bedarf der Zustimmung des BR. Bei der Festlegung von Kriterien für die Auswahl von Beamten zur sog. Insichbeurlaubung gem. § 4 Abs. 3 PostPersRG handelt es sich um die Aufstellung von Richtlinien über die personelle Auswahl bei Umgruppierungen.[22] Werden im Stellenplan genehmigte Planstellen auf einzelne Betriebe (der Deutschen Post AG) verteilt, liegt kein Mitbestimmungstatbestand i.S.d. Norm vor.[23]

7 Beabsichtigt der AG Auswahlrichtlinien aufzustellen, kann der Betriebsrat über das Ob und den Inhalt der Richtlinie mitbestimmen. Sein Mitbestimmungsrecht bezieht sich dabei auch auf die Festlegung der einzelnen Auswahlkriterien. Zu ihnen gehören regelmäßig die materiellen Merkmale der Personalauswahl (fachliche und persönliche Voraussetzungen sowie ggf. soziale Gesichtspunkte). Gegenstand der Mitbestimmung ist ebenso das Verfahren, in dem das Vorliegen dieser Entscheidungskriterien festgestellt wird (z.B. Belastungstests, Arbeitsproben vor Einstellungen).[24] Verfahrensregelungen unterliegen allerdings nur dann der Mitbestimmung, wenn sie sich auf die Auswahl im eigentlichen Sinne auswirken können, d.h., sie müssen sich bspw. bei Einstellungen auf einen im geregelten Verfahrensgang vorhandenen Bewerberkreis beziehen. Davon zu unterscheiden sind Verfahrensschritte, die – wie z.B. die Gestaltung einer Ausschreibung – dem Vorfeld der eigentlichen Auswahl zuzuordnen sind und deshalb nicht der Mitbestimmung unterliegen.[25]

8 Konkrete Auswahlgesichtspunkte nennt die Norm nur in Abs. 2. Bei Abs. 1 kommen Auswahlaspekte in fachlicher (Bildungsabschlüsse, Qualifikation, Berufserfahrungen), persönlicher (Belastbarkeit, psychologische Testanforderungen) und sozialer Hinsicht (Familienstand, Unterhaltspflichten) in Betracht.[26] Bei der Festlegung der Auswahlkriterien sind zwingende gesetzliche[27] und – soweit geltend – tarifliche[28] Vorgaben zu beachten. Auf § 75 und die in dieser Norm geregelten Grundsätze ist genauso Bedacht zu nehmen, wie auf die Diskriminierungsverbote des

---

11 BAG 27.10.1992 – 1 ABR 4/92 – BAGE 71, 259; WP/Preis, § 95 Rn 2.
12 BAG 7.12.1995 – 2 AZR 1008/94 – AP § 1 KSchG 1969 Soziale Auswahl Nr. 29; HWK/*Ricken*, § 95 BetrVG Rn 2.
13 S.a. BAG 26.7.2005 – 1 ABR 29/04 – AP § 95 BetrVG 1972 Nr. 43.
14 BAG 26.7.2005 – 1 ABR 29/04 – AP § 95 BetrVG 1972 Nr. 43; BAG 9.11.2006 –2 AZR 812/05 – DB 2007, 1087; WP/Preis, § 95 Rn 1; *Fitting u.a.*, § 95 Rn 23; *Wolter*, RdA 2006, 137, 148; *Jakobs/Burger*, SAE 2006, 256.
15 Hessischer VGH 12.8.1997 – 1 TZ 2186/97 – DÖD 1998, 163.
16 BAG 31.5.1983 – 1 ABR 6/80 – AP § 95 BetrVG 1972 Nr. 2.
17 Zur Abgrenzung vgl.: LAG Baden-Württemberg 13.12.2002 – 16 TaBV 4/02 – NZA-RR 2003, 417.
18 BAG 14.1.1986 – 1 ABR 82/83 – NZA 1986, 531.
19 BAG 31.1.1984 – 1 ABR 63/81 – NZA 1984, 51.
20 Zu automatisierten Personalinformationssystemen vgl. *Fitting u.a.*, § 95 Rn 11.
21 Hierzu: *Fitting u.a.*, § 95 Rn 13.
22 BAG 10.12.2002 – 1 ABR 27/01 – AuA 2003, 45.
23 BAG 28.3.2006 – 1 ABR 59/04 – NZA 2006, 1367, 1369.
24 *Fitting u.a.*, § 95 Rn 21; WP/Preis, § 95 Rn 9.
25 Ebenso (für § 76 Abs. 2 Nr. 8 BPersVG): BVerwG 5.9.1990 – 6 P 27/87 – AP § 76 BPersVG Nr. 1.
26 Ausf. Bsp. bei *Fitting u.a.*, § 95 Rn 22.
27 DKK/*Klebe*, § 95 Rn 21.
28 *Fitting u.a.*, § 95 Rn 18.

AGG.[29] Insoweit ist die Gestaltungsbefugnis der Betriebsparteien eingegrenzt. Eine „Angemessenheitskontrolle" findet hingegen nicht statt.[30] Persönliche Voraussetzungen als Entscheidungskriterien bedürfen wegen des Diskriminierungsverbots und arbeitsrechtlichen Gleichbehandlungsgrundsatzes einer sachlichen – auf die personelle Maßnahme bezogenen – Rechtfertigung.[31] Bei den Sozialauswahlkriterien im Rahmen einer betriebsbedingten Künd sind die Auswahlfaktoren durch § 1 Abs. 3 S. 1 KSchG gesetzlich vorgegeben. Gleichwohl besteht ein erheblicher Spielraum für die Betriebsparteien bei der „Gewichtung" der sozialen Auswahlkriterien,[32] der auch mit einer Auswahlrichtlinie gestaltet werden kann (zumeist in sog. „Punkteschemata"). Auch die Bildung von Altersgruppen, innerhalb derer die Sozialauswahl vorzunehmen ist, ist möglich.[33]

Bei zwingender Notwendigkeit der Aufstellung unternehmens- bzw. konzerneinheitlicher Auswahlrichtlinien oder bei einer entsprechenden Zuständigkeitsdelegation der einzelnen BRe ist der GBR oder KBR zuständig. **9**

Zwar bedarf eine Einigung der Betriebsparteien (Abschluss einer BV) nicht zwingend der Schriftform.[34] Der BR kann der Verwendung bestimmter Auswahlkriterien durch den AG formlos zustimmen (Regelungsabrede). Regelmäßig wird eine Einigung der Betriebsparteien aber schriftlich in Form einer BV erfolgen (zu den unterschiedlichen Rechtsfolgen vgl. Rn 11).

Bei Nichteinigung entscheidet die Einigungsstelle verbindlich. Dies betrifft auch die Frage, ob überhaupt Auswahlrichtlinien aufgestellt werden.[35] Die Einigungsstelle kann aber in Betrieben mit bis zu 500 AN nur auf Antrag des AG tätig werden (Abs. 1 S. 2).

III. Rechtsfolgen ausgeübter und unterlassener Mitbestimmung

Der BR hat hinsichtlich einer personellen Einzelmaßnahme einen Zustimmungsverweigerungsgrund nach § 99 Abs. 2 Nr. 2, wenn diese gegen eine Richtlinie nach § 95 verstoßen würde. Bei einer ordentlichen Künd hat der BR im Rahmen seiner Beteiligungsrechte einen Widerspruchsgrund nach § 102 Abs. 3 Nr. 2, wenn die Künd gegen eine RL nach § 95 verstößt.[36] Voraussetzung für den Zustimmungsverweigerungs- bzw. Widerspruchsgrund ist das Vorliegen einer mitbestimmten RL, d.h. der BR muss ihr zugestimmt bzw. die Einigungsstelle hierüber verbindlich entschieden haben.[37] Verwendet der AG einseitig aufgestellte, nicht mitbestimmte Auswahlrichtlinien ist ein Zustimmungsverweigerungs- oder Widerspruchsgrund nicht gegeben.[38] **10**

Erfolgt die soziale Auswahl bei einer betriebsbedingten (Massen-)Künd aufgrund einer in einer BV festgelegten Bewertung der sozialen Gesichtspunkte (§ 1 Abs. 3 S. 1 KSchG), kann die Gewichtung der sozialen Gesichtspunkte im Rahmen einer Künd-Schutzklage nur auf grobe Fehlerhaftigkeit überprüft werden (§ 1 Abs. 4 KSchG); zum Begriff der groben Fehlerhaftigkeit in § 1 Abs. 4 KSchG vgl. § 1 KSchG Rn 554. Aus Gründen der Rechtssicherheit wird der Beurteilung und Bewertung der vier sozialen Auswahlkriterien durch die Betriebsparteien in Form einer BV eine hohe Präferenz eingeräumt. Durch die Festlegung der sozialen Aspekte in einer Auswahlrichtlinie wird aber nur die Bewertung der Sozialkriterien zueinander geregelt und deren gerichtliche Überprüfbarkeit eingeschränkt. Die – weitere – gerichtliche Prüfung, ob der Kreis der in die Sozialauswahl einzubeziehenden vergleichbaren AN zutreffend bestimmt worden ist,[39] eine andere betriebliche oder unternehmensbezogene Weiterbeschäftigungsmöglichkeit besteht oder ob einzelne AN i.S.v. § 1 Abs. 3 S. 2 KSchG zu Recht aus der sozialen Auswahl ausgenommen worden sind (sog „Leistungsträger")[40] wird durch eine Auswahlrichtlinie nicht beeinflusst. Voraussetzung einer eingeschränkten Überprüfungsmöglichkeit der Auswahlkriterien ist eine Festlegung in einer BV. Diese muss den formalen Anforderungen nach § 77 Abs. 2 entsprechen; bei einer Gesamt- oder Konzern-BV muss die Abschlusskompetenz des GBR oder KBR gegeben sein. Eine Festlegung in einem Einigungsstellenspruch oder in einem Sozialplan löst gleichfalls die Rechtsfolge nach § 1 Abs. 4 KSchG aus; beiden kommt die Wirkung einer BV zu (vgl. § 77 Abs. 2 S. 2 und § 112 Abs. 1 S. 3). Da der Interessenausgleich regelmäßig nicht in Form einer BV abgeschlossen wird und er nach der gesetzlichen Konstruktion auch keine BV ist, kann eine Auswahlrichtlinie mit den Folgen des § 1 Abs. 4 KSchG nicht verbindlich in ihm festgelegt werden. Eine formlose Regelungsabrede über die Sozialauswahlkriterien führt nicht zur Anwendung des eingeschränkten Überprüfungsmaßstabes des § 1 Abs. 4 KSchG.[41] **11**

---

29 BAG 6.11.2008 – 2 AZR 523/07 – NZA 2009, 361; *Lingemann/Beck*, NZA 2009, 577, 578.
30 *Fitting u.a.*, § 95 Rn 27; APS/*Kiel*, § 1 KSchG Rn 779.
31 Ausführlich: Richardi/*Thüsing*, § 95 Rn 24.
32 S.a. BAG 26.7.2005 – 1 ABR 29/04 – AP § 95 BetrVG 1972 Nr. 43.
33 BAG 6.11.2008 – 2 AZR 523/07 – NZA 2009, 361, 365; *Gaul/Lunk*, NZA 2004, 184 m.w.N.; *Lingemann/Beck*, NZA 2009, 577, 579 f.
34 ErfK/*Kania*, § 95 BetrVG Rn 5; WP/*Preis*, § 95 Rn 5; vgl. aber Glock, in Hess u.a., BetrVG, § 95 Rn 4 m.w.N. („Schriftform aus praktischen Gründen unverzichtbar").

35 *Fitting u.a.*, § 95 Rn 32.
36 Richardi/*Thüsing*, § 95 Rn 43.
37 vgl. i.E. *Rossa/Salamon*, NJW 2008, 1991, 1992.
38 Für § 99 Abs. 2 Nr. 2 ebenso: LAG Hessen 16.10.1984 – 4 TaBV 98/83 – DB 1985, 1534.
39 *Gaul/Lunk*, NZA 2004, 185; *Fitting u.a.*, § 95 Rn 29; APS/*Kiel*, § 1 KSchG Rn 774.
40 *Däubler*, NJW 1999, 601; *Fitting u.a.*, § 95 Rn 29; APS/*Kiel*, § 1 KSchG Rn 774.
41 *Fitting u.a.*, § 95 Rn 30.

12 Die Anwendung eines Punkteschemas bei einer betriebsbedingten Künd durch den AG setzt zwingend ein Einvernehmen mit dem BR oder einen entsprechenden Spruch der Einigungsstelle voraus. Individualrechtlich führt die Missachtung einer mit Zustimmung des BR aufgestellten Auswahlrichtlinie oder die Anwendung einer ohne Zustimmung des BR aufgestellten Richtlinie allerdings noch nicht zur Unwirksamkeit der personellen Einzelmaßnahme.[42] Auch kann der betroffene AN nicht die Durchführung der Maßnahme verlangen.[43] Ebenso scheidet ein vom BR geltend zu machender „Folgenbeseitigungsanspruch" hinsichtlich der individualrechtlich getroffenen Maßnahmen aus.[44]

13 Kollektivrechtlich steht dem BR bei Anwendung einer ohne seine Zustimmung aufgestellten Auswahlrichtlinie allerdings ein Unterlassensanspruch nach § 23 Abs. 3 oder ein allgemeiner Unterlassensanspruch zu, der ggf. im Wege einer einstweiligen Verfügung geltend gemacht werden kann.[45] Der BR kann damit die Anwendung eines mitbestimmungswidrig zustande gekommenen Punkteschemas unterbinden, d.h., der AG darf bei seiner Auswahlentscheidung nicht das mitbestimmungswidrige Punkteschema heranziehen. Der BR kann aber vom AG nicht das Unterlassen des Ausspruchs von Künd verlangen. Dies würde über einen Unterlassungsanspruch des BR und über die rechtlichen Möglichkeiten des BR in § 102 hinausgehen. Dies gilt umso mehr, als die Sozialauswahl – auch bei Anwendung eines mitbestimmungswidrigen Punkteschemas – gleichwohl zutreffend bzw. „ausreichend" sein kann. Jedenfalls kann sich der AG noch auf die Punktetabelle berufen – allerdings ohne die privilegierenden Folgen nach § 1 Abs. 4 KSchG –, solange der BR keinen Verstoß gegen sein Mitbestimmungsrecht geltend macht.[46]

IV. Betriebsgrößenabhängiges Initiativrecht

14 In Betrieben mit bis zu 500 AN wird das Mitbestimmungsrecht des BR nur ausgelöst, wenn der AG Auswahlrichtlinien aufstellen will oder sie verwendet. Die Einigungsstelle wird nur auf Antrag des AG tätig.[47] Der BR kann zwar die Einigungsstelle nicht anrufen; stimmt er aber der Auswahlrichtlinie nicht zu und führt der AG keine Einigung über die Einigungsstelle herbei, kann der BR die Unterlassung der Anwendung der Auswahlkriterien durchsetzen (vgl. oben Rn 13). Vereinbarungen über Auswahlrichtlinien nach Abs. 1 wirken nach Ablauf nicht nach i.S.v. § 77 Abs. 6 (Nachwirkung kann aber vereinbart werden).

15 In Betrieben mit mehr als 500 AN hat der BR ein Initiativrecht bei der Aufstellung von Auswahlrichtlinien. Die Einigungsstelle kann von beiden Betriebsparteien angerufen werden. Erzwingbar ist nach dem eindeutigen Normwortlaut nur die Festlegung von Auswahlgesichtspunkten, die sich auf fachliche und persönliche Voraussetzungen und die sozialen Gesichtspunkte beziehen. Einigungen i.S.v. Abs. 2 wirken in Beendigungsfalle nach (§ 77 Abs. 6).[48] Beim Schwellenwert ist nach h.M. die Anzahl der regelmäßig beschäftigten AN maßgeblich.[49] Entscheidend ist die AN-Zahl im Betrieb; der GBR kann für einen Betrieb, in dem lediglich bis zu 500 AN beschäftigt sind, keine Aufstellung von Auswahlrichtlinien verlangen und die Einigungsstelle anrufen.[50]

V. Versetzung

16 Die Legaldefinition der Versetzung in Abs. 3 der Norm ist systematisch verfehlt[51] (zum Versetzungsbegriff vgl. § 99 Rn 50).

C. Verbindung zu anderen Rechtsgebieten und zum Prozessrecht

17 Zu den Künd-Schutzrechtlichen Folgen einer Auswahlrichtlinie über die Sozialauswahl vgl. oben Rn 12. Streitigkeiten über Inhalt und Umfang des Mitbestimmungsrechts entscheidet das ArbG im Beschlussverfahren.

D. Beraterhinweise

18 Trotz nicht zwingend vorgesehenem Schriftformerfordernis bietet sich bei Ausübung des Mitbestimmungsrechts der Abschluss einer BV aus Klarstellungsgründen an. Dies gilt zum einen wegen der Folgen eines Verstoßes gegen die RL (§§ 99 Abs. 2 Nr. 2, 102 Abs. 3 Nr. 2; § 1 Abs. 4 KSchG; vgl. oben Rn 11) und zum anderen wegen der Privilegierung bei Sozialauswahlfehlern („Dominotheorie").[52]

---

42 BAG 6.7.2006 – 2 AZR 442/05 – NZA 2007, 139, 141; BAG 9.11.2006 – 2 AZR 812/05 – DB 2007, 1087; *Gaul/Bonanni/Naumann*, BB 2006, 549, 552 m.w.H.; *Jakobs/Burger*, SAE 2006, 256, 258; *Richardi/Thüsing*, § 95 Rn 71; *Rossa/Salamon*, NJW 2008, 1991, 1192; a.A. ArbG Hannover 20.9.1994 – 10 BVGa 2/94 – EzA-SD 1994, 13; *Wolter*, RdA 2006, 137, 148.
43 *Fitting u.a.*, § 95 Rn 32.
44 A.A. ArbG Hannover 20.9.1994 – 10 BVGa 2/94 – EzA-SD 1994, 13.
45 BAG 26.7.2005 – 1 ABR 29/04 – AP § 95 BetrVG 1972 Nr. 43; BAG 9.11.2006 – 2 AZR 812/05 – DB 2007, 1087; Fitting u.a., § 95 Rn 31; *Rossa/Salamon*, NJW 2008, 1991, 1994 ff.; a.A. *Jakobs/Burger*, SAE 2006, 256, 259.
46 BAG 9.11.2006 –2 AZR 812/05 – DB 2007, 1087.
47 A.A. DKK/*Klebe*, § 95 Rn 14.
48 ErfK/*Kania*, § 95 BetrVG Rn 5 m.w.N.
49 *Richardi/Thüsing*, § 95 Rn 48 m.w.N.; WP/*Preis*, § 95 Rn 6; a.A. DKK/*Klebe*, § 95 Rn 14.
50 BAG 10.12.2002 – 1 ABR 27/01 – AuA 2003, 45.
51 WP/*Preis*, § 95 Rn 1.
52 S. BAG 9.11.2006 – 2 AZR 812/05 – DB 2007, 1087. Bsp. aus der Rspr. für vereinbarte Punkteschemata bei der Sozialauswahl (Auswahlrichtlinien bei betriebsbedingten Künd) finden sich bei *Gaul/Lunk*, NZA 2004, 188 oder *Lingemann/Beck*, NZA 2009, 577, 579.

Zweiter Unterabschnitt: Berufsbildung

§ 96 Förderung der Berufsbildung

(1) ¹Arbeitgeber und Betriebsrat haben im Rahmen der betrieblichen Personalplanung und in Zusammenarbeit mit den für die Berufsbildung und den für die Förderung der Berufsbildung zuständigen Stellen die Berufsbildung der Arbeitnehmer zu fördern. ²Der Arbeitgeber hat auf Verlangen des Betriebsrats den Berufsbildungsbedarf zu ermitteln und mit ihm Fragen der Berufsbildung der Arbeitnehmer des Betriebs zu beraten. ³Hierzu kann der Betriebsrat Vorschläge machen.

(2) ¹Arbeitgeber und Betriebsrat haben darauf zu achten, dass unter Berücksichtigung der betrieblichen Notwendigkeiten den Arbeitnehmern die Teilnahme an betrieblichen oder außerbetrieblichen Maßnahmen der Berufsbildung ermöglicht wird. ²Sie haben dabei auch die Belange älterer Arbeitnehmer, Teilzeitbeschäftigter und von Arbeitnehmern mit Familienpflichten zu berücksichtigen.

Literatur: *Adamy*, Betriebliche Weiterbildung: notwendiger denn je, AiB 2007, 466; *Albrecht*, Die Initiative ergreifen! – Mitbestimmung bei der Einführung betrieblicher Qualifizierung, AiB 2004, 733; *Breisig*, Mitbestimmung des Betriebsrats bei der betrieblichen Berufsbildung, in: Geißler/Laske/Orthey (Hrsg.): Handbuch Personalentwicklung, Loseblatt, Stand: August 2003, S. 1 ff.; *Bussel/Heidemann*, Betriebliche Weiterbildung, Analyse und Handlungsempfehlungen, Monographie, Schriftenreihe der Hans-Böckler-Stiftung Betriebs- und DienstvereinbarungenBV-Doku, 2005; *Fracke*, Die betriebliche Weiterbildung – Verantwortung des Arbeitgebers im intakten und bestandsgefährdeten Arbeitsverhältnis, Diss. 2003; *Hammer*, Berufsbildung und Betriebsverfassung – Begriff und Grenzen der Beteiligungsrechte des Betriebsrats bei betrieblichen Berufsbildungsmaßnahmen, 1990; *Hartig*, Mitwirkung und Mitbestimmung des Betriebsrats bei betrieblichen Bildungsmaßnahmen – Rechtsprechungsübersicht, AiB 1995, 524; *Kallenberg*, Die betriebliche Berufsbildung als Beteiligungsgegenstand nach dem Betriebsverfassungsgesetz, ZBVR 2003, 40; *Malottke*, Beteiligung der JAV bei Maßnahmen der Berufsausbildung, AiB 2002, 685; *Mosch/Oelkers*, Mitbestimmung bei betrieblichen Bildungsmaßnahmen, NJW-Spezial 2008, 594; *Peter/Prem*, Moderne Art der Mitarbeiterbildung – E-Learning –, AuA 2002, 4; *Raab*, Betriebliche und außerbetriebliche Bildungsmaßnahmen, NZA 2008, 280; *Reska*, Lernen in Netzen, AiB 2001, 524; *Richter/Brüggemann*, Weiterbilden – ein Muss für Arbeitnehmer, AuA 2003, 28; *Rieble*, Qualifizierungstarifverträge, in: FS 50 Jahre Bundesarbeitsgericht, S. 83 ff.; *Sandmann*, Alter und Leistung: Fördern und Fordern, NZA Beilage 2008, Nr. 1, 17; *Sandmann/Schmitt-Rolfes*, Arbeitsrechtliche Probleme der Arbeitnehmerweiterbildung, ZfA 2002, 295; *Schneider*, Übersicht: Rechte des Betriebsrats bei der betrieblichen Berufsbildung, AiB 2002, 713; *Wiesinger*, Berufsbildung – Rechte des Betriebsrat i.S.d. BetrVG, BuW 2003, 780

A. Allgemeines ... 1	3. Beratungsanspruch und Vorschlagsrecht des Betriebsrats ... 10
B. Regelungsgehalt ... 5	4. Besondere Berücksichtigungspflicht (Abs. 2) ... 11
I. Begriff der Berufsbildung ... 5	III. Verstöße ... 13
II. Beteiligungsrechte ... 7	C. Verbindung zu anderen Rechtsgebieten und zum Prozessrecht ... 14
1. Förderungspflicht ... 7	D. Beraterhinweise ... 16
2. Ermittlungspflicht des Arbeitgebers ... 9	

A. Allgemeines

Veränderungen in Technik und Wirtschaft bedingen neue Organisations- und Produktionsstrukturen und erfordern qualifizierte und motivierte Mitarbeiter. Es hat sich allg. die Erkenntnis herausgebildet, dass es ohne ein lebenslanges Lernen keine sicheren Arbeitsplätze mehr gibt. In der Qualifikation der Mitarbeiter liegt zum einen ein wesentliches Kriterium für die Wettbewerbsfähigkeit der Unternehmen.[1] Zum anderen ist eine hohe Qualifikation der AN die Voraussetzung des beruflichen Aufstiegs und eines sicheren Arbeitsplatzes. Deshalb setzen Unternehmen zunehmend ein Bildungscontrolling zur Planung und Steuerung betrieblicher Bildungsprozesse ein. Zur Stabilisierung und Verbesserung der Qualifikation der AN soll die Beteiligung des BR beitragen.[2] Es soll zum einen auf ein hohes Bildungs- und Qualifikationsniveau hinwirken können und zum anderen für eine gerechte Verteilung der Bildungsangebote Sorge tragen. Die Novelle des BetrVG von 2001 hat gerade die Beteiligungsrechte des BR in dem zukunftsträchtigen Bereich der beruflichen Bildung stärken wollen. Der Gesetzgeber hat mit dem zweiten Unterabschnitt „Berufsbildung" (§§ 96 bis 98) die Bedeutung dieser Thematik herausgestellt.[3]

Das BetrVG hat die Mitgestaltungs- und -bestimmungsrechte des BR bei der Berufsbildung vielschichtig ausgestaltet: **Echte Mitbestimmungsrechte** bestehen im Bereich der Einführung notwendiger Qualifikationsmaßnahmen nach tätigkeitsändernden Aktionen durch den AG (§ 97 Abs. 2), bei der Durchführung von Maßnahmen der betrieb-

---

[1] BT-Drucks 14/5741, S. 49.
[2] BT-Drucks 14/5741, S. 49; WP/*Preis*, § 96 Rn 1.
[3] Richardi/*Thüsing*, § 96 Rn 2.

lichen Berufsbildung (§ 98 Abs. 1) und bei der Auswahl von AN, die an Berufsbildungsmaßnahmen teilnehmen sollen (§ 98 Abs. 3). Bei der Bestellung von Ausbildern/Lehrpersonal kommt dem BR ein **Widerspruchs- und Abberufungsrecht** zu (§ 98 Abs. 2). Ein **Beratungsrecht** hat der BR in Fragen der Berufsbildung allgemein (§ 96 Abs. 1 S. 2; diesbezüglich besteht auch ein **Vorschlagsrecht** nach § 96 Abs. 1 S. 3), der Einrichtung und Ausstattung betrieblicher Einrichtungen zur Berufsbildung, der Einführung betrieblicher Berufsbildungsmaßnahmen und der Teilnahme an außerbetrieblichen Bildungsmaßnahmen (§ 97 Abs. 1). Weiter kommen dem BR und dem AG im Hinblick auf die Berufsbildung der AN besondere **Förderungspflichten** zu (§ 96 Abs. 1 und 2). So kann der BR eine **Berufsbildungsbedarfsermittlung** veranlassen (§ 96 Abs. 1 S. 2). Von den Beteiligungsrechten des BR werden nur die **AN i.S.v. § 5** – nicht die leitenden Angestellten – erfasst,[4] denen jedoch allein aufgrund der Beteiligungsrechte des BR **kein individueller Anspruch** auf berufliche Bildung erwächst;[5] ein solcher kann sich nur aus dem Arbeitsvertrag, einer BV oder einem TV ergeben.

3   **Zuständig** für die Beteiligungsrechte bei der beruflichen Bildung ist der BR. Bei notwendig einheitlichen Entscheidungen auf Unternehmens- oder Konzernebene bzw. bei Zuständigkeitsdelegationen kommt auch eine Zuständigkeit des GBR oder KBR in Betracht (§§ 50, 58).

4   Am 1.4.2005 ist das Gesetz zur Reform der beruflichen Bildung (**Berufsausbildungsreformgesetz**)[6] in Kraft getreten, mit dem das BBiG und die HandwO neu gefasst wurden. Mit den Reformmaßnahmen sollten mehr jungen Menschen eine berufliche Erstausbildung erhalten, die internationale Wettbewerbsfähigkeit gesichert, die regionale Verantwortung gefördert, die Durchlässigkeit zwischen den Bildungssystemen erhöht und die Kooperation der beiden Lernorte Betrieb und Schule gestärkt werden. Dabei sollte die Flexibilität der dualen Ausbildung ausgebaut werden, Qualität und Verlässlichkeit aber erhalten bleiben.[7] Ein Großteil der nunmehr bereits seit einigen Jahren geltenden Änderungen waren rein sprachlicher Natur und passten die Vorschriften an zeitgemäße Begrifflichkeiten an (z.B. „berufliche Handlungsfähigkeit", § 1 Abs. 3 S. 1 BBiG). Der Regelungsinhalt des vormaligen Berufsbildungsförderungsgesetzes wurde modifiziert in das BBiG integriert. Dies gilt für die Bestimmungen über Berufsbildungsforschung, Planung und Statistik (§§ 84 ff. BBiG) sowie das Bundesinstitut für Berufsbildung (§§ 89 ff. BBiG). Auch die neu eingeführten Definitionen von bereits praktizierten Kooperations- und Ausbildungsformen im Berufsbildungssystem (z.B. „Verbundausbildung" nach § 10 Abs. 5 BBiG; „Lernortkooperation" nach § 2 Abs. 2 BBiG) hatten keine unmittelbaren rechtlichen Auswirkungen auf das Verständnis der betriebsverfassungsrechtlichen Beteiligungs- und Mitbestimmungsrechte im Bereich der Berufsbildung.[8] Allerdings sind das BBiG und die HandwO in ihren neuen Fassungen bei der Bestimmung der Reichweite der Mitbestimmung bei der Durchführung betrieblicher Berufsbildungsmaßnahmen (§ 98 Abs. 1) und den Rechten des BR im Zusammenhang mit der Bestellung und Abberufung von Ausbildungspersonal (§ 98 Abs. 2) zu beachten.

B. Regelungsgehalt

I. Begriff der Berufsbildung

5   Das BetrVG definiert den **Begriff der Berufsbildung** nicht. § 1 Abs. 1 BBiG enthält zwar eine Legaldefinition, wonach Berufsbildung im Sinne des BBiG die Berufsausbildungsvorbereitung, die Berufsausbildung, die berufliche Fortbildung und die berufliche Umschulung ist. Diese Begriffbestimmung lässt sich jedoch nicht nahtlos auf den Begriff der Berufsbildung im BetrVG übertragen.[9] Ausgehend vom Zweck der Regelung verstehen Rspr. und Lehre den Begriff der Berufsbildung im BetrVG weit.[10] Er umfasst zumindest alle Maßnahmen des BBiG und geht weiter über diese hinaus.[11] Der genaue Inhalt ist anhand des Sinn und Zwecks des Beteiligungsrechts zu bestimmen.[12] Nach allgemeiner Auffassung umfasst er i.w.S. alle Maßnahmen, die **Bezug zum Beruf bzw. zur Tätigkeit des AN** aufweisen **und Bildungscharakter** tragen,[13] oder wie es das BAG formuliert hat, gehören alle Maßnahmen dazu, die dem AN in systematischer, lehrplanartiger Weise die Kenntnisse, Fertigkeiten und Erfahrungen vermitteln sollen, die ihn zur Ausübung der beruflichen Tätigkeit und der Ausfüllung des Arbeitsplatzes im Allg. befähigen.[14] Zur Berufsbildung gehören deshalb insb. alle Maßnahmen, die der Qualifikation für neue berufliche Anforderungen oder dem Erhalt der vorhandenen Qualifikationen dienen,[15] wie z.B.: betriebliche Lehrgänge und Seminare über tech-

---

4 *Fitting u.a.*, § 96 Rn 6 m.w.N.
5 WP/*Preis*, § 96 Rn 1; ErfK/*Kania*, § 96 BetrVG Rn 10.
6 BGBl I 2005 S. 931.
7 BT-Drucks 15/3980, S. 38.
8 Einen Überblick über das neue BBiG geben z.B.: *Natzel*, DB 2005, 610; *Taubert*, NZA 2005, 503.
9 HWK/*Ricken*, § 96 BetrVG Rn 2; Richardi/*Thüsing*, § 96 Rn 6.
10 BAG 23.4.1991 – 1 ABR 49/90 – AP BetrVG 1972 § 98 Nr. 7.
11 HWK/*Ricken*, § 96 BetrVG Rn 2; BAG 23.4.1991 – 1 ABR 49/90 – AP BetrVG 1972 § 98 Nr. 7.
12 HWK/*Ricken*, § 96 BetrVG Rn 2.
13 ErfK/*Kania*, § 96 BetrVG Rn 6.
14 BAG 5.11.1985 – 1 ABR 49/83 – AP BetrVG 1972 § 98 Nr. 2; BAG 4.12.1990 – 1 ABR 10/90 – AP BetrVG 1972 § 97 Nr. 1; BAG 18.4.2000 – 1 ABR 28/99 – AP BetrVG 1972 § 98 Nr. 9; zuletzt: BAG 28.4.2004 – 1 ABR 28/03 – AP BetrVG 1972 § 98 Nr. 12.
15 BAG 23.4.1991 – 1 ABR 49/90 – AP BetrVG 1972 § 98 Nr. 7; BAG 28.1.1992 – 1 ABR 41/91 – AP BetrVG 1972 § 96 Nr. 1; BAG 18.4.2000 – 1 ABR 28/99 – AP BetrVG 1972 § 98 Nr. 9; BAG 24.8.2004 – 1 ABR 28/03 – AP BetrVG 1972 § 98 Nr. 12.

nische Fragen, Arbeitsphysiologie und -psychologie sowie -sicherheit, Wirtschaftskunde, Arbeits- und Sozialrecht sowie Führung von Mitarbeitern, Lehrgänge über Sicherheits- und Notfallmaßnahmen,[16] Schulungen zur Bedienung neuer Maschinen,[17] oder Vorbereitungsseminare für Auslandseinsätze.[18] Bildungsdauer, -inhalte und Art der eingesetzten Lernmedien sind nicht ausschlaggebend. Zur Berufsbildung gehören deshalb auch: Bildungsmaßnahmen für Praktikanten und Anlernlinge sowie Volontäre („andere Vertragsverhältnisse" i.S.v. § 26 BBiG); sog. Trainee-Programme, bei denen nicht zu den leitenden Angestellten gehörende Führungsnachwuchskräfte zu Ausbildungszwecken verschiedene Betriebsabteilungen durchlaufen;[19] systematischer Wissenserwerb unter Einsatz multimedialer Konzepte (eLearning und web based learning[20] im weitesten Sinne: Telelearning, Teletutoring, Teleteaching,[21] Online-Seminars, Blended Learning, Distance Learning, InteractiveQualificationContents, Learning Disabilities usw.); Teilnahme an Qualitätszirkeln oder ähnlichen Einrichtungen, welche eine tätigkeitsbezogene Kenntniserlangung oder -erweiterung bezwecken;[22] Schulungsmaßnahmen im Zusammenhang mit Zertifizierungen bei Arbeitsschutz- und Umweltschutzmanagementsystemen (z.B. Teilnahme an EMAS,[23] in dessen Rahmen Beschäftigte, deren Tätigkeit Umweltauswirkungen hat, notwendige Kenntnisse im Bereich des betrieblichen Umweltschutzes erwerben).

Nach der Rspr. gehören zur Berufsbildung alle Maßnahmen, die über die – mitbestimmungsfreie – Unterrichtung des AN hinsichtlich seiner Aufgaben und Verantwortung, über die Art seiner Tätigkeit sowie ihrer Einordnung in den Arbeitsablauf des Betriebes oder über die Unfall- und Gesundheitsgefahren und die Maßnahmen und Einrichtungen zur Abwendung dieser Gefahren i.S.v. § 81 hinausgehen,[24] indem sie dem AN gezielt Kenntnisse und Erfahrungen vermitteln, die ihn zur Ausübung einer bestimmten Tätigkeit erst befähigen oder es ermöglichen, die beruflichen Kenntnisse und Fähigkeiten zu erhalten.[25] § 96 fordert insoweit eine systematische, methodische Vermittlung[26] beruflicher Kenntnisse und Erfahrungen, auf deren Grundlage der AN im Betrieb eine konkrete Tätigkeit unter Einsatz dieser Kenntnisse und Erfahrungen ausüben kann.[27] Im Gegensatz hierzu setzt die bloße – **beteiligungsfreie** – **Einweisung** setzt voraus, dass der AN die für die Ausübung der Tätigkeit an diesem Arbeitsplatz erforderlichen beruflichen Kenntnisse und Erfahrungen bereits besitzt.[28] Dementsprechend sind bspw. Veranstaltungen zur Abstellung von Defiziten bei der Freundlichkeit und Hilfsbereitschaft der AN in Servicebereichen,[29] Unterweisungen von Mitgliedern eines durch das Unternehmen gebildeten Analyseteams im Hinblick auf eine geplante Gemeinkostenanalyse,[30] Produktinformationen für Außendienstmitarbeiter,[31] Einweisung von AN in die Tätigkeit an einer neu angeschafften Maschine (Bedienungsanleitung)[32] nicht als Berufsbildung i.S.d. Norm angesehen worden. Bei der Unterrichtung über die Funktion und die Bedienung eines Personalcomputers hat das BAG den Beteiligungstatbestand als gegeben angesehen. Regelmäßig erfolgten bei einer solchen Maßnahme über eine Einweisung hinaus, Anpassungen der beruflichen Kenntnisse und Fähigkeiten.[33]

II. Beteiligungsrechte

1. Förderungspflicht. AG und BR haben die gemeinsame Pflicht, im Rahmen der betrieblichen Personalplanung (siehe § 92) und in Zusammenarbeit mit den für die Berufsbildung und den für die Förderung der Berufsbildung zuständigen Stellen die Berufsbildung der AN zu fördern. Die Norm beinhaltet insoweit einen Programmsatz.[34] Die **Einführung** betrieblicher Berufsbildungsmaßnahmen ist nicht erzwingbar. Aus dem Mitwirkungsrecht folgt kein Individualanspruch auf Berufsbildungsförderung für den einzelnen AN (s.o. Rn 2). Die Förderungspflicht ist nach dem Gesetzeswortlaut (vgl. Abs. 2) nicht auf **betriebliche** Maßnahmen (vgl. zu diesem Begriff: § 97 Rn 5) beschränkt, sondern bezieht sich auch auf außerbetriebliche Bildungsmaßnahmen.

---

16 BAG 10.2.1988 – 1 ABR 39/86 – AP BetrVG 1972 § 98 Nr. 5.
17 Nicht bei bloßer Bedienungsanleitung: LAG Hamm 8.11.2002 – 10 (13) TaBV 59/02 – NZA-RR 2003, 543.
18 *Fitting u.a.*, § 96 Rn 10.
19 *Fitting u.a.*, § 96 Rn 23.
20 Überblick z.B. bei *Severing u.a.*: Betriebliche Bildung via Internet – Konzeption, Umsetzung und Bewertung, 2001.
21 *Heller*, AiB 2002, 706.
22 *DKK/Buschmann*, § 96 Rn 9.
23 VO (EG) Nr. 761/2001 des Europäischen Parlaments und des Rates über die freiwillige Beteiligung von Organisationen an einem Gemeinschaftssystem für das Umweltmanagement und die Umweltbetriebsprüfung (EMAS), Abl EG L 114 v. 24.4.2001, S. 1.
24 Vgl. zu diesem Abgrenzungskriterium *Fitting u.a.*, § 96 Rn 11 u. (kritisch) Rn 21 f.
25 BAG 4.12.1990 – 1 ABR 10/90 – AP BetrVG 1972 § 97 Nr. 1.; BAG 23.4.1991– 1 ABR 49/90 – AP BetrVG 1972 § 98 Nr. 7; BAG 28.1.1992 – 1 ABR 41/91 – AP BetrVG 1972 § 96 Nr. 1.
26 BAG 24.8.2004 – 1 ABR 28/03 – AP BetrVG 1972 § 98 Nr. 12.
27 BAG 28.1.1992 – 1 ABR 41/91 – AP BetrVG 1972 § 96 Nr. 1; ErfK/*Kania*, § 96 BetrVG Rn 6; WP/*Preis*, § 96 Rn 3.
28 BAG 23.4.1991 – 1 ABR 49/90 – AP BetrVG 1972 § 98 Nr. 7.
29 BAG 28.1.1992 – 1 ABR 41/91 – AP BetrVG 1972 § 96 Nr. 1; kritisch hierzu: *Fitting u.a.*, § 96 Rn 23.
30 ArbG Karlsruhe – 22.8.1985 – 5 BVGa 1/85 – NZA 1986, 236.
31 BAG 23.4.1991 – 1 ABR 49/90 – AP BetrVG 1972 § 98 Nr. 7.
32 LAG Hamm 8.11.2002 – 10 (13) TaBV 59/02 – NZA-RR 2003, 543.
33 BAG 23.4.1991 – 1 ABR 49/90 – AP BetrVG 1972 § 98 Nr. 7.
34 WP/*Preis*, § 96 Rn 7.

8 **Zuständige Stellen** für eine Zusammenarbeit sind insb. die in §§ 71 bis 75 BBiG genannten zuständigen Stellen und Behörden einschließlich der von diesen zu bestellenden Berater nach § 76 BBiG und der von ihnen zu errichtenden Berufsbildungsausschüsse nach §§ 77 bis 80 BBiG, die oberste Bundesbehörde nach § 81 BBiG, die Landesausschüsse für Berufsbildung nach §§ 82f. BBiG, das Bundesinstitut für Berufsbildung nach §§ 89 ff. BBiG, berufsbildende und weiterbildende Schulen,[35] die Bundesagentur für Arbeit bzw. die ihr nachgeordneten Stellen (Förderungsmaßnahmen) und schließlich die Berufsbildungs- und -förderungseinrichtungen der AG-Verbände und Gewerkschaften.[36]

9 **2. Ermittlungspflicht des Arbeitgebers.** Unabhängig von einer anlassbezogenen Notwendigkeit und konkreten Investitionsvorhaben[37] muss der AG auf Verlangen des BR den **Berufsbildungsbedarf im Betrieb ermitteln**. Damit soll der BR die für seine Arbeit notwendigen Daten erhalten. Zur Bedarfsermittlung i.S.d. Norm gehören eine Ist-Analyse und ein Soll-Konzept und die Berücksichtigung der betrieblichen Bildungsinteressen der AN.[38] Der AG muss insb. ermitteln, wie viele AN einer bestimmten Qualifikation er für die Verrichtung der Arbeitsaufgaben benötigt und diese Prognose mit dem vorhandenen Bestand an Arbeitskräften und ihrer Qualifikation vergleichen.[39] Eine bestimmte Methodik der Bildungsbedarfsanalyse (stochastische oder deterministische Methodik; qualitative Erhebung mittels Mitarbeitergesprächen/Fragebogen oder „Qualifikationsmatrix", d.h. Abgleich von Anforderungen der jetzigen und künftigen Arbeit mit den individuellen Bildungsinteressen der Beschäftigten)[40] kann der BR ebenso wenig verlangen wie einen bestimmten Planungszeitraum.[41] Es gibt nämlich keine Verpflichtung des AG, einen bestimmten Bildungs- und Qualifikationsstand im Unternehmen vorzuhalten bzw. anzustreben.[42]

10 **3. Beratungsanspruch und Vorschlagsrecht des Betriebsrats.** Der AG hat mit dem BR **auf dessen Verlangen** alle Fragen zu beraten, die die Berufsbildung der AN betreffen. Dazu gehören die Beratung über betriebliche und außerbetriebliche Berufsbildungsmaßnahmen, Probleme der individualrechtlichen Gestaltung bei der Teilnahme der AN an solchen Maßnahmen und die Grundlagen der Bedarfsermittlung sowie die darauf gestützten Prognosen. Der BR hat ein entsprechendes Vorschlagsrecht. Auch auf unterbreitete Vorschläge bezieht sich der Beratungsanspruch des BR. Der AG muss die Anregungen aber nicht umsetzen.

11 **4. Besondere Berücksichtigungspflicht (Abs. 2).** Abs. 2 verpflichtet AG und BR dazu, darauf zu achten, dass den AN die Teilnahme an betrieblichen oder außerbetrieblichen Berufsbildungsmaßnahmen ermöglicht wird. Dies gilt für betriebliche und außerbetriebliche Maßnahmen. Die Teilnahme an Berufsbildungsmaßnahmen steht aber unter dem **Vorbehalt der betrieblichen Notwendigkeit**.

12 Die Belange älterer AN, Teilzeitbeschäftigter und von AN mit Familienpflichten sind zu berücksichtigen. Ziel des Abs. 2 Satz 2 der Norm ist es, einer Benachteiligung dieser Personengruppen entgegenzuwirken.[43]

Beide Regelungen enthalten kollektivrechtliche Handlungsmaxime für die Betriebsparteien. Ein Individualanspruch kommt auch aufgrund dieser Bestimmungen dem einzelnen AN nicht zu.

III. Verstöße

13 Die nachhaltige Weigerung des AG, den Berufsbildungsbedarf auf Verlangen des BR zu ermitteln oder über Berufsbildungsfragen und entsprechende Vorschläge des BR zu beraten, ist eine **grobe Pflichtverletzung** i.S.v. § 23 Abs. 3.

C. Verbindung zu anderen Rechtsgebieten und zum Prozessrecht

14 Wegen der Bezugspunkte zum (reformierten) **BBiG** vgl. oben Rn 4. Im Bereich der beruflichen Bildung existieren zahlreiche **Förderprogramme** auf europäischer und nationaler Ebene (z.B. Bildungsprogramm der EU; Europäischer Sozialfonds 2007 bis 2013 zur Förderung von Qualifizierungs- und Betreuungsmaßnahmen für Arbeitslose;[44] Stipendienvergabe bei der Begabtenförderung durch Bund bzw. Länder zur Finanzierung berufsbegleitender Weiterbildung;[45] Förderung der beruflichen Weiterbildung durch Kostenübernahme seitens der BA nach §§ 77 ff. SGB III) und Möglichkeiten der Inanspruchnahme von **Zuschüssen nach arbeitsförderungsrechtlichen Regelungen** (§§ 229 ff., 235c, 417 SGB III). Das Vorschlagsrecht des BR nach Abs. 1 S. 3 kann auch Hinweise auf solche Fördermöglichkeiten umfassen.

---

35 *Fitting u.a.*, § 96 Rn 33.
36 GK-BetrVG/*Raab*, § 96 Rn 26.
37 *Fitting u.a.*, § 96 Rn 37.
38 BT-Drucks 14/5741, S. 49; Richardi/*Thüsing*, § 96 Rn 21; DKK/*Buschmann*, § 96 Rn 20c.
39 *Löwisch/Kaiser*, § 96 Rn 8; WP/*Preis*, § 96 Rn 8.
40 Weiterführend hierzu: *Stangel-Meseke/Glumsinski*, Betriebliche Bildungsbedarfsanalyse, in: Geissler u.a. (Hrsg.): Handbuch für Personalentwicklung und Training, 1995; *Berger u.a.*: Bildungsbedarfsanalyse. Ganzheitliche Analyseinstrumente zur betrieblichen und persönlichen Qualifizierungsplanung, Institut für betriebliche Bildung und Unternehmenskultur.
41 *Fitting u.a.*, § 96 Rn 38 m.w.N.
42 WP/*Preis*, § 96 Rn 8.
43 WP/*Preis*, § 96 Rn 10.
44 Näheres unter http://ec.europa.eu/grants/index_de.htm#empl (Stand: 19.7.2009).
45 Näheres bei den jeweils zuständigen Handwerkskammern bzw. IHK.

Tarifverträge zur Qualifizierung bzw. Berufsbildung sehen häufig eine erweiterte Mitbestimmung des BR bei Berufsbildungsmaßnahmen vor.[46] So definiert z.B. der am 1.1.2004 in Kraft getretene Qualifizierungstarifvertrag in der Chemiebranche[47] tarifliche Qualifizierung als alle betriebsbezogenen und individuellen beruflichen Fort- und Weiterbildungsmaßnahmen. Darunter fallen auch Maßnahmen zur Entwicklung von Schlüsselqualifikationen wie Fremdsprachen oder Methoden des sozialen Umgangs unabhängig vom Lernort und der Lernmethode. Grundsätzlich können in Tarifverträgen auf die Betriebsverfassung bezogene Beteiligungsrechte geschaffen werden, die im Gesetz nicht vorgesehen sind. Dies gilt nicht nur für eine inhaltliche Erweiterung von gesetzlichen Beteiligungsrechten der AN-Vertretung, sondern bspw. auch für die partielle Erstreckung des BetrVG auf Auszubildende in eigenständigen Ausbildungsbetrieben.[48]

Bei Streitigkeiten über die Beteiligungs- und Mitbestimmungsrechte nach §§ 96–98 entscheidet das ArbG im Beschlussverfahren.

D. Beraterhinweise

Eine **Übersicht über Berufsausbildungsförderungsmöglichkeiten und ihre steuerrechtlichen bzw. sozialversicherungsrechtlichen Besonderheiten** bietet z.B.: Küttner/*Reinecke/Macher/Voelzke*, Personalbuch 2008, 15. Aufl., Stichwort: Berufsausbildungsförderung. **Empirische Daten** zur Mitwirkung betrieblicher Interessenvertretungen bei der Weiterbildung finden sich in: WSI-Mitteilungen 2/2001, S. 92 ff. Regelungsaspekte einer **(freiwilligen) BV zur Qualifizierung** und Weiterbildung von Beschäftigten mit zahlreichen Musterbeispielen und -formulierungen (allerdings in Umsetzung tariflicher Vorgaben) werden u.a. aufgezeigt unter: www.bw.igm.de/news/thema.html?id=250.

§ 97 Einrichtungen und Maßnahmen der Berufsbildung

(1) Der Arbeitgeber hat mit dem Betriebsrat über die Errichtung und Ausstattung betrieblicher Einrichtungen zur Berufsbildung, die Einführung betrieblicher Berufsbildungsmaßnahmen und die Teilnahme an außerbetrieblichen Berufsbildungsmaßnahmen zu beraten.
(2) ¹Hat der Arbeitgeber Maßnahmen geplant oder durchgeführt, die dazu führen, dass sich die Tätigkeit der betroffenen Arbeitnehmer ändert und ihre beruflichen Kenntnisse und Fähigkeiten zur Erfüllung ihrer Aufgaben nicht mehr ausreichen, so hat der Betriebsrat bei der Einführung von Maßnahmen der betrieblichen Berufsbildung mitzubestimmen. ²Kommt eine Einigung nicht zustande, so entscheidet die Einigungsstelle. ³Der Spruch der Einigungsstelle ersetzt die Einigung zwischen Arbeitgeber und Betriebsrat.

Literatur: *Annuß*, Mitwirkung und Mitbestimmung der Arbeitnehmer im Regierungsentwurf eines Gesetzes zur Reform des BetrVG, NZA 2001, 367; *Franzen*, Das Mitbestimmungsrecht des Betriebsrats bei der Einführung von Maßnahmen der betrieblichen Berufsbildung nach § 97 II BetrVG; *Löwisch*, Auswirkungen des Betriebsverfassungsrechts-Reformgesetz auf Mitwirkung und Mitbestimmung des Betriebsrats, NZA 2001, 40; *ders.*, Änderung der Betriebsverfassung durch das Betriebsverfassungs-Reformgesetz, BB 2001, 1790; *Reichold*, Die reformierte Betriebsverfassung 2001, NZA 2001, 857; *Richardi/Annuß*, Neues Betriebsverfassungsgesetz: Revolution oder strukturwahrende Reform, DB 2001, 41; s.a. Literaturnachweise bei § 96

A. Allgemeines	1	3. Teilnahme an außerbetrieblichen Berufsbildungsmaßnahmen		7
B. Regelungsgehalt	2	4. Sanktionen		8
I. Beratungsrecht (Abs. 1)	2	II. Mitbestimmungsrecht (Abs. 2)		9
1. Errichtung und Ausstattung betrieblicher Einrichtungen zur Berufsbildung	4	C. Verbindung zu anderen Rechtsgebieten und zum Prozessrecht		17
2. Einführung betrieblicher Berufsbildungsmaßnahmen	5	D. Beraterhinweise		19

A. Allgemeines

§ 97 Abs. 1 ergänzt die allgemeinen Beteiligungsrechte nach § 96 um eine vom Verlangen des BR unabhängige Beratungspflicht des AG. Das Beteiligungsrecht des BR entsteht, wenn der AG beabsichtigt, betriebliche Einrichtungen der Berufsbildung zu schaffen, betriebliche Berufsbildungsmaßnahmen einzuführen oder sich an außerbetrieblichen Berufsbildungsmaßnahmen zu beteiligen. Die durch das Betriebsverfassungs-Reformgesetz vom 28.7.2001 neu in

---

46 Zu den Qualifizierungstarifverträgen: *Rieble*, in: FS 50 Jahre BAG, S. 831 ff.
47 PM Bundesarbeitgeberverband Chemie v. 8.5.2003.
48 BAG 24.8.2004 – 1 ABR 28/03 – NZA 2005, 371 (zum TV über die Mitbestimmung im Telekom Training Center v. 12.10.2001).

das BetrVG eingefügte Regelung des § 97 Abs. 2[1] erweitert und verstärkt die Beteiligungsrechte des BR bei der betrieblichen Berufsbildung. Während nach dem früheren Recht ein Mitbestimmungsrecht des BR nur bei der Durchführung von betrieblichen Berufsbildungsmaßnahmen bestand (vgl. § 98) sieht die Bestimmung des § 97 Abs. 2 unter bestimmten Voraussetzungen auch ein Mitbestimmungsrecht des BR bei der Einführung von betrieblichen Berufsbildungsmaßnahmen vor.

B. Regelungsgehalt
I. Beratungsrecht (Abs. 1)

2 **Beratungsgegenstände** sind die Errichtung und Ausstattung betrieblicher Einrichtungen zur Berufsbildung, die Einführung betrieblicher Berufsbildungsmaßnahmen und die Teilnahme an außerbetrieblichen Berufsbildungsmaßnahmen. Der AG muss von sich aus seiner gesetzlichen Beratungspflicht rechtzeitig nachkommen. Sobald er die benannten Maßnahmen plant, konkrete Lösungsvorschläge auf ihre Umsetzbarkeit prüft oder bestimmte AN zur Teilnahme an außerbetrieblichen Berufsbildungsmaßnahmen vorsieht, muss er die Beratungsinitiative ergreifen.[2]

3 Das Beteiligungsrecht nach Abs. 1 eröffnet dem BR **kein Initiativrecht** zur Schaffung bzw. Einführung der genannten Bildungseinrichtungen bzw. -maßnahmen. An den „Rat des BR" ist der AG nicht gebunden. Er kann entscheiden, ob er eine berufliche Bildungseinrichtung errichtet oder eine andere der in Abs. 1 genannten Maßnahmen ergreift und die erforderlichen Mittel zur Verfügung stellt.[3] Das Beratungsrecht des BR besteht auch in Tendenzbetrieben.[4]

4 **1. Errichtung und Ausstattung betrieblicher Einrichtungen zur Berufsbildung. Betriebliche Berufsbildungseinrichtungen** sind alle Einrichtungen, die – ohne zwingend organisatorisch eigenständig zu sein – dauerhaft Berufsbildungszwecken zumindest auch für betriebsangehörige AN dienen.[5] Keine betrieblichen Einrichtungen der Berufsbildung sind Qualifizierungs- und Transfergesellschaften.[6] Zum Begriff der **Berufsbildung** vgl. § 96 Rn 5. **Errichtung** meint jede Entstehung solcher Einrichtungen. Das Beratungsrecht besteht bereits in der Ausführungsplanungsphase, erstreckt sich aber nicht auf die davor liegenden Planungsabschnitte, denn der Gesetzeswortlaut stellt auf ein Beteiligungsrecht *über die* (und nicht *vor der*) Errichtung ab. In Betracht kommt jedoch ein Unterrichtungsrecht nach § 90 Abs. 1 Nr. 1 (Planung sonstiger betrieblicher Räume). Mit der **Ausstattung** der betrieblichen Berufsbildungseinrichtung ist nicht nur das Inventar im engeren Sinne, also technische Anlagen, Werkzeug und Lehrmaterial gemeint, sondern sind alle die Einrichtung betreffenden sachlichen, finanziellen und personellen Aspekte, wie bspw. die Personalstärke,[7] angesprochen. Über den Gesetzeswortlaut hinaus gehend werden nach der h.M.[8] auch eine – spätere – **Änderung** betrieblicher Berufsbildungseinrichtungen und deren **Schließung** vom Beteiligungsrecht des BR nach Abs. 1 umfasst. Bei Modifikationen ist auf deren Wesentlichkeit und Nachhaltigkeit abzustellen, um das Beratungsrecht auszulösen.

5 **2. Einführung betrieblicher Berufsbildungsmaßnahmen.** Zum Begriff der **Berufsbildungsmaßnahme** vgl. § 96 Rn 6. Es muss sich um eine **betriebliche** Maßnahme handeln. Dies ist funktional und nicht räumlich zu verstehen. Eine **betriebliche Berufsbildungsmaßnahme** liegt vor, wenn der AG Träger bzw. Veranstalter der Maßnahme ist und die Berufsbildungsmaßnahme für seine AN durchführt.[9] Träger bzw. Veranstalter der Maßnahme ist der AG auch dann, wenn er diese in Zusammenarbeit mit einem Dritten durchführt und auf den Inhalt und die Organisation rechtlich oder tatsächlich einen beherrschenden Einfluss hat.[10] Selbst wenn die Durchführung der Maßnahme vollständig auf ein anderes Unternehmen verlagert ist, bleibt der AG Maßnahmeträger und die Bildungsmaßnahme eine betriebliche, solange er den beherrschenden Einfluss auf Inhalt und Gestaltung ausübt.[11] Es kommt dabei auch nicht darauf an, ob die Maßnahme ausschließlich für die Betriebsangehörigen durchgeführt wird oder ob sie innerhalb oder außerhalb des Betriebsgeländes stattfinden soll. Vereinbaren mehrere AG die gemeinsame Durchführung von Maßnahmen der Berufsbildung, ohne dass einzelne AG einen beherrschenden Einfluss haben, so haben die BRe der betroffenen Betriebe bei der Durchführung Maßnahme kein Mitbestimmungsrecht. Die BRe haben jedoch in entsprechender Anwendung des § 98 Abs. 1 beim Abschluss der Vereinbarung über die Zusammenarbeit der AG insoweit

---

1 Zur Gesetzesgeschichte: *Franzen*, NZA 2001, 865, 866 f.
2 Vgl. *Fitting u.a.*, § 97 Rn 4 u. 7; ErfK/*Kania*, § 97 BetrVG Rn 3; WP/*Preis*, § 97 Rn 2.
3 BAG 24.8.2004 – 1 ABR 28/03 – AP BetrVG 1972 § 98 Nr. 12; WP/*Preis*, § 97 Rn 1; HWK/*Ricken*, § 97 BetrVG Rn 2 m.w.N.
4 BAG 4.12.1990 – 1 ABR 10/90 – NZA 1991, 388.
5 ErfK/*Kania*, § 97 BetrVG Rn 2 m.w.N.; WP/*Preis*, § 97 Rn 2; GK-BetrVG/*Raab*, § 97 Rn 6; HWK/*Ricken*, § 97 BetrVG Rn 2.
6 GK-BetrVG/*Raab*, § 97 Rn 7; HWK/*Ricken*, § 97 BetrVG Rn 2.
7 DKK/*Buschmann*, § 97 Rn 4; WP/*Preis*, § 97 Rn 2.
8 ErfK/*Kania*, § 97 BetrVG Rn 3; Richardi/*Thüsing*, § 97 Rn 4 (bezogen auf Änderung); *Fitting u.a.*, § 97 Rn 4; WP/*Preis*, § 97 Rn 4; a.A. GK-BetrVG/*Raab*, § 97 Rn 7.
9 BAG 4.12.1990 – 1 ABR 10/90 – AP BetrVG 1972 § 97 Nr. 1; BAG 12.11.1991 – 1 ABR 21/91 – AP BetrVG § 98 Nr. 8; BAG 24.8.2004 – 1 ABR 28/03 – AP BetrVG 1972 § 98 Nr. 12.
10 BAG 4.12.1990 – 1 ABR 10/90 – AP BetrVG 1972 § 97 Nr. 1; BAG 18.4.2000 – 1 ABR 28/99 – AP BetrVG 1972 § 98 Nr. 9.
11 BAG 12.11.1991 – 1 ABR 21/91 – AP BetrVG § 98 Nr. 8.

mitzubestimmen, als in dieser Vereinbarung bereits Regelungen über die spätere Durchführung der Bildungsmaßnahmen getroffen werden.[12]

Das Beratungsrecht erstreckt sich ferner auf die **Einführung** von betrieblichen Berufsbildungsmaßnahmen. Bei der Einführung geht es um die Frage, ob bestimmte Berufsbildungsmaßnahmen überhaupt durchgeführt werden sollen.[13] Das Beratungsrecht setzt ein, sobald die – allerdings bereits hinsichtlich des Vorhabens konkretisierte – Planungsphase abgeschlossen ist. Die Einführung ist abzugrenzen von der – ggf. nach § 98 beteiligungspflichtigen – Durchführung betrieblicher Berufsbildungsmaßnahmen; die Durchführung betrieblicher Berufsbildungsmaßnahmen betrifft alle Fragen, die sich nach einer Einführung der Maßnahme stellen.[14] (vgl. hierzu: § 98 Rn 4).

3. Teilnahme an außerbetrieblichen Berufsbildungsmaßnahmen. Erfasst werden alle von fremden Trägern (bspw. Kammern und Innungen) durchgeführten betriebsexternen, überbetrieblichen Maßnahmen, d.h. Veranstaltungen und Einrichtungen, deren Träger nicht der AG ist. Das Beratungsrecht erstreckt sich auf die Art der Maßnahme, die Auswahl der AN sowie Zeitpunkt und Zeitdauer der Teilnahme.[15]

4. Sanktionen. Die nachhaltige Verletzung der Beratungspflicht kann ein **grober Pflichtenverstoß** nach § 23 Abs. 3 sein.[16]

II. Mitbestimmungsrecht (Abs. 2)

Der BR hat unter bestimmten Voraussetzungen ein **echtes Mitbestimmungsrecht** bei der **Einführung betrieblicher Berufsbildungsmaßnahmen**. Er kann die Einführung betrieblicher Berufsbildungsmaßnahmen sogar gegen den Willen des AG erzwingen (Initiativrecht). Dieses Mitbestimmungsrecht des BR soll der präventiven Beschäftigungssicherung dienen.[17]

Der Tatbestand der Norm ist weit gefasst. Das Mitbestimmungsrecht des BR kann durch jede Maßnahme des AG ausgelöst werden, die die Tätigkeit des AN ändert.[18] Als zweite – kumulative – Voraussetzung fordert die Norm, dass die berufliche Kenntnisse und Fähigkeiten des AN nicht mehr ausreichen, um die – geänderten – Aufgaben auszuüben.

Der Mitbestimmungstatbestand ist abzugrenzen von **mitbestimmungsfreien Einweisungsmaßnahmen** i.S.v. § 81.[19] Der Regierungsentwurf[20] erwähnte als Auslöser für das Mitbestimmungsrecht noch ausdrücklich eine Veränderung der technischen Anlagen, Arbeitsverfahren, Arbeitsabläufe oder Arbeitsplätze. Die Gesetz gewordene Formulierung, die auf eine geplante oder durchgeführte Maßnahmen abstellt, ist demgegenüber erheblich weiter. Als **tätigkeitsändernden Maßnahmen des AG**, die das Mitbestimmungsrecht auslösen, gilt jedes aktive Handeln des AG das zu einer Diskrepanz zwischen den Anforderungen des Arbeitsplatzes und dem Ausbildungsstand der AN führt.[21] Als Maßnahmen des AG kommen vor allem die Einführung neuer Produktionsanlagen, Programme oder Software[22] aber auch personelle Veränderungen als Folge von Versetzungen oder Künd[23] in Betracht. Keine tätigkeitsändernde Maßnahme – und damit mitbestimmungsfrei – sind solche Handlungen des AG, die die Erfüllung der Arbeitspflicht betreffen und sie konkretisieren, wie bspw. Einweisungen oder Arbeitsanweisungen.[24]

Auf die Anzahl der betroffenen AN kommt es für das Eingreifen des Mitbestimmungsrechts nicht an. Es muss kein kollektiver Tatbestand vorliegen.[25] Ausreichend ist, dass die geplante oder durchgeführte Maßnahme zu einer Änderung der **Tätigkeit der betroffenen AN führt**. Es muss sich allerdings um eine inhaltlich[26] gewichtige[27] Tätigkeitsmodifikation handeln. Verlangt wird ein konkretes (zumindest drohendes) **Qualifikationsdefizit**,[28] das auf einer AG-Maßnahme und nicht nur auf arbeitnehmerbedingten Umständen (Leistungsabfall, allgemeines Qualifikationsdefizit; Auffrischung von Kenntnissen nach längerer Elternzeit) beruht.[29] Dies ist regelmäßig der Fall, wenn die berufliche Handlungsfähigkeit (§ 1 Abs. 3 BBiG n.F.) der arbeitsvertraglich geschuldeten Leistungserbringung nicht mehr genügt. Auch muss die Behebung des Qualifikationsmangels durch eine betriebliche Bildungsmaßnahme überhaupt möglich sein.[30]

---

12 BAG 18.4.2000 – 1 ABR 28/99 – AP BetrVG 1972 § 98 Nr. 9.
13 BAG 24.8.2004 – 1 ABR 28/03 – AP BetrVG 1972 § 98 Nr. 12.
14 BAG 24.8.2004 – 1 ABR 28/03 – AP BetrVG 1972 § 98 Nr. 12; s.a. § 98 Rn 4.
15 *Fitting u.a.*, § 97 Rn 6 m.w.N.; WP/*Preis*, § 97 Rn 7; HWK/*Ricken*, § 97 BetrVG Rn 4.
16 GK-BetrVG/*Raab*, § 97 Rn 24.
17 WP/*Preis*, § 97 Rn 8; *Franzen*, NZA 2001, 865, 866.
18 LAG Berlin-Brandenburg 26.9.2007 – 21 TaBV 1747/07 – n.v.
19 Hierzu: LAG Hamm 8.11.2002 – 10 (13) TaBV 59/02 – NZA-RR 2003, 543.
20 BT-Drucks 14/5741, S. 49.

21 LAG Hamm 8.11.2002 – 10 (13) TaBV 59/02 – NZA-RR 2003, 543; LAG Berlin-Brandenburg 26.9.2007 – 21 TaBV 1747/07 – n.v.; Richardi/*Thüsing*, § 97 Rn 10.
22 WP/*Preis*, § 97 Rn 10 m.w.H.
23 WP/*Preis*, § 97 Rn 10; DKK-*Buschmann*, § 97 Rn 13.
24 WP/*Preis*, § 97 Rn 10; *Franzen*, NZA 2001, 865, 867.
25 Str.: *Fitting u.a.*, § 97 Rn 16 m.w.N.; WP/*Preis*, § 97 Rn 10; a.A.: *Franzen*, NZA 2001, 865, 867.
26 Hierzu GK-BetrVG/*Raab*, § 97 Rn 18 f.
27 Richardi/*Thüsing*, § 97 Rn 9; weniger restriktiv: DKK/*Buschmann*, § 97 Rn 20.
28 WP/*Preis*, § 97 Rn 16.
29 WP/*Preis*, § 97 Rn 12; *Löwisch*, NZA 2001, 865, 867.
30 GK-BetrVG/*Raab*, § 97 Rn 21; *Franzen*, NZA 2001, 865, 867.

13 Das Mitbestimmungsrecht besteht bezüglich **geplanter oder durchgeführter Maßnahmen**.
Während der Planungsphase im engeren Sinne wird es noch nicht ausgelöst (hier kommt lediglich ein Unterrichtungsanspruch des BR nach § 90 Abs. 1 in Betracht).[31] Erst wenn sich der AG zur Durchführung der Maßnahme entschlossen hat, handelt es sich um eine „geplante" Aktion;[32] die nachhaltige tätigkeitsändernde Wirkung muss erkennbar sein, sich aber noch nicht realisiert haben.[33] Prinzipiell ist der Begriff der Maßnahme aber weit zu verstehen. Das Mitbestimmungsrecht ist nicht eng auf enumerativ genannte Sachverhalte beschränkt, sondern soll dann umfassend gewährleistet werden, wenn durch ein gestaltendes Tätigwerden des AG eine Diskrepanz zwischen seinen Anforderungen und dem Ausbildungsstand der AN entsteht oder zu entstehen droht.[34] Der BR verliert sein Mitbestimmungsrecht nicht, wenn er es erst nach Durchführung der Maßnahme wahrnimmt. Dies gilt auch dann, wenn bereits zum Abschluss der Planungsphase offensichtlich war, dass die Maßnahme gravierende Auswirkungen auf die Tätigkeit haben wird und zu erheblichem Qualifikationsdefizit bei den AN führt.[35]

14 Mitbestimmt ist die **Einführung** – nicht die Durchführung (vgl. § 98) – zumutbarer,[36] auf die Behebung arbeitsplatzbezogener Qualifikationsmängel gerichteter **betrieblicher Berufsbildungsmaßnahmen**. Das Mitbestimmungsrecht umfasst die Festlegung der Qualifizierungsziele und -wege sowie die Art der Wissensvermittlung.[37] Der AG kann den Adressatenkreis und die Zahl der Teilnehmer nicht allein festlegen. Aufgrund des Zwecks der Maßnahme wird regelmäßig der Teilnehmerkreis – sämtliche AN, deren Kenntnisse und Fähigkeiten aufgrund der tätigkeitsändernden Maßnahme nicht mehr ausreichen – feststehen.[38] Allerdings ist der AG in seiner Entscheidung über die Errichtung und Ausstattung betrieblicher Einrichtungen zur Berufsbildung frei, wie sich aus dem Umkehrschluss zu Abs. 1 ergibt.[39] Gleiches gilt – wie § 98 Abs. 3 verdeutlicht – für die Freistellung zu außerbetrieblichen Berufsbildungsmaßnahmen.[40] Auch kann der BR keine unzumutbaren Berufsbildungsmaßnahmen verlangen, d.h. solche, die nicht in absehbarer Zeit erfolgreich abgeschlossen werden können, die für die betroffenen AN keinen Erfolg versprechen oder mit einem unverhältnismäßig hohen Kostenaufwand verbunden sind.[41]

15 § 97 Abs. 2 enthält keine Regelung über die Kostentragungspflicht. Grds. wird der AG die – zumutbaren – **Kosten** der betrieblichen Berufsbildungsmaßnahme tragen müssen.[42] Er ist aber nicht zwingend verpflichtet, die AN unter Fortzahlung der Vergütung für eine Teilnahme an einer betrieblichen Berufsbildungsmaßnahme von der Arbeit freizustellen.[43]

Aus § 97 Abs. 2 folgt weder eine Verpflichtung des einzelnen AN an beruflichen Bildungsmaßnahmen teilnehmen zu müssen[44] noch **ein individueller Anspruch** des einzelnen Mitarbeiters auf Einführung von betrieblichen Berufsbildungsmaßnahmen.[45]

16 Einigen sich AG und BR nicht über die Einführung von betrieblichen Berufsbildungsmaßnahmen, so entscheidet die **Einigungsstelle** verbindlich. Sie hat unter Berücksichtigung der dem AG entstehenden Kosten der beruflichen Bildungsmaßnahme und dem „Bestandsschutzinteresse" der betroffenen AN ihre Ermessensentscheidung zu treffen (§ 76 Abs. 5 S. 3).[46] Allein der Umstand, dass eine Einstellung bereits qualifizierter AN einfacher und kostengünstiger ist, begründet kein überwiegendes Interesse des AG zur Ablehnung einer Einführung von beruflichen Bildungsmaßnahmen. Einigen sich die Betriebsparteien im Wege einer BV (oder liegt ein Spruch der Einigungsstelle vor) können aus der BV Qualifizierungsansprüche für die einzelnen AN mit normativer Wirkung erwachsen.[47]

C. Verbindung zu anderen Rechtsgebieten und zum Prozessrecht

17 Nach dem – präventiven – Gesetzeszweck des § 97 Abs. 2 sollen Künd vermieden werden.[48] Die Regelung steht im engen Zusammenhang mit § 1 Abs. 2 S. 3 KSchG, nach der die Künd eines AN u.a. dann sozial ungerechtfertigt ist, wenn die Weiterbeschäftigung des AN nach zumutbaren Umschulungs- oder Fortbildungsmaßnahmen möglich ist und der AN sein Einverständnis hiermit erklärt hat. Eine Künd wird allerdings noch nicht allein deshalb i.d.S. unwirksam sein, weil die Tatbestandsvoraussetzungen des § 97 Abs. 2 erfüllt sind.[49] Hinsichtlich der Rechtsfolgen einer fehlenden bzw. fehlerhaften Mitbestimmung ist zwischen der individual- und der kollektivrechtlichen Ebene zu differen-

---

31 Weitergehend: *Richardi/Annuß*, DB 2001, 41, 45.
32 Ebenso: *Richardi/Thüsing*, § 97 Rn 15; HWK/*Ricken*, § 97 BetrVG Rn 6.
33 *Fitting u.a.*, § 97 Rn 19.
34 LAG Hamm 9.2.2009 – 10 TaBV 191/08 – juris.
35 WP/*Preis*, § 97 Rn 11.
36 Ausführlich: *Fitting u.a.*, § 97 Rn 25; *Richardi/Thüsing*, § 97 Rn 12.
37 *Löwisch*, NZA 2001, 40, 45.
38 *Fitting u.a.*, § 97 Rn 27; GK-BetrVG/*Raab*, § 97 Rn 22.
39 WP/*Preis*, § 97 Rn 13; *Löwisch*, BB 2001,1790, 1795.
40 WP/*Preis*, § 97 Rn 13; *Reichold*, NZA 2001, 857, 864.
41 WP/*Preis*, § 97 Rn 12; GK-BetrVG/*Raab*, § 97 Rn 27.
42 *Fitting u.a.*, § 97 Rn 30 ff.; vgl. ErfK/*Kania*, § 97 BetrVG Rn 7; DKK/*Buschmann*, § 97 Rn 24; *Franzen*, NZA 2001, 865, 869.
43 S. im Einzelnen: *Franzen*, NZA 2001, 865, 869 f. m.w.H.
44 *Franzen*, NZA 2001, 865, 868.
45 WP/*Preis*, § 97 Rn 8; *Franzen*, NZA 2001, 865, 868.
46 GK-BetrVG/*Raab*, § 97 Rn 26; zum zumutbaren Umfang von Schulungsmaßnahmen: *Richardi/Thüsing*, § 97 Rn 12;.
47 ErfK/*Kania*, § 97 BetrVG Rn 8; ablehnend: *Franzen*, NZA 2001, 865, 868.
48 BR-Drucks 140/01, S. 114; *Franzen*, NZA 2001, 865, 867.
49 *Richardi/Thüsing*, § 97 Rn 16; WP/*Preis*, § 97 Rn 8,15; *Franzen*, NZA 2001, 865, 871.

zieren. Die Verletzung eines Mitbestimmungsrechts hat nach der Rspr. des BAG nur dann die Unwirksamkeit der Künd zur Folge, wenn diese selbst Gegenstand des jeweiligen Beteiligungsrechts ist.[50] Gegenstand des Mitbestimmungsrechts des § 97 Abs. 2 ist aber die Einführung von betrieblichen Berufsbildungsmaßnahmen und nicht die Künd des Arbverh. Die Norm stellt kein weiteres Wirksamkeitserfordernis für eine Künd auf. Die Beachtung des Mitbestimmungsrechts nach Abs. 2 ist nicht Wirksamkeitsvoraussetzung für eine Künd.[51]

Für die individualrechtliche Beurteilung der Künd bedeutet dies, dass in den Fällen, in denen der BR die Einführung von betrieblichen Berufsbildungsmaßnahmen nicht verlangt hat, eine Unwirksamkeit der Künd schon deshalb nicht in Betracht kommt, weil die Künd keine mitbestimmungspflichtige Maßnahme i.S.d. § 97 Abs. 2 darstellt. Hat der BR aber sein Mitbestimmungsrecht ausgeübt und mit dem AG eine Regelung zur betrieblichen Berufsbildung getroffen (oder ist eine solche über die Einigungsstelle erfolgt), wird man davon ausgehen können, eine entsprechende Bildungsmaßnahme sei für den AG zumutbar. Die ausgesprochene Künd wird dann regelmäßig unverhältnismäßig i.S.v. § 1 Abs. 2 S. 3 KSchG sein.[52] In diesem Fall kann der BR nicht nur einer ordentlichen Künd nach § 102 Abs. 3 Nr. 4 widersprechen, weil eine Weiterbeschäftigung des AN nach zumutbaren Umschulungs- oder Fortbildungsmaßnahmen möglich ist, sondern auch einen kollektiven Durchführungsanspruch geltend machen.[53] Problematisch ist der Fall, in dem der BR vom AG die Einführung von Maßnahmen der betrieblichen Berufsbildung verlangt hat, der AG aber dem zu qualifizierenden AN vor Abschluss der Verhandlungen bereits gekündigt hat. Sicherlich kann auch in diesem Fall der BR seinen Widerspruch auf § 102 Abs. 3 Nr. 4 stützen.[54] Die Unwirksamkeit der Künd nach § 1 Abs. 2 S. 3 KSchG lässt sich aber nicht allein mit dem mitbestimmungswidrigen Verhalten des AG und dem Mitbestimmungsverlangen des BR nach § 97 Abs. 2 begründen.[55] Der BR kann – kollektivrechtlich – insoweit sein Mitbestimmungsrecht mittels eines Unterlassungsantrags sichern.[56]

D. Beraterhinweise

Beraterhinweise, siehe § 96 Rn 16.

§ 98 Durchführung betrieblicher Bildungsmaßnahmen

(1) Der Betriebsrat hat bei der Durchführung von Maßnahmen der betrieblichen Berufsbildung mitzubestimmen.

(2) Der Betriebsrat kann der Bestellung einer mit der Durchführung der betrieblichen Berufsbildung beauftragten Person widersprechen oder ihre Abberufung verlangen, wenn diese die persönliche oder fachliche, insbesondere die berufs- und arbeitspädagogische Eignung im Sinne des Berufsbildungsgesetzes nicht besitzt oder ihre Aufgaben vernachlässigt.

(3) Führt der Arbeitgeber betriebliche Maßnahmen der Berufsbildung durch oder stellt er für außerbetriebliche Maßnahmen der Berufsbildung Arbeitnehmer frei oder trägt er die durch die Teilnahme von Arbeitnehmern an solchen Maßnahmen entstehenden Kosten ganz oder teilweise, so kann der Betriebsrat Vorschläge für die Teilnahme von Arbeitnehmern oder Gruppen von Arbeitnehmern des Betriebs an diesen Maßnahmen der beruflichen Bildung machen.

(4) [1]Kommt im Fall des Absatzes 1 oder über die nach Absatz 3 vom Betriebsrat vorgeschlagenen Teilnehmer eine Einigung nicht zustande, so entscheidet die Einigungsstelle. [2]Der Spruch der Einigungsstelle ersetzt die Einigung zwischen Arbeitgeber und Betriebsrat.

(5) [1]Kommt im Fall des Absatzes 2 eine Einigung nicht zustande, so kann der Betriebsrat beim Arbeitsgericht beantragen, dem Arbeitgeber aufzugeben, die Bestellung zu unterlassen oder die Abberufung durchzuführen. [2]Führt der Arbeitgeber die Bestellung einer rechtskräftigen gerichtlichen Entscheidung zuwider durch, so ist er auf Antrag des Betriebsrats vom Arbeitsgericht wegen der Bestellung nach vorheriger Androhung zu einem Ordnungsgeld zu verurteilen; das Höchstmaß des Ordnungsgeldes beträgt 10 000 Euro. [3]Führt der Arbeitgeber die Abberufung einer rechtskräftigen gerichtlichen Entscheidung zuwider nicht durch, so ist auf Antrag des Betriebsrats vom Arbeitsgericht zu erkennen, dass der Arbeitgeber zur Abberufung durch Zwangsgeld anzuhalten sei; das Höchstmaß des Zwangsgeldes beträgt für jeden Tag der Zuwiderhandlung 250 Euro. [4]Die Vorschriften des Berufsbildungsgesetzes über die Ordnung der Berufsbildung bleiben unberührt.

---

50 BAG 2.12.1999 – AP BPersVG § 79 Nr. 16; BAG 5.4.2001 – AP BetrVG 1972 § 99 Einstellung Nr. 32; *Fitting u.a.*, § 97 Rn 37.
51 GK-BetrVG/*Raab*, § 97 Rn 29 f.; *Fitting u.a.*, § 97 Rn 37.
52 GK-BetrVG/*Raab*, § 97 Rn 29; WP/*Preis*, § 97 Rn 15; ErfK/*Kania* § 97 BetrVG Rn 8; *Franzen*, NZA 2001, 865, 871.
53 Zum letzteren Aspekt: *Fitting u.a.*, § 97 Rn 35.
54 *Fitting u.a.*, § 97 Rn 34.
55 A.A.: DKK/*Buschmann*, § 97 Rn 28 m.w.N.; wohl auch: *Annuß*, NZA 2001, 367, 368.
56 *Fitting u.a.*, § 97 Rn 36; *Franzen*, NZA 2001, 865, 871; DKK/*Buschmann*, § 97 Rn 28; a.A.: WP/*Preis*, § 97 Rn 15; GK-BetrVG/*Raab*, § 97 Rn 30.

(6) Die Absätze 1 bis 5 gelten entsprechend, wenn der Arbeitgeber sonstige Bildungsmaßnahmen im Betrieb durchführt.

Literatur: siehe die Literaturhinweise bei § 96

A. Allgemeines 1	III. Vorschlagsrecht bei der Teilnahme von Arbeitnehmern an Berufsbildungsmaßnahmen (Abs. 3) 15
B. Regelungsgehalt 2	
I. Mitbestimmung bei der Durchführung betrieblicher Bildungsmaßnahmen (Abs. 1) 2	IV. Mitbestimmung bei der Durchführung sonstiger Bildungsmaßnahmen im Betrieb (Abs. 6) 19
II. Widerspruchs- und Abberufungsrecht hinsichtlich der mit der Durchführung der betrieblichen Berufsbildung beauftragten Personen (Abs. 2) 8	C. Verbindungen zu anderen Rechtsgebieten und zum Prozessrecht 20
	D. Beraterhinweise 21

A. Allgemeines

1 Die Regelung eröffnet dem BR ein umfassendes Beteiligungsrecht bei der **Durchführung** von Berufsbildungsmaßnahmen (vgl. § 96 Rn 5 u. 6). Der BR ist nach dieser Norm erst dann zu beteiligen, wenn der AG eine betriebliche Berufsbildungsmaßnahme tatsächlich durchführt. Zur **Einführung** einer beruflichen Bildungsmaßnahme kann der AG vom BR jedoch **nicht** gezwungen werden.[1]

B. Regelungsgehalt

I. Mitbestimmung bei der Durchführung betrieblicher Bildungsmaßnahmen (Abs. 1)

2 Nach § 98 Abs. 1 hat der BR bei der **Durchführung von Maßnahmen** der **betrieblichen Berufsbildung** ein **Mitbestimmungsrecht**, das er über die Einigungsstelle (Abs. 4) durchsetzen kann. Der BR kann insoweit eigene Ideen und Konzepte entwickeln und vorschlagen.[2] Moderierte Gesprächskreise (workshops) stellen eine mitbestimmungspflichtige Maßnahme der betrieblichen Berufsbildung i.S.d. Abs. 1 (bzw. zumindest eine sonstige Bildungsmaßnahme nach Abs. 6 dar, wenn diese nach vorgegebenem didaktisch-methodischen Konzept Hintergrundwissen und Erfahrungen in Form von „Selbsterfahrung" vermitteln.[3]

Zum Begriff der **Berufsbildungsmaßnahme** vgl. § 96 Rn 5 u. 6. Zur **Betriebsbezogenheit** vgl. § 97 Rn 5.

3 Die **Durchführung** von betrieblichen Berufsbildungsmaßnahme ist abzugrenzen von ihrer Einführung (dem „Ob"), über die – bis auf den Ausnahmetatbestand nach § 97 Abs. 2 – mit dem BR lediglich zu beraten ist (§ 97 Abs. 1). Ein Mitbestimmungstatbestand liegt erst dann vor, wenn der AG eine betriebliche Berufsbildungsmaßnahme initiiert hat und sich nunmehr die Fragen der Art und Weise der Umsetzung der Maßnahme (das „Wie") stellen. Die Abstandnahme von einer Bildungsmaßnahme, zu der bereits eingeladen war, führt selbst nicht zu einer Umgehung oder Verletzung des Mitbestimmungsrechts, wenn sich die Betriebsparteien auf bestimmte Modalitäten der Durchführung nicht einigen konnten.[4] Führt der AG die berufliche Bildungsmaßnahme im Verbund mit anderen AG durch, ohne einen beherrschenden Einfluss auf die konkrete Durchführung der Maßnahme zu haben, besteht ein Mitbestimmungsrecht des BR beim Abschluss der Vereinbarung über die Zusammenarbeit der AG im Hinblick auf die spätere Durchführung der Bildungsmaßnahme.[5]

4 Die „Durchführung" betrifft alle im Zusammenhang mit der Gestaltung der Maßnahme zu treffenden generellen Entscheidungen, die sich nach einer Einführung der Maßnahme stellen,[6] so auch deren tägliche Dauer und tageszeitliche Lage.[7] Zur sachgerechten Wahrnehmung seines Mitbestimmungsrechts bei der Festlegung von Dauer und Lage der täglichen Schulungszeit muss der BR wissen, ob und welche Teilnehmer Teilzeitbeschäftigte sind. Deren zeitliche Interessen verlangen bei der zu treffenden Regelung über die Schulungszeiten besondere Beachtung.[8]

5 Das Mitbestimmungsrecht ist ausgeschlossen, soweit gesetzliche oder tarifliche Bestimmungen die Ausführung der Berufsbildungsmaßnahmen abschließend regeln, auch wenn eine entsprechende ausdrückliche Einschränkung – wie

---

1 BAG 8.12.1987 – 1 ABR 32/86 – AP BetrVG 1972 Nr. 4.
2 WP/*Preis*, § 98 Rn 3.
3 LAG Düsseldorf 9.10.2008 – 15 TaBV 96/07 – juris (die zugelassene Rechtsbeschwerde wurde nicht eingelegt).
4 LAG Rheinland-Pfalz 12.12.1988 – 7 TaBV 43/88 – NZA 1989, 943.
5 BAG 18.4.2000 – 1 ABR 28/99 – AP BetrVG 1972 § 98 Nr. 9.
6 BAG 24.8.2004 – 1 ABR 28/03 – AP BetrVG 1972 § 98 Nr. 12.
7 Ebenso: *Fitting u.a.*, § 98 Rn 10; offen gelassen von BAG 15.4.2008 – 1 ABR 44/07 – EzA-SD 2008, Nr. 19, 12 (mit Hinweis auf das jedenfalls in diesem Zusammenhang bestehende Mitbestimmungsrecht des Betriebsrats nach § 87 Abs. 1 Nr. 2 und 3).
8 BAG 15.4.2008 – 1 ABR 44/07 – EzA-SD 2008, Nr. 19, 12.

sie § 87 Abs. 1 Einleitungssatz enthält – fehlt.[9] Den Betriebsparteien muss nämlich ein Gestaltungsraum bleiben.[10] Anders als bei der beruflichen Fortbildung und Umschulung wird bei der Berufsausbildung nur ein geringer betrieblicher Gestaltungsspielraum verbleiben, da die Berufsausbildung regelmäßig durch die gesetzlichen Bestimmungen und Ausbildungsordnungen umfassend geregelt ist.[11] Als mitbestimmungspflichtige Tatbestände können hiernach vor allem die konkrete Ausfüllung der Rahmenvorgaben nach dem BBiG bei Berufsausbildungsmaßnahmen (regelmäßige Beurteilungen der Azubis,[12] Gestaltung der Erstausbildung derart, dass auch außerfachliche Qualifikationen oder soziale Kompetenz vermittelt werden, Regelungen über eine betriebliche Zwischenprüfung[13]) oder eine Regelung zur Festlegung der Reihenfolge der Ausbildungsstationen im Betrieb[14] sein. Soweit keine verbindlichen gesetzlichen oder tariflichen Vorgaben bestehen – was vor allem für die Maßnahmen der beruflichen Fortbildung und Umschulung gilt (vgl. aber auch §§ 53, 58 ff. BBiG und die darauf gestützten Verordnungen) – hat der Betriebsrat über die gesamte Art und Weise der Durchführung der Maßnahme, also insb. auch über den Inhalt und Umfang der zu vermittelnden Kenntnisse oder Fähigkeiten, didaktische Methoden der Wissensvermittlung, die zeitliche Dauer (auch bei der generellen Nutzung gesetzlich vorgesehener Kürzungen der Ausbildungszeiten)[15] und Lage der Maßnahme, Zweck der Maßnahme und Festlegung eines möglichen Teilnehmerkreises[16] sowie Ausgestaltung der Prüfung[17] mitzubestimmen.

Es besteht hingegen **kein Mitbestimmungsrecht** des BR bei konkreten, individuellen Einzelmaßnahmen bzw. Weisungen in Umsetzung der Bildungsmaßnahme gegenüber bestimmten AN oder Auszubildenden.[18] Auch die Einstellung von Auszubildenden (vgl. § 99 Rn 29) und die inhaltliche Gestaltung von Ausbildungsverträgen oder die individuelle Vereinbarung über die Rückzahlung von Fortbildungskosten[19] wird vom Mitbestimmungsrecht des § 98 nicht erfasst.[20] Der BR kann nach § 98 Abs. 1 ferner nicht über den Zweck und die Zielgruppe, wie sich aus der abschließenden und eigenständigen Regelung des Abs. 3 ergibt,[21] einer Bildungsmaßnahme mitbestimmen;[22] insoweit kommen nur Beratungs- und Vorschlagsrechte oder ein Mitbestimmungsrecht nach § 97 Abs. 2 in Betracht. Dies gilt umso mehr, als auch der AG die Höhe der bereitgestellten bzw. bereit zu stellenden Mittel mitbestimmungsfrei festlegen kann.[23] Das Mitbestimmungsrecht entfällt hingegen nicht, wenn es sich um eine streikbedingte betriebliche Berufsbildungsmaßnahme handelt.[24]

Können sich BR und AG über die Durchführung einer betrieblichen Bildungsmaßnahme nicht einigen, so entscheidet – sofern der AG nicht die komplette Maßnahme zurückzieht (vgl. § 98 Rn 3), die **Einigungsstelle** verbindlich (Abs. 4). Die Missachtung des Mitbestimmungsrechts kann eine grobe Pflichtverletzung i.S.v. § 23 Abs. 3 sein; auch ein allgemeiner **Unterlassensanspruch** des BR kommt in Betracht. Dieser bezieht sich allerdings nicht auf die Einführung der betrieblichen Berufsbildungsmaßnahme, sondern auf die Anwendung bestimmter Modalitäten bei deren Durchführung vor einer Einigung der Betriebsparteien. Eine betriebliche Berufsbildungsmaßnahme ist gegenüber den Azubis oder den AN wirksam, auch wenn die Durchführung nicht mitbestimmt gewesen sein sollte.

II. Widerspruchs- und Abberufungsrecht hinsichtlich der mit der Durchführung der betrieblichen Berufsbildung beauftragten Personen (Abs. 2)

Sind mit der Durchführung der betrieblichen Berufsbildung beauftragte Personen fachlich oder persönlich ungeeignet oder vernachlässigen sie ihre Aufgaben, kann der BR der Bestellung der Personen widersprechen oder ihre Abberufung verlangen (Abs. 2). Die Regelung ermöglicht es aber dem BR nicht, eine bestimmte Person gegen den Willen des AG durchzusetzen oder die Abberufung zu verhindern.

Das Widerspruchs- und Abberufungsrecht bezieht sich auf das **Ausbildungs- und Weiterbildungspersonal im weitesten Sinne**, unabhängig davon, in welchem Bereich der betrieblichen Berufsbildung es tätig wird[25] und ob es sich um Betriebsinterne oder -externe, Honorarkräfte oder leitende Angestellte handelt.[26] Sie erstrecken sich aber nur auf

---

9 BAG 5.11.1985 – 1 ABR 49/83 – AP BetrVG 1972 § 98 Nr. 2; BAG 24.8.2004 – 1 ABR 28/03 – AP BetrVG 1972 § 98 Nr. 12.
10 WP/*Preis*, § 98 Rn 3.
11 HWK/*Ricken*, § 98 BetrVG Rn 4; WP/*Preis*, § 98 Rn 4.
12 LAG Köln 12.4.1983 – 6 TaBV 6/83 – EzA § 98 BetrVG Nr. 1.
13 ErfK/*Kania*, § 98 BetrVG Rn 5; WP/*Preis*, § 98 Rn 4.
14 BAG 3.12.1985 – 1 ABR 58/83 – AP BetrVG 1972 § 95 Nr. 8.
15 BAG 24.8.2004 – 1 ABR 28/03 – AP BetrVG 1972 § 98 Nr. 12.
16 *Fitting u.a.*, § 98 Rn 10.
17 BAG 5.11.1985 – 1 ABR 49/83 – AP BetrVG 1972 § 98 Nr. 2.
18 BAG 24.8.2004 – 1 ABR 28/03 – AP BetrVG 1972 § 98 Nr. 12; *Fitting u.a.*, § 98 Rn 7; Richardi/*Thüsing*, § 98 Rn 14.
19 GK-*BetrVG*/*Raab*, § 98 Rn 12; HWK/*Ricken*, § 98 BetrVG Rn 6.
20 WP/*Preis*, § 98 Rn 10; GK-BetrVG/*Raab*, § 98 Rn 11.
21 S. insoweit BAG 8.12.1987 – 1 ABR 32/86 – AP BetrVG 1972 § 98 Nr. 4.
22 WP/*Preis*, § 98 Rn 6; GK-BetrVG/*Raab*, § 98 Rn 9; Richardi/*Thüsing*, § 98 Rn 8; a.A.: *Fitting u.a.*, § 98 Rn 2.
23 BAG 18.4.2000 – 1 ABR 28/99 – AP BetrVG 1972 § 98 Nr. 9.
24 BAG 10.2.1988 – 1 ABR 39/86 – AP BetrVG 1972 § 98 Nr. 5.
25 Für die berufliche Weiter- und Fortbildung str.: vgl. ErfK/*Kania*, § 98 BetrVG Rn 11 m.w.N.
26 *Fitting u.a.*, § 98 Rn 13 und 18.

eine Mitbestimmung bei der Übertragung bzw. beim Entzug von Ausbildungsaufgaben und umfassen kein Entlassungsverlangen aus dem Vertragsverhältnis.

10 Bzgl. der persönlichen und fachlichen Eignung verweist die Norm ausdrücklich auf das BBiG. Für in der Berufsbildung nach § 1 BBiG tätige Ausbilder ist die **persönliche Eignung** in § 29 BBiG (vgl. auch § 22a HandwO) geregelt. Die **fachliche Eignung** definiert § 30 BBiG (vgl. auch § 22b HandwO). Zur fachlichen Eignung gehören berufs- und arbeitspädagogische Fertigkeiten, Kenntnisse und Fähigkeiten (§ 30 Abs. 1 BBiG). Diese mussten bis Mai 2003 nach der Ausbilder-Eignungsverordnung (AEVO) nachgewiesen werden.[27] Die AEVO galt für Ausbilder in Gewerbebetrieben, in der Landwirtschaft, in der Hauswirtschaft, im Bergwesen und im öffentlichen Dienst, nicht jedoch für die freien Berufe. Seit dem 28.5.2003 ist die AEVO (mit Wirkung zum Beginn des am 1.8.2003 begonnenen Ausbildungsjahres) für fünf Jahre bis zum 31.7.2008 ausgesetzt,[28] womit Hemmnisse für ausbildungswillige Betriebe beseitigt und eine Steigerung des betrieblichen Ausbildungsangebotes erreicht werden sollen. Bei einigen Fortbildungsabschlüssen (Industriemeister, Personalfachkaufmann) gehört die Ausbildereignung zum Qualifikationsprofil, sodass in diesem Rahmen auch weiterhin die berufs- und arbeitspädagogischen Kenntnisse nachgewiesen werden müssen. Dies ist kein Widerspruch zur Aussetzung der Anwendung der AEVO. Die Anerkennung ausländischer Ausbilderbefähigungsnachweise ist in § 31 BBiG näher geregelt (Europaklausel). Die fachliche und persönliche Eignung **anderer Ausbildungsbeauftragten**, welche nicht im Bereich der unter das BBiG fallenden Maßnahmen der betrieblichen Berufsbildung befähigend tätig werden, ist nicht gesondert geregelt. Bei der Auslegung der auch an diese Beauftragte nach allgemeinen Grundsätzen zu stellenden fachlichen und persönlichen Eignungsanforderungen[29] können die im BBiG festgelegten Maßstäbe entsprechend herangezogen werden.

11 Eine **Vernachlässigung der Aufgaben** liegt vor, wenn diese nicht gewissenhaft und gründlich wahrgenommen werden und deshalb aufgrund objektiver Kriterien zu befürchten ist, dass die Auszubildenden das Ausbildungsziel nicht erreichen werden.[30]

12 Können sich die Betriebsparteien über die Bestellung oder Abberufung eines Ausbilders nicht einigen, kann der BR beim Arbeitsgericht im Beschlussverfahren beantragen (Abs. 5), dem AG aufzugeben, die Bestellung zu unterlassen bzw. die Abberufung durchzuführen. Eine einseitige Bestellung trotz Widerspruch des BR ist unwirksam.[31] Die sachliche Berechtigung des Widerspruchs gegen die Ausbilderbestellung kann der AG im Wege eines Feststellungsantrags im Beschlussverfahren überprüfen lassen.[32]

13 Die zwangsweise Durchsetzung der rechtskräftigen Entscheidung des Arbeitsgerichts ist in Abs. 5 S. 2 und 3 geregelt. Es ist zu unterscheiden zwischen der **Ordnungsgeldverurteilung** im Falle der Ausbilderbestellung trotz eines rechtskräftigen gerichtlichen Unterlassensbefehls und der **Zwangsgeldverhängung** bei Missachtung einer rechtskräftigen gerichtlichen Anordnung der Abberufungsdurchführung. Es handelt sich um Zwangsvollstreckungsmaßnahmen i.S.v. §§ 888, 890 ZPO. Die notwendige Androhung des Ordnungsgeldes bei einer Unterlassenserzwingung kann gemeinsam mit der gerichtlichen Unterlassensanordnung erfolgen,[33] so dass der BR im Beschlussverfahren zweckmäßigerweise beide Anträge stellen sollte.

14 Das Vetorecht und das Abberufungsverlangen nach Abs. 2 kann der BR neben und unabhängig von den Mitbestimmungstatbeständen nach § 99 und § 102 wahrnehmen.[34] Abgesehen von den Rechten des BR erfolgt eine Eignungsüberwachung des Ausbildungspersonals durch die für die Berufsbildung zuständigen Stellen (§ 32 BBiG; § 23 HandwO), welche ggf. das Einstellen von Auszubildenden und deren Ausbilden untersagen können (§ 33 BBiG; § 24 HandwO).

III. Vorschlagsrecht bei der Teilnahme von Arbeitnehmern an Berufsbildungsmaßnahmen (Abs. 3)

15 Das Mitbestimmungsrecht des BR nach Abs. 3 bezieht sich nur auf die **Auswahl** der **Teilnehmer**,[35] nicht auf deren Anzahl.[36] Es besteht nur in den vom AG vorgegebenen Grenzen.[37] Das vom Gesetz geschaffene Vorschlags- und Auswahlrecht erfasst dabei nicht die Frage, ob überhaupt betriebliche Berufsbildungsmaßnahmen durchgeführt werden oder ob eine Freistellung für außerbetriebliche Berufsbildungsmaßnahmen bzw. eine (teilweise) Kostenübernahme erfolgt.[38] Das MB-Recht ist bei einem Tendenz-AG und Tendenzbezug der Berufsbildungsmaßnahme regel-

---

27 AEVO v. 16.2.1999, BGBl I 1999 S. 157.
28 BGBl I 2003 S. 783.
29 H.M., vgl. Richardi/*Thüsing*, § 98 Rn 24 m.w.N.
30 ErfK/*Kania*, § 98 BetrVG Rn 10 m.w.N.; WP/*Preis*, § 98 Rn 18.
31 Str.; wie hier: DKK/*Buschmann*, § 98 Rn 16 m.w.N; ErfK/ *Kania*, § 98 BetrVG Rn 20; WP/*Preis*, § 98 Rn 20; a.A.: Hess u.a./*Worzalla*, § 98 Rn 37.
32 LAG Berlin 6.1.2000 – 10 TaBV 2213/99 – NZA-RR 2000, 370.
33 ErfK/*Kania*, § 95 BetrVG Rn 12.
34 Ausführlich hierzu: *Fitting u.a.*, § 98 Rn 23.
35 BAG 8.12.1987 – 1 ABR 32/86 – AP BetrVG 1972 Nr. 4.
36 BAG 8.12.1987 – 1 ABR 32/86 – AP BetrVG 1972 Nr. 4; GK-BetrVG/*Raab*, § 98 Rn 22.
37 *Fitting u.a.*, § 98 Rn 32; WP/*Preis*, § 98 Rn 12.
38 ErfK/*Kania*, § 98 BetrVG Rn 15.

mäßig ausgeschlossen.[39] So soll dem BR bei der Auswahl von Anzeigenredakteuren für Berufsbildungsmaßnahmen kein Mitbestimmungsrecht zukommen.[40]

Das Beteiligungsrecht eröffnet dem BR die Möglichkeit, **Vorschläge** für die Teilnahme von AN oder für Gruppen von AN des Betriebs an Maßnahmen der beruflichen Bildung zu machen. Nur wenn der BR überhaupt Vorschläge unterbreitet hat, kommt das Verfahren nach Abs. 4 in Gang. Voraussetzung für die Ausübung des Vorschlagsrechts ist entweder eine vom AG durchgeführte betriebliche Berufsbildungsmaßnahme (vgl. zu diesem Begriff: § 97 Rn 5 u. 6) oder eine vom AG vorgenommene (bezahlte oder unbezahlte) Freistellung von AN für außerbetriebliche Berufsbildungsmaßnahmen bzw. eine betriebliche bzw. außerbetriebliche Berufsbildungsmaßnahmen, bei denen der AG die Teilnahmekosten – wie bspw. Seminargebühren, Aufenthalts- oder Reisekosten[41] – ganz oder teilweise trägt.

Bei der Auswahl der Teilnehmer kann der AG ohne BR-Beteiligung fachliche Zulassungsvoraussetzungen aufstellen.[42] Das Beteiligungsrecht eröffnet dem BR keine Möglichkeit, der Teilnahme eines AN an einer solchen Berufsbildungsmaßnahme mit dem Hinweis zu widersprechen, er erfülle die fachlichen Voraussetzungen nicht.[43] Schlagen AG und BR für die Teilnahme mehr AN vor als Teilnehmerplätze zur Verfügung stehen, müssen alle vorgeschlagenen AN in die Auswahl einbezogen werden und die Auswahl nach objektiven Kriterien erfolgen.[44] Die Aufstellung objektiver Auswahlgesichtspunkte in Ausübung des Vorschlagsrechts ist möglich; es handelt sich nicht um eine Auswahlrichtlinie i.S.v. § 95;[45] die personelle Auswahl bezieht sich – jedenfalls regelmäßig – nicht auf eine der in § 95 genannten personellen Maßnahmen (Einstellung, Versetzung, Umgruppierung oder Künd. Hat der BR keine eigenen Vorschläge unterbreitet und damit sein Vorschlagsrecht nicht wahrgenommen, so hat er bei der Auswahl der AN auch nicht mitzubestimmen und kann die vom AG benannten Teilnehmer nicht ablehnen.[46]

Bei Nichteinigung der Betriebsparteien entscheidet die **Einigungsstelle** verbindlich (Abs. 4). Der BR kann eine Entscheidung der Einigungsstelle aber nur herbeiführen, wenn er überhaupt Vorschläge für den Teilnehmerkreis gemacht hat.[47]

IV. Mitbestimmung bei der Durchführung sonstiger Bildungsmaßnahmen im Betrieb (Abs. 6)

Die Regelungen nach Abs. 1 bis 5 gelten für **sonstige Bildungsmaßnahmen im Betrieb** entsprechend (Abs. 6). Der BR hat – wenn der AG solche Maßnahmen initiiert – ein Mitbestimmungsrecht, und zwar sowohl im Hinblick auf die Durchführung der Maßnahme als auch hinsichtlich der Ausbilder und bei der Auswahl der Teilnehmer. Dies betrifft Maßnahmen, welche nicht unter den Berufsbildungsbegriff fallen und welche eine systematische Kenntnisvermittlung im Wege eines Lernprozesses bezwecken, also beispielsweise Erste-Hilfe-Kurse, Programmier- und Refalehrgänge, Arbeitssicherheitslehrgänge, Kurse im Arbeits- u. Sozialrecht.[48] Die Maßnahme muss **Betriebsbezug** haben, welcher allerdings auch hier im funktionalen Sinne (vgl. § 97 Rn 5) zu verstehen ist. Nicht mitbestimmt sind Veranstaltungen ohne bildenden Charakter,[49] also bspw. Freizeit- und Vergnügungsveranstaltungen (Betriebssport, Betriebsausflüge, Werksorchester usw.), allgemeine Informationsveranstaltungen, Meetings zum Erfahrungsaustausch zwischen AN[50] sowie Unterrichtungen nach § 81 Abs. 1.

C. Verbindungen zu anderen Rechtsgebieten und zum Prozessrecht

Die Teilnahme des AN an einer vom AG im Rahmen seines Direktionsrechts angeordneten Schulungsmaßnahme ist Arbeitszeit i.S.d. Mitbestimmungstatbestände des § 87 Abs. 1 Nrn. 2 und 3.[51]

D. Beraterhinweise

Siehe § 96 Rn 16.

---

39 BAG 30.5.2006 – 1 ABR 17/05 – NZA 2006, 1291.
40 LAG Köln 24.6.2008 – 9 TaBV 74/07 – juris (n. rkr.; Rechtsbeschwerde eingelegt unter dem Aktenzeichen 1 ABR 78/08).
41 HWK/*Ricken*, § 98 BetrVG Rn 16.
42 Str.; wie hier: GK-BetrVG/*Raab*, § 98 Rn 41.
43 BAG 8.12.1987 – 1 ABR 32/86 – AP BetrVG 1972 § 98 Nr. 4.
44 BAG 8.12.1987 – 1 ABR 32/86 – AP BetrVG 1972 § 98 Nr. 4; BAG 10.2.1988 – 1 ABR 39/86 – AP BetrVG 1972 § 98 Nr. 5.
45 BAG 18.4.2000 – 1 ABR 28/99 – AP BetrVG 1972 § 98 Nr. 9; HWK/*Ricken*, § 98 Rn 18.
46 BAG 8.12.1987 – 1 ABR 32/86 – AP BetrVG 1972 § 98 Nr. 4.
47 BAG 8.12.1987 – 1 ABR 32/86 – AP BetrVG 1972 § 98 Nr. 4.
48 *Fitting u.a.*, § 98 Rn 37.
49 WP/*Preis*, § 98 Rn 31.
50 ErfK/*Kania*, § 98 BetrVG Rn 20 m.w.N.
51 BAG 15.4.2008 – 1 ABR 44/07 – EzA-SD 2008, Nr. 19, 12.

Dritter Unterabschnitt: Personelle Einzelmaßnahmen

§ 99 Mitbestimmung bei personellen Einzelmaßnahmen

(1) ¹In Unternehmen mit in der Regel mehr als zwanzig wahlberechtigten Arbeitnehmern hat der Arbeitgeber den Betriebsrat vor jeder Einstellung, Eingruppierung, Umgruppierung und Versetzung zu unterrichten, ihm die erforderlichen Bewerbungsunterlagen vorzulegen und Auskunft über die Person der Beteiligten zu geben; er hat dem Betriebsrat unter Vorlage der erforderlichen Unterlagen Auskunft über die Auswirkungen der geplanten Maßnahme zu geben und die Zustimmung des Betriebsrats zu der geplanten Maßnahme einzuholen. ²Bei Einstellungen und Versetzungen hat der Arbeitgeber insbesondere den in Aussicht genommenen Arbeitsplatz und die vorgesehene Eingruppierung mitzuteilen. ³Die Mitglieder des Betriebsrats sind verpflichtet, über die ihnen im Rahmen der personellen Maßnahmen nach den Sätzen 1 und 2 bekannt gewordenen persönlichen Verhältnisse und Angelegenheiten der Arbeitnehmer, die ihrer Bedeutung oder ihrem Inhalt nach einer vertraulichen Behandlung bedürfen, Stillschweigen zu bewahren; § 79 Abs. 1 Satz 2 bis 4 gilt entsprechend.

(2) Der Betriebsrat kann die Zustimmung verweigern, wenn

1. die personelle Maßnahme gegen ein Gesetz, eine Verordnung, eine Unfallverhütungsvorschrift oder gegen eine Bestimmung in einem Tarifvertrag oder in einer Betriebsvereinbarung oder gegen eine gerichtliche Entscheidung oder eine behördliche Anordnung verstoßen würde,
2. die personelle Maßnahme gegen eine Richtlinie nach § 95 verstoßen würde,
3. die durch Tatsachen begründete Besorgnis besteht, dass infolge der personellen Maßnahme im Betrieb beschäftigte Arbeitnehmer gekündigt werden oder sonstige Nachteile erleiden, ohne dass dies aus betrieblichen oder persönlichen Gründen gerechtfertigt ist; als Nachteil gilt bei unbefristeter Einstellung auch die Nichtberücksichtigung eines gleich geeigneten befristet Beschäftigten,
4. der betroffene Arbeitnehmer durch die personelle Maßnahme benachteiligt wird, ohne dass dies aus betrieblichen oder in der Person des Arbeitnehmers liegenden Gründen gerechtfertigt ist,
5. eine nach § 93 erforderliche Ausschreibung im Betrieb unterblieben ist oder
6. die durch Tatsachen begründete Besorgnis besteht, dass der für die personelle Maßnahme in Aussicht genommene Bewerber oder Arbeitnehmer den Betriebsfrieden durch gesetzwidriges Verhalten oder durch grobe Verletzung der in § 75 Abs. 1 enthaltenen Grundsätze, insbesondere durch rassistische oder fremdenfeindliche Betätigung, stören werde.

(3) ¹Verweigert der Betriebsrat seine Zustimmung, so hat er dies unter Angabe von Gründen innerhalb einer Woche nach Unterrichtung durch den Arbeitgeber diesem schriftlich mitzuteilen. ²Teilt der Betriebsrat dem Arbeitgeber die Verweigerung seiner Zustimmung nicht innerhalb der Frist schriftlich mit, so gilt die Zustimmung als erteilt.

(4) Verweigert der Betriebsrat seine Zustimmung, so kann der Arbeitgeber beim Arbeitsgericht beantragen, die Zustimmung zu ersetzen.

Literatur zu den § 99–101: *Auffahrt,* Beteiligung des Betriebsrats in personellen Angelegenheiten, AR-Blattei, Betriebsverfassung XIV C; *Belling,* Das Mitbestimmungsrecht des Betriebsrats bei Versetzungen, DB 1985, 335; *Boemke,* Die Versetzung von Betriebsratsmitgliedern, BB 1991, 541; *ders.,* Das arbeitsgerichtliche Zustimmungsersetzungsverfahren nach § 99 Abs. 4 BetrVG, ZfA 1992, 473; *Böttcher,* Rechte des Betriebsrats bei personellen Einzelmaßnahmen, 4. Aufl. 2006; *Brors,* Die Reichweite der Mitbestimmung gemäß § 99 BetrVG bei dauernden Arbeitszeitänderungen, SAE 2006, 80; *Brune,* Anforderungen an die Zustimmungsverweigerung des Betriebsrats gemäß § 99 II BetrVG bei Eingruppierungen, NZA 1986, 705; *Busch,* Mitbestimmung des Betriebsrats bei arbeitskampfbedingter Versetzung in bestreikte Betriebe, DB 1997, 1974; *Buschmann,* Mitbestimmung bei Teilzeitbeschäftigung, NZA 1986, 177; *Busemann,* Der Betriebsrat als „Eingruppierungskläger" im Beschlussverfahren, NZA 1996, 681; *Dauner-Lieb,* Der innerbetriebliche Fremdfirmeneinsatz auf Dienst- oder Werkvertragsbasis im Spannungsfeld zwischen AÜG und BetrVG, NZA 1992, 517, 817; *Dannhäuser,* Die Unbeachtlichkeit der Zustimmungsverweigerung des Betriebsrats bei personellen Einzelmaßnahmen, NZA 1989, 617; *H.-J. Dörner,* Der Leih- und Interessenschutz in der Betriebsverfassung, Festschrift für Hellmut Wißmann, 2005, S. 286, Dütz, Mitbestimmungssicherung bei Eingruppierungen, AuR 1993, 33; *Ebert,* Zustimmungsverweigerung nach § 99 Abs. 3 BetrVG – Zustimmungsersetzungsverfahren und vorläufige personelle Maßnahmen, ArbRB 2005, 157; *Ehrich,* Widerspruchsrecht des Betriebsrats bei Neubesetzung der Stelle eines befristet beschäftigten Arbeitnehmers, BB 1992, 1483; *ders.,* Die individualrechtlichen Auswirkungen der fehlenden Zustimmung des Betriebsrats i.S.v. § 99 BetrVG auf die Versetzung des Arbeitnehmers, NZA 1992, 731; *Fischer,* Zustimmungsverweigerung wegen unterbliebener Ausschreibung in Teilzeit, AuR 2005, 255; *Fuchs,* Über die kollektiv-rechtliche Zustimmungsverweigerung zum individualrechtliche geschützten Dauerarbeitsplatz?, AiB 2002, 510; *Gaul,* Betriebsverfassungsrechtliche Aspekte einer Entsendung von Arbeitnehmern ins Ausland, BB 1990, 697; *ders.,* Zur Mitbestimmung bei der schichtübergreifenden Vertretungsregelung, NZA 1989, 48; *Gerauer,* Keine Mitbestimmung aufgrund einer Umsetzungs- oder Versetzungsklausel, BB 1995, 406; *Gottwald,* Anspruch des Arbeitnehmers auf Zustimmungsersetzungsverfahren nach § 99 Abs. 4 BetrVG, BB 1997, 2427; *Griese,* Die Mitbestimmung bei Versetzungen, BB 1995, 458; *Grimm/Brock,* Das Gleichbehandlungsgebot nach dem Arbeitnehmerüberlassungsgesetz und die Mitbestimmungsrechte des Betriebsrats des Entleiherbetriebes, DB 2003, 1113; *Hassan*, Mitbestimmungsrechtliche Relevanz von „außerbetrieblichen Versetzungen" innerhalb eines Unternehmens nach dem Betriebsverfassungsgesetz, NZA 1989, 373; *Hasslöcher*, Mitarbeiterqualifizierung als Erfolgskonzept (Diss. Mannheim), 2003; *von Hoyningen-Huene*, Grundlagen und Auswirkungen einer Versetzung, NZA 1993, 145; *von Hoyningen-Huene/Boemke*, Die Versetzung, 1991; *Hromadka*, Betriebsverfassungsrechtlicher Versetzungsbegriff in der Rechtsprechung des Bundesarbeitsgerichts, FS für Reinhard Richardi, 2007, 751; *Hunold*, Zur Entwicklung des Einstellungsbegriffs in der Rechtsprechung, NZA 1990, 461; *ders.*, Fortentwicklung des Einstellungsbegriffs in der Rechtsprechung des BAG, NZA 1998, 1025; *ders.*, Die Rechtsprechung zur Mitbestimmung des Betriebsrats bei Versetzungen, NZA-RR 2001, 617; *ders.*, Mitbestimmung bei Versetzung auf Dauer in einen anderen Betrieb, BB 1991, 1263; *Kamp*, Die Mitbestimmung des Betriebsrats nach § 99 Absatz 2 BetrVG bei Frauenfördermaßnahmen (Diss. FU Berlin), 2002; *Kappes*, Zustimmungsverweigerungsrecht des Betriebsrats bei Höhergruppierungen, DB 1991, 333; *Kliemt*, Die gesetzliche Neuregelung der Teilzeitarbeit ab 1.1.2001, NZA 2001, 63; *Kraft*, Fragen zur betriebsverfassungsrechtlichen Stellung von Leiharbeitnehmern, Festschrift für Pleyer, 1986, S. 383; *Kreuder*, Fremdfirmeneinsatz und Beteiligung des Betriebsrats, AuR 1993, 316; *Leisten*, Einstweilige Verfügung zur Sicherung von Mitbestimmungsrechten des Betriebsrats beim Einsatz von Fremdfirmen, BB 1992, 266; *Künzl*, Nochmals – Mitbestimmung des Betriebsrats aufgrund einer Umsetzungs- oder Versetzungsklausel, BB 1995, 823; *Leitner*, Abgrenzung zwischen Werkvertrag und Arbeitnehmerüberlassung, NZA 1991, 293; *Muselmann* Zuverlässigkeitstests durch Verführung illoyaler Mitarbeiter?, NZA 2002, 13; *Matthes*, Verfahrensrechtliche Fragen im Zusammenhang mit Beteiligungsrechten des Betriebsrats bei personellen Einzelmaßnahmen, DB 1989, 1285; *H.-G. Maul-Backer*, Die Rechtsfolgen betriebsverfassungswidrig durchgeführter Einstellungen im Konflikt der Interessen zwischen Arbeitgeber, Arbeitnehmer und Betriebsrat, Diss. Göttingen 1989; *Meier*, Beteiligung des Betriebsrates bei Versetzung und Änderungskündigung, NZA 1988, Beilage Nr. 3; *Meisel*, Die Mitwirkung und Mitbestimmung des Betriebsrats in personellen Angelegenheiten, 6. Aufl. 1998 (zit.: Mitwirkung); *Meusel*, Mitbestimmung bei der Eingruppierung von Tendenzträgern, NZA 1987, 658; *Natzel*, Das Eingliederungsverhältnis als Übergang zum Arbeitsverhältnis, NZA 1997, 806; *Nicolai*, Die personelle Mitbestimmung im Dienste des Allgemeinen Gleichbehandlungsgesetzes, FA 2006, 354; *Oetker*, Die Reichweite des Amtsschutzes betriebsverfassungsrechtlicher Organträger – am Beispiel der Versetzung von Betriebsratsmitgliedern, RdA 1990, 343; *ders.*, Der Schutz befristet Beschäftigter durch das Recht des Betriebsrats zur Verweigerung der Zustimmung bei unbefristeten Einstellungen (§ 99 II Nr. 3 BetrVG), NZA 2003, 937; *Popp*, Die erforderlichen Bewerbungsunterlagen i.S.v. § 99 BetrVG, Betriebsverfassung in Recht und Praxis, Gruppe 5, S. 647, 1998; *Preis/Lindemann*, Mitbestimmung bei Teilzeitarbeit und befristeter Beschäftigung, NZA Sonderheft 2001, S. 31, 33; *Raab*, Individualrechtliche Auswirkungen der Mitbestimmung des Betriebsrats gem. §§ 99, 102 BetrVG, ZfA 1995, 479; *ders.*, Europäische und nationale Entwicklungen im Recht der Arbeitnehmerüberlassung, ZfA 2003, 389; *Reiserer*, Der Umfang der Unterrichtung des Betriebsrats bei Einstellungen, BB 1992, 2499; *Richardi*, Die Mitbestimmung bei Einstellungen als Generalklausel einer Beteiligung an Arbeitsvertragsänderungen, NZA 2009, 1; *ders.*, Betriebverfassungsrechtliche Mitbestimmung und Einzelarbeitsvertrag, 1986; *ders.* Individualrechtsschutz vor Betriebspartnerherrschaft, NZA 1999, 617; *ders.*, Mitbestimmung beim Personaleinsatz von Beamten in den privatisierten Postunternehmen, NZA 1996, 953; *Rieble*, Erweiterte Mitbestimmung in personellen Angelegenheiten, NZA Sonderheft 2001, S. 48; *ders.*, Rückkehrzusagen an „ausgegliederte" Mitarbeiter und ihre Folgen, NZA 2002, 706; *Rüthers/Bakker*, Arbeitnehmerentsendung und Betriebsinhaberwechsel im Konzern, ZfA 1990, 245; *V. Schmidt*, (Ersatz-)Einstellungen im Kündigungsschutzprozess als Fall des § 99 Abs. 2 Ziff. 3 BetrVG, AuR 1986, 97; *Schwedes*, Einstellung und Entlassung von den Arbeitnehmern, 7. Aufl. 1993; *Sibben*, Beteiligung des Betriebsrats bei Suspendierungen, NZA 1998, 1266; *Süllwold*, Einstweilige Verfügung auf Unterlassung der Einstellung von Arbeitnehmern ohne vorherige Beteiligung des Betriebsrats, ZBVR 2003, 215; *Veit*, Die Sicherung des Mitbestimmungsrechts des Betriebsrats bei Eingruppierungen, RdA 1990, 325; *Wagner*, Die werkvertragliche Beschäftigung betriebsfremder Arbeitnehmer als Einstellung i.S. des § 99 BetrVG, AuR 1992, 40; *Walle*, Betriebsverfassungsrechtliche Aspekte beim werkvertraglichen Einsatz von Fremdpersonal, NZA 1999, 518; *Weller*, Zur Rechtsstellung des BAG zur Beteiligung des Betriebsrats bei personellen Einzelmaßnahmen, JArbR Bd. 28 (1990), 1991, S. 135; *ders.*, Betriebsverfassungsrechtliche Aspekte beim werkvertraglichen Einsatz von Fremdpersonal, NZA 1999, 518; *Wenning-Morgenthaler*, Zustimmungsverweigerungsrecht des Betriebsrats bei befristeten Einstellungen, BB 1989, 156; *Wensing/Freise*, Beteiligungsrechte des Betriebsrats bei der Übernahme von Leiharbeitnehmern, BB 2004, 2238; *Wulff/Richter*, Mitbestimmung des Betriebsrats bei individueller Arbeitszeitverlängerung, AuR 2007, 120

A. Allgemeines	1
I. Vorbemerkung	1
II. Normzweck	3
III. Erweiterung der Mitbestimmungsrechte	4
B. Regelungsgehalt	6
I. Allgemeine Voraussetzungen der Mitbestimmung bei personellen Einzelmaßnahmen	6
1. Unternehmensgröße	6
2. Bestehen eines Betriebsrats	11
3. Von der Mitbestimmung erfasste Personen	12
4. Betriebs- und unternehmensübergreifende Maßnahmen	15
5. Mitbestimmung während eines Arbeitskampfs	17
6. Auslandsbeziehungen	21
7. Tendenzbetriebe	24
II. Die einzelnen personellen Maßnahmen	26
1. Einstellung	27
a) Begriffsbestimmung	27
b) Einzelfälle der Einstellung	29
2. Eingruppierung	41
a) Begriffsbestimmung	41
b) Fälle der Eingruppierung	42
3. Umgruppierung	48
a) Begriffsbestimmung	48
b) Einzelfälle	49
4. Versetzung	50
a) Begriffsbestimmung	50
b) Einzelfälle	52
III. Unterrichtungspflicht des Arbeitgebers	64
1. Mitteilungspflicht des Arbeitgebers	64
2. Adressat der Mitteilung	65
3. Form und Inhalt der Unterrichtung	66
4. Antrag auf Zustimmung des Betriebsrats	68
5. Zeitpunkt der Unterrichtung	69
6. Unterrichtung in Bezug auf die personelle Einzelmaßnahme	70
a) Einstellung	70
b) Eingruppierung	74
c) Umgruppierung	75
d) Versetzung	76
7. Verschwiegenheitspflicht des Betriebsrats	77
8. Rechtsfolgen bei Verletzung der Unterrichtungspflicht	78
IV. Entscheidung über die Zustimmung	79

1. Ausdrückliche Zustimmung 80	2. Antragsbefugnis 110
2. Ausdrückliche Verweigerung 81	3. Zuständigkeit und Entscheidung des Arbeits-
3. Zustimmungsfiktion 82	gerichts 111
4. Nachfragen wegen unvollständiger	4. Rechtsmittel 113
Information 83	C. Verbindung zu anderen Rechtsgebieten und zum
V. Zustimmungsverweigerung des Betriebsrats 84	Prozessrecht 114
1. Form der Zustimmungsverweigerung 85	I. Auswirkungen auf das Arbeitsverhältnis 114
2. Frist der Zustimmungsverweigerung 87	1. Einstellung 115
3. Begründung der Zustimmungsverweigerung .. 88	2. Versetzung 117
4. Die einzelnen Zustimmungsverweigerungs-	3. Ein- und Umgruppierungen 119
gründe 91	II. Weitere Möglichkeiten der Mitbestimmungs-
a) Verstoß gegen Rechtsvorschriften 91	sicherung 120
b) Verstoß gegen eine Auswahlrichtlinie 98	1. Einstweilige Verfügung 120
c) Benachteiligung anderer Arbeitnehmer ... 99	2. Unterlassung 121
d) Nachteil für den betroffenen Arbeitnehmer 104	3. Feststellung 122
e) Unterbliebene Ausschreibung 106	4. Urteilsverfahren 123
f) Störung des Betriebsfriedens 107	5. Einigungsstelle 124
VI. Zustimmungsersetzungsverfahren 108	D. Beraterhinweise 125
1. Rechte des Arbeitgebers 108	

A. Allgemeines

I. Vorbemerkung

1 Während das Mitbestimmungsrecht des BR nach dem BetrVG 1952 (§§ 60 bis 63) in den Fällen der Einstellung, Eingruppierung, Umgruppierung und Versetzung als **Einspruchsrecht** gestaltet war und es dem BR oblag, im Rahmen des Beschlussverfahrens geltend zu machen, dass ein Grund zur Verweigerung der Zustimmung vorliegt,[1] hat das **BetrVG 1972** diese nach dem negativen Konsensprinzip gestaltete Mitbestimmung durch eine nach dem **positiven Konsensprinzip** gestaltete Mitbestimmung ersetzt. Es ist entsprechend Angelegenheit des AG, beim ArbG die Ersetzung der Zustimmung des BR zu beantragen, wenn diese verweigert wurde. Damit wird prozessual dem AG auch die Darlegungs- und Beweislast aufgebürdet.[2] § 99 gewährt ein echtes Mitbestimmungsrecht.[3] Während aber der Begriff „Mitbestimmung" im normalen Sprachgebrauch des Gesetzes bedeutet, dass bei Meinungsverschiedenheiten zwischen AG und BR die Einigungsstelle entscheidet, entscheidet im Falle der Nichteinigung zwischen AG und BR vor Durchführung einer der vier genannten Maßnahmen das ArbG, das die Berechtigung der Zustimmungsverweigerung überprüft.[4] Ferner steht dem BR auch kein Initiativrecht zu.[5]

2 In seiner ursprünglichen Fassung stellte § 99 für seine Anwendbarkeit auf die Größe des Betriebes ab. Mit dem **BetrVerf-Reformgesetz** vom 23.7.2001[6] wurde – entsprechend einer verbreiteten Forderung der Lit. – neben anderen, weniger bedeutsamen Änderungen, die Mitbestimmung in personellen Angelegenheiten an die **Größe des Unternehmens** gekoppelt und als Wahlberechtigte auch die in § 7 S. 2 genannten AN anerkannt, woraus eine erhebliche Ausdehnung des Anwendungsbereichs der Vorschrift resultiert.[7]

II. Normzweck

3 Da der Gesetzgeber viele verschiedene Gegenstände in dem Mitbestimmungstatbestand des § 99 zusammengefasst hat, lässt sich der Zweck der Mitbestimmung nicht einheitlich bestimmen. Während sich die Eingruppierung und die Umgruppierung auf die Richtigkeit der Einstufung in einer Vergütungsordnung erstrecken, beziehen sich Einstellung und Versetzung auf den Erwerb oder den Wechsel eines Arbeitsplatzes.[8] In den letzteren beiden Fällen dient die Mitbestimmung dem Ausgleich widerstreitender Individualinteressen innerhalb der vorhandenen Belegschaft. In den ersten beiden Fällen steht dem BR das Beteiligungsrecht bei Einzelmaßnahmen auch im kollektiven Interesse der AN zu. In den Schutzzweck der Norm einbezogen sind dabei nur Personen, die der Belegschaft angehören.[9]

---

1 Vgl. GK-BetrVG/*Kraft*/*Raab*, § 95 Rn 3; Richardi/*Thüsing*, § 99 Rn 4.
2 Vgl. Amtliche Begründung zum BetrVG 1972, BR-Drucks 715/70, S. 51 zu § 99 BetrVG 1972.
3 Jaeger/Röder/Heckelmann/*Lunk*, Kap. 24 Rn 1; DKK/*Kittner*/*Bachner*, § 99 Rn 1 „Gebundene Mitbestimmung"; Richardi/*Thüsing*, § 99 Rn 4 „Mitbestimmungsrecht in Form des beschränkten Konsensprinzips".
4 DKK/*Kittner*/*Bachner*, § 99 Rn 1; Fitting u.a., § 99 Rn 1; Richardi/*Thüsing*, § 99 Rn 4.
5 Fitting u.a., § 99 Rn 1; DKK/*Kittner*/*Bachner*, § 99 Rn 1; Jaeger/Röder/Heckelmann/*Lunk*, Kap. 24 Rn 1; Richardi/*Thüsing*, § 99 Rn 179.

6 BGBl I S. 1852.
7 Fitting u.a., § 99 Rn 5, 8; Richardi/*Thüsing*, § 99 Rn 2; DKK/*Kittner*/*Bachner*, § 99 Rn 6; GK-BetrVG/*Kraft*/*Raab*, § 99 Rn 2 zu den maßgeblichen Gründen für diese Gesetzesänderung.
8 Richardi/*Thüsing*, § 99 Rn 10.
9 GK-BetrVG/*Kraft*/*Raab*, § 99 Rn 6; a.A. DKK/*Kittner*/*Bachner*, § 99 Rn 4, der unter Hinweis auf § 99 Abs. 2 Nr. 4 auch Bewerber geschützt wissen will; ähnlich Fitting u.a., § 99 Rn 3.

III. Erweiterung der Mitbestimmungsrechte

Heftig umstritten ist nach wie vor die Frage, ob die Mitbestimmung durch § 99 abschließend gestaltet oder ob eine Erweiterung durch TV oder durch BV zulässig ist. Während namhafte Stimmen in der Lit. jede Form der Änderung der Mitbestimmung, sei es eine Einschränkung oder eine Erweiterung, für unzulässig erachten,[10] können nach Ansicht des BAG[11] die Beteiligungsrechte des BR bei personellen Einzelmaßnahmen durch **TV** erweitert werden, wobei das BAG geneigt scheint, eine Ausdehnung der Mitbestimmung hinsichtlich der Entscheidung zuzulassen, welcher AN, nicht dagegen ob überhaupt ein AN eingestellt wird. Mit Blick auf diese BAG-Rspr. müsste auch die tarifliche Einräumung von Mitbestimmungsrechten nach § 99 in Unternehmen mit weniger als 21 Mitarbeitern zulässig sein.[12] Die Erweiterung der BR-Rechte durch TV geht allerdings nicht so weit, dem BR ein auch nicht durch die Einigungsstelle aufhebbares, freies Zustimmungsrecht („Vetorecht") einzuräumen.[13]   4

Das BAG hat im Rahmen seiner Entscheidung über die mögliche Erweiterung der Beteiligungsrechte durch TV[14] nicht angesprochen, ob die Beteiligungsrechte auch durch **BV** erweitert werden können. Der Hinweis des BAG auf die Natur der Beteiligungsrechte als ausschließlich einseitig zwingende AN-Schutznormen können aber nur zu einer gleichen Antwort für BV wie für TV führen.[15] Auch diejenigen, die eine Erweiterung der BR-Rechte mit Blick auf die Mitbestimmung durch §§ 99, 100 ablehnen, anerkennen jedoch die Möglichkeit einer Präzisierung und Konkretisierung der im Gesetz verwandten Begriffe durch TV oder BV.[16]   5

B. Regelungsgehalt

I. Allgemeine Voraussetzungen der Mitbestimmung bei personellen Einzelmaßnahmen

1. Unternehmensgröße. Das Mitbestimmungsrecht bei Einstellungen, Eingruppierungen, Umgruppierungen und Versetzungen besteht nur in **Unternehmen mit i.d.R. mehr als 20 wahlberechtigten AN** (vgl. § 1 Rn 45 f., § 5 Rn 3 ff., § 7 Rn 2 f, 11 ff.).   6

Wie einleitend erwähnt, stellt das Gesetz seit der BetrVG-Novelle insoweit nicht mehr auf den Betrieb, sondern auf das Unternehmen ab. Dieser Unternehmensbezug der AN-Schwellenzahl hat zur Folge, dass bei der Ermittlung der Grenzzahl sämtliche AN eines Unternehmens zu berücksichtigen sind, und zwar unabhängig davon, ob sie in betriebsratsfähigen oder nicht betriebsratsfähigen Betrieben oder Betriebsteilen tätig sind.[17] Folglich stehen in einem Unternehmen mit i.d.R. mehr als 20 wahlberechtigten AN jedem existierenden BR die Rechte aus §§ 99 ff. zu, selbst wenn es sich nur um einen einköpfigen BR handelt und dieser für einen Betrieb mit z.B. nur 5 AN zuständig ist.

Problematisch ist die Bestimmung des Schwellenwerts, wenn es sich um einen **gemeinsamen Betrieb** mehrerer Unternehmen handelt (hierzu ausführlich siehe § 1 Rn 19 ff.). Unstreitig ist lediglich, dass das Mitbestimmungsrecht besteht, wenn jedes der an dem Gemeinschaftsbetrieb beteiligten Unternehmen mehr als 20 wahlberechtigte AN beschäftigt. Aber auch, wenn die AN-Anzahl wenigstens bei einem der beteiligten Unternehmen über dem Schwellenwert liegt, findet § 99 Anwendung. Dies folgt bereits aus dem Wortlaut der Vorschrift. Dem BR muss das Mitbestimmungsrecht zumindest in Bezug auf diejenigen AN des Gemeinschaftsbetriebs zustehen, die in einem Arbeitsverh zu den Unternehmen stehen, die nach der Zahl ihrer AN den Schwellenwert überschreiten.[18] Da eine gespaltene Zuständigkeit des BR des gemeinsamen Betriebes mit der Struktur des Mitbestimmungsrechts nicht in Einklang zu bringen ist, wird man das Mitbestimmungsrecht dann auch auf die übrigen AN des Gemeinschaftsbetriebes ausdehnen müssen.[19]   7

Nach der jüngsten Rspr. des BAG[20] findet § 99 für Versetzungen (analoge) Anwendung, wenn zwar keines der beteiligten Unternehmen für sich genommen den Schwellenwert überschreitet, in dem Gemeinschaftsbetrieb aber mehr als 20 wahlberechtigte AN beschäftigt sind. Da der Gesetzgeber mit dem BetrVerf-Reformgesetz das Mitbestimmungsrecht ausweiten und nicht beschränken wollte, ist auch entsprechend eine Analogie bei Einstellung, Eingruppierungen und Umgruppierungen anzunehmen.[21]   8

Maßgebend für das Erreichen des Schwellenwertes von 20 ist die Zahl der **wahlberechtigten AN** (vgl. § 7 Rn 2 f., 11 ff.), wobei diese zahlenmäßige Voraussetzung zu dem **Zeitpunkt** vorliegen muss, zu dem die jeweilige personelle   9

---

10 Vgl. insb. GK-BetrVG/*Kraft/Raab*, § 99 Rn 5; Richardi/*Thüsing*, § 99 Rn 7.
11 BAG 10.2.1988 – AP § 99 BetrVG 1972 Nr. 53 = NZA 1988, 699; zustimmend: DKK/*Kittner/Bachner*, § 99 Rn 31.
12 So auch *Fitting u.a.*, § 99 Rn 13 unter Hinweis auf § 325 Abs. 2 UmwG; a.A. GK-BetrVG/*Kraft/Raab*, § 99 Rn 5; Richardi/*Thüsing*, § 99 Rn 8; Hess u.a./*Schlochauer*, § 99 Rn 10.
13 So aber DKK/*Kittner/Bachner*, § 99 Rn 31.
14 BAG 10.12.1988 – AP § 99 BetrVG 1972 Nr. 53 = NZA 1988, 699.
15 So auch Hessisches LAG 22.3.1994 – Mitbest. 1/95, 60.
16 GK-BetrVG/*Kraft/Raab*, § 99 Rn 5; Hess u.a./*Schlochauer*, § 99 Rn 11.
17 *Engels/Trebinger/Löhr-Steinhaus*, DB 2001, 532, 540; GK-BetrVG/*Kraft/Raab*, § 99 Rn 7; *Fitting u.a.*, § 99 Rn 9.
18 So jüngst BAG 29.9.2004 – DB 2005, 951; *Fitting u.a.*, § 99 Rn 10; ErfK/*Kania*, § 99 BetrVG Rn 1.
19 GK-BetrVG/*Kraft/Raab*, § 99 Rn 8; a.A. *Löwisch*, BB 2001, 1790, 1795; ErfK/*Kania*, § 99 BetrVG Rn 1.
20 BAG 29.9.2004 – DB 2005, 951 unter B.III.2. b–d; ebenso: ErfK/*Kania*, § 99 BetrVG Rn 1; *Fitting u.a.*, § 99 Rn 10.
21 So auch Richardi/*Thüsing*, § 99 Rn 11.

Maßnahme **tatsächlich durchgeführt** wird.[22] Der Einzustellende zählt nicht mit, sofern durch dessen Einstellung die Mindestzahl von mehr als 20 wahlberechtigten AN erst erreicht würde.[23] Leitende Ang sind bei der Ermittlung des Schwellenwertes nicht mitzuzählen.[24] Andererseits kommt es bei der Ermittlung des regelmäßigen Beschäftigungsstandes nicht darauf an, ob es sich um „ständig" beschäftigte AN handelt (vgl. hierzu § 1 Rn 45); auch nur **vorübergehend Beschäftigte** sind in die Berechnung jedenfalls dann mit einzubeziehen, wenn ihre Beschäftigung die Zahl der i.d.R. zum Betrieb gehörenden AN bestimmt, so z.B., wenn sie zeitlich hintereinander auf einem Arbeitsplatz tätig werden.[25] Unter derselben Voraussetzung zählen auch Teilzeitbeschäftigte mit, und zwar „voll" und nicht entsprechend ihrer Arbeitszeit als „Bruchteil eines AN".[26] Leih-AN werden jedoch selbst dann nicht mitgezählt, wenn sie wahlberechtigt sind.[27]

10 Ändert sich die AN-Zahl während der Amtszeit eines BR, so entsteht das Mitbestimmungsrecht, sofern die regelmäßige Zahl von AN des Unternehmens auf mehr als 20 anwächst, während es bei einem Absinken unter diese Zahl automatisch entfällt.[28]

In Unternehmen mit in der Regel weniger als 20 AN bestehen keine Beteiligungsrechte des BR gem. § 99. Es bleibt dann bei den allgemeinen betriebsverfassungsrechtlichen Bestimmungen, insb. bei den §§ 75, 80, 85.[29]

11 **2. Bestehen eines Betriebsrats.** Voraussetzung für das Bestehen des Mitbestimmungsrechts ist ferner, dass zum Zeitpunkt der Durchführung der personellen Einzelmaßnahme ein **BR** in dem Betrieb **vorhanden**, d.h. konstituiert ist, in dem die Maßnahme durchgeführt werden soll.[30] Existiert in dem Betrieb, in dem die Maßnahme durchgeführt werden soll, kein BR, so ist der AG in seinen Entscheidungen betriebsverfassungsrechtlich frei;[31] er hat dann gleichwohl bzw. „nur" arbeitsvertragliche Grenzen des Weisungsrechts sowie zwingendes Recht zu beachten.[32] Ein erstmals gewählter BR kann erst **nach Konstituierung** beteiligt werden, weil er vorher handlungsunfähig ist;[33] eine vorher durchgeführte Personalmaßnahme bedarf entsprechend nicht der nachträglichen Genehmigung dieses neuen BR.[34] Ist kein örtlicher BR vorhanden, sondern nur ein **GBR**, dürfte dessen Zuständigkeit bei den hier zur Diskussion stehenden personellen Einzelmaßnahmen in aller Regel ausgeschlossen sein; denn ihm steht keine Ersatzzuständigkeit zu.[35]

12 **3. Von der Mitbestimmung erfasste Personen.** Das Mitbestimmungsrecht besteht bei den genannten personellen Einzelmaßnahmen nicht nur für die AN, die zum AG in einem klassischen Arbeitsverh i.S.v. § 5 Abs. 1 stehen (vgl. § 5 Rn 6 ff.) der BR hat darüber hinaus auch dann mitzubestimmen, wenn Personen in den Betrieb eingegliedert werden, um zusammen mit den im Betrieb bereits beschäftigten AN den **arbeitstechnischen Zweck des Betriebes durch weisungsgebundene Tätigkeit** zu verwirklichen; auf das Rechtsverhältnis, in dem diese Personen zum AG stehen, kommt es nicht an.[36] Dies gilt selbst für selbstständige Unternehmer (Nicht-AN), wenn sie im aufgezeigten Sinne in den Betrieb eingegliedert werden und dort quasi genauso arbeiten wie jeder AN dieses Betriebs.[37] Von der Mitbestimmung erfasst werden auch die zur Ausbildung Beschäftigten, auch ohne Ausbildungsvertrag gem. § 3 BBiG.[38] Beteiligungspflichtig ist ferner die Eingliederung von Beschäftigten im Rahmen von 1 EUR-Jobs[39] sowie auch die Ausgabe von Heimarbeit, soweit die Voraussetzungen des § 6 Abs. 1 S. 2 vorliegen.[40]

---

22 Vgl. GK-BetrVG/*Kraft/Raab*, § 99 Rn 7; *Fitting u.a.*, § 99 Rn 12.
23 *Fitting u.a.*, § 99 Rn 12; GK-BetrVG/*Kraft/Raab*, § 99 Rn 7, Hess u.a./*Schlochauer*, § 99 Rn 2.
24 Vgl. Richardi/*Thüsing*, § 99 Rn 12; GK-BetrVG/*Kraft/Raab*, § 99 Rn 8.
25 *Fitting u.a.*, § 99 Rn 11; GK-BetrVG/*Kraft/Raab*, § 99 Rn 7; Richardi/*Thüsing*, § 99 Rn 12.
26 MünchArb/*Matthes*, § 253 Rn 5; a.A. *Löwisch*, RdA 1984, 197, 207.
27 Richardi/*Thüsing*, § 99 Rn 13.
28 GK-BetrVG/*Kraft/Raab*, § 99 Rn 11; *Galperin/Löwisch*, § 99 Rn 3; Hess u.a./*Schlochauer*, § 99 Rn 3; a.A. DKK/*Kittner/Bachner*, § 99 Rn 9: Das Mitbestimmungsrecht bleibt bestehen, wenn es bei Einleitung des Mitbestimmungsverfahrens bestand.
29 Vgl. *Fitting u.a.*, § 99 Rn 14; DKK/*Kittner/Bachner*, § 99 Rn 10.
30 BAG 23.8.1984 – AP § 102 BetrVG 1972 Nr. 36.
31 LAG Düsseldorf 2.1.1968 – DB 1968, 623; GK-BetrVG/*Kraft/Raab*, § 99 Rn 12; *Fitting u.a.*, § 99 Rn 9.
32 Richardi/*Thüsing*, § 99 Rn 19, Hess u.a./*Schlochauer*, § 99 Rn 4, GK-BetrVG/*Kraft/Raab*, § 99 Rn 12.
33 BAG 23.8.1984 – AP § 102 BetrVG 1972 Nr. 36; Richardi/*Thüsing*, § 99 Rn 19.
34 GK-BetrVG/*Kraft/Raab*, § 99 Rn 10; *Fitting u.a.*, § 99 Rn 15.
35 Vgl. *Fitting u.a.*, § 99 Rn 17; Richardi/*Thüsing*, § 99 Rn 19; zum Grundsatz der Zuständigkeitstrennung vgl. BAG 14.11.2006 – NZA 2007, 399; zu etwaigen Möglichkeiten seiner Beschlussfassung durch freiwillige BV vgl. DKK/*Kittner/Bachner*, § 99 Rn 12, 16; *Bachner*, NZA 2006, 1309.
36 BAG 15.4.1986 – DB 1986, 2497 zum Einsatz von selbstständigen Taxiunternehmen st. Rspr.: BAG 19.6.2001 – AP BetrVG 1972 § 99 Nr. 35.
37 BAG 15.4.1986 – DB 1986, 2497; kritisch GK-BetrVG/*Kraft/Raab*, § 99 Rn 13.
38 BAG 3.10.1989 – DB 1990, 1140.
39 I.S.v. § 16 Abs. 3 SGB II; so jüngst BAG NZA 2008, 244 – AP § 99 AP BetrVG Einstellung Nr. 54; kritisch hierzu *Richardi*, NZA 2009, 3; vgl. auch *Zwanziger*, AuR 2005, 8 ff., da bezüglich dieses Personenkreises das Weisungsrecht durch den AG des Beschäftigungsbetriebes ausgeübt wird.
40 Vgl. *Fitting u.a.*, § 99 Rn 53.

Für **Leih-AN** bestimmt § 14 Abs. 1 AÜG, dass sie Angehörige des Verleiherbetriebs bleiben. Gleichwohl ist bei ihnen die Übernahme zur Arbeitsleistung durch den Entleiherbetrieb mitbestimmungspflichtig.[41] Ausgeschlossen ist das Mitbestimmungsrecht bei **leitenden Ang** i.S.v. § 5 Abs. 3 S. 1 sowie für Ang, die mittels einer Beförderung den Status eines leitenden Ang erlangen; hier besteht lediglich die Unterrichtungspflicht gem. § 105.[42] Die Degradierung von leitenden Ang zu nichtleitenden Ang stellt sich nach teilweise vertretener Auffassung aus Sicht der durch das BetrVG geschützten Belegschaft als Einstellung dar, zumal der Betreffende zugleich wahlberechtigt i.S.v. § 7 wird.[43]

Postbeamte, die im Zuge der Postreform II bei den „Nachfolge-Aktiengesellschaften" der **Bundespost** beschäftigt werden, gelten für die Anwendung des BetrVG als AN.[44] Bei Versetzung, Umsetzung und Abordnung bestimmt sich das Mitbestimmungsrecht des BR nach den §§ 28, 29 PostPersRG, wenn und soweit die Maßnahme von § 76 Abs. 1 BPersVG erfasst wird. Eine Versetzung, die nach der vorgenannten Norm nicht zu den mitbestimmten Angelegenheiten zählt, aber die Merkmale des § 95 Abs. 3 erfüllt, unterfällt § 99.[45] Für die bei der **Deutschen Bahn AG** tätigen Beamten wurde eine eigene Personalvertretung gebildet.[46] Hinsichtlich personeller Einzelmaßnahmen gegenüber diesen Beamten ist jedoch der BR gem. § 99 rechtzeitig zu informieren, so dass er Gelegenheit hat, gegenüber der zuständigen Personalvertretung vor deren abschließender Willensbildung Stellung zu nehmen.[47]

4. Betriebs- und unternehmensübergreifende Maßnahmen. Die Zuständigkeit für Beteiligungsrechte bei personellen Einzelentscheidungen liegt im Regelfall beim Einzel-BR, und weder beim GBR noch beim KBR. Dies gilt selbst dann, wenn diese Maßnahmen von einem zentralen Personalmanagement auf Unternehmens- oder Konzernebene angeordnet werden und es zu Versetzungen von einem Betrieb zu einem anderen des Unternehmens oder innerhalb des Konzerns kommt. In diesem Falle bleiben die jeweils örtlichen Betriebsräte zuständig, weil sich die tatsächliche Durchführung auch zentral gelenkter Maßnahmen lokal im jeweiligen Betrieb auswirkt (doppelte Betriebsbezogenheit). Hieraus folgt, dass die Mitbestimmungsrechte sowohl grundsätzlich dem BR des abgebenden (Versetzung) als auch dem aufnehmenden Betriebes (Einstellung) zustehen.[48]

Die doppelte Zuständigkeit kann zu einander widersprechenden Entscheidungen und zum Scheitern der personellen Maßnahme führen. Auch diese sich möglicherweise ergebenden Schwierigkeiten für den AG, z.B. in Gestalt mehrerer Zustimmungsersetzungsverfahren, nimmt das Gesetz in Kauf; auch sie begründen nicht die Zuständigkeit des GBR oder des KBR, da Zweckmäßigkeitserwägungen insoweit unbeachtlich sind.[49] Dies gilt auch bei einer sog. Personalrunde, d.h. einer jährlichen Bündelung von Versetzungen.[50]

5. Mitbestimmung während eines Arbeitskampfs. Während eines Arbeitskampfs ruht das Amt des BR nicht.[51] Wenngleich das für die Funktionsfähigkeit der Tarifautonomie maßgebliche Prinzip der Kampfparität keine generelle Ausschaltung des BR erfordert, so ist doch anerkannt, dass insb. das personelle Mitbestimmungsrecht im Zuge eines Arbeitskampfs eingeschränkt sein kann, wenn und soweit es unmittelbar und zwangsläufig zur Folge hätte, dass die Freiheit des AG, Arbeitskampfmaßnahmen zu ergreifen oder Folgen eines Arbeitskampfes zu begegnen, in ihrem **Kernbereich** beeinträchtigen würde.[52] Auf der Grundlage dieser BAG-Rspr., die die Lit. weitgehend teilt,[53] ist wie folgt zu differenzieren:

Personelle Maßnahmen, die zwar während des Arbeitskampfes getroffen wurden, aber mit diesem in **keinem Zusammenhang** stehen, unterliegen dem normalen Mitbestimmungsrecht- und Verfahren.[54]

Hinsichtlich **unmittelbar arbeitskampfbezogener Maßnahmen** hat eine Prüfung zu erfolgen, ob bei „arbeitskampfkonformer" Auslegung eine Einschränkung der Beteiligungsrechte des BR wegen möglicher Beeinträchtigung der Waffengleichheit in Betracht kommt.[55] Entsprechend entfällt das Mitbestimmungsrecht des BR bei solchen Einzelmaßnahmen, mit denen der AG kampfbezogen agiert oder reagiert, die arbeitskampfbedingt und unmittelbar auf das Kampfgeschehen bezogen sind.[56] Dies gilt grundsätzlich auch für mittelbar vom Arbeitskampf betroffene Betriebe.[57] Dies hat zur Folge, dass Versetzungen für die Dauer des Arbeitskampfes, die dem Zweck dienen, Arbeits-

---

41 Richardi/*Thüsing*, § 99 Rn 17; vgl. § 14 Abs. 3 AÜG.
42 BAG 16.4.2002 – AP § 5 BetrVG 1972 Nr. 69; Hess u.a./*Schlochauer*, § 99 Rn 5; vgl. Fitting u.a.; Richardi/*Thüsing*, § 99 Rn 18; a.A. DKK/*Kittner/Bachner*, § 99 Rn 14.
43 DKK/*Kittner/Bachner*, § 99 Rn 14, 39.
44 Vgl. § 28 Post PersRG.
45 BAG 12.8.1997 – AiB 1998, 234; zur eingruppierungsrechtlichen Situation bei der Telekom siehe BAG 12.8.1997 – AiB 1998, 230; Fitting u.a., § 99 Rn 299 ff.
46 Vgl. *Lorenzen*, PersVerR 94, 145.
47 Ausführlich: *Engels/Mauß-Trebinger*, RdA 1997, 217; zur Beteiligung bei Versetzung von Beamten vgl. BAG 12.12.1995 – NZA 1996, 667.
48 BAG 20.9.1990 – AP § 99 BetrVG 1972 Nr. 84, 102, im Falle der einverständlichen Versetzung vgl. unten Rn 50.
49 BAG 20.9.1990 – AP § 99 BetrVG 1972 Nr. 84; BAG 26.1.1993 – AP § 99 BetrVG 1972 Nr. 102.
50 BAG 26.1.1993 – AP § 99 BetrVG 1972 Nr. 102.
51 Richardi/*Thüsing*, § 99 Rn 20; Fitting u.a., § 99 Rn 23.
52 BAG 10.2.1988 – AP § 98 BetrVG 1972 Nr. 5; BAG 10.12.2002 – BB 2003, 1900.
53 Richardi/*Thüsing*, § 99 Rn 20; ErfK/*Kania*, § 99 BetrVG Rn 3; Fitting u.a., § 99 Rn 23.
54 H.M., vgl. BAG 6.3.1979 – DB 1979, 1464.
55 BAG 10.12.2002 – BB 2003, 1900.
56 Vgl. ausführlich *Wiese*, NZA 1984, 378, 381; Hess u.a./*Schlochauer*, § 99 Rn 12.
57 DKK/*Kittner/Bachner*, § 99 Rn 27.

plätze streikender AN vorübergehend zu besetzen, nicht der Zustimmung des BR bedürfen. Entsprechendes gilt für Einstellungen, die dem Zweck dienen, den Betrieb trotz des Arbeitskampfs weiter führen zu können und streikende AN zu ersetzen, auch wenn es sich nicht um befristete Einstellungen handelt. Keine Einschränkung – mangels Arbeitskampfrelevanz – bestehen bei Eingruppierungen oder Umgruppierungen sowie in Bezug auf ein Unterrichtungsrecht.[58] Wirkt sich ein Arbeitskampf nachteilig in **Drittbetrieben** aus und will der AG Versetzungen vornehmen, um den aufgrund der Nichtbeschäftigung verbundenen Lohnausfall gleichmäßig und sozial innerhalb der Belegschaft zu verteilen, hat der BR mitzubestimmen, da zwar derartige Maßnahmen durch den Arbeitskampf bedingt sind, der AG durch sie aber nicht final auf den Arbeitskampf einwirkt.[59] Hingegen wirkt der AG final auf den Arbeitskampf ein, wenn er AN aus einem nicht bestreikten Betrieb in einen bestreikten Betrieb entsendet, um dort einen Notdienst verrichten zu lassen; eine Mitbestimmung scheidet dann aus.[60] Entgegen der wohl h.M. in der Lit.[61] tritt die Reduzierung der Mitbestimmungsrechte des BR in dem geschilderten Umfang auch während eines **rechtswidrigen Streiks** ein, da faktisch die gleiche Situation für AG und BR in diesen Fällen besteht.[62]

20 Ist eine personelle Maßnahme aufgrund des Arbeitskampfs zulässigerweise ohne Mitwirkung des BR durchgeführt worden, so lebt das Mitbestimmungsrecht des BR nach Beendigung des Arbeitskampfs wieder auf, so dass der AG die Zustimmung des BR einzuholen hat, wenn er die personelle Maßnahme weiterhin aufrecht erhalten will,[63] wobei sich allerdings die Berechtigung etwaiger Widerspruchsgründe auf die Zeit nach Arbeitskampfende beschränkt.[64]

21 **6. Auslandsbeziehungen.** Das Mitbestimmungsrecht gem. § 99 ff. wird weder dadurch eingeschränkt, dass die personelle Maßnahme einen Ausländer betrifft, noch dass ggf. (zusätzlich) ein ausländisches Arbeitsvertragstatut vereinbart ist (vgl. § 1 Rn 47). Ansonsten bestimmt sich die **Anbindung des BetrVG** und mithin die Frage der personellen Mitbestimmung für im Ausland beschäftigte AN nach den Grundsätzen des Territorialitätsprinzips und der sog. „Ausstrahlung" (vgl. § 1 Rn 48). Dies bedeutet für die BR-Beteiligung bei personellen Einzelmaßnahmen:

22 Wird ein AN **ausschließlich und auf Dauer** nur für eine Tätigkeit im Ausland angestellt und auch nur dort eingesetzt, besteht im Zweifel keine Anbindung an den inländischen Betrieb, so dass entsprechende Mitbestimmungsrechte entfallen.[65] Eindeutig ist die Anwendung der §§ 99 ff. auf diese AN, wenn sich der AG im Inland nicht das Recht des jederzeitigen Rückrufs oder der jederzeitigen Rückversetzung vorbehalten hat.

23 Ansonsten können auch im Ausland in eine dortige betriebliche Organisation eingegliederte AN auch noch AN eines inländischen Betriebes sein, wenn der Einsatz im Ausland zeitlich befristet ist oder dem inländischen AG in irgendeiner Form noch ein arbeitgeberseitiges Weisungsrecht zukommt, wie dies z.B. auch bei dem vereinbarten arbeitgeberseitigen **Recht des jederzeitigen Rückrufs** oder der jederzeitigen Rückversetzung der Fall ist.[66] Eine zeitliche Obergrenze, ab der die Zuständigkeit des deutschen BR endet, existiert nicht.

24 **7. Tendenzbetriebe.** In **Tendenzbetrieben** sind die Mitbestimmungsrechte des BR nur bei personellen Einzelmaßnahmen in Bezug auf sog. **Tendenzträger** eingeschränkt, wobei die gängige Formel lautet: Information: ja, Zustimmungsverweigerungsrecht: nein (vgl. § 118 Rn 50).

25 Selbst wenn eine tendenzbezogene Maßnahme nicht zustimmungspflichtig ist, muss der AG daher noch vor ihrer Durchführung den BR informieren und ihm Gelegenheit zur Stellungnahme geben.[67] Bei Verletzungen dieser Informationspflicht kann der BR die Aufhebung der personellen Einzelmaßnahme nach § 101 verlangen (vgl. § 100 Rn 3; § 101 Rn 80).

Der AG eines Tendenzbetriebes hat, wenn er eine vorläufige tendenzbezogene Maßnahme durchführen will, die verfahrensmäßigen Voraussetzungen nach § 100 einzuhalten.[68]

II. Die einzelnen personellen Maßnahmen

26 Von § 99 erfasst werden die dort vier enumerativ aufgezählten personellen Einzelmaßnahmen. Das Mitbestimmungsrecht des BR greift daher nur ein, wenn der AG eine dieser vier genannten Maßnahmen, nämlich Einstellung, Eingruppierung, Umgruppierung oder Versetzung durchführen will.

---

58 BAG 10.12.2002 – AP § 80 BetrVG 1972 Nr. 59; *Fitting u.a.*, § 99 Rn 26, 27.
59 Richardi/*Thüsing*, § 99 Rn 21.
60 ErfK/*Kania*, § 99 BetrVG Rn 3; *Fitting u.a.*, § 99 Rn 25; a.A. DKK/*Kittner/Bachner*, § 99 Rn 24.
61 Vgl. *Däubler*, S. 288; *Colneric* in: Däubler, Arbeitskampfrecht, Rn 667 m.w.N.
62 BAG 14.10.1978 – AP Art. 9 GG Arbeitskampf Nr. 57, 58.
63 *Fitting u.a.*, § 99 Rn 28; Richardi/*Thüsing*, § 99 Rn 22; DKK/*Kittner/Bachner*, § 99 Rn 26; a.A GK-BetrVG/ *Kraft/Raab*, § 99 Rn 18.
64 Richardi/*Thüsing*, § 99 Rn 22; a.A. *Heinze*, Personalplanung, Rn 437.
65 BAG 25.4.1978 – AP § 99 BetrVG 1972 Internat. Privatrecht Nr. 16; Hess u.a/*Schlochauer*, § 99 Rn 6.
66 BAG 25.4.1978 – AP § 99 BetrVG 1972 Internat. Privatrecht Nr. 16; BAG 27.5.1982 – AP § 42 BetrVG 1972 Nr. 3; BAG 20.2.2001 – DB 2001, 2054.
67 BAG 8.5.1990 – DB 1990, 2227.
68 BAG 8.5.1990 – DB 1990, 2227.

1. Einstellung. a) Begriffsbestimmung. Im Gegensatz zur Versetzung enthält das Gesetz für die Einstellung **27** keine Legaldefinition. Nicht zuletzt deshalb ist nach wie vor nicht vollständig geklärt, wann eine beteiligungspflichtige Einstellung i.S.d. § 99 vorliegt. Nach der **früheren Rspr. des BAG**[69] wurde unter „Einstellung" i.S.v. § 99 sowohl die Begründung eines Arbeitsverh (= Abschluss des Arbeitsvertrages) als auch die zeitlich damit zusammenfallende, vorhergehende oder auch nachfolgende tatsächliche Arbeitsaufnahme in einem bestimmten Betrieb verstanden, wobei das Mitbestimmungsrecht durch die zeitlich erste Maßnahme ausgelöst werden sollte.[70] Dieser Sicht der Dinge schloss sich die Lit. lange Zeit an, und teilweise tut sie dies auch noch heute.[71] Dieses umfassende Verständnis der „Einstellung" führt(e) zur Anwendbarkeit von § 99 sowohl bei nichtigen Arbeitsverträgen, bei der Verlängerung beendeter Arbeitsverh und auch bei der Beschäftigung ohne Arbeitsvertrag.

Mittlerweile folgt die wohl überwiegende Auffassung in der Lit.[72] der **neueren Rspr. des BAG**. Nach ihr liegt eine **28** mitbestimmungspflichtige Einstellung vor, wenn Personen in den Betrieb eingegliedert werden, um zusammen mit den dort bereits beschäftigten AN den **arbeitstechnischen Zweck des Betriebs durch weisungsgebundene Tätigkeit zu verwirklichen**.[73] Auch nach der jüngeren Rspr. des BAG kommt es mithin nicht auf das Rechtsverhältnis an, in dem die Person zum AG als Betriebsinhaber steht, so dass der Begriff der Einstellung nicht voraussetzt, dass ein Arbeitsverh begründet werden muss. § 99 gelangt folglich auch bei der Einstellung von **Nicht-AN** zur Anwendung.[74] Soweit es um die Feststellung weisungsgebundener Tätigkeit geht, kommt es nicht entscheidend darauf an, ob die Weisungen tatsächlich erteilt werden, sondern vielmehr darauf, ob sie durch die Organisation des AG vorgegeben sind[75] bzw. ob die Arbeitsaufgabe der einzustellenden Person vom AG organisiert wird.[76] Entsprechend ist auch die Beschäftigung freier Mitarbeiter als Einstellung i.S.v. § 99 zu qualifizieren, wenn diese den arbeitstechnischen Zweck gemeinsam mit anderen AN verwirklichen sollen.[77] Da es für die Anwendung von § 99 irrelevant ist, ob ein Arbeitsvertrag vorliegt, ist es auch unerheblich, ob ein solcher fehlerfrei geschlossen wurde oder an Mängeln leidet; denn wie für die Annahme eines sog. faktischen Arbeitsverh genügt eine zumindest „natürliche" Willenseinigung zwischen AG und AN.[78]

b) Einzelfälle der Einstellung. So liegt eine mitbestimmungspflichtige Einstellung immer bei der Beschäftigung **29** von AN i.S.d. BetrVG vor, so dass neben dem sog. „**Normal-Arbeitsverh**" sämtliche Sonderformen wie etwa **befristete**,[79] **Teilzeit-, Probe-, Aushilfs-, Tele-Arbeitsverh** ebenso erfasst werden,[80] wie die Beschäftigung aufgrund eines **Eingliederungsvertrages** i.S.d. § 231 SGB III. Ferner fallen unter § 99 **Berufsausbildungsverhältnisse** gem. § 3 BBiG, die **Eingliederung** von Personen auf der Grundlage sog. **1-Euro-Jobs**,[81] die Beschäftigung mit **ABM-Kräften** aufgrund von § 260 SGB III sowie von **Teilnehmern an berufsvorbereitenden Maßnahmen** für jugendliche Arbeitslose.[82] Da der AG durch Übertragung von AG-Befugnissen auf Dritte nicht die BR-Rechte umgehen darf, ist § 99 auch auf sog. **mittelbare Arbeitsverh** anzuwenden, so z.B. wenn ein leitender Mitarbeiter kraft des eigenen Anstellungsvertrages berechtigt ist, Mitarbeiter im eigenen Namen einzustellen, damit diese dann in einem Betrieb des AG arbeiten. In einem derartigen Fall kann der BR seine Beteiligungsrechte direkt gegenüber dem AG geltend machen; der „Zwischen-AG" ist bei einem etwaigen Beschlussverfahren Beteiligter.[83] Auch der Einsatz von **Leih-AN** im Entleiherbetrieb ist eine mitbestimmungspflichtige Einstellung.[84]

Das Mitbestimmungsrecht besteht auch, wenn ein **befristetes Arbeitsverh verlängert** oder in ein unbefristetes um- **30** gewandelt wird, welches sich ohne Unterbrechung an das befristete Arbeitsverh anschließt.[85] Das Mitbestimmungsrecht entfällt allerdings, wenn ein befristetes Probe-Arbeitsverh nach Ablauf der Probezeit in ein unbefristetes Arbeitsverh umgewandelt wird, sofern der BR über diese Zielsetzung im Verfahren gem. § 95 vor Abschluss des Probe-Arbeitsverh informiert worden war.[86]

---

69 BAG 14.5.1974 – AP § 99 BetrVG 1972 Nr. 2.
70 Vgl. LAG Berlin 27.9.1982-DB 1983, 776.
71 GK-BetrVG/*Raab*, § 99 Rn 22; wohl auch *Fitting u.a.*, § 99 Rn 32.
72 Zuletzt *Richardi*, NZA 2009, 3; vgl. auch MünchArb/*Matthes*, § 352 Rn 8; Jaeger/Röder/Heckelmann/*Lunk*, Kap. 24 Rn 9, 10 mit Einschränkungen; a.A. Hess u.a./*Schlochauer*, § 99 Rn 17 a.
73 BAG 28.4.1992 – NZA 1992, 1141; BAG 5.4.2001 – NZA 2001, 893, 895.
74 *Hunold*, NZA 1998, 1025, 1028; DKK/*Kittner/Bachner*, § 99 Rn 38.
75 BAG 1.8.1989 – EZA § 99 BetrVG 1972 Nr. 75.
76 Richardi/*Thüsing*, § 99 Rn 30.
77 BAG 27.7.1993 – BB 93, 2233; MünchArb/*Matthes*, § 344 Rn 31.
78 Vgl. GK-BetrVG/*Kraft/Raab*, § 99 Rn 26; Hess u.a./ *Schlochauer*, § 99 Rn 18; vgl. auch BAG 16.3.1972 – AP § 611 BGB Lehrer, Dozenten Nr. 11.

79 Erfasst werden auch befristete Einstellungen für u.U. nur einen kurzen Zeitraum, da § 99 eine Geringfügigkeit als Grenze nicht kennt, vgl. Richardi/*Thüsing*, § 99 Rn 32.
80 Vgl. *Fitting u.a.*, § 99 Rn 36.
81 BAG 2.10.2007 – 1 ABR 60/06 – NZA 2008, 244.
82 ArbG Passau 19.11.1984 – 1 BV 5/84 E – n.v.
83 Vgl. BAG 18.4.1989 – AP § 99 BetrVG 1972 Nr. 65.
84 BAG 23.1.2008 – 1 ABR 74/06 – NZA 2008, 603; die aufgrund eines Rahmenvertrags zwischen Entleiher und Verleiher erfolgende Aufnahme von Leiharbeitnehmern in einen Stellenpool, aus dem der Verleiher auf Anforderung des Entleihers Leiharbeitnehmer für die jeweiligen Einsätze im Entleiherbetrieb auswählt, ist keine mitbestimmungspflichtige Übernahme i.S.v. § 14 Abs. 3 S. 1 AÜG.
85 BAG 28.10.1986 – AP § 118 BetrVG 1972 Nr. 32; BAG 7.8.1990 – AP § 99 BetrVG 1972 Nr. 82; Richardi/*Thüsing*, § 99 Rn 34; GK-BetrVG/*Kraft/Raab*, § 99 Rn 27; a.A. Hess u.a./*Schlochauer*, § 99 Rn 23.
86 BAG 7.8.1990 – AP § 99 BetrVG 1972 Nr. 82.

31 Ein Mitbestimmungsrecht nach § 99 scheidet allerdings dann aus, wenn der AG bei der Verlängerung des Arbeitsverh nicht zwischen mehreren Arbeitsverh, die er verlängern kann, auswählt; erfasst ist hiervon beispielsweise der Fall, dass mehreren AN gekündigt wurde, sich aber nach Ablauf der Künd-Frist wider Erwarten neue Beschäftigungsmöglichkeiten ergeben, die nach der Rspr. einen **Anspruch auf Wiedereinstellung** zur Folge haben.[87] In derartigen Wiedereinstellungsfällen hat der BR nur dann ein Mitbestimmungsrecht gem. § 99, wenn der AG nicht alle AN wieder einstellt.[88]

32 Besteht für das Arbeitsverh eine (individuell- oder tarifvertragliche) **Altersgrenze**, bei deren Erreichen das Arbeitsverh auch ohne Ausspruch einer Künd endet, so ist die Beschäftigung über die Altersgrenze hinaus nach Auffassung des BAG betriebsverfassungsrechtlich eine Einstellung, die dem Mitbestimmungsrecht des BR unterliegt.[89] Andererseits setzt das Mitbestimmungsrecht insoweit voraus, dass der AG rechtlich in der Lage ist, zu entscheiden, ob das Arbeitsverh über den Zeitablauf hinaus fortgesetzt werden kann. Fehlt es bspw. an einem sachlichen Befristungsgrund oder sind etwaige zeitliche Fristen nach Maßgabe des TzBfG überschritten, oder ist etwa die Festlegung der Altersgrenze unzulässig, ist der AG zur Weiterbeschäftigung verpflichtet, so dass keine Einstellung i.S.v. § 99 vorliegt. Auch eine Beschäftigung zur Ausbildung unterliegt § 99, und zwar unabhängig davon, welches Rechtsverhältnis die dafür aufgenommenen Personen zum AG eingehen. In Betracht kommen z.B. Praktikanten, Volontäre, Umschüler sowie auch Teilnehmer an firmeninternen Ausbildungsmaßnahmen.[90] Voraussetzung ist auch hier nach der allgemeinen Regel, dass die Bewerber in den Betrieb eingegliedert werden und für die in Aussicht genommene Ausbildung eine Ausbildung erhalten, ohne die die Beschäftigung nicht möglich wäre. Unerheblich ist, ob die Ausbildung insoweit unentgeltlich erfolgt.[91] Schülerpraktikanten, die primär zur persönlichen Information sowie zur Erleichterung der Ausbildungs- und Berufswahl eingesetzt werden, nimmt das BAG von dem Anwendungsbereich des § 99 aus,[92] es sei denn, Schülerpraktikanten werden über die Zweckbestimmung des Praktikums hinaus zur Arbeit herangezogen; dies ist dann wiederum nur unter Beteiligung des BR gem. § 99 möglich. Ausbildungs- und Prüfungseinrichtungen, deren Zweck ausschließlich darin besteht, die Eignung von Mitarbeitern und Bewerbern festzustellen, unterliegen nicht der Anwendung des § 99,[93] es sei denn, es erfolgt gleichzeitig Verhaltenstraining für die künftige berufliche Tätigkeit; im letzteren Falle unterliegt selbst die Aufnahme in ein solches Center auch für externe Bewerber der Mitbestimmung des BR gem. § 99.[94] Unstreitig findet § 99 Anwendung bei Übernahme eines Auszubildenden, auch wenn sie nach § 24 BBiG erfolgt; denn hier wird zunächst ein anfänglich befristetes Vertragsverhältnis (§ 21 BBiG) verlängert.

33 **Keine Einstellung** liegt vor, wenn der AG von Gesetzes wegen in das Arbeitsverh eintritt, so z.B. gem. § 613a BGB bei rechtsgeschäftlichem Erwerb eines Betriebs oder Betriebsteils,[95] oder bei einer Weiterbeschäftigung gem. § 78a oder bei der vorläufigen Weiterbeschäftigung entweder gem. § 102 Abs. 5[96] oder nach allgemeinen Gesichtspunkten. Die Wiederaufnahme der Arbeit nach Unterbrechung der tatsächlichen Beschäftigung, so z.B. nach Obsiegen in einem Künd-Rechtsstreit oder dessen einvernehmlicher Beilegung, nach Ruhen des Arbeitsverh wie z.B. nach Ableistung des Wehr- oder Zivildienstes, nach der Rückkehr von einem Erziehungsurlaub gem. §§ 15 ff. BEEG oder auch nach Beendigung eines Arbeitskampfes, stellt keine Einstellung dar.[97] Ebenfalls liegt keine Einstellung vor, wenn die Zuweisung eines Arbeitsbereichs erst vorbereitet wird und die Entscheidung über die Eingliederung in den Betrieb noch nicht erfolgt ist; derartige Vorbereitungshandlungen erfasst § 99 nicht.[98]

34 Bei einer **Änderung der Arbeitszeit** ist nach neuester Rspr. des BAG wie folgt zu differenzieren: Grds. wohnt dem Begriff „Einstellung" kein zeitlicher Aspekt inne, so dass bloße Änderungen der Arbeitszeit und damit auch deren Aufstockung an sich grundsätzlich unbeachtlich sind.[99] Jedoch hat das BAG jüngst entschieden,[100] dass eine sowohl nach Dauer als auch nach Umfang nicht unerhebliche Erweiterung des Volumens der arbeitsvertraglich geschuldeten regelmäßigen Arbeitszeit – im konkreten Fall ging es um die Aufstockung der Arbeitszeit zwischen 20 bis 42 Stunden pro Monat – schon beschäftigte AN des Betriebes eine neuerliche Einstellung darstellt.[101] Eine mitbestimmungspflichtige Einstellung soll in einem derartigen Fall zumindest bzw. auch dann vorliegen, wenn die Arbeitszeiterhöhung länger als einen Monat dauern soll und der AG den mittels der Arbeitszeiterhöhung zu besetzenden Arbeitsplatz

---

87 BAG 27.2.1997 – AP § 1 KSchG Wiedereinstellung Nr. 1.
88 So auch *Böwer*, NZA 1999, 1177, 1182; *Fitting u.a.*, § 99 Rn 47; Richardi/*Thüsing*, § 99 Rn 35.
89 BAG 18.7.1978 – AP § 99 BetrVG 1972 Nr. 9; BAG 12.7.1988 – AP § 99 BetrVG 1972 Nr. 54; a.A. insb. GK- BetrVG/*Kraft/Raab*, § 99 Rn 28; Richardi/*Thüsing*, § 99 Rn 37; Jaeger/Röder/Heckelmann/*Lunk*, Kap. 24 Rn 19; *Stege/Weinspach/Schiefer*, §§ 99–101 Rn 19 h.
90 BAG 10.2.1981 – DB 81, 1935; BAG 3.10.1989 – DB 90, 1140.
91 BAG 3.10.1989 – DB 90, 1140.
92 BAG 8.5.1990 – NZA 90, 896.
93 Zu sog. Assessmentcentern vgl. *Schönfeld/Gennen*, NZA 1989, 543.
94 BAG 20.4.1993 – NZA 1993, 1096.
95 BAG 7.11.1975 – DB 1976, 152; das gilt selbst, wenn anschließend neue Arbeitsverträge abgeschlossen werden.
96 *Bengelsdorf*, DB 1989, 2023.
97 Vgl. BAG 5.4.2001 – AP § 626 BGB Nr. 174; Richardi/*Thüsing*, § 99 Rn 44, 45; GK-BetrVG/*Kraft/Raab*, § 99 Rn 35.
98 Richardi/*Thüsing*, § 99 Rn 33 a.
99 GK-BetrVG/*Kraft/Raab*, § 99 Rn 37.
100 BAG 25.1.2005 – AP § 87 BetrVG 1972 Arbeitszeit Nr. 114.
101 So auch BVerwG 23.3.1999 – AP § 75 BPersVG Nr. 173 bei Aufstockung um 14,75 Stunden pro Woche.

ausgeschrieben hat.[102] Demgegenüber führt die Erhöhung der wöchentlichen Arbeitszeit einer Vollzeitkraft um fünf Stunden nicht zu einer „Einstellung", da diese Erhöhung nicht „erheblich" ist.[103]

Unter dieser vorstehend wiedergegebenen Prämisse des BAG kann auch die **Umwandlung** eines **Teilzeit-Arbeitsverh**[104] in ein **Vollzeit-Arbeitsverh** als Einstellung zu qualifizieren sein, nicht hingegen der umgekehrte Fall einer Verringerung der Arbeitszeit.[105] Entsprechend kann das Geltendmachen des Anspruchs nach § 9 TzBfG auf Arbeitszeitverlängerung Beteiligungsrechte des BR gem. § 99 auslösen, nicht dagegen die Geltendmachung eines Teilzeitanspruchs gem. § 8 TzBfG. Zu prüfen ist freilich im konkreten Fall, ob mit der Änderung der Arbeitszeit nicht eine Versetzung oder Umgruppierung des betroffenen AN einher geht oder ein anderer AN versetzt, umgruppiert oder gar neue AN eingestellt werden müssen. Dem gegenüber liegt in der Umwandlung eines Vollzeit-Arbeitsverh in ein Teilzeit-Arbeitsverh nach dem Altersteilzeitgesetz keine mitbestimmungspflichtige Einstellung.[106] 35

Eine Einstellung liegt vor, wenn der AN bereits in einem Arbeitsverh zum AG steht, jedoch vom einen zu einem anderen Betrieb versetzt und in diesen eingegliedert wird.[107] Auch die **erneute Eingliederung** eines AN beim selben AG nach Beendigung eines vorangegangenen Arbeitsverh stellt eine mitbestimmungspflichtige Einstellung dar.[108] Das Gleiche gilt für eine Wiedereinstellung nach rechtswirksamer Auflösung des Arbeitsverh, wenn der AG hinsichtlich des Einsatzes des AN nicht jeglicher Entscheidungsspielraum fehlt.[109] So liegt der Fall, wenn der AN lediglich vorübergehend – etwa infolge einer Abordnung innerhalb des Unternehmens – aus dem Betrieb ausgeschieden war, aber bereits beim Ausscheiden aus dem Betrieb feststand, dass der AN wieder zurückkehren würde. War der AN dagegen endgültig aus dem Betrieb ausgeschieden, also eine Rückkehr nicht beabsichtigt, stellt die Wiederaufnahme der Tätigkeit im Betrieb eine Einstellung dar, die grundsätzlich der Zustimmung des BR gem. § 99 bedarf.[110] Dies gilt unabhängig davon, ob das Arbeitsverh zu dem Betriebsinhaber zwischenzeitlich fortbestand, etwa weil der AN in einem anderen Konzernunternehmen oder in einem anderen Betrieb beschäftigt war. Nur wenn der AG zur Wiedereinstellung verpflichtet war und ihm jeglicher Entscheidungsspielraum insoweit fehlt, so z.B. aufgrund einer vertraglich bindenden **Wiedereinstellungszusage** oder aufgrund eines gesetzlichen Wiedereinstellungsanspruchs, kommt eine Einschränkung des Mitbestimmungsrechts in Betracht. Der Einsatz von in der Form der **Ich-AG** tätigen Personen[111] unterliegt bei einer Eingliederung in den Betrieb selbst dann dem Mitbestimmungsrecht des BR, wenn diese Personen arbeitsrechtlich als Selbstständige zu qualifizieren sind.[112] 36

Bislang hat das BAG eine Einstellung bei der Beschäftigung von **Strafgefangenen** im Rahmen eines mit der Strafanstalt geschlossenen Vertrages verneint, und zwar mit der Begründung, es handle sich nicht um AN i.S.d. BetrVG.[113] Angesichts der vom BAG vorgenommenen Ausweitung des Einstellungsbegriffs bleibt abzuwarten, ob das BAG diese Rechtsansicht beibehält.[114] 37

Die hoheitliche Zuweisung von **Zivildienstleistenden** als solche stellt keine mitbestimmungspflichtige Einstellung dar.[115] Nur dann liegt eine solche Einstellung vor, wenn der AG im Vorfeld eine Auswahlentscheidung darüber trifft, welcher Zivildienstleistende in die Belegschaft aufgenommen werden soll und wer nicht.[116] 38

Die **Abordnung, Überlassung oder Zuweisung von Beamten** in private Betriebe ist dort als Einstellung zu qualifizieren.[117] Dem steht die neue Rspr. des BAG[118] nicht entgegen, die dem Beamten die AN-Eigenschaft i.S.d. BetrVG aberkennt, da die Einstellung kein Arbeitsverh voraussetzt. Durch § 14 Abs. 3 AÜG ist mittlerweile ausdrücklich klargestellt, dass die Arbeitsaufnahme von Leih-AN – einerlei, ob es sich um echte oder unechte Leih-Arbeitsverh handelt – als Einstellung zu qualifizieren ist; denn, wie ausgeführt, kommt es einen nicht darauf an, ob ein Arbeitsverh zum Betriebsinhaber besteht; es genügt ist aber zugleich erforderlich, dass die Personen in den Betrieb eingegliedert werden, um zusammen mit den im Betrieb bereits beschäftigten AN den arbeitstechnischen Zweck des Betriebes durch weisungsgebundene Tätigkeit zu verwirklichen, wobei es indessen hinreichend ist, wenn die Tätigkeit ihrer Art nach weisungsgebunden ist. Ob und ggf. von wem tatsächlich Weisungen gegeben werden, ist unerheblich. Maßgeblich ist, ob der Betriebsinhaber die Personalhoheit über die Beschäftigten hat.[119] Ent- 39

---

102 Kritisch bzw. ablehnend vgl. *Fitting u.a.*, § 99 Rn 41; GK-BetrVG/*Kraft/Raab*, § 99 Rn 37.
103 BAG 15.5.2007 – 1 ABR 32/06 – NZA 2007, 1240.
104 Vgl. dazu § 2 Abs. 1 TzBfG.
105 So BAG 25.1.2005 – AP § 87 BetrVG 1972 Arbeitszeit Nr. 114.
106 *Fitting u.a.*, § 99 Rn 43; BVerwG 12.6.2001 – NZA 2001, 1091 zu § 75 Abs. 1 Nr. 1 BPersVG.
107 BAG 18.2.1986 – DB 86, 1522; BAG 30.4.1981 – DB 81, 1833.
108 ArbG Hannover 6.6.1973 – BB 74, 135.
109 BAG 5.4.2001 – NZA 2001, 893.
110 BAG 5.4.2001 – NZA 2001, 893.
111 Vgl. *Brauer/Krets*, NJW 2003, 537 (543); *Greiner*, DB 2003, 1058.
112 *Fitting u.a.*, § 99 Rn 55.
113 BAG 19.5.1981 – AP § 5 BetrVG 1972 Nr. 18; BAG 3.10.1978 – DB 1979, 1186.
114 In diesem Sinne auch DKK/*Kittner/Bachner*, § 99 Rn 53; GK-BetrVG/*Kraft/Raab*, § 99 Rn 39.
115 ArbG Hamburg 31.1.1989 – NZA 89, 652; *Fitting u.a.*, § 99 Rn 77; a.A. DKK/*Kittner/Bachner*, § 99 Rn 54.
116 BAG 19.6.2001 – AP § 99 BetrVG 1972 Nr. 35 = DB 2002, 1278.
117 DKK/*Kittner/Bachner*, § 99 Rn 55; *Fitting u.a.*, § 99 Rn 78.
118 Zuletzt BAG 28.3.2001 – AP § 7 BetrVG 1972 Nr. 5.
119 BAG 1.12.1992 – EZA § 99 BetrVG 1972 Nr. 111.

sprechend der dargelegten Grundsätze ist auch die Beschäftigung eines Leih-AN über den ursprünglich vorgesehenen Zeitraum hinaus als Einstellung zu qualifizieren.[120] Dagegen ist die Rückkehr des Leih-AN in den Verleiherbetrieb keine Einstellung in diesem Betrieb, da der AN diesem aus betriebsverfassungsrechtlicher Sicht ununterbrochen angehört hat und die Entsendung in den jeweiligen Entleiherbetrieb unter Berücksichtigung der Eigenart des Leih-Arbeitsverh keine Versetzung darstellt.

40 Auch für den Einsatz von Personen aufgrund eines **Gestellungsvertrages** besteht ein Mitbestimmungsrecht des BR in Bezug auf die Einstellung, wenn und soweit die gestellten Personen so in den Betrieb eingegliedert werden, dass der AG nach Maßgabe des Gestellungsvertrages ihm gegenüber die für ein Arbeitsverh charakteristischen Weisungsbefugnisse bezüglich des Arbeitseinsatzes jedenfalls nach Art, Zeit und Ort innehat.[121] Bei dem Einsatz von **Fremdfirmen**[122] gilt grundsätzlich Folgendes: Keine Einstellung mangels Eingliederung liegt vor, wenn der AG eine Fremdfirma beispielsweise mit der Aufrechterhaltung der Verkaufsbereitschaft seines Verbrauchermarkts an Samstagen zwischen 16 und 20 Uhr beauftragt, und ihr insoweit die für eine eigenverantwortliche Leitung des Marktes erforderliche Organisationsgewalt überträgt und die von der Fremdfirma eingesetzten (eigenen) AN allein den Weisungen der Fremdfirma unterliegen.[123] Ebenso wenig liegt eine Einstellung mangels Eingliederung vor, wenn der AG absonderbare Arbeiten auf Fremdfirmen überträgt oder eine Werk- oder Dienstleistung für sich einkauft,[124] selbst wenn die Tätigkeit des Fremdpersonals eine unverzichtbare Hilfsfunktion für den Betriebszweck darstellt, ihr Umfang vom Betriebs-/Produktionsablauf abhängt, das Fremdpersonal angelernt und deren Einsatz durch AN des Betriebes koordiniert werden muss.[125] Typische Bsp. für diesen Fremdfirmeneinsatz, der unter den genannten Voraussetzungen keine Einstellung darstellt, ist die Gebäudebewachung, Gebäudereinigung, das Betreiben von Pförtner-, Service-, Reparatur-, Wartungs- und Botendiensten sowie einer Kantine. Gleiches gilt für die Gebrauchsüberlassung von Maschinen mit Bedienungspersonal, wenn die Gebrauchsüberlassung im Vordergrund steht und der Überlassung des Personals nur dienende Funktion zukommt.[126]

41 **2. Eingruppierung. a) Begriffsbestimmung.** Auch für die Eingruppierung enthält das Gesetz **keine Legaldefinition**. Unter dem Ausdruck „Eingruppierung" versteht man die **erstmalige Festsetzung** der für die Entlohnung des AN **maßgebenden Lohn- bzw. Gehaltsgruppe**, also die Einordnung in ein kollektives Entgeltschema,[127] welches eine Zuordnung der AN nach bestimmten, generell beschriebenen Merkmalen wie z.B. Tätigkeit, Lebensalter, Dauer der Berufstätigkeit oder Betriebszugehörigkeit vorsieht.[128] Die Eingruppierung ist keine konstitutive Maßnahme, sondern ein **Akt der Rechtsanwendung**. Die Beteiligung des BR ist daher kein Mitgestaltungs-, sondern ein Mitbeurteilungsrecht im Sinne einer Richtigkeitskontrolle.[129] Ihr Zweck besteht in der einheitlichen und gleichmäßigen Anwendung der Vergütungsordnung in gleichen und vergleichbaren Fällen, und damit der innerbetrieblichen Lohngerechtigkeit und zusätzlich der Transparenz der betrieblichen Vergütungspraxis.[130] Da es sich bei der Eingruppierung um die erstmalige Festsetzung der „richtigen" Lohn- oder Gehaltsgruppe handelt, fällt die Eingruppierung zeitlich mit der Einstellung zusammen; sie stellt jedoch einen davon zu trennenden Mitbestimmungstatbestand dar. Unerheblich ist, ob sich die Lohn- und Gehaltsgruppenmerkmale kraft Tarifbindung, aus einer BV oder einer einseitig vom AG erlassenen Vergütungsordnung ergeben.[131] Wo dem gegenüber ein kollektives Entgeltschema fehlt, weil die Vergütung individuell und ohne Bezug zur Entlohnung vergleichbarer AN frei ausgehandelt wird, liegt keine Eingruppierung vor. Denn diese verlangt die Subsumtion eines bestimmten Sachverhalts unter eine vorgegebene Ordnung.[132] Eine Eingruppierung entfällt, wenn keine Vergütungsordnung existiert; der AG ist auch nicht etwa verpflichtet, eine solche aufzustellen.[133] Dem BR steht kein Initiativrecht zur Herbeiführung einer von ihm für richtig erachteten Eingruppierung zu.[134]

42 **b) Fälle der Eingruppierung.** Der AG hat bei einer Neueinstellung die Pflicht zur Eingruppierung und folglich den BR zu beteiligen.[135] In der Praxis erfolgt die Eingruppierung meist unter die jeweilige Lohn- bzw. Gehaltsgruppe des einschlägigen **TV**, wobei es für das Mitbestimmungsrecht unerheblich ist, ob der TV kraft beiderseitiger Tarifbindung aufgrund einer Allgemeinverbindlichkeitserklärung (§ 5 Abs. 4 TVG), aufgrund einzelvertraglicher Inbe-

---

120 Vgl. *Wensing/Freise*, BB 2004, 2238, 2239.
121 *Fitting u.a.*, § 99 Rn 62.
122 Zu den verschiedenen Erscheinungsformen des Einsatzes von Fremdfirmen-AN vgl. § 5 Rn 21 ff.
123 ArbG Mainz 7.11.2003 – NZA-RR 2004, 201.
124 BAG 28.11.1989 – AP § 14 AÜG Nr. 5; BAG 13.5.1992 – NZA 93, 357.
125 BAG 18.10.1994 – AP § 99 BetrVG 1972 Einstellung Nr. 5.
126 BAG 17.2.1993 – AP § 10 AÜG Nr. 9.
127 BAG 17.3.2005 – NZA 2005, 839; BAG 23.9.2003 – AP § 99 BetrVG 1972 Eingruppierung Nr. 28.
128 BAG 23.9.2003 – AP § 99 BetrVG 1972 Eingruppierung Nr. 28; BAG 26.10.2004 – AP § 99 BetrVG 1972 Eingruppierung Nr. 29.
129 BAG 30.10.2003 – 8 ABR 47/02 – n.v.; Hess u.a./*Schlochauer*, § 99 Rn 27c.
130 BAG 2.4.1996 – NZA 1996, 1105.
131 BAG 26.10.2004 – AP § 99 BetrVG 1972 Eingruppierung Nr. 29; BAG 28.1.1986 – AP § 99 BetrVG 1972 Eingruppierung Nr. 32.
132 Richardi/*Thüsing*, § 99 Rn 62.
133 BAG 12.10.2000 – ZTR 2001, 435.
134 BAG 18.6.1991 – NZA 1991, 850.
135 BAG 23.11.1993 – NZA 1994, 451.

zunahme oder betrieblicher Übung gilt.[136] Der Mitbestimmungstatbestand beschränkt sich insoweit nicht auf die Festlegung der Grundvergütung nach Maßgabe der tariflichen Lohn- oder Gehaltsgruppenordnung, sondern erfasst auch die Einstufung in Zulagenregelungen, wenn der AN für sie zusätzliche Tätigkeitsmerkmale zu erfüllen hat.[137] Denn für den Eingruppierungsmitbestimmungstatbestand ist unerheblich, wie sich das Arbeitsentgelt für eine erbrachte Tätigkeit zusammensetzt; entscheidend ist, ob die Tätigkeit „richtig" vergütet wird. **Endet die Tarifbindung** des AG, muss die bisher im Betrieb geltende tarifliche Vergütungsordnung in ihrer Struktur weiter angewendet werden, solange der BR einer Änderung nicht über § 87 Abs. 1 Nr. 10 zugestimmt hat.[138] Macht der BR von seinem Initiativrecht zur Änderung der Vergütungsordnung keinen Gebrauch, ist der AG berechtigt, die bisherige Eingruppierungspraxis fortzuführen, ohne den BR gem. § 87 Abs. 1 Nr. 10 erneut beteiligen zu müssen.[139]

Bestimmt sich die Vergütung nach einer tarifvertraglichen Regelung, unterliegt der Mitbestimmung des BR, in welche Vergütungsgruppe (Lohn- oder Gehaltsgruppe) des TV der AN eingestuft wird. Wird ein AN von einer für den Betrieb geltenden Vergütungsordnung erfasst, so hat ihn der AG bei der Einstellung einzugruppieren und den BR zu beteiligen. Eine Eingruppierung ist auch erforderlich, wenn ein AN **außertariflich entlohnt** werden soll, es sei denn, der AN fällt nicht unter den Geltungsbereich der für den Betrieb maßgeblichen Vergütungsverordnung. Im letzteren Falle stellt die Feststellung des AG, dass der AN als außertariflicher Ang eine frei vereinbarte Vergütung erhält, keine mitbestimmungspflichtige Eingruppierung dar.[140]

43

Eine Eingruppierung i.S.v. Abs. 1 liegt auch vor, wenn der AN einer in einer **BV** festgelegten Entgeltgruppe zugewiesen wird.[141] Aufgrund der in § 77 Abs. 3 enthaltenen Sperrklausel (vgl. § 77 Rn 30 ff., 34 ff.) kommt eine derartige Regelung aber ausschließlich für Entgeltbestandteile in Frage, die nicht tariflich geregelt sind, wie z.B. besondere Zulagen oder aber auch für das Entgelt von außertariflichen Ang, die nicht leitende Ang sind.[142] Auch die Einordnung eines AN in ein betriebliches Entgeltschema, welches nicht in einer BV festgelegt, sondern vom AG aufgestellt wurde,[143] stellt eine Eingruppierung dar.[144] Die Zuordnung zu einer allein für **freiwillige betriebliche Sozialleistungen** gebildeten Gruppe ist hingegen keine Eingruppierung i.S.v. Abs. 1.[145] Allerdings kann die Entscheidung über die Gewährung einer Zulage zum Entgelt eine Eingruppierung darstellen, sofern die Zulage als eine Zwischenstufe zwischen Vergütungsgruppen darstellt und deren Gewährung mit einer Aussage über die Stellung des AN innerhalb der maßgeblichen Vergütungsordnung verbunden wäre. Erschwerniszulagen erfüllen diese Voraussetzungen nicht.[146] Bei **individueller Lohn- oder Gehaltsvereinbarung** besteht kein Mitbestimmungsrecht des BR, weil die Eingruppierung voraussetzt, dass eine kollektiv gestaltete Regelung besteht.[147] Fällt der AN aber unter den Geltungsbereich eines TV, hat der BR trotz Vereinbarung einer übertariflichen Entlohnung darüber mitzubestimmen, in welche tarifvertragliche Lohn- oder Gehaltsgruppe der AN aufgrund seiner Tätigkeit einzustufen ist.[148] Ist das Arbeitsentgelt zwar individualvertraglich vereinbart, existiert aber eine betriebliche Ordnung, die für die Gehaltsbemessung Gruppen vorsieht, ist auch hier der Mitbestimmungstatbestand der Eingruppierung erfüllt.[149] Sofern sich unmittelbar an ein **befristetes Arbeitsverh** ein weiteres Arbeitsverh anschließt und sich weder die Tätigkeit des AN, noch das maßgebliche Entgeltgruppenschema ändert, ist eine erneute Eingruppierung nach § 99 nicht erforderlich.[150] Dasselbe gilt, wenn ein gekündigter und bereits ausgeschiedener AN während des Künd-Rechtsstreits bei unveränderten Arbeitsbedingungen vorläufig weiterbeschäftigt wird.[151]

44

Bei **sozialversicherungsfreier Beschäftigung** (§ 8 SGB IV) ist jedenfalls dann eine Eingruppierung nötig, wenn der AG auch für diese Gruppe bestimmte Kriterien für die Vergütung aufgestellt hat.[152] Soweit **Heimarbeiter** in der Hauptsache für den Betrieb tätig sind,[153] unterliegt die Zuordnung der verschiedenen Arbeitsgänge in die vorgegebenen Entgeltgruppen (§ 19 HAG) bei Zuweisung der Tätigkeiten der Mitbestimmung, da ebenfalls eine Eingruppierung vorliegt.[154]

45

---

136 BAG 2.8.2006 – 10 ABR 48/05 – NZA-RR 2007, 554; BAG 12.12.2006 AP § 1 BetrVG 1972 Gemeinsamer Betrieb Nr. 27; *Fitting u.a.*, § 99 Rn 85.
137 BAG 24.6.1986 – AP § 99 BetrVG 1972 Nr. 37.
138 BAG 2.3.2004 – 1 AZR 271/03 – AP § 3 TVG Nr. 31.
139 LAG Schleswig-Holstein 17.1.2007 – 6 TaBV 18/05 – NZA-RR 07, 365; *Fitting u.a.*, § 99 Nr. 86.
140 BAG 31.5.1983 – AP § 118 BetrVG 1972 Nr. 27.
141 Vgl. *Richardi/Thüsing*, § 99 Rn 68; GK-BetrVG/*Kraft/Raab*, § 99 Rn 41.
142 BAG 22.11.1980 – AP § 87 BetrVG 1972 Lohngestaltung Nr. 3; Hess u.a./*Schlochauer*, § 99 Anm. 27, 27 a, 29; *Galperin/Löwisch*, § 99 Rn 30; *Fitting u.a.*, § 99 Rn 94.
143 Vgl. § 87 Abs. 1 Nr. 10.
144 BAG 28.1.1986 – AP § 99 BetrVG 1972 Nr. 32; DKK/*Kittner/Bachner*, § 99 Rn 65; *Richardi/Thüsing*, § 99 Rn 70; einschränkend *Galperin/Löwisch*, § 99 Rn 29 a.
145 So auch GK-BetrVG/*Kraft/Raab*, § 99 Rn 41; *Richardi/Thüsing*, § 99 Rn 63.
146 Vgl. GK-BetrVG/*Kraft/Raab*, § 99 Rn 41.
147 BAG 31.5.1983 – AP § 118 BetrVG 1972 Nr. 27; ArbG Düsseldorf 22.6.1988 – NZA 1988, 703; Hess u.a./*Schlochauer*, § 99 Rn 30.
148 BAG 9.10.1970 – AP § 63 BetrVG 1972 Nr. 4.
149 BAG 28.1.1986 – AP § 99 BetrVG 1972 Nr. 32.
150 BAG 11.11.1996 – AP § 99 BetrVG 1972 Eingruppierung Nr. 17.
151 Vgl. DKK/*Kittner/Bachner*, § 99 Rn 71; a.A. *Bengelsdorf*, DB 1989, 2023.
152 LAG Frankfurt/M. 18.3.1990 – NZA 1991, 282; vgl. auch BAG 18.6.1991 – NZA 1991, 903.
153 Vgl. § 6 Abs. 1 S. 2, Abs. 2 S. 2 BetrVG.
154 Vgl. BAG 20.9.1990 – AP § 99 BetrVG 1972 Nr. 83; Jaeger/Röder/Heckelmann/*Lunk*, Kap. 24 Rn 47; a.A. Hess u.a./*Schlochauer*, § 99 Rn 32.

46 Wird der Arbeitsplatz mit einem **Beamten** besetzt, stellt die vergütungsrechtliche Beurteilung keine mitbestimmungspflichtige Eingruppierung dar.[155] Werden Arbeitsposten, die bislang als Beamtenposten ausgewiesen wurden, nunmehr als Ang-Posten kategorisiert, ist dieser Vorgang als solcher noch nicht mitbestimmungspflichtig gem. § 99. Da aber eine derartige Umkategorisierung eine Überprüfung der bisherigen Eingruppierung zur Folge hat, liegt hierin ein mitbestimmungspflichtiger Eingruppierungsvorgang.[156]

47 Da die Eingruppierung ein Arbeitsverh voraussetzt und dieses bei **Leih-AN** i.S.d. AÜG nur zum Verleiher besteht, hat dieser die Eingruppierung vorzunehmen, so dass bei der Eingruppierung ausschließlich der BR des Verleiherbetriebes zu beteiligen ist.[157] Wird der Leih-AN aber an einen Entleiher überlassen, in dessen Betrieb eine Vergütungsordnung besteht, ist er aufgrund des Grundsatzes der Lohngerechtigkeit[158] für die Zeit der Überlassung in diese Vergütungsordnung einzugruppieren, sofern nicht ein auf das Leih-Arbeitsverh anwendbarer TV vom Equal Pay abweichende Regelungen zulässt. Ist die Vereinbarung über Entgelt wegen eines Verstoßes gegen den Grundsatz der Lohngerechtigkeit gem. § 9 Nr. 2 AÜG unwirksam, hat der Leih-AN Anspruch auf die für einen vergleichbaren AN im Betrieb des Entleihers gezahlte Vergütung. Die diesbezügliche Zuordnung stellt ebenfalls eine Eingruppierung dar.[159]

48 **3. Umgruppierung. a) Begriffsbestimmung.** Unter Umgruppierung ist die **Neueingruppierung des AN in die Vergütungsgruppenordnung** zu verstehen. Sie ist die Feststellung des AG, dass die Tätigkeit des AN nicht oder nicht mehr den Tätigkeitsmerkmalen der Vergütungsgruppe entspricht, in welche der Betreffende bislang eingruppiert war.[160] Dabei ist unerheblich, aus welchem Anlass der AG eine Änderung vornimmt und ob der AN ein höheres (**Höherstufung**), ein niedrigeres (**Herabstufung**) oder weiterhin ein **gleiches Arbeitsentgelt** erzielt.[161] Die Umgruppierung ist wie die Eingruppierung kein rechtsgestaltender Akt, sondern hat nur deklaratorische Bedeutung; sie bedarf aber in jedem Falle der Beteiligung des BR. Kommt der AG nach Prüfung zu der Erkenntnis, dass die bislang zugrunde gelegte Eingruppierung fehlerhaft ist, so bedarf die Korrektur als „Umgruppierung" der Beteiligung des BR. Auch das etwaige Einverständnis des AN mit der Eingruppierung ändert hieran nichts.[162]

49 **b) Einzelfälle.** So liegt es auf der Hand, dass eine Umgruppierung erforderlich ist, wenn dem AN eine **andere Tätigkeit** zugewiesen wird, die dem Tätigkeitsmerkmal einer anderen Vergütungsgruppe entspricht.[163] Die Versetzung auf einen höher oder niedriger eingestuften Arbeitsplatz ist aber nur eine Möglichkeit, bei der eine Umgruppierung erforderlich wird; in Betracht kommt auch, dass eine Umgruppierung deshalb erforderlich wird, weil sich die dem AN übertragenen Aufgaben auf demselben Arbeitsplatz in ihrem Verhältnis zueinander ändern und der AN entsprechend in eine andere Vergütungsgruppe „hineinwächst".[164] Unerheblich für die Frage, ob eine Umgruppierung vorliegt, ist, ob die Zuweisung der anderen Tätigkeit eine betriebsverfassungsrechtliche Versetzung darstellt.[165] Möglich ist des weiteren eine Umgruppierung bei **unverändertem Tätigkeitsbereich** des AN infolge einer **Änderung der Vergütungsordnung**.[166] Gleichwohl ist hier zu differenzieren: Werden, etwa im Zuge von Tarifverhandlungen, die maßgeblichen Tätigkeitsmerkmale verändert, bedarf es einer erneuten Beteiligung des BR jedenfalls dann, wenn die Änderungen eine erneute Bewertung zur Folge haben. Ändert sich die Vergütungsordnung jedoch nur insoweit, als dass ein objektiver Anknüpfungspunkt durch einen anderen ersetzt wird (bspw. Lebensalter statt Betriebszugehörigkeit), soll die Anwendung dieser neuen Ordnung mitbestimmungsfrei sein, da die innerbetriebliche Lohngerechtigkeit nicht durch bloßes Auswechseln objektiver Parameter beeinträchtigt werden kann.[167] Stets mit einer Umgruppierung aller AN verbunden ist der **Wechsel eines TV** wie auch die erstmalige Einführung eines TV, letzteres z.B. bei dem erstmaligen Abschluss eines Firmen-TV.[168] Werden innerhalb des vorhandenen Entgeltschemas Änderungen vorgenommen, etwa weil die Tarifvertragsparteien eine **Gehaltsgruppe** in zwei **aufteilen**,[169] oder ändern sich die Tätigkeitsbeispiele,[170] liegt eine Umgruppierung vor. Da die Beteiligungsrechte gem. § 99 zwingender Natur sind, ist der BR selbst dann zu beteiligen, wenn die Tarifvertragsparteien durch Protokollnotiz vereinbart ha-

---

155 BAG 12.12.1995 – AP § 99 BetrVG 1972 Eingruppierung – Deutsche Bahn AG Nr. 6.
156 BAG 12.8.1997 – AP § 99 BetrVG 1972 Eingruppierung Nr. 14.
157 BAG, 17.6.2008 – 1 ABR 39/07 „Dem Betriebsrat im Entleiherbetrieb steht ein Mitbestimmungsrecht bei der Eingruppierung von Leiharbeitnehmern nicht zu".
158 „Equal Pay", vgl. §§ 3 Abs. 1 Nr. 3; 9 Nr. 2; 10 Abs. 4 AÜG.
159 Boemke/Lembke, DB 2002, 893, 898; Hamann, NZA 2003, 526, 531.
160 BAG 26.10.2004 – AP § 99 BetrVG 1972 Eingruppierung Nr. 29; BAG 20.3.1990 – AP § 99 BetrVG 1972 Nr. 79.
161 BAG 6.8.2002 – AP § 99 BetrVG 1972 Eingruppierung Nr. 27.
162 Richardi/*Thüsing*, § 99 Rn 91.
163 BAG 26.10.2004 – AP § 99 BetrVG 1972 Eingruppierung Nr. 29; BAG 20.3.1990 – AP § 99 BetrVG 1972 Nr. 79.
164 Vgl. BAG 7.10.1981 – AP §§ 22, 23 BAT 1975 Nr. 49.
165 Ebenso LAG Hamm 1.8.1979 – DB 1979, 2499.
166 BAG 22.10.2004 – AP § 99 BetrVG 1972 Eingruppierung Nr. 29; BAG 20.3.1990 – AP § 99 BetrVG 1972 Nr. 79; DKK/*Kittner/Bachner*, § 99 Rn 76; *Fitting u.a.*, § 99 Rn 89.
167 MünchArb/*Matthes*, § 355 Rn 11; Jaeger/Röder/Heckelmann/*Lunk*, Kap. 24 Rn 52.
168 DKK/*Kittner/Bachner*, § 99 Rn 81.
169 LAG Hamburg 23.12.1992 – NZA 1993, 424.
170 LAG Düsseldorf 31.7.1992 – NZA 1993, 426; LAG Schleswig-Holstein 14.4.1992 – BB 1992, 1139.

ben, dass anlässlich einer Gehaltsstrukturänderung weder Höher- noch Herabgruppierungen vorzunehmen seien.[171] Eine Umgruppierung liegt auch vor, wenn es sich um die **Korrektur einer irrtümlichen Eingruppierung** handelt.[172] Erfasst hiervon ist auch der Fall, dass sich die Tätigkeit des AN ohne Zuweisung einer anderen Tätigkeit in ihrer Bedeutung oder in ihrem Inhalt ändert.[173] Die Beförderung eines Tarif-Ang zum **außertariflichen Ang** unterliegt der Mitbestimmungspflicht des BR, soweit der AG feststellt, dass die zu bewertende Tätigkeit Anforderungen stellt, die die Qualifikationsmerkmale der obersten Vergütungsgruppe übersteigen.[174] Sofern es für außertarifliche Ang eine eigene Vergütungsgruppenregelung gibt, kann auch insoweit eine Einstufung in Betracht kommen.[175] Wird ein Ang in der Weise „befördert", dass die Tätigkeit künftig die Merkmale von **§ 5 Abs. 3** erfüllt sind, so unterliegt diese Umgruppierung nicht der personellen Mitbestimmung, sondern nur dem Verfahren nach § 105.[176] Die Degradierung eines außertariflich Ang in die höchste Tarifgruppe ist mitbestimmungspflichtig.[177] Keine Umgruppierung liegt vor, wenn einem AN **individualvertraglich eine höhere Eingruppierung** zugesagt und er nunmehr in die kollektivrechtliche „korrekte" Gruppe eingruppiert wird;[178] kein Mitbestimmungsrecht besteht ferner bei einer linearen **Absenkung des Gehalts** um einen bestimmten Prozentsatz, weder begründet diese Absenkung ein neues Vergütungssystem i.S.v. § 87 Abs. 1 Nr. 10, noch verändert sich hierdurch das innerbetriebliche Lohngefüge. Eine Änderung tritt lediglich im Hinblick auf die absolute Lohnhöhe in Kraft.[179] Aufgrund des Grundsatzes des Equal Pay für **Leih-AN** i.S.d. AÜG sieht jeder Wechsel des Einsatzbetriebes, in dem eine Vergütungsregelung besteht, eine erneute Eingruppierung und damit eine Umgruppierung nach sich.[180] Dies trifft nur dann nicht zu, wenn ein auf das Leih-Arbeitsverh anwendbarer TV vom Equal Pay abweichende Regelungen ermöglicht.

4. Versetzung. a) Begriffsbestimmung. Die Legaldefinition des betriebsverfassungsrechtlichen Begriffs der Versetzung findet sich in § 95 Abs. 3.[181] Demnach besteht betriebsverfassungsrechtlich eine „Versetzung" in der **Zuweisung eines anderen Arbeitsbereichs, die voraussichtlich die Dauer von einem Monat überschreitet oder die mit einer erheblichen Änderung der Umstände verbunden ist, unter denen die Arbeit zu leisten ist.** Während es daher auf der betriebsverfassungsrechtlichen Ebene im Kern um die Beteiligung des BR bei der Versetzung als tatsächliche Zuweisung eines anderen Tätigkeitsbereichs geht, sofern die beabsichtigte Tätigkeitsänderung die gem. § 95 Abs. 3 geforderte Qualität und Intensität aufweist, geht es auf der individualrechtlichen Ebene um die schuldrechtliche Befugnis des AG, dem AN eine andere Tätigkeit zuzuweisen, und daher den Aufgabenbereich des AN nach Art, Ort und Umfang der Tätigkeit zu verändern. Da diese Ebenen nicht deckungsgleich sind, folgt, dass bei einer individualrechtlich zulässigen Versetzung die Beteiligung des BR nicht entfällt,[182] wie umgekehrt die Beteiligung des BR gem. § 99 eine etwa erforderliche Zustimmung des AN zur Versetzung nicht zu ersetzen vermag.[183]

Der in § 95 Abs. 3 verwandte Begriff des „**Arbeitsbereichs**" wird in § 81 Abs. 1 in Verbindung mit Abs. 2 durch die Aufgabe und die Verantwortung sowie die Art der Tätigkeit und ihre Einordnung in den Arbeitsablauf des Betriebs umschrieben. Nach der Rspr. des BAG geht es daher um den konkreten Arbeitsplatz und seine Beziehung zur betrieblichen Umgebung in räumlicher, technischer und organisatorischer Hinsicht.[184] So ist die Zuweisung eines anderen Arbeitsbereichs zu bejahen, wenn dem AN ein **neuer Tätigkeitsbereich** zugewiesen wird.[185] Bei der Beantwortung dieser Frage ist zu berücksichtigen, dass in jedem Arbeitsbereich ständig Änderungen eintreten. Halten sich diese Änderungen innerhalb einer üblichen Schwankungsbreite, die z.B. durch Produktionsumstellungen oder Modernisierungsmaßnahmen (neue Geräte) bedingt sind,[186] sind diese (Bagatell-)Fälle von § 99 nicht erfasst. Die **Veränderung** muss so **erheblich** sein, dass der Gegenstand der geschuldeten Arbeitsleistung, der Inhalt der Arbeitsaufgabe, ein anderer (aliud) wird und sich deshalb das Gesamtbild der Tätigkeit des AN ändert.[187] Die Veränderung der Arbeitsaufgabe kann quantitativer Natur sein, also z.B. in einer erheblichen Erweiterung der Arbeitsleistung bestehen,[188] oder aber qualitativer Art sein, wie z.B. in der Übertragung einer höherwertigen, unterwertigen oder andersartigen Arbeit.

---

171 LAG Düsseldorf 31.7.1992 – NZA 1993, 426.
172 BAG 20.3.1990 – AP § 9 BetrVG 1972 Nr. 79; GK-BetrVG/*Kraft/Raab*, § 99 Rn 52.
173 Richardi/*Thüsing*, § 99 Rn 86.
174 BAG 31.10.1995 – AP § 99 BetrVG 1972 Eingruppierung Nr. 5.
175 BAG 31.5.1983 – AP § 118 BetrVG 1972 Nr. 27.
176 BAG 8.2.1977 – AP § 5 BetrVG 1972 Nr. 16.
177 BAG 28.1.1986 – AP § 99 BetrVG 1972 Nr. 32.
178 GK-BetrVG/*Kraft/Raab*, § 99 Rn 54; *Galperin/Löwisch*, § 99 Rn 36; *Fitting u.a.*, § 99 Rn 117.
179 Vgl. LAG Baden-Württemberg 9.12.2003 – 17 TaBV 2103 – juris.
180 *Hamann*, NZA 2003, 532; *Fitting u.a.*, § 99 Rn 106.
181 Vgl. hierzu *Hunold*, NZA-RR 2001, 617; *Forier*, AiB 1997, 83.
182 BAG 26.5.1988 – AP § 95 BetrVG 1972 Nr. 13.
183 LAG Düsseldorf 29.9.1977 – DB 1978, 2494; *Weber/Ehrich*, BB 1996, 2246, 2249.
184 BAG 19.2.1991 – AP § 95 BetrVG 1972 Nr. 25; BAG 23.11.1993 – AP § 95 BetrVG 1972 Nr. 33; ebenso: MünchArb/*Matthes*, § 353 Rn 5.
185 BAG 10.4.1984 – AP § 95 BetrVG 1972 Nr. 4.
186 BAG 10.4.1994 – AP § 95 BetrVG 1972 Nr. 4; LAG Bremen 21.7.1978 – BB 1978, 1263; LAG München 18.11.1987 – LAGE § 95 BetrVG 1972 Nr. 4; Hess u.a./*Schlochauer*, § 99 Rn 47, 49.
187 St. Rspr., vgl. z.B. BAG 10.4.1984 – AP § 95 BetrVG 1972 Nr. 4; BAG 26.5.1988 – AP § 95 BetrVG 1972 Nr. 13; BAG 29.9.2004 – DB 2005, 951 unter B. III.1.
188 LAG München 12.1.1990 – LAGE § 99 BetrVG 1972 Nr. 3.

52 **b) Einzelfälle.** **Die Zuweisung eines anderen Arbeitsbereichs** kann bei folgenden Tatbeständen vorliegen: Ändert sich der Inhalt der Arbeitsaufgabe – sei es, weil ein bisher mit Reinigungsarbeiten beschäftigter Hilfs-Arb eine Maschine bedienen soll oder ein Gabelstaplerfahrer Lagerverwalter wird oder einer Schreibkraft die Aufgaben einer Sachbearbeiterin übertragen werden, liegt hierin die Zuweisung eines neuen Tätigkeitsbereichs.[189] Gleiches gilt, wenn der AN zwar formal seinen bisherigen Tätigkeitsbereich behält, ihm jedoch **wesentliche Teilfunktionen** entzogen oder neu übertragen werden, die seiner gesamten Tätigkeit ein solches Gepräge geben, dass von einer anderen Tätigkeit ausgegangen werden muss.[190] In **quantitativer Hinsicht** hat die Rspr. noch keine feste Grenze entwickelt. Je nach den Umständen des Einzelfalls kann jedoch eine Änderung der Tätigkeit von 25 % eine Versetzung begründen.[191] Dem entspricht es, dass die Abstellung von AN zu einem monatlich stattfindenden, zweitägigen Workshop für die Annahme der Zuweisung eines anderen Arbeitsbereichs nicht ausreicht.[192] Andererseits können Teilfunktionen ihrer Bedeutung wegen auch qualitativ dann prägend für den Arbeitsbereich sein, wenn sie einen zeitlich geringen Anteil ausmachen.[193] Bei der qualitativen Änderung einzelner Teiltätigkeitsbereiche fällt die Feststellung, ob bei einer Gesamtschau die Gesamttätigkeit eine wesentliche Änderung erfahren hat, erheblich schwerer. Ist eine Umgruppierung erforderlich, ist dies ein Indiz für eine damit einhergehende Versetzung.[194]

53 Da die Bestellung eines AN zum **Datenschutzbeauftragten** i.S.d. § 4 BDSG[195] oftmals mit einer erheblichen Änderung der Arbeitsverpflichtung einhergeht, liegt im Zweifel eine mitbestimmungspflichtige Versetzung vor.[196] Die gleichen Grundsätze gelten für externe Datenschutzbeauftragte,[197] **Umweltschutzbeauftragte**[198] sowie für die im Rahmen der Umweltbetriebsprüfung einzusetzenden internen und externen **Umweltgutachter**.[199]

54 Leistet ein AN nunmehr **Gruppenakkord** statt bisher Einzelakkord, kann auch hierin je nach der Ausgestaltung der Arbeitsleistung eine Versetzung liegen.[200] Ändert sich nur die Vergütung und nicht zugleich die Arbeitsabläufe, ist eine Versetzung ausgeschlossen.[201] Ebenso wenig stellt die **Suspendierung** von der Arbeit eine Versetzung dar; denn der AN erhält keinen neuen Arbeitsbereich, sondern ist nur von der Verpflichtung zur Erbringung seiner Arbeitspflicht freigestellt.[202] Ob ein **Stellentausch** eine mitbestimmungspflichtige Versetzung darstellt, bestimmt sich danach, wie unterschiedlich die Tätigkeiten der betroffenen AN sind. Hatte ein Sachbearbeiter bislang persönlichen Kontakt mit dem Kunden und arbeitete er bislang in einem kundengerecht eingerichteten Büro mit nur zwei Arbeitsplätzen, so liegt eine Versetzung vor, wenn er mit einem Sachbearbeiter wechselt, der nur telefonischen oder schriftlichen Kundenkontakt hat und in einem Raum mit weiteren drei oder vier Kollegen sitzt.[203]

55 Ohne Zuweisung eines anderen Arbeitsbereichs kann auch eine **erhebliche Änderung der Umstände allein** eine Versetzung darstellen.[204] Unter den **Umständen der Arbeitsleistung** sind die **äußeren Umstände** gemeint, unter denen die Arbeit tatsächlich zu leisten ist, also der Ort und die Art und Weise, wie z.B. die Gestaltung des Arbeitsplatzes und des Arbeitsablaufs, Lage der Arbeitszeit, Belastung, Stellung innerhalb der betrieblichen Organisation.[205] Auch insoweit muss es sich um eine **erhebliche Änderung der äußeren Umstände** handeln. Eine Versetzung liegt z.B. vor, wenn der AN seine gleich bleibende Arbeit in einem anderen Betrieb, Nebenbetrieb oder Betriebsteil, also in einer anderen organisatorischen Einheit erbringen soll.[206] Die Rspr. ist recht streng. So liegt eine mitbestimmungspflichtige Versetzung vor, wenn eine mehrmonatige Abordnung von AN innerhalb einer Großstadt wie Berlin erfolgt, ohne dass sich der Arbeitsinhalt ändert.[207] Gleiches gilt für die Umsetzung einer Altenpflegekraft für mehr als einen Monat auf eine andere Station in einem in mehrere Stationen gegliederten Seniorenheim,[208] sofern es nicht üblich ist, dass die Altenpflegekräfte zwischen den einzelnen Stationen wechseln. Auch der Wechsel des Filialbezirks, unter Umständen auch nur der Filiale, kann eine Versetzung darstellen.[209]

56 Die Zuweisung eines anderen Arbeitsbereichs liegt auch vor, wenn der AN zu einem **anderen Arbeitsort** entsandt wird, ohne dass es darauf ankäme, ob sich seine Arbeitsaufgabe ändert oder er in eine organisatorische Einheit eingegliedert wird.[210] Es genügt, wenn der AN seine Arbeitsleistung in einer anderen geografischen Gemeinde erbringen

---

189 BAG 10.4.1984 – AP § 95 BetrVG 1972 Nr. 4; Hess u.a./ Schlochauer, § 99 Rn 44, 47; Stege/Weinspach/Schiefer, §§ 99–101 Rn 156.
190 BAG 2.4.1996 – AP § 95 BetrVG 1972 Nr. 34.
191 BAG 2.4.1996 – AP § 95 BetrVG 1972 Nr. 34; LAG München 12.1.1999 – LAGE § 99 BetrVG 1972 Versetzung Nr. 3 – erachtet 20 % für ausreichend.
192 LAG Düsseldorf 30.8.2006 – 12 TaBV 51/06 – juris.
193 BAG 2.4.1996 – AP § 99 BetrVG 1972 Nr. 34; Hessisches LAG 22.2.1983 – DB 1983, 2143: Entzug der Betreuung der gesamten Altkundschaft eines Betriebsrepräsentanten.
194 MünchArb/Matthes, § 353 Rn 8; Fitting u.a., § 99 Rn 109.
195 Hierzu ausführlich Gola/Klug, NJW 2007, 118.
196 BAG 22.3.1994 – AP § 99 BetrVG 1972 Versetzung Nr. 4; Fitting u.a., § 99 Rn 131; a.A. ArbG München 7.4.1993 – RDV 1994, 258.
197 Fitting u.a., § 99 Rn 69, 110.
198 Schierbaum/Nahrmann, AiB 1997, 36.
199 Merten, DB 1996, 90, 92; Wagner, AiB 1996, 453, 458.
200 Fitting u.a., § 99 Rn 119.
201 Richardi/Thüsing, § 99 Rn 101.
202 BAG 28.3.2000 – AP § 95 BetrVG 1972 Nr. 39.
203 BAG 13.5.1997 – 1 ABR 82/96 – juris.
204 BAG 26.5.1988 – AP § 95 BetrVG 1972 Nr. 13.
205 BAG 10.4.1984 – AP § 95 BetrVG 1972 Nr. 4.
206 BAG 19.2.1991 – AP § 95 BetrVG 1972 Nr. 26; BAG 28.6.1995 – AP § 4 BetrVG 1972 Nr. 8; BAG 10.4.1984 – AP § 95 BetrVG 1972 Nr. 4.
207 LAG Berlin 26.5.1997 – LAGE § 95 BetrVG 1972 Nr. 17.
208 BAG 29.2.2000 – AP § 95 BetrVG 1972 Nr. 36.
209 Vgl. LAG Berlin 26.5.1997 – NZA-RR 1998, 76 zu Postfilialen in Berlin.
210 BAG 18.2.1986 – AP § 99 BetrVG 1972 Nr. 33; BAG 1.8.1989 – AP § 95 BetrVG 1972 Nr. 17.

soll; bei extrem schlechten Verkehrsverbindungen und einem entsprechend nicht unerheblich veränderten Anfahrtsweg genügt möglicherweise auch eine Ortsveränderung innerhalb der Gemeinde. Keine Versetzung besteht aber bei Verlegung einer Betriebsabteilung in andere Räume an demselben Ort oder bei einem Wechsel der Fabrikhalle.[211]

Die bloße Veränderung von Lage und Dauer der Arbeitszeit stellt keine Versetzung dar. Entsprechend ist nicht mitbestimmungspflichtig etwa die Verlängerung oder Verkürzung der normalen Wochenarbeitszeit von Vollzeit-AN, der Mindestwochenarbeitszeit von Teilzeitbeschäftigten mit variabler Arbeitszeit, die Umsetzung von Normal- in Wechselschicht oder von Tag- in Nachtschicht.[212] Auch die bloße **Umwandlung** eines **Vollzeit-Arbeitsverh** in ein **Teilzeit-Arbeitsverh** und umgekehrt stellt keine Versetzung dar.[213] Gleiches gilt für die Geltendmachung eines Teilzeitanspruchs nach § 8 TzBfG oder eines Anspruchs nach § 9 TzBfG auf Arbeitszeitverlängerung; dies allerdings nach jüngster Rspr. des BAG[214] nur dann, wenn eine nur unerhebliche Erweiterung bzw. Einschränkung des Volumens der arbeitsvertraglich geschuldeten regelmäßigen Arbeitszeit vorliegt (vgl. Rn 34). 57

Da der Versetzungsbegriff die **Zuweisung** eines anderen Arbeitsbereichs verlangt, kann von einer betriebsverfassungsrechtlichen Versetzung nur dann gesprochen werden, wenn diese auf die **Initiative des AG zurückzuführen ist**.[215] Das Merkmal der Zuweisung ist erfüllt, wenn der AG einseitig von seinem Direktionsrecht Gebrauch macht oder wenn aufgrund des Vertragsinhalts das Einverständnis des AN erforderlich ist.[216] Eine Versetzung scheidet daher aus, wenn diese auf Wunsch des AN oder aufgrund einer gesetzlichen Verpflichtung erfolgt.[217] 58

Die Zuweisung eines anderen Arbeitsbereichs stellt aber nur dann eine Versetzung dar, wenn sie entweder **voraussichtlich die Dauer eines Monats überschreitet** oder wenn der Ortswechsel zugleich mit einer **erheblichen Änderung der Umstände verbunden** ist, unter denen die Arbeit zu leisten ist.[218] Im Umkehrschluss bedeutet dies, dass keine Versetzung vorliegt, wenn sie voraussichtlich nicht länger als einen Monat dauert und tatsächlich mit keiner erheblichen Änderung verbunden ist. Maßgeblich ist die voraussichtliche, d.h. geplante Dauer der Zuweisung, wobei für die Fristberechnung der Tag der tatsächlichen Zuweisung für den Fristbeginn maßgeblich ist.[219] Ergibt sich während einer für einen Zeitraum von maximal einem Monat geplanten Versetzung, dass sie länger andauert, z.B. bei unvorhergesehener längerer Erkrankung eines Arbeitskollegen, so ist auch die länger dauernde Vertretung nicht mitbestimmungspflichtig, es sei denn, sie würde nunmehr voraussichtlich ab dem Zeitpunkt der Kenntniserlangung noch länger als einen Monat andauern.[220] 59

Überschreitet die Zuweisung eines anderen Arbeitsbereichs voraussichtlich die Dauer von einem Monat, ist sie gleichwohl nur dann als Versetzung i.S.d. § 99 zu qualifizieren, wenn sie mit einer **erheblichen Änderung der Umstände** verbunden ist, unter denen die Arbeit zu leisten ist. Maßgebend ist der Standpunkt eines neutralen Beobachters.[221] 60

Zu einer erheblichen Änderung der Umstände können, wie ausgeführt, schwierige Verkehrsverbindungen, erheblich längere Fahrzeiten oder eine stärkere physische Belastung führen.[222] Das BAG hat anerkannt, dass die Entsendung zur Beschäftigung an einem Ort, der 160 km vom Arbeitsort entfernt ist,[223] eine Versetzung darstellt; auch ein Arbeitseinsatz in Japan, selbst wenn sich dadurch weder die Arbeitsaufgabe noch die Eingliederung in den Betrieb ändert.[224] Bei einer auch kurzfristigen Dienstreise und der Notwendigkeit einer auswärtigen Übernachtung kann nicht generell auf eine erhebliche Änderung der Arbeitsabläufe geschlossen werden; hier kommt es auf die Umstände des Einzelfalls an.[225] 61

Keine mitbestimmungspflichtige Versetzung liegt vor, wenn AN nach der **Eigenart** ihres Arbeitsverh üblicherweise nicht ständig an einem bestimmten Arbeitsplatz tätig werden, wobei die Rspr. verlangt, dass dieser Wechsel 62

---

211 *Fitting u.a.*, § 99 Rn 121; vgl. auch LAG Berlin 22.11.1991 – NZA 1992, 854.
212 BAG 19.2.1991 – AP § 95 BetrVG 1972 Nr. 25; BAG 16.7.1991 – AP § 95 BetrVG 1972 Nr. 28; BAG 23.11.1993 – AP § 95 BetrVG 1972 Nr. 33; *Fitting u.a.*, § 99 Rn 126; a.A. LAG Niedersachsen 12.9.2000 – NZA-RR 2001, 141.
213 BAG 25.1.2005 – AP § 87 BetrVG 1972 Arbeitszeit Nr. 114.
214 BAG 25.1.2005 – AP § 87 BetrVG 1972 Arbeitszeit Nr. 114.
215 BAG 19.2.1991 – AP § 95 BetrVG 1972 Nr. 26; BAG 28.3.2000 – BB 2000, 2014; LAG Hamm 20.9.2002 – NZA-RR 2003, 422.
216 *Fitting u.a.*, § 99 Rn 128; *Richardi/Thüsing*, § 99 Rn 110, 297.
217 Ebenso: BAG 19.2.1991 – AP § 95 BetrVG 1972 Nr. 26; BAG 28.3.2000 – BB 2000, 2014; LAG Hamm 20.9.2002 – NZA-RR 2003, 422.
218 BAG 18.2.1986 – AP § 99 BetrVG 1972 Nr. 33; LAG Hamm 12.7.2002 – NZA-RR 2003, 587; auch eine „kommissarische Versetzung" löst die Mitbestimmung des BR aus, ArbG Offenbach 30.8.1996 – 6 BV 5/96 – AiB 1997, 291.
219 *Richardi/Thüsing*, § 99 Rn 113; *Fitting u.a.*, § 99 Rn 130, 131; *Hess u.a./Schlochauer*, § 99 Rn 52.
220 *Richardi/Thüsing*, § 99 Rn 113; *Galperin/Löwisch*, § 99 Rn 19, *Hess u.a./Schlochauer*, § 99 Rn 52.
221 GK-BetrVG/*Kraft/Raab*, § 99 Rn 76; *Richardi/Thüsing*, § 99 Rn 115; *Hess u.a./Schlochauer*, § 99 Rn 54.
222 *Fitting u.a.*, § 99 Rn 146.
223 BAG 8.8.1989 – AP § 95 BetrVG 1972 Nr. 18.
224 BAG 18.2.1986 – AP § 99 BetrVG 1972 Nr. 33.
225 BAG 21.9.1999 – AP § 99 BetrVG 1972 Nr. 21; vgl. auch LAG Köln 4.5.1994 – NZA 94, 911; LAG Brandenburg 7.11.1994 – AiB 1996, 123.

typisch für das Arbeitsverh sein muss.[226] Der Eigenart ihrer Arbeitsverh entsprechend werden z.B. AN im Baugewerbe,[227] Montage-Arb, Außendienst-Ang und „Springer", die ausfallende Arbeitskräfte ersetzen sollen, nicht ständig am gleichen Arbeitsort beschäftigt. Ferner zählen hierzu Auszubildende, soweit der ständige Ortswechsel des Arbeitsplatzes und zur Erreichung des Ausbildungsziels erforderlich ist.[228] Auch die Freistellung/Suspendierung eines AN stellt keine Versetzung dar.[229]

63 Bei einer **Versetzung von Beamten** hat der BR des aufnehmenden Betriebs ein Mitbestimmungsrecht.[230] Bei einer Post-Aktiengesellschaft ist der BR in den Personalangelegenheiten der Beamten nach §§ 28, 29 PostPersG zu beteiligen;[231] daneben finden §§ 99 bis 101 keine Anwendung.

III. Unterrichtungspflicht des Arbeitgebers

64 **1. Mitteilungspflicht des Arbeitgebers.** Der AG hat – so der Gesetzeswortlaut – den BR vor jeder der von § 99 erfassten personellen Maßnahmen **zu unterrichten** und im Zuge der Unterrichtung **Unterlagen vorzulegen** und **Auskünfte zu erteilen**, wobei sich Inhalt und Umfang dieser Pflichten nach der personellen Maßnahme richten, um die es jeweils geht. Eine ordnungsgemäße, d.h. rechtzeitige und vollständige Unterrichtung ist von ausschlaggebender Bedeutung für die procedurale Abwicklung: Nur die ordnungsgemäße Unterrichtung durch den AG setzt die 1-Wochen-Frist in Gang, innerhalb derer der BR seine Zustimmung nach Abs. 3 S. 1 verweigern muss oder nach deren widerspruchslosem Ablauf die Zustimmungsfiktion nach Abs. 3 S. 2 eintritt.

65 **2. Adressat der Mitteilung.** Die Unterrichtungspflicht hat gegenüber dem **BR** des Betriebes bzw. der AN-Vertretung einer betriebsverfassungsrechtlichen Einheit (vgl. § 3 Abs. 5) zu erfolgen, indem die personelle Maßnahme getroffen werden soll. Adressat ist grundsätzlich der **BR-Vorsitzende**, und im Falle seiner Verhinderung sein Stellvertreter (§ 26 Abs. 2 S. 2), und zwar auch dann, wenn nach § 27 Abs. 2 S. 2 ein Betriebsausschuss mit der Wahrnehmung der Mitbestimmungsrechte im personellen Bereich beauftragt sein sollte.[232] Die Unterrichtung anderer BR-Mitglieder genügt grundsätzlich nicht.[233] Sofern nach der Zuständigkeitsverteilung im BR die Mitbestimmungsausübung einem Ausschuss des BR nach § 28 übertragen ist, genügt allerdings die Mitteilung an dessen Vorsitzenden.[234]

66 **3. Form und Inhalt der Unterrichtung.** Für die Unterrichtung ist **keine** besondere **Form** vorgeschrieben, so dass sie mündlich oder schriftlich erfolgen kann, wobei sich letzteres aus Beweisgründen empfiehlt. Allerdings ergibt sich eine Form daraus, dass die Unterrichtung unter Vorlage der erforderlichen, d.h. der für die Meinungsbildung des BR notwendigen Bewerbungsunterlagen zu erfolgen hat.

67 Die Unterrichtung muss ferner Auskunft geben über die „Natur der geplanten Maßnahmen", d.h. aus der Mitteilung des AG muss ersichtlich sein, dass mit ihr die erforderlichen **abschließenden Informationen** über ein beabsichtigte personelle Maßnahme gegeben werden und die Zustimmung des BR eingeholt werden soll.[235] Für den BR muss klar zu erkennen sein, dass die Frist des Abs. 3 für seinen etwaigen Widerspruch bzw. für etwaige Rückfragen zu laufen beginnt.[236] Sind mehrere AN gleichzeitig betroffen, müssen sie alle individuell eindeutig benannt werden, und es muss auch für den BR zweifelsfrei zu entnehmen sein, welche Begründung sich auf welchen AN bezieht. Beabsichtigt der AG mehrere personelle Maßnahmen in einem Akt (z.B. Einstellung/Eingruppierung; Versetzung/Umgruppierung), hat er auch dies in seiner Mitteilung deutlich zu machen, da die Zustimmung des BR zu jeder Maßnahme gesondert erforderlich ist.[237]

68 **4. Antrag auf Zustimmung des Betriebsrats.** Bei allen vier in Abs. 1 benannten personellen Einzelmaßnahmen, d.h. bei Einstellung, Eingruppierung, Umgruppierung und Versetzung, hat der AG mit der Unterrichtung die **Zustimmung des BR zu der geplanten personellen Maßnahme einzuholen**. Wie bei der Information ist auch insoweit wieder keine besondere Form vorgeschrieben. Ebenso wenig bedarf es eines ausdrücklichen Antrags; es genügt, dass sich für den BR zweifelsfrei ergibt, dass der AG eine personelle Maßnahme durchführen will.

69 **5. Zeitpunkt der Unterrichtung.** Hinsichtlich des Zeitpunkts der Unterrichtung bestimmt § 99 ausdrücklich nur, dass die Unterrichtung „**vor**" der jeweiligen Maßnahme zu erfolgen hat. Zwar kann es zweckmäßig sein, den BR so

---

226 BAG 18.2.1986 – AP § 99 BetrVG 1972 Nr. 33; BAG 8.8.1989 – AP § 95 BetrVG 1972 Nr. 18.
227 LAG Düsseldorf 10.12.1973 – DB 1974, 1628.
228 BAG 3.12.1985 – AP § 95 BetrVG 1972 Nr. 8.
229 *Fitting u.a.*, § 99 Rn 134; LAG Hamm 26.2.2007 – 10 TaBVGa 3/07 – NZA-RR 2007, 469.
230 BAG 12.12.1995 – AP § 99 BetrVG 1972 Versetzung Nr. 8.
231 *Richardi*, NZA 1996, 953 ff.; *Pielsticker*, ZTR 1996, 101, 104; vgl. aber auch BAG 12.8.1997 – AP § 99 BetrVG 1972 Versetzung Nr. 15.
232 GK-BetrVG/*Kraft/Raab*, § 99 Rn 83.
233 So für § 102: BAG 28.2.1974 – AP § 102 BetrVG 1972 Nr. 2; zur Ausnahme im Falle der Verhinderung des Stellvertreters und mangels sonstiger Vorkehrungen über die Entgegennahme von arbeitgeberseitigen Erklärungen vgl. LAG Frankfurt 23.3.1976 – BB 1977, 1048; GK-BetrVG/*Kraft/Raab*, § 99 Rn 83.
234 GK-BetrVG/*Kraft/Raab*, § 99 Rn 83; *Galperin/Löwisch*, § 99 Rn 55; *Richardi/Thüsing*, § 99 Rn 155.
235 Vgl. die Checkliste in: DKKF, § 99 Rn 7 ff.
236 LAG Hamm 28.5.1973 – DB 1973, 1407.
237 Vgl. DKK/*Kittner/Bachner*, § 99 Rn 126.

früh wie möglich zu unterrichten. Der objektiv späteste Termin für eine rechtzeitige Information ist eine Woche vor Durchführung der geplanten Maßnahme; dies deshalb, damit der BR die Möglichkeit hat, die Verweigerung seiner Zustimmung noch binnen der Wochenfrist dem AG schriftlich mitzuteilen. Ist die Unterrichtung nicht umfassend, so dass der BR berechtigterweise Nachfragen stellt oder weitere Unterlagen begehrt, setzt dies eine neue Wochenfrist in Lauf, wenn der AG seiner Unterrichtungspflicht dann ordnungsgemäß nachgekommen ist. Auch für **Eilfälle** wird die Wochenfrist des Abs. 3 nicht abgekürzt; dies schließt aber nicht aus, dass sich der BR bereits vor Ablauf der Wochenfrist abschließend äußert. Ferner kommt bei Eilfällen eine vorläufige personelle Maßnahme seitens des AG gem. § 100 in Betracht.

6. Unterrichtung in Bezug auf die personelle Einzelmaßnahme. a) Einstellung. So hat der AG den BR **vor jeder Einstellung** zu unterrichten, wobei die Unterrichtungspflicht erst besteht, wenn feststeht, wer eingestellt werden soll.[238] Diese Unterrichtungspflicht beschränkt sich nicht auf die Person des unmittelbar betroffenen AN; denn das Gesetz schreibt vor, dass dem BR vor einer Einstellung Auskunft über die Person der Beteiligten zu geben ist. Soweit sie daher für den Arbeitsplatz in Betracht kommen – hierzu zählt nicht, wer offensichtlich den Qualifikationsvoraussetzungen für den Arbeitsplatz nicht entspricht –,[239] erstreckt sich die Unterrichtungspflicht auf **alle** inner- oder außerbetriebliche **Bewerber** um den zu besetzenden Arbeitsplatz.[240] Der AG hat deshalb nicht nur Auskunft über diejenigen Personen zu geben, die er in die engere Wahl gezogen hat, sondern auch hinsichtlich derer, die er nicht berücksichtigen will.[241] Zu den Bewerbern zählen auch die von der Agentur für Arbeit zur Vermittlung vorgeschlagenen Personen.[242]

70

Bei der Einschaltung eines **Personalberatungsunternehmens** ist nach der Rspr. des BAG[243] wie folgt zu differenzieren: Lautet der Auftrag, dem AG geeignete Bewerber zur Einstellung auf einen bestimmten Arbeitsplatz vorzuschlagen, was zugleich bedeutet, dass dem Unternehmen die Auswahl übertragen ist, beschränkt sich die Unterrichtungspflicht auf die Personen, die das Personalberatungsunternehmen dem AG genannt hat.[244] Sucht der Personalberater die AN durch eine Anzeigenschaltung, hat der AG den BR über alle Interessenten, die sich auf die Annonce gemeldet haben, zu informieren, also auch über diejenigen, die das Personalberatungsunternehmen für ungeeignet erachtet.[245] Da es bei der Einstellung um eine konkrete personelle Einzelmaßnahme geht, gerichtet auf die Einstellung für eine bestimmte Tätigkeit, sind an sich geeignete AN, die sich für einen anderen Arbeitsplatz beworben haben, nicht zu berücksichtigen.[246] Hat der AG sich entschlossen, bereits den ersten vom Personalberater vorgeschlagenen Bewerber einzustellen, ist dieser der einzige Bewerber.[247] Zu den „Beteiligten" gehören bei einer Einstellung nicht nur der Bewerber um den Arbeitsplatz, also derjenige, der wegen der Einstellung im Betrieb unmittelbar betroffenen AN, also diejenigen, die möglicherweise Nachteile aufgrund der Einstellung erleiden können und ferner diejenigen, die beim Bestehen von Ausfallrichtlinien nach § 95 für den Arbeitsplatz in Betracht kommen; auch über diese weiteren Beteiligten hat der AG zu informieren.[248] Inhaltlich hat der AG dem BR im Rahmen der Unterrichtung die genauen **Personalien** (Name, Vorname, Alter, Familienstand, Berufsausbildung, fachliche Vorbildung,[249] den **Zeitpunkt der Maßnahme** sowie alle **persönlichen Tatsachen** über den Bewerber bzw. betroffenen AN mitzuteilen, die den BR nach Abs. 2 zur Verweigerung der Zustimmung berechtigen könnten, also sämtliche Umstände über die fachliche und persönliche Eignung für den vorgesehenen Arbeitsplatz sowie die betrieblichen Auswirkungen.[250] Zu informieren ist auch über die mögliche Schwerbehinderteneigenschaft,[251] nicht hingegen darüber, ob eine Bewerberin schwanger ist, weil wegen dieses Umstandes der BR die Zustimmung zur Einstellung nicht verweigern kann.[252] Dem BR sind nach jüngster Rspr. auch diejenigen Unterlagen vorzulegen, die der AG erstellt hat, um (auch) auf ihrer Grundlage die Auswahlentscheidung treffen zu können.[253] Der BR hat keinen Anspruch darauf, an den **Vorstellungs-/Einstellungsgesprächen** des AG mit den Bewerbern teilzunehmen; auch kann er nicht verlangen, dass der vom AG ausgewählte Bewerber sich bei ihm persönlich vorstellt.[254] Bei der Übernahme von **Leih-AN** beschränkt sich die Unterrichtung auf die Tatsachen, die der Entleiher kennt; das sind i.d.R. die Auswahl, Qualifikation,

71

---

238 BAG 18.7.1978 – AP § 99 BetrVG 1972 Nr. 7.
239 Galperin/Löwisch, § 99 Rn 44; Stege/Weinspach/Schiefer, §§ 99–101 Rn 33 a u. d; MünchArb/Matthes, § 352 Rn 35; DKK/Kittner/Bachner, § 99 Rn 129.
240 BAG 6.4.1973 – AP § 99 BetrVG 1972 Nr. 1; BAG 19.5.1981 – AP § 118 BetrVG 1972 Nr. 18; ebenso: Jaeger/Röder/Heckelmann/Lunk, Kap. 24 Rn 69; DKK/Kittner/Bachner, § 99 Rn 129.
241 BAG 18.7.1978 – AP § 99 BetrVG 1972 Nr. 7; BAG 19.5.1981 – AP § 118 BetrVG 1972 Nr. 18.
242 Fitting u.a., § 99 Rn 168.
243 BAG 14.11.1989 – AP § 99 BetrVG 1972 Nr. 85.
244 BAG 18.12.1990 – AP § 99 BetrVG 1972 Nr. 85; kritisch: DKK/Kittner/Bachner, § 99 Rn 130.
245 BAG 18.12.1990 – AP § 99 BetrVG 1972 Nr. 85.
246 BAG 10.11.1992 – AP § 99 BetrVG 1972 Nr. 100.

247 BAG 18.12.1990 – BAGE 1966, 328, 335.
248 Hess u.a./Schlochauer, § 99 Rn 68; Richardi/Thüsing, § 99 Rn 138; DKK/Kittner/Bachner, § 99 Rn 131.
249 „Sozialdaten", vgl. LAG Düsseldorf 25.1.1990 – LAGE § 99 BetrVG 1972 Nr. 33.
250 BAG 14.12.2004 – AP § 99 BetrVG 1972 Nr. 122; BAG 18.10.1988 – AP § 99 BetrVG 1972 Nr. 57; BAG 14.12.2004 – AP § 99 BetrVG 1972 Nr. 122.
251 Hess u.a./Schlochauer, § 99 Rn 71; Jaeger/Röder/Heckelmann/Lunk, Kap. 24 Rn 67; Fitting u.a., § 99 Rn 175.
252 Vgl. EuGH 4.10.2001 – DB 2001, 2451; Richardi, DB 1973, 378, 380; a.A. Hess u.a./Schlochauer, § 99 Rn 71.
253 BAG 28.6.2005 – AP § 99 BetrVG 1972 Einstellung Nr. 49.
254 BAG 18.7.1978 – AP § 99 BetrVG 1972 Nr. 7.

der Einstellungstermin und die Einsatzdauer, die vorgesehenen Arbeitsplätze sowie die Auswirkungen auf die bereits beschäftigten AN.[255] Der Entleiher ist nicht verpflichtet, dem BR Auskunft über die Arbeitsverh der Leih-AN mit dem Verleiher zu geben.[256] Nach nicht unbedenklicher Auffassung des BAG[257] hat der AG auch die Verpflichtung, dem BR seine Vereinbarung mit dem Verleihunternehmen vorzulegen.[258] Beim Einsatz von Fremdfirmen und der Beschäftigung von freien Mitarbeitern sind dem BR die vom AG mit diesen Firmen bzw. freien AN geschlossenen Verträge vorzulegen, um dem BR die Prüfung zu ermöglichen, ob es sich nicht doch um eine Einstellung i.S.v. § 99 handelt.[259]

72 Die Unterrichtung des BR hat unter Vorlage der **erforderlichen Bewerbungsunterlagen** zu erfolgen. Im Falle der Einstellung gehören zu den Bewerbungsunterlagen die vom Bewerber von sich aus oder auf Nachfrage eingereichten Unterlagen wie Bewerbungsschreiben, Lebenslauf, Zeugnisse, Empfehlungsschreiben, der ausgefüllte Personalfragebogen, nicht hingegen sonstige Unterlagen über die Person des Bewerbers,[260] und ebenso wenig der Arbeitsvertrag.[261] Andererseits zählen zu den Bewerbungsunterlagen auch diejenigen Unterlagen, die der AG selbst anlässlich der Bewerbung erstellt hat, also z.B. Ergebnisse von Einstellungsprüfungen und Tests, schriftliche Aufzeichnungen über Einstellungsgespräche und Ähnliches.[262] Der BR kann nicht die Vorlage der gesamten Personalakten verlangen.[263] Die Vorlage der Unterlagen bezieht sich nicht nur auf die Unterlagen des Bewerbers, die der AG ausgewählt hat, sondern auf die Bewerbungsunterlagen aller Bewerber.[264] Nach der wohl überwiegenden Auffassung in der Lit. darf der Bewerber dem AG die Weiterleitung nicht nur den als vertraulich bezeichneten, sondern seiner gesamten Unterlagen an den BR verbieten.[265] Der AG hat den BR dann dahingehend zu informieren, dass der Bewerber die Weitergabe seiner Unterlagen oder Teilen hiervon verboten hat. In diesem Falle ist eine ordnungsgemäße Unterrichtung durch den AG unmöglich. Entsprechend wird die Wochenfrist nach Abs. 3 nicht in Gang gesetzt, so dass der AN nur mit ausdrücklicher Zustimmung des BR eingestellt werden könnte.

73 „Vorlage" bedeutet nach jüngster Rspr. des BAG,[266] dass der AG die Bewerbungsunterlagen dem BR bis zur Beschlussfassung über die beantragte Zustimmung zu überlassen hat. Nach der Beschlussfassung, spätestens also nach einer Woche seit Unterrichtung, muss der BR dem AG die Bewerbungsunterlagen zurückgeben.

74 **b) Eingruppierung.** Der Gesetzestext erfasst die Eingruppierung (und die Umgruppierung) mit denselben Worten wie die Einstellung und die Versetzung. Da es bei der Eingruppierung (und der Umgruppierung) aber ausschließlich um die Richtigkeit der Einstufung in eine Vergütungsgruppenordnung geht, scheidet hier die Vorlage von Bewerbungsunterlagen ebenso aus, wie die Information des BR über Auswirkungen der geplanten Maßnahme. Allerdings fällt die Eingruppierung mit der Einstellung zusammen, so dass ohnehin alle genannten Unterlagen (vgl. Rn 72) vorzulegen und Auskünfte zu erteilen sind. Zusätzlich muss der AG die vorgesehene Vergütungsgruppe mitteilen, sofern sich sein Entgelt nach einem Vergütungsgruppenschema richtet. Sonstige arbeitsvertragliche Abreden brauchen dem BR nicht mitgeteilt zu werden.[267] Die Unterrichtungspflicht erstreckt sich auch auf die Tatsachen, die den AG zu der geplanten Eingruppierung veranlasst haben.[268] Wird der AN, wie es bei sog. außertariflichen Ang der Fall sein kann, nicht mehr in eine kollektive Vergütungsgruppe eingestuft, braucht der AG die Höhe des Arbeitsentgelts nicht mitzuteilen, es genügt der Hinweis, dass der Ang außertariflich entlohnt wird und nicht mehr in den (fachlichen) Geltungsbereich einer tarifvertraglichen Regelung fällt.[269]

75 **c) Umgruppierung.** Bei der Umgruppierung sind ebenfalls die nach Abs. 1 erforderlichen Auskünfte zu geben. Die Vorlage von Bewerbungsunterlagen scheidet allerdings auch hier aus; ebenso wenig kommen Informationen des BR über Auswirkungen der geplanten Maßnahme in Frage. Mitteilungspflichtig sind die bisher maßgebliche Gruppe und die in Aussicht genommene Gruppe; ferner sind alle Angaben etwa über Berufserfahrung und Tätigkeit zu machen, die dem BR die Überprüfung der in Aussicht genommenen Umgruppierung unter dem Aspekt von Abs. 1 Nr. 1 und ggf. Nr. 2 ermöglichen. Bei einer Massenumgruppierung genügt es, dass der AG den BR die Arbeitsplätze nennt und angibt, in welche Vergütungsgruppe er sie einzustufen gedenkt.[270]

---

255 LAG Köln 12.6.1987 – DB 1987, 2106; *Hunold*, DB 1976, 648.
256 BAG 6.6.1978 – AP § 99 BetrVG 1972 Nr. 6.
257 BAG 6.6.1978 – AP § 99 BetrVG 1972 Nr. 6.
258 So aber und noch in Anbetracht von § 14 Abs. 3 AÜG weitergehend im Sinne einer uneingeschränkten Beteiligung des BR ohne Änderung hinsichtlich des Informationsrechts vgl. DKK/*Kittner/Bachner*, § 99 Rn 133; einschränkend LAG Niedersachsen 9.8.2006 – 15 TaBV 53/05 – juris, das aber den Entleiher für verpflichtet hält, seinem BR Einsicht in die AN-Überlassungsverträge zu gewähren.
259 BAG 15.12.1998 – NZA 1999, 722.
260 Jaeger/Röder/Heckelmann/*Lunk*, Kap. 24 Rn 75; ErfK/*Kania*, § 99 BetrVG Rn 21; Richardi/*Thüsing*, § 99 Rn 141.
261 BAG 18.10.1988 – AP § 99 BetrVG 1972 Nr. 57.
262 BAG 14.12.2004 – AP § 99 BetrVG 1972 Nr. 122.
263 ErfK/*Kania*, § 99 BetrVG Rn 21; *Fitting u.a.*, § 99 Rn 184.
264 BAG 6.4.1973 – AP § 99 BetrVG 1972 Nr. 1; BAG 19.5.1981 – AP § 118 BetrVG 1972 Nr. 18.
265 Richardi/*Thüsing*, § 99 Rn 146; *Adomeit*, DB 1971, 2360; *Heinze*, Personalplanung, Rn 132 ff.; a.A. *Fitting u.a.*, § 99 Rn 182.
266 BAG 14.12.2004 – AP § 99 BetrVG 1972 Nr. 122.
267 BAG 3.10.1989 – AP § 99 BetrVG 1972 Nr. 74.
268 ArbG Regensburg 4.7.1992 – EZA § 99 BetrVG 1972 Nr. 107.
269 BAG 31.5.1983 – AP § 118 BetrVG 1972 Nr. 27.
270 BAG 5.2.1971 – AP § 61 BetrVG 1972 Nr. 6.

d) Versetzung. Bei der Versetzung gelten die gleichen Grundsätze wie bei der Einstellung.[271] Entsprechend hat der AG den BR auch vor jeder Versetzung zu unterrichten und die Zustimmung des BR zu der geplanten Maßnahme einzuholen. Mitzuteilen hat der AG den in Aussicht genommenen Arbeitsplatz; ferner hat er Auskunft über die Auswirkungen der geplanten Versetzung zu geben. Inhalt und Umfang der Unterrichtung hängen davon ab, ob die Versetzung auf Dauer oder nur vorübergehend geplant ist oder wie weit mit einer Versetzung eine Änderung der Umstände verbunden ist, unter denen der AN die Arbeit zu leisten hat. Als Faustformel gilt: Je weniger mit einer Versetzung eine Änderung der Umstände verbunden ist, unter denen der AN die Arbeit zu leisten hat, desto geringer ist die Unterrichtungspflicht des AG über die Auswirkungen der Versetzung.

7. Verschwiegenheitspflicht des Betriebsrats. Um sicherzustellen, „dass der Schutz der Intimsphäre der AN auch im Rahmen der Beteiligung des BR bei personellen Einzelmaßnahmen gewährleistet bleibt",[272] bestimmt Abs. 1 S. 3 ausdrücklich eine Verschwiegenheitspflicht des BR nach näherer Maßgabe von § 79 Abs. 1 S. 2 bis 4 (vgl. § 79 Rn 3 ff.). Bei Verletzung der Verschwiegenheitspflicht hat der betroffene AN gegen das BR-Mitglied, das die Verschwiegenheitspflicht verletzt hat, einen Schadensersatzanspruch nach § 823 Abs. 2 BGB.[273]

8. Rechtsfolgen bei Verletzung der Unterrichtungspflicht. Kommt der AG seiner Unterrichtungspflicht nicht, nicht wahrheitsgemäß, unvollständig oder verspätet nach, begeht er eine **OWi** gem. § 121 (vgl. § 121 Rn 2 ff.). Zudem ist bei einer Verletzung der Unterrichtungspflicht die personelle Einzelmaßnahme betriebsverfassungswidrig. Dies hat zur Folge, dass die Wochenfrist nicht in Lauf gesetzt wird, die der BR wahren muss, wenn er seine Zustimmung zu der geplanten personellen Maßnahme verweigern will. Eine Ersetzung der verweigerten Zustimmung gem. Abs. 4 ist dann für den AG ebenfalls ausgeschlossen. Der BR hat die Möglichkeit, die durchgeführte Maßnahme gem. § 101 unterbinden zu lassen (vgl. § 101 Rn 6 ff.), und schließlich besteht bei Vorliegen der sonstigen Voraussetzungen die Möglichkeit eines Unterlassungsverfahrens nach § 23.

IV. Entscheidung über die Zustimmung

Nach erfolgter Information des AG über die geplante personelle Einzelmaßnahme und der damit einhergehenden Bitte um Zustimmung stehen dem BR vier Handlungsalternativen zur Verfügung:
– er kann die **Zustimmung** ausdrücklich **erklären**;
– er kann die **Zustimmung** ausdrücklich **verweigern**;
– er kann durch Verstreichenlassen der Wochenfrist die **Zustimmungsfiktion** herbeiführen;
– er kann **Nachfragen** wegen **unvollständiger Informationen** stellen.

In allen vier Fällen muss die Entscheidung des BR durch einen ordnungsgemäßen Beschluss des GBR oder dem zuständigen Ausschuss, sofern ihm die Ausübung der Beteiligungsrechte bei personellen Einzelmaßnahmen zur selbstständigen Erledigung übertragen ist, gem. § 33 erfolgen (vgl. § 33 Rn 2 ff., 6 ff.). Weder der BR- noch der Ausschussvorsitzende kann allein entscheiden.[274]

1. Ausdrückliche Zustimmung. Zunächst kann der BR seine Zustimmung ausdrücklich erteilen. Eine Form ist hierfür nicht vorgeschrieben; aus Beweisgründen sollte dies aber schriftlich geschehen. Rücknahme bzw. Widerruf einer ausdrücklich erteilten Zustimmung sind nicht möglich.[275] In Betracht kommt aber – zeitlich nur bis zum Vollzug der personellen Einzelmaßnahme – eine Anfechtung wegen Irrtums oder arglistiger Täuschung, z.B. wegen bewussten Vorenthaltens von Informationen seitens des AG.[276]

2. Ausdrückliche Verweigerung. Die zweite Möglichkeit besteht für den BR darin, die Zustimmung zu der personellen Einzelmaßnahme ausdrücklich zu verweigern (vgl. Rn 84 ff.).

3. Zustimmungsfiktion. Drittens kann der BR die Frist des Abs. 3 schlicht verstreichen lassen; in diesem Falle gilt die Zustimmung als erteilt. Die Zustimmungsfiktion tritt auch ein, wenn die Verweigerung der Zustimmung nicht schriftlich oder ohne die Angabe konkreter, dem Gesetz entsprechender Gründe ausgesprochen wurde.

4. Nachfragen wegen unvollständiger Information. Ist die Information des BR unvollständig, wird die Wochenfrist nicht in Lauf gesetzt. Der BR muss aus den Gründen des § 2 (vertrauensvolle Zusammenarbeit) den AG **auf** ihm bekannte **Mängel hinweisen**, und zwar innerhalb der Wochenfrist.[277] Macht der BR das nicht, entfällt

---

271 Ebenso Richardi/*Thüsing*, § 99 Rn 57 ff.; GK-BetrVG/*Kraft/Raab*, § 99 Rn 101 ff.
272 Bericht des BT-Ausschusses für Arbeit und Sozialordnung, BT-Drucks VI/2729, S. 31.
273 Richardi/*Thüsing*, § 99 Rn 174; GK-BetrVG/*Kraft/Raab*, § 99 Rn 111. Zur strafrechtlichen Sanktion bei Verletzung der Verschwiegenheitspflicht vgl. § 120.
274 BVerwG 12.6.2001 – NZA 2001, 1091 zu § 75 Abs. 1 Nr. 1 BPersVG.

275 Vgl. Hess u.a./*Schlochauer*, § 99 Rn 93; MünchArb/*Matthes*, § 352 Rn 105; Richardi/*Thüsing*, § 99 Rn 250; ErfK/*Kania*, § 99 BetrVG Rn 38, der die vierte Handlungsalternative (nur) an dieser Stelle unberücksichtigt lässt.
276 ErfK/*Kania*, § 99 BetrVG Rn 38.
277 BAG 10.8.1993 – NZA 1994, 187; *Fitting u.a.*, § 99 Rn 270; DKK/*Kittner/Bachner*, § 99 Rn 169.

150 BetrVG § 99

das Mitbestimmungsrecht. Dies gilt entsprechend bei vollständig fehlender Unterrichtung durch den AG, wenn der BR faktisch von der Einstellung bzw. Versetzung Kenntnis erhält und den AG nicht zur Durchführung des Mitbestimmungsverfahrens auffordert. Zum anderen kommt eine Zustimmungsfiktion nicht in Betracht, wenn der BR ohne sein Verschulden an der Einhaltung der Frist gehindert wurde („höhere Gewalt"). In derartigen Fällen kann der BR seine Zustimmung alsbald nach Wegfall des Hindernisses noch nachträglich verweigern.[278]

V. Zustimmungsverweigerung des Betriebsrats

84 Der BR kann die Verweigerung seiner Zustimmung zu einer vom AG beabsichtigten Einstellung, Eingruppierung, Umgruppierung oder Versetzung nur auf einen der in Abs. 2 erschöpfend aufgezählten Gründe stützen.[279] Der personellen Maßnahme kann der BR mithin nicht deshalb widersprechen, weil er sie nicht für zweckmäßig hält. Auf diese und andere Gründe kann der BR nur „Bedenken" gegen die personelle Maßnahme stützen. Ebenso wenig kann er z.B. verlangen, dass ein bestimmter Bewerber eingestellt wird. Ihm steht lediglich ein „Vetorecht" zu.[280] Hinsichtlich der einzelnen Zustimmungsverweigerungsgründe gilt Folgendes:

85 **1. Form der Zustimmungsverweigerung.** Die Zustimmungsverweigerung setzt **Schriftform** voraus; sie ist Wirksamkeitsvoraussetzung.[281] Die Erklärung muss nicht unbedingt vom Vorsitzenden des BR eigenhändig unterzeichnet sein;[282] es genügt eine Kopie des mit der Unterschrift versehenen Dokuments. Ob es überhaupt ein unterschriebenes Original geben muss, erscheint nach der jüngeren Rspr. des BAG zweifelhaft; ausreichend scheint es zu sein, dass der BR sich das Schreiben ohne Zweifel anrechnen lassen will.[283]

86 In jedem Falle muss das Schriftstück innerhalb der Frist dem AG zugegangen sein. Ein Fax genügt. Nach jüngster Rspr. des BAG bedarf es zur Erfüllung des Schriftlichkeitsgebots des § 99 Abs. 3 nicht der Schriftform des § 126 Abs. 1 BGB; es genügt die Einhaltung der Textform i.S.v. § 126b BGB, so dass die Verweigerung – als rechtsgeschäftliche Erklärung – auch mittels einer E-Mail erklärt werden kann.[284] Es bedarf daher auch keiner Unterschrift: Eine maschinenschriftliche Erklärung, die den Aussteller zu erkennen gibt und durch eine Grußformel mit Namensangabe das Textende kenntlich macht, erfüllt (auch) die Anforderungen der Textform i.S.v. § 126b BGB.

87 **2. Frist der Zustimmungsverweigerung.** Verweigert der BR seine Zustimmung, so hat dies **innerhalb einer Woche nach Unterrichtung** durch den AG zu geschehen. Es genügt daher nicht, dass der BR von der geplanten Maßnahme auf sonstige Weise Kenntnis erhält.[285] Bei der Frist handelt es sich um eine **Ausschlussfrist**. Sie kann aber durch Vereinbarung zwischen AG und BR **verlängert** werden.[286] Auch durch TV kann jedenfalls anlässlich eines neuen Gehaltstarifvertrages, der zahlreiche Umgruppierungen erforderlich macht, die Wochenfrist verlängert werden.[287] Die Frist beginnt nach § 187 BGB mit dem Tag, an dem der AG dem BR von der beabsichtigten personellen Einzelmaßnahme Mitteilung gemacht hat. Der Tag, an dem die Auskunft zugegangen ist, ist daher nicht mitzurechnen, §§ 187 Abs. 1, 188 Abs. 2 BGB. Ist daher dem BR die Mitteilung an einem Dienstag zugegangen, so muss dieser vor Ablauf des folgenden Dienstag seinen Widerspruch schriftlich geltend machen. Fällt das Fristende auf einen Samstag, Sonntag oder gesetzlichen Feiertag, endet die Frist am folgenden Werktag (§ 193 BGB). Die Frist verlängert sich nicht deshalb, weil gem. § 35 ein Aussetzungsantrag gestellt wurde (vgl. § 35 Rn 3 f.).[288] Hat der AG den BR nicht ausreichend informiert, tritt die Zustimmungsfiktion nicht ein.

88 **3. Begründung der Zustimmungsverweigerung.** Das Gesetz bestimmt, dass die Zustimmungsverweigerung unter **Angabe von Gründen** zu erfolgen hat. Folglich muss der Widerspruch des BR mit Gründen versehen sein; eine Zustimmungsverweigerung ohne Begründung ist rechtsunwirksam; ohne sie tritt die Zustimmungsfiktion ein.[289]

89 Zwar brauchen die Zustimmungsverweigerung und ihre Begründung nicht in derselben Urkunde enthalten zu sein. Die Gründe, auf die sich sein Widerspruch stützt, hat der BR aber dem AG innerhalb der Wochenfrist schriftlich mitzuteilen. Kündigt der Widerspruch an, die Gründe nach Ablauf der Wochenfrist nachzureichen, stellt dies keine rechtswirksame Zustimmungsverweigerung dar. Nach Ablauf der Wochenfrist kann der BR keine neuen Zustim-

---

278 *Fitting u.a.*, § 99 Rn 272; ErfK/*Kania*, § 99 BetrVG Rn 40.
279 Vgl. Amtl. Begründung zum BetrVG 1972, BR-Drucks 715/70, S. 51; *Fitting u.a.*, § 99 Rn 187; Richardi/*Thüsing*, § 99 Rn 183.
280 Vgl. Richardi/*Thüsing*, § 99 BetrVG Rn 179.
281 BAG 24.7.1979 – AP § 99 BetrVG 1972 Nr. 11; Hess u.a./*Schlochauer*, § 99 Rn 103.
282 BAG 11.6.2002 – AP § 99 BetrVG 1972 Nr. 118; BAG 6.8.2002 – AP § 99 BetrVG 1972 Eingruppierung Nr. 27.
283 Hierzu Jaeger/Röder/Heckelmann/*Lunk*, Kap. 24 Rn 81.
284 BAG 10.3.2009 – 1 ABR 93/07; BAG 9.12.2008 – 1 ABR 79/07.
285 BAG 5.2.1971 – AP § 61 BetrVG Nr. 6.
286 BAG 16.11.2004 – AP § 99 BetrVG 1972 Einstellung Nr. 44; BAG 17.5.1983 – AP § 99 BetrVG 1972 Nr. 18; a.A. LAG Sachsen 8.8.1995 – NZA-RR 1996, 331.
287 BAG 22.10.1985 – AP § 99 BetrVG 1972 Nr. 23.
288 Richardi/*Thüsing*, § 99 Rn 261.
289 BAG 18.7.1978 – AP § 101 BetrVG 1972 Nr. 1; BAG 21.11.1978 – AP § 101 BetrVG 1972 Nr. 3.

mungsverweigerungsgründe nachschieben.[290] Unbenommen ist aber ein Nachschieben bloß rechtlicher Erläuterungen.[291]

Da der BR die Zustimmungsverweigerung mit dem Vorliegen eines der in Abs. 2 enumerativ benannten Tatbestände begründen muss, liegt eine wirksame Zustellungsverweigerung nicht vor, wenn der BR andere als die im Katalog des Abs. 2 aufgeführten Gründe benennt oder nicht angibt, aus welchem Grunde er seine Zustimmung verweigert.[292] Ebenso wenig genügt die Wiederholung des Wortlauts einer der Nummern des Abs. 2.[293] Für die rechtmäßige Ausübung der Zustimmungsverweigerung genügt es aber, wenn die vorgetragene Begründung es als möglich erscheinen lässt, dass einer der Zustimmungsverweigerungsgründe geltend gemacht wird.[294] Es genügt ein schlüssiger Vortrag, der einen Bezug zu einem der in Abs. 2 genannten Tatbestände aufweist.[295] Eine Angabe von konkreten Tatsachen ist grundsätzlich nicht erforderlich; dies ist nur bei den Zustimmungsverweigerungsgründen nach Nr. 3 und Nr. 6 der Fall.[296] Denn insoweit verlangt das Gesetz die durch Tatsachen begründete Besorgnis. Folglich muss der BR Tatsachen angeben. Auf deren Richtigkeit kommt es nach der Rspr. des BAG nicht an.[297] Vermutungen reichen allerdings nicht aus.[298] Der BR kann seine Zustimmungsverweigerung jederzeit zurücknehmen.

4. Die einzelnen Zustimmungsverweigerungsgründe. a) Verstoß gegen Rechtsvorschriften. Gem. Abs. 2 Nr. 1 kann der BR die Zustimmung verweigern, wenn die personelle Maßnahme gegen ein **Gesetz**, eine **VO**, eine **Unfallverhütungsvorschrift** oder gegen eine Bestimmung in einem **TV** oder in einer **BV** oder gegen eine **gerichtliche Entscheidung** oder eine **behördliche Anordnung** verstoßen würde. Für sämtliche Varianten potenzieller Verstöße gegen Rechtsvorschriften gilt, dass die personelle Maßnahme selbst gegen eine der in Nr. 1 genannten Rechtsvorschriften verstoßen muss, um das Zustimmungsverweigerungsrecht auszulösen. So geht es z.B. bei einer Prüfung eines etwaigen Verstoßes gegen Abs. 2 Nr. 1 bei einer Einstellung oder Versetzung darum, ob die Übernahme des Arbeitsbereichs nach Inhalt und vertraglicher Gestaltungsform gegen zwingendes Recht verstößt. Daraus folgt aber nicht, dass der BR bereits seine Zustimmung verweigern kann, wenn seiner Auffassung nach einzelne Vertragsbestimmungen gegen zwingendes Recht verstoßen.[299] Denn das Mitbestimmungsrecht ist kein Instrument zu einer umfassenden Vertragskontrolle,[300] anderenfalls hätte es der BR in der Hand, über sämtliche materiell-rechtlichen Fragen im Zusammenhang mit der Begründung eines Arbeitsverh mitzuentscheiden. Muss also die **personelle Maßnahme selbst** gegen eine der in Nr. 1 genannten Rechtsvorschriften verstoßen, haben sich zwei Typen von Verweigerungsgründen herauskristallisiert: Der Verstoß gegen „Beschäftigungsnormen" und der gegen „Einstellungsnormen". Folgende Verstöße gegen gesetzliche Verbote und Vorschriften in Rechtsordnungen kommen in Betracht: Verbot der Beschäftigung von **Jugendlichen** gem. §§ 22 ff. JArbSchG; Beschäftigungsverbote von **Frauen** gem. §§ 3, 4, 6, 8 MuSchG; Beschäftigungsbeschränkungen gem. §§ 26, 33 GefStoffV; Beschäftigung trotz Verbots nach §§ 17, 18 BSeuchG, d.h. ohne Gesundheitsattest; Beschäftigung von nicht aus EG-Staaten kommenden **Ausländer ohne Arbeitsgenehmigung** gem. §§ 284 ff. SGB III;[301] Beschäftigung eines **Leih-AN** über die höchstzulässige Überlassungsdauer hinaus oder entgegen dem Verbot der AN-Überlassung im Baugewerbe;[302] Beschäftigung von AN **ohne ausreichende Qualifizierung** bzw. Unterweisung gem. §§ 7, 8, 9, 10 Abs. 2 ArbSchG.

In Betracht kommen Zustimmungsverweigerungsgründe bei Einstellung unter Verstoß gegen ein **gesetzliches Diskriminierungsverbot**, z.B. §§ 1, 2, 7 AGG (früher teilweise §§ 611a BGB[303] und 611 b BGB);[304] Unterlassen einer arbeitgeberseitigen Prüfung vor Einstellung, ob der Arbeitsplatz mit einem **Schwerbehinderten** besetzt werden kann (§ 81 Abs. 1 SGB IX).[305] In Betracht kommt auch ein Verstoß gegen den Gleichbehandlungsgrundsatz iSd. § 75 Abs. 1.[306] Verwendet der AG als Einstellungsauswahlkriterium „**keine Gewerkschaftszugehörigkeit**", stellt dies einen Verstoß gegen Art. 9 Abs. 3 GG dar und begründet eine Zustimmungsverweigerung.[307] Bei Einstellung eines Betriebsarztes oder einer Fachkraft für Arbeitssicherheit hat der BR ein Zustimmungsrecht nach § 9 Abs. 3 ASiG. Ein Gesetzesverstoß liegt auch vor, wenn der AG einen AN, der die in § 4f Abs. 2 BDSG geforderten Qualifikationen nicht besitzt, zum Datenschutzbeauftragten bestellt.[308] Gleiches gilt für alle weiteren **betrieblichen Beauftragten**, bei denen das Gesetz die Bestellung von persönlichen oder fachlichen Qualifikationen abhängig

---

290 BAG 3.7.1984 – AP § 99 BetrVG 1972 Nr. 20; LAG Rheinland-Pfalz 10.12.1981 – DB 1982, 652.
291 BAG 28.4.1998 – AP § 99 BetrVG 1972 Eingruppierung Nr. 18.
292 Richardi/Thüsing, § 99 Rn 265; Fitting u.a., § 99 Rn 262.
293 Fitting u.a., § 99 Rn 262.
294 BAG 26.1.1988 – AP § 99 BetrVG 1972 Nr. 50.
295 BAG 18.7.1978 – AP § 101 BetrVG 1972 Nr. 1.
296 BAG 26.1.1988 – AP § 99 BetrVG 1972 Nr. 50.
297 BAG 11.6.2002 – NZA 2003, 226.
298 LAG Rheinland-Pfalz 10.12.1981 – DB 1982, 652.
299 Ebenso BAG 16.7.1985 – AP § 99 BetrVG 1972 Nr. 21.
300 BAG 12.11.2002 – AP § 99 BetrVG 1972 Nr. 41; BAG 14.12.2004 – AP § 99 BetrVG 1972 Nr. 121.
301 BAG 22.1.1991 – NZA 1991, 569.
302 BAG 28.9.1988 – NZA 1989, 358, 359.
303 BAG 28.3.2000 – NZA 2000, 1294.
304 Jort, AiB 1993, 197.
305 BAG 17.6.2008 – NZA 2008, 1139 – nicht aber Zustimmungsverweigerungsrecht bei Verstoß gegen § 81 Abs. 1 SGB IX bei Versetzungen; BAG 14.11.1989 – NZA 1990, 368.
306 BAG 18.9.2002 – AP § 99 BetrVG 1972 Versetzung Nr. 31.
307 BAG 28.3.2000 – AP Art. 9 GG Nr. 98.
308 BAG 22.3.1994 – AP § 99 BetrVG 1972 Nr. 4.

macht, so z.B. bei betrieblichen Arbeitsschutz- und/oder Umweltschutzbeauftragten, Strahlenschutzbeauftragten, Störfallbeauftragten, Gefahrgutbeauftragten, Emissionsschutzbeauftragten sowie für die im Rahmen der Umweltbetriebsprüfung einzusetzenden internen und externen Umweltgutachter. Ein Gesetzesverstoß kann ferner vorliegen, wenn ein 1-Euro-Jobber eingestellt wird, ohne dass die Voraussetzungen gem. § 16 Abs. 3 S. 2 SGB II vorliegen, er also insb. nicht mit zusätzlichen Arbeiten i.S.v. § 261 Abs. 2 SGB III beschäftigt werden soll.[309] Eine grundsätzlich positive Stellungnahme zum generellen Einsatz von 1-Euro-Jobbern gegenüber seinem AG ändert hieran nichts; dem BR bleibt in jedem Einzelfall die Prüfung vorbehalten.[310] Berücksichtigt der AG eine **Teilzeitkraft** bei Besetzung einer **Vollzeitstelle** entgegen § 9 TzBfG trotz gleicher Eignung nicht, so begründet dies ein Zustimmungsverweigerungsrecht für den BR.[311] Verstöße gegen das Diskriminierungs- oder Benachteiligungsverbot gem. §§ 4, 5 TzBfG rechtfertigen grundsätzlich keine Verweigerung, das sie sich in der Regel nicht konkret auf die personelle Einzelmaßnahme, sondern die Art und Weise der Erbringung der Dienstleistung beziehen. Ein Gesetzesverstoß ist auch zu bejahen, wenn die Versetzung eines BR-Mitglieds eine unzulässige Behinderung der Betriebsarbeit darstellt.[312]

93 Nicht als Gesetzesverstoß i.S.v. § 99 zu qualifizieren ist eine Einstellung, Eingruppierung, Umgruppierung oder Versetzung **ohne** oder nicht ordnungsgemäßer **Beteiligung des BR** gem. § 99. Es handelt sich hierbei um einen Verstoß gegen das Verfahren bei der Beteiligung des BR, und nicht um ein Verbot der Einstellung als solcher. Wie zuvor ausgeführt, muss aber die personelle Maßnahme **selbst** gegen eine gesetzliche Vorschrift verstoßen.[313] Etwas anderes gilt nur dann, wenn über die bloße Nichtbeachtung des Verfahrens nach § 99 ein weiterer Verstoß gegen ein Beteiligungsrecht des BR erfolgt.[314] Als Gesetzesverstoß ferner nicht zu qualifizieren ist eine Vertragsklausel über die Beendigung des Arbeitsverh mit Vollendung des 65. Lebensjahrs. Gleiches gilt für eine vertraglich vorgesehene Befristung des Arbeitsverh ohne rechtfertigenden Grund, mithin ein Verstoß gegen § 14 TzBfG. Auch insoweit gilt wieder der Grundsatz, dass dem BR keine Inhaltskontrolle des Arbeitsvertrages zusteht.[315] Ebenso wenig besteht ein Gesetzesverstoß bei Zweifeln über die Zulässigkeit von befristeten Arbeitsverträgen nach § 14 TzBfG.[316]

94 **Unfallverhütungsvorschriften** sind (über Gesetze und Verordnungen hinaus) vor allem die aufgrund von § 15 SGB VII von den Berufsgenossenschaften erlassenen Vorschriften.

95 Das Gesetz nennt neben dem Verstoß gegen ein Gesetz, eine Verordnung und eine Unfallverhütungsvorschrift auch den **Verstoß gegen** eine Bestimmung in einem **TV** oder in einer **BV**. Für einen Verstoß gegen einen TV ist es erforderlich, dass dieser für den betroffenen AN, selbst wenn nur kraft einzelvertraglicher Bezugnahme, gilt.[317] Typische Tarifvertragsinhalte, die eine Zustimmungsverweigerung nach sich ziehen können, betreffen Abschlussverbote und -gebote wie z.B. der Ausschluss von Frauen, ungelernten AN und Jugendlichen von bestimmten Arbeitsplätzen oder auch das Verbot der Unterschreitung einer Mindestarbeitszeit.[318] Ein TV-Verstoß ist auch gegeben bei Eingruppierungen nach einem falschen TV.[319] Mindestarbeitsbedingungen stehen Tarifnormen gleich (§ 8 MindArbG). Vorbehaltlich des Vorrangs des TV (§§ 77 Abs. 3, 87 Abs. 1 S. 1) kann auch eine BV – hierzu zählt auch der Sozialplan[320] – Bestimmungen über personelle Maßnahmen enthalten, deren Verletzung zur Verweigerung der Zustimmung berechtigt. In Betracht kommen z.B. vereinbarte Wiedereinstellungsansprüche in einem Sozialplan,[321] ein ausdrückliches Verbot der Beschäftigung über eine Altersgrenze von 65 Jahren hinaus,[322] eine Beteiligung des BR bei Einstellungsgesprächen,[323] Vereinbarungen über die Nichtanwendung mittels technischer Überwachungseinrichtungen gewonnener Daten für Personalentscheidungen.[324]

96 Neben den Verstößen gegen eine Rechtsvorschrift nennt das Gesetz als Zustimmungsverweigerungsgrund ferner den **Verstoß gegen eine gerichtliche Entscheidung** oder eine **behördliche Anordnung**. Ein Verstoß gegen eine gerichtliche Entscheidung liegt z.B. vor, wenn ein Kraftfahrer eingestellt werden soll, dem nach § 44 StGB ein Fahrverbot auferlegt wurde oder gem. § 69 ff. StGB die Fahrerlaubnis entzogen wurde, zu denken ist auch ein gerichtliches Berufsverbot gegenüber einem Arzt nach § 70 StGB. Eine personelle Maßnahme entgegen einer rechtskräftigen gerichtlichen Entscheidung liegt bspw. auch dann vor, wenn die Beschäftigung eines bestimmten AN im Betrieb bzw. an einem bestimmten Arbeitsplatz verboten und dies gerichtlich festgestellt worden ist, wie z.B. in den Fällen von §§ 100 Abs. 3, 101, 104.

---

309 BAG 2.10.2007 – 1 ABR 60/06 – NZA 2007, 244; *Fitting u.a.*, § 99 Rn 200.
310 Vgl. *Fitting u.a.*, § 99 Rn 202.
311 *Richardi/Thüsing*, § 99 Rn 195 a.
312 Verstoß gegen § 78, vgl. BAG 26.1.1993 – AP § 99 BetrVG 1972 Nr. 102.
313 BAG 28.1.1986 – AP § 99 BetrVG 1972 Nr. 34; *Fitting u.a.*, § 99 Rn 189, 206; *Richardi/Thüsing*, § 99 Rn 196.
314 Vgl. BAG 27.6.2000 – AP § 95 BetrVG 1972 Eingruppierung Nr. 23.
315 BAG 16.7.1985 – AP § 99 BetrVG 1972 Nr. 21.
316 Vgl. *Preis/Lindemann*, NZA-Sonderheft 2001, 44; *Fitting u.a.*, § 99 Rn 211.
317 *DKK/Kittner/Bachner*, § 99 Rn 177; *Fitting u.a.*, § 99 Rn 212; *Hess u.a./Schlochauer*, § 99 Rn 115.
318 BAG 28.1.1992 – AP § 99 BetrVG 1972 Nr. 95.
319 BAG 22.3.2005 – BB 2005, 2024.
320 BAG 18.12.1990 – NZA 1991, 482, 484.
321 BAG 18.12.1990 – NZA 1991, 482, 484.
322 BAG 10.3.1992 – AP § 99 BetrVG 1972 Nr. 96.
323 Wenn vereinbart – vgl. LAG Berlin 11.2.1985 – NZA 1985, 604.
324 *Fitting u.a.*, § 99 Rn 216.

Weniger selten wird eine **behördliche Anordnung** einer personellen Maßnahme im Wege stehen. In Betracht **97** kommt z.B. eine behördliche Untersagung des Einstellens und Ausbildens von Auszubildenden, da bei dem Ausbilder die persönliche oder fachliche Eignung nicht (mehr) vorliegt, vgl. §§ 22, 23, 24 HandwO, §§ 27, 33 BBiG. In Betracht kommt ferner das Verbot der Beschäftigung von Personen unter 18 Jahren mit sittlich gefährdenden Tätigkeiten.[325]

b) Verstoß gegen eine Auswahlrichtlinie. Die Verletzung von Auswahlrichtlinien gem. § 95 berechtigt den BR **98** zur Verweigerung der Zustimmung zu der personellen Maßnahme. Hierbei macht es keinen Unterschied, ob sie gem. Abs. 1 freiwillig eingeführt wurde (§ 95 Abs. 1) oder der BR die Aufstellung von Auswahlrichtlinien verlangen konnte (§ 95 Abs. 2). Bestimmt der AG derartige Richtlinien ohne Zustimmung des BR, kann ein Widerspruch gegen die personelle Maßnahme nicht auf die Nr. 2 gestützt werden, weil ein Verstoß gegen eine Richtlinie „nach § 95 BetrVG" erforderlich ist.[326] Gleichgültig ist auch, ob die Auswahlrichtlinie als BV oder als Regelungsabrede erlassen wurde; denn auch durch letzteres kann der BR in mitbestimmungspflichtigen Angelegenheiten seine Zustimmung erklären.[327] Gewähren die Richtlinien dem AG einen **Ermessensspielraum**, kommt eine Zustimmungsverweigerung des BR nur in krassen Ausnahmefällen in Betracht, wenn etwa der AG sein Ermessen in grober Weise verkennt oder überhaupt nicht ausübt. Denn der BR kann nicht geltend machen, dass er das Ermessen in anderer Weise ausgeübt hätte oder seiner Auffassung nach ein Abwägungsfehler des AG vorliegt. Ebenso wenig kommt es darauf an, ob die Verweigerung der Zustimmung „unangemessen ist".[328]

c) Benachteiligung anderer Arbeitnehmer. Gem. Abs. 2 Nr. 3 darf der BR die Zustimmung ferner verweigern, **99** wenn entweder die durch Tatsachen begründete Besorgnis besteht, dass infolge der personellen Maßnahme bereits im Betrieb beschäftigte AN gekündigt werden oder **sonstige Nachteile erleiden**, ohne dass dies aus betrieblichen oder persönlichen Gründen gerechtfertigt ist, wobei seit der Novellierung des BetrVG als Nachteil bei unbefristeter Einstellung auch die Nichtberücksichtigung eines gleich geeigneten befristet Beschäftigten gilt. Die in Rede stehende Vorschrift enthält also vier Tatbestandsmerkmale, die sämtlich gegeben sein müssen, damit der BR seine Zustimmung zu Recht versagt.

Erstens muss die Besorgnis der Benachteiligung anderer AN des Betriebes **durch Tatsachen begründet sein**. Bloße **100** Vermutungen genügen nicht; der BR hat konkrete Tatsachen anzugeben, die seine Schlussfolgerung nahe legen.[329] Ein schlichter Hinweis auf künftig zu erwartende Ereignisse genügt nicht; wohl aber reichen vorhandene Absichten und Planungen, wobei eine Gewissheit nicht verlangt wird.[330] Zweitens muss aufgrund der Tatsachen die Besorgnis bestehen, dass „**infolge** der personellen Maßnahme Nachteile für die Belegschaft entstehen". Wie für die Tatsachen ist der BR darlegungs- und beweispflichtig dafür, dass zwischen der Maßnahme und den Nachteilen eine Kausalität besteht.[331] Eine unmittelbare Kausalität ist nicht erforderlich; es genügt, dass die Personalmaßnahme nur ursächlich oder mit ursächlich für die befürchteten Nachteile sein muss; entsprechend muss sie weder die einzige noch die maßgebliche Ursache darstellen.[332] Drittens muss ein **Nachteil** infolge der Maßnahme eintreten. Ein ausdrücklich hervorgehobener Nachteil ist die durch Einstellung oder Versetzung verursachte Künd im Betrieb beschäftigter AN. Bei Vorliegen der anderen drei Voraussetzungen kann der BR mithin durch die Zustimmungsverweigerung sichern, dass durch die Personalmaßnahme andere AN des Betriebes ihren Arbeitsplatz verlieren. Diese Vorschrift läuft auf eine Ergänzung des Künd-Schutzes hinaus.[333] Die Zustimmungsverweigerung kommt insb. in Betracht, wenn die Einstellung oder Versetzung auf einen Arbeitsplatz erfolgt, der noch mit einem AN besetzt ist.[334] Vom BAG bislang nicht entschieden ist, ob die durch die Einstellung oder Versetzung begründete Künd bereits ausgesprochen sein muss.[335] Notwendig ist aber, dass noch ein Rechtsstreit über die Wirksamkeit der Künd anhängig ist. Im Falle einer Versetzung auf einen anderen, noch besetzten Arbeitsplatz ist aber Voraussetzung, dass der zu versetzende AN gegenüber dem zu kündigenden AN bei der Sozialauswahl zu bevorzugen ist.[336] Geraten Arbeitsplätze mehrerer vergleichbarer AN in Fortfall, und stehen nur für einen Teil von ihnen Beförderungsstellen zur Verfügung, hat der AG diese Stellen nach Sozialauswahlkriterien zu vergeben. Im Rahmen des Versetzungsverfahrens auf diese Beför-

---

325 *Fitting u.a.*, § 99 Rn 218; Richardi/*Thüsing*, § 99 Rn 204; DKK/*Kittner/Bachner*, § 99 Rn 180.
326 LAG Frankfurt/M. 16.10.1984 – DB 1985, 1534.
327 Jaeger/Röder/Heckelmann/*Lunk*, Kap. 24 Rn 91; *Fitting u.a.*, § 99 Rn 219.
328 Hess u.a./*Schlochauer*, § 99 Rn 119; Richardi/*Thüsing*, § 99 Rn 206.
329 LAG Rheinland-Pfalz 10.12.1981 – DB 1982, 652; DKK/*Kittner/Bachner*, § 99 Rn 183; Jaeger/Röder/Heckelmann/*Lunk*, Kap. 24 Rn 94.
330 LAG Rheinland-Pfalz 10.12.1981 – DB 1982, 652; Hess u.a./*Schlochauer*, § 99 Rn 122.
331 Richardi/*Thüsing*, § 99 Rn 210; DKK/*Kittner/Bachner*, § 99 Rn 184; Jaeger/Röder/Heckelmann/*Lunk*, Kap. 24 Rn 95.
332 BAG 9.7.1996 – AP § 99 BetrVG 1972 Einstellung Nr. 9; BAG 15.9.1987 – AP § 99 BetrVG 1972 Nr. 46.
333 BAG 30.8.1995 – AP § 99 BetrVG 1972 Versetzung Nr. 5; GK-BetrVG/*Kraft*/Raab, § 99 Rn 142; MünchArb/*Matthes*, § 352 Rn 76.
334 BAG 15.9.1987 – AP § 99 BetrVG 1972 Nr. 45.
335 BAG 15.9.1987 – BAGE 56, 99, 107; für Unerheblichkeit: MünchArb/*Matthes*, § 352 Rn 76; Richardi/*Thüsing*, § 99 Rn 213; a.A. *Galperin/Löwisch*, § 99 Rn 86a.
336 BAG 15.9.1987 – DB 1988, 235; LAG Köln 15.8.1996 – NZA 1997, 887, 888; DKK/*Kittner/Bachner*, § 99 Rn 185.

derungsstelle ist es dem BR daher möglich, die Zustimmung mit der Begründung zu verweigern, der AG habe diese Sozialauswahlkriterien nicht berücksichtigt.[337] Der Zustimmungsverweigerungsgrund besteht auch dann, wenn infolge der personellen Maßnahme **sonstige Nachteile** für AN des Betriebes eintreten können. Da der Schutzzweck für diesen Zustimmungsverweigerungsgrund die Erhaltung des Status quo der im Betrieb beschäftigten AN erblickt wird,[338] genügt es nicht, dass ihnen ein Vorteil entgeht.[339] Ein Nachteil liegt auch nicht darin, dass durch die Einstellung oder Versetzung einem anderen im Betrieb beschäftigten AN die Chance genommen wird, diesen Arbeitsplatz zu erhalten.[340] Ein sonstiger Nachteil kann in der **Verschlechterung der faktischen oder rechtlichen Stellung** des AN bestehen. Soweit es sich um eine rein tatsächliche Verschlechterung einer gegenwärtigen Stellung handelt, muss diese von nicht unerheblichem Gewicht sein,[341] wie z.B. ungünstige Auswirkungen auf die Umstände der Arbeit, geringere Bezahlung oder geringere Anforderung an die Qualifikation. Einer Verschlechterung der rechtlichen Stellung, z.B. also die Versagung beruflicher Entwicklungsmöglichkeiten, insb. die Nichtrealisierung von Beförderungschancen, stellt nur dann einen Nachteil im Sinne der Vorschrift dar, wenn hierauf ein Rechtsanspruch oder zumindest eine rechtlich gesicherte Anwartschaft besteht.[342] Die Behauptung des BR, ein im Betrieb vorhandener AN sei geeigneter für die neu zu besetzende Stelle, rechtfertigt die Zustimmungsverweigerung ebenso wenig wie der vorgesehene Abbau von Überstunden wegen Neueinstellungen.[343] Durch das BetrVerf-Reformgesetz vom 23.7.2001[344] gilt bei unbefristeter Einstellung als Nachteil auch die **Nichtberücksichtigung eines gleich geeigneten befristet Beschäftigten**.[345] Da das Gesetz von dem aufgezeigten allgemeinen Grundsatz abweicht, dass als Nachteil nur der Verlust einer gesicherten Rechtsposition in Betracht kommt, nicht dagegen die Enttäuschung von Erwartungen oder Chancen, wird man diese Regelung als eng begrenzten Sonderfall zu verstehen haben, was auch dadurch verdeutlicht wird, dass der Gesetzgeber diesen Fall nicht als Regelbeispiel eines Nachteils ausgestaltet hat, sondern zu dem Instrument der Fiktion gegriffen hat.[346] Voraussetzung ist, dass eine Einstellung beabsichtigt ist; die Fiktionswirkung eines Nachteils tritt ein, wenn bei einer unbefristeten Einstellung ein gleich geeigneter befristet Beschäftigter nicht berücksichtigt wird. Die Einstellung verlangt hier die Begründung eines neuen Arbeitsverh; die Versetzung aus einem anderen Betrieb genügt nicht.[347]

101 Der bereits im Betrieb **befristet** Tätige, der durch die unbefristete Neueinstellung einen Nachteil erleiden würde, muss nur formal auf der Grundlage eines befristeten Vertrages tätig sein. Auf die Wirksamkeit dieser Befristung kommt es selbst bei einem laufenden Rechtsstreit hierüber nicht an.[348] Entsprechend fällt grundsätzlich auch der befristete Probearbeitsvertrag unter diese Norm.[349] Richtig ist, dass Nr. 3 in seinem Wortlaut auch eingreift, wenn der gleich geeignete, befristet beschäftigte AN noch **keine sechs Monate** beschäftigt ist und daher noch keinen Künd-Schutz genießt.[350] Daher wird man die **Fiktion** des Nachteils in diesen Fällen, in denen der befristet Beschäftigte noch nicht unter den Anwendungsbereich des KSchG fällt, **widerlegen** können. Dies lässt sich auch unproblematisch mit der Lit. und Rspr. zum „sonstigen Nachteil" in Einklang bringen: Die Nichtrealisierung von Beförderungschancen ist nur dann als Nachteil zu qualifizieren, wenn hierauf ein Rechtsanspruch oder zumindest eine rechtserhebliche Anwartschaft besteht. Ein Mitarbeiter vor Erreichen des Künd-Schutzes hat aber gerade noch keine rechtserhebliche Anwartschaft auf Bestandsschutz.

102 Voraussetzung für die Zustimmungsverweigerung nach Abs. 2 Nr. 3 Hs. 2 ist schließlich, dass der befristet Beschäftigte „**gleich geeignet**" ist. Eine gleiche Eignung liegt dann vor, wenn der befristet Beschäftigte im Hinblick auf die für den Arbeitsplatz relevanten Anforderungen über dieselbe oder eine gleichwertige Qualifikation verfügt.[351] Allein die Entscheidung des AG, den befristet Beschäftigten nicht auf die unbefristete Stelle übernehmen zu wollen, genügt nicht.[352] Dem AG steht allerdings bei der Bewertung der Qualifikation ein gewisser Beurteilungsspielraum zu.[353] Nr. 3 greift nicht ein, wenn ein AN zunächst befristet eingestellt wird und anschließend sein Arbeitsverh in ein unbefristetes umgewandelt wird.[354] Wenn der AG diesen Zustimmungsverweigerungsgrund ausschließen will, steht ihm

---

337 BAG 30.8.1995 – AP § 99 BetrVG 1972 Versetzung Nr. 5.
338 *Richardi*, DB 1973, 378, 381; Hess u.a./*Schlochauer*, § 99 Rn 124.
339 Vgl. Richardi/*Thüsing*, § 99 Rn 216.
340 BAG 18.7.1978 – AP § 101 BetrVG 1972 Nr. 1; BAG 6.10.1978 – AP § 99 BetrVG 1972 Nr. 5; BAG 30.8.1995 – AP § 99 BetrVG 1972 Versetzung Nr. 5.
341 BAG 2.4.1996 – DB 1997, 181, 182.
342 BAG 7.11.1977 – AP § 100 BetrVG 1972 Nr. 1; BAG 6.10.1978 – AP § 99 BetrVG 1972 Nr. 10; *Galperin/Löwisch*, § 99 Rn 88.
343 *Fitting u.a.*, § 99 Rn 237; DKK/*Kittner/Bachner*, § 99 Rn 189.
344 BGBl I S. 1852.
345 Hierzu ausführlich *Oetker*, NZA 2003, 937.
346 So auch GK-BetrVG/*Kraft/Raab*, § 99 Rn 144; *Oetker*, NZA 2003, 937, 938.
347 Streitig; wie hier ErfK/*Kania*, § 99 BetrVG Rn 31a; *Rieble*, NZA-Sonderheft 2001, 48, 56; Jaeger/Röder/Heckelmann/*Lunk*, Kap. 24 Rn 97; a.A. *Oetker*, NZA 2003, 937, 939; GK-BetrVG/*Kraft/Raab*, § 99 Rn 145; Hess u.a./*Schlochauer*, § 99 Rn 126, 126 b.
348 *Preis/Lindemann*, NZA-Sonderheft 2001, 35; Richardi/*Thüsing*, § 99 Rn 219.
349 Vgl. Richardi/*Thüsing*, § 99 Rn 220.
350 *Konzen*, RdA 2001, 76, 92; *Hanau*, RdA 2001, 65, 73.
351 GK-BetrVG/*Kraft/Raab*, § 99 Rn 153.
352 *Preis/Lindemann*, NZA-Sonderheft 2001, 33, 35; Richardi/*Thüsing*, § 99 Rn 219; GK-BetrVG/*Kraft/Raab*, § 99 Rn 153.
353 Hierzu *Däubler*, AuR 2001, 285, 290; *Hanau*, RdA 2001, 65, 73.
354 *Oetker*, NZA 2003, 937.

also ein einfacher Weg offen. Entsprechendes gilt, wenn der AG den AN befristet einstellt, verbunden mit der einseitigen Option der Verlängerung in ein unbefristetes Arbeitsverh.[355]

Viertens dürfen die eintretenden Nachteile weder aus **betrieblichen oder persönlichen Gründen gerechtfertigt** sein. Ob dies der Fall ist, ist hypothetisch unter Anlehnung an § 1 Abs. 2 und 3 KSchG festzustellen.[356] Da der Gesetzgeber nur betriebliche Gründe verlangt, und nicht etwa zwingende Gründe wie in § 113 Abs. 1,[357] genügen zweckmäßige Erwägungen des AG.[358]

103

d) Nachteil für den betroffenen Arbeitnehmer. Der BR kann die Zustimmung ferner verweigern, wenn der betroffene AN durch die personelle Maßnahme **benachteiligt** wird, sofern dies nicht aus betrieblichen oder in der Person des AN liegenden Gründen gerechtfertigt ist. Dieser Widerspruchsgrund ist grundsätzlich nur für Versetzungen relevant.[359] Der Zustimmungsverweigerungsgrund der Nr. 4 dient der Wahrung der Individualinteressen des AN, den die personelle Maßnahme selbst betrifft.[360] Folglich steht dem BR kein Zustimmungsverweigerungsrecht zu, wenn der betroffene Mitarbeiter mit der Versetzung **einverstanden** ist. Dies gilt jedenfalls dann, wenn der AN die Versetzung selbst gewünscht hat oder sie seinen objektiven Wünschen oder seiner freien Entscheidung entspricht.[361] Allerdings schließt das Einverständnis des Mitarbeiters nicht generell die Verweigerung gem. Nr. 4 aus; zu denken ist insb. an den Fall, dass eine Versetzung von einem Betrieb in den anderen erfolgt. Für den aufnehmenden Betrieb stellt die Maßnahme eine Einstellung dar, für deren Beurteilung es im Rahmen von § 99 unerheblich ist, ob die Versetzung und damit einhergehend die Einstellung dem Wunsch des AN entspricht. Dies spielt allerdings nur eine Rolle für die Beteiligung des abgebenden BR, für den es sich um eine Versetzung handelt. Beruht diese auf einer freien Entscheidung des Mitarbeiters, so darf der abgebende BR die Zustimmung nicht mit Hinweis auf Nr. 4 verweigern. Ein Nachteil ist ausgeschlossen.

104

Im Übrigen kann der Nachteil für den AN sowohl in einer durch die Versetzung bedingten Verschlechterung der äußeren Arbeitsbedingungen (z.B. schlechtere Räume, längere Wegezeiten, Schmutz, Lärm) als auch der materiellen Arbeitsbedingungen (Herabstufung durch Einordnung in eine andere Gruppe des TV) liegen.[362] Der Verlust des BR-Amtes stellt keine Benachteiligung i.S.v. Nr. 4 dar.[363]

105

e) Unterbliebene Ausschreibung. Der BR kann die Zustimmung ferner verweigern, wenn eine nach § 93 erforderliche Ausschreibung (vgl. § 93) unterblieben ist. Dies ist nur dann zu bejahen, wenn der BR vor dem Antrag des AG auf Zustimmung zu der personellen Maßnahme von seinem echten Mitbestimmungsrecht aus § 93 Gebrauch gemacht und die Ausschreibung verlangt hat. Tut er letzteres erst nach Eingang des Antrages des AG, kann er die Zustimmung zu der beantragten Maßnahme nicht mehr nach Abs. 2 Nr. 5 verweigern.[364] Das Zustimmungsverweigerungsrecht bedeutet keine Bindung des AG an die Bewerber aus dem Betrieb.[365] Der unterbliebenen Ausschreibung ist der Fall gleichzusetzen, dass die Ausschreibung nicht in der Form erfolgte, die mit dem BR vereinbart wurde.[366] Fehlt es an einer verbindlichen Vereinbarung, bestimmt der AG Form und Inhalt der Ausschreibung.[367] Keine ordnungsgemäße innerbetriebliche Ausschreibung i.S.v. § 93 liegt vor, wenn der AG in einer externen Ausschreibung geringere Anforderungen für eine Bewerbung bestimmt als in der innerbetrieblichen Ausschreibung.[368] Dasselbe gilt, wenn die Arbeitsplätze nicht diskriminierungsfrei ausgeschrieben wurden, so z.B. bei einem Verstoß gegen das Gebot der geschlechtsneutralen Ausschreibung gem. §§ 11, 7, 2, 1 AGG (früher teilweise § 611b BGB).[369] Die Zustimmungsverweigerung kann rechtsmissbräuchlich sein, wenn die Ausschreibung deshalb unterlassen wurde, weil feststand, dass kein AN des Betriebs für den zu besetzenden Arbeitsplatz in Betracht kommt.[370] Eine derartige Zustimmungsverweigerung berührt aber nicht deren Wirksamkeit, so dass der AG die fehlende Zustimmung im Beschlussverfahren ersetzen lassen muss, da es an einem Zustimmungsverweigerungsgrund fehlt.[371] Nach wohl überwiegender und richtiger Auffassung kann das Zustimmungsverweigerungsrecht nach Nr. 5 seitens des BR auch

106

---

355 Richardi/*Thüsing*, § 99 Rn 222.
356 BAG 30.8.1995 – AP § 99 BetrVG 1972 Versetzung Nr. 5.
357 Unzutreffend DKK/*Kittner/Bachner*, § 99 Rn 191.
358 GK-BetrVG/*Kraft/Raab*, § 99 Rn 141, 148, 154.
359 BAG 5.4.2001 – NZA 2001, 893, 896. Offen gelassen von BAG 28.3.2000 – NZA 2000, 1294; ErfK/*Kania*, § 99 Rn 32; Richardi/*Thüsing*, § 99 Rn 229.
360 BAG 6.10.1978 – AP § 99 BetrVG 1972 Nr. 10.
361 BAG 2.4.1996 – NZA 1997, 219; BAG 20.9.1990 – NZA 1991, 195.
362 DKK/*Kittner/Bachner*, § 99 Rn 195; *Fitting u.a.*, § 99 Rn 242.
363 BAG 11.7.2000 – AP § 103 BetrVG 1972 Nr. 44.
364 BAG 14.12.2004 – NZA 2005, 424.
365 BAG 7.11.1977 – AP § 100 BetrVG 1972 Nr. 1; GK-BetrVG/*Kraft/Raab*, § 99 Rn 161; Richardi/*Thüsing*, § 99 Rn 235.
366 BAG 18.12.1990 – AP § 99 BetrVG 1972 Nr. 85; GK-BetrVG/*Kraft/Raab*, § 99 Rn 161.
367 GK-BetrVG/*Kraft/Raab*, § 99 Rn 161.
368 BAG 23.2.1988 – AP § 93 BetrVG 1972 Nr. 2.
369 GK-BetrVG/*Kraft/Raab*, § 99 Rn 161; *Fitting u.a.*, § 99 Rn 250.
370 ArbG Kassel 29.5.1973 – DB 1973, 1359; ähnlich GK-BetrVG/*Kraft/Raab*, § 99 Rn 161; Hess u.a./*Schlochauer*, § 99 Rn 133; *Galperin/Löwisch*, § 99 Rn 99.
371 Richardi/*Thüsing*, § 99 Rn 238; *Fitting u.a.*, § 99 Rn 247.

bei fehlender Ausschreibung von **Teilzeitarbeitsplätzen** geltend gemacht werden, § 7 Abs. 1 TzBfG.[372] Liegt ein Zustimmungsverweigerungsgrund wegen unterlassener Ausschreibung vor, ist das ArbG an einer Zustimmungsersetzung gehindert. Der AG hat jedoch die Möglichkeit, diesen Mangel dadurch zu beheben, dass er die Ausschreibung **nachholt**, was insb. in Betracht kommt, wenn der AG die Einstellung oder Versetzung bereits vorläufig durchgeführt hat.[373] Erfolgen dann während der in der nachgeholten Ausschreibung festgelegten Frist keine Bewerbungen, so entfällt der Zustimmungsverweigerungsgrund; gehen zwischenzeitlich Bewerbungen ein, beginnt das Mitbestimmungsverfahren erneut.[374]

107 **f) Störung des Betriebsfriedens.** Dieser Zustimmungsverweigerungsgrund kommt hauptsächlich bei einer Einstellung, seltener bei einer Versetzung in Betracht,[375] denn lediglich bei der Besetzung eines Arbeitsplatzes kann die durch Tatsachen begründete Besorgnis bestehen, dass der für ihn in Aussicht genommene Bewerber oder AN den Betriebsfrieden durch gesetzeswidriges Verhalten oder durch grobe Verletzung der in § 75 Abs. 1 enthaltenen Grundsätze stören würde. Wenngleich Nr. 6 sich hinsichtlich seiner tatbestandsmäßigen Voraussetzungen mit § 104 deckt, weshalb auf die dortige Kommentierung verwiesen wird, kann der BR anders als bei § 104 bei Nr. 6 nur eine Prognose für die Zukunft anstellen, die auf tatsächliche Ereignisse in der Vergangenheit gestützt wird. Da dem AN zukünftiges rechtswidriges Verhalten unterstellt werden muss, sind an die Widerspruchsgründe nach Nr. 6 strenge Anforderungen zu stellen.[376] Der auf unbestimmte Vermutung begründete Verdacht des BR und dessen subjektive Einschätzung reichen nicht aus.[377] Als Bsp. für ein gesetzeswidriges Verhalten komme in Betracht: Diebstahl an Kollegen, Beleidigung, Mobbing, Verleumdung, sexuelle Belästigung am Arbeitsplatz sowie diskriminierendes Verhalten i.S.d. AGG.[378]

VI. Zustimmungsersetzungsverfahren

108 **1. Rechte des Arbeitgebers.** Hat der BR die Zustimmung zu einer personellen Maßnahme frist- und formgerecht verweigert, ist der AG zunächst rechtlich gehindert, die geplante Maßnahme durchzuführen. Grds. hat der AG folgende vier Handlungsalternativen:

– Er kann auf die Durchführung der geplanten Maßnahme **verzichten**. Diese Möglichkeit besteht nur bei einer geplanten **Einstellung** oder **Versetzung**, **nicht bei Ein- bzw. Umgruppierung**, denn wenn der AG den AN tatsächlich beschäftigt, muss er ihn auch der zugewiesenen Tätigkeit entsprechend vergüten und eingruppieren.
– Zweitens kann der AG auf der Maßnahme beharren, mit ihrer Durchführung jedoch abwarten, bis über seinen Antrag auf **Ersetzung der Zustimmung** gem. Abs. 4 durch das ArbG entschieden ist. **Unterliegt der AG rechtskräftig** im Zustimmungsersetzungsverfahren gem. § 99 Abs. 4, ist es ihm grds. unbenommen, die auf das gleiche Ziel gerichtete personelle Maßnahme **erneut** nach Maßgabe von § 99 Abs. 1 **einzuleiten** und erforderlichenfalls gem. § 99 Abs. 4 erneut die **gerichtliche Ersetzung** der Zustimmung des BR zu **beantragen**.[379]
– Ferner kann der AG nach **§ 100** vorgehen, wenn dies aus sachlichen Gründen dringend erforderlich ist; über die Wirksamkeit der – vorläufigen und endgültigen – Maßnahme wird dann im Verfahren gem. §§ 99 Abs. 4, 100 und ggf. 101 entschieden.
– Der AG **führt** die **Maßnahme durch**, **ohne** das **Verfahren** gem. § 100 oder das Verfahren nach Abs. 4 einzuleiten, weil er etwa die Zustimmungsverweigerung des BR für unbeachtlich hält, so bei angenommener Fristüberschreitung, Missbräuchlichkeit oder im Hinblick auf formale Mängel. In diesen Fällen steht dem BR das Verfahren nach § 101 zur Seite, um die Maßnahme durch das ArbG aufheben zu lassen.

109 Nach der Ablehnung durch den BR kann sich der AG weiter auch um eine Einigung bemühen. Bittet er den BR deshalb „erneut um Zustimmung, führt dies allerdings nicht zu einer Verpflichtung des BR, der personellen Maßnahme erneut fristgemäß zu widersprechen".[380]

110 **2. Antragsbefugnis.** Den Antrag auf Ersetzung der Zustimmung kann nur der **AG** stellen.[381] Der **BR** kann allerdings nach § 101 seinerseits das Mitbestimmungssicherungsverfahren einleiten, falls der AG die personelle Maßnahme ungeachtet einer rechtswirksamen Zustimmungsverweigerung durchführt. Der von der personellen Maßnahme **betroffene AN** ist weder antragsbefugt; noch ist er im Zustimmungsersetzungsverfahren Beteiligter i.S.d.

---

372 So *Fitting u.a.*, § 99 Rn 249; DKK/*Kittner/Bachner*, § 99 Rn 197a, der – wie Richardi/*Thüsing* – für eine analoge Anwendung ist; vgl. ferner *Fischer*, AuR 2005, 255; a.A. ErfK/*Kania*, § 99 BetrVG Rn 34; ArbG Hannover 13.1.2005 – AuR 2005, 275.
373 *Fitting u.a.*, § 99 Rn 252; Richardi/*Thüsing*, § 99 Rn 237.
374 MünchArb/*Matthes*, § 352 Rn 85.
375 DKK/*Kittner/Bachner*, § 99 Rn 202.
376 *Fitting u.a.*, § 99 Rn 253 f.; DKK/*Kittner/Bachner*, § 99 Rn 203.
377 BAG 16.11.2004 – AP § 99 BetrVG 1972 Einstellung Nr. 44.
378 ErfK/*Kania*, § 99 BetrVG Rn 36; *Fitting u.a.*, § 99 Rn 259; DKK/*Kittner/Bachner*, § 99 Rn 202.
379 Die Rechtskraft der abgewiesenen Zustimmungsersetzungsanträge steht der Zulässigkeit des erneuten Verfahrens nicht entgegen; BAG 18.3.2008 – 1 ABR 81/06 – NZA 2008, 832.
380 LAG Bremen 13.9.2001 – EzA-SD 2002, Nr. 1, 12 u. 13; LAG Baden-Württemberg 16.5.2002 – 19 TaBV 25/01 – juris.
381 H.M.; vgl. BAG 27.5.1982 – AP § 80 ArbGG 1979 Nr. 3; *Fitting u.a.*, § 99 Rn 288; kritisch Richardi/*Thüsing*, § 99 Rn 280–282.

§ 80 Abs. 3 ArbGG.[382] Ob der AN vom AG verlangen kann, dass dieser das Zustimmungsersetzungsverfahren betreibt, bestimmt sich nach seinen Rechtsbeziehungen zum AG. Dogmatisch handelt es sich aber in diesem Fall um eine individualrechtliche Streitigkeit aus dem Arbeitsverh, und um keine betriebsverfassungsrechtliche Streitigkeit. Wenn ein Arbeitsvertrag bereits abgeschlossen ist und auch keinen Vorbehalt enthält, ist dieser dem AN gegenüber verpflichtet, das Verfahren nach Abs. 4 zu betreiben, um die Beschäftigung zu ermöglichen.[383] Unlängst hat das BAG[384] zumindest dem schwerbehinderten Menschen in Ansehung von § 81 Abs. 4 Nr. 1 SGB IX einen Anspruch auf Durchführung des gerichtlichen Zustimmungsersetzungsverfahrens zuerkannt, wenn die Zustimmung verweigert wurde und nicht feststeht, dass dem BR objektiv Zustimmungsverweigerungsgründe nach § 99 Abs. 2 zur Seite stehen. Entsprechendes dürfte auch für andere einzustellende AN gelten.[385] Ein derartiger Anspruch ist ggf. im Urteilsverfahren geltend zu machen.[386] Entsprechendes hat bei einer Versetzung zu gelten, wenn der AG dem AN den vorgesehenen Arbeitsplatz mündlich oder schriftlich zugesagt hat.

3. Zuständigkeit und Entscheidung des Arbeitsgerichts. Das ArbG entscheidet im **Beschlussverfahren**, §§ 2a Abs. 1 Nr. 1, 80 Abs. 1 ArbGG.[387] Der Antrag des AG lautet auf Ersetzung der verweigerten Zustimmung; nur darüber kann das Gericht auch befinden. Im Verfahren hat der BR nur die frist- und formgerechte Verweigerung der Zustimmung darzulegen. Das ArbG hat die Zustimmung zu ersetzen, wenn die Zustimmungsverweigerung zwar form- und fristgerecht dem AG mitgeteilt worden war, aber nicht begründet ist.[388] Das Gericht kann weder die vom AG getroffene Maßnahme korrigieren noch die Durchführung einer anderen anstelle der getroffenen Maßnahme anordnen.[389] Bei unvollständiger Unterrichtung des BR durch den AG fehlt eine Voraussetzung für die Wahrnehmung des Zustimmungsverweigerungsrechts,[390] so dass der Zustimmungsersetzungsantrag des AG als **unzulässig** abgewiesen werden muss.[391] Allerdings kann der AG noch im Zustimmungsersetzungsverfahren die fehlende bzw. unvollständige **Unterrichtung** des BR **nachholen**; der BR kann dann innerhalb einer Woche weitere Zustimmungsverweigerungsgründe geltend machen.[392] Liegt dann eine ordnungsgemäße vollständige Information seitens des AG vor und hat der BR erneut die Zustimmung verweigert, hat das Gericht dann über den Zustimmungsersetzungsantrag zu entscheiden.[393] Das ArbG kann die Zustimmung nicht ersetzen, wenn der AG das Mitbestimmungsverfahren zwar ordnungsgemäß eingeleitet hat, aber die Zustimmungsverweigerung des BR rechtsunwirksam ist; denn in diesem Falle gilt die Zustimmung des BR über Abs. 3 S. 2 erteilt.[394] Das ArbG kann mithin die Zustimmung nur ersetzen, wenn eine wirksame Zustimmungsverweigerungserklärung vorliegt. Fehlt es, hat das Gericht festzustellen, dass die Zustimmung des BR als erteilt gilt. Fehlt bereits eine wirksame Zustimmungsverweigerungserklärung, darf das Gericht weder dem Gestaltungsantrag stattgeben, noch den arbeitgeberseitigen Antrag als unzulässig abweisen; es hat vielmehr festzustellen, dass die Zustimmung des BR als erteilt gilt, weil der Gestaltungsantrag den Feststellungsantrag einschließt.[395] Der BR bestimmt durch die Zustimmungsverweigerung den Streitgegenstand des Zustimmungsersetzungsverfahrens; dem entspricht es, dass das ArbG nicht prüft, ob der BR die Zustimmung aus einem der in Abs. 2 genannten Gründe verweigern kann; sondern er übt lediglich eine Rechtskontrolle mit Blick auf die vom BR angegebenen Verweigerungsgründe aus.[396] Aus diesem Grunde kann der BR im Zustimmungsersetzungsverfahren auch keine weiteren Zustimmungsverweigerungsgründe **nachschieben**.[397] Dem BR ist es unbenommen, während des Verfahrens der personellen Maßnahme durch einen neuen Beschluss förmlich zuzustimmen. Hat sich die streitige personelle Maßnahme während des Beschlussverfahrens aus diesem Grunde oder deshalb erledigt, weil der AG an der Durchführung der personellen Maßnahme nicht weiter festhält, so ist das Verfahren wegen Erledigung der Hauptsache gem. § 83a Abs. 2 ArbGG einzustellen, und zwar auch dann, wenn der BR der Erledigung wider-

111

---

382 BAG 27.5.1992 – AP § 80 ArbGG 1979 Nr. 3; *Fitting u.a.*, § 99 Rn 288; *Richardi/Thüsing*, § 99 Rn 278; *Hess u.a./Schlochauer*, § 99 Rn 141; *MünchArb/Matthes*, § 352 Rn 120.
383 *MünchArb/Matthes*, § 252 Rn 112; *Gottwald*, BB 1997, 2427; *Richardi/Thüsing*, § 99 Rn 279.
384 BAG 22.9.2005 – 2 AZR 519/04 – AP § 81 SGB IX Nr. 10; ebenso LAG Baden-Württemberg 19.5.2004 – LAG-Report 2005, 83; vgl. auch *Fitting, u.a.*, § 99 Rn 172, 287.
385 *Richardi/Thüsing*, § 99 Rn 279.
386 *Richardi/Thüsing*, § 99 Rn 279; *Hess u.a./Schlochauer*, § 99 Rn 141; *Fitting u.a.*, § 99 Rn 289.
387 § 256 Abs. 1 ZPO findet auch auf das Beschlussverfahren Anwendung; entsprechend bedarf es zur Bejahung seiner Zulässigkeit des rechtlichen (Feststellungs-)Interesses, BAG 22.6.2005 – 10 ABR 34/04 – NZA-RR 2006, 23.
388 GK-BetrVG/*Kraft/Raab*, § 99 Rn 169; *Richardi/Thüsing*, § 99 Rn 283, 284.
389 BAG 10.1.1976 – AP § 99 BetrVG 1972 Nr. 4; BAG 27.5.1982 – AP § 80 ArbGG 1979 Nr. 3.
390 BAG 28.1.1986 – AP § 99 BetrVG 1972 Nr. 34.
391 *Richardi/Thüsing*, § 99 Rn 285; *Boemke*, ZfA 1992, 473, 492.
392 BAG 28.3.2000 – AP § 99 BetrVG 1972 Einstellung Nr. 27.
393 BAG 20.12.1978 – AP § 99 BetrVG 1972 Nr. 62; GK-BetrVG/*Kraft/Raab*, § 99 Rn 170.
394 BAG 24.7.1979 – AP § 99 BetrVG 1972 Nr. 11.
395 BAG 18.10.1988 – AP § 99 BetrVG 1972 Nr. 57; MünchArb/*Matthes*, § 352 Rn 116.
396 BAG 3.7.1984 – AP § 99 BetrVG 1972 Nr. 20; BAG 15.4.1986 – AP § 99 BetrVG 1972 Nr. 36.
397 BAG 3.7.1984 – AP § 99 BetrVG 1972 Nr. 20; BAG 15.4.1986 – AP § 99 BetrVG 1972 Nr. 36; HWK/*Ricken*, § 99 BetrVG 1972 Rn 92; MünchArb/*Matthes*, § 352 Rn 18; *Richardi/Thüsing*, § 99 Rn 287; a.A. *Fitting u.a.*, § 99 Rn 291.

spricht.[398] Der BR hat seine Zustimmungsverweigerung zu **substantiieren**, d.h. durch konkrete Tatsachen zu untermauern; er trägt die Darlegungs- und Beweislast für die Einhaltung der Formalien der Zustimmungsverweigerung (Schriftform und Frist). Demgegenüber trägt der AG nach der herrschenden Meinung die Darlegungs- und Beweislast dafür, dass kein Verweigerungsgrund besteht und dass er ordnungsgemäß unterrichtet hat.[399] In diesem Zusammenhang ist allerdings zu berücksichtigen, dass im Beschlussverfahren der Untersuchungsgrundsatz gilt, § 83 Abs. 1 S. 1 ArbGG, so dass insoweit von der Darlegungslast im Sinne der Zivilprozessordnung nicht gesprochen werden kann. Dies führt zu der Frage, zu welchen Lasten es geht, wenn die Sachverhaltsaufklärung ein non liquet ergibt. Die Antwort hierauf hängt davon ab, ob die prozessuale Antragsbefugnis über die Verteilung der „Beweislast" entscheidet oder diese nicht vielmehr der materiell-rechtlichen Abfassung des Abs. 2 zu entnehmen ist.[400]

112 Der Zustimmungsersetzungsantrag ist nicht fristgebunden.[401] Die Frist des § 100 Abs. 2 S. 3 gilt nicht analog. Wird der Antrag jedoch erst zu einem Zeitpunkt gestellt, zu dem die geplante Maßnahme bereits durchgeführt worden sein sollte, wird es sich im Zweifel um eine weitere Maßnahme handeln. Dann wäre erneut das Verfahren nach § 99 Abs. 1 durchzuführen.[402]

113 **4. Rechtsmittel.** Gegen die Entscheidung des ArbG ist die **Beschwerde** zum LAG (§ 87 ArbGG) bzw. bei Vorliegen der Voraussetzungen die **Rechtsbeschwerde** zum BAG (§ 92 ArbGG) gegeben.[403] AG und BR können über die streitige Angelegenheit auch einen Vergleich schließen, der dann die Wirkung einer freiwilligen BV über die geplante Maßnahme hat.

C. Verbindung zu anderen Rechtsgebieten und zum Prozessrecht

I. Auswirkungen auf das Arbeitsverhältnis

114 Das aufgezeigte Mitbestimmungsrecht des BR bei personellen Einzelmaßnahmen besteht unabhängig von der arbeitsvertraglichen Situation hinsichtlich der fraglichen Maßnahme.[404]

115 **1. Einstellung.** Da die Einstellung i.S.v. § 99 nicht mit dem Abschluss des Arbeitsvertrages gleichzusetzen ist (siehe Rn 27 ff.), ist der Arbeitsvertrag zivilrechtlich auch dann wirksam, wenn durch die Einstellung das Mitbestimmungsrecht des BR verletzt wird.[405] Der BR kann aber verlangen, dass der AG den betriebsverfassungswidrig angestellten AN nicht beschäftigt.[406] Wird die Beschäftigung des AN dadurch rechtlich unmöglich, und hat der AG dies zu vertreten, behält der AN gleichwohl seinen **Entgeltanspruch** auch auf die Zeit der Nichtbeschäftigung.[407] Nach der Rspr. des BAG ist der AN nur berechtigt, die Arbeit zu verweigern, wenn der BR selbst gegen die Missachtung seines Mitbestimmungsrechts gem. § 101 vorgeht.[408]

116 Zivilrechtlich bleibt der abgeschlossene Arbeitsvertrag selbst bei endgültiger Ablehnung der Zustimmung wirksam.[409] Diese Wirksamkeit des Arbeitsvertrages schützt den AN auch nicht davor, dass der AG das **Arbeitsverh auflöst**. Es endet automatisch, wenn der Bestand des Arbeitsverh durch eine auflösende Bedingung an eine für den AG negative Gerichtsentscheidung geknüpft wurde; ansonsten kann der Arbeitsvertrag mit dem Betroffenen nur durch Künd oder Aufhebungsvertrag beendet werden. Grundsätzlich kommt nur eine ordentliche Künd in Betracht (vgl. § 100 Rn 19).[410] Seinen Entgeltzahlungsanspruch behält der AN auch in diesen Fällen trotz Nichtbeschäftigung für die restliche Laufzeit des Arbeitsverh.[411] Wie ausgeführt (vgl. Rn 20), hat der AN nur in Ausnahmefällen gegenüber dem AG einen Rechtsanspruch auf Einleitung des Verfahrens zur Zustimmungsersetzung. Ohne besondere Zusicherung oder vertragliche Abmachungen bleibt es dem AG freigestellt, Einwendungen des BR zu akzeptieren und auf einen Rechtsstreit mit diesem zu verzichten.[412]

117 **2. Versetzung.** Aufgrund des Trennungsprinzips von personeller Einzelmaßnahme einerseits und zugrunde liegender Arbeitsvertragsgestaltung andererseits spielt es auch für den Mitbestimmungstatbestand der Versetzung keine Rolle, ob der AG aufgrund des Arbeitsvertrages berechtigt ist, dem AN einen anderen Arbeitsbereich zuzuwei-

---

398 BAG 26.4.1990 – AP § 83a ArbGG 1979 Nr. 3; BAG 28.2.2006 – 1 ABR 1/05 – AP § 99 BetrVG 1972 Einstellung Nr. 51 – NZA 2006, 1178.
399 Vgl. nur *Fitting u.a.*, § 99 Rn 290; Hess u.a./*Schlochauer*, § 99 Rn 142; a.A. *Galperin/Löwisch*, § 99 Rn 116.
400 So Richardi/*Thüsing*, § 99 Rn 288; a.A. GK-BetrVG/*Kraft/Raab*, § 99 Rn 173.
401 BAG 15.9.1987 – NZA 1988, 101, 102.
402 DKK/*Kittner/Bachner*, § 99 Rn 206.
403 Vgl. hierzu §§ 87, 92 ArbGG; *Boemke*, ZfA 1992, 515 ff.
404 ErfK/*Kania*, § 99 BetrVG Rn 44; DKK/*Kittner/Bachner*, § 99 Rn 34; *C. Weber*, Individualrechtliche Auswirkungen betriebsverfassungswidriger personeller Einzelmaßnahmen, 2000.
405 BAG 5.4.2001 – AP § 99 BetrVG 1972 Einstellung Nr. 32; BAG 2.7.1980 – AP § 101 BetrVG 1972 Nr. 5; Hess u.a./*Schlochauer*, § 99 Rn 9; DKK/*Kittner/Bachner*, § 99 Rn 216; a.A. *Fitting u.a.*, § 99 Rn 278.
406 Richardi/*Thüsing*, § 99 Rn 294.
407 BAG 2.7.1980 – EzA § 99 BetrVG 1972 Nr. 28.
408 BAG 5.4.2001 – AP § 99 BetrVG 1972 Einstellung Nr. 32; LAG Rostock 6.5.2004 – LAGE § 64 ArbGG 1979 Nr. 37.
409 BAG 2.7.1980 – AP § 101 BetrVG 1972 Nr. 5; BAG 25.6.1987 – AP § 620 BGB Bedingung Nr. 14.
410 Vgl. Richardi/*Thüsing*, § 99 Rn 295.
411 Vgl. nur DKK/*Kittner/Bachner*, § 99 Rn 216.
412 Vgl. aber BAG 3.12.2002 – BB 2003, 1014 für schwerbehinderte Menschen, § 81 Abs. 4 Nr. 1 SGB IX.

sen. Ebenso wenig wie die Einverständniserklärung des AN die Zustimmung des BR ersetzt, ersetzt die Zustimmung des BR eine nach dem Arbeitsvertrag erforderliche Einverständniserklärung des AN.

Entsprechend ist eine Versetzung ohne Zustimmung des BR oder ohne gerichtliche Zustimmungsersetzung dem AN gegenüber unwirksam.[413] Unwirksam ist ebenso die auf eine Versetzung gerichtete Änderungskünd, wenn endgültig feststeht, dass der AG die erforderliche Zustimmung des BR gem. § 99 zu der Versetzung nicht erlangen kann.[414] § 99 stellt eine Verbotsnorm i.S.d. § 134 BGB dar.[415] Die Nichtbeachtung des Mitbestimmungsrechts begründet ein betriebsverfassungsrechtliches Beschäftigungsverbot, auf das sich der AN berufen kann, wenn er mit der Versetzung nicht einverstanden ist.[416] Bei einer Versetzung mit Einverständnis des AN entfällt das Mitbestimmungsrecht hingegen, wenn die Versetzung auf Dauer in einen anderen Betrieb erfolgt.[417] Dies gilt nicht, wenn die einverständliche Versetzung innerhalb des Betriebes erfolgt; nur scheidet dann einzig die Zustimmungsverweigerung nach Abs. 2 Nr. 4 aus.[418] Als weitere Folge scheidet dann auch ein Leistungsverweigerungsrecht aus. Beides gilt jedoch nur unter der Voraussetzung, dass der AN die Versetzung selbst gewünscht hat oder diese seinen Wünschen und seiner freien Entscheidung entspricht, also nicht vom AG veranlasst ist. Da das Einverständnis des AN nicht das Mitbestimmungsrecht des BR, von der vorgenannten Ausnahme abgesehen, obsolet macht, kann der BR zur Beseitigung des betriebsverfassungswidrigen Zustands den Antrag nach § 101 stellen (vgl. § 101 Rn 6 ff.). **118**

3. Ein- und Umgruppierungen. Da es sowohl bei der Eingruppierung als auch bei der Umgruppierung ausschließlich um die für den Vergütungsanspruch maßgebliche Einstufung in eine Vergütungsgruppenregelung geht, und es sich nur um Rechtsanwendung handelt, kann der BR auch zur Behebung eines betriebsverfassungswidrigen Zustands nicht die **Aufhebung** einer unzutreffenden Ein- oder Umgruppierung verlangen (siehe § 101 Rn 4). Das Prinzip der Trennung zwischen dem. § 99 mitbestimmten Maßnahme und der zivilrechtlichen Vertragsgestaltung führt mithin dazu, dass der Vergütungsanspruch des betreffenden AN grundsätzlich unabhängig von der Reaktion des BR im Verfahren nach § 99 ist. Hat der AG die Ein- bzw. Umgruppierung ohne Beteiligung des BR, aber tarifrechtlich zutreffend vorgenommen, hat der AN Anspruch auf die tarifvertragliche Vergütung.[419] I.Ü. ist es dem einzelnen AN unbenommen, unabhängig von einem Beschlussverfahren über die Zustimmungsersetzung zur Eingruppierung die seines Erachtens richtige Vergütungsgruppe einzuklagen.[420] Ist allerdings im Verfahren nach § 99 die anzuwendende Vergütungsgruppe festgestellt worden, kann der AN seinen Vergütungsanspruch unmittelbar auf die gerichtliche Entscheidung stützen. Sein Anspruch hängt dann nicht von einer weiteren Prüfung der tariflichen Eingruppierungsvoraussetzung ab.[421] Hat wegen der Eingruppierung ein Zustimmungsersetzungsverfahren nach § 99 stattgefunden, ist die gerichtlich als zutreffend festgestellte Eingruppierung für den AG im Verhältnis zu dem betroffenen AN verbindlich.[422] **119**

II. Weitere Möglichkeiten der Mitbestimmungssicherung

1. Einstweilige Verfügung. Eine einstweilige Verfügung in Bezug auf die Zustimmungsersetzung ist ausgeschlossen; denn für die Vornahme vorläufiger Maßnahmen stellt § 100 eine Sonderregelung dar.[423] Ebenfalls ausgeschlossen ist ein Antrag des BR auf Erlass einer einstweiligen Verfügung, mit der dem AG aufgegeben werden soll, eine personelle Maßnahme zu unterlassen.[424] **120**

2. Unterlassung. Vom BAG bislang offen gelassen ist die in der Lit. umstrittene Frage, ob der BR generell zur Wahrung seines Mitbestimmungsrechts nach Abs. 1 S. 1 einen Anspruch auf Unterlassung einer personellen Maßnahme hat, deren Durchführung er nicht zugestimmt hat.[425] Der Umstand, dass die Rspr. im Bereich des §§ 87 ff. einen derartigen Unterlassungsanspruch anerkannt hat, ist auf die Regelungen des § 99 nicht übertragbar, da der Gesetzgeber mit § 101 eine ausdrückliche kollektivrechtliche Sanktion für mitbestimmungswidriges Verhalten des AG statuiert hat. Da, wenn überhaupt, eine Rechtsschutzlücke nur in Bezug auf die Einstellung kurzfristiger Aushilfen bestehen könnte, bei denen ein Verfahren nach § 101 zu spät kommt, ist eine verbleibende Rechtsschutzlücke nicht so groß, dass sie mithilfe eines allgemeinen Unterlassungsanspruchs geschlossen werden müsste.[426] **121**

---

413 BAG 5.4.2001 – NZA 2001, 893, 896; BAG 26.1.1988 – DB 1988, 1167.
414 LAG Düsseldorf, 21.1.2009 – 12 Sa 1590/08 – ArbR 1/09, 25.
415 BAG 26.1.1988 – AP § 99 BetrVG 1972 Nr. 50; BAG 26.1.1993 – AP § 99 BetrVG 1972 Nr. 102.
416 Richardi/*Thüsing*, § 99 Rn 300; GK-BetrVG/*Kraft/Raab*, § 99 Rn 124; a.A. *Fitting u.a.*, § 99 Rn 283.
417 BAG 20.9.1990 – AP § 99 BetrVG 1972 Nr. 84.
418 MünchArb/*Matthes*, § 353 Rn 35.
419 BAG 14.6.1972 – AP §§ 22, 23 BAT 1975 Nr. 54; BAG 19.7.1978 – AP §§ 22, 23 BAT 1975 Nr. 8.
420 BAG 13.5.1981 – AP § 59 HGB Nr. 24.
421 BAG 3.5.1994 – AP § 99 BetrVG 1972 Eingruppierung Nr. 2.
422 BAG 28.8.2008 – 2 AZR 967/06.
423 LAG Frankfurt/M. 15.12.1987 – DB 1988, 915; Hess u.a./*Schlochauer*, § 99 Rn 145; Richardi/*Thüsing*, § 99 Rn 306.
424 So auch Richardi/*Thüsing*, § 99 Rn 306; a.A. LAG Köln 13.8.2002 – AP § 99 BetrVG 1972 Nr. 37.
425 Dafür: DKK/*Kittner/Bachner*, § 101 Rn 18, 23; § 23 Rn 130, 131; *Derleder*, AuR 1995, 13; a.A. GK-BetrVG/*Oetker*, § 23 Rn 149; Richardi/*Thüsing*, § 23 Rn 84 ff.; ErfK/*Kania*, § 101 BetrVG Rn 9.
426 So auch ErfK/*Kania*, § 101 BetrVG Rn 9.

122 **3. Feststellung.** Haben BR oder AG Zweifel, ob überhaupt eine mitbestimmungspflichtige personelle Einzelmaßnahme vorliegt, kann dies in einem gerichtlichen Feststellungsverfahren geklärt werden. Hält der AG die Zustimmungsverweigerung des BR für unbeachtlich, kann er im Wege der Feststellungsklage beantragen, dass die Zustimmung des BR nach dessen ordnungsgemäßer Unterrichtung wegen Fristablaufs als erteilt gilt.[427] Hilfsweise kann mit diesem Feststellungsantrag der Zustimmungsersetzungsantrag verbunden werden. Im Zweifel hat das ArbG auch ohne entsprechenden Antrag anstelle der Ersetzung der Zustimmung auf die Feststellung zu erkennen, dass die Zustimmung als erteilt gilt.[428]

123 **4. Urteilsverfahren.** Der einzelne AN kann im Urteilsverfahren die Rechtmäßigkeit der personellen Einzelmaßnahme überprüfen lassen, selbst wenn der BR ihr zugestimmt hat.[429] Einem Beschlussverfahren, mittels dessen die Zustimmung des BR ersetzt wurde, kommt keine präjudizielle Wirkung zu.[430]

124 **5. Einigungsstelle.** Zwar kann bei Meinungsverschiedenheiten zwischen den Betriebspartnern auch im Rahmen des § 99 die Einigungsstelle angerufen werden; sie kann aber nicht verbindlich entscheiden, sondern ggf. nur über § 76 Abs. 6 im freiwilligen Einigungsverfahren tätig werden. Da die Zustimmung des BR aber als erteilt gilt, wenn er nicht innerhalb einer Woche die Verweigerung seiner Zustimmung schriftlich mitteilt, kommt ein freiwilliges Einigungsstellenverfahren allenfalls dann in Betracht, wenn der BR die Zustimmung verweigert und der AG bestritten hat, dass ein Zustimmungsverweigerungsgrund vorliegt.

D. Beraterhinweise

125 Die Erstattung von **Rechtsanwaltskosten** im Verfahren nach §§ 99 bis 101 ist umstr. Teilweise geht man bei der Wertfestsetzung von § 42 Abs. 2 GKG (früher: § 12 Abs. 7 ArbGG) aus.[431] Nach anderer Ansicht ist § 23 Abs. 3 RVG (früher: § 8 BRAGO) einschlägig.[432] Letzterer Ansicht ist zuzustimmen, da die Beteiligungsrechte des BR nicht nur eine individualvertragliche Dimension aufweisen, sondern der gesamten Belegschaft „dienen".[433] Nach der Rspr. des LAG Hamburg[434] ist der Antrag des AG gem. Abs. 4 regelmäßig mit zwei Brutto-Monatsverdiensten zu bewerten, dessen Einstellung ersetzt werden soll.

§ 100 Vorläufige personelle Maßnahmen

(1) ¹Der Arbeitgeber kann, wenn dies aus sachlichen Gründen dringend erforderlich ist, die personelle Maßnahme im Sinne des § 99 Abs. 1 Satz 1 vorläufig durchführen, bevor der Betriebsrat sich geäußert oder wenn er die Zustimmung verweigert hat. ²Der Arbeitgeber hat den Arbeitnehmer über die Sach- und Rechtslage aufzuklären.

(2) ¹Der Arbeitgeber hat den Betriebsrat unverzüglich von der vorläufigen personellen Maßnahme zu unterrichten. ²Bestreitet der Betriebsrat, dass die Maßnahme aus sachlichen Gründen dringend erforderlich ist, so hat er dies dem Arbeitgeber unverzüglich mitzuteilen. ³In diesem Fall darf der Arbeitgeber die vorläufige personelle Maßnahme nur aufrechterhalten, wenn er innerhalb von drei Tagen beim Arbeitsgericht die Ersetzung der Zustimmung des Betriebsrats und die Feststellung beantragt, dass die Maßnahme aus sachlichen Gründen dringend erforderlich war.

(3) ¹Lehnt das Gericht durch rechtskräftige Entscheidung die Ersetzung der Zustimmung des Betriebsrats ab oder stellt es rechtskräftig fest, dass offensichtlich die Maßnahme aus sachlichen Gründen nicht dringend erforderlich war, so endet die vorläufige personelle Maßnahme mit Ablauf von zwei Wochen nach Rechtskraft der Entscheidung. ²Von diesem Zeitpunkt an darf die personelle Maßnahme nicht aufrechterhalten werden.

A. Allgemeines 1	3. Fehlende Äußerung des Betriebsrats, Verweigerung der Zustimmung 13
I. Normzweck 1	II. Unterrichtungspflichten des Arbeitgebers 17
II. Geltungsbereich 2	1. Pflichten gegenüber dem Arbeitnehmer 17
B. Regelungsgehalt 5	a) Zweck und Inhalt 17
I. Voraussetzungen einer vorläufigen Durchführung 5	b) Rechtsfolgen bei Verstoß gegen die Unterrichtungspflicht 18
1. Dringende Erforderlichkeit; sachlicher Grund 6	
2. Maßgeblicher Zeitpunkt 12	

---

[427] BAG 28.1.1986 – AP § 99 BetrVG 1972 Nr. 34.
[428] BAG 18.10.1988 – AP § 99 BetrVG 1972 Nr. 57.
[429] BAG 9.2.1993 – AP § 99 BetrVG 1972 Nr. 103.
[430] Vgl. Richardi/*Thüsing*, § 99 Rn 308.
[431] Vgl. LAG Rheinland-Pfalz 11.5.1995 – DB 1995, 1720; LAG Düsseldorf 25.4.1995 – ArbuR 1995, 332; LAG Hamm 28.4.2005 – NZA-RR 2005, 435.
[432] Vgl. LAG Hamburg 4.8.1992 – LAGE § 8 BRAGO Nr. 18; LAG München 7.12.1995 – NZA-RR 1996, 419.
[433] So auch DKK/*Kittner/Bachner*, § 99 Rn 229.
[434] 2.12.2004 – NZA-RR 2005, 209.

2. Pflichten gegenüber dem Betriebsrat 21	V. Entscheidung des Arbeitsgerichts 47
a) Zweck 21	1. Verfahrensart 47
b) Gegenstand, Umfang, Zeitpunkt und Form der Unterrichtung 22	2. Zeitliche Reihenfolge der Entscheidung über die Anträge 48
c) Rechtsfolgen bei Verstoß gegen die Unterrichtungspflicht 26	3. Entscheidungsvarianten 50
	4. Beendigung der vorläufigen Maßnahme 55
III. Reaktionsmöglichkeiten des Betriebsrats 27	C. Verbindung zu anderen Rechtsgebieten und zum Prozessrecht 58
1. Isolierte Unterrichtung 28	I. Auswirkungen auf das Arbeitsverhältnis 58
2. Zeitgleiche Unterrichtung gemäß §§ 99, 100 .. 32	1. Einstellung 58
IV. Anrufung des Arbeitsgerichts 37	2. Versetzung 60
1. Notwendigkeit der doppelten Antragstellung . 38	II. Weitere Möglichkeit der Mitbestimmungssicherung: einstweilige Verfügung 61
2. Antragsfrist 40	D. Beraterhinweise 62
3. Rechtsfolgen bei einem Verstoß gegen das Gebot der doppelten Antragstellung 43	I. Abschluss des Arbeitsvertrages 62
4. Rechtsfolgen bei Versäumung der Antragsfrist 45	II. Drei-Tages-Frist 63
5. Rechtsfolgen bei Verletzung der Antragsbegründung 46	III. Rechtsanwaltsgebühren/Gegenstandswert 64

A. Allgemeines

I. Normzweck

Grds. kann der AG eine personelle Einzelmaßnahme i.S.v. § 99 nur nach vorheriger Zustimmung des BR endgültig durchführen. Um etwaige aus diesem Zustimmungserfordernis entstehende zeitliche Verzögerungen und hieraus resultierende Unzuträglichkeiten für den Betrieb zu mildern, ermöglicht § 100 die **vorläufige Durchführung** der geplanten personellen Maßnahme unter der Voraussetzung, dass dies aus sachlichen Gründen dringend erforderlich ist.[1] „Vorläufig" bedeutet nur so lange, bis der BR der konkreten personellen Maßnahme zugestimmt hat oder die verweigerte Zustimmung durch das ArbG rechtskräftig ersetzt worden ist. § 100 kommt dabei nur in Betracht, wenn die vorläufige Maßnahme in Bezug auf den AN durchgeführt wird, für den auch ihre endgültige Durchführung geplant ist.[2]

II. Geltungsbereich

Die vorläufige Maßnahme kommt hinsichtlich sämtlicher Beschäftigungsgruppen in Betracht, auf die sich das Mitbestimmungsrecht des § 99 bezieht (vgl. § 99 Rn 12 ff.).[3] Nach dem Wortlaut der Vorschrift gilt sie zudem für alle in § 99 Abs. 1 genannten personellen Einzelmaßnahmen. Jedoch ist wie folgt zu differenzieren:

Eindeutig und unstreitig gilt § 100 für **Einstellungen** und **Versetzungen**.[4]

Bei **tendenzbezogenen** Einstellungen und Versetzungen in Tendenzbetrieben ist der Anwendungsbereich von § 100 ebenso eingeschränkt wie derjenige des § 99 (vgl. § 99 Rn 24). Dies bedeutet, dass der BR (nur) nach § 99 Abs. 1 zu informieren ist; er hat dann eine Woche Zeit, Stellung zu nehmen. Spätestens nach Ablauf dieser Woche darf der AG die personelle Einzelmaßnahme endgültig durchführen.[5] § 100 ist daher in diesen Fällen nur dann von Interesse, wenn die Maßnahme vor Unterrichtung des BR, vor Ablauf der Wochenfrist oder vor der endgültigen Stellungnahme des BR durchgeführt werden soll.[6] Führt der AG eine Maßnahme als vorläufige durch, so hat er den BR gem. § 100 Abs. 1 zu unterrichten. Bestreitet der BR die Erforderlichkeit, so muss der AG innerhalb von drei Tagen beim ArbG die Feststellung beantragen, dass die Maßnahme aus sachlichen Gründen dringend erforderlich war. Den Antrag auf Zustimmungsersetzung braucht er nicht zu stellen.[7] An die sachliche Erforderlichkeit sind aber besonders strenge Anforderungen zu stellen.[8]

In seiner Entscheidung vom 27.1.1987 hat das BAG Bedenken geäußert, ob die Regelung des § 100 auch bei **Ein- und Umgruppierung** Anwendung finden kann.[9] Diese Bedenken ergeben sich nach Auff. des BAG bereits aus der Rechtsnatur von Ein- und Umgruppierung, die nur „ein gedanklicher Vorgang, ein Akt der Rechtsanwendung bzw. die Kundgabe des bei dieser Rechtsanwendung gefundenen Ergebnisses" sind. Da Ein- und Umgruppierung keine „nach außen wirkende Maßnahme" seien, könne auch ihre „Aufhebung" nicht verlangt werden; entsprechend könnten sie auch nicht i.S.d. § 100 vorläufig durchgeführt werden. Auch wenn das BAG eine letztendliche Klärung

---

[1] Vgl. amtl. Begr. zum § 100 BetrVG 1972, BR-Drucks 715/70, S. 52; *Fitting u.a.*, § 100 Rn 1, 4; Richardi/*Thüsing*, § 100 Rn 1; ErfK/*Kania*, § 100 BetrVG Rn 1.
[2] LAG Saarland 13.5.1987 – LAGE § 100 BetrVG Nr. 2.
[3] DKK/*Kittner/Bachner*, § 100 Rn 9.
[4] GK-BetrVG/*Raab*, § 100 Rn 5; Richardi/*Thüsing*, § 100 Rn 3.
[5] St. Rspr., vgl. BAG 1.9.1987 – AP § 101 BetrVG 1972 Nr. 10; BAG 8.5.1990 – AP § 118 BetrVG 1972 Nr. 46.
[6] DKK/*Kittner/Bachner*, § 100 Rn 13.
[7] BAG 8.5.1990 – AP § 118 BetrVG 1972 Nr. 46.
[8] Vgl. BAG 8.5.1990 – NZA 1990, 901, 903 = DB 1990, 2227.
[9] BAG 27.1.1987 – AP § 99 BetrVG 1972 Nr. 42; DKK/*Kittner/Bachner*, § 100 Rn 7.

dieser Frage hatte dahinstellen können,[10] scheidet mit der ganz herrschenden Lit. die Anwendung von § 100 aus den dargelegten Gründen auf Ein- und Umgruppierungen aus.[11] Dies gilt selbst dann, wenn der AG einen AN bei der Einstellung oder Versetzung nicht eingruppiert. Der BR kann in einem derartigen Fall nur die Eingruppierung unter seiner Beteiligung gem. § 99 verlangen.[12]

B. Regelungsgehalt

I. Voraussetzungen einer vorläufigen Durchführung

5 Für die Durchführung einer personellen Maßnahme kommt es entscheidend darauf an, dass diese zum einen dringend erforderlich ist; zum anderen muss die dringende Erforderlichkeit aus sachlichen Gründen gegeben sein.[13]

6 **1. Dringende Erforderlichkeit; sachlicher Grund.** **Dringend erforderlich** ist die geplante Maßnahme, wenn sie keinen Aufschub duldet und ein verantwortungsbewusster AG im Interesse des Betriebs und des Betriebsablaufs sofort handeln muss; die geplante Maßnahme mithin keinen Aufschub duldet, d.h. unaufschiebbar ist.[14] Bloße Unbequemlichkeiten, die z.B. aus einer nicht besetzten Stelle herrühren, genügen nicht.[15] Dem AG müssen vielmehr nicht unerhebliche Nachteile entstehen oder Vorteile entgehen, wenn er die Maßnahme nicht vorläufig durchführt.[16] Der dringenden Erforderlichkeit i.S.d. § 100 steht nicht etwa entgegen, dass andere AN den zu besetzenden Arbeitsplatz vorläufig hätten besetzen können; denn die Entscheidung hierüber trifft im Rahmen der vorläufigen Durchführung der personellen Maßnahme der AG.[17]

7 Unter **sachlichen Gründen** sind betriebliche Gründe, also insb. solche zu verstehen, die aus einer ordnungsgemäßen Betriebsführung erwachsen, wie z.B. produktions- oder arbeitstechnische Gründe oder Gründe der Auftragslage.[18] Soll daher im Kern ein geregelter Arbeitsablauf gewährleistet bzw. hergestellt werden, zählen zu den sachlichen Gründen i.S.v. § 100 auch solche, die auf schuldrechtlichen Verpflichtungen des AG beruhen, z.B. der Verpflichtung zur Zahlung einer Vertragsstrafe; dies jedenfalls dann, wenn durch die vorläufige personelle Maßnahme eine Vertragsstrafe abgemildert oder abgewendet werden kann, weil ansonsten gegebenenfalls eine ordnungsgemäße Betriebsführung gefährdet sein könnte.[19] Dem gegenüber sind persönliche Interessen des AG oder Wünsche leitender Ang ebenso unerheblich wie der Wunsch eines Bewerbers nach vorläufiger Einstellung ohne das Vorliegen zusätzliche betrieblicher Erfordernisse.[20]

8 Kein sachlicher Grund i.S.d. § 100 ist die Vermeidung oder Beseitigung der Arbeitslosigkeit des Bewerbers; denn dies ist kein betriebliches Interesse.[21]

Bei **Einstellungen** gilt generell, dass die Verzögerung einer Einstellung nur dann nicht hinnehmbar ist, wenn sie den ordnungsgem. betrieblichen Ablauf erheblich stört.[22] Dies ist z.B. dann der Fall, wenn wegen krankheitsbedingter Ausfälle von AN im Betrieb sofort Aushilfskräfte eingestellt werden müssen, um wichtige Aufträge termingerecht zu erfüllen, oder wenn im Betrieb eine wichtige Fachkraft fehlt und der AG nur bei sofortigem Handeln die Gelegenheit hat, die Fachkraft für sich zu gewinnen und einzustellen oder dass ein plötzlich ausgeschiedener AN – sei es durch Tod, sei es durch fristlose Künd –[23] ersetzt werden muss oder ferner, dass etwa für den Arbeitsplatz nur ein Bewerber in Betracht kommt (z.B., wenn er eine für den Betrieb entscheidende Qualifikation besitzt), der den Arbeitsplatz nur bei sofortiger Entscheidung übernehmen würde (weil ansonsten die Gefahr bestünde, dass er sich für einen anderen AG entscheidet).[24] In Betracht kommt eine vorläufige Einstellung auch dann, wenn der BR dem AG Überstunden verweigert.[25]

---

10 Vgl. WP/*Preis*, § 100 Rn 2.
11 Vgl. *Fitting u.a.*, § 100 Rn 5; *Galperin/Löwisch*, § 100 Rn 6; Hess u.a./*Schlochauer*, § 100 Rn 10, 13; ErfK/*Kania*, § 100 BetrVG Rn 1; a.A., soweit ersichtlich, insb. nur GK-BetrVG/*Kraft/Raab*, § 100 Rn 6 sowie *Dütz*, AuR 1992, 33, 35; vorsichtiger DKK/*Kittner/Bachner*, § 100 Rn 7.
12 BAG 18.6.1991 – NZA 1991, 852, 853.
13 Zu dieser doppelten Einschränkung vgl. *Richardi*, ZfA-Sonderheft 1972, 1, 17.
14 *Fitting u.a.*, § 100 Rn 4; *Richardi/Thüsing*, § 100 Rn 7; GK-BetrVG/*Raab*, § 100 Rn 9.
15 DKK/*Kittner/Bachner*, § 100 Rn 6.
16 Jaeger/Röder/Heckelmann/*Lunk*, Kap. 24 Rn 124; DKK/ *Kittner/Bachner*, § 100 Rn 5; GK-BetrVG/*Raab*, § 100 Rn 9.
17 BAG 7.11.1977 – AP § 100 BetrVG 1972 Nr. 1; GK-BetrVG/*Raab*, § 100 Rn 9.

18 *Fitting u.a.*, § 100 Rn 4; Jaeger/Röder/Heckelmann/*Lunk*, Kap. 24 Rn 123.
19 A.A. ArbG Köln 2.8.1983 – 6 BV 171/83 – juris.
20 BAG 7.11.1977 – AP § 100 BetrVG 1972 Nr. 1; BAG 18.7.1978 – AP § 99 BetrVG 1972 Nr. 7; DKK/*Kittner/ Bachner*, § 100 Rn 3; *Galperin/Löwisch*, § 100 Anm. 5 d.
21 Schaub/*Koch*, § 241 Rn 60.
22 BAG 6.10.1987 – AP § 99 BetrVG 1972 Nr. 10.
23 Unzutreffend insoweit DKK/*Kittner/Bachner*, § 100 BetrVG Rn 3, der verlangt, dass bei einer arbeitgeberseitigen fristlosen Künd diese offensichtlich begründet sein muss; anderenfalls soll die Entscheidung des ArbG in erster Instanz über die Wirksamkeit der Künd abzuwarten sein.
24 GK-BetrVG/*Raab*, § 100 Rn 12; Hess u.a./*Schlochauer*, § 100 Rn 10; ArbG Berlin 28.11.1973 – DB 1974, 341; LAG Berlin 27.9.1982 – BB 1983, 574.
25 Schaub/*Koch*, § 241 Rn 60.

Bei der Einstellung genügt mithin nicht das allg. Interesse der Vertragsparteien, dass der AN die Arbeit zum vereinbarten Zeitpunkt aufnimmt.[26] Entscheidend ist, ob das längere Freibleiben des Arbeitsplatzes mit dem ordnungsgemäßen, geregelten Ablauf des Betriebs vereinbar ist.[27] Bei der Prüfung der Frage, ob i.S.v. § 100 betriebliche Gründe vorliegen, scheiden – anders als im Falle des § 1 Abs. 3 KSchG – Fragen der sozialen Auswahl (bei betriebsbedingten Künd) zunächst aus; sie sind bei der Entscheidung über die Ersetzung der Zustimmung des BR gem. § 99 Abs. 4 zu berücksichtigen.[28]

Im Rahmen der Anwendung von § 100 ist es unerheblich, ob das betriebliche Erfordernis vorhersehbar oder etwa durch anderweitige unternehmerische Maßnahmen zu beheben oder gar zu vermeiden war.[29] Selbst, wenn es der AG im Sinne eines Organisationsverschuldens durch Nachlässigkeit oder sonstiges Versäumnis zu vertreten hat, dass er zur Sicherung der betrieblichen Notwendigkeit die Einstellung oder Versetzung vorläufig durchführen muss, greift § 100 ein, denn es kommt nur auf das Vorliegen der Gründe, nicht aber auf deren Ursache an.[30]

Bei einer **Versetzung** wird es maßgeblich darauf ankommen, ob die Zuweisung eines anderen Arbeitsbereichs notwendig ist, um den reibungslosen Arbeitsablauf zu sichern,[31] etwa wenn in einem Bereich wegen momentan hoher Nachfragen nach den dort gefertigten Produkten ein vorübergehender Mehrbedarf an Arbeitskräften entsteht.[32] Bei einer kurzfristigen Versetzung spricht eine tatsächliche Vermutung eher für eine dringende Notwendigkeit als bei einer längerfristigen oder gar auf Dauer geplanten Versetzung.[33] Für eine vorläufige Versetzung liegt ein sachlicher Grund auch vor, wenn bestimmte termingebundene Aufgaben mit geeigneten AN des Betriebs rechtzeitig bewältigt werden sollen.[34] Unerheblich ist, ob der AG durch Nachlässigkeit oder Versäumnis verschuldet hat, dass er zur Sicherung der betrieblichen Notwendigkeit die Einstellung oder Versetzung vorläufig durchführen muss.[35]

2. Maßgeblicher Zeitpunkt. Hinsichtlich des Vorliegens des sachlichen Grundes kommt es ausschließlich auf die Verhältnisse im **Zeitpunkt der Durchführung der Maßnahme** an.[36] Unerheblich ist daher der spätere Wegfall des dringenden betrieblichen Erfordernisses.[37] Entsprechend muss der AG die Maßnahme auch nicht vor Abschluss des Zustimmungsverfahrens bei späterem Wegfall der Dringlichkeit wieder aufheben.[38] Ebenso unerheblich ist allerdings, ob die Maßnahme in der Zwischenzeit dringend erforderlich geworden ist, wenn sie es zu Beginn nicht war.[39]

3. Fehlende Äußerung des Betriebsrats, Verweigerung der Zustimmung. Soweit dies aus sachlichen Gründen dringend erforderlich ist, ist der AG zur vorläufigen Durchführung einer Einstellung oder Versetzung berechtigt, bevor der BR sich geäußert oder wenn er die Zustimmung verweigert hat. Im Einzelnen:

Hat der AG den BR gem. § 99 Abs. 1 ordnungsgemäß unterrichtet, so kommt die vorläufige Durchführung einer personellen Maßnahme zunächst in Betracht, bevor der BR sich geäußert hat – also weder seine Zustimmung erteilt oder versagt hat, noch die nach § 99 Abs. 3 vorgesehene Wochenfrist abgelaufen ist.[40] Ist die Frist abgelaufen und hat der BR die Zustimmung nicht versagt, gilt Letztere über § 99 Abs. 3 S. 2 als erteilt, so dass die Maßnahme endgültig durchgeführt werden kann. Ein bereits anhängiges Verfahren gem. Abs. 2 S. 3, Abs. 3 ist damit erledigt.[41]

Da nach der amtlichen Begründung zum BetrVG 1972 unaufschiebbare personelle Maßnahmen „trotz fehlender Zustimmung des BR" einstweilen durchgeführt werden können sollen, kommt die vorläufige Durchführung einer personellen Maßnahme – im Einklang mit dem Wortlaut von § 100 – bereits dann in Betracht, wenn der AG den BR von der personellen Maßnahme noch überhaupt nicht unterrichtet hat.[42] Um sicherzustellen, dass der BR auch in derarti-

---

26 *Adomeit*, DB 1971, 2360, 2361.
27 BAG 7.11.1977 – AP § 100 BetrVG 1972 Nr. 1; BAG 6.10.1978 – AP § 99 BetrVG 1972 Nr. 10; GK-BetrVG/*Raab*, § 100 Rn 12; Richardi/*Thüsing*, § 100 Rn 7.
28 BAG 7.11.1977 – AP § 100 BetrVG 1972 Nr. 1; *Fitting u.a.*, § 100 Rn 4.
29 GK-BetrVG/*Raab*, § 100 Rn 11; Hess u.a./*Schlochauer*, § 100 Rn 8; Galperin/*Löwisch*, § 100 Rn 4.
30 Richardi/*Thüsing*, § 100 Rn 8; GK-BetrVG/*Raab*, § 100 Rn 11; a.A. DKK/*Kittner/Bachner*, § 100 Rn 3: Der AG darf sich durch Organisationsverschulden nicht selbst unter Zugzwang setzen; ebenso: *Fitting u.a.*, § 100 Rn 4; ArbG Köln 12.3.1996 – 16 BV 149/95 – juris.
31 BAG 7.11.1997 – BAGE 29, 345, 352 f.
32 Richardi/*Thüsing*, § 100 Rn 7; GK-BetrVG/*Raab*, § 100 Rn 14; Galperin/*Löwisch*, § 100 Rn 5; vgl. auch BAG 7.11.1977 – AP § 100 BetrVG 1972 Nr. 1.
33 Hess u.a./*Schlochauer*, § 100 Rn 10; Galperin/*Löwisch*, § 100 Rn 5; Richardi/*Thüsing*, § 100 Rn 7; DKK/*Kittner/Bachner*, § 100 Rn 6; a.A.: GK-BetrVG/*Raab*, § 100 Rn 14.
34 BAG 7.11.1977 – AP § 100 BetrVG 1972 Nr. 1.
35 Richardi/*Thüsing*, § 100 Rn 8; Galperin/*Löwisch*, § 100 Rn 5a; Hess u.a./*Schlochauer*, § 100 Rn 8; a.A. DKK/*Kittner/Bachner*, § 100 Rn 3; *Fitting u.a.*, § 100 Rn 4.
36 BAG 7.11.1977 – DB 1978, 447, 448; BAG 6.10.1978 – AP § 99 BetrVG 1972 Nr. 10; GK-BetrVG/*Raab*, § 100 Rn 10.
37 *Matthes*, DB 1989, 1285, 1288; a.A. DKK/*Kittner/Bachner*, § 100 Rn 8.
38 BAG 6.10.1978 – DB 1979, 311, 312; BAG 6.10.1978 – AP § 99 BetrVG 1972 Nr. 10; GK-BetrVG/*Raab*, § 100 Rn 10; *Fitting u.a.*, § 100 Rn 4.
39 *Matthes*, DB 1989, 1285, 1288.
40 BAG 7.11.1977 – AP § 100 Nr. 1.
41 *Fitting u.a.*, § 100 Rn 12; GK-BetrVG/*Raab*, § 100 Rn 16.
42 GK-BetrVG/*Raab*, § 100 Rn 16; Hess u.a./*Schlochauer*, § 100 Rn 6; Richardi/*Thüsing*, § 100 Rn 5; Galperin/*Löwisch*, § 100 Rn 7; a.A. DKK/*Kittner/Bachner*, § 100 Rn 12, der es allerdings für zulässig erachtet, eine vorläufige Maßnahme zeitgleich mit der Information über die Maßnahme gemäß § 99 Abs. 1 BetrVG durchzuführen; so auch *Diller/Powietzka*, DB 2001, 1034, 1037.

gen Fällen jedenfalls Kenntnis von der vorläufigen Durchführung der personellen Maßnahme erhält, ergibt sich aus Abs. 2 S. 1 eine Informationspflicht des AG gegenüber dem BR über die vorläufige personelle Maßnahme (vgl. Rn 21 f.).

16 Schließlich kommt die vorläufige Durchführung einer personellen Maßnahme in Frage, wenn der BR gem. § 99 Abs. 1 ordnungsgemäß unterrichtet wurde, seine Zustimmung aber ordnungsgemäß verweigert hat (vgl. § 99 Rn 118 ff.).[43] Nicht erforderlich ist für die vorläufige Durchführung, ob der AG bereits das Zustimmungsersetzungsverfahren eingeleitet hat. Sollte allerdings zwischenzeitlich ein Antrag des AG, die verweigerte Zustimmung zu einer endgültigen Maßnahme zu ersetzen, rechtskräftig abgewiesen sein, so ist (auch) die vorläufige Durchführung dieser Maßnahme nach § 100 nicht mehr zulässig.[44]

II. Unterrichtungspflichten des Arbeitgebers

17 **1. Pflichten gegenüber dem Arbeitnehmer. a) Zweck und Inhalt.** Bei der vorläufigen Durchführung einer Einstellung oder Versetzung hat der AG den AN (Bewerber) gem. Abs. 1 S. 2 über die Sach- und Rechtslage aufzuklären. Diese Informationspflicht dient dem **Schutz** der Interessen **des** von der Maßnahme **Betroffenen**.[45] Entsprechend muss der AG auf die Vorläufigkeit der Maßnahme, den denkbaren Widerspruch des BR sowie die Möglichkeit der Rückgängigmachung der Personalmaßnahme durch gerichtliche Entscheidung hinweisen.[46] Der Betroffene ist ferner über die Gründe, die den BR veranlasst haben, seine Zustimmung zur Durchführung der personellen Maßnahme zu verweigern, sofern eine Äußerung des BR bereits vorliegt, und über den jeweiligen Stand des Verfahrens zu unterrichten.[47] Für die Aufklärung ist keine Form vorgeschrieben. Aus Beweisgründen sollte sie jedoch schriftlich erfolgen.

18 **b) Rechtsfolgen bei Verstoß gegen die Unterrichtungspflicht.** Die Aufklärung ist **keine Wirksamkeitsvoraussetzung** für die vorläufige Durchführung der Maßnahme.[48] Die Aufklärung dient allein der **Vermeidung von Schadensersatzansprüchen** des Betroffenen. Unterlässt der AG diese Information schuldhaft und entsteht dem Betroffenen daraus ein Schaden, so kann sich der AG aus culpa in contrahendo (§§ 241 Abs. 2, 280 Abs. 1, 311 Abs. 2 BGB), möglicherweise auch aus Verletzung der Fürsorgepflicht bei schon bestehendem Arbverh (§§ 280 Abs. 1, 242 Abs. 2 BGB) schadenersatzpflichtig machen,[49] wobei dieser Schadensersatz den Schaden umfasst, den der AN dadurch erleidet, dass er auf die Entgültigkeit der personellen Maßnahme vertraut hat.[50] Abs. 1 S. 2 stellt ein Schutzgesetz i.S.d. § 823 Abs. 2 BGB dar.[51] Inwieweit der Betroffene sich ein Mitverschulden über § 254 BGB anrechnen lassen muss, weil er die gesetzliche Regelung kannte oder kennen musste, hängt von der konkreten Situation des Einzelfalls ab. Aufgrund der vom Gesetz ausdrücklich dem AG auferlegten Informationsverpflichtung dürfte, falls die Information durch den AG unterbleibt, ein Mitverschulden des Betroffenen deshalb nur in Ausnahmefällen anzunehmen sein.[52] Will der AG rechtliche Schwierigkeiten vermeiden, so empfiehlt es sich daher, den Arbeitsvertrag unter der auflösenden Bedingung der Nichterteilung der Zustimmung des BR bzw. der rechtskräftigen Abweisung des Zustimmungsersetzungsantrags abzuschließen.[53] In Ausnahmefällen kann ferner eine **Aufklärungspflicht des AN** hinsichtlich solcher persönlicher Umstände bestehen, die zur Verweigerung der Zustimmung des BR führen können.[54] Die Verletzung dieser Aufklärungspflicht kann zu einer Minderung des Schadenersatzanspruchs nach § 254 BGB führen.[55]

19 Bei **Verweigerung der Zustimmung** zur Einstellung seitens des BR kann der AG das Arbverh aus betriebsbedingten Gründen fristgerecht **kündigen**.[56] Ist der AN bei Abschluss des Arbeitsvertrages über die Rechtslage und die Künd-Möglichkeit bei Fehlen der Zustimmung des BR informiert worden oder haben die Parteien die etwaige Rechtskraft einer negativen Gerichtsentscheidung als Grund für eine außerordentliche Künd – direkt oder indirekt – vereinbart,[57] kommt auch eine außerordentliche Künd in Betracht.[58]

---

43 GK-BetrVG/*Raab*, § 100 Rn 15.
44 BAG 27.1.1987 – AP § 99 BetrVG 1972 Nr. 42; Richardi/*Thüsing*, § 100 Rn 6; *Fitting u.a.*, § 100 Rn 3.
45 Vgl. amtl. Begr. zum § 100 BetrVG 1972, BR-Drucks 715/70, S. 52.
46 ErfK/*Kania*, § 100 BetrVG Rn 2; GK-BetrVG/*Raab*, § 100 Rn 20.
47 Vgl. *Fitting u.a.*, § 100 Rn 7; Richardi/*Thüsing*, § 100 Rn 9; Hess u.a./*Schlochauer*, § 100 Rn 12 f.
48 Richardi/*Thüsing*, § 100 Rn 10; *Fitting u.a.*, § 100 Rn 7; GK-BetrVG/*Raab*, § 100 Rn 21; Hess u.a./*Schlochauer*, § 100 Rn 14.
49 Schaub/*Koch*, § 241 Rn 62.
50 HWK/*Ricken*, § 100 BetrVG Rn 7; *Fitting u.a.*, § 100 Rn 7; Jaeger/Röder/Heckelmann/*Lunk*, Kap. 24 Rn 129; DKK/Kittner/Bachner, § 100 Rn 18; Richardi/*Thüsing*, § 100 Rn 11.
51 Richardi/*Thüsing*, § 100 Rn 11.
52 *Fitting u.a.*, § 100 Rn 7; DKK/Kittner/Bachner, § 100 Rn 19.
53 BAG 17.2.1983 – AP § 620 BGB Befristeter Arbeitsvertrag Nr. 74; vgl. auch *Fitting u.a.*, § 100 Rn 7; Galperin/Löwisch, § 100 Rn 8; DKK/Kittner/Bachner, § 100 Rn 15; Hess u.a./*Schlochauer*, § 100 Rn 15; GK-BetrVG/*Raab*, § 100 Rn 20.
54 BAG 8.10.1959 – AP § 620 BGB Schuldrechtliche Kündigungserschwerungen Nr. 1.
55 GK-BetrVG/*Raab*, § 100 Rn 20; *Fitting u.a.*, § 100 Rn 7; Jaeger/Röder/Heckelmann/*Lunk*, Kap. 24 Rn 129.
56 ErfK/*Kania*, § 99 BetrVG Rn 45.
57 GK-BetrVG/*Raab*, § 100 Rn 47.
58 ErfK/*Kania*, § 99 BetrVG Rn 45; Hess u.a./*Schlochauer*, § 100 Rn 41; DKK/Kittner/Bachner, § 100 Rn 42; *Fitting u.a.*, § 100 Rn 19; a.A. Jaeger/Röder/Heckelmann/*Lunk*, Kap. 24 Rn 129.

Ob der AG anstelle des Ausspruchs einer Künd nicht vielmehr verpflichtet ist, bei einer seines Erachtens unbegründeten Zustimmungsverweigerung des BR das ArbG anzurufen, um eine **Ersetzung der Zustimmung** zu erlangen, hängt davon ab, mit welchem Tenor er den AN über die „Sach- und Rechtslage" aufgeklärt hat. Hat der AG zugesichert, alles zu tun, um die Maßnahme durchführen zu können, wird man hieraus eine entsprechende Pflicht des AG, das ArbG anzurufen, ableiten können. Hat der AG dem Betroffenen mitgeteilt, er würde die Maßnahme nur dann durchführen, wenn der BR ihr zustimmt, wird eine arbeitgeberseitige Pflicht abzulehnen sein.[59]

2. Pflichten gegenüber dem Betriebsrat. a) Zweck. Zum anderen hat gem. Abs. 2 S. 1 der AG den BR unverzüglich von der vorläufigen personellen Maßnahme zu unterrichten. Durch die Unterrichtung soll der BR in die Lage versetzt werden, nachzu**prüfen**, ob die **Voraussetzungen** für die vorläufige Durchführung der personellen Maßnahme **gegeben sind** bzw., falls er vorher von der personellen Maßnahme noch keine Kenntnis hatte, ihn überhaupt von der beabsichtigten oder bereits erfolgten vorläufigen bzw. beabsichtigten endgültigen personellen Maßnahme Kenntnis zu verschaffen.[60]

b) Gegenstand, Umfang, Zeitpunkt und Form der Unterrichtung. Deshalb muss die Information des AG dem BR gegenüber die konkrete Maßnahme, insb. ihren genauen Zeitpunkt nennen sowie Angaben darüber enthalten, weshalb sie aus sachlichen Gründen dringend erforderlich ist.[61] Anhand dieser Informationen muss der BR in der Lage sein, die vorläufige Maßnahme und ihre Erforderlichkeit im Hinblick auf das Recht zum Bestreiten gem. Abs. 2 S. 2 beurteilen zu können. Erfolgt die Unterrichtung nach § 99 Abs. 1 – wie üblich – zusammen mit der nach Abs. 2 S. 1, muss der AG auch zu beiden Maßnahmen die jeweils erforderlichen Angaben machen. Da § 100 in § 121 nicht erwähnt ist, ist eine Nichterfüllung dieser Pflicht allerdings nicht sanktionsbewehrt.[62] Anders als § 99 schreibt § 100 keine Vorlage von Unterlagen für die vorläufige Maßnahme vor. Eine entsprechende Verpflichtung des AG kann auch nicht aus § 80 Abs. 2 abgeleitet werden.[63]

Die Unterrichtung nach Abs. 2 S. 1 ist nicht mit der nach § 99 Abs. 1 identisch.[64] Entsprechend hat der AG den BR von der vorläufigen Maßnahme zu unterrichten, selbst wenn er ihn bereits nach § 99 Abs. 1 informiert hat.[65] Umgekehrt ersetzt die Unterrichtung über die Durchführung einer vorläufigen Maßnahme nicht die nach § 99 Abs. 1 vorgeschriebene Unterrichtung. Erfolgt die Unterrichtung nach § 99 Abs. 1 zusammen mit der nach § 100 Abs. 1, bilden sie aber gleichwohl nur tatsächlich eine Einheit und sind rechtlich entsprechend getrennt zu betrachten.[66]

Der AG hat den BR **unverzüglich**, d.h. ohne schuldhaftes Zögern (§ 121 Abs. 1 BGB), von der vorläufigen personellen Maßnahme zu unterrichten. Das ist regelmäßig bereits vor Durchführung der vorläufigen Einstellung oder Versetzung, jedenfalls aber unmittelbar danach der Fall.[67] Entsprechend ist der AG nicht verpflichtet, dem BR vor Durchführung der Maßnahme Gelegenheit zu geben, zu deren Dringlichkeit besonders Stellung zu nehmen.[68]

Eine **Form** ist für die Unterrichtung nicht vorgeschrieben; der AG kann seiner Unterrichtungspflicht daher mündlich und schriftlich nachkommen, wobei die Erklärung an den Vorsitzenden des BR oder im Falle seiner Verhinderung an seinen Stellvertreter zu richten ist. Aus Beweisgründen empfiehlt sich jedoch, die Unterrichtung schriftlich durchzuführen[69] und sich die Aushändigung quittieren zu lassen.

c) Rechtsfolgen bei Verstoß gegen die Unterrichtungspflicht. Erfüllt der AG die sich aus Abs. 2 S. 1 ergebenden Informationspflicht gegenüber dem BR nicht, so handelt es sich um eine betriebsverfassungsrechtlich unzulässige Maßnahme, gegen die der BR analog § 101 vorgehen kann (vgl. § 101 Rn 6).[70] I.Ü. ist die Nichterfüllung der Unterrichtungspflicht gegenüber dem BR unmittelbar von keiner Sanktion bedroht, denn § 100 ist in § 121 nicht erwähnt.

III. Reaktionsmöglichkeiten des Betriebsrats

Da es der AG wahlweise in der Hand hat, sich zunächst auf das Verfahren nach § 100 hinsichtlich der vorläufigen Durchführung der personellen Maßnahme zu beschränken oder dieses Verfahren zugleich mit demjenigen des § 99 in Bezug auf die geplante endgültige Durchführung zu verbinden, ist wie folgt zu differenzieren:

---

59 GK-BetrVG/*Raab*, § 100 Rn 22; *Fitting u.a.*, § 100 Rn 8; DKK/*Kittner/Bachner*, § 100 Rn 15.
60 GK-BetrVG/*Raab*, § 100 Rn 23; Schaub/*Koch*, § 241 Rn 63.
61 Richardi/*Thüsing*, § 100 Rn 15; *Fitting u.a.*, § 100 Rn 8; *Galperin/Löwisch*, § 100 Anm. 11; DKK/*Kittner/Bachner*, § 100 Rn 15.
62 Hess u.a./*Schlochauer*, § 100 Rn 16; GK-BetrVG/*Raab*, § 100 Rn 23; a.A. DKK/*Kittner/Bachner*, § 100 Rn 16.
63 GK-BetrVG/*Raab*, § 100 Rn 25; a.A. DKK/*Kittner/Bachner*, § 100 Rn 15, § 80 Rn 44; Jaeger/Röder/Heckelmann/*Lunk*, Kap. 24 Rn 136.
64 Vgl. Richardi/*Thüsing*, § 100 Rn 13; GK-BetrVG/*Raab*, § 100 Rn 25; DKK/*Kittner/Bachner*, § 100 Rn 12.
65 Vgl. BAG 7.11.1977 – AP § 100 BetrVG 1972 Nr. 1.
66 Vgl. GK-BetrVG/*Raab*, § 100 Rn 25; Richardi/*Thüsing*, § 100 Rn 13; *Galperin/Löwisch*, § 100 Rn 12.
67 BAG 7.11.1977 – AP § 100 BetrVG 1972 Nr. 1; *Fitting u.a.*, § 100 Rn 8; GK-BetrVG/*Raab*, § 100 Rn 24.
68 BAG 7.11.1977 – AP § 100 BetrVG 1972 Nr. 1.
69 DKK/*Kittner/Bachner*, § 100 Rn 15; Hess u.a./*Schlochauer*, § 100 Rn 16.
70 Hessisches LAG 16.9.1986 – NZA 1987, 645; *Matthes*, DB 1989, 1285, 1287; GK-BetrVG/*Raab*, § 100 Rn 23.

28 **1. Isolierte Unterrichtung.** Hat der AG den BR zunächst ausschließlich, d.h. ohne zeitgleiche Unterrichtung gem. § 99, gem. § 100 Abs. 2 S. 1 von der vorläufigen Maßnahme unterrichtet, ergeben sich für den BR mit Blick auf die vorläufige Durchführung drei Reaktionsmöglichkeiten:

29 So kann er der vorläufigen Maßnahme **zustimmen**. In diesem Fall kann der AG die Maßnahme vorläufig aufrechterhalten, bis das in § 99 vorgeschriebene Verfahren hinsichtlich der endgültigen Durchführung abgeschlossen ist.

30 Der BR kann auf die Unterrichtung des AG auch **schweigen**. Auch in diesem Fall gilt die Maßnahme vorläufig als gebilligt. Zwar enthält § 100 keine dem § 99 Abs. 3 S. 2 entsprechende Regelung. Weil aber gem. § 100 Abs. 2 S. 3 die Pflicht der AG, die Maßnahme aufzuheben oder das ArbG anzurufen, nur „in diesem Fall", d.h. nur dann besteht, wenn der BR die Dringlichkeit der Maßnahme bestreitet und dies dem AG unverzüglich mitteilt, ist davon auszugehen, dass der AG zur Aufrechterhaltung der vorläufigen personellen Maßnahme berechtigt bleibt, falls ihm eine solche Mitteilung nicht unverzüglich, d.h. ohne schuldhaftes Zögern (§ 121 BGB) zugeht.[71] Unverzüglich bedeutet, dass der BR so schnell wie – bei ordnungsgemäßem Geschäftsgauf – möglich die Dringlichkeit der vorläufigen Maßnahme bestreiten muss. Sieht etwa die Geschäftsordnung des BR einen wöchentlichen Sitzungstag vor, ist über die vorläufige Maßnahme in der kommenden Sitzung zu entscheiden und der Beschluss dem AG möglichst noch am Sitzungstag mitzuteilen.[72] Tut der BR dies nicht, wird das Schweigen als vorläufige Billigung der personellen Maßnahme zu qualifizieren sein. Dem gleichzustellen ist der Fall, dass der BR der endgültigen Maßnahme gem. § 99 Abs. 3 zustimmt, aber deren Dringlichkeit i.S.v. § 100 Abs. 2 S. 3 bestreitet. Denn ein solches Bestreiten geht ins Leere und ist gegenstandslos.[73]

31 Falls der BR **bestreitet**, dass die Maßnahme aus sachlichen Gründen dringend erforderlich ist, hat er dies dem AG unverzüglich, d.h. ohne schuldhaftes Zögern (§ 121 BGB) mitzuteilen, Abs. 2 S. 2. Besondere Anforderungen an Form oder Inhalt der Stellungnahme des BR schreibt das Gesetz nicht vor. Es reicht deshalb aus, wenn der BR die dringende Erforderlichkeit der vorläufigen Einstellung oder Versetzung aus sachlichen Gründen bestreitet.[74] Gründe muss er nicht nennen.[75] Geht dem AG ein derartiges Bestreiten zu, darf er gem. Abs. 2 S. 3 die personelle Maßnahme nur dann aufrecht erhalten, wenn er innerhalb von drei (Kalender-)Tagen das ArbG anruft.

32 **2. Zeitgleiche Unterrichtung gemäß §§ 99, 100.** Hat der AG den BR **sowohl** über die **vorläufige Durchführung** nach § 100 Abs. 2 S. 1 **als auch** über die **geplante endgültige Durchführung** nach § 99 Abs. 1 ordnungsgemäß unterrichtet, kann dieser wie folgt reagieren:

Stimmt der BR sowohl der vorläufigen Maßnahme als auch der personellen Maßnahme überhaupt **zu** bzw. lässt der BR die Frist nach § 99 Abs. 3 verstreichen, gilt seine Zustimmung als erteilt.

33 **Bestreitet** der BR die Erforderlichkeit der vorläufigen Maßnahme **nicht, verweigert** er aber gem. § 99 Abs. 3 S. 1 rechtzeitig die **Zustimmung** zu ihrer endgültigen Durchführung, so ist der AG berechtigt, die Maßnahme als vorläufige aufrechtzuerhalten und nach § 99 Abs. 4 beim ArbG die fehlende Zustimmung des BR zur endgültigen Durchführung ersetzen zu lassen. Allerdings enthält das BetrVG keine Bestimmung, die den AG zwingt, innerhalb einer bestimmten Frist das Zustimmungsersetzungsverfahren durchzuführen. Konsequenz hiervon wäre, dass eine lediglich vorläufige personelle Maßnahme ohne zeitliche Begrenzung aufrechterhalten werden könnte. Diese gesetzliche Regelungslücke lässt sich nur durch eine analoge Anwendung des § 101 schließen.[76] Entsprechend kann der BR im Mitbestimmungssicherungsverfahren nach § 101 verlangen, dass die personelle Maßnahme aufgehoben wird, wenn der AG nicht das Zustimmungsersetzungsverfahren durchführt.[77] Leitet der AG, nachdem der BR den Antrag nach § 101 gestellt hat, das Zustimmungsersetzungsverfahren ein, so erledigt sich allerdings dadurch das Mitbestimmungsverfahren, weil der AG dann berechtigt ist, die vorläufige Maßnahme aufrecht zu erhalten.

34 **Bestreitet** der BR, dass die Maßnahme aus sachlichen Gründen dringend erforderlich ist, **stimmt** er aber der endgültigen **Durchführung zu** oder versäumt er es, die Zustimmung zur endgültigen Durchführung nach § 99 Abs. 3 frist- und formgerecht zu verweigern, so wird die personelle Maßnahme endgültig wirksam.[78] Ein ggf. bereits anhängiges Verfahren nach Abs. 2 S. 3, Abs. 3 ist, sofern die Maßnahme als endgültige durchgeführt werden darf, in der Hauptsache für erledigt zu erklären, § 83a ArbGG.[79]

---

71 *Fitting u.a.*, § 100 Rn 9; DKK/*Kittner/Bachner*, § 100 Rn 23; Richardi/*Thüsing*, § 100 Rn 19; Hess u.a./*Schlochauer*, § 100 Rn 18; ErfK/*Kania*, § 100 BetrVG Rn 4.

72 DKK/*Kittner/Bachner*, § 100 Rn 21.

73 DDK/*Bachner*, § 100 Rn 24; ErfK/*Kania*, § 100 BetrVG Rn 4.

74 Richardi/*Thüsing*, § 100 Rn 18; Jaeger/Röder/Heckelmann/*Lunk*, Kap. 24 Rn 142.

75 HWK/*Ricken*, § 100 BetrVG Rn 9.

76 Richardi/*Thüsing*, § 100 Rn 20; Galperin/*Löwisch*, § 100 Rn 15.

77 LAG Hamm 29.3.1976 – EzA § 99 BetrVG 1972 Nr. 10; GK-BetrVG/*Raab*, § 100 Rn 31.

78 LAG Hamm 16.5.1984 – NZA 1985, 130; Hess u.a./*Schlochauer*, § 100 Rn 22; DKK/*Kittner/Bachner*, § 100 Rn 24; Richardi/*Thüsing*, § 100 Rn 31; GK-BetrVG/*Raab*, § 100 Rn 30.

79 *Fitting u.a.*, § 100 Rn 12; GK-BetrVG/*Raab*, § 100 Rn 30; Richardi/*Thüsing*, § 100 Rn 31, 41; Hess u.a./*Schlochauer*, § 100 Rn 22; BAG 18.10.1988 – AP § 100 BetrVG 1972 Nr. 4: Das Verfahren ist einzustellen.

Bestreitet der BR unverzüglich die dringende Erforderlichkeit der personellen Maßnahme und **verweigert** er auch rechtzeitig die erforderliche Zustimmung zur endgültigen Durchführung nach § 99 Abs. 2 und 3, so kann der AG entweder die vorläufige Maßnahme aufheben und das Verfahren nach § 99 Abs. 4 betreiben, wenn er nicht auch auf die endgültige Durchführung der Maßnahme verzichten will. Will der AG auch die vorläufige Maßnahme aufrechterhalten, dann hat er innerhalb von drei (Kalender-)Tagen das ArbG anzurufen und sowohl die Zustimmungsersetzung als auch die Feststellung zu beantragen, dass die Maßnahme aus sachlichen Gründen dringend erforderlich war. Dieser Doppelantrag bezieht sich indes nur auf die vorläufige Maßnahme und ist innerhalb der Drei-Tages-Frist auch zu stellen, wenn die Zustimmungsverweigerung zur endgültigen Durchführung noch nicht vorliegt.[80]

Hat der BR die Zustimmung zur endgültigen Durchführung der Maßnahme bereits verweigert und liegt zusätzlich das Bestreiten des BR nach Abs. 2 S. 2 bereits vor, hat der AG zwei Reaktionsmöglichkeiten: Entweder er stellt einen Antrag nach Abs. 2 S. 3, oder er geht nach § 99 Abs. 4 vor. Bei der letzten Variante ist dieser Antrag auch später möglich, da das Gesetz insoweit keine Frist vorschreibt.[81]

IV. Anrufung des Arbeitsgerichts

Hat der BR rechtzeitig die Notwendigkeit der vorläufigen Maßnahme bestritten, so muss der AG innerhalb von drei Kalendertagen nach Zugang der entsprechenden Mitteilung des BR das ArbG anrufen, wenn er die Maßnahme aufrechterhalten will.

1. Notwendigkeit der doppelten Antragstellung. In diesem Fall muss der AG grds. **zwei Anträge** stellen, und zwar muss er sowohl die **Ersetzung der Zustimmung** des BR zur (endgültigen) Einstellung oder Versetzung als auch die **Feststellung** beantragen, dass die vorläufige Durchführung der personellen Maßnahme **aus sachlichen Gründen dringend erforderlich** war. Das Gebot dieser doppelten Antragstellung soll verhindern, dass der AG durch den Streit über die Wirksamkeit der vorläufigen Maßnahme das Zustimmungsersetzungsverfahren nach § 99 Abs. 4 hinauszögert. Der AG ist mithin gehalten, „reinen Tisch" zu machen.[82]

Nach der Rspr. des BAG bezieht sich der Zustimmungsersetzungsantrag nicht auf die vorläufige Durchführung der personellen Maßnahme, sondern ist mit dem in § 99 Abs. 4 genannten Antrag auf Ersetzung der Zustimmung des BR zur (endgültigen) Einstellung oder Versetzung identisch.[83] Dabei ist das Beschlussverfahren über die vorläufige Durchführung der personellen Maßnahme mit dem Zustimmungsersetzungsverfahren nach § 99 Abs. 4 zu verbinden.[84] Stellt der AG nur den Feststellungsantrag, ist dieser als unzulässig abzuweisen; die vorläufige Maßnahme darf nicht durchgeführt oder aufrechterhalten werden.[85]

2. Antragsfrist. Der AG darf die vorläufige Einstellung oder Versetzung nur durchführen bzw. aufrechterhalten, wenn er innerhalb von drei Tagen das Beschlussverfahren einleitet. Bei der Drei-Tages-Frist handelt es sich um eine **Ausschlussfrist**.[86] Bei der Berechnung der Frist ist zu beachten, dass es sich um Kalendertage und nicht um Werktage handelt; andererseits wird der Tag des Zugangs der Mitteilung des BR nicht mitgerechnet. Das ist insb. von Bedeutung, wenn der Widerspruch seitens des BR gegen die vorläufige personelle Maßnahme dem AG am Freitag zugeht; dann läuft die Frist bereits am Montag ab, so dass der AG gezwungen ist, noch am darauf folgenden Montag zu reagieren. Nur wenn der letzte Tag der Frist ein Samstag, Sonntag oder ein gesetzlicher Feiertag ist, verlängert sich die Frist bis zum Ablauf des nächsten Werktages (§ 193 BGB). Die Ausschlussfrist ist auch einzuhalten, wenn die vorläufige Einstellung oder Versetzung erst zu einem späteren Zeitpunkt vorgesehen ist.[87] Wird die Ausschlussfrist versäumt, weil der Antrag erst am letzten Tag zur Post aufgegeben wurde und nach üblichen Postlaufzeiten mit Zustellung am nächsten Tag nicht gerechnet werden kann, ist eine Wiedereinsetzung in den vorigen Stand ausgeschlossen.[88]

Zulässigkeitsvoraussetzung für den Zustimmungsersetzungsantrag ist die (vorherige) rechtswirksame Zustimmungsverweigerung seitens des BR. Folglich kann der AG diesen Antrag nicht stellen, wenn der BR nur die Dringlichkeit der personellen Maßnahme nach Abs. 2 S. 2 bestreitet, aber die Zustimmung als solche noch nicht verweigert hat – sei es, weil der AG ihn noch nicht gem. § 99 Abs. 1 unterrichtet hat, sei es, dass die für die Zustimmungserteilung maßgebliche Wochenfrist noch nicht abgelaufen ist. Führt der AG die vorläufige personelle Maßnahme also durch,

---

80 GK-BetrVG/*Raab*, § 100 Rn 32.
81 GK-BetrVG/*Raab*, § 100 Rn 32, 33, 37; einschränkend Richardi/*Thüsing*, § 100 Rn 29; *Fitting u.a.*, § 100 Rn 12: drei Tage; *Matthes*, DB 1989, 1285, 1287: „Angemessene Frist nach Zugang der Zustimmungsverweigerung".
82 Richardi/*Thüsing*, § 100 Rn 25; Jaeger/Röder/Heckelmann/*Lunk*, Kap. 24 Rn 144.
83 BAG 15.9.1987 – AP § 99 BetrVG 1972 Nr. 46; Richardi/ *Thüsing*, § 100 Rn 24; *Fitting u.a.*, § 100 Rn 11; Hess u.a./*Schlochauer*, § 100 Rn 27, MünchArb/*Matthes*, § 352 Rn 133.
84 BAG 15.9.1987 – AP § 99 BetrVG 1972 Nr. 46; *Fitting u.a.*, § 100 Rn 11; Richardi/*Thüsing*, § 100 Rn 25; Hess u.a./*Schlochauer*, § 100 Rn 27.
85 BAG 15.9.1987 – AP § 99 BetrVG 1972 Nr. 46.
86 *Fitting u.a.*, § 100 Rn 12; Richardi/*Thüsing*, § 100 Rn 27.
87 Richardi/*Thüsing*, § 100 Rn 27; MünchArb/*Matthes*, § 344 Rn 132; DKK/*Kittner/Bachner*, § 100 Rn 30.
88 GK-BetrVG/*Raab*, § 100 Rn 34; DKK/*Kittner/Bachner*, § 100 Rn 30; a.A. MünchArb/*Matthes*, § 344 Rn 132.

bevor der BR sich geäußert hat, kann der AG den Antrag auf Ersetzung der Zustimmung erst stellen, wenn der BR die Zustimmung rechtswirksam verweigert hat. Ansonsten würde es dem BR aus der Hand genommen werden, den Streitgegenstand des Zustimmungsersetzungsverfahrens zu bestimmen.[89] Folglich ersetzt der Widerspruch gegen die Dringlichkeit der personellen Maßnahme seitens des BR auch nicht die Zustimmungsverweigerung nach § 99 Abs. 2 S. 1.[90] Der AG ist aber in einem derartigen Fall gleichwohl verpflichtet, das ArbG innerhalb von drei Tagen anzurufen. Er ist aber zunächst nur in der Lage, den Feststellungsantrag zu stellen. Wenn er die vorläufige Maßnahme aufrechterhalten will, muss er den Zustimmungsersetzungsantrag nachschieben, wobei auch insoweit eine Frist von drei Tagen einzuhalten ist, die nach der Zustimmungsverweigerung zu laufen beginnt.[91]

42 Unstreitig ist, dass beide Anträge **begründet** werden müssen. Zwar hat der AG gem. Abs. 2 S. 1 im Rahmen seiner Unterrichtungspflicht auch die sachlichen Gründe mitzuteilen, welche die vorläufige Einstellung oder Versetzung rechtfertigen. Ein Begründungserfordernis ist der Vorschrift allerdings nicht zu entnehmen, weshalb vereinzelt die Auff. vertreten wird, dass die Begründung beider Anträge spätestens zur Vorbereitung einer gerichtlichen Entscheidung vorliegen muss.[92] Nach der Rspr.[93] und der wohl h.M. in der Lit.[94] muss die Begründung indes innerhalb der drei Kalendertage erfolgen.

43 **3. Rechtsfolgen bei einem Verstoß gegen das Gebot der doppelten Antragstellung.** Hat der AG nur den Antrag auf Ersetzung der Zustellung gestellt und den Feststellungsantrag unterlassen, so ist die Aufrechterhaltung der vorläufigen personellen Maßnahme betriebsverfassungswidrig.[95] Bei einem entsprechenden Antrag des BR kann dem AG die Aufrechterhaltung der personellen Maßnahme mit Blick auf § 101 verboten werden. Andererseits darf das ArbG bei der in Rede stehenden Konstellation den Antrag des AG auf Ersetzung der Zustimmung des BR nicht als unzulässig zurückweisen, sondern muss, sofern die Zustimmungsverweigerung vorliegt, materiell darüber entscheiden, ob ein Zustimmungsverweigerungsgrund vorliegt oder nicht.[96]

44 Stellt der AG lediglich den Feststellungsantrag, so richten sich die Rechtsfolgen bei einem Verstoß gegen das Gebot der doppelten Antragstellung danach, ob der AG den Antrag auf Ersetzung der Zustimmung bereits stellen kann (vgl. Rn 38, 41). Liegt eine Zustimmungsverweigerung des BR bereits vor, so darf der AG die vorläufige personelle Maßnahme, selbst wenn sie aus sachlichen Gründen dringend erforderlich ist, nicht aufrechterhalten, wenn er es versäumt, neben dem Feststellungsantrag den Zustimmungsersetzungsantrag zu stellen bzw. nachzureichen, sobald die Zustimmungsverweigerung des BR vorliegt. In diesem Fall ist der Feststellungsantrag des AG wegen fehlenden Rechtsschutzbedürfnisses als unzulässig abzuweisen.[97]

45 **4. Rechtsfolgen bei Versäumung der Antragsfrist.** Hat es der AG versäumt, das ArbG innerhalb von drei Tagen anzurufen, darf er die vorläufige personelle Maßnahme nicht mehr aufrechterhalten.[98]

46 **5. Rechtsfolgen bei Verletzung der Antragsbegründung.** Begründet der AG den Doppelantrag nicht innerhalb der drei (Kalender-)Tage, liegt ein nicht behebbarer Mangel vor, der zur Unzulässigkeit des Antrags führt.[99]

V. Entscheidung des Arbeitsgerichts

47 **1. Verfahrensart.** Das ArbG entscheidet im Beschlussverfahren gem. § 2a Abs. 1 Nr. 1, 80 ff. ArbGG. Beteiligte sind gem. § 83 der AG – als Antragsberechtigter – und der BR, nicht aber der AN oder Bewerber.[100] Eine vorsorgliche Anrufung des Gerichts ist nicht möglich; Voraussetzung für einen zulässigen Antrag ist, dass der AG die Maßnahme bereits vorläufig durchgeführt hat, zumal es ansonsten an der nach Abs. 1 S. 1 notwendigen dringenden Erforderlichkeit fehlen würde.

48 **2. Zeitliche Reihenfolge der Entscheidung über die Anträge.** Das ArbG hat über zwei Anträge zu entscheiden. Da das Gesetz nicht bestimmt, in welcher zeitlichen Reihenfolge es über die Anträge zu entscheiden hat, werden mehrere Auff. vertreten. So soll das Gericht nach einer Meinung in der zeitlichen Behandlung der Anträge frei sein;[101] einer anderen Auff. zufolge soll eine Vorabentscheidung über die Berechtigung der vorläufigen Maßnahme möglich sein.[102] Nach dritter Auff., die i.Ü. der Praxis entspricht, kann die Entscheidung über die beiden Anträge nur

---

89 MünchArb/*Matthes*, § 352 Rn 137; Hess u.a./*Schlochauer*, § 100 Rn 27; Richardi/*Thüsing*, § 100 Rn 28.
90 *Fitting u.a.*, § 100 Rn 10; Richardi/*Thüsing*, § 100 Rn 29.
91 Richardi/*Thüsing*, § 100 Rn 29; MünchArb/*Matthes*, § 352 Rn 137; vgl. auch BAG 15.9.1987 – NZA 1988, 101.
92 HWK/*Ricken*, § 100 BetrVG Rn 12; Hess u.a./*Schlochauer*, § 100 Rn 30; *Stege/Weinspach/Schiefer*, §§ 99 bis 101 BetrVG Rn 118a.
93 Hessisches LAG 13.9.1988 – DB 1989, 1092.
94 DKK/*Kittner/Bachner*, § 100 Rn 30; *Jaeger/Röder/ Heckelmann/Lunk*, Kap. 24 Rn 149.
95 Richardi/*Thüsing*, § 100 Rn 32.
96 Ebenso Richardi/*Thüsing*, § 100 Rn 32.
97 BAG 15.9.1987 – AP § 99 BetrVG 1972 Nr. 46; Richardi/*Thüsing*, § 100 Rn 28, 33.
98 Richardi/*Thüsing*, § 100 Rn 34.
99 Hessisches LAG 13.9.1988 – DB 1990, 1092.
100 BAG 27.5.1982 – DB 1982, 2410; *Fitting u.a.*, § 100 Rn 13.
101 DKK/*Kittner/Bachner*, § 100 Rn 32; Hess u.a./*Schlochauer*, § 100 Rn 32.
102 *Matthes*, DB 1989, 1285, 1288; vgl. in diesem Sinne wohl auch BAG 18.10.1988 – NZA 1989, 183.

gemeinsam in einem einheitlichen Verfahren erfolgen.[103] Nach der hier vertretenen Auff. ist das ArbG in Ermangelung gesetzlicher Vorgaben grds. frei, welche der beiden vom AG gestellten Anträge es zuerst behandelt, zumal diese Freiheit es dem Gericht ermöglicht, z.B. über den Zustimmungsersetzungsantrag kurzfristig zu entscheiden, falls die Sach- und Rechtslage einfach ist.

Streitgegenstand des Feststellungsantrags ist das Recht des AG, die personelle Maßnahme vorläufig durchzuführen. Ist die Sache in Bezug auf diesen Streitgegenstand bereits entscheidungsreif, kann das ArbG durch einen selbstständig anfechtbaren Teilbeschluss über den Feststellungsantrag entscheiden.[104] Unter Berücksichtigung der sich aus Abs. 2 S. 3 ergebenden Antragsformulierung würde das ArbG diesen Antrag lediglich abweisen, woraus noch nicht folgte, dass der AG die vorläufige personelle Maßnahme auch nicht aufrechterhalten dürfte. Deshalb verlangt Abs. 3 S. 1 die Feststellung, dass die Maßnahme aus sachlichen Gründen **„offensichtlich" nicht dringend erforderlich** war. Hieraus folgt, dass das ArbG den Feststellungsantrag auch im Wege einer Vorabentscheidung zurückweisen kann, dann nämlich, wenn offensichtlich ist, dass die vorläufige Durchführung der personellen Maßnahme aus sachlichen Gründen nicht dringend erforderlich war. Das Merkmal der Offensichtlichkeit bedeutet, dass bei objektiver Beurteilung der Sachlage eindeutig zu erkennen war, dass kein dringender sachlicher Grund vorlag; es muss eine grobe Verkennung der sachlich-betrieblichen Notwendigkeit der vorläufigen Durchführung der personellen Maßnahme vorliegen.[105] Selbst wenn der Feststellungsantrag des AG dahingehend lautete, dass die Maßnahme aus sachlichen Gründen dringend erforderlich ist, darf der Antrag deshalb mithin nur abgewiesen werden, wenn die Maßnahme „offensichtlich" nicht dringend erforderlich war.[106] Um die Rechtsfolge der Beendigung der Maßnahme gem. Abs. 3 S. 1 zweifelsfrei auszulösen, muss das Gericht dies im Tenor seiner Entscheidung ausdrücklich aussprechen – und dies selbst dann, wenn ein hierauf gerichteter Gegenantrag des BR fehlt.[107]

3. Entscheidungsvarianten. Die Kombination von Feststellung- und Zustimmungsersetzungsantrag führt zu vier möglichen Entscheidungsvarianten des Gerichts hinsichtlich der Frage, ob die jeweilige Maßnahme als vorläufige und als endgültige Bestand hat:

a) vorläufig: ja, endgültig: ja;
b) vorläufig: nein, endgültig: nein;
c) vorläufig: ja, endgültig: nein;
d) vorläufig: nein, endgültig: ja.

Unproblematisch sind die Alternativen **a)** und **b)**: Bei der ersten Variante obsiegt der AG hinsichtlich beider Aspekte, so dass er die Maßnahme aufrechterhalten kann; bei der zweiten Variante ist die Maßnahme aufzuheben, da der BR in Bezug auf beide Aspekte obsiegt.[108]

Die dritte Möglichkeit (**Fall c**) besteht darin, dass das ArbG zwar die Dringlichkeit der Maßnahme bejaht, aber die Zustimmung (auf Dauer) nicht ersetzt. Der AG obsiegt dann zwar mit dem Feststellungsantrag; mit Rechtskraft der Entscheidung über die Verweigerung der Zustimmung werden aber die Rechtsfolgen des Abs. 3 ausgelöst. Das bedeutet, dass die vorläufige personelle Maßnahme mit Ablauf von zwei Wochen nach Rechtskraft der Entscheidung endet und von diesem Zeitpunkt an nicht aufrechterhalten werden darf.[109] Der Feststellungsantrag wird entsprechend gegenstandslos, und das ihn betreffende Verfahren wird gem. § 83a Abs. 3 ArbGG eingestellt.[110]

Als Viertes (**Fall d**) bleibt die Möglichkeit, dass das ArbG weder einen sachlichen Grund für die vorläufige Durchführung der Maßnahme sieht, noch die Verweigerung der Zustimmung durch den BR für gerechtfertigt hält. Gem. Abs. 3 ist in diesem Fall der Feststellungsantrag jedoch nur abzuweisen, wenn ein sachlicher Grund „offensichtlich" nicht gegeben war. Das Merkmal „offensichtlich" ist hierbei erfüllt, wenn der AG die sachlich-betrieblichen Notwendigkeiten für eine umgehende Durchführung der Maßnahme grob verkannt hat.[111] Wird eine solche Offensichtlichkeit rechtskräftig festgestellt, darf der AG die Maßnahme nicht über einen Zeitraum von zwei Wochen nach Rechtskraft aufrechterhalten, Abs. 3 S. 2. Das ArbG darf dann den Feststellungsantrag nicht lediglich abweisen, sondern muss ausdrücklich feststellen, dass die vorläufige Durchführung der Maßnahme offensichtlich aus sachlichen Gründen nicht dringend erforderlich war.[112] Relevant wird diese Entscheidungsvariante aber nur, wenn das ArbG über den Feststellungsantrag vorab entschieden hat. Denn mit der gerichtlichen Ersetzung der Zustimmung des BR endet die

---

103 *Fitting u.a.*, § 100 Rn 13; *Jaeger/Röder/Heckelmann/Lunk*, Kap. 24 Rn 145; LAG Schleswig-Holstein 27.9.1977 – BB 1978, 611; *Lahusen*, NZA 1989, 1869.
104 BAG 18.10.1988 – AP § 100 BetrVG 1972 Nr. 4.
105 BAG 7.11.1977 – EzA § 100 BetrVG 1972 Nr. 1; *Fitting u.a.*, § 100 Rn 14; *DKK/Kittner/Bachner*, § 100 Rn 33.
106 BAG 7.11.1977 – EzA § 100 BetrVG 1972 Nr. 2.
107 BAG 18.10.1988 – DB 1989, 487; *Fitting u.a.*, § 100 Rn 13; *Hess u.a./Schlochauer*, § 100 Rn 34; *DKK/Kittner/Bachner*, § 100 Rn 33.
108 Vgl. *Fitting u.a.*, § 100 Rn 13a und b; *Hess u.a./Schlochauer*, § 100 Rn 33, 34.
109 BAG 27.1.1987 – EzA § 99 BetrVG 1972 Nr. 55; GK-BetrVG/*Raab*, § 100 Rn 41.
110 BAG 18.10.1988 – DB 1989, 435; *Matthes*, DB 1989, 1288.
111 Hessisches LAG 13.9.1988 – DB 1989, 1092; *DKK/Kittner/Bachner*, § 100 Rn 30.
112 BAG 7.11.1977 – DB 1978, 447, 448.

Rechtshängigkeit des Feststellungsantrags, so dass über diesen dann nicht mehr zu entscheiden ist. Das Verfahren ist dann in entsprechender Anwendung von § 83a Abs. 2 S. 1 ArbGG einzustellen.[113]

54 Das Verfahren auf Feststellung der Dringlichkeit einer Maßnahme erledigt sich allerdings und ist entsprechend vom ArbG einzustellen, wenn der Antrag des AG nach § 99 Abs. 4 auf Ersetzung der Zustimmung zu der Maßnahme selbst rechtskräftig abgelehnt ist; denn dann endet die Maßnahme ohnehin nach Abs. 3 S. 1 Alt. 1 mit Ablauf von zwei Wochen nach rechtskräftiger Entscheidung. Unerheblich ist, ob die Maßnahme zwischenzeitlich aus dringenden Gründen sachlich erforderlich geworden war.[114] Ersetzt das ArbG die Zustimmung des BR rechtskräftig, so ist über die personelle Maßnahme endgültig zugunsten des AG entschieden; der Feststellungsantrag über die Dringlichkeit der vorläufigen Maßnahme erledigt sich damit.[115]

55 **4. Beendigung der vorläufigen Maßnahme.** Lehnt das Gericht durch rechtskräftige Entscheidung die Ersetzung der Zustimmung des BR ab oder stellt es rechtskräftig fest, dass die Maßnahme offensichtlich aus sachlichen Gründen nicht erforderlich war, endet die vorläufige personelle Maßnahme gem. § 103 S. 1 mit Ablauf von zwei Wochen nach **Rechtskraft** der Entscheidung. Von diesem Zeitpunkt an darf die personelle Maßnahme nicht aufrechterhalten werden, § 100 Abs. 3 S. 2. Diese betriebsverfassungsrechtlichen Rechtsfolgen treten automatisch kraft Gesetzes ein (zum Schicksal des Arbeitsvertrags vgl. Rn 58),[116] ohne dass es einer individualrechtlichen Gestaltungserklärung bzw. eines Aufhebungsvertrages bedürfte.[117] Die Frist von zwei Wochen ist zwingend. Sie beginnt gem. § 187 BGB mit dem Tag, an dem die Rechtskraft der Entscheidung eintritt, wobei dieser Tag nicht mitgerechnet wird, und endet mit dem Ablauf von zwei Wochen (§ 188 Abs. 2 BGB).

56 Soweit gem. Abs. 3 vorläufige personelle Maßnahmen zwei Wochen nach Rechtskraft „enden" und nicht „aufrecht erhalten werden" dürfen, bedeutet dies, dass eine (vorläufige) Einstellung oder Versetzung in diesem Moment ihre betriebsverfassungsrechtliche Zulässigkeit verliert.[118] Hält der AG die personelle Maßnahme zwei Wochen nach Rechtskraft trotzdem weiterhin aufrecht, kann der BR das Verfahren gem. § 101 betreiben. Soweit die vorläufige Maßnahme vor einer Entscheidung des ArbG beendigt ist, erledigen sich die gestellten Anträge des AG.[119]

57 Der Beschluss des ArbG ist mit der **Beschwerde** anfechtbar, wobei die Beschwerdefrist und die Frist für die Beschwerdebegründung je einen Monat betragen (§ 87 Abs. 2 i.V.m. § 66 Abs. 1 ArbGG). Der Beschluss erwächst in Rechtskraft nach Ablauf der Beschwerdefrist, es sei denn, die Beteiligten verzichten vorher auf die Einlegung der Beschwerde. Wird Beschwerde eingelegt und entscheidet das LAG, findet die Rechtsbeschwerde an das BAG nur statt, wenn sie in dem Beschluss des LAG ausdrücklich oder aufgrund einer Nichtzulassungsbeschwerde durch das BAG zugelassen wird (§ 92 Abs. 1 S. 1 ArbGG). Sowohl die Rechtsbeschwerdefrist als auch die Frist für die Nichtzulassungsbeschwerde beträgt einen Monat (§ 92 Abs. 1 i.V.m. § 74 Abs. 1, § 92a S. 2 i.V.m. § 72a Abs. 2 ArbGG). Da auch bei Nichtzulassung der Rechtsbeschwerde durch das LAG die Unanfechtbarkeit des arbeitsgerichtlichen Beschlusses erst feststeht, wenn nicht innerhalb eines Monats die Nichtzulassungsbeschwerde eingelegt worden ist, wird in Beschluss des LAG ebenfalls erst nach Ablauf eines Monats rechtskräftig, es sei denn, die Beteiligten verzichten auch insoweit wieder vorher auf die Einlegung der Rechtsbeschwerde bzw. Nichtzulassungsbeschwerde. Der Beschluss des BAG erwächst dagegen bereits mit Verkündung oder Zustellung in Rechtskraft.

Ist vorab über den Feststellungsantrag entschieden worden, stellt diese Vorabentscheidung eine selbstständig anfechtbare Teilentscheidung dar (§§ 80 Abs. 2, 46 Abs. 2 ArbGG i.V.m. § 301 ZPO).[120]

C. Verbindung zu anderen Rechtsgebieten und zum Prozessrecht

I. Auswirkungen auf das Arbeitsverhältnis

58 **1. Einstellung.** Bezieht sich die arbeitsgerichtliche Entscheidung auf eine vorläufige Einstellung, so bedeutet dies, dass der AG den AN nicht mehr beschäftigen darf, wobei nicht nur die Beschäftigung auf dem Arbeitsplatz, für den der Betroffene in Aussicht genommen war, verboten ist, sondern jede Beschäftigung als AN im Betrieb.[121]

59 Der Bestand des Arbverh kann durch eine auflösende Bedingung an eine für den AG negative Gerichtsentscheidung geknüpft werden.[122] Ansonsten kann der Arbeitsvertrag mit dem Betroffenen nur durch Künd oder Aufhebungsvertrag beendet werden. Grds. kommt eine ordentliche Künd in Betracht; ausnahmsweise auch eine außerordentliche Künd (vgl. Rn 18, 19), wobei im letzteren Falle die Frist des § 626 Abs. 2 BGB mit Rechtskraft einer Entscheidung

---

113 BAG 26.10.2004 – NZA 2005, 535; BAG 14.12.2004 – AP § 99 BetrVG 1972 Nr. 122; a.A. *Fitting u.a.*, § 100 Rn 15.
114 BAG 18.10.1988 – AP § 100 BetrVG 1972 Nr. 4; BAG 27.1.1987 – AP § 99 BetrVG 1972 Nr. 42.
115 Zuletzt BAG 16.11.2004 – AP § 99 BetrVG 1972 Einstellung Nr. 44; BAG 26.10.2004 – AP § 99 BetrVG 1972 Versetzung Nr. 41.
116 *Richardi/Thüsing*, § 100 Rn 44; *Fitting u.a.*, § 100 Rn 18.
117 So aber *Hess u.a./Schlochauer*, § 100 Rn 40.
118 *Richardi/Thüsing*, § 100 Rn 44, 47, 50; *Hess u.a./Schlochauer*, § 100 Rn 43.
119 BAG 26.4.1990 – AP § 100 BetrVG 1972 Nr. 5.
120 Ebenso MünchArb/*Matthes*, § 352 Rn 143; *Galperin/Löwisch*, § 100 Rn 21; *Richardi/Thüsing*, § 100 Rn 42.
121 *Fitting u.a.*, § 100 Rn 19; DKK/*Kittner/Bachner*, § 100 Rn 47.
122 BAG 17.2.1983 – AP § 620 BGB befristeter Arbeitsvertrag Nr. 79.

gem. Abs. 3 zu laufen beginnt. Eine Beteiligung des BR über § 102 Abs. 1 ist nicht mehr erforderlich (vgl. § 102 Rn 24).[123] Bis zur Beendigung des Arbeitsvertrages behält der AN über § 615 BGB seinen Vergütungsanspruch.[124]

2. Versetzung. Bei einer vorläufigen Versetzung darf der AN von dem in Abs. 3 S. 1 genannten Zeitpunkt an nicht mehr auf dem neu zugewiesenen Arbeitsplatz beschäftigt werden; ebenso wenig ist der AN verpflichtet, an dem neuen Arbeitsplatz weiterzuarbeiten.[125] Beruhte die Versetzung auf dem arbeitgeberseitigen Direktionsrecht, so hat der AG diese Weisung zurückzunehmen. War die Versetzung durch eine Vertragsänderung herbeigeführt worden, deren Wirksamkeit nicht auflösend bedingt war, so ist der AG verpflichtet, diese Vertragsänderung entweder einvernehmlich oder durch Änderungs-Künd wieder rückgängig zu machen, wobei dem AN der Vergütungsanspruch auf dem neuen Arbeitsplatz bis zur Rückgängigmachung zusteht.[126] Die arbeitnehmerseitige Pflicht, am alten Arbeitsplatz zu arbeiten, besteht erst wieder mit der rechtlichen Beendigung des Versetzungsvertrages.

II. Weitere Möglichkeit der Mitbestimmungssicherung: einstweilige Verfügung

§ 100 stellt eine Sonderregelung gegenüber § 85 Abs. 2 ArbGG i.V.m. §§ 935 ff. ZPO dar, so dass der AG für die Durchführung einer personellen Maßnahme keine einstweilige Verfügung im Beschlussverfahren beantragen kann.[127] Dasselbe gilt allerdings für den BR: Auch dieser kann nicht im Wege der einstweiligen Verfügung geltend machen, dass keine dringenden Gründe für die vorläufige Durchführung der Maßnahme vorlagen, selbst wenn dies offensichtlich ist.[128]

D. Beraterhinweise

I. Abschluss des Arbeitsvertrages

Für den AG empfiehlt es sich insb. bei der vorläufigen Einstellung, den Arbeitsvertrag entweder unter dem Abschluss einer auflösenden (negativen) Arbeitsgerichtsentscheidung oder aufschiebenden (Zustimmung des BR/rechtskräftige arbeitsgerichtliche Zustimmungsersetzung) Bedingung zu schließen, um den Unwägbarkeiten einer personenbedingten ordentlichen/außerordentlichen Künd aus dem Weg zu gehen.[129]

II. Drei-Tages-Frist

In der Praxis führt die Drei-Tages-Frist insb. dann zu Problemen, wenn der BR die dringenden betrieblichen Sachgründe an einem Freitag bestreitet; denn dann muss die Antragsschrift des AG spätestens am Montag bei Gericht eingehen. Ist dem AG bekannt, dass BR-Sitzungen turnusmäßig an einem Freitag stattfinden und ist ein Bestreiten der dringenden Erforderlichkeit nicht auszuschließen, sollte die Antragsschrift schon vorbereitet sein.

III. Rechtsanwaltsgebühren/Gegenstandswert

Der Antrag des AG gem. Abs. 2 ist regelmäßig mit einem Brutto-Monatsverdienst desjenigen AN zu bewerten, dessen vorläufige Einstellung begehrt wird.[130]

§ 101 Zwangsgeld

¹Führt der Arbeitgeber eine personelle Maßnahme im Sinne des § 99 Abs. 1 Satz 1 ohne Zustimmung des Betriebsrats durch oder hält er eine vorläufige personelle Maßnahme entgegen § 100 Abs. 2 Satz 3 oder Abs. 3 aufrecht, so kann der Betriebsrat beim Arbeitsgericht beantragen, dem Arbeitgeber aufzugeben, die personelle Maßnahme aufzuheben. ²Hebt der Arbeitgeber entgegen einer rechtskräftigen gerichtlichen Entscheidung die personelle Maßnahme nicht auf, so ist auf Antrag des Betriebsrats vom Arbeitsgericht zu erkennen, dass der Arbeitgeber zur Aufhebung der Maßnahme durch Zwangsgeld anzuhalten sei. ³Das Höchstmaß des Zwangsgeldes beträgt für jeden Tag der Zuwiderhandlung 250 Euro.

---

123 Vgl. DKK/Bachner, § 100 Rn 41.
124 GK-BetrVG/*Raab*, § 100 Rn 48; DKK/*Kittner/Bachner*, § 100 Rn 40.
125 Richard/*Thüsing*, § 100 Rn 53; DKK/*Kittner/Bachner*, § 100 Rn 40; GK-BetrVG/*Raab*, § 100 Rn 48.
126 GK-BetrVG/*Raab*, § 100 Rn 48; a.A. Richardi/*Thüsing*, § 100 Rn 53: nicht, wenn der AN gesetzeskonform aufgeklärt wurde.
127 Hessisches LAG 15.12.1987 – DB 1988, 915; so auch *Fitting u.a.*, § 100 Rn 1; Richardi/*Thüsing*, § 100 Rn 1; Hess u.a./*Schlochauer*, § 100 Rn 2; Jaeger/Röder/Heckelmann/Lunk, Kap. 24 Rn 122; a.A. LAG Niedersachsen 25.7.1995 – NZA-RR 1996, 217.
128 Hessisches LAG 15.12.1987 – NZA 1989, 232; ArbG Münster 19.12.1990 – DB 1991, 103, 104.
129 BAG 17.2.1983 – AP § 620 BGB Befristeter Arbeitsvertrag Nr. 79; ErfK/*Kania*, § 99 BetrVG Rn 45.
130 LAG Hamburg 2.12.2004 – NZA-RR 2005, 209–211; DKK/*Kittner/Bachner*, § 100 Rn 38 a.

A. Allgemeines 1	b) Ein-/Umgruppierung 22
I. Normzweck 1	c) Abweisung 24
II. Geltungsbereich 2	5. Rechtsmittel 25
1. Einstellung/Versetzung 3	IV. Voraussetzungen des Zwangsgeldverfahrens 26
2. Eingruppierung/Umgruppierung 4	1. Antragsfrist 27
B. Regelungsgehalt 5	2. Verfahren 29
I. Voraussetzungen des Aufhebungsanspruchs gemäß	3. Rechtsmittel 31
S. 1 bei Einstellungen und Versetzungen 5	4. Vollstreckung 33
1. Durchführung einer personellen Maßnahme	C. Verbindung zu anderen Rechtsgebieten und zum
ohne Zustimmung des Betriebsrats 6	Prozessrecht 35
2. Aufrechterhaltung der vorläufigen Durchfüh-	I. Auswirkungen auf das Arbeitsverhältnis 35
rung einer personellen Maßnahme 7	1. Einstellung/Versetzung 35
3. Tendenzbedingte personelle Einstellungen oder	2. Eingruppierung/Umgruppierung 36
Versetzungen 8	3. Schadenersatz 37
II. Besonderheiten des Antrags bei Ein- und Umgrup-	II. Weitere Möglichkeiten der Mitbestimmungs-
pierung 9	sicherung 38
III. Verfahrensregelung 10	1. § 888 ZPO i.V.m. § 85 ArbGG 38
1. Antragserfordernis 10	2. § 23 Abs. 3 39
2. Antragsfrist 16	3. Allgemeiner Unterlassungsanspruch 40
3. Beteiligte 17	4. Feststellung 41
4. Verfahren 18	5. Einstweilige Verfügung 42
a) Einstellung/Versetzung 21	D. Beraterhinweise 43

A. Allgemeines

I. Normzweck

1 § 101 dient – in Anlehnung an § 64 BetrVG 1952 – der Sicherung des Mitbestimmungsrechts des BR bei personellen Einzelmaßnahmen nach den §§ 99, 100[1] und ist **zweistufig** ausgestaltet:[2] So kann der BR gem. S. 1 zunächst beim ArbG beantragen, dem AG aufzugeben, eine ohne seine Zustimmung nach § 99 Abs. 1 S. 1 durchgeführte personelle Maßnahme oder entgegen § 100 Abs. 2 S. 3 oder Abs. 3 vorläufig durchgeführte personelle Maßnahme aufzuheben (**Mitbestimmungssicherungsverfahren**). Leistet der AG einer entsprechenden rechtskräftigen Entscheidung nicht Folge, kann gegen ihn sodann nach weiterem Antrag des BR nach S. 2 ein Zwangsgeld festgesetzt werden, welches für jeden Tag der Zuwiderhandlung max. 250 EUR beträgt, S. 3 (**Zwangsgeldverfahren**). Die Verurteilung des AG im Mitbestimmungssicherungsverfahren bildet mithin die Grundlage für das Zwangsgeldverfahren.

II. Geltungsbereich

2 Nach seinem Wortlaut erfasst die Regelung des § 101 sämtliche personellen Maßnahmen i.S.v. § 99 Abs. 1 S. 1. Jedoch ist wie folgt zu **differenzieren**:

3 **1. Einstellung/Versetzung.** Ohne Zweifel bezieht sich die Regelung des § 101 auf **Einstellungen** und **Versetzungen**. Sie gibt dem BR einen **Aufhebungsanspruch**, wenn der AG eine Einstellung oder Versetzung unter Verletzung des Mitbestimmungsverfahrens durchführt. In beiden Fällen wird der mitbestimmungswidrige Zustand dadurch beseitigt, dass der AG die personelle Maßnahme aufhebt. Der Anspruch zielt mithin auf die **Beseitigung eines betriebsverfassungswidrigen Zustands**.[3] Durch die Rückgängigmachung der Einstellung oder Versetzung soll die Beeinträchtigung des dem BR eingeräumten Rechts beseitigt werden. Folglich geht es hier um die Veränderung eines tatsächlichen Zustands.

4 **2. Eingruppierung/Umgruppierung.** Umstr. ist, ob § 101 auch bei Ein- bzw. Umgruppierungen anwendbar ist.[4] Nach Auff. des BAG[5] kann der BR nicht die Aufhebung einer seiner Meinung nach unzutreffenden Eingruppierung verlangen. Denn bei der **Eingruppierung** und **Umgruppierung** geht es um die „Äußerung einer Rechtsansicht" über die zutreffende Vergütungsgruppe; eine Rechtsansicht kann aber lediglich aufgegeben, nicht „aufgehoben" werden.[6] Gleichwohl bleibt ein mitbestimmungswidriges Verhalten des AG für die Fälle der Ein- und Umgruppierung nicht ohne Konsequenzen. Damit der Zweck des § 101 – die Beseitigung eines mitbestimmungswidrigen Zustandes – auch für diese Fälle erfüllt wird, kann der BR beantragen, dass dem im Zustimmungsersetzungsverfahren unterlegenen AG aufgegeben wird, ein erneutes Beteiligungsverfahren einzuleiten, das eine Eingruppierung in eine andere Ent-

---

1 Vgl. BAG 13.7.1973 – AP § 101 BetrVG 1972 Nr. 1.
2 Richardi/*Thüsing*, § 101 Rn 1; HWK/*Ricken*, § 101 Rn 1.
3 BAG 17.3.1987 – AP § 23 BetrVG 1972 Nr. 7.
4 Zum Meinungsstand vgl. GK-BetrVG/*Kraft/Raab*, § 101 Rn 6; vgl. auch Hanau, NZA 1996, 841, 845; Hess u.a./ *Schlochauer*, § 101 Rn 9; einschränkend *Galperin/Löwisch*, § 101 Rn 3: nicht bei Ein- und Höhergruppierung;

5 BAG 22.3.1983 – § 101 BetrVG 1972 Nr. 5; BAG 31.5.1983 – AP § 118 BetrVG 1972 Nr. 27; BAG 26.10.2004 – NZA 2005, 367.
6 BAG 31.5.1983 – NJW 1984, 1143.

Matthes, DB 1975, 1653: nicht bei Ein- und Umgruppierung; MünchArb/*Matthes*, § 355 Rn 22 ff.

geltgruppe zum Gegenstand hat. Sollte der BR seine Zustimmung erneut verweigern, bleibt dem AG nichts anderes übrig, als die Ersetzung der fehlenden Zustimmung beim ArbG zu beantragen.[7] **Unterbleibt eine erforderliche Ein- oder Umgruppierung**, muss der BR dem AG deren Vornahme aufgeben und ihn sodann ebenfalls zur Einholung seiner Zustimmung – sowie bei deren Verweigerung – zur Einleitung eines Zustimmungsersetzungsverfahrens nach § 99 Abs. 4 verpflichten.[8] Ein erneutes Eingruppierungsverfahren kann der BR nicht allein deshalb verlangen, weil er die bisherige Eingruppierung trotz unveränderter Tätigkeit nicht mehr für zutreffend erachtet.[9] Auf diese Weise wird das Mitbeurteilungsrecht des BR bei Ein- und Umgruppierung gesichert.

B. Regelungsgehalt

I. Voraussetzungen des Aufhebungsanspruchs gemäß S. 1 bei Einstellungen und Versetzungen

Der Antrag auf Aufhebung ist nach S. 1 begründet, wenn der AG eine personelle Maßnahme unter **Verstoß gegen das Zustimmungserfordernis des § 99 Abs. 1 S. 1** oder eine vorläufige personelle Maßnahme unter **Verstoß gegen § 100 Abs. 2 S. 3 und Abs. 3** durchführt. Auch hier ist zum einen aus den vorgenannten Gründen zwischen Einstellung und Versetzung einerseits sowie Ein- und Umgruppierung andererseits zu unterscheiden; zum anderen werden – über den Wortlaut von § 101 S. 1 hinaus – verschiedene Sachverhalte erfasst.

1. Durchführung einer personellen Maßnahme ohne Zustimmung des Betriebsrats. So kann der BR nach ordnungsgemäßer Beschlussfassung (§ 33) beim ArbG beantragen, eine endgültige Einstellung oder Versetzung aufzuheben, wenn der AG sie **ohne** seine **Zustimmung** durchgeführt hat. Dies ist zunächst der Fall, wenn der AG dem BR nach § 99 Abs. 1 S. 1 gar **nicht unterrichtet** hat. Zwar ist dieser Verstoß nicht ausdrücklich in S. 1 erwähnt. Hierbei dürfte es sich jedoch nur um eine planwidrige Unvollständigkeit handeln.[10] Entsprechendes gilt nach Auff. des BAG, wenn z.B. eine Einstellung aufgrund einer **tarifvertraglichen Regelung** einer erweiterten Mitbestimmung des BR unterliegt und dieses Mitbestimmungsrecht nicht eingehalten wurde.[11] Falls der BR seine Zustimmung formell ordnungsgemäß verweigert hat, ist es unerheblich, ob die Zustimmungsverweigerung zu Recht erfolgte, solange die **Zustimmung nicht** gem. § 99 Abs. 4 **ersetzt** ist.[12] Ebenso wenig darf sich der AG auf ein zwischenzeitliches Entfallen der Zustimmungsverweigerungsgründe des BR berufen.[13] Allerdings darf der AG einwenden, die Zustimmungsverweigerung des BR sei unbeachtlich, weil sie keinen Bezug zu den in § 99 Abs. 2 genannten Verweigerungsgründen aufweist und daher eine für die Wirksamkeit der Zustimmungsverweigerung erforderliche Begründung fehlt.[14] Dies ist ferner der Fall, wenn der BR die Zustimmung ausdrücklich verweigert hat und das ArbG sie nicht ersetzt hat und ist auch dann zu bejahen, wenn eine Äußerung des BR nicht vorliegt, weil der AG seiner Unterrichtungspflicht nicht nachgekommen und die Zustimmungsfiktion nach § 99 Abs. 3 S. 2 deshalb nicht eingetreten ist.[15]

2. Aufrechterhaltung der vorläufigen Durchführung einer personellen Maßnahme. Der AG setzt sich ferner der Gefahr einer Sanktion nach § 101 aus, wenn dieser eine **vorläufige** personelle **Maßnahme aufrecht erhält**, obgleich der BR die Erforderlichkeit nach § 100 Abs. 2 S. 2 bestritten und der AG das ArbG nicht innerhalb von drei Tagen angerufen hat (§ 100 Abs. 2 S. 3). In Betracht kommt die Aufhebung ferner, wenn der AG die Einstellung oder Versetzung länger als zwei Wochen aufrechterhält, nachdem die Anträge des AG rechtskräftig abgewiesen wurden (§ 100 Abs. 3 S. 1). Ohne dass dies ausdrücklich in der in Rede stehenden Norm erwähnt ist, wird man S. 1 schließlich zumindest analog anzuwenden haben, wenn der AG eine vorläufige Maßnahme **ohne Unterrichtung des BR i.S.v. § 100 Abs. 2 S. 1** durchgeführt hat. Denn ansonsten könnte sich der AG der Sanktion nach § 101 dadurch entziehen, dass er schlicht seiner Unterrichtungspflicht nach § 100 Abs. 2 S. 1 nicht nachkommt.[16]

3. Tendenzbedingte personelle Einstellungen oder Versetzungen. Gegen die vorläufige Durchführung bei tendenzbedingten personellen Einstellungen oder Versetzungen kann der BR nach § 101 vorgehen, falls der AG den Feststellungsantrag gem. § 100 Abs. 2 S. 3 nicht rechtzeitig stellt.[17] Bei tendenzbedingten endgültigen Einstellungen oder Versetzungen kann der BR ebenfalls nach § 101 vorgehen, wenn der AG ihn nicht vorher nach § 99 unterrichtet hat oder die Maßnahme vor Ablauf der Wochenfrist des § 99 Abs. 3 durchführt.

---

7 BAG 3.5.1984 – NZA 1995, 484.
8 BAG 26.10.2004 – AP § 99 BetrVG 1972 Eingruppierung Nr. 29.
9 BAG 18.6.1991 – AP § 99 BetrVG 1972 Nr. 105.
10 Jaeger/Röder/Heckelmann/*Lunk*, Kap. 24 Rn 167; LAG Frankfurt/M. 16.9.1986 – NZA 1987, 645.
11 BAG 1.8.1989 – AP § 99 BetrVG 1972 Nr. 68.
12 Vgl. Hess u.a./*Schlochauer*, § 100 Rn 4, 5.
13 BAG 20.11.1990 – AP § 118 BetrVG 1972 Nr. 47.
14 *Richardi/Thüsing*, § 101 Rn 16; Jaeger/Röder/Heckelmann/*Lunk*, Kap. 24 Rn 165.
15 *Fitting u.a.*, § 101 Rn 3; Hess u.a./*Schlochauer*, § 101 Rn 4–6.
16 GK-BetrVG/*Kraft/Raab*, § 100 Rn 23; *Fitting u.a.*, § 101 BetrVG Rn 3.
17 BAG 1.9.1987 – AP § 118 BetrVG 1972 Nr. 10; GK-BetrVG/*Kraft/Raab*, § 100 Rn 8.

II. Besonderheiten des Antrags bei Ein- und Umgruppierung

9 Aus den oben dargelegten Gründen kann der BR im Verfahren nach § 101 bei unzutreffender Ein- bzw. Umgruppierung **nicht** deren **„Aufhebung"** verlangen, da dies keine nach außen wirksame Maßnahme des AG, sondern nur einen Akt der Rechtsanwendung darstellt. Unterlässt es der AG aber, die nach § 99 Abs. 4 verweigerte Zustimmung des BR auch zu einer Ein- bzw. Umgruppierung im Zustimmungsersetzungsverfahren ersetzen zu lassen, oder führt er die Ein- oder Umgruppierung ohne Zustimmung des BR durch, so ist dieser berechtigt, gem. § 101 dem AG aufzugeben, den AN in eine andere Vergütungsgruppe einzugruppieren, zu dieser neuen Eingruppierung die Zustimmung des BR zu beantragen und schließlich im Falle ihrer Verweigerung das Zustimmungsersetzungsverfahren zu betreiben.[18] Gleiches gilt, falls der AG bereits in einem Verfahren nach § 99 Abs. 4 gescheitert sein sollte. Das Beteiligungsverfahren gem. § 99 ist bei Ein- bzw. Umgruppierung erst abgeschlossen, wenn der BR seine Zustimmung erteilt oder das Gericht diese ersetzt hat.[19] Hält der BR eine mit seiner erklärten oder ersetzten Zustimmung erfolgte Eingruppierung nicht oder nicht mehr für richtig, kann er allerdings vom AG nicht verlangen, dass dieser eine erneute bzw. andere Eingruppierungsentscheidung trifft.[20]

III. Verfahrensregelung

10 **1. Antragserfordernis.** Ist eine der genannten Voraussetzungen (siehe Rn 5) erfüllt, so kann der BR beim ArbG **beantragen**, den AG zu **verpflichten**, die personelle Maßnahme **aufzuheben**. Gerichtet ist der Antrag bei Einstellung bzw. Versetzung darauf, die jeweilige personelle Einzelmaßnahme aufzuheben. Zu verstehen ist hierunter die Verpflichtung zur Beseitigung der tatsächlichen Situation (zu den Auswirkungen auf das individuelle Arbvrh vgl. Rn 35, 37). Allerdings kann der BR nicht beantragen, dass der AG zu einer bereits vorgenommenen Maßnahme die (nachträgliche) Zustimmung des BR einholt.[21]

11 Hat der AG ein Verfahren auf Ersetzung der Zustimmung und Feststellung der Dringlichkeit gem. § 100 Abs. 2 S. 3 eingeleitet, so kann der BR in diesem Verfahren seinen Abweisungsantrag mit dem Antrag **verbinden**, dem AG aufzugeben, die vorläufige personelle Maßnahme aufzuheben.[22] Im Verfahren nach § 99 Abs. 4 kann dieser Antrag noch nicht gestellt werden, es sei denn, die personelle Maßnahme ist bereits vorläufig durchgeführt und das Verfahren nach § 100 eingeleitet, oder aber der BR ist von der vorläufigen Durchführung nicht unterrichtet worden.[23]

12 Nach Auff. des BAG[24] kann der AG dem Antrag des BR, ihm aufzugeben, eine personelle Maßnahme aufzuheben, **nicht** mit dem **Hilfsantrag** begegnen, die fehlende Zustimmung zu ersetzen. Diesen Antrag kann der AG erst stellen, nachdem das Verfahren nach § 99 Abs. 1 eingeleitet und der BR die Zustimmung ordnungsgemäß verweigert hat. Auf ein zwischenzeitliches **Entfallen der Zustimmungsverweigerungsgründe** des BR darf sich der AG nicht berufen (siehe Rn 6).[25] Es ist ihm allerdings unbenommen, zu argumentieren, die Zustimmungsverweigerung des BR sei unbeachtlich, weil sie keinen Bezug zu den in § 99 Abs. 2 enumerativ genannten Verweigerungsgründen aufweist.[26]

13 Hat der AG die personelle Maßnahme noch nicht durchgeführt, so kann der BR nicht das Mitbestimmungssicherungsverfahren mit dem vom AG eingeleiteten Zustimmungsersetzungsverfahren verbinden; denn er kann **nicht vorsorglich** den Antrag nach S. 1 stellen, weil Zulässigkeitsvoraussetzung für den Antrag die betriebsverfassungsrechtlich pflichtwidrige Durchführung der personellen Maßnahme ist.[27]

14 Bei einer **Ein- oder Umgruppierung** richtet sich der Antrag nach dem Mitbestimmungsverstoß. War der BR nicht beteiligt worden, so kann dieser beantragen, dem AG die nachträgliche Einholung seiner Zustimmung aufzugeben. Bei Zustimmungsverweigerung kann der BR beantragen, dem AG aufzugeben, das Zustimmungsersetzungsverfahren durchzuführen. Für den Fall, dass der AG im Zustimmungsersetzungsverfahren erfolglos bleibt, kann der BR beantragen, dass dem AG aufgegeben wird, ein erneutes Beteiligungsverfahren einzuleiten, das die Einstufung in eine andere Vergütungsgruppe vorsieht.

15 Sofern der AG die personelle Maßnahme während des Verfahrens gem. § 101 (sowie nach § 29 Abs. 4 und § 100 Abs. 2 S. 1) aufhebt, führt dies zur Zurückweisung des BR-Antrags als unbegründet. Um dies zu vermeiden, erklärt der BR den Antrag vorher für erledigt. Die **Erledigung** gem. § 83a ArbGG tritt aber selbst dann ein, wenn der BR der Erledigung, so sie denn tatsächlich eingetreten ist, widerspricht.[28]

16 **2. Antragsfrist.** Eine Frist für den Antrag des BR schreibt das Gesetz nicht vor. Der AG kann jedoch Verwirkung einwenden, wenn der BR trotz Kenntnis längere Zeit nichts gegen die betriebsverfassungswidrige personelle Einzelmaßnahme unternommen hat.[29] Wie erläutert, kann der BR den Antrag nach S. 1 bereits auch im Rahmen eines vom

---

18 BAG 20.12.1988 – AP § 99 BetrVG 1972 Nr. 62; 26.10.2004 – NZA 2005, 367.
19 BAG 3.5.1994 – AP § 99 BetrVG Eingruppierung Nr. 9.
20 BAG 18.6.1991 – AP § 99 BetrVG 1972 Nr. 105; GK-BetrVG/*Kraft/Raab*, § 101 Rn 6.
21 BAG 20.2.2001 – AP § 101 BetrVG 1972 Nr. 23.
22 GK-BetrVG/*Kraft/Raab*, § 101 Rn 9; *Fitting u.a.*, § 101 Rn 6; ArbG Stuttgart 26.3.1992 – AuR 1993, 187.
23 GK-BetrVG/*Kraft/Raab*, § 101 Rn 4.
24 13.7.1973 und 21.11.1978 – AP § 101 BetrVG 1972 Nr. 1 und 3; vgl. auch LAG Hamm 28.5.1973 – DB 1973, 1407.
25 BAG 20.11.1990 – AP § 118 BetrVG 1972 Nr. 47.
26 DKK/*Kittner/Bachner*, § 101 Rn 12.
27 Richardi/*Thüsing*, § 101 Rn 13.
28 BAG 10.2.1999 – NZA 1999, 1225.
29 MünchArb/*Matthes*, § 354 Rn 8.

AG angestrengten Verfahrens auf Ersetzung der Zustimmung und Feststellung der Dringlichkeit nach § 100 Abs. 2 S. 3 stellen.[30]

3. Beteiligte. Beteiligter i.S.d. § 83 Abs. 3 ArbGG ist neben dem BR nur der AG als Antragsgegner, **nicht** der von der personellen Maßnahme betroffene **AN**,[31] und zwar auch bei Eingruppierungsstreitigkeiten.

4. Verfahren. Das ArbG entscheidet im **Beschlussverfahren** (§ 2a Abs. 1 Nr. 1, Abs. 2 i.V.m. §§ 80ff. ArbGG). Da es sich hierbei noch nicht um eine Maßnahme der Zwangsvollstreckung handelt, gelten die §§ 83 und 84 ArbGG (und nicht § 85 ArbGG), wonach die Kammer aufgrund mündlicher Verhandlung zu entscheiden hat.

Der Antrag des BR ist **begründet**, wenn der AG den BR entweder nicht beteiligt oder die personelle Maßnahme trotz einer rechtswirksamen Zustimmungsverweigerung durchgeführt hat. Der Antrag ist ferner begründet, wenn der AG eine vorläufige Einstellung oder Versetzung entgegen § 100 Abs. 2 S. 3 oder Abs. 3 aufrechterhält.

Eine bestimmte Frist, innerhalb derer der AG die mitbestimmungswidrige Maßnahme aufzuheben hat, ist § 101 nicht zu entnehmen. In entsprechender Anwendung von § 100 Abs. 3 ist der AG verpflichtet, die Maßnahme spätestens zwei Wochen nach Rechtskraft der Entscheidung aufzuheben.[32]

a) Einstellung/Versetzung. Kommt das ArbG zu dem Ergebnis, dass der AG betriebsverfassungsrechtlich pflichtwidrig gehandelt hat, so verurteilt es ihn bei einer **Einstellung** oder **Versetzung**, die personelle Maßnahme **aufzuheben**. Bezüglich der Einstellung bedeutet dies, dass der AG den AN nicht mehr beschäftigen darf.[33] Die im Verfahren nach § 101 ergehende Entscheidung hat **keine rückwirkende Auswirkung auf das Arbverh** des von der personellen Einzelmaßnahme betroffenen AN; Wirkungen gehen von diesem Verfahren nur für die Zukunft aus.[34] Vor diesem Hintergrund kann sich ein Bewerber auch nach Ablauf von sechs Monaten Beschäftigungszeit ab Einstellung auf das KSchG berufen.[35] In jedem Falle muss der AG auch noch den Arbeitsvertrag beseitigen, ggf. durch eine betriebsbedingte **Künd**.[36] Bei betriebsverfassungswidrig erfolgten Versetzungen muss der AN an seinen alten Arbeitsplatz zurückkehren.[37]

b) Ein-/Umgruppierung. Bei Eingruppierungen und Umgruppierungen kann der AG nicht zu einer dem Tarifrecht widersprechenden Maßnahme gezwungen werden; das Beteiligungsrecht des BR erschöpft sich insoweit in einer Richtigkeitskontrolle.[38]

Bei einer Ein- oder Umgruppierung gibt das ArbG dem AG ansonsten auf, den BR zu beteiligen oder, sofern das bereits geschehen ist und der BR seine Zustimmung verweigert hat, das Zustimmungsersetzungsverfahren gem. § 99 Abs. 4 einzuleiten. War der AG in einem derartigen Verfahren bereits erfolglos, so wird er verurteilt, ein erneutes Beteiligungsverfahren einzuleiten, das die Eingruppierung in eine andere Vergütungsgruppe vorsieht.[39] Der Lohnanspruch des AN kraft Tarifrechts bleibt allerdings unberührt.[40]

c) Abweisung. Kommt das ArbG zu dem Ergebnis, dass der Antrag des BR nicht begründet ist, so muss es ihn abweisen. Mit dieser Entscheidung wird für AG und BR zugleich festgestellt, dass die personelle Maßnahme betriebsverfassungsrechtlich unangreifbar ist.[41]

5. Rechtsmittel. Gegen den Beschluss des ArbG ist innerhalb einer Frist von einem Monat **Beschwerde** zum LAG zulässig, § 87 ArbGG. Gegen den Beschluss des LAG findet die **Rechtsbeschwerde** an das BAG nur statt, wenn sie zugelassen wird (§ 92 ArbGG).

IV. Voraussetzungen des Zwangsgeldverfahrens

Auch das Zwangsgeldverfahren wird nicht von Amts wegen eingeleitet, sondern setzt einen entsprechenden **Antrag** des BR voraus. Dieser Antrag kann **erst** gestellt werden, wenn der Beschluss, durch den dem AG aufgegeben wurde, die Einstellung bzw. Versetzung aufzuheben bzw. bei einer Ein- oder Umgruppierung das Beteiligungsverfahren durchzuführen, in Rechtskraft erwachsen ist.

1. Antragsfrist. Eine Frist, innerhalb derer der AG die Maßnahme aufzuheben hat, ist in § 101 nicht bestimmt. In entsprechender Anwendung von § 100 Abs. 3 S. 1 wird der AG für verpflichtet gehalten, die Maßnahme spätestens

---

30 HWK/*Ricken*, § 101 Rn 4.
31 BAG 22.3.1998 – AP § 101 BetrVG 1972 Nr. 6; BAG 31.5.1983 – AP § 118 BetrVG 1972 Nr. 27; a.A. *Dütz*, AuR 1993, 33, 38.
32 H.M.; vgl. *Fitting u.a.*, § 101 Rn 7; *Richardi/Thüsing*, § 101 Rn 23; a.A. DKK/*Kittner/Bachner*, § 101 Rn 13: unverzüglich.
33 BAG 2.7.1980 – AP Art. 33 Abs. 2 GG Nr. 9.
34 BAG 27.4.1990 – AP § 83a ArbGG 1979 Nr. 3.
35 *V. Hoyningen-Huene*, RDA 1982, 205; *Misera*, Anm. zu AP § 101 BetrVG 1972 Nr. 5; a.A. *Fitting u.a.*, § 101 Rn 7.
36 GK-BetrVG/*Raab*, § 101 Rn 8; *Rixecker*, AuR 1983, 338.
37 LAG Köln 9.12.1986 – 3 TaBv 35/96 – juris.
38 BAG 22.3.1983 – BAGE 42, 121–129; BAG 31.5.1983 – AP § 101 BetrVG 1972 Nr. 6; BAG 31.5.1983 – AP § 118 BetrVG 1972 Nr. 27.
39 Vgl. *Richardi/Thüsing*, § 101 Rn 10, 17.
40 *Heinze*, Personalplanung, Rn 399.
41 *Richardi/Thüsing*, § 101 Rn 18.

zwei Wochen nach Rechtskraft der Entscheidung aufzuheben, so dass auch erst „danach" die Verhängung des Zwangsgeldes erfolgen kann.[42]

28 Diese Zwei-Wochen-Frist gilt jedoch **nicht für die Ein- und Umgruppierung**. Die Einräumung der Zwei-Wochen-Frist scheidet ferner dann aus, wenn der AG eine vorläufige personelle Maßnahme entgegen § 100 Abs. 3 aufrecht erhalten hat; denn in diesem Fall hatte ihm das Gesetz bereits eine Frist von zwei Wochen eingeräumt, die er verstreichen ließ, ohne die personelle Maßnahme aufzuheben und deshalb den BR zwang, das Mitbestimmungssicherungsverfahren durchzuführen.

29 **2. Verfahren.** Für das Zwangsgeldverfahren ist unerheblich, ob der BR seine Zustimmung zur personellen Maßnahme zu Recht verweigert hat.[43] Allerdings darf der AG vorbringen, die Zustimmungsverweigerung des BR sei unbeachtlich, weil sie keinen Bezug zu den in § 99 Abs. 2 genannten Verweigerungsgründen aufweist (vgl. Rn 12). Anderenfalls hätte es der BR in der Hand, den AG mit Zwangsgeldanträgen wegen jedweder vermeintlich ohne Beteiligung durchgeführten Personalmaßnahme zu überziehen.

30 **Nicht erforderlich** ist, dass dem AG das Zwangsgeld zunächst **angedroht** wird, denn auch wenn das Zwangsgeld bereits festgesetzt ist, kann der AG die Beitreibung abwenden, indem er die personelle Maßnahme aufhebt bzw. bei einer Ein- oder Umgruppierung das Beteiligungsverfahren durchführt.[44] Der Beschluss, durch den der AG zur Beseitigung der mitbestimmungswidrigen Maßnahme angehalten wird, kann ohne mündliche Verhandlung ergehen (§ 85 Abs. 1 ArbGG i.V.m. § 891 ZPO). In diesem Fall wird er vom Vorsitzenden der nach dem Geschäftsverteilungsplan zuständigen Kammer des ArbG allein erlassen (§ 53 ArbGG). Vor Erlass des Beschlusses muss dem AG rechtliches Gehör gewährt worden sein; ihm ist also Gelegenheit zur mündlichen oder schriftlichen Äußerung zu geben. Hierbei kann der AG v.a. einwenden, die Maßnahme zwischenzeitlich tatsächlich aufgehoben zu haben.

31 **3. Rechtsmittel.** Gegen den Beschluss, der das Zwangsgeld festsetzt, findet die **sofortige Beschwerde** zum LAG statt (§ 85 Abs. 1 ArbGG i.V.m. §§ 793, 577 ZPO). Sofern die Entscheidung über die Beschwerde ohne mündliche Verhandlung ergeht (§ 573 Abs. 1 ZPO), erlässt sie der Vorsitzende allein. Eine **weitere Beschwerde** findet **nicht** statt (§ 78 Abs. 2 ArbGG).

32 Ist der AG bereits nach S. 1 zur Aufhebung der ursprünglich vorläufigen Maßnahme verpflichtet worden, führt er sie aber aufgrund neuer sachlicher Gründe weiter durch, so muss er ggf. Vollstreckungsgegenklage gem. § 767 ZPO erheben.[45] Damit wird er aber nur Erfolg haben, wenn er hinsichtlich der neuen vorläufigen Maßnahme wiederum das Verfahren gem. § 100 eingehalten hat.

33 **4. Vollstreckung.** Die Vollstreckung des Beschlusses, der das Zwangsgeld festsetzt (§ 794 Abs. 1 Nr. 3 ZPO) erfolgt nach den Vorschriften der §§ 803 ff. ZPO (§ 85 Abs. 1 ArbGG). Eine Umwandlung nicht einbringbarer Zwangsgelder in eine Festsetzung von Zwangshaft ist nicht möglich (§ 85 Abs. 1 S. 2 ArbGG).

34 Das **Höchstmaß** des Zwangsgelds beträgt für jeden Tag der Zuwiderhandlung 250 EUR. Das Gericht setzt den Betrag nach freiem Ermessen fest. Entsprechend braucht der Antrag des BR keine bestimmte Summe zu enthalten. Tut er dies gleichwohl, hat dies nur die Bedeutung einer Anregung. Wenn die Beitreibung des Zwangsgelds nicht zur Aufhebung der personellen Maßnahme durch den AG führt, kann ein Zwangsgeld **wiederholt** festgesetzt werden; aber auch dann darf das zulässige Höchstmaß von 250 EUR pro Tag der Zuwiderhandlung nicht überschritten werden. Die Vollstreckung des Zwangsgelds erfolgt von Amts wegen gem. §§ 704 ff. ZPO, wobei die Beiträge der Staatskasse zufließen.[46] Vollstreckungsbehörde ist der Vorsitzende des ArbG.[47] Da der AG zur Zahlung von „Zwangsgeld" und – anders etwa bei § 890 ZPO, nicht von „Ordnungsgeld" – verpflichtet wird, gelten die allgemeinen strafrechtlichen Grundsätze nicht; auf ein Verschulden des AG kommt es danach nicht an.[48] Andererseits sind Zwangsgelder als Beugemaßnahme nicht mehr festzusetzen oder zu vollstrecken, wenn der BR seinen Antrag zurücknimmt oder der AG die ihm verbotene personelle Maßnahme vor Verhängung oder Vollstreckung des Zwangsgeldes aufhebt.[49]

C. Verbindung zu anderen Rechtsgebieten und zum Prozessrecht
I. Auswirkungen auf das Arbeitsverhältnis

35 **1. Einstellung/Versetzung.** Da sich eine gerichtliche Anordnung gem. § 101 ihrer Natur nach nicht auf die Beziehung zwischen AG und BR beschränken kann, berühren Gestaltungsakte, mittels derer aufgegeben wird, eine personelle Maßnahme aufzuheben, auch das Verhältnis zwischen AN und AG. Entsprechend hat der AG gegenüber dem

---

42 ArbG Göttingen 5.1.1973 – DB 1973, 193; *Fitting u.a.*, § 101 Rn 7; GK-BetrVG/*Kraft/Raab*, § 101 Rn 12; a.M. DKK/*Kittner/Bachner*, § 101 Rn 13: unverzüglich.
43 BAG 16.7.1985 – NZA 1986, 163, 166.
44 *Fitting u.a.*, § 101 Rn 10; Schaub/*Koch*, I § 241 Rn 71.
45 Vgl. *Matthes*, DB 1989, 1285, 1288.
46 *Fitting u.a.*, § 101 Rn 10.
47 DKK/*Kittner/Bachner*, § 101 Rn 16; Hess u.a./*Schlochauer*, § 101 Rn 15.
48 ErfK/*Kania*, § 101 BetrVG Rn 6; *Pohle*, BB 1999, 2401, 2403.
49 GK-BetrVG/*Kraft/Raab*, § 101 Rn 14; *Fitting u.a.*, § 101 Rn 11.

AN keinen **durchsetzbaren Beschäftigungsanspruch** mehr, wenn der BR den Weg nach § 101 beschritten hat.[50] Denn ein Beschäftigungsverbot schließt die Erfüllung des Anspruchs des AN auf Beschäftigung aus.[51] Die Rspr. hat sich, soweit ersichtlich, bislang – aus nahe liegenden Gründen – nur mit dem Fall der Einstellung befasst. Die dargelegte Argumentation dürfte nach zutreffender Auff.[52] auch auf Versetzungen übertragbar sein, wenngleich in diesen Fällen schon aufgrund der bloßen Mitbestimmungswidrigkeit ein Leistungsverweigerungsrecht des AN besteht (vgl. § 99 Rn 118).

Bei Einstellung ist die tatsächliche Beschäftigung, wie dargelegt, ggf. durch Künd zu beenden; bei Versetzungen muss der AN an seinen alten Arbeitsplatz zurückkehren.[53]

2. Eingruppierung/Umgruppierung. Ob sich die vorangestellte Argumentation auch auf die Fälle der Eingruppierung und Umgruppierung bezieht, erscheint zweifelhaft. Zwar lassen die Entscheidungsgründe des BAG[54] insoweit keine Einschränkungen erkennen, jedoch erscheint hier zumindest ein Leistungsverweigerungsrecht ausgeschlossen, und dies allein deshalb, weil nicht die „Leistung" des AN, sondern die des AG betriebsverfassungswidrig ist – der rechtswidrige Zustand durch die Weiterarbeit also nicht fortgesetzt wird.[55] **36**

3. Schadenersatz. Aus § 100 Abs. 1 S. 2 ergibt sich, dass der AG den betroffenen AN (bzw. Bewerber) bei vorläufiger Durchführung der personellen Maßnahme über die **Sach- und Rechtslage**, insb. den etwaigen Widerspruch des BR, mündlich oder schriftlich **aufzuklären** hat; also muss der AG auch auf die Möglichkeit hinweisen, dass die personelle Maßnahme kraft gerichtlicher Entscheidung rückgängig gemacht werden muss, § 100 Abs. 3. Will sich der AG nicht etwaiger Schadensersatzansprüche aus dem Gesichtspunkt des Verschuldens bei Vertragsabschluss aussetzen,[56] ist es empfehlenswert, die Vereinbarung mit dem AN unter der auflösenden Bedingung einer negativen arbeitsgerichtlichen Entscheidung zu schließen. **37**

II. Weitere Möglichkeiten der Mitbestimmungssicherung

1. § 888 ZPO i.V.m. § 85 ArbGG. Die Festsetzung des Zwangsgeldes ist eine Zwangsvollstreckungsmaßnahme zur Erzwingung einer unvertretbaren Handlung i.s.v. § 888 ZPO. Gegenüber den allg. Bestimmungen des 8. Buchs der ZPO, insb. des § 888 ZPO, handelt es sich bei § 101 (i.V.m. § 85 Abs. 1 ArbGG) allerdings um eine Sondervorschrift.[57] Gegen den AG kann auch keine Zwangshaft verhängt werden (zur Erläuterung siehe Rn 33).[58] **38**

2. § 23 Abs. 3. Ob auch § 23 Abs. 3 gegenüber § 101 eine Sondervorschrift darstellt, ist umstr.[59] Richtigerweise wird man § 101 als lex specialis zu qualifizieren haben, soweit es um die **Aufhebung** der **konkreten personellen Maßnahme**, um die Beseitigung eines bereits eingetretenen mitbestimmungswidrigen Zustandes im Einzelfall ohne Rücksicht auf die Schwere des Verstoßes geht.[60] Dem BR steht aber ein in die **Zukunft** gerichteter (vorbeugender) Unterlassungsanspruch zu, wenn und soweit der AG seine betriebsverfassungsrechtlichen Pflichten im Zusammenhang mit der Durchführung personeller Einzelmaßnahmen (wiederholt) grob verletzt hat.[61] In Betracht kommt dies z.B. bei der Einstellung von AN für jeweils kurze Zeit, so dass das Verfahren nach § 101 ins Leere geht.[62] **39**

3. Allgemeiner Unterlassungsanspruch. Umstr. ist auch, ob neben § 101 ein allg. verschuldensunabhängiger Unterlassungsanspruch für den BR existiert. Einige Instanzgerichte[63] bejahen dies. Der 1. Senat des BAG hat in seinem Beschluss vom 6.12.1994[64] ausdrücklich offen gelassen, ob die trotz § 101 verbleibende Rechtsschutzlücke so groß ist, dass ergänzend ein allg. Unterlassungsanspruch in Betracht kommt. Dieser ist **zu verneinen**.[65] Der Gesetzgeber hat, wie die eingehende, aber vielfach eingeschränkte Regelung der §§ 101, 23 Abs. 3 zeigt, etwaige Rechtsschutzlücken bewusst in Kauf genommen. § 101 hat mithin erkennbar abschließenden Charakter und schließt daher **40**

---

50 BAG 5.4.2001 – AP § 99 BetrVG Einstellung Nr. 32.
51 BAG 3.5.1994 – BAGE 77, 1.
52 Vgl. Richardi/*Thüsing*, § 101 Rn 8.
53 LAG Köln 9.12.1986 – 3 TaBv 35/96 – juris.
54 BAG 5.4.2001 – AP § 99 BetrVG 1972 Einstellung Nr. 32.
55 Vgl. hierzu ausführlich Richardi/*Thüsing*, § 99 Rn 290 ff., § 101 Rn 8a.
56 Hierzu BAG 14.6.1972 – AP §§ 22, 23 BAT Nr. 54; Richardi/*Thüsing*, § 100 Rn 11.
57 *Fitting u.a.*, § 101 Rn 1; DKK/*Kittner/Bachner*, § 101 Rn 1.
58 GK-BetrVG/*Kraft/Raab*, § 101 Rn 15.
59 Dafür DKK-*Kittner/Bachner*, § 101 Rn 23; dagegen ErfK-*Kania*, § 101 Rn 9; offen gelassen BAG 3.5.1994 – NZA 1995, 488 bzw. unentschieden; *Fitting u.a.*, § 101 Rn 12.
60 BAG 17.3.1987 – AP § 23 BetrVG 1972 Nr. 7; GK-BetrVG/*Kraft/Raab*, § 101 Rn 16.
61 BAG 17.3.1987 – AP § 23 BetrVG 1972 Nr. 7; GK-BetrVG/*Kraft/Raab*, § 101 Rn 16; *Fitting u.a.*, § 101 Rn 12.
62 BAG 17.3.1987 – AP § 23 BetrVG 1972 Nr. 7; Hessisches LAG 15.12.1998 – NZA-RR 1999, 584; LAG Köln 13.8.2002 – NZA-RR 2003, 249.
63 LAG Köln 13.8.2002 – AP § 99 BetrVG 1972 Nr. 37; vgl. auch (teilweise) zusätzlich mit Rückgriff auf § 23 Abs. 3 LAG Köln 31.8.1984 – AuR 1987, 115; ArbG Frankfurt 26.2.1987 – NZA 1987, 757; Hessisches LAG 15.12.1987 – NZA 1989, 232; LAG Niedersachsen 25.7.1995 – NZA-RR 1996, 217 sowie insb. DKK/*Kittner/Bachner*, § 101 Rn 23.
64 NZA 1995, 488.
65 So auch ErfK/*Kania*, § 101 BetrVG Rn 9; Richardi/*Thüsing*, § 101 Rn 5; Jaeger/Röder/Heckelmann/*Lunk*, Kap. 24 Rn 175; nach wie vor unentschieden *Fitting u.a.*, § 101 Rn 12; a.A. Schaub/*Koch*, § 241 Rn 72.

zusätzliche Regelungen aus, ohne dass das Sanktionssystem, das der Gesetzgeber implementiert hat, grundlegend gewandelt würde. Auch lässt sich die Rspr. des BAG zum allg. Unterlassungsanspruch im Bereich des § 87[66] nicht auf die §§ 99, 100 übertragen; denn anders als im Bereich der §§ 87 ff. – und auch anders als im Bereich der wirtschaftlichen Mitbestimmung nach §§ 111 ff.– hat der Gesetzgeber mit § 101 eine abschließende kollektiv-rechtliche Sanktion für mitbestimmungspflichtiges Verhalten des AG statuiert.[67]

41 **4. Feststellung.** Nach Auff. des LAG Berlin[68] kann sich der BR anstelle der Einleitung des Verfahrens nach § 101 auch darauf beschränken, den Verstoß der Einstellung gegen sein Mitbestimmungsrecht durch das ArbG feststellen zu lassen. Das dürfte zumindest dort richtig sein, wo es sich um häufig im Betrieb wiederkehrende Rechtsfragen handelt.[69] Ansonsten besteht die Gefahr, dass einem entsprechenden Feststellungsantrag das Rechtsschutzbedürfnis fehlt.[70] Ein Rechtsschutzinteresse für die Feststellung erledigter Rechtsverhältnisse besteht grds. nicht; dieses kann sich aber insb. aus einer Wiederholungsgefahr ergeben.[71] Kein Begehren auf Erstattung eines unzulässigen Rechtsgutachtens durch den AG liegt allerdings vor, wenn das Verfahren generell zur Klärung der Beteiligungsrechte des BR unabhängig vom konkreten Einzelfall führt.[72]

42 **5. Einstweilige Verfügung.** Ebenso umstr. ist, ob eine einstweilige Verfügung auf Aufhebung der vorläufigen personellen Maßnahme zulässig ist.[73] § 101 stellt auch insoweit eine Spezialregelung dar, als eine einstweilige Verfügung auf Aufhebung einer personellen Maßnahme nach § 101 unzulässig ist.[74]

D. Beraterhinweise

43 Die **Gebühren des RA** für das **Beschlussverfahren** im ersten Rechtszug richten sich nach **Teil 3 Abschn. 1 VV RVG**. Es entstehen also regelmäßig eine Verfahrens- und Terminsgebühr gem. Nr. 3100, 3104 VV. Mit Einverständnis der Parteien kann das ArbG allerdings gem. § 83 Abs. 4 ArbGG auch ohne mündliche Verhandlung entscheiden. Der RA erhält dann trotzdem die Terminsgebühr, nämlich nach Anm. Abs. 1 Nr. 1 zu Nr. 3104 VV.

44 In den Folgeinstanzen, also im Verfahren über die **Beschwerde** und im Verfahren über die **Rechtsbeschwerde** gegen die den Rechtszug beendende Entscheidung im Beschlussverfahren, richten sich die RA-Gebühren gem. Vorbemerkung 3.2.1 Abs. 1 Nr. 2e VV nach den Vorschriften in Teil 3, Absch. 2, Unterabsch. 1 VV. Im Ergebnis erhält der RA daher in diesen Beschwerdeverfahren die gleichen Gebühren wie im Berufungsverfahren. Unterschiede hinsichtlich des Entstehens der Terminsgebühr bestehen jedoch zwischen Beschwerde- und Rechtsbeschwerdeverfahren für den Fall einer Entscheidung ohne mündliche Verhandlung. Im Beschwerdeverfahren kann das Gericht gem. §§ 90 Abs. 2, 83 Abs. 4 S. 3 ArbGG nur mit Einverständnis ohne mündliche Verhandlung entscheiden, so dass eine Terminsgebühr gem. Anm. Abs. 1 zu Nr. 3202 VV i.V.m. Nr. 3104 Abs. 1 Nr. 1 VV entsteht. Dem gegenüber bedarf es im Rechtsbeschwerdeverfahren für eine Entscheidung ohne mündliche Verhandlung nicht des Einverständnisses der Parteien, sondern lediglich eines Hinweises an die Parteien und einer Gelegenheit zur Stellungnahme (§§ 92 Abs. 2, 72 Abs. 5 ArbGG i.V.m. §§ 552a, 522 Abs. 2 und 3 ZPO).

45 Die **Höhe des Gegenstandswerts** im Beschlussverfahren richtet sich nach § 23 Abs. 3 RVG.

§ 102 Mitbestimmung bei Kündigungen

(1) ¹Der Betriebsrat ist vor jeder Kündigung zu hören. ²Der Arbeitgeber hat ihm die Gründe für die Kündigung mitzuteilen. ³Eine ohne Anhörung des Betriebsrats ausgesprochene Kündigung ist unwirksam.
(2) ¹Hat der Betriebsrat gegen eine ordentliche Kündigung Bedenken, so hat er diese unter Angabe der Gründe dem Arbeitgeber spätestens innerhalb einer Woche schriftlich mitzuteilen. ²Äußert er sich innerhalb dieser Frist nicht, gilt seine Zustimmung zur Kündigung als erteilt. ³Hat der Betriebsrat gegen eine außerordentliche

---

66 BAG 3.5.1994 – NZA 1995, 40.
67 ErfK/*Kania*, § 101 BetrVG Rn 9.
68 28.2.1983 – AuR 1984, 121.
69 Vgl. BAG 30.4.1981 – AP § 99 BetrVG 1972 Mitbestimmung bei der Versetzung von einem Betrieb in einen anderen Nr. 12.
70 BAG 16.7.1985 – AP § 99 BetrVG 1972 Nr. 21: Antrag auf Feststellung, dass die Einstellung inzwischen wieder entlassener AN mitbestimmungswidrig war.
71 Richardi/*Thüsing*, § 101 Rn 6.
72 *Fitting u.a.*, § 101 Rn 5 unter Hinweis auf BAG 30.4.1981 und 16.7.1984 – AP § 99 BetrVG 1972 Nr. 12, 21; BAG 19.5.1981 – AP § 118 BetrVG 1972 Nr. 21.
73 Verneinend: Schaub/*Koch*, § 241 Rn 69; GK-BetrVG/*Kraft/Raab*, § 111 Rn 17 m.w.N.; dafür insbesondere DKK/*Kittner/Bachner*, § 101 Rn 19; *Soost/Hummel*, AiB 2000, 62; vgl. auch LAG Köln 13.8.2002 – NZA-RR 2003, 249.
74 H.M., vgl. Hessisches LAG 15.12.1987 – NZA 1989, 232 bezüglich einer vorläufigen Maßnahme; *Boemke*, ZfA 1992, 473, 523; Hess u.a./*Schlochauer*, § 101 Rn 17; Schaub/*Koch*, § 241 Rn 69; a.M. DKK/*Kittner/Bachner*, § 101 Rn 19, 24; LAG Köln 13.8.2002 – AP § 99 BetrVG 1972 Einstellung Nr. 37.

§ 102 BetrVG 150

Kündigung Bedenken, so hat er diese unter Angabe der Gründe dem Arbeitgeber unverzüglich, spätestens jedoch innerhalb von drei Tagen, schriftlich mitzuteilen. [4]Der Betriebsrat soll, soweit dies erforderlich erscheint, vor seiner Stellungnahme den betroffenen Arbeitnehmer hören. [5]§ 99 Abs. 1 Satz 3 gilt entsprechend.

(3) Der Betriebsrat kann innerhalb der Frist des Absatzes 2 Satz 1 der ordentlichen Kündigung widersprechen, wenn

1. der Arbeitgeber bei der Auswahl des zu kündigenden Arbeitnehmers soziale Gesichtspunkte nicht oder nicht ausreichend berücksichtigt hat,
2. die Kündigung gegen eine Richtlinie nach § 95 verstößt,
3. der zu kündigende Arbeitnehmer an einem anderen Arbeitsplatz im selben Betrieb oder in einem anderen Betrieb des Unternehmens weiterbeschäftigt werden kann,
4. die Weiterbeschäftigung des Arbeitnehmers nach zumutbaren Umschulungs- oder Fortbildungsmaßnahmen möglich ist oder
5. eine Weiterbeschäftigung des Arbeitnehmers unter geänderten Vertragsbedingungen möglich ist und der Arbeitnehmer sein Einverständnis hiermit erklärt hat.

(4) Kündigt der Arbeitgeber, obwohl der Betriebsrat nach Absatz 3 der Kündigung widersprochen hat, so hat er dem Arbeitnehmer mit der Kündigung eine Abschrift der Stellungnahme des Betriebsrats zuzuleiten.

(5) [1]Hat der Betriebsrat einer ordentlichen Kündigung frist- und ordnungsgemäß widersprochen und hat der Arbeitnehmer nach dem Kündigungsschutzgesetz Klage auf Feststellung erhoben, dass das Arbeitsverhältnis durch die Kündigung nicht aufgelöst ist, so muss der Arbeitgeber auf Verlangen des Arbeitnehmers diesen nach Ablauf der Kündigungsfrist bis zum rechtskräftigen Abschluss des Rechtsstreits bei unveränderten Arbeitsbedingungen weiterbeschäftigen. [2]Auf Antrag des Arbeitgebers kann das Gericht ihn durch einstweilige Verfügung von der Verpflichtung zur Weiterbeschäftigung nach Satz 1 entbinden, wenn

1. die Klage des Arbeitnehmers keine hinreichende Aussicht auf Erfolg bietet oder mutwillig erscheint oder
2. die Weiterbeschäftigung des Arbeitnehmers zu einer unzumutbaren wirtschaftlichen Belastung des Arbeitgebers führen würde oder
3. der Widerspruch des Betriebsrats offensichtlich unbegründet war.

(6) Arbeitgeber und Betriebsrat können vereinbaren, dass Kündigungen der Zustimmung des Betriebsrats bedürfen und dass bei Meinungsverschiedenheiten über die Berechtigung der Nichterteilung der Zustimmung die Einigungsstelle entscheidet.

(7) Die Vorschriften über die Beteiligung des Betriebsrats nach dem Kündigungsschutzgesetz bleiben unberührt.

Literatur: *Bader*, Das Gesetz zu Reformen am Arbeitsmarkt: Neues im Kündigungsschutzgesetz und im Befristungsrecht, NZA 2004, 65, 68; *ders.*, Die Anhörung des Betriebsrats – eine Darstellung anhand der neueren Rechtsprechung, NZA-RR 2000, 57; *Bayreuther*, Formlose Weiterbeschäftigung während des Kündigungsrechtsstreits – Grundstein für ein unbefristetes Arbeitsverhältnis, DB 2003, 1736; *Bitter*, Grenzen der Analogie „ordnungsgemäßer" Betriebsanhörung bei Kündigungen, in: FS für Stahlhacke, 1995, S. 57; *Düwell*, § 102 IV BetrVG – eine noch zu entdeckende Formvorschrift, NZA 1988, 866; *Ehler*, Der sogenannte allgemeine Weiterbeschäftigungsanspruch, BB 1996, 376; *Felser*, Beteiligungsrechte des Betriebsrats bei der Kündigung, AiB 2004, 30; *Forst*, Informationspflichten bei Massenentlassungen, NZA 2009, 294; *Gamillscheg*, Zur Weiterbeschäftigung während der Kündigung, in: FS für Dieterich, 1999, S. 185; *Gehlhaar*, Darlegungslast des Arbeitgebers im Kündigungsschutzprozess bei Interessenausgleich mit Namensliste – § 1 Abs. 5 KSchG versus § 102 BetrVG, DB 2008, 1496; *Glanz/Vogel*, Die ordnungsgemäße Betriebsratsanhörung, NJW Spezial 11, 2008, 338; *Gussone*, Weiterbeschäftigungsanspruch des Arbeitnehmers und Gegenantrag des Arbeitgebers nach § 102 Abs. 5 BetrVG, AuR 1994, 245; *Haas*, Der vorläufige Weiterbeschäftigungsanspruch des Arbeitnehmers nach § 102 BetrVG im Lichte der Rechtsprechung, NZA-RR 2008, 57; *Hohmeister*, Die Beteiligung des Betriebsrats bei unter Vorbehalt angenommener Änderungskündigung, BB 1994, 1777; *Hümmerich*, Verfestigte Rechtsprechung zur Betriebsratsanhörung nach § 102 BetrVG, RdA 2000, 345; *Hümmerich/Mauer*, Neue BAG-Rechtsprechung zur Anhörung des Betriebsrats bei Kündigungen, DB 1997, 165; *Keppeler*, Der Aufhebungsvertrag – wirklich ein mitbestimmungsfreier Raum?, AuR 1996, 263; *Kliemt*, § 102 IV BetrVG – keine unentdeckte Formvorschrift, NZA 1993, 921; *Körnig*, Wahrnehmung der Beteiligungsrechte gem. BetrVG § 102 Abs. 2 bei Beschlussunfähigkeit des Betriebsrats und Kündigung kurz vor Ablauf der Wartezeit gem. KSchG § 1 Abs. 1, SAE 1984, 124; *Korinth*, Weiterbeschäftigungsanspruch in Tendenzbetrieben, ArbRB 2003, 350; *Kraft*, Das Anhörungsverfahren gem. § 102 BetrVG und die „subjektive Determinierung" der Mitteilungspflicht, in: FS für Kissel, 1994, S. 611; *Kühnreich*, Kündigung: Fallstrick Anhörung des Betriebsrats, AnwBl 2006, 694; *Kutzki*, Betriebsratsanhörung nach § 102 BetrVG, AuA 2000, 52; *ders.*, Fehler bei der Betriebsratsanhörung und deren Vermeidung anhand von praktischen Anwendungsfällen, ZTR 1999, 491; *Mareck*, Die Weiterbeschäftigung im Kündigungsschutzverfahren nach § 102 Abs. 5 BetrVG – ein steiniger Weg?, BB 2000, 2042; *Matthes*, Der betriebsverfassungsrechtliche Weiterbeschäftigungsanspruch, in: FS für Gnade, 1992, S. 225; *ders.*, Betriebsvereinbarungen über Kündigungen durch den Arbeitgeber, in: FS für Schwerdtner, 2003, S. 331; *Mauer/Schüßler*, Gestaltung von Betriebsvereinbarungen nach § 102 Abs. 6 BetrVG, BB 2000, 2518; *Mühlhausen*, Das Bestreiten der Betriebsratsanhörung mit Nichtwissen, NZA 2002, 644; *Müller*, Betriebsratsanhörung bei einem Auflösungsantrag nach § 9 Abs. 1 S. 2 KSchG, BB 2002, 2014; *Nägele*, Beschäftigungs- und Weiterbeschäftigungsanspruch, ArbRB 2002, 253; *Oppertshäuser*, Anhörung des Betriebsrats zur Kündigung und Mitteilung der Sozialdaten, NZA 1997, 920; *Pallasch*, Noch einmal – Das Weiterbeschäftigungsverhältnis und seine Rückabwicklung, BB 1993, 2225; *Raab*,

Individualrechtliche Auswirkungen der Mitbestimmung des Betriebsrats gemäß §§ 99, 102 BetrVG, ZfA 1995, 479; *Reichel*, Die Mitbestimmung des Betriebsrats bei Kündigungen wegen Entwendung geringwertiger Sachen des Arbeitgebers, AiB 2003, 9; *Reidel*, Die einstweilige Verfügung auf (Weiter-)Beschäftigung – eine vom Verschwinden bedrohte Rechtsschutzform?, NZA 2000, 454; *Reiter*, Kündigung vor Ablauf der Anhörungsfrist nach § 102 BetrVG, NZA 2003, 954; *Richardi*, Die Mitbestimmung bei Kündigungen im kirchlichen Arbeitsrecht, NZA 1998, 113; *Rieble*, § 102 Abs. 6 BetrVG – eine funktionslose Vorschrift?, AuR 1993, 39; *ders.*, Entbindung von der Weiterbeschäftigung nach § 102 Abs. 5 S. 2 Nr. 2 BetrVG, BB 2003, 844; *Rinke*, Anhörung des Betriebsrats – vorgezogenes Kündigungsschutzverfahren?, NZA 1998, 77; *Rosshaar/Salamon*, Personalabbau trotz Nichtbeteiligung des Betriebsrats bei Auswahlrichtlinien, NJW 2008, 1991; *Rudolph*, Widerspruch nach § 102 BetrVG – Auch per Fax?, AiB 1999, 666; *Schoof*, Weiterbeschäftigung und Fortzahlung der Vergütung, AiB 2003, 12; 157; *Seifert*, Die betriebsbedingte Freistellung von Arbeitnehmern durch den Insolvenzverwalter, DZWIR 2002, 407; *Spitzweg/Lücke*, Die Darlegungs- und Beweislast gem. § 102 BetrVG im Kündigungsschutzprozess, NZA 1995, 406; *Stoffels*, Gestaltungsmöglichkeiten durch Änderungskündigungen, ZfA 2002, 401; *Stück*, Kündigung durch den Arbeitgeber – Die häufigsten Fehler bei der Betriebsratsanhörung, MDR 2000, 1053; *Tschöpe*, Die Betriebsratsanhörung, Kündigung und Kündigungsschutz in der betrieblichen Praxis 2000, 185; *Wieland*, Die Beteiligung bei Kündigungen, Der Personalrat 2007, 111; *Willemsen*, Kündigungsschutz – vom Ritual zur Rationalität, NJW 2000, 2779; *Willemsen/Hohenstatt*, Weiterbeschäftigung und Entbindungsmöglichkeiten nach § 102 Abs. 5 BetrVG, insbesondere bei Massenentlassungen, DB 1995, 215; *Wolff*, Vorläufiger Bestandsschutz des Arbeitsverhältnisses durch Weiterbeschäftigung nach § 102 Abs. 5 BetrVG, 2000; *Zumkeller*, Die Anhörung des Betriebsrats bei der Kündigung von Ersatzmitgliedern, NZA 2001, 823

A. Regelungsgehalt	1
I. Überblick über die Gesetzesstruktur	1
II. Kündigung	2
1. Begriff	2
2. Beendigung des Arbeitsvertrags aus anderen Gründen	5
a) Nichtigkeit	6
b) Anfechtung	7
c) Aufhebungsverträge	8
d) Ende befristeter Arbeitsverhältnisse	9
e) Ausbildungsverhältnis	10
f) Sonderfälle	11
g) Massenentlassungen	12
3. Funktionsfähiger Betriebsrat	13
4. Mitglied der Belegschaft	14
III. Anhörung	16
1. Mitteilungspflichten des Arbeitgebers	16
a) Form der Mitteilung	17
b) Informationen gegenüber dem Betriebsrat	18
c) Wirksamkeit der Mitteilung	19
d) Falscher Adressat	20
e) Keine unmittelbare Fristbindung	21
f) Kombination mit anderen Beteiligungspflichten	22
g) Inhalt der Mitteilung	23
aa) Person des Kündigungsempfängers	24
bb) Information über die Kündigungsart	25
cc) Kündigung innerhalb der ersten sechs Monate	28
dd) Außerordentliche Kündigung	29
ee) Ordentliche Kündigung	31
ff) Änderungskündigung	34
2. Aufforderung zur Stellungnahme	35
IV. Stellungnahme des Betriebsrats	36
1. Ordentliche und außerordentliche Kündigung	36
2. Form	37
3. Fristen	39
4. Rechtliche Relevanz der Äußerungen des Betriebsrats	43
5. Anhörung des zu kündigenden Arbeitnehmers	44
6. Pflicht zur Verschwiegenheit	45
V. Folgen fehlerhafter Anhörung	46
VI. Widerspruch des Betriebsrats	55
1. Auswirkungen eines Widerspruchs	56
2. Nur bei ordentlicher Kündigung	57
3. Enumerativ aufgeführte Gründe zum Widerspruch	59
a) Auswahl des Arbeitnehmers	60
b) Verstoß gegen Auswahlrichtlinien	62
c) Möglichkeit der Weiterbeschäftigung auf einem anderen Arbeitsplatz	63
d) Umschulungs- und Fortbildungsmaßnahmen	65
e) Geänderte Vertragsbedingungen	66
4. Frist für Ausübung des Widerspruchsrechts	67
5. Schriftform	68
VII. Mitteilung des Widerspruchs an den Arbeitnehmer	70
VIII. Weiterbeschäftigung	72
1. Grundlagen	72
2. Voraussetzungen	75
a) Ordentliche Kündigung	76
b) Widerspruch des Betriebsrats	77
c) Frist- und ordnungsgemäß	78
d) Kündigungsschutzklage	80
e) Verlangen der Weiterbeschäftigung	83
f) Durchsetzung des Weiterbeschäftigungsanspruchs	85
g) Auswirkungen der Verpflichtung zur Weiterbeschäftigung	86
IX. Entbindung von der Weiterbeschäftigungspflicht	89
1. Entbindungsverfahren	90
2. Entbindungsgründe	91
a) Erfolgsaussichten der Klage	91
b) Unzumutbare wirtschaftliche Belastungen	92
c) Offensichtlich unbegründeter Widerspruch des Betriebsrats	93
3. Folgen der Entbindung	94
X. Erweiterung der Mitbestimmung	95
1. Regelungsmöglichkeiten	95
2. Zustimmungsersetzung durch Einigungsstelle	96
XI. Bestandsgarantie von Mitbestimmungsrechten	97
B. Verbindung zu anderen Rechtsgebieten und zum Prozessrecht	98
C. Beraterhinweise	100

A. Regelungsgehalt
I. Überblick über die Gesetzesstruktur

Die Regelung des § 102 ist für das Künd-Recht in formeller Hinsicht von **zentraler Bedeutung**. Hiernach ist der BR vor jeder Künd anzuhören.[1] Lediglich bei ordentlichen Künd ist das Recht des BR zu einem Widerspruch vorgesehen. Er muss schriftlich geäußert und die in Abs. 3 aufgeführten Gründe müssen inhaltlich in Bezug genommen werden. Ein solcher Widerspruch hat nicht zur Folge, dass die Künd unterbleiben muss. Bedeutung besitzt er jedoch für den Beschäftigungsanspruch des AN nach Abs. 5. Auf Antrag des AG kann das Gericht durch einstweilige Verfügung eine Entbindung von der Verpflichtung zur Weiterbeschäftigung aussprechen. Hierzu müssen die in Abs. 5 S. 2 Nr. 1 bis 3 aufgeführten Gründe erfüllt sein.

II. Kündigung
1. Begriff. Gem. Abs. 1 S. 1 ist der BR vor Künd zu hören. Das Beteiligungsrecht des BR besteht nur, soweit der AG eine Künd aussprechen möchte. Dabei wird unter einer Künd die einseitige empfangsbedürftige Willenserklärung, durch das Arbverh für die Zukunft aufgelöst wird, verstanden. Wie sich aus Abs. 1 S. 2 ergibt, bezieht sich diese Pflicht zur Anhörung nur auf arbeitgeberseitige Künd. Bei **Eigen-Künd** von Mitarbeitern hat eine Anhörung des BR nicht zu erfolgen.

Die Beteiligungspflicht besteht vor **jeder Künd**. Hierbei ist gleichgültig, ob es sich um eine außerordentliche fristlose Künd, eine außerordentliche Künd mit sozialer Auslauffrist oder um eine ordentliche Künd handelt. In allen Fällen ist der BR vor Ausspruch der AG-Künd zu hören.[2] Erfasst werden auch Änderungs-Künd, die sich nach § 2 KSchG (siehe § 2 KSchG Rn 119 ff.) richten. Selbst wenn der AN signalisiert hat, dass er mit dem Änderungsangebot einverstanden ist, bedarf die Änderungs-Künd der vorherigen Anhörung des BR. Eine einvernehmliche Änderung des Arbeitsvertrages, die materiell-rechtlich zum gleichen Ergebnis wie die Annahme des mit der Künd verbundenen Fortführungsangebots führt, löst hingegen kein Beteiligungsrecht aus. Einer erneuten Anhörung des BR bedarf es schon immer, wenn der AG bereits nach Anhörung des BR eine Künd erklärt hat, d.h., wenn die erste Künd dem AN zugegangen ist und der AG damit bereits seinen Künd-Willen verwirklicht hat und nunmehr eine neue Künd aussprechen will. Das gilt auch, wenn der AG die Künd auf den gleichen Sachverhalt stützt. Die erste BR-Anhörung ist mit Zugang der Künd-Erklärung verbraucht.[3] Etwas anderes kommt nur in Ausnahmefällen in Betracht, in denen der AG seinen Künd-Entschluss nicht verwirklicht.[4] Die Anhörung des BR ist auch nicht deshalb entbehrlich, wenn der Betrieb zum Zeitpunkt des Künd-Ausspruches bereits stillgelegt ist. Das Restmandat des BR erstreckt sich auch auf alle sich im Zusammenhang mit der Stilllegung ergebenden betriebsverfassungsrechtlichen Mitbestimmungs- und Mitwirkungsrechte. Dazu gehören auch die Aufgaben, die daraus folgen, dass trotz Betriebsstilllegung noch nicht alle Arbverh beendet sind und einzelne AN für eine gewisse Zeit mit Abwicklungsarbeiten beschäftigt werden.[5]

Ob das KSchG auf das zu kündigende Arbverh anwendbar ist, ist für die Pflicht zur Anhörung unerheblich. Daher bedarf es auch während der ersten sechs Monate eines Arbverh und für den Fall, dass die **Schwellenwerte des § 23 Abs. 1 S. 2, 3 KSchG** nicht erreicht werden, der Anhörung des BR.[6] Bei einer Künd vor Arbeitsaufnahme[7] ist der BR ebenfalls anzuhören. Es ist unerheblich, ob der AN erklärt, dass er die Künd hinnehmen will.[8] Bei dem Widerruf einzelner Leistungen[9] als auch bei der Anrechnung übertariflicher Zahlungen bedarf es keiner Anhörung.

2. Beendigung des Arbeitsvertrags aus anderen Gründen. Abs. 1 S. 1 stellt schon vom Wortlaut her auf den Begriff der Künd ab. Andere Beendigungstatbestände lösen daher nicht die Pflicht zur Anhörung aus.

a) Nichtigkeit. Eine Anhörung hat nicht zu erfolgen, wenn der Arbeitsvertrag nichtig ist.

b) Anfechtung. Erklärt der AG eine Anfechtung des Arbeitsvertrages, besteht keine Pflicht zur Anhörung.[10] Dies gilt sowohl für eine Anfechtung wegen Irrtums gem. § 119 BGB als auch wegen Täuschung oder Drohung gem. § 123 BGB.

---

1 BAG 3.4.2008 – 2 AZR 965/06 – NJW 2008, 3084.
2 BAG 28.2.1974 – 2 AZR 455/73 – AP § 102 BetrVG 1972 Nr. 2.
3 BAG 3.4.2008 – 2 AZR 965/06 – NJW 2008, 3084, Hessisches LAG 27.7.2007 – 12 Sa 1677/06- juris.
4 BAG 10.11.2005 – 2 AZR 623/04 – NZA 2006, 491.
5 BAG 26.7.2007 – 8 AZR 769/06 – juris.
6 BAG 16.9.2004 – 2 AZR 511/03 – EzA-SD 2004, Nr. 26, 11.
7 LAG Frankfurt/M. 31.5.1985 – 13 Sa 833/84 – DB 1985, 2689.
8 *Fitting u.a.*, § 102 Rn 6.
9 *Richardi/Thüsing*, § 102 Rn 13.
10 BAG 11.11.1993 – 2 AZR 467/93 – AP § 123 BGB Nr. 38; GK-BetrVG/*Raab*, § 102 Rn 25 lit. e; *Wolf/Gangel*, AuR 1982, 271, 275 f.; *Hönn*, ZfA 1987, 61, 89 f.

8 **c) Aufhebungsverträge.** Bei Aufhebungsverträgen besteht keine Anhörungspflicht.[11] Eine analoge Anwendung des § 102 auf die vertragliche Beendigung scheidet aus, da objektive Interessenlage und Schutzbedürftigkeit des AN nicht die gleichen wie bei der einseitigen Künd sind.[12]

9 **d) Ende befristeter Arbeitsverhältnisse.** Eine Anhörung hat auch nicht in den Fällen zu erfolgen, in denen ein befristetes Arbverh durch Zeitablauf endet. Insb. ist auch die Mitteilung des ArbG, dass der befristete Arbeitsvertrag nicht verlängert wird, keine Künd.[13] Ebenso besteht keine Anhörungspflicht, wenn das Arbverh aufgrund Zweckerreichung oder durch den Eintritt einer auflösenden Bedingung endet.

10 **e) Ausbildungsverhältnis.** Soll ein Berufsausbildungsverhältnis durch Künd enden, ist der BR anzuhören.[14] Hierbei hat der AG – zumindest nach Ablauf der Probezeit gem. § 22 Abs. 1 BBiG – die **hohen Anforderungen des § 22 Abs. 2 BBiG** zu beachten. Insb. muss er gem. § 22 Abs. 3 BBiG die Künd zwingend schriftlich begründen (siehe hierzu § 22 BBiG Rn 33). Endet hingegen das Berufsausbildungsverhältnis gem. § 21 BBiG mit dem Ablauf der Ausbildungszeit, bedarf es keiner Anhörung. Besteht der Auszubildende die Abschlussprüfungen nicht und entschließt sich der AG, das Berufsausbildungsverhältnis unter Beachtung des § 21 Abs. 3 BBiG nicht zu verlängern, bedarf es ebenfalls keiner Anhörung.

11 **f) Sonderfälle.** Wird ein vorläufiges Arbverh nach § 100 Abs. 3 beendet, besteht keine Pflicht zur Anhörung.[15] Ebenso ist der BR nicht anzuhören, wenn seinem Begehren nach § 104 auf Entfernung eines betriebsstörenden AN seitens des AG Folge geleistet wird.

12 **g) Massenentlassungen.** Auch bei Künd im Rahmen von **Interessenausgleichen und Sozialplänen** hat vor Ausspruch der Künd eine Anhörung des BR zu erfolgen, selbst wenn im Rahmen des Interessenausgleichs und Sozialplans umfangreiche Verhandlungen mit dem BR geführt wurden.[16] Kommt der AG diesen Anforderungen an seine Mitteilungspflicht nicht oder nicht richtig nach und unterlaufen ihm insoweit bei der Anhörung Fehler, ist die Künd unwirksam.[17] Die BR-Anhörung unterliegt grundsätzlich keinen erleichterten Anforderungen, wenn sie in Zusammenhang mit dem Zustandekommen eines Interessenausgleichs selbst mit Namensliste steht.[18]

13 **3. Funktionsfähiger Betriebsrat.** Das Beteiligungsrecht setzt die Existenz eines BR voraus. Sind sämtliche Mitglieder und auch Ersatzmitglieder eines BR zurückgetreten, besteht auch keine Pflicht zur Anhörung. Ist kein BR konstituiert, entfällt ebenfalls eine Anhörungspflicht. Der AG ist auch nicht verpflichtet, die Wahl eines BR oder seine Konstituierung abzuwarten.[19] Er kann vielmehr ohne Anhörung die Künd aussprechen. Als konstituiert gilt ein BR erst, wenn der Vorsitzende sowie sein Stellvertreter gewählt sind. Eine Beteiligung hat im Falle eines **Übergangsmandats** eines BR ebenfalls zu erfolgen. Auch während festgesetzter Betriebsferien oder sonstigen Verhinderungen von BR-Mitgliedern laufen die Fristen für die Anhörung. Eine Anhörung des BR kann auch dann erfolgen.[20] Durch einen Arbeitskampf verliert der BR nicht seine Funktionsfähigkeit. Er ist zu beteiligen, wenn während eines Streiks eine Künd aus anderen als den Arbeitskampf bedingten Gründen ausgesprochen werden soll.[21] Bei einer sog. Kampf-Künd ist der BR jedoch nicht zu beteiligen. In diesen Ausnahmefällen erklärt der AG wegen Beteiligung an einem rechtswidrigen Streik eine außerordentliche Künd.[22]

14 **4. Mitglied der Belegschaft.** Voraussetzung der Anhörungspflicht ist, dass der zu kündigende AN **Teil der Belegschaft** ist, die durch den BR repräsentiert wird. **Leitende Ang** gehören nicht zu der vom BR vertretenen Belegschaft. Hierbei kommt es entscheidend darauf an, dass die Voraussetzungen des § 5 Abs. 3 tatsächlich vorliegen, was in der Praxis häufig nicht der Fall ist, obwohl die Mitarbeiter sich selbst als leitende Ang einschätzen. Da die in **Heimarbeit Beschäftigten** gem. § 5 Abs. 1 S. 2 auch zur Belegschaft gehören, wenn sie in der Hauptsache für den Betrieb arbeiten, ist auch vor ihrer Künd der BR anzuhören.[23]

---

11 BAG 28.6.2005 – 1 ABR 25/04 – AP § 102 BetrVG 1972 Nr. 146.
12 BAG 28.6.2005 – 1 ABR 25/04 – AP § 102 BetrVG 1972 Nr. 146.
13 BAG 24.10.1979 – 5 AZR 851/78 – AP § 620 BGB Befristeter Arbeitsvertrag Nr. 49.
14 BAG 12.5.2005 – 2 AZR 149/04 – AP § 102 BetrVG 1972 Nr. 145.
15 *Fitting u.a.*, § 102 Rn 15; GK-BetrVG/*Raab*, § 102 Rn 26 lit. e; Hess u.a./*Schlochauer*, § 102 Rn 15.
16 BAG 22.1.2004 – 2 AZR 111/02 – AP § 112 BetrVG 1972 Namensliste Nr. 1; BAG 21.2.2002 – 2 AZR 581/00 – EzA § 1 KSchG Interessenausgleich Nr. 10.
17 BAG 27.6.1985 – 2 AZR 412/84 – BAGE 49, 136 = DB 1986, 332.
18 BAG Rheinland-Pfalz 23.10.2008 – 2 AZR 163/07 – juris; LAG Rheinland-Pfalz 18.10.2007 – 2 Sa 458/07 – juris.
19 BAG 23.8.1984 – 6 AZR 520/82 – BAGE 46, 282, 288 f. = AP § 102 BetrVG 1972 Nr. 36m. zust. Anm. *Richardi*; *Meisel*, SAE 1986, 119; a.A. *Wiese*, EzA § 102 BetrVG 1972 Nr. 59.
20 BAG 18.8.1982 – 7 AZR 437/80 – AP § 102 BetrVG 1972 Nr. 24; *Körnig*, SAE 1984, 124; *Heinze*, EzA § 102 BetrVG 1972 Nr. 48; a.A. *Fitting u.a.*, § 102 Rn 7.
21 BAG 6.3.1979 – 1 AZR 866/77 – AP § 102 BetrVG 1972 Nr. 20.
22 *Richardi/Thüsing*, § 102 Rn 45.
23 BAG 7.11.1995 – 9 AZR 268/94 – AP § 102 BetrVG 1972 Nr. 74.

Sind AN einem Betrieb zuzuordnen, befinden sie sich aber im **Auslandseinsatz**, ist der BR vor einer Künd anzuhören.[24] Dies gilt selbst bei dauernder Auslandstätigkeit und Integration in einen Auslandsbetrieb.[25] Die Pflicht zur Anhörung des BR kann nicht dadurch ausgeschlossen werden, dass sich der AN und der AG darüber einigen, dass der BR nicht angehört werden soll. Der Ausschluss des kollektivrechtlichen Beteiligungsrechts des BR kann daher durch eine Parteivereinbarung nicht erfolgen, denn Abs. 1 ist zwingendes Recht und grds. nicht disponibel.[26] Im Insolvenzverfahren hat ebenfalls eine Anhörung des BR zu erfolgen. Auch in Tendenzbetrieben findet § 102 Anwendung, so dass der BR anzuhören ist.[27] Dies gilt selbst dann, wenn die Künd auf tendenzbedingte Gründe gestützt wird.[28] Bei einer wirksamen Versetzung unter Beteiligung der jeweiligen BR von einem Betrieb in einem anderen ist bei der Künd nur noch der aufnehmende BR anzuhören. Eine Beteiligung des ehemals zuständigen BR reicht indes nicht.[29]

III. Anhörung

1. Mitteilungspflichten des Arbeitgebers. Abs. 1 S. 2 fordert, dass der AG dem BR diejenigen Gründe mitteilen muss, die nach seiner subjektiven Sicht die Künd rechtfertigen und für seinen Künd-Entschluss maßgebend sind.[30] Aus der Formulierung „die Kündigung" folgt, dass der AG auch bei Massen-Künd den BR vor jeder einzelnen Künd anzuhören hat. Dies wird im systematischen Zusammenhang auch durch Abs. 1 S. 1 gestützt, der von „jeder Kündigung" spricht.

a) Form der Mitteilung. Das Gesetz sieht für die Mitteilung des AG an den BR keine besondere Form vor. Sie kann daher schriftlich, per E-Mail oder Fax als auch mündlich erfolgen.

b) Informationen gegenüber dem Betriebsrat. Der AG hat die Mitteilung gem. Abs. 1 S. 2 i.V.m. Abs. 1 S. 1 gegenüber dem BR abzugeben. Zur Entgegennahme ist regelmäßig der Vorsitzende des BR befugt. Im Falle einer mündlichen Anhörung kann auch das gesamte Gremium unmittelbar informiert werden. Im Falle der Verhinderung des Vorsitzenden des BR ist sein Stellvertreter zur Entgegennahme der Information berechtigt.[31] Der BR kann auch durch Erklärung gegenüber dem AG ein anderes Mitglied hierzu ermächtigen.[32] In Betrieben mit mehr als 100 AN kann der BR gem. § 28 Abs. 1 S. 1 Ausschüsse bilden und ihnen bestimmte Aufgaben übertragen (siehe § 28 Rn 2 ff.). Zu solchen Aufgaben kann die Entgegennahme von Erklärungen des AG im Anhörungsverfahren gehören.[33] Ein solcher Ausschuss ist dann wiederum ermächtigt, ein anderes Mitglied als seinen Vorsitzenden zur Entgegennahme solcher Informationen vom AG zu ermächtigen.[34]

c) Wirksamkeit der Mitteilung. Nach der Rspr. des BAG ist hinsichtlich der Wirksamkeit der Mitteilung gegenüber dem BR zwischen der schriftlichen und der mündlichen Information zu unterscheiden. Wird die Schriftform gewählt, ist die Mitteilung wirksam, sobald sie der empfangsberechtigten Person zugegangen ist. Bei einer mündlichen Information hingegen muss die empfangsberechtigte Person die Information gehört und verstanden haben.[35] Die zu informierende Person ist nicht verpflichtet, außerhalb der betriebsüblichen Arbeitszeit Mitteilungen des AG entgegenzunehmen. Wird jedoch die Information außerhalb der Arbeitszeit widerspruchslos entgegengenommen, so ist die Information wirksam erfolgt.[36] Eine während der Arbeitszeit erfolgte Information der zuständigen Person ist auch dann wirksam, wenn sie außerhalb der Betriebsräume, bspw. anlässlich eines Workshops oder eines Strategietreffens, erfolgt.[37]

d) Falscher Adressat. Gibt der AG die Erklärungen gegenüber einem zur Entgegennahme nicht ermächtigten BR-Mitglied ab und ist ein zum Empfang berechtigtes BR-Mitglied vorhanden, so ist das nicht ermächtigte Mitglied lediglich Erklärungsbote des AG. Die Information wird daher erst dann wirksam, wenn sie der zur Entgegennahme der Mitteilung befugten Person zugeht.[38] Lässt der BR als Kollegialorgan die Mitteilung an ein nicht zur Entgegennahme der Erklärung ermächtigtes Mitglied unwidersprochen gelten, so kann er sich später nicht darauf berufen, das Mitglied sei zur Entgegennahme der Erklärung nicht berechtigt gewesen.[39] Wenn keine zur Entgegennahme der Mit-

---

24 BAG 7.12.1989 – 2 AZR 228/89 – AP § 102 BetrVG 1972 Internat Privatrecht – Arbeitsrecht Nr. 27.
25 BAG 7.12.1989 – 2 AZR 228/89 – AP § 102 BetrVG 1972 Internat Privatrecht – Arbeitsrecht Nr. 27.
26 GK-BetrVG/*Raab*, § 102 Rn 85.
27 BAG 7.11.1975 – 1 AZR 74/74 – AP § 130 BetrVG 1972 Nr. 1.
28 BAG 7.11.1975 – 1 AZR 282/74 – AP § 118 BetrVG 1972 Nr. 4.
29 LAG Hamm 11.12.2008 – 11 Sa 817/08 – juris.
30 BAG 17.1.2008 – 2 AZR 405/06 – DB 2008, 1688.
31 BAG 27.8.1982 – 7 AZR 30/80 – AP § 102 BetrVG 1972 Nr. 25.
32 BAG 27.6.1985 – 2 AZR 412/84 – AP § 102 BetrVG 1972 Nr. 37.
33 BAG 4.8.1975 – 2 AZR 266/74 – AP § 102 BetrVG 1972 Nr. 4.
34 BAG 27.6.1985 – 2 AZR 412/84 – AP § 102 BetrVG 1972 Nr. 37.
35 BAG 27.8.1982 – 7 AZR 30/80 – AP § 102 BetrVG 1972 Nr. 25.
36 BAG 27.8.1982 – 7 AZR 30/80 – AP § 102 BetrVG 1972 Nr. 25 = BAGE 40, 95, 100.
37 BAG 27.8.1982 – 7 AZR 30/80 – AP § 102 BetrVG 1972 Nr. 25 = BAGE 40, 95, 100.
38 BAG 26.9.1991 – 2 AZR 132/91 – AP § 1 KSchG 1969 Krankheit Nr. 28.
39 Hess u.a./*Schlochauer*, § 102 Rn 53; vgl. BAG 27.8.1982 – 7 AZR 30/80 – AP § 102 BetrVG 1972 Nr. 25.

teilung befugte Person vorhanden ist, ist jedes BR-Mitglied berechtigt, Erklärungen des AG für den BR entgegenzunehmen. Dies ist bspw. bei Urlaubsabwesenheit der ermächtigten Personen der Fall.[40] Hört der AG anstelle des BR oder eines ermächtigten Ausschusses einen GBR oder einen KBR zur Künd an, ist dies nicht ausreichend. Etwas anderes gilt nur im Ausnahmefall der konkreten Beauftragung.[41] Existieren in einem Unternehmen mehrere BR für verschiedene Betriebe, so ist der BR anzuhören, dem der AN zuzurechnen ist. Wird ein anderer BR angehört, ist dies nicht ausreichend.[42]

21 **e) Keine unmittelbare Fristbindung.** § 102 legt keine Frist fest, in der der AG nach Erhalt der Informationen, die die Künd rechtfertigen sollen, den BR anhören muss. Eine solche Fristgebundenheit besteht jedoch mittelbar bei außerordentlichen Künd aufgrund § 626 Abs. 2 BGB, da die Anhörung des BR innerhalb von zwei Wochen zu erfolgen hat. Die Mitteilung an den BR muss daher so frühzeitig erfolgen, so dass nach Erlangung der Kenntnis der für die Künd maßgebenden Tatsachen der BR angehört werden kann und die Künd dem AN noch zustellbar ist.

22 **f) Kombination mit anderen Beteiligungspflichten.** Nicht selten sind neben dem BR auch noch weitere Institutionen zu beteiligen. Zu nennen ist hier bspw. das **Integrationsamt** bei der Künd von schwbM und die zuständigen Stellen bei Künd während des **Mutterschutzes** und des **Erziehungsurlaubs**. Hierbei ist es zulässig, dass der AG das Anhörungsverfahren vor dem Antrag auf Erteilung der Zustimmung, während des Verwaltungsverfahrens oder auch nach dessen Ende einleitet.[43] Bei der ordentlichen Künd von schwbM bietet es sich an, das Beteiligungsverfahren spätestens während des Verwaltungsverfahrens durchzuführen und abzuschließen. Gem. § 88 Abs. 3 SGB IX kann der AG die Künd nur innerhalb eines Monats nach Zustellung der Entscheidung des Integrationsamtes erklären. Eine zumindest parallele Anhörung des BR ist bei außerordentlichen Künd regelmäßig zwingend. Gem. § 91 Abs. 5 SGB IX kann nämlich die Künd auch nach Ablauf der Frist des § 626 Abs. 2 S. 1 BGB – der regelmäßig aufgrund der Beteiligung des Integrationsamtes stattgefunden haben dürfte – erfolgen, wenn sie unverzüglich nach Erteilung der Zustimmung erklärt wird. Eine Unverzüglichkeit des Ausspruchs der Künd wird aber regelmäßig nicht zu erreichen sein, wenn nach Erteilung der Zustimmung erst noch der BR angehört werden muss. Darüber hinaus holt das Integrationsamt im Rahmen eines Antrages auf Zustimmung zur Künd gem. § 87 Abs. 2 SGB IX die Stellungnahme des BR ein, so dass sich eine parallele Beteiligung des BR ohnehin anbietet.

23 **g) Inhalt der Mitteilung.** Abs. 1 S. 3 spricht zwar nur davon, dass eine ohne Anhörung des BR ausgesprochene Künd unwirksam ist. Es ist jedoch einhellige Meinung, dass auch eine fehlerhafte Anhörung des BR zur Unwirksamkeit führt. Daher muss die Anhörung auch hinsichtlich ihres Inhalts bestimmten Anforderungen genügen. Sie muss so umfassend erfolgen, dass der BR ohne eigene Nachforschungen die Stichhaltigkeit der Künd-Gründe prüfen kann.[44] Der AG genügt seiner Informationspflicht mit lediglich allg. gehaltenen Vorwürfen nicht.[45] Es gilt indes der Grundsatz der subjektiven Determinierung, nachdem der BR immer dann ordnungsgemäß angehört worden ist, wenn der AG die aus seiner Sicht tragenden Umstände unterbreitet hat.[46]

24 **aa) Person des Kündigungsempfängers.** Der AN, der nach dem Willen des AG die Künd erhalten soll, muss im Rahmen der Anhörung zweifelsfrei individualisierbar sein. Neben der **Bezeichnung der Person** gehören hierzu grundlegende soziale Daten. Es ist daher das Alter, der Familienstand, die unterhaltspflichtigen Kinder und das Eintrittsdatum anzugeben. Ebenfalls aufzuführen ist besonderer Künd-Schutz, wie etwa Mutterschutz, Elternzeit oder Schwerbehinderung. Bei einer Schwerbehinderung gehört deren Angabe zu den maßgeblichen Informationen, die an den BR weiterzugeben sind. Es bedarf jedoch nicht der Mitteilung, ob noch die Zustimmung des zuständigen Integrationsamts einzuholen ist.[47] Bei der Angabe des Familienstandes kann der AG grds. auf die Angaben in der **Steuerkarte** zurückgreifen. Dies gilt jedoch nicht, wenn ihm bekannt ist, dass die dortigen Angaben nicht zutreffend sind. Der AG muss sich hierbei auch Kenntnisse seiner Geschäftsleitung zurechnen lassen, wenn seitens der Personalabteilung fehlerhafte Unterhaltspflichten, deren tatsächlicher Bestand aber der Geschäftsleitung bekannt ist, falsch mitgeteilt werden.

Korrigiert der BR die Angaben des AG und teilt er die zutreffenden Daten bspw. in einem Widerspruch mit, reicht diese Information des BR aus, denn auch hier ist dem Zweck des Anhörungsverfahrens Genüge getan.[48] Korrigiert der BR jedoch den Irrtum des AG nicht, trägt der AG das Risiko fehlerhafter Information des BR. Steht aber fest, dass dem BR die zutreffenden Sozialdaten bekannt waren, so ist eine fehlerhafte Mitteilung durch den AG in formeller Hinsicht entbehrlich.[49]

---

40 BAG 27.6.1985 – 2 AZR 412/84 – AP § 102 BetrVG 1972 Nr. 37.
41 LAG Köln 20.12.1983 – 1 Sa 1143/83 – DB 1984, 937.
42 BAG 3.6.2004 – 2 AZR 577/03 – NZA 2005, 175.
43 BAG 5.9.1979 – 4 AZR 875/77 – AP § 12 SchwbG Nr. 6.
44 BAG 17.1.2008 – 2 AZR 405/06 – DB 2008, 1688; BAG 27.11.2008 – 2 AZR 193/07 – juris.
45 LAG Hamm 14.7.2005 – 15 Sa 508/05 – juris.
46 BAG 27.11.2008 – 2 AZR 193/07 – juris.
47 LAG Hamm 16.2.2007 – 13 Sa 1126/06 – juris.
48 LAG Schleswig-Holstein 8.10.1998 – 4 Sa 239/98 – juris.
49 LAG Hamm 16.1.2008 – 18 Sa 779/07 – juris.

bb) Information über die Kündigungsart. Die **Künd-Art** ist anzugeben. Da sich die Rechte des BR bei ordentlichen und außerordentlichen Künd völlig verschieden darstellen, hat der AG insb. mitzuteilen, ob es sich um eine ordentliche oder um eine außerordentliche Künd handelt.[50] Auch ist dem BR mitzuteilen, wenn eine außerordentliche und hilfsweise ordentliche Künd ausgesprochen werden soll.[51] Bei ordentlichen Künd hat der AG den Künd-Termin und die Künd-Frist anzugeben. Bei außerordentlichen Künd entfällt diese Pflicht, da eine Frist nicht einzuhalten ist. Die Mitteilung an den BR ist aber nicht allein deshalb fehlerhaft, weil der AG eine falsche Künd-Frist oder einen unrichtigen Endtermin angegeben hat. Vielmehr kann dann die Künd zu dem richtigen Zeitpunkt ausgesprochen werden. Etwas anderes gilt dann, wenn dem BR eine zu lange Künd-Frist mitgeteilt wurde, aber die Künd mit einer kürzeren Künd-Frist ausgesprochen wird. In diesem Fall war es dem BR nicht möglich, die sozialen Gesichtspunkte auch hinsichtlich der konkreten Länge der Künd-Frist abzuwägen.

Ist ein AN nicht nur außerordentlich kündbar, sondern auch ordentlich, bietet es sich regelmäßig an, bei **außerordentlichen Künd vorsorglich eine ordentliche Künd** auszusprechen. In diesen Fällen hat der AG den BR sowohl zur außerordentlichen als auch zur ordentlichen Künd anzuhören. Da hierfür dem BR verschiedene Fristen zur Reaktion gesetzt sind, ist es sinnvoll, aber nicht zwingend, zwei verschiedene Schreiben zur Anhörung zu erstellen. Dies kann auch hinsichtlich der besonderen Voraussetzungen des § 626 Abs. 2 BGB bei außerordentlichen Künd sinnvoll sein, da aus diesem Blickwinkel heraus auch die inhaltlichen Angaben der Anhörung voneinander differieren können.

Die Anhörung zur außerordentlichen Künd ersetzt nicht die Anhörung zu einer hilfsweise vorgesehenen ordentlichen Künd. Diese hat vielmehr zumindest konkludent – wie etwa durch Angabe der Künd-Frist – zu erfolgen.[52] Im Hinblick auf die mitzuteilende Künd-Frist reicht es indes aus, wenn der BR über die maßgeblichen tatsächlichen Umstände für die Berechnung der einschlägigen Künd-Frist unterrichtet wird.[53] Hat der AG den BR angehört, muss er noch keinen Künd-Entschluss gefasst haben. Er ist daher durchaus berechtigt, selbst wenn der BR dem Künd-Wunsch zustimmt, die Künd nicht auszusprechen.

cc) Kündigung innerhalb der ersten sechs Monate. Gem. § 1 Abs. 1 KSchG ist die Künd eines Arbverh gegenüber einem AN, dessen Arbverh in demselben Betrieb oder Unternehmen ohne Unterbrechung länger als sechs Monate bestanden hat, sozial vom AG zu rechtfertigen. Innerhalb der ersten sechs Monate besteht eine solche Pflicht zur Rechtfertigung nicht. Es entspricht der st. Rspr. des BAG, dass ein AG dem BR die Künd-Gründe auch dann im Einzelnen mitzuteilen hat, wenn das Arbverh nicht dem KSchG unterliegt.[54] Der Wortlaut von Abs. 1 S. 2 ist insoweit eindeutig. Wenn auch ein AG bei einer ordentlichen Künd in den ersten sechs Monaten des Arbverh grds. Künd-Freiheit genießt und im Prozess nicht gehalten ist, seine Künd näher zu begründen, wird hierdurch eine kollektivrechtliche Pflicht zur Angabe der Künd-Gründe gegenüber dem BR nicht ausgeschlossen. § 102 knüpft die Beteiligung des BR nicht an das Bestehen des allgemeinen Künd-Schutzes nach dem KSchG. Der BR soll auch in diesen Fällen in die Lage versetzt werden, auf den AG einzuwirken, um ihn ggf. mit besseren Argumenten von seinem Künd-Entschluss abzubringen.[55] Hierfür muss der BR aber die Gründe kennen, die den AG zur Künd veranlassen. Da solche Künd-Gründe materiell nicht Voraussetzung der Rechtmäßigkeit der Künd innerhalb der ersten sechs Monate sind, müssen sie auch nicht im Rahmen einer BR-Anhörung behauptet und dargelegt werden. Der BR ist ordnungsgemäß angehört worden, wenn der AG dem BR die ihm aus seiner Sicht **subjektiv tragenden** Gründe mitgeteilt hat.[56] Entsprechendes gilt, wenn der Betrieb nicht unter den Geltungsbereich des KSchG fällt, da der Schwellenwert des § 23 Abs. 1 KSchG nicht erreicht ist. Auch in diesen Fällen kann die Anhörung des BR in materieller Hinsicht sich auf die subjektiven Erwägungen des AG begrenzen, da im Rahmen des § 102 nicht mehr dem BR mitgeteilt werden muss, als die Rechtmäßigkeit der Künd voraussetzt. Liegen jedoch handfeste Gründe für eine Künd vor, hat der AG diese Gründe zu benennen. Beschränkt er sich nur auf allgemeine subjektive Ausführungen, ist die BR-Anhörung in diesen Fällen fehlerhaft.

dd) Außerordentliche Kündigung. Der AG hat dem BR grds. alle Gründe mitzuteilen, die für seine Künd-Absicht maßgebend sind.[57] Er hat hierzu regelmäßig die Umstände anzugeben, auf denen seine Künd-Absicht beruht, so dass der BR die Stichhaltigkeit der Künd-Gründe auf der Basis dieser Informationen prüfen kann.[58] Entscheidend ist daher die subjektive Sichtweise des AG, die als subjektive Determination der Künd-Gründe bezeichnet wird.[59] Begrenzt der AG jedoch die Gründe, die er dem BR mitteilt, kann er auch im Künd-Rechtsstreit keine weiteren Künd-

---

50 BAG 29.8.1991 – 2 AZR 59/91 – AP § 102 BetrVG 1972 Nr. 58.
51 BAG 10.11.2005 – 2 AZR 623/04 – NZA 2006, 491; Hessisches LAG 13.7.2005 – 17 Sa 2299/04 – juris.
52 Vgl. BAG 29.8.1991 – 2 AZR 59/91 – AP § 102 BetrVG 1972 Nr. 58.
53 LAG Hamm 16.2.2007 – 13 Sa 1126/06 – juris.
54 BAG 22.9.2005 – 6 AZR 607/04 – NZA 2006, 429.
55 BAG 22.9.2005 – 6 AZR 607/04 – NZA 2006, 429.
56 BAG 16.9.2004 – 2 AZR 511/03 – EzA-SD 2004 Nr. 26, 11; BAG 22.9.2005 – 6 AZR 607/04 – NZA 2006, 429, BAG 22.9.2005 2 AZR 366/04 – NZA 2006, 204.
57 BAG 7.11.2002 – 2 AZR 599/01 – AP § 1 KSchG 1969 Krankheit Nr. 40.
58 BAG 7.11.2002 – 2 AZR 599/01 – AP § 1 KSchG 1969 Krankheit Nr. 40.
59 BAG 16.5.2002 – 8 AZR 319/01 – AP § 613a BGB Nr. 237 = NZA 2003, 93.

Gründe geltend machen, über die er den BR nicht informiert hat.[60] Dies gilt selbst dann, wenn diese weiteren Gründe die Künd gerechtfertigt hätten.

30 Bei der außerordentlichen Künd hat der AG sämtliche Umstände anzugeben, die ihn nach seiner Auffassung zu einer außerordentlichen Künd i.s.d. § 626 Abs. 2 BGB berechtigen. Insb. hat er auch – zumindest konkludent – zu den **weiteren Voraussetzungen des § 626 Abs. 1 BGB** Stellung zu nehmen. Er muss daher die Tatsachen schildern, aufgrund derer ihm unter Berücksichtigung aller Umstände des Einzelfalls und unter Abwägung der Interessen des AG und des AN die Fortsetzung des Dienstverhältnisses bis zum Ablauf der Künd-Frist oder bis zu der vereinbarten Beendigung des Dienstverhältnisses nicht zugemutet werden kann. Besonders hoch sind die Anforderungen an den AG im Falle einer **Verdachts-Künd**. Hier hat der AG dem BR sämtliche Tatsachen, durch die der Verdacht begründet wird, etwaige Einlassungen des AN, die diesbezüglich durchgeführten weiteren Nachforschungen des AG sowie die für die Künd-Absicht entscheidenden Abwägungsvorgänge darzulegen. Ist bei einer außerordentlichen Künd eine Sozialauswahl vorzunehmen, wie dies etwa bei betriebsbedingten Künd ordentlich unkündbarer AN der Fall sein kann, sind hier die gleichen Grundsätze zu fordern, wie sie allgemein bei betriebsbedingten Künd Anwendung finden. Spricht ein AG eine außerordentliche Künd ohne Auslauffrist aus, muss er den tariflichen Ausschluss der ordentlichen Kündbarkeit nicht mitteilen, da er sich auf die außerordentliche Künd nicht auswirkt.[61]

31 **ee) Ordentliche Kündigung.** Bei ordentlichen Künd ist nach den einzelnen Künd-Gründen zu differenzieren.
Bei **betriebsbedingten Künd** hat der AG die Unternehmerentscheidung darzulegen, aufgrund deren der Arbeitsplatz in Wegfall gerät. Ebenso wie bei der materiellen Rechtfertigung einer unter das KSchG fallenden betriebsbedingten Künd reichen hier keine pauschalen Ausführungen aus. Vielmehr hat der AG darzulegen, dass keine freien Arbeitsplätze, auf denen der AN eingesetzt werden könnte, vorhanden sind und dass eine Sozialauswahl durchgeführt worden ist oder von ihr bewusst abgesehen wurde. Eine fehlerhafte Angabe von Unterhaltspflichten führt bei einer betriebsbedingten Künd dann nicht zur Unwirksamkeit, wenn eine soziale Auswahl mangels Vergleichbarkeit nicht vorzunehmen war.[62] Muss eine Sozialauswahl durchgeführt werden, hat der AG dezidiert die vergleichbaren Mitarbeiter zu benennen und deren Sozialdaten anzugeben. Ebenso hat er detailliert den Abwägungsvorgang darzulegen, aufgrund dessen er durch die Sozialauswahl zu dem Ergebnis gelangt ist, den bezeichneten Mitarbeiter kündigen zu wollen. Bestehen anderweitige Beschäftigungsmöglichkeiten, hält der AG den AN hierfür indes für körperlich ungeeignet, hat er – zumindest wenn die Einschätzung nicht unbestreitbar zutrifft – dies in der BR-Anhörung zu schildern.[63] Die Motive einer unternehmerischen Entscheidung müssen dem BR nicht mitgeteilt werden.[64] Grundsätzlich ist es bei einer betriebsbedingten Künd nicht erforderlich, dass der AG konkrete Ausführungen dazu macht, ob eine Weiterbeschäftigung des zu kündigenden Mitarbeiters auf einem anderen Arbeitsplatz möglich ist. In einem Verfahren, in dem eine ordentliche Künd-Möglichkeit lediglich unter den besonderen Voraussetzungen des § 15 Abs. 4 und 5 KSchG besteht, sind jedoch gesonderte Angaben erforderlich.[65] Der AG hat auch eingehende Ausführungen zu der fehlenden Beschäftigungsmöglichkeit auf einer anderen Stelle abzugeben, wenn der BR vor dem Anhörungsverfahren den AG um Auskunft darum gebeten hat, warum auf dem bezeichneten Arbeitsplatz keine Weiterbeschäftigung erfolgen kann. Der AG kann sich in diesem Fall nicht auf den pauschalen Vortrag beschränken, dass keine Weiterbeschäftigungsmöglichkeit auf einem anderen Arbeitsplatz besteht.[66] Auch ist der BR zu unterrichten, wenn der zu kündigende AN arbeitsvertraglich einem Direktionsrecht untersteht, nach dem er auf Wunsch des AG bei Bedarf auch in anderen Betrieben sowie in einer anderen Position innerhalb der Unternehmensgruppe eingesetzt werden kann.[67] Beruht eine betriebsbedingte Künd auf der unternehmerischen Entscheidung, eine bestimmte Stelle zu streichen und die Aufgaben umzuverteilen, so ist der BR auch darüber zu informieren, dass und in welchem Umfang bei den Mitarbeitern, denen nun zusätzliche Aufgaben zugewiesen werden, die nötigen zeitlichen Freiräume bestehen, sofern der AG sich nicht für eine bewusste Arbeitsverdichtung unter Inkaufnahme von Arbeitsrückständen entscheidet.[68] Nimmt der AG im Rahmen der BR-Anhörung eine Sozialauswahl vor, kann er später regelmäßig die Vergleichbarkeit der entsprechenden Mitarbeiter nicht mehr bestreiten.[69] Will ein AG AN nicht in die Sozialauswahl mit einbeziehen, weil ihre Weiterbeschäftigung insb. wegen ihrer Kenntnisse, Fähigkeiten und Leistungen oder zur Sicherung einer ausgewogenen Personalstruktur des Betriebs im berechtigten betrieblichen Interesse i.S.d. § 1 Abs. 3 S. 2 KSchG liegen, hat er dies dem BR mitzuteilen und die Begründungen darzulegen. Auch bei Abschluss eines **Interessenausgleichs und Sozialplans** entfällt die Pflicht zur Anhörung des BR nicht.[70] Die BR-Anhörung

---

60 BAG 15.7.2004 – 2 AZR 376/03 – NJW 2004, 3795; BAG 11.12.2003 – 2 AZR 536/02 – AP § 1 KSchG 1969 Soziale Auswahl Nr. 65.
61 LAG Düsseldorf 24.8.2001 – 18 Sa 366/01 – LAG Report 2002, 101.
62 LAG Hamm 14.6.2005 – 19 Sa 287/05 – NZA-RR 2005, 640.
63 LAG Bremen 5.6.2002 – 2 Sa 259/01 – juris.
64 LAG Erfurt 16.10.2000 – 8 Sa 207/2000 – ZIP 2000, 2321 = NZA-RR 2001, 643.
65 LAG Hamm 11.5.2007 – 10 Sa 1684/06 – juris.
66 BAG 17.2.2000 – 2 AZR 913/98 – AP § 102 BetrVG 1972 Nr. 113.
67 ArbG Hamburg 14.2.2007 – 12 Ca 434/06 – juris.
68 LAG Baden-Württemberg, 22.4.2008 – 22 Sa 66/07 – juris.
69 BAG 11.12.2003 – 2 AZR 536/02 – AP § 1 KSchG 1969 Soziale Auswahl Nr. 65.
70 BAG 23.10.2008 – 2 AZR 163/07 – juris, LAG Rheinland-Pfalz 18.10.2007 – 2 Sa 458/07 – juris.

unterliegt keinen leichteren Anforderungen.[71] Bei der **Stilllegung des gesamten Betriebes** bestehen eingeschränkte Mitteilungspflichten bei betriebsbedingten Künd. Wenn eine Sozialauswahl nach der für den BR erkennbaren Auffassung des AG wegen der Stilllegung des gesamten Betriebes nicht vorzunehmen ist, braucht der AG den BR nicht nach § 102 über Familienstand und Unterhaltspflichten der zu kündigenden AN zu unterrichten.[72]

Bei einer **personenbedingten Künd** hat der AG den Grund in der Person des AN zu benennen, der seine Künd-Absicht begründet. Bei Künd wegen **häufiger Kurzerkrankungen** hat der AG die bisherigen Fehlzeiten für den Zeitraum, die zur Rechtfertigung der krankheitsbedingten Künd herangezogen werden sollen, darzulegen. Ebenso hat er die Art der Erkrankungen mitzuteilen, soweit sie ihm bekannt ist. Seine wirtschaftlichen Belastungen, insb. die Lohnfortzahlungskosten, hat er ebenfalls aufzuführen, sollte er die Künd damit begründen wollen. Auch muss er dem BR mindestens die durchschnittliche monatliche Vergütung oder die Lohngruppe des AN nennen. Anderenfalls kann er sich auf die Höhe der Entgeltfortzahlungskosten als wirtschaftlich unzumutbare Belastung nicht im anschließenden Prozess berufen.[73] Auch weitere Betriebsbeeinträchtigungen müssen von ihm geschildert werden. Auch sollte er den Inhalt von Krankheits- und Rückkehrgesprächen dem BR darlegen, da diese Umstände für die Verhältnismäßigkeitsprüfung im Rahmen einer krankheitsbedingten Künd regelmäßig von hohem Gewicht sind. Dies gilt obwohl nach der Rspr. des BAG an die Darstellung der wirtschaftlichen und betrieblichen Belastungen keine so strengen Anforderungen zu stellen sind, wie an die Darlegungspflicht des AG im Künd-Schutzprozess.[74] Das BAG hält zwar einzelne Detailangaben für entbehrlich, wenn sich der AG auf das Gesamtbild häufiger krankheitsbedingter Fehlzeiten stützt.[75] Dies ist jedoch stets mit dem Risiko verbunden, dass von AN-Seite geltend gemacht wird, dass es sich hierbei im Wesentlichen Umfange um Berufsunfälle gehandelt habe. Eine möglichst vollständige Darstellung bleibt daher anzuraten.

Bei **lang anhaltenden Krankheiten** ist der gesamte Zeitraum der Krankheit, auf die die Künd gestützt werden soll, darzulegen. Auch hier sind die dem AG bekannten Hintergründe über die Krankheit zu schildern.

Bei einer **verhaltensbedingten Künd** hat der AG dem BR zunächst mitzuteilen, ob eine **Abmahnung** erfolgt ist. Ist dies der Fall, sind der Abmahnungssachverhalt darzulegen und der Zeitpunkt der Abmahnung zu bezeichnen. Dies gilt jedoch nur, wenn die Abmahnung im Zusammenhang mit der ausgesprochenen Künd steht. Ist dies nicht der Fall, müssen sie nicht genannt werden. Bei einer verhaltensbedingten Künd hat der AG dem BR auch die Umstände mitzuteilen, die den AN entlasten.[76] In Fällen der verhaltensbedingten Künd ist es regelmäßig erforderlich, das Lebensalter, die Betriebszugehörigkeit und den Familienstatus anzugeben.[77] Unterlässt der AG dies, geht er das Risiko ein, dass im Rahmen der Verhältnismäßigkeitsprüfung ggf. wichtige Gesichtspunkte, wie eine sehr lange Betriebszugehörigkeit bei einem sehr nahen Renteneintrittsalter, nicht mitgeteilt werden und daher die Anhörung fehlerhaft ist. Kommen AG und AN mündlich überein, dass zur Beendigung ihres Arbeitsverh eine Künd seitens des AG ausgesprochen und ein Abwicklungsvertrag geschlossen werden soll (**verabredete Künd**), ist die Künd kein Scheingeschäft. Es bedarf der Anhörung.[78]

ff) Änderungskündigung. Bei einer Änderungskünd hat der AG dem BR sämtliche Gründe für den Ausspruch der Künd mitzuteilen. Hierzu gehören auch die Umstände, die aus AG-Sicht für die Sozialauswahl im Sinne des § 1 Abs. 3 KSchG maßgeblich sind.[79] Ebenso hat er das konkret unterbreitete Angebot darzustellen.[80] Folgt der AG den Einwenden des BR zu einer beabsichtigten Änderungskünd und schränkt er das Änderungsangebot zugunsten des AN ein, z.B. indem er ein unbefristetes anstatt eines ursprünglich vorgesehenen befristeten Arbverh anbietet, so ist eine erneute Anhörung des BR nicht notwendig.[81]

2. Aufforderung zur Stellungnahme. Eine ausdrückliche Aufforderung des AG an den BR zur Stellungnahme ist nicht erforderlich. Vielmehr wird sie schon in einer ordnungsgemäßen Anhörung gem. § 102 als enthalten angesehen.[82]

IV. Stellungnahme des Betriebsrats

1. Ordentliche und außerordentliche Kündigung. Die Möglichkeiten der Stellungnahme des BR sind abhängig davon, ob der AG eine außerordentliche oder eine ordentliche Künd aussprechen möchte. Einer ordentlichen Künd

---

71 BAG 23.10.2008 – 2 AZR 163/07 – juris.
72 BAG 13.5.2004 – 2 AZR 329/03 – NZA 2004, 1037.
73 LAG Schleswig-Holstein 1.9.2004 – 3 Sa 210/04 – NZA-RR 2004, 635.
74 BAG 27.9.2001 – 2 AZR 236/00 – AP § 4 TVG Nachwirkung Nr. 40 = NZA 2002, 750.
75 BAG 7.11.2002 – 2 AZR 599/01 – AP § 1 KSchG 1969 Krankheit Nr. 40.
76 BAG 2.11.1983 – 7 AZR 65/82 – AP § 102 BetrVG 1972 Nr. 29.
77 BAG 27.6.2001 – 2 AZR 30/00 – EzA § 626 BGB Unkündbarkeit Nr. 7.
78 BAG 28.6.2005 – 1 ABR 25/04 – NZA 2006, 48; überholt daher: LAG Niedersachsen 17.2.2004 – 13 TaBV 59/03 – NZA-RR 2004, 479.
79 ArbG Berlin 26.10.2007 – 28 Ca 11687/07 – juris.
80 BAG 19.5.1993 – 2 AZR 584/92 – AP § 2 KSchG 1969 Nr. 31; BAG 27.9.2001 – 2 AZR 236/00 – NZA 2002, 750.
81 LAG Berlin/Brandenburg 15.2.2008 – 8 Sa 1476/07.
82 BAG 28.2.1974 – 2 AZR 455/73 – AP § 102 BetrVG 1972 Nr. 2.

kann der BR gem. Abs. 3 widersprechen. Gegen eine beabsichtigte außerordentliche Künd kann der BR gem. Abs. 2 S. 3 lediglich Bedenken äußern.

Zur Stellungnahme ist regelmäßig derjenige befugt, der vom AG auch vor dem Ausspruch der Künd angehört werden muss. Es kann daher der BR, ein Personalausschuss oder auch ein bevollmächtigter GBR zur Abgabe der Stellungnahme die Befugnis besitzen. Mit Ausnahme des Falles, dass der BR aus einer Person besteht, kann der BR kein einzelnes BR-Mitglied allgemein ermächtigen, im Namen des BR zu einer beabsichtigten Künd Stellung zu nehmen.[83] Die Stellungnahme des BR setzt einen **wirksamen Beschluss** in einer ordnungsgemäß einberufenen BR-Sitzung voraus. Die Stellungnahme auf Basis eines Umlaufverfahrens reicht nicht aus.[84] Besteht eine Beschlussunfähigkeit während der Anhörungszeit des BR, nimmt der Rest-BR das Beteiligungsrecht wahr.[85] Ist dem AG nicht bekannt, dass kein Beschluss des BR gefasst worden ist oder der Beschluss an Mängeln leidet, liegt zwar keine ordnungsgemäße Stellungnahme des BR vor. Dies führt jedoch nicht zur Fehlerhaftigkeit der BR-Anhörung. Dies ist lediglich der Fall, wenn der AG weiß oder aufgrund der Umstände hätte wissen müssen, dass der Beschluss fehlerhaft ist. Dies hat wiederum lediglich Relevanz in Bezug auf die Rechtsfolgen eines Widerspruchs gem. Abs. 3 und in dem Fall, in dem der AG die Künd vor Ablauf der Fristen des § 102 ausspricht.

37 **2. Form.** Der BR hat gem. Abs. 2 S. 1 seine Bedenken gegen eine Künd schriftlich dem AG mitzuteilen. Die Zustimmung hingegen kann formlos, d.h. auch mündlich erfolgen. Ein Begründungszwang besteht nicht. Für die Rechtsfolge des Abs. 3 ist der BR jedoch an eine Begründung, die den Anforderungen des Abs. 3 entsprechen muss, gebunden.

38 Für die Schriftform i.S.v. § 102 ist die gesetzliche Schriftform i.S.v. § 126 BGB nicht notwendig. Eine eigenhändige Unterschrift des BR-Vorsitzenden ist nicht erforderlich; so reicht bspw. ein Telefax aus.[86] Legt man diese Grundsätze zugrunde, dürfte grds. auch eine E-Mail als dem Schriftformerfordernis des Abs. 2 S. 1 gereichend anzusehen sein. Nach einer aktuellen Entscheidung soll jedoch zumindest der Widerspruch eines BR gem. Abs. 5 per E-Mail unwirksam sein.[87] Da diese jedoch eine Einzelfallentscheidung darstellt, sollte aus Sorgfaltsgründen der Ablauf der Fristen des Abs. 2 abgewartet werden. Äußert der BR, dass er keine Bedenken gegen die beabsichtigte Künd habe, ist dies als Zustimmung zu werten. Beschränkt er seine Äußerung darauf, dass er sich zu der Künd nicht äußern möchte, ist entscheidend, ob die Stellungnahme des BR als abschließend anzusehen ist. Ist dies der Fall, was der BR bspw. durch einen Zusatz klarstellen kann, kann der AG vor Ablauf der Fristen des Abs. 2 die Künd wirksam aussprechen. Das bloße Schweigen des BR kann vor Ablauf der Frist nicht als Stellungnahme gewertet werden. Das Anhörungsverfahren findet dann erst nach Ablauf der jeweiligen Anhörungsfrist seinen Abschluss.[88]

39 **3. Fristen.** Die Fristen für eine Stellungnahme des BR bestimmen sich danach, ob er zu einer ordentlichen oder zu einer außerordentlichen Künd angehört wird. Bei einer ordentlichen Künd hat der BR gem. Abs. 2 S. 1 Bedenken spätestens innerhalb einer Woche schriftlich mitzuteilen. Gem. Abs. 2 S. 3 hat der BR Bedenken gegen eine außerordentliche Künd dem AG unverzüglich, spätestens jedoch innerhalb von drei Tagen schriftlich mitzuteilen.

40 Hat der BR vor dem Ablauf dieser Fristen eine abschließende Stellungnahme gegenüber dem AG abgegeben, ist die Künd betriebsverfassungsrechtlich zulässig.[89] Kann der AG aus der Mitteilung des BR ferner entnehmen, dass der BR keine weitere Erörterung des Falles wünscht, seine Stellungnahme also abschließend sein soll, dann ist das Anhörungsverfahren beendet und der AG kann die Künd wirksam aussprechen. Vom AG in einem solchen Fall noch ein Abwarten bis zum Ablauf der Frist des Abs. 2 zu verlangen, wäre ein überflüssiger Formalismus.[90]

41 Die **Fristberechnung** richtet sich nach §§ 187 ff. BGB. Sie beginnt daher mit dem Tag, an dem die Information des AG dem BR übermittelt wird. Da Abs. 2 S. 3 nicht von Arbeitstagen spricht, sind auch die Wochenendtage als volle Tage bei der Berechnung der Frist mit zu berechnen. Ist lediglich der letzte Tag der Frist ein Samstag, Sonntag oder ein gesetzlicher Feiertag, so verlängert sich die Frist gem. § 193 BGB bis zum Ablauf des nächsten Werktages. Bei der Berechnung der Wochenfrist endet die Frist gem. § 188 Abs. 2 BGB am letzten Tag der Woche, welche durch seine Benennung dem Tag entspricht, an dem die Mitteilung des AG erfolgt. Hierbei ist jedoch zu bedenken, dass die Frist erst um 24.00 Uhr abläuft und nicht schon mit dem Ende der üblichen Arbeitszeit des BR.[91] Die vorgenannten Fristen verlängern sich nicht dadurch, dass es sich um eine Massenentlassung handelt.[92] Leitet der AG dem BR

---

[83] BAG 28.2.1974 – 2 AZR 455/73 – AP § 102 BetrVG 1972 Nr. 2.
[84] BAG 4.8.1975 – 2 AZR 266/74 – AP § 102 BetrVG 1972 Nr. 4.
[85] BAG 18.8.1982 – 7 AZR 437/80 – AP § 102 BetrVG 1972 Nr. 24 = EzA § 102 BetrVG 1972 Nr. 48 mit Anm. *Heinze*; *Körnig*, SAE 1984, 124.
[86] BAG 11.6.2002 – 1 ABR 43/01 – AP § 99 BetrVG 1972 Nr. 118.
[87] ArbG Frankfurt 16.3.2004 – 4 Ga 43/04 – CR 2004, 708.
[88] BAG 12.3.1987 – 2 AZR 176/86 – AP § 102 BetrVG 1972 Nr. 47.
[89] LAG Berlin 12.7.1999 – 9 Sa 763/99 – NZA-RR 1999, 485; BAG 12.3.1987 – 2 AZR 176/86 – AP § 102 BetrVG 1972 Nr. 47.
[90] BAG 24.6.2004 – 2 AZR 461/03 – NZA 2004, 1330.
[91] LAG Berlin 21.6.1999 – 18 Sa 71/99 – juris; a.A. LAG Hamm 11.2.1992 – 2 Sa 1615/91 – LAGE § 102 BetrVG 1972 Nr. 33 = DB 1992, 2640.
[92] BAG 14.8.1986 – 2 AZR 561/85 – AP § 102 BetrVG 1972 Nr. 43.

nach Beginn des Anhörungsverfahrens noch weitere Informationen zu, beginnt die Frist neu zu laufen.[93] Nach Auffassung des BAG soll dies jedoch nur dann gelten, wenn der AG den BR zunächst unzureichend unterrichtet und aufgrund einer Rückfrage des BR die vollständige Unterrichtung später nachholt.[94] Dies erscheint jedoch zumindest in dem Fall nicht überzeugend, in dem der AG dem BR Informationen zukommen lässt, ohne die die Anhörung nicht wirksam erfolgt wäre.

AG und BR sind befugt, die Fristen des Abs. 2 durch **Vereinbarung zu verlängern oder abzukürzen**.[95] Weder der BR noch der AG hat einen Anspruch auf eine solche Vereinbarung. Das gilt selbst dann, wenn ansonsten Künd-Fristen sich um wesentliche Zeiträume verlängern. Auch eine einseitige Verkürzung der Anhörungsfristen durch den AG ist selbst in Eilfällen nicht zulässig.[96] Der BR kann sich auf die Ausschöpfung der Fristen des Abs. 2 indes dann nicht berufen, wenn dieses treuwidrig wäre. Dies ist insb. der Fall, wenn er mit einer entgegenstehenden Zusage den AG dazu bringt, erst zu einem späteren Zeitpunkt das Anhörungsverfahren zu initiieren. Die Frist zur Anhörung wird auch dann gewahrt, wenn der AG am letzten Tag vor Fristablauf ein Künd-Schreiben erstellt und dieses einem Kurierdienst übergibt, damit dieser am folgenden Tag die Künd zustellt. Dies gilt indes nur, wenn der AG bis zum Ablauf der Frist Einfluss auf die Zustellung der Künd nehmen kann und diese insb. von ihm zu verhindern ist.[97] Hierdurch werden insb. auch Zustellungen im Ausland vereinfacht, da der AG das entsprechende Schreiben ins Ausland zu einem Boten versenden kann. Er hat dann lediglich den Ablauf der Fristen und den Eingang entsprechender Stellungnahmen abzuwarten und kann dann, bspw. durch telefonische Mitteilung oder E-Mail durch seinen Boten im Ausland die im Original unterschriebene Künd kurzfristig zustellen lassen.

4. Rechtliche Relevanz der Äußerungen des Betriebsrats. Die Stellungnahme des BR zu einer außerordentlichen Künd gem. Abs. 2 S. 3 hat für sich genommen keine rechtlichen Auswirkungen. Bedeutung hat hingegen die Stellungnahme des BR bei einem Widerspruch, der vom BR nur bei einer ordentlichen Künd erhoben werden kann. Hierbei sind die Voraussetzungen des Abs. 3 einzuhalten. Diese sind wiederum zu erfüllen, damit der Weiterbeschäftigungsanspruch gem. Abs. 5 eingreift, da Abs. 5 S. 1 den frist- und ordnungsgemäßen Widerspruch bei einer ordentlichen Künd ausdrücklich für den Anspruch auf Beschäftigung voraussetzt.

5. Anhörung des zu kündigenden Arbeitnehmers. Der BR soll gem. Abs. 2 S. 4 – soweit dies erforderlich erscheint – vor seiner Stellungnahme den betroffenen AN hören. Eine Pflicht des BR hierzu besteht nicht. Ebenso besteht kein individualrechtlicher Anspruch des AN gegen den BR, nach dem er anzuhören ist.

6. Pflicht zur Verschwiegenheit. Abs. 2 S. 5 enthält einen Verweis auf die Regelung in § 99 Abs. 1 S. 3. Danach sind die Mitglieder des BR verpflichtet, über die ihnen im Rahmen der personellen Maßnahme bekannt gewordenen persönlichen Verhältnisse und Angelegenheiten der AN, die ihrer Bedeutung oder ihrem Inhalt nach einer vertraulichen Behandlung bedürfen, Stillschweigen zu bewahren. Diese Verpflichtung dürfte jedoch sich nicht nur auf BR-Mitglieder beschränken. Vielmehr trifft sie alle im Rahmen eines Verfahrens nach § 102 anzuhörenden Mitglieder von betriebsverfassungsrechtlichen Organen. Aus einer Verletzung dieser Schweigepflicht können **Schadensersatzansprüche** des AN folgen, und sie sind **strafrechtlich sanktioniert** (siehe § 120 Rn 6).

V. Folgen fehlerhafter Anhörung

Abs. 1 S. 3 legt fest, dass eine ohne Anhörung des BR ausgesprochene Künd unwirksam ist. Nach allg. M. entsteht eine Unwirksamkeit jedoch nicht nur in dem Fall des Unterbleibens einer Anhörung. Auch eine **fehlerhafte oder unvollständige Anhörung** hat die Unwirksamkeit der Künd zur Folge.[98] Da Abs. 1 S. 1 festlegt, dass der BR vor jeder Künd zu hören ist, kann eine Anhörung nach Ausspruch der Künd auch nicht nachgeholt werden.

Von einer fehlenden Anhörung des BR wird auch ausgegangen, wenn das Anhörungsverfahren noch nicht abgeschlossen war, der AG gleichwohl die Künd bereits ausgesprochen hat. Entscheidend ist hier nicht der Zeitpunkt des Zugangs der Künd. Vielmehr ist ein Anhörungsverfahren nicht abgeschlossen, wenn der AG vor Ablauf der Fristen des Abs. 2 die schriftliche Künd-Erklärung so aus seinem Machtbereich entlässt, dass er auf sie keinen Einfluss mehr nehmen kann. Maßgebend ist also der Zeitpunkt der **Abgabe der Künd-Erklärung**, nicht der Zeitpunkt ihres Zugangs, denn die Willensäußerung und Sichtweise des BR kann auf die Künd-Absicht dann keinen Einfluss mehr nehmen, worin aber u.a. der Sinn des § 102 liegt.

---

93 BAG 5.4.2001 – 2 AZR 580/99 – AP § 99 BetrVG 1972 Einstellung Nr. 32 = NZA 2001, 893; BAG 6.2.1997 – 2 AZR 265/96 – AP § 102 BetrVG 1972 Nr. 85 = EzA § 102 BetrVG 1972 Nr. 96.
94 BAG 3.4.1987 – 7 AZR 66/86 – NZA 1988, 37.
95 BAG 14.8.1986 – 2 AZR 561/85 – AP § 102 BetrVG 1972 Nr. 43.
96 BAG 29.3.1977 – 1 AZR 46/75 – AP § 102 BetrVG 1972 Nr. 11.
97 BAG 8.4.2003 – 2 AZR 355/02 – AP § 626 BGB Nr. 181 = NZA 2003, 856.
98 BAG 6.10.2005 – 2 AZR 316/04 – AP § 102 BetrVG 1972 Nr. 150.

48 Von einer fehlenden Anhörung ist auch auszugehen, wenn der AG den BR zu einer ordentlichen Künd anhört, dann aber ohne eine erneute Anhörung des BR eine außerordentliche Künd ausspricht.[99] Die Anhörung zu einer außerordentlichen Künd kann auch nicht zu einer eine ordentliche Künd betreffenden Anhörung umgedeutet werden. Etwas anderes soll lediglich in Fällen gelten, in denen der BR ausdrücklich einer außerordentlichen Künd zustimmt.[100] Die Künd muss nicht unverzüglich nach Beendigung des Anhörungsverfahrens ausgesprochen werden. Voraussetzung ist lediglich, dass der Ausspruch der Künd in einem zeitlichen Zusammenhang mit der Anhörung steht. Eine Anhörung auf Vorrat ist daher nicht möglich.[101] Dem Anhörungsgebot ist auch dann nicht Rechnung getragen, wenn die Künd sich bei verständiger Würdigung des Einzelfalles nicht mehr als Verwirklichung der Künd-Absicht darstellt, der in der BR-Anhörung dargelegt wurde. Hat indes der AG vor oder während der Einschaltung des Integrationsamtes den BR zur ordentlichen fristgerechten Künd angehört, so ist bei nicht geändertem Sachverhalt eine weitere BR-Anhörung selbst dann nicht erforderlich, wenn die Zustimmung des Integrationsamtes erst nach Abschluss des verwaltungsgerichtlichen Verfahrens erteilt wird.[102] Bei einer außerordentlichen Künd sind die zuvor dargestellten Ausführungen ohne Belang, da ohnehin die knappe Zwei-Wochen-Frist des § 626 Abs. 2 BGB einzuhalten ist.

49 Da Abs. 1 S. 1 davon spricht, dass der BR vor jeder Künd zu hören ist, ist bei einer erneuten Künd auch eine erneute Anhörung des BR notwendig.[103] Dies gilt selbst dann, wenn die Künd deshalb wiederholt wird, weil der AG die erste Künd vor Abschluss des Anhörungsverfahrens erklärt hat.[104] Einer erneuten Anhörung bedarf es jedoch dann nicht, wenn die vorangegangene Künd von einem **Vertreter ohne Vertretungsmacht** ausgesprochen wurde und diese nach **§ 174 S. 1 BGB zurückgewiesen** ist.

50 Bei der Beurteilung der Folgen von Fehlern im Anhörungsverfahren ist darauf abzustellen, in welcher Sphäre die Fehler ihre Grundlage finden.[105] Ist die Anhörung aufgrund fehlender oder falscher Informationen durch den AG erfolgt, treffen den AG die Rechtsfolgen dieser Fehler. Ebenso ist der Fall zu beurteilen, wenn der AG nicht die Fristen des Abs. 2 einhält, bevor er die Künd ausspricht. Mögliche Mängel bei der Beschlussfassung des BR haben keine Auswirkungen auf die Ordnungsgemäßheit des Anhörungsverfahrens gem. Abs. 1.[106] Das gilt auch dann, wenn der AG weiß oder vermuten kann, dass das Verfahren im BR fehlerhaft verlaufen ist.[107] Etwas anderes kann gelten, wenn der AG den Fehler bei der Willensbildung des BR durch unsachgemäßes Verhalten selbst veranlasst bzw. beeinflusst hat.[108] Aufklärungspflichten hinsichtlich der Rechtmäßigkeit des Beschlusses des BR treffen den AG ebenfalls nicht. Der AG ist auch nicht verpflichtet, auf den BR einzuwirken, um einen ordnungsgemäßen Beschluss herbeizuführen.

51 Grds. ist der **Verzicht des AN** auf die Einhaltung des Anhörungsverfahrens ohne Relevanz. Unterbleibt daher eine Anhörung des BR, hat dieses trotz Verzicht des AN die Unwirksamkeit der Künd zur Folge.

52 Die Unwirksamkeit der Künd wegen einer unterlassenen oder fehlerhaften Anhörung des BR muss seit dem 1.1.2004 innerhalb der Drei-Wochen-Frist des § 4 S. 1 KSchG geltend gemacht werden. Ist indes gem. § 6 KSchG innerhalb von drei Wochen nach Zugang der schriftlichen Künd im Klagewege geltend gemacht worden, dass eine rechtswirksame Künd nicht vorliegt, so kann in dem Verfahren bis zum Schluss der mündlichen Verhandlung erster Instanz zur Begründung der Unwirksamkeit der Künd auch auf innerhalb der Künd-Frist nicht geltend gemachte Gründe eine Berufung erfolgen. Stützt sich der AN daher bei der Künd-Schutzklage zunächst nur auf die Sozialwidrigkeit, kann er sich später auch noch auf die fehlerhafte BR-Anhörung berufen.[109]

53 Die **Darlegungs- und Beweislast** für die ordnungsgemäße Anhörung des BR trifft den AG.[110] Hat der AG eine ordnungsgemäße Anhörung des BR gem. § 102 im Detail schlüssig dargelegt, muss der AN nach den Grundsätzen der abgestuften Darlegungslast deutlich machen, welche der Angaben er aus welchem Grund weiterhin bestreiten will.[111] Dies bezieht sich auch auf die Einhaltung der Fristen zur Anhörung. Unterlässt ein AG eine Anhörung, da es sich nach seiner Auffassung um einen leitenden Ang i.S.d. § 5 Abs. 3 S. 2 handelt, so ist der AG auch für diesen Umstand darlegungs- und beweisbelastet.[112] Im Künd-Schutzprozess ist es grds. zulässig, wenn der klagende AN die

---

99 BAG 12.8.1976 – 2 AZR 311/75 – AP § 102 BetrVG 1972 Nr. 10.
100 BAG 16.3.1978 – 2 AZR 424/76 – AP § 102 BetrVG 1972 Nr. 15 = BAGE 30, 176.
101 BAG 26.5.1977 – 2 AZR 201/76 – AP § 102 BetrVG 1972 Nr. 14.
102 BAG 18.5.1994 – 2 AZR 626/93 – AP § 108 BPersVG Nr. 3 = DB 1995, 532.
103 BAG 31.1.1996 – 2 AZR 273/95 – AP § 102 BetrVG 1972 Nr. 80; BAG 6.10.2005 – 2 AZR 316/04 – AP § 102 BetrVG 1972 Nr. 150.
104 BAG 22.9.1983 – 2 AZR 136/82 – juris.
105 LAG München 24.6.2005 – 3 Sa 778/04 – juris; BAG 24.6.2004 – 2 AZR 461/03 – AP § 620 BGB Kündigungserklärung Nr. 22.
106 Vgl. LAG Köln 1.7.2004 – 5 (9) Sa 427/03 – LAGReport 2004, 373.
107 BAG 24.6.2004 – 2 AZR 461/03 – NZA 2004, 1330.
108 BAG 24.6.2004 – 2 AZR 461/03 – NZA 2004, 1330; BAG 6.10.2005 – 2 AZR 316/04 – AP § 102 BetrVG 1972 Nr. 150.
109 *Bader*, NZA 2004, 65, 68.
110 BAG 16.3.2000 – 2 AZR 75/99 – AP § 102 BetrVG 1972 Nr. 114 = NZA 2000, 1332; LAG Rheinland-Pfalz, 20.9.2007 – 11 Sa 354/07 – juris.
111 BAG 16.3.2000 – 2 AZR 75/99 – AP § 102 BetrVG 1972 Nr. 114 = NZA 2000, 1332.
112 BAG 26.10.1979 – 7 AZR 752/77 – AP § 9 KSchG 1969 Nr. 5.

BR-Anhörung lediglich **mit Nichtwissen bestritten**. Kennt der gegen eine Künd klagende AN bereits vor der Klageerhebung all diejenigen Umstände, die inhaltlich und zeitlich den kompletten Vorgang der schriftlichen Anhörung des BR gem. § 102 ausmachen, ist ein schlichtes Bestreiten mit Nichtwissen nicht zulässig.[113] Legt der AG jedoch die Umstände der Anhörung detailliert dar, muss der AN ebenso substantiiert bestreiten,[114] so dass dem Gericht erkennbar wird, über welche Behauptungen konkret Beweis erhoben werden soll.

Eine fehlerhafte BR-Anhörung hat für den AG auch die Folge, dass er keinen **Auflösungsantrag nach § 9 Abs. 1 S. 2 KSchG** (siehe § 9 KSchG Rn 45) mehr erfolgreich stellen kann. Ein solcher Antrag auf Auslösung des Arbverh kann nur dann Erfolg haben, wenn eine ordentliche Künd lediglich sozialwidrig ist. Fehlt die Rechtmäßigkeit auch aus einem anderen Grunde, wie etwa der fehlerhaften BR-Anhörung, verliert der AG die Lösungsmöglichkeit.[115]

54

VI. Widerspruch des Betriebsrats

Gem. Abs. 3 kann der BR innerhalb der Frist des Abs. 2 S. 1 der ordentlichen Künd widersprechen. Ein Widerspruch gegen eine außerordentliche Künd ist daher unmöglich, da eine entsprechende Regelung für die außerordentliche Künd fehlt. Bei einer außerordentlichen Künd kann der BR lediglich Bedenken äußern. Voraussetzung für einen wirksamen Widerspruch gem. Abs. 3 sind die Einhaltung der Wochenfrist gem. Abs. 2 S. 1, das Vorliegen einer ordentlichen Künd, die Einhaltung der Schriftform sowie die Angabe einer der Gründe, die abschließend in Abs. 3 Ziff. 1 bis 5 aufgeführt sind.

55

1. Auswirkungen eines Widerspruchs. Durch einen wirksamen Widerspruch gem. Abs. 3 wird die Rechtsposition des gekündigten Mitarbeiters deutlich verbessert. Gem. Abs. 4 hat der AG in dem Fall eines wirksamen Widerspruches gem. Abs. 3 mit der Künd eine Abschrift der Stellungnahme des BR dem AN zuzuleiten. Darüber hinaus ist ein wirksamer Widerspruch des BR gem. Abs. 3 Voraussetzung des Weiterbeschäftigungsanspruchs des AN aus Abs. 5, nach dem der AG auf Verlangen des AN diesen nach Ablauf der Künd-Frist bis zum rechtskräftigen Abschluss des Rechtsstreits bei Vorliegen der Voraussetzungen des Abs. 5 S. 1 weiter beschäftigen muss. Dies gilt zumindest für den Fall, dass das ArbG nicht auf Antrag des AG ihn durch einstweilige Verfügung von der Verpflichtung zur Weiterbeschäftigung gem. Abs. 5 S. 2 entbunden hat.

56

2. Nur bei ordentlicher Kündigung. Voraussetzung eines Widerspruches i.S.v. Abs. 3 ist zunächst, dass der BR seine Bedenken gegen eine ordentliche Künd richtet. Wendet sich der BR gegen eine außerordentliche Künd, kann nicht von einem Widerspruch i.S.d. § 102 gesprochen werden. Eine Widerspruchsmöglichkeit besteht jedoch, wenn sich der BR gegen eine ordentliche Künd wendet, die gleichzeitig mit einer außerordentlichen Künd verbunden ist. Dies ist insb. der Fall, wenn die ordentliche Künd lediglich hilfsweise erklärt wird. Ein wirksamer Widerspruch ist auch im Falle einer Änderungs-Künd möglich. Voraussetzung ist hier wiederum, dass auch im Rahmen der Änderungs-Künd eine ordentliche Künd, die mit dem Angebot, das Arbverh zu geänderten Bedingungen weiterzuführen, verbunden ist.

57

Grds. möglich ist ein Widerspruch nicht nur bei einer betriebsbedingten Künd. Auch ordentliche Künd, die personen- oder verhaltensbedingt sind, können Grundlage für einen wirksamen Widerspruch sein. Hierbei ist jedoch zu bedenken, dass ein wirksamer Widerspruch nur dann vorliegt, wenn die abschließend in Abs. 3 Nr. 1 bis 5 aufgeführten Gründe durch den BR in Bezug genommen werden. Diese Gründe sind regelmäßig nur bei betriebsbedingten Gründen zu erfüllen. Dies ist insb. im Fall der Nr. 1 und 2 nicht anders möglich. Verhaltens- oder personenbedingte Künd können jedoch auch einem wirksamen Widerspruch des BR unterliegen. Ist ein AN bspw. personenbedingt zurzeit nicht zu der ihm obliegenden Arbeitsleistung in der Lage, so kann sehr wohl nach zumutbaren Umschulungs- oder Fortbildungsmaßnahmen eine Weiterbeschäftigung des AN möglich sein, so dass der Widerspruchsgrund des Abs. 3 Nr. 4 eingreifen kann.

58

3. Enumerativ aufgeführte Gründe zum Widerspruch. Die in Abs. 3 Nr. 1 bis 5 aufgeführten Gründe sind abschließend. Für die Gründe des Widerspruchs gilt daher das **Enumerationsprinzip**.

59

a) Auswahl des Arbeitnehmers. Hat der AG bei der Auswahl des zu kündigenden AN soziale Gesichtspunkte nicht oder nicht ausreichend berücksichtigt, kann der BR gem. Nr. 1 der ordentlichen Künd widersprechen. In Anlehnung an § 1 Abs. 3 KSchG ist eine solche nicht ausreichende Berücksichtigung sozialer Gesichtspunkte dann anzunehmen, wenn der AG bei der Auswahl des AN die Dauer der Betriebszugehörigkeit, das Lebensalter, die Unterhaltspflichten oder die Schwerbehinderung des AN nicht oder nicht ausreichend berücksichtigt hat. Der Widerspruchsgrund der Nr. 1 kann daher nur dann eingreifen, wenn dringende betriebliche Erfordernisse i.S.v.

60

---

113 BAG 16.3.2000 – 2 AZR 75/99 – AP § 102 BetrVG 1972 Nr. 114; LAG Baden-Württemberg 31.3.2004 – 12 Sa 92/03 – juris.

114 Vgl. LAG Rheinland-Pfalz, 20.9.2007 – 11 Sa 354/07 – juris.

115 BAG 30.11.1989 – 2 AZR 197/89 – AP 102 BetrVG 1972 Nr. 53 = NZA 1990, 529.

§ 1 Abs. 3 KSchG als Grundlage der Künd dienen sollen. Der Widerspruchsgrund der Nr. 1 kann daher auch nur bei betriebsbedingten Künd Anwendung finden.[116] Ausreichend für den Widerspruch nach Nr. 1 ist es, wenn der AG seine Künd u.a. auf betriebsbedingte Gründe stützt. Dass er daneben ggf. noch verhaltens- oder personenbedingte Gründe anführt, ist für die Widerspruchsmöglichkeit nach Nr. 1 unschädlich.

61 **Allgemeine und pauschale Ausführungen** reichen für einen Widerspruch gem. Abs. 3 nicht aus. Vielmehr muss der BR eine konkrete auf den Einzelfall bezogene Begründung darlegen. Insb. hat er Tatsachen genau zu bezeichnen, aus denen sich – seine Sichtweise als zutreffend unterstellt – ergibt, dass der AG bei der Auswahl des zu kündigenden AN soziale Gesichtspunkte nicht oder nicht ausreichend berücksichtigt hat. Es genügt daher nicht, wenn der BR lediglich den Gesetzestext wiederholt oder mit Leerformeln auf eine der Nr. des Abs. 3 pauschal Bezug nimmt.[117] Dass die Ausführungen der BR tatsächlich zutreffend und insb. beweisbar sind, ist keine Voraussetzung. Eine konkrete Bezugnahme auf eine der in Abs. 3 genannten Nr. ist ebenfalls nicht notwendig. Es reicht vielmehr aus, wenn aus den Ausführungen des BR auf eine der Nr. des Abs. 3 der Sache nach Bezug genommen wird. Umso detaillierter die Darlegungen des AG sind, desto höher sind auch die Anforderungen an einen wirksamen Widerspruch des BR. Hat daher ein AG seine Auswahlüberlegungen konkret anhand eines Punkteschemas mitgeteilt, so steigen auch die Anforderungen des BR an den Inhalt seines Widerspruchs nach Nr. 1. Er muss in einem solchen Falle eine konkrete Stellungnahme abgeben, warum die Auswahlüberlegungen des AG nicht zutreffend sein sollen.[118] Der Hinweis jedoch, der AG habe das **betriebliche Eingliederungsmanagement** nicht durchgeführt, ist nicht ausreichend.[119]

62 **b) Verstoß gegen Auswahlrichtlinien.** Gem. Nr. 2 kann der BR einer ordentlichen Künd widersprechen, wenn die Künd gegen eine RL nach § 95 verstößt. Dieser Widerspruchsgrund kann nur bei einer betriebsbedingten Künd eingreifen, da eine Auswahl-RL nach § 95 nur für die Sozialauswahl nach § 1 Abs. 3 KSchG in Betracht kommt.[120]

63 **c) Möglichkeit der Weiterbeschäftigung auf einem anderen Arbeitsplatz.** Der BR kann nach Nr. 3 widersprechen, wenn der zu kündigende AN an einem anderen Arbeitsplatz im selben Betrieb oder in einem anderen Betrieb des Unternehmens **weiter beschäftigt** werden kann. Im Gegensatz zur Sozialauswahl bei einer betriebsbedingten Künd ist der Widerspruchsgrund der Nr. 3 daher nicht auf einen konkreten Betrieb beschränkt. Vielmehr kann der BR auch widersprechen, wenn er der Sache nach belegen kann, dass der zu kündigende AN in einem anderen Betrieb des Unternehmens weiter beschäftigt werden kann. Ebenso ist es ausreichend, wenn der BR vorträgt, dass der AN an einem anderen Arbeitsplatz im selben Betrieb weiter beschäftigt werden kann. Für Nr. 3 ist es nicht ausreichend, wenn der BR lediglich vorträgt, dass die Möglichkeit der Weiterbeschäftigung des AN auf dem bisherigen Arbeitsplatz besteht.[121] Unabhängig von Nr. 3 ist es freilich möglich, dass der BR eine Weiterbeschäftigung auf dem bisherigen Arbeitsplatz darlegt und damit andere Widerspruchsgründe als die Nr. 3 erfüllt. Die vom BR zu benennende Möglichkeit einer anderweitigen Beschäftigung setzt voraus, dass ein **Arbeitsplatz frei** ist.[122] Als frei sind hierbei Arbeitsplätze anzusehen, die zum Zeitpunkt des Zugangs der Künd oder in dem Zeitraum bis zum Ablauf der Künd-Frist dauerhaft zur Verfügung stehen. Scheidet ein anderer AN aus, entscheidet sich dann aber der AG, diesen Arbeitsplatz entfallen zu lassen, besteht kein freier Arbeitsplatz. Beruft sich der BR in seiner Stellungnahme lediglich auf solch einen Arbeitsplatz, ist der Widerspruch im Hinblick auf die Nr. 3 nicht ausreichend. In jedem Falle muss der BR einen Arbeitsplatz konkret benennen. Sieht der BR die Weiterbeschäftigungsmöglichkeit in einem anderen Betrieb des Unternehmens als gegeben an, muss er auch den aus seiner Sichtweise heraus freien Arbeitsplatz in dem anderen Betrieb konkret benennen. Bezeichnet der BR aber nur einen freien Arbeitsplatz in einem anderen Konzernunternehmen, reicht dies nicht, denn Nr. 3 beschränkt sich ausdrücklich auf einen Arbeitsplatz in einem anderen Betrieb des Unternehmens. Eine konzernweite Ausdehnung ist schon vom Gesetzeswortlaut her nicht gedeckt.[123] Besteht hingegen ein konzernweiter Künd-Schutz, so wird teilweise auch der Hinweis auf einen freien Arbeitsplatz in anderen Konzernunternehmen als ausreichend angesehen. Diese Auffassung überzeugt jedoch in Bezug auf die überwiegenden Fälle nicht, da konzernweite Versetzungsklauseln wegen des Verstoßes gegen §§ 305 ff. BGB aufgrund nicht feststehender Bezeichnung des Vertragspartners unwirksam sind.

64 Fordert der BR eine Weiterbeschäftigung des AN gem. Nr. 3 auf einem anderen Arbeitsplatz, liegt hierin gleichzeitig die Zustimmung zu einer Versetzung. Wird hingegen der Einsatz in einem anderen Betrieb des Unternehmens gefordert, sind die Mitbestimmungsrechte des BR im aufnehmenden Betrieb zu wahren. Um in diesem Fall einen wirksamen Widerspruch gem. Nr. 3 zu erheben, muss der BR gleichzeitig dartun, dass der BR des aufnehmenden Betrie-

---

[116] LAG Schleswig-Holstein 19.9.1984 – 5 Sa 430/84 – juris; LAG Berlin 22.8.1974 – 7 Sa 67/74 – ARST 1975, 101; weitergehend LAG Berlin 15.9.1980 – 12 Sa 42/80 – DB 1980, 2449.
[117] LAG Nürnberg 17.4.2004 – 6 Sa 439/04 – LAGReport 2004, 338; LAG München 16.8.1995 – 9 Sa 543/95 – LAGE § 102 BetrVG 1972 Beschäftigungspflicht Nr. 22.
[118] BAG 9.7.2003 – 5 AZR 305/02 – AP § 102 BetrVG 1972 Weiterbeschäftigung Nr. 14.
[119] LAG Nürnberg 5.9.2006 – 6 Sa 458/06 – DB 2007, 752.
[120] Hess u.a./*Schlochauer*, § 102 Rn 95, 111; a.A. DKK/*Kittner/Buchner*, § 102 Rn 190.
[121] BAG 12.9.1985 – 2 AZR 324/84 – NZA 1986, 424.
[122] BAG 29.3.1990 – 2 AZR 369/89 – AP § 1 KSchG 1969 Betriebsbedingte Kündigungen Nr. 50 = NZA 1991, 181.
[123] BAG 14.10.1982 – 2 AZR 568/80 – AP § 1 KSchG 1969 Konzern Nr. 1 = NJW 1984, 381.

bes zustimmen wird oder schon zugestimmt hat. Bedingt der Einsatz des AN auf einem anderen freien Arbeitsplatz eine Änderung des Vertrags des AN, was insb. in Fällen des Einsatzes in anderen Betrieben des Unternehmens der Fall sein kann, so muss der BR aufgrund der mit Nr. 5 vergleichbaren Regelung auch das Einverständnis des AN mit einem solchen anderweitigen Einsatz darlegen.

d) Umschulungs- und Fortbildungsmaßnahmen. Der BR kann nach Nr. 4 widersprechen, wenn die Weiterbeschäftigung des AN nach zumutbaren Umschulungs- oder Fortbildungsmaßnahmen möglich ist. Bei Ausspruch der Künd muss daher ein entsprechender anderweitiger Arbeitsplatz frei und auch mit hinreichender Sicherheit voraussehbar sein, so dass nach Abschluss der Maßnahmen eine Beschäftigungsmöglichkeit aufgrund der durch die Fortbildung oder Umschulung erworbenen Qualifikation besteht. Kann nach der Behauptung des BR ein AN nach zumutbaren Umschulungs- oder Fortbildungsmaßnahmen in einem anderen Betrieb des Unternehmens weiter beschäftigt werden, reicht dies nicht, da Nr. 4 nicht eine der Nr. 3 entsprechende Erstreckung auf andere Betriebe des Unternehmens beinhaltet. Der BR muss darlegen, dass mit hinreichender Sicherheit nach Abschluss der Maßnahme eine Beschäftigungsmöglichkeit aufgrund der durch die Umschulungs- oder Fortbildungsmaßnahme erworbenen Qualifikation für eine Beschäftigungsmöglichkeit ausreicht.[124] Diese Umschulung und auch die Fortbildung muss auf einen gleichwertigen oder niedriger zu qualifizierenden Arbeitsplatz bezogen sein. Nr. 4 soll keine Verpflichtung des AG – auch nicht durch einen Widerspruch des BR – zur Beförderung von AN konstituieren. Der Widerspruchsgrund der Nr. 4 ist lediglich dann erfüllt, wenn der BR darlegt, dass die Umschulungs- oder Fortbildungsmaßnahmen auch dem AG **zumutbar** sind. Nicht zumutbar sind insb. Umschulungs- oder Fortbildungsmaßnahmen, zu denen der AN nicht bereit ist oder die der AN bereits ohne Erfolg einmal durchlaufen hat. Eine fehlende Zumutbarkeit kann sich auch in den Fällen ergeben, in denen andere Weiterqualifizierungsmaßnahmen des AN bereits erfolglos geblieben sind. Der Widerspruchsgrund der Nr. 4 ist darüber hinaus nur dann erfüllt, wenn der BR konkrete Umschulungs- oder Fortbildungsmaßnahmen bezeichnet. Eine pauschale Behauptung reicht hier nicht aus. Ebenso ist seitens des BR darzulegen, dass der AN bereit ist, eine solche Umschulungs- oder Fortbildungsmaßnahme zu durchlaufen, denn nur dann ist sie auch dem AG zumutbar.

e) Geänderte Vertragsbedingungen. Ein wirksamer Widerspruch des BR gem. Nr. 5 setzt voraus, dass eine Weiterbeschäftigung des AN unter geänderten Vertragsbedingungen möglich ist und der AN sein Einverständnis hiermit erklärt hat. Es ist ausreichend, wenn der AN sein Einverständnis gegenüber dem BR erklärt und dieser es dann an den AG weiterreicht. Die Einverständniserklärung des AN muss nicht bedingungslos erklärt werden. So kann sie bspw. unter der Bedingung stehen, dass eine Änderung der Arbeitsbedingungen sozial gerechtfertigt ist. In einem solchen Falle wäre der AG regelmäßig gezwungen, eine Änderungs-Künd auszusprechen. Dies ist zumindest der Fall, wenn tatsächlich eine Weiterbeschäftigung des AN unter geänderten Vertragsbedingungen dem AG möglich ist. Ist nach Ende der Künd-Frist ein unmittelbarer Anschluss eine Beschäftigung des AN möglich, liegt auch keine Weiterbeschäftigung vor. Erfolgt daher der Hinweis des BR, dass nach Ablauf der Künd-Frist und einer kurzen Zwischenphase eine erneute Beschäftigung des AN möglich ist, reicht dies nicht aus.

4. Frist für Ausübung des Widerspruchsrechts. Das Widerspruchsrecht des BR muss innerhalb der Frist des Abs. 2 S. 1 ausgeübt werden. Der Widerspruch muss daher innerhalb einer Woche dem AG zugehen. Geht die Erklärung des Widerspruchs, die inhaltlich die Anforderungen des Abs. 3 erfüllt, erst nach der Wochenfrist beim AG zu, liegt kein wirksamer Widerspruch vor. Ebenso ist das Widerspruchsrecht ausgeschlossen, wenn der BR zuvor die Zustimmung zur Künd erteilt oder zu ihr abschließend Stellung genommen hat. Dies gilt selbst dann, wenn dies mündlich geschehen ist.[125]

5. Schriftform. Zwar ist dem Wortlaut des Abs. 3 nicht zu entnehmen, dass der Widerspruch schriftlich zu erfolgen hat. Dies ergibt sich jedoch aus der Zusammenschau mit der in Abs. 2 festgelegten Regelung. Bereits für das Äußern von Bedenken sieht Abs. 2 S. 1 eine schriftliche Mitteilung des BR an den AG vor. Dies muss erst recht gelten, wenn der BR qualifiziert seine Bedenken äußern will, nämlich einen Widerspruch i.S.v. Abs. 3 äußern möchte.[126] Dabei bezieht sich die **Schriftform** nicht nur auf den Widerspruch als solches, sondern auch auf die Begründung. Von der Schriftform umfasst müssen dann auch alle wesentlichen Ausführungen sein, die materielle Voraussetzung für die Wirksamkeit eines Widerspruchs nach Abs. 3 sind. Diese Wertung wird auch durch die Zusammenschau mit § 1 Abs. 2 Nr. 1 KSchG gestützt, denn dort spricht der Gesetzgeber ausdrücklich von einem schriftlichen Widerspruch des BR.

Nach der Rspr. des BAG ist für die Schriftform **nicht die gesetzliche Schriftform des § 126 BGB** einzuhalten. Vielmehr soll es ausreichen, wenn die eigenhändige Unterschrift des BR-Vorsitzenden sich auf einem Telefax befindet. Dies dürfte sich auch aus der Rspr. des BAG zu § 99 Abs. 3 S. 1, in dem ebenfalls eine schriftliche Mitteilung des BR

---

[124] BAG 7.2.1991 – 2 AZR 205/90 – AP § 1 KSchG 1969 Umschulung Nr. 1.
[125] Richardi/*Thüsing*, § 102 Rn 179.
[126] LAG Düsseldorf 15.3.1978 – 12 Sa 316/78 – DB 1978, 1282.

gefordert wird, ergeben.[127] Das BAG begründet diese Sichtweise, die auch im Rahmen des Abs. 3 Anwendung finden dürfte, mit dem Umstand, dass es sich bei der Erklärung nicht um eine Willenserklärung, sondern eine geschäftsähnliche Handlung handelt. Eine entsprechende Anwendung dieser Rspr. auf Abs. 3 dürfte auch deswegen nahe liegen, weil das BAG auch im Hinblick auf § 99 Abs. 2 Nr. 3 – ebenso wie bei den in Abs. 3 aufgeführten Gründen – den konkreten Tatsachenvortrag vom BR fordert. Der Widerspruch eines BR gem. Abs. 5 per E-Mail ist jedoch unwirksam.[128] In inhaltlicher Hinsicht ist es indes ausreichend, wenn der BR sich auf die Widerspruchsgründe des Abs. 3 der Sache nach bezieht. Eine ausdrückliche Bezeichnung seiner Stellungnahme als Widerspruch ist nicht notwendig.

VII. Mitteilung des Widerspruchs an den Arbeitnehmer

70 Kündigt der AG, obwohl der BR wirksam nach Abs. 3 der Künd widersprochen hat, so hat der G dem AN mit der Künd eine Abschrift der Stellungnahme des BR zuzuleiten. Voraussetzung ist zunächst, dass der BR wirksam, d.h. innerhalb der Wochenfrist und unter Angabe der im Katalog des Abs. 3 aufgeführten Gründe schriftlich den Widerspruch erklärt hat. Eine Mitteilungspflicht besteht daher in den Fällen nicht, in denen der BR lediglich Bedenken geäußert hat. Daher besteht auch in keinem Fall eine Mitteilungspflicht, wenn lediglich der BR zu einer außerordentlichen Künd eine Stellungnahme abgegeben hat. Durch eine solche Mitteilungspflicht des AG soll dem AN erleichtert werden, sich gegen die Künd zur Wehr zu setzen. Insb. sollen ihm die Bedenken des BR gegen die Rechtmäßigkeit seiner Künd in den in Abs. 3 aufgeführten Fällen vorgetragen werden.

71 In der Praxis hat die Verletzung der Mitteilungspflicht geringe Auswirkungen, denn ein Verstoß gegen Abs. 4 zeitigt nicht die **Rechtswidrigkeit der Künd**.[129] Zwar sind Schadensersatzansprüche des AN wegen positiver Forderungsverletzung denkbar. Sie können jedoch nur dann greifen, wenn – die Stellungnahme des BR als bekannt unterstellt – dem AN ein Schaden bei Kenntnis des Widerspruchs nicht entstanden wäre, den er nun erlitten hat.[130] Als mögliche Auswirkung kommt darüber hinaus in Fällen, in denen der AG häufig die gesetzliche Verpflichtung des Abs. 4 missachtet, ein Verfahren nach § 23 Abs. 3 in Betracht.[131] Auch dies dürfte in der Praxis kaum vorkommen.

VIII. Weiterbeschäftigung

72 **1. Grundlagen.** Abs. 5 gibt dem AN einen Anspruch auf Weiterbeschäftigung, soweit die entsprechenden Voraussetzungen erfüllt sind. Bei einem nach Abs. 5 begründeten **Weiterbeschäftigungsverhältnis** besteht das gekündigte Arbverh kraft Gesetzes zu den bisherigen arbeitsvertraglichen Bedingungen über den Entlassungstermin fort.[132] Von dieser Pflicht zur Weiterbeschäftigung kann sich der AG gem. Abs. 5 S. 2 vom ArbG durch eine einstweilige Verfügung befreien lassen. Der betriebsverfassungsrechtliche Weiterbeschäftigungsanspruch aus Abs. 5 S. 1 räumt dem AN ein Gestaltungsrecht ein. Hierdurch kann er die Rechtswirkungen einer fristgemäßen Künd bis zum rechtskräftigen Abschluss des Rechtsstreits aussetzen. Die Künd verliert hierdurch ihre Auflösungswirkung, die sonst bis zum Ablauf der Künd-Frist eintritt. Trotz Ablaufs der Künd-Frist ist der AG daher verpflichtet, das Arbverh mit dem bisherigen Vertragsinhalt fortzusetzen.

73 Mit dem betriebsverfassungsrechtlichen Weiterbeschäftigungsanspruch aus Abs. 5 S. 1 darf nicht der **allgemeine Weiterbeschäftigungsanspruch** verwechselt werden. Der allgemeine Weiterbeschäftigungsanspruch ist richterrechtlich zur Sicherung des Arbeitsplatzes während eines Künd-Rechtsstreits gebildet worden. Der allgemeine Weiterbeschäftigungsanspruch greift daher auch – unter strengen Voraussetzungen – bei fristlosen Künd ein. Im Falle einer offensichtlich unwirksamen Künd überwiegt daher das Beschäftigungsinteresse des AN nach Ausspruch der fristlosen Künd oder auch nach Ablauf der Künd-Frist. Ebenso besteht der allgemeine Weiterbeschäftigungsanspruch, wenn ein Gericht durch Urteil die Unwirksamkeit der Künd festgestellt hat.

74 Mit dem betriebsverfassungsrechtlichen Weiterbeschäftigungsanspruch aus Abs. 5 S. 1 darf nicht der **allgemeine Beschäftigungsanspruch** aus dem Arbverh vermischt werden. Nach dem allgemeinen Beschäftigungsanspruch aus dem Arbverh hat ein AN regelmäßig einen Anspruch auf Beschäftigung. Zeitlich schließt daher der betriebsverfassungsrechtliche Weiterbeschäftigungsanspruch bei einer ordentlichen Künd an das Ende des allgemeinen Beschäftigungsanspruches an. Ist jedoch der allgemeine vertragliche Beschäftigungsanspruch durch eine Regelung im Arbeitsvertrag ausgeschlossen, wird hierdurch nicht gleichzeitig der Weiterbeschäftigungsanspruch aus Abs. 5 S. 1 aufgehoben. Vielmehr kann der AN auch bei einem wirksamen vertraglichen Ausschluss einer Weiterbeschäftigung während des Laufs der Künd-Frist nach ihrem Ablauf den Anspruch aus Abs. 5 S. 1 geltend machen.

75 **2. Voraussetzungen.** Das Bestehen des betriebsverfassungsrechtlichen Weiterbeschäftigungsanspruches setzt die Erfüllung folgender Tatbestandsmerkmale voraus:

---

127 Vgl. hierzu BAG 11.6.2002 – 1 ABR 43/01 – NZA 2003, 226.
128 ArbG Frankfurt 16.3.2004 – 4 Ga 43/04 – CR 2004, 708.
129 *Kliemt*, NZA 1993, 921; a.A. *Düwell*, NZA 1988, 866 ff.
130 Vgl. LAG Köln 19.10.2000 – 10 Sa 342/00 – MDR 2001, 517.
131 LAG Niedersachsen 17.2.04 – 13 TaBV 59/03 – NZA-RR 2004, 479.
132 LAG Nürnberg 18.9.2007 – 4 Sa 586/07 – juris.

- ordentliche Künd;
- frist- und ordnungsgemäß durch BR widersprochen;
- Klage auf Feststellung, dass das Arbverh durch die Künd nicht aufgelöst ist;
- Verlangen des AN, ihn nach Ablauf der Künd-Frist bis zum rechtskräftigen Abschluss des Rechtsstreits bei unveränderten Arbeitsbedingungen weiter zu beschäftigen.

a) Ordentliche Kündigung. Durch die ausdrückliche Beschränkung des Abs. 5 S. 1 auf eine ordentliche Künd wird klar, dass der betriebsverfassungsrechtliche Weiterbeschäftigungsanspruch nicht bei einer außerordentlichen Künd vorgesehen ist. Hierbei wird berücksichtigt, dass eine außerordentliche fristlose Künd gem. § 626 BGB einen wichtigen Grund voraussetzt. Liegt aber ein wichtiger Grund vor, ist dem AG nicht zuzumuten, den AN – ggf. sogar über den Ablauf der ordentlichen Künd-Frist hinaus – weiter zu beschäftigen. Abs. 5 bleibt aber anwendbar, wenn die außerordentliche Künd als betriebsbedingte Künd **ordentlich unkündbarer AN** unter Einhaltung der ordentlichen Künd-Frist oder einer fiktiven Künd-Frist ausgesprochen wird. In diesen Fällen findet Abs. 5 S. 1 entsprechend Anwendung.[133] Ein Anspruch nach Abs. 5 S. 1 besteht auch nicht, wenn arbeitgeberseitig eine außerordentliche Künd vorsorglich mit einer ordentlichen Künd hilfsweise verbunden wird. Hier gelten die grundsätzlichen Erwägungen zur Weiterbeschäftigung nach Ausspruch einer außerordentlichen Künd, denn bei Vorliegen eines wichtigen Grundes ist auch bei einer hilfsweise ausgesprochenen ordentlichen Künd dem AG eine Weiterbeschäftigung nicht zumutbar.[134] Der betriebsverfassungsrechtliche Weiterbeschäftigungsanspruch besteht auch bei Änderungs-Künd nach § 2 KSchG. Hier wird regelmäßig eine ordentliche Künd oder eine außerordentliche Künd mit fiktiver Künd-Frist ausgesprochen, so dass auch eine ordentliche Künd i.S.v. Abs. 5 S. 1 anzunehmen ist.

b) Widerspruch des Betriebsrats. Der Anspruch aus Abs. 5 S. 1 setzt einen Widerspruch des BR voraus. Auch dies macht noch einmal deutlich, dass der Anspruch aus Abs. 5 S. 1 nur bei ordentlichen Künd bestehen kann, da bei außerordentlichen Künd der BR nur Bedenken erheben kann.

c) Frist- und ordnungsgemäß Weitere Voraussetzung des Anspruches aus Abs. 5 S. 1 ist ein frist- und formgerechter Widerspruch. Fristgemäß ist der Widerspruch nur dann, wenn der BR die **Wochenfrist** des Abs. 2 S. 1 eingehalten hat.
Ein Widerspruch ist i.S.v. Abs. 5 S. 1 nur dann ordnungsgemäß, wenn er **schriftlich** vom BR abgegeben ist. Vom BR mündlich geäußerte Widersprüche sind für den betriebsverfassungsrechtlichen Weiterbeschäftigungsanspruch aus Abs. 5 S. 1 nicht ausreichend. Ein ordnungsgemäßer Widerspruch liegt darüber hinaus nur dann vor, wenn der BR seinen Widerspruch durch die in Abs. 3 Nr. 1 bis 5 aufgeführten Sachverhalte begründet hat. Erfolgt der Widerspruch zwar schriftlich und gibt der BR nur mündlich zur weiteren Begründung die Gründe in Abs. 3 Nr. 1 bis 5 an, so reicht dies wiederum nicht.
Abs. 5 S. 1 setzt nicht voraus, dass einer der Widerspruchsgründe des Abs. 3 Nr. 1 bis 5 tatsächlich erfüllt ist. Wendet sich daher der AG gegen das Vorliegen der Widerspruchsgründe, um den Anspruch aus Abs. 5 S. 1 abzuwenden, so ist dies völlig ohne Belang, soweit er nicht nach Abs. 5 S. 2 im einstweiligen Verfügungsverfahren vorgeht.
Nimmt der BR einen an sich wirksamen Widerspruch gem. Abs. 3 zurück, so wird dadurch die Verpflichtung des AG zur betriebsverfassungsrechtlichen Weiterbeschäftigung nicht beseitigt.[135] Es tritt auch keine Veränderung ein, wenn der BR seinen Widerspruch als offensichtlich unbegründet erklärt, denn die offensichtliche Unbegründetheit ist nicht von einer Erklärung des BR abhängig, sondern von den tatsächlichen inhaltlichen Äußerungen in dem Widerspruch. Insb. ist in diesem Fall nicht automatisch die Voraussetzung des Abs. 5 S. 2 Nr. 3 erfüllt, nach der sich der AG in einem einstweiligen Verfügungsverfahren von der Verpflichtung zur Weiterbeschäftigung entbinden lassen kann, wenn der Widerspruch des BR offensichtlich unbegründet war.

d) Kündigungsschutzklage. Abs. 5 S. 1 setzt voraus, dass der AN nach dem KSchG Klage auf Feststellung erhoben hat, dass das Arbverh durch die Künd nicht aufgelöst ist. Es ist daher Voraussetzung, dass das KSchG eingreift. Demzufolge muss das Arbverh gem. § 1 Abs. 1 KSchG ohne Unterbrechung **länger als sechs Monate** bestanden haben.[136] Darüber hinaus müssen auch die **Schwellenwerte des KSchG** eingreifen. Hierbei sind insb. die durch die Agenda 2010 eingefügten neuen Schwellenwerte des § 23 Abs. 1 S. 2 bis 4 KSchG zu beachten.
Der betriebsverfassungsrechtliche Weiterbeschäftigungsanspruch aus Abs. 5 S. 1 setzt darüber hinaus voraus, dass der AN die Künd-Schutzklage rechtzeitig erhoben hat. Der AN hat daher die **Drei-Wochen-Frist** des § 4 S. 1 KSchG einzuhalten. Ist die Drei-Wochen-Frist nicht gewahrt, aber ein Antrag nach § 5 KSchG auf nachträgliche Zulassung der Künd-Schutzklage gestellt, so besteht bis zur Zulassung der verspäteten Klage durch das ArbG kein Anspruch auf

---

133 Vgl. BAG 4.2.1993 – 2 AZR 469/92 – EzA § 626 BGB n.F Nr. 144.
134 LAG Hamm 18.5.1982 – 11 Sa 311/82 – DB 1982, 1679; Richardi/*Thüsing*, § 102 Rn 209 m. umfangr. Nachw.
135 LAG Berlin 20.3.1978 – 9 Sa 10/78 – ARST 1978, 178.
136 BAG 13.7.1978 – 2 AZR 798/77 – AP § 102 BetrVG 1972 Nr. 18 = DB 1979, 313.

Weiterbeschäftigung gem. Abs. 5 S. 1.[137] Anderenfalls hätte der AN die Möglichkeit, eine Klage noch mehrere Monate nach Ausspruch der Künd zu erheben und bei einem wirksamen Widerspruch des BR nach Abs. 3 eine vorläufige Weiterbeschäftigung zu erlangen, selbst wenn objektiv der Antrag auf nachträgliche Zulassung der Künd-Schutzklage keine Aussicht auf Erfolg hätte. Die Formulierung, dass der AN nach dem KSchG Klage auf Feststellung erheben muss, setzt nicht voraus, dass er sich nur auf Gründe berufen kann, die die Rechtswidrigkeit der Künd unmittelbar aufgrund der Regelung im KSchG bedingen. Vielmehr reicht es auch aus andere Gründe anzuführen, wie etwa eine Schwerbehinderteneigenschaft oder Schwangerschaft. Dies gilt spätestens seit der Neufassung des § 4 KSchG durch die Agenda 2010, denn danach muss innerhalb der dreiwöchigen Klagefrist Klage erhoben werden, selbst wenn die Unwirksamkeit der Künd aus einem sonstigen Grund besteht.

82 Der Anspruch auf Weiterbeschäftigung entfällt, sobald der AN die Künd-Schutzklage zurücknimmt.[138] Ebenso endet der Anspruch, wenn der AN erkennen lässt, dass er das Arbverh nicht fortführen möchte. Dies ist der Fall, wenn er einen Auflösungsantrag nach § 9 KSchG stellt.[139] Ein Auflösungsantrag des AG manifestiert hingegen lediglich die bereits schon in der Künd zu sehende Absicht, sich von dem AN zu trennen. Sie ist hinsichtlich des Weiterbeschäftigungsanspruches ohne Bedeutung.[140]

83 **e) Verlangen der Weiterbeschäftigung.** Abs. 5 S. 1 nennt als Voraussetzung des betriebsverfassungsrechtlichen Weiterbeschäftigungsanspruches ausdrücklich das Verlangen des AN. Es genügt daher nicht, wenn der BR die Weiterbeschäftigung verlangt.[141] Das Verlangen des AN ist nicht formgebunden, sollte aber aus Praktikabilitätsgründen **schriftlich** erfolgen. Ein solches Verlangen kann nicht konkludent in der Erhebung einer Künd-Schutzklage erblickt werden.[142] Der AN ist auch nicht verpflichtet, eine Weiterbeschäftigung zu verlangen. Unterlässt er dies, gerät der AG bei fehlender Rechtmäßigkeit der Künd gleichwohl in Annahmeverzug.

84 Für das Verlangen des AN sieht Abs. 5 S. 1 nicht ausdrücklich eine Frist vor. Da der betriebsverfassungsrechtliche Weiterbeschäftigungsanspruch jedoch den vorläufigen Bestandsschutz des Arbverh sichern soll, hat der AN grds. **innerhalb der Künd-Frist** das Verlangen auf Weiterbeschäftigung zu erklären. Lässt der AN erst die Künd-Frist verstreichen und erklärt er dieses Verlangen dann einige Monate später, so ist der Anspruch verwirkt. Ist die Künd-Frist bereits abgelaufen, so trifft den AN die Obliegenheit, das Verlangen unverzüglich nach Erhebung der Künd-Schutzklage zu stellen.[143] Von einem unverzüglichen Antrag ist jedenfalls dann auszugehen, wenn das Weiterbeschäftigungsverlangen einen Tag nach Ablauf der Künd-Frist erklärt wird.[144]

85 **f) Durchsetzung des Weiterbeschäftigungsanspruchs.** Macht der AN den Anspruch aus Abs. 5 S. 1 geltend und lehnt der AG diesen Anspruch ab oder äußert er sich binnen angemessener Frist hierzu nicht, kann der AN diesen Anspruch auf dem Wege einer **einstweiligen Verfügung** durchsetzen.[145] In diesem einstweiligen Verfügungsverfahren kann der AG sich darauf berufen, dass die Voraussetzungen des Abs. 5 S. 1 nicht erfüllt sind. Er kann jedoch nicht einwenden, dass er ein Recht auf Entbindung nach Abs. 5 S. 2 hat,[146] denn hierfür ist wiederum ein eigenständiges einstweiliges Verfügungsverfahren vorgesehen. Vielmehr muss der AG dann in diesem Verfahren beantragen, ihn durch einstweilige Verfügung von der Verpflichtung zur Weiterbeschäftigung zu entbinden. Obsiegt der AG mit seiner Rechtsauffassung, wird das ArbG den Antrag des AN auf Erlass einer einstweiligen Verfügung für erledigt erklären und den AG durch einstweilige Verfügung von der Verpflichtung zur Weiterbeschäftigung befreien.[147] Freilich kann der AN neben dem betriebsverfassungsrechtlichen Anspruch auf Weiterbeschäftigung noch die richterrechtlich entwickelten Weiterbeschäftigungsansprüche geltend machen.[148]

86 **g) Auswirkungen der Verpflichtung zur Weiterbeschäftigung.** Zwar hat der AG den AN bei Vorliegen der Voraussetzungen des Abs. 5 S. 1 und bei fehlender Befreiung gem. Abs. 5 S. 2 bis zum rechtskräftigen Abschluss des Künd-Rechtsstreits bei unveränderten Arbeitsbedingungen weiter zu beschäftigen. Hierdurch entsteht jedoch

---

137 Hess u.a./*Schlochauer*, § 102 Rn 153; GK-BetrVG/*Raab*, § 102 Rn 171 m.w.N.; a.A. *Fitting u.a.*, § 102 Rn 109; *Fuchs*, AuR 1973, 174.
138 Richardi/*Thüsing*, § 102 Rn 219; Hess u.a./*Schlochauer*, § 102 Rn 154.
139 *Fitting u.a.*, § 102 Rn 107; DKK/*Kittner/Buchner*, § 102 Rn 256.
140 *Fitting u.a.*, § 102 Rn 107.
141 Richardi/*Thüsing*, § 102 Rn 222; *Fitting u.a.*, § 102 Rn 106.
142 BAG 31.8.1978 – 3 AZR 989/77 – AP § 102 BetrVG 1972 Weiterbeschäftigung Nr. 1.
143 LAG Hamm 28.4.1976 – 1 Sa 311/76 – DB 1976, 1917; ausdrücklich offen gelassen von BAG 17.6.1999 – 2 AZR 608/98 – AP § 102 BetrVG 1972 Weiterbeschäftigung Nr. 111.
144 BAG 11.5.2000 – 2 AZR 54/99 – AP § 102 BetrVG 1972 Weiterbeschäftigungsanspruch Nr. 13.
145 LAG Düsseldorf 25.1.1993 – 19 Sa 1650/92 – LAGE § 102 BetrVG 1972 Beschäftigungspflicht Nr. 12; LAG Nürnberg 18.9.2007 – 4 Sa 586/07 – juris.
146 LAG Hamm 24.1.1994 – 19 Sa 2029/93 – AuR 1994, 310; LAG Hamburg 25.1.1994 – 3 Sa 113/93 – LAGE § 102 BetrVG 1972 Beschäftigungspflicht Nr. 21; LAG München 16.8.1995 – 9 Sa 543/95 – LAGE § 102 BetrVG 1972 Beschäftigungspflicht Nr. 22; Richardi/*Thüsing*, § 102 Rn 240.
147 Richardi/*Thüsing*, § 102 Rn 240.
148 BAG 27.2.1985 – GS 1/84 – AP § 611 BGB Beschäftigungspflicht Nr. 14.

nicht ein neues Arbverh, sondern das **gekündigte Arbverh besteht kraft Gesetzes fort**.[149] Gleichwohl hat die Verpflichtung zur Weiterbeschäftigung auf den Bestand des Arbverh materiell-rechtliche Auswirkungen, denn wenn die Künd-Schutzklage abgewiesen wird, ist dem AN gleichwohl für die Zeit der Weiterbeschäftigung Entgelt zu zahlen und ein bestehendes Arbverh anzunehmen. Eine von AG-Seite bereits während der Künd-Frist ausgesprochene und danach aufrecht erhaltene Freistellung des AN kann indes bewirken, dass auch während des Weiterbeschäftigungsverh eine tatsächliche Arbeitstätigkeit unterbleibt und dem AN lediglich ein Anspruch auf Annahmeverzugslohn gem. § 615 BGB zusteht.[150]

Die Weiterbeschäftigung hat bei **unveränderten Arbeitsbedingungen** zu erfolgen. Das durch Arbeitsvertrag begründete Arbverh wird daher mit dem bisherigen Vertragsinhalt fortgesetzt. Dies gilt für alle Bestandteile des Arbverh, d.h. für die Hauptleistungspflichten wie die Zahlung von Lohn und Gehalt, Altersversorgungsbeiträge sowie auch die Überlassung eines Dienstwagens auch zur privaten Nutzung. Gerade durch die Zahlung von Altersversorgungsleistungen kann sogar die Unverfallbarkeit der Ansprüche entstehen. Gleichwohl erschöpft sich die Verpflichtung des AG nicht in seinen Zahlungsverpflichtungen. Da durch Abs. 5 S. 1 sichergestellt werden soll, dass selbst nach einer rechtskräftigen Entscheidung, die deutlich später als der Ablauf der Künd-Frist ergeht, der AN gleichwohl wieder in den Betrieb eingegliedert werden kann, ist der AG auch verpflichtet, diesen tatsächlich zu beschäftigen.[151] Der AG ist jedoch nicht unbegrenzt zur Beschäftigung verpflichtet.[152] Vielmehr bestehen auch für den Beschäftigungsanspruch gem. Abs. 5 S. 1 die Grenzen, wie sie für ein nicht gekündigtes Arbverh bestehen.

87

Die Pflicht zur Weiterbeschäftigung endet mit einer **rechtskräftigen Entscheidung** über die Künd-Schutzklage. Wird der Künd-Schutzklage stattgegeben, so steht dem AN der vertragliche Anspruch auf Beschäftigung zu. Wird die Künd-Schutzklage abgewiesen, nimmt der AN die Künd-Schutzklage zurück oder beantragt er die Auflösung des Arbverh gem. § 9 KSchG, so endet die Beschäftigungspflicht des AG zum Zeitpunkt dieses Ereignisses. Ebenso endet das Weiterbeschäftigungsverhältnis, wenn der AG sich erfolgreich gem. Abs. 5 S. 2 von der Verpflichtung zur Weiterbeschäftigung durch einstweilige Verfügung durch das ArbG befreien lässt. Auch weitere Beendigungstatbestände können die Weiterbeschäftigungspflicht entfallen lassen. Ist bspw. wirksam im Arbeitsvertrag eine Altersgrenze vereinbart worden, bei deren Erreichen das Arbverh sein Ende findet, endet dann auch der Anspruch auf Beschäftigung gem. Abs. 5 S. 1. Ebenso kann die Weiterbeschäftigungspflicht des AG entfallen, wenn eine außerordentliche fristlose Künd ausgesprochen wird oder bei einer weiteren ordentlichen Künd der Ablauf der Künd-Frist erreicht ist.[153] Gleichwohl bleibt auch in den vorgenannten Fällen der Weiterbeschäftigungsanspruch bestehen, wenn bei einer außerordentlichen fristlosen Künd deren Rechtswidrigkeit offensichtlich ist oder bei einer ordentlichen Künd erneut die Voraussetzungen des Abs. 5 S. 1 erfüllt werden.

88

IX. Entbindung von der Weiterbeschäftigungspflicht

Gem. Abs. 5 S. 2 kann der AG bei Gericht beantragen, ihn durch einstweilige Verfügung von der Verpflichtung zur Weiterbeschäftigung nach Abs. 5 S. 1 zu entbinden. Hierfür müssen die in Abs. 5 S. 2 enumerativ aufgeführten Gründe vorliegen, wobei das Eingreifen eines Grundes glaubhaft gemacht werden muss. Das Gesetz nennt hierbei die folgenden Fälle:
– die Klage des AN keine hinreichende Aussicht auf Erfolg bietet oder mutwillig erscheint;
– die Weiterbeschäftigung des AN zu einer unzumutbaren wirtschaftlichen Belastung des AG führen würde oder
– der Widerspruch des BR offensichtlich unbegründet war.

89

1. Entbindungsverfahren. Die Entbindung von der Pflicht zur Weiterbeschäftigung setzt einen **Antrag des AG** auf einstweilige Verfügung beim zuständigen ArbG voraus. Die einstweilige Verfügung ist beim Gericht der Hauptsache, d.h. bei dem ArbG zu beantragen, bei dem die Künd-Schutzklage anhängig ist. Antragsgegner ist der betroffene AN. Da die Voraussetzungen in Abs. 5 S. 2 speziell festgelegt sind, muss der AG nicht noch darüber hinaus einen Verfügungsgrund i.S.d. §§ 935, 940 ZPO glaubhaft machen.[154] Der AG hat die Tatsachen, die nach Abs. 5 S. 2 eine Entbindung begründen, glaubhaft zu machen. Der AG trägt daher die Darlegungs- und Beweislast. Das ArbG hat durch Urteil zu entscheiden.[155] Unter den Voraussetzungen des § 64 ArbGG ist die Berufung an das LAG statthaft. Die Revision ist gem. § 72 Abs. 4 ArbGG nicht zulässig. Der Antrag des AG gem. Abs. 5 S. 2 setzt keine Künd-Schutzklage des AN voraus. Vielmehr ist es ausreichend, wenn der AN hat erkennen lassen, dass er eine solche einlegen wird.[156] Anders als der der Antrag des AN gem. Abs. 5 S. 1 ist der Antrag des AG gem. Abs. 5 S. 2 nicht an eine Frist gebunden. Der AG kann daher auch zu einem späteren Zeitpunkt bei einem bestehenden Weiterbeschäftigungs-

90

---

149 LAG Nürnberg 18.9.2007 – 4 Sa 586/07 – juris.
150 LAG Nürnberg 18.9.2007 – 4 Sa 586/07 – juris.
151 BAG 27.2.1985 – GS 1/84 – AP § 611 BGB Beschäftigungspflicht Nr. 14.
152 Vgl. Richardi/*Thüsing*, § 102 Rn 229.
153 BAG 11.5.2000 – 2 AZR 54/99 – AP § 102 BetrVG 1972 Weiterbeschäftigung Nr. 13; LAG Düsseldorf 19.8.1977 – 16 Sa 471/77 – DB 1977, 1952.
154 *Rieble*, BB 2003, 844.
155 LAG Berlin 11.6.1974 – 8 Sa 37/74, 10 Ga 1/74 – DB 1974, 1629.
156 Richardi/*Thüsing*, § 102 Rn 254.

verhältnis den Antrag stellen. Auch bei einem abgewiesenen Entbindungsantrag gem. Abs. 5 S. 2 kann er diesen erneut stellen, wenn er ihn auf neue Gründe stützen kann.[157]

91 **2. Entbindungsgründe. a) Erfolgsaussichten der Klage.** Als möglicher Entbindungsgrund ist in Abs. 5 S. 2 Nr. 1 der Fall genannt, in dem die Klage des AN keine hinreichende Aussicht auf Erfolg bietet oder mutwillig erscheint. Das Gesetz knüpft hierbei an die Regelungen für die Prozesskostenhilfe an, so dass die gleichen Beurteilungsgrundsätze gelten.[158] Aus der Rechtsnatur des einstweiligen Verfügungsverfahrens ergibt sich dabei, dass das Gericht lediglich eine **summarische Prüfung** vornimmt.[159] Zweifel an den Aussichten der Künd-Schutzklage reichen hingegen nicht. Vielmehr muss die weitaus überwiegende Wahrscheinlichkeit vorliegen, dass die Künd-Schutzklage keinen Erfolg hat. Letztlich ist die zweite Alternative des Abs. 5 S. 2 Nr. 1 entbehrlich, da mutwillige Klagen keine hinreichende Aussicht auf Erfolg bieten. Lassen sich die Erfolgsaussichten einer Künd-Schutzklage im Zeitpunkt der gerichtlichen Entscheidung weder in positiver noch in negativer Hinsicht beurteilen, kann der AG von der Verpflichtung zur Weiterbeschäftigung nicht entbunden werden.[160]

92 **b) Unzumutbare wirtschaftliche Belastungen.** Der AG ist von der Pflicht zur Weiterbeschäftigung nach Abs. 5 S. 2 Nr. 2 zu entbinden, wenn die Weiterbeschäftigung des AN zu einer unzumutbaren wirtschaftlichen Belastung des AG führen würde. Hierbei ist auf den Unternehmensbegriff und nicht auf die wirtschaftliche Situation des Betriebes abzustellen.[161] Einfache wirtschaftliche Belastungen des AG durch die Weiterbeschäftigung reichen nicht aus; sie müssen gerade wegen der Weiterbeschäftigung des AN so gravierend sein, dass Auswirkungen für die Liquidität oder Wettbewerbsfähigkeit des AG nicht von der Hand zu weisen sind.[162] Dies ist jedenfalls anzunehmen, wenn ein **wesentlicher Liquiditätsverlust** droht oder negative Auswirkungen auf die **Wettbewerbsfähigkeit** zu erwarten sind. Ist die Existenz des Unternehmens durch die Weiterbeschäftigung gefährdet, liegen stets unzumutbare wirtschaftliche Belastungen des AG i.S.v. Abs. 5 S. 2 Nr. 2 vor. Wird der Weiterbeschäftigungsanspruch von mehreren AN gestellt, so sind die wirtschaftlichen Belastungen nicht einzeln, sondern in ihrer Gesamtheit zu beurteilen. Es reicht dann für jede einzelne Befreiung aus, wenn die Gesamtheit eine unzumutbare wirtschaftliche Belastung des AG bedingen würde.[163] Entscheidungserheblicher Zeitpunkt für die Beurteilung der Frage der unzumutbaren wirtschaftlichen Belastung ist grundsätzlich der Zeitpunkt der letzten mündlichen Verhandlung in der Berufungsinstanz.[164]

93 **c) Offensichtlich unbegründeter Widerspruch des Betriebsrats.** Abs. 5 S. 2 Nr. 3 sieht als Entbindungsgrund für die Weiterbeschäftigung den Fall eines offensichtlich unbegründeten Widerspruchs des BR vor. Das Gericht wird im einstweiligen Verfügungsverfahren daher nicht in allen Einzelheiten prüfen, ob der Widerspruch des BR unbegründet ist. Vielmehr müssen sogar Gründe vorliegen, aufgrund derer der Widerspruch des BR offensichtlich unbegründet sein kann.[165] Dies wird immer dann anzunehmen sein, wenn es keiner besonderen gerichtlichen Aufklärung bedarf, aus der sich ergibt, dass ein Widerspruchsgrund nicht vorliegt.[166]

94 **3. Folgen der Entbindung.** Mit einer erfolgreichen einstweiligen Verfügung, die jedoch nicht rechtskräftig sein muss, ist die Verpflichtung des AG, den AN gem. Abs. 5 S. 1 weiter zu beschäftigen, beendet. Mit der Verkündung tritt daher die Gestaltungswirkung ein.[167] Hieraus ergibt sich jedoch nicht gleichzeitig die Beendigung des Annahmeverzuges. Hat daher die Künd-Schutzklage Erfolg, wird der AG gleichwohl für die Zeiten, in denen er nicht die Arbeitsleistung des AN entgegengenommen hat, Entgelt zu leisten haben.[168] § 945 ZPO, durch den eine besondere Schadensersatzpflicht statuiert wird, findet im Bereich des Abs. 5 S. 2 nicht Anwendung. Abs. 5 S. 2 verdrängt die Regelung des § 945 ZPO aufgrund seiner Spezialität.

X. Erweiterung der Mitbestimmung

95 **1. Regelungsmöglichkeiten.** Nach Abs. 6 können AG und BR vereinbaren, dass Künd der Zustimmung des BR bedürfen und dass bei Meinungsverschiedenheiten über die Berechtigung der Nichterteilung der Zustimmung die Einigungsstelle entscheidet. Solche Regelungen sind in der **betrieblichen Praxis** Ausnahmen, da nur selten AG das Recht zur Künd an die Zustimmung des BR binden möchten. Obwohl Abs. 6 allgemein davon spricht, dass Künd der Zustimmung des BR bedürfen, sind hiermit nur **AG-Künd** gemeint. Es ist daher nicht möglich, auf diesem

---

157 LAG Köln 19.5.1983 – 3 Sa 268/83 – DB 1983, 2368.
158 Fitting u.a., § 102 Rn 118; DKK/*Kittner*/*Buchner*, § 102 Rn 286.
159 LAG Düsseldorf 23.5.1975 – 8 Sa 152/75 – EzA § 102 BetrVG 1972 Beschäftigungspflicht Nr. 4.
160 LAG Düsseldorf 23.5.1975 – 8 Sa 152/75 – EzA § 102 BetrVG 1972 Beschäftigungspflicht Nr. 4; ArbG Frankfurt 9.1.2003 – 16 Ga 276/02 – AiB 2003, 374.
161 Richardi/*Thüsing*, § 102 Rn 246; a.A. *Rieble*, BB 2003, 844.
162 LAG Rheinland-Pfalz 10.7.2007 – 3 SaGa 9/07; LAG Hamburg 16.5.2001 – 4 Sa 33/01 – NZA-RR 2002, 25, 27.
163 *Rieble*, BB 2003, 844.
164 LAG Rheinland-Pfalz 10.7.2007 – 3 SaGa 9/07.
165 Offensichtlichkeitsprüfung; s. LAG Nürnberg 5.9.2006 – 6 Sa 458/06 – DB 2007, 752.
166 LAG Berlin 5.9.2003 – 13 Sa 1629/03 – EzA-SD 2003 Nr. 22, 12.
167 LAG Nürnberg 5.9.2006 – 6 Sa 458/06 – DB 2007, 752.
168 LAG Rheinland-Pfalz 11.1.1980 – 6 Sa 657/79 – BB 1980, 415.

Wege das individuelle Recht eines einzelnen AN, das Arbverh zu kündigen, von der Zustimmung des BR abhängig machen zu können. Für eine Vereinbarung nach Abs. 6 bedarf es der **Schriftform**.[169] Bei einer solchen Regelung handelt es sich um eine freiwillige BV, so dass sie nicht durch den BR erzwingbar ist.[170] Abs. 6 eröffnet lediglich den Betriebspartnern die Möglichkeit, durch BV festzulegen, dass Künd der Zustimmung des BR bedürfen und dass bei Meinungsverschiedenheiten über die Berechtigung der Nichterteilung der Zustimmung die Einigungsstelle entscheidet. Das Erfordernis der Zustimmung zur Künd kann aber in einem TV vereinbart werden. Unwirksam ist aber eine Konstituierung der Zustimmung zur Künd in einem Arbeitsvertrag, da hierdurch einzelne Mitarbeiter durch betriebsverfassungsrechtliche Vorgaben dann benachteiligt werden könnten. Sie widersprechen dem System des Betriebsverfassungsrechts.[171]

2. Zustimmungsersetzung durch Einigungsstelle. Abs. 6 sieht vor, dass bei einer Nichterteilung der Zustimmung die Einigungsstelle entscheiden kann. Lehnt die Einigungsstelle in diesem Falle die Ersetzung der Zustimmung ab, so unterliegt ihr Spruch im vollen Umfang der arbeitsgerichtlichen Rechtskontrolle.

96

XI. Bestandsgarantie von Mitbestimmungsrechten

Abs. 7 stellt klar, dass die Vorschriften über die Beteiligung des BR nach dem KSchG unberührt bleiben.

97

B. Verbindung zu anderen Rechtsgebieten und zum Prozessrecht

Die Regelungen des § 102 sind in der systematischen Zusammenschau insb. mit §§ 103 bis 105 zu sehen. So werden die Voraussetzungen für die Künd von Funktionsträgern über das durch § 102 festgelegte Maß hinaus durch § 103 statuiert. Das Zustimmungsverfahren nach § 103 stellt daher ein qualifiziertes Beteiligungsrecht des BR im Verhältnis zur Anhörung nach § 102 dar.[172] Nach § 104 erhält der BR hingegen ein Initiativrecht. Dient § 102 dem Schutz der AN vor Künd, so besitzt § 104 die gegensätzliche Schutzrichtung, indem der Betrieb auf Veranlassung des BR vor störenden Mitarbeitern geschützt werden soll. Ist die Künd von leitenden Ang geplant, ist der BR nicht nach § 102 anzuhören. Die Künd-Absicht ist aber gem. § 105 mitzuteilen. Soweit ein Sprecherausschuss konstituiert ist, ist dieser vor der Künd des leitenden Ang zu hören. Hierbei entspricht die in § 31 Abs. 2 SprAuG getroffene Regelung der Anhörungspflicht aus § 102, wobei die Vorschriften nicht inhaltlich identisch sind.

98

Im Zusammenhang mit den in § 102 getroffenen Regelungen ist bei Massenentlassungen auch die Verpflichtung des AG gem. § 17 Abs. 1 KSchG zu beachten, der A.A. zuvor eine schriftliche Anzeige zu erstatten. Hierbei hat der AG zunächst dem BR rechtzeitig vor der Anzeige an die A.A. die notwendigen Auskünfte zu erteilen. Insb. hat der AG den BR über die Gründe der Entlassungen, die Zahl und die Berufsgruppen der Betroffenen sowie die regelmäßig beschäftigten AN, den vorgesehenen Entlassungszeitraum, die vorgesehenen Kriterien für die Auswahl der zu entlassenden AN und die Berechnung etwaiger Abfindungen schriftlich zu unterrichten. Darüber hinaus hat er mit dem BR über die Entlassung mit dem Ziel zu beraten, diese zu vermeiden oder einzuschränken sowie ihre Folgen zu mindern. Diese Unterrichtung nach § 17 Abs. 2 KSchG kann mit der Anhörung des BR nach § 102 Abs. 1 verbunden werden.[173] Nach Abschluss der Beratungen mit dem BR hat der AG seiner Anzeige an die A.A. eine Stellungnahme des BR beizufügen (zu weiteren Einzelheiten s. § 17 KSchG Rn 34).

99

C. Beraterhinweise

Da auch bei **Änderungs-Künd** eine Anhörungspflicht besteht, kann es sich anbieten, eine einvernehmliche Regelung mit dem AN zu finden, da bei Änderungsverträgen kein Anhörungsrecht besteht. Insb. besteht keine Pflicht, den Weg über eine Änderungs-Künd zu beschreiten.

100

Soweit Zweifel bestehen, ob ein AN tatsächlich als **leitender Ang** i.S.v. § 5 Abs. 3 anzusehen ist, bietet es sich an, den BR hilfsweise zur Künd anzuhören. Eine Vereinbarung zwischen dem BR und dem AG, dass es sich um einen leitenden Ang bei dem zu kündigenden AN handelt und daher der BR nicht anzuhören ist, kann nicht zuungunsten des AN getroffen werden. Selbst bei Vorliegen einer solchen Vereinbarung ist daher der BR anzuhören. Wird sie unterlassen, ist die Künd rechtswidrig.

Auch wenn für die BR-Anhörung keine gesetzliche Form besteht, ist es schon aus Beweisgründen ratsam, eine ordnungsgemäße **schriftliche Anhörung** durchzuführen. Sie kann dann in einem folgenden Künd-Schutzprozess vorgelegt werden. Da der AG darlegungs- und beweisbelastet für die ordnungsgemäße Durchführung einer BR-Anhörung ist, wäre er ansonsten auf einen Zeugenbeweis angewiesen. Er müsste sich auf alle Einzelheiten der BR-Anhörung beziehen. Dies ist bei lang anhaltenden Verfahren mit großen Risiken verbunden, da bspw. Einzelheiten der Sozialdaten nicht mehr erinnerlich sein können. Gleichzeitig kann es sich anbieten, ergänzend zu der schrift-

101

---

169 BAG 14.2.1978 – 1 AZR 76/76 – BAGE 30, 50 = AP Art. 9 GG Arbeitskampf Nr. 58.
170 *Fitting u.a.*, § 102 Rn 124.
171 BAG 23.4.2009 – 6 AZR 263/08 – juris.

172 BAG 17.3.2005 – 2 AZR 275/04 – NZA 2005, 1064.
173 BAG 14.8.1986 – 2 AZR 561/85 – BAGE 52, 346 = AP § 102 BetrVG 1972 Nr. 43.

lichen Betriebsratsanhörung, den BR mündlich zu unterrichten. Hier kann in einem späteren Prozess dargelegt werden, dass eventuelle Missverständnisse des BR ausgeräumt werden konnten.

§ 103 Außerordentliche Kündigung und Versetzung in besonderen Fällen

(1) Die außerordentliche Kündigung von Mitgliedern des Betriebsrats, der Jugend- und Auszubildendenvertretung, der Bordvertretung und des Seebetriebsrats, des Wahlvorstands sowie von Wahlbewerbern bedarf der Zustimmung des Betriebsrats.

(2) [1]Verweigert der Betriebsrat seine Zustimmung, so kann das Arbeitsgericht sie auf Antrag des Arbeitgebers ersetzen, wenn die außerordentliche Kündigung unter Berücksichtigung aller Umstände gerechtfertigt ist. [2]In dem Verfahren vor dem Arbeitsgericht ist der betroffene Arbeitnehmer Beteiligter.

(3) [1]Die Versetzung der in Absatz 1 genannten Personen, die zu einem Verlust des Amtes oder der Wählbarkeit führen würde, bedarf der Zustimmung des Betriebsrats; dies gilt nicht, wenn der betroffene Arbeitnehmer mit der Versetzung einverstanden ist. [2]Absatz 2 gilt entsprechend mit der Maßgabe, dass das Arbeitsgericht die Zustimmung zu der Versetzung ersetzen kann, wenn diese auch unter Berücksichtigung der betriebsverfassungsrechtlichen Stellung des betroffenen Arbeitnehmers aus dringenden betrieblichen Gründen notwendig ist.

Literatur: *Ascheid*, Zustimmungsersetzung nach § 103 BetrVG und Individualprozess, in: FS für Hanau, 1999, S. 685; *Bernstein*, Die Kündigung von Betriebsratsmitgliedern bei Stillegung einer Betriebsabteilung nach § 15 Abs. 5 KSchG, NZA 1993, 728; *Diller*, § 103 BetrVG – Der Wahnsinn hat Methode, NZA 1998, 1163; *ders.*, Der Wahnsinn hat Methode (Teil II), NZA 2004, 579; *Eisenbeis*, Die Ausschlussfrist im Zustimmungsersetzungsverfahren nach § 103 BetrVG oder der „sichere" Weg in die Fristversäumnis?, FA 1997, 34; *Eylert/Fenski*, Untersuchungsgrundsatz und Mitwirkungspflichten im Zustimmungsersetzungsverfahren nach § 103 Abs. 2 BetrVG, BB 1990, 2401; *Feudner*, Kündigungsschutz von Betriebsräten bei Betriebsübergang, DB 1994, 1570; *Fischermeier*, Die Beteiligung des Betriebsrats bei außerordentlichen Kündigungen gegenüber Betriebsratsmitgliedern und anderen Funktionsträgern, ZTR 1998, 433; *Hilbrandt*, Neue Entwicklungen beim Sonderkündigungsschutz von Mandatsträgern, NZA 1998, 1258; *Hümmerich*; Hausverbot bei Kündigungen – Kraftmeierei oder Rechtsinstitut?, DB 2001, 1778; *Kühnreich*, Kündigung: Fallstrick Anhörung des Betriebsrats, AnwBl 2006, 694; *Leuze*, Die Anforderungen an arbeitsrechtliche Maßnahmen gegen Betriebs- und Personalratsmitglieder, DB 1993, 2590; *Löwisch*, Änderungen der Betriebsverfassung durch das Betriebsverfassungs-Reformgesetz, BB 2001, 1734; *Rieble*, Die Betriebsverfassungsgesetz-Novelle 2001 in ordnungspolitischer Sicht, ZIP 2001, 133; *Schulz*, Das Erlöschen der betriebsverfassungsrechtlichen Amtsträgereigenschaft während des Zustimmungsersetzungsverfahrens, NZA 1995, 1130; *Süllwold*, Kündigungsschutz eines Ersatzmitglieds, ZBVR 2004, 46; *Uhmann*, Kündigungsschutz von Ersatzmitgliedern des Betriebsrats, NZA 2000, 576; *Weber/Lohr*, Der Sonderkündigungsschutz von Betriebsratsmitgliedern, BB 1999, 2350; *Wilfurth/Hubmann*, Kostenerstattungsanspruch des Betriebsratsmitglieds gegen den Arbeitgeber bei Obsiegen im Zustimmungsersetzungsverfahren nach § 103 Abs. 2 BetrVG, FA 2000, 273; *Zumkeller*, Die Anhörung des Betriebsrats bei Kündigungen von Ersatzmitgliedern, NZA 2001, 823

A. Allgemeines 1	11. Rechtsanwaltliche Vertretung 27
B. Regelungsgehalt 2	12. Amtsausübung während des Ersetzungs-
I. Geschützter Personenkreis 2	verfahrens 28
II. Zustimmungsverfahren 9	V. Kostentragung im Ersetzungsverfahren 29
III. Kündigung 15	VI. Kündigungsschutzverfahren 31
IV. Ersetzungsverfahren 16	VII. Versetzung von Funktionsträgern 33
1. Einleitung durch Arbeitgeber 17	1. Versetzung 34
2. Verweigerung und fehlende Stellungnahme .. 18	2. Zustimmung des Arbeitnehmers 35
3. Fristen für Ersetzung 19	3. Verlust des Amtes oder der Wählbarkeit 36
4. Antragstellung 20	4. Ersetzungsverfahren 37
5. Nachschieben von Tatsachen 21	5. Dringende betriebliche Gründe 38
6. Unverzügliche Kündigung 22	6. Verhältnis zu § 99 39
7. Arbeitsgerichtliche Ablehnung der Ersetzung . 23	C. Verbindung zu anderen Rechtsgebieten und zum
8. Beginn und Ende des Amts 24	Prozessrecht 40
9. Kein Parteiverfahren 25	D. Beraterhinweise 43
10. Betroffener als Beteiligter 26	

A. Allgemeines

1 Durch § 103 werden **formelle Anforderungen** für Künd von Funktionsträgern statuiert. Die Schutzwirkung des § 103 ist hierbei aber eine andere als die des § 15 KSchG, der materiellen Künd-Schutz gewährt. Durch § 103 soll die Funktionsfähigkeit der Betriebsverfassungsorgane gesichert werden. Es soll insbes. AG unmöglich gemacht werden, BR-Mitglieder durch willkürliche außerordentliche Künd aus dem Betrieb zu entfernen und durch Ausnutzung

der Rechtsmittel das Verfahren so lange zu verschleppen, dass das BR-Mitglied dem Betrieb entfremdet wird und keine Aussicht auf eine Wiederwahl hat.[1] Letztlich soll § 103 daher bewirken, dass der Funktionsträger sein Amt unbefangen und ohne Angst vor Repressalien des AG ausüben kann und die Funktionsfähigkeit und Kontinuität der kollektivrechtlichen Organe gewahrt bleibt.[2] Gleichwohl sind Zustimmungsersetzungsverfahren nach Abs. 2 Bestandsstreitigkeiten. Dies ergibt sich schon daraus, dass bei einem abweisenden Antrag eine Künd gegenüber dem Funktionsträger nicht möglich ist. Darüber hinaus ergibt sich diese Qualifizierung als Bestandsstreitigkeit aus dem Umstand, dass in einem späteren Künd-Schutzprozess eine Präkludierung erfolgen kann.[3]

Durch das Gesetz zur Reform des BetrVG (BetrVerf-Reformgesetz) vom 23.7.2001[4] ist ein neuer Abs. 3 eingefügt worden. Er gewährt einen besonderen Schutz von Funktionsträgern vor Versetzungen, soweit sie zu einem Verlust des Amtes oder der Wählbarkeit führen würden.

B. Regelungsgehalt

I. Geschützter Personenkreis

Abs. 1 nennt ausdrücklich die Mitglieder des BR, der JAV, der Bordvertretung und des See-BR, des Wahlvorstandes sowie von Wahlbewerbern als durch ihn geschützten Personenkreis. Wahlbewerber[5] sind hierbei nur AN, die tatsächlich nach § 8 (siehe § 8 Rn 2 ff.) wählbar sind.[6] Abs. 1 erfasst nur außerordentliche Künd. Künd von Mitgliedern des BR, die wegen Betriebsstilllegung oder der Stilllegung einer Betriebsabteilung nach § 15 Abs. 4 und 5 KSchG erfolgen sollen, sind nicht als außerordentliche Künd aufzufassen. Ein Zustimmungserfordernis ist daher in diesen Fällen abzulehnen.[7]

Für Mitglieder **zusätzlicher betriebsverfassungsrechtlicher Vertretungen** i.S.v. § 3 Abs. 1 ist zu differenzieren. Für die nach § 3 Abs. 1 Nr. 1 und 2 gebildeten Vertretungen findet aufgrund der Vergleichbarkeit mit einem BR-Amt § 103 Anwendung. Für die gem. § 3 Abs. 1 Nr. 3, Nr. 4 und Nr. 5 gebildeten Vertretungseinheiten ist eine Vergleichbarkeit mit einem BR-Amt nicht gegeben, so dass § 103 keine Anwendung findet.[8] Von § 103 nicht erfasst werden die Mitglieder der nach § 117 Abs. 2 S. 1 durch TV errichteten Vertretungen für im Flugbetrieb beschäftigte AN.[9] Da sich der Personenkreis des § 103 nicht mit dem des § 78 deckt, fallen die Mitglieder des Wirtschaftsausschusses, der Einigungsstelle, einer tariflichen Schlichtungsstelle, einer betrieblichen Beschwerdestelle und Auskunftspersonen nach § 80 Abs. 2 S. 3 (siehe § 80 Rn 32 ff.) nicht unter den Personenkreis, für deren Künd es einer Zustimmung des BR bedarf. Für Bewerber für den Wahlvorstand bedarf es ebenfalls keiner Zustimmung, da diese nicht Mitglieder des Wahlvorstandes und Wahlbewerber sind.[10] Nicht unter den besonderen Künd-Schutz fallen AN im AR und Wahlbewerber für das Amt eines AN-Vertreters für den AR.[11]

Das Zustimmungserfordernis besteht bei Ersatzmitgliedern eines BR grds. nicht.[12] Sind sie jedoch für ein ausgefallenes BR-Mitglied nachgerückt[13] oder vertreten sie zeitweilig ein verhindertes Mitglied, besteht die Notwendigkeit der Zustimmung des BR.[14] Dies ergibt sich aus dem Umstand, dass Ersatzmitglieder während der Dauer des Vertretungsfalls vollwertige Mitglieder des BR sind und daher die gleichen Rechte und Pflichten wie ein ordentliches BR-Mitglied besitzen.[15] Es bestehen jedoch ausnahmsweise kein besonderer Künd-Schutz und auch kein Zustimmungserfordernis, wenn das Ersatzmitglied zwar für ein verhindertes BR-Mitglied als Vertretung vorgesehen ist, aber völlig untätig bleibt.[16] Darüber hinaus liegt kein Fall einer Vertretung vor, wenn das ordentliche BR-Mitglied aus persönlichen Motiven sein Amt nicht ausübt, obwohl es hierzu in der Lage ist.[17]

Gem. § 96 Abs. 3 S. 1 SGB IX gilt das formelle Erfordernis einer Zustimmung auch für die **Mitglieder einer SBV**. Gem. § 96 Abs. 3 S. 2 SGB IX gilt dies für stellvertretende Mitglieder während der Dauer der Vertretung und ihrer Heranziehung nach § 95 Abs. 1 S. 4 SGB IX entsprechend. Soweit besonderer Künd-Schutz aufgrund der Schwerbehinderteneigenschaft besteht, ist darüber hinaus auch das Integrationsamt zu beteiligen. Auch für Mitglieder des Wahlvorstandes und die Wahlbewerber für das Amt der Schwerbehindertenvertretung besteht das Zustimmungserfordernis,[18] denn § 94 Abs. 6 S. 2 SGB IX bestimmt, dass die Vorschriften über den Wahlschutz bei der Wahl

---

1 BT-Drucks 6/1786, S. 53.
2 BAG 17.3.2005 – 2 AZR 275/04; *Bernstein*, NZA 1993, 728.
3 BAG 29.10.2007, 3 AZB 25/07.
4 BGBl I 2001 S. 1852.
5 Siehe hierzu BAG 17.3.2005 – 2 AZR 275/04.
6 BAG 26.9.1996 – 2 AZR 528/95 – AP § 15 KSchG 1969 Wahlbewerber Nr. 3.
7 BAG 15.2.2007 – 8 AZR 310/06.
8 A.A. für Nr. 3 Richardi/*Thüsing*, § 103 Rn 5; nur für den Fall des § 3 Abs. 1 Nr. 5 *Fitting u.a.*, § 103 Rn 8.
9 LAG Frankfurt 4.10.1983 – 3 Sa 215/83 – juris.
10 LAG Baden-Württemberg 31.5.1974 – 7 Sa 680/74 – BB 1974, 885; a.A. *Stein*, AuR 1975, 201, 202.
11 BAG 4.4.1974 – 2 AZR 452/73 – AP § 626 BGB AN-Vertreter im AR Nr. 1; Richardi/*Thüsing*, § 103 Rn 13; Hess u.a./*Schlochauer*, § 103 Rn 7.
12 BAG 18.5.2006 – 6 AZR 627/05 – NZA 2006, 1037.
13 LAG Hamm 25.6.2004 – 10 TaBV 61/04 – juris.
14 BAG 18.5.2006 – 6 AZR 627/05 – NZA 2006, 1037.
15 BAG 9.11.1977 – 5 AZR 175/76 – NJW 1978, 909; *Uhmann*, NZA 2000, 576.
16 Eingehend *Uhmann*, NZA 2000, 576.
17 BAG 5.9.1986 – 7 AZR 175/85 – DB 1987, 1641; *Uhmann*, NZA 2000, 576.
18 Richardi/*Thüsing*, § 103 Rn 12.

des BR auf diese Personengruppe sinngemäß anzuwenden sind. Zu diesen Vorschriften gehört jedoch nicht nur § 15 KSchG, sondern ebenfalls § 103.

6   Auch für Künd von Mitgliedern im Rahmen eines **Übergangsmandates** eines anderen BR besteht die Pflicht zur Zustimmung. Das Zustimmungserfordernis entfällt auch nicht, wenn im Betrieb noch kein BR besteht. In diesen Fällen hat der AG die Erteilung der Zustimmung unmittelbar beim ArbG zu beantragen.[19] Etwas anderes gilt, wenn ein Übergangsmandat eines anderen BR besteht und Wahlbewerber gekündigt werden sollen. Dann ist bei diesem BR die Zustimmung zu beantragen. Gibt es nur noch ein BR-Mitglied, dem der AG außerordentlich kündigen möchte und sind keine Ersatzmitglieder mehr vorhanden, ist die Zustimmung zur Künd unmittelbar beim ArbG zu beantragen.[20]

7   Das Zustimmungserfordernis besteht stets nur für die Dauer des Künd-Schutzes desjenigen, der gekündigt werden soll. Entscheidend ist hierbei nicht der Zeitpunkt der Abgabe der Künd-Erklärung.[21] Vielmehr kommt es auf den Zeitpunkt des Zugangs der Künd an.[22] Besteht zum Zeitpunkt der Künd-Erklärung kein besonderer Künd-Schutz i.S.d. § 103, erwirbt der Mitarbeiter diesen aber nach Ausspruch der Künd, so kann der AG keinen Auflösungsantrag nach § 9 Abs. 1 S. 2 KSchG erfolgreich stellen, wenn zum Zeitpunkt des Auflösungsantrages der AN unter den durch § 103 geschützten Personenkreis fällt. Die §§ 15 Abs. 1 S. 1, Abs. 3 S. 1 KSchG i.V.m. § 103 sind in diesem Fall leges speziales gegenüber dem Auflösungsantrag des AG.[23]

8   Für Mitglieder der in § 103 genannten Kollektivorgane oder der SBV beginnt das Zustimmungserfordernis mit der **Bekanntgabe des Wahlergebnisses.** Dies gilt auch, wenn das Amt erst zu einem späteren Zeitpunkt angetreten wird.[24] Aufgrund der Vergleichbarkeit mit einem BR-Amt besteht der Schutz bei den nach § 3 Abs. 1 Nr. 1 und 2 gebildeten Vertretungen ebenfalls mit der Bekanntgabe des Wahlergebnisses. Für Mitglieder des Wahlvorstands beginnt das Erfordernis der Zustimmung mit deren Bestellung. Dies gilt jedoch nicht, wenn der Bestellungsakt nichtig ist. Bei Wahlbewerbern ist es erforderlich, dass der AN auf einen gültigen Wahlvorschlag hin benannt wird. Eine spätere Heilung eines fehlerhaften Wahlvorschlages begründet das Zustimmungserfordernis ex ante. Die Einreichung des Wahlvorschlags beim Wahlvorstand ist nicht nötig.[25] Zur Wahl eines Wahlvorstandes muss aber zumindest bereits eingeladen worden sein. Das Zustimmungserfordernis endet bei einer Rücknahme der Kandidatur[26] oder bei einem Wahlergebnis, durch das der Bewerber nicht gewählt wurde. Bei gem. § 23 aus dem BR ausgeschlossenen Personen (siehe § 23 Rn 21) besteht nach deren Ausschluss kein Zustimmungserfordernis.

II. Zustimmungsverfahren

9   Der AG muss gegenüber dem BR um die Zustimmung zur Künd nachsuchen. Die Künd muss nach Erhalt der Zustimmung, d.h. nach Zugang der Zustimmung beim AG ausgesprochen werden.[27] Stimmt der BR nachträglich zu, muss der AG erneut kündigen. Durch eine Genehmigung, die erst nach dem Ausspruch der Künd erfolgt, wird der Mangel nicht geheilt.[28] Missachtet der AG das Zustimmungserfordernis, ist die Künd nichtig und nicht nur schwebend unwirksam.[29] Insbesondere kann die Betriebsratsanhörung die Einleitung des Zustimmungsverfahrens regelmäßig nicht ersetzen.[30]

10 Auch bei Künd von Funktionsträgern, die nicht Mitglieder des BR sind, ist der Antrag gem. Abs. 1 an den BR zu richten. Einer Zustimmung eines GBR oder des KBR bedarf es in keinem Falle.

11 Als einseitige empfangsbedürftige Willenserklärung findet auf das Zustimmungsbegehren § 174 BGB Anwendung, so dass der BR das Ersuchen durch einen Vertreter des AG ohne offensichtliche Vollmacht zurückweisen kann.[31] Auf den Inhalt des Zustimmungsersuchens sind die gleichen strengen Anforderungen anzuwenden, wie dies bei § 102 der Fall ist.[32] Insbes. ist die Künd auch dann rechtswidrig, wenn der BR nicht richtig oder nicht ausreichend informiert wurde, gleichwohl aber zugestimmt hat.[33] Da die Beteiligung des Betriebsrats nach § 103 eine gegenüber § 102 qualifizierte Beteiligung darstellt, sind die für das Anhörungsverfahren geltenden Grundsätze entsprechend auch für das Zustimmungsverfahren anzuwenden. Dies rechtfertigt es, an die Mitteilungspflichten des AG im Rahmen des § 103 dieselben Anforderungen zu stellen, wie in dem Anhörungsverfahren nach § 102.[34] Die Zustimmung des BR zur außerordentlichen Künd eines BR-Mitglieds ist jedoch keine Zustimmung i.S.v. §§ 182 ff. BGB. Das BR-Mitglied kann

---

19 BAG 12.8.1976 – 2 AZR 303/75 – NJW 1977, 267; BAG 30.5.1978 – 2 AZR 637/76 – DB 1979, 359.
20 BAG 16.12.1982 – 2 AZR 76/81 – AP zu § 15 KSchG 1969 Nr. 13.
21 So aber *Fitting u.a.*, § 103 Rn 9.
22 GK-BetrVG/*Raab*, § 103 Rn 19.
23 LAG Berlin 27.5.2004 – 13 Sa 313/04 – EzA-SD 2004, Nr. 16, 9.
24 Richardi/*Thüsing*, § 103 Rn 17; Hess u.a./*Schlochauer*, § 103 Rn 10.
25 BAG 4.3.1976 – 2 AZR 620/74 – AP § 15 KSchG 1969 Wahlbewerber Nr. 1; a.A. Richardi/*Thüsing*, § 103 Rn 19.
26 BAG 17.3.2005 – 2 AZR 275/04 – NZA 2005, 1064.
27 LAG Hamm 8.6.2007 – 10 TaBV 29/07.
28 BAG 24.10.1996 – 2 AZR 3/96 – BB 1997, 629; *Hilbrandt*, NZA 1998, 1258, 1259.
29 BAG 25.3.1976 – 2 AZR 163/75 – AP § 103 BetrVG 1992 Nr. 6 = BB 1976, 932; BAG 24.10.1996 – 2 AZR 3/96 – BB 1997, 629; *Weber*/*Lohr*, BB 1999, 2350, 2355; *Hilbrandt*, NZA 1998, 1258, 1259.
30 LAG Hamm 8.6.2007 – 10 TaBV 29/07.
31 Hessisches LAG 29.1.1998 – 5 Ta BV 122/97 – ZTR 1998, 475.
32 *Zumkeller*, NZA 2001, 823, 824.
33 *Weber*/*Lohr*, BB 1999, 2350, 2355.
34 LAG Rheinland-Pfalz 12.7.2007 – 11 TaBV 21/07.

daher die Künd nicht nach § 182 Abs. 3 BGB i.V.m. § 111 S. 2, 3 BGB zurückweisen, weil ihm der AG die vom BR erteilte Zustimmung nicht in schriftlicher Form vorlegt.[35]

Grds. ist das Zustimmungsersuchen an den BR-Vorsitzenden zu richten. Hier gelten die gleichen Vorgaben wie im Rahmen des § 102. Das Zustimmungsersuchen kann auch formlos erfolgen. Die **Schriftform** bietet sich besonders aus Beweisgründen an. Es muss ein wirksamer Beschluss des BR als Kollegialorgan vorliegen. Weiß der AG, dass kein wirksamer Beschluss des Kollegialorgans gefasst wurde, weil bspw. nur der einzeln informierte BR-Vorsitzende zustimmt, kann er gleichwohl keine wirksame Künd aussprechen.[36] Er hat vielmehr auf einen wirksamen Beschluss des BR als Kollegialorgan hinzuwirken. Auch die Stellungnahme des BR kann formlos erfolgen. Insbes. ist eine mündliche Äußerung ausreichend.[37] Eine Pflicht des BR zur Begründung seiner Entscheidung besteht nicht. Eine Übertragung der Entscheidung von dem BR auf einen Betriebsausschuss ist hingegen zulässig. Diese muss indes ausdrücklich erfolgen bzw. es muss die Ausübung des Zustimmungsrechts in die Delegation eindeutig einbezogen worden sein. Aus Gründen der Rechtssicherheit sind in einem schriftlichen Übertragungsbeschluss daher die übertragenen Befugnisse so genau zu beschreiben, dass der Zuständigkeitsbereich des Ausschusses eindeutig feststeht. Es muss daher zweifelsfrei feststellbar sein, in welcher Angelegenheit der Betriebsausschuss anstelle des Betriebsrats rechtsverbindliche Beschlüsse fassen kann.[38]

Bei der Beratung und Beschlussfassung nimmt der **betroffene Funktionsträger** nicht teil. An seine Stelle tritt ein Ersatzmitglied.[39] Entsprechendes gilt für einen einköpfigen BR. Das Ersatzmitglied ist nicht wegen Befangenheit als verhindert anzusehen.[40] Ist jedoch kein Ersatzmitglied vorhanden, ist unmittelbar das gerichtliche Verfahren nach Abs. 2 einzuleiten.[41] Bei einem mehrköpfigen BR sind als nicht verhindert auch solche BR-Mitglieder anzusehen, denen aus dem gleichen Anlass gekündigt werden soll.[42] Kann ein BR auch mit Ersatzmitgliedern nicht mehr voll besetzt werden, so ist der Rest-BR zu beteiligen. Es bedarf dessen Zustimmung.[43] Fehlt ein BR völlig, ist unmittelbar der gerichtliche Verfahrensweg nach Abs. 2 zu beschreiten. Dies kann bspw. der Fall sein, wenn Wahlbewerber oder Mitglieder des Wahlvorstandes außerordentlich gekündigt werden sollen, bislang aber noch kein BR existiert.

Eine Zustimmung wird auch wirksam erteilt, wenn der AG zwischenzeitlich das gerichtliche Ersetzungsverfahren nach Abs. 2 eingeleitet hat und erst dann aufgrund eines wirksamen Beschlusses die Zustimmung des BR erfolgt. Erfolgt nach beantragtem Zustimmungsersetzungsverfahren die Zustimmung der BR, so ist das Verfahren gegenstandslos.[44] Es ist für erledigt zu erklären.[45] Unzulässig ist hingegen die Rücknahme oder der Widerruf einer durch einen BR bereits ausgesprochenen Zustimmung.[46]

III. Kündigung

Einer Zustimmung des BR bedarf es nur, wenn eine arbeitgeberseitige Künd ausgesprochen werden soll. Der Abschluss eines **Aufhebungsvertrages**, eines **Abwicklungsvertrages** im Nachgang zu einer (unwirksamen) Künd, die **Anfechtung**, die Beendigung eines Arbvverh aufgrund Erreichens der Altersgrenze oder aufgrund einer Zeitbefristung sowie die Beendigung aufgrund der Zweckerreichung des Arbvverh bedarf keiner Zustimmung. Da auch eine **Änderungs-Künd** unter den Begriff der Künd fällt, ist hierfür eine Zustimmung einzuholen. Soweit eine Zustimmung gem. § 103 eingeholt wird, ist es nicht mehr notwendig, den BR nach § 102 zu beteiligen.[47] § 103 verdrängt als speziellere Vorschrift die Anhörungspflicht aus § 102.[48]

IV. Ersetzungsverfahren

Verweigert der BR seine Zustimmung zur außerordentlichen Künd, so kann das ArbG gem. Abs. 2 S. 1 auf Antrag des AG die Zustimmung ersetzen, wenn die außerordentliche Künd unter Berücksichtigung aller Umstände gerechtfertigt ist. Der AG hat einen Anspruch auf Ersetzung der Zustimmung, wenn die beabsichtigte außerordentliche Künd unter Berücksichtigung aller Umstände gerechtfertigt ist.[49] Kommt es zu einer stattgebenden Entsch des ArbG und

---

35 BAG 4.3.2004 – AZR 147/03 – NZA 2004 717.
36 BAG 24.10.1996 – 2 AZR 3/96 – BB 1997, 629.
37 BAG 4.3.2004 – 2 AZR 147/03 – NZA 2004, 717; ArbG Kaiserslautern 1.2.1978 – 4 Ca 383/77 P – ARST 1978, 179.
38 BAG 17.3.2005 – 2 AZR 275/04.
39 BAG 26.8.1981 – 7 AZR 550/79 – DB 1981, 2627; BAG 23.8.1984 – 2 AZR 391/83 – AP § 103 BetrVG 1972 Nr. 17.
40 GK-BetrVG/*Raab*, § 103 Rn 55; *Oetker*, AuR 1987, 224; a.A. ArbG Siegen 6.12.1985 – 1 Ca 1041/85 – NZA 1986, 267.
41 BAG 16.12.1982 – 2 AZR 76/81 – AP § 15 KSchG 1969 Nr. 13; *Schulz*, NZA 1995, 1130.
42 BAG 25.3.1976 – 2 AZR 163/75 – AP § 103 BetrVG 1972 Nr. 6.
43 BAG 16.10.1986 – 2 ABR 71/85 – AP § 626 BGB Nr. 95.
44 *Weber/Lohr*, BB 1999, 2350, 2355.
45 LAG Brandenburg 23.3.1999 – 1 Sa 690/98 – LAGE § 103 BetrVG 1972 Nr. 14 = AuR 2000, 195.
46 *Richardi/Thüsing*, § 103 Rn 52; *Weber/Lohr*, BB 1999, 2350, 2355.
47 BAG 8.6.2000 – 2 AZN 276/00 – DB 2000, 1772.
48 LAG Rheinland-Pfalz 12.7.2007 – 11 TaBV 21/07.
49 BAG 24.11.2005 – 2 ABR 55/04 – AP § 103 BetrVG 1972 Nr. 55.

erteilt der BR zwischen den Instanzen die Zustimmung, handelt es sich um ein objektiv erledigendes Ereignis für das Zustimmungsersetzungsverfahren nach Abs. 2.[50]

17 **1. Einleitung durch Arbeitgeber.** Die Einleitung des Zustimmungsersetzungsverfahrens obliegt dem AG.[51] Die Entscheidung über die Zustimmungsersetzung ergeht gem. §§ 2a Nr. 1, 80, 84 ArbGG im Beschlussverfahren.[52]

18 **2. Verweigerung und fehlende Stellungnahme.** Die Regelung des Abs. 2 S. 1 ist unvollständig. Dies wird mit Blick auf die Frist des § 626 Abs. 2 BGB klar, der bei außerordentlichen Künd stets zu beachten ist. Abs. 2 S. 1 regelt ausdrücklich lediglich den Fall der Verweigerung der Zustimmung durch den BR. Nicht angesprochen werden Konstellationen, in denen der BR auf den Antrag des AG auf Zustimmung zu einer Künd hin nicht Stellung nimmt. Sachkundige AG setzen dem BR in entsprechender Anwendung des § 102 Abs. 2 S. 3 eine im Allgemeinen als ausreichend angesehene **Drei-Tages-Frist**[53] zur Erklärung, ob die Zustimmung verweigert werden soll oder nicht. Dies ist zumindest der sichere Weg, selbst wenn § 102 Abs. 2 S. 3 für entsprechend anwendbar gehalten wird.[54] Gibt der BR binnen drei Tagen keine Erklärung ab, so gilt die Zustimmung als verweigert.[55]

19 **3. Fristen für Ersetzung.** Der AG kann und muss binnen der **Zwei-Wochen-Frist** des § 626 Abs. 2 S. 1 BGB die Ersetzung der Zustimmung des BR beim ArbG beantragen,[56] will er die Künd noch rechtswirksam aussprechen. Verstreicht daher die gesetzte Drei-Tages-Frist ohne Stellungnahme des BR, so kann der AG im Wege des Beschlussverfahrens beantragen, die Zustimmung des BR zu ersetzen. Reicht ein AG den Antrag auf Zustimmungsersetzung jedoch vor einer Stellungnahme des BR und vor Verstreichen der Drei-Tages-Frist ein, ist der Antrag unzulässig.[57] Wird der Antrag zum ArbG erst außerhalb der zweiwöchigen Ausschlussfrist des § 626 Abs. 2 BGB gestellt, kann keine wirksame außerordentliche Künd mehr ausgesprochen werden, so dass der Antrag schon als unbegründet zurückzuweisen ist.[58] Wird das Arbverh nach dem Antrag auf Zustimmungsersetzung, aber vor Entscheidung des ArbG beendet, so ist der Antrag als unzulässig abzuweisen.[59]

20 **4. Antragstellung.** Der Antrag auf Ersetzung der verweigerten Zustimmung ist dann unzulässig, wenn er als vorsorglicher Ersetzungsantrag gestellt worden ist.[60] Ein wirksamer Ersetzungsantrag setzt daher eine **Zustimmungsverweigerung**, zumindest in Form des fruchtlosen Fristablaufs einer gesetzten Äußerungsfrist oder des Verstreichens der Drei-Tages-Frist aus der entsprechenden Anwendung des § 102 Abs. 2 S. 3 voraus. Ein Beschlussverfahren nach Abs. 2 kann hilfsweise mit einem Ausschließungsantrag nach § 23 Abs. 1 verbunden werden.[61] Es ist jedoch nicht möglich, einen Ausschließungsantrag nach § 23 Abs. 1 hilfsweise mit einem Antrag nach Abs. 2 zu verbinden.[62]

Hat das ArbG oder das LAG eine Ersetzung der Zustimmung zur Künd rechtskräftig abgelehnt, so ist ein erneuter Antrag nur zulässig, wenn neue Tatsachen die Ersetzung der Zustimmung zulassen würden. Dies kann der Fall sein, wenn der durch § 103 geschützte Funktionsträger rechtskräftig strafrechtlich verurteilt wurde.[63]

21 **5. Nachschieben von Tatsachen.** Im Zustimmungsersetzungsverfahren ist im Unterschied zu Anhörungsverfahren nach § 102 das Nachschieben von Tatsachen zulässig, die erst im Lauf des Verfahrens bis zu dessen rechtskräftigen Abschluss eintreten. Der AG kann daher noch solche Umstände im Laufe des erst- oder zweitinstanzlichen Gerichtsverfahrens zur Begründung des Antrages heranziehen, die erst während des laufenden Verfahrens entstanden sind. Allerdings muss der AG vor der Einführung dieser Umstände im Zustimmungsersetzungsverfahren dem BR die Gelegenheit geben, seine Stellungnahme im Lichte der neuen Tatsachen zu überprüfen.[64]

22 **6. Unverzügliche Kündigung.** Ersetzt das ArbG die Zustimmung, so hat der AG nach Ansicht des BAG nach Rechtskraft der die Zustimmung ersetzenden Entscheidung unverzüglich zu kündigen.[65] Die Pflicht zur unverzüg-

---

50 LAG Berlin 13.7.2004 – 16 TaBV 2358/03 – LAGE § 103 BetrVG 2001 Nr. 3.
51 *Weber/Lohr*, BB 1999, 2350, 2355.
52 Hessisches LAG 27.1.2004 – 13 TaBV 113/03 – juris.
53 *Diller*, NZA 2004, 579, 580.
54 Vgl. *Weber/Lohr*, BB 1999, 2350, 2355.
55 Vgl. BAG 24.10.1996 – 2 AZR 3/96 – AP § 103 BetrVG 1972 Nr. 32.
56 Vgl. BAG 24.10.1996 – 2 AZR 3/96 – AP § 103 BetrVG 1972 Nr. 32; Hessisches LAG 27.1.2004 – 13 TaBV 113/03 – juris.
57 BAG 24.10.1996 – 2 AZR 3/96 – AP § 103 BetrVG 1972 Nr. 32; *Weber/Lohr*, BB 1999, 2350, 2355.
58 BAG 27.6.2002 – 2 ABR 22/01 – AP § 103 BetrVG 1972 Nr. 47.
59 BAG 10.2.1977 – 2 ABR 80/76 – AP § 103 BetrVG 1972 Nr. 9.
60 BAG 7.5.1986 – 2 ABR 27/85 – AP § 103 BetrVG 1972 Nr. 18; BAG 24.10.1996 – 2 AZR 3/96 – AP § 103 BetrVG 1972 Nr. 32.
61 *Leuze*, DB 1993, 2590, 2592.
62 BAG 21.2.1978 – 1 ABR 54/76 – AP § 74 BetrVG 1972 Nr. 1.
63 BAG 16.9.1999 – 2 ABR 68/98 – AP § 103 BetrVG 1972 Nr. 38.
64 BAG 23.4.2008 – 2 ABR 71/07, DB 2008, 1756.
65 BAG 24.4.1975 – 2 ABR 118/74 – AP § 103 BetrVG 1972 Nr. 3; BAG 18.8.1977 – 2 ABR 19/77 – AP § 103 BetrVG 1972 Nr. 10; BAG 25.1.1979 – 2 AZR 983/77 – AP § 103 BetrVG 1972 Nr. 12.

lichen Künd wird aus der vergleichbaren Regelung des § 91 SGB IX gefolgert.[66] Die Pflicht zur unverzüglichen Künd gilt auch für den Fall, dass der BR nach Einlegung des Antrags auf Zustimmungsersetzung doch noch die Zustimmung erteilt.[67] Die Zwei-Wochen-Frist des § 626 Abs. 2 BGB wird daher nicht erneut in Lauf gesetzt.[68] Unter unverzüglich ist unter Bezug auf § 121 BGB der Ausspruch einer Künd ohne schuldhaftes Zögern zu verstehen. Die vor Rechtskraft einer Ersetzungsentscheidung erklärte Künd ist dagegen unheilbar nichtig.[69] In einem solchen Fall wird das anhängige Zustimmungsersetzungsverfahren nach § 103 abgebrochen und damit gegenstandslos.[70] Will der AG eine weitere Künd aussprechen, muss er vorher eine neue Zustimmung einholen und ggf. ein Zustimmungsersetzungsverfahren durchführen.[71] Hierbei ist dem AG zuzumuten, sich nach Ablauf der Rechtsmittelfrist, also nach dem Eintritt der Rechtskraft zu erkundigen.[72] Gegen Urteile eines LAG kann grds. die **Nichtzulassungsbeschwerde** für den Fall eingelegt werden, dass keine Revision zugelassen wurde. Hat das LAG die Revision zugelassen, ist die Entscheidung bis zum Ablauf der Revisionsfrist bzw. des Revisionsverfahrens noch nicht rechtskräftig. Ist jedoch nur der Weg über die Nichtzulassungsbeschwerde eröffnet, kann der AG die Ablehnung der Nichtzulassungsbeschwerde abwarten.[73] Kündigt der AG hingegen schon vor dem Ablauf der Frist für die Einlegung einer Nichtzulassungsbeschwerde, ist die Künd zulässig, wenn die Nichtzulassungsbeschwerde offensichtlich unstatthaft ist.[74] Die durch eine frühe Künd entstehenden Risiken trägt der AG.[75]

7. Arbeitsgerichtliche Ablehnung der Ersetzung. Lehnt das ArbG die Ersetzung der Zustimmung hingegen rechtskräftig ab, so kann der AG dem Funktionsträger nicht kündigen. Eine gleichwohl ausgesprochene Künd ist rechtswidrig. Ein Auflösungsantrag kann ebenfalls nicht gestellt werden. Möglich ist indes ein Verfahren nach § 23 Abs. 1, wodurch freilich das Arbverh nicht beendet werden kann.

8. Beginn und Ende des Amts. Hat ein AG den Antrag nach Abs. 2 gestellt, weil kein BR vorhanden ist, so wird der Antrag auf Ersetzung der Zustimmung unbegründet, wenn ein BR gewählt wird, da das ArbG kein Ersatz-BR ist.[76]
Endet während eines eingeleiteten Zustimmungsersetzungsverfahrens die Wahlperiode des BR, so ist dies ohne Relevanz, wenn das betreffende BR-Mitglied wiedergewählt wird. Die bisherige Verweigerung hat weiterhin Gültigkeit, es sei denn, der neue BR erteilt nunmehr die Zustimmung, was ihm unbenommen bleibt. Das gerichtliche Ersetzungsverfahren ist ohne Zustimmung des neuen BR fortzuführen.[77] Endet vor Rechtskraft der Entscheidung im Zustimmungsersetzungsverfahren der Künd-Schutz eines Amtsträgers, kann das Beschlussverfahren nicht fortgesetzt werden. Wird es nicht für erledigt erklärt, ist der Antrag als unzulässig abzuweisen. Bei Wahlbewerbern endet das Zustimmungserfordernis vor Bekanntgabe des Wahlergebnisses bei Rücknahme der Kandidatur.[78]

9. Kein Parteiverfahren. Bei dem gerichtlichen Vorgehen gem. Abs. 2 handelt es sich nicht um ein reines Parteiverfahren. Vielmehr ist das ArbG **von Amts wegen** zur Aufklärung aller im Rahmen der außerordentlichen Künd maßgeblichen Umstände verpflichtet, soweit der AG sich auf einen bestimmten Sachverhalt beruft.[79] Das Gericht hat alle Gründe in Bezug auf eine mögliche Unwirksamkeit der beabsichtigten Künd zu prüfen.[80] Hierzu gehört auch etwa ein Verstoß gegen das Künd-Verbot aus § 9 Abs. 1 S. 1 MuSchG (siehe § 9 MuSchG Rn 2 ff.).[81] Es ist daher auch nicht darauf beschränkt zu entscheiden, ob der Beschluss des BR auf Ermessensfehlern beruht.

10. Betroffener als Beteiligter. Im Verfahren nach Abs. 2 ist der **Betroffene Beteiligter**. Gegen den die Zustimmung ersetzenden Beschluss des ArbG kann nicht nur der BR, sondern auch er nach § 87 Abs. 1 ArbGG Beschwerde

---

66 BAG 24.4.1975 – 2 AZR 118/74 – AP § 103 BetrVG 1972 Nr. 3; BAG 18.8.1977 – 2 ABR 19/77 – AP § 103 BetrVG 1972 Nr. 10; BAG 25.1.1979 – 2 AZR 983/77 – AP § 103 BetrVG 1972 Nr. 12; vgl. *Diller*, NZA 2004, 579, 581.
67 BAG 8.6.2000 – 2 AZN 276/00 – AP § 103 BetrVG 1972 Nr. 41 = NZA 2000, 899; *Diller*, NZA 2004, 579, 581.
68 *Weber/Lohr*, BB 1999, 2350, 2356; *Diller*, NZA 2004, 579, 580.
69 BAG 9.7.1998 – 2 AZR 142/98 – AP § 103 BetrVG 1972 Nr. 36; *Weber/Lohr*, BB 1999, 2350, 2356.
70 BAG 24.10.1996 – 2 AZR 3/96 – AP § 103 BetrVG 1972 Nr. 32 = NZA 1997, 371; *Diller*, NZA 2004, 579, 581.
71 LAG Hamm 4.8.2000 – 10 TaBV 7/00 – LAGE § 103 BetrVG 1972 Nr. 17; krit. *Diller*, NZA 2004, 579, 581.
72 ArbG Wiesbaden 11.1.1978 – 6 Ca 6423/77 – DB 1978, 796.
73 BAG 9.7.1998 – 2 AZR 142/98 – AP § 103 BetrVG 1972 Nr. 36 = BB 1998, 2317; *Weber/Lohr*, BB 1999, 2350, 2356.
74 BAG 9.7.1998 – 2 AZR 142/98 – AP § 103 BetrVG 1972 Nr. 36 = BB 1998, 2317; *Diller*, NZA 1998, 1163.
75 *Weber/Lohr*, BB 1999, 2350, 2356.
76 BAG 30.5.1978 – 2 AZR 637/76 – AP § 15 KSchG 1969 Nr. 4.
77 *Schulz*, NZA 1995, 1130.
78 BAG 17.3.2005 – 2 AZR 275/04 – NZA 2005, 1064; LAG München 14.9.2005 10 TaBV 11/04 – juris; zum Meinungsspektrum s. *Schulz*, NZA 1995, 1130 f.
79 BAG 27.1.1977 – 2 ABR 77/76 – AP § 103 BetrVG 1972 Nr. 7.
80 BAG 11.5.2000 – 2 AZR 276/99 – AP § 103 BetrVG 1972 Nr. 42.
81 A.A. LAG Düsseldorf 18.3.1999 – 11 Sa 1950/98 – FA 1999, 262; *Weber/Lohr*, BB 1999, 2350, 2355.

einlegen.[82] Dies ist wegen der Kostenerstattung durch den AG selbst bei Obsiegen[83] oder wenn der BR die Entscheidung hinnimmt möglich. Er kann daher ein Rechtsmittel ergreifen, selbst wenn der BR dies nicht wünscht.[84] Dies gilt jedoch dann nicht, wenn der AG den Antrag auf Zustimmung zurücknimmt oder das Verfahren vom BR und dem AG als erledigt erklärt wird.[85] Antragsgegner im Verfahren nach Abs. 2 ist der BR. Ist noch kein BR gewählt, ist kein Antragsgegner zu bezeichnen.

27 **11. Rechtsanwaltliche Vertretung.** Im Beschlussverfahren nach Abs. 2 kann ein RA sowohl den BR als auch das betroffene BR-Mitglied vertreten, denn der BR und das BR-Mitglied haben i.d.R. dasselbe Ziel, nämlich die Abwehr des Zustimmungsersetzungsantrags. Gelangt der BR allerdings zu der Auffassung, er wolle an der Zustimmungsverweigerung nicht mehr festhalten, muss der RA beide Mandate niederlegen um nicht gegen das Verbot der Vertretung widerstreitender Interessen zu verstoßen.[86] Nach Auffassung des LAG Rheinland-Pfalz soll eine angestellte Rechtssekretärin des DGB, die zugleich als RA zugelassen ist, bei einer Vertretung des BR-Mitgliedes im Gütetermin gem. § 46 Abs. 2 Nr. 1 BRAO daran gehindert sein, den BR im folgenden Beschwerdeverfahren zu vertreten.[87]

28 **12. Amtsausübung während des Ersetzungsverfahrens.** Der Funktionsträger ist während des Verfahrens nach § 103 nicht gehindert, sein Amt auszuüben.[88] Ebenso ist ein **einstweiliges Verfügungsverfahren** mit dem Ziel, dem AN die Ausübung seines Amtes zu untersagen, unzulässig,[89] da hierdurch eine unzulässige Vorwegnahme der Hauptsache erfolgen würde. Dem Schutzzweck des § 103 würde hierdurch gerade widersprochen, da die Kontinuität des Kollektivorgans beschädigt würde. Auch nach einer erstinstanzlichen Ersetzung der Zustimmung, die noch nicht rechtskräftig ist, ist der Funktionsträger grds. nicht gehindert, weiterhin den Betrieb zum Zweck der Ausübung seines Amtes zu betreten. Er kann nur unter besonders erschwerten Voraussetzungen von der Arbeit freigestellt werden.[90] Da noch keine rechtskräftige Entsch. vorliegt, kann auch noch keine Künd wirksam ausgesprochen werden. Daran ändert selbst ein Hausverbot eines AG nichts.[91] Erst wenn ein BR eine Zustimmung erteilt hat oder das ArbG sie rechtskräftig ersetzt hat, ist der Funktionsträger – selbst während des Laufs eines Künd-Rechtsstreits – an der Ausübung seiner Tätigkeit verhindert.[92]

V. Kostentragung im Ersetzungsverfahren

29 Für den BR als Kollegialorgan bestimmt § 40 Abs. 1, dass die durch die Tätigkeit des BR entstehenden Kosten der AG trägt. Hierunter fallen nicht nur eventuelle Gerichtskosten. Erfasst werden auch **Rechtsanwaltskosten**, wenn der BR bei verständiger Abwägung die anwaltliche Tätigkeit für erforderlich halten durfte,[93] was regelmäßig bei einem gerichtlichen Verfahren nach Abs. 2 der Fall sein dürfte. Die Anwaltskosten sind dann vom AG in allen Instanzen zu tragen. Der Ausgang des Verfahrens ist für die Kostentragungspflicht ohne Relevanz.[94]

30 Regelmäßig besteht auch ein Kostenerstattungsanspruch gegenüber einem einzelnen BR-Mitglied für dessen Künd die Zustimmung beantragt wird und welches im Rahmen des gerichtlichen Zustimmungsersetzungsverfahrens einen eigenen Anwalt mit der Wahrnehmung seiner Interessen beauftragt hat. Dieser Anspruch lässt sich jedoch nicht aus § 40 ableiten, da hierdurch nur der BR als Kollegialorgan berechtigt wird. Das einzelne BR-Mitglied wird nicht in der Funktion als Mitglied des BR tätig, sondern als AN, der sich gegen eine beabsichtigte Künd seines AG wendet. Es geht daher um sein persönliches privatrechtliches Interesse.[95] Ein Anspruch besteht aber aufgrund des Benachteiligungsverbots des § 78 S. 2, denn nur BR-Mitglieder und andere Funktionsträger können der Gefahr ausgesetzt sein, an einem Verfahren auf Zustimmungsersetzung beteiligt zu werden. Dem BR-Mitglied kann auch nicht der Kostenersatzanspruch mit dem Hinweis verwehrt werden, dass schließlich bereits der BR anwaltlich vertreten sei, denn auf diesen Prozessbevollmächtigten, der nicht sein Vertrauen genießen muss, hat es weder unmittelbaren Einfluss, noch konnte es ihn auswählen oder ihn gar auswechseln. Das einzelne BR-Mitglied kann darüber hinaus auch nicht auf das Künd-Schutzverfahren verwiesen werden, da das Ersetzungsverfahren präjudizielle Wirkungen besitzt.

---

82 BAG 10.12.1992 – 2 ABR 32/92 – AP § 87 ArbGG 1979 Nr. 4; BAG 23.6.1993 – 2 ABR 58/92 – AP § 83a ArbGG 1979 Nr. 2.
83 BAG 31.1.1990 – 1 ABR 39/89 – AP § 103 BetrVG 1972 Nr. 28.
84 BAG 10.12.1992 – 2 ABR 32/92 – AP § 87 ArbGG 1979 Nr. 4 – EzA § 103 BetrVG Nr. 33; *Weber/Lohr*, BB 1999, 2350, 2355.
85 Zur Möglichkeit BAG 23.6.1993 – 2 ABR 58/92 – AP § 83a ArbGG 1979 Nr. 2; *Brehm*, EzA § 103 BetrVG 1972 Nr. 34.
86 BAG 25.8.2004 – 7 ABR 60/03 – NJW 2005, 921.
87 LAG Rheinland-Pfalz 6.6.2005 – 7 TaBV 15/04 – NZA-RR 2006, 199.
88 *Fitting u.a.*, § 103 Rn 44; *Fischermeier*, ZTR 1998, 433, 437.
89 ArbG Elmshorn 10.9.1996 – 1d BVGa 36/96 – AiB 1997, 173; zustimmend *Zabel*, AiB 1997, 173; *Lepke*, BB 1973, 894, 899.
90 LAG Köln 2.8.2005 – 1 Sa 952/05 – NZA-RR 2006, 28.
91 LAG Düsseldorf 22.2.1977 – 11 TaBV 7/77 – DB 1977, 1053; ArbG Elmshorn 10.9.1996 – 1d BVGa 36/96 – AiB 1997, 173; *Hümmerich*, DB 2001, 1778.
92 LAG Düsseldorf 27.2.1975 – 3 TaBV 2/75 – DB 1975, 700; LAG Schleswig-Holstein 2.9.1976 – 4 TaBV 11/76 – BB 1976, 1319.
93 BAG 3.10.1978 – 6 ABR 102/76 – EzA § 40 BetrVG 1972 Nr. 37 = AP § 40 BetrVG 1972 Nr. 14.
94 *Wilfurth/Hubmann*, FA 2000, 273.
95 BAG 31.1.1990 – 1 ABR 39/89 – AP § 103 BetrVG 1972 Nr. 28 = NZA 1991, 152; *Wilfurth/Hubmann*, FA 2000, 273.

Das auf Ersetzung der fehlenden Zustimmung des BR zu einer fristlosen Künd eines Funktionsträgers gerichtete Verfahren ist streitwertmäßig wie der Künd-Schutzprozess des Betroffenen zu behandeln.[96] Es richtet sich nach dem Vierteljahresverdienst des BR-Mitglieds.[97]

Auch in Zustimmungsersetzungsverfahren kann der betroffene Funktionsträger – bei Vorliegen der sonstigen Voraussetzungen – **Prozesskostenhilfe** erhalten. Wegen der Bedeutung des Zustimmungsersetzungsverfahrens für den Funktionsträger ist er kostenrechtlich gegenüber dem AG so zu behandeln, als sei das Zustimmungsersetzungsverfahren bereits der Künd-Schutzprozess. Es würde ansonsten zu Wertungswidersprüchen führen, wenn diese Gleichbehandlung nicht auch auf das Prozesskostenhilferecht erstreckt wird.[98]

VI. Kündigungsschutzverfahren

Nach Ausspruch einer Künd hat der betroffene Funktionsträger die Möglichkeit, binnen drei Wochen Künd-Schutzklage zu erheben. Die Entscheidung des ArbG gem. § 103, die im Beschlussverfahren ergangen ist, hat hierbei jedoch präjudizielle Wirkung für das Urteilsverfahren im Künd-Prozess. Eine abweichende Sachentsch. erfolgt regelmäßig nicht, da das ArbG den Sachverhalt im Gegensatz zu einem üblichen Parteiverfahren sogar eingehender geprüft hat. Dies gilt umso mehr, als der Funktionsträger sich nach rechtskräftiger Zustimmungsersetzung grds. nicht mehr auf Künd-Hindernisse berufen kann, die er schon im Zustimmungsersetzungsverfahren hätte einwenden können.[99] Wegen dieser **Präklusionswirkung**[100] kann der AN im Künd-Schutzprozess die unrichtige Entscheidung der Vorfrage nur dann geltend machen, wenn er neue Tatsachen vorträgt, die im Beschlussverfahren noch nicht berücksichtigt werden konnten. Gelingt ihm das nicht, so ist eine solche Künd-Schutzklage zwar regelmäßig zulässig, aber als unbegründet abzuweisen.[101] Dies gilt jedoch nicht für solche Künd-Hindernisse, die – wie die fehlende Zustimmung der Hauptfürsorgestelle zur Künd eines Schwerbehinderten – noch nach Abschluss des betriebsverfassungs- bzw. personalvertretungsrechtlichen Zustimmungsersetzungsverfahrens beseitigt werden können. Auch die erst später mit Rückwirkung festgestellte Schwerbehinderung ist als neue Tatsache im Künd-Schutzprozess berücksichtigungsfähig.[102] Formmängel einer Künd können ebenso noch im Künd-Schutzverfahren erfolgreich vom AN geltend gemacht werden. Neben der Verletzung des Schriftformerfordernisses kann hier auch die Verletzung der Vertretungsregeln in der Kombination mit einer Zurückweisung nach § 174 S. 1 BGB von wesentlichem Gewicht sein, da eine erneute Künd regelmäßig nicht mehr unverzüglich nach der Zustimmung oder deren rechtskräftigen Ersetzung erfolgt sein dürfte.

Im Falle der Verweigerung einer Zustimmung tritt hinsichtlich der Künd eines geschützten Funktionsträgers das Zustimmungsersetzungsverfahren funktional an die Stelle des Künd-Schutzprozesses.[103] Etwas anderes gilt jedoch, wenn der AG vor Rechtskraft der die Zustimmung ersetzenden Entsch. kündigt oder wenn die Künd nicht unverzüglich nach der Rechtskraft der die Zustimmung ersetzenden Entsch. erfolgt. Dann ist zwar von AG-Seite das Verfahren nach Abs. 2 erfolgreich beendet worden, die Künd ist gleichwohl rechtsunwirksam.

VII. Versetzung von Funktionsträgern

Abs. 3 ist durch das **Betriebsverfassungsreformgesetz** vom 23.7.2001 eingeführt worden. Diese Regelung findet ihren Grund darin, dass ein BR, der über die Grenzen des Betriebs hinaus versetzt wird, gem. § 24 Abs. 1 Nr. 4 sein Amt verliert. Durch die Neuregelung hat sich der Meinungsstreit erledigt, ob bei der unfreiwilligen Versetzung eines BR kraft Direktionsrechts des AG in einen anderen Betrieb, die zur Folge hat, dass die Mitgliedschaft im BR erlischt, § 103 analog Anwendung findet.[104] Nunmehr stellt Abs. 3 S. 1 klar, dass eine Versetzung der in Abs. 1 genannten Personen, die zu einem Verlust des Amtes oder der Wählbarkeit führen würde, der Zustimmung des BR bedarf. Hierbei gelten die oben ausgeführten Grundsätze zum Zustimmungsverfahren.

1. Versetzung. Der Begriff der Versetzung i.S.v. Abs. 3 ist mit dem des § 95 Abs. 3 identisch (siehe § 95 Rn 16). Kurzfristige Arbeitsplatzwechsel von wenigen Tagen und Betriebsübergänge nach § 613a BGB stellen daher keine Versetzungen dar.

2. Zustimmung des Arbeitnehmers. Ausdrücklich ausgenommen sind gem. Abs. 3 S. 1 Hs. 2 die Fälle, in denen der betroffene AN mit der Versetzung einverstanden ist. Für die **Einverständniserklärung** gibt es keine Formvorgabe. Sie kann daher auch mündlich erfolgen. Sie kann auch zu einem späteren Zeitpunkt erfolgen, selbst wenn bereits ein gerichtliches Ersetzungsverfahren eingeleitet wurde. Ein Einverständnis zur Versetzung im Arbeitsvertrag

---

96 LAG Rheinland-Pfalz 26.3.2004 – 6 Ta 63/04 – juris.
97 LAG Rheinland-Pfalz 30.3.2004 – 2 Ta 69/04 – AGS 2005, 167.
98 BAG 29.10.2007 – 3 AZB 25/07.
99 BAG 11.5.2000 – 2 AZR 276/99 – AP § 103 BetrVG 1972 Nr. 42.
100 BAG 29.10.2007 – 3 AZB 25/07.
101 BAG 24.4.1975 – 2 AZR 118/74 – AP § 103 BetrVG 1972 Nr. 3; BAG 9.1.1986 – 2 ABR 24/85 – AP § 626 BGB Ausschlussfrist Nr. 20.
102 BAG 11.5.2000 – 2 AZR 276/99 – AP § 103 BetrVG 1972 Nr. 42.
103 *Wilfurth/Hubmann*, FA 2000, 273.
104 Vgl. zum damaligen Meinungsstand Richardi/*Thüsing*, § 103 Rn 30.

reicht jedoch nicht aus,[105] da es auf die besondere Situation als Mitglied des BR ankommt, die regelmäßig im Zeitpunkt des Abschlusses des Arbeitsvertrages noch unbekannt war. Als einseitige Willenserklärung ist die Erklärung des Einverständnisses nicht widerrufbar. Nur in den sehr engen inhaltlichen und fristbezogenen Voraussetzungen einer Anfechtung kann sie nachträglich – bei Vorliegen der materiellen Voraussetzungen – beseitigt werden.

36 **3. Verlust des Amtes oder der Wählbarkeit.** Versetzungen von Funktionsträgern bedürfen nach § 103 nicht der Zustimmung des BR, wenn die Versetzung nicht zum **Verlust des Amtes oder der Wählbarkeit** führen würde. Für die Einschätzung der Frage, ob ein solcher Verlust des Amtes oder der Wählbarkeit vorliegt, kommt es nicht auf die Regelungen im Arbeitsvertrag an. Bei einem weiten Direktionsrecht des AG kann daher ein Verlust des Amtes oder der Wählbarkeit bei einer Versetzung vorliegen, so dass eine Zustimmung des BR – soweit kein Einverständnis des Funktionsträgers vorliegt – einzuholen ist. Ist hingegen die arbeitsvertragliche Beschreibung des Arbeitsplatzes sehr eng, so dass bei der Zuweisung des anderen Arbeitsplatzes nicht nur eine Versetzung vorliegt, sondern vielmehr eine Änderungs-Künd ausgesprochen werden muss, greift nicht Abs. 3 ein. In diesen Fällen sind vielmehr die für Künd eingreifenden Vorgaben des Abs. 1 und Abs. 2 einschlägig.

37 **4. Ersetzungsverfahren.** Auch in Abs. 3 S. 2 ist ein Ersetzungsverfahren bei fehlender Zustimmung des BR vorgesehen. Das ArbG soll die Zustimmung zur Versetzung nur dann ersetzen, wenn diese auch unter Berücksichtigung der betriebsverfassungsrechtlichen Stellung des betroffenen AN aus **dringenden betrieblichen Gründen** notwendig ist. Das Gesetz stellt daher ausdrücklich auf die betriebsverfassungsrechtliche Stellung des betroffenen AN ab. Ist der Funktionsträger daher bspw. BR-Vorsitzender, dürfte er höheren Schutz genießen als ein Ersatzmitglied, das erst kurze Zeit und wohl auch für einen überschaubaren Zeitraum ein ausgefallenes BR-Mitglied oder einen Wahlbewerber ersetzt.[106]

38 **5. Dringende betriebliche Gründe.** Die für die Ersetzung der Zustimmung notwendigen dringenden betrieblichen Gründe stellen einen unbestimmten Rechtsbegriff dar, der jedoch aus einer Gesamtschau der §§ 8 Abs. 4, 9 TzBfG, §§ 1, 2 KSchG, § 100, § 7 Abs. 3 S. 2 BUrlG, § 78a Abs. 4 teleologisch zu ermitteln ist. Hierbei sollte der Begriff der dringenden betrieblichen Gründe in den besonderen Kontext der betriebsverfassungsrechtlichen Stellung des betroffenen AN gesetzt werden. In seiner Entsch., ob er gem. Abs. 3 eine Zustimmung erteilt oder nicht, ist der BR nicht völlig frei. Er hat die Entsch. vielmehr nach pflichtgemäßem Ermessen zu treffen.

39 **6. Verhältnis zu § 99.** Ist der BR mit einer überbetrieblichen Versetzung eines Funktionsträgers nicht einverstanden, verdrängt das Verfahren nach Abs. 3 des abgebenden Betriebes als speziellere Vorschrift § 99, so dass der BR nicht mehr im Hinblick auf § 99 zu beteiligen ist. Losgelöst davon ist freilich der BR des aufnehmenden Betriebes nach § 99 einzubinden.

C. Verbindung zu anderen Rechtsgebieten und zum Prozessrecht

40 Die Regelung des § 103 steht in engem Zusammenhang mit dem Sonder-Künd-Schutz der Funktionsträger, wie er in § 15 KSchG festgelegt ist. Neben dem besonderen Künd-Schutz nach § 15 KSchG ergänzt § 103 diesen Künd-Schutz um weitere formelle Anforderungen. Insbes. wird durch § 103 der BR in die Lage gesetzt, sich aktiv für die Rechte des betroffenen Funktionsträgers einzusetzen. § 103 enthält selbst keine materiellrechtliche Regelung sondern verstärkt den Sonder-Künd-Schutz nach § 15 KSchG, indem die Künd an die Zustimmung des BR-Gremiums geknüpft wird.[107] Darüber hinaus ist bei § 103 die Fristenregelung des § 626 Abs. 2 BGB zu berücksichtigen. Hierdurch wird der Ausspruch einer außerordentlichen Künd an die Einhaltung einer Zwei-Wochen-Frist gebunden. Dies ist umso bedeutsamer, als die Frist zur Erklärung der Künd nicht durch das Verfahren nach Abs. 1, also die außergerichtliche Einholung der Zustimmung, gehemmt wird.[108]

41 Für den Bereich des Bundespersonal-Vertretungsrechts finden sich für die in § 103 enthaltene Regelung entsprechende Vorschriften in §§ 47 Abs. 1 und 108 Abs. 1 BPersVG.[109]

42 Für das Ersetzungsverfahren gem. Abs. 2 gelten §§ 80 ff. ArbGG entsprechend.

D. Beraterhinweise

43 Das Verfahren gem. § 103 ist in seiner praktischen Bedeutung nicht zu unterschätzen. Ebenso wie beim Anhörungsverfahren nach § 102 können hier schon formelle Fehler unterlaufen, die – völlig losgelöst von der materiellen Rechtfertigung der Künd – dazu führen, dass eine Künd rechtswidrig ist. Schon aus diesem Blickwinkel heraus bietet es sich – wie bei § 102 – an, Anträge an den BR aus beweistechnischen Gründen **schriftlich** zu stellen. Ergänzend hierzu

---

105 Richardi/*Thüsing*, § 103 Rn 33.
106 Vgl. *Löwisch*, BB 2001, 1734, 1790; a.A. *Rieble*, ZIP 2001, 133.
107 *Feudner*, DB 1994, 1570, 1571.
108 *Weber/Lohr*, BB 1999, 2350, 2355.
109 S. zum Vergleich zwischen dem Betriebsverfassungsrecht und dem Personalvertretungsrecht: *Leuze*, DB 1993, 2590.

kann dann eine mündliche Antragstellung erfolgen, so dass in einem etwaig folgenden Prozess eine umfassende Information auch im Randbereich dargelegt und bewiesen werden kann.

Zwar kann die **Zustimmung** gem. § 103 Abs. 1 des BR auch **formlos** erfolgen.[110] Gleichwohl sollte ein AG gegenüber dem BR ebenfalls aus Gründen der Rechtssicherheit, die insbes. auch im Hinblick auf die Fristen des § 626 Abs. 2 BGB streng einzuhalten sind, in seinem Antrag ausdrücklich eine **schriftliche Stellungnahme des BR fordern**. Darüber hinaus ist es für einen AG sehr ratsam, nicht nur die Zustimmung zur Künd zu beantragen. Vielmehr sollte der AG zur Verweigerung der Zustimmung dem BR eine Frist setzen. Diese sollte in Anlehnung an § 102 Abs. 2 S. 3 drei Tage betragen. 44

Bei einem **Antrag auf Erteilung einer Zustimmung** – sowohl zu einer außerordentlichen Künd als auch zu einer Versetzung i.s.v. Abs. 3 – ist zu beachten, dass der BR entsprechende Anträge bei fehlender Bevollmächtigung zurückweisen kann. Der Antrag muss daher von einer entsprechend bevollmächtigten Person gegenüber dem BR abgegeben werden, da sonst im Falle einer Künd bereits eine Fristverletzung des § 626 Abs. 2 BGB droht und die Künd schon allein aus formellen Gründen nicht mehr rechtswirksam ausgesprochen werden kann. 45

In jedem Falle muss die **Frist** des § 626 Abs. 2 BGB eingehalten werden. Hierbei ist zu bedenken, dass dem BR genügend Zeit eingeräumt werden muss, um über die Beantragung der Zustimmung zur außerordentlichen Künd zu beraten. Eine Frist von weniger als drei Tagen erscheint im Hinblick auf die Regelung in § 102 Abs. 2 S. 3 nur schwer vertretbar, auch wenn der Gesetzgeber von einer unverzüglichen Stellungnahme innerhalb von drei Tagen spricht. 46

Im Nachgang zu einem die Zustimmung des BR ersetzenden Beschlussverfahren ist in jedem Fall darauf zu achten, dass die Rechtskraft der Entsch. von AG-Seite nachgehalten wird. Besteht die Rechtskraft schon längere Zeit und hatte der AG es versäumt, sich über die bestehende Rechtskraft in eigenem Antrieb zu unterrichten, kann dieses wiederum einen formellen Grund für die Rechtswidrigkeit einer zu spät ausgesprochenen außerordentlichen Künd bilden. 47

Selbst wenn die Zustimmung des BR vorliegt, kann eine Künd nicht wirksam erfolgen, wenn der AG positive **Kenntnis von der Fehlerhaftigkeit des Beschlusses** des BR besitzt. Insbes. in den Fällen, in denen sich die Unwirksamkeit des Zustimmungsbeschlusses bereits aus der Zustimmungserklärung selbst ergibt, wenn bspw. durch Angabe der teilnehmenden Personen die Fehlerhaftigkeit offenkundig ist, kann sich der AG auf eine solche Zustimmung nicht berufen. Er hat vielmehr das Zustimmungsersetzungsverfahren durchzuführen bzw. die Frist abzuwarten und im Anschluss einen Antrag nach Abs. 2 an das ArbG zu stellen. 48

Ist die Versetzung eines Funktionsträgers geplant, sollte in keinem Falle vorschnell eine Zustimmung zur Versetzung eingeholt werden. Vielmehr sollte vorab genau geprüft werden, ob überhaupt eine **zustimmungspflichtige Versetzung** i.S.v. Abs. 3 vorliegt, d.h. ob diese Versetzung mit dem Verlust des Amtes oder der Wählbarkeit verbunden ist. Dies dürfte nur in Ausnahmefällen der Fall sein. Darüber hinaus dürfte in der betrieblichen Praxis auch großes Gewicht darauf zu legen sein, ob der betroffene AN mit der Versetzung einverstanden ist. Erklärt er sein **Einverständnis**, wobei keine Formvorschriften einzuhalten sind, erübrigt sich das Zustimmungsersetzungsverfahren. Andererseits ist zu beachten, dass selbst bei Vorliegen einer Zustimmung des BR die Versetzung an individualrechtlichen Schranken scheitern kann. So ist aufgrund des Wechsels des Vertragspartners bei einer konzernweiten Versetzungsklausel unter Beachtung der Vorgaben des Rechts der allgemeinen Geschäftsbedingungen eine solche Versetzungsabrede nicht rechtswirksam[111] und kann daher auch nicht zwangsweise gegen den Willen des AN als Versetzung durchgesetzt werden. Das Augenmerk kann daher nicht ausschließlich auf die kollektivrechtlichen Rahmenbedingungen beschränkt werden. 49

§ 104	**Entfernung betriebsstörender Arbeitnehmer**

[1]Hat ein Arbeitnehmer durch gesetzwidriges Verhalten oder durch grobe Verletzung der in § 75 Abs. 1 enthaltenen Grundsätze, insbesondere durch rassistische oder fremdenfeindliche Betätigungen, den Betriebsfrieden wiederholt ernstlich gestört, so kann der Betriebsrat vom Arbeitgeber die Entlassung oder Versetzung verlangen. [2]Gibt das Arbeitsgericht einem Antrag des Betriebsrats statt, dem Arbeitgeber aufzugeben, die Entlassung oder Versetzung durchzuführen, und führt der Arbeitgeber die Entlassung oder Versetzung einer rechtskräftigen gerichtlichen Entscheidung zuwider nicht durch, so ist auf Antrag des Betriebsrats vom Arbeitsgericht zu erkennen, dass er zur Vornahme der Entlassung oder Versetzung durch Zwangsgeld anzuhalten sei. [3]Das Höchstmaß des Zwangsgeldes beträgt für jeden Tag der Zuwiderhandlung 250 Euro.

---

110 BAG 4.3.2004 – 2 AZR 147/03 – AP § 103 BetrVG 1972 Nr. 50 = NZA 2004, 717.

111 Vgl. ArbG Köln 7.3.1996 – 17 Ca 6257/95 – DB 1996, 1342; mit zust. Anm. *Wrede*, DB 1996, 1343.

Literatur: *Dieckhoff*, Druckkündigung auf Drängen von Belegschaftsmitgliedern, DB 1963, 1574; *Heinze*, Die betriebsverfassungsrechtlichen Ansprüche des Betriebsrats gegenüber dem Arbeitgeber, DB 1983, Beil. Nr. 9, S. 2 ff.; *Waechter*, Entlassung wegen Störung des Betriebsfriedens infolge unsozialen Verhaltens, DB 1961, 135

A. Allgemeines 1	6. Ernstliche Störung des Betriebsfriedens 10
B. Regelungsgehalt 3	II. Verlangen der Entlassung oder Versetzung 13
I. Verstoß des Arbeitnehmers 3	1. Entlassung 14
1. Arbeitnehmer 4	2. Versetzung 16
2. Gesetzwidriges Verhalten 5	III. Antragstellung an das Gericht 19
3. Grobe Verletzung der in § 75 Abs. 1 enthaltenen Grundsätze 6	IV. Durchsetzung mittels Zwangsgeld 23
4. Rassistische und fremdenfeindliche Betätigungen 8	C. Verbindung zu anderen Rechtsgebieten und zum Prozessrecht 25
5. Wiederholter Verstoß 9	D. Beraterhinweise 26

A. Allgemeines

1 Die Vorschrift des § 104 ermöglicht es dem BR, auf die Versetzung oder die Entlassung eines AN des Betriebs hinzuwirken. S. 1 enthält ein **Initiativrecht**[1] des BR, aufgrund dessen er vom AG die Entlassung oder Versetzung eines AN bei Vorliegen bestimmter Voraussetzungen verlangen kann. Kommt der AG einem Entlassungs- oder Versetzungsbegehren des BR nicht nach, eröffnet S. 2 dem BR den Weg zu den ArbG. Dort kann er dem AG aufgeben lassen, die Entlassung oder Versetzung des AN durchzuführen. S. 2 begründet darüber hinaus Rechte des BR für den Fall, dass ein AG die Entlassung oder Versetzung trotz rechtskräftiger gerichtlicher Entsch. nicht durchführt. Der BR kann in solchen Fällen vom ArbG erkennen lassen, dass der AG zur Vornahme der Entlassung oder Versetzung durch Zwangsgeld anzuhalten ist. Letztlich eröffnet § 104 dem BR daher die Möglichkeit, in besonderen Ausnahmefällen die Versetzung oder auch eine Entlassung eines Mitarbeiters gegen den Willen des AG durchzusetzen. Da es sich jeweils um eine Angelegenheit des einzelnen Betriebes handelt, kommen die durch § 104 gewährten Rechte keinem GBR oder KBR zu. Ein unternehmenseinheitlicher BR i.S.v. § 3 Nr. 1 (siehe § 3 Rn 18 ff.), ein Sparten-BR i.S.v. § 3 Nr. 2 (siehe § 3 Rn 26 ff.) wie auch andere AN-Vertretungsstrukturen i.S.v. § 3 Nr. 3 (siehe § 3 Rn 32 ff.) können sich indes auf § 104 berufen. Da Arbeitsgemeinschaften i.S.v. § 3 Nr. 4 (siehe § 3 Rn 37 ff.) wie auch zusätzliche betriebsverfassungsrechtliche Gremien (siehe § 3 Rn 40 ff.) nicht mit BR gleichzusetzen sind, können sie nicht nach § 104 vorgehen.

2 § 104 S. 1 erweitert die Rechte über solche hinaus, die dem BR bei Einstellungen oder Versetzungen gem. § 99 Abs. 1 zukommen. Gem. § 99 Abs. 2 Nr. 6 kann der BR eine Einstellung oder Versetzung mit dem Hinweis ablehnen, dass die begründete Besorgnis besteht, dass der für die personelle Maßnahme in Aussicht genommene Bewerber oder AN den Betriebsfrieden durch gesetzwidriges Verhalten oder durch grobe Verletzung der in § 75 Abs. 1 enthaltenen Grundsätze stören werde (siehe § 99 Rn 107). § 104 geht als Initiativrecht des BR über den in § 99 Abs. 2 Nr. 6 festgelegten Versagungsgrund für vom AG angestrebte personelle Maßnahmen hinaus und ergänzt ihn.

B. Regelungsgehalt

I. Verstoß des Arbeitnehmers

3 Voraussetzung der Rechte des BR gem. § 104 ist zunächst, dass der AN durch gesetzwidriges Verhalten oder durch grobe Verletzung der in § 75 Abs. 1 enthaltenen Grundsätze den **Betriebsfrieden wiederholt ernstlich gestört** hat. Diese Verletzungshandlung ist nicht identisch mit der von der Norm noch zusätzlich geforderten Störung des Betriebsfriedens.[2]

4 **1. Arbeitnehmer.** Von Versetzungs- und Entlassungsverlangen werden nur AN erfasst, so dass sich diese nicht gegen Personen i.S.v. § 5 Abs. 2 (siehe § 5 Rn 32 ff.), also insbes. Geschäftsführer einer GmbH oder Vorstandsmitglieder einer AG richten können. Unter AN fallen auch keine leitenden Ang i.S.v. § 5 Abs. 3 (siehe § 5 Rn 45 ff.).[3] Dies gilt selbst dann, wenn der AN erst nach Schluss der mündlichen Anhörung in erster Instanz zum leitenden Ang ernannt wird,[4] solange hierdurch keine gezielte Umgehung der Rechte des BR bezweckt wird.

5 **2. Gesetzwidriges Verhalten.** Gesetzwidrig verhält sich derjenige, der **bewusst und gewollt** die Rechtsordnung verletzt. Dies ist insbes. bei Straftaten der Fall. In der Praxis kommen hierbei regelmäßig Fälle von Körperverletzungen, Beleidigungen, Verleumdungen, Diebstählen, Erpressungen und Betrügereien sowie sexuelle Übergriffe vor.

---

1 *Waechter*, DB 1961, 135.
2 LAG Köln 15.10.1993 – 13 TaBV 36/93 – NZA 1994, 431.
3 LAG Nürnberg 22.1.2002 – 6 Ta BV 13/01 – DB 2002, 488; Richardi/*Thüsing*, § 104 Rn 12; ErfK/*Kania*, § 104 BetrVG Rn 2; *Fitting u.a.*, § 104 Rn 3.
4 LAG Nürnberg 22.1.2002 – 6 Ta BV 13/01 – DB 2002, 488.

Aufgrund der normativen Wirkung kommen auch Verstöße gegen TV in Betracht.[5] Hierbei muss nicht jedes gesetzwidrige Verhalten besonderes Gewicht besitzen. Es können daher im Einzelfall auch weniger schwere Verstöße ausreichen. Insbes. wird durch den Gesetzestext kein besonders grobes gesetzwidriges Verhalten gefordert.

3. Grobe Verletzung der in § 75 Abs. 1 enthaltenen Grundsätze. Durch den Verweis auf § 75 Abs. 1 wird sichergestellt, dass Verstöße gegen die dort festgelegten Grundsätze auch für die Entfernung eines AN aus dem Betrieb ausreichen können. § 75 Abs. 1 untersagt jede unterschiedliche Behandlung von Personen wegen ihrer Abstammung, Religion, Nationalität, Herkunft, politischen oder gewerkschaftlichen Betätigung oder Einstellung oder wegen ihres Geschlechts oder ihrer sexuellen Identität (siehe § 75 Rn 5).

Bei der Verletzung der Grundsätze, die in § 75 Abs. 1 aufgeführt sind, setzt § 104 – im Gegensatz zur Regelung des § 99 Abs. 2 Nr. 6 und bei gesetzwidrigem Verhalten – voraus, dass die Verletzung grob erfolgt. Hierdurch bringt der Gesetzgeber zum Ausdruck, dass die Verletzung der Grundsätze des § 75 Abs. 1 nicht in jedem Falle ausreicht. Vielmehr müssen sie **besonders schwer** sein. Dies ist bspw. der Fall, wenn ein Mitarbeiter einen Kollegen wegen seiner Abstammung, Religion, Nationalität, Herkunft oder wegen seines Geschlechts oder seiner sexuellen Identität besonders auffällig, abwertend und in besonders verletzender Weise diskriminiert hat. Hierbei sind regelmäßig auch die **subjektiven Gesichtspunkte** des Verletzenden sowie seine **hierarchische Stellung** im Betrieb zu bewerten. Ausreichend für den Vorwurf ist es, wenn ein verständiger AN die besondere Grobheit seines Verstoßes hätte erkennen müssen. Liegt hingegen eine Verletzung der Grundsätze des § 75 Abs. 1 vor, und ist diese aber nicht besonders grob, kann sie nicht als hinreichend gewertet werden. Lediglich fehlende Begabung für Führungsqualitäten,[6] unfreundliches Verhalten oder sich noch in vertretbaren Grenzen befindliches intolerantes Auftreten stellt daher keine grobe Verletzung der Grundsätze des § 75 Abs. 1 dar.

4. Rassistische und fremdenfeindliche Betätigungen. Durch das Betriebsverfassungsreformgesetz ist der Begriff der groben Verletzung der in § 75 Abs. 1 enthaltenen Grundsätze in § 104 dahingehend konkretisiert worden, dass hierunter insbes. auch rassistische und fremdenfeindliche Betätigungen fallen sollen. Bei rassistischen oder fremdenfeindlichen Betätigungen wird vom Gesetzgeber **keine besonders grobe Verletzung** verlangt. Hierbei kommt der Erweiterung des Gesetzestextes neben der Klarstellungsfunktion ein eigenständiger Gehalt zu. Eine rassistische oder fremdenfeindliche Betätigung setzt voraus, dass bewusst und zielgerichtet gegen Menschen anderer Rasse oder nichtdeutscher Nationalität oder Herkunft oder auch generell gegen Aussiedler, Asylbewerber oder Ausländer vorgegangen wird.

5. Wiederholter Verstoß. § 104 setzt einen wiederholten Verstoß voraus. Nach der Gesetzeskonzeption besteht daher kein Initiativrecht des BR, wenn nur ein Verstoß vorliegt, gleichgültig wie intensiv und nachhaltig dieser Verstoß war. Von einer Wiederholung i.S.v. § 104 S. 1 kann indes schon ab einem zweiten Vorfall ausgegangen werden. Eine zeitliche Nähe zum ersten Verstoß ist nicht Voraussetzung. Es reicht daher aus, wenn der erste Verstoß in einem gesetzwidrigen Verhalten und der zweite in einer groben Verletzung der in § 75 Abs. 1 enthaltenen Grundsätze zu erblicken ist. Die Verstöße müssen daher nicht wie im Abmahnungsrecht wesensgleich sein.

Eine Entlassung oder Versetzung setzt darüber hinaus eine **Wiederholungsgefahr** voraus,[7] denn § 104 bezweckt die Sicherung des Betriebsfriedens und hat keinen Strafcharakter gegenüber dem störenden Mitarbeiter.

6. Ernstliche Störung des Betriebsfriedens. Es muss zu einer ernstlichen Störung des Betriebsfriedens kommen. Unter dem Betriebsfrieden wird die Summe derjenigen Faktoren verstanden, die unter Einfluss des AG das Zusammenleben und Zusammenwirken der im Betrieb tätigen Mitarbeiter ermöglichen, erleichtern oder nur erträglich machen.[8] Eine Störung ist immer dann anzunehmen, wenn der Betriebsfrieden nicht nur leicht, sondern mit **größerer Nachhaltigkeit** beeinträchtigt worden ist. Eine Gefährdung des Betriebsfriedens reicht für sich genommen nicht aus.[9] Andererseits ist es auch nicht notwendig, dass die gesamte oder die Mehrheit der Belegschaft oder ganze Betriebsabteilungen über einen Vorgang im Betrieb in Unruhe geraten, in Empörung ausbrechen oder ihren Unmut in spontanen Kundgebungen äußern.[10] Es muss jedoch eine Störung von einer gewissen Dauer und von nachteiliger Wirkung für eine größere Anzahl von AN sein.[11] Eine erhebliche Beunruhigung einer beachtlichen Zahl von AN soll ausreichen.[12]

Da § 104 verlangt, dass der AN durch gesetzwidriges Verhalten oder durch grobe Verletzung der in § 75 Abs. 1 enthaltenen Grundsätze den Betriebsfrieden gestört hat, ist eine **Kausalität** zwischen dem Fehlverhalten und der Störung des Betriebsfriedens notwendig. Die Handlung muss daher die ernstliche Störung bewirkt haben. Dabei kann

---

5 Richardi/*Thüsing*, § 104 Rn 3.
6 LAG Köln 14.7.1994 – 10 TaBV 24/94 – juris.
7 *Waechter*, DB 1961, 135.
8 LAG Baden-Württemberg 31.5.1995 – 12 Sa 188/94 – juris.
9 LAG Baden-Württemberg 31.5.1995 – 12 Sa 188/94 – juris; LAG Köln 15.10.1993 – 13 TaBV 36/93 – NZA 1994, 431.
10 LAG Baden-Württemberg 24.1.2002 – 4 TaBV 1/01 – AuR 2002, 116.
11 LAG Köln 15.10.1993 – 13 TaBV 36/93 – NZA 1994, 431.
12 LAG Bremen 28.5.2003 – 2 TaBV 9/02 – juris.

auch ein Verhalten, das völlig außerhalb der Betriebssphäre liegt, jedoch Auswirkungen auf den betrieblichen Frieden besitzt, wie etwa öffentliche rechtsradikale Auftritte, noch als kausal ausreichendes Verhalten gewertet werden. Erfolgt die Störung des Betriebsfriedens neben den Verstößen des AN auch aufgrund Reaktionen Dritter, die bspw. unangemessen und überzogen für den betroffenen AN Maßnahmen ergreifen, ihrerseits agitieren oder im Betrieb gegen Gesetze verstoßen, ist gleichwohl von einer ausreichenden Kausalität auszugehen, da generell mit solchen Gegenmaßnahmen zu rechnen ist.

12 Ob das Verhalten eines AN **schuldhaft** sein muss oder ob diese Voraussetzung entbehrlich ist, ist umstritten.[13] Da § 104 den Schutz des Betriebsfriedens zum Gegenstand hat, kann auch nur objektiv gesetzwidriges oder gegen § 75 Abs. 1 verstoßendes Verhalten ausreichen. Regelmäßig ist daher auch beim Vorliegen des Schuldausschließungsgrundes der Unzurechnungsfähigkeit ein Verstoß des AN anzunehmen.[14]

II. Verlangen der Entlassung oder Versetzung

13 Der BR kann vom AG die Versetzung oder Entlassung verlangen.

14 **1. Entlassung.** Der Begriff der Entlassung umfasst jegliche Beendigung des Arbverh. Sie bezieht sich darüber hinaus auch auf die Beendigung der Entgegennahme der Arbeitsleistung des störenden AN durch den AG. Unter eine Entlassung fällt zunächst die **arbeitgeberseitige Künd**. Spricht der AG eine Künd aus, so hat diese zum nächst zulässigen Künd-Termin zu erfolgen. Grds. kann der BR aber auch eine außerordentliche und fristlose Künd des störenden AN verlangen, denn dem Wortlaut des Gesetzes ist kein Anhaltspunkt für die Notwendigkeit eines Zeitaufschubes bei der Entlassung zu entnehmen. Vielmehr wird man regelmäßig ein unverzügliches Handeln des AG verlangen müssen. Eine fristlose Künd wird dem AG regelmäßig möglich sein, soweit die tatbestandlichen Voraussetzungen des § 104 S. 1 erfüllt sind. Ist indes eine fristlose Künd aufgrund der Überschreitung der Zwei-Wochen-Frist des § 626 Abs. 2 S. 1 BGB ausgeschlossen, kann der BR nur noch die rechtlich durchsetzbare Handlung einer fristgemäßen Beendigung des Arbverh verlangen. Ist die Unmöglichkeit der rechtlichen Durchsetzbarkeit einer fristlosen Künd aufgrund eines Fehlverhaltens des AG erfolgt oder gar vom AG bewusst herbei geführt worden, kann der BR bei entsprechender Regelung im Arbeitsvertrag des störenden AN vom AG – als besondere Form der Entlassung – die **bezahlte Freistellung des Störers** bis zum Ablauf der Künd-Frist verlangen. Im Rahmen einer Prüfung der Angemessenheit sind hierbei jedoch auch die berechtigten wirtschaftlichen Interessen des AG zu berücksichtigen.

15 Da § 104 von dem Recht des BR spricht, vom AG die Entlassung zu verlangen, kann der BR in Ausnahmefällen auch eine **Anfechtung des Arbeitsvertrages** – soweit in Einzelfällen die Voraussetzungen erfüllt sind – fordern. Auch der Abschluss eines **Aufhebungsvertrages** zwischen dem AG und dem AN kann ausreichen. Verlangt daher der BR eine Künd und schließt der AG anstelle der Künd mit dem AN einen Aufhebungsvertrag, kann dem Begehr des BR ausreichend Rechnung getragen worden sein, denn auch ein Aufhebungsvertrag bewirkt die Entlassung eines AN. Die Auffassung, die vom AG eine Künd als geschuldet ansieht,[15] verkennt, dass nach Auflösung des Arbverh durch einen Aufhebungsvertrag der AG eine Künd nicht mehr wirksam aussprechen kann. Weitere Konsequenz wäre, dass der AG durch Zwangsgeld nach § 104 S. 2 zu einer unmöglichen Handlung gezwungen würde. Nicht ausreichend ist hingegen ein Aufhebungsvertrag, wenn er das Bestehen des Arbverh über den Zeitpunkt einer möglichen Vertragsbeendigung durch eine Künd hinaus vorsieht, es sei denn, dass eine dauerhafte und unwiderrufliche Freistellung über den möglichen Beendigungstermin hinaus vereinbart wird.

Der BR muss bei seinem Begehren i.S.v. § 104 das Prinzip der **Ultima Ratio** beachten. Er kann daher nur die Entlassung des AN verlangen, wenn nicht durch die Versetzung des störenden AN der Betriebsfrieden wiederhergestellt werden kann. Dem Verlangen nach einer Entlassung ist daher nicht stattzugeben, wenn das mildere Mittel der Versetzung einen ausreichenden Erfolg verspricht.

16 **2. Versetzung.** Der Begriff der Versetzung entspricht dem des § 95 Abs. 3 S. 1. Verlangt der BR eine Versetzung, so ist lediglich das Verlangen gedeckt, den AN von seinem jetzigen Arbeitsplatz zu entfernen. Da eine Versetzung regelmäßig in Fällen vorliegt, in denen ein AN nicht mehr auf dem bisherigen Arbeitsplatz tätig ist, sondern auf einem anderen weiterarbeitet, ist bei jeder Versetzung dem Recht des BR Genüge getan. Daraus folgt, dass der BR die Stelle, auf die der AN versetzt werden soll, nicht festlegen kann. Eine **Versetzung innerhalb der gleichen Abteilung**, ohne dass hierdurch der Betriebsfrieden positiv beeinflusst werden kann, reicht zur Wahrung der Rechte des BR indes nicht aus. Der AG muss daher eine Versetzung auf einen Arbeitsplatz vornehmen, bei welchem dann der Betriebsfrieden durch den abweichenden Einsatz des AN positiv beeinflusst werden kann.

Der AG ist befugt, auf das Verlangen des BR nach einer Versetzung mit einer Entlassung des störenden AN zu reagieren.[16] Anderenfalls wäre durch das Verlangen des BR nach einer Versetzung die Künd-Möglichkeit des AG beseitigt.

---

13 Zum Meinungsstand: Richardi/*Thüsing*, § 104 Rn 8.
14 *Fitting u.a.*, § 104 Rn 8.
15 So im Ergebnis *Fitting u.a.*, § 104 Rn 17.
16 Richardi/*Thüsing*, § 104 Rn 27.

Das Verlangen nach einer Entlassung oder Versetzung setzt einen **wirksamen Beschl. des BR** voraus. Verlangt der BR eine Entlassung oder eine Versetzung und kommt der AG diesem Begehren nach, sind Mitbestimmungsverfahren nach §§ 99, 102, 103 entbehrlich.[17] Sie würden eine bloße Formalie darstellen. Das Entlassungsverlangen enthält bereits die Zustimmung des BR zur Künd, was allerdings voraussetzt, dass der AG nur diesem Entlassungsverlangen nachkommt und nicht etwa eine andere Maßnahme einleitet. Dies wäre bspw. der Fall, wenn der BR eine fristgemäße Künd verlangt, der AG indes fristlos kündigt.[18] Auch wenn der AG die Künd gegenüber dem störenden AN mit weiteren Tatsachenbehauptungen begründet, auf die das Künd-Verlangen des BR nicht gestützt war und wenn insbes. diese Gründe dem BR auch noch nicht bekannt waren, bedarf es eines gesonderten Mitwirkungsverfahrens.[19]

Das Verlangen des BR nach einer Entlassung oder Versetzung befreit den AG nicht von der Bindung an **arbeitsrechtliche Schutzvorschriften**. Der AG muss weiterhin die verfassungsrechtlichen und einfachgesetzlichen Vorgaben beachten. Er muss insbes. die Anforderung des KSchG und die im Arbeitsvertrag getroffenen Vereinbarungen – insbes. hinsichtlich einer Versetzung – berücksichtigen. Durch § 104 wird kein selbstständiger Künd-Grund geschaffen, sondern das Künd-Verlangen des BR setzt einen solchen Künd-Grund voraus.[20] Ebenso sind spezialgesetzliche Regelungen, die bspw. schwerbehinderte Menschen, Schwangere oder Erziehungsurlauber betreffen, zu beachten. In keinem Fall kann die einvernehmliche Einschätzung der Sach- und Rechtslage durch den BR und den AG dazu führen, dass arbeitnehmerschützende Rechtsnormen aufgehoben oder beeinträchtigt werden. Führt indes das Vorgehen des BR und von Teilen der Belegschaft zu einer besonderen Drucksituation, so kann eine Künd des Arbverh als eine sog. Druck-Künd zulässig sein (siehe § 626 BGB Rn 54 ff.).

Auch im Falle des § 104 stehen dem AN die Rechtsmittel gegen die Künd bzw. die nicht erfolgende Weiterbeschäftigung oder gegen die Versetzung zu.

III. Antragstellung an das Gericht

Der BR hat gem. § 104 S. 2 das Recht, sich mit einem Antrag an das ArbG zu wenden, um dem AG aufgeben zu lassen, die Entlassung oder Versetzung durchzuführen. Weitergehende Maßnahmen, wie etwa das Verlangen, einem AN die **Personalführungsbefugnis** zu entziehen, sind nicht durch § 104 gedeckt.[21] Im Rahmen des Antrags hat der BR umfassend den Sachverhalt darzulegen, aufgrund dessen er die Entlassung oder Versetzung des AN verlangt. Gibt das ArbG dem Antrag des BR statt, so ist der AG verpflichtet, ohne schuldhaftes Zögern das Arbverh zu beenden oder die Versetzung vorzunehmen. Diese Verpflichtung des AG besteht indes erst mit Rechtskraft des Beschl. des ArbG. Eine einstweilige Vollstreckung des Beschl. des ArbG durch den BR ist ausgeschlossen. Aufgrund einer sonst eintretenden Vorwegnahme der Hauptsache sind im Bereich des § 104 auch **einstweilige Verfügungen** des BR nicht möglich.

Entscheidet das Gericht rechtskräftig, dass ein AG einen Mitarbeiter versetzen muss, so hat der AG die Entsch. **unverzüglich umzusetzen**. Ist eine solche Versetzung aufgrund einer arbeitsvertraglichen Regelung ausgeschlossen, kann der AG zunächst eine einvernehmliche Regelung mit dem AN versuchen. Ist sie nicht möglich, ist der AG zum Ausspruch einer Änderungs-Künd verpflichtet. Da der BR in diesem Falle nur eine Versetzung begehrt hat, ist er vor Ausspruch der Änderungs-Künd noch einmal gem. § 102 zu beteiligen. Dies gilt insbes. vor dem Hintergrund, dass der BR nur eine Versetzung des störenden AN verlangen kann, ohne den neuen Arbeitsplatz bestimmen zu können. Anderes gilt jedoch für den Fall, dass der BR eine Versetzung auf einen bezeichneten Arbeitsplatz oder eine umrissene Gruppe von Arbeitsplätzen verlangt hat und der AG im Ergebnis dem Wunsch des BR durch Ausspruch einer Änderungs-Künd nachkommt. In einem solchen Fall – unabhängig, ob es sich um eine Änderungs-Künd oder eine Versetzung handelt – erschöpfte sich die erneute Beteiligung des BR in einer Formalie.

Die Entsch. des ArbG ergehen gem. der Regelung in §§ 2a Nr. 1, 80 ff. ArbGG als Beschl. Für den Antrag des BR sieht das Gesetz **keine Frist** vor. Bei Anträgen, die lange nach den bekannten Verstößen des AN an das Gericht gerichtet werden, dürfte regelmäßig keine ernstliche Beeinträchtigung des Betriebsfriedens mehr gegeben sein. Hiervon ist jedenfalls auszugehen, wenn zum Zeitpunkt der Antragstellung das Begehren ausschließlich auf einen Sachverhalt gestützt wird, der schon länger als ein Jahr zurückliegt und wenn kein neuer relevanter Sachverhalt hinzugekommen ist.[22]

Das Beschlussverfahren nach § 104 ist mit seinen weitergehenden Möglichkeiten der Sachaufklärung für einen folgenden Individualrechtsstreit präjudiziell.[23] Daher ist der AN im Verfahren nach § 104 S. 2 zu beteiligen, ohne dass der Gesetzgeber dies ausdrücklich in § 104 vorgesehen hat.[24] Die Pflicht zur Beteiligung des betroffenen AN gilt

---

17 BAG 15.5.1997 – 2 AZR 519/96 – DB 1997 2227; LAG München 6.8.1974 – 5 Sa 395/74 – DB 1975, 1228.
18 BAG 15.5.1997 – 2 AZR 519/96 – DB 1997, 2227.
19 LAG Baden-Württemberg 31.5.1995 – 12 Sa 188/94 – juris.
20 BAG 15.5.1997 – 2 AZR 519/96 – DB 1997, 2227; LAG Köln 14.7.1994 – 10 TaBV 24/94 – juris; *Waechter*, DB 1961, 135.
21 LAG Baden-Württemberg 24.1.2002 – 4 TaBV 1/01 – AuR 2002, 116.
22 LAG Baden-Württemberg 24.1.2002 – 4 TaBV 1/01 – AuR 2002, 116.
23 LAG Baden-Württemberg 24.1.2002 – 4 TaBV 1/01 – AuR 2002, 116.
24 LAG Baden-Württemberg 24.1.2002 – 4 TaBV 1/01 – AuR 2002, 116; Hessisches LAG 7.9.1984 – 14/4 TaBV 116/83 – juris.

vielmehr schon aufgrund der verfassungsrechtlich garantierten **Rechtsschutzgarantie aus Art. 19 Abs. 4 GG**. Darüber hinaus wird hierdurch verhindert, dass der AG individualrechtlich nicht durchführen kann, wozu er kollektivrechtlich verpflichtet ist.[25]

IV. Durchsetzung mittels Zwangsgeld

23 Wird dem AG die Entlassung eines Mitarbeiters oder dessen Versetzung vom ArbG aufgegeben und ist die gerichtliche Entsch. rechtskräftig, so kann in Fällen, in denen der AG die Entsch. trotzdem nicht umsetzt, vom BR bewirkt werden, dass der AG zur Vornahme der Entlassung oder Versetzung durch Verhängung von Zwangsgeldern anzuhalten ist. Aufgrund der spezielleren Regelung in § 104 S. 2 ist neben einem solchen Vorgehen die Anwendung des § 23 Abs. 3 ausgeschlossen (siehe § 23 Rn 26 ff.).[26] Die vom AG zu zahlenden Zwangsgelder fließen der Staatskasse zu.

24 Ebenso wie im Rahmen der Regelung des § 101 S. 3 ist das **Höchstmaß des Zwangsgeldes** für jeden Tag der Zuwiderhandlung auf 250 EUR begrenzt (siehe § 101 Rn 1). Geringere Beträge können vom ArbG verhängt werden. Selbst bei lang andauernden Zuwiderhandlungen ist eine Begrenzung der Gesamtsumme gesetzlich nicht vorgesehen. Die Verhängung eines Zwangsgeldes ist nur solange zulässig als der AG die Entlassung oder die Versetzung nicht vornimmt.

C. Verbindung zu anderen Rechtsgebieten und zum Prozessrecht

25 § 70 Abs. 2 BPersVG statuiert ein **Vorschlagsrecht des PR**, welches sich auch auf den Bereich der Künd von Mitarbeitern bezieht. Eine eigenständige Regelung zum Initiativrecht bei Künd, die inhaltlich dem § 104 entspricht, existiert nicht.

D. Beraterhinweise

26 § 104 wird vonseiten der BR wenig genutzt. Gleichwohl kann mit dem Antragsrecht des BR und einem sich daran anschließenden Gerichtsverfahren sehr großer und insbes. auch öffentlichkeitswirksamer Druck auf einzelne AN und den AG ausgeübt werden, so dass zumindest eine Änderung des Verhaltens des betreffenden Mitarbeiters zu erwarten steht. Dies gilt selbst dann, wenn vonseiten des AG eine Künd nicht ausgesprochen wird. Darüber hinaus trägt nach **§ 40 Abs. 1** der AG die Kosten des BR (siehe § 40 Rn 7 ff.). Dies gilt auch für gerichtliche Kosten in einem Verfahren nach § 104, soweit sie nicht als durch den BR mutwillig begründet angesehen werden müssen. Schon aus diesem Blickwinkel heraus wird der AG entsprechende gerichtliche Verfahren regelmäßig als nicht gewollt bewerten.

---

§ 105 Leitende Angestellte

Eine beabsichtigte Einstellung oder personelle Veränderung eines in § 5 Abs. 3 genannten leitenden Angestellten ist dem Betriebsrat rechtzeitig mitzuteilen.

A. Allgemeines 1	2. Rechtzeitige Mitteilung 6
B. Regelungsgehalt 2	3. Mitteilung an den Betriebsrat 7
I. Leitender Angestellter 2	IV. Rechtsfolgen der Verletzung 9
II. Einstellung oder personelle Veränderung 3	C. Verbindung zu anderen Rechtsgebieten und zum Prozessrecht 10
III. Pflicht zur Mitteilung 5	
1. Begriff der Mitteilung 5	D. Praxishinweise 11

A. Allgemeines

1 Da aufgrund der in § 5 Abs. 3 getroffenen Regelung das BetrVG auf leitende Ang nur in den ausdrücklich genannten Fällen Anwendung findet, begründet § 105 eine Pflicht des AG, den BR bei einer beabsichtigten Einstellung oder personellen Veränderung eines in § 5 Abs. 3 genannten **leitenden Ang** zu informieren. Einer Zustimmung bedarf es nicht.[1] Da die Einstellung und die personelle Veränderung in Bezug auf solche leitende Ang von erheblicher praktischer Bedeutung für die AN in einem Betrieb sind, wird durch § 105 die ansonsten bestehende Informationslücke des BR geschlossen. Durch § 105 werden hingegen nur die leitenden Ang gem. § 5 Abs. 3 erfasst, so dass für den in § 5

---

25 Richardi/*Thüsing*, § 104 Rn 26.
26 BAG 22.2.1983 – 1 ABR 27/81 – DB 1983, 1926; *Heinze*, DB 1983, Beil. Nr. 9, S. 2 ff.

1 BAG 16.4.2002 – 1 ABR 23/01 – NZA 2003, 56; LAG Nürnberg 22.1.2002 – 6 TaBV 13/01 – NZA 2003, 119.

Abs. 2 bezeichneten Personenkreis, insb. GmbH-Geschäftsführer und Vorstandsmitglieder einer AG oder Genossenschaft, eine Mitteilungspflicht aus § 105 nicht hergeleitet werden kann. Eine solche Mitteilungspflicht dürfte sich indes bereits aus dem Gebot der vertrauensvollen Zusammenarbeit ergeben.[2]

B. Regelungsgehalt

I. Leitender Angestellter

Der Begriff des leitenden Ang ist durch § 5 zu bestimmen (siehe § 5 Rn 45 ff.). Unter einem leitenden Ang ist hierbei auch ein Mitarbeiter zu verstehen, der erst während seiner Tätigkeit im Betrieb zum leitenden Ang befördert wird. Ebenso greift § 105 und nicht § 99 ein, wenn einem Mitarbeiter Befugnisse entzogen werden, aufgrund derer er nicht mehr leitender Ang ist.

II. Einstellung oder personelle Veränderung

Dem BR ist seitens des AG eine beabsichtigte Einstellung oder personelle Veränderung mitzuteilen. Der Begriff der Einstellung ist mit dem des § 99 Abs. 1 deckungsgleich (siehe § 99 Rn 27 ff.). Dabei ist die Einstellung nicht mit dem Abschluss des Arbeitsvertrages identisch. Dies ist auch deshalb wichtig, da erst mit der **Übertragung entsprechender Aufgaben** eine Stellung als leitender Ang i.s.v. § 5 Abs. 3 vorliegen kann.

Der Begriff der personellen Veränderung ist weit zu verstehen. Letztlich werden auch **Einstellungen** durch den Begriff der personellen Veränderung erfasst. Unter personelle Veränderung fällt auch jede Änderung der Führungsfunktion des leitenden Ang, seiner Stellung in der betrieblichen Organisation und die Beendigung seiner Tätigkeit. Eine Mitteilungspflicht besteht auch für den Fall, dass Künd ausgesprochen, Abwicklungs- und Aufhebungsverträge geschlossen und eine dauerhafte Freistellung des leitenden Ang erfolgt ist. Ist die Freistellung hingegen nur kurzfristig, handelt es sich nicht um eine Veränderung, da ihr ein längeres Zeitmoment innewohnen muss. Eine Mitteilungspflicht besteht auch bei der Eigen-Künd eines leitenden Ang. Die Mitteilungspflicht besteht auch dann, wenn ein leitender Ang wirksam zum GF bestellt wird.

III. Pflicht zur Mitteilung

1. Begriff der Mitteilung. Die Pflicht des AG beschränkt sich auf eine Mitteilung. § 105 gewährt dem BR daher **kein Anhörungsrecht**. Aus § 105 ergibt sich daher nicht die Pflicht des AG, eine eventuelle Äußerung des BR entgegenzunehmen oder sogar hierauf wieder Stellung zu nehmen. Eine entsprechende Verpflichtung des AG kann sich je nach Fallgestaltung jedoch aus dem Gebot der vertrauensvollen Zusammenarbeit ergeben. Der AG hat dem BR die Einstellung des leitenden Ang oder die personelle Veränderung mitzuteilen. Zur Vorlage des geschlossenen Arbeitsvertrages mit dem leitenden Ang ist der AG nicht verpflichtet. Die Mitteilungspflicht muss so umfassend ausgeübt werden, dass dem BR die Auswirkungen der personellen Veränderung auch für die einzelnen Mitarbeiter ersichtlich wird.

2. Rechtzeitige Mitteilung. Durch die Pflicht zur rechtzeitigen Mitteilung soll dem BR die Möglichkeit eröffnet werden, gegen die Einstellung oder personelle Veränderung Bedenken zu äußern. Regelmäßig wird eine **Wochenfrist** für ausreichend gehalten.[3]

3. Mitteilung an den Betriebsrat. Die Mitteilungspflicht des AG besteht zunächst gegenüber dem BR, dessen Betrieb der leitende Ang zugeordnet ist. Bezieht sich die Tätigkeit eines leitenden Ang auf **mehrere Betriebe eines Unternehmens**, so hat die Mitteilung an jeden BR, in dem der leitende Ang mit einer entsprechenden Funktion tätig wird,[4] sowie an den GBR[5] zu erstrecken.

Erstreckt sich der Aufgabenbereich eines leitenden Ang auf Betriebe **verschiedener Unternehmen**, die zu einem Konzern zusammengefasst sind, so hat gem. § 59 Abs. 1 i.V.m. § 51 Abs. 6 eine entsprechende Mitteilung vom AG auch an den KBR zu erfolgen.

IV. Rechtsfolgen der Verletzung

Wird die Mitteilungspflicht verletzt, hat dies auf die Wirksamkeit der personellen Veränderung oder der Einstellung des leitenden Ang **keine Auswirkung**. Insb. ist eine Künd auch dann wirksam, wenn der AG es versäumt hat, dem BR rechtzeitig die Künd-Absicht mitzuteilen.[6] Da § 105 in der Aufzählung des § 121 keine Erwähnung findet, handelt es sich bei einer Verletzung der Mitteilungspflicht auch nicht um eine Ordnungswidrigkeit. Bei groben Verletzungen kann der BR das Zwangsverfahren nach § 23 Abs. 3 gegen den AG einleiten.[7]

---

2 Richardi/*Thüsing*, § 105 Rn 3.
3 Richardi/*Thüsing*, § 105 Rn 13.
4 Hess u.a./*Schlochauer*, § 105 Rn 13; HaKo-KschR/*Düwell*, § 105 Rn 4.
5 Richardi/*Thüsing*, § 105 Rn 15; *Fitting u.a.*, § 105 Rn 8.
6 BAG 25.3.1976 – 1 AZR 192/75 – AP § 5 BetrVG 1972 Nr. 13.
7 Richardi/*Thüsing*, § 105 Rn 18.

C. Verbindung zu anderen Rechtsgebieten und zum Prozessrecht

10 Ist ein Sprecherausschuss gebildet, darf bei der Künd des leitenden Ang nicht dessen **Anhörung** gem. § 31 Abs. 2 SprAuG unterlassen werden. Bestehen Zweifel an der Zuordnung des zu kündigenden Mitarbeiters zur Gruppe der leitenden Ang, so sollte vorsorglich sowohl der BR als auch der Sprecherausschuss zur Vermeidung der formellen Unwirksamkeit der Künd angehört werden.[8]

D. Praxishinweise

11 Steht nicht sicher fest, ob der zu entlassende Mitarbeiter ein leitender Ang i.S.v. § 5 Abs. 3 ist, so sollte im Falle einer Künd der BR gem. § 102 zumindest **hilfsweise** angehört werden. Wird der BR nicht angehört und ist in einem späteren Prozess durch den AG nicht beweisbar, dass der AN ein leitender Ang war, so leidet die Künd schon an einem formellen Mangel. Selbst wenn eine Information des BR nach § 105 erfolgt ist, ersetzt diese nicht die Anhörung nach § 102. Insb. gibt es keinen Rechtssatz, nach dem eine Information des BR nach § 105 über die beabsichtigte Künd in aller Regel in eine Anhörung des BR nach § 102 umzudeuten ist, wenn dem BR die Künd-Gründe bekannt gegeben werden oder bekannt sind.[9]

Sechster Abschnitt: Wirtschaftliche Angelegenheiten

Erster Unterabschnitt: Unterrichtung in wirtschaftlichen Angelegenheiten

§ 106 Wirtschaftsausschuss

(1) [1]In allen Unternehmen mit in der Regel mehr als einhundert ständig beschäftigten Arbeitnehmern ist ein Wirtschaftsausschuss zu bilden. [2]Der Wirtschaftsausschuss hat die Aufgabe, wirtschaftliche Angelegenheiten mit dem Unternehmer zu beraten und den Betriebsrat zu unterrichten.

(2) [1]Der Unternehmer hat den Wirtschaftsausschuss rechtzeitig und umfassend über die wirtschaftlichen Angelegenheiten des Unternehmens unter Vorlage der erforderlichen Unterlagen zu unterrichten, soweit dadurch nicht die Betriebs- und Geschäftsgeheimnisse des Unternehmens gefährdet werden, sowie die sich daraus ergebenden Auswirkungen auf die Personalplanung darzustellen. [2]Zu den erforderlichen Unterlagen gehört in den Fällen des Absatzes 3 Nr. 9a insbesondere die Angabe über den potentiellen Erwerber und dessen Absichten im Hinblick auf die künftige Geschäftstätigkeit des Unternehmens sowie die sich daraus ergebenden Auswirkungen auf die Arbeitnehmer; Gleiches gilt, wenn im Vorfeld der Übernahme des Unternehmens ein Bieterverfahren durchgeführt wird.

(3) Zu den wirtschaftlichen Angelegenheiten im Sinne dieser Vorschrift gehören insbesondere
1. die wirtschaftliche und finanzielle Lage des Unternehmens;
2. die Produktions- und Absatzlage;
3. das Produktions- und Investitionsprogramm;
4. Rationalisierungsvorhaben;
5. Fabrikations- und Arbeitsmethoden, insbesondere die Einführung neuer Arbeitsmethoden;
6. Fragen des betrieblichen Umweltschutzes;
7. die Einschränkung oder Stilllegung von Betrieben oder von Betriebsteilen;
8. die Verlegung von Betrieben oder Betriebsteilen;
9. der Zusammenschluss oder die Spaltung von Unternehmen oder Betrieben;
10. die Änderung der Betriebsorganisation oder des Betriebszwecks;
11. die Übernahme des Unternehmens, wenn hiermit der Erwerb der Kontrolle verbunden ist, sowie
12. sonstige Vorgänge und Vorhaben, welche die Interessen der Arbeitnehmer des Unternehmens wesentlich berühren können.

Literatur: *Bobke*, Wirtschaftsausschuss, AiB 1982, 133; *Bösche-Moderegger/Grimberg*, Kleinbetrieb – Keine Vorlagepflicht in wirtschaftlichen Angelegenheiten, AuR 1990, 298; *dies.*, Vorlage des Wirtschaftsprüfungsberichts im Wirtschaftsausschuss – Kom-

---

[8] *Bauer*, NZA 1989, Beil. 1, 20, 27; *Fitting*, § 105 Rn 9; GK-BetrVG/*Kraft*, § 105 Rn 13.

[9] BAG 19.8.1975 – 1 AZR 565/74 – AP § 105 BetrVG 1972 Nr. 1 = DB 1975, 2231.

petenz der Einigungsstelle nach § 109 BetrVG, AiB 1990, 165; *Dütz/Vogg*, Unterrichtung des Wirtschaftsausschusses, SAE 1991, 232; *Fabricius*, Vorlage und Erläuterung des Jahresabschlusses und des Prüfungsberichts nach dem Betriebsverfassungsgesetz, AuR 1989, 121; *Gutzmann*, Die Unterrichtung des Wirtschaftsausschusses gem. §§ 106 Abs. 2 und 108 Abs. 5 BetrVG, DB 1989, 1083; *Hacker*, Die Pflicht des Unternehmers zur Vorlage des Prüfungsberichts des Abschlussprüfers an den Wirtschaftsausschuss unter besonderer Berücksichtigung einer entsprechenden Verpflichtung bei Großbanken, Dissertation, 2004; *Heither*, Wirtschaftsausschuss, AR-Blattei SD 530.14.4; *Hercher*, Vereinbarung über die Information des Wirtschaftsausschusses, AiB 1992, 25; *Hommelhoff*, Abschlussprüfer-Berichte an den Wirtschaftsausschuss?, ZIP 1990, 218; *Krack/Gauer*, Der Wirtschaftsausschuss, AiB 2006, 430; *Lahusen*, Streitigkeiten zwischen Unternehmer und Wirtschaftsausschuss, BB 1989, 1399; *Löw*, Arbeitsrechtliche Regelungen im Risikobegrenzungsgesetz, DB 2008, 758; *Lützeler/Bissels*, Unternehmensnachfolge, AuA 2008, 392; *Martens*, Die Vorlage des Jahresabschlusses und des Prüfungsberichts gegenüber dem Wirtschaftsausschuss, DB 1988, 1229; *Oetker*, Die Erläuterung des Jahresabschlusses gegenüber dem Wirtschaftsausschuss unter Beteiligung des Betriebsrats (§ 108 V BetrVG), NZA 2001, 689; *Richardi*, Teilnahme eines Gewerkschaftsbeauftragten an Sitzungen des Wirtschaftsausschusses, AuR 1983, 33; *Rumpff/Boewer*, Mitbestimmung in wirtschaftlichen Angelegenheiten und bei der Unternehmens- und Personalplanung, 3. Aufl. 1990; *Schröder/Falter*, Die Unterrichtung des Wirtschaftsausschusses bei Unternehmensübernahmen nach Inkrafttreten des Risikobegrenzungsgesetzes, NZA 2008, 1097; *Simon/Dobel*, Das Risikobegrenzungsgesetz – neue Unterrichtungspflichten bei Unternehmensübernahmen, BB 2008, 1955; *Simon/Hinrichs*, Unterrichtung der Arbeitnehmer und ihrer Vertretungen bei grenzüberschreitenden Verschmelzungen, NZA 2008, 391; *Spreer*, Die Richtlinie 2002/14/EG zur Festlegung eines allgemeinen Rahmens für die Unterrichtung und Anhörung der Arbeitnehmer in der Europäischen Gemeinschaft, Dissertation, 2005; *Thüsing*, Beteiligungsrechte von Wirtschaftsausschuss und Betriebsrat bei Unternehmensübernahmen, ZIP 2008, 106; *ders.*, Risikobegrenzungsgesetz: Neue Beteiligungsrechte bei Unternehmensübernahmen, BB 50/2008, M1; *Trittin*, Informationsanspruch des Wirtschaftsausschusses – Teilnahmerecht eines Gewerkschaftssekretärs, AiB 1998, 220; *Vogt*, Lagebericht des Arbeitgebers/Unternehmers und die Vorlagepflicht von Unterlagen in der Betriebsverfassung, BlStSozArbR 1979, 193; *Wendeling-Schröder*, Informationsrechte nach § 106 BetrVG in „Kleinunternehmen", AiB 1986, 226

A. Allgemeines 1	7. Einschränkung oder Stilllegung von Betrieben oder von Betriebsteilen (Nr. 6) 18
B. Regelungsgehalt 4	8. Verlegung von Betrieben oder Betriebsteilen (Nr. 7) 19
I. Voraussetzungen für die Errichtung (Abs. 1 S. 1) . 4	
II. Aufgabe des Wirtschaftsausschusses (Abs. 1 S. 2, Abs. 2) 6	9. Zusammenschluss oder Spaltung von Unternehmen oder Betrieben (Nr. 8) 20
III. Wirtschaftliche Angelegenheiten (Abs. 3) 10	10. Änderung der Betriebsorganisation oder des Betriebszwecks (Nr. 9) 21
1. Wirtschaftliche und finanzielle Lage des Unternehmens (Nr. 1) 11	
2. Produktions- und Absatzlage (Nr. 2) 13	11. Übernahme des Unternehmens mit Kontrollerwerb (Nr. 9a) 22
3. Produktions- und Investitionsprogramm (Nr. 3) 14	
4. Rationalisierungsvorhaben (Nr. 4) 15	12. Sonstige Vorgänge und Vorhaben (Nr. 10) ... 23
5. Fabrikations- und Arbeitsmethoden (Nr. 5) ... 16	**C. Verbindung zu anderen Rechtsgebieten und zum Prozessrecht** 25
6. Fragen des betrieblichen Umweltschutzes (Nr. 5a) 17	

A. Allgemeines

Der Wirtschaftsausschuss ist ein **Hilfsorgan** des BR.[1] Seine Aufgabe ist es, in wirtschaftlichen Angelegenheiten die Kooperation zwischen der Unternehmensleitung und dem BR zu fördern.[2] Dies geschieht, indem der Wirtschaftsausschuss wirtschaftliche Angelegenheiten mit dem Unternehmer berät und den BR über jede Sitzung unverzüglich und vollständig unterrichtet (§§ 106 Abs. 1 S. 2, 108 Abs. 4). Der Wirtschaftsausschuss agiert auf der Unternehmensebene und sorgt für einen Überblick über die „große Linie" der Unternehmenspolitik und ergänzt zugleich die betriebliche Mitbestimmung auf Unternehmensebene.[3]   1

Auf **Tendenzbetriebe** und **Religionsgemeinschaften** finden die Vorschriften des §§ 106 bis 110 gem. § 118 **keine Anwendung**.   2

Durch die **RL 2002/14/EG** zur Festlegung eines allgemeinen Rahmens für die Unterrichtung und Anhörung der AN in der Europäischen Gemeinschaft v. 11.3.2002[4] wurde ein Mindeststandard für die Unterrichtung über die wirtschaftliche Entwicklung, die Unterrichtung und Anhörung im Hinblick auf Beschäftigungssituation, -struktur und -entwicklung und zu Entscheidungen, die wesentliche Veränderungen der Arbeitsorganisation mit sich bringen können, festgelegt.[5] Die RL war in den Mitgliedstaaten bis zum 23.3.2005 umzusetzen. Um den inhaltlichen Anforderungen der RL zu entsprechen, ist eine **Anpassung** des § 106 dahingehend vorzunehmen, dass sein **Anwendungsbereich auf Betriebe mit mehr als 20 AN** erweitert wird.[6] Bisher ist eine solche Umsetzung nicht erfolgt.   3

---

1 BAG 5.12.1991 – 1 ABR 24/90 – BAGE 67, 155 = NZA 1991, 645; BAG 7.4.2004 – 7 ABR 41/03 – DB 2004, 1839; *Fitting u.a.*, § 106 Rn 4 m.w.N.
2 BAG 7.4.2004 – 7 ABR 41/03 – DB 2004, 1839.
3 *Fitting u.a.*, § 106 Rn 2.
4 ABl EG L 80 23.3.2002, S. 29 ff.
5 *Reichold*, NZA 2003, 289; *Spreer*, S. 143 ff.
6 Vgl. *HWK/Willemsen/Lembke*, § 106 BetrVG Rn 7; *Spreer*, S. 153 f.

B. Regelungsgehalt
I. Voraussetzungen für die Errichtung (Abs. 1 S. 1)

4 Gem. Abs. 1 S. 1 ist in allen Unternehmen mit i.d.R. **mehr als 100** ständig beschäftigten AN ein Wirtschaftsausschuss zu errichten. Mit der Zahl der „**in der Regel**" Beschäftigten ist die Beschäftigtenzahl gemeint, die für das Unternehmen im Allgemeinen kennzeichnend ist. Vorübergehende Schwankungen in der Belegschaftsstärke bleiben außer Betracht.[7] Die Amtszeit der Mitglieder des in einem Unternehmen gebildeten Wirtschaftsausschusses endet, wenn die Belegschaftsstärke des Unternehmens nicht nur vorübergehend auf weniger als 101 ständig beschäftigte AN absinkt.[8] Gebildet wird der Wirtschaftsausschuss vom BR oder GBR, sofern letzterer besteht (§ 107). Der KBR hingegen kann keinen Wirtschaftsausschuss errichten.[9] Betreiben mehrere Unternehmen gemeinsam einen **Gemeinschaftsbetrieb** mit i.d.R. mehr als 100 ständig beschäftigten AN, so ist ein Wirtschaftsausschuss auch dann zu bilden, wenn keines der beteiligten Unternehmen für sich allein diese Beschäftigtenzahl erreicht. Die gesetzliche Anknüpfung der Bildung eines Wirtschaftsausschusses an die Beschäftigtenzahl des Unternehmens bezweckt nicht, in Betrieben mit mehr als 100 AN die Bildung eines Wirtschaftsausschusses auszuschließen.[10] Die Anknüpfung an das Unternehmen soll vielmehr die Bildung eines Wirtschaftsausschusses auch dann ermöglichen, wenn lediglich ein aus mehreren Betrieben bestehendes Unternehmen insg., nicht aber seine Betriebe für sich allein die erforderliche Beschäftigtenzahl erreicht. Auch soll durch diese Anknüpfung **verhindert** werden, dass in mehreren Betrieben desselben Unternehmens **mehrere Wirtschaftsausschüsse** errichtet werden.[11] Für die Bildung eines Wirtschaftsausschusses kommt es auch nicht darauf an, ob die Unternehmensleitung vom Inland oder vom **Ausland** aus erfolgt. Bei Vorliegen der sonstigen gesetzlichen Voraussetzungen ist deshalb auch für inländische Unternehmensteile ein Wirtschaftsausschuss zu bilden.[12] Es zählen aber nur die **inländischen AN**.[13]

5 Die Vorschrift des Abs. 1 S. 1 ist **abschließend** und kann nicht, auch **nicht analog auf kleinere Unternehmen** angewandt werden. Nur für Unternehmen mit 101 und mehr Mitarbeitern hat es der Gesetzgeber für erforderlich gehalten, einen Wirtschaftsausschuss zu errichten und ihn mit beratenden Funktionen in wirtschaftlichen Angelegenheiten auszustatten. In Unternehmen, die die Errichtungsvoraussetzungen nicht erfüllen, ist kein Wirtschaftsausschuss zu bilden. Die ihm zugewiesenen Aufgaben können auch nicht von dem BR wahrgenommen werden.[14] BR/GBR sind auf diejenigen Unterrichtungsansprüche zu verweisen, die ihnen aufgrund der sonstigen Vorschriften des BetrVG in wirtschaftlichen Angelegenheiten aus eigenem Recht zustehen.[15]

II. Aufgabe des Wirtschaftsausschusses (Abs. 1 S. 2, Abs. 2)

6 Der Wirtschaftsausschuss hat die Aufgabe, wirtschaftliche Angelegenheiten mit dem Unternehmer zu **beraten** und den BR zu **unterrichten** (Abs. 1 S. 2). Dafür muss der Unternehmer den Wirtschaftsausschuss zunächst umfassend über geplante unternehmerische Entscheidungen und sonstige Maßnahmen einschließlich etwaiger Änderung der Unternehmenspolitik unterrichten (Abs. 2 S. 1).[16]

7 **Zweck** der dem Unternehmen nach Abs. 2 auferlegten Verpflichtung, den Wirtschaftsausschuss über wirtschaftliche Angelegenheiten unter Vorlage der erforderlichen Unterlagen zu unterrichten, ist es, dem Wirtschaftsausschuss die **notwendigen Kenntnisse** zu vermitteln, damit dieser gleichgewichtig und gleichberechtigt die in seinen Zuständigkeitsbereich fallenden wirtschaftlichen Angelegenheiten mit dem Unternehmer beraten kann.[17] Im Rahmen dieser Beratung soll der Wirtschaftsausschuss die Möglichkeit haben, Entscheidungen des Unternehmens in **wirtschaftlichen Angelegenheiten beeinflussen** zu können.[18]

8 Die Unterrichtung muss **rechtzeitig** erfolgen, das heißt so **frühzeitig**, dass der Wirtschaftsausschuss sein Beratungsrecht gegenüber dem Unternehmer betriebswirtschaftlich sinnvoll ausüben kann und durch seine Stellungnahme und eigene Vorschläge noch Einfluss auf die Gesamtplanung wie auch auf die einzelnen Vorhaben nehmen kann.[19] Der

---

[7] BAG 7.4.2004 – 7 ABR 41/03 – DB 2004, 1839; BAG 22.2.1983 – 1 AZR 260/81 – BAGE 42, 1 = AP § 113 BetrVG 1972 Nr. 7.
[8] BAG 7.4.2004 – 7 ABR 41/03 – DB 2004, 1839.
[9] BAG 23.8.1989 – 7 ABR 39/88 – BAGE 63, 11 = NZA 1990, 863.
[10] BAG 1.8.1990 – 7 ABR 91/88 – BAGE 65, 304 = NZA 1991, 643.
[11] BAG 1.8.1990 – 7 ABR 91/88 – BAGE 65, 304 = NZA 1991, 643.
[12] BAG 31.10.1975 – 1 ABR 4/74 – DB 1976, 295; BAG 1.10.1974 – 1 ABR 77/73 – BAGE 26, 286 = AP § 106 BetrVG 1972 Nr. 1.
[13] *Fitting u.a.*, § 106 Rn 14.
[14] BAG 7.4.2004 – 7 ABR 41/03 – DB 2004, 1839; BAG 5.2.1991 – 1 ABR 24/90 – BAGE 67, 155 = NZA 1991, 645.
[15] BAG 5.2.1991 – 1 ABR 24/90 – BAGE 67, 155 = NZA 1991, 645.
[16] LAG Düsseldorf 29.3.1989 – 4 TaBV 182/88 – DB 1989, 1088.
[17] BAG 11.7.2000 – 1 ABR 43/99 – BAGE 95, 228 = NZA 2001, 402; BAG 22.1.1991 – 1 ABR 38/89 – BAGE 67, 97 = NZA 1991, 649.
[18] BAG 8.8.1989 – 1 ABR 61/88 – AP § 106 BetrVG 1972 Nr. 6.
[19] BAG 11.7.2000 – 1 ABR 43/99 – BAGE 95, 228 = NZA 2001, 402; BAG 22.1.1991 – 1 ABR 38/89 – BAGE 67, 97 = NZA 1991, 649; vgl. OLG Hamm 12.7.1977 – 4 Ss OWi 14077/77 – DB 1978, 748.

BR muss zudem im Anschluss an die Unterrichtung durch den Wirtschaftsausschuss seine Beteiligungsrechte noch wahrnehmen können.[20] Zu Recht wird zur **Unternehmensübernahme** (vgl. Rn 8a) darauf hingewiesen, dass der Wirtschaftsausschuss nur mit dem Unternehmer sprechen kann, der aber selbst keinen rechtlich abgesicherten Einfluss auf den Eigentümerwechsel hat, weil er häufig nicht der Inhaber sein wird. Beide Beteiligten des Unterrichtungsrechts treffen also nicht die Entscheidung über den Eigentümerwechsel, sollen aber darüber diskutieren.[21] Weiterhin löst die bloße Veräußerung von Gesellschaftsanteilen auch keine Beteiligungsrechte des BR aus, weil der Betrieb hiervon nicht betroffen ist. Teilweise wird daher in Anlehnung an die Vorlage eines Bieterangebots nach § 14 Abs. 4 S. 1 WpÜG vertreten, dass erst das Vorliegen eines formwirksamen, zivilrechtlich bindenden Angebots die Unterrichtungspflicht auslöst,[22] teilweise wird das Vorliegen einer Due Dilligence für ausreichend erachtet.[23] S. 2 spricht vom potentiellen Erwerber, so dass eine Unterrichtung jedenfalls vor Abschluss des Kaufvertrages erfolgen muss. Für die Fälle des Unternehmensverkaufs im Wege eines Auktionsverfahrens oder bilateraler Vertragsverhandlungen wird in der Lit. auf das Vorliegen eines endverhandelten Kaufvertrages abgestellt, weil erst ab diesem Zeitpunkt feststehe, ob und inwieweit sich Auswirkungen auf die Geschäftstätigkeit des Unternehmens und die AN ergeben können.[24] Der Gesetzeswortlaut spricht von den Angaben über „den potentiellen Erwerber" im Singular, so dass der Wirtschaftsausschuss nicht bereits im Zeitpunkt einer Auswahl mehrerer Interessenten in einem Auktionsverfahren zu unterrichten ist. Anderes gilt nur bei einem formalisierten Bieterverfahren börsennotierter Unternehmen nach dem WpÜG, wenn mehrere Bieter ein bindendes Kaufangebot abgeben.[25] Die Unterrichtung hat **umfassend** zu erfolgen. Die Mitglieder des Wirtschaftsausschusses müssen für eine sinnvolle Beratung die Möglichkeit haben, sich auf die Sitzungen gründlich vorzubereiten. Was im Einzelfall an **Vorbereitung** erforderlich ist, hängt von den Angelegenheiten ab, die zu beraten sind.[26] Die Unterrichtung hat **unter Vorlage der erforderlichen Unterlagen** zu erfolgen. Der Unternehmer kann daher verpflichtet sein, Unterlagen mit umfangreichen Daten und Zahlen auch schon vor der Sitzung vorzulegen. Er kann auch verpflichtet sein, diese Unterlagen den Mitgliedern des Wirtschaftsausschusses zeitweise – zur Vorbereitung auf die Sitzung – zu überlassen (aus der Hand zu geben). Die Mitglieder des Wirtschaftsausschusses haben kein Recht, sich von den überlassenen Unterlagen ohne Zustimmung des Unternehmers Abschriften (Ablichtungen) anzufertigen.[27] Unterlagen, bei denen es weniger auf Vertraulichkeit ankommt, kann der Unternehmer den Mitgliedern des Wirtschaftsausschusses in Ablichtung bis zur Sitzung bzw. endgültig überlassen. Unterlagen, an deren Geheimhaltung größeres Interesse besteht, braucht er nur kurzzeitig aus der Hand zu geben. Er kann damit die Gefahr einer missbräuchlichen Verwendung verringern.[28] Schließlich kann durch eine gründliche Vorbereitung die Sitzung des Wirtschaftsausschusses weitgehend von Vorarbeiten entlastet werden.[29] Die Unterlagen sind allerdings nur vorzulegen, wenn der Unternehmer sie tatsächlich besitzt. Er ist nicht verpflichtet, nicht vorhandene Unterlagen für den Wirtschaftsausschuss herzustellen.[30]

Durch Art. 4 des Risikobegrenzungsgesetzes[31] wurde in Abs. 3 die Nr. 9a eingeführt, nach dem jetzt auch eine **Übernahme des Unternehmens**, soweit hiermit der Erwerb der Kontrolle verbunden ist, ausdrücklich den wirtschaftlichen Angelegenheiten unterfällt. Der Betriebsübergang und die Veräußerung sämtlicher Geschäftsanteile einer GmbH wurden allerdings auch bislang schon unter die Generalklausel der Nr. 10 gefasst (vgl. Rn 23). Die übernahmerechtlichen Vorschriften sahen für börsennotierte Unternehmen bereits zuvor eine Unterrichtung der Belegschaft im Fall einer Unternehmensübernahme vor, § 14 Abs. 4 S. 2 WpÜG. Für nicht börsennotierte Unternehmen war eine derartige Informationspflicht nicht speziell vorgesehen. Die Belegschaft nicht börsennotierter Unternehmen soll nach dem Willen des Gesetzgebers jedoch in gleicher Weise darüber informiert werden, wenn sich die Kontrolle über das Unternehmen ändert. Die Betriebs- und Geschäftsgeheimnisse des Unternehmens sollten durch diese Informationspflicht nicht gefährdet werden. In Abs. 2 wird mit S. 2 deutlich gemacht, welche Unterlagen bei einer Unternehmensübernahme in jedem Fall als erforderlich i.S.d. S. 1 anzusehen sind. Danach sind neben den **Angaben über die potentiellen Erwerber** auch deren **Absichten** im Hinblick auf die künftige Geschäftstätigkeit des Unternehmens sowie die sich daraus ergebenden Auswirkungen auf die AN vorzulegen. Absichten sind indessen keine Unterlagen. I.d.R. wird es über die weiteren Absichten der Gestaltung des Unternehmens gerade bei nicht börsennotierten Unternehmen auch keine schriftlichen Unterlagen geben. Die mündliche Unterrichtungspflicht wird davon jedoch unberührt bleiben.[32] Bei börsennotierten Unternehmen hat der Vorstand der Zielgesellschaft die Entscheidung und die

8a

---

20 Vgl. OLG Hamm 12.7.1977 – 4 Ss OWi 14077/77 – DB 1978, 748; KG Berlin 25.9.1978 – 2 Ws (B) 82/78 – DB 1979, 112; *Fitting u.a.*, § 106 Rn 22.
21 *Thüsing*, BB 50/2008, M1.
22 *Simon/Dobel*, BB 2008, 1955, 1957.
23 *Löw*, DB 2008, 758, 760.
24 *Schröder/Falter*, NZA 2008, 1097, 1100.
25 BT-Drucks 16/7438 S. 14 f.
26 BAG 20.11.1984 – 1 ABR 64/82 – BAGE 47, 218 = NZA 1985, 432.
27 Vgl. LAG Düsseldorf 21.7.1982 – 5 TaBV 43/82 – DB 1982, 2711.
28 BAG 20.11.1984 – 1 ABR 64/82 – BAGE 47, 218 = NZA 1985, 432.
29 BAG 20.11.1984 – 1 ABR 64/82 – BAGE 47, 218 = NZA 1985, 432.
30 So zu § 80: BAG 6.5.2003 – 1 ABR 13/02 – BAGE 106, 111 = NZA 2003, 1348; BAG 7.8.1986 – 6 ABR 77/83 – BAGE 52, 316 = NZA 1987, 134.
31 Gesetz zur Begrenzung der mit Finanzinvestitionen verbundenen Risiken (Risikobegrenzungsgesetz) v. 12.8.2008 (BGBl I S. 1666).
32 *Simon/Dobel*, BB 2008, 1955, 1957.

Angebotsunterlage dem zuständigen BR zu übermitteln, §§ 10 Abs. 5 S. 2, 14 Abs. 4 S. 2 WpÜG, sobald er sie vom Bieter erhalten hat. Die Angebotsunterlage muss Angaben über die Absichten des Bieters im Hinblick auf die AN und deren Vertretungen, die Geschäftsführungsorgane der Zielgesellschaft und wesentliche Änderungen der Beschäftigungsbedingungen enthalten, § 11 Abs. 2 S. 2 WpÜG. Der Unterrichtungsanspruch des Wirtschaftsausschusses ist in diesen Fällen gleichläufig mit demjenigen des BR.[33] Der **Anteilsveräußerungsvertrag** ist nicht vorzulegen, weil es sich damit nicht um eine Unterlage des Unternehmens handelt.[34]

Nach Abs. 1 S. 2 gehört auch die **Beratung** mit dem Unternehmer zur Aufgabenstellung des Wirtschaftsausschusses. Eine Beratung ergibt aber keinen Sinn, weil die Unternehmensleitung der Zielgesellschaft über die Veräußerung der Anteile und die Person des Erwerbers nicht zu entscheiden hat. Unter Verweis auf die Rspr. des BAG zur Veräußerung von Geschäftsanteilen einer GmbH[35] wird daher eine Beratungspflicht zu Recht abgelehnt.[36] *Thüsing*[37] weist zutreffend auf ein Spannungsverhältnis zu § 31 WpÜG hin. Ab der Veröffentlichung der Abgabe eines Angebots ist der Vorstand der Zielgesellschaft zur absoluten Neutralität verpflichtet. Wenn sich aber die Unternehmensleitung nicht positionieren darf, macht dies eine Beratung über das Angebot unmöglich.

9 Grds. ist der Unternehmer verpflichtet, den Wirtschaftsausschuss auch über **Betriebs- und Geschäftsgeheimnisse** zu informieren.[38] Die Mitglieder des Wirtschaftsausschusses sind an die **Geheimhaltungspflicht** gebunden (§ 79). Die Unterrichtungspflicht ist nur eingeschränkt, soweit Betriebs- und Geschäftsgeheimnisse des Unternehmens gefährdet werden. Verweigert werden kann die Unterrichtung, wenn **objektiv ein sachliches Interesse an der völligen Geheimhaltung** bestimmter Tatsachen wegen der sonst zu befürchtenden **Gefährdung** des Bestandes oder der Entwicklung des Unternehmens besteht oder die konkrete Befürchtung begründet ist, dass Informationen von Mitgliedern des Wirtschaftsausschusses trotz der ihnen auferlegten Verschwiegenheitspflicht weitergegeben werden,[39] nicht hingegen, wenn eine Schwächung der Verhandlungsposition des Unternehmers bei Tarifverhandlungen in Betracht kommt, weil die Mitglieder des Wirtschaftsausschusses bzw. BR/GBR zugleich der gewerkschaftlichen Tarifkommission angehören.[40] Das Gebot der vertrauensvollen Zusammenarbeit kann je nach Lage des Einzelfalls erforderlich machen, dass an sich berechtigte eigene Interessen seitens der Betriebspartner nur zurückhaltend verfolgt werden.[41] Wegen der Bindung der Mitglieder des Wirtschaftsausschusses an die Verschwiegenheitsverpflichtung nach § 79 kommt eine Gefährdung von Geschäftsgeheimnissen aber nur in Ausnahmefällen in Betracht.[42]

III. Wirtschaftliche Angelegenheiten (Abs. 3)

10 Zu den wirtschaftlichen Angelegenheiten gehören insb. die unter Abs. 3 aufgeführten Angelegenheiten. Der **Katalog ist nicht erschöpfend**, sondern beschränkt sich auf die wichtigsten Beispiele.[43]

11 **1. Wirtschaftliche und finanzielle Lage des Unternehmens (Nr. 1).** Zu den wirtschaftlichen Angelegenheiten gehört nach Abs. 3 Nr. 1 die wirtschaftliche und finanzielle Lage des Unternehmens also die Vermögens- und Kreditlage. Diese wird durch **alle Faktoren** bestimmt, die **für die wirtschaftliche Entwicklung des Unternehmens** in Vergangenheit und Zukunft von Bedeutung waren und von Bedeutung sein können, etwa nachteilige Veränderungen der Vermögens-, Finanz- und Ertragslage gegenüber dem Vorjahr und Verluste, Versorgungslage, Konkurrenzsituation, Entwicklung der Branche, Exportmärkte und monatliche Erfolgsrechnungen für einzelne Filialen oder Betriebe.[44]

12 Über solche Faktoren verhält sich zunächst der **Jahresabschluss**, der nach § 242 Abs. 3 HGB die Bilanz sowie die Gewinn- und Verlustrechnung umfasst.[45] Gleiches gilt für den **Wirtschaftsprüfungsbericht** gem. § 321 HGB als schriftlicher Bericht über das Ergebnis der Prüfung des Jahresabschlusses sowie den Anhang und den Lagebericht, soweit sie zu erstellen sind. Im Wirtschaftsprüfungsbericht ist insb. festzustellen, ob die Buchführung, der Jahresabschluss und der Lagebericht den gesetzlichen Vorschriften entsprechen und ob die verlangten Aufklärungen und Nachweise erbracht worden sind. Die Posten des Jahresabschlusses sind aufzugliedern und ausreichend zu erläutern. Die nachteiligen Veränderungen der Vermögens-, Finanz- und Ertragslage gegenüber dem Vorjahr und Verluste, die das Jahresergebnis nicht unwesentlich beeinflusst haben, sind aufzuführen und ausreichend zu erläutern. Festgestellte Tatsachen, die den Bestand des Unternehmens gefährden oder seine Entwicklung wesentlich beein-

---

33 *Schröder/Falter*, NZA 2008, 1097, 1100.
34 BAG 22.1.1991 – 1 ABR 38/89 – BAGE 67, 97 = NZA 1991, 649; *Simon/Dobel*, BB 2008, 1955, 1957.
35 BAG 22.1.1991 – 1 ABR 38/89 – BAGE 67, 97 = NZA 1991, 649.
36 *Löw*, DB 2008, 758, 760; *Thüsing*, ZIP 2008, 106, 107.
37 *Thüsing*, BB 50/2008, M1.
38 BAG 11.7.2000 – 1 ABR 43/99 – BAGE 95, 228 = NZA 2001, 402.
39 BAG 11.7.2000 – 1 ABR 43/99 – BAGE 95, 228 = NZA 2001, 402; ErfK/*Kania*, § 106 BetrVG Rn 6.
40 LAG Köln 13.7.1999 – 13 (10) TaBV 5/99 – AP § 109 BetrVG 1972 Nr. 1.
41 LAG Köln 13.7.1999 – 13 (10) TaBV 5/99 – AP § 109 BetrVG 1972 Nr. 1.
42 ErfK/*Kania*, § 106 BetrVG Rn 6; *Fitting u.a.*, § 106 Rn 30 mit Verweis auf BAG 11.7.2000 – 1 ABR 43/99 – BAGE 95, 228 = NZA 2001, 402.
43 Vgl. nur *Fitting u.a.*, § 106 Rn 33.
44 BAG 17.9.1991 – 1 ABR 74/90 – NZA 1992, 418.
45 BAG 8.8.1989 – 1 ABR 61/88 – BAGE 62, 294 = NZA 1990, 150.

trächtigen können, sind ebenfalls in den Bericht aufzunehmen.[46] Der **Prüfungsbericht** und der **Wirtschaftsprüfungsbericht** belegen Umstände und Verhältnisse, die die wirtschaftliche und finanzielle Lage des Unternehmens beleuchten.[47] Die wirtschaftliche und finanzielle Lage des Unternehmens ist auch dann betroffen, wenn in absehbarer Zeit die **Eröffnung eines Insolvenzverfahrens** beantragt werden soll.[48]

2. Produktions- und Absatzlage (Nr. 2). Die **Produktionslage** stellt die Analyse des Kapazitätsbestandes, als Verhältnis der Gütermenge und -art zur tatsächlichen Erzeugung, bzw. der Ausstattung der Betriebe, der Höhe der Lagerbestände und ggf. des Bedarfs an Betriebsmitteln sowie Roh- und Hilfsstoffen dar. Diese Analyse geht von der gegenwärtigen und künftigen **Absatzlage** – Vertrieb, Umsatz, Verkauf von Erzeugnissen oder Dienstleistungen – aus. Erläuterungen erfolgen an Hand von Verkaufs- und Umsatzstatistiken des Unternehmens und den Unterlagen der Marktforschung. Die Untersuchung der Produktionslage ist Voraussetzung für die Aufstellung des **Produktionsprogramms**.[49]

13

3. Produktions- und Investitionsprogramm (Nr. 3). Das **Produktionsprogramm** legt die Produktion von Waren oder die Erbringung von Dienstleistungen als die zu erbringenden arbeitstechnischen Leistungen mit Blick auf die Produktions- und Marktkapazität fest.[50] Im **Investitionsprogramm** wird festgelegt, welche Investitionsprojekte oder Einzelinvestitionen durchgeführt werden sollen. Diese ziehen dann häufig Auswirkungen auf die Personalplanung nach sich.[51]

14

4. Rationalisierungsvorhaben (Nr. 4). Durch Rationalisierung wird angestrebt, **Arbeitsvorgänge zweckmäßig** zu gestalten und die **Wirtschaftlichkeit** des Unternehmens zu steigern.[52] Dies kann durch Normung und Typisierung der Produkte oder des Arbeitsablaufs, durch Rationalisierungsinvestitionen zur Einführung arbeitstransparenter oder qualitätsverbessernder Technologien oder durch betriebsorganisatorische Maßnahmen erfolgen. Wirkt sich die angestrebte Rationalisierung auf den **Personalbedarf** oder -einsatz aus, muss gem. Abs. 2 a.E. über die Auswirkungen unterrichtet werden.

15

5. Fabrikations- und Arbeitsmethoden (Nr. 5). Die **Fabrikationsmethode** wird als planmäßiges Vorgehen bei der Gütererzeugung definiert und bezieht sich auf die technischen Gesichtspunkte bei der Herstellung.[53] Die **Arbeitsmethode** bezieht sich hingegen auf den Einsatz der menschlichen Arbeitskraft.[54] Der Wirtschaftsausschuss ist über neue Fabrikations- und Arbeitsmethoden, sowie solche, die im Betrieb entwickelt werden sollen, in Kenntnis zu setzen.

16

6. Fragen des betrieblichen Umweltschutzes (Nr. 5a). Da der Umweltschutz einen bedeutsamen betriebswirtschaftlichen Faktor darstellt, können Fragen des betrieblichen Umweltschutzes positive oder negative **Auswirkungen** auf die **Produktion, den Absatz und die Arbeitsplätze** der im Unternehmen beschäftigten AN haben. Die Festlegung umweltpolitischer Ziele des Unternehmens, Umweltvorsorge bei der Einführung neuer Produkte, die Verbesserung der Umweltverträglichkeit der Produktionsverfahren etc. sind daher als wirtschaftliche Angelegenheiten zu behandeln. „Betrieblich" als Abgrenzung zu „innerbetrieblich" stellt klar, dass alle betrieblichen Tätigkeiten mit Außenwirkung unter die Regelung fallen.[55]

17

7. Einschränkung oder Stilllegung von Betrieben oder von Betriebsteilen (Nr. 6). Die Befassung des Wirtschaftsausschusses mit einer **Betriebseinschränkung oder -stilllegung** entspricht § 111 Nr. 1 (vgl. § 111 Rn 11), verfolgt jedoch in soweit einen anderen Zweck, als sie der Unterrichtung und Beratung über die **Folgen**, die sich aus ihr auch für **andere Teile des Unternehmens** ergeben können, dient. Eine Betriebsstilllegung kann Einschränkungen in anderen Bereichen des Unternehmens nach sich ziehen, insb. wenn diese bisher mit dem betreffenden Betrieb zusammengearbeitet haben. Sie kann aber auch Arbeitsplätze in anderen Bereichen stabilisieren oder für andere Betriebe des Unternehmens von Interesse sein, als sie Schlüsse darüber zulässt, unter welchen Voraussetzungen und in welcher Weise möglicherweise auch andere Betriebe in ihrem Bestand gefährdet erscheinen. Derartige Auswirkungen über den einzelnen Betrieb hinaus sind keineswegs Ausnahmeerscheinungen, sondern geradezu typisch für die **Kettenreaktionen** wirtschaftlicher Entscheidungen in einem größeren Unternehmen.[56] Zu den wirtschaftlichen Angelegenheiten gehört auch die Stilllegung von Betrieben, in denen kein BR gebildet ist.[57]

18

---

46 BAG 8.8.1989 – 1 ABR 61/88 – BAGE 62, 294 = NZA 1990, 150.
47 BAG 8.8.1989 – 1 ABR 61/88 – BAGE 62, 294 = NZA 1990, 150.
48 DKK/*Däubler*, § 106 Rn 64; *Fitting u.a.*, § 106 Rn 38.
49 *Fitting u.a.*, § 106 Rn 39.
50 *Fitting u.a.*, § 106 Rn 40.
51 Richardi/*Annuß*, § 106 Rn 44.
52 DKK/*Däubler*, § 106 Rn 68.
53 *Fitting u.a.*, § 106 Rn 42.
54 Richardi/*Annuß*, § 106 Rn 47.
55 HWK/*Willemsen/Lembke*, § 106 BetrVG Rn 71.
56 BAG 9.5.1995 – 1 ABR 61/94 – BAGE 80, 116 = NZA 1996, 55.
57 BAG 9.5.1995 – 1 ABR 61/94 – BAGE 80, 116 = NZA 1996, 55.

19 **8. Verlegung von Betrieben oder Betriebsteilen (Nr. 7).** Die Verlegung von Betriebsteilen nach Nr. 7 stimmt mit § 111 Nr. 2 (vgl. § 111 Rn 14) überein. Unerheblich ist hier jedoch, ob die Verlegung wesentliche Nachteile nach sich zieht.

20 **9. Zusammenschluss oder Spaltung von Unternehmen oder Betrieben (Nr. 8).** Zusammenschluss und Spaltung entspricht § 111 Nr. 3 (vgl. § 111 Rn 15), bezieht sich aber über den Betrieb hinaus auch auf das **Unternehmen**. Der **Zusammenschluss von Unternehmen** richtet sich nach dem **UmwG**: Verschmelzung gem. §§ 2 ff. UmwG, Vermögensübertragung durch Vollübertragung gem. § 174 Abs. 1 UmwG. Die Spaltung eines Unternehmens kann als Aufspaltung, Abspaltung oder Ausgliederung nach §§ 123 ff. UmwG erfolgen oder durch Vermögensübertragung in Form von Teilübertragung, § 174 Abs. 1 UmwG. Im UmwG sind zudem eigene Unterrichtungsverpflichtungen gegenüber dem BR vorgesehen. Der Wirtschaftsausschuss muss im Planungsstadium über angestrebte Zusammenschlüsse oder Spaltungen informiert werden. Die Umwandlung kann einen Wechsel in einen anderen Tarifbereich nach sich ziehen.[58]

21 **10. Änderung der Betriebsorganisation oder des Betriebszwecks (Nr. 9).** Die Änderung der Betriebsorganisation oder des Betriebszwecks entspricht § 111 Nr. 4 (vgl. § 111 Rn 17), der Betriebsanlagen mit einschließt. Allerdings fallen unter Nr. 9 alle und nicht nur grundlegende Änderungen, die nur bei einer einschneidenden, weitgehenden Änderung des Betriebsaufbaus bzw. der Gliederung des Betriebs oder der Zuständigkeiten angenommen werden.[59]

22 **11. Übernahme des Unternehmens mit Kontrollerwerb (Nr. 9a).** Die neue Nr. 9a[60] erweitert den Katalog des Abs. 3. Damit wird ausdrücklich klargestellt, dass das Unternehmen den Wirtschaftsausschuss auch über eine Übernahme des Unternehmens informieren muss, wenn damit der Erwerb der Kontrolle über das Unternehmen verbunden ist. Eine **Kontrolle des Unternehmens** liegt insbesondere vor, wenn mindestens 30 % der Stimmrechte an dem Unternehmen gehalten werden (vgl. § 29 Abs. 2 WpÜG). Die für börsennotierte Unternehmen geltenden insiderrechtlichen und übernahmerechtlichen Vorschriften werden von dieser Änderung nicht berührt.[61] Bisher unter die Generalklausel der Nr. 10 gefasste Betriebsübergänge oder Veräußerungen sämtlicher Geschäftsanteile einer GmbH (vgl. Rn 23) fallen jetzt unter die Nr. 9a. Durch den Verweis auf § 29 Abs. 2 WpÜG in der Gesetzesbegründung kann nicht darauf geschlossen werden, dass in jedem Fall eine Kontrolle i.S.d. Nr. 9a mit 30 % der Stimmrechte erworben wird. Hintergrund des Schwellenwertes in § 29 Abs. 2 WpÜG ist, dass regelmäßig unter Berücksichtigung der üblichen Anwesenheiten in der Hauptversammlung börsennotierter Unternehmen mit Streubesitz mit 30 % der gesamten Stimmen eine Hauptversammlungsmehrheit zu erreichen ist.[62] Das ist auf nicht börsennotierte Unternehmen, insbesondere auf eine mittelständische GmbH nicht übertragbar. Hier kann bei einer Minderheitsbeteiligung eine Kontrolle nur aufgrund entsprechender Satzungsbestimmungen oder des Abschlusses eines Beherrschungs- oder eines Stimmbindungsvertrages erworben werden. Ohne besondere Regelungen ist für den Erwerb der Kontrolle von einem Anteil von mehr als 50 % auszugehen, § 17 AktG, § 290 Abs. 2 HGB. Es ist daher einzelfallbezogen zu prüfen, ob eine Kontrollmöglichkeit gegeben ist.[63]

In der Lit. wird die Frage, ob auch der **indirekte Kontrollerwerb** über die Übernahme der Muttergesellschaft das Unterrichtungsrecht nach Nr. 9a auslöst, überwiegend verneint. Der Tatbestand der Nr. 9a setzt neben dem Kontrollerwerb auch die Übernahme des Unternehmens voraus. Eine anderweitige Übernahme innerhalb eines Konzerns reicht dafür nicht aus.[64] Weiterhin wird die Unternehmensleitung der Tochtergesellschaft auch im Vorfeld einer solchen Transaktion keine Informationen erhalten, die an den Wirtschaftsausschuss weitergegeben werden könnten.[65]

23 **12. Sonstige Vorgänge und Vorhaben (Nr. 10).** Zu den wirtschaftlichen Angelegenheiten nach Nr. 10 gehören sonstige Vorgänge und Vorhaben, welche die Interessen der AN des Unternehmens wesentlich berühren können. Diese **beschränkte Generalklausel** erfasst alle nicht bereits in den Nummern 1 bis 9 aufgeführten Fragen, die das wirtschaftliche Leben des Unternehmens in entscheidenden Punkten betreffen, dies jedoch stets unter der Voraussetzung, dass die Interessen der AN des Unternehmens wesentlich berührt werden können.[66] Es muss also möglich sein, dass die Fragen von **erheblicher sozialer Auswirkung** sein können.[67]

---

58 *Fitting u.a.*, § 106 Rn 51.
59 BAG 16.6.1987 – 1 ABR 41/85 – BAGE 55 = NZA 1987, 671.
60 Eingefügt durch Art. 4 des Risikobegrenzungsgesetzes v. 12.8.2008 (BGBl I S. 1666).
61 BT-Drucks 16/7438, S. 15.
62 BT-Drucks 14/7034, S. 53; *Simon/Dobel*, BB 2008, 1955, 1956.
63 *Löw*, DB 2008, 758, 759; *Schröder/Falter*, NZA 2008, 1097, 1099; *Simon/Dobel*, BB 2008, 1955, 1956; *Thüsing*, ZIP 2008, 106, 108.
64 *Simon/Dobel*, BB 2008, 1955, 1956.
65 *Löw*, DB 2008, 758, 759.
66 BAG 11.7.2000 – 1 ABR 43/99 – BAGE 95, 228 = NZA 2001, 402; BAG 22.1.1991 – 1 ABR 38/89 – BAGE 67, 97 = NZA 1991, 649; *Fitting u.a.*, § 106 Rn 54.
67 BAG 22.1.1991 – 1 ABR 38/89 – BAGE 67, 97 = NZA 1991, 649.

Vorgänge und Vorhaben, die zugleich wesentliche Interessen der AN berühren können, sind u.a. die Zusammenarbeit mit anderen Unternehmen, Unternehmenszusammenschlüsse, eine Aufspaltung des Unternehmens in Besitz- und Betriebsgesellschaft. Der Übergang eines Betriebs oder Betriebsteils auf einen anderen Inhaber nach § 613a BGB fällt jetzt unter Nr. 9a. Gleiches gilt für die Veräußerung sämtlicher Geschäftsanteile einer GmbH an einen neuen Gesellschafter, die bisher unter die Generalklausel zu fassen war, da auch hierdurch die Interessen der betroffenen AN in mehrfacher Hinsicht wesentlich berührt werden können. Der Name des neuen Erwerbers und evtl. Planungen über die künftige Unternehmenspolitik sind dem Wirtschaftsausschuss mitzuteilen.[68]

Ein Outsourcing-Pilotprojekt kann erhebliche Auswirkungen auch auf die zukünftige Personalplanung des AG entfalten.[69] Auch der Management-Report, der der Steuerung des Geschäftsfeldes dient und im jährlichen Geschäftsverlauf erheblich ist, ist nicht ohne jede Relevanz auf die Belange der AN.[70]

C. Verbindung zu anderen Rechtsgebieten und zum Prozessrecht

Streitigkeiten können im Zusammenhang mit der **Bildung** des Wirtschaftsausschusses entstehen, über die **Zuständigkeit** des Wirtschaftsausschusses oder den **Umfang der Unterrichtspflicht** u.a. im Hinblick auf das Vorliegen einer Gefährdung von Betriebs- und Geschäftsgeheimnissen oder im Hinblick auf den Zeitpunkt der Unterrichtung.

Über Streitigkeiten über die **Zulässigkeit der Bildung** eines Wirtschaftsausschusses entscheidet das ArbG im **arbeitsgerichtlichen Beschlussverfahren** gem. § 2a Abs. 1 Nr. 1 ArbGG.[71] Entsprechendes gilt für Streitigkeiten über die **Zuständigkeit** des Wirtschaftsausschusses, die nur besteht, wenn eine wirtschaftliche Angelegenheit i.S.v. Abs. 3 vom Unternehmer anvisiert ist.[72] Antragsbefugt sind in diesen Fällen der Unternehmer und der BR/GBR, nicht hingegen der Wirtschaftsausschuss selbst.[73]

Bestehen Streitigkeiten über den **Umfang der Unterrichtungspflicht** – bspw. über das Verlangen nach Vorlage des Wirtschaftsprüfungsberichts[74] –, das Vorliegen einer **Gefährdung von Betriebs- und Geschäftsgeheimnissen** oder den **Zeitpunkt** der Unterrichtung, ist dem arbeitsgerichtlichen Beschlussverfahren das Verfahren vor der **Einigungsstelle** gem. § 109 vorgeschaltet. Der Einigungsstelle kommt für diese Fälle **Primärzuständigkeit** zu.[75] Die **Entscheidung** der Einigungsstelle nach § 109 darüber, ob, wann, in welcher Weise und in welchem Umfang der Unternehmer den Wirtschaftsausschuss zu unterrichten hat, unterliegt der **Rechtskontrolle der ArbG**.[76]

Erfüllt der unterrichtungspflichtige Unternehmer die ihm obliegende Auskunft über bestimmte wirtschaftliche Angelegenheiten nicht, wahrheitswidrig oder unvollständig, handelt er **ordnungswidrig** i.S.v. § 121 Abs. 1.

| § 107 | **Bestellung und Zusammensetzung des Wirtschaftsausschusses** |

(1) ¹Der Wirtschaftsausschuss besteht aus mindestens drei und höchstens sieben Mitgliedern, die dem Unternehmen angehören müssen, darunter mindestens einem Betriebsratsmitglied. ²Zu Mitgliedern des Wirtschaftsausschusses können auch die in § 5 Abs. 3 genannten Angestellten bestimmt werden. ³Die Mitglieder sollen die zur Erfüllung ihrer Aufgaben erforderliche fachliche und persönliche Eignung besitzen.

(2) ¹Die Mitglieder des Wirtschaftsausschusses werden vom Betriebsrat für die Dauer seiner Amtszeit bestimmt. ²Besteht ein Gesamtbetriebsrat, so bestimmt dieser die Mitglieder des Wirtschaftsausschusses; die Amtszeit der Mitglieder endet in diesem Fall in dem Zeitpunkt, in dem die Amtszeit der Mehrheit der Mitglieder des Gesamtbetriebsrats, die an der Bestimmung mitzuwirken berechtigt waren, abgelaufen ist. ³Die Mitglieder des Wirtschaftsausschusses können jederzeit abberufen werden; auf die Abberufung sind die Sätze 1 und 2 entsprechend anzuwenden.

(3) ¹Der Betriebsrat kann mit der Mehrheit der Stimmen seiner Mitglieder beschließen, die Aufgaben des Wirtschaftsausschusses einem Ausschuss des Betriebsrats zu übertragen. ²Die Zahl der Mitglieder des Ausschusses darf die Zahl der Mitglieder des Betriebsausschusses nicht überschreiten. ³Der Betriebsrat kann jedoch weitere Arbeitnehmer einschließlich der in § 5 Abs. 3 genannten leitenden Angestellten bis zur selben Zahl, wie der Aus-

---

68 BAG 22.1.1991 – 1 ABR 38/89 – BAGE 67, 97 = NZA 1991, 649.
69 BAG 11.7.2000 – 1 ABR 43/99 – BAGE 95, 228 = NZA 2001, 402.
70 LAG Köln 14.1.2004 – 8 TaBV 72/03 – AuR 2004, 238.
71 BAG 15.3.2006 – 7 ABR 24/05 – NZA 2006, 1422; LAG Berlin 25.4.1988 – 9 TaBV 2/88 – DB 1988, 1456.
72 BAG 9.5.1995 – 1 ABR 61/94 – BAGE 80, 116 = NZA 1996, 55; BAG 22.1.1991 – 1 ABR 38/89 – BAGE 67, 97 = NZA 1991, 649.
73 BAG 7.4.1981 – 1 ABR 83/78 – DB 1981, 2623; BAG 8.3.1983 – 1 ABR 44/81 – BAGE 42, 75 = AP § 118 BetrVG 1972 Nr. 26; BAG 8.8.1989 – 1 ABR 61/88 – BAGE 62, 294 = NZA 1990, 150.
74 BAG 8.8.1989 – 1 ABR 61/88 – BAGE 62, 294 = NZA 1990, 150; BAG 9.5.1995 – 1 ABR 61/94 – BAGE 80, 116 = NZA 1996, 55.
75 Vgl. OLG Karlsruhe 7.6.1985 – 1 Ss 68/85 – DB 1986, 387.
76 BAG 11.7.2000 – 1 ABR 43/99 – BAGE 95, 228 = NZA 2001, 402.

schuss Mitglieder hat, in den Ausschuss berufen; für die Beschlussfassung gilt Satz 1. ⁴Für die Verschwiegenheitspflicht der in Satz 3 bezeichneten weiteren Arbeitnehmer gilt § 79 entsprechend. ⁵Für die Abänderung und den Widerruf der Beschlüsse nach den Sätzen 1 bis 3 sind die gleichen Stimmenmehrheiten erforderlich wie für die Beschlüsse nach den Sätzen 1 bis 3. ⁶Ist in einem Unternehmen ein Gesamtbetriebsrat errichtet, so beschließt dieser über die anderweitige Wahrnehmung der Aufgaben des Wirtschaftsausschusses; die Sätze 1 bis 5 gelten entsprechend.

A. Allgemeines	1	III. Rechtsstellung der Mitglieder	6
B. Regelungsgehalt	2	IV. Übertragung der Aufgaben auf einen Ausschuss des Betriebsrats (Abs. 3)	8
I. Zusammensetzung des Wirtschaftsausschusses (Abs. 1)	2	C. Verbindungen zu anderen Rechtsgebieten und zum Prozessrecht	10
II. Bestellung und Amtszeit des Wirtschaftsausschusses (Abs. 2)	4		

A. Allgemeines

1 § 107 enthält Vorgaben, wie der Wirtschaftsausschuss bestellt und zusammengesetzt wird. Grds. ist es die Aufgabe des BR oder für den Fall, dass ein GBR gebildet ist, dessen Aufgabe, die Mitglieder des Wirtschaftsausschusses zu bestimmen. Neben mind. einem BR-Mitglied/GBR-Mitglied werden geeignete AN oder leitende Ang zu Mitgliedern in den Wirtschaftsausschuss bestimmt. Der BR/GBR kann die Aufgaben des Wirtschaftsausschusses auch einem eigenen Ausschuss übertragen. Diesem Ausschuss kommen dann die gleichen Rechte und Pflichten zu wie dem Wirtschaftsausschuss.

B. Regelungsgehalt

I. Zusammensetzung des Wirtschaftsausschusses (Abs. 1)

2 Die **Mitgliederzahl** des Wirtschaftsausschuss liegt zwischen drei und sieben unabhängig von der Größe des Unternehmens. Die Anzahl wird durch den BR/GBR festgelegt.¹ Die Mitglieder des Wirtschaftsausschusses müssen bei dem Unternehmen beschäftigt sein. Aufgrund des ausdrücklichen Hinweises können auch **leitende Ang** Mitglied des Wirtschaftsausschusses werden. AN ausländischer Betriebe können zu Mitgliedern des Wirtschaftsausschusses bestellt werden, da sie in gleicher Weise zum Unternehmen gehören und entsprechend dem inländischen AN von Entscheidungen betroffen sind.² Nicht Mitglied kann der Unternehmer selbst sein, sein Vertreter und der Personenkreis des § 5 Abs. 2 Nr. 1 und 2. Gem. Abs. 1 S. 1 muss zu den Mitgliedern mind. ein **BR-Mitglied** zählen. Möglich, aber nicht notwendig ist, dass bei Bestehen eines GBR eines seiner Mitglieder entsandt wird.³ Das Amt eines Vorsitzenden für den Wirtschaftsausschuss ist nicht im Gesetz vorgesehen, zur praktischen Durchführung empfiehlt es sich jedoch, dass ein Mitglied die geschäftsleitenden Aufgaben übernimmt.⁴

3 Gem. Abs. 1 S. 3 sollen nur solche AN zu Mitgliedern des Wirtschaftsausschusses bestellt werden, die die zur Erfüllung ihrer Aufgaben erforderliche **fachliche** und **persönliche Eignung** besitzen. **Fachliche Eignung** beschreibt die Fähigkeit, der Unterrichtung zu folgen und sie zu verstehen und bei der Beratung mit dem Unternehmen auf Augenhöhe mitwirken zu können. Das bedeutet nicht nur die Tauglichkeit und die Möglichkeit, sich alsbald einzuarbeiten, sondern ein entsprechendes **Grundlagenwissen**.⁵ Mit einem Verständnis für gesamtwirtschaftliche Zusammenhänge und den praktischen Erfahrungen im Betrieb, die für ausreichende Kenntnis der wirtschaftlichen, finanziellen und technischen Gegebenheiten des Unternehmens sorgt, ist eine hinreichende fachliche Eignung anzunehmen.⁶ Nicht zwingend erforderlich ist die Beherrschung der Bilanzkunde, und vertiefter volks- und betriebswirtschaftlicher Kenntnisse. Die Mitglieder des Wirtschaftsausschusses müssen fähig sein, den **Jahresabschluss** anhand der ihnen gegebenen fachgerechten Erläuterungen zu verstehen und gezielte Fragen zu stellen, um über ihnen unklar gebliebene Punkte Aufklärung zu erhalten.⁷ Die Regelung ist als Sollvorschrift formuliert, ist im Grundsatz aber eine **zwingende Vorschrift**, von deren Beachtung lediglich bei Vorliegen besonderer Umstände des Einzelfalles aus vernünftigen und einsichtigen Gründen abgewichen werden darf.⁸ Ein derartiger Ausnahmefall, in dem der BR von Abs. 1 S. 3 abweichen darf, kann z.B. vorliegen, wenn der BR neu gewählt wurde oder wenn er keinen AN findet, der die erforderliche fachliche und persönliche Eignung besitzt.⁹ Der BR/GBR darf nicht als Ausgleich für die unzurei-

---

1 Fitting u.a., § 107 Rn 3.
2 ErfK/*Kania*, § 107 BetrVG Rn 3; Fitting u.a., § 107 Rn 7; DKK/*Däubler*, § 107 Rn 10; a.A. Richardi/*Annuß*, § 107 Rn 6 m.w.N.
3 Fitting u.a., § 107 Rn 8.
4 DKK/*Däubler*, § 107 Rn 4.
5 BAG 28.4.1988 – 6 AZR 39/86 – NZA 1989, 221.
6 Fitting u.a., § 107 Rn 10.
7 BAG 18.7.1978 – 1 ABR 34/75 – AP § 108 BetrVG 1972 Nr. 1; wohl auch LAG Köln 13.7.1997 – 11 TaBV 87/96 – ARST 1998, 162.
8 St. Rspr. BAG 8.4.1992 – 7 ABR 71/91 – AP § 26 BetrVG 1972 Nr. 11; BAG 11.11.1998 – 7 AZR 491/97 – NZA 1999, 1119; a.A. wohl DKK/*Däubler*, § 107 Rn 9.
9 BAG 11.11.1998 – 7 AZR 491/97 – NZA 1999, 1119.

chende fachliche Eignung der von ihm bestellten Mitglieder des Wirtschaftsausschusses die sonst nicht erforderliche und erfahrungsgemäß mit erheblichen Kosten für das Unternehmen verbundene Zuziehung von SV verlangen.[10] Insb. die Wirtschaftsausschussmitglieder, die dem BR nicht angehören, müssen die für die Tätigkeit erforderlichen Kenntnisse und Fähigkeiten besitzen.[11] **Persönliche Eignung** wird bestimmt durch Loyalität und Diskretion.[12] Allein der bestimmende BR/GBR trifft die Entscheidung über die Eignung. Durch die Formulierung als Sollvorschrift wird insoweit klargestellt, dass der Unternehmer die ordnungsgemäße Zusammensetzung des Wirtschaftsausschusses durch den BR/GBR nicht deshalb in Frage stellen kann, weil nach seiner Meinung ein Mitglied nicht die für den Wirtschaftsausschuss erforderliche fachliche und persönliche Eignung besitzt.[13]

II. Bestellung und Amtszeit des Wirtschaftsausschusses (Abs. 2)

Die Mitglieder des Wirtschaftsausschusses werden vom **BR** mit Mehrheit der Stimmen der Anwesenden (§ 33) bestimmt. Besteht ein **GBR**, so bestimmt dieser die Mitglieder. Die Amtszeit der Mitglieder des Wirtschaftsausschusses wird auf die Amtszeit des BR, der sie bestellt hat, begrenzt. Das bedeutet im Regelfall, dass die **Amtszeit** der Wirtschaftsausschussmitglieder mit derjenigen des BR übereinstimmt – i.d.R. also vier Jahre währt. Der Grund liegt darin, dass der Wirtschaftsausschuss ein Hilfsorgan des BR ist und ein neu gewählter, möglicherweise personell anders zusammengesetzter BR die Möglichkeit haben soll, die Mitglieder des Wirtschaftsausschusses als seines Beratungsgremiums in wirtschaftlichen Angelegenheiten neu zu bestimmen.[14] Werden die Mitglieder des Wirtschaftsausschusses nach Abs. 2 S. 2 vom GBR bestimmt, endet deren Amtszeit in dem Zeitpunkt, in dem die **Amtszeit der Mehrheit der Mitglieder** des GBR abgelaufen ist.[15] Besteht kein GBR, obwohl ein solcher zu errichten wäre (§ 47 Abs. 1), kann der Wirtschaftsausschuss nicht gebildet werden.[16]

4

I.Ü. endet die Amtszeit eines Wirtschaftsausschussmitglieds durch **Amtsniederlegung** oder durch **Abberufung**. Da dies jederzeit geschehen kann, ist es zweckmäßig, jeweils ein **Ersatzmitglied** zu bestellen, welches bei Ausscheiden des Mitglieds automatisch nachrückt.[17] Die Abberufung erfolgt entsprechend der Bestellung durch einfachen Mehrheitsbeschluss seitens des bestellenden BR. Insoweit ist jedes Wirtschaftsausschussmitglied auf das Vertrauen des bestellenden BR angewiesen.[18]

5

III. Rechtsstellung der Mitglieder

Die Tätigkeit im Wirtschaftsausschuss ist **ehrenamtlich**.[19] Inwieweit die einzelnen Regelungen des § 37 zur ehrenamtlichen Tätigkeit des BR entsprechend anzuwenden sind, wird für jede Regelung (Abs.) der Norm unterschiedlich beurteilt.[20] Anerkannt ist, dass die Mitglieder des Wirtschaftsausschusses von ihrer beruflichen Tätigkeit **ohne Minderung des Arbeitsentgelts** zu befreien sind, wenn und soweit es zur ordnungsgemäßen Durchführung ihrer Aufgaben notwendig ist (§ 37 Abs. 2). Bei Inanspruchnahme außerhalb ihrer Arbeitszeit besteht Anspruch auf entsprechende **Arbeitsbefreiung** unter Fortzahlung der Bezüge (§ 37 Abs. 3). Die Vorschriften über wirtschaftliche und berufliche Absicherung nach § 37 Abs. 4 und 5 sind nicht entsprechend anzuwenden.[21] Ob die **Teilnahme an Schulungs- und Bildungsveranstaltungen** gem. § 37 Abs. 6 entsprechend anzuwenden ist, ist umstr.[22] In der Lit. wird teilweise vertreten, dass alle Mitglieder, einschließlich derjenigen, die nicht zugleich BR-Mitglieder seien, über erforderliche Kenntnisse verfügen müssten.[23] Das BAG[24] lehnt die analoge Anwendung auf Mitglieder, die nicht zugleich Mitglieder des BR sind, zu Recht ab. Die Bestellung von Wirtschaftsausschussmitgliedern, die dem BR nicht angehören, ist gesetzlich vom Vorhandensein der für ihre Tätigkeit erforderlichen Kenntnisse und Fähigkeiten abhängig, so dass ein Bedürfnis für die Schulung nach der gesetzlichen Wertung grds. nicht besteht.[25] Nur in Ausnahmefällen, wenn Mitglieder des Wirtschaftsausschusses die vom AG kraft Gesetzes zu gebenden Informationen nicht verstehen, kann im Einzelfall ein derartiger Anspruch bestehen. So etwa bei dem Mitglied der SBV, der ein Teilnah-

6

---

10 BAG 18.7.1978 – 1 ABR 34/75 – AP § 108 BetrVG 1972 Nr. 1.
11 BAG 11.11.1998 – 7 AZR 491/97 – NZA 1999, 1119.
12 DKK/*Däubler*, § 107 Rn 13; *Fitting u.a.*, § 107 Rn 11; Richardi/*Annuß*, § 107 Rn 8.
13 BAG 18.7.1978 – 1 ABR 34/75 – AP § 108 BetrVG 1972 Nr. 1.
14 BAG 7.4.2004 – 7 ABR 41/03 – DB 2004, 1839.
15 BAG 7.4.2004 – 7 ABR 41/03 – DB 2004, 1839.
16 H.M. vgl. nur *Fitting u.a.*, § 107 Rn 20.
17 DKK/*Däubler*, § 107 Rn 27; *Fitting u.a.*, § 107 Rn 16.
18 DKK/*Däubler*, § 107 Rn 24; ErfK/*Kania*, § 107 Rn 10.
19 *Fitting u.a.*, § 107 Rn 24.
20 Vgl. auch HWK/*Willemsen/Lembke*, § 107 Rn 32 ff.
21 *Fitting u.a.*, § 107 Rn 26; HWK/*Willemsen/Lembke*, § 107 Rn 35; a.A. DKK/*Däubler*, § 107 Rn 30.

22 Vgl. LAG Hamm 13.10.99 – 3 TaBV 44/99 – NZA-RR 2000, 641; LAG Bremen 17.1.1984 – 4 TaBV 10/83 – AuR 1985, 132.
23 DKK/*Däubler*, § 107 Rn 32; *Fitting u.a.*, § 107 Rn 25; Richardi/*Annuß*, § 107 Rn 28; a.A. GK-BetrVG/*Oetker*, § 107 Rn 37; Hess u.a./*Hess*, § 107 Rn 28; HWK/*Willemsen/Lembke*, § 107 Rn 33; *Rumpff/Boewer*, S. 244.
24 BAG 6.11.1973 – 1 ABR 8/73 – BAGE 25, 348 = AP § 37 BetrVG 1972 Nr. 5; BAG 6.11.1973 – 1 ABR 8/73 – BAGE 25, 348 = AP § 37 BetrVG 1972 Nr. 5; BAG 20.1.1976 – 1 ABR 44/75 – AP § 89 ArbGG 1953 Nr. 10; BAG 28.4.1988 – 6 AZR 39/86 – NZA 1989, 221; BAG 11.11.1998 – 7 AZR 491/97 – NZA 1999, 1119.
25 BAG 11.11.1998 – 7 AZR 491/97 – NZA 1999, 1119.

merecht an den Sitzungen des Wirtschaftsausschusses hat und ggf. auf Schulungs- und Bildungsveranstaltungen angewiesen ist.[26] Die analoge Anwendung des § 37 Abs. 7 wird nach h.M. erst recht abgelehnt.[27]

7 Die Mitglieder des Wirtschaftsausschusses unterliegen gem. § 79 Abs. 2 der Geheimhaltungspflicht hinsichtlich Betriebs- und Geschäftsgeheimnissen.

IV. Übertragung der Aufgaben auf einen Ausschuss des Betriebsrats (Abs. 3)

8 Der BR kann beschließen, anstatt einen Wirtschaftsausschuss zu bestellen, **alternativ** die Aufgaben des Wirtschaftsausschusses einem **Ausschuss des BR/GBR** zu übertragen. Dies kann auch der Betriebsausschuss i.S.v. § 27 sein.[28] Wegen der Tragweite der Entscheidung muss sie mit **absoluter Mehrheit** getroffen werden. Die Regelung des § 28 gilt für diesen Ausschuss entsprechend. Die Zahl der Mitglieder des Ausschusses darf die Zahl der Mitglieder des Betriebsausschusses/Gesamtbetriebsausschusses nicht überschreiten. Der BR kann jedoch weitere AN einschließlich leitender Ang (§ 5 Abs. 3) hinzunehmen und den Ausschuss zahlenmäßig um die gleiche Anzahl, die der Ausschuss Mitglieder hat, erweitern und damit die Anzahl maximal verdoppeln.[29] Der Sinn der Hinzuziehung weiterer AN und/oder leitender Ang liegt darin, sich deren Sachverstand nutzbar zu machen. Sie haben die gleichen Rechte und Pflichten wie die BR-Mitglieder. Auch für die Erweiterung des Ausschusses ist die absolute Mehrheit erforderlich.

9 Die Möglichkeit, auf diese Alternative zurückzugreifen, besteht nur in Unternehmen, in denen mind. 201 AN tätig sind und damit ein BR aus neun Mitgliedern besteht.[30] Denn nur in solchen Betrieben besteht gem. § 27 auch die Möglichkeit, einen Betriebsausschuss zu gründen. BR kleinerer Unternehmen können entscheiden, in den Wirtschaftsausschuss nur eigene Mitglieder zu wählen, so dass dies einem Ausschuss gleichkommt.[31]

Der BR/GBR kann jederzeit die **Übertragung** der Aufgaben aus dem Wirtschaftsausschuss auf den besonderen Ausschuss **widerrufen**, sowie die Mitgliedszahlen innerhalb der vorgegebenen Grenzen ändern.[32] Zur Beschlussfassung ist jeweils die absolute Mehrheit erforderlich.

C. Verbindungen zu anderen Rechtsgebieten und zum Prozessrecht

10 Der besondere Künd-Schutz des § 15 KSchG kommt den Mitgliedern des Wirtschaftsausschusses nicht zu Gute, jedoch die Schutzbestimmungen des § 78. Nach § 78 S. 2 dürfen die Mitglieder des Wirtschaftsausschusses nicht wegen ihrer Tätigkeit benachteiligt oder begünstigt werden; auch nicht im Hinblick auf ihre künftige berufliche Entwicklung. Ihnen kommt **relativer Künd-Schutz** zu, da eine Künd wegen der Tätigkeit im Wirtschaftsausschuss als nichtig zu betrachten ist.

11 Bei Streitigkeiten über die Errichtung, Zusammensetzung, Amtszeit, Größe und Tragung der Kosten des Wirtschaftsausschusses entscheidet das ArbG im **Beschlussverfahren gem. § 2a ArbGG**. Die Antragsbefugnis steht nicht dem Wirtschaftsausschuss selbst, sondern ausschließlich dem BR/GBR zu.[33] Ansprüche einzelner Mitglieder auf Lohn oder Freizeitausgleich sind im Urteilsverfahren geltend zu machen.[34]

§ 119 Abs. 1 Nr. 3 sanktioniert die Benachteiligung oder Begünstigung eine Mitgliedes des Wirtschaftsausschusses, § 120 die Verletzung von Betriebs- und Geschäftsgeheimnissen.

§ 108 Sitzungen

(1) Der Wirtschaftsausschuss soll monatlich einmal zusammentreten.

(2) [1]An den Sitzungen des Wirtschaftsausschusses hat der Unternehmer oder sein Vertreter teilzunehmen. [2]Er kann sachkundige Arbeitnehmer des Unternehmens einschließlich der in § 5 Abs. 3 genannten Angestellten hinzuziehen. [3]Für die Hinzuziehung und die Verschwiegenheitspflicht von Sachverständigen gilt § 80 Abs. 3 und 4 entsprechend.

(3) Die Mitglieder des Wirtschaftsausschusses sind berechtigt, in die nach § 106 Abs. 2 vorzulegenden Unterlagen Einsicht zu nehmen.

---

26 LAG Hamburg 12.11.1996 – 6 Sa 51/96 – NZA-RR 1997, 348.
27 Vgl. auch HWK/*Willemsen/Lembke*, § 107 BetrVG Rn 34; einschränkend DKK/*Däubler*, § 107 Rn 32.
28 DKK/*Däubler*, § 107 Rn 35.
29 Vgl. *Fitting u.a.*, § 107 Rn 35.
30 *Fitting u.a.*, § 107 Rn 31; HWK/*Willemsen/Lembke*, § 107 BetrVG Rn 34.
31 ErfK/*Kania*, § 107 BetrVG Rn 17.
32 *Fitting u.a.*, § 107 Rn 37.
33 BAG 7.4.1981 – 1 ABR 83/78 – DB 1981, 2623 = AP § 118 BetrVG 1972 Nr. 16; BAG 8.3.1983 – 1 ABR 44/81 – BAGE 42, 75 = AP § 118 BetrVG 1972 Nr. 26; BAG 8.8.1989 – 1 ABR 61/88 – BAGE 62, 294 = NZA 1990, 150; *Fitting u.a.* § 107 BetrVG Rn 38.
34 Vgl. BAG 11.11.1998 – 7 AZR 491/97 – AP § 37 BetrVG 1972 Nr. 129 = NZA 1999, 1119.

(4) Der Wirtschaftsausschuss hat über jede Sitzung dem Betriebsrat unverzüglich und vollständig zu berichten.
(5) Der Jahresabschluss ist dem Wirtschaftsausschuss unter Beteiligung des Betriebsrats zu erläutern.
(6) Hat der Betriebsrat oder der Gesamtbetriebsrat eine anderweitige Wahrnehmung der Aufgaben des Wirtschaftsausschusses beschlossen, so gelten die Absätze 1 bis 5 entsprechend.

A. Allgemeines	1	IV. Bericht an den Betriebsrat (Abs. 4)	6
B. Regelungsgehalt	2	V. Erläuterungen des Jahresabschlusses (Abs. 5)	7
I. Sitzungen (Abs. 1)	2	VI. Anderweitige Wahrnehmung der Aufgaben (Abs. 6)	8
II. Teilnahme des Unternehmers und anderer Personen (Abs. 2)	3	C. Verbindungen zu anderen Rechtsgebieten und zum Prozessrecht	9
III. Einsicht in Unterlagen (Abs. 3)	5		

A. Allgemeines

§ 108 gibt dem Wirtschaftsausschuss und dem Unternehmer Vorgaben, die bei Durchführung der Sitzungen zu beachten sind. Neben dem Hinweis, dass der Ausschuss einmal monatlich zusammentreten soll, werden Rechte und Pflichten der Beteiligten und der Ablauf und Inhalt der Sitzung näher festgelegt. Der BR ist nach der Durchführung der Sitzung unverzüglich und vollständig zu unterrichten. Das Gesagte gilt auch dann, wenn sich der BR/GBR entschließt, einen Ausschuss i.S.v. § 107 Abs. 3 einzusetzen.

B. Regelungsgehalt

I. Sitzungen (Abs. 1)

In Abs. 1 wird festgelegt, dass der Wirtschaftsausschuss **einmal im Monat** zusammentreten soll. Nach Bedarf kann der Wirtschaftsausschuss jedoch auch häufiger oder seltener zusammentreten. In der Praxis finden Sitzungen meist vier Mal im Jahr statt.[1] Nicht gesetzlich bestimmt ist, wie die jeweilige Sitzung anberaumt, vorbereitet und durchgeführt wird – eine solche Regelung wurde für entbehrlich gehalten.[2] Da der Wirtschaftsausschuss ein Hilfsorgan des BR ist, können die Vorschriften über die Geschäftsführung des BR analog herangezogen werden; so etwa zur Einberufung, Einladung, Festlegung der Tagesordnung – die sich nach den in § 106 Abs. 2 und 3 genannten Gegenständen richtet –, Vorsitzübernahme etc.[3] Die Sitzung ist analog § 30 (h.M.) nicht öffentlich, was der Vertraulichkeit der meisten Beratungsgegenstände Rechnung trägt.

II. Teilnahme des Unternehmers und anderer Personen (Abs. 2)

Der **Unternehmer oder sein Vertreter** hat an der Sitzung des Wirtschaftsausschusses teilzunehmen. Die gesetzlich festgelegte Teilnahmepflicht des Unternehmers erklärt sich aus der besonderen Funktion des Wirtschaftsausschusses. Sie folgt zwingend aus seiner gesetzlichen Aufgabe, wirtschaftliche Angelegenheiten mit dem Unternehmer zu beraten (§ 106 Abs. 1 S. 2). Ob der Unternehmer selbst die Sitzung wahrnimmt oder sich vertreten lässt, liegt in seinem Entscheidungsbereich. Weder sein persönliches Erscheinen noch das eines bestimmten Vertreters kann seitens des Wirtschaftsausschusses verlangt werden.[4] Die gesetzliche Pflicht des Unternehmers zur Teilnahme bedeutet im Umkehrschluss jedoch nicht, dass ohne ihn eine Wirtschaftsausschusssitzung nicht stattfinden darf. Vielmehr kann der Wirtschaftsausschuss zur Vorbereitung einer Sitzung mit dem Unternehmer auch ohne diesen zu einer Sitzung zusammentreten.[5]

Abs. 2 enthält **keine abschließende Aufzählung** der Personen, die an den Sitzungen des Wirtschaftsausschusses teilnehmen können.[6] Der Unternehmer kann **sachkundige AN** einschließlich **leitender Ang** hinzuziehen. Es steht ihm frei, welche und wie viele AN er hinzuzieht, da allein Beratungen und keine Abstimmungen durchzuführen sind.[7] Es können zudem **SV** hinzugezogen werden, soweit dies zur ordnungsgemäßen Erfüllung der Aufgaben erforderlich erscheint. Die Hinzuziehung sowie die Verschwiegenheit richtet sich nach den Regelungen des § 80 Abs. 3 und 4. Bei externen SV bedarf es zur Hinzuziehung daher einer näheren Vereinbarung zwischen Unternehmer und Wirtschaftsausschuss (§ 80 Abs. 3). I.d.R. ist davon auszugehen, dass der Wirtschaftsausschuss selbst über die fachliche Eignung verfügt.[8] **Gewerkschaftsbeauftragte** können analog § 31 herangezogen werden.[9] Vorausgesetzt wird, dass die fachliche Eignung der dem Unternehmen angehörenden Mitglieder im Einzelfall nicht ausreicht, um eine sachgerechte

---

1 ErfK/*Kania*, § 108 BetrVG Rn 1.
2 Vgl. BAG 25.6.1987 – 6 ABR 45/85 – BAGE 55, 386 = NZA 1988, 167.
3 ErfK/*Kania*, § 108 BetrVG Rn 2; *Fitting u.a.*, § 108 Rn 3; Richardi/*Annuß* § 108 Rn 3.
4 *Fitting u.a.*, § 108 Rn 15.
5 BAG 16.3.1982 – 1 AZR 406/80 – BAGE 38, 159 = AP § 108 BetrVG 1972 Nr. 3.
6 BAG 25.6.1987 – 6 ABR 45/85 – BAGE 55, 386 = NZA 1988, 167.
7 ErfK/*Kania*, § 108 BetrVG Rn 7; *Fitting u.a.*, § 108 Rn 17.
8 BAG 18.7.1978 – 1 ABR 34/75 – DB 1978, 2223.
9 BAG 18.11.1980 – 1 ABR 31/78 – BAGE 34, 260 = AP § 108 BetrVG 1972 Nr. 2.BAG 25.6.1987 – 6 ABR 45/85 – BAGE 55, 386 = NZA 1988, 167; h.M. in der Lit. vgl. Richardi/*Annuß*, § 108 Rn 23 m.w.N.

Beratung in wirtschaftlichen Angelegenheiten sicherzustellen.[10] Die Teilnahme eines Gewerkschaftsbeauftragten kann jeweils **nur für eine konkret bestimmte Sitzung** des Wirtschaftsausschusses beschlossen werden. Eine generelle Einladung zu allen künftigen Sitzungen des Wirtschaftsausschusses ist unzulässig.[11] Die zugezogenen Gewerkschaftsbeauftragten unterliegen der Verschwiegenheitspflicht nach § 79 Abs. 2. Auch die **SBV** ist berechtigt, an Sitzungen des Wirtschaftsausschusses beratend teilzunehmen.[12]

III. Einsicht in Unterlagen (Abs. 3)

5   Das Einsichtsrecht des Wirtschaftsausschusses in Unterlagen des Unternehmers aus § 106 Abs. 2 wird durch die Regelungen in Abs. 3 ergänzt. Sämtliche Mitglieder des Wirtschaftsausschusses sind berechtigt, in die vorzulegenden Unterlagen Einsicht zu nehmen. Vorlagepflicht und Einsichtsrecht ergänzen sich in diesem Punkt.[13]

IV. Bericht an den Betriebsrat (Abs. 4)

6   Nach dieser Vorschrift hat der Wirtschaftsausschuss dem BR/GBR **unverzüglich** und **vollständig** über die Sitzungen des Wirtschaftsausschusses zu berichten. Nicht vorgeschrieben wird, dass dies anhand von Protokollen, die in der Sitzung des Wirtschaftsausschusses erstellt worden sind, zu geschehen hat.[14] Die Unterrichtung muss nicht schriftlich oder aufgrund von schriftlichen Unterlagen zu erfolgen. Die Übersendung eines angefertigten Protokolls reicht aber nach h.M. nicht aus.[15] Grds. muss der gesamte Wirtschaftsausschuss, d.h. alle seine Mitglieder, die Unterrichtung durchführen. Diese Aufgabe kann auch durch ein Mitglied, dem sie übertragen wurde, übernommen werden.[16] Neben dem GBR sind sämtliche BR zu unterrichten: Die einzelnen BR-Mitglieder sind auf ihre Schweigepflicht hinzuweisen.[17] Alle BR sollen permanent auf dem aktuellen Stand hinsichtlich der wirtschaftlichen Situation des Unternehmens sein.

V. Erläuterungen des Jahresabschlusses (Abs. 5)

7   Der Unternehmer muss dem Wirtschaftsausschuss den Jahresabschluss unter Beteiligung des BR **unverzüglich** und **vollständig** erläutern. Damit die Einflussnahmemöglichkeit des Wirtschaftsausschusses gewährleistet bleibt, hat die Erörterung **nach der gesetzlichen Prüfung** des Jahrsabschlusses einschließlich des **Prüfungsberichts**, aber vor seiner Feststellung zu erfolgen.[18] Zum Jahresabschluss gehören die Jahresbilanz, die Gewinn- und Verlustrechnung[19] (§ 242 Abs. 3 HGB), bei Kapitalgesellschaften zählt dazu der Anhang i.S.v. §§ 284 ff. HGB, der Lagebericht (§ 289 HGB) und die Steuerbilanz, soweit sie die wirtschaftliche Lage des Unternehmens betrifft, sowie der Konzernabschluss (§§ 290 ff. HBG).[20] Dabei muss der Unternehmer die Bedeutung der einzelnen Bilanzposten erklären und ihre Zusammenhänge darstellen. Die Mitglieder des Wirtschaftsausschusses müssen den Jahresabschluss anhand der ihnen gegebenen fachgerechten Erläuterungen verstehen und gezielte Fragen über ihnen unklar gebliebene Punkte stellen können, um Aufklärung zu erhalten.[21] Die Erklärungen müssen ein umfassendes Bild schaffen, damit der Wirtschaftsausschuss entsprechend gut informiert ist wie der Unternehmer. Die Mitglieder des Wirtschaftsausschusses sind berechtigt, sich bei der Erläuterung des Jahresabschlusses durch den AG gem. Abs. 5 schriftliche Notizen zu machen.[22]

VI. Anderweitige Wahrnehmung der Aufgaben (Abs. 6)

8   Die Abs. 1 bis 5 gelten auch dann, wenn die Aufgaben nicht durch einen Wirtschaftsausschuss wahrgenommen werden, sondern der BR oder der GBR eine anderweitige Wahrnehmung der Aufgaben beschlossen hat. Die entsprechende Anwendung erfolgt, wenn der BR oder der GBR einen **Ausschuss i.S.v. § 107 Abs. 3** gegründet hat.

C. Verbindungen zu anderen Rechtsgebieten und zum Prozessrecht

9   **Streitigkeiten** über die Geschäftsführung des Wirtschaftsausschusses oder eines Ausschusses nach § 107 Abs. 3, die Zuständigkeit, die Berechtigung zur Teilnahme oder die Art und Weise der Unterrichtung sind im Zuge eines Beschlussverfahrens gem. § 2a Abs. 1 Nr. 1, Abs. 2 i.V.m. §§ 80 ff. ArbGG vor dem ArbG zu entscheiden. Entsprechendes gilt für Streitigkeiten über die Hinzuziehung eines SV oder die Teilnahme eines Gewerkschaftsbeauftragten.[23]

---

10 BAG 25.6.1987 – 6 ABR 45/85 – BAGE 55, 386 = NZA 1988, 167.
11 BAG 25.6.1987 – 6 ABR 45/85 – BAGE 55, 386 = NZA 1988, 167.
12 BAG 4.6.1987 – 6 ABR 70/85 – BAGE 55, 332 = NZA 1987, 861.
13 HWK/*Willemsen/Lembke*, § 108 BetrVG Rn 32.
14 BAG 17.10.1990 – 7 ABR 69/89 – BAGE 66, 120 = NZA 1991, 432.
15 DKK/*Däubler*, § 108 Rn 29; *Fitting u.a.*, § 108 Rn 26; HWK/*Willemsen/Lembke*, § 108 BetrVG Rn 35; a.A. Hess u.a./*Hess*, § 108 Rn 26.
16 Richardi/*Annuß*, § 108 Rn 35; GK-BetrVG/*Oetker*, § 108 Rn 55; nur mit Zustimmung des BR *Fitting u.a.*, § 108 Rn 27; ErfK/*Kania*, § 108 BetrVG Rn 11.
17 *Fitting u.a.*, § 108 Rn 26.
18 DKK/*Däubler*, § 108 Rn 38; ErfK/*Kania*, § 108 BetrVG Rn 13.
19 BAG 18.7.1978 – 1 ABR 34/75 – DB 1978, 2223.
20 DKK/*Däubler*, § 108 Rn 33 ff.; *Fitting u.a.*, § 108 Rn 28 ff.
21 BAG 18.7.1978 – 1 ABR 34/75 – DB 1978, 2223.
22 LAG Hamm 9.2.1983 – 12 TaBV 65/82 – DB 1983, 1311.
23 BAG 18.7.1978 – 1 ABR 34/75 – DB 1978, 2223.

Soweit Streit darüber besteht, ob der Wirtschaftsausschuss bei Vorliegen einer wirtschaftlichen Angelegenheit eine **konkrete Auskunft** geben muss unter Berücksichtigung, dass dies rechtzeitig und ausreichend erfolgt, entscheidet zunächst die **Einigungsstelle** nach § 109 (vgl. § 106 Rn 27).[24]

Erfüllt der Unternehmer seine Aufklärungs- und Auskunftspflichten nicht, wahrheitswidrig oder unvollständig oder verspätet, so handelt er **ordnungswidrig** gem. § 121 Abs. 1.

§ 109 Beilegung von Meinungsverschiedenheiten

[1]Wird eine Auskunft über wirtschaftliche Angelegenheiten des Unternehmens im Sinn des § 106 entgegen dem Verlangen des Wirtschaftsausschusses nicht, nicht rechtzeitig oder nur ungenügend erteilt und kommt hierüber zwischen Unternehmer und Betriebsrat eine Einigung nicht zustande, so entscheidet die Einigungsstelle. [2]Der Spruch der Einigungsstelle ersetzt die Einigung zwischen Arbeitgeber und Betriebsrat. [3]Die Einigungsstelle kann, wenn dies für ihre Entscheidung erforderlich ist, Sachverständige anhören; § 80 Abs. 4 gilt entsprechend. [4]Hat der Betriebsrat oder der Gesamtbetriebsrat eine anderweitige Wahrnehmung der Aufgaben des Wirtschaftsausschusses beschlossen, so gilt Satz 1 entsprechend.

A. **Allgemeines**	1	3. Verhandlung in der Einigungsstelle	4
B. **Regelungsgehalt**	2	II. Wirkung des Einigungsstellenspruchs (S. 2)	7
I. Zuständigkeit der Einigungsstelle (S. 1)	2	III. Hinzuziehung von Sachverständigen (S. 3)	8
1. Gegenstand der Meinungsverschiedenheit	2	IV. Anderweitige Aufgabenwahrnehmung (S. 4)	9
2. Einigungsversuch zwischen Unternehmer und Betriebsrat	3	C. **Verbindung zu anderen Rechtsgebieten und zum Prozessrecht**	10

A. Allgemeines

Die Einigungsstelle befindet im Verfahren nach § 109 über den Inhalt gesetzlich definierter Ansprüche. Sie trifft **keine Ermessensentscheidung** hinsichtlich des Umfangs der zu erteilenden Auskünfte, sondern wendet unbestimmte Rechtsbegriffe an. Der Informationsanspruch ergibt sich allein aus § 106 Abs. 2. Das in § 109 vorgesehene Einigungsstellenverfahren stellt lediglich ein **vorgeschaltetes Schiedsverfahren** dar, das die Möglichkeit einer raschen Einigung auf betrieblicher Ebene eröffnet.[1]

1

B. Regelungsgehalt

I. Zuständigkeit der Einigungsstelle (S. 1)

1. Gegenstand der Meinungsverschiedenheit. § 109 hält einen Streitschlichtungsmechanismus nur für die Fragestellung bereit, ob dem Wirtschaftsausschuss eine **Auskunft nicht, nicht rechtzeitig oder unvollständig** erteilt wurde. Voraussetzung ist, dass es sich um eine Auskunft in einer wirtschaftlichen Angelegenheit des Unternehmens i.S.d. § 106 handelt. Wenn nach § 106 Abs. 2 der Unternehmer verpflichtet ist, den Wirtschaftsausschuss „unter Vorlage der erforderlichen **Unterlagen**" zu unterrichten, so ist eine Unterrichtung, bei der erforderliche Unterlagen nicht vorgelegt werden, ebenfalls unvollständig.[2] Der Wirtschaftsausschuss muss zunächst vom Unternehmer die **Auskunft verlangt** haben, die der Unternehmer nicht, nicht rechtzeitig oder unvollständig erteilt hat.[3] Hat zunächst der BR die Erteilung bestimmter Auskünfte unter Vorlage von Unterlagen an den Wirtschaftsausschuss verlangt, kann er im Falle der Weigerung des AG nicht Vorlage an sich selbst nach § 80 Abs. 2 verlangen. § 109 enthält insoweit eine **speziellere Regelung**.[4] Die Einigungsstelle ist dann primär zuständig. Die Einigungsstelle darf im Rahmen von § 109 nur über ein **konkretes Auskunftsverlangen** des Wirtschaftsausschusses entscheiden. Eine generelle, dauerhafte Regelung darf sie nicht treffen.[5] Für Streitigkeiten über das Vorliegen von **Betriebs- oder Geschäftsgeheimnissen** ist die Einigungsstelle zuständig; daher besteht für eine einstweilige Verfügung, mit der das Einsichtsrecht durchgesetzt werden soll, kein Verfügungsanspruch.[6] Die **Zuständigkeit** zur Anrufung der Einigungsstelle liegt auf AN-Seite ausschließlich bei BR bzw. Gesamt-BR.[7] Bestehen Meinungsverschiedenheiten zwischen Betriebspartnern darüber, **ob** in einem Unternehmen oder Betrieb **zu Recht ein Wirtschaftsausschuss gebildet** worden ist, kann dies durch einen entsprechenden Feststellungsantrag im Rahmen eines gerichtlichen Beschlussverfahrens

2

---

24 DKK/*Däubler*, § 108 Rn 42; *Fitting u.a.*, § 108 Rn 41.
1 BAG 11.7.2000 – 1 ABR 43/99 – BAGE 95, 228 = NZA 2001, 402.
2 BAG 8.8.1989 – 1 ABR 61/88 – BAGE 62, 294 = NZA 1990, 150.
3 *Fitting u.a.*, § 109 Rn 6.
4 Hessisches LAG 1.9.1988 – 12 TaBV 46/88 – NZA 1989, 193.
5 ArbG Hamburg 19.6.2002 – 23 BV 1/02 – ZIP 2003, 132.
6 ArbG Wetzlar 2.3.1989 – 1 BVGa 4/89 – NZA 1989, 443.
7 LAG Hamm 18.7.2007 – 10 TaBV 71/07 – juris.

Spirolke

geklärt werden. Zur abschließenden Entscheidung von Rechtsfragen ist die Einigungsstelle nicht zuständig.[8] Die Einigungsstelle ist dafür offensichtlich unzuständig.[9]

2. Einigungsversuch zwischen Unternehmer und Betriebsrat. Zunächst haben Unternehmer und BR über die Beilegung der Meinungsverschiedenheit zu verhandeln. Die Regelung macht deutlich, dass **BR und Unternehmer** befugt sind, über die Auskunftspflicht des Unternehmers und damit auch über einen Auskunftsanspruch des Wirtschaftsausschusses zu **disponieren**. Der BR hat daher auch einen eigenen betriebsverfassungsrechtlichen Anspruch gegen den Unternehmer auf Erfüllung der dem Wirtschaftsausschuss gegenüber obliegenden Auskunftspflichten.[10] Das Verhandlungsergebnis **bindet** Unternehmer, BR und Wirtschaftsausschuss gleichermaßen. Haben sich Unternehmer und BR auf die Erteilung der Auskunft verständigt, ist diese **Einigung Anspruchsgrundlage** für eine Durchsetzung des Auskunftsanspruchs im Beschlussverfahren. Bestehen am Schluss der gerichtlichen Anhörung der Betriebspartner im Einigungsstellenbesetzungsverfahren nach § 98 ArbGG miteinander unvereinbare Ansichten, kann selbst bei zunächst nicht ausreichenden innerbetrieblichen Verhandlungen nicht noch ein erneuter innerbetrieblicher Einigungsversuch verlangt werden.[11]

3. Verhandlung in der Einigungsstelle. Die Frage, ob das Auskunftsverlangen eine wirtschaftliche Angelegenheit des Unternehmens i.S.v. § 106 betrifft, ist von der Einigungsstelle als **Vorfrage** zu prüfen. Die Frage betrifft lediglich den konkreten Fall der Auskunftserteilung. Geht es dagegen um die Frage, ob Unterlagen oder Auskünfte, die im Unternehmen relevant sind, überhaupt zu den wirtschaftlichen Angelegenheiten i.S.d. § 106 gehören, kann diese Frage nicht grds. von der Einigungsstelle entschieden werden, weil die Entscheidung über eine Vorfrage die Parteien nicht bindet. Diese Frage kann nur in einem arbeitsgerichtlichen Beschlussverfahren entschieden werden.[12]

Ob **Erfolgsrechnungen einzelner Filialen** dem Wirtschaftsausschuss laufend für jeden Monat und **unaufgefordert vorzulegen** sind, ist eine Frage nach der „**Erforderlichkeit**" der Vorlage von Unterlagen an den Wirtschaftsausschuss, über die die Einigungsstelle zu entscheiden hat.[13] Die Vorlage der Erfolgsrechnungen der Filialen wird nur dann erforderlich sein, wenn die wirtschaftliche Lage einzelner Filialen auch Beratungsgegenstand in einer Sitzung des Wirtschaftsausschusses ist. Die Einigungsstelle entscheidet auch über den **Zeitpunkt** der Vorlage der Unterlagen.[14] In der Frage der **Form der Auskunftserteilung** ist der Unternehmer hingegen frei, so dass diese Frage auch nicht der Zuständigkeit der Einigungsstelle unterliegt.[15] § 109 ist auch dann anwendbar, wenn sich der Unternehmer auf **Betriebs- bzw. Geschäftsgeheimnisse** beruft. Auch soweit der Unternehmer eine Beschränkung der Unterrichtungspflicht geltend macht, weil ein Geschäftsgeheimnis gefährdet werde, entscheidet über das Vorliegen der entsprechenden Voraussetzungen zunächst die Einigungsstelle nach § 109.[16]

Auf das Verfahren der Einigungsstelle sind die allgemeinen Vorschriften über das Einigungsstellenverfahren nach §§ 76 f. anwendbar.[17]

II. Wirkung des Einigungsstellenspruchs (S. 2)

Nach S. 2 ersetzt der Spruch der Einigungsstelle die Einigung zwischen Unternehmer und BR. Der Spruch der Einigungsstelle, der eine Verpflichtung des Unternehmers zu einer bestimmten Auskunft oder zur Vorlage bestimmter Unterlagen ausspricht, begründet ebenso wie eine Einigung zwischen Unternehmer und BR die **Verpflichtung des Unternehmens**, die entsprechende Auskunft zu geben oder die betreffenden Unterlagen vorzulegen. Kommt der Unternehmer der Verpflichtung aus der Einigung oder dem Spruch der Einigungsstelle nicht nach, so kann der BR diesen **Anspruch im Beschlussverfahren** verfolgen.[18] Weigert sich der Unternehmer, der Verpflichtung nachzukommen, begeht er eine OWi nach § 121.[19]

III. Hinzuziehung von Sachverständigen (S. 3)

S. 3 regelt ausdrücklich die Möglichkeit der Hinzuziehung eines SV, eine Möglichkeit, die der Einigungsstelle auch in anderen Fällen als den in § 109 geregelten zusteht. Ob ein SV hinzugezogen werden soll, unterliegt der (Mehrheits-)Entscheidung der Einigungsstelle. Die Kosten trägt der AG als Sachkosten der Einigungsstelle nach § 76 Abs. 1; es gelten die Grundsätze der **Erforderlichkeit** und der **Verhältnismäßigkeit**. Die Grenzen der Erforderlichkeit für die Hinzuziehung eines SV sind überschritten, wenn die Hinzuziehung ohne hinreichenden Anlass eingeleitet

---

8 BAG 15.3.2006 – 7 ABR 24/05 – NZA 2006, 1422.
9 LAG Hessen 1.8.2006 – 4 TaBV 111/06 – NZA-RR 2007, 199.
10 BAG 8.8.1989 – 1 ABR 61/88 – BAGE 62, 294 = NZA 1990, 150.
11 LAG Berlin-Brandenburg 7.8.2008 – 14 TaBV 1212/08 – juris; LAG Hamm 18.7.2007 – 10 TaBV 71/07 – juris.
12 BAG 17.9.1991 – 1 ABR 74/90 – NZA 1992, 418.
13 BAG 17.9.1991 – 1 ABR 74/90 – NZA 1992, 418.
14 Hessisches LAG 10.12.1985 – 4 TaBV Ga 139/85 – juris.
15 LAG Baden-Württemberg 22.11.1985 – 5 TaBV 6/85 – DB 1986, 334.
16 BAG 11.7.2000 – 1 ABR 43/99 – BAGE 95, 228 = NZA 2001, 402; DKK/*Däubler*, § 109 Rn 4; Richardi/*Annuß*, § 109 Rn 6; ErfK/*Kania*, § 109 BetrVG Rn 1.
17 S. zum Einigungsstellenverfahren im Einzelnen H/S/*Spirolke*, § 13 Rn 15 ff.
18 BAG 8.8.1989 – 1 ABR 61/88 – BAGE 62, 294 = NZA 1990, 150.
19 Vgl. OLG Karlsruhe 7.6.1985 – 1 Ss 68/85 – DB 1986, 387.

oder mutwillig durchgeführt wird oder der Grundsatz der Verhältnismäßigkeit missachtet wird. Erforderlichkeit ist anzunehmen, wenn es der Einigungsstelle in einer entscheidungserheblichen Frage an dem notwendigen Sachverstand fehlt.[20] Einer gesonderten Vereinbarung der Einigungsstelle mit dem AG nach § 80 Abs. 3 bedarf es nicht.[21]

IV. Anderweitige Aufgabenwahrnehmung (S. 4)

Das Verfahren über den Einigungsversuch von Unternehmer und BR sowie das Einigungsstellenverfahren findet nach S. 4 auch dann Anwendung, wenn eine Übertragung der Aufgaben des Wirtschaftsausschusses nach § 107 Abs. 3 auf einen Ausschuss des BR erfolgt ist.

9

C. Verbindung zu anderen Rechtsgebieten und zum Prozessrecht

Die Entscheidung der Einigungsstelle nach § 109 darüber, ob, wann, in welcher Weise und in welchem Umfang der Unternehmer den Wirtschaftsausschuss zu unterrichten hat, unterliegt der **Rechtskontrolle der ArbG**. Dies gilt auch für die Frage, ob eine Gefährdung von Betriebs- oder Geschäftsgeheimnissen der Auskunft entgegensteht. Die Einigungsstelle trifft keine Ermessensentscheidung hinsichtlich des Umfangs der zu erteilenden Auskünfte, sondern wendet unbestimmte Rechtsbegriffe an. Die Abgrenzung dieser Begriffe obliegt im Streitfall den Gerichten. Dies ist gerade für den Begriff des „Betriebs- oder Geschäftsgeheimnisses" in anderen Vorschriften anerkannt.[22] Das folgt schon daraus, dass die Einigungsstelle im Verfahren nach § 109 über den Inhalt gesetzlich definierter Ansprüche befindet. Der Informationsanspruch ergibt sich aus § 106 Abs. 2. So ist in § 121 Abs. 1 als Anspruchsgrundlage § 106 Abs. 2 genannt und nicht etwa § 109. Die Feststellung, in welchem Umfang dieser Anspruch gegeben ist, ob also eine Gefährdung von Betriebs- und Geschäftsgeheimnissen droht, ist danach Rechtsfrage. Dem steht nicht entgegen, dass es insoweit um den Ausgleich widerstreitender Interessen des AG und der AN-Vertretung geht. Ein solcher Interessenausgleich ist geradezu typisch für die gerichtliche Konfliktlösung im Arbeitsrecht.[23] **Beteiligte** des Beschlussverfahrens sind der Unternehmer und der BR bzw. GBR. Weder die Einigungsstelle, noch der Wirtschaftsausschuss sind am Verfahren zu beteiligen. Weigert sich der AG, einen Einigungsstellenspruch umzusetzen, kann der BR den AG im Beschlussverfahren auf die im Einigungsstellenspruch ausgesprochene Auskunftserteilung in Anspruch nehmen. Ein rechtskräftiger Beschluss der ArbG kann nach § 85 Abs. 1 ArbGG i.V.m. § 888 ZPO durch Verhängung eines Zwangsgeldes **vollstreckt** werden. Eine **OWi** des Unternehmers nach § 121 ist nicht gegeben, wenn der BR es unterlässt, die Einigungsstelle nach § 109 anzurufen und die Verpflichtung des Unternehmers durch einen Einigungsstellenspruch zu konkretisieren.[24]

10

§ 109a Unternehmensübernahme

In Unternehmen, in denen kein Wirtschaftsausschuss besteht, ist im Fall des § 106 Abs. 3 Nr. 9a der Betriebsrat entsprechend § 106 Abs. 1 und 2 zu beteiligen; § 109 gilt entsprechend.

Literatur: *Düwell*, Für mehr Transparenz, dbr 2008, Nr. 11, 19; *Löwisch*, Erfasst das Risikobegrenzungsgesetz auch Kleinunternehmen?, DB 2008, 2834; *Ratayczak*, Neue Unterrichtungspflichten bei Veräußerungen von Gesellschaftsanteilen, AiB 2008, 630; *Schröder/Falter*, Die Unterrichtung des Wirtschaftsausschusses bei Unternehmensübernahmen nach Inkrafttreten des Risikobegrenzungsgesetzes, NZA 2008, 1097; *Simon/Dobel*, Das Risikobegrenzungsgesetz – neue Unterrichtungspflicht bei Unternehmensübernahmen, BB 2008, 1955; *Vogt/Bedkowski*, Risikobegrenzungsgesetz – Arbeitsrechtliche Auswirkungen auf M&A-Transaktionen, NZG 2008, 725.

In Unternehmen, in denen kein Wirtschaftsausschuss besteht, hat der Unternehmer statt des Wirtschaftsausschusses den Betriebsrat entsprechend § 106 Abs. 1 und 2 zu beteiligen. Damit soll dem schützenswerten Interesse der Belegschaft, über den Erwerb wesentlicher Anteile durch Investoren informiert zu werden, in allen Unternehmen – wie bereits in den börsennotierten Unternehmen der Fall (§§ 10 Abs. 5 S. 2, 14 Abs. 4 S. 2 WpÜG) – Rechnung getragen werden.[1] Überwiegend wird in der Literatur die Auffassung vertreten, dass mit der Vorschrift **Kleinunternehmen** erfasst sind, in denen wegen der Unterschreitung des Schwellenwertes von mehr als 100 Arbeitnehmern kein Wirtschaftsausschuss gegründet werden kann.[2] Die Vorschrift weicht von der **bisherigen Systematik** ab, dass die Rechte

1

---

20 BAG 13.11.1991 – 7 ABR 70/90 – NZA 1992, 459.
21 H/S/*Spirolke*, § 13 Rn 50.
22 Vgl. zu § 79 BetrVG BAG 26.2.1987 – 6 ABR 46/84 – BAGE 55, 96 = NZA 1988, 63.
23 BAG 11.7.2000 – 1 ABR 43/99 – BAGE 95, 228 = NZA 2001, 402.
24 OLG Karlsruhe 7.6.1985 – 1 Ss 68/85 – DB 1986, 387.

1 BT-Drucks 16/7438, S. 15.
2 *Löw*, DB 2008, 758, 759; *Schröder/Falter*, NZA 2008, 1097, 1101; *Thüsing*, ZIP 2008, 106, 108; a.A. *Löwisch*, DB 2008, 2834: Nur in Fällen, in denen regelwidrig trotz Vorliegens der Voraussetzungen kein Wirtschaftsausschuss gegründet wurde.

des Wirtschaftsausschusses in Kleinunternehmen nicht auf den Betriebsrat übergehen.[3] Sie muss aber als **Ausnahmevorschrift** angesehen werden, die für die übrigen wirtschaftlichen Angelegenheiten des § 106 Abs. 3 nicht entsprechend herangezogen werden kann. Im **Anwendungsbereich des WpÜG** ist der Betriebsrat bereits nach dessen Vorschriften zu unterrichten, damit ist auch die Unterrichtungspflicht nach § 109a erfüllt. Bei Bestehen eines **Gesamtbetriebsrats** wird dieser nach § 50 Abs. 1 zuständig sein, da die Übernahme des Unternehmens sich auf das Gesamtunternehmen, nicht auf den einzelnen Betrieb bezieht.[4] In **Tendenzbetrieben**, in denen aufgrund des Ausschlusses der Anwendbarkeit der §§ 106–110 in § 118 Abs. 1 S. 2 ein Wirtschaftsausschuss nicht gegründet werden kann, scheidet auch die Unterrichtung des Betriebsrats nach § 109a aus.[5] Gleiches gilt auch, wenn die Voraussetzungen der Gründung eines Wirtschaftsausschusses vorliegen, der Betriebsrat seiner **Verpflichtung zur Bestimmung der Mitglieder des Wirtschaftsausschusses** nach § 107 Abs. 2 S. 1 aber nicht nachgekommen ist.[6] Die Konstellation ist hier der Lage bei Gründung eines Konzernbetriebsrats und der Zuweisung der Rechte des Gesamtbetriebsrats an einen Einzelbetriebsrat nach § 54 Abs. 2 vergleichbar. Der Einzelbetriebsrat kann auch hier die Aufgaben des Gesamtbetriebsrats nach § 54 Abs. 1 nur wahrnehmen, wenn die gesetzlichen Voraussetzungen der Gründung eines Gesamtbetriebsrats nach § 47 nicht vorliegen, weil das Unternehmen nur einen Betrieb hat oder nur in einem Betrieb ein Betriebsrat gewählt ist.[7] Dem Betriebsrat können nicht zusätzliche Aufgaben und Rechte zugesprochen werden, wenn er selbst seine gesetzlichen Verpflichtungen zur Gründung der primär zuständigen Organe der Betriebsverfassung missachtet.

§ 110 Unterrichtung der Arbeitnehmer

(1) In Unternehmen mit in der Regel mehr als 1 000 ständig beschäftigten Arbeitnehmern hat der Unternehmer mindestens einmal in jedem Kalendervierteljahr nach vorheriger Abstimmung mit dem Wirtschaftsausschuss oder den in § 107 Abs. 3 genannten Stellen und dem Betriebsrat die Arbeitnehmer schriftlich über die wirtschaftliche Lage und Entwicklung des Unternehmens zu unterrichten.

(2) [1]In Unternehmen, die die Voraussetzungen des Absatzes 1 nicht erfüllen, aber in der Regel mehr als zwanzig wahlberechtigte ständige Arbeitnehmer beschäftigen, gilt Absatz 1 mit der Maßgabe, dass die Unterrichtung der Arbeitnehmer mündlich erfolgen kann. [2]Ist in diesen Unternehmen ein Wirtschaftsausschuss nicht zu errichten, so erfolgt die Unterrichtung nach vorheriger Abstimmung mit dem Betriebsrat.

A. Allgemeines	1	II. Unterrichtungspflicht in kleinen und mittleren Unternehmen (Abs. 2)	5
B. Regelungsgehalt	2		
I. Unterrichtungspflicht in Großunternehmen (Abs. 1)	2	C. Verbindung zu anderen Rechtsgebieten und zum Prozessrecht	6

A. Allgemeines

1 § 110 regelt die Verpflichtung des Unternehmers, die AN vierteljährlich über die wirtschaftliche Lage und Entwicklung des Unternehmens zu unterrichten, in Unternehmen mit mehr als 1.000 AN schriftlich, in Unternehmen zwischen 21 und 1.000 AN in mündlicher Form.

B. Regelungsgehalt

I. Unterrichtungspflicht in Großunternehmen (Abs. 1)

2 Der Vierteljahresbericht muss den Beschäftigten einen **Überblick über die wirtschaftliche Lage** geben, wie sie sich seit dem letzten Bericht darstellt und vorausschauend die Entwicklung im nächsten Quartal betrachten. Anders als § 43 Abs. 2 S. 3 enthält § 110 zwar keine ausdrückliche Ausnahme für Tatsachen, die **Geschäfts- und Betriebsgeheimnisse** gefährden, allerdings ist aufgrund der Größe des Adressatenkreises offensichtlich, dass das Unternehmen keine Informationen weitergeben muss, die seine Stellung im Wettbewerb gefährden können. Als Leitbild wird teilweise auf die Aktionärsinformationen verwiesen,[1] wobei dem besonderen Interesse der Mitarbeiter an der Sicherheit ihrer Arbeitsplätze und damit an der Entwicklung der **Beschäftigungssituation** Rechnung zu tragen sein wird.

3 Der Unternehmer hat seinen Bericht im Vorfeld mit dem Wirtschaftsausschuss und dem BR **abzustimmen**. Abstimmung heißt nicht, dass Unternehmer, Wirtschaftsausschuss und BR Einigkeit über den Bericht erzielen müssen. Hätte

---

3 Vgl. BAG 5.2.1991 – 1 ABR 24/90 – BAGE 67, 155 = NZA 1991, 645; BAG 7.4.2004 – 7 ABR 41/03 – BAGE 110, 159 = NZA 2005, 311.
4 *Löw*, DB 2008, 758, 759.
5 So auch ErfK/*Kania*, § 109a Rn 1.
6 ErfK/*Kania*, § 109a Rn 1; a.A. *Löwisch*, DB 2008, 2834, 2835.
7 Richardi/*Annuß*, § 54 Rn 56; H/S/*Spirolke*, Das arbeitsrechtliche Mandat, § 12 Rn 180.
1 *Fitting u.a.*, § 110 Rn 7.

das Gesetz dies vorausgesetzt, hätte es eine Streitschlichtung in Form der Einigungsstelle vorsehen müssen. Es bleibt der Bericht des Unternehmers, auch wenn die vorherige Abstimmung dem Zweck dient, die Sichtweise von Wirtschaftsausschuss und BR nach Erörterung mit zu bedenken und, wenn möglich, auch in den Bericht einfließen zu lassen. Kann eine Einigung über den Bericht nicht hergestellt werden, können Wirtschaftsausschuss und BR/GBR die Ausgabe eines **Alternativberichts** mit der Darlegung ihrer Sichtweise verlangen.[2]

Der Vierteljahresbericht ist **schriftlich** abzugeben, womit nicht die gesetzliche Schriftform gemeint ist. Er kann vielmehr in der Unternehmenszeitung veröffentlicht, auf der Betriebsversammlung verteilt, per E-Mail an die Mitarbeiter verschickt oder ins Intranet eingestellt werden. Werden in erheblichem Umfang ausländische AN beschäftigt, ist auch eine **Übersetzung** anzufertigen. 4

II. Unterrichtungspflicht in kleinen und mittleren Unternehmen (Abs. 2)

Die Unterrichtung hat in Unternehmen mit zwischen 21 und 1.000 Mitarbeitern mit gleichem Inhalt in **mündlicher** Form zu erfolgen. In Unternehmen **ohne Wirtschaftsausschuss**, weil er entweder nicht gebildet ist oder das Unternehmen nicht mehr als 100 AN hat, erfolgt die Absprache nur mit dem BR oder GBR.[3] 5

C. Verbindung zu anderen Rechtsgebieten und zum Prozessrecht

Unberührt bleibt die Verpflichtung des AG, nach § 43 Abs. 2 S. 3 einen **Jahresbericht** in der **Betriebsversammlung** abzugeben, der sich u.a. auch auf die wirtschaftliche Lage zu erstrecken hat. Streitigkeiten sind unter Beteiligung des AG, des BR und des GBR im **Beschlussverfahren** nach § 2a ArbGG vor den ArbG auszutragen. Die Nichterfüllung der Unterrichtungspflicht beinhaltet eine **OWi** nach § 121 Abs. 1. 6

Zweiter Unterabschnitt: Betriebsänderungen

§ 111 Betriebsänderungen

[1]In Unternehmen mit in der Regel mehr als zwanzig wahlberechtigten Arbeitnehmern hat der Unternehmer den Betriebsrat über geplante Betriebsänderungen, die wesentliche Nachteile für die Belegschaft oder erhebliche Teile der Belegschaft zur Folge haben können, rechtzeitig und umfassend zu unterrichten und die geplanten Betriebsänderungen mit dem Betriebsrat zu beraten. [2]Der Betriebsrat kann in Unternehmen mit mehr als 300 Arbeitnehmern zu seiner Unterstützung einen Berater hinzuziehen; § 80 Abs. 4 gilt entsprechend; im Übrigen bleibt § 80 Abs. 3 unberührt. [3]Als Betriebsänderung im Sinne des Satzes 1 gelten
1. Einschränkung und Stilllegung des ganzen Betriebs oder von wesentlichen Betriebsteilen,
2. Verlegung des ganzen Betriebs oder von wesentlichen Betriebsteilen,
3. Zusammenschluss mit anderen Betrieben oder die Spaltung von Betrieben,
4. grundlegende Änderungen der Betriebsorganisation, des Betriebszwecks oder der Betriebsanlagen,
5. Einführung grundlegend neuer Arbeitsmethoden und Fertigungsverfahren.

Literatur: *Annuß*, Mitwirkung und Mitbestimmung der Arbeitnehmer im Regierungsentwurf eines Gesetzes zur Reform des BetrVG, NZA 2001, 367; *Bauer*, Aktuelle Probleme des Personalabbaus im Rahmen von Betriebsänderungen, DB 1994, 217; *Beseler/Düwell/Göttling*, Arbeitsrechtliche Probleme bei Betriebsübergang, Betriebsänderung, Unternehmensumwandlung, Monographie 2006; *Blanke/Rose*, Die zeitliche Koordinierung von Informations- und Konsultationsansprüchen Europäischer Betriebsräte und nationaler Interessenvertretungen bei grenzüberschreitenden Umstrukturierungsmaßnahmen, RdA 2008, 65; *Däubler*, Die veränderte Betriebsverfassung, AuR 2001, 285; *Fauser/Nacken*, Die Sicherung des Unterrichtungs- und Beratungsanspruchs des Betriebsrats aus §§ 111, 112 BetrVG, NZA 2006, 1136; *Hanau*, Probleme der Neuregelung der Betriebsverfassung, ZIP 2001, 1981; *Hergenröder*, Dezentralisierung der Produktion und Arbeitsrecht, RdA 2007, 218; *Hümmerich/Spirolke*, Allgemeiner Unterlassungsanspruch des Betriebsrats bei Betriebsänderung, BB 1996, 1986; *dies.*, Eigenkündigung des Arbeitnehmers und Sozialplanabfindung, BB 1995, 42; *Klak/Wiesinger*, Der rechtliche und personalpolitische Wert von Überführungsvereinbarungen und ihr Einfluss auf den Betriebsfrieden, Festschrift Wolfgang Hromadka 2008, 205; *Kleinebrink/Commandeur*, Der Übergang einer wirtschaftlichen Teileinheit als Betriebsänderung, NZA 2007, 113; *Kreßel*, Arbeitsrechtliche Aspekte des neuen Umwandlungsbereinigungsgesetzes, BB 1995, 925; *Löwisch*, Änderung der Betriebsverfassung durch das Betriebsverfassungs-Reformgesetz, Teil II: Die neuen Regelungen zu Mitwirkung und Mitbestimmung, BB 2001, 1790; *Löwisch*, Probleme des Interessenausgleichs, RdA 1989, 216; *Natzel*, Hinzuziehung internen wie externen Sachverstands nach dem neuen Betriebsverfassungsgesetz, NZA 2001,

---

2 ErfK/*Kania*, § 110 BetrVG Rn 6; weitergehend *Fitting u.a.*, § 110 Rn 4 für Anspruch des Wirtschaftsausschusses und BR/GBR auf Aufnahme ihrer Sichtweise in den Bericht des Unternehmers; a.A. Richardi/*Annuß*, § 110 Rn 5.
3 *Fitting u.a.*, § 110 Rn 9.

874; *Oetker*, Die Hinzuziehung eines Beraters bei Betriebsänderungen – Der neue § 111 S. 2 BetrVG, NZA 2002, 465; *Reichold*, Die reformierte Betriebsverfassung 2001, NZA 2001, 857; *Rose/Grimmer*, Die Stellung des Beraters des Betriebsrats nach § 111 Satz 2 BetrVG, DB 2003, 1790; *Schnitker/Grau*, Arbeitsrechtliche Aspekte von Unternehmensumstrukturierungen durch Anwachsung von Gesellschaftsanteilen, ZIP 2008, 394; *Simon/Hinrichs*, Unterrichtung der Arbeitnehmer und ihrer Vertretungen bei grenzüberschreitenden Verschmelzungen, NZA 2008, 391; *Simon/Zerres*, Unternehmensspaltung und Arbeitsrecht, Festschrift Wolfgang Leinemann 2006, 255; *Walker*, Zum Unterlassungsanspruch des Betriebsrats bei Betriebsänderungen, FA 2008, 290; *Wolter*, Die Finanzmärkte, das Arbeitsrecht und die freie Unternehmerentscheidung, AuR 2008, 325; *Zwanziger*, Der Interessenausgleich – betriebliches Regelungsinstrument oder Muster ohne kollektiven Wert?, BB 1998, 477

A. Allgemeines 1	3. Zusammenschluss oder Spaltung von Betrieben
B. Regelungsgehalt 4	(S. 3 Nr. 3) 15
I. Unternehmensgröße und Betriebsrat (S. 1 Hs. 1) . 4	4. Grundlegende Änderungen der Betriebsorganisation, des Betriebszwecks oder der Betriebsanlagen (S. 3 Nr. 4) 17
1. Unternehmensgröße 4	
2. Bestehen eines Betriebsrats 7	
3. Zuständigkeit auf Betriebsratsseite 8	5. Einführung grundlegend neuer Arbeitsmethoden und Fertigungsverfahren (S. 3 Nr. 5) 21
II. Belegschaft oder erhebliche Teile der Belegschaft (S. 1 Hs. 2) 9	V. Unterrichtung und Beratung (S. 1 Hs. 3) 22
III. Wesentliche Nachteile (S. 1 Hs. 2) 10	VI. Berater (S. 2) 24
IV. Einzelne Betriebsänderungen (S. 3) 11	C. Verbindung zu anderen Rechtsgebieten und zum Prozessrecht 25
1. Einschränkung und Stilllegung von Betrieben oder wesentlichen Betriebsteilen (S. 3 Nr. 1) . 11	I. Weitere Mitbestimmungsrechte 25
2. Verlegung von Betrieben oder Betriebsteilen (S. 3 Nr. 2) 14	II. Streitigkeiten 28
	D. Beraterhinweise 30

A. Allgemeines

1 Die Beteiligung des BR bei Betriebsänderungen bildet den Schwerpunkt der Mitwirkung in wirtschaftlichen Angelegenheiten, in dem das Spannungsverhältnis zwischen den **Grundrechten** der Berufsfreiheit nach Art. 12 Abs. 1 GG sowohl des AN als auch des AG und der Eigentumsgarantie aus Art. 14 Abs. 1 GG besonders deutlich wird. Nach der gegenwärtigen Wirtschafts- und Sozialordnung trägt der AG das wirtschaftliche Risiko für die zweckmäßige Einrichtung und Gestaltung des Betriebes. Der AG ist aufgrund seiner Berufsfreiheit nach Art. 12 Abs. 1 GG grds. bis an die Grenze der Willkür berechtigt, seine betrieblichen Aktivitäten einzuschränken und bestimmte bisher in seinem Betrieb verrichtete Arbeiten an Dritte zu vergeben. Hierzu gehört zweifelsohne genauso das Recht, sein Unternehmen aufzugeben bzw. selbst darüber zu entscheiden, welche Größenordnung es haben und welche unternehmerischen Ziele es verfolgen soll, wie die Festlegung, an welchem Standort welche arbeitstechnischen Zwecke verfolgt werden sollen.[1] Auf der anderen Seite ist die Betroffenheit der Berufsfreiheit der AN in einer existenziellen Situation nicht zu verkennen. Der AG kann seine grundrechtlichen Freiheiten nur mithilfe der AN wahrnehmen. Aufgrund der sozialen und wirtschaftlichen Abhängigkeit wirken die Unternehmerentscheidungen unmittelbar auf die Grundrechtsposition der Berufsfreiheit der AN ein.

2 Die (Verfahrens-)Regelungen der §§ 111 bis 113 sind um einen Ausgleich der gegenläufigen Interessen von Unternehmer und AN in den Betrieb betreffenden Umstrukturierungen bemüht. In § 111 wird das zentrale Tatbestandsmerkmal der Betriebsänderung definiert und dem BR ein **Unterrichtungs- und Beratungsrecht** eingeräumt. § 112 enthält die entscheidende Weichenstellung. Die Beratung soll in einen **Interessenausgleich** münden, der das „Ob" und das „Wie" der Betriebsänderung zwischen BR und Unternehmer regelt. Die Rechtswirkungen eines abgeschlossenen Interessenausgleichs sind bis heute umstr. Individualrechtlich haben die AN bei Abweichungen vom Interessenausgleich nach § 113 Abs. 1 und 2 Anspruch auf **Nachteilsausgleich**. Können sich die Betriebspartner auch in der Einigungsstelle nicht einigen, kann der Unternehmer die Betriebsänderung so wie von ihm beabsichtigt umsetzen. Der BR kann eine Betriebsänderung weder verhindern, noch gegen den Willen des Unternehmers modifizieren. Dem BR kommt lediglich ein **Verhandlungsanspruch** zu, dessen Verwirklichung jedenfalls mittelbar durch die – individualrechtliche – Sanktion des § 113 Abs. 3 gesichert werden soll. Nach § 113 Abs. 3 hat der Unternehmer den AN einen Nachteilsausgleich zu zahlen, wenn er eine Betriebsänderung umsetzt, ohne einen Interessenausgleich auch nur versucht zu haben. Seit jeher umstr. ist, ob der BR aus eigenem Recht zur Durchsetzung seines Verhandlungsanspruchs im Wege einer einstweiligen Verfügung die Umsetzung einer Betriebsänderung bis zum Abschluss des Versuchs eines Interessenausgleichs verhindern kann.

3 Ausgleich oder Milderung der durch die Betriebsänderung verursachten wirtschaftlichen Nachteile der AN sind im **Sozialplan** zu regeln. Können sich die Betriebspartner in den Fragen des wirtschaftlichen Ausgleichs nicht einigen, entscheidet nach § 112 Abs. 4 die Einigungsstelle, der Sozialplan ist mithin im Gegensatz zum Interessenausgleich

---

1 BAG 12.11.1998 – 2 AZR 91/98 – BAGE 90, 182 = NZA 1999, 471; BAG 21.2.2002 – 2 AZR 556/00 – DB 2002, 2276.

erzwingbar. **Erleichterungen** enthält § 112a für einen reinen Personalabbau ohne sonstige Restrukturierungsmaßnahmen und Jungunternehmen in den ersten vier Jahren. **Sonderregelungen** gelten auch für **Tendenzbetriebe**, in denen nach § 118 Abs. 1 S. 2 Hs. 2 die §§ 111 bis 113 nur insoweit anzuwenden sind, als sie den Ausgleich oder die Milderung wirtschaftlicher Nachteile für AN infolge von Betriebsänderungen regeln.

B. Regelungsgehalt
I. Unternehmensgröße und Betriebsrat (S. 1 Hs. 1)

1. Unternehmensgröße. Die wirtschaftlichen Mitbestimmungsrechte der §§ 111 ff. bestehen nur in Unternehmen mit i.d.R. mehr als 20 wahlberechtigten AN. Weil der Schwellenwert letztlich dazu dient, leistungsschwächere Unternehmen von den mit einigen wirtschaftlichen Belastungen verbundenen Beteiligungsrechten bei der Betriebsänderung auszunehmen, ist der **Bezugspunkt** seit dem Betriebsverfassungsreformgesetz 2001 nicht mehr der Betrieb, sondern das Unternehmen. Bei der Ermittlung der regelmäßigen Beschäftigtenzahl ist auf den **Zeitpunkt** abzustellen, in dem die Beteiligungsrechte des BR nach §§ 111, 112 entstehen. Maßgeblich ist jedoch nicht die zufällige tatsächliche Beschäftigtenzahl zu diesem Zeitpunkt, sondern die normale Beschäftigtenzahl des Unternehmens, das heißt die Personalstärke, die für das Unternehmen im Allgemeinen kennzeichnend ist. Zur Feststellung der **regelmäßigen Beschäftigtenzahl** bedarf es eines **Rückblicks** auf die bisherige personelle Stärke des Betriebs und einer Einschätzung der **künftigen Entwicklung**, wenn es sich nicht um eine Betriebsstillegung oder einen Personalabbau handelt.[3] Eine vorübergehende Erhöhung der Personalstärke infolge außergewöhnlichen Arbeitsanfalls hat ebenso außer Betracht zu bleiben wie eine vorübergehende Verringerung der Belegschaft.[4] Zieht sich eine **Personalreduzierung über einen längeren Zeitraum** hin, ist auf den Zeitpunkt vor Beginn der Personalreduzierung abzustellen, es sei denn, es hat sich nach einer ersten Personalreduzierung eine Stabilisierung der geringeren Beschäftigtenzahl eingestellt, so dass es sich dann bei dieser um die regelmäßige Beschäftigtenzahl handelt.[5] Liegt zwischen mehreren Wellen von Personalabbaumaßnahmen nur ein Zeitraum von wenigen Wochen oder Monaten, spricht einen **tatsächliche Vermutung** für eine einheitliche unternehmerische Planung.[6]

Durch die Auswechselung des Bezugspunkts des Betriebs durch das Unternehmen ist erneut die Rechtsfigur des gemeinsamen Betriebs mehrerer Unternehmen in das Blickfeld der Diskussion gerückt. Teilweise wird weiterhin auf den **Gemeinschaftsbetrieb** abgestellt,[7] teilweise wird vertreten, dass das Beteiligungsrecht nur gegenüber dem Unternehmen besteht, das selbst den Schwellenwert erfüllt,[8] teilweise soll es ausreichen, dass ein beteiligtes Unternehmen mehr als 20 AN beschäftigt.[9] Zur alten Rechtslage hatte des BAG entschieden, dass für die Frage, ob regelmäßig mehr als 20 AN beschäftigt werden, auf die Gesamtzahl aller im gemeinsamen Betrieb beschäftigten AN abzustellen ist.[10] Die Begründung ist auch heute noch von Interesse: Die Figur des gemeinsamen Betriebs setzt voraus, dass sich die beteiligten Unternehmen zumindest stillschweigend hierzu rechtlich verbunden und einen einheitlichen Leitungsapparat geschaffen haben, der die AG-Funktionen in den sozialen und personellen Angelegenheiten einheitlich wahrnimmt. Das Betriebsgeschehen ist betriebsverfassungsrechtlich einheitlich zu beurteilen. Die Mitbestimmungsrechte der §§ 111 ff. knüpfen grds. an die Organisation des Betriebes, nicht des Unternehmens an. Das Betriebsverfassungsreformgesetz 2001 hat an den Tatbestandsvoraussetzungen der Betriebsänderungen nach S. 3 nichts geändert. Bei sämtlichen dort als Betriebsänderung erfassten Organisationsänderungen bleibt der Betrieb der Anknüpfungspunkt.[11] Bei der Änderung der Organisation eines Betriebs mit mehr als 20 AN, bei der der einheitliche Leitungsapparat Verhandlungspartner ist, müssen sich indessen die (Klein-)Unternehmen, die sich auf mangelde Leistungsfähigkeit als Grund für den Schwellenwert berufen möchten, entgegenhalten lassen, dass sie sich die – wirtschaftlichen – Vorteile eines gemeinsamen Handelns im Gemeinschaftsbetrieb zunutze gemacht haben und bei einer abändernden Planung als Kehrseite an dem von ihnen geschaffenen Gemeinschaftsbetrieb festhalten lassen.[12] Allerdings bedeutet dies nicht, dass ein gemeinschaftlicher Sozialplan mit sämtlichen beteiligten Unternehmen geschlossen werden muss. Es geht beim Sozialplan nicht um das Schicksal des Betriebs, sondern um Kompensation für die einzelnen AN.[13] Dementsprechend ist für die wirtschaftliche Leistungsfähigkeit[14] und auch für den Schwellenwert betreffend die Erzwingbarkeit des Sozialplans auf das einzelne Unternehmen abzustellen.[15]

---

2 BAG 10.12.1996 – 1 ABR 43/96 – NZA 1997, 733.
3 BAG 22.2.1983 – 1 AZR 260/81 – BAGE 42, 1 = DB 1983, 1447; BAG 19.7.1983 – 1 AZR 26/82 – DB 1983, 2634; BAG 14.1.1986 – 1 ABR 83/83 – juris.
4 BAG 19.7.1983 – 1 AZR 26/82 – DB 1983, 2634; BAG 18.12.1984 – 1 AZR 434/82 – juris.
5 BAG 22.2.1983 – 1 AZR 260/81 – BAGE 42, 1 = DB 1983, 1447; BAG 10.12.1996 – 1 ABR 43/96 – NZA 1997, 733; BAG 9.5.1995 – 1 ABR 51/94 – NZA 1996, 166.
6 BAG 2.1.2004 – 2 AZR 111/02 – AP § 112 BetrVG 1972 Namensliste Nr. 2.
7 DKK/*Däubler*, § 111 Rn 24a; *Hanau*, ZIP 2001, 1981.
8 ErfK/*Kania*, § 111 Rn 5; Richardi/*Annuß*, § 111 Rn 26; *Löwisch*, BB 2001, 1790.
9 HWK/*Hohenstatt*/*Willemsen*, § 111 Rn 16.
10 BAG 11.11.1997 – 1 ABR 6/97 – NZA 1998, 723.
11 BT-Drucks 14/5741, S. 51.
12 Im Ergebnis ebenso: LAG Berlin 23.1.2003 – 18 TaBV 2141/02 – NZA-RR 2003, 477.
13 BAG 12.11.2002 – 1 AZR 632/01 – NZA 2003, 676.
14 Offen gelassen in BAG 12.11.2002 – 1 AZR 632/01 – NZA 2003, 676; BAG 11.11.1997 – 1 ABR 6/97 – NZA 1998, 723.
15 *Fitting u.a.*, § 111 Rn 23.

6 Mitzuzählen sind nur **AN** des Unternehmens. **Leih-AN**, die länger als drei Monate im Betrieb eingesetzt werden, besitzen zwar das aktive Wahlrecht nach § 7 S. 2, sind aber keine AN des Entleiherbetriebes i.S.v. § 9 Abs. 1.[16] Sie sind genauso wenig AN des Unternehmens i.S.v. S. 1.[17] Zumeist wird ihre Berücksichtigung bereits daran scheitern, dass sie aufgrund der Kurzzeitigkeit ihres Einsatzes, um Arbeitsspitzen abzufangen, ohnehin nicht zu den regelmäßig Beschäftigten zählen. Zu den AN zählen auch nicht die **freien Mitarbeiter**, AN von **Fremdfirmen** und die **leitenden Ang** nach § 5 Abs. 3. Voraussetzung für die Berücksichtigung von nur zeitweilig beschäftigten **Aushilfskräften** ist nach Hessischem LAG[18] die Beschäftigung über mindestens sechs Monate im Jahr.

7 **2. Bestehen eines Betriebsrats.** Voraussetzung für das Eingreifen des Beteiligungsrechts ist das Bestehen eines BR, bei originärer Zuständigkeit reicht das Bestehen eines **GBR** aus, auch wenn nicht für alle betroffenen Betriebe BR gebildet sind, § 50 Abs. 1 S. 1 Hs. 2. Wird der BR erst **nach der Unternehmerentscheidung** und nachdem der Unternehmer mit der Stilllegung begonnen hat, gewählt, greifen die Beteiligungsrechte nach §§ 111, 112 auch dann nicht, wenn dem AG im Zeitpunkt seines Entschlusses bereits bekannt war, dass die AN einen BR wählen.[19] Dagegen bestehen die Beteiligungsrechte in der Insolvenz auch dann, wenn der BR erst **nach der Eröffnung des Insolvenzverfahrens** gewählt wurde, mit der Betriebsänderung aber noch nicht begonnen wurde.[20] Endet aufgrund der Betriebsänderung die Betriebsidentität und damit das Amt des BR, steht dem BR für die Wahrnehmung aller in §§ 111, 112 geregelten Beteiligungsrechte ein **Restmandat** zu, § 21b.[21]

8 **3. Zuständigkeit auf Betriebsratsseite.** Grds. besteht für die Wahrnehmung der Beteiligungsrechte nach §§ 111 ff. die Zuständigkeit des BR. Nach § 50 Abs. 1 S. 1 ist der **GBR** zuständig für die Behandlung von Angelegenheiten, die das Gesamtunternehmen oder mehrere Betriebe betreffen und nicht durch die einzelnen BR innerhalb ihrer Betriebe geregelt werden können. Bei mitbestimmungspflichtigen Betriebsänderungen ist dies anzunehmen, wenn die Maßnahme sich auf alle oder mehrere Betriebe auswirkt und deshalb eine einheitliche Regelung notwendig ist. Das kann etwa der Fall sein bei einer **Stilllegung aller Betriebe**,[22] der **Zusammenlegung** mehrerer Betriebe[23] oder wenn bei einer Personalreduzierung nur die Entlassung älterer AN ohne Rücksicht auf betriebliche oder sonstige Besonderheiten in den einzelnen Betrieben geplant ist.[24] Verkennt der AG die Zuständigkeit des zutreffenden betriebsverfassungsrechtlichen Organs und verhandelt mit dem falschen Organ, erfüllt der AG unabhängig von einem Verschulden nicht die Anforderungen an den Versuch eines Interessenausgleichs i.S.v. § 113 Abs. 3. Bei **unklarer Rechtslage** genügt der AG seinen betriebsverfassungsrechtlichen Pflichten jedoch, wenn er in geeigneter Weise versucht, den richtigen Partner für die Verhandlungen über einen Interessenausgleich zu finden. Der AG trägt die **Initiativlast**, den richtigen Verhandlungspartner zu finden, der er durch die Aufforderung an die infrage kommenden Gremien genügt, die Zuständigkeitsfrage zu klären.[25]

II. Belegschaft oder erhebliche Teile der Belegschaft (S. 1 Hs. 2)

9 Nach S. 1 muss die gesamte Belegschaft oder wenigstens ein erheblicher Teil der Belegschaft von der Betriebsänderung betroffen sein. Diese Anforderung wird bei den in S. 3 benannten Betriebsänderungen der Nr. 1 und 2 ausdrücklich wiederholt, bei den Nr. 4 und 5 wird das Merkmal der grundlegenden Änderungen jedenfalls subsidiär ebenfalls danach bestimmt, ob von den Änderungen ein erheblicher Teil der Belegschaft betroffen ist.[26] Der erhebliche Teil einer Belegschaft wird nach den **Zahlenschwellen des § 17 Abs. 1 KSchG** bestimmt mit der Maßgabe, dass jeweils mind. 5 % der Belegschaft betroffen sein müssen.[27] Da die Beteiligungsrechte nunmehr auch in Betrieben eingreifen können, die **nicht mehr als 20 Mitarbeiter** haben, die Zahlenschwellen des § 17 Abs. 1 KSchG aber betriebsbezogen und auch i.S.d. Betriebsänderungen des S. 3 betriebsbezogen zu prüfen sind, wird die Grenze teilweise bei Betroffenheit von sechs AN,[28] teilweise bei fünf AN[29] und teilweise bei drei AN[30] gezogen. Eine „richtige" Antwort

---

[16] BAG 16.4.2003 – 7 ABR 53/02 – NZA 2003, 1345 (für gewerbsmäßige AÜ); BAG 10.3.2004 – 7 ABR 49/03 – DB 2004, 1836 (für nicht gewerbsmäßige AÜ und Konzernleihe).
[17] A.A. *Fitting u.a.*, § 111 Rn 25; DKK/*Däubler*, § 111 Rn 25; für Berücksichtigung von dauerhaft durch Leih-AN besetzte Arbeitsplätze HWK/*Hohenstatt/Willemsen*, § 111 Rn 14.
[18] Hessisches LAG 23.9.2003 – 4 Sa 1444/02 – juris.
[19] BAG 20.4.1982 – 1 ABR 3/80 – BAGE 38, 284 = DB 1982, 1727; BAG 28.10.1992 – 10 ABR 75/91 – NZA 1993, 385.
[20] BAG 18.11.2003 – 1 AZR 30/03 – NZA 2004, 220.
[21] So bereits vor Inkrafttreten des § 21b BAG 12.1.2000 – 7 ABR 61/98 – NZA 2000, 669.
[22] BAG 17.2.1981 – 1 AZR 290/78 – BAGE 35, 80 = DB 1981, 1414.
[23] BAG 24.1.1996 – 1 AZR 542/95 – BAGE 82, 79 = NZA 1996, 1107.
[24] BAG 20.4.1994 – 10 AZR 186/93 – BAGE 76, 255 = NZA 1995, 89.
[25] BAG 24.1.1996 – 1 AZR 542/95 – BAGE 82, 79 = NZA 1996, 1107.
[26] BAG 26.10.1982 – 1 ABR 11/81 – BAGE 41, 92 = DB 1983, 1766.
[27] BAG 6.12.1988 – 1 ABR 47/87 – BAGE 60, 237 = NZA 1989, 883.
[28] *Fitting u.a.*, § 111 Rn 48; *Löwisch*, BB 2001, 1790.
[29] DKK/*Däubler*, § 111 Rn 45a.
[30] GK-BetrVG/*Oetker*, § 111 Rn 137, 73.

auf ein solches Bedürfnis nach einer Grenzziehung wird es kaum geben, auch die Heranziehung der Zahlenschwellen des § 17 Abs. 1 KSchG wird mit der Praktikabilität und der Rechtssicherheit begründet.[31]

III. Wesentliche Nachteile (S. 1 Hs. 2)

Nach S. 1 müssen die Betriebsänderungen wesentliche Nachteile für die Belegschaft oder erhebliche Teile der Belegschaft zur Folge haben. Die einzelnen Betriebsänderungen des S. 3 **fingieren** für die dort genannten Betriebsänderungen, dass sie wesentliche Nachteile für die Belegschaft oder erhebliche Teile der Belegschaft zur Folge haben können. Die Beteiligungsrechte des BR bei einer Betriebsänderung entfallen daher nicht deshalb, weil im Einzelfall solche wesentlichen Nachteile nicht zu befürchten sind.[32] Offen gelassen hat das BAG, ob die Aufzählung in S. 3 **abschließend** ist.[33] Die Betriebsänderungen des S. 3 sind jedoch in ihrer Thematik so umfassend, dass es auf diese Frage in aller Regel nicht ankommt.[34] Die bei etwaigen weiteren Betriebsänderungen notwendigen **wesentlichen Nachteile** können wirtschaftlicher Natur sein, wie höhere Fahrtkosten oder Lohnminderung, aber auch in Erschwerungen der Arbeit selbst durch Leistungsverdichtung oder der Umstände, unter denen die Arbeit zu leisten ist, liegen. Ihr Eintreten muss nicht sicher sein, sondern **als möglich erscheinen**. Ob ausgleichs- oder milderungswürdige Nachteile tatsächlich entstehen, ist bei der Aufstellung des Sozialplans zu prüfen.[35]

IV. Einzelne Betriebsänderungen (S. 3)

1. Einschränkung und Stilllegung von Betrieben oder wesentlichen Betriebsteilen (S. 3 Nr. 1). Der Tatbestand erfasst mehrere Fallgestaltungen, jeweils die komplette Stilllegung oder die bloße Einschränkung von ganzen Betrieben oder von wesentlichen Betriebsteilen. Eine **Betriebsstilllegung** setzt den ernstlichen und endgültigen Entschluss des Unternehmers voraus, die Betriebs- und Produktionsgemeinschaft zwischen AG und AN für einen seiner Dauer nach unbestimmten, wirtschaftlich unerheblichen Zeitraum aufzugeben.[36] Die Stilllegung muss für eine unbestimmte, nicht unerhebliche Zeitspanne erfolgen, weil sonst nur eine unerhebliche **Betriebspause oder Betriebsunterbrechung** vorliegt. Deshalb spricht bei alsbaldiger Wiedereröffnung des Betriebs bzw. bei alsbaldiger Wiederaufnahme der Produktion eine tatsächliche Vermutung gegen eine ernsthafte Absicht, den Betrieb stillzulegen.[37] Eine Stilllegung liegt auch dann vor, wenn der Unternehmer die AN aufgrund tariflicher Vorschriften nach einem Unglücksfall wie einem Brand und der damit einhergehenden Zerstörung des Betriebs zunächst mit einer Wiedereinstellungszusage kündigt, aber zu einem späteren Zeitpunkt beschließt, den Betrieb nicht wieder aufzubauen und die AN nicht wieder einzustellen. Maßgeblich ist der spätere Zeitpunkt.[38] Für die Stilllegung eines **wesentlichen Betriebsteils** ist zunächst der Betriebsteil als organisatorisch häufig durch eine eigenständige Leitung abgrenzbare Einheit zu definieren, die einen arbeitstechnischen Zweck verfolgt, der auch in einem Hilfszweck liegen kann.[39] Allerdings müssen nicht die Voraussetzungen an eine eigene Betriebsabteilung i.S.v. § 15 Abs. 5 KSchG erfüllt sein.[40] Wesentlich für den Gesamtbetrieb ist ein Betriebsteil, in dem ein wesentlicher Teil des Personals beschäftigt wird. Hierfür ist wiederum auf die Zahlenschwellen des § 17 Abs. 1 KSchG abzustellen (vgl. Rn 9, 12).[41] Das BAG hat bis heute die Frage nicht entschieden, ob ein Betriebsteil auch in **qualitativer** Hinsicht zu einem wesentlichen Betriebsteil werden kann, weil ihm erhebliche wirtschaftliche Bedeutung zukommt.[42] Die Herstellung eines wesentlichen **Vorprodukts** in einem Betriebsteil reicht nicht aus, ihn als wesentlichen Betriebsteil einzustufen.[43]

Eine **Betriebseinschränkung** ist eine auf Dauer geplante Verringerung der Betriebskapazität. Dabei ist es gleichgültig, ob die Verringerung der Betriebskapazität, die Herabsetzung der Leistungsfähigkeit des bisherigen Betriebes, darin zum Ausdruck kommt, dass sächliche Betriebsmittel stillgelegt und nicht mehr genutzt werden oder dass die Arbeitnehmerschaft des Betriebes erheblich reduziert wird.[44] Keine Betriebsänderung sind gewöhnliche, mit der Eigenart des Betriebs zusammenhängende **Schwankungen der Betriebstätigkeit**, auch wenn eine größere

---

31 BAG 6.12.1988 – 1 ABR 47/87 – BAGE 60, 237 = NZA 1989, 883.
32 BAG 17.8.1982 – 1 ABR 40/80 – BAGE 40, 36 = DB 1983, 344.
33 BAG 6.12.1988 – 1 ABR 47/87 – BAGE 60, 237 = NZA 1989, 883; BAG 17.8.1982 – 1 ABR 40/80 – BAGE 40, 36 = DB 1983, 344.
34 Vgl. *Fitting u.a.*, § 111 Rn 44.
35 BAG 17.8.1982 – 1 ABR 40/80 – BAGE 40, 36 = DB 1983, 344; BAG 16.7.1987 – 1 ABR 41/85 – BAGE 55, 356 = NZA 1987, 671.
36 BAG 27.9.1984 – 2 AZR 309/83 – BAGE 47, 13 = NZA 1985, 493; BAG 9.7.1985 – 1 AZR 323/83 – BAGE 49, 160 = NZA 1986, 100.
37 BAG 22.5.1985 – 5 AZR 173/84 – BAGE 48, 376 = NZA 1986, 448; BAG 12.2.1987 – 2 AZR 247/86 – NZA 1988, 170.
38 BAG 16.7.1987 – 1 AZR 528/85 – BAGE 55, 344 = NZA 1987, 858.
39 Vgl. BAG 6.12.1988 – 1 ABR 47/87 – BAGE 60, 237 = NZA 1989, 399.
40 *Fitting u.a.*, § 111 Rn 69; Richardi/*Annuß*, § 111 Rn 82.
41 BAG 21.10.1980 – 1 AZR 145/79 – DB 1981, 698; BAG 6.12.1988 – 1 ABR 47/87 – BAGE 60, 237 = NZA 1989, 399.
42 BAG 21.10.1980 – 1 AZR 145/79 – DB 1981, 698; BAG 6.12.1988 – 1 ABR 47/87 – BAGE 60, 237 = NZA 1989, 399 (für Reinigungsabteilung eines Druckereibetriebes); BAG 27.6.2002 – 2 AZR 489/01 – ARST 2003, 28 (Labor einer Fachklinik).
43 BAG 7.8.1990 – 1 AZR 445/89 – NZA 1991, 113.
44 BAG 22.1.1980 – 1 ABR 28/78 – BAGE 32, 339 = DB 1980, 1402; BAG 15.10.1979 – 1 ABR 49/77 – DB 1980, 549.

Zahl von AN entlassen wird.[45] Als erheblich wird eine Personalreduzierung angenommen, die in einer Größenordnung erfolgt, die eine Anzeigepflicht bei **Massenentlassungen** nach § 17 Abs. 1 KSchG auslöst mit der Maßgabe, dass von dem Personalabbau mind. 5 % der Belegschaft des Betriebs betroffen sein müssen.[46] Dabei kommt es nicht auf die rechtsgeschäftliche **Form des Ausscheidens aus dem Betrieb**, sondern darauf an, ob der AG die Beendigung des Arbvh mit Rücksicht auf die von ihm geplante Betriebsänderung veranlasst hat.[47] Dabei sind auch die Arbvh mitzuzählen, die nur deshalb gekündigt werden müssen, weil die AN dem Übergang auf einen **Teilbetriebserwerber** widersprochen haben und eine Beschäftigungsmöglichkeit im Restbetrieb nicht mehr besteht.[48] Die AN, die aus personen- oder verhaltensbedingten Gründen entlassen werden oder die aus eigenem Wunsch oder wegen Auslaufens ihrer zeitlich befristeten Arbvh ausscheiden, bleiben dagegen außer Betracht.[49] Gleiches gilt, wenn der Unternehmer nur die **natürliche Fluktuation** nutzt, auch wenn den ausscheidenswilligen AN gewisse Vergünstigungen wie die Aufrechterhaltung einer Jahresprämie oder einer Weihnachtsgratifikation gewährt werden.[50] Der in § 17 KSchG vorgesehene Zeitraum von 30 Kalendertagen, innerhalb derer die Entlassungen den Schwellenwert überschreiten müssen, um eine Anzeigepflicht auszulösen, ist für die Frage des erheblichen Personalabbaus nicht maßgebend.[51] Erstreckt sich der Personalabbau über **mehrere Betriebsteile**, liegt eine Betriebsänderung durch Personalabbau vor, wenn die Entlassungen auf einen einheitlichen Plan zurückgehen.[52] Bei einer stufenweisen Durchführung kann ein enger zeitlicher Zusammenhang zwischen mehreren Entlassungswellen ein wesentliches Indiz für eine von an Anfang an einheitliche Planung sein, wenn nicht neue, vom AG ursprünglich nicht vorhergesehene Umstände eingetreten sind.[53]

13 Der **Betriebsübergang** nach § 613a BGB oder durch Umwandlung nach dem UmwG stellt für sich genommen keine Betriebsänderung dar. Die AN sind durch die Bestandssicherung nach § 613a Abs. 4 BGB und den Schutz vor Verschlechterungen der Arbeitsbedingungen nach § 613a Abs. 1 BGB geschützt. Genauso wie Umstrukturierungen des Betriebes, die mit einem Betriebsübergang einhergehen, nicht von dem Künd-Verbot des § 613a Abs. 4 BGB umfasst sind, lösen diese Umstrukturierungen für sich genommen die Beteiligungsrechte nach §§ 111 ff. aus.[54] Zum Teilbetriebsübergang[55] s. Rn 16.

14 **2. Verlegung von Betrieben oder Betriebsteilen (S. 3 Nr. 2).** Verlegung eines Betriebes oder Betriebsteils ist jede nicht nur geringfügige **Veränderung der örtlichen Lage** des Betriebes oder Betriebsteils. Das BAG hat die Verlegung an einen 4,3 km entfernten Ort in derselben Stadt ausreichen lassen. Die Abgrenzung über dieselbe politische Gemeinde wie im Rahmen der Versetzung nach § 95 Abs. 3 ist im vorliegenden Zusammenhang ohne Bedeutung. Ausgenommen sind lediglich völlig unmaßgebliche Veränderungen wie der Umzug auf die andere Straßenseite oder innerhalb desselben Hauses.[56] Wird jedoch im Zusammenhang mit einer erheblichen räumlichen Verlegung des Betriebs die alte **Betriebsgemeinschaft** tatsächlich und rechtsbeständig **aufgelöst** und der Betrieb an dem neuen Ort mit einer im Wesentlichen neuen Belegschaft fortgeführt, liegt eine Betriebsstilllegung vor.[57]

15 **3. Zusammenschluss oder Spaltung von Betrieben (S. 3 Nr. 3).** Der **Zusammenschluss** von Betrieben kann durch die Bildung eines **neuen Betriebes** unter Auflösung der beteiligten bisherigen Betriebe erfolgen oder durch die **Eingliederung** des einen in den anderen Betrieb erfolgen. Die Abgrenzung ist insb. maßgebend für die Frage des Schicksals der BR. Behält ein Betrieb seine Identität, bleibt dessen BR im Amt und vertritt auch die Rechte der AN des aufgenommenen Betriebes.[58] Für die Beteiligungsrechte nach §§ 111 ff. hat jedoch sowohl bei der Eingliederung als auch beim Zusammenschluss unter Bildung eines neuen Betriebes der jeweilige BR des Ausgangsbetriebs ein Restmandat nach § 21b (siehe § 21b Rn 3), ggf. weitergehend ein Übergangsmandat nach § 21a (siehe § 21a Rn 16). Von Nr. 3 sind auch **Betriebsteile** erfasst, die nach § 4 Abs. 1 als selbstständige Betriebe gelten, nicht aber sonstige Betriebsteile.[59] Möglich ist auch die Beteiligung von Betrieben **mehrerer Unternehmen**. Ändert sich an der Unternehmenszuordnung der beteiligten Betriebe nichts, entsteht ein Gemeinschaftsbetrieb i.S.v. § 1 Abs. 2.

16 Das Gegenstück zum Zusammenschluss von Betrieben ist deren **Spaltung**. Die Spaltung des Betriebs ist nicht der Spaltung des Unternehmens gleichzusetzen. Ein Betrieb kann innerhalb des Unternehmens gespalten werden, der Spaltung können aber auch Unternehmensänderungen zugrunde liegen, die einen Tatbestand des UmwG erfüllen.

---

45 BAG 22.5.1979 – 1 AZR 17/77 – BAGE 32, 14 = DB 1979, 1896; BAG 30.6.1981 – 1 ABR 52/79 – juris.
46 BAG 2.8.1983 – 1 AZR 516/81 – BAGE 43, 222 = DB 1983, 2776.
47 BAG 27.6.1989 – 1 ABR 27/88 – juris.
48 BAG 10.12.1995 – 1 AZR 290/96 – NZA 1997, 787.
49 BAG 2.8.1983 – 1 AZR 516/81 – BAGE 43, 222 = DB 1983, 2776; BAG 20.12.1983 – 1 ABR 30/83 – juris.
50 BAG 20.12.1983 – 1 ABR 72/82 – juris.
51 BAG 8.6.1999 – 1 AZR 694/98 – juris.
52 BAG 8.6.1999 – 1 AZR 696/98 – juris.
53 BAG 28.3.2006 – 1 ABR 5/05 – NZA 2006, 932.
54 BAG 4.12.1979 – 1 AZR 843/76 – DB 1980, 743.
55 *Kleinebrink/Commandeur*, NZA 2007, 113.
56 BAG 17.8.1982 – 1 ABR 40/80 – BAGE 40, 36 = DB 1983, 344.
57 BAG 12.2.1987 – 2 AZR 247/86 – NZA 1988, 170.
58 Vgl. zur Abgrenzung zwischen Eingliederung und Entstehung eines neuen Betriebes auch Richardi/*Thüsing*, § 21b Rn 5.
59 *Fitting u.a.*, § 111 Rn 85.

Auch **Veräußerungen** von Betriebsteilen, die durch § 613a BGB erfasst werden und die eine **Ausgliederung** des zu veräußernden Betriebsteils erfordern, fallen unter den Tatbestand der Nr. 3.[60] Anderes kann dann gelten, wenn die Betriebsteilveräußerung nicht mit einer Ausgliederung einhergeht, weil der Betrieb unverändert, nunmehr unter gemeinsamer, einheitlicher Leitung als **Gemeinschaftsbetrieb** weitergeführt werden soll (vgl. den Vermutungstatbestand des § 1 Abs. 2 Nr. 2). Die **teilweise Stilllegung** eines Betriebs ist keine Spaltung i.S.v. S. 3 Nr. 3.[61] Die Größe des abgespaltenen Betriebsteils ist grds. nicht maßgebend. Nr. 3 stellt nicht auf die Abspaltung eines erheblichen oder wesentlichen Teils eines Betriebes ab. Ob Bagatellausgliederungen ausgenommen sind, hat das BAG offen gelassen.[62] Da im Rahmen aller Tatbestandsvarianten des § 111 eine gewisse Erheblichkeit gefordert wird, erscheint es geboten, bei Unterschreitung der Zahlenschwellen des § 1 eine nicht mitbestimmungspflichtige Bagatellspaltung anzunehmen.[63]

4. Grundlegende Änderungen der Betriebsorganisation, des Betriebszwecks oder der Betriebsanlagen (S. 3 Nr. 4).
Eine Änderung der **Betriebsorganisation** liegt vor, wenn der Betriebsaufbau, insb. hinsichtlich **Zuständigkeiten und Verantwortung**, umgewandelt wird. **Grundlegend** ist die Änderung, wenn sie sich auf den Betriebsablauf in erheblicher Weise auswirkt. Maßgeblich dafür ist der **Grad der Veränderung**. Es kommt entscheidend darauf an, ob die Änderung einschneidende Auswirkungen auf den Betriebsablauf, die Arbeitsweise oder die Arbeitsbedingungen der AN hat. Die Änderung muss in ihrer Gesamtschau von erheblicher Bedeutung für den gesamten Betriebsablauf sein.[64] Die Aufgabe des mit eigenen Ang durchgeführten Anzeigendienstes zugunsten des Aufbaus eines Netzes selbstständiger Handelsvertreter mit neu zugeschnittenen Zuständigkeitsgebieten stellt eine grundlegende Änderung der Betriebsorganisation dar.[65] Als grundlegende Änderung der Betriebsorganisation wird auch die Vergabe von Sekundärfunktionen, wie bspw. das **Outsourcing** von Reinigungsarbeiten gesehen.[66] In einem größeren Möbelkaufhaus kann in einer Änderung von Zahl, Gliederung und Aufbau der Betriebsabteilungen, verbunden mit einer Änderung der Unterstellungsverhältnisse eine Änderung der Betriebsorganisation liegen.[67]

Mit dem **Betriebszweck** ist der arbeitstechnische Zweck gemeint, nicht der wirtschaftliche. Der Betriebszweck kann sich dadurch ändern, dass dem bisherigen Betrieb eine weitere Abteilung mit einem weiteren arbeitstechnischen Zweck hinzugefügt wird, bspw. einem Spielcasino mit Spieltischen ein Saal mit Automaten.[68] Keine Änderung des Betriebszwecks liegt vor, wenn in einem Schlachthof, in dem bislang Rinder, Kälber und Schweine geschlachtet wurden, nur noch Schweine geschlachtet werden.[69]

Unter dem Begriff der **Betriebsanlagen** ist die sächliche Einrichtung des Betriebes zu verstehen. Zu den Betriebsanlagen zählen daher alle Gegenstände, die nicht zur Veräußerung bestimmt sind, sondern den arbeitstechnischen Produktions- und Leistungsprozess gestalten. Es gibt keine Beschränkung auf Produktionsanlagen, gemeint sind gleichfalls bspw. Einrichtungen des Rechnungswesens. Nicht nur die Änderung sämtlicher Betriebsanlagen, sondern auch die **Änderung einzelner Betriebsanlagen** kann unter S. 3 Nr. 4 fallen, wenn es sich um Betriebsanlagen handelt, die in der Gesamtschau von erheblicher Bedeutung für den gesamten Betriebsablauf sind. Ist die Bedeutung nicht zweifelsfrei zu klären, hat die **Zahl der AN** indizielle Bedeutung, die von der Änderung betroffen werden, wobei an die Rspr. zur Betriebseinschränkung angeknüpft werden kann.[70]

Grundlegend ist die Änderung, wenn sie sich auf den Betriebsablauf in erheblicher Weise auswirkt, maßgeblich ist dafür der Grad der Veränderung.[71] Bei der Änderung von Betriebsanlagen kommt es auf den Grad der technischen Änderung an. Liegt danach eine grundlegende Änderung der Betriebsanlagen vor, so indiziert dies ohne weiteres die Möglichkeit des Entstehens wesentlicher Nachteile für die Belegschaft oder erhebliche Teile der Belegschaft. Lässt sich aufgrund der Beurteilung der technischen Änderung die Frage einer grundlegenden Änderung nicht zweifelsfrei beantworten, so ist nach dem Sinn des § 111 auf den Grad der nachteiligen Auswirkungen der Änderung auf die betroffenen AN abzustellen und zu prüfen, ob sich wesentliche Nachteile für sie ergeben können.[72]

5. Einführung grundlegend neuer Arbeitsmethoden und Fertigungsverfahren (S. 3 Nr. 5).
Die Grenzen zwischen den Tatbeständen der Nr. 4 und der Nr. 5 sind fließend, worauf es aber letztlich wegen der Alternativität der Tatbestände des S. 3 nicht ankommt. Bei den Tatbeständen der Nr. 4 stehen mehr die sächlichen Betriebsmittel im

---

60 BAG 31.1.2008 – 8 AZR 1116/06 – NZA 2008, 642; BAG 10.12.1996 – 1 ABR 32/96 – BAGE 85, 1 = NZA 1997, 898.
61 BAG 18.3.2008 – 1 ABR 77/06 – NZA 2008, 957.
62 BAG 10.12.1996 – 1 ABR 32/96 – BAGE 85, 1 = NZA 1997, 898.
63 ErfK/*Kania*, § 111 BetrVG Rn 14; *Kreßel*, BB 1995, 925; a.A. DKK/*Däubler*, § 111 Rn 77.
64 BAG 18.3.2008 – 1 ABR 77/06 – NZA 2008, 957.
65 BAG 18.11.2003 – 1 AZR 637/02 – NZA 2004, 741.
66 ArbG Würzburg 30.8.2000 – 10 BVGa 27/00 – AiB 2001, 302; ArbG München 22.2.2000 – 23 BV 19/00 – AiB 2000, 766.
67 LAG Köln 10.6.1996 – 11 TaBV 23/96 – AiB 1996, 669.
68 BAG 17.12.1985 – 1 ABR 78/83 – BAGE 50, 307 = NZA 1986, 804.
69 BAG 28.4.1993 – 10 AZR 38/92 – NZA 1993, 1142.
70 BAG 26.10.1982 – 1 ABR 11/81 – BAGE 41, 92 = DB 1983, 1766.
71 BAG 18.11.2003 – 1 AZR 637/02 – NZA 2004, 741.
72 BAG 26.10.1982 – 1 ABR 11/81 – BAGE 41, 92 = DB 1983, 1766.

Vordergrund, während es bei der Nr. 5 auf die Art und Weise des Einsatzes der menschlichen Arbeitskraft ankommt.[73]

V. Unterrichtung und Beratung (S. 1 Hs. 3)

22 Der BR ist vom Unternehmer, d.h. dem **Betriebsinhaber**, rechtzeitig und umfassend zu unterrichten und es ist die geplante Betriebsänderung mit ihm zu beraten. **Rechtzeitigkeit** bedeutet, dass die Unterrichtung und Beratung noch Einfluss auf die Gestaltung der Betriebsänderung nehmen kann. Sie muss also in einem Stadium erfolgen, in dem der Plan zur Betriebsänderung noch nicht, und zwar auch noch nicht teilweise verwirklicht ist.[74] Andererseits wird durch den Begriff der Planung deutlich, dass die Vorstellungen des Unternehmers eine gewisse Tiefe erreicht haben müssen. Soweit sich für den BR Aufgaben erst dann stellen, wenn der AG eine Maßnahme plant, kann der BR die Vorlage von Unterlagen erst dann verlangen, wenn der AG tätig wird. Revisionsberichte, die solche Maßnahmen des AG lediglich anregen, sind daher nicht schon deswegen dem BR zur Verfügung zu stellen.[75] Vorüberlegungen lösen das Mitwirkungsrecht noch nicht aus. Der AG muss vielmehr ein bestimmtes **Konzept zur Betriebsänderung** entwickelt haben, wovon erst ausgegangen werden kann, wenn die Unternehmensleitung einen entsprechenden, den Beratungen mit dem BR allerdings noch zugänglichen Beschluss gefasst hat.[76] Dementsprechend darf noch nicht die Beteiligung aller im Unternehmen maßgeblichen Gremien wie des AR oder der Gesellschafterversammlung abgeschlossen sein.[77] In der **Insolvenz** trifft die Verpflichtung zur Unterrichtung und Beratung den Insolvenzverwalter.[78]

23 Der BR ist **umfassend zu unterrichten**. Der Unterrichtungsanspruch ist indessen nur auf die Planungen des AG gerichtet, nicht auf diejenigen des beherrschenden Unternehmens.[79] Zwar enthält § 111 keine ausdrückliche Anordnung der Überlassung von Unterlagen, ein entsprechender Anspruch folgt jedoch aus der allgemeinen Vorschrift des § 80 Abs. 2 S. 2. Der BR kann verlangen, dass ihm alle für die geplante Betriebsänderung maßgeblichen Daten durch den AG mitgeteilt werden. Er hat jedoch keinen Anspruch auf Angabe solcher Daten, die für die Planung des Unternehmers keine Rolle gespielt haben oder noch nicht einmal erstellt worden sind.[80] Der Unternehmer hat dem BR seine Planung mitzuteilen, ggf. auch von ihm geprüfte Alternativen. Der BR muss sich von der Maßnahme, ihrem zeitlichen Ablauf und deren Auswirkungen ein vollständiges Bild machen können.[81] Eine Verletzung der Unterrichtungspflicht liegt noch nicht vor, wenn der Unternehmer nicht bereits bei Beginn der Beratungen sämtliche später möglicherweise tatsächlich relevant werdenden Informationen mitteilt. Hinsichtlich der Verhandlungen im Tendenzunternehmen über einen Sozialplan verweist das BAG zutreffend auf das Prozesshafte einer Verständigung.[82] Die **Beratung** mit dem BR soll zu einer Verständigung auf einen Interessenausgleich nach § 112 und zum Abschluss eines Sozialplans führen.

VI. Berater (S. 2)

24 In Unternehmen mit mehr als 300 AN kann der BR nach S. 2 einen Berater hinzuziehen. Die Bedeutung der Vorschrift, die ausdrücklich die Regelung des § 80 Abs. 3 i.Ü. unberührt lässt, liegt darin, dass der BR vor der Beauftragung des Beraters nicht auf eine nähere Vereinbarung mit dem AG über Umfang und Kosten des Auftrags angewiesen ist. Der **Gegenstand** der Beauftragung ergibt sich aus dem Standort in § 111. Der Berater kann beauftragt werden, dem BR die beabsichtigte Betriebsänderung zu erläutern und Alternativvorschläge zu entwickeln. Der Beratungsauftrag erstreckt sich damit auf die Gegenstände der Interessenausgleichsverhandlungen, nicht auf den Sozialplan.[83] Obwohl das Merkmal der **Erforderlichkeit** im Gegensatz zu § 80 Abs. 3 nicht ausdrücklich im Gesetz genannt ist, gilt der allg. Grundsatz, dass der AG nur die notwendigen Kosten des BR zu tragen hat. Bei den nach S. 2 durch die Beauftragung eines Beraters entstehenden Kosten handelt es sich um Kosten nach § 40 Abs. 1. Der BR muss über die Hinzuziehung eines Beraters nach pflichtgemäßem Ermessen entscheiden und in seine Abwägungen nicht nur die Interessen der Belegschaft einbeziehen, sondern gleichfalls das Interesse des AG an der Begrenzung der Kosten.[84] Die **Person des Beraters** muss vom BR in seinem Beschluss benannt werden, das Gesetz macht ihm insofern keine Vorgaben. Es wird auf die Art der Betriebsänderung und die im Vordergrund stehenden Fragen ankommen, ob ein RA,[85] WP, EDV-Spezialist oder technischer SV hinzugezogen wird. Auf betriebs- oder unternehmensinterne Berater muss sich der BR nicht verweisen lassen.[86] Sind Berater unterschiedlicher Fachrichtungen für die Erfassung des

---

73 *Fitting u.a.*, § 111 Rn 97.
74 BAG 14.9.1976 – 1 AZR 784/75 – DB 1977, 309.
75 BAG 27.6.1989 – 1 ABR 19/88 – NZA 1989, 929.
76 LAG Düsseldorf 27.8.1985 – 16 TaBV 52/85 – NZA 1986, 371.
77 ArbG Bamberg 30.11.1984 – 3 BVGa 3/84 – NZA 1985, 259.
78 BAG 18.11.2003 – 1 AZR 30/03 – NZA 2004, 220.
79 LAG Köln 19.8.1998 – 7 TaBV 32/98 – ARST 1999, 92.
80 LAG Hamm 5.3.1986 – 12 TaBV 164/85 – NZA 1986, 651.
81 *Fitting u.a.*, § 111 Rn 111.
82 BAG 18.11.2003 – 1 AZR 637/02 – NZA 2004, 741.
83 *Oetker*, NZA 2002, 465; *Arens/Düwell/Wichert/Korte*, § 10 Rn 102.
84 *Natzel*, NZA 2001, 874; vgl. zur Beauftragung eines Anwalts im Beschlussverfahren BAG 20.10.1999 – 7 ABR 25/98 – NZA 2000, 556; für Fiktion der Erforderlichkeit kraft Gesetzes *Däubler*, AuR 2001, 285.
85 *Fitting u.a.*, § 111 Rn 120; *Reichold*, NZA 2001, 857; a.A. *Oetker*, NZA 2002, 465.
86 *Annuß*, NZA 2001, 367.

Gegenstands der Betriebsänderung erforderlich, kommt auch die Beauftragung mehrere Berater in Betracht.[87] Die Höhe des mit dem Berater zu vereinbarenden **Honorars** richtet sich – falls vorhanden – nach einer gesetzlichen Vergütungsordnung (RVG), i.Ü. nach dem marktüblichen Honorar, § 612 Abs. 2 BGB. Lässt sich das übliche Honorar nicht ermitteln, setzt der Berater das Honorar nach § 316 i.V.m. § 315 Abs. 1 BGB fest.[88] In Unternehmen mit **bis zu 300 AN** bleibt es bei der allgemeinen Regelung des § 80 Abs. 3, nach der der BR zunächst mit dem AG eine Vereinbarung über Hinzuziehung und Vergütung eines Beraters herbeizuführen hat, die er notfalls vor dem ArbG erzwingen muss.

C. Verbindung zu anderen Rechtsgebieten und zum Prozessrecht

I. Weitere Mitbestimmungsrechte

Im Umfeld von Betriebsänderungen greifen häufig weitere Beteiligungsrechte des BR. Stehen zur Umsetzung der Betriebsänderung **Künd** an, ist der BR nach § 102 zu beteiligen. Bei **Versetzungen und Umgruppierungen** bestimmt der BR nach § 99 mit. Liegen die Voraussetzungen einer **Massenentlassung** vor, muss der AG den BR nach § 17 Abs. 2 KSchG über die dort genannten Punkte unterrichten und der Massenentlassungsanzeige an die AA die Stellungnahme des BR beifügen, § 17 Abs. 3 S. 2 KSchG. Ein vor der „Entlassung" abgeschlossener Interessenausgleich erfüllt die Beratungspflicht nach § 17 Abs. 2 S. 2 KSchG. Dagegen ist es weder nach nationalem Recht noch nach Art 2 Abs. 1, Abs. 2 EGRL 59/98 Voraussetzung, dass außer der Unterrichtung des BR und Beratung mit dem BR auch eine Einigung vor „Durchführung der Massenentlassung" erzielt worden sein muss. Auch nach der Rechtsprechungsänderung durch den EuGH, die unter Entlassung nicht mehr die Beendigung des Arbverh nach Ablauf der Künd-Frist, sondern den Ausspruch der Künd selbst versteht, ist aus der **Konsultationspflicht** nach § 17 Abs. 2 S. 2 KSchG keine Pflicht zur Verständigung über den Umfang und die Folgen der Massenentlassung abzuleiten. Der BR muss unterrichtet und es muss mit ihm beraten worden sein, dagegen muss eine Einigung vor Durchführung der Massenentlassung mit ihm nicht erzielt werden.[89] Bei Restrukturierungen sind häufig auch die Rechte aus §§ 90 f. betroffen, die aber bei der Verhandlung eines Interessenausgleichs regelmäßig mit abgedeckt sind, sowie die Beteiligungsrechte bei der **Berufsbildung** nach §§ 96 ff., die oftmals Gegenstand des Sozialplans werden. Bei der Berufsbildung wird zwischen der Qualifizierung für innerbetriebliche Arbeitsplätze, insb. nach § 97 Abs. 2, und der zu kündigenden AN für den allg. Arbeitsmarkt unterschieden, die die Einigungsstelle berücksichtigen soll, § 112 Abs. 5 S. 2 Nr. 2a. Überschneidungen sind oftmals in **Umwandlungsfällen** gegeben, wenn sich Umwandlungen nicht nur auf der Gesellschaftsebene, sondern auch auf der betrieblichen Ebene auswirken. Die Unterrichtungsrechte nach dem UmwG (§§ 5 Abs. 1 Nr. 9, Abs. 3, 126 Abs. 1 Nr. 11, Abs. 3, 136, 176 Abs. 1, 177, 194 Abs. 1 Nr. 7, Abs. 2) sind zu beachten. **Rationalisierungs-TV** setzen Mindestbedingungen, ohne den Unternehmer von den Unterrichtungs-, Beratungs- und Verhandlungsverpflichtungen nach §§ 111 ff. zu entbinden.

Betriebsänderungen fallen regelmäßig auch unter den Katalog der wirtschaftlichen Angelegenheiten nach § 106 Abs. 3, die mit dem **Wirtschaftsausschuss** unabhängig von der Führung von Interessenausgleichsverhandlungen zu beraten sind.

Leitende Ang unterfallen keinem Interessenausgleich oder Sozialplan nach § 112. Ist ein **Sprecherausschuss** gebildet, ist dieser über Betriebsänderungen nach § 32 Abs. 2 S. 1 SprAuG zu unterrichten und hat nach S. 2 über einen Sozialplan zu beraten, der allerdings nicht erzwingbar ist. Häufig werden leitenden Ang freiwillig (mind.) diejenigen Leistungen gewährt, die mit dem BR für die AN ausgehandelt werden, weil das Gelingen einer Umstrukturierung oder Personalreduzierung nicht unwesentlich von ihrer Mitwirkung abhängt.

II. Streitigkeiten

Der BR kann seinen Unterrichtungs- und Beratungsanspruch im **Beschlussverfahren** vor dem ArbG durchsetzen. Streiten die Betriebspartner über die Frage, ob eine unternehmerische Planung die Anforderungen an eine Betriebsänderung erfüllt, kann diese Frage auch über einen **Feststellungsantrag** geklärt werden,[90] der **Bindungswirkung** nicht nur zwischen BR, Unternehmer und der Einigungsstelle entfaltet, sondern darüber hinaus auch für individualrechtliche Ansprüche auf Nachteilsausgleich nach § 113 Abs. 3.[91] Regelmäßig wird sich der BR dem Problem gegenübersehen, dass die Vollziehung der Betriebsänderung durch den Unternehmer droht. Nach der Umsetzung der Betriebsänderung können Unterrichtungs- und Beratungsrechte nicht mehr bestehen, weil der BR auf die Betriebsänderung keinen Einfluss mehr nehmen kann. Nur der Anspruch auf Abschluss eines Sozialplans kann noch durchgesetzt werden.[92] Der BR kann den Unterrichtungs- und Beratungsanspruch im **einstweiligen Verfügungsverfahren** verfolgen, § 85 Abs. 2 S. 1 ArbGG. Die Vollstreckung erfolgt nach § 888 ZPO. Der einzelne

---

87 *Fitting u.a.*, § 111 Rn 121; a.A. *Rose/Grimmer*, DB 2003, 1790.
88 *Natzel*, NZA 2001, 874.
89 BAG 21.5.2008 – 8 AZR 84/07 – NZA 2008, 753.
90 BAG 18.8.1987 – 1 ABR 32/87 – juris.
91 BAG 10.11.1987 – 1 AZR 360/86 – BAGE 56, 304 = NZA 1988, 287.
92 BAG 17.12.1985 – 1 ABR 78/83 – BAGE 50, 307 = NZA 1986, 804.

AN hat nach § 113 Abs. 3 einen Anspruch auf Nachteilsausgleich, wenn der AG das Verfahren über Unterrichtung, Beratung und Verhandlung über einen Interessenausgleich mit dem BR bis zur Verhandlung vor der Einigungsstelle nicht durchführt.

29 Bis heute umstr. und von den einzelnen LAG unterschiedlich entschieden ist die Frage, ob der BR im Wege eines **Unterlassungsanspruchs** im einstweiligen Verfügungsverfahren die Durchführung der Betriebsänderung solange verhindern kann, bis die Beratung und Verhandlung über einen Interessenausgleich abgeschlossen ist. Teilweise wird davon ausgegangen, § 113 Abs. 3 regele allein eine individualrechtliche Sanktion. Daneben sei es nach § 85 Abs. 2 S. 2 ArbGG i.V.m. § 938 Abs. 1 ZPO in das freie Ermessen des Gerichts gestellt, die Maßnahmen zu ergreifen, die zur Erreichung des Zwecks für erforderlich gehalten werden.[93] Der Versuch eines Interessenausgleichs müsse in einem Zeitpunkt umgesetzt werden, in dem die Betriebsänderung noch nicht, auch nicht teilweise, verwirklicht worden sei. Der Grundsatz der vertrauensvollen Zusammenarbeit gebiete, dass der Unternehmer grds. vor Durchführung von Einzelmaßnahmen aus einer geplanten Betriebsänderung so lange zu warten habe, bis das Verfahren über einen möglichen Interessenausgleich abgeschlossen sei.[94] Ein Unterlassungsanspruch des BR ist abzulehnen.[95] §§ 111, 112 weisen dem BR lediglich einen Verhandlungsanspruch zu, dessen Endpunkt entweder der Abschluss eines Interessenausgleichs oder das Feststellen des Scheiterns der Verhandlungen ist. Der die Beteiligung des BR sichernde Unterlassungsanspruch darf dem BR keine Rechte zuweisen, die über den Gehalt des Beteiligungsrechts hinausgehen. Der BR hat auch keinen Anspruch auf Verhinderung einer Betriebsänderung. Während nach der Theorie der Wirksamkeitsvoraussetzung im Rahmen von § 87 ohne Mitbestimmung getroffene Maßnahmen des AG unwirksam sind, bleiben die Einzelmaßnahmen, die zur Umsetzung der Betriebsänderung vorgenommen werden, so bspw. der Ausspruch von Künd, wirksam. Die Künd wird auch bei Massenentlassungen nicht nach § 17 Abs. 2 KSchG unwirksam, auch nicht aufgrund der Massenentlassungs-RL 98/59/EG,[96] lediglich die Sperr- und Freifristen nach § 18 Abs. 1 und 4 KSchG beginnen nicht zu laufen, wenn eine Information des BR nach § 17 Abs. 2 und 3 KSchG nicht erfolgt.[97] Im Bereich der wirtschaftlichen Mitbestimmung hat der Gesetzgeber dem Grundsatz der freien Unternehmerentscheidung in wirtschaftlichen Angelegenheiten, wie er sich aus Art. 14, 12, 2 GG ergibt, den Vorrang eingeräumt. Diese gesetzgeberische Wertung ist auch im Rahmen der richterlichen Rechtsfortbildung zu beachten.[98] Bestätigt wird dies durch die auch durch das Betriebsverfassungsreformgesetz unverändert gebliebene Gesetzessystematik. Im Rahmen von § 938 ZPO den ArbG zuzubilligen, dem Unternehmer die Vornahme von Handlungen zu untersagen, die zur Durchführung der Betriebsänderung geeignet und erforderlich sind, würde dem BR im Ergebnis einen Unterlassungsanspruch „durch die Hintertür" einräumen.[99] Im Verhältnis zum Hauptsacheanspruch muss die angeordnete Maßnahme stets ein Minus sein. Die einstweilige Verfügung darf dem Antragsteller nicht mehr geben, als er durch ein rechtskräftiges Hauptsacheurteil erreichen könnte.[100] Wenn ein Unterlassungsanspruch nicht besteht, dürfen auch nicht durch das ArbG im Rahmen des freien Ermessens nach § 938 Abs. 1 ZPO Verbote ausgesprochen werden, die auf eine – zeitweise – Unterlassung der Betriebsänderung hinauslaufen. Es bleibt mithin dabei, dass die Sanktion des individualrechtlich ausgestalteten Nachteilsausgleichs mittelbar Druck auf den Unternehmer zur Einhaltung des Verfahrens ausübt, nur in schweren Fällen kommt ein **Verfahren nach § 23 Abs. 3** in Betracht. Da die grobe Pflichtverletzung objektiv erheblich und offensichtlich schwerwiegend sein muss,[101] werden die Voraussetzungen an eine grobe Pflichtverletzung nur in Ausnahmefällen erfüllt sein. Schließlich liegt eine **OWi** nach § 121 Abs. 1 vor, die mit einer Geldbuße bis zu 10.000 EUR geahndet werden kann, wenn der Unternehmer die Unterrichtungsverpflichtung nicht, wahrheitswidrig, unvollständig oder verspätet erfüllt.

---

93 Hessisches LAG 21.9.1982 – 4 TaBVGa 94/82 – DB 1983, 613.
94 Im Ergebnis bejahen einen – zeitweisen – Unterlassungsanspruch: LAG Niedersachsen 4.5.2007 – 17 TaBVGa 57/07 – LAGE § 111 BetrVG 2001 Nr. 7; LAG Hessen 27.6.2007 – 4 TaBVGa 137/07 – juris; LAG Hamm 26.2.2007 – 10 TaBVGa 3/07 – NZA-RR 2007, 469; LAG Hamm 28.8.2003 – 13 TaBV 127/03 – NZA-RR 2004, 80; Thüringer LAG 18.8.2003 – 1 Ta 104/03 – LAGE § 111 BetrVG 2001 Nr. 1; Thüringer LAG 26.9.2000 – 1 TaBV 14/2000 – LAGE § 111 BetrVG 1972 Nr. 17; ArbG München 6.12.2002 – 27 BVGa 68/02 – AuA 2003, 50; ArbG Würzburg 30.8.2000 – 10 BVGa 27/00 – AiB 2001, 302; ArbG Berlin 9.3.2000 – 41 BVGa 6000/00 – AiB 2001, 544;
95 Im Ergebnis ebenso: LAG Köln 30.4.2004 – 5 Ta 166/04 – juris; LAG Niedersachsen 29.11.2002 – 12 TaBV 111/02 – BB 2003, 1337; ArbG Marburg 29.12.2003 – 2 BVGa 5/03 – NZA-RR 2004, 199 = DB 2004, 199; ArbG Passau 22.10.2002 – 3 BVGa 3/02 – BB 2003, 744; ArbG Kiel 27.7.2000 – 1 BVGa 39a/00 – juris; ArbG Nürnberg 17.1.2000 – 14 BVGa 1/00 – BB 2000, 2100; ArbG Dresden 30.11.1999 – 17 BVGa 8/99 – BB 2000, 363; ArbG Schwerin 13.2.1998 – 1 BVGa 2/98 – NZA-RR 1998, 448.
96 RL des Rates 98/59/EG zur Angleichung der Rechtsvorschriften der Mitgliedstaaten über Massenentlassungen vom 20.7.1998, ABl EG L225/16.
97 BAG 18.9.2003 – 2 AZR 79/02 – NZA 2004, 375; 30.3.2004 – 1 AZR 7/03 – juris.
98 *Hümmerich/Spirolke*, BB 1996, 1986.
99 A.A. *Fitting u.a.*, § 111 Rn 138.
100 *Zöller/Vollkommer*, § 937 Rn 3.
101 BAG 29.2.2000 – 1 ABR 4/99 – NZA 2000, 1066.

D. Beraterhinweise

Zur Durchsetzung des Unterrichtungsanspruchs vgl. das **Muster** bei *Hümmerich*, Arbeitsrecht Vertragsgestaltung Prozessführung, § 7 Rn 62, zum Antrag auf Erlass einer einstweiligen Verfügung auf Unterlassung von Künd vor Versuch eines Interessenausgleichs vgl. *Hümmerich*, Arbeitsrecht Vertragsgestaltung Prozessführung, § 7 Rn 85–87. Um spätere Auseinandersetzungen zu vermeiden, empfiehlt es sich, auch in Unternehmen mit mehr als 300 AN mit dem Unternehmer den Abschluss einer **Vergütungsvereinbarung** anzustreben. Eine Streit vermeidende Vereinbarung ist insb. vor dem Hintergrund der weiten Spanne der **Gegenstandswerte** erstrebenswert, die sich vom fünffachen bis 22-fachen Regelwert, von dem Bruttomonatsgehalt der betroffenen AN über $2/3$ dieses Wertes ziehen. Bei der Anfechtung eines Sozialplans bilden Anknüpfungspunkte das strittige Leistungsvolumen, $1/5$ dieses Wertes, der Umfang der tatsächlich für die Verteilung an die AN zur Verfügung stehenden Gelder.[102]

30

---

§ 112 | Interessenausgleich über die Betriebsänderung, Sozialplan

(1) ¹Kommt zwischen Unternehmer und Betriebsrat ein Interessenausgleich über die geplante Betriebsänderung zustande, so ist dieser schriftlich niederzulegen und vom Unternehmer und Betriebsrat zu unterschreiben. ²Das Gleiche gilt für eine Einigung über den Ausgleich oder die Milderung der wirtschaftlichen Nachteile, die den Arbeitnehmern infolge der geplanten Betriebsänderung entstehen (Sozialplan). ³Der Sozialplan hat die Wirkung einer Betriebsvereinbarung. ⁴§ 77 Abs. 3 ist auf den Sozialplan nicht anzuwenden.

(2) ¹Kommt ein Interessenausgleich über die geplante Betriebsänderung oder eine Einigung über den Sozialplan nicht zustande, so können der Unternehmer oder der Betriebsrat den Vorstand der Bundesagentur für Arbeit um Vermittlung ersuchen, der Vorstand kann die Aufgabe auf andere Bedienstete der Bundesagentur für Arbeit übertragen. ²Erfolgt kein Vermittlungsersuchen oder bleibt der Vermittlungsversuch ergebnislos, so können der Unternehmer oder der Betriebsrat die Einigungsstelle anrufen. ³Auf Ersuchen des Vorsitzenden der Einigungsstelle nimmt ein Mitglied des Vorstands der Bundesagentur für Arbeit oder ein vom Vorstand der Bundesagentur für Arbeit benannter Bediensteter der Bundesagentur für Arbeit an der Verhandlung teil.

(3) ¹Unternehmer und Betriebsrat sollen der Einigungsstelle Vorschläge zur Beilegung der Meinungsverschiedenheiten über den Interessenausgleich und den Sozialplan machen. ²Die Einigungsstelle hat eine Einigung der Parteien zu versuchen. ³Kommt eine Einigung zustande, so ist sie schriftlich niederzulegen und von den Parteien und vom Vorsitzenden zu unterschreiben.

(4) ¹Kommt eine Einigung über den Sozialplan nicht zustande, so entscheidet die Einigungsstelle über die Aufstellung eines Sozialplans. ²Der Spruch der Einigungsstelle ersetzt die Einigung zwischen Arbeitgeber und Betriebsrat.

(5) ¹Die Einigungsstelle hat bei ihrer Entscheidung nach Absatz 4 sowohl die sozialen Belange der betroffenen Arbeitnehmer zu berücksichtigen als auch auf die wirtschaftliche Vertretbarkeit ihrer Entscheidung für das Unternehmen zu achten. ²Dabei hat die Einigungsstelle sich im Rahmen billigen Ermessens insbesondere von folgenden Grundsätzen leiten zu lassen:

1. Sie soll beim Ausgleich oder bei der Milderung wirtschaftlicher Nachteile, insbesondere durch Einkommensminderung, Wegfall von Sonderleistungen oder Verlust von Anwartschaften auf betriebliche Altersversorgung, Umzugskosten oder erhöhte Fahrtkosten, Leistungen vorsehen, die in der Regel den Gegebenheiten des Einzelfalles Rechnung tragen.
2. Sie hat die Aussichten der betroffenen Arbeitnehmer auf dem Arbeitsmarkt zu berücksichtigen. Sie soll Arbeitnehmer von Leistungen ausschließen, die in einem zumutbaren Arbeitsverhältnis im selben Betrieb oder in einem anderen Betrieb des Unternehmens oder eines zum Konzern gehörenden Unternehmens weiterbeschäftigt werden können und die Weiterbeschäftigung ablehnen; die mögliche Weiterbeschäftigung an einem anderen Ort begründet für sich allein nicht die Unzumutbarkeit.
3. Sie soll insbesondere die im Dritten Buch des Sozialgesetzbuches vorgesehenen Förderungsmöglichkeiten zur Vermeidung von Arbeitslosigkeit berücksichtigen.
4. Sie hat bei der Bemessung des Gesamtbetrages der Sozialplanleistungen darauf zu achten, dass der Fortbestand des Unternehmens oder die nach Durchführung der Betriebsänderung verbleibenden Arbeitsplätze nicht gefährdet werden.

Literatur: *Annuß*, Sozialplanabfindung nur bei Verzicht auf Kündigungsschutz, RdA 2006, 378; *Bachner/Schindele*, Beschäftigungssicherung durch Interessenausgleich und Sozialplan, NZA 1999, 130; *Bader*, Neuregelungen im Bereich des Kündigungs-

---

102 Vgl. die umfassende Streitwertsynopse bei H/S/*Notz*, § 19 Rn 173.

schutzgesetzes durch das Arbeitsrechtliche Beschäftigungsförderungsgesetz, NZA 1996, 1125; *Bauer*, Aktuelle Probleme des Personalabbaus im Rahmen von Betriebsänderungen, DB 1994, 217; *Birk*, Der Sozialplan, Festschrift Horst Konzen 2006, 11; *Boemke/Danko*, Vererblichkeit von Abfindungsansprüchen, DB 2006, 2461; *Engels/Trebinger/Löhr-Steinhaus*, Regierungsentwurf eines Gesetzes zur Reform des Betriebsverfassungsgesetzes, DB 2001, 532; *Fischinger*, Streik um Tarifsozialpläne?, NZA 2007, 310; *Gaul*, Wirtschaftliche Vertretbarkeit eines Sozialplans, DB 2004, 1498; *ders.*, Rechtsprechung zur Namensliste gem. § 1 Abs. 5 KSchG, AuA 1998, 168; *ders.*, Neue Felder des Arbeitskampfs: Streikmaßnahmen zur Erzwingung eines Tarifsozialplans, RdA 2008, 13; *Gaul/Bonanni/Otto*, Hartz III: Veränderte Rahmenbedingungen für Kurzarbeit, Sozialplanzuschüsse und Transfermaßnahmen, DB 2003, 2386; *Giesen*, Massenentlassungsanzeige erst nach Abschluss von Sozialplanberatungen, SAE 2006, 135; *Göpfert/Krieger*, Wann ist die Anrufung der Einigungsstelle bei Interessenausgleichs- und Sozialplanverhandlungen zulässig?, NZA 2005, 254; *Henssler*, Der „Arbeitgeber in der Zange", Festschrift Reinhard Richardi 2007, 553; *Hesse*, Das Scheitern des Interessenausgleichs in der Einigungsstelle, Festschrift Arbeitsgemeinschaft Arbeitsrecht im DAV 2006, 879; *Höfling*, Streikbewehrte Forderung nach Abschluss von Tarifsozialplänen anlässlich konkreter Standortentscheidungen, ZfA 2008, 1; *Hümmerich/Spirolke*, Eigenkündigung des Arbeitnehmers und Sozialplanabfindung, BB 1995, 42; *dies.*, Die arbeitsrechtliche Abfindung im neuen Steuerrecht, NJW 1999, 1663; *dies.*, Steuerehrliche Gestaltung von Abfindungen, NZA 1998, 225; *Kappenhagen/Lambrich*, Streik um Tarifsozialplan zulässig, BB 2007, 2238; *Kohte*, Die vertrackte Namensliste, BB 1998, 946; *Kreft*, Zur Zulässigkeit von Tarifsozialplänen, BB-Special 2008, 14; *Krieger/Arnold*, Rente statt Abfindung: Zulässigkeit des Ausschlusses älterer Arbeitnehmer von Sozialplanleistungen, NZA 2008, 1153; *Lakies*, Insolvenz und Betriebsänderungen, BB 1999, 206; *Löwisch*, Probleme des Interessenausgleichs, RdA 1989, 216; *ders.*, Neugestaltung des Interessenausgleichs durch das Arbeitsrechtliche Beschäftigungsförderungsgesetz, RdA 1997, 80; *Manske*, Das Teilnahmerecht des BR-Beraters an den Verhandlungen zwischen Arbeitgeber und Betriebsrat über den Abschluss eines Interessenausgleichs/Sozialplans, Festschrift Arbeitsgemeinschaft Arbeitsrecht im DAV 2006, 953; *Mohr*, Zulässige Differenzierungen von Leistungen in Sozialplänen, BB 2007, 2574; *Neef*, Die Neuregelung des Interessenausgleichs und ihre praktischen Folgen, NZA 1997, 65; *Nicolai*, Zur Zulässigkeit tariflicher Sozialpläne – zugleich ein Beitrag zu den Grenzen der Tarifmacht, RdA 2006, 33; *Oetker*, Anrechnung tarifvertraglicher Abfindungen auf Sozialplanleistungen, NZA 2007, 242; *Paschke/Ritschel*, Erstreikbarkeit von Tarifverträgen aus Anlass von Standortentscheidungen, AuR 2007, 110; *Podewin*, Die Nutzung von Beschäftigungs- und Qualifizierungsgesellschaften (BQG) bei Personalabbau, FA 2007, 264; *Preis*, Das arbeitsrechtliche Beschäftigungsförderungsgesetz, NJW 1996, 3369; *Ricken*, Der Sozialplantarifvertrag als zulässiges Arbeitskampfziel, ZfA 2008, 283; *Rolfs*, Arbeitsrechtliche Aspekte des neuen Arbeitsförderungsrechts, NZA 1998, 17; *Schiefer*, Das Arbeitsrechtliche Beschäftigungsförderungsgesetz in der Praxis – Instanzgerichtliche Entscheidungen zu § 1 V KSchG und § 113 III BetrVG, NZA 1997, 915; *Scholz*, Dotierung eines Sozialplans durch die Einigungsstelle, BB 2006, 1498; *Schweibert*, Alter als Differenzierungskriterium in Sozialplänen, Festschrift Arbeitsgemeinschaft Arbeitsrecht im DAV 2006, 1001; *Temming*, Für einen Paradigmenwechsel in der Sozialplanrechtsprechung, RdA 2008, 205; *Thüsing*, Dreigliedrige Standortentscheidungen, NZA 2008, 201; *Wendeling-Schröder/Welkoborsky*, Beschäftigungssicherung und Transfersozialplan, NZA 2002, 1370; *Willemsen/Hohenstatt*, Zur umstrittenen Bindungs- und Normwirkung des Interessenausgleichs, NZA 1997, 345; *Willemsen/Stamer*, Erstreikbarkeit tariflicher Sozialpläne: Die Wiederherstellung der Arbeitskampfparität, NZA 2007, 413; *Wißmann*, Das schwierige Miteinander von Interessenausgleich und Sozialplan, Festschrift Arbeitsgemeinschaft Arbeitsrecht im DAV 2006, 1037; *Zimmer/Hempel*, Der Interessenausgleich als Betriebsvereinbarung, FA 2007, 171; *Zwanziger*, Der Interessenausgleich – betriebliches Regelungsinstrument oder Muster ohne kollektiven Wert?, BB 1998, 478; *ders.*, Voraussetzungen und Rechtswirkungen des Interessenausgleichs mit Nennung der zu kündigenden Arbeitnehmer, AuR 1997, 427

A. Allgemeines	1
B. Regelungsgehalt	3
I. Interessenausgleich (Abs. 1 S. 1, Abs. 2, 3)	3
1. Gegenstand und Form des Interessenausgleichs (Abs. 1 S. 1)	4
a) Gegenstand des Interessenausgleichs	4
aa) Ob und Wie der Betriebsänderung	4
bb) Zuordnung von Arbeitnehmern in Umwandlungsfällen	6
cc) Interessenausgleich mit Namensliste	8
dd) Sonderregelungen in der Insolvenz	14
b) Form des Interessenausgleichs	15
c) Rechtsnatur und Bindungswirkung des Interessenausgleichs	18
2. Vermittlung der Bundesagentur für Arbeit (Abs. 2 S. 1)	20
3. Einigungsstelle (Abs. 2 S. 2 bis 3, Abs. 3)	21
II. Sozialplan (Abs. 1 S. 2 bis 4, Abs. 2 bis 5)	22
1. Der einvernehmlich geschlossene Sozialplan (Abs. 1 S. 2 bis Abs. 3)	23
a) Inhalt des Sozialplans (Abs. 1 S. 2)	23
b) Form des Sozialplans (Abs. 1 S. 2)	32
c) Wirkung des Sozialplans (Abs. 1 S. 3)	34
d) Verhältnis zum Tarifvertrag (Abs. 1 S. 4)	37
e) Verfahren bis zum Abschluss des Sozialplans (Abs. 2 bis 3)	44
2. Sozialplan durch Spruch der Einigungsstelle (Abs. 4 bis 5)	45
a) Erzwingbarkeit des Sozialplans (Abs. 4)	45
b) Allgemeine Abwägungsparameter der Einigungsstelle (Abs. 5 S. 1)	46
c) Einzelne Abwägungsgrundsätze (Abs. 5 S. 2)	47
aa) Gegebenheiten des Einzelfalls (Abs. 5 S. 2 Nr. 1)	48
bb) Aussichten auf dem Arbeitsmarkt und Möglichkeit der Weiterbeschäftigung (Abs. 5 S. 2 Nr. 2)	49
cc) Fördermöglichkeiten des SGB III (Abs. 5 S. 2 Nr. 2a)	52
dd) Wirtschaftliche Vertretbarkeit des Sozialplans (Abs. 5 S. 2 Nr. 3)	55
3. Der Sozialplan in der Insolvenz	56
C. Verbindung zu anderen Rechtsgebieten und zum Prozessrecht	57
I. Individualansprüche aus dem Sozialplan	57
II. Streitigkeiten	62
D. Beraterhinweise	63

A. Allgemeines

Die Vorschrift regelt das **Verfahren von Verhandlung und Abschluss eines Interessenausgleichs und eines Sozialplans** für in § 111 definierte Betriebsänderungen. Sie bestimmt in Abs. 4 für den Sozialplan, der die Wirkung einer BV hat, dessen **Erzwingbarkeit** durch Spruch der Einigungsstelle. Der **Inhalt des Interessenausgleichs** ist in § 112 nicht näher bezeichnet. Der Interessenausgleich ist die Einigung über die Durchführung einer Betriebsänderung und deren Art und Weise, die sich als Ergebnis aus der Unterrichtung und Beratung der Betriebspartner über die geplante Betriebsänderung nach § 111 ergeben kann. Der **Inhalt des Sozialplans** ist mit dem Ausgleich oder der Milderung der wirtschaftlichen Nachteile, die den AN infolge der geplanten Betriebsänderung entstehen, legaldefiniert. Abs. 5 enthält **Ermessens-RL für die Einigungsstelle**, wenn sie einen Sozialplan durch streitigen Spruch aufstellt. Die Einigungsstelle soll nach Abs. 5 S. 2 Nr. 2a insb. die **Fördermöglichkeiten der BA** zur Vermeidung von Arbeitslosigkeit berücksichtigen. Angesprochen sind die Förderung der Teilnahme an **Transfermaßnahmen** nach § 216a SGB III und das **Transferkurzarbeitergeld** nach § 216b SGB III. Die Vorschrift fügt sich in die Stärkung der Rechte des BR zur Unterbreitung von Vorschlägen zur Beschäftigungssicherung nach § 92a und in die Anforderungen an die AG nach § 2 Abs. 2 S. 2 Nr. 2 SGB III ein, vorrangig durch betriebliche Maßnahmen die Inanspruchnahme von Leistungen der Arbeitsförderung sowie Entlassungen von AN zu vermeiden. Der Sozialplan hat Überbrückungsfunktion,[1] er soll es den AN ermöglichen, wirtschaftlich den Zeitraum bis zur Begründung eines neuen Arbverh abzusichern. Er dient damit partiell den gleichen Zielen, wie die Förderungsinstrumente der Arbeitsverwaltung. Die Abkehr von reinen Abfindungszahlungen zur freien Verfügung der AN hin zur Verzahnung von zweckgebundenen Sozialplanleistungen des AG und Förderungsinstrumenten der BA zielt auf die schnellere und effizientere Weitervermittlung im ersten Arbeitsmarkt. Der neue Arbeitsplatz ist der beste Ausgleich wirtschaftlicher Einbußen durch die Betriebsänderung.

Die Verpflichtung zum Abschluss eines Sozialplans nach § 112 verstößt nicht gegen **Verfassungsrecht**, insb. nicht gegen den Gleichheitssatz weil nur AN, die im Rahmen einer Betriebsänderung nach § 111 ihren Arbeitsplatz verlieren, Sozialplanleistungen erhalten, nicht aber Mitarbeiter, die ohne das Vorliegen dieser Voraussetzung betriebsbedingt gekündigt werden.[2] Die Erzwingbarkeit des Sozialplans verstößt nicht gegen die Eigentumsgarantie des Art. 14 GG, da das Grundrecht nicht gegen Geldleistungsverpflichtungen schützt und die Sozialplanpflicht die Sozialbindung des Eigentums konkretisiert. In die Berufsfreiheit nach Art. 12 GG und die allgemeine Handlungsfreiheit des Art. 2 GG wird durch die fehlende Erzwingbarkeit eines Interessenausgleichs nicht eingegriffen.[3]

B. Regelungsgehalt

I. Interessenausgleich (Abs. 1 S. 1, Abs. 2, 3)

Der Interessenausgleich ist Ziel der Beratungen nach § 111, die im Anschluss an die Unterrichtung über die Planung einer Betriebsänderung zu erfolgen haben. Die Beratungen enden erst, wenn sich die Parteien entweder auf den Abschluss eines Interessenausgleichs geeinigt haben oder wenn eine Partei nach erfolgten Beratungen das Scheitern der Verhandlungen feststellt. Der BR kann seine **Zustimmung zum Interessenausgleich mit der Verhandlung eines Sozialplans verknüpfen**. Das folgt schon daraus, dass die Gegenstände von Interessenausgleich und Sozialplan in einer inhaltlichen Verbindung stehen. Dem BR wird die Zustimmung zu notwendigen Einschnitten in der Personalstruktur eher möglich erscheinen, wenn aufgrund von im Sozialplan vereinbarten Transfermaßnahmen die Wiedereingliederung der Mitarbeiter in den ersten Arbeitsmarkt wahrscheinlich erscheint oder als zwangsläufig erkannte Zeiträume der Arbeitslosigkeit über den Sozialplan wirtschaftlich abgesichert sind. Dieser Zusammenhang wird umso mehr bei einem angestrebten Interessenausgleich mit Namensliste bestehen, der die Angriffsmöglichkeiten der AN in Künd-Schutzprozessen entscheidend einschränkt und zu dessen Abschluss der BR nicht verpflichtet ist. Zu Unterscheiden sind aber diese berechtigten Verknüpfungsinteressen des BR von der bloßen Blockadehaltung, um über den kostspieligen Zeitverlust bei der Umsetzung der Betriebsänderung höhere Sozialplanleistungen vom AG zu erwirken. Letzteres wird den AG berechtigen, das **Scheitern der Verhandlungen** zu erklären und die Einigungsstelle anzurufen und bei Fortsetzung dieser Strategie auch den Vorsitzenden der Einigungsstelle zum selben Schluss kommen lassen. Die Praxis zeigt indessen, dass eine Verzögerungstaktik den BR regelmäßig auch dem Druck der Belegschaft aussetzt. Denn für die Belegschaft sind erfahrungsgemäß schlechte Nachrichten besser zu ertragen, als die fortbestehende Unsicherheit über das Schicksal ihrer Arbeitsplätze.

1. Gegenstand und Form des Interessenausgleichs (Abs. 1 S. 1). a) Gegenstand des Interessenausgleichs. aa) Ob und Wie der Betriebsänderung. Gegenstand eines Interessenausgleichs sind Regelungen darüber, **ob, wann und in welcher Form** die vom Unternehmer geplante Betriebsänderung durchgeführt werden soll.[4]

---

1 BAG 28.10.1992 – 10 AZR 129/92 – BAGE 71, 280 = NZA 1993, 717.

2 BAG 22.5.1979 – 1 ABR 17/77 – BAGE 32, 14 = DB 1979, 1896.

3 *Fitting u.a.*, §§ 112, 112a Rn 2; *Richardi/Annuß*, § 112 Rn 9.

4 BAG 27.10.1987 – 1 ABR 9/86 – BAGE 56, 270 = NZA 1988, 203.

Unerheblich für die Verhandlungspflicht über einen Interessenausgleich ist, ob die Betriebsänderung nach § 111 gleichzeitig sozialplanpflichtig nach § 112a ist.[5] Erstreckt sich die geplante Betriebsänderung über einen **längeren Zeitraum** und eine **Vielzahl von Maßnahmen** – Personalabbau, Stilllegung, sonstige Rationalisierungsmaßnahmen –, so kann ein Interessenausgleich auch zunächst nur einen Teil dieser Maßnahmen zum Inhalt haben, sich auf einzelne Stufen erstrecken. Wenn es Sinn und Zweck der Beratungen der Betriebspartner über einen Interessenausgleich ist, sich nach Möglichkeit auf eine Betriebsänderung zu einigen, die für die betroffenen AN möglichst keine oder doch nur geringe wirtschaftliche Nachteile zur Folge hat, dann wird es dem Sinn dieser Beratungen und des Interessenausgleichs auch gerecht, wenn diese Einigung sich zunächst auf bestimmte Maßnahmen beschränkt, deren Notwendigkeit einerseits anerkannt wird und deren Folgen andererseits zunächst absehbar und regelbar erscheinen.[6]

5 Die Verhandlung über einen Vorrats- oder Rahmeninteressenausgleich ist nicht möglich. Während ein Sozialplan auch für Maßnahmen aufgestellt werden kann, die noch nicht geplant, aber in groben Umrissen abschätzbar sind, ist für den Interessenausgleich Voraussetzung, dass über **konkret geplante Maßnahmen** mit dem BR verhandelt und schon eine Einigung über das Ob und Wie angestrebt werden kann. Der Interessenausgleich ist seiner Natur nach auf den Einzelfall bezogen, denn durch ihn soll der BR Einfluss auf die Gestaltung der konkreten Betriebsänderung nehmen können. Dies schließt vorweggenommene Regelungen für künftige, in ihren Einzelheiten noch nicht absehbare Maßnahmen aus. In einer solchen Regelung läge ein Verzicht auf die Mitgestaltung der künftigen Betriebsänderung.[7] Maßnahmen, die den Eintritt von wirtschaftlichen Nachteilen verhindern, wie bspw. **Künd-Verbote, Versetzungs- und Umschulungspflichten**, sind Bestandteil des Interessenausgleichs.[8] Regelungsgegenstände können weiterhin konkrete Entlassungstermine, Freistellungen, Versetzungskriterien u.Ä. sein. Insb. die Finanzierung von **Qualifizierungsmaßnahmen** bereitet bei der Zuordnung zu Interessenausgleich oder Sozialplan, die für die Frage der Erzwingbarkeit erheblich ist, Schwierigkeiten. Zutreffend wird man zwischen Maßnahmen, die für eine innerbetriebliche Weiterverwendung qualifizieren und damit der Vermeidung der Künd dienen soll (Interessenausgleich) und der Qualifizierung für den allg. Arbeitsmarkt (Sozialplan, Abs. 5 S. 2 Nr. 2a) unterscheiden müssen. Bei Personalabbau können die Betriebsparteien **Auswahl-RL** nach § 95 beschließen.[9] Wird durch die Auswahl-RL festgelegt, wie die sozialen Gesichtspunkte nach § 1 Abs. 3 S. 1 KSchG im Verhältnis zueinander zu bewerten sind, kann die Bewertung nur auf grobe Fehlerhaftigkeit überprüft werden, § 1 Abs. 4 KSchG.

6 **bb) Zuordnung von Arbeitnehmern in Umwandlungsfällen.** Bei der – gesellschaftsrechtlichen – Umwandlung von Unternehmen kann es auch auf Betriebsebene zu einer Betriebsänderung kommen, so beim Zusammenschluss und der Spaltung von Betrieben, die mit der Umwandlung einhergehen, § 111 S. 3 Nr. 2. Der Gesetzgeber hat gesehen, dass es bei diesen Vorgängen problematisch sein kann, einzelne AN nach der Umwandlung einem bestimmten Betrieb oder Betriebsteil zuzuordnen. Dies betrifft insb. Funktionen, die für den gesamten Betrieb wahrgenommen wurden und nach der Aufspaltung des Betriebes von jedem Betriebsteil gesondert auszufüllen sind, wie bspw. Buchhaltung, EDV und sonstige Verwaltungsarbeiten. Angesprochen sind aber auch AN, die Springerfunktionen ausüben. Weiterhin sind Personalleiter, technische oder kaufmännische Direktoren oder Hausmeister zu nennen.[10] Wird in einem solchen Umwandlungsfall ein Interessenausgleich geschlossen und werden darin die AN namentlich einem bestimmten Betrieb oder Betriebsteil nach der Umwandlung zugeordnet, bestimmt § 323 Abs. 2 UmwG, dass die Zuordnung durch das ArbG nur auf grobe Fehlerhaftigkeit überprüft werden kann. Die **Zuordnung im Interessenausgleich** kann jedoch in **Konflikt mit der Rechtsfolge nach § 613a BGB** stehen, wenn in den Umwandlungsgeschehen auf Betriebsebene gleichzeitig ein Betriebsübergang zu sehen ist. Die Umwandlung nach dem UmwG ist nicht der gegenüber dem Betriebsübergang speziellere Tatbestand. Die Voraussetzungen des § 613a BGB sind in Umwandlungsfällen selbstständig zu prüfen.[11] Der Übergang des Arbverh auf einen bestimmten an der Umwandlung beteiligten Rechtsträger nach § 613a Abs. 1 S. 1 BGB kann durch eine abweichende Zuordnung im Interessenausgleich durch die Betriebsparteien nicht durchbrochen werden.[12] Ordnet jedoch § 613a Abs. 1 BGB keine Rechtsfolge an, weil es nach der Rspr. bspw. nicht ausreicht, dass ein in einer Verwaltungsabteilung beschäftigter Mitarbeiter Tätigkeiten für den übertragenen Teil des Betriebes verrichtet,[13] kann im Interessenausgleich auch die Verwaltungsabteilung sachgerecht auf die Betriebsteile aufgeteilt werden, so dass trotz fehlendem Übergang des Arbverh nach § 613a BGB ein umwandlungsrechtlicher Übergang durch die Zuordnung im Interessenausgleich erfolgt. Gleiches gilt für die aufgezeigten Zweifelsfälle.[14]

---

5 Fitting u.a., §§ 112, 112a Rn 12.
6 BAG 20.4.1994 – 10 AZR 196/93 – BAGE 76, 255 = NZA 1995, 89.
7 BAG 29.11.1983 – 1 AZR 523/82 – BAGE 44, 260 = DB 1984, 724; BAG 19.1.1999 – 1 AZR 342/98 – NZA 1999, 949.
8 BAG 17.9.1991 – 1 ABR 23/91 – BAGE 68, 277 = NZA 1992, 227.
9 Fitting u.a., §§ 112, 112a Rn 20.
10 Zur Abgrenzungsproblematik beim Betriebsübergang ausführlich H/S/Spirolke, § 8 Rn 10 ff.
11 BAG 25.5.2000 – 8 AZR 416/99 – BAGE 95, 1 = NZA 2000, 1115.
12 H/S/Boecken, § 9 Rn 24.
13 BAG 11.9.1997 – 8 AZR 555/95 – BAGE 86, 271 = NZA 1998, 31; BAG 13.11.1997 – 8 AZR 375/96 – BAGE 87, 120 = NZA 1998, 249; BAG 18.4.2002 – 8 AZR 346/01 – NZA 2002, 1207.
14 Fitting u.a., §§ 112, 112a Rn 94.

Grobe Fehlerhaftigkeit liegt nur vor, wenn geeignete Zuordnungsmaßstäbe wie Qualifikation des AN und der vertraglich konkretisierte bisherige Tätigkeitsbereich bei der Zuordnung völlig außer Acht gelassen werden[15] bzw. sie sich unter keinem Gesichtspunkt sachlich begründen lässt.[16]

cc) Interessenausgleich mit Namensliste.
Die Betriebsparteien können entweder im Interessenausgleich selbst oder in einer Anlage die AN, die bei der Durchführung der Betriebsänderung entlassen werden sollen, namentlich bezeichnen. Entschließen sich die Betriebsparteien zu diesem Schritt, hat dies erhebliche individualrechtliche Bedeutung. Durch das Arbeitsrechtliche Beschäftigungsförderungsgesetz v. 25.9.1996[17] ist § 1 KSchG durch Abs. 5 ergänzt worden. Sind bei einer Künd aufgrund einer Betriebsänderung die **zu kündigenden AN in einem Interessenausgleich namentlich bezeichnet**, wird die **Betriebsbedingtheit** der Künd nach § 1 Abs. 5 KSchG **vermutet** und der Prüfungsmaßstab bei der **Sozialauswahl** auf **grobe Fehlerhaftigkeit** beschränkt. Die **Vermutungswirkung** bedeutet letztlich eine Umkehr der Darlegungs- und Beweislast. Während im Normalfall der AG nach § 1 Abs. 2 S. 4 KSchG für die betriebsbedingte Erforderlichkeit der Künd darlegungs- und beweisbelastet ist, muss der AN bei Vorliegen der Voraussetzungen des § 1 Abs. 5 S. 1 KSchG die Vermutungswirkung widerlegen, also darlegen und im Bestreitensfall beweisen, dass seine Künd nicht durch dringende betriebliche Erfordernisse i.S.v. § 1 Abs. 2 KSchG bedingt war.[18] Besteht eine Betriebsänderung aus **bloßem Personalabbau**, obliegt es dem sich auf die Vermutungswirkung des § 1 Abs. 5 KSchG berufenden AG, darzulegen, dass die Maßnahme, die zur Künd geführt hat, erhebliche Teile der Belegschaft betroffen hat. Dies erfordert vor allem den substantiierten Vortrag, wie der Betrieb im betriebsverfassungsrechtlichen Sinn abzugrenzen ist, in dem die geltend gemachte Betriebsänderung vorgenommen worden ist.[19]

Nach der Rspr. des BAG ist der **Prüfungsmaßstab der groben Fehlerhaftigkeit** nicht nur auf die Gewichtung der Sozialkriterien, sondern bereits auf die **Bildung der Vergleichsgruppen** bei der Sozialauswahl anzuwenden.[20] Umstr. war nach dem Arbeitsrechtlichen Beschäftigungsförderungsgesetz, ob sich die Beschränkung der Überprüfung der getroffenen Sozialauswahl nach § 1 Abs. 5 KSchG auf grobe Fehlerhaftigkeit auch auf die Gründe für die **Ausklammerung einzelner AN** aus der Sozialauswahl bezieht.[21] Der Gesetzgeber hat in der Gesetzesbegründung zum Gesetz zu Reformen am Arbeitsmarkt nunmehr ausdrücklich klargestellt, dass auch die Ausklammerung von Leistungsträgern nur auf grobe Fehlerhaftigkeit zu prüfen ist.[22]

Die Sozialauswahl ist hinsichtlich der sozialen Kriterien nur dann grob fehlerhaft, wenn die Gewichtung der Kriterien Alter, Betriebszugehörigkeit und Unterhaltspflichten **jede Ausgewogenheit vermissen lässt**.[23] Die Gesetzesbegründung wiederholt diese Wendung unter ausdrücklichem Hinweis auf das genannte BAG-Urteil v. 2.12.1999.[24] Ein **Altersunterschied von zehn Jahren** bei einer 25-jährigen und einer 35-jährigen gekündigten AN lässt die Sozialauswahl nicht grob fehlerhaft erscheinen, zumal das Lebensalter ohnehin eine ambivalente Größe ist und in dieser „Altersklasse" nicht zu einer erheblich unterschiedlichen Schutzbedürftigkeit führt. Daran ändert sich auch nichts, wenn der Ehegatte der 25-jährigen Mitarbeiterin berufstätig ist, während der Ehegatte der 35-jährigen Mitarbeiterin lediglich Alg bezieht.[25] Allein der Umstand, dass der Sozialauswahl die falsche Annahme zugrunde liegt, die **Beschäftigungsfiliale** sei ein eigenständiger Betrieb, reicht nicht aus, eine grob fehlerhafte Sozialauswahl i.S.d. § 1 Abs. 5 S. 2 KSchG anzunehmen.[26]

Die Vermutung der Betriebsbedingtheit und die Einschränkung des Prüfungsmaßstabs für die Sozialauswahl kommen nach § 1 Abs. 5 S. 3 KSchG nur dann nicht zur Anwendung, wenn sich die Sachlage nach dem Zustandekommen des Interessenausgleichs so wesentlich geändert hat, dass von einem **WGG** auszugehen ist.[27] Nach der Gesetzesbegründung ist eine wesentliche Änderung anzunehmen, wenn die Betriebsänderung, auf die sich der Interessenausgleich bezieht, nicht mehr durchgeführt oder die Zahl der im Interessenausgleich vorgesehenen Künd erheblich verringert werden soll.[28]

Der Interessenausgleich über die geplante Betriebsänderung muss **in formeller Hinsicht** mit der namentlichen Bezeichnung der zu kündigenden AN nach § 112 Abs. 1 S. 1 schriftlich niedergelegt und vom Unternehmer und BR unterschrieben sein. Die Rechtswirkungen des § 1 Abs. 5 KSchG treten auch dann ein, wenn der zu kündigende

---

15 H/S/*Boecken*, § 9 Rn 25.
16 *Fitting u.a.*, §§ 112, 112a Rn 95.
17 BGBl I S. 1476.
18 BAG 7.5.1998 – 2 AZR 536/97 – BAGE 88, 363 = NZA 1998, 933.
19 BAG 31.5.2007 – 2 AZR 254/06 – NZA 2007, 1307.
20 BT-Drucks 15/1204, S. 12; zum Arbeitsrechtlichen Beschäftigungsförderungsgesetz bereits BAG 7.5.1998 – 2 AZR 536/97 – BAGE 88, 363 = NZA 1998, 933; BAG 2.12.1999 – 2 AZR 757/98 – NZA 2000, 531.
21 Befürwortend *Löwisch*, RdA 1997, 80; *Neef*, NZA 1997, 65; *Schiefer*, NZA 1997, 915; *Gaul*, AuA 1998, 168; ablehnend *Bader*, NZA 1996, 1125, 1127; *Kohte*, BB 1998, 946; *Zwanziger*, AuR 1997, 427; *Preis*, NJW 1996, 3369; offengelassen in BAG 7.5.1998 – 2 AZR 536/97 – BAGE 88, 363 = NZA 1998, 933; BAG 12.4.2002 – 2 AZR 706/00 – NZA 2003, 42.
22 BT-Drucks 15/1204, S. 12.
23 BAG 2.12.1999 – 2 AZR 757/98 – NZA 2000, 531; BAG 21.1.1999 – 2 AZR 624/98 – NZA 1999, 866.
24 BT-Drucks 15/1204, S. 12.
25 BAG 21.1.1999 – 2 AZR 624/98 – NZA 1999, 866.
26 BAG 3.4.2008 – 2 AZR 879/06 – NZA 2008, 1060.
27 BAG 21.2.2001 – 2 AZR 39/00 – EzA § 1 KSchG Interessenausgleich Nr. 8.
28 BT-Drucks 15/1204, S. 12.

AN in einer nicht unterschriebenen Namensliste benannt ist, die mit dem Interessenausgleich, der auf die Namensliste als Anlage ausdrücklich Bezug nimmt, mittels Heftmaschine **fest verbunden** ist.[29] Die Verbindung muss im Zeitpunkt der Unterzeichnung bereits vorliegen.[30] Für das Vorliegen der Tatbestandsvoraussetzungen des § 1 Abs. 5 KSchG, Durchführung einer Betriebsänderung, Abschluss eines Interessenausgleichs mit dem BR unter Einhaltung der formalen Voraussetzungen, ist der **AG darlegungs- und beweispflichtig**.[31] Auch bei namentlicher Bezeichnung der AN in einem Interessenausgleich mit der Folge, dass die Sozialauswahl nur auf grobe Fehlerhaftigkeit zu prüfen ist, bleibt es bei der Verpflichtung des AG nach § 1 Abs. 3 S. 1 Hs. 2 KSchG dem AN **auf Verlangen die Gründe mitzuteilen, die zur Sozialauswahl geführt haben**. Insoweit besteht eine gestufte Darlegungslast.[32]

13 Die Aussichten der AN im Künd-Schutzprozess werden durch einen Interessenausgleich mit Namensliste erheblich beeinträchtigt. Der AG hat auf die Einbeziehung einer Namensliste in den Interessenausgleich keinen Anspruch, selbst wenn zwischen den Betriebsparteien kein Streit über die Personen der betroffenen AN besteht. Der BR sollte sich auf eine Namensliste nur einlassen, wenn er mit besonderer Sorgfalt seinerseits Betriebsbedingtheit und Sozialauswahl geprüft hat. Gleichwohl ist aus der **Praxis** zu beobachten, dass auch die Einschätzung der BR, welche Mitarbeiter von Entlassungen betroffen sein sollen, häufig an anderen Kriterien als den in § 1 Abs. 3 KSchG genannten ausgerichtet ist, jedoch durchaus auch zum Wohle des gesamten Betriebes. I.Ü. sind auch Kopplungsgeschäfte, die insb. auch in höheren Abfindungszahlungen bestehen, in der Praxis bekannt. Der AG hat indessen einen größeren Anreiz, nicht nur das Interessenausgleichsverfahren zu durchlaufen, sondern auch um den Abschluss eines Interessenausgleichs mit Namensliste zu ringen.

14 **dd) Sonderregelungen in der Insolvenz.** Die Vorschriften der §§ 111 bis 113 gelten auch in der Insolvenz des Unternehmens. Auch der Insolvenzverwalter in Unternehmen mit i.d.R. mehr als 20 wahlberechtigten AN muss den **Versuch eines Interessenausgleichs** unternehmen, §§ 121 ff. InsO setzen die Anwendbarkeit der §§ 111 ff. voraus. Diese Verpflichtung entfällt auch nicht deshalb, weil die Stilllegung des Betriebes die unausweichliche Folge einer wirtschaftlichen Zwangslage ist und es zu ihr keine sinnvolle Alternative gibt.[33] Sie besteht auch dann, wenn der **BR** erst nach der Eröffnung des Insolvenzverfahrens **gewählt** wurde.[34] §§ 121 ff. InsO halten für den Insolvenzverwalter eine Vielzahl von Regelungen bereit, die der **Beschleunigung des Verfahrens** dienen, da nach dem Eintritt der Insolvenz häufig umgehend Betriebsänderungen bis hin zur Einstellung der Unternehmenstätigkeit erforderlich sein werden. Nach § 121 InsO findet ein **Vermittlungsversuch durch den Vorstand der BA** oder den durch diesen Beauftragten nur dann statt, wenn sowohl der Insolvenzverwalter als auch der BR gemeinsam eine solche Vermittlung wünschen. Die InsO kennt ebenfalls den **Interessenausgleich mit Namensliste**, § 125 Abs. 1 S. 1 InsO. Die Rechtsfolgen für ein individualrechtliches Künd-Schutzverfahren sind weitgehend mit denen des § 1 Abs. 5 KSchG identisch. Die Sozialauswahl kann nur im Hinblick auf die Dauer der Betriebszugehörigkeit, das Lebensalter und die Unterhaltspflichten überprüft werden. Sie ist nicht grob fehlerhaft, wenn eine **ausgewogene Personalstruktur** erhalten oder geschaffen wird. Außerhalb der Insolvenz ist dem AG nach § 1 Abs. 3 S. 2 KSchG lediglich die Sicherung einer bestehenden Personalstruktur, nicht deren erstmalige Schaffung erlaubt. Das Integrationsamt soll die Zustimmung zur Künd eines **schwerbehinderten Menschen** erteilen, wenn er in einem Interessenausgleich nach § 125 InsO namentlich bezeichnet ist, § 89 Abs. 3 Nr. 1 SGB IX. Kommt trotz ordnungsgemäßer Unterrichtung ein Interessenausgleich innerhalb von drei Wochen nach Verhandlungsbeginn oder nach schriftlicher Aufforderung zur Aufnahme von Verhandlungen nicht zustande, kann der Insolvenzverwalter anstatt die Einigungsstelle anzurufen beim **ArbG die Zustimmung zur Durchführung der Betriebsänderung** beantragen, § 122 Abs. 1 S. 1 InsO. Das ArbG hat nach § 122 Abs. 2 S. 1 InsO die wirtschaftliche Lage des Unternehmens mit den sozialen Belangen der AN und deren Interesse an dem Versuch eines Interessenausgleichs durch die Einigungsstelle abzuwägen. Nur wenn nach dieser Abwägung keine Zeit für die Durchführung des Einigungsstellenverfahrens bleibt, ist die **besondere Eilbedürftigkeit** für die Begründetheit des Antrags gegeben.[35] Nach § 122 Abs. 3 InsO findet gegen den Beschluss keine Beschwerde zum LAG, sondern nur nach Zulassung durch das ArbG die **Rechtsbeschwerde** zum BAG statt. Für eine Divergenz i.S.v. § 72 Abs. 2 Nr. 2 ArbGG ist die Abweichung von der Entscheidung eines anderen ArbG nicht ausreichend. Eine Nichtzulassungsbeschwerde findet nicht statt.[36] Kommt innerhalb von drei Wochen nach Verhandlungsbeginn oder schriftlicher Aufforderung kein Interessenausgleich mit Namensliste nach § 125 Abs. 1 InsO zustande, kann der Insolvenzverwalter beim ArbG – auch parallel zu einem Verfahren nach § 122 Abs. 1 InsO – beantragen festzustellen, dass die **Künd der Arbverh** bestimmter, im Antrag bezeichneter AN durch dringende betriebliche Erfordernisse bedingt und sozial gerechtfertigt ist, § 126 Abs. 1 S. 1 InsO. Neben dem Insolvenzverwalter und dem BR sind die im Antrag benannten AN nach § 126 Abs. 2 S. 1 InsO am Verfahren zu beteiligen.

---

29 BAG 6.12.2001 – 2 AZR 422/00 – EzA § 1 KSchG Interessenausgleich Nr. 9.
30 BAG 6.7.2006 – 2 AZR 520/05 – NZA 2007, 266.
31 BAG 7.5.1998 – 2 AZR 536/97 – BAGE 88, 363 = NZA 1998, 933.
32 BAG 21.2.2002 – 2 AZR 581/00 – EzA § 1 KSchG Interessenausgleich Nr. 10; BAG 10.2.1999 – 2 AZR 715/98 – RzK I 10h Nr. 49; BAG 10.2.1999 – 2 AZR 716/98 – NZA 1999, 702.
33 BAG 22.7.2003 – 1 AZR 541/02 – NZA 2004, 93.
34 BAG 18.11.2003 – 1 AZR 30/03 – NZA 2004, 220.
35 Ausführlich Steindorf/Regh/*Regh*, § 3 Rn 514 ff.; *Lakies*, BB 1999, 206.
36 *Fitting u.a.*, §§ 112, 112a Rn 75 f.

Dementsprechend **bindet die Entscheidung** die Parteien auch in einem nachfolgend durchgeführten **Künd-Schutzprozess**, § 127 Abs. 1 InsO. Umstr. ist, ob das Verfahren nach § 126 InsO auch in Unternehmen, die den **Schwellenwert** von 20 AN des § 111 nicht überschreiten, durchgeführt werden kann.[37] Die gerichtliche Prüfung im Beschlussverfahren erstreckt sich auch auf die Künd-Befugnis des vorläufigen Insolvenzverwalters, sonstige Unwirksamkeitsgründe sind allerdings im Verfahren nach § 126 InsO nicht zu prüfen.[38] Die Erleichterungen der §§ 125 bis 127 InsO kommen auch dem **Erwerber eines Betriebes** in der Insolvenz zugute, wenn die Betriebsänderung erst nach der Betriebsveräußerung durchgeführt werden soll. Verhandlungsbefugt über einen Interessenausgleich ist aber allein der Insolvenzverwalter. Nach § 128 Abs. 1 S. 2 InsO ist der Erwerber an dem Verfahren nach § 126 InsO ebenfalls zu beteiligen und nach § 128 Abs. 2 InsO erstreckt sich die Vermutungswirkung des § 125 Abs. 1 S. 1 Nr. 1 InsO und die Feststellung der Betriebsbedingtheit nach § 126 Abs. 1 InsO auch darauf, dass die Künd der Arbverh nicht wegen des Betriebsübergangs unter Verstoß gegen das Künd-Verbot nach § 613a Abs. 4 BGB erfolgt ist.

b) Form des Interessenausgleichs. Ein Interessenausgleich kommt wirksam zustande, wenn er **schriftlich** niedergelegt und vom Unternehmer und BR **unterschrieben** wurde. Ein mündlich vereinbarter Interessenausgleich ist unwirksam.[39] Vereinbaren AG und BR schriftlich einen **Sozialplan vor Durchführung einer Maßnahme**, die sich als Betriebsänderung darstellt, so kann darin auch die Einigung der Betriebspartner darüber liegen, dass diese Maßnahme so wie geplant durchgeführt werden soll, wenn die Maßnahmen selbst in der Urkunde als berechtigt anerkannt werden.[40]

Der **Interessenausgleich mit Namensliste** i.S.v. § 1 Abs. 5 KSchG muss mit namentlicher Bezeichnung der zu kündigenden AN schriftlich niedergelegt und vom Unternehmer und dem BR unterschrieben sein. Die Rechtswirkungen des § 1 Abs. 5 KSchG treten auch dann ein, wenn der zu kündigende AN in einer nicht unterschriebenen Namensliste benannt ist, die mit dem Interessenausgleich, der auf die Namensliste als Anlage ausdrücklich Bezug nimmt, mittels Heftmaschine fest verbunden ist.[41] Wird ein Interessenausgleich mit Namensliste eingereicht, so muss Letztere ein äußeres Merkmal aufweisen, das sie als Bestandteil des Interessenausgleichs ausweist.[42] Eine bloß gedankliche Verbindung durch Bezugnahme im Interessenausgleich auf die Namensliste genügt nicht. Vielmehr muss die Verbindung auch äußerlich durch tatsächliche Beifügung der in Bezug genommenen Urkunde zur Haupturkunde in Erscheinung treten. Deshalb müssen im Augenblick der Unterzeichnung die Schriftstücke als einheitliche Urkunde äußerlich erkennbar werden. Eine erst nach Unterzeichnung vorgenommene Zusammenheftung mittels Heftmaschine genügt daher dem Schriftformerfordernis nicht.[43]

Nach § 50 Abs. 1 ist der Interessenausgleich über eine mitbestimmungspflichtige Betriebsänderung mit dem **GBR** zu vereinbaren, wenn sich die vom AG geplante Maßnahme auf alle oder mehrere Betriebe auswirkt und deshalb einer einheitlichen Regelung bedarf (vgl. § 111 Rn 8).[44] Aus der Zuständigkeit des GBR für die Vereinbarung über den Interessenausgleich folgt jedoch nicht automatisch dessen Zuständigkeit auch für den Abschluss des Sozialplans. Es muss auch insoweit ein zwingendes Bedürfnis nach einer betriebsübergreifenden Regelung bestehen. Erfassen die im Interessenausgleich vereinbarten Betriebsänderungen mehrere oder sogar sämtliche Betriebe des Unternehmens und ist die Durchführung des Interessenausgleichs abhängig von betriebsübergreifend einheitlichen Kompensationsregelungen in dem noch abzuschließenden Sozialplan, so kann diese Aufgabe von den BR der einzelnen Betriebe nicht mehr wahrgenommen werden; sie ist dem GBR zugewiesen.[45] Ob danach ein zwingendes Bedürfnis nach einer zumindest betriebsübergreifenden Regelung besteht, bestimmt auch der Inhalt des Interessenausgleichs.[46]

c) Rechtsnatur und Bindungswirkung des Interessenausgleichs. Rechtscharakter und Bindungswirkung eines Interessenausgleichs sind umstr. Aus einem Gegenschluss zu Abs. 1 S. 3 ergibt sich, dass der Interessenausgleich **keine BV** ist, sondern eine **kollektivrechtliche Vereinbarung besonderer Art** zwischen den Betriebspartnern. Unabhängig davon, welche Rechtsfolgen i.Ü. aus diesem Rechtscharakter herzuleiten sind, besteht Einigkeit darüber, dass dem Interessenausgleich **keine unmittelbare und zwingende Wirkung** auf die Einzel-Arbverh nach § 77 Abs. 4 BetrVG zukommt. Etwas anderes kann für einzelne Regelungen des Interessenausgleichs gelten, die über die Fragen des Ob und der Art und Weise der Durchführung der Betriebsänderung hinausgehen, wie bspw. für **Künd-**

---

37 Befürwortend *Fitting u.a.*, §§ 112, 112a Rn 89; a.A. *Kübler/Prütting/Moll*, Bd. 1, § 126 Rn 11; offen gelassen BAG 29.6.2000 – 8 ABR 44/99 – BAGE 95, 197 = NZA 2000, 1180.
38 BAG 29.6.2000 – 8 ABR 44/99 – BAGE 95, 197 = NZA 2000, 1180.
39 BAG 9.7.1985 – 1 AZR 323/83 – BAGE 49, 160 = NZA 1986, 100.
40 BAG 20.4.1994 – 10 AZR 186/93 – BAGE 76, 255 = NZA 1995, 89.
41 BAG 6.12.2001 – 2 AZR 422/00 – EzA § 1 KSchG Interessenausgleich Nr. 9.
42 BAG 20.5.1999 – 2 AZR 278/98 – ZInsO 2000, 351.
43 BAG 6.7.2006 – 2 AZR 520/05 – NZA 2007, 266.
44 BAG 24.1.1996 – 1 AZR 542/95 – BAGE 82, 79 = NZA 1996, 1107.
45 BAG 3.5.2006 – 1 ABR 15/05 – DB 2006, 2410; BAG 23.10.2002 – 7 ABR 55/01 – AP § 50 BetrVG 1972 Nr. 26.
46 BAG 11.12.2001 – 1 AZR 193/01 – BAGE 100, 60 = NZA 2002, 688.

Verbote, die für die Zeit nach Durchführung der Betriebsänderung vereinbart werden.[47] Der Interessenausgleich unterliegt den **Auslegungsregeln**, die für Vereinbarungen und Verträge gelten, nicht aber den Auslegungsregeln für Gesetze, TV und BV. Es ist daher nach §§ 133, 157 BGB nicht nur der Wortlaut der Erklärung entscheidend, sondern der wirkliche Wille der Vertragspartner, soweit er in der Erklärung noch seinen Niederschlag gefunden hat.[48] Ein vor der „Entlassung" abgeschlossener Interessenausgleich **erfüllt die Beratungspflicht nach § 17 Abs. 2 S. 2 KSchG**.[49]

19 Umstr. ist, ob der BR aus eigenem Recht die **Einhaltung eines Interessenausgleichs vom AG erzwingen** kann. Dies wird überwiegend mit dem Hinweis auf den Charakter einer **Naturalobligation** und den abschließenden **Sanktionscharakter des § 113** verneint.[50] Demgegenüber wird vertreten, dass das Fehlen einer normativen Wirkung auf die einzelnen Arbverh nicht zwangsläufig bedeute, dass damit auch eine Bindungswirkung zwischen den Betriebsparteien selbst nicht bestehe. Komme ein Interessenausgleich zustande, liege eine **rechtsgeschäftliche Vereinbarung** vor und nicht lediglich eine außerrechtliche Absprache. Für eine rechtsgeschäftliche Vereinbarung bestehe grds. **Rechtsbindung**. § 113 gebe nur den betroffenen AN einen Sekundäranspruch als Ausgleich für die fehlende normative Wirkung des Interessenausgleichs, enthalte aber keine Regelung der schuldrechtlichen Ansprüche des BR bei Abweichung vom Interessenausgleich durch den AG als Vertragspartner. Eine Sonderregelung, die Dritten einen Sekundäranspruch einräumt, könne keine schuldrechtlichen Ansprüche der Vertragsparteien untereinander ausschließen.[51] Dem BetrVG ist es indessen nicht fremd, dass es verschiedene Sanktionsmechanismen gibt. So kann der BR nicht selbstständig durchsetzen, vor dem Ausspruch einer Künd vom AG nach § 102 angehört zu werden. Rechtsfolge der Verletzung des Mitwirkungsrechts des BR ist vielmehr allein auf der individualrechtlichen Ebene die Unwirksamkeit der Künd. Auch im Rahmen der wirtschaftlichen Mitbestimmung hat der Gesetzgeber mit § 113 auf der individualrechtlichen Ebene eine abschließende Sanktionsregelung gefasst. Wenn der AG vom Interessenausgleich abweicht, ohne hierfür zwingende Gründe zu haben, entsteht den AN ein Anspruch auf Nachteilsausgleich. Dabei ist die Abweichung selbst keine neue Betriebsänderung. Es ergibt einen **Wertungswiderspruch**, dem BR eine Erzwingungsmöglichkeit einzuräumen, den betroffenen AN aber auf den Grundsatz „dulde und liquidiere" zu verweisen. Der BR soll in jedem Fall die Durchsetzung der unternehmerischen Entscheidung genauso wenig wie die betroffenen AN verhindern können. Selbst wenn der AG eine Betriebsänderung durchführt, ohne auch nur einen Interessenausgleich versucht zu haben, besteht lediglich die Sanktion auf individualrechtlicher Ebene nach § 113 Abs. 3. Nichts anderes gilt, wenn der Unternehmer zwar einen Interessenausgleich abgeschlossen hat, hinterher die Betriebsänderung anders als im Interessenausgleich vorgesehen durchführt. Auch dann soll dem BR kein Recht an die Hand gegeben sein, die (weitere) unternehmerische Entscheidung des Unternehmers zu verhindern. Etwas anderes kann nur gelten, wenn die Betriebspartner einen **Erfüllungsanspruch** des BR ausdrücklich **vereinbaren**.[52] In der Praxis geschieht dies gelegentlich, indem der Interessenausgleich ausdrücklich **als BV** abgeschlossen wird.

20 **2. Vermittlung der Bundesagentur für Arbeit (Abs. 2 S. 1).** Kommt ein Interessenausgleich nicht zustande, können der AG oder BR den Vorstand der BA um Vermittlung ersuchen. Der Vorstand muss das Vermittlungsverfahren nicht selbst durchführen, sondern kann einen Bediensteten der BA beauftragen. Die Übernahme der Vermittlung ist jedoch eine **Verpflichtung der BA**, wenn sie von einem der Betriebsparteien darum ersucht wird. Hinter dem fakultativen Vermittlungsversuch steht die Erwartung, dass die BA die Lage auf dem Arbeitsmarkt und Transfermaßnahmen nach dem SGB III, über die die AA die Betriebsparteien nach § 216a Abs. 4 SGB III im Rahmen der Sozialplanverhandlungen ohnehin zu beraten haben, kennt und neue Anstöße geben kann. **Unterbleibt die Hinzuziehung** des Vorstands der BA, hat dies keine Rechtsfolgen, zieht insb. nicht den Anspruch auf Nachteilsausgleich nach § 113 Abs. 3 nach sich. Für die Dauer des Vermittlungsverfahrens kann nicht die **Einigungsstelle** angerufen werden, allerdings können AG oder BR das Scheitern der Vermittlungsbemühungen der BA nach der Durchführung erklären und im Anschluss die Einigungsstelle anrufen.[53]

21 **3. Einigungsstelle (Abs. 2 S. 2 bis 3, Abs. 3).** Erfolgt kein Vermittlungsversuch der BA oder bleibt der Vermittlungsversuch ohne Ergebnis, können der BR oder der AG die Einigungsstelle anrufen. Für den **AG** handelt es sich bei der Anrufung der Einigungsstelle um eine **Obliegenheit**, will er sich nicht **Nachteilsausgleichsansprüchen** aussetzen, da die Verhandlung vor der Einigungsstelle Bestandteil des Versuchs des Interessenausgleichs i.S.d. § 113 Abs. 3 ist (siehe § 113 Rn 8).[54] Das gilt auch dann, wenn ein Sozialplan nach § 112a nicht erzwungen werden kann.[55]

---

47 BGH 15.11.2000 – XII ZR 197/98 – BGHZ 146, 64 = NJW 2001, 439; *Fitting u.a.*, §§ 112, 112a Rn 47; *Richardi/Annuß*, § 112 Rn 46.
48 BAG 20.4.1994 – 10 AZR 196/93 – BAGE 76, 255 = NZA 1995, 89.
49 BAG 21.5.2008 – 8 AZR 84/07 – NZA 2008, 753.
50 BAG 28.8.1991 – 7 ABR 72/90 – BAGE 68, 232 = NZA 1992, 41; LAG Düsseldorf 16.12.1996 – 18 TaBV 75/96 – LAGE § 112 BetrVG 1972 Nr. 41; *Bauer*, DB 1994, 217; *Fitting u.a.*, §§ 112, 112a Rn 45; *Hümmerich/Spirolke*, BB 1995, 42; *Löwisch*, RdA 1989, 216; *Richardi/Annuß*, § 112 Rn 41; *Willemsen/Hohenstatt*, NZA 1997, 345.
51 LAG München 16.7.1997 – 9 TaBV 54/97 – AuR 1998, 89; ArbG Bonn 16.10.2003 – 3 BV 65/02 – n.v.; DKK/*Däubler*, §§ 112, 112a Rn 15; *Zwanziger*, BB 1998, 478.
52 *Fitting u.a.*, §§ 112, 112a Rn 45.
53 *Fitting u.a.*, §§ 112, 112a Rn 31.
54 BAG 18.12.1984 – 1 AZR 176/82 – BAGE 47, 329 = NZA 1985, 400.
55 BAG 8.11.1988 – 1 AZR 687/87 – BAGE 60, 87 = NZA 1989, 278.

Anrufung und Verfahren vor der Einigungsstelle richten sich im Wesentlichen nach der allg. Regelung der §§ 76, 76a.[56] Für die **Anrufung** der Einigungsstelle hat die Betriebspartei der anderen Seite mitzuteilen, dass sie die Einigungsstelle anrufe und einen Vorschlag zur Person des Vorsitzenden und der Anzahl der Beisitzer zu unterbreiten. Weiterhin ist der Gegenstand zu bezeichnen, mit dem sich die Einigungsstelle zu befassen hat, insb. ob nur über einen Interessenausgleich oder auch über einen Sozialplan zu verhandeln ist.[57] Können sich die Betriebsparteien nicht auf einen Vorsitzenden und/oder die Anzahl der Beisitzer einigen, bestellt das ArbG auf Antrag den **Vorsitzenden** und bestimmt die **Anzahl der Beisitzer**, §§ 72 Abs. 2 S. 2 und 3, 98 ArbGG. Die Einigungsstelle prüft ihre **Zuständigkeit** selbst, das ArbG prüft lediglich, ob die Einigungsstelle offensichtlich unzuständig ist. Die Entscheidung der Einigungsstelle über ihre Zuständigkeit ist im Beschlussverfahren vor dem ArbG überprüfbar, muss aber nicht abgewartet werden. Die Durchführung eines Einigungsstellenverfahrens ist keine Prozessvoraussetzung für den Streit über das Bestehen eines Mitbestimmungsrechts und damit über die Zuständigkeit der Einigungsstelle. Eine Aussetzung des Verfahrens nach § 98 ArbGG bis zum Abschluss dieses Beschlussverfahrens ist nicht zulässig.[58] Der Vorsitzende einer Einigungsstelle kann wegen **Besorgnis der Befangenheit** nicht von einer Beisitzer-Seite, wohl aber von einer der Betriebsparteien abgelehnt werden. Auf das Verfahren finden die Vorschriften der §§ 1036 ff. ZPO über die Ablehnung eines Schiedsrichters entsprechend Anwendung.[59] Nach Abs. 2 S. 3 kann der Vorsitzende den **Vorstand der BA** ersuchen, an der Verhandlung selbst oder durch einen Vertreter teilzunehmen. Unternehmer und BR sollen der Einigungsstelle **Vorschläge zur Beilegung der Meinungsverschiedenheiten** machen, Abs. 3 S. 1. Die Vorschläge haben mithin zunächst durch die Parteien, nicht durch die Beisitzer zu erfolgen, auch wenn in der Praxis häufig eine (teilweise) Personenidentität festzustellen ist. Das Verfahren zu Durchführung und Spruch der Einigungsstelle gleicht dem nach § 76.[60] Kommt eine **Einigung** auf einen Interessenausgleich zustande, so ist sie nach Abs. 3 S. 3 vollumfänglich schriftlich niederzulegen und nicht nur vom Vorsitzenden, sondern auch von AG und BR, nicht aber von den Beisitzern zu unterzeichnen. Eine Einigungsstellensitzung muss vor Unterzeichnung nicht in jedem Falle unterbrochen werden, um eine Beschlussfassung des BR mit den in der Sitzung der Einigungsstelle nicht anwesenden BR-Mitgliedern herbeizuführen. Auch ohne Unterbrechung ist ein **Handeln des BR-Vorsitzenden** im Rahmen der vom BR gefassten Beschlüsse (§ 26 Abs. 3 S. 1) möglich.[61] Wird über einen Interessenausgleich **kein Konsens** erreicht, bleibt der Einigungsstelle lediglich, das Scheitern der Verhandlungen festzustellen.[62] Weder aus nationalem Recht noch aus Art. 2 Abs. 1, Abs. 2 EGRL 59/98 ergibt sich, dass außer der Unterrichtung des BR und Beratung mit dem BR auch eine Einigung vor „Durchführung der Massenentlassung" erzielt worden sein muss. Auch nach der Rechtsprechungsänderung durch den EuGH, die unter Entlassung nicht mehr die Beendigung des Arbverh nach Ablauf der Künd-Frist, sondern den Ausspruch der Künd selbst versteht, ist aus der Konsultationspflicht nach § 17 Abs. 2 S. 2 KSchG **keine Pflicht zur Verständigung über den Umfang und die Folgen der Massenentlassung** abzuleiten. Der BR muss unterrichtet und es muss mit ihm beraten worden sein, dagegen muss eine Einigung vor Durchführung der Massenentlassung mit ihm nicht erzielt werden.[63]

II. Sozialplan (Abs. 1 S. 2 bis 4, Abs. 2 bis 5)

Der Sozialplan soll den Ausgleich oder die Milderung der wirtschaftlichen Nachteile regeln, die den AN infolge der geplanten Betriebsänderung entstehen. Der Sozialplan ist durch Spruch der Einigungsstelle erzwingbar. Während die Betriebsparteien bei einem einvernehmlich geschlossenen Sozialplan einen sehr weitgehenden Regelungsspielraum haben, muss sich die Einigungsstelle bei einem durch Spruch aufgestellten Sozialplan an die Vorgaben des Abs. 5 halten.

1. Der einvernehmlich geschlossene Sozialplan (Abs. 1 S. 2 bis Abs. 3). a) Inhalt des Sozialplans (Abs. 1 S. 2). Nach dem **Normzweck** des Abs. 1 S. 2 dient der Sozialplan dem Ausgleich und der Überbrückung der künftigen Nachteile, die durch die geplante Betriebsänderung entstehen können. Die Betriebsparteien haben bei der Aufstellung eines Sozialplans einen **weiten Spielraum** für die Bestimmung des angemessenen Ausgleichs der mit einer Betriebsänderung verbundenen Nachteile. Sie können grds. frei darüber entscheiden, ob, in welchem Umfang und in welcher Weise sie die wirtschaftlichen Nachteile ausgleichen oder mildern wollen. Sie können von einem Nachteilsausgleich auch gänzlich absehen und bei ihrer Regelung nach der Vermeidbarkeit der Nachteile unterscheiden.[64] Sie haben aber die **Grenzen von Recht und Billigkeit** und die Funktion eines Sozialplans zu beachten, die darin besteht, mit einem begrenzten Volumen möglichst allen von der Entlassung betroffenen AN eine verteilungsgerechte Überbrückungshilfe bis zu einem ungewissen neuen Arbverh oder bis zum Bezug von Altersrente zu ermöglichen. Recht

---

56 Dazu ausführlich H/S/*Spirolke*, § 13 Rn 1 ff.
57 Vgl. das Beispiel bei H/S/*Spirolke*, § 13 Rn 6.
58 BAG 24.11.1981 – 1 ABR 42/79 – BAGE 37, 102 = DB 1982, 1413.
59 BAG 29.1.2002 – 1 ABR 18/01 – BAGE 100, 239 = AP § 76 BetrVG 1972 Einigungsstelle Nr. 19; BAG 11.9.2001 – 1 ABR 5/01 – BAGE 99, 42 = NZA 2002, 572.
60 Vgl. H/S/*Spirolke*, § 13 Rn 15 ff.
61 BAG 24.2.2000 – 8 AZR 180/99 – NZA 2000, 785.
62 BAG 17.9.1991 – 1 ABR 23/91 – BAGE 68, 277 = NZA 1992, 227.
63 BAG 21.5.2008 – 8 AZR 84/07 – NZA 2008, 753.
64 BAG 24.8.2004 – 1 ABR 23/03 – DB 2005, 397.

und Billigkeit verlangen insb. die Beachtung des **Gleichbehandlungsgrundsatzes** (zum **Transfersozialplan** siehe Rn 52).[65]

24 Der Gleichbehandlungsgrundsatz nach § 75 Abs. 1 S. 1 gebietet den Betriebsparteien, gekündigte AN und AN, die aufgrund einer Eigen-Künd ausscheiden, gleich zu behandeln, wenn die **Eigen-Künd** vom AG veranlasst worden ist. Eine Veranlassung durch den AG liegt vor, wenn er beim AN im Hinblick auf eine konkret geplante Betriebsänderung die berechtigte Annahme hervorgerufen hat, mit der eigenen Initiative komme er einer sonst notwendig werdenden betriebsbedingten Künd nur zuvor. Eine solche Eigen-Künd ist auch dann anzunehmen, wenn der Arbeitsplatz **an einen anderen Ort** verlagert, der AN **versetzt** werden sollte und der AN davon ausgehen musste, dass der AG das Arbverh eines Mitarbeiters, der einem Arbeitsplatzwechsel an einen der neuen Standorte widerspräche, beenden werde.[66] Dabei kommt es nicht darauf an, ob der AG die Absicht hatte, den AN zu einer Eigen-Künd zu bewegen. Entscheidend ist vielmehr, ob die Erwartung des AN, sein Arbeitsplatz werde nach der Betriebsänderung entfallen, aufgrund seines entsprechenden Verhaltens des AG bei Ausspruch der Eigenkündigung objektiv gerechtfertigt war.[67] Ein bloßer Hinweis auf eine unsichere Lage des Unternehmens, auf notwendig werdende Betriebsänderungen oder der Rat, sich eine neue Stelle zu suchen, genügt nicht. An Stichtage anknüpfende Differenzierungen bei Grund und Höhe von Abfindungsansprüchen müssen nach dem **Zweck eines Sozialplans** sachlich gerechtfertigt sein. Dieser besteht darin, die durch eine Betriebsänderung den AN drohenden wirtschaftlichen Nachteile auszugleichen oder abzumildern. Betriebliche Interessen, die **personelle Zusammensetzung der Belegschaft bis zu einem bestimmten Zeitpunkt** zu sichern, sind in Abkehr von der früheren Rspr.[68] nicht geeignet, Differenzierungen bei der Höhe von Sozialplanabfindungen zu rechtfertigen. Ihnen kann nur durch andere zusätzliche Leistungen im Rahmen freiwilliger Betriebsvereinbarungen Rechnung getragen werden.[69] Die Betriebsparteien können jedoch eine typisierende Beurteilung dahin vornehmen, dass AN, die „vorzeitig", also zu einem früheren Zeitpunkt als durch die Betriebsänderung geboten, selbst kündigen, keine oder sehr viel geringere wirtschaftliche Nachteile drohen als den anderen AN.[70] AN, die durch **Vermittlung des AG** einen neuen Arbeitsplatz erhalten, können von Sozialplanleistungen ausgeschlossen werden. Eine Vermittlung kann in jedem Beitrag des AG liegen, der das neue Arbverh erst möglich machte.[71] Der AG ist nicht verpflichtet, den **leitenden Ang** aus Gleichbehandlungsgesichtspunkten ebenso wie den von einem Sozialplan begünstigten AN eine Abfindung für den Verlust ihres Arbeitsplatzes zu zahlen.[72]

25 Die **Betriebszugehörigkeit** ist ein zulässiges Kriterium für die Bemessung einer Sozialplanabfindung. Der Verlust von Besitzständen ist ein auch nach dem Ausscheiden noch fortwirkender Nachteil. Allein auf die Beschäftigungsdauer darf jedoch allenfalls dann abgestellt werden, wenn die übrigen sozialplanrelevanten Kriterien, wie insb. Lebensalter und Unterhaltspflichten sich bei den Betroffenen nicht signifikant unterscheiden.[73] Die „Kölner Formel", wie sie nunmehr auch in § 1a KSchG ihren Niederschlag gefunden hat, berücksichtigt in Sozialplänen nicht hinreichend die typischerweise zu erwartenden Nachteile. Die Betriebspartner können in einem Sozialplan regeln, dass für die Bemessung der Abfindung nur die Betriebszugehörigkeit beim AG, nicht aber die in einem Überleitungsvertrag anerkannte **Betriebszugehörigkeit bei einem früheren AG** zu berücksichtigen ist.[74] **Frühere Beschäftigungszeiten beim selben AG** sind bei der Berechnung der Abfindung dann nicht zu berücksichtigen, wenn zwischen ihnen und dem letzten Arbverh kein enger sachlicher Zusammenhang besteht.[75] Bei der Berücksichtigung der Betriebszugehörigkeiten dürfen Zeiten der **Elternzeit** nicht ausgenommen werden.[76] Die Betriebspartner dürfen, ohne gegen den Gleichbehandlungsgrundsatz oder § 4 Abs. 1 TzBfG zu verstoßen, bei der Bemessung der Sozialplanabfindung Zeiten der **Teilzeit- und der Vollzeitbeschäftigung** anteilig berücksichtigen.[77] In einer **Höchstbetragsklausel** eines Sozialplans liegt nicht schon eine nach § 75 Abs. 1 S. 2 verbotene Benachteiligung älterer AN.[78] Das gilt auch im Hinblick auf das Verbot der Altersdiskriminierung in Art. 1, Art. 2 Abs. 1, Abs. 2, Art. 6 Abs. 1 EGRL 78/2000

---

65 BAG 21.10.2003 – 1 AZR 407/02 – NZA 2004, 559; BAG 5.10.2000 – 1 AZR 48/00 – BAGE 96, 15 = NZA 2001, 849.
66 BAG 20.5.2008 – 1 AZR 203/07 – NZA-RR 2008, 636.
67 BAG 22.7.2003 – 1 AZR 575/02 – DB 2003, 2658; BAG 25.3.2003 – 1 AZR 169/02 – ARST 2004, 178; BAG 16.4.2002 – 1 AZR 368/01 – AP § 112 BetrVG 1972 Nr. 153; BAG 19.7.1995 – 10 AZR 885/94 – BAGE 80, 286 = NZA 1996, 271; BAG 20.4.1994 – 10 AZR 323/93 – NZA 1995, 489; BAG 15.1.1991 – 1 AZR 80/90 – BAGE 67, 29 = NZA 1991, 692; *Hümmerich/Spirolke*, BB 1995, 42.
68 BAG 19.7.1995 – 10 AZR 885/94 – BAGE 80, 286 = NZA 1996, 271; BAG 9.11.1994 – 10 AZR 281/94 – NZA 1995, 644; BAG 30.11.1994 – 10 AZR 578/93 – NZA 1995, 492.
69 BAG 19.2.2008 – 1 AZR 1004/06 – NZA 2008, 719; BAG 6.11.2007 – 1 AZR 960/06 – NZA 2008, 232.
70 BAG 15.5.2007 – 1 AZR 370/06 – ZIP 2007, 1575.
71 BAG 19.6.1996 – 10 AZR 23/96 – NZA 1997, 562; BAG 13.3.1996 – 10 AZR 193/95 – juris.
72 BAG 16.7.1985 – 1 AZR 206/81 – BAGE 49, 199 = NZA 1985, 713.
73 BAG 12.11.2002 – 1 AZR 58/02 – NZA 2003, 1287; BAG 14.9.1994 – 10 ABR 7/94 – BAGE 78, 30 = NZA 1995, 771.
74 BAG 16.3.1994 – 10 AZR 606/93 – DB 1994, 2635.
75 BAG 13.3.2007 – 1 AZR 262/06 – NZA 2008, 190.
76 BAG 12.11.2002 – 1 AZR 58/02 – NZA 2003, 1287.
77 BAG 14.8.2001 – 1 AZR 760/00 – NZA 2002, 451; BAG 28.10.1992 – 10 AZR 129/92 – BAGE 71, 280 = NZA 1993, 717.
78 BAG 19.10.1999 – 1 AZR 838/98 – NZA 2000, 930; BAG 23.8.1988 – 1 AZR 284/87 – BAGE 59, 255 = NZA 1989, 28.

und das AGG.[79] AN, die zum Zeitpunkt der Auflösung des Arbverh die Voraussetzungen für den **übergangslosen Rentenbezug** nach Beendigung des Anspruchs auf Alg erfüllen, können vollständig von Sozialplanleistungen ausgenommen werden.[80] Auch wenn der Bezug von vorgezogener Altersrente mit **Rentenabschlägen** verbunden ist, dürfen die Betriebsparteien für diese AN geringere Abfindungsansprüche vorsehen.[81] Für die Berechnung des Durchschnittsentgelts „vor dem **Kündigungstermin**" ist der Tag des Ablaufs der Künd-Frist maßgebend, nicht der Künd-Erklärung.[82] Die Berücksichtigung von **Unterhaltspflichten** kann aus Praktikabilitätserwägungen auf die auf der Lohnsteuerkarte eingetragenen Kinder beschränkt werden.[83] Grds. ist der AN für die Unterrichtung des AG über Veränderungen seiner Personalien verantwortlich.[84] Abfindungserhöhungen für **schwerbM** können auf solche AN begrenzt werden, deren Schwerbehinderteneigenschaft zum Zeitpunkt der Aufstellung des Sozialplans feststeht.[85]

Leistungen zum Ausgleich oder zur Milderung entstandener Nachteile dürfen in Sozialplänen **pauschaliert** werden, sofern entweder auf bereits tatsächlich entstandene Nachteile abgestellt oder nach typischerweise zu erwartenden Nachteilen differenziert wird. Je nach Arbeitsmarktlage besteht die Gefahr einer mehr oder weniger langen **Arbeitslosigkeit**, die zudem vom Alter des entlassenen AN abhängig ist, mit den daraus resultierenden wirtschaftlichen Nachteilen infolge von Einkommenseinbußen. Ein typischer Nachteil ist auch darin zu sehen, dass der **Bestandsschutz** des bisherigen Arbverh, der weitgehend von der bisherigen Betriebszugehörigkeit und vom Lebensalter des AN, aber auch von anderen sozialen Faktoren abhängig ist, auch dann verloren geht, wenn der AN alsbald eine neue Stelle findet. Die **Höhe einer Abfindung** kann sich an **Faktoren** wie Alter, bisherige Betriebszugehörigkeit und Familienstand orientieren, weil einmal diese Faktoren für die zu erwartenden typischen Nachteile relevant sind, und weil sich zum anderen Sozialplanleistungen wegen ihrer Funktion als Daseinsvorsorge und Überbrückungshilfe auch an **sozialen Kriterien** orientieren dürfen.[86] Weiterhin können die Betriebspartner typischerweise aufgrund bestimmter Umstände für bestimmte AN-Gruppen gegenüber anderen eintretende Vorteile, z.B. auf dem Arbeitsmarkt, pauschaliert durch Kürzung des Abfindungsanspruchs berücksichtigen.[87] Diese Grundsätze gelten auch dann, wenn der Sozialplan erst geraume Zeit nach der Durchführung der Betriebsänderung abgeschlossen wird.[88] Die Betriebspartner sind allerdings nicht gezwungen, Sozialplanleistungen nach einer Formel zu bemessen. Sie können solche Leistungen auch nach den ihnen bekannten Verhältnissen der **betroffenen AN individuell** festlegen.[89] Es können auch Ausgleichsleistungen für ältere AN nach den mit hoher Wahrscheinlichkeit zu erwartenden tatsächlichen Nachteilen bemessen und für jüngere AN ein pauschaler Ausgleich orientiert an der Betriebszugehörigkeit vorgesehen werden.[90] **Unverfallbare Versorgungsanwartschaften** können durch einen Sozialplan weder aufgehoben noch kapitalisiert werden.[91]

Bei mehreren **aufeinander folgenden Sozialplänen** mit dem Ziel eines weiteren Personalabbaus durch den Abschluss von Aufhebungsverträgen kann in dem späteren Sozialplan unter Beachtung des Gleichbehandlungsgrundsatzes eine höhere Abfindung vereinbart werden, um die Anreizsituation zu verstärken, wenn damit gleichzeitig einer kürzeren Frist bis zur Beendigung der Arbverh Rechnung getragen wird.[92] Wurden dagegen für einen ersten Sozialplan erheblich geringere Mittel zur Verfügung gestellt, weil eine Sanierung und **Fortführung** des Unternehmens beabsichtigt war, erweist sich diese aber als **aussichtslos**, bevor die Sanierungsmaßnahmen verwirklicht werden, müssen in dem **Stilllegungssozialplan** die von der ersten Maßnahme betroffenen AN ebenfalls berücksichtigt werden.[93]

In einem Sozialplan darf die Zahlung einer Abfindung nicht davon abhängig gemacht werden, dass die wegen der Betriebsänderung entlassenen AN gegen ihre Künd **keine Künd-Schutzklage** erheben.[94] Handelt es sich hingegen um eine freiwillige Leistung des AG außerhalb eines Sozialplans, darf der AG auch Abfindungen als Steuermittel einsetzen, um Klagen von AN zu vermeiden und Rechtssicherheit zu erlangen.[95] Gleiches ist zwischen den Betriebspartnern in einer freiwilligen Betriebsvereinbarung neben einem Sozialplan möglich.[96] Zulässig ist indessen, dass die **Fälligkeit** der Abfindung auf den Zeitpunkt des rechtskräftigen **Abschlusses eines Künd-Rechtsstreits** hinaus-

---

79 BAG 2.10.2007 – 1 AZN 793/07 – DB 2008, 69; LAG Köln 17.6.2008 – 9 Sa 220/08 – juris.
80 BAG 31.7.1996 – 10 AZR 45/96 – NZA 1997, 165; BAG 26.7.1988 – 1 AZR 156/87 – NZA 1989, 25.
81 BAG 11.11.2008 – 1 AZR 475/07 – juris.
82 BAG 17.11.1988 – 1 AZR 221/98 – NZA 1999, 609.
83 BAG 12.3.1997 – 10 AZR 648/96 – BAGE 85, 252 = NZA 1997, 1058.
84 BAG 6.7.2006 – 2 AZR 520/05 – NZA 2007, 266.
85 BAG 19.4.1983 – 1 AZR 498/81 – BAGE 42, 217 = DB 1983, 2372.
86 BAG 13.12.1978 – GS 1/77 – BAGE 31, 177 = AP § 112 BetrVG 1972 Nr. 6; BAG 23.4.1985 – 1 ABR 3/81 – BAGE 48, 294 = NZA 1985, 628.
87 BAG 24.11.1993 – 10 AZR 311/93 – NZA 1994, 716.
88 BAG 23.4.1985 – 1 ABR 3/81 – BAGE 48, 294 = NZA 1985, 628.
89 BAG 12.2.1985 – 1 AZR 40/84 – NZA 1985, 717.
90 BAG 14.2.1984 – 1 AZR 574/82 – DB 1984, 1527.
91 BAG 30.10.1980 – 3 AZR 364/79 – BAGE 34, 238 = DB 1981, 699.
92 BAG 11.2.1998 – 10 AZR 22/97 – NZA 1998, 895.
93 BAG 9.12.1981 – 5 AZR 549/79 – BAGE 37, 237 = DB 1982, 908.
94 BAG 31.5.2005 – 1 AZR 254/04 – NZA 2005, 997; BAG 20.12.1983 – 1 AZR 442/82 – BAGE 44, 364 = NZA 1984, 53; BAG 20.6.1985 – 2 AZR 427/84 – NZA 1986, 258.
95 BAG 15.2.2005 – 5 AZR 116/04 – NZA 2005, 1117.
96 BAG 31.5.2005 – 1 AZR 254/04 – NZA 2005, 997.

geschoben[97] und eine Abfindung nach §§ 9, 10 KSchG auf die Sozialplanabfindung **angerechnet** wird.[98] Unzulässig ist die Unterscheidung der **Anrechnung** von einer Vergütung aufgrund eines **Weiterbeschäftigungsanspruchs nach § 102 Abs. 5** danach, ob der AN tatsächlich gearbeitet oder die Vergütung aus Annahmeverzug des AG bezogen hat. Eine Sozialplanabfindung hat keine Vergütungsfunktion, sondern dient der Überbrückung der künftigen Nachteile.[99]

29 BR und AG können für noch nicht geplante, aber **in groben Umrissen schon abschätzbare Betriebsänderungen** einen Sozialplan in Form einer freiwilligen BV aufstellen. Darin liegt noch kein unzulässiger Verzicht auf künftige Mitbestimmungsrechte. Soweit ein solcher vorsorglicher Sozialplan wirksame Regelungen enthält, ist das Mitbestimmungsrecht des BR nach § 112 verbraucht, falls eine entsprechende Betriebsänderung später tatsächlich vorgenommen wird.[100] Der Abschluss eines **vorsorglichen Sozialplans** ist auch für den Fall zulässig, dass zwischen den Betriebspartnern ungewiss ist, ob bei der Neuvergabe eines Auftrags ein **Betriebsübergang** vorliegt oder der Auftraggeber seinen AN betriebsbedingt kündigen muss.[101]

30 Die Berücksichtigung der Grundsätze von Recht und Billigkeit nach § 75 Abs. 1 bedeuten auch, dass ein Anspruch auf Sozialplanleistungen nicht von **Bedingungen** abhängig gemacht werden darf, deren Erfüllung für den AN unzumutbar ist. Die **Erhebung einer Klage** gegen einen vermutlichen **Betriebsübernehmer** ist als Bedingung für einen Sozialplananspruch unzumutbar. Damit würde die in der Sphäre des AG liegende Unsicherheit über das Vorliegen eines Betriebsübergangs unzulässig auf die AN verlagert.[102] Entlässt ein AG alle AN und löst damit die betriebliche Organisation auf, kann er einen Sozialplan nicht mit der Begründung verweigern, die **Künd** seien **unwirksam** gewesen, weil in Wirklichkeit ein Betriebsübergang vorgelegen habe.[103]

31 Werden AN entlassen, weil sie zuvor dem **Übergang ihres Arbverh** auf einen Betriebserwerber **widersprochen** haben, sind sie mangels entgegenstehender Anhaltspunkte nicht schon deswegen von Sozialplanabfindungen ausgeschlossen.[104] Den Betriebspartnern steht es allerdings frei, AN, die ohne triftigen Grund dem Übergang ihres Arbverh zu widersprechen, von einer Abfindungszahlung auszunehmen.[105] Dafür ist ausreichend, wenn im Sozialplan allg. AN ausgeschlossen werden, die einen angebotenen, zumutbaren Arbeitsplatz ablehnen.[106] Ausreichend für den Ausschluss von Sozialplanansprüchen ist auch die zumutbare **Weiterbeschäftigung** an einem **anderen Ort** und bei einem **anderen AG** innerhalb eines Konzerns.[107]

Die **Verringerung der Haftungsmasse** beim Betriebserwerber sowie dessen befristete **Befreiung von der Sozialplanpflicht** nach § 112a Abs. 2 gehören nicht zu den im Sozialplan berücksichtigungsfähigen Nachteilsfolgen bei einer Betriebsspaltung.[108]

32 b) Form des Sozialplans (Abs. 1 S. 2). Der Sozialplan ist nach Abs. 1 S. 2 i.V.m. S. 1 schriftlich niederzulegen und von Unternehmer und BR zu unterzeichnen. Die **Schriftform** wirkt konstitutiv, sie ist **Wirksamkeitsvoraussetzung**. Gibt der BR-Vorsitzende für den BR eine Erklärung ab, so spricht eine – allerdings jederzeit widerlegbare – Vermutung dafür, dass der BR einen entsprechenden Beschluss gefasst hat.[109] Auch ohne Unterbrechung der Sitzung ist ein **Handeln des BR-Vorsitzenden** im Rahmen der vom BR gefassten Beschlüsse (§ 26 Abs. 3 S. 1) möglich.[110] Für den Abschluss des Sozialplans ist im Grundsatz der BR zuständig, wenn sich nicht aus der Zuständigkeitsnorm des § 50 Abs. 1 etwas anderes ergibt. Aus der **Zuständigkeit des GBR** für die Vereinbarung über den Interessenausgleich (siehe § 111 Rn 8) folgt noch nicht automatisch dessen Zuständigkeit auch für den Abschluss des Sozialplans. Vielmehr muss auch insoweit ein **zwingendes Bedürfnis nach einer betriebsübergreifenden Regelung** bestehen. Ein Sozialplan soll die sozialen Belange der von einer wirtschaftlichen Entscheidung des Unternehmens betroffenen AN wahren. Ob die mit dieser Entscheidung verbundenen Nachteile unternehmenseitlich oder betriebsbezogen auszugleichen sind, bestimmt sich insb. nach Gegenstand und Ausgestaltung der Betriebsänderung im Interessenausgleich sowie nach den im Einzelfall den AN hierdurch entstehenden Nachteilen. Regelt ein mit dem GBR nach § 50 Abs. 1 vereinbarter Interessenausgleich eine Betriebsänderung, die einzelne Betriebe unabhängig voneinander betrifft, oder eine Betriebsänderung, die sich auf einen Betrieb beschränkt, ist ein unternehmensweit zu findender Ausgleich der wirtschaftlichen Nachteile im Sozialplan nicht zwingend. Erfassen die im Interessenausgleich vereinbarten Betriebsänderungen hingegen mehrere oder sogar sämtliche Betriebe des Unternehmens und ist die Durchführung des Interessenausgleichs abhängig von betriebsübergreifend einheitlichen Kompensationsregelungen in dem noch abzuschließenden Sozialplan, so kann diese Aufgabe von den Betriebsräten der einzelnen Betriebe nicht

---

97 BAG 19.6.2007 – 1 AZR 541/06 – juris.
98 BAG 20.6.1985 – 2 AZR 427/84 – NZA 1986, 258.
99 BAG 24.8.2004 – 1 ABR 23/03 – DB 2005, 397.
100 BAG 26.8.1997 – 1 ABR 12/97 – BAGE 86, 228 = NZA 1998, 216.
101 BAG 1.4.1998 – 10 ABR 17/97 – BAGE 88, 247 = NZA 1998, 768.
102 BAG 22.7.2003 – 1 AZR 575/02 – DB 2003, 2658.
103 BAG 27.6.1995 – 1 ABR 62/94 – NZA 1996, 164.
104 BAG 15.12.1998 – 1 AZR 332/98 – NZA 1999, 667.
105 BAG 12.7.2007 – 2 AZR 448/05 – NZA 2008, 425; BAG 17.4.1996 – 10 AZR 606/95 – NZA 1996, 1113.
106 BAG 5.2.1997 – 10 AZR 553/96 – NZA 1998, 158.
107 BAG 12.7.2007 – 2 AZR 448/05 – NZA 2008, 425..
108 BAG 10.12.1996 – 1 ABR 32/96 – BAGE 85, 1 = NZA 1997, 898.
109 BAG 17.2.1981 – 1 AZR 290/78 – BAGE 35, 80 = DB 1981, 1414.
110 BAG 24.2.2000 – 8 AZR 180/99 – NZA 2000, 785.

mehr wahrgenommen werden; sie ist dem GBR zugewiesen.[111] Wird der Sozialplan anlässlich einer Betriebsstilllegung aufgestellt und sieht er die Übernahme der AN des stillgelegten Betriebes in einen anderen Betrieb desselben Unternehmens vor, so ist nach durchgeführter Betriebsstilllegung für eine spätere **Änderung des Sozialplans** der BR des neuen Beschäftigungsbetriebes der aus dem Sozialplan berechtigten AN zuständig.[112]

Im **Gemeinschaftsbetrieb** sind die Betriebsparteien frei in der Festlegung, ob auf AG-Seite ein gemeinsamer Sozialplan aller am Gemeinschaftsbetrieb beteiligter Unternehmen geschlossen wird, oder zwischen BR und jeweiligem Vertrags-AG. Das Gleiche gilt für die Frage der gesamtschuldnerischen Haftung für die Sozialplanleistungen. In der **Insolvenz** haftet nur der jeweilige Vertrags-AG.[113] Im Falle einer Betriebsstilllegung steht dem BR nach § 21b ein **Restmandat** zu, das sich auf alle im Zusammenhang mit der Betriebsstilllegung stehenden beteiligungspflichtigen Gegenstände erstreckt. Dazu gehört auch die Änderung eines bereits geltenden Sozialplans, solange dieser nicht vollständig abgewickelt ist.[114] Das Restmandat steht den verbliebenen BR-Mitgliedern zu, auch wenn die Betriebsratsgröße bereits unter die nach § 9 erforderliche Größe gesunken ist. Das Fortbestehen des Arbverh des BR-Mitglieds ist nicht erforderlich.[115]

c) Wirkung des Sozialplans (Abs. 1 S. 3). Der Sozialplan hat nach Abs. 1 S. 3 die Wirkung einer **BV**, gilt mithin insb. nach § 77 Abs. 4 S. 1 unmittelbar und zwingend. Sozialpläne sind BV besonderer Art.[116] Für die **Auslegung** des Sozialplans gilt die Rspr. des BAG zur Auslegung von BV, die wie TV und diese wie Gesetze auszulegen sind. Danach ist maßgeblich auf den im Wortlaut zum Ausdruck gelangten Willen der Betriebspartner abzustellen und der von diesen beabsichtigte Sinn und Zweck der Regelung zu berücksichtigen, soweit diese in den Regelungen des Sozialplans noch ihren Niederschlag gefunden haben.[117] Zu beachten ist ferner der Gesamtzusammenhang der Regelung, weil daraus auf den wirklichen Willen der Betriebspartner geschlossen werden und so der Zweck der Regelung zutreffend ermittelt werden kann.[118] Im Zweifel gebührt derjenigen Auslegung der Vorzug, die zu einem sachgerechten, zweckorientierten, praktisch brauchbaren und gesetzeskonformen Verständnis der Regelung führt.[119]

Ein für eine bestimmte Betriebsänderung vereinbarter Sozialplan kann, soweit nichts Gegenteiliges vereinbart ist, **nicht ordentlich gekündigt** werden. Anderes kann für **Dauerregelungen** in einem Sozialplan gelten, wobei Dauerregelungen nur solche Bestimmungen sind, nach denen ein bestimmter wirtschaftlicher Nachteil durch auf bestimmte oder unbestimmte Zeit laufende Leistungen ausgeglichen oder gemildert werden soll. Im Falle einer zulässigen ordentlichen oder außerordentlichen Künd eines Sozialplanes **wirken seine Regelungen nach**, bis sie durch eine neue Regelung ersetzt werden. Die ersetzende Regelung kann Ansprüche der AN, die vor dem Wirksamwerden der Künd entstanden sind, nicht zu Ungunsten der AN abändern. Das gilt auch dann, wenn die AN aufgrund bestimmter Umstände nicht mehr auf den unveränderten Fortbestand des Sozialplans vertrauen konnten.[120]

Hat der AG mit der Durchführung einer geplanten Betriebsstilllegung durch Künd aller Arbverh begonnen, so entfällt die **Geschäftsgrundlage** des für die Betriebsstilllegung vereinbarten Sozialplans, wenn alsbald nach Ausspruch der Künd der Betrieb von einem Dritten übernommen wird, der sich bereit erklärt, alle Arbverh zu den bisherigen Bedingungen fortzuführen. In einem solchen Fall ist der Sozialplan, der allein für den Verlust der Arbeitsplätze Abfindungen vorsah, den veränderten Umständen anzupassen. Bis zur erfolgten Anpassung ist ein Rechtsstreit über eine Abfindung aus dem zunächst vereinbarten Sozialplan in entsprechender Anwendung von § 148 ZPO auszusetzen.[121]

Die Betriebspartner können einen geltenden Sozialplan auch zum Nachteil der betroffenen AN **für die Zukunft ändern**. Dabei haben sie die Grenzen des **Vertrauensschutzes** und der **Verhältnismäßigkeit** zu beachten.[122]

d) Verhältnis zum Tarifvertrag (Abs. 1 S. 4). Nach Abs. 1 S. 4 findet die Regelung des Tarifvorbehalts in § 77 Abs. 3 auf Sozialpläne keine Anwendung. Nach § 77 Abs. 3 können Arbeitsentgelte und sonstige Arbeitsbedingungen, die durch TV geregelt sind oder üblicherweise geregelt werden, nicht Gegenstand einer BV sein.[123] In Sozialplänen können daher Regelungsgegenstände, die bereits eine Regelung in einem TV erfahren haben, auch in einem Firmen-TV,[124] aufgegriffen und abweichend geregelt werden. Das Günstigkeitsprinzip des § 4 Abs. 3 TVG wird hin-

---

111 BAG 11.12.2001 – 1 AZR 193/01 – BAGE 100, 60 = NZA 2002, 688; BAG 23.10.2002 – 7 ABR 55/01 – AP § 50 BetrVG 1972 Nr. 26.
112 BAG 24.3.1981 – 1 AZR 805/78 – BAGE 35, 160 = DB 1981, 2178.
113 BAG 12.11.2002 – 1 AZR 632/01 – NZA 2003, 676.
114 BAG 5.10.2000 – 1 AZR 48/00 – BAGE 96, 15 = NZA 2001, 849.
115 BAG 12.1.2000 – 7 ABR 61/98 – NZA 2000, 669.
116 BAG 27.8.1975 – 4 AZR 454/74 – DB 1975, 2188.
117 BAG 11.6.1975 – 5 AZR 217/74 – BAGE 27, 187 = DB 1975, 1945; BAG 8.11.1988 – 1 AZR 721/87 – BAGE 60, 94 = NZA 198, 401.
118 BAG 15.12.1998 – 1 AZR 332/98 – NZA 1999, 667.
119 BAG 26.8.2008 – 1 AZR 349/07 – juris; BAG 13.3.2007 – 1 AZR 262/06 – NZA 2008, 190.
120 BAG 10.8.1994 – 10 ABR 61/93 – BAGE 77, 313 = NZA 1995, 314.
121 BAG 28.8.1996 – 10 AZR 886/95 – BAGE 84, 62 = NZA 1997, 109.
122 BAG 5.10.2000 – 1 AZR 48/00 – BAGE 96, 15 = NZA 2001, 849; BAG 10.8.1994 – 10 ABR 61/93 – BAGE 77, 313 = NZA 1995, 314; BAG 24.3.1981 – 1 AZR 805/78 – BAGE 35, 160 = DB 1981, 2178.
123 Vgl. im Einzelnen H/S/*Spirolke*, § 12 Rn 557.
124 BAG 24.11.1993 – 4 AZR 225/93 – BAGE 75, 126 = NZA 1994, 471.

gegen nicht verdrängt.[125] Zwischen den Regelungen im TV und im Sozialplan ist ein Sachgruppenvergleich vorzunehmen.[126] Abs. 1 S. 4 gilt nicht für Rahmensozialpläne, die sich nicht auf eine konkrete Betriebsänderung beziehen, da es sich hierbei lediglich um freiwillige Sozialpläne handelt, die nicht durch Spruch der Einigungsstelle erzwungen werden können.[127]

38 Ein **Tarifsozialplan** ist zulässig.[128] Ein AG-Verband kann **firmenbezogene Verbands-TV** schließen, mit denen die Nachteile aus konkreten Betriebsänderungen ausgeglichen oder gemildert werden sollen. Für den Abschluss solcher TV kann eine Gewerkschaft zum **Streik** aufrufen. Ein Streik mit dem Ziel, einen firmenbezogenen Verbands-TV über den Ausgleich der mit einer geplanten Betriebsänderung verbundenen wirtschaftlichen Nachteile herbeizuführen, ist nicht wegen §§ 111 ff. BetrVG ausgeschlossen.

39 Das BAG[129] begründet seine Rspr. mit folgenden Überlegungen: Eine entsprechende **Beschränkung der grundgesetzlich verbürgten Autonomie der TV-Parteien** ist einfach-gesetzlich nicht geregelt. Die Existenz der §§ 111 ff. besagt dafür nichts. Die Bestimmungen normieren Inhalt und Umfang des Mitbestimmungsrechts des BR. Sie geben nicht zu erkennen, dass damit Regelungskompetenzen der TV-Parteien aus Art. 9 Abs. 3 GG, § 1 TVG zurückgedrängt werden sollten. Die Vorschriften des §§ 2 Abs. 3, 112 Abs. 1 S. 4 sprechen für das Gegenteil. Sie zeigen, dass dem Gesetzgeber die mögliche **Konkurrenz tariflicher und betrieblicher Regelungen**, insbesondere im Gegenstandsbereich eines Sozialplans durchaus bewusst war. Gleichwohl wurde das Konkurrenzverhältnis gesetzlich nicht zugunsten der einen ausschließlichen Zuständigkeit für Betriebsparteien aufgelöst. Zwar hat § 112 Abs. 1 S. 4 die in § 77 Abs. 3 zugunsten des TV errichtete Sperrwirkung für betriebliche Sozialpläne beseitigt. Das Gesetz geht aber erkennbar von einem möglichen Nebeneinander beider Regelungsbereiche aus. Auch wenn der Gesetzgeber des Jahres 1972 dabei insbesondere an ein Nebeneinander von seinerzeit üblichen tariflichen Rationalisierungsschutzabkommen und betrieblichen Nachteilsausgleichsregelungen gedacht haben dürfte,[130] lässt sich der Vorschrift nicht entnehmen, dass möglichen betriebsnäheren tariflichen Nachteilsausgleichsregelungen nicht nur ihre Vorrangstellung nach § 77 Abs. 3 entzogen werden, sondern die Mitbestimmung des BR insoweit schon eine Regelungskompetenz der TV-Parteien entfallen lassen sollte.

40 Eine etwaige größere **Sachnähe des BR** und seine Zuständigkeit für sämtliche AN des Betriebs vermögen einen Ausschluss der Regelungskompetenz der TV-Parteien nicht zu rechtfertigen. Dies folge schon daraus, dass es bei den Befugnissen des BR nach §§ 111, 112 und der Erzwingbarkeit betrieblicher Sozialpläne verbleibt. Für das Verhältnis beider Regelungsebenen gilt wie auch sonst das **Günstigkeitsprinzip**. Die Regelungsbefugnis der TV-Parteien scheide nicht deshalb aus, weil die dem Unternehmen zum Zweck des Nachteilsausgleichs insgesamt zur **Verfügung stehenden Mittel durch einen tariflichen Sozialplan zu Lasten der nicht tarifgebundenen**, auf einen betrieblichen Sozialplan angewiesenen AN aufgezehrt würden. Ob es zu einer solchen Verdrängung kommt, lässt sich schon in tatsächlicher Hinsicht nicht generell beurteilen. Im Übrigen könnte die betriebliche Einigungsstelle gehalten sein, das Vorliegen eines tariflichen Sozialplans bei ihren eigenen Festsetzungen der ausgleichspflichtigen Nachteile zu berücksichtigen und dementsprechend etwa eine Anrechnung tariflicher Abfindungsansprüche auf ihre begründete Abfindungsforderungen vorzusehen. Streiks um den Abschluss firmenbezogener Verbands-TV zur Regelung von Abfindungszahlungen wegen einer konkreten Betriebsänderung seien nicht deshalb rechtswidrig, weil solche TV nicht mit **Mitteln des Arbeitskampfs** erzwungen werden könnten. Ein Streik um tarifliche Abfindungsregelungen ist nicht generell wegen Verletzung des **Verhältnismäßigkeitsprinzips** rechtswidrig.

41 Die Auffassung, es fehle an dessen Erforderlichkeit, weil die Rechtsordnung mit den Regelungen der §§ 111 ff. ein friedliches und weniger belastendes Verfahren bereithalte, um zu einem Nachteilsausgleich für die AN zu gelangen,[131] sei mit Art. 9 Abs. 3 GG nicht zu vereinbaren. Sie hält die für die Beurteilung der Erforderlichkeit eines Streiks maßgebliche Prüfungsebene nicht ein. Ihr liegt nicht die Frage zugrunde, ob ein Streik im Hinblick auf das mit ihm erstrebte Ziel eines bestimmten Tarifabschlusses nach Ausschöpfen aller anderen Mittel notwendig ist. Sie prüft stattdessen, ob es für das wirtschaftlich ins Auge gefasste Ziel des Abschlusses eines TV und damit der betreffenden Tarifforderung als solcher überhaupt bedarf. Auf diese Weise übergeht sie die durch Art. 9 Abs. 3 GG gewährleistete **Einschätzungsprärogative der TV-Parteien** und beschränkt deren koalitionsspezifische Betätigung unverhältnismäßig. Ein Streik um tarifliche Abfindungsregelungen verletze nicht den Grundsatz der **Kampfparität**.

42 Das Verhandlungsgleichgewicht der TV-Parteien ist durch die Existenz von §§ 111, 112 nicht strukturell zu Lasten des AG-Verbands verschoben, so dass Streiks um tarifliche Sozialpläne generell zu unterbleiben hätten. Die Chancen des in Anspruch genommenen Verbands zur Abwehr der gewerkschaftlichen Forderung nach tariflichen Abfin-

---

125 Vgl. BAG 11.7.1995 – 3 AZR 8/95 – NZA 1996, 264.
126 *Fitting u.a.*, §§ 112, 112a Rn 213; zum Sachgruppenvergleich s. BAG 30.3.2004 – 1 AZR 85/03 – juris; BAG 27.1.2004 – 1 AZR 148/03 – NZA 2004, 667.
127 *Fitting u.a.*, §§ 112, 112a Rn 222; vgl. zur Freiwilligkeit BAG 26.8.1997 – 1 ABR 12/97 – BAGE 86, 228 = NZA 1998, 216.
128 *Fischinger*, NZA 2007, 310.
129 BAG 24.4.2007 – 1 AZR 252/06 – BAGE 122, 134 = NZA 2007, 987.
130 BT-Drucks VI/1786, S. 66, 67.
131 So *Thüsing/Ricken*, JbArbR Bd. 42 (2005), S. 113, 126 ff.

dungsregelungen werden nicht dadurch geringer, dass der BR unabhängig von einer Gegenwehr im Arbeitskampf einen betrieblichen Sozialplan erzwingen kann.[132] Zwar kann sich der betroffene AG den Kosten des betrieblich erzwingbaren Sozialplans nicht entziehen. Seine Verteidigungsmöglichkeiten gegen tarifliche (Mehr-)Forderungen werden dadurch aber nicht geschmälert. Da der Streik um tarifliche Abfindungsansprüche, wirtschaftlich betrachtet, mit dem Ziel einer Aufstockung betrieblich begründeter Ansprüche geführt wird und die Betriebsparteien eine Kumulation der Ansprüche vermeiden können, vermag sich die kampflose Erzwingbarkeit eines betrieblichen Sozialplans sogar negativ auf die Streikwilligkeit der AN auszuwirken. Im Übrigen werde die Kampfparität nach der st. Rspr. des Senats durch arbeitskampfbedingte Einschränkungen der Beteiligungsrechte des BR gewahrt und nicht umgekehrt die verfassungsrechtlich geschützte Koalitionsbetätigungsfreiheit zugunsten des BR beschränkt. Ebenso wenig werde das **Arbeitskampfverbot** des § 74 Abs. 2 berührt. Es richte sich ausschließlich an die Betriebsparteien. Arbeitskämpfe der TV-Parteien werden von ihm nicht erfasst; dies zeigt auch § 2 Abs. 3.

Mit einem entsprechenden Streikaufruf muss weder bis zum **Abschluss von Interessenausgleichs- und Sozialplanverhandlungen** noch bis zum Abschluss zumindest der Interessenausgleichsverhandlungen auf betrieblicher Ebene gewartet werden. Das Streikziel einer Verlängerung der Fristen für betriebsbedingte Künd aufgrund von Betriebsänderungen auf Zeiten von mehr als einem Jahr ist nicht rechtswidrig; ebenso wenig ist dies das Ziel einer mit der Betriebszugehörigkeit steigenden Dauer der Künd-Frist ohne Begrenzung auf eine Höchstlänge. Tariflich regelbar und erstreikbar sind auch Ansprüche auf eine vergütende Teilnahme an Qualifizierungsmaßnahmen nach Beendigung des Arbverh. Eine gerichtliche Kontrolle des Umfangs von Streikforderungen, die auf tariflich regelbare Ziele gerichtet sind, ist mit Art. 9 Abs. 3 GG nicht zu vereinbaren. Ein auf den Abschluss eines firmenbezogenen Verbands-TV gerichteter Streik ist auch dann nicht rechtswidrig, wenn die TV-Parteien zur gleichen Zeit Verhandlungen über einen Flächen-TV mit dem gleichen Regelungsgegenstand führen.[133] 43

e) **Verfahren bis zum Abschluss des Sozialplans (Abs. 2 bis 3).** Das Verfahren, wenn sich die Betriebsparteien nicht einigen können, von der Einschaltung des Vorstands der BA bis zum Verfahren vor der Einigungsstelle gleicht demjenigen über die Verhandlung eines Interessenausgleichs (vgl. Rn 20 f.). Die Abs. 2 und 3 gelten gleichermaßen für Interessenausgleich und Sozialplan. 44

2. Sozialplan durch Spruch der Einigungsstelle (Abs. 4 bis 5). a) Erzwingbarkeit des Sozialplans (Abs. 4). Nach Abs. 4 entscheidet die Einigungsstelle über die Aufstellung eines Sozialplans, wenn sich die Betriebspartner nicht auf einen Sozialplan einigen können. Der **Spruch der Einigungsstelle** ersetzt die Einigung der Betriebspartner, so dass der Sozialplan im Gegensatz zum Interessenausgleich für beide Seiten erzwingbar ist. Unabhängig davon, wie eine Regelung betitelt ist, können nur **Regelungsgegenstände** durch Spruch der Einigungsstelle entschieden werden, die den Ausgleich oder die Milderung der wirtschaftlichen Nachteile i.S.v. Abs. 1 S. 2 zum Inhalt haben. Die Einigungsstelle ist damit nicht befugt, dem AG die Durchführung der Betriebsänderung in einer Weise vorzuschreiben, dass den betroffenen AN keine oder nur geringe wirtschaftliche Nachteile entstehen. Die Einigungsstelle ist gehindert, durch Spruch Versetzungs- oder Umschulungsverpflichtungen zu statuieren, die eine Weiterbeschäftigung der AN im Unternehmen zum Ziel haben.[134] 45

b) **Allgemeine Abwägungsparameter der Einigungsstelle (Abs. 5 S. 1).** Die Einigungsstelle ist bei der Ausübung des ihr eingeräumten **Regelungsermessens** nach § 76 Abs. 5 S. 3 an die Grundsätze des § 75 Abs. 1 und an die Vorgaben des Abs. 5 gebunden. Danach hat die Einigungsstelle sowohl die sozialen Belange der betroffenen AN zu berücksichtigen als auch auf die wirtschaftliche Vertretbarkeit ihrer Entscheidung für das Unternehmen zu achten. Im Rahmen billigen Ermessens muss sie beim Ausgleich oder der Milderung wirtschaftlicher Nachteile Leistungen vorsehen, die i.d.R. den Gegebenheiten des **Einzelfalls** Rechnung tragen. Die Einigungsstelle darf keine Nachteile ausgleichen, die gar nicht entstanden sind und mit Sicherheit auch künftig nicht entstehen werden.[135] Genauso wenig darf der Sozialplan den Normzweck des Abs. 1 S. 2 verfehlen, die wirtschaftlichen Nachteile der AN zumindest zu mildern. Dazu genügt nicht bereits jede Leistung zugunsten der AN, unabhängig von ihrem wirtschaftlichen Wert. Es muss sich vielmehr im Verhältnis zu den mit der Betriebsänderung verbundenen Nachteilen um eine „spürbare" Entlastung der AN handeln. Diese **Untergrenze** kann in einem Einzelfall festgelegt werden, es kann nicht auf die Formel in § 1a Abs. 2 KSchG abgestellt werden. Bei langen Betriebszugehörigkeiten kann auch ein Multiplikator von 0,15 eine substanzielle Nachteilsmilderung herbeiführen. Die Ober- und Untergrenzen sind nach Abs. 5 S. 1 unabhängig von den wirtschaftlichen Verhältnissen des Unternehmens zu ermitteln.[136] Der **wirtschaftlichen Vertretbarkeit** kommt eine **Korrekturfunktion** als zusätzliche Ermessensgrenze zu.[137] Die Einigungsstelle kann Nachteile **pauschaliert** 46

---

132 A.A. *Bauer/Krieger,* NZA 2004, 1019, 1020, 1023; *Rolfs/ Clemens,* NZA 2004, 410, 415.
133 BAG 24.4.2007 – 1 AZR 252/06 – NZA 2007, 987; BAG 6.12.2006 – 4 AZR 798/05 – BAGE 120, 281 = NZA 2007, 821; dazu Bayreuther, NZA 2007, 1017; ablehnend und jedenfalls für Suspendierung der Rechte des Betriebsrats aus §§ 111 ff. BetrVG *Willemsen/Stamer,* NZA 2007, 413.
134 BAG 17.9.1991 – 1 ABR 23/91 – BAGE 68, 277 = NZA 1992, 227.
135 BAG 6.5.2003 – 1 ABR 11/02 – NZA 2004, 108; BAG 25.1.2000 – 1 ABR 1/99 – NZA 2000, 1069.
136 BAG 24.8.2004 – 1 ABR 23/03 – DB 2005, 397.
137 BAG 6.5.2003 – 1 ABR 11/02 – NZA 2004, 108.

und mit einem Einheitsbetrag abgelten. Abs. 5 sieht **keine Höchstgrenzen** bei der Bemessung der Abfindungen einzelner AN bei Verlust ihres Arbeitsplatzes vor. § 113 Abs. 1 oder 3 mit den Höchstgrenzen des § 10 KSchG ist nicht entsprechend anwendbar. Der Sozialplan kann regeln, wer das Risiko zu tragen hat, wenn die AA nach Abschluss eines Auflösungsvertrages eine **Sperrfrist** verhängt.[138]

47 c) **Einzelne Abwägungsgrundsätze (Abs. 5 S. 2).** Die Grundsätze in Abs. 5 S. 2 haben die Funktion von **RL für die Ausübung des Ermessens** durch die Einigungsstelle, indem sie die Grenzen des Ermessens abstecken. Ein Verstoß gegen diese RL stellt somit einen Ermessensfehler dar.[139]

48 aa) **Gegebenheiten des Einzelfalls (Abs. 5 S. 2 Nr. 1).** Nach Nr. 1 soll bei dem Ausgleich oder der Milderung der durch die Betriebsänderung bedingten wirtschaftlichen Nachteile den Gegebenheiten des Einzelfalles Rechnung getragen werden. Ein Sozialplan, der pauschal für jeden Beschäftigten, dessen Arbverh wegen der Betriebsänderung endet, eine Abfindung in Höhe von 75 % des Bruttomonatsgehalts pro Beschäftigungsjahr vorsieht, verletzt diese Ermessens-RL. Die Einigungsstelle muss sich um den Ausgleich feststellbarer oder zu erwartender materieller Einbußen des AN im Einzelfall bemühen und weniger generell pauschale Abfindungssummen festsetzen. Die Einigungsstelle muss daher den Ausgleich der durch die Betriebsänderung entstehenden Nachteile für die AN **möglichst konkret** vornehmen. Auch wenn fraglich erscheint, inwieweit danach ins Einzelne gehende Ermittlungen der Einigungsstelle vorgeschrieben sind und davon auszugehen ist, dass im Einzelfall auch pauschale Nachteilsausgleichszahlungen angemessen sind, wenn die konkreten Nachteile der AN nicht prognostiziert werden können, erfüllt ein Sozialplan, der allein an Betriebszugehörigkeit und Verdienst anknüpft, die Voraussetzungen der RL nicht, weil er auf die Gegebenheiten des Einzelfalls in keiner Weise Rücksicht nimmt. Zu berücksichtigen ist jedenfalls die **unterschiedliche Betroffenheit**, z.B. nach Lebensalter, den familiären Belastungen, besonderen sozialen Umständen, ggf. besonderen persönlichen Eigenschaften wie einer Schwerbehinderung.[140]

49 bb) **Aussichten auf dem Arbeitsmarkt und Möglichkeit der Weiterbeschäftigung (Abs. 5 S. 2 Nr. 2).** Nach Nr. 2 hat die Einigungsstelle die Aussichten der betroffenen AN auf dem Arbeitsmarkt zu berücksichtigen. Sie soll AN von Leistungen ausschließen, die in einem zumutbaren Arbverh im selben Betrieb oder in einem anderen Betrieb des Unternehmens oder eines zum Konzern gehörenden Unternehmens weiterbeschäftigt werden können und die Weiterbeschäftigung ablehnen. Die mögliche Weiterbeschäftigung an einem anderen Ort begründet für sich allein nicht die Unzumutbarkeit. Die Aussichten Arbeitsuchender auf dem Arbeitsmarkt sind nach Lebensalter, Ausbildung, Fähigkeiten, besonderen Qualifikationen, besonderen Merkmalen wie Schwerbehinderung u.Ä. unterschiedlich. Auch **arbeitsmarktbedingte Umstände** in der jeweiligen Region können eine unterschiedliche Betroffenheit der AN zur Folge haben.[141] Für die Feststellung solcher Umstände kann die Beratung durch die BA sinnvoll sein.

50 Der Sozialplan kann abschließende Regelungen darüber treffen, unter welchen Voraussetzungen das **Angebot eines anderen Arbeitsplatzes** für den von einer Betriebsänderung betroffenen AN **zumutbar** ist. Das gilt auch für die neben der bloßen Weiterbeschäftigung an anderem Ort berücksichtigungsfähigen Faktoren, die die Verlegung des Arbeitsorts doch relevant erscheinen lassen, so bspw. pflegebedürftige Angehörige, besondere Ausstattung der Wohnung aufgrund einer Schwerbehinderung, Ehepartner als Hauptverdiener des Hausstands, schulpflichtige Kinder, die kurz vor dem Abschluss stehen, Wohneigentum. Ein zumutbares Arbverh wird i.Ü. geprägt durch die gleichwertigen Arbeitsbedingungen, insb. die Aufrechterhaltung des sozialen Besitzstands mit Anrechnung der Betriebszugehörigkeit und Fortführung des Künd-Schutzes und im Wesentlichen gleichen Entgelt. Arbeitsplätze, die der Vorbildung des AN und seiner bisherigen Tätigkeit nach Art und Inhalt entsprechen und Tätigkeiten zum Inhalt haben, deren Verrichtung vom AN billigerweise erwartet werden kann, sind zumutbar. Dabei geht die Regelung des Abs. 5 S. 2 Nr. 2 davon aus, dass diese Voraussetzungen dann gegeben sind, wenn der Arbeitsplatz i.S.d. jeweiligen Arbeitswertbestimmungen gleichwertig mit dem bisherigen Arbeitsplatz ist. Ein Arbeitsplatz kann aber auch dann noch zumutbar sein, wenn er nicht völlig gleichwertig ist, d.h. nach der maßgebenden Bewertung etwas geringer vergütet wird.[142] Nicht übertragbar aufgrund unterschiedlicher Regelungsziele ist der **Zumutbarkeitskatalog des § 121 SGB III**.[143] § 121 SGB III schützt die Gemeinschaft der Beitragszahler vor Belastungen, die mit denjenigen Belastungen ins Verhältnis zu setzen sind, die der Arbeitslose durch Aufnahme einer Beschäftigung in Kauf zu nehmen hat. Sozialplanleistungen sind dagegen dann zu gewähren, wenn der AN, der in einem Beschäftigungsverhältnis steht, wirtschaftliche Nachteile erleidet.

---

138 BAG 27.10.1987 – 1 ABR 9/86 – BAGE 56, 270 = NZA 1988, 203.
139 BAG 26.5.1988 – 1 ABR 11/87 – NZA 1989, 26; BAG 14.9.1994 – 10 ABR 7/94 – BAGE 78, 30 = NZA 1995, 440.
140 BAG 14.9.1994 – 10 ABR 7/94 – BAGE 78, 30 = NZA 1995, 440.
141 BAG 14.9.1994 – 10 ABR 7/94 – BAGE 78, 30 = NZA 1995, 440.
142 BAG 28.9.1988 – 1 ABR 23/87 – BAGE 59, 359 = NZA 1989, 186.
143 BAG 6.11.2007 – 1 AZR 960/06 – NZA 2008, 232; *Fitting u.a.*, §§ 112, 112a Rn 230.

Die Einigungsstelle ist nicht gehalten, die Voraussetzungen für die Ablehnung eines Arbeitsplatzangebots als unzumutbar **generalklauselartig** zu umschreiben.[144] Die Einigungsstelle darf bei der Bemessung von Abfindungen wegen Verlustes des Arbeitsplatzes danach unterscheiden, ob dem AN ein zumutbarer oder nur ein unzumutbarer Arbeitsplatz im Betrieb oder in einem anderen Betrieb desselben Unternehmens angeboten werden kann. Eine Regelung, wonach dem AN bei Ausschlagung eines zumutbaren Arbeitsplatzes nur die Hälfte der Abfindung zusteht, die er bei Ablehnung eines unzumutbaren Arbeitsplatzes erhalten würde, ist aus Rechtsgründen nicht zu beanstanden. Bei Regelungen über die Zumutbarkeit eines angebotenen Arbeitsplatzes dürfen auch wirtschaftliche Kriterien (gleiche Tarifgruppe) berücksichtigt werden.[145] Ein Arbeitsplatzangebot ist nicht deshalb unzumutbar, weil es eine **sechsmonatige Probe- bzw. Anlernzeit** vorsieht. Eine solche Regelung dient dem wohlverstandenen Interesse sowohl des AG als auch der von der Maßnahme betroffenen AN. Sie hält beiden Seiten die Möglichkeit offen, eine endgültige Entscheidung darüber, ob das Arbverh auf dem neuen Arbeitsplatz fortgeführt werden soll oder nicht, erst dann zu treffen, wenn hinsichtlich der Arbeit auf dem neuen Arbeitsplatz und der damit verbundenen näheren Umstände Erfahrungen vorliegen. Macht ein AN von dem ihm eingeräumten Wahlrecht Gebrauch und lehnt das Versetzungsangebot ab, dann hat er keinen Anspruch auf Zahlung der höheren Abfindung.[146] Die Einigungsstelle muss nicht im **Gegenschluss** zu Abs. 5 Nr. 2 AN eine Abfindung zuerkennen, wenn sie einen angebotenen anderen, ihnen unzumutbaren Arbeitsplatz ablehnen.[147]

cc) Fördermöglichkeiten des SGB III (Abs. 5 S. 2 Nr. 2a). Die Einigungsstelle soll insb. die im SGB III vorgesehenen Förderungsmöglichkeiten zur Vermeidung von Arbeitslosigkeit berücksichtigen. Damit hat die Einigungsstelle im Rahmen ihres Ermessens die Möglichkeiten eines **Transfersozialplans** zu prüfen.[148] Die Förderung der Teilnahme an **Transfermaßnahmen** ist in § 216a SGB III geregelt. **Voraussetzung** für die Teilnahme an Transfermaßnahmen ist, dass der AN aufgrund einer Betriebsänderung von Arbeitslosigkeit bedroht ist. § 216a Abs. 1 S. 3 SGB III verweist auf den Begriff der Betriebsänderung nach § 111, allerdings unabhängig von Unternehmensgröße und der Anwendbarkeit des BetrVG im Betrieb. Die Maßnahme muss von einem Dritten durchgeführt werden, also nicht vom AG selbst, sie muss der Eingliederung des AN in den Arbeitsmarkt dienen, ihre Durchführung muss gesichert und ein System zur Sicherung der Qualität angewendet werden (§ 216a Abs. 1 S. 1 SGB III). Weitere Voraussetzung ist die angemessene Beteiligung des AG an der Finanzierung, die bei mind. 50 % liegen muss, der Zuschuss der AA beträgt höchstens 2.500 EUR je AN. Als Transfermaßnahmen sind alle Maßnahmen der aktiven Arbeitsmarktförderung denkbar, insb. Maßnahmen der Eignungsfeststellung und Trainingsmaßnahmen (§§ 48 ff. SGB III), Mobilitätshilfen (§§ 53 ff. SGB III), Gründungszuschuss zur Förderung der Aufnahme einer selbstständigen Tätigkeit (§§ 57 f. SGB III), Förderung der Berufsausbildung und der beruflichen Weiterbildung (§§ 59 ff. und 77 ff. SGB III), Eingliederungszuschüsse für AG (§§ 217 ff. SGB III). Die **Förderung ist ausgeschlossen**, wenn der AN in den Betrieb, das Unternehmen oder den Konzern zurückkehren soll. Der Ausschluss dient der Vermeidung von Wettbewerbsverzerrungen.[149] Nicht förderungsfähig sind nach § 216a Abs. 3 S. 2 SGB III auch Maßnahmen, zu denen der AG ohnehin verpflichtet ist. Während der Teilnahme an Transfermaßnahmen sind andere Leistungen der aktiven Arbeitsförderung mit gleichartiger Zielsetzung ausgeschlossen, insb. auch der Bezug von Transferkurzarbeitergeld nach § 216b SGB III. Das **Verfahren** ist in §§ 323 ff. SGB III geregelt. Nach § 323 Abs. 2 S. 1 und 2 SGB III sind die Förderungsleistungen zu Transfermaßnahmen vom AG unter Beifügung einer Stellungnahme des BR oder vom BR selbst zu **beantragen**. Die **Frist** für die Antragstellung beträgt drei Monate beginnend mit dem Ablauf des Monats, in dem die zu fördernde Maßnahme beginnt, § 325 Abs. 5 SGB III. **Zuständig** ist nach § 327 Abs. 3 S. 3 SGB III die AA, in deren Bezirk der Betrieb des AG liegt. Zwar begründet § 327 Abs. 1 S. 1 SGB III auch eine Wohnsitzzuständigkeit des geförderten AN, die aber insb. bei einer Vielzahl betroffener AN, für die im Rahmen eines Sozialplans Anträge zu stellen sind, unpraktikabel sein dürfte. **Nachweispflichtig** für das Vorliegen der Leistungsvoraussetzungen ist nach § 320 Abs. 4a SGB III der AG, der auf Anforderung der AA auch das Ergebnis von Profiling-Analysen i.S.v. § 48 Abs. 1 SGB III mitzuteilen hat.

Zu den Fördermöglichkeiten zur Vermeidung von Arbeitslosigkeit i.S.v. Abs. 5 Nr. 2a gehört auch das **Transferkurzarbeitergeld** nach § 216b SGB III.[150] **Voraussetzung** für den Bezug von Transferkurzarbeitergeld ist ein **Wegfall der Beschäftigungsmöglichkeit** infolge einer Betriebsänderung, § 216b Abs. 2, Abs. 3 Nr. 1 SGB III, und dass die betroffenen AN in einer **betriebsorganisatorisch eigenständigen Einheit (beE)** zusammengefasst werden, § 216b Abs. 3 Nr. 2 SGB III. Die beE unterscheidet sich vom Betrieb oder Betriebsteil dadurch, dass in ihr wegen der Aufgabenstellung der Zusammenfassung aller auf Dauer nicht mehr benötigten AN sowie der dem Personalstand nicht angemessenen Ausstattung mit technischen Arbeitsmitteln die Verfolgung eines eigenen arbeitstechnischen Zwecks allenfalls Nebensache ist.[151] Es muss eine eindeutige Trennung von den übrigen Mitarbeitern

---

144 BAG 28.9.1988 – 1 ABR 23/87 – BAGE 59, 359 = NZA 1989, 186.
145 BAG 27.10.1987 – 1 ABR 9/86 – BAGE 56, 270 = NZA 1988, 203.
146 BAG 25.10.1983 – 1 AZR 575/82 – juris.
147 BAG 28.9.1988 – 1 ABR 23/87 – BAGE 59, 359 = NZA 1989, 186.
148 *Engels/Trebinger/Löhr-Steinhaus*, DB 2001, 532.
149 *Rolfs*, NZA 1998, 21.
150 *Gaul/Bonanni/Otto*, DB 2003, 2386.
151 *Gaul/Bonanni/Otto*, DB 2003, 2386.

des Betriebes vorliegen, um einen Austausch der AN während des Bezugs von Transferkurzarbeitergeld zu vermeiden.[152] Dementsprechend ist der **Anspruch ausgeschlossen**, wenn der AN nur vorübergehend in der beE verbleibt, um dann einen Arbeitsplatz in Betrieb, Unternehmen oder Konzern wieder einzunehmen, § 216b Abs. 7 SGB III. Ausnahme von diesem Grundsatz ist die Rückkehr, nachdem der AN an einer Qualifizierungsmaßnahme teilgenommen hat, das Ziel der anschließenden Beschäftigung bei einem anderen AG aber verfehlt wurde, § 216b Abs. 6 S. 4 SGB III. Die beE kann auch bei einem externen Träger, einer sog. **Transfer- oder Beschäftigungs- und Qualifizierungsgesellschaft** begründet werden. In diesem Fall bedarf es regelmäßig eines **dreiseitigen Vertrages** zwischen AG, Transfergesellschaft und AN zur Begründung eines befristeten Arbverh mit der Transfergesellschaft. Häufig werden dem AN dort dieselben Anstellungsbedingungen gewährt, der AN erklärt sich mit „Kurzarbeit Null", der Teilnahme an Qualifizierungs- und Weiterbildungsmaßnahmen, Bewerbertrainings und der Beschäftigung bei einem anderen AG zum Zwecke der Qualifizierung (§ 216b Abs. 6 S. 3 SGB III) einverstanden.[153] Im **Dienstleistungsvertrag mit der Transfergesellschaft** verpflichtet sich der AG, die Differenzkosten zwischen Transferkurzarbeitergeld und den an die AN auszuzahlenden Bezügen zuzüglich der Verwaltungskosten, die sog. Remanenzkosten[154] zu tragen. Zur Erfüllung der persönlichen Voraussetzungen gehört die Teilnahme an einer **Profiling-Analyse bereits vor Übertritt** in die beE. Nur wenn in berechtigten Ausnahmefällen trotz Mithilfe der AA die Profiling-Analyse nicht rechtzeitig durchgeführt werden kann, muss sie innerhalb eines Monats nachgeholt werden, § 216b Abs. 4 Nr. 4 SGB III. Während des Bezugs von Transferkurzarbeitergeld, der **längstens zwölf Monate** andauert (§ 216b Abs. 8 SGB III), muss der AG den geförderten AN **Vermittlungsvorschläge** unterbreiten, bei **Qualifizierungsdefiziten** soll der AG geeignete Maßnahmen anbieten, § 216b Abs. 6 S. 1 und 2 SGB III. **Verfahrensvoraussetzung** ist die **Anzeige** des Arbeitsausfalls, § 216b Abs. 5 S. 1 verweist auf § 173 SGB III. Die Anzeige kann durch den AG unter Beifügung einer Stellungnahme des BR oder durch den BR erfolgen. Arbeitsausfall und sonstige betrieblichen Voraussetzungen sind glaubhaft zu machen. **Zuständig** ist die AA am Sitz des personalabgebenden Betriebs. Zu den Stichtagen 30.6. und 31.12. hat der AG der AA unverzüglich **Daten** über die Struktur der beE, die Zahl der darin zusammengefassten AN, die Altersstruktur, und die Integrationsquote zu übermitteln.

54 Nr. 2a verweist auf Transfermaßnahmen und Transferkurzarbeitergeld, deren Einsatz aber nicht nur die finanzielle Seite der Milderung der wirtschaftlichen Nachteile der Betriebsänderung betrifft, sondern auch die Art und Weise ihrer Durchführung berührt. So obliegt es der nicht erzwingbaren Unternehmerentscheidung, ob er anstatt Künd auszusprechen, die zu entlassenden AN in einer beE zusammenfasst, diese weiter betreibt und Qualifizierungsmaßnahmen durchführt. Es ist nicht erkennbar, dass der Gesetzgeber die **Grenzziehung zwischen nicht erzwingbarem Interessenausgleich und erzwingbarem Sozialplan** nach den Modalitäten der Durchführung der Betriebsänderung und dem Ausgleich wirtschaftlicher Nachteile verschieben wollte. Die Einigungsstelle hat also die Unternehmerfreiheit bei ihrer Entscheidung zu achten.[155] Auch Transferkurzarbeit bleibt indessen in Form einer beE bei einer externen Transfergesellschaft der Regelung durch die Einigungsstelle zugänglich.[156] Transfermaßnahmen und Transferkurzabeitergeld dienen nicht der Vermeidung des Entstehens wirtschaftlicher Nachteile durch Modifizierung der Betriebsänderung, da sie die Personalabbauentscheidung des AG unberührt lassen und nicht in eine interne Weiterbeschäftigung beim bisherigen AG einmünden, sondern für den Wiedereintritt in den ersten Arbeitsmarkt qualifizieren sollen.

55 dd) Wirtschaftliche Vertretbarkeit des Sozialplans (Abs. 5 S. 2 Nr. 3). Der **Umfang der zulässigen Belastung** des Unternehmens richtet sich nach den Gegebenheiten des **Einzelfalls**. Die gesetzlichen Regelungen schreiben ein bestimmtes Volumen der Sozialplanleistungen nicht vor, die wirtschaftliche Vertretbarkeit eines Sozialplans kann nicht abstrakt beurteilt werden. Die **Prüfung der wirtschaftlichen Vertretbarkeit** eines Sozialplans setzt voraus, dass zunächst die sozialen Belange der von der Betriebsänderung betroffenen AN, also die ihnen erwachsenden Nachteile festgestellt werden. Erst wenn die durch die Betriebsänderung berührten sozialen Belange der AN des Betriebes ermittelt sind, lässt sich unter Berücksichtigung von sozialplanmindernden und sozialplanerhöhenden Faktoren feststellen, ob das von der Einigungsstelle beschlossene Sozialplanvolumen für das Unternehmen als wirtschaftlich vertretbar anzusehen ist oder nicht. Dabei können dann auch Umstände wie Verbindlichkeiten, Verluste, Überschuldung, Fehlen von liquiden Mitteln einerseits und Peronalkosteneinsparung und Grundvermögen andererseits berücksichtigt werden.[157] Der Grenzziehung der Abs. 5 S. 2 Nr. 3 ist zu entnehmen, dass das Gesetz bei einem wirtschaftlich wenig leistungsstarken Unternehmen im Falle der Entlassung eines großen Teils der Belegschaft auch einschneidende Belastungen bis an den Rand der **Bestandsgefährdung** für vertretbar ansieht. Für das Unternehmen sind umso größere Belastungen vertretbar, je härter die Betriebsänderung die AN trifft. In die Abwä-

---

152 *Bachner/Schindele*, NZA 1999, 132.
153 Vgl. *Gaul/Bonanni/Otto*, DB 2003, 2386.
154 *Arens/Düwell/Wichert-Welkoborsky*, Handbuch Umstrukturierung und Arbeitsrecht, § 11 Rn 62 ff.
155 *Fitting* u.a., §§ 112, 112a BetrVG Rn 277 ff.
156 *Gaul/Bonanni/Otto*, DB 2003, 2386; nach a.A. fällt auch die Entscheidung, ob eine beE intern vom bisherigen AG geführt wird, in die Zuständigkeit der Einigungsstelle *Wendeling-Schröder/Welkoborsky*, NZA 2002, 1370; DKK/*Däubler*, §§ 112, 112a Rn 183, Arens/Düwell/Wichert-*Welkoborsky*, § 11 Rn 81.
157 BAG 14.9.1994 – 10 ABR 7/94 = BAGE 78, 30 = NZA 1995, 771.

gung einzustellen sind die mit der Betriebsänderung verbundenen Einsparungen für das Unternehmen. Das BAG hat Aufwendungen für einen Sozialplan in Höhe des **Einspareffekts** eines Jahres[158] und von zwei Jahren[159] für vertretbar gehalten, ohne eine Obergrenze festzulegen. Maßgebend sind die objektiven Umstände im **Aufstellungszeitpunkt**. Ob diese Umstände der Einigungsstelle bekannt waren oder bekannt sein konnten, ist für die gerichtliche Überprüfung des Einigungsstellenspruchs ohne Bedeutung.[160] Bei der Bewertung der wirtschaftlichen Vertretbarkeit des Sozialplans kann ein **Berechnungsdurchgriff** auf **Konzernobergesellschaften** geboten sein.[161]

3. Der Sozialplan in der Insolvenz. Die InsO enthält in §§ 123 und 124 Sonderregelungen für die Aufstellung eines Sozialplans in der Insolvenz und innerhalb von drei Monaten vor Verfahrenseröffnung in der Phase der Krise. Maßgeblich ist insb. die doppelte Höchstgrenze des Sozialplanvolumens von 2 ½ Monatsverdiensten der von einer Entlassung betroffenen AN nach § 123 Abs. 1 InsO und eines Drittels der Masse, die ohne einen Sozialplan für die Verteilung an die Insolvenzgläubiger zur Verfügung stünde, § 123 Abs. 2 S. 2 InsO. Für die Einzelheiten wird auf die Kommentierung zu §§ 123, 124 InsO verwiesen. 56

C. Verbindung zu anderen Rechtsgebieten und zum Prozessrecht

I. Individualansprüche aus dem Sozialplan

Sozialplanabfindungen sind als Einkünfte aus nichtselbstständiger Tätigkeit nach § 19 Abs. 1 S. 1 Nr. 1 EStG zu versteuern. Die Abfindung kann unter den Voraussetzungen der §§ 24, 34 EStG einer Tarifermäßigung bei der Einkommensteuer unterliegen.[162] Abfindungen sind kein Arbeitsentgelt nach § 14 Abs. 1 S. 1 SGB IV und unterliegen daher nicht der **Beitragspflicht** in der Sozialversicherung. Eine **Sperrzeit** nach § 144 SGB III wird regelmäßig aufgrund fehlender Mitwirkung des AN an der Arbeitslosigkeit nicht verhängen sein, etwas anderes kann gelten, wenn ein Personalabbau allein über eine Anreizsetzung erfolgt, der AN also nicht gegen seinen Willen entlassen werden kann. Zu einem **Ruhen des Alg-Anspruchs** nach § 143a SGB III wird es ebenfalls i.d.R. nicht kommen, da mit Abfindungen zwar Entlassungsentschädigungen gezahlt werden, es aber regelmäßig an der weiteren Voraussetzung des Nichteinhaltens der Künd-Frist fehlen wird. 57

Führt die **Korrektur einzelner unwirksamer Sozialplanbestimmungen** zu einer Ausdehnung des vereinbarten Finanzvolumens eines Sozialplans, ist die Mehrbelastung vom AG hinzunehmen, solange sie im Verhältnis zum **Gesamtvolumen** nicht ins Gewicht fällt. Dabei kommt es nicht darauf an, wie viele AN von der Korrektur betroffen sind.[163] Die **Angemessenheit** der zwischen den Betriebspartnern ausgehandelten finanziellen **Gesamtausstattung** eines Sozialplans kann im Individualprozess des einzelnen AN nicht einer gerichtlichen Billigkeitskontrolle unterzogen werden.[164] 58

Auf Rechte aus einem Sozialplan kann der AN nur mit Zustimmung des BR verzichten, § 77 Abs. 4 S. 2. Auf den **Verzicht** findet das **Günstigkeitsprinzip** Anwendung. Bei dem zu ziehenden Sachgruppenvergleich kommt es darauf an, ob die unterschiedlichen Leistungen funktional gleichwertig sind. Ein Günstigkeitsvergleich scheidet aus, wenn die zu vergleichenden Leistungen mit unterschiedlichen Gegenleistungen verbunden sind.[165] Vom Verzicht zu unterscheiden ist der **Tatsachenvergleich** über Voraussetzungen des Sozialplananspruchs, der ohne Zustimmung des BR abgeschlossen werden kann.[166] Sozialplanabfindung und Nachteilsausgleich sind teilweise **zweckidentisch**. Der AG kann daher eine gezahlte Abfindung auf einen Nachteilsausgleich auch ohne entsprechende Vereinbarung im Sozialplan **anrechnen**.[167] Die Betriebsparteien können in einem Sozialplan regeln, dass Abfindungen, die der AG **aufgrund eines TV** wegen einer Betriebsänderung zahlt, zur Erfüllung von Sozialplananspruchen führen.[168] Die Zwecke von Abfindung und Alg sind hingegen verschieden. Das Alg hat Lohnersatzfunktion, die Abfindung dient der Entschädigung für den Verlust des Arbeitsplatzes.[169] Vereinbaren die Parteien bei Abschluss eines **Aufhebungsvertrages** unter Zahlung einer Abfindung im Hinblick auf eine Betriebsänderung, dass der AN die Differenz zu etwaigen **höheren Leistungen** aus einem noch abzuschließenden **Sozialplan** zusätzlich bekommen soll, gilt diese Bestimmung gerade für den Fall, dass der AN aufgrund seines frühzeitigen Ausscheidens vom zeitlichen Geltungsbereich des Sozialplans nicht mehr erfasst ist.[170] Der AG ist jedoch nicht verpflichtet, den AN von sich aus darüber aufzuklären, dass er weitere Entlassungen beabsichtigt, die ggf. zu einer sozialplanpflichtigen Betriebs- 59

---

158 BAG 27.10.1987 – 1 ABR 9/86 – BAGE 56, 270 = NZA 1988, 203.
159 BAG 6.5.2003 – 1 ABR 11/02 – NZA 2004, 108.
160 BAG 6.5.2003 – 1 ABR 11/02 – NZA 2004, 108.
161 BAG 24.8.2004 – 1 ABR 23/03 – DB 2005, 397; Richardi/ Annuß, § 112 Rn 145 f.; Gaul, DB 2004, 1498.
162 Zu den Voraussetzungen im Einzelnen s. Hümmerich/Spirolke, NZA 1998, 225; Hümmerich/Spirolke, NJW 1999, 1663.
163 BAG 21.10.2003 – 1 AZR 407/02 – NZA 2004, 559.
164 BAG 17.2.1981 – 1 AZR 290/78 – BAGE 35, 80 = DB 1981, 1414.
165 BAG 27.1.2004 – 1 AZR 148/03 – NZA 2004, 667; BAG 30.3.2004 – 1 AZR 85/03 – juris.
166 BAG 31.7.1996 – 10 AZR 138/96 – NZA 1997, 167.
167 BAG 20.11.2001 – 1 AZR 97/01 – BAGE 99, 377 = NZA 2002, 992.
168 BAG, 14.11.2006 – 1 AZR 40/06 – BAGE 120, 173 = NZA 2007, 339.
169 BAG 20.2.1997 – 6 AZR 760/95 – NZA 1997, 834.
170 BAG 6.8.1997 – 10 AZR 66/97 – NZA 1998, 155.

einschränkung führen können.[171] Der AG ist bei der Vereinbarung von Abfindungen in Aufhebungsverträgen im Hinblick auf eine Betriebsverlegung aufgrund des **Gleichbehandlungsgrundsatzes** nicht verpflichtet, Zahlungen an AN zu erbringen, die bereits geraume Zeit vor dem Umzugstermin aufgrund von **Eigen-Künd** ausscheiden.[172] Es verstößt nicht gegen den Gleichbehandlungsgrundsatz, wenn ein AG **über den Sozialplan hinaus mit zusätzlichen Abfindungsangeboten** eine vereinbarte Auflösung des Arbverh mit solchen AN anstrebt, von denen er annimmt, sie würden in einem Künd-Schutzprozess Aussicht auf Erfolg haben. Die Sozialplanabfindung wird gewährt, weil den Betroffenen wegen einer Betriebsänderung rechtmäßig gekündigt wurde, dagegen ist Voraussetzung für eine Abfindung nach § 9 KSchG, dass der AG eine rechtswidrige Künd ausgesprochen hat.[173] Haben die Parteien im Aufhebungsvertrag auf einen Sozialplan verwiesen, entsteht der Anspruch auf Abfindung nicht, wenn der **AN** nach Abschluss des Aufhebungsvertrages aber vor der vereinbarten Beendigung des Arbverh **stirbt**.[174] Haben die Betriebsparteien den Entstehenszeitpunkt des Abfindungsanspruchs nicht geregelt, ist bei der Auslegung im Falle einer Betriebsstilllegung zu berücksichtigen, dass dem AN regelmäßig keine wirtschaftlichen Nachteile entstehen, wenn er vor der betriebsbedingten Beendigung des Arbverh stirbt.[175] Sieht ein Sozialplan vor, dass Voraussetzung für die Zahlung einer Abfindung eine Künd ist, so entsteht der Abfindungsanspruch mit Ausspruch der Künd, da erst dann die Nachteile entstehen, die durch den Sozialplan gemildert werden sollen. Erfolgt die **Künd erst nach Übergang des Arbverh**, besteht kein Anspruch gegen den Betriebsveräußerer.[176]

60 AN eines **Gemeinschaftsbetriebes** können nur ihren Vertrags-AG wegen der Sozialplanabfindungen in Anspruch nehmen. Das gilt auch dann, wenn der Insolvenzverwalter über die Vermögen mehrerer einen Gemeinschaftsbetrieb führender Unternehmen einen Sozialplan mit dem BR abgeschlossen hat.[177]

61 Die Sozialplanabfindung unterfällt als Anspruch aus dem Arbverh **tarifvertraglichen Ausschlussfristen**.[178] Sozialplanabfindungen sind Arbeitseinkommen i.S.v. § 850 ZPO, die von **Pfändungs- und Überweisungsbeschlüssen** erfasst werden. Der Pfändungsschutz richtet sich nach § 850i ZPO; sie unterliegen nicht den Pfändungsbeschränkungen des § 850c ZPO.[179]

II. Streitigkeiten

62 Zwischen den Parteien kann insb. Streit über die Pflicht zur Führung von Interessenausgleichsverhandlungen und die Sozialplanpflichtigkeit einer betrieblichen Maßnahme entstehen, der im **Beschlussverfahren** ausgetragen werden kann (vgl. § 111 Rn 28). BR und AG können die **Einigungsstelle** anrufen, die selbst über die Frage ihrer Zuständigkeit entscheidet (siehe Rn 21). Vor Anrufung der Einigungsstelle oder auch parallel zu ihrem Tätigwerden können die Betriebsparteien ein Beschlussverfahren über die Zuständigkeitsfrage führen. Stellt das ArbG rechtskräftig fest, dass eine Zuständigkeit der Einigungsstelle für Interessenausgleich und/oder Sozialplan nicht besteht, stellt die Einigungsstelle ihre diesbezügliche Tätigkeit ein. Die Einigungsstelle kann über ihre Zuständigkeit vorab entscheiden. Ein solcher **Zwischenbeschluss** ist vor den ArbG gesondert anfechtbar, das Feststellungsinteresse entfällt aber jedenfalls dann, wenn zum Zeitpunkt des Anhörungstermins erster Instanz bereits die Schlussentscheidung in Form eines verabschiedeten Sozialplans vorliegt.[180] Dann kann unmittelbar der **Spruch der Einigungsstelle** im Beschlussverfahren angegriffen werden. Der **Antrag** ist auf die Feststellung der Unwirksamkeit des Einigungsstellenspruchs zu richten, da die gerichtliche Entscheidung keine rechtsgestaltende Wirkung hat.[181] Die **Überschreitung der Ermessensgrenzen**, insb. der in Abs. 5 niedergelegten, muss innerhalb von zwei Wochen gerügt werden, wobei das BAG offen gelassen hat, ob später weitere Gründe nachgeschoben werden können.[182] Die Frist wird jedenfalls nicht gewahrt, wenn innerhalb von zwei Wochen beim ArbG die Feststellung der Unwirksamkeit eines Sozialplans ohne jede Begründung beantragt wird.[183] **Andere Unwirksamkeitsgründe**, insb. Verstöße gegen höherrangiges Recht können unbefristet geltend gemacht werden.[184] Die Geltendmachung der Unwirksamkeit des Einigungsstellenspruchs hat **keine aufschiebende Wirkung**. Der AG bleibt nach § 77 Abs. 1 zur Durchführung des Einigungsstellenspruchs verpflichtet.[185] Denkbar ist eine einstweilige Verfügung auf vorläufige Aussetzung des Vollzugs des Einigungsstellenspruchs.[186] Die Betriebspartner können in einem Sozialplan nicht vereinbaren, dass **Meinungsverschiedenheiten zwischen AG und AN** aus der Anwendung des Sozialplans durch einen verbindlichen Spruch einer Einigungsstelle entschieden werden sollen. Eine solche Vereinbarung stellt eine unzulässige **Schiedsabrede** dar.[187] Einzelne AN haben gegen den RA des BR keinen Schadensersatzanspruch aus § 280 BGB. Der BR handelt

---

171 BAG 13.11.1996 – 10 AZR 340/96 – NZA 1997, 390.
172 BAG 8.3.1995 – 5 AZR 869/93 – NZA 1995, 675.
173 BAG 1.6.1988 – 5 AZR 371/87 – NZA 1989, 815.
174 BAG 25.9.1996 – 10 AZR 311/96 – BAGE 84, 158 = NZA 1997, 163.
175 BAG 27.6.2006 – 1 AZR 322/05 – NZA 2006, 1238.
176 BAG 24.7.2008 – 8 AZR 109/07 – juris.
177 BAG 12.11.2002 – 1 AZR 632/01 – NZA 2003, 676.
178 BAG 30.11.1994 – 10 AZR 79/94 – NZA 1995, 643; BAG 18.4.2000 – 1 AZR 386/99 – juris.
179 BAG 13.11.1991 – 4 AZR 20/91 – BAGE 69, 29 = NZA 1992, 384.
180 BAG 22.1.2002 – 3 ABR 28/01 – DB 2002, 1839.
181 BAG 27.10.1992 – 1 ABR 4/92 – NZA 1993, 607.
182 BAG 14.5.1985 – 1 ABR 52/81 – NZA 1985, 715.
183 BAG 26.5.1988 – 1 ABR 11/87 – NZA 1989, 26.
184 Im Einzelnen H/S/*Spirolke*, § 12 Rn 588 ff.
185 LAG Köln 20.4.1999 – 13 Ta 243/98 – NZA-RR 2000, 311.
186 H/S/*Spirolke*, § 12 Rn 596 m.w.N. zur LAG-Rspr.
187 BAG 27.10.1987 – 1 AZR 80/86 – NZA 1988, 207.

bei Abschluss des Anwaltsvertrages nicht als Vertreter der AN; der Anwaltsvertrag ist kein Vertrag mit Schutzwirkung zugunsten der AN.[188]

D. Beraterhinweise

Eine Vielzahl von **Mustern** zu Interessenausgleich und Sozialplan findet sich bei *Hümmerich*, Arbeitsrecht Vertragsgestaltung Prozessführung, § 5 Rn 231 ff. Entscheidungen zu **Gegenstandswerten** im Verfahren nach § 98 ArbGG, über die Zuständigkeit der Einigungsstelle, auf Feststellung der Unwirksamkeit eines Spruchs der Einigungsstelle sind referiert bei H/S/*Notz*, Das arbeitsrechtliche Mandat, § 19 Rn 173.

63

§ 112a Erzwingbarer Sozialplan bei Personalabbau, Neugründungen

(1) Besteht eine geplante Betriebsänderung im Sinne des § 111 Satz 3 Nr. 1 allein in der Entlassung von Arbeitnehmern, so findet § 112 Abs. 4 und 5 nur Anwendung, wenn
1. in Betrieben mit in der Regel weniger als 60 Arbeitnehmern 20 vom Hundert der regelmäßig beschäftigten Arbeitnehmer, aber mindestens 6 Arbeitnehmer,
2. in Betrieben mit in der Regel mindestens 60 und weniger als 250 Arbeitnehmern 20 vom Hundert der regelmäßig beschäftigten Arbeitnehmer oder mindestens 37 Arbeitnehmer,
3. in Betrieben mit in der Regel mindestens 250 und weniger als 500 Arbeitnehmern 15 vom Hundert der regelmäßig beschäftigten Arbeitnehmer oder mindestens 60 Arbeitnehmer,
4. in Betrieben mit in der Regel mindestens 500 Arbeitnehmern 10 vom Hundert der regelmäßig beschäftigten Arbeitnehmer, aber mindestens 60 Arbeitnehmer

aus betriebsbedingten Gründen entlassen werden sollen. Als Entlassung gilt auch das vom Arbeitgeber aus Gründen der Betriebsänderung veranlasste Ausscheiden von Arbeitnehmern aufgrund von Aufhebungsverträgen.

(2) [1]§ 112 Abs. 4 und 5 findet keine Anwendung auf Betriebe eines Unternehmens in den ersten vier Jahren nach seiner Gründung. [2]Dies gilt nicht für Neugründungen im Zusammenhang mit der rechtlichen Umstrukturierung von Unternehmen und Konzernen. [3]Maßgebend für den Zeitpunkt der Gründung ist die Aufnahme einer Erwerbstätigkeit, die nach § 138 der Abgabenordnung dem Finanzamt mitzuteilen ist.

Literatur: *Heinze*, Nichtsozialplanpflichtige Betriebsänderung, NZA 1987, 41

A. Allgemeines	1	I. Erzwingbarer Sozialplan bei Personalabbau (Abs. 1)	2
B. Regelungsgehalt	2	II. Erzwingbarer Sozialplan bei Neugründung (Abs. 2)	4

A. Allgemeines

§ 112a enthält **Erleichterungen** durch die **Befreiung von der Erzwingbarkeit eines Sozialplans** nach § 112 Abs. 4 und 5. Die Erleichterungen gelten zum einen für Unternehmen, die eine Betriebsänderung durchführen, die allein in einem Personalabbau besteht. Dadurch soll es Unternehmen ermöglicht werden, auf Auftragsschwankungen durch Entlassung und Einstellung von Personal zu reagieren, wenn davon die Struktur des Betriebs i.Ü. unberührt bleibt, ohne Einstellungen aufgrund später fällig werdender Sozialplankosten zu scheuen. Entsprechendes gilt für neu gegründete Unternehmen. Diese sollen die Möglichkeit erhalten, unternehmerisch am Markt aufzutreten, ohne bei einem Fehlschlag unmittelbar mit Sozialplanforderungen konfrontiert zu sein. Die Erleichterungen betreffen allein die Sozialplanpflicht. Der AG bleibt indessen auch dann verpflichtet, einen **Interessenausgleich** über eine geplante Betriebsänderung bis hin vor die Einigungsstelle zu versuchen, wenn der BR anlässlich der geplanten Betriebsänderung nach § 112a einen Sozialplan nicht erzwingen kann.[1] Umstr. ist, ob der AG verpflichtet bleibt, nach § 112 Abs. 2 und 3 einen **Sozialplan** in der Einigungsstelle zu **verhandeln**, wenn der BR dies fordert, ähnlich der Verpflichtung beim Interessenausgleich.[2] Es ist nicht erkennbar, dass der Gesetzgeber den Unternehmer auch von der Verpflichtung entheben wollte, im Zusammenhang mit der Verhandlung eines Interessenausgleichs den Ausgleich oder die Milderung der wirtschaftlichen Nachteile anzusprechen. Ein Gleichlauf mit den Interessenausgleichsverhandlungen auch in die

1

---

188 BAG 24.8.2006 – 8 AZR 414/05 – NZA 2007, 51.
1 BAG 8.11.1988 – 1 AZR 687/87 – BAGE 60, 87 = NZA 1989, 278.

2 Bejahend: DKK/*Däubler*, §§ 112, 112a Rn 38; *Heinze*, NZA 1987, 41; Richardi/*Richardi*, § 112a Rn 2; ablehnend: ErfK/*Kania*, §§ 112, 112a BetrVG Rn 16; HWK/ Hohenstatt/*Willemsen*, § 112a Rn 2.

Einigungsstelle hinein erscheint sinnvoll. Einigen sich die Parteien nicht, kann die Einigungsstelle das Scheitern sowohl der Interessenausgleichsverhandlungen als auch der Sozialplanverhandlungen feststellen.

B. Regelungsgehalt
I. Erzwingbarer Sozialplan bei Personalabbau (Abs. 1)

2 Abs. 1 S. 1 stellt für die Sozialplanpflichtigkeit von Betriebsänderungen nach § 111 Abs. 1 S. 3 Nr. 1, also für Betriebseinschränkungen (vgl. § 111 Rn 11), die allein in einem Personalabbau bestehen, einen eigenen **Katalog von Schwellenwerten** auf. Während für die Bestimmung, ob es sich um eine wesentliche Betriebseinschränkung handelt, auf die Zahlenschwellen des § 17 KSchG abzustellen ist (vgl. § 111 Rn 12), sind für die Sozialplanpflichtigkeit die höheren Zahlen des Abs. 1 S. 1 Nr. 1 bis 4 zu beachten. Die Verpflichtung, über einen Interessenausgleich zu verhandeln und die Verpflichtung, einen Sozialplan abzuschließen, können also auseinanderfallen. Abs. 1 S. 1 macht die Sozialplanpflichtigkeit einer Betriebsänderung von der Zahl der zu entlassenden AN jedoch nur dann abhängig, wenn die **Betriebsänderung allein in der Entlassung von AN** besteht, d.h. darin ihren Ausdruck findet. Beinhaltet die Maßnahme des AG mehr, stellt sie bspw. gleichzeitig die Stilllegung eines wesentlichen Betriebsteiles dar, so bleibt es bei der Sozialplanpflichtigkeit dieser Betriebsänderung auch dann, wenn aus Anlass dieser Betriebsänderung weniger AN entlassen werden als in Abs. 1 S. 1 Nr. 1 bis 4 genannt werden. Das folgt unmittelbar aus dem Wortlaut der Vorschrift des Abs. 1 und dem Zweck dieser gesetzlichen Regelung, die Anpassung der Beschäftigtenzahl an eine veränderte Auftragslage durch Entlassung von AN dadurch zu erleichtern, dass diese auftragsbedingten Entlassungen nur unter den Voraussetzungen des Abs. 1 die Verpflichtung auslösen, einen Sozialplan mit dem BR zu vereinbaren. An der Sozialplanpflichtigkeit der in § 111 S. 2 Nr. 1 genannten Betriebsänderungen, die sich nicht in der Entlassung von AN erschöpfen, sollte dadurch nichts geändert werden. Werden alle AN eines Betriebsteils entlassen, ist zu prüfen, ob es sich bei dem stillgelegten Betriebsteil um einen wesentlichen Betriebsteil handelt (vgl. § 111 Rn 11).[3] § 112a ist jedoch auch anwendbar, wenn zu dem Personalabbau weitere Maßnahmen des AG hinzukommen, wenn die sonstigen Maßnahmen allein oder zusammen mit dem Personalabbau aber noch nicht die Schwelle einer Betriebsänderung i.S.v. § 111 erreichen.[4]

3 Nach Abs. 1 S. 2 gilt als **Entlassung** auch das vom AG aus Gründen der Betriebsänderung veranlasste Ausscheiden von AN aufgrund von **Aufhebungsverträgen**. Steht das vom AG veranlasste einvernehmliche Ausscheiden von AN einer Entlassung durch den AG gleich, so kann für vom AG **veranlasste Eigen-Künd** durch die AN nichts anderes gelten. Abs. 1 S. 2 macht deutlich, dass es auf das Ausscheiden von AN aus Gründen der geplanten Betriebsänderung ankommt, nicht aber auf die äußere Form, die zur Beendigung des Arbverh führt. Die rechtstechnische Form der Auflösung eines Arbverh ist auch in anderen Zusammenhängen unerheblich, maßgeblich ist stets nur der materielle Auflösungsgrund (vgl. § 112 Rn 24).[5]

II. Erzwingbarer Sozialplan bei Neugründung (Abs. 2)

4 § 112 Abs. 4 und 5 sind ebenfalls nicht auf Betriebe eines Unternehmens in den ersten vier Jahren nach seiner Gründung anwendbar. Maßgeblich ist das Alter des Unternehmens, nicht des Betriebs, der sowohl älter, als auch jünger sein kann als das Unternehmen. Ein neu gegründetes Unternehmen ist in den ersten vier Jahren nach seiner Gründung auch dann von der Sozialplanpflicht für eine Betriebsänderung befreit, wenn diese Betriebsänderung in einem Betrieb erfolgt, den das Unternehmen im Wege eines **Betriebsübergangs** übernommen hat und der selbst schon länger als vier Jahre besteht.[6]

5 Die Befreiung von der Sozialplanpflicht gilt nach Abs. 2 S. 2 nicht für ein neugegründetes Unternehmen, dessen Gründung im **Zusammenhang mit der rechtlichen Umstrukturierung** von Unternehmen oder Konzernen erfolgt ist. Mit der Ausnahmeregelung in Abs. 2 S. 2 wollte der Gesetzgeber Unternehmen und Konzerne, die rechtlich umstrukturiert werden und bei denen Unternehmen nur formal neugegründet werden, von der Privilegierung des Abs. 2 S. 1 ausnehmen.[7] Zu den Neugründungen im Zusammenhang mit der rechtlichen Umstrukturierung von Unternehmen und Konzernen gehören die Verschmelzung bestehender Unternehmen auf ein neugegründetes Unternehmen, die Umwandlung eines bestehenden Unternehmens auf ein neugegründetes Unternehmen, die Auflösung eines bestehenden Unternehmens und die Übertragung seines Vermögens auf ein neugegründetes Unternehmen, die Aufspaltung eines bestehenden Unternehmens auf mehrere neugegründete Unternehmen und die Abspaltung von bestehenden Unternehmensteilen auf neugegründete Tochtergesellschaften. Die Aufzählung ist nicht abschließend. Der Ausschluss vom Sozialplanprivileg ist auch sachgerecht, da anderenfalls die „Flucht aus dem Sozialplan", bezogen

---

3 BAG 6.12.1988 – 1 ABR 47/87 – BAGE 60, 237 = NZA 1989, 399.
4 BAG 28.3.2006 – 1 ABR 5/05 – BAGE 117, 296 = NZA 2006, 932.
5 BAG 23.8.1988 – 1 AZR 276/87 – BAGE 59, 242 = NZA 1989, 31.
6 BAG 27.6.2006 – 1 ABR 18/05 – NZA 2007, 106; BAG 13.6.1989 – 1 ABR 14/88 – BAGE 62, 108 = NZA 1989, 974.
7 BT-Drucks 10/2102, S. 28.

auf die bereits vor der Umstrukturierung im Unternehmen oder Konzern beschäftigten AN durch Rechtsgeschäft möglich wäre, ohne dass es zu einem i.S.v. Abs. 2 relevanten unternehmerischen Neuengagement käme.[8]

Voraussetzung für eine rechtliche Umstrukturierung von Unternehmen in diesem Sinne ist nicht, dass schon bestehende Unternehmen dabei in ihrer rechtlichen Struktur geändert werden. Gerade die Abspaltung von bestehenden Unternehmensteilen auf **neugegründete Tochtergesellschaften** macht deutlich, dass der Gesetzgeber auch Fälle erfassen wollte, in denen bestehende Unternehmen in ihrer rechtlichen Struktur und ihrem Bestand unverändert bleiben. Die Abspaltung von bestehenden Unternehmensteilen bezieht sich daher nicht auf bestehende rechtliche Einheiten, sondern auf abgrenzbare unternehmerische Aktivitäten, deren Wahrnehmung von einer rechtlichen Einheit auf eine andere verlagert wird. Es geht nicht um die Änderung bestehender rechtlicher Strukturen, d.h. von bestehenden Unternehmen als juristischen Personen, sondern darum, dass bestehende unternehmerische Aktivitäten innerhalb von rechtlichen Strukturen wahrgenommen werden, die sich von den bisher bestehenden unterscheiden. Gründet der **Alleingesellschafter** und Geschäftsführer der Komplementär-GmbH einer KG eine neue GmbH und übernimmt diese von der KG einen Betrieb, so handelt es sich bei der GmbH um eine Neugründung im Zusammenhang mit der rechtlichen Umstrukturierung von Unternehmen i.S.v. Abs. 2 S. 2.[9] **Übertragen zwei Unternehmen** einzelne Betriebe einem neu gegründeten Unternehmen, das die Betriebe mit einer auf dem **Zusammenschluss** beruhenden unternehmerischen **Zielsetzung** fortführen soll, so handelt es sich ebenfalls um eine Neugründung im Zusammenhang mit der rechtlichen Umstrukturierung von Unternehmen.[10]

Die **Berechnung** des privilegierten **Zeitraums** von vier Jahren beginnt nach Abs. 2 S. 3 mit der Aufnahme der Erwerbstätigkeit i.S.v. § 138 AO. Unklar ist, welcher **Zeitpunkt** noch **innerhalb der vier Jahre** liegen muss, um die Befreiung von der Sozialplanpflicht zu gewährleisten. Anknüpfungspunkte können hier der Abschluss der Betriebsänderung mit dem Auslaufen der längsten Künd-Fristen,[11] die tatsächliche Durchführung der Betriebsänderung[12] oder der Zeitpunkt der Unterrichtung des BR nach § 111 sein.[13] Letztere Auffassung ist vorzugswürdig, da für die Unterrichtung des BR der Plan gefasst sein muss, das weitere Verfahren und insb. der Zeitpunkt der Umsetzung dagegen von der Interaktion zwischen Unternehmer und BR abhängig ist und ein Abstellen auf diesen Zeitpunkt falsche Anreize für eine Verzögerung der Verhandlungen setzen würde.

§ 113 Nachteilsausgleich

(1) Weicht der Unternehmer von einem Interessenausgleich über die geplante Betriebsänderung ohne zwingenden Grund ab, so können Arbeitnehmer, die infolge dieser Abweichung entlassen werden, beim Arbeitsgericht Klage erheben mit dem Antrag, den Arbeitgeber zur Zahlung von Abfindungen zu verurteilen; § 10 des Kündigungsschutzgesetzes gilt entsprechend.

(2) Erleiden Arbeitnehmer infolge einer Abweichung nach Absatz 1 andere wirtschaftliche Nachteile, so hat der Unternehmer diese Nachteile bis zu einem Zeitraum von zwölf Monaten auszugleichen.

(3) Die Absätze 1 und 2 gelten entsprechend, wenn der Unternehmer eine geplante Betriebsänderung nach § 111 durchführt, ohne über sie einen Interessenausgleich mit dem Betriebsrat versucht zu haben, und infolge der Maßnahme Arbeitnehmer entlassen werden oder andere wirtschaftliche Nachteile erleiden.

A. Allgemeines 1	4. Andere wirtschaftliche Nachteile (Abs. 2) 7
B. Regelungsgehalt 2	II. Unterlassung des Versuchs eines Interessenausgleichs (Abs. 3) 8
I. Abweichen vom Interessenausgleich (Abs. 1, 2) .. 2	
1. Abweichung ohne zwingenden Grund (Abs. 1) 2	**C. Verbindung zum Prozessrecht** 13
2. Entlassung von Arbeitnehmern (Abs. 1 Hs. 1) 3	**D. Beraterhinweise** 15
3. Zahlung von Abfindungen (Abs. 1 Hs. 2) 5	

A. Allgemeines

Der Nachteilsausgleich des § 113 erfüllt eine **Doppelfunktion**. Er mildert die den AN durch die Betriebsänderung entstehenden wirtschaftlichen Nachteile und erfüllt damit einen mit dem **Sozialplan** überlappenden Zweck. Ihm wohnt gleichzeitig eine **Sanktionsfunktion** inne, die den Unternehmer anhalten soll, sich betriebsverfassungskonform zu verhalten.[1] Der Sanktionscharakter ist im Gefüge des BetrVG bedeutsam, weil der BR einerseits die Durch-

---

8 *Willemsen*, Anm. zu BAG AP § 112a BetrVG 1972 Nr. 3.
9 BAG 22.2.1995 – 10 ABR 21/94 – NZA 1995, 699.
10 BAG 22.2.1995 – 10 ABR 23/94 – NZA 1995, 697.
11 *Etzel*, Rn 1069.
12 DKK/*Däubler*, §§ 112, 112a Rn 34.

13 HWK/*Hohenstatt/Willemsen*, § 112a Rn 9.
1 BAG 4.12.2002 – 10 AZR 16/02 – NZA 2003, 665; BAG 20.11.2001 – 1 AZR 97/01 – BAGE 99, 377 = NZA 2002, 992.

führung der Betriebsänderung vor Abschluss des Interessenausgleichs nicht verhindern (vgl. § 111 Rn 29), andererseits nach Umsetzung der Betriebsänderung die Verhandlung eines Interessenausgleichs nicht mehr gefordert werden kann (vgl. § 111 Rn 28).[2] § 113 ist **verfassungsgemäß**, verstößt insb. nicht gegen den Gleichbehandlungsgrundsatz.[3]

B. Regelungsgehalt
I. Abweichen vom Interessenausgleich (Abs. 1, 2)

1. Abweichung ohne zwingenden Grund (Abs. 1). Haben sich AG und BR auf den Abschluss eines Interessenausgleichs geeinigt, sind sie hieran gebunden (zum Rechtscharakter des Interessenausgleichs vgl. § 112 Rn 18). Weicht der Unternehmer von einem Interessenausgleich über die geplante Betriebsänderung ohne zwingenden Grund ab, so können AN, die infolge dieser Abweichung entlassen werden, beim ArbG Klage erheben mit dem Antrag, den AG zur Zahlung von Abfindungen zu verurteilen. Ob ein **zwingender Grund** vorliegt, muss sich aus den Umständen des einzelnen Falles ergeben. Dabei ist ein strenger Maßstab anzulegen. Zwingender Grund ist mehr als wichtiger Grund, unter dem man allg. versteht, dass dem Betreffenden nach Treu und Glauben nicht zumutbar ist, an einer Vereinbarung festgehalten zu werden. Es muss so sein, dass vom Standpunkt eines verantwortungsbewussten Unternehmers dieser eigentlich nicht anders handeln konnte, als die Maßnahme entgegen der getroffenen Vereinbarung vorzunehmen.[4] Nach den Grundsätzen vom Wegfall bzw. Fehlen der Geschäftsgrundlage kommt ein Abweichen vom vertraglichen Interessenausgleich nur dann in Frage, wenn das Festhalten am bisherigen Vertrag einen Verstoß gegen Treu und Glauben als allg. Rechtsgrundsatz darstellen würde, die Bindung an den Vertrag aber nur dann durchbrochen werden darf, wenn dies notwendig ist, um untragbare, mit Recht und Gerechtigkeit unvereinbare Ereignisse zu vermeiden, wenn also dem Schuldner die Erfüllung des bisherigen Vertrages nicht mehr zugemutet werden kann.[5] Dass die Abweichung aus einem zwingenden Grund erfolgt ist, hat der AG im Prozess **darzulegen** und zu beweisen. Die Abweichung vom Interessenausgleich ist selbst keine neue Betriebsänderung. Mitunter schwierig ist die **Abgrenzung** eines Abweichens von der Durchführung einer **neuen Betriebsänderung**, weil auch die Abweichung nur auf Gründe gestützt werden kann, die erst nach dem Abschluss des Interessenausgleichs entstanden sind[6] und daher noch nicht Gegenstand der Verhandlungen waren bzw. sein konnten. Die Abgrenzungsschwierigkeiten wirken sich nicht maßgeblich aus, weil bei Vorliegen einer neuen Betriebsänderung der AG den BR erneut beteiligen muss. Hat er dies unterlassen, ergibt sich der Nachteilsausgleichsanspruch aus Abs. 3. Bei einer Abweichung ohne Vorliegen eines zwingenden Grundes muss der Unternehmer versuchen, mit dem BR eine Änderung des Interessenausgleichs zu vereinbaren. Da über den Sachverhalt aber bereits eine Vereinbarung geschlossen wurde, reicht der Versuch nicht aus. Ist der BR zu einer Änderung nicht bereit, bleibt es im Falle einer Abweichung bei der Sanktion der Abs. 1 und 2. Das völlige Absehen von der Betriebsänderung fällt nicht unter Abs. 1, allerdings dürften dann auch wirtschaftliche Nachteile für die AN nicht entstehen. Ob Abs. 1 und 2 auch im **Tendenzbetrieb** anwendbar sind, hat das BAG offen gelassen.[7]

2. Entlassung von Arbeitnehmern (Abs. 1 Hs. 1). Es kommt nicht darauf an, ob die „Entlassung" des AN infolge der Betriebsänderung durch **Künd des AG**, durch vom AG aus betrieblichen Gründen veranlasste **Aufhebungsverträge** oder durch vom AG aus eben diesen Gründen **veranlasste Eigen-Künd** der AN erfolgt. In allen diesen Fällen verliert der AN infolge der Betriebsänderung seinen Arbeitsplatz.[8]

Auch AN, die einem **Teilbetriebsübergang** widersprochen haben und mangels Beschäftigungsmöglichkeit entlassen werden, ohne dass der AG zuvor einen Interessenausgleich versucht hat, haben Anspruch auf Nachteilsausgleich. Bei der Festsetzung des Nachteilsausgleichs ist das Gericht nicht an § 112 Abs. 5 S. 2 Nr. 2 gebunden.[9]

Die tatsächlich durchgeführte Betriebsänderung muss **kausal** für die Entlassung geworden sein. Damit scheiden verhaltens- und personenbedingte Ausscheidensgründe aus, aber auch betriebsbedingte Entlassungen, die mit der Betriebsänderung nicht im Zusammenhang stehen. Der AN ist für die Ursächlichkeit darlegungs- und beweisbelastet. Er wird im Sinne einer **abgestuften Darlegungs- und Beweislast** zunächst den (engen zeitlichen) Zusammenhang mit der Betriebsänderung darlegen müssen, woraufhin der AG andere Entlassungsgründe wird benennen müssen, wenn er die Kausalität substantiiert bestreiten will.

3. Zahlung von Abfindungen (Abs. 1 Hs. 2). Liegen die Voraussetzungen für einen Nachteilsausgleich vor, kann der AN beim ArbG beantragen, den AG zur Zahlung einer Abfindung zu verurteilen, für deren **Höhe** das Gesetz auf § 10 KSchG verweist (vgl. im Einzelnen die Kommentierung zu § 10 KSchG). Als Abfindung ist nach § 10 Abs. 1

---

2 BAG 17.12.1985 – 1 ABR 78/83 – BAGE 50, 307 = NZA 1986, 804.
3 BAG 22.5.1979 – 1 AZR 848/76 – DB 1979, 1897.
4 BAG 3.10.1989 – 1 AZR 606/88 – juris.
5 ArbG Hamburg 12.4.1994 – 3 Ca 330/93 – juris.
6 *Fitting u.a.*, § 113 Rn 7.
7 BAG 27.10.1998 – 1 AZR 766/97 – BAGE 90, 65 = NZA 1999, 328; abl. *Fitting u.a.*, § 113 Rn 4.
8 BAG 23.8.1988 – 1 AZR 276/87 – BAGE 59, 242 = NZA 1989, 31.
9 BAG 10.12.1996 – 1 AZR 290/96 – NZA 1997, 787.

KSchG ein Betrag bis zu zwölf Monatsverdiensten festzusetzen, nach § 10 Abs. 2 S. 1 KSchG steigt die Obergrenze bei Vollendung des 50. Lebensjahres und 15-jähriger Betriebszugehörigkeit auf 15 Monatsverdienste und bei Vollendung des 55. Lebensjahres und 20-jähriger Betriebszugehörigkeit auf 18 Monatsverdienste. Die Abfindungshöhe hängt nicht von der **finanziellen Leistungsfähigkeit** oder individuellen Leistungsbereitschaft des AG ab. Gleichfalls ist eine Insolvenzsituation ohne Bedeutung.[10] Die ArbG haben die Höhe des Nachteilsausgleichs nach dem Lebensalter des AN, der Betriebszugehörigkeit, seiner Qualifikation und der Arbeitsmarktlage zu bestimmen und können auch das **Ausmaß des betriebsverfassungswidrigen Verhaltens** des AG berücksichtigen. In diesem Zusammenhang ist zu prüfen, ob der AG mit dem BR etwa nur Scheinverhandlungen geführt hat. Ob der durch § 10 KSchG vorgegebene Rahmen voll auszuschöpfen ist, wenn der AG den Verhandlungsanspruch des BR gänzlich übergeht, hat das BAG offen gelassen.[11]

Der gesetzliche Anspruch auf Nachteilsausgleich dient auch – wie eine Abfindung aus einem **Sozialplan** – dem Ausgleich wirtschaftlicher Nachteile, die AN infolge ihrer Entlassung aufgrund einer Betriebsänderung erleiden. Diese teilweise **Zweckidentität** berechtigt den AG, eine gezahlte Sozialplanabfindung auf einen dem AN geschuldeten Nachteilsausgleich **anzurechnen**. Das gilt jedenfalls dann, wenn das Unternehmen vor Beginn der Betriebsänderung den **Konsultationspflichten** der Massenentlassungsrichtlinie EGRL 59/98 genügt hat.[12] § 113 enthält keine bußgeldähnliche Verpflichtung mit Strafcharakter. Die Verrechenbarkeit beider Forderungen hebt den Sanktionszweck des § 113 nicht auf. Im Sozialplan kann die Anrechenbarkeit von **Abfindungen nach § 1a KSchG** auf die Sozialplanabfindung vereinbart werden.[13] Bei der Festsetzung der Höhe des Nachteilsausgleichs ist das Gericht nicht an die Grenzen des § 112 Abs. 5 S. 2 gebunden und hat die wirtschaftlichen Verhältnisse des AG außer Acht zu lassen.[14] Darüber hinaus entsteht der Anspruch auf Nachteilsausgleich kraft Gesetzes und kann nicht durch eine Vereinbarung der Betriebsparteien oder der Arbeitsvertragsparteien ausgeschlossen werden. Der AG bleibt dem Anspruch selbst dann ausgesetzt, wenn die Betriebsänderung nicht sozialplanpflichtig ist.[15] Auch wird der Anspruch auf Nachteilsausgleich durch einen späteren Sozialplan nicht beseitigt.[16] Erreichen die im Sozialplan vereinbarten Abfindungszahlungen nicht die Höhe des Nachteilsausgleichs oder werden bestimmte AN in zulässiger Weise vom persönlichen Geltungsbereich eines Sozialplans ausgenommen, begründet § 113 dennoch Zahlungspflichten zugunsten dieser AN. Ob die EG-Massenentlassungs-RL[17] als wirksame Sanktion für eine Verletzung der dort geregelten Konsultationspflicht bei Massenentlassungen den Ausschluss der Anrechenbarkeit einer Sozialplanabfindung auf den gesetzlichen Nachteilsausgleich fordert, hat das BAG offen gelassen.[18]

4. Andere wirtschaftliche Nachteile (Abs. 2). Nicht nur der Verlust des Arbeitsplatzes führt zu einem Nachteilsausgleich, sondern auch wenn der AN aufgrund eines Abweichens vom Interessenausgleich oder eines unterbliebenen Versuchs eines Interessenausgleichs andere wirtschaftliche Nachteile erleidet, bspw. eine Vergütungseinbuße nach Versetzung auf einen anderen Arbeitsplatz, ggf. nach Ausspruch einer Änderungs-Künd oder erhöhte Fahrtkosten aufgrund der Verlegung des Arbeitsplatzes an einen anderen Ort. Es muss sich um **materielle wirtschaftliche Einbußen** handeln, immaterielle Nachteile wie die Zuweisung qualitativ geringerer Arbeitsaufgaben sind nicht ausgleichsfähig.[19] Der Ausgleich erfolgt in voller Höhe des entstandenen Nachteils bis zur Dauer von zwölf Monaten. Fällt der Nachteil innerhalb des Jahres weg, besteht für den Rest des Jahres kein Anspruch. Die Höhe ist ggf. nach § 287 Abs. 1 ZPO zu schätzen.[20]

II. Unterlassung des Versuchs eines Interessenausgleichs (Abs. 3)

Die Abs. 1 und 2 gelten entsprechend, wenn der Unternehmer eine Betriebsänderung durchführt, ohne einen Interessenausgleich versucht zu haben. Voraussetzung ist, dass eine Betriebsänderung nach § 111 vorliegt (vgl. § 111 Rn 11). Ob die Sozialplanpflicht nach § 112a entfällt, ist irrelevant.[21] Der unterbliebene Versuch zur Aufstellung eines ohnehin vom BR erzwingbaren **Sozialplans** über den Ausgleich oder die Milderung der wirtschaftlichen Nachteile der betroffenen AN wird von Abs. 3 nicht erfasst.[22] Ein Interessenausgleich ist erst dann **hinreichend „versucht"** i.S.d. Abs. 3, wenn der Unternehmer das in § 112 vorgesehene Verfahren voll ausgeschöpft hat. Hierzu gehört auch die Verhandlung vor der Einigungsstelle, die der Unternehmer selbst anzurufen hat, wenn der BR sie nicht anruft, nicht aber die Einschaltung des Vorstands der BA.[23] Abs. 3 ist **Rechtsfolgenverweisung**, so dass sich der AG

---

10 BAG 22.7.2003 – 1 AZR 541/02 – NZA 2004, 93.
11 BAG 20.11.2001 – 1 AZR 97/01 – BAGE 99, 377 = NZA 2002, 992.
12 BAG 16.5.2007 – 8 AZR 693/06 – NZA 2007, 1296.
13 BAG 19.6.2007 – 1 AZR 340/06 – NZA 2007, 1357.
14 BAG 10.12.1996 – 1 AZR 290/96 – NZA 1997, 787.
15 BAG 8.11.1988 – 1 AZR 687/87 – BAGE 60, 87 = NZA 1989, 278.
16 BAG 13.6.1989 – 1 AZR 819/87 – BAGE 62, 88 = NZA 1989, 894.
17 RL 98/56/EG v. 20.7.1998, ABl EG L 225/16 v. 12.8.1998.
18 BAG 20.11.2001 – 1 AZR 97/01 – BAGE 99, 377 = NZA 2002, 992; vgl. *Fitting u.a.*, § 113 Rn 32.
19 Vgl. *Fitting u.a.*, § 113 Rn 25.
20 *Fitting u.a.*, § 113 Rn 34, ErfK/*Kania*, § 113 BetrVG Rn 7.
21 BAG 8.11.1988 – 1 AZR 687/87 – BAGE 60, 87 = NZA 1989, 278.
22 BAG 27.3.1984 – 1 AZR 210/83 – DB 1984, 1478.
23 BAG 18.12.1984 – 1 AZR 176/82 – BAGE 47, 329 = NZA 1985, 400.

nicht auf einen zwingenden Grund für eine Unterlassung der Beteiligung des BR berufen kann. Die Verpflichtung des Unternehmers, einen Interessenausgleich anzustreben, entfällt auch nicht deshalb, weil die Betriebsstilllegung die notwendige Folge einer wirtschaftlichen Zwangslage ist. § 111 will nach seinem sozialen Schutzzweck alle dort aufgezählten, für die AN nachteiligen Maßnahmen erfassen, die dem Verantwortungsbereich des Unternehmers zuzurechnen sind. Das gilt auch für solche Maßnahmen, die mehr oder minder durch die wirtschaftliche Situation diktiert werden.[24] Eine Ausnahme hat das BAG lediglich in einem Extremfall anerkannt, in dem der AG rückständige Löhne für den Vormonat nicht auszahlen konnte, die unter Eigentumsvorbehalt gelieferten Rohstoffe zurückgefordert wurden, die verwertbare Vermögensmasse nicht ausreichte, um die Kosten eines Insolvenzverfahrens zu decken und sich in dieser „ausweglosen Situation" die Hoffnung auf Übernahme des Betriebs durch ein anderes Unternehmen zerschlug.[25] Die Möglichkeit für den Unternehmer, den mutmaßlichen Erfolg oder die Sinnhaftigkeit von Interessenausgleichsverhandlungen prognostisch zu bewerten, eröffnet diese auf einen Ausnahmefall bezogene Rspr. des BAG nicht. In keinem Fall reicht eine Insolvenzsituation allein aus.[26]

9 Der Versuch eines Interessenausgleichs i.S.v. Abs. 3 erfordert die Verhandlung mit dem **zuständigen BR oder GBR**. Der AG trägt die Initiativlast. Bei Zweifeln über den zuständigen Verhandlungspartner muss der AG die in Betracht kommenden AN-Vertretungen zur Klärung der Zuständigkeitsfrage auffordern. Weist er hingegen einen weiteres einen der möglichen Verhandlungspartner zurück, so trägt er das Risiko, dass sein Verhandlungsversuch als unzureichend gewertet wird, wenn dieser zuständig gewesen wäre (vgl. § 111 Rn 8).[27]

10 Der **Zeitpunkt der Entstehung** des Anspruchs auf Nachteilsausgleich nach Abs. 3 liegt in dem Beginn mit der geplanten Betriebsänderung, ohne dass der AG bis dahin einen Interessenausgleich mit dem BR versucht hätte.[28]

11 Der **Insolvenzverwalter** hat in Unternehmen mit i.d.R. mehr als zwanzig wahlberechtigten AN bei einer Betriebsstilllegung stets gem. § 111 Abs. 1 S. 1 den BR zu unterrichten und den Versuch eines Interessenausgleichs zu unternehmen. Er kann sich nicht darauf berufen, die Beteiligung des BR sei wegen der schlechten wirtschaftlichen Situation ausnahmsweise entbehrlich. Unterlässt der Insolvenzverwalter den Versuch eines Interessenausgleichs, haben die AN einen Anspruch auf Nachteilsausgleich. Bei der Festsetzung der **Höhe der Abfindung** ist die Insolvenzsituation ohne Bedeutung.[29] Die Verpflichtung besteht auch dann, wenn der BR erst nach Eröffnung des Insolvenzverfahrens gewählt wurde.[30] Begründet der Insolvenzverwalter nach Anzeige der Massenunzulänglichkeit Ansprüche auf Nachteilsausgleich, handelt es sich um Neumasseverbindlichkeiten i.S.v. § 209 Abs. 1 Nr. 2 InsO.[31]

12 In **Tendenzbetrieben** setzt ein Anspruch auf Nachteilsausgleich nach § 113 Abs. 3 voraus, dass der Unternehmer seine Informationspflichten nach § 111 S. 1 im Hinblick auf das Zustandekommen eines Sozialplans verletzt hat. Der Tendenzunternehmer muss den BR über die beschlossene Betriebsänderung jedenfalls so informieren, dass dieser schon vor deren Durchführung sachangemessene Überlegungen zum Inhalt eines künftigen Sozialplans anstellen kann.[32] Aus einem Verstoß des AG gegen seine **Anzeigepflichten** gegenüber der AA nach § 17 Abs. 3 KSchG können Nachteilsausgleichsansprüche aus Abs. 3 auch im Wege einer richtlinienkonformen Auslegung unter Berücksichtigung der **RL 98/59/EG**[33] nicht hergeleitet werden.[34]

C. Verbindung zum Prozessrecht

13 Ist in einem **Beschlussverfahren** zwischen AG und BR rechtskräftig festgestellt, ob es sich bei der Maßnahme des Unternehmers um eine interessenausgleichspflichtige Betriebsänderung handelte, sind die Parteien eines Individualverfahrens, in dem es um einen Nachteilsausgleich gestritten wird, an diese Entscheidung **gebunden**.[35] Eine Abfindung nach Abs. 1 kommt nicht in Betracht, wenn die **Unwirksamkeit der Künd** rechtskräftig festgestellt ist.[36] Der AN kann auf einen bereits bestehenden Nachteilsausgleichsanspruch auch ohne Zustimmung des BR wirksam **verzichten**.[37] Ansprüche entlassener AN auf Nachteilsausgleich sind im nach Zugang der Künd eröffneten **Insolvenzverfahren** auch dann einfache Insolvenzforderungen, wenn die Künd in Absprache mit dem vorläufigen Insolvenzverwalter und mit dessen Zustimmung erfolgten.[38] Gleiches gilt für einen in einem **TV** für den Fall der Künd des Arbverh aufgrund von **Rationalisierungsmaßnahmen** vorgesehenen Abfindungsanspruch auch dann, wenn die Künd erst nach Eröffnung des Insolvenzverfahrens durch den Insolvenzverwalter erklärt wird.[39] Der Anspruch ist nur dann eine Masseschuld, wenn die Betriebsänderung nach Eröffnung des Insolvenzverfahrens beschlossen und durch-

---

24 BAG 18.12.1984 – 1 AZR 176/82 – BAGE 47, 329 = NZA 1985, 400.
25 BAG 23.1.1979 – 1 AZR 64/76 – DB 1979, 1139.
26 BAG 22.7.2003 – 1 AZR 541/02 – NZA 2004, 93.
27 BAG 24.1.1996 – 1 AZR 542/95 – BAGE 82, 79 = NZA 1996, 1107.
28 BAG 23.9.2003 – 1 AZR 576/02 – NZA 2004, 440.
29 BAG 22.7.2003 – 1 AZR 541/02 – NZA 2004, 93.
30 BAG 18.11.2003 – 1 AZR 30/03 – NZA 2004, 220.
31 BAG 30.5.2006 – 1 AZR 25/05 – NZA 2006, 1122.
32 BAG 18.11.2003 – 1 AZR 637/02 – NZA 2004, 741.
33 V. 20.7.1998 zur Angleichung der Rechtsvorschriften der Mitgliedstaaten über Massenentlassungen, ABl EG L 225/16 v. 12.8.1998.
34 BAG 30.3.2004 – 1 AZR 7/03 – NZA 2004, 931.
35 BAG 10.11.1987 – 1 AZR 360/86 – BAGE 56, 304 = NZA 1988, 287.
36 BAG 31.10.1995 – 1 AZR 372/95 – NZA 1996, 499.
37 BAG 23.9.2003 – 1 AZR 576/02 – NZA 2004, 440.
38 BAG 4.12.2002 – 10 AZR 16/02 – NZA 2003, 665.
39 BAG 27.4.2006 – 6 AZR 364/05 – BAGE 118, 115 = NZA 2006, 1282.

geführt wird.[40] Begründet ein Insolvenzverwalter **nach Anzeige der Masseunzulänglichkeit** durch betriebsverfassungswidriges Verhalten Ansprüche auf Nachteilsausgleich nach Abs. 3, handelt es sich um **Neumasseverbindlichkeiten** i.S.v. § 209 Abs. 1 Nr. 2 InsO. Sie können regelmäßig im Wege der Leistungsklage verfolgt werden.[41] Der gesetzliche Anspruch auf Nachteilsausgleich dient auch – wie eine Abfindung aus einem **Sozialplan** – dem Ausgleich wirtschaftlicher Nachteile, die AN infolge ihrer Entlassung aufgrund einer Betriebsänderung erleiden. Diese teilweise **Zweckidentität** berechtigt den AG, eine gezahlte Sozialplanabfindung auf einen dem AN geschuldeten Nachteilsausgleich **anzurechnen**.[42] Ob diese Rspr. nach den Grundsätzen der gemeinschaftsrechtskonformen Auslegung zu ändern ist, wenn der AG auch die Konsultationspflicht nach Art. 2 Abs. 1 der EGRL 98/59 des Rates zur Angleichung der Rechtsvorschriften der Mitgliedstaaten über Massenentlassungen vom 20.7.1998 (EG-Massenentlassungsrichtlinie) verletzt hat, hat das BAG zuletzt offen gelassen.[43]

Eine **tarifliche Ausschlussfrist** für Abfindungsansprüche nach Abs. 3 beginnt stets mit dem rechtlichen Ende des Arbverh. Zu diesem Zeitpunkt beginnt die **Fälligkeit**, weil der entlassene AN von diesem Zeitpunkt ab die Zahlung einer Abfindung verlangen kann.[44] Die Fälligkeit tritt auch dann ein, wenn über die Künd noch ein Künd-Schutzverfahren anhängig ist.[45] Zur ordnungsgemäßen **Geltendmachung eines Abfindungsanspruchs** gegenüber dem AG genügt die Erhebung der Klage, die die Höhe der zu zahlenden Abfindung in das Ermessen des Gerichts stellt, jedenfalls dann, wenn die für das Ermessen der Abfindung maßgebenden Umstände in der Klageschrift mitgeteilt werden. Einer Bezifferung des Abfindungsanspruchs bedarf es in einem solchen Fall nicht.[46] Die steuer- und sozialversicherungsrechtliche Behandlung entspricht derjenigen einer Sozialplanabfindung (vgl. § 112 Rn 57).

14

D. Beraterhinweise

Da die Unwirksamkeit der ausgesprochenen Künd den Nachteilsausgleichsanspruch ausschließt, bietet es sich für den Fall, dass der AN sich primär gegen die Künd wenden möchte, an, den Antrag auf Nachteilsausgleich hilfsweise für den Fall des Unterliegens mit dem Künd-Schutzantrag nach § 4 KSchG zu stellen. Werden beide Anträge in unterschiedlichen Verfahren verfolgt, ist das Verfahren über den Nachteilsausgleich bis zur Entscheidung des Künd-Schutzverfahrens wegen Vorgreiflichkeit nach § 148 ZPO auszusetzen.

15

Fünfter Teil: Besondere Vorschriften für einzelne Betriebsarten

Erster Abschnitt: Seeschifffahrt

§ 114 Grundsätze

(1) Auf Seeschifffahrtsunternehmen und ihre Betriebe ist dieses Gesetz anzuwenden, soweit sich aus den Vorschriften dieses Abschnitts nichts anderes ergibt.
(2) [1]Seeschifffahrtsunternehmen im Sinne dieses Gesetzes ist ein Unternehmen, das Handelsschifffahrt betreibt und seinen Sitz im Geltungsbereich dieses Gesetzes hat. [2]Ein Seeschifffahrtsunternehmen im Sinne dieses Abschnitts betreibt auch, wer als Korrespondenzreeder, Vertragsreeder, Ausrüster oder aufgrund eines ähnlichen Rechtsverhältnisses Schiffe zum Erwerb durch die Seeschifffahrt verwendet, wenn er Arbeitgeber des Kapitäns und der Besatzungsmitglieder ist oder überwiegend die Befugnisse des Arbeitgebers ausübt.
(3) Als Seebetrieb im Sinne dieses Gesetzes gilt die Gesamtheit der Schiffe eines Seeschifffahrtsunternehmens einschließlich der in Absatz 2 Satz 2 genannten Schiffe.
(4) [1]Schiffe im Sinne dieses Gesetzes sind Kauffahrteischiffe, die nach dem Flaggenrechtsgesetz die Bundesflagge führen. [2]Schiffe, die in der Regel binnen 24 Stunden nach dem Auslaufen an den Sitz eines Landbetriebs zurückkehren, gelten als Teil dieses Landbetriebs des Seeschifffahrtsunternehmens.
(5) Jugend- und Auszubildendenvertretungen werden nur für die Landbetriebe von Seeschifffahrtsunternehmen gebildet.

---

40 BAG 3.4.1990 – 1 AZR 150/89 – NZA 1990, 619.
41 BAG 30.5.2006 – 1 AZR 25/05 – BAGE 118, 222 = NZA 2006, 1122.
42 BAG 20.11.2001 – 1 AZR 97/01 – BAGE 99, 377 = NZA 2002, 992.
43 BAG 16.5.2007 – 8 AZR 693/06 – NZA 2007, 1296.
44 BAG 29.11.1983 – 1 AZR 523/82 – BAGE 44, 260 = DB 1984, 724; BAG 3.4.1990 – 1 AZR 131/89 – EzA § 4 TVG Ausschlussfristen Nr. 94.
45 BAG 3.8.1982 – 1 AZR 77/81 – DB 1982, 2631.
46 BAG 22.2.1983 – 1 AZR 260/81 – BAGE 42, 1 = DB 1983, 1447.

(6) ¹Besatzungsmitglieder sind die in § 3 des Seemannsgesetzes genannten Personen. ²Leitende Angestellte im Sinne des § 5 Abs. 3 dieses Gesetzes sind nur die Kapitäne.

§ 115 Bordvertretung

(1) ¹Auf Schiffen, die mit in der Regel mindestens fünf wahlberechtigten Besatzungsmitgliedern besetzt sind, von denen drei wählbar sind, wird eine Bordvertretung gewählt. ²Auf die Bordvertretung finden, soweit sich aus diesem Gesetz oder aus anderen gesetzlichen Vorschriften nicht etwas anderes ergibt, die Vorschriften über die Rechte und Pflichten des Betriebsrats und die Rechtsstellung seiner Mitglieder Anwendung.

(2) Die Vorschriften über die Wahl und Zusammensetzung des Betriebsrats finden mit folgender Maßgabe Anwendung:
1. Wahlberechtigt sind alle Besatzungsmitglieder des Schiffes.
2. Wählbar sind die Besatzungsmitglieder des Schiffes, die am Wahltag das 18. Lebensjahr vollendet haben und ein Jahr Besatzungsmitglied eines Schiffes waren, das nach dem Flaggenrechtsgesetz die Bundesflagge führt. § 8 Abs. 1 Satz 3 bleibt unberührt.
3. Die Bordvertretung besteht auf Schiffen mit in der Regel

5 bis 20 wahlberechtigten Besatzungsmitgliedern aus einer Person,
21 bis 75 wahlberechtigten Besatzungsmitgliedern aus drei Mitgliedern,
über 75 wahlberechtigten Besatzungsmitgliedern aus fünf Mitgliedern.

1. (weggefallen)
2. § 13 Abs. 1 und 3 findet keine Anwendung. Die Bordvertretung ist vor Ablauf ihrer Amtszeit unter den in § 13 Abs. 2 Nr. 2 bis 5 genannten Voraussetzungen neu zu wählen.
3. Die wahlberechtigten Besatzungsmitglieder können mit der Mehrheit aller Stimmen beschließen, die Wahl der Bordvertretung binnen 24 Stunden durchzuführen.
4. Die in § 16 Absatz 1 Satz 1 genannte Frist wird auf zwei Wochen, die in § 16 Abs. 2 Satz 1 genannte Frist wird auf eine Woche verkürzt.
5. Bestellt die im Amt befindliche Bordvertretung nicht rechtzeitig einen Wahlvorstand oder besteht keine Bordvertretung, wird der Wahlvorstand in einer Bordversammlung von der Mehrheit der anwesenden Besatzungsmitglieder gewählt; § 17 Abs. 3 gilt entsprechend. Kann aus Gründen der Aufrechterhaltung des ordnungsgemäßen Schiffsbetriebs eine Bordversammlung nicht stattfinden, so kann der Kapitän auf Antrag von drei Wahlberechtigten den Wahlvorstand bestellen. Bestellt der Kapitän den Wahlvorstand nicht, so ist der Seebetriebsrat berechtigt, den Wahlvorstand zu bestellen. Die Vorschriften über die Bestellung des Wahlvorstands durch das Arbeitsgericht bleiben unberührt.
6. Die Frist für die Wahlanfechtung beginnt für Besatzungsmitglieder an Bord, wenn das Schiff nach Bekanntgabe des Wahlergebnisses erstmalig einen Hafen im Geltungsbereich dieses Gesetzes oder einen Hafen, in dem ein Seemannsamt seinen Sitz hat, anläuft. Die Wahlanfechtung kann auch zu Protokoll des Seemannsamtes erklärt werden. Wird die Wahl zur Bordvertretung angefochten, zieht das Seemannsamt die an Bord befindlichen Wahlunterlagen ein. Die Anfechtungserklärung und die eingezogenen Wahlunterlagen sind vom Seemannsamt unverzüglich an das für die Anfechtung zuständige Arbeitsgericht weiterzuleiten.

(3) Auf die Amtszeit der Bordvertretung finden die §§ 21, 22 bis 25 mit der Maßgabe Anwendung, dass
1. die Amtszeit ein Jahr beträgt,
2. die Mitgliedschaft in der Bordvertretung auch endet, wenn das Besatzungsmitglied den Dienst an Bord beendet, es sei denn, dass es den Dienst an Bord vor Ablauf der Amtszeit nach Nummer 1 wieder antritt.

(4) ¹Für die Geschäftsführung der Bordvertretung gelten die §§ 26 bis 36, § 37 Abs. 1 bis 3 sowie die §§ 39 bis 41 entsprechend. ²§ 40 Abs. 2 ist mit der Maßgabe anzuwenden, dass die Bordvertretung in dem für ihre Tätigkeit erforderlichen Umfang auch die für die Verbindung des Schiffes zur Reederei eingerichteten Mittel zur beschleunigten Übermittlung von Nachrichten in Anspruch nehmen kann.

(5) ¹Die §§ 42 bis 46 über die Betriebsversammlung finden für die Versammlung der Besatzungsmitglieder eines Schiffes (Bordversammlung) entsprechende Anwendung. ²Auf Verlangen der Bordvertretung hat der Kapitän der Bordversammlung einen Bericht über die Schiffsreise und die damit zusammenhängenden Angelegenheiten zu erstatten. ³Er hat Fragen, die den Schiffsbetrieb, die Schiffsreise und die Schiffssicherheit betreffen, zu beantworten.

(6) Die §§ 47 bis 59 über den Gesamtbetriebsrat und den Konzernbetriebsrat finden für die Bordvertretung keine Anwendung.

(7) Die §§ 74 bis 105 über die Mitwirkung und Mitbestimmung der Arbeitnehmer finden auf die Bordvertretung mit folgender Maßgabe Anwendung:
1. Die Bordvertretung ist zuständig für die Behandlung derjenigen nach diesem Gesetz der Mitwirkung und Mitbestimmung des Betriebsrats unterliegenden Angelegenheiten, die den Bordbetrieb oder die Besatzungsmitglieder des Schiffes betreffen und deren Regelung dem Kapitän aufgrund gesetzlicher Vorschriften oder der ihm von der Reederei übertragenen Befugnisse obliegt.
2. Kommt es zwischen Kapitän und Bordvertretung in einer der Mitwirkung oder Mitbestimmung der Bordvertretung unterliegenden Angelegenheit nicht zu einer Einigung, so kann die Angelegenheit von der Bordvertretung an den Seebetriebsrat abgegeben werden. Der Seebetriebsrat hat die Bordvertretung über die weitere Behandlung der Angelegenheit zu unterrichten. Bordvertretung und Kapitän dürfen die Einigungsstelle oder das Arbeitsgericht nur anrufen, wenn ein Seebetriebsrat nicht gewählt ist.
3. Bordvertretung und Kapitän können im Rahmen ihrer Zuständigkeiten Bordvereinbarungen abschließen. Die Vorschriften über Betriebsvereinbarungen gelten für Bordvereinbarungen entsprechend. Bordvereinbarungen sind unzulässig, soweit eine Angelegenheit durch eine Betriebsvereinbarung zwischen Seebetriebsrat und Arbeitgeber geregelt ist.
4. In Angelegenheiten, die der Mitbestimmung der Bordvertretung unterliegen, kann der Kapitän, auch wenn eine Einigung mit der Bordvertretung noch nicht erzielt ist, vorläufige Regelungen treffen, wenn dies zur Aufrechterhaltung des ordnungsgemäßen Schiffsbetriebs dringend erforderlich ist. Den von der Anordnung betroffenen Besatzungsmitgliedern ist die Vorläufigkeit der Regelung bekannt zu geben. Soweit die vorläufige Regelung der endgültigen Regelung nicht entspricht, hat das Schifffahrtsunternehmen Nachteile auszugleichen, die den Besatzungsmitgliedern durch die vorläufige Regelung entstanden sind.
5. Die Bordvertretung hat das Recht auf regelmäßige und umfassende Unterrichtung über den Schiffbetrieb. Die erforderlichen Unterlagen sind der Bordvertretung vorzulegen. Zum Schiffsbetrieb gehören insbesondere die Schiffssicherheit, die Reiserouten, die voraussichtlichen Ankunfts- und Abfahrtszeiten sowie die zu befördernde Ladung.
6. Auf Verlangen der Bordvertretung hat der Kapitän ihr Einsicht in die an Bord befindlichen Schiffstagebücher zu gewähren. In den Fällen, in denen der Kapitän eine Eintragung über Angelegenheiten macht, die der Mitwirkung oder Mitbestimmung der Bordvertretung unterliegen, kann diese eine Abschrift der Eintragung verlangen und Erklärungen zum Schiffstagebuch abgeben. In den Fällen, in denen über eine der Mitwirkung oder Mitbestimmung der Bordvertretung unterliegenden Angelegenheit eine Einigung zwischen Kapitän und Bordvertretung nicht erzielt wird, kann die Bordvertretung dies zum Schiffstagebuch erklären und eine Abschrift dieser Eintragung verlangen.
7. Die Zuständigkeit der Bordvertretung im Rahmen des Arbeitsschutzes bezieht sich auch auf die Schiffssicherheit und die Zusammenarbeit mit den insoweit zuständigen Behörden und sonstigen in Betracht kommenden Stellen.

§ 116 Seebetriebsrat

(1) ¹In Seebetrieben werden Seebetriebsräte gewählt. ²Auf die Seebetriebsräte finden, soweit sich aus diesem Gesetz oder aus anderen gesetzlichen Vorschriften nicht etwas anderes ergibt, die Vorschriften über die Rechte und Pflichten des Betriebsrats und die Rechtsstellung seiner Mitglieder Anwendung.

(2) Die Vorschriften über die Wahl, Zusammensetzung und Amtszeit des Betriebsrats finden mit folgender Maßgabe Anwendung:
1. Wahlberechtigt zum Seebetriebsrat sind alle zum Seeschifffahrtsunternehmen gehörenden Besatzungsmitglieder.
2. Für die Wählbarkeit zum Seebetriebsrat gilt § 8 mit der Maßgabe, dass
   a) in Seeschifffahrtsunternehmen, zu denen mehr als acht Schiffe gehören oder in denen in der Regel mehr als 250 Besatzungsmitglieder beschäftigt sind, nur nach § 115 Abs. 2 Nr. 2 wählbare Besatzungsmitglieder wählbar sind;
   b) in den Fällen, in denen die Voraussetzungen des Buchstabens a nicht vorliegen, nur Arbeitnehmer wählbar sind, die nach § 8 die Wählbarkeit im Landbetrieb des Seeschifffahrtsunternehmens besitzen, es sei denn, dass der Arbeitgeber mit der Wahl von Besatzungsmitgliedern einverstanden ist.
3. Der Seebetriebsrat besteht in Seebetrieben mit in der Regel
   5 bis 400 wahlberechtigten Besatzungsmitgliedern aus einer Person,
   401 bis 800 wahlberechtigten Besatzungsmitgliedern aus drei Mitgliedern,

über 800 wahlberechtigten Besatzungsmitgliedern aus fünf Mitgliedern.
4. Ein Wahlvorschlag ist gültig, wenn er im Fall des § 14 Abs. 4 Satz 1 erster Halbsatz und Satz 2 mindestens von drei wahlberechtigten Besatzungsmitgliedern unterschrieben ist.
5. § 14a findet keine Anwendung.
6. Die in § 16 Abs. 1 Satz 1 genannte Frist wird auf drei Monate, die in § 16 Abs. 2 Satz 1 genannte Frist auf zwei Monate verlängert.
7. Zu Mitgliedern des Wahlvorstands können auch im Landbetrieb des Seeschifffahrtsunternehmens beschäftigte Arbeitnehmer bestellt werden. § 17 Abs. 2 bis 4 findet keine Anwendung. Besteht kein Seebetriebsrat, so bestellt der Gesamtbetriebsrat oder, falls ein solcher nicht besteht, der Konzernbetriebsrat den Wahlvorstand. Besteht weder ein Gesamtbetriebsrat noch ein Konzernbetriebsrat, wird der Wahlvorstand gemeinsam vom Arbeitgeber und den im Seebetrieb vertretenen Gewerkschaften bestellt; Gleiches gilt, wenn der Gesamtbetriebsrat oder der Konzernbetriebsrat die Bestellung des Wahlvorstands nach Satz 3 unterlässt. Einigen sich Arbeitgeber und Gewerkschaften nicht, so bestellt ihn das Arbeitsgericht auf Antrag des Arbeitgebers, einer im Seebetrieb vertretenen Gewerkschaft oder von mindestens drei wahlberechtigten Besatzungsmitgliedern. § 16 Abs. 2 Satz 2 und 3 gilt entsprechend.
8. Die Frist für die Wahlanfechtung nach § 19 Abs. 2 beginnt für Besatzungsmitglieder an Bord, wenn das Schiff nach Bekanntgabe des Wahlergebnisses erstmalig einen Hafen im Geltungsbereich dieses Gesetzes oder einen Hafen, in dem ein Seemannsamt seinen Sitz hat, anläuft. Nach Ablauf von drei Monaten seit Bekanntgabe des Wahlergebnisses ist eine Wahlanfechtung unzulässig. Die Wahlanfechtung kann auch zu Protokoll des Seemannsamtes erklärt werden. Die Anfechtungserklärung ist vom Seemannsamt unverzüglich an das für die Anfechtung zuständige Arbeitsgericht weiterzuleiten.
9. Die Mitgliedschaft im Seebetriebsrat endet, wenn der Seebetriebsrat aus Besatzungsmitgliedern besteht, auch, wenn das Mitglied des Seebetriebsrats nicht mehr Besatzungsmitglied ist. Die Eigenschaft als Besatzungsmitglied wird durch die Tätigkeit im Seebetriebsrat oder durch eine Beschäftigung gemäß Absatz 3 Nr. 2 nicht berührt.

(3) Die §§ 26 bis 41 über die Geschäftsführung des Betriebsrats finden auf den Seebetriebsrat mit folgender Maßgabe Anwendung:
1. In Angelegenheiten, in denen der Seebetriebsrat nach diesem Gesetz innerhalb einer bestimmten Frist Stellung zu nehmen hat, kann er, abweichend von § 33 Abs. 2, ohne Rücksicht auf die Zahl der zur Sitzung erschienenen Mitglieder einen Beschluss fassen, wenn die Mitglieder ordnungsgemäß geladen worden sind.
2. Soweit die Mitglieder des Seebetriebsrats nicht freizustellen sind, sind sie so zu beschäftigen, dass sie durch ihre Tätigkeit nicht gehindert sind, die Aufgaben des Seebetriebsrats wahrzunehmen. Der Arbeitsplatz soll den Fähigkeiten und Kenntnissen des Mitglieds des Seebetriebsrats und seiner bisherigen beruflichen Stellung entsprechen. Der Arbeitsplatz ist im Einvernehmen mit dem Seebetriebsrat zu bestimmen. Kommt eine Einigung über die Bestimmung des Arbeitsplatzes nicht zustande, so entscheidet die Einigungsstelle. Der Spruch der Einigungsstelle ersetzt die Einigung zwischen Arbeitgeber und Seebetriebsrat.
3. Den Mitgliedern des Seebetriebsrats, die Besatzungsmitglieder sind, ist die Heuer auch dann fortzuzahlen, wenn sie im Landbetrieb beschäftigt werden. Sachbezüge sind angemessen abzugelten. Ist der neue Arbeitsplatz höherwertig, so ist das diesem Arbeitsplatz entsprechende Arbeitsentgelt zu zahlen.
4. Unter Berücksichtigung der örtlichen Verhältnisse ist über die Unterkunft der in den Seebetriebsrat gewählten Besatzungsmitglieder eine Regelung zwischen dem Seebetriebsrat und dem Arbeitgeber zu treffen, wenn der Arbeitsplatz sich nicht am Wohnort befindet. Kommt eine Einigung nicht zustande, so entscheidet die Einigungsstelle. Der Spruch der Einigungsstelle ersetzt die Einigung zwischen Arbeitgeber und Seebetriebsrat.
5. Der Seebetriebsrat hat das Recht, jedes zum Seebetrieb gehörende Schiff zu betreten, dort im Rahmen seiner Aufgaben tätig zu werden sowie an den Sitzungen der Bordvertretung teilzunehmen. § 115 Abs. 7 Nr. 5 Satz 1 gilt entsprechend.
6. Liegt ein Schiff in einem Hafen innerhalb des Geltungsbereichs dieses Gesetzes, so kann der Seebetriebsrat nach Unterrichtung des Kapitäns Sprechstunden an Bord abhalten und Bordversammlungen der Besatzungsmitglieder durchführen.
7. Läuft ein Schiff innerhalb eines Kalenderjahres keinen Hafen im Geltungsbereich dieses Gesetzes an, so gelten die Nummern 5 und 6 für europäische Häfen. Die Schleusen des Nordostseekanals gelten nicht als Häfen.
8. Im Einvernehmen mit dem Arbeitgeber können Sprechstunden und Bordversammlungen, abweichend von den Nummern 6 und 7, auch in anderen Liegehäfen des Schiffes durchgeführt werden, wenn ein dringendes Bedürfnis hierfür besteht. Kommt eine Einigung nicht zustande, so entscheidet die Einigungsstelle. Der Spruch der Einigungsstelle ersetzt die Einigung zwischen Arbeitgeber und Seebetriebsrat.

(4) Die §§ 42 bis 46 über die Betriebsversammlung finden auf den Seebetrieb keine Anwendung.
(5) Für den Seebetrieb nimmt der Seebetriebsrat die in den §§ 47 bis 59 dem Betriebsrat übertragenen Aufgaben, Befugnisse und Pflichten wahr.
(6) Die §§ 74 bis 113 über die Mitwirkung und Mitbestimmung der Arbeitnehmer finden auf den Seebetriebsrat mit folgender Maßgabe Anwendung:
1. Der Seebetriebsrat ist zuständig für die Behandlung derjenigen nach diesem Gesetz der Mitwirkung oder Mitbestimmung des Betriebsrats unterliegenden Angelegenheiten,
    a) die alle oder mehrere Schiffe des Seebetriebs oder die Besatzungsmitglieder aller oder mehrerer Schiffe des Seebetriebs betreffen,
    b) die nach § 115 Abs. 7 Nr. 2 von der Bordvertretung abgegeben worden sind oder
    c) für die nicht die Zuständigkeit der Bordvertretung nach § 115 Abs. 7 Nr. 1 gegeben ist.
2. Der Seebetriebsrat ist regelmäßig und umfassend über den Schiffsbetrieb des Seeschifffahrtsunternehmens zu unterrichten. Die erforderlichen Unterlagen sind ihm vorzulegen.

A. Allgemeines

Grds. findet das BetrVG auf Seeschifffahrtsunternehmen und die dazugehörigen Betriebe Anwendung. Für **Landbetriebe** von Seeschifffahrtsunternehmen gelten jedoch nicht die Sonderregeln in §§ 114 bis 116, sondern die allgemeinen Normen des BetrVG.[1] Die Schiffe eines Unternehmens bilden den **Seebetrieb**. Schiffe, die i.d.R. binnen 24 Stunden nach dem Auslaufen an den Sitz eines Landbetriebes zurückkehren, werden nicht dem See-, sondern dem Landbetrieb zugerechnet, § 114 Abs. 4 S. 2. Unter die §§ 114 bis 116 fallen zudem nur Handelsschiffe, welche die Bundesflagge führen. Um als Handelsschiff zu gelten, muss es Erwerbszwecken (im Gegensatz zu hoheitlichen, vgl. § 130) dienen. Letztlich muss das maßgebliche Seeschifffahrtsunternehmen auch einen inländischen Sitz haben, damit die in Rede stehenden Vorschriften gelten.[2] All dies schränkt den Anwendungsbereich der §§ 114 bis 116 erheblich ein. In Deutschland gibt es daher seit vielen Jahren lediglich zehn bis 20 See-BR, obgleich deutsche Schifffahrtsgesellschaften mit über 3.300 Handelsschiffen die weltweit drittgrößte Handels- und größte Containerflotte bereedern (Stand Dezember 2008).[3] Von dieser Flotte fahren ca. 550 Schiffe unter deutscher Flagge, weitere ca. 2.700 Schiffe sind in deutschen Seeschiffsregistern eingetragen und führen befristet eine Auslandsflagge; hinzu kommen ca. 120 Schiffe in ausländischen Registern unter Auslandsflaggen, die wirtschaftlich deutschen Reedereien zuzuordnen sind.

B. Die Organe der Seebetriebsverfassung

Die Aufgaben, die nach allg. Recht dem BR obliegen, sind in der Seebetriebsverfassung auf die Bordvertretung und den See-BR verteilt. Die dem AG zugewiesenen Rechte und Pflichten nimmt an Bord der Kapitän wahr. Leitende Ang sind nur die Kapitäne. Die Bordvertretung hat die Funktion des BR. Bordvertretungsfähig sind Schiffe, die mit i.d.R. mind. fünf wahlberechtigten Besatzungsmitgliedern besetzt sind, von denen drei wählbar sind. Für den Schifffahrtsbetrieb insg., also alle unter die §§ 114 bis 116 fallenden Schiffe, ist der See-BR zuständig; dessen Gesprächspartner ist nicht der Kapitän, sondern i.d.R. der Reeder.

Grds. stehen sich Bordvertretung und See-BR als eigenständige betriebsverfassungsrechtliche Organe mit unterschiedlichen Aufgabenbereichen gegenüber. Es gibt jedoch – anders als für das Verhältnis von BR zu GBR oder KBR – ein Stufenverhältnis, vgl. § 115 Abs. 7. Der See-BR ist zuständig für die den Bordbetrieb betreffenden Angelegenheiten, die den gesamten Seebetrieb bzw. die Besatzungsmitglieder aller oder mehrerer Schiffe betreffen. Im Wesentlichen bestehen die üblichen Beteiligungsrechte mit den Besonderheiten, welche die Seeschifffahrt bei deren Ausübung mitbringt.

C. Verbindung zum Prozessrecht

Grds. entscheidet ausschließlich das ArbG, in dessen Bezirk das Seeschifffahrtsunternehmen seinen Sitz hat, über Streitigkeiten seebetriebsverfassungsrechtlicher Art.[4] Handelt es sich um eine bürgerlich-rechtliche Streitigkeit zwischen Reeder und Beschäftigten aus dem Heuerverhältnis, ist ausschließlich das ArbG Hamburg zuständig. Dies folgt aus § 35 des MTV-See zwischen dem Verband deutscher Reeder und Ver.di.

---

1 Richardi/*Thüsing*, § 114 Rn 40 m.w.N.
2 BAG 26.9.1978 – 1 AZR 480/76 – AP § 114 BetrVG 1972 Nr. 1.
3 Quelle: Verband Deutscher Reeder; Pressemitteilung v. 4.12.2008; www.reederverband.de.
4 Richardi/*Thüsing*, § 116 Rn 74 m.w.N.

Zweiter Abschnitt: Luftfahrt

§ 117 Geltung für die Luftfahrt

(1) Auf Landbetriebe von Luftfahrtunternehmen ist dieses Gesetz anzuwenden.
(2) ¹Für im Flugbetrieb beschäftigte Arbeitnehmer von Luftfahrtunternehmen kann durch Tarifvertrag eine Vertretung errichtet werden. ²Über die Zusammenarbeit dieser Vertretung mit der nach diesem Gesetz zu errichtenden Vertretungen der Arbeitnehmer der Landbetriebe des Luftfahrtunternehmens kann der Tarifvertrag von diesem Gesetz abweichende Regelungen vorsehen.

1 Auf die Landbetriebe von Luftfahrtunternehmen ist das BetrVG ohne Einschränkungen anwendbar, § 117 Abs. 1. Dagegen ist das fliegende Personal wegen der besonderen nicht ortsgebundenen Art der Tätigkeit aus dem Regelungsbereich des BetrVG ausgenommen. Diese Differenzierung wird verfassungsrechtlich und vor dem Hintergrund der RL 2000/14/EG[1] in Zweifel gezogen, verstößt aber nach h.A. nicht gegen den Gleichheitsgrundsatz.[2] Zum fliegenden Personal zählen die Cockpit- und die Kabinenbesatzungen, nicht jedoch Trainingskapitäne oder -flugbegleiter, die nur gelegentlich zu Übungs- und Kontrollzwecken an Bord mitfliegen,[3] Verwaltungspersonal, dessen Tätigkeit durch Bodenarbeit geprägt ist[4] oder Hubschrauberbesatzungen, die nur im Einsätze im näheren örtlichen Umkreis fliegen.[5] Für die im Flugbetrieb beschäftigten AN ist die Möglichkeit eröffnet, durch TV eine Vertretung zu errichten, § 117 Abs. 2. Hiervon ist in der Praxis vielfach Gebrauch gemacht worden, so etwa für die Fluggesellschaften Condor,[6] Lufthansa (TV für das fliegende Personal der Deutschen Lufthansa, dem BetrVG nachgebildet) oder die LTU (TV Personalvertretung für das Cockpit- und Kabinenpersonal der LTU).[7]

Dritter Abschnitt: Tendenzbetriebe und Religionsgemeinschaften

§ 118 Geltung für Tendenzbetriebe und Religionsgemeinschaften

(1) Auf Unternehmen und Betriebe, die unmittelbar und überwiegend
1. politischen, koalitionspolitischen, konfessionellen, karitativen, erzieherischen, wissenschaftlichen oder künstlerischen Bestimmungen oder
2. Zwecken der Berichterstattung oder Meinungsäußerung, auf die Artikel 5 Abs. 1 Satz 2 des Grundgesetzes Anwendung findet,

dienen, finden die Vorschriften dieses Gesetzes keine Anwendung, soweit die Eigenart des Unternehmens oder des Betriebs dem entgegensteht. Die §§ 106 bis 110 sind nicht, die §§ 111 bis 113 nur insoweit anzuwenden, als sie den Ausgleich oder die Milderung wirtschaftlicher Nachteile für die Arbeitnehmer infolge von Betriebsänderungen regeln.
(2) Dieses Gesetz findet keine Anwendung auf Religionsgemeinschaften und ihre karitativen und erzieherischen Einrichtungen unbeschadet deren Rechtsform.

Literatur: *Bauer, J.-H.*, Betriebsänderungen in Tendenzunternehmen, in: FS Wißmann, 2005, S. 215; *Bauer/Lingemann*, Stilllegung von Tendenzbetrieben am Beispiel von Pressebetrieben, NZA 1995, 813; *Bauer/Mengel*, Tendenzschutz für neue Medien-Unternehmen, NZA 2001, 307; *Bauschke*, Tendenzbetriebe – Allgemeine Problematik und brisante Themenbereiche, ZTR 2006, 69; *Beckers*, Errichtung von Betriebsräten in kirchlichen Einrichtungen?, ZTR 2000, 63; *Berger-Delhey*, Mitbestimmung der Betriebsvertretung bei Arbeitszeitregelungen gegenüber Redakteuren?, NZA 1992, 441; *Dütz*, Mitbestimmung und Tendenzschutz bei Arbeitszeitregelungen, AfP 1992, 329; *ders.*, Mitbestimmung in kirchlichen Wirtschaftsbetrieben, in: FS Stahlhacke, 1995, S. 101; *Dzida/Ho-*

---

1 *Fischer*, TranspR 2005, 103.
2 BAG 5.11.1985 – 1 ABR 56/83 – AP § 117 BetrVG 1972 Nr. 4; LAG Hessen 19.9.2006 – 4/9 TaBV 56/06 – ArbuR 2007, 226; BAG 24.6.2008 – 9 AZR 313/07 – NZA 2008, 1309; *Richardi/Thüsing*, § 117 Rn 2; *Fitting u.a.*, § 117 Rn 5; a.A. DKK/*Däubler*, § 117 Rn 4 f.; *Grabherr*, NZA 1988, 533; kritisch auch *Schmid/Sarbinowski*, NZA-RR 2003, 113, 121.
3 BAG 13.10.1981 – 1 ABR 35/79 – AP § 117 BetrVG 1972 Nr. 1.
4 BAG 14.10.1986 – 1 ABR 13/85 – NZA 1987, 282 = AP § 117 BetrVG 1972 Nr. 5.
5 BAG 20.2.2001 – 1 ABR 27/00 – NZA 2001, 1089 = AP § 117 BetrVG 1972 Nr. 6.
6 Vgl. dazu etwa BAG 19.2.2002 – 1 ABR 20/01 – AP § 1 TVG Tarifverträge: Lufthansa Nr. 27.
7 Vgl. dazu BAG 22.11.2005 – 1 ABR 49/04 – NZA 2006, 389 = ArbRB 2006, 103 m. Anm. *Groeger*.

henstatt, Tendenzschutz nur gegenüber Tendenzträgern?, NZA 2004, 1084; *Endlich*, Betriebliche Mitbestimmung und Tendenzschutz bei der Zulagengewährung, NZA 1990, 13; *Frey, E.*, Der Tendenzschutz im Betriebsverfassungsgesetz 1972, 1974; *Gillen/Hörle*, Betriebsänderungen in Tendenzbetrieben, NZA 2003, 1225; *Grimm/Pelzer*, Tarifsozialpläne in Tendenzunternehmen?, NZA 2008, 1321; *Hanau*, Tendenzschutz und Partnerschaft – „20 Jahre Betriebsverfassungsgesetz 1972 bis 1992", AfP 1992, 452; *Hanau/Thüsing*, Arbeitsrechtliche Konsequenzen beim Betriebsübergang kirchlicher Einrichtungen, KuR 2000, 165; *Hörle/Berger-Delhey*, Mitbestimmte Entgeltfindung im Verlag?, AfP 1993, 720; *Kleinebrink*, Beteiligungsrechte bei Betriebsänderungen in Tendenzunternehmen und Tendenzbetrieben, ArbRB 2008, 375; *Kohte*, Die politischen Bestimmungen nach § 118 BetrVG – ein weites Feld?, BB 1999, 110; *Korinth*, Weiterbeschäftigungsanspruch in Tendenzbetrieben, ArbRB 2003, 350; *Kreuder*, Tendenzschutz und Mitbestimmung, AuR 2000, 122; *Küchenhoff, W.*, Tendenzschutz in Bildungseinrichtungen für Erwachsene, NZA 1992, 679; *Kukat*, Nachteilsausgleich in Tendenzbetrieben, BB 1999, 688; *Liemen*, Zur Tendenzbetriebseigenschaft von Entwicklungshilfeorganisationen, RdA 1985, 85; *Löwisch*, Forschung als Wissenschaft im Sinne des Tendenzschutzes, in: FS Müller-Freienfels, 1986, S. 439; *ders.*, Tendenzschutz im Gesundheitswesen, in: FS Wlotzke, 1996, S. 381; *Löwisch/Kaiser*, Tendenzschutz in öffentlich-rechtlich geführten Bühnenunternehmen, 1996; *Lunk*, Der Tendenzgemeinschaftsbetrieb, NZA 2005, 841; *Marino*, Die verfassungsrechtlichen Grundlagen des sogenannten Tendenzschutzes im Betriebsverfassungsrecht und im Unternehmensrecht, 1986; *Martens*, Die Tendenzunternehmen im Konzern, AG 1980, 289; *Mayer-Maly*, Veränderung des „Tendenzschutzes" durch Tarifverträge?, AfP 1977, 209; *ders.*, Die Rechtsstellung konzernangehöriger Verlagsdruckereien nach § 118 Abs. 1 BetrVG, in: FS Löffler, 1980, S. 267; *ders.*, Bemerkungen zur neueren Rechtsprechung zum Tendenzschutz, BB 1983, 813; *Menzel*, Die Rechte des Betriebsrats im Tendenzbetrieb nach dem Betriebsverfassungsgesetz vom 15. Januar 1972, Diss. 1978; *Meusel*, Mitbestimmung bei der Eingruppierung von Tendenzträgern?, NZA 1987, 658; *Müller, G.*, Überlegungen zur Tendenzträgerfrage, in: FS Hilger/Stumpf, 1983, S. 477; *Münzel*, Rechenschaftspflicht des kirchlichen Arbeitgebers gegenüber der Mitarbeitervertretung in wirtschaftlichen Angelegenheiten?, NZA 2005, 449; *Neumann-Duesberg*, Betriebsübergang und Tendenzbetrieb, NJW 1973, 268; *Oldenburg*, Die Träger der beruflichen Bildung als Tendenzbetriebe, NZA 1989, 412; *Pahde-Syrbe*, Kein Tendenzschutz für nordrhein-westfälische Lokalfunkstationen, AuR 1994, 333; *Plander*, Die Lage der Arbeitszeit von Zeitungsredakteuren als Mitbestimmungsproblem, AuR 1991, 353; *ders.*, Merkwürdigkeiten des betriebsverfassungsrechtlichen Tendenzschutzes, AuR 2002, 12; *Poeche*, Mitbestimmung in wissenschaftlichen Tendenzbetrieben, 1999; *Preis*, Zur Betriebsratsfähigkeit politischer Parteien, in: FS Däubler, 1999, S. 261; *Richardi*, Sportverbände und Tendenzunternehmen im Betriebsverfassungsrecht, in: FS Tomandl, 1998, S. 299; *ders.*, Arbeitsrecht in der Kirche, 5. Aufl. 2009; *Richter*, Beteiligungsrechte des Betriebsrats in Tendenzbetrieben, DB 1991, 2661; *Rinsdorf*, Einstweiliger Rechtsschutz statt Nachteilsausgleich bei Betriebsänderungen im Tendenzbetrieb, ZTR 2001, 197; *Rüthers*, Tendenzschutz und betriebsverfassungsrechtliche Mitbestimmung, AfP 1980, 2; *Rüthers/Franke*, Die Tendenzträgerschaft der Arbeitnehmer bei § 118 BetrVG, DB 1992, 374; *Schlachter*, Verletzung von Konsultationsrechten des Betriebsrats in Tendenzunternehmen, in: FS Wißmann, 2005, S. 421; *Sterzel*, Tendenzschutz und Grundgesetz, 2001; *Stölzel*, Neue Entwicklungen zum Tendenzbetrieb mit erzieherischer Zwecksetzung, NZA 2009, 239; *von Thilling*, Die Rechtsfolgen des Betriebsübergangs im Spannungsfeld von Kirchenfreiheit und staatlicher Arbeitsrechtsordnung, Diss. 2004; *Thüsing*, Mitbestimmung und Tarifrecht im kirchlichen Konzern, ZTR 2002, 56; *ders.*, Das Arbeitsrecht privater Hochschulen, ZTR 2003, 544; *Thüsing/Wege*, Freiwilliger Interessenausgleich und Sozialauswahl, BB 2005, 213; *Weber, U.*, Umfang und Grenzen des Tendenzschutzes im Betriebsverfassungsrecht, NZA, Beil. 3, 1989, 2; *Weiss/Weyand*, Mitbestimmung des Betriebsrats bei der Arbeitszeit von Redakteuren, AuR 1990, 33; *Wendeling-Schröder*, Wissenschaftsfreiheit und Tendenzschutz, AuR 1984, 328; *Weth/Wern*, Vom weltlichen zum kirchlichen Betrieb – Probleme des Betriebsübergangs, NZA 1998, 118

A. Allgemeines	1
I. Normzweck	1
II. Vorläufer der Norm	3
B. Regelungsgehalt	5
I. Tendenzgeschützte Arbeitgeber	5
1. Tendenzunternehmen und -betriebe (Abs. 1) ..	5
2. Konzerne/Gemeinschaftsbetriebe	6
II. Unmittelbarkeit des Dienens	8
III. Überwiegen des Dienens	10
IV. Geschützte Bestimmungen (Abs. 1)	13
1. Politische Bestimmungen	13
2. Koalitionspolitische Bestimmungen	14
3. Konfessionelle Bestimmungen	15
4. Karitative Bestimmungen	16
5. Erzieherische Bestimmungen	19
6. Wissenschaftliche Bestimmungen	20
7. Künstlerische Bestimmungen	21
8. Unternehmen der Berichterstattung und Meinungsäußerung (Abs. 1 S. 1 Nr. 2)	22
9. Sonstige Bestimmungen	23
V. Einschränkung der Beteiligungsrechte	24
1. Eigenartsklausel	24
2. Tendenzträger	25
3. Übersicht der Einschränkungen anhand der jeweiligen BetrVG-Norm	29
a) Organisation der Betriebsverfassung	30
b) Soziale Angelegenheiten	31
c) Personelle Angelegenheiten	39
d) Wirtschaftliche Angelegenheiten	58
VI. Religionsgemeinschaften und ihre Einrichtungen	66
VII. Verzicht auf den Tendenzschutz	71
C. Verbindung zu anderen Rechtsgebieten und zum Prozessrecht	72
I. Darlegungs- und Beweislast	74
II. Streitigkeiten	75
III. Steuerliche Hinweise	76
IV. Sozialversicherungsrechtliche Hinweise	77
V. Gestaltungshinweise mit einzelnen Formulierungsbeispielen	78
D. Beraterhinweise	80

A. Allgemeines

I. Normzweck

Für die Interpretation des praktisch bedeutsamen aber konzeptionell (zu) knapp gehaltenen § 118 ist der Zweck des Tendenzschutzes von grundlegender Bedeutung. Um eine **Einflussnahme auf die Tendenzbestimmung und -verwirklichung einzuschränken**, schloss bereits § 73 Abs. 1 des Betriebsrätegesetzes 1920 (BRG) die Entsendung von

1

BR-Mitgliedern in den AR aus, „soweit die Eigenart des Betriebs es bedingt". Unter Verzicht auf diesen einschränkenden Zusatz ist heute für Tendenzunternehmen generell eine Beteiligung von AN-Repräsentanten in den AR ausgeschlossen. Bei geistig-ideeller Zielsetzung sollte die unternehmerische Entscheidung und Verantwortung nicht durch die Beteiligung des BR eingeschränkt oder der Betriebsablauf nicht dadurch gestört werden, dass die AN und ihre Repräsentanten eine abweichende ideelle Einstellung haben.[1] Dabei wurde es als belanglos angesehen, dass der Betrieb aus unternehmerischer Sicht zugleich der Gewinnerzielung dient.[2]

2 Der Tendenzschutz fand auch im BetrVG 1952 Berücksichtigung. Bereits in seiner ersten Entscheidung zu der Vorgängerregelung des § 118, § 81 Abs. 1 BetrVG 1952, stellte das BAG eine Beziehung zu den **Grundrechten** her.[3] Auch das Schrifttum verstand § 81 Abs. 1 BetrVG 1952 als Konkretisierung von Grundrechtsgewährleistungen.[4] Die These vom Grundrechtsbezug gab das BAG jedoch 1970 auf.[5] Erst die Neuregelung des Tendenzschutzes in § 118 Abs. 1 veranlasste das BAG, dessen Grundrechtsbezug wieder anzuerkennen,[6] und zwar insb. für Presseunternehmen. Laut BVerfG schirmt der Tendenzschutz die Pressefreiheit vor einer Beeinträchtigung durch die betrieblichen Mitbestimmungsrechte ab;[7] aber auch für die sonstigen Tendenzunternehmen bildet der Grundrechtsbezug die materielle Rechtfertigung ihrer Sonderstellung in der Mitbestimmungsordnung. Dies gilt etwa für Einrichtungen, die wissenschaftlichen Bestimmungen dienen, bezüglich des Grundrechts der Wissenschaftsfreiheit, Art. 5 Abs. 3 S. 1 Alt. 2 GG.[8] Im Schrifttum wird der Normzweck ebenfalls überwiegend in der Gewährleistung von Grundrechtsentfaltung für Unternehmen gesehen, die der Berichterstattung oder Meinungsfreiheit dienen.[9] Die Grundrechte enthalten nicht nur Eingriffsverbote und Abwehrrechte, sondern auch Schutzpflichten des Staates. Durch den Tendenzschutz erfüllt der Gesetzgeber diesen Schutzauftrag. Das gleiche Ziel verfolgt er mit der Ausklammerung der Religionsgemeinschaften und ihrer karitativen und erzieherischen Einrichtungen in § 118 Abs. 2.[10] Der Tendenzschutz ist damit keine Grundrechts beschränkende, sondern eine Grundrechts ausgestaltende Regelung.[11] Für den Verfassungsbezug des Tendenzschutzes sprechen der ausdrückliche Verweis auf Art. 5 Abs. 1 S. 2 GG und die Gesetzesmaterialien. Mit der Neugestaltung des Tendenzschutzparagraphen sollte nämlich „eine ausgewogene Regelung zwischen dem Sozialstaatsprinzip und den Freiheitsrechten der Tendenzträger" gefunden werden.[12] Diese verfassungsrechtlich determinierte Normzweckbetrachtung versagt jedoch außerhalb der Meinungs- und Wissenschaftsfreiheit sowie der grundrechtlich ebenso unmittelbar geschützten Religionsgemeinschaften. Für die in § 118 gleichfalls behandelten geistig-ideellen Zielsetzungen (karitative, erzieherische, politische Zwecke) bedarf es daher für die durch § 118 geschaffene Privilegierung einer anderen Rechtfertigung. Diese soll das Interesse der Allgemeinheit an der möglichst ungestörten Tendenzausübung und dem somit notwendigen Vorrang der Freiheitsrechte der Tendenzunternehmer sein.[13]

II. Vorläufer der Norm

3 § 67 BRG 1920 schloss Mitwirkungsrechte bei der Einführung neuer Arbeitsmethoden aus, soweit dies durch die Eigenart der Tendenz geboten war. Ausgenommen waren Tendenzbetriebe auch von der Beteiligung der AN im AR, von der Mitbestimmung bei der Aufstellung von Einstellungsrichtlinien sowie vom Einspruchsrecht bei Künd. Unmittelbarer Vorläufer des § 118 ist § 81 BetrVG 1952. Die Vorschrift knüpfte hinsichtlich des Begriffs des Tendenzbetriebs und der Rechtsfolgen der Tendenzeigenschaft im Wesentlichen an das BRG an. Gegenüber dem BRG wurden militärische Zielsetzungen ausgenommen und karitative sowie erzieherische Zwecke eingefügt. Wie § 118 unterschied das Gesetz zwischen wirtschaftlichen Angelegenheiten und den sonstigen Mitbestimmungstatbeständen. I.Ü. war die Rspr. des BAG uneinheitlich. Überwiegend auf Gewinnerzielung ausgerichtete Unternehmen sollten nicht vom Tendenzschutz profitieren können. In der letzten Entscheidung zu § 81 BetrVG 1952 aus 1970 hieß es jedoch, dass ein Unternehmen zwar geistig ideelle Ziele verwirklichen müsse, mit deren Verfolgung jedoch durchaus ein Gewinnstreben verbunden sein könne. Ein Grundrechtsbezug wurde ausdrücklich verneint.[14]

---

1 So bereits Flatow/*Kahn-Freund*, BRG, 13. Auflage 1931, § 67 Anm. 1; vgl. *Nikisch*, Bd. III, 2. Auflage 1966, S. 46 f.
2 Flatow/*Kahn-Freund*, BRG, 13. Auflage 1931, § 67 Anm. 1; *Nikisch*, Bd. III, 2. Auflage 1966, S. 52.
3 BAG 13.7.1955 – 1 ABR 20/54 – BAGE 2, 91, 93 f. = AP § 81 BetrVG Nr. 1; BAG 22.2.1966 – 1 ABR 9/65 – BAGE 18, 159, 163 = AP § 81 BetrVG Nr. 4.
4 *Dietz*, NJW 1967, 81, 84; Hueck/Nipperdey/*Nipperdey*/ *Säcker*, Bd. II/2, 7. Auflage 1970, S. 1123 f.; *Mayer-Maly*, AfP 1971, 51, 57; *Neumann-Duesberg*, Betriebsverfassungsrecht, 1960, S. 104; *Neumann-Duesberg*, DB 1970, 1832, 1833.
5 BAG 29.5.1970 – 1 ABR 17/69 – AP § 81 BetrVG Nr. 13.
6 BAG 22.4.1975 – 1 AZR 604/73 – AP § 118 BetrVG 1972 Nr. 2.
7 BVerfG 6.11.1979 – 1 BvR 81/76 – E 52, 283, 298 f. = AP § 118 BetrVG 1972 Nr. 14.
8 Vgl. BAG 20.11.1990 – 1 ABR 87/89 – AP § 118 BetrVG 1972 Nr. 47.
9 *Diller*, Praxishandbuch Betriebsverfassungsrecht, § 31 Rn 2; *Bauschke*, ZTR 2006, 69, 70.
10 *Mayer-Maly*, AfP 1971, 56, 57.
11 BVerfG 15.12.1999 – 1 BvR 505/95 – AP § 118 BetrVG 1972 Nr. 67, 68.
12 Bericht des BT-Ausschusses für Arbeit und Sozialordnung zu BT-Drucks VI/2729, S. 17.
13 *Diller*, Praxishandbuch Betriebsverfassungsrecht, § 31 Rn 2; GK-BetrVG/*Weber*, § 118 Rn 21.
14 BAG 29.5.1970 – 1 ABR 17/69 – AP § 81 BetrVG Nr. 13 m. Anm. *Fabricius* = SAE 1971, 81 m. Anm. *Mayer-Maly*.

Ungeachtet dieser teils unklaren Zwecksetzung verzichtete der Regierungsentwurf auf eine Neuregelung. Nach der Gesetzesbegründung entsprach § 119 RegE, von redaktionellen Anpassungen abgesehen, § 81 BetrVG 1952, wobei die Erwähnung des Unternehmens neben dem Betrieb lediglich der Klarstellung dienen sollte.[15] Die jetzige Ausgestaltung erfolgte erst auf Vorschlag des BT-Ausschusses für Arbeit und Sozialordnung.[16] Durch die Änderung sollte eine **ausgewogene Regelung zwischen dem Sozialstaatsprinzip und den Freiheitsrechten der Tendenzträger** erreicht werden. Dies erschien dem Ausschuss umso erforderlicher, als die bisherige Regelung vermeintlich eine über den Willen des Gesetzgebers hinausgehende extensive Auslegung erfahren hatte.[17] Da somit maßgeblich verfassungsrechtliche Erwägungen die Diskussion um die Reichweite des Tendenzschutzes beherrschen, kommt der historischen Interpretation des § 118 wenig Bedeutung zu.[18]

B. Regelungsgehalt
I. Tendenzgeschützte Arbeitgeber
1. Tendenzunternehmen und -betriebe (Abs. 1). Abs. 1 nennt zwei unterschiedliche organisatorische Einheiten als Anknüpfungspunkte für den Tendenzschutz, die sich durch ihre Zwecksetzung unterscheiden: das Unternehmen und den Betrieb. Der Betrieb dient einer arbeitstechnischen Zwecksetzung, während das Unternehmen einen übergreifenden, in aller Regel wirtschaftlichen, mitunter aber auch geistig-ideellen Zweck verfolgt. Demnach kann nach herrschender Ansicht **nur das Unternehmen, nicht aber der Betrieb, eine Tendenz haben**.[19] Ein tendenzneutrales Unternehmen kann daher keinen Tendenzbetrieb unterhalten. Denn der Betrieb als arbeitstechnische Teilorganisation des Unternehmens kann keinen anderen Zweck verfolgen als das Unternehmen selbst.[20] In Tendenzunternehmen mit mehreren Betrieben oder nach § 4 selbstständigen Betriebsteilen erstreckt sich die Tendenz nicht zwangsläufig auf alle Betriebe. Die Voraussetzungen des Abs. 1 sind vielmehr für jeden Betrieb gesondert zu prüfen.[21] Im Ergebnis müssen also grds. sowohl das Unternehmen als auch die zugehörigen Betriebe den Vorgaben des Tendenzschutzes unterfallen, damit die Einschränkungen des § 118 greifen. Eine Ausnahme besteht jedoch bei Gemeinschaftsbetrieben (siehe Rn 7).

2. Konzerne/Gemeinschaftsbetriebe. Die Konzernabhängigkeit allein rechtfertigt keine Erstreckung des Tendenzschutzes von dem Tendenzunternehmen auf konzernverbundene Unternehmen mit Hilfsfunktion.[22] Sind mehrere Unternehmen in einem Konzern oder in anderer Weise miteinander verbunden, **kommt es ausschließlich auf das einzelne Unternehmen** bzw. den einzelnen Betrieb **an**, dessen Tendenzeigenschaft jeweils gesondert zu prüfen ist.[23] Umstritten ist allerdings, ob ein an der Konzernspitze stehendes Unternehmen, das dem Tendenzschutz unterfallende abhängige Unternehmen leitet, auch allein durch diese Leitungstätigkeit den Charakter eines Tendenzunternehmens annehmen kann.[24] Für ein solches Verständnis des § 118 Abs. 1 spricht, dass der unternehmensbezogene Tendenzzweck nicht nur durch eigene Verwirklichung, sondern auch durch Leitung abhängiger Konzernunternehmen verfolgt werden kann, die ihrerseits Tendenzzwecken dienen.[25] Die gegenteilige Auffassung knüpfte den Tendenzschutz an die Zufälligkeiten konzernstruktureller Organisationsentscheidungen: Würde etwa die den künstlerischen Bereich unterstützende Organisation auf Ebene des umsetzenden Tendenzunternehmens ausgeführt, unterfiele auch sie unzweifelhaft dem Tendenzschutz des § 118 Abs. 1. Wäre dieselbe Organisationseinheit übergeordnet angesiedelt, entfiele dagegen der Tendenzschutz. Um den in beiden Konstellation identischen Tendenzzweck nicht unterschiedlichen Konsequenzen zu unterwerfen, bedarf es daher der Berücksichtigung der im konzernrechtlichen Abhängigkeitsverhältnis verfolgten Zwecke. Eine solche konzernbezogene Betrachtung kann der Konzernspitze allerdings nur dann den Charakter eines Tendenzunternehmens verleihen, wenn sich die Leitungsfunktion überwiegend auf abhängige Tendenzunternehmen bezieht.

Bei einem Gemeinschaftsbetrieb zweier Tendenzunternehmen bestehen keine Besonderheiten. Der Tendenzgemeinschaftsbetrieb unterfällt dem Tendenzschutz. Problematisch ist die Situation bei einem **Gemeinschaftsbetrieb, den Tendenz- und Nicht-Tendenzunternehmen bilden**.[26] Gründet bspw. ein karitativ geführtes Krankenhaus seinen

---

15 BT-Drucks VI/1806, S. 27, 58.
16 Vgl. das Protokoll der 57. Sitzung des Ausschusses für Arbeit und Sozialordnung am 13.5.1971 S. 7 f., sowie den Bericht von *Mikat*, in: FS Küchenhoff, Bd. I, 1972, S. 261, 272 f.
17 BT-Drucks VI/2729, S. 17.
18 So auch GK-BetrVG/*Weber*, § 118 Rn 5.
19 *Fitting u.a.*, § 118 Rn 5; *Weber*, NZA 1999, 89, Beil. 3 S. 2, 4.
20 BAG 27.7.1993 – 1 ABR 8/93 – AP § 118 BetrVG 1972 Nr. 51.
21 *Bauer/Lingemann*, NZA 1995, 813, 814.
22 BVerfG 29.4.2003 – 1 BvR 62/99 – NZA 2003, 864 = ArbRB 2004, 44 m. Anm. *Reufels*.
23 BAG 30.10.1975 – 1 ABR 64/74 – AP § 118 BetrVG 1972 Nr. 3; BAG 30.6.1981 – 1 ABR 30/79 – AP § 118 BetrVG 1972 Nr. 20, bestätigt durch BVerfG 29.4.2003 – 1 BvR 62/99 – NZA 2003, 864.
24 Dafür MünchArb/*Matthes*, § 364 Rn 38; Richardi/*Thüsing*, § 118 Rn 109; ErfK/*Oetker*, § 5 MitbestG Rn 16; im Ergebnis ebenso OLG Hamburg 22.1.1980 – 11 W 38/79 – BB 1980, 332; dagegen (zu § 5 MitbestG) OLG Stuttgart 3.5.1989 – 8 W 38/89 – DB 1989, 1228; LG Hamburg 24.9.1979 – 71 T 31/78 – DB 1979, 2279; siehe auch DKK/*Wedde*, § 118 Rn 17.
25 Ebenso Richardi/*Thüsing*, § 118 Rn 109.
26 Hierzu *Lunk*, NZA 2005, 841 ff.

Küchenbereich auf eine eigenständige GmbH aus und bilden beide einen Gemeinschaftsbetrieb i.S.d. § 1 Abs. 2, so stellt sich die Frage nach der Reichweite des Tendenzschutzes. Auf der Basis der h.M., derzufolge es auf die Tendenzeigenschaft des Unternehmens ankommt,[27] ist der Tendenzschutz zweifelhaft. Dieses Ergebnis wäre jedoch nicht im Einklang mit der gesetzgeberischen Konzeption vom Gemeinschaftsbetrieb als Haftungsverband der beteiligten AG. Denn ebenso wie er bei einer unternehmensübergreifenden Sozialauswahl für den beteiligten AG Nachteile mit sich bringt,[28] müssen aus der Haftungsgemeinschaft auch Vorteile resultieren können.[29] Für die Abgrenzung wird man daher auch bei der Beteiligung von Nicht-Tendenzunternehmen auf andere Kriterien abstellen müssen. Wie das Beispiel der unternehmensübergreifenden Betriebsänderung im Tendenzgemeinschaftsbetrieb zeigt, hat die Behandlung der Problematik erhebliche praktische Auswirkungen. Dies gilt bspw. dann, wenn man mit der h.M.[30] dem BR im Tendenzunternehmen kein Recht auf einen Interessenausgleich und somit auch keinen Unterlassungsanspruch im Falle der Umsetzung einer Betriebsänderung ohne Versuch des Interessenausgleichs gewährt. Nach dem hier vertretenen Ergebnis wird man nämlich diese Privilegierung grds. auch dem Nicht-Tendenzunternehmen des Tendenzgemeinschaftsbetriebs zubilligen. Die Differenzierung nach der Art des Beteiligungsrechts liegt auf der Linie der **Rspr. des BAG**. In der Entscheidung vom 11.11.1997[31] führte der 1. Senat im Hinblick auf die §§ 111 ff. und deren Anwendbarkeit im Gemeinschaftsbetrieb aus, das Betriebsgeschehen sei betriebsverfassungsrechtlich einheitlich zu beurteilen, so dass auch die Beteiligungsrechte der §§ 111 ff. grds. an die Organisation des Betriebs und nicht an die des Unternehmens anknüpften. In dem Beschluss vom 23.9.2003[32] heißt es demgegenüber im Hinblick auf die Beteiligung bei Eingruppierungen im Gemeinschaftsbetrieb, Adressat dieses Beteiligungsrechts sei auch im Gemeinschaftsbetrieb allein der Vertrags-AG.

II. Unmittelbarkeit des Dienens

8   Das Gesetz verlangt, dass die Unternehmen und Betriebe „unmittelbar" einer geschützten Bestimmung dienen. Nach dem BAG ist Unmittelbarkeit gegeben, wenn der Zweck des Unternehmens selbst auf die geistig-ideelle Zielsetzung gerichtet ist; eine wirtschaftliche Zielsetzung der Tätigkeit genügt selbst dann nicht, wenn durch sie geistig-ideelle Ziele unterstützt werden soll.[33] Dies bedeutet jedoch nicht, dass es dem Unternehmen gerade auf die Realisierung der Tendenz ankommen muss. Vielmehr reicht es, wenn das **Unternehmen der besonderen geistig-ideellen Zwecksetzung tatsächlich dient, ohne dass es insoweit auf die Motivation des Unternehmers ankommt**.[34] Für die Unmittelbarkeit ist es daher **irrelevant, inwieweit ein Unternehmen wirtschaftliche Ziele verfolgt**.[35] Bspw. dient eine Privatschule auch dann unmittelbar erzieherischen Zwecken, wenn ihre Anteilseigner lediglich wirtschaftliche Ziele verfolgen.[36]

9   Insb. bei **Druckereien von Verlagen und Presseunternehmen** ist die Unmittelbarkeit der Tendenzverwirklichung häufig fraglich. Druckunternehmen, die als selbstständige Lohndruckerei unterstützende Tätigkeiten für Zeitschriftenverlage wahrnehmen, dienen mangels eigener Tendenzverfolgung nicht unmittelbar Zwecken der Berichterstattung und Meinungsäußerung.[37] Sofern das Druckunternehmen seinerseits die Möglichkeit hat, Einfluss auf die Tendenzverwirklichung des Verlags zu nehmen, kann aber eine Ausnahme geboten sein. Druckereien von Verlags- und Presseunternehmen, die lediglich die Produkte des Tendenzunternehmens drucken und keinen eigenen Betrieb darstellen, genießen Tendenzschutz. Auch diese auf rein organisatorisch-gesellschaftsrechtlichen Zufälligkeiten basierende Abgrenzung zeigt, wie wenig überzeugend und strukturiert die derzeitige Ausgestaltung des Tendenzschutzes ist.

III. Überwiegen des Dienens

10 Die geschützte Tendenz muss zudem „überwiegend" verwirklicht werden. Die Bedeutung dieses Tatbestandsmerkmals ist insb. bei **Mischbetrieben bzw. -unternehmen** umstr. Dabei geht es in erster Linie darum, ob die Abgrenzung anhand **qualitativer oder quantitativer Merkmale** vorzunehmen ist. Nach der Rspr. zu § 81 BetrVG 1952 sollte das „Gepräge" des Unternehmens maßgeblich sein.[38] Mithin kam es allein auf eine qualitative Abgrenzung an. Auf quantitative Merkmale wie Prozentzahlen von Umsatz und Ertrag oder die Zahl der in den einzelnen Berei-

---

27 S. Rn 5.
28 BAG 19.11.2003 – 7 AZR 11/03 – NZA 2004, 435 = ArbRB 2004, 108 m. Anm. *Braun*; dazu *Annuß/Hohenstatt*, NZA 2004, 420.
29 Näher dazu *Lunk*, NZA 2005, 841 ff.; zustimmend HWK/*Hohenstatt/Dzida*, § 118 BetrVG Rn 2.
30 Siehe hierzu unten Rn 61.
31 BAG 11.11.1997 – 1 ABR 6/97 – NZA 1998, 723.
32 BAG 23.9.2003 – 1 ABR 35/02 – NZA 2004, 800 = ArbRB 2004, 14 m. Anm. *Lunk*.
33 BAG 31.10.1975 – 1 ABR 64/74 – AP § 118 BetrVG 1972 Nr. 3.
34 BAG 14.11.1975 – 1 ABR 107/74 – AP § 118 BetrVG 1972 Nr. 5.
35 Richardi/*Thüsing*, § 118 Rn 32.
36 BAG 22.5.1979 – 1 ABR 45/77 – AP § 118 BetrVG 1972 Nr. 12.
37 BAG 31.10.1975 – 1 ABR 64/74 – AP § 118 BetrVG 1972 Nr. 3.
38 BAG 22.2.1966 – 1 ABR 9/65 – AP § 81 BetrVG 1952 Nr. 4; BAG 27.8.1968 – 1 ABR 3/67 – AP § 81 BetrVG 1952 Nr. 10; BAG 29.5.1979 – 1 ABR 17/69 – AP § 81 BetrVG 1952 Nr. 13.

chen beschäftigten AN kam es nur an, wenn das Gesamtgepräge nicht ohne diese zusätzlichen Merkmale feststellbar war.[39] Die **Geprägetheorie gab** das BAG nach Einführung des § 118 im Jahr 1972 zugunsten einer quantitativ-numerischen Prüfung **auf**. Nunmehr wird darauf abgestellt, in welcher Größenordnung ein Unternehmen seine personellen und sonstigen Mittel zur Verwirklichung seiner tendenzgeschützten und nicht tendenzgeschützten Ziele regelmäßig einsetzt. Ein **quantitatives Überwiegen der tendenzbezogenen Mittel führt zur Anerkennung des Tendenzschutzes**.[40] Bei personalintensiven Unternehmen liegt das Augenmerk auf dem Umfang der für die geschützten Ziele eingesetzten Arbeitszeit aller AN. Demnach kommt es nicht nur auf die Tendenzträger an, die selbst inhaltlich auf die Tendenzverwirklichung Einfluss nehmen, sondern auch auf alle übrigen Mitarbeiter, die die Tendenzverwirklichung indirekt unterstützen (z.B. Maskenbildner, wissenschaftliche Mitarbeiter, Marketingabteilung).[41] Nach zutreffender Auffassung des BAG sind Umsatz- und Gewinnzahlen hingegen ein ungeeignetes Kriterium zur Beurteilung des überwiegenden Dienens tendenzgeschützter Bestimmungen, weil diese Daten je nach Marktlage schwanken.[42]

Dieser quantitative Ansatz des BAG, wonach bei Mischunternehmen die Arbeitszeitmenge zu mehr als 50 % für tendenzgeschützte Aufgaben eingesetzt werden muss, ist grds. richtig, bedarf jedoch im Einzelfall der **Korrekturen**.[43] Denn die Berücksichtigung bloß der Quantität ist ungeeignet, wenn nur die tendenzfreie Tätigkeit personalintensiv ist, während dies bei der tendenzgeschützten Tätigkeit nicht der Fall ist. Dies wird auch vom BAG berücksichtigt, indem es fragt, in welcher Größenordnung das Unternehmen seine sonstigen Mittel für tendenzbezogene Ziele einsetzt[44] und seine Perspektive nicht auf die Berücksichtigung bloß personeller Mittel beschränkt. Um die häufig zu eindimensional geratene Betrachtung allein der Arbeitszeitvolumina zu korrigieren, sollte jedenfalls auch in Grenzfällen auf **qualitative Kriterien zurückgegriffen** werden.[45]

Bei der Beurteilung, ob der Tendenzanteil jenseits der 50 %-Grenze liegt, ist nicht auf einen bestimmten Zeitpunkt abzustellen. Vielmehr kommt es auf einen längeren Betrachtungszeitraum an, z.B. das jeweils vergangene Wirtschaftsjahr. Der regelmäßige Einsatz wird damit per **Rückschau und Prognose** festgestellt.[46]

IV. Geschützte Bestimmungen (Abs. 1)

1. Politische Bestimmungen. Der Tendenzschutz erfasst zunächst Betriebe und Unternehmen, die politischen Zwecken dienen. Der Wortlaut ist bewusst so gefasst, dass **nicht nur parteipolitische Zwecke** erfasst sind. Teilnahme an der politischen Willensbildung kann auch außerhalb von Parteien erfolgen.[47] Die Bürger sollen somit ihr Recht, im Interesse der Allgemeinheit auf die Gestaltung der öffentlichen Angelegenheiten und damit auf die staatliche und kommunale Willensbildung Einfluss zu nehmen, möglichst ungehindert ausüben können. Eine politische Bestimmung des Betriebs oder Unternehmens liegt daher vor, wenn das Ziel verfolgt wird, zur Gestaltung öffentlicher Aufgaben im Interesse der Allgemeinheit auf die Willensbildung des demokratisch verfassten Staates Einfluss zu nehmen.[48] Zahlreiche Institutionen dienen diesem Zweck. Eine politische Bestimmung wird daher angenommen bei wirtschaftspolitischen und sozialpolitischen Vereinigungen (z.B. Bundesverband der Deutschen Industrie, Wirtschaftsvereinigung Bergbau, Bürgerinitiativen, Vertriebenenverbände, Behindertenverbände), Umweltschutzverbänden und Menschenrechtsorganisationen.[49] Ferner sind von den Parteien getragene politische Stiftungen, Jugend-, Frauen- und Seniorengruppen, Parteizeitungen und Informationsbüros erfasst.[50] Hingegen reicht eine bloße Einflussnahme auf die gesellschaftliche Ordnung ebenso wenig wie das Tätigwerden eines Unternehmens mit politischer Tendenz im Auftrag und nach Vorgabe staatlicher Stellen.[51] Keiner politischen Bestimmung dienen daher Sportverbände, Lizenzfußballvereine und der Technische Überwachungsverein. Unternehmen, die sich lediglich auf die Interessenvertretung ihrer Mitglieder beschränken oder generell der Durchsetzung privater Interessen im Widerstreit mit anderen privaten Interessen gewidmet sind, genießen gleichfalls keinen Tendenzschutz. Hierunter fallen etwa Mieter-, Haus- und Grundbesitzervereine. Schließlich zielen Unternehmen, die sich der Entwicklungs-

---

39 BAG 29.5.1979 – 1 ABR 17/69 – AP § 81 BetrVG 1952 Nr. 13.
40 BAG 15.3.2006 – 7 ABR 24/05 – NZA 2006, 1422.
41 BAG 15.3.2006 – 7 ABR 24/05 – NZA 2006, 1422; BAG 20.11.1990 – 1 ABR 87/89 – AP § 118 BetrVG 1972 Nr. 47; BAG 3.7.1990 – 1 ABR 36/89 – AP § 118 BetrVG 1972 Nr. 81; BAG 9.12.1975 – 1 ABR 37/74 – AP § 118 BetrVG 1972 Nr. 7.
42 BAG 20.11.1990 – 1 ABR 87/89 – AP § 118 BetrVG 1972 Nr. 47; zustimmend DKK/*Wedde*, § 118 Rn 13; ErfK/*Kania*, § 118 BetrVG Rn 7; HWK/*Hohenstatt/Dzida*, § 118 BetrVG Rn 13.
43 *Bauer/Mengel*, NZA 2001, 307, 309; DKK/*Wedde*, § 118 Rn 11; HWK/*Hohenstatt/Dzida*, § 118 BetrVG Rn 14.
44 BAG 21.6.1989 – 7 ABR 58/87 – AP § 118 BetrVG 1972 Nr. 43.
45 Ebenso DKK/*Wedde*, § 118 Rn 11; GK-BetrVG/*Weber*, § 118 Rn 65; HWK/*Hohenstatt/Dzida*, § 118 BetrVG Rn 14 ff.
46 *Bauer/Mengel*, NZA 2001, 307, 310; HWK/*Hohenstatt/Dzida*, § 118 BetrVG Rn 17; ähnlich DKK/*Wedde*, § 118 Rn 11.
47 BAG 21.7.1998 – 1 ABR 2/98 – AP § 118 BetrVG 1972 Nr. 63.
48 BAG 21.7.1998 – 1 ABR 2/98 – AP § 118 BetrVG 1972 Nr. 63.
49 Ausschussbericht BT-Drucks VI/2729, S. 17.
50 BAG 28.8.2003 – 2 ABR 48/02 – NZA 2004, 501 = ArbRB 2004, 143 m. Anm. *Lunk*.
51 BAG 23.3.1999 – 1 ABR 28/98 – AP § 118 BetrVG 1972 Nr. 66; BAG 21.7.1998 – 1 ABR 2/98 – AP § 118 BetrVG 1972 Nr. 63.

hilfe widmen, regelmäßig nicht auf Willensbildung ab und haben daher keine politische Bestimmung. Sie können aber karitativen Zwecken dienen.

14 **2. Koalitionspolitische Bestimmungen.** Koalitionspolitischen Bestimmungen dienen solche Vereinigungen, deren **Zweck auf die Wahrung und Förderung der Arbeits- und Wirtschaftsbedingungen gerichtet** ist.[52] Der Tendenzschutz bezieht sich damit auf den Koalitionsbegriff des Art. 9 Abs. 3 GG. Eine koalitionspolitische Bestimmung liegt nicht nur bei den Gewerkschaften und AG-Vereinigungen vor, sondern auch bei deren Hauptverwaltungen und regionalen Verwaltungsstellen. Die Tariffähigkeit der Koalition ist nicht erforderlich.[53] Der Tendenzschutz der koalitionspolitischen Bestimmung erstreckt sich nicht auf Wirtschaftsunternehmen, die von den betreffenden Verbänden abhängig sind (z.B. Banken, Versicherungsunternehmen, Bausparkassen, Automobilclubs, Wohnungsbaugesellschaften und Konsumvereine), weil sie nicht überwiegend und unmittelbar koalitionspolitischen Bestimmungen dienen. Das Gleiche gilt für Mieter-, Haus- und Grundbesitzervereine sowie für gemeinsame Einrichtungen der TV-Parteien (Lohnausgleichskassen, Urlaubskassen usw.). Eine Mindermeinung lässt eine koalitionspolitische Bestimmung auch bei verbandsinternen Bildungs-, Forschungs- und Schulungseinrichtungen zu.[54] Demgegenüber verlangen das BAG[55] und die h.M. in der Lit.[56] zu Recht, dass die von einer Koalition getragene Bildungs- und Schulungseinrichtung selbst die Gestaltung von Arbeits- und Wirtschaftsbedingungen bezweckt.

15 **3. Konfessionelle Bestimmungen.** Konfessionellen Bestimmungen dienen Verbände und Organisationen, deren **Tätigkeit Ausdruck einer religiösen Überzeugung ist**.[57] Nach Abs. 2 sind Religionsgemeinschaften und ihre karitativen und erzieherischen Einrichtungen allerdings von der Anwendung des BetrVG ausgenommen. Demzufolge fallen Einrichtungen der inneren Mission, kirchlicher Orden oder der Caritas nicht unter Abs. 1. Dies gilt ebenfalls für den evangelischen Pressedienst (epd) und die katholische Nachrichtenagentur (KNA).[58] Die Herstellung und der Vertrieb von Gegenständen mit religiöser Zweckrichtung genießen mangels unmittelbarer Verfolgung der konfessionellen Zielsetzung keinen Tendenzschutz.[59] Nach Auff. des LAG Hamm[60] und der h.Lit.[61] zählen Krankenhäuser, deren Betrieb bestimmten Bindungen im Hinblick auf eine Religionsgemeinschaft unterliegt, nicht zu den konfessionellen Einrichtungen. Bei Krankenhäusern kann es sich jedoch um karitative Einrichtungen handeln. Der geringe Anwendungsbereich der konfessionellen Bestimmungen beschränkt sich daher auf Einrichtungen, deren Wertstreben auf das Einstehen für einen Glauben gerichtet ist und die gegenüber der Kirche selbstständig sind bzw. nach kirchlichem Selbstverständnis keine Einrichtungen der Kirche darstellen.[62] Dies ist der Fall bei christlichen Männer-, Frauen- und Jugendverbänden wie dem CVJM, den christlichen Pfadfinderschaften, Vereinigungen von Freidenkern und Anthroposophen, Vereinen zur Missionsförderung, der Heilsarmee und konfessionellen Eheanbahnungsinstituten.[63]

16 **4. Karitative Bestimmungen.** Karitativ ist eine **Tätigkeit im Dienste Hilfsbedürftiger, insb. körperlich, geistig und seelisch kranker sowie materiell notleidender Menschen**.[64] Bei dieser Tätigkeit spielt es keine Rolle, aus welchen Beweggründen sie erfolgt, solange die Zielsetzung des Unternehmens darauf gerichtet ist, die inneren oder äußeren Nöte solcher Bedürftiger abzuwehren oder zu lindern.[65] Nach fast einhelliger Auffassung ist eine Tätigkeit **nur dann karitativ, wenn sie nicht mit der Absicht der Gewinnerzielung erfolgt**. Zugestanden wird jedoch, dass es mit dem Ziel karitativer Tätigkeit durchaus vereinbar sei, wenn die Tätigkeit nach dem Kostendeckungsprinzip, also nicht unentgeltlich, erfolgt.[66] Auf der Basis dieser h.M. fallen private Krankenhäuser, Kinderheime und Altersheime, die unter kommerziellen Gesichtspunkten betrieben werden, nicht unter den Tendenzschutz.

17 Das Dogma vom wechselseitigen Ausschluss karitativen und gewinnorientierten Handelns überzeugt nicht. Zunächst ist auch aus Gründen der Gleichbehandlung nicht ersichtlich, warum die Gewinnerzielung innerhalb des § 118 nur bei dem Merkmal „karitativ" ein Ausschlusskriterium sein soll, ansonsten aber einer Tendenzverwirklichung nicht entgegensteht. Niemand kommt nämlich auf die Idee, einer Konzertagentur den auf der Verwirklichung

---

52 BAG 3.7.1990 – 1 ABR 36/89 – AP § 99 BetrVG 1972 Nr. 81.
53 MünchArb/*Matthes*, Bd. 3, § 364 Rn 10.
54 *Fitting u.a.*, § 118 Rn 16; Richardi/*Thüsing*, § 118 Rn 53.
55 BAG 3.7.1990 – 1 ABR 36/98 – AP § 99 BetrVG 1972 Nr. 81.
56 ErfK/*Kania*, § 118 BetrVG Rn 9; GK-BetrVG/*Weber*, § 118 Rn 81; HWK/*Hohenstatt/Dzida*, § 118 BetrVG Rn 4.
57 ErfK/*Kania*, BetrVG § 118 Rn 10; MünchArb/*Matthes*, Bd. 3, § 364 Rn 12; Richardi/*Thüsing*, § 118 Rn 55.
58 So anerkannt für den epd Hamburg und Kiel: BAG 24.7.1991 – 7 ABR 34/90 – AP § 118 BetrVG 1972 Nr. 48.
59 MünchArb/*Matthes*, Bd. 3, § 364 Rn 13.
60 LAG Hamm 14.3.2000 – 13 TaBV 116/99 – NZA-RR 2000, 532.
61 GK-BetrVG/*Weber*, § 118 Rn 91; HWK/*Hohenstatt/Dzida*, § 118 BetrVG Rn 5; Richardi/*Thüsing*, § 118 Rn 56.
62 Richardi/*Thüsing*, § 118 Rn 56.
63 Vgl. *Fitting u.a.*, § 118 Rn 17.
64 BAG 5.10.2000 – 1 ABR 14/99 – AP § 118 BetrVG 1972 Nr. 69.
65 BAG 12.11.2002 – 1 ABR 60/01 – NZA 2004, 1289 = ArbRB 2003, 236 m. Anm. *Lunk*.
66 BAG 15.3.2006 – 7 ABR 24/05 – AP § 118 BetrVG 1972 Nr. 79; BAG 29.6.1988 – 7 ABR 15/87 – AP § 118 BetrVG 1972 Nr. 37; BAG 31.1.1995 – 1 ABR 35/94 – AP § 118 BetrVG 1972 Nr. 56; BAG 24.5.1995 – 7 ABR 48/94 – AP § 118 BetrVG 1972 Nr. 57; ErfK/*Kania*, § 118 BetrVG Rn 11; *Fitting u.a.*, § 118 Rn 18; HWK/*Hohenstatt/Dzida*, § 118 BetrVG Rn 6; Richardi/*Thüsing*, § 118 Rn 59.

künstlerischer Bestimmungen basierenden Tendenzschutz nur deshalb zu entziehen, weil sie auch Gewinne erzielt. Zudem schließen sich Gewinnerzielung und Tätigkeiten an geistig, seelisch oder körperlich notleidenden Menschen tatsächlich nicht aus – oder will man einem Arzt einer gewinnorientierten Privatklinik unterstellen, er wolle nicht die Nöte hilfsbedürftiger Menschen lindern? Zu Recht wurde bei den Vorgängerregelungen die Gewinnorientierung daher nicht als ausschlaggebend angesehen (vgl. oben Rn 1 ff.). Die Annahme, karitatives und gewinnorientiertes Handeln schlössen einander aus, basiert auf einem kaum nachvollziehbaren Verständnis der Begrifflichkeiten. Wenn das BAG[67] etwa bei Krankenhäusern differenziert, ob sie nur kostendeckend arbeiten, von Gesetzes wegen zur Hilfestellung verpflichtet sind oder es gar für den Tendenzschutz als relevant ansieht, ob ein Krankenhaus in den staatlichen Krankenhausplan aufgenommen ist,[68] so belegen diese Beispiele die völlige Konturenlosigkeit des Begriffes „karitativ". Mit einer Subsumtion unter das Merkmal „karitativ" lässt es sich jedenfalls nicht begründen, den Tendenzschutz von der Aufnahme in einen Krankenhausplan abhängig zu machen. Angesichts dieser mehr oder minder willkürlichen Differenzierung, ob Tendenzschutz gewährt wird oder nicht, bestehen an der h.M. auch verfassungsrechtliche Bedenken. Letztlich rechtfertigt der Zweck des Tendenzschutzes, einen Interessenausgleich zwischen den Rechten der Allgemeinheit und den Freiheitsrechten der Tendenzunternehmer herbeizuführen, die Gewinnerzielung unberücksichtigt zu lassen. Denn es ist nicht ersichtlich, dass diese Abwägung bei den anderen Kriterien des § 118 Abs. 1 dadurch beeinträchtigt wird, dass der AG gewinnorientiert tätig ist.

Als Beispiele für karitative Betriebe/Unternehmen auf Basis der h.M. sind zu nennen: Private Fürsorgevereine, Berufsförderungswerke zur Rehabilitation Behinderter,[69] Deutsches Rotes Kreuz, Deutsche Krebshilfe, Bergwacht, Deutsche Gesellschaft zur Rettung Schiffbrüchiger, Arbeiterwohlfahrt, der Volksbund für Kriegsgräberfürsorge,[70] Unternehmen des Entwicklungsdienstes sowie nichtkommerziell betriebene Altenheime, Krankenhäuser, Sanatorien, nicht jedoch der TÜV.[71] Unmittelbar von der öffentlichen Hand betriebene karitative Einrichtungen, z.B. Krankenhäuser oder Kinderheime, fallen gem. § 130 nicht in den Anwendungsbereich des Gesetzes. Für diese gilt daher das jeweilige PersVG. Aus dem Geltungsbereich des BetrVG sind gem. Abs. 2 auch solche Betriebe mit karitativer Zielsetzung ausgenommen, die Einrichtungen von Religionsgemeinschaften sind. Sofern ein kirchlicher Rechtsträger im Wege des Betriebsübergangs einen Betrieb mit karitativer Zielsetzung übernimmt und als kirchliche Einrichtung weiterführt, wird dieser Betrieb allein durch den Trägerwechsel zu einer unter Abs. 2 fallende Einrichtung der Kirche, auf die das BetrVG keine Anwendung findet.[72]

5. Erzieherische Bestimmungen. Ein Unternehmen dient erzieherischen Bestimmungen, wenn seine Tätigkeit darauf gerichtet ist, durch planmäßiges und methodisches Unterrichten in einer Mehrzahl allgemeinbildender oder berufsbildender Fächer die **Persönlichkeit des Menschen zu formen und seine Entwicklung zu einem Glied der menschlichen Gesellschaft zu fördern**.[73] Unerheblich ist dabei, ob die erzieherische Tätigkeit gegenüber Kindern und Jugendlichen oder gegenüber Erwachsenen ausgeübt wird.[74] Die Betonung liegt auf der Entfaltung der Persönlichkeit, so dass es nicht genügt, wenn die Tätigkeit eines Unternehmens lediglich auf die Vermittlung einzelner Kenntnisse und Fertigkeiten gerichtet ist. Tendenzschutz unter dem Gesichtspunkt erzieherischer Bestimmungen genießen u.a. Privatschulen,[75] Internate,[76] Berufsbildungseinrichtungen, private Waisenhäuser, Kindertageseinrichtungen,[77] Vorschulheime, Lehrlingsheime,[78] Berufsförderungswerke zur Wiedereingliederung Behinderter,[79] private Erziehungsanstalten, Volkshochschulen, Fernlehrinstitute[80] sowie private Universitäten, die zudem wissenschaftlichen Bestimmungen dienen.[81] Keinen Tendenzschutz genießen Einrichtungen, die lediglich der Vermittlung

---

67 BAG 24.5.1995 – 7 ABR 48/94 – NZA 1996, 444.
68 BAG 22.11.1995 – 7 ABR 12/95 – NZA 1996, 1056.
69 BAG 24.5.1995 – 7 ABR 48/94 – AP § 118 BetrVG 1972 Nr. 57.
70 BAG 8.12.1970 – 1 ABR 20/70 – AP § 59 BetrVG 1952 Nr. 28.
71 BAG 28.9.1971 – 1 ABR 4/71 – AP § 81 BetrVG 1952 Nr. 14.
72 BAG 9.2.1982 – 1 ABR 36/80 – AP § 118 BetrVG 1972 Nr. 24; Hanau/Thüsing, KuR 1999, 143.
73 BAG 23.3.1999 – 1 ABR 28/98 – NZA 1999, 1347; BAG 31.1.1995 – 1 ABR 35/94 – AP § 118 BetrVG 1972 Nr. 56.
74 BAG 3.7.1990 – 1 ABR 36/89 – AP § 99 BetrVG 1972 Nr. 81; BAG 3.12.1987 – 6 ABR 38/86 – NZA 1988, 507, 508.
75 BAG 22.5.1979 – 1 ABR 45/77 – AP § 118 BetrVG 1972 Nr. 12; BAG 13.1.1987 – 1 ABR 49/85 – AP § 118 BetrVG 1972 Nr. 33; BAG 3.12.1987 – 6 ABR 38/86 – NZA 1988, 507.
76 BAG 22.5.1979 – 1 ABR 45/77 – AP § 118 BetrVG 1972 Nr. 12.
77 LAG Sachsen 13.7.2007 – 3 TaBV 35/06 – juris; Stölzel, NZA 2009, 239.
78 BAG 14.4.1988 – 6 ABR 36/86 – AP § 118 BetrVG 1972 Nr. 36.
79 BAG 31.1.1995 – 1 ABR 35/94 – AP § 118 BetrVG 1972 Nr. 56.
80 Fitting u.a., § 118 Rn 20; GK-BetrVG/Weber, § 118 Rn 103; MünchArb/Matthes, Bd. 3, § 364 Rn 19; a.A. DKK/Wedde, § 118 Rn 32.
81 GK-BetrVG/Weber, § 118 Rn 103; MünchArb/Matthes, Bd. 3, § 364 Rn 19.

bestimmter Kenntnisse und Fertigkeiten dienen, die jedoch nicht zur Entfaltung der Persönlichkeit bestimmt sind. Hierunter fallen Fahr-,[82] Sprach-,[83] Musik- und Tanzschulen,[84] zoologische Gärten[85] oder Landessportverbände.[86]

20 **6. Wissenschaftliche Bestimmungen.** Wissenschaftlichen Bestimmungen dienen Unternehmen und Betriebe, deren Tätigkeit nach Inhalt und Form als ernsthafter **Versuch zur Ermittlung der Wahrheit** anzusehen ist.[87] Die bloße Instrumentalisierung wissenschaftlicher Methoden zur Verfolgung der Betriebs-/Unternehmenszwecke reicht dafür nicht aus.[88] Wissenschaftlichen Bestimmungen dienen bspw. Max-Planck-Institute,[89] die Fraunhofer-Gesellschaft,[90] Großforschungseinrichtungen, Meinungs- und Wirtschaftsforschungsinstitute, wissenschaftliche Buch- und Zeitschriftenverlage sowie privatrechtlich organisierte Hochschulen (z.B. Bucerius Law School). Auch ein zoologischer Garten kann wissenschaftlichen Bestimmungen dienen, soweit dort Erkenntnisse über Tierbiologie gefördert oder neue Methoden der Tierhaltung und -zucht erforscht werden.[91] Dem Tendenzschutz unterfallen nicht Rechenzentren für wissenschaftliche Datenverarbeitung.[92] Hinsichtlich der kommerziellen Forschung in Wirtschaftsunternehmen zur Neu- und Weiterentwicklung von Produkten ist zu differenzieren: Einem industriellen Unternehmen mit einer eigenen Forschungsabteilung fehlt es an der Unmittelbarkeit der wissenschaftlichen Bestimmung, da die Forschungsabteilung nur einen nicht tendenzgeschützten anderen Unternehmenszweck fördert.[93] Sofern die Forschung jedoch in einer rechtlich selbstständigen Gesellschaft erfolgt, dient diese wissenschaftlichen Bestimmungen, obwohl die Forschungsergebnisse wirtschaftlich von anderen Konzernunternehmen genutzt werden.[94]

21 **7. Künstlerische Bestimmungen.** Geschützt sind Unternehmen und Betriebe, die **Werke der Sprache, der Musik, der darstellenden und bildenden Kunst hervorbringen oder darstellen**. Die Kunstfreiheit betrifft nicht nur die künstlerische Betätigung selbst also den **Werkbereich**, sondern auch die Darbietung und Verbreitung des Kunstwerks, den vom BVerfG so bezeichneten **Wirkbereich**.[95] Der Kunstbegriff ist weit auszulegen und verlangt kein bestimmtes Mindestniveau. In den Anwendungsbereich des Abs. 1 S. 1 fallen Musicaltheater,[96] Theater,[97] Symphonieorchester,[98] Konzertagenturen, Chöre und Gesangvereine,[99] Museen[100] und Kabaretts.[101] Str. ist die Tendenzeigenschaft von Profisportvereinen[102] sowie von Revuen und Zirkusunternehmen.[103] Nicht vom Tendenzschutz erfasst werden Kinos sowie reine Tanz- und Unterhaltungsstätten,[104] die VG Wort und die Gesellschaft für musikalische Aufführungs- und mechanische Vervielfältigungsrechte (GEMA).[105]

22 **8. Unternehmen der Berichterstattung und Meinungsäußerung (Abs. 1 S. 1 Nr. 2).** Nach Abs. 1 S. 1 Nr. 2 genießen alle Unternehmen Tendenzschutz, die der Berichterstattung und/oder Meinungsäußerung i.S.v. Art. 5 Abs. 1 S. 2 GG dienen. Abs. 1 S. 1 Nr. 2 enthält damit eine **Grundrechts ausgestaltende Regelung, indem die Pressefreiheit vor einer Einflussnahme durch betriebliche Mitbestimmung bewahrt wird**.[106] Obwohl freie Meinungsäußerungen in Art. 5 Abs. 1 S. 1 und nicht in Art. 5 Abs. 1 S. 2 GG garantiert werden, sind die Beteiligungsrechte des BR auch für Unternehmen der Berichterstattung und Meinungsäußerung eingeschränkt.[107] Die vom Wortlaut missglückte Vorschrift[108] erweckt zu Unrecht den Eindruck, die darin erfassten Unternehmen würden

---

82 *Fitting u.a.*, § 118 Rn 20; HWK/*Hohenstatt/Dzida*, § 118 BetrVG Rn 7; MünchArb/*Matthes*, Bd. 3, § 364 Rn 20; Richardi/*Thüsing*, § 118 Rn 64.
83 BAG 7.4.1981 – 1 ABR 62/78 – AP § 118 BetrVG 1972 Nr. 17.
84 DKK/*Wedde*, § 118 Rn 32; GK-BetrVG/*Weber*, § 118 Rn 104; MünchArb/*Matthes*, Bd. 3, § 364 Rn 20.
85 BAG 21.6.1989 – 7 ABR 58/87 – AP § 118 BetrVG 1972 Nr. 43.
86 BAG 23.3.1999 – 1 ABR 28/98 – NZA 1999, 1347.
87 BAG 20.11.1990 – 1 ABR 87/89 – AP § 118 BetrVG 1972 Nr. 47; BAG 21.7.1998 – 1 ABR 2/98 – NZA 1999, 277 = AP § 118 BetrVG 1972 Nr. 63.
88 BAG 21.7.1998 – 1 ABR 2/98 – NZA 1999, 277 = AP § 118 BetrVG 1972 Nr. 63.
89 *Fitting u.a.*, § 118 Rn 21; Richardi/*Thüsing*, § 118 Rn 67.
90 ErfK/*Kania*, § 118 BetrVG Rn 13.
91 BAG 21.6.1989 – 7 ABR 58/87 – AP § 118 BetrVG 1972 Nr. 43.
92 BAG 20.11.1990 – 1 ABR 87/89 – AP § 118 BetrVG 1972 Nr. 47.
93 BAG 21.6.1989 – 7 ABR 58/87 – AP § 118 BetrVG 1972 Nr. 43.
94 Ebenso HWK/*Hohenstatt/Dzida*, § 118 BetrVG Rn 8.
95 BVerfG 24.2.1971 – 1 BvR 435/68 – E 30, 173, 188 f.
96 LAG Berlin/Brandenburg 17.12.2008 – 15 TaBV 1213/08 – juris; ArbG Hamburg 10.6.2003 – 25 BV 9/02 – juris; ArbG Hamburg 7.5.2003 – 24 BV 7/02 – juris; ArbG Hamburg 26.11.1997 – 7 BV 7/97 – juris; differenzierend DKK/*Wedde*, § 118 Rn 35.
97 BAG 28.10.1986 – 1 ABR 16/85 – AP § 118 BetrVG 1972 Nr. 32.
98 BAG 3.11.1982 – 7 AZR 5/81 – AP § 15 KSchG 1969 Nr. 12.
99 MünchArb/*Matthes*, Bd. 3, § 364 Rn 25.
100 HWK/*Hohenstatt/Dzida*, § 118 BetrVG Rn 9.
101 Richardi/*Thüsing*, § 118 Rn 73.
102 Richardi/*Thüsing*, § 118 Rn 73; *Kania*, SpuRt 1994, 121, 125 f.
103 Dafür Richardi/*Thüsing*, § 118 Rn 73; GK – BetrVG/*Weber*, § 118 Rn 116; dagegen *Fitting u.a.*, § 118 Rn 22.
104 *Fitting u.a.*, § 118 Rn 22, 22a; HWK/*Hohenstatt/Dzida*, § 118 BetrVG Rn 9.
105 BAG 8.3.1983 – 1 ABR 44/81 – AP § 118 BetrVG 1972 Nr. 26.
106 BVerfG 15.12.1999 – 1 BvR 505/95 – AP § 118 BetrVG 1972 Nr. 67.
107 ErfK/*Kania*, § 118 BetrVG Rn 15; *Fitting u.a.*, § 118 Rn 23; Richardi/*Thüsing*, § 118 Rn 77.
108 Vgl. *Mayer-Maly*, AfP 1972, 194, 196; Richardi/*Thüsing*, § 118 Rn 77.

eine besondere Schutzbedürftigkeit gegenüber den anderen Tendenzunternehmen und -betrieben aufweisen. Tendenzschutz nach Abs. 1 S. 1 Nr. 2 genießen Presseunternehmen (Zeitschriften und Zeitungen),[109] private Rundfunk- und Fernsehsender (selbst wenn sie nur zu 10 % Wortbeiträge senden),[110] Buchverlage,[111] Nachrichtenagenturen,[112] neue Medienunternehmen (etwa solche, die im Internet der Berichterstattung und Meinungsäußerung nachgehen)[113] und reine Fachverlage.[114] Sofern Lohndruckereien als rechtlich selbstständige Betriebe/Unternehmen für Tendenzunternehmen Lohnaufträge durchführen, genießen sie keinen Tendenzschutz.[115] Verlage, die sich ausschließlich oder überwiegend auf die Herausgabe von amtlichen Mitteilungen, Anzeigeblättern, Adress- und Telefonbüchern beschränken, werden vom Tendenzschutz nicht erfasst,[116] obwohl diese durch Art. 5 GG geschützt sind. Das Gleiche gilt für Lesezirkel, sofern diese nicht unmittelbar und überwiegend konfessionellen oder wissenschaftlichen Bestimmungen dienen.

9. Sonstige Bestimmungen. Die in § 118 Abs. 1 S. 1 vorgenommene **Aufzählung der geschützten Bestimmungen** ist **abschließend**. Demnach genießen Betriebe und Unternehmen mit anderen ideellen Zielsetzungen keinen Tendenzschutz. Dies gilt etwa für Verbände des Natur-, Tier- und Umweltschutzes, Geselligkeitsvereine und Sportverbände.[117]   23

V. Einschränkung der Beteiligungsrechte

1. Eigenartsklausel. Nach S. 1 finden die Vorschriften des BetrVG keine Anwendung, soweit die „Eigenart des Unternehmens oder des Betriebs dem entgegensteht". Diese Eigenartsklausel verlangt zusätzlich zu der abstrakten Feststellung der Tendenzbestimmung des Unternehmens oder Betriebs eine **einzelfallbezogene Betrachtung**.[118] Nach der Rspr. des BAG kommt eine Einschränkung der Anwendung des BetrVG nur in Betracht, wenn anderenfalls die Verfolgung der Tendenzbestimmung verhindert oder jedenfalls ernstlich beeinträchtigt würde.[119] Die Relativklausel führt aber nicht zur vollständigen Gewährung oder Versagung der Mitbestimmungs- und Beteiligungsrechte. Vielmehr ist die **Wahrnehmung von Mitbestimmungsrechten nur insoweit ausgeschlossen, als sie der Tendenzverwirklichung entgegensteht**.[120] Dies führt dazu, dass **im Einzelfall Anhörungs- und Beratungsrechte an die Stelle echter Mitbestimmungsrechte treten**.[121]   24

2. Tendenzträger. Eine Einschränkung der Beteiligungsrechte kommt nach h.A. ferner nur in Betracht, wenn die **von der Maßnahme betroffenen AN unmittelbar und maßgeblich an der Tendenzverwirklichung beteiligt sind**, es sich also um „Tendenzträger" handelt.[122] Die in Abs. 1 genannten **geistig-ideellen Zielsetzungen des Unternehmens müssen für die Tätigkeit des betreffenden Personenkreises prägend sein**. Dies ist allerdings nicht erst der Fall, wenn die tendenzbezogene Tätigkeit überwiegt, sie darf nur nicht ganz unerheblich sein. Ein Anteil von 30 % an der Gesamtarbeitszeit hält das BAG für ausreichend.[123] Entscheidend ist, ob die Arbeitsleistung typisch für die Tendenz des Betriebs ist, der Tendenzträger also maßgebenden Einfluss auf die Tendenzverwirklichung nehmen kann. Ferner dürfen diese Arbeiten weder einen zeitlich unbedeutenden Umfang haben noch in jedem anderen Betrieb anfallen. Kein Tendenzträger ist, wer bei der Verfolgung der Tendenz zwar mitwirkt, jedoch keinen individuellen Gestaltungsspielraum bei der Verwirklichung der Tendenz hat. Die Rspr. der Tatsachengerichte stellt dabei in einem sog. Mischunternehmen nicht allein auf die Arbeitszeit der eigentlichen Tendenzträger ab, sondern auch auf die Arbeitszeit aller AN, die an der Tendenzverwirklichung mitwirken, soweit sie die technischen Voraussetzungen für die Tendenzverwirklichung schaffen.[124]   25

---

109 BAG 19.5.1981 – 1 ABR 39/79 – AP § 118 BetrVG 1972 Nr. 21.
110 BAG 27.7.1993 – 1 ABR 8/93 – AP § 118 BetrVG 1972 Nr. 51.
111 BAG 15.2.1989 – 7 ABR 12/87 – AP § 118 BetrVG 1972 Nr. 39.
112 Richardi/*Thüsing*, § 118 Rn 88.
113 *Bauer/Mengel*, NZA 2001, 307, 308.
114 MünchArb/*Matthes*, Bd. 3, § 364 Rn 29.
115 BAG 30.6.1981 – 1 ABR 30/79 – AP § 118 BetrVG 1972 Nr. 20.
116 ErfK/*Kania*, § 118 BetrVG Rn 15; HWK/*Hohenstatt/Dzida*, § 118 BetrVG Rn 10; Richardi/*Thüsing*, § 118 BetrVG Rn 86.
117 BAG 23.3.1999 – 1 ABR 28/98 – NZA 1999, 1347 = AP § 118 BetrVG 1972 Nr. 66.
118 *Fitting u.a.*, § 118 Rn 29; MünchArb/*Matthes*, Bd. 3, § 365 Rn 13.
119 BAG 22.4.1975 – 1 AZR 604/73 – AP § 118 BetrVG 1972 Nr. 2; BAG 30.1.1990 – 1 ABR 101/88 – AP § 118 BetrVG 1972 Nr. 44; BAG 21.9.1993 – 1 ABR 28/93 – AP § 94 BetrVG 1972 Nr. 4.
120 DKK/*Wedde*, § 118 Rn 63; *Fitting u.a.*, § 118 Rn 29; GK-BetrVG/*Weber*, § 118 Rn 155.
121 BVerfG 15.12.1999 – 1 BvR 505/95 – AP § 118 BetrVG 1972 Nr. 67.
122 St. Rspr. seit BAG 30.4.1974 – 1 ABR 33/73 – AP § 118 BetrVG Nr. 1; aus jüngerer Zeit etwa BAG 21.9.1993 – 1 ABR 28/93 – AP § 94 BetrVG 1972 Nr. 4; *Fitting u.a.*, § 118 Rn 30; Richardi/*Thüsing*, § 118 Rn 120 f.
123 BAG 20.11.1990 – 1 ABR 87/89 – AP § 118 BetrVG 1972 Nr. 47.
124 LAG Rheinland-Pfalz 20.12.2005 – 5 TaBV 54/05 – juris.

26 Tendenzträger sind nach der Rspr. bspw. Ärzte,[125] Psychologen,[126] Wissenschaftler,[127] Lehrer und Erzieher,[128] Redakteure,[129] Orchestermusiker[130] und künstlerisch tätige Bühnenangestellte.[131] Nicht als Tendenzträger wurden angesehen Maskenbildner ohne eigenen künstlerischen Gestaltungsspielraum,[132] Pflegepersonal und Krankenschwestern in konfessionellen und karitativen Einrichtungen,[133] Rettungsassistenten und -sanitäter[134] und im Presse- und Medienbereich die technischen oder sonstigen nicht mit dem Inhalt der Zeitung beschäftigten AN (z.B. Buchhalter, Sekretärinnen, Setzer, Drucker, Zeitungszusteller).[135] Bei bloßen Anzeigenredakteuren ist die Tendenzträgerschaft str.[136]

27 Die Einschränkung des Tendenzschutzes durch Einfügung des ungeschriebenen Tatbestandsmerkmals des „Tendenzträgers" ist entbehrlich.[137] Die Zielsetzung des Gesetzgebers, eine Einschränkung der Beteiligungsrechte nur dort zu akzeptieren, wo dies wegen der nötigen Ausgewogenheit zwischen dem Sozialstaatsprinzip einerseits und den Freiheitsrechten der Tendenzträger andererseits erforderlich sei, erreicht man ohne die zusätzliche Begrenzung auf Tendenzträger. Denn bereits die Prüfung, ob ein Unternehmen überhaupt dem Tendenzschutz unterfällt und des weiteren, ob bejahendenfalls die Eigenart des Tendenzunternehmens eine Einschränkung rechtfertigt, reichen aus, um die erforderliche Ausgewogenheit in dem vorgenannten Sinne zu erreichen. Die weitere Differenzierung zwischen Tendenzträgern und den übrigen Mitarbeitern ist nicht im Gesetz angelegt; sie ist zudem von bloßen Zufälligkeiten abhängig, wie die Entscheidung des BAG vom 20.11.1990[138] belegt. Dort wird die Tendenzträgereigenschaft und damit die Einschränkung der Beteiligungsrechte vom Grad des Forschungsanteils eines Wissenschaftlers abhängig gemacht. Ebenso willkürlich und daher vor dem Hintergrund des verfassungsrechtlich verankerten Bestimmtheitsgrundsatzes problematisch ist es, wenn eine so weitreichende Folge wie der betriebsverfassungsrechtliche Tendenzschutz über die Figur des Tendenzträgers bspw. vom künstlerischen Anteil der Tätigkeit eines Maskenbildners abhängig gemacht wird.[139] Es muss für die Einschränkung von Beteiligungsrechten also darauf ankommen, ob die Ausübung eines Beteiligungsrechts des BR zu einer ernstlichen Beeinträchtigung der geistig-ideellen Zielrichtung des Unternehmens führt. Dies kann durchaus der Fall sein, wenn Nicht-Tendenzträger von einer Maßnahme im sozialen oder personellen Bereich betroffen sind. Bspw. liefe der Tendenzschutz leer, wenn bei einem Zeitungsverlag zwar die zeitliche Lage der Redaktionskonferenz mitbestimmungsfrei festgelegt werden kann, am Ende der Redaktionskonferenz aber keine Sekretärinnen und Korrektoren mehr zur Verfügung stünden.[140]

28 Die vorerwähnten Fälle ließen sich unter Berücksichtigung des Normzweckes von § 118 und insb. der Eigenartsklausel sowie der Konkretisierung durch S. 2 des § 118 Abs. 1 lösen, ohne dass es eines zusätzlichen Rückgriffes auf das ungeschriebene Merkmal des Tendenzträgers bedürfte. Der Rspr. und h.M. ist freilich zuzugestehen, dass § 118 eine wenig geglückte Vorschrift ist und der Gesetzgeber dem Rechtsanwender wenig Hilfestellung hat zuteil werden lassen, als er die Norm sowohl 1972 als auch bei der letzten Reform des BetrVG im Jahre 2001 unverändert ließ.

29 3. Übersicht der Einschränkungen anhand der jeweiligen BetrVG-Norm. Aus § 118 Abs. 1 S. 1 und 2 folgt eine nach den unterschiedlichen Beteiligungsrechten differenzierte Betrachtung. Überwiegend wird dabei unterschieden zwischen dem absoluten Ausschluss bestimmter Beteiligungsrechte und deren relativer Einschränkung.

30 a) Organisation der Betriebsverfassung. Eine **Einschränkung des Mitbestimmungsrechts** bei den in den §§ 1 bis 73b genannten organisatorischen sowie den in den §§ 74 bis 86a bezeichneten allg. Vorschriften kommt nur **ausnahmsweise** in Betracht. Keine Besonderheiten bestehen daher in Bezug auf Amtszeit oder Geschäftsfüh-

---

125 BAG 18.4.1989 – 1 ABR 97/87 – AP § 99 BetrVG 1972 Nr. 65.
126 BAG 8.11.1988 – 1 ABR 17/87 – AP § 118 BetrVG 1972 Nr. 38.
127 BAG 20.11.1990 – 1 ABR 87/89 – AP § 118 BetrVG 1972 Nr. 47.
128 BAG 22.5.1979 – 1 ABR 45/77 – AP § 118 BetrVG 1972 Nr. 12; BAG 13.1.1987 – 1 ABR 49/85 – AP § 118 BetrVG 1972 Nr. 33.
129 BAG 9.12.1975 – 1 ABR 37/74 – AP § 118 BetrVG 1972 Nr. 7; BAG 19.5.1981 – 1 ABR 109/78 – AP § 118 BetrVG 1972 Nr. 18; BAG 19.5.1981 – 1 ABR 39/79 – AP § 118 BetrVG 1972 Nr. 21.
130 BAG 3.11.1982 – 7 AZR 5/81 – AP § 15 KSchG 1969 Nr. 12.
131 BAG 28.10.1986 – 1 ABR 16/85 – AP § 118 BetrVG 1972 Nr. 32.
132 BAG 28.10.1986 – 1 ABR 16/85 – AP § 118 BetrVG 1972 Nr. 32.
133 BAG 18.4.1989 – 1 ABR 2/88 – AP § 87 BetrVG 1972 Arbeitszeit Nr. 34.
134 BAG 12.11.2002 – 1 ABR 60/01 – NZA 2004, 1289 = ArbRB 2003, 236 m. Anm. *Lunk*.
135 BVerfG 6.11.1979 – 1 BvR 81/76 – AP § 118 BetrVG 1972 Nr. 14.
136 Gegen eine Tendenzträgerschaft DKK/*Wedde*, § 118 Rn 54; *Fitting u.a.*, § 118 Rn 35; dafür Richardi/*Thüsing*, § 118 Rn 125; zuletzt auch LAG Köln 24.6.2008 – 9 TaBV 74/07 – juris.
137 So auch *Dzida/Hohenstatt*, NZA 2004, 1084 ff.; HWK/*Hohenstatt/Dzida*, § 118 BetrVG Rn 24.
138 BAG 20.11.1990 – 1 ABR 87/89 – AP § 118 BetrVG 1972 Nr. 47.
139 So BAG 28.10.1986 – 1 ABR 16/85 – AP § 118 BetrVG 1972 Nr. 32.
140 Zutreffend HWK/*Hohenstatt/Dzida*, § 118 BetrVG Rn 24.

rung des BR.[141] Das BAG verneinte eine tendenzbedingte Einschränkung hinsichtlich des Einblicks in Lohn- und Gehaltslisten,[142] des Zugangsrechts der Gewerkschaften zu dem Betrieb[143] sowie des Jahresberichts des AG in der Betriebsversammlung nach § 43 Abs. 2 S. 3.[144] Allerdings entfällt nach Auffassung des BAG die Begründung eines Arbverh nach § 78a Abs. 2, wenn tendenzbedingte Gründe die Weiterbeschäftigung des AN als für den AG unzumutbar ausschließen.[145] Eingeschränkt sind auch die Rechte des GBR und KBR, soweit sie sich auf Tendenzunternehmen erstrecken.[146]

b) Soziale Angelegenheiten. Im Grundsatz sind soziale Angelegenheiten nach § 87 nicht geeignet, die Tendenzverwirklichung ernsthaft zu beeinträchtigen. Denn bei den sozialen Angelegenheiten handelt es sich grundsätzlich um wertneutrale Gestaltungsmaßnahmen.[147] Gleichwohl sind Einzelfälle denkbar, bei denen auch in sozialen Angelegenheiten der Tendenzschutz eine Rolle spielt: 31

– **§ 87 Abs. 1 Nr. 1:** Im Hinblick auf **Ethikregeln für Redakteure** verneinte das BAG ein allg. Mitbestimmungsrecht des BR aufgrund des bestehenden Tendenzschutzes. Demgemäß konnte für die Redakteure einer Wirtschaftszeitung der Besitz von Wertpapieren oder die Ausübung von Nebentätigkeiten mit dem Ziel eingeschränkt werden, die Unabhängigkeit der Berichterstattung zu gewährleisten. Bezüglich der Einführung eines Formulars zur Anzeige des Wertpapierbesitzes von Redakteuren nahm das BAG aber ein begrenztes Mitbestimmungsrecht an.[148] 32

– **§ 87 Abs. 1 Nr. 2:** Arbeitszeitfragen werden v.a. im Hinblick auf **Redakteure in Zeitungs- und Zeitschriftenverlagen** diskutiert. Dabei haben sich die folgenden Grundsätze herauskristallisiert: Bei der Arbeitszeitverteilung handelt es sich i.d.R. um wertneutrale Entscheidungen in Bezug auf die Organisation des Arbeitsablaufs im Betrieb. Eine Einschränkung dieses Mitbestimmungsrechts kommt daher nur in Betracht, wenn dessen Ausübung die Tendenzverwirklichung – z.B. die Aktualität der Berichterstattung – beeinträchtigt. Demnach hat der BR folgende Vorgaben des AG hinzunehmen: Zeitvorgaben für den Redaktionsschluss, Lage und Umfang von Redaktionskonferenzen, Festlegung der Redaktionszeiten, Entscheidung über regelmäßige Wochenendarbeit, Erscheinungsweise im Zusammenhang mit Wochenfeiertagen und Arbeitszeitregelungen, die die Gestaltung einzelner Themen gewährleisten.[149] Der Mitbestimmung unterliegt aber, wie diese Arbeitszeit etwa durch Dienst- und Schichtpläne oder durch die Einrichtung von Gleit- und Kernzeiten festgelegt wird. Bei (**Musical-)Theatern** entfällt das Mitbestimmungsrecht, wenn künstlerische Gesichtspunkte eine bestimmte zeitliche Lage oder eine bestimmte Mindestdauer der einzelnen Proben erfordern. Ferner ist die Festlegung von Beginn und Ende der täglichen Aufführungen mitbestimmungsfrei. Dies gilt ebenfalls für die Gesamtdauer der Proben, weil davon die künstlerische Qualität der Aufführungen abhängen kann.[150] Innerhalb einer **erzieherischen Einrichtung** kann der BR einen Einsatz der Lehrer im Nachmittagsdienst nicht durch sein Mitbestimmungsrecht verhindern, da der Träger über Programme und Durchführung der Erziehung zu entscheiden hat.[151] Bei einer **karitativen Einrichtung** entscheidet schließlich der Träger mitbestimmungsfrei darüber, ob er den Dienst auf 24-Stunden-Basis oder nur zu bestimmten Zeiten anbietet.[152] Der Ausschluss der Mitbestimmung ist in diesem Fall nach der hier vertretenen Ansicht nicht nur auf die Tendenzträger wie Ärzte beschränkt, sondern erstreckt sich auch auf die übrigen AN.[153] 33

– **§ 87 Abs. 1 Nr. 3:** Im Hinblick auf die Anordnung von Mehrarbeit oder sonstigen Arbeitszeitveränderungen gelten die gleichen Grundsätze wie unter § 87 Abs. 1 Nr. 2: Bei Vorliegen von tendenzbedingten Gründen sind Mitbestimmungsrechte des BR eingeschränkt. Dies ist insb. im Hinblick auf die Aktualität der Berichterstattung bei Presse-, Rundfunk- und Fernsehunternehmen von Bedeutung. Handelt es sich bei den Arbeitszeitveränderungen hingegen um technische, wirtschaftliche oder soziale Gründe, bleibt das Mitbestimmungsrecht erhalten.[154] 34

---

141 Vgl. *Diller*, Praxishandbuch Betriebsverfassung, § 31 Rn 74 ff.; *Fitting u.a.*, § 118 Rn 31; Richardi/*Thüsing*, § 118 Rn 132.
142 BAG 30.4.1974 – 1 ABR 33/73 – AP § 118 BetrVG 1972 Nr. 1.
143 BAG 14.2.1978 – 1 AZR 280/77 – AP Art. 9 GG Nr. 26.
144 BAG 8.3.1977 – 1 ABR 18/75 – AP § 43 BetrVG 1972 Nr. 1.
145 BAG 23.6.1983 – 6 AZR 595/80 – AP § 78a BetrVG 1972 Nr. 10.
146 *Diller*, Praxishandbuch Betriebsverfassung, § 31 Rn 75.
147 BAG 13.6.1989 – 1 ABR 15/88 – AP § 87 BetrVG 1972 Arbeitszeit Nr. 36; GK-BetrVG/*Weber*, § 118 Rn 179; kritisch Richardi/*Thüsing*, § 118 Rn 142.
148 BAG 28.5.2002 – 1 ABR 32/01 – NZA 2003, 166 = ArbRB 2003, 41 m. Anm. *Oetter*.
149 BAG 11.2.1992 – 1 ABR 49/91 – AP § 118 BetrVG 1972 Nr. 50; BAG 14.1.1992 – 1 ABR 35/91 – BB 1992, 1135 m. Anm. *Reske/Berger-Delhey*.
150 BAG 4.8.1981 – 1 ABR 106/79 – AP § 87 BetrVG 1972 Arbeitszeit Nr. 5.
151 BAG 13.1.1987 – 1 ABR 49/85 – AP § 118 BetrVG 1972 Nr. 33.
152 BAG 18.4.1989 – 1 ABR 2/88 – AP § 87 BetrVG 1972 Arbeitszeit Nr. 34.
153 Ebenso HWK/*Hohenstatt/Dzida*, § 118 BetrVG Rn 24; *Rüthers/Franke*, DB 1992, 374, 376.
154 *Weiss/Weyand*, AuR 1990, 33, 43.

35 — **§ 87 Abs. 1 Nr. 5:** Bei der Aufstellung von Urlaubsplänen etc. kann die Mitbestimmung des BR aus tendenzbedingten Gründen ausgeschlossen sein, bspw. wenn wegen der Ausbildungskonzeption der Urlaub nur während der allgemeinen Ferienzeit genommen werden darf.[155]

36 — **§ 87 Abs. 1 Nr. 6:** Kein Mitbestimmungsrecht existiert, sofern EDV-Systeme in die Forschung eines wissenschaftlichen Tendenzbetriebes integriert werden. Anders soll dies jedoch sein, wenn diese Systeme zu Überwachungszwecken eingesetzt werden.[156]

37 — **§ 87 Abs. 1 Nr. 10 und 11:** Nach Auff. des BAG kann das Mitbestimmungsrecht bei tendenzfördernden Entgeltformen wie z.B. Forschungszulagen entfallen.[157]

38 — **§§ 90 bis 91:** Die Vorschriften zur Gestaltung von Arbeitsplatz, Arbeitsablauf, Arbeitsumgebung sind uneingeschränkt anzuwenden.[158] Allerdings kann der BR im Rahmen des § 91 eine Maßnahme zur Abwendung, Milderung oder zum Ausgleich der Belastung dann nicht verlangen, wenn diese die Tendenzverwirklichung beeinträchtigen würde.[159]

39 **c) Personelle Angelegenheiten.** Bei den personellen Maßnahmen **spielen tendenzbedingte Einschränkungen eine durchaus praxisrelevante Rolle**. Tendenzneutral sind grundsätzlich nur die allg. personellen Angelegenheiten der §§ 92 bis 98.

40 — **§ 80 Abs. 2 S. 2:** Auch bei einem Tendenzbetrieb darf der BR Einblick in die Bruttolohn- oder Gehaltslisten nehmen. Dem steht nicht entgegen, wenn letzlich ein individuelles Gehalt vereinbart wurde.[160]

41 — **§ 92:** Der AG ist auch dann verpflichtet, den BR über die Personalplanung zu unterrichten, wenn Tendenzträger betroffen sind, da dies der Entschließungsfreiheit des AG über seine Planung nicht entgegensteht.[161]

42 — **§ 92a:** Die Beratungspflicht zur Sicherung und Förderung der Beschäftigung kann sich nicht auf Tendenzträger erstrecken, sofern man mit der h.M. eine Differenzierung in Tendenz- und Nicht-Tendenzträger vornimmt. Denn es ist nicht nachvollziehbar, warum der AG über etwas beraten muss, worauf er letztlich keinen Einfluss hat, nämlich die Beschäftigung eines Tendenzträgers.[162]

43 — **§ 93:** Das BAG lehnt eine Einschränkung des Rechts des BR, eine innerbetriebliche Ausschreibung von zu besetzenden Arbeitsplätzen zu verlangen, ab.[163] Dies gilt auch dann, wenn sich die Ausschreibung auf Tendenzträger erstrecken soll.

44 — **§ 94 Abs. 1:** Bei Tendenzträger-Personalfragebögen entfällt das Zustimmungserfordernis, soweit tendenzbezogene Fragen gestellt werden (z.B. politische, gewerkschaftliche oder konfessionelle Einstellung) und diese Fragen zulässig sind.[164]

45 — **§ 94 Abs. 2:** Beurteilungsgrundsätze, die sich auf die Beurteilung von Tendenzträgern beziehen, sind mitbestimmungsfrei. Es soll allein dem Unternehmer die Entscheidung obliegen, Kriterien für die Leistungsbeurteilung der Tendenzträger aufzustellen.[165]

46 — **§ 95:** Auswahl-RL, die sich auf Tendenzträger beziehen, bedürfen nicht der Zustimmung des BR. Denn der Unternehmer soll frei entscheiden können, welcher Personen er sich zur Tendenzverwirklichung bedienen will.[166]

47 — **§ 96:** Die Vorschriften über die Förderung der Berufsbildung stehen der Eigenart eines Tendenzbetriebes nicht entgegen und sind daher anwendbar.[167]

48 — **§ 97:** Der Tendenzschutz führt bei dem Beratungsrecht über Einrichtungen und Maßnahmen der Berufsbildung nicht zu einer Beschränkung des Beteiligungsrechts.[168]

49 — **§ 98:** Bei der Durchführung betrieblicher Bildungsmaßnahmen ist das Mitbestimmungsrecht ausgeschlossen, soweit es sich um die Ausbildung von Tendenzträgern handelt, da der AG hinsichtlich ihrer Auswahl sowie

---

155 *Oldenburg*, NZA 1989, 412, 417.
156 LAG München 17.9.1987 – 6 TaBV 4/87 – CR 1988, 562.
157 BAG 31.1.1984 – 1 AZR 174/81 – AP § 87 BetrVG 1972 Nr. 15; BAG 13.2.1990 – 1 ABR 13/89 – AP § 118 BetrVG 1972 Nr. 45; *Endlich*, NZA 1990, 13.
158 GK-BetrVG/*Weber*, § 118 Rn 189.
159 Richardi/*Thüsing*, § 118 Rn 150.
160 BAG 22.5.1979 – 1 ABR 45/77 – AP § 118 BetrVG Nr. 12; HWK/*Hohenstatt/Dzida*, § 118 BetrVG Rn 23.
161 BAG 6.11.1990 – 1 ABR 60/89 – AP § 92 BetrVG 1972 Nr. 3; a.A. HWK/*Hohenstatt/Dzida*, § 118 BetrVG Rn 23; Richardi/*Thüsing*, § 118 Rn 153.
162 A.A. Richardi/*Thüsing*, § 118 Rn 153; GK-BetrVG/*Weber*, § 118 Rn 194.
163 BAG 30.1.1979 – 1 ABR 78/76 – AP § 118 BetrVG 1972 Nr. 11.
164 BAG 21.9.1993 – 1 ABR 28/93 – AP § 94 BetrVG 1972 Nr. 4.
165 ErfK/*Kania*, § 118 BetrVG Rn 24; *Fitting u.a.*, § 118 Rn 33.
166 HWK/*Hohenstatt/Dzida*, § 118 BetrVG Rn 23; Richardi/*Thüsing*, § 118 Rn 157; a.A. DKK/*Wedde*, § 118 Rn 86.
167 Ebenso GK-BetrVG/*Weber*, § 118 Rn 199.
168 Richardi/*Thüsing*, § 118 Rn 159; MünchArb/*Matthes*, Bd. 3, § 365 Rn 21.

der Auswahl des Ausbilders eine tendenzrelevante Entscheidung trifft.[169] Es besteht kein Mitbestimmungsrecht bei der Entsendung nach § 98 Abs. 3 und 4.[170]

– **§§ 99 bis 101:** Sofern die personelle Einzelmaßnahme Tendenzbezug hat und einen Tendenzträger betrifft, **entfällt das Zustimmungserfordernis** des § 99 in Fällen der **Einstellung** und **Versetzung**. Nach Auffassung des BAG besteht dabei eine tatsächliche Vermutung, dass eine Einstellung und Versetzung eines Tendenzträgers aus tendenzbedingten Gründen erfolgt.[171] Das Zustimmungserfordernis des BR entfällt auch, wenn der BR die Zustimmung aus tendenzneutralen Gründen verweigern möchte.[172] Allerdings bleibt der **AG verpflichtet, den BR bei der Einstellung und Versetzung eines Tendenzträgers zu unterrichten** und ihm Gelegenheit zu geben, innerhalb einer Woche zur geplanten Maßnahme Stellung zu nehmen. Ferner muss der AG dem BR die Bewerbungsunterlagen sämtlicher Bewerber vorlegen.[173] Missachtet der AG bei einer Einstellung oder Versetzung eines Tendenzträgers die Anhörungs- und Informationsrechte des BR, so kann der BR gem. § 101 die Aufhebung der Einstellung oder Versetzung beantragen.[174] Denn es ist kein Grund ersichtlich, die vom Gesetz vorgesehenen Sanktionen für Verstöße gegen zu beachtende Beteiligungsrechte des BR nicht zur Anwendung gelangen zu lassen.[175] Bei einem Streit zwischen den Betriebspartnern über das Zustimmungserfordernis bei der Einstellung eines Tendenzträgers ist nicht das Zustimmungsersetzungsverfahren nach § 99 Abs. 4, sondern das Aufhebungsverfahren nach § 101 einschlägig.[176] **Der BR ist auch vor einer vorläufigen Maßnahme entsprechend § 100 zu unterrichten.**[177] Sofern der AG die Maßnahme vor Ablauf der Wochenfrist bzw. abschließender Stellungnahme des BR durchführen will, muss der AG daher den Antrag nach § 100 Abs. 2 stellen; tut er dies nicht, kann der BR nach § 101 vorgehen.

Beispiel aus dem Theaterbetrieb: Die Zuweisung der Vertragsart „Normalvertrag Bühne" (NV Bühne) ist eine Eingruppierung i.S.v. § 99 Abs. 1. Es handelt sich auch dann nicht um eine einzelvertragliche Vereinbarung, wenn letztlich die Höhe der Gage des einzelnen AN, der dem NV Bühne unterfällt, individuell ausgehandelt wird. Der NV Bühne stellt nämlich eine Vergütungsordnung dar.[178]

Beispiel aus einem Zeitungsverlag: Bei der Versetzung eines Redakteurs von der Mantelredaktion in eine Lokalredaktion wegen der beabsichtigten Stärkung der wirtschaftlichen Berichterstattung handelt es sich um eine Tendenzmaßnahme i.S.d. § 118.[179]

Bei **Ein- und Umgruppierung** kommt eine Einschränkung der Beteiligungsrechte nicht in Betracht, da es sich hierbei nicht um einen Rechts gestaltende, sondern um Rechts beurteilende Akte des AGs handelt.[180] Eine **tendenzbedingte Ein- oder Umgruppierung ist damit nicht denkbar.**[181]

– **§ 102:** Vor dem Ausspruch einer Künd ist der BR **stets anzuhören**. Dieses Anhörungsrecht besteht selbst bei tendenzbedingten Künd von Tendenzträgern. Denn die Tendenzverwirklichung wird allein durch Unterrichtung und Anhörung des BR nicht ernsthaft beeinträchtigt, da es dem AG frei bleibt, ohne Rücksicht auf die Stellungnahme des BR die Künd auszusprechen.[182] Demnach sind dem BR sogar tendenzbezogene Künd-Gründe mitzuteilen. Hingegen sind die Einwendungen des BR gegen die Künd auf soziale Gesichtspunkte zu beschränken.[183]

Ein etwaiger **Widerspruch** des BR nach § 102 Abs. 3 löst in Tendenzbetrieben **nicht die Weiterbeschäftigungspflicht** von Tendenzträgern nach § 102 Abs. 5 aus, da dies zu einer Beeinträchtigung der Tendenzverwirklichung führen würde.[184] In diesem Fall hat auch der Widerspruch keine künd-schutzrechtliche Wirkung nach § 1 Abs. 2 S. 2 und 3 KSchG.[185] Der Widerspruch hat lediglich die Folge, dass der AG dem AN eine Abschrift der Stellung-

---

169 ErfK/*Kania*, § 118 BetrVG Rn 24; MünchArb/*Matthes*, Bd. 3, § 365 Rn 21; a.A. DKK/*Wedde*, § 118 Rn 87.
170 BAG 30.5.2006 – 1 ABR 17/05 – NZA 2006, 1291 = ArbRB 2006, 358 m. Anm. *Lunk*.
171 BAG 19.5.1981 – 1 ABR 109/78 – AP § 118 BetrVG 1972 Nr. 18; anders jedoch BAG 28.8.2003 – 2 ABR 48/02 – NZA 2004, 501 = ArbRB 2004, 143 m. Anm. *Lunk*, wonach keine Vermutung dafür spreche, dass die Künd eines Tendenzträgers aus Tendenzgründen erfolgt.
172 BAG 27.7.1993 – 1 ABR 8/93 – AP § 118 BetrVG 1972 Nr. 51.
173 BAG 19.5.1981 – 1 ABR 109/78 – AP § 118 BetrVG 1972 Nr. 18.
174 BAG 1.9.1987 – 1 ABR 22/86 – AP § 101 BetrVG 1972 Nr. 10.
175 GK-BetrVG/*Weber*, § 118 Rn 207.
176 DKK/*Wedde*, § 118 Rn 91; MünchArb/*Matthes*, Bd. 3, § 365 Rn 25.
177 BAG 8.5.1990 – 1 ABR 33/89 – AP § 118 BetrVG 1972 Nr. 46; *Kleinebrink*, ArbRB 2008, 375, 377.
178 LAG Niedersachsen 5.12.2005 – 11 TaBV 2/05 – juris (Rechtsbeschwerde eingelegt unter 1 ABR 14/06).
179 BAG 11.4.2006 – 9 AZR 557/05 – NJW 2006, 3303.
180 BAG 31.5.1983 – 1 ABR 57/80 – AP § 118 BetrVG 1972 Nr. 27.
181 Ebenso ErfK/*Kania*, § 118 BetrVG Rn 25; MünchArb/*Matthes*, Bd. 3, § 365 Rn 26; Richardi/*Thüsing*, § 118 Rn 160; *Kleinebrink*, ArbRB 2008, 375, 378; ArbG Gera 9.1.2006 – 3 Ga 24/05 – juris.
182 GK-BetrVG/*Weber*, § 118 Rn 210; Richardi/*Thüsing*, § 118 Rn 164.
183 BAG 7.11.1975 – 1 AZR 282/74 – AP § 118 BetrVG 1972 Nr. 4.
184 HWK/*Hohenstatt*/*Dzida*, § 118 BetrVG Rn 23; MünchArb/*Matthes*, Bd. 3, § 365 Rn 28.
185 Richardi/*Thüsing*, § 118 Rn 166.

nahme des BR zuzuleiten hat, § 102 Abs. 4. Der allg. Weiterbeschäftigungsanspruch besteht jedoch,[186] wobei aber tendenzbezogene Gesichtspunkte bei der Interessenabwägung zu berücksichtigen sind.[187]

55 – § 103: Außerordentliche tendenzbedingte Künd von BR-Mitgliedern, die Tendenzträger sind, bedürfen nach überwiegender Auffassung nicht der Zustimmung des BR gem. § 103, sondern **unterliegen nur dem Anhörungsgebot des § 102 Abs. 1**.[188] Handelt es sich jedoch um eine **Künd aus tendenzneutralen Gründen, ist die Zustimmung des BR weiterhin erforderlich**;[189] bei „Mischtatbeständen", also bei Künd-Gründen, die tendenz- und nicht tendenzbezogene Aspekte aufweisen, sieht das BAG vom Zustimmungserfordernis des BR ab, da die Tendenzverwirklichung ansonsten erheblich beeinträchtigt werden könnte. Es spricht keine tatsächliche Vermutung dafür, dass die Künd eines Tendenzträgers aus tendenzbezogenen Gründen erfolgt, so dass Tendenzunternehmer darlegen müssen, ob der Künd-Grund einen unmittelbaren Bezug zum verfolgten Tendenzzweck hat.[190]

56 – § 104: Das Recht des BR, gem. § 104 die Entlassung oder Versetzung eines AN verlangen zu können, ist **nicht eingeschränkt**. Allerdings kann die Tendenzverwirklichung eine differenzierte Behandlung von AN nach den in § 75 genannten Gesichtspunkten gebieten.[191] In diesen Fällen der Tendenzverwirklichung hat der BR keinen Anspruch, die Entlassung oder Versetzung eines Tendenzträgers zu verlangen.

57 – § 105: Der Tendenzschutz erfordert keine Einschränkung der Mitteilungspflicht des AG bei der geplanten Einstellung leitender Ang.[192]

58 **d) Wirtschaftliche Angelegenheiten.** Bei den wirtschaftlichen Angelegenheiten gibt der Wortlaut von Abs. 1 S. 2 die Differenzierung vor: Danach sind die §§ 106 und 110 nicht, die §§ 111 bis 113 nur insoweit anzuwenden, als sie den Ausgleich oder die Milderung wirtschaftlicher Nachteile für die AN infolge von Betriebsänderungen regeln. Die Reichweite des relativen Ausschlusses der §§ 111 bis 113 ist mittlerweile von der Rspr. weitgehend konkretisiert.

59 – **§§ 106 bis 110:** Diese Vorschriften **finden keine Anwendung**. Weder ist in einem Tendenzunternehmen ein Wirtschaftsausschuss zu bilden, noch besteht eine Verpflichtung des Unternehmers, den BR oder die AN dieses Unternehmens über die wirtschaftliche Situation und Entwicklung des Unternehmens zu unterrichten.[193] Das BAG hat die Verfassungsmäßigkeit dieses Ausschlusses bestätigt.[194] Der AG bleibt verpflichtet, seinen jährlichen Bericht in der Betriebsversammlung nach § 43 Abs. 2 S. 3 zu erstatten.[195] De lege ferenda wird hinterfragt, ob der pauschale Ausschluss der §§ 106 bis 110 unter dem Gesichtspunkt der den Normzweck des § 118 prägenden Grundrechtsgewährleistung geboten ist.[196] Bilden zwei Tendenzunternehmen einen Gemeinschaftsbetrieb, so bleibt es selbst dann beim Ausschluss des Wirtschaftsausschusses, wenn der Gemeinschaftsbetrieb insg. über 100 AN aufweist. Bilden ein Tendenz- und mind. ein Nicht-Tendenz-Unternehmen einen Tendenzgemeinschaftsbetrieb, so wird man zunächst die Mitarbeiter beider Unternehmen zusammenaddieren; dies folgt jedenfalls aus der Parallelwertung des BAG zu § 99 und dessen Anwendbarkeit im Gemeinschaftsbetrieb.[197] Es bleibt jedoch bei dem Ausschluss der §§ 106 ff., wenn der Tendenzgemeinschaftsbetrieb selbst unmittelbar überwiegend den Zielsetzungen des § 118 Abs. 1 dient, so dass es bei Vorliegen dieser Voraussetzung auch unschädlich ist, wenn eines der am Gemeinschaftsbetrieb beteiligten Unternehmen gar keinen Tendenzcharakter aufweist.[198]

60 – §§ 111 bis 113: Die Unterrichtungs- und Beratungspflichten in modifizierter Form bestehen und ein Sozialplan ist ohne Besonderheiten abzuschließen, während ein Interessenausgleichsverfahren nicht durchzuführen ist.

---

186 *Korinth*, ArbRB 2003, 350, 352.
187 BAG 23.10.2008 – 2 AZR 483/07 – NZA-RR 2009, 362 = BB 2009, 1186 m. Anm. *Dzida*, auch in Bezug auf einen Auflösungsantrag.
188 BAG 28.8.2003 – 2 ABR 48/02 – NZA 2004, 501 = ArbRB 2004, 143 m. Anm. *Lunk*; GK-BetrVG/*Weber*, § 118 Rn 212; HWK/*Hohenstatt*/*Dzida*, § 118 BetrVG Rn 23.
189 BAG 28.8.2003 – 2 ABR 48/02 – NZA 2004, 501 = ArbRB 2004, 143 m. Anm. *Lunk*; *Fitting u.a.*, § 118 Rn 39.
190 BAG 28.8.2003 – 2 ABR 48/02 – NZA 2004, 501 = ArbRB 2004, 143 m. Anm. *Lunk*.
191 Richardi/*Thüsing*, § 118 Rn 167.
192 GK-BetrVG/*Weber*, § 118 Rn 214; Richardi/*Thüsing*, § 118 Rn 168.
193 Richardi/*Thüsing*, § 118 Rn 169.
194 BAG 14.11.1975 – 1 ABR 107/74 – AP § 118 BetrVG 1972 Nr. 5.
195 BAG 8.3.1977 – 1 ABR 18/75 – AP § 43 BetrVG 1972 Nr. 1.
196 *Oetker*, DB 1996, 2 f.
197 BAG 29.9.2004 – 1 ABR 39/03 – NZA 2005, 420 = ArbRB 2005, 137 m. Anm. *Lunk*.
198 *Lunk*, NZA 2005, 841, 845.

Die h.M. folgert aus dem relativen Ausschluss der §§ 111 bis 113 zu Recht die fehlende Verpflichtung im Tendenzbetrieb, einen Interessenausgleich anzustreben.[199] Steht dem BR somit kein Verhandlungsanspruch in Bezug auf den Interessenausgleich im Tendenzunternehmen zu, fehlt es an einem korrespondierenden Unterlassungsanspruch.[200] Sofern das Unternehmen mehr als 300 AN aufweist, kann der BR in Tendenzunternehmen gleichwohl keinen Berater nach § 111 S. 2 hinzuziehen.[201]

61

Notwendig ist jedoch die Einhaltung der sich aus § 111 S. 1 ergebenden Unterrichtungspflicht, die auch für den Tendenz-AG gilt.[202] Rechtzeitig und ausreichend ist die Unterrichtung, wenn der BR vor Durchführung der Betriebsänderung noch eigene Vorstellungen für den Sozialplan entwickeln kann, was bei einem Zeitraum von zwei Monaten vor Ausspruch der Künd noch ausreichend sein soll.[203] Tendenzunternehmer müssen die Betriebsänderung auch mit dem BR beraten, da § 17 Abs. 2 KSchG uneingeschränkt gilt.[204] Die Unterrichtungs- und Beratungspflicht setzt erst nach der endgültigen Entscheidung der Betriebsänderung ein und beschränkt sich auf die Informationen, die der BR für die Erstellung eines etwaigen Sozialplanes benötigt.[205] Diese Grundsätze gelten auch im Tendenzgemeinschaftsbetrieb, sofern ein quantitatives Übergewicht unmittelbar tendenzbezogener Tätigkeiten vorliegt, und zwar selbst dann, wenn eines der am Tendenzgemeinschaftsbetrieb beteiligten Unternehmen kein Tendenzunternehmen ist.[206]

62

Muss der AG somit im Tendenzbetrieb keinen Interessenausgleich versuchen, ist auch eine mit diesem Ziel gebildete Einigungsstelle offensichtlich unzuständig i.S.d. § 98 Abs. 1 ArbGG. Die gegenteilige Entscheidung des LAG Niedersachsen[207] ist durch die Entscheidung des BAG vom 18.11.2003[208] obsolet. Es muss dem Tendenz-AG möglich sein, einen freiwilligen Interessenausgleich abzuschließen, da er anderenfalls die Vorteile einer Namensliste nach § 1 Abs. 5 KSchG nicht in Anspruch nehmen könnte, was wiederum mit dem verfassungsrechtlich gesicherten Tendenzschutz nicht vereinbar wäre.[209]

63

Im Hinblick auf einen Sozialplan bestehen keine Besonderheiten, da auch im Tendenzunternehmen die uneingeschränkte Verpflichtung besteht, bei Vorliegen der Voraussetzungen i.Ü. einen Sozialplan zu erstellen.[210] Dies gilt gleichermaßen für den Tendenzgemeinschaftsbetrieb. Jedoch sind die an ihm beteiligten AG nicht gesamtschuldnerisch verpflichtet, sondern nur der jeweilige Vertrags-AG.[211] Die Leistungsfähigkeit hinsichtlich der Sozialplandotierung ist daher für jeden am Gemeinschaftsbetrieb beteiligten AG gesondert zu prüfen.[212] Wenn es schon keine gesamtschuldnerische Verpflichtung der Vertrags-AG im Gemeinschaftsbetrieb gibt, ist erst recht nicht ersichtlich, warum es eine entsprechende Haftungsgemeinschaft in Bezug auf die wirtschaftliche Leistungsfähigkeit geben soll. Aus den gleichen Gründen ist im Gemeinschaftsbetrieb auch für das jeweilige Unternehmen gesondert zu prüfen, ob der Ausschlusstatbestand des § 112a Abs. 2 gegeben ist. Der Gesetzgeber hat nämlich im Zuge des Betriebsverfassungsreformgesetzes Anpassungen im Hinblick auf den Gemeinschaftsbetrieb vorgenommen, wie etwa § 47 Abs. 9 zeigt. Dort, wo entsprechende Regelungen, wie zu den §§ 112, 112a, fehlen, ist also von einem beredten Schweigen des Gesetzgebers auszugehen.[213]

64

---

199 BAG 18.11.2003 – 1 AZR 637/02 – NZA 2004, 741 = ArbRB 2004, 210 m. Anm. *Lunk*; LAG Rheinland-Pfalz 18.8.2005 – 4 TaBV 33/05 – ArbRB 2006, 143 m. Anm. *Lunk*; *Gillen/Hörle*, NZA 2003, 1225, 1227; *Kukat*, BB 1999, 688; *Bauer/Lingemann*, NZA 1995, 813, 816; *Diller*, Praxishandbuch Betriebsverfassung, § 31 Rn 112; HWK/*Hohenstatt/Dzida*, § 118 BetrVG Rn 29; *Fitting u.a.*, § 118 Rn 47; a.A. DKK/*Wedde*, § 118 Rn 61.

200 LAG Niedersachsen 29.11.2002 – 12 TaBV 111/02 – BB 2003, 1337 m. Anm. *Lipinski*; ArbG Frankfurt/Oder 22.3.2001 – 2 BVGa 2/01 – NZA-RR 2001, 646; ArbG Frankfurt/Main 26.9.1995 – 8 BVGa 60/95 – NZA-RR 1996, 295; ArbG Hamburg 3.11.2001 – 3 GaBV 6/01 – juris; vgl. auch LAG Rheinland-Pfalz – 18.8.2005 – 4 TaBV 33/05 – ArbRB 2006, 143 m. Anm. *Lunk*; *Bauer*, in: FS Wißmann, 2005, S. 215, 224 ff.; *Gillen/Hörle*, NZA 2003, 1225, 1233; *Lunk*, NZA 2005, 841, 846.

201 LAG Rheinland-Pfalz 18.8.2005 – 4 TaBV 33/05 – ArbRB 2006, 143 m. Anm. *Lunk*.

202 BAG 27.10.1998 – 1 AZR 766/97 – NZA 1999, 328.

203 BAG 27.10.1998 – 1 AZR 766/97 – NZA 1999, 328.

204 BAG 30.3.2004 – 1 AZR 7/03 – NZA 2004, 931 = ArbRB 2004, 241 m. Anm. *Kappelhoff*; BAG 18.11.2003 – 1 AZR 637/02 – NZA 2004, 741 = ArbRB 2004, 210 m. Anm. *Lunk*.

205 BAG 30.3.2004 – 1 AZR 7/03 – NZA 2004, 931 = ArbRB 2004, 241 m. Anm. *Kappelhoff*; BAG 18.11.2003 – 1 AZR 637/02 – NZA 2004, 741 = ArbRB 2004, 210 m. Anm. *Lunk*.

206 *Lunk*, NZA 2005, 841, 846.

207 LAG Niedersachsen 11.11.1993 – 1 TaBV 59/93 – DB 1993, 2540.

208 BAG 18.11.2003 – 1 AZR 637/02 – NZA 2004, 741 = ArbRB 2004, 210 m. Anm. *Lunk*.

209 *Lunk*, NZA 2005, 841, 847; wobei aus den gleichen Erwägungen entgegen der herrschenden Meinung – vgl. nur *Kleinebrink*, ArbRB 2008, 375; *Hohenstatt*, NZA 1998, 846, 851; *Fischer*, BB 2004, 1001, 1002 jeweils m.w.N. – auch der freiwillige Interessenausgleich wirksame Grundlage einer Namensliste sein kann; so auch *Thüsing/Wege*, BB 2005, 213, 215; ErfK/*Kania*, § 118 BetrVG Rn 18.

210 BAG 17.8.1982 – 1 ABR 40/80 – AP § 111 BetrVG 1972 Nr. 11; *Fitting u.a.*, § 118 Rn 47; ErfK/*Kania*, § 118 BetrVG Rn 18.

211 BAG 12.11.2002 – 1 AZR 632/01 – NZA 2003, 676, 678; *Gaul*, NZA 2003, 695, 700; *Trümner*, BB 2002, 1425, 1427; *Windbichler*, Arbeitsrecht im Konzern, 1989, S. 358; a.A. *Hanau*, ZfA 1990, 115, 121.

212 Offengelassen BAG 12.11.2002 – 1 AZR 632/01 – NZA 2003, 676, 678; a.A. *Gaul*, NZA 2003, 675, 700.

213 *Lunk*, NZA 2005, 841, 847.

Erkennt man mit dem BAG[214] den sog. „Tarifsozialplan" an, so kann ein solcher grds. auch für Tendenzunternehmen notfalls durch Maßnahmen des Arbeitskampfes erreicht werden. Die verfassungsrechtlichen Besonderheiten des Tendenzschutzes sind insoweit jedoch zu berücksichtigen.[215]

65 Billigt man dem Tendenzunternehmer das Recht zu, einen freiwilligen Interessenausgleich abzuschließen,[216] ist bei Abweichen von einem solchen freiwilligen Interessenausgleich ein Nachteilsausgleichsanspruch gemäß § 113 Abs. 1 möglich. Das BAG[217] wendet in Tendenzbetrieben auch § 113 Abs. 3 an, wenn der AG dem BR nicht rechtzeitig die Informationen zur Verfügung stellt, die er benötigt, um ggf. über die Einigungsstelle einen Sozialplan zu erlangen. Diese Auffassung überzeugt nicht. Sie findet keinen Niederschlag im Wortlaut des § 113 Abs. 3. Dort ist nicht von der vom BAG jedoch als Begründung herangezogenen Verletzung von Unterrichtungs- oder Beratungspflichten die Rede, sondern ausdrücklich vom Versuch eines Interessenausgleiches, zu dem der Tendenz-AG aber gerade nicht verpflichtet ist.[218]

VI. Religionsgemeinschaften und ihre Einrichtungen

66 Nach Abs. 2 werden Religionsgemeinschaften sowie deren karitative und erzieherische – nicht jedoch andere – Einrichtungen unabhängig von ihrer Rechtsform aus dem Anwendungsbereich des BetrVG ausgeschlossen.[219] Ist eine **Religionsgemeinschaft eine Körperschaft des öffentlichen Rechts, gilt das BetrVG nicht (§ 130)**. Von Religionsgemeinschaften betriebene Einrichtungen anderer Art können jedoch bspw. konfessionellen Bestimmungen dienen und daher unter Abs. 1 fallen. Der Begriff der Religionsgemeinschaft ist deckungsgleich mit jenem in Art. 137 Abs. 3 WRV und erfasst nicht nur die allg. anerkannten christlichen Bekenntnisse, sondern auch die **Glaubensgemeinschaften weltanschaulicher Art**.[220] Sofern religiöse oder weltanschauliche Lehren nur als Vorwand benutzt werden, um in Wahrheit wirtschaftliche Ziele zu verfolgen, handelt es sich hingegen nicht um eine Religionsgemeinschaft.[221]

67 Ob eine **Einrichtung** als **karitativ** oder **erzieherisch** anzusehen ist, ist nicht nur anhand der entsprechenden Kriterien des Abs. 1 festzustellen, sondern bestimmt sich auch nach dem Selbstverständnis der Religionsgemeinschaft.[222] Dies führt zu einer Ausdehnung der Begriffe „karitativ" und „erzieherisch". Demgemäß wurden von der Rspr. Wohnungsbaugesellschaften,[223] Jugenddörfer,[224] Kindergärten bzw. -heime,[225] Schulen, Krankenhäuser und Altersheime[226] als karitative bzw. erzieherische Einrichtungen erachtet. Dagegen ist eine von der Kirche getragene gemeinnützige GmbH, die in der gleichen Weise wie andere Träger unter Verwendung öffentlicher Mittel Arbeitslosenprojekte betreibt, nicht als privilegierte Einrichtung einer Religionsgemeinschaft beurteilt worden.[227]

68 Die Bereichsausnahme nach Abs. 2 verlangt ein Mindestmaß an Einflussmöglichkeiten seitens der Religionsgemeinschaft gegenüber der karitativen oder erzieherischen Einrichtung, um auf Dauer eine Übereinstimmung der religiösen Betätigung der Einrichtung nach kirchlichen Vorstellungen gewährleisten zu können.[228] Dieser Einfluss der Religionsgemeinschaft bedarf allerdings keiner satzungsmäßigen Absicherung; die Religionsgemeinschaft muss jedoch in der Lage sein, einen etwaigen Dissens in religiösen Angelegenheiten zwischen ihr und der Einrichtung unterbinden zu können.[229] Indizien für eine solche organisatorische Zuordnung können die kirchliche Trägerschaft, Verantwortlichkeit leitender Personen gegenüber der Amtskirche, Finanzierung und ggf. Haftungsfreistellung durch die Religionsgemeinschaft sein.[230] Allein die Mitgliedschaft einer Einrichtung im Diakonischen Werk der Religionsgemeinschaft vermag die erforderliche Einflussnahmemöglichkeit nicht zu begründen.[231]

---

214 BAG 24.4.2007 – 1 AZR 252/06 – NZA 2007, 987.
215 Dazu *Grimm/Pelzer*, NZA 2008, 1321 ff.
216 Vgl. oben Rn 63.
217 BAG 30.3.2004 – 1 AZR 7/03 – NZA 2004, 931, 933 = ArbRB 2004, 241 m. Anm. *Kappelhoff*; BAG 18.11.2003 – 1 AZR 637/02 – NZA 2004, 741 = ArbRB 2004, 210 m. Anm. *Lunk*.
218 GK-BetrVG/*Oetker*, § 113 Rn 10; HWK/*Hohenstatt/Dzida*, § 118 BetrVG Rn 30; ErfK/*Kania*, § 118 BetrVG Rn 18; *Kleinebrink*, ArbRB 2008, 375, 376; *Gillen/Hörle*, NZA 2003, 1225, 1231; *Bauer*, in: FS Wißmann, 2005, S. 215, 222; Richardi/*Thüsing*, § 118 Rn 172; dem BAG zustimmend *Schlachter*, FS Wißmann, 2005, S. 412, 417; *Fitting u.a.*, § 118 Rn 47; DKK/*Wedde*, § 118 Rn 62; *Kukat*, BB 1999, 688, 690.
219 *Fitting u.a.*, § 118 Rn 57.
220 HWK/*Hohenstatt/Dzida*, § 118 BetrVG Rn 33.
221 BAG 22.3.1995 – 5 AZB 21/94 – AP § 5 ArbGG 1979 Nr. 21.
222 BAG 24.11.1981 – 1 ABN 12/81 – AP § 72a ArbGG 1979 Nr. 10 – Divergenz.
223 BAG 23.10.2002 – 7 ABR 59/01 – NZA 2004, 334 = ArbRB 2003, 173 m. Anm. *Groeger*.
224 BAG 3.4.1997 – 7 ABR 60/95 – NZA 1997, 1240.
225 BAG 9.2.1982 – 1 ABR 36/80 – AP § 118 BetrVG 1972 Nr. 24; BAG 21.11.1975 – 1 ABR 12/75 – AP § 118 BetrVG 1972 Nr. 6.
226 BAG 6.12.1977 – 1 ABR 28/77 – AP § 118 BetrVG 1972 Nr. 10; BAG 21.11.1975 – 1 ABR 12/75 – AP § 118 BetrVG 1972 Nr. 6.
227 ArbG Hamburg 10.4.2006 – 21 BV 10/05 – juris.
228 BAG 31.7.2002 – 7 ABR 12/01 – NZA 2002, 1409.
229 Vgl. umfassend *Richardi*, Arbeitsrecht in der Kirche, § 16 Rn 15 bis 63.
230 GK-BetrVG/*Weber*, § 118 Rn 224.
231 BAG 5.12.2007 – 7 ABR 72/06 – NZA 2008, 653, wonach die Religionsgemeinschaft zumindest über eine inhaltliche und personelle Einflussmöglichkeit auf das Diakonische Werk verfügen muss, die sich über dessen Satzung auf dessen Mitglieder fortsetzt.

Bei einem **gemischt kirchlich-weltlichen Unternehmen** oder Konzern ist maßgeblich darauf abzustellen, ob der Religionsgemeinschaft ein hinreichender Einfluss bleibt und ob diese Betätigung nach dem Selbstverständnis der Kirche karitativ oder erzieherisch ist. Demgegenüber kommt es nicht maßgeblich darauf an, wer Rechtsträger dieses Unternehmens oder Konzerns ist.[232]

Durch die Übertragung von Unternehmen oder Betrieben auf eine Religionsgemeinschaft kann es zum Entfallen der Anwendbarkeit des BetrVG kommen. Die rechtsgeschäftliche Übernahme eines bisher von einem nichtkirchlichen Träger betriebenen Krankenhauses durch einen kirchlichen Träger macht das Krankenhaus allein durch den Trägerwechsel zu einer karitativen Einrichtung i.S.d. Abs. 2, auf die das BetrVG keine Anwendung findet.[233] Dabei ist unerheblich, ob die Mehrzahl der dort tätigen AN ihre Bereitschaft erklärt hat, künftig im Sinne einer christlichen Dienstgemeinschaft zusammenwirken zu wollen.[234] In diesem Fall endet die Amtszeit des BR per Vollzug der Übertragung.

VII. Verzicht auf den Tendenzschutz

Der AG darf dem BAG zufolge zumindest dann auf den betriebsverfassungsrechtlichen Tendenzschutz verzichten, wenn sich dieser aus einer karitativen oder erzieherischen Zwecksetzung ergibt, denn ein Verzicht könne hier der besonderen Ausrichtung des Unternehmens entsprechen.[235] In der Praxis erfolgt ein solcher Verzicht i.d.R. durch TV. Soweit unverzichtbare Grundrechtspositionen des AG betroffen wären (Grundsatzkompetenz des Verlegers aus Art. 5 GG), wäre auch ein tariflicher Verzicht unwirksam.[236] Sieht man als Normzweck des § 118 die Abwägung zwischen dem Sozialstaatsprinzip und den Freiheitsrechten der Tendenzunternehmer an, so spricht dies generell gegen eine Erstreikbarkeit derartiger Verzichtsklauseln. Denn sonst stünde dieser verfassungsrechtlich legitimierte Abwägungsprozess zur Disposition der TV-Parteien. Ferner wird man einen Verzicht allenfalls durch Firmen- und nicht durch Verbands-TV anerkennen können. Denn die Legitimation durch Verbandsbeitritt reicht nicht aus, um einen Verzicht zu legitimieren.[237]

C. Verbindung zu anderen Rechtsgebieten und zum Prozessrecht

Eine Parallelvorschrift zu § 118 Abs. 1 ist **§ 32 Abs. 1 SprAuG**. In Tendenzbetrieben bzw. -unternehmen besteht danach keine Verpflichtung des AG, den **Sprecherausschuss** einmal pro Jahr über die wirtschaftlichen Angelegenheiten des Betriebs bzw. des Unternehmens zu unterrichten. Zudem findet das SprAuG keine Anwendung auf Religionsgemeinschaften und ihre karitativen und erzieherischen Einrichtungen, § 1 Abs. 3 Nr. 2 SprAuG. Eine **Beteiligung von AN-Vertretern im AR** ist bei Tendenzbetrieben **ausgeschlossen**, § 1 Abs. 2 Nr. 2 DrittelbG und § 1 Abs. 4 MitbestG. Tendenzschutz besteht auch gegenüber dem **EBR**. Auf Tendenzunternehmen und herrschende Unternehmen von Unternehmensgruppen, die unmittelbar und überwiegend den in Abs. 1 S. 1 Nr. 1 und 2 genannten Bestimmungen oder Zwecken dienen, finden nur § 32 Abs. 2 Nr. 5 bis 10 und § 33 EBRG mit der Maßgabe Anwendung, dass eine Unterrichtung und Anhörung nur über den Ausgleich oder die Milderung der wirtschaftlichen Nachteile erfolgen muss, die den AN infolge der Unternehmens- oder Betriebsänderungen entstehen, **§ 34 EBRG**. Schließlich gewährleistet **§ 112 BPersVG** den Religionsgemeinschaften und ihren karitativen und erzieherischen Einrichtungen ohne Rücksicht auf ihre Rechtsform die **selbstständige Ordnung eines Personalvertretungsrechts**; hiervon haben die evangelische und katholische Kirche Gebrauch gemacht.[238]

Die Tendenzverfolgung hat auch in **künd-rechtlicher Hinsicht** Auswirkungen. Zwar kennt das KSchG keine Einschränkung des Künd-Schutzes in Tendenzbetrieben. In der Rspr. ist jedoch anerkannt, dass sich die Zweckrichtung des Tendenzbetriebs auf außerdienstliche Verhaltensweisen der Tendenzträger auswirkt. Selbst außerdienstliche Äußerungen eines Zeitungsredakteurs können daher eine Künd rechtfertigen, sofern sie die Glaubwürdigkeit und publizistische Grundhaltung des Zeitungsunternehmens in Frage stellen.[239] Gleiches gilt für die ordentliche Künd eines Gewerkschaftssekretärs, der Mitglied des Kommunistischen Bundes Westdeutschland war und für dessen Ziele eintrat.[240] Tendenzbezogene Gründe sind ferner i.R.v. Auflösungsanträgen nach §§ 9, 10 KSchG bedeutsam.[241] Hingegen besteht bei rein fachlichen Leistungsmängeln keine künd-rechtliche Privilegierung von Tendenzbetrieben.

---

232 *Fitting u.a.*, § 118 Rn 62.
233 BAG 9.2.1982 – 1 ABR 36/80 – AP § 118 BetrVG 1972 Nr. 24; dazu *Richardi*, Arbeitsrecht in der Kirche, § 16 Rn 64 ff.; *Weth/Wern*, NZA 1998, 118, 122.
234 Vgl. BAG 5.12.2007 – 7 ABR 72/06 – NZA 2008, 653, 660.
235 BAG 5.10.2000 – 1 ABR 14/00 – NZA 2001, 1325; BAG 31.1.1995 – 1 ABR 35/94 – AP § 118 BetrVG 1972 Nr. 56; offen gelassen beim Redaktionsstatut BAG 19.6.2001 – 1 AZR 463/00 – NZA 2002, 397; für alle Bereiche des Tendenzschutzes: Kempen/Zachert/*Wendling-Schröder*, § 1 TVG Rn 592; differenzierend *Wiedemann/Thüsing*, TVG, § 1 Rn 153 ff.
236 *Löwisch/Rieble*, TVG, § 1 Rn 282; *Grimm/Pelzer*, NZA 2008, 1321, 1324.
237 Vgl. GK-BetrVG/*Weber*, § 118 Rn 36.
238 Weiterführend Richardi/*Thüsing*, § 118 Rn 222 f.
239 LAG Sachsen-Anhalt 9.7.2002 – 8 Sa 40/02 – NZA-RR 2003, 244.
240 BAG 6.12.1979 – 2 AZR 1055/77 – AP § 1 KSchG 1969 Verhaltensbedingte Kündigung Nr. 2.
241 BAG 23.10.2008 – 2 AZR 483/07 – NZA-RR 2009, 362 = BB 2009, 1186 m. Anm. *Dzida*.

Die Künd eines s Tendenzträger beschäftigten BR-Mitgliedes aus tendenzbezogenen Gründen bedarf nicht der Zustimmung des BR nach § 103 Abs. 1, sondern er ist nur nach § 102 anzuhören.[242]

I. Darlegungs- und Beweislast

74 **Der AG trägt die Beweislast** für die tatsächlichen Umstände, die eine Anwendbarkeit des § 118 zur Folge haben.[243] Der AG muss also darlegen und beweisen, dass das Unternehmen unter die Tendenzbestimmungen des Abs. 1 fällt oder nach Abs. 2 das BetrVG keine Anwendung findet, die Maßnahme Tendenznähe hat, ein AN Tendenzträger ist und dass wegen des Tendenzcharakters einzelne Beteiligungsrechte des BR entfallen oder eingeschränkt sind.[244]

II. Streitigkeiten

75 Streitigkeiten über die Anwendbarkeit der Vorschrift können sowohl im Beschluss- als auch im Urteilsverfahren ausgetragen werden. Das **Beschlussverfahren** nach §§ 2a Abs. 1 Nr. 1, Abs. 2, 80 ff. ArbGG ist einschlägig bei **Streitigkeiten darüber, ob die Tendenzautonomie der Anwendung einer Vorschrift des BetrVG entgegensteht**. Demgegenüber kann im arbeitsgerichtlichen **Urteilsverfahren** über die Auslegung des Abs. 1 auch als **Vorfrage** entschieden werden, z.B. wenn ein AN gegen eine Künd oder eine Versetzung klagt und die Unwirksamkeit dieser Maßnahme auf eine fehlende bzw. mangelhafte Beteiligung des BR stützt. Herrscht Streit, ob ein Unternehmen nach Abs. 2 aus dem Geltungsbereich des BetrVG herausfällt, so ist das Beschlussverfahren einschlägig.

III. Steuerliche Hinweise

76 Bei in Tendenzbetrieben beschäftigten AN gibt es hinsichtlich der Lohnsteuer **keine Besonderheiten**. Daher ist nach allg. Grundsätzen zu entscheiden, ob die Tätigkeiten in den Tendenzbetrieben tatsächlich von AN oder von ehrenamtlichen Helfern bzw. Selbstständigen ausgeübt werden. Ehrenamtliche Tätigkeiten liegen insb. bei Tätigkeiten für Hilfsorganisationen nahe.

IV. Sozialversicherungsrechtliche Hinweise

77 **Leistungs- und beitragsrechtlich** gibt es **keine Besonderheiten** hinsichtlich des Arbeitsentgelts in Tendenzunternehmen. Gem. **§ 42 SGB III** darf die Agentur für Arbeit Ausbildungs- und Arbeitssuchende nach der Zugehörigkeit zu einer Gewerkschaft, Partei, Religionsgemeinschaft oder vergleichbaren Vereinigung befragen, wenn eine Vermittlung dieser Personen auf einen Arbeits- oder Ausbildungsplatz in einem Tendenzunternehmen i.S.d. Abs. 1 S. 1 oder bei einer Religionsgemeinschaft oder zu ihr gehörenden karitativen oder erzieherischen Einrichtung vorgesehen ist. Allerdings muss der Arbeits- bzw. Ausbildungssuchende bereit sein, auf einen solchen Ausbildungs- oder Arbeitsplatz vermittelt zu werden, § 42 S. 3 Nr. 2 SGB III. Sofern es um eine Vermittlung auf einen Ausbildungs- oder Arbeitsplatz in einem Tendenzunternehmen geht, muss die Art der auszuübenden Tätigkeit die Beschränkung dieses Fragerechts rechtfertigen, § 42 S. 3 Nr. 3 SGB III.

V. Gestaltungshinweise mit einzelnen Formulierungsbeispielen

78 Ein **Antrag auf Feststellung des Tendenzcharakters** eines Unternehmens ist zulässig.[245] Der Antrag im Beschlussverfahren nach §§ 2a Abs. 1 Nr. 1, Abs. 2, 80 ff. ArbGG lautet bspw. für den Fall, dass der BR die Bildung eines Wirtschaftsausschusses betreibt: „... festzustellen, dass im Unternehmen der Antragstellerin kein Wirtschaftsausschuss zu bilden ist." In der Begründung ist darzulegen und im Bestreitensfall zu beweisen, warum eine Zielsetzung i.S.d. Abs. 1 vorliegt. Sofern ein Wirtschaftsausschuss schon gebildet ist, ist dieser nicht am Verfahren zu beteiligen.[246]

79 Bei der **Gestaltung eines Sozialplans** sollte zweckmäßigerweise neben dem Hinweis auf die Tendenzeigenschaft aufgenommen werden, dass der BR über die Kriterien für den Abschluss und die Ausgestaltung des Sozialplanes rechtzeitig unterrichtet wurde. So lassen sich Nachteilsausgleichsansprüche vermeiden, welche das BAG für möglich hält, obgleich kein Interessenausgleich versucht werden muss (vgl. oben Rn 65).

D. Beraterhinweise

80 Das Vorliegen des Tendenzschutzes kann **erhebliche praktische Auswirkungen** haben. Es ist daher von allen Beteiligten stets bei Konstellationen, die grds. einen der in § 118 beschriebenen Zwecke aufweist, das **Eingreifen des Tendenzschutzes sorgfältig zu prüfen**.

81 Durch **Ausgliederungen kann der Tendenzschutz beeinflusst werden** – die Druckerei im Presseverlag, die bislang keinen eigenen Betrieb darstellte, wird rechtlich selbstständig und verliert dadurch den Tendenzschutz; das Schu-

---

242 BAG 28.8.2003 – 2 ABR 48/02 – NZA 2004, 501 = ArbRB 2004, 143 m. Anm. *Lunk*.
243 DKK/*Wedde*, § 118 Rn 115; ErfK/*Kania*, § 118 BetrVG Rn 27; GK-BetrVG/*Weber*, § 118 Rn 233.
244 A.A.: Richardi/*Thüsing*, § 118 Rn 118, wonach die Relativklausel des Abs. 1 S. 1 letzter Hs. ein Problem der rechtlichen Beurteilung ist.
245 BAG 21.7.1998 – 1 ABR 2/98 – NZA 1999, 277.
246 BAG 8.3.1983 – 1 ABR 44/81 – AP § 118 BetrVG 1972 Nr. 26.

lungsheim eines Nicht-Tendenz-Unternehmens erlangt demgegenüber durch rechtliche Verselbstständigung den Tendenzschutz. Praktisch relevant sind solche Gedankenspiele jedoch nicht, da Entscheidungen über rechtliche Umstrukturierungen regelmäßig von steuerlichen und organisatorischen Vorgaben abhängen, nicht jedoch von der Anwendbarkeit des § 118. Im Einzelfall können solche Gesichtspunkte freilich einmal den Ausschlag geben.

Sechster Teil: Straf- und Bußgeldvorschriften

§ 119 Straftaten gegen Betriebsverfassungsorgane und ihre Mitglieder

(1) Mit Freiheitsstrafe bis zu einem Jahr oder mit Geldstrafe wird bestraft, wer
1. eine Wahl des Betriebsrats, der Jugend- und Auszubildendenvertretung, der Bordvertretung, des Seebetriebsrats oder der in § 3 Abs. 1 Nr. 1 bis 3 oder 5 bezeichneten Vertretungen der Arbeitnehmer behindert oder durch Zufügung oder Androhung von Nachteilen oder durch Gewährung oder Versprechen von Vorteilen beeinflusst,
2. die Tätigkeit des Betriebsrats, des Gesamtbetriebsrats, des Konzernbetriebsrats, der Jugend- und Auszubildendenvertretung, der Gesamt-Jugend- und Auszubildendenvertretung, der Konzern-Jugend- und Auszubildendenvertretung, der Bordvertretung, des Seebetriebsrats, der in § 3 Abs. 1 bezeichneten Vertretungen der Arbeitnehmer, der Einigungsstelle, der in § 76 Abs. 8 bezeichneten tariflichen Schlichtungsstelle, der in § 86 bezeichneten betrieblichen Beschwerdestelle oder des Wirtschaftsausschusses behindert oder stört, oder
3. ein Mitglied oder ein Ersatzmitglied des Betriebsrats, des Gesamtbetriebsrats, des Konzernbetriebsrats, der Jugend- und Auszubildendenvertretung, der Gesamt-Jugend- und Auszubildendenvertretung, der Konzern-Jugend- und Auszubildendenvertretung, der Bordvertretung, des Seebetriebsrats, der in § 3 Abs. 1 bezeichneten Vertretungen der Arbeitnehmer, der Einigungsstelle, der in § 76 Abs. 8 bezeichneten Schlichtungsstelle, der in § 86 bezeichneten betrieblichen Beschwerdestelle oder des Wirtschaftsausschusses um seiner Tätigkeit willen oder eine Auskunftsperson nach § 80 Abs. 2 Satz 3 um ihrer Tätigkeit willen benachteiligt oder begünstigt.

(2) Die Tat wird nur auf Antrag des Betriebsrats, des Gesamtbetriebsrats, des Konzernbetriebsrats, der Bordvertretung, des Seebetriebsrats, einer der in § 3 Abs. 1 bezeichneten Vertretungen der Arbeitnehmer, des Wahlvorstands, des Unternehmers oder einer im Betrieb vertretenen Gewerkschaft verfolgt.

A. Allgemeines	1	IV. Schuldform, Strafhöhe	8
B. Regelungsgehalt	2	C. Verbindung zu anderen Rechtsgebieten und zum Prozessrecht	9
I. Wahlbehinderung	2		
II. Behinderung der Amtstätigkeit	4	D. Beraterhinweise	10
III. Benachteiligung oder Begünstigung der Amtsträger	7		

A. Allgemeines

Der letzte Teil des BetrVG enthält **Straf- und Bußgeldvorschriften**. Unter Strafe stehen die **Behinderung oder rechtswidrige Beeinflussung** der im BetrVG vorgesehenen Wahlen, die Störung oder Hinderung der Tätigkeit der Betriebsverfassungsorgane und die Benachteiligung oder Begünstigung ihrer Mitglieder oder Dritter, die bestimmte betriebsverfassungsrechtliche Funktionen ausüben. Die Strafdrohung richtet sich nicht nur gegen den AG und seine Vertreter, sondern gegen jedermann, auch gegen Belegschaftsangehörige und sonst im Betrieb tätige Personen sowie gegen außerhalb des Betriebs stehende Personen, wie z.B. Beauftragte von Gewerkschaften und AG-Verbänden.[1]

B. Regelungsgehalt

I. Wahlbehinderung

Die Behinderung oder unzulässige Beeinflussung der Wahl des BR, der JAV, der Bordvertretung, des See-BR oder der in § 3 Abs. 1 Nr. 1 bis 3 oder 5 verzeichneten Vertretungen der AN sind strafbar. Unter den Begriff der Wahl fallen

---

[1] LAG Düsseldorf 12.8.1993 – 14 TaBV 54/93 – EzA-SD 1994, Nr. 4, 15 u. 16.

vorbereitende Maßnahmen, wie die Einberufung und Durchführung einer Betriebsversammlung zur Wahl des Wahlvorstandes[2] sowie der **Wahlvorgang** selbst und die **Auszählung**.[3] Voraussetzung für die Erfüllung des Straftatbestandes ist eine vorsätzliche Wahlbehinderung, wobei auch eine Erschwerung ausreicht.[4] Die Wahlbehinderung kann durch jedermann begangen werden.[5] Es handelt sich bei § 119 Abs. 1 Nr. 1 um ein Erfolgsdelikt und nicht um ein Tätigkeitsdelikt, so dass eine objektive Wahlbehinderung oder -beeinflussung erforderlich ist und eine lediglich darauf gerichtete Tätigkeit als solche nicht genügt.[6] Eine Behinderung kann durch positives Handeln, wie die tatsächliche Hinderung der AN an der Abgabe ihrer Stimme erfolgen. Besteht eine gesetzliche Pflicht zum Handeln, so kann die Behinderung auch durch ein Unterlassen erfolgen. Sie kann z.B. darin liegen, dass die Mitglieder des Wahlvorstandes untätig bleiben oder der AG seine Pflicht zur Kostentragung gem. § 20 Abs. 3 nicht erfüllt. Da die AN zwar zur Wahl berechtigt, aber nicht verpflichtet sind, liegt keine strafbare Behinderung der Wahl vor, wenn AN von ihrem Wahlrecht keinen Gebrauch machen.

3 Gleichzustellen mit der Behinderung der Wahl ist deren **unzulässige Beeinflussung**. Voraussetzung dafür ist nicht, dass sich die Beeinflussung im Ergebnis der Wahl niederschlägt. Unzulässig ist die Beeinflussung, wenn sie durch Zufügung oder Androhung von Nachteilen oder durch Gewährung oder Versprechen von Vorteilen geschieht. Verursacher der Beeinflussung muss nicht unbedingt der AG oder sein Vertreter sein. Eine gewöhnliche Wahlpropaganda ist zulässig. Auch eine Propaganda, überhaupt keinen BR zu wählen, erfüllt nicht die Voraussetzungen des Straftatbestandes.[7]

II. Behinderung der Amtstätigkeit

4 Abs. 1 Nr. 2 stellt die Behinderung oder **Störung der Amtsführung** des BR, des GBR, des KBR, der JAV, der Gesamt-JAV der Konzern-JAV, der Bordvertretung, des See-BR, der in § 3 Abs. 1 bezeichneten Vertretung der AN, der Einigungsstelle, der in § 76 Abs. 8 bezeichneten tariflichen Schlichtungsstelle, der in § 86 bezeichneten betrieblichen Beschwerdestelle oder des Wirtschaftsausschusses unter Strafe. Verboten ist danach jede Maßnahme, die einen unzulässigen Eingriff in die Geschäftsführung dieser Gremien oder eine Behinderung oder Verhinderung der Ausübung ihrer Tätigkeit im Rahmen des BetrVG darstellt.

5 Hierzu gehören bspw.:
- Androhung 100 %iger Tariflohnanrechnung, für den Fall, dass der BR nicht bestimmter Anrechnung zustimmt;[8]
- die Verhinderung der Teilnahme von Gewerkschaftsvertretern an BR-Sitzungen trotz Vorliegens eines Beschlusses nach § 31;[9]
- die Verhinderung oder Unterbrechung von Telefonaten des BR;[10]
- die beharrliche Weigerung, die Kosten der BR-Tätigkeit zu tragen;[11]
- der Aushang mit der Empfehlung, eine Betriebsversammlung nicht zu besuchen;[12]
- die Rücktrittsaufforderung an den BR mit dem Hinweis, dass anderenfalls Zulagen gestrichen würden;[13]
- das Verbot gegenüber AN, sich an den BR zu wenden.[14]

6 Die Strafandrohung richtet sich nicht gegen die Mitglieder der Betriebsverfassungsorgane selbst, die in ihren eigenen Gremien behindernde oder störende Handlungen vornehmen. In diesen Fällen kommt nur ein Ausschluss nach § 23 Abs. 1 in Betracht.[15]

III. Benachteiligung oder Begünstigung der Amtsträger

7 Nach Nr. 3 ist die **Benachteiligung oder Begünstigung** der einzelnen Mitglieder der Betriebsverfassungsorgane strafbar. Diese Nachteile oder Begünstigungen müssen sich auf die persönliche Rechtsstellung der Mitglieder auswirken. Strafbar ist bspw. die Gewährung einer erheblich unterschiedlichen Vergütung für den Vorsitzenden der Einigungsstelle und externe Beisitzer ohne eine sachliche Rechtfertigung oder der Zwang gegenüber BR-Mitgliedern, BR-Sitzungen außerhalb der betriebsüblichen Arbeitszeit und unter Verzicht auf entsprechende Vergütung durch-

---

2 Vgl. BayObLG 29.7.1980 – RReg 4 St 173/80 – BB 1980, 1638.
3 LG Braunschweig 28.4.1999 – 37 Ns 703 Js 15338/98 – NStZ-RR 2000, 93.
4 Vgl. BayObLG 29.7.1980 – RReg 4 St 173/80 – BB 1980, 1638; LAG Köln – 13 TaBV 36/93 – NZA 1994, 431; GK-BetrVG/*Oetker*, § 119 Rn 14; *Besgen*, Betriebsverfassungsrecht, Rn 38.
5 Vgl. LAG Schleswig-Holstein 9.7.2008 – 6 TaBV 3/08 – juris.
6 Vgl. Richardi/*Annuß*, § 119 Rn 13; GK-BetrVG/*Oetker*, § 119 Rn 13.
7 Richardi/*Annuß*, § 119 Rn 17.
8 Hessisches LAG 28.1.1998 – 8 Sa 2219/96 – juris.
9 DKK/*Trümmner*, § 119 Rn 12.
10 AG Passau 5.6.1985 – 9 Js 1262/85 – AiB 1992, 42.
11 *Fitting u.a.*, § 119 Rn 7.
12 OLG Stuttgart 9.9.1988 – 1 Ws 237/88 – BB 1988, 2245 – hierbei ist aber zu beachten, dass die Betriebsversammlung nicht selbst geschützt ist, weshalb stets geprüft werden muss, ob dadurch auch der BR in seiner Tätigkeit gestört oder behindert wird, vgl. Richardi/*Annuß*, § 119 Rn 23.
13 BayObLG 29.7.1980 – RReg 4 St 173/80 – BB 1980, 1638.
14 DKK/*Trümner*, § 119 Rn 12.
15 DKK/*Trümmner*, § 119 Rn 14; Galperin/*Löwisch*, § 119 Rn 3; Richardi/*Annuß*, § 119 Rn 20; ErfK/*Kania*, § 119 BetrVG Rn 4; a.A. GK-BetrVG/*Oetker*, § 119 Rn 6 m.w.N.

zuführen.[16] AN-Vertreter im AR werden in der Strafvorschrift nicht genannt, eine entsprechende Anwendung ist wegen des strafrechtlichen Analogieverbots nicht möglich.[17] Nicht nach § 119 bestraft wird das begünstigte Mitglied selbst.[18] Es kommt allerdings eine Amtsenthebung des BR-Mitglieds nach § 23 Abs. 1 wegen grober Verletzung seiner gesetzlichen Pflichten in Betracht.

IV. Schuldform, Strafhöhe

Die in § 119 genannten Straftaten sind **Vergehen** i.S.d. § 12 Abs. 2 StGB. Der Versuch ist nicht strafbar, weil die Strafbarkeit des Versuchs nicht ausdrücklich angeordnet ist. Es kommt jede Tatform in Betracht, also sowohl die **Täterschaft** nach § 25 StGB, die **Anstiftung** nach § 26 StGB oder die **Beihilfe** nach § 27 StGB. Die Strafe ist Freiheitsstrafe bis zu einem Jahr oder Geldstrafe. Seit der Neufassung durch Art. 238 Nr. 6a EGStGB enthält das Gesetz nicht mehr die ausdrückliche Anordnung, dass neben Freiheitsstrafe auf Geldstrafe erkannt werden kann. Für den Fall, dass der Täter sich durch die Tat bereichert oder zu bereichern versucht hat, ergibt sich aber aus § 41 StGB, dass neben einer Freiheitsstrafe eine Geldstrafe verhängt werden kann, wenn dies auch unter Berücksichtigung der persönlichen und wirtschaftlichen Verhältnisse des Täters angebracht ist.[19] Das Mindestmaß der Freiheitsstrafe ist gem. § 38 Abs. 2 StGB ein Monat. Eine Freiheitsstrafe unter sechs Monaten wird allerdings nur verhängt, wenn besondere Umstände, die in der Tat oder der Persönlichkeit des Täters liegen, die Verhängung einer Freiheitsstrafe zur Einwirkung auf den Täter oder zur Verteidigung der Rechtsordnung unerlässlich machen, § 47 Abs. 1 StGB. Die Geldstrafe wird gem. § 40 StGB in Tagessätzen verhängt. Strafbar ist nach § 15 StGB nur **vorsätzliches Handeln**, weil die Vorschrift des BetrVG fahrlässiges Handeln nicht ausdrücklich mit Strafe bedroht. Ausreichend ist ein bedingter Vorsatz.[20]

C. Verbindung zu anderen Rechtsgebieten und zum Prozessrecht

Auf § 119 wird in § 34 SprAuG und § 44 Abs. 1 Nr. 2 EBRG verwiesen. Das Personalvertretungsrecht kennt hingegen keine vergleichbare Strafbestimmung. Auch für die SBV verzichtet das Gesetz auf einen besonderen Strafrechtsschutz.

Die Bestimmungen der §§ 107 ff. StGB gelten nur für die Wahl der Abgeordneten des Europäischen Parlaments und für sonstige Wahlen und Abstimmungen des Volkes im Bund, in den Ländern, Gemeinden und Gemeindeverbänden sowie für einige andere besonders aufgeführte Fälle. Eine Bestrafung nach diesen Vorschriften kommt daher im Rahmen der BR-Wahlen nicht in Betracht.[21]

D. Beraterhinweise

Alle in § 119 geregelten Verstöße sind **Antragsdelikte**. Eine Strafverfolgung von Amts wegen erfolgt nicht. Der Antrag kann schriftlich zur Niederschrift der Strafverfolgungsbehörde (Staatsanwaltschaft, Gericht, Polizei) gestellt werden, § 158 StPO. Antragsberechtigt sind aufgrund eines Beschlusses nach § 33 der BR, andere in Abs. 2 genannte Vertreter der AN, die im Betrieb vertretenen Gewerkschaften, der Wahlvorstand oder der AG. Den Antrag kann der Vorsitzende des BR bzw. des Wahlvorstandes etc. nur aufgrund eines Beschlusses des entsprechenden Gremiums einreichen. Der BR, der als Übergangs-BR nur die Geschäfte nach § 22 weiterführt, ist ebenfalls antragsberechtigt.[22] Der Wahlvorstand ist in erster Linie zuständig für Strafanträge wegen Behinderung oder Störung der Wahl des BR. Der Antrag ist gem. § 77b StGB innerhalb von drei Monaten zu stellen. Die Frist beginnt gem. § 77b Abs. 2 S. 1 StGB mit dem Tag, an dem der BR, der Wahlvorstand, die Gewerkschaft oder die anderen antragsberechtigten Vertreter der AN oder des AG von der Handlung oder Unterlassung und von der Person des Täters Kenntnis erhalten haben. Kenntnis ist anzunehmen, wenn ein vernünftiger Mensch aufgrund gewisser Tatsachen einen sicheren Schluss auf Tat und Täter ziehen kann. Ein Verdacht genügt hier nicht.[23] Die Frist endet gem. §§ 187 Abs. 1, 188 Abs. 2 BGB mit Ablauf des Tages des dritten Monats, der dem Tag der Kenntnisnahme entspricht. Im Falle der Einstellung des Ermittlungsverfahrens durch die Staatsanwaltschaft muss der Antragsteller unter Mitteilung der Gründe beschieden werden, § 171 StPO. Dann hat der Antragsteller die Möglichkeit, binnen zwei Wochen hiergegen Beschwerde bei der vorgesetzten Staatsanwaltschaft (Oberstaatsanwaltschaft, Generalstaatsanwaltschaft) einzulegen, vgl. § 172 StPO. Eine im Betrieb vertretene Gewerkschaft kann nicht den Antrag stellen, weil ihr die Verletzteneigenschaft fehlt. § 119 schützt keine eigenen Interessen der im Betrieb vertretenen Gewerkschaften.[24] Bleibt die Beschwerde erfolg-

---

16 *Fitting u.a.*, § 119 Rn 9.
17 GK-BetrVG/*Oetker*, § 119 Rn 27.
18 GK-BetrVG/*Oetker*, § 119 Rn 25; Richardi/*Annuß*, § 119 Rn 24.
19 Richardi/*Annuß*, § 119 Rn 9.
20 OLG Stuttgart 9.9.1988 – 1 Ws 237/88 – NStZ 1989, 31, 32; *Fitting u.a.*, § 119 Rn 10; *Galperin/Löwisch*, § 119 Rn 5; GK-BetrVG/*Oetker*, § 119 Rn 28; DKK/*Trümner*, § 119 Rn 29; *Hess u.a.*, § 119 Rn 9; *Stege/Weinspach/ Schiefer*, § 119 Rn 4; a.A. wegen der Änderung des Gesetzestextes unter Nichtbeachtung der Gesetzesmaterialien und des § 15 StGB: *Brecht*, § 119 Rn 6.
21 BayObLG 29.7.1980 – RReg 4 St 173/80 – BB 1980, 1638; Richardi/*Annuß*, § 119 Rn 18.
22 GK-BetrVG/*Oetker*, § 119 Rn 42.
23 GK-BetrVG/*Oetker*, § 119 Rn 48.
24 GK-BetrVG/*Oetker*, § 119 Rn 56; a.A. entgegen der Vorauflage DKK/*Trümner*, § 119 Rn 24; *Fitting u.a.*, § 119 Rn 17.

los, so besteht noch die Möglichkeit, gerichtliche Entscheidungen im Wege des Klageerzwingungsverfahrens zu beantragen. Wurde der Antrag nicht rechtzeitig gestellt, so entfällt eine Strafverfolgung. Der Antrag kann gem. § 77d Abs. 1 S. 1 StGB bis zur Rechtskraft des eine Bestrafung aussprechenden Urteils zurückgenommen werden. Ein zurückgenommener Antrag kann gem. § 77d Abs. 1 S. 2 StGB nicht erneut gestellt werden. Die **Verjährungsfrist** beträgt gem. § 78 Abs. 3 Nr. 5 StGB drei Jahre.

§ 120 Verletzung von Geheimnissen

(1) Wer unbefugt ein fremdes Betriebs- oder Geschäftsgeheimnis offenbart, das ihm in seiner Eigenschaft als
1. Mitglied oder Ersatzmitglied des Betriebsrats oder einer der in § 79 Abs. 2 bezeichneten Stellen,
2. Vertreter einer Gewerkschaft oder Arbeitgebervereinigung,
3. Sachverständiger, der vom Betriebsrat nach § 80 Abs. 3 hinzugezogen oder von der Einigungsstelle nach § 109 Satz 3 angehört worden ist,
4. Berater, der vom Betriebsrat nach § 111 Satz 2 hinzugezogen worden ist,
5. Auskunftsperson, die dem Betriebsrat nach § 80 Abs. 2 Satz 3 zur Verfügung gestellt worden ist, oder
6. Arbeitnehmer, der vom Betriebsrat nach § 107 Abs. 3 Satz 3 oder vom Wirtschaftsausschuss nach § 108 Abs. 2 Satz 2 hinzugezogen worden ist,

bekannt geworden und das vom Arbeitgeber ausdrücklich als geheimhaltungsbedürftig bezeichnet worden ist, wird mit Freiheitsstrafe bis zu einem Jahr oder mit Geldstrafe bestraft.

(2) Ebenso wird bestraft, wer unbefugt ein fremdes Geheimnis eines Arbeitnehmers, namentlich ein zu dessen persönlichen Lebensbereich gehörendes Geheimnis, offenbart, das ihm in seiner Eigenschaft als Mitglied oder Ersatzmitglied des Betriebsrats oder einer der in § 79 Abs. 2 bezeichneten Stellen bekannt geworden ist und über das nach den Vorschriften dieses Gesetzes Stillschweigen zu bewahren ist.

(3) [1]Handelt der Täter gegen Entgelt oder in der Absicht, sich oder einen anderen zu bereichern oder einen anderen zu schädigen, so ist die Strafe Freiheitsstrafe bis zu zwei Jahren oder Geldstrafe. [2]Ebenso wird bestraft, wer unbefugt ein fremdes Geheimnis, namentlich ein Betriebs- oder Geschäftsgeheimnis, zu dessen Geheimhaltung nach den Absätzen 1 oder 2 verpflichtet ist, verwertet.

(4) Die Absätze 1 bis 3 sind auch anzuwenden, wenn der Täter das fremde Geheimnis nach dem Tode des Betroffenen unbefugt offenbart oder verwertet.

(5) [1]Die Tat wird nur auf Antrag des Verletzten verfolgt. [2]Stirbt der Verletzte, so geht das Antragsrecht nach § 77 Abs. 2 des Strafgesetzbuches auf die Angehörigen über, wenn das Geheimnis zum persönlichen Lebensbereich des Verletzten gehört; in anderen Fällen geht es auf die Erben über. [3]Offenbart der Täter das Geheimnis nach dem Tode des Betroffenen, so gilt Satz 2 sinngemäß.

Literatur: *Tag,* Der lückenhafte Schutz von Arbeitnehmergeheimnissen gemäß § 120 Abs. 2 BetrVG, BB 2001, 1578

A. Allgemeines 1	II. Offenbarung persönlicher Geheimnisse eines Arbeitnehmers 4
B. Regelungsgehalt 3	III. Schuldform, Strafhöhe 6
I. Verletzung von Betriebs- oder Geschäftsgeheimnissen 3	C. Verbindung zu anderen Rechtsgebieten 7
	D. Beraterhinweise 9

A. Allgemeines

1 § 120 konkretisiert die Strafvorschrift des § 119 für den Fall eines Bruchs der **Schweigepflicht**. Die Auskunftspflichten der AG gegenüber dem BR und den AN müssen von einem entsprechenden Geheimnisschutz durch BR und AN begleitet werden. Dem Geheimnisschutz des § 79 unterliegen auch Auskunftspersonen nach § 80 Abs. 3. Mit der Novellierung des BetrVG im Jahr 2001 sind außerdem die Berater bei Betriebsänderungen nach § 111 S. 2 sowie die betriebsangehörigen Auskunftspersonen nach § 80 Abs. 2 erfasst.[1] Geschützt wird außerdem die Diskretion zwischen BR und AN hinsichtlich der persönlichen Informationen, die der BR aufgrund seines Amtes über einzelne AN erhält.

2 Nr. 4 des § 120 Abs. 1 enthält einen Redaktionsfehler: die AN werden nach § 108 Abs. 2 S. 2 nicht vom Wirtschaftsausschuss, sondern vom AG hinzugezogen.[2]

---

[1] Vgl. BT-Drucks 14/5741, S. 53. [2] Vgl. Richardi/*Annuß*, § 120 Rn 7.

B. Regelungsgehalt
I. Verletzung von Betriebs- oder Geschäftsgeheimnissen
Die Strafvorschrift des § 120 Abs. 1 greift bei der Verletzung eines Betriebs- oder Geschäftsgeheimnisses, das aufgrund der Geheimhaltungspflicht des § 79 geschützt wird, ein. Diese Betriebs- oder Geschäftsgeheimnisse müssen vom AG ausdrücklich als geheimhaltungsbedürftig bezeichnet worden sein. Die von der Geheimhaltungspflicht betroffenen Erkenntnisse, Tatsachen oder Unterlagen müssen einem BR-Mitglied oder einer anderen in § 79 Abs. 2 bezeichneten Stelle (vgl. § 79 Rn 8) bzw. dem Personenkreis des Abs. 1 Nr. 1 bis 4 in ihrer amtlichen Eigenschaft mitgeteilt worden sein. Eine Bestrafung erfolgt nur, wenn ein Geheimnis in unbefugter Weise offenbart wird. Eine solche unbefugte Offenbarung liegt vor, wenn ohne die Zustimmung des durch den Geheimschutz Geschützten eine Mitteilung an Personen erfolgt, die nicht einem der in § 79 genannten Betriebsverfassungsorgane angehören. Sobald der AG eine Erklärung der Geheimhaltungsbedürftigkeit zurücknimmt, steht der Weitergabe entsprechender Informationen nichts mehr entgegen. 3

Abs. 3 S. 2 stellt die Verwertung eines Geheimnisses ausdrücklich unter Strafe. Hierunter fällt die Ausnutzung eines Geheimnisses für eigene wirtschaftliche Zwecke, ohne dass das Geheimnis selbst Dritten gegenüber offen gelegt wird. Die Vorschrift des § 120 betrifft nicht die AN-Vertretung im AR. Für sie gilt die Sondervorschrift des § 404 AktG.

II. Offenbarung persönlicher Geheimnisse eines Arbeitnehmers
§ 120 Abs. 2 schützt persönliche Geheimnisse der AN, die Mitgliedern des BR oder amtierenden Ersatzmitgliedern, aber auch Mitgliedern der anderen in § 79 Abs. 2 genannten Stellen im Rahmen ihrer Tätigkeit zur Kenntnis gelangen. Hierzu gehören auch Kenntnisse über Bewerber für einen Arbeitsplatz.[3] Um Geheimnisse handelt es sich, wenn Tatsachen betroffen sind, die nicht offenkundig sondern nur einem eng begrenzten Personenkreis bekannt sind. Neben dem ausdrücklich benannten persönlichen Lebensbereich, wozu die Familienverhältnisse, Vorstrafen und Krankheiten gehören können, werden auch Informationen über die betrieblichen Belange des einzelnen AN geschützt. Hierzu können z.B. Informationen über das Verhältnis zu Kollegen und Vorgesetzten gehören, soweit diese nicht allg. bekannt sind, sowie Beurteilungen, Personalakten und die Lohnhöhe.[4] Die Offenbarung entsprechender Informationen ist dann strafbar, wenn das BetrVG ausdrücklich die Bewahrung des Stillschweigens in den entsprechenden Fällen vorschreibt. AN-Geheimnisse sind demnach geschützt, wenn 4

- ein Mitglied des BR vom AN bei der Erörterung der Berechnung oder der Zusammensetzung seines Entgelts gem. § 80 Abs. 2 S. 3 hinzugezogen wird,
- der AN gemeinsam mit einem Mitglied des BR seine Personalakte gem. § 83 Abs. 1 S. 1 einsieht,
- der BR im Zusammenhang mit personellen Einzelmaßnahmen gem. § 99 Abs. 1 S. 1 Nr. 3 bestimmte Kenntnisse erlangt,
- der BR im Zusammenhang mit Künd bestimmte Informationen über den AN gem. § 102 Abs. 2 S. 5 i.V.m. § 99 Abs. 1 S. 1 Nr. 3 erlangt.

In den Fällen der Erörterung der Berechnung oder der Zusammensetzung des Entgelts und der Einsichtnahme in die Personalakte kann der AN das BR-Mitglied von der Schweigepflicht entbinden. Zu beachten ist, dass die Strafvorschrift keinen umfassenden Schutz für den AN bereithält. Der BR hat nämlich keine strafrechtlich geschützte Schweigepflicht wie ein RA oder Arzt. Ein Aussageverweigerungsrecht für BR kennt die StPO nicht. Ebenso wenig ist der AN vor der Beschlagnahmung von Unterlagen, die er beim BR hinterlegt hat, geschützt.[5] 5

III. Schuldform, Strafhöhe
Unter Strafe steht vorsätzliches Handeln und der Strafrahmen entspricht dem des § 119. Eine Strafverschärfung mit Freiheitsstrafen bis zu zwei Jahren oder Geldstrafe tritt in den folgenden Fällen ein: 6

- Täter handelt gegen Entgelt/vermögenswerte Geldleistung, § 11 Abs. 1 Nr. 3 StGB,
- Täter handelt in der Absicht, entweder sich durch eine Gesetzesverletzung persönliche (wirtschaftliche) Vorteile zu verschaffen oder einer anderen Person solche Vorteile zuzuwenden oder einem anderen, insbesondere dem Betrieb bzw. Unternehmen Schaden zuzufügen, Abs. 3 S. 1,
- Täter verwertet unbefugt fremde Geheimnisse, Abs. 3 S. 2.

Tritt eine Bereicherung ein, so kann nach § 41 StGB sowohl auf Freiheitsstrafe als auch auf Geldstrafe erkannt werden.

---

[3] Richardi/*Annuß*, § 120 Rn 17.
[4] GK-BetrVG/*Oetker*, § 120 Rn 32.

[5] *Tag*, BB 2001, 1578.

C. Verbindung zu anderen Rechtsgebieten

7 Dem § 120 entsprechende Geheimhaltungspflichten enthalten § 35 SprAuG, § 44 Abs. 1 Nr. 1, Abs. 2, 3 EBRG und § 155 SGB IX.

Eine Bestrafung nach § 17 UWG kommt nur in Betracht, wenn eine Person die ihm als AN anvertrauten Betriebs- oder Geschäftsgeheimnisse während eines bestehenden Arbverh unbefugt aus Gründen des Wettbewerbs, des Eigennutzes oder in Schädigungsabsicht weitergibt. Hier kommt eine Freiheitsstrafe von bis zu drei Jahren und (oder) eine Geldstrafe in Betracht. § 19 UWG enthält eine eigene Verpflichtung zum Schadensersatz und § 20 UWG stellt schon das Verleiten oder Erbieten zum Geheimnisverrat unter Strafe. Auch hier tritt eine Strafverfolgung nur auf Antrag ein, § 22 UWG. Die Strafvorschriften der §§ 43 und 44 BDSG sind neben § 120 Abs. 2 als Sondervorschrift nicht anwendbar.[6]

8 AN-Vertreter im AR, die ihre Geheimhaltungspflicht verletzen, werden nach § 404 AktG mit Freiheitsstrafe bis zu einem Jahr oder mit Geldstrafe bestraft. Strafbewehrt ist die Offenbarung eines Geheimnisses der Gesellschaft, namentlich ein Betriebs- oder Geschäftsgeheimnis, das dem AN in seiner Eigenschaft als Mitglied des AR bekannt geworden ist. Eine Verschwiegenheitspflicht der AN-Vertreter im Aufsichtsrat besteht auch gegenüber dem BR, selbst wenn ein AN-Vertreter gleichzeitig Mitglied des BR ist.[7]

Sind RA Mitglied einer Einigungsstelle, so kann eine Idealkonkurrenz zwischen § 120 und § 203 Abs. 1 Nr. 3 StGB entstehen. Eine Idealkonkurrenz kann ebenfalls vorliegen, wenn es sich bei der geheim zu haltenden Tatsache um eine Insidertatsache i.S.d. § 13 Abs. 1 Nr. 3 WpHG handelt.

D. Beraterhinweise

9 Die Tat wird **nur auf Antrag** des AG oder des betroffenen AN als Verletztem verfolgt. Abs. 4 S. 2 und 3 regelt den Übergang des Antragsrechts auf Angehörige oder Erben. Die Rücknahme des Antrags ist wie bei § 119 möglich.

Hinsichtlich der **Verjährungsfrist** ist bei dem Grundtatbestand in § 120 Abs. 3 S. 1 sowie bezüglich der in § 120 Abs. 3 S. 1 genannten Qualifikationen die verlängerte Frist von fünf Jahren gem. § 78 Abs. 3 Nr. 4 StGB zu beachten. I.Ü. greift die allg. Verjährungsfrist von drei Jahren gem. § 78 Abs. 3 Nr. 5 StGB ein.

§ 121 Bußgeldvorschriften

(1) Ordnungswidrig handelt, wer eine der in § 90 Abs. 1, 2 Satz 1, § 92 Abs. 1 Satz 1 auch in Verbindung mit Abs. 3, § 99 Abs. 1, § 106 Abs. 2, § 108 Abs. 5, § 110 oder § 111 bezeichneten Aufklärungs- oder Auskunftspflichten nicht, wahrheitswidrig, unvollständig oder verspätet erfüllt.

(2) Die Ordnungswidrigkeit kann mit einer Geldbuße bis zu zehntausend Euro geahndet werden.

Literatur: *Denck*, Bildschirmarbeitsplätze und Mitbestimmung des Betriebsrats, RdA 1982, 279; *Growe*, Richtig gehandhabt ein scharfes Instrument, AiB 1989, 285; *Lipke*, Einstweiliger Rechtsschutz des Betriebsrates bei Missachtung betriebsverfassungsrechtlicher Beteiligungsrechte nach § 99 BetrVG?, DB 1980, 2239

A. Allgemeines	1	II. Verhängung der Geldbuße	9
B. Regelungsgehalt	2	C. Verbindung zu anderen Rechtsgebieten	10
I. Verletzung der Aufklärungs- oder Auskunftspflichten	2	D. Beraterhinweise	11

A. Allgemeines

1 Von § 121 wird die **Verletzung von Aufklärungs- oder Auskunftspflichten** des AG erfasst. Eine solche Verletzung wird als OWi geahndet. Mit dem Gesetz zur Reform der Betriebsverfassung hat der Gesetzgeber die Verletzung von Informationspflichten hinsichtlich betrieblicher Maßnahmen zur Gleichstellung der Geschlechter und solcher zur Förderung der Vereinbarkeit von Familie und Erwerbstätigkeit in den Katalog der OWi aufgenommen. Dies folgt aus der Erweiterung der informationspflichtigen Tatbestände des § 92.[1]

---

6 *Fitting u.a.*, § 120 Rn 11, DKK/*Trümner*, § 120 Rn 14; Richardi/*Annuß*, § 120 Rn 29; ErfK/*Kania*, § 120 BetrVG Rn 4.

7 BAG 23.10.2008 – 2 ABR 59/07 – DB 2009, 1131.

1 Vgl. BT-Drucks 14/5741, S. 79.

B. Regelungsgehalt
I. Verletzung der Aufklärungs- oder Auskunftspflichten

Durch die Vorschrift soll die **Durchsetzung von Informationsrechten des BR** geschützt werden, denen keine weitergehenden Beteiligungsrechte folgen. Die Unterrichtspflichten, deren Verletzung ordnungswidrig ist, werden abschließend aufgezählt.[2] Daneben kann die Verletzung von Unterrichtungspflichten auch den Straftatbestand des § 119 Abs. 1 Nr. 2 erfüllen, wenn eine Behinderung oder Störung der Überwachungstätigkeit des BR damit verbunden ist.[3] Der AG kann außerdem nach § 23 Abs. 3 zur Erfüllung seiner Pflichten angehalten werden.

Als OWi wird z.B. die Verletzung folgender Informationspflichten geahndet:

- Pflicht zur Unterrichtung im Zusammenhang mit der Planung von Neubauten, technischen Anlagen, Arbeitsverfahren, Arbeitsabläufen, Arbeitsplätzen, § 90 Abs. 1 und Abs. 2 S. 1,[4]
- Pflicht zur rechtzeitigen und umfassenden Unterrichtung bei der Personalplanung, § 92 Abs. 1 S. 1,[5]
- Pflicht zur rechtzeitigen und umfassenden Unterrichtung über betriebliche Maßnahmen zur Durchsetzung der Gleichstellung der Geschlechter, § 80 Abs. 1 Nr. 2a i.V.m. § 92 Abs. 3,
- Pflicht zur rechtzeitigen und umfassenden Unterrichtung über betriebliche Maßnahmen zur Vereinbarkeit von Familie und Erwerbsleben, § 80 Abs. 1 Nr. 2b i.V.m. § 92 Abs. 3,
- Pflicht zur Unterrichtung über personelle Einzelmaßnahmen, § 99 Abs. 1,
- Pflicht zur Unterrichtung des Wirtschaftsausschusses, § 106 Abs. 2,[6]
- Pflicht zur Erläuterung des Jahresabschlusses, § 108 Abs. 5,
- Pflicht zur Unterrichtung der AN über die wirtschaftliche Lage und Entwicklung des Unternehmens, § 110,[7]
- Unterrichtung des BR über geplante Betriebsänderungen, § 111.

Das **Unterlassen** der Informationen, die unvollständige, wahrheitswidrige oder verspätete Unterrichtung sind ordnungswidrig. §§ 92 und 106 und 111 verlangen eine umfassende Unterrichtung. Zudem fordern die Vorschriften der §§ 90, 92, 106 und 111 eine rechtzeitige Information. Handelnde der OWi können nur der AG oder die von ihm beauftragte Person, § 9 Abs. 2 OWiG, sein. Ist der AG eine juristische Person oder eine Personenvereinigung, trifft die Auskunftspflicht die Mitglieder des vertretungsberechtigten Organs der Gesellschaft bzw. die vertretungsberechtigten Gesellschafter.

Geahndet wird **vorsätzliches Handeln**, wobei bedingter Vorsatz ausreicht. Fahrlässigkeit genügt nicht, § 10 OWiG. Ist der Irrtum nicht vorhersehbar, so schließt fehlendes Unrechtsbewusstsein die Ordnungswidrigkeit aus, § 11 OWiG. Auf fehlende Kenntnisse seiner gesetzlichen Informationspflichten kann sich der AG nicht berufen. Ein versuchter Verstoß stellt keine Ordnungswidrigkeit dar, § 13 Abs. 2 OWiG. Bei der Verletzung von Auskunftspflichten kann der BR Anzeige bei der zuständigen Verfolgungsbehörde erstatten, § 158 Abs. 1 StPO i.V.m. § 46 Abs. 1 OWiG. **Sachlich zuständig** sind gem. § 36 Abs. 1 Nr. 2a OWiG die jeweiligen Arbeitsminister oder Senatoren.[8]

Abweichende Regelungen aufgrund der Ermächtigung in § 36 Abs. 2 OWiG gelten in den folgenden Bundesländern:
- Baden-Württemberg: Landratsämter, große Kreisstädte, Verwaltungsgemeinschaften, Gemeinden, § 2 Abs. 1 der VO,[9]
- Bayern: Kreisverwaltungsbehörden, § 3 Abs. 3 der VO,[10]
- Hessen: Regierungspräsidien, § 1 der VO,[11]
- Niedersachsen: Landkreise, kreisfreie Städte, große selbstständige Städte und selbstständige Gemeinden, § 6 Nr. 4a der VO,[12]
- Nordrhein-Westfalen: Regierungspräsidenten bzw. Bezirksregierungen, § 1 der VO,[13]
- Rheinland-Pfalz: Bezirksregierung, § 1 der VO,[14]
- Sachsen: Landratsämter und Bürgermeisterämter der kreisfreien Städte, § 2 der VO,[15]
- Sachsen-Anhalt: Landkreises, kreisfreie Städte, § 5 Nr. 2a der VO.[16]

Örtlich zuständig ist nach § 37 OWiG die Verwaltungsbehörde, in deren Bezirk der Tatort oder der Wohnsitz des Betroffenen liegt.

---

2 GK-BetrVG/*Oetker*, § 121 Rn 10; Richardi/*Annuß*, § 121 Rn 2.
3 DKK/*Trümner*, § 121 Rn 2; Richardi/*Annuß*, § 121 Rn 2.
4 OLG Düsseldorf 8.4.1982 – 5 Ss (Owi) 136/82 – 110/82 I – BB 1982, 1113.
5 OLG Hamm 7.12.1977 – 4 Ss Owi 1407/77 – DB 1978, 748.
6 OLG Karlsruhe 7.6.1985 – 1 Ss 68/85 – DB 1986, 387.
7 OLG Hamm 7.12.1977 – 4 Ss Owi 1407/77 – DB 1978, 748.
8 In Hamburg die Behörde für Arbeit, Jugend und Soziales.
9 I.d.F. v. 2.2.1990, GBl S. 268.
10 V. 21.10.1997, GVBl S. 727.
11 V. 2.4.1973, GVBl I S. 132.
12 V. 24.8.1999, GVBl S. 327.
13 V. 12.4.1972, GVBl S 238.
14 V. 21.8.1990, GVBl S. 274.
15 V. 2.7.1993, GVBl S. 581.
16 V. 26.9.1994, GVBl S. 957.

8 Eine **Einstellung des Verfahrens** muss nach § 171 StPO i.V.m. § 46 OWiG dem Anzeigenden mitgeteilt werden. Ein Anspruch auf Mitteilung der Einstellungsgründe besteht nicht.[17] Die Verfolgungsbehörde ist allerdings nicht gehindert, die Einstellungsgründe mitzuteilen.[18] Gegen die Einstellung ist nur die Aufsichtsbeschwerde gegeben.

II. Verhängung der Geldbuße

9 Nach § 17 Abs. 1 OWiG beträgt die Höhe der Geldbuße mindestens fünf EUR und höchstens 10.000 EUR, § 121 Abs. 2. Bei juristischen Personen oder bei Personenvereinigungen kann die Geldbuße nicht nur gegen Organmitglieder und vertretungsberechtigte Gesellschafter (§ 9 Abs. 1 Nr. 1 und 2 OWiG), sondern auch gegen juristische Personen oder Personenvereinigungen selbst verhängt werden (vgl. § 30 Abs. 4 OWiG). Bei der Festsetzung der Geldbuße sind die Bedeutung der Ordnungswidrigkeit, die Schwere des Vorwurfs und die wirtschaftlichen Verhältnisse des Täters zu berücksichtigen, § 17 Abs. 3 und Abs. 4 OWiG. Beim gleichzeitigen Vorliegen einer strafbaren Handlung, z.B. nach § 119 Abs. 1 Nr. 2, wird eine Geldbuße nur verhängt, wenn keine Bestrafung erfolgt, § 21 OWiG. Die Behörde übt bei der Verfolgung von Ordnungswidrigkeiten pflichtgemäßes Ermessen aus, § 47 Abs. 1 OWiG. Ordnungswidrigkeiten, die mit Geldbuße im Höchstmaß von mehr als 15.000 EUR bedroht sind, verjähren drei Jahre nach Begehung der Handlung, § 31 Abs. 2 Nr. 1 OWiG.

C. Verbindung zu anderen Rechtsgebieten

10 Einen dem § 121 entsprechenden Tatbestand enthält § 156 Abs. 1 Nr. 7 und Nr. 9 SGB IX bei Verletzung der Unterrichtungspflichten des AG gegenüber der SBV. Entsprechende Vorschriften enthalten § 36 SprAuG und § 46 EBRG.

D. Beraterhinweise

11 Gegen einen **Bußgeldbescheid** nach §§ 65, 66 OWiG kann gem. § 67 Abs. 1 S. 1 innerhalb von zwei Wochen nach Zustellung schriftlich **Einspruch** bei der Stelle eingelegt werden, die den Bescheid erlassen hat. Zur Entscheidung über den Einspruch ist das Amtsgericht zuständig. Es ist zu beachten, dass grds. nicht das Verschlechterungsverbot (Verbot der reformatio in peius) gilt, eine Ausnahme greift nur im Falle einer Entscheidung durch Beschluss gem. § 72 Abs. 3 S. 2 OWiG.[19] Das Gericht kann deswegen von der im Bußgeldbescheid festgesetzten Geldbuße auch zum Nachteil des Betroffenen abweichen.

12 In Fällen, in denen die Geldbuße höher als 250 EUR ist, kann gem. § 79 Abs. 1 Nr. 1 OWiG gegen die Entscheidung des Amtsgerichts **Rechtsbeschwerde** eingelegt werden. Dasselbe gilt gem. § 79 Abs. 1 S. 2 auch, wenn das Beschwerdegericht die Rechtsbeschwerde ausdrücklich zugelassen hat. Gem. § 79 Abs. 3 S. 1 i.V.m. § 121 Abs. 1 Nr. 1a GVG ist das OLG für die Rechtsbeschwerde zuständig. Gem. § 79 Abs. 3 S. 1 OWiG i.V.m. § 341 StPO und § 80 Abs. 3 S. 1 OWiG muss die Rechtsbeschwerde oder der Zulassungsantrag binnen einer Woche nach der Verkündung zu Protokoll der Geschäftsstelle oder schriftlich bei dem Gericht eingelegt werden, dessen Entscheidung angefochten wird. Zu einer Entscheidung des BGH kann es nur aufgrund einer Divergenzvorlage gem. § 121 Abs. 2 GVG kommen.

13 In der Praxis hat sich die Vorschrift des § 121 nach überwiegender Meinung als wenig wirksam erwiesen.[20] Teilweise wird die Auffassung vertreten, ein Verfahren auf Erlass einer einstweiligen Verfügung zur Durchsetzung gesetzlicher Informationsrechte des BR sei effektiver.[21]

Siebenter Teil: Änderung von Gesetzen

§ 122 (Änderung des Bürgerlichen Gesetzbuchs)

(gegenstandslos)

§ 123 (Änderung des Kündigungsschutzgesetzes)

(gegenstandslos)

---

17 *Fitting u.a.*, § 121 Rn 8, a.A. DKK/*Trümner*, § 121 Rn 26.
18 *Fitting u.a.*, § 121 Rn 8 m.w.N.
19 Vgl. GK-BetrVG/*Oetker*, § 121 Rn 36.
20 Vgl. *Fitting u.a.*, § 121 Rn 3; DKK/*Trümner*, § 121 Rn 3; *Denck*, RdA 1982, 279, 283; *Lipke*, DB 1980, 2239, 2240; a.A. *Growe*, AiB 1989, 285.
21 *Fitting u.a.*, § 121 Rn 3.

§ 124 (Änderung des Arbeitsgerichtsgesetzes)

(gegenstandslos)

Achter Teil: Übergangs- und Schlussvorschriften

§ 125 Erstmalige Wahlen nach diesem Gesetz

(1) Die erstmaligen Betriebsratswahlen nach § 13 Abs. 1 finden im Jahre 1972 statt.
(2) ¹Die erstmaligen Wahlen der Jugend- und Auszubildendenvertretung nach § 64 Abs. 1 Satz 1 finden im Jahre 1988 statt. ²Die Amtszeit der Jugendvertretung endet mit der Bekanntgabe des Wahlergebnisses der neu gewählten Jugend- und Auszubildendenvertretung, spätestens am 30. November 1988.
(3) Auf Wahlen des Betriebsrats, der Bordvertretung, des Seebetriebsrats und der Jugend- und Auszubildendenvertretung, die nach dem 28. Juli 2001 eingeleitet werden, finden die Erste Verordnung zur Durchführung des Betriebsverfassungsgesetzes vom 16. Januar 1972 (BGBl. I S. 49), zuletzt geändert durch die Verordnung vom 16. Januar 1995 (BGBl. I S. 43), die Zweite Verordnung zur Durchführung des Betriebsverfassungsgesetzes vom 24. Oktober 1972 (BGBl. I S. 2029), zuletzt geändert durch die Verordnung vom 28. September 1989 (BGBl. I S. 1795) und die Verordnung zur Durchführung der Betriebsratswahlen bei den Postunternehmen vom 26. Juni 1995 (BGBl. I S. 871) bis zu deren Änderung entsprechende Anwendung.
(4) Ergänzend findet für das vereinfachte Wahlverfahren nach § 14a die Erste Verordnung zur Durchführung des Betriebsverfassungsgesetzes bis zu deren Änderung mit folgenden Maßgaben entsprechende Anwendung:
1. Die Frist für die Einladung zur Wahlversammlung zur Wahl des Betriebsrats nach § 14a Abs. 1 des Gesetzes beträgt mindestens sieben Tage. Die Einladung muss Ort, Tag und Zeit der Wahlversammlung sowie den Hinweis enthalten, dass bis zum Ende dieser Wahlversammlung Wahlvorschläge zur Wahl des Betriebsrats gemacht werden können (§ 14a Abs. 2 des Gesetzes).
2. § 3 findet wie folgt Anwendung:
    a) Im Fall des § 14a Abs. 1 des Gesetzes erlässt der Wahlvorstand auf der Wahlversammlung das Wahlausschreiben. Die Einspruchsfrist nach § 3 Abs. 2 Nummer 3 verkürzt sich auf drei Tage. Die Angabe nach § 3 Abs. 2 Nr. 4 muss die Zahl der Mindestsitze des Geschlechts in der Minderheit (§ 15 Abs. 2 des Gesetzes) enthalten. Die Wahlvorschläge sind abweichend von § 3 Abs. 2 Nr. 7 bis zum Abschluss der Wahlversammlung zur Wahl des Wahlvorstands bei diesem einzureichen. Ergänzend zu § 3 Abs. 2 Nr. 10 gibt der Wahlvorstand den Ort, Tag und Zeit der nachträglichen Stimmabgabe an (§ 14a Abs. 4 des Gesetzes).
    b) Im Fall des § 14a Abs. 3 des Gesetzes erlässt der Wahlvorstand unverzüglich das Wahlausschreiben mit den unter Buchstabe a genannten Maßgaben zu § 3 Abs. 2 Nr. 3, 4 und 10. Abweichend von § 3 Abs. 2 Nr. 7 sind die Wahlvorschläge spätestens eine Woche vor der Wahlversammlung zur Wahl des Betriebsrats (§ 14a Abs. 3 Satz 2 des Gesetzes) beim Wahlvorstand einzureichen.
3. Die Einspruchsfrist des § 4 Absatz 1 verkürzt sich auf drei Tage.
4. Die §§ 6 bis 8 und § 10 Abs. 2 finden entsprechende Anwendung mit der Maßgabe, dass die Wahl aufgrund von Wahlvorschlägen erfolgt. Im Fall des § 14a Abs. 1 des Gesetzes sind die Wahlvorschläge bis zum Abschluss der Wahlversammlung zur Wahl des Wahlvorstands bei diesem einzureichen; im Fall des § 14a Abs. 3 des Gesetzes sind die Wahlvorschläge spätestens eine Woche vor der Wahlversammlung zur Wahl des Betriebsrats (§ 14a Abs. 3 Satz 2 des Gesetzes) beim Wahlvorstand einzureichen.
5. § 9 findet keine Anwendung.
6. Auf das Wahlverfahren finden die §§ 21 ff. entsprechende Anwendung. Auf den Stimmzetteln sind die Bewerber in alphabetischer Reihenfolge unter Angabe von Familienname, Vorname und Art der Beschäftigung im Betrieb aufzuführen.
7. § 25 Abs. 5 bis 8 findet keine Anwendung.
8. § 26 Abs. 1 findet mit der Maßgabe Anwendung, dass der Wahlberechtigte sein Verlangen auf schriftliche Stimmabgabe spätestens drei Tage vor dem Tag der Wahlversammlung zur Wahl des Betriebsrats dem Wahlvorstand mitgeteilt haben muss.
9. § 31 findet entsprechende Anwendung mit der Maßgabe, dass die Wahl der Jugend- und Auszubildendenvertretung aufgrund von Wahlvorschlägen erfolgt.

Literatur: *Rogalla*, Dienstrecht der Europäischen Gemeinschaften, 2. Aufl. 1992

A. Allgemeines

1 § 125 enthält **Anwendungs- und Übergangsvorschriften** im Hinblick auf das erstmalige Inkrafttreten des Gesetzes 1972 und der verschiedenen Novellierungen.

B. Regelungsgehalt

2 Die **Abs. 1 und 2** der Vorschrift über erstmalige Wahlen nach dem BetrVG 1972 haben nur noch Bedeutung für die Festlegung des Jahres der regelmäßigen Wahlen zum BR bzw. zur JAV. Das Jahr 1972 gilt als Ausgangspunkt für alle folgenden regelmäßigen Wahlzeiträume. 1972 hatte für die regelmäßigen BR-Wahlen der ursprünglich festgelegte Drei-Jahres-Rhythmus begonnen. Dieser wurde durch Änderung des § 13 Abs. 1 im Jahre 1988 auf vier Jahre angehoben.[1] Nach Abs. 2 wurde das Jahr 1988 der Ausgangszeitpunkt für den Zwei-Jahres-Turnus der Wahlen der JAV.

3 **Abs. 3** wurde durch die Reform der Betriebsverfassung im Jahre 2001 geändert. Die Vorschrift sah eine Übergangsregelung bis zum Erlass einer angepassten WO vor. Sie hatte damit Bedeutung für den Zeitraum bis zum 15.12.2001, als die neue WO[2] in Kraft trat. In diesem Zeitraum mussten die wesentlichen Änderungen des BetrVG, wie der Wegfall des Gruppenprinzips, die Änderungen bei Größe und Zusammensetzung des BR, sowie die Geschlechterquote schon beachtet werden.

4 **Abs. 4** traf eine umfassende Übergangsregelung für das vereinfachte Wahlverfahren in § 14a. Es sollte gewährleistet werden,[3] dass bereits nach Inkrafttreten des Reformgesetzes 2001 aber noch vor Erlass der neuen WO Wahlen zum BR und Wahlen zu JAV in Kleinbetrieben im neuen vereinfachten Wahlverfahren stattfinden konnten.

C. Verbindung zu anderen Rechtsgebieten

5 Eine entsprechende Übergangsregel sah der durch Art. 9 des Betriebsverfassungsreformgesetzes neu eingeführte § 87a BetrVG 1952 für die Wahlen zum AR vor. Diese Vorschrift wurde inzwischen mit der Ablösung des BetrVG 1952 durch das Drittelbeteiligungsgesetz durch eine neue Übergangsvorschrift ersetzt (vgl. §§ 13–15 DrittelbG Rn 2 ff.).

D. Beraterhinweise

6 Seit dem Inkrafttreten der neuen WO sind die entsprechenden Übergangsregelungen obsolet geworden, so dass § 122 nur noch für die Bestimmung des Wahlturnus von Bedeutung ist. Außerdem ist bei außerturnusmäßigen BR-Wahlen § 13 zu beachten (siehe § 13 Rn 5 ff.).

§ 126 Ermächtigung zum Erlass von Wahlordnungen

Das Bundesministerium für Arbeit und Soziales wird ermächtigt, mit Zustimmung des Bundesrates Rechtsverordnungen zu erlassen zur Regelung der in den §§ 7 bis 20, 60 bis 63, 115 und 116 bezeichneten Wahlen über

1. die Vorbereitung der Wahl, insbesondere die Aufstellung der Wählerlisten und die Errechnung der Vertreterzahl;
2. die Frist für die Einsichtnahme in die Wählerlisten und die Erhebung von Einsprüchen gegen sie;
3. die Vorschlagslisten und die Frist für ihre Einreichung;
4. das Wahlausschreiben und die Fristen für seine Bekanntmachung;
5. die Stimmabgabe;
6. die Verteilung der Sitze im Betriebsrat, in der Bordvertretung, im Seebetriebsrat sowie in der Jugend- und Auszubildendenvertretung auf die Geschlechter, auch soweit die Sitze nicht gemäß § 15 Abs. 2 und § 62 Abs. 3 besetzt werden können;
7. die Feststellung des Wahlergebnisses und die Fristen für seine Bekanntmachung;
8. die Aufbewahrung der Wahlakten.

---

1 V. 20.12.1988, BGBl I S. 2316.
2 V. 30.11.2001, BGBl I S. 3494.
3 Vgl. Begründung des Ausschusses für Arbeit und Sozialordnung, BT-Drucks 14/6352, S. 59.

| A. Allgemeines .... | 1 | I. Gegenstand der Ermächtigungen .... | 2 |
| B. Regelungsgehalt .... | 2 | II. Wahlordnungen .... | 3 |

A. Allgemeines

Durch § 126 wird der Bundesminister für Arbeit und Soziales ermächtigt, mit Zustimmung des Bundesrates zur Durchführung der verschiedenen im BetrVG vorgesehenen Wahlen in Form von Rechts-VO entsprechende **WO** zu erlassen. Die mit dem Betriebsverfassungsreformgesetz eingeführte Geschlechterquote erfordert begleitende Regelungen in der WO zur Sitzverteilung und zum Verfahren, soweit nicht genügend Wahlbewerber des Minderheitsgeschlechts zur Besetzung der auf die Minderheit entfallenden Sitze vorhanden sind. Dem wird durch die Ergänzung des Katalogs des § 126 um die Nr. 5a Rechnung getragen.[1] Nach Art. 80 Abs. 1 S. 2 GG müssen Inhalt, Zweck und Ausmaß der erteilten Ermächtigung im Gesetz bestimmt werden. Diesen Anforderungen genügt § 126.[2] Die jeweilige Rechts-VO muss sich im Rahmen der in § 126 angeführten Regelungsgegenstände bewegen. Andere Fragen dürfen durch Rechts-VO nicht geregelt werden. Durch Rechts-VO dürfen auch keine von den Vorschriften des BetrVG oder von sonstigen Gesetzesbestimmungen abweichende Regelungen getroffen werden. Zum Erlass der WO ermächtigt ist der Bundesminister für Wirtschaft und Arbeit. Er bedarf hierzu der Zustimmung des Bundesrates. Dieses Zustimmungserfordernis ergibt sich aus Art. 80 Abs. 2 GG. Danach können Rechts-VO, deren Rechtsgrundlage ein zustimmungsbedürftiges Gesetz ist, wiederum nur mit Zustimmung des Bundesrats erlassen werden. Da das BetrVG ein Zustimmungsgesetz ist, bedürfen die auf seiner Rechtsgrundlage erlassenen Rechts-VO der Zustimmung des Bundesrats.

B. Regelungsgehalt

I. Gegenstand der Ermächtigungen

Die Ermächtigung zu § 126 erstreckt sich auf die nähere Regelung der Wahlen zum BR, §§ 7 bis 20, zur JAV, §§ 60 bis 63, zur Bordvertretung, § 115 und zum See-BR, § 116. Zu den in §§ 7 bis 20 und § 115 bezeichneten Wahlen gehören außer der eigentlichen BR-Wahl bzw. Wahl der Bordvertretung auch die Wahl des Wahlvorstandes durch die Betriebs- bzw. Bordversammlung. Die Ermächtigung erstreckt sich nicht auf Regelungen zur Bestellung der Mitglieder von Ausschüssen des BR, GBR oder KBR.[3] Der GBR, der KBR, der Wirtschaftsausschuss, die Gesamt-JAV und die Konzern-JAV werden durch Beschluss des BR oder der Jugend- und Auszubildendenvertreter bestimmt. Für die Regeln zu deren Bestellung gilt § 126 nicht.

II. Wahlordnungen

§ 126 erfordert nicht den Erlass einer einzigen, einheitlichen Regelung aller WO. Eine Mehrzahl von Rechts-VO zur Regelung der verschiedenen Wahlen ist zulässig.[4] Zu den Einzelheiten der WO vgl. die dortige Kommentierung.

§ 127 Verweisungen

Soweit in anderen Vorschriften auf Vorschriften verwiesen wird oder Bezeichnungen verwendet werden, die durch dieses Gesetz aufgehoben oder geändert werden, treten an ihre Stelle die entsprechenden Vorschriften oder Bezeichnungen dieses Gesetzes.

§ 127 regelte die Anpassung von Verweisungen im Zuge der Ablösung des BetrVG 1952 durch das BetrVG 1972.

§ 128 Bestehende abweichende Tarifverträge

Die im Zeitpunkt des Inkrafttretens dieses Gesetzes nach § 20 Abs. 3 des Betriebsverfassungsgesetzes vom 11. Oktober 1952 geltenden Tarifverträge über die Errichtung einer anderen Vertretung der Arbeitnehmer für Betriebe, in denen wegen ihrer Eigenart der Errichtung von Betriebsräten besondere Schwierigkeiten entgegenstehen, werden durch dieses Gesetz nicht berührt.

---

1 Vgl. BT-Drucks 14/5741, S. 53.
2 Richardi/*Annuß*, § 126 Rn 2.
3 *Fitting u.a.*, § 126 Rn 4; DKK/*Trümner*, § 126 Rn 1; GK-BetrVG/*Fabricius*, § 126 Rn 6.
4 *Fitting u.a.*, § 126 Rn 5; GK-BetrVG/*Fabricius*, § 126 Rn 8; Richardi/*Annuß*, § 126 Rn 2.

A. Allgemeines

1 § 128 regelt die **Fortgeltung von TV** nach § 20 Abs. 3 BetrVG 1952 über die Errichtung besonderer Vertretungen der AN in Betrieben, in denen wegen ihrer Eigenart die Errichtung von BR besondere Schwierigkeiten bereitet.

B. Regelungsgehalt

2 Durch die Vorschrift sollte damals sichergestellt werden, dass aufgrund des alten § 20 Abs. 3 BetrVG 1952 abgeschlossene TV bis zu ihrer Beendigung durch Zeitablauf, Künd oder Aufhebung weiter gelten konnten. Inhaltlich gleich lautend mit § 3 Abs. 1 Nr. 2 a.F. gestattete § 20 Abs. 3 BetrVG 1952 den TV-Parteien, für Betriebe, in denen wegen ihrer Eigenart der Errichtung von BR besondere Schwierigkeiten entgegenstehen, durch TV die Errichtung einer anderen Vertretung der AN des Betriebs zu bestimmen.

C. Beraterhinweise

3 Das Gesetz enthält allerdings für TV, die auf der Basis des § 3 a.F. abgeschlossen wurden, keine auf das Betriebsverfassungsreformgesetz bezogene Regelung. Es ist aber davon auszugehen, dass auch solche TV in entsprechender Anwendung der Vorschriften unberührt bleiben.[1] Durch die Neufassung des § 3 wurden die Möglichkeiten tarifvertraglicher Gestaltungen der Betriebsverfassung sachlich erweitert und in den Generalklauseln des § 3 Abs. 1 Nr. 3 und 5 die bisherigen Möglichkeiten mit erfasst. Die in § 3 Abs. 2 a.F. vorgesehene Zustimmung des Bundesarbeitsministers zum verfahrensmäßigen Zustandekommen einer solchen tarifvertraglichen Regelung wurde gestrichen. Dies spricht ebenfalls dafür, dass von einer Fortgeltung der bisherigen TV auch ohne ausdrückliche Übergangsregel auszugehen ist.[2]

§ 129 (weggefallen)

§ 130 Öffentlicher Dienst

Dieses Gesetz findet keine Anwendung auf Verwaltungen und Betriebe des Bundes, der Länder, der Gemeinden und sonstiger Körperschaften, Anstalten und Stiftungen des öffentlichen Rechts.

A. Allgemeines

1 Die Vorschrift des § 130 grenzt den Geltungsbereich des BetrVG zum **öffentlichen Dienst** ab, für den die Personalvertretungsgesetze des Bundes und der Länder gelten.

B. Regelungsgehalt

2 Nur die Betriebsverfassung der Betriebe und Unternehmen privatrechtlicher Rechtsträger wird durch das BetrVG geregelt. Eine Anwendbarkeit auf Verwaltungen und Betriebe des Bundes, der Länder, der Gemeinden und sonstiger Körperschaften, Anstalten und Stiftungen des öffentlichen Rechts ist nicht möglich. Die Betriebsverfassung für den öffentlichen Dienst ist im BPersVG v. 15.3.1974[1] und in den Landespersonalvertretungsgesetzen geregelt.

3 Allein die **Rechtsform des Rechtsträgers** bestimmt, ob er dem Geltungsbereich des BetrVG unterfällt.[2] Es kommt nicht auf den Zweck der Einrichtung oder deren Organisation an. Das BetrVG gilt deshalb bspw. auch für Versorgungsbetriebe, die in der Form einer juristischen Person des Privatrechts als AG oder GmbH betrieben werden, auch wenn sich alle Anteile in der Hand einer öffentlichen Körperschaft befinden.[3] Dasselbe gilt, wenn zwei Gebietskörperschaften ein Theater als BGB-Gesellschaft betreiben.[4]

4 Gründen ein privatrechtlicher und ein öffentlich-rechtlicher Rechtsträger zur gemeinsamen Verfolgung arbeitstechnischer Zwecke durch einen einheitlichen Leitungsapparat in Form eines **gemeinsamen Betriebs** eine BGB-Gesellschaft, so erfolgt nach Auffassung des BAG die Betätigung des öffentlich-rechtlichen Rechtsträgers innerhalb des gemeinsamen Betriebs in privatrechtlicher Rechtsform. Für den gesamten Betrieb gilt daher das BetrVG.[5]

---

1 Vgl. GK-BetrVG/*Weber*, § 128 Rn 3.
2 Vgl. GK-BetrVG/*Weber*, § 128 Rn 3.
1 BGBl I S. 693.
2 Vgl. z.B. BAG 30.7.1987 – 6 ABR 78/85 – NZA 1988, 402.
3 BAG 28.4.1964 – 1 ABR 1/64 – BB 1964, 883.
4 BAG 7.11.1975 – 1 AZR 74/74 – DB 1976, 248.
5 BAG 24.1.1996 – 7 ABR 10/95 – NZA 1996, 1110.

Für wirtschaftliche Unternehmen einer Gemeinde ohne eigene Rechtspersönlichkeit, Eigenbetriebe und Sparkassen, die Anstalten des öffentlichen Rechts sind, gilt nicht das BetrVG, sondern das jeweils maßgebliche Landespersonalvertretungsgesetz.[6] Soweit **Religionsgemeinschaften** Körperschaften des öffentlichen Rechts sind, fallen sie nach § 130 auch nicht unter den Geltungsbereich des BetrVG.[7]

In der Bundesrepublik Deutschland bestehende Verwaltungen und Betriebe **internationaler und zwischenstaatlicher** Organisationen unterliegen dem BetrVG. Diese Organisationen sind keine juristischen Personen des deutschen öffentlichen Rechts.[8] Auf die Verwaltungen und Betriebe der **Europäischen Gemeinschaften** findet das BetrVG keine Anwendung.[9] Die Verwaltungen und Betriebe der in der Bundesrepublik Deutschland stationierten **NATO-Streitkräfte** unterstehen nicht dem BetrVG.[10]

Im Falle einer **Privatisierung** erlischt mit deren Stichtag beim Wechsel von einer öffentlich-rechtlichen in eine privatrechtliche Organisationsform das Amt des PR. Bei der Privatisierung von Bahn und Post hat der Gesetzgeber dem PR deshalb in § 15 DBGrG und § 25 PostPersRG ein Übergangsmandat eingeräumt. Ein Übergangsmandat des PR außerhalb dieser Bestimmungen lässt sich nicht konstruieren, die Sondervorschriften für Bahn und Post bieten keine Grundlage für eine Analogie.[11]

§ 131 (Berlin-Klausel)

(gegenstandslos)

§ 132 (Inkrafttreten)

Dieses Gesetz tritt am Tage nach seiner Verkündung in Kraft.

In seiner ursprünglichen Fassung ist das BetrVG am 19.1.1972 in Kraft getreten. Das **Betriebsverfassungsreformgesetz** ist nach Art. 14 am 28.7.2001 in Kraft getreten.[1] Allerdings galt für die in diesem Zeitpunkt bestehenden BR die Änderung des § 8 hinsichtlich der Zahl der BR-Mitglieder, des § 15 hinsichtlich der Zusammensetzung des BR nach Beschäftigungsarten und Geschlecht sowie des § 47 Abs. 2 hinsichtlich des Entsenderechts des BR zum GBR erst nach einer Neuwahl.

---

6 Vgl. Richardi/*Annuß*, § 130 Rn 3.
7 Vgl. BAG 30.7.1987 – 6 ABR 78/85 – NZA 1988, 402; zu weiteren Besonderheiten im Hinblick auf die Kirchen vgl. Richardi/*Annuß*, § 130 Rn 4.
8 Vgl. LAG Berlin 31.8.1992 – 12 Sa 30/92 – BB 1993,141; anders im konkreten Fall aber BAG 28.4.1993 – 10 AZR 552/92 – DStR 1993, 1192; Richardi/*Annuß*, § 130 Rn 6.
9 Vgl. *Rogalla*, S. 229 ff.
10 Die Mitbestimmung der Zivilbeschäftigten bei den NATO-Streitkräften ist im Zusatzabkommen zum NATO-Truppenstatut v. 3.8.1995, BGBl II 1961, S. 1183, 1218, geregelt. Geändert wurde es durch Abkommen v. 18.3.1993, BGBl II 1994, S. 2598, ratifiziert durch Gesetz v. 28.9.1994, BGBl II 1994, S. 2594. Nach Art. 56 Abs. 9 des Zusatzabkommens sind für die Betriebsvertretung der Zivilbeschäftigten die Vorschriften über die Personalvertretung der Zivilbediensteten bei der Bundeswehr anzuwenden. Zu den Einzelheiten vgl. Richardi/*Annuß*, § 130 Rn 8 ff.
11 Vgl. Richardi/*Annuß*, § 132 Rn 13.
1 BGBl I S. 1852 v. 23.7.2001.

Bürgerliches Gesetzbuch

Vom 18.8.1896, RGBl I S. 195, BGBl III 400-2

Zuletzt geändert durch Gesetz zur Begrenzung der Haftung von ehrenamtlich tätigen Vereinsvorständen vom 28.9.2009, BGBl I S. 3161

– Auszug –

Buch 1: Allgemeiner Teil

Abschnitt 1: Personen

Titel 1: Natürliche Personen, Verbraucher, Unternehmer

§ 13 Verbraucher

Verbraucher ist jede natürliche Person, die ein Rechtsgeschäft zu einem Zwecke abschließt, der weder ihrer gewerblichen noch ihrer selbständigen beruflichen Tätigkeit zugerechnet werden kann.

§ 14 Unternehmer

(1) Unternehmer ist eine natürliche oder juristische Person oder eine rechtsfähige Personengesellschaft, die bei Abschluss eines Rechtsgeschäfts in Ausübung ihrer gewerblichen oder selbständigen beruflichen Tätigkeit handelt.

(2) Eine rechtsfähige Personengesellschaft ist eine Personengesellschaft, die mit der Fähigkeit ausgestattet ist, Rechte zu erwerben und Verbindlichkeiten einzugehen.

Literatur zu den §§ 13, 14: *Annuß*, Der Arbeitnehmer als solcher ist kein Verbraucher!, NJW 2002, 2544; *Bauer/Kock*, Arbeitsrechtliche Auswirkungen des neuen Verbraucherschutzrechts, DB 2002, 42; *Brors*, Das Widerspruchsrecht des Arbeitnehmers, DB 2002, 2046; *Bülow-Artz*, Verbraucherprivatrecht, 2003, S. 20; *Däubler*, Die Auswirkungen der Schuldrechtsmodernisierung auf das Arbeitsrecht, NZA 2001, 1329; *Faber*, Der Arbeitsvertrag auf dem AGB-rechtlichen Prüfstand, ZEuP 1998, 854; *Fiebig*, Arbeitnehmer als Verbraucher, DB 2002, 1608; *Gotthardt*, Elemente verschiedener Verbraucherbegriffe in EG-Richtlinien, zwischenstaatlichen Übereinkommen und nationalen Zivil- und Kollisionsrecht, ZIP 2002, 278; *Hänlein*, Der mitverpflichtete Gelsellschafter-Geschäftsführer als Verbraucher, DB 2001, 1185; *Henssler*, Arbeitsrecht und Schuldrechtsreform, RdA 2002, 133; *Hromadka*, Schuldrechtsmodernisierung und Vertragskontrolle im Arbeitsrecht, NJW 2002, 2524; *Hümmerich*, Der Verbraucher-Geschäftsführer – ein unbekanntes Wesen, NZA 2006, 709; *Hümmerich/Holthausen*, Der Arbeitnehmer als Verbraucher, NZA 2002, 173; *Joussen*, Arbeitsrecht und Schuldrechtsreform, NZA 2001, 745; *Lieb*, AGB-Recht und Arbeitsrecht nach der Schuldrechtsmodernisierung, in: FS für Ulmer, 2003, S. 1231; *Lindemann*, Neuerungen im Arbeitsrecht durch die Schuldrechtsmodernisierung, AuR 2002, 84; *Löwisch*, Auswirkungen der Schuldrechtsreform auf das Recht des Arbeitsverhältnisses, in: FS für Wiedemann, 2002, S. 315 ff.; *Natzel*, Schutz des Arbeitnehmers als Verbraucher?, NZA 2002, 595; *Preis*, Arbeitsrecht, Verbraucherschutz und Inhaltskontrolle, Sonderbeil. NZA 16/2003, 19; *ders.*, Das erneuerte BGB und das Bundesarbeitsgericht, in: Oetker/Preis/Rieble, 50 Jahre BAG, 2004, S. 123; *Reim*, Arbeitnehmer und/oder Verbraucher, DB 2002, 2434; *Reichhold*, Arbeitnehmerschutz und/oder Verbraucherschutz bei der Inhaltskontrolle des Arbeitsvertrags?, in: Oetker/Preis/Rieble, 50 Jahre BAG, 2004, S. 153; *Reuter*, Die Integration des Verbraucherschutzes in das BGB, in: Eckert/Delbrück, Reform des deutschen Schuldrechts, S. 99 ff.; *Richardi*, Leistungsstörungen und Haftung im Arbeitsverhältnis nach dem Schuldrechtsmodernisierungsgesetz, NZA 2002, 1009; *Rieble/Klumpp*, Widerrufsrecht des Arbeitnehmer-Verbrauchers?, ZIP 2002, 2158; *Schaub*, AGB- Kontrolle in der betrieblichen Altersversorgung, in: GS für Blomeyer, S. 334; *Schleusener*, Zur Widerrufsmöglichkeit arbeitsrechtlicher Aufhebungsverträge, NZA 2002, 950; *Schwab*, Die neuere LAG- und BAG-Rechtsprechung zum Arbeitnehmer-Verbraucher im Lichte der „Dietzinger-Entscheidung" des EuGH, FA 2004, 331; *Stoffels*, Vertragsgestaltung nach der Schuldrechtsreform – Eine Zwischenbilanz, NZA Sonderbeil. 1/2004, 19; *Thüsing*, Inhaltskontrolle von Formulararbeitsverträgen nach neuem Recht, BB 2002, 2666; *Wedde*, Schuldrechtsmodernisierungsgesetz, AiB 2002, 269; *Ziemann*, Auswirkungen auf das Arbeitsrecht, in: Schimmel/Buhlmann, Frankfurter Handbuch zum neuen Schuldrecht, S. 675 ff

A. Allgemeines	1	1. Funktion der Vorschriften, §§ 13, 14	4
I. Entstehung der Vorschriften	1	2. Funktionaler Verbraucherbegriff	7
II. Bedeutung des Schuldrechtsmodernisierungsgesetzes	2	3. Funktionaler Unternehmerbegriff	8
		B. Regelungsgehalt	9
III. Der Verbraucher- und Unternehmerbegriff	4	C. Beraterhinweise	10

A. Allgemeines

I. Entstehung der Vorschriften

Die nach dem Gesetzesentwurf der Bundesregierung über Fernabsatzverträge und andere Fragen des Verbraucherrechts sowie zur Umstellung von Vorschriften auf EUR vom 9.2.2002[1] vorgesehene Übernahme der Definitionen des Verbrauchers und des Unternehmers sollte ursprünglich ihren Platz an anderer Stelle im BGB haben. Nach der SV-Anhörung im Rechtsausschuss[2] wurde beschlossen, die zentralen Begriffe „Verbraucher" und „Unternehmer" in den Allgemeinen Teil des BGB aufzunehmen. Seit dem Gesetz vom 27.6.2000[3] befinden sich beide Definitionen an ihrem jetzigen Standort.   1

II. Bedeutung des Schuldrechtsmodernisierungsgesetzes

Für das Arbeitsrecht waren die §§ 13, 14 zunächst ohne Bedeutung. Zwar hatte schon seit dem Inkrafttreten des Gesetzes vom 27.6.2000[4] der AN den Status des Verbrauchers und der AG war in den meisten Fällen auch Unternehmer. Für das Arbeitsrecht galt jedoch die Bereichsausnahme des § 23 AGBG.   2

Das änderte sich mit Inkrafttreten des „Gesetzes zur Modernisierung des Schuldrechts" am 1.1.2002.[5] Durch das Schuldrechtsmodernisierungsgesetz wurde die Bereichsausnahme im früheren § 23 Abs. 1 AGBG aufgehoben. Der Regierungsentwurf sah zwar zunächst weiterhin die Aufrechterhaltung der Bereichsausnahme des § 23 Abs. 1 AGBG in § 310 Abs. 4 vor.[6] Die amtliche Begründung beschränkte sich mit einem Satz darauf, die Identität zur bisherigen Regelung zu betonen.[7] Auf Bitten des Bundesrates, „im weiteren Gesetzgebungsverfahren zu prüfen, ob die Ausnahme für das Arbeitsrecht in § 310 Abs. 4 BGB-E (bisher § 23 Abs. 1 AGB-Gesetz) noch sachgerecht ist",[8] griff die Bundesregierung die Anregung auf und änderte § 310 Abs. 4 so, dass die Vorschrift ihren heutigen Wortlaut erhielt.[9] Dadurch, dass seit dem 1.1.2002 Verbraucherschutzbestimmungen des BGB auch in der Vertragsbeziehung zwischen AG und AN Anwendung finden, hat die Frage der Verbrauchereigenschaft i.S.v. § 13 ihre jetzige Bedeutung erlangt.   3

III. Der Verbraucher- und Unternehmerbegriff

1. Funktion der Vorschriften, §§ 13, 14. Die Begriffe Verbraucher wie Unternehmer vereinheitlichen nicht nur nationales Recht, sondern dienen auch der Erfüllung europarechtlicher Vorgaben. In § 13 schreibt der deutsche Gesetzgeber einen eigenständigen Verbraucherbegriff fest, dessen Schutz weiter reicht als die Vorgaben des europäischen RL-Rechts.[10] Die der Neuregelung des Verbraucherrechts zugrunde liegenden EG-RL[11] gehen von einem engeren Begriffsverständnis aus und lassen die Verbrauchereigenschaft bereits dann entfallen, wenn das Rechtsgeschäft irgendeinem beruflichen Zweck, also auch im Rahmen einer abhängigen Beschäftigung, dient.[12] Der deutsche Gesetzgeber ist über diese Grenze bewusst hinausgegangen.[13]   4

Während nach dem RL-Recht jeder Bezug zu einer beruflichen Tätigkeit die Eigenschaft als Verbraucher aufhebt,[14] entzieht § 13 nur Rechtsgeschäfte zu gewerblichen oder selbstständigen beruflichen Zwecken dem Verbraucherschutz.[15] Diese Abweichung vom Gemeinschaftsrecht ist durch die in allen EU-Verbraucherschutz-RL enthaltene Option gerechtfertigt, eine Ausdehnung des Verbraucherschutzes in nationalen Vorschriften zu gestatten.[16] Die Abweichung und Erweiterung des persönlichen Anwendungsbereichs rechtfertigt sich vor dem Hintergrund, dass die   5

---

1 BT-Drucks 14/2658.
2 BT-Drucks 14/3195, S. 32.
3 BGBl I 2000 S. 897.
4 BGBl I 2000 S. 897.
5 BGBl I 2001 S. 3138.
6 BT-Drucks 14/6040, S. 12.
7 BT-Drucks 14/6040, S. 160.
8 BT-Drucks 14/6857, S. 17.
9 BT-Drucks 14/6857, S. 11.
10 *Bauer/Kock*, DB 2002, 42; *Bülow/Artz*, NJW 2000, 2049, 2050; *Däubler*, NZA 2001, 1329, 1333; MüKo-BGB/*Micklitz*, vor §§ 13, 14 Rn 85; Palandt/*Heinrichs*, § 13 Rn 3; AnwK-BGB/*Ring*, § 14 Rn 1.
11 Art. 29a Abs. 4 EGBGB.
12 Eckert/Delbrück/*Reuter*, S. 99, 106; Däubler/Dorndorf/*Däubler*, Einl. 68; *Faber*, ZEuP 1998, 873.
13 *Hümmerich/Holthausen*, NZA 2003, 173, 174; Schaub/*Schaub*, Arbeitsrechts-Handbuch, § 8 Rn 9a.
14 Art. 2 lit. b der RL über missbräuchliche Klauseln in Verbraucherverträgen, Art. 1 Abs. 2 lit. a der Verbraucherkredit-RL, Art. 2 der RL über Haustürgeschäfte und Art. 2 Nr. 2 der Fernabsatz-RL.
15 MüKo-BGB/*Micklitz*, vor §§ 13, 14 Rn 23 ff.; Palandt/*Heinrichs*, § 13 Rn 3; AnwK-BGB/*Ring*, § 14 Rn 14.
16 *Bülow/Artz*, NJW 2000, 2049, 2050; Palandt/*Heinrichs*, § 13 Rn 3.

europäischen RL nur Mindeststandards setzen wollen und den Mitgliedsstaaten bei der rechtlichen Umsetzung weitergehende Regelungen zum Schutz der Verbraucher erlauben.[17]

6 Die zweite Funktion der §§ 13, 14 besteht in der Vereinheitlichung und Integration eines Sonderprivatrechts, des Verbraucherschutzrechts, in das BGB.[18] Mit dem Wegfall der Bereichsausnahme in § 23 AGBGB erfüllen die §§ 13, 14 noch eine dritte Funktion, nämlich die Reintegration des Arbeitsrechts in das BGB.[19]

7 **2. Funktionaler Verbraucherbegriff.** Von den drei Konzepten des Verbrauchers, generell strukturell unterlegen, informiert und aufgeklärt oder situativ schutzwürdig, hat sich im deutschen Rechtsraum ein Kombinationsmodell, der „**funktionale Verbraucherbegriff**",[20] etabliert. Der funktionale Verbraucherbegriff ist nicht gleichbedeutend mit der Vorstellung vom mündigen und aufgeklärten Verbraucher. Ein Verbraucher i.S.v. § 13 muss auch nichts „verbrauchen", das Rechtsgeschäft muss keinem „konsumtiven Zweck" dienen.[21] Der selbstbewusste Verbraucher ist nicht der strukturell schwächere Verbraucher, er ist aber auch nicht notwendigerweise der informierte und aufgeklärte Verbraucher. Der funktionale Verbraucherbegriff reicht nur soweit, wie der Integrationsprozess der Gemeinschaft über das Programm zur Vollendung des Binnenmarkts fortgeschritten ist.

8 **3. Funktionaler Unternehmerbegriff.** Beim Unternehmerbegriff geht es ebenfalls um die Erfüllung europarechtlicher Vorgaben. Das Gemeinschaftsrecht geht von einem **funktionalen Unternehmerbegriff** aus. Im Vordergrund steht der aktiv an der Vollendung des Binnenmarktes mitwirkende Unternehmer, der sich die neuen Spielräume multi-lingual und dynamisch aneignet. Die Rechtsform, in der er auftritt, ist solange unbeachtlich, wie sichergestellt ist, dass er unternehmerisch tätig ist.[22] Der dynamische Unternehmerbegriff des Gemeinschaftsrechts führt zu Friktionen mit den statusbezogenen Regeln des deutschen Handels- und Berufsrechts. Auch wenn die Kaufmannseigenschaft im HGB für die Konkretisierung des Unternehmerbegriffs formal keine Rolle spielt, so bestehen doch materielle Überschneidungen und Wechselbezüge.[23] Beim Verbrauchsgüterkauf (§ 474) ist für den Unternehmensbegriff ausnahmsweise keine Gewinnzielungsabsicht Voraussetzung.[24] Bei einer Gewinnzusage (§ 661a) wird der Unternehmerbegriff analog angewendet.[25]

B. Regelungsgehalt

9 Nach der überwiegenden Ansicht in Lit.[26] und der Rspr. des BAG[27] und des BVerfG[28] ist der **AN Verbraucher**. Damit ergibt sich zugleich, dass **AN-ähnliche Personen keine Verbraucher** sind, weil sie in Ausübung einer überwiegend selbstständigen Tätigkeit handeln.[29] Beim GmbH-GF muss man parallel zu den vom BSG zur Sozialversicherungspflicht[30] entwickelten Kriterien differenzieren: Der Fremd-GF ist regelmäßig Verbraucher, der Gesellschafter-GF,

---

17 *Bülow/Artz*, NJW 2000, 2049, 2050; Palandt/*Heinrichs*, § 13 Rn 3.
18 BT-Drucks 14/3195, S. 32; MüKo-BGB/*Micklitz*, vor §§ 13, 14 Rn 4; *Tonner*, BB 2000, 1413, 1414.
19 *Preis*, Sonderbeil. NZA 16/2003, 19; *Preis*, Das erneuerte BGB und das Bundesarbeitsgericht, in: FS 50 Jahre BAG, S. 124.
20 MüKo-BGB/*Micklitz*, vor §§ 13, 14 Rn 70.
21 *Gotthardt*, Rn 11.
22 MüKo-BGB/*Micklitz*, § 14 Rn 2.
23 MüKo-BGB/*Micklitz*, Vorb. §§ 13, 14 Rn 90 f.
24 BGH 29.3.2006 – VIII ZR 173/05 – BGHZ 166, 2250 = WM 2006, 1544.
25 BGH 15.7.2004 – III ZR 315/03 – NJW 2004, 3039.
26 APS/*Schmidt*, Rn 88; Bamberger/Roth/*Schmidt-Raentsch*, § 13 Rn 6; *Boemke*, BB 2002, 96; *Boudon*, ArbRB 2003, 150; *Bülow/Artz*, S. 20; *Däubler*, NZA 2001, 1333; Däubler/Dorndorf/*Däubler*, Einl. 60 ff.; Däubler/*Zwanziger*, TVG, § 4 Rn 1203; *Diehn*, NZA 2004, 130; Eckert/Dellbrück/*Reuther*, S. 99, 109; ErfK/*Dörner*, § 616 BGB Rn 20; ErfK/*Müller-Glöge*, § 620 BGB Rn 13; ErfK/*Preis*, § 611 BGB Rn 208; *Falke/Barthel*, BuW 2003, 255, 257; *Gotthardt*, Rn 20; *Gotthardt*, ZIP 202, 278; *Grundstein*, FA 2003, 41; *Hanau*, Anm. zu BAG, 7.3.2001 – GS 1/00 – AP § 288 BGB Nr. 4; Henssler/v. Westphalen/v. *Westphalen*, § 310 Rn 15; *Holtkamp*, AuA 2002, 510; *Hümmerich*, AnwBl 2002, 675; *Hümmerich*, NZA 2003, 753; *Hümmerich/Holthausen*, NZA 2002, 178; HWK/*Gotthardt*, § 310 BGB Rn 3; Kittner/Zwanziger/*Bachner*, § 104 Rn 81; *Klevemann*, AiB 2002, 580; *Lakies*, NZA-RR 2002, 337, 343; *Lindemann*, AuR 2002, 84; *Lorenz/Riehm*, Rn 93; Lorenz/*Canaris*, Karlsruher Forum 2002, S. 179; Lorenz/*Wolf*, Karlsruher Forum 2002, S. 184; MüKo-BGB/*Micklitz*, § 14 Rn 25; *Preis*, Sonderbeil. NZA 16/2003, 19; *Preis*, in: FS 50 Jahre BAG, 2004, S. 123; *Reim*, DB 2002, 2434; *Reinecke*, DB 2002, 586; Schaub/*Schaub*, Arbeitsrechts-Handbuch, § 8 Rn 9a; *Schaub*, in: GS für Blomeyer, S. 334, 338 f.; *Schleusener*, NZA 2002, 950; *Schuster*, AiB 2002, 274; Staudinger/*Neumann*, vor §§ 620 ff. Rn 4, 14; *Stoffels*, AGB-Recht, Rn 197; *Stoffels*, Sonderbeil. NZA 1/2004, 19; *Thüsing*, BB 2002, 2668; *Thüsing/Leder*, BB 2004, 43; *Walter*, AiB 2002, 381; *Wedde*, AiB 2002, 269; ArbG Berlin 2.4.2003 – 31 Ca 33694/02 – ZTR 2003, 523; ArbG Bonn 19.12.2002 – 3 Ca 2803/02 – n.v.; ArbG Düsseldorf 14.5.2003 – 10 Ca 11163/02 – n.v.; ArbG Hamburg 1.8.2002 – 15 Ca 48/02 – ZGS 2003, 79.
27 BAG 25.5.2005 – 5 AZR 572/04 – NZA 2005, 1111.
28 BVerfG 23.11.2006 – 1 BvR 1909/06 – NZA 2007, 85.
29 Däubler/Dorndorf/*Däubler*, Einl. Rn 34; HWK/*Gotthardt*, § 310 BGB Rn 6; v. Westphalen/*Thüsing*, Arbeitsverträge, Rn 25.
30 BSG 30.4.1976 – 8 RU 78/75 – BSGE 42, 1 = SozR 2200 § 723 Nr. 1 = DB 1976, 1728; BSG 31.7.1974 – 12 RK 26/72 – BSGE 38, 53 = SozR 4600, § 56 Nr. 1; BSG 6.3.2003 – B 11 AL 25/02 R – GmbHR 2004, 494; BSG 18.12.2001 – B 12 KR 10/01 R – GmbHR 2002, 324.BSG 18.12.2001 – B 12 KR 10/01 R – GmbHR 2002, 324.

der mehrheitlich oder mit einer Sperrminorität an der Gesellschaft beteiligt ist, ist es nicht.[31] Der **Vorstand einer AG** ist **in keinem Falle Verbraucher**, weil er die Gesellschaft selbstständig führt (§ 76 Abs. 1 AktG) und keinen Weisungen bei einzelnen Geschäften durch AR oder Hauptversammlung unterliegt. Dabei geht die Rspr. von einem funktionalen Verständnis aus, so dass je nach der in Frage stehenden Norm untersucht wird, inwieweit die Verbraucherschutzregelungen Anwendung finden. So unterliegen Aufhebungsverträge der Inhaltskontrolle,[32] soweit der Verbraucher aufgrund der **Vorformulierung des Textes** auf ihren Inhalt keinen Einfluss nehmen konnte. Keine Anwendung finden dagegen die §§ 315, 312 auf am Arbeitsplatz geschlossene Verträge, da die typische Haustürwiderrufssituation nicht gegeben ist.[33] Den Besonderheiten des Arbeitsrechts wird über § 310 Abs. 4 Rechnung getragen. Insb. ist zu beachten, dass nach § 310 Abs. 3 Nr. 3 entgegen der abstrakten Klauselkontrolle die konkreten Umstände bei Vertragsschluss zur Unangemessenheit führen können. Die Formulierungen unterliegen nach § 310 Abs. 3 Nr. 2 auch bei einmaliger Verwendung der Klauselkontrolle. Durch § 306 Abs. 2 gilt das Verbot der geltungserhaltenden Reduktion nunmehr auch im Arbeitsrecht.[34] Bezüglich der inzwischen durch Rspr. und Lit. ausgestalteten Einzelproblematik von Klauseln wird auf die Kommentierung zu den §§ 305 ff. verwiesen.

C. Beraterhinweise

Die §§ 13, 14 sind nicht abdingbar und bieten daher keine Gestaltungsmöglichkeiten. Der AG kann sich nicht auf die Unwirksamkeit einer von ihm selbst in den Formulararbeitsvertrag aufgenommenen Klausel berufen, wenn die Unwirksamkeit auf einer unangemessenen Benachteiligung seines Vertragspartners beruht.[35]

10

Abschnitt 3: Rechtsgeschäfte

Titel 1: Geschäftsfähigkeit

§ 104 Geschäftsunfähigkeit

Geschäftsunfähig ist:
1. wer nicht das siebente Lebensjahr vollendet hat,
2. wer sich in einem die freie Willensbestimmung ausschließenden Zustand krankhafter Störung der Geistestätigkeit befindet, sofern nicht der Zustand seiner Natur nach ein vorübergehender ist.

§ 105 Nichtigkeit der Willenserklärung

(1) Die Willenserklärung eines Geschäftsunfähigen ist nichtig.
(2) Nichtig ist auch eine Willenserklärung, die im Zustand der Bewusstlosigkeit oder vorübergehender Störung der Geistestätigkeit abgegeben wird.

§ 105a Geschäfte des täglichen Lebens

¹Tätigt ein volljähriger Geschäftsunfähiger ein Geschäft des täglichen Lebens, das mit geringwertigen Mitteln bewirkt werden kann, so gilt der von ihm geschlossene Vertrag in Ansehung von Leistung und, soweit vereinbart, Gegenleistung als wirksam, sobald Leistung und Gegenleistung bewirkt sind. ²Satz 1 gilt nicht bei einer erheblichen Gefahr für die Person oder das Vermögen des Geschäftsunfähigen.

---

31 *Hümmerich*, NZA 2006, 709; *Hümmerich*, Gestaltung von Arbeitsverträgen, § 2 Rn 73 f.
32 BAG 25.5.2005 – 5 AZR 572/04 – NZA 2005, 1111.
33 BAG 27.11.2003 – 2 AZR 135/03 – NZA 2004, 597.
34 BAG 14.1.2009 – 3 AZR 900/07 – NZA 2009, 666.
35 BAG 27.10.2005 – 8 AZR 3/05 – BB 2006, 1003.

§ 106 Beschränkte Geschäftsfähigkeit Minderjähriger

Ein Minderjähriger, der das siebente Lebensjahr vollendet hat, ist nach Maßgabe der §§ 107 bis 113 in der Geschäftsfähigkeit beschränkt.

§ 107 Einwilligung des gesetzlichen Vertreters

Der Minderjährige bedarf zu einer Willenserklärung, durch die er nicht lediglich einen rechtlichen Vorteil erlangt, der Einwilligung seines gesetzlichen Vertreters.

§ 108 Vertragsschluss ohne Einwilligung

(1) Schließt der Minderjährige einen Vertrag ohne die erforderliche Einwilligung des gesetzlichen Vertreters, so hängt die Wirksamkeit des Vertrags von der Genehmigung des Vertreters ab.
(2) [1]Fordert der andere Teil den Vertreter zur Erklärung über die Genehmigung auf, so kann die Erklärung nur ihm gegenüber erfolgen; eine vor der Aufforderung dem Minderjährigen gegenüber erklärte Genehmigung oder Verweigerung der Genehmigung wird unwirksam. [2]Die Genehmigung kann nur bis zum Ablauf von zwei Wochen nach dem Empfang der Aufforderung erklärt werden; wird sie nicht erklärt, so gilt sie als verweigert.
(3) Ist der Minderjährige unbeschränkt geschäftsfähig geworden, so tritt seine Genehmigung an die Stelle der Genehmigung des Vertreters.

§ 109 Widerrufsrecht des anderen Teils

(1) [1]Bis zur Genehmigung des Vertrags ist der andere Teil zum Widerruf berechtigt. [2]Der Widerruf kann auch dem Minderjährigen gegenüber erklärt werden.
(2) Hat der andere Teil die Minderjährigkeit gekannt, so kann er nur widerrufen, wenn der Minderjährige der Wahrheit zuwider die Einwilligung des Vertreters behauptet hat; er kann auch in diesem Falle nicht widerrufen, wenn ihm das Fehlen der Einwilligung bei dem Abschluss des Vertrags bekannt war.

§ 110 Bewirken der Leistung mit eigenen Mitteln

Ein von dem Minderjährigen ohne Zustimmung des gesetzlichen Vertreters geschlossener Vertrag gilt als von Anfang an wirksam, wenn der Minderjährige die vertragsmäßige Leistung mit Mitteln bewirkt, die ihm zu diesem Zweck oder zu freier Verfügung von dem Vertreter oder mit dessen Zustimmung von einem Dritten überlassen worden sind.

§ 111 Einseitige Rechtsgeschäfte

[1]Ein einseitiges Rechtsgeschäft, das der Minderjährige ohne die erforderliche Einwilligung des gesetzlichen Vertreters vornimmt, ist unwirksam. [2]Nimmt der Minderjährige mit dieser Einwilligung ein solches Rechtsgeschäft einem anderen gegenüber vor, so ist das Rechtsgeschäft unwirksam, wenn der Minderjährige die Einwilligung nicht in schriftlicher Form vorlegt und der andere das Rechtsgeschäft aus diesem Grunde unverzüglich zurückweist. [3]Die Zurückweisung ist ausgeschlossen, wenn der Vertreter den anderen von der Einwilligung in Kenntnis gesetzt hatte.

| **§ 112** | **Selbständiger Betrieb eines Erwerbsgeschäfts** |

(1) ¹Ermächtigt der gesetzliche Vertreter mit Genehmigung des Familiengericht den Minderjährigen zum selbständigen Betrieb eines Erwerbsgeschäfts, so ist der Minderjährige für solche Rechtsgeschäfte unbeschränkt geschäftsfähig, welche der Geschäftsbetrieb mit sich bringt. ²Ausgenommen sind Rechtsgeschäfte, zu denen der Vertreter der Genehmigung des Familiengericht bedarf.
(2) Die Ermächtigung kann von dem Vertreter nur mit Genehmigung des Familiengericht zurückgenommen werden.

| **§ 113** | **Dienst- oder Arbeitsverhältnis** |

(1) ¹Ermächtigt der gesetzliche Vertreter den Minderjährigen, in Dienst oder in Arbeit zu treten, so ist der Minderjährige für solche Rechtsgeschäfte unbeschränkt geschäftsfähig, welche die Eingehung oder Aufhebung eines Dienst- oder Arbeitsverhältnisses der gestatteten Art oder die Erfüllung der sich aus einem solchen Verhältnis ergebenden Verpflichtungen betreffen. ²Ausgenommen sind Verträge, zu denen der Vertreter der Genehmigung des Familiengericht bedarf.
(2) Die Ermächtigung kann von dem Vertreter zurückgenommen oder eingeschränkt werden.
(3) ¹Ist der gesetzliche Vertreter ein Vormund, so kann die Ermächtigung, wenn sie von ihm verweigert wird, auf Antrag des Minderjährigen durch das Familiengericht ersetzt werden. ²Das Familiengericht hat die Ermächtigung zu ersetzen, wenn sie im Interesse des Mündels liegt.
(4) Die für einen einzelnen Fall erteilte Ermächtigung gilt im Zweifel als allgemeine Ermächtigung zur Eingehung von Verhältnissen derselben Art.

| **§§ 114, 115** | **(weggefallen)** |

Literatur: *Lakies*, Minderjährige als Vertragspartner, AR-Blattei SD, 1200; *Verhoek*, Das fehlerhafte Arbeitsverhältnis, 2005

A. Allgemeines	1	V. Ermächtigung zur Eingehung eines Dienst- oder	
B. Regelungsgehalt	7	Arbeitsverhältnisses	15
I. Geschäftsunfähigkeit nach § 104 Nr. 2	7	C. Verbindung zu anderen Rechtsgebieten und zum	
II. Geschäftsunfähigkeit nach § 105 Abs. 2	8	Prozessrecht	23
III. Beschränkte Geschäftsfähigkeit Minderjähriger ..	9	D. Beraterhinweise	31
IV. Ermächtigung zum Betrieb eines Erwerbsgeschäfts	14		

A. Allgemeines

Geschäftsfähigkeit ist erforderlich, um Rechtsgeschäfte wirksam vornehmen zu können. Die Konzeption des BGB geht von grundsätzlicher Geschäftsfähigkeit aller Menschen aus und regelt die Ausnahmen der dauernden oder partiellen Geschäftsunfähigkeit sowie der beschränkten Geschäftsfähigkeit Minderjähriger. Zum Schutz dieser Personengruppen sind Willenserklärungen eines Geschäftsunfähigen nichtig und die eines beschränkt Geschäftsfähigen nur mit Einwilligung des Vertreters bzw. nur dann wirksam, wenn sie lediglich seinem rechtlichen Vorteil dienen.

Die **Regeln über die Geschäftsfähigkeit** sind zwingend. Sie gelten unmittelbar für alle Rechtsgeschäfte. Nicht nur die Abgabe einer Willenserklärung, sondern auch ihr Zugang setzt Geschäftsfähigkeit voraus. Eine außerordentliche **Künd** kann gegenüber einem minderjährigen Auszubildenden deshalb nur **gegenüber dem gesetzlichen Vertreter** erklärt werden; nur diesem gegenüber kann auch die nach § 22 Abs. 3 BBiG vorgeschriebene Angabe der Künd-Gründe wirksam vorgenommen werden.[1] Der Zugang gegenüber einem Elternteil bei Gesamtvertretung ist ausreichend.[2]

§§ 104 ff. finden entsprechend Anwendung auf rechtsgeschäftsähnliche Handlungen.[3] Das sind auf einen tatsächlichen Erfolg gerichtete Erklärungen, deren Rechtsfolgen kraft Gesetzes bzw. auf anderer rechtlicher Grundlage eintreten. Im Arbeitsrecht gilt dies für die Geltendmachung einer Forderung zur Wahrung **tariflicher Ausschlussfristen**,[4]

---

1 BAG 25.11.1976 – 2 AZR 751/75 – AP § 15 BBiG Nr. 4; KR/*Weigand*, §§ 14, 15 BBiG Rn 109.
2 BGH 14.2.1974 – II ZB 6/73 – BGHZ 62, 167.
3 Palandt/*Heinrichs*, Einführung vor § 104 Rn 6.
4 St. Rspr. BAG 11.12.2003 – 6 AZR 539/02 – AP Nr. 1 zu § 63 BMTG-II; BAG 20.2.2001 – 9 AZR 46/00 – AP Nr. 11 zu § 1 TVG Tarifverträge: Gaststätten.

für **Mahnung und Fristsetzung**,[5] die Erteilung einer **Abmahnung**, das **Urlaubsverlangen** sowie **ähnliche Handlungen**. Beschränkte Geschäftsfähigkeit ist dann ausreichend, wenn die rechtsgeschäftsähnliche Handlung dem Handelnden lediglich zum Vorteil gereicht, wie etwa die Geltendmachung eines Anspruchs.

4 Die Nichtigkeit einer Willenserklärung wirkt nach allgemeinen zivilrechtlichen Grundsätzen rückwirkend (ex tunc), die Rückabwicklung erbrachter Leistungen erfolgt nach den Grundsätzen ungerechtfertigter Bereicherung. Im Arbeitsrecht greifen wegen der Schwierigkeiten der Rückabwicklung bereits vollzogener Dauerrechtsverhältnisse und zum Schutz der AN die Grundsätze des **fehlerhaften (faktischen) Arbverh**. Ist ein (nichtiges) Ausbildungs- oder Arbverh vollzogen worden, wirkt die Berufung auf die Geschäftsunfähigkeit ab Geltendmachung der Nichtigkeit - ex nunc (siehe auch § 611 BGB Rn 42 ff.).[6] Der **minderjährige oder geschäftsunfähige AN**, dessen Arbeits- oder Ausbildungsverhältnis mangels fehlender Einwilligung nichtig ist, hat deshalb für die zurückliegende Zeit wie im wirksam begründeten Arbverh Anspruch auf die (Ausbildungs-)Vergütung sowie sonstige im Fall der Gültigkeit des Vertrages bestehende Ansprüche.[7]

5 Schließt der **Minderjährige als AG** ohne Ermächtigung nach § 112 einen Arbeitsvertrag ab, kollidieren Minderjährigen- und Vertrauensschutz des AN. Der im deutschen Zivilrecht herausgehobene Schutz von Geschäftsunfähigen und Minderjährigen[8] nach §§ 104 ff. schließen eine Haftung und Lohnzahlungspflicht des Minderjährigen auch bei Vollzug des Arbverh aus,[9] insoweit gelten dieselben Grundsätze wie bei der Inanspruchnahme eines Minderjährigen als Gesellschafter einer fehlerhaft gegründeten GbR.[10] Der Vertragpartner ist auf Ansprüche nach §§ 812 ff. und §§ 823 ff. beschränkt.[11]

6 Zu den mit der Geschäftsfähigkeit verbundenen Fragen der Prozessfähigkeit vgl. Rn 24 ff.

B. Regelungsgehalt

I. Geschäftsunfähigkeit nach § 104 Nr. 2

7 Geschäftsunfähigkeit nach dieser Norm setzt einen Dauerzustand voraus.[12] Die krankhafte Störung der Geistestätigkeit darf nicht nur vorübergehender Natur sein (sonst evt. § 105 Abs. 2). Ein Ausschluss der freien Willensbestimmung liegt vor, wenn der Betroffene nicht mehr in der Lage ist, seinen Willen frei und unbeeinflusst von einer vorhandenen Geistesstörung zu bilden und nach zutreffend gewonnenen Einsichten zu handeln.[13] Die Willensbildung darf dabei nicht nur geschwächt oder gemindert, sondern muss völlig ausgeschlossen sein.[14] Die Voraussetzungen für die Annahme von Geschäftsunfähigkeit werden durch die Rspr. restriktiv gehandhabt; eine Vermutung für den Ausschluss der freien Willensbestimmung liegt auch dann nicht vor, wenn der Betroffene seit längerem an geistigen Störungen leidet.[15] Ausnahmsweise kann sich die Geschäftsunfähigkeit auf einen bestimmten Lebensbereich beschränken (partielle Geschäftsunfähigkeit).[16] Weder **Alkoholismus** noch **Rauschgiftsucht** bewirken regelmäßig dauernde Geschäftsunfähigkeit; dies kann nur dann der Fall sein, wenn der chronische Missbrauch psychopathologische Folgen in Form hirnorganischer Veränderungen gezeigt hat, die eine freie Willensbestimmung ausschließen.[17]

II. Geschäftsunfähigkeit nach § 105 Abs. 2

8 Nach § 105 Abs. 2 sind Willenserklärungen nichtig, die im Zustand vorübergehender Störung der Geistestätigkeit abgegeben werden. Häufig wird im Streit um die Wirksamkeit eines Aufhebungsvertrags (einer Eigen-Künd des AN) neben der Anfechtung die Nichtigkeit der Willenserklärung nach dieser Norm behauptet.[18] § 105 Abs. 2 setzt dabei einen Zustand voraus, in dem die **freie Willensbestimmung** nicht nur geschwächt und gemindert, sondern im Zeitpunkt der Abgabe der Willenserklärung **völlig ausgeschlossen** war. Bloße Willensschwäche und leichte Beeinflussbarkeit durch andere schließen die Möglichkeit freier Willensbildung nicht aus; auch akute Belastungsreaktionen führen regelmäßig nicht zur vorübergehenden Störung der Geistestätigkeit, soweit sie nicht im Ausnahmefall das Stadium einer Amnesie erreichen.[19] Bestimmte krankhafte Vorstellungen und Empfindungen des Erklärenden oder Einflüsse Dritter müssen derart übermäßig geworden sein, dass eine Bestimmung des Willens durch vernünftige Erwägungen ausgeschlossen war.[20] Eine hochgradige alkohol- (oder rauschmittel-)bedingte **Störung**, **starke Entzugserscheinungen** oder die **Annahme**, bei Abgabe der Willenserklärung **Alkohol zu erhalten**, können den Tatbestand

---

5 Palandt/*Heinrichs*, Überblick vor § 104 Rn 7, 8.
6 ErfK/*Preis*, § 611 BGB Rn 145 f.
7 BAG 15.1.1986 – 5 AZR 237/84 – AP § 1 LohnfFG Nr. 66.
8 *Gitter*, Anm. zu BAG 8.6.1999 – 3 AZR 71/98 – AP § 113 BGB Nr. 7.
9 LAG Hamm 17.2.2000 – 4 Sa 1150/99 – NZA-RR 2001, 177; Küttner/*Röller*, Minderjährige Rn 27.
10 LAG Hamm 17.2.2000 – 4 Sa 1150/99 – NZA-RR 2001, 177; BGH 30.9.1982 – III ZR 58/81 – LM § 705 BGB Nr. 40.
11 Küttner/*Röller*, Minderjährige Rn 27.
12 Erman/*Palm*, § 104 Rn 4.
13 BGH 5.12.1995 – XI ZR 70/95 – NJW 1996, 918; LAG Schleswig-Holstein 30.4.2008 – 2 Ta 79/08.
14 BayOblG 5.7.2002 – 1 Z BR 45/01 – NJW 2003, 216.
15 LAG Schleswig-Holstein 30.4.2008 – 2 Ta 79/08.
16 Eingehend Erman/*Palm*, § 104 Rn 5.
17 BayOblG 5.7.2002 – 1 Z BR 45/01 – NJW 2003, 216.
18 Vgl. APS/*Schmidt*, Aufhebungsvertrag Rn 18.
19 Vgl. LAG Rheinland-Pfalz 1.8.2007 – 7 Sa 317/07.
20 BAG 14.2.1996 – 2 AZR 234/95 – NZA 1996, 811.

des § 105 Abs. 2 erfüllen, wenn eine freie Willensbetätigung nicht mehr möglich war.[21] **Erschöpfungsdepressionen, nervöse Erschöpfungszustände sowie Fieberzustände** lassen nicht auf eine vorübergehende Störung der Geistestätigkeit schließen.[22] Auch **starker Stress** i.V.m. einem hohem Motivationsdruck reichen nicht aus, wenn die auf ihm beruhende Entscheidung auch im Nachhinein weder krankhaft noch persönlichkeitsfremd, sondern nachvollziehbar und verständlich erscheint.[23]

III. Beschränkte Geschäftsfähigkeit Minderjähriger

Minderjährige sind nach § 107 zwischen der Vollendung des siebten und des 18. Lebensjahrs **beschränkt geschäftsfähig**. Sie sollen einerseits in beschränktem Umfang am Rechtsverkehr teilnehmen können, andererseits vor den Folgen rechtlich bindender Willenserklärungen geschützt werden, die sie aufgrund ihres Alters in ihrer Tragweite häufig noch nicht überblicken können.

Ohne Mitwirkung des gesetzlichen Vertreters sind Willenserklärungen von Minderjährigen wirksam in den Fällen des § 107 (lediglich rechtlicher Vorteil) § 110 (Bewirkung der Leistung aus eigenen Mitteln), § 112 (Ermächtigung zum selbstständigen Betrieb eines Erwerbsgeschäfts) und § 113 (Ermächtigung zur Eingehung eines Arbverh).

Liegen diese Voraussetzungen nicht vor, ist der von einem Minderjährigen geschlossene Vertrag nur wirksam, wenn der gesetzliche Vertreter entweder vorher **eingewilligt** (§§ 182, 183) oder aber **nachträglich genehmigt** hat (§ 184). Die Genehmigung kann auch konkludent durch schlüssiges Verhalten erfolgen.[24] Bis zur Genehmigung ist der Vertrag schwebend unwirksam; der Vertragspartner kann nach § 109 den Schwebezustand durch Widerruf des Vertrags beenden oder aber den Vertreter zur Erklärung über die Genehmigung auffordern (§ 108 Abs. 2). Wird die Genehmigung nicht innerhalb von zwei Wochen gegenüber dem Vertragspartner erteilt, gilt sie als verweigert. Bei einseitigen Erklärungen (z.B. Künd) ist eine nachträgliche Genehmigung nicht möglich (§ 111).

Minderjährige werden gesetzlich durch ihre **Eltern** vertreten. Nach § 1629 Abs. 1 S. 2 **vertreten** sie das Kind **gemeinschaftlich**. Beide Eltern können sich jedoch wechselseitig bevollmächtigen, die Vertretung des Minderjährigen auch für den anderen Elternteil mit zu übernehmen. Regelmäßig reicht die Einwilligung eines Elternteils zur Wirksamkeit des Rechtsgeschäfts eines Minderjährigen, weil nach den Grundsätzen der Anscheins- oder Duldungsvollmacht von einer Bevollmächtigung des jeweils anderen Elternteils ausgegangen werden kann. Einigen sich die Eltern nicht, kann das Vormundschaftsgericht nach § 1628 angerufen werden, welches einem Elternteil die Entscheidung übertragen kann. Bei missbräuchlicher Ausübung der elterlichen Sorge und Gefährdung des Kindeswohls kann im Ausnahmefall das Vormundschaftsgericht nach § 1666 Erklärungen der Eltern ersetzen.

Die beschränkte Geschäftsfähigkeit steht nicht der Wirksamkeit von Willenserklärungen entgegen, die von oder gegenüber einem Minderjährigen als Vertreter abgegeben werden (§ 165), da der Minderjährige aus diesen Willenserklärungen nicht verpflichtet wird; eine Haftung als Vertreter ohne Vertretungsmacht scheidet allerdings nach § 179 Abs. 3 S. 2 aus, sofern er nicht mit Zustimmung des gesetzlichen Vertreters gehandelt hat.[25]

IV. Ermächtigung zum Betrieb eines Erwerbsgeschäfts

Nach § 112 ist der Minderjährige für solche Rechtsgeschäft unbeschränkt geschäftsfähig, welche der Geschäftsbetrieb mit sich bringt, wenn der gesetzliche Vertreter mit Genehmigung des Vormundschaftsgerichts die Ermächtigung zum **selbstständigen Betrieb eines Erwerbsbetriebs** erteilt hat. Der Begriff des Erwerbsgeschäfts ist weit zu verstehen. Darunter fällt jede berufsmäßig ausgeübte, erlaubte und auf Gewinnerzielung ausgerichtete Tätigkeit.[26] Davon ausgenommen sind nach § 112 Abs. 1 S. 2 nur die Geschäfte, für die der gesetzliche Vertreter selbst der Genehmigung des Vormundschaftsgerichts bedarf (§§ 1643, 1821, 1822) bedarf. Die Ermächtigung kann – wiederum mit Genehmigung des Vormundschaftsgerichts – auch wieder zurückgenommen werden (§ 112 Abs. 2). Der Minderjährige kann über Erlöse aus dem Geschäftsbetrieb frei verfügen, sofern er sie für den Geschäftsbetrieb verwendet; er haftet auch für Verbindlichkeiten aus dem selbstständigen Betrieb in vollem Umfang.[27]

V. Ermächtigung zur Eingehung eines Dienst- oder Arbeitsverhältnisses

§ 113 erstreckt die unbeschränkte Geschäftsfähigkeit Minderjähriger auf die Rechtsgeschäfte, welche die Eingehung oder Aufhebung eines **Dienst- oder Arbverh** oder die Erfüllung der daraus sich ergebenden Verpflichtungen betreffen. Auf öffentlich-rechtliche Dienstverhältnisse wie den Eintritt in den BGS oder die Aufnahme einer Tätigkeit als Zeitsoldat ist § 113 analog anwendbar.[28]

Die erforderliche Ermächtigung des gesetzlichen Vertreters bedarf im Rahmen von § 113 keiner vormundschaftsgerichtlichen Genehmigung; diese ist nur in Bezug auf die in §§ 1643, 1821, 1822 explizit aufgeführten Geschäfte

---

21 BAG 14.2.1996 – 2 AZR 234/95 – NZA 1996, 811; APS/Schmidt, Aufhebungsvertrag Rn 557.
22 LAG Rheinland-Pfalz 14.1.2004 – 9 Sa 1020/03 – MDR 2004, 580.
23 LAG Köln 13.11.1998 – 11 Sa 25/98 – LAGE § 105 BGB Nr. 1.
24 Erman/*Palm*, § 108 Rn 3.
25 *Lakies*, AR-Blattei SD 1200, Rn 43 ff.
26 *Scheerer*, BB 1971, 982.
27 *Lakies*, AR-Blattei SD 1200, Rn 99 ff.
28 Erman/*Palm*, § 113 Rn 5.

erforderlich. Die Ermächtigung kann im Gegensatz zu der nach § 112 ohne Genehmigung des Vormundschaftsgerichts wieder zurückgenommen werden.

17 Die Reichweiten der **Ermächtigungen von § 112 und § 113 überschneiden sich** zum Teil. Der Anwendungsbereich von § 113 ist nicht auf die Begründung (abhängiger) Arbverh beschränkt, sondern erfasst auch ein freies Dienstverhältnis wie den Dienstvertrag mit einem selbstständigen minderjährigen Handelsvertreter.[29] Beide Genehmigungen decken auch den Wechsel des AG/Auftraggebers. Während sich dies für die Ermächtigung nach § 113 ausdrücklich aus § 113 Abs. 4 ergibt, ergibt sich dies im Rahmen von § 112 daraus, dass auch der Wechsel eines Auftraggebers zum typischen Geschäft eines Handelsvertreters gehört.[30]

18 § 113 beschränkt die Möglichkeit der Ermächtigung auf die Eingehung eines Arbeits- oder Dienstverhältnisses. Mangels gesetzlicher Grundlage fallen **Berufs- und ähnliche Ausbildungsverhältnisse (Volontariat, Praktikum)** nicht unter § 113.[31] Der gesetzliche Vertreter muss somit einem Berufsausbildungsvertrag wie auch den zur Durchführung des Berufsausbildungsverhältnisses erforderlichen Geschäften zustimmen; dies kann allerdings auch konkludent geschehen.

19 Eine Ermächtigung setzt voraus, dass der gesetzliche Vertreter mit der geplanten Arbeitsaufnahme einverstanden ist. Die Ermächtigung nach § 113 ist **gegenüber dem Minderjährigen** und nicht gegenüber etwaigen Vertragspartnern **zu erklären**.[32] Dies zeigt bereits der insoweit eindeutige Wortlaut der Norm. Der gesetzliche Vertreter kann die Ermächtigung ausdrücklich aussprechen oder durch sein gesamtes Verhalten schlüssig zum Ausdruck bringen. Erklärungen oder Verhalten müssen dabei in einer Gesamtschau erkennen lassen, dass der gesetzliche Vertreter die Arbeitsaufnahme in einem Arbverh billigt.[33] Eine Ermächtigung i.S.d. § 113 kann auch in der Form erteilt werden, dass die Eltern als gesetzliche Vertreter längere Zeit die ihnen bekannte Tätigkeit des minderjährigen Kindes in einem bestimmten Betrieb oder in einer bestimmten Branche dulden und nicht einschreiten; schlichte Resignation trotz vorher verweigertem Einverständnis genügt allerdings nicht.[34]

20 Auch der Abschluss eines **Arbeitsvertrags mit den Eltern** kann Gegenstand der Ermächtigung nach § 113 sein. Ein Verstoß gegen § 181 liegt darin nicht.[35] In der Ermächtigung des Minderjährigen liegt für sich genommen kein Insichgeschäft; liegt die Ermächtigung vor, ist der Minderjährige für die Eingehung des Arbverh voll geschäftsfähig, eine Interessenskollision kann auch aufseiten des gesetzlichen Vertreters nicht (mehr) auftreten. Die Gegenauffassung schafft Rechtsunsicherheit, da eine Ermächtigung durch den anderen Elternteil kaum zu beanstanden sein dürfte. Schließlich ist es auch in der Sache nicht gerechtfertigt, eine Beschäftigung im Betrieb der Eltern zu erschweren.

21 Die **Ermächtigung bewirkt eine Teilgeschäftsfähigkeit**. Sie erstreckt sich auf die Ausgestaltung der Rechte und Pflichten aus dem Arbverh. Der Minderjährige wird in die Lage versetzt, die Rechtsgeschäfte vornehmen zu können, die mit der Eingehung, Abwicklung und Beendigung eines derartigen **Arbverh üblicherweise verbunden** sind.[36] Soweit das Arbverh einschließlich aller damit zusammenhängenden Fragen betroffen ist, ist aus Gründen der Rechtssicherheit eine weite Auslegung der Ermächtigung geboten. Der Minderjährige kann deshalb Dienst- oder Arbeitsverträge einschließlich etwaiger Änderungsverträge der gestatteten Art abschließen und durch Künd oder Aufhebungsvertrag wieder auflösen.[37] Er kann Vereinbarungen über Gehalt, Arbeitsbedingungen und Nebenabreden (Vertragsstrafen) treffen, sofern sie sich im Rahmen des Üblichen halten. Dazu gehört auch die Ausübung tariflicher Gestaltungsrechte und Wahlmöglichkeiten,[38] wie über die Form der betrieblichen Altersversorgung und ein Beitritt zur Gewerkschaft.[39] Die Vereinbarung nachvertraglicher Wettbewerbsverbote ist allerdings nach § 110 GewO, § 74a Abs. 2 HGB unabhängig von einer etwaigen Ermächtigung des gesetzlichen Vertreters unwirksam. Die Ermächtigung erstreckt sich auch auf **Rechtsgeschäfte, die zur Eingehung des Arbverh unabdingbar sind** (Wohnung am Dienstort; Arbeitsmaterial; Kleidung etc.). Auch Ausgleichsquittungen sind im Rahmen der Vereinbarungen über die Beendigung eines Arbverh üblich und deshalb von § 113 erfasst.[40]

22 Die **Ermächtigung erstreckt sich** auch auf die **Vertragsabwicklung**. Der AG kann mit befreiender Wirkung den Lohn an den Minderjährigen auskehren; der Minderjährige kann ein Gehaltskonto einrichten. Er ist auch prozessfähig nach § 52 ZPO für eine Klage auf Zahlung des Gehalts gegen den AG, weil die Durchsetzung der vertraglich geschuldeten Bezüge zur Vertragserfüllung gehört.[41] Die weiteren Verfügungen über das Einkommen gehören nicht

---

29 BAG 20.4.1964 – 5 AZR 278/63 – NJW 1964, 1641.
30 A.A. BAG 20.4.1964 – 5 AZR 278/63 – NJW 1964, 1641; ErfK/*Preis*, § 113 Rn 6.
31 *Lakies*, AR-Blattei SD 1200, Rn 108; MüKo-BGB/*Schmitt*, § 113 Rn 14.
32 BAG 19.7.1974 – 5 AZR 517/73 – AP § 113 BGB Nr. 6; ErfK/*Preis*, § 113 Rn 3; MüKo-BGB/*Schmitt*, § 113 Rn 17; *Lakies*, AR-Blattei SD 1200, Rn 114.
33 BAG 19.7.1974 – 5 AZR 517/73 – AP § 113 BGB Nr. 6.
34 BAG 19.7.1974 – 5 AZR 517/73 – AP § 113 BGB Nr. 6.
35 *Küttner/Röller*, Minderjährige Rn 16; *Tiedtke*, FR 1991, 313; a.A. Palandt/*Heinrichs*, § 113 Rn 3.
36 BAG 8.6.1999 – 3 AZR 71/98 – AP § 113 BGB Nr. 7.
37 *Lakies*, AR-Blattei SD 1200, Rn 125.
38 BAG 8.6.1999 – 3 AZR 71/98 – AP § 113 BGB Nr. 7.
39 *Gilles/Westphal*, JuS 1981, 899; LG Essen 18.3.1965 – 11 T 633/64 – AP § 113 BGB Nr. 3.
40 LAG Hamm 8.9.1970 – 3 Sa 481/70 – DB 1971, 779; a.A. ErfK/*Preis*, § 113 BGB Rn 9.
41 A.A. ErfK/*Preis*, § 113 BGB Rn 9; *Küttner/Bauer/Röller*, Minderjährige Rn 22.

mehr zur Vertragsabwicklung i.S.d. Norm und werden von § 113 nicht gedeckt;[42] allerdings dürfte insoweit eine konkludente Einwilligung des gesetzlichen Vertreters in Betracht kommen.

C. Verbindung zu anderen Rechtsgebieten und zum Prozessrecht

Den Regeln der Geschäftsfähigkeit vergleichbare Bestimmungen finden sich im öffentlichen Recht (§ 12 VwVfG, § 79 AO, § 11 SGB X) und im Sozialrecht (§ 36 SGB I).

Im Zivil- und **Arbeitsgerichtsprozess entspricht** die **Prozessfähigkeit** nach § 52 ZPO der **Geschäftsfähigkeit** i.S.v. §§ 104 ff. Sie ist Prozessvoraussetzung und muss spätestens im Zeitpunkt der letzten mündlichen Verhandlung vorliegen, anderenfalls ist die Klage als unzulässig abzuweisen.[43] Die Prüfung der Prozessfähigkeit folgt von Amts wegen nach Maßgabe von § 56 ZPO.

Prozessunfähig weil beschränkt geschäftsfähig sind außerhalb von §§ 112, 113 Minderjährige nach dem vollendeten siebten Lebensjahr, es sei denn es liegt eine Einwilligung oder Genehmigung des gesetzlichen Vertreters vor. Die nach §§ 112, 113 ermächtigten Minderjährigen sind hingegen für alle sich aus dem Erwerbsgeschäft oder Arbvertr ergebenden Streitigkeiten voll prozessfähig.

Die **Verteilung der Darlegungs- und Beweislast** folgt dem **Regel-Ausnahmeverhältnis**, welches der gesetzlichen Konzeption der Bestimmungen über die Geschäftsfähigkeit zugrunde liegt: Die Geschäftsfähigkeit ist die Regel, von dem es die im Gesetz im Einzelnen beschriebenen Ausnahmen gibt. Deshalb trägt grds. derjenige die Beweislast, der sich auf die Nichtigkeit der Willenserklärung aufgrund von Geschäftsunfähigkeit beruft.[44] Wer sich auf § 105 Abs. 2 – Nichtigkeit wegen Abgabe der Willenserklärung im Zustand der Bewusstlosigkeit oder vorübergehender Störung der Geistestätigkeit – beruft, hat deshalb im Einzelnen die Tatsachen und Umstände zu beweisen, die zum Zeitpunkt der Abgabe der Willenserklärung auf Umstände gem. § 105 Abs. 2 schließen lassen.[45] Steht allerdings fest, dass der Erklärende sich in einem Zustand nach § 104 Nr. 2 befindet, hat derjenige, der sich auf einen „lichten Moment" beruft, diesen zu beweisen.[46]

Bei Streit über einen **Vertragsschluss ohne Einwilligung nach § 108** hat derjenige, der sich auf die Gültigkeit des Vertrages beruft, sowohl die Genehmigung wie auch ihre Rechtzeitigkeit zu beweisen.[47]

Liegt die Genehmigung aber unstreitig vor, muss derjenige, der sich auf die Unwirksamkeit des Vertrages wegen eines **Widerrufs nach § 109** beruft, den Widerruf während des Schwebezustands beweisen.[48] Geht es darum, ob der Widerruf deshalb unwirksam ist, weil der Erklärende die Minderjährigkeit oder das Fehlen der Einwilligung gekannt hat, so trägt derjenige die Beweislast, der sich auf die Unwirksamkeit des – unstreitigen (oder bewiesenen) – Widerrufs beruft. Demgegenüber hat der Vertragspartner zu beweisen, dass der Minderjährige der Wahrheit zuwider die Einwilligung des gesetzlichen Vertreters behauptet hat.[49]

Ist fraglich, ob **Rechtsgeschäfte des Minderjährigen nach § 112** (selbstständiger Betrieb eines Erwerbsgeschäfts) wirksam sind, so obliegt die Darlegungs- und Beweislast demjenigen, der sich auf das Vorliegen der Ermächtigung sowie der vormundschaftsgerichtlichen Genehmigung bzw. ggf. der Rücknahme nach § 112 Abs. 2 beruft.[50] Wird der Minderjährige in einem Prozess nicht von seinem gesetzlichen Vertreter vertreten, so werden die Prozessfähigkeit und damit das Vorliegen der Voraussetzungen des § 112 von Amts wegen geprüft.

Im Rahmen von **§ 113** ist derjenige für das **Vorliegen der einem Minderjährigen erteilten Ermächtigung** darlegungs- und beweispflichtig, der sich auf die Wirksamkeit des Rechtsgeschäfts beruft. Im Hinblick auf die Vermutungsregel des § 113 Abs. 4, wonach die für einen einzelnen Fall erteilte Ermächtigung im Zweifel als allgemeine Ermächtigung zur Eingehung von (Arbeits- und Ausbildungs-)Verhältnissen gilt, muss derjenige die Begrenzung der Ermächtigung auf einen Einzelfall beweisen, der sich auf sie beruft.

D. Beraterhinweise

Besondere Sorgfalt ist erforderlich bei der Darlegung der Voraussetzungen des § 105 Abs. 2. Der – häufig zu lesende – pauschale Hinweis auf eine vermeintliche Drucksituation („Wusste in dem Moment nicht, was ich tat") ist unschlüssig. Zu einer Beweiserhebung durch Einholung eines SV-Gutachtens reicht es nur selten. Ernstgemeinter Vortrag zu § 105 Abs. 2 muss präzise den allgemeinen Gesundheitszustand einschließlich bereits vorhandener latenter Beeinträchtigungen sowie die konkreten Abweichungen davon im Zeitpunkt der Abgabe der Willenserklärung beschreiben. Bei rauschmittel- und oder alkoholgestütztem Vortrag ist dezidiert Menge und Zeitpunkt der Einnahme vorzutragen, weil anderenfalls die Beweiserhebung auf einen reinen Ausforschungsbeweis hinausläuft.

---

42 *Vortmann*, WM 1994, 965; ErfK/*Preis*, § 113 BGB Rn 9.
43 *Zöller/Vollkommer*, § 52 Rn 12.
44 BAG 14.2.1996 – 2 AZR 234/95 – NZA 1996, 811; Erman/*Palm*, § 104 Rn 8; Palandt/*Heinrichs*, § 104 Rn 5.
45 LAG Schleswig-Holstein 30.4.2008 – 2 Ta 79/08.
46 BGH 11.3.1988 – V ZR 27/87 – NJW 1988, 3011.
47 Erman/*Palm*, § 108 Rn 9.
48 BGH 25.1.1989 – IV b ZR 44/88 – NJW 1989, 1729.
49 Palandt/*Heinrichs*, § 109 Rn 5.
50 Erman/*Palm*, § 112 Rn 10.

Titel 2: Willenserklärung

§ 125 Nichtigkeit wegen Formmangels

¹Ein Rechtsgeschäft, welches der durch Gesetz vorgeschriebenen Form ermangelt, ist nichtig. ²Der Mangel der durch Rechtsgeschäft bestimmten Form hat im Zweifel gleichfalls Nichtigkeit zur Folge.

§ 126 Schriftform

(1) Ist durch Gesetz schriftliche Form vorgeschrieben, so muss die Urkunde von dem Aussteller eigenhändig durch Namensunterschrift oder mittels notariell beglaubigten Handzeichens unterzeichnet werden.
(2) ¹Bei einem Vertrag muss die Unterzeichnung der Parteien auf derselben Urkunde erfolgen. ²Werden über den Vertrag mehrere gleichlautende Urkunden aufgenommen, so genügt es, wenn jede Partei die für die andere Partei bestimmte Urkunde unterzeichnet.
(3) Die schriftliche Form kann durch die elektronische Form ersetzt werden, wenn sich nicht aus dem Gesetz ein anderes ergibt.
(4) Die schriftliche Form wird durch die notarielle Beurkundung ersetzt.

§ 126a Elektronische Form

(1) Soll die gesetzlich vorgeschriebene schriftliche Form durch die elektronische Form ersetzt werden, so muss der Aussteller der Erklärung dieser seinen Namen hinzufügen und das elektronische Dokument mit einer qualifizierten elektronischen Signatur nach dem Signaturgesetz versehen.
(2) Bei einem Vertrag müssen die Parteien jeweils ein gleichlautendes Dokument in der in Absatz 1 bezeichneten Weise elektronisch signieren.

§ 126b Textform

Ist durch Gesetz Textform vorgeschrieben, so muss die Erklärung in einer Urkunde oder auf andere zur dauerhaften Wiedergabe in Schriftzeichen geeignete Weise abgegeben, die Person des Erklärenden genannt und der Abschluss der Erklärung durch Nachbildung der Namensunterschrift oder anders erkennbar gemacht werden.

§ 127 Vereinbarte Form

(1) Die Vorschriften des § 126, des § 126a oder des § 126b gelten im Zweifel auch für die durch Rechtsgeschäft bestimmte Form.
(2) ¹Zur Wahrung der durch Rechtsgeschäft bestimmten schriftlichen Form genügt, soweit nicht ein anderer Wille anzunehmen ist, die telekommunikative Übermittlung und bei einem Vertrag der Briefwechsel. ²Wird eine solche Form gewählt, so kann nachträglich eine dem § 126 entsprechende Beurkundung verlangt werden.
(3) ¹Zur Wahrung der durch Rechtsgeschäft bestimmten elektronischen Form genügt, soweit nicht ein anderer Wille anzunehmen ist, auch eine andere als die in § 126a bestimmte elektronische Signatur und bei einem Vertrag der Austausch von Angebots- und Annahmeerklärung, die jeweils mit einer elektronischen Signatur versehen sind. ²Wird eine solche Form gewählt, so kann nachträglich eine dem § 126a entsprechende elektronische Signierung oder, wenn diese einer der Parteien nicht möglich ist, eine dem § 126 entsprechende Beurkundung verlangt werden.

Literatur: *Armbrüster*, Treuwidrigkeit der Berufung auf Formmängel, NJW 2007, 3317; *Dahlem/Wiesner*, Arbeitsrechtliche Aufhebungsverträge in einem Vergleich nach § 278 VI ZPO, NZA 2004, 530; *Gotthardt/Beck*, Elektronische Form und Textform im Arbeitsrecht: Wege durch den Irrgarten, NZA 2002, 876; *Hromadka*, Schriftformklauseln im Arbeitsvertrag, AuA 2004, 20; *Leder/ Scheuermann*, Schriftformklauseln in Arbeitsverträgen – das Ende einer betrieblichen Übung?, NZA 2008, 1222; *Preis/Gotthardt*, Schriftformerfordernis für Kündigungen, Aufhebungsverträge und Befristungen nach § 623 BGB, NZA 2000, 348; *Richardi*, Formzwang im Arbeitsverhältnis, NZA 2001, 57; *Röger*, Gesetzliche Schriftform und Textform bei arbeitsrechtlichen Erklärungen, NJW 2004, 1764; *Schramm/Kröpelin*, Neue Anforderungen an die arbeitsvertragliche Gestaltung von Schriftformklauseln, DB 2008, 2362

A. Die Formvorschriften 1	IV. Beraterhinweise 41
I. Allgemeines 1	B. **Formzwang durch Rechtsgeschäft (§ 127)** 42
II. Regelungsgehalt 9	I. Allgemeines 42
1. Formzwang durch Gesetz 9	II. Regelungsgehalt 48
2. Gesetzliche Formbestimmungen 18	1. Formerleichterungen bei gewillkürter Form .. 48
a) Gesetzliche Schriftform 18	2. Gewillkürte Schriftformabreden 53
b) Elektronische Form 29	3. Aufhebung von Schriftformklauseln 60
c) Textform 35	III. Verbindung zu anderen Rechtsgebieten und zum
d) Notarielle Beurkundung 36	Prozessrecht 66
e) Gerichtlicher Vergleich 37	IV. Beraterhinweise 67
III. Verbindung zu anderen Rechtsgebieten und zum	C. **Durchbrechung des Formzwangs** 68
Prozessrecht 39	

A. Die Formvorschriften

I. Allgemeines

Nach der Systematik des BGB sind Rechtsgeschäfte grds. formfrei. Auch arbeitsvertragliche Abreden können deshalb mündlich oder durch schlüssiges Verhalten getroffen werden. Willenserklärungen bedürfen nur dann der Einhaltung einer bestimmten Form, wenn dies durch Gesetz, TV oder BV vorgeschrieben ist oder aber eine bestimmte Form rechtsgeschäftlich vereinbart worden ist. **1**

Die gesetzlichen Formen sind abschließend geregelt. Das BGB unterscheidet zwischen der **Schriftform** (§ 126), die durch die in § 126a geregelte **elektronische Form** ersetzt werden kann, die **Textform** des § 126b die **öffentliche Beglaubigung der Unterschrift** gem. § 129 und die **notarielle Beurkundung** des § 128. **2**

Die Parteien können durch Rechtsgeschäft frei bestimmen, ob sie ihr Rechtsgeschäft einer gesetzlichen Form unterstellen oder aber eine andere Form wählen. Sie können auch Umfang und Auswirkung des Formzwangs vereinbaren, indem sie bestimmen, ob die Einhaltung der **Schriftform** Wirksamkeitsvoraussetzung sein soll (**konstitutive Wirkung**) oder nur Beweiszwecken dienen soll (**deklaratorische Wirkung**).[1] In schriftlichen Arbeitsverträgen werden regelmäßig Schriftformklauseln in den unterschiedlichsten Varianten vereinbart (Einzelheiten vgl. Rn 44 ff.). Was die Parteien im Einzelfall gewollt haben, ist durch Auslegung nach §§ 133, 157 zu ermitteln. Das BGB enthält lediglich **Auslegungsregeln**. Nach § 127 gelten im Zweifel die gesetzlichen Formvorschriften der §§ 126, 126a und 126b auch für die vertraglich vereinbarte Form. Allerdings genügt zur Wahrung der Schriftform nach § 127 Abs. 2 im Gegensatz zur gesetzlichen Schriftform auch die telekommunikative Übermittlung (Telefax, Telegramm etc.) bzw. bei einem Vertrag der Briefwechsel. Nach § 125 S. 2 hat der Mangel der durch Rechtsgeschäft bestimmten Form im Zweifel gleichfalls Nichtigkeit zur Folge. Den Parteien steht es allerdings frei, einen einmal vereinbarten **Formzwang** auch **wieder aufzuheben** (Einzelheiten vgl. Rn 60 ff.). **3**

Formerfordernisse dienen unterschiedlichen Zwecken: Die Schriftform dient vorrangig der **Klarstellungs- und Beweisfunktion**; es soll sichergestellt werden, dass (**Abschlussklarheit**) und mit welchem Inhalt (**Inhaltsklarheit**) ein Rechtsgeschäft zustande gekommen ist. Die eigenhändige Unterschrift bewirkt, dass der Aussteller der Urkunde erkennbar wird (**Identifikationsfunktion**), dass der Inhalt vom Unterzeichner herrührt bzw. gebilligt worden ist (**Echtheitsfunktion**) und sie gibt dem Empfänger der Urkunde die Möglichkeit, zu überprüfen, wer die Erklärung abgegeben hat und ob die Erklärung echt ist (**Verifikationsfunktion**). Gleichzeitig dient die Schriftform dem **Schutz vor übereilten Entscheidungen**; der Erklärende soll sich vor Unterschrift unter einen Vertrag der damit verbundenen Risiken bewusst sein (**Warnfunktion**). Die **elektronische Form** kann die Schriftform nach § 126b ersetzen; sie muss deshalb dieselben Funktionen erfüllen.[2] Die in § 126b neu geregelte **Textform** ist bereits eingehalten durch lesbare aber unterschriftslose Erklärung und dient demgegenüber lediglich **Dokumentations- und Informationszwecken**. **4**

§ 125 gilt für alle Formvorschriften des Privatrechts und ist im öffentlichen Recht entsprechend anwendbar.[3] Soweit in **landesgesetzlichen Gemeindeordnungen** für Verpflichtungserklärungen, die nicht lediglich die laufende Verwaltung betreffen, die Schriftform, eigenhändige Unterzeichnung durch einen oder zwei Organwalter sowie weitere Förmlichkeiten wie die Beifügung eines Dienstsiegels vorgeschrieben sind, handelt es sich nicht um gesetzliche Formvorschriften sondern (nur) um Vertretungs- bzw. Zuständigkeitsregelungen. Das Dienstsiegel steht in derartigen Fällen als Legitimationszeichen einer Vollmachtsurkunde i.S.d. § 174 S. 1 gleich, so dass der AN bei Fehlen des Dienstsiegels eine Künd nach § 174 S. 1 analog zurückweisen kann.[4] **5**

---

1 Vgl. *Hromadka*, AuA 2004, 20.
2 AnwK-BGB/*Noack*, § 126a Rn 3.
3 ErfK/*Preis*, §§ 125–127 BGB Rn 4.
4 BAG 29.6.1988 – 7 AZR 180/87 – AP § 174 BGB Nr. 6.

6 Den Landesgesetzgebern fehlt die Kompetenz zum Erlass von Formvorschriften; ein Verstoß führt deshalb nicht nach § 125 S. 1 zur Nichtigkeit des Geschäfts, sondern zur Anwendung der § 177 ff.[5]

7 **Unterschiede** bestehen bei der in § 125 S. 1 angeordneten Nichtigkeitsfolge zwischen **gesetzlicher und gewillkürter Schriftform**. Die Nichtigkeitsfolge des § 125 S. 1 bei Verstoß gegen ein gesetzliches Formgebot tritt auch dann ein, wenn im Einzelfall sämtlichen Schutzzwecken bei der Vornahme eines formbedürftigen Rechtsgeschäfts auch ohne Einhaltung der Formvorschrift Rechnung getragen wurde. Die gesetzlichen Formvorschriften wirken unbedingt und ausnahmslos und sind gegenüber den ihnen zugrunde liegenden Schutzzwecken verselbstständigt.[6] Demgegenüber kann im Einzelfall zur Wahrung einer gewillkürten Schriftform auch die Übergabe eines nicht in § 127 Abs. 2 geregelten Schriftstückes ausreichend sein, wenn dem Schutzzweck der vereinbarten Formvorschrift damit ausreichend Rechnung getragen wird.[7]

8 Zur Anwendung von Treu und Glauben bei einem Verstoß gegen Formvorschriften vgl. Rn 68.

II. Regelungsgehalt

9 **1. Formzwang durch Gesetz.** Rechtsgeschäfte, die gegen ein gesetzliches Formgebot verstoßen, sind nach § 125 S. 1 nichtig. Gesetz i.S.v. § 125 ist nach Art. 2 EG **jede Rechtsnorm.**

10 Für das Arbeitsrecht ordnen in **förmlichen Gesetzen** § 623 für die Aufhebung von Arbverh, § 74 HGB für die Vereinbarung eines Wettbewerbsverbots, 14 Abs. 4 TzBfG für die Befristungsabrede, § 1 Abs. 2 TVG für den TV, § 77 Abs. 2 BetrVG für die BV, § 22 Abs. 3 BBiG für die Künd des Berufsausbildungsverhältnisses und § 12 Abs. 1 AÜG für den Vertrag zwischen Verleiher und Entleiher gesetzliche Schriftform nach § 126 an.

11 Es ist allerdings jeweils zu prüfen, ob nach dem **Zweck** der Rechtsnorm die **Wirksamkeit** des Rechtsgeschäfts von der **Einhaltung der Schriftform** abhängig gemacht werden soll. Die Nichteinhaltung der Schriftform des § 4 Abs. 1 S. 1 BBiG hat deshalb nur deklaratorische Bedeutung ist aber nicht Wirksamkeitsvoraussetzung für das Zustandekommen des Berufsausbildungsvertrages.[8] Dieser kann formlos abgeschlossen werden. Auch für die Nachweispflichten nach §§ 2,3 NachwG greift das gesetzliche Schriftformgebot nicht; vielmehr besteht lediglich ein Anspruch auf schriftliche Festlegung der Vertragsbedingungen.

12 **TV** enthalten nach § 1 Abs. 1, 4 Abs. 1 TVG Rechtsnormen, soweit sie den Inhalt, den Abschluss oder die Beendigung des Arbverh normativ regeln. Tarifvertragliche Vorschriften, die für bestimmte Vereinbarungen Schriftform vorschreiben, sind deshalb **gesetzliche Formvorschrift** i.S.v. § 125 S. 1.[9] Ein Verstoß gegen ein tarifvertraglich normiertes Schriftformgebot führt deshalb im Grundsatz auch zur Nichtigkeit der Vereinbarung nach § 125.

13 Allerdings ist in jedem Einzelfall zu prüfen, ob der TV nach dem Zweck des Formzwangs die Wirksamkeit der Vereinbarung tatsächlich von der Einhaltung der gesetzlichen Schriftform abhängig machen will. Dies ist im Wege der Auslegung nach den Grundsätzen der Gesetzesauslegung[10] festzustellen. Bezweckt der Formzwang vorrangig Informations- und Dokumentationsfunktion und nicht Warn- oder Beweisfunktion, ist die Einhaltung der gesetzlichen Schriftform entbehrlich, vielmehr reichen die Textform und damit z.B. die Übermittlung per Telefax aus.[11]

14 Das **Schriftformgebot** des § 4 Abs. 2 BAT für **Nebenabreden** ist gesetzliche Schriftform. Die entgegen der Formvorschrift getroffene Abrede ist nichtig.[12] Demgegenüber ist bei tariflichen Schriftformgeboten für die Begründung eines Arbverh regelmäßig davon auszugehen, dass ein Verstoß nicht die Nichtigkeit der Vereinbarung zur Folge hat, sondern lediglich deklaratorisch wirken soll.

15 Differenziert werden muss ferner danach, ob sich das **tarifvertraglich angeordnete Schriftformgebot** auf rechtsgeschäftliche Erklärungen bezieht – dann gilt im Zweifel der gesetzliche Formzwang – oder aber auf **rechtsgeschäftsähnliche Handlungen**. Geschäftsähnliche Handlungen sind auf einen tatsächlichen Erfolg gerichtete Erklärungen, deren Rechtsfolge nicht – wie bei rechtsgeschäftlichen Erklärungen – durch die Erklärung unmittelbar sondern durch Gesetz oder TV eintritt. Für geschäftähnliche Handlungen wendet das BAG die strengen gesetzlichen Schriftformvorschriften nicht an.[13] Die Geltendmachung einer Forderung zur **Wahrung tariflicher Ausschlussfris-**

---

5 BAG 6.8.1970 – 2 AZR 427/69 – AP § 125 BGB Nr. 7; i.E auch BAG 29.6.1988 – 7 AZR 180/87 – AP § 174 BGB Nr. 6.
6 BAG 16.9.2004 – 2 AZR 659/03 – AP Nr. 1 zu § 623 BGB; BAG 4.11.2004 – 2 AZR 17/04 – NJW 2005, 1533; BGH 6.2.1970 – V ZR 158/66 – BGHZ 53, 189.
7 BAG 20.8.1998 – 2 AZR 603/97 – NZA 1998, 1330 zur Wahrung der gewillkürten Schriftform durch Übergabe einer unbeglaubigten Fotokopie einer ordnungsgemäß unterzeichneten Originalurkunde.
8 BAG 21.8.1997 – 5 AZR 713/96 – AP § 4 BBiG Nr. 1.
9 BAG 11.10.2000 – 5 AZR 313/99 – AP § 4 TVG Ausschlussfristen Nr. 153; BAG 27.3.1981 – 7 AZR 880/78 – n.v.; *Richardi*, NZA 2001, 57.
10 Vgl. zuletzt BAG 3.12.2003 – 10 AZR 124/03 – AP § 1 TVG Tarifverträge: Musiker Nr. 19.
11 *Gotthardt/Beck*, NJW 2002, 876; ErfK/*Preis*, §§ 125–127 BGB Rn 13; AnwK-BGB/*Noack*, § 126b Rn 6.
12 BAG 18.5.1977 – 4 AZR 47/76 – AP § 4 BAT Nr. 4.
13 BAG 11.10.2000 – 5 AZR 313/99 – AP § 4 TVG Ausschlussfristen Nr. 153 (tarifliche Geltendmachung); BAG 11.6.2002 – 1 ABR 43/01 – AP § 99 BetrVG Nr. 118 (Zustimmungsverweigerung); *Anschütz/Kothe*, JR 2001, 263; Palandt/*Heinrichs*, § 126 Rn 1; ErfK/*Preis*, §§ 125–127 BGB Rn 13; a.A. *Röger*, NJW 2004, 1764.

ten kann deshalb nach der Rspr. des BAG per Telefax übermittelt werden,[14] dies ergibt sich allerdings auch aus dem Zweck der entsprechenden tariflichen Formvorschriften, wonach regelmäßig das Informations- und Dokumentationsinteresse für den AG im Vordergrund steht, dem mit einer Übermittlung in Textform genügt werden kann.[15] Das BAG wendet konsequent auch in anderen Fällen nur geschäftsähnlicher Handlungen wie der **Zustimmungsverweigerung nach § 99 Abs. 3 BetrVG** das gesetzliche Schriftformgebot nicht an,[16] sondern lässt Textform genügen. Das strenge Schriftformgebot des § 126 soll in diesen Fällen nur dann gelten, wenn es nach Normzweck und Interessenlage geboten ist.[17]

Ist im Arbeitsvertrag lediglich **einzelvertraglich die Geltung eines TV vereinbart** worden, so ist eine tarifvertragliche Formvorschrift nicht gesetzliche Formvorschrift nach § 126, weil der TV nicht normativ sondern kraft arbeitsvertraglicher Vereinbarung wirkt.[18] Allerdings ist die vertraglich in Bezug genommene Formklausel in aller Regel mit dem Inhalt und den Wirkungen einer gesetzlichen Formvorschrift anzuwenden (§ 125 S. 2).[19] Dies gilt jedenfalls dann, wenn die **Bezugnahme als Gleichstellungsabrede** auszulegen ist und sich die Arbeitsvertragsparteien in allen das Arbverh betreffenden Rechtsfolgen so behandeln lassen wollen, wie sich tarifgebundene Parteien kraft des TV behandeln lassen müssen.[20] **16**

Enthalten BV Formvorschriften, so wirken diese nach § 77 Abs. 4 BetrVG normativ und gelten damit als gesetzliche Formvorschrift i.S.v. § 126. **17**

2. Gesetzliche Formbestimmungen. a) Gesetzliche Schriftform. Ist durch Gesetz schriftliche Form vorgeschrieben, so muss die Urkunde von dem Aussteller eigenhändig durch Namensunterschrift oder mittels notariell beglaubigten Handzeichens unterzeichnet werden. **18**

Eine **Urkunde** in diesem Sinne setzt unabhängig von dem verwendeten Material nur voraus, dass Schriftzeichen dauerhaft festgehalten werden können. Wer sie verfasst, ob sie gedruckt, kopiert oder eigenhändig entworfen ist, ist unerheblich;[21] es bedarf auch keiner Angabe von Zeit und Ort ihrer Erstellung.[22] **19**

Die **Urkunde** muss inhaltlich grds. das **gesamte Rechtsgeschäft**, soweit es formbedürftig ist, erfassen. Es gilt der **Grundsatz der Einheitlichkeit der Urkunde**. Das Gesetz regelt nicht, wie bei komplexeren mehrseitigen Vereinbarungen zu verfahren ist. Nach dem Zweck des Formzwecks muss die Zusammengehörigkeit der Urkunde deutlich zu erkennen und dauerhaft gesichert sein, wie etwa durch fortlaufende Nummerierung oder Paginierung, einheitlicher grafischer Gestaltung, inhaltlichem Zusammenhang; eine feste körperliche Verbindung durch Heften oder Verleimen ist demgegenüber nicht erforderlich.[23] Alles andere wäre eine unnötige Erschwerung des Rechtsverkehrs.[24] Auch Anlagen können als wesentliche Bestimmungen in ein formbedürftiges Rechtsgeschäft aufgenommen werden, wenn die Zusammengehörigkeit der Schriftstücke zweifelsfrei festzustellen ist, etwa durch körperliche Verbindung oder durch Verweisung im Vertrag.[25] Die Anlagen müssen dabei weder unterschrieben noch mit einer Paraphe versehen sein.[26] Um Zweifel zu vermeiden, ist die Unterschrift der Vertragparteien auch unter die Anlagen aber zu empfehlen. Bei einem TV sind Bezugnahmen auf nicht beigefügte und nicht besonders unterschriebene Regelungen zulässig, wenn diese eindeutig bezeichnet und Irrtümer über das Ausmaß der Bezugnahme ausgeschlossen sind.[27] **20**

Die Unterschrift muss den **Text räumlich abschließen**,[28] eine Überschrift oberhalb des Textes oder am Rande genügt dem Formzwang nicht. Blankounterschriften sind zwar grundsätzlich zulässig,[29] erforderlich ist nur, dass der später hinzugefügte Text vollständig über der Überschrift platziert wird. Bei Eigen-Künd des AN ist es allerdings im Hinblick auf den durch § 623 intendierten Schutz vor unüberlegten spontanen Entscheidungen erforderlich, dass auch die Ermächtigung zur Ausfüllung des Blanketts schriftlich erteilt wird.[30] **21**

Die Urkunde muss die **Unterschrift des Ausstellers** enthalten. Sie hat Klarstellungs- und Beweisfunktion und soll die Person des Ausstellers erkennbar machen. Dabei genügt die Unterschrift lediglich mit Familiennamen[31] als auch **22**

---

14 BAG 11.10.2000 – 5 AZR 313/99 – AP § 4 TVG Ausschlussfristen Nr. 153 (tarifliche Geltendmachung); Palandt/*Heinrichs*, § 126 Rn 1; *Gotthardt/Beck*, NZA 2002, 876.
15 *Gotthardt/Beck*, NZA 2002, 876.
16 BAG 11.6.2002 – 1 ABR 43/01 – AP § 99 BetrVG Nr. 118 (Zustimmungsverweigerung); *Gotthardt/Beck*, NZA 2002, 876.
17 BAG 11.6.2002 – 1 ABR 43/01 – AP § 99 BetrVG Nr. 118.
18 ErfK/*Preis*, §§ 125–127 BGB Rn 11.
19 LAG Bremen 25.3.2003 – 1 Sa 3/03 – juris.
20 BAG 27.3.1987 – 7 AZR 527/85 – AP § 242 BGB Betriebliche Übung Nr. 29; BAG 9.12.1981 – 4 AZR 312/79 – AP § 4 BAT Nr. 8; LAG Köln 19.6.2001 – 13 Sa 1571/00 – NZA-RR 2002, 163; zur Auslegung als Gleichstellungsabrede siehe aber die geänderte Rspr. des BAG 18.4.2007 – 4 AZR 652/05.

21 KR/*Spilger*, § 623 BGB Rn 98.
22 ErfK/*Preis*, §§ 125–127 BGB Rn 14.
23 Erman/*Palm*, § 126 Rn 6.
24 BGH 24.9.1997 – XII ZR 234/95 – NJW 1995, 58; BAG 7.5.1998 – 2 AZR 55/98 – DB 98, 1770.
25 ErfK/*Preis*, §§ 125–127 Rn 15-; BGH 25.1.1999 – VII ZR 93/97 – NJW 1999, 1104.
26 BAG 18.12.2002 – XIIZR 251/01 – NJW 2003, 1248; Palandt/*Heinrichs*, § 126 Rn 4.
27 BAG 9.7.1980 – 4 AZR 564/78 – AP § 1 TVG Nr. 7.
28 BAG 7.5.1998 – 2 AZR 55/98 – DB 1998, 1770; BGH 20.11.1990 – XI ZR 107/89 – NJW 1991, 487.
29 Palandt/*Heinrichs*, § 126 Rn 6; KR/*Spilger*, § 623 Rn 101; LAG Hamm 11.6.2008 – 18 Sa 302/08.
30 LAG Hamm 11.6.2008 – 18 Sa 302/08.
31 BGH 25.10.002 – V ZR 279/01 – NJW 2003, 1120.

bei einem Kaufmann (§ 17 HGB) die Unterzeichnung mit der Firma. Steht die Identität der unterzeichnenden Person eindeutig fest, kann auch mit einem als Pseudonym geführten Namen gezeichnet werden. Die Lesbarkeit der Unterschrift ist unerheblich, sofern der Schriftzug Andeutungen von Buchstaben erkennen lässt,[32] und es sich um einen die Identität des Unterzeichnenden ausreichend kennzeichnenden individuellen Schriftzug handelt. Dies ist bei einer Unterzeichnung nur mit Initialen nicht sicher der Fall, so dass insoweit notarielle Beglaubigung erforderlich ist.[33]

23 Die **Unterschrift** muss nach dem klaren Wortlaut von § 126 Abs. 1 **eigenhändig geleistet** werden. Eine gescannte, also elektronisch vervielfältigte und eingefügte Unterschrift genügt diesen Voraussetzungen nicht, da es an der unersetzlichen Voraussetzung der per Hand vorgenommenen Unterzeichnung mit Namensunterschrift fehlt.[34] Deshalb erfüllt auch die Unterschrift mit anderen mechanischen Hilfsmitteln wie Stempel oder Faksimile oder Schreibmaschine den Formzwang des § 126 Abs. 1 nicht. Der Aussteller kann sich bei der Unterschrift durch eine Schreibhilfe unterstützen lassen, solange sichergestellt ist, dass der Schriftzug von seinem Willen getragen wird.[35]

24 Ein **Stellvertreter** als Aussteller der Urkunde kann die Erklärung mit dem eigenen Namen unterzeichnen, sofern das Vertretungsverhältnis in der Urkunde zum Ausdruck kommt.[36] Bei der Stellvertretung ist die Schriftform des § 126 jedoch nur dann gewahrt, wenn sich die Tatsache der **Vertretung** in irgendeiner Form **aus der Urkunde selbst ergibt**.[37] Zeichnet ein Prokurist, so muss er mit dem Zusatz der §§ 51, 53 Abs. 2 HGB „ppa" unterzeichnen, um dem Formerfordernis des § 126 gerecht zu werden,[38] zeichnet ein Gesellschafter zugleich für einen weiteren Gesellschafter einer GbR, muss ein Vertretungszusatz dies kenntlich machen.[39] Der Formzwang ist allerdings auch dann gewahrt, wenn ein bevollmächtigter Vertreter die Urkunde ohne Hinweis auf das Vertretungsverhältnis mit dem Namen des Vertretenen unterzeichnet.[40]

25 **Empfangsbedürftige Willenserklärungen**, die dem Formzwang des § 126 Abs. 1 unterliegen, sind nur dann wirksam, wenn die Erklärung dem Erklärungsempfänger **formgerecht zugeht**. Eine Künd (§ 623) oder ein Widerspruch gegen den Übergang des Arbverh (§ 613a Abs. 6) sind deshalb nur wirksam, wenn sie in der Form zugehen, die für ihre Abgabe erforderlich ist. Deshalb genügt in diesen Fällen – anders als bei gewillkürter Schriftform nach § 127 Abs. 2 – weder ein Telegramm noch der Zugang per Telefax, da die dem Empfänger zugehende Erklärung lediglich Kopie des Originals ist.[41] Eine Schriftsatz-Künd wahrt die Schriftform nur dann, wenn die dem AN zugehende Abschrift auch unterschrieben oder zumindest sich auf dem zugestellten Exemplar ein unterschriebener Beglaubigungsvermerk befindet.[42]

26 Für den **Zugang einer schriftlichen Künd** ist nicht erforderlich, dass der Empfänger die Verfügungsgewalt über das formgemäß erstellte Schriftstück dauerhaft erlangt. **Ausreichend** ist, dass der Empfänger in der Lage ist, **vom Inhalt der Erklärung Kenntnis** zu nehmen.[43] Dies ist selbst dann der Fall, wenn der AN auf dem – unterschriebenen – Original nur den Empfang der Künd bestätigt und ihm dann lediglich eine Kopie ausgehändigt wird.[44] Entscheidend ist, dass der Empfänger tatsächlich die Möglichkeit hatte, das Künd-Schreiben im Original zu lesen.

27 **§ 126 Abs. 2** enthält **für Verträge Sonderregelungen**. Die Vorschrift hat im Arbeitsrecht im Wesentlichen Bedeutung für Aufhebungsverträge, da der Abschluss eines Arbeitsvertrags selten dem gesetzlichen Formzwang unterstellt wird. Diesem Schriftformzwang ist nur dann genügt, wenn beide Vertragsparteien den Vertrag auf derselben Urkunde unterzeichnen oder aber gleich lautende Urkunden ausgetauscht haben, von denen jede Partei das für die andere Partei bestimmte Exemplar unterzeichnet hat. Es reicht nicht aus, wenn die eine Partei ein schriftliches Angebot abgibt und die andere Partei die Annahme dieses Angebotes in einem besonderen Schreiben bestätigt.[45] Allerdings ist dem Schriftformgebot genügt, wenn der Erklärungsempfänger ein schriftliches Angebot auf derselben Urkunde mit „einverstanden" gegenzeichnet.[46] Den hinter dem gesetzlichen Schriftformgebot stehenden Zwecken wird damit genügt.

28 Im Übrigen gelten dieselben Regeln wie bei einseitigen Willenserklärungen. Für die Wahrung der Schriftform einer Urkunde ist es ohne Belang, ob die Unterzeichnung der Niederschrift des Urkundentextes zeitlich nachfolgt oder vo-

---

32 BGH 22.10.1993 – V ZR 112/92 – NJW 1994, 55.
33 APS/*Preis*, § 623 BGB Rn 15.
34 LAG Köln 19.6.2001 – 13 Sa 1571/00 – NZA-RR 2002, 163.
35 Palandt/*Heinrichs*, § 126 Rn 7.
36 BGH 11.9.2002 – XII ZR 187/00 – NJW 2002, 3389; LAG Sachsen-Anhalt 16.11.2001 – 2 Ta 165/01 – juris.
37 BAG 21.4.2005 – 2 AZR 162/04.
38 LAG Hamm 10.1.2005 – 7 Sa 1480/04 – NZA-RR 2005, 428; *Bauer/Diller*, Rn 909.
39 BAG 21.4.2005 – 2 AZR 162/04 –; so auch für den Fall der Künd einer GmbH durch einen nicht alleinvertretungsberechtigten GF LAG Baden-Württemberg 1.9.2005 – 11 Sa 7/05.
40 BAG 21.9.1999 – 9 AZR 893/98 – AP § 630 BGB Nr. 30.
41 ArbG Hannover 17.1.2001 – 9 Ca 282/00 – NZA-RR 2002, 245 zum Aufhebungsvertrag; LAG Rheinland-Pfalz 31.1.2008 – 9 Sa 416/07 – zum Telefax; APS/*Preis*, § 623 BGB Rn 16.
42 LAG Niedersachsen 30.11.2001 – 10 Sa 1046/01 – LAGE § 623 BGB Nr. 2.
43 BAG 4.11.2004 – 2 AZR 17/04 – NJW 2005, 1007.
44 BAG 4.11.2004 – 2 AZR 17/04 – NJW 2005, 1007.
45 BAG 15.11.1957 – 1 AZR 189/57 – AP § 125 BGB Nr. 2; BAG 24.10.1972 – 3 AZR 102/72 – NJW 1973, 822.
46 BAG 26.7.2006 – 7 AZR 514/05 – AP Nr. 24 zu § 14 TzBfG; BGH 14.7.2004 – XII ZR 68/02 – BGHZ 160/97; ErfK/*Preis*, §§ 125–127 BGB Rn 20; a.A. Palandt/*Heinrichs*, § 126 Rn 5.

rangeht. Daher wird auch eine Änderung oder Ergänzung des über den Unterschriften stehenden Textes durch die Unterschriften gedeckt, sofern die Änderung oder Ergänzung dem übereinstimmenden Willen der Vertragschließenden entspricht.[47]

b) Elektronische Form. § 126a wurde eingefügt durch das Gesetz zur Anpassung der Formvorschriften des Privatrechts und anderer Vorschriften an den modernen Rechtsgeschäftsverkehr[48] und setzt Art 9 der RL 2000/31/EG über den elektronischen Geschäftsverkehr[49] um. Diese RL gilt allerdings nicht für Arbverh.[50] Grds. kann die schriftliche Form **durch die elektronische Form ersetzt** werden, wenn sich nicht aus dem Gesetz etwas anderes ergibt (§ 126 Abs. 3). Die elektronische Form ist deshalb ein Sonderfall der Schriftform.

Nach § 126a muss der Aussteller der Erklärung dieser seinen Namen hinzufügen und das elektronische Dokument mit einer qualifizierten elektronischen Signatur nach dem SigG versehen. Einzelheiten regelt das SigG vom 16.5.2001.[51] Die elektronische Signatur genügt allen Funktionen des gesetzlichen Schriftformgebots. Durch die Signatur mit dem Signaturschlüssel wird der Aussteller identifiziert (**Identitätsfunktion**). Durch die technische Verbindung zwischen Signatur und Erklärungstext wird sichergestellt, dass die Erklärung tatsächlich vom Aussteller herrührt (**Echtheitsfunktion**). Durch Prüfung mit dem öffentlichen Schlüssel kann der Empfänger nachvollziehen, dass die Erklärung mit dem Schlüssel des Absenders signiert und nachträglich nicht verändert worden ist (**Verifikationsfunktion**). Schließlich wird durch das aufwändige Verfahren vor Versenden eines elektronischen Dokuments auch die mit dem gesetzlichen Schriftformgebot verfolgte **Warnfunktion** zugunsten des Ausstellers erreicht.[52]

Die Ersetzung der Schriftform durch die elektronische Form setzt das Einverständnis der Beteiligten voraus.[53] Dieses Einverständnis kann auch konkludent erklärt werden, etwa durch Verwendung der Möglichkeiten der elektronischen Form im Rechtsverkehr.[54] Das elektronische Dokument muss das gesamte Rechtsgeschäft umfassen; wie bei der Umsetzung der Schriftformzwangs genügt es aber, wenn sich die **Einheit der Urkunde** aus dem Textzusammenhang zweifelsfrei ergibt. Der Aussteller muss seinen Namen „nur" hinzufügen; im Gegensatz zur Einhaltung der gesetzlichen Schriftform ist eine Unterschrift nicht erforderlich.[55] Schließlich muss das Dokument mit der qualifizierten elektronischen Signatur des Ausstellers versehen werden.

Wiederum den Regeln zur gesetzlichen Schriftform nachempfunden ist die Bestimmung zur elektronischen Form bei Verträgen nach § 126a Abs. 2. Danach müssen bei einem Vertrag die Parteien jeweils ein gleich lautendes Dokument in der in Abs. 1 bezeichneten Weise elektronisch signieren und zwar das jeweils für die andere Partei bestimmte Exemplar.[56] Die Kombination zwischen elektronischer Signatur und gesetzlicher Schriftform ist möglich.

Der **Anwendungsbereich der elektronischen Form** im Arbeitsrecht ist derzeit **begrenzt**. Für den Hauptanwendungsfall des gesetzlichen Schriftformzwangs – die Auflösung des Arbverh durch Künd und Aufhebungsvertrag – ist nach § 623 Hs. 2 die elektronische Form ausgeschlossen; Gleiches gilt für den Nachweis der wesentlichen Arbeitsbedingungen (§ 2 Abs. 1 S. 3 NachwG) und die Erteilung des Zeugnisses (§ 630 S. 3, § 109 Abs. 3 GewO, § 73 S. 3 HGB). Für das Seearbeitsrecht gelten seit dem Gesetz zur Änderung des Seemannsgesetzes und anderer Gesetze[57] dieselben Regelung nach §§ 62 Abs. 1 S. 2, 68a, 78 Abs. 2 S. 2, Abs. 3 S. 2 SeemG.

Die Bestimmungen zur elektronischen Form sind im Übrigen **ohne erkennbare Systematik.** Nicht ausgeschlossen ist die elektronische Form bei der Vereinbarung einer Befristungsabrede z.B. nach § 14 Abs. 4 TzBfG[58] und nach dem Wortlaut der jeweiligen Vorschriften bei der Künd eines Berufsausbildungsverhältnisses nach § 22 Abs. 3 BBiG und der Künd einer Schwangeren nach § 9 Abs. 3 MuSchG. Bei der Künd des Arbverh einer Schwangeren tritt der Widerspruch in den gesetzlichen Regelungen besonders deutlich zu Tage, weil die Künd des Arbverh einer Schwangeren sowohl unter § 623 wie auch unter § 9 Abs. 3 MuSchG fällt; nach § 623 ist deshalb die elektronische Form ausgeschlossen.[59] Im Berufsbildungsrecht ergibt sich dies, obwohl eine eindeutige – die elektronische Form ausschließende – Regelung fehlt, aus § 10 Abs. 2 BBiG,[60] danach sind, soweit sich aus Wesen und Zweck und dem Gesetz nicht etwas anderes ergibt, die für den Arbeitsvertrag geltenden Vorschriften anzuwenden. Wesen und Zweck eines Berufsausbildungsverhältnisses gebieten in Bezug auf die Beendigung eines Ausbildungsverhältnisses keine anderen Auflösungsmöglichkeiten als bei einem Arbverh. Aus dem BBiG ergibt sich ausdrücklich auch kein anderer Regelungswille des Gesetzgebers. Da in der Praxis die Einführung und Anwendung der elektronischen Form noch in den Anfängen steht, sollte der Gesetzgeber hier noch für eindeutige Regelungen sorgen.

---

47 BAG 24.1.2001 – 4 ABR 4/00 – AP § 3 BetrVG Nr. 1; BGH 27.6.1994 – III ZR 117/93 – NJW 1994, 2300.
48 BGBl I 13.7.2001, S. 1542.
49 ABl EG L 288 v. 17.7.2000, S. 1.
50 BT-Drucks 14/4987, S. 14.
51 BGBl I 1 S. 1542.
52 Palandt/*Heinrichs*, § 126a Rn 5.
53 *Gotthardt*/Beck, NZA 2002, 876.
54 Palandt/*Heinrichs*, § 126a Rn 6.
55 ErfK/*Preis*, §§ 125–127 Rn 27.
56 Palandt/*Heinrichs*, § 126a Rn 6.
57 BGBl I v. 23.3.2002, S. 1163.
58 HaKo-TzBfG/*Mestwerdt*, § 14 TzBfG Rn 220.
59 I.E. auch *Gotthardt*/Beck, NZA 2002, 876.
60 I.E. auch *Gotthardt*/Beck, NZA 2002, 876; ErfK/*Preis*, §§ 125–127 BGB Rn 24.

35 **c) Textform.** Durch das Gesetz zur Anpassung der Formvorschriften des Privatrechts und anderer Vorschriften an den modernen Rechtsgeschäftsverkehr vom 13.7.2001[61] wurde neben der elektronischen Form auch die **Textform in § 126b** gesetzlich verankert. Dies ist ein neuer Formtyp, der zwar eine lesbare Erklärung fordert, aber auf das Erfordernis der Unterschrift verzichtet und damit die geringsten Anforderungen an die Einhaltung einer Form stellt. Die Einhaltung (nur) der Textform kommt nach der gesetzlichen Regelung nur dort in Betracht, wo sie durch Gesetz vorgeschrieben ist. Dies ist für das Arbeitsrecht lediglich **in § 613a Abs. 5** für die Unterrichtung der von einem Betriebsübergang betroffenen AN sowie **in § 108 GewO für die Erteilung der Gehaltsabrechnung** geschehen. Daraus darf jedoch nicht geschlossen werden, dass grds. die Einhaltung der gesetzlichen Schriftform des § 126 geboten ist, wo das Gesetz – oder TV – die Schriftlichkeit oder die Einhaltung einer Schriftform verlangen. Maßgeblich ist nach wie vor der Zweck der jeweiligen Formvorschrift (siehe Rn 11 ff.). Geht es nach dem Normzweck um die Dokumentation und Information des Empfängers über einen bestimmten Sachverhalt und nicht um die Warnung des Erklärenden vor vorschnellen Erklärungen oder um die Frage der Beweissicherung (z.B. die Zustimmungsverweigerung nach § 99 Abs. 3 BetrVG), so ist auch im Übrigen nicht die gesetzliche Schriftform einzuhalten, sondern die Einhaltung der Textform ausreichend.[62] Die Textform ist gewahrt, wenn die Erklärung in einer Urkunde oder auf andere zur dauerhaften Wiedergabe in Schriftzeichen geeigneten Weise abgegeben und die Person des Erklärenden genannt und der Abschluss der Erklärung durch Nachbildung der Namensunterschrift oder auf andere Weise erkennbar gemacht wird. Damit genügen sowohl **Telefax, Computerfax, E-Mail** aber auch Verkörperungen auf **Diskette, CD-ROM und anderen Datenträgern der gesetzlichen Textform**, da es ausreichend ist, dass der Empfänger den Text auf einem Bildschirm lesen kann.[63]

36 **d) Notarielle Beurkundung.** Nach § 126 Abs. 4 ersetzt die notarielle Beurkundung die schriftliche Form.

37 **e) Gerichtlicher Vergleich.** Nach § 127a kann die notarielle Beurkundung durch einen gerichtlichen Vergleich ersetzt werden; damit ist der gesetzliche Schriftformzwang gewahrt. Die Vorschrift gilt für Verfahren aller Art; damit erfüllen sowohl gerichtliche Vergleiche im Urteils- wie im Beschlussverfahren, im einstweiligen Verfügungsverfahren sowie im PKH-Verfahren das Schriftformgebot des § 126.[64] Voraussetzung ist aber nach § 127a, dass die Erklärungen durch Aufnahme in ein nach den Vorschriften der ZPO errichtetes Protokoll ersetzt werden. Damit müssen nach § 46 Abs. 2 ArbGG, §§ 160 ff. ZPO die zivilprozessualen Vorschriften der Protokollierung erfüllt sein. In der Sitzung bedarf es deshalb nach § 162 ZPO grds. der Genehmigung des Protokolls durch die Beteiligten nach Vorlesen oder Abspielen der Aufzeichnung.

38 In der gerichtlichen Praxis wird häufig die Möglichkeit der Beendigung eines Künd-Schutzverfahrens über einen Prozessvergleich nach § 278 Abs. 6 ZPO genutzt. Danach ersetzt der Beschluss des Gerichts über das Zustandekommen des Vergleichs die vor dem Gericht vorgenommene Protokollierung eines Vergleichs. Ein „nach den Vorschriften der Zivilprozessordnung errichtetes Protokoll" i.S.v. § 127a, § 160 ff. ZPO wird nicht gefertigt; der Vorschlag des Gerichts (oder einer Partei) und die schriftlichen Annahmeerklärungen genügen dem Schriftformgebot eigentlich nicht, weil sie nicht auf derselben Urkunde abgegeben werden. Nach dem Zweck der Norm, der Praxis eine rechtswirksame Möglichkeit eines Vergleichs zu geben, der die materiell- und prozessrechtliche Doppelfunktion eines gerichtlichen Vergleichs erfüllt, aber den Protokollierungstermin erspart[65] erfüllt aber auch der Prozessvergleich nach § 278 Abs. 6 ZPO das gesetzliche Schriftformgebot.[66]

III. Verbindung zu anderen Rechtsgebieten und zum Prozessrecht

39 Im **Prozessrecht** ist das Erfordernis der Unterschriftsleistung durch die Rspr. den Anforderungen des modernen Telekommunikationsverkehrs angeglichen worden. Ausreichend ist es für bestimmende Schriftsätze, wenn sie bei Gericht als Telefax, Fernschreiben oder nur Telegramm[67] eingehen; auch ein Computerfax ist vom Gemeinsamen Senat der obersten Gerichtshöfe anerkannt worden.[68]

40 Für die **Darlegungs- und Beweislast** gilt: Ist für ein Rechtsgeschäft gesetzlicher Schriftformzwang vorgeschrieben, so muss diejenige Partei sämtliche Voraussetzungen der Formvorschrift beweisen, die aus dem unter Formzwang stehenden Erklärungen Rechte geltend macht.[69] Dies gilt auch für die Einhaltung der Textform.[70]

IV. Beraterhinweise

41 In der gerichtlichen Praxis nicht selten zweifelhaft ist die Frage des Zugangs der formgerechten Künd, wenn der AN die Annahme verweigert und das Künd-Schreiben unbeachtet und ungeöffnet im Betrieb liegen lässt. Nach der Ent-

---

61 BGBl I S. 1542.
62 *Gotthardt/Beck*, NZA 2002, 876.
63 BT-Drucks 14/4987, S. 19.
64 Palandt/*Heinrichs*, § 127a Rn 2.
65 BT-Drucks 14/4722, S. 82.
66 BAG 23.11.2006 – 6 AZR 394/06 – AP Nr. 8 zu § 623 BGB; *Dahlem/Wiesner*, NZA 2004, 530.
67 BAG 24.9.1986 – 7 AZR 669/84 – NJW 1987, 341.
68 GmsOGB 5.4.2000 – GmS – OGB 1/98 – NZA 2000, 959.
69 APS/*Preis*, § 623 BGB Rn 34.
70 Palandt/*Heinrichs*, § 126b Rn 3.

scheidung des BAG vom 4.11.2004[71] steht zwar fest, dass das (formgerechte) Künd-Schreiben nicht dauerhaft in die Verfügungsgewalt des Empfängers übergehen muss, solange der Empfänger nur die Möglichkeit der Kenntnisnahme hatte; deshalb wird der Zugang regelmäßig zu bejahen sein, wenn das Künd-Schreiben dem AN in einer Weise vorgelegt wird, dass er weiß, worum es geht und er die Möglichkeit hat, ungehindert von dem konkreten Inhalt Kenntnis zu nehmen; es ist dann in seinen Herrschaftsbereich gelangt. Sinnvoll ist es dennoch, (zusätzlich) den Zugang unter Zeugen durch Einwurf in den Briefkasten zu vollziehen, um jeglichen Zweifeln vorzubeugen.

B. Formzwang durch Rechtsgeschäft (§ 127)

I. Allgemeines

Die Formbedürftigkeit eines Rechtsgeschäfts kann rechtsgeschäftlich begründet werden. **Schriftformklauseln** sind **in Individualverträgen** ohne weiteres zulässig. Dies gebietet der Grundsatz der Vertragsfreiheit. 42

Tarifvertragliche Formvorschriften können kraft individualvertraglicher Bezugnahme zwischen tarifungebundenen Arbeitsvertragsparteien als Vertragsbestandteil vereinbart werden. 43

Bei der Vereinbarung in einem **Formulararbeitsvertrag** ist zu beachten, dass nach § 305b individuelle Vertragsabreden Vorrang vor Allgemeinen Geschäftsbedingungen haben und zwar unabhängig davon, ob sie mündlich oder schriftlich getroffen werden.[72] Dies gilt auch gegenüber wirksamen konstitutiven Schriftformklauseln. Deshalb wird die Auffassung vertreten, einfache oder doppelte Schriftformklauseln seien in Formulararbeitsverträgen nach § 307 Abs. 1 generell unwirksam, weil hierin eine unangemessene Benachteiligung der Vertragspartner liege.[73] 44

Das BAG differenziert, setzt aber enge Grenzen im Hinblick auf die Zulässigkeit formularmäßig vereinbarter doppelter Schriftformklauseln.[74] Unwirksam sind konstitutiv wirkende Klauseln, die den Eindruck hervorrufen, auch mündliche abändernde Abreden seien entgegen § 305b unwirksam. Wirksam sind allerdings konstitutive Schriftformklauseln, die (nur) das Entstehen einer betrieblichen Übung sperren, weil diese keine Individualabreden i.S.v. § 305b sind. Der schleichenden Veränderung von Arbeitsbedingungen kann damit zwar begegnet werden. Die allermeisten „üblichen" doppelten Schriftformklauseln, wie sie derzeit verwendet werden, sind allerdings rechtsunwirksam, weil sie nicht hinreichend differenzieren und wegen § 306 Abs. 2 nicht geltungserhaltend reduziert werden können (zu Formulierungshilfen siehe Rn 67). 45

Rechtsgeschäftlich können sowohl **Schriftform** nach § 126, **elektronische Form** nach § 126a wie auch **Textform** nach § 126b vereinbart werden. In der Praxis handelt es sich dabei fast ausschließlich um das **Schriftformgebot**, welches üblicher Bestandteil der meisten Arbeitsverträge ist. I.d.R. wird die **Änderung des Arbeitsvertrags einem Formgebot** unterworfen. Weitergehender Regelungsbedarf für eine gewillkürte Schriftform besteht nach der Einführung des gesetzlichen Schriftformgebots für Künd und Aufhebungsverträge in § 623 bzw. für die Befristungsabrede in § 14 Abs. 4 TzBfG nicht mehr. 46

Den Parteien steht es allerdings grds. frei, über die geltenden gesetzlichen Formvorschriften hinaus für die Vornahme bestimmter Rechtsgeschäfte auch (noch) strengere Formen vorzuschreiben, etwa im Hinblick auf den Zugang einer Künd.[75] Dies gilt allerdings nur für die Vereinbarung in einem Individualarbeitsvertrag. In Formulararbeitsverträgen ist nach § 309 Nr. 13 die Vereinbarung einer strengeren Form als der Schriftform oder die Vereinbarung besonderer Zugangserfordernisse unzulässig.[76] Auch nach Einführung des gesetzlichen Schriftformgebots für Künd ist daran festzuhalten, dass die Vereinbarung einer besonderen Übermittlungsform regelmäßig nur Beweiszwecken dient[77] und der Zugang der Künd-Erklärung auch in anderer Weise erfolgen kann.[78] 47

II. Regelungsgehalt

1. Formerleichterungen bei gewillkürter Form. Rechtsgeschäftlich vereinbarte **Formerfordernisse** unterliegen Formerleichterungen. Lediglich im Zweifel gelten die gesetzlichen Formvorschriften. Nach § 127 Abs. 2 wird, sofern nicht der Wille der Parteien entgegensteht, im Unterschied zur gesetzlich angeordneten Schriftform des § 126 auch durch telekommunikative Übermittlung und bei einem Vertrag durch Briefwechsel die Schriftform gewahrt. **§ 127 S. 2** ist wegen der vom Gesetzgeber beabsichtigten Erleichterung des Rechtsverkehrs **weit auszulegen**.[79] Es kommt maßgeblich darauf an, ob der mit der Vereinbarung der Schriftform bezweckte Schutzzweck verwirklicht wird.[80] Hier zeigt sich der Unterschied zu den strengen Anforderungen an die Einhaltung gesetzlicher Formvor- 48

---

71 BAG 4.11.2004 – 2 AZR 17/04 – NJW 2005, 1533.
72 BAG 20.5.2008 – 9 AZR 382/07; 25.4.2007 – 5 AZR 504/06 – AP § 615 BGB Nr. 121.
73 LAG Düsseldorf 13.4.2007 – 9 Sa 143/07 – AuR 2007, 282 (Leitsatz); *Teske*, S. 225 ff.; *Hromadka*, AuA 2004, 20; *ders.*, DB 2004, 1261, 1264.
74 BAG 20.5.2008 – 9 AZR 382/07 –; vgl. auch BAG 24.6.2003 – 9 AZR 302/02 – NZA 2003, 1145; dazu *Leder/Scheuermann*, NZA 2008, 1222.
75 *Preis/Gotthardt*, NZA 2000, 348; KDZ/*Däubler*, § 623 BGB Rn 55.
76 *Gotthardt*, ZIP 2002, 277; ErfK/*Preis*, §§ 125–127 BGB Rn 40.
77 BAG 20.9.1979 – 2 AZR 967/77 – AP § 125 BGB Nr. 8.
78 A.A. ErfK/*Preis*, § 125 BGB Rn 39.
79 BAG 17.5.2001 – 2 AZR 460/00 – EZA § 620 BGB Kündigung Nr. 3.
80 BAG 20.8.1998 – 2 AZR 603/97 – AP § 127 BGB Nr. 5.

49 Es ist deshalb allgemein anerkannt, dass eine schriftliche Erklärung bei gewillkürter Schriftform formgerecht auch mittels **Fernschreibens**, per **Telefax**,[82] per **E-Mail**[83] oder durch Aushändigung einer unbeglaubigten **Fotokopie** der ordnungsgemäß unterzeichneten Originalurkunde[84] abgegeben werden kann. Die Schriftform einer Erklärung kann trotz Fehlens einer Unterschrift im Einzelfall dann gewahrt sein, wenn die mit der Formvereinbarung bezweckte Klarheit erreicht wird.[85] Es muss sich allerdings aus der Erklärung unzweideutig ergeben, von wem die Erklärung abgegeben worden ist.

50 Entgegen § 126 Abs. 2 genügt bei gewillkürter Form auch ein reiner Briefwechsel, der die wechselseitigen Erklärungen enthält. Insoweit soll eine eigenhändige Unterschrift zur Formwahrung erforderlich sein.[86] Verschiedene Schriftformen können kombiniert werden, so dass ein Vertragsschluss auch durch Austausch von Telegramm und Brief die gewillkürte Schriftform wahren kann.

51 Um die Rechtssicherheit zu erhöhen und die evt. geringere Beweiskraft der nach Maßgabe von § 127 Abs. 2 abgegebenen Willenserklärungen auszugleichen, besteht ein Anspruch auf nachträgliche Beurkundung in der Form des § 126.

52 Für die **gewillkürte elektronische Form** sieht § 127 Abs. 3 eine dem Abs. 2 entsprechende Regelung vor. Hier reicht das Hinzufügen einer eingescannten Unterschrift[87] aus. Die Norm ist noch ohne praktische Relevanz; entsprechende Klauseln in Arbeitsverträgen sind derzeit nicht gebräuchlich.

53 **2. Gewillkürte Schriftformabreden.** Zu unterscheiden sind **deklaratorische Formvorschriften**, die lediglich Beweiszwecken dienen und (nur) einen Anspruch auf Formwahrung geben[88] und **konstitutive Formvorschriften**, deren Nichteinhaltung die Nichtigkeit der Abrede zur Folge hat. Vereinbaren die Parteien ein deklaratorisches Formerfordernis, so führt eine Verletzung der vereinbarten Form hingegen nicht zur Unwirksamkeit der formwidrig getroffenen Abrede.

54 Welche Form gewollt ist, haben die Parteien zu bestimmen und ist nach §§ 133, 157 im Wege der Auslegung zu ermitteln. Im Zweifel hat der Mangel der durch Rechtsgeschäft bestimmten Form nach § 125 S. 2 die Nichtigkeit der Willenserklärung zur Folge.

55 **Deklaratorische Formvorschriften** haben häufig folgenden Wortlaut:

„Änderungen und Ergänzungen dieses Vertrages sind schriftlich niederzulegen" oder „Änderungen und Ergänzungen sollen schriftlich vereinbart werden".

56 **Konstitutive Vorschriften** lauten üblich:

„Änderungen und Ergänzungen dieses Vertrags bedürfen (zu ihrer Wirksamkeit) der Schriftform"[89] oder „Mündliche Vereinbarungen über die Aufhebung der Schriftform sind nichtig".[90]

57 Vereinbaren die Parteien: „Mündliche Nebenabreden bestehen nicht", so stellen sie damit fest, dass ausschließlich die fixierten Bedingungen gelten; sie heben damit konkludent etwaige weitere Vereinbarungen wieder auf.

58 Da nach dem Grundsatz der Vertragsfreiheit auch Schriftformvereinbarungen formlos wieder aufgehoben werden können,[91] werden sie häufig durch nachstehende **„doppelte Schriftformklausel"** wie folgt ergänzt:

„Dies gilt auch für die Änderung der Schriftformklausel" oder „Auf das Erfordernis der Schriftform kann nur durch schriftliche Vereinbarung verzichtet werden". Zur Möglichkeit der formfreien Änderung auch dieser Bestimmung vgl. Rn 61 ff.

59 Formvorschriften können sich schließlich (in Anlehnung an § 4 BAT) nur auf die Änderungen bestimmter Vertragsbedingungen beziehen und wie folgt lauten:

„Nebenabreden bedürfen der Schriftform". Bei einer solchen Abrede können die Vertragsparteien die wechselseitigen Hauptleistungspflichten formlos ändern und insb. die Vergütung anpassen, ohne dass dies jeweils schriftlich fixiert werden muss.

60 **3. Aufhebung von Schriftformklauseln.** Die **Reichweite** einer einfachen vertraglich vereinbarten Schriftformklausel ist **begrenzt**. Die Parteien können einen einmal vereinbarten Formzwang jederzeit formlos wieder auf-

---

[81] BAG 16.9.2004 – 2 AZR 659/03 – AP § 623 BGB Nr. 1.
[82] BAG 20.8.1998 – 2 AZR 603/97 – AP § 127 BGB Nr. 5; BGH 22.4.1996 – II ZR 65/96 – NJW-RR 1996, 866; Mü-Ko-BGB/*Einsele*, § 127 Rn 8.
[83] Palandt/*Heinrichs*, § 127 Rn 2.
[84] BAG 20.8.1998 – 2 AZR 603/97 – NZA 1998, 1330.
[85] Erman/*Palm*, § 125 Rn 4.
[86] Palandt/*Heinrichs*, § 127 Rn 52.
[87] ErfK/*Preis*, §§ 125–127 BGB Rn 47.
[88] MüKo-BGB/*Einsele*, § 125 Rn 12.
[89] Vgl. BAG 16.5.2000 – 8 AZR 245/99 – AP § 125 BGB Nr. 15 (Klausel bezieht sich nicht auf die Beendigung von Arbverh).
[90] Vgl. BAG 24.6.2003 – 9 AZR 302/02 – NZA 2003, 1145.
[91] Erman/*Palm*, § 125 Rn 8.

heben.⁹² Dies gebietet der Grundsatz der Vertragsfreiheit. Es kommt dabei nicht einmal darauf an, dass die Parteien sich der Aufhebung des Formzwangs bewusst sind; maßgeblich ist, dass sie das ohne Einhaltung des Formzwangs Vereinbarte tatsächlich als bindend wollen.⁹³

Eine einfache Schriftformklausel, nach der Änderungen und Ergänzungen des Vertrages der Schriftform bedürfen, verhindert auch nicht, dass durch abweichende betriebliche Übung der Vertragsinhalt geändert wird.⁹⁴ Daran wird deutlich, dass einer einfachen Schriftformklausel im Grunde keine rechtliche Bedeutung beikommt. 61

Für doppelte Schriftformklauseln, nach denen auch die Aufhebung der Schriftform einer bestimmten Form unterstellt wird, besteht **nach der Entscheidung des BAG vom 20.5.2008**⁹⁵ in Formulararbeitsverträgen **kein Anwendungsbereich mehr.** Die Wirksamkeit einer doppelten Schriftformklausel in einem Formularvertrag setzt voraus, dass sie so gefasst ist, dass der Vorrang individueller Vertragsabreden nach § 305b deutlich wird. Eine zu weit gefasste doppelte Schriftformklausel, die diese Einschränkung nicht enthält, ist irreführend und benachteiligt den Vertragspartner unangemessen i.S.v. § 307 Abs. 1.⁹⁶ Damit sind die Schriftformklauseln in der bisher verbreiteten Form unwirksam. Sie bieten wegen des Verbots der geltungserhaltenden Reduktion auch keinen Schutz gegen abändernde betriebliche Übungen. 62

Zulässig bleiben zwar prinzipiell individuell vereinbarte doppelte Schriftformklauseln außerhalb von Formulararbeitsverträgen. Diese können sowohl das Entstehen einer betrieblichen Übung wie auch Schutz gegen die Möglichkeit abändernder mündlicher Abreden bieten;⁹⁷ in der Praxis kommen solche individuell ausgehandelten Verträge jedoch faktisch nicht vor, weil die Vereinbarung nahezu ausschließlich in Formulararbeitsverträgen erfolgt. 63

Die Beschränkung von Ansprüchen auf das schriftlich Vereinbarte in Formulararbeitsverträgen kann deshalb nur in der Weise vollzogen werden, dass die Entstehung von Ansprüchen außerhalb von individuellen Vereinbarungen i.S.v. § 305b ausgeschlossen wird. Klauseln, die die Entstehung von betrieblichen Übungen verhindern, sind zulässig, weil eine betriebliche Übung zwar vertraglich Ansprüche begründet, nicht aber Individualabrede i.S.v. § 305 ist.⁹⁸ Auf der Grundlage der Entscheidung vom 20.5.2008 erscheint es auch zulässig, der Konkretisierung von Leistungspflichten durch Zeitablauf und weitere Umstände, die ein schutzwürdiges Vertrauen auf Beibehaltung des bisherigen Leistungsinhalts begründen,⁹⁹ durch eine entsprechende Vertragsgestaltung entgegenzuwirken¹⁰⁰ (zu Formulierungsvorschlägen vgl. Rn 67). 64

Ist eine **Schriftformklausel Bestandteil eines TV,** der für einen nicht tarifgebundenen AN **einzelvertraglich als Grundlage des Arbverh vereinbart wurde**, so unterliegt die mit dem TV einbezogene Regelung keiner Inhaltskontrolle.¹⁰¹ 65

III. Verbindung zu anderen Rechtsgebieten und zum Prozessrecht

Wer eine Vereinbarung behauptet, die von einer Formabrede i.S.v. § 127 abweicht, trägt hierfür die **Darlegungs- und Beweislast.** Nach hier vertretener Auffassung muss er im Fall einer – wirksam vereinbarten doppelten Schriftformklausel bei einer behaupteten abweichenden Vereinbarung auch beweisen, dass die Parteien die **Aufhebung des Schriftformgebots** tatsächlich **gewollt** haben. Wer sich gegenüber einer Vereinbarung auf die Nichteinhaltung einer Form beruft, hat die Formabrede zu beweisen.¹⁰² 66

IV. Beraterhinweise

Soll eine Schriftformklausel formularmäßig vereinbart werden, so kann wie folgt formuliert werden: „Änderungen und Ergänzungen des Arbeitsvertrags bedürfen zu ihrer Wirksamkeit der Schriftform. Dies gilt auch für die Aufhebung dieser Klausel. Individuelle Vereinbarungen haben jedoch Vorrang." Damit ist das Entstehen vertraglicher Ansprüche durch betriebliche Übung nicht mehr möglich. Dies lässt sich alternativ auch durch folgende Formulierung erreichen: „Die wiederholte Gewährung von Leistungen oder Vergünstigungen begründet keinen Anspruch auf die Gewährung auf Dauer." 67

---

92 St. Rspr. seit BAG 4.6.1963 – 5 AZR 16/63 – AP § 127 BGB Nr. 1; zuletzt BAG 24.6.2003 – 9 AZR 302/02 – NZA 2003, 1145; Palandt/*Heinrichs*, § 125 Rn 14; Erman/*Palm*, § 125 Rn 8.
93 BAG 28.10.1987 – 5 AZR 518/85 – AP § 7 AVR Caritasverband Nr. 1.
94 BAG 24.6.2003 – 9 AZR 302/02 – BB 2003, 2408 = AiB 2003, 645.
95 BAG 20.5.2008 – 9 AZR 382/07 – NZA 2008, 1233.
96 BAG 20.5.2008 – 9 AZR 382/07 – NZA 2008, 1233.
97 BAG 24.6.2003 – 9 AZR 302/02 – BB 2003, 2408 = AiB 2003, 645; BGH 2.6.1976 – VIII ZR 97/74 – BGHZ 66, 378; BFH 31.7.1991 – I S 1/91 – BFHE 165, 256; LAG Rostock 22.4.2004 – 1 Sa 342/03 – juris.
98 BAG 24.6.2003 – 9 AZR 302/02 – BB 2003.
99 BAG 7.12.2005 – 5 AZR 535/04 – DB 2006, 897.
100 *Schramm/Kröpelin*, DB 2008, 2362, 2364.
101 BAG 23.9.2004 – 6 AZR 442/03 – NZA 2005, 52.
102 Palandt/*Heinrichs*, § 127 Rn 7; Erman/*Palm*, § 127 Rn 9.

C. Durchbrechung des Formzwangs

68 Ist die gesetzlich vorgeschriebene Form nicht eingehalten, so ist das Rechtsgeschäft nach § 125 S. 1 nichtig; für die vertraglich vereinbarte Form gilt im Zweifel nach S. 2 dasselbe. Jede Partei hat dabei die Rechtsnachteile zu tragen, die sich jeweils aus der Formnichtigkeit eines Rechtsgeschäfts ergeben.[103] Von diesem Grundsatz erkennt die Rspr. nur **in sehr engen Grenzen Ausnahmen** an, wenn es nach den gesamten Umständen des Sachverhalts mit Treu und Glauben unvereinbar wäre, das Rechtsgeschäft am Formmangel scheitern zu lassen; das Ergebnis muss für die betroffene Partei schlechthin untragbar sein.[104] Die Berufung auf den Formmangel ist jedenfalls noch nicht dann treuwidrig, wenn den Schutzzwecken der Formvorschrift auf andere Weise Genüge getan ist.[105]

69 In der arbeitsrechtlichen Praxis tritt die Frage der Durchbrechung des Formzwangs nach den Grundsätzen von Treu und Glauben v.a. in den Fallkonstellationen der Geltendmachung des Fortbestands des Arbverh nach formunwirksamer AN-Eigenkünd sowie der Weitergewährung von Vergütungen oder Zulagen auf, die auf der Grundlage formnichtiger betrieblicher Übungen oder Zusagen in der Vergangenheit gewährt wurden.

70 Das BAG wendet mit Recht die **Grundsätze von Treu und Glauben** in Bezug auf die Durchbrechung des Formzwangs bei formnichtigen **AN-Eigenkünd** zunehmend **restriktiv** an. In der Entscheidung vom 4.12.1997[106] hat das Gericht dem klagenden AN die Berufung auf die Formnichtigkeit unter Anwendung des Grundsatzes des sog. venire contra factum proprium (widersprüchliches Verhalten) noch verwehrt. Sei eine formunwirksame Künd ernsthaft erfolgt und nicht nur spontan, sei es rechtsmissbräuchlich, sich später auf die Nichtigkeit der Künd zu berufen. In der jüngsten Entscheidung vom 16.9.2004[107] hat das BAG es nicht für treuwidrig erachtet, sich auf die Formnichtigkeit einer möglicherweise ausgesprochenen Künd zu berufen und ausgeführt, ein Formmangel könne nur ausnahmsweise nach § 242 als unbeachtlich angesehen werden. Erforderlich sei, dass der AN seiner Beendigungsabsicht mit besonderer Verbindlichkeit und Endgültigkeit mehrfach Ausdruck verleihe und damit einen besonderen Vertrauenstatbestand schaffe. Die Diktion der Entscheidung lässt erkennen, dass das BAG die Anforderungen an die Treuwidrigkeit der Berufung auf die Formnichtigkeit erhöhen will. In den typischen Situationen eines Streitgespräches, in denen der AN emotional reagiert und mündlich kündigt, kann er deshalb die Fortsetzung des Arbverh verlangen. Der AG wird damit nicht rechtlos gestellt. Verzugslohn muss er nicht befürchten, da der AN durch Ausspruch der Künd und Verlassen des Arbeitsplatzes fehlende Leistungsbereitschaft signalisiert und mit Vergütungsansprüchen deshalb ausgeschlossen ist. Der AG hat es zudem in der Hand, die Situation mit einem schriftlichen Auflösungsvertrag zu klären bzw. schriftlich zu kündigen.

71 Nach ähnlich **restriktiven Grundsätzen** ist zu verfahren, wenn der AN **formnichtige Zusagen** über längere Zeit erhalten hat und der AG sich auf die Formnichtigkeit der Vereinbarung beruft. Auch in diesen Fällen verstößt die Berufung einer Partei auf die Formnichtigkeit eines Vertrages für sich allein nicht gegen Treu und Glauben, selbst wenn aufgrund der formnichtigen Vereinbarung über einen langen Zeitraum hinweg Leistungen erbracht werden. Sieht eine gesetzliche oder tarifliche Vorschrift vor, dass die Wirksamkeit eines Vertrags von der Einhaltung einer bestimmten Form abhängig sein soll, so gebietet die Rechtssicherheit, dass die Vorschrift nicht ohne zwingenden Grund unbeachtet bleibt. Der Einwand, eine Partei handele treuwidrig, wenn sie sich auf die Nichtbeachtung der Form berufe, kann daher nur in Ausnahmefällen erfolgreich sein. Zusagen eines einstellungsbefugten Beamten alleine schließen die Berufung des öffentlichen Dienstes auf die Formnichtigkeit nicht aus; erst bei einer 16 Jahre lang auf Grundlage eines ministeriellen Erlasses gezahlten außertariflichen Entschädigung bleibt dem öffentlichen AG die Berufung auf die Formnichtigkeit der Zusage verwehrt.[108]

---

103 BAG 7.9.1982 – 3 AZR 5/80 – BB 1983, 1032; BAG 9.2.1972 – 4 AZR 149/71 – AP § 4 BAT Nr. 1.
104 BAG 27.3.1987 – 7 AZR 527/85 – AP § 242 BGB Betriebliche Übung Nr. 29; zuletzt BAG 4.11.2004 – 2 AZR 17/04 – NJW 2005, 1533.
105 BAG 4.11.2004 – 2 AZR 17/04 – NJW 2005, 1533; BAG 16.9.2004 – 2 AZR 659/03 – NZA 2005, 162.
106 BAG 4.12.1997 – 2 AZR 799/96 – AP § 626 BGB Nr. 141.
107 BAG 16.9.2004 – 2 AZR 659/03 – NZA 2005, 162; so auch LAG Rheinland-Pfalz 31.1.2008 – 9 Sa 416/07.
108 BAG 7.9.1982 – 3 AZR 5/80 – AP § 3 TV Arbeiter Bundespost Nr. 1.

Abschnitt 5: Verjährung

Titel 1: Gegenstand und Dauer der Verjährung

Vorbemerkung zu §§ 194 bis 218

Literatur: *Bereska*, Modernisierung des Schuldrechts, Verjährungsrecht, AnwBl 2001, 404; *Birr*, Verjährung und Verwirkung, 2. Aufl. 2006; *Bolten*, Die Verjährung der Bürgschaftsschuld nach der Schuldrechtsmodernisierung, ZGS, 2006, 140; *Bräuer*, Streitverkündung und Verjährung, AnwBl 2006, 350; *Burbulla*, Parteiberichtigung, Parteiwechsel und Verjährung, MDR 2007, 439; *Dötsch*, Verjährung vermögensrechtlicher Ansprüche im öffentlichen Recht, DöV 2004, 277; *Dohse*, Die Verjährung, 10. Aufl. 2005; *Gay*, Der Beginn der Verjährungsfrist bei Bürgschaftsforderungen, NJW 2005, 2585; *Goebel*, Die neuen Verjährungsfristen, 2005; *Gottwald*, Verjährung im Zivilrecht, 2005; *Gsell*, Schuldrechtsreform: Die Übergangsregelungen für Verjährungsfristen, NJW 2002, 1297; *Guckelberger*, Die Verjährung im öffentlichen Recht, 2004; *Heß*, Das neue Schuldrecht – Inkrafttreten und Übergangsregelungen, NJW 2002, 253; *Hohmann*, Verjährung und Kreditsicherheiten, WM 2004, 757; *Kähler*, Verjährungshemmung nur durch Klage des Berechtigten?, NJW 2006, 1759; *Kandelhard*, Ist es wirklich schon zu spät? – Zum Ablauf der allgemeinen Verjährungsfrist nach intertemporalem Verjährungsrecht, NJW 2005, 630; *Kossens*, Verjährung, AR-Blattei (SD) 1680; *Lakkis*, Der Verjährungsverzicht heute, ZGS 2003, 423; *Lau*, Die Reichweite der Verjährungshemmung bei Klageerhebung, 2008; *Leenen*, Die Neuregelung der Verjährung, JZ 2001, 552; *Mankowski/Höpker*, Die Hemmung der Verjährung bei Verhandlungen gem. § 203 BGB, MDR 2004, 721; *Mansel*, Die Neuregelung des Verjährungsrechts, NJW 2002, 89; *Mansel/Budzikiewicz*, Das neue Verjährungsrecht, 2002; *dies.*, Verjährungsanpassungsgesetz: Neue Verjährungsfristen, insbesondere für die Anwaltshaftung und im Gesellschaftsrecht, NJW 2005, 321; *Noll*, Zur Verjährung von Erfüllungsansprüchen aus Dauerschuldverhältnissen und anderen Ansprüchen auf eine dauernde Leistung, 2003; *Oppenborn*, Verhandlungen und Verjährung, 2008; *Peters/Zimmermann*, Der Einfluss von Fristen auf Schuldverhältnisse, in: BMJ (Hrsg.), Gutachten und Vorschläge zur Überarbeitung des Schuldrechts, Band 1, 1981; *Peters*, Der Antrag auf Gewährung von Prozesskostenhilfe und die Hemmung der Verjährung, JR 2004, 137; *Piepenbrock*, Befristung, Verjährung, Verschweigung, Verwirkung, 2006; *Preuß*, Erlass und Überprüfung des Europäischen Zahlungsbefehls, ZZP 122 (2009), 3; *Rabe*, Verjährungshemmung nur bei Klage des Berechtigten, NJW 2006, 3089; *Rellermeyer*, Grundzüge des Europäischen Mahnverfahrens, RPfl 2009, 11; *Riedhammer*, Kenntnis, grobe Fahrlässigkeit und Verjährung, 2004; *Schlößer*, Die Hemmung der Verjährung der Bürgschaftsansprüche nach neuem Schuldrecht, NJW 2006, 645; *Schulte-Nölcke/Hawxwell*, Zur Verjährung von vor der Schuldrechtsreform entstandenen Ansprüchen, NJW 2005, 2117; *Stumpf*, Die Verjährung öffentlich-rechtlicher Ansprüche nach der Schuldrechtsreform, NVwZ 2003, 1198; *Vollkommer/Huber*, Neues Europäisches Zivilverfahrensrecht in Deutschland, NJW 2009, 1109; *Wagner*, Neues Verjährungsrecht in der zivilrechtlichen Beratungspraxis, ZIP 2005, 584; *Wenner/Schuster*, Zum Jahresende: Die Hemmung der Verjährung durch Anmeldung von Forderungen im Insolvenzverfahren, BB 2006, 2649; *Willingmann*, Reform des Verjährungsrechts – Die Neufassung der §§ 194 ff. BGB im Rahmen der Schuldrechtsmodernisierung, in: Micklitz/Pfeiffer/Tonner/Willingmann (Hrsg.), Schuldrechtsreform und Verbraucherschutz, 2001, S. 1 ff.; *Zimmermann/Leenen/Mansel/Ernst*, Finis Litium? Zum Verjährungsrecht nach dem Regierungsentwurf eines Schuldrechtsmodernisierungsgesetzes, JZ 2001, 684; *Zöllner*, Das neue Verjährungsrecht im deutschen BGB – Kritik eines verfehlten Regelungssystems, FS Honsell, 2002, S. 153 ff.

A. Allgemeines ... 1	II. Zweck der Verjährung ... 11
I. Das neue Verjährungsrecht nach der Schuldrechtsreform ... 1	III. Abgrenzung zu ähnlichen Rechtsinstituten ... 13
	1. Ausschlussfristen ... 13
II. Schwerpunkte der Neugestaltung ... 4	2. Verwirkung ... 16
III. Übergangsrecht (Art. 229 § 6 EGBGB) ... 6	C. Beraterhinweise ... 18
B. Regelungsgehalt ... 10	I. Prozessuales ... 18
I. Begriff der Verjährung ... 10	II. Pflichten des Anwalts ... 19

A. Allgemeines

I. Das neue Verjährungsrecht nach der Schuldrechtsreform

Durch das am 1.1.2002 in Kraft getretene Gesetz zur Modernisierung des Schuldrechts – Schuldrechtsmodernisierungsgesetz –[1] ist u.a. das Recht der Verjährung im BGB grundlegend umgestaltet worden. Das frühere Verjährungsrecht war in die Kritik geraten und als reformbedürftig angesehen worden. Grund für die Unzufriedenheit war die Unübersichtlichkeit des Rechts sowie die Rechtszersplitterung durch eine Vielzahl von Regelungen in verschiedenen Gesetzen.[2]

Reformziel war die Schaffung eines **einfachen** und angemessenen **Verjährungsrechts** unter weitgehendem **Verzicht auf Sonderregelungen**. Diesem Anliegen diente – in einem ersten Schritt – die Neuregelung im BGB durch

---

[1] V. 26.11.2001, BGBl I 3138; Materialien BT-Drucks 14/6040 (Gesetzentwurf der Bundesregierung); BT-Drucks 14/7052 (Beschlussempfehlung und Bericht des Rechtsausschusses). Zur Reformgeschichte s. auch *Mansel/Budzikiewicz*, Rn 1 ff., m.w.N.

[2] BT-Drucks 14/6040, S. 89 ff., 100 ff.; s. auch AnwK-BGB/*Mansel/Stürner*, vor §§ 194–218 Rn 1 m.w.N. in Fn 1.

das Schuldrechtsmodernisierungsgesetz.[3] Mit dem Gesetz zur Anpassung von Verjährungsvorschriften an das Gesetz zur Modernisierung des Schuldrechts – **Verjährungsanpassungsgesetz**[4] wurden – in einem zweiten Schritt[5] – zum 15.12.2004 in einer Vielzahl von Nebengesetzen enthaltene Verjährungsregelungen an die Struktur des neuen Verjährungsrechts des BGB angepasst worden – sei es, dass spezielle Regelungen gestrichen wurden (etwa § 51b BRAO)[6] oder – klarstellend – nunmehr auf die Vorschriften über die regelmäßige Verjährung „nach dem BGB" verwiesen wird.[7]

3 **Unverändert** geblieben sind die **Verjährungsvorschriften des öffentlichen Rechts** und damit auch die des Sozialgesetzbuchs.[8]

II. Schwerpunkte der Neugestaltung

4 Wichtigstes Element der Neuordnung der Verjährungsvorschriften ist die Herabsetzung der **regelmäßigen Verjährungsfrist** von dreißig auf **drei Jahre** (§ 195). Sonderregelungen gelten für Rechte an Grundstücken nach § 196 und für die in § 197 genannten Ansprüche. Die Verkürzung ist – zum Schutz der Gläubiger vor der „dramatischen Verkürzung"[9] der Regelverjährung – verbunden mit einer **Subjektivierung des Verjährungsbeginns**: Nach § 199 beginnt die regelmäßige Verjährungsfrist mit dem Schluss des Jahres, in dem der Anspruch entstanden ist und der Gläubiger Kenntnis von den den Anspruch begründenden Umständen sowie der Person des Schuldners hat oder ohne grobe Fahrlässigkeit erlangen musste (siehe § 199 Rn 13 ff.). Unabhängig von der Kenntnis oder dem Kennenmüssen des Gläubigers gelten im Interesse der Rechtssicherheit nach § 199 Abs. 2 bis 4 **Höchstfristen** von 10 bzw. 30 Jahren (siehe § 199 Rn 26 ff.).

5 Viele der Tatbestände, die nach dem vormaligen Rechtszustand eine Unterbrechung der Verjährung bewirkten, sind zu **fristhemmenden** umgestaltet worden. Daneben sind neue Tatbestände der Hemmung hinzugetreten, insb. der bei Verhandlungen (§ 203).[10] Abweichend zum früheren Recht (§ 225 S. 1 a.F.) ist nach § 202 Abs. 1 durch rechtsgeschäftliche Vereinbarung eine **Verlängerung der Verjährungsfrist** bis zu 30 Jahren zulässig. Unberührt geblieben ist die Möglichkeit zur Fristverkürzung.

III. Übergangsrecht (Art. 229 § 6 EGBGB)

6 Das **intertemporale Verjährungsrecht** für die bereits bei Inkrafttreten des Schuldrechtsmodernisierungsgesetzes bestehenden und (nach altem Recht) noch nicht verjährten Forderungen ist in Art. 229 § 6 EGBGB geregelt. Die Vorschrift orientiert sich an Art. 169, 231 § 6 EGBGB, dem Übergangsrecht bei Inkrafttreten des BGB und anlässlich des Beitritts der neuen Bundesländer. Entscheidend ist, ob der jeweilige Anspruch vor dem Stichtag entstanden ist; auf das zugrunde liegende Rechtsverhältnis kommt es nicht an.[11] Im Grundsatz gilt nach Art. 229 § 6 Abs. 1 Nr. 1 EGBGB der **Vorrang der früher vollendeten Verjährung**.[12] Die neuen Vorschriften gelten nur für noch nicht verjährte Ansprüche. Für die neuen Vorschriften nach dem **Verjährungsanpassungsgesetz** (siehe Rn 2) gilt nach Art. 229 § 11 Abs. 1 EGBGB für die in den Nr. 1 bis 20 genannten Gesetze – u.a. BGB, InsO, HGB, UmwG, AktG, GmbHG – die Überleitungsvorschrift des Art. 229 § 6 EGBGB entsprechend, soweit dort nicht ein anderes bestimmt ist.[13]

7 Von diesem **Grundsatz gibt es zahlreiche Ausnahmen**: Die Hemmung, Ablaufhemmung oder der Neubeginn (bisher: Unterbrechung) richteten sich bis zum Ende des Jahres 2001 nach dem alten, dann nach neuem Recht (Abs. 1 S. 2). Die frühere Rechtslage bleibt hingegen maßgeblich, wenn eine zuvor begonnene Unterbrechung durch einen nach dem Stichtag eingetretenen Umstand als nicht erfolgt gilt. In diesem Fall entfällt die ex ante begründete Unterbrechung rückwirkend (insb. §§ 212 Abs. 1, 215 Abs. 2 a.F.).[14] **Abs. 2** dient der **Überleitung von Unterbrechungstatbeständen**, die nach dem neuen Recht solche der Hemmung sind. Die Verjährung beginnt dann am 1.1.2002 von

---

3 BT-Drucks 14/6040, S. 89 ff., 100 ff. Zur Orientierung an den *Principles of European Contract Law* (Übersetzung abgedr. in ZEuP 2001, 400 ff., dazu *Zimmermann*, ZEuP 2001, 127); *Gottwald*, Rn 33 ff. m.w.N.; *Mansel/Stürner*, vor §§ 194–218 Rn 14 ff.
4 V. 9.12.2004, BGBl I S. 3214; Materialien: BR-Drucks 436/04 (Gesetzentwurf der Bundesregierung) = BT-Drucks 15/3653; BT-Drucks 5/4060 (Beschlussempfehlung und Bericht des Rechtsausschusses).
5 Vgl. BT-Drucks 14/6857, S. 42. Zur Anpassung der öffentlich-rechtlichen Verjährungsvorschriften, zu denen auch diejenigen des Kostenrechts gehören, vgl. die Stellungnahme des Bundesrats, BT-Drucks 15/3653. Ausf. *Goebel*, Verjährungsfristen, S. 19 ff.
6 Dazu *Chab*, AnwBl 2005, 356 ff.; *Mansel/Budzikiewicz*, NJW 2005, 321 ff.; *Wagner*, ZIP 2005, 584 ff.
7 Überblick bei *Gottwald*, Rn 87 ff. S. auch BGH 1.2.2007 – IX ZR 180/04 – DB 2007, 907 = NJW-RR 2007, 1358.
8 Siehe dazu die Begr. im RegE zum Verjährungsanpassungsgesetz, BT-Drucks 15/3653.
9 AnwK-BGB/*Mansel/Stürner*, vor §§ 194–218 Rn 5.
10 Zur Entstehungsgeschichte ausf. *Oppenborn*, S. 80 ff.
11 Dazu BGH 26.10.2005 – VIII ZR 359/04 – NJW 2006, 44 = MDR 2006, 558.
12 Dazu etwa BGH 8.5.2008 – IX ZR 180/06 – FamRZ 2008, 1435.
13 Näher *Mansel/Budzikiewicz*, NJW 2005, 321, 328; MüKo-BGB/*Wacke*, Art. 229 § 13 EGBGB Rn 6.
14 LG Kaiserslautern 16.1.2004 – 2 O 963/03 – juris.

Neuem und ist zugleich nach § 204 gehemmt. Das gilt allerdings dann nicht, wenn sie aufgrund eines nach dem 31.12.2001 eintretenden Umstands nach dem alten Verjährungsrecht nicht als erfolgt gilt.[15]

Nach **Abs. 3 und Abs. 4** setzt sich im Interesse des Schuldnerschutzes **stets die kürzere Frist** durch.[16] Dabei ist die kürzere Verjährungsfrist unter Einbeziehung der subjektiven Voraussetzungen nach § 199 Abs. 1 zu berechnen.[17] Zum Schutz des Schuldners bleibt nach Abs. 3 die alte Frist maßgeblich, wenn durch das Schuldrechtsmodernisierungsgesetz abstrakt eine längere vorgesehen ist.[18] Das gilt v.a. für **Entgeltansprüche** nach § 196 Abs. 1 Nr. 8, 9 a.F. Ist hingegen die neue Frist kürzer, gilt Abs. 4. War am 1.1.2002 die vormalige Verjährungsfrist noch nicht abgelaufen (etwa aus positiver Vertragsverletzung),[19] beginnt am Stichtag die kürzere Frist nach dem neuen Verjährungsrecht.[20] Läuft im konkreten Fall die alte Frist früher ab als die kürzere nach dem neuen Recht, bleibt das alte Recht maßgeblich (Günstigkeitsprinzip nach Abs. 4 S. 2). Das kann insb. dann der Fall sein, wenn die subjektive Kenntnis nach § 199 Abs. 1 Nr. 2 nicht vorliegt.[21]

Art. 229 § 6 EGBGB gilt auch für **Dauerschuldverhältnisse**. Aus Art. 299 § 5 S. 2 EGBGB, der insb. für **Arbverh** die Anwendung der neuen BGB-Bestimmungen erst ab dem 1.1.2003 vorsieht, folgt nichts anderes. Art. 229 § 6 EGBGB ist insoweit vorrangig (str.).[22]

B. Regelungsgehalt

I. Begriff der Verjährung

Die Verjährung nach dem BGB begründet durch Zeitablauf das **Recht des Schuldners, die Leistung zu verweigern**. Die Vorschriften der §§ 194 ff. erfassen dabei grds. nur Ansprüche – sog. **Anspruchsverjährung** (§ 214 Abs. 1). Davon zu unterscheiden ist das zugrunde liegende Rechtsverhältnis, welches in seinem Bestand unangetastet bleibt, aber auch andere subjektive Rechte (siehe § 194 Rn 3 f.). Dabei führt der Zeitablauf nicht – wie etwa bei Ausschlussfristen (siehe § 4 TVG Rn 28) – zu einem Erlöschen des Anspruchs (Rechtsverlust),[23] sondern begründet lediglich ein **Leistungsverweigerungsrecht**, welches der Schuldner im Wege der **Einrede** geltend machen muss (siehe § 214 Rn 2 f.).

II. Zweck der Verjährung

Die Verjährung dient der **Rechtssicherheit** und dem **Rechtsfrieden**.[24] Der Schuldner soll, ebenso wie der zu Unrecht in Anspruch genommene Nichtschuldner vor Beweisschwierigkeiten infolge einer unbegründeten, unbekannten oder unerwarteten Forderung geschützt werden.[25] Verjährungsrecht dient dem **Schuldnerschutz**. Daneben vermeidet es Rechtsstreitigkeiten mit durch Zeitablauf erschwerten Beweissituationen und fördert die **Prozessökonomie**.[26]

Durch die Anspruchsverjährung wird die Stellung des Gläubigers beschränkt sowie Inhalt und Schranken seines Eigentums i.S.d. Art. 14 Abs. 1 S. 2 GG, zu dem auch Forderungen zu rechnen sind,[27] bestimmt. Das ist dann unbedenklich, wenn dem Gläubiger ausreichend Gelegenheit verbleibt, seinen Anspruch durchzusetzen. Diesen Anforderungen hat der Gesetzgeber mit der Subjektivierung des Fristbeginns und den längeren, aber kenntnisunabhängigen Höchstfristen (siehe § 199 Rn 13 ff., 26 ff.) Rechnung getragen.[28]

---

15 BGH 7.3.2007 – VIII ZR 218/06 – NJW 2007, 2034 = BB 2007, 909.
16 BGH 26.10.2005 – VIII ZR 359/05 – NJW 2006, 44 = MDR 2006, 558; s. auch BAG 26.9.2007 – 5 AZR 881/06 – AP § 1 TVG Tarifverträge: Bauindustrie Nr. 8; sowie LAG Köln 4.3.2005 – 4 Sa 1198/04 – juris.
17 BGH 23.1.2007 – XI ZR 44/06 – WM 2007, 639 = ZIP 2007, 624; s. auch BGH 7.3.2007 – VIII ZR 218/06 – BB 2007, 909.
18 Zur Heilung früherer verbotswidriger Fristverlängerungen AnwK-BGB/*Mansel*, Art. 229 Rn 21; MüKo-BGB/*Wacke*, Art. 229 § 13 EGBGB Rn 10 m.w.N.
19 LAG Rheinland-Pfalz 15.5.2008 – 10 Sa 70/08 – juris.
20 Thüringer OLG 13.3.2006 – 2 W 68/06 – OLG-NL 2006, 82 m.w.N.; ausf. *Schulte-Nölcke/Hawxwell*, NJW 2005, 2117 ff.
21 Dazu LAG Berlin-Brandenburg 10.7.2007 – 3 Sa 765/07 – ZTR 2007, 689 (LS).
22 *Gottwald*, Arbeitsrecht nach der Schuldrechtsreform, 2002, Rn 311; *Heß*, NJW 2002, 253, 256; AnwK-BGB/*Mansel*, Art. 229 § 5 Rn 4; s. auch BAG 16.5.2007 –

8 AZR 709/06 – BAGE 122, 304 = AP § 611 BGB Mobbing Nr. 5; anders Saarländisches OLG 17.8.2005 – 1 U 621/04 – NJW-RR 2006, 163, 164; *Däubler*, NZA 2001, 1329, 1331.
23 In der Sache kommt die Verjährungswirkung dem allerdings gleich, s. auch die RegBegr., BT-Drucks 14/6040, S. 100.
24 BGH 16.6.1972 – I ZR 154/70 – BGHZ 59, 72, 74 = WM 1972, 1230. S. auch BAG 28.11.2007 – 5 AZR 992/06 – AP § 307 BGB Nr. 22 = EzA § 307 BGB 2002 Nr. 20.
25 BT-Drucks 14/6040, S. 100; so schon Mot. I 289; s. auch BGH 18.11.1982 – IX 91/81 – NJW 1983, 388 = WM 1983, 71; ausf. *Birr*, Rn 9 f.; AnwK-BGB/*Mansel/Stürner*, vor §§ 194–218 Rn 20 ff.; jew. m.w.N.
26 *Birr*, Rn 10; Staudinger/*Peters*, Vorbem. zu § 194 ff. Rn 7; MüKo-BGB/*Grothe*, vor § 194, Rn 8; anders AnwK-BGB/*Mansel/Stürner*, vor §§ 194–218 Rn 23 m.w.N.: eigenständiger Verjährungszweck.
27 BVerfG 31.10.1984 – 1 BvR 35/83 – BVerfGE 68, 193, 222 = NJW 1985, 1385.
28 BT-Drucks 14/6040, S. 95 f.

III. Abgrenzung zu ähnlichen Rechtsinstituten

13 **1. Ausschlussfristen.** Ausschlussfristen (auch Präklusions- oder Verfallfristen genannt) unterscheiden sich von der Verjährung in mehrfacher Hinsicht. Sie erfassen nicht nur Ansprüche (z.B. § 15 Abs. 2 i.V.m. § 7 AGG),[29] sondern auch **Rechte aller Art**, etwa Gestaltungsrechte (z.B. §§ 121, 124). Der Ablauf der Ausschlussfrist führt automatisch zum **Rechtsverlust**, der im Prozess **von Amts wegen** zu berücksichtigen ist.

14 Von praktischer Bedeutung sind sowohl tarifvertraglich geregelte (siehe § 4 TVG Rn 28 ff.) als auch einzelvertraglich vereinbarte (ein- oder zweistufige) **Ausschlussfristen**, die einer AGB-Kontrolle standhalten müssen (ausf. siehe § 309 BGB Rn 60 ff.).[30] Sie enthalten regelmäßig kürzere Fristen als im Verjährungsrecht.

15 Die **Vorschriften des Verjährungsrechts gelten nicht** für die wesensverschiedenen Ausschlussfristen.[31] Allerdings verweist das Gesetz bei einzelnen, so genannten geschwächten Ausschlussfristen – etwa in §§ 124 Abs. 2 S. 2, 204 Abs. 3 – ausdrücklich auf die Verjährungsregeln. I.Ü. kommt eine entsprechende Anwendung im Einzelfall in Betracht.[32] Für (tarif-)vertragliche Ausschlussfristen scheidet eine **analoge Anwendung** indes aus.[33]

16 **2. Verwirkung.** Das Institut der Verwirkung umschreibt die **illoyal verspätete Rechtsausübung**, die nicht nur Ansprüche, sondern alle Rechte erfassen kann. Es handelt sich um einen Fall der **unzulässigen Rechtsausübung** wegen widersprüchlichen Verhaltens (§ 242). Anders als bei der Verjährung muss neben dem Ablauf eines längeren Zeitraums (Zeitmoment)[34] ein hierdurch beim Verpflichteten geschaffener Vertrauenstatbestand vorliegen, er werde nicht mehr in Anspruch genommen (Umstandsmoment). Hierbei muss das Erfordernis des Vertrauensschutzes aufseiten des Verpflichteten das Interesse des Berechtigten so sehr überwiegen, dass ihm die Erfüllung des Anspruchs nicht mehr zuzumuten ist.[35] Die Verwirkung ist **von Amts wegen** zu beachten.[36]

17 Bei der **Berufung des Schuldners auf Verjährungsfristen** sind strenge Maßstäbe anzulegen, um einen **Verstoß gegen Treu und Glauben** annehmen zu können. Das kann der Fall sein, wenn der Schuldner den Gläubiger durch sein Verhalten von der Erhebung einer Klage abhält oder ihn nach objektiven Maßstäben zu der Annahme veranlasst, der Anspruch werde auch ohne Rechtsstreit vollständig befriedigt. Hier setzt sich der Schuldner in Widerspruch zu seinem eigenen Verhalten, wenn er anschließend die Einrede der Verjährung geltend macht. Allein ein Schweigen des Gläubigers auf eine Leistungsaufforderung des Schuldners reicht jedoch für einen **venire contra factum proprium** nicht aus.[37]

C. Beraterhinweise

I. Prozessuales

18 Die **Darlegungs- und Beweislast** trifft den Schuldner, der die Einrede geltend macht. Dabei ist auch zu Kenntnis oder Kennen-Müssen des Gläubigers i.S.d. § 199 Abs. 1 vorzutragen. Demgegenüber obliegt es dem Gläubiger, eine etwaige Hemmung oder Unterbrechung darzutun. Im Prozess ist der Einwand der Verjährung selbst bei unstreitigem Tatsachenvortrag nicht zu berücksichtigen, sondern als Einrede geltend zu machen.[38] Sie kann wegen verspäteten Vorbringens zurückgewiesen werden.[39]

II. Pflichten des Anwalts

19 Auf eine bereits eingetretene Verjährung ist ebenso hinzuweisen[40] wie auf eine demnächst drohende.[41] Das gilt ebenso bei einer Rechtsschutzgewährung durch die Gewerkschaft.[42] Die Nichtbeachtung der Verjährungsfristen

---

29 Zur Gemeinschaftskonformität der Frist in § 15 Abs. 4 AGG s. Vorlageschluss LAG Hamburg 3.6.2009 – 5 Sa 3/09 – juris.
30 S. auch *Hümmerich*, ArbR Vertrag/Prozess, § 1 Rn 498 ff., m.w.N.
31 S. etwa BAG 7.11.1991 – 2 AZR 34/91 – AP § 4 TVG Ausschlussfristen Nr. 114 = NZA 1993, 521, zur analogen Heranziehung der Vorschriften über die Verjährungshemmung.
32 Übersicht bei MüKo-BGB/*Grothe*, vor § 194 Rn 11; Soergel/*Niedenführ*, Vorbem. § 194 Rn 25;
33 BGH 16.6.1972 – I ZR 154/70 – BGHZ 59, 72, 74 = WM 1972, 1230. Siehe auch BAG 28.11.2007 – 5 AZR 992/06 – AP § 307 BGB Nr. 22 = EzA § 307 BGB 2002 Nr. 20.
34 S. etwa LAG Hamm 3.3.2009 – 14 Sa 445/08 – juris: 19-monatige Untätigkeit des Gläubigers nach einjähriger Verhandlung über die Berechtigung der Forderung reicht nicht aus.
35 St. Rspr., etwa BAG 18.12.2003 – 8 AZR 621/02 – AP § 613a BGB Nr. 263 = NZA 2004, 2324; BAG 21.8.2008

– 9 AZR 201/07 – NZA 2009, 29 = NJW 2009, 391; ausf. auch Soergel/*Niedenführ*, § 214 Rn 11 ff.; *Piepenbrock*, S. 367 ff.
36 BGH 10.11.1965 – Ib ZR 101/63 – NJW 1966, 343, 345 = BB 1966, 7; AnwK-BGB/*Mansel/Stürner*, vor §§ 194–218 Rn 29; ausf. zur Verwirkung *Birr*, Rn 249 ff.
37 BAG 7.11.2007 – 5 AZR 910/06 – AP § 196 BGB Nr. 23 = EzA § 242 BGB 2002 Rechtsmissbrauch Nr. 4; BAG 7.11.2002 – 2 AZR 297/01 – BAGE 103, 290 = AP § 580 ZPO Nr. 13.
38 BGH 2.10.2003 – V ZB 22/03 – BGHZ 156, 269 = NJW 2004, 164.
39 LAG Rheinland-Pfalz 3.8.2005 – 9 Ca 1330/02 – AuR 2006, 71 (LS).
40 BGH 13.3.1997 – IX ZR 81/96 – NJW 1997, 2168 = AnwBl. 1997, 674.
41 OLG Schleswig-Holstein 11.3.2004 – 11 U 27/02 – OLGR Schleswig 2004, 268.
42 OLG Frankfurt 27.10.2006 – 24 U 121/06 – BB 2007, 388.

kann eine **anwaltliche Pflichtverletzung** darstellen, die zu einer Schadensersatzpflicht gegenüber dem Mandanten führt.[43] Eine Hinweispflicht besteht auch schon bei einer auf ein Beweissicherungsverfahren begrenzten Mandatserteilung, wenn die Verjährung nach Abschluss desselben droht.[44] Grundsätzlich ist die Fristwahrung „ureigene Aufgabe des Anwalts" und daher ein **Mitverschulden des Mandanten** nicht anzunehmen.[45] Den Prozessanwalt trifft die Pflicht, den Verkehrsanwalt um Klarstellung des erteilten Auftrags zu ersuchen.[46] Weitergehend soll sogar die Verpflichtung bestehen, das Gericht darauf hinzuweisen, dass die Einrede der anderen Partei nicht gegenüber allen Anspruchsgrundlagen eingreift.[47] Auch nach Mandatsbeendigung können noch entsprechende Hinweispflichten bestehen,[48] etwa aus einem neuen Auftrag über denselben Gegenstand.[49]

§ 194 Gegenstand der Verjährung

(1) Das Recht, von einem anderen ein Tun oder Unterlassen zu verlangen (Anspruch), unterliegt der Verjährung.
(2) Ansprüche aus einem familienrechtlichen Verhältnis unterliegen der Verjährung nicht, soweit sie auf die Herstellung des dem Verhältnis entsprechenden Zustands für die Zukunft oder auf die Einwilligung in eine genetische Untersuchung zur Klärung der leiblichen Abstammung gerichtet sind.

A. Allgemeines 1	II. Anwendungsbereich 5
B. Regelungsgehalt 2	C. Beraterhinweise 8
I. Anspruch 2	

A. Allgemeines

Die Vorschrift entspricht bis auf eine kleine sprachliche Änderung in Abs. 2 (vormals: „Anspruch") dem Recht vor dem Schuldrechtsmodernisierungsgesetz. Danach unterliegen künftige Ansprüche aus familienrechtlichen Verhältnissen nicht der Verjährung.[1]

B. Regelungsgehalt

I. Anspruch

Abs. 1 bestimmt den Gegenstand der Verjährung und enthält zugleich eine **Legaldefinition des Anspruchs**, das Recht, von einem anderen ein Tun oder Unterlassen zu fordern. Erfasst werden materiell-rechtliche Forderungen, auch solche nicht-vermögensrechtlicher Art, wie § 197 Abs. 1 Nr. 2 zeigt, und zwar sowohl gesetzlich als auch rechtsgeschäftlich begründete. Ausgenommen sind prozessuale Klagerechte. Die Ansprüche i.S.d. Abs. 1 unterliegen alle der Verjährung, es sei denn, im Gesetz ist ein anderes angeordnet.[2]

Keine Ansprüche sind **Rechtsverhältnisse** als solche. Jedoch nimmt die Rspr. bei Dauerschuldverhältnissen mit wiederkehrenden Leistungen an, dass neben den einzelnen Ansprüchen auch das **Stammrecht** der Verjährung unterliegt.[3] Das führt über die angreifbare Konstruktion eines Gesamtanspruchs i.E. zu einer nicht vertretbaren Verkürzung der Verjährung auf drei Jahre.[4] Ein anderes (30 Jahre) ist allerdings ausdrücklich in der abschließenden Regelung[5] des § 18a BetrAVG für **Leistungen der betrieblichen Altersversorgung** angeordnet, wobei jedoch S. 2 bestimmt, dass Ansprüche auf wiederkehrende Leistungen den Verjährungsvorschriften des BGB unterliegen.[6]

---

43 OLG Brandenburg 17.1.2008 – 5 U 14/07 – juris; OLG Hamm 9.10.2003 – 28 U 73/03 – NJW-RR 2004, 213 = AnwBl 2004, 190 m.w.N.; BGH 29.11.2001 – IX ZR 278/00 – NJW 2002, 1117 = AnwBl 2002, 300.
44 OLG Brandenburg 17.1.2008 – 5 U 14/07 – juris.
45 BGH 19.12.1991 – IX ZR 41/91 – NJW 1992, 820 = BB 1992, 392; Brandenburgisches OLG 17.1.2008 – 5 U 14/07 – juris.
46 BGH 20.7.2006 – IX ZR 47/04 – NJW 2006, 3496 = WM 2006, 2059.
47 OLG Koblenz 21.3.2002 – 5 U 908/01 – BB 2002, 2089 = VersR 2003, 112; s. aber BVerfG 12.8.2002 – 1 BvR 399/02 – NJW 2002, 2937 = BRAK-Mitt. 2002, 224.
48 BGH 28.11.1996 – IX ZR 39/96 – NJW 1997, 1302 = AnwBl 1997, 230.
49 BGH 1.2.2007 – IX ZR 180/04 – DB 2007, 907 = NJW-RR 2007, 1358.

1 Zu diesen und sonstigen unverjährbaren Ansprüchen AnwK-BGB/*Mansel/Stürner*, § 194 Rn 25 ff.
2 Übersicht bei *Goebel*, S. 88 f.; AnwK-BGB/*Mansel/Stürner*, § 194 Rn 25 ff.
3 BGH 3.7.1973 – VI ZR 38/72 – NJW 1973, 1684 = VersR 1973, 1066; Saarländisches OLG 14.11.2006 – 4 U 227/06 – OLGR Saarbrücken 2007, 223; anders Staudinger/*Peters*, § 194 Rn 16.
4 Abl. daher Staudinger/*Peters*, § 194 Rn 16; AnwK-BGB/*Mansel/Stürner*, § 194 Rn 4, m.w.N.; jurisPK-BGB/*Lakkis*, § 194 Rn 4.
5 BAG 13.6.2007 – 3 AZR 186/06 – AP § 1 BetrAVG Nr. 47, m. Anm. *Steinmeyer*, = NZA-RR 2008, 537, dazu *Joussen*, SAE 2008, 125; *Höfer*, RdA 2009, 57.
6 Im Einzelnen siehe BAG 19.8.2008 – 3 AZR 194/07 – AP § 242 BGB Betriebliche Übung Nr. 82 = NZA 2009, 196.

4 Ebenfalls **nicht erfasst** werden **absolute Rechte** (u.a. Eigentum, Persönlichkeitsrecht), das Recht zum Besitz als dauerhafte Befugnis, nicht aber Ansprüche zu deren Verwirklichung (siehe etwa § 197 Abs. 1 Nr. 1), **selbstständige Einreden** (§§ 275 Abs. 2, 321 Abs. 1) sowie **Gestaltungsrechte** (v.a. Künd, Anfechtung, Aufrechnung), bei denen aber Fristen für die Ausübung zu beachten sind.

II. Anwendungsbereich

5 Die Vorschrift erfasst die im BGB geregelten Ansprüche, wobei allerdings Sonderregelungen (siehe §§ 438, 479 Abs. 1, 634a, 651g Abs. 2) zu beachten sind.[7] Darüber hinaus sind durch das **Verjährungsanpassungsgesetz** eine Vielzahl sonstiger zivilrechtlicher Ansprüche den §§ 194 bis 218 unterstellt worden (siehe vor §§ 194–218 Rn 2).

6 Auf **öffentlich-rechtliche Ansprüche** ist – falls keine Sondervorschriften einschlägig sind – eine Anwendung der Verjährungsvorschriften möglich[8] Nach der überwiegenden Auffassung gelten die §§ 195, 199 (str.).[9] Demgegenüber wird vereinzelt gefordert, stets zu überprüfen, ob die Interessenlage mit dem Regelungszweck der §§ 194 ff. vergleichbar ist.[10]

7 Bei **Ansprüchen auf Sozialleistungen** ist die Verjährungsfrist von vier Jahren nach § 45 Abs. 1 SGB I und der Verweis auf die §§ 203 ff. in Abs. 2 zu beachten. Gleiches gilt für **Rückerstattungsansprüche** nach § 27 SGB IV.[11] Nach der Rspr. des BSG[12] gilt ein **einheitliches Prinzip einer vierjährigen Verjährung** im Sozialrecht.

C. Beraterhinweise

8 Bei wiederkehrenden Leistungen ist für das so genannte **Stammrecht** (siehe Rn 3) eine Vereinbarung über eine Verjährungsverlängerung anzuraten.

9 Bei den sog. **Dienstordnungs-Angestellten** wird für die Verjährung zumeist auf die Vorschriften für Landesbeamte verwiesen. Liegen spezielle Verjährungsregelungen nicht vor, gelten die §§ 195 f. BGB.[13]

---

§ 195 Regelmäßige Verjährungsfrist

Die regelmäßige Verjährungsfrist beträgt drei Jahre.

A. Allgemeines 1	C. Abweichende Verjährungsfristen außerhalb des BGB 14
B. Regelungsgehalt 3	D. Beraterhinweise 15
I. Anwendungsbereich 3	
II. Einzelfälle 7	

A. Allgemeines

1 Die Vorschrift enthält die **wichtigste Neuerung** des Verjährungsrechts durch das Schuldrechtsmodernisierungsgesetz. Die regelmäßige Verjährungsfrist wird von vormals 30 Jahren in § 195 a.F. auf nunmehr **drei Jahre als Regelverjährung** herabgesetzt. Diese erhebliche Reduzierung ist jedoch vor dem Hintergrund des kenntnisabhängigen Fristbeginns (§ 199 Abs. 1) zu sehen.

2 Durch den Wegfall insb. der kurzen zwei- und vierjährigen Fristen in §§ 196, 197 a.F. und deren auch im Arbeitsrecht teilweise umstr. Abgrenzung zu den Ansprüchen i.S.d. § 195 a.F. ist der Anwendungsbereich der Regelverjährung erweitert worden. Das hat zu einer **Vereinheitlichung der Fristen** geführt, die für Ansprüche aller Art gilt. Eine Differenzierung zwischen vertraglichen und gesetzlichen Ansprüchen hat der Gesetzgeber ausdrücklich verworfen.[1]

---

7 Im Einzelnen *Goebel*, S. 83; AnwK-BGB/*Mansel/Stürner*, § 194 Rn 9, § 195 Rn 8, 13, 15.
8 Ausf. *Guckelberger*, S. 287 ff; *Dötsch*, DÖV 2004, 277 ff.; *Stumpf*, NVwZ 2003, 1198 ff. Zum öffentlich-rechtlichen Erstattungsanspruch OVG NRW 17.12.2008 – 1 A 444/07 – juris; stark zweifelnd BVerwG 11.12.2008 – 3 C 37/07 – DVBl 2009, 445, m.w.N.
9 *Birr*, Rn 18; MK-BGB/*Grothe* § 195 Rn 12; Staudinger/*Peters*, § 195 Rn 15.
10 AnwK-BGB/*Mansel/Stürner*, § 194 Rn 16 ff. m.w.N.
11 S. etwa BSG 12.12.2007 – B 12 AL 1/06 R – SozR 4–2400 § 27 Nr. 3.
12 BSG 12.5.2005 – B 3 KR 32/04 R – SozR 4–2500 § 69 Nr. 1 = SGb 2006, 56; m. Anm. *Krasney/Dithmar/Westhalle*, weiterhin jurisPK-BGB/*Lakkis*, § 195 Rn 12.4. Siehe auch BSG 27.3.2007 – B 13 R 58/06 R – BSGE 98, 162 = NZS 2008, 274 mit umfangreichen Nachweisen zur Rspr.
13 LAG Düsseldorf 26.11.2008 – 1 Sa 1120/08 – juris; BVerwG 15.6.2006 – 2 C 14/05 – ZBR 2006, 347 ff.
1 BT-Drucks 14/6040, S. 103 f.

B. Regelungsgehalt

I. Anwendungsbereich

Die Vorschrift enthält die **Regelverjährung** für Ansprüche, für die weder eine Sonderverjährung bestimmt (zum Sozialrecht siehe § 194 Rn 7) noch von den Parteien vereinbart worden ist. Erfasst werden alle rechtsgeschäftlichen oder rechtsgeschäftsähnlichen, aber auch gesetzlichen Ansprüche. § 195 gilt sowohl für die primären als auch für die Sekundäransprüche, wie die Schutzpflichtverletzung nach §§ 241 Abs. 2 oder die c.i.c., § 311 Abs. 3. 3

Eine **andere als die Regelverjährungsfrist** gilt auch dann, wenn andernorts eine Dreijahresfrist (etwa § 12 ProdHaftG) bestimmt ist. Fristbeginn und Maximalfristen können dann abweichend zu bestimmen sein.[2] 4

Maßgeblich ist – neben § 199 – der **Zeitpunkt der Anspruchsentstehung**. Spätere Änderungen in der Person des Schuldners oder des Gläubigers sind ohne Einfluss.[3] Das ist etwa beim Betriebsübergang und dem Eintritt des Betriebserwerbers nach § 613a Abs. 1 S. 1 zu berücksichtigen. 5

Bei **Anspruchskonkurrenz** – wenn also ein Lebenssachverhalt mehrere Anspruchsgrundlagen verwirklicht – verjährt jeder Anspruch grds. eigenständig.[4] Ein anderes gilt allerdings dann, wenn die Anwendung der längeren Verjährungsfrist Sinn und Zweck der kürzeren vereiteln und den Gesetzeszweck im Ergebnis aushöhlen würde.[5] Die Problematik hat das Schuldrechtsmodernisierungsgesetz durch den Gleichlauf der Verjährungsfristen weitgehend entschärft. 6

II. Einzelfälle

Erfasst werden **Schadensersatzansprüche** auf Ersatzurlaubsgewährung[6] oder ein Verstoß gegen ein Schutzgesetz i.S.d. § 823 Abs. 2 BGB.[7] Erfasst wird auch der **gemeinschaftsrechtliche Staatshaftungsanspruch**.[8] Die Festlegung dreijähriger Verjährungsfristen ist unter dem Gesichtspunkt des Grundsatzes der Effektivität mit dem Gemeinschaftsrecht vereinbar. Auch **Abfindungsansprüche** und solche aus einem **Sozialplan** unterliegen nunmehr der dreijährigen Regelfrist.[9] 7

Für Ansprüche aus **GoA** gilt § 195 auch dann, wenn sie die Tilgung einer kurzfristiger verjährenden Schuld zum Gegenstand hatte.[10] Anders verhält es sich beim **Bereicherungsanspruch** infolge Tilgung einer fremden Schuld. Hier soll der Schuldner nicht stärker belastet werden als durch den ursprünglichen Anspruch. Deshalb läuft auch die bereits begonnene Verjährung weiter (accessio temporis).[11] Bei der **Novation** und dem **konstitutiven Schuldanerkenntnis** (§ 781) wird ein neuer Anspruchsgrund geschaffen, für den – anders als beim deklaratorischen Schuldanerkenntnis[12] (zu beachten ist dann aber § 212 Abs. 1 Nr. 1)[13] – eine eigenständige Verjährungsfrist gilt. Das ist auch beim Anerkennungsdarlehen oder einem gebilligten Kontokorrentsaldo der Fall.[14] 8

Ebenso verhält es sich beim eigenständigen **Ausgleichanspruch** eines Gesamtschuldners (§ 426), und zwar selbst dann, wenn die auszugleichende Verbindlichkeit einer kürzeren Verjährungsfrist unterlag.[15] Bestehen für den Regress noch weitere Anspruchsgrundlagen, ist deren Verjährung eigenständig zu prüfen. Der **Bürge** kann sich nach § 768 Abs. 1 S. 1 auf die Verjährung der Hauptschuld berufen – das gilt selbst dann, wenn die Hauptforderung wegen Löschung des Hauptschuldners im HReg untergegangen ist.[16] 9

Ein **außergerichtlicher Vergleich** hat i.d.R. keine schuldumschaffende Wirkung, sodass durch den Abschluss keine neue Verjährungsfrist in Gang gesetzt wird. Abweichendes kann sich aber aus dem Parteiwillen ergeben.[17] Wieder anders verhält es sich beim **gerichtlichen Vergleich**: Hier gilt dann § 197 Abs. 1 Nr. 4. 10

---

2 Ausf. MüKo-BGB/*Grothe*, § 195 Rn 19 ff.
3 Mot. I 340.
4 St. Rspr., zum neuen Recht bestätigt in BGH 8.6.2004 – X ZR 283/02 – NJW 2004, 3420 = DB 2004, 2180; siehe auch BGH 6.4.2006 – IX ZR 240/04 – NZI 2007, 245 = ZInsO 2006, 489; *Gsell*, NJW 2004, 1913, 1915 m.w.N.; ausf. AnwK-BGB/*Mansel/Stürner*, § 195 Rn 53 ff.
5 BGH 12.7.1995 – I ZR 176/93 – BGHZ 130, 288 = NJW 1995, 2788; BGH 24.5.1976 – VIII ZR 10/74 – BGHZ 66, 315 = NJW 1976, 1505.
6 BAG 11.4.2006 – 9 AZR 523/05 – AP § 7 BUrlG Nr. 28 = EzA BUrlG § 7 Nr. 166.
7 BGH 24.10.2001 – 5 AZR 32/00 – AP § 823 BGB Schutzgesetz Nr. 27 = NJW 2002, 1066.
8 EuGH 24.3.2009 – C 445/06 – EuZW 2009, 333; BGH 4.6.2009 – III ZR 144/05 – RdL 2009, 265.
9 Zur früheren Rechtslage (30 Jahre) BAG 20.1.2005 – 2 AZR 627/03 – AR-Blattei ES 1680 Nr. 67; BAG 15.6.2004 – 9 AZR 513/03 – NZA 2005, 295; BAG 30.10.2001 – 1 AZR 65/01 – BAGE 99, 266 = NZA 2002, 449.
10 BGH 20.4.1967 – VII ZR 326/64 – BGHZ 47, 370 = NJW 1967, 1959; Staudinger/*Peters*, § 195 Rn 18 f., m.w.N. zu den abweichenden Auffassungen in der Lit.
11 BGH 18.7.2000 – X ZR 62/98 – NJW 2000, 3492 = WM 2000, 2257; BGH 17.11.1983 – III ZR 194/82 – BGHZ 89, 82 = NJW 1984, 1759.
12 BGH 26.5.1992 – VI ZR 253/91 – NJW 1992, 2228 = VersR 1992, 1091.
13 Vgl. Staudinger/*Peters*, § 195 Rn 2.
14 BAG 16.6.1967 – 3 AZR 370/66 – AP § 195 BGB Nr. 2 = DB 1967, 1638; ausf. Staudinger/*Peters*, § 195 Rn 23.
15 BGH 9.3.1972 – VII ZR 178/70 – WM 1972, 565; Staudinger/*Peters*, § 195 Rn 20. Zum deliktischen Gesamtschuldnerausgleich *Gödicke*, FA 2007, 9.
16 BGH 28.1.2003 – XI ZR 243/02 – BGHZ 155, 337 = NJW 2003, 1250; siehe auch LAG Hessen 29.10.2007 – 16 Sa 2012/06 – juris: Bürgenhaftung i.R.d. Arbeitnehmerentsendung.
17 BGH 25.6.1987 – VII ZR 214/86 – NJW-RR 1987, 1426 = DB 1988, 752, m.w.N.

11 **Zinsansprüche** verjähren nach drei Jahren. Des Weiteren ist § 217 einschlägig, mit der Folge, dass mit der Verjährung des Hauptanspruchs auch der Nebenanspruch verjährt.

12 Die Vorschrift gilt auch in den Fällen, in denen noch auf die Verjährungsfristen aus dem Recht der unerlaubten Handlungen (§ 852 a.F.) verwiesen wird (v.a. § 11 HPflG, § 14 StVG, § 8 Abs. 6 BDSG).[18] Ebenso ist in den Fallgestaltungen zu verfahren, in denen bisher die dreijährige Frist des § 852 a.F. analog herangezogen wurde (etwa §§ 302 Abs. 4, 717,[19] 945 ZPO, § 60 InsO[20]).[21]

13 Hilfsansprüche – insb. auf **Auskunft** und **Rechnungslegung** – verjähren eigenständig. Ist der Hauptanspruch bereits verjährt, macht dies den Hilfsanspruch i.d.R. unbegründet. Ein dennoch weiter bestehendes Interesse ist dann gesondert darzulegen.[22]

C. Abweichende Verjährungsfristen außerhalb des BGB

14 Hinzuweisen ist auf folgende **abweichenden Verjährungsregelungen**:[23]
- **§ 26 Abs. 1 HGB**: fünf Jahre bei der Nachhaftung des früheren Inhabers eines Handelsgeschäfts,
- **§ 61 Abs. 2 HGB**: drei Monate bei Wettbewerbsverstößen eines Handlungsgehilfen,[24] wobei die Verjährungsfrist auch für konkurrierende Schadensersatzansprüche gilt[25] (siehe § 61 HGB Rn 9 f.),
- **§ 159 Abs. 1 HGB**: fünf Jahre für die Nachhaftung des ausgeschiedenen Gesellschafters,
- **§ 62 S. 2 InsO**: spätestens in drei Jahren von der Aufhebung oder der Rechtskraft der Einstellung des Insolvenzverfahrens endet die Haftung des Insolvenzverwalters,[26]
- **§ 11 Abs. 1 UWG**: binnen sechs Monaten verjähren Schadensersatz- sowie Beseitigungs- und Unterlassungsansprüche bei unlauteren geschäftlichen Handlungen i.S.d. § 3 UWG, zu denen auch Wettbewerbsverstöße zählen können,[27]
- **§ 45 Abs. 1 SGB I**: nach vier Jahren verjähren Ansprüche auf Sozialleistungen (siehe § 194 Rn 7). Die Vorschrift gilt aber nicht für deliktische Ansprüche wegen Vorenthaltung von Sozialversicherungsbeiträgen.[28]

D. Beraterhinweise

15 Bei wiederkehrenden Leistungen ist für das sog. Stammrecht (siehe § 194 Rn 3) eine Vereinbarung über eine Verjährungsverlängerung anzuraten (zu Anwaltspflichten siehe vor §§ 194 bis 218 Rn 19.).

---

§ 197 Dreißigjährige Verjährungsfrist (gültig bis 31.12.2009)

(1) In 30 Jahren verjähren, soweit nicht ein anderes bestimmt ist,
1. Herausgabeansprüche aus Eigentum und anderen dinglichen Rechten,
2. familien- und erbrechtliche Ansprüche,
3. rechtskräftig festgestellte Ansprüche,
4. Ansprüche aus vollstreckbaren Vergleichen oder vollstreckbaren Urkunden,
5. Ansprüche, die durch die im Insolvenzverfahren erfolgte Feststellung vollstreckbar geworden sind, und
6. Ansprüche auf Erstattung der Kosten der Zwangsvollstreckung.

(2) Soweit Ansprüche nach Absatz 1 Nr. 2 regelmäßig wiederkehrende Leistungen oder Unterhaltsleistungen und Ansprüche nach Absatz 1 Nr. 3 bis 5 künftig fällig werdende regelmäßig wiederkehrende Leistungen zum Inhalt haben, tritt an die Stelle der Verjährungsfrist von 30 Jahren die regelmäßige Verjährungsfrist.

---

18 AnwK-BGB/*Mansel/Stürner*, § 195 Rn 33.
19 Vgl. BGH 26.10.2006 – IX ZR 147/04 – BGHZ 169, 308 = ZIP 2007, 43.
20 BGH 26.3.1992 – IX ZR 108/91 – NJW 1992, 2297 = WM 1992, 1191, zu § 945 ZPO.
21 JurisPK-BGB/*Lakkis*, § 195 Rn 12.
22 BGH 3.10.1984 – IVa ZR 56/83 – NJW 1985, 384 = WM 1984, 1649; Staudinger/*Peters*, § 195 Rn 26.
23 Ausf. Zusammenstellung bei *Gottwald*, Rn 115 ff.; MüKo-BGB/*Grothe*, § 199 Rn 50 ff.
24 BAG 26.9.2007 – 10 AZR 511/06 – AP § 61 HGB Nr. 4, m. Anm. *Diller* = NZA 2007, 1436; BAG 11.4.2000 – 9 AZR 131/99 – BAGE 94, 199 = NZA2001, 94.
25 BAG 11.4.2000 – 9 AZR 131/99 – BAGE 94, 199 = NZA 2001, 94.
26 Sächsisches LAG 6.4.2006 – 6 Sa 595/05 – juris.
27 LAG Rheinland-Pfalz 12.6.2008 – 10 Sa 698/07 – juris.
28 BGH 6.4.2006 – IX ZR 240/04 – NZI 2007, 245 = ZInsO 2006, 489.

§ 197 Dreißigjährige Verjährungsfrist (gültig ab 1.1.2010)

(1) In 30 Jahren verjähren, soweit nicht ein anderes bestimmt ist,
1. Herausgabeansprüche aus Eigentum, anderen dinglichen Rechten, den §§ 2018, 2130 und 2362 sowie die Ansprüche, die der Geltendmachung der Herausgabeansprüche dienen,
2. (aufgehoben)
3. rechtskräftig festgestellte Ansprüche,
4. Ansprüche aus vollstreckbaren Vergleichen oder vollstreckbaren Urkunden,
5. Ansprüche, die durch die im Insolvenzverfahren erfolgte Feststellung vollstreckbar geworden sind, und
6. Ansprüche auf Erstattung der Kosten der Zwangsvollstreckung.

(2) Soweit Ansprüche nach Absatz 1 Nummer 3 bis 5 künftig fällig werdende regelmäßig wiederkehrende Leistungen zum Inhalt haben, tritt an die Stelle der Verjährungsfrist von 30 Jahren die regelmäßige Verjährungsfrist.

A. Allgemeines 1	2. Rechtskräftig festgestellter Anspruch (Nr. 3) . 6
B. Regelungsgehalt 3	3. Gleichgestellte Titel (Nr. 4 bis 5) 10
I. Herausgabeansprüche aus dinglichen Rechten (Abs. 1 Nr. 1) 3	4. Ansprüche auf Erstattung der Zwangsvollstreckungskosten (Nr. 6) 13
II. Rechtskräftig festgestellte Ansprüche (Abs. 1 Nr. 3 bis 6) 5	III. Regelmäßig wiederkehrende Leistungen (Abs. 2) 14
1. Grundsatz 5	C. Beraterhinweise 17

A. Allgemeines

Abweichend von der Regelverjährungsfrist des § 195 bestimmt die Vorschrift für **besondere Ansprüche** eine längere Verjährungsfrist. Die Regelung war wegen der Verkürzung der alten Frist nach § 195 a.F. erforderlich geworden, um die frühere Rechtslage insoweit beizubehalten.[1] Durch das **Verjährungsanpassungsgesetz** wurde in Abs. 1 die Nr. 6 zum 15.12.2004 neu eingefügt. Die dreißigjährige Frist gilt nur, soweit nicht ein anderes bestimmt ist. Sie ist also **subsidiär**.

Für bestimmte künftig fällig werdende Ansprüche auf wiederkehrende Leistungen, namentlich die hier interessierenden aus vollstreckbaren Titeln oder Feststellungen (Abs. 2, Fall 3) gilt eine zehnjährige Verjährungsfrist. Das entspricht – bis auf die Anordnung der Regelverjährung (vormals: die „kürzere") – dem vormaligen Rechtszustand (§ 218 Abs. 2 a.F.), so dass auf die dazu ergangene Rspr. grds. weiterhin zurückgegriffen werden kann.

B. Regelungsgehalt

I. Herausgabeansprüche aus dinglichen Rechten (Abs. 1 Nr. 1)

Nach Abs. 1 Nr. 1 verjähren die **Herausgabeansprüche** aus dinglichen Rechten, also insb. aus Eigentum (§ 985) und Pfandrechten (§§ 1227, 1231, 1251) in dreißig Jahren. Damit soll das unverjährbare dingliche Recht gesichert werden.[2] Kommt es im Besitz zu einer Rechtsnachfolge, ist § 198 zu berücksichtigen.

Nicht erfasst werden andere Herausgabeansprüche – etwa aus anderen absoluten Rechten, aus Besitz (§§ 861, 1007) oder aus Schuldverhältnissen – sowie nach dem eindeutigen, wenn auch nicht unumstr. Willen des Gesetzgebers[3] Beseitigungs- und Unterlassungsansprüche. Schadensersatzansprüche unterfallen gleichfalls nicht der längeren Frist.[4]

II. Rechtskräftig festgestellte Ansprüche (Abs. 1 Nr. 3 bis 6)

1. Grundsatz. Bei rechtskräftig festgestellten Ansprüchen treten die Zwecke der Verjährung (siehe vor §§ 194 bis 218 Rn 11) zurück. Weder besteht die Gefahr von Beweisschwierigkeiten noch wird der Rechtsfrieden gestört. Die längere Verjährungsfrist soll es dem Gläubiger ermöglichen, seinen Anspruch noch nach mehreren Jahren durchzusetzen. Denn die Vollstreckung hängt auch von den finanziellen Verhältnissen des Schuldners ab. Zugleich wird aussichtslosen Vollstreckungsversuchen vorgebeugt, die allein dem Zweck dienen, einen Neubeginn der Verjährung nach § 212 Abs. 1 Nr. 2 herbeizuführen.[5]

---

1 BT-Drucks 14/6040, S. 105 ff., wenn auch abweichend zu den Grundregeln des Europäischen Vertragsrechts, siehe dazu AnwK-BGB/*Mansel/Stürner*, § 197 Rn 2 f. m.w.N.
2 BT-Drucks 14/6040, S. 105.
3 BT-Drucks 14/6040, S. 105 f.
4 Ausf. AnwK-BGB/*Mansel/Stürner*, § 197 Rn 15 ff., 31 ff., 35 m.w.N.
5 Soergel/*Niedenführ*, § 197 Rn 22 ff.

2. Rechtskräftig festgestellter Anspruch (Nr. 3). Erforderlich ist die rechtskräftige Feststellung des Anspruchs durch ein **Urteil oder einen anderen gerichtlichen Titel**, wobei formelle Rechtskraft eingetreten sein muss.[6] Es kommen Ansprüche aller Art in Betracht. **Schiedssprüche** haben nach § 1055 ZPO die Wirkung eines rechtskräftigen gerichtlichen Urteils. Nach § 1053 Abs. 2 S. 2 ZPO steht dem der Schiedsvergleich gleich. Ebenso genügt ein **ausländisches Urteil**, wenn die Voraussetzungen einer Anerkennung nach § 328 ZPO und den einschlägigen Staatsverträgen vorliegen. Einer Anerkennungsentscheidung bedarf es nicht.[7]

Unabhängig von der Verjährungsfrist, die zuvor für den Anspruch galt, beginnt nunmehr die nach § 197 Abs. 1. Dabei kommen alle Urteilsarten in Betracht. Auch ein **Feststellungsurteil**, welches allg. eine Ersatzpflicht des Schuldners bejaht, führt zur längeren Verjährungsfrist.[8] Das gilt des Weiteren für einen rechtskräftig festgestellten **Freistellungsanspruch**,[9] etwa bei Klagen des AN oder des BR gegen den AG. Anders ist es beim **Grundurteil**, da nur der Haftungsgrund, nicht aber der eingeklagte Anspruch selbst festgestellt wird.[10] Erfasst wird auch der Kostenerstattungsanspruch, für den eine rechtskräftige Kostengrundentscheidung vorliegt.[11]

Darüber hinaus werden durch Nr. 3 erfasst:
- Vollstreckungsbescheide (§ 701 ZPO),
- Kostenfestsetzungsbeschlüsse (§ 104 ZPO),[12]
- Beschlüsse nach §§ 796b, 796c ZPO, die einen Anwaltsvergleich für vollstreckbar erklären.

Die längere Frist gilt nur im **Umfang der Feststellung**, was bei Teilklagen und -urteilen zu beachten ist, sowie innerhalb der **Grenzen der subjektiven Rechtskraft**. Der Rechtsnachfolger wird genauso erfasst wie derjenige, der nachträglich die Schuld mit übernimmt.[13] In Fällen der Prozessstandschaft ist § 197 entsprechend anzuwenden.[14]

3. Gleichgestellte Titel (Nr. 4 bis 5). Die dreißigjährige Frist gilt des Weiteren für Ansprüche aus **vollstreckbaren Vergleichen** (§ 794 Abs. 1 ZPO). Dazu gehören die vor einem Gericht geschlossenen (§ 160 Abs. 3 Nr. 1 ZPO) oder durch Beschluss nach § 276 Abs. 6 S. 2 ZPO festgestellten Vergleiche, solche nach § 797a ZPO (landesrechtliche Gütestelle) sowie die in PKH-Verfahren (§ 118 Abs. 1 S. 3 ZPO) und im selbstständigen Beweisverfahren (§ 492 Abs. 3 ZPO). Daneben gilt die Regelung auch für den Schuldenbereinigungsplan nach § 308 Abs. 1 S. 2 InsO. Die umstr. Frage, ob eine vollstreckbare **Kostenrechnung des Notars** ein Titel i.S.d. Nr. 4 ist, hat der BGH verneint.[15]

Werden selbstständige Ansprüche nur anlässlich des Vergleichs begründet, ohne dass ein Bezug zum Verfahrensgegenstand besteht, läuft insoweit nur die regelmäßige Verjährungsfrist.[16]

Nr. 5 erfasst die vollstreckbaren **Feststellungen zur Insolvenztabelle** (§§ 201 Abs. 2, 215 Abs. 2 S. 2, 257 InsO).

4. Ansprüche auf Erstattung der Zwangsvollstreckungskosten (Nr. 6). Ansprüche nach § 788 Abs. 1 auf Erstattung der Kosten der Zwangsvollstreckung verjähren nach dreißig Jahren. Der Gesetzgeber wollte durch die neu eingefügte Bestimmung klarstellen, dass die alte Rechtslage – unter Heranziehung von § 218 a.F. oder § 195 a.F. – entgegen vereinzelter Äußerungen in der Lit. weiter gilt.[17] Die Vorschrift findet nicht nur auf Zwangsvollstreckungskosten aus Ansprüchen i.S.d Nr. 4 Anwendung, sondern entsprechend dem Anwendungsbereich von § 788 ZPO unabhängig von der Art des zu vollstreckenden Titels.[18]

III. Regelmäßig wiederkehrende Leistungen (Abs. 2)

Für künftig fällig werdende wiederkehrende Leistungen und Ansprüche gilt auch dann die **Regelverjährungsfrist nach § 195**, wenn sie von Abs. 1 Nr. 3 bis 5 erfasst werden. Danach gilt: Bis zum Eintritt der Rechtskraft fällig gewordene Ansprüche, einschließlich aufgelaufener Zinsen,[19] verjähren nach dreißig Jahren. Ansprüche, die später fällig werden, verjähren nach §§ 195, 197 Abs. 2, 199 in drei Jahren ab dem jeweiligen Fälligkeitszeitpunkt. Ggf. ist eine

---

6 BT-Drucks 14/6040, S. 106.
7 AnwK-BGB/*Mansel/Stürner*, § 197 Rn 55; Soergel/*Niedenführ*, § 197 Rn 27; anders *Geimer*, Internationales Zivilprozessrecht, 5. Aufl. 2005, Rn 2828 f., m.w.N., wonach nur einige Anerkennungsvoraussetzungen vorliegen müssen.
8 BGH 2.12.2008 – VI ZR 312/07 – NJW-RR 2009, 455; BGH 3.11.1988 – IX ZR 203/87 – NJW-RR 1989, 215 = ZIP 1988, 1570.
9 BGH 26.2.1991 – XI ZR 331/89 – NJW 1991, 2014 = VersR 1991, 939.
10 BGH 23.10.1984 – VI ZR 85/83 – NJW 1985, 620 = MDR 1985, 481.
11 BGH 23.3.2006 – V ZB 189/05 – NJW 2006, 1962 = Rpfleger 2006, 439; OLG Köln 13.6.2006 – 17 W 116/06 – JurBüro 2006, 649.
12 Ausf. *Dilger*, JurBüro 2006, 291 ff.
13 BGH 13.5.1987 – VIII ZR 136/86 – BGHZ 101, 37 = NJW 1987, 2863.
14 BGH 5.3.2002 – VI ZR 442/00 – BGHZ 150, 94 = NJW 2002, 1877, m.w.N.
15 So nun BGH 7.7.2004 – V ZB 61/03 – NJW-RR 2004, 1578 = BGHReport 2004, 1665. N. zum Streitstand bei Soergel/*Niedenführ*, § 197 Rn 35.
16 MüKo-BGB/*Grothe*, § 197 *Rn* 20; Soergel/*Niedenführ*, § 197 Rn 33.
17 BR-Dr. 436/04, S. 31 f.
18 BR-Dr. 436/04, S. 31.
19 Ausf. Staudinger/*Peters*, § 197 Rn 46 ff.

neue Feststellungsklage (mit demselben Streitgegenstand) zu erheben, wenn der Eintritt der Verjährung – etwa bei einem Schuldner unbekannten Aufenthalts – nur so abgewendet werden kann.[20]

Wiederkehrende Leistungen sind dann regelmäßig, wenn die Einzelleistungen auf einem einheitlichen Rechtsgrund beruhen, ihre Wiederkehr von vornherein zur Anspruchsnatur gehören (also nicht bei Tilgung einer Hauptschuld durch Raten) und sie in periodischen Abständen zu erbringen sind. Dabei kann die jeweilige Höhe schwanken.[21] Hierzu gehört etwa der Anspruch auf Ersatz des **Verdienstausfalls**.[22]

Der Begriff erfasst auch vertragliche und gesetzliche (Verzugs-)**Zinsen**,[23] nicht aber Zinsen, die in einer Summe zu zahlen sind.[24]

C. Beraterhinweise

Für die Annahme eines **„titelersetzenden" privaten Anerkenntnisses**, wie die Rspr. es unter der Geltung des § 225 a.F. angenommen hat,[25] ist angesichts der nach § 202 möglichen Verlängerung durch Parteivereinbarung das Bedürfnis entfallen.[26] Ggf. kann sich eine solche Abrede – mit dem Inhalt einer dreißigjährigen Frist – auch durch Auslegung des Anerkenntnisses ermitteln lassen.[27]

§ 199 Beginn der regelmäßigen Verjährungsfrist und Höchstfristen (gültig bis 31.12.2009)

(1) Die regelmäßige Verjährungsfrist beginnt mit dem Schluss des Jahres, in dem
1. der Anspruch entstanden ist und
2. der Gläubiger von den den Anspruch begründenden Umständen und der Person des Schuldners Kenntnis erlangt oder ohne grobe Fahrlässigkeit erlangen müsste.

(2) Schadensersatzansprüche, die auf der Verletzung des Lebens, des Körpers, der Gesundheit oder der Freiheit beruhen, verjähren ohne Rücksicht auf ihre Entstehung und die Kenntnis oder grob fahrlässige Unkenntnis in 30 Jahren von der Begehung der Handlung, der Pflichtverletzung oder dem sonstigen, den Schaden auslösenden Ereignis an.

(3) Sonstige Schadensersatzansprüche verjähren
1. ohne Rücksicht auf die Kenntnis oder grob fahrlässige Unkenntnis in zehn Jahren von ihrer Entstehung an und
2. ohne Rücksicht auf ihre Entstehung und die Kenntnis oder grob fahrlässige Unkenntnis in 30 Jahren von der Begehung der Handlung, der Pflichtverletzung oder dem sonstigen, den Schaden auslösenden Ereignis an.

Maßgeblich ist die früher endende Frist.

(4) Andere Ansprüche als Schadensersatzansprüche verjähren ohne Rücksicht auf die Kenntnis oder grob fahrlässige Unkenntnis in zehn Jahren von ihrer Entstehung an.

(5) Geht der Anspruch auf ein Unterlassen, so tritt an die Stelle der Entstehung die Zuwiderhandlung.

§ 199 Beginn der regelmäßigen Verjährungsfrist und Verjährungshöchstfristen (gültig ab 1.1.2010)

(1) Die regelmäßige Verjährungsfrist beginnt, soweit nicht ein anderer Verjährungsbeginn bestimmt ist, mit dem Schluss des Jahres, in dem
1. der Anspruch entstanden ist und
2. der Gläubiger von den den Anspruch begründenden Umständen und der Person des Schuldners Kenntnis erlangt oder ohne grobe Fahrlässigkeit erlangen müsste.

---

20 BGH 16.1.1985 – VIII ZR 317/83 – NJW 1985, 1771 = DB 1985, 1385; zu den abw. Auff. in der Instanzrspr. Soergel/*Niedenführ*, § 107 Rn 42 m. Fn 51; wie hier AnwK-BGB/*Mansel/Stürner*, § 197 Rn 197 Fn 84.
21 BGH 6.4.1981 – II ZR 186/80 – BGHZ 80, 357 = NJW 1981, 2563, m.w.N.
22 BGH 3.11.1988 – IX ZR 203/87 – NJW-RR 1989, 215 = ZIP 1988, 1570.
23 BGH 2.3.1992 – XI ZR 133/92 – NJW 1993, 1384 = BB 1993, 571.
24 *Ricken*, NJW 1999, 1146, 1147.
25 Etwa BGH 6.3.1990 – VI ZR 44/89 – NJW-RR 1990, 226, 227 = MDR 1990, 809, m.w.N.; BGH 26.2.2002 – VI ZR 288/00 – NJW 2002, 1791 = ZIP 2002, 1632; Saarländisches OLG 4.7.2006 – 4 U 379/05 – juris.
26 Siehe auch AnwK-BGB/*Mansel/Stürner*, § 197 Rn 59; anders wohl Palandt/*Heinrichs*, § 197 Rn 12.
27 Siehe hierzu auch die Hinweise bei *Goebel*, S. 99.

(2) Schadensersatzansprüche, die auf der Verletzung des Lebens, des Körpers, der Gesundheit oder der Freiheit beruhen, verjähren ohne Rücksicht auf ihre Entstehung und die Kenntnis oder grob fahrlässige Unkenntnis in 30 Jahren von der Begehung der Handlung, der Pflichtverletzung oder dem sonstigen, den Schaden auslösenden Ereignis an.

(3) Sonstige Schadensersatzansprüche verjähren
1. ohne Rücksicht auf die Kenntnis oder grob fahrlässige Unkenntnis in zehn Jahren von ihrer Entstehung an und
2. ohne Rücksicht auf ihre Entstehung und die Kenntnis oder grob fahrlässige Unkenntnis in 30 Jahren von der Begehung der Handlung, der Pflichtverletzung oder dem sonstigen, den Schaden auslösenden Ereignis an.

Maßgeblich ist die früher endende Frist.

(3a) Ansprüche, die auf einem Erbfall beruhen oder deren Geltendmachung die Kenntnis einer Verfügung von Todes wegen voraussetzt, verjähren ohne Rücksicht auf die Kenntnis oder grob fahrlässige Unkenntnis in 30 Jahren von der Entstehung des Anspruchs an.

(4) Andere Ansprüche als die nach den Absätzen 2 bis 3a verjähren ohne Rücksicht auf die Kenntnis oder grob fahrlässige Unkenntnis in zehn Jahren von ihrer Entstehung an.

(5) Geht der Anspruch auf ein Unterlassen, so tritt an die Stelle der Entstehung die Zuwiderhandlung.

A. Allgemeines 1	4. Grob fahrlässige Unkenntnis der anspruchs-
B. Regelungsgehalt 4	begründenden Umstände (Abs. 1 Nr. 2 Fall 2) 22
I. Entstehung des Anspruchs (Abs. 1 Nr. 1) 4	III. Verjährungsbeginn mit Jahresschluss 26
1. Grundsatz 4	IV. Verjährungshöchstfristen (Abs. 2 bis 4) 27
2. Einzelfälle 9	1. Allgemeines 27
II. Kenntnis oder Kennenmüssen des Anspruchs (Abs. 1 Nr. 2) 14	2. Grundsatz: Zehn-Jahres-Frist (Abs. 4) 28
1. Allgemeines 14	3. Schädigung höchstpersönlicher Rechtsgüter (Abs. 2) 29
2. Kenntnis der anspruchsbegründenden Umstände 17	4. Sonstige Schadensersatzansprüche (Abs. 3) .. 32
3. Person des Schuldners 20	V. Unterlassungsansprüche (Abs. 5) 33
	C. Beraterhinweise 34

A. Allgemeines

1 Die Vorschrift kombiniert für den **Beginn der regelmäßigen Verjährungsfrist** nach § 195 objektive **und** subjektive Tatbestandsmerkmale (Elemente, die auch das vormalige Recht teilweise kannte: § 198 a.F., Anspruchsentstehung; § 852 a.F., Beginn ab Kenntnis): Der Anspruch muss **entstanden sein** (Abs. 1 Nr. 1) und der Gläubiger muss von den einschlägigen Umständen sowie der Person der Schuldners **Kenntnis haben** oder **ohne grobe Fahrlässigkeit Kenntnis erlangen müssen** (Abs. 1 Nr. 2). Die Frist beginnt mit dem Schluss des Kalenderjahres, in dem die vorgenannten Umstände eingetreten sind.

2 Im Hinblick auf die **Subjektivierung der Verjährung**, d.h. die erforderliche Kenntniserlangung des Gläubigers, die die Verjährung auf unabsehbare Zeit hinausschieben könnte, ordnen die Abs. 2 bis 4 zur Wahrung des Rechtsfriedens **Höchstfristen** an.

3 Für alle **anderen Verjährungsfristen** – auch für andere dreijährige Fristen – gilt § 200. Hinsichtlich der Ansprüche nach § 197 Abs. 1 Nr. 3 bis 6 ist § 201 einschlägig.

B. Regelungsgehalt

I. Entstehung des Anspruchs (Abs. 1 Nr. 1)

4 **1. Grundsatz.** Die Verjährung beginnt frühestens mit der Entstehung des Anspruchs. Das entspricht dem alten Rechtszustand.[1] Die Entstehung ist mit der **Fälligkeit des Anspruchs** gleichzusetzen,[2] auch wenn die Begriffe nicht deckungsgleich sind. So kann in Schadensfällen schon vor Fälligkeit eine verjährungsunterbrechende Feststellungsklage erhoben werden, ohne dass umgekehrt die reine Möglichkeit der Klageerhebung zur Anspruchsentstehung führt.[3] Gleiches gilt für potenzielle Klagen nach §§ 257 bis 259 ZPO.[4] Demgegenüber hindert die Einrede des nicht erfüllten Vertrags (§ 320 Abs. 1) den Verjährungsbeginn nicht.

---

1 BT-Drucks 14/6040, S. 108.
2 BT-Drucks 14/7052, S. 180; siehe auch BGH 19.12.1990 – VIII ARZ 5/90 – BGHZ 113, 188 = NJW 1991, 836.
3 BGH 15.10.1992 – IX ZR 43/92 – NJW 1993, 648 = WM 1993, 252; MüKo-BGB/*Grothe*, § 199 Rn 4.
4 Soergel/*Niedenführ*, § 199 Rn 12 m.w.N.

Nach dem ausdrücklichen Willen des Gesetzgebers sollen die Grundsätze der Rspr. zur **Schadenseinheit**[5] durch das neue Verjährungsrecht unberührt bleiben.[6] Damit ein Schadensersatzanspruch entstanden ist, muss sich eine Verschlechterung der Vermögenslage wenigstens dem Grunde nach verwirklicht haben. Es genügt, dass irgendein Teilschaden eingetreten ist. Ein anderes gilt nur, wenn offen ist, ob ein pflichtwidriges, risikobehaftetes Verhalten zu einem Schaden führt. Dann wird keine Verjährungsfrist in Gang gesetzt.[7]

Ansprüche auf **Schadensersatz wegen Unmöglichkeit** der Leistung beginnen nach der früheren Rpsr. erst mit Vorliegen aller Voraussetzungen nach § 281,[8] derjenige wegen Verzugs mit dem verzugsbedingten Schadenseintritt.[9] Dasselbe gilt auch für Sekundäransprüche aus der Verletzung von Nebenpflichten oder c.i.c. (§§ 282, 311 BGB). Die Fälligkeit von **Schadensersatzansprüchen** setzt voraus, dass der Schaden für den Gläubiger feststellbar ist und geltend gemacht werden kann.[10]

Ist der Anspruch von bestimmten **Terminen** oder **Bedingungen** abhängig, beginnt die Verjährung erst mit deren Eintritt.[11] Dementsprechend ist dies bei einer Jahresumsatzprovision erst der Beginn des nachfolgenden Jahres.[12] Die **Genehmigung** führt entgegen § 194 Abs. 1 nicht dazu, dass der Anspruch ex tunc fällig wird. Gleiches gilt für eine im Belieben des Gläubigers stehende **Potestativbedingung**. Die Verjährung von Ansprüchen, die von einer **Künd** oder **Anfechtung** abhängen, beginnt erst mit der Ausübung des Gestaltungsrechts. Die anders lautenden Regelungen in §§ 199 a.F., 200 a.F. hat das Schuldrechtsmodernisierungsgesetz ersatzlos aufgehoben.[13]

Bei **wiederkehrenden Leistungen** verjähren die einzelnen Ansprüche selbstständig, jeweils von der Fälligkeit der einzelnen Leistung an. Für abhängige Nebenleistungen gilt § 217. Bei **wiederholten Handlungen** verjährt jede eigenständig. Liegt eine **Dauerhandlung** vor, beginnt die Verjährung nicht vor deren Ende.[14] In **Mobbing-Fällen** beginnt die Verjährung erst mit der letzten Mobbing-Handlung,[15] bei **Unterlassungsansprüchen** erst mit der Zuwiderhandlung (siehe Rn 33).[16]

2. Einzelfälle. Ist eine Leistung nach billigem Ermessen zu bestimmen (§ 315 Abs. 1), entsteht der Anspruch erst mit Vornahme der Bestimmungshandlung.[17] In Fällen **gerichtlicher Leistungsbestimmung (§ 315 Abs. 3)** ist der Eintritt der Rechtskraft maßgebend.

Hängt die Fälligkeit eines Anspruchs von der **Rechnungsstellung** ab, kann sie damit vom Gläubiger gesteuert werden. Eine Ausschluss- oder Verjährungsfrist – wie sie der Bundesrat vorgeschlagen hatte[18] – hat der Gesetzgeber nicht vorgesehen. Der Schuldner kann aber den Gläubiger zur Rechnungsstellung auffordern. Kommt dieser seiner Obliegenheit nicht nach, muss er sich nach Treu und Glauben so behandeln lassen, als sei die Rechnung in angemessener Frist erteilt worden.[19]

Bei einer **Bürgschaftsschuld** ist nicht auf die Aufforderung des Gläubigers an den Bürgen abzustellen, aufgrund der Sicherheit zu leisten – Zeitpunkt der Inanspruchnahme – sondern auf die Fälligkeit der Hauptforderung, da es anderenfalls der Bürgschaftsschuldner in der Hand hätte, die Verjährung beliebig zu prolongieren.[20]

---

5 Ausf. BGH 15.10.1992 – IX ZR 43/92 – NJW 1993, 648 = WM 1993, 252, m.w.N. zur Rspr.; BGH 22.1.2004 – III ZR 99/03 – NJW-RR 2004, 1069 = WM 2004, 2026.
6 Ausf. BT-Drucks 14/6040, S. 108. Ebenso ErfK/*Preis*, §§ 194–218 BGB Rn 8.
7 Krit zur Rspr. Staudinger/*Peters*, § 199 Rn 37 ff, m.w.N.; MüKo-BGB/*Grothe*, § 199 Rn 9 ff.
8 BGH 9.6.1999 – VIII ZR 149/98 – BGHZ 142, 36 = NJW 1999, 2884, m.w.N.; krit. Staudinger/*Peters*, § 199 Rn 18; anders etwa MüKo-BGB/*Grothe*, § 199 Rn 21; Palandt/*Heinrichs*, § 199 Rn 15: Der Gläubiger habe es sonst in der Hand, die Verjährungsfrist nahezu zu verdoppeln.
9 MüKo-BGB/*Grothe*, § 199 Rn 21; Palandt/*Heinrichs*, § 199 Rn 15.
10 BAG 16.5.2007 – 8 AZR 709/06 – BAGE 122, 304 = NZA 2007, 1154; BAG 14.12.2006 – 8 AZR 628/05 – AP § 618 BGB Nr. 28 = NZA 2007, 262.
11 Zur aufschiebenden Bedingung BGH 22.1.1987 – VII ZR 88/85 – NJW 1987, 2743 = MDR 1987, 660.
12 BAG 10.12.1973 – 3 AZR 318/73 – AP § 196 BGB Nr. 7 = NJW 1974, 663; LAG München 26.9.2007 – 7 Sa 353/07 – juris.
13 Vgl. dazu BT-Drucks 14/6040, S. 99.
14 BGH 28.9.1973 – I ZR 136/71 – NJW 1973, 2285 = BB 1973, 1598.
15 So für tarifvertragliche Ausschlussfristen BAG 16.5.2007 – 8 AZR 709/06 – BAGE 122, 304 = NZA 2007, 1154; LAG Hamm 11.2.2008 – 8 Sa 188/08 – NZA-RR 2009, 7.
16 Ausf. *Köhler*, JZ 2005, 489 ff., auch zum vorbeugenden Unterlassungsanspruch.
17 MüKo-BGB/*Grothe*, § 199 Rn 15.
18 BT-Drucks 14/6087, S. 6 f.; abl. der Bundestag: BT-Drucks 14/6087, S. 42 f.
19 BGH 19.6.1986 – VII ZR 221/85 – NJW-RR 1986, 1279 = DB 1986, 2483.
20 BGH 8.7.2008 – XI ZR 230/07 – NJW-RR 2009, 378 = JZ 2009, 107, m. Anm. *Förster* (Bürgschaft auf erstes Anfordern); BGH 18.12.2003 – IX ZR 9/03 – NJW-RR 2004, 1190; MüKo-BGB/*Grothe*, § 199 Rn 7; MüKo-BGB/*Habersack*, § 765 Rn 82; *Hohmann*, WM 2004, 760; a.A. noch die Vorauﬂ; OLG Köln 14.12.2005 – 11 U 109/05 – ZIP 2006, 750 = WM 2006, 1248 m.w.N.; Staudinger/*Horn*, § 765 Rn 113; *Gay*, NJW 2005, 2587 f.; ausf. zum Problemkreis *Bolten*, ZGS, 2006, 140 ff; *Schlößer*, NJW 2006, 645. Zur Einrede der Vorausklage AnwK-BGB/*Mansel/Budzikiewicz*, § 209 Rn 6.

12 Dass **Überstunden** stets erst nach Beendigung des Arbvertr fällig werden,[21] erscheint zweifelhaft. Das kann jedenfalls dann der Fall sein, wenn ein fortlaufendes Arbeitszeitkonto geführt wird, in welches Plus- und Sollstunden eingestellt werden. Anderenfalls ist § 614 einschlägig.

13 Sieht eine Versorgungsordnung vor, dass die Erwerbsunfähigkeit durch den Bescheid der gesetzlichen Rentenversicherung nachzuweisen ist, beginnt die Verjährung auch bei **rückwirkender Bewilligung** der gesetzlichen Rente erst mit dem Erlass des Bescheids.[22] Diese Grundsätze gelten auch bei einer rückwirkenden Entgelterhöhung. Hier ist der Zeitpunkt der Bewilligung oder des (Tarif-)Vertragsschlusses maßgebend.[23] Bei Ansprüchen auf Leistungen der betrieblichen Altersversorgung muss der **Versorgungsfall** eingetreten sein.[24]

II. Kenntnis oder Kennenmüssen des Anspruchs (Abs. 1 Nr. 2)

14 **1. Allgemeines.** Weitere Voraussetzung für den **Beginn der Verjährungsfrist** ist die Kenntnis oder das Kennenmüssen der anspruchsbegründenden Tatsachen sowie der Person des Schuldners. Bei mehreren Pflichtverletzungen ist auf die einzelne Kenntniserlangung abzustellen.[25] Die Vorschrift lehnt sich § 852 a.F. und andere Vorschriften an, die den Verjährungsbeginn an die Kenntnis des Gläubigers koppeln. Insofern kann auf die dazu ergangene Rechtsprechung zurückgegriffen werden.[26] Darüber hinaus wird die grob fahrlässige Unkenntnis – z.B. in § 12 ProdHaftG – der Kenntnis gleichgesetzt.

15 Die Kenntnis muss in der **Person des Gläubigers** vorliegen. Deshalb kommt es im Rahmen der Drittschadensliquidation nicht auf die Kenntnis des Dritten an, dessen Schaden liquidiert werden soll.[27] Bei **juristischen Personen** ist das Wissen der Organe entscheidend. Ähnlich wie in § 626 Abs. 2 genügt jedoch die Kenntnis eines Vertretungsberechtigten.[28] In Bezug auf **Behörden** und öffentlich-rechtliche Körperschaften ist auf den zuständigen Beschäftigten abzustellen.[29] Allerdings müssen sich juristische Personen die Kenntnis von denjenigen Personen zurechnen lassen, die mit der Erledigung bestimmter Aufgaben betraut sind und von denen die Information des Vertretungsorgans oder verjährungsunterbrechende Handlungen erwartet werden können.[30] Für rechtsgeschäftlich bestellte Vertreter können zudem die Grundsätze des **Wissensvertreters** nach § 166 Abs. 2 herangezogen werden.[31]

16 In Fällen **gesetzlichen Forderungsübergangs** ist zu differenzieren: Erfolgt der Anspruchsübergang bei Entstehung – namentlich §§ 115, 116 SGB X – ist allein die Kenntnis des Anspruchsinhabers entscheidend.[32] Das ist der konkrete öffentlich-rechtliche Leistungsträger. Erfolgt der Anspruchsübergang dagegen erst zu einem späteren Zeitpunkt – etwa nach § 6 EFZG oder nach § 67 VVG bei Privatversicherten –, ist die Kenntnis des ursprünglichen Gläubigers im Zeitpunkt des Anspruchsübergangs dem neuen zuzurechnen.[33] Das gilt in gleicher Weise bei der **Zession** nach §§ 401, 412 im Verhältnis von Zedent und Zessionar.[34] Spätere Kenntnis des Abtretenden ist für den neuen Gläubiger ohne Bedeutung.[35]

17 **2. Kenntnis der anspruchsbegründenden Umstände.** Kenntnis heißt nicht Rechtskenntnis, sondern **Tatsachenkenntnis**.[36] Unrichtige Rechtsvorstellungen des Gläubigers oder fehlerhafte Schlüsse auf die etwaige Existenz eines Anspruchs hindern den Verjährungsbeginn nicht,[37] weil den Gläubiger eine Beratungsobliegenheit trifft. Ein anderes galt nach der Rspr. zu § 852 a.F. bei zweifelhafter oder **unübersichtlicher Rechtslage**.[38] Das hat der BGH mittlerweile für die Neuregelung in § 199 bestätigt: Bei **unsicherer und zweifelhafter Rechtslage** wird der Verjährungsbeginn nach § 199 hinausgeschoben und beginnt erst mit deren Klärung. Zuvor fehlt es an der Zumutbarkeit der Klageerhebung als übergreifende Voraussetzung für den Verjährungsbeginn.[39]

18 Die Kenntnis setzt v.a. bei **Schadensersatzansprüchen** nicht voraus, dass alle Einzelheiten des anspruchsbegründenden Sachverhalts dem Gläubiger bekannt sind. Es genügt insoweit, dass er insoweit Kenntnis von dem Anspruch

---

21 ArbG Frankfurt 1.6.2005 – 9 Ca 8374/04 – juris,; dazu Wolmerath, jurisPR-ArbR 7/2006, Anm. 1.
22 LAG Frankfurt 5.2.2003 – 8 Sa 963/02 – juris.
23 LAG Berlin 1.7.2003 – 5 Sa 1288/02 – juris.
24 BAG 19.8.2008 – 3 AZR 194/07 – AP § 242 BGB Betriebliche Übung Nr. 82 = NZA 2009, 196; BAG 18.9.2001 – 3 AZR 689/00 – BAGE 99, 92 = DB 2002, 1279-
25 OLG Frankfurt 14.3.2007 – 4 U 143/06 – juris.
26 So ausdr. BGH 27.5.2008 – XI ZR 132/07 – NJW-RR 2008, 1495 = MDR 2008, 929, m.w.N.
27 BGH 22.11.1966 – VI ZR 49/65 – NJW 1967, 930 = BB 1967, 11.
28 Staudinger/*Peters*, § 199 Rn 43.
29 BGH 13.5.1997 – VI ZR 181/96 – NJW 1997, 3447 = MDR 1997, 829; BGH 4.2.1997 – VI ZR 306/95 – BGHZ 134, 343 = NJW 1997, 1584.
30 BGH 2.2.1996 – V ZR 239/94 – BGHZ 132, 30 = NJW 1996, 1339.
31 Ausf. MüKo-BGB/*Grothe*, § 199 Rn 32 m.w.N.
32 BGH 9.7.1996 – VI ZR 5/95 – BGHZ 133, 192 = NJW 1996, 2933.
33 MüKo-BGB/*Grothe*, § 199 Rn 35, m.w.N.
34 BGH 10.4.1990 – VI ZR 288/89 – NJW 1990, 2808 = VersR 1990, 795.
35 MüKo-BGB/*Grothe*, § 199 Rn 34.
36 Zu § 852 a.F. BGH 25.2.1999 – IX ZR 30/98 – NJW 1999, 2041, 2042 = VersR 1999, 981.
37 BGH 19.3.2008 – III ZR 220/07 – NJW-RR 2008, 1237 = MDR 2008, 615; BGH 11.1.2008 – III ZR 302/05 – BGHZ 170, 260 = NJW 2007, 830.
38 BGH 3.3.2005 – III ZR 353/03 – NJW-RR 2005, 1148, 1149 = VersR 2006, 373; w.N. in Fn 31; anders AnwK-BGB/*Mansel/Stürner*, § 199 Rn 46.
39 BGH 23.9.2008 – XI ZR 262/07 – NJW-RR 2009, 547 = MDR 2008, 1405.

hat, dass ihm **mit hinreichender Aussicht eine Klage** zugemutet werden kann.[40] Das betrifft auch die eigene Schädigung und das Wissen um die Anspruchsinhaberschaft.[41] Hinsichtlich der Anspruchshöhe muss das Wissen nicht umfassend sein. Bei Schadensersatzansprüchen genügt die allg. Kenntnis von dem Schaden. Damit wird auch die Verjährungsfrist hinsichtlich solcher Folgeansprüche in Gang gesetzt, die vorhersehbar waren.[42]

Kenntnis derjenigen Umstände, die zur Darlegungslast des Schuldners gehören, wie etwa Rechtfertigungs- oder Entschuldigungsgründe sowie von Einwendungen ist nicht erforderlich. Durch sie wird der Verjährungsbeginn nicht hinausgeschoben.[43] Bei einer subsidiären Amtshaftungsklage ist die Kenntnis über die fehlende anderweitige Ersatzmöglichkeit erforderlich.[44]

3. Person des Schuldners. Die Person des Schuldners ist dem Gläubiger bekannt, wenn er über **Name und ladungsfähige Anschrift** verfügt,[45] um Maßnahmen nach § 204 Abs. 1 einleiten zu können. Nicht ausreichend ist die Möglichkeit einer Auslandszustellung. Eine solche ist aufgrund der damit verbundenen Ungewissheiten unzumutbar und daher nicht erforderlich.[46] Bei **Gesamtschuldnern** ist die Kenntnis in Bezug auf jeden Einzelnen erforderlich. Die Verjährungsfristen sind ggf. getrennt zu bestimmen. Daher hindert die Verjährungseinrede des einen Gesamtschuldners nicht den Erfolg der Klage gegen einen anderen.[47]

Nicht erforderlich ist die Kenntnis über die Person des Erfüllungs- oder Verrichtungsgehilfen (§§ 278, 831). Ist der Schuldner verstorben, besteht die Möglichkeit der Ablaufhemmung nach § 211 (Nachlasspflegschaft, § 1961).[48]

4. Grob fahrlässige Unkenntnis der anspruchsbegründenden Umstände (Abs. 1 Nr. 2 Fall 2). Der Kenntnis gleichgestellt ist die **grob fahrlässige Unkenntnis** des Gläubigers. Eine solche liegt vor, wenn die im Verkehr erforderliche Sorgfalt in ungewöhnlich hohem Maße verletzt ist, ganz nahe liegende Überlegungen nicht angestellt oder bei Seite geschoben wurden und dasjenige unbeachtet geblieben ist, was im gegebenen Fall jedem hätte einleuchten müssen.[49] Maßgebend ist der jeweilige Verkehrskreis.[50]

Mit dem Merkmal des „Kennenmüssens" wird – dem Rechtsgedanken des § 277 folgend, wonach grobe Fahrlässigkeit auch in eigenen Angelegenheiten schadet[51] – eine **Obliegenheit des Gläubigers** begründet. Da es sich bei der Kenntnis um eine innere Tatsache handelt, wird im Rechtsstreit die grob fahrlässige Unkenntnis im Vordergrund stehen, auf deren Vorliegen anhand tatsächlicher Umstände geschlossen werden kann.[52]

Einschlägig sind zunächst diejenigen **Fallgestaltungen**, die die Rspr. i.R.v. § 852 a.F. der **positiven Kenntnis gleichgestellt** hat. Hier hat es der Gläubiger verabsäumt, eine gleichsam auf der Hand liegende Erkenntnismöglichkeit wahrzunehmen, sodass die Berufung auf Unkenntnis als Förmelei erscheint, weil jeder andere in der Lage des Gläubigers unter denselben Umständen sich Kenntnis verschafft hätte.[53]

Vom Begriff der groben Fahrlässigkeit werden jedoch auch weniger gravierende Fallgestaltungen erfasst.[54] Deshalb ist der Gläubiger gehalten, sich über Umstände zu informieren, die ohne besondere Mühe und Kostenaufwand möglich ist,[55] etwa, ob die mitgeteilte Anschrift eines Bürgen noch aktuell ist.[56] Werden erkannte Abweichungen im Rahmen der Buchhaltung nicht zum Anlass genommen, eine Überprüfung durchzuführen, kann dies eine grobe Fahrlässigkeit begründen.[57]

III. Verjährungsbeginn mit Jahresschluss

Die Regelverjährung nach Abs. 1 beginnt mit dem Schluss desjenigen Jahres, in dem die Voraussetzungen nach Nr. 1 und Nr. 2 vorliegen. Die so genannte **Ultimoverjährung** entspricht § 201 a.F. und beginnt am 1.1. des darauf folgen-

---

40 BGH 27.5.2008 – XI ZR 132/07 – NJW-RR 2008, 1495 = MDR 2008, 929, m.w.N.; BGH 3.3.2005 – III ZR 353/03 – NJW-RR 2005, 1148, 1149 = VersR 2006, 373; BAG 24.10.2002 – 5 AZR 32/00 – AP § 823 BGB Schutzgesetz Nr. 27 = NZA 2002, 209, 211; s. auch LAG Schleswig-Holstein 11.3.2009 – 6 Sa 383/08 – juris.
41 BGH 17.10.1995 – VI ZR 264/94 – NJW 1996, 117 = WM 1996, 125.
42 Aus. BGH 3.6.1997 – VI ZR 71/96 – NJW 1997, 2448 = BB 1997, 1660.
43 BGH 22.6.1993 – VI ZR 190/92 – NJW 1993, 2614 = BB 1993, 1758.
44 BGH 3.3.2005 – III ZR 353/03 – NJW-RR 2005, 1148 = VersR 2006, 373, m.w.N.
45 BGH 31.10.2000 – VI ZR 30/00 – NJW 2001, 1721 = DB 2001, 2549.
46 BGH 16.12.1997 – V ZR 408/96 – NJW 1998, 988.
47 BGH 12.12.2000 – VI ZR 345/99 – NJW 2001, 964 = ZIP 2001, 379; AnwK-BGB/*Mansel/Stürner*, § 199 Rn 38.
48 Zum Ganzen AnwK-BGB/*Mansel/Stürner*, § 199 Rn 40 ff. m.w.N.
49 BT-Drucks 14/6040, S. 108 m.w.N. zur Rspr.
50 Siehe dazu auch *Heinrichs*, BB 2001, 1417, 1418; sowie *Birr*, Rn 33.
51 Zur Reform AnwK-BGB/*Mansel/Stürner*, § 199 Rn 57 m.w.N.
52 Ausf. Staudinger/*Peters*, § 199 Rn 50 f.; s. auch *Riedhammer*, S. 104 ff.
53 BGH 31.10.2000 – VI ZR 30/00 – NJW 2001, 1721 = DB 2001, 2549.
54 AnwK-BGB/*Mansel/Stürner*, § 199 Rn 54; MüKo-BGB/ *Grothe*, § 199 Rn 28; Soergel/*Niedenführ*, § 199 Rn 49, m.w.N. zur Rspr. i.R.d. § 852 a.F.
55 Staudinger/*Peters*, § 199 Rn 28.
56 BGH 23.9.2008 – XI ZR 395/07 – NJW 2009 587.
57 LAG Rheinland-Pfalz 8.8.2008 – 9 SA 155/08 – juris.

den Kalenderjahres. Sie gilt weder für die Höchstfristen nach Abs. 2 bis Abs. 4 – diese sind taggenau zu bestimmen – noch für andere, nicht in Abs. 1 geregelte Verjährungsfristen.

IV. Verjährungshöchstfristen (Abs. 2 bis 4)

27 **1. Allgemeines.** Im Interesse des Rechtsfriedens bestimmen die Abs. 2 bis 4 **kenntnisunabhängige Verjährungshöchstfristen**. Erfasst werden alle Ansprüche nach §§ 195, 199 Abs. 1. Deren Berechnung erfolgt taggenau, wobei die §§ 187 ff. heranzuziehen sind. Hemmung, Ablaufhemmung und Neubeginn (§§ 203 ff.) kommen auch bei den Höchstfristen vor. Die Fristen laufen unabhängig von denen nach Abs. 1. Nach ihrem Verstreichen ist – auch wenn die Frist nach Abs. 1 noch läuft – der Anspruch in jedem Fall verjährt.

28 **2. Grundsatz: Zehn-Jahres-Frist (Abs. 4).** Ohne Rücksicht auf Kenntnis oder grob fahrlässige Unkenntnis verjähren alle Ansprüche mit Ausnahme von Schadensersatzansprüchen (Abs. 2 und Abs. 3) innerhalb von zehn Jahren nach ihrer Entstehung (siehe Rn 4 ff.). Hierzu gehören neben vertraglichen Erfüllungsansprüchen solche auf Vertragsstrafe, Wertersatz nach § 346 Abs. 2 und § 819 Abs. 2.

29 **3. Schädigung höchstpersönlicher Rechtsgüter (Abs. 2).** Abweichendes gilt für Schadensersatzansprüche bei Verletzung des Lebens, des Körpers und der Gesundheit sowie der Freiheit. Hier besteht eine **Höchstfrist von 30 Jahren** unabhängig von der Entstehung oder der Kenntnis des Schadens von der Begehung der Handlung, der Pflichtverletzung oder sonstigen schadensauslösenden Ereignissen.[58] Eine analoge Anwendung bei Verletzung anderer Rechtsgüter – insb. des allg. Persönlichkeitsrechts – scheidet aus.[59]

30 Ausreichend für den **Beginn der Verjährungsfrist** ist das Eintreten der Schadensursache. Hier kann die zu § 852 a.F. ergangene Rspr. herangezogen werden. Die Orientierung an der Verletzungshandlung kann zu einer Verjährung vor Anspruchsentstehung führen, so etwa bei Spätschäden.

31 Die von Abs. 4 abweichenden Verjährungsfristen können dazu führen, dass bei einem Schadensereignis je nach verletztem Rechtsgut **unterschiedliche Verjährungs- und Maximalfristen** zu beachten sind.[60]

32 **4. Sonstige Schadensersatzansprüche (Abs. 3).** Für von Abs. 2 nicht erfasste Schadensersatzansprüche gilt eine **doppelte Verjährungshöchstfrist**. Nach Abs. 3 verjährt der Anspruch entweder zehn Jahre nach seiner Entstehung (S. 1 Nr. 1) oder aber dreißig Jahre nach Vornahme der schadensauslösenden Handlung (S. 1 Nr. 2). Auf Kenntnis oder grobfahrlässige Unkenntnis kommt es nicht an. Entscheidend für den Eintritt der Verjährung ist die **früher abgelaufene Frist**.

V. Unterlassungsansprüche (Abs. 5)

33 Für den Verjährungsbeginn bei dauernden Unterlassungsansprüchen tritt an die Stelle der Entstehung der Zeitpunkt der **Beendigung der Zuwiderhandlung**.[61] Zuvor besteht für den Gläubiger kein Anlass und keine Möglichkeit gegen den Verpflichteten vorzugehen.[62] Mit jedem neuen Verstoß beginnt eine neue Verjährungsfrist zu laufen.[63]

C. Beraterhinweise

34 Der Schuldner trägt die **Beweislast** für die Kenntnis oder grob fahrlässige Unkenntnis des Gläubigers. Meist wird sich letztere anhand einschlägiger tatsächlicher Umstände leichter nachweisen lassen. Zumindest ist der Gläubiger nach den Grundsätzen einer abgestuften Darlegungs- und Beweislast gehalten, substantiiert vorzutragen, weshalb der Beginn der Verjährungsfrist dennoch nicht eingetreten sein soll.[64]

35 Bei den Fristen nach Abs. 2 bis 4 ist insb. zu beachten, dass sich der Verjährungsbeginn für die Zeit vor dem 1.1.2002 nach dem alten Verjährungsrecht bestimmt (Art. 229 § 6 Abs. 1 S. 2 EGBGB, siehe vor §§ 194–218 Rn 6).

36 Die Feststellung grober Fahrlässigkeit ist in der **Revisionsinstanz** nur eingeschränkt überprüfbar.[65] Daher ist auf einen hinreichenden Tatsachenvortrag zu achten.

---

58 BAG 14.12.2006 – 8 AZR 628/06 – NZA 2007, 262 = ZTR 2007, 197.
59 LAG Hamm 23.3.2006 – 8 Sa 949/05 – juris; AnwK-BGB/*Mansel/Stürner*, § 199 Rn 76; Palandt/*Heinrichs*, § 199 Rn 41; a.A. jurisPK-BGB/*Lakkis*, § 199 Rn 24.
60 BT-Drucks 14/6040, S. 109.
61 Ausf. Staudinger/*Peters*, § 199 Rn 71 ff.
62 BGH 16.6.1972 – I ZR 154/70 – BGHZ 59, 72, 74 = WM 1972, 1230.
63 KG 30.11.2006 – 8 U 71706 – juris, m.w.N. zum Streitstand: a.A. Soergel/*Niedenführ*, § 198 Rn 15: nur bei wettbewerbesrechtlichen Verstößen.
64 Siehe auch jurisPK-BGB/*Lakkis*, § 199 Rn 25.
65 AnwK-BGB/*Mansel/Stürner*, § 200 Nr. 54.

§ 200 Beginn anderer Verjährungsfristen

¹Die Verjährungsfrist von Ansprüchen, die nicht der regelmäßigen Verjährungsfrist unterliegen, beginnt mit der Entstehung des Anspruchs, soweit nicht ein anderer Verjährungsbeginn bestimmt ist. ²§ 199 Abs. 5 findet entsprechende Anwendung.

§ 200 ist eine **Auffangvorschrift** für den Verjährungsbeginn von Ansprüchen, die nicht der regelmäßigen Verjährung unterliegen. Das ist insbesondere bei einem Anspruch auf **Leistungen aus der betrieblichen Altersversorgung** der Fall (siehe § 194 Rn 3).[1] In Anbetracht der Ausweitung der regelmäßigen Verjährungsfrist und der subsidiären Anwendung nach S. 1 hat die Vorschrift insgesamt jedoch nur eine geringe Bedeutung.[2] **1**

§ 201 Beginn der Verjährungsfrist von festgestellten Ansprüchen

¹Die Verjährung von Ansprüchen der in § 197 Abs. 1 Nr. 3 bis 6 bezeichneten Art beginnt mit der Rechtskraft der Entscheidung, der Errichtung des vollstreckbaren Titels oder der Feststellung im Insolvenzverfahren, nicht jedoch vor der Entstehung des Anspruchs. ²§ 199 Abs. 5 findet entsprechende Anwendung.

A. Allgemeines	1	II. § 197 Abs. 1 Nr. 3, Nr. 6		5
B. Regelungsgehalt	3	III. § 197 Abs. 1 Nr. 4		6
I. Anspruchsentstehung	3	IV. § 197 Abs. 1 Nr. 5		7

A. Allgemeines

Der **Beginn der Titelverjährung** ist in **§ 201** gesondert geregelt. Die Vorschrift entspricht im Wesentlichen der bisherigen Rspr. zu § 218 a.F. und ist lex specialis zu § 200. **1**

Von der besonderen **Festlegung des Verjährungsbeginns** werden nur die in § 197 Abs. 1 Nr. 3 bis 6 Ansprüche erfasst. Die Verjährung beginnt mit der Rechtskraft der betreffenden Entscheidung (§ 197 Abs. 1 Nr. 3, Nr. 6), der Feststellung im Insolvenzverfahren (§ 197 Abs. 1 Nr. 5) oder im Zeitpunkt der Titelerrichtung (§ 197 Abs. 1 Nr. 4). Hemmung, Ablaufhemmung oder Neubeginn richten sich nach §§ 203 bis 213. **2**

B. Regelungsgehalt

I. Anspruchsentstehung

Nach S. 1 Hs. 2 beginnt die Verjährung jedoch **nicht vor Anspruchsentstehung** (siehe § 199 Rn 4 ff.). Das ist bei Titeln auf künftige, nicht wiederkehrende Leistungen zu beachten (i.Ü. ist § 199 Abs. 2 Fall 2 zu berücksichtigen, siehe § 199 Rn 21 ff.). **3**

Ist der Anspruch auf **Unterlassung** gerichtet, beginnt die dreißigjährige Frist nach S. 2, § 199 Abs. 5 erst mit der Zuwiderhandlung (siehe § 199 Rn 32). Deshalb ist der Unterlassungsanspruch, wenn die Zuwiderhandlung mehr als dreißig Jahre nach Rechtskraft des Urteils erfolgt, nicht verjährt.[1] **4**

II. § 197 Abs. 1 Nr. 3, Nr. 6

Maßgebend ist der **Eintritt der formellen Rechtskraft**, die Unanfechtbarkeit der Entscheidung. Bei ausländischen Entscheidungen gilt das Recht des jeweiligen Staates. Ohne Bedeutung ist die Vollstreckbarkeit der Entscheidung. Das gilt auch für diejenigen, die Urteilen gleichstehen (siehe § 197 Rn 6). Tritt die Vollstreckbarkeit erst später aufgrund einer gesonderten Vollstreckbarkeitserklärung hinzu – etwa bei ausländischen Urteilen –, wird der Verjährungsbeginn nicht aufgeschoben.[2] **5**

III. § 197 Abs. 1 Nr. 4

Entscheidend ist die **Errichtung** des **vollstreckbaren Titels**. Das ist das Datum der gerichtlichen oder notariellen Beurkundung bzw. des gerichtlichen Beschlusses nach § 276 Abs. 6 S. 2 ZPO. Eine etwaige Widerrufsfrist beim gerichtlichen Vergleich ist für den Beginn der Frist ohne Bedeutung. Der Zugang der vollstreckbaren Ausfertigung **6**

---

1 BAG 19.8.2008 – 3 AZR 194/07 – AP § 242 BGB Betriebliche Übung Nr. 82 = NZA 2009, 196.
2 Zusammenstellung der verdrängenden Sondervorschriften bei AnwK-BGB/*Mansel*/*Stürner*, § 200 Rn 4; Soergel/ *Niedenführ*, § 200 Rn 4.

1 MüKo-BGB/*Grothe*, § 201 Rn 2; AnwK-BGB/*Mansel*/ *Stürner*, § 201 Rn 3; jew. m.w.N.; zur früheren Rspr. BGH 16.6.1972 – I ZR 154/70 – BGHZ 59, 72, 74 = WM 1972, 1230.
2 JurisPK-BGB/*Lakkis*, § 201 Rn 4.

beim Schuldner ist nicht erforderlich.[3] Beim Schuldenbereinigungsplan ist der gerichtliche Beschluss nach § 308 Abs. 1 S. 1 InsO maßgeblich.

IV. § 197 Abs. 1 Nr. 5

7 Die Vollstreckbarkeit eines zur Insolvenztabelle festgestellten Anspruchs richtet sich nach §§ 178, 201 Abs. 2, 215 Abs. 2, 267 InsO und beginnt mit dessen Vollstreckbarkeit.

§ 202 Unzulässigkeit von Vereinbarungen über die Verjährung

(1) Die Verjährung kann bei Haftung wegen Vorsatzes nicht im Voraus durch Rechtsgeschäft erleichtert werden.
(2) Die Verjährung kann durch Rechtsgeschäft nicht über eine Verjährungsfrist von 30 Jahren ab dem gesetzlichen Verjährungsbeginn hinaus erschwert werden.

A. Allgemeines	1	II. Verjährungserleichterung (Abs. 1)		7
B. Regelungsgehalt	3	III. Verjährungserschwerung (Abs. 2)		11
I. Rechtsgeschäftliche Vereinbarung	3	C. Beraterhinweise		13

A. Allgemeines

1 Durch das Schuldrechtsmodernisierungsgesetz sind – abweichend vom früheren Recht (§ 225 a.F.)[1] – rechtsgeschäftliche Vereinbarungen über die **Erschwerung** der Verjährung **zulässig** geworden. **Verkürzungen der Frist** waren schon nach altem Recht statthaft.

2 **Einschränkungen** enthält § 202 in zwei Richtungen: Eine im Voraus durch Rechtsgeschäft erleichterte Verjährung ist für **Vorsatzhaftung unzulässig** (Abs. 1). Die Verlängerung darf eine Frist von **maximal dreißig Jahren** vorsehen (Abs. 2).

B. Regelungsgehalt

I. Rechtsgeschäftliche Vereinbarung

3 Zur Änderung der Frist bedarf es einer rechtsgeschäftlichen **Vereinbarung** zwischen den Parteien.[2] Eine Vereinbarung i.S.d. Vorschrift kann sich auch aus einem (allgemeinverbindlichen) TV ergeben,[3] der durch eine arbeitsvertragliche Bezugnahmeklausel zur Anwendung kommen kann.[4] Die Abrede ist nicht formbedürftig.[5] Die Annahme kann nach § 151 erfolgen. Die Vereinbarung kann, wie Abs. 1 zeigt, sowohl vor der Entstehung des Anspruchs als auch nachträglich geschlossen werden. Eine Verlängerung ist auch nach Ablauf der gesetzlichen Verjährungsfrist möglich.[6]

4 **Gegenstand der Vereinbarung** können nicht nur Modifikationen der einschlägigen Verjährungsfrist sein, sondern auch Abreden über deren Beginn, die Hemmung oder den Neubeginn. Bestehen konkurrierende Ansprüche, ist – v.a. bei vorab getroffenen Regelungen – die Reichweite der Verjährungsabrede zu überprüfen. So werden mit dem Anspruch konkurrierende oder wirtschaftlich an seine Stelle getretene Ansprüche i.d.R. mit erfasst sein.[7] Ob das auch für konkurrierende deliktische Ansprüche der Fall ist, bedarf stets einer genauen Überprüfung.[8]

5 Verjährungsabreden können in **AGB** getroffen werden. Sie unterfallen dann der Klauselkontrolle, namentlich den Grenzen der §§ 305c, 307, 309 Nr. 8b ff.[9] In der Praxis werden indes vertragliche oder tarifliche Ausschlussfristen vorrangig zum Tragen kommen.

---

3 MüKo-BGB/*Grothe*, § 201 Rn 3; a.A. jurisPK-BGB/*Lakkis*, § 201 Rn 4.
1 S. dazu BT-Drucks 14/6040, S. 110 f., ausf. AnwK-BGB/ *Mansel/Stürner*, § 202 Rn 1 ff.
2 Palandt/*Heinrichs*, § 202 Rn 2, dort auch zur Friständerung durch einseitiges Rechtsgeschäft.
3 BAG 21.1.2009 – 9 AZR 67/08 – DB 2009, 1660.
4 LAG Hamm 22.1.2009 – 15 Sa 1022/08 – AE 2009, 236.
5 MüKo-BGB/*Grothe*, § 202 Rn 4; AnwK-BGB/*Mansel/ Stürner*, § 202 Rn 9; a.A. Palandt/*Heinrichs*, § 202
Rn 2b, in Fällen des § 766; so wohl auch Staudinger/*Peters*, § 202 Rn 6.
6 BT-Drucks 14/6040, S. 110.
7 BT-Drucks 14/6040, S. 110 f.
8 Vgl. BGH 16.9.2002 – II ZR 107/01 – NJW 2002, 3777 = DB 2002, 2480; gegen die Erfassung deliktischer Ansprüche Staudinger/*Peters*, § 202 Rn 8; a.A. AnwK-BGB/ *Mansel/Stürner*, § 202 Rn 65; Soergel/*Niedenführ*, § 202 Rn 6.
9 Ausf. *Lakies*, AR-Blattei SD 35, Rn 403 ff.

Die Abrede ist **abzugrenzen** gegenüber dem **Verzicht** des Schuldners,[10] die Einrede der Verjährung nicht zu erheben (vgl. § 214 Rn 2). Dieser kann auch nach Eintritt der Verjährung erklärt werden.[11] Ein Verzicht führt nicht zur Unverjährbarkeit des Anspruchs. Enthält ein Verzicht keine zeitliche Einschränkung, ist davon auszugehen, dass er die Grenzen des Abs. 2 einhält, soweit sich aus der Auslegung der Erklärung nicht Abweichendes ergibt.[12] Allerdings wird anders als beim Anerkenntnis (§ 212 Abs. 1 Nr. 1) kein neuer Verjährungslauf in Gang gesetzt (siehe Rn 3).[13]

II. Verjährungserleichterung (Abs. 1)

Abs. 1 sieht keine gesetzliche Mindestverjährungsfrist vor. Eine angemessene, einheitliche Mindestverjährungsfrist für alle Anspruchstypen hielt der Gesetzgeber für nicht bestimmbar.[14]

Im Voraus kann eine verjährungserleichternde Abrede bei Haftung **wegen Vorsatz** nicht getroffen werden.[15] Hier greift die Wertung des § 277 Abs. 3.[16] Die frühere Rspr. zur Abkürzung der Verjährungsfristen i.R.v. § 276 Abs. 2 a.F. (= § 276 Abs. 3) kann nicht mehr herangezogen werden.

Nicht erfasst werden Abreden, die **nach Anspruchsentstehung** getroffen werden. Über unverjährbare Ansprüche (§ 194 Abs. 2) können keine anders lautenden Vereinbarungen geschlossen werden.

Zweifelhaft erscheint es, dass bei einer Anspruchserleichterung stets die Haftung für Vorsatz ausdrücklich ausgenommen sein muss, soll die Abrede nicht nach § 134 unwirksam sein.[17] Nach der Rspr. greift in einem solchen Fall § 139, da ohne Weiteres davon ausgegangen werden kann, die Vertragsparteien hätten die Klausel auch ohne den nichtigen Teil vereinbart.[18]

III. Verjährungserschwerung (Abs. 2)

Abs. 2 lässt im Gegensatz zur früheren Rechtslage **verjährungserschwerende Abreden** bis zu einer Frist (berechnet nach § 188 Abs. 2) von maximal 30 Jahren „ab dem gesetzlichen Verjährungsbeginn" zu. Erfasst werden sämtliche Vereinbarungen, die i.E. zu einer längeren Verjährungsfrist führen – etwa durch abweichende Regelungen hinsichtlich der Hemmung oder des Verjährungsneubeginns. Hierzu gehören auch in TV geregelte Verjährungsfristen, wenn der **TV für allgemeinverbindlich** erklärt wird.[19] Bei Musterprozessabreden genügt es, wenn im Zeitpunkt der Vereinbarung die Parteien davon ausgehen konnten, die dreißigjährige Frist werde nicht überschritten.[20]

Die Vereinbarung einer längeren Frist als die von 30 Jahren ist – ebenso wie der Verjährungsausschluss – nichtig, und es bleibt auch nicht der zulässige Teil erhalten.[21] Nach altem Rechtszustand unzulässige Abreden müssen neu getroffen, selbst wenn sie jetzt ihrem Inhalt nach statthaft sind.

C. Beraterhinweise

In Anbetracht der weit verbreiteten **Ausschlussfristen** kommt Vereinbarungen über eine Änderung der Verjährungsfristen in der Praxis wohl keine allzu große Bedeutung zu. Gleichwohl eröffnet Abs. 2 Gestaltungsspielräume, die im Hinblick auf die verkürzte Regelverjährung genutzt werden können.

Abreden bieten sich v.a. an, um Schwierigkeiten bei der Bestimmung des Hemmungszeitraums zu entgehen.[22] Weiterhin sind **Musterprozessabreden** in Betracht zu ziehen, namentlich dann, wenn im Hinblick auf diese Verfahren die Verhandlungen i.Ü. ruhen.[23]

Im Hinblick auf die derzeitige Rspr. (siehe Rn 9) sollte für **Vorsatzhaftung** stets eine Ausnahme vereinbart werden.

---

10 Ausf. *Lakkis*, ZGS 2003, 423 ff.
11 Anders allerdings OLG Frankfurt 15.8.2008 – 19 U 57/08 – juris.
12 BGH 18.9.2007 – XI ZR 447/06 – BB 2007, 2591 = MDR 2008, 94, m.w.N. zum Streitstand.
13 BGH 18.9.2007 – XI ZR 447/06 – BB 2007, 2591 = MDR 2008, 94, m.w.N.; *Lakkis*, ZGR 2003, 432; a.A. Palandt/*Heinrichs*, § 202 Rn 3a; Soergel/*Niedenführ*, § 202 Rn 15; sowie die Voraufl. S. auch LAG Hamm 15.1.2008 – 19 Sa 1398/07 – juris: „Verzicht" auf die Verjährungseinrede in einer zweiseitigen Vereinbarung, Revision anhängig – 3 AZR 191/08.
14 BT-Drucks 14/6040, S. 110, s. auch BT-Drucks 4/6875, S. 43.
15 Unklar bei LAG Schleswig-Holstein 21.12.2004 – 2 Sa 295/04 – NZA-RR 2005, 320; zu Recht abl. jurisPK-BGB/*Lakkis*, § 202 Rn 14.1. Zu vertraglich vereinbarten Ausschlussfristen siehe BAG 30.10.2008 – 8 AZR 886/07 – juris; BAG 16.5.2007 – 8 AZR 709/06 – BAGE 122, 304 = AP § 611 BGB Mobbing Nr. 5; BAG 25.5.2005 – 5 AZR 572/04 – BAGE 115, 19 = AP § 310 BGB Nr. 1.
16 BT-Drucks 14/6040, S. 110 f.
17 So für Ausschlussfristen unter Heranziehung von § 202: ArbG Stralsund 27.4.2004 – 5 Ca 577/03 – DB 2004, 1368, zust. *Matthiessen/Shea*, DB 2004, 1366; offen gelassen in LAG Niedersachsen 18.3.2005 – 10 Sa 1990/04 – NZA-RR 2005, 401, 405, m.w.N.
18 Für Ausschlussfristen: BAG 25.5.2005 – 5 AZR 572/04 – BAGE 115, 19 = AP § 310 BGB Nr. 1; BAG 28.9.2005 – 5 AZR 52/05 – BAGE 116, 66 = AP § 307 BGB Nr. 7.
19 BAG 21.9.2009 – 10 AZR 67/08 – DB 2009, 1660.
20 AnwK-BGB/*Mansel/Stürner*, § 202 Rn 12; Palandt/*Heinrichs*, § 202 Rn 4a.
21 AnwK-BGB/*Mansel/Stürner*, § 202 Rn 19; MüKo-BGB/*Grothe*, § 202 Rn 10.
22 JurisPK-BGB/*Lakkis*, § 202 Rn 2; AnwK-BGB/*Mansel/Stürner*, § 202 Rn 10; a.A. Staudinger/*Peters*, § 202 Rn 19.
23 JurisPK-BGB/*Lakkis*, § 202 Rn 3.

Titel 2: Hemmung, Ablaufhemmung und Neubeginn der Verjährung

§ 203 Hemmung der Verjährung bei Verhandlungen

¹Schweben zwischen dem Schuldner und dem Gläubiger Verhandlungen über den Anspruch oder die den Anspruch begründenden Umstände, so ist die Verjährung gehemmt, bis der eine oder der andere Teil die Fortsetzung der Verhandlungen verweigert. ²Die Verjährung tritt frühestens drei Monate nach dem Ende der Hemmung ein.

A. Allgemeines	1	II. Verhandlungen	5
B. Regelungsgehalt	3	III. Rechtsfolgen	8
I. Erfasste Ansprüche	3	**C. Beraterhinweise**	10

A. Allgemeines

1 Verhandlungen über den Anspruch und die ihn begründenden Umstände führen zu einer **Hemmung der Verjährung** (zur Wirkung vgl. § 209). Durch das Schuldrechtsmodernisierungsgesetz wurde die in § 852 Abs. 2 a.F. und einzelnen Sondernormen enthaltene Regelung, die von der Rspr. über den Gedanken von Treu und Glauben (§ 242) auch auf andere Fallgestaltungen angewendet wurde,[1] auf alle Ansprüche ausgedehnt, deren Verjährung sich nach den Bestimmungen des BGB richtet.[2]

2 Die Vorschrift soll es den Parteien ermöglichen, über den Anspruch Verhandlungen aufnehmen zu können, ohne unter den Zeitdruck einer drohenden Verjährung zu geraten, die den Gläubiger zur Einleitung von (Kosten verursachenden) verjährungsunterbrechenden Rechtsverfolgungsmaßnahmen zwingt und eine mögliche außergerichtliche Vereinbarung gefährdet. Die **gütliche Streitbeilegung** wird so gefördert.

B. Regelungsgehalt

I. Erfasste Ansprüche

3 Erfasst werden alle Ansprüche, deren Verjährung sich nach dem BGB richtet oder bei denen zumindest hinsichtlich der Verjährungshemmung auf die Vorschriften des BGB verwiesen wird.[3] Für geringfügige **Beträge unter 25 EUR** ist nach § 5 Abs. 3 S. 4 GKG, § 17 Abs. 3 KostO, § 8 Abs. 3 S. 4 GvKostG, § 2 Abs. 4 S. 2 JVEG die Hemmung allerdings ausgeschlossen.

4 Die Hemmung tritt bei einer Mehrheit von Berechtigten oder Verpflichteten nur gegenüber demjenigen ein, mit dem die Verhandlungen geführt werden (§ 425 Abs. 2).[4]

II. Verhandlungen

5 **Gegenstand der Verhandlung** ist der „**Anspruch**" i.S.d. zugrunde liegenden Lebenssachverhalts, aus dem dieser abgeleitet wird.[5] Der **Umfang der Hemmung** richtet sich, wenn mehrere Ansprüche bestehen, nach dem Gegenstand der Verhandlungen. Dabei ist – hilfsweise durch Auslegung – zu ermitteln, welche Ansprüche in sie einbezogen wurden.[6] Schließen die Parteien einen gerichtlichen Widerrufsvergleich, wird die Verjährung für die vom Vergleich erfassten Ansprüche bis zum Ablauf der Widerrufsfrist gehemmt.[7] Grds. sind auch Neben- und Ersatzansprüche mit umfasst, ebenso potenzielle, noch nicht eingetretene Schadensfolgen. Ein Anderes kann sich ausnahmsweise dann ergeben, wenn nur über einen abtrennbaren Teil des Anspruchs verhandelt wird.[8]

6 Voraussetzung der Hemmung sind **Verhandlungen**, wobei der Begriff weit zu verstehen ist.[9] Lediglich **einseitige Erklärungen** des Anspruchsinhabers, auf die der vermeintlich Verpflichtete nicht, ablehnend oder mit Erfüllungsverwei-

---

1 Nachw. bei AnwK-BGB/*Mansel/Stürner*, § 203 Rn 1 Fn 4, Rn 8.
2 BT-Drucks 14/6040, S. 112, 17/7052, S. 180.
3 AnwK-BGB/*Mansel/Stürner*, § 203 Rn 10; Palandt/*Heinrichs*, § 203 Rn 1.
4 AnwK-BGB/*Mansel/Stürner*, § 203 Rn 16; MüKo-BGB/ *Grothe*, § 203 Rn 7.
5 BT-Drucks 14/6040 S. 112.
6 OLG München 6.10.2004 – 7 U 3009/04 – DB 2005, 884 = ZIP 2005, 656.
7 BGH 4.5.2005 – VIII ZR 93/04 – NJW 2005, 2004 = MDR 2005, 1153.
8 BGH 14.11.1997 – IV TR 357/96 – NJW 1998, 1142 = ZIP 1998, 111.
9 BGH 8.5.2001 – VI ZR 208/00 – NJW-RR 2001, 1168 = DB 2001, 2649; siehe auch LAG Rheinland-Pfalz 30.11.2007 – 9 Sa 496/07 – DB 2008, 592.

gerung[10] reagiert, reichen nicht aus. Gleiches gilt, wenn lediglich der Eingang des Geltendmachungsschreibens bestätigt,[11] in der mündlichen Verhandlung ein gerichtlicher Vergleichsvorschlag kommentarlos entgegengenommen[12] oder nur mit floskelhaften Wendungen (etwa: „die Akten würden gesichtet") reagiert wird.[13] Ausreichend ist jeder Meinungsaustausch über den Anspruch oder die ihn begründenden Umstände.[14] Vergleichsbereitschaft ist nicht erforderlich.[15] Hinsichtlich der möglichen Fallgestaltungen kann auf die Rspr. zu § 852 Abs. 2 a.F. zurückgegriffen werden.[16]

Die **Verhandlungen müssen** zwischen den Parteien **schweben**. Von der Festlegung von Kriterien hat der Gesetzgeber ob der Vielgestaltigkeit der tatsächlichen Verhältnisse bewusst abgesehen.[17] Das gilt namentlich für den Fall der „eingeschlafenen" Verhandlungen, die einem Abbruch gleichgestellt werden können.[18] Sie enden dann, wenn der nächste Schritt nach Treu und Glauben zu erwarten gewesen wäre.[19] Allerdings lässt sich die sechsmonatige Frist des § 204 Abs. 2 S. 1 schon aufgrund der Entstehungsgeschichte hierfür nicht verallgemeinern.[20] Nach dem vorgenannten Kriterium können auch die Fälle einer **Verschleppung** erfasst werden. I.Ü. beendet jedes klare und eindeutige Verhalten, eine Fortsetzung der Verhandlungen nicht mehr in Betracht zu ziehen, die Verhandlungen.[21]   7

III. Rechtsfolgen

Die Verjährung ist für die **Dauer der schwebenden Verhandlungen gehemmt**. Deren Wirkung bestimmt sich nach § 209. Eine erneute Aufnahme von Verhandlungen wirkt nicht auf den Zeitpunkt der erstmals aufgenommenen zurück.[22] Erforderlich ist, dass zu Beginn der Verhandlungen die Verjährung noch nicht eingetreten war. Eine zu diesem Zeitpunkt bereits eingetretene Verjährung wird durch Aufnahme von Verhandlungen nicht wieder aufgehoben (siehe § 202 Rn 3 zur Vereinbarung nach dieser Vorschrift).[23]   8

Zum Schutz des Gläubigers vor einem überraschenden Abbruch der Verhandlungen sieht S. 2 eine **Ablaufhemmung** vor. Die Verjährung tritt frühestens **drei Monate** nach Verhandlungsende ein. In dieser Zeit können andere Maßnahmen zur Verjährungsunterbrechung, insb. nach § 204, eingeleitet werden.   9

C. Beraterhinweise

Die Darlegungs- und Beweislast trifft für den Beginn der Verhandlungen den Gläubiger. Ob das auch für deren Ende gilt, ist umstr. Der Normstruktur lassen sich keine klaren Aussagen entnehmen. Die Beendigung der Verhandlungen hebt die Hemmung auf. Die Beweislast für eine solche „rechtshemmende" Tatsache trifft grds. den Schuldner.[24]   10

Der Verjährungshemmung kommt nach dem Schuldrechtsmodernisierungsgesetz eine größere Bedeutung zu. Wegen der begrenzten Rechtsfolge der Hemmung (vgl. § 209), ist auf eine **sorgfältige Fristenberechnung** für die Bestimmung der Restfrist zu achten. Der Rechtssicherheit und -klarheit dienen klarstellende Abreden über Beginn und Ende der Verhandlungen und daneben Vereinbarungen nach § 202.   11

| § 204 | Hemmung der Verjährung durch Rechtsverfolgung |

(1) Die Verjährung wird gehemmt durch
1. die Erhebung der Klage auf Leistung oder auf Feststellung des Anspruchs, auf Erteilung der Vollstreckungsklausel oder auf Erlass des Vollstreckungsurteils,
2. die Zustellung des Antrags im vereinfachten Verfahren über den Unterhalt Minderjähriger,

---

10 OVG Nordrhein-Westfalen 17.12.2008 – 1 A 144/07 – juris.
11 OLG Stuttgart 6.11.1970 – 2 U 23/70 – VersR 1971, 1178.
12 OLG Schleswig-Holstein 18.7.2006 – 3 U 162/05 – SchlHA 2007, 155.
13 OLG Sachsen-Anhalt 23.10.2008 – 9 U 19/08 – BauR 2009, 291.
14 Etwa BGH 28.11.1984 – VIII ZR 240/83 – BGHZ 93, 64 = NJW 1985, 798; BGH 8.5.2001 – VI ZR 208/00 – NJW-RR 2001 = DB 2001, 2649; OLG Koblenz 30.3.2006 – 6 U 1475/05 – juris.
15 BGH 17.2.2004 – VI ZR 429/02 – NJW 2004, 1654 = MDR 2004, 809.
16 Einzelfälle bei AnwK-BGB/*Mansel/Stürner*, § 203 Rn 20 ff.
17 BT-Drucks 14/6040, S. 112. Zum „Schweben" der Verhandlungen ausf. *Oppenborn*, S. 125 ff.
18 BGH 6.11.2008 – IX ZR 158/07 – MDR 2009, 275 = WM 2009, 282; BGH 30.10.2007 – X ZR 101/06 – NJW 2008, 576 = WM 2008, 656; OLG Sachsen-Anhalt 23.10.2008 – 9 U 19/08 – BauR 2009, 291. Ausf. *Oppenborn*, S. 119 ff.
19 BGH 7.1.1986 – VI ZR 203/94 – NJW 1986, 1338 = MDR 1986, 489.
20 OLG Sachsen-Anhalt 23.10.2008 – 9 U 19/08 – BauR 2009, 291. S. auch BT-Drucks 14/6857, Anl. 3 Nr. 8: Ein entsprechender Vorschlag wurde seitens der BReg abgelehnt.
21 BGH 30.6.1998 – VI ZR 260/97 – NJW 1998, 2819 = BB 1998, 1815; Soergel/*Niedenführ*, § 203 Rn 7.
22 OLG Sachsen-Anhalt 23.10.2008 – 9 U 19/08 – BauR 2009, 291.
23 BGH 28.1.2003 – VI ZR 262/02 – NJW 2003, 1524 = VersR 2003, 452.
24 Ausf. AnwK-BGB/*Mansel/Stürner*, § 203 Rn 49; Staudinger/*Peters*, § 203 Rn 19; a.A. MüKo-BGB/*Grothe*, § 203 Rn 1; jurisPK-BGB/*Lakkis*, § 203 Rn 16.

3. die Zustellung des Mahnbescheids im Mahnverfahren oder des Europäischen Zahlungsbefehls im Europäischen Mahnverfahren nach der Verordnung (EG) Nr. 1896/2006 des Europäischen Parlaments und des Rates vom 12. Dezember 2006 zur Einführung eines Europäischen Mahnverfahrens (ABl. EU Nr. L 399 S. 1),
4. die Veranlassung der Bekanntgabe des Güteantrags, der bei einer durch die Landesjustizverwaltung eingerichteten oder anerkannten Gütestelle oder, wenn die Parteien den Einigungsversuch einvernehmlich unternehmen, bei einer sonstigen Gütestelle, die Streitbeilegungen betreibt, eingereicht ist; wird die Bekanntgabe demnächst nach der Einreichung des Antrags veranlasst, so tritt die Hemmung der Verjährung bereits mit der Einreichung ein,
5. die Geltendmachung der Aufrechnung des Anspruchs im Prozess,
6. die Zustellung der Streitverkündung,
7. die Zustellung des Antrags auf Durchführung eines selbständigen Beweisverfahrens,
8. den Beginn eines vereinbarten Begutachtungsverfahrens,
9. die Zustellung des Antrags auf Erlass eines Arrests, einer einstweiligen Verfügung oder einer einstweiligen Anordnung, oder, wenn der Antrag nicht zugestellt wird, dessen Einreichung, wenn der Arrestbefehl, die einstweilige Verfügung oder die einstweilige Anordnung innerhalb eines Monats seit Verkündung oder Zustellung an den Gläubiger dem Schuldner zugestellt wird,
10. die Anmeldung des Anspruchs im Insolvenzverfahren oder im Schifffahrtsrechtlichen Verteilungsverfahren,
11. den Beginn des schiedsrichterlichen Verfahrens,
12. die Einreichung des Antrages bei einer Behörde, wenn die Zulässigkeit der Klage von der Vorentscheidung dieser Behörde abhängt und innerhalb von drei Monaten nach Erledigung des Gesuchs die Klage erhoben wird; dies gilt entsprechend für bei einem Gericht oder bei einer in Nummer 4 bezeichneten Gütestelle zu stellende Anträge, deren Zulässigkeit von der Vorentscheidung einer Behörde abhängt,
13. die Einreichung des Antrags bei dem höheren Gericht, wenn dieses das zuständige Gericht zu bestimmen hat und innerhalb von drei Monaten nach Erledigung des Gesuchs die Klage erhoben oder der Antrag, für den die Gerichtsstandsbestimmung zu erfolgen hat, gestellt wird, und
14. die Veranlassung der Bekanntgabe des erstmaligen Antrags auf Gewährung von Prozesskostenhilfe oder Verfahrenskostenhilfe; wird die Bekanntgabe demnächst nach der Einreichung des Antrags veranlasst, so tritt die Hemmung der Verjährung bereits mit der Einreichung ein.

(2) ¹Die Hemmung nach Absatz 1 endet sechs Monate nach der rechtskräftigen Entscheidung oder anderweitigen Beendigung des eingeleiteten Verfahrens. ²Gerät das Verfahren dadurch in Stillstand, dass die Parteien es nicht betreiben, so tritt an die Stelle der Beendigung des Verfahrens die letzte Verfahrenshandlung der Parteien, des Gerichts oder der sonst mit dem Verfahren befassten Stelle. ³Die Hemmung beginnt erneut, wenn eine der Parteien das Verfahren weiter betreibt.

(3) Auf die Frist nach Absatz 1 Nr. 9, 12 und 13 finden die §§ 206, 210 und 211 entsprechende Anwendung.

A. Allgemeines 1	6. Einstweiliger Rechtsschutz (Nr. 9) 18
B. Regelungsgehalt 4	7. Anmeldung des Anspruchs im Insolvenzverfahren (Nr. 10) 18a
I. Hemmungstatbestände (Abs. 1) 4	8. Prozesskostenhilfeantrag (Nr. 14) 19
1. Klageerhebung (Nr. 1) 4	9. Weitere Tatbestände 22
2. Mahnbescheid (Nr. 3) 10	II. Ende der Verjährungshemmung (Abs. 2) 24
3. Aufrechnung (Nr. 5) 13	C. Beraterhinweise 32
4. Streitverkündung (Nr. 6) 15	
5. Selbstständiges Beweisverfahren (Nr. 7) 17	

A. Allgemeines

1 Die Vorschrift gibt dem Gläubiger die Möglichkeit, durch **Maßnahmen der Rechtsverfolgung** den Eintritt der Verjährung zu hemmen. Im Unterschied zum früheren Recht, das bei den förmlichen Maßnahmen zur Anspruchsdurchsetzung regelmäßig die Unterbrechung vorsah (vgl. §§ 209, 210, 220 a.F.), mit der Folge, dass die Verjährungsfrist von Neuem zu Laufen beginnt, tritt jetzt lediglich eine **Verjährungshemmung** ein (zur Wirkung s. § 209, siehe aber auch § 212 Abs. 1 Nr. 2).

Durch Art. 1 Nr. 1a des Gesetzes zur Sicherung von Werkunternehmeransprüchen und zur verbesserten Durchsetzung von Forderungen (Forderungssicherungsgesetz – FoSiG) vom 23.10.2008 (BGBl I 2022) wurde Abs. 1 Nr. 8 mit Wirkung zum 1.1.2009 geändert. Der vormalige Passus „oder die Beauftragung des Gutachters in dem Verfahren nach § 641a" wurde gestrichen. Abs. 1 Nr. 14 wurde durch Art. 50 Nr. 4a des Gesetzes zur Reform des Verfahrens in Familiensachen und in Angelegenheiten der freiwilligen Gerichtsbarkeit (FGG-Reformgesetz – FGG-RG) vom 17.12.2008 (BGBl I S. 2586) um die Worte „oder Verfahrenshilfe" mit Wirkung zum 1.9.2009 ergänzt (zur Änderung von Abs. 1 Nr. 3 siehe Rn 3).

Der Gesetzgeber hat hinsichtlich der Rechtsfolge die Kritik von *Peters/Zimmermann*[1] aufgegriffen. Der Schutz des Gläubigers erfordert bei rechtskräftiger Feststellung des Anspruchs nicht den Neubeginn der Verjährung, da insoweit dann § 197 Abs. 1 Nr. 3 eingreift. Wird hingegen die Klage als unbegründet abgewiesen, steht zugleich fest, dass ein Anspruch nicht besteht. Im Fall der Klagerücknahme und der Abweisung als unzulässig entfiel die Unterbrechung rückwirkend, trat aber wieder ein, wenn binnen sechs Monaten erneut Klage erhoben wurde – was in der Sache eine Hemmung bedeutete. **2**

Gegenüber der vormaligen Rechtslage wird klargestellt, dass auch der **Antrag auf Gewährung von Prozesskostenhilfe** zu einer Hemmung der Verjährung führt (siehe Rn 19). Durch Art. 7 des Gesetzes zur Verbesserung der grenzüberschreitenden Forderungsdurchsetzung und Zustellung vom 30.10.2008[2] wurde Abs. 1 Nr. 3 neben dem Mahnbescheid um den **Europäischen Zahlungsbefehl** im Europäischen Mahnverfahren[3] mit Wirkung zum 12.12.2008 erweitert.[4] **3**

B. Regelungsgehalt

I. Hemmungstatbestände (Abs. 1)

1. Klageerhebung (Nr. 1). Die Hemmung der Verjährung erfolgt durch **Klageerhebung**. Das entspricht – bis auf die Rechtsfolge (Rn 1) – § 209 Abs. 1 a.F. Die hierzu ergangene Rspr. kann nach wie vor herangezogen werden. Erfasst werden zunächst die **Leistungsklage**[5] und die positive[6] **Feststellungsklage** (§ 256 ZPO),[7] daneben der Antrag auf **Erteilung einer Vollstreckungsklausel** (§§ 731, 796, 797, 797a, 800 ZPO) und auf Erlass eines Vollstreckungsurteils (§§ 722, 1060, 1061 ZPO). **4**

Die Wirkung wird auch herbeigeführt durch einen lediglich **hilfsweise**,[8] oder im Wege der **Widerklage** geltend gemachten Anspruch[9] sowie durch Klage auf **zukünftige Leistung**.[10] Hemmung tritt durch die als **Stufenklage** erhobene Leistungsklage ein,[11] auch wenn die Auskunft sich auf einen falschen Stichtag bezieht,[12] jedoch nur in dem Umfang, in dem der Anspruch danach beziffert wird.[13] Allein eine Auskunftsklage hemmt die Verjährung des Hauptanspruchs nicht.[14] Werden allerdings wiederholt gleichgerichtete Klagen erhoben, die jeweils zurückgenommen werden, kann ein **rechtsmissbräuchliches Verhalten** vorliegen, welches dem Gläubiger die Berufung auf die Verjährungshemmung verwehrt.[15] **5**

Die Verjährung wird ebenfalls durch eine positive **Feststellungsklage** gehemmt, selbst wenn sie unzulässig ist. Dabei kann auch die drohende Verjährung das Feststellungsinteresse begründen.[16] Das ist aber nicht der Fall, wenn bereits ein rechtskräftiger Titel vorliegt und die Verjährung durch Vornahme einer Vollstreckungshandlung gehemmt werden kann (§ 212 Abs. 1 Nr. 2).[17] Nicht ausreichend ist die **negative Feststellungsklage** des Schuldners, auch wenn der Gläubiger sich gegen diese verteidigt.[18] Der Gläubiger ist gehalten, selbst Leistungs- oder positive Feststellungsklage zu erheben[19] **6**

Die Klage muss vor Ablauf der Verjährungsfrist wirksam erhoben werden. Die **Klageerhebung** erfolgt durch Zustellung der Klageschrift (§ 253 Abs. 1 ZPO), wobei die Zustellung nach § 167 ZPO (= § 270 Abs. 3 ZPO a.F.) auf den **7**

---

1 *Peters/Zimmermann*, S. 260 ff., 308; vgl. BT-Drucks 14/6040, S. 113.
2 BGBl I S. 2122.
3 VO-EG Nr. 1896/2006, v. 12.12.2006, ABlEG l 399 S. 1.
4 Dazu *Vollkommer/Huber*, NJW 2009, 1105 ff.; *Preuß*, ZZP 122 (2009), 3 ff.; *Rellermeyer*, RPfl 2009, 11 ff.
5 Etwa BAG 15.11.2005 – 9 AZR 623/04 – juris.
6 Zur negativen Feststellungsklage, der keine Verjährungshemmung zukommt: etwa BGH 8.6.1978 – VII ZR 54/76 – BGHZ 72, 23 = NJW 1978, 1975; a.A. *Piepenbrock*, S. 431 ff. m.w.N.
7 Vgl. BAG 20.11.2003 – AZR 580/02 – NJW 2004, 2848 = NZA 2004, 489.
8 BGH 7.5.1997 – VIII ZR 253/96 – NJW 1997, 3164 = BB 1997, 1383; BGH 10.10.1977 – VIII ZR 110/76 – NJW 1978, 14 = BB 1977, 1623. Ausf. *Piepenbrock*, S. 428 ff., m.w.N.
9 AnwK-BGB/*Mansel/Budzikiewicz*, § 204 Rn 17.
10 AnwK-BGB/*Mansel/Budzikiewicz*, § 204 Rn 22; Palandt/ Heinrichs, § 204 Rn 2.
11 BGH 27.1.1999 – XII ZR 113/97 – NJW 1999, 1101; BAG 28.1.1986 – 3 AZR 449/84 – AP § 61 HGB Nr. 2 = EzA § 61 HGB Nr. 2.
12 OLG Zweibrücken 16.1.2001 – 5 UF 89/00 – NJW-RR 2001, 865,
13 BGH 17.6.1992 – IV ZR 183/91 – NJW 1992, 2563, = MDR 1992, 1180; ausf. AnwK-BGB/*Mansel/Budzikiewicz*, § 204 Rn 20 f.
14 BAG 5.9.1995 – 9 AZR 660/94 – AP § 196 BGB Nr. 16 = EzA § 196 BGB Nr. 9; BAG 1.4.2009 – 10 AZR 134/08 – juris.
15 BT-Drucks 14/6857 S. 44; 14/6040, S. 113; AnwK-BGB/ *Mansel/Budzikiewicz*, § 204 Rn 14.
16 BGH 19.1.2006 – IX ZR 232/01 – DB 2006, 889.
17 BGH 7.5.2003 – IV ZR 121/02 – NJW-RR 2003, 1076 = MDR 2003, 1067.
18 BAG 1.4.2009 – 10 AZR 134/08 – juris; BGH 21.3.1972 – VI ZR 110/71 – NJW 1972, 1043; a.A. jurisPK-BGB/*Lakkis*, § 204 Rn 16.
19 *Macke*, NJW 1990, 1651.

Zeitpunkt der Klageeinreichung zurückreicht, sofern sie demnächst[20] erfolgt.[21] Für die im Laufe eines Verfahrens – durch Klageerweiterung oder -änderung – erhobenen Ansprüche ist § 261 Abs. 2 ZPO einschlägig.[22] Gleiches gilt bei einem Parteiwechsel.[23] Die Klage ist wirksam erhoben, wenn sie den Anforderungen des § 253 Abs. 2 Nr. 2 ZPO entspricht. Die Verjährung bei einer Leistungsklage wird aber nur im Umgang des bezifferten Antrags gehemmt.[24] Sie muss daher den Streitgegenstand hinreichend bestimmt benennen.[25] Wird ein **unzuständiges Gericht** angerufen, hindert das die Verjährungshemmung nicht.

8 Die Klageerhebung muss **durch den Berechtigten** erfolgen, wobei auf den Zeitpunkt der Klagezustellung abzustellen ist. Entscheidend ist nicht die Rechtsinhaberschaft, sondern die Berechtigung zur klageweisen Geltendmachung, etwa im Wege der Prozessstandschaft, die allerdings offen gelegt sein muss.[26] Die Hemmung wird nach § 265 ZPO nicht dadurch beeinflusst, dass der Berechtigte den Anspruch im Verlauf des Verfahrens abtritt. Wird der Kläger erst während des Verfahrens „Berechtigter", tritt die Hemmungswirkung ex nunc ein.[27]

9 Die Hemmung tritt hinsichtlich **aller materiell-rechtlichen Ansprüche** ein, die den Klageantrag begründen können,[28] einschließlich derjenigen, die funktional an die Stelle des ursprünglichen Anspruchs treten.[29] Eine **Künd-Schutzklage** führt nicht dazu, dass die Verjährung von Annahmeverzugsansprüchen gehindert wird.[30] Gleiches gilt für eine Klage auf Beschäftigung, etwa wenn ein behindertengerechter Arbeitsplatz klageweise geltend gemacht wird.[31] Die Hemmung tritt auch ein, wenn die Klage zunächst unschlüssig ist und erst im Verlauf des Rechtsstreits substantiiert wird, auch wenn das erst nach Ablauf der Verjährungsfrist erfolgt.[32] Selbst die **unzulässige** oder **unbegründete Klage** lässt die Hemmungswirkung eintreten.[33] Bei einer **Teilklage** tritt die Hemmung nur im Umfang des eingeklagten Betrags.[34] Werden Teilbeträge verschiedener Ansprüche eingeklagt, ohne klarzustellen, welcher Klagebetrag auf welchen Anspruch entfällt, tritt die Hemmung für alle Ansprüche in Höhe der gesamten Klageforderung ein. Die Verjährung dauert aber nur an, wenn im Verfahren aufgegliedert wird, aus welchen Teilforderungen sich der Klagebetrag zusammensetzt.[35]

10 **2. Mahnbescheid (Nr. 3).** Durch Zustellung eines **wirksamen Mahnbescheids** oder eines **Europäischen Zahlungsbefehls** (siehe oben Rn 3) tritt ebenfalls eine Verjährungshemmung ein. Das entspricht hinsichtlich des Mahnbescheids der Möglichkeit nach § 209 Abs. 2 Nr. 1 a.F.[36] Die Hemmung beginnt mit der Zustellung.[37] Erforderlich ist, dass der Mahnbescheid den geltend gemachten **Anspruch** hinreichend bezeichnet wird, so dass er **individualisierbar** ist.[38] Wird ein Teilbetrag aus mehreren Forderungen geltend gemacht, müssen die geltend gemachten Ansprüche vor Ablauf der Verjährungsfrist hinreichend individualisiert sein, damit die Hemmung eintritt.[39] Das kann durch eine Bezugnahme auf dem Schuldner übersandte und auch tatsächlich zugegangene Schreiben geschehen.[40] Es muss daher ersichtlich sein, für welche Monate Entgelt begehrt wird.[41]

11 Abgesehen von der Aktiv- und Passivlegitimation hängt die Hemmung nicht davon ab, dass alle Anspruchsvoraussetzungen vorliegen. **Fehlende Begründungselemente** können im Rahmen des Rechtsstreits nachgetragen werden.[42] Die Hemmung soll auch dann eintreten, wenn der Mahnbescheid trotz nicht erbrachter Gegenleistung erlassen

---

20 BAG 3.5.2006 – 10 AZR 344/05 – AP § 1 AEntG Nr. 25 = EzA § 1 AEntG Nr. 10; s. aber die besonderen Fallgestaltungen in BGH 27.4.2006 – I ZR 237/03 – NJW-RR 2006, 1436 (Nachfragepflicht beim Gericht); OLG Dresden 4.10.2006 – 8 U 1272/06 – NJW 2007, 297 (mehrfach fehlgeschlagene Zustellungsversuche).
21 Dazu BGH 9.2.2005 – XII ZB 118/04 – NJW 2005, 1194 = MDR 2005, 754; ausf. jurisPK-BGB/*Lakkis*, § 204 Rn 6.1 ff.
22 BAG 13.8.1992 – 2 AZR 119/92 – juris.
23 Ausf. zu Parteiwechsel und Rubrumsberichtigung *Burbulla*, MDR 2007, 439 ff.
24 BGH 11.3.2009 – IV ZR 224/07 – NJW 2009, 1950.
25 S. etwa BAG 5.11.2002 – 9 AZR 409/01 – BAGE 103, 218 = NZA 2003, 1267.
26 BGH 7.6.2001 – I ZR 49/99 – NJW-RR 2002, 20 = VersR 2002, 117; s. auch Brandenburgisches OLG 2.4.2008 – 3 U 83/07 – juris; anders nur *Kähler*, NJW 2006, 1769 ff.; dagegen *Rabe*, NJW 2006, 3089 ff.
27 BGH 16.3.1989 – VII ZR 63/88 – NJW-RR 1989, 1269 = MDR 1989, 729.
28 BGH 26.6.1996 – XII ZR 38/95 – NJW-RR 1996, 1409; BGH 4.7.1983 – II ZR 235/82 – NJW 1983, 2813 = DB 1983, 1871.
29 BGH 17.2.2006 – V ZR 236/03 – NJW-RR 2006, 736.
30 BAG 7.11.1991 – 2 AZR 159/91 – AP § 209 BGB Nr. 6 = EzA § 209 BGB Nr. 5.
31 LAG Rheinland-Pfalz 5.6.2008 – 10 Sa 699/07 – juris.
32 BGH 26.6.1996 – XII ZR 38/95 – NJW-RR 1996, 1409.
33 BGH 3.4.1996 – VIII ZR 315/94 – NJW-RR 1996, 885 = WM 1996, 1684; BGH 3.7.1980 – IVa ZR 38/80 – BGHZ 78, 5 = NJW 1980, 2461; AnwK-BGB/*Mansel/Budzikiewicz*, § 204 Rn 31; Palandt/*Heinrichs*, § 204 Rn 5.
34 BGH 2.5.2002 – III ZR 135/01 – BGHZ 151, 1 = NJW 2002, 2167.
35 BGH 3.4.1996 – VIII ZR 315/94 – NJW-RR 1996, 885 = WM 1996, 1684.
36 BT-Drucks 14/6040, S. 113.
37 S. auch BGH 21.3.2002 – VII ZR 230/01 – BGHZ 150, 221 = NJW 2002, 2794.
38 BAG 16.7.1998 – 8 AZR 89/97 – juris; BGH 23.1.2008 – VIII ZR 46/08 – NJW 2008, 1220 = MDR 2008, 584; 17.10.2000 – IX ZR 312/99 – NJW 2001, 305 = MDR 2001, 346; OLG Dresden 4.10.2006 – 8 U 1272/06 – WM 2007, 297.
39 BGH 21.10.2008 – XI ZR 466/07 – NJW 2009, 56 = MDR 2009, 215.
40 BGH 6.11.2007 – X ZR 103/05 – Grundeigentum 2008, 119.
41 So für Mietzinsforderungen KG Berlin 25.4.2005 – 8 U 236/04 – MDR 2005, 859.
42 BGH 27.2.2003 – VII ZR 48/01 – NJW-RR 2003, 784 = MDR 2003, 764.

wurde, da für den Schuldner der Rechtsverfolgungswille ersichtlich wird.[43] Auch eine Beantragung beim unzuständigen Gericht führt zur Hemmung.[44]

Im Falle der **Zurückweisung des Mahnantrags** wegen eines Mangels nach § 691 Abs. 1 ZPO entfällt die verjährungshemmende Wirkung nicht, wenn binnen eines Monats nach Zustellung der Zurückweisung Klage erhoben wird, § 691 Abs. 2 ZPO. Schließt sich das Verfahren vor dem ArbG an, ergibt sich das aus Abs. 1 Nr. 1, wie §§ 696 Abs. 2 S. 1, 700 Abs. 2 ZPO zeigen.[45]

3. Aufrechnung (Nr. 5). Die Vorschrift entspricht § 209 Abs. 2 Nr. 3 a.F., mit Ausnahme der geänderten Rechtsfolge (siehe Rn 1). Die Hemmung tritt nach Nr. 5 mit der **Geltendmachung der Aufrechnung** im Prozess ein – sei es, dass sie im Verfahren erklärt wird oder die Partei sich auf eine außerhalb davon erklärte Aufrechnungserklärung beruft (s. dazu auch § 215). Die Hemmung setzt voraus, dass sich die Aufrechnung gegen eine Forderung richtet, die **Gegenstand des Rechtsstreits** ist.[46] In der Sache erfasst Nr. 5 solche Ansprüche, bei denen die Aufrechnung nicht durchgreift, so bei der Eventualaufrechnung,[47] der unzulässigen Aufrechnung[48] oder wenn die Gegenforderung nicht in voller Höhe besteht. Denn i.Ü. erlischt die zur Aufrechnung gestellte Forderung.

Mit der **prozessualen Geltendmachung** tritt die Hemmung ein. Auf eine Zustellung kommt es nicht an. Die Aufrechnung ist kein Sachantrag nach § 270 Abs. 1 S. 1 ZPO. Der Umfang der Hemmung tritt in Höhe der Aufrechnungserklärung ein, wird also von der gegnerischen Klageforderung begrenzt.[49]

4. Streitverkündung (Nr. 6). Die Zustellung des Schriftsatzes, mit dem gegenüber einem Dritten die **Streitverkündung**[50] erfolgt (s. auch § 209 Abs. 2 Nr. 4 a.F.) führt zur Verjährungshemmung.[51] Das gilt auch für die Streitverkündung im selbstständigen Beweis-[52] oder im PKH-Verfahren.[53] Die Hemmung tritt unabhängig davon ein, ob die Feststellungen im anhängigen Prozess für den späteren präjudiziell sind. Es genügt die Vorgreiflichkeit i.S.d § 72 ZPO.[54]

Damit die Verjährung gehemmt wird, bedarf es trotz des Wortlauts „die Zustellung der Streitverkündung" einer nach § 73 ZPO **zulässigen Streitverkündung**.[55] Anzugeben ist nach § 73 S. 1 ZPO deren Grund, also desjenigen möglichen Anspruchs zwischen Streitverkünder und Streitverkündetem. Dieser ist so zu bezeichnen, dass er für den Empfänger individualisierbar ist.[56]

5. Selbstständiges Beweisverfahren (Nr. 7). Die verjährungshemmende Wirkung tritt ein bei Zustellung eines vom Gläubiger gestellten Antrags auf Durchführung eines **selbstständigen Beweisverfahrens** (s. §§ 477 Abs. 2, 639 Abs. 1 a.F.). Der Antrag muss sich gegen den betreffenden Schuldner richten – allein ein gegen „Unbekannt" durchgeführtes Verfahren reicht nicht aus.[57] Gleiches gilt für den unstatthaften, nicht aber für den unzulässigen Antrag.[58]

6. Einstweiliger Rechtsschutz (Nr. 9). Nach Abs. 1 Nr. 9 wird abweichend vom früheren Recht die Verjährung durch Zustellung eines Antrags auf Erlass eines **Arrests** (§ 916 ZPO) sowie einer **einstweiligen Verfügung oder Anordnung** (§§ 940, 945 ZPO) gehemmt. Die Hemmung tritt mit Einreichung des Antrags ein – wird allerdings ohne ausnahmsweise mündliche Verhandlung vor Zustellung entschieden, muss die Zustellung des Beschlusses binnen Monatsfrist erfolgen.[59] Die Hemmung tritt hinsichtlich des zu sichernden Anspruchs ein.[60]

---

43 OLG 11.2.2005 – 8 U 141/04 – OLGR Koblenz 2005, 349.
44 BAG 13.5.1987 – 5 AZR 106/86 – AP § 209 BGB Nr. 3 = EzA § 209 BGB Nr. 3.
45 Staudinger/*Peters*, § 204 Rn 150.
46 BGH 20.3.2009 – V ZR 208/07 – NJW-RR 2009, 1169.
47 BGH 10.4.2008 – VII ZR 58/07 – BGH 176, 128 = NJW 2008, 2429.
48 BGH 26.3.1981 – VII ZR 160/80 – BGHZ 80, 222 = NJW 1981, 1953; BGH 24.3.1982 – IVa ZR 303/80 – BGHZ 83, 260, 271 = NJW 1982, 1516.
49 BGH 24.6.1986 – VII ZR 262/85 – BB 1986, 1322 = DB 1986, 1721; BGH 11.7.1990 – VIII ZR 219/89 – NJW 1990, 2680 = DB 1990, 2215; jüngst BGH 20.3.2009 – V ZR 208/07 – juris.
50 Dazu *Oberthür*, ArbRB 2006, 29 ff.; *Prechtel*, ZAP Fach 13, 1315 ff.
51 S. *Bräuer*, AnwBl 2006, 350; siehe auch BAG 16.1.2003 – 2 AZR 735/00 – AP § 322 ZPO Nr. 38 = EzA TVG § 4 Ausschlussfristen Nr. 166.
52 BT-Drucks 14/6040, S. 114, unter Hinweis auf BGH 5.12.1996 – VII ZR 108/95 BGHZ 134, 190 = NJW 1997, 296. m.w.N. zum damaligen Streitstand.
53 AnwK-BGB/*Mansel/Budzikiewicz*, § 204 Rn 72; Palandt/*Heinrichs*, § 204 Rn 21.
54 So schon zum alten Rechtszustand: BGH 5.12.1996 – VII ZR 108/95 BGHZ 134, 190 = NJW 1997, 296; weiterhin AnwK-BGB/*Mansel/Budzikiewicz*, § 204 Rn 71, m.w.N.; a.A. Staudinger/*Peters*, § 204 Rn 78 ff. Zu den Voraussetzungen der wirksamen Streitverkündung BGH 22.12.1977 – VII ZR 94/76 – BGHZ 70, 187 = NJW 1978, 643.
55 BGH 6.12.2007 – IX ZR 143/06 – BGHZ 175, 1 = NJW 2008, 519, m. Anm. *Peters*, JR 2008, 462; a.A. Bamberger/Roth/*Henrich*, § 204 Rn 39.
56 BGH 16.6.2000 – LwZR 13/99 – MDR 2000, 1271 = VersR 2001, 253; s. auch Saarländisches OLG 17.8.2005 – 1 U 621/04 – NJW-RR 2006, 163.
57 BGH 13.3.1980 – VII ZR 80/79 – NJW 1980, 1458 = BB 1980, 703.
58 BGH 22.1.1998 – VII ZR 204/96 – NJW 1998, 1305 = MDR 1998, 530.
59 BT-Drucks 14/6040, S. 115.
60 BT-Drucks 14/6040, S. 115; AnwK-BGB/*Mansel/Budzikiewicz*, § 204 Rn 92.

18a **7. Anmeldung des Anspruchs im Insolvenzverfahren (Nr. 10).** Die Hemmung der Verjährung durch **Anmeldung zur Insolvenztabelle** als Insolvenzforderung – nicht als Masseforderung – gem. §§ 28, 174 InsO[61] nach Abs. 1 Nr. 10 entspricht der vormaligen Regelung in § 209 Abs. 2 Nr. 2 a.F.[62] Allein der Antrag auf Eröffnung des Insolvenzverfahrens oder dessen nachfolgende Eröffnung ist nicht ausreichend. Die Anmeldung muss den Anforderungen des § 174 Abs. 2 InsO entsprechen. Die Hemmung tritt lediglich **im Umfang der angemeldeten Forderung** ein. Deshalb müssen bereits aufgelaufene und weitere Zinsansprüche auch angemeldet werden.[63]

19 **8. Prozesskostenhilfeantrag (Nr. 14).** Nach der neu eingeführten Regelung des Abs. 1 Nr. 14 führt die erstmalige **Bekanntgabe eines PKH-Antrags** zur Verjährungshemmung.[64] Für die Frage, ob ein PKH-Antrag erstmalig gestellt wurde, sind allein die nach dem 1.1.2002 gestellten Anträge maßgebend.[65] Ein Antrag kann auch in einem anderen Verfahren erstmals gestellt worden sein, da allein der **Streitgegenstand**, auf den sich der Antrag bezieht, entscheidend ist.[66] Die vormaligen Grundsätze der Rspr. zur Verjährungsunterbrechung gem. § 203 Abs. 1 a.F. können nicht mehr herangezogen werden.[67]

20 Da eine Zustellung des Antrags nicht vorgeschrieben ist, ist auf die **Bekanntgabe** abzustellen, wobei die Grundsätze nach § 167 ZPO gelten. Die Hemmung tritt nur hinsichtlich des ersten bekannt gegebenen, nicht aber hinsichtlich weiterer (ggf. verbesserter) Anträge ein. Anträge, die – etwa wegen offensichtlicher Aussichtslosigkeit – nicht bekannt gegeben werden, begründen keine Hemmung.[68]

21 Dabei muss, um die Hemmung eintreten zu lassen, bereits der Antrag die **nach § 253 ZPO erforderlichen Angaben** enthalten. Es reicht nicht aus, wenn etwa der Klageentwurf nicht wie der Antrag per Fax, sondern erst nach Eintritt der Verjährung postalisch bei Gericht eingeht.[69] Ohne Bedeutung ist es, ob der Antrag ordnungsgemäß begründet, vollständig und mit den erforderlichen Unterlagen versehen ist.[70] Allerdings erfolgt die Bekanntgabe nicht mehr „demnächst", wenn das Formular unvollständig ausgefüllt ist und die Bekanntgabe deshalb acht Wochen später erfolgt.[71]

22 **9. Weitere Tatbestände.** Mit Beginn des **schiedsrichterlichen Verfahrens** (§ 1004 ZPO) werden nach Abs. 1 Nr. 11 alle Ansprüche erfasst, die in dem Verfahren geltend gemacht werden können.

23 Durch den Antrag auf Bestimmung des zuständigen Gerichts nach § 36 ZPO wird gem. Abs. 1 Nr. 13 gleichfalls die Verjährung gehemmt. Erforderlich ist Klageerhebung binnen drei Monaten nach Erledigung des Gesuchs.

II. Ende der Verjährungshemmung (Abs. 2)

24 Die Hemmung der Verjährung **endet grds. sechs Monate nach rechtskräftiger Entscheidung** oder einer anderweitigen Beendigung des Verfahrens nach Abs. 1. Die **Nachfrist** dient der Einleitung anderer Rechtsverfolgungsmaßnahmen (etwa bei einer erfolglosen Aufrechnung).

25 In Fällen der **Klage** nach Abs. 1 Nr. 1 beginnt die Nachfrist mit Rechtskraft der Entscheidung.

26 Eine **anderweitige Beendigung** i.S.d Abs. 2 S. 1 Hs. 2 findet statt durch Klagerücknahme. Dadurch entfällt – anders als nach vormaligem Recht – nicht die verjährungshemmende Wirkung der Maßnahme.[72] Darüber hinaus können Anträge zurückgenommen oder Verfahren durch Erledigung sowie Vergleich beendet werden.

27 Das **Mahnverfahren** endet nach Widerspruch des Antragsgegners und Abgabe an das zuständige Gericht.[73] Im **selbstständigen Beweisverfahren** ist etwa[74] auf den Zugang des erstellten Gutachtens abzustellen, sofern nicht das Gericht Schritte nach § 411 Abs. 4 S. 2 ZPO einleitet. Dann sind die gesetzten Fristen maßgebend.[75] Das **PKH-Verfahren** endet mit dem unanfechtbaren Beschluss.

---

61 Ausf. zu den Anforderungen nach der InsO *Wenner/Schuster*, BB 2006, 2649 ff.
62 Dazu BAG 12.6.2002 – 10 AZR 199/01 – EzA § 4 TVG Ausschlussfristen Nr. 154.
63 BGH 29.6.2001 – V ZR 65/00 – NZI 2001, 588 = KTS 2001, 309.
64 Ausf. *Peters*, JR 2004, 137 ff.
65 BGH 2.12.2008 – XI ZR 525/07 – NJW 2009, 1137 = MDR 2009, 278.
66 BGH 2.12.2008 – XI ZR 525/07 – NJW 2009, 1137 = MDR 2009, 278.
67 Palandt/*Heinrichs*, § 204 Rn 29.
68 AnwK-BGB/*Mansel/Budzikiewicz*, § 204 Rn 108.
69 OLG Stuttgart 1.6.2004 – 18 WF 106/04 – FamRZ 2005, 526.
70 BT-Drucks 14/6040, S. 116; BGH 2.12.2008 – XI ZR 525/07 – NJW 2009, 1137 = MDR 2009, 278; siehe auch *Piepenbrock*, S. 442.
71 OLG Schleswig-Holstein 29.1.2009 – 11 W 61/08 – juris.
72 BT-Drucks 14/6040, S. 118.
73 BGH 12.3.1992 – VII ZR 207/91 – NJW-RR 1992, 1021 = WM 1992, 1198.
74 Ausf. AnwK-BGB/*Mansel/Budzikiewicz*, § 204 Rn 119.
75 BGH 20.2.2002 – VIII ZR 288/00 – BGHZ 150, 55 = NJW 2002, 1640.

Der Beendigung des Verfahrens gleichgestellt ist nach Abs. 2 S. 2 und 3 das **fehlende Betreiben** des Verfahrens durch die Parteien oder wenn es durch deren Untätigkeit zum **Stillstand** kommt (s.a. § 211 Abs. 2 a.F.). Maßgeblich für den Beginn der Nachfrist ist die letzte Verfahrenshandlung der Parteien oder des Gerichts. 28

Die **Aussetzung des Verfahrens** nach §§ 148, 149 ZPO allein führt ebenso wenig zu einem Ende der Hemmung[76] wie die Unterbrechung nach §§ 239 ff. ZPO.[77] Demgegenüber hat das **Ruhen des Verfahrens** nach Ablauf von sechs Monaten das Ende der Hemmung zur Folge.[78] Ein Nichtbetreiben ist auch dann gegeben, wenn nach der Prozesssituation eine weitere Handlung des Klägers zu erwarten ist, diese aber ausbleibt.[79] Schreiben an das Gericht müssen geeignet sein, den Fortgang des Rechtsstreits zu fördern.[80] Ein Gerichtsbeschluss – „Das Ruhen des Verfahrens wird angeordnet"[81] – ist nicht erforderlich. Es genügt die Untätigkeit der Parteien.[82] Kein Verfahrensstillstand liegt vor, wenn aus einem Auskunftsurteil zunächst vollstreckt wird, da hierdurch auch der Hauptanspruch verfolgt wird.[83] 29

Dabei liegt ein **Nichtbetreiben** nur dann vor, wenn die Parteien **ohne triftigen Grund** untätig geblieben sind.[84] Das ist dann nicht der Fall, wenn ein AN die Entgeltklage wegen eines vorrangigen, noch nicht entschiedenen Künd-Schutzprozess nicht weiter verfolgt.[85] Das Abwarten eines Musterprozesses reicht nicht aus.[86] Hier besteht die Möglichkeit der Verjährungsverlängerung nach § 202, die auch stillschweigend geschlossen werden kann.[87] 30

Für ein **Weiterbetreiben** nach Abs. 2 S. 3, durch das die Hemmung erneut beginnt, genügt jede Maßnahme einer Partei, die geeignet ist, dem Verfahren seinen Fortgang zu geben. 31

C. Beraterhinweise

Bei Schadensersatzklagen sollte, soweit der Schaden noch nicht vollständig beziffert werden kann, neben der Teilklage stets eine Feststellungsklage erhoben werden, um in Bezug auf den gesamten Schaden eine Verjährungshemmung zu erreichen. 32

Wird ein Rechtsstreit durch die Parteien aufgrund von Vergleichsverhandlungen übereinstimmend zum Ruhen gebracht, ist im Hinblick auf Abs. 2 die Ablaufhemmung nach § 202 schriftlich zu fixieren. 33

Zu beachten ist, dass für einzelne **geringfügige Ansprüche** unter 25 EUR die Hemmung nach § 204 sondergesetzlich ausgeschlossen ist: § 5 Abs. 3 S. 4 GKG, § 2 Abs. 4 S. 2 JVEG § 17 Abs. 3 S, 3 KostO. 34

§ 205   Hemmung der Verjährung bei Leistungsverweigerungsrecht

Die Verjährung ist gehemmt, solange der Schuldner auf Grund einer Vereinbarung mit dem Gläubiger vorübergehend zur Verweigerung der Leistung berechtigt ist.

Die Regelung hemmt bei einem vorübergehenden und auf einer Vereinbarung mit dem Gläubiger beruhenden Leistungsverweigerungsrecht die Verjährung. Die Vorschrift beruht auf der umstr.[1] Vorgängernorm des § 202 a.F. Der Gesetzgeber geht von einer geringen Bedeutung der Vorschrift aus.[2] 1

Voraussetzung der Verjährungshemmung ist ein **vereinbartes**, nicht aber ein gesetzliches **Leistungsverweigerungsrecht**. Tatsächliche Leistungshindernisse reichen ebenfalls nicht aus. Erfasst werden damit vor allem[3] die **Stundung** und das pactum de non petendo – **Stillhalteabkommen**. Letzteres ist anzunehmen, wenn der Schuldner berechtigt sein soll, vorübergehend die Leistung zu verweigern und der Gläubiger sich der Möglichkeit begibt, seine Ansprüche jederzeit weiter verfolgen zu können.[4] Insoweit kann die zu § 202 Abs. 1 a.F. ergangene Rspr. herangezo- 2

---

76 BGH 24.1.1989 – XI ZR 75/88 – BGHZ 106, 295 = NJW 1989, 1729.
77 OLG Rostock 13.4.2006 – 1 U 1/06 – NJW-RR 2007, 69; jurisPK-BGB/*Lakkis*, § 204 Rn 28 m.w.N.; Palandt/*Heinrichs*, § 204 Rn 48; OLG Rostock 13.4.2006 – 1 U 1/06 – juris.
78 BAG 15.11.2005 – 9 AZR 623/04 – juris.
79 BGH 27.1.2005 – VII ZR 238/05 – NJW-RR 2005, 606 = MDR 2005, 766.
80 OLG Karlsruhe 23.2.2006 – 8 U 143/06 – OLGR Karlsruhe 2006, 643.
81 Dazu BAG 22.4.2004 – 8 AZR 620/02 – AP § 211 BGB Nr. 3 = EzA § 204 BGB 2002 Nr. 1; m. Anm. *Morris*, JR 2005, 87.
82 BAG 4.5.1980 – 4 AZR 401/78 – juris.
83 OLG Naumburg 12.2.2005 – 8 UF 258/04 – OLGR Naumburg 2005, 950.
84 Zu Fortgeltung dieser Rechtsprechung BT-Drucks 14/7052, S. 181.
85 BAG 29.3.1990 – 2 AZR 520/89 – AP § 196 BGB Nr. 11 = EzA § 211 BGB Nr. 1.
86 BAG 22.4.2004 – 8 AZR 620/02 – AP § 211 BGB Nr. 3 = EzA § 204 BGB 2002 Nr. 1.
87 AnwK-BGB/*Mansel/Budzikiewicz*, § 204 Rn 130.
1 BT-Drucks 14/6040, S. 118; s. auch *Peters/Zimmermann*, S. 253, 308, 324; ausf. AnwK-BGB/*Mansel/Budzikiewicz*, § 205 Rn 2 f.
2 BT-Drucks 14/6040, S. 118.
3 Weitere Beispiele bei MüKo-BGB/*Grothe*, Rn 7 ff.; Staudinger/*Peters*, § 205 Rn 19 ff.
4 BGH 6.7.2000 – IX ZR 134/99 – NJW 2000, 2661 = MDR 2000, 1279; BGH 28.2.2002 – VII ZR 455/00 – NJW 2002, 1488 = DB 2002, 2716.

gen werden. Ist die Vereinbarung mit einem gesetzlichen Leistungsverweigerungsrecht identisch, ist § 205 nicht einschlägig. Es kann aber dann eine Abrede i.S.d. § 202 vorliegen.[5] Die Dauer der Hemmung ist nach dem Inhalt der Vereinbarung zu ermitteln.

§ 206 Hemmung der Verjährung bei höherer Gewalt

Die Verjährung ist gehemmt, solange der Gläubiger innerhalb der letzten sechs Monate der Verjährungsfrist durch höhere Gewalt an der Rechtsverfolgung gehindert ist.

A. Allgemeines

1 Nach § 206 ist die Verjährung gehemmt, solange der Gläubiger in den letzten sechs Monaten der Verjährungsfrist durch höhere Gewalt an der Rechtsverfolgung gehindert war. Die Vorschrift entspricht inhaltlich § 203 a.F., wobei der Fall des Stillstands der Rechtspflege unerwähnt bleibt.[1]

B. Regelungsgehalt

2 **Höhere Gewalt** liegt nur dann vor, wenn die Verhinderung auf Ereignissen beruht, die auch durch äußerste, vernünftigerweise noch zu erwartende Sorgfalt nicht hätte verhindert werden können. Schon das geringste Verschulden lässt höhere Gewalt entfallen.[2] Bereits leichteste Fahrlässigkeit, auch die des gesetzlichen Vertreters oder des Prozessbevollmächtigten, schließt die Annahme höherer Gewalt aus.[3]

3 Höhere Gewalt liegt nicht nur vor bei einem von außen einwirkenden **objektiven Hindernis**, sondern kann auch dann gegeben sein, wenn sie in der **Person des Gläubigers** begründet ist – etwa bei einer unerwarteten Krankheit.[4] Auch Fehler amtlicher Stellen können höhere Gewalt darstellen, wenn sie den Berechtigten an der rechtzeitigen Rechtsverfolgung hindern, so bei der fehlerhaften Löschung des Schuldners aus dem Handelsregister.[5] Allein der Umstand, dass ein die Künd-Schutzklage abweisendes Urteil auf eine Verfassungsbeschwerde hin aufgehoben wird[6] oder die st. Rspr. sich ändert,[7] begründet keine höhere Gewalt.

4 Höhere Gewalt hemmt die Verjährung **nur in den letzten sechs Monaten** der Verjährungsfrist. Das gilt auch dann, wenn der Umstand früher eingetreten ist.[8] Die Darlegungs- und Beweislast für den Eintritt der Hemmung trägt der Gläubiger,[9] für deren Ende nach nicht unumstr. Rspr. der Schuldner.[10]

§ 207 Hemmung der Verjährung aus familiären und ähnlichen Gründen (gültig bis 31.12.2009)

(1) [1]Die Verjährung von Ansprüchen zwischen Ehegatten ist gehemmt, solange die Ehe besteht. [2]Das Gleiche gilt für Ansprüche zwischen
1. Lebenspartnern, solange die Lebenspartnerschaft besteht,
2. Eltern und Kindern und dem Ehegatten eines Elternteils und dessen Kindern während der Minderjährigkeit der Kinder,
3. dem Vormund und dem Mündel während der Dauer des Vormundschaftsverhältnisses,
4. dem Betreuten und dem Betreuer während der Dauer des Betreuungsverhältnisses und
5. dem Pflegling und dem Pfleger während der Dauer der Pflegschaft.

Die Verjährung von Ansprüchen des Kindes gegen den Beistand ist während der Dauer der Beistandschaft gehemmt.

(2) § 208 bleibt unberührt.

---

5 *Birr*, Rn 91; MüKo-BGB/*Grothe*, § 205 Rn 2.
1 BT-Drucks 14/6040, S. 118 f.
2 BAG 29.11.1990 – 2 AZR 312/90 – AP § 203 BGB Nr. 2 = ZIP 1991, 381.
3 BGH 7.5.1997 – VIII ZR 253/96 – NJW 1997, 3164 = BB 1997, 1383.
4 Beispiele bei Palandt/*Heinrichs*, § 206 Rn 5; MüKo-BGB/*Grothe*, § 206 Rn 8.
5 BAG 29.11.19990 – 2 AZR 312/90 – AP § 203 BGB Nr. 2 = ZIP 1991, 381; LAG Düsseldorf 13.2.1998 – 9 (13) Sa 1726/97 – MDR 1998, 784.

6 BAG 7.11.2002 – 2 AZR 297/01 – AP § 580 ZPO Nr. 13 = EzA § 206 BGB 2002 Nr. 1.
7 BAG 6.12.1961 – 4 AZR 297/60 – AP § 202 BGB Nr. 1 = DB 1962, 539.
8 AnwK-BGB/*Mansel/Budzikiewicz*, § 206 Rn 16.
9 BAG 7.11.2002 – 2 AZR 287/01 – AP § 580 ZPO Nr. 13 = EzA § 206 BGB 2002 Nr. 1.
10 BGH 6.7.1994 – XII ZR 136/92 – NJW 1994, 2752 = MDR 1994, 1121, m.w.N.

| § 207 | **Hemmung der Verjährung aus familiären und ähnlichen Gründen (gültig ab 1.1.2010)** |

(1) ¹Die Verjährung von Ansprüchen zwischen Ehegatten ist gehemmt, solange die Ehe besteht. ²Das Gleiche gilt für Ansprüche zwischen
1. Lebenspartnern, solange die Lebenspartnerschaft besteht,
2. dem Kind und
   a) seinen Eltern oder
   b) dem Ehegatten oder Lebenspartner eines Elternteils
   bis zur Vollendung des 21. Lebensjahres des Kindes,
3. dem Vormund und dem Mündel während der Dauer des Vormundschaftsverhältnisses,
4. dem Betreuten und dem Betreuer während der Dauer des Betreuungsverhältnisses und
5. dem Pflegling und dem Pfleger während der Dauer der Pflegschaft.

Die Verjährung von Ansprüchen des Kindes gegen den Beistand ist während der Dauer der Beistandschaft gehemmt.
(2) § 208 bleibt unberührt.

Die Vorschrift tritt an die Stelle von § 204 a.F. Der Familienfrieden soll nicht durch klageweise Geltendmachung von Ansprüchen zur Verhinderung der Verjährung gestört werden. Die Regelung kann analog auf tarifvertragliche Ausschlussfristen angewendet werden, die lediglich eine formlose oder schriftliche Geltendmachung des Anspruchs verlangen.¹

| § 208 | **Hemmung der Verjährung bei Ansprüchen wegen Verletzung der sexuellen Selbstbestimmung** |

¹Die Verjährung von Ansprüchen wegen Verletzung der sexuellen Selbstbestimmung ist bis zur Vollendung des 21. Lebensjahrs des Gläubigers gehemmt. ²Lebt der Gläubiger von Ansprüchen wegen Verletzung der sexuellen Selbstbestimmung bei Beginn der Verjährung mit dem Schuldner in häuslicher Gemeinschaft, so ist die Verjährung auch bis zur Beendigung der häuslichen Gemeinschaft gehemmt.

Nach der neuen Vorschrift wird die Verjährung von Ansprüchen wegen Verletzung der sexuellen Selbstbestimmung bis zur Vollendung des 21. Lebensjahres gehemmt. Die Vorschrift ist § 78b Abs. 1 Nr. 1 StGB nachgebildet. Da die Verjährungsfrist bei Minderjährigen mit Kenntnis des gesetzlichen Vertreters beginnt, will die Neuregelung die Verjährung vor Vollendung des 21. Lebensjahres verhindern. Das Opfer soll selbst entscheiden, ob es seine Ansprüche verfolgt.¹ S. 2 erweitert die Hemmung, wenn das Opfer in häuslicher Gemeinschaft mit dem Schuldner lebt.

Gehemmt werden Ansprüche, die sich aus einer Verletzung der sexuellen Selbstbestimmung des Gläubigers ergeben. Damit sind nicht nur Anspruchsgrundlagen erfasst, die primär die sexuelle Selbstbestimmung schützen (etwa § 825), sondern jeder Anspruch – unabhängig von der konkreten Anspruchsgrundlage – der sich aus der Verletzung des geschützten Rechtsguts ergibt.² Neben den §§ 174 bis 184c StGB (i.V.m. § 823 Abs. 2) kommen auch Schadensersatzansprüche wegen Vertragspflichtverletzung nach § 15 AGG in Betracht.

| § 209 | **Wirkung der Hemmung** |

Der Zeitraum, während dessen die Verjährung gehemmt ist, wird in die Verjährungsfrist nicht eingerechnet.

Die Vorschrift umschreibt die Rechtsfolgen der Verjährungshemmung, wie sie in den §§ 203 bis 208 geregelt sind. Sie entspricht § 205 a.F. Während der Hemmung wird der **Fristablauf ausgesetzt**.¹ Eine zeitliche Begrenzung für die Verlängerung der Verjährungsfrist, auch bei mehrfacher Hemmung, sieht das Gesetz nicht vor.²

---

1 LAG Baden-Württemberg 26.2.2007 – 4 Sa 63/06 – EzA-SD 2007, Nr. 7, S. 11.
1 BT-Drucks 14/6040, S. 119. Der RegE sah zunächst das 18. Lebensjahr als Grenze vor; hierzu BT-Drucks 16/7052 S. 181.

2 *Birr*, Rn 94; MüKo-BGB/*Grothe*, § 208 Rn 4. Krit. zum weiten Tatbestand *Zimmermann/Leenen/Mansel/Ernst*, JZ 2001, 684, 697.
1 BAG 28.5.2008 – 10 AZR 358/07 – NZA-RR 2008, 639.
2 BGH 29.6.1989 – III ZR 92/87 – NJW 1990, 176 = MDR 1990, 32. Anders Art. 17:111 PECL, ZEuP 2001, 400, 401.

2 Ist die Verjährung gehemmt, wird der entsprechende Zeitraum nicht in die Verjährungsfrist mit einberechnet. Bei der **taggenauen Berechnung**[3] werden sowohl der Tag einbezogen, an dem der Hemmungstatbestand eingetreten ist, als auch derjenige, an dem dieser entfällt.[4] Die §§ 187 ff., namentlich §§ 187 Abs. 1, 188, sind nicht einschlägig. Es geht nicht um die Berechnung einer Frist i.S.d. § 186.[5] Anders verhält es sich aber dann, wenn das Gesetz selbst zusätzlich eine feste Frist vorsieht, wie es in § 204 Abs. 2 der Fall ist.[6] Die Hemmung tritt **nur bei derjenigen Person** ein, bei der der Hemmungstatbestand vorliegt. Das ist bei Gesamtschuldnern zu beachten (§§ 425 Abs. 2, 429 Abs. 3).

3 Tritt während des Hemmungszeitraums eine **Unterbrechung der Verjährung** hinzu, beginnt die Verjährungsfrist erst mit dem Ende der Hemmung neu zu laufen (zum Übergangsrecht siehe vor §§ 194–218 Rn 6).[7]

§ 210 Ablaufhemmung bei nicht voll Geschäftsfähigen

(1) [1]Ist eine geschäftsunfähige oder in der Geschäftsfähigkeit beschränkte Person ohne gesetzlichen Vertreter, so tritt eine für oder gegen sie laufende Verjährung nicht vor dem Ablauf von sechs Monaten nach dem Zeitpunkt ein, in dem die Person unbeschränkt geschäftsfähig oder der Mangel der Vertretung behoben wird. [2]Ist die Verjährungsfrist kürzer als sechs Monate, so tritt der für die Verjährung bestimmte Zeitraum an die Stelle der sechs Monate.
(2) Absatz 1 findet keine Anwendung, soweit eine in der Geschäftsfähigkeit beschränkte Person prozessfähig ist.

A. Allgemeines

1 Die Vorschrift regelt die **Ablaufhemmung** für Ansprüche von und gegen geschäftsunfähige oder beschränkt geschäftsfähige Personen. Sie entspricht bis auf wenige Änderungen § 206 a.F. Mit erfasst wird nunmehr die Ablaufhemmung von Ansprüchen gegen die betreffenden Personen.[1] Damit sollen die Anwendungsschwierigkeiten des § 57 ZPO ausgeglichen werden.[2] Die Vorschrift dient daher nicht nur dem Schutz des nicht voll Geschäftsfähigen, sondern generell dem **Gläubigerschutz**.

B. Regelungsgehalt

2 Erfasst werden **Ansprüche von und gegen geschäftsunfähige oder beschränkt geschäftsfähige Personen**. Wer das ist, beurteilt sich nach §§ 104, 106. Bei partieller Geschäftsfähigkeit ist zu prüfen, ob der Anspruch zum Kreis der entsprechenden Angelegenheiten gehört, für die Geschäftsfähigkeit zu verneinen ist.[3] Keine Hemmung tritt ein, wenn der Minderjährige nach §§ 112, 113 geschäftsfähig ist, da hier auch die Prozessfähigkeit vorliegt, § 52 ZPO. Die Hemmung gilt nicht für juristische Personen, für die ggf. ein Notvorstand (§ 29) zu bestellen ist.[4]

3 Weitere Voraussetzung ist das **Fehlen des gesetzlichen Vertreters** (Eltern: §§ 1629 ff., Vormund: §§ 1773 ff., Pfleger: §§ 1909 ff., Beistand: §§ 1712 ff.), sei es, dass er nicht existiert oder rechtliche Gründe seine Vertretung hindern (etwa § 181). Allein eine tatsächliche Verhinderung reicht nicht aus.[5]

4 Als **Rechtsfolge** tritt eine **Ablaufhemmung** der Verjährungsfrist von sechs Monaten nach dem Zeitpunkt ein, in dem die betreffende Person voll geschäftsfähig wird. Daraus folgt zugleich, dass eine fehlende Vertretung bis zu sechs Monaten vor dem Ende der regulären Verjährungsfrist ohne Bedeutung ist. Bei kürzeren Verjährungsfristen – etwa gegen den Handlungsgehilfen nach § 61 Abs. 2 HGB (siehe § 195 Rn 14, siehe § 61 HGB Rn 9 f.) – tritt diese Frist anstelle der sechsmonatigen nach S. 1 (S. 2).

---

3 Zur alten Rechtslage siehe bereits BAG 24.6.1999 – 6 AZR 670/97 – ZTR 2000, 140.
4 BGH 20.11.1997 – IX ZR 136/97 – BGHZ 137, 193 = NJW 1998, 1058.
5 AnwK-BGB/*Mansel/Budzikiewicz*, § 209 Rn 7; MüKo-BGB/*Grothe*, § 209 Rn 4; jurisPK-BGB/*Lakkis*, § 209 Rn 3.
6 AnwK-BGB/*Mansel/Budzikiewicz*, § 209 Rn 7; Palandt/*Heinrichs*, § 204 Rn 33.
7 BGH 23.11.1989 – VII ZR 313/88 – BGHZ 109, 220 = NJW 1990, 527.

1 Anders noch BGH 11.5.1979 – V ZR 75/78 – NJW 1979, 1983 = MDR 1979, 921.
2 BT-Drucks 14/6040, S. 120.
3 BGH 8.7.1969 – VI ZR 193/67 – VersR 1969, 1020.
4 BGH 17.1.1968 – VIII ZR 207/65 – NJW 1968, 401 = BB 1968, 269; AnwK-BGB/*Mansel/Budzikiewicz*, § 210 Rn 6; Palandt/*Heinrichs*, § 210 Rn 2.
5 BGH 19.11.1974 – VI ZR 205/73 – NJW 1975, 260 = MDR 1975, 220.

C. Beraterhinweise

Darlegungs- und beweisbelastet ist der Gläubiger, der den Hemmungstatbestand geltend macht. Um einer **Beweisnot** über die fehlende volle Geschäftsfähigkeit zu entgehen, kann es ratsam sein, die Geschäftsfähigkeit des Schuldners im Rechtsstreit über § 57 ZPO klären zu lassen.[6]

5

§ 211 Ablaufhemmung in Nachlassfällen

[1]Die Verjährung eines Anspruchs, der zu einem Nachlass gehört oder sich gegen einen Nachlass richtet, tritt nicht vor dem Ablauf von sechs Monaten nach dem Zeitpunkt ein, in dem die Erbschaft von dem Erben angenommen oder das Insolvenzverfahren über den Nachlass eröffnet wird oder von dem an der Anspruch von einem oder gegen einen Vertreter geltend gemacht werden kann. [2]Ist die Verjährungsfrist kürzer als sechs Monate, so tritt der für die Verjährung bestimmte Zeitraum an die Stelle der sechs Monate.

§ 212 Neubeginn der Verjährung

(1) Die Verjährung beginnt erneut, wenn
1. der Schuldner dem Gläubiger gegenüber den Anspruch durch Abschlagszahlung, Zinszahlung, Sicherheitsleistung oder in anderer Weise anerkennt oder
2. eine gerichtliche oder behördliche Vollstreckungshandlung vorgenommen oder beantragt wird.

(2) Der erneute Beginn der Verjährung infolge einer Vollstreckungshandlung gilt als nicht eingetreten, wenn die Vollstreckungshandlung auf Antrag des Gläubigers oder wegen Mangels der gesetzlichen Voraussetzungen aufgehoben wird.

(3) Der erneute Beginn der Verjährung durch den Antrag auf Vornahme einer Vollstreckungshandlung gilt als nicht eingetreten, wenn dem Antrag nicht stattgegeben oder der Antrag vor der Vollstreckungshandlung zurückgenommen oder die erwirkte Vollstreckungshandlung nach Absatz 2 aufgehoben wird.

A. Allgemeines	1	III. Aufhebung der Vollstreckungshandlung, Zurückweisung des Antrags (Abs. 2 und 3)	6
B. Regelungsgehalt	2	IV. Rechtsfolge	7
I. Anerkenntnis (Abs. 1 Nr. 1)	2		
II. Vollstreckungsmaßnahme (Abs. 1 Nr. 2)	4		

A. Allgemeines

Nach der Neuregelung des Verjährungsrechts ist ein Neubeginn der Verjährungsfrist – vergleichbar der Unterbrechung nach dem früheren Recht – nur noch in Fällen des Anerkenntnisses (Abs. 1 Nr. 1, vgl. § 208 a.F.) und der Beantragung oder Durchführung bestimmter Vollstreckungsmaßnahmen (Abs. 1 Nr. 2, vgl. § 209 Abs. 2 Nr. 5 a.F.) vorgesehen. Die Verjährungsfrist beginnt in voller Länge erneut zu laufen (vgl. § 217 a.F.). Ausgeschlossen ist der Neubeginn bei bestimmten geringfügigen Beträgen (siehe § 204 Rn 34).

1

B. Regelungsgehalt

I. Anerkenntnis (Abs. 1 Nr. 1)

Bei einem **Anerkenntnis** des Schuldners beginnt die Verjährungsfrist von Neuem. Ein solches liegt nicht nur im Falle des Schuldanerkenntnisses i.S.d § 781 vor, sondern auch bei **jedem sonstigen,** auch nur **tatsächlichem Verhalten**, durch das der Schuldner zu verstehen gibt, dass ihm das Bestehen des Anspruchs dem Grunde nach bewusst ist und er dadurch ein Vertrauen des Gläubigers begründet, der Schuldner werde sich nicht auf den Ablauf der Verjährungsfrist berufen.[1] Es gelten die allgemeinen Auslegungsregeln der §§ 133, 157.[2] Dem Schuldner muss nicht bewusst sein, dass er ein Anerkenntnis abgibt.[3] Bsp. für ein solches Verhalten sind in Nr. 1 aufgeführt. Wird bei wiederkehrenden Leistungen ein Einzelanspruch erfüllt und damit zugleich eine Leistung auf den Gesamtanspruch erbracht,

2

---

6 *Birr*, Rn 98; Palandt/*Heinrichs*, § 210 Rn 1.
1 BGH 20.6.2002 – IX ZR 440/00 – NJW 2002, 2872 = MDR 2002, 1240; OLG Celle 26.7.2006 – 3 U 87/06 – OLGR Celle 2006, 916.

2 Zur Anwendung der §§ 119, 123: AnwK-BGB/*Mansel/Budzikiewicz*, § 212 Rn 16 m.w.N. (str.).
3 OLG Frankfurt 25.8.2008 – 16 U 200/07 – BauR 2009, 1315.

beginnt die Verjährung auch für das so genannte Stammrecht von Neuem.[4] Das gilt auch dann, wenn der Schaden sich aus mehreren Schadensarten (etwa Heilungskosten, Erwerbsschaden) zusammensetzt, der Schädiger aber nur auf einzelne hiervon leistet.[5] Eine **Abschlagszahlung** auf einen mitgeteilten Saldo ausstehender Verbindlichkeiten führt zu einem Neubeginn der Verjährung für alle dem Saldo zugrunde liegenden Einzelforderungen.[6]

3 Nicht in den Gesetzestext aufgenommen wurde die **Aufrechnung**. Durch deren Erklärung – so der Gesetzgeber – werde der Anspruch gerade nicht anerkannt.[7] Ob damit zugleich der Tatbestand nach Nr. 1 verwirklicht wird, ist im jeweiligen Einzelfall zu klären. Im Ersuchen um eine **Stundung** liegt ein Anerkenntnis.[8] In Fällen eines Angebots und der Annahme durch den Schuldner ist hingegen § 205 einschlägig.[9] **Verhandlungen** i.S.d § 203 stellen i.d.R. kein Anerkenntnis dar.[10]

II. Vollstreckungsmaßnahme (Abs. 1 Nr. 2)

4 Jeder Antrag des Gläubigers auf Zwangsvollstreckung und jede gerichtliche oder behördliche Vollstreckungsmaßnahme lässt die Verjährungsfrist von Neuem beginnen. Zur Auslegung kann auf die bisherige Rspr. zu § 209 Abs. 2 Nr. 5 a.F. zurückgegriffen werden. In Fällen des § 197 Abs. 1 Nr. 3 bis 5 (siehe § 197 Rn 5 ff.) wird mit jeder Vollstreckungsmaßnahme erneut die dreißigjährige Frist ausgelöst.

5 Die Zahlung eines **Drittschuldners** steht einer Vollstreckungshandlung gleich.[11] Gleiches gilt, wenn der Schuldner nach Zustellung des Titels und der Ankündigung von Vollstreckungsmaßnahmen Vollstreckungsgegenklage erhebt und die einstweilige Einstellung der Zwangsvollstreckung erwirkt.[12] Der **Pfändungs- und Überweisungsbeschluss** hat nur eine punktuelle Unterbrechungs-, nicht aber eine Dauerwirkung.[13] Keine Vollstreckungshandlungen sind Anträge auf Gewährung einstweiligen Rechtsschutzes – hier gilt aber § 209 Abs. 1 Nr. 9.[14]

III. Aufhebung der Vollstreckungshandlung, Zurückweisung des Antrags (Abs. 2 und 3)

6 Der Neubeginn der Verjährungsfrist entfällt rückwirkend, wenn die Vollstreckungsmaßnahme auf Antrag des Gläubigers oder wegen Mängeln der Zwangsvollstreckung aufgehoben wird (Abs. 2) sowie im Falle der Rücknahme des Antrags (Abs. 3). Das entspricht bis auf Änderungen in der Terminologie § 216 a.F. Bei einem erneuten Antrag ist die Frist nach § 204 Abs. 2 zu beachten (siehe § 204 Rn 24).

IV. Rechtsfolge

7 Liegen die Voraussetzungen nach Abs. 1 vor, beginnt die einschlägige **Verjährungsfrist von Neuem**. Es gilt § 187 – die Frist beginnt am nächsten Tag. Bei einer Vollstreckungshandlung ist der Tag des Antrags entscheidend,[15] beim Anerkenntnis der Tag der Abgabe, nicht erst der der Kenntnis des Gläubigers.[16]

8 Erfasst wird der Anspruch oder Teile desselben und nur hinsichtlich desjenigen Schuldners, für den die Voraussetzungen nach Abs. 1 vorliegen.

§ 213 Hemmung, Ablaufhemmung und erneuter Beginn der Verjährung bei anderen Ansprüchen

Die Hemmung, die Ablaufhemmung und der erneute Beginn der Verjährung gelten auch für Ansprüche, die aus demselben Grunde wahlweise neben dem Anspruch oder an seiner Stelle gegeben sind.

A. Allgemeines

1 Die neue Vorschrift verallgemeinert den bereits den in §§ 477 Abs. 3, 634 Abs. 1 a.F. enthaltenen Rechtsgrundsatz: Der Gläubiger, der ein Interesse mit einem bestimmten Anspruch verfolgt, soll vor der Verjährung derjenigen Ansprüche geschützt werden, die von vorneherein wahlweise neben dem geltend gemachten Anspruch stehen oder auf die er stattdessen übergehen kann. Der Schuldner ist durch die anderweitige Rechtsverfolgung zudem hinreichend gewarnt.[1]

---

4 BGH 2.12.2008 – VI ZR 312/07 – NJW-RR 2009, 455.
5 BGH 2.12.2008 – VI ZR 312/07 – NJW-RR 2009, 455.
6 BGH 9.5.2007 – VIII ZR 347/06 – NJW 2007, 2843 = WM 2007, 1982.
7 BT-Drucks 14/6040, S. 120, m.w.N.
8 OLG Celle 9.7.2003 – 3 U 39/03 – MDR 2003, 1384.
9 JurisPK-BGB/*Lakkis*, § 212 Rn 6.
10 BGH 8.5.2002 – I ZR 28/00 – NJW-RR 2002, 1433 = MDR 2003, 78.
11 BGH 20.11.1997 – IX ZR 136/97 – BGHZ 137, 193 = NJW 1998, 1058.
12 BGH 29.4.1993 – III 115/91 – BGHZ 122, 287 = NJW 1993, 1847.
13 OLG Hamm 4.2.2005 – 10 UF 82/04 – FamRZ 2006, 46 = InVo 2005, 469.
14 Soergel/*Niedenführ*, § 212 Rn 26.
15 BT-Drucks 14/6040, S. 121, kein „gestreckter" Neubeginn.
16 AnwK-BGB/*Mansel/Budzikiewicz*, § 212 Rn 30; Palandt/*Heinrichs*, § 212 Rn 8; a.A. KG Berlin 5.5.1989 – 5 U 6596/88 – NJW-RR 1990, 1402.
1 BT-Drucks 14/6040, S. 121.

B. Regelungsgehalt

Die Vorschrift gilt für alle Tatbestände der **Hemmung, Ablaufhemmung und des Neubeginns** der Verjährung. Sie erweitert den gegenständlichen Anwendungsbereich der §§ 204 bis 212. Grds. wird nur der jeweilige Anspruch i.S.d. Prozessrechts erfasst, unabhängig davon, ob er aus einer oder mehreren Anspruchsgrundlagen abgeleitet wird. § 213 ist erst dann einschlägig, wenn zwei prozessuale Ansprüche im Raum stehen.[2]

Die Vorschrift greift ein, wenn es sich um einen anderen Anspruch gegen den gleichen Schuldner handelt, der auf das gleiche Interesse geht, und wenn es um eine Fallgestaltung geht, bei dem Gläubiger von vornherein mehrere – nebeneinander bestehende und sich gegenseitig ausschließende (etwa: Forderungs- und Gestaltungsrecht) – Ansprüche zu Wahl stehen oder es ihm möglich ist, in Verfolgung des gleichen wirtschaftlichen Interesses auf einen anderen Anspruch überzugehen.

Es handelt sich um Fälle **elektiver Konkurrenz**. Das ist bspw. bei Klage aus Vertrag, hilfsweise aus ungerechtfertigter Bereicherung[3] oder bei Schadensersatz statt Leistung der Fall.[4] Nicht anwendbar ist die Bestimmung, wenn mehrere Ansprüche kumulativ verfolgt werden können – etwa auf Ersatz des materiellen und des immateriellen Schadens.[5]

C. Beraterhinweise

Bereits der Gesetzgeber ging von „gewissen Abgrenzungsschwierigkeiten" in Bezug auf den sachlichen Anwendungsbereich der Vorschrift aus. In welchem Umfang die Regelung tatsächlich eingreift, bleibt abzuwarten. Sicherheitshalber sind auch für die Neben- und Ersatzansprüche i.S.d. § 213 eigenständige, verjährungshindernde Maßnahmen zu ergreifen.[6]

Titel 3: Rechtsfolgen der Verjährung

§ 214 Wirkung der Verjährung

(1) Nach Eintritt der Verjährung ist der Schuldner berechtigt, die Leistung zu verweigern.
(2) ¹Das zur Befriedigung eines verjährten Anspruchs Geleistete kann nicht zurückgefordert werden, auch wenn in Unkenntnis der Verjährung geleistet worden ist. ²Das Gleiche gilt von einem vertragsmäßigen Anerkenntnis sowie einer Sicherheitsleistung des Schuldners.

A. Allgemeines	1	I. Dauerndes Leistungsverweigerungsrecht	2
B. Regelungsgehalt	2	II. Ausschluss der Rückforderung (Abs. 2)	5

A. Allgemeines

Die Vorschrift entspricht § 222 a.F. und wurde nur sprachlich angepasst. Sie regelt die **Wirkung der Verjährung**.

B. Regelungsgehalt

I. Dauerndes Leistungsverweigerungsrecht

Nach Eintritt der Verjährung steht dem Schuldner ein dauerndes Leistungsverweigerungsrecht zu. Der Anspruch selbst geht nicht unter, wie schon §§ 215, 216 zeigen. Es bleibt dem Schuldner überlassen, ob er von der **Einrede** Gebrauch macht.[1]

Im Prozess ist die Verjährung **nicht von Amts wegen zu berücksichtigen**. Ausreichend ist jedoch ein Tatsachenvortrag, aus dem sich die außerprozessuale Geltendmachung ergibt. Deshalb kann trotz Verjährung ein Versäumnisurteil ergehen, es sei denn, bereits aus dem Vorbringen des Klägers wird erkennbar, dass der Schuldner die Einrede der Verjährung erhoben hat.[2] Allein der Einwand der Verwirkung kann – jedenfalls bei Vertretung durch einen RA –

---

2 BT-Drucks 14/6040, S. 121.
3 BGH 18.7.2000 – X ZR 62/98 – NJW 2000, 3492 = MDR 2001, 324.
4 Weitere Fälle bei AnwK-BGB/*Mansel/Budzikiewicz*, § 213 Rn 8 ff.; sowie *Lau*, passim.
5 Staudinger/*Peters*, § 213 Rn 6.

6 AnwK-BGB/*Mansel/Budzikiewicz*, § 213 Rn 14.
1 Zum Einwand der rechtsmissbräuchlichen Geltendmachung ausf. und mit zahlr. Beispielen jurisPK-BGB/*Lakkis*, § 214 Rn 11 ff.
2 Palandt/*Heinrichs*, § 214 Rn 3; sowie Staudinger/*Peters*, § 214 Rn 17 ff.

nicht ohne weiteres die Einrede der Verjährung entnommen werden.[3] Ausreichend ist, wenn die Einrede einmal erhoben wurde; sie muss nicht in den weiteren Instanzen wiederholt werden.[4] Die erstmals in der Berufungsinstanz erhobene Einrede, die sich auf eine vor Schluss der mündlichen Verhandlung erster Instanz eingetretene Verjährung bezieht, kann nach § 67 ArbGG ausgeschlossen sein. Das kann der Fall sein, wenn sich die Einrede auf eine streitige Tatsachengrundlage gründet, die eine Beweisaufnahme erforderlich macht oder wenn deren Berücksichtigung eine solche nunmehr aus anderen Gründen, etwa in Bezug auf eine andere Anspruchsgrundlage, erforderlich wird.[5] In der Revisionsinstanz scheidet die erstmalige Geltendmachung aus.

4 Ein **Hinweis des Richters** auf die Einrede der Verjährung – mit der Folge der Besorgnis der Befangenheit[6] – ist auch unter Berücksichtigung der Hinweispflicht nach § 139 ZPO nicht statthaft. Es ist nicht Aufgabe des Gerichts, durch Fragen und Hinweise neue Anspruchsgrundlagen, Einreden oder Anträge einzuführen, die im bisherigen Vortrag keine Stütze finden.[7] Ein anderes soll dann gelten, wenn der rechtliche Hinweis auf einschlägige Entscheidungen die Einrede nahe legt.[8]

II. Ausschluss der Rückforderung (Abs. 2)

5 Eine in Unkenntnis der Verjährung erfolgte Leistung kann nicht zurückgefordert werden, Abs. 2 S. 1. Wird hingegen nicht freiwillig geleistet, sondern etwa zur Abwendung der Zwangsvollstreckung, ist die Rückforderung nach § 813 Abs. 1 S. 1 möglich.[9] Das gilt auch, wenn ohne ausdrücklichen Vorbehalt im Hinblick auf ein vorläufig vollstreckbares Urteil vor Einlegung eines Rechtsmittels geleistet wurde.[10]

6 Gleichgestellt sind das Anerkenntnis i.S.d. § 781 (siehe § 812 Abs. 2) und die in Unkenntnis der Verjährung geleistete Sicherheit.

| § 215 | Aufrechnung und Zurückbehaltungsrecht nach Eintritt der Verjährung |

Die Verjährung schließt die Aufrechnung und die Geltendmachung eines Zurückbehaltungsrechts nicht aus, wenn der Anspruch in dem Zeitpunkt noch nicht verjährt war, in dem erstmals aufgerechnet oder die Leistung verweigert werden konnte.

1 Die Vorschrift übernimmt § 390 S. 2 a.F. und **erweitert** die Regelung auf die **Geltendmachung von Zurückbehaltungsrechten**, die schon bisher in Rspr. und Lit. anerkannt war.[1]

2 Die Aufrechnung kann nach § 215 auch auf eine verjährte Forderung gestützt werden, wenn diese **bei Eintritt der Aufrechnungslage** (§ 387) noch nicht verjährt war. Das ist eine Ausnahme zum Ausschluss der Aufrechnung mit einredebehafteten Forderungen. Das gilt selbst dann, wenn die einschlägige Klage wegen Verjährung rechtskräftig abgewiesen wurde.[2] Nicht erforderlich ist es, dass sich beide Ansprüche in unverjährter Zeit fällig gegenüberstanden haben.[3] Die Aufrechnung kann indes im Prozess als verspätet und daher unbeachtlich behandelt werden.[4]

3 Der Aufrechnung gleichgestellt wird die Geltendmachung eines Zurückbehaltungsrechts. Auch hier ist es erforderlich, dass die Forderung, auf die das Recht gestützt wird, zum Zeitpunkt der Entstehung des Gegenanspruchs noch nicht verjährt war. Auf den Zeitpunkt der Geltendmachung kommt es nicht an. Erfasst wird auch der Fall des § 320.[5]

---

3 BGH 21.4.2009 – XI ZR 148/08 – NJW-RR 2009, 1040.
4 BGH 15.12.1988 – IX ZR 33/88 – NJW 1990, 326 = MDR 1989, 445.
5 Offengelassen zu § 531 Abs. 2 ZPO BGH 23.6.2008 – GSZ 1/08 – BGHZ 177, 212 = NJW 2008, 3434; anders BGH 16.10.2008 – IX ZR 135/07 – NJW 2009, 685; dagegen *Kroppenberg*, NJW 2009, 642, 644 = MDR 2009, 143.
6 BGH 2.10.2003 – V ZB 22/03 – BGHZ 156, 269 = NJW 2004, 164; ErfK/*Preis*, §§ 194–218 BGB Rn 3.
7 BGH 2.10.2003 – V ZB 22/03 – BGHZ 156, 269 = NJW 2004, 164; ErfK/*Preis*, § 218 BGB Rn 4; *Mansel/Budzikiewicz*, § 214 Rn 3; jew. m.w.N.; a.A. Palandt/*Heinrichs*, § 214 Rn 3; jurisPK-BGB/*Lakkis*, § 214 Rn 19; Soergel/ *Niedenführ*, § 214 Rn 3; OLG Köln 23.10.1989 – 2 W 186/89 – NJW-RR 1990, 192; ausf. Staudinger/*Peters*, § 214 Rn 14 ff.

8 BGH 12.11.1997 – IV ZR 214/96 – NJW 1998, 612 = AP § 42 ZPO Nr. 12; ausf. *Rensen*, MDR 2004, 489 ff.
9 BGH 19.11.2008 – X ZR 39/08 – WuM 2009, 57; BGH 24.11.2006 – LwZR 6/05 – NJW 2007, 1269 = MDR 2007, 387; BGH 5.10.1993 – IX ZR 180/92 – NJW 1993, 3318 = MDR 1994, 54.
10 BGH 19.11.2008 – X ZR 39/08 – WuM 2009, 57.
1 BT-Drucks 14/6040, S. 122 m.w.N.
2 BGH 24.6.1971 – VII ZR 254/69 – WM 1971, 1366 = VersR 1971, 930.
3 BGH 19.5.2006 – V ZR 40/05 – NJW 2006, 2773 = MDR 2006, 1272.
4 Staudinger/*Peters*, § 215 Rn 7.
5 BGH 19.5.2006 – V ZR 40/05 – juris; OLG Düsseldorf 20.8.2001 – 23 U 197/00 – InVO 2002, 234; AnwK-BGB/ *Mansel/Budzikiewicz*, § 215 Rn 3.

§ 217 Verjährung von Nebenleistungen

Mit dem Hauptanspruch verjährt der Anspruch auf die von ihm abhängenden Nebenleistungen, auch wenn die für diesen Anspruch geltende besondere Verjährung noch nicht eingetreten ist.

Die Vorschrift tritt an die Stelle von § 224 a.F. und wurde nur sprachlich geändert. Der Schuldner soll davor geschützt werden sich zur Verteidigung gegen **Ansprüche auf unselbstständige Nebenleistungen** – deren Verjährung unabhängig vom Hauptanspruch erfolgt – zu dem verjährten Hauptanspruch einlassen zu müssen, was dem Rechtsgedanken der Verjährung zuwiderliefe.[1]

Erfasst werden Nebenleistungen, die **zusätzlich zur Hauptschuld** zu leisten sind und mit dieser in einem Zusammenhang stehen. Dabei handelt es sich um Zinsen, einschließlich derer aus Verzug,[2] Ansprüche auf Früchte, Nutzungen (§§ 818 Abs. 1, 987 f.) und Kosten (§ 367 Abs. 1) sowie der Verzugsschaden. Wird die Nebenleistung aber bereits vor Verjährung der Hauptforderung eingeklagt, ist die Vorschrift von ihrem Schutzzweck her nicht anwendbar.[3]

§ 218 Unwirksamkeit des Rücktritts

(1) ¹Der Rücktritt wegen nicht oder nicht vertragsgemäß erbrachter Leistung ist unwirksam, wenn der Anspruch auf die Leistung oder der Nacherfüllungsanspruch verjährt ist und der Schuldner sich hierauf beruft. ²Dies gilt auch, wenn der Schuldner nach § 275 Abs. 1 bis 3, § 439 Abs. 3 oder 635 Abs. 3 nicht zu leisten braucht und der Anspruch auf die Leistung oder der Nacherfüllungsanspruch verjährt wäre. ³§ 216 Abs. 2 Satz 2 bleibt unberührt.

(2) § 214 Abs. 2 findet entsprechende Anwendung.

Buch 2: Recht der Schuldverhältnisse

Abschnitt 1: Inhalt der Schuldverhältnisse

Titel 1: Verpflichtung zur Leistung

§ 241 Pflichten aus dem Schuldverhältnis

(1) ¹Kraft des Schuldverhältnisses ist der Gläubiger berechtigt, von dem Schuldner eine Leistung zu fordern. ²Die Leistung kann auch in einem Unterlassen bestehen.

(2) Das Schuldverhältnis kann nach seinem Inhalt jeden Teil zur Rücksicht auf die Rechte, Rechtsgüter und Interessen des anderen Teils verpflichten.

§ 241a Unbestellte Leistungen

(1) Durch die Lieferung unbestellter Sachen oder durch die Erbringung unbestellter sonstiger Leistungen durch einen Unternehmer an einen Verbraucher wird ein Anspruch gegen diesen nicht begründet.

(2) Gesetzliche Ansprüche sind nicht ausgeschlossen, wenn die Leistung nicht für den Empfänger bestimmt war oder in der irrigen Vorstellung einer Bestellung erfolgte und der Empfänger dies erkannt hat oder bei Anwendung der im Verkehr erforderlichen Sorgfalt hätte erkennen können.

---

1 BT-Drucks 14/6040, S. 124.

2 S. aber die Fallgestaltung in BGH 25.3.1987 – IVa ZR 250/85 – NJW 1987, 3136 = VersR 1987, 718.

3 BGH 23.11.1994 – XII ZR 150/93 – BGHZ 128, 74 = NJW 1995, 252.

(3) Eine unbestellte Leistung liegt nicht vor, wenn dem Verbraucher statt der bestellten eine nach Qualität und Preis gleichwertige Leistung angeboten und er darauf hingewiesen wird, dass er zur Annahme nicht verpflichtet ist und die Kosten der Rücksendung nicht zu tragen hat.

§ 242 Leistung nach Treu und Glauben

Der Schuldner ist verpflichtet, die Leistung so zu bewirken, wie Treu und Glauben mit Rücksicht auf die Verkehrssitte es erfordern.

§ 243 Gattungsschuld

(1) Wer eine nur der Gattung nach bestimmte Sache schuldet, hat eine Sache von mittlerer Art und Güte zu leisten.
(2) Hat der Schuldner das zur Leistung einer solchen Sache seinerseits Erforderliche getan, so beschränkt sich das Schuldverhältnis auf diese Sache.

§ 273 Zurückbehaltungsrecht

(1) Hat der Schuldner aus demselben rechtlichen Verhältnis, auf dem seine Verpflichtung beruht, einen fälligen Anspruch gegen den Gläubiger, so kann er, sofern nicht aus dem Schuldverhältnis sich ein anderes ergibt, die geschuldete Leistung verweigern, bis die ihm gebührende Leistung bewirkt wird (Zurückbehaltungsrecht).
(2) Wer zur Herausgabe eines Gegenstands verpflichtet ist, hat das gleiche Recht, wenn ihm ein fälliger Anspruch wegen Verwendungen auf den Gegenstand oder wegen eines ihm durch diesen verursachten Schadens zusteht, es sei denn, dass er den Gegenstand durch eine vorsätzlich begangene unerlaubte Handlung erlangt hat.
(3) [1]Der Gläubiger kann die Ausübung des Zurückbehaltungsrechts durch Sicherheitsleistung abwenden. [2]Die Sicherheitsleistung durch Bürgen ist ausgeschlossen.

§ 274 Wirkungen des Zurückbehaltungsrechts

(1) Gegenüber der Klage des Gläubigers hat die Geltendmachung des Zurückbehaltungsrechts nur die Wirkung, dass der Schuldner zur Leistung gegen Empfang der ihm gebührenden Leistung (Erfüllung Zug um Zug) zu verurteilen ist.
(2) Auf Grund einer solchen Verurteilung kann der Gläubiger seinen Anspruch ohne Bewirkung der ihm obliegenden Leistung im Wege der Zwangsvollstreckung verfolgen, wenn der Schuldner im Verzug der Annahme ist.

§ 275 Ausschluss der Leistungspflicht

(1) Der Anspruch auf Leistung ist ausgeschlossen, soweit diese für den Schuldner oder für jedermann unmöglich ist.
(2) [1]Der Schuldner kann die Leistung verweigern, soweit diese einen Aufwand erfordert, der unter Beachtung des Inhalts des Schuldverhältnisses und der Gebote von Treu und Glauben in einem groben Missverhältnis zu dem Leistungsinteresse des Gläubigers steht. [2]Bei der Bestimmung der dem Schuldner zuzumutenden Anstrengungen ist auch zu berücksichtigen, ob der Schuldner das Leistungshindernis zu vertreten hat.

(3) Der Schuldner kann die Leistung ferner verweigern, wenn er die Leistung persönlich zu erbringen hat und sie ihm unter Abwägung des seiner Leistung entgegenstehenden Hindernisses mit dem Leistungsinteresse des Gläubigers nicht zugemutet werden kann.
(4) Die Rechte des Gläubigers bestimmen sich nach den §§ 280, 283 bis 285, 311a und 326.

§ 276 Verantwortlichkeit des Schuldners

(1) [1]Der Schuldner hat Vorsatz und Fahrlässigkeit zu vertreten, wenn eine strengere oder mildere Haftung weder bestimmt noch aus dem sonstigen Inhalt des Schuldverhältnisses, insbesondere aus der Übernahme einer Garantie oder eines Beschaffungsrisikos, zu entnehmen ist. [2]Die Vorschriften der §§ 827 und 828 finden entsprechende Anwendung.
(2) Fahrlässig handelt, wer die im Verkehr erforderliche Sorgfalt außer Acht lässt.
(3) Die Haftung wegen Vorsatzes kann dem Schuldner nicht im Voraus erlassen werden.

§ 277 Sorgfalt in eigenen Angelegenheiten

Wer nur für diejenige Sorgfalt einzustehen hat, welche er in eigenen Angelegenheiten anzuwenden pflegt, ist von der Haftung wegen grober Fahrlässigkeit nicht befreit.

§ 278 Verantwortlichkeit des Schuldners für Dritte

[1]Der Schuldner hat ein Verschulden seines gesetzlichen Vertreters und der Personen, deren er sich zur Erfüllung seiner Verbindlichkeit bedient, in gleichem Umfang zu vertreten wie eigenes Verschulden. [2]Die Vorschrift des § 276 Absatz 3 findet keine Anwendung.

§ 279 (weggefallen)

§ 280 Schadensersatz wegen Pflichtverletzung

(1) [1]Verletzt der Schuldner eine Pflicht aus dem Schuldverhältnis, so kann der Gläubiger Ersatz des hierdurch entstehenden Schadens verlangen. [2]Dies gilt nicht, wenn der Schuldner die Pflichtverletzung nicht zu vertreten hat.
(2) Schadensersatz wegen Verzögerung der Leistung kann der Gläubiger nur unter der zusätzlichen Voraussetzung des § 286 verlangen.
(3) Schadensersatz statt der Leistung kann der Gläubiger nur unter den zusätzlichen Voraussetzungen des § 281, des § 282 oder des § 283 verlangen.

§ 281 Schadensersatz statt der Leistung wegen nicht oder nicht wie geschuldet erbrachter Leistung

(1) [1]Soweit der Schuldner die fällige Leistung nicht oder nicht wie geschuldet erbringt, kann der Gläubiger unter den Voraussetzungen des § 280 Abs. 1 Schadensersatz statt der Leistung verlangen, wenn er dem Schuldner erfolglos eine angemessene Frist zur Leistung oder Nacherfüllung bestimmt hat. [2]Hat der Schuldner eine Teilleistung bewirkt, so kann der Gläubiger Schadensersatz statt der ganzen Leistung nur verlangen, wenn er an der Teilleistung kein Interesse hat. [3]Hat der Schuldner die Leistung nicht wie geschuldet bewirkt, so kann der Gläubiger Schadensersatz statt der ganzen Leistung nicht verlangen, wenn die Pflichtverletzung unerheblich ist.
(2) Die Fristsetzung ist entbehrlich, wenn der Schuldner die Leistung ernsthaft und endgültig verweigert oder wenn besondere Umstände vorliegen, die unter Abwägung der beiderseitigen Interessen die sofortige Geltendmachung des Schadensersatzanspruchs rechtfertigen.

(3) Kommt nach der Art der Pflichtverletzung eine Fristsetzung nicht in Betracht, so tritt an deren Stelle eine Abmahnung.
(4) Der Anspruch auf die Leistung ist ausgeschlossen, sobald der Gläubiger statt der Leistung Schadensersatz verlangt hat.
(5) Verlangt der Gläubiger Schadensersatz statt der ganzen Leistung, so ist der Schuldner zur Rückforderung des Geleisteten nach den §§ 346 bis 348 berechtigt.

§ 282 Schadensersatz statt der Leistung wegen Verletzung einer Pflicht nach § 241 Abs. 2

Verletzt der Schuldner eine Pflicht nach § 241 Abs. 2, kann der Gläubiger unter den Voraussetzungen des § 280 Abs. 1 Schadensersatz statt der Leistung verlangen, wenn ihm die Leistung durch den Schuldner nicht mehr zuzumuten ist.

§ 283 Schadensersatz statt der Leistung bei Ausschluss der Leistungspflicht

[1]Braucht der Schuldner nach § 275 Abs. 1 bis 3 nicht zu leisten, kann der Gläubiger unter den Voraussetzungen des § 280 Abs. 1 Schadensersatz statt der Leistung verlangen. [2]§ 281 Abs. 1 Satz 2 und 3 und Abs. 5 findet entsprechende Anwendung.

§ 284 Ersatz vergeblicher Aufwendungen

Anstelle des Schadensersatzes statt der Leistung kann der Gläubiger Ersatz der Aufwendungen verlangen, die er im Vertrauen auf den Erhalt der Leistung gemacht hat und billigerweise machen durfte, es sei denn, deren Zweck wäre auch ohne die Pflichtverletzung des Schuldners nicht erreicht worden.

§ 285 Herausgabe des Ersatzes

(1) Erlangt der Schuldner infolge des Umstands, auf Grund dessen er die Leistung nach § 275 Abs. 1 bis 3 nicht zu erbringen braucht, für den geschuldeten Gegenstand einen Ersatz oder einen Ersatzanspruch, so kann der Gläubiger Herausgabe des als Ersatz Empfangenen oder Abtretung des Ersatzanspruchs verlangen.
(2) Kann der Gläubiger statt der Leistung Schadensersatz verlangen, so mindert sich dieser, wenn er von dem in Absatz 1 bestimmten Recht Gebrauch macht, um den Wert des erlangten Ersatzes oder Ersatzanspruchs.

§ 286 Verzug des Schuldners

(1) [1]Leistet der Schuldner auf eine Mahnung des Gläubigers nicht, die nach dem Eintritt der Fälligkeit erfolgt, so kommt er durch die Mahnung in Verzug. [2]Der Mahnung stehen die Erhebung der Klage auf die Leistung sowie die Zustellung eines Mahnbescheids im Mahnverfahren gleich.
(2) Der Mahnung bedarf es nicht, wenn
1. für die Leistung eine Zeit nach dem Kalender bestimmt ist,
2. der Leistung ein Ereignis vorauszugehen hat und eine angemessene Zeit für die Leistung in der Weise bestimmt ist, dass sie sich von dem Ereignis an nach dem Kalender berechnen lässt,
3. der Schuldner die Leistung ernsthaft und endgültig verweigert,
4. aus besonderen Gründen unter Abwägung der beiderseitigen Interessen der sofortige Eintritt des Verzugs gerechtfertigt ist.

(3) ¹Der Schuldner einer Entgeltforderung kommt spätestens in Verzug, wenn er nicht innerhalb von 30 Tagen nach Fälligkeit und Zugang einer Rechnung oder gleichwertigen Zahlungsaufstellung leistet; dies gilt gegenüber einem Schuldner, der Verbraucher ist, nur, wenn auf diese Folgen in der Rechnung oder Zahlungsaufstellung besonders hingewiesen worden ist. ²Wenn der Zeitpunkt des Zugangs der Rechnung oder Zahlungsaufstellung unsicher ist, kommt der Schuldner, der nicht Verbraucher ist, spätestens 30 Tage nach Fälligkeit und Empfang der Gegenleistung in Verzug.
(4) Der Schuldner kommt nicht in Verzug, solange die Leistung infolge eines Umstands unterbleibt, den er nicht zu vertreten hat.

§ 287 Verantwortlichkeit während des Verzugs

¹Der Schuldner hat während des Verzugs jede Fahrlässigkeit zu vertreten. ²Er haftet wegen der Leistung auch für Zufall, es sei denn, dass der Schaden auch bei rechtzeitiger Leistung eingetreten sein würde.

§ 288 Verzugszinsen

(1) ¹Eine Geldschuld ist während des Verzugs zu verzinsen. ²Der Verzugszinssatz beträgt für das Jahr fünf Prozentpunkte über dem Basiszinssatz.
(2) Bei Rechtsgeschäften, an denen ein Verbraucher nicht beteiligt ist, beträgt der Zinssatz für Entgeltforderungen acht Prozentpunkte über dem Basiszinssatz.
(3) Der Gläubiger kann aus einem anderen Rechtsgrund höhere Zinsen verlangen.
(4) Die Geltendmachung eines weiteren Schadens ist nicht ausgeschlossen.

Literatur zu § 288: *Bauer/Kock*, Arbeitsrechtliche Auswirkungen des neuen Verbraucherschutzrechts, DB 2002, 42; *Boemke*, Höhe der Verzugszinsen für Entgeltforderungen des Arbeitnehmers, BB 2002, 92; *Däubler*, Die Auswirkungen der Schuldrechtsmodernisierung auf das Arbeitsrecht, NZA 2001, 1329; *Griebeling*, Brutto oder Netto – die gesetzliche Verzinsung arbeitsrechtlicher Vergütungsansprüche, NZA 2000, 1249; *Hanau*, Zinsen auf Bruttolohn, AP § 288 BGB Nr. 4; *Henssler*, Arbeitsrecht und Schuldrechtsreform, RdA 2002, 129; *Hümmerich/Holthausen*, Der Arbeitnehmer als Verbraucher, NZA 2002, 173; *Joussen*, Arbeitsrecht und Schuldrechtsreform, NZA 2001, 745; *Lepke*, Zinsen, AR-Blattei SD 1860; *Löwisch*, Auswirkungen der Schuldrechtsreform auf das Recht des Arbeitsverhältnisses, in: FS für Wiedemann, S. 311; *Mauer*, Neue Verzugs- und Prozesszinsen, NZA 2000, 983; *Reichenbach*, Tenor und Klageantrag bei gesetzlichen Zinssätzen mit variablen Bezugsgrößen, MDR 2001, 13; *Reinecke*, Kontrolle Allgemeiner Arbeitsbedingungen nach dem Schuldrechtsmodernisierungsgesetz, DB 2002, 583; *Richardi*, Leistungsstörungen und Haftung im Arbeitsverhältnis nach dem Schuldrechtsmodernisierungsgesetz, NZA 2002, 1004; *Treber*, Die prozessuale Behandlung des gesetzlichen Verzugszinses nach dem „Gesetz zur Beschleunigung fälliger Zahlungen", NZA 2001, 187

A. Allgemeines	1	II. § 288 Abs. 2	4
B. Regelungsgehalt	2	III. § 288 Abs. 4	6
I. § 288 Abs. 1	2	C. Verbindung zu anderen Rechtsgebieten und zum Prozessrecht	7
1. Voraussetzungen	2		
2. Zinshöhe	3	D. Beraterhinweise	8

A. Allgemeines

§ 288 regelt die Höhe des Verzugszinses. Dieser wurde im Jahr 2000 von 4 % auf den jetzt variablen Zinssatz von fünf Prozentpunkten über dem Basiszinssatz (vgl. § 247) angehoben,[1] um missbräuchlichen Zahlungsverschleppungen vorzubeugen. Die Bezugnahme auf den Basiszinssatz stellt die Verbindung zum Marktzins her. Dadurch wird die Zinshöhe in Abhängigkeit von Veränderungen des Basiszinssatzes variabel. Abs. 2 wurde zum 1.1.2002 in Umsetzung der Zahlungsverzugs-RL[2] eingefügt. Danach gilt ein höherer Zinssatz bei Rechtsgeschäften, an denen ein Verbraucher nicht beteiligt ist. Der Verzugszins steht dem Gläubiger als Mindestschaden zu,[3] die Forderung höherer Zinsen ist gem. Abs. 3, sowie die Geltendmachung eines weiteren Schadens gem. Abs. 4 möglich. Der Gegenbeweis, dass ein geringerer Schaden unter der gesetzlichen Zinshöhe entstanden ist, ist nicht zulässig. Dies ist nur beim Verbraucherdarlehensvertrag gem. § 497 Abs. 1 S. 3 möglich.

1

---

1 Durch das Gesetz zur Beschleunigung fälliger Zahlungen v. 30.3.2000, BGBl I S. 330.
2 RL 2000/35/EG des Europäischen Parlaments und des Rates v. 26.6.2000, ABl EG L 200 v. 8.8.2000, S. 35 ff.
3 BAG 11.8.1998 – 9 AZR 122/95 – BB 1998, 1796; Palandt/*Grüneberg*, § 288 Rn 2.

B. Regelungsgehalt

I. § 288 Abs. 1

2 **1. Voraussetzungen.** Gem. § 288 Abs. 1 ist eine Geldschuld für die Dauer des **Verzuges** zu verzinsen. Da der Entgeltanspruch des AN kalendermäßig bestimmt ist, tritt gem. § 286 Abs. 2 Nr. 1 der Verzug ohne Mahnung ein.[4] Die Zinspflicht besteht bei Geldschulden aller Art. Bei Entgeltansprüchen des AN ist umstritten, ob der **Brutto- oder der Nettobetrag** zu verzinsen ist.[5] Nach der Entscheidung des großen Senats des BAG im Jahr 2001 geht die Rspr. davon aus, dass das **Bruttoentgelt Grundlage der Zinsforderung** ist.[6] Die vereinbarte Vergütung nach § 611 Abs. 1 sei i.d.R. das Bruttoentgelt.[7] Nur aus technischen Gründen werden Steuern und Versicherungsbeiträge direkt vom AG abgeführt. Auch die Lohnzahlungsklage sei auf das Bruttoentgelt zu richten, bei Vollstreckung aus diesem Urteil sei der ganze Betrag beizutreiben, daher seien daraus auch die Zinsen zu berechnen.[8] Die Anknüpfung an den Nettolohn würde außerdem das dem § 288 BGB zugrunde liegende Prinzip der Schadenspauschalierung durchbrechen. Anders als die §§ 3, 286, die auf einen tatsächlich entstandenen Schaden abstellen, sind Geldschulden immer zu verzinsen. Dies soll die Durchsetzung des Anspruches vereinfachen, eine Aufspaltung in einen Brutto- und einen Nettobetrag widerspräche diesem Ziel.[9] Auch soll der Schuldner durch den Zinssatz zur Erfüllung angehalten werden und keinen Vorteil aus dem Verzug ziehen.[10] In der Lit. ist dagegen eingewendet worden, dass die Verzinsung des Bruttobetrags nicht dem Regelungszweck des § 288 Abs. 1 entspreche.[11] Der Sinn des § 288 Abs. 1 liege in einer Schadenspauschalierung. Da der AN aber nur den Nettobetrag wirtschaftlich für sich nutzen könne, liege der Bruttobetrag stets über einem denkbaren Schaden.[12] Darüber hinaus schulde der AG steuer- und sozialrechtliche Säumniszuschläge, die bei Annahme einer Bruttoverzinsung zu einer doppelten Belastung des AG führten.[13] Wie der Große Senat[14] aber zu Recht ausgeführt hat, haben öffentlich rechtliche Säumniszuschläge keinen Einfluss auf die zivilrechtliche Regelung der Verzugsfolgen. Weiterhin kann dem AN durch verspätet gezahlte Abgaben sehr wohl z.B. infolge der Steuerprogression oder durch das Fehlen von Beitragszeiten ein Schaden entstehen.[15] Der Ansicht der Rspr. ist daher zu folgen, dass es für die Zinsberechnung auf den Bruttolohn ankommt.

3 **2. Zinshöhe.** Die Höhe des Zinssatzes beträgt fünf Prozentpunkte über dem Basiszinssatz (§ 247). Dieser ändert sich jeweils zum 1. Januar und 1. Juli eines Jahres, die Änderung wird von der Deutschen Bundesbank im Bundesanzeiger bekannt gemacht. Der Basiszinssatz betrug ab 1.1.2002 2,57 %, ab 1.7.2002 2,47 %, ab 1.1.2003 1,97 %, ab 1.7.2003 1,22 %, ab 1.1.2004 1,14 % und ab 1.7.2004 1,13 %. Der jeweils aktuelle Basiszins ist im Internet[16] abrufbar (zur Formulierung im Klageantrag vgl. Rn 8).

II. § 288 Abs. 2

4 Gem. Abs. 2 ist der Zinssatz für Entgeltforderungen bei Rechtsgeschäften, an denen ein Verbraucher nicht beteiligt ist, 8 % über dem Basiszinssatz. § 288 Abs. 2 BGB dient der Umsetzung der RL 2000/35/EG vom 29.6.2000 zur Bekämpfung des Zahlungsverzuges.[17] Der Begriff der Entgeltforderung entstammt der Zahlungsverzugs-RL. Darunter fallen nur Forderungen, die auf Zahlung eines Entgelts für die Lieferung von Gütern oder die Erbringung von Dienstleistungen gerichtet sind.[18] Auf Schadensersatzansprüche, Bereicherungsansprüche und Ansprüche aus GoA findet Abs. 2 daher keine Anwendung.

5 Nach nahezu[19] einhelliger Ansicht findet § 288 Abs. 2 auf Arbeitsverträge keine Anwendung. Unabhängig von der umstrittenen Frage, ob der **AN Verbraucher** ist, wird überwiegend die Anwendung des höheren Zinssatzes verneint.

---

4 ErfK/*Preis*, § 614 Rn 15.
5 Differenzierend *Boemke/Fischer*, Anm. zu BAG 7.3.2001, SAE 2002, 152, 158: Zinsen auf Bruttolohn abzüglich der Versicherungsbeiträge.
6 BAG GS 7.3.2001 – GS 1/00 – AP § 288 BGB Nr. 4 = NJW 2001, 3570; zust. MüKo-BGB/*Ernst*, § 288 Rn 13; Schaub/*Linck*, Arbeitsrechts-Handbuch, § 71 Rn 6; Staudinger/*Löwisch*, § 288 Rn 26; Palandt/*Grüneberg*, § 288 Rn 6.
7 ErfK/*Preis*, § 611 BGB Rn 474; BAG 18.1.1974 – 3 AZR 183/73 – AP § 670 BGB Nr. 19 = DB 1974, 778.
8 BAG GS 7.3.2001 – GS 1/00 – AP § 288 BGB Nr. 4 = NJW 2001, 3570.
9 BAG GS 7.3.2001 – GS 1/00 – AP § 288 BGB Nr. 4 = NJW 2001, 3570.
10 BGH 20.5.1985 – VII ZR 266/84 – BGHZ 94, 330, 333 = NJW 1985, 2325, 2326.
11 *Griebeling*, NZA 2000, 1249, 1250; *Schwarze*, Anm. zu BAG 7.3.2001, EzA § 288 Nr. 3; *Weber*, Anm. 2 zu BAG 11.8.1998, AP § 288 Nr. 1.
12 *Griebeling*, NZA 2000, 1249, 1253; *Hanau*, Anm. zu BAG GS 7.3.2001, AP § 288 BGB Nr. 4.
13 *Griebeling*, NZA 2000, 1249, 1253.
14 BAG GS 7.3.2001 – GS 1/00 – AP § 288 BGB Nr. 4 = NJW 2001, 3570, 3575.
15 BAG GS 7.3.2001 – GS 1/00 – AP § 288 BGB Nr. 4= NJW 2001, 3570, 3574.
16 www.bundesbank.de/de/presse/faq/zinssatz.htm.
17 BR-Drucks 338/01, S. 2, 339.
18 Palandt/*Grüneberg*, § 286 Rn 27.
19 A.A. wohl *Löwisch*, in: FS für Wiedemann, S. 311, 315.

Nimmt man an, dass der AN Verbraucher sein kann, ist die Vorschrift schon von ihrem Wortlaut her nicht anwendbar.[20] Dem hat sich auch die instanzgerichtliche Rspr. angeschlossen.[21] Sieht man den AN nicht als Verbraucher an, wird der Anwendungsbereich des § 288 Abs. 2 in der Lit. teleologisch reduziert und für das Arbeitsrecht ausgeschlossen.[22] Die der Vorschrift zugrunde liegende Zahlungsverzugs-RL ist danach nur auf Zahlungen bezogen, die den Geschäftsverkehr betreffen.[23] Geschäftsverkehr ist nach Art. 2 Nr. 1 der RL der Geschäftsvorgang zwischen Unternehmen, der zu einer Lieferung von Gütern oder Erbringung von Dienstleistungen gegen Entgelt führt. Das Arbverh ist kein Vertrag zwischen Unternehmen.[24] Daher bleibt es für Ansprüche aus dem Arbeitsvertrag bei dem niedrigeren Zinssatz gem. § 288 Abs. 1.

III. § 288 Abs. 4

Der Gläubiger kann unter den Voraussetzungen des § 286 einen höheren Zinsschaden geltend machen. Hierunter fallen z.B. der Verlust von Anlagezinsen und der Aufwand von Kreditzinsen.[25] Diesen höheren Zinsschaden kann der AN allerdings nur auf den Nettobetrag verlangen, denn nur diesen hätte er konkret zur Rückzahlung von Krediten aufwenden können.[26] Darüber hinaus muss im Einzelnen dargelegt werden, dass Kredite kausal wegen nicht gezahltem Lohn aufgenommen worden sind. Werden gesetzlicher Zinssatz und ein darüber hinaus gehender Zinsschaden geltend gemacht, kann der gesetzliche Zinssatz nicht doppelt verlangt werden.

C. Verbindung zu anderen Rechtsgebieten und zum Prozessrecht

Gem. Art. 229 § 1 Abs. 1 S. 3 EGBGB gilt der Zinssatz des Abs. 1 für Geldforderungen, die seit dem 1.5.2000 fällig geworden sind. Bei am 1.5.2000 bereits fälligen Geldforderungen bleibt es bei 4 %. Der im Wege der Schuldrechtsreform eingefügte § 288 Abs. 2 gilt gem. Art. 229 § 5 EGBGB für Arbeitsverträge als Dauerschuldverhältnisse ab dem 1.1.2003. Der Anspruch auf Verzugszinsen unterliegt der dreijährigen regelmäßigen Verjährung gem. §§ 195, 199. Als Nebenanspruch kann der Zinsanspruch gem. § 217 nicht später verjähren als der Hauptanspruch.

D. Beraterhinweise

Der Klageantrag muss auch hinsichtlich der Zinsforderung bestimmt sein, da das Gericht nicht über den gestellten Antrag hinausgehen kann (vgl. § 308 ZPO). Allerdings reicht es auch bei dem variablen Zinsanspruch aus, wenn der Wortlaut des § 288 Abs. 1 im Klageantrag aufgegriffen wird und insoweit die Berechnungselemente aus allgemein zugänglichen Quellen ersichtlich sind.[27] Der Rechtsanwalt muss daher weder den aktuellen Basiszinssatz errechnen, noch auf die einzelnen Zeitpunkte der Veränderung des Basiszinssatzes beziehen.[28] Es kann daher formuliert werden:

„Die Beklagte wird verurteilt, an den Kläger ... EUR brutto nebst Zinsen in Höhe von 5 Prozentpunkten über dem Basiszinssatz seit dem... zu zahlen."

Ist auf die Bruttosumme zum Teil schon gezahlt worden, kann der Antrag wie folgt gefasst werden:

„Die Beklagte wird verurteilt, an den Kläger ... EUR brutto nebst Zinsen in Höhe von 5 Prozentpunkten über dem Basiszinssatz seit dem... abzüglich am... bezahlter... EUR zu zahlen."

Ein Klageantrag, der gem. § 288 Abs. 3 oder 4 auf einen höheren Zinssatz geht, muss, wenn der Kläger den Nettobetrag nicht kennt, wegen des Bestimmtheitserfordernisses des § 253 Abs. 2 Nr. 2 ZPO im Wege der Stufenklage geltend gemacht werden. Der Antrag allein auf den sich aus dem Bruttoentgelt ergebenen Nettobetrag ist zu unbestimmt.[29] Daher muss wie folgt vorgegangen werden:

1.1. Die Beklagte wird verurteilt, an den Kläger ... EUR brutto nebst Zinsen in Höhe von 5 Prozentpunkten über dem Basiszinssatz gem. § 247 BGB seit dem... zu zahlen.
2.2. Im Wege der Stufenklage wird die Beklagte verurteilt,
   a) dem Kläger Abrechnung über den sich aus vorstehender Ziffer 1 ergebenden Bruttobetrag zu erteilen;
   b) an den Kläger weitere Zinsen in Höhe von ... % aus dem sich nach der Abrechnung gemäß vorstehender Ziffer 2a) ergebenden Nettobetrag seit dem ... zu zahlen."

---

20 *Hümmerich/Holthausen*, NZA 2002, 173, 178; *Gotthardt*, Rn 187; *Boemke*, BB 2002, 96, 97; *Hanau*, Anm. zu BAG GS7.3.2001, AP § 288 BGB Nr. 4; *Reinecke*, DB 2002, 583, 587.
21 ArbG Gießen 23.10.2002 – 2 Ca 369/02 – FA 2003, 61; ArbG Hamburg 1.8.2002 – 15 Ca 48/02 – ZGS 2003, 79.
22 *Bauer/Kock*, DB 2002, 42, 43; *Henssler*, RdA 2002, 129, 135; *Joussen*, NZA 2000, 745, 749; Palandt/*Grüneberg*, § 288 Rn 9; *Richardi*, NZA 2002, 1004, 1009; MüKo-BGB/*Ernst*, § 288 Rn 21.
23 Erwägungsgründe Nr. 13, Abl 2000, L 200, S. 35.
24 *Henssler*, RdA 2002, 129. 135.
25 MüKo-BGB/*Ernst*, § 286 Rn 128 ff.
26 Schaub/*Linck*, Arbeitsrecht-Handbuch, § 71 Rn 6.
27 Schaub/*Linck*, Arbeitsrecht-Handbuch, § 71 Rn 8b.
28 Schaub/*Linck*, Arbeitsrecht-Handbuch, § 71 Rn 8b; *Reichenbach*, MDR 2001, 13, 14; *Treber*, NZA 2001, 190 f; a.A. konkrete Bezifferung zeitlich gestaffelt: *Lepke*, AR-Blattei SD 1860 Rn 203 f; *Mauer*, NZA 2000, 983, 984.
29 Zöller/*Greger*, § 253 Rn 13 f.

§ 289 Zinseszinsverbot

¹Von Zinsen sind Verzugszinsen nicht zu entrichten. ²Das Recht des Gläubigers auf Ersatz des durch den Verzug entstehenden Schadens bleibt unberührt.

§ 290 Verzinsung des Wertersatzes

¹Ist der Schuldner zum Ersatz des Wertes eines Gegenstands verpflichtet, der während des Verzugs untergegangen ist oder aus einem während des Verzugs eingetretenen Grund nicht herausgegeben werden kann, so kann der Gläubiger Zinsen des zu ersetzenden Betrags von dem Zeitpunkt an verlangen, welcher der Bestimmung des Wertes zugrunde gelegt wird. ²Das Gleiche gilt, wenn der Schuldner zum Ersatz der Minderung des Wertes eines während des Verzugs verschlechterten Gegenstands verpflichtet ist.

§ 291 Prozesszinsen

¹Eine Geldschuld hat der Schuldner von dem Eintritt der Rechtshängigkeit an zu verzinsen, auch wenn er nicht im Verzug ist; wird die Schuld erst später fällig, so ist sie von der Fälligkeit an zu verzinsen. ²Die Vorschriften des § 288 Abs. 1 Satz 2, Abs. 2, Abs. 3 und des § 289 Satz 1 finden entsprechende Anwendung.

§ 292 Haftung bei Herausgabepflicht

(1) Hat der Schuldner einen bestimmten Gegenstand herauszugeben, so bestimmt sich von dem Eintritt der Rechtshängigkeit an der Anspruch des Gläubigers auf Schadensersatz wegen Verschlechterung, Untergangs oder einer aus einem anderen Grunde eintretenden Unmöglichkeit der Herausgabe nach den Vorschriften, welche für das Verhältnis zwischen dem Eigentümer und dem Besitzer von dem Eintritt der Rechtshängigkeit des Eigentumsanspruchs an gelten, soweit nicht aus dem Schuldverhältnis oder dem Verzug des Schuldners sich zugunsten des Gläubigers ein anderes ergibt.

(2) Das Gleiche gilt von dem Anspruch des Gläubigers auf Herausgabe oder Vergütung von Nutzungen und von dem Anspruch des Schuldners auf Ersatz von Verwendungen.

Titel 2: Verzug des Gläubigers

§ 293 Annahmeverzug

Der Gläubiger kommt in Verzug, wenn er die ihm angebotene Leistung nicht annimmt.

§ 294 Tatsächliches Angebot

Die Leistung muss dem Gläubiger so, wie sie zu bewirken ist, tatsächlich angeboten werden.

§ 295 Wörtliches Angebot

¹Ein wörtliches Angebot des Schuldners genügt, wenn der Gläubiger ihm erklärt hat, dass er die Leistung nicht annehmen werde, oder wenn zur Bewirkung der Leistung eine Handlung des Gläubigers erforderlich ist, insbesondere wenn der Gläubiger die geschuldete Sache abzuholen hat. ²Dem Angebot der Leistung steht die Aufforderung an den Gläubiger gleich, die erforderliche Handlung vorzunehmen.

§ 296 Entbehrlichkeit des Angebots

¹Ist für die von dem Gläubiger vorzunehmende Handlung eine Zeit nach dem Kalender bestimmt, so bedarf es des Angebots nur, wenn der Gläubiger die Handlung rechtzeitig vornimmt. ²Das Gleiche gilt, wenn der Handlung ein Ereignis vorauszugehen hat und eine angemessene Zeit für die Handlung in der Weise bestimmt ist, dass sie sich von dem Ereignis an nach dem Kalender berechnen lässt.

§ 297 Unvermögen des Schuldners

Der Gläubiger kommt nicht in Verzug, wenn der Schuldner zur Zeit des Angebots oder im Falle des § 296 zu der für die Handlung des Gläubigers bestimmten Zeit außerstande ist, die Leistung zu bewirken.

§ 298 Zug-um-Zug-Leistungen

Ist der Schuldner nur gegen eine Leistung des Gläubigers zu leisten verpflichtet, so kommt der Gläubiger in Verzug, wenn er zwar die angebotene Leistung anzunehmen bereit ist, die verlangte Gegenleistung aber nicht anbietet.

§ 299 Vorübergehende Annahmeverhinderung

Ist die Leistungszeit nicht bestimmt oder ist der Schuldner berechtigt, vor der bestimmten Zeit zu leisten, so kommt der Gläubiger nicht dadurch in Verzug, dass er vorübergehend an der Annahme der angebotenen Leistung verhindert ist, es sei denn, dass der Schuldner ihm die Leistung eine angemessene Zeit vorher angekündigt hat.

§ 300 Wirkungen des Gläubigerverzugs

(1) Der Schuldner hat während des Verzugs des Gläubigers nur Vorsatz und grobe Fahrlässigkeit zu vertreten.
(2) Wird eine nur der Gattung nach bestimmte Sache geschuldet, so geht die Gefahr mit dem Zeitpunkt auf den Gläubiger über, in welchem er dadurch in Verzug kommt, dass er die angebotene Sache nicht annimmt.

§ 301 Wegfall der Verzinsung

Von einer verzinslichen Geldschuld hat der Schuldner während des Verzugs des Gläubigers Zinsen nicht zu entrichten.

§ 302 Nutzungen

Hat der Schuldner die Nutzungen eines Gegenstands herauszugeben oder zu ersetzen, so beschränkt sich seine Verpflichtung während des Verzugs des Gläubigers auf die Nutzungen, welche er zieht.

§ 303 Recht zur Besitzaufgabe

¹Ist der Schuldner zur Herausgabe eines Grundstücks oder eines eingetragenen Schiffs oder Schiffsbauwerks verpflichtet, so kann er nach dem Eintritt des Verzugs des Gläubigers den Besitz aufgeben. ²Das Aufgeben muss dem Gläubiger vorher angedroht werden, es sei denn, dass die Androhung untunlich ist.

§ 304 Ersatz von Mehraufwendungen

Der Schuldner kann im Falle des Verzugs des Gläubigers Ersatz der Mehraufwendungen verlangen, die er für das erfolglose Angebot sowie für die Aufbewahrung und Erhaltung des geschuldeten Gegenstands machen musste.

Abschnitt 2: Gestaltung rechtsgeschäftlicher Schuldverhältnisse durch Allgemeine Geschäftsbedingungen

Vorbemerkung zu §§ 305 bis 310

Literatur: *Annuß*, AGB-Kontrolle im Arbeitsrecht: Wo geht die Reise hin?, BB 2002, 458; *ders.*, Der Arbeitnehmer ist kein Verbraucher!, NJW 2002, 2844; *Bartz*, „AGB"-Kontrolle nun auch im Arbeitsrecht, AuA 2002, 62; *Bauer/Diller*, Nachvertragliche Wettbewerbsverbote: Änderungen durch die Schuldrechtsreform, NJW 2002, 1609; *Bauer*, „Spielregeln" für die Freistellung von Arbeitnehmern, NZA 2007, 409; *Bauer/Kock*, Arbeitsrechtliche Auswirkungen des neuen Verbraucherschutzrechts, DB 2002, 42; *Bayreuther*, Das Verbot der geltungserhaltenden Reduktion im Arbeitsrecht, NZA 2004, 953; *ders.*, Vertragskontrolle im Arbeitsrecht nach der Entscheidung des BAG zur Zulässigkeit zweistufiger Ausschlussfristen, NZA 2005, 1337; *ders.*, Die Rolle des Tarifvertrages bei der AGB-Kontrolle von Arbeitsverträgen, RdA 2003, 81; *ders.*, „Hinauskündigung" von Bezugnahmeklauseln im Arbeitsvertrag, DB 2007, 166; *Beckmann*, Nachvertragliches Wettbewerbsverbot der AGB-rechtlichen unzulässigen Überraschungsklausel, jurisPR-ArbR 51/2004, Anm. 1; *Bieder*, Arbeitsvertragliche Gestaltungsspielräume für die Entgeltflexibilisierung, NZA 2007, 1135; *Birnbaum*, Was sind die „im Arbeitsrecht geltenden Besonderheiten?", NZA 2003, 944; *Boemke/Grünel/Tietze*, GewO, 2003; *Boudon*, AGB-Kontrolle – neue Regeln für den Entwurf von Arbeitsverträgen, ArbRB 2003, 150; *Bratz*, Arbeitsrechtliche Besonderheiten bei der Kontrolle Allgemeiner Geschäftsbedingungen, Diss., 2005; *Brors*, „Neue" Probleme bei arbeitsvertraglichen Vertragsstrafeklauseln, DB 2004, 1778; *dies.*, Zulässigkeit der formularmäßigen Vertragsstrafe für den Fall des Vertragsbruchs?, jurisPR-ArbR 34/2004; *Coester/Waltjen*, Inhaltskontrolle von „einfachen Geschäftsbedingungen" in Verbraucherverträgen, in: FS für Medicus, 1999, S. 63; *Conein-Eikelmann*, Erste Rechtsprechung zur Wirksamkeit von Vertragsstrafenabreden nach der Schuldrechtsreform, DB 2003, 2549; *Däubler*, Schuldrechtsmodernisierung und Arbeitsrecht, NZA 2001, 1329; *ders.*, Die Eigenständigkeit des Arbeitsrechts, in: FS 50 Jahre BAG, 2004, S. 3.; *Diehn*, AGB-Kontrolle von arbeitsrechtlichen Verweisungsklauseln, NZA 2004, 131; *Dieterich*, Grundgesetz und Privatautonomie im Arbeitsrecht, RdA 1995, 129; *Diller*, Vertragsstrafen bei Wettbewerbsverboten: was nun?, NZA 2008, 574; *Dollmann*, Vertragsstrafen in vorformulierten Arbeitsverträgen – Rechtsprechungsstand und Praxisfolgen, ArbRB 2004, 122; *Dorndorf*, Besonderheiten des Arbeitsrechts nach § 310 Abs. 4 BGB, in: FS 50 Jahre BAG, 2004, S. 19; *Düwell/Ebeling*, Rückzahlung von verauslagten Bildungsinvestitionen, DB 2008, 406; *Dzida/Schramm*, Versetzungsklauseln: mehr Flexibilität für den Arbeitgeber, mehr Kündigungsschutz für den Arbeitnehmer, BB 2007, 1221; *Ebeling*, AGB-Kontrolle von Arbeitsverträgen: Gegenstand und Maßstab, 2006; *Ehmann/Schmidt*, Betriebsvereinbarung und Tarifvertrag, NZA 1995, 195; *Fastrich*, Richterliche Inhaltskontrolle im Privatrecht, 1992; *ders.*, Inhaltskontrolle im Arbeitsrecht nach der Bürgschaftsentscheidung des Bundesverfassungsgerichts vom 19.10.1993, RdA 1997, 65; *Fenn*, Formulararbeitsverträge, Gesamteinheitliche Arbeitsbedingungen und das AGBG, in: FS für Söllner, 2000, S. 333; *Fiebig*, Der Arbeitnehmer als Verbraucher, DB 2002, 1608; *Freihube*, Neue Spielregeln für arbeitsvertragliche Vereinbarungen von Sonderzahlungen, DB 2008, 124; *Gaul, B.*, Bezugnahmeklauseln – Zwischen Inhaltskontrolle und Nachweisgesetz, ZfA 2003, 75; *Gotthardt*, Arbeitsrecht nach der Schuldrechtsreform, 2. Aufl. 2003; *ders.*, Der Arbeitsvertrag auf dem AGB-rechtlichen Prüfstand, ZIP 2002, 277; *Grobys*, Der gesetzliche Abfindungsanspruch in der betrieblichen Praxis, DB 2003, 2174; *Hanau*, Gebremster Schub im Arbeitsrecht, NJW 2002, 1240; *Hanau/Hromadka*, Richterliche Kontrolle flexibler Entgeltregelungen in Allgemeinen Arbeitsbedingungen, NZA 2005, 73; *Hansen*, Die Anwendbarkeit der §§ 305ff. BGB auf vorformulierte Arbeitsverträge, ZGS 2004, 21; *Hergenröder*, Zielvereinbarungen, AR-Blattei SD 1855; *Henssler*, Arbeitsrecht und Schuldrechtsreform, RdA 2002, 129; *Heinze*, Rechtliche Einordnung der Vergütungen aus dem Miles & More-Programm, DB 1996, 2490; *ders.*, Ende der Tarifautonomie?, in: FS für Lutter, 2000, 1590; *Hohenstatt/Schramm*, Neue Gestaltungsmöglichkeiten zur Flexibilisierung der Arbeitszeit, NZA 2007, 238; *Hönn*, Zu den „Besonderheiten" des Arbeitsrechts, ZfA 2003, 325; *Hoß*, Die Zulässigkeit von Vertragsstrafen im Arbeitsrecht, ArbRB 2002, 138; *Hromadka*, Inhaltskontrolle von Arbeitsverträgen, in: FS für Dieterich 1999, S. 251; *ders.*, Schuldrechtsmodernisierung und Vertragskontrolle im Arbeitsrecht, NJW 2002, 2523; *Hromadka/Schmitt-Rolfes*, Der unbefristete Arbeitsvertrag, 2006; *Hümmerich*, Gestaltung von Arbeitsverträgen, 2006; *ders.*, Gestaltung von Arbeitsverträgen nach der Schuldrechtsreform, NZA 2003, 753; *ders.*, Erweiterte Arbeitnehmer-Rechte durch Verbraucherschutz, AnwBl 2002, 671; *ders.*, alea iacta est – Aufhebungsvertrag kein Haustürgeschäft, NZA 2004, 809; *ders.*, Widerrufsvorbehalte in Formulararbeitsverträgen, NJW 2005, 1759; *ders.*, Widerruf von Gehaltszusätzen im medizinischen Bereich durch den Arbeitgeber – neue Grundsätze durch ein Urteil des BAG, MedR 2005, 575; *ders.*, Der Verbraucher-Geschäftsführer – ein unbekanntes Wesen, NZA 2006, 709; *ders.*, § 308 Nr. 4 auch bei freiwilligen Leistungen? – Anmerkungen zu den Urteilen des Fünften Senats v. 12.1.2005 und v. 11.10.2006, BB 2007, 1498; *Hümmerich/Bergwitz*, Entwicklungsklauseln in Chefarztverträgen, BB 2005, 997; *dies.*, Abschied von der chefärztlichen Entwicklungsklausel, MedR 2005, 185; *Hümmerich/Holthausen*, Der Arbeitnehmer als Verbraucher, NZA 2002, 173; *Hümmerich/Rech*, Antizipierte Einwilligung in Überstunden durch arbeitsvertragliche Mehrarbeitsabgeltungsklauseln, NZA 1999, 1132; *Joost*, Betrachtungen zur Inhaltskontrolle vorformulierter Arbeitsverträge, in: FS 50 Jahre BAG, 2004, S. 49 ff.; *Joussen*, Arbeitsrecht und Schuldrechtsreform, NZA 2001, 745; *Junker*, AGB-Kontrolle von Arbeitsvertragsklauseln in der neueren Rechtsprechung des Bundesarbeitsgerichts, BB 2007, 1274; *Karlsfeld*, Doppelte Schriftformklausel in AGB – seit dem 20.5.2008 nicht mehr möglich?, ArbRB 2008, 222; *Kaufhold*, Verbraucherschutz durch europäisches Vertragsrecht – materielle und institutionelle Bezüge zur notariellen Praxis, DNotZ 1998, 263; *Kempen*, Kollektivautonomie contra Privatautonomie – Arbeitsvertrag und Tarifvertrag, NZA 2000, S. 12; *Kleinebrink*, Tätigkeitsklauseln in Formulararbeitsverträgen, ArbRB 2007, 57; *Koch*, Auswirkungen der Schuldrechtsreform auf die Gestaltung allgemeiner Arbeitsbedingungen, WM 2002, 2175; *v. Koppenfels*, Vertragsstrafen im Arbeitsrecht nach der Schuldrechtsmodernisierung, NZA 2002, 598; *Korinth*, Inhalts- und Transparenzkontrolle von arbeitsvertraglich in Bezug genommenen Tarifverträgen, ArbRB 2007, 21; *Krause*, Vereinbarte Ausschlussfristen, RdA 2004, 36; *ders.*, Geklärte und ungeklärte Probleme der Arbeitnehmerhaftung, NZA 2003, 577; *Kraushaar*, Zulässigkeit und Länge einzelvertraglicher Ausschlussfristen nach der Reform des Schuldrechts, AuR 2004, 374; *Kreßel*, Parkplätze für Betriebsangehörige, RdA 1992, 169; *Kroeschell*, Die neuen Regeln bei Aufhebungs- und Abwicklungsvereinbarungen, NZA 2008, 560; *Lakies*, AGB im Arbeitsrecht, 2006; *ders.*, Inhaltskontrolle von Vergütungsvereinbarungen im Arbeitsrecht, NZA-RR 2002, 337; *ders.*, AGB-Kontrolle, Ausschlussfristen vor dem Aus?, NZA 2004, 569; *Langheid*, Vertragsstrafenvereinbarung in Arbeitsverträgen, DB 1980, 1219; *Leder/Morgenroth*, Die Vertragsstrafe im Formulararbeitsvertrag, NZA 2002, 952; *Leßmann*, Die Abdingbarkeit des Beschäftigungsanspruchs im unstreitigen und streitigen Arbeitsverhältnis, RdA 1988; *Leuchten*, Widerrufsvorbehalt und Befristung von Arbeitsvertragsbedingungen, insbesondere Provisionsforderungen, NZA 1994, 721; *Lindemann*, Neuerungen im Arbeitsrecht durch die Schuldrechtsreform, AuR 2002, 81; *dies.*, Flexible Gestaltung von Arbeitsbedingungen nach der Schuldrechtsreform, Diss., 2003; *Lingemann*, Allgemeine Geschäftsbedingungen im Arbeitsvertrag, NZA 2002, 184; *ders.*, Freiwillige Leistungen des Arbeitgebers – gibt es sie noch?, DB 2007, 1754; *Lingemann/Rolf*, 1:1 bei der AGB-Kontrolle formulararbeitsvertraglicher Widerrufsvorbehalte, LAGReport 2004, 321; Lingemann/Gotham, Freiwilligkeits-, Stichtags- und Rückzahlungsregelungen bei Bonusvereinbarungen – was geht noch?, NZA 2008, 509; *Linnenkohl/Tente*, Lohnwucher, AuA 2001, 25; *Löwisch*, Auswirkungen der Schuldrechtsreform auf das Recht des Arbeitsverhältnisses, in: FS für Wiedemann, 2002, S. 311; *ders.*, Schutz des Arbeitnehmers als Verbraucher, NZA 2001, 465; *Maties*, Freiwilligkeits- und Widerrufsvorbehalte in Arbeitsverträgen und bei der betrieblichen Übung, DB 2005, 2689; *Matthiessen*, Arbeitsvertragliche Ausschlussfristen und das Klauselverbot des § 309 Nr. 7 BGB, NZA 2007, 361; *Matthiessen/Shea*, Wirksamkeit von tariflichen und arbeitsvertraglichen Ausschlussklauseln nach der Schuldrechtsreform?, DB 2004, 1366; *Mauer*, Zugangsfiktion für Kündigungserklärungen in Arbeitsverträgen, DB 2002, 1442; *ders.*, Zielbonusvereinbarungen als Vergütungsgrundlage im Arbeitsverhältnis, NZA 2002, 540; *Medicus*, Über Rückwirkung von Rechtsprechung, NJW 1995, 2580; *Meinel*, Agenda 2010, Regierungsentwurf zu Reformen am Arbeitsmarkt, DB 2003, 1438; *Moderegger*, Möglichkeiten der Kürzung oder Streichung von Zulagen, ArbRB 2002, 210; *Morgenroth/Leder*, Die Besonderheiten des Arbeitsrechts im allgemeinen Zivilrecht, NJW 2004, 2797; *Müller*, Zum Verhältnis zwischen Betriebs- und Tarifautonomie, AuR 1992, 257; *Müller-Glöge*, Zur Umsetzung der Nachweisrichtlinie in nationales Recht, RdA 2001, Beil. Heft 5, 46; *Müller/Hauck*, Lohnwucher nach § 138 Abs. 2 BGB bei untertariflicher Zahlung, FA 2001, 198; *Nägele/Chwalisz*, Schuldrechtsreform – Das Ende arbeitsvertraglicher Ausschlussfristen, MDR 2002, 1341; *Natzel*, Schutz des Arbeitnehmers als Verbraucher, NZA 2002, 597; *Ohlendorf/Salomon*, Freistellungsvorbehalte im Lichte des Schuldrechtsmodernisierungsgesetzes, NZA 2008, 856; *Oetker*, Arbeitsvertragliche Bezugnahme auf Tarifverträge und AGB-Kontrolle, in: FS für Wiedemann, 2002, S. 383; *ders.*, Dynamische Verweisungen – Allgemeine Geschäftsbedingungen als Rechtsproblem, JZ 2002, 337; *Pauly*, Analoge Anwendung des AGB-Gesetzes auf Formulararbeitsverträge?, NZA 1997, 1030; *Preis*, Arbeitsrecht, Verbraucherschutz und Inhaltskontrolle, NZA 2003, Beil. Heft 60, 19; *ders.*, Das erneuerte BGB und das Bundesarbeitsgericht, in: FS 50 Jahre BAG, 2004, S. 123; *ders.*, Widerrufsvorbehalte auf dem höchstrichterlichen Prüfstand, 1014; *Preis/Greiner*, Vertragsgestaltung bei Bezugnahmeklauseln nach der Rechtsprechungsänderung des BAG, NZA 2007, 1073; *Preis/Lindemann*, Das BAG durchschlägt den gordischen Knoten, NZA 2006, 632; *Preis/Bender*, Die Befristung einzelner Arbeitsbedingungen – Kontrolle durch Gesetz oder Richterrecht, NZA-RR 2005, 337; *Przytulla*, Formulararbeitsverträge, AGB-Gesetz und das Rechtsstaatsgebot, NZA 1998, 521; *Reichenbach*, Konventionalstrafe für den vertragsbrüchigen Arbeitnehmer, NZA 2003, 312; *Reichold*, Anmerkungen zum Arbeitsrecht im neuen BGB, ZTR 2002, 202; *ders.*, Arbeitnehmerschutz und/oder Verbraucherschutz bei der Inhaltskontrolle des Arbeitsvertrags?, in: FS 50 Jahre BAG, 2004, S. 153; *Reinecke*, Vertragskontrolle im Arbeitsrecht, NZA 2000, Beil. 3, 23; *ders.*, Kontrolle Allgemeiner Arbeitsbedingungen nach dem Schuldrechtsmodernisierungsgesetz, DB 2002, 583; *ders.*, Arbeitnehmerfreundlichste oder arbeitnehmerfeindlichste Auslegung Allgemeiner Arbeitsbedingungen, AuR 2003, 414; *ders.*, Vertragskontrolle im Arbeitsrecht nach der Schuldrechtsreform, Sonderbeilage zu NZA 18/2004, 27; *ders.*, Die gerichtliche Kontrolle von Ausschlussfristen nach dem Schuldrechtsmodernisierungsgesetz, BB 2005, 378; *ders.*, Flexibilisierung von Arbeitsentgelt und Arbeitsbedingungen nach dem Schuldrechtsmodernisierungsgesetz, NZA 2005, 953; *ders.*, Gerichtliche Kontrolle von Chefarztverträgen, NJW 2005, 3383; *ders.*, Zur AGB-Kontrolle von Arbeitsentgeltvereinbarungen, BB 2008, 554; *Reiserer*, Flexible Vergütungsmodelle (AGB-Kontrolle, Gestaltungsvarianten), NZA 2007, 1249; *Reuter*, Inhaltskontrolle im Arbeitsrecht (§ 310 Abs. 4 BGB), in: FS 50 Jahre BAG, 2004, S. 177; *Richardi*, Gestaltung der Arbeitsverträge durch Allgemeine Geschäftsbedingungen nach dem Schuldrechtsmodernisierungsgesetz, NZA 2002, 1057; *Rolfs*, Arbeitsrechtliche Vertragsgestaltung nach der Schuldrechtsreform, ZGS 2002, 409; *Roloff*, Vertragsänderungen und Schriftformklauseln, NZA 2004, 1191; *Roth*, Die Inhaltskontrolle nicht ausgehandelter Individualverträge im Privatrechtssystem, BB 1987, 977; *Ruhl/Kassebohm*, Der Beschäftigungsanspruch des Arbeitnehmers, NZA 1995, 497; *Schimmelpfennig*, Inhaltskontrolle eines formularmäßigen Änderungsvorbehalts, NZA 2005, 603; *Schleusener*, Zur Widerrufsmöglichkeit von arbeitsrechtlichen Aufhebungsverträgen nach § 312 BGB, NZA 2002, 949; *Schmidt*, Die Beteiligung des Arbeitnehmers an den Kosten der beruflichen Bildung, NZA 2004, 1002; *Schmidt-Salzer*, Recht der AGB und der missbräuchlichen Klauseln – Grundfragen, JZ 1995, 223; *Schnitker/Grau*, Klauselkontrolle im Arbeitsvertrag, BB 2002, 2120; *Schrader/Schubert*, Grundsätze der Inhaltskontrolle arbeitsvertraglicher Vereinbarungen, Teil 1, NZA-RR 2005, 169 und Teil 2, NZA-RR 2005, 225; *Schramm*, Die Zulässigkeit von Freiwilligkeitsvorbehalten in Arbeitsverträgen, NZA 2007, 1325; *Schulte*, Arbeitnehmeransprüche in der Insolvenz, ArbRB 2003, 35; *Schumann*, Die vorformulierte Vertragsbedingung im Lichte der AGB-Novelle 1996, JR 2000, 441; *Sievers*, Individualrechtliche Möglichkeiten und Grenzen einer Entgeltreduzierung, NZA 2002, 1182; *Singer*, Arbeitsvertragsgestaltungen nach der Reform des BGB, RdA 2003, 194; *Söllner*, Zur Anwendung der gesetzlichen Vorschriften über Allgemeine Geschäftsbedingungen im Arbeitsrecht, ZfA 2003, 145; *v. Steinau-Steinrück/Hurek*, Arbeitsvertragsgestaltung, NZA Sonderbeil. 1/2004, 19; *ders.*, Altverträge nach der Schuldrechtsreform, NZA 2005, 726; *Thüsing*, AGB-Kontrolle im Arbeitsrecht, 2007; *ders.*, Angemessenheit durch Konsens, RdA 2005, 257; *ders.*, Was sind die Besonderheiten des Arbeitsrechts?, NZA 2002, 591; *ders.*, Gedanken zur Vertragsautonomie im Arbeitsrecht, in: FS für Wiedemann, 2002, S. 559; *Thüsing/Lambrich*, Arbeitsrechtliche Bezugnahme auf Tarifverträge, RdA 2002; *dies.*, AGB-Kontrolle arbeitsvertraglicher Bezugnahmeklauseln, NZA 2002, 1361; *Thüsing/Leder*, Neues zur Inhaltskontrolle von Formulararbeitsverträgen, BB 2004, 42; *dies.*, Gestaltungsspielräume bei der Verwendung vorformulierter Arbeitsvertragsbedingungen, BB 2005, 1563; *Thüsing/Stelljes*, Fragen zum Entwurf eines Gesetzes zu Reformen am Arbeitsmarkt, BB 2003, 1673; *v. Tilling,* Die Regelungen des Dritten Weges im System des weltlichen Arbeitsrechts, NZA 2007, 78; *v. Westphalen*, AGB-Recht ins BGB – Eine erste Bestandsaufnahme, NJW 2002, 12; *Wiesinger*, Schuldrechtsreform – Altverträge auf dem Prüfstand, AuA 2002, 354; *Willemsen/Grau*, Geltungserhaltende Reduktion und „Besonderheiten des Arbeitsrechts", RdA 2003, 321; *dies.*, Alternative Instrumente zur Entgeltflexibilisierung im Standardarbeitsvertrag, NZA 2005, 1137; *Wisskirchen/Stühm*, Anspruch des Arbeitgebers auf Änderung von unwirksamen Klauseln in alten Arbeitsverträgen?, DB 2003, 2225; *Witt*, Keine AGB-Kontrolle tariflicher Regelungen, NZA 2004, 135; *Wolf*, Die Vorformulierung als Voraussetzung der Inhaltskontrolle, in: FS für Brandner, 1996, S. 299; *Wolf/Pfeiffer*, Der richtige Standort des AGB-Rechts innerhalb des BGB, ZRP 2001, 303; *Ziegler*, Die Beschränkung der Haftung aus culpa in contrahendo in Allgemeinen Geschäftsbedingungen, BB 1990, 2345; *Ziemann*, Auswirkungen auf das Arbeitsrecht, in: Schimmel/Buhlmann, Frankfurter Handbuch zum neuen Schuldrecht, 2002, 675; *ders.*, AGB-Kontrolle von vorformulierten Entgeltklauseln im Arbeitsrecht, FA 2002, 312; *Zirnbauer*, Haftungsgefahren beim arbeitsrechtlichen Mandat, FA 1998, 40; *Zoller*, Dogmatik, Anwendungsprobleme und die ungewisse Zukunft des Vorrangs individueller Vertragsvereinbarungen vor Allgemeinen Geschäftsbedingungen (§ 4 AGBG), JZ 1991, 850

A. Allgemeines 1	I. Reintegration des Arbeitsrechts in das BGB 7
I. Einfügung des AGB-Rechts in das BGB 1	II. Anwendung bei Altverträgen 9
II. Änderungen des AGB-Rechts im Zuge der Schuldrechtsmodernisierung 2	**C. Verbindung zu anderen Rechtsgebieten** 10
	I. Verbotsgesetze, Spezialgesetze, Rechtsquellenpyramide 10
III. Aufhebung der Bereichsausnahme, § 23 AGBG .. 3	II. Verbot der Gesetzesumgehung 11
IV. AGBG-Recht in der BAG-Rechtsprechung 4	III. Billigkeitskontrolle 13
V. Auslegung Allgemeiner Geschäftsbedingungen .. 6	**D. Beraterhinweise** 14
B. Regelungsgehalt 7	

A. Allgemeines

I. Einfügung des AGB-Rechts in das BGB

1 Die §§ 305 bis 310 wurden durch das „Gesetz zur Modernisierung des Schuldrechts"[1] vom 26.11.2001 zum 1.1.2002 in das BGB eingefügt. Der Gesetzgeber verfolgte mit diesem Vorgehen ein doppeltes Ziel: Einerseits wollte er das AGB-Recht in das BGB integrieren, andererseits ausweislich eines amtlichen Hinweises in der Überschrift der §§ 305 ff. die RL 93/13/EWG des Rates vom 5.4.1993 über missbräuchliche Klauseln in Verbraucherverträgen[2] umsetzen.

II. Änderungen des AGB-Rechts im Zuge der Schuldrechtsmodernisierung

2 Die materiell-rechtlichen Vorschriften des AGBG wurden im Rahmen der Integration in das BGB nur geringfügig verändert. In § 307 Abs. 1 S. 2 fügte der Gesetzgeber den Inhalt eines Urteils des EuGH ein[3] und setzte entsprechende europarechtliche Vorgaben um.[4] Das in § 307 stillschweigend und in § 307 Abs. 2 S. 1 ausdrücklich als Maßstab und Beurteilungskriterium der Inhaltskontrolle in Bezug genommene dispositive Recht hat sich in weiten Bereichen, so bspw. im Verjährungsrecht, grundlegend geändert und erforderte die Entwicklung neuer Beurteilungsgrundsätze durch die Rechtsprechung.[5]

III. Aufhebung der Bereichsausnahme, § 23 AGBG

3 Im Zuge der Einfügung des AGB-Rechts in das BGB ist die frühere Bereichsausnahme des § 23 AGBG entfallen (siehe §§ 13, 14 Rn 3). Zwar sah der Regierungsentwurf zunächst noch die Aufrechterhaltung der Bereichsausnahme in § 310 Abs. 4 vor.[6] Die Bundesregierung griff im Verlaufe des Gesetzgebungsverfahrens eine Anregung des Bundesrats auf und gab § 310 Abs. 4 seinen heutigen Wortlaut (siehe §§ 13, 14 Rn 3). Eine AGB-rechtliche Kontrolle ist nunmehr nur noch bei TV, BV und Dienstvereinbarungen ausgeschlossen. (§ 310 Abs. 4 S. 1). Im Individualarbeitsrecht gilt das AGB-Recht mit der Einschränkung, dass bei der Anwendung auf Arbeitsverträge „die im Arbeitsrecht geltenden Besonderheiten" angemessen zu berücksichtigen sind (§ 310 Abs. 4 S. 2 Hs. 1 BGB). Durch welche Besonderheiten eine Abweichung gerechtfertigt ist, ist umstritten (siehe § 310 Rn 31 ff.).

---

1 BGBl I S. 3138.
2 ABl EG L 95, S. 29.
3 EuGH 10.5.2001 – C-144/99 – NJW 2001, 2244.
4 Siehe RL 93/13/EG v. 5.4.1993, ABLEG L Nr. 95 v. 21.4.1993, S. 26; EuGH 10.5.2001 – C-144/99 – NJW 2001, 2244.
5 BAG 25.5.2005 – 5 AZR 572/04 – NZA 2005, 1111.
6 BT-Drucks 14/6040, S. 12.

IV. AGBG-Recht in der BAG-Rechtsprechung

Trotz der Bereichsausnahme in § 23 AGBG wandte das BAG schon in der Vergangenheit uneinheitlich[7] Vorschriften des AGB-Rechts an (Beispiel: überraschende Klauseln).[8] Teilweise zog es Rechtsgedanken des AGBG heran.[9] Teilweise vertrat es die Auffassung, § 23 Abs. 1 AGBG hindere die Arbeits-Rspr. an einer unmittelbaren wie analogen Anwendung des AGBG.[10] Verschiedentlich wurden Vorschriften des AGBG von einigen Senaten des BAG zum Maßstab der Inhaltskontrolle unter förmlicher Bezugnahme auf § 242 herangezogen.[11]

Diese Gemengelage und die von ihr ausgehende Rechtsunsicherheit beabsichtigte der Gesetzgeber mit der Streichung der Bereichsausnahme zu beenden.[12] Das Schutzniveau der Inhaltskontrolle im Arbeitsrecht sollte nicht hinter demjenigen des Zivilrechts zurückbleiben.[13] Mit dem Urteil des BAG vom 4.3.2004[14] wurde den Gerichten bei der Bestimmung der „im Arbeitsrecht geltenden Besonderheiten" ein Wertungsspielraum eingeräumt.

V. Auslegung Allgemeiner Geschäftsbedingungen

Allgemeine Geschäftsbedingungen sind nach ihrem objektiven Inhalt und typischen Sinn einheitlich so auszulegen, wie sie von verständigen und redlichen Vertragspartnern unter Abwägung der Interessen der normalerweise beteiligten Verkehrskreise verstanden werden, wobei die Verständnismöglichkeiten des durchschnittlichen Vertragspartners des Verwenders zugrunde zu legen sind.[15] Die Vertragsauslegung kann im Rahmen der Revision uneingeschränkt überprüft werden.[16]

B. Regelungsgehalt

I. Reintegration des Arbeitsrechts in das BGB

Die Grundsätze zur Vertragskontrolle hatten sich in der Rspr. von BGH und BAG auseinander entwickelt.[17] Mit der Anwendung der §§ 305 ff. und dem Schuldrechtsmodernisierungsgesetz wurde ein Stück „Reintegration" des Arbeitsvertragsrechts in das BGB eingeleitet.[18] *Preis*[19] vertritt die These, die Arbeits-Rspr. habe spätestens nach der Schuldrechtsreform 2002 im BGB ihr sicheres Fundament gefunden, das zugleich ein weiteres Rückschrauben der Rechtsfortbildung erlaube. *Däubler*[20] beanstandet, dass mit der Schuldrechtsmodernisierung die Eigenständigkeit des Arbeitsrechts verändert werden sollte. Schon das BVerfG habe in seiner Entscheidung vom 22.4.1958[21] von einem „Herauswachsen des Arbeitsrechts aus dem BGB" gesprochen und in seinem Beschluss vom 15.12.1987[22] festgestellt, das Arbeitsrecht habe sich zu einem selbstständigen Rechtsgebiet entwickelt.

Das BAG distanzierte sich in der Vergangenheit verschiedentlich von Regelungsinhalten des BGB, so in seinem Urteil vom 10.3.1972[23] zur Unverfallbarkeit betrieblicher Ruhegelder. Die massenweise auftauchende Frage, ob verdiente Pensionsanwartschaften nicht verfallen, sei mit den Mitteln des geltenden, auf Vertragsfreiheit angelegten Schuldrechts nicht zu lösen. Es scheint, dass der Gesetzgeber zwar eine Integration oder „Reintegration" des Individualarbeitsrechts in das BGB anstrebte, dass sich dagegen Eigeninteressen der Arbeits-Rspr. bislang erfolgreich durchzusetzen vermochten. Die Vermutung, dass mit der Umsetzung des AGB-Rechts im Arbeitsrecht „kein Stein auf dem anderen bleibe",[24] hat sich zum Teil bestätigt.[25] Teilweise folgt die Rspr. der „Schwerkraft des Althergebrachten",[26] wie im Urteil des BAG zu Versetzungsvorbehaltsklauseln im Arbeitsvertrag.[27]

---

7 ErfK/*Preis*, §§ 305–310 BGB Rn 1.
8 BAG 29.11.1995 – 5 AZR 447/94 – NZA 1996, 702.
9 *Hümmerich*, Gestaltung von Arbeitsverträgen, § 1 Rn 76.
10 BAG 27.5.1992 – 5 AZR 324/91 – EzA BGB § 339 Nr. 8; BAG 24.11.1993 – 5 AZR 153/93 – AP § 611 BGB Mehrheitsarbeitsvergütung Nr. 11; BAG 27.2.2002 – 9 AZR 543/00 – AP § 4 TVG Ausschlussfristen Nr. 162.
11 BAG 11.1.1995 – 10 AZR 5/94 – ZTR 1995, 277; BAG 29.11.1995 – 5 AZR 447/95 – NZA 1996, 702; BAG, 16.3.1994 – 5 AZR 339/92 – AP § 611 BGB Ausbildungsbeihilfe Nr. 18; BAG 23.9.1992 – 5 AZR 569/91 – AP § 611 BGB Arbeitnehmerdarlehen Nr. 1; BAG 23.2.1999 – 9 AZR 737/97 – AP § 611 BGB Arbeitnehmerdarlehen Nr. 4; BAG 26.5.1993 – 5 AZR 219/92 – NZA 1993, 1029; BAG 6.5.1998 – 5 AZR 535/97 – AP § 611 BGB Ausbildungsbeihilfe Nr. 28; BAG 21.11.2001 – 5 AZR 158/00 – NZA 2002, 551; BAG 29.11.1995 – 5 AZR 447/94 – NZA 1996, 702.
12 ErfK/*Preis*, §§ 305–310 BGB Rn 2.
13 BT-Drucks 14/6857, S. 53 f.; BT-Drucks 14/7052, S. 189.
14 BAG 4.3.2004 – 8 AZR 196/03 – NZA 2004, 728.
15 St. Rspr.: BAG 19.3.2008 – 5 AZR 429/07 – NZA 2008, 757; BAG 24.10.2007 – 10 AZR 825/06 – AP Nr. 32 zu § 307 BGB, NZA 2008, 40.
16 BAG 6.9.2006 – 5 AZR 644/05 – NZA 2007, 352; BAG 31.8.2005 – 5 AZR 545/04 – AP Nr. 8 zu § 6 ArbZG, NZA 2006, 324.
17 *Preis*, AuR 1994, 139.
18 ErfK/*Preis*, §§ 305–310 BGB Rn 2.
19 In: FS 50 Jahre BAG, S. 123, 152.
20 In: FS 50 Jahre BAG, S. 3.
21 BVerfG 22.4.1958 – 2 BvL 32/56, 2 BvL 34/56, 2 BvL 35/56 – BVerfGE 7, 342, 348.
22 BVerfG 15.12.1987 – 1 BvR 563/85 – NZA 1988, 355.
23 BAG 10.3.1972 – 3 AZR 278/71 – AP § 242 BGB Ruhegehalt Nr. 156.
24 *Hümmerich/Holthausen*, NZA 2002, 175; Beispiel: BAG zu Widerrufsvorbehalten (BAG 12.1.2005 – 5 AZR 364/04 – NZA 2005, 465).
25 BAG 14.8.2007 – 8 AZR 973/06 -NZA 2008, 170.
26 *Hümmerich*, NZA 2003, 753.
27 BAG 11.4.2006 – 9 AZR 557/05 – BB 2006, 2195 = NZA 2006, 1149.

II. Anwendung bei Altverträgen

9 Das neue Schuldrecht gilt seit dem 1.1.2002. Für Dauerschuldverhältnisse, die zu diesem Zeitpunkt bereits abgeschlossen waren, enthält Art. 229 § 5 S. 2 EGBGB eine Übergangsregelung, wonach die Rechtsänderung erst mit Wirkung vom 1.1.2003 eintritt.[28] Hiervon abweichend hat der 5. Senat des BAG[29] zunächst entschieden, dass auf unwirksame Arbeitsvertragsklauseln in Altverträgen, die vor dem 1.1.2002 begründet wurden, nicht die Rechtsfolgen des § 306 zur Anwendung kommen, sondern aus Gründen des Vertrauensschutzes und zur Vermeidung einer nachhaltigen Rückwirkung des Gesetzes eine großzügige, ergänzende Vertragsauslegung.[30] Der Senat verweist darauf, dass sich die Unwirksamkeit nur aus den geänderten formellen Anforderungen ergebe, mit denen der AG bei Abschluss des Vertrages nicht rechnen konnte. Gegen diese Rechtsprechung spricht, dass der Gesetzgeber allen AG ausdrücklich mit der Übergangsregelung ein Jahr Zeit gegeben hatte, die Anpassung von Arbeitsverträgen an die veränderte Rechtsfolge vorzunehmen. Der 9. Senat lehnt in Konsequenz dessen eine ergänzende Vertragsauslegung weitgehend ab und verweist darauf, dass sich der AN redlicherweise auf ein der neuen Rechtslage gerecht werdendes Änderungsangebot hätte einlassen müssen.[31] Die Anforderungen an eine unzumutbare Härte für den Verwender und damit eine zulässige ergänzende Vertragsauslegung werden zunehmend strenger[32] und lassen eine ergänzende Vertragsauslegung kaum noch erwarten.[33]

C. Verbindung zu anderen Rechtsgebieten

I. Verbotsgesetze, Spezialgesetze, Rechtsquellenpyramide

10 Die Wirksamkeitskontrolle arbeitsvertraglicher Klauseln ist nicht auf die Anwendung der §§ 305 ff. nach Maßgabe des § 310 Abs. 3 Nr. 1 u. 2 beschränkt. Weiterhin sind Vertragsklauseln am Gesetzesrecht innerhalb und außerhalb des BGB und an Kollektivregelungen der Tarif- und Betriebspartner zu messen. Spezialgesetzliche Regelungen wie nachvertragliche Wettbewerbsverbote (§§ 74 ff. HGB) gehen im Rahmen ihres Geltungsbereichs den allgemeinen Normen der §§ 305 ff. vor.[34] Nach der Auffassung des LAG Hamm[35] ist es vertretbar, aus der Formulierung „insoweit" im Rahmen des § 74a HGB auch die ausnahmsweise Zulässigkeit der geltungserhaltenden Reduktion im Rahmen nachvertraglicher Wettbewerbsverbote zu folgern (siehe § 306 Rn 10).

Die zwingenden Schranken der Sittenwidrigkeit (siehe § 611 Rn 475, 712 ff., 1022) sind ebenso zu achten wie das Maßregelungsverbot (siehe § 612a Rn 1 ff.). Entsprechend der Pyramide arbeitsrechtlicher Gestaltungsfaktoren (GG – Gesetz – TV – BV/DV – Arbeitsvertrag – Weisung) wirken weiterhin unterschiedliche Rechtsquellen im Rahmen ihrer Hierarchie und unter Beachtung des Günstigkeitsprinzips (siehe § 611 Rn 184 ff.) auf die Wirksamkeit einzelner Vertragsklauseln ein. Wesentliche Schranken der arbeitsvertraglichen Inhaltskontrolle ergeben sich bei TV und BV/DV (siehe § 4 TVG Rn 32, § 77 BetrVG Rn 45 ff.).

II. Verbot der Gesetzesumgehung

11 Soweit das BAG bereits vor Inkrafttreten des Schuldrechtsmodernisierungsgesetzes Klauseln für unwirksam hielt, bleiben diese es auch auf der Grundlage des AGB-Rechts. Wegen Gesetzesumgehung konnten **Rückzahlungsklauseln bei Ausbildungsbeihilfen**[36] schon in der Vergangenheit unwirksam sein, ebenso Ausschlussklauseln bei Sonderzuwendungen,[37] Vertragsstrafenklauseln unter der Überschrift „Arbeitsverhinderung",[38] vorformulierte Verzichtserklärungen in Ausgleichsquittungen[39] oder auflösende Bedingungen in Arbeitsverträgen, durch die das Unternehmerrisiko auf den AN abgewälzt wird.[40]

12 Die vom TzBfG nicht erfasste Befristung von Einzelarbeitsbedingungen betrifft eine Frage der Inhaltskontrolle, nicht der Befristungskontrolle.[41]

Im Hinblick auf das Verbot der Gesetzesumgehung ist stets zu unterscheiden, ob es sich im konkreten Fall um eine echte Gesetzesumgehung, also den Verstoß gegen ein Verbotsgesetz handelt, der sowohl in Individualverträgen als auch in TV unzulässig ist, oder eine bloße Inhalts- bzw. Angemessenheitskontrolle einseitig gestellter Vertragsbedin-

---

28 Zu den Übergangsproblemen *Wisskirchen/Stühm*, DB 2003, 225.
29 BAG 12.1.2005 – 5 AZR 364/04 – NJW 2005, 1820; BAG 11.10.2006 – 5 AZR – 721/05 – NZA 2007, 87.
30 Zustimmend *Hanau/Hromadka*, NZA 2005, 73; *Stoffels*, NZA 2005, 726.
31 BAG 11.4.2006 – 9 AZR 610/05 – NZA 2006, 1042; BAG 19.12.2006 – 9 AZR 294/06 – NZA 2007, 809.
32 BAG 24.10.2007 – 10 AZR 825/06, NZA 2008, 40; BAG 28.11.2007 – 5 AZR 992/06 – NZA 2008, 293.
33 Ebenso *Hunold*, NZA-RR 2008, 449.
34 ErfK/*Preis*, § 305–310 BGB Rn 3.
35 LAG Hamm 14.4.2003 – 7 Sa 1881/02 – NZA-RR 2003, 513, 515.
36 BAG 16.3.1994 – 5 AZR 339/92 – NZA 1994, 937; BAG 12.10.1972 – 5 AZR 227/72 – AP § 611 BGB Gratifikation Nr. 77.
37 BAG 11.1.1995 – 9 AZR 664/93 – NZA 1995, 531.
38 ArbG Berlin 1.9.1980 – 16 Ca 99/80 – NJW 1981, 479.
39 BAG 20.8.1980 – 5 AZR 759/78 – NJW 1981, 1285.
40 BAG 9.7.1981 – 2 AZR 788/79 – NJW 1982, 788; BAG 20.12.1984 – 2 AZR 3/84 – NZA 1986, 325.
41 BAG 27.7.2005 – 7 AZR 486/04 – NZA 2006, 40; BAG 8.8.2007 – 7 AZR 855/06 – NZA 2008, 229 mit Hinweis auf BAG 14.1.2004 – 7 AZR 213/03 – NZA 2004, 719; *Preis/Bender*, NZA-RR 2005, 337; APS/*Backhaus*, vor § 14 TzBfG Rn 49.

gungen nach AGB-Recht.[42] Die Unterscheidung ist deswegen von Bedeutung, weil eine echte Gesetzesumgehung nicht durch sachliche Gründe gerechtfertigt werden kann.[43]

III. Billigkeitskontrolle

§§ 305 bis 310 machen die Billigkeits- oder auch sog. Ausübungskontrolle von Weisungen und Vertragsklauseln im Arbeitsrecht nicht entbehrlich.[44] Anwendungsfeld der Billigkeits- und Ausübungskontrolle bleibt der Bereich der einseitigen Leistungsbestimmungsrechte (siehe § 315 Rn 7 ff.). § 308 Nr. 4 ersetzt nicht die Kontrollmaßstäbe aus § 315 und § 106 GewO, da nur die einseitigen Bestimmungsrechte zur Leistung des Verwenders, nicht des anderen Vertragsteils (AN) gemeint sind.[45]

13

D. Beraterhinweise

Eine Normenstrenge, wie sie der Gesetzgeber mit dem Fortfall der Bereichsausnahme im Blick gehabt haben mag, steht derzeit erst zum Teil an. Wer Arbeitsvertragsklauseln auf ihre Vereinbarkeit mit den §§ 305 ff. überprüft, kann wegen der **Vielzahl der aktuell noch bestehenden Streitfragen** selten den „sicheren Weg"[46] i.S.d. Haftungs-Rspr. des BGH wählen. Als Leitgedanke lässt sich formulieren, dass sämtliche Arbeitsvertragsklauseln so zu fassen sind, dass sie den Grundsätzen des ins BGB integrierten AGB-Rechts stand halten. AGB-rechtlich unbedenkliche Klauseln markieren den „sicheren Weg", auch wenn die Arbeits-Rspr. unter Einbeziehung des Besonderheitenprivilegs in § 310 Abs. 4 S. 2 in Einzelfällen großzügige Modifikationen wählt.

14

In einer Reihe von Checklisten erhält der Bearbeiter von Arbeitsvertragklauseln Hinweise, wie er seine Prüfung aus AGB-rechtlicher Perspektive strukturieren kann (siehe § 310 Rn 40).[47] Bei der **Vertragskontrolle** gilt für den Regelfall die **Einbeziehungs- vor der Inhaltskontrolle**.[48] Zunächst ist zu fragen, ob eine Vereinbarung zustande gekommen ist und mit welchem Inhalt. Das Ergebnis richtet sich nach §§ 145 ff. und §§ 305 ff., die nur insoweit nicht anwendbar sind, als „die Vertragsbedingungen zwischen den Parteien im Einzelnen ausgehandelt sind."[49]

15

§ 305 Einbeziehung Allgemeiner Geschäftsbedingungen in den Vertrag

(1) ¹Allgemeine Geschäftsbedingungen sind alle für eine Vielzahl von Verträgen vorformulierten Vertragsbedingungen, die eine Vertragspartei (Verwender) der anderen Vertragspartei bei Abschluss eines Vertrags stellt. ²Gleichgültig ist, ob die Bestimmungen einen äußerlich gesonderten Bestandteil des Vertrags bilden oder in die Vertragsurkunde selbst aufgenommen werden, welchen Umfang sie haben, in welcher Schriftart sie verfasst ist und welche Form der Vertrag hat. ³Allgemeine Geschäftsbedingungen liegen nicht vor, soweit die Vertragsbedingungen zwischen den Vertragsparteien im Einzelnen ausgehandelt sind.

(2) Allgemeine Geschäftsbedingungen werden nur dann Bestandteil eines Vertrags, wenn der Verwender bei Vertragsschluss

1. die andere Vertragspartei ausdrücklich oder, wenn ein ausdrücklicher Hinweis wegen der Art des Vertragsschlusses nur unter unverhältnismäßigen Schwierigkeiten möglich ist, durch deutlich sichtbaren Aushang am Orte des Vertragsschlusses auf sie hinweist und

2. der anderen Vertragspartei die Möglichkeit verschafft, in zumutbarer Weise, die auch eine für den Verwender erkennbare körperliche Behinderung der anderen Vertragspartei angemessen berücksichtigt, von ihrem Inhalt Kenntnis zu nehmen,

und wenn die andere Vertragspartei mit ihrer Geltung einverstanden ist.

(3) Die Vertragsparteien können für eine bestimmte Art von Rechtsgeschäften die Geltung bestimmter Allgemeiner Geschäftsbedingungen unter Beachtung der in Absatz 2 bezeichneten Erfordernisse im Voraus vereinbaren.

---

42 ErfK/*Preis*, §§ 305–310 BGB Rn 4.
43 Ausführlich: *Preis*, Der Arbeitsvertrag, I C 38.
44 BAG 12.1.2005 – 5 AZR 364/04 – NZA 2005, 465.
45 BAG 11.4.2006 – 9 AZR 557/05 – NZA 2006, 1149; BAG 13.3.2007 – 9 AZR 433/06 – DB 2007, 1985.
46 BGH 16.11.1989 – IX ZR 190/88 – NJW-RR 1990, 205; BGH 5.11.1987 – IX ZR 86/86 – NJW 1988, 487; BGH 22.10.1987 – VI ZR 95/87 – NJW 1988, 566; BGH 23.6.1981 – VI ZR 42/80 – NJW 1981, 2742.
47 *Hromadka*, NJW 2002, 2523, 2527 f.; HWK/*Gotthardt*, Vor §§ 305–310 BGB Rn 1.
48 *Reinecke*, NZA 2005, 953.
49 *Reinecke*, NZA 2005, 953.

A. Allgemeines	1	II. Unbeachtliche Umstände, Abs. 1 S. 2	26
B. Regelungsgehalt	3	III. Unanwendbarkeit von Abs. 2 und Abs. 3	27
I. Begriff der Allgemeinen Geschäftsbedingungen	3	C. Verbindung zu anderen Rechtsgebieten und zum Prozessrecht	32
1. Merkmal „Vertragsbedingungen"	4		
2. Merkmal „Vorformuliert"	9	I. Verhältnis zu § 310 Abs. 3 Nr. 1 und 2	32
3. Merkmal „Vielzahl"	15	II. Verhältnis zu § 310 Abs. 4	34
4. Merkmal „Stellen"	17	D. Beraterhinweise	35
5. Merkmal „Aushandeln", Abs. 1 S. 3	22		

A. Allgemeines

1 § 305 entwickelt seine Relevanz für das Arbeitsrecht zunächst als Legaldefinition von **AGB**. Daneben dient die Vorschrift als eine von **drei Einbeziehungsnormen** der Inhaltskontrolle. Einfallstor einer Wirksamkeitskontrolle von Klauseln bilden neben Abs. 1 auch § 310 Abs. 3 Nr. 1 und § 310 Abs. 3 Nr. 2. Während die verweisenden Einbeziehungsvorschriften des § 310 Abs. 3 (Nr. 1 und Nr. 2) eine erleichterte Anerkennung von Vertragsbestimmungen als AGB unter der Annahme ermöglichen, dass der **AN Verbraucher** ist, entfällt dieser Prüfungsmaßstab bei Abs. 1. AGB-Regeln gelten über Abs. 1 auch bei ausschließlich zwischen Unternehmern verwendeten Vertragsbedingungen. Der Einbeziehungskreis des Abs. 1 ist weiter gefasst, wenn es um überraschende und mehrdeutige Klauseln geht. § 310 Abs. 3 Nr. 2 verweist für Einmalbedingungen in Verbraucherverträgen nicht auf § 305c Abs. 1, während unter den Voraussetzungen des Abs. 1 die Brücke zum Transparenzgebot des § 305c Abs. 1 geschlagen ist.

2 Wer über Abs. 1 Vertragsklauseln daraufhin untersucht, ob sie mit den materiell-rechtlichen Bestimmungen des AGB-Rechts in Einklang stehen, kommt ohne die Feststellung der **Verbrauchereigenschaft des anderen Vertragspartners** aus. Rechtstechnisch ist das BAG anfänglich, so im Urteil vom 4.3.2004,[1] diesen Verweisungsweg gegangen. Zwischenzeitlich hat das BAG in seiner Entscheidung vom 25.5.2005 AN als Verbraucher anerkannt.[2] Die Senate bemühen die AGB-Kontrolle seither auch mit dem bloßen Hinweis auf die Verbrauchereigenschaft des AN und lassen es häufiger dahinstehen, ob die Voraussetzungen des Abs. 1 vorliegen.[3]

B. Regelungsgehalt

I. Begriff der Allgemeinen Geschäftsbedingungen

3 Abs. 1 kennzeichnet den Begriff der AGB durch vier positive Definitionsmerkmale und ein Ausschlusskriterium. Es muss sich um **Vertragsbedingungen** handeln, die für eine **Vielzahl** von Verträgen **vorformuliert** sind und von einer Vertragspartei der anderen **gestellt** wurden. Die Vertragsbedingungen dürfen schließlich nicht im Einzelnen **ausgehandelt** sein.

4 **1. Merkmal „Vertragsbedingungen"** Da den Vertragsparteien keine Rechtssetzungsbefugnis zusteht, sind AGB keine **Rechtsnormen**, sondern im Rahmen der Privatautonomie für eine Vielzahl von Verträgen vorformulierte Bedingungen.[4] Vertragsbedingungen sind auf die Regelung des Inhalts von Verträgen gerichtet, sie können sich auf Hauptleistungs- und auf Nebenleistungspflichten erstrecken. Art und Rechtsnatur des Vertrages sind gleichgültig.[5] Vertragsbedingungen sind solche Regelungen, die den Vertragsinhalt gestalten. Bloße Bitten bewirken keine AGB.[6] Auch **Weisungen** des AG sind keine Vertragsbedingungen, bestätigende Erklärungen des AN ebenfalls nicht. Vertragsbedingungen, die auf betrieblicher Übung beruhen, können dagegen als AGB zu behandeln sein.[7] Ebenso sind die Arbeitsvertragsrichtlinien der Kirchen, die auf dem sog. „Dritten Weg" entstehen, Vertragsbedingungen, die die den Kirchenverbänden angeschlossenen AG ihren AN stellen.[8] Sobald der Text beim AN den Eindruck hervorruft, der AG wolle vertragliche Rechte und Pflichten begründen, handelt es sich um Vertragsbedingungen.[9] Um als Vertragsbedingung zu gelten, ist nicht erforderlich, dass die Klausel Vertragsinhalt wird.[10]

5 **Die Rechtsnatur des Vertrages** ist bei § 305 Abs. 1 gleichgültig. Hauptanwendungsbereich der AGB sind gegenseitige schuldrechtliche Verträge, wozu neben den Verträgen zum **Abschluss** eines Arbvh auch solche zu dessen **Änderung**,[11] **Aufhebung** und **Abwicklung**[12] gehören. Auch bei vorvertraglichen Vereinbarungen handelt es sich um Vertragsbedingungen.[13] Ein Freiwilligkeits- und Widerrufsvorbehalt, der auf den Gehaltsmitteilungen des AN vermerkt ist und nach drei Jahren eine bisherige betriebliche Übung beseitigt,[14] stellt eine der Inhaltskontrolle zu-

---

1 BAG 4.3.2004 – 8 AZR 196/03 – NZA 2004, 728.
2 BAG 25.5.2005 – 5 AZR 572/04 – NZA 2005, 1111.
3 BAG 8.8.2007 – 7 AZR 855/06 – NZA 2008, 229.
4 BGH 8.3.1955 – I ZR 109/53 – BGHZ 17, 1, 2; BGH 3.2.1953 – I ZR 61/52 – BGHZ 9, 1.
5 Palandt/*Grüneberg*, § 305 Rn 4.
6 BGH 3.11.93 – VIII ZR 106/93 – BGHZ 124, 45.
7 LAG Brandenburg 16.9.2005 – 8 Sa 258/05 – juris; HWK/*Gotthardt*, § 305 Rn 7.
8 BAG 17.11.2005 – 6 AZR 160/05 – NZA 2006, 872.
9 BAG 3.7.1996 – VIII ZR 221/95 – BGHZ 133, 184.
10 Palandt/*Grüneberg*, § 305 Rn 3.
11 Däubler/*Dorndorf/Bonin/Deinert*, § 305 Rn 5.
12 *Thüsing*, AGB-Kontrolle im Arbeitsrecht, Rn 62.
13 BGH 3.7.96 – VIII ZR 221/95 – NJW 1996, 2574.
14 BAG 4.5.1999 – 10 AZR 290/98 – BAGE 91, 283 = NZA 1999, 1162.

gängliche Vertragsbedingung dar.[15] Auch **Regelungen über prozessuale Fragen** können Vertragsbedingungen i.S.d. Abs. 1 sein.[16]

Als Vertragsbedingungen haben nicht nur zweiseitige Rechtsgeschäfte, sondern auch vom Verwender der AGB vorformulierte **einseitige Erklärungen des Vertragspartners** zu gelten.[17] Die einseitige Erklärung des Vertragspartners muss nicht Bestandteil des Vertrages werden. Für ihre Erfassung durch das AGB-Recht genügt, dass sie mit einer vertraglichen Beziehung der Vertragsparteien in Zusammenhang steht.[18] Abs. 1 ist ebenfalls auf **rechtsgeschäftsähnliche** Erklärungen des AN anzuwenden.[19] Vertragsbedingungen sind daher auch sämtliche im Zusammenhang mit dem Arbverh vom AN abgegebene, vorformulierte Einwilligungserklärungen, wie die Einwilligung in die Speicherung oder Übermittlung personenbezogener Daten gem. § 4a BDSG[20] und die Entbindung des Betriebsarztes von seiner Schweigepflicht.[21] Vertragsbedingungen sind ebenfalls die in einer Vollmachtserteilung für den AG enthaltenen, vorformulierten Erklärungen,[22] ebenso vorformulierte Empfangsbestätigungen und sonstige, vom AG zu Beweiszwecken vorbereitete Texte.[23] Kontrollfähig sind Ausgleichsquittungen und zwar auch im Hinblick auf die Empfangsquittung. Die zusätzlich in einer Empfangsquittung enthaltene Ausgleichsklausel ist eine vertragliche Regelung.[24]

6

Nutzt der Verwender für seine **eigenen einseitigen Rechtsgeschäfte vorformulierte Texte**, so fallen diese nicht unter Abs. 1, da der Verwender hier nicht fremde, sondern ausschließlich eigene, rechtsgeschäftliche Gestaltungsmacht in Anspruch nimmt.[25]

7

Wenn über eine **Bezugnahmeklausel** im Arbeitsvertrag auf einen TV verwiesen wird (siehe § 310 Rn 24 ff.), unterliegen die Regelungen des TV grds. keiner Inhaltskontrolle.[26] Die Bundesregierung hat in der Gesetzesbegründung ausdrücklich ausgeführt, dass Einzelarbeitsverträge, die Bezug auf einen TV nehmen, ohne dass eine beiderseitige Tarifbindung besteht oder die mit Kollektivverträgen übereinstimmen und lediglich deren gesamten Inhalt wiedergeben, nicht kontrollfähig, sondern nur am Transparenzgebot zu messen sind.[27] Allerdings gilt dies nicht für Teil- und Einzelverweisungen. Diese sind an den §§ 305 ff. zu messen.[28]

8

2. Merkmal „Vorformuliert" Vorformuliert sind die Vertragsbedingungen, wenn sie für eine mehrfache Verwendung schriftlich aufgezeichnet oder in sonstiger Weise (Programm eines Schreibautomaten, Tonband etc.) fixiert sind.[29] Darunter fallen auch Aushänge an „Schwarzen Brettern" für die gesamte Belegschaft, mit denen Rechte oder Pflichten der AN begründet werden sollen sowie standardisierte Bemerkungen auf den Gehaltszetteln der AN.[30] Eine schriftliche Aufzeichnung ist nicht erforderlich.[31] Auch die Niederlegung in einer RL für den internen Gebrauch gilt als „vorformuliert".[32] Eine mit Wiederholungsabsicht hand- oder maschinenschriftlich in den Formulartext eingefügte Regelung ist eine AGB,[33] auch wenn die Einfügung gelegentlich unterbleibt[34] oder im Einzelfall unter Aufrechterhaltung sachlicher Identität sprachlich unterschiedlich gefasst wird.[35] Die wechselnde Nutzung jeweils passender Textbausteine[36] und die Auswahl der einschlägigen Regelungen durch Ankreuzen[37] lassen die „Vorformulierung" ebenfalls nicht entfallen.

9

---

15 HWK/*Gotthardt*, § 305 BGB Rn 7.
16 BGH 27.9.2001 – VII ZR 388/00 – NJW 2002, 137.
17 BGH 5.5.1986 – II ZR 150/85 – BGHZ 98, 24; BGH 9.4.1987 – III ZR 84/86 – NJW 1987, 2011; HWK/*Gotthardt*, § 305 BGB Rn 2; LAG Brandenburg 16.9.2005 – 8 Sa 258/05 – jurisPR-ArbR 23/2006 Nr. 1; für analoge Anwendung: BGH 16.3.1999 – XI ZR 76/98 – NJW 1999, 1864; Staudinger/*Schlosser*, § 305 BGB Rn 6; *Stoffels*, AGB-Recht, Rn 113.
18 BGH 16.3.1999 – XI ZR 76/98 – NJW 1999; MüKo-BGB/*Basedow*, § 305 Rn 9; *Däubler/Dorndorf/Bonin/Deinert*, § 305 Rn 6.
19 Ulmer/Brandner/Hensen/*Ulmer*, § 305 BGB Rn 17; *Däubler/Dorndorf/Bonin/Deinert*, § 305 Rn 6.
20 BGH 19.9.1985 – III ZR 213/83 – BGHZ 95, 362; *Däubler/Dorndorf/Bonin/Deinert*, § 305 Rn 6; *Hümmerich*, DuD 1978, 135.
21 *Däubler/Dorndorf/Bonin/Deinert*, § 305 Rn 6; *Hollmann*, NJW 1978, 2332.
22 BGH 16.3.1999 – XI ZR 76/98 – NJW 1999, 1864.
23 BGH 24.3.1986 – III ZR 21/87 – NJW 1988, 2106; MüKo-BGB/*Basedow*, § 305 Rn 10.
24 HWK/*Gotthardt*, § 305 BGB Rn 2.

25 Palandt/*Grüneberg*, § 305 Rn 7; *Fricke*, VersR 1993, 402; Staudinger/*Schlosser*, § 305 BGB Rn 10.
26 BAG 21.11.2006 – 9 AZR 138/06 – DB 2007, 2155; HWK/*Gotthardt*, § 305 BGB Rn 3.
27 BT-Drucks 14/6857, S. 53 f.
28 *Diehn*, NZA 2004, 131; *Henssler*, RdA 2002, 133; *Hönn*, ZfA 2003, 325; HWK/*Gotthardt*, § 307 BGB Rn 14; *Singer*, RdA 2003, 194.
29 Palandt/*Grüneberg*, § 305 Rn 8.
30 *Däubler/Dorndorf/Bonin/Deinert*, § 305 Rn 12.
31 BGH 12.6.2001 – XI ZR 274/00 – NJW 2001, 2635.
32 LG Dortmund 16.3.2001 – 8 O 57/01 – NJW-RR 2001, 1205; Palandt/*Grüneberg*, § 305 Rn 8.
33 BGH 30.10.1991 – VIII ZR 51/91 – BGHZ 115, 391; BGH 30.9.1987 – IVa ZR 6/86 – NJW 1988, 410.
34 BGH 10.3.1999 – VIII ZR 204/98 – NJW 1999, 2180; OLG Frankfurt/Main 1.3.2000 – 23 U 47/99 – NJW-RR 2001, 55.
35 OLG Düsseldorf 8.1.1998 – 6 U 283/96 – NZG 1998, 353; OLG Dresden 8.7.1998 – 8 U 3612/97 – BB 1999, 228; *Schumann*, NJW 2000, 441.
36 LAG München 1.3.2007 – 3 Sa 975/06 – juris.
37 BAG 8.8.2007 – 7 AZR 605/06 – DB 2008, 133.

10 Bereits aus dem Inhalt und der Verwendung zahlreicher formelhafter Klauseln sowie der äußeren Gestaltung der in einem Vertrag verwendeten Klauseln kann sich ein vom AG zu widerlegender Anschein dafür ergeben, dass die Vertragsklauseln zur Mehrfachverwendung vorformuliert worden sind.[38] Einzelne, auf den individuellen Sachverhalt zugeschnittene Eintragungen stehen dieser Vermutung nicht entgegen.[39] Jeder Musterarbeitsvertrag enthält **Leerstellen**, in die noch persönliche/formelle Angaben eingefügt werden müssen, durch die der Vertrag seinen Sinn erhält.[40] Derartige **unselbstständige Ergänzungen**, wie Namen des AN[41] oder der Beginn des Arbverh,[42] lassen das Merkmal „vorformuliert" nicht entfallen.

Ob **selbstständige** inhaltliche **Ergänzungen** i.S.d. Abs. 1 S. 3 ausgehandelt und damit nicht vorformuliert wurden, ist im Einzelfall zu prüfen und durch den AG zu belegen. Die Differenzierung zwischen unselbstständigen und selbstständigen Ergänzungen[43] ist allerdings sprachlich ungenau und lässt sich auf Arbeitsvertragsbedingungen kaum übertragen. Ergänzungen können nach *Dorndorf*[44] mangels Vorformuliertheit aus dem Schutzbereich des Abs. 1 herausfallen, wenn der AN den Regelungsgehalt mitbestimmen konnte. Wird der AN durch das Formular oder durch die Vertragsverhandlungen der Sache nach das Ausfüllen eines Leerraums eines Vertrages nahegelegt und kommt es zu keinem Aushandeln, so soll die Ergänzung eine vorformulierte AGB sein.[45]

11 Das Merkmal „vorformuliert" entfällt nicht dadurch, dass sich AG und AN bei den Einstellungsverhandlungen zunächst über die wichtigsten zu vereinbarenden Leistungspflichten des Arbverh einigen, also bspw. über das Gehalt, über den Vertragsbeginn oder beim Aufhebungsvertrag über die Höhe der Abfindung und das Vertragsende. In solchen Fällen wird der AG erst dann, wenn er sich mit dem AN über diese Vertragsbedingungen verständigt hat, einen Entwurf des Vertrages einschließlich aller Nebenbedingungen fertigen und dem AN zur Unterschriftsleistung vorlegen.[46] Bei dieser Konstellation sind gleichwohl alle Vertragsbedingungen, über die nicht bereits vor dem Entwurf Einigkeit bestand, „vorformuliert".[47]

12 Arbeitsverträge, Aufhebungsverträge, Abwicklungsverträge und Änderungsverträge werden vom AG regelmäßig als **vorformulierte** Texte dem AN zur Unterschriftsleistung vorgelegt.[48] Auch die Arbeitsvertragsrichtlinien der Kirchen[49] und der Muster-Spielervertrag des DFB[50] sind für eine Vielzahl von Verwendungen vorformulierte Vertragsbedingungen, die die AG ihren AN stellen.

13 Vorformuliert ist der Vertrag nach Abs. 1 S. 3 nicht, wenn die **Vertragsbedingungen individuell ausgehandelt** wurden, wenn also eine Ziffer der AGB gestrichen, eine andere neu formuliert wurde. Beim Arbeitsvertrag verlieren Vertragsbedingungen den Schutz des Abs. 1 S. 1 nur dann und soweit sie auch hinsichtlich des Textes „im Einzelnen" ausgehandelt wurden. „Ausgehandelt" ist eine Vertragsbedingung aber nur, wenn der Verwender die betreffende Klausel inhaltlich ernsthaft zur Disposition gestellt und dem Vertragspartner Gestaltungsfreiheit zur Wahrung eigener Interessen eingeräumt hat mit der realen Möglichkeit, die inhaltliche Ausgestaltung der Vertragsbedingung zu beeinflussen (siehe Rn 22 ff.).[51]

14 Die dargestellten Grundsätze müssen einheitlich auf Arbeitsvertrag und Aufhebungsvertrag angewendet werden. Wird der Text des Aufhebungsvertrages nicht ausgehandelt, sondern beschränken sich die Verhandlungen auf die Essentialia wie Vertragsende, Abfindungshöhe oder Herausgabe noch beim AN befindlicher Gegenstände und Unterlagen des AG, bleiben die Aufhebungsvertragsbedingungen vorformuliert und sind nicht i.S.d. Abs. 1 S. 3 „im Einzelnen ausgehandelt". Das BAG schließt im Haustürgeschäftsurteil[52] zu Unrecht[53] aus der Aushandlungsbedürftigkeit von Grunddaten eines Aufhebungsvertrages (Vertragsende, Abfindungshöhe, Verzicht auf Künd) auf eine empirisch belegte Regel, nämlich auf das Fehlen von Vorformuliertheit der Vertragsbedingungen. Nebenbedingungen sind ohnehin regelmäßig nicht Bestandteil der Verhandlungen und damit regelmäßig vorformuliert. Wenn in Arbeits- und Aufhebungsverträgen Vertragsende bzw. Vertragsanfang, Abfindungshöhe bzw. Gehaltshöhe i.S.v. **Daten** festgehalten werden, kann hieraus nicht geschlossen werden, dass die vom AG gestellten **Vertragstexte** individuell ausgehandelt und somit einer AGB-rechtlichen Kontrolle entzogen sind.[54]

---

38 BAG 1.3.2006 – 5 AZR 363/05 – NZA 2006, 746; BAG 26.1.2005 –10 AZR 215/04 – AP § 611 BGB Gratifikation Nr. 260.
39 BAG 16.4.2008 – 7 AZR 132/07 – NZA 2008, 876.
40 *Däubler/Dorndorf/Bonin/Deinert*, § 305 Rn 18a.
41 BGH 30.10.1987 – V ZR 174/86 – BGHZ 102, 152; MüKo-BGB/*Basedow*, § 305 Rn 15.
42 BAG 17.3.1993 – VIII ZR 180/92 – BGHZ 122, 63; MüKo-BGB/*Basedow*, § 305 Rn 15.
43 Siehe bei Palandt/*Grüneberg*, § 305 Rn 12.
44 *Däubler/Dorndorf/Bonin/Deinert*, § 305 Rn 11.
45 BGH 13.11.1997 – X ZR 135/95 – NJW 1998, 1066; BGH 18.12.1996 – IV ZR 60/96 – NJW-RR 1997, 1000; *Däubler/Dorndorf/Bonin/Deinert*, § 305 Rn 12.
46 *Däubler/Dorndorf/Bonin/Deinert*, § 305 Rn 10.
47 Ulmer/Brandner/Hensen/*Ulmer*, § 310 BGB Rn 83; *Wolf*, in: FS für *Brandner*, S. 299.
48 LAG Brandenburg 16.9.2005 – 8 Sa 258/05 – juris; HWK/*Gotthardt*, § 305 Rn 7.
49 BAG 17.11.2005 –-6 AZR 160/05 – NZA 2006, 872.
50 ArbG Ulm 14.11.2008 – 3 Ca 244/08 – juris.
51 BAG 27.7.2005 – 7 AZR 486/04 – NZA 2006, 94.
52 BAG 27.11.2003 – 2 AZR 135/03 – NZA 2004, 597.
53 Dementsprechend auch anders BAG 15.2.2007 – 6 AZR 286/06 – ArbuR 2007, 93; BAG 6.9.2007 – 2 AZR 722/06 – NZA 2008, 219; siehe auch *Kroeschell*, NZA 2008, 560; *Junker*, BB 2007, 166.
54 *Hümmerich*, NZA 2004, 816.

3. Merkmal „Vielzahl" Vertragsbedingungen sind nur dann AGB, wenn sie für eine Vielzahl von Verträgen vorformuliert sind. Ein Text, der nur für einen Arbeitsvertrag entworfen wurde, beinhaltet keine AGB. Auf ihn ist das AGB-Recht über Abs. 1 nicht anwendbar. Anders ist die Rechtslage bei einem **Einmalvertrag**, bei dem unter der Annahme, dass der AN Verbraucher ist, AGB-Recht über § 310 Abs. 3 Nr. 2 gilt.[55]

Das Merkmal „Vielzahl" erfordert nicht, dass die Vertragsbedingungen für eine **unbestimmte Vielzahl** von Verträgen vorgesehen sind.[56] Es genügt, dass die Vertragsbedingungen für eine Gruppe bereits zur Einstellung ausgewählter AN vorformuliert wurden.[57] Von einer Vielzahl von in Verträgen vorformulierter Bedingungen ist auch dann auszugehen, wenn eine Partei (AG) die von einem anderen vorformulierten Vertragsbedingungen (Bsp: Mustertexte eines AG-Verbands) benutzt, selbst wenn die Partei eine mehrfache Verwendung nicht geplant hatte.[58] Der Begriff „Vielzahl" setzt nach der Rspr. des BAG voraus, dass eine dreimalige Verwendung ins Auge gefasst ist.[59] Nicht die Zahl der Anwendungsfälle, sondern die Absicht des AG, den vorformulierten Text mehrfach zu verwenden, ist entscheidend.[60] Verwendet der AG die vorformulierten Vertragsbedingungen in mehreren Fällen, spricht eine Vermutung dafür, dass die Vertragsbedingungen für eine Vielzahl vorformuliert sind.[61] Dabei ist es unschädlich, dass der AG die Vertragsklausel dreimal mit demselben AN vereinbart.[62]

4. Merkmal „Stellen" Ein Arbeitsvertragstext enthält nur dann AGB, wenn der AG dem AN diese Bedingungen „gestellt" hat. In § 310 Abs. 3 Nr. 1 wird unter der Annahme, dass der AN Verbraucher ist, das „Stellen" der Arbeitsvertragsbedingungen durch den AG widerlegbar fingiert.

Der Begriff „stellen" ist vieldeutig. I.S.d. Abs. 1 ist dieses Merkmal erfüllt, wenn der AG die **Einbeziehung der Bedingungen** vom AN **verlangt** oder dem AN ein **konkretes Angebot zur Einbeziehung** der Bedingungen macht oder wenn es der AG ist, auf dessen Initiative die Vorformulierung einer Vielzahl von Verträgen auf einen einheitlichen Text zurückgeht.[63] Das Merkmal „stellen" ist auch erfüllt, wenn der AG ein Vertragsmuster verwendet, in dem der AN zwischen verschiedenen vorformulierten Regelungsmöglichkeiten wählen kann,[64] bspw. zwischen einer vorformulierten Gratifikationsregelung oder einer vorformulierten leistungsbezogenen Prämie.[65] Anders ist die Sachlage, wenn der AN, ohne dass ein Vorschlag des AG zu einer Vertragsklausel existierte, einen Leerraum nach seinen Vorstellungen ausfüllen kann.[66] „Stellen" bedeutet nicht, dass der Verwender die Vertragsbedingungen einseitig durchgesetzt hat und er zu Verhandlungen über den Vertragsinhalt nicht bereit war.[67] Das Merkmal „stellen" hat nicht die Aufgabe, die Fälle des Aushandelns aus Abs. 1 auszuschließen. Diese Aufgabe erfüllt die Ausschlussnorm des Abs. 1 S. 3. Vielmehr soll mit dem Verb „stellen" zum Ausdruck gebracht werden, dass die Vertragsbedingungen nur AGB sind, wenn sie einer Vertragspartei, nämlich dem AG, **zugerechnet** werden können.[68] Daher „stellt" der AG keine Vertragsbedingungen, wenn er ein Änderungsangebot des AN annimmt, ohne von diesem abzuweichen. Selbst wenn der AG das Annahmeschreiben mehrfach verwendet, fehlt es an der Zurechenbarkeit der Vertragsbedingungen und damit am „Stellen" der Vertragsbedingungen.[69]

Dass die Vertragsbedingungen von einem Dritten, bspw. aus einem Formularbuch oder von einem AG-Verband, stammen, lässt das Merkmal „stellen" nicht entfallen, wenn sich der AG die Fremdtexte zu eigen macht. Werden formalisierte Vertragstexte dagegen von einem Dritten, bspw. einem Personalberater, beim AN in Verhandlungen eingeführt und führt der Personalberater die Verhandlungen über den Wortlaut des Vertrages, „stellt" nicht mehr der Verwender, also der AG, die Vertragsbedingungen, sondern ein Dritter. Damit entfallen die Voraussetzungen des Abs. 1 S. 1. Handelt der Personalberater dagegen im Auftrag des AG, als Vertreter oder Bote, werden die Vertragsbedingungen im Rechtssinne vom Verwender und damit vom AG gestellt.[70]

---

55 BVerfG 23.11.2006 – 1 BvR 1909/06 – NJW 2007, 286, 287.
56 Palandt/*Grüneberg*, § 305 Rn 9; HWK/*Gotthardt*, § 305 Rn 4.
57 *Däubler/Dorndorf/Bonin/Deinert*, § 305 Rn 14.
58 BGH 16.11.1990 – V ZR 217/89 – NJW 1991, 843; OLG Hamm 27.2.1981 – 4 REMiet 4/80 – NJW 1981, 1049.
59 BAG 1.3.2006 – 5 AZR 363/05 – NZA 2006, 746; BAG 20.5.2008 – 9 AZR 271/07 – EzA-SD 2008, Nr. 18, 11.
60 BGH 27.9.2001 – VII ZR 388/00 – ZIP 2001, 2288.
61 BGH 10.3.1999 – VIII ZR 204/98 – NJW 1999, 2180; BGH 26.9.1996 – VII ZR 318/95 – NJW 1997, 135; OLG Düsseldorf 13.12.1997 – 6 U 137/96 – NJW-RR 1997, 1147.
62 BAG 1.3.2006 – 5 AZR 363/05 – NZA 2006, 746.
63 BGH 20.3.1985 – IVa ZR 223/83 – NJW 1985, 2477; BGH 24.5.1995 – XII ZR 171/94 – BGHZ 130, 50, 57; OLG Düsseldorf 5.4.1990 – 6 U 167/89 – NJW-RR 1990, 1311; OLG Düsseldorf 13.2.1997 – 6 U 137/96 – BB 1997, 754; Palandt/*Grüneberg*, § 305 Rn 10; Ulmer/Brandner/Hensen/*Ulmer*, § 305 BGB Rn 27; *Willemsen*, NJW 1982, 1121; *Roth*, BB 1987, 977; *Däubler/Dorndorf/Bonin/Deinert*, § 305 Rn 18; a.A. *Pawlowski*, BB 1978, 161; *Schnitker/Grau*, BB 2002, 2120; OLG Stuttgart 26.9.1986 – 2 W 24/86 – WM 1987, 114.
64 BGH 7.2.1996 – IV ZR 16/95 – NJW 1996, 1676, 1677.
65 HWK/*Gotthardt*, § 305 BGB Rn 6.
66 BGH 13.11.1997 – X ZR 135/95 – NJW 1998, 1066.
67 *Däubler/Dorndorf/Bonin/Deinert*, § 305 Rn 18.
68 *Däubler/Dorndorf/Bonin/Deinert*, § 305 Rn 18.
69 BAG 20.5.2008 – 9 AZR 271/07 – EzA-SD 2008, Nr. 18, 11.
70 BGH 24.4.1995 – VII ZR 221/94 – NJW 1995, 2034; MüKo-BGB/*Basedow*, § 305 Rn 22 f.

20 Zugunsten des AN ist auch eine stillschweigende Einbeziehung von AGB in den Arbeitsvertrag möglich. Eine konkludente Einbeziehung wird angenommen, wenn der Verwender erkennbar auf seine AGB hingewiesen und der Vertragspartner ihrer Geltung nicht widersprochen hat.[71]

21 Das BAG geht davon aus, dass es Sache des AN ist, sich vom Inhalt des TV oder der BV Kenntnis zu verschaffen.[72] Aus der fehlenden Anwendbarkeit des Abs. 2 und Abs. 3 gem. § 310 Abs. 4 S. 2 Hs. 2 wird abgeleitet, dass **Jeweiligkeitsklauseln** im Arbeitsrecht zulässig bleiben.[73]

22 **5. Merkmal „Aushandeln", Abs. 1 S. 3.** Abs. 1 S. 3 entzieht Vertragsbedingungen die Eigenschaft von AGB, wenn sie zwischen den Parteien im **Einzelnen ausgehandelt** wurden. Es entspricht st. Rspr. des BGH, dass mit dem Begriff Aushandeln eine stärkere Einflussnahme des anderen Teils als beim Begriff „Verhandeln" gemeint ist.[74] Die Abgrenzung zwischen „Aushandeln" und „Verhandeln" ist für das AGB-Recht bei Arbeitsverträgen von hoher Bedeutung. Soweit nicht eine tarifliche Eingruppierung erfolgt, wird zwischen AG und AN zumindest über **eine** vertragliche Hauptleistungspflicht, über das Gehalt verhandelt. Erstrecken sich die Verhandlungen nicht auf den Vertragstext, sondern nur auf die Gehaltshöhe und wird der vom AG entwickelte oder ein nicht näher zwischen den Parteien besprochener Text verwendet, gelten die Vertragsbedingungen zum Gehalt des AN **nicht als ausgehandelt**. Wie der Zusatz „im Einzelnen" unterstreicht, muss eine Vertragspassage in ihrer Gesamtheit, nicht nur hinsichtlich ausfüllungsbedürftiger Daten wie Gehalt oder Fälligkeit, Gegenstand von Verhandlungen gewesen sein, um aus dem Schutzzweck des Abs. 1 herauszufallen. Insoweit schließt sich der Kreis zum Merkmal „vorformuliert". Wenn Leerstellen oder numerische Festlegungen erfolgen und der Vertragstext vom Verwender gestellt und nicht „im Einzelnen ausgehandelt" ist, ist die Regelung eine AGB. „Ausgehandelt" ist eine Vertragsbedingung erst, wenn der Verwender die betreffende Klausel inhaltlich ernsthaft zur Disposition stellt und dem Vertragspartner Gestaltungsfreiheit zur Wahrung eigener Interessen einräumt mit der realen Möglichkeit, die inhaltliche Ausgestaltung der Vertragsbedingung zu beeinflussen.[75] Das setzt voraus, dass sich der AG deutlich und ernsthaft bereit erklärt, auf Wünsche des AN einzugehen.[76] Daran fehlt es, wenn ein Gespräch über eine Klausel wie ein „Schlagabtausch" verläuft, ohne dass vom AG irgendwelche Signale für die Bereitschaft zu einer Änderung zum Ausdruck gebracht werden und er darauf verweist, er habe keinen Gestaltungsspielraum.[77] Es genügt für ein Aushandeln im Sinne der Norm nämlich nicht, dass der Vertragsinhalt lediglich erläutert, erörtert oder vorgelesen wird und letztlich genau den Vorstellungen des Verwenders entspricht.[78]

23 Soweit *Dorndorf*[79] bei der Definition des Begriffs „Aushandeln" eine Parallele zur BGH-Rspr.[80] zieht, bestehen Bedenken. Der BGH nimmt ein „Aushandeln" an, wenn der Verwender den vom dispositiven Gesetz abweichenden Kerngehalt der vorformulierten Vertragsbedingungen inhaltlich ernsthaft zur Disposition stellt und dem Verhandlungspartner Gestaltungsfreiheit zur Wahrung eigener Interessen mit zumindest der realen Möglichkeit einräumt, die inhaltliche Ausgestaltung der Vertragsbedingungen zu beeinflussen. Da die Rechte und Pflichten im Arbverh gesetzlich nicht geregelt sind, fehlt eine Messlatte zur Prüfung der Abweichung. Die vom BAG[81] gewählte reduzierte Definition ist daher für das ArbR angemessener als der Maßstab des BGH. Ein vom Verwender vorformulierter Hinweis, dass er eine Bereitschaft zu Verhandlungen über alle Klauseln gehabt habe oder dass der Vertrag Gegenstand eingehender Verhandlungen gewesen sei, macht die Prüfung, ob ein „Aushandeln" tatsächlich stattgefunden hat, nicht entbehrlich.[82] Eine solche vorformulierte Klausel im Arbeitsvertrag ist zudem aufgrund der unzulässigen Beweislastverschiebung gem. § 309 Nr. 12b unwirksam.[83]

24 Echte Verhandlungsergebnisse finden sich i.d.R. im Vertragstext wieder.[84] Spätestens über Vertragsentwurfstexte lässt sich nachweisen, ob es zu einem „Aushandeln im Einzelnen" gekommen ist. Die Anwendung des AGB-Rechts auf Vertragsklauseln ist teilbar, sowohl hinsichtlich des Gesamtvertragstextes als auch hinsichtlich seiner einzelnen Passagen. Das Aushandeln kann sich auf einzelne Vertragsklauseln, aber auch auf einzelne Textabschnitte einer

---

71 BGH 12.12.1992 – VIII ZR 84/91 – BGHZ 117, 190; BAG 19.1.1999 – 1 AZR 606/98 – AP § 1 TVG Nr. 9 Bezugnahme auf Tarifvertrag.
72 BAG 6.7.1972 – 5 AZR 100/72 – AuR 1972, 381.
73 Oetker, in: FS für Wiedemann, S. 390, 396.
74 BGH 27.3.1991 – VI ZR 90/90 – NJW 1991, 1678, 1679; BGH 3.11.1999 – VIII ZR 269/98 – NJW 2000, 1110; BGH 15.12.1976 – IV ZR 197/75 – NJW 1977, 624.
75 BAG 27.7.2005 – 7 AZR 486/04 – NZA 2006, 94; BAG 1.3.2006 – 5 AZR 363/05 – NZA 2006, 746; LAG Schleswig-Holstein 23.5.2007 – 3 Sa 28/07 – NZA-RR 2007, 514.
76 BAG 27.7.2005 – 7 AZR 486/04 – NZA 2006, 94; LAG Köln 25.11.2005 – 11 Sa 551/05 – AE 2006, 240.
77 LAG Schleswig-Holstein 23.5.2007 – 3 Sa 28/07 – NZA-RR 2007, 514.
78 BAG 1.3.2006 – 5 AZR 363/05 – NZA 2006, 746; LAG Schleswig-Holstein 23.5.2007 – 3 Sa 28/07 – NZA-RR 2007, 514; s. auch Ulmer/Brandner/Hensen/*Ulmer*, § 305 BGB Rn 45.
79 *Däubler/Dorndorf/Bonin/Deinert*, § 305 Rn 24.
80 BGH 3.11.1999 – VIII ZR 269/98 – NJW 2000, 1110; BGH 18.11.1982 – VII ZR 305/81 – BGHZ 85, 305; BGH 27.4.1988 – VIII ZR 84/87 – BGHZ 104, 232; BGH 10.10.1991 – VIII ZR 289/90 – NJW 1992, 1107.
81 BAG 27.7.2005 – 7 AZR 486/04 – NZA 2006, 94; BAG 1.3.2006 – 5 AZR 363/05 – NZA 2006, 746.
82 BGH 15.12.1976 – IV ZR 197/75 – NJW 1977, 624; BGH 28.1.1987 – IVa ZR 173/85 – NJW 1987, 1634.
83 *Däubler/Dorndorf/Bonin/Deinert*, § 305 Rn 24.
84 HWK/*Gotthardt*, § 305 BGB Rn 8.

Klausel beziehen. Davon unberührt bleibt der Textteil eine AGB.[85] Kommt es in Verhandlungen zu individuellen Änderungen eines vorformulierten Textes, wird eine **Individualvereinbarung** begründet.[86]

Da Individualvereinbarungen nicht der AGB-Kontrolle unterliegen, stellt sich die Frage, in welchem Maße sie einer gerichtlichen Prüfung zugänglich sein sollen. Eine allgemeine **Billigkeitskontrolle** im Sinne einer nicht auf die Besonderheiten des Falles bezogenen Angemessenheitsprüfung auf der Basis des § 242 **scheidet** nach der Auffassung des BAG richtigerweise **aus**.[87] Die Grundsätze von Treu und Glauben sind in §§ 305 nunmehr abschließend konkretisiert. Es findet lediglich eine **Rechtskontrolle** statt,[88] im Rahmen derer insbesondere die Grenze der **Sittenwidrigkeit** nach § 138 zu beachten ist. Das BAG geht dabei davon aus, dass bei Verhandlungen, im Rahmen derer der AN seine Arbeitsbedingungen tatsächlich aushandeln kann, die Vertragsparität nicht strukturell gestört ist und der AN daher nicht weiter zu schützen ist. Nutzt der AG seine wirtschaftliche Überlegenheit gegenüber dem AN im Einzelfall jedoch aus, ist zu erwarten, dass das BAG ein höheres Schutzniveau anlegt. Dies wird allerdings ein nicht zu erwartender Ausnahmefall bleiben. Kann der AG seine wirtschaftliche Überlegenheit bei den Verhandlungen nämlich ausnutzen, so wird er dem AN regelmäßig vorformulierte Bedingungen vorlegen, über die er nicht ernstlich verhandelt. In diesem Fall greift wiederum die AGB-Kontrolle als Schutzstandard.

II. Unbeachtliche Umstände, Abs. 1 S. 2

Während Abs. 1 S. 3 ein Ausschlusskriterium aufstellt, das die Eigenschaft als AGB aufhebt, enthält Abs. 1 S. 2 eine Aufzählung von Umständen, die den Effekt der verweisenden Einbeziehungsregel des Abs. 1 S. 1 unbeeinträchtigt lassen. Unerheblich ist, ob die vorformulierten Vertragsbedingungen einen **äußerlich gesonderten Teil** des Vertrages bilden oder in den Vertragstext selbst aufgenommen wurden. Im zuletzt genannten Fall spricht man von einem **Formularvertrag**.[89] Klassischer Anwendungsfall der zuerst genannten Alternative sind auf Lohnabrechnungen enthaltene Vermerke zu Freiwilligkeits- und Widerrufsvorbehalten. Die Begrifflichkeiten entstammen einer Zeit, als die computergestützte Textverarbeitung noch in den Anfängen steckte und nicht so weit fortgeschritten war wie heute. Formularverträge sind angesichts der unsichtbaren Textveränderungen eines Word-Dokuments heute regelmäßig nicht mehr als solche erkennbar. Ob die Vertragsbedingungen über Textverarbeitung in einen Musterarbeitsvertrag eingearbeitet oder als Allgemeine Arbeitsbedingungen gesondert und erkennbar als Anlage zu einem Arbeitsvertrag genommen wurden,[90] steht sich gleich. Die äußere Gestaltung eines Arbeitsvertrages besagt nichts darüber, ob kontrollfähige Arbeitsvertragsbedingungen anzunehmen sind. Auch der Umfang der vorformulierten Vertragsbedingungen ist unerheblich. Sogar eine einzelne Klausel kann eine AGB sein.[91] Ohne Bedeutung ist die Schriftart, womit die schriftliche Fixierung durch Druck, Schreibmaschine, Handschrift u.Ä. gemeint ist.[92] Auch mündliche Zusagen bzw. Abreden bilden, soweit sie die Voraussetzungen des Abs. 1 S. 1 erfüllen, kontrollfähige AGB.[93] Von Bedeutung sind sie vor allem im Rahmen von Vertragsbedingungen, die auf betrieblicher Übung beruhen.[94]

III. Unanwendbarkeit von Abs. 2 und Abs. 3

Gem. § 310 Abs. 4 S. 2 Hs. 2 sind Abs. 2 und Abs. 3 nicht auf Arbeitsverträge anzuwenden. Nach der Rspr. des BAG bleibt daher aufgrund der klaren gesetzgeberischen Entscheidung auch für eine analoge Anwendung des Abs. 2 kein Raum.[95] Entsprechendes gilt für Abs. 3,[96] für den im ArbR jedoch ohnehin kein Regelungsbedarf besteht. Der Arbeitsvertrag ist ein Dauerschuldverhältnis, dem keine ständig neuen Vertragsschlüsse – wie bei andauernden Geschäftsbeziehungen zwischen Unternehmen – folgen.

Die für unanwendbar erklärten Einbeziehungsregeln wären im Arbeitsleben zudem aus anderen Gründen ohne praktische Relevanz. Arbeitsvertragsbedingungen werden als Teil eines Arbeitsvertragstextes oder als Anlage eines AG-Anschreibens dem AN regelmäßig i.S.v. Abs. 2 Nr. 1 zur Kenntnis gebracht.

Die Entbehrlichkeit der Abs. 2 und 3 für das ArbR wurde von der Bundesregierung damit begründet, dass insoweit bereits das NachwG gelte.[97] Dieser Hinweis verkennt, dass das NachwG der reinen Unterrichtung des AN über bereits vereinbarte Arbeitsbedingungen dient und Abs. 2 eine Einbeziehungsvorschrift für Vertragsbedingungen ist. Die Einbeziehung ist Wirksamkeitsvoraussetzung für AGB, die Unterrichtung nach dem NachwG stützt sich auf einen bereits existierenden Vertrag. Nach dem NachwG hat der AG einen Monat nach dem vereinbarten Beginn des

---

85 HWK/*Gotthardt*, § 305 BGB Rn 8; *Däubler/Dorndorf/Bonin/Deinert*, § 305 Rn 25.
86 OLG Köln 14.1.2002 – 11 U 96/01 – BB 1984, 1388; Ulmer/Brandner/Hensen/*Ulmer*, § 305 BGB Rn 45.
87 BAG 25.5.2005 – 5 AZR 572/04 – NZA 2005, 1111.
88 *Thüsing*, AGB-Kontrolle im Arbeitsrecht, Rn 44.
89 MüKo-BGB/*Basedow*, § 305 Rn 30; Palandt/*Grüneberg*, § 305 Rn 14.
90 *Hümmerich*, Gestaltung von Arbeitsverträgen, § 1 Rn 91, 93.
91 MüKo-BGB/*Basedow*, § 305 Rn 31; Palandt/*Grüneberg*, § 305 Rn 15.
92 HWK/*Gotthardt*, § 305 BGB Rn 7.
93 HWK/*Gotthardt*, § 305 BGB Rn 7.
94 Vgl. LAG Brandenburg 16.9.2005 – 8 Sa 258/05 – juris; *Lakies*, AGB im Arbeitsrecht; Rn 65.
95 BAG 15.4.2008 – 9 AZR 159/07 – FA 2008, 212; BAG 14.3.2007 – 5 AZR 630/06 – NZA 2008, 45.
96 ErfK/*Preis*, § 305 Rn 26; HWK/*Gotthardt*, § 305 BGB Rn 10; *Thüsing*, AGB-Kontrolle im Arbeitsrecht, § Rn 84.
97 Gegenäußerung der Bundesregierung zur Stellungnahme des Bundesrates, BT-Drucks 14/1657, S. 54.

Arbverh die wesentlichen Vertragsbedingungen schriftlich niederzulegen, die Niederschrift zu unterzeichnen und dem AN auszuhändigen (§ 2 Abs. 1 S. 1 NachwG). Bei der Bezugnahme auf TV gelten andere Regeln. Nach der Rspr. des BAG hat der AG bei in Bezug genommenen TV und BV keine Aushändigungspflicht und auch keine Erkundigungslast.[98] Im Ergebnis ermöglicht die Nichtanwendbarkeit des Abs. 2 und 3 damit weiterhin die konkludente Einbeziehung von AGB und TV.[99] Bei letzteren gilt dies zumindest für einschlägige TV, die wegen der Nichtanwendbarkeit der Abs. 2 und 3 auch in der jeweils geltenden Form vereinbart werden können. Ob die Einbeziehung an sich den AN unzulässig benachteiligt, ist eine Frage der Angemessenheit, insb. der Transparenz i.S.d. § 307 (siehe § 307 Rn 115 ff.; siehe auch § 305c Rn 35). Der in Bezug genommene, einschlägige TV unterliegt selbst keiner AGB-Kontrolle (ausführlich hierzu siehe § 310 Rn 24 ff.).

30 Abs. 2 Nr. 3 ist im Arbeitsleben ohne Bedeutung. Bei einem erkennbar körperlich behinderten Kunden muss der Verwender der Behinderung Rechnung tragen. Einem Sehbehinderten, der die ausliegenden oder aushängenden AGB nicht lesen kann, müssen die AGB nicht etwa durch Übergabe in elektronischer oder akustischer oder Braille-Schrift zugänglich gemacht werden.[100] Diese über § 310 Abs. 4 S. 2 Hs. 2 für Arbeitsverträge ausgeschlossene Verpflichtung bedeutet nicht, dass auf erkennbare körperliche Behinderungen von AN beim Vertragsschluss keine Rücksicht zu nehmen wäre. Da im Regelfall das Arbverh durch ein von AG und AN unterzeichnetes Vertragswerk geschlossen wird, kommt es bei einem vom AN nicht wahrgenommenen Vertragstext darauf an, ob das Rechtsgeschäft zustande gekommen und aus dem Empfängerhorizont des Schwerbehinderten im Angebot angenommen wurde.[101]

31 Für arbeitnehmerähnliche Personen gilt der Ausschluss des Abs. 2 und Abs. 3 nicht.[102] Diese Auffassung wird vertreten, weil sich § 310 Abs. 4 S. 2 nur auf Arbeitsverträge bezieht und der Gesetzgeber zur Begründung das NachwG in Bezug genommen hat, das auf die Rechtsverhältnisse arbeitnehmerähnlicher Personen nicht anwendbar ist.[103] Bei arbeitnehmerähnlichen Personen gelten daher grds. die Einbeziehungsvoraussetzungen des Abs. 2, d.h. die Hinweispflicht (Abs. 2 Nr. 1), die Kenntnisnahmemöglichkeit (Abs. 2 Nr. 2) und das Einverständnis mit der Geltung. Soweit Formularverträge bei arbeitnehmerähnlichen Personen verwendet werden, will der BGH Abs. 2 Nr. 1 und 2 nicht anwenden.[104] Die Möglichkeit der Kenntnisnahme folge bei Formularverträgen bereits aus dem Abdruck der AGB.[105]

C. Verbindung zu anderen Rechtsgebieten und zum Prozessrecht

I. Verhältnis zu § 310 Abs. 3 Nr. 1 und 2

32 Die Einbeziehungsnorm des § 310 Abs. 3 Nr. 1 unterscheidet sich in ihren Tatbestandsvoraussetzungen von Abs. 1 in zweierlei Hinsicht: Erfüllt der AN die Eigenschaft des **Verbrauchers** und ist der Vertragspartner ein **Unternehmer**, ist der Arbeitsvertrag nach den Darstellungen des AN also ein **Verbrauchervertrag**, tritt bei einem vom AG gestellten Arbeitsvertrag eine Beweiserleichterung ein. Im Rechtsstreit braucht der AN nicht mehr vorzutragen, dass es der AG war, der die Einbeziehung der Vertragsbedingungen in den Vertrag veranlasst hat. Vielmehr liegen Behauptungs- und Beweislast für einen anderen Sachverhalt nach § 310 Abs. 3 Nr. 1 Hs. 2 beim AG.[106]

33 Unter den gleichen Voraussetzungen, unter denen der Arbeitsvertrag als Verbrauchervertrag angesehen wird, ist die Einbeziehung des AGB-Rechts in § 310 Abs. 3 Nr. 2 zugunsten des AN erleichtert. Schon der **Einmalvertrag** ist an den Maßstäben des Rechts der AGB zu messen.[107] Über die Verweisung in Abs. 3 Nr. 2 auf die §§ 305c Abs. 2, 306, 307 bis 309 und Art. 29a EGBGB gehen **Zweifel bei der Auslegung** der Einmalbedingungen eines Vertrages zu Lasten des AG.[108] Unter verschiedenen Auslegungsmöglichkeiten ist die dem AN Günstigste maßgeblich.[109] Dabei bleibt der Arbeitsvertrag im Übrigen – wegen der Bezugnahme auf § 306 – wirksam.

II. Verhältnis zu § 310 Abs. 4

34 Gem. § 310 Abs. 4 S. 1 findet keine Inhaltskontrolle von TV, BV und Dienstvereinbarungen nach AGB-rechtlichen Grundsätzen statt, so dass Abs. 1 insoweit wirkungslos bleibt (siehe § 310 Rn 19 ff.). Abs. 1 ist neben den beiden anderen verweisenden Einbeziehungsnormen (§ 310 Abs. 3 Nr. 1 und 2) von Bedeutung. § 310 Abs. 4 S. 2 unterstellt, dass Bestimmungen eines Arbeitsvertrages AGB sein können. Ihre Wirksamkeit wird in einem im Kern aus zwei Stufen bestehenden Verfahren überprüft (vgl. § 310 Rn 30).[110] In der ersten Stufe wird jede Klausel eines Arbeitsvertrages an den Bestimmungen der §§ 305b bis 309 sowie 310 Abs. 3 Nr. 3 gemessen. Nach § 310 Abs. 3 Nr. 3 sind

---

98 BAG 5.11.1963 – 5 AZR 136/63 – AP § 1 TVG Bezugnahme auf Tarifvertrag Nr. 1; BAG 23.1.2002 – 4 AZR 56/01 – NZA 2002, 800.
99 HWK/*Gotthardt*, § 305 Rn 11; *Lakies*, AGB im Arbeitsrecht, Rn 223.
100 BT-Drucks 14/6040, S. 150.
101 ArbG Heilbronn 26.11.1968 – C 335/68 – BB 1969, 535; *Gola/Hümmerich*, BlStSozArbR 1976, 273; *Schlechtriem*, in: FS für Weitenauer, S. 129.
102 HWK/*Gotthardt*, § 305 BGB Rn 13.
103 ErfK/*Preis*, § 1 NachwG Rn 2; HWK/*Gotthardt*, § 305 BGB Rn 13.
104 BGH 27.10.1994 – IX ZR 168/93 – NJW 1995, 190.
105 BGH 15.6.1988 – VIII ZR 316/87 – NJW 1988, 2465.
106 *Däubler/Dorndorf/Bonin/Deinert*, § 310 Rn 6; Ulmer/Brandner/Hensen/*Ulmer*, § 310 BGB Rn 77.
107 BAG 8.8.2007 – 7 AZR 855/06 – NZA 2008, 229.
108 BAG 8.8.2007 – 7 AZR 855/06 – NZA 2008, 229.
109 *Däubler/Dorndorf/Bonin/Deinert*, § 310 Rn 16.
110 *Hümmerich*, Gestaltung von Arbeitsverträgen, § 1 Rn 122.

die den Vertragsschluss begleitenden Umstände bei Verbraucherverträgen zu berücksichtigen. Eine unklare Regelung kann durch zusätzliche Erläuterungen – etwa in einem vorangegangenen Kündigungsschreiben – transparent werden.[111] Ist eine Klausel nach Abs. 1, § 310 Abs. 3 Nr. 1 oder § 310 Abs. 3 Nr. 2 i.V.m. §§ 307 ff. unwirksam, muss auf der zweiten Prüfungsstufe festgestellt werden, ob sich aus den **im ArbR geltenden Besonderheiten** (modifizierte Anwendungsregel) ein abweichendes Ergebnis rechtfertigt.[112] Das Prüfungsschema der Wirksamkeitskontrolle ist unabhängig davon anzuwenden, welchen Bedeutungsgehalt man dem Tatbestandsmerkmal „im Arbeitsrecht geltende Besonderheiten" beimisst.[113]

D. Beraterhinweise

Der AN muss darlegen und beweisen, dass es sich bei den Klauseln seines Arbeitsvertrags um AGB handelt.[114] Allerdings spricht der **Beweis des ersten Anscheins** für das Vorliegen von AGB, wenn die äußere Form des Vertragsformulars aufgrund zahlreicher formelhafter Klauseln und keiner Anpassung auf die konkrete Vertragssituation auf eine vorformulierte und standardmäßige Verwendung schließen lässt.[115] Soweit ein reines Formular handschriftlich oder maschinenschriftlich ausgefüllt wurde, kommt dem AN die Beweiserleichterung zugute. Allein die maschinenschriftliche Form des gesamten Vertrages führt jedoch noch nicht zu einem Beweis des ersten Anscheins.[116] Es müssen weitere Umstände vorgetragen werden, aus denen sich der Massencharakter ergibt.[117] **35**

Dafür, dass die Vertragsbedingungen **im Einzelnen ausgehandelt** sind (Abs. 1 S. 3), trifft den AG die Darlegungs- und Beweislast.[118] Wegen des Schutzzwecks der §§ 305 ff. ist ein strenger Maßstab anzulegen und es ist nicht die schriftliche, vorformulierte Bestätigung des AN ausreichend, die Klauseln seien im Einzelnen ausgehandelt.[119] Die Indizwirkung erkennbarer Änderungen im Text reicht nur soweit, wie die nachträgliche Änderung den Schluss auf das Aushandeln zulässt.[120] **36**

Für AG, die Arbeitsverträge in Form von Computerausdrucken verwenden, hängt, soweit Abs. 1 als Einbeziehungsnorm gewählt wird, die Anwendbarkeit des AGB-Rechts wesentlich vom Verständnis von der gestuften Darlegungs- und Beweislast im konkreten Fall ab. Für AN gewinnen Vertragsentwürfe, Vortexte des schließlich zwischen den Parteien geschlossenen Vertrags, die von der Personalabteilung des AG entwickelt wurden, künftig größere Bedeutung. Anhand der Vertragsentwürfe kann der AN nachweisen, dass und inwieweit der Vertragstext vom AG gestellt wurde. **37**

§ 305b | Vorrang der Individualabrede

Individuelle Vertragsabreden haben Vorrang vor Allgemeinen Geschäftsbedingungen.

A. Allgemeines 1	II. Verhältnis zu Schriftformklauseln 8
B. Regelungsgehalt 5	C. Verbindung zu anderen Rechtsgebieten 13
I. Inhalt der Vorschrift 5	D. Beraterhinweise 15

A. Allgemeines

§ 305b ist eine Sondereinbeziehungsnorm des AGB-Rechts. AGB werden nicht Vertragsbestandteil, soweit ihnen Individualabreden entgegenstehen. **1**

Der Vorrang der Individualabrede ist Ausdruck des funktionellen Rangverhältnisses zwischen Individualvereinbarung und AGB.[1] Die AGB sollen als Ersatz des abbedungenen dispositiven Rechts die von den Parteien getroffenen **2**

---

111 BAG 25.4.2007 – 6 AZR 622/06 – DB 2007, 2263.
112 BAG 4.3.2004 – 8 AZR 196/03 – NZA 2004, 728; *Hümmerich/Holthausen*, NZA 2002, 178; *Thüsing*, NZA 2002, 592.
113 *Hümmerich*, Gestaltung von Arbeitsverhältnissen, § 1 Rn 122.
114 BGH 14.5.1992 – VII ZR 204/90 – BGHZ 118, 229; Mü-Ko-BGB/*Basedow*, § 305 Rn 43; Palandt/*Grüneberg*, § 305 Rn 24; *Däubler/Dorndorf/Bonin/Deinert*, § 305 Rn 32.
115 BAG 1.3.2006 – 5 AZR 363/05 – NZA 2006, 746; BAG 26.1.2005 –10 AZR 215/04 – AP § 611 BGB Gratifikation Nr. 160.

116 Ulmer/Brandner/Hensen/*Ulmer*, § 305 BGB Rn 77.
117 HWK/*Gotthardt*, § 305 BGB Rn 14.
118 BGH 3.4.1998 – V ZR 6/97 – NJW 1998, 2600; BGH 29.1.1982 – V ZR 82/81 – BGHZ 83, 56; ArbG Karlsruhe 25.4.2006 – 6 Ca 19/06 – NZA-RR 2006, 516; Palandt/*Grüneberg*, § 305 Rn 24.
119 HWK/*Gotthardt*, § 305 BGB Rn 14.
120 MüKo-BGB/*Basedow*, § 305 Rn 45; Palandt/*Grüneberg*, § 305 Rn 24; Ulmer/Brandner/Hensen/*Ulmer*, § 305 BGB Rn 63.
1 *Zoller*, JZ 1991, 850.

Individualabreden ausfüllen und ergänzen, ausgehandelte Vereinbarungen aber nicht zunichte machen oder aushöhlen.² Der Vorrang gilt auch zugunsten des Verwenders.³

3 § 305b gilt **auch im Arbeitsrecht**.⁴ Die Besonderheitenregel des § 310 Abs. 4 S. 2 erfordert keine Modifikation.⁵ Theoretisch denk-, wenngleich praktisch kaum vorstellbar, gilt der Vorrang der Individualabrede auch bei einem vorformulierten Text einer von einer Einmalbedingung gem. § 310 Abs. 3 Nr. 2 abweichenden Individualabrede.

4 Die Individualabrede gem. § 305b ist identisch mit der „im Einzelnen ausgehandelten Vertragsbedingung" gem. § 305 Abs. 1 S. 3. Sie ist eine durch übereinstimmende Willenserklärungen zustande gekommene Vereinbarung und kein zur Auslegung im Rahmen der Inhaltskontrolle nach § 310 Abs. 3 Nr. 3 heranzuziehender Begleitumstand, wenngleich die konkreten individuellen Umstände beim Verbrauchervertrag als Prüfungsmaßstab der Inhaltskontrolle herangezogen werden.⁶

B. Regelungsgehalt

I. Inhalt der Vorschrift

5 Alle ausgehandelten Abreden im Sinne von § 305 Abs. 1 Satz 3 sind „Individualabreden".⁷ Die vorrangige Individualabrede kann auch stillschweigend getroffen werden.⁸ In einer betrieblichen Übung liegt keine Individualabrede (siehe § 305 Rn 4).⁹

6 Individualabreden können sich aus handschriftlichen oder maschinenschriftlichen Einfügungen¹⁰ oder einem Bestätigungsschreiben ergeben.¹¹ Sie können auch stillschweigend getroffen werden.¹²

7 *Däubler* zeigt an einem arbeitsrechtlichen Beispiel den Unterschied zwischen AGB und Individualabrede auf.¹³ Sehen die generellen Vertragsbedingungen eines Konzerns in den Arbeitsverträgen einen Versetzungsvorbehalt gegenüber den Mitarbeitern **an alle niedersächsischen Niederlassungen** vor, wird aber nur mit einem AN eine bundesweite Versetzungsklausel vereinbart, besteht bei dem einen AN eine Individualvereinbarung, während bei den übrigen AN die Versetzungsklausel der Inhaltskontrolle gem. §§ 307 ff. unterliegt. Ob sich die Individualvereinbarung zugunsten oder zu Lasten des AN auswirkt, ist für die Feststellung des Vorrangs ohne Bedeutung. Ob die Individualabrede mit dem Vertragsschluss oder später getroffen wird, ist unerheblich.¹⁴

II. Verhältnis zu Schriftformklauseln

8 Die Arbeitsvertragsparteien können das für eine Vertragsänderung vereinbarte Schriftformerfordernis jederzeit aufheben. Das konnte in der Vergangenheit auch stillschweigend geschehen und war sogar dann möglich, wenn die Vertragsparteien bei ihrer mündlichen Abrede an die Schriftform nicht gedacht hatten.¹⁵ Ein mündliches Rechtsgeschäft ist nach der Rspr.¹⁶ nur bei einer sog. **Doppelklausel** ausgeschlossen, wenn also im Vertrag vereinbart ist, dass auch für die Aufhebung der Schriftformklausel ein Schriftformerfordernis besteht. Aus Sicht des AG entfaltet die Doppelklausel ihren Charme in der Weise, dass die Entstehung ungewollter betrieblicher Übungen unterbunden wird und das eigentliche Ziel der Schriftformklausel erhalten bleibt.¹⁷

9 Wendet man § 305b auf einen Arbeitsvertrag an, führt das für Änderungen und Ergänzungen des Arbeitsvertrages bestehende Schriftformerfordernis angesichts des zwingenden Vorrangs der Individualabrede dazu, dass qualifi-

---

2 Palandt/*Grüneberg*, § 305b Rn 1.
3 BGH 9.3.1995 – III ZR 55/94 – NJW 1995, 1494.
4 BAG 20.5.2008 – 9 AZR 382/07 – NZA 2008, 1233.; BAG 25.4.2007 – 5 AZR 504/06 – EzA § 615 BGB 2002 Nr. 20.
5 *Däubler/Dorndorf/Bonin/Deinert*, § 305b Rn 2; *Gotthardt*, ZIP 2002, 279; *Lingemann*, NZA 2002, 185; *Stoffels*, AGB-Recht, Rn 345.
6 *Heinrichs*, NJW 1996, 2193; a.A. *Schmidt-Salzer*, JZ 1995, 223.
7 Palandt/*Grüneberg*, § 305b Rn 2; *Däubler/Dorndorf/Bonin/Deinert*, § 305b Rn 3; HWK/*Gotthardt*, § 305b BGB Rn 1; offengelassen von BGH 10.10.1991 – VII ZR 289/90 – NJW 1992, 1107; *Boudon*, ArbRB 2003, 150.
8 BAG 25.4.2007 – 5 AZR 504/06 – EzA § 615 BGB 2002 Nr. 20; BGH 6.2.1996 – XI ZR 121/95 – NJW-RR 1996, 673.
9 BAG 24.6.2003 – 9 AZR 302/02 – NZA 2003, 1145; LAG Brandenburg 16.9.2005 – 8 Sa 258/05 – juris; HWK/*Gotthardt*, § 305 Rn 7.
10 BGH 9.4.1987 – III ZR 84/86 – NJW 1987, 2011.
11 BGH 20.10.1984 – III ZR 76/94 – NJW-RR 1995, 179.
12 BAG 25.4.2007 – 5 AZR 504/06 – EzA § 615 BGB 2002 Nr. 20; LAG Hamm 30.10.2006 – 10 Sa 312/06 – juris.
13 *Däubler/Dorndorf/Bonin/Deinert*, § 305b Rn 6.
14 BGH 20.10.1994 – III ZR 76/94 – NJW-RR 1995, 179; *Stoffels*, AGB-Recht, Rn 347; Ulmer/Brandner/Hensen/*Ulmer*, § 305b Rn 13; *Däubler/Dorndorf/Bonin/Deinert*, § 305b Rn 7.
15 BAG 24.6.2003 – 9 AZR 302/02 – NZA 2003, 1145; BAG 28.10.1987 – 5 AZR 518/85 – AP § 7 AVR Caritas-Verband Nr. 1; Kittner/Zwanziger/*Kittner*, Arbeitsrecht Handbuch, § 8 Rn 74.
16 BAG 24.6.2003 – 9 AZR 302/02 – NZA 2003, 1145 unter Berufung auf BGH 2.6.1976 – VIII ZR 97/74 – BGHZ 66, 378 = NJW 1976, 1395; anders noch BAG 25.6.1985 – 3 AZR 305/83 – AP § 74c HGB Nr. 11; BAG 16.7.1996 – 3 AZR 352/95 – NJW 1997, 664.
17 *Hümmerich*, Gestaltung von Arbeitsverträgen, § 1 Rn 2297.

zierte Schriftformklauseln, die die Aufhebung der Schriftform an die Schriftform binden,[18] nicht eine Höherrangigkeit des Schriftformerfordernisses, sondern einen uneingeschränkten Vorrang der Individualabrede bewirken.[19]

Nunmehr hat das BAG[20] ausdr. festgestellt, dass Schriftformklauseln, die für Nebenabreden und Vertragsänderungen konstitutiv die Einhaltung der Schriftform fordern, gegen § 307 Abs. 1 S. 1 verstoßen. Nach § 305b haben Individualabreden Vorrang vor AGB. Wird beim AN durch die doppelte Schriftformklausel der Eindruck erweckt, dass mündliche Abreden gem. § 125 S. 2 unwirksam seien, so benachteilige die Klausel den AN unangemessen. Damit folgt das BAG der BGH-Rspr., wonach formularmäßige Klauseln die höherrangige individuelle Abrede nicht außer Kraft setzen können.[21] Entsprechendes gilt für Bestätigungsklauseln, die die Wirksamkeit mündlicher Abreden von einer schriftlichen Bestätigung abhängig machen.[22]

Eine Schriftformklausel kann auch gegen § 307 verstoßen, wenn nicht der AG selbst, sondern dessen Generalbevollmächtigter oder sein Prokurist oder ein nur im Einzelfall Bevollmächtigter den Vertrag schließt, da diese Personen i.d.R. nur die Funktion haben, die Vollmacht nachgeordneter Mitarbeiter des Verwenders einzuschränken, auf diese Weise also das Zustandekommen einer wirksamen Individualvereinbarung durch einen nachgeordneten Angestellten zu verhindern.[23]

Ist die Schriftformklausel wegen des Verstoßes gegen § 307 Abs. 1 unwirksam, so erfällt sie ersatzlos. Folglich ist der Vertrag auch der Änderung durch jedwede mündliche Abrede zugänglich. Das arbeitgeberseitige Ziel, das Entstehen betrieblicher Übungen zu verhindern, wird nicht erreicht.[24]

C. Verbindung zu anderen Rechtsgebieten

Im Arbeitsrecht wird der Vorrang der Individualabrede oft bereits durch das Günstigkeitsprinzip herbeigeführt, da die Individualabrede regelmäßig für den Mitarbeiter günstiger ist.[25] Gleichwohl sind auch Konstellationen denkbar, in denen die Individualabrede ungünstiger ist. In diesen Fällen kommt das Günstigkeitsprinzip nicht zur Anwendung. Auch ungünstigere Individualabreden haben stets Vorrang vor Regelungen in AGB, seien diese in Arbeitsverträgen oder sonstigen allgemeinen Arbeitsbedingungen enthalten.[26]

Eine betriebliche Übung ist keine Individualabrede, die nach § 305b Vorrang hat vor AGB. Ansprüche, die durch betriebliche Übung entstehen, sind aufgrund des ihnen innewohnenden kollektiven Elements vielmehr als AGB zu werten.[27] *Preis*[28] vertritt hingegen die Auffassung, dass eine betriebliche Übung auch gegenüber einem einzelnen AN begründet und daher eine vorrangige Individualabrede darstellen könne. Dies stünde der Verhinderung einer betrieblichen Übung durch eine doppelte Schriftformklausel entgegen.

D. Beraterhinweise

Die Darlegungs- und Beweislast für eine abweichende Individualvereinbarung trifft nach allgemeinen Grundsätzen denjenigen, der sich darauf beruft, im Regelfalle also den AN.[29] Auch im Bereich der AGB gilt die **Vermutung der Vollständigkeit und Richtigkeit** einer Vertragsurkunde, soweit die Parteien eine Vertragsurkunde in Form eines Formularvertrages errichtet haben.[30] Diese Vermutung greift allerdings nur, wenn der Vertrag von beiden Seiten unterzeichnet wurde.[31] Ist streitig, ob eine Abmachung i.S.d. § 305 Abs. 1 S. 3 „ausgehandelt" wurde, liegt die Beweislast beim Verwender der AGB.[32]

Nach der aktuellen Entscheidung des BAG vom 20.5.2008[33] kann eine betriebliche Übung unverändert durch eine wirksame doppelte Schriftformklausel verhindert werden. Dazu ist der Hinweis des AG jedoch unerlässlich, dass individuelle Abreden zwischen den Parteien stets Vorrang vor AGB haben.[34] Ob zusätzlich explizit darauf hingewiesen werden muss, dass die doppelte Schriftformklausel das Entstehen betrieblicher Übungen verhindert, ist offen, aus Gründen der Rechtssicherheit wohl aber derzeitig zu empfehlen.

---

18 Palandt/*Ellenberger*, § 125 Rn 19.
19 *Hümmerich*, NZA 2003, 753; *Lingemann*, NZA 2003 185; *Richardi*, NZA 2002, 1059; Ulmer/Brandner/Hensen/*Ulmer*, § 305b BGB Rn 30.
20 BAG 20.5.2008 – 9 AZR 382/07 – NZA 2008, 1233.
21 BGH 20.10.94 – III ZR 76/94 – NJW 1986, 3132, NJW-RR 1995, 179; a.A.: BGH 15.2.95 – VIII ZR 93/94 – NJW 1995, 1488.
22 *Teske*, S. 407 ff.
23 *Däubler/Dorndorf/Bonin/Deinert*, § 305b Rn 13; *Stoffels*, AGB-Recht, Rn 352.
24 BAG 20.5.2008 – 9 AZR 382/07 – NZA 2008, 1233.
25 HWK/*Gotthardt*, § 305b BGB Rn 2.
26 *Däubler/Dorndorf/Bonin/Deinert*, § 305b Rn 9; *Preis*, Der Arbeitsvertrag I C Rn 85.
27 BAG 24.6.2003 – 9 AZR 302/02 – NZA 2003, 1145; LAG Brandenburg 16.9.2005 – 8 Sa 258/05 – juris; HWK/*Gotthardt* § 305 Rn 7.
28 *Preis*, Der Arbeitsvertrag, II S 30 Rn 13.
29 BGH 9.4.1987 – III ZR 84/86 – NJW 1987, 1011; HWK/*Gotthardt*, § 305b BGB Rn 5.
30 BAG 9.2.1995 – 9 AZR 660, 94 – NZA 1996, 249.
31 ErfK/*Preis*, Einf. NachwG Rn 18.
32 BGH 3.4.1998 – V ZR 6/97 – NJW 1998, 2600; *Gotthardt*, ZIP 2002, 279.; ArbG Karlsruhe 25.4.2006 – 6 Ca 19/06 – NZA-RR 2006, 516; Palandt/*Grüneberg*, § 305 Rn 24.
33 BAG 20.5.2008 – 9 AZR 382/07 – NZA 2008, 1233.
34 *Karlsfeld*, ArbRB 2008, 222.

| § 305c | Überraschende und mehrdeutige Klauseln |

(1) Bestimmungen in Allgemeinen Geschäftsbedingungen, die nach den Umständen, insbesondere nach dem äußeren Erscheinungsbild des Vertrags, so ungewöhnlich sind, dass der Vertragspartner des Verwenders mit ihnen nicht zu rechnen braucht, werden nicht Vertragsbestandteil.
(2) Zweifel bei der Auslegung Allgemeiner Geschäftsbedingungen gehen zu Lasten des Verwenders.

A. Allgemeines	1	
I. Gegenstand der Vorschrift	1	
II. Das Überraschungsverbot in der BAG-Rechtsprechung zu Zeiten der Bereichsausnahme (§ 23 AGBG)	2	
III. Die Unklarheitenregel in der BAG-Rechtsprechung zu Zeiten der Bereichsausnahme (§ 23 AGBG)	4	
B. Regelungsgehalt	5	
I. Überraschende Klauseln (Abs. 1)	5	
1. Merkmale einer überraschenden Klausel	5	
a) Objektiv: Ungewöhnlichkeit der Klausel	6	
b) Subjektiv: Überraschungsmoment	8	
c) Einzelfälle	9	
aa) Abrufklausel	9	
bb) Altersgrenze	10	
cc) Ausschlussfristen	11	
dd) Ausgleichsquittung	12	
ee) Beendigungs-/Befristungs-/Aufhebungsklausel	13	
ff) Gehaltsanpassungsklausel	14	
gg) Gesundheitliche Eignungsklausel	15	
hh) Koppelungsklauseln in Dienstverträgen von GmbH-Geschäftsführern	16	
ii) Nachteilsausgleichsverzicht	17	
jj) Nachweisklausel über Arbeitsunfähigkeit	18	
kk) Tätigkeitsklausel	19	
ll) Versetzungsvorbehaltsklausel	20	
mm) Vertragsstrafenklausel	21	
nn) Verweisungsklausel (Bezugnahmeklausel)	22	
oo) Wettbewerbsverbote	23	
2. Beweislast	24	
II. Unklarheitenregel (Abs. 2)	25	
1. Inhalt der Vorschrift	25	
a) Normzweck	25	
b) Allgemeine Auslegungsgrundsätze bei AGB	26	
c) Auslegungsvoraussetzungen des Abs. 2 und die Folgen der Unklarheitenregel	27	
2. Einzelfälle	31	
a) Arbeitgeberdarlehen	31	
b) Aufhebungsvertrag	33	
c) Ausgleichsquittung	34	
d) Bezugnahmeklausel (Verweisungsklausel)	35	
e) Befristung	36	
f) Rückzahlungsklausel	37	
g) Versorgungszusage	38	
h) Vertragsstrafenabrede	40	
i) Wettbewerbsverbot	41	
j) Zielvereinbarung	43	
C. Beraterhinweise	44	

A. Allgemeines

I. Gegenstand der Vorschrift

1 In den beiden Absätzen des § 305c hat der Gesetzgeber zwei hergebrachte Prinzipien des AGB-Rechts zusammengefasst, in Abs. 1 das Überraschungsverbot als Unterfall des Transparenzgebots[1] und in Abs. 2 die Unklarheitenregel. Während Abs. 2 eine spezifische Auslegungsregel enthält, die die nicht kodifizierten Interpretationsgrundsätze bei AGB ergänzt,[2] formuliert Abs. 1 eine negative Einbeziehungsschranke. Vertragsbedingungen, die gegen das Überraschungsverbot verstoßen, werden von vorneherein nicht Vertragsbestandteil.[3] Wenn dadurch eine Lücke im Vertrag entsteht, wird sie durch dispositives Gesetzesrecht, hilfsweise durch ergänzende Vertragsauslegung geschlossen.[4] Soweit auf keine maßgebliche Norm- oder Rechtsfortbildungsvorgabe zurückgegriffen werden kann, ist die Lücke unter Abwägung der beiderseitigen Interessen über die Generalklausel zu schließen, § 242.

II. Das Überraschungsverbot in der BAG-Rechtsprechung zu Zeiten der Bereichsausnahme (§ 23 AGBG)

2 Der Grundsatz, dass überraschende Klauseln nicht Vertragsbestandteil werden, entsprach trotz der Bereichsausnahme in § 23 Abs. 1 AGBG – mit unterschiedlichen Begründungen – auch der bisherigen Arbeits-Rspr. Teilweise wurde eine analoge Anwendung des § 3 AGBG erwogen,[5] teilweise wurde das Überraschungsverbot damit begründet, in ihm manifestiere sich nur ein in § 242 niedergelegter allgemeiner Rechtsgrundsatz, der auch für das Arbeitsrecht gelte. Sich auf eine Klausel in einem Vertrag zu berufen, mit der die andere Seite nicht habe rechnen können,

---

1 Däubler/Dorndorf/Bonin/Deinert, § 305c Rn 1.
2 Palandt/Grüneberg, § 305c Rn 1.
3 BAG 16.4.2008 – 7 AZR 132/07 – NZA 2008, 876; BAG 8.8.2007 – 7 AZR 605/06 – DB 2008, 133; BAG 27.4.2000 – 8 AZR 286/99 – NJW 2000, 3299; Palandt/Grüneberg, § 305c Rn 2.
4 Ulmer/Brandner/Hensen/Ulmer, § 305c BGB Rn 32; HWK/Gotthardt, § 305c BGB Rn 1.
5 BAG 29.11.1995 – 5 AZR 447/94 – NZA 1996, 702; ArbG Berlin 1.9.1980 – 16 Ca 99/80 – NJW 1981, 479.

verstoße gegen Treu und Glauben.[6] Die Diskussion um die Frage, auf welchem dogmatischen Weg die BAG-Rspr. das Verbot überraschender Klauseln rechtfertigen könne,[7] hat sich mit dem Inkrafttreten des Abs. 1 erledigt.

Überraschende Klauseln in Arbeitsverträgen wurden in der Vergangenheit als unwirksam von der Rspr. behandelt, so bei rückzahlbaren Ausbildungsbeihilfen,[8] Ausschlussklauseln bei Sonderzuwendungen,[9] Vertragsstrafenklauseln unter der Überschrift „Arbeitsverhinderung"[10] sowie vorformulierten Verzichtserklärungen in Ausgleichsquittungen.[11]

III. Die Unklarheitenregel in der BAG-Rechtsprechung zu Zeiten der Bereichsausnahme (§ 23 AGBG)

Zweck der Unklarheitenregel in Abs. 2 ist es, bei objektiv mehrdeutigen Klauseln eine Auslegungshilfe zu offerieren. Die Vorschrift basiert auf dem Gedanken, dass es Sache des Verwenders ist, sich klar und unmissverständlich auszudrücken.[12] Auch im Arbeitsrecht war trotz der Bereichsausnahme in § 23 Abs. 1 AGBG der Grundsatz anerkannt, dass sich Unklarheiten in Arbeitsverträgen zu Lasten des AGs auswirken, da der AG den Vertragstext entwickelt und dem AN zur Unterschriftsleistung vorlegt.[13] Die Unklarheitenregel ist ein Anwendungsfall des **Transparenzprinzips**, das auch in § 307 Abs. 1 S. 1 zum Ausdruck kommt. Wer für die Formulierung des Vertragstextes verantwortlich ist, muss im Interesse des anderen Vertragspartners und des Rechtsverkehrs insgesamt für Klarheit und Berechenbarkeit sorgen.[14] Schon lange vor Inkrafttreten des AGBG galt dieser Grundsatz bereits in der BGH-Rspr.[15]

B. Regelungsgehalt

I. Überraschende Klauseln (Abs. 1)

1. Merkmale einer überraschenden Klausel. Unter zwei Voraussetzungen[16] liegt eine „überraschende Klausel" vor. Zum einen muss die Klausel **objektiv ungewöhnlich** sein, wobei sich diese Wertung aus dem äußeren Erscheinungsbild des Vertrages ableitet. Zum Zweiten muss die Klausel für den AN **subjektiv überraschend** sein. Dabei ist eine Klausel desto eher überraschend, je belastender die Bestimmung ist.[17]

a) Objektiv: Ungewöhnlichkeit der Klausel. Maßgeblich für die Bestimmung der **Ungewöhnlichkeit** einer Klausel sind das Gesamtbild des konkreten Vertrages und der Erwartungen, die der redliche Verkehr typischerweise oder aufgrund des Verhaltens des Verwenders bei Vertragsschluss an den Inhalt des Vertrages knüpft.[18] Der Klausel muss ein Überrumpelungs- oder Übertölpelungseffekt inne wohnen.[19] Gesamtumstände, aus denen die objektive Ungewöhnlichkeit hervorgeht, bilden der Grad der Abweichung der Klausel vom dispositiven Gesetzesrecht und die für den Geschäftskreis übliche Gestaltung, der Gang und Inhalt der Vertragsverhandlungen sowie der äußere Zuschnitt des Vertrages.[20] Die objektive Ungewöhnlichkeit kann sich damit auch aus **formalen Gesichtspunkten** ergeben, bspw. weil die Klausel an einer ungewöhnlichen Stelle im Vertrag erscheint.[21] Objektive Ungewöhnlichkeit nahm das BAG bereits vor Inkrafttreten des Abs. 1 an, wenn sich unter der Überschrift „Lohnabrechnung und Zahlung" in einer vom AG aufgestellten, „mit leserfeindlichem Schriftbild" verfassten Betriebsordnung eine Ausschlussfrist befand, auf die der Arbeitsvertrag im 6. Absatz einer mit der Überschrift „Verschiedenes" gekennzeichneten Ziffer verwies.[22] Diese Rechtsprechung entwickelte das BAG auch auf der Grundlage des Abs. 1 fort.[23]

Ungewöhnlichkeit i.S.d. § 305c und Unangemessenheit i.S.d. § 307 Abs. 1 und 2 sind dabei stets zu differenzieren und können nicht gleichgesetzt werden.[24] Gleichwohl ist es ohne Weiteres möglich, dass eine überraschende Klausel gleichsam unangemessen (insb. intransparent) ist.[25] Einer einseitigen Ausschlussklausel von einem Monat in einem Arbeitsvertrag steht sowohl der Überraschungsschutz nach Abs. 1 als auch die Angemessenheitsforderung in § 307 Abs. 1 S. 1 entgegen.[26]

---

6 BAG 13.12.2000 – 10 AZR 168/00 – NZA 2001, 723; BAG 24.11.1993 – 5 AZR 153/93 – NZA 1994, 759; BAG 11.1.1995 – 10 AZR 5/94 – ZTR 1995, 277.
7 *Zirnbauer*, FA 1998, 40; *Pauly*, NZA 1997, 1030; *Przytulla*, NZA 1998, 521.
8 BAG 16.3.1994 – 5 AZR 339/92 – NZA 1994, 937.
9 BAG 11.1.1995 – 9 AZR 664/93 – NZA 1995, 531.
10 ArbG Berlin 1.9.1980 – 16 Ca 99/80 – NJW 1981, 479.
11 BAG 20.8.1980 – 5 AZR 223/79 – NJW 1981, 1285.
12 Palandt/*Grüneberg*, § 305c Rn 18; HWK/*Gotthardt*, § 305c BGB Rn 7.
13 BAG 18.9.1991 – 5 AZR 650/90 – NZA 1992, 215; BAG, 27.4.1995 – 8 AZR 382/94 – NZA 1995, 935.
14 *Däubler/Dorndorf/Bonin/Deinert*, § 305c Rn 24.
15 BGH 12.2.1952 – I ZR 96/51 – BGHZ 5, 111, 115.
16 Siehe nur BAG 16.4.2008 – 7 AZR 132/07 – NZA 2008, 876.
17 BAG 14.8.2007 – 8 AZR 973/06 – NZA 2008, 170.
18 Ulmer/Brandner/Hensen/*Ulmer*, § 305c BGB Rn 12.
19 BAG 6.8.2003 – 7 AZR 9/03 – AP § 133 BGB Nr. 51; BAG 16.4.2008 – 7 AZR 132/07 – NZA 2008, 876.
20 BAG 8.8.2007 – 7 AZR 605/06 – DB 2008, 133; BAG 27.4.2000 – 8 AZR 286/99 – NJW 2000, 3299.
21 BAG 23.2.2005 – 4 AZR 139/04 – NZA 2005, 1193; BAG 14.8.2007 – 8 AZR 973/06 – NZA 2008, 170.
22 BAG 26.10.1995 – 2 AZR 1026/94 – NZA 1996, 703.
23 BAG 31.8.2005 – 5 AZR 545/04 – NZA 2006, 324; BAG 23.2.2005 – 4 AZR 139/04 – NZA 2005, 1193 (Ausgleichsquittung).
24 HWK/*Gotthardt*, § 305c BGB Rn 3.
25 BAG 8.8.2007 – 7 AZR 605/06 – DB 2008, 133.
26 *Hümmerich*, Gestaltung von Arbeitsverträgen, § 1 Rn 681.

8 **b) Subjektiv: Überraschungsmoment.** Neben die objektive Ungewöhnlichkeit einer Klausel muss hinzutreten, dass sie von den Erwartungen des Vertragspartners deutlich abweicht und der AN mit ihr den Umständen nach vernünftigerweise nicht zu rechnen brauchte.[27] Die berechtigten Erwartungen des Vertragspartners werden von allgemeinen und individuellen Begleitumständen des Vertragsschlusses wie den Vertragsverhandlungen bestimmt.[28] Das Überraschungsmoment ergibt sich aus einem im **Grundsatz generellen Maßstab**, der von den konkreten Umständen überlagert wird.[29] Aus den subjektiven Merkmalen kann sich ergeben, dass eine objektiv ungewöhnliche Klausel nicht überraschend ist, wenn der AN sie kannte oder mit ihr rechnen musste,[30] ebenso wenn der AG auf sie besonders hinwies.[31] Eine objektiv nicht ungewöhnliche Klausel kann allerdings überraschend sein, wenn sie im Vertragstext falsch eingeordnet und dadurch geradezu versteckt wird.[32]

9 **c) Einzelfälle. aa) Abrufklausel.** Wird Abrufarbeit über eine zweiseitige Konkretisierungsbefugnis (Arbeitseinsatz im Bedarfsfall bei gegenseitigem Einvernehmen) arbeitsvertraglich geregelt, kann die Klausel gegen das Überraschungsverbot gem. Abs. 1 verstoßen, wenn für den AN nicht erkennbar wird, dass sich der AG jeglicher Beschäftigung des AN durch das Unterlassen von Arbeitsangeboten entziehen kann.[33]

10 **bb) Altersgrenze.** Eine in einer Versorgungszusage enthaltene Altersgrenzenregelung innerhalb des Regelungskomplexes Altersrente der Versorgungszusage ist nicht überraschend.[34] Eine einzelvertragliche Altersgrenze, die in allgemeinen Arbeitsbedingungen unter der Überschrift „Beendigung des Arbverh" enthalten ist, nach der das Arbverh mit Erreichen des gesetzlichen Rentenalters endet, stellt keinen Verstoß gegen § 305 Abs. 1, 305c Abs. 1, Abs. 2, § 307 Abs. 2 dar, wenn der AN nach dem Vertragsinhalt und der Vertragsdauer eine gesetzliche Altersrente erwerben kann oder bereits erworben hat.[35] Hingegen hielt das BAG eine Altersgrenzenregelung für überraschend, nach der das befristete Altersteilzeit-Arbverh bereits vor Ablauf der zeitlichen Befristung mit dem Eintritt in die Altersrente enden sollte.[36]

11 **cc) Ausschlussfristen.** Ausschlussfristen in Arbeitsverträgen sind nicht generell objektiv ungewöhnlich und nicht generell überraschend.[37] Sie sind im Arbeitsrecht weit verbreitet. Jeder AN wird damit rechnen, dass ein vom AG vorformuliertes Vertragswerk eine derartige Klausel enthält.[38] Nur unter gesonderten Voraussetzungen sind Ausschlussfristen in Arbeitsverträgen ungewöhnlich und überraschend, so bei Einordnung unter einer falschen oder missverständlichen Überschrift ohne besonderen Hinweis.[39] Diese bereits vor Inkrafttreten des Schuldrechtsmodernisierungsgesetzes entwickelte Rspr. hat das BAG konsequent fortgeführt. So entschied es im Jahre 2005, dass Ausschlussfristen als eine von mehreren Regelungen unter der Überschrift „Schlussbestimmungen" ohne weitere drucktechnische Hervorhebung überraschend sind.[40] Der 9. Senat sieht das Überraschungs- und Ungewöhnlichkeitsmoment auch als gegeben an, wenn bei einer zweistufigen Ausschlussfrist die Fristen auf der ersten und der zweiten Stufe nicht übereinstimmen.[41]

12 **dd) Ausgleichsquittung.** Eine allgemeine Ausgleichsklausel, nach der sämtliche Ansprüche, „gleich, nach welchem Rechtsgrund sie entstanden sein mögen, abgegolten und erledigt sind", wird nicht Vertragsinhalt, wenn der Verwender sie in eine Erklärung mit falscher oder missverständlicher Überschrift ohne besonderen Hinweis oder ohne drucktechnische Hervorhebung einfügt.[42] Die ohne drucktechnische Hervorhebung enthaltene Bestimmung, es würden „keine Einwendungen gegen die Kündigung erhoben", wird mit dem AN, der diese formularmäßige Erklärung aus Anlass der Zahlung des Lohnes und der Übergabe seiner Arbeitspapiere mit seiner Unterschriftsleistung abgibt, wegen ihres überraschenden Charakters ebenfalls nicht wirksam vereinbart.[43] Allerdings führt nicht jede Ausgleichsklausel, die nicht drucktechnisch hervorgehoben wurde, zum Überraschungsmoment. Im Hinblick auf den Überrumpelungseffekt kommt es auch auf etwaige mündliche Hinweise über die Bedeutung einer Ausgleichsquittung an.[44] Auch die in einer vom AG vorformulierten Ausgleichsquittung enthaltene Erklärung des AN, auf alle Ansprüche aus dem Arbverh zu verzichten, kann eine Überraschungsklausel sein, und zugleich mangels verständli-

---

27 BGH 21.11.1991 – IX ZR 60/91 – NJW 1992, 1234; BGH 30.6.1995 – V ZR 184/94 – BB 1995, 2186.
28 St. Rspr. etwa BAG 8.8.2007 – 7 AZR 605/06 – DB 2008, 133; BAG 27.4.2000 – 8 AZR 286/99 – NJW 2000, 3299.
29 Ulmer/Brandner/Hensen/*Ulmer*, § 305c BGB Rn 13.
30 Palandt/*Grüneberg*, § 305c Rn 4.
31 BAG 16.4.2008 – 7 AZR 132/07 – NZA 2008, 876.
32 KG 29.1.2001 – 10 U 9612/99 – NJW-RR 2002, 490; Palandt/*Grüneberg*, § 305c Rn 4.
33 *Hümmerich*, Gestaltung von Arbeitsverträgen, § 1 Rn 281.
34 BAG 6.8.2003 – 7 AZR 9/03 – AP § 133 BGB Nr. 51.
35 BAG 27.7.2005 – 7 AZR 443/04 – NZA 2006, 37.
36 BAG 8.8.2007 – 7 AZR 605/06 – DB 2008, 133.
37 BAG 13.12.2000 – 10 AZR 168/00 – NZA 2001, 723; BAG 25.5.2005 – 5 AZR 572/04 – NZA 2005, 1111; BAG 28.9.2005 – 5 AZR 52/05 – NZA 2006, 149; BAG 12.3.2008 – 10 AZR 152/07 – NZA 2008, 699.
38 ErfK/*Preis*, §§ 305–310 BGB Rn 29; *Henssler*, RdA 2002, 137; *Singer*, RdA 2003, 194, 200.
39 BAG 29.11.1995 – 5 AZR 447/94 – AP § 4 TVG Ausschlussfristen Nr. 136.
40 BAG 31.8.2005 – 5 AZR 545/04 – NZA 2006, 324.
41 BAG 27.2.2002 – 9 AZR 543/00 – DB 2002, 1720.
42 BAG 23.2.2005 – 4 AZR 139/04 – NZA 2005, 1193.
43 LAG Berlin 18.1.1993 – 12 Sa 120/92 – LAGE § 4 KSchG Ausschlussfrist Nr. 3.
44 BAG 23.2.2005 – 4 AZR 139/04 – NZA 2005, 1193.

cher und klarer Darstellung der wirtschaftlichen Folgen gegen das Transparenzgebot verstoßen.[45] Wird dagegen als Solitär, ohne Verknüpfung mit anderen Regelungsgegenständen, in einem Abwicklungsvertrag festgehalten, der AN erhebe gegen die Künd keine Einwendungen, ist die Klausel weder ungewöhnlich, noch überraschend und bewirkt einen Wegfall des Rechtsschutzbedürfnisses bei Erhebung einer Künd-Schutzklage.[46] Ferner soll nach dem LAG Berlin eine Ausgleichsquittung ungewöhnlich und überraschend sein, wenn auf „noch unbekannte" Ansprüche verzichtet wird.[47] Hat diese Rspr. Bestand, so wird der eigentliche Zweck einer Ausgleichsklausel, nämlich schnell und pragmatisch Rechtssicherheit zu schaffen, stark geschmälert. Vor allem liefe sie darauf hinaus, dass der AG den AN erst einmal über seine noch offenen Ansprüche aufklären muss, wenn er sie wirksam in die Ausgleichsquittung mit einbeziehen möchte. Dies ist jedoch nicht die Aufgabe des AG und fördert – statt des Rechtsfriedens – neue Streitigkeiten.

ee) Beendigungs-/Befristungs-/Aufhebungsklausel. Das BAG stellte im Zusammenhang mit Beendigungsklauseln in einigen aktuellen Entscheidungen ein Überraschungsmoment fest. Ist in einem (ohnehin befristeten) Altersteilzeitvertrag eine Regelung vorgesehen, nach der der Vertrag mit Ablauf des Kalendermonats endet, in dem der AN erstmalig Altersrente beanspruchen kann, so ist die Klausel überraschend, wenn der AN nach den Vertragsverhandlungen mit einer solchen auflösenden Bedingung nicht rechnen musste.[48] Soll ein befristetes Vertragsverhältnis vorzeitig durch auflösende Bedingung enden können, so ist diese Bedingung drucktechnisch hervorzuheben. Ebenso überraschend in einem auf ein Jahr befristeten Arbeitsvertrag kann die Regelung sein, dass das Arbverh mit Ablauf der Probezeit nach sechs Monaten endet.[49] Ferner ist eine Klausel in einer „Ergänzung zum Arbeitsvertrag" überraschend, die zunächst Regelungen zur Überleitung des Arbverh auf ein anderes Unternehmen nebst garantierter Verweildauer dort und sodann an versteckter Stelle eine einvernehmliche Beendigungsregelung mit dem ursprünglichen AG enthält.[50]

ff) Gehaltsanpassungsklausel. Gehaltsanpassungsklauseln sind nicht per se überraschende Klauseln.[51] Sie können als ungewöhnliche und überraschende Klauseln ausgestaltet werden, wenn sie in einer für den AN schwer erkennbaren Weise im Laufe der Zeit zu einer beträchtlichen finanziellen Verschlechterung der AN-Vergütung führen. In diesem Falle beinhaltet eine Anpassungsklausel auch eine unangemessene Benachteiligung des AN gem. § 307 Abs. 2.[52]

gg) Gesundheitliche Eignungsklausel. Klauseln, die das Arbverh unter die auflösende Bedingung der gesundheitlichen Eignung stellen, stehen mit §§ 14 Abs. 1 S. 2 Nr. 5, 21 TzBfG in Einklang und waren für den Bereich des öffentlichen Dienstes tarifvertraglich verankert (§ 7 BAT). Nach § 3 Abs. 4 TVöD kann der AG nur noch bei begründeter Veranlassung den Nachweis der gesundheitlichen Eignung des AN durch das Zeugnis eines Arztes verlangen, die auflösende Bedingung ist entfallen. Auflösende Bedingungen stehen dann nicht im Einklang mit Abs. 1, wenn sie dem AG auch nach einer ersten Einstellungsuntersuchung weitere fallweise gesundheitliche Überprüfungen durch einen Vertrauensarzt gestatten und bei der Lektüre des Textes zunächst nicht erkennbar wird, dass, je nach dem Ergebnis späterer gesundheitlicher Untersuchungen, der AG von einer auflösenden Bedingung Gebrauch machen kann.

hh) Koppelungsklauseln in Dienstverträgen von GmbH-Geschäftsführern. Klauseln, über die mit der Abberufung als Geschäftsführer oder AG-Vorstand das Trennungsprinzip zwischen Organstellung und Dienstverhältnis durchbrochen wird, waren nach bisheriger BGH-Rspr. wirksam und bewirkten eine Beendigung des Dienstverhältnisses mit der Frist des § 622 Abs. 1.[53] Allerdings hatte der BGH in den entschiedenen Fällen angenommen, das AGB-Recht sei nicht anwendbar.[54] Seit dem Inkrafttreten von § 13 gilt das AGB-Recht auch zugunsten des Geschäftsführers ohne beherrschenden Einfluss.[55] Im Regelfalle rechnet der Geschäftsführer bei einem befristeten Dienstvertrag, der keine ordentliche Künd vorsieht, nicht damit, dass die Abberufung die kurzfristige Beendigung seines Dienstverhältnisses zur Folge hat, so dass bei Fremdgeschäftsführern und Gesellschafter-Geschäftsführern ohne beherrschenden Einfluss die Kopplungsklausel nach § 305c unwirksam sein kann.[56]

---

45 LAG Düsseldorf 13.4.2005 – 12 Sa 154/05 – DB 2005, 1463.
46 BAG 3.5.1979 – 2 AZR 679/77 – BAGE 32, 6; BAG 29.6.1972 – 2 AZR 681/76 – DB 1978, 1842.
47 LAG Berlin 18.1.1993 – 12 Sa 120/92 – LAGE § 4 KSchG Ausgleichsquittung Nr. 3.
48 BAG 8.8.2007 – 7 AZR 605/06 – DB 2008, 133.
49 BAG 16.4.2008 – 7 AZR 132/07 – NZA 2008, 876.
50 BAG 15.2.2007 – 6 AZR 286/06 – NZA 2007, 614.
51 *Schnitker/Grau*, BB 2002, 2120.
52 *Hümmerich*, Gestaltung von Arbeitsverträgen, § 1 Rn 1479.
53 Für AG-Vorstand: BGH 11.5.1981 – II ZR 126/80 – WM 1981,759; BGH 29.5.1989 – II ZR 220/88 – WM 1989, 1246 = NJW 1989, 2638; für GmbH-Geschäftsführer: BGH 9.7.1990 – II ZR 194/89 – BGHZ 112, 103, 115.
54 BGH 29.5.1989 – II ZR 220/88 – WM 1989, 1246 (IV 3 der Gründe).
55 *Hümmerich*, Gestaltung von Arbeitsverträgen, § 2 Rn 73.
56 *Hümmerich*, Gestaltung von Arbeitsverträgen, § 2 Rn 501.

17 **ii) Nachteilsausgleichsverzicht.** Geht man davon aus, dass auf den Nachteilsausgleich im Arbeitsvertrag nicht im Vorhinein, sondern, wie beim Künd-Schutz, erst im Nachhinein wirksam verzichtet werden kann,[57] ist eine Nachteilsausgleichsverzichtsklausel in einem formularmäßigen Arbeitsvertrag mit Abs. 1 unvereinbar.

18 **jj) Nachweisklausel über Arbeitsunfähigkeit.** Sieht ein vorformulierter Arbeitsvertrag vor, dass der AN schon am ersten Tag einer krankheitsbedingten Arbeitsunfähigkeit ein ärztliches Zeugnis vorzulegen hat, gilt eine solche Klausel nicht als überraschend, da der AG generell und im Einzelfall nach § 5 Abs. 1 S. 3 EFZG die Vorlage der ärztlichen Bescheinigung ab dem ersten Arbeitsunfähigkeitstag verlangen kann.[58] Die Wirksamkeit ergibt sich also aus § 307 Abs. 3 S. 1.

19 **kk) Tätigkeitsklausel.** Eine Tätigkeitsklausel, die einerseits darauf hinweist, dass die dem AN bekannt gemachte Stellenbeschreibung über den Arbeitsplatz zu beachten ist, andererseits erklärt, die Stellenbeschreibung sei nicht Bestandteil des Arbeitsvertrages, verstößt nicht gegen § 305c, da es sich bei dem Verweis auf die Stellenbeschreibung lediglich um die antizipierte Ausübung des Direktionsrechts nach § 106 S. 1 GewO handelt.[59] Die Stellenbeschreibung kann im Rahmen des § 106 GewO jederzeit abgeändert werden, so dass es der Klarstellung dient, wenn diese ausdr. nicht Vertragsbestandteil (in einer bestimmten Fassung) werden soll.

20 **ll) Versetzungsvorbehaltsklausel.** Da Versetzungsvorbehaltsklauseln in Arbeitsverträgen eine lange Tradition haben, scheiden sie als überraschende Klauseln i.S.v. § 305c aus. Sie müssen sich stattdessen an § 307 Abs. 1 S. 2 und Abs. 2 Nr. 1 messen lassen und halten, wenn sie sich im Rahmen des § 106 GewO bewegen, einer Inhaltskontrolle stand.[60] Eröffnet ein Versetzungsvorbehalt dem AG die Möglichkeit der Zuweisung einer anderweitigen Tätigkeit „falls erforderlich" und „nach Abstimmung der beiderseitigen Interessen", stellt die Klausel eine unangemessene Benachteiligung nach § 307 dar, wenn nicht gewährleistet ist, dass die Zuweisung eine zumindest **gleichwertige Tätigkeit** zum Gegenstand hat.[61]

21 **mm) Vertragsstrafenklausel.** Vertragsstrafenregelungen, die im Arbeitsvertrag nicht optisch sichtbar gemacht sind, wurden schon nach altem Recht als überraschende Klauseln nicht Vertragsbestandteil.[62] Ebenso verhält es sich, wenn die Vertragsstrafe ohne weitere Hervorhebung unter „Verschiedenes" eingeordnet ist.[63] Das Überraschungsmoment liegt ferner vor, wenn in einer Vertragsstrafenklausel von Vertragsbruch die Rede ist und die anschließenden Regelbeispiele im Arbeitsvertrag inhaltlich nichts mit dem Begriff „Vertragsbruch" zu tun haben.[64] Eine formularmäßig vereinbarte, im Vertragstext nicht besonders hervorgehobene Vertragsstrafenregelung ist jedoch dann keine überraschende Klausel i.S.d. § 305c, wenn der gesamte Vertragstext ein einheitliches Schriftbild hat, keinerlei drucktechnische Hervorhebungen enthält, keine der im Einzelnen durchnummerierten Vertragsregelungen mit einer Überschrift versehen ist und die Vertragsstrafe auch nicht versteckt bei einer anderen Thematik eingeordnet ist.[65] Eine Vertragsstrafe, die im Rahmen eines Arbeitsvertrages für den Fall des Verstoßes gegen ein Wettbewerbsverbot oder die Verschwiegenheitspflicht unter der Überschrift „Geheimhaltung und Wettbewerbsverbot" eingeordnet ist, ist ebenfalls nicht überraschend, da der AN gerade unter dem Stichwort Wettbewerbsverbot bzw. Geheimhaltung nach den damit verbundenen Pflichten suchen wird.[66]

22 **nn) Verweisungsklausel (Bezugnahmeklausel).** Bezugnahmeklausel auf kollektiv-rechtliche Regelungen wie TV oder BV unterliegen Abs. 1 und sind nicht nach § 310 Abs. 4 S. 1 von der AGB-rechtlichen Inhaltskontrolle ausgenommen.[67] Arbeitsvertragliche Verweisungen auf Tarifverträge sind im Arbeitsleben jedoch gemeinhin üblich und daher an sich nicht überraschend.[68] Dies gilt jedenfalls, soweit auf den fachlich einschlägigen TV verwiesen wird.[69] Die Regelung in einem Arbeitsvertrag „auf das Arbverh der Parteien sind alle ergänzenden Tarifverträge in der jeweils gültigen Fassung sowie für den AG jeweils anzuwendenden sonstigen einschlägigen Tarifverträge anwendbar" ist keine überraschende Klausel i.S.v. § 305c und auch nicht unklar gem. § 307 Abs. 1 S. 2.[70] Das Moment der subjektiven Überraschung oder objektiven Ungewöhnlichkeit kann sich jedoch aus hinzutretenden Umständen

---

57 BAG 23.9.2003 – 1 AZR 576/02 – NZA 2004, 440; BAG 30.9.1993 – 2 AZR 268/93 – ZIP 1994, 1047; LAG Köln 29.11.1999 – 2 Sa 1128/99 – MDR 2000, 528; LAG Rheinland-Pfalz 22.7.1997 – 4 Sa 294/97 – MDR 1998, 544.
58 BAG 1.10.1997 – 5 AZR 726/96 – DB 1998, 580.
59 Preis/*Preis*, Der Arbeitsvertrag, II D 30 Rn 72.
60 BAG 11.4.2006 – 9 AZR 557/05 – NZA 2006, 1149; BAG 13.3.2007 – 9 AZR 433/06 -DB 2007, 1985.
61 BAG 9.5.2006 – 9 AZR 424/05 – NZA 2007, 145.
62 BAG 29.11.1995 – 5 AZR 447/94 – NZA 1996, 702.
63 LAG Sachsen-Anhalt 22.8.2007 – 4 Sa 118/07 – juris; ArbG Bremen 30.1.2003 – 6 Ca 6124/02 – LAGE § 309 BGB 2002 Nr. 3.
64 ArbG Rheine 20.3.1991 – 2 Ca 82/91 – BB 1991, 1125; LAG Hessen 8.10.1990 – 16/2 Sa 1395/89 – LAGE § 339 BGB Nr. 7.
65 LAG Schleswig-Holstein 2.2.2005 – 3 Sa 515/04 – NZA-RR 2005, 351 = BB 2005, 896.
66 BAG 14.8.2007 – 8 AZR 973/06 – NZA 2008, 170.
67 BAG 17.10.2007 – 4 AZR 778/06 – PersV 2008, 270; ErfK/*Preis*, §§ 305–310 Rn 30; HWK/*Gotthardt*, § 305c BGB Rn 5.
68 LAG Köln 14.1.2008 – 14 Sa 606/07 – juris.
69 BAG 17.10.2007 – 4 AZR 778/06 – PersV 2008, 270; BAG 11.1.1995 – 10 AZR 5/94 – ZTR 1995, 277; BAG 22.1.2002 – 9 AZR 601/00 – AP § 11 BUrlG Nr. 55.
70 Sächsisches LAG 27.1.2004 – 7 Sa 635/03 – AE 4/04, 254.

ergeben. So kann die einzelvertragliche Verweisung auf einen branchen- oder ortsfremden TV überraschend sein,[71] soweit auf die Verweisung nicht bereits im Rahmen der Verhandlungen hingewiesen wurde oder der AN bereits aus anderen Gründen mit ihr rechnen musste. Die Verweisung auf einen nicht einschlägigen TV wird zumindest dann überraschend sein, wenn ein solcher für den Betrieb des AG besteht.[72] Ungeklärt in der Rechtsprechung und bislang nur in der Literatur kontrovers diskutiert ist die Frage, ob eine inhaltliche Änderung des TV bei dynamischer Verweisung überraschend i.S.d. § 305c sein kann.[73]

oo) Wettbewerbsverbote. Die Vereinbarung eines Wettbewerbsverbots in einem Arbeitsvertrag oder mit einem Organ einer Gesellschaft in einem Dienstvertrag ist weder ungewöhnlich noch beinhaltet sie ein Überraschungsmoment.[74] Ferner ist eine aufschiebende Bedingung, nach der das nachvertragliche Wettbewerbsverbot erst zwei Jahre nach Beginn des Arbverh in Kraft tritt, nicht überraschend, wenn sie unter der Überschrift „Wettbewerbsverbot" den gesamten Regelungskomplex (einschließlich Vertragsstrafe) abschließt.[75] Vertragsstrafen für den Fall des Verstoßes gegen ein Wettbewerbsverbot sind ebenfalls nicht ungewöhnlich und überraschend, wenn sie unter der Überschrift „Wettbewerbsverbot" in den Regelungskomplex integriert sind.[76]

2. Beweislast. Die Darlegungs- und Beweislast für die objektiven und subjektiven Anwendungsvoraussetzungen des § 305c hat derjenige darzulegen und zu beweisen, der sich auf sie beruft,[77] somit bei fehlendem Einverständnis regelmäßig der AN, da die Arbeitsvertragsbedingungen meist vom AG gestellt werden. Macht dagegen der AG geltend, trotz der objektiven Ungewöhnlichkeit einer Klausel habe der AN mit ihr rechnen müssen, bspw. weil er auf sie hingewiesen habe, ist er für diesen Umstand darlegungs- und beweisbelastet.[78]

II. Unklarheitenregel (Abs. 2)

1. Inhalt der Vorschrift. a) Normzweck. Zweck der Unklarheitenregel ist es, bei objektiv mehrdeutigen Klauseln eine Auslegungshilfe zu geben, die derjenigen Partei, die die Vertragsklausel formuliert hat, die Pflicht auferlegt, sich klar und unmissverständlich auszudrücken. Unklarheiten gehen zu Lasten des Verwenders, eine Regel, die bereits im Arbeitsvertragsrecht unabhängig vom AGB-Recht galt.[79]

b) Allgemeine Auslegungsgrundsätze bei AGB. AGB sind „nach objektiven Maßstäben **so auszulegen**, wie die an solchen Geschäften typischerweise beteiligten Verkehrskreise sie verstehen können und müssen, wie sie also von verständigen und redlichen Vertragspartnern unter Abwägung der normalerweise beteiligten Kreise verstanden werden".[80] Die Verständnismöglichkeiten des durchschnittlichen Vertragspartners des Verwenders sind zugrunde zu legen.[81] Der Richter kann mithin eine objektive Auslegung vornehmen, die von der konkreten Vorstellung der vertragsschließenden Parteien zunächst abstrahiert.[82] Tragender Grund für die **objektive Auslegung** ist die Besonderheit vorformulierter Vertragstexte, deren Massencharakter und die fehlende Einflussmöglichkeit des Vertragspartners des Verwenders auf deren Inhalt.[83] Nicht jede Auslegungsbedürftigkeit führt zur Intransparenz. Die objektive Auslegung kennt allerdings dann Grenzen, wenn sich beide Parteien über eine bestimmte Bedeutung einer Klausel einig sind, auch wenn sie sich in ihren Vorstellungen dabei relativ weit vom Wortlaut entfernt haben.[84]

c) Auslegungsvoraussetzungen des Abs. 2 und die Folgen der Unklarheitenregel. Zweifel bei der Auslegung der vorformulierten Arbeitsbedingungen gehen nach Abs. 2 zulasten des Verwenders. Solche Zweifel liegen vor, wenn mit den Mitteln der Auslegung kein eindeutiges Ergebnis zutage gefördert werden kann.[85] Die vorrangige objektive Auslegung muss also zu dem Ergebnis kommen, dass die Klausel ihrem Wortlaut nach und angesichts des typischen Verständnisses der Beteiligten Kreise **mehrdeutig** ist.[86] Es darf kein übereinstimmender Vertragswille feststellbar sein.[87] Daher müssen mindestens zwei vertretbare Ergebnisse möglich erscheinen, von denen keine

---

71 *Gotthardt*, Rn 258; *Thüsing*, AGB-Kontrolle im Arbeitsrecht, Rn 194; ErfK/*Preis*, §§ 305–310 Rn 30.
72 *Korinth*, ArbRB 2007, 21.
73 Siehe ErfK/*Preis*, §§ 305–310 Rn 30; *Korinth*, ArbRB 2007, 21; *Diehn*, NZA 2004, 129.
74 *Bauer/Diller*, NJW 2002, 1609; *Henssler*, RdA 2002, 129; teilw. a.A. HWK/*Gotthardt*, § 305c BGB Rn 5.
75 BAG 13.7.2005 – 10 AZR 532/04 – AP § 74 HGB Nr. 78.
76 BAG 14.8.2007 – 8 AZR 973/06 – NZA 2008, 170.
77 Palandt/*Grüneberg*, § 305c Rn 14.
78 BGH 10.11.1989 – V ZR 201/88 – BGHZ 109, 197, 203; HWK/*Gotthardt*, § 305c BGB Rn 6.
79 BAG 18.9.1991 – 5 AZR 650/90 – DB 1992, 383; LAG Köln 2.2.2001 – 11 Sa 1262/00 – AR-Blattei ES 350 Nr. 171.
80 St. Rspr.: BAG 18.3.2008 – 9 AZR 186/07 – DB 2008, 1805; BGH 14.7.2004 – VIII ZR 339/03 – NJW 2004, 2961; BGH 17.12.1987 – VII ZR 307/86 – NJW 1988, 1261, 1266.
81 BAG 6.9.2006 – 5 AZR 644/05 – NZA 2007, 352; BAG 18.3.2008 – 9 AZR 186/07 – DB 2008, 1805.
82 *Däubler/Dorndorf/Bonin/Deinert*, § 305c Rn 29.
83 Ulmer/Brandner/Hensen/*Ulmer*, § 305c BGB Rn 67.
84 BGH 22.3.2002 – V ZR 405/00 – ZIP 2002, 1534; BGH 9.3.1995 – III ZR 55/94 – NJW 1995, 1494, 1496.
85 BAG 24.10.2007 – 10 AZR 825/06 – NZA 2008, 40; BGH 22.3.2002 – V ZR 405/00 – ZIP 2002, 1534; BAG 19.3.2003 – 4 AZR 331/02 – DB 2003, 2126, 2127.
86 BAG 26.9.2002 – 6 AZR 434/00 – AP § 10 BBiG Nr. 10.
87 BGH 22.3.2002 – V ZR 405/00 – ZIP 2002, 1534.

den klaren Vortritt verdient.[88] Es müssen nicht behebbare, erhebliche Zweifel an der „richtigen" Auslegung verbleiben,[89] wobei die entfernte Möglichkeit, zu einem anderen Ergebnis zu gelangen, aber nicht genügen soll.[90]

28 Abs. 2 ist unanwendbar, wenn zwei Klauseln einander inhaltlich widersprechen[91] und deshalb unwirksam sind, weil sich in diesem Falle die Rechtsfolgen nach § 306 bestimmen.[92] Abs. 2 findet auch dann keine Anwendung, wenn eine Klausel **insgesamt unverständlich** und deshalb wegen Verstoßes gegen das Transparenzprinzip unwirksam ist. Auch hier bestimmen sich die Rechtsfolgen nach § 306.[93] Die Grenzen zwischen § 307 Abs. 1 und § 307 Abs. 1 S. 2 und § 305c Abs. 2 sind fließend. Zweifel bei der Auslegung können auch die Folge einer Unklarheit sein.

29 Die Unklarheit einer Vertragsklausel nach Abs. 2 braucht sich nicht nur durch eine einzelne Klausel und ihre Auslegung zu ergeben, sie folgt auch aus **mehreren Klauseln** zu einem gleichartigen Regelungsgegenstand mit unterschiedlichem oder unklarem Inhalt. Sieht ein Arbeitsvertrag eine eigene Ausschlussfrist vor und verweist er gleichzeitig auf tarifliche Ausschlussfristen und außerdem noch über Multiple-Choice-Texte auf andere Ausschlussfristen, die mit dem Vermerk „nicht Zutreffendes streichen" versehen sind,[94] gilt die für den AN günstigere Variante, mithin die längere Ausschlussfrist.[95] Lässt sich eine Günstigkeit nicht feststellen, so gelten wiederum die Rechtsfolgen des § 306. Die Kombination der Begriffe „Widerrufsvorbehalt" und „freiwillige Leistung" in einem Formulararbeitsvertrag führt nicht zu einer Mehrdeutigkeit i.S.v. Abs. 2.[96] Ist die Tragweite der Verweisung auf eine Tarifnorm in einem Formulararbeitsvertrag zweifelhaft, gehen die Zweifel nach Abs. 2 zu Lasten des AG.[97] Wird einerseits in einer Bezugnahmeklausel die Gehaltshöhe im Arbeitsvertrag erwähnt, gleichzeitig aber Bezug genommen auf eine Tarifgruppe eines TV, führen Zweifel bei der Auslegung zu der Annahme, dass der AG eine dynamische Verweisungsklausel gewählt hat.[98] Das BAG kündigte ferner mit Urteil v. 14.12.2005[99] an, Abs. 2 auch bei Bezugnahmeklauseln künftig anzuwenden, wodurch die Wirkung der Gleichstellungsabrede entfallen wird.[100] Im Zweifel geht die Rspr. von einer dynamischen Verweisung aus, wenn der in Bezug genommene TV nicht in der zu einem bestimmten Datum geltenden Fassung vertraglich fixiert ist.[101]

30 Erweist sich eine Vertragsklausel als unklar, stehen damit die Anwendungsfolgen der Auslegungsregel gesetzlich nicht fest. Das Gesetz verweist lediglich darauf, dass die Zweifel zulasten des Verwenders gehen. Eine Möglichkeit besteht darin, die kundenfreundlichste Variante der Auslegung zugrunde zu legen. Diese Methode kommt einer im AGB-Recht unzulässigen geltungserhaltenden Reduktion gleich.[102] Das BAG folgt mittlerweile daher der Rspr. des BGH[103] und nimmt zunächst die kundenunfreundlichste Interpretation vor. Soweit die Unwirksamkeit der Klausel die Rechtsstellung des AN verbessern würde, ist die Unklarheitenregel auch im Individualprozess zunächst umgekehrt anzuwenden, d.h. es ist zu prüfen, ob die Klausel bei scheinbar kundenunfreundlichster Auslegung gegen die §§ 307–309 verstößt.[104] Ist dies der Fall, ist sie unwirksam. Nur wenn die Regelung auch bei arbeitnehmerfeindlicher Auslegung Bestand hat, liegt eine Mehrdeutigkeit vor, in der die Unklarheitenregelung des Abs. 2 direkt zur Anwendung kommt. Maßgeblich ist dann die arbeitnehmerfreundlichste Auslegung zulasten des AG.[105]

31 **2. Einzelfälle. a) Arbeitgeberdarlehen.** Die Vereinbarung einer Verbandssparkasse mit einer Mitarbeiterin, wonach Zinsvergünstigungen bei einem AG-Darlehen für die Dauer der Elternzeit nachträglich entfallen, wenn am Ende der Elternzeit das Arbverh vom AN gekündigt wird, ist unklar, wenn zur Ermittlung des Vertragsinhalts zusätzlich auf ein Organisationshandbuch der Sparkasse zurückgegriffen werden muss.[106] Schließen AN und AG einen Darlehensvertrag, der zur Finanzierung der Beteiligung des AN an einer stillen Gesellschaft geschlossen wird, ist eine Regelung, wonach das Darlehen spätestens bei Beendigung der stillen Gesellschaft zur Rückzahlung fällig ist und das Darlehen durch Verrechnung mit der Kapitaleinlage des AN vollständig getilgt wird, im Hinblick auf die Anwendung im Insolvenzfall unklar und geht zulasten des AG.[107]

---

88 BAG 24.10.2007 – 10 AZR 825/06 – NZA 2008, 40.
89 BAG 17.1.2006 – 9 AZR 41/05 – NZA 2006, 923; BAG 24.10.2007 – 10 AZR 825/06 – NZA 2008, 40.
90 BAG 24.10.2007 – 10 AZR 825/06 – NZA 2008, 40.
91 BAG 24.10.2007 – 10 AZR 825/06 – NZA 2008, 40; LAG München 4.12.2007 – 6 Sa 478/07 – juris.
92 Ulmer/Brandner/Hensen/*Ulmer*, § 305c BGB Rn 88; *Däubler/Dorndorf/Bonin/Deinert*, § 305c Rn 33.
93 Ulmer/Brandner/Hensen/*Ulmer*, § 305c BGB Rn 89.
94 LAG Köln 2.2.2001 – 11 Sa 1262/00 – AuR 2001, 278.
95 *Däubler/Dorndorf/Bonin/Deinert*, § 305c Rn 33.
96 LAG Brandenburg 13.10.2005 – 9 Sa 141/05 – DB 2006, 160; LAG Düsseldorf 30.11.2005 – 12 Sa 1210/05 – EzA-SD 2006, Nr. 1, 7; a.A. LAG Hamm 27.7.2005 – 6 Sa 29/05 – EzA-SD 2006, Nr. 2, 6.
97 BAG 9.11.2005 – 5 AZR 128/05 – NZA 2006, 202.
98 BAG 9.11.2005 – 5 AZR 128/05 – NZA 2006, 202.
99 BAG 14.12.2005 – 4 AZR 536/04 – NZA 2006, 607.
100 *Bauer/Haußmann*, DB 2005, 2815; *Klebeck*, NZA 2006, 15.
101 BAG 17.1.2006 – 9 AZR 41/05 – NZA 2006, 923.
102 *Däubler/Dorndorf/Bonin/Deinert*, § 305c Rn 35.
103 BGH 10.5.1994 – XI ZR 65/93 – NJW 1994, 1798; BGH 11.2.1992 – XI ZR 151/91 – NJW 1992, 1097.
104 BAG 18.3.2008 – 9 AZR 186/07 – DB 2008, 1805; LAG Köln 26.10.2005 – 7 Sa 298/05 – ArbuR 2006, 251.
105 *Reinicke*, AuR 2003, 414; HWK/*Gotthardt*, § 305c BGB Rn 9; ErfK/*Preis*, § 305c BGB Rn 31.
106 BAG 16.10.1991 – 5 AZR 35/91 – NZA 1992, 793.
107 ArbG Köln 18.1.2007 – 1 Ca 11159/05 – juris.

Durch eine Erledigungsklausel werden AG-Darlehen im Allgemeinen nicht erfasst, da das Darlehen keine Leistung **aus dem Arbverh** ist.[108]

b) Aufhebungsvertrag. Beim Abschluss eines schriftlichen GF-Dienstvertrags zwischen AN und AG wird vermutet, dass das bis dahin bestehende Arbverh – vorbehaltlich klarer abweichender Regelungen – mit Beginn des GF-Dienstverhältnisses einvernehmlich beendet wird. Nicht behebbare Zweifel i.S.d. Unklarheitenregelung liegen nicht vor.[109]

c) Ausgleichsquittung. Die in einer Ausgleichsquittung enthaltene Formulierung, „Ich erkläre hiermit, dass mir aus Anlass der Beendigung des Arbverh keine Ansprüche mehr zustehen", ist insoweit unklar, als sie **keinen Verzicht auf die Künd-Schutzklage** enthält.[110] Ist nicht eindeutig erkennbar, welche Schadensersatzansprüche mit einer wechselseitigen Verzichtserklärung in einem vorformulierten Aufhebungsvertrag gemeint sind, kann sich der AN auf die Unklarheitenregel berufen.[111] Eine allgemeine Ausgleichsklausel erfasst auch einen Anspruch auf Rückzahlung eines Darlehens, das der AG dem AN zweckgebunden zur Finanzierung einer Beteiligung am AG-Unternehmen gewährt hatte. Die Klausel geht aufgrund ihrer Unklarheit zulasten des AG.[112]

d) Bezugnahmeklausel (Verweisungsklausel). Verweist ein Arbeitsvertrag auf für den AG geltende betrieblich-fachlich einschlägige Tarifverträge in ihrer jeweils gültigen Fassung, so ist diese Klausel nicht mehrdeutig.[113] Das Regelungsobjekt ist eindeutig feststellbar.

Bietet der AG den Abschluss eines Formulararbeitsvertrages mit der Klausel, „Der Jahresurlaub richtet sich nach den Bestimmungen des (einschlägigen) TV", an, ergibt die Auslegung aus Sicht des AN die Verweisung auf den gesamten tariflichen Regelungskomplex „Urlaub" und erfasst damit auch einen Anspruch auf ein im TV vorgesehenes, erhöhtes Urlaubsentgelt.[114] Eine zeitdynamische Verweisung auf die Geltung eines TV setzt nicht voraus, dass im Arbeitsvertrag ausdr. auf die jeweilige Fassung des TV verwiesen wird. Ein zusätzliches tarifliches Urlaubsgeld wird von der Bezugnahme auch dann erfasst, wenn der TV die Regelungen von Urlaubsdauer, Urlaubsentgelt und zusätzlichem Urlaubsgeld auf mehrere Tarifvorschriften verteilt.[115] Der Auslegung einer Klausel im vom AG vorformulierten Arbeitsvertrag als Gleichstellungsabrede, wonach näher bestimmte TV, an die der AG gebunden ist, Anwendung finden, stand in der früheren Rspr. die Unklarheitenregel gem. Abs. 2 i.V.m. § 310 Abs. 4 S. 2 auch dann nicht entgegen, wenn dem AN die Tarifgebundenheit des AG unbekannt war.[116] Die Bezugnahmeklausel im Arbeitsvertrag eines tarifgebundenen AG als Gleichstellungsabrede zu behandeln, hat der 4. Senat für ab dem 1.1.2002 geschlossene Arbeitsverträge aufgegeben.[117] Auch Änderungs-TV wirken über die dynamische Bezugnahmeklausel trotz eines Verbandsaustritts des AG im Arbverh weiter.

Ist die Reichweite einer Verweisung unklar, so ist im Zweifel eine dynamische Verweisung anzunehmen, da diese die Vergütung in Entgelt-TV für den AN in der Regel verbessert und nicht verschlechtert.[118] Die Vermutung für eine dynamische Bezugnahme gilt auch für Verweisungen in Arbeitsverträgen auf die für die betriebliche Altersversorgung beim AG geltenden Bestimmungen.[119]

Nicht behebbare Zweifel mit Blick auf das in Bezug genommene Regelungsobjekt verbleiben im Wege der Auslegung kaum.[120] Die gängigen Auslegungsmethoden führen meist zu einem eindeutigen Ergebnis, so auch, wenn es an einer Verweisung auf eine konkret nach Datum festgelegte Fassung eines TV fehle. Dann liegt nach der Rspr. des BAG nämlich eindeutig eine dynamische Verweisung vor.[121]

e) Befristung. Die Angabe eines Sachgrundes im Formularvertrag kann unter Beachtung der Unklarheitenregel dazu führen, dass dem AG die Berufung auf eine sachgrundlose Befristung verwehrt ist.[122] Ebenso geht es nach Abs. 2 zulasten des AG, wenn in einem Formulararbeitsvertrag nicht hinreichend klar wird, dass in dem Zeitraum zwischen dem Ablauf der Probezeit und dem vereinbarten Vertragsende eine ordentliche Künd-Möglichkeit besteht.[123] Nach der Rspr. des BAG muss auf die Möglichkeit der ordentlichen Kündbarkeit ausdr. hingewiesen werden.[124]

---

108 LAG Hamm 28.4.1995 – 10 Sa 1386/94 – LAGE § 794 ZPO Ausgleichsklausel Nr. 1; a.A. OLG Düsseldorf 9.7.1997 – 3 U 11/97 – NZA-RR 1998, 1.
109 BAG 19.7.2007 – 6 AZR 774/06 – DB 2007, 2093.
110 BAG 3.5.1979 – 2 AZR 679/77 – DB 1979, 1465.
111 ArbG Hanau 26.9.1996 – 3 Ca 90/96 – NZA-RR 1997, 333.
112 LAG Köln 19.9.2007 – 7 Sa 410/07 – ZIP 2008, 1499.
113 BAG 14.11.2007 – 4 AZR 945/06 – NZA-RR 2008, 358.
114 BAG 17.11.1998 – 9 AZR 584/97 – NZA 1999, 938; BAG 17.1.2006 – 9 AZR 41/05 – NZA 2006, 923.
115 BAG 17.1.2006 – 9 AZR 41/05 – NZA 2006, 923.
116 BAG 19.3.2003 – 4 AZR 331/02 – NZA 2003, 1207.
117 BAG 1.12.2004 – 4 AZR 50/04 – NZA 2005, 478; BAG 18.4.2007 – 4 AZR 656/05 – Pressemitteilung.
118 BAG 9.11.2005 – 5 AZR 128/05 – NZA 2006, 202.
119 BAG 27.6.2006 – 3 AZR 255/05 – NZA 2006, 1285.
120 So u.a. BAG 20.9.2006 – 10 AZR 770/05 – AP § 1 TVG Bezugnahme auf Tarifvertrag Nr. 41.
121 BAG 17.1.2006 – 9 AZR 41/05 – DB 2007, 403.
122 ArbG Düsseldorf 13.8.2003 – 10 Ca 5063/03 – zit. nach *Boewer*, § 14 Rn 254.
123 LAG München 22.6.2006 – 2 Sa 316/06 – juris.
124 BAG 25.2.1998 – 2 AZR 279/97 – DB 1998, 1970.

37 **f) Rückzahlungsklausel.** Vereinbaren die Parteien vertraglich lediglich, dass das dem AN gewährte Darlehen in 60 gleichen Monatsraten durch seine – künftige – Tätigkeit beim AG nach erfolgreichem Abschluss des Studiums abzubauen ist, so ist diese Regelung im Hinblick auf eine etwaige Verpflichtung des AG zu Weiterbeschäftigung des AN nach Abschluss der Fortbildung unklar i.S.d. Abs. 2. Im Wege der arbeitnehmerunfreundlichsten Auslegung enthält die Regelung keine Verpflichtung zur zukünftigen Weiterbeschäftigung und ist daher nach § 307 Abs. 1 S. 1 unwirksam.[125] Die Unklarheit kann sich auch daraus ergeben, dass nicht eindeutig ersichtlich ist, in welchen Fällen eine Rückzahlung zu erbringen ist.[126] Der Vorbehalt, die Leistung werde nur erbracht, „solange es die betrieblichen und finanziellen Belange der Firma zulassen", erfasst nicht den Fall, dass der AN als Leistungsempfänger vorzeitig ausscheidet.[127]

38 **g) Versorgungszusage.** Verweisungen in Arbeitsverträgen auf die für die betriebliche Altersversorgung beim AG geltenden Bestimmungen sind in der Regel als dynamische Verweisungen auszulegen.[128] Ist diese Auslegung vor dem Hintergrund des Zwecks derartiger Vereinbarungen eindeutig, so bleibt für die Unklarheitenregel kein Raum.[129] Wird in einem Formularvertrag auf den BAT und diesen ergänzende Regelungen verwiesen, so erfasst dies auch die Regelungen zur betrieblichen Altersversorgung und ist nicht einschränkend auszulegen.[130]

39 Wird in einer im Arbeitsvertrag enthaltenen Versorgungszusage eine frühere Betriebszugehörigkeit „angerechnet", ergibt die unklare Formulierung im Wege der arbeitnehmerfreundlichsten Auslegung, dass die frühere Betriebszugehörigkeit nicht nur für die Höhe der Rente, sondern auch bei der Unverfallbarkeit maßgeblich ist.[131] Wird eine Invalidenrente zugesagt und gleichzeitig auf eine RL zu einer Rückdeckungsversicherung Bezug genommen, die diese Leistung nicht vorsieht, kann der AN als Folge der Unklarheitenregel auch im Invaliditätsfall Ansprüche geltend machen.[132] Gewährt der AG mehr als 20 Jahre lang im Wege der betrieblichen Übung aktiven Mitarbeitern und Versorgungsberechtigten Vergünstigungen in Höhe von 50 % des üblichen Preises bei Energielieferungen, ist es für die Versorgungsberechtigten nicht hinreichend klar erkennbar, dass der AG die Vergünstigung mit einem Widerrufsvorbehalt oder einer auflösenden Bedingung verknüpfen wollte, wenn er mit der Einstellung der eigenen Endversorgung aktiven Mitarbeitern die Vergünstigung weiter gewährt und Betriebsrentner lediglich eine einmalige Ausgleichszahlung erhalten sollen.[133]

Die Unklarheitenregel kann auch auf eine i.V.m. einer Versorgungsordnung gültige Versorgungszusage angewendet werden.[134] Auch bei der Auslegung von Versorgungs-RL einer vom AG zur Durchführung der von ihm versprochenen betrieblichen Altersversorgung eingeschalteten Gruppenunterstützungskasse ist die Unklarheitenregel maßgeblich.[135] Unklarheiten im Bezug auf Beschlüsse der Versorgungseinrichtung (hier Bochumer Verband) – wie z.B. Beschlüsse über die zeitanteilige Kürzung des Anpassungssatzes – gehen ebenfalls zulasten des AG. Soll der Anpassungsbeschluss mit Einschränkungen und Modifizierungen verbunden werden, so müssen diese im Beschluss selbst oder in der Leistungsordnung bzw. Satzung enthalten sein.[136]

40 **h) Vertragsstrafenabrede.** Auch bei Vertragsstrafenabreden kann die Unklarheitenregel zum Zuge kommen. Die Vereinbarung einer Vertragsstrafe bei Vertragsbruch erfasst im Allgemeinen nur den Fall, dass ein AN vorsätzlich und rechtswidrig die Arbeit nicht aufnimmt oder das Arbverh vor Ablauf der vereinbarten Vertragszeit oder vor Ablauf der Künd-Frist ohne wichtigen Grund beendet. Soll die Vertragsstrafe auch den Fall der vom AN schuldhaft veranlassten vorzeitigen Beendigung des Arbverh durch Künd des AG umfassen, musste schon nach altem Recht hierüber eine ausdrückliche Vereinbarung zwischen den Parteien getroffen werden.[137] Nach neuem Recht ist eine Vertragsstrafenabrede wegen mangelnder Bestimmtheit unwirksam, wenn sie neben der zu leistenden Strafe die Pflichtverletzung des AN nicht so klar bezeichnet, dass sich der Versprechende in seinem Verhalten darauf einstellen kann.[138]

41 **i) Wettbewerbsverbot.** Die Frage nach der Transparenz der Entschädigungszusage bestimmt nicht nur die Höhe dessen, was der AN an Karenzentschädigung verlangen kann, sondern entscheidet über die Wirksamkeit des Vertrages insgesamt. Verweist der AG im Arbeitsvertrag beim nachvertraglichen Wettbewerbsverbot auf „die einschlägigen gesetzlichen Bestimmungen", umfasste die Bezugnahme nach bisherigem Recht auch die Zusage einer Karenz-

---

[125] BAG 18.3.2008 – 9 AZR 186/07 – NZA 2008, 1004.
[126] ArbG Köln 18.1.2007 – 1 Ca 11159/05 – juris.
[127] BAG 10.7.1974 – 5 AZR 494/73 – AP § 611 BGB Gratifikation Nr. 83.
[128] BAG 27.6.2006 – 3 AZR 255/05 – NZA 2006, 1285.
[129] BAG 27.6.2006 – 3 AZR 255/05 – NZA 2006, 1285.
[130] BAG 12.12.2006 – 3 AZR 388/05 – AP § 1 BetrAVG Nr. 67.
[131] BAG 16.3.1981 – 3 AZR 843/79 – AP § 1 BetrAVG Nr. 6; BAG 12.2.1985 – 3 AZR 183/83 – AP § 1 BetrAVG Nr. 12.
[132] BAG 25.5.1973 – 3 AZR 405/72 – AP § 242 BGB Ruhegehalt Nr. 160.
[133] BAG 19.2.2008 – 3 AZR 61/06 – AP § 1 BetrAVG Nr. 52.
[134] BAG 24.6.1986 – 3 AZR 630/84 – NZA 1987, 200.
[135] BAG 27.1.1998 – 3 AZR 444/96 – NZA 1999, 267.
[136] BAG 12.6.2007 – 3 AZR 83/06 – AP § 305c BGB Nr. 9; BAG 21.8.2007 – 3 AZR 330/06 – DB 2007, 2720 ff.
[137] BAG 18.9.1991 – 5 AZR 650/90 – NZA 1992, 215.
[138] BAG 21.4.2005 – 8 AZR 425/04 – NZA 2005, 1053.

entschädigung.[139] Zumindest bei einem Verweis auf die §§ 74 ff. HGB „im Übrigen" hat die Rspr. auch nach der neuen Rechtslage darin keine Unklarheit gesehen. Im Zweifel liegt darin die Zusage einer Karenzentschädigung in der gesetzlichen Mindesthöhe.[140] Macht der AN allerdings eine Karenzentschädigung geltend, kann der AG die Zahlung nicht mit dem Argument verweigern, aufgrund der Unklarheitenregel liege eine unwirksame Entschädigungszusage vor.[141]

Eine Erledigungsklausel in einem Aufhebungsvertrag oder einem gerichtlichen Vergleich ist weit auszulegen und kann deshalb nach neuerer Rspr.[142] auch ein nachvertragliches Wettbewerbsverbot einschließen.[143] **42**

j) Zielvereinbarung. Die unklare Formulierung des zu erreichenden Ziels in einer Zielvereinbarung wirkt sich zu Lasten des AG aus.[144] Eine Vereinbarung, die einerseits einen Bonus zusagt und andererseits die Freiwilligkeit des Bonus vorbehält, widerspricht sich inhaltlich und ist daher intransparent i.S.d. § 307 Abs. 1 S. 1. Für eine Unklarheit i.S.d. Abs. 2 bleibt daneben kein Raum (siehe Rn 28).[145] **43**

C. Beraterhinweise

Für den AN kann es vorteilhafter sein, eine Unklarheit statt auf § 307 Abs. 1 S. 2 auf Abs. 2 zu stützen. Während sich die Folge einer nach § 307 Abs. 1 S. 2 unwirksamen Klausel aus § 306 ergibt, erlaubt Abs. 2 die Heranziehung des dispositiven Rechts[146] im Zuge einer ergänzenden Auslegung (siehe Rn 30).[147] **44**

Die Gestaltung von Arbeitsvertragsklauseln erfordert hohe Sorgfalt. Zur Vermeidung eines Überraschungseffekts sollten den AN stark belastende Klauseln mit einer eigenen Überschrift versehen werden. Dazu gehören vor allem Ausschlussfristen und allgemeine Vertragsstrafen. Darüber hinaus sollte insbesondere darauf geachtet werden, dass inhaltlich zusammengehörige Regelungskomplexe auch zusammenhängend im Vertrag behandelt werden. **45**

Auch unklaren Regelungen sollte bereits vertraglich vorgebeugt werden. Missliebige Vertragsbedingungen lassen sich über die Unklarheitenregel vor allem dann beseitigen, wenn phantasiereich vom Berater Fallkonstellationen entwickelt werden, bei denen zweifelhaft ist, ob sie durch die im Vertragstext verwendete Formulierung erfasst wurden. Wenn sich Zweifel erläutern lassen, greift die Unklarheitenregel. Je nach Art und Inhalt der Vereinbarung kann es daher für eine etwaige spätere Auslegung förderlich sein, deren Zweck in einer Präambel stichwortartig festzuhalten oder ein Verhandlungsprotokoll zu führen, dem sich die beidseitigen Erwartungen an besonders heikle Regelungen entnehmen lassen. Zumindest lassen sich verschiedentlich im Arbeitsrechtsstreit bei Vergleichsverhandlungen Prozessrisikoargumente unter Hinweis auf § 305c entwickeln. Ist eine Klausel überraschend oder unklar, kann hierauf der Antrag auf Deckungszusage bei der Rechtschutzversicherung gem. § 14 Abs. 3 ARB 75, § 4 Abs. 1c ARB 94/2000 gestützt werden. Die Verwendung einer unklaren Klausel ist ein Rechtspflichtenverstoß des AG. **46**

§ 306 Rechtsfolgen bei Nichteinbeziehung und Unwirksamkeit

(1) Sind Allgemeine Geschäftsbedingungen ganz oder teilweise nicht Vertragsbestandteil geworden oder unwirksam, so bleibt der Vertrag im Übrigen wirksam.
(2) Soweit die Bestimmungen nicht Vertragsbestandteil geworden oder unwirksam sind, richtet sich der Inhalt des Vertrags nach den gesetzlichen Vorschriften.
(3) Der Vertrag ist unwirksam, wenn das Festhalten an ihm auch unter Berücksichtigung der nach Absatz 2 vorgesehenen Änderung eine unzumutbare Härte für eine Vertragspartei darstellen würde.

---

139 BAG 31.7.2002 – 10 AZR 513/01 – AP § 74 HGB Nr. 74; LAG Köln 18.4.1984 – 7 Sa 1183/83 – NZA 1984, 91; a.A. LAG Bremen 4.5.1966 – 1 Sa 81/66 – DB 1966, 1440.
140 BAG 28.6.2006 – 10 AZR 407/05 – NZA 2006, 1157.
141 BAG 28.6.2006 – 10 AZR 407/05 – NJW 2006, 3659; BAG 27.10.2005 – 8 AZR 3/05 – NZA 2006, 257; *Diller*, NZA 2005, 250, 253.
142 BAG 8.3.2006 – 10 AZR 349/05 – DB 2006, 1433; BAG 19.11.2003 – 10 AZR 174/03 – BB 2004, 1280.
143 Frühere Rechtslage: BAG 20.10.1981 – 3 AZR 1013/78 – AP § 74 HGB Nr. 39; LAG Baden-Württemberg 20.9.1995 – 5 Sa 28/95 – NZA-RR 1996, 163.
144 LAG Frankfurt 29.1.2002 – 7 Sa 836/01 – AiB 2002, 575.
145 BAG 24.10.2007 – 10 AZR 825/06 – NZA 2008, 40.
146 BGH 24.9.1985 – VI ZR 4/84 – BGHZ 96, 26.
147 BGH 22.12.2003 – VIII ZR 90/02 – WM 2004, 748; BGH 5.10.1992 – II ZR 172/91 – BGHZ 119, 325.

§ 306a Umgehungsverbot

Die Vorschriften dieses Abschnitts finden auch Anwendung, wenn sie durch anderweitige Gestaltungen umgangen werden.

A. Allgemeines	1	II. Begriff des Umgehungstatbestands	3
B. Regelungsgehalt	2	III. Anwendungsfälle im Arbeitsrecht	5
I. Anwendungsbereich	2	C. Verbindung zu anderen Rechtsgebieten	9

A. Allgemeines

1 Das Verbot von Umgehungsgeschäften ist ein allgemeiner Rechtsgrundsatz.[1] Die Vorschrift hat zum Ziel, etwaige Umgehungsstrategien von Verwendern abzuwehren.[2] Sie entspricht dem bisherigen § 7 AGBG. Argumentationen im Rahmen eines Umgehungsverbots stehen allerdings immer in der Gefahr eines Zirkelschlusses, denn das Verbot selbst beantwortet meist nicht, welcher Sachverhalt als Verbotstatbestand anzusehen ist und welcher nicht.

B. Regelungsgehalt

I. Anwendungsbereich

2 Ihrem Wortlaut nach erstreckt sich die Vorschrift auf den gesamten zweiten Abschnitt, damit auf §§ 305 bis 310. „Besonderheiten des Arbeitsrechts" i.S.v. § 310 Abs. 4 S. 2 stehen dem Umgehungsverbot nicht entgegen.[3]

II. Begriff des Umgehungstatbestands

3 Ob eine Umgehung vorliegt, bemisst sich nicht nach der Absicht der Parteien oder einem entsprechenden Bewusstsein,[4] sondern danach, ob objektiv eine Umgehung anzunehmen ist. Von einer Umgehung ist auszugehen, wenn eine vom Gesetz verbotene Regelung bei gleicher Interessenlage durch eine andere rechtliche Gestaltung erreicht werden kann und die Wahl der Regelung nur den Sinn hat, dem gesetzlichen Verbot zu entgehen.[5]

4 Als Beispiel für eine solche Umgehung ist aus der zivilrechtlichen Rspr. der Fall bekannt, dass sich Bauherren gegenüber Bauträgern in den AGB verpflichteten, eine nicht widerrufbare Abbuchung von ihrem Konto zu dulden oder auf andere Weise eine automatische Zahlung zu bewirken. Damit wird das in § 309 Nr. 2 für nicht abdingbar erklärte Leistungsverweigerungs- und Zurückbehaltungsrecht bei Baumängeln umgangen.[6]

III. Anwendungsfälle im Arbeitsrecht

5 Ein Umgehungsfall läge vor, wenn der AG den Wortlaut des Arbeitsvertrages entwirft, den AN hingegen erklären lässt, er habe den Wortlaut des Arbeitsvertrages gestellt. Weiterhin sind Umgehungen denkbar, die aus einer im Arbeitsvertrag vereinbarten Wahl einer ausländischen Rechtsordnung resultieren könnten. Auch wenn als AG für einen in Deutschland tätigen AN eine ausländische Personalführungsgesellschaft die Funktion des AG einnimmt, bleibt der AN, unabhängig von § 306a, über Art. 30 EGBGB geschützt. Grds. gilt das am gewöhnlichen Arbeitsort geltende Arbeitsvertragsrecht, damit auch §§ 305 ff.

6 Denkbar sind Fallgestaltungen, bei denen die Bereichsausnahme für das Vereins- und Gesellschaftsrecht genutzt wird, indem Arbeitsleistung als Teil mitgliedschaftlicher Pflichten – ähnlich den Rote-Kreuz-Schwestern[7] oder von Mitgliedern einer Produktionsgesellschaft im Handwerk – erbracht wird.[8] Für einen hauptamtlichen Mitarbeiter des Scientology e.V. hat das BAG bereits vor Inkrafttreten der Schuldrechtsreform deutlich gemacht, dass eine vereinsrechtliche Form der Arbeit nicht zur Umgehung arbeitsrechtlicher Schutznormen führen dürfe.[9] Schuldet der AN, der zugleich Vereinsmitglied des Trägervereins seiner Arbeitsstelle ist, einen Teil seines Gehalts als vereinsrechtlichen Mitgliedsbeitrag, wäre die entsprechende Arbeitsvertragsklausel unwirksam, § 306a.

7 *Däubler*[10] bildet als Beispiel für einen Umgehungsweg, dass ein hohes Beraterhonorar für gewährte Fortbildung bei Künd des Arbverh durch den AN nach § 308 Nr. 7 unwirksam ist, andererseits im Arbeitsvertrag geregelt wird, auf

---

1 RG 1.6.1937 – VII 15/37 – RGZ 155, 146; BGH 19.1.1984 – II ZR 121/83 – LM § 134 Nr. 19; BAG 12.10.1960 – GS 1/59 – BAGE 10, 70.
2 MüKo-BGB/*Basedow*, § 306a Rn 1.
3 Däubler/Dorndorf/Bonin/Deinert, § 306a Rn 2.
4 HWK/*Gotthardt*, § 306a Rn 1; *Ulmer/Brandner/Hensen*, § 306a BGB Rn 4.
5 Palandt/*Grüneberg*, § 306a Rn 2.
6 BGH 28.5.1984 – III ZR 63/83 – NJW 1984, 2816; BGH 21.4.1986 – II ZR 126/85 – BB 1986, 1872; BGH 10.7.1986 – III ZR 19/85 – NJW 1986, 3199; BGH 12.3.1987 – VII ZR 37/86 – NJW 1987, 1931.
7 BAG 6.7.1995 – 5 AZB 9/93 – DB 1995, 2612.
8 BAG 13.6.1996 – 8 AZR 20/94 – DB 1996, 2393.
9 BAG 22.3.1995 – 5 AZB 21/94 – DB 1995, 1714; BAG 26.9.2002 – 5 AZB 19/01 – NZA 2002, 1412.
10 Däubler/Dorndorf/Bonin/Deinert, § 306a Rn 11.

dieses Honorar werde verzichtet, wenn der AN nach fünf Jahren noch im Betrieb tätig sei. In diesem Falle liege kein Verstoß gegen § 308 Nr. 7, hingegen ein Umgehungstatbestand des § 306a vor.

Einen Umgehungstatbestand bildet es ebenfalls, wenn die Parteien bei Unwirksamkeit einer Klausel die Gesamtnichtigkeit des Vertrages als Rechtsfolge im Arbeitsvertrag regeln.[11] Wird ein AN als Scheinselbstständiger beschäftigt, löst dieser Umstand nicht das Umgehungsverbot des § 306a aus.[12] Auf den freien Mitarbeiter findet § 306a Anwendung, da aus dem Bereich des AGB-Rechts bei freien Mitarbeitern nur die §§ 305 Abs. 2 und 3, 308 und 309 ausgenommen sind (§ 310 Abs. 1 S. 1). **8**

C. Verbindung zu anderen Rechtsgebieten

Vergleichbare Umgehungsverbote sind in §§ 475 Abs. 1 S. 3, 487 S. 2, 506 S. 2, 655e Abs. 1 und 651m sowie § 42 AO enthalten. **9**

§ 307 Inhaltskontrolle

(1) ¹Bestimmungen in Allgemeinen Geschäftsbedingungen sind unwirksam, wenn sie den Vertragspartner des Verwenders entgegen den Geboten von Treu und Glauben unangemessen benachteiligen. ²Eine unangemessene Benachteiligung kann sich auch daraus ergeben, dass die Bestimmung nicht klar und verständlich ist.
(2) Eine unangemessene Benachteiligung ist im Zweifel anzunehmen, wenn eine Bestimmung
1. mit wesentlichen Grundgedanken der gesetzlichen Regelung, von der abgewichen wird, nicht zu vereinbaren ist oder
2. wesentliche Rechte oder Pflichten, die sich aus der Natur des Vertrags ergeben, so einschränkt, dass die Erreichung des Vertragszwecks gefährdet ist.
(3) ¹Die Absätze 1 und 2 sowie die §§ 308 und 309 gelten nur für Bestimmungen in Allgemeinen Geschäftsbedingungen, durch die von Rechtsvorschriften abweichende oder diese ergänzende Regelungen vereinbart werden. ²Andere Bestimmungen können nach Absatz 1 Satz 2 in Verbindung mit Absatz 1 Satz 1 unwirksam sein.

A. Allgemeines	1
I. Inhalt der Vorschrift	1
II. Interessenabwägung	4
III. Beurteilungszeitpunkt	5
B. Schranken der Inhaltskontrolle (Abs. 3)	7
I. Regelungsgegenstand	7
1. Nichtkontrollfähige Klauseln	7
2. Rechtsvorschriften	11
3. Preisvereinbarungen und Leistungsbeschreibungen in der Rechtsprechung des BGH und BAG	14
4. Preisnebenabreden	16
II. Verbindung zu anderen Rechtsgebieten	20
1. Tariflohn als Angemessenheitsmaßstab	20
2. Übliche Vergütung nach § 612 Abs. 2	25
III. Beraterhinweise	26
C. Konkretisierungen des Verbots der unangemessenen Benachteiligung (Abs. 2)	27
I. Regelungsgegenstand	27
1. Arten unangemessener Benachteiligung (Nr. 1 und Nr. 2)	27
2. Unangemessene Benachteiligung nach Nr. 1	29
3. Unangemessene Benachteiligung nach Nr. 2	34
4. Einzelfälle	38
a) Abtretungsverbot	38
b) Abrufbarkeit	39
c) Absolute Nebentätigkeitsverbote	40
d) Aktienbezugsrecht (Verfallklausel)	41
e) Ausschlussklauseln	42
f) Bonus-Meilen-Klauseln	44
g) Entwicklungsklauseln in Chefarztverträgen	45
h) Freistellungsklauseln	46
i) Gehaltsfälligkeitsklauseln	47
j) Haftungserweiterungsklauseln	48
k) Koppelungsklauseln in Dienstverträgen von GmbH-Geschäftsführern	49
l) Kurzarbeitsklauseln	50
m) Mankoklauseln	51
n) Rückzahlung von überzahltem Arbeitsentgelt	52
o) Schuldanerkenntnis des Arbeitnehmers	53
p) Versetzungsvorbehalte	54
q) Überhangprovision	55
r) Widerrufsvorbehalte zur Vergütungs- und Arbeitspflicht	56
s) Zugangsklausel	59
II. Verbindung zu anderen Rechtsgebieten	60
III. Beraterhinweise	61
D. Generalklausel der unangemessenen Benachteiligung (Abs. 1 S. 1)	64
I. Regelungsgehalt	64
1. Inhalt der Vorschrift	65
a) Bestimmungen in Allgemeinen Geschäftsbedingungen	65
b) Unangemessene Benachteiligung	66
2. Darlegungs-, Beweis- und Begründungslast	72
II. Einzelfälle	73
1. Arbeitszeitregelungen	73
2. Ausbildungskosten	75
3. Ausschlussklauseln	77
4. Befristung von Arbeitsbedingungen	78
5. Einwilligung in Datenverarbeitung	79
6. Entgeltabtretung	80
7. Freiwilligkeitsvorbehalte	81
8. Klageverzicht	85

---

[11] Lakies, AR-Blattei SD. 35, Rn 207.   [12] Däubler/Dorndorf/Bonin/Deinert, § 306a Rn 14.

9. Kündigungsfrist	86	8. Bonuszahlung	118
10. Ruhen des Arbeitsverhältnisses	87	9. Dienstwagennutzung (Widerruf)	119
11. Stichtagsregelung	88	10. Entgeltfortzahlungsverzichtsklausel	120
12. Überstundenabgeltung	90	11. Freiwilligkeitsvorbehalte	121
13. Umsatzzielvereinbarung	91	12. Jahressonderzahlungen	122
14. Versetzungsvorbehalte	92	13. Klauseln zum achtungswürdigen Verhalten	123
15. Vertragsstrafen	100	14. Konzernversetzungsklauseln	124
E. Transparenzgebot (Abs. 1 S. 2)	102	15. Nebentätigkeitsverbot	125
I. Regelungsgegenstand	103	16. Ruhensvereinbarung	126
II. Einzelfälle	108	17. Rückzahlung von Aus-/Fortbildungskosten	127
1. Anrechnungsvorbehalt	108	18. Überstundenabgeltung	128
2. Ausgleichsquittung	109	19. Versetzungsklausel	129
3. Ausschlussfristen	110	20. Vertragsstrafenklauseln	130
4. Befristung/Aufschiebende Bedingung	111	21. Vertriebsmitarbeiterklauseln	131
5. Befristete Arbeitszeiterhöhung	113	22. Weihnachtsgeldklauseln	132
6. Betriebsvereinbarungsöffnungsklauseln	114	23. Wettbewerbsverbot	133
7. Bezugnahmeklauseln	115	24. Zielvereinbarungen	134

A. Allgemeines

I. Inhalt der Vorschrift

1 Als Generalklausel mit Auffangcharakter fasst § 307 weitgehend unverändert die §§ 8, 9 AGBG zusammen. Die Vorschrift bildet das Kernstück der Inhaltskontrolle. Abs. 1 enthält eine Generalklausel, die den grundlegenden Wertungsmaßstab für die richterliche Inhaltskontrolle von AGB darstellt. Abs. 2 konkretisiert die Generalklausel, indem typische rechtliche Kriterien angegeben werden, die i.d.R. die Unwirksamkeit der Klausel auslösen.[1] Abs. 3 schließlich zeigt die Grenzen richterlicher Inhaltskontrolle auf. Wenn Klauseln lediglich den Inhalt einschlägiger gesetzlicher Vorschriften wiederholen, gelten die Abs. 1 und 2 sowie §§ 308 und 309 nicht.

2 Die rechtstechnische Prüfung verläuft entgegengesetzt zu der in § 307 mit den einzelnen Absätzen gewählten Reihenfolge. Zunächst ist nach Abs. 3 zu untersuchen, ob eine Klausel in einem Arbeitsvertrag lediglich gesetzliche Regelungen oder Richterrecht wiedergibt. In diesem Falle ist die Klausel nicht nach AGB-Recht zu überprüfen.

3 An zweiter Stelle ist die Wirksamkeit einer Arbeitsvertragsklausel anhand der Konkretisierung der Generalklausel in Abs. 2 zu untersuchen, soweit §§ 309 und 308 keinen spezielleren Kontrollmaßstab enthält. Lässt diese Prüfung keine Unwirksamkeit erkennen, ist in einem dritten Schritt die Vereinbarkeit einer Vertragsbedingung mit Abs. 1 zu prüfen. Die Kommentierung folgt der Logik der rechtstechnischen Prüfung.

II. Interessenabwägung

4 Abs. 1 und 2 sehen eine Interessenabwägung vor. Hierfür hat der BGH festgelegt, dass eine „überindividuelle, generalisierende Betrachtungsweise"[2] zu wählen sei. Gemeint ist damit eine Interessenabwägung, bei der die typischen Belange der beteiligten Kreise zu würdigen und Überlegungen anzustellen sind, ob eine Regelung im Allgemeinen als billig und gerecht angesehen werden kann.[3] Dementsprechend wendet auch das BAG im Rahmen des Abs. 1 S. 1 einen generellen typisierenden, vom Einzelfall losgelösten Maßstab an.[4] Bei der Bewertung der Unangemessenheit im konkreten Fall können jedoch auch die den Vertragsschluss begleitenden Umstände gem. § 310 Abs. 3 Nr. 3 berücksichtigt werden. Da Arbeitsverträge Verbraucherverträge sind, wird der abstrakt-generelle Prüfungsmaßstab durch individuell-konkrete Momente ergänzt, soweit die Parteien solche Umstände im Prozess geltend machen. Die Berücksichtigung dieser Umstände kann sowohl zur Unwirksamkeit einer nach generell-abstrakter Betrachtung wirksamen Klausel als auch zur Wirksamkeit einer nach typisierter Inhaltskontrolle unwirksamen Klausel führen.[5]

III. Beurteilungszeitpunkt

5 Bei der Beurteilung, ob eine Klausel gegen § 307 verstößt, ist auf die Verhältnisse zum Zeitpunkt des Vertragsschlusses abzustellen.[6] Dieser Grundsatz folgt aus Art. 4 Abs. 1 EG-RL 9313 für Verbraucherverträge, gilt aber auch allgemein bei der Inhaltskontrolle von AGB.[7] War eine Klausel zum Zeitpunkt des Vertragsschlusses wirksam, ist aber ein Bewertungswandel im Laufe der Zeit in der Rspr. eingetreten, sind die AGB grds. nach der richterlichen Rechts-

---

1 Palandt/*Grüneberg*, § 307 Rn 1.
2 BGH 9.5.1996 – VI ZR 259/94 – NJW 1996, 2155; BGH 24.10.1956 – V ZR 98/55 – BGHZ 22, 80; BGH 23.6.1988 – VII ZR 117/87 – BGHZ 105, 24, 31; BGH 9.2.1990 – V ZR 200/88 – BGHZ 110, 241, 244.
3 BGH 4.7.1997 – V ZR 405/96 – NJW 1997, 3022.
4 St. Rspr.: BAG 18.3.2008 – 9 AZR 186/07 – NZA 2008, 1004; BAG 6.9.2007 – 2 AZR 722/06 – NZA 2008, 219;
BAG 10.1.2007 – 5 AZR 84/06 – NZA 2007, 384; BAG 11.4.2006 – 9 AZR 557/05 – NZA 2006, 1149.
5 BAG 31.8.2005 – 5 AZR 545/04 – NZA 2006, 324; BAG 14.8.2007 – 8 AZR 973/06 – NZA 2008, 170.
6 Siehe BAG 18.3.2008 – 9 AZR 186/07 – NZA 2008, 1004 für die Transparenzbeurteilung.
7 *Medicus*, NJW 1995, 2580; Ulmer/Brandner/Hensen/*Fuchs*, § 307 BGB Rn 9; Palandt/*Grüneberg*, § 307 Rn 3.

überzeugung zu beurteilen, die der Richter zum Zeitpunkt der Entscheidung hatte.[8] Für den Fall eines „allgemeinen Wertewandels" hat es der BGH offen gelassen, ob die Parteien das Risiko einer Rspr.-Änderung trifft.[9] In der Lit. wird wegen des maßgeblichen Beurteilungszeitpunkts die Rückwirkung einer nachträglichen Rspr.-Änderung ausgeschlossen.[10]

Für den Bereich des Arbeitsrechts wäre der Streit über die Rückwirkung einer Rspr.-Änderung akademischer Natur, wenn sich das BAG streng an die Gesetzeslage gehalten hätte. Über die Übergangsregelung in Art. 229 § 5 EGBGB sollte ab 1.1.2003 auch bei Altarbeitsverträgen das neue AGB-Recht angewendet werden. Wenn eine in einem nach dem 1.1.2003 geschlossenen Arbeitsvertrag enthaltene Klausel zunächst AGB-rechtlich unbedenklich war, infolge einer Rspr.-Änderung in späteren Jahren jedoch unwirksam wurde, berücksichtigt das BAG[11] bei Altverträgen eine veränderte Rechtsentwicklung nicht auf der Inhalts-, sondern auf der Rechtsfolgeseite, indem es statt der Nichtigkeit gem. § 306 Abs. 1 bei Vorliegen der entsprechenden Voraussetzungen eine ergänzende Vertragsauslegung vornimmt (siehe § 306 Rn 15).

B. Schranken der Inhaltskontrolle (Abs. 3)

I. Regelungsgegenstand

1. Nichtkontrollfähige Klauseln. Abs. 3 S. 1 enthält zwei Aussagen. Erstens sind Bestimmungen in AGB aus der Inhaltskontrolle ausgeklammert, durch die keine von Rechtsvorschriften abweichenden oder diese ergänzenden Regelungen vereinbart werden. **Deklaratorische Klauseln** sind nicht kontrollfähig.[12] Vereinbart der AG mit dem AN im Arbeitsvertrag Gehaltsfortzahlung im Krankheitsfall bei unverschuldeter Arbeitsunfähigkeit, wählt er eine **deklaratorische Klausel**. Der Verwender gibt in diesem Falle den Wortlaut von § 3 Abs. 1 S. 1 EFZG wieder.

Gesetzes- oder rechtsprechungswiederholende Klauseln sind generell wirksam. Jede andere Betrachtung wäre sinnwidrig. Da eine gesetzeswiederholende Klausel zwangsläufig mit objektivem Recht übereinstimmt, würde eine zusätzliche Inhaltskontrolle dem Richter eine Angemessenheitskontrolle von Gesetzen einräumen, die ihm nicht zusteht.[13] Eine deklaratorische Klausel unterliegt auch deshalb keiner Inhaltskontrolle, weil an die Stelle der unwirksamen Klausel ohnehin die gesetzliche Regelung treten würde.

Die zweite Aussage des Abs. 3 S. 1 besteht darin, dass von der Inhaltskontrolle die **Festlegung von Leistung und Gegenleistung** sowie ihr Verhältnis zueinander ausgenommen ist, da für eine Beurteilung i.d.R. rechtliche Maßstäbe fehlen. Nach *Hromadka*[14] bleiben Leistung und Gegenleistung, damit auch die Vergütung im Arbverh grds. kontrollfrei. Die überwiegende Auffassung in der Lit. besagt, von der Lohnwucherkontrolle (siehe Rn 22) abgesehen sei eine Entgeltüberprüfung gem. Abs. 2 Nr. 1 durch den Gesetzeswortlaut nicht gedeckt.[15] *Däubler*[16] und – ein wenig vorsichtiger – *Reinecke*[17] tendieren zu der Annahme, eine Preiskontrolle von Gehältern könne über Abs. 2 Nr. 1 erfolgen.

Die Ausklammerung deklaratorischer Klauseln und des Verhältnisses von Leistung und Gegenleistung aus der Inhaltskontrolle steht mit der RL 93/13/EWG des Rates vom 5.4.1993[18] über missbräuchliche Klauseln in Verbraucherverträgen in Einklang.[19] Andere AGB-rechtliche Bestimmungen als die Inhaltskontrolle lässt Abs. 3 S. 1 unberührt.

2. Rechtsvorschriften. Der Begriff der Rechtsvorschrift in Abs. 3 ist weit auszulegen. Nicht nur alle materiellen Gesetze fallen hierunter, sondern auch ungeschriebene Rechtsgrundsätze und Richterrecht.[20] Rechtsvorschrift i.S.v. Abs. 3 ist auch § 105 GewO. Einseitige Leistungsbestimmungsrechte wie Widerrufsvorbehalte[21] und Klauseln zur Abrufarbeit[22] in Arbeitsverträgen stellen nach Ansicht des BAG eine von der Rechtsvorschrift „pacta sunt servanda" abweichende Regelung dar. Die aus **Treu und Glauben** gem. §§ 157, 242 **abzuleitenden Vorgaben** für die inhaltliche Ausgestaltung des Vertrages gehören ebenfalls zu den „Rechtsvorschriften".[23] Die Einbeziehung von Treu und Glauben in den Begriff der „Rechtsvorschriften" ist für das Individualarbeitsrecht insoweit von Bedeutung, als einer

---

8 BGH 13.7.1994 – VI ZR 107/93 – NJW 1994, 2693; BGH 18.5.1995 – IX ZR 108/94 – NJW 1995, 2553, 2556.
9 BGH 18.1.1996 – IX ZR 69/95 – BGHZ 132, 6, 12.
10 *Medicus*, NJW 1995, 2580; Palandt/*Grüneberg*, § 307 Rn 3.
11 BAG 12.1.2005 – 5 AZR 264 – NJW 2005,1820 = NZA 2005, 465.
12 BGH 13.3.1987 – VII ZR 37/86 – BGHZ 100, 158, 173; BGH 24.9.1998 – III ZR 219/97 – NJW 1999, 864; ErfK/*Preis*, §§ 305–310 BGB Rn 35; BT-Drucks 14/7052, S. 188.
13 *Stoffels*, AGB-Recht, Rn 423 f.
14 NJW 2002, 2523, 2526.
15 *Gotthardt*, Rn 242; *Henssler*, RdA 2002, 129; *Hromadka*, NJW 2002, 2523; *Hümmerich/Holthausen*, NZA 2002,

173; *Lakies*, NZA-RR 2002, 337; *Lingemann*, NZA 2002, 185; *Ziemann*, FA 2002, 312.
16 NZA 2001, 1335.
17 DB 2002, 583, 585.
18 ABl EG L 95/29 v. 21.4.1993.
19 *Däubler/Dorndorf/Bonin/Deinert*, § 307 Rn 249 ff.
20 BAG 11.10.2006 – 5 AZR 721/05 – NZA 2007, 87; BAG 7.12.2005 – 5 AZR 535/04 – NZA 2006, 423; BGH 10.12.1992 – I ZR 186/90 – BGHZ 121, 13, 18; BGH 15.7.1997 – XI ZR 269/96 – NJW 1997, 2752.
21 BAG 12.1.2005 – 5 AZR 264/04 – NJW 2005, 1820.
22 BAG 7.12.2005 – 5 AZR 535/04 – NZA 2006, 423.
23 BGH 5.6.1984 – X ZR 75/83 – NJW 1984, 2160.

Reihe ungeschriebener **Treue- und Nebenpflichten des Arbverh** damit die Eigenschaft von Rechtsvorschriften i.S.d. Abs. 3 S. 1 zukommt.[24] Arbeitsbedingungen im Arbeitsvertrag, die von in der Rspr. anerkannten Nebenpflichten nicht abweichen, sind damit nicht kontrollfähig.

12 Umstritten ist, ob Kollektivverträge Rechtsvorschriften i.S.d. § 307 Abs. 3 S. 1 sind.[25] Teilweise wird vertreten, dass § 310 Abs. 4 S. 1 lex specialis gegenüber Abs. 3 S. 1 ist. Rechtsvorschriften gem. Abs. 3 könnten nicht Kollektivnormen sein, da diese generell aus der Inhaltskontrolle herausgenommen seien.[26] Eine vermittelnde Auffassung will den **TV nur gegenüber Tarifunterworfenen als Maßstab** gelten lassen.[27] Andere erwägen, Klauseln, die lediglich den Inhalt von TV und sonstigen Kollektivnormen wiedergeben, unter Hinweis auf Abs. 3 keiner Inhaltskontrolle zu unterwerfen. TV komme eine RL-Funktion i.S.v. Abs. 2 zu.[28]

13 Der Zweck der gesetzlichen Regelung, Kollektivnormen einen AGB-rechtlichen Sonderstatus über eine Bereichsausnahme zuzuweisen, würde man die Kollektivnormen, selbst bei bloßer textlicher Wiedergabe in einem Arbeitsvertrag als Rechtsvorschriften nach Abs. 3 S. 1 oder – mit Blick auf die Rechtssetzungsbefugnis der Tarifparteien nach Art. 9 Abs. 3 GG – als „gesetzliche" Regelungen i.S.v. Abs. 2 Nr. 1 gelten lassen. Die Bereichsausnahme in § 310 Abs. 4 S. 1 soll lediglich in Anerkennung der Tarifautonomie die Kontrollfreiheit kollektiver Normengefüge klarstellen. Sie bedeutet aber nicht, dass Kollektivnormen zum Maßstab der Inhaltskontrolle herangezogen werden können. Andernfalls wäre die Bereichsausnahme in § 310 Abs. 4 S. 1 überflüssig. Schon die Existenz der Bereichsausnahme belegt, dass Kollektivnormen vom Gesetzgeber keinesfalls als nichtkontrollfähige Klauseln i.S.d. Abs. 3 angesehen werden.

14 3. Preisvereinbarungen und Leistungsbeschreibungen in der Rechtsprechung des BGH und BAG. Vereinbarungen zur Arbeitsleistung und zum Arbeitsentgelt unterliegen im Arbeitsrecht grds. nur einer eingeschränkten Inhaltskontrolle, der sog. Transparenzkontrolle nach Abs. 3 S. 2 i.V.m. Abs. 1 S. 2.[29] Nach st. Rspr. des BGH und nunmehr auch des BAG[30] ist der „unmittelbare Gegenstand der Hauptleistung", so z.B. die geschuldete Leistung einer Schauspielerin in einer bestimmten Rolle, nicht kontrollfähig.[31] Art, Umfang und Güte der geschuldeten Leistungen sind nicht nach allgemeinen AGB-rechtlichen Grundsätzen zu beurteilen,[32] sondern nur auf Transparenz zu kontrollieren.[33] Dazu gehören die Leistungsbezeichnungen, ohne deren Vorliegen mangels Bestimmtheit oder Bestimmbarkeit des wesentlichen Vertragsinhalts ein wirksamer Vertrag nicht angenommen werden kann.[34] Gleiches gilt für den Preiszuschlag, der etwa für Sonderleistungen (wie Nachtarbeit) gezahlt wird.[35] Auch das Preis-Leistungs-Verhältnis unterliegt freier Vereinbarung.[36] Nur auf ihre Transparenz kontrollierbar ist daher eine Bezugnahmeklausel auf die Arbeitszeitbestimmungen eines TV, da die Bezugnahme den Umfang der Hauptleistungspflichten bestimmt.[37]

15 Bei **nachvertraglichen Wettbewerbsverboten** findet keine zusätzliche Inhaltskontrolle über § 74a Abs. 1 S. 1 und 2 HGB hinaus durch Abs. 3 statt. Das Urteil des LAG Hamm[38] griff in seiner gegenteiligen Begründung zu kurz. Bei einem nachvertraglichen Wettbewerbsverbot fehlt es bereits an der von Abs. 3 vorausgesetzten „Abweichung vom Gesetz".[39]

16 4. Preisnebenabreden. In der BGH-Rspr. sind sog. Preisnebenabreden kontrollfähig.[40] **Preisnebenabreden** wirken sich mittelbar auf den Preis aus, bei Unwirksamkeit tritt an ihre Stelle das dispositive gesetzliche Regelung.[41] Als kontrollfähige Preisnebenabreden wurden in der Zivil-Rspr. Fälligkeitsklauseln,[42] Vorleistungsklauseln,[43] Wertstellungsklauseln,[44] Tilgungsverrechnungsklauseln,[45] Klauseln über Zusatzboni,[46] Rabatte[47] oder Klauseln

---

24 BAG GS 27.12.1985 – GS 1/84 – NZA 1985, 702.
25 Dafür: *Bamberger/Roth*, § 310 Rn 35; *Däubler*, NZA 2001, 1329, 1334; Kittner/Zwanziger/*Kittner*, Arbeitsrecht Handbuch § 15 Rn 52; *Lakies*, NZA-RR 2002, 337, 344; *Oetker*, in: FS für Wiedemann, S. 394; *Reinecke*, DB 2002, 585.
26 ErfK/*Preis*, §§ 305–310 BGB Rn 39; HWK/*Gotthardt*, § 307 Rn 11; *Boudon*, ArbRB 2003, 150; *Gotthardt*, ZiP 2002, 277; 282; *Henssler*, RdA 2002, 136; *Hromadka*, NJW 2002, 2527; *Lieb*, in: FS für Ulmer, S. 1231, 1244; *Richardi*, NZA 2002, 1061; *Singer*, RdA 2003, 194; *Thüsing*, BB 2002, 2671; *Tschöpe*, DB 2002, 1830.
27 *Löwisch*, in: FS für Wiedemann, S. 321; *Bayreuther*, RdA 2003, 81; *Däubler/Dorndorf/Bonin/Deinert*, § 307 Rn 276.
28 *Lingemann*, NZA 2002, 181; *Reichold*, ZTR 2002, 202.
29 BAG 14.3.2007 – 5 AZR 630/06 – NZA 2008, 45; BAG 31.8.2005 – 5 AZR 545/04 – NZA 2006, 324.
30 BAG 13.6.2007 – 5 AZR 564/06 – NZA 2007, 974.
31 BGH 6.2.1985 – VIII ZR 61/84 – NJW 1985, 3013.
32 BGH 12.3.1987 – VII ZR 37/86 – NJW 1987, 1931.
33 ErfK/*Preis*, §§ 305–310 Rn 36.
34 BAG 27.7.2005 – 7 AZR 496/04 – NZA 2006, 40.
35 ErfK/*Preis*, §§ 305–310 Rn 36.
36 BGH 18.5.1999 – XI ZR 219/98 – NJW 1999, 2276.
37 BAG 14.3.2007 – 5 AZR 630/06 – NZA 2008, 45.
38 LAG Hamm 14.4.2003 – 7 Sa 1881/02 – NZA-RR 2003, 513 (n.r., Az. beim BAG: 10 AZR 327/03).
39 *Diller*, NZA 2005, 250, 251.
40 BGH 30.11.1993 – XI ZR 80/93 – BGHZ 124, 254; BGH 18.4.2002 – III ZR 199/01 – NJW 2002, 2386.
41 BGH 24.11.1988 – III ZR 188/87 – BGHZ 106, 42, 46; BGH 30.11.1993 – IX ZR 80/93 – BGHZ 124, 256.
42 BGH 9.7.1981 – VII ZR 139/80 – BGHZ 81, 229, 242.
43 OLG Düsseldorf 21.12.1994 – 15 U 181/93 – NJW-RR 1995, 1015.
44 BGH 17.1.1989 – XI ZR 54/88 – BGHZ 106, 259, 263.
45 BGH 24.11.1988 – II ZR 188/87 – BGHZ 106, 42, 46.
46 BGH 12.1.1994 – VIII ZR 165/92 – NJW 1994, 1064.
47 OLG Koblenz 22.1.1988 – 2 U 1655/86 – DB 1988, 1692.

über Verzugszinsen[48] angesehen. Kontrollfähig sind auch Schätzungsklauseln,[49] Einschränkungen des Ausgleichsanspruchs des Handelsvertreters[50] oder Klauseln über Nutzungszinsen in einem Unternehmenskaufvertrag,[51] ferner Klauseln über die Verzinsung von Rückzahlungsansprüchen.[52]

Das BAG folgt der Linie des BGH. Preisnebenabreden sind jedoch sorgfältig von den Hauptleistungspflichten, die sie mittelbar beeinflussen, zu differenzieren. Nach nunmehr bereits gefestigter Rspr. des BAG sind Vereinbarungen, die mit den Hauptleistungen eingeschränkt, verändert oder modifiziert werden, der AGB-Kontrolle zugänglich. Solche Klauseln weichen von dem allgemeinen Grundsatz *pacta sunt servanda* ab.[53] Dabei handelt es sich u.a. um Widerrufs-[54] und Freiwilligkeitsvorbehalte,[55] Abrufklauseln,[56] Ausgleichsquittungen und Vereinbarungen über die befristete Erhöhung der Arbeitszeit.[57] Auch die pauschale Verminderung der Überhangprovision um 50 %[58] und Ausgleichsquittungen[59] modifizieren die Hauptleistungspflicht und sind kontrollfähig. Nur auf Transparenz kontrollierbar kann hingegen ein isolierter Verzicht auf eine Hauptleistungspflicht in Form eines negativen Schuldanerkenntnisses sein.[60] Ebenso eingeschränkt und nur auf Transparenz kontrollierbar sind dynamische Bezugnahmeklauseln auf die tariflichen Arbeitszeitregelungen, da mit der Verweisungsklausel die vom AN zu erbringende Hauptleistungspflicht festgelegt wird.[61]

Auch Rückzahlungsklauseln für Fortbildungsveranstaltungen des AN in Arbeitsverträgen oder Nebenabsprachen zu Arbeitsverträgen unterliegen einer Inhaltskontrolle.[62]

Auch Fälligkeitsklauseln oder Verzugszinsregelungen bei AG-Darlehen im Arbverh sind kontrollfähig. Inwieweit in Aufhebungs- oder Abwicklungsverträgen geregelte Abfindungen, bspw. unter Hinweis auf die Rspr. zu Ausgleichsansprüchen des Handelsvertreters,[63] kontrollfähig sind, ist umstritten. § 1a Abs. 2 KSchG wird überwiegend nicht als gesetzliche verbindliche Abfindungsregelung angesehen, da die Verbindlichkeit der Abfindung bei einer betriebsbedingten Künd nicht aus dem Gesetz folgt, sondern aus der Hinnahme der Künd durch den keine Künd-Schutzklage erhebenden AN.[64] Auch die Abfindung in einem Aufhebungsvertrag wird überwiegend als nicht kontrollfähig angesehen.[65]

Mehrarbeits- und Überstundenvergütungsregelungen in Arbeitsverträgen unterliegen der Inhaltskontrolle. Bei der Kontrolle einer Abrede, die die Befugnis zur Anordnung von Überstunden mit einer Pauschalabgeltung kombiniert, handelt es sich nicht um die Kontrolle einer Hauptleistungspflicht, sondern um eine kontrollfähige Preisnebenabrede.[66]

II. Verbindung zu anderen Rechtsgebieten

1. Tariflohn als Angemessenheitsmaßstab.
Eine durchaus spannende und nicht mit einfachen Entgegnungen bedienbare Frage lautet, ob und ggf. inwieweit eine Angemessenheitskontrolle von Gehältern am Maßstab des Tariflohns stattfindet. Mit der h.M. unterliegen nach § 310 Abs. 4 S. 1 Kollektivnormen als lex speciales einer Bereichsausnahme (siehe § 310 Rn 19 ff.). Entgeltregelungen in **TV** (Tariflohn, Zuschläge etc.), können daher grds. nicht als Maßstab zu einer Inhaltskontrolle herangezogen werden.[67]

Soweit **gesetzlich** eine Bestimmung zur **Angemessenheit von Arbeitsentgelt** besteht, findet eine Inhaltskontrolle von Preisvereinbarungen statt. Der Grundsatz „gleicher Lohn für gleiche Arbeit" ist in der deutschen Rechtsordnung jedoch keine allgemeingültige Anspruchsgrundlage.[68] Für den Bereich der Auszubildendenvergütung kennt § 17 Abs. 1 (früher § 10 Abs. 1) BBiG die Regelung, dass dem **Auszubildenden eine „angemessene" Vergütung** zu zah-

---

48 BGH 31.1.1985 – III ZR 105/83 – NJW 1986, 376.
49 BGH 18.5.1983 – VIII ZR 83/82– NJW 1983, 1854; OLG Stuttgart 10.12.2002 – 12 U 150/02 – NJW-RR 2003, 419.
50 BGH 20.11.2002 – VIII ZR 146/01 – NJW 2003, 1241.
51 BGH 1.3.2000 – VIII ZR 77/99 – NJW-RR 2000, 1077.
52 BGH 20.10.1992 – X ZR 95/90 – NJW 1993, 1129.
53 BAG 25.4.2007 – 5 AZR 627/06 – NZA 2007, 853.
54 BAG 11.10.2006 – 5 AZR 721/05 – NZA 2007, 87; BAG 12.2.2005 – 5 AZR 364/04 – NZA 2005, 465.
55 BAG 25.4.2007 – 5 AZR 627/06 – NZA 2007, 853.
56 BAG 7.12.2005 – 5 AZR 535/04 – NZA 2006, 423.
57 BAG 27.7.2005 – 7 AZR 486/04 – NZA 2006, 40; BAG 18.1.2006 – 7 AZR 191/05 – NZA 2007, 351.
58 BAG 20.2.2008 – 10 AZR 125/07 – DB 2008, 761.
59 LAG Düsseldorf 13.4.2005 – 12 Sa 154/05 – DB 2005, 1463; ErfK/*Preis*, §§ 305–310 BGB Rn 40.
60 LAG Berlin-Brandenburg 5.6.2007 – 12 Sa 524/07 – FA 2008, 22; ErfK/*Preis*, §§ 305–310 BGB Rn 100.
61 BAG 14.3.2007 – 5 AZR 630/06 – NZA 2008, 45.
62 BAG 11.4.2006 – 9 AZR 610/05 – NZA 2006, 1042; BAG 18.3.2008 – 9 AZR 186/07 – NZA 2008, 1004.
63 BGH 20.11.2002 – VIII ZR 146/01 – NJW 2003, 1241.
64 *Grobys*, DB 2003, 2174; *Thüsing/Stelljes*, BB 2003, 1673; a.A. *Meinel*, DB 2003, 1438.
65 BAG 22.4.2004 – 2 AZR 281/03 – BAG Report 2004, 325 = AP § 620 BGB Aufhebungsvertrag Nr. 27; LAG Hamm 1.4.2003 – 19 Sa 1901/02 – DB 2003, 1443; *Gotthardt*, Rn 308; a.A. *Thüsing/Leder*, BB 2004, 42.
66 *Hümmerich/Rech*, NZA 1999, 1132; *Preis/Preis*, Der Arbeitsvertrag, II M 20 Rn 5; ErfK/*Preis*, §§ 305–310 BGB Rn 91; offen gelassen: BAG 28.9.2005 – 5 AZR 52/05 – BB 2006, 327.
67 HWK/*Gotthardt*, § 307 Rn 7; ErfK/*Preis*, §§ 305–310 BGB Rn 39; *Thüsing*, AGB-Kontrolle im Arbeitsrecht, Rn 75.
68 Zuletzt BAG 15.8.2008 – 3 Sa 1798/07 – ZTR 2009, 29.

22 len ist. Hieraus hat das BAG den Grundsatz entwickelt, dass bei Auszubildenden die Vergütung grds. nicht mehr als 20 % unter der einschlägigen Tarifnorm liegen dürfe.[69]

22 In § 26 BerufsO ist für angestellte Mitarbeiter und Rechtsanwälte bestimmt, dass sie „nur zu angemessenen Bedingungen beschäftigt werden" dürfen. Das LAG Hessen entschied, dass für einen angestellten Rechtsanwalt **im ersten Berufsjahr eine Bruttovergütung von 2.800 DM** bei einer 35-Stunden-Woche als angemessene Vergütung anzusehen sei. Eine Vergütungsvereinbarung, die für die Arbeitszeit eines vollschichtig arbeitenden Rechtsanwalts ein Entgelt von 1.300 DM vorsehe, sei sittenwidrig.[70] Eine generelle Angemessenheitskontrolle ergibt sich über die „Lohnwucher-Rspr.", früher „Hungerlohn-Rspr."[71] genannt. Deutlich das übliche Lohnniveau unterschreitende Arbeitsvergütungen sind nach § 138 BGB nichtig.[72]

23 Der BGH hat in der Entscheidung vom 22.4.1997[73] ein Strafurteil nicht beanstandet, in dem Lohnwucher gem. § 291 StGB (§ 302a StGB a.F.) angenommen wurde, weil der AN bei einem allgemein üblichen Tarifgehalt von 19,50 DM mit 12,70 DM die Stunde bezahlt worden war. Nach der BGH-Entscheidung ist davon auszugehen, dass Lohnzahlungen im Rahmen eines Arbverh „sonstige Leistungen" i.S.d. § 291 Abs. 1 S. 1 Nr. 3 StGB sind.[74] Aus der BGH-Entscheidung wird im Schrifttum[75] und in der Arbeits-Rspr.[76] geschlossen, wenn dem AN ein Gehalt gezahlt wird, das 1/3 niedriger als der übliche Tariflohn ist, liege Lohnwucher vor.

24 Preisvereinbarungen unterliegen damit im Arbeitsrecht **nur einer Angemessenheitsprüfung,** soweit **gesetzliche Vorschriften** eine Angemessenheitskontrolle vorsehen. Eine unangemessene Vergütung kann sich damit aus §§ 134, 138, § 17 BBiG, § 26 BerufsO oder § 291 StGB, § 134 BGB ergeben, **nicht aber aus § 307 Abs. 3 S. 1.**

25 **2. Übliche Vergütung nach § 612 Abs. 2.** § 612 Abs. 2 hat eine **Leitbildfunktion bei unangemessener Vergütungsabrede.**[77] Die demgegenüber vom BGH[78] ins Feld geführte Argumentation, §§ 612 Abs. 1 und 2, 632 Abs. 1 und 2 sähen die „übliche Vergütung" als vereinbart **nur bei fehlender Abrede** vor und hätten damit keine Orientierungsfunktion, überzeugt nicht. Würde die gesetzliche Mängelhaftung beim Kauf oder beim Werkvertrag mit den Worten eingeleitet, sie gelte nur, sofern die Parteien nichts anderes vereinbart hätten, würde ebenfalls niemand an ihrer Leitbildfunktion zweifeln.[79]

III. Beraterhinweise

26 Die beiden Kernaussagen des Abs. 3 S. 1, dass deklaratorische Klauseln und Preisvereinbarungen nicht kontrollfähig sind, lässt das BAG unangetastet. Preisnebenabreden, die die Hauptleistungspflichten indirekt beeinflussen, sind hingegen kontrollfähig. Abschließend geklärt ist gegenwärtig noch nicht – trotz der Urteile des BAG v. 11.4.2006 und v. 13.3.2007 –,[80] wie das Verhältnis zwischen Abs. 3 S. 1 und § 106 GewO zu justieren ist. Entspricht der Versetzungsvorbehalt materiell den Regelungen des § 106 GewO, so ist er jedenfalls nicht unangemessen. Einer Begründung bedarf die Versetzung daher nicht, wenn sich der AG innerhalb seines Weisungsrechts bewegt.

C. Konkretisierungen des Verbots der unangemessenen Benachteiligung (Abs. 2)

I. Regelungsgegenstand

27 **1. Arten unangemessener Benachteiligung (Nr. 1 und Nr. 2).** Abs. 2 enthält zwei Tatbestände, die die Generalklausel des Abs. 1 konkretisieren. Im Zweifel wird das Verbot der unangemessenen Benachteiligung verletzt, wenn die Vertragsklausel mit wesentlichen Grundgedanken der gesetzlichen Regelung, von der abgewichen wird, nicht zu vereinbaren ist (Nr. 1). Eine unangemessene Benachteiligung ist ferner anzunehmen, wenn gegen das **Aushöhlungsverbot des Abs. 2 Nr. 2** verstoßen, mithin der **Vertragszweck gefährdet** wird. Die den Vertragsschluss gem. § 310 Abs. 3 Nr. 3 begleitenden Umstände sind nicht bei der Auslegung Allgemeiner Geschäftsbedingungen, sondern erst bei der Prüfung der unangemessenen Benachteiligung nach Abs. 1 oder Abs. 2 zu berücksichtigen.[81]

---

[69] BAG 10.4.1991 – 5 AZR 226/90 – NZA 1991, 773; BAG 11.10.1995 – 5 AZR 258/94 – NZA 1996, 698; BAG 25.7.2002 – 6 AZR 311/00 – AP § 10 BBiG Nr. 11.
[70] LAG Hessen 28.10.1999 – 5 Sa 169/99 – NZA-RR 2000, 521 = NJW 2000, 3372.
[71] BAG 10.3.1960 – 5 AZR 426/58 – MDR 1960, 612; BAG 23.5.2001 – 5 AZR 527/99 – AuR 2001, 509.
[72] BAG 26.4.2006 – 5 AZR 549/05 – NZA 2006, 1354; BAG 24.3.2004 – 5 AZR 303/03 – NZA 2004, 971; BAG 21.6.2000 – 5 AZR 806/98 – NJW 2000, 3589; BAG 11.1.1973 – 5 AZR 322/72 – DB 1973, 728 = BB 1973, 520.
[73] BGH 22.4.1997 – 1 StR 701/96 – NJW 1997, 2689.
[74] *Lakies*, NZA-RR 2002, 337, 340.
[75] *Linnekohl/Tente*, AuA 2001, 25; *Nägele*, BB 1997, 2162; *Müller/Hauck*, FA 2001, 198.
[76] LAG Bremen 17.6.2008 – 1 Sa 29/08 – ArbuN 2008, Nr. 5, 42; LAG Berlin-Brandenburg 28.2.2007 – 15 Sa 1363/06 – juris; ArbG Bremen 30.8.2000 – 5 Ca 5152, 5198/00 – AuR 2001, 231.
[77] A.A. HWK/*Gotthardt*, § 307 Rn 7.
[78] BGH 19.11.1991 – X ZR 63/90 – NJW 1992, 688.
[79] *Däubler/Dorndorf/Bonin/Deinert*, § 307 Rn 266.
[80] BAG 11.4.2006 – 9 AZR 557/05 – NZA 2006, 1149; BAG 13.3.2007 – 9 AZR 433/06 – DB 2007, 1985.
[81] BAG 7.12.2005 – 5 AZR 535/04 – NZA 2006, 423; *Stoffels*, AGB-Recht, Rn 363.

Nr. 1 bezieht seinen Anwendungsbereich aus der Idee der „Leitbildfunktion des dispositiven Rechts",[82] während 28
Nr. 2 hauptsächlich für Verträge vorgesehen ist, für die ein dispositives gesetzliches Leitbild fehlt.[83] Im Arbeitsrecht ist für eine sich am Leitbild des dispositiven Rechts ausrichtende Unterscheidung nur eingeschränkt Raum, wenn man als „wesentliche Grundgedanken der gesetzlichen Regelung" auch Rechtsprinzipien und Richterrecht gelten lässt.[84]

2. Unangemessene Benachteiligung nach Nr. 1. Abs. 2 Nr. 1 enthält drei Tatbestandsmerkmale. Anknüpfungs- 29
punkt ist die „gesetzliche Regelung", aus der sich „wesentliche Grundgedanken" ergeben, die Klausel muss mit diesen Grundgedanken „unvereinbar" sein. Als gesetzliche Regelung gelten die Vorschriften des dispositiven Rechts, also §§ 611 ff. oder §§ 105 ff. GewO. Nach der Rspr. des BAG[85] gehören zu den gesetzlichen Regelungen auch die von der Rspr. entwickelten ungeschriebenen Rechtsgrundsätze, zu denen neben den Regeln des Richterrechts und den aufgrund ergänzender Auslegung nach den §§ 157, 242 entwickelten Rechtsgrundsätzen auch die aus der Natur des jeweiligen Schuldverhältnisses zu entnehmenden Rechte und Pflichten zählen.

Bei Abs. 2 Nr. 1 (wie auch Nr. 2) handelt es sich um Vermutungstatbestände.[86] Bei einer Abweichung von wesent- 30
lichen Grundgedanken liegt im Zweifel eine unangemessene Benachteiligung vor. Das bedeutet, die Unwirksamkeit entfällt, wenn die Gesamtwürdigung aller Umstände ergibt, dass die Klausel den AN nicht unangemessen benachteiligt.[87] Sieht eine Arbeitsvertragsklausel für die Abweichung von wesentlichen gesetzlichen Grundgedanken einen angemessenen Ausgleich vor, so kann die Klausel wirksam sein.[88]

Die Abweichung von der gesetzlichen Regelung muss im Bereich **wesentlicher Grundgedanken** angesiedelt sein. 31
Die Rspr. des BGH[89] und nunmehr auch des BAG[90] unterscheidet zwischen frei abänderbaren Zweckmäßigkeitsregeln und formularmäßig nicht abdingbaren Gerechtigkeitsgeboten. In der Lit. wird der Fokus darauf gerichtet, dass die abgedungene Norm des dispositiven Rechts einem wesentlichen **Schutzbedürfnis** des Vertragspartners dient.[91]

Schließlich genügt eine **unwesentliche** Abweichung von den **wesentlichen Grundgedanken** der gesetzlichen Re- 32
gelung nicht, sondern die „tragenden Gedanken des gesetzlichen Gerechtigkeitsmodells" müssen beeinträchtigt sein.[92] Man unterscheidet zwischen einem „AGB-disponiblen" Randbereich und dem **Gerechtigkeitskern** der gesetzlichen Regelung.[93] An dem Merkmal der Unvereinbarkeit fehlt es, wenn die Abweichung der AGB vom dispositiven Recht durch ein **überwiegendes Interesse des Verwenders** gedeckt ist.[94] Im Rahmen der vorzunehmenden Interessenabwägung ist das Interesse des AG an der Aufrechterhaltung der Klausel mit dem Interesse des AN an der Ersetzung der Klausel durch das Gesetz abzuwägen.[95]

Für die Praxis bedeutsam ist z.B. der Fall der Abweichung vom gesetzlichen Verjährungsrecht. Ausschlussfristen, die 33
die schriftliche Geltendmachung aller Ansprüche aus dem Arbverh innerhalb einer Frist von weniger als drei Monaten ab Fälligkeit verlangen, sind nach Abs. 2 Nr. 1 i.V.m. Abs. 1 S. 1 unwirksam.[96] Widerrufsvorbehalte bei Vergütungs- und Aufwendungsersatzzusagen in Arbeitsverträgen subsumiert das BAG ebenfalls unter Abs. 2 Nr. 1. Im Urteil v. 12.1.2005[97] entschied der Senat, dass ein Änderungsvorbehalt gegen die Regel „pacta sunt servanda" verstoße und der Widerruf einer übertariflichen Zulage und einer Fahrtkostenerstattung eine Abweichung von wesentlichen Grundgedanken dieses Rechtsgrundsatzes darstellten. Auch die Verlagerung des Betriebsrisikos entgegen der Regelung des § 615 S. 3 auf den AN kann eine unangemessene Benachteiligung darstellen.[98] So darf das Wirtschaftsrisiko durch Widerrufsvorbehalte nicht auf den AN verlagert werden, soweit damit in den Kernbereich des Arbverh eingegriffen wird. Nach dem Maßstab des § 2 KSchG ist ein Widerrufsvorbehalt nicht mit den wesentlichen Grundgedanken des Vertragsinhaltsschutzes vereinbar, soweit der widerrufliche Anteil am Gesamtverdienst über 25 bis 30 % liegt. Reichte in der Vergangenheit aus, dass der AG sich bei Widerrufsvorbehalten im Arbeitsvertrag

---

82 BGH 17.2.1964 – II ZR 98/62 – BGHZ 41, 151; BGH 4.6.1970 – VII ZR 187/68 – BGHZ 54, 106; BGH 8.5.1973 – IV ZR 158/71 – BGHZ 60, 377.
83 HWK/*Gotthardt*, § 307 BGB Rn 18; *Ulmer/Brandner/ Hensen*, § 307 BGB Rn 238.
84 BAG 7.12.2005 – 5 AZR 535/04 – NZA 2006, 423; BAG 30.7.2008 – 10 AZR 606/07– BB 2008, 1785; *Däubler/ Dorndorf/Bonin/Deinert*, § 307 Rn 228; HWK/*Gotthardt*, § 307 BGB Rn 16.
85 BAG 24.10.2002 – 6 AZR 632/00 – NZA 2003, 668; BAG 7.12.2005 – 5 AZR 535/04 – NZA 2006, 423; BAG 24.10.2007 – 10 AZR 825/06 – NZA 2008, 40; BAG 30.7.2008 – 10 AZR 606/07– BB 2008, 1785.
86 BAG 18.1.2006 – 7 AZR 191/05 – AP § 305 BGB Nr. 8.
87 BGH 28.1.2003 – XI ZR 156/02 – NJW 2003, 1447; Palandt/*Grüneberg*, § 307 Rn 25.
88 *Gotthardt*, Rn 321.
89 BGH 25.6.1991 – XI ZR 257/90 – BGHZ 115, 42; BGH 21.12.1983 – VIII ZR 195/82 – BGHZ 89, 211; BGH 4.6.1970 – VII ZR 187/68 – BGHZ 54, 110.
90 BAG 30.7.2008 – 10 AZR 606/07 – BB 2008, 1785; BAG 28.5.2008 – 10 AZR 351/07 – DB 2008, 1748.
91 *Ulmer/Brandner/Hensen*, § 307 BGB Rn 222.
92 BGH 19.3.1992 – IX ZR 166/91 – NJW 1992, 1626; Staudinger/*Coester*, § 307 BGB Rn 247.
93 *Däubler/Dorndorf/Bonin/Deinert*, § 307 Rn 223.
94 BGH 25.6.1991 – XI ZR 257/90 – NJW 1991, 2414; BGH 23.4.1991 – XI ZR 128/90 – NJW 1991, 1886.
95 BAG 20.2.2008 – 10 AZR 125/07 – DB 2008, 761.
96 BAG 28.9.2005 – 5 AZR 52/05 – NZA 2006, 149.
97 BAG 12.1.2005 – 5 AZR 364/04 – NZA 2005, 465.
98 BAG 8.7.2008 – 5 AZR 810/07 – BB 2008, 1617.

ein freies Ermessen einräumte,[99] müssen nunmehr die Widerrufsgründe im Arbeitsvertrag aufgeführt sein. Als zulässige Widerrufsgründe benennt das BAG: wirtschaftliche Gründe, Leistung oder Verhalten des AN, wirtschaftliche Notlage des Unternehmens, negatives wirtschaftliches Ergebnis einer Betriebsabteilung, Gewinnrückgang, Nichterreichen erwarteter wirtschaftlicher Ziele, unterdurchschnittliche Leistung des AN oder schwerwiegende Pflichtverletzung des AN.[100]

34 **3. Unangemessene Benachteiligung nach Nr. 2.** AGB sollen dem Vertragspartner keine wesentlichen Rechtspositionen wegnehmen oder einschränken, die ihm der Vertrag nach seinem Inhalt und Zweck zu gewähren hat.[101] Mit dem Aushöhlungsverbot in Abs. 2 Nr. 2 erklärt der Gesetzgeber Klauseln für unwirksam, die die Rechtspositionen des Vertragspartners, die ihm nach dem Vertragszweck zustehen sollen, wesentlich beeinträchtigen.[102] Die Vorschrift erfasst den Fall, dass für das in Frage stehende normative Problem Gesetzesnormen, Richterrecht oder geeignete Rechtsprinzipien, wie sie in Nr. 1 verlangt werden, nicht zur Verfügung stehen[103] und es sowohl an dispositiven Gesetzesnormen wie auch an Richterrecht oder passenden Rechtsprinzipien fehlt.[104] Die Grenzen zwischen der Anwendung von Nr. 1 und Nr. 2 verschwimmen, weil „wesentliche Grundgedanken der gesetzlichen Regelung" in Nr. 1 auch Richterrecht und Rechtsprinzipien sein können, so dass in Einzelfällen die gleichen Rechtsprinzipien Anknüpfungspunkte von Nr. 1 und von Nr. 2 bilden können.[105]

35 Zum Verfüllen der Begriffe „wesentliche Rechte und Pflichten" können **heuristische Hilfsformeln**[106] herangezogen werden. Derartige Formeln stellen darauf ab, ob die Rechte und Pflichten zum Schutz der zur Vertragsnatur gehörenden Interessen erforderlich sind oder ob „zentrale Leistungs- und Schutzerwartungen" betroffen sind, die die Vertragspartner aufgrund des Vertrages hegen dürfen.[107] Mit den Rechten und Pflichten sind primär die Hauptleistungspflichten des Vertrages gemeint.[108] Darauf beschränkt sich der Anwendungsbereich nicht.[109] Wesentlich kann sowohl die Aushöhlung eines Gestaltungsrechts als auch die Aushöhlung von Neben- oder Schutzpflichten sein, weil die sinnvolle Vertragserfüllung auch gerade dann eingeschränkt sein kann, wenn der Verwender von AGB seine Nebenpflichten einschränkt.[110] Auch einseitige Leistungsbestimmungsrechte, die sich der AG im vorformulierten Arbeitsvertrag vorbehält, können zu einer unangemessenen Aushöhlung des Vertragszwecks führen.[111]

36 In der Dogmatik des ArbR können Klauseln, die dem AN das Betriebs- und Beschäftigungsrisiko auferlegen, den Zweck des Arbeitsvertrages gefährden und die Rechtsposition des AN in erheblicher Weise aushöhlen. Dies ist etwa der Fall, wenn sich die Arbeitszeit nach den beim AG maßgeblichen (witterungsbedingten) Erfordernissen richten soll. Der hauptsächliche Vertragszweck des Arbverh als Dauerschuldverhältnis, regelmäßige Ansprüche auf Arbeitsleistung und auf Vergütung zu begründen, wird gefährdet.[112] Außer in Fällen des Arbeitskampfes trägt der AG das Lohnrisiko.[113] Sähe eine Klausel im Arbeitsvertrag vor, dass das Gehalt des AN entsprechend der Entwicklung des Gewinns des Unternehmens in gleicher Weise prozentual steigt oder sinkt und der AN im Falle eines Verlustes kein Gehalt erhalten würde, wäre die Klausel nach Abs. 2 Nr. 2 wegen Abwälzung des unternehmerischen Risikos auf den AN unwirksam.[114] In § 615 kommt eine elementare Gerechtigkeitsvorstellung zum Ausdruck.[115] Die Verlagerung des Entgeltrisikos in Formulararbeitsverträgen auf den AN stellt sich deshalb als unangemessene Benachteiligung gem. Abs. 2 Nr. 2 dar.[116]

Einen Fall des Abs. 2 Nr. 2 nimmt das BAG z.B. an, wenn eine Ausschlussfrist bestimmt, dass die Parteien ihre Ansprüche innerhalb von zwei Monaten seit Fälligkeit schriftlich gegenüber der anderen Seite geltend machen müssen.[117] Der Vertragszweck wird hingegen nicht durch eine vorübergehende Erhöhung der Arbeitszeit gefährdet.[118] Die Hauptleistungspflichten werden in diesen Fällen nur absehbar verändert.

37 Dogmatisch ungeklärt ist gegenwärtig die Frage, in welchem Verhältnis die „Besonderheiten des Arbeitsrechts" in § 310 Abs. 4 S. 2 zu den „wesentlichen Grundgedanken und Rechten" in Abs. 2 stehen. Im Zivilrecht besteht die sich

---

99 BAG 7.10.1982 – 2 AZR 455/80 – NJW 1983, 2285.
100 BAG 12.1.2005 – 5 AZR 364/04 – NZA 2005, 465.
101 *Ulmer/Brandner/Hensen*, § 307 BGB Rn 238.
102 BGH 20.6.1985 – VIII ZR 137/83 – NJW 1985, 914, 916.
103 *Ulmer/Brandner/Hensen*, § 307 BGB Rn 240.
104 *Däubler/Dorndorf/Bonin/Deinert*, § 307 Rn 228.
105 *Ulmer/Brandner/Hensen*, § 307 BGB Rn 197; *Däubler/Dorndorf/Bonin/Deinert*, § 307 Rn 228; für den Sachgrund als Voraussetzung wirksamer Arbeitsvertragsbefristung: LAG Brandenburg 27.7.2004 – 1 Sa 646/03 – LAGE § 307 BGB 2002 Nr. 4.
106 *Staudinger/Coester*, § 307 BGB Rn 272.
107 *Staudinger/Coester*, § 307 BGB Rn 272.
108 BGH 24.10.2001 – VIII ARZ 1/01 – NJW 2002, 673, 675.
109 *HWK/Gotthardt*, § 307 BGB Rn 18.
110 *Stoffels*, AGB-Recht, Rn 531; *Ulmer/Brandner/Hensen*, § 307 BGB Rn 260.
111 *Gotthardt*, Rn 271; für Entwicklungsklauseln in Chefarztverträgen: *Hümmerich/Bergwitz*, BB 2005, 997.
112 BAG 9.7.2008 – 5 AZR 810/07 – BB 2008, 1617.
113 BAG 15.12.1998 – 1 AZR 216/98 – DB 1999, 1023 = NZA 1999, 550; BAG 17.2.1998 – AZR 386/97 – AP Art. 9 GG Arbeitskampf Nr. 152; BAG 9.3.1983 – 4 AZR 301/80 – BAGE 42, 94; BAG 7.11.1975 – 5 AZR 61/75 – BAGE 27, 311; BAG 1.2.1973 – 5 AZR 382/72 – BAGE 25, 28.
114 LAG Hamm 16.10.1989 – 19 (13) Sa 1510/88 – ZiP 1990, 880 = AuR 1990, 262.
115 ArbG Leipzig 11.2.1999 – 6 Ca 10412/98 – AuA 2000, 184.
116 *Preis*, Vertragsgestaltung, S. 332; ErfK/*Preis*, §§ 305–310 BGB Rn 82.
117 BAG 19.12.2007 – 5 AZR 1008/06 – NZA 2008, 464; BAG 28.9.2005 – 5 AZR 52/05 – NZA 2006, 149.
118 BAG 18.1.2006 – 7 AZR 191/05 – NZA 2007, 351.

im Arbeitsrecht anbahnende Gefahr ständiger Zirkelschlüsse nicht, da das AGB-Recht im BGB für zivilrechtliche Rechtsgeschäfte keinen Berücksichtigungsvorbehalt wie § 310 Abs. 4 S. 2 vorgesehen hat.

4. Einzelfälle. a) Abtretungsverbot. Der AN hat bei einem Abtretungsverbot den Nachteil, dass er den pfändbaren Teil seines Entgeltanspruchs gegenüber einer Bank nicht als Sicherheit bei der Aufnahme eines Kredits ohne arbeitsvertraglichen Pflichtenverstoß anbieten kann. Damit ist er in seiner allgemeinen Handlungsfreiheit eingeschränkt. Da der AN das Recht hat, grds. über sein Gehalt frei zu verfügen, lässt sich eine Abtretungsverbotsklausel im Arbeitsvertrag mit den wesentlichen Grundgedanken der gesetzlichen Regelung nicht in Einklang bringen. Das Abtretungsverbot stellt sich unter diesen Umständen als eine unangemessene Benachteiligung des AN gem. Abs. 2 Nr. 1 dar.[119]

38

b) Abrufbarkeit. Mit der Vereinbarung von Arbeit auf Abruf, die über eine vertragliche Mindestarbeitszeit hinausgeht, verlagert der AG abweichend von § 615 einen Teil seines Wirtschaftsrisikos auf den AN. Die Abrufbarkeit darf deshalb nicht mehr als 25 % der vereinbarten wöchentlichen Arbeitszeit über- und 20 % unterschreiten.[120] Bestimmt sich die vertragliche Arbeitszeit nach den für den AG maßgeblichen Erfordernissen und den für den Beruf (eines Kraftfahrers) typischen Kriterien und richtet der AG ein Zeitarbeitskonto zur Überbrückung umsatzschwacher Monate ein, so sieht das BAG darin ebenfalls eine Vereinbarung über Arbeit auf Abruf, wenn auch außerhalb des Anwendungsbereichs des § 12 TzBfG.[121] Die Vereinbarung, die weder ein Mindest- noch eine Höchstarbeitszeit noch ein angemessenes Verhältnis von festen und variablen Arbeitsbedingungen enthält, ist nach Abs. 1 S. 1 unangemessen. Der hauptsächliche Vertragszweck des Arbverh als Dauerschuldverhältnis, regelmäßige Ansprüche auf Arbeitsleistung und auf Vergütung zu begründen, werde gefährdet. Zudem sei die vertragliche Regelung mit der gesetzlichen Zuweisung des Betriebsrisikos an den AG nach § 615 unvereinbar.

39

c) Absolute Nebentätigkeitsverbote. Absolute Nebentätigkeitsverbote waren schon bisher mit der Berufsfreiheit des AN nach Art. 12 GG unvereinbar.[122] Seit der Schuldrechtsreform ergibt sich die Unwirksamkeit absoluter Nebentätigkeitsverbote auch aus Abs. 2 Nr. 1 i.V.m. Art. 12 GG.[123]

40

d) Aktienbezugsrecht (Verfallklausel). Gewährte Aktienbezugsrechte, die auch nach Ablauf der in § 193 Abs. 2 Nr. 4 AktG vorgeschriebenen Wartezeit von mindestens zwei Jahren an das Bestehen eines ungekündigten Arbverh anknüpfen, benachteiligen den AN nicht unangemessen.[124] Mit der Vereinbarung werde nicht von den wesentlichen Grundgedanken des § 193 Abs. 2 Nr. 4 AktG abgewichen. Der Grundgedanke ist die beabsichtigte langfristige Verhaltenssteuerung, dem die mit einer Verfallklausel verbundene Sanktionierung der Beendigung des Arbverh während der Bindungsdauer gerade gerecht werde.[125]

41

e) Ausschlussklauseln. Ein Urteil des BAG,[126] das eine zweistufige, arbeitsvertragliche Ausschlussklausel für wirksam hielt, bei der alle Ansprüche aus dem Arbverh für den AN ausgeschlossen waren, wenn nicht innerhalb von zwei Wochen eine schriftliche Geltendmachung erfolgte und spätestens innerhalb eines Monats Klage erhoben war, nahm die Bundesregierung zum Anlass, die Streichung der Bereichsausnahme für das Arbeitsrecht aus dem AGB-Recht mit den Worten zu begründen, dass auf diese Weise sichergestellt werden solle, dass das Schutzniveau der Vertragsinhaltskontrolle im Arbeitsrecht nicht hinter demjenigen des Zivilrechts zurückbleiben solle.[127] Mit diesen deutlichen Worten gab der Gesetzgeber zu erkennen, dass Ausschlussklauseln künftig am Leitbild der Verjährungsvorschriften des Zivilrechts zu messen sind. Kurze Ausschlussfristen im Arbeitsrecht sind mit dem gesetzlichen Leitbild nicht mehr in Einklang zu bringen und verstoßen gegen Abs. 2 Nr. 1. Das BAG[128] wählt inzwischen als Leitbild der wirksamen Länge von Ausschlussklauseln für jede Stufe eine Frist von drei Monaten, die es in der ersten Stufe dem in seinem früheren wie seinem heutigen,[129] auf das AGG bezogenen, für eine Analogie denkbar ungeeigneten Wortlaut des § 61b Abs. 1 ArbGG entnimmt (siehe § 309 Rn 63 ff.).[130]

42

---

119 *Däubler/Dorndorf/Bonin/Deinert*, Anh. Zu § 307 Rn 4; *Lakies*, AGB im Arbeitsrecht, Rn 394.
120 BAG 7.12.2005 – 5 AZR 535/04 – NZA 2006, 423; BVerfG 23.11.2006 – 1 BvR 1909/06 – NJW 2007, 286; siehe zur noch umfangreicheren Erweiterung des Direktionsrechts im Schulbetrieb: BAG 14.8.2007 – 9 AZR 18/07 – AP § 6 ATG Nr. 2.
121 BAG 9.7.2008 – 5 AZR 810/07 – BB 2008, 1617.
122 BVerfG 4.11.1992 – 1 BvR 79/85 – NJW 1993, 317; BAG 26.6.2001 – 9 AZR 343/00 – NZA 2002, 98; BAG 6.9.1990 – 2 AZR 165/90 – AP § 615 BGB Nr. 47; BAG 3.12.1970 – AZR 110/70 – AP § 626 BGB Nr. 60.
123 *Hümmerich*, Gestaltung von Arbeitsverträgen, § 1 Rn 2221; siehe auch LAG Rheinland-Pfalz 29.4.2005 – 8 Sa 69/05 – EzAÜG SchwArbG Nr. 8. (Intransparenz).
124 BAG 28.5.2008 – 10 AZR 351/07 – DB 2008, 1748.
125 BAG 28.5.2008 – 10 AZR 351/07 – DB 2008, 1748.
126 BAG 13.12.2002 – 10 AZR 168/00 – BAGE 96, 371 = NZA 2001, 723.
127 BT-Drucks 14/6857, S. 54.
128 BAG 25.5.2005 – 5 AZR 572/04 – NZA 2005, 1111; BAG 28.9.2005 – 5 AZR 52/05 – NZA 2006, 149; BAG 19.12.2007 – 5 AZR 1008/06 – NZA 2008, 464; BAG 12.3.2008 – 10 AZR 152/07 – NZA 2008, 699.
129 Allgemeines Gleichbehandlungsgesetz v. 18.8.2006, BGBl I, S. 1897.
130 BAG 25.5.2005 – 5 AZR 572/04 – NZA 2005, 1111.

43 Zweimonatige Ausschlussklauseln sind unwirksam.[131] Eine einzelvertragliche Ausschlussklausel, die die gerichtliche Geltendmachung von Ansprüchen in vier Wochen nach Ablehnung vorschreibt, ist „krass unangemessen" und daher unwirksam.[132] Für jede Stufe einer doppelten Ausschlussfrist sind vielmehr drei Monate in Ansatz zu bringen.[133] Ist die Frist in einer Ausschlussklausel vom AG als Verwender zu kurz bemessen, kann sich der AG hierauf nicht mit Erfolg berufen.[134] Die Inhaltskontrolle dient nicht dem Schutz des Klauselverwenders vor den von ihm selbst eingeführten Formularbestimmungen. Seit Inkrafttreten der §§ 305 ff. wird einhellig die Auffassung vertreten, dass **einseitige einzelvertragliche Ausschlussfristen** den AN unangemessen benachteiligen und daher nach Abs. 2 unwirksam sind.[135] Auch das BAG hat sich dieser Auffassung im Grundsatz angeschlossen.[136]

44 **f) Bonus-Meilen-Klauseln.** Der Gesetzgeber hat in § 3 Nr. 28 EStG eine privilegierte Verwendung von Bonusmeilen durch den AN vorgesehen. Klauseln in Arbeitsverträgen, die hiervon abweichen, verstoßen nicht gegen einen wesentlichen Grundgedanken der gesetzlichen Regelung und sind damit nicht gem. Abs. 2 Nr. 1 unwirksam. BAG[137] und LAG Hamm[138] haben die Meinung vertreten, der AN, der bei seinen vom AG finanzierten Geschäftsreisen am Miles & More-Programm einer Fluggesellschaft teilnehme, sei auf Anforderung seines AG verpflichtet, die erworbenen Bonusmeilen für weitere Dienstflüge einzusetzen.

45 **g) Entwicklungsklauseln in Chefarztverträgen.** Entwicklungsklauseln in Chefarztverträgen, wie sie von der Deutschen Krankenhausgesellschaft (DKG) empfohlen werden, sind mit den wesentlichen Grundgedanken der gesetzlichen Regelung gem. Abs. 2 Nr. 1 nicht zu vereinbaren. Bei der durchzuführenden Interessenabwägung ist weder festzustellen, dass die Abweichung durch ein überwiegendes Interesse des Krankenhausträgers gerechtfertigt ist, noch dass es sich bei dem aufseiten des Chefarztes tangierten Interesse nur um ein geringwertiges bzw. nur geringfügig beeinträchtigtes handelt und auch eine gleichwertige Kompensation der Abweichung nicht stattfindet.[139] Selbst der Umstand, dass chefärztliche Entwicklungsklauseln bisher allgemein üblich und grds. wirksam waren,[140] führt nicht zu ihrer Vereinbarkeit mit den wesentlichen Grundgedanken des § 611 Abs. 1.

46 **h) Freistellungsklauseln.** Anlassfreie Freistellungsklauseln („Die Firma ist jederzeit berechtigt …") weichen von wesentlichen gesetzlichen Grundgedanken ab und sind unwirksam.[141] Nach der Rspr. des BAG[142] hat der AN unter Berücksichtigung der verfassungsrechtlichen Vorgaben von Art. 1, 2 GG im laufenden Arbeitsverh regelmäßig einen Anspruch auf tatsächliche Beschäftigung.[143] Fehlt in einer Freistellungsklausel des Arbeitsvertrages jeglicher Anknüpfungspunkt an einen konkreten, sich aus überwiegenden AG-Interessen ergebenden Freistellungsgrund, wird dem AN das Recht auf Erbringung der Hauptleistungspflicht in nicht begründeter Weise genommen, die Erreichung des Vertragszwecks ausgeschlossen, so dass eine anlassfreie Freistellungsklausel nach Abs. 2 Nr. 2 unangemessen ist.[144] Nach teilweise Instanz-Rspr. weicht auch eine generelle und einschränkungslose sog. antizipierte Freistellungsbefugnis für den Künd-Fall von den wesentlichen Grundgedanken des betriebsverfassungsrechtlichen (§ 102 Abs. 5 BetrVG) sowie des richterlichen Weiterbeschäftigungsanspruchs ab und ist nach Abs. 2 Nr. 1 unzulässig.[145] Sie bedarf einer näheren sachlichen Begründung, wie etwa die Gefahr des Geheimnisverrats oder Know-How-Verlustes.[146] Andere Instanzgerichte[147] halten die vor der Schuldrechtsreform üblichen Freistellungsklauseln unter

---

131 BAG 28.9.2005 – 5 AZR 52/05 – BB 2006, 327 = NZA 2006, 149; BAG 12.3.2008 – 10 AZR 152/07 – NZA 2008, 699.
132 LAG Köln 27.8.2004 – 4 Sa 178/04 – BB 2005, 672.
133 BAG 25.5.2005 – 5 AZR 572/04 – DB 2005, 2136 = NZA 2005, 1111.
134 BAG 27.10.2005 – 8 AZR 3/05 – NZA 2006, 257.
135 LAG Schleswig-Holstein 22.9.2004 – 3 Sa 245/04 – jurisPR-ArbR 4/2005 Nr. 5 m. Anm. *Beckmann*; *Däubler/Dorndorf/Bonin/Deinert*, § 310 Rn 103; *Krause*, RdA 2004, 36, 47; *Lakies*, NZA 2004, 569, 574; *Reinecke*, BB 2005, 381.
136 BAG 2.3.2004 – 8 AZR 196/03 – NZA 2004, 727.
137 BAG 11.4.2006 – 9 AZR 500/05 – NZA 2006, 1089; ebenso *Bauer/Krets*, BB 2002, 2066; a.A. *Heinze*, DB 1996, 2490.
138 LAG Hamm 29.6.2005 – 14 Sa 496/05 – EzA-SD 2005, Nr. 19, 14.
139 *Hümmerich*, MedR 2005, 575; *Hümmerich/Bergwitz*, BB 2005, 997; *Hümmerich/Bergwitz*, MedR 2005, 185; *Reinecke*, NJW 2005, 3383.
140 BAG 7.9.1972 – 5 AZR 12/72 – AP § 767 ZPO Nr. 2; BAG 15.12.1976 – 5 AZR 600/75 – AP § 611 BGB Arzt-Krankenhaus-Vertrag Nr. 3; BAG 9.1.1980 – 5 AZR 71/78 – AP § 611 BGB Arzt-Krankenhaus-Vertrag Nr. 6; BAG 13.3.2003 – 6 AZR 557/01 – AP § 611 BGB Arzt-Krankenhaus-Vertrag Nr. 47.
141 LAG München 7.5.2003 – 5 Sa 297/03 – LAGE § 307 BGB 2002 Nr. 2; ArbG Frankfurt/Main 19.11.2003 – 2 GA 251/03 – SPA 11/2004.
142 Siehe bereits BAG 10.11.1955 – 2 AZR 591/54 – BAGE 2, 221; BAG 23.11.1988 – 5 AZR 663/87 – juris.
143 Siehe auch ArbG Berlin 4.2.2005 – 9 GA 1155/05 – juris; ArbG Frankfurt/Main 19.11.2003 – 2 GA 251/03 – SPA 11/2004, 6; *Buchner*, Beschäftigungspflicht, 22; *Hümmerich*, DB 1999, 1264; *Leßmann*, RdA 1988, 149; *Luckey*, NZA 1992, 873; *Ruhl/Kassebohm*, NZA 1995, 497; Preis/Preis, Der Arbeitsvertrag, II F 10 Rn 3, 9.
144 *Hümmerich*, Gestaltung von Arbeitsverträgen, § 1 Rn 1414; ähnlich für den Bereich einer einseitigen Freistellungsanordnung zu dem Zweck, Überstunden abzufeiern: LAG Nürnberg 28.3.2000 – 7 Sa 713/99 – AuA 2000, 602.
145 LAG Baden-Württemberg 5.1.2007 – 7 Sa 93/06 – NZA-RR 2007, 406; ArbG Berlin 4.2.2005 – 9 Ga 1155/05 – EzA-SD 2005, Nr. 8, 11.
146 Näher *Hunold*, NZA-RR 2008, 449.
147 LAG Köln 20.2.2006 – 14 (10) Sa 1394/05 – NZA-RR 2006, 342.

Anrechnung auf Resturlaub und sonstige Ansprüche auf Freizeitausgleich auch weiterhin für zulässig.[148] Bei AN, deren Stellung im Betrieb des AG herausgehoben ist und deren Tätigkeit ein besonderes Vertrauensverhältnis zwischen den Arbeitsvertragsparteien voraussetzt, muss ungeachtet der Einschränkungen der Abs. 1 S. 1 und Abs. 2 Nr. 1 eine generelle Freistellung durch den AG möglich bleiben.[149]

i) Gehaltsfälligkeitsklauseln. Enthält der Arbeitsvertrag eine Regelung, wonach das monatliche Festgehalt später als nach dem Zeitabschnitt, für den es bemessen ist, fällig ist, wird gegen § 614 S. 2 und damit gegen eine wesentliche Regelung i.S.v. Abs. 2 Nr. 1 verstoßen.[150]

47

j) Haftungserweiterungsklauseln. Das BAG hat die Grundsätze der privilegierten AN-Haftung entwickelt und betrachtet diese als „einseitig zwingendes AN-Schutzrecht", von dem weder einzel- noch kollektivvertraglich zu Lasten des AN abgewichen werden könne.[151] Wird in einer Klausel von den Grundsätzen der privilegierten AN-Haftung, die als Richterrecht wesentliche Grundgedanken einer gesetzlichen Regelung darstellen, abgewichen, kann die Klausel im Einzelfall nach Abs. 2 Nr. 1 unwirksam sein.[152] Sieht die Arbeitsvertragsklausel zugunsten des AN eine Haftungsbegrenzung nach oben, unabhängig vom Verschulden, vor,[153] kann die Klausel je nach Ausgestaltung, wirksam sein.[154]

48

k) Koppelungsklauseln in Dienstverträgen von GmbH-Geschäftsführern. Klauseln, über die mit der Abberufung als GF das Trennungsprinzip (siehe § 38 GmbHG Rn 1) zwischen Organstellung und Dienstverhältnis durchbrochen wird, waren nach bisheriger BGH-Rspr. wirksam und erlaubten die Beendigung des Dienstverhältnisses mit einer kurzen ordentlichen Frist.[155] Allerdings hatte der BGH in den entschiedenen Fällen angenommen, das AGB-Recht sei nicht anwendbar.[156] Seit dem Inkrafttreten von § 13 gilt das AGB-Recht auch zugunsten von GF, soweit sie Fremd-GF sind oder als Gesellschafter-GF weder über eine Sperrminorität noch über einen beherrschenden Einfluss verfügen. Die Koppelungsklausel in einem befristeten Dienstvertrag stellt eine wesentliche Abweichung vom gesetzlichen Trennungsprinzip dar und ist nicht durch ein überwiegendes Interesse des Verwenders gedeckt, denn mit der weitgehend voraussetzungslosen Abberufungsbefugnis und der Befristung werden die Interessen des Verwenders bereits hinreichend geschützt. Sie sind auch deswegen unangemessen benachteiligend, weil bei einem befristeten Dienstverhältnis die mit der Befristung für den GF gerade beabsichtigte Rechtssicherheit vereitelt wird.[157]

49

Bei unbefristeten Dienstverträgen stellt sich dies anders dar. Das Anstellungsverhältnis endet nicht automatisch mit dem Ende der vorgesehenen Amtsperiode. Allerdings wird für die Koppelung von jederzeit möglicher Abberufung und Künd des Dienstvertrags neben der obligatorischen und zumindest kurzen Kündfrist dann eine vertraglich zugesagte angemessene kompensatorische Gegenleistung des Unternehmens gefordert werden müssen, in denen die Abberufungsgründe keine außerordentliche Künd rechtfertigen würden. Alternativ kann die ordentliche Künd-Frist für den Fall der Koppelung einseitig für das Unternehmen verlängert werden. In diesen Fällen ist die Vereinbarung einer Koppelungsklausel in der Gesamtbetrachtung nicht unwirksam. Koppelungsklauseln in einem unbefristeten GF-Anstellungsvertrag sind für den GF auch nicht überraschend.[158] Das Überraschungsmoment kann sich im Einzelfall nur aus der Stellung im Vertrag ergeben (siehe § 305c Rn 16).

l) Kurzarbeitsklauseln. Kurzarbeitsklauseln, die arbeitsvertraglich die jederzeitige einseitige Einführung von Kurzarbeit durch den AG vorsehen, stehen mit wesentlichen Grundgedanken des gesetzlichen Synallagma nicht in Einklang und verstoßen daher gegen Abs. 2 Nr. 1.[159] Selbst in TV kann keine voraussetzungslose Anordnungsbefugnis des AG zur Kurzarbeit wirksam vereinbart werden.[160] Kurzarbeit kann daher nur betriebskollektiv oder durch Arbeitsvertragsänderung im Einzelfall eingeführt werden oder durch eine Klausel, die mit einer Ankündigungsfrist dem AG die Einführung gestattet, wenn die Voraussetzungen der §§ 169 ff. SGB III erfüllt sind.[161]

50

m) Mankoklauseln. Eine Mankoklausel im Arbeitsvertrag, die einem AN eine Mithaftung für Fehlbestände in einem Bereich auferlegt, zu dem der AN nicht den alleinigen Zugang hat, ist schon nach bisheriger BAG-Rspr. unwirk-

51

---

148 Ebenso *Bauer*, NZA 2008, 409.
149 Siehe auch LAG Köln 13.5.2005 – 4 Sa 400/05 – juris; AG Frankfurt am Main 22.9.2005 – 19 Ga 199/05 – juris.
150 HWK/*Gotthardt*, Anh. §§ 305–310 BGB Rn 16.
151 BAG 29.1.1985 – 3 AZR 570/82 – AP § 611 BGB Haftung des Arbeitnehmers Nr. 87; BAG 13.2.1974 – 4 AZR 13/73 – AP § 611 BGB Haftung des Arbeitnehmers Nr. 77; BAG 22.11.1973 – 2 AZR 580/72 – AP BGB § 626 Nr. 67.
152 Vorsichtiger: *Stoffels*, AGB-Recht, Rn 991.
153 LAG Düsseldorf 24.11.1965 – 3 Sa 346/65 – BB 1966, 80.
154 *Preis*, Vertragsgestaltung, S. 466; HWK/*Gotthardt*, Anh §§ 305–310, Rn 1.
155 Für AG-Vorstand: BGH 11.5.1981 – II ZR 126/80 – WM 1981, 759; BGH 29.5.1989 – II ZR 220/88 – WM 1989, 1246 = NJW 1989, 2638; für GmbH-Geschäftsführer: BGH 9.7.1990 – II ZR 194/89 – BGHZ 112, 103, 115.
156 BGH 29.5.1989 – II ZR 220/88 – WM 1989, 1246 (IV 3 der Gründe).
157 *Hümmerich*, Gestaltung von Arbeitsverträgen, § 2 Rn 503; a.A. (bei AG-Vorständen): *Bauer/Arnold*, ZIP 2006, 2337.
158 Anders *Hümmerich*, NZA 2006, 709; *Hümmerich*, Gestaltung von Arbeitsverträgen, § 2 Rn 482.
159 *Hümmerich*, NZA 2003, 753; *Dorndorf/Dörner/Bonin/Deinert*, § 307 Rn 181.
160 BAG 18.10.1994 – 1 AZR 503/93 – NZA 1995, 1064.
161 Preis/*Preis*, Der Arbeitsvertrag, II A 90 Rn 79 ff.

sam,[162] sie ist es nach Abs. 2 Nr. 1 ebenfalls. Eine Mankohaftung ohne kompensatorische Gegenleistung in Form eines sog. Mankogeldes ist darüber hinaus stets unwirksam.[163] Auch solche Mankoabreden, die dem AN eine Erfolgshaftung über den Umfang einer gesonderten Mankovergütung hinaus auferlegen, sind nach Auffassung des BAG unwirksam.[164] Da diese Rspr. als wesentlicher Grundgedanke einer gesetzlichen Haftungsregelung für AN anzusehen ist, ergibt sich die Unwirksamkeit für die Zukunft aus Abs. 2 Nr. 1. Für einen Kaufmann bleibt bei dieser Rspr. allerdings die Frage nach der Funktion des Mankogeldes.

52 **n) Rückzahlung von überzahltem Arbeitsentgelt.** Vertragsklauseln, die das Risiko der falschen Entgeltberechnung und der Rückzahlung einer damit verbundenen Überzahlung allein auf den AN überwälzen, sind in Formularverträgen nach Abs. 2 Nr. 1 unwirksam.[165] Sie stellen vor dem Hintergrund des dispositiven Leitbilds des § 818 Abs. 3 eine unangemessene Benachteiligung dar.[166]

53 **o) Schuldanerkenntnis des Arbeitnehmers.** Nach Ansicht des BAG[167] unterliegen selbstständige Schuldanerkenntnisse und -versprechen der Inhaltskontrolle. Es ist zu prüfen, ob sie unangemessen den anderen Vertragspartner benachteiligen, weil sie von Rechtsvorschriften so abweichen, dass sie mit den wesentlichen Grundgedanken der Regelung, von der abgewichen wird, unvereinbar sind. Eine unangemessene Benachteiligung liegt vor, wenn der anderen Vertragspartei das Recht genommen wird, geltend zu machen, die dem Schuldversprechen oder dem -anerkenntnis zugrunde liegende Forderung bestehe nicht. Darin liegt nach Ansicht des BAG eine Abweichung vom Recht der ungerechtfertigten Bereicherung (§§ 812 Abs. 1, 821).

54 **p) Versetzungsvorbehalte.** Behält sich der AG die Änderung der vertraglich geschuldeten Tätigkeit an sich ohne die vertragliche Zusicherung der Gleichwertigkeit der Tätigkeit vor, so stellt dies eine unangemessene Benachteiligung nach Abs. 2 Nr. 1 dar (ausf. zu Versetzungsvorbehalten siehe auch Rn 92 ff.).

55 **q) Überhangprovision.** Reduziert sich die dem Vertriebsmitarbeiter zustehende Überhangprovision vertraglich auf die Hälfte, wenn der AN aus dem Arbvverh ausscheidet, bevor die erste Kaufpreisrate eines Käufers aus dem provisionsbegründenden Geschäft fällig geworden ist, so ist dies mit wesentlichen Grundgedanken des § 611 Abs. 1 und der §§ 65, 87 Abs. 1 S. 1 HGB nicht vereinbar und daher unwirksam.[168]

56 **r) Widerrufsvorbehalte zur Vergütungs- und Arbeitspflicht.** Widerrufsvorbehalte waren in Arbeitsverträgen nach bisheriger Rspr. dann unwirksam, wenn sie in den **Kernbestand des Arbvverh** eingriffen, insb. wenn wesentliche Elemente des Arbeitsvertrages einer einseitigen Änderung ohne Einflussmöglichkeit des AN unterliegen, so dass das **Gleichgewicht** zwischen Leistung und Gegenleistung **grundlegend gestört** wird.[169] Seit dem Urteil v. 12.1.2005 wählt das BAG[170] im Bereich der Vergütungspflicht einen anderen Ansatz. Abgesehen davon, dass Änderungsvorbehalte bei der Vergütung dem AN nicht gem. § 308 Nr. 8 zumutbar sind, wenn sich durch Ausübung des Widerrufs die Vergütung um mehr als 25 bis 30 % mindert, gelten sie als „abweichende Regelungen" i.S.v. Abs. 2 Nr. 1. Die Normwidrigkeit ergebe sich daraus, dass vom Grundsatz „pacta sunt servanda" abgewichen werde. Von einer wesentlichen Abweichung kann unverändert ausgegangen werden, wenn der Kernbestand des Arbvverh tangiert ist. Als Maßstab könne dabei der Vertragsinhaltsschutz nach § 2 KSchG gelten.[171] Stellt der AG im Arbeitsvertrag eine verpflichtend zugesagte finanzielle Nebenleistung unter einen Vorbehalt, muss er künftig die Gründe, unter denen er hiervon Gebrauch machen will, in den Vertrag aufnehmen. Solche Widerrufsgründe können sein: wirtschaftliche Gründe, Leistung oder Verhalten des AN, wirtschaftliche Notlage des Unternehmens, ein negatives wirtschaftliches Ergebnis einer Betriebsabteilung, Gewinnrückgang, Nichterreichen einer erwarteten wirtschaftlichen Entwicklung, unterdurchschnittliche Leistung des AN oder schwerwiegende Pflichtverletzungen des AN.

57 Widerrufsvorbehalte zur Arbeitszeit des AN sind im Regelfalle mit Abs. 2 Nr. 1 unvereinbar. Klauseln, über die der AG einseitig die Arbeitszeit bestimmen kann, sind seit der Musikschullehrerentscheidung des BAG[172] wegen einer unzulässigen Umgehung des gesetzlichen Schutzes für Änderungs-Künd nichtig. Diese Rspr. ist als „gesetzliche Regelung" i.S.d. Abs. 2 Nr. 1 anzusehen. Fällt dagegen der AG, ohne dass der Arbeitsvertrag einen Änderungsvorbehalt enthielt, die Unternehmerentscheidung, eine Vollzeitstelle durch zwei Halbtagsstellen zu ersetzen, ist die auf die Organisationsentscheidung gestützte Änderungs-Künd wirksam.[173]

---

162 BAG 17.9.1998 – 8 AZR 175/97 – DB 1998, 2610.
163 Thüsing, AGB-Kontrolle im Arbeitsrecht, Rn 100; Schwirtzek, NZA 2005, 437.
164 BAG 2.12.1999 – 8 AZR 386/98 – NZA 2000, 715.
165 Hümmerich, Gestaltung von Arbeitsverträgen, § 1 Rn 1624.
166 ErfK/Preis, §§ 305–310 BGB Rn 93; Gotthardt, Rn 323.
167 BAG 15.3.2005 – 9 AZR 502/03 – NZA 2005, 682.
168 BAG 20.2.2008 – 10 AZR 125/07 – DB 2008, 761.
169 BAG 7.10.1982 – 2 AZR 455/80 – AP § 620 BGB Teilkündigung Nr. 5.
170 BAG 12.1.2005 – 5 AZR 364/04 – NZA 2005, 465; Hümmerich, NJW 2005, 1759.
171 BAG 11.10.2006 – 5 AZR 721/05 – NZA 2007, 87.
172 BAG 12.12.1984 – 7 AZR 509/83 – BAGE 47, 314 = NZA 1985, 321; ebenso BAG 31.1.1985 – 2 AZR 393/83 – EzBAT § 8 BAT Direktionsrecht Nr. 3.
173 BAG 22.4.2004 – 2 AZR 385/03, NZA 2004, 1158.

Willemsen/Grau[174] und *Preis/Bender*[175] analysieren es als eine der wesentlichen Konsequenzen des Urteils des BAG v. 12.1.2005, flexible Entgeltabreden für die Zukunft zu befristen.

s) Zugangsklausel. Eine Klausel, die in Anlehnung an § 41 Abs. 2 VwVfG drei Tage nach Absendung eines Schreibens des AG den Zugang fingiert, ist nach der BAG-Rspr. unwirksam.[176] Außerdem hat das BAG festgelegt, dass die Klagefrist des § 4 KSchG bei einem durch Einschreibebrief zugesandten Künd-Schreiben, das bei der Post für eine Woche aufbewahrt wurde, weil der Postbote den AN nicht angetroffen hat, erst vom Tag der Abholung des Schreibens bei der Post durch den AN in Lauf gesetzt wird.[177] Werden beide Entscheidungen kombiniert und wird berücksichtigt, dass auch Richterrecht zu den „wesentlichen Grundgedanken der gesetzlichen Regelung" zählt, stellt eine Klausel im Arbeitsvertrag, die den Zugang eines Künd-Schreibens des AG innerhalb von drei Tagen nach Versendung fingiert, eine unangemessene Benachteiligung gem. Abs. 2 Nr. 1 dar.[178]

II. Verbindung zu anderen Rechtsgebieten

Auffällig bei Abs. 2 Nr. 1 und Nr. 2 ist das Zusammenspiel zwischen gesetzlichen Regelungen und Richterrecht auf der einen und den hierauf Bezug nehmenden Inhaltskontrollnormen auf der anderen Seite (Nr. 1: „Grundgedanken der gesetzlichen Regelung" und Nr. 2: „Rechte oder Pflichten, die sich aus der Natur des Vertrags ergeben"). Lässt sich eine gesetzliche Regelung oder lässt sich gestandenes Richterrecht aufzeigen, ist es Sache desjenigen, der ein Interesse an der Unwirksamkeit der Klausel hat, nachzuweisen, dass die übrigen Tatbestandsvoraussetzungen des Abs. 2 Nr. 1 oder Nr. 2 erfüllt sind. Schließt bspw. eine Klausel im Arbeitsvertrag § 616 gänzlich aus, war in der Vergangenheit diese Regelung wirksam.[179] In Zukunft kann § 616 gem. Abs. 2 Nr. 1 jedenfalls nicht mehr ersatzlos abbedungen werden.[180]

III. Beraterhinweise

Im Rahmen des Abs. 2 wird vermutet („im Zweifel"), dass eine unangemessene Benachteiligung vorliegt. Der AN muss die Voraussetzungen der Vermutung belegen. Der Verwender muss diese Voraussetzungen sodann widerlegen.[181]

Während sich die Rspr. des BGH in einer Vielzahl von Entscheidungen der Angemessenheitskontrolle nach Abs. 2 zugewandt und für eine ganze Reihe von Klauseln die Maßstäbe systematisiert hat, fehlt es im Bereich des ArbR noch an umfassenden, gefestigten Festlegungen.

Als Chance erschließt sich so dem die Parteien im Arbverh beratenden RA die Möglichkeit, über eigene Kreativität in einem juristischen Neuland Ansichten zu platzieren, ohne dass sich die Gegenseite gegenwärtig auf unumstößliche Spielregeln berufen kann. Es ist vor allem das Wechselverhältnis zwischen dem Individualarbeitsrecht und den argumentativ aufzufüllenden Tatbeständen des Abs. 2 Nr. 1 und 2, das den Reiz des Gestaltens in der noch über Jahre anhaltenden Umbruchphase des AGB-Rechts ausmacht.

D. Generalklausel der unangemessenen Benachteiligung (Abs. 1 S. 1)

I. Regelungsgehalt

Die Generalklausel in Abs. 1 S. 1 hat eine **Doppelfunktion**. Sie bestimmt zum einen den **Rahmen**, die **Maßstäbe** und die **Rechtsfolge der Inhaltskontrolle** im Allgemeinen. Wird auf Wertungsgesichtspunkte und die Bedeutung für die Praxis abgestellt, ist Abs. 1 S. 1 das Kernstück des AGB-Rechts.[182] Zum anderen ist Abs. 1 S. 1 als **Grundnorm ein eigenständiger Auffangtatbestand** für alle Fälle, die von den Regelbeispielen des Abs. 2 und den Klauselverboten der §§ 308, 309 nicht erfasst werden.[183]

1. Inhalt der Vorschrift. a) Bestimmungen in Allgemeinen Geschäftsbedingungen. Gegenstand der Inhaltskontrolle bilden Bestimmungen in „AGB". Dabei kann sowohl der AGB-Begriff aus § 305 Abs. 1 als auch der in § 310 Abs. 3 angelegte Maßstab bei Verbraucherverträgen herangezogen werden.[184]

b) Unangemessene Benachteiligung. Die Generalklausel kommt nur zur Anwendung, wenn den AN Klauseln im Arbeitsvertrag „benachteiligen". Benachteiligt wird der AN durch eine Vertragsbedingung, sofern **seine Rechtsstellung**, wie sie sich ohne die Vertragsbedingung ergeben würde, **besser wäre**.[185] Von einer Benachteiligung kann

---

174 NZA 2005, 1137.
175 NZA-RR 2005, 337.
176 BAG 13.10.1976 – 5 AZR 510/75 – NJW 1976, 1284.
177 BAG 25.4.1996 – 2 AZR 13/95 – NZA 1996, 1227.
178 *Hümmerich*, Gestaltung von Arbeitsverhältnissen, § 1 Rn 1370.
179 Palandt/*Weidenkaff*, § 616 BGB Rn 3.
180 *Däubler/Dorndorf/Bonin/Deinert*, § 307 Rn 238; offen gelassen BAG 7.2.2007 – 5 AZR 270/06 – NZA 2007, 1072.
181 *Ulmer/Brandner/Hensen*, § 307 BGB Rn 195; Palandt/*Grüneberg*, § 307 Rn 5.
182 Palandt/*Grüneberg*, § 307 Rn 1; HWK/*Gotthardt*, § 307 Rn 1.
183 *Däubler/Dorndorf/Bonin/Deinert*, § 307 Rn 47.
184 BAG 8.8.2007 – 7 AZR 855/06 – NZA 2008, 229.
185 Staudinger/*Coester*, § 307 BGB Rn 90; *Däubler/Dorndorf/Bonin/Deinert*, § 307 Rn 54.

also immer nur nach einem **Vergleich der beiden Rechtsstellungen** gesprochen werden. Beim Vergleich zwischen der Rechtsstellung des Vertragspartners, wie sie ohne die fragliche Klausel bestehen würde und der durch die Klausel geschaffenen Rechtsstellung, sind alle rechtlich schutzwürdigen Interessen zu berücksichtigen.[186]

67 Auch Dritte können sich auf eine unangemessene Benachteiligung nach Abs. 1 berufen, soweit sie Rechte aus dem Vertrag herleiten können oder durch diesen unmittelbar berechtigt sind.[187] Dies betrifft vor allem die betriebliche Altersversorgung. Die Interessen des AGB-Verwenders sind bei der abstrakten Feststellung der Benachteiligung des AN unerheblich. Weder muss der Verwender aus der Klausel einen Vorteil ziehen,[188] noch kann ein Nachteil des Verwenders die Erfüllung des Tatbestandsmerkmals der Benachteiligung rechtfertigen. Der Verwender soll aus der Unwirksamkeit der von ihm gestellten AGB keinen Vorteil erlangen, da die AGB-Kontrolle lediglich die einseitige Inanspruchnahme der Vertragsfreiheit durch den Verwender kompensieren soll.[189]

68 Die teilweise Unberechenbarkeit der Generalklausel ergibt sich daraus, dass eine Benachteiligung allein nicht ausreicht, sondern dass die Benachteiligung „entgegen den Geboten von Treu und Glauben unangemessen" sein muss. Damit erschließt der Gesetzgeber dem Rechtsanwender einen breiten Wertungsspielraum.

69 Eine Vereinbarung ist unangemessen, wenn der Verwender durch einseitige Vertragsgestaltung missbräuchlich eigene Interessen auf Kosten seines Vertragspartners durchzusetzen versucht, ohne von vornherein auch dessen Belange hinreichend zu berücksichtigen und ihm einen angemessenen Ausgleich zu gewähren.[190] Die Klausel ist folglich unwirksam, wenn sie nicht durch begründete und billigenswerte Interessen des AG gerechtfertigt ist oder durch gleichwertige Vorteile ausgeglichen wird.[191] Ob eine unangemessene Benachteiligung in diesem Sinne vorliegt, ist im Wege einer Abwägung unter Berücksichtigung der wechselseitigen Interessen und Bewertung rechtlich anzuerkennender Interessen der Vertragspartner, zu denen auch grundrechtlich geschützte Rechtspositionen zählen, zu ermitteln.[192] Bei der Interessenabwägung ist der Verhältnismäßigkeitsgrundsatz zu berücksichtigen. Als Beurteilungszeitpunkt sind die Verhältnisse maßgeblich, die im Zeitpunkt des Vertragsschlusses gegeben waren (siehe Rn 5).

70 Der BGH und das BAG[193] wählen bei der Interessenabwägung in Abs. 1 und 2 die „überindividuelle, generalisierende Betrachtungsweise" (siehe Rn 4). Die generalisierende Betrachtungsweise abstrahiert von den persönlichen Umständen, etwa der konkreten sozialen Schutzbedürftigkeit des AN, besonderer Eigenschaften, seinem Alter oder seinen Familienverhältnissen. Ausgeblendet werden deshalb die Auswirkungen der Klausel auf das konkrete Vertragsverhältnis.[194] Das Schuldverhältnis in seiner abstrakten Form, nämlich Art und Gegenstand, Zweck und besondere Eigenarten des jeweiligen Geschäfts, sind hingegen zu berücksichtigen. Die Benachteiligung muss generell bei der betroffenen Vertragsart und unter Berücksichtigung der typischen Interessen der beteiligten Verkehrskreise angenommen werden können.[195] Das bedeutet, dass dieselben AGB, verwendet für verschiedene Arten von Geschäften oder gegenüber verschiedenen Verkehrskreisen mit anderen Interessen, Verhältnissen und Schutzbedürfnissen im Rahmen der Abwägung zu gruppentypisch unterschiedlichen Ergebnissen führen können.[196]

71 Im Anwendungsbereich von Verbraucherverträgen wird die Betrachtungsweise des BGH auf die konkret-individuelle Situation der Vertragsbeteiligten erweitert, insb. können die „begleitenden Umstände gem. § 310 Abs. 3 Nr. 3 berücksichtigt werden.[197] Die Berücksichtigung dieser Umstände kann sowohl zur Unwirksamkeit einer nach generell-abstrakter Betrachtung wirksamen Klausel als auch zur Wirksamkeit einer nach typisierter Inhaltskontrolle unwirksamen Klausel führen.[198]

72 **2. Darlegungs-, Beweis- und Begründungslast.** Die Darlegungs- und Beweislast für die Tatbestandsmerkmale des Abs. 1 trägt der Vertragspartner, der sich auf die Unwirksamkeit beruft.[199]

II. Einzelfälle

73 **1. Arbeitszeitregelungen.** Schließt ein öffentlicher AG mit einer Vielzahl bei ihm beschäftigter Lehrkräfte oder Erzieher unbefristete Teilzeitarbeitsverträge und vereinbart er mit diesen bei Bedarf jeweils befristet für die Dauer

---

186 *Däubler/Dorndorf/Bonin/Deinert*, § 307 Rn 56.
187 BAG 27.3.2007 – 3 AZR 299/06 – DB 2007, 2847.
188 BGH 23.3.1988 – VIII ZR 58/87 – NJW 1988, 1726.
189 BAG 27.10.2005 – 8 AZR 3/05 – NZA 2006, 257; BGH 4.12.1986 – VII ZR 354/85 – NJW 1987, 837; BT-Drucks 7/5422, S. 6.
190 So die Formulierung des 9. Senats: BAG 18.3.2008 – 9 AZR 186/07 – NZA 2008, 1004; BAG 11.4.2006 – 9 AZR 610/05 – NZA 2006, 1042.
191 BAG 4.3.2004 – 8 AZR 196/03 – NZA 2004, 727; BAG 14.11.2007 – 4 AZR 945/06 – NZA-RR 2008, 358.
192 BAG 11.4.2006 – 9 AZR 610/05 – NZA 2006, 1042; BAG 18.3.2008 – 9 AZR 186/07 – NZA 2008, 1004; BGH 14.1.1987 – IVa ZR 130/85 – NJW 1987, 2431; *Ulmer/Brandner/Hensen*, § 307 BGB Rn 194.
193 BAG 4.3.2004 – 8 AZR 196/03 – NZA 2004, 727; BAG 11.4.2006 – 9 AZR 610/05 – NZA 2006, 1042; BAG 20.2.2008 – 10 AZR 125/07 – DB 2008, 761; BAG 18.3.2008 – 9 AZR 186/07 – NZA 2008, 1004.
194 *Däubler/Dorndorf/Bonin/Deinert*, § 307 Rn 74.
195 BAG 4.3.2004 – 8 AZR 196/03 – NZA 2004, 727; BAG 18.3.2008 – 9 AZR 186/07 – NZA 2008, 1004;
196 BAG 18.1.2006 – 7 AZR 191/05 – NZA 2007, 351.
197 *Däubler/Dorndorf/Bonin/Deinert*, § 307 Rn 81 ff.
198 BAG 31.8.2005 – 5 AZR 545/04 – NZA 2006, 324; BAG 14.8.2007 – 8 AZR 973/06 – NZA 2008, 170.
199 BGH 21.11.1995 – XI ZR 255/94 – NJW 1996, 388; *Ulmer/Brandner/Hensen*, § 307 BGB Rn 195; *Staudinger/Coester*, § 307 BGB Rn 104.

eines (Schul-)Jahres eine höhere Arbeitszeit, unterliegt die **Befristung der Arbeitszeiterhöhung** als AGB der gerichtlichen Kontrolle gem. §§ 305 ff.[200] Mit diesem Urteil trat ein Rspr.-Wechsel ein. Eine Kontrolle befristeter Vereinbarungen von Arbeitsbedingungen findet nicht mehr nach dem TzBfG statt, sondern nach Abs. 1 S. 1 statt. Es ist festzustellen, ob AN durch die Befristung der Arbeitszeiterhöhung entgegen den Geboten von Treu und Glauben unangemessen benachteiligt werden. Allein die Ungewissheit über zukünftigen Arbeitskräftebedarf genüge nicht.[201] Allerdings rechtfertigte das auf den allgemeinen Schülerrückgang ausgerichtete Lehrerpersonalkonzept zur Vermeidung betriebsbedingter Künd in den entschiedenen Fällen die befristete Arbeitszeiterhöhung.[202] Beruht die befristete Arbeitszeiterhöhung auf Umständen, die die Befristung eines Arbeitsvertrages insgesamt rechtfertigen können, so kann regelmäßig keine unangemessene Benachteiligung i.S.d. Abs. 1 S. 1 angenommen werden.[203] Auch ein entsprechender vertraglicher Vorbehalt in einer Altersteilzeitvereinbarung, wonach der vereinbarte Beschäftigungsumfang durch den AG aus bedarfsbedingten Gründen jeweils für die Dauer eines Schuljahres befristet aufgestockt werden kann, ist wirksam.[204]

Eine Regelung, wonach sich die Arbeitszeit nach den für die AG maßgeblichen Erfordernissen und den für den Beruf eines Kraftfahrers typischen Kriterien richtet, ist unwirksam.[205] Die witterungsbedingte Entscheidung des AG, die Kraftfahrer nicht zu beschäftigen (und auch nicht zu entlohnen), ist unvereinbar mit § 615 S. 3, wonach der AG das Betriebsrisiko trägt. 74

Weitgehende Bestimmungsrechte, die dem AG einseitig die Bestimmung der zeitlichen Lage der Arbeit gestatten, können unangemessene Klauseln nach Abs. 1 S. 1 darstellen.[206] Sind aber die konkreten Arbeitszeiten vertraglich nicht näher fixiert, kann der AG sie im Rahmen des Direktionsrechts nach § 106 S. 1 GewO konkretisieren. Ist sie festgelegt, kann der AG sie jedoch einem Änderungsvorbehalt unterwerfen, so z.B. in Abhängigkeit von den betrieblichen Erfordernissen.[207] Nichts einzuwenden hatte das LAG Hamburg[208] dagegen, dass die Parteien die jeweils betriebsüblichen Arbeitszeiten vereinbart hatten.

2. Ausbildungskosten. Orientierungsmaßstab[209] bei Rückzahlungsklauseln ist die bisherige BAG-Rspr.[210] Mit § 310 Abs. 4 S. 1 ist nicht mehr jene Rspr. vereinbar, die auch tarifliche Rückzahlungsklauseln wegen Fortbildungsleistungen des AG einer Inhaltskontrolle unterzog.[211] Haben die Parteien in einem vom AG vorformulierten Arbeitsvertrag normiert, dass ein AN bei Beendigung des Arbverh vor Ablauf einer bestimmten Frist vom AG übernommene Ausbildungskosten zurückzahlen muss, ohne dass es auf den Grund der Beendigung des Arbverh ankommt, ist diese Rückzahlungsklausel unwirksam.[212] Sie benachteiligt den AN entgegen den Geboten von Treu und Glauben unangemessen und ist damit nach Abs. 1 S. 1 unwirksam. Die Rückzahlungspflicht wird nicht dadurch eingeschränkt, dass der Passus: „wenn das Arbverh vorzeitig beendigt wird" ergänzt wird durch: „insb., wenn der Mitarbeiter das Arbverh selbst kündigt oder wenn das Arbverh vom Unternehmen aus einem Grund gekündigt wird, den der Mitarbeiter zu vertreten hat".[213] Eine mit „insb." eingeleitete Auflistung von Einzelfällen sei nach allgemeinem Sprachgebrauch keine abschließende Aufzählung. Eine Auslegung solcher Klauseln in dem Sinne, dass sie nur für den Fall gelten, in denen das Arbverh durch den AN selbst oder wegen eines von ihm zu vertretenden Grundes durch den AG beendet wird (geltungserhaltende Reduktion), scheide ebenfalls aus.[214] 75

Ferner setzt die Wirksamkeit einer Rückzahlungsvereinbarung voraus, dass der AN durch die Ausbildung einen geldwerten Vorteil erhält,[215] Fortbildungs- und Bindungsdauer in einem angemessenen Verhältnis stehen,[216] sich der Rückzahlungsbetrag ratierlich kürzt[217] und sich der AG vertraglich verpflichtet, den AN nach Abschluss seiner Aus- bzw. Fortbildung tatsächlich weiterzubeschäftigen.[218] Lässt er den AN darüber im Unklaren, zu welchen Bedingungen er beschäftigt werden wird, so ist die Regelung intransparent.[219] Bei zu langer Bindungsdauer ist die daran 76

---

200 BAG 27.7.2005 – 7 AZR 486/04 – AuR 2005, 379 = NZA 2006, 40; BAG 8.8.2007 – 7 AZR 855/06 – NZA 2008, 229; BAG 18.1.2006 – 7 AZR 191/05 – B 2006, 1379; BAG 3.4.2007 – 9 AZR 283/06 – NZA-RR 2008, 504.
201 BAG 18.1.2006 – 7 AZR 191/05 – juris; BAG 3.4.2007 – 9 AZR 283/06 – NZA-RR 2008, 504.
202 BAG 27.7.2005 – 7 AZR 486/04 – AuR 2005, 379; BAG 3.4.2007 – 9 AZR 283/06 – NZA-RR 2008, 504.
203 BAG 8.8.2007 – 7 AZR 855/06 – NZA 2008, 229.
204 BAG 14.8.2007 – 9 AZR 18/07 – BB 2008, 732.
205 BAG 9.7.2008 – 5 AZR 810/07 – BB 2008, 1617.
206 *Däubler/Dorndorf/Bonin/Deinert*, § 307 Rn 194 f.
207 *Lakies*, AGB im Arbeitsrecht, Rn 816 f.
208 LAG Hamburg 22.6.2004 – 1 Sa 52/03 – AiB Newsletter 2005, Nr. 2, 6.
209 BAG 11.4.2006 – 9 AZR 610/05 – NZA 2006, 1042.
210 BAG 18.8.1976 – 5 AZR 399/75 – EzA Art. 12 GG Nr. 13; BAG 16.3.1994 – 5 AZR 339/92 – NZA 1994, 937; BAG 23.2.1983 – 5 AZR 531/80 – EzA § 611 BGB Ausbildungsbeihilfe Nr. 3; BAG 29.6.1962 – 1 AZR 343/61 – AP Art. 12 GG Nr. 25; BAG 23.4.1986 – 5 AZR 159/85 – EzA § 611 BGB Ausbildungsbeihilfe Nr. 5.
211 So aber BAG 26.6.1984 – 5 AZR 605/83; BAG 5.7.2000 – 5 AZR 883/98 – juris.
212 Ausführlich *Düwell/Ebeling*, DB 2008, 406.
213 BAG 23.1.2007 – 9 AZR 482/06 – NZA 2007, 748.
214 BAG 11.4.2006 – 9 AZR 610/05 – NZA 2006, 1042.
215 BAG 5.6.2007 – 9 AZR 604/06 – NZA-RR 2008, 107; BAG 11.4.2006 – 9 AZR 610/05 – NZA 2006, 1042 mit Verweis auf st. Rspr.
216 BAG 5.6.2007 – 9 AZR 604/06 – NZA-RR 2008, 107; LAG Sachsen-Anhalt 6.9.2007 – 10 Sa 142/07 – juris; LAG München 20.6.2007 – 7 Sa 1188/06 – juris.
217 Siehe auch BAG 17.11.2005 – 6 AZR 160/05 – NZA 2006, 872.
218 BAG 18.3.2008 – 9 AZR 186/07 – NZA 2008, 1004.
219 BAG 18.3.2008 – 9 AZR 186/07 – NZA 2008, 1004.

geknüpfte Rückzahlungsklausel i.d.R. insg. unwirksam. War es für den AG aber objektiv schwierig, die zulässige Bindungsdauer im Einzelfall zu bestimmen, kommt ausnahmsweise eine ergänzende Vertragsauslegung in Betracht, in deren Rahmen die unzulässige Bindungsdauer auf ein zulässiges Maß zurückgeführt werden kann.[220]

77 **3. Ausschlussklauseln.** Wie der BGH bereits bei einem Handelsvertreter festgestellt hat, sind einseitige Ausschlussfristen in einem Vertrag unangemessene Klauseln gem. Abs. 1 S. 1.[221] Nach bisheriger BAG-Rspr. waren einseitige tarifliche Ausschlussfristen mit Art. 3 Abs. 1 GG vereinbar.[222] Auf der Grundlage des AGB-Rechts hat das BAG seine Rspr. erwartungsgemäß geändert.[223] Es lasse sich nicht begründen, wieso der AG seine Ansprüche leichter durchsetzen können soll als der AN. Eine Klausel, die für den Beginn der Ausschlussfrist nicht die Fälligkeit der Ansprüche berücksichtigt, sondern allein auf die Beendigung des Arbeitsverh abstellt, benachteiligt den AN ebenfalls unangemessen und ist deshalb nach Abs. 1 S. 1 unwirksam.[224] Daneben besteht bei Ausschlussklauseln bereits das erhöhte Risiko, dass sie aufgrund ihrer Stellung im Vertrag überraschend sind und nicht Vertragsbestandteil werden, etwa, weil sie unter zahlreichen anderen Regelungen in den Schlussvereinbarungen enthalten ist.[225] Zu weiteren Einzelheiten siehe § 309 Rn 62 f.

78 **4. Befristung von Arbeitsbedingungen.** Die Befristung einzelner Arbeitsbedingungen unterliegt nicht der Befristungskontrolle nach dem TzBfG. Die Inhaltskontrolle hat vielmehr nach den AGB-rechtlichen Grundsätzen zu erfolgen, sofern im Übrigen die Voraussetzungen der AGB-Kontrolle vorliegen.[226] (zu befristeten Arbeitszeitregelungen siehe Rn 73; zur Transparenz siehe Rn 111, 113).

79 **5. Einwilligung in Datenverarbeitung.** Ist die Einwilligung in die Erhebung persönlicher Daten im vorformulierten Arbeitsvertrag enthalten, ist deren Wirksamkeit an den §§ 305c, 307 Abs. 1 und 2 zu messen.[227] Eine unangemessene Benachteiligung i.S.v. Abs. 1 S. 1 ist umso eher anzunehmen, als sich die Datenerhebung, -verarbeitung oder -nutzung von dem Zweck des Arbverh entfernt. Sie ist immer anzunehmen, wenn sie als antizipierte Globaleinwilligung ausgestaltet ist und der AN nicht übersehen kann, auf welche Sachverhalte sie sich erstreckt.

80 **6. Entgeltabtretung.** Eine vorformulierte Vereinbarung über eine Gehaltsabtretung, die zu einer Übersicherung des Kreditgebers führt, ist ebenfalls unangemessen benachteiligend nach Abs. 1 S. 1.[228]

81 **7. Freiwilligkeitsvorbehalte.** Freiwilligkeitsvorbehalte können nach der Rspr. des BAG auch auf der Basis der §§ 305 ff. zulässig sein.[229] So kann sich der AG z.B. die Zahlung einer jährlichen Gratifikation im Hinblick auf das „Ob" und die Höhe als freiwillige Leistung vorbehalten. Kontrollmaßstab von Freiwilligkeitsvorbehalten ist Abs. 1 und 2, nicht § 308 Nr. 4, weil letzterer eine *versprochene* Leistung des AG im Sinne einer Erfüllungspflicht voraussetzt, die der Freiwilligkeitsvorbehalt aber gerade verhindert.[230] Allerdings kann derzeit aufgrund zweier BAG-Urteile[231] nicht mit der gewünschten Rechtssicherheit gesagt werden, welche Zahlungen einem Freiwilligkeitsvorbehalt unterworfen werden können. Klarheit herrscht insofern, als dass z.B. eine Weihnachtsgratifikation oder sonstige einmalige Sonderzahlung zum Jahresende, zu deren Gewährung sich der AG nicht bereits vertraglich verpflichtet hat, einem Freiwilligkeitsvorbehalt unterworfen werden kann.

82 Nach der Entscheidung des 5. Senats vom 25.4.2007[232] kann eine monatlich gewährte Leistungszulage nicht unter den Vorbehalt der Freiwilligkeit gestellt werden. Bei der Leistungszulage handele es sich um eine regelmäßig gewährte zusätzliche Vergütung der Arbeitsleistung, die in das vertragliche Synallagma eingebunden sei und auf die sich der AN in seiner Lebensführung einstelle. Der Ausschluss jeden Rechtsanspruchs für die Zukunft bei laufendem Arbeitsentgelt widerspräche dem Zweck des Arbeitsvertrags, der darin besteht, dass der AG die vollständige Erbringung der geschuldeten Leistung verlangen und der AN seinerseits über die vom AG geschuldete Gegenleistung disponieren kann.

83 Der 10. Senat hatte am 30.7.2008[233] über den Anspruch auf eine Weihnachtsgratifikation zu entscheiden, deren Zahlung sich der AG vertraglich als freiwillig ohne Rechtsanspruch für die Zukunft vorbehalten hatte. In diesem Fall könne der AN tatsächlich nicht darauf vertrauen, dass er auch zukünftig die Leistung erhalten solle. Mit der Sonderzahlung solle gerade nicht der tägliche Bedarf des AN gedeckt werden, sondern sie diene vielmehr Luxus- oder zumindest Sonderausgaben, die nur einmal im Jahr anfielen. Daher benachteilige der Freiwilligkeitsvorbehalt den AN

---

220 BAG 14.1.2009 – 3 AZR 900/07 – NZA 2009, 666.
221 BGH 12.10.1979 – I ZR 166/78 – BGHZ 75, 218.
222 BAG 4.12.1997 – 2 AZR 809/96 – NZA 1998, 431.
223 BAG 31.8.2005 – 5 AZR 545/04 – NZA 2006, 324; BAG 2.3.2004 – 1 AZR 271/03 – NZA 2004, 852; LAG Schleswig-Holstein 22.9.2004 – 3 Sa 245/04 – LAGE § 307 BGB 2002 Nr. 5.
224 BAG 1.3.2006 – 5 AZR 511/05 – FA 2006, 175.
225 BAG 31.8.2005 – 5 AZR 545/04 – NZA 2006, 324.
226 BAG 18.1.2006 – 7 AZR 191/05 – juris.
227 Gola/Schomerus, § 4a BDSG Rn 7, 14; ErfK/Wank, § 4a BDSG Rn 2.
228 LAG Köln 27.3.2006 – 14 (9) Sa 1335/05 – NZA-RR 2006, 365.
229 BAG 24.10.2007 – 10 AZR 825/06 – NZA 2008, 40; BAG 30.7.2008 – 10 AZR 606/07 – NZA 2008, 1173.
230 BAG 30.7.2008 – 10 AZR 606/07 – NZA 2008, 1173.
231 BAG 25.4.2007 – 5 AZR 627/06 – NZA 2007, 853 und BAG 30.7.2008 – 10 AZR 606/07 – NZA 2008, 1173.
232 BAG 25.4.2007 – 5 AZR 627/06 – NZA 2007, 853.
233 BAG 30.7.2008 – 10 AZR 606/07 – NZA 2008, 1173.

nicht unangemessen. Die Differenzierung, ob ein Freiwilligkeitsvorbehalt zulässig ist, knüpft folglich daran an, ob es sich um eine Sonderleistung zum laufenden Arbeitsentgelt handelt oder eben eine nicht laufende Sonderzahlung zusätzlich zum laufenden Arbeitsentgelt. Der 10. Senat weist allerdings selbst darauf hin, dass eine klare Abgrenzung von laufenden und zusätzlichen Leistungen nicht möglich ist. Der Zweck der Zahlung sei für die Zulässigkeit eines Freiwilligkeitsvorbehalts nicht entscheidend.

Die Unwirksamkeit des Freiwilligkeitsvorbehalts kann sich auch aus der Vertragsgestaltung ergeben. Sagt der AG vertraglich die jährliche Weihnachtsgratifikation zu und schließt er sie gleichzeitig vertraglich für die Zukunft aus, so führt diese Widersprüchlichkeit zur Intransparenz der Regelung (siehe Rn 121).[234] **84**

Ein unwirksamer Freiwilligkeitsvorbehalt entfällt ersatzlos.[235] Der AN hat einen Anspruch auf die jeweils betroffene Zahlung. Eine Umdeutung des unzulässigen Freiwilligkeitsvorbehalts in einen nicht näher konkretisierten Widerrufsvorbehalt, so wie die frühere Rspr.[236] es zuließ, lehnt das BAG auf der Basis der §§ 305 ff. nunmehr ausdr. ab.[237] Eine Klausel, wonach jede Leistung, die über die in den Tarifverträgen festgelegten Leistungen hinausgeht, jederzeit „unbeschränkt widerruflich" ist und „keinen Rechtsanspruch für die Zukunft" begründet, bewertete das BAG[238] allerdings von vornherein als Widerrufsvorbehalt.

8. Klageverzicht. Eine formularmäßige Erklärung, keine Künd-Schutzklage zu erheben, stellt ohne kompensatorische Gegenleistung eine unangemessene Benachteiligung i.S.d. Abs. 1 S. 1 dar.[239] Der bloße Verzicht auf eine Künd-Schutzklage stelle keine Hauptabrede, sondern lediglich eine Nebenabrede zum ursprünglichen Arbeitsvertrag dar, die von § 4 S. 1 KSchG bzw. § 13 Abs. 1 KSchG abweiche. Der Verzicht auf den gesetzlichen Künd-Schutz müsse anderweitig kompensiert werden. Das BAG[240] nennt als Kompensationsfaktoren beispielhaft den Beendigungszeitpunkt, die Beendigungsart, die Zahlung einer Entlassungsentschädigung und den Verzicht auf eigene Ersatzansprüche. Der formularmäßige Verzicht auf die Erhebung einer Künd-Schutzklage gegen Zahlung einer Kompensation ist mithin möglich, jedoch stets erst nach Ausspruch der Künd (ohne Weiteres aber innerhalb der Drei-Wochen-Frist des § 4 S. 1 KSchG).[241] **85**

9. Kündigungsfrist. Eine Vereinbarung, wonach für beide Parteien eine sechsmonatige Künd-Frist zum Ablauf jeweils des 4. Beschäftigungsjahres gelten soll, ist nach der Rspr. des LAG München unwirksam, wenn dem kein angemessener Ausgleich zugunsten des AN für seine Einschränkung der beruflichen Bewegungsfreiheit gegenübersteht.[242] Die Regelungen in § 624, § 15 Abs. 4 TzBfG, die eine Bindung von bis zu fünf Jahren zulassen, stehe dem nicht entgegen. An der BAG-Entscheidung vom 19.12.1991,[243] wonach es zulässig war, das Arbverh zunächst für fünf Jahre zu schließen und es sich danach jeweils um weitere fünf Jahre verlängerte, falls es nicht von einem Vertragspartner unter Einhaltung einer Künd-Frist von einem Jahr gekündigt wurde, sei auf der Grundlage des AGB-Rechts nicht mehr festzuhalten. **86**

10. Ruhen des Arbeitsverhältnisses. Die Vereinbarung, dass das Arbverh eines Gebäudereinigers in den Schulferien – von den in die Ferien gelegten Urlaubszeiten abgesehen – einschließlich aller Lohnzahlungs- und Beschäftigungspflichten ruht, unterliegt der AGB-Kontrolle.[244] Sie weicht von § 611 ab, der regelmäßig die wechselseitigen Hauptleistungspflichten begründet. Sie sei jedoch angemessen, da aufgrund der allgemeinen Schulferien keine Beschäftigungsmöglichkeit besteht, das Ruhen des Arbverh nur rund 1/7 der Jahresarbeitszeit ausmacht und der AG auch den Weg der Befristung hätte wählen können. **87**

11. Stichtagsregelung. Eine Stichtagsregelung, die unabhängig von der Höhe einer gewinn- und leistungsabhängigen Bonuszahlung den AN bis zum 30. September des Folgejahres bindet, benachteiligt den AN unangemessen und ist gem. Abs. 1 unwirksam.[245] Die Regelung differenziert nicht zwischen Zahlungen, die überhaupt keine Bindung des AN rechtfertigten und Zahlungen, die eine Bindung des AN bis zum 31. März des Folgejahres oder darüber hinaus rechtfertigen könnten. Im Übrigen ließ das BAG ausdr. offen, ob bei der Inhaltskontrolle von Bindungsklauseln zwischen Stichtags- und Rückzahlungsklauseln zu differenzieren ist und ob eine unangemessene Benachteiligung des AN vorliegt, wenn Bindungsklauseln bei Sonderzahlungen nicht zwischen Künd differenzieren, die in den Verantwortungsbereich des AN oder des AG fallen. Letztere Frage hat das BAG zwischenzeitlich weiter präzisiert: Eine Stichtagsregelung ist wirksam, wonach der Mitarbeiter nur Anspruch auf einen Bonus hat, wenn er zum Abschluss des Geschäftsjahres in einem ungekündigten Arbverh steht.[246] In dem zu entscheidenden Fall knüpfte der Bonus an **88**

---

234 Vgl. auch BAG 24.10.2007 – 10 AZR 825/06 – NZA 2008, 40.
235 BAG 30.7.2008 – 10 AZR 606/07 – NZA 2008, 1173.
236 BAG 22.10.1980 – 5 AZR 825/78 – juris.
237 BAG 25.4.2007 – 5 AZR 627/06 – NZA 2007, 853.
238 BAG 11.10.2006 – 5 AZR 721/05 – NZA, 87.
239 BAG 6.9.2007 – 2 AZR 722/06 – NZA 2008, 219; siehe auch LAG Baden-Württemberg 19.7.2006 – 2 Sa 123/05 – AuA 2006, 614; ebenso LAG Hamburg 29.4.2004 – 1 Sa 47/03 – NZA-RR 2005, 151.
240 BAG 6.9.2007 – 2 AZR 722/06 – NZA 2008, 219.
241 BAG 19.4.2007 – 2 AZR 208/06 – NZA 2007, 1227.
242 LAG München 22.8.2007 – 11 Sa 1277/06 – juris.
243 BAG 19.12.1991 – 2 AZR 363/91 – NZA 1992, 543.
244 BAG 10.1.2007 – 5 AZR 84/06 – NZA 2007, 384.
245 BAG 24.10.2007 – 10 AZR 825/06 – NZA 2008, 40.
246 BAG 6.5.2009 – 10 AZR 443/08 – NZA 2009, 783.

die Zielerreichung des Mitarbeiters (quantitative und/oder qualitative Ziele, die zu Beginn des Geschäftsjahres festgelegt werden), die individuelle Beurteilung sowie das wirtschaftliche Ergebnis des Unternehmens für das gesamte Geschäftsjahr an. Eine Differenzierung der Stichtagsregelung nach Beendigungsgründen verlangte das Gericht nicht. Die Parteien hätten zulässig das gesamte Geschäftsjahr als Zielperiode festgelegt.

89 Setzt der Anspruch auf einen Erfolgsbonus voraus, dass zum Ende des Bezugsjahres kein ungekündigtes Arbverh besteht, ist hierin nach dem LAG Düsseldorf[247] eine unangemessene Benachteiligung zu sehen, weil undifferenziert auch jede vom AN nicht zu vertretende vorzeitige Beendigung des Arbverh erfasst wird.[248] Dies habe jedenfalls dann zu gelten, wenn die mögliche Bonushöhe nicht die 25 % – oder 30 %-Grenze des Jahresgehalts überschreitet.

90 **12. Überstundenabgeltung.** Sofern es sich nicht lediglich um die Anordnung eines geringfügigen Überstundendeputats handelt, wird durch eine pauschalierte finanzielle Überstundenabgeltung in das Äquivalenzgefüge eingegriffen, so dass die Pauschalabgeltung und die geleisteten Überstunden nicht mehr in einem angemessenen Verhältnis zueinander stehen.[249] Die Regelung ist unwirksam und führt dazu, dass jede Überstunde mit dem üblichen Stundenlohn zu vergüten ist. Wann es sich um ein geringfügiges Überstundendeputat handelt, ist bislang höchstrichterlich ungeklärt. Ob eine pauschale Abgeltung bis zur gesetzlichen Höchstgrenze zulässig sein soll, konnte das BAG mangels Entscheidungserheblichkeit in seinem Urteil vom 28.9.2005[250] offen lassen. Es ist allerdings zweifelhaft, dass die Rspr. des BAG zu Widerrufsvorbehalten[251] und Abrufklauseln[252] im Hinblick auf den zulässigen Eingriff in das Äquivalenzverhältnis auf die Abgeltung von Überstunden übertragen werden kann. Nach der Rspr. können Leistungen von bis zu 25 % des Gesamtgehalts widerrufen bzw. Abrufarbeit von bis zu 25 % der vereinbarten Mindestarbeitszeit abgerufen werden. Richtigerweise wird man als geringfügiges und pauschal abgeltbares Überstundendeputat 10 % der regelmäßigen wöchentlichen Arbeitszeit ansehen können.[253]

91 **13. Umsatzzielvereinbarung.** Enthält der Arbeitsvertrag eine Klausel, wonach der AN jährlich zu vereinbarende Umsatzziele schuldet, war eine solche Regelung schon vor Inkrafttreten der Schuldrechtsreform unwirksam, da der AN arbeitsvertraglich keinen bestimmten Umsatzerfolg schuldet.[254] Wegen einer Abwälzung des unternehmerischen Marktrisikos[255] stellt die Klausel eine den AN unangemessen benachteiligende Regelung i.S.v. Abs. 1 S. 1 dar.[256]

92 **14. Versetzungsvorbehalte.** Versetzungsvorbehalte betreffen zum einen die Art der Tätigkeit (sog. „Änderungsvorbehalte") und zum anderen den Ort der Tätigkeit. Sie verstoßen nicht gegen § 308 Nr. 4, da die Regelung nur einseitige Bestimmungsrechte hinsichtlich der Leistung des Verwenders erfasst.[257] Kontrollmaßstab ist in beiden Fällen Abs. 1 und 2. Generell werden Versetzungsvorbehalte auch nach der Schuldrechtsreform aufgrund des Anpassungsbedürfnisses des Arbverh als Dauerschuldverhältnis von der Rspr. akzeptiert.

93 Dabei ist zunächst festzustellen, ob mit der Klausel die Hauptleistungspflicht direkt oder ihre spätere Abänderbarkeit bzw. Modifikation beschrieben wird. Die Beschreibung der Hauptleistungspflichten unterliegt nur der Transparenzkontrolle nach Abs. 3 S. 2 i.V.m. Abs. 1 S. 2 (siehe Rn 14). Die Regelung innerhalb einer sog. Final-Cut-Klausel, wonach eine Filmrolle „unter Wahrung des Persönlichkeitsrechts" des Schauspielers weitgehend geändert werden kann, umschreibt die Hauptleistungspflicht an sich und wurde daher vom 5. Senat in seiner Entscheidung vom 13.6.2007 nur auf Transparenz kontrolliert und unbeanstandet gelassen.[258]

94 Das BAG differenziert im Hinblick auf die Tätigkeit zwischen zwei Arten von Vorbehalten, an die aufgrund ihrer unterschiedlichen Reichweite unterschiedliche Anforderungen gestellt werden. Einerseits kann sich der AG die Änderung des Aufgabengebiets im Rahmen der vertraglich geschuldeten Tätigkeit vorbehalten.[259] Diese Regelung entspricht materiell dem § 106 GewO und kann daher nicht unangemessen sein.[260] Andererseits kann sich der AG aber auch die Zuweisung einer anderen Art als der vertraglich geschuldeten Tätigkeit über § 106 GewO hinaus vorbehalten.[261] Mit einer solchen Regelung kann der AG einseitig in das Vertragsgefüge eingreifen, weswegen die Anforderungen der Rspr. strenger sind. Die Abgrenzung zwischen beiden Vorbehaltsalternativen kann im Einzelfall schwierig sein.

---

247 LAG Düsseldorf 16.4.2008 – 12 Sa 2180/07 – juris.
248 Siehe auch LAG Rheinland-Pfalz 13.7.2007 – 6 Sa 315/07 – PERSONAL 2007, Nr. 12, 54.
249 LAG Köln 20.12.2001 – 6 Sa 965/01 – AuR 2002, 193; HWK/*Gotthardt*, Anh. §§ 305–310 BGB Rn 39.
250 BAG 28.9.2005 – 5 AZR 52/05 – NZA 2006, 149.
251 BAG 12.1.2005 – 5 AZR 364/04 – NZA 2005, 465.
252 BAG 7.12.2005 – 5 AZR 535/04 – NZA 2006, 423.
253 ErfK/*Preis*, §§ 305–310 BGB Rn 92; HWK/*Gotthardt* Anh §§ 305–310 Rn 39; großzügiger offenkundig *Lakies*, AGB im Arbeitsrecht, Rn 712; restriktiver.
254 LAG Düsseldorf 17.2.1989 – 9 Sa 1553/88 – AiB 1990, 85.
255 LAG Hamm, 16.10.1989 – 19 (13) 1510/88 – LAGE § 138 BGB Nr. 4.
256 *Hümmerich*, Gestaltung von Arbeitsverträgen, § 1 Rn 1.
257 BAG 13.3.2007 – 9 AZR 433/06 – DB 2007, 1985; BAG 11.4.2006 – 9 AZR 557/05 – NZA 2006, 1149.
258 BAG 13.6.2007 – 5 AZR 564/06 – NZA 2007, 974.
259 Ausführlich: *Dzida/Schramm*, BB 2007, 1221.
260 BAG 11.4.2006 – 9 AZR 557/05 – NZA 2006, 1149.
261 BAG 9.5.2006 – 9 AZR 424/05 – NZA 2007, 145.

Behält sich der AG im Rahmen seines billigen Ermessens lediglich die Konkretisierung der vertraglich vereinbarten Arbeitspflichten durch Zuweisung eines anderen Aufgabengebietes vor, so lässt das BAG eine solche Regelung unbeanstandet. Da der Versetzungsvorbehalt nach seinem materiellen Gehalt dem Direktionsrecht in § 106 S. 1 GewO nachgebildet ist, kann er nicht unangemessen i.S.d. Abs. 1 sein. Als wirksam hat das BAG daher einen Versetzungsvorbehalt beurteilt, wonach sich der AG vorbehält, einen Mitarbeiter entsprechend seinen Leistungen und Fähigkeiten mit einer anderen im Interesse des Unternehmens liegenden Tätigkeit zu betrauen und an einem anderen Ort zu beschäftigen.[262] Diese Klausel ermöglicht neben der Aufgabenänderung auch die Änderung des Arbeitsortes. Ebenfalls als zulässig hat das BAG einen Versetzungsvorbehalt angesehen, wonach sich der AG „unter Wahrung der Interessen des Redakteurs die Zuweisung eines anderen Arbeitsgebietes" vorbehielt.[263] Beide Klauseln verpflichten den AG hinreichend, die Versetzung nur im Rahmen billigen Ermessens vorzunehmen. Eine Angabe der Gründe für die Änderung des Arbeitsorts und Arbeitsgebiets im Vertrag ist nicht notwendig.[264]

Eine vertragliche Direktionsrechtserweiterung, mit der die Möglichkeit der Zuweisung einer anderen Art als der vertraglich vereinbarten Tätigkeit vorbehalten wird, geht über den materiellen Gehalt des § 106 GewO hinaus:[265] Sie ist daher einem wesentlich größeren Risiko der Unwirksamkeit nach AGB-rechtlichen Maßstäben ausgesetzt. Die Formularvereinbarung, der AG könne dem AN „falls erforderlich" und nach „Abstimmung der beiderseitigen Interessen" eine andere Tätigkeit zuweisen, erlaube dem AG nicht die Versetzung einer Personalsachbearbeiterin in eine Produktionsabteilung als Analystin.[266] Nach dem BAG genüge eine solche Klausel aufgrund der fehlenden vertraglichen Gewährleistung einer gleichwertigen anderen Tätigkeit nicht, um den AN vor willkürlich einseitiger Änderung in einem dem Änderungsschutz angenäherten Maß zu schützen. Fehlt die vertragliche Gewährleistung der Zuweisung einer mindestens gleichwertigen Tätigkeit, so ist die Vereinbarung mit dem Grundgedanken des gesetzlichen Inhaltsschutzes aus § 2 KSchG unvereinbar und nach Abs. 2 Nr. 1 unwirksam.[267]

Ob aus der bisherigen Rspr. bereits endgültig gefolgert werden kann, dass die formularmäßige Zuweisungsmöglichkeit einer geringerwertigen Tätigkeit stets unwirksam[268] oder nur im Falle der gleichzeitigen Entgeltabsenkung unwirksam ist,[269] wird uneinheitlich beantwortet. Einen Hinweis zu dieser Problematik gab das BAG mit seiner Entscheidung vom 11.4.2006,[270] in der es ausdr. offen ließ, ob bei einer Versetzung auf einen geringerwertigen Arbeitsplatz Versetzungsgründe genannt werden müssen oder nicht. Diese Aussage legt nahe, dass die vertraglich vereinbarte Zuweisungsmöglichkeit einer geringerwertigen Tätigkeit nicht generell unzulässig sein soll. In jedem Fall sollte eine Vereinbarung, die auch die Zuweisung einer geringerwertigen Tätigkeit zulässt, neben einer Vergütungsgarantie in Anlehnung an die BAG-Entscheidung vom 12.1.2005[271] die Versetzungsgründe enthalten. Da die Zuweisung einer geringerwertigen Tätigkeit für den AN besonders einschneidend ist, werden solche Phrasen wie „wirtschaftliche Gründe" eine solche Versetzung nicht begründen können. Die Gründe sind vielmehr detailliert darzustellen und sollten sich an der sozialen Rechtfertigung einer Änderungs-Künd orientieren.

Im Übrigen gilt, dass die Zulässigkeit einer konkreten Versetzung nicht nur eine wirksame Versetzungsklausel voraussetzt. Die Rspr. unterscheidet im Hinblick auf die Wirksamkeit einer Versetzung zwischen der Wirksamkeitskontrolle eines vorformulierten Vorbehalts nach Abs. 1 und 2 auf der ersten Stufe und der anschließenden Ausübungskontrolle im Hinblick auf die konkrete Versetzung auf der zweiten Stufe.[272] Eine Versetzung ist demnach nur zulässig, wenn sie auf einem wirksamen vertraglichen Versetzungsvorbehalt beruht, sich der AG in diesem Versetzungsrahmen bewegt und sein vorbehaltenes Weisungsrecht nach billigem Ermessen ausgeübt hat, § 106 GewO, § 315. Fehlt eine dieser vom AG darzulegenden Voraussetzungen, ist die Versetzung unwirksam.[273]

Die kommissarische Übertragung einer Arbeitsaufgabe ist zugleich die Zuweisung einer Tätigkeit unter Widerrufsvorbehalt.[274] Die Wirksamkeit der Übertragung einer kommissarischen Tätigkeit hängt davon ab, ob es sich um eine gleichwertige Tätigkeit handelt[275] und ob wesentliche Umstände abgewogen und beiderseitige Interessen berücksichtigt wurden (§ 106 GewO, § 315).[276] Im öffentlichen Dienst darf auch vorübergehend kommissarisch eine höherwertige Tätigkeit übertragen werden.[277]

---

262 BAG 13.3.2007 – 9 AZR 433/06 – DB 2007, 1985.
263 BAG 11.4.2006 – 9 AZR 557/05 – NZA 2006, 1149.
264 BAG 11.4.2006 – 9 AZR 557/05 – NZA 2006, 1149.
265 LAG Rheinland-Pfalz 14.3.2008 – 6 Sa 679/07 – juris.
266 BAG 9.5.2006 – 9 AZR 424/05 – NZA 2007, 145.
267 BAG 9.5.2006 – 9 AZR 424/05 – NZA 2007, 145; BAG 12.4.1973 – 2 AZR 291/72 – EzA § 611 BGB Nr. 12; BAG 11.6.1958 – 4 AZR 514/55 – AP § 611 BGB Direktionsrecht Nr. 2.
268 So tendenziell BAG 9.5.2006 – 9 AZR 424/05 – NZA 2007, 145; *Lakies*, BB 2003, 366.
269 So ErfK/*Preis*, §§ 305–310 Rn 55a; *Dzida/Schramm*, BB 2007, 1221.
270 BAG 11.4.2006 – 9 AZR 557/05 – NZA 2006, 1149.
271 BAG 12.1.2005 – 5 AZR 364/04 – NZA 2005, 465.
272 BAG vom 11.4.2006 – 9 AZR 557/05 – NZA 2006, 1149 ff.
273 BAG vom 13.3.2007 – 9 AZR 433/06 – AP § 307 BGB Nr. 26; LAG Berlin-Brandenburg 22.2.2008 – 8 Sa 2094/07 – juris.
274 BAG 14.12.1961 – 5 AZR 180/61 – AP § 611 BGB Direktionsrecht Nr. 17; BAG 24.11.1982 – 5 AZR 560/80 – juris.
275 BAG 9.5.2006 – 9 AZR 424/05 – NZA 2007, 145.
276 BAG 24.4.1996 – 5 AZR 1031/94 – AP § 611 BGB Direktionsrecht Nr. 48; BAG 24.11.1993 – 5 AZR 206/93 – ZTR 1994, 166; BAG 23.6.1993 – 5 AZR 337/92 – AP § 611 BGB Direktionsrecht Nr. 42.
277 BAG 17.1.2006 – 9 AZR 226/05 – AP § 24 BAT-O Nr. 26 = NZA 2006, 1064.

100 **15. Vertragsstrafen.** Wie das BAG[278] festgestellt hat, können Vertragsstrafenabreden angesichts der Höhe einer vereinbarten Vertragsstrafe den AN entgegen Treu und Glauben unangemessen benachteiligen und nach Abs. 1 S. 1 unwirksam sein.[279] Das bedeutet für den Fall des Vertragsbruchs etwa, dass die Vertragsstrafe der Höhe nach die Summe nicht überschreiten darf, die der AN bis zum Ablauf der ordentlichen Kündfrist verdient hätte.[280] Das ArbG Nienburg[281] hat zur Höhe einer Vertragsstrafe entschieden, dass eine vorformulierte Vertragsstrafenabrede im Arbeitsvertrag, nach der bei fristloser Künd nach § 626 eine sofortige Vertragsstrafe in Höhe eines Bruttomonatslohnes fällig wird, eine unwirksame AGB darstelle. Trotz einzuhaltender vierwöchiger Künd-Frist kann die bei vorzeitiger vertragswidriger Beendigung versprochene Vertragsstrafe in Höhe eines Monatsentgelts unangemessen hoch sein, sobald in das Monatseinkommen eine Aufwandsentschädigung bis zu 40 % des Gesamteinkommens wegen Auslandsaufenthalts eingerechnet ist.[282] Das LAG Berlin-Brandenburg[283] sieht ein Bruttomonatsgehalt als absolute Obergrenze einer Vertragsstrafe für den Fall des Vertragsbruchs an.

101 Ferner müssen Vertragsstrafen aufgrund des Bestimmtheitsgebots (Abs. 1 S. 2) die auslösenden Pflichtverletzungen so klar bestimmen, dass sich der Versprechende in seinem Verhalten darauf einstellen kann.[284] Das Bestimmtheitsgebot verlangt zudem, dass die zu leistende Strafe ihrer Höhe nach klar und bestimmt ist.[285] Sieht eine Vertragsstrafe im Falle eines „gravierenden Vertragsverstoßes" die Verwirkung eines ein- bis dreifachen Monatsgehalts vor, wobei die genaue Höhe vom AG nach der Schwere des Verstoßes festgelegt wird, ist diese Klausel unwirksam.[286] Das BAG wendet diese Grundsätze auch bei nachvertraglichen Wettbewerbsverboten an.[287] Zur Transparenz einer Vertragsstrafenvereinbarung siehe Rn 130. Zur Gesamtdarstellung der Vertragsstrafen-Rspr. siehe § 309 Rn 17 ff.

E. Transparenzgebot (Abs. 1 S. 2)

102 Das Art. 5 S. 1 der RL 93/13/EWG entstammende Transparenzgebot für Verbraucherverträge („Sind alle dem Verbraucher in Verträgen unterbreiteten Klauseln oder einige dieser Klauseln schriftlich niedergelegt, so müssen sie stets klar und verständlich abgefasst sein.") entspricht der st. Rspr. des BGH.[288] Mit der Einführung in das SchuldRModG betonte der Gesetzgeber, dass „das Transparenzgebot eine ganz eigenständige Prüfungskategorie" sei.[289]

I. Regelungsgegenstand

103 Eine unangemessene Benachteiligung liegt vor, wenn die Bestimmung nicht klar und verständlich ist (Transparenzgebot). Besonderheiten des Arbeitsrechts stehen dem Transparenzgebot nicht entgegen.[290] Erfasst werden auch **preisbestimmende, leistungsbeschreibende Vertragsklauseln**.[291] Eine an sich intransparente Klausel kann trotzdem wirksam sein, wenn die konkret individuellen Begleitumstände bei einem Verbrauchervertrag gem. § 310 Abs. 3 Nr. 3 zu einer angemessenen Regelung führen.[292]

104 Das Transparenzgebot verpflichtet den Verwender, Rechte und Pflichten seines Vertragspartners in den AGB möglichst klar und durchschaubar darzustellen.[293] Treu und Glauben gebieten, dass die Klausel wirtschaftliche Nachteile und Belastungen soweit erkennen lässt, wie dies den Umständen nach gefordert werden kann.[294] Das Transparenzgebot beinhaltet das Bestimmtheitsgebot, wonach die tatbestandlichen Voraussetzungen und Rechtsfolgen so genau beschrieben werden müssen, dass für den Verwender keine ungerechtfertigten Beurteilungsspielräume entstehen.[295] Im Rahmen des rechtlich und tatsächlich Zumutbaren muss der Verwender die Rechte und Pflichten des Vertragspartners so klar und präzise wie möglich umschreiben.[296] Die Transparenzanforderungen dürfen nicht überspannt werden.[297] Das Transparenzgebot will den Verwender nicht zwingen, jede AGB gleichsam mit einem Kommentar zu versehen.[298] Auch begründet das Transparenzgebot keine allgemeine Rechtsbelehrungspflicht des Verwen-

---

278 BAG 4.3.2004 – 8 AZR 196/03 – NZA 2004, 727.
279 S. auch LAG Hamm 3.11.2006 – 7 Sa 1232/06 – juris.
280 BAG 4.3.2004 – 8 AZR 196/03 – NZA 2004, 727.
281 ArbG Nienburg 23.1.2003 – 2 Ca 624/02 – NZA-RR 2004, 73.
282 LAG Hamm 7.5.2004 – 7 Sa 85/04 – NZA-RR 2005, 128.
283 LAG Berlin-Brandenburg 14.6.2007 – 18 Sa 506/07 – juris.
284 BAG 14.8.2007 – 8 AZR 973/06 – NZA 2008, 170; BAG 21.4.2005 – 8 AZR 425/04 – NZA 2005, 1053.
285 BAG 14.8.2007 – 8 AZR 973/06 – NZA 2008, 170.
286 BAG 18.8.2005 – 8 AZR 65/05 – NZA 2006, 34.
287 BAG 14.8.2007 – 8 AZR 973/06 – NZA 2008, 170; dagegen *Diller*, NZA 2005, 250 und NZA 2008, 574.
288 BGH 23.3.1988 – VIII ZR 58/87 – BGHZ 104, 82; BGH 19.10.1999 – XI ZR 8/98 – NJW 2000, 651; BGH 19.9.1991 – IX ZR 296/90 – BGHZ 115, 178.
289 BT-Drucks 14/6040, S. 153.
290 HWK/*Gotthardt*, § 307 BGB Rn 19.
291 BAG 31.8.2005 – 5 AZR 545/04 – BB 2006, 443; BAG 14.3.2007 – 5 AZR 630/06 – NZA 2008, 45.
292 BAG 31.8.2005 – 5 AZR 545/04 – BB 2006. 443.
293 BGH 9.5.2001 – IV ZR 121/00 – NJW 2001, 2014; BGH 19.10.1999 – XI ZR 8/99 – NJW 2000, 651; BGH 24.11.1988 – III ZR 188/87 – BGHZ 106, 49.
294 BAG 14.8.2007 – 8 AZR 973/06 – NZA 2008, 170; BGH 24.3.1999 – IV ZR 90/98 – NJW 1999, 2279; BGH 9.5.2001 – IV ZR 129/00 – NJW 2001, 2014.
295 BAG 14.8.2007 – 8 AZR 973/06 – NZA 2008, 170; BAG 31.8.2005 – 5 AZR 545/04 – NZA 2006, 324.
296 BAG 8.8.2007 – 7 AZR 605/06 – DB 2008, 133.
297 BGH 10.7.1990 – XI ZR 275/89 – BGHZ 112, 119; BGH 20.4.1993 – X ZR 67/92 – NJW 1993, 2054.
298 BGH 10.7.1990 – XI ZR 275/89 – BGHZ 112, 119.

ders.[299] Der Verwender darf grds. unbestimmte Rechtsbegriffe aus der Gesetzessprache in Vertragsklauseln übernehmen, so etwa den Begriff „wichtiger Grund" oder „Fehlschlagen der Nacherfüllung".[300]

Verweisen AGB wegen der Regelung von Einzelheiten auf eine Anlage, so ist das Transparenzgebot nicht verletzt, sofern die Gesamtregelung verständlich ist.[301] Die Verweisung auf ein anderes Regelungswerk, v.a. Tarifverträge, ist grds. zulässig.[302] Sinn des Transparenzgebotes ist es, der Gefahr vorzubeugen, dass der AN von der Durchsetzung bestehender Rechte abgehalten wird. Erst in der Gefahr, dass der AN wegen unklar abgefasster allgemeiner Vertragsbedingungen seine Rechte nicht wahrnimmt, liegt eine unangemessene Benachteiligung i.S.v. Abs. 1 S. 2.[303] Im Urteil vom 1.3.2006 stellt das BAG klar, dass das Transparenzgebot in Abs. 1 S. 2 vom AGB-Verwender nicht verlangt, alle gesetzlichen Folgen einer Vereinbarung ausdr. zu regeln.[304] Ein Verstoß gegen das Transparenzgebot liegt nicht schon darin, dass der AN keine oder nur eine erschwerte Möglichkeit hat, die betroffene Regelung zu verstehen oder einzusehen.[305] **105**

Im Rahmen der Transparenzkontrolle ist auf die Erwartungen und Erkenntnismöglichkeiten eines durchschnittlichen Vertragspartner zum Zeitpunkt des Vertragsschlusses abzustellen.[306] Für die Beurteilung der unangemessenen Benachteiligung nach Abs. 1 und 2 sind daneben bei Verbraucherverträgen die den Vertragsschluss begleitenden Umstände zu berücksichtigen.[307] **106**

Streit besteht in der Frage, ob fehlende Klarheit und Verständlichkeit i.S.v. Abs. 1 S. 2 ausreicht, um eine Klausel in AGB unwirksam zu machen[308] oder ob zusätzlich die Gefahr einer inhaltlichen Benachteiligung des anderen Teils bestehen muss.[309] *Gotthardt*[310] hält den Meinungsunterschied für akademisch, da in allen Fallgruppen i.d.R. die Unangemessenheit mit der Intransparenz einhergehe und intransparente, aber wirksame Klauseln nur eine seltene Ausnahme blieben. Nach der Entscheidung des BAG vom 16.4.2008[311] stellt die nach Abs. 1 S. 2 zu beurteilende Intransparenz eine Form der unangemessenen Benachteiligung i.S.d. Abs. 1 S. 1 dar. In der konkreten Entscheidung führte allein die Intransparenz zur unangemessenen Benachteiligung. **107**

II. Einzelfälle

1. Anrechnungsvorbehalt. Aus der Formulierung „anrechenbare betriebliche Ausgleichszulage" kann der AN hinreichend klar erkennen, dass die Ausgleichszulage im Falle der tariflich geschuldeten Lohnerhöhung bis zur Höhe der Tarifsteigerung angerechnet werden kann. Solche Anrechnungsvorbehalte seien seit Jahrzehnten gang und gäbe und stellten eine Besonderheit des ArbR dar.[312] **108**

2. Ausgleichsquittung. Nach dem LAG Berlin-Brandenburg[313] verstoße eine allgemeine Ausgleichsquittung („[...] auf bereits bestehende Ansprüche aus dem Arbeitsverhältnis verzichte") gegen das Transparenzgebot, da der AN nicht erkennen könne, welche Ansprüche erfasst seien. Der „durchschnittliche" AN könne schon nicht danach differenzieren, welche Ansprüche bereits wegen Unverzichtbarkeit von der Verzichtserklärung ausgenommen sind. Dem hat das BAG eine eindeutige Absage erteilt. Ausgleichsklauseln in Aufhebungsverträgen seien weder überraschend, noch benachteiligten sie den AN unangemessen.[314] Damit kein Verstoß gegen das Transparenzgebot vorliegt, muss aus der Formulierung deutlich werden, welche Ansprüche durch die Verzichtserklärung erfasst sein sollen.[315] Da Ausgleichsklauseln jedoch stets weit auszulegen sind,[316] ist eine Intransparenz nicht zu erwarten. **109**

3. Ausschlussfristen. Ausschlussfristen sind nur dann transparent, wenn sie erkennen lassen, dass die Ansprüche im Falle der nicht rechtzeitigen Geltendmachung verfallen.[317] Dazu ist nicht zwingend die ausdrückliche Vereinbarung notwendig, dass Ansprüche verfallen, wenn sie nicht rechtzeitig eingeklagt werden.[318] Dies ergebe sich deutlich genug aus der Überschrift „Ausschlussfrist" und der zwingenden Anordnung einer Klageerhebung. Diese Klausel lasse die mit ihr verbundenen Nachteile soweit erkennen, wie dies nach den Umständen gefordert werden kann. **110**

---

299 BGH 5.11.1988 – III ZR 226/97 – NJW 1999, 276.
300 BGH 2.2.1994 – VIII ZR 262/92 – NJW 1994, 1004.
301 BGH 1.2.1996 – I ZR 44/94 – NJW 1996, 2374.
302 BAG 15.4.2008 – 9 AZR 159/07 – BB 2008, 2019; BAG 3.4.2007 – 9 AZR 867/06 – NZA 2007, 1045; BAG 19.3.2003 – 4 AZR 331/02 – DB 2003, 2126.
303 BAG 3.4.2007 – 9 AZR 867/06 – NZA 2007, 1045.
304 BAG 1.3.2006 – 5 AZR 540/05 – NZA 2006, 688; *v. Steinau-Steinrück/Hurek*, Arbeitsvertragsgestaltung, S. 53.
305 BAG 3.4.2007 – 9 AZR 867/06 – NZA 2007, 1045.
306 BAG 8.8.2007 – 7 AZR 605/06 – DB 2008, 133.
307 BAG 18.3.2008 – 9 AZR 186/07 – NZA 2008, 1004.
308 BGH 5.11.1998 – III ZR 95/97 – BGHZ 140, 25, 31; BGH 22.11.1995 – VIIIZR 57/95 – NJW 1996, 455; AnwK-BGB/*Hennrichs*, § 307 Rn 9.
309 So Staudinger/*Coester*, § 307 BGB Rn 174; *Heinrichs*, FS Trinkner, S. 157; *Koch*, WM 2002, 2175; Palandt/*Grüneberg*, § 307 Rn 20.
310 HWK/*Gotthardt*, § 307 BGB Rn 19.
311 BAG 16.4.2008 – 7 AZR 132/07 – NZA 2008, 876.
312 BAG 1.3.2006 – 5 AZR 363/05 – NZA 2006, 746.
313 LAG Berlin-Brandenburg – 12 Sa 524/07 – LAGE § 307 BGB 2002 Nr. 13.
314 BAG 9.11.2008 – 10 AZR 671/07 – NZA 2009, 318.
315 HWK/*Gotthardt*, Anh §§ 305–310 Rn 53; siehe auch ErfK/*Preis*, §§ 305–310 BGB Rn 77 mit der Erwartung regelmäßiger Intransparenz.
316 BAG 9.11.2008 – 10 AZR 671/07 – NZA 2009, 318.
317 BAG 12.3.2008 – 10 AZR 152/07 – NZA 2008, 699.
318 BAG 25.5.2005 – 5 AZR 572/04 – NZA 2005, 1111.

Ausschlussfristen, die unter falscher und missverständlicher Überschrift ohne besonderen Hinweis im Arbeitsvertrag enthalten sind, waren schon nach bisheriger Rspr. im Regelfalle unwirksam.[319] Sie sind es mit Inkrafttreten der Schuldrechtsreform allemal, scheitern aufgrund des ihnen innewohnenden überraschenden Moments aber regelmäßig bereits an der Vertragseinbeziehung i.S.d. § 305c.[320]

111 **4. Befristung/Aufschiebende Bedingung.** Enthält ein Formularvertrag neben der Befristung für die Dauer eines Jahres im nachfolgenden Vertragstext ohne besondere Hervorhebung eine weitere Befristung zum Ablauf der sechsmonatigen Probezeit, so ist diese Klausel in ihrer Zusammenschau unklar.[321] Der festgelegten Befristung für die Dauer eines Jahres werde durch die Befristung zum Ablauf der sechsmonatigen Probezeit die Grundlage entzogen. Die Klausel über die Befristung bis zum Ablauf der Probezeit sei ferner überraschend i.S.d. § 305c und daher gar nicht Vertragsbestandteil geworden.

112 Wird in einem vorformulierten Altersteilzeitvertrag eine Befristungsabrede getroffen, bei der das Arbverh vor Ablauf der vereinbarten Zeitbefristung vorzeitig durch das Erreichen der Regelaltersgrenze enden kann, so ist die vorzeitige Beendigungsmöglichkeit im Vertragstext deutlich erkennbar hervorzuheben.[322]

113 **5. Befristete Arbeitszeiterhöhung.** Eine Vereinbarung, wonach der vereinbarte Beschäftigungsumfang durch den AG aus bedarfsbedingten Gründen jeweils für die Dauer eines Schuljahres befristet aufgestockt werden kann, ist hinreichend transparent.[323] Eine weitergehende Präzisierung der Gründe einer befristeten Aufstockung sei im Hinblick auf die nicht vorhersehbaren Ereignisse nicht erforderlich, stieße auf Schwierigkeiten und führte zu Leerformeln.

114 **6. Betriebsvereinbarungsöffnungsklauseln.** Regelungen in Arbeitsverträgen, wonach BV in ihrer jeweiligen Fassung Bestandteil des Vertrages sind, haben – soweit es sich nicht um leitende Angestellte nach § 5 BetrVG handelt – aufgrund der zwingenden Wirkung der BV lediglich deklaratorische Bedeutung. Sind hingegen arbeitsvertraglich begründet und möchte der AG diese auch nachteilig durch BV ablösen können, so bedarf es einer BV-Öffnungsklausel. Unter Zugrundelegung des Bestimmtheitsgebots, wonach die tatbestandlichen Voraussetzungen und Rechtsfolgen so genau wie möglich beschrieben werden müssen, ist wohl darauf hinzuweisen, dass die arbeitsvertraglich begründeten Rechte und Pflichten auch zum Nachteil des AN durch zu einem späteren Zeitpunkt abgeschlossene BV abgeändert werden können.[324]

115 **7. Bezugnahmeklauseln.** Bestimmt sich die regelmäßige Wochenarbeitszeit „nach der am jeweiligen Dienstort gültigen betrieblichen Regelung", und ist diese Regelung in keiner Betriebsordnung oder sonstigen, für den AN nachlesbaren Bestimmungen geregelt, ist die Klausel nach Abs. 1 S. 2 wegen eines Verstoßes gegen das Transparenzgebot unwirksam.[325]

116 Die Verweisung in AGB auf ein anderes Regelungswerk ist grds. zulässig. Sie führt für sich genommen zu keinem Verstoß gegen Abs. 1 S. 2. Ein Verstoß gegen das Transparenzgebot liegt nicht schon darin, dass der AN keine oder nur eine erschwerte Möglichkeit hat, die betroffene Regelung zu verstehen oder einzusehen. Sinn des Transparenzgebotes ist es, der Gefahr vorzubeugen, dass der AN von der Durchsetzung bestehender Rechte abgehalten wird. Erst in der Gefahr, dass der AN wegen unklar abgefasster allgemeiner Vertragsbedingungen seine Rechte nicht wahrnimmt, liegt eine unangemessene Benachteiligung i.S.v. Abs. 1 S. 2 BGB.[326] Daher ist auch eine sog. große dynamische Verweisung, d.h. die Bezugnahme auf den jeweils für den Betrieb fachlich und betrieblich geltenden TV, an sich nicht intransparent.[327] Die in Bezug genommene Regelung muss lediglich so genau bezeichnet werden, dass Irrtümer hinsichtlich der für anwendbar erklärten Regelung ausgeschlossen sind.

117 Problematisch ist daher nur der Fall, in dem die Reichweite der Bezugnahme, etwa auf Einzelregelungen oder Regelungskomplexe, unklar ist. Dies ist z.B. im folgenden Fall[328] so: vertraglich wird ein Weihnachtsgeld zugesagt. Einige vertragliche Regelungen verweisen ergänzend auf tarifvertragliche Bestimmungen und einige nicht. Beim Weihnachtsgeld besteht kein Verweis. Der Vertrag nimmt am Ende die tarifvertraglichen Bestimmungen „im Übrigen" in Bezug. Will der AG die tarifvertraglichen Rückzahlungsklauseln für das Weihnachtsgeld im Vertrag einbeziehen, so ist deren Anwendbarkeit für den AN nicht klar erkennbar. Der AG hätte explizit im Rahmen des Weihnachtsgeldes auf die Regelungen zu den tarifvertraglichen Rückzahlungsmodalitäten verweisen müssen. Die einerseits konkrete Bezugnahme auf den TV bei vertraglichen Einzelregelungen und die andererseits pauschale Verweisung auf den Vertrag „im Übrigen" lässt nicht klar erkennen, welche tarifvertraglichen Regelungen denn nun ergänzend angewendet werden sollen.

Zu Bezugnahmeklauseln siehe auch Rn 14, 17; § 305c Rn 22.

---

319 BAG 29.11.1995 – 5 AZR 447/94 – AP § 4 TVG Ausschlussfristen Nr. 136.
320 BAG 31.8.2005 – 5 AZR 545/04 – NZA 2006, 324.
321 BAG 16.4.2008 – 7 AZR 132/07 – NZA 2008, 876.
322 BAG 8.8.2007 – 7 AZR 605/06 – DB 2008, 133.
323 BAG 14.8.2007 – 9 AZR 18/07 – AP Nr. 2 zu § 6 ATG.
324 Vgl. auch Preis/*Preis*, II O 10 Rn 4 f.
325 *Hümmerich*, Gestaltung von Arbeitsverträgen, § 1 Rn 544.
326 BAG 15.4.2008 – 9 AZR 159/07 – BB 2008, 2019; BAG 3.4.2007 – 9 AZR 867/06 – NZA 2007, 1045.
327 BAG 15.4.2008 – 9 AZR 159/07 – BB 2008, 2019.
328 Nach LAG Hamm 25.2.2000 – 10 Sa 2061/99 – NZA-RR 2000, 541.

8. Bonuszahlung. Verpflichtet sich der AG einerseits zu einer Bonuszahlung und schließt er in einer anderen Vertragsklausel einen Rechtsanspruch des AN auf eine Bonuszahlung aus, so ist die Vereinbarung aufgrund ihrer Widersprüchlichkeit intransparent.[329] Die Bonusregelung ist jedoch nicht insgesamt, sondern nur insoweit unwirksam, als der AN durch den Ausschluss eines Rechtsanspruchs auf die Bonuszahlung benachteiligt wird. Zur Transparenz von Zielvereinbarungen siehe Rn 134 ff.

9. Dienstwagennutzung (Widerruf). Schon in der Vergangenheit hatte die Rspr. vielfach über die Widerrufsmöglichkeiten der privaten Dienstwagennutzung zu entscheiden.[330] Das Transparenzgebot verlangt nunmehr, dass die Gründe, aufgrund derer die private Dienstwagennutzung widerrufen werden kann, möglichst genau beschrieben sind.[331] Der AN müsse die Möglichkeit haben, sich auf einen drohenden Widerruf rechtzeitig einzustellen (z.B. durch den Kauf eines eigenen Autos) sowie den Eintritt der Voraussetzungen für das vorbehaltene Widerrufsrecht zu verhindern. Als Rückgabegründe werden häufig angeführt, dass die veränderte Tätigkeit nicht mehr der Nutzung eines Dienstwagens bedarf, der AG nach Ausspruch einer Künd freigestellt wird oder der gesetzliche Entgeltfortzahlungszeitraum im Krankheitsfall abgelaufen ist.

10. Entgeltfortzahlungsverzichtsklausel. Der nachträgliche Verzicht des AN auf in der Vergangenheit entstandene Ansprüche auf Entgeltfortzahlung ist wirksam.[332] Zusätzlich ist erforderlich, dass sich aus den Begleitumständen ergibt, dass der AN die Tragweite seiner Erklärung erkannt hat. Die Wirksamkeit der Verzichtserklärung wird damit faktisch von einem Hinweis des AG in der Vertragsformulierung abhängig gemacht.[333] Erklärt der AN den Verzicht auf die Entgeltfortzahlung in genauer Kenntnis der Tragweite seiner Erklärung nachträglich, verstößt die Vereinbarung nicht gegen Abs. 1 S. 2. Macht die Klausel dagegen nicht unmissverständlich klar, dass der AN auf ein gesetzliches Recht verzichtet, ist die Vereinbarung nach Abs. 1 S. 2 unwirksam. Wird sie nicht im Nachhinein geschlossen, ergibt sich die Unwirksamkeit aus Abs. 2 Nr. 1.[334]

11. Freiwilligkeitsvorbehalte. Freiwilligkeitsvorbehalte werden zur Verhinderung der Entstehung betrieblicher Übungen von der Rspr. unverändert anerkannt.[335] Die Höhe der freiwilligen Leistung steht der Wirksamkeit des Freiwilligkeitsvorbehalts nicht entgegen. Eine Abgrenzung nach Prozentsätzen der Jahresgesamtvergütung (wie etwa 25 %) lehnt das BAG ab.[336] Zur Aufrechterhaltung der Freiwilligkeit einer wiederholt gewährten Leistung muss der einmal vertraglich vereinbarte Freiwilligkeitsvorbehalt auch nicht stets bei der Leistungsgewährung wiederholt werden.[337] Ferner ist es auch nicht notwendig, die Nichtleistung anzukündigen oder Gründe im Freiwilligkeitsvorbehalt zu präzisieren, bei deren Vorliegen nicht gezahlt wird.[338] Wird dem AN einerseits vertraglich eine Weihnachtsgratifikation in genau festgelegter Höhe zugesagt, andererseits jedoch auf die Freiwilligkeit der Zahlung verwiesen, so ist diese Klausel jedoch widersprüchlich und intransparent.[339] Gleiches gilt, wenn der AG dem AN vertraglich die Teilnahme am betrieblichen Bonussystem zusagt und gleichzeitig erklärt, dass die Zahlung jeglicher Boni in jedem Fall freiwillig erfolge.[340] Die Intransparenz ergibt sich in beiden Fällen daraus, dass der AG einerseits einen Entgeltanspruch begründet, andererseits aber erklärt, ein solcher bestehe nicht. Diese unklare Regelung birgt die Gefahr in sich, dass der AN seine vertraglichen Rechte nicht geltend macht. Auch eine Klausel, die eine Sonderleistung als freiwillig und jederzeit widerrufbar gestaltet, ist unangemessen und intransparent, da ein Widerruf die Existenz eines Anspruchs voraussetzt und ein Freiwilligkeitsvorbehalt gerade nicht.[341]

12. Jahressonderzahlungen. Jahressonderzahlungen zusätzlich zum laufenden Entgelt können unter einen Freiwilligkeitsvorbehalt gestellt werden.[342] Die Höhe der Jahressonderzahlung und die ausschließliche Anknüpfung an die Leistung stehen der Wirksamkeit der freiwilligen Gewährung der Zahlung nicht entgegen.[343] Werden in Jahressonderzahlungen Einschränkungen wie Nichtzahlung bei ganzem oder teilweisem Ruhen des Arbverh oder bei Fehlzeiten geregelt, können derartige Klauseln nach Abs. 1 S. 2 unwirksam sein, wenn die Einschränkungen aus dem

---

329 BAG 24.10.2007 – 10 AZR 825/06 – NZA 2008, 40.
330 BAG 23.6.1994 – 8 AZR 537/92 – AP § 249 BGB Nr. 34 = EzA § 249 BGB Nr. 20; BAG 17.9.1998 – 8 AZR 791/96 – AuR 1999, 111; LAG Nürnberg 15.12.1997 – 2 (5) Sa 1187/96 – EzA § 249 BGB Nr. 24 = LAGE BGB § 249 Nr. 11.
331 BAG 19.12.2006 – 9 AZR 294/06 – BB 2007, 1624.
332 BAG 20.8.1980 – 5 AZR 218/78 – AP § 6 LohnFG Nr. 11.
333 *Hümmerich*, Gestaltung von Arbeitsverträgen, § 1 Rn 1332.
334 *Hümmerich*, Gestaltung von Arbeitsverträgen, § 1 Rn 1332.
335 BAG 18.3.2009 – 10 AZR 289/08 – NZA 2009, 535; BAG 30.7.2008 – 10 AZR 606/07 – DB 2008, 2194.
336 BAG 18.3.2009 – 10 AZR 289/08 – NZA 2009, 535.
337 BAG 30.7.2008 – 10 AZR 606/07 – DB 2008, 2194.
338 BAG 21.1.2009 – 10 AZR 219/08 – NZA 2009, 310.
339 BAG 30.7.2008 – 10 AZR 606/07 – DB 2008, 2194.
340 BAG 24.10.2007 – 10 AZR 825/06 – NZA 2008, 40.
341 LAG Hamm 27.7.2005 – 6 Sa 29/05 – NZA-RR 2006, 125; LAG Berlin 19.8.2005 – 6 Sa 1106/05- NZA-RR 2006, 68; vgl. auch BAG 30.7.2008 – 10 AZR 606/07 – DB 2008, 2194.
342 BAG 30.7.2008 – 10 AZR 606/07 – DB 2008, 2194; BAG 18.3.2009 – 10 AZR 289/08 – NZA 2009, 535; BAG 21.1.2009 – 10 AZR 221/08 – juris.
343 BAG 18.3.2009 – 10 AZR 289/08 – NZA 2009, 535.

Wortlaut der Vereinbarung nicht klar und unmissverständlich hervorgehen.[344] Die Rspr. des BAG, die aus der Bestimmung des Zwecks einer Jahressondervergütung in der Vergangenheit auf die Voraussetzungen schloss, unter denen der AG die Zahlung ohne ausdrückliche Kürzungsvereinbarung mindern konnte,[345] ist überholt.

123 **13. Klauseln zum achtungswürdigen Verhalten.** Medienwirksame Berufe erfordern, dass Verhaltensregeln, u.U. auch für den außerdienstlichen Bereich, zwischen AG und AN vereinbart werden. Ein Bundesliga-Spieler muss sich wirksam zu einem achtungswürdigen Verhalten verpflichten können. Enthält sein Vertrag allerdings eine nicht näher spezifizierte Regelung, wonach er sich privat und in der Öffentlichkeit so zu verhalten hat, dass das Ansehen des Vereins, der Verbände und des Sports allgemein nicht beeinträchtigt wird und müssen sich auch seine Äußerungen in der Öffentlichkeit an diesen Grundsätzen messen lassen, wird das Transparenzgebot verletzt. Derartige, allgemein formulierte und nicht über Beispielsfälle konkretisierte Vertragsklauseln zum achtungswürdigen Verhalten lassen für den AN nicht klar und unmissverständlich erkennen, durch welches Verhalten er die Anforderungen der Vertragsklausel nicht hinreichend erfüllt.

124 **14. Konzernversetzungsklauseln.** Konzernversetzungsklauseln sind i.d.R. bereits deshalb unwirksam, weil der AN aus ihnen nicht entnehmen kann, in welchem Betrieb oder in welches Unternehmen er durch den AG im Wege einer einseitigen Direktionsrechtsausübung versetzt werden kann. Allgemeine Konzernversetzungsklauseln, die nicht den Kreis der betroffenen Unternehmen eingrenzen oder konkret benennen, sind schon wegen mangelnder Klarheit und Verständlichkeit nicht wirksam, Abs. 1 S. 2.[346] Ob allerdings allein die Benennung der möglichen AG innerhalb des Konzern zur Wirksamkeit einer Konzernversetzungsklausel ausreicht, erscheint aufgrund der weitreichenden Konsequenzen eines AG-Wechsels unwahrscheinlich. In jedem Fall müssen auch die Versetzungsgründe benannt werden. Eine Zustimmung des AN im Falle der Inanspruchnahme der Konzernversetzungsklausel erscheint ebenfalls unabdingbar.[347] Verweigert der AN später die Zustimmung zum AG-Wechsel, so kann dies ggf. treuwidrig sein, wenn die Voraussetzungen der Versetzungsklausel vorliegen und der AN keine der Versetzung entgegenstehenden Gründe geltend machen kann. In diesen Fällen rechtfertigt der AG-Wechsel für sich genommen nicht die Verweigerung der Zustimmung durch den AN.

125 **15. Nebentätigkeitsverbot.** Eine vorformulierte Vereinbarung, wonach eine Nebentätigkeit gleich welcher Art schriftlich vom AG zu bewilligen ist und der Verstoß gegen diese Vereinbarung eine Vertragsstrafe auslöst, führe praktisch zu einem vollständigen Nebentätigkeitsverbot und sei geeignet, bei AN falsche Vorstellungen über ihre Rechtsstellung hervorzurufen.[348]

126 **16. Ruhensvereinbarung.** Vereinbaren die Parteien, dass das Arbverh und die sich daraus ergebenden Arbeits- und Lohnzahlungspflichten während der Schulferienzeiten ruhen, soweit in den Ferien kein Urlaub gewährt wird, so ist diese Klausel für einen AN des Gebäudereiniger-Handwerks hinreichend transparent.[349] Zumindest habe der AN aus den den Vertragsschluss begleitenden Umständen (§ 310 Abs. 3 Nr. 3) erkennen können, dass das Arbverh während der Ferien ruht.

127 **17. Rückzahlung von Aus-/Fortbildungskosten.** Bestimmt die Rückzahlungsvereinbarung nicht, mit welcher Tätigkeit und Vergütung der AN vom AG nach Abschluss seines Studiums eingestellt wird, so verstößt dies gegen das Transparenzgebot. Der AN könne seine Rechte und Pflichten nicht hinreichend klar erkennen.[350]

128 **18. Überstundenabgeltung.** In der Vergangenheit galt, dass es bei Vereinbarung einer Gesamtvergütung zwischen AG und AN ohne Bedeutung ist, welcher Teil des vereinbarten Gehalts als Überstundenvergütung angesehen wird.[351] Diese Rspr. lässt sich nicht mehr aufrecht erhalten. Pauschale Stundenabgeltungen sind nunmehr einer Inhaltskontrolle gem. Abs. 1 S. 2 zu unterziehen.[352] Solange für den AN nicht erkennbar ist, zu welcher Menge von Überstunden er sich mit einer Pauschalabgeltungsvereinbarung verpflichtet, beinhaltet eine pauschale Überstundenvergütungsvereinbarung einen Verstoß gegen das Transparenzgebot.[353] Die Pauschale muss wegen des Transparenzgebots gesondert für die Vergütung der Überstunden ausgewiesen werden.[354] Eine Auslegung dahingehend, dass alle

---

344 *Hümmerich*, Gestaltung von Arbeitsverträgen, § 1 Rn 2334.
345 BAG 19.4.1995 – 10 AZR 49/94 – EzA § 611 BGB Gratifikation, Prämie Nr. 126; BAG 10.5.1995 – 10 AZR 650/94 – EzA § 611 BGB Gratifikation, Prämie Nr. 128.
346 *Hümmerich*, Gestaltung von Arbeitsverträgen, § 1 Rn 2744.
347 *Lakies*, AGB im Arbeitsrecht, Rn 821.
348 LAG Rheinland-Pfalz 29.4.2005 – 8 Sa 69/05 – EzAÜG SchwArbG Nr. 8.
349 BAG 10.1.2007 – 5 AZR 84/06 – NZA 2007, 384.
350 BAG 18.3.2008 – 9 AZR 186/07 – DB 2008, 1805.
351 BAG 26.1.1956 – 2 AZR 98/54 – BAGE 2, 277; BAG 9.8.1966 – 1 AZR 426/65 – BAGE 19, 41; LAG Köln 7.9.1989 – 10 Sa 498/89 – NZA 1990, 349.
352 BAG 31.8.2005 – 5 AZR 545/04 – AuR 2005, 381 = FA 2005, 351.
353 LAG Schleswig-Holstein 22.9.2004 – 3 Sa 245/04 – ArbRB 2005, 7; ArbG Hanau 13.11.1997 – 3 Ca 317/97 – AuR 1998, 169; ErfK/*Preis*, §§ 305–310 BGB Rn 92; *Hümmerich/Rech*, NZA 1999, 1132; offen gelassen: BAG 28.9.2005 – 5 AZR 52/05, NZA 2006, 149.
354 *Däubler/Dorndorf/Bonin/Deinert*, § 307 BGB Rn 290; HWK/*Gotthardt* Anh §§ 305–310 Rn 39.

Überstunden bis zur gesetzlich zulässigen Grenze pauschal abgegolten sein sollen, entspricht nicht dem Bestimmtheitsgebot, wonach Tatbestand und Rechtsfolgen soweit wie möglich beschrieben werden sollen. Zur Höhe einer pauschalen Überstundenvergütung siehe Rn 90.

19. Versetzungsklausel. Direktionsrechtserweiternde Versetzungsklauseln, die den AG nicht verpflichten, dem AN eine gleichwertige Tätigkeit zuzuweisen und auch nicht näher eingegrenzte Gehaltskürzungen gestatten, verstoßen gegen das Transparenzgebot des Abs. 1 S. 2.[355] Nach Meinung des 9. Senats stellt eine formularmäßige Versetzungsklausel, die materiell der Regelung in § 106 S. 1 GewO nachgebildet ist, weder eine unangemessene Benachteiligung des AN nach Abs. 1 S. 1 dar, noch verstößt sie allein deshalb gegen das Transparenzgebot des Abs. 1 S. 2, weil keine konkreten Versetzungsgründe genannt sind.[356]

129

20. Vertragsstrafenklauseln. Vertragsstrafen müssen aufgrund des Bestimmtheitsgebots (Abs. 1 S. 2) die auslösenden Pflichtverletzungen so klar bestimmen, dass sich der Versprechende in seinem Verhalten darauf einstellen kann.[357] Knüpft die Vertragsstrafe an eine schwerwiegende Pflichtverletzung an, so ist dies nicht hinreichend transparent.[358] Das Bestimmtheitsgebot verlangt zudem, dass die zu leistende Strafe ihrer Höhe nach klar und bestimmt ist.[359] Daran fehlt es, soweit eine Vertragsstrafe für jeden Fall der Zuwiderhandlung gegen das Wettbewerbsverbot die Verwirkung von zwei Bruttomonatsgehältern vorsieht und bestimmt, dass im Fall einer dauerhaften Verletzung jeder angebrochene Monat als eine erneute Vertragspflichtverletzung gilt.[360] Für den AN ist nicht hinreichend erkennbar, wann eine „dauerhafte Verletzung" vertraglicher Pflichten (etwa die Unternehmensbeteiligung) zu einer monatlich erneut fällig werdenden Vertragsstrafe führt und wann eine „dauerhafte Verletzung" einen einmaligen Vertragsverstoß darstellt, für den nur eine einmalige Vertragsstrafe vorgesehen ist.
Intransparent ist eine Regelung ferner, wenn eine Vertragsstrafe durch „schuldhaft vertragswidriges Verhalten des AN, das den AG zur fristlosen Künd des Arbverh veranlasst", verwirkt sein soll.[361] Nur aufgrund eindeutiger Klauseln ist der AN in der Lage, sein Verhalten entsprechend auszurichten.[362] Das OLG Düsseldorf hält eine Klausel, die an den globalen Tatbestand des „Vertragsbruchs" anknüpft, ohne im Einzelnen zu sagen, welcher Sachverhalt als „Vertragsbruch" gewürdigt werden soll, für nicht hinreichend bestimmt und deshalb für unwirksam.[363] Im Arbeitsrecht darf, da Begriffe der Gesetzessprache verwendet werden dürfen, eine Vertragsstrafenvereinbarung daran anknüpfen, dass der AN einen wichtigen Grund zur fristlosen AG-Künd gegeben hat. Es ist nicht erforderlich, dass der AG die einzelnen wichtigen Gründe, wie bspw. Diebstahl, aufzählt.[364] Gesamtdarstellung zum Vertragsstrafenrecht siehe § 309 Rn 17 ff.

130

21. Vertriebsmitarbeiterklauseln. Wird in Vertriebsmitarbeiterklauseln zum Tätigkeitsgebiet geregelt, dass „Änderungen des dem Mitarbeiter zugewiesenen Bezirks vorbehalten bleiben", ist eine solche Klausel nicht per se nach Abs. 1 S. 2 unwirksam. Es ist dem Verwender gestattet, unbestimmte Rechtsbegriffe aus der Rechtssprache zu übernehmen.[365] Erst wenn die wirtschaftlichen Auswirkungen einer Gebietsänderung die Grenze von 15 % bis 20 % überschreiten,[366] galt die Klausel nach früherem Recht als unwirksam, in diesem Falle nach Abs. 2 Nr. 1. Noch unklar ist, ob die Grenze von 15 bis 20 % angesichts des Urteils des BAG v. 12.1.2005 weiterhin gültig ist,[367] da durch die neue Rspr. – unter Bezugnahme auf § 308 Nr. 4 – eine 25 bis 30 %-Grenze eingeführt wurde, die sich allerdings auf eine Vergütungskürzung bei Fahrtkosten und übertarifliche Zusatzleistungen bezog.

131

22. Weihnachtsgeldklauseln. Wird dem AN einerseits ein Weihnachtsgeld vertraglich zugesagt, andererseits aber darauf hingewiesen, dass ein Anspruch auf das Weihnachtsgeld nicht bestehe, so ist diese Klausel widersprüchlich und intransparent.[368] Sie entfällt jedoch nur insofern ersatzlos, als sie den AN benachteilige. Folglich entfällt lediglich der Freiwilligkeitsvorbehalt.
Enthält ein Arbeitsvertrag die Regelung, dass ein Weihnachtsgeld in Höhe eines bestimmten Betrages gezahlt wird sowie die Bestimmung, dass „im Übrigen die tariflichen Vorschriften gelten", kann eine derartige Bezugnahmeklausel ebenfalls wegen eines Verstoßes gegen das Transparenzgebot unwirksam sein (zu Bezugnahmeklauseln siehe auch Rn 14, 17, 115 ff; § 305c Rn 22). Die im TV enthaltenen Rückzahlungsklauseln seien für den AN nicht hinreichend erkennbar. Das LAG Hamm[369] stellt strenge Anforderungen an die Eindeutigkeit, Klarheit und Unmissverständlichkeit einer vertraglichen Rückzahlungsklausel beim Weihnachtsgeld. Bereits der Zusatz „im Übrigen"

132

---

355 Hümmerich, Gestaltung von Arbeitsverträgen, § 1 Rn 2728.
356 BAG 11.4.2006 – 9 AZR 557/05 – NZA 2006, 1149.
357 BAG 14.8.2007 – 8 AZR 973/06 – NZA 2008, 170; BAG 21.4.2005 – 8 AZR 425/04 – NZA 2005, 1053.
358 BAG 18.8.2005 – 8 AZR 65/05 – NZA 2006, 34.
359 BAG 14.8.2007 – 8 AZR 973/06 – NZA 2008, 170.
360 BAG 14.8.2007 – 8 AZR 973/06 – NZA 2008, 170.
361 BAG 21.4.2005 – 8 AZR 425/04 – NZA 2005, 1053.
362 HWK/Gotthardt, Anh. §§ 305–310 BGB Rn 49.

363 OLG Düsseldorf 18.10.1992 – 16 U 173/90 – DB 1992, 86.
364 HWK/Gotthardt, Anh. §§ 305–310 BGB Rn 49.
365 Palandt/Grüneberg, § 307 Rn 18.
366 BAG 7.10.1982 – 2 AZR 455/80 – DB 1983, 1368.
367 BAG 12.1.2005 – 5 AZR 364/04 – NZA 2005, 465.
368 BAG 30.7.2008 – 10 AZR 606/07 – DB 2008, 2194:
369 LAG Hamm 25.2.2000 – 10 Sa 2061/99 – NZA-RR 2000, 541; LAG Hamm 12.2.1999 – 10 Sa 1621/98 – NZA-RR 1999, 514; LAG Hessen 23.3.1999 – 4 Sa 1300/98 – NZA-RR 2000, 93.

könne in Einzelfällen zur Verwirrung beitragen, wenn der Arbeitsvertrag nur eine allgemeine Bezugnahmeklausel auf den TV enthalte.

133 **23. Wettbewerbsverbot.** Im Hinblick auf Vertragsstrafen siehe Rn 101.

134 **24. Zielvereinbarungen.** Ist nach der vertraglichen Regelung die Auszahlung des Bonus aufschiebend bedingt durch die Erreichung der Ziele und sind die Ziele von den Arbeitsvertragsparteien gemeinsam festzulegen, unterliegt diese Vereinbarung nach der Rspr. des BAG als Entgeltregelung grds. keiner allgemeinen Billigkeits- oder Inhaltskontrolle nach den §§ 307 ff. Es gelten die Grundsätze über die freie Entgeltvereinbarung, wonach Entgeltabreden lediglich dem Transparenzgebot nach Abs. 3 S. 2 i.V.m. Abs. 1 S. 2 unterliegen.[370]

135 Es hängt stets vom Wortlaut der einzelnen Vereinbarung ab, ob sich hieraus mit der gebotenen Klarheit und Verständlichkeit die vom AN zu erbringenden Leistungen ergeben, die mit einer finanziellen Anreizsituation verknüpft werden. Folglich müssen sowohl Ziele als auch bei der jeweiligen Zielerreichung der Höhe nach entstehende Bonusansprüche klar erkennbar sein. Insb. sog. weiche Ziele[371] lassen häufig den anderen Vertragsteil nicht mit der gebotenen Deutlichkeit erkennen, von welcher objektivierbaren Bewertung die Höhe eines Zusatzentgelts (Zielvereinbarungsbonus) abhängig sein soll. Der Verstoß einer Zielvereinbarung gegen das Transparenzgebot muss sich nicht alleine aus der Formulierung der Zielvereinbarung ergeben, er kann auch aus einer mit Blankett-Formeln gespickten Bewertungsskala folgen.

136 Sagt der AG dem AN vertraglich die Teilnahme am betrieblichen Bonussystem zu und verbindet damit die Erklärung, dass die Zahlung jeglicher Boni in jedem Fall freiwillig erfolge, so ist die Klausel intransparent (siehe auch Rn 118).[372]

§ 308 Klauselverbote mit Wertungsmöglichkeit (gültig bis 10.6.2010)

In Allgemeinen Geschäftsbedingungen ist insbesondere unwirksam
1. (Annahme- und Leistungsfrist)
    eine Bestimmung, durch die sich der Verwender unangemessen lange oder nicht hinreichend bestimmte Fristen für die Annahme oder Ablehnung eines Angebots oder die Erbringung einer Leistung vorbehält; ausgenommen hiervon ist der Vorbehalt, erst nach Ablauf der Widerrufs- oder Rückgabefrist nach § 355 Abs. 1 und 2 und § 356 zu leisten;
2. (Nachfrist)
    eine Bestimmung, durch die sich der Verwender für die von ihm zu bewirkende Leistung abweichend von Rechtsvorschriften eine unangemessen lange oder nicht hinreichend bestimmte Nachfrist vorbehält;
3. (Rücktrittsvorbehalt)
    die Vereinbarung eines Rechts des Verwenders, sich ohne sachlich gerechtfertigten und im Vertrag angegebenen Grund von seiner Leistungspflicht zu lösen; dies gilt nicht für Dauerschuldverhältnisse;
4. (Änderungsvorbehalt)
    die Vereinbarung eines Rechts des Verwenders, die versprochene Leistung zu ändern oder von ihr abzuweichen, wenn nicht die Vereinbarung der Änderung oder Abweichung unter Berücksichtigung der Interessen des Verwenders für den anderen Vertragsteil zumutbar ist;
5. (Fingierte Erklärungen)
    eine Bestimmung, wonach eine Erklärung des Vertragspartners des Verwenders bei Vornahme oder Unterlassung einer bestimmten Handlung als von ihm abgegeben oder nicht abgegeben gilt, es sei denn, dass
    a) dem Vertragspartner eine angemessene Frist zur Abgabe einer ausdrücklichen Erklärung eingeräumt ist und
    b) der Verwender sich verpflichtet, den Vertragspartner bei Beginn der Frist auf die vorgesehene Bedeutung seines Verhaltens besonders hinzuweisen;
6. (Fiktion des Zugangs)
    eine Bestimmung, die vorsieht, dass eine Erklärung des Verwenders von besonderer Bedeutung dem anderen Vertragsteil als zugegangen gilt;

---

[370] BAG 12.12.2007 – 10 AZR 97/07 – NZA 2008, 409.
[371] *Mauer*, NZA 2002, 540; *Hümmerich*, NJW 2006, 2294.
[372] BAG 24.10.2007 – 10 AZR 825/06 – NZA 2008, 40.

7. (Abwicklung von Verträgen)
eine Bestimmung, nach der der Verwender für den Fall, dass eine Vertragspartei vom Vertrag zurücktritt oder den Vertrag kündigt,
   a) eine unangemessen hohe Vergütung für die Nutzung oder den Gebrauch einer Sache oder eines Rechts oder für erbrachte Leistungen oder
   b) einen unangemessen hohen Ersatz von Aufwendungen verlangen kann;
8. (Nichtverfügbarkeit der Leistung)
die nach Nummer 3 zulässige Vereinbarung eines Vorbehalts des Verwenders, sich von der Verpflichtung zur Erfüllung des Vertrags bei Nichtverfügbarkeit der Leistung zu lösen, wenn sich der Verwender nicht verpflichtet,
   a) den Vertragspartner unverzüglich über die Nichtverfügbarkeit zu informieren und
   b) Gegenleistungen des Vertragspartners unverzüglich zu erstatten.

§ 308 Klauselverbote mit Wertungsmöglichkeit (gültig ab 11.6.2010)

In Allgemeinen Geschäftsbedingungen ist insbesondere unwirksam
1. (Annahme- und Leistungsfrist)
eine Bestimmung, durch die sich der Verwender unangemessen lange oder nicht hinreichend bestimmte Fristen für die Annahme oder Ablehnung eines Angebots oder die Erbringung einer Leistung vorbehält; ausgenommen hiervon ist der Vorbehalt, erst nach Ablauf der Widerrufs- oder Rückgabefrist nach § 355 Abs. 1 bis 3 und § 356 zu leisten;
2. (Nachfrist)
eine Bestimmung, durch die sich der Verwender für die von ihm zu bewirkende Leistung abweichend von Rechtsvorschriften eine unangemessen lange oder nicht hinreichend bestimmte Nachfrist vorbehält;
3. (Rücktrittsvorbehalt)
die Vereinbarung eines Rechts des Verwenders, sich ohne sachlich gerechtfertigten und im Vertrag angegebenen Grund von seiner Leistungspflicht zu lösen; dies gilt nicht für Dauerschuldverhältnisse;
4. (Änderungsvorbehalt)
die Vereinbarung eines Rechts des Verwenders, die versprochene Leistung zu ändern oder von ihr abzuweichen, wenn nicht die Vereinbarung der Änderung oder Abweichung unter Berücksichtigung der Interessen des Verwenders für den anderen Vertragsteil zumutbar ist;
5. (Fingierte Erklärungen)
eine Bestimmung, wonach eine Erklärung des Vertragspartners des Verwenders bei Vornahme oder Unterlassung einer bestimmten Handlung als von ihm abgegeben oder nicht abgegeben gilt, es sei denn, dass
   a) dem Vertragspartner eine angemessene Frist zur Abgabe einer ausdrücklichen Erklärung eingeräumt ist und
   b) der Verwender sich verpflichtet, den Vertragspartner bei Beginn der Frist auf die vorgesehene Bedeutung seines Verhaltens besonders hinzuweisen;
6. (Fiktion des Zugangs)
eine Bestimmung, die vorsieht, dass eine Erklärung des Verwenders von besonderer Bedeutung dem anderen Vertragsteil als zugegangen gilt;
7. (Abwicklung von Verträgen)
eine Bestimmung, nach der der Verwender für den Fall, dass eine Vertragspartei vom Vertrag zurücktritt oder den Vertrag kündigt,
   a) eine unangemessen hohe Vergütung für die Nutzung oder den Gebrauch einer Sache oder eines Rechts oder für erbrachte Leistungen oder
   b) einen unangemessen hohen Ersatz von Aufwendungen verlangen kann;

8. (Nichtverfügbarkeit der Leistung)
die nach Nummer 3 zulässige Vereinbarung eines Vorbehalts des Verwenders, sich von der Verpflichtung zur Erfüllung des Vertrages bei Nichtverfügbarkeit der Leistung zu lösen, wenn sich der Verwender nicht verpflichtet,
a) den Vertragspartner unverzüglich über die Nichtverfügbarkeit zu informieren und
b) Gegenleistungen des Vertragspartners unverzüglich zu erstatten.

	Rn
A. Allgemeines	1
B. Regelungsgehalt	2
I. Nr. 1 bis 2	2
II. Nr. 3: Rücktrittsvorbehalt	3
III. Nr. 4: Änderungsvorbehalt	4
1. Änderungsvorbehalte in der Zivilrechtsprechung	4
2. Änderungsvorbehalte in der Arbeitsrechtsprechung	8
3. Einzelfälle	12
a) Abrufklauseln	12
b) Anrechnungsvorbehalte	13
c) Bezugnahmeklausel auf die jeweils gültige (einseitige) betriebliche Regelung	16
d) Direktionsrechtserweiternde Klauseln	18
e) Entwicklungsklauseln in Chefarztverträgen	19
f) Gehaltserhöhungsklausel durch tarifliche Bezugnahme	22
g) Gehaltskürzungsklausel bei Verschlechterung der wirtschaftlichen Verhältnisse des Unternehmens	23
h) (Freiwillige) Jahressonderleistung	24
i) Jubiläumszuwendungen	25
j) Kommissarische Tätigkeitsübertragung	26
k) Leistungskürzungsklauseln	27
l) Rückzahlungsvorbehalte, die „auf die derzeitige Rechtsprechung" Bezug nehmen	28
m) Überstundenanordnungsbefugnisklausel	29
n) Widerrufsvorbehalte	31
o) Versetzungsklausel	35
p) Zusatzurlaubskürzungsklausel	36
IV. Nr. 5: fingierte Erklärungen	37
1. Grundsätze	37
2. Anwendungsfälle	39
a) Erklärungsfiktion zu Arbeitsvertragsänderungen	39
b) Abmahnungsakzeptanzklausel	40
V. Nr. 6: Fiktion des Zugangs	41
1. Grundsätzliches	41
2. Zugangsfiktionen im Arbeitsverhältnis	42
a) Zustellung eines Kündigungsschreiben an die letzte dem Arbeitgeber mitgeteilte Arbeitnehmer-Anschrift	43
b) Zugangsfiktion eines Kündigungsschreibens drei Tage nach Absendung	44
c) Schwarze-Brett-Fiktionen	45
VI. Nr. 7: Pauschalierung von Schadens- und Wertersatz	46
C. Verbindung zu anderen Rechtsgebieten	47
D. Beraterhinweise	48

A. Allgemeines

1 § 308 entspricht weitgehend dem früheren § 10 AGBG. Die Vorschrift zählt in den Nr. 1 bis 8 verbotene Klauseln **mit Wertungsmöglichkeit** auf. Da § 308 unbestimmte Rechtsbegriffe verwendet, erfordert die Feststellung der Unwirksamkeit stets eine Wertung.[1] Die Verbote des § 308 sind Konkretisierungen des § 307 Abs. 1. Einzelne Verbote knüpfen an die in § 307 Abs. 2 enthaltenen Rechtsgedanken an.[2] Die Tatbestände des § 308 haben eine **selbstständige Bedeutung neben der Generalklausel** des § 307 Abs. 1. Eine Klausel kann nach § 308 unwirksam sein, selbst wenn sich ihre Unwirksamkeit nicht aus § 307 Abs. 1 ergeben würde.[3] Ist eine Klausel nach § 308 unwirksam, ist eine Korrektur dieser Rechtsfolge über § 307 Abs. 1 ausgeschlossen.[4] Erfüllt eine Klausel nicht alle Voraussetzungen einer Einzelvorschrift des § 308 und ist der Anwendungsbereich eines Klauselverbots mit Wertungsmöglichkeit daher gar nicht eröffnet, kann sich ihre Unwirksamkeit dennoch aus § 307 Abs. 1 ergeben.[5] Zum Prüfungsmaßstab im Verhältnis zwischen § 308 u. § 307 siehe § 307 Rn 1–3.

B. Regelungsgehalt

I. Nr. 1 bis 2

2 In den Nr. 1 bis 2 sind keine Beispielsverbotsnormen enthalten, die im Arbeitsvertragsrecht üblicherweise Bedeutung haben. Nr. 1 könnte bei Vereinbarungen über ein **Wertguthaben eines Arbeitszeitkontos** theoretisch zu beachten sein, wenngleich hierzu bereits Spezialvorschriften bestehen, §§ 7 Abs. 1a, Abs. 1b; 7a SGB IV. *Dornhorf*[6] hält diese Bestimmungen des SGB IV für **Besonderheiten des Arbeitsrechts** i.S.v. § 310 Abs. 4 S. 2, richtigerweise gilt für sie § 307 Abs. 3 S. 1.

---

1 Palandt/*Grüneberg*, § 308 Rn 1.
2 Palandt/*Grüneberg*, § 308 Rn 1.
3 *Ulmer/Brandner/Hensen*, § 308 Nr. 1 BGB Rn 1a; Staudinger/*Coester*, Vorbem zu §§ 307–309 BGB Rn 21; § 307 BGB Rn 10.
4 MüKo-BGB/*Basedow*, § 308 Rn 3.
5 Siehe nur BAG 30.7.2008 – 10 AZR 606/07 – DB 2008, 2194 (Freiwilligkeitsvorbehalt).
6 *Däubler/Dornhorf/Bonin/Deinert*, § 308 Nr. 1 Rn 4.

II. Nr. 3: Rücktrittsvorbehalt

Ein Rücktrittsvorbehalt ist nach Nr. 3 nur wirksam, wenn in dem Vorbehalt der Grund für die Lösung vom Vertrag mit hinreichender Deutlichkeit angegeben ist und ein sachlich gerechtfertigter Grund für seine Aufnahme in die Vereinbarung besteht. Der Anwendungsbereich der Regelung ist im Arbeitsrecht stark beschränkt, da sie nicht für Dauerschuldverhältnisse gilt.[7] Die dem AG vorbehaltene einseitige Lösungsmöglichkeit von einem Vorvertrag kann allerdings einen unwirksamen Rücktrittsvorbehalt i.S.d. Nr. 3 darstellen.[8] Bei einem Vorvertrag zu einem Arbverh handelt es sich nicht um ein Dauerschuldverhältnis.

III. Nr. 4: Änderungsvorbehalt

1. Änderungsvorbehalte in der Zivilrechtsprechung.
Nr. 4 begrenzt die Möglichkeit des Verwenders, die versprochene Leistung zu ändern oder von ihr abzuweichen.[9] Die Vorschrift gilt für Verträge **jeder Art**, anders als Nr. 3 auch für Dauerschuldverhältnisse.[10] Gleichgültig ist die Art der geschuldeten Leistung.[11] Nr. 4 erfasst jeden Änderungsvorbehalt, der sich auf die **versprochene Leistung** bezieht.[12] Gleichgültig ist auch, ob sich der Änderungsvorbehalt auf **Hauptpflichten** oder **Nebenpflichten** erstreckt.[13]

Die Vorschrift erfasst nur Vorbehalte bezogen auf **Leistungen, die der Verwender versprochen hat**.[14] Demgegenüber wird die Ansicht vertreten, Nr. 4 gelte auch für Änderungsrechte des Verwenders in Bezug auf Leistungen seines Vertragspartners.[15] In jedem Falle sind Vorbehalte zur Änderung von AGB durch Nr. 4 bei beiderseitigen Leistungen berührt.[16] Nr. 4 soll auch anwendbar sein, wenn der Änderungsvorbehalt Leistungsmodalitäten wie den Ort oder die Zeit der Leistung für den Verwender variabel macht[17] oder wenn sich der Darlehensgeber die Befugnis vorbehält, die Auszahlung eines Teilbetrages zurückzustellen.[18] Das Verbot aus Nr. 4 gilt auch für verdeckte Änderungsvorbehalte, die in Irrtumsklauseln, Haftungsausschlüssen oder Vollmachtsklauseln enthalten sind.[19] Die Zumutbarkeit eines Änderungsvorbehalts für den Vertragspartner ist stets aufgrund einer Interessenabwägung zu beurteilen. Eine Klausel ist nur wirksam, wenn die Änderung unter Berücksichtigung der Interessen des Verwenders für den Kunden zumutbar ist. Diese Voraussetzung ist wegen Nr. 1k des Anhangs der EG-RL nur erfüllt, wenn für die Änderung ein **triftiger Grund** vorliegt (richtlinienkonforme Auslegung).[20] Ein Gremium an Klarheit und Bestimmtheit ist mit der Formulierung „triftiger Grund" nicht verbunden.

Unzulässig ist ein freies Abänderungs- und Abweichungsrecht nach Belieben des Verwenders.[21] Zu weitgehend und deshalb unwirksam ist die Klausel: „Zusätzliche, nicht besonders in Auftrag gegebene Arbeiten werden vorbehalten, wenn diese erforderlich werden, um das Gerät wieder herzustellen."[22] Wirksam sind dagegen Änderungsvorbehalte, die nur geringfügige Änderungen erfassen, die auch gem. §§ 459 Abs. 1 S. 2, 634 Abs. 3 BGB a.F. oder allgemein nach § 242 hinzunehmen wären wie bspw. „unerhebliche" Abweichungen.[23]

Eine Klausel, die einen Änderungsvorbehalt vorsieht, „wenn dies im Einzelfall unter Berücksichtigung der Interessen des Kunden zumutbar ist", lässt die Gesichtspunkte für die Beurteilung der Zumutbarkeit nicht erkennen und ist deshalb unwirksam.[24] Die frühere Diskussion, ob Nr. 4, anders als Nr. 3, die Angabe des Grundes der Änderung oder Abweichung im Vertrag voraussetzt oder nicht, hat der 5. Senat des BAG für die Arbeits-Rspr. im Urteil v. 12.1.2005 auf den Tatbestand des § 307 Abs. 2 Nr. 1, Abs. 1 S. 2 BGB verschoben. Der Widerrufsgrund müsse nach § 307 aus dem Arbeitsvertrag hervorgehen.[25] Den Anknüpfungspunkt für Nr. 4 bildet der Widerrufsgrund, sondern der wirtschaftliche Umfang, in dem sich die Hauptleistung des AG verändert. Bei nach dem 1.1.2002 geschlossenen Verträgen führt eine unzumutbare Änderung der Leistung des AG zur Unwirksamkeit des Widerrufstatbestands. Für vor dem 1.1.2002 geschlossene Verträge (**Altverträge**) nimmt das BAG zur Schließung der entstandenen Lücke eine ergänzende Vertragsauslegung vor, soweit sich die Unwirksamkeit nur aus der formellen Gestaltung des Vorbehalts im Hinblick auf die neuen Anforderungen ergibt.[26]

---

[7] BAG 27.7.2005 – 7 AZR 488/04 – DB 2005, 2823; LAG Rheinland-Pfalz 13.9.2007 – 11 Sa 78/07 – juris.
[8] BAG 27.7.2005 – 7 AZR 488/04 – DB 2005, 2823.
[9] Palandt/*Grüneberg*, § 308 Rn 22.
[10] BGH 20.1.1983 – VII ZR 105/81 – NJW 1983, 1322; OLG Köln 7.6.1990 – 1 U 56/89 – NJW-RR 1990, 1232; MüKo-BGB/*Basedow*, § 308 Nr. 4 Rn 7.
[11] Palandt/*Grüneberg*, § 308 Rn 22.
[12] *Däubler/Dorndorf/Deinert/Bonin*, § 308 Nr. 4 Rn 2.
[13] KG 10.1.1990 – 23 U 5932/88 – NJW-RR 1990, 544; Staudinger/*Coester-Waltjen*, § 308 Nr. 4 BGB Rn 5; *Ulmer/Brandner/Hensen*, § 308 Nr. 4 BGB Rn 4.
[14] OLG Köln 13.7.1988 – 16 U 2/98 – ZIP 1999, 21; *Däubler/Dorndorf/Deinert/Bonin*, § 308 Nr. 4 Rn 3; *Ulmer/Brandner/Hensen*, § 308 Nr. 4 BGB Rn 4.
[15] Staudinger/*Coester-Waltjen*, § 308 Nr. 4 BGB Rn 5.
[16] BGH 17.3.1999 – IV ZR 218/97 – NJW 1999, 1865.
[17] OLG Hamm 4.8.1991 – 12 C 435/91 – NJW-RR 1992, 445; OLG Frankfurt/Main 5.9.2000 – 31 C 536/00 – NJW-RR 2001, 914.
[18] OLG Frankfurt 16.2.1990 – 2 U 99/89 – VersR 1990, 527.
[19] BayObLG 12.9.2002 – 2 Z BR 75/02 – FGPrax 2002, 245.
[20] BAG 11.2.2009 – 10 AZR 222/08 – NZA 2009, 428; Palandt/*Grüneberg*, § 308 Rn 23; MüKo-BGB/*Basedow*, § 308 Nr. 4 Rn 2; *Däubler/Dorndorf/Deinert/Bonin*, § 308 Nr. 4 Rn 4.
[21] Staudinger/*Schlosser*, § 308 Nr. 4 BGB Rn 6.
[22] OLG Celle 1.2.1984 – 13 U 160/83 – AGBE I § 10 Nr. 42.
[23] Staudinger/*Schlosser*, § 308 Nr. 4 BGB Rn 6; a.A. OLG Frankfurt 11.12.1980 – 6 U 15/80 – DB 1981, 884.
[24] BGH 20.1.1983 – VII ZR 105/81 – NJW 1983, 1322, 1325.
[25] BAG 12.1.2005 – 5 AZR 364/04 – NJW 2005, 1820.
[26] BAG 12.1.2005 – 5 AZR 364/04 – NJW 2005, 1820; BAG 11.10.2006 – 5 AZR 721/05 – NZA 2007, 87.

2. Änderungsvorbehalte in der Arbeitsrechtsprechung.

8 Widerrufsvorbehalte hat das BAG in der Vergangenheit grds. für zulässig erachtet und Nichtigkeit wegen Umgehung zwingenden Künd-Schutzes nur angenommen, wenn sich der Widerrufsvorbehalt als ein Eingriff in den Kernbereich des Arbverh darstellt und dadurch grundlegend das Verhältnis von Leistung und Gegenleistung stört.[27] Kürzungen von 15 % und 20 %,[28] bei Entwicklungsklauseln in Chefarztverträgen sogar von bis zu 40 % der Gesamtvergütung,[29] hat das BAG in der Vergangenheit unbeanstandet gelassen. Änderungsvorbehalte zum Arbeitsort beurteilte die Arbeits-Rspr. gem. § 106 GewO am Maßstab des billigen Ermessens.[30] Auch die Reichweite von Änderungsvorbehaltsklauseln zur Tätigkeit des AN wurden in der Arbeits-Rspr. auf der Ebene des allgemeinen Direktionsrechts wie auf der Ebene des erweiterten Direktionsrechts an ihrer Vereinbarkeit mit § 315 gemessen.[31]

Versetzungsvorbehalte sind nicht am Maßstab der Nr. 4, sondern auf der Grundlage des § 307 Abs. 1 und 2 zu bewerten.[32] § 106 GewO und § 2 KSchG gestalteten bereits vor der Schuldrechtsreform den rechtlichen Rahmen für die Zulässigkeit von Versetzungen aus. Auf die Ausübungskontrolle nach billigem Ermessen (§ 106 GewO) kommt es nunmehr erst an, wenn die Parteien vertraglich einen wirksamen Versetzungsvorbehalt vereinbart haben.

9 Seit der Schuldrechtsreform unterliegen jegliche Änderungsvorbehalte, die vom AG „versprochene" Leistungen betreffen, den Maßstäben des Nr. 4.[33] Nicht abgesichert ist die Einschätzung, Widerrufsvorbehalte seien in Zukunft in dem vom BAG bisher gebilligten Umfang weiterhin zulässig, in der Sache ändere sich nichts.[34] Einige Urteile des BAG[35] belegen das Gegenteil. Ebenfalls nicht gefolgt werden kann der Ansicht, die Umgehung des Künd-Schutzes sei nach wie vor die allein entscheidende Messlatte, auf die es allein im Rahmen der Zumutbarkeitsprüfung ankomme.[36] Das BAG verweist zwar darauf, dass der Vertragsinhaltsschutz als Maßstab dienen könne; es komme aber nicht auf die konkrete Umgehung des Schutzes vor Änderungskündigungen an.[37]

10 Die These, aus Nr. 4 könne keine Verschärfung des Prüfungsmaßstabs hergeleitet werden, da diese Vorschrift auf einmalige Warenaustauschverträge zugeschnitten sei, während es sich beim Arbverh um ein langfristig angelegtes und daher nicht denselben Anforderungen unterworfenes Dauerschuldverhältnis handele, lässt sich nicht aufrecht erhalten.[38] Das BAG wendet in inzwischen gefestigter Rspr. Nr. 4 an, soweit dessen Voraussetzungen vorliegen.[39] Es wählte im Urteil v. 12.1.2005[40] für Widerrufsvorbehalte einen vierstufigen Prüfungsmaßstab.[41] Handelt es sich um einen Formulararbeitsvertrag (1. Stufe), beginnt die Wirksamkeitsprüfung mit Nr. 4 (2. Stufe) und zieht die Wertungen des § 307 in die Wirksamkeitskontrolle (3. Stufe) mit hinein. Unwirksam ist der Widerruf einer Vergütungszusage gem. Nr. 4 immer, wenn er sich im Umfang von 25 bis 30 % auf die Gesamtvergütung auswirkt. Rechtswidrig ist der Widerruf daneben nach § 307, wenn der Widerrufsgrund unklar, unverständlich, überhaupt nicht benannt ist oder wenn keine Tatbestände wie Gewinnrückgang, unterdurchschnittliche Leistungen oder schwerwiegende Pflichtverletzungen im Formulararbeitsvertrag aufgeführt und tatsächlich erfüllt sind. Auf der 4. Prüfungsstufe (Rechtsfolgeebene) gilt grds. § 306 Abs. 2, bei Altverträgen (vor dem 1.1.2002 geschlossene Arbeitsverträge) ist aufgrund der rein formellen Unzureichendheit eine ergänzende Vertragsauslegung vorzunehmen.[42] Das BAG übergeht in diesem Fall die Übergangsregelung in Art. 229 § 5 S. 2 EGBGB.[43]

11 Schon das ArbG Düsseldorf[44] und das LAG Hamm[45] hielten Widerrufsvorbehalte für unwirksam, wenn sie nicht an näher im Vertrag konkretisierte Gründe gebunden waren, und argumentierten mit einem Verstoß gegen das Transparenzgebot. Das BAG hat zwischenzeitlich entschieden, dass die Vereinbarung, wonach eine freiwillige Zulage „jederzeit widerruflich" ist, nach § 308 Nr. 4 unwirksam ist.[46] Vielmehr müssen Widerrufsvorbehalte die sachlichen

---

27 BAG 12.12.1984 – 7 AZR 509/83 – BB 1985, 731.
28 BAG 5.11.1995 – 2 AZR 521/95 – NZA 1996, 603; BAG 13.5.1987 – 5 AZR 125/86 – NZA 1988, 95.
29 BAG 28.5.1997 – 5 AZR 125/96 – DB 1997, 2620.
30 BAG 19.5.1992 – 1 AZR 418/91 – NZA 1992, 978; LAG Köln 25.1.2002 – 11 Sa 199/01 – ARST 2002, 283; LAG München 24.2.1988 – 8 Sa 936/87 – BB 1988, 1753; kritisch *Hümmerich*, NJW 2005, 1759; *Hümmerich/Bergwitz*, BB 2005, 997.
31 BAG 24.4.1996 – 5 AZR 1031/94 – NZA 1996, 1088; LAG Schleswig-Holstein 12.2.2002 – 5 Sa 409c/01 – DB 2002, 1056.
32 BAG 11.4.2006 – 9 AZR 557/05 – NZA 2006, 1149; BAG 13.3.2007 – 9 AZR 433/06 – DB 2007, 1985.
33 BAG 30.7.2008 – 10 AZR 606/07 – DB 2008, 2194; BAG 19.12.2006 – 9 AZR 294/06 – NZA 2007, 809.
34 *Annuß*, BB 2002, 458, 462; *Lingemann*, NZA 2002, 181, 190; *Richardi*, NZA 2002, 1057, 1063; *Singer*, RdA 2003, 194, 203.
35 BAG 12.1.2005 – 5 AZR 364/04 – NZA 2005, 465; BAG 11.10.2006 – 5 AZR 721/05 – NZA 2007, 87.
36 *Schnitker/Grau*, BB 2002, 2120; 2123.
37 BAG 11.10.2006 – 5 AZR 721/05 – NZA 2007, 87.
38 V. Westphalen/*Thüsing*, Arbeitsverträge, Rn 105; ebenso LAG Berlin 30.3.2004 – 3 Sa 2206/03 – AE 2004, 262 = AuA 2004, 48.
39 BAG 12.1.2005 – 5 AZR 364/04 – NZA 2005, 465; BAG 11.10.2006 – 5 AZR 721/05 – NZA 2007, 87; BAG 9.12.2006 – 9 AZR 294/06 – NZA 2007, 809; BAG 30.7.2008 – 10 AZR 606/07 – DB 2008, 2194.
40 BAG 12.1.2005 – 5 AZR 364/04 – NZA 2005, 465.
41 *Hümmerich*, NJW 2005, 1820; a.A. *Thüsing/Leder*, BB 2005, 1563 („aufrechterhaltener zweistufiger Prüfungsmaßstab bei Modifikation der ersten Prüfungsstufe").
42 BAG 12.1.2005 – 5 AZR 364/04 – NZA 2005, 465.
43 Zustimmend *Hanau/Hromadka*, NZA 2005, 73; *Stoffels*, NZA 2005, 726.
44 ArbG Düsseldorf 18.9.2003 – 2 Ca 2548/03 – DB 2004, 81.
45 LAG Hamm 11.5.2004 – 19 Sa 2132/03 – NZA-RR 2004, 515.
46 BAG 11.10.2006 – 5 AZR 721/05 – NZA 2007, 87.

Gründe erkennen lassen, bei deren Eintreten der AN mit einem Leistungswiderruf rechnen muss. Dies gilt sowohl für die Privatnutzung eines Dienstwagens[47] als auch für den Widerruf übertariflicher Lohnbestandteile.[48]

3. Einzelfälle. a) Abrufklauseln. Abrufklauseln, die eine Einteilung der Arbeitszeit durch den AG vorsehen, ohne eine Mindestarbeitszeit festzuschreiben, erlauben dem AG das Arbeitsvolumen und damit das Arbeitsentgelt – formal vertragskonform – auf null zu reduzieren.[49] Eine fehlende Konkretisierung der Arbeitspflicht verstößt gegen § 12 Abs. 1 S. 2 TzBfG. Daneben folgt, wenn in der Abrufklausel nicht einmal die Bezugspunkte der Durchschnittsvergütung (monatlicher oder jährlicher Bezugszeitraum) benannt sind, die Unwirksamkeit des Daueränderungsvorbehalts aus Nr. 4 (siehe auch § 307 Rn 39).[50]

b) Anrechnungsvorbehalte. Seit einer Grundsatzentscheidung des Großen Senats[51] gilt, dass ein AG, auch ohne ausdrücklichen Widerrufs- oder Anrechnungsvorbehalt, allgemeine, nicht speziell für Gegenleistungszwecke vereinbarte Zulagen mit Tariflohnerhöhungen im Zeitpunkt der Anhebung des Tariflohns verrechnen darf, wenn in dem Arbeitsvertrag oder in der Zusage keine gegenteilige Regelung getroffen ist.[52] Nur wenn sich ausnahmsweise aus den Umständen, wie bspw. einem besonderen Zweck der Zulage, etwas anderes ergibt, ist von einer Tariffestigkeit der Zulage auszugehen.[53] Die Anrechnung von Tariflohnerhöhungen auf eine Erschwerniszulage ist ausgeschlossen.[54] Bislang genügte der Hinweis im Arbeitsvertrag auf die Übertariflichkeit einer Zulage, um eine jederzeitige Anrechnung zu ermöglichen.[55] Ob allein dieser Hinweis in Formularverträgen allerdings dem Transparenzgebot genügt, ist zweifelhaft.[56] Zwar ist mit der Übertariflichkeit ein Tatbestandsmerkmal fixiert. Gleichwohl fehlt jeglicher Hinweis auf die Rechtsfolge, nämlich die Anrechenbarkeit der übertariflichen Zulage und deren Umfang.

Die Anrechnung **allgemeiner, übertariflicher Zulagen** ist dem AN ohne Weiteres zumutbar, weil das Arbeitsentgelt nominal unverändert bleibt.[57] Die Absenkung der Zulage findet ihre Rechtfertigung darin, dass die Tariflohnerhöhung den vorher mit der Zulage verfolgten Zweck erfülle, das für den AN verfügbare Einkommen ohne Bindung an besondere Voraussetzungen zu erhöhen.[58] Im Urteil v. 1.3.2006 stellte der 5. Senat den Grundsatz auf, wenn in AGB eine Zulage unter dem Vorbehalt der Anrechnung gewährt werde, ohne dass die Anrechnungsgründe näher bestimmt seien, führe dieser Umstand nicht zur Unwirksamkeit nach Nr. 4 BGB. Eine solche Klausel verstoße auch nicht gegen das Transparenzgebot des § 307 Abs. 1 S. 2.[59] Gegenstand der vom 5. Senat beurteilten Klausel bildete die Formulierung „freiwillige, jederzeit widerrufliche und anrechenbare betriebliche Ausgleichszulage". Das BAG hielt die Formulierung „anrechenbare betriebliche Ausgleichszulage" für hinreichend klar und verständlich. Für einen durchschnittlichen AN sei erkennbar, dass im Falle einer Erhöhung des tariflich geschuldeten Arbeitsentgelts die Zulage bis zur Höhe der Tarifsteigerung gekürzt werden könne.

Da **Anrechnungsvorbehalte** in arbeitsvertraglichen Vergütungsabreden seit Jahrzehnten gang und gäbe seien, stellten sie eine Besonderheit des Arbeitsrechts dar, die gem. § 310 Abs. 4 S. 2 BGB angemessen zu berücksichtigen sei. Ist eine freiwillige Leistung jederzeit widerruflich und anrechenbar, so steht der (ggf. unwirksame) Widerrufsvorbehalt der Wirksamkeit der Anrechnungsregelung im Übrigen nicht entgegen. Anrechenbarkeit und Widerruflichkeit knüpfen an unterschiedliche Tatbestände und Rechtsfolgen an und stellen eigenständige Regelungen dar, die geteilt werden können. Die möglicherweise gegebene Unwirksamkeit des Widerrufsvorbehalts schlägt auf den Anrechnungsvorbehalt nicht durch.[60]

Die Entscheidung ist dogmatisch korrekt, denn eine freiwillige Leistung ist keine „versprochene" Leistung i.S.d. Nr. 4, so dass Freiwilligkeitsvorbehalte nicht an Nr. 4 BGB zu messen sind.[61]

Wie mit besonderen zweckgebundenen Zulagen zu verfahren ist, ist bislang durch die Rspr. weitgehend ungeklärt. Dass auch ihre Anrechenbarkeit dem AN zumutbar ist, ergibt sich bereits daraus, dass der Nominallohn durch die Anrechnung nicht geschmälert wird. Allerdings setzt die Anrechenbarkeit besonderer zweckgebundener Leistungen

---

47 BAG 19.12.2006 – 9 AZR 294/06 – NZA 2007, 809.
48 BAG 12.1.2005 – 5 AZR 364/04 – NZA 2005, 465.
49 *Hümmerich*, Gestaltung von Arbeitsverträgen, § 1 Rn 281.
50 A.A. BAG 7.12.2005 – 5 AZR 535/04 – NZA 2006, 423, 427.
51 BAG GS 3.12.1991 – GS 2/90 – NZA 1992, 749.
52 BAG 22.9.1992 – 1 AZR 235/90 – NZA 1993, 232.
53 BAG 7.2.1996 – 1 AZR 657/95 – NZA 1996, 832.
54 BAG 7.2.1996 – 1 AZR 657/95 – NZA 1996, 832; LAG Köln 25.1.2001 – 5 Sa 1276/00 – NZA-RR 2001, 487.
55 BAG 8.12.1982 – 4 AZR 481/80 – EzA § 4 TVG Tariflohnerhöhungen Nr. 6; BAG 11.8.1992 – 1 AZR 279/90 – EzA § 87 BetrVG 1972 Betriebliche Lohngestaltung Nr. 32.
56 So auch ErfK/*Preis*, §§ 305–310 BGB Rn 65; *Däubler/Dorndorf/Deinert/Bonin*; a.A: *Thüsing*, AGB-Kontrolle im Arbeitsrecht, Rn 284.
57 BAG 30.5.2006 – 1 AZR 111/05 – NZA 2006, 1170; ErfK/*Preis*, §§ 305–310 BGB Rn 66; *Preis/Preis*, Der Arbeitsvertrag, II V 70 Rn 31; *Henssler*, SAE 1988, 164 f.
58 BAG 28.5.1998 – 1 AZR 704/97 – AP § 87 BetrVG 1972 Lohngestaltung Nr. 98.
59 BAG 1.3.2006 – 5 AZR 363/05 – NZA 2006, 746.
60 BAG 1.3.2006 – 5 AZR 363/05 – NZA 2006, 746; LAG Rheinland-Pfalz 12.3.2008 – 7 Sa 541/07 – juris.
61 Siehe auch BAG 30.7.2008 – 10 AZR 606/07 – DB 2008, 2194.

einen ausdrücklichen Anrechnungsvorbehalt voraus, der die Anrechnungsgründe – in Parallelwertung zu den Widerrufsvorbehalten (siehe Rn 31 ff.) – mindestens der Richtung nach erkennen lassen muss.[62]

16 **c) Bezugnahmeklausel auf die jeweils gültige (einseitige) betriebliche Regelung.** Eine Klausel mit dem Wortlaut „die jeweils gültige Reisekostenrichtlinie der Firma bildet Bestandteil des Arbeitsvertrags" oder „Bestandteil dieses Arbeitsvertrages ist die Arbeits-/Sozialordnung in der jeweils gültigen Fassung" ist nach Nr. 4 unwirksam, sofern die in Bezug genommene Regelung einseitig vom AG (ohne betriebskollektive Grundlage) erlassen wird.[63] Orientiert man sich ausschließlich am Wortlaut dieser Vertragsklausel, könnte der AG in Zeiten nach Vertragsschluss die Regelungen zu Lasten des AN ändern, ohne dass das vom AG gesetzte neue Recht am Merkmal der Zumutbarkeit gemessen werden müsste.[64]

17 Die im Arbeitsvertrag dem AG ohne nähere Anforderungen eingeräumte Ermächtigung kommt einer antizipierten Globaleinwilligung des AN gleich. Da Änderungen der Leistungen des AG nur unter den Voraussetzungen der Nr. 4 wirksam sind, die hier diskutierte Klausel auch im Falle der Unzumutbarkeit für den AN Geltung beansprucht, ist sie mit Nr. 4 nicht zu vereinbaren.

18 **d) Direktionsrechtserweiternde Klauseln.** Direktionsrechtserweiternde Klauseln bleiben von Nr. 4 unberührt, da sie nur auf die Pflichten des AN einwirken und die Leistungen des AG unberührt lassen. Einschlägig ist insofern § 307 Abs. 1 und 2 (zu Arbeitszeitregelungen siehe Rn 73 f. und zu Versetzungsvorbehalten siehe Rn 92 ff., 124, 129).

19 **e) Entwicklungsklauseln in Chefarztverträgen.** Vorformulierte Entwicklungsklauseln in Chefarztverträgen – zumal wenn sie aus dem von der Deutschen Krankenhausgesellschaft verfassten „Beratungs- und Formulierungshilfe Chefarzt-Vertrag" stammen, unterliegen der AGB-Kontrolle. Die versprochene Leistung i.S.d. Nr. 4 ist nach der Rspr. des ArbG Hagen auch die Verpflichtung des AG, den Chefarzt zu bestimmten Bedingungen zu beschäftigen.[65] Das ArbG Paderborn stellt insofern auf die unmittelbaren Auswirkungen von Umstrukturierungen auf die Liquidationserlöse des Chefarztes und damit seine Gesamtvergütung ab.[66]

20 Das BAG gestattete Krankenhäusern gegenüber Chefärzten („AN in Spitzenpositionen mit Spitzenverdiensten") einseitige Leistungsbestimmungsrechte mit einer Kürzung der Gesamteinnahmen im dienstlichen Aufgabenbereich um 25 % aus dienstlicher und genehmigter Nebentätigkeit um 35 bis 40 % auf der Basis der früheren Rechtslage.[67] Davon kann nicht mehr ausgegangen werden. Entwicklungsklauseln, die keine Widerrufsgründe[68] und keine vertragliche Festlegung des dem Chefarztes in jedem Fall verbleibenden Anteils am Gesamtverdienst[69] enthalten, sind unwirksam.[70] Ob das Kürzungsvolumen von 25 bis 30 % der Gesamtvergütung die maximale Grenze ist (entsprechend der BAG-Rspr. bei Widerrufsvorbehalten)[71] oder im Rahmen von Entwicklungsklauseln aufgrund der Stellung des Chefarztes überschritten werden darf, bleibt abzuwarten.

21 Nach dem Urteil des ArbG Hagen[72] entfällt die Entwicklungsklausel ersatzlos. Der AG könne Umstrukturierungen auch im Wege der Änderungskündigung realisieren und sei nicht auf eine ergänzende Vertragsauslegung angewiesen. Bei sämtlichen Chefarztverträgen, die vor dem 1.1.2002 geschlossen wurden und eine Entwicklungsklausel enthalten, muss ermittelt werden, ob die mit der Unwirksamkeit eintretende Lücke durch eine ergänzende Vertragsauslegung zu schließen ist.[73] Fehlen in der Entwicklungsklausel nicht nur die Änderungsgründe, sondern auch der garantierte Umfang der verbleibenden Vergütung, so ist die Klausel nicht nur aufgrund formeller Gründe unwirksam und entfällt daher ebenfalls ersatzlos.[74] Die Voraussetzungen der Rspr. des BAG[75] an eine ergänzende Vertragsauslegung bei Altfällen liegen insofern nicht vor. Scheitert die Klausel hingegen tatsächlich nur an einem Fehlen der Widerrufsgründe, so kommt eine ergänzende Vertragsauslegung bei Altverträgen in Betracht. Da Entwicklungsklauseln nach den Empfehlungen der deutschen Krankenhausgesellschaft (DKG)[76] regelmäßig ein Anhörungsrecht des Chefarztes vorsehen, kann die Lücke dadurch geschlossen werden, dass auf die Einhaltung des Anhörungsrechts und auf Gründe bei der Änderung des Zuschnitts einer Abteilung abgestellt wird.[77] Ist ein vom Krankenhausträger be-

---

62 Siehe auch *Reiserer*, NZA 2007, 1249.
63 BAG 11.2.2009 – 10 AZR 222/08 – NZA 2009, 428.
64 *Hümmerich*, Gestaltung von Arbeitsverträgen, § 1 Rn 1775.
65 ArbG Hagen 5.9.2006 – 5 (2) Ca 2811/05 – GesR 2006, 554.
66 ArbG Paderborn 12.4.2006 – 3 Ca 2300/05 – GesR 2007, 86..
67 BAG 28.5.1997 – 5 AZR 125/96 – NZA 1997, 1160; a.A. ArbG Kempen 30.6.1999 – 4 Ca 477/99 – ArztR 2000, 120.
68 ArbG Hagen 5.9.2006 – 5 (2) Ca 2811/05 – GesR 2006, 554.
69 ArbG Paderborn 12.4.2006 – 3 Ca 2300/05 – GesR 2007, 86.
70 Siehe auch *Hümmerich/Bergwitz*, BB 2005, 997; *Hümmerich/Bergwitz*, MedR 2005, 185; *Reinecke*, NJW 2005, 3383; ArbG Hagen 5.9.2006 – 5 (2) Ca 2811/05 – GesR 2006, 554 (fehlende Widerrufsgründe).
71 BAG 12.1.2005 – 5 AZR 364/04 – BAGE 113, 140–149.
72 ArbG Hagen 5.9.2006 – 5 (2) Ca 2811/05 – GesR 2006, 554.
73 BAG 12.1.2005 – 5 AZR 364/04 – DB 2005, 669.
74 ArbG Paderborn 12.4.2006 – 3 Ca 2300/05 – GesR 2007, 86.
75 Vgl. BAG 12.1.2005 – 5 AZR 364/04 – NZA 2005, 465.
76 DKG, Beratungs- und Formulierungshilfe Chefarztvertrag, § 15.
77 *Hümmerich/Bergwitz*, BB 2005, 997.

schlossener neuer Zuschnitt einer ärztlichen Abteilung die Folge einer in einem ordnungsgemäßen Anhörungsverfahren eingeleiteten Änderung des Krankenhausplans, würde sich der Chefarzt einer angemessenen Änderung seiner Einnahmen im Regelfalle nicht verschließen. Dient der veränderte Zuschnitt einer ärztlichen Abteilung dagegen allein der Gewinnmaximierung des Krankenhauses, ohne Berücksichtigung der Interessen des Chefarztes, hätte der Chefarzt bei diesem Sachverhalt voraussichtlich seine Zustimmung zur Änderung seiner Arbeitsbedingungen nicht erteilt. Die Lückenschließung kann daher nur in differenzierter Weise, mit Blick auf die verschiedenen Sachverhalte erfolgen, denen der Chefarzt in dem einen Falle zugestimmt und sich im anderen Falle verweigert hätte.

f) Gehaltserhöhungsklausel durch tarifliche Bezugnahme. In einem vorformulierten Arbeitsvertrag kann sich der tarifvertraglich nicht gebundene AG verpflichten, die vertragliche Vergütung entsprechend der Erhöhung der tariflichen Entgelte eines bestimmten Tarifbezirks anzupassen. Diese Verpflichtung kann von Bedingungen abhängig gemacht werden, wie z.B., dass die tariflichen Entgelterhöhungen keine „strukturelle Änderung" des Tarifwerks darstellen. Eine solche Klausel verstößt weder gegen § 305c Abs. 2 noch gegen Nr. 4.[78]

g) Gehaltskürzungsklausel bei Verschlechterung der wirtschaftlichen Verhältnisse des Unternehmens. Gehaltskürzungsklauseln für AN bei wirtschaftlichem Misserfolg des Unternehmens enthalten einen unwirksamen Änderungsvorbehalt nach Nr. 4.[79] Ein Gehalts-Downgrading konnte auch vor der Schuldrechtsmodernisierung außerhalb des Anwendungsbereichs eines TV nicht unter Verzicht auf eine Änderungs-Künd vereinbart werden.[80] Da der AN generell über sein Gehalt am Erfolg wie am Misserfolg eines Unternehmens nicht teilnimmt, ließen sich Gehaltskürzungen im Falle des Misserfolgs eines Unternehmens auch bisher nicht rechtsgültig vereinbaren.[81] Anders ist die Rechtslage bei Zusatzentgelten und für Führungskräfte bei Zielvereinbarungen. Für Vorstände gilt die Besonderheit in § 87 Abs. 1 AktG, dass der AR dafür zu sorgen hat, dass die Gesamtbezüge zu den Aufgaben des Vorstands und zur Lage der Gesellschaft in einem angemessenen Verhältnis stehen. Da der Vorstand gem. § 86 AktG üblicherweise am Jahresgewinn beteiligt wird, können seine Bezüge bei erheblich sinkenden Erträgen der AG in eine unverhältnismäßige Relation zur Ertragskraft des Unternehmens geraten, weshalb die Vereinbarung einer Gehaltsanpassungsklausel nach unten beim Vorstand einer AG grds. keinen Verstoß nach Nr. 4 nach sich zieht, ebenso wenig wie ein Beschluss des Personalausschusses des AR über eine Gehaltskürzung.[82] Allerdings ist auch hier zu beachten, dass der Änderungsvorbehalt der Konkretisierung von Änderungsgründen bedarf, also bspw. eine Gehaltskürzung in Stufen, anknüpfend an Parameter wie EBITA oder Deckungsbeitrag 2, der Begründung bedürfen.

h) (Freiwillige) Jahressonderleistung. Jahressonderzahlungen sind freiwillige Leistungen, die ihren Rechtsgrund in der Arbeitsleistung haben. Ist die Freiwilligkeit der Leistung hinreichend konkret und deutlich im Arbeitsvertrag beschrieben, so fehlt es an der versprochenen Leistung i.S.d. Nr. 4.[83] Freiwilligkeitsvorbehalte unterliegen daher den Kontrollmaßstäben des § 307 Abs. 1 und 2 (nähere Ausführungen zur generellen Wirksamkeit siehe § 307 Rn 81 ff. sowie zur Transparenz siehe § 307 Rn 121).

i) Jubiläumszuwendungen. Eine Vertragsklausel in einem Formulararbeitsvertrag, wonach dem AG das Recht zustehen soll, zugesagte Jubiläumszahlungen jederzeit unbeschränkt widerrufen zu können, ist gem. Nr. 4 rechtsunwirksam. Als zugesagte Leistung bedarf ihr Widerruf der Zumutbarkeit für den AN. Ein „jederzeit unbeschränkter Widerruf" ist dem AN mangels Billigkeit nicht zumutbar. Hat sich ein AG den Widerruf von Jubiläumszuwendungen für den Fall vorbehalten, dass „es die Geschäftslage erfordert", ist diese Voraussetzung nicht erfüllt, wenn das Unternehmen eine Umsatzrendite von mehr als 10 % und eine Eigenkapitalverzinsung von mehr als 20 % erzielt.[84] Leistungen zu Jubiläen können als zusätzliche Sonderzahlungen zum laufenden Entgelt im Übrigen auch Gegenstand von Freiwilligkeitsvorbehalten sein (siehe § 307 Rn 81 ff., 121).

j) Kommissarische Tätigkeitsübertragung. Da Leistungen des AG, sofern die kommissarische Tätigkeit nicht niedriger vergütet werden soll, von der vorübergehenden Übertragung einer anderweitigen Tätigkeit unberührt bleiben, ist die Wirksamkeit einer kommissarischen Arbeitszuweisung nicht an Nr. 4 BGB, sondern an § 307 Abs. 1 S. 1 zu messen (siehe § 307 Rn 54, 129).

---

78 BAG 9.11.2005 – 5 AZR 351/05 – DB 2006, 1061.
79 Hümmerich, Gestaltung von Arbeitsverträgen, § 1 Rn 1490.
80 BAG 22.1.1981 – 2 AZR 945/78 – juris.
81 BAG 12.12.1984 – 7 AZR 509/83 – BAGE 47, 314 = NZA 1985, 321; Hromadka, RdA 1992, 234.
82 Hümmerich, Gestaltung von Arbeitsverträgen, § 1 Rn 1503.
83 BAG 30.7.2008 – 10 AZR 606/07 – DB 2008, 2194.
84 LAG Köln 16.10.2006 – 14(13) Sa 9/06 – NZA-RR 2007, 120.

27 **k) Leistungskürzungsklauseln.** Eine Leistungskürzungsklausel, die präzise die Voraussetzungen benennt, unter denen die Kürzung oder der Fortfall einer Jahressonderzahlung eintreten, ist nicht nach Nr. 4 unwirksam,[85] sofern die 25 bis 30 %-Grenze aus dem Urteil des 5. Senats[86] nicht erreicht wird.

28 **l) Rückzahlungsvorbehalte, die „auf die derzeitige Rechtsprechung" Bezug nehmen.** Eine Klausel im Arbeitsvertrag, wonach versprochene Weihnachtsgeld- und Urlaubsgeldzahlungen „unter dem Rückzahlungsvorbehalt der derzeitigen Rspr." stehen,[87] enthält einen unwirksamen Änderungsvorbehalt nach Nr. 4. Die Unzumutbarkeit ergibt sich einmal daraus, dass der AN regelmäßig nicht weiß, welchen Inhalt die „derzeitige Rspr." hat. Nr. 4 ist auch Ausdruck des Transparenzgebots. Was als die „derzeitige Rspr." anzusehen sein soll, ist weder zeitlich noch inhaltlich eingegrenzt und daher unbestimmt.

29 **m) Überstundenanordnungsbefugnisklausel.** Räumt eine Anordnungsbefugnisklausel dem AG die Möglichkeit ein, Überstunden unter ziffernmäßiger Höchstbegrenzung und unter Wahrung der Grenzen des AZG anzuweisen, ist eine solche Überstundenregelung in Arbeitsverträgen nicht nach Nr. 4 unwirksam. Der AG vereinbart mit dem AN nicht das Recht, seine Hauptleistungspflicht zu ändern oder von ihr abzuweichen. Vielmehr wird von vornherein eine näher konkretisierte, von der Anordnung des AG abhängige Erhöhung der Verpflichtung zur Erbringung einer über die normale Arbeitszeit hinausgehenden Arbeitsleistung vereinbart.

30 Wenn die Überstunden nicht vergütet werden, wird in das Synallagma eingegriffen.[88] Nach teilweiser Auffassung ist Maßstab der Inhaltskontrolle daher Nr. 4.[89] Regelungen zur pauschalen Abgeltung von Überstunden unterliegen wohl aber richtigerweise § 307 Abs. 1 und 2. Vereinbarungen, wonach Überstunden mit dem Grundgehalt abgegolten sind, sind jedenfalls regelmäßig unwirksam und vor allem intransparent[90] (Siehe § 307 Rn 90, 128).

31 **n) Widerrufsvorbehalte.** Nach Nr. 4 bedarf die Wirksamkeitsprüfung von Widerrufsvorbehalten eines mehrstufigen Prüfungsmaßstabs. Mit dem Urteil des BAG vom 12.1.2005[91] wurde ein vierstufiger Prüfungsablauf[92] gewählt. Erstreckt sich der Widerruf auf mehr als 25 bis 30 % der Gesamtvergütung, ist der Änderungsvorbehalt zu weitgehend und verstößt gegen Nr. 4. Die Vereinbarung eines Widerrufsvorbehalts ist zulässig, soweit der im Gegenseitigkeitsverhältnis stehende widerrufliche Teil der Gesamtvergütung unter 25 % liegt und der Tariflohn nicht unterschritten wird. Sind darüber hinaus Zahlungen des AG widerruflich, die nicht eine unmittelbare Gegenleistung für die Arbeitsleistung darstellen, sondern Ersatz für Aufwendungen, die an sich der AN selbst tragen muss, erhöht sich der widerrufliche Teil der Arbeitsvergütung auf bis zu 30 % des Gesamtverdienstes.[93] Auch der Widerruf einer Dienstwagennutzung zu privaten Zwecken ist an Nr. 4 zu messen (siehe auch § 307 Rn 56, 84).[94]

32 Wird der Widerruf ohne Angabe von Gründen ausgeübt oder ohne dass im Vertrag die Widerrufsgründe benannt sind, liegt zusätzlich ein Verstoß gegen § 307 Abs. 1 S. 1 vor. Die bislang bereits in der Rspr. zugebilligten Widerrufsgründe wie wirtschaftliche Entwicklung des Unternehmens[95] oder Widerruf einer Wechselschichtzulage, wenn der AN nicht mehr in der Wechselschicht arbeitet[96] oder Treueprämien bis zum Umfang von 3 % der Gesamtvergütung[97] oder Gründe im Verhalten des AN,[98] kommen als für den AN zumutbare Widerrufsgründe weiterhin in Betracht. Wie konkret die Widerrufsgründe gefasst sein müssen, scheint das BAG weitgehend den Vertragsparteien zu überlassen. Der AG muss jedoch zumindest die Richtung angeben, aus der die Widerrufsgründe kommen können (wirtschaftliche Gründe, Leistung oder Verhalten des AN). I.S.d. Transparenz wäre eine weitere Konkretisierung durchaus angebracht, da Begriffe wie wirtschaftliche oder verhaltensbedingte Gründe den AN faktisch auch im Dunkeln lassen im Hinblick darauf, wann eine Leistung widerrufen werden kann. So verweist das BAG auf die mögliche Konkretisierung des Grads der Störung: wirtschaftliche Notlage des Unternehmens, negatives wirtschaftliches Ergebnis der Betriebsabteilung, nicht ausreichender Gewinn, Rückgang der bzw. Nichterreichen der erwarteten wirtschaftlichen Entwicklung, unterdurchschnittliche Leistungen des AN, schwerwiegende Pflichtverletzungen. Das BAG fordert eine derart spezifische Konkretisierung des Grads der Störung aber offenbar nur, wenn der AG daran anknüpfen möchte.[99] Ob er daran im Entscheidungsfalle festhält, ist zweifelhaft. Verlangt das Bestimmtheitsgebot i.R.d. § 307 Abs. 1 S. 2 doch Tatbestandsmerkmale und Rechtsfolgen so genau wie möglich zu beschreiben. Eine präzisere Beschreibung als etwa „wirtschaftliche Gründe" wird immer möglich sein.

---

[85] Hümmerich, Gestaltung von Arbeitsverträgen, § 1 Rn 2374.
[86] BAG 12.1.2005 – 5 AZR 364/04 – NZA 2005,465.
[87] ArbG Wetzlar 26.6.2001 – 1 Ca 18/01 – NZA-RR 2002, 237.
[88] ArbG Hanau 13.11.1997 – 3 Ca 317/97 – AuR 1998, 169.
[89] LAG Berlin 30.5.2004 – 3 Sa 2206/03 – NZA-RR 2005, 20; LAG Hamm 11.5.2004 – 19 Sa 2132/03 – NZA-RR 2004, 515.
[90] Däubler/Dorndorf/Deinert/Bonin, § 307 Rn 182a.
[91] BAG 12.1.2005 – 5 AZR 364/04 – NJW 2005, 1820.
[92] Hümmerich, NJW 2005, 1759.
[93] BAG 11.10.2006 – 5 AZR 721/05 – NZA 2007, 87.
[94] BAG 19.12.2006 – 9 AZR 294/06 – NZA 2007, 809.
[95] LAG Hamm 19.4.1999 – 16 Sa 562/98 – NZA-RR 1999, 569.
[96] Preis/Preis, Der Arbeitsvertrag, II V 70 Rn 21.
[97] BAG 15.8.2000 – 1 AZR 458/99 – n.v.
[98] BAG 12.1.2005 – 5 AZR 364/04 – NJW 2005, 1820.
[99] Siehe zu alldem: BAG 12.1.2005 – 5 AZR 364/04 – NJW 2005, 1820.

Die Lücke eines unwirksamen Widerrufsvorbehalts kann insbesondere bei Altverträgen im Wege ergänzender Vertragsauslegung geschlossen werden.[100]

Von der bisherigen Rspr. zu Freiwilligkeitsvorbehalten ist der 5. Senat – unter dem Eindruck unpräziser Mischformulierungen – mit Urteil v. 11.10.2006 abgewichen.[101] Der AG hatte in dem zur Beurteilung gestellten Vertragswortlaut formuliert „jede Leistung, die über die in den Tarifverträgen festgelegten Leistungen hinausgeht, ist jederzeit unbeschränkt widerruflich und begründet keinen Rechtsanspruch für die Zukunft". Das BAG sah darin einen Widerrufsvorbehalt und wandte die Grundsätze des Urteils v. 12.1.2005[102] an. Es maß die Wirksamkeit der unter Vorbehalt stehenden Leistung an Nr. 4. Der Widerrufsvorbehalt scheiterte an der fehlenden Vereinbarung über die Widerrufsgründe. Er fiel jedoch ebenfalls nicht ersatzlos weg, da es sich um eine Altregelung handelte und sich die Unwirksamkeit lediglich aus der formellen Gestaltung ergab. Auf die Vereinbarung einer Widerrufsfrist kommt es nach der Entscheidung des BAG übrigens nicht an. Diese kann allenfalls im Rahmen der Ausübungskontrolle bei tatsächlichem Widerruf der Leistungen relevant werden.

o) **Versetzungsklausel.** Versetzungsvorbehalte verstoßen nicht gegen Nr. 4, da Nr. 4 nur einseitige Bestimmungsrechte hinsichtlich der Leistung des Verwenders erfasst.[103] Kontrollmaßstab ist § 307 Abs. 1 (siehe § 307 Rn 54, 92 ff., 129).

p) **Zusatzurlaubskürzungsklausel.** Sieht eine Zusatzurlaubskürzungsklausel vor, dass sich um je einen Tag für je drei Tage, an denen der AN seiner Arbeitspflicht nicht nachgekommen ist oder wegen Arbeitsunfähigkeit an der Ausübung seiner Tätigkeit gehindert war, eine Kürzung des über den gesetzlichen Mindesturlaub hinausgehenden Urlaubs vor, ist die Klausel nach Nr. 4 unwirksam, soweit sie vom AN nicht zu vertretende Sachverhalte wie Krankheit mit vom AN verschuldeten Tatbeständen (Nichterscheinen am Arbeitsplatz wegen Arbeitsunlust) gleichstellt.[104] Dass die Entgeltleistung des AG gleich bleibt, steht der Anwendung von Nr. 4 nicht entgegen, denn bei einer Kürzung des Urlaubsanspruchs zahlt der AG in Wahrheit für eine gleiche Leistung weniger und schränkt damit seine Leistung ein. Nr. 4 gilt nicht für zwischen den Parteien vereinbarte Bedingungen.

IV. Nr. 5: fingierte Erklärungen

1. Grundsätze. Nr. 5 erfasst Erklärungsfiktionen, die durch das Schweigen des AN zustande kommen. Auf Tatsachenfiktionen und Tatsachenbestätigungen ist nicht Nr. 5, sondern § 309 Nr. 12b anzuwenden.[105] So ist die Nichtbeanstandung der Tagesauszüge einer Sparkasse eine rein tatsächliche Erklärung, die nicht unter Nr. 5 fällt.[106] Abnahmefiktionen (§ 640) fallen im Gegensatz zu Annahmefiktionen unter Nr. 5.[107] Vereinbarungen über Erklärungsfiktionen sind nicht generell unwirksam. Sie sind nach Nr. 5 zulässig, wenn dem Vertragspartner eine angemessene Frist zur Abgabe einer ausdrücklichen Erklärung sowie ein Hinweis gegeben wird, welche Bedeutung sein Schweigen hat. Liegt ein Verstoß gegen Nr. 5 nicht vor, so kann sich die Unwirksamkeit der vereinbarten Erklärungsfiktion dennoch aus § 307 Abs. 1 ergeben. Fehlt dem AG an einem berechtigten Interesse für die Erklärungsfiktion, ist der Fristbeginn oder sind die Rechtsfolgen des Schweigens unklar beschrieben, so kann eine Erklärungsfiktion den AN nach § 307 Abs. 1 unangemessen benachteiligen.[108] Ein an sich berechtigtes Interesse wird dem AG regelmäßig zuzubilligen sein, wenn er bestimmte Arbeitsbedingungen gegenüber einem großen Arbeitnehmerkreis einheitlich verändern möchte. Dann ist eine Erklärungsfiktion ein praktikables Mittel, das gleichzeitig für Rechtssicherheit sorgt.[109]

Die Länge der dem AN zu gewährenden Frist hängt von der Bedeutung des jeweiligen Regelungsgegenstandes für die Rechtspositionen des AN ab. Für angemessen gehalten wurde in der Rspr. eine Frist von einem Monat für Einwendungen gegen einen Kontoabschluss,[110] eine Frist von sechs Wochen für Einwendungen gegen die Abrechnung eines Mobilfunkanbieters[111] und in einem Krankenhausaufnahmevertrag eine Frist von zwölf Wochen für zurückgelassene Gegenstände.[112] Zur Abwendung der Unwirksamkeitsfolge einer Klausel über fingierte Erklärungen ist neben einer Fristeinräumung erforderlich, dass sich der Verwender in der Klausel verpflichtet, den Vertragspartner bei Beginn der Frist auf die Bedeutung seines Verhaltens hinzuweisen. Der Verwender muss den Hinweis in einer Form erteilen, die unter normalen Umständen eine Kenntnisnahme durch den Vertragspartner erwarten lässt.[113] Fehlt dieser Hinweis in der Vereinbarung[114] oder unterlässt der AG ihn später in einem Einzelfall,[115] tritt die Fiktion gleichermaßen nicht ein.

---

100 BAG 12.1.2005 – 5 AZR 364/04 – NJW 2005, 1820; siehe auch BAG 11.10.2006 – 5 AZR 721/05 – NZA 2007, 87.
101 BAG 11.10.2006 – 5 AZR 721/05 – NZA 2007, 87.
102 BAG 12.1.2005 – 5 AZR 364/04 – NZA 2005, 465.
103 BAG 11.4.2006 – 9 AZR 557/05 – NZA 2006, 1149.
104 *Hümmerich*, Gestaltung von Arbeitsverträgen, § 1 Rn 2622.
105 Palandt/*Grüneberg*, § 308 Rn 25.
106 BGH 29.1.1979 – II ZR 148/77 – BGHZ 73, 207, 209.
107 BGH 10.11.1983 – VII ZR 373/82 – NJW 1984, 726.
108 *Däubler/Dorndorf/Deinert/Bonin*, § 308 Nr. 5 Rn 8.
109 S. auch HWK/*Gotthardt*, § 308 BGB Rn 6.
110 LG Frankfurt 6.11.1980 – 2/3 O 296/80 – WM 1981, 912 f.
111 OLG Köln 25.6.1997 – 27 U 130/96 – VersR 1997, 1109.
112 BGH 9.11.1989 – IX ZR 269/87 – NJW 1990, 761.
113 BGH 4.10.1984 – III ZR 119/83 – NJW 1985, 617.
114 *Däubler/Dorndorf/Deinert/Bonin*, § 308 Nr. 5 Rn 6.
115 MüKo-BGB/*Basedow*, § 308 Nr. 5 Rn 13.

39 **2. Anwendungsfälle. a) Erklärungsfiktion zu Arbeitsvertragsänderungen.** Enthält der Arbeitsvertrag eine Klausel, dass das Schweigen des AN auf einen Antrag des AG zur Abänderung des Arbeitsvertrages als Zustimmung gilt, ist die Klausel nicht unwirksam, wenn dem AN eine angemessene Frist gewährt und ihm die potenzielle Fiktionswirkung bewusst gemacht wurde.[116]

40 **b) Abmahnungsakzeptanzklausel.** Enthält eine Klausel im Arbeitsvertrag die Regelung, dass „Abmahnungen vom AN als berechtigt anerkannt werden, wenn ihnen nicht innerhalb von drei Wochen vom Mitarbeiter schriftlich widersprochen wird", entspricht die Klausel, sofern im Abmahnungsschreiben ein Hinweis auf die Fristgebundenheit der Erklärung mit deutlicher drucktechnischer Hervorhebung angebracht ist, den Anforderungen des Nr. 5.

V. Nr. 6: Fiktion des Zugangs

41 **1. Grundsätzliches.** Der Zweck der Vorschrift besteht darin, den Vertragspartner des AGB-Verwenders vor bestimmten, unangemessenen Beweiserleichterungen zugunsten des Verwenders zu schützen.[117] Die Vorschrift ist erforderlich, weil die Regelung des § 130 über den Zugang von Willenserklärungen dispositiv ist.[118] Erklärungen von **besonderer Bedeutung** sind alle Erklärungen des Verwenders, die für den Vertragspartner mit nachteiligen Rechtsfolgen verbunden sind.[119] Darunter fallen insb. Künd,[120] Mahnungen[121] und nach richtiger Ansicht auch Abmahnungen. Unzulässig ist auch der Verzicht auf den Zugang,[122] der sich nach teilweiser Ansicht aus Nr. 6,[123] nach a.A. aus § 307 Abs. 1 ergibt.[124] Nr. 6 gilt nur für **Zugangsfiktionen**.[125] Erklärungsfiktionen werden von Nr. 5, Tatsachenfiktionen von § 309 Nr. 12 erfasst (siehe § 309 Rn 50 ff.).

42 **2. Zugangsfiktionen im Arbeitsverhältnis.** Das in Nr. 6 enthaltene Klauselverbot ist auch im Arbeitsrecht anzuwenden.[126]

43 **a) Zustellung eines Kündigungsschreibens an die letzte dem Arbeitgeber mitgeteilte Arbeitnehmer-Anschrift.** Vereinbaren die Parteien im Arbeitsvertrag, dass die Zustellung eines Künd-Schreibens an die letzte vom AN dem AG mitgeteilte Anschrift für den Zugang des Schreibens maßgeblich ist, liegt das Schwergewicht der Vereinbarung nicht im Bereich einer Rechts-, sondern im Bereich einer Tatsachenfiktion.[127] Nicht der Zugang wird fingiert, sondern es wird die für den Zugang maßgebliche, letzte dem AG bekannt gemachte Adresse als Zustelladresse vereinbart. Der AN hat es über die Mitteilung an den AG, die ohnehin eine arbeitsvertragliche Nebenpflicht ist, selbst in der Hand, an welche Anschrift das Künd-Schreiben versandt wird. Der Zugang kann vertraglich nicht fingiert werden, er muss unter der dem AG bekannten Anschrift („in verkehrsüblicher Weise") erfolgen, also durch Einwurf des Briefes in den Briefkasten[128] oder durch Einwurf des Briefs in den Hausflur der Wohnung oder des Hauses,[129] wenn das Künd-Schreiben nicht (wegen Krankheit oder Freistellung des AN) im Betrieb übergeben werden kann.

44 **b) Zugangsfiktion eines Kündigungsschreibens drei Tage nach Absendung.** Nach Nr. 6 unwirksam ist eine Klausel, die den Zugang drei Tage nach Absendung des Schreibens fingiert. Auf diese Weise würde generell eine Wirkung zu Lasten des AN fingiert, auf die der AN keinen Einfluss nehmen kann und die mit dem Wortlaut von Nr. 6 nicht in Einklang steht. Klauseln, wonach Willenserklärungen des AN unabhängig vom tatsächlichen Zugang als zugegangen gelten, sind unwirksam.[130]

45 **c) Schwarze-Brett-Fiktionen.** Bedarf eine Willenserklärung des AG der Schriftform nach § 623 wie bei der Künd oder aufgrund eines im Arbeitsvertrag vereinbarten Schriftformerfordernisses, ist die Vereinbarung einer Zugangsfiktion über einen Aushang am Schwarzen Brett nach §§ 125, 126 nichtig. Soweit unter einem Widerrufsvorbehalt stehende Gratifikationszusagen über einen Aushang am Schwarzen Brett widerrufen werden, war schon nach bisheriger Rechtslage der Widerruf unwirksam, da das Schwarze Brett nicht zu den vom AN zur Entgegennahme von Willenserklärungen bereitgehaltenen Einrichtungen gehört.[131] Vereinbaren die Parteien im Arbeitsvertrag, dass sich der AN nicht darauf berufen könne, einen Aushang übersehen zu haben, es sei denn, er war während der Dauer des Aushangs

---

116 *Däubler/Dorndorf/Deinert/Bonin*, § 308 Nr. 5 Rn 3 f.
117 *Däubler/Dorndorf/Bonin/Deinert*, § 308 Nr. 6 Rn 2.
118 *Reinecke*, NZA 2000, Beil. 3, 23, 27.
119 *Palandt/Grüneberg*, § 308 Rn 33.
120 BayObLG 18.12.1979 – Breg 2 Z 11/79 – NJW 1980, 2818; ErfK/*Preis*, §§ 305–310 BGB Rn 101; MüKo-BGB/*Basedow*, § 308 Nr. 6 Rn 5.
121 OLG Hamburg 27.6.1980 – 11 U 14/80 – VersR 1981, 125.
122 HWK/*Gotthardt*, § 308 Nr. 8.
123 LG Koblenz 20.3.1987 – 4 T 29/87 – DNotZ 1988, 496; Palandt/*Grüneberg*, § 308 Rn 8.
124 MüKoBGB/*Basedow*, § 308 Nr. 6 Rn 4; *Däubler/Dorndorf/Bonin/Deinert*, § 308 Nr. 6 Rn 6.
125 *Däubler/Dorndorf/Bonin/Deinert*, § 308 Nr. 6 Rn 6.
126 *Mauer*, DB 2002, 1442; *Richardi*, NZA 2002, 1057.
127 *Hümmerich*, Gestaltung von Arbeitsverträgen, § 1 Rn 1363.
128 BAG 8.12.1983 – 2 AZR 337/82 – NZA 1984, 31.
129 LAG Düsseldorf 19.9.2000 – 16 Sa 925/00 – NZA 2001, 408; LAG Düsseldorf 12.10.1990 – 4 Sa 1064/90 – LAGE § 130 BGB Nr. 14.
130 ErfK/*Preis*, §§ 305–310 BGB Rn 101.
131 LAG Rheinland-Pfalz 19.11.1999 – 3 Sa 922/99 – NZA-RR 2000, 409.

abwesend,[132] liegt keine unwirksame Klausel nach Nr. 6 vor, denn eine solche Regelung führt zu keiner Beweislastumkehr.[133] Sie ändert nichts an der allgemeinen zivilrechtlichen Regel, dass der Zugang von Willenserklärungen von demjenigen bewiesen werden muss, der sich auf die Erklärung beruft.[134] Wenn es für die Rechtzeitigkeit darauf ankommt, muss der Erklärende auch den Zeitpunkt des Zugangs beweisen.[135] Soweit eine Klausel dem AG die Verbreitung von Informationen über das Schwarze Brett gestattet, und die vorgenannten Grundsätze nicht beeinträchtigt werden, liegt keine unwirksame Klausel nach Nr. 6 vor.

VI. Nr. 7: Pauschalierung von Schadens- und Wertersatz

Die Vorschrift hat im Arbeitsrecht nur geringe Bedeutung. Sie enthält ein Klauselverbot für die Pauschalierung von Ansprüchen auf Schadensersatz und Wertersatz bei Rücktritt oder Künd.[136] Klauseln, die bei vorzeitiger Künd des Arbverh gelten sollen und Regelungen enthalten zur **Rückzahlung von Kosten** der Teilnahme des AN an **Fortbildungsveranstaltungen**,[137] fallen nicht in den Anwendungsbereich des Nr. 7, sondern werden durch das BAG nach § 307 Abs. 1 geprüft[138] (siehe § 307 Rn 75 f.). In den Anwendungsbereich der Nr. 7 kann allerdings die Festlegung einer pauschalen Schadenshöhe für den Fall des § 628 fallen.

46

C. Verbindung zu anderen Rechtsgebieten

Eine Verbindung zu anderen Rechtsgebieten ist bei Nr. 4 denkbar im Hinblick auf das Künd-Schutzrecht (siehe § 2 KSchG Rn 116). § 315 und die hierzu ergangene Rspr. (siehe § 315 Rn 53 ff.) zeigen eine wichtige Argumentationslinie auf, die in die Abwägungskriterien bei Feststellung der Zumutbarkeit nach Nr. 4 Eingang findet. Bei Zugangsfiktionen nach Nr. 6 sind die §§ 130 bis 152 zu beachten.

47

D. Beraterhinweise

Die Wirksamkeit vieler der bis zum 12.1.2005 verwendeten Widerrufsvorbehalte wird an den neuen formellen Anforderungen der Rspr. scheitern, da sie keine Widerrufsgründe enthalten. Für Altverträge, die vor dem 1.1.2002 geschlossen wurden, nimmt die Rspr. eine ergänzende Vertragsauslegung vor. Allerdings macht sie davon nur dann Gebrauch, wenn der Widerrufsvorbehalt an rein formellen Gründen – nämlich dem Fehlen von formulierten Widerrufsgründen – scheitert. Geht die widerrufene Leistung über den 30 %-Anteil am Gesamtverdienst hinaus, ist auch bei einem Altfall nicht mit einer ergänzenden Vertragsauslegung zu rechnen. Eine verlässliche Kasuistik, wann eine ergänzende Vertragsauslegung auch für andere Klauseln vorgenommen wird, fehlt. Bei nach dem 1.1.2002 abgeschlossenen Verträgen ist eine ergänzende Vertragsauslegung nicht zu erwarten. Der 9. Senat verwies in seiner Entscheidung zur Rückzahlung von Fortbildungskosten vom 11.4.2006[139] darauf, dass AG die gesetzliche Übergangsfrist bis zum 31.12.2002 zu Vertragsanpassungen hätten nutzen können. Der betroffene AN hätte sich redlicherweise auf diese Änderungen einlassen müssen. Ob dies auch jetzt noch der Fall wäre, ist offen. Allerdings wären Vertragsanpassungen erst jetzt wirklich sinnvoll, nachdem die höchstrichterliche Rspr. seit dem Jahre 2004 in ihren Urteilen begonnen hat, die neuen Anforderungen für einzelne Klauseln aufzuzeigen. Dementsprechend ist es nur zu empfehlen, dem AN auch heute noch Änderungsvorschläge zu unterbreiten, wenn das BAG neue formelle Anforderungen aufzeigt. Der AG mag sich dann gerichtlich im Einzelfall mit seinem Einwand durchsetzen, der AN handele treuwidrig, nachdem er eine entsprechende Anpassung der Klausel zuvor abgelehnt hatte und sich vor Gericht später auf die unwirksame Vereinbarung beruft. Dies wird allerdings nur gelingen, wenn der Schadensfall nicht bereits absehbar ist und sich die Anpassung auch nur auf die geänderten formellen Anforderungen bezieht.

48

Diejenigen, die an nach früherer Rspr. wirksamen **Vorbehaltsklauseln** festhalten wollen, werden versuchen, die bisherige, teilweise großzügige Rspr. (bspw. bei der Abgeltung von Überstunden, bei Jahressonderleistungen u.Ä.) trotz der neuen Grundsätze der Inhaltskontrolle zur weiterhin geltenden Rechtslage zu erklären. Wer eine Änderung der Rechtslage vermeiden möchte, wird – wie das LAG Berlin – auf § 310 Abs. 4 S. 2 und die „im Arbeitsrecht geltenden Besonderheiten", sozusagen auf eine zweite, das AGB-Recht korrigierende Prüfungsebene zurückgreifen wollen. Dabei entsteht, unabhängig davon, welchen Inhalt man dem Besonderheitenmaßstab beimisst, ein Zirkelschluss. § 308 ist eine Vorschrift **mit Wertungsmöglichkeit**, d.h., arbeitsrechtlich spezifischen Aspekte finden in der ersten Prüfungsstufe Eingang. Ist der Änderungsvorbehalt dem AN unzumutbar, hat bereits eine Interessenabwägung stattgefunden (siehe Rn 8), bei der die „geltenden Besonderheiten des Arbeitsrechts" bereits bedacht wurden. Ohne Blick auf den Kernbestand des Arbverh, die Grenzen einer einseitigen Leistungsänderung durch den AG nach § 2 KSchG oder die Grenzen des Weisungsrechts nach § 106 S. 1 GewO, bliebe eine abschließende Zumutbarkeitsprüfung unvollständig.

49

---

132 Beispiel bei Preis/*Preis*, Der Arbeitsvertrag, II Z 10 Rn 23.
133 *Hümmerich*, Gestaltung von Arbeitsverträgen, § 1 Rn 1367.
134 BGH 13.5.1987 – VIII ZR 137/86 – BGHZ 101, 49.
135 BGH 18.1.1978 – IV ZR 204/75 – BGHZ 70, 232.
136 Palandt/*Grüneberg*, § 308 Rn 35.
137 ArbG Nienburg 26.1.2006 – 3 Ca 478/05 – AE 2006, 174.
138 BAG 18.3.2008 – 9 AZR 186/07 – DB 2008, 1805; BAG 11.4.2006 – 9 AZR 610/05 – NZA 2006, 1042.
139 BAG 11.4.2006 – 9 AZR 610/05 – NZA 2006, 1042.

§ 309 Klauselverbote ohne Wertungsmöglichkeit

Auch soweit eine Abweichung von den gesetzlichen Vorschriften zulässig ist, ist in Allgemeinen Geschäftsbedingungen unwirksam

1. (Kurzfristige Preiserhöhungen)
   eine Bestimmung, welche die Erhöhung des Entgelts für Waren oder Leistungen vorsieht, die innerhalb von vier Monaten nach Vertragsschluss geliefert oder erbracht werden sollen; dies gilt nicht bei Waren oder Leistungen, die im Rahmen von Dauerschuldverhältnissen geliefert oder erbracht werden;
2. (Leistungsverweigerungsrechte)
   eine Bestimmung, durch die
   a) das Leistungsverweigerungsrecht, das dem Vertragspartner des Verwenders nach § 320 zusteht, ausgeschlossen oder eingeschränkt wird oder
   b) ein dem Vertragspartner des Verwenders zustehendes Zurückbehaltungsrecht, soweit es auf demselben Vertragsverhältnis beruht, ausgeschlossen oder eingeschränkt, insbesondere von der Anerkennung von Mängeln durch den Verwender abhängig gemacht wird;
3. (Aufrechnungsverbot)
   eine Bestimmung, durch die dem Vertragspartner des Verwenders die Befugnis genommen wird, mit einer unbestrittenen oder rechtskräftig festgestellten Forderung aufzurechnen;
4. (Mahnung, Fristsetzung)
   eine Bestimmung, durch die der Verwender von der gesetzlichen Obliegenheit freigestellt wird, den anderen Vertragsteil zu mahnen oder ihm eine Frist für die Leistung oder Nacherfüllung zu setzen;
5. (Pauschalierung von Schadensersatzansprüchen)
   die Vereinbarung eines pauschalierten Anspruchs des Verwenders auf Schadensersatz oder Ersatz einer Wertminderung, wenn
   a) die Pauschale den in den geregelten Fällen nach dem gewöhnlichen Lauf der Dinge zu erwartenden Schaden oder die gewöhnlich eintretende Wertminderung übersteigt oder
   b) dem anderen Vertragsteil nicht ausdrücklich der Nachweis gestattet wird, ein Schaden oder eine Wertminderung sei überhaupt nicht entstanden oder wesentlich niedriger als die Pauschale;
6. (Vertragsstrafe)
   eine Bestimmung, durch die dem Verwender für den Fall der Nichtabnahme oder verspäteten Abnahme der Leistung, des Zahlungsverzugs oder für den Fall, dass der andere Vertragsteil sich vom Vertrag löst, Zahlung einer Vertragsstrafe versprochen wird;
7. (Haftungsausschluss bei Verletzung von Leben, Körper, Gesundheit und bei grobem Verschulden)
   a) (Verletzung von Leben, Körper, Gesundheit) ein Ausschluss oder eine Begrenzung der Haftung für Schäden aus der Verletzung des Lebens, des Körpers oder der Gesundheit, die auf einer fahrlässigen Pflichtverletzung des Verwenders oder einer vorsätzlichen oder fahrlässigen Pflichtverletzung eines gesetzlichen Vertreters oder Erfüllungsgehilfen des Verwenders beruhen;
   b) (Grobes Verschulden)
   ein Ausschluss oder eine Begrenzung der Haftung für sonstige Schäden, die auf einer grob fahrlässigen Pflichtverletzung des Verwenders oder auf einer vorsätzlichen oder grob fahrlässigen Pflichtverletzung eines gesetzlichen Vertreters oder Erfüllungsgehilfen des Verwenders beruhen;
   die Buchstaben a und b gelten nicht für Haftungsbeschränkungen in den nach Maßgabe des Personenbeförderungsgesetzes genehmigten Beförderungsbedingungen und Tarifvorschriften der Straßenbahnen, Obusse und Kraftfahrzeuge im Linienverkehr, soweit sie nicht zum Nachteil des Fahrgasts von der Verordnung über die Allgemeinen Beförderungsbedingungen für den Straßenbahn- und Obusverkehr sowie den Linienverkehr mit Kraftfahrzeugen vom 27. Februar 1970 abweichen; Buchstabe b gilt nicht für Haftungsbeschränkungen für staatlich genehmigte Lotterie- oder Ausspielverträge;
8. (Sonstige Haftungsausschlüsse bei Pflichtverletzung)
   a) (Ausschluss des Rechts, sich vom Vertrag zu lösen)
   eine Bestimmung, die bei einer vom Verwender zu vertretenden, nicht in einem Mangel der Kaufsache oder des Werkes bestehenden Pflichtverletzung das Recht des anderen Vertragsteils, sich vom Vertrag zu lösen, ausschließt oder einschränkt; dies gilt nicht für die in der Nummer 7 bezeichneten Beförderungsbedingungen und Tarifvorschriften unter den dort genannten Voraussetzungen;
   b) (Mängel)

eine Bestimmung, durch die bei Verträgen über Lieferungen neu hergestellter Sachen und über Werkleistungen

    aa) (Ausschluss und Verweisung auf Dritte)

        die Ansprüche gegen den Verwender wegen eines Mangels insgesamt oder bezüglich einzelner Teile ausgeschlossen, auf die Einräumung von Ansprüchen gegen Dritte beschränkt oder von der vorherigen gerichtlichen Inanspruchnahme Dritter abhängig gemacht werden;

    bb) (Beschränkung auf Nacherfüllung)

        die Ansprüche gegen den Verwender insgesamt oder bezüglich einzelner Teile auf ein Recht auf Nacherfüllung beschränkt werden, sofern dem anderen Vertragsteil nicht ausdrücklich das Recht vorbehalten wird, bei Fehlschlagen der Nacherfüllung zu mindern oder, wenn nicht eine Bauleistung Gegenstand der Mängelhaftung ist, nach seiner Wahl vom Vertrag zurückzutreten;

    cc) (Aufwendungen bei Nacherfüllung)

        die Verpflichtung des Verwenders ausgeschlossen oder beschränkt wird, die zum Zwecke der Nacherfüllung erforderlichen Aufwendungen, insbesondere Transport-, Wege-, Arbeits- und Materialkosten, zu tragen;

    dd) (Vorenthalten der Nacherfüllung)

        der Verwender die Nacherfüllung von der vorherigen Zahlung des vollständigen Entgelts oder eines unter Berücksichtigung des Mangels unverhältnismäßig hohen Teils des Entgelts abhängig macht;

    ee) (Ausschlussfrist für Mängelanzeige)

        der Verwender dem anderen Vertragsteil für die Anzeige nicht offensichtlicher Mängel eine Ausschlussfrist setzt, die kürzer ist als die nach dem Doppelbuchstaben ff zulässige Frist;

    ff) (Erleichterung der Verjährung)

        die Verjährung von Ansprüchen gegen den Verwender wegen eines Mangels in den Fällen des § 438 Abs. 1 Nr. 2 und des § 634a Abs. 1 Nr. 2 erleichtert oder in den sonstigen Fällen eine weniger als ein Jahr betragende Verjährungsfrist ab dem gesetzlichen Verjährungsbeginn erreicht wird;

9. (Laufzeit bei Dauerschuldverhältnissen)

bei einem Vertragsverhältnis, das die regelmäßige Lieferung von Waren oder die regelmäßige Erbringung von Dienst- oder Werkleistungen durch den Verwender zum Gegenstand hat,

    a) eine den anderen Vertragsteil länger als zwei Jahre bindende Laufzeit des Vertrags,

    b) eine den anderen Vertragsteil bindende stillschweigende Verlängerung des Vertragsverhältnisses um jeweils mehr als ein Jahr oder

    c) zu Lasten des anderen Vertragsteils eine längere Kündigungsfrist als drei Monate vor Ablauf der zunächst vorgesehenen oder stillschweigend verlängerten Vertragsdauer;

dies gilt nicht für Verträge über die Lieferung als zusammengehörig verkaufter Sachen, für Versicherungsverträge sowie für Verträge zwischen den Inhabern urheberrechtlicher Rechte und Ansprüche und Verwertungsgesellschaften im Sinne des Gesetzes über die Wahrnehmung von Urheberrechten und verwandten Schutzrechten;

10. (Wechsel des Vertragspartners)

eine Bestimmung, wonach bei Kauf-, Darlehens-, Dienst- oder Werkverträgen ein Dritter anstelle des Verwenders in die sich aus dem Vertrag ergebenden Rechte und Pflichten eintritt oder eintreten kann, es sei denn, in der Bestimmung wird

    a) der Dritte namentlich bezeichnet oder

    b) dem anderen Vertragsteil das Recht eingeräumt, sich vom Vertrag zu lösen;

11. (Haftung des Abschlussvertreters)

eine Bestimmung, durch die der Verwender einem Vertreter, der den Vertrag für den anderen Vertragsteil abschließt,

    a) ohne hierauf gerichtete ausdrückliche und gesonderte Erklärung eine eigene Haftung oder Einstandspflicht oder

    b) im Falle vollmachtsloser Vertretung eine über § 179 hinausgehende Haftung

auferlegt;

12. (Beweislast)

eine Bestimmung, durch die der Verwender die Beweislast zum Nachteil des anderen Vertragsteils ändert, insbesondere indem er

a) diesem die Beweislast für Umstände auferlegt, die im Verantwortungsbereich des Verwenders liegen, oder

b) den anderen Vertragsteil bestimmte Tatsachen bestätigen lässt;

Buchstabe b gilt nicht für Empfangsbekenntnisse, die gesondert unterschrieben oder mit einer gesonderten qualifizierten elektronischen Signatur versehen sind;

13. (Form von Anzeigen und Erklärungen)

eine Bestimmung, durch die Anzeigen oder Erklärungen, die dem Verwender oder einem Dritten gegenüber abzugeben sind, an eine strengere Form als die Schriftform oder an besondere Zugangserfordernisse gebunden werden.

A. Allgemeines ... 1
  I. Funktion der Vorschrift ... 1
  II. Besonderheiten des Arbeitsrechts ... 2
  III. Geschichte der Vorschrift ... 4
B. Regelungsgehalt ... 5
  I. Ausschluss oder Einschränkung des Zurückbehaltungsrechts (Nr. 2b) ... 5
  II. Aufrechnungsverbot (Nr. 3) ... 7
    1. Das Aufrechnungsverbot in der Zivilrechtsprechung ... 7
    2. Allgemeines Aufrechnungsverbot ... 8
    3. Relatives Aufrechnungsverbot ... 9
    4. Aufrechnungsverbotsklausel bei zum Inkasso befugtem Arbeitnehmer ... 10
  III. Pauschalierung von Schadensersatzansprüchen (Nr. 5) ... 11
    1. Gewöhnlicher Schaden (Nr. 5a) ... 12
    2. Ausschluss des Gegenbeweises bei Schadenspauschalierung (Nr. 5b) ... 15
      a) Kostenpauschale für Pfändungsbearbeitung ... 15
      b) Vertragsbruchklauseln ... 16
  IV. Vertragsstrafenklauseln (Nr. 6) ... 17
    1. Bisherige Rechtsprechung zu Vertragsstrafen ... 17
    2. Inhalt der Vorschrift ... 18
    3. Gegenwärtige Rechtslage ... 21
      a) Vertragsstrafe bei Nichtantritt der Arbeitsstelle ... 21
      b) Vertragsstrafe bei vertragswidriger Lösung des Arbeitsverhältnisses ... 27
      c) Vertragsstrafe bei nachvertraglichem Wettbewerbsverbot ... 28
    4. Höhe der Vertragsstrafe und geltungserhaltende Reduktion ... 29
    5. Beraterhinweise ... 30
  V. Haftungsausschlüsse (Nr. 7) ... 32
    1. Gegenstand der Vorschrift ... 32
    2. Haftung des Arbeitgebers bei Personenschäden (Nr. 7a) ... 34
    3. Haftung des Arbeitgebers bei Sach- und Vermögensschäden (Nr. 7b) ... 36
    4. Haftung des Arbeitgebers für arbeitsbedingte Eigenschäden des Arbeitnehmers ... 39
  VI. Haftungsausschlüsse (Nr. 8) ... 42
  VII. Bindungen bei Dauerschuldverhältnissen (Nr. 9) ... 43
  VIII. Vertragspartnerwechsel (Nr. 10) ... 44
    1. Anwendbarkeit der Vorschrift ... 44
    2. Vertragspartnerwechsel und Arbeitnehmerüberlassung ... 45
    3. Vertragspartnerwechsel und Konzernversetzungsklauseln ... 46
  IX. Haftung des Abschlussvertreters (Nr. 11) ... 49
  X. Beweislastregelungen (Nr. 12) ... 50
    1. Beweislastveränderungen (Nr. 12, 12a) ... 50
    2. Tatsachenbestätigungen (Nr. 12b) ... 52
  XI. Form von Anzeigen und Erklärungen (Nr. 13) ... 58
    1. Allgemeines ... 58
    2. Ausschlussfristen ... 62
      a) Einseitige Ausschlussfristen ... 63
      b) Zweistufige Ausschlussfristen ... 64
      c) Verstoß gegen § 202 Abs. 1 ... 69
    3. Sonstiges zum Schriftformerfordernis ... 70
    4. Besondere Zugangserfordernisse ... 71
    5. Beraterhinweise ... 72

A. Allgemeines

I. Funktion der Vorschrift

1 Die Klauselverbote des § 309 unterscheiden sich von denen des § 308 dadurch, dass sich ihre Unwirksamkeit ohne zusätzliche richterliche Wertung ergibt. Zu diesem Zweck vermeidet der Gesetzgeber im Wortlaut des § 309 weitgehend unbestimmte Rechtsbegriffe. *Grüneberg*[1] verweist darauf, dass der Gesetzgeber dieses Ziel nicht stringent durchgehalten habe, da er in Nr. 5b das über eine wertende Betrachtung auszufüllende Adjektiv **wesentlich** und in Nr. 8b dd) den Begriff **unverhältnismäßig** benutzt habe. Alle Verbote in § 309 bilden Konkretisierungen des in § 307 Abs. 2 enthaltenen Rechtsgedankens. Sie betreffen Klauseln, die mit wesentlichen Grundgedanken der Privatrechtsordnung nicht zu vereinbaren sind oder auf eine Aushöhlung von Kardinalpflichten des Verwenders resp. Kardinalrechten des Verbrauchers hinauslaufen.[2]

II. Besonderheiten des Arbeitsrechts

2 Ausgehend von der gesetzgeberischen Zielsetzung, wertfreie Maßstäbe an Klauseln nach § 309 anzulegen, eröffnet § 310 Abs. 4 S. 2 dem Rechtsanwender die Möglichkeit, arbeitsrechtsspezifische Sichtweisen einfließen zu lassen. In der ersten Vertragsstrafenentscheidung[3] und im Urteil über den Verbraucherstatus des AN[4] ist das BAG dieser Ver-

---

[1] Palandt/*Grüneberg*, § 309 Rn 1.
[2] Palandt/*Grüneberg*, § 309 Rn 1.
[3] BAG 4.3.2004 – 8 AZR 196/03 – NZA 2004, 727.
[4] BAG 25.5.2005 – 5 AZR 572/04 – NZA 2005, 1111.

suchung erlegen. Damit hat es im Ergebnis § 309 zu einer Klauselverbotsammlung **mit Wertungsmöglichkeit entwickelt und damit auf die gleiche Stufe wie § 308 gestellt.**

In der Lit. wird teilweise die Auffassung vertreten, einzelne Klauselverbote des § 309, bspw. Nr. 6, fänden wegen der Besonderheitenregelung in § 310 Abs. 4 S. 2 im Arbeitrecht überhaupt keine Anwendung.[5] Die überwiegende Rspr.[6] und Lit.[7] halten dagegen Nr. 6 in den sich aus seinem Wortlaut ergebenden Grenzen auch im Arbeitsrecht für maßgeblich. Da sich auch die Zivil-Rspr. äußerste Zurückhaltung bei den auf wertungsfreie Rechtsanwendung zielenden Klauselverboten des § 309 auferlegt, sollte im Interesse der Rechtseinheit im Arbeitsrecht nur restriktiv und ausschließlich in unabweisbaren Sonderfällen bei § 309 auf § 310 Abs. 4 S. 2 zurückgegriffen werden. Andernfalls sichert die als **Klauselverbot ohne Wertungsmöglichkeit** gedachte Vorschrift nicht mehr das ihr zugedachte Schutzniveau.

III. Geschichte der Vorschrift

§ 309 entspricht § 11 AGBG mit nur geringfügigen Änderungen. Nr. 5b lässt Schadenspauschalierungen nur noch zu, falls dem anderen Teil ausdrücklich der Nachweis gestattet ist, ein Schaden sei überhaupt nicht entstanden oder wesentlich niedriger als die Pauschale. Nr. 7a verbietet bei Verletzung von Leben, Körper und Gesundheit auch einen Haftungsausschluss für einfache Fahrlässigkeit. Die bisherigen Verbote der Nr. 8 bis 11 in § 11 AGBG wurden an das neue Leistungsstörungs-, Kauf- und Werkvertragsrecht angepasst und in einer neuen Nr. 8 zusammengefasst. Eine zusätzliche Änderung beinhaltet der mit der Integration des AGBG in das BGB eingeführte neue Einleitungssatz, der klarstellt, dass es einer Prüfung auf der Grundlage des § 309 nur bedarf, wenn die AGB von Vorschriften des dispositiven Rechts abweichen; ius cogens hat unabhängig von § 309 nach allgemeinen Rechtsgrundsätzen Vorrang.

B. Regelungsgehalt

I. Ausschluss oder Einschränkung des Zurückbehaltungsrechts (Nr. 2b)

Der Ausschluss von Zurückbehaltungsrechten im Arbeitsvertrag bei Ansprüchen des AG gegen den AN ist nach Nr. 2b unwirksam.[8] Nr. 2 verbietet den Ausschluss oder die Einschränkung von Leistungsverweigerungsrechten nach §§ 320, 273. Diese Grundsätze finden trotz der regelmäßigen Vorleistungspflicht des AN auch im Arbeitsrecht Anwendung.[9] Nr. 2 soll nur den Standard des dispositiven Rechts sichern.[10] Daher ist eine Inhaltskontrolle der Vereinbarung über ein Zurückbehaltungsrecht entbehrlich, wenn es nach Treu und Glauben im konkreten Fall nicht besteht. Die Ausübung des Zurückbehaltungsrechts kann z.B. treuwidrig sein, wenn der AG nur noch eine geringe Lohnforderung schuldet oder diese nur kurze Zeit verzögert ist.[11] Auch verbotene Eigenmacht an Betriebsmitteln, die dem AN nur zu dienstlichen Zwecken überlassen sind, steht einem wirksamen Zurückbehaltungsrecht entgegen.[12]

Arbeitsrechtliche Besonderheiten stehen einer Anwendung des Nr. 2 prinzipiell nicht entgegen.[13] Der AN war schon nach der bisherigen Rspr. bei Annahmeverzug befugt, von seinem Zurückbehaltungsrecht an der Arbeitsleistung Gebrauch zu machen, wenn ihn der AG zur Wiederaufnahme der Arbeit aufforderte, ohne dass er das rückständige Arbeitsentgelt nachzahlte.[14] Der vollständige formularmäßige Ausschluss des Zurückbehaltungsrechts des AN wegen rückständigen **Arbeitsentgelts** ist unzulässig.[15] Der Feststellung, dass Nr. 2b den Ausschluss eines Zurückbehaltungsrechts zu Lasten des AN verbietet, stehen die Besonderheiten des Arbeitsrechts nach § 310 Abs. 4 S. 2 nicht entgegen, weil das Bestehen von Zurückbehaltungsrechten für den AN im Einklang mit der bisherigen Arbeits-Rspr. steht und damit keine abweichende Wertung rechtfertigt.

---

5 *Annuß*, BB 2002, 458; *Bartz*, AuA 2002, 62; *Conein/Eikelmann*, DB 2003, 2549; ErfK/*Preis*, §§ 305–310 BGB Rn 97; *Gotthardt*, ZIP 2002, 277; *Grobys*, DStR 2002, 1007; *Henssler*, RdA 2002, 129; *Hoß*, ArbRB 2002, 138; *Leder/Morgenroth*, NZA 2002, 952; *Lingemann*, NZA 2002, 181; *Preis*, Sonderbeil. NZA 16/2003, 19; *Stoffels*, Der Arbeitsvertrag, II V 30 Rn 28; *Reichold*, ZTR 2002, 202; Schaub/*Linck*, Arbeitsrechts-Handbuch, § 60 Rn 40; *Schulte*, ArbRB 2003, 35; *Singer*, RdA 2003, 194.

6 LAG Düsseldorf 8.1.2003 – 12 Sa 1301/02 – NZA 2003, 382; LAG Hamm 24.1.2003 – 10 Sa 1158/02 – NZA 2003, 499; LAG Baden-Württemberg 10.4.2003 – 12 Sa 435/02 – DB 2003, 2551; ArbG Bochum 8.7.2002 – 3 Ca 1287/02 – NZA 2002, 978; ArbG Bielefeld 2.12.2002 – 3 Ca 3733/02 – AuR 2003, 124.

7 *Däubler*, NZA 2001, 1329; *Hönn*, ZfA 2003, 325; *Joost*, in: FS für Ulmer, S. 1199; *Klevemann*, AiB 2002, 579;

v. *Koppenfels*, NZA 2002, 598; *Reichenbach*, NZA 2003, 312; *Reinecke*, DB 2002, 583; *Schuster*, AiB 2002, 274; *Thüsing*, NZA 2002, 591; *Burgner*, AiB 2003, 189; *Hümmerich*, NZA 2003, 753; *Hümmerich/Holthausen*, NZA 2002, 180; *Löwisch*, in: FS für Wiedemann, S. 318, *Richardi*, NZA 2002, 1064.

8 *Hümmerich*, NZA 2003, 753.

9 MünchArb/*Blomeyer*, Bd. 1, § 49 Rn 50 ff.

10 MüKo-BGB/*Basedow*, § 309 Nr. 2 Rn 9; ErfK/*Preis*, §§ 305–310 BGB Rn 102.

11 *Ebeling*, AGB-Kontrolle von Arbeitsverträgen, S. 218 m.w.N.

12 *Hümmerich*, NZA 2003, 753; *Däubler/Dorndorf/Bonin/Deinert*, § 309 Nr. 2 Rn 7.

13 ErfK/*Preis*, §§ 305–310 BGB Rn 102.

14 BAG 21.5.1981 – 2 AZR 95/79 – NJW 1982, 121.

15 *Gotthardt*, Rn 274.

II. Aufrechnungsverbot (Nr. 3)

7 **1. Das Aufrechnungsverbot in der Zivilrechtsprechung.** Das formularmäßige Aufrechnungsverbot ist unwirksam, wenn es unbestrittene oder rechtskräftig festgestellte Geldforderungen einschließt.[16] Auch die Aufrechnung mit bestrittenen, aber entscheidungsreifen Gegenforderungen kann nicht ausgeschlossen werden.[17] Gegenüber einer nicht substantiiert begründeten Gegenforderung kann sich der Verwender unter Verzicht auf eine spezifizierte Stellungnahme auf ein Aufrechnungsverbot berufen.[18] Nr. 3 erfasst auch Klauseln, die die Aufrechnung zwar nicht ausdrücklich, aber der Sache nach ausschließen, wie etwa Nachnahmeklauseln.[19] Unwirksam ist in der Zivil-Rspr. auch eine AGB, die die Zulässigkeit der Aufrechnung auf vom Verwender anerkannte Forderungen beschränkt.[20] Eine Klausel, die die nach § 215 zulässige Aufrechnung mit einer verjährten Forderung ausschließt, verstößt zwar nicht gegen Nr. 3, aber gegen § 307.[21]

8 **2. Allgemeines Aufrechnungsverbot.** Eine Arbeitsvertragsklausel, die für den AN die Aufrechnung gegenüber unbestrittenen oder rechtskräftig festgestellten Ansprüchen der Firma ausschließt, ist nach Nr. 3 unwirksam.[22] Dementsprechend wird ein einschränkungsloses Aufrechnungsverbot des AN mit Forderungen des AG ebenfalls unzulässig sein. Die Gestaltung einer solchen Klausel verbietet eine Teilunwirksamkeit und Streichung im Hinblick auf die unbestrittenen und rechtskräftig festgestellten Forderungen. Auch fehlt dem AG das anerkennenswerte berechtigte Interesse an einer solchen Vereinbarung.

9 **3. Relatives Aufrechnungsverbot.** Wirksam ist eine Klausel, in der die Parteien vereinbaren, dass der AG beim Ausscheiden des AN mit Geldforderungen gegen den AN bis zur Höhe des pfändbaren Teils des Gehalts aufrechnen darf und der AN mit unbestrittenen oder rechtskräftig festgestellten Forderungen gegen Forderungen des AG aufzurechnen befugt ist. Die Klausel bewegt sich innerhalb der durch die Zivil-Rspr. vorgegebenen Grenzen.

10 **4. Aufrechnungsverbotsklausel bei zum Inkasso befugtem Arbeitnehmer.** Gestattet eine Aufrechnungsverbotsklausel bei einem zum Inkasso befugten AN (Beispiel: Küchenbauer) die Aufrechnung, soweit er Inhaber einer gleichartigen, unbestrittenen oder durch rechtskräftiges Urteil festgestellten Forderung gegen den AG ist, ist die Klausel wirksam. Die grundsätzliche Zulässigkeit folgt bereits aus der Existenz des Nr. 3.[23]

III. Pauschalierung von Schadensersatzansprüchen (Nr. 5)

11 Vereinbarungen über Schadenpauschalierungen sind zunächst abzugrenzen von Vertragsstrafen, deren Zulässigkeit sich nach Nr. 6 richtet. Die Abgrenzung ist nicht immer klar zu treffen. Über die Zwecksetzung von Schadenspauschalen hinaus (Ersparnis des Schadensnachweises) sollen Vertragsstrafen die Erbringung der Hauptleistungspflichten absichern. Folglich kommt es bei der Abgrenzung entscheidend darauf an, ob der AG mit der Vereinbarung Druck auf den AN ausüben möchte, damit dieser sich vertragstreu verhält[24] und sie keinen Strafcharakter hat.

12 **1. Gewöhnlicher Schaden (Nr. 5a).** Aus Nr. 5a folgt, dass eine Pauschalierung von Schadensersatzansprüchen des AG gegen den AN in AGB grds. zulässig ist, soweit sie den nach dem gewöhnlichen Lauf der Dinge zu erwartenden Schaden nicht übersteigt.[25]

13 Einzuschränken ist diese Aussage allerdings im Hinblick auf Schadenspauschalen für den Fall der Schlechtleistung des AN. Hier kollidiert die Schadenspauschale mit der Haftungsprivilegierung des AN nach den Grundsätzen des innerbetrieblichen Schadensausgleichs. Diese spiegeln sich auch in dem Grundgedanken der Neuregelung des § 619a wider, die eine Beweislastverschiebung zulasten des AG enthält.[26] Sieht man die Grundsätze über den innerbetrieblichen Schadensausgleich als einseitig zwingendes Recht an,[27] so ist die Vereinbarung über die Schadenspauschale bei Schlechtleistung bereits nach § 134 nichtig, anderenfalls nach § 307 Abs. 2 Nr. 1 unwirksam.[28]

14 Sieht ein Arbeitsvertragsformular vor, dass der AN i.H.v. 25 % eines Bruttomonatsgehalts haftet, soweit wegen eines von ihm verursachten Vertragsbruchs eine Ersatzkraft für die Dauer der nicht eingehaltenen Künd-Frist eingestellt werden muss, verstößt die Regelung nicht gegen Nr. 5a. Schon allein die Unerfahrenheit und der Einarbeitungsaufwand einer mindestens die gleichen Kosten wie der vertragsuntreue AN verursachenden Ersatzkraft sprechen dafür,

---

16 Palandt/*Grüneberg*, § 309 Rn 17.
17 OLG Düsseldorf 25.10.1996 – 22 U 56/96 – NJW-RR 1997, 757; LG Hanau 6.11.1998 – 2 S 262/98 – NJW-RR 1999, 1142.
18 BGH 17.2.1986 – II ZR 285/84 – NJW 1986, 1757.
19 BGH 8.7.1998 – VIII ZR 1/98 – BGHZ 139, 190, 191.
20 BGH 1.12.1993 – VIII ZR 41/93 – NJW 1994, 657.
21 OLG Hamm 17.5.1993 – 17 U 7/92 – NJW-RR 1993, 1082.
22 ErfK/*Preis*, §§ 305–310 BGB Rn 79.
23 Preis/*Stoffels*, Der Arbeitsvertrag, II A 110 Rn 13 ff.
24 ErfK/*Preis*, §§ 305–310 BGB Rn 99.
25 HWK/*Gotthardt*, § 309 Rn 6; ErfK/*Preis*, §§ 305–310 BGB Rn 99.
26 *Däubler/Dorndorf/Bonin/Deinert*, § 309 Nr. 5 Rn 6.
27 So die Rspr.: BAG 17.9.1998 – 8 AZR 175/97 – NZA 1999, 141.
28 Ausführlich *Ebeling*, AGB-Kontrolle im Arbeitsrecht, S. 176.

dass nach dem gewöhnlichen Lauf der Dinge der zu erwartende Schaden weitaus höher ist.[29] Die Klausel enthält auch nicht in Wahrheit eine Vertragsstrafe, da über sie nicht Druck zur Erfüllung einer Verbindlichkeit ausgeübt wird.

2. Ausschluss des Gegenbeweises bei Schadenspauschalierung (Nr. 5b). a) Kostenpauschale für Pfändungsbearbeitung. Reine Prozent-Pauschalen, die sich an den Kosten der Bearbeitung von Lohn- und Gehaltspfändungen orientieren wie sog. Verwaltungsgebühren der Buchhaltung als Pauschale im Arbeitsvertrag oder Kostenpauschalen für Pfändungsbearbeitung sind mit Nr. 5b nicht in Einklang zu bringen. Wenn der AG eine Pfändung oder Abtretung in der Lohnbuchhaltung bearbeitet, macht er mit der Kostenpauschale zwar keinen Schadensersatz aufgrund vertraglicher oder deliktischer Ersatzansprüche geltend, nach Meinung des BAG[30] handelt es sich auch nicht um einen Aufwendungsersatzanspruch aus dem Auftragsrecht. Die Bearbeitung von Pfändungen ist nach Auffassung des BAG eine staatsbürgerliche Pflicht. Nr. 5b ist gleichwohl einschlägig, da sich nach h.A. im Zivilrecht[31] Nr. 5b auf die Fälle des Aufwendungsersatzes erstreckt und damit jedwede Kosten (ob Schadens- oder Aufwendungsersatz) unabhängig vom Grund ihrer Entstehung erfasst. Auch *Preis*[32] hält Prozentpauschalen gem. Nr. 5a für unwirksam. Soweit im Arbeitsvertrag Festbetragspauschalen enthalten sind, die nicht zwangsläufig gegen Nr. 5a verstoßen, empfiehlt sich in der Klausel der Zusatz, dass dem Mitarbeiter der Nachweis gestattet ist, es sei ein Schaden oder ein Aufwand überhaupt nicht entstanden oder wesentlich niedriger als der Pauschbetrag.[33]

b) Vertragsbruchklauseln. Soweit eine Vertragsbruchklausel kein unzulässiges Vertragsstrafenverbot beinhaltet, bedarf eine formularmäßige Regelung im Arbeitsvertrag, über die der AN zu einem pauschalen Schadensersatz verpflichtet wird, stets des Zusatzes, dass dem AN der Nachweis gestattet bleibt, ein Schaden sei überhaupt nicht entstanden oder wesentlich niedriger als die Pauschale.[34]

IV. Vertragsstrafenklauseln (Nr. 6)

1. Bisherige Rechtsprechung zu Vertragsstrafen. Bislang hatte das BAG keine Bedenken bei Vertragsstrafen, die die Einhaltung der arbeitsvertraglichen Pflichten sichern und den Schadensnachweis im Falle der Verletzung durch den AN erleichtern sollten.[35] Die bisherige Rspr. wandte das schon aus dem AGBG bekannte Klauselverbot des Nr. 6 auf Arbeitsverträge nicht an.[36] Die Zulässigkeit formularmäßiger Abreden wurde über einen Umkehrschluss mit der damaligen Bereichsausnahme in § 23 Abs. 1 AGBG begründet, die das Vertragsstrafenverbot nach § 11 Nr. 5 AGBG ausschloss.[37] Bei Vertragsstrafenabreden fand eine beschränkte Inhaltskontrolle von Arbeitsverträgen in Form einer Billigkeitsprüfung statt, die sich am Maßstab des § 242 orientierte.[38] Auch in der Vergangenheit musste der AN im Voraus wissen, unter welchen Voraussetzungen er die Vertragsstrafe verwirkt hatte.[39] Unangemessen hohe Vertragsstrafen konnten herabgesetzt werden, § 343. Zwischenzeitlich scheitert die geltungserhaltende Reduktion an §§ 307 Abs. 1 S. 1, 306 Abs. 2.[40]

2. Inhalt der Vorschrift. Nicht jede formularmäßige Vertragsstrafe ist unwirksam,[41] sondern nur eine Klausel, durch die dem Verwender für den Fall der **Nichtabnahme** oder **verspäteten Abnahme der Leistung**, des **Zahlungsverzugs** oder **für den Fall, dass der andere Vertragsteil sich vom Vertrag löst**, die Zahlung einer Vertragsstrafe versprochen wird. Deshalb fällt die Abrede einer Vertragsstrafe für den Fall, dass der AN eine vereinbarte Nebentätigkeitsregelung nicht einhält, er gegen seine Anzeigepflicht verstößt oder ohne Genehmigung des AG eine Nebentätigkeit aufnimmt, die dem Genehmigungsvorbehalt unterliegt oder er gegen ein **Wettbewerbsverbot** verstößt,[42] nicht unter den Tatbestand des Nr. 6.[43] Auch die Vereinbarung einer Vertragsstrafe für den Fall, dass ein AN nach dem Ende des Arbverh Kundendateien nicht zurückgibt, fällt nicht unter den Wortlaut von Nr. 6. Gleiches gilt, wenn der AG durch schuldhaft vertragswidriges Verhalten des AN zur fristlosen Künd des Arbverh veranlasst wurde.[44] Nur solche formularmäßigen Vertragsstrafenregelungen, die den **Nichtantritt** und das **grundlose Verlassen der Arbeit** sanktionieren, unterfallen Nr. 6. Darauf, ob die Parteien den Begriff „Vertragsstrafe" verwenden, kommt es nicht an. Besteht die finanzielle Folge in einer „Abstandssumme" oder dem „Verfall einer Kaution", ist nach dem Inhalt der Abrede von einer **Vertragsstrafe** auszugehen.[45]

---

29 *Hümmerich*, Gestaltung von Arbeitsverträgen, § 1 Rn 1939.
30 BAG 18.7.2006 – 1 AZR 578/05 – DB 2007, 227.
31 BGH 8.11.1984 – VII ZR 256/83 – NJW 1985, 632; BGH 9.7.1992 – VII ZR 6/92 – NJW 1992, 3163.
32 Preis/*Preis*, Der Arbeitsvertrag, II A 10 Rn 43.
33 *Hümmerich*, Gestaltung von Arbeitsverhältnissen, § 1 Rn 298.
34 *Hümmerich*, NZA 2003, 753.
35 *Dollmann*, ArbRB 2004, 122 m.w.N.
36 BAG 23.5.1984 – 4 AZR 129/82 – AP § 339 BGB; BAG 27.5.1992 – 5 AZR 324/91 – EzA § 339 BGB Nr. 8; BAG 27.4.2000 – 8 AZR 286/99 – BAGE 94, 300 = NZA 2000, 940.
37 BAG 23.5.1984 – 4 AZR 129/82 – NJW 1985, 91.
38 BAG 27.7.1992 – 5 AZR 324/91 – EzA § 339 BGB Nr. 8.
39 BAG 18.9.1991 – 5 AZR 650/90 – DB 1992, 383; *Brors*, DB 2004, 1778.
40 Zuletzt BAG 14.8.2007 – 8 AZR 973/06 – NZA 2008, 170.
41 So aber *v. Koppenfels*, NZA 2002, 597.
42 BAG 14.8.2007 – 8 AZR 973/06 – NZA 2008, 170.
43 *Hümmerich*, NZA 2003, 753.
44 BAG 21.4.2005 – 8 AZR 425/04 – NZA 2005, 1053.
45 So schon zur früheren Rechtslage: BAG 11.3.1971 – 5 AZR 349/70 – AP § 622 BGB Nr. 9; für den Bereich des Zivilrechts MüKo-BGB/*Basedow*, § 309 Nr. 6 Rn 2.

19 Wird eine Vertragsstrafe für Pflichtverletzungen vorgesehen, die nicht unter den Tatbestand des Nr. 6 gefasst werden können, findet eine Überprüfung am Maßstab des § 307 Abs. 1 und 2 oder an anderen Klauselverboten statt.[46] Je nach Wortlaut ergibt das **Vertragsstrafeversprechen** einen AGB-rechtlichen **Mehrfachprüfungstatbestand**. Die Wirksamkeit ist außer an Nr. 6 anhand des Überraschungsverbots (siehe § 305c Rn 20), an der Unklarheitenregel (siehe § 305c Rn 39) oder an der Generalklausel des § 307 Abs. 1 S. 1 (siehe § 307 Rn 100 f., 130) zu messen.

20 Nr. 6 begrenzt nicht die Möglichkeit des AG, die Einhaltung des Wettbewerbsverbots durch eine Vertragsstrafe abzusichern.[47] Behandelt der AG das Inkrafttreten des nachvertraglichen Wettbewerbsverbots zwar unter der Hauptüberschrift „Wettbewerbsverbot", jedoch ohne weitere Hervorhebung im Abschnitt „Vertragsstrafe", so ist von einer Überraschungsklausel auszugehen, die nicht Vertragsinhalt geworden ist. Anders verhält es sich, wenn die sich nur auf das Wettbewerbsverbot beziehende Vertragsstrafenregelung als ein Unterpunkt unter der Überschrift „Wettbewerbsverbot" zu finden ist. Möchte sich der AN über seine in Verbindung mit dem Wettbewerbsverbot stehenden Rechte und Pflichten informieren, so wird er nicht überrascht sein, die Vertragsstrafenregelung an dieser Stelle zu finden.[48] Der AG trägt die Beweislast dafür, dass der AN vor Unterzeichnung des Vertrages ausdrücklich auf eine versteckte Regelung unter dem Abschnitt „Vertragsstrafe" hingewiesen wurde.[49]

21 **3. Gegenwärtige Rechtslage. a) Vertragsstrafe bei Nichtantritt der Arbeitsstelle.** Im ersten Vertragsstrafenurteil entschied das BAG, dass auf die formularmäßige Vereinbarung von Vertragsstrafen in Arbeitsverträgen die §§ 305 bis 309 anwendbar seien.[50] Zwar schließe Nr. 6 die Wirksamkeit von Vertragsstrafeversprechen für diejenigen Fälle aus, in denen dem Verwender für den Fall der **Nichtabnahme** oder **verspäteten Abnahme** der Leistung, des **Zahlungsverzugs** oder für den Fall, dass sich der andere Vertragsteil **vom Vertrag löst**, die Zahlung einer Vertragsstrafe versprochen werde. Das Verbot eines Vertragsstrafeversprechens in den durch Nr. 6 benannten Fällen werde über die Besonderheitenregelung in § 310 Abs. 4 S. 2 überwunden. Eine Besonderheit i.S.v. § 310 Abs. 4 S. 2 sei es, dass die Arbeitsleistung nach § 888 Abs. 3 ZPO nicht vollstreckbar sei. Der AG habe deshalb regelmäßig ein berechtigtes Interesse, die Nicht- oder Schlechterfüllung der Pflicht zur Arbeitsleistung mit einer Vertragsstrafe zu verbinden.

22 In zwei weiteren Urteilen vom gleichen Tag bestätigte das BAG diese Auffassung.[51] In einem vierten Urteil bekräftigte der 8. Senat seine Rspr. Soweit ein Vertragsstrafeversprechen nicht unter die Tatbestände des Nr. 6 falle, sei das Versprechen wirksam. Im konkreten Fall hielt der Senat die Vertragsstrafenabrede nur deshalb für unwirksam, weil sie die Pflichtverletzung des AN nicht so klar bezeichnete, dass sich der Versprechende in seinem Verhalten hierauf habe einstellen können.[52] Im fünften Vertragsstrafenurteil hielt der 8. Senat eine Klausel in einem Arbeitsvertrag für unwirksam, die für den Fall eines gravierenden Vertragsverstoßes einen Vertragsstrafenrahmen von einem bis zu drei Monatsgehältern vorsah und es dem AG überließ, die Vertragsstrafe im Einzelfall innerhalb dieses Rahmens festzusetzen.[53] Die Formulierung „gravierender Vertragsverstoß" führte nicht zur Unbestimmtheit der Klausel i.S.d. § 307 Abs. 1 S. 2, weil sie nach Ansicht des Senats durch einen Klammerzusatz („etwa gegen das Wettbewerbsverbot, die Geheimhaltungspflicht oder bei einem Überschreiten der Befugnisse aus seinen Vollmachten") ausreichend präzisiert war. Als ungemessene Benachteiligung sah der 8. Senat den Umstand an, dass die Vertragsstrafenklausel für jeden Einzelfall eines Wettbewerbsverstoßes eine Vertragsstrafe in Höhe des ein- bis dreifachen Monatsgehalts vorsah, wobei die genaue Höhe vom AG nach der Schwere des Verstoßes festgelegt werden sollte. An der fehlenden Bestimmtheit der Vertragsstrafenregelung scheiterte der AG auch im Urteil des 8. Senats vom 14.8.2007.[54] Danach schuldete der AN für jeden Fall der Zuwiderhandlung eine Vertragsstrafe i.H.v. zwei durchschnittlichen Brutto-Monatseinkommen, wobei „im Falle einer dauerhaften Verletzung der Verschwiegenheitspflicht oder des Wettbewerbsverbotes jeder angebrochene Monat als eine erneute Verletzungshandlung" gelten sollte. Das BAG sah darin eine unangemessene Benachteiligung aufgrund von Intransparenz (§ 307 Abs. 1 S. 2 i.V.m. Abs. 1 S. 1), da für den AN nicht erkennbar gewesen sei, wann eine Verletzung vorlag, die die Vertragsstrafe nur einmalig auslöste und wann eine Verletzung vorlag, die mit jedem angebrochenen Monat neu ausgelöst wurde. Die dauerhafte Verletzung von Vertragspflichten hätte insofern näher konkretisiert werden müssen.

23 Das LAG Hamm[55] erklärte **Vertragsstrafen** wegen **unterlassener Aufnahme des Arbverh** nach Nr. 6 für unwirksam. Mit Blick auf die völlig unveränderte Übernahme des § 11 Nr. 6 AGBG in das BGB lehnte es eine teleologische Reduktion des Klauselverbots im Arbeitsrecht ab. Eine Korrektur nach § 310 Abs. 4 S. 2 schloss das LAG Hamm mit

---

46 BAG 14.8.2007 – 8 AZR 973/06 – NZA 2008, 170; BAG 18.8.2005 – 8 AZR 65/05 – NZA 2006, 34; MüKo-BGB/*Basedow*, § 309 Nr. 6 Rn 6; *Däubler/Dorndorf/Bonin/Deinert*, § 309 Rn 3; *Hümmerich*, NZA 2003, 753.
47 *Boemke/Grünel/Tietze*, § 110 Rn 63; *Diller*, NZA 2005, 250, 253; *Leder/Morgenroth*, NZA 2002, 952, 953; *Thüsing/Leder*, BB 2004, 42, 47.
48 BAG 14.8.2007 – 8 AZR 973/06 – NZA 2008, 170.
49 LAG Hamm 10.9.2004 – 7 Sa 918/04 – LAGE § 305c BGB 2002 Nr. 2.
50 BAG 4.3.2004 – 8 AZR 196/03 – BAGE 110, 8 = NZA 2004, 727.
51 BAG 4.3.2004 – 8 AZR 328/03 – juris.; BAG 4.3.2004 – 8 AZR 344/03 – juris.
52 BAG 21.4.2005 – 8 AZR 425/04 – NZA 2005, 1053.
53 BAG 18.8.2005 – 8 AZR 65/05 – NZA 2006, 34 = BB 2006, 720.
54 BAG 14.8.2007 – 8 AZR 973/06 – NZA 2008, 170.
55 LAG Hamm 24.1.2003 – 10 Sa 1158/02 – DB 2003, 2549.

der Begründung aus, die Vorschrift stelle nur auf rechtliche und nicht auf tatsächliche Besonderheiten ab. Auch das LAG Baden-Württemberg[56] hält Vertragsstrafen bei Nichtaufnahme der Arbeit für unwirksam. Die erschwerte Durchsetzung der Beschäftigungspflicht nach § 888 Abs. 3 ZPO und die bisherige Üblichkeit von Vertragsstrafenabreden hielt das LAG nicht für eine „rechtliche Besonderheit" i.S.d. § 310 Abs. 4 S. 2. Diese Ansätze können sich nicht durchsetzen, da das BAG klargestellt hat, dass auch die tatsächlichen Besonderheiten des Arbeitslebens zu den im Arbeitsrecht geltenden Besonderheiten gehören.[57]

24 V. Westphalen[58] hält es für ratsam, die Bewertung von § 888 Abs. 3 ZPO als „Besonderheit des Arbeitsrechts" im ersten Vertragsstrafenurteil zu überdenken. Auch andere Autoren wenden ein, dass § 888 Abs. 3 ZPO, der die Zwangsvollstreckung aus einem Urteil ausschließt, das auf die „Leistung von Diensten" gerichtet ist, sich auch auf andere Dienstleistungen außerhalb von Arbverh beziehe.[59] Hinzu komme, dass die hinter § 888 Abs. 3 ZPO stehende Wertentscheidung des Gesetzgebers, persönliche Dienstleistungen nicht durch wirtschaftliche Druckmittel zu erzwingen, eher gegen als für die Zulässigkeit von Vertragsstrafen spreche.[60]

25 Die Auffassung des BAG im Urteil v. 4.3.2004 steht weitgehend im Einklang mit der erst- und zweitinstanzlichen Rspr.[61] Auch *Gotthardt*[62] vertritt die Ansicht, Nr. 6 verbiete Vertragsstrafen für den Fall der Vertragsaufgabe des AN nicht, dem stünden die „Besonderheiten des Arbeitsrechts" entgegen. Es sei nicht einzusehen, warum der praktisch wichtigste Fall, nämlich die Lösung des AN vom Vertrag, nicht vertragsstrafenbewährt sein dürfe, in anderen Konstellationen jedoch zulässig sei, etwa wenn der AN einen wichtigen Grund zur Künd des Arbverh durch den AG setze.[63] Für eine Differenzierung fehle ein sachlicher Grund, was ebenfalls dafür spreche, Nr. 6 im Arbeitsrecht nicht anzuwenden.

26 Als unwirksam erkannte das BAG im ersten Vertragsstrafenurteil eine bestimmte **Vertragsstrafenhöhe**, wobei die Unwirksamkeit hier nicht aus Nr. 6, sondern aus **§ 307 Abs. 1 S. 1** geschlossen wurde. Betrage die Künd-Frist in der Probezeit nur zwei Wochen, sei eine Vertragsstrafe von einem Monatsgehalt i.d.R. unangemessen hoch.[64] Im fünften Vertragsstrafenurteil hielt das BAG zwar generell die einseitige Festsetzung der Vertragsstrafenhöhe durch den AG nicht für generell unwirksam. Bei einem weiten Rahmen vom einfachen bis zum dreifachen Bruttomonatsgehalt für jeden einzelnen Wettbewerbsverstoß empfand es allerdings die Höhe als nicht mehr angemessen.[65]

27 **b) Vertragsstrafe bei vertragswidriger Lösung des Arbeitsverhältnisses.** Das LAG Hessen entschied, dass von einer Taxifahrerin nach einer fristlosen Künd durch den AG wegen unentschuldigten Fernbleibens von der Arbeit aufgrund eines Vertragsstrafeversprechens nicht ein Bruttomonatsgehalt oder mindestens ein Betrag von 920 EUR verlangt werden könne, da der Betrag den tatsächlichen Bruttoverdienst der Vormonate jeweils um etwa das Dreifache überstiegen habe.[66] Das LAG Niedersachsen hielt bei einer Künd eines AN im Rahmen der Probezeit und einer für diesen Fall vereinbarten Vertragsstrafe die konkret vereinbarte Vertragsstrafenhöhe nach § 307 für unwirksam.[67] Das LAG Düsseldorf[68] hielt eine Vertragsstrafe in Höhe des dreifachen Bruttomonatsgehalts für einen Vertragsbruch während der Probezeit, in der das Arbverh mit einer Frist von sechs Wochen zum Monatsende gekündigt werden konnte, für unwirksam. Das BAG hält eine Vertragsstrafe in Höhe eines Bruttomonatsgehalts generell für geeignet.[69] Allerdings dürfe die Vertragsstrafe nicht höher sein als der Lohn, den der AN bis zum Ablauf der ordentlichen Kündigungsfrist hätte verdienen können. Daher beurteilte das BAG eine Vertragsstrafe in Höhe eines Bruttomonatsgehalts als unangemessen, da der AN während der laufenden Probezeit mit einer Frist von zwei Wochen ohnehin kündigen konnte.[70] Ob eine Vertragsstrafe in Höhe von einem Bruttomonatsgehalt nach Ablauf der Probezeit, wenn die zweiwöchige Kündigungsfrist nicht mehr gilt, angemessen sei, ließ das BAG bislang ausdrücklich offen.[71]

---

56 LAG Baden-Württemberg 10.4.2003 – 11 Sa 17/03 – DB 2003, 2551.
57 BAG 14.8.2007 – 9 AZR 18/07 – AP § 6 ATG Nr. 2; BAG 25.5.2005 – 5 AZR 572/04 – NZA 2005, 1111.
58 BB 2005, 1, 5.
59 *Thüsing*, NZA 2002, 594; v. *Koppenfels*, NZA 2002, 598; *Däubler/Dorndorf/Bonin/Deinert*, § 309 Rn 9.
60 *Langheid*, DB 1980, 1219; *Reichenbach*, NZA 2003, 309.
61 ArbG Duisburg 14.8.2002 – 3 Ca 1676/02 – NZA 2002, 1038; ArbG Oberhausen 26.7.2002 – 2 Ca 1203/02 – juris; ArbG Freiburg 16.1.2003 – 13 Ca 302/02 – LAGE § 309 BGB Nr. 2; LAG Düsseldorf 8.1.2003 – 12 Sa 1301/02 – NZA 2003, 382; LAG Hamm 24.1.2003 – 10 Sa 1158/02 – NZA 2003, 499; LAG Baden-Württemberg 10.4.2003 – 11 Sa 17/03 – DB 2003, 2551; LAG Hessen 25.4.2003 – 17 Sa 1723/02 – juris; LAG Hessen 7.5.2003 – 2 Sa 53/03 – juris; a.A. ArbG Bochum 8.7.2002 – 3 Ca 1287/02 – DB 2002, 1659; ArbG Bielefeld 2.12.2002 – 3 Ca 3733/02 – EzA-SD 2003, Nr. 2, 11 f.
62 HWK/*Gotthardt*, § 309 BGB Rn 9.
63 HWK/*Gotthardt*, § 309 BGB Rn 9; LAG Frankfurt 25.4.2003 – 17 Sa 1723/02 – ZTR 2004, 325.
64 A.A. LAG Schleswig-Holstein 2.2.2005 – 3 Sa 515/04 – NZA-RR 2005, 351 („Vertragsstrafe in Höhe eines Monatsgehalts bei einer einzuhaltenden Kündigungsfrist von 1 Monat oder 6 Wochen zum Monatsende keine unangemessene Benachteiligung i.S.d. § 307 Abs. 1 S. 1").
65 BAG 18.8.2005 – 8 AZR 65/05 – NZA 2006, 34.
66 LAG Hessen 25.4.2003 – 17 Sa 1723/02 – ARST 2004, 281; krit. *Thüsing*, BB 2004, 42.
67 LAG Niedersachsen 31.10.2003 – 16 Sa 1211/03 – AE 2004, 258.
68 LAG Düsseldorf 5.10.2007 – 9 Sa 986/07 – ArbuR 2008, 159.
69 BAG 4.3.2004 – 8 AZR 196/03 – NZA 2004, 727; BAG 21.4.2005 – 8 AZR 425/04 – NZA 2005, 1053.
70 Vgl. BAG 4.3.2004 – 8 AZR 196/03 – NZA 2004, 727.
71 BAG 21.4.2005 – 8 AZR 425/04 – NZA 2005, 1053.

28 **c) Vertragstrafe bei nachvertraglichem Wettbewerbsverbot.** Vertragsstrafen zur Absicherung von Wettbewerbsverboten werden gem. § 75c HGB von Gesetzes wegen als wirksam angesehen. Grds. sind daher Vertragsstrafen bei nachvertraglichen Wettbewerbsverboten ebenso wie bei Verstößen gegen die Verschwiegenheitsverpflichtung weiterhin statthaft.[72] Ist das vereinbarte Wettbewerbsverbot wirksam, kann eine Vertragsstrafe zur Absicherung des Wettbewerbsverbots auch verbindlich vereinbart werden. Vertragsstrafen wegen eines nachvertraglichen Wettbewerbsverbots sind nach § 307 Abs. 3 i.V.m. § 75c HGB grds. nicht kontrollfähig. Eine andere Frage ist es, ob im Einzelfall das Vertragsstrafeversprechen unangemessen hoch ist und damit nicht in Einklang mit § 307 steht.[73] Unangemessen ist eine Regelung, wonach eine Vertragsstrafe im Falle eines gravierenden Vertragsverstoßes (etwa gegen das Wettbewerbsverbot) in jedem Einzelfall i.H.d. ein- bis zweifachen Monatsgehalts verwirkt wird.[74] Die Festlegung der konkreten Höhe liegt dann – für den AN unzumutbar – in den Händen des AG. Intransparent und unwirksam ist die Vertragsstrafe für einen Dauerverstoß auch dann, wenn nicht klar definiert wird, was der AG unter einem Dauerverstoß, der die Vertragsstrafe jeden Monat neu auslöst, versteht.[75] In diesem Fall fehlt es ebenfalls an der hinreichenden Bestimmtheit der Höhe der Vertragsstrafe.

29 **4. Höhe der Vertragsstrafe und geltungserhaltende Reduktion.** Nach jetziger Rechtslage kommt eine Herabsetzung unangemessen hoher Vertragsstrafen nach § 343 nicht mehr in Betracht, weil andernfalls das im AGB-Recht ausgeschlossene Prinzip der geltungserhaltenden Reduktion aufrechterhalten bliebe. Das BAG hat deshalb unterstrichen, dass an der früheren Anpassung der Vertragsstrafenhöhe über § 343 nicht festgehalten werden könne. Die Herabsetzung unverhältnismäßig hoher Vertragsstrafen durch Urteil scheitere nunmehr an §§ 307 Abs. 1 S. 1, 306 Abs. 2.[76] In Betracht kommt jedoch auf der Basis des Blue-Pencil-Tests die Streichung einzelner unwirksamer Vertragsstrafentatbestände, wenn diese sprachlich voneinander teilbar sind.[77] Die Klausel kann dann mit den wirksamen Tatbeständen Bestand haben.

30 **5. Beraterhinweise.** Die ergangenen Vertragsstrafenurteile des BAG beantworten die Frage unzulänglich, wie eine wirksame Vertragsstrafe in allgemeinen Arbeitsbedingungen künftig formuliert werden kann.[78] Der Verwender trägt das gesamte Formulierungsrisiko. Geht er in der Wortwahl einen Schritt zu weit, ist die Klausel insgesamt unzulässig.[79] Um die Möglichkeit eines Blue-Pencil-Tests zu eröffnen, empfiehlt sich in jedem Fall eine möglichst differenzierte Aufzählung der verschiedenen Vertragsstrafentatbestände. Für den Vertragsbruch sollte ebenfalls eine differenzierende Regelung in Bezug auf die Höhe der Vertragsstrafe in der Probezeit getroffen werden, etwa dahingehend: „In Abweichung der vorgenannten Regelung beläuft sich die Vertragsstrafe für einen Vertragsbruch innerhalb der sechsmonatigen Probezeit nur auf ein halbes Bruttomonatsgehalt gem. Ziffer X des Vertrages." Da es an einem gesetzlichen Leitbild für Fälle der vorliegenden Art im Arbeitsrecht fehlt, kann keine Vertragsstrafenhöhe des dispositiven Rechts an die Stelle der evtl. zu hoch vereinbarten Strafe gesetzt werden. Im Arbeitsrecht dürfte die Höchstgrenze einer Vertragsstrafe generell bei einem Monatsverdienst liegen,[80] wobei ein Überschreiten dieser Summe zur Sicherung einer längerfristigen Bindung nach bisheriger Rechtslage wirksam war.[81]

31 In jedem Falle müssen Vertragsstrafenklauseln aus Altverträgen angepasst und es muss die Vertragsstrafe im Zweifel herabgesetzt werden, um eine Unwirksamkeit nach § 307 zu vermeiden. Empfohlen wird, die Vertragsstrafenregelung drucktechnisch deutlich hervorzuheben und sie im Vertragstext auch nicht unter einen Gliederungspunkt wie „Verschiedenes" einzuordnen, weil sie andernfalls als überraschend i.S.v. 305c Abs. 1 gewertet werden kann.[82] Wer künftig **ohne das Risiko einer AGB-Kontrolle Vertragsstrafen** vereinbaren will, sei auf eine Gestaltung über **BV** oder **TV** verwiesen, die nach § 310 Abs. 4 S. 1 vom Anwendungsbereich des AGB-Rechts ausgenommen sind. Vereinbaren die Betriebsparteien, dass sich der AG verpflichtet, an den BR im Falle der Verletzung von Mitbestimmungsrechten eine Vertragsstrafe zu zahlen, ist die Regelung wegen fehlender Vermögens- und Rechtsfähigkeit des BR nichtig.[83]

V. Haftungsausschlüsse (Nr. 7)

32 **1. Gegenstand der Vorschrift.** Nr. 7 verbietet den Haftungsausschluss bei Verletzung von Leben, Körper, Gesundheit und bei grobem Verschulden. Nr. 7 gilt für Verträge jeder Art.[84] Das Klauselverbot erfasst Schadensersatz-

---

72 *Hümmerich*, NZA 2003, 753.
73 LAG Hamm 14.4.2003 – 7 Sa 1881/02 – NZA-RR 2003, 513.
74 BAG 18.8.2005 – 8 AZR 65/05 – NZA 2006, 34.
75 BAG 14.8.2007 – 8 AZR 973/06 – NZA 2008, 170.
76 BAG 14.8.2007 – 8 AZR 973/06 – NZA 2008, 170; BAG 4.3.2004 – 8 AZR 196/03 – NZA 2004, 727; LAG Hamm 24.1.2003 – 10 Sa 1158/02 – DB 2003, 2549; *Brors*, DB 2004, 1778.
77 BAG 21.4.2005 – 8 AZR 425/04 – NZA 2005, 1053.
78 *Brors*, DB 2004, 1778, 1781.
79 *Brors*, DB 2004, 1778, 1781.
80 LAG Berlin 19.5.1980 – 9 Sa 19/80 – AP § 339 BGB Nr. 8; LAG Baden-Württemberg 30.7.1985 – 13 Sa 39/85 – LAGE § 339 BGB Nr. 1.
81 ArbG Frankfurt 20.4.1999 – 4 Ca 8495/97 – NZA-RR 2000, 82.
82 ArbG Bremen 30.1.2003 – 6 Ca 6124/02 – LAGE § 309 BGB 2002 Nr. 3.
83 BAG 29.9.2004 – 1 ABR 30/03 – NZA 2005, 123.
84 Palandt/*Grüneberg*, § 309 Rn 40.

ansprüche auf vertraglicher wie deliktischer Grundlage.[85] Nr. 7 erstreckt sich auch auf Ansprüche aus § 311 Abs. 2. Allerdings scheitert der Haftungsausschluss für Ansprüche aus § 311 Abs. 2 regelmäßig daran, dass die Ansprüche bereits entstanden sind, wenn der Vertrag unter Einbeziehung der AGB zustande kommt.[86] Auch die Haftung für arbeitsbedingte Eigenschäden des AN wird von Nr. 7b erfasst. Nicht richtig ist die Ansicht, wegen der Haftungsfreistellung des AG in § 104 SGB VII sei der praktische Anwendungsbereich bei der Haftung des AG auf **Sachen des AN** beschränkt (zur Haftung von AG und AN siehe § 619a Rn 3 ff.).[87]

Stoffels[88] sieht in Nr. 7 ein neues Argument zur Stützung der aus der älteren BAG-Rspr. herrührenden These, aus § 618 leite sich ab, dass ein genereller Haftungsausschluss des AG für grobe Fahrlässigkeit unzulässig sei.[89]

2. Haftung des Arbeitgebers bei Personenschäden (Nr. 7a). Zwar sind vertragliche Haftungsausschlüsse des AG für Schäden aus der Verletzung des Lebens, des Körpers oder der Gesundheit des AN nach Nr. 7 unwirksam. Folge ist jedoch nicht eine Haftung des AG wegen Personenschäden, sondern eine Unwirksamkeit gem. § 307 Abs. 2 Nr. 1. An die Stelle der vertraglichen Lücke treten die Regelungen zur Haftungsbegrenzung nach § 104 SGB VI (früher: § 636 RVO). Die Haftung ist bei keiner Art der Fahrlässigkeit einschränkbar, nicht einmal bei leichtester Fahrlässigkeit.[90] Sowohl Ausschluss als auch Begrenzung der Haftung sind unzulässig. Weder die Höhe des Anspruchs noch der Ausschluss bestimmter Schäden,[91] noch die Verkürzung von Verjährungsfristen[92] sind nach Nr. 7 wirksam. **Ausschlussfristen** misst das BAG[93] allerdings nicht an Nr. 7, da die Obliegenheit einer schriftlichen Geltendmachung keinen Haftungsausschluss und keine Haftungsbegrenzung enthalte. Der Anspruch entstehe uneingeschränkt und werde nur für den Fall der fehlenden Geltendmachung befristet – eine Auffassung, die der BGH[94] und ein Teil der Lit.[95] nicht teilt. Nicht im Einklang mit Nr. 7 steht ein mittelbarer Haftungsausschluss, wenn bereits die Sorgfaltspflicht des AG, die Grundlage für die Haftung bildet, abbedungen wird oder ein bestimmtes Risiko allein dem AN auferlegt wird.[96] Unzulässig ist es auch, den AN auf ihm ansonsten zustehende Schadensersatzansprüche unter Umgehung des Klauselverbots verzichten zu lassen.[97]

Anwendungsfälle des Nr. 7a bilden solche Fallkonstellationen, in denen § 104 SGB VI nicht greift. Der AG kann sich nicht vor Schadensersatzansprüchen wegen **Mobbing**[98] angesichts von Nr. 7a wirksam schützen. Auch ist ein Haftungsausschluss wegen übermäßiger **Inanspruchnahme der Arbeitskraft**[99] nach Nr. 7a ausgeschlossen. Beauftragt der AG einen Mitarbeiter, einen AN außerhalb der Arbeitszeit während einer Freizeitveranstaltung körperlich zu misshandeln oder versucht ein Vorgesetzter in einer Freizeitveranstaltung zwei sich prügelnde AN auseinander zu bringen und verletzt dabei einen AN schwer, entfällt ein Haftungsausschluss des AG für Personenschäden über Nr. 7a. Ausgeschlossen ist es entgegen den Überlegungen von *Däubler*,[100] einen Haftungsausschluss für ein Familienmitglied über den Arbeitsvertrag zu vereinbaren, falls ein den AN im Betrieb abholender Angehöriger einen Schaden erleidet, soweit kein Versicherungsschutz nach § 3 Abs. 1 Nr. 2 SGB VII in der Unfallversicherung besteht, da eine dementsprechende Arbeitsvertragsklausel ein Vertrag zu Lasten eines Dritten wäre.

3. Haftung des Arbeitgebers bei Sach- und Vermögensschäden (Nr. 7b). Nr. 7b verbietet den Ausschluss oder die Begrenzung der Haftung für sonstige Schäden, die auf einer grob fahrlässigen Pflichtverletzung des AG beruhen. Nr. 7b enthält ein Verbot des Ausschlusses der Haftung für grob fahrlässige Pflichtverletzungen des Verwenders, mithin des AG. Nr. 7b enthält eine ganz allgemeine Bewertung, die auf vorformulierte Arbeitsverträge übertragbar ist.[101] **Sachschäden** können an vom AN in den Betrieb **eingebrachten, eigenen Gegenständen** entstehen, **Vermögensschäden** können dem AN bspw. aus der Nichtabführung der Sozialversicherungsbeiträge[102] oder aus einer unrichtigen Auskunft der Personalabteilung erwachsen. Das Klauselverbot von Nr. 7b ist auch im Arbeitsrecht anzuwenden.[103]

---

85 BGH 15.2.1995 – VIII ZR 93/94 – BGHZ 100, 184 = NJW 1995, 1488; HWK/*Gotthardt*, § 309 BGB Rn 10; Palandt/*Grüneberg*, § 309 Rn 40.
86 *Ziegler*, BB 1990, 2345.
87 ErfK/*Preis*, §§ 305–310 BGB Rn 84.
88 Preis/*Stoffels*, Der Arbeitsvertrag, II H 10 Rn 6.
89 BAG 5.3.1959 – 5 AZR 819/58 – AP § 611 BGB Nr. 26.
90 *Thüsing*, AGB-Kontrolle im Arbeitsrecht, Rn 309.
91 Palandt/*Grüneberg*, § 309 Rn 44.
92 *Däubler/Dorndorf/Bonin/Deinert*, § 309 Nr. 7 Rn 6; HWK/*Gotthardt*, § 309 BGB Rn 11; *Thüsing*, AGB-Kontrolle im Arbeitsrecht, Rn 310.
93 BAG 25.5.2005 – 5 AZR 572/04 – NZA 2005, 1111; BAG 28.9.2005 – 5 AZR 52/05 – NZA 2006, 149.
94 BGH 15.11.2006 – VIII ZR 3/06 – BB 2007, 177.
95 *Matthiessen*, NZA 2007, 361; *Däubler/Dorndorf/Bonin/Deinert*, § 309 Nr. 7 Rn 6.
96 BGH 12.12.2000 – XI ZR 138/00 – NJW 2001, 751.
97 *Thüsing*, AGB-Kontrolle im Arbeitsrecht, Rn 310.
98 LAG Thüringen 10.4.2001 – 5 Sa 403/2000 – NZA-RR 2001, 347; LAG Rheinland-Pfalz 16.8.2001 – 6 Sa 415/01 – AiB 2002, 641; LAG Nürnberg 2.7.2002 – 6 (3) 154/01 – AuR 2002, 396.
99 BAG 27.2.1970 – 1 AZR 258/69 – AP § 618 BGB Nr. 16.
100 *Däubler/Dorndorf/Bonin/Deinert*, § 309 Rn 5.
101 ErfK/*Preis*, §§ 305–310 BGB Rn 84; *Brox*, Anm. AP BGB § 611 Parkplatz Nr. 5; *Kreßel*, RdA 1992, 169.
102 Preis/*Stoffels*, Der Arbeitsvertrag, II H 10 Rn 1.
103 *Gotthardt*, Rn 283; ErfK/*Preis*, §§ 305–310 BGB Rn 84.

37 Zugunsten des AN hat das BAG die inzwischen in der gesamten Zivil-Rspr. geltenden Grundsätze der privilegierten AN-Haftung[104] entwickelt. Nach Auffassung des BAG kann von diesen Haftungsgrundsätzen weder einzel- noch kollektivvertraglich zu Lasten des AN abgewichen werden.[105] Eine Abweichung durch haftungsverschärfende Klauseln ist dann kaum möglich.[106] Die Haftungsprivilegierung des AN ist richtigerweise als Rechtsfortbildung des dispositiven Haftungsrechts zu verstehen.[107] Der Maßstab für den Ausschluss der Haftung bei einfacher Fahrlässigkeit ist § 307.[108] Die Rspr. des BAG zur privilegierten AN-Haftung geht der Rechtskontrolle nach Nr. 7b über § 307 Abs. 2 Nr. 1 vor. Steht eine Haftungsregelung (Ausschluss grober Fahrlässigkeit oder Modifikation der Haftung bei einfacher Fahrlässigkeit) nicht im Einklang mit der bestehenden BAG-Rspr., gilt § 307 Abs. 2 Nr. 1, eine Prüfung am Maßstab des Nr. 7b findet nicht statt.

38 Ein Verstoß gegen § 307 Abs. 2 Nr. 1 liegt vor, wenn in vorformulierten Arbeitsvertragsbedingungen vereinbart wird, die Haftung des AN erstrecke sich auf den gesamten Schaden unabhängig vom Grad seines Verschuldens.[109] Eine Abweichung von den Grundsätzen der AN-Haftung soll nach *Preis*[110] möglich sein, wenn der AG für einen **angemessenen wirtschaftlichen Ausgleich** sorgt wie bei der **Mankohaftung**.[111]

39 **4. Haftung des Arbeitgebers für arbeitsbedingte Eigenschäden des Arbeitnehmers.** Der AG hat eine Obhuts- und Verwahrpflicht für vom AN mit Billigung oder Zustimmung des AG am Arbeitsplatz eingebrachte Gegenstände.[112] Die Rspr. zur Obhuts- und Verwahrpflicht gilt bei einem auf dem Werksplatz abgestellten Pkw des AN,[113] aber auch für Taschen, Kleidung oder das Portmonee des AN. Soweit sich die sich aus eingebrachten Sachen ergebenden Risiken versichern lassen, hat der AN nach Ansicht des BAG[114] einen Versicherungsvertrag zu schließen und haftet im Umfang des versicherbaren Risikos. Der AG haftet auch für Sachschäden des AN, die in Vollzug einer gefährlichen Arbeit entstehen und durchaus außergewöhnlich sind, analog § 670, wobei in der neueren Rspr. die Haftung auf Schäden im Betätigungsbereich des AG beschränkt ist.[115] Schäden an Sachen, deren Einsatz ausschließlich im Interesse des AN erfolgt, also bspw. zur persönlichen Erleichterung, sind nicht zu ersetzen.[116] Eine Gefährdungshaftung nimmt das BAG nach § 836 an, wenn von einem Firmengebäude Dachziegel auf einen auf dem Werksplatz abgestellten Pkw des AN fallen.[117]

40 Eine Haftung des AG bei Vermögensnachteilen des AN besteht, wenn die Lohnbuchhaltung vier Jahre lang die vermögenswirksamen Leistungen zwar in der Gehaltsmitteilung ausweist, tatsächlich aber auf ein falsches Bankkonto überweist.[118] Keinen Schadensersatz schuldet der AG, wenn dem AN wegen der tatsächlichen Nichtbeschäftigung die Zuschläge für Sonntags-, Feiertags- und Nachtarbeit und die damit verbundene Steuerfreiheit nach § 3b Abs. 1 EStG entgehen.[119]

41 Die Rspr. zur verschuldensunabhängigen Haftung des AG für arbeitsbedingte Eigenschäden des AN auf Basis einer analogen Anwendung des § 670 verdrängt über § 307 Abs. 2 Nr. 1 den Anwendungsbereich von § 307, soweit die Haftung nicht dispositiv ist.[120] Vieles spricht dafür, auch hier eine Inhaltskontrolle nach § 307 vorzunehmen.[121]

VI. Haftungsausschlüsse (Nr. 8)

42 Aus Nr. 8 ist im Arbverh allenfalls Buchstabe b bei Personaleinkäufen bis hin zum Jahreswagen für AN eines Automobilwerkes einschlägig. Regelmäßig liegt jedoch ein Verbrauchsgüterkauf vor,[122] für den die Gewährleistungsansprüche nach § 475 Abs. 1 zwingend sind. Beim **Kauf anderer als neu hergestellter Waren** gilt Buchstabe b nicht. Gewährleistungsansprüche können daher ausgeschlossen werden.

---

104 BAG 13.3.1964 – 1 AZR 100/63 – AP § 611 BGB Haftung des Arbeitnehmers Nr. 32; BAG 3.8.1971 – 1 AZR 327/70 – AP § 611 BGB Haftung des Arbeitnehmers Nr. 66; LAG Bremen 5.1.1955 – Sa 109/54 – AP § 611 BGB Haftung des Arbeitnehmers Nr. 3.
105 BAG 22.11.1973 – 2 AZR 580/72 – AP BGB § 626 Nr. 67; BAG 13.2.1974 – 4 AZR 13/73 – AP BGB § 611 Haftung des Arbeitnehmers Nr. 77; BAG 29.1.1985 – 3 AZR 570/82 – AP BGB § 611 Haftung des Arbeitnehmers Nr. 87.
106 ErfK/*Preis*, §§ 305–310 BGB Rn 85.
107 *Stoffels*, AGB-Recht, Rn 991; BT-Drucks 14/6857, S. 48.
108 Staudinger/*Coester*, § 307 BGB Rn 432; *Thüsing*, AGB-Kontrolle im Arbeitsrecht, Rn 312; HWK/*Gotthardt*, § 309 BGB Rn 12.
109 ErfK/*Preis*, §§ 305–310 BGB Rn 85.
110 ErfK/*Preis*, §§ 305–310 BGB Rn 85.
111 BAG 2.12.1999 – 8 AZR 175/97 – NZA 2000 715; BAG 17.9.1998 – 8 AZR 175/97 – DB 1998, 2610; *Oetker*, BB 2002, 43.
112 BAG 5.3.1959 – 2 AZR 268/56 – AP § 611 BGB Fürsorgepflicht Nr. 26; BAG 1.7.1965 – 5 AZR 264/64 – AP § 611 BGB Fürsorgepflicht Nr. 75.
113 BAG 14.8.1980 – 3 AZR 281/78 – juris; BAG 12.12.1990 – 8 AZR 605/89 – juris; BAG 23.1.1992 – 8 AZR 282/91 – juris.
114 BAG 24.11.1987 – 5 AZR 298/73 – EzA § 611 BGB Gefahrgeneigte Arbeit Nr. 16; LAG Hamm 2.11.1956 – 5 Sa 244/56 – AP § 618 BGB Nr. 5; ArbG Karlsruhe 16.8.1984 – 6 Ca 230/84 – BB 1985, 1070; a.A. LAG Düsseldorf 19.10.1989 – 5 (2) Sa 888/89 – DB 1990, 1468.
115 BAG 8.5.1980 – 3 AZR 82/79 – EzA § 670 BGB Nr. 14.
116 BAG 20.4.1989 – 8 AZR 287/87 – EzA § 670 BGB Nr. 20.
117 BAG 14.8.1980 – 3 AZR 281/78 – juris.
118 BAG 21.1.1999 – 8 AZR 217/98 – juris.
119 BAG 19.10.2000 – 8 AZR 632/99 – juris.
120 ;HWK/*Gotthardt*, § 309 BGB Rn 12.
121 HWK/*Gotthardt*, § 309 BGB Rn 12; a.A. *Thüsing*, AGB-Kontrolle im Arbeitsrecht, Rn 313.
122 *Däubler/Dorndorf/Bonin/Deinert*, § 309 Nr. 8 Rn 2.

VII. Bindungen bei Dauerschuldverhältnissen (Nr. 9)

Nr. 9 ist von seinem Tatbestand her auf das Arbverh nicht anwendbar, da der AG im Arbverh weder regelmäßig Waren noch Dienst- oder Werkleistungen erbringt.[123]

VIII. Vertragspartnerwechsel (Nr. 10)

1. Anwendbarkeit der Vorschrift. Einigkeit besteht, dass Nr. 10 verhindern soll, dass dem Kunden (AN) ein neuer, unbekannter Vertragspartner aufgezwungen wird.[124] Die Vorschrift gilt für Kauf-, Dienst- und Werkverträge **jeder Art**.[125] Dagegen wird die Auffassung vertreten, der Anwendung der Norm stehen arbeitsrechtliche Besonderheiten entgegen.[126] § 613a widerspricht nicht der Anwendbarkeit von Nr. 10, denn beide Regelungen laufen auf ein in etwa gleiches Ergebnis hinaus. Sind nach Nr. 10a eine Reihe weiterer, konkreter AG anstelle des zum Zeitpunkt des Vertragsschlusses bestehenden AG namentlich bezeichnet, liegt eine antizipierte Einwilligung des AN zu einem etwaigen AG-Wechsel vor. Räumt der Arbeitsvertrag nach Nr. 10b ein Lösungsrecht des AN ein, entspricht das Lösungsrecht dem Widerspruchsrecht des § 613a Abs. 6. Entsprechend den Besonderheiten des Arbeitsrechts ist Nr. 10b gem. § 310 Abs. 4 S. 2 in dem Sinne zu verstehen, dass das Lösungsrecht den Anforderungen des Widerspruchs gem. § 613a Abs. 6 zu entsprechen hat.

2. Vertragspartnerwechsel und Arbeitnehmerüberlassung. Die gewerbliche oder nicht gewerbliche Überlassung von AN unterfällt Nr. 10 nicht, so dass dahinstehen kann, ob das AÜG eine vorrangige Spezialnorm ist.[127] Die Vorschrift ist nur anwendbar, wenn ein Dritter in die gesamte Rechtsposition des AGB-Verwenders tritt. Die bloße **Überlassung** einzelner **Rechte zur Ausübung** genügt nicht.[128]

3. Vertragspartnerwechsel und Konzernversetzungsklauseln. Konzernversetzungsklauseln sind nach Nr. 10 unwirksam, soweit nicht die zur Versetzung in Frage kommenden Unternehmen namentlich im Arbeitsvertrag aufgeführt sind.[129] Konzernversetzungsklauseln können daneben eine Umgehung kündigungsschutzrechtlicher Vorschriften beinhalten.

In der arbeitsrechtlichen Lit. wird Nr. 10 verschiedentlich bei Konzernversetzungsklauseln für nicht anwendbar erklärt.[130] Kontrollmaßstab seien vielmehr § 305c Abs. 1 sowie § 307.[131] Die Begründung, Nr. 10 nicht als Kontrollmaßstab anzuwenden, überzeugt nicht. Der Meinung, die in Nr. 10 aufgestellten Voraussetzungen vertrügen sich nicht mit arbeitsrechtlichen Wertungen,[132] steht entgegen, dass Nr. 10b nicht besagt, mit welchem Inhalt das Lösungsrecht ausgestattet sein muss. Es ist nämlich unter Berücksichtigung des KSchG und des Widerspruchsrechts des AN (mit der Folge des Rechts der betriebsbedingten Künd beim AG)[133] auszugestalten. Damit fehlen entgegenstehende arbeitsrechtliche Wertungen. Auch dem Bestandsschutzbedürfnis des AN wird Rechnung getragen. Die Rechtslage aus § 619a wird über Nr. 10 nicht modifiziert oder beseitigt.

Teilweise wird an der Zulässigkeit von Konzernversetzungsklauseln generell gezweifelt, soweit der AG keinen „bestimmenden Einfluss" auf die Versetzung zu einem anderen Konzernunternehmen habe.[134] Dann stehe der erweiterten Flexibilisierung des Arbverh kein Vorteil des AN gegenüber. Die Rspr. ließ zwischenzeitlich anklingen, dass Konzernversetzungsvorbehalte jedenfalls nicht gänzlich unwirksam seien.[135]

IX. Haftung des Abschlussvertreters (Nr. 11)

Dieses Klauselverbot ist im Arbeitsrecht ohne Belang.

X. Beweislastregelungen (Nr. 12)

1. Beweislastveränderungen (Nr. 12, 12a). Nr. 12a hat keine eigenständige Bedeutung, sondern schützt die Beweislastverteilung nur zusätzlich in dem von Gesetz und Rspr. anerkannten Umfang.[136] Nr. 12 und Nr. 12a verbieten jede Veränderung der Beweisposition.[137] Nr. 12 verbietet, den AN mit bestimmten Beweismitteln auszuschließen oder aber die Anforderungen des Anscheinsbeweises zu ändern, bspw. über eine Klausel, wonach unter bestimmten Voraussetzungen der erste Anschein einer für den AN nachteiligen Tatsache gilt.[138] Nicht erfasst ist die Umkehr der Beweis-

---

123 Däubler/Dorndorf/Bonin/Deinert, § 309 Nr. 9 Rn 1.
124 Palandt/Grüneberg, § 309 Rn 90.
125 Boudon, ArbRB 2003, 150, 153; Palandt/Grüneberg, § 309 Rn 90; Hümmerich, NZA 2003, 753, 758.
126 Gotthardt, Rn 285; HWK/Gotthardt, § 309 BGB Rn 13; ErfK/Preis, §§ 305–310 BGB Rn 86; Däubler/Dorndorf/Bonin/Deinert, § 309 Nr. 10 Rn 2.
127 Däubler/Dorndorf/Bonin/Deinert, § 309 Nr. 10 Rn 1; a.A. Löwisch, in: FS für Wiedemann, S. 311, 329.
128 MüKo-BGB/Basedow, § 309 Nr. 10 Rn 6.
129 Hümmerich, NZA 2003, 753, 758.
130 Däubler/Dorndorf/Bonin/Deinert, § 309 Nr. 10 Rn 2; Gotthardt, ZiP 2002, 284; ErfK/Preis, §§ 305–310 BGB Rn 86; HWK/Gotthardt, § 309 BGB Rn 13.
131 ErfK/Preis, §§ 305–310 BGB Rn 86.
132 HWK/Gotthardt, § 309 BGB Rn 13.
133 BAG 19.3.1998 – 8 AZR 139/97 – NZA 1998, 750.
134 Dzida/Schramm, BB 2007, 1221.
135 LAG Hamburg 21.5.2008 – 5 Sa 82/07 – juris.
136 Palandt/Grüneberg, § 309 Rn 99.
137 HWK/Gotthardt, § 309 BGB Rn 14.
138 Ulmer/Brandner/Hensen/Hensen, § 309 BGB Rn 12.

last, wie sie durch die Erteilung einer Quittung eintritt.[139] Einbezogen in das Klauselverbot sind **alle beweisrechtlichen Abreden**, die den AN im Vergleich zur gesetzlichen oder richterrechtlichen Regelung schlechter stellen.[140]

51 Eine Klausel, die besagt, dass sich der AN auf ein mitwirkendes Verschulden des AG oder eines Vorgesetzten nicht berufen könne, verstößt gegen § 12a, da die Beweislast für Verschulden, die beim AG liegt, auf den AN verlagert wird.[141] Unwirksam nach § 308 Nr. 6 und Nr. 12 ist eine Bestimmung, die die Beweislast für den Zugang einer Willenserklärung, die beim Absender liegt, dem AN zuweist, da über das AGB-Recht keine Beweiserleichterungen für Zugangserfordernisse geschaffen werden können. Vereinbaren die Arbeitsvertragsparteien, dass die Zustellung eines Künd-Schreibens an die letzte vom AN dem AG mitgeteilte Anschrift für den Zugang des Schreibens maßgeblich ist, verstößt die Vereinbarung nicht gegen Nr. 12. Das Schwergewicht der Klausel liegt im Bereich der Tatsachenfiktion, nicht der Zugang wird fingiert, sondern die für den Zugang maßgebliche, letzte vom AN dem AG bekannt gemachte Adresse. Soweit sich der AG mit der Klausel im Bereich der Verkehrsüblichkeit bewegt, wird die Beweislast nicht verändert. Nach der BAG-Rspr. ist die letzte, vom AN bekannt gegebene Adresse maßgeblich dafür, ob ein AG-Schreiben in den Machtbereich des AN gelangt ist.[142] Wählt der AG dagegen in Anlehnung an die Zugangsfiktion des § 41 Abs. 2 VwVfG eine Klausel, wonach drei Tage nach Versendung an die Anschrift des AN ein Schreiben des AG als zugegangen gilt, beinhaltet die Klausel eine klassische Zugangsfiktion, die sowohl nach § 308 Nr. 6 als auch nach Nr. 12 unwirksam ist.

52 **2. Tatsachenbestätigungen (Nr. 12b).** Bestimmungen, über die sich der AG bestimmte **Tatsachen bestätigen** lässt, sind nach Nr. 12b unwirksam, weil sie die Beweislast verändern. Durch Nr. 12b werden Erklärungen über die Bestätigung rechtlich relevanter Umstände, Willenserklärungen und Erklärungen über rein tatsächliche Vorgänge erfasst.[143] Unwirksam ist eine Klausel, die besagt, die AGB seien im Einzelnen ausgehandelt.[144] Gleiches gilt für Klauseln, die Ausführungen über den Umfang oder die tatsächliche Vornahme einer Aufklärung oder Beratung beinhalten.[145]

53 Unzulässig ist eine Vollständigkeitsklausel, die den AN davon abhält, sich auf tatsächlich getroffene Abmachungen zu berufen.[146] **Vollständigkeitsklauseln**, die zugleich besagen, dass keine Nebenabreden getroffen wurden und zu ihrer Wirksamkeit der Schriftform bedürfen, verstoßen auch gegen § 305b. Eine Klausel mit dem Inhalt, auf die Unrichtigkeit von in seiner Gegenwart durchgeführten Inventuren könne sich der AN nicht berufen, steht mit Nr. 12 und Nr. 12a nicht in Einklang.[147]

54 **Empfangsbestätigungen** fallen als „Tatsachenbestätigungen" unter Nr. 12.[148] Etwas anderes gilt nach Nr. 12 S. 2, wenn das Empfangsbekenntnis gesondert unterschrieben ist.[149] Auch einzelne Empfangsbekenntnisse bei der Ausgabe von Arbeitsgerät, Auszahlung von Bargeld u.Ä. sind nicht nach Nr. 12 unwirksam. Abstrakte Schuldanerkenntnisse werden von Nr. 12 nicht erfasst.[150] Enthält eine Ausgleichsklausel in einem Aufhebungs- oder Abwicklungsvertrag ein **konstitutives negatives Schuldanerkenntnis**, so hat der AG dieses Schuldanerkenntnis nach § 812 Abs. 2 wegen ungerechtfertigter Bereicherung zu Unrecht erlangt, wenn der Anerkennende nachweist, dass er vom Nichtbestehen der Forderung ausgegangen ist, sie aber tatsächlich doch bestand.[151] Nach der Rspr. des 9. Senats verstößt ein dem AN vom AG abverlangtes Schuldversprechen generell gegen § 307 Abs. 1 S. 1, wenn dem AN das Recht genommen werde, geltend zu machen, die dem Schuldversprechen oder -anerkenntnis zugrunde liegende Forderung bestehe nicht. In einem vom AN abgegebenen Schuldanerkenntnis liege eine Abweichung vom Recht der ungerechtfertigten Bereicherung, §§ 812 Abs. 1, 821.[152] Für Nr. 12 besteht nur dann im Bereich der AN-Haftung Raum, wenn § 619a leicht als zwingende Norm verstanden wird (siehe § 619a Rn 4).

55 **Empfangsbekenntnisse** in AGB sind grds. unwirksam.[153] So ist die in einem Arbeitsvertrag enthaltene Formulierung, der AN habe das Arbeitsentgelt für einen bestimmten Zeitraum bereits erhalten, unwirksam.[154] Gleiches gilt für die Formulierung in einem Arbeitsvertrag, der AN habe eine Wettbewerbsabrede getroffen.[155] Für **Empfangs-**

---

139 MüKo-BGB/*Basedow*, § 309 Nr. 12 Rn 18.
140 *Däubler/Dorndorf/Bonin/Deinert*, § 309 Nr. 12 Rn 3.
141 *Hümmerich*, Gestaltung von Arbeitsverträgen, § 1 Rn 1023.
142 BAG 8.12.1983 – 2 AZR 337/82 – NZA 1984, 31; BAG 16.3.1988 – 7 AZR 587/87 – NZA 1988, 875; BAG 7.11.2002 – 2 AZR 475/01 – BAGE 103, 277 = NZA 2003, 719.
143 Ulmer/Brandner/*Hensen*, § 309 BGB Rn 18.
144 BGH 28.1.1987 – IV a ZR 173/85 – BGHZ 99, 374; HWK/ *Gotthardt*, § 309 BGB Rn 15.
145 *Ulmer/Brandner/Hensen*, § 309 BGB Rn 19.
146 *Lakies*, AR-Blattei, SD 35, Rn 297; a.A. ErfK/*Preis*, §§ 305–310 BGB Rn 80.
147 *Hümmerich*, Gestaltung von Arbeitsverträgen, § 1 Rn 1017.
148 ErfK/*Preis*, §§ 305–310 BGB Rn 80; *Däubler/Dorndorf/ Bonin/Deinert*, § 309 Rn 4; *Gotthardt*, Rn 287; *Grobys*, DStR 2002, 1008; *Lingemann*, NZA 2002, 192.
149 HWK/*Gotthardt*, § 309 BGB Rn 16; ErfK/*Preis*, §§ 305–310 BGB Rn 80; *Däubler/Dorndorf/Bonin/Deinert*, § 309 Rn 4.
150 BGH 5.3.1991 – XI ZR 75/90 – BGHZ 114, 9; *Stoffels*, AGB-Recht, Rn 1041; Palandt/*Grüneberg*, § 309 Rn 100.
151 BAG 6.4.1977 – 4 AZR 723/75 – AP §§ 22, 23 BAT Nr. 96.
152 BAG 15.3.2005 – 9 AZR 502/03 – DB 2005, 1388 = NZA 2005, 682.
153 HWK/*Gotthardt*, § 309 BGB Rn 16.
154 HWK/*Gotthardt*, § 309 BGB Rn 16.
155 *Gotthardt*, Rn 287.

bekenntnisse gilt, dass sie nur wirksam sind, wenn sie gesondert unterschrieben oder mit einer gesonderten qualifizierten elektronischen Signatur versehen sind. Nicht erforderlich ist dazu eine eigene Urkunde.[156] Der Erklärungstext muss vom übrigen Vertragstext deutlich abgesetzt sein.[157] Die gesonderte Unterschrift muss sich nur auf das Empfangsbekenntnis beziehen und keine weiteren Erklärungen umfassen.[158] Klauseln, über die ein ausländischer AN bestätigt, den Vertragstext verstanden zu haben, verstoßen gegen Nr. 12b.[159]

Die reine Bestätigung, dass der AN eine Ausfertigung der Vereinbarung über ein nachvertragliches Wettbewerbsverbot erhalten habe, ist als in den Arbeitsvertrag integriertes Empfangsbekenntnis unwirksam, dagegen auf einem einzelnen, gesondert unterschriebenen Wettbewerbsverbotstext oder Empfangsbekenntnis wirksam.[160] Verschiebt der AG die Beweislast in einer Klausel für eine etwaige Wettbewerbstätigkeit des AN, wenn er nach Beendigung des Arbverh die Tätigkeit in einem Konkurrenzunternehmen aufnimmt,[161] ist die Klausel unwirksam, soweit sie dem AG Beweiserleichterungen bringt, die über die ihm bereits durch die Rspr. des BAG eingeräumten Beweiserleichterungen[162] modifiziert wird. 56

Keinen Verstoß gegen Nr. 12b begründen Klauseln, in denen der AN Angaben zu seiner Gesundheit bestätigt. Eine Beweislastveränderung tritt nicht ein, soweit der AN die Anforderungen aus dem Fragerecht des AG erfüllt. Soweit die Gesundheit des Mitarbeiters im Zusammenhang mit dem in Aussicht genommen Arbeitsplatz steht, ist der AN verpflichtet, Angaben über seinen Gesundheitszustand zu machen.[163] 57

XI. Form von Anzeigen und Erklärungen (Nr. 13)

1. Allgemeines. Nr. 13 entspricht wörtlich dem bisherigen § 11 Nr. 16 AGBG. Von Nr. 13 erfasst sind nur Anzeigen und Erklärungen des AN, nicht solche des AG.[164] Die Vorschrift will verhindern, dass dem AN durch die Vereinbarung besonderer Form- oder Zugangserfordernisse die Wahrnehmung seiner Rechte erschwert wird.[165] Nr. 13 will Barrieren abbauen, die dem anderen Vertragsteil gegenüber in vorformulierten Verträgen **durch Formvorschriften errichtet** werden.[166] Nr. 13 gilt nicht bei Willenserklärungen, die Norm erfasst **Willensäußerungen jeglicher Art**, auch soweit sie nur geschäftsähnlichen Charakter haben.[167] Nr. 13 gilt daher auch bei **Mahnung, Fristsetzung** und **Nachbesserungsverlangen**, somit also bei allen Äußerungen des AN, die für die Ausübung von Rechten bedeutsam sind.[168] Dazu gehört auch eine Erklärung, durch die der **Verfall eines Rechts** verhindert wird, mithin rechtsvernichtende, rechtsgestaltende und rechtserhaltende Erklärungen.[169] 58

Nr. 13 verbietet eine **strengere Form als die Schriftform**, so die Benutzung bestimmter Künd-Formulare[170] oder die eigenhändige Fassung[171] eines Künd-Schreibens. Umstritten ist, ob das Fax als Wirksamkeitserfordernis eine strengere Form als die Schriftform ist.[172] Da über ein Faxschreiben beim Empfänger keine eigenhändige Namensunterschrift des Adressaten eingeht, ist mit einem Faxschreiben noch nicht einmal die Schriftform des § 126 gewahrt, so dass das Faxschreiben ein Minus gegenüber der Schriftform des § 126 bedeutet und somit keine **strengere Form** als die Schriftform. Die Erklärungsanforderung eines Faxschreibens verstößt daher nicht gegen Nr. 13. Von Nr. 13 erfasst sind zudem **besondere Zugangserfordernisse**, die bspw. dann bestehen, wenn in der Klausel verlangt wird, dass das fragliche Schreiben nicht nur beim Unternehmen, sondern bei einer bestimmten Abteilung des Unternehmens eingegangen ist.[173] 59

Nr. 13 ist **auch im Arbeitsrecht** uneingeschränkt anwendbar.[174] **Arbeitsrechtliche Besonderheiten** lassen sich gegen Nr. 13 nicht ins Feld führen.[175] 60

---

156 HWK/*Gotthardt*, § 309 BGB Rn 16; ErfK/*Preis*, §§ 305–310 BGB Rn 80.
157 Palandt/*Grüneberg*, § 309 Rn 102; *Thüsing*, AGB-Kontrolle im Arbeitsrecht, Rn 174.
158 BGH 30.9.1992 – VIII ZR 196/91 – NJW 1993, 64.
159 LAG Hamm 12.10.2004 – 6 Sa 621/04 – juris; *Hümmerich*, Gestaltung von Arbeitsverträgen, § 1 Rn 1029; Preis/*Preis*, Der Arbeitsvertrag, II B 30 Rn 29; a.A. LAG Hessen 7.6.1974 – 8 Sa 45/74 – BB 1975, 788; LAG Hamm 7.9.1992 – 19 Sa 531/92 – LAGE § 611 BGB Nr. 6.
160 *Hümmerich*, Gestaltung von Arbeitsverträgen, § 1 Rn 1306.
161 Vgl. Preis/*Preis*, Der Arbeitsvertrag, II B 30 Rn 17.
162 BAG 16.6.1976 – 3 AZR 73/75 – AP § 611 BGB Treuepflicht Nr. 8; BAG 30.1.1970 – 3 AZR 348/69 – BB 1970, 801; BAG 6.8.1987 – 2 AZR 226/87 – NJW 1988, 438.
163 BAG 7.2.1964 – 1 AZR 251/63 – DB 1964, 555; LAG Frankfurt 13.10.1972 – 5 Sa 406/72 – DB 1972, 2359.
164 HWK/*Gotthardt*, § 309 BGB Rn 17.
165 *Stoffels*, AGB-Recht, Rn 672.
166 MüKo-BGB/*Basedow*, § 309 Nr. 13 Rn 1.
167 Palandt/*Grüneberg*, § 309 Rn 104.
168 *Däubler*, NZA 2001, 1329, 1336; *Däubler/Dorndorf/Bonin/Deinert*, § 309 Nr. 13 Rn 2; *Gotthardt*, Rn 289; *Reinecke*, DB 2002, 583.
169 *Hümmerich*, NZA 2003, 753, 755; *Nägele/Chwalisz*, MDR 2002, 1341, 1343.
170 Vgl. OLG Schleswig-Holstein 8.11.2000 – 9 U 104/99 – NJW-RR 2001, 818.Erman/*Roloff*, § 309 Rn 157.
171 HWK/*Gotthardt*, § 309 BGB Rn 18.
172 *Däubler/Dorndorf/Bonin/Deinert*, § 309 Nr. 13 Rn 3; MüKo-BGB/*Basedow*, § 309 Nr. 13 Rn 4.
173 OLG München 15.1.1987 – 29 U 4348/86 – NJW-RR 1987, 661; 664; *Däubler/Dorndorf/Bonin/Deinert*, § 309 Rn 3; *Gotthardt*, Rn 289; MüKo-BGB/*Basedow*, § 309 Nr. 13 Rn 5.
174 *Reinecke*, NZA 2000, Beil. 2, 23, 27.
175 *Preis/Gotthardt*, NZA 2000, 348; HWK/*Gotthardt*, § 309 BGB Rn 17; *Reinecke*, NZA 2000, Beil. 3, 23, 27.

61 *Schrader*[176] hält bei Ausschlussfristen allein § 307 BGB für einschlägig. Der Anwendbarkeit von Nr. 13 stünden angesichts einer langen Tradition tarifvertraglicher und einzelvertraglicher Ausschlussfristen die „Besonderheiten des Arbeitsrechts" (§ 310 Abs. 4 Nr. 2) entgegen.

62 **2. Ausschlussfristen.** Ausschlussfristen in formularmäßigen Arbeitsverträgen gehören zu den AGB-rechtlichen Mehrfachtatbeständen. Sie können als **überraschende Klauseln**[177] nach § 305c Abs. 1 unwirksam sein (siehe § 305c Rn 11), können aber auch gegen die **Unklarheitenregel** des § 305c Abs. 2 oder das **Transparenzgebot** in § 307 Abs. 1 S. 2 (siehe § 307 Rn 42 f., 77, 110), verstoßen. Denkbar ist eine Unvereinbarkeit mit Nr. 7, wenn Haftungsausschlüsse und -begrenzungen bei Verletzung von Leben, Körper und Gesundheit von der Ausschlussklausel erfasst werden (siehe Rn 34).[178] Im Anwendungsbereich von Nr. 13 konzentriert sich die Diskussion darauf, welche Arten von Ausschlussklauseln wirksam sind und im welchem Umfange sie die Verjährungsfristen verkürzen können. Einstufige Ausschlussfristen, die eine schriftliche Geltendmachung von Ansprüchen innerhalb einer bestimmten Frist erfordern, sind nicht an Nr. 13 zu messen, da sie gerade an eine strengere Form als die Schriftform und auch an kein besonderes Zugangserfordernis anknüpfen.[179] Bei doppelten Ausschlussfristen, die auf der zweiten Stufe eine gerichtliche Geltendmachung vorschreiben, ist dies umstritten (siehe Rn 65). Ausschlussfristen, die in einem auf das Arbverh kraft Bezugnahme im Arbeitsvertrag anwendbaren Haus-TV beim AG enthalten sind, unterliegen nach § 310 Abs. 4 S. 1 nicht der Angemessenheitskontrolle gem. §§ 307 ff.[180]

63 **a) Einseitige Ausschlussfristen.** Einseitige Ausschlussfristen verstoßen gegen § 307 Abs. 1, da sie den AN unangemessen benachteiligen.[181] Im Grundsatz hat sich das BAG dieser Ansicht schon in seinem ersten Vertragsstrafenurteil angeschlossen.[182] Gegen die Zulässigkeit einseitiger einzelvertraglicher Ausschlussfristen spreche der in den gesetzlichen Verjährungsvorschriften und in § 622 Abs. 6 zum Ausdruck kommende Rechtsgedanke. Sowohl bei der Künd als auch bei der Verjährung sind die Fristen für beide Arbeitsvertragsparteien gleich, so dass der Grundsatz der Parität auch bei Ausschlussfristen zu gelten hat.[183]

64 **b) Zweistufige Ausschlussfristen.** Wegen des in zweistufigen, einzelvertraglichen Ausschlussfristen enthaltenen Grundsatzes, dass Ansprüche verfallen, wenn sie nicht binnen einer bestimmten Frist gerichtlich geltend gemacht werden, verstoßen sie nach überwiegender Auffassung in der Lit.[184] und Teilen der Rspr.[185] gegen Nr. 13. Anderer Ansicht sind das BAG[186] und einige Instanzgerichte.[187] Zweistufige Ausschlussfristen könnten einzelvertraglich auch in AGB vereinbart werden.[188] In Anlehnung an § 61b ArbGG sei für die zweite Stufe eine Mindestfrist von drei Monaten geboten. *Schrader*[189] hält Nr. 13 bei zweistufiger einzelvertraglicher Ausschlussfristen wegen der im Arbeitsrecht geltenden Besonderheiten nach § 310 Abs. 4 S. 2 nicht für einschlägig.

65 Für die Unwirksamkeit zweistufiger Ausschlussfristen nach Nr. 13 spricht nicht nur der Wortlaut des Gesetzes, sondern auch der Umstand, dass zweistufige Ausschlussfristen, die den AN lange vor der Verjährungsfrist verpflichten, seine Ansprüche gerichtlich geltend zu machen, zu einer erheblichen Erschwerung der Rechtsdurchsetzung beitragen. Nicht zutreffend ist die Auffassung, zweistufige Ausschlussfristen seien wirksam, weil in der zweiten Stufe mit der Klageerhebung keine gesonderte Form vorgeschrieben sei.[190]

66 Die Autoren übersehen, dass nur dadurch, dass eine Klage nach § 496 ZPO, § 46 Abs. 2 ArbGG mündlich zu Protokoll der Geschäftsstelle erhoben werden kann, das Tatbestandsmerkmals „strengere Form als die Schriftform" nicht entfällt. Der Umstand, dass die Geltendmachung über eine Klageschrift erforderlich ist, führt bereits zu einer strengeren Form als die bloße schriftliche Anmeldung eines Anspruchs gegenüber dem AG. Für die Erhaltung des Anspruchs bei

---

176 NZA 2003, 345.
177 BAG 31.8.2005 – 5 AZR 545/04 – AuR 2005, 381 = FA 2005, 351; BAG 23.2.2005 – 4 AZR 139/04 – NZA 2005, 1193.
178 Im Ergebnis aber ablehnend: BAG 25.5.2005 – 5 AZR 572/04 – NZA 2005, 1111 (Orientierungssatz Nr. 3); BAG 28.9.2005 – 5 AZR 52/05 – NZA 2006, 149.
179 Vgl. BAG 28.9.2005 – 5 AZR 52/05 – NZA 2006, 149.
180 BAG 26.4.2006 – 5 AZR 403/05 – NZA 2006, 845 = NJW 2006, 2653.
181 BAG 31.8.2005 – 5 AZR 545/04 – AuR 2005, 381 = FA 2005, 351; *Däubler/Dorndorf/Bonin/Deinert*, § 310 Rn 103; *Krause*, RdA 2004, 36; *Lakies*, NZA 2004, 569; *Reinecke*, BB 2005, 378, 381; *Thüsing/Leder*, BB 2005, 1563.
182 BAG 4.3.2004 – 8 AZR 196/03 – NZA 2004, 727.
183 *Reinecke*, BB 2005, 378, 382.
184 *Annuß*, BB 2002, 463; *Boudon*, ArbRB 2003, 150; *Däubler*, NZA 2001, 1329; *Däubler/Dorndorf/Bonin/Däubler*, § 309 BGB Rn 6; *Hönn*, ZfA 2003, 325; *Hümmerich*, NZA 2003, 753; *Hümmerich/Holthausen*, NZA 2002, 180; *Lakies*, NZA 2004, 569; *Lakies*, AR-Blattei, SD 35, Rn 312 ff.; *Nägele/Chwalisz*, MDR 2002, 1341; *Reinecke*, DB 2002, 586; *Schrader*, NZA 2003, 345; *Schrader/Schubert*, NZA-RR 2005, 225; *Seifert*, JR 2003, 86; *Singer*, RdA 2003, 194.
185 LAG Rheinland-Pfalz 17.8.2004 – 5 Sa 389/04 – NZA-RR 2005, 242.
186 BAG 25.5.2005 – 5 AZR 572/04 – NZA 2005, 1111.
187 ArbG Halle 20.11.2003 – 1 Ca 2046/03 – NZA-RR 2004, 188; ArbG Frankfurt 13.8.2003 – 2 Ca 5568/03 – MDR 2004, 339 = NZA-RR 2004, 238.
188 BAG 25.5.2005 – 5 AZR 572/04 – NZA 2005, 1111; ebenso *Bayreuther*, NZA 2005, 1337.
189 NZA 2003, 345; *Schrader/Schubert*, NZA-RR 2005, 225, 235.
190 ErfK/*Preis*, §§ 194–218 BGB Rn 45; *Gotthardt*, Rn 288 f.; HWK/*Gotthardt*, § 309 BGB Rn 19; *Thüsing/Leder*, BB 2005, 1563, 1564.

einer zweistufigen Ausschlussfrist ist eine Handlung vorgeschrieben, die weit über die Schriftform hinausgeht, wie sich aus den Mindestanforderungen an eine Klageschrift (§ 253 ZPO) ergibt.

Die Rechtsfolgen der Unzulässigkeit ergeben sich unter Beachtung des Wortlauts der jeweiligen zweistufigen Ausschlussklausel. So kann der erste Teil der Ausschlussklausel unverändert Geltung beanspruchen, wenn die Ausschlussklausel nicht zu kurz greift, der zweite Teil der Ausschlussfrist hingegen entfällt[191] (siehe § 306 Rn 8). Leitbild der Ausschlussklausel ist das dispositive Recht, also die Verjährungsregelung des § 195. Nimmt man die Verjährung zum Maßstab, ist allenfalls eine Ausschlussfrist von sechs Monaten,[192] eher von neun Monaten wirksam.[193] Eine einheitliche Ansicht in Rspr. und Schrifttum über die für Ausschlussfristen maßgeblichen Zeiträume gab es zunächst nicht. **67**

Eine einzelvertragliche Ausschlussklausel, die eine „gerichtliche Geltendmachung von Ansprüchen in vier Wochen nach Ablehnung" vorschreibt, ist jedenfalls als „krass unangemessen" unwirksam.[194] Einige zogen die Grenze bei zwei Monaten,[195] einige Autoren setzen das Fristende bei drei Monaten.[196] Das BAG hielt zunächst zwei Monate für zu kurz bemessen.[197] Drei Monate in der ersten Stufe[198] und drei Monate in der zweiten Stufe[199] einer zweistufigen Ausschlussklausel markieren die nunmehr gültige Rechtslage. Die Frist muss an die Fälligkeit des Anspruchs anknüpfen und darf den Fristbeginn nicht etwa mit dem Ende des Arbverh gleichstellen; eine solche Ausschlussfrist benachteiligt den AN unangemessen und ist unwirksam.[200] Ist die Stufe der Ausschlussfrist, auf die sich der AG oder AN beruft, unangemessen kurz oder knüpft sie nicht an die Fälligkeit an, so kommt das gesetzliche Verjährungsrecht zur Anwendung. Für eine geltungserhaltende Reduktion bleibt – auch für Altfälle – kein Raum.[201] **68**

c) **Verstoß gegen § 202 Abs. 1.** Soweit sich eine Ausschlussfrist auf „alle Ansprüche aus dem Arbverh und solche, die mit dem Arbverh in Verbindung stehen", erstreckt, erfasst sie auch die Haftung wegen Vorsatz.[202] Insoweit verstößt eine Ausschlussklausel gegen § 202 Abs. 1, da diese § 276 Abs. 3 ergänzende Vorschrift bestimmt, dass „die Verjährung bei Haftung wegen Vorsatzes nicht im Voraus durch Rechtsgeschäft erleichtert werden kann." Damit sind Ausschlussfristen in Arbeitsverträgen insoweit unwirksam, als sie die Haftung wegen Vorsatzes ausschließen. Das BAG sieht darin eine Teilunwirksamkeit, die den Vertrag im Übrigen unberührt lässt.[203] **69**

3. **Sonstiges zum Schriftformerfordernis.** Der Umkehrschluss aus Nr. 13 ergibt, dass die Einhaltung der Schriftform stets verlangt werden kann.[204] Jede darüber hinausgehende Erschwerung ist unzulässig, also bspw. die arbeitsvertragliche Vereinbarung, dass Erklärungen des AN eigenhändig verfasst sein müssen.[205] Soweit aus kirchenrechtlichen Gründen jede Willenserklärung in einem Arbeits- oder Aufhebungsvertrag zu ihrer Wirksamkeit eines Dienstsiegels bedarf, liegt zwar ein Verstoß nach Nr. 13 vor. Die Autonomie der Kirchen (Art. 137 WRV, Art. 140 GG) ist eine Besonderheit des Arbeitsrechts von Verfassungsrang, so dass über die Schriftform hinausgehende Formerfordernisse in diesen Fällen nach § 310 Abs. 4 S. 2 die AGB-rechtliche Wirksamkeit nicht beeinträchtigen. § 310 Abs. 4 weist nach Meinung des 6. Senats in Bezug auf kirchliche Arbeitsvertragsregelungen keine Regelungslücke auf.[206] **70**

4. **Besondere Zugangserfordernisse.** Die in manchen Arbeitsverträgen gewählte Klausel, eine Künd könne nur durch eingeschriebenen Brief erfolgen, ist als besonderes Zugangserfordernis für AN-Künd unwirksam.[207] Gleiches gilt, wenn der Eingang der Künd bei der Personalabteilung maßgebend sein soll.[208] Unzulässig ist auch eine Klausel, die den AN zu einer Künd in elektronischer Form zwingt.[209] Nicht wirksam ist eine Arbeitsvertragsklausel, die die Künd an ein über § 623 hinausgehendes Formerfordernis bindet.[210] **71**

---

191 BAG 12.3.2008 – 10 AZR 152/07 – NZA 2008, 699; LAG Rheinland-Pfalz 17.8.2004 – 5 Sa 389/04 – NZA-RR 2005, 242.
192 *Kraushaar*, AuR 2004, 374; *Lakies*, NZA 2004, 569; *Reinecke*, BB 2005, 378.
193 *Hümmerich*, NZA 2003, 753, 756.
194 LAG Köln 27.8.2004 – 4 Sa 178/04 – BB 2005, 672.
195 ArbG Frankfurt/Main 13.8.2003 – 2 Ca 5568/03 – NZA-RR 2004, 238 = MDR 2004, 339; ArbG Stralsund 24.4.2004 – 5 Ca 577/03 – DB 2004, 1368, 1369 = LAGE § 307 BGB 2002 Nr. 3; *Wiesner*, AuA 2002, 354.
196 *Gotthardt*, Rn 311; *Singer*, RdA 2003, 1994; ebenso LAG Hamm 16.11.2004 – 19 Sa 1424/04 – LAG-Report 2005, 138.
197 BAG 28.9.2005 – 5 AZR 52/05 – BB 2006, 327.
198 BAG 12.3.2008 – 10 AZR 152/07 – NZA 2008, 699; BAG 28.9.2005 – 5 AZR 52/05 – DB 2006, 1959.
199 BAG 25.5.2005 – 5 AZR 572/04 – NZA 2005, 1111.
200 BAG 1.3.2006 – 5 AZR 511/05 – NZA 2006, 783.
201 BAG 28.11.2007 – 5 AZR 992/06 – NZA 2008, 293.
202 *Schaub*, Arbeitsrechts-Handbuch, § 205 Rn 8.
203 BAG 25.5.2005 – 5 AZR 572/04 – NZA 2005, 1111; a.A. ArbG Stralsund 24.4.2004 – 5 Ca 577/03 – DB 2004, 1368, 1369 = LAGE § 307 BGB 2002 Nr. 3; *Nägele/Chwalisz*, MDR 2003, 1341; *Matthiessen/Shea*, DB 2004, 1366; *Reinecke*, BB 2005, 378, 379.
204 BGH 18.1.1989 – VIII ZR 142/88 – NJW 1989, 625.
205 HWK/*Gotthardt*, § 309 BGB Rn 18.
206 BAG 17.11.2005 – 6 AZR 160/05 – jurisPR-ArbR 33/2006, Nr. 3.
207 BGH 28.2.1985 – IX ZR 92/84 – NJW 1985, 2585; *Annuß*, BB 2002, 463; *Däubler*, NZA 1329; *Däubler/Bonin/Deinert*, § 309 BGB Rn 5; *Gotthardt*, ZIP 2002, 284; *Grobys*, DStR 2002, 1008; *Hümmerich*, NZA 2003, 753; *Hümmerich/Holthausen*, NZA 2002, 180; HWK/*Gotthardt*, § 309 BGB Rn 19; *Lakies*, AR-Blattei, SD 35 Rn 309; *Reinecke*, DB 2002, 583.
208 *Däubler/Dorndorf/Bonin/Deinert*, § 309 Rn 5.
209 *Richardi*, NZA 2002, 1064.
210 HWK/*Gotthardt*, § 309 BGB Rn 18.

72 **5. Beraterhinweise.** In Anlehnung an *Reinicke*[211] und *Preis*[212] empfiehlt sich unter der gesonderten Überschrift Ausschluss- oder Verfallfrist eine Vereinbarung mit folgendem Wortlaut:

„1. Alle beiderseitigen Ansprüche aus und im Zusammenhang mit dem Arbvverh verfallen, wenn sie nicht innerhalb einer Ausschlussfrist von drei Monaten vom AN oder vom AG schriftlich geltend gemacht werden. Die Versäumung der Ausschlussfrist führt zum Verlust des Anspruchs. Die Ausschlussfrist beginnt, wenn der Anspruch entstanden ist und der Anspruchsteller von den den Anspruch begründenden Umständen Kenntnis erlangt oder ohne grobe Fahrlässigkeit erlangen konnte.

2. Lehnt der Vertragspartner den Anspruch ab oder erklärt er sich nicht innerhalb von einem Monat nach der Geltendmachung des Anspruchs, so erlischt dieser, wenn er nicht innerhalb von drei Monaten nach der Ablehnung oder dem Ablauf der einmonatigen Erklärungsfrist gerichtlich geltend gemacht wird.

3. Diese Ausschluss-/Verfallfrist gilt nicht bei Haftung wegen der Verletzung des Lebens, des Körpers oder der Gesundheit sowie aus vorsätzlichen oder grob fahrlässigen Pflichtverletzungen des AG oder seines gesetzlichen Vertreters oder Erfüllungsgehilfens."

§ 310 Anwendungsbereich (gültig bis 16.12.2009)

(1) ¹§ 305 Abs. 2 und 3 und die §§ 308 und 309 finden keine Anwendung auf Allgemeine Geschäftsbedingungen, die gegenüber einem Unternehmer, einer juristischen Person des öffentlichen Rechts oder einem öffentlich-rechtlichen Sondervermögen verwendet werden. ²§ 307 Abs. 1 und 2 findet in den Fällen des Satzes 1 auch insoweit Anwendung, als dies zur Unwirksamkeit von in den §§ 308 und 309 genannten Vertragsbestimmungen führt; auf die im Handelsverkehr geltenden Gewohnheiten und Gebräuche ist angemessen Rücksicht zu nehmen. ³In den Fällen des Satzes 1 findet § 307 Abs. 1 und 2 auf Verträge, in die die Vergabe- und Vertragsordnung für Bauleistungen Teil B (VOB/B) in der jeweils zum Zeitpunkt des Vertragsschlusses geltenden Fassung ohne inhaltliche Abweichungen insgesamt einbezogen ist, in Bezug auf eine Inhaltskontrolle einzelner Bestimmungen keine Anwendung.

(2) ¹Die §§ 308 und 309 finden keine Anwendung auf Verträge der Elektrizitäts-, Gas-, Fernwärme- und Wasserversorgungsunternehmen über die Versorgung von Sonderabnehmern mit elektrischer Energie, Gas, Fernwärme und Wasser aus dem Versorgungsnetz, soweit die Versorgungsbedingungen nicht zum Nachteil der Abnehmer von Verordnungen über Allgemeine Bedingungen für die Versorgung von Tarifkunden mit elektrischer Energie, Gas, Fernwärme und Wasser abweichen. ²Satz 1 gilt entsprechend für Verträge über die Entsorgung von Abwasser.

(3) Bei Verträgen zwischen einem Unternehmer und einem Verbraucher (Verbraucherverträge) finden die Vorschriften dieses Abschnitts mit folgenden Maßgaben Anwendung:

1. Allgemeine Geschäftsbedingungen gelten als vom Unternehmer gestellt, es sei denn, dass sie durch den Verbraucher in den Vertrag eingeführt wurden;
2. § 305c Abs. 2 und die §§ 306 und 307 bis 309 dieses Gesetzes sowie Artikel 29a des Einführungsgesetzes zum Bürgerlichen Gesetzbuche finden auf vorformulierte Vertragsbedingungen auch dann Anwendung, wenn diese nur zur einmaligen Verwendung bestimmt sind und soweit der Verbraucher auf Grund der Vorformulierung auf ihren Inhalt keinen Einfluss nehmen konnte;
3. bei der Beurteilung der unangemessenen Benachteiligung nach § 307 Abs. 1 und 2 sind auch die den Vertragsschluss begleitenden Umstände zu berücksichtigen.

(4) ¹Dieser Abschnitt findet keine Anwendung bei Verträgen auf dem Gebiet des Erb-, Familien- und Gesellschaftsrechts sowie auf Tarifverträge, Betriebs- und Dienstvereinbarungen. ²Bei der Anwendung auf Arbeitsverträge sind die im Arbeitsrecht geltenden Besonderheiten angemessen zu berücksichtigen; § 305 Abs. 2 und 3 ist nicht anzuwenden. ³Tarifverträge, Betriebs- und Dienstvereinbarungen stehen Rechtsvorschriften im Sinne von § 307 Abs. 3 gleich.

---

211 *Reinicke*, BB 2005, 378.   212 *Preis*, Der Arbeitsvertrag, III A Rn 8.

§ 310 Anwendungsbereich (gültig ab 17.12.2009)

(1) ¹§ 305 Abs. 2 und 3 und die §§ 308 und 309 finden keine Anwendung auf Allgemeine Geschäftsbedingungen, die gegenüber einem Unternehmer, einer juristischen Person des öffentlichen Rechts oder einem öffentlich-rechtlichen Sondervermögen verwendet werden. ²§ 307 Abs. 1 und 2 findet in den Fällen des Satzes 1 auch insoweit Anwendung, als dies zur Unwirksamkeit von in den §§ 308 und 309 genannten Vertragsbestimmungen führt; auf die im Handelsverkehr geltenden Gewohnheiten und Gebräuche ist angemessen Rücksicht zu nehmen. ³In den Fällen des Satzes 1 findet § 307 Abs. 1 und 2 auf Verträge, in die die Vergabe- und Vertragsordnung für Bauleistungen Teil B (VOB/B) in der jeweils zum Zeitpunkt des Vertragsschlusses geltenden Fassung ohne inhaltliche Abweichungen insgesamt einbezogen ist, in Bezug auf eine Inhaltskontrolle einzelner Bestimmungen keine Anwendung.

(2) ¹Die §§ 308 und 309 finden keine Anwendung auf Verträge der Elektrizitäts-, Gas-, Fernwärme- und Wasserversorgungsunternehmen über die Versorgung von Sonderabnehmern mit elektrischer Energie, Gas, Fernwärme und Wasser aus dem Versorgungsnetz, soweit die Versorgungsbedingungen nicht zum Nachteil der Abnehmer von Verordnungen über Allgemeine Bedingungen für die Versorgung von Tarifkunden mit elektrischer Energie, Gas, Fernwärme und Wasser abweichen. ²Satz 1 gilt entsprechend für Verträge über die Entsorgung von Abwasser.

(3) Bei Verträgen zwischen einem Unternehmer und einem Verbraucher (Verbraucherverträge) finden die Vorschriften dieses Abschnitts mit folgenden Maßgaben Anwendung:
1. Allgemeine Geschäftsbedingungen gelten als vom Unternehmer gestellt, es sei denn, dass sie durch den Verbraucher in den Vertrag eingeführt wurden;
2. § 305c Abs. 2 und die §§ 306 und 307 bis 309 dieses Gesetzes sowie Artikel 46b des Einführungsgesetzes zum Bürgerlichen Gesetzbuche finden auf vorformulierte Vertragsbedingungen auch dann Anwendung, wenn diese nur zur einmaligen Verwendung bestimmt sind und soweit der Verbraucher auf Grund der Vorformulierung auf ihren Inhalt keinen Einfluss nehmen konnte;
3. bei der Beurteilung der unangemessenen Benachteiligung nach § 307 Abs. 1 und 2 sind auch die den Vertragsschluss begleitenden Umstände zu berücksichtigen.

(4) ¹Dieser Abschnitt findet keine Anwendung bei Verträgen auf dem Gebiet des Erb-, Familien- und Gesellschaftsrechts sowie auf Tarifverträge, Betriebs- und Dienstvereinbarungen. ²Bei der Anwendung auf Arbeitsverträge sind die im Arbeitsrecht geltenden Besonderheiten angemessen zu berücksichtigen; § 305 Abs. 2 und 3 ist nicht anzuwenden. ³Tarifverträge, Betriebs- und Dienstvereinbarungen stehen Rechtsvorschriften im Sinne von § 307 Abs. 3 gleich.

A. Allgemeines 1	a) Abriss der Entwicklung 28
B. Die Einbeziehungsvorschriften bei Verbraucherverträgen (Abs. 3) 4	b) Arbeitsvertrag 29
I. Regelungsgehalt 4	c) Bedeutung der Vorschrift 31
1. „Stellen" Allgemeiner Geschäftsbedingungen beim Arbeitsvertrag (Nr. 1) 7	aa) Einschränkungslose Wirksamkeitskontrolle bei Klauselverboten ohne Wertungsmöglichkeit 33
2. Einmalbedingungen (Nr. 2) 9	bb) Beschränkungsvorbehalt für „im" Arbeitsrecht geltende Besonderheiten . 34
3. Konkret-individuelle Inhaltskontrolle (Nr. 3) . 13	cc) Beschränkung auf rechtliche Besonderheiten 35
II. Verbindung zu anderen Rechtsgebieten 15	dd) Vollständige Anwendung der §§ 307 ff. 36
III. Beraterhinweise 16	
C. Arbeitsrechtliche Anwendungsregeln (Abs. 4) . 19	
I. Regelungsgehalt 19	ee) Weite Auslegung des Begriffs „im Arbeitsrecht geltende Besonderheiten" ... 37
1. Kollektivrechtliche Bereichsausnahme 19	d) Herausgenommene Vorschriften 40
a) Originär anwendbare Kollektivnormen (S. 1) 19	II. Verbindung zu anderen Rechtsgebieten 41
b) Bezugnahme auf Kollektivnormen, Gleichstellung mit Rechtsvorschriften (S. 1, S. 3) 24	III. Beraterhinweise 45
2. Die modifizierte Anwendungsregel für Arbeitsverträge (Abs. 4 S. 2) 28	

A. Allgemeines

In § 310 trifft eine Reihe von Regelungstatbeständen zusammen. Die amtliche Überschrift („Anwendungsbereich") ist nicht frei von Fehlern (siehe § 312 Rn 9, 13). Abs. 1 und Abs. 2 sind für das Arbeitsrecht ohne Bedeutung und bedürfen daher keiner Kommentierung. § 305 Abs. 2 und 3 werden durch Abs. 1 S. 1 ausgeschlossen. Für sie wäre im Arbeitsrecht ohnehin kein Raum (siehe § 305 Rn 27 ff.).

Abs. 3 enthält zwei von drei Einbeziehungsvorschriften (Nr. 1 und Nr. 2). Dritte Einbeziehungsnorm ist § 305 Abs. 1.

3 Abs. 4 bildet die zentrale Ordnungsvorschrift für das Verhältnis zwischen Arbeitsrecht und BGB. Über Abs. 4 ist die Integration des Arbeitsrechts in das BGB deutlicher denn je geworden.[1] Das BAG hat sich allerdings mit Urteil v. 4.3.2004[2] dem Verlangen der Bundesregierung nach einem einheitlichen Schutzniveau der Vertragsinhaltskontrolle in Zivil- und Arbeitsrecht[3] im Ergebnis weitgehend entzogen. Auch wenn eine Klausel gegen ein Klauselverbot verstößt, so bspw. eine Vertragsstrafe gegen § 309 Nr. 6, lässt das BAG über den Berücksichtigungsvorbehalt in Abs. 4 S. 2 einzelne Vertragsstrafenklauseln passieren. Damit findet keine „Niveauangleichung" zwischen Zivil- und Arbeitsrecht statt, wie es sich der Gesetzgeber vorstellte, sondern Abs. 4 S. 2 umfasst den gesamten Abschnitt, also die §§ 305 bis 310, und macht weder von den Klauseln ohne Wertungsmöglichkeit halt noch ist erforderlich, dass sich die Norm ausschließlich im Arbeitsrecht auswirkt.[4]

B. Die Einbeziehungsvorschriften bei Verbraucherverträgen (Abs. 3)
I. Regelungsgehalt

4 Die Anwendung von Abs. 3 setzt voraus, dass der AN **Verbraucher** ist. Die Meinungen hierüber waren zunächst im Schrifttum und in der Rspr. geteilt. Die systematische Stellung des Abs. 4 S. 2 spricht, da in § 310 der **Verbrauchervertrag** geregelt ist, neben der Definition des § 13 für die Verbrauchereigenschaft des AN.[5] Das BAG hat sich mit Urteil v. 25.5.2005[6] der h.M., wonach der AN Verbraucher ist, angeschlossen.

5 Zur Kennzeichnung der h.M. haben *Hümmerich/Holthausen*[7] den Terminus „**absoluter Verbraucherbegriff**" entwickelt. Der „**relative Verbraucherbegriff**" beschreibt demgegenüber ein Verständnis, wonach der AN nicht bei Begründung und Beendigung des Arbverh Verbraucher ist, sondern nur in seiner Eigenschaft als Bezieher von Waren oder Dienstleistungen über den AG.[8]

6 Der **Verbraucherbegriff** ist nicht für bestimmte **Vertragstypen reserviert**, sondern ist auch auf Arbeitsverträge anzuwenden.[9] Diejenigen, die beim Arbverh das Verbrauchen von Waren und Gütern vermissen,[10] müssen sich den Unterschied zwischen Umgangs- und Rechtsprache entgegenhalten lassen.[11] Folge der Subsumtion des AN unter die Verbraucherdefinition in § 13 ist, dass bei der Prüfung der Wirksamkeit von AGB als Einbeziehungsnorm nicht nur auf § 305 Abs. 1, sondern auch auf die erleichterten Verweisungsvorschriften in Abs. 3 Nr. 1 und 2 zurückgegriffen werden kann.

7 **1. „Stellen" Allgemeiner Geschäftsbedingungen beim Arbeitsvertrag (Nr. 1).** Der Vorteil von Abs. 3 Nr. 1 als Einbeziehungsnorm für AGB besteht darin, dass der Gesetzgeber den AN die Beweisführung für das „Stellen" der Vertragsbedingungen abgenommen hat. Auch wenn der Arbeitsvertragstext regelmäßig vom AG entwickelt und dem AN vorgelegt wird, befreit der Gesetzgeber den AN über Abs. 3 Nr. 1 von dem Nachweis, welche textlichen Anteile eines Arbeitsvertrages auf den AG und welche auf den AN zurückgehen. Soweit der AG Modifikationen seines Textentwurfs aufgrund von Verhandlungen im Anbahnungsverhältnis zugelassen hat, würde dem AN der Nachweis des „Stellens" durch den AG – jedenfalls bei einem Textmix – nicht ohne Weiteres gelingen. Insofern erleichtert Nr. 1 dem AN die Einbeziehung des AGB-Rechts.

8 Nr. 1 begründet eine Vermutungsregel. Sofern nicht Arbeitsvertragsbedingungen durch den AN in den Vertrag eingeführt wurden, gelten die AGB als vom Unternehmer „gestellt". Das aus § 305 Abs. 1 S. 1 bekannte Merkmal „Stellen" der AGB durch den AG wird fingiert.[12] Dem AG ist die Einwand abgeschnitten, die Arbeitsvertragsbedingungen seien ohne sein Zutun in den Vertrag einbezogen worden.[13] Auf die Merkmale des § 305 Abs. 1 wird nicht verzichtet, es muss sich weiterhin um vorformulierte Bedingungen handeln.[14] Nr. 1 ist grds. auch dann anzuwenden, wenn die vorformulierten Vertragsbedingungen nicht auf Vorschlag des AG, sondern eines von ihm oder von beiden Parteien herangezogenen Dritten, bspw. eines Rechtsanwalts, Vertragsinhalt geworden sind.[15] Den Beweis, dass der AG die Vertragsbedingungen gestellt hat, muss der AN unter den Voraussetzungen von Nr. 1 nicht führen. Aus der Formulierung in Nr. 1, „es sei denn", ist zu folgern, dass der AG für die Ausnahme, der AN habe die AGB in den Vertrag eingeführt, darlegungs- und beweisbelastet ist.[16]

---

1 *Preis*, in: FS 50 Jahre BAG, S. 123.
2 BAG 4.3.2004 – 8 AZR 196/03 – NZA 2004, 727.
3 BT-Drucks 14/6857, S. 54.
4 v. *Steinau-Steinrück/Hurek*, NZA 2004, 965, 967.
5 HWK/*Gotthardt*, § 310 BGB Rn 2 f.
6 BAG 25.5.2005 – 5 AZR 572/04 – NZA 2005, 1111.
7 NZA 2002, 173, 175.
8 *Bauer/Kock*, DB 2002, 42; *Henssler*, RdA 2002, 129; *Richardi*, NZA 2002, 104, 1009.
9 ErfK/*Preis*, §§ 305–310 BGB Rn 23; HWK/*Gotthardt*, § 310 BGB Rn 5.
10 *Bauer/Kock*, DB 2002, 43.
11 *Hümmerich*, AnwBl 2002, 671, 672; *Preis*, Sonderbeil. NZA 16/2003, 19, 23.
12 HWK/*Gotthardt*, § 310 BGB Rn 4.
13 *Stoffels*, AGB-Recht, Rn 138.
14 HWK/*Gotthardt*, § 310 BGB Rn 4; Palandt/*Grüneberg*, § 310 Rn 12.
15 *Däubler/Dorndorf/Bonin/Deinert*, § 310 Rn 5; Palandt/*Grüneberg*, § 310 Rn 12.
16 *Stoffels*, AGB-Recht, Rn 141; Staudinger/*Schlosser*, § 310 BGB Rn 60.

2. Einmalbedingungen (Nr. 2). Abs. 3 Nr. 2 ist eine weitere, mit Einschränkungen versehene Einbeziehungsnorm von AGB in Arbeitsverträge. Der Tatbestand dieser Vorschrift ist erfüllt, wenn es sich um „vorformulierte Vertragsbedingungen" handelt, selbst wenn diese nur zur „einmaligen Verwendung" bestimmt sind und der Verbraucher aufgrund der Vorformulierungen „auf ihren Inhalt keinen Einfluss nehmen konnte".[17] Rechtsfolge ist die Anwendbarkeit der §§ 305c Abs. 2, 306 und 307 bis 309 sowie Art. 29a EGBGB.

Erste Voraussetzung bildet, dass es sich um **vorformulierte Vertragsbedingungen** handelt (siehe § 305 Rn 4, 9). Zweite Voraussetzung ist, dass der **AN wegen der Vorformuliertheit auf den Inhalt der Vertragsbedingungen keinen Einfluss nehmen konnte.** Es ist allgemeine Auffassung, dass dieses Merkmal inhaltlich den Voraussetzungen des § 305 Abs. 1 S. 3 („zwischen den Vertragsparteien im Einzelnen ausgehandelt", siehe § 305 Rn 22 ff.) entspricht.[18] Nach abweichender Ansicht soll in den sachlichen Anforderungen zwischen dem Fehlen der Einflussmöglichkeit i.S.v. Nr. 2 und dem Fehlen des Aushandelns i.S.v. § 305 Abs. 1 S. 3 eine Differenz bestehen. Eine Einflussmöglichkeit sei schon gegeben, wenn der Unternehmer dem Verbraucher seine ernsthafte Bereitschaft zu Änderungen signalisiere, dagegen setze ein Aushandeln voraus, dass der Verbraucher aktiv geworden sei.[19]

Das dritte Merkmal beinhaltet die **einmalige Verwendung**, wobei diesem Tatbestandsmerkmal allein eine Beweiserleichterungsfunktion für den AN zukommt. Jeder Arbeitsvertrag ist mindestens für die einmalige Verwendung bestimmt,[20] so dass dem AN der Nachweis der mehrmaligen Verwendungsabsicht aufseiten des AG abgenommen wird.

Entscheidend bei der Anwendung von Abs. 3 Nr. 2 ist, wen die Beweislast trifft. Ob die Möglichkeit der Einflussnahme auf eine zur einmaligen Verwendung bestimmte Vertragsklausel bestand, ist Gegenstand einer abgestuften Darlegungs- und Beweislast. Lässt sich der AG auf die Behauptung des AN, dass er keine Möglichkeit der Einflussnahme gehabt habe, konkret ein, so trägt letztlich der Verbraucher die Beweislast dafür, dass tatsächlich keine Möglichkeit der Einflussnahme bestand.[21]

Allerdings kommt ihm der Beweis des ersten Anscheins zugute, d.h. er kann sich auf den typischen Kausalverlauf berufen, dass ihm die Vorformulierung die Einflussmöglichkeit auf den Vertragstext genommen hat.[22] *Ulmer*[23] und *Wolf*[24] erkennen die Vorformulierung nicht als Indiz für den Anscheinsbeweis an. Sie weisen auf eine Vielzahl anderer Indizien hin wie die Art des Vorgehens des Unternehmers, bspw. die Nichtbeachtung von Vorschlägen des Verbrauchers, die Art der vorformulierten Vertragsbedingungen und schließlich das wirtschaftliche und intellektuelle Gefälle zwischen den Verhandlungspositionen der Vertragsparteien. Diese Merkmale pauschalierend im Verhältnis zwischen AG und AN als gegeben anzuerkennen, erscheint verfehlt, da es keine rechtssoziologisch verbindliche Erkenntnis gibt, wonach generell ein wirtschaftliches wie intellektuelles Gefälle zwischen AG und AN besteht.[25]

3. Konkret-individuelle Inhaltskontrolle (Nr. 3). Nr. 3 besagt, dass bei der Feststellung einer unangemessenen Benachteiligung auch die den Vertragsschluss begleitenden Umstände zu beachten sind. Aus der Formulierung „auch" ergibt sich, dass Nr. 3 als konkret-individuelle Umständebetrachtung neben die generell-abstrakte Betrachtungsweise nach § 307 Abs. 1 S. 1 tritt, vom Gesetzgeber somit eine **Kombinationslösung** gewollt ist.[26] Der generalisierende Maßstab in § 307 wird durch die Beachtung konkret-individueller Umstände in Abs. 3 Nr. 3 ergänzt.[27] Zu den konkret-individuellen Begleitumständen gehören insb. persönliche Eigenschaften des individuellen Vertragspartners, die sich auf die Verhandlungsstärke auswirken, Besonderheiten der konkreten Vertragsabschlusssituation, wie z.B. Überrumpelung, Belehrung sowie untypische Sonderinteressen des Vertragspartners.[28] Lassen sich bei einem Verbrauchervertrag die Begleitumstände der Entstehung einer Klausel ermitteln, kann eine an sich intransparente Regelung aufgrund der Erläuterungen vor oder beim Vertragsschluss angemessen und damit wirksam sein.[29] Spätere, nach dem Vertragsschluss eintretende Ereignisse sind nicht zu berücksichtigen.[30]

Die konkret-individuellen Begleitumstände können sowohl zur Unwirksamkeit einer nach generell-abstrakter Betrachtung wirksamen Klausel als auch zur Wirksamkeit einer nach typisierter Inhaltskontrolle unwirksamen Klausel führen, sich also zugunsten und zulasten des AN auswirken.[31]

---

17 BAG 8.8.2007 – 7 AZR 855/06 – NZA 2008, 229.
18 HWK/*Gotthardt*, § 310 BGB Rn 6.
19 *Coester/Waltjen*, in: FS für Medicus, S. 63, 69; *Kaufhold*, DNotZ 1998, 263; *Wolf*, in: FS für Brandner, S. 299, 304; *Ulmer/Brandner/Hensen*, § 310 BGB Rn 85.
20 BVerfG 23.11.2006 – 1 BvR 1909/06 – NZA 2007, 85.
21 BAG 8.12.2008 – 8 AZR 81/01 – juris.
22 Staudinger/*Schlosser*, § 310 BGB Rn 66; *Däubler/Dorndorf/Bonin/Deinert*, § 310 Rn 15; Palandt/*Grüneberg*, § 310 Rn 17.
23 *Ulmer/Brandner/Hensen*, § 310 BGB Rn 86.
24 In: FS für Brandner, S. 299, 304.
25 S. auch *Däubler/Dorndorf/Bonin/Deinert*, § 310 Rn 8.
26 HWK/*Gotthardt*, § 310 BGB Rn 11.
27 BT-Drucks 13/2713, S. 7 f.
28 BAG 31.8.2005 – 5 AZR 545/04 – BB 2006, 443.
29 BAG 31.8.2005 – 5 AZR 545/04 – BB 2006, 443; BAG 25.4.2007 – 6 AZR 622/06 – DB 2007, 2263.
30 BAG 18.3.2008 – 9 AZR 186/07 – NZA 2008, 1004.
31 BAG 31.8.2005 – 5 AZR 545/04 – BB 2006, 443.

II. Verbindung zu anderen Rechtsgebieten

15 Arbeitsvertragsklauseln können nur im Wege einer sog. konkreten Inhaltskontrolle in einem Rechtsstreit zwischen den Arbeitsvertragsparteien gerichtlich überprüft werden. Die **Verbandsklage** mit dem Ziel einer abstrakten Inhaltskontrolle ist zwar im **Unterlassungsklagegesetz** (UKlaG) geregelt, das als Art. 3 des SchuldRModG erlassen wurde. Nach § 15 UKlaG ist das Gesetz aber nicht bei Arbeitsverträgen anzuwenden. Der Gesetzgeber begründet diese Ausnahme mit dem Hinweis, aus der Einbeziehung von Arbeitsverträgen hätten sich viele Fragen ergeben, die noch nicht ausreichend erörtert seien.[32] Gewerkschaften ist es daher verwehrt, im Wege einer Verbandsklage Arbeitsvertragsklauseln überprüfen zu lassen.

III. Beraterhinweise

16 Zunächst ist immer streng zu unterscheiden zwischen den drei **Einbeziehungsnormen** (§ 305 Abs. 1, Abs. 3 Nr. 1 2) sowie den **Prüfnormen zur Wirksamkeitskontrolle** (Abs. 4). Bei Kollektivnormen findet wegen der Bereichsausnahme in Abs. 4 S. 1 keine Wirksamkeitskontrolle, bei Arbeitsvertragsklauseln eine Kontrolle in einem zweistufigen Prüfungsschema statt. Zunächst ist die Wirksamkeit der Klausel nach AGB-Recht zu prüfen, danach ist festzustellen, ob die AGB-rechtliche Unwirksamkeit wegen einer „Besonderheit des Arbeitsrechts" unbeanstandet bleiben muss.[33]

17 Wer die Unwirksamkeit von **Arbeitsvertragsklauseln** nach der Schuldrechtsmodernisierung geltend macht, sollte beachten, dass §§ 305 ff. grds. erst seit dem 1.1.2002 gelten. Für Altverträge enthält Art. 229 § 5 EGBGB eine Überleitungsvorschrift. Schuldverhältnisse, die vor dem 1.1.2002 entstanden sind, richteten sich bis zum 31.12.2002 nach dem bisherigen Recht, für sie galt also die Bereichsausnahme des § 23 AGBG weiter. Für ab dem 1.1.2002 geschlossene **Aufhebungsverträge** galt bereits das neue Recht. Der Aufhebungsvertrag beendet zwar ein Dauerschuldverhältnis, ist jedoch selbst keines, so dass auf ihn bereits im Jahr 2002 das neue Recht anzuwenden war.[34] Streiten die Vertragsparteien um eine Änderungsvereinbarung, die nach dem 31.12.2001 geschlossen wurde, so werden die §§ 305 ff. ebenfalls auf diese angewendet.[35]

18 Eine ergänzende Vertragsauslegung bei Alt-Arbeitsverträgen, die noch nicht auf das neue Recht umgestellt sind, nimmt das BAG äußerst restriktiv vor. Eine ergänzende Vertragsauslegung setzt voraus, dass dispositives Gesetzesrecht für den betreffenden Regelungssachverhalt nicht zur Verfügung steht und ein ersatzloser Wegfall der unwirksamen Klausel unverhältnismäßig in die Privatautonomie eingreifen und keine angemessene, den typischen Interessen der Vertragspartner Rechnung tragende Lösung bieten würde.[36] Nach dem 5. Senat[37] kommt eine ergänzende Vertragsauslegung vor allem in Betracht, wenn eine Klausel lediglich nicht den formellen Anforderungen der neuen Rspr. entspricht, so bei fehlenden Gründen im Rahmen eines Widerrufsvorbehalts. Hingegen wird eine ergänzende Vertragsauslegung etwa bei Ausschlussfristen[38] oder Vereinbarungen über Bonuszahlungen[39] abgelehnt.

C. Arbeitsrechtliche Anwendungsregeln (Abs. 4)

I. Regelungsgehalt

19 **1. Kollektivrechtliche Bereichsausnahme. a) Originär anwendbare Kollektivnormen (S. 1).** Eine AGB-rechtliche Inhaltskontrolle originärer TV findet nach Abs. 4 S. 1 nicht statt. Der innere Grund für die Herausnahme aus der AGB-Kontrolle ist die Wahrung der Tarifautonomie.[40] Sonstige Kollektivverträge, die nicht TV sind, wie Notdienstvereinbarungen, die zwischen einer Gewerkschaft und einem von einem Streik betroffenen Unternehmen geschlossen werden,[41] oder Übereinkünfte mitbestimmungsergänzender Art,[42] verfügen nach *Däubler*[43] über keine geringere Richtigkeitsgewähr als TV, so dass auf die vom Gesetzgeber nicht bedachten Fälle sonstiger Kollektivverträge Abs. 4 S. 1 entsprechend anzuwenden sei.

20 Abs. 4 S. 1 regelt für den Bereich der TV nichts Neues. Schon in der Vergangenheit waren TV nur darauf hin zu überprüfen, ob sie gegen die Verfassung, gegen höherrangiges Recht oder gegen die guten Sitten verstoßen.[44] Auch Haus-TV und in ihnen enthaltene Ausschlussfristen unterliegen nach Abs. 4 S. 1 keiner Inhaltskontrolle.[45]

---

32 BT-Drucks 14/7052, S. 189.
33 *Hümmerich*, Gestaltung von Arbeitsverträgen, § 1 Rn 122.
34 LAG Mecklenburg-Vorpommern 29.1.2003 – 2 Sa 492/02 – EzA-SD 2003 Nr. 9, 8; ArbG Frankfurt/Oder 29.5.2002 – 8 Ca 500/02 – NZA-RR 2003, 412; a.A. LAG Köln 18.12.2002 – 8 Sa 979/02 – NZA-RR 2003, 406; LAG Brandburg 30.10.2002 – 7 Sa 386/02 – DB 2003, 1446.
35 BAG 30.7.2008 – 10 AZR 606/07 – DB 2008, 2194.
36 Zuletzt BAG 30.7.2008 – 10 AZR 606/07 – DB 2008, 2194.
37 BAG 12.1.2005 – 5 AZR 364/04 – NZA 2005, 465; BAG 11.10.2006 –5 AZR 721/05 – NZA 2007, 87.
38 BAG 28.11.2007 – 5 AZR 992/06 – NZA 2008, 293.
39 BAG 24.10.2007 – 10 AZR 825/06 – NZA 2008, 40.

40 *Däubler/Dorndorf/Bonin/Deinert*, § 310 Rn 25.
41 BAG 13.7.1993 – 1 AZR 676/92 – AP Art. 9 GG Arbeitskampf Nr. 127; LAG Niedersachsen 1.2.1980 – 10 Sa 110/79 – DB 1980, 2041.
42 BAG 5.11.1997 – 4 AZR 872/95 – AP § 1 TVG Nr. 29; BAG 16.2.2000 – 4 AZR 14/99 – DB 2000, 429.
43 *Däubler/Dorndorf/Bonin/Deinert*, § 310 Rn 26.
44 BAG 6.9.1995 – 5 AZR 174/94 – AP § 611 BGB Ausbildungsbeihilfe Nr. 22; BAG 4.9.1985 – 5AZR 655/84 – NZA 1986, 225; BAG 10.3.1982 – 4 AZR 540/79 – DB 1982, 1223; grundlegend BAG 31.3.1966 – 5 AZR 516/65 – NJW 1966, 1625.
45 BAG 26.4.2006 – 5 AZR 403/05 – NZA 2006, 846.

BV und Dienstvereinbarungen stellt der Gesetzgeber in Abs. 4 S. 1 mit TV gleich. Auch wenn die Bezugnahme in der Gesetzesbegründung auf die Tarifautonomie[46] verfehlt war, der eindeutige Gesetzestext ist maßgeblich.[47] Die Rspr. des BAG zur Anwendung des § 308 Nr. 4 bei Widerrufsvorbehalten ist auf in BV geregelte Widerrufsvorbehalte nicht anwendbar. Widerrufsvorbehalte in BV unterliegen einer gerichtlichen Ausübungskontrolle gem. § 315 Abs. 3.[48] Entgegen der bisherigen Rspr.[49] wird man BV und Dienstvereinbarungen einer allgemeinen Billigkeitskontrolle nicht mehr unterziehen können.[50]

Eine Inhaltskontrolle entfällt auch bei Gesamt- und Konzern-BV,[51] ebenfalls bei erzwungenen wie freiwilligen BV.[52] Noch ungeklärt ist, ob die Bereichsausnahme auch bei Regelungsabsprachen (Betriebsabsprachen, betrieblichen Einigungen gem. § 77 Abs. 1 BetrVG) besteht.[53] Die für die Betriebsverfassung geltenden Grundsätze sind auch bei Dienstvereinbarungen und Gesamtdienstvereinbarungen anzuwenden.[54]

Die **kirchlichen Arbeitsvertragsrichtlinien bzw. -ordnungen** der Caritas und der Diakonie stellen keine TV dar und sind diesen mangels Regelungslücke auch nicht gleichzustellen.[55] Es handelt sich vielmehr um vorformulierte Regelungen, die der AGB-Kontrolle unterliegen. Das Zustandekommen der Arbeitsvertragsrichtlinien auf dem sog. Dritten Weg durch die paritätisch besetzten und von der Kirchenleitung unabhängig arbeitenden Kommissionen kann aber im Rahmen der im Arbeitsrecht geltenden Besonderheiten bei der Inhaltskontrolle berücksichtigt werden. Die den Richtlinien anhaftende Richtigkeitsgewähr rechtfertige es, kirchliche Arbeitsvertragsrichtlinien den gleichen Kontrollmaßstäben wie TV zu unterziehen, jedenfalls soweit sie einschlägige tarifvertragliche Regelungen ganz oder mit im Wesentlichen gleichen Inhalten übernehmen. Das bedeutet, die Vereinbarungen sind auf Verstöße gegen die Verfassung, gegen anderes höherrangiges zwingendes Recht oder gegen die guten Sitten zu untersuchen. Soweit einschlägige TV nicht ganz oder mit im Wesentlichen gleichen Inhalten übernommen werden, ist der jeweilige konkrete Kontrollmaßstab jedoch noch unklar. Das Hessische LAG[56] wendet keine „strengen Kontrollmaßstäbe" an, da den Regelungen jedenfalls eine größere Richtigkeitsgewähr zukommt, als den Entscheidungen einer Arbeitsvertragspartei. Es genügen demnach willkürfreie, sachlich nachvollziehbare Erwägungen, die ihre Grenzen allerdings bei Eingriffen in den Kernbereich des Arbverh finden.

b) Bezugnahme auf Kollektivnormen, Gleichstellung mit Rechtsvorschriften (S. 1, S. 3). Inwieweit individualarbeitsrechtlich vereinbarte Regelungen eines TV durch Bezugnahmeklausel der Inhaltskontrolle unterliegen, ist in weiten Bereichen streitig. Einigkeit besteht, dass trotz fehlender normativer Geltung bei einzelvertraglicher Einbeziehung einer kollektiven Regelung aus dem sachlichen und räumlichen Geltungsbereich keine Inhaltskontrolle erfolge.[57] Dieser Grundsatz ist jedenfalls dann anzuwenden, wenn ein TV im Wege der Globalverweisung in Bezug genommen wird, gleichgültig ob durch statische oder dynamische Klausel.[58] Umstritten ist, ob die Kontrollfreiheit bei einer Globalverweisung auch dann gilt, wenn es sich um einen räumlich nicht einschlägigen oder branchenfremden TV handelt.[59]

Da der Verzicht auf die Inhaltskontrolle seinen Sinn in der Vermutung einer angemessenen Regelung hat (sog. Richtigkeitsgewähr),[60] könnte die Bezugnahme auf jeden TV, der ein in sich geschlossenes System darstellt, ausreichend sein, um eine Inhaltskontrolle entbehrlich zu machen. In der Gesetzesbegründung hat die Bundesregierung ausdrücklich ausgeführt, dass Einzelarbeitsverträge, die Bezug auf einen TV nehmen, ohne dass eine beiderseitige Tarifbindung besteht oder die mit Kollektivverträgen übereinstimmen und lediglich deren gesamten Inhalt wiedergeben, keiner Inhaltskontrolle unterliegen sollen, sondern nur am Transparenzgebot zu messen sind.[61] Dabei hat die Bundesregierung nicht zwischen einschlägigen und branchenfremden, im räumlichen Geltungsbereich angesiedelten oder ortsfremden TV unterschieden. Ob die Verfasser der Gesetzesbegründung an diese Unterscheidung allerdings gedacht haben, ist zu bezweifeln. Daher lehnt ein großer Teil der Literatur eine Kontrollfreiheit bei dem Ver-

---

46 BT-Drucks 14/6857, S. 54.
47 ErfK/*Preis*, §§ 305–310 BGB Rn 9; *Däubler/Dorndorf/Bonin/Deinert*, § 310 Rn 32; HWK/*Gotthardt*, § 310 BGB Rn 18.
48 BAG 1.2.2006 – 5 AZR 187/05 – NZA 2006, 563.
49 BAG 1.12.1992 – 1 AZR 234/92 – AP § 77 BetrVG 1972 Tarifvorbehalt Nr. 3.
50 ErfK/*Preis*, §§ 305–310 BGB Rn 9; HWK/*Gotthardt*, § 310 BGB Rn 18; a.A. *Däubler/Dorndorf/Bonin/Deinert*, § 310 Rn 33; *Däubler*, NZA 2001, 1329, 1334.
51 *Löwisch*, in: FS für Wiedemann, S. 311, 320.
52 *Däubler/Dorndorf/Bonin/Deinert*, § 310 Rn 32.
53 Dagegen: *Däubler/Dorndorf/Bonin/Deinert*, § 310 Rn 34.
54 *Löwisch*, in: FS für Wiedemann, S. 311, 320.
55 Noch offen gelassen: BAG 26.1.2005 – 4 AZR 171/03 – NZA 2005, 1059; Bejahend dann BAG 17.11.2005 – 6 AZR 160/05 – NZA 2006, 872.
56 Hess. LAG 13.7.2007 – 3/12 Sa 307/07 – juris; Hess. LAG 10.10.2007 – 3 Sa 912/07 – juris.
57 LAG Berlin 10.10.2003 – 6 Sa 1058/03 – ArbRB 2004, 71; *Henssler*, RdA 2002, 129, 136; *Hromadka*, NJW 2002, 2523; *Lindemann*, AuR 2002, 81; *Oetker*, in: FS für Wiedemann, S. 399; a.A. *Löwisch*, in: FS für Wiedemann, S. 320.
58 BAG 28.6.2007 – 6 AZR 750/06 – NZA 2007, 1049; *Annuß*, BB 2003, 460; *Bayreuther*, RdA 2003, 81, 91; *Gotthardt*, ZIP 2002, 282; HWK/*Gotthardt*, § 307 BGB Rn 13; *Thüsing/Lambrich*, NZA 2002, 1362; *Joost*, in: FS für Ulmer, S. 1199, 1209; *Witt*, NZA 2004, 137.
59 Offen gelassen: BAG 28.6.2007 – 6 AZR 750/06 – NZA 2007, 1049.
60 BAG 24.3.2004 – 5 AZR 303/03 – DB 2004, 1432; BAG 28.5.2002 – 3 AZR 422/01 – NZA 2003, 1198.
61 BT-Drucks 14/6857, S. 53 f.

weis auf nicht einschlägige Tarifverträge ab.[62] Die die Kontrollfreiheit begründende Richtigkeitsgewähr beruht unter anderem darauf, dass die mit der Branche und ihren konkreten wirtschaftlichen und betrieblichen Bedingungen vertrauten Vertragsparteien den TV abgeschlossen haben. Bei einem nicht örtlich, aber brancheneinschlägigen TV wird hingegen an der Kontrollfreiheit festzuhalten sein.[63] Ein anderer Ansatz förderte auf Dauer nur die bundesweite Zersplitterung der Arbeitsbedingungen und die Begründung unterschiedlicher Schutzstandards innerhalb einer Branche.

26 Richtig ist deshalb, dass die **Globalverweisung** auf einen innerhalb Deutschlands brancheneinschlägigen TV sowohl über Abs. 4 S. 1 als auch über Abs. 4 S. 3 die **Sperre der Inhaltskontrolle** auslöst. **Ausgenommen** bleibt die **Teilverweisung**, weil für sie die Vermutung der Angemessenheit eines gesamten TV nicht gilt. Die einzelnen Teile eines TV entfalten keine ausgleichende Wirkung, so dass auf eine Angemessenheitskontrolle in Fällen der Einzelverweisung nicht verzichtet werden kann.[64] Bei **Teilverweisungen** wird vertreten,[65] dass das Wirksamwerden der Bereichsausnahme vom Umfang der in Bezug genommenen Vorschriften des TV abhänge, da die Richtigkeitsgewähr in dem Maße gelte, in dem der TV in seiner Gesamtheit angewendet werde. Diese Ansicht ist in der Praxis nicht umsetzbar, da Kriterien fehlen, aus denen folgen könnte, wann der Umfang der in Bezug genommenen Vorschriften ausreichend ist. Für die Gegenansicht,[66] die Teilverweisungen generell als nicht ausreichend für einen Verzicht auf die Inhaltskontrolle ansieht, spricht auch die neuere Rspr. des BGH. Für den vergleichbaren Fall der Inbezugnahme der VOB gilt, dass die Inhaltskontrolle nach §§ 305 ff. auch nur bei geringfügigen inhaltlichen Abweichungen von Teil B der VOB eröffnet ist, da andernfalls Abgrenzungsschwierigkeiten bestehen.[67] Soweit Teilverweisungen gesetzlich zugelassen werden (z.B. § 622 Abs. 4 S. 2, § 13 Abs. 1 S. 2 BUrlG, § 7 Abs. 3 ArbZG), ist eine unangemessene Benachteiligung des AN nicht anzunehmen.[68]

27 Über den Verweis in Abs. 4 S. 3 auf § 307 Abs. 3 ist klargestellt, dass TV, soweit sie lediglich durch eine **vertragliche Bezugnahme** Vertragsbestandteil geworden sind, der Transparenzkontrolle nach § 307 Abs. 3 S. 2 i.V.m. Abs. 1 S. 2 unterliegen.[69] An sich sei die Verweisung auf ein anderes Regelungswerk nicht intransparent, da allein die erschwerte Kenntnisnahmemöglichkeit nicht durch das Transparenzgebot geschützt ist.[70] Intransparenz liege erst vor, wenn der AN aufgrund der unklaren Fassung einer Regelung davon abgehalten werden könnte, seine Rechte wahrzunehmen. Eine Transparenzkontrolle scheidet nach der Rspr. des BAG[71] jedoch aus, wenn der tarifgebundene AG auf den für ihn kraft Tarifbindung einschlägigen TV verweist.

28 **2. Die modifizierte Anwendungsregel für Arbeitsverträge (Abs. 4 S. 2). a) Abriss der Entwicklung.** In § 23 Abs. 1 AGBG war formuliert, dass das AGBG keine Anwendung bei Verträgen auf dem Gebiet des **Arbeits-**, Erb-, Familien- und Gesellschaftsrechts findet. Der Regierungsentwurf zur Schuldrechtsmodernisierung übernahm in Abs. 4 wörtlich die Bereichsausnahme des § 23 Abs. 1 AGBG und bestimmte, dass „dieser Abschnitt (§§ 305 bis 310 Abs. 3) keine Anwendung bei Verträgen auf dem Gebiet des Arbeitsrechts findet".[72] Die amtliche Begründung beschränkte sich darauf, mit einem Satz die Identität mit der bisherigen Gesetzeslage zu betonen.[73] Aufgrund einer einstimmigen Empfehlung im zuständigen Ausschuss bat der Bundesrat, im weiteren Gesetzgebungsverfahren zu prüfen, ob die Ausnahme für das ArbR im Entwurf des Abs. 4 noch sachgerecht sei.[74] Die Anregung des Bundesrates wurde von der Bundesregierung aufgegriffen. Abs. 4 S. 2 erhielt daraufhin im Gesetzgebungsverfahren seinen heutigen Wortlaut.

29 **b) Arbeitsvertrag.** Abs. 4 S. 2 spricht nicht von „der Anwendung im Arbeitsrecht", sondern von „der **Anwendung auf Arbeitsverträge**". Von Aufhebungs- oder Abwicklungsverträgen ist nicht die Rede.

30 Anwendungsobjekt sind damit „Arbeitsverträge". Es ist davon auszugehen, dass der Gesetzgeber unter dem Begriff „Arbeitsvertrag" alle arbeitsrechtlichen Verträge, also auch den **Aufhebungsvertrag**, verstehen wollte. Dafür spricht, dass der Aufhebungsvertrag der actus contrarius zum Arbeitsvertrag ist. Auch wenn Aufhebungs-, Abwicklungs- und Änderungsverträge nicht explizit in Abs. 4 S. 2 angeführt sind, kann daraus nicht gefolgert werden, dass der Berücksichtigungsvorbehalt (Besonderheitenregelung) bei ihnen nicht gilt.[75] Eine Prüfung, die zu einer nach AGB-Recht **unwirksamen Klausel in Aufhebungs- oder Abwicklungsverträgen** führt, lässt sich somit ebenfalls

---

62 ErfK/*Preis*, §§ 305–310 BGB Rn 17; *Gaul*, ZfA 2003, 74, 89; *Gotthardt*, Rn 266; *Richardi*, NZA 2002, 1057.
63 A.A. HWK/*Gotthardt*, § 307 BGB Rn 14.
64 ErfK/*Preis*, §§ 305–310 BGB Rn 18 f.; HWK/*Gotthardt*, § 307 BGB Rn 14; *Löwisch/Rieble*, § 3 Rn 115; *Reinecke*, NZA 2000, Beil. 3, 23, 29.
65 *Gaul*, ZfA 2003, 74, 89; *Henssler*, RdA 2002, 129, 136; ErfK/*Preis*, §§ 305–310 BGB Rn 18.
66 *Däubler*, NZA 2001, 1329, 1335; *Gotthardt*, Rn 268; HWK/*Gotthardt*, § 307 BGB Rn 14; *Löwisch/Rieble*, § 3 Rn 115; *Thüsing/Lambrich*, NZA 2002, 1361, 1363; *Reinecke*, BB 2005, 378.
67 BGH 22.1.2004 – VII ZR 419/02 – DB 2004, 313.
68 HWK/*Gotthardt*, § 307 BGB Rn 14.
69 ErfK/*Preis*, §§ 305–310 BGB Rn 15.
70 BAG 15.4.2008 – 9 AZR 159/07 – BB 2008, 2019.
71 BAG 28.6.2007 – 6 AZR 750/06 – NZA 2007, 1049; BAG 13.12.2007 – 6 AZR 222/07 – NZA 2008, 478.
72 BT-Drucks 14/6040, S. 12.
73 BT-Drucks 14/6040, S. 160.
74 BT-Drucks 14/6857, S. 17.
75 So aber *Thüsing*, AGB-Kontrolle im Arbeitsrecht; *Birnbaum*, NZA 2003, 944; anders noch *Hümmerich*, AnwBl 2002, 671; *Hümmerich*, NJW 2004, 2921, 2930;

über den Berücksichtigungsvorbehalt in § 310 Abs. 4 S. 2 **korrigieren**.[76] Die Aufhebung des Arbverh an sich unterliegt als regelmäßig individuell ausgehandelte Vereinbarung über eine Hauptleistungspflicht allerdings nicht der AGB-Kontrolle.[77]

c) Bedeutung der Vorschrift. Abs. 4 S. 2 enthält eine **doppelte Aussage**: Zum einen wird die Anwendung des AGB-Rechts auf Arbeitsverträge („bei der Anwendung auf Arbeitsverträge ...") unterstellt, die **frühere Bereichsausnahme in § 23 AGBG** damit **aufgehoben**. Zum anderen wird die Aufhebung der Bereichsausnahme unter einen **Berücksichtigungsvorbehalt** gestellt, es „sind die im Arbeitrecht geltenden Besonderheiten angemessen zu berücksichtigen". 31

Das **BAG** hat in den drei Urteilen vom 4.3.2004[78] den **denkbar weitesten Begriff** der „**im Arbeitsrecht geltenden Besonderheiten**" **kreiert**. Das BAG, das über die Wirksamkeit von Vertragsstrafen zu befinden hatte, nahm eine Systematisierung der gegenwärtig bekannten Erklärungsansätze zum Berücksichtigungsvorbehalt vor. 32

aa) Einschränkungslose Wirksamkeitskontrolle bei Klauselverboten ohne Wertungsmöglichkeit. Das BAG lehnt die unter Hinweis auf die amtliche Überschrift (Klauselverbote ohne Wertungsmöglichkeit) vertretene Auffassung ab, dass § 309 lex specialis gegenüber Abs. 4 S. 2 sei und deshalb die Subsumtion unter § 309 bei Arbeitsvertragsklauseln keine Korrektur über die Besonderheitenregelung des Abs. 4 S. 2 erfährt.[79] 33

bb) Beschränkungsvorbehalt für „im" Arbeitsrecht geltende Besonderheiten. Ebenfalls keinen Gefallen fand das BAG an der sich auf den Wortlaut und die Gesetzesbegründung stützende Ansicht, allein Besonderheiten „im" Arbeitsrecht erlaubten einen Berücksichtigungsvorbehalt, nicht hingegen dasjenige, was das Arbeitsrecht von anderen Rechtsgebieten unterscheide.[80] Nur spezielle Gegebenheiten **innerhalb** des Arbeitsrechts oder Sonderarbeitsverträge wie Befristungen oder Arbverh mit Tendenzunternehmen, insb. kirchliche Arbverh, sollen nach dieser Ansicht Abweichungen von der rein AGB-rechtlichen Bewertung einer Klausel rechtfertigen. Diese Meinung stützt sich auf den Gesetzeswortlaut, wonach von „im" Arbeitsrecht geltenden Besonderheiten die Rede ist und auf die Begründung im Rechtsausschuss des Deutschen Bundestages, der als Beispiel für „im Arbeitsrecht geltende Besonderheiten" die kirchlichen Arbverh nennt.[81] 34

cc) Beschränkung auf rechtliche Besonderheiten. Nicht gelten lässt das BAG auch jene Auffassung, die Abs. 4 S. 2 Hs. 1 zwar auf Besonderheiten des Rechtsgebiets Arbeitsrecht im Ganzen bezieht, jedoch davon ausgeht, dass nur die **rechtlichen**, nicht aber tatsächlichen Besonderheiten gemeint seien, die das Arbeitsrecht von anderen Rechtsgebieten unterscheide.[82] Zurückgewiesen hat das BAG damit die Auffassung, die bisherige Üblichkeit einzelner Klauseln sei ebenso wenig ein taugliches Argument wie eine besondere tatsächliche Situation der Vertragsparteien.[83] 35

dd) Vollständige Anwendung der §§ 307 ff. Nicht gebilligt hat das BAG auch jene Ansicht, die jedwede arbeitsrechtliche Besonderheiten negiert, sie zu einem Missbrauch disqualifiziert und damit immer zu einer vollständigen Anwendung der §§ 307 ff. gelangt.[84] Bei dieser Sichtweise verliert nach nachvollziehbarer Auffassung des BAG Abs. 4 S. 2 jeglichen Sinn.[85] 36

ee) Weite Auslegung des Begriffs „im Arbeitsrecht geltende Besonderheiten" Das BAG[86] hat sich für eine weite Auslegung des Begriffs „im Arbeitrecht geltende Besonderheiten" entschieden. Ob im Arbeitsrecht geltende Besonderheiten vorliegen, ist für das BAG beim Gegenstand einer Vertragsstrafe nicht daran zu messen, dass eine Norm ausschließlich auf Arbverh Anwendung findet, sondern daran, ob es sich im Vergleich zu den Grundsätzen des Bürgerlichen Rechts und Prozessrechts, wonach Leistungstitel grds. vollstreckbar sind, um eine abweichende Regelung handelt. Es genüge, dass sich die Anwendung der Norm besonders auf dem Gebiet des Arbeitsrechts zeige, eine ausschließliche Auswirkung auf den Bereich des Arbeitsrechts sei nicht erforderlich. 37

---

76 *Bauer*, NZA 2002, 169, 172; ebenso *Lingemann*, NZA 2002, 181; *Henssler*, RdA 2002, 129; *Lakies*, AGB im Arbeitsrecht, Rn 130.
77 BAG 27.11.2003 – 2 AZR 135/03 – NZA 2004, 597; *Lakies*, AGB im Arbeitsrecht, Rn 131.
78 BAG 4.3.2004 – 8 AZR 196/03 – NZA 2004, 727; BAG 4.3.2004 – 8 AZR 328/03 – FA 2004, 152; BAG, 4.3.2004 – 8 AZR 344/03 – FA 2004, 152.
79 Hessisches LAG 25.4.2003 – 17 Sa 1723/02 – ZTR 2004, 325; LAG Düsseldorf 8.1.2003 – 12 Sa 1301/02 – LAGE § 309 BGB 2002 Nr. 1 = NZA 2003, 382; ArbG Bielefeld 2.12.2002 – 3 Ca 3733/02 – AuR 2003, 124; *Abel*, AiB 2002, 442; *Däubler*, NZA 2001, 1329; *Klevermann*, AiB 2002, 577; *Reinecke*, DB 2002, 583; *Schuster*, AiB 2003, 708.
80 *Hümmerich/Holthausen*, NZA 2002, 173; *Hümmerich*, NZA 2003, 753; *Hümmerich*, AnwBl 2002, 671; *Birnbaum*, NZA 2003, 944.
81 BT-Drucks 14/7052, S. 189.
82 Hessisches LAG 7.5.2003 – 2 Sa 53/03 – juris; LAG Hamm 24.1.2003 – 10 Sa 1158/02 – NZA 2003, 499; ArbG Bochum 8.7.2002 – 3 Ca 1287/02 – NZA 2002, 978; *Thüsing*, NZA 2002, 591; *Thüsing*, BB 2002, 2666; *Preis*, NZA Sonderbeil. 16/2003, 19, 26.
83 *Thüsing*, NZA 2002, 591, 593.
84 So noch *Henssler/v. Westphalen* in der 1. Aufl., § 310 Rn 7.
85 *Reichenbach*, NZA 2003, 309, 311.
86 BAG 4.3.2004 – 8 AZR 196/03 – NZA 2004, 727, 732.

38 Mit dieser – speziell auf den Aspekt der fehlenden Vollstreckbarkeit einer Arbeitsleistung nach § 888 Abs. 3 ZPO und eine unter diesem Blickwinkel zu betrachtende Vertragsstrafenabrede entwickelten – Rspr. lässt der 8. Senat letztlich jedwede Eigenheit, die im Arbeitsrecht anzutreffen ist, als „im Arbeitsrecht geltende Besonderheit" zu. Der Vorteil dieser Rspr. für die ArbG besteht darin, dass sie Umstände **rechtlicher** und **tatsächlicher Art**, die entweder nur im Arbeitsrecht oder zumindest auch im Arbeitsrecht anzutreffen sind, als eine „im Arbeitsrecht geltende Besonderheit" ausweisen können, Grenzen zeigt der 8. Senat nicht auf. So wird der Berücksichtigungsvorbehalt zur Blankettnorm. Von einer „relativ klaren Festlegung"[87] kann keine Rede sein. Das Ziel des Gesetzgebers, die aus einer uneinheitlichen Rspr. des BAG entstandene Rechtsunsicherheit durch Streichung der Bereichsausnahme zu beseitigen[88] und mit der Rechtsänderung Vorkehrungen dafür zu treffen, dass das Schutzniveau der Vertragsinhaltskontrolle im Arbeitsrecht nicht hinter demjenigen des Zivilrechts zurückbleibt,[89] wird mit der BAG-Rspr. nicht uneingeschränkt verwirklicht. Zwischenzeitlich setzt sich der Terminus durch, dass es um die Berücksichtigung der rechtlichen und tatsächlichen Besonderheiten im Arbeitsleben und damit um die Beachtung aller dem Arbverh innewohnenden Besonderheiten geht.[90] Daher ist es einer gewissen Beliebigkeit der ArbG überlassen, Klauseln, die nach §§ 305c, 307, 308 oder 309 unwirksam sind, mithilfe des Berücksichtigungsvorbehalts über Abs. 4 S. 2 zur Wirksamkeit zu verhelfen. Die sich damit erschließenden Folgen für die Rechtssicherheit und entgegen der durch das AGB-Recht gewollten Strenge bilden mehr als nur einen „Wermutstropfen",[91] sie erweitern den Inhalt „des Besonderheiten-Privilegs" über das vom Gesetzgeber hinaus zugebilligte Maß.

39 Auch vor Zirkelschlüssen wird gewarnt. Soweit eine Rspr. gerade in Ansehung der früheren Bereichsausnahme des § 23 AGBG entwickelt wurde, kann sie nicht über Abs. 4 S. 2 als **Besonderheit des Arbeitrechts** durch unveränderte Fortführung erhalten bleiben.[92] Stets muss die Frage beantwortet werden, ob von der Rspr. entwickelte Grundsätze in der bisherigen Bereichsausnahme ihren Grund haben und bereits mit arbeitsrechtlichen Besonderheiten begründet wurden.

40 d) **Herausgenommene Vorschriften.** Gem. Abs. 3 S. 2 Hs. 2 findet § 305 Abs. 2 und 3 über die **Einbeziehung von AGB** auf Arbeitsverträge keine Anwendung (siehe § 305 Rn 27 ff.).

II. Verbindung zu anderen Rechtsgebieten

41 Enthält der TV einen wegen der Bereichsausnahme in Abs. 4 S. 1 wirksamen Regelungskomplex und sind diese **Arbeitsbedingungen im Arbeitsvertrag** als **günstigere Individualvereinbarung**, als **wirksame günstigere AGB** oder als **AGB** ausgestaltet, die einer Inhaltskontrolle nicht stand halten und **durch eine günstigere Regelung** des dispositiven Rechts nach § 306 Abs. 2 **ersetzt** werden, muss man sich fragen, inwieweit die tarifvertragliche Regelung durch das **Günstigkeitsprinzip**[93] modifiziert wird. Das Günstigkeitsprinzip gilt immer dann, wenn abweichende Abmachungen existieren, die Regelungen zugunsten des AN enthalten, § 4 Abs. 3 TVG. Das in § 4 Abs. 3 TVG normierte Günstigkeitsprinzip ist Ausdruck eines umfassenden Grundsatzes, wonach alle arbeitsrechtlichen Gestaltungsfaktoren im Verhältnis zu rangniedrigeren Regelungen Verbesserungen nicht ausschließen können.[94] Ungeachtet der zwingenden und unmittelbaren Wirkung tariflicher Regelungen ist die abweichende Abmachung zulässig, wenn sie für den AN günstiger ist. Abweichende Abmachungen i.S.d. § 4 Abs. 3 TVG sind **Individualvereinbarungen** zwischen AG und AN, **betriebliche Übungen** und auch **BV**.[95]

42 Der dargestellte Konfliktfall zeigt sich, wenn im TV eine Ausschlussfrist von einem Monat enthalten ist und AG und AN eine Ausschlussfrist von neun Monaten vereinbart haben. Aus § 4 Abs. 3 TVG folgt die Wirksamkeit dieser zugunsten des AN abweichenden Regelung im Arbeitsvertrag. Andernfalls würde dem AN die Möglichkeit genommen, sich gegenüber einer TV-Regelung individualarbeitsrechtlich besser zu stellen. Das Günstigkeitsprinzip ist in der Verfassung verankert,[96] dem AN muss, einhergehend mit einer Beschränkung der durch Art. 9 Abs. 3 GG garantierten Kollektivautonomie, nach Art. 12, 2 GG die Option erhalten bleiben, sich im Verhältnis zum TV bessere Bedingungen zu

---

87 *Bayreuther*, NZA 2004, 953.
88 BT-Drucks 14/6857, S. 53.
89 BT-Drucks 14/6857, S. 53.
90 BAG 14.8.2007 – 9 AZR 18/07 – NZA 2008, 1194; BAG 13.3.2007 – 9 AZR 433/06 – ArbRB 2007, 287; BAG 11.4.2006 – 9 AZR 557/05 – NZA 2006, 1149; BAG 25.5.2005 – 5 AZR 572/04 – NZA 2005, 1111.
91 *V. Steinau-Steinrück/Hurek*, NZA 2004, 965, 967.
92 *Hümmerich/Bergwitz*, BB 2005, 997, 1001.
93 BAG 11.7.2000 – 1 AZR 551/99 – DB 2001, 545; BAG 20.1.2000 – 2 ABR 40/99 – NZA 2000, 592.
94 BAG 16.9.1986 – GS 1/82 – NZA 1987, 168. So enthält das BetrVG zwar keine dem § 4 Abs. 3 TVG entsprechende Regelung. Nach einhelliger Meinung kann aber von den Bestimmungen einer BV zugunsten des AN abgewichen werden, Richardi/*Richardi*, § 77 Rn 141.
95 BAG 14.12.1966 – 4 AZR 18/65 – AP § 59 BetrVG 1952 Nr. 27; *Müller*, AuR 1992, 261. Allerdings ist aufgrund der Sperrwirkung der §§ 77 Abs. 3, 87 Abs. 1 BetrVG der Anwendungsbereich bei der BV auf einen konkurrierenden betrieblichen Sozialplan beschränkt, § 112 Abs. 1 S. 4 BetrVG.
96 BAG 15.12.1960 – 5 AZR 374/58 – BAGE 10, 247, 256; *Heinze*, in: FS für Lutter, 1590; *Kempen*, NZA 2000, S. 12; *Blomeyer*, NZA 1996, 338; *Ehmann/Schmidt*, NZA 1995, 195.

verschaffen. Die „Richtigkeitsgewähr"[97] von TV-Normen steht nicht dagegen, da sich dieser Grundsatz nicht auf die Konkurrenz von Vereinbarungen zueinander, sondern ausschließlich auf Alleinstellungsnormen erstreckt.

Die Anwendung des Günstigkeitsprinzips in der hier dargestellten Konstellation ist zunächst auf die **originäre Geltung eines TV** für AG und AN **beschränkt. Gleiches gilt im Falle einer Allgemeinverbindlicherklärung.** Die Allgemeinverbindlichkeitserklärung aus § 5 TVG dehnt die Tarifgebundenheit auf die nicht organisierten AN und AG aus, mit der Folge der unmittelbaren und zwingenden Wirkung der Tarifnormen auf das Arbverh. 43

Bezugnahmeklauseln haben nicht die normative Wirkung der in Bezug genommenen Tarifbestimmungen zur Folge.[98] Sie erweitern den Geltungsbereich des TV auf Außenseiter. Die in Bezug genommenen Vorschriften wirken nur schuldrechtlich, so dass abweichende Vereinbarungen zwischen AG und AN ohne die Einschränkung des § 4 Abs. 3 TVG, also auch zum Nachteil des AN, getroffen werden können. Bei **Globalverweisungen** gilt jedoch mit Blick auf Abs. 4 S. 1 nichts anderes als bei beiderseitiger Tarifgebundenheit bzw. Allgemeinverbindlichkeit (siehe Rn 19 ff.). Aufgrund der Gleichstellung der Globalverweisung mit der originären TV-Geltung im Rahmen des Abs. 4 S. 1 ist dem Günstigkeitsprinzip die gleiche Bedeutung beizumessen. 44

III. Beraterhinweise

Prüflisten zur Inhaltskontrolle für den Praktiker finden sich bei *Gotthardt*,[99] *Dorndorf*[100] und *Hromadka*,[101] wobei *Hromadka* eine für die Praxis zu komplexe Prüfungsreihenfolge vorschlägt. *Hromadka* fragt zunächst, ob eine Benachteiligung von nicht unerheblichem Gewicht vorliegt. Bestätigt sich diese Frage, nimmt er eine Abwägung mit dem durch die Klausel gewahrten Interesse des AG vor, stellt also fest, ob die Klausel unangemessen ist. Ist auch die zweite Voraussetzung erfüllt, prüft er, ob in den Vertragsbedingungen eine Kompensation stattfindet. Mit Blick auf die BGH-Rspr.[102] gibt er zu bedenken, dass nur auf dem Weg über eine Würdigung des gesamten Vertragsinhalts entschieden werden könne, ob die Klausel unangemessen sei. Besteht bei einer an sich unangemessenen Klausel keine Kompensation im Vertrag über andere Klauseln, die sich zugunsten des AN auswirken, prüft er in einem vierten Schritt das Merkmal „Besonderheiten des Arbverh" nach Abs. 4 S. 2. 45

Abschnitt 3: Schuldverhältnisse aus Verträgen

Titel 1: Begründung, Inhalt und Beendigung

Untertitel 2: Besondere Vertriebsformen

§ 312 Widerrufsrecht bei Haustürgeschäften (gültig bis 10.6.2010)

(1) Bei einem Vertrag zwischen einem Unternehmer und einem Verbraucher, der eine entgeltliche Leistung zum Gegenstand hat und zu dessen Abschluss der Verbraucher
1. durch mündliche Verhandlungen an seinem Arbeitsplatz oder im Bereich einer Privatwohnung,
2. anlässlich einer vom Unternehmer oder von einem Dritten zumindest auch im Interesse des Unternehmers durchgeführten Freizeitveranstaltung oder
3. im Anschluss an ein überraschendes Ansprechen in Verkehrsmitteln oder im Bereich öffentlich zugänglicher Verkehrsflächen

bestimmt worden ist (Haustürgeschäft), steht dem Verbraucher ein Widerrufsrecht gemäß § 355 zu. Dem Verbraucher kann anstelle des Widerrufsrechts ein Rückgaberecht nach § 356 eingeräumt werden, wenn zwischen dem Verbraucher und dem Unternehmer im Zusammenhang mit diesem oder einem späteren Geschäft auch eine ständige Verbindung aufrechterhalten werden soll.

---

97 BAG 24.3.2004 – 5 AZR 303/03 – DB 2004, 1432; BAG 28.5.2002 – 3 AZR 422/01 – NZA 2003, 1198.
98 BAG 31.5.1990 – 8 AZR 132/89 – BAGE 65, 171, 174; BAG 7.12.1977 – 4 AZR 474/76 – AP § 4 TVG Nachwirkung Nr. 9; Wiedemann/*Oetker*, § 4 Rn 226.
99 HWK/*Gotthardt*, vor §§ 305–310 BGB Rn 1.
100 Däubler/Dorndorf/Bonin/Deinert, § 307 Rn 38.
101 NJW 2002, 2523, 2527 f.
102 BGH 1.12.1981 – KZR 37/80 – BGHZ 82, 238; BGH 3.11.1999 – VIII ZR 269/98 – NJW 2000, 1110.

(2) Die erforderliche Belehrung über das Widerrufs- oder Rückgaberecht muss auf die Rechtsfolgen des § 357 Abs. 1 und 3 hinweisen.

(3) Das Widerrufs- oder Rückgaberecht besteht unbeschadet anderer Vorschriften nicht bei Versicherungsverträgen oder wenn
1. im Falle von Absatz 1 Nr. 1 die mündlichen Verhandlungen, auf denen der Abschluss des Vertrags beruht, auf vorhergehende Bestellung des Verbrauchers geführt worden sind oder
2. die Leistung bei Abschluss der Verhandlungen sofort erbracht und bezahlt wird und das Entgelt 40 Euro nicht übersteigt oder
3. die Willenserklärung des Verbrauchers von einem Notar beurkundet worden ist.

§ 312 Widerrufsrecht bei Haustürgeschäften (gültig ab 11.6.2010)

(1) Bei einem Vertrag zwischen einem Unternehmer und einem Verbraucher, der eine entgeltliche Leistung zum Gegenstand hat und zu dessen Abschluss der Verbraucher
1. durch mündliche Verhandlungen an seinem Arbeitsplatz oder im Bereich einer Privatwohnung,
2. anlässlich einer vom Unternehmer oder von einem Dritten zumindest auch im Interesse des Unternehmers durchgeführten Freizeitveranstaltung oder
3. im Anschluss an ein überraschendes Ansprechen in Verkehrsmitteln oder im Bereich öffentlich zugänglicher Verkehrsflächen

bestimmt worden ist (Haustürgeschäft), steht dem Verbraucher ein Widerrufsrecht gemäß § 355 zu. Dem Verbraucher kann anstelle des Widerrufsrechts ein Rückgaberecht nach § 356 eingeräumt werden, wenn zwischen dem Verbraucher und dem Unternehmer im Zusammenhang mit diesem oder einem späteren Geschäft auch eine ständige Verbindung aufrechterhalten werden soll.

(2) [1]Der Unternehmer ist verpflichtet, den Verbraucher gemäß § 360 über sein Widerrufs- oder Rückgaberecht zu belehren. [2]Die Belehrung muss auf die Rechtsfolgen des § 357 Abs. 1 und 3 hinweisen. [3]Der Hinweis ist nicht erforderlich, soweit diese Rechtsfolgen tatsächlich nicht eintreten können.

(3) Das Widerrufs- oder Rückgaberecht besteht unbeschadet anderer Vorschriften nicht bei Versicherungsverträgen oder wenn
1. im Falle von Absatz 1 Nr. 1 die mündlichen Verhandlungen, auf denen der Abschluss des Vertrags beruht, auf vorhergehende Bestellung des Verbrauchers geführt worden sind oder
2. die Leistung bei Abschluss der Verhandlungen sofort erbracht und bezahlt wird und das Entgelt 40 Euro nicht übersteigt oder
3. die Willenserklärung des Verbrauchers von einem Notar beurkundet worden ist.

A. Allgemeines ... 1	II. Die Sondersituationen des Haustürgeschäfts ... 19
I. Europarechtliche Grundlage ... 1	1. Durch mündliche Verhandlung an seinem Arbeitsplatz bestimmt ... 20
II. Zweck ... 4	2. Im Bereich einer Privatwohnung ... 22
III. Aufhebungsvertrag als Haustürgeschäft ... 6	3. Im Bereich öffentlich zugänglicher Verkehrsflächen ... 25
IV. Arbeitsvertrag als Haustürgeschäft ... 9	III. Rechtsfolge ... 28
B. Regelungsgehalt ... 11	**C. Verbindung zu anderen Rechtsgebieten und zum Prozessrecht** ... 29
I. Tatbestandsmerkmale ... 11	**D. Beraterhinweise** ... 31
1. Vertrag ... 11	
2. Verbraucher und Unternehmer ... 15	
3. Entgeltlichkeit der Leistung ... 16	

A. Allgemeines

I. Europarechtliche Grundlage

1 Die Vorschrift ist durch das Schuldrechtsmodernisierungsgesetz in das BGB eingefügt worden und tritt an die Stelle des Widerrufsrechts nach dem nunmehr aufgehobenen HTWG.

2 §§ 312 und 312a dienen der Umsetzung der RL 85/577/EWG v. 20.12.1985 und sind daher richtlinienkonform auszulegen.[1] Die Pflicht zur richtlinienkonformen Auslegung und die damit verbundene Pflicht zur Vorlage an den EuGH besteht, wenn das Gericht eine zweifelhafte Auslegungsfrage zu Lasten des Verbrauchers entscheiden will.

---

1 BGH 4.5.1994 – XII ZR 24/93 – NJW 1994, 2759; BGH 16.1.1996 – XI ZR 57/95 – ZIP 1996, 375, 378.

Bei einem Urteil zugunsten des Verbrauchers ist eine Kollision mit der RL ausgeschlossen, da die RL strengere Verbraucherschutzstandards der Mitgliedsstaaten ausdrücklich zulässt. Ein derartiger, strengerer Mindeststandard besteht in Deutschland über § 13, wonach der Verbraucherbegriff nicht schon bereits über den Bezug zu einer beruflichen Tätigkeit, sondern nur dann entfällt, wenn sie selbstständig ausgeübt wird.

In europarechtskonformer Auslegung reicht es auch aus, wenn der Verbraucher irgendeinen Vorteil erhält, da die zugrunde liegende RL 85/577/EG nicht auf eine entgeltliche Leistung abstellt.[2] Ob **Aufhebungsverträge** – ungeachtet der Frage, ob ein Haustürgeschäft vorliegt – auf eine entgeltliche Leistung gerichtet sind, ist umstr.,[3] im Ergebnis aber mit Rücksicht auf den europarechtlichen Hintergrund anzunehmen. Ein Vorteil kann schon in dem Verzicht auf die Fortsetzung des Arbverh gesehen werden. Unter den Anwendungsbereich des § 312 fallen auch der Abschluss von **Mietverträgen**[4] oder der **Bürgschaftsvertrag**, wenn sowohl der Bürge als auch der Hauptschuldner Verbraucher sind.[5] Daher scheidet ein Widerrufsrecht auch bei einem vom AN abgeschlossenen Bürgschaftsvertrag aus, wenn der Hauptschuldner kein Verbraucher ist.[6] Ein Widerrufsrecht kann sich nach der Rspr. auch nicht auf das Eingehen eines Schuldversprechens beziehen, wenn dem eine Forderung aus dem Arbverh zugrunde liegt.[7] Ebenso ist die Frage nach der Entgeltlichkeit eines **Klageverzichts** instanzgerichtlich[8] verneint worden.

II. Zweck

Sinn und Zweck des § 312 ist es, den Verbraucher bei der Anbahnung und beim Abschluss eines Geschäfts in seiner rechtsgeschäftlichen Entscheidungsfreiheit zu schützen und ihn vor einer Überrumpelung beim Geschäftsabschluss in bestimmten Situationen zu bewahren.[9] Das Widerrufsrecht soll dem Verbraucher Zeit geben, seine rechtsgeschäftliche Entscheidung zu überdenken. Das Widerrufsrecht wird weit gefasst. Auch bei einem Kauf zwischen einem gewerblichen Anbieter und einem Verbraucher über eBay hat der Käufer ein Widerrufsrecht nach § 312.[10] Über das Widerrufsrecht bewahrt der Gesetzgeber den Verbraucher vor einer spontan eingegangenen Leistungsverpflichtung, für die oft kein echter Bedarf besteht, die manchmal auch die finanzielle Leistungsfähigkeit des Verbrauchers übersteigt oder bei der das Entgelt erheblich übersetzt ist.[11] Ziel ist es, die geschäftlichen Entscheidung eine rationale Basis möglich zu machen, nicht aber den Verbraucher grds. vor irrationalen Geschäftsabschlüssen zu bewahren.

Nach der **Systematik** der Regelungen ist zwischen dem besonderen Widerrufsrecht und den allgemeinen Voraussetzungen der Ausübung des Widerrufs zu trennen. Sind in § 312 die Voraussetzungen des Widerrufsrechts geregelt, so richtet sich der Widerruf selbst und das Rückgaberecht des Verbrauchers nach §§ 355 ff. In § 355 sind insb. die Widerrufsfrist und die Anforderungen an eine ordnungsgemäße Belehrung normiert. Das Rückgaberecht richtet sich nach § 356.

III. Aufhebungsvertrag als Haustürgeschäft

Seit Erlass der Vorschrift war die **Verbrauchereigenschaft** des AN und damit verbunden die Existenz seines Widerrufsrechts umstr.[12] Ausgangspunkt des Streits ist letztlich die Einfügung der Verbraucherdefinition in § 13 sowie des Widerrufsrechts des § 312 in das BGB. Hatte der AN nach der bisherigen Rspr. des BAG[13] entgegen der Ansicht einiger Instanzgerichte[14] kein Widerrufsrecht nach dem HTWG, lässt es nun der Wortlaut der §§ 13, 312 zu, dass der AN als Verbraucher bestimmte Verträge widerrufen kann.

Das BAG hat in mehreren Urteilen[15] entschieden, dass der am Arbeitsplatz abgeschlossene **Aufhebungsvertrag kein Haustürgeschäft** sei. Damit ist § 312 auf Aufhebungs- und Abwicklungsverträge faktisch nicht anwendbar.

---

2 BGH 7.1.2003 – X ARZ 362/02 – NJW 2003, 1190.
3 *Gotthardt*, Rn 177; *Hümmerich/Holthausen*, NZA 2002, 173, 178; *Löwisch*, in: FS für Wiedemann, S. 316; *Schleusener*, NZA 2002, 949, 951; ablehnend: LAG Rheinland Pfalz 23.7.2003 – 9 Sa 444/03 – n.v.; *Bauer*, NZA 2002, 169, 170; *Lieb*, in: FS für Ulmer, S. 1231, 1236; *Rieble/Klumpp*, ZIP 2002, 2153, 2159.
4 Erman/*Saenger*, § 312 Rn 21; Palandt/*Grüneberg*, § 312 Rn 7.
5 EuGH 17.3.1998 – Rs C-45/96 – NJW 1998, 1295; BGH 14.5.1998 – IX ZR 56/95 – NJW 1998, 2356.
6 LAG Köln 12.12.2002 – 10 Sa 177/02 – ZTR 2003, 349.
7 BAG 15.3.2005 – 9 AZR 502/03 – NZA 2005, 682; LAG Rheinland Pfalz 3.4.2003 – 6 Sa 109/03 – n.v.
8 LAG Hamm 9.10.2003 – 11 Sa 515/03 – NZA-RR 2004, 242; s. auch ArbG Hamburg 13.3.2008 – 2 Ca 454/07 – juris.
9 BT-Drucks 10/2876, S. 6 f.; BGH 26.3.1992 – I ZR 104/90 – NJW 1992, 1889; BAG 3.6.2004 – 2 AZR 427/03 – juris; BAG 22.4.2003 – 2 AZR 281/03 – BAGReport 2004, 325.
10 BGH 3.11.2004 – VIII ZR 375/03 – BB 2005, 235.
11 Palandt/*Grüneberg*, § 312 Rn 3.
12 *Hümmerich*, NZA 2004, 809, 814 m.w.N.
13 BAG 14.2.1996 – 2 AZR 234/95 – NZA 1996, S. 811.
14 ArbG Wetzlar 7.8.1990 – 1 Ca 48/90 – DB 1991, 976; ArbG Freiburg 20.6.1991 – 2 Ca 145/91 – DB 1991, 2600; LAG Hamburg 3.7.1991 – 5 Sa 20/91 – LAGE § 611 BGB Aufhebungsvertrag Nr. 6.
15 BAG 27.11.2003 – 2 AZR 135/03 – NZA 2004, 597; BAG 27.11.2003 – 2 AZR 177/03 – BB 2004, 1858; BAG 22.4.2003 – 2 AZR 281/03 – AP § 620 BGB Aufhebungsvertrag Nr. 27; BAG 18.8.2005 – 8 AZR 523/04 – NZA 2006, 145.

Die Entscheidungen sind kritisiert worden.[16] Nur teilweise sind die ArbG[17] der Ansicht des BAG. Das BAG entschied sich gegen die Chance, die in der Praxis immer wieder anzutreffenden Fälle, in denen AN leichtfertig und aus psychischer Unterlegenheit ihren Arbeitsplatz verspielen, juristisch einfach handhabbar über § 312 zu lösen.[18]

8 *Schwab*[19] meint, aus dem Gebot der richtlinienkonformen und integrationsfreundlichen Auslegung ergebe sich eine Pflicht der deutschen Gerichte, die in der „Dietzinger"-Entscheidung verwendeten Argumente auf den arbeitsrechtlichen Aufhebungsvertrag bei der Subsumtion unter Abs. 1 zu übertragen. Richtlinienkonform sei Abs. 1 dahingehend auszulegen, dass es weder auf den maßgeblichen Vertragstyp noch auf die Entgeltlichkeit des Rechtsgeschäfts ankomme. Die deutschen Gerichte seien auch gem. Art. 234 EGV verpflichtet, im Wege einer Vorabentscheidung den EuGH anzurufen.

IV. Arbeitsvertrag als Haustürgeschäft

9 Wenig diskutiert wurde in der Vergangenheit, ob auch der **Arbeitsvertrag** ein Haustürgeschäft ist. Die Tatbestandsvoraussetzungen, **Vertrag** zwischen einem **Unternehmer** und einem **Verbraucher** sowie **Entgeltlichkeit der Leistung** sind meist erfüllt. Maßgeblich ist, wo und wie der AN zum Abschluss des Arbeitsvertrages bestimmt wurde. Der Arbeitsvertrag wird meist nicht vom AN und vom AG in der Privatwohnung des AN unterzeichnet, sondern i.d.R. vom AG ausgefertigt und an die Heimatadresse des AN übersandt und von ihm in seiner Privatwohnung unterzeichnet. Damit ist der AN nicht zum Abschluss in seiner **Privatwohnung** bestimmt worden (Abs. 1 Nr. 1). Wird der Vertrag in den Räumen des AG geschlossen, ist der Tatbestand des **Arbeitsplatzes** gem. Abs. 1 Nr. 1 nicht erfüllt. Zum Zeitpunkt der Unterschriftsleistung befindet sich der AN im Anbahnungsverhältnis und hat deshalb beim AG noch keinen Arbeitsplatz. Mit unterschiedlicher Begründung, jedoch gleichem Ergebnis, sind *Schrader/Schubert*[20] der Ansicht, nach dem Urteil des BAG v. 27.11.2003[21] scheide die Kennzeichnung des Arbverh als Haustürgeschäft – wie beim Aufhebungsvertrag – schon deshalb aus, weil der Arbeitsvertrag kein Vertriebsgeschäft sei. Ein unbefristetes Widerrufsrecht vertrage sich nicht mit dem allgemeinen Beschleunigungsinteresse arbeitsrechtlicher Beendigungsstreitigkeiten, wie es z.B. in §§ 4, 7 KSchG oder § 17 TzBfG zum Ausdruck komme.

10 Bittet eine Filialkette einen Bewerber in ein Bistro, einen Aufenthaltsraum des Bahnhofs oder eines Flughafens, trifft dort die Bewerberauswahl und lässt sogleich vom erfolgreichen Bewerber den Vertrag unterzeichnen, liegt ein Haustürgeschäft vor, wenn die Räumlichkeiten allgemein zugänglich waren. In diesen Fällen befindet sich der AN in einer Verhandlungsumgebung des Abs. 1 Nr. 3 (**im Bereich öffentlich zugänglicher Verkehrsflächen**). Ist er dort zum Vertragsschluss bestimmt worden, wird damit ein Tatbestandsmerkmal des § 312 erfüllt, es sei denn, der AG hat einen separaten Besprechungsraum im Konferenztrakt des Flughafens oder eines Hotels angemietet, der nicht jedermann zugänglich ist.

B. Regelungsgehalt

I. Tatbestandsmerkmale

11 **1. Vertrag.** Arbeitsvertrag wie **Aufhebungs- und Abwicklungsvertrag** kommen in gleicher Weise durch zwei oder mehrere Willensübereinstimmungen zustande, die auf die Herbeiführung eines bestimmten rechtlichen Erfolges gerichtet sind. Arbeits-, Aufhebungs- und Abwicklungsvertrag sind Verträge i.S.d. § 312.

12 Im grundlegenden Haustürgeschäftsurteil des BAG[22] und in weiten Teilen der Lit.[23] wird die Auffassung vertreten, der Vertragsbegriff in § 312 müsse einschränkend gelesen werden. Das Haustürwiderrufsrecht sei vertragstypenbezogenes Verbraucherschutzrecht. Nicht alle Verträge seien Verträge i.S.v. Abs. 1 S. 1. Unter die Vertriebsformen Haustürgeschäft, Fernabsatzvertrag und elektronischer Geschäftsverkehr fielen weder der Arbeitsvertrag noch die arbeitsrechtliche Beendigungsvereinbarung, da der in den Normen genannte Verbraucher Empfänger einer entsprechenden Ware bzw. Dienstleistung sein müsse.

13 Der für diese Auffassung als Begründung herangezogene Verweis auf die Zwischenüberschrift im Gesetzestext „besondere Vertriebsformen" überzeugt nicht. Da der Gesetzgeber im Zuge der Schuldrechtsmodernisierung mit dieser Zwischenüberschrift keine Auslegungsqualität begründen wollte,[24] eignet sich die Überschrift nicht zu einer Ein-

---

16 *Hümmerich*, NZA 2004, 809; vorsichtiger: *Reinecke*, FS Küttner, 2006, S. 327; *Thüsing* (RdA 2005, 257) möchte die aus dem anglo-amerikanischen Rechtsraum bekannte Lehre vom „undue influence" angewendet wissen.
17 Für AN als Verbraucher: ArbG Berlin 2.4.2003 – 31 Ca 33694/02 – ZTR 2003, 523; ArbG Bonn 19.12.2002 – 3 Ca 2803/02 – n.v.; ArbG Hamburg 1.8.2002 – 15 Ca 48/02 – ZGS 2003, 79; LAG Rostock 29.1.2003 – 2 Sa 492/02 – n.v.; LAG Hamm 9.10.2003 – 11 Sa 515/03 – NZA-RR 2004, 242; AN kein Verbraucher: LAG Köln 6.2.2003 – 10 Sa 948/02 – ZIP 2003, 2089; LAG Rheinland-Pfalz 3.4.2003 – 6 Sa 109/03 – n.v.
18 *Hümmerich*, NZA 2004, 809, 817.
19 FA 2004, 331.
20 *Schrader/Schubert*, NZA-RR 2005, 169, 171.
21 BAG 27.11.2003 – 2 AZR 135/03 – NZA 2004, 597.
22 BAG 27.11.2003 – 2 AZR 135/03 – NZA 2004, 597.
23 ErfK/*Müller-Glöge*, § 620 BGB Rn 14; *Bauer*, NZA 2002, 169; *Brors*, DB 2002, 2046; *Henssler*, RdA 2002, 129, Sonderbeil. NZA 16, 2003, 19, 30.
24 *Hümmerich*, NZA 2004, 809, 813; *Palandt*, ErgBd. zur 61. Aufl. 2002, Einl. Rn 11.

schränkung des vom Gesetzgeber gewählten Vertragsbegriffs. Ebenso wenig würde man auf den Gedanken kommen, die §§ 305 bis 310 nicht auf das Sachenrecht anzuwenden, weil die Überschrift des Abschnitts 2 lautet: „Gestaltung rechtsgeschäftlicher Schuldverhältnisse durch Allgemeine Geschäftsbedingungen". Bei dieser zu eng geratenen gesetzlichen Zwischenüberschrift hat man – mit Recht – den Gesetzgeber als Redakteur kritisiert.[25] Dieser Umstand berechtigt hingegen nicht, unter Verweis auf die Überschrift den Gesetzeswortlaut einschränkend auszulegen. Auch die amtliche Überschrift zu § 310 („Anwendungsbereich") ist falsch. Der Anwendungsbereich der §§ 305 ff. wird nicht durch § 310, sondern durch die Definition des AGB-Begriffs in § 305 Abs. 1 festgelegt.[26] Eine Mindermeinung im Schrifttum[27] und in der Rspr.[28] hält die Merkmale des Vertragsbegriffs bei Aufhebungs- und Arbeitsvertrag für gegeben und versteht den **Aufhebungsvertrag als Haustürgeschäft** gem. § 312. Ein widerrufliches Rechtsgeschäft nach § 312 liegt nicht vor, wenn der Verbraucher durch Erklärungen, die ihm mit elektronischer Post (E-Mail) zugegangen sind, zur Abgabe einer vertragsbegründenden Willenserklärung bestimmt wird.[29]

14

2. Verbraucher und Unternehmer. Das BAG hat die Frage, ob der AN Verbraucher ist, in der Entscheidung vom 25.5.2005[30] positiv beantwortet. Der AN ist beim Abschluss des Arbeitsvertrages Verbraucher), der AG meist Unternehmer.

15

3. Entgeltlichkeit der Leistung. Über den Arbeitsvertrag wie über einen Aufhebungs- oder Abwicklungsvertrag werden entgeltliche Leistungen vereinbart. Die **Entgeltlichkeit der Leistung** liegt in der Natur eines Arbeitsvertrages. Der AN stellt seine **Arbeitskraft gegen Entgelt** zur Verfügung. Auch beim Aufhebungs- und Abwicklungsvertrag werden häufig entgeltliche Leistungen wie Abfindung, Überlassung eines Dienstwagens etc. vereinbart. Die Bezeichnung des Entgelts als Preis, Honorar, Lohn oder Gebühr ist unerheblich, der Rahmen vom Gesetzgeber bewusst weit gesteckt.[31]

16

Als actus contrarius zum entgeltlichen Arbeitsvertrag teilt der Aufhebungsvertrag dessen Rechtsnatur, so dass die entgeltliche Leistung als Tatbestandsmerkmal eines Aufhebungsvertrages außer Frage steht.[32] Da der Abwicklungsvertrag kein actus contrarius zum Arbeitsvertrag ist, weil durch ihn das Arbverh nicht beendet wird, könnte für ihn § 312 nur gelten, wenn in ihm entgeltliche Leistungen (Abfindung, Urlaubsabgeltung etc.) enthalten sind.

17

Das BAG hat im Haustürgeschäftsurteil die Frage, ob eine Abfindung eine entgeltliche Leistung darstellt, offengelassen. Es könne dahinstehen, ob eine Beendigungsvereinbarung überhaupt – oder nur bei Zahlung einer Abfindung u.Ä. – eine entgeltliche Leistung i.S.d. Norm zum Gegenstand habe oder es sich vielmehr um ein nicht von der Norm erfasstes Verfügungsgeschäft handele.[33] Teilweise wird die Auffassung vertreten, als entgeltliche Leistung in einem Aufhebungs- oder Abwicklungsvertrag dürfe **die Abfindung nicht** gesehen werden, weil andernfalls § 312 gerade jenen AN-Verbrauchern nicht zugute kommen würde, die sich in besonders nachteiliger Position befinden und deshalb nicht einmal eine Abfindung hätten durchsetzen können.[34]

18

II. Die Sondersituationen des Haustürgeschäfts

§ 312 kennt sechs Sondersituationen, bei denen die Vermutung besteht, dass die Hemmschwelle des Verbrauchers, keinen unbedachten Vertragsschluss vorzunehmen, herabgesetzt ist. Für den Bereich des Arbeitsrechts sind aus den Sondersituationen Abs. 1 S. 1 Nr. 1 (mündliche Verhandlungen am Arbeitsplatz, Bereich der Privatwohnung) und der Bereich öffentlich zugänglicher Verkehrsflächen (Abs. 1 S. 1 Nr. 3 Alt. 2) von Interesse. Die anderen Alternativen scheiden als Orte oder Gelegenheiten zum Abschluss von Arbeits-, Aufhebungs- oder Abwicklungsverträgen aus.

19

1. Durch mündliche Verhandlung an seinem Arbeitsplatz bestimmt. Arbeitsplatz ist nicht nur derjenige Ort, an dem der AN üblicherweise seine Arbeit verrichtet (Beispiel: Drehbank beim Maschinenschlosser).[35] Auch das BAG bekennt sich zu einem weiten Arbeitsplatzbegriff. Der Begriff des Arbeitsplatzes umfasse das gesamte Betriebsgelände einschließlich der Räume der Personalabteilung.[36] Obwohl der AN damit regelmäßig an seinem Arbeitsplatz zum Abschluss des Aufhebungs- und Abwicklungsvertrags bestimmt wird, wendet das BAG das Tatbestandsmerkmal nicht an. Vertragsverhandlungen und Vertragsabschluss fänden mit dem Arbeitsplatz gerade nicht an einem für den AN und für das abzuschließende Rechtsgeschäft fremden, atypischen Ort statt. Der Arbeits-

20

---

25 Wolf/Pfeiffer, ZRP 2001, 303; Palandt/Grüneberg, Überbl. v. § 305 Rn 1.
26 Palandt/Grüneberg, § 310 Rn 1.
27 Boemke, BB 2002, 98; Däubler/Dorndorf/Bonin/Deinert, Einl. Rn 130, 134; Hümmerich, AnwBl 2002, 671; Hümmerich, NZA 2004, 809; Hümmerich/Holthausen, NZA 2002, 173; Schleusener, NZA 2002, 949; Schuster, AiB 2002, 274.
28 ArbG Bonn 19.12.2002 – 3 Ca 2803/02 – n.v.; ArbG Berlin 2.4.2003 – 31 Ca 2694/02 – ZTR 2003, 523; ArbG Hamburg 1.8.2002 – 15 Ca 48/02 – ZGS 2003, 79; LAG Mecklenburg-Vorpommern 29.1.2003 – 2 Sa 492/02 – n.v.;

LAG Hamm 9.10.2003 – 11 Sa 515/03 – NZA-RR 2004, 242.
29 BAG 4.10.2005 – 9 AZR 598/04 – NZA 2006, 545.
30 BAG 25.5.2005 – 5 AZR 572/04 – NZA 2005, 1111.
31 Palandt/Grüneberg, § 312 Rn 7.
32 Däubler/Dorndorf/Bonin/Deinert, Einl. 127.
33 BAG 27.11.2003 – 2 AZR 135/03 – NZA 2004, 597, 601.
34 Schleusener, NZA 2002, 949; Singer, RdA 2003, 194.
35 Hümmerich, AnwBl 2002, 671, 677.
36 BAG 27.11.2003 – 2 AZR 135/03 – NZA 2004, 597; ebenso Palandt/Grüneberg, § 312 Rn 14; Bauer, NZA 2002, 169, 171; Schleusener, NZA 2002, 949, 951.

platz sei vielmehr typischerweise der Ort, an dem die das Arbverh betreffenden Fragen besprochen und geregelt würden. Demnach fehle es grds. am situationstypischen Überraschungsmoment. Der AN müsse und werde an seinem Arbeitsplatz gerade in den Räumen der Personalabteilung damit rechnen, dass der AG mit ihm Fragen und Probleme seines Arbverh bespreche und ggf. rechtsgeschäftlich regeln wolle. Der Arbeitsplatz sei der Raum, an dem nicht nur die arbeitsvertraglichen Bindungen zustande kämen, sondern auch der Ort, an dem sie wieder gelöst würden.[37] Für den Bereich des **Aufhebungsvertrages**[38] lehnt das BAG mit dieser Begründung die Anwendung des Gesetzeswortlauts ab, ebenso für **Schuldversprechen**,[39] die auf einer Forderung aus oder im Zusammenhang mit dem Arbverh stehen. Dass das BAG unberücksichtigt gelassen hat, dass sich die höhere Stellung des Gesprächpartner des AN und ihre meist bestehende Überzahl nur „am Arbeitsplatz" zu Lasten des AN auswirkt und damit am Arbeitsplatz eine situative Verstricktheit des AN begründet wird, kann auch kritisch betrachtet werden.[40] Das BAG setzt die Vertrautheit des Arbeitsplatzes für den AN als Abschlussort eines Aufhebungsvertrags mit einer vermeintlichen Wirkungslosigkeit vom AG vorbereiteter Überrumpelungsszenarien gleich.[41]

21 Als situativer Sonderort scheidet Abs. 1 S. 1 Nr. 1 Alt. 1 **beim Abschluss von Arbeitsverträgen** aus. Wird der Arbeitsvertrag in der Betriebsstätte des AG verhandelt und unterschrieben, entfällt Nr. 1 Alt. 1, weil bis zum Zeitpunkt des Vertragsschlusses die Geschäftsräume des AG noch nicht der „Arbeitsplatz" des AN sind – sie sollen es durch den Vertragsschluss erst werden.

22 **2. Im Bereich einer Privatwohnung.** Mit Privatwohnung sind nicht nur die bewohnten Räumlichkeiten gemeint, sondern auch der dazugehörige Hausflur und Garten, Räumlichkeiten in Mehrfamilienhäusern und der Ort an der Haustür.[42] Es muss nicht notwendig die Privatwohnung des Verbrauchers sein, es kann auch die Wohnung eines Dritten sein, in die ein Mitarbeiter des Unternehmers bestellt wurde.[43] Die Privatwohnung des Unternehmers oder der für ihn handelnden Personen fällt nicht darunter, wenn sie vom Verbraucher zwecks Vertragsverhandlungen aufgesucht wird.[44] Die Eigenschaft einer Privatwohnung geht nicht dadurch verloren, dass von ihr aus auch regelmäßig Geschäfte abgeschlossen werden.[45]

23 Wesentlich ist, dass der Verbraucher in der Privatwohnung zum Abschluss des Vertrages **bestimmt** wurde. Sendet der AG einem AN einen in seinen Geschäftsräumen besprochenen Arbeitsvertragstext an die private Wohnanschrift und finden in der privaten Wohnung keine weiteren Verhandlungen statt, sondern nur noch die Unterschriftsleistung durch den AN, ist der AN jedenfalls nicht in seiner Privatwohnung zum Vertragsschluss bestimmt worden. An dem **situativen Sonderort** der Nr. 1 bis 3 muss nicht nur der Vertrag zustande gekommen, sondern **auch** die **Verhandlung**, wie kurz sie auch immer ausgefallen sein mag, **geführt worden sein**.

24 Sucht der AG einen AN, von dem er sich überraschend trennen möchte, bspw. während einer krankheitsbedingten Fehlzeit, zu Hause auf und legt ihm einen Aufhebungsvertrag zur Unterschriftsleistung vor, ist die Sondersituation von Nr. 1 Alt. 2 erfüllt.[46] Ob das BAG diese Ansicht teilt, ist allerdings zweifelhaft, weil es mangels des Vorliegens einer besonderen Vertriebsform bei Arbeits- und Aufhebungsverträgen die Anwendbarkeit des § 312 ohnehin in Frage stellt.[47]

25 **3. Im Bereich öffentlich zugänglicher Verkehrsflächen.** Als öffentlich zugängige Verkehrsflächen gelten Straßen und Plätze, öffentliche Parks, Gärten, Privatwege, Bahnhöfe, Bahnsteige, Flughäfen, Autobahnraststätten und Autobahnrastplätze.[48] Solche Verkehrsflächen sind auch bestuhlte wie unbestuhlte Wartezonen auf Bahnsteigen und in Flughäfen. Auch allgemein zugänglich Lobbys und Empfangsräume in Hotels sowie Gaststätten zählen hierzu.

26 Findet ein Anbahnungsgespräch, eine Bewerberauswahl oder eine letzte Vertragsverhandlung mit einem Bewerber in einer Hotellobby, einem Bistro oder in einem Wartebereich eines Flughafens statt, ist Nr. 3 Alt. 2 erfüllt. Häufig werden Aufhebungsverträge selbst von Führungskräften international operierender Unternehmen an Flughäfen und Bahnhöfen geschlossen. Finden die Verhandlungen und die Vertragsunterzeichnung in einem **öffentlich zugänglichen Bereich des Flughafens oder des Bahnhofs** statt, handelt es sich an sich um ein Haustürgeschäft. Mit der Argumentation des BAG, Arbeitsverträge und Aufhebungsverträge stellen keine besonderen Vertriebsformen i.S.d. Norm dar,[49] kann jedoch auch hier eine Anwendbarkeit des § 312 – unabhängig vom situativen Sonderort – abgelehnt werden.

---

37 BAG 27.11.2003 – 2 AZR 135/03 – NZA 2004, 597; BAG 3.6.2004 – 2 AZR 427/03 – n.v.
38 Zuletzt BAG 18.8.2005 – 8 AZR 523/04 – NZA 2006, 145.
39 BAG 15.3.2005 – 9 AZR 502/03 – NZA 2005, 682.
40 *Hümmerich*, NZA 2004, 809, 815.
41 *Hümmerich*, NZA 2004, 809, 815.
42 Palandt/*Grüneberg*, § 312 Rn 15.
43 OLG Hamm 24.7.1990 – 21 U 37/90 – NJW-RR 1991, 121.
44 BGH 30.3.2000 – VII ZR 167/99 – NJW 2000, 3498.
45 Palandt/*Grüneberg*, § 312 Rn 15.
46 A.A. LAG Hamm 9.10.2003 – 11 Sa 515/03 – ZIP 2004, 476; LAG Berlin 5.4.2004 – 18 Sa 2204/03 – juris; s. auch ArbG Hamburg – 2 Ca 454/07 – juris.
47 BAG 27.11.2003 – 2 AZR 135/03 – NZA 2004, 597.
48 Palandt/*Grüneberg*, § 312 Rn 21.
49 S. BAG 27.11.2003 – 2 AZR 135/03 – NZA 2004, 597.

Mietet die Gesellschaft im Hotel oder im Flughafen einen kleinen **Konferenzraum an**, in dem die Verhandlungen geführt und der Abschluss des Vertrages vollzogen werden, sind die Räume jedenfalls keine öffentlich zugängliche Verkehrsfläche mehr. Der Gebrauch der angemieteten Räume ist in diesen Fällen allein auf die Verhandlungspartner beschränkt. 27

III. Rechtsfolge

Schließen die Parteien ein Haustürgeschäft und hat der Unternehmer den Verbraucher nicht über sein zweiwöchiges Widerrufsrecht belehrt, behält der Verbraucher das Widerrufsrecht nach § 355 Abs. 3 S. 3 auf unbestimmte Zeit. Der Wortlaut einer Widerrufsbelehrung ergibt sich aus Anlage 2 zu § 14 der BGB-Informationspflichten-VO.[50] Die Alternative, dem Verbraucher anstelle des Widerrufsrechts ein Rückgaberecht einzuräumen (Abs. 1 S. 2), scheidet im Arbeitsrecht von vornherein aus. Folgt man der h.M., wonach der Aufhebungsvertrag kein Haustürgeschäft ist, bleibt die unterlassene Widerrufsbelehrung bei Abschluss von Aufhebungs- oder Abwicklungsverträgen ohnehin folgenlos. 28

C. Verbindung zu anderen Rechtsgebieten und zum Prozessrecht

Die BAG-Rspr. befasst sich mit der Konfliktlage des AN, der einen Aufhebungsvertrag geschlossen und diesen Schritt anschließend bereut hat, meist unter Einbeziehung der Regeln des Anfechtungsrechts. Wurde dem AN im Zuge der Vertragsverhandlungen eine ordentliche oder außerordentliche Künd angedroht, kann sich das Verhalten des AG als widerrechtliche Drohung i.S.v. § 123 Abs. 1 S. 1 Alt. 2 darstellen. Maßstab der BAG-Rspr. ist, ob ein „verständiger AG" eine solche Künd nicht ernsthaft in Erwägung gezogen haben würde (siehe § 611 Rn 1014).[51] 29

Die **Darlegungs- und Beweislast** für die Voraussetzungen des Widerrufsrechts verteilt sich nach § 355 Abs. 2 wie folgt: Der Unternehmer hat die Tatsachen darzulegen, aus denen die Verfristung des Widerrufs folgt (§ 355 Abs. 2 S. 4 für den Fristbeginn); der Verbraucher trägt die Darlegungslast für den Inhalt, die Absendung und den Zugang des Widerrufs, soweit man der Ansicht des BAG nicht folgt, der Aufhebungsvertrag sei kein Haustürgeschäft. 30

D. Beraterhinweise

Die Praxis hat auf das Urteil des BAG v. 27.11.2003[52] in der Weise reagiert, dass inzwischen kaum mehr von einem AG eine Widerrufsbelehrung bei Aufhebungs- und Abwicklungsverträgen vorgenommen wird. Sollte das BAG eine Rspr.-Änderung vornehmen oder auch nur bei in anderen Sondersituationen geschlossenen Arbeits- oder Aufhebungsverträgen die Eigenschaft als Haustürgeschäft anerkennen, besteht zu Lasten des AG das für lange Zeit drohende Risiko der nachträglichen Ausübung des Widerrufsrechts mangels Belehrung nach § 355 Abs. 3 S. 2. 31

Nach § 355 Abs. 2 setzt der Beginn der zweiwöchigen Widerrufsfrist eine ordnungsgemäße Belehrung des Verbrauchers über sein Widerrufsrecht voraus. Ungültig ist die Belehrung nur dann, wenn sich daraus konkrete Nachteile für den Verbraucher ergeben. 32

AG, die den Aufhebungs- oder Abwicklungsvertrag in den Räumen ihres bevollmächtigten RA schließen, machen dem AN durch die Wahl des Ortes bewusst, welche Tragweite mit dem Vertragsschluss verbunden ist. Die Kanzlei eines Anwalts ist kein situativer Sonderort i.S.d. § 312. Durch die Wahl einer solchen Lokalität stellt der AG sicher, dass er unabhängig von jeder weiteren Rspr.-Entwicklung dem AN keine Widerrufsbelehrung schuldet, weil an einem Kanzleisitz kein Aufhebungsvertrag als Haustürgeschäft geschlossen werden kann.[53] 33

Untertitel 3: Anpassung und Beendigung von Verträgen

§ 313   Störung der Geschäftsgrundlage

(1) Haben sich Umstände, die zur Grundlage des Vertrags geworden sind, nach Vertragsschluss schwerwiegend verändert und hätten die Parteien den Vertrag nicht oder mit anderem Inhalt geschlossen, wenn sie diese Veränderung vorausgesehen hätten, so kann Anpassung des Vertrags verlangt werden, soweit einem Teil unter Berücksichtigung aller Umstände des Einzelfalls, insbesondere der vertraglichen oder gesetzlichen Risikoverteilung, das Festhalten am unveränderten Vertrag nicht zugemutet werden kann.

---

50 BGB-Informationspflichtenverordnung (BGB-InfoV) v. 5.8.2002, BGBl I S. 3002. Wortlaut der Widerrufsbelehrung abgedr. bei Palandt/*Grüneberg*, BGB-InfoV Anl. 2.
51 BAG 28.11.2007 – 6 AZR 1108/06 – NZA 2008, 348; BAG 21.3.1996 – 2 AZR 543/95 – DB 1996, 1879;
BAG, 30.1.1986 – 2 AZR 196/85 – NZA 1987, 91; BAG 16.1.1992 – 2 AZR 412/91 – NZA 1992, 1023; BAG 9.3.1995 – 2 AZR 484/94 – NZA 1996, 875.
52 BAG 27.11.2003 – 2 AZR 135/03 – NZA 2004, 597.
53 *Hümmerich*, AnwBl 2002, 671, 677.

(2) Einer Veränderung der Umstände steht es gleich, wenn wesentliche Vorstellungen, die zur Grundlage des Vertrags geworden sind, sich als falsch herausstellen.

(3) ¹Ist eine Anpassung des Vertrages nicht möglich oder einem Teil nicht zumutbar, so kann der benachteiligte Teil vom Vertrag zurücktreten. ²An die Stelle des Rücktrittsrechts tritt für Dauerschuldverhältnisse das Recht zur Kündigung.

Literatur: *Bauer/Diller*, Flucht aus Tarifverträgen, DB 1993, 1085; *Belling*, Die außerordentliche Anpassung von Tarifverträgen an veränderte Umstände, NZA 1996, 906; *Buchner*, Kündigung der Tarifregelungen über die Entgeltanpassung in der Metallindustrie der östlichen Bundesländer, NZA 1993, 289; *Canaris*, Sondertagung Schuldrechtsmodernisierung – Die Reform des Rechts der Leistungsstörungen, JZ 2001, 502; *Däubler*, Nachträgliche Kürzung von Sozialplanansprüchen?, NZA 1985, 545; *Däubler*, Die Anpassung von Tarifverträgen an veränderte wirtschaftliche Umstände, ZTR 1996, 241; *Dauner-Lieb/Dötsch*, Prozessuale Fragen rund um § 313 BGB, NJW 2003, 921; *Eckert*, Störung der Geschäftsgrundlage im Arbeitsrecht, AR-Blattei SD 1513; *Eidenmüller*, Der Spinnerei-Fall: Die Lehre von der Geschäftsgrundlage nach der Rechtsprechung des Reichsgerichts und im Lichte der Schuldrechtsmodernisierung, Jura 2001, 824; *Greiner*, Störungen des Austausch- und Äquivalenzverhältnisses als Kündigungsgrund, RdA 2007, 22; *v. Hase*, Fristlose Kündigung und Abmahnung nach neuem Recht, NJW 2002, 2278; *Hey*, Wegfall der Geschäftsgrundlage bei Tarifverträgen, ZfA 2002, 275; *Hromadka*, Änderung von Arbeitsbedingungen, RdA 1992, 234; *Hümmerich*, Von der Verantwortung der Arbeitsrechtsprechung für die Volkswirtschaft, NZA 1996, 1289; *Meyer*, Abänderung von Sozialplanregelungen, NZA 1995, 974; *Meyer*, Chancen und Grenzen der Anpassung von Tarifverträgen, RdA 1998, 142; *Oetker*, Die Kündigung von Tarifverträgen, RdA 1995, 82; *Schlüter*, Leistungsbefreiung bei Leistungserschwerungen, ZGS 2003, 346; *Schmidt-Kessel/Baldus*, Prozessuale Behandlung des Wegfalls der Geschäftsgrundlage nach neuem Recht, NJW 2002, 2076; *Schulze/Ebers*, Streitfragen im neuen Schuldrecht, JuS 2004, 265; *Schwarze*, Unmöglichkeit im neuen Leistungsstörungsrecht, Jura 2002, 73; *Wank*, Die Auslegung von Tarifverträgen, RdA 1998, 71

A. Allgemeines 1	5. Kondiktion wegen Zweckverfehlung, § 812
B. Regelungsgehalt 2	Abs. 1 S. 2 Alt. 2 12
I. Überblick der Tatbestandsmerkmale 2	III. Besondere Fallgruppen im Arbeitsrecht 13
II. Abgrenzungen im Zivilrecht 8	1. Individualarbeitsrecht 13
1. Vertragsauslegung 8	2. Tarifvertrag 20
2. Anfechtung 9	3. Betriebsvereinbarung 22
3. Unmöglichkeit 10	C. Verbindung zu anderen Rechtsgebieten und zum
4. Kündigung 11	Prozessrecht 25

A. Allgemeines

1 Die in Rspr. und Lit. entwickelten[1] Grundsätze zum WGG sind im Zuge der Schuldrechtsreform in § 313 kodifiziert worden. In der Neuregelung wird die bisherige Rspr. zum WGG aufgegriffen,[2] ohne dass der Gesetzgeber eine grundlegende Änderung der Voraussetzungen bezweckt hat.[3] Nur die Rechtsfolgeseite wird durch § 313 im Vergleich zu der bisherigen Rechtslage verändert.[4] In § 313 wird im Gegensatz zur zuvor bestehenden Einwendung ein Anspruch auf Anpassung gewährt, der nur auf **Einrede** der benachteiligten Partei zu berücksichtigen ist.[5] Geblieben sind die Abgrenzungsprobleme zu den Unmöglichkeitsregelungen (insb. § 275 Abs. 2) und die schwierige Frage, wann eine vertragliche Risikoübernahme des Gläubigers vorliegt. In der Vorschrift wird zwischen der objektiven (vgl. Abs. 1) und der subjektiven (vgl. Abs. 2) Geschäftsgrundlage differenziert. Mit Abs. 2 ist der beiderseitige Motivirrtum nunmehr als Fallgruppe anerkannt. Soll der Vertrag angepasst werden, kann direkt auf die Leistung geklagt werden. Diese Konstruktion entspricht der bisherigen zum Wandlungsanspruch. Die Rückabwicklung erfolgt jetzt über §§ 346 ff. Als gesetzliche Ausformung des Gedankens von Treu und Glauben (§ 242) erlaubt die Norm unter engen Voraussetzungen eine Auflösung des Vertrags oder eine Anpassung seines Inhalts an veränderte Verhältnisse. Dadurch wird der Grundsatz der Vertragstreue („pacta sunt servanda") im Interesse der materialen Vertragsgerechtigkeit eingeschränkt.[6] § 313 ist eine eng auszulegende Ausnahmevorschrift.[7]

B. Regelungsgehalt

I. Überblick der Tatbestandsmerkmale

2 § 313 hat sechs Tatbestandsmerkmale:

– Bestimmte Umstände haben sich nach Vertragsschluss verändert (Abs. 1) oder Vorstellungen der Parteien stellen sich nachträglich als falsch heraus (Abs. 2).

---

1 Ausführlich Staudinger/*Looschelders*, § 242 Rn 308 f.
2 MüKo-BGB/*Roth*, § 313 Rn 17.
3 Begr. RegE BT-Drucks 14/6040 S. 175.
4 Begr. RegE BT-Drucks 14/6040 S. 175; AnwK-SchuldR/*Krebs*, § 313 Rn 5.
5 Begr. RegE BT-Drucks 14/6040 S. 176.
6 Bamberger/Roth/*Unberath*, § 313 Rn 3.
7 BGH 26.11.1981 – IX ZR 91/80 – BGHZ 82, 227, 233 = NJW 1982, 1093; Begr. RegE BT-Drucks 14/6040 S. 147, 176.

- Diese sind zur Grundlage des Vertrages geworden.
- Die Parteien haben diese Veränderungen nicht vorausgesehen.
- Bei richtiger Voraussicht hätten die Parteien den Vertrag nicht oder anders abgeschlossen (Risikoübernahme der an sich bevorzugten Partei).
- Die Veränderung ist schwerwiegend.
- Einem Vertragspartner kann das Festhalten am Vertrag nicht zugemutet werden.

Abs. 1 regelt den nachträglichen WGG. Abs. 2 stellt das ursprüngliche Fehlen der subjektiven Geschäftsgrundlage einem späteren Wegfall gleich.

Damit hat sich der Streit[8] um die subjektive Geschäftsgrundlage erledigt.[9]

Das Festhalten am Vertrag ist nur dann unzumutbar, wenn es zu unerträglichen Ergebnissen führen würde.[10] Bei der Feststellung der Unzumutbarkeit sind die beiderseitigen Interessen abzuwägen. Vor allem ist bedeutsam, wessen Risikobereich der Umstand zuzurechnen ist. Fällt der Umstand eindeutig in die vertragliche Risikosphäre einer Partei, kann diese nicht die Abänderung des Vertrages verlangen.[11] Die Berufung auf § 313 ist auch ausgeschlossen, wenn die Partei die Änderung verschuldet hat, sich im Verzug befunden hat oder diese selbst herbeigeführt hat.[12]

Da durch § 313 der Grundsatz der Vertragstreue eingeschränkt wird, kommen für eine Änderung nur sehr schwere Störungen in Betracht. Dazu gehören Fälle der Zweckvereitelung, in denen der Vertragszweck nicht mehr erreicht werden kann und Äquivalenzstörungen, bei denen Leistung und Gegenleistung in einem groben Missverhältnis stehen.[13]

Als Rechtsfolge sieht Abs. 1 zunächst einen Anspruch auf Vertragsanpassung vor. Die Parteien haben die Möglichkeit, über die Anpassung zu verhandeln. Ist eine Vertragsanpassung nicht möglich oder nicht zumutbar, kann vom Vertrag zurückgetreten werden. Bei Dauerschuldverhältnissen ist gem. Abs. 3 S. 2 eine Künd möglich. Damit ist das Recht zur außerordentlichen Künd aus § 314 gemeint.[14]

II. Abgrenzungen im Zivilrecht

1. Vertragsauslegung. Die Auslegung gem. §§ 133, 157 geht der Anpassung des Vertrages gem. § 313 vor.[15] Freilich kann die Grenzziehung zwischen der normativen, ergänzenden Auslegung zu § 313 im Einzelnen schwierig sein.[16] Äußerste Grenze der ergänzenden Auslegung ist aber der Wille der Parteien; der gewollte Vertragsinhalt kann nicht durch Auslegung verändert werden.[17] Wenn daher ein Umstand selbst zum Vertragsinhalt geworden ist, scheidet eine Anwendung der Grundsätze des WGG aus.[18]

2. Anfechtung. Umstritten ist, ob ein beidseitiger Eigenschaftsirrtum der Parteien zur Anfechtung gem. § 119 Abs. 2 berechtigt oder ob § 313 eingreift.[19] Grds. führt der beiderseitige Irrtum im Wege der Auslegung zum wirklich Gewollten (falsa demonstratio non nocet)[20] oder aber es liegt ein Sachmangel gem. § 434 vor, so dass sowohl das Anfechtungsrecht als auch § 313 ausgeschlossen sind.[21] Nachteil des Anfechtungsrechts ist die Schadensersatzfolge gem. § 122. § 313 mit seiner flexiblen Rechtsfolge bietet daher interessengerechtere Lösungen.

3. Unmöglichkeit. § 313 ist zu § 275 Abs. 1 subsidiär. Allerdings stellen sich bei Zweckstörungen Abgrenzungsfragen. Die Rspr. und überwiegende Lit. geben § 313 wegen seiner flexiblen Rechtsfolge den Vorrang.[22] Ist der Zweck Vertragsinhalt geworden und tritt der Erfolg ohne Mitwirkung des Schuldners ein (Zweckerreichung) oder kann er nicht mehr erreicht werden (Zweckfortfall), liegt Unmöglichkeit vor.[23] § 313 ist dagegen anwendbar, wenn der Gläubiger bloß kein Interesse an der Leistung mehr hat.[24] Problematisch ist das Verhältnis von § 313 und § 275 Abs. 2, wenn es um nachträglich eintretende Leistungserschwerungen geht. Nach der vertraglichen Risiko-

---

8 Zum subjektiven Begriff der Geschäftsgrundlage vgl. BGH 15.11.2000 – VIII ZR 324/99 – NJW 2001, 1204; BGH 5.1.1995 – IX ZR 85/94 – BGHZ 128, 230, 236 = NJW 1995, 592. Zum objektiven Begriff der Geschäftsgrundlage *Larenz*, § 21 II.
9 MüKo-BGB/*Roth*, § 313 Rn 43 ff.; HaKo-BGB/*Schulze*, § 313 Rn 2.
10 BAG 28.6.2000 – 7 AZR 904/98 – NJW 2001, 1297, 1300; BAG 9.7.1986 – 5 AZR 44/85 – AP § 242 BGB Geschäftsgrundlage Nr. 7 = NZA 1987, 16; Palandt/*Grüneberg*, § 313 Rn 2.
11 Bamberger/Roth/*Unberath*, § 313 Rn 27 ff.; Palandt/*Grüneberg*, § 313 Rn 19 ff.
12 BGH 3.5.1995 – XII ZR 89/94 – NJW 1995, 2031.
13 BAG 25.7.1990 – 5 AZR 394/89 – NJW 1991, 1562, 1563; *Larenz*, S. 324.
14 So auch MüKo-BGB/*Roth*, § 313 Rn 141.
15 BAG 6.11.2002 – 5 AZR 330/01 – DB 2003, 671.
16 MüKo-BGB/*Roth*, § 313 Rn 131; BGH 13.6.1994 – II ZR 38/93 – BGHZ 126, 226, 242 = NJW 1994, 2536; BGH 24.11.1976 – VIII ZR 21/75 – NJW 1977, 385.
17 BGH 31.1.1995 – IX ZR 56/94 – NJW 1995, 1212.
18 LAG Hamm 9.1.2003 – 11 Sa 806/02 – MDR 2003, 713.
19 Für § 119 Abs. 2 MüKo-BGB/*Kramer*, § 119 Rn 135 ff.; für § 313 OLG Hamm 15.1.1979 – 2 U 235/78 – JZ 1979, 266, 267; MüKo-BGB/*Roth*, § 313 Rn 138; Begr RegE BT-Drucks 14/6040, S. 176.
20 BGH 23.2.1956 – II ZR 207/54 – BGHZ 20, 109, 110 = NJW 1956, 665; MüKo-BGB/*Kramer*, § 119 Rn 60 f.
21 MüKo-BGB/*Roth*, § 313 Rn 138.
22 BGH 18.12.1997 – X ZR 35/95 – NJW 1998, 1701; BGH 8.2.1984 – VIII ZR 254/82 – NJW 1984, 1746; Palandt/*Heinrichs*, § 275 Rn 21; Palandt/*Grüneberg*, § 313 Rn 13.
23 MüKo-BGB/*Emmerich*, § 275 Rn 152.
24 MüKo-BGB/*Emmerich*, § 275 Rn 160; *Roth*, § 313 Rn 213 ff.

verteilung trägt dieses Risiko eigentlich der Schuldner. Das Hindernis kann aber so groß sein, dass ein Festhalten am Vertrag unzumutbar wird. Bei § 275 Abs. 2 ist dazu ein Kosten- Nutzen-Vergleich anzustellen,[25] der Schuldner wird frei, wenn sein Aufwand in einem groben Missverhältnis zum Leistungsinteresse des Gläubigers steht. Bei § 313 ist im Gegensatz dazu auch das Verhältnis von Leistung und Gegenleistung in die Abwägung einzustellen.[26] In Fällen, in denen das Leistungsinteresse mit dem Leistungsaufwand steigt, ist eine Berufung auf § 275 Abs. 2 ausgeschlossen, aber eine Störung der Geschäftsgrundlage möglich. Liegt ein grobes Missverhältnis gem. § 275 Abs. 2 vor, wird oft auch eine schwerwiegende Umstandsveränderung gem. § 313 vorliegen. Fraglich ist, welche Norm dann Vorrang hat. Einer Ansicht nach bleibt es in Anschluss an die bisherige Rspr. bei einem Vorrang des § 275, denn eine Anpassung sei nur dann möglich, wenn der Schuldner nicht frei geworden sei.[27] Nach der Gegenansicht ist § 313 spezieller, da die Anpassung als flexible Rechtsfolge vorzugswürdig sei.[28] Eine vermittelnde Meinung vertritt, dass der Schuldner ein Wahlrecht zwischen § 275 Abs. 2 und § 313 haben soll.[29] Letztlich ist aber entscheidend, dass § 275 Abs. 2 und § 313 unterschiedliche Maßstäbe enthalten. In § 275 Abs. 2 wird auf das Verhältnis von Leistungsaufwand und Leistungsinteresse abgestellt. Daher ist § 275 vorrangig zu prüfen. Erst wenn keine Unmöglichkeit vorliegt, kann überlegt werden, ob der Vertrag unter den Voraussetzungen des § 313 anzupassen ist.

11 **4. Kündigung.** Wenn sich bestimmte Umstände nachträglich ändern, können auch die Voraussetzungen für das Recht zur außerordentlichen Künd eines Dauerschuldverhältnisses gem. § 314 vorliegen. Maßgeblicher Bezugspunkt ist bei Abs. 1 die vertragliche oder gesetzliche Risikoverteilung, bei § 314 die beiderseitigen Interessen an der Fortsetzung des Vertrages. Beide Kriterien stehen aber in einem Abhängigkeitsverhältnis: Die Risikoverteilung spiegelt die gegenseitigen Interessen wieder und umgekehrt.[30] Einer Ansicht nach geht § 314 den Regelungen über den WGG vor.[31] Einer anderen Ansicht nach stehen beide Vorschriften nebeneinander und geben dem Schuldner ein Wahlrecht.[32] Allerdings wird aus der gestuften Rechtsfolge in Abs. 3, wonach ein Rücktritt oder ein Künd nur dann möglich sein soll, wenn eine Anpassung dem einen Teil nicht zumutbar ist, deutlich, dass bei einer Geschäftsgrundlagenstörung zunächst die Anpassung des Vertrages Vorrang hat. § 313 ist daher grds. spezieller.[33] Spezielle Künd-Rechte gehen aber sowohl § 314 wie § 313 vor.[34] Die Rechtsfigur des WGG kann nicht dazu genutzt werden, die höheren Voraussetzungen besonderer Künd-Regelungen zu umgehen. Insoweit tritt eine Sperrwirkung ein.[35]

12 **5. Kondiktion wegen Zweckverfehlung, § 812 Abs. 1 S. 2 Alt. 2.** Gem. § 812 Abs. 1 S. 2 Alt. 2 kann kondiziert werden, wenn der mit der Leistung nach dem Inhalt des Rechtsgeschäfts bezweckte Erfolg nicht eintritt. Eine Kondiktionsmöglichkeit besteht also, wenn über die Zweckbestimmung eine tatsächliche Einigung getroffen worden ist.[36] Sie steht damit zwischen dem Fall, dass der Zweck als Bedingung Vertragsinhalt geworden ist und dem, dass der Zweck Geschäftsgrundlage geworden ist (§ 313).[37] Wegen der höheren Anforderungen geht die Kondiktion § 313 vor. Ist der Zweck aber sogar Bedingung geworden, wird nach Vertragsrecht abgewickelt.[38] Praktisch ist hier eine Abgrenzung schwierig.[39] Entscheidend kommt es darauf an, ob es sich nur eine stillschweigende Übereinkunft handelt (Geschäftsgrundlage) oder ob ein Umstand gegeben ist, den die Parteien in den Vertragsinhalt mit aufgenommen haben.

III. Besondere Fallgruppen im Arbeitsrecht

13 **1. Individualarbeitsrecht.** Im **Arbeitsvertrag** ist die Anwendung der Grundsätze vom WGG stark eingeschränkt: Soweit es um die Beendigung des Arbverh geht, gehen die ordentliche und außerordentliche Künd als Spezialregelungen vor.[40] Das BAG hat die Regeln über den WGG ausnahmsweise herangezogen, wenn der Vertrag durch **Katastrophen** (Krieg oder schwere Naturereignisse) gegenstandslos geworden ist.[41] Für eine Anpassung des Ver-

---

25 *Eidenmüller*, Jura 2001, 824, 832; MüKo-BGB/*Emmerich*, § 275 Rn 20.
26 *Canaris*, JZ 2001, 502.
27 MüKo-BGB/*Roth*, § 313 Rn 140; Begr RegE BT-Drucks 14/6040, S. 176; *Canaris*, JZ 2001, 499, 501; *Eidenmüller*, Jura 2001, 824, 831; *Lorenz/Riehm*, Rn 408; *Schulze/Ebers*, JuS 2004, 265, 267.
28 *Schlüter*, ZGS 2003, 346, 351.
29 MüKo-BGB/*Emmerich*, § 275 Rn 23 f.; *Schwarze*, Jura 2002, 73, 78.
30 *Schlüter*, ZGS 2003, 346, 349.
31 *Eidenmüller*, Jura 2001, 824, 832; so auch zum früheren Recht BGH 26.9.1986 – I ZR 265/95 – BGHZ 133, 316, 320 f.
32 HaKo-BGB/*Schulze*, § 314 Rn 2.
33 So auch MüKo-BGB/*Gaier*, § 314 Rn 9, 12; Begr RegE BT-Drucks 14/6040, S. 177; *v. Hase*, NJW 2002, 2278, 2279; *Schlüter*, ZGS 2003, 346, 349.
34 MüKo-BGB/*Gaier*, § 314 Rn 9; Begr RegE zu § 314, BT-Drucks 14/6040, S. 177.
35 MüKo-BGB/*Roth*, § 313 Rn 143.
36 Palandt/*Sprau*, § 812 Rn 30.
37 BGH 20.12.1965 – VII ZR 21/64 – NJW 1966, 448; MüKo-BGB/*Roth*, § 313 Rn 135.
38 Palandt/*Sprau*, § 812 Rn 30.
39 BAG 9.7.1986 – 5 AZR 44/85 – NJW 1987, 918; BGH 29.4.1982 – III ZR 154/80 – BGHZ 84, 1, 10 = NJW 1982, 2184.
40 BAG 16.5.2002 – 2 AZR 292/01 – NZA 2003, 147; BGH 9.3.1959 – VII ZR 90/58 – WM 1959, 855; *Hromadka*, RdA 1992, 260; KR/*Fischmeier*, § 626 BGB Rn 42.
41 BAG 24.8.1995 – 8 AZR 134/94 – AP § 242 BGB Geschäftsgrundlage Nr. 17 = NZA 1996, 29; BAG 3.10.1961 – 3 AZR 138/60 – AP § 242 BGB Geschäftsgrundlage Nr. 4; BAG 12.3.1963 – 3 AZR 60/62 – BB 1963, 938; BAG 21.5.1963 – 3 AZR 138/62 – BB 1963, 1018.

tragsinhalts steht die Änderungs-Künd zur Verfügung, daneben ist ein Rückgriff auf § 313 nicht zulässig.[42] In diesem Rahmen finden allerdings die Umstände, die zu einer Störung der Geschäftsgrundlage führen würden, Berücksichtigung.[43] Das gilt auch, wenn der AG eine Finanzierung über **Drittmittel** verliert.[44]

§ 313 kann dann angewendet werden, wenn eine Künd nicht möglich ist bzw. aufseiten des AN nicht opportun ist. Beruhen vertragliche Abreden wie z.B. eine **Versetzung** auf einem bestimmten Umstand z.B. einer beabsichtigten Schichtplanänderung, so kann dieser Umstand mit der Folge Geschäftsgrundlage geworden sein, dass der AN bei Wegfall dieses Umstands seine bisherigen Arbeitsbedingungen beibehalten kann.[45] Werden arbeitsvertragliche Regelungen angepasst, muss aber die spezifische Risikoverteilung im Arbverh beachtet werden. Insb. darf das Betriebsrisiko des AG nicht über eine Vertragsanpassung dem AN aufgebürdet werden.[46] Dies gilt auch dann, wenn dem AN Ansprüche auf Zusatzleistungen aufgrund einer betrieblichen Übung zustehen, der Betrieb sich aber in wirtschaftlichen Schwierigkeiten befindet.[47] **14**

Häufigster Anwendungsfall des WGG ist, dass Regelungen zur **betrieblichen Altersversorgung** an veränderte Verhältnisse angepasst werden müssen. Die Altersversorgung kann angepasst werden, wenn eine planwidrige Überversorgung eingetreten ist. Das ist der Fall, wenn die Ruhestandsbezüge ungewollt die aktiven Bezüge übersteigen.[48] § 7 Abs. 1 S. 3 Nr. 5 BetrAVG a.F. sah den Eintritt des Pensions-Sicherungs-Vereins bei einer wirtschaftlichen Notlage des AG vor. In einer wirtschaftlichen Notlage konnte der AG die betriebliche Altersversorgung wegen Störung der Geschäftsgrundlage widerrufen.[49] Nach Wegfall des Sicherungsfalls gem. **§ 7 Abs. 1 S. 3 Nr. 5 BetrAVG a.F.** war fraglich, ob trotzdem noch ein Widerruf der Altersversorgung wegen Störung der Geschäftsgrundlage möglich ist.[50] Das BAG hat eine solche Möglichkeit inzwischen verneint,[51] da die fehlende wirtschaftliche Leistungsfähigkeit nicht zu Lasten des AN gehen könne. **15**

Die Rspr. von BAG und BGH, dass **Ruhegeldvereinbarungen** bei Preissteigerungen von 40 % wegen Äquivalenzstörung anzupassen sind,[52] wurde in § 16 BetrAVG konkretisiert. Danach hat der AG alle drei Jahre eine Anpassung der Betriebsrente zu prüfen. Allerdings hat das BAG darauf hingewiesen, dass bei ungewöhnlich hohen Inflationsraten auch eine Anpassung außerhalb von § 16 BetrAVG möglich sein könne.[53] **16**

Befinden sich die Parteien im Irrtum über den **Status des AN** und halten z.B. dienst- oder werkvertragliche Regelungen für wirksam, kann der abgeschlossene Vertrag nach § 313 anzupassen sein.[54] Dies gilt allerdings nur für die zukünftige Vertragsgestaltung.[55] Für die Vergangenheit bleibt es bei den „unangepassten" arbeitsvertraglichen Regelungen. Soll der Arbeitsvertrag für die Zukunft angepasst werden, muss es sich aber um einen unzumutbaren Zustand handeln. Dies ist bei einer Zusatzbelastung von 13 % für den AG zu verneinen.[56] Nach Ansicht des BAG ist allein aus dem Umstand „Sozialversicherungsabgaben" keine Unzumutbarkeit anzunehmen.[57] **17**

Beziehen sich Regelungen auf einen zugrunde liegenden und inzwischen **nicht mehr geltenden TV**, kann unter Umständen der Rückgriff auf § 313 möglich sein.[58] **18**

Bei **Aufhebungsverträgen** können Fehlvorstellungen der Parteien – insb. über sozialversicherungsrechtliche Ansprüche – zum WGG führen.[59] Dabei ist aber genau zu untersuchen, ob die Versorgung des AN überhaupt Geschäftsgrundlage des Aufhebungsvertrags ist oder vielmehr der Loslösungszweck allein im Mittelpunkt der Vereinbarung **19**

---

42 BAG 16.5.2002 – 2 AZR 292/01 – NZA 2003, 147,149; *Stahlhacke/Preis/Vossen*, Rn 149; KR/*Rost*, § 2 KSchG Rn 54k; *Hromadka*, RdA 1992, 234, 260; KDZ/*Zwanziger*, § 2 KSchG Rn 115.
43 Hromadka/*Ascheid*, Änderungen, S. 100 ff; KR/*Fischmeier*, § 626 BGB Rn 42 f.
44 LAG Hamm 5.2.1998 – 17 Sa 913/97 – NZA-RR 1999, 18.
45 LAG Köln 29.1.2003 – 7 Sa 1076/02 – NZA-RR 2004, 70.
46 *Hromadka*, RdA 1992, 234, 259; *Löwisch*, KSchG, vor § 1 Rn 29.
47 LAG Hamm 13.9.2004 – 8 Sa 721/04 – NZA-RR 2005, 237.
48 BAG 22.10.2002 – 3 AZR 496/01 – AP § 1 BetrAVG Überversorgung Nr. 10; BAG 28.7.1998 – 3 AZR 100/98 – AP § 1 BetrAVG Überversorgung Nr. 4 = NZA 1999, 444; BAG 9.11.1999 – 3 AZR 502/98 – AP § 1 BetrAVG Überversorgung Nr. 8 = NZA 2001, 98; LAG Köln 18.2.2004 – 7 Sa 252/99 – LAGReport 2004, 383; LAG Berlin 28.7.2002 – 9 Sa 1369/02 – juris.
49 BAG 26.4.1988 – 3 AZR 277/87 – AP § 1 BetrAVG Geschäftsgrundlage Nr. 3 = NZA 1989, 305.
50 Ablehnend: *Bepler*, BetrAV 2000, 19; zustimmend bei Widerrufsvorbehalt: *Höfer*, BetrAVG, Bd. 1, § 7 Rn 4381 f.; *Blomeyer/Otto*, BetrAVG Ergänzungsheft, vor § 7 Rn 82 ff.; noch zur alten Rechtslage BAG 25.1.2000 – 3 AZR 862/98 – juris.
51 BAG 17.6.2003 – 3 AZR 396/02 – DB 2004, 324; BAG 31.7.2007 – 3 AZR 373/06 – WM 2008, 467.
52 BAG 30.3.1973 – 3 AZR 26/72 – AP § 242 BGB Ruhegehalt – Geldentwertung Nr. 4 = NJW 1973, 959.
53 BAG 18.2.2003 – 3 AZR 81/02 – AP § 16 BetrAVG Nr. 53 = NZA 2004, 98; BAG 22.3.1983 – 3 AZR 574/81 – AP § 16 BetrAVG Nr. 14 = NJW 1983, 2902.
54 LAG Köln 5.12.2003 – 11 Sa 638/03 – juris; LAG Hamm 8.2.2001 – 16 Sa 1395/00 – juris; LAG Rheinland-Pfalz 26.8.1999 – 4 Sa 430/99 – ZTR 2000, 184.
55 LAG Köln 5.12.2003 – 11 Sa 638/03 – juris; LAG Rheinland-Pfalz 26.8.1999 – 4 Sa 430/99 – ZTR 2000, 184.
56 LAG Hamm 8.2.2001 – 16 Sa 1395/00 – juris.
57 BAG 12.5.2005 – 5 AZR 144/04 – NZA 2005, 1432.
58 Abgelehnt BAG 20.1.2004 – 9 AZR 43/03 – AP § 242 BGB Betriebliche Übung Nr. 65 = ZTR 2004, 203.
59 BAG 14.3.2000 – 9 AZR 493/99 – BB 2000, 725; LAG Sachsen Anhalt 4.5.2004 – 11 Sa 690/03 – NJ 2004, 528; ArbG Frankfurt 4.3.2003 – 5 Ca 8810/02 – juris; LAG Köln 15.1.2003 – 7 Sa 887/02 – NZA-RR 2003, 664.

steht.[60] Erst wenn überhaupt die Versorgung des AN bezweckt ist, liegt eine Störung von Leistung und Gegenleistung vor.[61] Grds. fällt dabei das Risiko einer Veränderung von sozialrechtlichen Vorschriften dem AN zu, der auf den Bestand der Gesetzeslage vertraut hat.[62]

20 **2. Tarifvertrag.** Allein wirtschaftliche Schwierigkeiten aufseiten des AG führen nicht dazu, dass die Geschäftsgrundlage eines TV entfällt.[63] Das Entgeltrisiko bleibt auch bei einer tariflichen Regelung grds. beim AG. Im Regelfall sind TV zeitlich befristet. Neuverhandlungen sind das probate Mittel, um den Vertrag an veränderte Verhältnisse anzupassen. Wie in jedem Dauerrechtsverhältnis müssen die TV-Parteien die Risiken einer Veränderung der wirtschaftlichen Rahmenbedingungen tragen. Daher ist das Festhalten am TV nur in krassen Ausnahmefällen unzumutbar.[64] Das setzt voraus, dass die mögliche Beendigung des TV sehr weit entfernt liegt.[65] Die Unzumutbarkeit muss bezogen auf die kündigende Tarifpartei vorliegen. Das bedeutet, dass bei einem Verbands-TV nur dann ein Künd-Recht besteht, wenn die Situation für die Mehrzahl der Verbandsmitglieder unzumutbar ist.[66] Eine Loslösung ist ebenso möglich, wenn sich die Rechtslage gravierend verändert hat.[67] Die TV-Parteien haben in diesen Situationen die Möglichkeit, den TV außerordentlich gem. **§ 314** zu kündigen.[68] Der Künd als Ultima Ratio müssen aber Nachverhandlungen vorangehen.[69]

21 Ob neben der Künd nach § 314 auf das Institut des WGG mit seinen eigenen Rechtsfolgen zurückgegriffen werden kann, ist im Schrifttum umstritten[70] und vom BAG offen gelassen[71] worden. Das BAG steht der Geltung der Regeln über den WGG kritisch gegenüber, da den Tarifunterworfenen die Motive und Vorstellungen der TV-Parteien nicht bekannt sind.[72] Eine Vertragsanpassung gem. Abs. 1 ist jedenfalls nicht möglich.[73] Denn damit erhielte der Richter die Befugnis, Tarifinhalte festzulegen. Die Tarifautonomie liegt aber allein bei den TV-Parteien. Somit bliebe nur ein Künd-Recht aus Abs. 3 S. 2. Dieses meint aber das außerordentliche Künd-Recht aus § 314. Für die Anwendung des § 313 gibt es daher im TV-Recht keinen eigenständigen Anwendungsbereich.[74]

22 **3. Betriebsvereinbarung.** Vor der Kodifizierung in § 313 war es problematisch, ob der WGG einen eigenen Beendigungsgrund für BV darstellen konnte. Es wurde darauf hingewiesen, dass der Wegfall der Geschäftsgrundlage nicht zu einer automatischen Beendigung führen könne, sondern eine Lossagungserklärung erforderlich sein müsse.[75] Da gem. Abs. 3 S. 2 aber nun eine Kündigung erforderlich ist, hat sich dieses Problem erledigt. § 313 ist auf Betriebsvereinbarungen in Modifikation anwendbar.[76] Bei Störungen der Geschäftsgrundlage erwirbt der benachteiligte Betriebspartner einen Anspruch auf Anpassung. Weigert sich der andere Teil, die Vereinbarung anzupassen, entscheidet bei zwingender BV die Einigungsstelle.[77] Bei einer freiwilligen BV bleibt nur die Künd gem. Abs. 3, § 77 Abs. 5 BetrVG.[78]

23 Die Voraussetzungen des § 313 können erfüllt sein, wenn die Geschäftsgrundlage für die Zusage von Zusatzleistungen entfällt oder infolge von steuer- oder sozialversicherungsrechtlichen Veränderungen die Basis einer Versorgungsordnung berührt wird.[79] Fällt die Geschäftsgrundlage eines **Sozialplans** weg, kann der benachteiligte Betriebs-

---

60 BAG 14.3.2000 – 9 AZR 493/99 – BB 2000, 725.
61 LAG Sachsen Anhalt 4.5.2004 – 11 Sa 690/03 – NJ 2004, 528.
62 LAG Köln 15.1.2003 – 7 Sa 887/02 – NZA-RR 2003, 664.
63 RG 29.11.1921 – II 247/21 – RGZ 103, 177, 178.
64 *Däubler*, ZTR 1996, 241, 243; *Buchner*, NZA 1993, 289, 295; *Löwisch/Rieble*, § 1 Rn 369.
65 *Löwisch/Rieble*, § 1 Rn 529.
66 *Henssler*, ZfA 1994, 487, 491; *Löwisch/Rieble*, § 1 Rn 531; überwiegende Mehrheit: *Oetker*, RdA 1995, 95; Großteil der Mitglieder: *Buchner*, NZA 1993, 298.
67 Z.B. BAG GS 17.12.1959 – GS 2/59 – AP § 616 BGB Nr. 21 = NJW 1960, 738, Überholung eines Tarifvertrags für Lohnfortzahlung im Krankheitsfall durch das ArbKG.
68 BAG 12.4.1957 – 1 AZR 559/55 – AP § 9 TVG Nr. 3 = RdA 1957, 379; LAG Hamm 10.1.1996 – 18 Sa 393/95 – ZTR 1996, 458, 459; LAG Brandenburg 24.2.1994 – 3 Sa 869/93 – NZA 1995, 905, 906; *Löwisch/Rieble*, § 1 Rn 365; *Gamillscheg*, S. 775; *Meyer*, RdA 142, 148.
69 BAG 18.12.1996 – 4 AZR 129/96 – DB 1997, 872, 873; BAG 13.3.2002 – 5 AZR 684/00 – AP § 4 EFZG Nr. 58 = NZA 2002, 744; LAG Hamm 9.2.1996 – 10 Sa 1185/95 – NZA-RR 1997, 17, 18; *Belling*, NZA 1996, 906, 909.
70 Dafür *Däubler*, ZTR 1996, 421; *Belling*, NZA 1996, 906, 908; *Buchner*, NZA 1993, 289, 294; *Löwisch/Rieble*, § 1 Rn 365; *Hey*, ZfA 2002, 275 ff; dagegen *Däubler/Deinert*, TVG, § 4 TVG Rn 161 ff; *Wiedemann/Wank*, TVG, § 4

Rn 74; *Oetker*, RdA 1995, 82, 96 f; *Kempen/Zachert*, § 4 Rn 148.
71 BAG 9.12.1999 – 6 AZR 299/98 – AP § 1 BAT-O Nr. 14 = NZA 2000, 1167.
72 BAG 15.12.1976 – 4 AZR 531/75 – AP § 36 BAT Nr. 1 = DB 1977, 679.
73 BAG 10.2.1988 – 4 AZR 538/87 – AP § 33 BAT Nr. 12 = DB 1988, 1121; BAG 9.11.1988 – 4 AZR 409/88 – AP § 1 TVG Tarifverträge: Seeschifffahrt Nr. 5 = NZA 1989, 441; LAG Rheinland Pfalz 6.12.2007 – 11 Sa 414/07 – juris; *Löwisch/Rieble*, § 1 Rn 523; *Bauer/Diller*, DB 1993, 1085, 1090; *Belling*, NZA 1996, 906, 910 f; *Däubler*, ZTR 1996, 241, 244; *Wank*, RdA 1998, 71, 87; *Oetker*, RdA 1995, 96; a.A. *Hey*, ZfA 2002, 275, 292.
74 So auch *Oetker*, RdA 1995, 82, 98; *Däubler/Deinert*, TVG, § 4 TVG Rn 170.
75 *Richardi/Richardi*, § 77 Rn 196; GK-BetrVG/*Kreutz*, § 77 Rn 384.
76 BAG 29.5.1964 – 1 AZR 281/63 – AP § 59 BetrVG 1952 Nr. 24 = RdA 1964, 358; *Fitting u.a.*, § 77 Rn 135a.
77 BAG 10.8.1994 – 10 ABR 61/93 – AP § 75 BetrVG 1972 Nr. 28 = BB 1995, 1240; BAG 28.8.1996 – 10 AZR 886/95 – NZA 1997, 109; BAG 17.2.1981 – 2 BV 12/81 – BB 1981, 1092; HWK/*Gaul*, § 77 BetrVG Rn 43.
78 HWK/*Gaul*, § 77 BetrVG Rn 43.
79 *Eckert*, AR-Blattei SD 1513 Rn 82.

partner die Aufnahme neuer Sozialplanverhandlungen verlangen und notfalls die Einigungsstelle anrufen. Der angepasste Sozialplan kann in bereits entstandene Ansprüche des AN eingreifen und diese verändern.[80] Die AN genießen keinen Vertrauensschutz. Dies unterscheidet den WGG von einer außerordentlichen Künd des Sozialplans. Ob diese überhaupt möglich ist, ist noch nicht entschieden; wenn ja, würden aber die Regeln des Sozialplans gem. § 77 Abs. 6 BetrVG nachwirken und eine diesen ersetzende Vereinbarung könnte schon entstandene Ansprüche der AN nicht abändern.[81]

Eine Störung der Geschäftsgrundlage wurde angenommen, wenn die Betriebspartner von irrigen Vorstellungen über die zur Verfügung stehende Finanzmasse ausgingen[82] oder eine geplante Betriebsstillegung abgewendet werden konnte.[83] Die Verschlechterung der Ertragslage liegt dagegen im Risikobereich des Unternehmers, der das eigene Insolvenzrisiko nicht abwälzen kann.[84] Ebenso wurde WGG angenommen, wenn Änderungen im Sozialversicherungsrecht zu einer Unterversorgung führen. 24

C. Verbindung zu anderen Rechtsgebieten und zum Prozessrecht

§ 313 gibt einen Anspruch auf Vertragsanpassung. Im Gegensatz zur bisherigen Rechtslage ist die Störung der Geschäftsgrundlage nicht mehr von Amts wegen, sondern nur auf Einrede der benachteiligten Partei zu berücksichtigen. Der Klageantrag geht wie bisher nicht auf Vertragsänderung, sondern unmittelbar auf die nach der Vertragsänderung geschuldete Leistung, da der Gesetzgeber nur die Parteien verpflichten wollte, über eine Änderung zu verhandeln, nicht aber prozessuale Änderungen beabsichtigte.[85] Die Rechtslage ist insoweit mit dem früheren Wandlungsanspruch aus den kaufrechtlichen Gewährleistungsrechten vergleichbar.[86] 25

Untertitel 4: Einseitige Leistungsbestimmungsrechte

§ 315 Bestimmung der Leistung durch eine Partei

(1) Soll die Leistung durch einen der Vertragschließenden bestimmt werden, so ist im Zweifel anzunehmen, dass die Bestimmung nach billigem Ermessen zu treffen ist.

(2) Die Bestimmung erfolgt durch Erklärung gegenüber dem anderen Teil.

(3) [1]Soll die Bestimmung nach billigem Ermessen erfolgen, so ist die getroffene Bestimmung für den anderen Teil nur verbindlich, wenn sie der Billigkeit entspricht. [2]Entspricht sie nicht der Billigkeit, so wird die Bestimmung durch Urteil getroffen; das Gleiche gilt, wenn die Bestimmung verzögert wird.

Literatur zu den §§ 315, 317, 319: *Annuß*, AGB-Kontrolle im Arbeitsrecht – Wo geht die Reise hin?, BB 2002, 458; *ders.*, Arbeitsrechtliche Aspekte von Zielvereinbarungen in der Praxis, NZA 2007, 290; *Bauer/Diller/Göpfert*, Zielvereinbarungen auf dem arbeitsrechtlichen Prüfstand, BB 2002, 882; *Baur*, Betriebsjustiz, JZ 1965, 163, 166; *Behrens/Hauke*, Beweislast für die Zielerreichung bei Vergütungsansprüchen aus Zielvereinbarungen, NZA 2003, 364; *Böttcher*, Besinnung auf das Gestaltungsrecht und das Gestaltungsklagerecht, in: FS für Dölle I, S. 41; *ders.*, Einseitige Leistungsbestimmung im Arbeitsverhältnis, AuR 1967, 321, 325; *Diekmann/Bieder*, Wirksamkeit von Widerrufsvorbehalten in Formulararbeitsverträgen bei der Gewährung freiwilliger Leistungen, DB 2005, 722; *Frey*, Gleichbehandlungsfragen bei Ausübung des Direktionsrechts, DB 1964, 298; *Brahm/Rühl*, Praktische Probleme des Wiedereinstellungsanspruchs nach wirksamer Kündigung, NZA 1990, 753; *Elz*, Der Wiedereinstellungsanspruch nach Wegfall des Kündigungsgrundes, 2002; *Gaul, B.*, Arbeitsentgeltänderungen aufgrund Widerrufvorbehalt oder Teilkündigungsrecht im Arbeitsverhältnis, ZTR 1998, 245; *Gaul, B./Rauf*, Bonusanspruch trotz unterlassener Zielvereinbarung – Oder: Von den Risiken arbeitgeberseitiger Untätigkeit, DB 2008, 869; *Gaul, D.*, Einflussrechte des Betriebsrats bei Arbeitnehmererfindungen – 30 Jahre Arbeitnehmererfindungsgesetz, AuR 1987, 359; *Gehlhaar*, Rechtsfolgen unterbliebener Zielvereinbarungen und Zielvorgaben – eine Übersicht, NZA-RR 2007, 113; *Gaul, B./Naumann*, Widerrufs- und Anrechnungsvorbehalte im Lichte der AGB-Kontrolle, ArbRB 2005, 146; *Gotthard*, Der Arbeitsvertrag auf dem AGB-rechtlichen Prüfstand, ZIP 2002, 277, 288; *Hanau*, Neueste Rechtsprechung zum flexiblem Arbeitsverhältnis: Erfurter Allerlei oder neues Rezept?, ZIP 2005, 1661; *Hanau/Hromadka*,

---

80 BAG 10.8.1994 – 10 ABR 61/93 – AP § 112 BetrVG 1972 Nr. 86 = BB 1995, 1240; BAG 28.8.1996 – 10 AZR 886/95 – NZA 1997, 109.
81 BAG 10.8.1994 – 10 ABR 61/93 – AP § 112 BetrVG 1972 Nr. 86 = BB 1995, 1240; *Keßler*, BB 1995, 1242; *Meyer*, NZA 1995, 947.
82 BAG 17.2.1981 – 1 AZR 290/78 – AP § 112 BetrVG 1972 Nr. 11= NJW 1982, 69; BAG 19.2.2008 – 3 AZR 290/06 – juris.
83 BAG 28.8.1996 – 10 AZR 886/95 – NZA 1997, 109.
84 *Däubler*, NZA 1995, 545, 551; a.A. *Hümmerich*, NZA 1996, 1289, 1295.
85 BT-Drucks 14/6040, S. 175; Palandt/*Grüneberg*, § 313 Rn 41; A.A. *Dauner-Lieb/Dötsch*, NJW 2003, 921 ff., halten eine Stufenklage analog § 254 ZPO für richtig, wobei auf der ersten Stufe eine Anpassung des Vertrages durchgesetzt werden soll, konkrete Ansprüche erst auf der zweiten Stufe verfolgt werden können.
86 MüKo-BGB/*Roth*, § 313 Rn 80, 88.

Richterliche Kontrolle flexibler Entgeltregelungen in Allgemeinen Arbeitsbedingungen, NZA 2005, 73; *v. Hoyningen-Huene*, Die Billigkeit im Arbeitsrecht, 1978; *Hromada*, Inhaltskontrolle von Arbeitsverträgen, in: FS für Dieterich, 1999, S. 251; *ders.*, Das Leistungsbestimmungsrecht des Arbeitgebers, DB 1995, 1609; *Hümmerich*, Widerrufsvorbehalte in Formulararbeitsverträgen, NJW 2005, 1759; *Hümmerich/Bergwitz*, Entwicklungsklauseln in Chefarztverträgen, BB 2005, 997; *Hümmerich/Welsow*, Beschäftigungssicherung trotz Personalabbau, NZA 2005, 610; *Isenhardt*, Individualrechtliche Flexibilisierung von Arbeitsbedingungen, in: FS für Hanau, 1999, S. 221; *Kukat*, Wiedereinstellungsanspruch nach betriebsbedingter Kündigung, BB 2001, 576; *Lakies*, Das Weisungsrecht des Arbeitgebers (§ 106 GewO) – Inhalt und Grenzen, BB 2003, 364; *Lingemann*, Allgemeine Geschäftsbedingungen und Arbeitsvertrag, NZA 2002, 181; *Mauer*, Zielbonusvereinbarungen als Vergütungsgrundlage im Arbeitsverhältnis, NZA 2002, 540; *Meinel/Bauer*, Der Wiedereinstellungsanspruch, NZA 1999, 575; *Nägele*, Die Renaissance des Wiedereinstellungsanspruchs, BB 1998, 1686; *Nicolai/Noack*, Grundlagen und Grenzen des Wiedereinstellungsanspruchs nach wirksamer Kündigung des Arbeitsverhältnisses, ZfA 2000, 108; *Oetker*, Der Wiedereinstellungsanspruch des Arbeitnehmers bei nachträglichem Wegfall des Kündigungsgrundes, ZZIP 2000, 643; *Plüm*, Die tarifliche Erweiterung von Leistungsbestimmungsrechten des Arbeitgebers, DB 1992, 735; *Preis*, Anrechnung und Widerruf über- und außertariflicher Entgelte – vertragsrechtlich betrachtet, in: FS für Kissel, 1994, S. 879; *ders.*, Grundfragen der Vertragsgestaltung im Arbeitsrecht, 1993; *Reinecke*, Flexibilisierung von Arbeitsentgelt und Arbeitsbedingungen nach dem Schuldrechtsmodernisierungsgesetz, NZA 2005, 953; *Richardi*, Gestaltung der Arbeitsverträge durch Allgemeine Geschäftsbedingungen nach dem Schuldrechtsmodernisierungsgesetz, NZA 2002, 1057, 1063; *Rieble*, Flexible Gestaltung von Entgelt und Arbeitszeit im Arbeitsvertrag, NZA Sonderbeil. 3/2000, 34; *Rost*, Die „Erweiterung des Direktionsrechts" durch Tarifvertrag, in: FS für Dieterich, 1999, S. 505; *Schimmelpfennig*, Inhaltskontrolle eines formularmäßigen Änderungsvorbehalts, NZA 2005, 603; *Sievers*, Individualrechtliche Möglichkeiten und Grenzen einer Vertragsanpassung, NZA 2002, 1182; *Söllner*, Einseitige Leistungsbestimmung im Arbeitsverhältnis, 1966; *Stoffels*, Vertragsgestaltung nach der Schuldrechtsreform – eine Zwischenbilanz, Sonderbeil. NZA 1/2004, 19; *Strathmann*, Wiedereinstellungsanspruch eines wirksam gekündigten Arbeitnehmers: Tendenzen der praktischen Ausgestaltung, DB 2003, 2440; *Tschöpe*, Betriebsbedingte Kündigung, BB 2000, 2630; *Weber/Ehrich*, Direktionsrecht und Änderungskündigung bei Vertragsänderungen im Arbeitsverhältnis, BB 1996, 2246; *Willemsen/Grau*, Alternative Instrumente zur Entgeltflexibilisierung im Standardarbeitsvertrag, NZA 2005, 1137; *Zöllner*, Vorsorgliche Flexibilisierung durch Vertragsklauseln, NZA 1997, 121, 128

A. Allgemeines 1	a) Freiwilligkeitsvorbehalt 46
I. Bedeutung und Einordnung der Norm 1	b) Widerrufsvorbehalt 48
II. Systematik der Norm 5	aa) Rechtslage vor der Schuldrechtsreform 49
B. Regelungsgehalt 7	bb) Rechtslage nach der Schuldrechtsreform 52
I. Vereinbarung eines Leistungsbestimmungsrechtes 7	
II. Bestimmungsmaßstab 8	cc) Mitbestimmungsrechte 60
III. Ausübung des Leistungsbestimmungsrechtes 10	6. Betriebliche Altersversorgung 60a
IV. Gerichtliche Kontrolle des billigen Ermessens 12	7. Verhängung von Betriebsbußen 61
V. Richterliche Ersatzleistungsbestimmung 13	**C. Verbindung zu anderen Rechtsgebieten und zum Prozessrecht** 62
VI. Arbeitsrechtliche Einzelfälle 17	
1. Direktionsrecht 17	I. Verwandte Vorschriften 62
2. Tarifvertragliche Leistungsbestimmungsrechte .. 19	II. Darlegungs- und Beweislast 66
3. Soziale Auswahl 34	III. Klageart 69
4. Zielvorgaben und Gewinnbeteiligungen 39	**D. Beraterhinweise** 73
5. Widerrufsvorbehalte und Freiwilligkeitsvorbehalte 45	

A. Allgemeines

I. Bedeutung und Einordnung der Norm

1 Die Vorschrift des § 315 genießt im Arbeitsrecht eine nicht zu unterschätzende Bedeutung. Die Natur des Arbeitsvertrages bringt es mit sich, dass die Rechte und Pflichten der Arbeitsvertragsparteien aufgrund ihres Umfanges nicht alle im Arbeitsvertrag ausdrücklich geregelt werden können und daher durch ein weitreichendes **Direktionsrecht** des AG geprägt werden. Hierbei handelt es sich um ein einseitiges Leistungsbestimmungsrecht des AG, welches in §§ 315 ff. seine Grenzen und Rechtskontrolle erfährt. In jüngerer Zeit werden im Rahmen des Arbeitsvertrages zunehmend auch dem AN Leistungsbestimmungsrechte eingeräumt. Als Beispiele seien genannt die Bestimmung der Lage der Arbeitszeit bei Vereinbarung von Gleitzeit oder die Ausübung eines Wahlrechtes, ob Überstunden in Freizeit ausgeglichen oder ausbezahlt werden sollen. Denkbar ist auch, dass ein TV hinsichtlich der Dauer der wöchentlichen Arbeitszeit lediglich einen Rahmen vorsieht und die Festlegung der konkreten Dauer der Arbeitszeit dem AN obliegt (siehe Rn 24 f.).[1]

2 Die Regelungen der §§ 315 ff. sind mit Wirkung ab dem **1.3.2003** durch Art. 1 Nr. 19 des Dritten Gesetzes zur Änderung der Gewerbeordnung und sonstiger gewerberechtlichen Vorschriften vom 24.8.2002[2] dadurch ergänzt worden, dass das Weisungsrecht des AG nunmehr in **§ 106 GewO** (siehe Nr. 250 in diesem Kommentar) ausdr. geregelt wird.

---

[1] Vgl. hierzu BAG 28.10.1999 – 6 AZR 301/98 – EzA § 4 TVG Bestimmungsklausel Nr. 3; Staudinger/*Rieble*, § 315 Rn 182.

[2] BGBl I S. 3412.

Durch diese gesetzgeberische Maßnahme ist aber nur positivrechtlich verankert worden, was in der Vergangenheit bereits richterrechtlich anerkannt war und in der Judikatur zu einer Fallgruppenbildung mit umfangreicher Entscheidungspraxis geführt hat. Von daher kann ohne Einschränkungen auf die bisherige Rspr. zum Weisungsrecht zurückgegriffen werden.[3] Wegen der Einzelheiten vgl. § 106 GewO.

Nicht ohne Bedeutung für § 315 sind auch die Änderungen, die sich durch das **Gesetz zur Modernisierung des Schuldrechts**[4] seit dem 1.1.2002 ergeben haben. Zwar ist der Wortlaut des § 315 unverändert geblieben und der Gesetzgeber hat den §§ 315 ff. lediglich einen neuen Untertitel vorangestellt. Durch die Einfügung der §§ 307 ff., wonach nunmehr erstmals auch Arbeitsverträge einer Inhaltskontrolle unterfallen, sind arbeitsvertragliche Regelungen, die dem AG ein weitreichendes Direktionsrecht bzw. Ermessen einräumen, mit rechtlichen Unwägbarkeiten behaftet (vgl. § 308 Rn 18).

II. Systematik der Norm

Haben die Vertragspartner ein einseitiges Leistungsbestimmungsrecht vereinbart, so findet stets eine **doppelte Rechtskontrolle** statt. Gerichtlich überprüft werden kann sowohl die Wirksamkeit der Vereinbarung des Leistungsbestimmungsrechtes (**Angemessenheitskontrolle**) als auch die Wirksamkeit der **Leistungsausübung** durch den Bestimmungsberechtigten (**Ausübungskontrolle**).[5] § 315 befasst sich ausschließlich mit der Frage der Wirksamkeit der Leistungsausübung. Ob das Leistungsbestimmungsrecht als solches wirksam vereinbart worden ist, ist anhand anderer Bestimmungen zu überprüfen. Während dies in der Vergangenheit in erster Linie §§ 138, 242 waren, kommen nunmehr §§ 307 ff. hinzu. Diese scharfe Trennung ist in der Rspr. zuweilen nicht immer sauber eingehalten worden. **Das BAG funktionierte § 315 zeitweise zur Grundlage eines umfassenden richterlichen Eingriffsrechts um**, mit der es jedwede Billigkeitskontrolle von Arbeitsbedingungen zum Schutz des „unfreien Arbeiters" vor der einseitigen Willkürherrschaft des AG rechtfertigen konnte.[6] Häufig wurde von dem „in § 315 enthaltenen Schutzgedanken" gesprochen.[7] Insb. die Inhaltskontrolle vorformulierter Arbeitsverträge nahm das BAG aufgrund der Bereichsausnahme in § 23 AGBG neben § 242 zunehmend auch über § 315 vor.[8] Die Inhaltskontrolle ist aber von der Ausübungskontrolle strikt zu unterscheiden. Den Vorrang genießt die **Inhaltskontrolle nach §§ 138, 242, 307 ff**. Die Billigkeitskontrolle nach § 315 setzt voraus, dass die Vertragsklausel nach §§ 138, 242, 307 ff. wirksam vereinbart ist. Während bei der Billigkeitskontrolle die Umstände des Einzelfalles zu beachten sind, stellt die Inhaltskontrolle von AGB gem. § 307 notwendig generalisierend auf eine allgemeine Angemessenheit für eine Vielzahl von Verträgen ab. Mit seiner vorgenommenen allgemeinen Billigkeitskontrolle hat sich das BAG zeitweilig seiner Verantwortung als Revisionsgericht entzogen und eine unzulässige Vertragshilfe vorgenommen.[9] In jüngerer Zeit nahm das BAG richtigerweise von einer „Überbeanspruchung" des § 315 Abstand.[10] Dieser Trend wird sich nunmehr, da auch vorformulierte Arbeitsverträge einer Inhaltskontrolle nach §§ 307 ff. unterliegen, wahrscheinlich fortsetzen.

§ 315 Abs. 1 enthält eine Auslegungsregel, wonach „im Zweifel" die Ausübung des Leistungsbestimmungsrechtes nach billigem Ermessen (zum Begriff siehe Rn 12) zu erfolgen hat (zu abweichenden Bestimmungsmaßstäben siehe Rn 8). Abs. 2 bestimmt, wie das Leistungsbestimmungsrecht gegenüber dem anderen Teil ausgeübt wird (siehe Rn 10 f.). Abs. 3 S. 1 legt die halbseitige Unverbindlichkeit der Leistungsbestimmung fest, wenn die Ausübung nicht der Billigkeit entspricht (siehe Rn 13). Schließlich ordnet Abs. 3 S. 2 eine richterliche Ersatzleistungsbestimmung für den Fall an, dass die Bestimmung nicht der Billigkeit entspricht oder wenn sie verzögert wird (siehe Rn 14 ff.).

B. Regelungsgehalt

I. Vereinbarung eines Leistungsbestimmungsrechtes

Gem. § 154 ist im Zweifel ein Vertrag nicht geschlossen, solange nicht die Parteien sich über alle Punkte eines Vertrages geeinigt haben. Abzugrenzen ist insofern ein bewusst offener Einigungsmangel i.S.d. § 154 von der Vereinbarung eines Bestimmungsrechtes i.S.d. § 315. Hierbei ist zu berücksichtigen, dass ein einseitiges Bestimmungsrecht nicht ausdrücklich vereinbart werden muss, sondern auch durch stillschweigende Vereinbarung begründet werden kann. Entscheidend ist, ob sich die Parteien trotz ggf. noch offener Punkte erkennbar vertraglich binden wollen und sich die bestehenden Vertragslücken ausfüllen lassen.[11] Für den **Arbeitsvertrag** bedeutet dies, dass sich die Vertragsparteien zumindest über die **wesentlichen Hauptleistungspflichten** geeinigt haben müssen. Hierzu zählen insb.

---

3 Vgl. *Lakies*, BB 2003, 364; HWK/*Lembke*, § 106 GewO Rn 2; Staudinger/*Rieble*, § 315 Rn 171 spricht sogar davon, dass die Vorschrift des § 106 GewO überflüssig sei.
4 Gesetz v. 26.11.2001, BGBl I S. 3138.
5 *Preis*, Vertragsgestaltung, S. 191; Staudinger/*Rieble*, § 315 Rn 9; vgl. auch *Gotthard*, Rn 313.
6 So leicht überspitzt Staudinger/*Rieble*, § 315 Rn 43 m.w.N.; vgl. auch *Preis*, Vertragsgestaltung, S. 192 ff.
7 Vgl. BGH 29.10.1962 – II ZR 31/61 – BGHZ 38, 183.

8 Vgl. die Nachweise bei *Hromadka*, in: FS für Dieterich, S. 251, 253 sowie bei *Preis*, Vertragsgestaltung, S. 192.
9 Vgl. auch *Preis*, Vertragsgestaltung, S. 194 f.
10 BAG 22.3.1989 – 5 AZR 151/88 – juris; BAG 20.6.1989 – 3 AZR 564/87 – NZA 1989, 843; vgl. auch die Bürgschaftsentscheidung BAG 27.4.2000 – 8 AZR 286/99 – ZIP 2000, 1351, die § 315 auch nicht mehr erwähnt.
11 Vgl. BGH 2.4.1964 – KZR 10/62 – BGHZ 41, 275; BGH 20.6.1997 – V ZR 39/96 – NJW 1997, 2671; BGH 20.9.1989 – VIII ZR 143/88 – NJW 1990, 1234.

die Frage der Vergütung, die Dauer der Arbeitszeit sowie die zumindest rahmenmäßig umschriebene vom AN auszuübende Tätigkeit. Aber auch bei fehlender ausdrücklicher Einigung kann u.U. ein wirksamer Vertrag zustande gekommen sein, wenn sich bestimmte Leistungspflichten durch Gesetz oder TV bestimmen lassen. So kann die Dauer der Arbeitszeit durch einen allgemeinverbindlichen TV geregelt sein, hinsichtlich der Vergütung gilt im Zweifel gem. § 612 Abs. 2 die übliche Vergütung als vereinbart. Gerade für den Bereich des Arbeitsrechts sind die Anforderungen, die an das Zustandekommen eines wirksamen Vertrages zu stellen sind, gering zu halten. Dies ergibt sich daraus, dass in vielen Fällen ohne schriftliche oder konkrete mündliche Absprachen ein Arbverh durch die tatsächliche Arbeitsaufnahme in Vollzug gesetzt wird. Je weniger die Parteien ausdrücklich vereinbart haben, desto größer sind die Vertragslücken, die durch das einseitige Leistungsbestimmungsrecht des AG ausgefüllt werden müssen.

II. Bestimmungsmaßstab

8 Als Leistungsbestimmungsmaßstab sieht § 315 lediglich „**im Zweifel**" billiges Ermessen vor. Vorrangig ist daher zu fragen, ob sich die Arbeitsvertragsparteien auf einen anderweitigen Bestimmungsmaßstab geeinigt haben. Insb. kann die Bestimmung in das freie Ermessen oder einfache Ermessen oder aber in das freie Belieben des Bestimmungsberechtigten gestellt werden. Hierdurch kann der Ermessensspielraum des AG erweitert werden. Bei einer Leistungsbestimmung nach **freiem Belieben** braucht der Bestimmende nur seine Interessen zu berücksichtigen. Er darf sich dabei aber nicht auf Gründe stützen, die offenbar unsachlich sind.[12] Bei **freiem Ermessen** darf die Bestimmung nicht offenbar unbillig sein. Sie darf nicht in so grober Weise gegen die Interessen einer Partei verstoßen, dass sich die Unbilligkeit einem Unbefangenen aufdrängen muss. Hierbei ist nicht die Offenkundigkeit, sondern die Schwere des Verstoßes von Bedeutung.[13] Im Gegensatz zu billigem Ermessen sind beim freien Ermessen nicht nur die beiderseitigen Interessen gegeneinander abzuwägen, sondern können auch subjektive Erwägungen Platz greifen.[14] **Einfaches Ermessen** ist gewahrt, wenn Sinn und Zweck der Vereinbarung gewahrt werden.[15] Schließlich kann die Ausübung der Leistungsbestimmung lediglich einer **Willkürkontrolle** unterworfen werden. Willkürlich handelt, wer seine eigenen, auch verwerflichen Interessen ohne Rücksicht auf die Interessen des anderen durchsetzt.[16]

9 Die Vereinbarung eines derartig weiten Bestimmungsrechtes stellt jedoch für den AN eine von der gesetzlichen Grundregel des § 315 nachteilige Abweichung dar, so dass „**im Zweifel**" von einer **unangemessenen Benachteiligung** i.S.d. § 307 Abs. 2 Nr. 1 auszugehen ist, die zur Unwirksamkeit der Vereinbarung führt.[17] Ob eine unangemessene Benachteiligung vorliegt, wird in erster Linie von Bedeutung der Leistung, die der AG bestimmen darf, sowie von der Nähe zu anderen erlaubten und unerlaubten rechtlichen Gestaltungsmöglichkeiten (z.B. Freiwilligkeitsvorbehalt, Befristung) abhängen.[18] Bei **Bagatellweisungen** (auch als „Hau Ruck-Weisung" bezeichnet) – wie bspw. der Weisung ein bestimmtes Werkzeug aus dem Lager zu holen – wird man auch bei Einräumung einer Leistungsbestimmung nach freiem Belieben keine unangemessene Benachteiligung des AN feststellen können. Zu berücksichtigen ist aber, dass jedenfalls für das Direktionsrecht im engeren Sinne gem. § 106 GewO (Inhalt, Ort und Zeit der Arbeitsleistung) die Leistungsbestimmung nunmehr **zwingend** nach billigem Ermessen zu erfolgen hat und nicht mehr nur „im Zweifel".

III. Ausübung des Leistungsbestimmungsrechtes

10 Die Ausübung des Ermessens erfolgt gem. Abs. 2 durch **empfangsbedürftige Erklärung** gegenüber dem anderen Vertragspartner. Es handelt sich um die Abgabe einer **Willenserklärung**,[19] die sowohl Erklärungsbewusstsein (Bewusstsein, eine rechtsgeschäftliche Erklärung abzugeben) beinhaltet als auch auf einen konkreten Geschäftswillen (die auf einen bestimmten rechtsgeschäftlichen Erfolg gerichtete Absicht) gerichtet ist. Als Willenserklärung ist die Ausübung des Ermessens daher **unwiderruflich** und **bedingungsfeindlich**.[20] Der AG kann daher bspw. eine Provisionsregelung, die bereits für einen bestimmten Zeitraum erlassen ist, nicht mehr einseitig abändern. Die Unwiderruflichkeit hindert den AG nicht daran, dem AN immer wieder neue konkrete Tätigkeiten zuzuweisen und die ausgeübte Leistungsbestimmung anzupassen. Dies bringt die Natur des Arbverh als Dauerschuldverhältnis mit sich. Die Erklärung ist i.Ü. **formfrei**

---

12 *Hromadka*, DB 1995, 1609, 1611.
13 Vgl. BAG 16.3.1982 – 3 AZR 1124/79 – DB 1982, 1939.
14 BAG 12.10.1961 – 5 AZR 304/65 – AP § 611 BGB Urlaubsrecht Nr. 84 = NJW 1962, 268.
15 Soergel/*Wolf*, § 315 Rn 42; *Hromadka*, DB 1995, 1609, 1611.
16 *Söllner*, S. 138 f.; *Hromadka*, DB 1995, 1609, 1611.
17 MüKo-BGB/*Gottwald*, § 315 Rn 33; Palandt/*Heinrichs*, § 315 Rn 3; vgl. für sonstige Verträge bereits vor der Schuldrechtsreform unter Berücksichtigung des AGBG: BGH 26.11.1984 – VIII ZR 214/83 – DB 1985, 1067.
18 So *Hromadka*, DB 1995, 1609, 1611.
19 So die ganz h.M., vgl. *Hromadka*, DB 1995, 1609, 1610; *Söllner*, S. 113; Staudinger/*Rieble*, § 315 Rn 269; MüKo-BGB/*Gottwald*, § 315 Rn 34 und Rn 61; MünchArb/*Blomeyer*, Bd. 1, § 46 Rn 32 m.w.N.; a.A. Schaub/*Schaub*, Arbeitsrechts-Handbuch, § 31 Rn 68 (geschäftsähnliche Handlung); *Bötticher*, AuR 1967, 321, 325 sowie *Frey*, DB 1964, 298 (jeweils für Realakt).
20 BAG 9.11.1999 – 3 AZR 432/98 – AP § 1 BetrAVG Ablösung Nr. 30; LAG Düsseldorf 29.10.2003 – 12 Sa 900/03 – juris; *Hromadka*, DB 1995, 1609, 1610; Staudinger/*Rieble*, § 315 Rn 272; a.A. hinsichtlich der Bedingungsfeindlichkeit MüKo-BGB/*Gottwald*, § 315 Rn 37.

möglich. Dies gilt selbst dann, wenn für Änderungen oder Ergänzungen des Arbeitsvertrages Schriftform vereinbart ist, da die Ausübung von Leistungsbestimmungsrechten den Arbeitsvertrag unberührt lässt.[21]

Die Ausübung des Leistungsbestimmungsrechtes kann der Mitbestimmung des BR unterliegen. Zu denken sind hier insb. an die Zustimmung zur Versetzung gem. § 99 BetrVG sowie an den Maßnahmenkatalog des § 87 BetrVG. Nach der vom BAG vertretenen **Theorie der Wirksamkeitsvoraussetzung** ist die Ausübung des Leistungsbestimmungsrechtes ohne Zustimmung des BR unwirksam.

11

IV. Gerichtliche Kontrolle des billigen Ermessens

Die Leistungsbestimmung nach **billigem Ermessen** eröffnet dem AG einen Spielraum von verschiedenen Entscheidungsalternativen, der durch den unbestimmten Rechtsbegriff der **Billigkeit** begrenzt wird. Dies bedeutet, dass eine Entscheidung nicht schon dann unbillig sein muss, wenn das Gericht eine andere Festsetzung für richtig hält.[22] Vielmehr kann der AG bis an die durch die Billigkeit gekennzeichnete Grenze seines Ermessensspielraums gehen.[23] Was billigem Ermessen entspricht, ist unter Berücksichtigung der beiderseitigen Interessen und des in vergleichbaren Fällen üblichen, festzustellen.[24] Bei der Abwägung sind die **Grundrechte** der Parteien ebenso wie der **Gleichbehandlungsgrundsatz** zu berücksichtigen.[25] Eine umfassende Erläuterung, welche Umstände im Rahmen des billigen Ermessens zu berücksichtigen sind, bietet die Entscheidung des BAG vom 28.11.1989.[26] Hiernach verlange eine Leistungsbestimmung nach billigem Ermessen eine Abwägung der wechselseitigen Interessen nach den verfassungsrechtlichen und gesetzlichen Wertentscheidungen, den allgemeinen Wertungsgrundsätzen wie der Verhältnismäßigkeit und Angemessenheit sowie der Verkehrssitte und Zumutbarkeit. Die Berücksichtigung der Billigkeit gebiete eine Berücksichtigung und Verwertung der Interessen unter Abwägung aller Umstände des Einzelfalles. Hierzu gehörten im Arbeitsrecht die Vorteile aus einer Regelung, die Risikoverteilung zwischen den Vertragsparteien, die beiderseitigen Bedürfnisse, außervertragliche Vor- und Nachteile, Vermögens- und Einkommensverhältnisse sowie soziale Lebensverhältnisse wie familiäre und Unterhaltsverpflichtungen. Die umfangreiche Aufzählung des BAG zeigt, dass die Überprüfung letztlich auf eine **Einzelfallentscheidung der ArbG** hinausläuft.[27] Dem AG ist freilich anzuraten sämtliche Abwägungsdirektive in seine Ermessensentscheidung mit einzubeziehen. Ähnlich wie nach der verwaltungsgerichtlichen Ermessensfehlerlehre kann nämlich auch ein Ermessensnichtgebrauch oder die Nichteinbeziehung wesentlicher Umstände in die Ermessensentscheidung dazu führen, dass die Leistungsbestimmung ermessensfehlerhaft ist.[28] Zu einem derartigen Prüfungsmaßstab tendiert zuweilen auch das BAG, wenn es prüft, ob nicht **sachfremde** oder **willkürliche Motive** für die Bestimmung maßgebend gewesen sind.[29] Unterschiede treten hinsichtlich des Prüfungsmaßstabes insofern auf, ob es sich um **belastende** oder **begünstigende** Maßnahmen des AG handelt. Während bei begünstigenden Maßnahmen der AG im Wesentlichen frei ist und lediglich den Gleichbehandlungsgrundsatz zu wahren hat, steht bei belastenden Maßnahmen die Beachtung des Verhältnismäßigkeitsgrundsatzes im Vordergrund. Aus dem Grundsatz der Gleichbehandlung kann ein **Anspruch** auf Zuweisung bestimmter Tätigkeiten folgen (z.B. Heranziehung zu Überstunden).[30] Aus dem Direktionsrecht kann u.U. auch eine **Pflicht zur Ausübung des Direktionsrechtes** werden, so bspw. bei der Zuweisung vertragsgemäßer Arbeit.[31]

12

V. Richterliche Ersatzleistungsbestimmung

Gem. Abs. 3 S. 1 ist die getroffene Bestimmung **für den anderen Teil** nur verbindlich, wenn sie der Billigkeit entspricht. Es liegt insoweit eine **halbseitige Unwirksamkeit** vor. Die bestimmende Partei bleibt an die Erklärung gebunden,[32] während der Vertragspartner zu wahren hat, die Leistungsbestimmung zu akzeptieren oder gerichtlich überprüfen zu lassen. Umstritten ist, ob der Leistungsbestimmung eine „vorläufige Verbindlichkeit" zukommt und diese ähnlich wie ein Verwaltungsakt nur „vernichtbar"[33] ist oder ob die Leistungsbestimmung von vorn herein unverbindlich und somit unwirksam ist.[34]

13

---

21 *Söllner*, S. 113 f.; *Hromadka*, DB 1995, 1609, 1610.
22 BGH 24.6.1991 – II ZR 268/90 – NJW-RR 1991, 1248; Staudinger/*Rieble*, § 315 Rn 117; a.A. *v. Hoyningen-Huene*, S. 42 f.
23 MüKo-BGB/*Gottwald*, § 315 Rn 30.
24 BAG 4.5.1993 – 3 AZR 625/92 – ZIP 1994, 148.
25 Vgl. BAG 20.12.1984 – 2 AZR 436/83 – AP § 611 BGB Direktionsrecht Nr. 27 = DB 1985, 2689; BAG 21.12.1970 – 3 AZR 510/69 – AP § 305 BGB Billigkeitskontrolle Nr. 1 = DB 1971, 727, 729.
26 BAG 28.11.1989 – 3 AZR 118/88 – DB 1990, 1095; ähnlich auch die Zusammenfassung bei *v. Hoyningen-Huene*, S. 122 f.
27 Vgl. schon die Definition von „Billigkeit" durch *Aristoteles*, Nikomachische Ethik, V 14: konkrete Einzelfallgerechtigkeit.

28 Vgl. *Söllner*, S. 131 f.; MüKo-BGB/*Gottwald*, § 315 Rn 63.
29 So z.B. BAG 12.10.1961 – 5 AZR 304/65 – AP § 611 BGB Urlaubsrecht Nr. 84 = NJW 1962, 268.
30 LAG Köln 22.6.1994 – 2 Sa 1087/93 – LAGE § 611 BGB Direktionsrecht Nr. 19.
31 Vgl. BAG 12.9.1996 – 5 AZR 30/95 – NZA 1997, 381; LAG München 18.9.2002 – 5 Sa 619/02 – LAGE § 611 BGB Beschäftigungspflicht Nr. 45.
32 Staudinger/*Rieble*, § 315 Rn 81.
33 So wohl BAG 16.12.1965 – 5 AZR 304/65 – DB 1966, 467; OLG Frankfurt 3.12.1998 – 3 U 257/97 – NJW-RR 1999, 379; Palandt/*Heinrichs*, § 315 Rn 16; MüKo-BGB/*Gottwald*, § 315 Rn 4;.
34 So Staudinger/*Rieble*, § 315 Rn 149; *Bötticher*, in: FS für Dölle I, S. 67.

14 Mit der richterlichen Ersatzleistungsbestimmung nach Abs. 3 S. 2, 319 Abs. 1 S. 2 ordnet der Gesetzgeber **aktive Vertragshilfe** an. Ohne das Institut der richterlichen Ersatzleistungsbestimmung wäre der AN darauf angewiesen, im Wege der Vornahmeklage den AG zur Ausübung der Leistungsbestimmung zu verurteilen und im Anschluss hieran diese unvertretbare Handlung nach § 888 ZPO zu vollstrecken. Erst nach erfolgreicher Zwangsvollstreckung könnte der AN in einem zweiten Prozess auf Leistung klagen. Abs. 3 S. 2 stellt also eine prozessuale Erleichterung für den AN dar.

15 **Ausgeschlossen** sein soll grds. eine richterliche **Erstbestimmung**, da der Richter nur subsidiär zur Leistungsbestimmung berufen ist.[35] Gleichwohl nimmt das Gericht die Leistungsbestimmung ohne vorherige Leistungsbestimmung des AG vor, wenn dieser die Leistungsbestimmung verzögert. Auch bei fehlender Ermessensausübung kann die Entscheidung durch das ArbG getroffen werden.[36] Anerkannt ist ferner, dass gerade im Bereich des Arbeitsrechtes bei der Erteilung **konkreter Arbeitsanweisungen** die richterliche Ersatzleistungsbestimmung konkludent abbedungen ist, da dem Richter der Einblick in die betriebliche Arbeitsorganisation fehlt und der AG kraft des Dauergestaltungsrechts dem AN immer wieder neue Arbeit zuweisen und damit auch eigene Direktionsfehler auffangen kann.[37] Dem AN steht allerdings bei einer nicht der Billigkeit entsprechenden Arbeitsanweisung ein **Leistungsverweigerungsrecht** zu.

16 Während der AG bei der Erstbestimmung bis an die durch die Billigkeit gekennzeichnete Grenze seines Ermessensspielraums gehen kann, sollte sich das Gericht „tunlichst in der Mitte halten".[38]

VI. Arbeitsrechtliche Einzelfälle

17 **1. Direktionsrecht.** Das arbeitgeberseitige **Direktionsrecht** bildet den Hauptanwendungsfall der Leistungsbestimmung durch billiges Ermessen. So kann der AG Inhalt, Zeit und Ort der Arbeitsleistung durch billiges Ermessen näher bestimmen, wie es **§ 106 GewO** nunmehr ausdrücklich vorsieht (s. die Kommentierung zu § 106 GewO).

18 § 6 Abs. 2 GewO regelt, dass die Bestimmungen des Abschnitts I des Titels VII, dem auch § 106 GewO zuzuordnen ist, auf alle AN Anwendung finden. Demnach sind **arbeitnehmerähnliche Personen** vom Anwendungsbereich des § 106 GewO ausweislich des Wortlautes ausgenommen. Insofern stellt sich die Frage, inwiefern dem Auftraggeber ein entsprechendes Direktionsrecht zusteht und anhand welcher Maßstäbe eine Billigkeitskontrolle zu erfolgen hat. Soweit ein arbeitsrechtliches Gesetz seine entsprechende Anwendung für arbeitnehmerähnliche Personen nicht ausdrücklich anordnet, bestimmen sich die Rechtsverhältnisse nach dem für den zugrunde liegenden Vertragstypus geltenden Vorschriften, i.d.R. daher nach den Vorschriften des Dienstvertrages (§§ 611 ff.) oder des Werkvertrages (§§ 631 ff.). In beiden Fällen findet § 315 als Norm des allgemeinen Schuldrechts auf das Vertragsverhältnis Anwendung. Zu berücksichtigen ist jedoch, dass sich die arbeitnehmerähnliche Person ihrer Definition nach dadurch auszeichnet, dass es an einer persönlichen Abhängigkeit zum Auftraggeber fehlt und nur eine wirtschaftliche Abhängigkeit gegeben ist. Als Abgrenzungskriterien zum persönlich abhängigen AN werden angesehen die Bindung an Arbeitszeiten, die tatsächliche Eingliederung in den Betrieb, der Arbeitsort, die Abhängigkeit von Arbeitmitteln und der Grad der Weisungsgebundenheit. Man erkennt schnell, dass es ein klassisches Direktionsrecht bei arbeitnehmerähnlichen Personen nicht gibt. Insb. die nähere Bestimmung von Ort und Zeit der Arbeitsleistung steht der Definition der arbeitnehmerähnlichen Person entgegen. Kann der Auftraggeber Ort und Zeit der Leistung nach billigem Ermessen bestimmen, so wird i.d.R. ein von persönlicher Abhängigkeit geprägtes Arbverh vorliegen. Soweit der Inhalt der Arbeitsleistung betroffen ist, findet eine Billigkeitskontrolle nach § 315 statt. So kann der Auftraggeber einem Handelsvertreter bspw. vorschreiben, welche Vertragsvordrucke bei einem Vertragsabschluss verwendet werden sollen, auch wenn dies nicht im Handelsvertretervertrag geregelt ist. Welche inhaltlichen Vorgaben der Auftraggeber der arbeitnehmerähnlichen Person geben kann, bestimmt sich im Einzelfall nach der Eigenart der ausgeübten Tätigkeit.

19 **2. Tarifvertragliche Leistungsbestimmungsrechte.** Durch tarifvertragliche Regelungen können dem AG erweiterte Leistungsbestimmungsrechte eingeräumt werden, die er sich durch einzelvertragliche Regelung nicht verschaffen könnte. Bei einzelvertraglichen Leistungsbestimmungsrechten hat das BAG bislang eine Billigkeitskontrolle über § 242 derart vorgenommen, dass Änderungen des Kernbereichs des Vertrages einer **Änderungs-Künd** bedürfen und das BAG eine Vertragsgestaltung, die dem AG eine einseitige Änderung des **Kernbereichs** einräumt als objektive Umgehung der kündigungsschutzrechtlichen Bestimmungen (insb. § 2 KSchG) für unwirksam hielt.[39] Für unwirksam hält das BAG bspw. arbeitsvertragliche Klauseln, wonach der AG den AN auf einen geringwertigeren oder geringer entlohnten Arbeitsplatz versetzen kann,[40] dem AN einseitig das Arbeitsentgelt kürzen kann[41] oder die

---

35 Vgl. Staudinger/*Rieble*, § 315 Rn 18 ff.
36 ArbG Köln 19.7.2007 – 22 Ca 2074/07 – NZA-RR 2008, 49 für die Gewährung von Sonderurlaub nach § 28 TVöD.
37 Staudinger/*Rieble*, § 315 Rn 67 sowie 71.
38 Vgl. MüKo-BGB/*Gottwald*, § 315 Rn 30.
39 Vgl. z.B. BAG 7.10.1982 – 2 AZR 455/80 – AP § 620 BGB Teilkündigung Nr. 5 = ZIP 1983, 719; BAG 12.12.1984 – 7 AZR 509/83 – AP § 2 KSchG 1969 Nr. 6; zuletzt BAG 7.8.2002 – 10 AZR 282/01 – EzA § 315 BGB Nr. 51.
40 BAG 12.12.1984 – 7 AZR 509/83 – DB 1985, 1240.
41 BAG 19.10.1961 – 2 AZR 457/60 – AP § 1 KSchG Betriebsbedingte Kündigung Nr. 13.

festgelegt Arbeitszeit reduzieren kann.[42] Mit Einfügung des § 308 Nr. 4 durch das SchuldRModG bedarf es nunmehr keines Rückgriffes mehr auf die Generalklausel des § 242. Nach § 308 Nr. 4 ist in AGB unwirksam eine Vereinbarung eines Rechts des Verwenders, die versprochene Leistung zu ändern oder von ihr abzuweichen, wenn nicht die Vereinbarung der Abweichung oder der Änderung unter Berücksichtigung der Interessen des Verwenders für den anderen Vertragsteil zumutbar ist (vgl. Rn 52 ff.).

Demgegenüber hat das BAG schon vor Inkrafttreten des SchuldRModG den TV-Parteien bei der Vereinbarung tarifvertraglicher Leistungsbestimmungsrechte einen größeren Beurteilungsspielraum eingeräumt. Für sie gelte – kraft der **Sachkunde** und **Gleichgewichtigkeit der Tarifpartner** – eine **materielle Richtigkeitsgewähr**.[43] Auch der Gesetzgeber räumt den TV-Parteien teilweise die Möglichkeit ein, einzelvertraglich nicht abdingbare Rechtspositionen abzuändern (vgl. z.B. § 622 Abs. 4; § 13 BUrlG).[44] Der Künd-Schutz nach § 2 KSchG ist zwar nicht tarifdispositiv,[45] das BAG hat aber mittlerweile zu Recht klargestellt, dass tarifvertragliche Leistungsbestimmungsrechte einer **Inhaltskontrolle** nach §§ 307 Abs. 1, 2, 308, 309 wegen der Regelung in § 310 Abs. 4 S. 3 **nicht unterliegen**.[46]

Unklar ist bislang, welchen **konkreten Prüfungsmaßstab** die ArbG bei tarifvertraglichen Leistungsbestimmungsrechten anzuwenden haben. Im Vordergrund steht hierbei nicht die Frage der Wirksamkeit der Ausübung des Leistungsbestimmungsrechtes, die sich auch bei tarifvertraglichen Leistungsbestimmungsrechten nach § 315 richtet, sondern die Frage, inwieweit derart weitreichende Leistungsbestimmungsrechte überhaupt durch TV vereinbart werden können. Das BAG vertrat ursprünglich die Auffassung, dass ein Eingriff in kündigungsschutzrechtliche Rechtspositionen (Verstoß gegen § 2 KSchG) nicht vorliege, da die TV-Parteien lediglich von einem ihnen übertragenen Recht Gebrauch machten.[47] Richtigerweise verneint das BAG auch eine Billigkeitskontrolle nach § 242, da aufgrund des Normcharakters tariflicher Regelungen den Gerichten eine Inhaltskontrolle nach § 242 wie auch bei Gesetzen verwehrt ist.[48] Zunehmend durchgesetzt hat sich daher die Auffassung, dass tarifliche Leistungsbestimmungsrechte einer **verfassungsorientierten Inhaltskontrolle** standhalten müssen. Tarifvertragliche Leistungsbestimmungsrechte dürfen nicht in den verfassungsrechtlich gewährleisteten **Mindeststandard des Künd-Schutzes** eingreifen.[49] Zu überprüfen ist insb. die Einhaltung des Übermaßverbots unter persönlichkeits- und berufsrechtlichen Aspekten.[50]

Die TV-Parteien unterliegen zudem dem allgemeinen Willkürverbot des Art. 3 Abs. 1 GG. Die Rspr. ist hier allerdings noch in der Entwicklung. Sie hat bislang noch keinen einheitlichen Prüfungsmaßstab entwickelt und stellt vielfach nach wie vor darauf ab, ob eine objektive Umgehung des durch § 2 KSchG gewährleisteten Künd-Schutzes vorliegt.[51]

Einzelne Klauseln:
– Durch TV kann dem AG die Befugnis eingeräumt werden, für AN mit erschwerten Arbeitsbedingungen die tariflich festgelegte **Arbeitszeit zu verkürzen**. Verändern sich die Arbeitsbedingungen im Laufe der Jahre, ist der AG nicht gehindert, einseitig die festgelegt Arbeitszeit wieder zu erhöhen, bzw. die Verkürzung aufzuheben.[52] Einer Änderungs-Künd bedarf es insoweit nicht. Die Regelung in **§ 10 Nr. 3 Mantel-TV für den Deutschlandfunk v. 1.6.1969** sowie dessen Nachfolgeregelungen hielt das BAG für wirksam.
– Ähnlich verhält es sich, wenn ein TV eine bestimmte regelmäßige wöchentliche Arbeitszeit vorsieht und dem AG die Möglichkeit eingeräumt wird, diese Arbeitszeit mit einer Ankündigungsfrist von einer Woche bis zu einer bestimmten **Maximalarbeitszeit auszudehnen**, wenn in diesem entsprechenden Zeitraum überwiegend Arbeitsbereitschaft anfällt.[53] Das BAG folgert aus der Tarifnorm (**§ 9 TV AL II**) zugleich, dass der AG die verlängerte Arbeitszeit auch in derselben Weise wieder bis zur tariflichen Normalarbeitszeit verkürzen kann.
– § 15 Abs. 2 BAT sah vor, dass die regelmäßige **Arbeitszeit** auf bis zu zehn Stunden täglich (durchschnittlich 49 Stunden wöchentlich) **verlängert** werden kann, wenn in sie regelmäßig eine Arbeitsbereitschaft von durchschnittlich mindestens zwei Stunden fällt, bzw. auf bis zu elf Stunden täglich verlängert werden kann bei einer Arbeitsbereitschaft von durchschnittlich mindestens drei Stunden täglich.[54] Das BAG hat die einseitige Auswei-

---

42 LAG Bremen 20.5.1999 – 4 Sa 2/99 – NZA-RR 2000, 14; KR-*Rost*, § 2 KSchG Rn 45.
43 BAG 4.9.1985 – 5 AZR 655/84 – DB 1986, 382; BAG 25.4.1991 – 6 AZR 183/90 – DB 1991, 1574; BAG 18.10.1994 – 1 AZR 503/93 – EzA § 615 BGB Kurzarbeit Nr. 2; vgl. auch *Weber/Ehrich*, BB 1996, 2246, 2247; *Plüm*, DB 1992, 735.
44 So auch KR-*Rost*, § 2 KSchG Rn 54c.
45 Hierauf weist zu Recht auch MünchArb/*Hanau*, Bd. 1, § 62 Rn 105 hin.
46 BAG 23.9.2004 – 6 AZR 442/03 – NZA 2005, 475.
47 BAG 22.5.1985 – 4 AZR 427/83 – AP 1 TVG Tarifverträge: Bundesbahn Nr. 7 unter Hinweis auf frühere Rspr.
48 BAG 12.3.1992 – 6 AZR 311/90 – EzA § 4 BeschFG 1985 Nr. 1; BAG 22.5.1985 – 4 AZR 88/84 – AP § 1 TVG Tarifverträge: Bundesbahn Nr. 7.
49 BAG 18.10.1994 – 1 AZR 503/93 – EzA § 615 BGB Kurzarbeit Nr. 2; *Rost*, in: FS für Dieterich, S. 505, 515; ausführlich auch *Plüm*, DB 1992, 735.
50 *Plüm*, DB 1992, 735.
51 Vgl. z.B. BAG 27.1.1994 – 6 AZR 541/93 – EzA § 615 BGB Kurzarbeit Nr. 1; LAG Düsseldorf 17.3.1995 – 17 Sa 1981/94 – DB 1995, 2224.
52 BAG 28.11.1984 – 5 AZR 123/83 – DB 1985, 132.
53 BAG 26.6.1985 – 4 AZR 585/83 – DB 1985, 132; zustimmend *Rost*, in: FS für Dieterich, S. 505, 516.
54 Der neue TVöD sieht den Begriff der Arbeitsbereitschaft nicht mehr vor.

tung der regelmäßigen Arbeitszeit von Rettungssanitätern, bei denen diese Voraussetzungen vorlagen, gebilligt.[55] Die Tragweite des tarifvertraglichen Leistungsbestimmungsrechts wird deutlich, wenn man berücksichtigt, dass das BAG die Verlängerung der Arbeitszeit auch dann für zulässig hält, wenn sich die Verlängerung **mittelbar** auf das **Arbeitsentgelt** auswirkt. Durch die Verlängerung der Arbeitszeit wird nämlich dem Ang die Möglichkeit genommen, seine Arbeitskraft im Rahmen der arbeitszeitlichen Grenzen zu verwerten, sei es durch Überstunden, Arbeitsbereitschaft, Bereitschaftsdienst oder Rufbereitschaft bei demselben AG, sei es durch eine statthafte Nebentätigkeit bei einem anderen AG. Das BAG betont hingegen, dass sich die Maßnahme nicht als unbillig darstelle, da durch sie nicht kündigungsschutzrechtlich gesicherte Positionen im Arbverh der Parteien. Weder nach dem TV noch aufgrund des Arbeitsvertrages bestehe ein Anspruch auf Ableistung von Bereitschaftsdienst. Es stehe im pflichtgemäßen Ermessen des AG, den Arbeitsanfall entweder durch Bereitschaftsdienste oder durch zeitversetzte und geteilte Dienste aber auch durch Ausweitung des Arbeitszeitrahmens zu bewältigen.[56]

26 — Nur aufgrund einer kollektivrechtlichen Ermächtigungsgrundlage (TV oder BV) ist es dem AG möglich unter den dort beschriebenen Voraussetzungen **Kurzarbeit** anzuordnen. Demgegenüber ist ihm die Anordnung von Kurzarbeit aufgrund arbeitsvertraglichen Direktionsrechtes verwehrt.[57] Die tarifliche Ermächtigung muss aber die Voraussetzungen, unter denen der AG einseitig Kurzarbeit anordnen kann, ausdrücklich benennen. Für unwirksam erklärt hat das BAG daher die Regelung in **§ 15 Abs. 5 BAT-O**, wonach „die Einführung von Kurzarbeit zulässig ist".[58] Unterschiedlich sieht die Begründung aus, die der 1. Senat bzw. der 6. Senat liefert. Nach Auffassung des 6. Senats[59] ist die Regelung gem. § 134 wegen Verstoßes gegen kündigungsschutzrechtliche Gesetzesbestimmungen (hier: Einigungsvertrag Anlage I Kapitel XIX Sachgebiet A Abschnitt III Nr. 1 Abs. 4) **unwirksam**. Der AG erhalte durch § 15 Abs. 5 BAT-O ein einseitiges Gestaltungsrecht, das ihn berechtige, ohne Bindung an Künd-Fristen und Künd-Gründe in den Kernbereich des Arbverh einzugreifen. Der 1. Senat[60] schließt sich in seiner Begründung zwar dem 6. Senat an; ergänzend stellt er jedoch auf verfassungsrechtliche Überlegungen ab. Die aus Art. 12 Abs. 1 GG folgende Schutzpflicht des Staates gewähre dem AN einen gesetzlichen Mindeststandard des Künd-Schutzes. Tarifliche Regelungen, die dem AG ohne nähere Voraussetzungen und damit ohne Wahrung eines Minimums an Bestandsschutz die Suspendierung des Arbverh zubilligten, seien damit nicht zu vereinbaren.

27 — Für wirksam hielt das BAG **§ 16 Abs. 1 des TV für Arbeiter der Deutschen Bundesbahn v. 1.11.1960**, wonach der Arbeiter, soweit es der Dienst erfordert, jede ihm übertragene Arbeit – auch an einem anderen Dienstort und bei einer anderen Dienststelle – zu leisten hat, die ihm nach seiner Befähigung, Ausbildung und körperlichen Eignung zugemutet werden kann, ohne dass der Arbeitsvertrag förmlich geändert werden muss, wobei ihm sowohl eine höher als auch eine niedriger entlohnte Beschäftigung übertragen werden kann.[61] Eine Änderungs-Künd sei nicht erforderlich, da der AG nicht in gesicherte Rechtspositionen des AN eingreife, weil der AG nur von einer ihm durch TV eingeräumten Rechtsposition Gebrauch mache. Auch die fehlende Diensttauglichkeit eines AN stelle ein dienstliches Erfordernis dar, so dass eine Herabgruppierung kraft Direktionsrechts möglich sei.[62]

28 — Offen gelassen hat das BAG die Frage, inwieweit die Regelung des **§ 5 des Mantel-TV für die AN der Papierindustrie in der Bundesrepublik Deutschland v. 7.2.1997** rechtswirksam ist.[63] Die Vorschrift sieht vor, dass ein AN im Falle des Wegfalls des Arbeitsplatzes infolge von Rationalisierungsmaßnahmen auf einen anderen Arbeitsplatz **umgesetzt** werden kann und er auch andere zumutbare Arbeiten leisten muss. Bei Umsetzungen, die zu einer niedrigeren Stundenvergütung führen, sieht der TV einen Verdienstausgleich vor. Entgegen der Vorinstanz,[64] die eine Umsetzung vom Schichtwerkführer zum Maschinenführer ohne Ausspruch einer Änderungs-Künd für wirksam hielt, äußert das BAG Bedenken, ob eine derartige tarifvertragliche Erweiterung des Vertrags-

---

55 BAG 12.2.1986 – 7 AZR 358/84 – DB 1987, 995; BAG 17.3.1988 – 6 AZR 268/85 – DB 1988, 1855; nochmals bestätigt durch BAG 26.3.1998 – 6 AZR 537/96 – NZA 1998, 1177.
56 BAG 26.3.1998 – 6 AZR 537/96 – NZA 1998, 1177; BAG 17.3.1988 – 6 AZR 268/85 – DB 1988, 1855.
57 BAG 15.12.1961 – 1 AZR 207/59 – AP § 615 BGB Kurzarbeit Nr. 1; BAG 14.2.1991 – 2 AZR 415/90 – AP § 615 BGB Kurzarbeit Nr. 4.
58 BAG 27.1.1994 – 6 AZR 541/93 – EzA § 615 BGB Kurzarbeit Nr. 1; BAG 18.10.1994 – 1 AZR 503/93 – EzA § 615 BGB Kurzarbeit Nr. 2.
59 BAG 27.1.1994 – 6 AZR 541/93 – EzA § 615 BGB Kurzarbeit Nr. 1.
60 BAG 18.10.1994 – 1 AZR 503/93 – EzA § 615 BGB Kurzarbeit Nr. 2.
61 Vgl. BAG 22.5.1985 – 4 AZR 88/84 – AP § 1 TVG Tarifverträge: Bundesbahn Nr. 6; BAG 22.5.1985 – 4 AZR 427/83 – AP § 1 TVG Tarifverträge: Bundesbahn Nr. 7; zustimmend *Rost*, in: FS für Dieterich, S. 505, 516.
62 BAG 22.5.1985 – 4 AZR 88/84 – AP § 1 TVG Tarifverträge: Bundesbahn Nr. 6.
63 BAG 19.11.2002 – 4 AZR 591/01 – AP § 1 TVG Tarifverträge: Papierindustrie Nr. 18.
64 LAG München 27.9.2001 – 4 Sa 348/00 – juris.

gestaltungsrechts des AG nicht als objektive Umgehung des zwingenden allgemeinen Änderungsschutzes aus § 2 KSchG unwirksam sei. Letztlich konnte das BAG die Frage offen lassen, da es die Zuweisung der Tätigkeit als Maschinenführer für nicht „zumutbar" i.S.d. Tarifvorschrift ansah. Die Umsetzung scheiterte somit letztlich an der **Ausübung** des tarifvertraglich eingeräumten Direktionsrechtes. Ausgehend von einem lediglich verfassungsrechtlichen Prüfungsmaßstab dürfte ein Eingriff in den verfassungsrechtlich gewährleisteten Mindest-Künd-Schutz nicht vorliegen, da das Direktionsrecht des AG durch das Korrektiv der Zumutbarkeit begrenzt wird. Folge dessen ist, dass der Schwerpunkt der arbeitsgerichtlichen Überprüfung auf die Ausübung des Direktionsrechtes entfällt.

– Das LAG Rheinland-Pfalz hatte über die Wirksamkeit des **§ 14 Abs. 1 des MTV für die Chemische Industrie** zu befinden. Die Vorschrift erlaubt eine **Versetzung** an einen Arbeitsplatz mit geringeren Anforderungen, schützt den AN jedoch mit einer Verdienstsicherung. Das LAG Rheinland-Pfalz hielt die Tarifnorm für wirksam.[65]   **28a**

– **Wirksam** ist nach Auffassung des BAG die Vorschrift des **§ 27 Abs. 3 BMT-G II**.[66] Hiernach kann der Arbeiter einer niedrigeren Lohngruppe zugewiesen werden, wenn Arbeitsmangel oder ein an anderer Stelle dringend notwendiger Bedarf aus dienstlichen oder betrieblichen Gründen eine vorübergehende Personalumbesetzung erforderlich machen. In diesem Falle ist der Lohn der bisherigen Lohngruppe für zwei Wochen weiterzuzahlen. Sobald die Gründe für die Einweisung weggefallen sind, ist der Arbeiter wieder in seine frühere Lohngruppe zu überführen. Die tarifvertragliche Regelung wahre verfassungsrechtliche Grenzen und sei mit den kündigungsschutzrechtlichen Wertungen vereinbar, da die Einweisung in eine niedrigere Vergütungsgruppe an bestimmte betriebliche Gründe geknüpft sei; die Maßnahme zeitlich begrenzt sei, wodurch ausgeschlossen werde, dass sich der Inhalt des Arbeitsvertrages auf Dauer verändern werde und schließlich sichergestellt sei, dass dem AN für die Dauer von zwei Wochen noch der bisherige Lohn weiterzuzahlen sei.[67] Wiederholt für unwirksam erklärt wurde die Vorschrift des **§ 8 des TV zur Lohn- und Gehaltssicherung für AN in der Eisen-, Metall-, Elektro- und Zentralheizungsindustrie NRW v. 25.1.1979** (jetzt § 8 TV zur Entgeltsicherung – TV EGS – vom 18.12.2003), wonach jeder AN verpflichtet ist, andere ihm zugewiesene zumutbare Arbeiten und Tätigkeiten zu übernehmen.[68] Die Vorschrift berechtige den AG nicht, den AN zu einem anderen Arbeitsort zu versetzen, als dem, der individualvertraglich vereinbart sei.[69] Auch berechtige sie den AG nicht, einseitig kraft Direktionsrechts einem AN tariflich niedriger vergütete Arbeit zuzuweisen. Insofern sei die Tarifnorm als Umgehung von § 2 KSchG i.V.m. § 1 Abs. 2 und 3 KSchG jedenfalls nichtig.[70] Dem ist zu widersprechen. Da auch hier die Erweiterungsklausel unter dem Vorbehalt der Zumutbarkeit steht, liegt kein Eingriff in den durch Art. 12 GG gewährleisteten Mindest-Künd-Schutz vor, so dass allenfalls im Einzelfall überprüft werden kann, ob sich die Zuweisung der Tätigkeit als **zumutbar** darstellt.   **29**

– Für wirksam hielt das BAG § 12 des TV über die Regelung der Rechtsverhältnisse der nicht vollbeschäftigten amtlichen Tierärzte und Fleischkontrolleure in öffentlichen Schlachthöfen und in Einfuhruntersuchungsstellen v. 1.4.1969, wonach sich die Arbeitszeit des Ang nach dem Arbeitsanfall richtet.[71] Zwar bestimme § 4 Abs. 1 BeschFG 1985, dass bei einer Arbeitsleistung entsprechend dem Arbeitsanfall eine bestimmte Dauer der Arbeitszeit festgelegt werden müsse und dass bei Fehlen einer solchen Vereinbarung eine wöchentliche Arbeitszeit von zehn Stunden als vereinbart gilt. § 6 Abs. 1 BeschFG 1985 bestimme jedoch, dass von dieser Vorschrift auch zuungunsten des AN abgewichen werden könne. Ein Verstoß gegen zwingende Künd-Schutzbestimmungen liege nicht vor. Diese Annahme scheint bedenklich, wird doch das Arbeits- und Wirtschaftsrisiko, welches verfassungsrechtlich der AG grds. zu tragen hat, in unzulässiger Weise auf den AN übertragen.[72] Richtigerweise regelt § 12 Abs. 3 TzBfG daher nunmehr auch, dass von § 12 Abs. 1 TzBfG (entspricht dem alten § 4 Abs. 1 BeschFG) durch TV nur dann zuungunsten der AN abgewichen werden kann, wenn der TV Regelungen über die tägliche und wöchentliche Arbeitszeit vorsieht.   **30**

– Ein TV kann auch ein einseitiges **Suspendierungsrecht bzw. Freistellungsrecht** des AG vorsehen.[73] Zwar greife ein derartiges Recht in die Berufsfreiheit des AG ein. Dieser Eingriff sei aber gerechtfertigt wenn Wertentscheidungen des Künd-Schutzes berücksichtigt würden und der AG bei der Entscheidung billiges Ermessen beachte.   **31**

---

65 LAG Rheinland Pfalz 3.11.2005 – 6 Sa 414/05 – juris.
66 BAG 23.9.2004 – 6 AZR 442/03 – NZA 2005, 475.
67 So die Begründung in BAG 23.9.2004 – 6 AZR 442/03 – NZA 2005, 475.
68 LAG Düsseldorf 17.3.1995 – 17 Sa 1981/94 – DB 1995, 2224; LAG Hamm 15.3.2006 – 2 Sa 1812/04 – NZA-RR 2006, 581; ArbG Düsseldorf 15.3.1989 – 4 Ca 6569/88 – DB 1989, 2079; a.A. aber zu Recht *Weber/Ehrich*, BB 1996, 2246, 2247.
69 ArbG Düsseldorf 15.3.1989 – 4 Ca 6569/88 – DB 1989, 2079.
70 LAG Düsseldorf 17.3.1995 – 17 Sa 1981/94 – DB 1995, 2224; LAG Hamm 15.3.2006 – 2 Sa 1812/04 – NZA-RR 2006, 581.
71 BAG 12.3.1992 – 6 AZR 311/90 – NZA 1992, 938.
72 Bedenken auch bei *Rost*, in: FS für Dieterich, S. 505, 516.
73 BAG 27.2.2002 – 9 AZR 562/00 – EzA § 4 TVG Rundfunk Nr. 23; vgl. auch Staudinger/*Rieble*, § 315 Rn 187.

32 – Eine Erweiterung **arbeitnehmerseitiger Leistungsbestimmungsrechte** sieht der Ergänzungs-TV 2/95 zum **Mantel-TV der Techniker-Krankenkasse** vor, wonach abweichend von der regelmäßigen **wöchentlichen Arbeitszeit** von 37,5 Stunden die Arbeitszeit in einem Rahmen zwischen 35,5 und 39,5 Stunden vereinbart werden kann. Da der TV vorsieht, dass nur die Beschäftigten eine individuelle Arbeitszeit wählen können, das Wahlrecht durch einen Antrag ausgeübt wird und der AG die Wahl nur aus betrieblichen Notwendigkeiten ablehnen kann, sah das BAG diese Regelung trotz der Formulierung „vereinbaren" als einseitiges Leistungsbestimmungsrecht des **AN** an.[74] Das Gericht sah es nicht als ermessensfehlerhaft oder widersprüchlich an, dass ein AN eine Erhöhung seiner Arbeitszeit auf 39,5 Stunden gewählt hatte, der aber zugleich eine Beurlaubung bis zum Eintritt des Versorgungsfalles beantragt hatte, da er dauerhaft außerstande sei, die ihm obliegenden Aufgaben in vollem Umfang zu erfüllen.

33 – Zahlreiche deutsche ArbG hatten sich in den vergangenen Jahren mit den Regelungen des zwischen der Gewerkschaft ver.di und der Deutschen Telekom AG geschlossenen Haus-TV Rationalisierungsschutz und Beschäftigungssicherung v. 29.6.2002 (TV ratio)[75] zu befassen.[76] Der TV sah unter Verzicht auf den Ausspruch betriebsbedingter Künd Versetzungen in die als eigenständigen Betrieb gegründete Vermittlungs- und Qualifizierungseinheit Vivento vor. In einem im TV näher beschriebenen Clearing-Verfahren wurde sowohl nach Leistungsgesichtspunkten als auch nach sozialen Gesichtspunkten eine Auswahl derjenigen Mitarbeiter vorgenommen, die wegen weggefallener Arbeitsplätze in die Qualifizierungseinheit Vivento versetzt werden sollten. Nachdem im Rahmen der arbeitsgerichtlichen Überprüfung der Versetzungen erstinstanzlich divergierende Entscheidungen ergingen, liegen mittlerweile zahlreiche landesarbeitsgerichtliche Entscheidungen vor, die die Regelungen des TV ratio und die damit einhergehende Versetzung für wirksam erachten.[77] Die Entscheidungen halten eine Versetzung im Wege des Direktionsrechtes ohne Ausspruch einer Änderungs-Künd für möglich und verneinen eine Umgehung des § 2 KSchG. Es handele sich zwar um weit reichende Maßnahmen, die jedoch angesichts der Gesamtkonzeption des Tarifwerkes und der konkreten Ausgestaltung von der Regelungsmacht der Tarifparteien gedeckt sei. Eine Sachentscheidung des BAG steht noch aus.[78] Die Tarifpartner haben mit Wirkung zum 1.3.2004 einen TV ratio neu geschlossen, der nunmehr eine Auswahl vorsieht, die sich an § 1 Abs. 3 KSchG orientiert, und zudem unter verkürzten tarifvertraglichen Künd-Fristen die Versetzung zu Vivento durch Ausspruch einer Änderungs-Künd absichert.[79]

34 **3. Soziale Auswahl.** Während sich die soziale Auswahl beim Ausspruch betriebsbedingter Künd nach § 1 Abs. 3 KSchG richtet, verlangt das BAG in anderen Fällen, in denen der AG eine **soziale Auswahl** vorzunehmen hat, eine Auswahl nach billigem Ermessen; teilweise auch nach freiem Ermessen. Von Bedeutung sind hier insb. die soziale Auswahl beim **Wiedereinstellungsanspruch**, wenn mehrere AN ihre Wiedereinstellung begehren, obwohl der Künd-Grund nur teilweise weggefallen ist (z.B. nach erfolgtem Teilbetriebsübergang) und die soziale Auswahl beim Abschluss von **Altersteilzeitverträgen**, wenn der entsprechende TV eine Überforderungsklausel enthält, wonach der AG nur verpflichtet ist, mit einem gewissen Prozentsatz der AN einen Altersteilzeitvertrag abzuschließen.

35 Für den Fall des **Wiedereinstellungsanspruchs** hat das BAG eine analoge Anwendung des § 1 Abs. 3 KSchG abgelehnt und eine Anwendbarkeit der **§§ 242, 315 bejaht**.[80] Beim Wiedereinstellungsanspruch gehe es nicht darum, eine einseitige rechtsgestaltende Erklärung abzugeben, sondern es sei zu entscheiden, mit welchem AN ein Vertrag zu schließen sei. Es kämen daher ohnehin nur die AN in Betracht, die dem AG gegenüber ihren Willen zur Wiedereinstellung bekundet hätten.[81] Dies überzeugt indes nicht. Da der Wiedereinstellungsanspruch als Korrektiv des Prognoseprinzips das Spiegelbild zur ausgesprochenen Künd darstellt, muss die Wiedereinstellung nach denselben Kriterien vorgenommen werden wie die Auswahl bei der Künd. Die Auswahlentscheidung hat daher nach **§ 1 Abs. 3**

---

74 BAG 28.10.1999 – 6 AZR 301/98 – EzA § 4 TVG Bestimmungsklausel Nr. 3.
75 Tarifsammlung der Deutschen Telekom AG, herausgegeben vom AG-Verband Telekom, AGV-T, Mai 2003, S. 182.
76 Eine umfangreiche Übersicht über die Entscheidungen 1. und 2. Instanz findet sich bei *Hümmerich/Welsau*, NZA 2005, 610.
77 Vgl. LAG Schleswig-Holstein 11.8.2004 – 2 Sa 475/03 – juris; LAG Berlin 22.2.2005 – 3 Sa 1023/04 – juris; LAG Nürnberg 16.2.2005 – 3 Sa 447/04 – juris; LAG Sachsen 1.3.2005 – 7 Sa 362/363/04 – juris; LAG Sachsen 15.3.2005 – 7 Sa 551/04 – juris; LAG Sachsen-Anhalt 31.3.2005 – 9 Sa 556/04 – juris; LAG Brandenburg 3.5.2005 – 2 Sa 702/04 – ZTR 2005, 534 (LS).
78 Die Verfahren wurden überwiegend beim BAG durch Vergleich beendet. Mit Urteilen vom 12.12.2006 wies das BAG 2 klägerische Revisionen mit der Begründung zurück, dass das Recht zur Geltendmachung der Unwirksamkeit der Versetzung verwirkt sei (9 AZR 747/06 – NZA 2007, 369; 9 AZR 748/06 – juris).
79 Zu den Einzelheiten *Hümmerich/Welsau*, NZA 2005, 610.
80 BAG 28.6.2000 – 7 AZR 904/98 – AP § 1 KSchG 1969 Wiedereinstellung Nr. 6; noch offen gelassen BAG 4.12.1997 – 2 AZR 140/97 – AP § 1 KSchG 1969 Wiedereinstellung Nr. 4; ebenso für eine Anwendung des § 315: *Tschöpe*, BB 2000, 2630; *Oetker*, ZIP 2000, 643; *Kukat*, BB 2001, 576; *Brahm/Rühl*, NZA 1990, 753; *Strathmann*, DB 2003, 2440; MüKo-BGB/*Gottwald*, § 315 Rn 76.
81 BAG 28.6.2000 – 7 AZR 904/98 – AP § 1 KSchG 1969 Wiedereinstellung Nr. 6.

KSchG analog zu erfolgen.[82] Da der Gesetzgeber durch das Gesetz zu Reformen am Arbeitsmarkt vom 24.12.2003[83] die Sozialauswahlkriterien des § 1 Abs. 3 KSchG auf Alter, Betriebszugehörigkeit, Unterhaltspflichten und Schwerbehinderung beschränkt hat, ist es nunmehr auch nicht auszuschließen, dass sich die unterschiedliche dogmatische Verankerung der sozialen Auswahl auf das Ergebnis auswirken kann. Der AG hat bei einer Auswahl nach billigem Ermessen einen weitergehenden Beurteilungsspielraum als bei der Anwendung des § 1 Abs. 3 KSchG.

Bei der sozialen Auswahl im Zusammenhang mit dem Abschluss von **Altersteilzeitverträgen** ist hingegen eine Anwendbarkeit des § 315 einer analogen Anwendung des § 1 Abs. 3 KSchG vorzuziehen. Das Schutzinteresse des AN ist weitaus geringer als beim Ausspruch einer Künd, so dass auch **betriebliche Interessen** des AG bei der Auswahlentscheidung Berücksichtigung finden können müssen. Außerdem erweisen sich die Auswahlkriterien des § 1 Abs. 3 KSchG hier als nicht passend. Möchte ein AN vorzeitig im Wege der Altersteilzeit aus dem Arbvverh ausscheiden, so ist bei einem Wunsch nach Altersteilzeit die Frage der Unterhaltspflichten bspw. völlig irrelevant. Im Rahmen der Auswahl muss der AG die entsprechenden Anträge auf Abschluss eines Altersteilzeitvertrages zunächst sammeln, um sodann zu feststehenden Stichtagen eine Auswahlentscheidung vorzunehmen. Es handelt sich um eine verfassungsrechtlich zulässige Beschränkung der Vertragsfreiheit des AG.

Sehen tarifvertragliche Regelungen vor, dass der AG mit einem gewissen Prozentsatz der Belegschaft einvernehmlich eine vorübergehende Erhöhung der wöchentlichen Arbeitszeit vornehmen kann (vgl. z.B. die Regelung des § 3 des nordrhein-westfälischen einheitlichen Mantel-TV für die Eisen-, Metall- und Elektroindustrie v. 18.12.2003 – EMTV) hat der AG eine Auswahl nach billigem Ermessen vorzunehmen, wenn mehr vergleichbare AN einer bestimmten Abteilung hierzu ihre Bereitschaft bekunden, als nach dem TV zulässig ist oder als vom AG vorgesehen. Gleiches gilt für die **soziale Auswahl** im Rahmen des **§ 9 TzBfG**.[84] Nach dieser Vorschrift hat der AG einen teilzeitbeschäftigten AN, der ihm den Wunsch nach einer **Verlängerung** seiner vertraglich vereinbarten **Arbeitszeit** angeboten hat, bei der Besetzung eines entsprechenden freien Arbeitsplatzes bei gleicher Eignung bevorzugt zu berücksichtigen, es sei denn dass dringende betriebliche Gründe entgegenstehen. Auch hier kann eine soziale Auswahl erforderlich werden, wenn mehrere Teilzeit-AN ein entsprechendes Angebot unterbreitet haben und beide AN für die Stelle fachlich in gleicher Weise geeignet sind. In der Praxis wird hierbei im Rahmen eines arbeitsgerichtlichen Verfahrens freilich auch häufig die Frage der fachlichen Vergleichbarkeit im Vordergrund stehen.

Erfordert die nach billigem Ermessen vorzunehmende **Verteilung der Arbeitszeit** eine personelle **Auswahlentscheidung** des AG finden die Grundsätze einer sozialen Auswahl im Rahmen einer betriebsbedingten Künd keine Anwendung.[85] Es komme nicht auf eine Abwägung der verschiedenen AN-Interessen an, sondern auf eine Abwägung des einzelnen AN-Interesses mit den Interessen des AG. Zudem sei bei der Ausübung des Direktionsrechtes auch weder Bestand noch Inhalt des Arbvverh betroffen.[86]

4. Zielvorgaben und Gewinnbeteiligungen. Zielvereinbarungen und Zielvorgaben gewinnen im Rahmen der Arbeitsvertragsgestaltung über die Zielgruppe der Führungskräfte hinaus mehr und mehr an Bedeutung. Während die Zielvorgabe einseitig durch den AG erfolgt und insoweit eine einseitige Leistungsbestimmung vorliegt, werden bei der Zielvereinbarung die Ziele durch AG und AN gemeinschaftlich festgelegt.[87] Zu gerichtlichen Auseinandersetzungen kommt es zum einen, wenn die Parteien darüber streiten, ob der AN die Zielvorgaben erreicht hat. Hier muss der AN seinen Vergütungsanspruch schlüssig darlegen und beweisen.[88] Ggf. muss er zunächst auf Auskunftserteilung oder Abrechnung klagen.

Lange Zeit umstr. war die Rechtsfolge, wenn die vom AG getroffene Festlegung unbillig und daher unverbindlich ist oder der AG die Festlegung **verzögert** hat oder gar **unterlassen hat**. Hierzu wurden im Wesentlichen drei Auffassungen vertreten. Nach einer Auffassung sollte bei einer unterbliebenen Aufstellung von Zielen die Festlegung der Ziele bei Zielvorgaben gem. Abs. 3 S. 2 und bei Zielvereinbarungen in analoger Anwendung dieser Vorschrift **durch Urteil** erfolgen.[89] Dies sollte selbst dann gelten, wenn die Zielperiode bereits abgelaufen ist.[90] Nach einer anderen Auffassung sollten die Ziele im Wege einer **ergänzenden Vertragsauslegung** bestimmt werden.[91] Schließlich wurde auf den Rechtsgedanken des **§ 162 Abs. 1** zurückgegriffen, wonach niemand aus seinem treuwidrigen Verhalten Vorteile ziehen darf. Der AN habe einen arbeitsvertraglichen Anspruch darauf, dass es ihm ermöglicht werde,

---

82 Vgl. *Meinel/Bauer*, NZA 1999, 575; *Nägele*, BB 1998, 1686; KR/*Etzel*, § 1 KSchG Rn 738; *Nicolai/Noack*, ZfA 2000, 108; *Elz*, Der Wiedereinstellungsanspruch nach Wegfall des Kündigungsgrundes, S. 143 f.
83 BGBl I S. 3002 ff.
84 LAG Düsseldorf 3.8.2007 – 10 Sa 112/07 – AuR 2008, 120 (LS); *Sievers*, § 9 TzBfG Rn 15.
85 BAG 23.9.2004 – 6 AZR 567/03 – NZA 2005, 359.
86 So BAG 23.9.2004 – 6 AZR 567/03 – NZA 2005, 359.
87 Vgl. zur Unterscheidung *Gehlhaar*, NZA-RR 2007, 113, 114; *Annuß*, NZA 2007, 290.
88 *Behrens/Hauke*, NZA 2003, 364; *Mauer*, NZA 2002, 540, 549.
89 So LAG Düsseldorf 29.10.2003 – 12 Sa 900/03 – juris; LAG Hessen 29.1.2002 – 7 Sa 836/01 – AiB 2002, 575; *Mauer*, NZA 2002, 540, 547; *Küttner/Griese*, Zielvereinbarung, Rn 14.
90 LAG Düsseldorf 29.1.2003 – 12 Sa 900/03 – juris; *Annuß*, NZA 2007, 290, 295.
91 LAG Köln 14.3.2006 – 9 Sa 1152/05 – juris; LAG Hamm 24.11.2004 – 3 Sa 1325/04 – LAGReport 2005, 165; vgl. hierzu auch LAG Köln 23.5.2002 – 7 Sa 71/02 – DB 2003, 451.

die Jahresbonuszahlung voll zu verdienen. Die Initiative hierzu liege bei der Beklagten. Nach Treu und Glauben und dem aus § 162 Abs. 1 folgenden allgemeinen Rechtsgedanken könne die Rechtsfolge nur darin bestehen, dass eine fiktive Zielerreichung von 100 % zugrunde gelegt werde.[92]

40 Jedenfalls für den Fall der Zielvereinbarung bei bestehender Rahmenvereinbarung hat das BAG nunmehr einen vierten Weg gewählt. Dem AN stehe gem. **§§ 280 Abs. 1, 3, 283, 252** ein **Schadensersatzanspruch** zu, wenn aus vom AG zu vertretenen Gründen für ein Kalenderjahr keine Zielvereinbarung getroffen worden sei.[93] Eine Festsetzung von Zielen nach Ablauf der Zielperiode durch Urteil werde dem Motivationsgedanken nicht gerecht, der für Zielvereinbarungen maßgebend sei.[94] Für eine ergänzende Vertragsauslegung fehle es dem Arbeitsvertrag an einer unbewussten Lücke; ebenso wie es für die analoge Anwendung von § 162 an einer Regelungslücke fehle. Soweit dem AG die Initiative obliegen habe, mit dem AN ein Gespräch über eine Zielvereinbarung zu ergreifen, verletze der AG eine vertragliche Nebenpflicht, wenn er ein solches Gespräch nicht anberaume. Beruhe das Nichtzustandekommen der Zielvereinbarung auf Gründen, die sowohl der AG als auch der AN zu vertreten habe, könne ein **Mitverschulden** des AN gem. § 254 in Betracht kommen.[95] Ein solches Mitverschulden wird man auch annehmen müssen, wenn der AN es versäumt, den AG zu Verhandlungen über die Zielvereinbarung aufzufordern.[96]

41 Hinsichtlich der Höhe des entstandenen Schadens will das BAG dem AN über die **Schadensschätzung** des **§ 287 ZPO** eine Beweiserleichterung zu Gute kommen lassen. Dieser müsse lediglich Umstände darlegen, aus denen sich nach dem gewöhnlichen Verlauf der Dinge die Wahrscheinlichkeit des Gewinneintritts ergebe. Hierbei sei grds. davon auszugehen, dass der AN die vereinbarten Ziele erreicht hätte, wenn nicht besondere Umstände diese Annahme ausschließen würden. Solche besonderen Umstände habe der AG darzutun.[97]

Sollte das BAG seine Rspr. konsequent fortführen, wird sie auch bei unterlassenen einseitigen Zielvorgaben die Schadensersatzlösung wählen. Auch bei einer Zielvorgabe tritt nach Zeitablauf Unmöglichkeit gem. § 275 Abs. 1 ein.[98] Ein Mitverschulden des AN wird hier i.d.R. ausscheiden, da die Festlegung der Ziele ausschließlich in den Verantwortungsbereich des AG fällt.

42 Vereinbaren die Beteiligten eine **Gewinnbeteiligung** von mindestens 5 %, wobei die Höhe der Gewinnbeteiligung mit der Höhe des Gewinns steigen soll, so erfolgt die Festlegung der konkreten Gewinnbeteiligung durch den AG nach billigem Ermessen.[99] Entgegen der Ansicht der Vorinstanzen[100] liegt ein wirksamer Vertrag vor und kein bewusster offener Einigungsmangel i.S.d. § 154. Versäumt es der AG, eine weitere Staffelung der Gewinnbeteiligung festzulegen, so sieht das BAG die Geltendmachung der Mindestgewinnbeteiligung von 5 % nicht als unbillig an.

43 Das Leistungsbestimmungsrecht hinsichtlich der Festlegung der Zielvorgaben steht grds. dem AG zu.[101] Es handelt sich nicht um die Bestimmung der Gegenleistung, die grds. gem. § 316 dem AN zustünde. Durch die Zielvorgaben, soll bestimmt werden, welche Arbeitsleistung der AN zu erbringen hat; erst in Abhängigkeit davon bestimmt sich die Gegenleistung.

44 Holt der AG im Laufe der gerichtlichen Auseinandersetzung die Festlegung der Zielvorgaben nach, bedarf es keiner Festlegung durch gerichtliches Urteil mehr. Etwas anderes gilt nur dann, wenn die nachgeholte Festsetzung nicht der Billigkeit entspricht (Abs. 3 S. 2). Die nachgeholte Bestimmung hat im Zweifel **ex tunc-Wirkung**.[102]

45 **5. Widerrufsvorbehalte und Freiwilligkeitsvorbehalte.** Als für den AG günstige Instrumente, um in wirtschaftlich schwierigen Zeiten den Vergütungsbereich des AN zu flexibilisieren haben sich in der Vergangenheit sog. Widerrufsvorbehalte und Freiwilligkeitsvorbehalte erwiesen. Weitgehend anerkannt ist die Zulässigkeit dieser Instrumente im Bereich der Sonderzahlungen bzw. Gratifikationen. Ob und unter welchen Voraussetzungen der AG mittels dieser Instrumente auch in sonstige Vergütungsansprüche einseitig eingreifen kann, ist bislang nicht hinreichend geklärt. Es existiert eine umfangreiche Einzelfall-Rspr.

46 a) **Freiwilligkeitsvorbehalt.** Bei einer Zahlung unter **Freiwilligkeitsvorbehalt** erfolgt die Zahlung durch den AG **ohne Rechtspflicht**. Der AG muss gegenüber dem AN seinen fehlenden Verpflichtungswillen erkennbar zum Ausdruck bringen.[103] Dies gilt umso mehr, als dass formularmäßige Arbeitsverträge seit dem 1.1.2002 gem. §§ 305 ff. einer Inhaltskontrolle unterliegen. So gehen gem. § 305c Abs. 2 Zweifel bei der Auslegung AGB zu Lasten des Verwenders. Gem. § 307 Abs. 1 S. 2 kann sich eine unangemessene Benachteiligung des AN auch daraus ergeben, dass

---

[92] Vgl. LAG Düsseldorf 28.7.2006 – 17 Sa 465/06 – LAGE § 611 BGB 2002 Tantieme Nr. 2; LAG Köln 23.5.2002 – 7 Sa 71/02 – DB 2003, 451; *Bauer/Diller/Göpfert*, BB 2002, 882, 883.
[93] BAG 12.12.2007 – 10 AZR 97/07 – NZA 2008, 409.
[94] I.d.S. auch bereits *Gehlhaar*, NZA-RR 2007, 113.
[95] BAG 12.12.2007 – 10 AZR 97/07 – NZA 2008, 409.
[96] *Gaul/Rauf*, DB 2008, 869, 872.
[97] BAG 12.12.2007 – 10 AZR 97/07 – NZA 2008, 409; *Mauer*, NZA 2002, 540, 548; zur Darlegungs- und Beweislast auch *Bauer/Diller/Göpfert*, BB 2002, 882, 883.
[98] Ebenso *Gaul/Rauf*, DB 2008, 869, 873, die bei einer Zielvorgabe aber neben der Schadensersatzlösung § 162 für anwendbar halten.
[99] BAG 18.5.1983 – 3 AZR 1165/79 – juris.
[100] LAG Nürnberg 19.6.1979 – 2 Sa 33/79 – juris.
[101] Wie hier MüKo-BGB/*Gottwald*, § 316 Rn 4; a.A. ErfK/*Preis*, § 612 BGB Rn 42 sowie *Mauer*, NZA 2002, 540, 547: jeweils für AN.
[102] *Mauer*, NZA 2002, 540, 547; MüKo-BGB/*Gottwald*, § 315 Rn 36.
[103] HWK/*Thüsing*, § 611 BGB Rn 508.

die Bestimmung nicht klar und verständlich ist. Der AG wird also bei der Vertragsgestaltung ein besonderes Augenmerk auf die genaue Formulierung des Freiwilligkeitsvorbehaltes legen müssen. **Nicht** hinreichend zum Ausdruck kommt der fehlende Verpflichtungswille des AG bei Überschriften wie „freiwillige Weitergabe tarifvertraglicher Gehaltssteigerungen",[104] „freiwillige soziale Leistungen",[105] oder „freiwillige Sozialleistung".[106] Mit einer derartigen Formulierung kann auch gemeint sein, dass der AG sich freiwillig vertraglich zu einer Leistung verpflichte, ohne hierzu kraft Gesetzes, TV oder BV verpflichtet zu sein. Die Formulierung „freiwillig und unter dem Vorbehalt jederzeitigen Widerrufs" bringt nicht hinreichend zum Ausdruck, ob ein Freiwilligkeitsvorbehalt oder ein Widerrufsvorbehalt vereinbart ist.[107] Als **hinreichend** wurden hingegen von der Rspr. angesehen Formulierungen wie „freiwillig und ohne Anerkennung einer Rechtspflicht",[108] dass „ein Anspruch nicht hergeleitet werden kann"[109] oder „die Zahlung erfolgt ohne Rechtsanspruch".[110] Auf der sicheren Seite dürfte der AG wohl stehen, wenn er formuliert: „Die Zahlung stellt eine freiwillige Leistung dar. Ein Anspruch auf sie wird auch durch mehrmalige Zahlung für die Zukunft nicht begründet."[111]

Der Anwendungsbereich eines zulässigen Freiwilligkeitsvorbehaltes wird von der Rspr. sehr restriktiv gefasst. Überwiegend werden Freiwilligkeitsvorbehalte nur im Bereich der **Jahressonderleistungen** für zulässig gehalten. Grund dieser Restriktion ist wohl, dass die Einstellung der Leistung für die Zukunft aufgrund eines Freiwilligkeitsvorbehaltes an keinerlei besondere Voraussetzungen geknüpft ist. Hier liegt der wesentliche Unterschied zum Widerrufsvorbehalt, da die Ausübung des **Widerrufs** nur in den Grenzen **billigen Ermessens** i.S.d. § 315 erfolgen kann. Die voraussetzungslose Möglichkeit sich von bestimmten Leistungen einseitig zu lösen[112] wird somit durch einen eng beschränkten Anwendungsbereich ausgeglichen. Sofern eine Klausel nach ihrem Wortlaut nur als Freiwilligkeitsvorbehalt zu verstehen war, aber einen Vergütungsteil außerhalb der Sonderleistungen betraf, wurde die Klausel von der Rspr. in der Vergangenheit in einen Widerrufsvorbehalt umgedeutet. Dies gilt insb. auch für den Bereich der betrieblichen Altersversorgung.[113] Ungewiss ist, ob im Hinblick auf § 305c Abs. 2 zukünftig eine Umdeutung durch das Gericht überhaupt möglich und erlaubt sein wird oder ob von einer Gesamtnichtigkeit der Klausel auszugehen ist (vgl. auch Rn 38).

b) Widerrufsvorbehalt. Während mit einem Freiwilligkeitsvorbehalt ein Rechtsanspruch von vornherein ausgeschlossen wird, bezweckt der **Widerrufsvorbehalt** die Beseitigung eines zunächst unbefristet zugesagten Anspruchs.[114] Dem AG wird eingeräumt, ohne Ausspruch einer Änderungs-Künd oder Abschluss eines Änderungsvertrages einseitig die Arbeitsbedingungen des AN zu verschlechtern. Die Vereinbarung eines solchen Widerrufsvorbehaltes wird grds. für zulässig erachtet.[115] Da die Ausübung des Widerrufs den Anspruch lediglich für die Zukunft ausschließt, muss der Widerruf dem AN vor Fälligkeit des Anspruchs zugehen. Verspätet ist ein Widerruf hinsichtlich des Urlaubsgeldes bspw. dann, wenn der Widerruf dem AN erst nach Rückkehr aus dem Urlaub zugeht.[116] Sieht der Widerrufsvorbehalt vor, dass die Änderungen erst mit Ablauf einer vom AG einzuhaltenden Frist eintreten sollen, spricht man vom Widerrufsvorbehalt/Änderungsvorbehalt mit Ankündigungsfrist.[117] Das BAG unterzieht Widerrufsvorbehalte grds. einer zweistufigen Prüfung. Auf der ersten Stufe ist zu fragen, ob die vereinbarte Klausel ihrem Inhalt rechtswirksam vereinbart wurde. Auf der zweiten Stufe ist zu prüfen, ob der Widerruf durch den AG ermessensfehlerfrei ausgeübt wurde. Hinsichtlich des Prüfungsmaßstabes sind durch Inkrafttreten der Schuldrechtsreform erhebliche Unsicherheiten aufgetreten.

aa) Rechtslage vor der Schuldrechtsreform. Aufgrund der Bereichsausnahme in § 23 Abs. 1 AGBG (keine Anwendung des AGBG auf Arbeitsverträge) stand bislang bei der Prüfung, ob die Klausel rechtswirksam vereinbart wurde, die Frage im Vordergrund, ob die Klausel wegen Umgehung **zwingender Künd-Schutzvorschriften**, insb.

---

104 LAG Schleswig-Holstein 31.5.2005 – 2 Sa 66/05 – juris.
105 BAG 11.4.2000 – 9 AZR 255/99 – NZA 2001, 24; BAG 4.5.1999 – 10 AZR 290/98 – AP § 242 BGB Betriebliche Übung Nr. 55; LAG Köln 7.8.1998 – 11 Sa 620/98 – NZA-RR 1998, 529.
106 BAG 23.10.2002 – 10 AZR 48/02 – NZA 2003, 557.
107 *Preis*, Vertragsgestaltung, S. 427 f.
108 BAG 6.12.1995 – 10 AZR 198/95 – NZA 1996, 1027; BAG 12.1.2000 – 10 AZR 840/98 – AP § 611 BGB Gratifikation Nr. 223.
109 BAG 5.6.1996 – 10 AZR 883/95 – AP § 611 BGB Gratifikation Nr. 187.
110 BAG 28.2.1996 – 10 AZR 516/95 – NZA 1996, 758.
111 Ähnlich auch *Küttner/Kania*, Widerrufsvorbehalt/Freiwilligkeitsvorbehalt, Rn 11.
112 Dies ist zu begrüßen, da der AG sonst darüber nachdenken würde, überhaupt keine freiwilligen Leistungen zu gewähren; vgl. MünchArb/*Hanau*, Bd. 1, § 62 Rn 103.
113 BAG 17.5.1973 – 3 AZR 381/72 – AP § 242 BGB Ruhegehalt – Unterstützungskassen Nr. 6; BAG 28.4.1977 – 3 AZR 300/76 – AP § 242 BGB Ruhegehalt – Unterstützungskassen Nr. 7; BAG 5.6.1984 – 3 AZR 33/84 – AP § 1 BetrAVG Unterstützungskassen Nr. 3; vgl. hierzu auch *Preis*, in: FS für Kissel, S. 879, 886.
114 So auch *Rieble*, NZA Sonderbeil. 3/2000, 34, 40.
115 Vgl. erstmals BAG 11.6.1958 – 4 AZR 514/55 – AP § 611 BGB Direktionsrecht Nr. 2; BAG 15.11.1995 – 2 AZR 521/95 – NZA 1996, 603; zuletzt BAG 12.1.2005 – 5 AZR 364/04 – NZA 2005, 465; *Hromadka*, NZA 1996, 13; *Gaul*, ZTR 1998, 245; *Preis*, Vertragsgestaltung, S. 423; KR/*Rost*, § 2 KSchG, Rn 47 ff.; *Sievers*, NZA 2002, 1182.
116 BAG 11.4.2000 – 9 AZR 255/99 – NZA 2001, 24.
117 *Hromadka*, DB 1995, 1609.

§ 2 KSchG, gem. **§ 134** nichtig ist. Im Grundsatz war davon auszugehen, dass dies erst dann der Fall ist, wenn der **Kernbereich des Arbverh** angetastet ist.[118] Die Frage, wann ein Eingriff in den Kernbereich des Arbverh vorlag, beantwortete das BAG mit einer einzellfallbezogenen Rspr.-Kasuistik. Ausgangspunkt war eine Entscheidung aus dem Jahre 1971, in der das BAG bei einer Vereinbarung einer jederzeit widerruflichen Leistungszulage in Höhe von 20 % des tariflichen Bruttogehalts keinen Eingriff in den Kernbereich des Arbverh sah.[119] Auch ein Widerrufsvorbehalt hinsichtlich einer Leistungszulage in Höhe von **25 und 30 %** des tariflichen Stundenlohnes wurde vom BAG gebilligt.[120] Hinsichtlich der Frage, welcher Anteil der Vergütung arbeitsvertraglich unter einen Widerrufsvorbehalt gestellt werden kann, sei nicht nur zu berücksichtigen wie viel Prozent widerruflich sind, sondern auch, was dem AN nach Ausübung des Widerrufs noch verbleibe.[121] Berücksichtige man ausschließlich die prozentuale Bezugnahme auf die Gesamtbezüge, wurde dem Recht entgegen gehalten, dass gerade der großzügige AG schlechter gestellt werde.[122] Gegen eine ausschließliche Berücksichtigung, ob dem AN nach Ausübung des Widerrufs noch das in der Branche übliche Entgelt verbleibt, wurde hingegen eingewandt, dass der von § 2 KSchG gewollte Vertragsinhaltsschutz grds. auch gegenüber Besserverdienenden gelte.[123] Demnach war eine Gesamtschau vorzunehmen, die sowohl den prozentualen Verlust als auch das verbleibende Einkommen in Betracht zieht. Erhielt der AN keine übertarifliche Leistungszulage, sondern eine tätigkeitsgebundene Zulage in Höhe von 15 oder 20 % der Gesamtbezüge, so konnte diese durch einen Widerrufsvorbehalt widerrufen werden, wenn die Zusatzaufgabe im Rahmen einer Versetzung des AN entfiel.[124] Grds. war die Tendenz festzustellen, dass bei Besserverdienenden ein größerer Gestaltungsspielraum des AG bestand.[125] Bei einem Chefarzt konnte über eine Entwicklungsklausel die Zuständigkeit des Chefarztes verändert werden, was wiederum zu einer Verringerung des Entgelts um bis zu 40 % führte.[126]

50 Strenger als im Entgeltbereich zeigte sich das BAG bei Änderungsvorbehalten hinsichtlich der **Arbeitszeit**. Das BAG hielt eine Arbeitsvertragsklausel, die es dem AG eines teilzeitbeschäftigten Lehrers erlaubte, den zunächst festgelegten Umfang der Arbeitszeit **einseitig nach Bedarf** zu ändern, für unwirksam.[127] Jede einseitige Eingriffsbefugnis des AG nehme dem AN die Dispositionsfreiheit über die Verwertung seiner Arbeitskraft. Er könne aufgrund der Unsicherheit über seine zeitliche Inanspruchnahme keine weitere Tätigkeit ausüben. Vor diesem Hintergrund erscheint die Entscheidung des LAG Schleswig Holstein,[128] wonach die wöchentliche Unterrichtszeit eines Lehrers bei Festlegung eines Höchstrahmens vom AG festgelegt werden kann, bedenklich. Die regelmäßige Arbeitszeit zählt als Teil der Gegenleistung zum Kernbereich des Arbverh (zur Möglichkeit einer tarifvertraglichen Regelung vgl. Rn 24 f.). Demgegenüber hielt das BAG eine Widerrufsklausel, mit der zusätzlich gewährte **Urlaubstage** bei einer Tarifurlaubserhöhung angerechnet werden können, für zulässig.[129]

51 War ein Widerrufsvorbehalt wirksam vereinbart worden, war auf der zweiten Stufe zu prüfen, ob dieser ordnungsgemäß ausgeübt wurde. Die Ausübung des Widerrufs musste billigem Ermessen i.S.d. § 315 entsprechen. Das BAG nahm hierbei eine einzelfallbezogene Interessenabwägung vor.[130] Erforderlich sei ein sachlicher Grund für den Widerruf. Kürzt der AG eine Leistungszulage für überdurchschnittliche Leistungen wegen krankheitsbedingter Fehlzeiten, so lag hierin kein sachlicher Grund, wenn der AN während der Arbeitsfähigkeit weiterhin überdurchschnittliche Leistungen erbrachte.[131] Ein Widerruf sei nur möglich, wenn die Voraussetzungen für die Gewährung der Leistungszulage entfielen. Es war zwischen **personenbedingten** und **unternehmensbedingten** Widerrufsgründen zu unterscheiden. Diente die Voraussetzung einem bestimmten Zweck (Leistungs- oder Funktionszulage), konnte der AG die Zulage widerrufen, wenn der AN die Voraussetzungen nicht mehr erfüllte.[132] Aus unternehmensbeding-

---

118 BAG 12.12.1984 – 7 AZR 509/83 – EzA § 315 BGB Nr. 29; BAG 15.11.1995 – 2 AZR 521/95 – NZA 1996, 603; BAG 7.8.2002 – 10 AZR 282/01 – EzA § 315 BGB Nr. 51; MünchArb/*Hanau*, Bd. 1, § 62 Rn 100 ff.; *Gaul*, ZTR 1998, 245; KR/*Rost*, § 2 KSchG, Rn 48; *Sievers*, NZA 2002, 1182, 1183.
119 BAG 7.1.1971 – 5 AZR 92/70 – DB 1971, 392.
120 BAG 13.5.1987 – 5 AZR 125/86 – NZA 1988, 95.
121 BAG 28.5.1997 – 5 AZR 125/96 – NZA 1997, 1160.
122 *Zöllner*, NZA 1997, 121, 128, der aus diesem Grunde gerade auch auf die Relation zum in der Branche üblichen Entgelt abstellen will.
123 *Isenhardt*, in: FS für Hanau, S. 221, 231.
124 BAG 7.10.1982 – 2 AZR 455/80 – EzA § 315 BGB Nr. 28; BAG 15.11.1995 – 2 AZR 521/95 – NZA 1996, 603; BAG 7.8.2002 – 10 AZR 282/01 – EzA § 315 BGB Nr. 51.
125 Vgl. BAG 28.5.1997 – 5 AZR 125/96 – NZA 1997, 1160; so auch Küttner/*Kania*, Widerrufsvorbehalt/Freiwilligkeitsvorbehalt Rn 5; HWK/*Thüsing*, § 611 BGB Rn 512; *Sievers*, NZA 2002, 1182, 1183.
126 BAG 28.5.1997 – 5 AZR 125/96 – NZA 1997, 1160; BAG 13.3.2003 – 6 AZR 557/01 – DB 2003, 1960 (hier allerdings nur geringere Einbußen); a.A. ArbG Kempten 30.6.1999 – 4 Ca 477/99 L – ArztR 2000, 120; das eine Reduzierung von 35 % für nicht mehr zumutbar hielt; zur Problematik der Entwicklungsklauseln in Chefarztverträgen unter besonderer Berücksichtigung der AGB-Kontrolle insgesamt vgl. *Hümmerich/Bergwitz*, BB 2005, 997.
127 BAG 12.12.1984 – 7 AZR 509/83 – EzA § 315 BGB Nr. 29; vgl. auch *Rieble*, NZA Sonderbeil. 3/2000, 34, 40; *Sievers*, NZA 2002, 1182, 1184; *Rost*, in: FS für Dieterich, 505, 508.
128 LAG Schleswig Holstein 14.12.1988 – 5 Sa 425/88 – ZTR 1989, 238.
129 BAG 26.5.1992 – 9 AZR 174/91 – NZA 1993, 67; *Rieble*, NZA Sonderbeil. 3/2000, 34, 41.
130 Vgl. BAG 13.5.1987 – 5 AZR 125/86 – NZA 1988, 95; BAG 26.5.1992 – 9 AZR 174/91 – DB 1993, 642.
131 BAG 1.3.1990 – 6 AZR 447/88 – ZTR 1990, 291; vgl. auch bereits BAG 7.1.1971 – 5 AZR 92/70 – DB 1971, 392.
132 Vgl. BAG 13.5.1987 – 5 AZR 125/86 – NZA 1988, 95; BAG 14.9.1983 – 5 AZR 284/81 – juris; *Rieble*, NZA Sonderbeil. 3/2000, 34, 41; Staudinger/*Rieble*, § 315 Rn 128.

ten Gründen kam dagegen ein Widerruf in Betracht, wenn die wirtschaftliche Lage des AG hierzu Anlass bot.[133] Ein Umstand, der bereits drei Jahre zurücklag und in der Vergangenheit keinen Anlass zu Entgeltkürzungen gegeben hatte, stellte keinen zulässigen Widerrufsgrund mehr dar.[134] Ermessensfehlerfrei war die Ausübung darüber hinaus nur dann, wenn der AG den **Gleichbehandlungsgrundsatz** berücksichtigte. So war es dem AG bspw. verwehrt, eine Gratifikation nur für eine bestimmte AN-Gruppe zu kürzen.[135] Etwas anderes galt aber dann, wenn die Bildung der beiden AN-Gruppen durch sachliche Differenzierungsgründe gerechtfertigt war. Keinen Verstoß gegen den Gleichbehandlungsgrundsatz sah das BAG darin, von der Gewährung einer Weihnachtsgratifikation solche AN auszunehmen, deren Arbverh wegen Erziehungsurlaubs ruhten.[136] Die Ausübung eines Widerrufs konnte auch dazu genutzt werden, um eine Gleichbehandlung der AN gerade herbeizuführen. Erhielt eine AN-Gruppe eine Zulage, um eine im Vergleich zu anderen AN angemessene Vergütung zu erhalten, würde nach einer Tariferhöhung für diese Gruppe die Beibehaltung der Zulage gerade zu einer Besserstellung dieser AN führen. Der AG war daher aus sachlichen Gründen berechtigt, die Zulage zu kürzen oder zu streichen.[137] Hierin liegt ein wesentlicher **Unterschied zur Änderungs-Künd**, da die Herstellung gleicher Arbeitsbedingungen grds. nicht als dringendes betriebliches Erfordernis i.S.d. § 1 Abs. 2 KSchG angesehen wird.[138] Man wird generell sagen müssen, dass die Anforderungen an einen sachlichen Grund bislang niedriger anzusetzen waren, als im Rahmen der Prüfung der Wirksamkeit einer Änderungs-Künd.[139] Dies ergibt sich bereits daraus, dass schon die Vereinbarung eines Widerrufsvorbehaltes voraussetzt, dass nicht in den Kernbereich des Arbverh eingegriffen wird und somit keine Umgehung des § 2 KSchG vorliegt.

bb) Rechtslage nach der Schuldrechtsreform. Nach Inkrafttreten der Schuldrechtsreform hat das **BAG** mittlerweile zur Frage der Wirksamkeit von formularmäßigen Widerrufsvorbehalten erste Eckpfeiler gesetzt.[140] Die Aussagen des BAG lassen sich wie folgt zusammenfassen: Formularmäßige Widerrufsvorbehalte unterliegen der Inhaltskontrolle nach **§ 308 Nr. 4**. Das BAG hält daran fest, dass ein Widerrufsvorbehalt nur wirksam sei, wenn nicht mehr als **25–30 %** der Gesamtvergütung betroffen sind, der Tariflohn nicht unterschritten wird und der Widerruf nicht ohne sachlichen Grund erfolgen darf. Hinsichtlich des Grundes müsse die Klausel zumindest die **Richtung** angeben, aus der der Widerruf möglich sein soll (wirtschaftliche Gründe/Leistung des AN/Verhalten des AN). Neben der Inhaltskontrolle finde auch weiterhin eine Ausübungskontrolle nach § 315 statt.[141] Für Altverträge hat das BAG eine Vertrauensschutzregelung entwickelt (vgl. Rn 58). Widerrufsvorbehalte in einer BV unterliegen hingegen gem. § 310 Abs. 4 S. 1 keiner Inhaltskontrolle.[142]

Bevor sich das BAG im Urteil vom 12.1.2005 erstmals zur Wirksamkeit formularmäßiger Widerrufsvorbehalte geäußert hat, war im Schrifttum umstritten, ob die Inhaltskontrolle von Widerrufsvorbehalten anhand **§ 308 Nr. 4**[143] **oder über § 307 Abs. 1 S. 2** zu erfolgen habe.[144] Zum Teil wurde vertreten, § 308 Nr. 4 sei ausweislich des Wortlauts nur anwendbar, soweit es sich um Leistungen des Verwenders und somit im Ergebnis um den Bereich des Entgeltes handle, nicht jedoch soweit es sich um die Leistung des „anderen Teiles" handle (so z.B. Arbeitszeit, Arbeitsort). Ein unterschiedlicher Bewertungsmaßstab lasse sich aber nur schwerlich rechtfertigen, so dass einer allgemeinen Anwendung des § 307 der Vorrang gebühre.[145] Nach Auffassung des **BAG** erfolgt die Überprüfung anhand **§ 308 Nr. 4** als der spezielleren Norm unter Berücksichtigung der Wertungen des § 307, ohne dass sich das BAG mit den Gegenargumenten aus dem Schrifttum auseinandergesetzt hätte.[146] Das LAG Berlin hatte zuletzt dagegen ausdrücklich offen gelassen, ob eine Überprüfung anhand § 308 Nr. 4 oder § 307 Abs. 1 S. 2 zu erfolgen habe.[147]

M.E. schließen sich eine Anwendbarkeit des § 308 Nr. 4 und des § 307 Abs. 1 S. 2 nicht gegenseitig aus. § 308 Nr. 4 regelt die **sachlichen Anforderungen**, unter denen ein bestimmter Vergütungsbestandteil mit einem einseitigen Wi-

---

133 Vgl. BAG 10.7.1996 – 5 AZR 977/94 – ZTR 1997, 39.
134 BAG 13.5.1987 – 5 AZR 125/86 – AP § 305 BGB Billigkeitskontrolle Nr. 4 = NZA 1988, 95; Staudinger/*Rieble*, § 315 Rn 140.
135 Küttner/*Kania*, Widerrufsvorbehalt/Freiwilligkeitsvorbehalt, Rn 6.
136 BAG 12.1.2000 – 10 AZR 840/98 – AP § 611 BGB Gratifikation Nr. 223; vgl. auch BAG 6.12.1995 – 10 AZR 198/95 – NZA 1996, 1027.
137 Vgl. BAG 30.8.1972 – 5 AZR 140/72 – DB 1973, 480.
138 Vgl. BAG 20.1.2000 – 2 ABR 40/99 – NZA 2000, 592; ArbG Wuppertal 23.6.2004 – 5 Ca 767/04 – juris.
139 Ebenso HWK/*Thüsing*, § 611 BGB Rn 513.
140 Grundsatzentscheidung des BAG 12.1.2005 – 5 AZR 364/04 – NZA 2005, 465; vgl. auch die Entscheidungsbesprechungen bei *Schimmelpfennig*, NZA 2005, 603; *Reinecke*, NZA 2005, 953; *Willemsen/Grau*, NZA 2005, 1137; *Hanau*, ZIP 2005, 1661; *Hümmerich*, NJW 2005, 1759; *Gaul/Naumann*, ArbRB 2005, 146; *Diekmann/Bieder*, DB 2005, 722; mittlerweile bestätigt BAG 11.10.2006 – 5 AZR 721/05 – NZA 2007, 87; BAG 19.12.2006 – 9 AZR 294/06 – NZA 2007, 809; LAG Düsseldorf 17.5.2005 – 6 (9) Sa 1724/03 – LAGE § 308 BGB 2002 Nr. 2; sowie LAG Köln 21.1.2005 – 12 Sa 37/04 – juris, wo jeweils ein Widerruf einer 25 %igen Funktionszulage eines Flugbegleiters ging.
141 A.A. insofern *Diekmann/Bieder*, DB 2005, 722.
142 BAG 1.2.2006 – 5 AZR 187/05 – NZA 2006, 563.
143 So *Reinecke*, NZA 2005, 955; *Diekmann/Bieder*, DB 2005, 722; *Richardi*, NZA 2002, 1057, 1063; *Sievers*, NZA 2002, 1182, 1184; *Däubler*, NZA 2001, 1329, 1336; Schaub/*Schaub*, Arbeitsrechts-Handbuch, § 31 Rn 35; *Schnittker/Grau*, BB 2002, 2120, 2122.
144 *Hümmerich*, NZA 2003, 753, 760; Hanau/Hromadka, NZA 2005, 73, 75; *Gotthard*, Rn 293; ErfK/*Preis*, §§ 305–310 BGB Rn 53.
145 *Gotthard*, Rn 293.
146 BAG 12.1.2005 – 5 AZR 364/04 – NZA 2005, 465.
147 LAG Berlin 30.3.2004 – 3 Sa 2206/03 – LAGE § 308 BGB 2002 Nr. 1.

derrufsvorbehalt versehen werden kann und knüpft somit an die bisherige Rspr., dass es hierdurch nicht zu einem Eingriff in den Kernbereich des Arbeitsvertrages kommen darf, an. § 307 Abs. 1 S. 2 ist dagegen einschlägig, soweit es um die **konkrete Formulierung** der Klausel geht.[148] Umfasst die Klausel einen Vergütungsbestandteil, der 50 % der Gesamtvergütung ausmacht und regelt die Klausel zugleich, unter welchen konkreten Voraussetzungen der Widerruf erfolgen kann, so liegt zwar ein Verstoß gegen § 308 Nr. 4, aber kein Verstoß gegen § 307 Abs. 1 S. 2 vor. Umgekehrt ist die Rechtslage, wenn zwar lediglich ein Vergütungsbestandteil von 5 % betroffen ist, die Klausel aber den jederzeitigen Widerruf nach freiem Belieben zulässt. Hiernach hätte das BAG in seiner Entscheidung vom 12.1.2005 seine Prüfung sowohl an § 307 Abs. 1 S. 2 als auch an § 308 Nr. 4 vornehmen müssen.[149]

55   Bei der Inhaltskontrolle nach § 308 Nr. 4 ist der Begriff der „**Zumutbarkeit**" zu konkretisieren. Die vom BGH zur Vorgängervorschrift des § 10 Nr. 4 AGBG entwickelte Rspr. hielt nur **schwerwiegende (gewichtige)** Änderungsgründe für zulässig.[150] Derartige Anforderungen sind bei arbeitsverträgen mit den **arbeitsrechtlichen Besonderheiten** des § 310 Abs. 4 S. 2 nicht in Einklang zu bringen.[151] Zu berücksichtigen ist, dass das Erfordernis schwerwiegender Änderungsgründe zu einem Wertungswiderspruch zu der Kontrolle zur Befristung von Arbeitsverträgen (§ 14 Abs. 1 TzBfG: sachlicher Grund) führen würde.[152] Daher erscheint es geboten, bei arbeitsrechtlichen Widerrufsvorbehalten **sachliche Gründe** für ausreichend zu erachten.[153] Unter dieser Prämisse stünde zu erwarten, dass nach der Ausdehnung des Anwendungsbereichs des § 308 Nr. 4 auf arbeitsvertragliche Widerrufsvorbehalte, jedenfalls im Hinblick auf die „materiellen Voraussetzungen" eines Widerrufsvorbehaltes kein strengerer Kontrollmaßstab anzuwenden sein wird, als nach der bisherigen Rspr. zum „Eingriff in den Kernbereich" des Arbverh.[154] In diese Richtung weist auch die vom BAG in Anknüpfung an seine bisherige Rspr. nochmals klargestellte prozentuale Grenze von 25–30 % der Gesamtvergütung. Unter Berufung auf den BGH[155] führt das BAG nunmehr aus, dass der Widerruf zumutbar sei, wenn er wegen der unsicheren Entwicklung der Verhältnisse als Instrument der Anpassung notwendig sei.[156]

56   Eine andere Frage ist hingegen, wie ein Widerrufsvorbehalt nach der Schuldrechtsreform **formuliert** sein muss, um dem **Transparenzgebot des § 307 Abs. 1 S. 2** zu genügen. Das BAG verlangt, dass die Klausel jedenfalls die **Richtung**, unter der ein Widerruf erfolgen kann, benennen muss.[157] Hierbei schlägt das BAG eine Klassifizierung in wirtschaftliche Gründe; Gründe im Verhalten des AN und Gründe in der Leistung des AN vor. Der Grad der Störung (wirtschaftliche Notlage des Unternehmens, negatives wirtschaftliches Ergebnis der Betriebsabteilung, nicht ausreichender Gewinn, Nichterreichen der erwarteten wirtschaftlichen Entwicklung, unterdurchschnittliche Leistung des AN, schwerwiegende Pflichtverletzungen) müsse konkretisiert werden.[158] In die gleiche Richtung tendieren zuweilen auch instanzgerichtliche Entscheidungen. Dem Einwand, dass § 308 Nr. 4 typischerweise Lieferungen und Leistungen zugrunde liegen, die planbar seien, was für das Arbverh nicht der Fall sei, und deswegen sachliche Gründe nicht schon bei Vertragsschluss vorhergesehen und in den Vertrag aufgenommen werden könnten,[159] müsse dadurch begegnet werden, dass keine unzumutbaren Anforderungen an die Konkretisierung des Klauseltextes gestellt werden dürften.[160] Auch das Schrifttum hält überwiegend die Benennung der Widerrufsgründe in der Klausel für erforderlich.[161] Demgegenüber ist nach Ansicht des LAG Berlin ein Zwang, sich auf bestimmte Widerrufsgründe festzulegen, mit dem Zweck einer freiwilligen zusätzlichen Leistung nicht vereinbar. Die bisherige Rspr. zur Zulässigkeit von Widerrufsvorbehalten stelle eine arbeitsrechtliche Besonderheit i.S.d. § 310 Abs. 4 S. 2 dar.[162] Die gegen diese Entscheidung vom Kläger eingelegte Revision hatte zwar Erfolg, allerdings hielt das BAG den Widerruf bereits wegen der fehlenden Beteiligung des PR für unwirksam und brauchte daher auf eine Inhaltskontrolle der Klausel nicht näher einzugehen.[163] Nach einer Entscheidung des LAG Köln entspricht die Ausübung eines Widerrufs, der dem AG für den Fall eingeräumt wurde, dass die Geschäftslage es erfordere, nicht billigem Ermessen, wenn das Unternehmen

---

148 So wohl auch *Hümmerich*, NJW 2005, 1759.
149 So richtigerweise die Vorinstanz LAG Hamm 11.5.2004 – 19 Sa 2132/03 – NZA-RR 2004, 515.
150 Vgl. nur BGH 21.12.1983 – VIII ZR 195/82 – NJW 1984, 1182.
151 A.A. *Däubler*, NZA 2001, 1329, 1336, der auch bei Arbeitsverträgen nunmehr das Vorliegen triftiger Gründe fordert.
152 *Sievers*, NZA 2002, 1182, 1184; vgl. auch *Hanau/Hromadka*, NZA 2005, 73, 75.
153 *Schnittker/Grau*, BB 2002, 2120, 2123; *Hanau/Hromadka*, NZA 2005, 73, 77; *Sievers*, NZA 2002, 1182, 1184.
154 Wie hier *Lingemann*, NZA 2002, 181; *Schnittker/Grau*, BB 2002, 2120; *Stoffels*, Sonderbeil. NZA 1/2004, 19; *Annuß*, BB 2002, 458; *Richardi*, NZA 2002, 1057; a.A. *Hümmerich/Bergwitz*, BB 2005, 997; *Däubler*, NZA 2001, 1329.
155 BGH 19.10.1999 – XI ZR 8/99 – NJW 2000, 651.
156 BAG 12.1.2005 – 5 AZR 364/04 – NZA 2005, 465.
157 BAG 12.1.2005 – 5 AZR 364/04 – NZA 2005, 465; dem folgend: LAG Niedersachsen 17.1.2006 – 13 Sa 1176/05 – NZA-RR 2006, 289.
158 Vgl. hierzu auch *Hanau*, ZIP 2005, 1661, 1664.
159 So der Einwand von *Lingemann*, NZA 2002, 181, 190; *Schnittker/Grau*, BB 2002, 2120, 2124.
160 LAG Hamm 11.5.2004 – 19 Sa 2132/03 – NZA-RR 2004, 515; ArbG Düsseldorf 18.9.2003 – 2 Ca 2548/03 – DB 2004, 81.
161 Vgl. *Henssler*, RdA 2002, 129, 139; *Sievers*, NZA 2002, 1182, 1184; *Gotthard*, ZIP 2002, 277, 288; *Hümmerich*, NJW 2005, 1759.
162 LAG Berlin 30.3.2004 – 3 Sa 2206/03 – LAGE § 308 BGB 2002 Nr. 1.
163 BAG 26.1.2005 – 10 AZR 331/04 – NZA-RR 2005, 369; vgl. hierzu *Gaul/Neumann*, ArbRB 2005, 146, 148.

noch eine Umsatzrendite von mehr als 10 % und eine Eigenkapitalverzinsung von mehr als 20 % vorweisen kann.[164] Die Rspr. sollte darauf bedacht sein, den durch die Schuldrechtsreform bezweckten AN-Schutz nicht ins Gegenteil zu verkehren. Sollte die Rspr. zu hohe Anforderungen an die Wirksamkeit von Widerrufsvorbehalten stellen, dürfte dies im Ergebnis dazu führen, dass der AG von zusätzlichen Leistungen zukünftig vollständig Abstand nehmen wird.

Bei der Wirksamkeitsprüfung formularmäßiger Widerrufsvorbehalte erfolgt zukünftig **kein** vorgelagerter **Rückgriff** mehr, ob die Klausel wegen Umgehung des **§ 2 KSchG** unwirksam ist.[165] Bei individuell ausgehandelten Arbeitsverträgen, die der Inhaltskontrolle nach §§ 305 ff. nicht zugänglich sind, wird hingegen die alte Rspr. weiter Bestand haben. **57**

Schließlich stellt sich das Problem, ob ein ggf. unwirksamer Widerrufsvorbehalt, mit dem Inhalt eines noch wirksamen Regelungsgehaltes aufrechterhalten werden kann. Zwar hielt die Rspr. schon früher Widerrufsvorbehalte, die einen Widerruf nach „freiem Ermessen" oder einen „jederzeitigen Widerruf ohne Angabe von Gründen" vorsahen, für nicht zulässig, da der AN nicht zugleich auf den Schutz kündigungsrechtlicher Vorschriften (§ 2 KSchG) und den Schutz durch inhaltliche Ermessenskontrolle nach § 315 Abs. 3 verzichten könne. Die Gerichte gelangten aber im Wege der **Auslegung** oder über den Grundsatz der **Teilnichtigkeit** zu dem Ergebnis, dass die Klausel mit dem Inhalt wirksam ist, den Widerruf nach billigem Ermessen auszuüben.[166] Ob eine derartige Auslegung angesichts der eindeutigen Regelung in **§ 305c Abs. 2**, wonach Unklarheiten im Zweifel zu Lasten des Verwenders gehen, sowie des im Rahmen des AGB-Rechts anerkannten **Verbots der geltungserhaltenden Reduktion** (vgl. § 306 Abs. 2) noch möglich ist, erscheint zweifelhaft. Es ist vielmehr von einer Gesamtnichtigkeit der Klausel auszugehen.[167] Für **Alt-Verträge** hat nunmehr erstmals das BAG wohl aus Gründen des Vertrauensschutzes entschieden, dass die durch die Unwirksamkeit der Klausel entstandene Lücke im Wege ergänzender Vertragsauslegung dahingehend zu schließen sei, dass ein Widerruf nach billigem Ermessen aus den von der Beklagten vorgetragenen wirtschaftlichen Gründen möglich sein soll.[168] Da die Unwirksamkeit allein auf förmlichen Anforderungen beruhe, die die Parteien bei Vertragsabschluss noch nicht kennen konnten, würde eine Bindung der AG an die vereinbarte Leistung ohne Widerrufsmöglichkeit unverhältnismäßig in die Privatautonomie eingreifen. Es liege nahe, dass die Parteien bei Kenntnis der nachträglich in Kraft getretenen gesetzlichen Anforderungen an die Widerrufsvereinbarung jedenfalls die von der Beklagten geltend gemachten wirtschaftlichen Gründe mit einbezogen hätten. Berücksichtigt man die hohen Anforderungen, die das BAG an die Wirksamkeit einer betriebsbedingten Änderungs-Künd, die zur Abänderung eines unklar formulierten Widerrufsvorbehaltes notwendig wäre, stellt, ist die Vertrauensschutzregelung des BAG zu begrüßen.[169] Die Ausführungen des BAG machen allerdings deutlich, dass bei Arbeitsverträgen, die nach dem 1.1.2002 geschlossen worden sind, wohl von einer **Gesamtnichtigkeit** auszugehen ist. Ebenso ist darauf hinzuweisen, dass eine ergänzende Vertragsauslegung voraussetzt, dass das Festhalten am Vertrag für den AG eine unzumutbare Härte darstellen muss. Dies ist verneint worden als ein AG nach Ausspruch einer arbeitgeberseitigen Kündigung den AN von der Arbeitsleistung freigestellt hat und die private Nutzungsmöglichkeit des Dienstwagens widerrufen hat.[170] Schließlich ist Vertrauensschutz nur dort geboten ist, wo die Klausel wegen mangelnder Transparenz aus **formellen Gründen** unwirksam ist. Ist die Klausel materiell-rechtlich unwirksam, bedarf es keines Vertrauensschutzes, da das BAG an seine bisherige Rspr. anknüpft.[171] **58**

Da Untersuchungen zufolge arbeitsvertragliche Widerrufsvorbehalte in ca. 95 % der Fälle derart formuliert sind, dass die Leistung „frei widerruflich" ist,[172] ist der Praxis anzuraten, in Formulararbeitsverträgen zukünftig – soweit wie möglich – die Voraussetzungen, unter denen ein Widerruf erfolgen kann, in der Klausel aufzunehmen. Bei zweckgebundenen Zulagen sollte aufgenommen werden, dass ein Widerruf dann möglich ist, wenn der entsprechende Zweck in Wegfall gerät. Bei sonstigen freiwilligen Leistungen sollte zumindest vereinbart werden, dass ein Widerruf möglich ist, wenn die wirtschaftliche Lage sich verschlechtert hat oder wenn die Einschränkung der Leistung zur **59**

---

164 LAG Köln 16.10.2006 – 14 (13) Sa 9/06 – NZA-RR 2007, 120.
165 Wie hier: *Willemsen/Grau*, NZA 2005, 1137; *Hanau*, ZIP 2005, 1661; *Hümmerich*, NJW 2005, 1759; *Hümmerich/Bergwitz*, BB 2005, 997; *Lingemann*, NZA 2002, 181; a.A. *Reinecke*, NZA 2005, 955.
166 BAG 9.6.1967 – 3 AZR 352/66 – DB 1967, 1549; BAG 7.1.1971 – 5 AZR 92/70 – DB 1971, 392 (jeweils Auslegung); BAG 13.5.1987 – 5 AZR 125/86 – NZA 1988, 95 (Teilnichtigkeit).
167 BAG 19.12.2006 – 9 AZR 294/06 – NZA 2007, 809; *Küttner/Kania*, Widerrufsvorbehalt/Freiwilligkeitsvorbehalt Rn 7; ebenso bereits vor Inkrafttreten der Schuldrechtsreform *Preis*, Vertragsgestaltung, S. 426.
168 BAG 12.1.2005 – 5 AZR 364/04 – NZA 2005, 465; a.A. LAG Hamm 11.5.2004 – 19 Sa 2132/03 – NZA-RR 2004, 515 (als Vorinstanz); der Entscheidung des BAG nunmehr folgend LAG Düsseldorf 17.5.2005 – 6 (9) Sa 1724/03 – LAGE § 308 BGB 2002 Nr. 2 sowie LAG Niedersachsen 17.1.2006 – 13 Sa 1176/05 – NZA-RR 2006, 289.
169 So auch *Schimmelpfennig*, NZA 2005, 603 kritisch dagegen *Diekmann/Bieder*, DB 2005, 722; *Hümmerich/Bergwitz*, BB 2005, 997.
170 BAG 19.12.2006 – 9 AZR 294/06 – NZA 2007, 809.
171 Zur Unterscheidung zwischen formellen und materiellen Mängeln vgl. auch *Diekmann/Bieder*, DB 2005, 722, die allerdings einen Verstoß gegen das Transparenzgebot als materiellen Mangel ansehen, da es sich um einen Unterfall der unangemessenen Benachteiligung i.S.d. § 307 Abs. 1 S. 1 handle.
172 Unter Berufung auf *Preis*, in: FS für Kissel, S. 884.

Verbesserung der Wettbewerbsfähigkeit des Betriebs beitragen soll oder wenn der AG – v.a. zur Verbesserung der Leistungsfähigkeit des Unternehmens – das Entgeltsystem umgestalten will.[173]

60 **cc) Mitbestimmungsrechte.** Der AG hat bei einem Widerruf von übertariflichen Leistungen ggf. **Mitbestimmungsrechte des BR** gem. § 87 Abs. 1 Nr. 10 BetrVG zu berücksichtigen. Zwar obliegt die Festlegung der Gesamthöhe der zur Verfügung gestellten Leistung (sog. Dotationsrahmen) alleine dem AG. Der BR hat aber bei der Verteilung der Leistung mitzubestimmen. Dies führt im Ergebnis dazu, dass **vollständige Widerruf** einer Leistung (Dotationsrahmen = 0) **keinem Mitbestimmungsrecht** unterliegt, da es nichts mehr zu verteilen gibt,[174] sofern der AG über einen Widerrufsvorbehalt Leistungen **kürzt**, geht damit zugleich auch eine Veränderung des **Verteilungsschlüssels** einher, so dass das Mitbestimmungsrecht nach § 87 Abs. 1 Nr. 10 BetrVG zu beachten ist[175] (zu Einzelheiten vgl. § 87 BetrVG Rn 171 ff.).

60a **6. Betriebliche Altersversorgung.** Gem. § 16 BetrAVG hat die Überprüfung und Entscheidung über die **Anpassung von Betriebsrenten** durch den AG nach billigem Ermessen zu erfolgen.[176] Tritt bei einer Versorgungsordnung eine Störung der Geschäftsgrundlage ein, löst dies ein nach billigem Ermessen auszuübendes Anpassungsrecht des AG aus.[177] Bei komplexen Versorgungssystemen mit kollektiver Wirkung ist Abs. 3 einschränkend dahingehend auszulegen, dass die Anpassungsentscheidung zwar gerichtlicher Kontrolle unterliegt, das Gericht jedoch nicht seine Entscheidung an die Stelle einer unwirksamen Anpassungsentscheidung setzen kann.[178]

61 **7. Verhängung von Betriebsbußen.** Sieht eine kollektivrechtliche Regelung (TV, BV) die Verhängung von Betriebsbußen gegen AN vor, die gegen die betriebliche Ordnung verstoßen haben, hat das ArbG die im Einzelfall verhängte Geldbuße auf ihre Angemessenheit hin zu überprüfen.[179] Die gerichtliche Kontrolle nach § 315 Abs. 3 S. 2 erstreckt sich darauf, ob der AN das ihm zur Last gelegte Delikt begangen hat, d.h. ob der Sachverhalt richtig ermittelt und zutreffend unter die Tatbestandsmerkmale der Bußenordnung subsumiert worden ist, ferner ob gewisse Mindestanforderungen an das Verfahren (z.B. rechtliches Gehör) beachtet worden sind und schließlich ob die Höhe der verhängten Buße in einem angemessenen Verhältnis zur Schwere der Verfehlung steht.[180] Umstritten ist, ob die gerichtliche Kontrolle ihre Grundlage in Abs. 3 S. 2 hat[181] oder sich in entsprechender Anwendung an § 343 orientiert.[182] Die Anwendung von § 343 ist im Ergebnis nicht sachgerecht. Die Betriebsbuße stellt im Gegensatz zur Vertragsstrafe kein Mittel des Schadensersatzes dar und bezweckt nicht in erster Linie die Leistungserfüllung des individuellen Arbverh.

C. Verbindung zu anderen Rechtsgebieten und zum Prozessrecht

I. Verwandte Vorschriften

62 Die gesetzliche Regelung des § 315, wonach im Falle der einseitigen Leistungsbestimmung im Zweifel eine Bestimmung nach billigem Ermessen zu erfolgen hat, stellt in gewisser Weise einen Auffangtatbestand dar. Daneben finden sich in einer Vielzahl von arbeitsrechtlichen Gesetzen Regelungen, wonach eine Leistungsbestimmung nach billigem Ermessen zu erfolgen hat oder eine Überprüfung auf Billigkeit erfolgt.

63 Hier ist zunächst **§ 106 GewO** zu nennen, wonach der AG Inhalt, Ort und Zeit der Arbeitsleistung nach billigem Ermessen näher bestimmen kann. Das arbeitgeberseitige **Direktionsrecht** ist in § 106 GewO positivrechtlich verankert worden. Nach **§ 75 Abs. 1 BetrVG** haben AG und BR darüber zu wachen, dass alle im Betrieb tätigen Personen nach den Grundsätzen von **Recht und Billigkeit** behandelt werden. **§ 76 Abs. 5 S. 3 BetrVG** bestimmt, dass eine Einigungsstelle ihre Beschlüsse unter angemessener Berücksichtigung der Belange des Betriebs und der betroffenen AN nach billigem Ermessen fasst. Auch die Festsetzung der **Vergütung** der Einigungsstellenmitglieder (**§ 76a BetrVG**) erfolgt – auch wenn sich dies nicht explizit aus dem Gesetzeswortlaut ergibt – nach billigem Ermessen.[183] Nach § 5 Abs. 1 ArbSchG i.V.m. § 618 Abs. 1 haben AN Anspruch auf eine Beurteilung der mit ihrer Beschäftigung verbundenen Gefährdung, wobei dem AG bei dieser Beurteilung ein Ermessensspielraum eingeräumt wird.[184]

---

173 So die Formulierung bei *Hanau/Hromadka*, NZA 2005, 73, 78.
174 BAG 13.1.1987 – 1 ABR 51/85 – DB 1987, 1096.
175 Vgl. hierzu insbesondere BAG GS 3.12.1991 – GS 2/90 – NZA 1992, 758.
176 Vgl. MüKo-BGB/*Gottwald*, § 315 Rn 77.
177 BAG 13.11.2007 – 3 AZR 455/06 – DB 2008, 994.
178 Vgl. BAG 13.11.2007 – 3 AZR 455/06 – DB 2008, 994.
179 Vgl. BAG 12.9.1967 – 1 AZR 34/66 – AP § 56 BetrVG Betriebsbußen Nr. 1 = DB 1968, 45; BAG 11.11.1971 – 2 AZR 218/70 – AP § 56 BetrVG Betriebsbußen Nr. 2; ebenso Schaub/*Link*, Arbeitsrechts-Handbuch, § 61 Rn 25 f.
180 *Söllner*, S. 110; *Baur*, JZ 1965, 163, 166.
181 Hierfür *Söllner*, S. 109 f.; *Baur*, JZ 1965, 163.
182 So *Bötticher*, ZfA 1970, 51.
183 Vgl. BAG 12.2.1992 – 7 ABR 20/91 – EzA § 76a BetrVG Nr. 6 m. Anm. *Kaiser*.
184 BAG 12.8.2008 – 9 AZR 1117/06 – DB 2008, 2030.

Eng mit § 315 verbunden ist auch die Urlaubsgewährung nach **§ 7 Abs. 1 BUrlG**. Früher sah die h.M. die Urlaubsgewährung als eine Leistungsbestimmung i.S.d. § 315 an.[185] Dies wird auch heute im Schrifttum teilweise noch vertreten.[186] Das BAG vertritt hingegen nunmehr in st. Rspr. die Ansicht, dass dem AN ein Anspruch auf Urlaub nach seinen Wünschen zustehe, dem AG lediglich ein Leistungsverweigerungsrecht entgegenhalten könne[187] (vgl. § 7 BUrlG Rn 21 ff.). Dem ist insoweit zuzustimmen, als dass bei der Frage der Urlaubsgewährung gerade keine Abwägung der beiderseitigen Interessen vorzunehmen ist. Auch wenn der AN seinen Urlaub ohne Probleme zu einem anderen Zeitpunkt nehmen könnte, kann der AG die Gewährung nur verweigern, sofern ihr dringende betriebliche Belange oder Urlaubswünsche anderer AN entgegenstehen.

64

Macht der AN gegenüber seinem ehemaligen AG seinen Anspruch auf Erteilung eines **Arbeitszeugnisses** gem. § 109 GewO geltend, so stehen die einzelnen Formulierungen im Zeugnis im pflichtgemäßen Ermessen des AG (siehe § 109 GewO Rn 30).[188]

65

II. Darlegungs- und Beweislast

Wer ein Leistungsbestimmungsrecht für sich beansprucht, muss dessen **Vereinbarung** beweisen.[189] Da dem Arbeitsvertrag ein Leistungsbestimmungsrecht des AG immanent ist, kann hier allenfalls Streit über den Umfang des Leistungsbestimmungsrechtes bestehen. Streiten sich die Parteien z.B. darüber, ob eine bestimmte Gratifikation unbedingt vertraglich zugesagt wurde oder ob ein Widerrufsvorbehalt vereinbart wurde, so hat der AG die Vereinbarung des Widerrufsvorbehaltes zu beweisen.

66

Da die Leistungsbestimmung „im Zweifel" nach billigem Ermessen erfolgt, trägt derjenige, der einen **abweichenden Bestimmungsmaßstab** behauptet, die entsprechende Darlegungs- und Beweislast.[190]

67

Der AG ist als derjenige, der die Leistungsbestimmung zu treffen befugt ist, darlegungs- und beweispflichtig für die **Billigkeit** der von ihm getroffenen Entscheidung.[191] Dies folgt aus der Formulierung „nur verbindlich, wenn" in Abs. 3 S. 1. Hierbei ist allerdings von einer abgestuften Darlegungs- und Beweislast auszugehen. Ein AN, der die Leistungsbestimmung nicht gelten lassen will, muss im Prozess zunächst angeben, weshalb er die Bestimmung für unbillig hält, ob bspw. im Rahmen von Zielvorgaben unerfüllbare Ziele vorgegeben wurden oder die Schwellen- und Staffelwerte unangemessen hoch angesetzt waren.[192]

68

III. Klageart

Die prozessuale Vorgehensweise des AN hängt davon ab, ob er lediglich die **Kassation** der ursprünglichen Leistungsbestimmung des AG begehrt oder ob es ihm auch um eine **Ersatzleistungsbestimmung** geht. Zwar bestimmt Abs. 3 S. 2, dass die Bestimmung durch Urteil getroffen wird, wenn die ursprüngliche Bestimmung nicht der Billigkeit entspricht. Häufig macht eine Ersatzleistungsbestimmung aber überhaupt keinen Sinn, namentlich dann, wenn es dem AN um die Sicherung des status quo geht. Wendet sich ein AN gegen eine ausgesprochene Versetzung, so begehrt er vom Gericht lediglich die Feststellung, dass die Versetzung nicht der Billigkeit entspricht. Gleiches gilt, wenn der AG eine Gratifikation in der Weise widerruft, die nicht der Billigkeit entspricht. Ist der Widerruf „unverbindlich" erhält der AN seine Gratifikation weiter. Anerkannt ist daher, dass der AN sein Klagebegehren auf die Kassation beschränken kann.[193]

69

Die auf Kassation gerichtete Klage ist **Feststellungsklage** (z.B. „festzustellen, dass die Versetzung unwirksam ist").[194] Der AN kann daneben aber auch unmittelbar auf die **Leistung** klagen, die er vor Ausübung des Leistungsbestimmungsrechtes durch den AG erhalten hat. So kann er im Falle der Versetzung auf Weiterbeschäftigung zu den bisherigen Arbeitsbedingungen klagen oder bei Widerruf einer Gratifikation diese unmittelbar einklagen. Dieser Weg bietet sich i.d.R. deshalb an, weil das Feststellungsurteil nicht vollstreckbar ist.

70

Begehrt der AN dagegen neben der Kassation auch eine Ersatzleistungsbestimmung durch das Gericht, handelt es sich um eine **Gestaltungsklage**.[195] Auch hier kann der AN unmittelbar auf Leistung klagen (sog. **verdeckte Gestal-**

71

---

185 Vgl. BAG 12.10.1961 – 5 AZR 423/60 – AP § 611 BGB Urlaubsrecht Nr. 84; BAG 4.12.1970 – 5 AZR 242/70 – AP § 7 BUrlG Nr. 5; *Söllner*, Einseitige Leistungsbestimmung im Arbeitsverhältnis, S. 44; *v. Hoyningen-Huene*, S. 187.
186 Vgl. *Neumann/Fenski*, § 7 BUrlG Rn 6; Staudinger/*Rieble*, § 315 Rn 204.
187 So die st. Rspr. seit BAG 18.12.1986 – 8 AZR 502/84 – NZA 1987, 379.
188 BAG 29.7.1971 – 2 AZR 250/70 – AP § 630 BGB Nr. 6 = NJW 1971, 2325; ErfK/*Müller-Glöge*, § 109 GewO Rn 30.
189 Staudinger/*Rieble*, § 315 Rn 285; MüKo-BGB/*Gottwald*, § 315 Rn 53.
190 So Staudinger/*Rieble*, § 315 Rn 286.
191 BAG 11.10.1995 – 5 AZR 1009/94 – AP § 611 BGB Direktionsrecht Nr. 45; LAG Nürnberg 23.7.2002 – 6 Sa 269/01 – NZA-RR 2003, 411; LAG Düsseldorf 29.10.2003 – 12 Sa 900/03 – juris.
192 LAG Düsseldorf 29.10.2003 – 12 Sa 900/03 – juris.
193 BAG 7.10.1982 – 2 AZR 455/80 – AP § 620 BGB Teilkündigung Nr. 5 = ZIP 1983, 719; MüKo-BGB/*Gottwald*, § 315 Rn 49.
194 *Bötticher*, in: FS für Dölle I, S. 41, 67; Staudinger/*Rieble*, § 315 Rn 292.
195 BGH 29.10.1962 – II ZR 31/61 – BGHZ 41, 271, 280; *Bötticher*, in: FS für Dölle I, S. 41, 54 ff., 67.

tungsklage); eine richterliche Gestaltung durch Leistungsbestimmung findet dann inzident statt.[196] Die mit einer Leistungsklage verbundenen Probleme sind darin zu sehen, dass es für den AN oft nur schwer einzuschätzen sein wird, welche Leistungsbestimmung das Gericht als billig ansehen wird. So kann der AN bei einer unterlassenen Festsetzung einer Zielvorgabe zwar unmittelbar auf Leistung klagen; er geht aber das Risiko ein, dass seine Klage entweder teilweise abgewiesen wird, da das Gericht die Billigkeit der Zielvorgabe anders bewertet oder wegen des Grundsatzes „ne ultra petita" weniger zugesprochen bekommt als ihm eigentlich zustünde.

72 Ausgeschlossen ist die Erhebung einer sog. **Leistungsbestimmungsvornahmeklage**, mit der der AG zur Vornahme der Leistungsbestimmung verurteilt werden soll. Da der Gesetzgeber die Möglichkeit einer Ersatzleistungsbestimmung in Abs. 3 S. 2 ausdrücklich geschaffen hat, fehlt dem umständlichen Weg, der mit einer Zwangsvollstreckung nach § 888 ZPO verbunden wäre, das Rechtsschutzbedürfnis.[197]

D. Beraterhinweise

73 Gerade bei der Vertragsgestaltung bietet die Vereinbarung von Leistungsbestimmungsrechten nach § 315 den Arbeitsvertragsparteien einen weiten Spielraum. Dieser Spielraum sollte genutzt werden, um spätere Rechtsstreitigkeiten über die Ausübung des Leistungsbestimmungsrechtes zu vermeiden bzw. das Risiko zumindest zu verringern. Die Parteien können die Kontrolle der Leistungsbestimmung **befristen**. Dies ist zum einen möglich durch Vereinbarung einer **Klagefrist** (Beispiel: will der AN die Unbilligkeit der Leistungsbestimmung gerichtlich überprüfen lassen, so muss er innerhalb von drei Monaten nach Ausübung der Leistungsbestimmung Klage vor dem ArbG erheben); zum anderen durch Vereinbarung einer **Zustimmungsfiktion** (Beispiel: Macht der AN dem AG gegenüber die Unbilligkeit der Leistungsbestimmung nicht binnen drei Monaten nach Ausübung schriftlich geltend, so gilt die Leistungsbestimmung als billig i.S.d. § 315). Im Hinblick auf die nunmehr bestehende **AGB-Kontrolle** von Arbeitsverträgen ist allerdings darauf zu achten, dass die entsprechenden Fristen für den AN nicht zu kurz bemessen sind. Auf die Rspr. zur Angemessenheit arbeitsvertraglicher Ausschlussfristen (vgl. § 307 Rn 42 f.) könnte hier zurückgegriffen werden.

74 Denkbar ist ferner eine vertragliche Vereinbarung, wonach das Leistungsbestimmungsrecht auf den **AN übergeht**, wenn es nicht vom AG innerhalb einer bestimmten Frist rechtzeitig ausgeübt wird.

75 Was die Ausübung von Leistungsbestimmungsrechten betrifft, ist von Wichtigkeit, dass es für die gerichtliche Kontrolle grds. auf den **Zeitpunkt der Ausübung** des Direktionsrechtes ankommt. Nachträgliche Entwicklungen sind aber zu berücksichtigen, sofern sie bei Ausübung des Direktionsrechtes bereits **erkennbar** waren.[198]

§ 317 Bestimmung der Leistung durch einen Dritten

(1) Ist die Bestimmung der Leistung einem Dritten überlassen, so ist im Zweifel anzunehmen, dass sie nach billigem Ermessen zu treffen ist.
(2) Soll die Bestimmung durch mehrere Dritte erfolgen, so ist im Zweifel Übereinstimmung aller erforderlich; soll eine Summe bestimmt werden, so ist, wenn verschiedene Summen bestimmt werden, im Zweifel die Durchschnittssumme maßgebend.

§ 318 Anfechtung der Bestimmung

(1) Die einem Dritten überlassene Bestimmung der Leistung erfolgt durch Erklärung gegenüber einem der Vertragschließenden.
(2) ¹Die Anfechtung der getroffenen Bestimmung wegen Irrtums, Drohung oder arglistiger Täuschung steht nur den Vertragschließenden zu; Anfechtungsgegner ist der andere Teil. ²Die Anfechtung muss unverzüglich erfolgen, nachdem der Anfechtungsberechtigte von dem Anfechtungsgrund Kenntnis erlangt hat. ³Sie ist ausgeschlossen, wenn 30 Jahre verstrichen sind, nachdem die Bestimmung getroffen worden ist.

---

[196] BGH 24.11.1995 – V ZR 174/94 – NJW 1996, 1054; BGH 19.1.1983 – VIII ZR 81/82 – NJW 1983, 1777; LAG Düsseldorf 29.10.2003 – 12 Sa 900/03 – juris.
[197] Staudinger/*Riebele*, § 315 Rn 299; MüKo-BGB/*Gottwald*, § 315 Rn 39.
[198] BAG 23.9.2004 – 6 AZR 567/03 – NZA 2005, 359.

§ 319 Unwirksamkeit der Bestimmung; Ersetzung

(1) ¹Soll der Dritte die Leistung nach billigem Ermessen bestimmen, so ist die getroffene Bestimmung für die Vertragschließenden nicht verbindlich, wenn sie offenbar unbillig ist. ²Die Bestimmung erfolgt in diesem Falle durch Urteil; das Gleiche gilt, wenn der Dritte die Bestimmung nicht treffen kann oder will oder wenn er sie verzögert.

(2) Soll der Dritte die Bestimmung nach freiem Belieben treffen, so ist der Vertrag unwirksam, wenn der Dritte die Bestimmung nicht treffen kann oder will oder wenn er sie verzögert.

Literatur: s. Angaben zu § 315

A. Allgemeines 1	IV. Bestimmung durch das Gericht 22
B. Regelungsgehalt 4	C. Verbindung zum Prozessrecht – Darlegungs- und
I. Der Dritte als Leistungsbestimmungsberechtigter . 4	Beweislast 25
II. Schiedsgutachten als Fall des § 317 13	D. Beraterhinweise 27
III. Gerichtliche Kontrolle 17	

A. Allgemeines

Die Regelung des § 315 wird ergänzt durch §§ 317, 319. Während in § 315 die Leistungsbestimmung durch eine der Vertragsparteien – i.d.R. durch den AG – geregelt ist, befassen sich §§ 317, 319 mit der Leistungsbestimmung **durch Dritte**. Auch hier erfolgt die Bestimmung im Zweifel nach **billigem Ermessen**. Ein bedeutender Unterschied zu § 315 besteht aber darin, dass die Leistungsbestimmung nicht schon dann unverbindlich ist, wenn sie nicht der Billigkeit entspricht, sondern erst wenn sie **offenbar unbillig** ist. Dieser vom Gesetzgeber eröffnete größere Beurteilungsspielraum erschließt sich daraus, dass der Bestimmung durch einen nicht am Vertrag beteiligten Dritten eine größere **Richtigkeitsgewähr** beigemessen wird. Einer Beschränkung der gerichtlichen Kontrolle auf die Überprüfung offenbarer Unbilligkeit stehen im Gegensatz zu § 315 (vgl. § 315 Rn 9) keine Bedenken im Hinblick auf § 308 Nr. 4 entgegen. Die Inhaltskontrolle des § 308 Nr. 4 bezieht sich nur auf Leistungsbestimmungen durch den Verwender und somit im Arbverh regelmäßig auf Leistungsbestimmungen des AG.

Im Arbeitsrecht finden §§ 317, 319 insb. Anwendung bei der Leistungsbestimmung durch **paritätisch besetzte Kommissionen**. Die Betriebspartner oder die TV-Parteien übertragen die Leistungsbestimmung einem Gremium, welches aus der gleichen Anzahl von Mitgliedern der AG-Seite und der AN-Seite besetzt ist.

Analog herangezogen werden die §§ 317, 319 im Zusammenhang mit sog. **Schiedsgutachtenverträgen**. Hier geht es nicht unmittelbar um die Bestimmung einer Leistung, weil hierunter nur die Ergänzung des Vertragsinhaltes zu verstehen ist, sondern um die **Feststellung von Tatsachen**.

B. Regelungsgehalt

I. Der Dritte als Leistungsbestimmungsberechtigter

Als bestimmungsberechtigter Dritter kommt grds. jede natürliche und juristische Person in Betracht. Daneben kann auch eine **Behörde** Dritter sein, sofern sie nicht im Rahmen ihrer gesetzlichen Zuständigkeit tätig wird.[1] Dagegen kann nach umstrittener Auffassung das **Gericht nicht** Dritter i.S.d. § 317 sein.[2] Eine gerichtliche Leistungsbestimmung kann somit immer nur im Wege der **Ersetzung** vorgenommen werden; mit anderen Worten muss der gerichtlichen Entscheidung zunächst eine Leistungsbestimmung durch einen anderen Dritten i.S.d. § 317 oder eine Leistungsbestimmung durch den AG nach § 315 vorausgegangen sein.

Dritter i.S.d. § 317 kann nach Ansicht des BAG bspw. der **Deutsche Fußballbund** (DFB) im Arbverh zwischen Spieler und Verein sein und somit für die **Festsetzung einer Vertragsstrafe** zuständig sein.[3] Der Kläger wurde durch Urteil des DFB-Sportgerichtes mit einer sechsmonatigen Spielsperre belegt und meldete sich darauf hin bei seinem Verein arbeitsunfähig krank. Die Entgeltfortzahlung verweigerte der Verein mit der Begründung, dass dem Spieler aufgrund der Sperre die Erbringung der geschuldeten Arbeitsleistung unmöglich sei. Das BAG führte in diesem Zusammenhang aus, dass die Verhängung der Sperre durch das DFB-Sportgericht eine Leistungsbestimmung nach § 317 sei. Der Kläger habe sich in § 2 des Arbeitsvertrages verpflichtet, die Satzung des DFB sowie die auf Grundlage dieser Ordnung ergehenden Entscheidungen als verbindlich anzuerkennen. Neben dem DFB kann im Rahmen eines

---

1 BGH 18.2.1955 – V ZR 110/53 – NJW 1955, 665; Soergel/Wolf, § 317 Rn 8; differenzierend Staudinger/Rieble, § 317 Rn 29, wonach zwar eine Körperschaft, nicht aber eine bestimmte Dienststelle Leistungsbestimmer sein kann.

2 Vgl. MüKo-BGB/Gottwald, § 317 Rn 16; a.A. Soergel/Wolf, § 317 Rn 9.

3 BAG 17.1.1979 – 5 AZR 498/77 – NJW 1980, 470.

Arbverh eines Fußballspielers auch ein gebildeter **Spielerrat** Dritter i.S.d. § 317 sein und insb. über die Verteilung bestimmter Prämien, deren Gesamthöhe durch den Verein festgelegt wird, beschließen.[4]

6 Vereinbaren die Arbeitsvertragsparteien, dass der AN zusätzlich zu seiner Grundvergütung eine **Tantieme** erhalten soll und die zugrunde zu legenden Berechnungsfaktoren durch den **Abschlussprüfer festgelegt** werden, so ist dieser Dritter i.S.d. § 317 und seine Entscheidung nur dann unverbindlich, wenn sie in grobem Maße unrichtig ist.[5]

7 Eine Leistungsbestimmung durch Dritte ist auch in den Beschlüssen kirchenrechtlicher Kommissionen zu sehen, die ihren Niederschlag in den kirchenrechtlichen Arbeitsvertrags-RL (**AVR**) oder im Bundesangestelltentarifvertrag – Kirchliche Fassung (**BAT-KF**) finden. Das BAG vertritt zu Recht die Auffassung, dass derartige kirchliche Arbeitsvertragsregelungen **keine TV** i.S.v. § 1 TVG darstellen, da die Vereinbarungen nicht in Ausübung der durch Art. 9 Abs. 3 GG den Gewerkschaften und AG eingeräumten Rechtssetzungsautonomie zustande gekommen seien. Vielmehr beruhten die Regelungen auf kirchlichen Bestimmungen und innerkirchlichen Vereinbarungen, die ohne Verhandlungen mit einer Gewerkschaft oder einem Zusammenschluss von Gewerkschaften als „Tarifvertragspartei" i.S.v. § 2 TVG zustande gekommen seien.[6] Folge dessen ist, dass es für die Anwendbarkeit dieser Regelungen stets der Übernahme durch Einzelvertrag, Gesamtzusage oder Einheitsregelung bedarf. Die jeweils auf Beschlüssen einer **arbeitsrechtlichen paritätisch besetzten Kommission** beruhenden Änderungen der AVR und des BAT-KF sind demnach nur auf **grobe Unbilligkeit** hin zu überprüfen.

8 Das BAG hat daher die Vergütungsabsenkung von AN bestimmter Vergütungsgruppen im Anwendungsbereich der AVR zum Zwecke der Beschäftigungssicherung gebilligt und ausgeführt, dass die getroffene Entscheidung der arbeitsrechtlichen Kommission nicht grob unbillig sei.[7] Ebenso ist der Allgemeine Vergütungsgruppenplan zum BAT-KF nur auf grobe Unbilligkeit überprüfbar.[8] Der arbeitsrechtlichen Kommission stehe bei der Frage der Eingruppierungsgrundsätze ein erheblicher Beurteilungsspielraum zu.

9 Ob kirchliche Arbeitsvertragsregelungen einer paritätisch besetzten Kommission der **AGB-Inhaltskontrolle nach §§ 305 ff**. unterfallen oder ob sie in entsprechender Anwendung des § 310 Abs. 4 S. 1 der Inhaltskontrolle entzogen sind, hat das BAG zunächst **offen gelassen**.[9] Für die Arbeitsvertragsrichtlinien (AVR) der Caritas hat das BAG mittlerweile eine Inhaltskontrolle nach § 307 unter Beachtung der Besonderheiten des Arbeitsrechts (§ 310 Abs. 4 S. 2) für notwendig erachtet, allerdings bei dieser Gelegenheit festgestellt, dass kirchliche Arbeitsvertragsrichtlinien zwar anders als TV auf dem sog. „Dritten Weg" entstehen, dass die hierbei bestehenden Unterschiede zur Entstehung von TV es jedoch nicht rechtfertigen, kirchliche Arbeitsvertragsrichtlinien grds. einer anderen Inhaltskontrolle zu unterziehen, als sie bei TV vorzunehmen sind.[10]

10 Keine Leistungsbestimmung durch Dritte i.S.d. §§ 317, 319 liegt vor, wenn bei der AÜ das Weisungsrecht mit Zustimmung des AN auf den Entleiher übertragen wird. Hier liegt vielmehr eine Leistungsbestimmung nach § 315 vor, die lediglich auf eine weitere Person delegiert wird. Es wäre systemwidrig, die Leistungsbestimmung des Entleihers gegenüber dem AN nur auf grobe Unbilligkeit hin zu überprüfen. Der Entleiher übt vielmehr für den Verleiher die AG-Rolle aus. Auch die **Bezugnahme** auf eine **TV** stellt keinen Fall der Drittleistungsbestimmung dar, weil hier der Dritte (TV-Parteien) in eigener Angelegenheit entscheidet und mit den Vertragsparteien nichts zu tun hat.[11]

11 Ist Dritter nicht eine einzelne Person, sondern soll die Bestimmung durch **mehrere Dritte** erfolgen, ist nach § 317 Abs. 2 **im Zweifel Übereinstimmung** Aller erforderlich. Die Vorschrift ist dispositiv. In der Praxis wird man anstelle des Einstimmigkeitsprinzips zumeist das Mehrheitsprinzip vorfinden. Dies gilt insb. für die Entscheidungen paritätisch besetzter Kommissionen. Die Vereinbarung des Mehrheitsprinzips muss hierbei zwar nicht ausdrücklich getroffen werden, sondern kann sich auch durch Vertragsauslegung ergeben; alleine die Tatsache, dass das Gremium mit einer ungeraden Anzahl von Personen besetzt ist, reicht hierfür allerdings nicht aus.[12] Der betrieblichen Praxis ist daher anzuraten, in der für die Einsetzung der paritätischen Kommission maßgeblichen Rechtsgrundlage (TV, BV) ausdrücklich das Mehrheitsprinzip zu vereinbaren, um nicht eine Lähmung des Entscheidungsfindungsprozesses zu riskieren, wie sie bei Vereinbarung des Einstimmigkeitsprinzips einträte.

12 Eine Leistungsbestimmung durch Dritte liegt schließlich auch vor, wenn ein TV vorsieht, dass **Akkordansätze** und **Akkordänderungen** zwischen **Betriebsleitung** und **BR** zu vereinbaren sind.[13] Da die Bestimmung nicht einer Arbeitsvertragspartei allein übertragen werde, komme nicht § 315, sondern § 317 für eine entsprechende Anwendung in Betracht.

---

4 LAG Hamm 2.4.1998 – 12 Sa 2264/97 – juris.
5 LAG München 26.1.2005 – 10 Sa 752/04 – LAG-Report 2005, 382.
6 So BAG 15.11.2001 – 6 AZR 88/01 – ZTR 2002, 537; BAG 17.4.1996 – 10 AZR 558/95 – AP § 611 BGB Kirchendienst Nr. 24; BAG 5.1.1989 – 4 AZN 629/88 – BAGE 60, 344.
7 BAG 15.11.2001 – 6 AZR 88/01 – ZTR 2002, 537.
8 Insoweit offen gelassen von BAG 19.2.2003 – 4 AZR 157/02 – ZTR 2003, 510.
9 BAG 12.10.2005 – 4 AZR 429/04 – juris; BAG 26.1.2005 – 4 AZR 509/03 – juris.
10 BAG 17.11.2005 – 6 AZR 160/05 – NZA 2006, 872.
11 Staudinger/*Rieble*, § 317 Rn 24.
12 Soergel/*Wolf*, § 317 Rn 12; Staudinger/*Rieble*, § 317 Rn 51.
13 Vgl. BAG 29.1.1969 – 4 AZR 211/68 – AP § 611 BGB Akkordlohn Nr. 20 = BB 1969, 579.

II. Schiedsgutachten als Fall des § 317

Die Leistungsbestimmung durch Dritte hat im Arbeitsrecht insb. bei **Schiedsgutachten paritätischer Kommissionen** Bedeutung. Ein TV oder eine BV legt fest, dass die verbindliche Feststellung von Tatsachen von einer Kommission oder einem Ausschuss getroffen wird, der je zur Hälfte von Mitgliedern, die von der Gewerkschaft/dem BR und zur Hälfte von Mitgliedern, die vom AG-Verband/AG benannt sind, besteht. Derartige **materielle Schiedsgutachtenvereinbarungen** werden vom BAG trotz des weitreichenden Verbots der Schiedsgerichtsvereinbarung in §§ 101 ff. ArbGG für zulässig erachtet. Eine unzulässige Schiedsgerichtsvereinbarung liege erst dann vor, wenn einer dritten Stelle nicht nur die Feststellung von Tatsachen, sondern darüber hinaus auch deren verbindliche Subsumtion unter einzelne Tatbestandsmerkmale, etwa im Bereich unbestimmter Rechtsbegriffe, übertragen werde.[14]

Regelungsgehalt einer zulässigen Schiedsgutachtenvereinbarung kann bspw. die Feststellung sein, ob ein AN die in einer BV aufgestellten Voraussetzungen einer Prämie für einen **Verbesserungsvorschlag** erfüllt.[15] Das **betriebliche Vorschlagswesen** wird von den Betriebspartnern häufig in Form einer BV geregelt. Im Bereich der einfachen Verbesserungsvorschläge und der Verbesserungsvorschläge außerhalb des technischen Bereichs besteht ein Mitbestimmungsrecht des BR gem. § 87 Abs. 1 Nr. 12 BetrVG. Sofern qualifiziert technische Verbesserungsvorschläge betroffen sind (zur Abgrenzung vgl. § 87 BetrVG Rn 195), besteht in § 20 ArbNErfG zwar eine vorrangige gesetzliche Regelung; der Abschluss ergänzender freiwilliger BV gem. § 88 BetrVG ist aber möglich.[16] I.d.R. enthält eine derartige BV Regelungen über Organe, deren Zusammensetzung, Aufgaben und Verfahren. Die Vorschläge werden i.d.R. von einem Prüfungsausschuss begutachtet. Gegen die Entscheidung des Prüfungsausschusses kann eine Beschwerdemöglichkeit an einen Berufungsausschuss vorgesehen werden. Der Prüfungsausschuss stellt fest, ob bspw. ein Vorschlag eine Verbesserung für den Betrieb darstellt[17] oder ob die Verbesserung vom Einreicher außerhalb des ihm ohnehin zugewiesenen Aufgabenbereichs erfolgte.[18] Diese getroffenen Feststellungen können vom ArbG nur auf grobe Unrichtigkeit hin überprüft werden. Die Anwendbarkeit der §§ 317, 319 wird weder dadurch, dass ein differenziertes Regelungswerk vorliegt, an dem sich die paritätische Kommission zu orientieren hat, noch durch eine Regelung, wonach bei der Beurteilung eines Verbesserungsvorschlages im Zweifel zugunsten des Einreichers zu entscheiden ist, ausgeschlossen.[19] Dürfen die Betriebsparteien durch BV die Behandlung von Verbesserungsvorschlägen regeln, schließt dies auch die Einrichtung von paritätischen Ausschüssen ein, die verbindlich die maßgeblichen Tatsachen feststellen sollen.[20]

Ebenfalls als Tatsachenfeststellung in diesem Sinne sieht das BAG die Vornahme einer **Leistungsbeurteilung** an.[21] Der Entscheidung lag ein Sachverhalt aus der nordrhein-westfälischen Metall- und Elektroindustrie zugrunde. Nach § 5 des Gehaltsrahmenabkommens erhalten Ang eine Leistungszulage, deren Ermittlung sich nach dem TV zur Leistungsbeurteilung von Ang richtet. In diesem TV ist die jährliche Beurteilung des Ang durch Beauftragte des AG anhand eines Punkteschemas geregelt. Gegen die Leistungsbeurteilung kann von dem Ang innerhalb von zwei Wochen ein **Beanstandungsverfahren** vor einer paritätisch besetzten Kommission eingeleitet werden. Nachdem die paritätisch besetzte Kommission einstimmig entschieden hatte, dass die Leistungsbeurteilung ordnungsgemäß durchgeführt worden sei, erhob der Kläger Zahlungsklage vor dem ArbG. Das BAG hat die Klage mit der Begründung abgewiesen, dass die Entscheidung der paritätischen Kommission als Schiedsgutachterstelle i.S.d. § 317 nur daraufhin zu überprüfen sei, ob sie im tariflich vorgesehenen Verfahren ergangen ist und ob ihre wertende Entscheidung grob unbillig i.S.d. § 319 ist.[22] Umstritten ist, ob im Rahmen der Eingruppierung in das neue nordrhein-westfälische Entgeltrahmenabkommen für die Metall- und Elektroindustrie (ERA) die Entscheidung der paritätischen Kommission nach § 7 ERA-ETV, der ein besonderes Eingruppierungs- und Reklamationsverfahren vorsieht, eine Entscheidung i.S.d. §§ 317, 319 ist, die nur auf offenbare Unrichtigkeit überprüft werden kann.[23]

Liegt eine materiell-rechtlich zulässige Schiedsgutachtenvereinbarung vor, ist weiter zu prüfen, ob die Vertragsparteien in der Gestaltung ihrer Vertragsbeziehungen im Hinblick auf die zu regelnde Materie frei sind. Die Feststellung einer paritätischen Kommission oder eines Schiedsgutachters darf nicht gegen **unabdingbare Tarifnormen** oder

---

14 BAG 20.1.2004 – 9 AZR 393/03 – NZA 2004, 994; BAG 20.1.2004 – 9 AZR 23/03 – juris; BAG 22.1.1997 – 10 AZR 468/96 – AP § 1 TVG Tarifverträge Metallindustrie Nr. 146 = NZA 1997, 837; anders noch BAG 16.10.1957 – 4 AZR 257/55 – AP § 3 TOA Nr. 27 = SAE 1958, 126, wonach einem Schiedsgutachter auch die Subsumtion unter Rechtsbegriffe übertragen werden kann.

15 BAG 20.1.2004 – 9 AZR 393/03 – NZA 2004, 994; LAG Köln 28.10.2003 – 13 Sa 492/03 – ZTR 2004, 324; LAG Baden-Württemberg 29.3.2001 – 21 Sa 83/00 – AR-Blattei ES 1760 Nr. 5; LAG Nürnberg 27.9.2000 – 3 Sa 50/00 – AR-Blattei ES 1760 Nr. 3.

16 *Fitting u.a.*, § 87 Rn 544; *Gaul*, AuR 1987, 359.

17 Vgl. BAG 20.1.2004 – 9 AZR 393/03 – NZA 2004, 994; LAG Köln 28.10.2003 – 13 Sa 492/03 – ZTR 2004, 324.

18 Vgl. BAG 20.1.2004 – 9 AZR 393/03 – NZA 2004, 994.

19 So LAG Baden-Württemberg 18.7.2002 – 21 Sa 13/02 – juris; LAG Baden-Württemberg 29.3.2001 – 21 Sa 83/00 – AR-Blattei ES 1760 Nr. 5.

20 Vgl. BAG 20.1.2004 – 9 AZR 393/03 – NZA 2004, 994.

21 BAG 22.1.1997 – 10 AZR 468/96 – AP § 1 TVG Tarifverträge Metallindustrie Nr. 146 = NZA 1997, 837.

22 BAG 22.1.1997 – 10 AZR 468/96 – AP § 1 TVG Tarifverträge Metallindustrie Nr. 146 = NZA 1997, 837.

23 Verneinend LAG Hamm 8.2.2008 – 10 Sa 1355/07 – juris; LAG Hamm 7.12.2007 – 7 Sa 1354/07 – juris; LAG Düsseldorf 12.1.2007 – 10 Sa 1082/06 – ZTR 2007, 314, die ihr Ergebnis mit dem Fehlen eines zwingend durchzuführenden Reklamationsverfahrens begründen.

gegen **zwingendes Gesetzesrecht** verstoßen. Unzulässig ist es daher, einer paritätischen Kommission die Beurteilung der Eingruppierung zu übertragen, wenn die einzelnen Tätigkeitsmerkmale ausdrücklich im TV geregelt sind und das Gutachten auch dann bindend sein soll, wenn es für den AN ungünstiger ausfällt, als aus der richtigen Anwendung der Tarifnorm folgen würde.[24] Als einen schwerwiegenden Eingriff in den nicht abdingbaren Künd-Schutz sieht das BAG die bahndienstärztliche **Feststellung der Dienstunfähigkeit** an.[25] Im Rahmen eines Künd-Schutzprozesses wegen einer krankheitsbedingten Künd könne die gerichtliche Entscheidung über die soziale Rechtfertigung der Künd zuungunsten des AN ausfallen, obwohl ihm nach der wahren Sachlage der gesetzliche Künd-Schutz zustehe, wenn das Gericht nur befugt wäre, die bahnärztliche Entscheidung auf ihre offensichtliche Unrichtigkeit zu überprüfen. Hierin läge ein mittelbarer schwerwiegender Eingriff in den gesetzlichen Künd-Schutz.

III. Gerichtliche Kontrolle

17 Will sich eine der Arbeitsvertragsparteien gegen die getroffene Leistungsbestimmung des Dritten gerichtlich zur Wehr setzen, so ist der gerichtliche Kontrollmaßstab im Zweifel auf **grobe Unbilligkeit** beschränkt. Grob unbillig ist die Leistungsbestimmung, wenn die Maßstäbe der Einzelfallgerechtigkeit in so grober Weise verletzt sind, dass sich die Unbilligkeit wenn nicht jedermann, so doch dem unbefangenen Sachkundigen **aufdrängt**.[26] Offenbare Unbilligkeit ist daher eine Zwischenstufe zwischen billigem Ermessen einerseits und Willkür anderseits; sie setzt voraus, dass der Grundsatz von Treu und Glauben in grober Weise verletzt ist.[27]

18 Wird in einem Fußballverein die Verteilung einer vom Verein der Gesamthöhe nach festgelegten **Aufstiegsprämie** dem Spielerrat übertragen, ist die Festlegung der Verteilung durch den **Spielerrat** als Dritter i.S.d. § 317 grob unbillig, wenn nur die Spieler eine Prämie erhalten, die während der Saison dem Kader angehört haben, ein Spieler seitens des Vereins jedoch willkürlich aus dem Kader ausgeschlossen wurde und ihm keine weitere Teilnahme am Trainingsbetrieb untersagt wurde.[28] Dem Spieler sei durch die Nichtzulassung zum Training die Möglichkeit genommen worden, sich für den Kader zu empfehlen.

19 Bei der Überprüfung von Schiedsgutachten muss der Begriff der groben Unbilligkeit durch den der **offenbaren Unrichtigkeit** ersetzt werden. Es handelt sich nicht unmittelbar um die Bestimmung einer Leistung i.S.d. §§ 315, 317, weil hierunter nur die Ergänzung des Vertragsinhaltes zu verstehen ist. Die Feststellung einer Tatsache – wie sie durch den Schiedsgutachter erfolgen soll – kann nicht billig oder unbillig, sondern nur richtig oder falsch sein.[29] Offenbare Unrichtigkeit liegt vor, wenn sich die Unrichtigkeit jedermann oder wenigstens dem sachkundigen, unbefangenen Beobachter unmittelbar aufdrängt.[30] Dies entspricht den Maßstäben, die auch im Bereich der Verwaltungsgerichtsbarkeit für den Bereich des öffentlichen Dienstes herangezogen werden.[31] Hierzu zählen insb. Verstöße gegen die der Entscheidung zugrunde liegenden **Verfahrensregeln**, sofern diese das Ergebnis beeinflusst haben können.[32] Dies setzt allerdings voraus, dass die entsprechende BV oder der TV auch eine entsprechende Verfahrensordnung enthält. Ist dies nicht der Fall, ist die paritätische Kommission in ihrem Verfahren frei; selbst die Gewährung **rechtlichen Gehörs** ist **nicht erforderlich**.[33] Die für die Einigungsstelle entwickelten Verfahrensregeln, können auf die Leistungsbestimmung durch Dritte nicht übertragen werden, da es sich bei der Einigungsstelle um staatlich legitimierte Zwangsschlichtung handelt, bei §§ 317, 319 hingegen um eine autonome Schlichtung der Vertragsparteien.[34] Ebenfalls offenbar unrichtig ist eine Entscheidung, wenn die Feststellungen nicht nach den **Regeln der Fachkunde** getroffen werden.[35] Da den Entscheidungen der paritätischen Kommissionen der Vorteil innewohnt, dass sie betriebsnah sind und von Personen getroffen werden, denen die betrieblichen Verhältnisse bekannt sind, stellt das BAG keine überspannten Anforderungen an die Entscheidungen. Bedenklich erscheint jedoch die Auffassung des LAG Baden-Württemberg, wonach nicht einmal eine **Begründung** der Entscheidung erforderlich sein soll.[36] Ohne eine entspre-

---

24 BAG 16.10.1957 – 4 AZR 257/55 – AP § 3 TOA Nr. 27 = SAE 1958, 126.
25 BAG 18.12.1980 – 2 AZR 934/78 – AP § 1 TVG Tarifverträge Bundesbahn Nr. 4 = DB 1982, 179.
26 BAG 17.3.2005 – 8 AZR 179/04 – ZTR 2005, 425; BAG 18.12.1980 – 2 AZR 934/78 – AP § 1 TVG Tarifverträge Bundesbahn Nr. 4 = DB 1982, 179; BGH 9.7.1981 – VII ZR 139/80 – NJW 1981, 2351, 2353; BGH 25.1.1979 – X ZR 40/77 – NJW 1979, 1885.
27 BGH 14.10.1958 – VII ZR 118/57 – NJW 1958, 2067; Mü-Ko-BGB/*Gottwald*, § 319 Rn 6.
28 LAG Hamm 2.4.1998 – 12 Sa 2264/97 – juris.
29 Vgl. hierzu BAG 18.12.1980 – 2 AZR 934/78 – AP § 1 TVG Tarifverträge Bundesbahn Nr. 4 = DB 1982, 179.
30 BAG 20.1.2004 – 9 AZR 393/03 – NZA 2004, 994; BAG 18.12.1980 – 2 AZR 934/78 – AP § 1 TVG Tarifverträge Bundesbahn Nr. 4 = DB 1982, 179; BAG 31.1.1979 – 4 AZR 378/77 – AP § 1 TVG Tarifverträge Bundesbahn Nr. 2.
31 BVerwG 31.1.1980 – 2 C 3/78 – BVerwGE 59, 348.
32 BAG 20.1.2004 – 9 AZR 393/03 – NZA 2004, 994; BAG 20.1.2004 – 9 AZR 23/03 – juris; LAG Nürnberg 27.9.2000 – 3 Sa 50/00 – AR-Blattei ES 1760 Nr. 3.
33 Vgl. LAG Baden-Württemberg 18.7.2002 – 21 Sa 13/02 – juris; LAG Baden-Württemberg 29.3.2001 – 21 Sa 83/00 – AR-Blattei ES 1760 Nr. 5; a.A. MüKo-BGB/*Gottwald*, § 317 Rn 52.
34 So Staudinger/*Rieble*, § 317 Rn 64.
35 BAG 18.12.1980 – 2 AZR 934/78 – AP § 1 TVG Tarifverträge Bundesbahn Nr. 4 = DB 1982, 179; BAG 31.1.1979 – 4 AZR 378/77 – AP § 1 TVG Tarifverträge Bundesbahn Nr. 2 jeweils für ärztliche Kunst.
36 LAG Baden-Württemberg 29.3.2001 – 21 Sa 83/00 – AR-Blattei ES 1760 Nr. 5; richtigerweise für eine Begründungspflicht: LAG Hamm 8.2.2008 – 10 Sa 1355/07 – juris; LAG Hamm 7.12.2007 – 7 Sa 1354/07 – juris.

chende Begründung ist eine gerichtliche Überprüfung auf „offenbare Unrichtigkeit" i.d.R. überhaupt nicht möglich.[37] Daher dürfte es nicht ausreichen, zur Begründung einer Entscheidung lediglich den Wortlaut der BV zu wiederholen, die die entsprechenden Voraussetzungen enthält.[38] Kommt das ArbG wegen fehlerhafter bzw. unzureichender Begründung der festgestellten Tatsachen zu dem Ergebnis, dass die Entscheidung grob unrichtig ist, hat dies zur Folge, dass die Tatsachen vom Gericht selbst festzustellen sind und somit zur vollen Überprüfbarkeit stehen.[39] Eine nochmalige Überprüfung durch die Schiedsgutachtenstelle widerspräche dem arbeitsgerichtlichen Beschleunigungsgebot des § 9 Abs. 1 ArbGG.[40]

Die Vertragsparteien können den gerichtlichen Kontrollmaßstab abweichend von § 319 festlegen. Auch § 319 ist **dispositiv**. Die Parteien können die gerichtliche Bestimmung bereits bei einfacher Unbilligkeit vorsehen oder vereinbaren, dass auch eine offenbar unbillige Entscheidung für die Vertragsparteien verbindlich sein soll. Eine Grenze findet die Dispositionsfreiheit der Parteien soweit die Leistungsbestimmung einen Verstoß gegen die **guten Sitten** i.S.d. § 138 darstellt.[41]   **20**

Wendet sich ein AN gegen die getroffenen Feststellungen einer paritätischen Kommission, so ist richtiger **Klagegegner** der **AG** und nicht die Kommission.[42]   **21**

IV. Bestimmung durch das Gericht

Ist die durch den Dritten getroffene Entscheidung offenbar unbillig oder unrichtig, führt dies zur **Unverbindlichkeit** der Bestimmung (Zur Frage, ob hiernach die Leistungsbestimmung solange gilt, bis die Unverbindlichkeit geltend gemacht wird oder die Unverbindlichkeit von Rechts wegen feststeht, vgl. § 315 Rn 13). Beruft sich eine Vertragspartei durch Anrufung des ArbG auf die Unverbindlichkeit, so erfolgt die Bestimmung gem. § 319 Abs. 1 S. 2 durch Urteil. Das Gericht nimmt die erforderliche Tatsachenfeststellung selbst vor und hebt nicht lediglich die Leistungsbestimmung des Dritten auf. Aus diesem Grunde muss der Klageantrag unmittelbar auf Leistung gerichtet sein. Einem Feststellungsantrag auf Feststellung der offenbaren Unbilligkeit oder Unwirksamkeit der durch den Dritten getroffenen Bestimmung fehlt daher das gem. § 256 ZPO erforderliche Feststellungsinteresse. Etwas anderes gilt lediglich dann, wenn die Parteien – und auch dies ist aufgrund der Dispositivität des § 319 möglich[43] – die gerichtliche Kontrolle auf die Aufhebung der unbilligen Bestimmung beschränken und von einer Ersetzung der Entscheidung durch gerichtliches Urteil absehen. In diesem Fall hat der Dritte eine erneute, korrigierte Leistungsbestimmung vorzunehmen.   **22**

Eine Ersetzung durch Urteil findet auch dann statt, wenn der Dritte die Bestimmung nicht treffen **kann** oder **will** oder wenn er sie **verzögert**. Verzögerung ist hierbei nicht gleich zu setzen mit Verzug. Ein Verschulden ist nicht erforderlich. Wird die Klage erhoben, ohne dass bereits von einer Verzögerung auszugehen ist, ist die Klage als „derzeit unbegründet" abzuweisen. Die Abgrenzung richtet sich im Einzelfall danach, wann nach dem normalen Lauf der Dinge von einem verständigen Dritten mit der Leistungsbestimmung gerechnet werden kann, sofern die einschlägige Vereinbarung keine festen Fristen enthält. Ein Fall des Nichtkönnens liegt auch dann vor, wenn ein Gremium, welches nach dem Einstimmigkeitsprinzip zu entscheiden hat, sich nicht einigen kann.[44] Sieht ein TV vor, dass die Festsetzung der Akkordansätze durch Einigung zwischen Betriebsleitung und BR erfolgen soll und dass im Falle der Nichteinigung die Schlichtungsstelle angerufen werden kann, so liegt ebenfalls ein Fall des **Nichtkönnens** vor, wenn trotz fehlender Einigung die Schlichtungsstelle von keiner Seite angerufen wird. Dem AN gegenüber ist dann auch die Schlichtungsstelle als Dritter anzusehen, der die Entscheidung nicht treffen kann, da der einzelne AN keine Möglichkeit hat, die Anrufung der Schlichtungsstelle zu erzwingen.[45] Die Festsetzung hat dann durch das Gericht zu erfolgen.   **23**

Eine gerichtliche Ersetzung ist ausgeschlossen, wenn dem Dritten die Leistungsbestimmung nach freiem Belieben eingeräumt war (**§ 319 Abs. 2**). Da dem Gericht kein Maßstab zur Leistungsbestimmung zur Verfügung steht, ist in diesem Fall der Vertrag **unwirksam**.   **24**

C. Verbindung zum Prozessrecht – Darlegungs- und Beweislast

Anders als bei § 315, wo der AG im Zweifel nachweisen muss, dass seine Leistungsbestimmung billigem Ermessen entspricht (vgl. § 315 Rn 68), wird bei der Leistungsbestimmung durch Dritte demjenigen die Darlegungs- und Be-   **25**

---

37 Für eine Begründungspflicht daher BAG 17.3.2005 – 8 AZR 179/04 – ZTR 2005, 425; BAG 20.1.2004 – 9 AZR 393/03 – NZA 2004, 994.
38 So jetzt BAG 20.1.2004 – 9 AZR 393/03 – NZA 2004, 994.
39 BAG 17.3.2005 – 8 AZR 179/04 – ZTR 2005, 425; BAG 20.1.2004 – 9 AZR 393/03 – NZA 2004, 994.
40 BAG 17.3.2005 – 8 AZR 179/04 – ZTR 2005.
41 Staudinger/*Rieble*, § 319 Rn 4.
42 BAG 20.1.2004 – 9 AZR 393/03 – NZA 2004, 994.
43 Soergel/*Wolf*, § 319 Rn 3.
44 BAG 29.1.1969 – 4 AZR 211/68 – AP § 611 BGB Akkordlohn Nr. 20 = BB 1969, 579.
45 BAG 29.1.1969 – 4 AZR 211/68 – AP § 611 BGB Akkordlohn Nr. 20 = BB 1969, 579.

weislast aufgebürdet, der sich auf die offenbare Unbilligkeit oder die offenbare Unrichtigkeit beruft.[46] Der Leistungsbestimmung durch einen Dritten wird eine größere Richtigkeitsgewähr beigemessen, als wenn eine der Vertragsparteien die Leistungsbestimmung vornimmt. Aus diesem Grunde sollen Prozesse möglichst vermieden werden und im Falle eines non liquet die Entscheidung des Dritten gehalten werden. Der ein Schiedsgutachten in Frage stellende Vertragsteil muss Tatsachen vortragen, aus denen sich einem sachkundigen Beobachter Fehler geradezu aufdrängen. Eine vom Gericht durchzuführende Beweisaufnahme darf hingegen nicht zu einer vollen Überprüfung des Schiedsgutachtens führen. Soweit eine Partei zur Prüfung der offenbaren Unrichtigkeit auf Informationen der Gegenpartei angewiesen ist, kann ihr gem. § 242 ein Auskunftsanspruch zustehen.[47]

26 Wer sich darauf beruft, dass dem Dritten ein Bestimmungsrecht nach **freiem Belieben** eingeräumt worden sei und eine Überprüfung somit nur auf Willkür möglich sei, trägt für die von der gesetzlichen Zweifelsregelung abweichende Vereinbarung die Beweislast. Für das **Ausbleiben** oder die **Verzögerung** der Leistungsbestimmung ist derjenige beweispflichtig, der die Ersatzleistungsbestimmung begehrt.[48]

D. Beraterhinweise

27 Für den AG bringt der Abschluss einer BV über die Einsetzung einer paritätischen Kommission den Vorteil mit sich, dass auf diese Weise das Risiko arbeitsgerichtlicher Auseinandersetzungen verringert wird. Der AN wird die Entscheidung einer paritätischen Kommission i.d.R. eher akzeptieren, als wenn die Bestimmung unmittelbar durch den AG erfolgt. Sofern es dennoch zu einem Prozess kommt, sind die Prozesschancen des AG aufgrund des nur eingeschränkten gerichtlichen Prüfungsmaßstabes als gut zu bewerten. Eine Auswertung der gerichtlichen Entscheidungspraxis zeigt, dass die ArbG eine Entscheidung einer paritätischen Kommission nur äußerst selten wegen offenbarer Unrichtigkeit für unwirksam erklären.

28 Den Betriebspartnern ist anzuraten, das Verfahren, nach dem die paritätische Kommission zu ihrer Entscheidung kommt, in der entsprechenden BV möglichst umfassend festzulegen. Das Gremium selbst kann sich nämlich keine eigene Geschäftsordnung geben und den Gang der Entscheidung nicht eigenmächtig festlegen.[49] Die Vereinbarung einer **Bestimmungsfrist** ist im Hinblick auf den unbestimmten Rechtsbegriff der Verzögerung der Leistungsbestimmung ratsam. Die paritätische Kommission selbst sollte auf eine ausreichende Begründung ihrer Entscheidung bedacht sein.

Titel 2: Gegenseitiger Vertrag

§ 320 Einrede des nicht erfüllten Vertrags

(1) ¹Wer aus einem gegenseitigen Vertrag verpflichtet ist, kann die ihm obliegende Leistung bis zur Bewirkung der Gegenleistung verweigern, es sei denn, dass er vorzuleisten verpflichtet ist. ²Hat die Leistung an mehrere zu erfolgen, so kann dem einzelnen der ihm gebührende Teil bis zur Bewirkung der ganzen Gegenleistung verweigert werden. ³Die Vorschrift des § 273 Abs. 3 findet keine Anwendung.

(2) Ist von der einen Seite teilweise geleistet worden, so kann die Gegenleistung insoweit nicht verweigert werden, als die Verweigerung nach den Umständen, insbesondere wegen verhältnismäßiger Geringfügigkeit des rückständigen Teils, gegen Treu und Glauben verstoßen würde.

§ 321 Unsicherheitseinrede

(1) ¹Wer aus einem gegenseitigen Vertrag vorzuleisten verpflichtet ist, kann die ihm obliegende Leistung verweigern, wenn nach Abschluss des Vertrags erkennbar wird, dass sein Anspruch auf die Gegenleistung durch mangelnde Leistungsfähigkeit des anderen Teils gefährdet wird. ²Das Leistungsverweigerungsrecht entfällt, wenn die Gegenleistung bewirkt oder Sicherheit für sie geleistet wird.

---

46 BAG 20.1.2004 – 9 AZR 23/03 – juris; BAG 22.1.1997 – 10 AZR 468/96 – NZA 1997, 837; LAG Köln 28.10.2003 – 13 Sa 492/03 – ZTR 2004, 324; LAG Nürnberg 27.9.2000 – 3 Sa 50/00 – AR-Blattei ES 1760 Nr. 3.

47 LAG Baden-Württemberg 29.3.2001 – 21 Sa 83/00 – AR-Blattei ES 1760 Nr. 5; Palandt/*Heinrichs*, § 317 Rn 6; MüKo-BGB/*Gottwald*, § 319 Rn 11.

48 Staudinger/*Rieble*, § 319 Rn 28.

49 Staudinger/*Rieble*, § 317 Rn 52.

(2) ¹Der Vorleistungspflichtige kann eine angemessene Frist bestimmen, in welcher der andere Teil Zug um Zug gegen die Leistung nach seiner Wahl die Gegenleistung zu bewirken oder Sicherheit zu leisten hat. ²Nach erfolglosem Ablauf der Frist kann der Vorleistungspflichtige vom Vertrag zurücktreten. ³§ 323 findet entsprechende Anwendung.

§ 322 Verurteilung zur Leistung Zug-um-Zug

(1) Erhebt aus einem gegenseitigen Vertrag der eine Teil Klage auf die ihm geschuldete Leistung, so hat die Geltendmachung des dem anderen Teil zustehenden Rechts, die Leistung bis zur Bewirkung der Gegenleistung zu verweigern, nur die Wirkung, dass der andere Teil zur Erfüllung Zug um Zug zu verurteilen ist.
(2) Hat der klagende Teil vorzuleisten, so kann er, wenn der andere Teil im Verzug der Annahme ist, auf Leistung nach Empfang der Gegenleistung klagen.
(3) Auf die Zwangsvollstreckung findet die Vorschrift des § 274 Abs. 2 Anwendung.

§ 323 Rücktritt wegen nicht oder nicht vertragsgemäß erbrachter Leistung

(1) Erbringt bei einem gegenseitigen Vertrag der Schuldner eine fällige Leistung nicht oder nicht vertragsgemäß, so kann der Gläubiger, wenn er dem Schuldner erfolglos eine angemessene Frist zur Leistung oder Nacherfüllung bestimmt hat, vom Vertrag zurücktreten.
(2) Die Fristsetzung ist entbehrlich, wenn
1. der Schuldner die Leistung ernsthaft und endgültig verweigert,
2. der Schuldner die Leistung zu einem im Vertrag bestimmten Termin oder innerhalb einer bestimmten Frist nicht bewirkt und der Gläubiger im Vertrag den Fortbestand seines Leistungsinteresses an die Rechtzeitigkeit der Leistung gebunden hat oder
3. besondere Umstände vorliegen, die unter Abwägung der beiderseitigen Interessen den sofortigen Rücktritt rechtfertigen.
(3) Kommt nach der Art der Pflichtverletzung eine Fristsetzung nicht in Betracht, so tritt an deren Stelle eine Abmahnung.
(4) Der Gläubiger kann bereits vor dem Eintritt der Fälligkeit der Leistung zurücktreten, wenn offensichtlich ist, dass die Voraussetzungen des Rücktritts eintreten werden.
(5) ¹Hat der Schuldner eine Teilleistung bewirkt, so kann der Gläubiger vom ganzen Vertrag nur zurücktreten, wenn er an der Teilleistung kein Interesse hat. ²Hat der Schuldner die Leistung nicht vertragsgemäß bewirkt, so kann der Gläubiger vom Vertrag nicht zurücktreten, wenn die Pflichtverletzung unerheblich ist.
(6) Der Rücktritt ist ausgeschlossen, wenn der Gläubiger für den Umstand, der ihn zum Rücktritt berechtigen würde, allein oder weit überwiegend verantwortlich ist oder wenn der vom Schuldner nicht zu vertretende Umstand zu einer Zeit eintritt, zu welcher der Gläubiger im Verzug der Annahme ist.

§ 324 Rücktritt wegen Verletzung einer Pflicht nach § 241 Abs. 2

Verletzt der Schuldner bei einem gegenseitigen Vertrag eine Pflicht nach § 241 Abs. 2, so kann der Gläubiger zurücktreten, wenn ihm ein Festhalten am Vertrag nicht mehr zuzumuten ist.

§ 325 Schadensersatz und Rücktritt

Das Recht, bei einem gegenseitigen Vertrag Schadensersatz zu verlangen, wird durch den Rücktritt nicht ausgeschlossen.

| **§ 326** | **Befreiung von der Gegenleistung und Rücktritt beim Ausschluss der Leistungspflicht** |

(1) ¹Braucht der Schuldner nach § 275 Abs. 1 bis 3 nicht zu leisten, entfällt der Anspruch auf die Gegenleistung; bei einer Teilleistung findet § 441 Abs. 3 entsprechende Anwendung. ²Satz 1 gilt nicht, wenn der Schuldner im Falle der nicht vertragsgemäßen Leistung die Nacherfüllung nach § 275 Abs. 1 bis 3 nicht zu erbringen braucht.
(2) ¹Ist der Gläubiger für den Umstand, auf Grund dessen der Schuldner nach § 275 Abs. 1 bis 3 nicht zu leisten braucht, allein oder weit überwiegend verantwortlich oder tritt dieser vom Schuldner nicht zu vertretende Umstand zu einer Zeit ein, zu welcher der Gläubiger im Verzug der Annahme ist, so behält der Schuldner den Anspruch auf die Gegenleistung. ²Er muss sich jedoch dasjenige anrechnen lassen, was er infolge der Befreiung von der Leistung erspart oder durch anderweitige Verwendung seiner Arbeitskraft erwirbt oder zu erwerben böswillig unterlässt.
(3) ¹Verlangt der Gläubiger nach § 285 Herausgabe des für den geschuldeten Gegenstand erlangten Ersatzes oder Abtretung des Ersatzanspruchs, so bleibt er zur Gegenleistung verpflichtet. ²Diese mindert sich jedoch nach Maßgabe des § 441 Abs. 3 insoweit, als der Wert des Ersatzes oder des Ersatzanspruchs hinter dem Wert der geschuldeten Leistung zurückbleibt.
(4) Soweit die nach dieser Vorschrift nicht geschuldete Gegenleistung bewirkt ist, kann das Geleistete nach den §§ 346 bis 348 zurückgefordert werden.
(5) Braucht der Schuldner nach § 275 Abs. 1 bis 3 nicht zu leisten, kann der Gläubiger zurücktreten; auf den Rücktritt findet § 323 mit der Maßgabe entsprechende Anwendung, dass die Fristsetzung entbehrlich ist.

Titel 4: Draufgabe, Vertragsstrafe

| **§ 339** | **Verwirkung der Vertragsstrafe** |

¹Verspricht der Schuldner dem Gläubiger für den Fall, dass er seine Verbindlichkeit nicht oder nicht in gehöriger Weise erfüllt, die Zahlung einer Geldsumme als Strafe, so ist die Strafe verwirkt, wenn er in Verzug kommt. ²Besteht die geschuldete Leistung in einem Unterlassen, so tritt die Verwirkung mit der Zuwiderhandlung ein.

| **§ 340** | **Strafversprechen für Nichterfüllung** |

(1) ¹Hat der Schuldner die Strafe für den Fall versprochen, dass er seine Verbindlichkeit nicht erfüllt, so kann der Gläubiger die verwirkte Strafe statt der Erfüllung verlangen. ²Erklärt der Gläubiger dem Schuldner, dass er die Strafe verlange, so ist der Anspruch auf Erfüllung ausgeschlossen.
(2) ¹Steht dem Gläubiger ein Anspruch auf Schadensersatz wegen Nichterfüllung zu, so kann er die verwirkte Strafe als Mindestbetrag des Schadens verlangen. ²Die Geltendmachung eines weiteren Schadens ist nicht ausgeschlossen.

| **§ 341** | **Strafversprechen für nicht gehörige Erfüllung** |

(1) Hat der Schuldner die Strafe für den Fall versprochen, dass er seine Verbindlichkeit nicht in gehöriger Weise, insbesondere nicht zu der bestimmten Zeit, erfüllt, so kann der Gläubiger die verwirkte Strafe neben der Erfüllung verlangen.
(2) Steht dem Gläubiger ein Anspruch auf Schadensersatz wegen der nicht gehörigen Erfüllung zu, so findet die Vorschrift des § 340 Abs. 2 Anwendung.
(3) Nimmt der Gläubiger die Erfüllung an, so kann er die Strafe nur verlangen, wenn er sich das Recht dazu bei der Annahme vorbehält.

§ 342 Andere als Geldstrafe

Wird als Strafe eine andere Leistung als die Zahlung einer Geldsumme versprochen, so finden die Vorschriften der §§ 339 bis 341 Anwendung; der Anspruch auf Schadensersatz ist ausgeschlossen, wenn der Gläubiger die Strafe verlangt.

§ 343 Herabsetzung der Strafe

(1) ¹Ist eine verwirkte Strafe unverhältnismäßig hoch, so kann sie auf Antrag des Schuldners durch Urteil auf den angemessenen Betrag herabgesetzt werden. ²Bei der Beurteilung der Angemessenheit ist jedes berechtigte Interesse des Gläubigers, nicht bloß das Vermögensinteresse, in Betracht zu ziehen. ³Nach der Entrichtung der Strafe ist die Herabsetzung ausgeschlossen.

(2) Das Gleiche gilt auch außer in den Fällen der §§ 339, 342, wenn jemand eine Strafe für den Fall verspricht, dass er eine Handlung vornimmt oder unterlässt.

§ 344 Unwirksames Strafversprechen

Erklärt das Gesetz das Versprechen einer Leistung für unwirksam, so ist auch die für den Fall der Nichterfüllung des Versprechens getroffene Vereinbarung einer Strafe unwirksam, selbst wenn die Parteien die Unwirksamkeit des Versprechens gekannt haben.

§ 345 Beweislast

Bestreitet der Schuldner die Verwirkung der Strafe, weil er seine Verbindlichkeit erfüllt habe, so hat er die Erfüllung zu beweisen, sofern nicht die geschuldete Leistung in einem Unterlassen besteht.

Literatur: *Bötticher*, Wesen und Art der Vertragsstrafe sowie deren Kontrolle, ZfA 1970, 19; *Heinze*, Konventionalstrafe und andere Sanktionsmöglichkeiten in der arbeitsrechtlichen Praxis, NZA 1994, 244; *v. Koppenfels*, Vertragsstrafen im Arbeitsrecht nach der Schuldrechtsmodernisierung, NZA 2002, S. 598; *Langheid*, Vertragsstrafenvereinbarungen in Arbeitsverträgen, DB 1980, 1219; *Lindacher*, Phänomenologie der Vertragsstrafe, 1972; *Lohr*, Vertragsstrafen im Arbeitsverhältnis, MDR 2000, 429; *Reichenbach*, Konventionalstrafe für den vertragsbrüchigen Arbeitnehmer, NZA 2003, 309; *Schwerdtner*, Grenzen der Vereinbarungsfähigkeit von Vertragsstrafen im Einzelarbeitsvertrag, in: FS für Hilger/Stumpf, 1983, S. 631; *Söllner*, Vertragsstrafen im Arbeitsrecht, AuR 1981, 98; *Stoffels*, Der Vertragsbruch des Arbeitnehmers, 1994; *Westhoff*, Die Inhaltskontrolle von Arbeitsverträgen, 1975

A. Allgemeines 1	5. AGB-Kontrolle 13
B. Regelungsgehalt 2	IV. Verwirkung der Vertragsstrafe 14
I. Definition der Vertragsstrafe 2	V. Rechtsfolgen, §§ 340 und 341 15
II. Abgrenzungen 3	VI. Herabsetzung, § 343 16
1. Selbstständiges Strafversprechen 3	VII. Beispiele 18
2. Betriebsbußen 5	1. Nichtantritt, vorzeitiges Ausscheiden und Veranlassung der Kündigung 18
3. Verfall- und Verwirkungsklauseln 6	2. Wettbewerbsverbot 19
4. Schadenspauschalierung 7	3. Sonstige Pflichten 20
III. Wirksamkeitsvoraussetzungen 8	C. Verbindungen zu anderen Rechtsgebieten und zum Prozessrecht 21
1. Grundsätzliche Zulässigkeit 8	D. Beraterhinweise 23
2. Bestimmtheitsgrundsatz 10	
3. Keine unzulässige Kündigungserschwerung .. 11	
4. Form 12	

A. Allgemeines

1 Vertragsstrafen können individualvertraglich, tarifvertraglich[1] oder betriebsverfassungsrechtlich[2] (zum Streit über die Kompetenz zu Betriebsbußen vgl. Rn 5) vereinbart werden. In der Praxis finden sich Vertragsstraferegelungen oftmals in vorformulierten Arbeitsverträgen, so dass es entscheidend auf die AGB-Kontrolle nach §§ 305 ff. ankommt. Die Vertragsstrafe hat grds. eine Doppelfunktion. Ihr Zweck ist es zum einen als Druckmittel die vertraglichen Ansprüche – insb. des AG – zu sichern und zum anderen den Gläubiger von der im Schadensfall teilweise schwierigen Darlegung der konkreten Schadenshöhe zu entlasten (vgl. die Abgrenzung zur Schadenspauschalisierung, siehe Rn 7).[3] Bei der nicht vertragsgemäßen Erfüllung hat der Gläubiger zwar grds. Schadensersatzansprüche gem. §§ 280 ff. Es fällt jedoch in seine Darlegungslast, die einzelnen Schadensposten zu beweisen. Vor allem bei dem Arbeitsvertragsbruch des AN (vgl. Rn 18), bei dem darüber hinaus die Vollstreckung des Erfüllungsanspruchs gem. § 888 Abs. 3 ZPO nach überwiegender Ansicht ausscheidet, und bei Wettbewerbsverstößen ist die Kausalität der Pflichtverstöße für den konkreten Schaden oft nur schwer darzulegen und zu beweisen. Hier dient die Vertragsstrafe dazu, dem AG ein durchsetzbares Ahndungsmittel zur Verfügung zu stellen.[4] Während § 339 die Verwirkung der Vertragsstrafe regelt, betreffen §§ 340, 341 das Verhältnis von Vertragsstrafe zu Erfüllungs- und Schadensersatzansprüchen und § 343 die Herabsetzungsmöglichkeit einer unangemessen hohen Vertragsstrafe durch das Gericht.

B. Regelungsgehalt

I. Definition der Vertragsstrafe

2 Die Vertragsstrafe ist eine meist in Geld bestehende Leistung, die der Schuldner für den Fall der Nichterfüllung oder der nicht vertragsgemäßen Erfüllung einer Verbindlichkeit zahlt. Mit der Vertragsstrafe verspricht der Schuldner dem Gläubiger eine Leistung unter der aufschiebenden Bedingung der Nichterfüllung oder nicht gehörigen Erfüllung der Hauptleistung. Die Vertragsstrafe ist akzessorisch zur Hauptverbindlichkeit: Ist das Versprechen der Leistung unwirksam, so gilt dies auch für das sichernde Vertragsstrafenversprechen (zum selbstständigen Vertragsstrafeversprechen siehe Rn 3 und § 344).

II. Abgrenzungen

3 **1. Selbstständiges Strafversprechen.** Im Gegensatz zu der in §§ 339 ff. geregelten unselbstständigen Vertragsstrafe ist das selbstständige Strafversprechen nicht akzessorisch zu der vertraglich versprochenen Leistung des Schuldners. Das selbstständige Strafversprechen bezieht sich auf ein Verhalten, zu dem der Schuldner rechtlich nicht verpflichtet ist. So z.B. bei einer Vereinbarung, bei Abbruch von Vorverhandlungen einen Geldbetrag zu zahlen.[5] Ob die Rückzahlungsverpflichtung von Gratifikationen bei Künd des Arbverh ebenso ein selbstständiges Strafversprechen dargestellt, ist umstritten. Während Teile der Lit. dies annehmen,[6] stellen das BAG und die ihm folgende Lit. darauf ab, dass die Rückzahlung der nur auflösend bedingt gewährten Gratifikation zu keinem Vermögensnachteil beim AN führt und schon deshalb kein Strafversprechen vorliegt.[7] Ob ein Vermögensnachteil aber nicht auch bei dem Verlust eines, wenn auch bedingten, Anspruchs bejaht werden kann, hängt letztlich von der Funktion der Vertragsstrafe ab. Entscheidend sollte sein, ob Druck auf den Schuldner ausgeübt werden kann. Das wird bei der Rückzahlung der gewährten Gratifikation der Fall sein.

4 Die §§ 339 ff. sind auf das selbstständige Strafversprechen nur eingeschränkt anwendbar. Ausdrücklich bezieht sich nur die Regelung des § 343 Abs. 2 auf das selbstständige Strafversprechen und erstreckt die Herabsetzungsmöglichkeit bei einer unangemessen hohen Strafe auch auf dieses. Darüber hinaus ist § 344 entsprechend anwendbar, so dass auch im Fall des gegen das Gesetz verstoßenden Verhaltens das sichernde selbstständige Strafversprechen unwirksam ist. Ebenso wird in analoger Anwendung des § 339 geschlossen, dass die Verwirkung des Strafversprechens ebenfalls Verschulden voraussetzt.[8]

---

1 LAG Baden-Württemberg 5.12.1995 – 7 Sa 105/95 – AiB 1997, 66 m. Anm. *Däubler*; Staudinger/*Rieble*, § 339 Rn 59.
2 BAG 18.8.1987 – 1 ABR 30/86 – AP § 77 BetrVG 1972 Nr. 23 = NZA 1987, 779; BAG 9.4.1991 – 1 AZR 406/90 – AP § 77 BetrVG 1972 Tarifvorbehalt Nr. 1 = NZA 1991, 734; BAG 6.8.1991 – 1 AZR 3/90 – AP § 77 BetrVG 1972 Nr. 52 = NZA 1992, 177; a.A. Richardi/*Richardi*, § 77 Rn 113.
3 BAG 4.3.2004 – 8 AZR 196/03 – AP § 309 BGB Nr. 3; BAG 9.6.1993 – 5 AZR 470/92 – juris; vgl. aber dagegen LAG Düsseldorf 8.1.2003 – 12 Sa 1301/02 – AP § 309 BGB 2002 Nr. 2, nur Sanktionscharakter; *Heinze*, NZA 1994, 244, 249; MünchArb/*Blomeyer*, Bd. 1, § 57 Rn 55; *Söllner*, AuR 1981, 97, 98; vgl. zur Funktion der Vertragsstrafe im Bürgerlichen Recht Mot. II S. 275.
4 *Lohr*, MDR 2000, 429, 431.
5 Preis/*Stoffels*, Der Arbeitsvertrag, II V 30 Rn 5.
6 ErfK/*Müller-Glöge*, §§ 339–345 BGB Rn 2; *Bötticher*, ZfA 1970, 19 ff; Schaub/*Linck*, Arbeitsrechts-Handbuch, § 60 Rn 6.
7 BAG 11.3.1971 – 5 AZR 349/70 – AP § 622 BGB Nr. 9 = BB 1971, 706; *Engel*, S. 30 f.; *Westhoff*, S. 46 ff.
8 ErfK/*Müller-Glöge*, §§ 339–345 BGB Rn 3; *Stoffels*, Vertragsbruch, S. 188.

2. Betriebsbußen. Es ist umstritten, ob eine Betriebsbuße als eine Vertragsstrafe i.S.d. §§ 339 ff. anzusehen ist.[9] Nach Ansicht des BAG und Teilen der Lit. ist unter einer Betriebsbuße die über die vertraglichen Mittel hinausgehende Ahndung eines Verhaltens zu verstehen, mit dem der AN gegen die betriebliche Ordnung verstößt.[10] Damit erkennt das BAG die Kompetenz des AG und des BR an, unter bestimmten Voraussetzungen auf kollektivrechtlicher Ebene eine Betriebsbußenordnung zu erlassen. Rechtsgrundlage der Betriebsbuße ist danach die **„Betriebsstrafgewalt"**[11] der Betriebspartner. Dem BetrVG ist allerdings eine solche Ermächtigung ausdrücklich nicht zu entnehmen. Nach Ansicht der Rspr. kommt es bei Betriebsbußen auf die Absicherung der individualvertraglichen Pflichten nicht an, so dass keine Vertragsstrafe gegeben ist.[12] Grds. kann aber nach der Rspr. neben der Betriebsbuße auch eine Vertragsstrafe vorliegen, so dass durch Auslegung zu ermitteln sein soll, welcher Tatbestand kollektivrechtlich oder individualvertraglich gegeben ist.[13] Nach der Ansicht der Lit. gibt es dagegen keine Rechtsgrundlage im BetrVG, die den Betriebspartnern eine von den arbeitsvertraglichen Sanktionsmöglichkeiten gesonderte Strafgewalt zuerkennt.[14] Letztlich fehlt eine überzeugende Erklärung einer gesonderten Betriebsstrafgewalt. Mit der Lit.-Ansicht ist daher anzunehmen, dass Geldbußen auf kollektivrechtlicher Ebene bei einem Verstoß gegen die betriebliche Ordnung nur unter den Voraussetzungen der §§ 339 ff. wirksam festgelegt werden können. Dabei ist insb. zu berücksichtigen, dass der Verwirkungstatbestand hinreichend bestimmt sein muss. Im Falle einer zu hoch angesetzten Strafe kann diese nach § 343 herabgesetzt werden.[15]

3. Verfall- und Verwirkungsklauseln. Eine Verfallklausel bewirkt, dass bei einer Vertragsverletzung des Schuldners dessen schon entstandene Rechte erlöschen.[16] Damit hat die Verfallklausel wirtschaftlich gesehen die gleiche Funktion wie eine Vertragsstrafe. Die Einbuße beim Schuldner wird nur rechtlich anders herbeigeführt. Hat der Gläubiger bei Verwirkung der Vertragsstrafe einen Zahlungsanspruch gegen den Schuldner, wird dem Schuldner bei der Verfallklausel ein bereits entstandener Anspruch genommen. Daher sind auf eine Vereinbarung, die eine echte Verwirkung der Ansprüche herbeiführt, §§ 339 ff. entsprechend anwendbar.[17]

4. Schadenspauschalierung. Die Schadenspauschalierungsabrede bezweckt im Gegensatz zur Vertragsstrafe ausschließlich die vereinfachte Abwicklung im Schadensfall. Sie ist **kein Druckmittel**.[18] Die im Einzelfall schwierige Abgrenzung zur Vertragsstrafe richtet sich damit nach dem Zweck der vertraglichen Vereinbarung.[19] Steht der Ahndungscharakter im Vordergrund, spricht dies für eine Vertragsstrafe. Soll dagegen die Darlegung der Schadenshöhe des feststellbar eingetretenen Schaden erleichtert werden, handelt es sich um eine Schadenspauschalisierung. Indiz für eine Vertragsstrafe ist es dagegen, wenn der Gläubiger ein besonderes Interesse an der Erfüllung hat, für das ein reiner Schadensersatz schon keinen gleichwertigen Ersatz bringen kann. In diesem Fall kann die Höhe der Vertragsstrafe schon den erwarteten Schaden übersteigen.[20] Praktische Bedeutung hat die Abgrenzung der Vertragsstrafe von der Schadenspauschalisierung zum einen für die Klauselkontrolle, da §§ 305 ff. jeweils unterschiedliche Anforderungen an die Vertragsstrafe (§ 309 Nr. 6) und die Schadenspauschalisierung (§ 309 Nr. 5) stellen. Zum anderen sind die Voraussetzungen der Vertragsstrafe und der Schadenspauschalisierung unterschiedlich. Während bei der Schadenspauschalisierung das Bestehen eines Schadens erforderlich ist (die Pauschalisierung bezieht sich nur auf die Höhe), muss für die zulässige Vereinbarung einer Vertragsstrafe noch nicht einmal feststehen, dass überhaupt ein Schaden entstanden ist.[21] Insoweit reicht es, wenn die Vertragsstrafe als Druckmittel einen vertraglichen Erfüllungsanspruch sichert.

III. Wirksamkeitsvoraussetzungen

1. Grundsätzliche Zulässigkeit. § 5 Abs. 2 Nr. 2 BBiG verbietet die Vereinbarung einer Vertragsstrafe in **Berufsausbildungsverhältnissen**. Dagegen kann nach zutreffender Ansicht des BAG aus **§ 888 Abs. 3 ZPO** kein Verbot einer Vertragsstrafe für den Fall des Arbeitsvertragsbruchs des AN geschlossen werden.[22] Die Ansicht,[23] nach der sich aus § 888 Abs. 3 ZPO ein mittelbares Vertragsstrafenverbot ableiten lässt, vernachlässigt den Unterschied zwischen den ausgeschlossenen zivilprozessualen Beugemitteln und der Vertragsstrafe. Die Beugemittel können grds.

---

9 Richardi/*Richardi*, § 87 Rn 232 mit einem Überblick zum Meinungsstreit.
10 BAG 7.11.1979 – 5 AZR 962/77 – AP § 87 BetrVG 1972 Betriebsbuße Nr. 3; ErfK/*Kania*, § 87 BetrVG Rn 22; HWK/*Thüsing* § 611 BGB Rn 486.
11 Zur historischen Entwicklung vgl. Richardi/*Richardi*, § 87 Rn 215 ff.
12 BAG 5.2.1986 – 5 AZR 564/84 – NZA 1986, 782, 783.
13 Zu diesem Problem Richardi/*Richardi*, § 87 Rn 232.
14 Richardi/*Richardi*, § 87 Rn 232 f.; HaKo-BetrVG/*Kohte*, § 87 Rn 34 jeweils m.w.N.
15 Richardi/*Richardi*, § 87 Rn 234 ff.
16 ErfK/*Müller-Glöge*, §§ 339–345 BGB Rn 4.
17 BAG 18.11.1960 – 1 AZR 238/59 – AP § 4 TVG-Vertragsstrafe Nr. 1; Staudinger/*Rieble*, § 339 Rn 66 ff; MüKo-BGB/*Gottwald*, vor § 339 Rn 32.
18 Staudinger/*Rieble*, § 339 Rn 44.
19 ErfK/*Müller-Glöge*, §§ 339–345 BGB Rn 5.
20 Palandt/*Heinrichs*, § 276 Rn 26; *Lohr*, MDR 2000, 429, 430.
21 HWK/*Thüsing* § 611 BGB Rn 484.
22 BAG 4.3.2004 – 8 AZR 196/03 – AP § 309 BGB Nr. 3; LAG Hamm 7.5.2004 – 7 Sa 85/04 – AuR 2004, 437; vgl. auch *Reichenbach*, NZA 2003, 309, 310.
23 *Langheid*, DB 1980, 1219 f.; *Lindacher*, S. 72 ff; *Söllner*, AuR 1981, 97, 102; *Schwerdtner*, in: FS für Hilger/Stumpf, S. 631, 647.

so oft erhoben werden, bis der Schuldner die Leistung erbringt.[24] Im Gegensatz dazu ist die Vertragsstrafe eine einmalige Sanktion. Sie führt, wie auch § 61 Abs. 2 ArbGG, zu einem sekundären und einmaligen Geldzahlungsanspruch bei Verletzung der Arbeitspflicht.[25] § 888 Abs. 3 ZPO soll daher nur eine Vollstreckung des Erfüllungsanspruchs verhindern, schließt aber andere Druckmittel nicht aus.[26] Auch aus dem Verbot des § 5 BBiG kann man im Umkehrschluss folgern, dass ansonsten Vertragsstrafen zulässig sind.[27]

9 Ebenso lässt sich das mietrechtliche Vertragsstrafenverbot des § 555 nicht auf das Arbvverh übertragen. Der Vermieter hat mit dem Vermieterpfandrecht und der Kaution bereits Sicherungsmittel in der Hand, die das gesetzliche Verbot der Vertragsstrafe erklären können. Zum anderen geht es dem Vermieter stets um die Zahlung der Miete. Sein Schaden steht zumindest bei der Wohnraummiete mit dem Mietausfall fest. Ein Bedürfnis für eine darüber hinausgehende Vertragsstrafe fehlt, die einen diffusen Schaden pauschalieren und ihm vorbeugen soll.

10 **2. Bestimmtheitsgrundsatz.** Die Vertragsstrafenregelung ist nur dann wirksam, wenn sie klar und bestimmt ist. Das bedeutet, dass der AN genau wissen muss, auf welche Pflichtverletzung sich die Strafabrede bezieht.[28] Soweit Nebenpflichten abgesichert werden sollen, ist die jeweilige Pflicht unter Beachtung der im Arbeitsrecht geltenden Besonderheiten der Haftung (vgl. § 611 Rn 881 ff.) konkret zu benennen,[29] ansonsten ist ausreichend, dass diese durch Auslegung bestimmbar ist.[30] Die Höhe der Strafe muss nicht konkret vereinbart sein. Möglich ist, das Bestimmungsrecht hinsichtlich der Strafhöhe dem AG (§ 315) oder einem Dritten (§ 317) zu übertragen. Unwirksam ist aber eine Vereinbarung, die einem staatlichen Gericht die Bestimmung überträgt.[31]

11 **3. Keine unzulässige Kündigungserschwerung.** Aus § 622 Abs. 6 hat die Rspr. das Verbot ungleicher Künd-Bedingungen abgeleitet.[32] Eine Vertragsstrafenregelung, die das Künd-Recht des AN einseitig erschwert, ist daher unwirksam. Unwirksam sind Klauseln, die die fristgerechte Künd des AN mit Strafe belegen.[33] Möglich ist aber die Vereinbarung einer Vertragsstrafe für eine **Künd vor Dienstantritt**, wenn die ordentliche Künd vor Dienstantritt für beide Parteien ausgeschlossen wurde.[34] Die Vereinbarung einer Vertragsstrafe für den Fall der außerordentlichen Künd ist immer unwirksam.[35]

12 **4. Form.** Grds. sind Vertragsstrafenvereinbarungen formlos wirksam. Eine Ausnahme gilt für die Sicherung eines **Wettbewerbsverbots.** Hier gilt das Formgebot des § 74 Abs. 1 HGB unabhängig davon, ob die Vertragsstrafe gleichzeitig mit dem Wettbewerbsverbot oder erst nachträglich vereinbart wurde.[36]

13 **5. AGB-Kontrolle.** Durch die Schuldrechtsreform ist die Bereichsausnahme für das Arbeitsrecht des § 23 Abs. 1 AGBG a.F. entfallen. Danach sind jetzt auch Arbeitsverträge an §§ 305 ff. zu messen, wobei gem. § 310 Abs. 4 S. 2 die im Arbeitsrecht geltenden Besonderheiten zu beachten sind. Das BAG hat in § 309 Nr. 6 unter Würdigung der arbeitsrechtlichen Besonderheit des Vollstreckungsverbots in § 888 Abs. 3 ZPO kein grundsätzliches Klauselverbot für arbeitsrechtliche Vertragsstrafenstrafen für den Fall des Vertragsbruchs des AN gesehen.[37]

IV. Verwirkung der Vertragsstrafe

14 Gem. § 339 ist die Vertragsstrafe verwirkt, wenn der Schuldner mit der geschuldeten Hauptleistung in Verzug (§ 286) kommt. Die Verwirkung setzt als Voraussetzung des Verzugs damit Verschulden des Schuldners voraus.[38] Nach § 286 Abs. 4 hat der Schuldner die Darlegungs- und Beweislast für sein fehlendes Verschulden. Soweit nichts anderes vereinbart ist, folgt das Verschulden aus § 276 Abs. 1 S. 1. Bei einer Vertragsstrafe wegen Vertragsbruchs ist davon auszugehen, dass der Vertragsbruch eine vorsätzliche Loslösung vom Vertrag voraussetzt.[39] Unerheblich ist es für die Verwirkung der Vertragsstrafe, ob ein Schaden entstanden ist – die Vertragsstrafe knüpft nur an die objektive Pflichtverletzung an. Bei Dauerpflichten, wie z.B. der Einhaltung eines Wettbewerbsverbotes, ist durch Auslegung

---

24 *Reichenbach*, NZA 2003, 309.
25 *Heinze*, NZA 1994, 244, 249; *Söllner*, AuR 1981, 97, 102.
26 BAG 23.5.1984 – 4 AZR 129/82– AP § 339 BGB Nr. 9 = NZA 1984, 255; *Heinze*, NZA 1994, 244 f.
27 *Reichenbach*, NZA 2003, 309 f.
28 BAG 27.4.2000 – 8 AZR 301/99 – juris; LAG Berlin 22.5.1997 – 1 Sa 4/97 – NZA-RR 1998, 53, 55; Staudinger/*Rieble*, § 339 Rn 13; ErfK/*Müller-Glöge*, §§ 339–345 BGB Rn 15.
29 BAG 4.9.1964 – 5 AZR 511/63 – AP § 339 BGB Nr. 3 = BB 1964, 1666; zu weitgehend BAG 5.2.1986 – 5 AZR 564/84 – NZA 1986, 782.
30 BAG 5.2.1986 – 5 AZR 564/84 – NZA 1986, 782.
31 BAG 25.9.1980 – 3 AZR 133/80 – AP § 339 BGB Nr. 7 = BB 1981, 302.
32 BAG 9.3.1972 – 5 AZR 246/71 – AP § 622 BGB Nr. 12; ErfK/*Müller-Glöge*, § 622 BGB Rn 100 ff.
33 BAG 6.9.1989 – 5 AZR 586/88 – AP § 622 BGB Nr. 27 = NZA 1990, 147.
34 BAG 13.6.1990 – 5 AZR 304/89 – juris; ArbG Freiburg 11.1.1996 – 13 Ca 319/95 – NZA-RR, 1997, 44.
35 BGH 3.7.2000 – II ZR 282/98 – NZA 2000, 945.
36 *Bauer/Diller*, S. 331; *Lohr*, MDR 2000, 429, 432.
37 BAG 4.3.2004 – 8 AZR 196/03 – AP § 309 BGB Nr. 3.
38 BGH 29.6.1972 – II ZR 101/70 – NJW 1972, 1893; *Söllner*, AuR 1981, 97, 104.
39 BAG 18.9.1991 – 5 AZR 650/90 – AP §§ 339 BGB Nr. 14 = NZA 1992, 215; ErfK/*Müller-Glöge*, §§ 339–345 BGB Rn 32; a.A. LAG Köln 15.5.1991 – 7 Sa 778/90 – LAGE § 339 BGB Nr. 9.

zu ermitteln, ob die Strafe nur beim ersten Verstoß, nur innerhalb einer bestimmten Zeit oder bei jedem Verstoß verwirkt wird.[40] Erfüllbar wird der Anspruch bei einem Strafversprechen wegen Nichterfüllung (§ 340) erst dann, wenn der Gläubiger gegenüber dem Schuldner die Vertragsstrafe wählt und damit von dem Erfüllungsanspruch erkennbar abrückt.[41]

V. Rechtsfolgen, §§ 340 und 341

Gem. § 340 Abs. 1 S. 1 kann der Gläubiger die verwirkte Strafe statt der Erfüllung verlangen, wenn es sich um ein Strafversprechen für Nichterfüllung handelt. Verlangt er die Strafe, ist gem. Abs. 1 S. 2 der Anspruch auf Erfüllung ausgeschlossen. Der AG kann auch nicht mehr gem. § 61 ArbGG vorgehen.[42] Die verwirkte Strafe kann als Mindestschaden des Schadensersatzes wegen Nichterfüllung verlangt werden, § 340 Abs. 2 S. 1. Gem. § 340 Abs. 2 S. 2 ist daneben die Geltendmachung eines Schadensersatzanspruches möglich. Ist die Strafe für jeden Fall der Zuwiderhandlung vereinbart, kann der Gläubiger bei jeder Zuwiderhandlung neu wählen.[43] Ist die Vertragsstrafe für den Fall der insb. zeitlich nichtgehörigen Erfüllung vereinbart, so kann der Gläubiger die Strafe neben der Erfüllung verlangen, § 341 Abs. 1. Nimmt er die Erfüllung an, kann er allerdings nur dann die Strafe verlangen, wenn er sich dies bei Annahme der Erfüllung vorbehalten hat, § 341 Abs. 3. Die Geltendmachung eines weiteren Schadens ist ebenfalls möglich, § 341 Abs. 2.

VI. Herabsetzung, § 343

Ist eine verwirkte Strafe unverhältnismäßig hoch, kann sie gem. § 343 Abs. 1 S. 1 auf Antrag des AN herabgesetzt werden. Dies ist gem. § 343 Abs. 1 S. 3 allerdings nur solange möglich, bis der AN die Strafe entrichtet hat. Eine teilweise Zahlung der Strafe schließt die Herabsetzung des noch fehlenden Betrags nicht aus.[44] Der AN kann nicht im Vorfeld einen Ausschluss der Herabsetzung der Strafe vereinbaren, wohl aber nach der Verwirkung auf die Herabsetzung verzichten.[45] Das ArbG nimmt im Rahmen des § 343 eine **Billigkeitskontrolle** im Einzelfall vor. Es wägt die Belastung des AN gegen das Schutzinteresse des AG ab. In die Abwägung sind gem. § 343 Abs. 1 S. 2 alle berechtigten Interessen der Parteien und nicht nur das Vermögensinteresse des Gläubigers einzubeziehen. Dazu gehören die Schwere und Dauer der Vertragsverletzung, der Verschuldensgrad, die wirtschaftliche Lage, die Einkommensverhältnisse des Schuldners und die potenzielle Schadenshöhe.[46] Ob ein Schaden entstanden ist, kann mittelbar von Bedeutung sein.[47] Für angemessen erachten die Gerichte durchgängig Vertragsstrafen in Höhe eines **Monatsverdienstes**[48] oder sie orientieren sich an der **Künd-Frist**.[49] Der AN muss den Antrag auf Herabsetzung nicht beziffern.[50]

Die Herabsetzung gem. § 343 ist wegen des Verbots der **geltungserhaltenden Reduktion** gem. § 306 Abs. 2 jedoch dann nicht möglich, wenn es sich um eine unwirksame vorformulierte Klausel handeln, die den Anforderungen der §§ 305 ff. nicht genügt.[51]

VII. Beispiele

1. Nichtantritt, vorzeitiges Ausscheiden und Veranlassung der Kündigung. Der Hauptanwendungsfall der Vertragsstrafe im Arbeitsrecht ist die Vereinbarung für den Fall des **Vertragsbruchs**. Vertragsbruch ist die vom Schuldner einseitig und ohne Willen des Gläubigers herbeigeführte faktische Vertragsauflösung, also die Nichtaufnahme der Arbeit oder die rechtswidrige vorzeitige Beendigung des Arbverh.[52] Gerade in dieser Situation wird es dem AG sehr schwer fallen, einen konkreten Schaden darzulegen, wenn er nicht z.B. eine Ersatzkraft eingestellt hat und deren Kosten beziffert. Darüber hinaus kann der AG den Erfüllungsanspruch auf die Arbeitsleistung wegen § 888 Abs. 3 ZPO nach überwiegender Ansicht[53] nicht vollstrecken, so dass der Vertragsbruch nach den Regelungen des Zivilrechts sanktionslos bleiben könnte. Die Vertragsstrafe kann diese Lücke schließen. Die Künd des AN kann nicht mit einer Vertragsstrafe sanktioniert werden. Unter den Begriff des Vertragsbruchs fällt allerdings nicht die schuldhaft veranlasste Beendigung des Arbverh durch den AG; soll auch dies erfasst werden, muss die Vertragsstra-

---

40 BGH 25.1.2001 – I ZR 323/98 – NJW 2001, 2622; *Bauer/Diller*, S. 335 f.
41 ErfK/*Müller-Glöge*, §§ 339–345 BGB Rn 34.
42 *Heinze*, NZA 1994, 244, 250.
43 BAG 30.4.1971 – 3 AZR 259/70 – AP § 340 BGB Nr. 2.
44 ErfK/*Müller-Glöge*, §§ 339–345 BGB Rn 37.
45 Palandt/*Heinrichs*, § 343 Rn 2; *Lohr*, MDR 2000, 429, 435.
46 BAG 25.10.1994 – 9 AZR 265/93 – juris; MüKo-BGB/*Gottwald*, § 343 Rn 14.
47 BAG 30.11.1994 – 10 AZR 79/94 – AP § 4 TVG Nr. 16 = NZA 1995, 695.
48 BAG 30.11.1994 – 10 AZR 79/94 – AP § 4 TVG Nr. 16 = NZA 1995, 695; LAG Hamm 24.1.2003 – 10 Sa 1158/02 – NZA 2003, 499; LAG Düsseldorf 8.1.2003 – 12 Sa 1301/02 – NZA 2003, 382.
49 LAG Sachsen 25.11.1997 – 9 Sa 731/97 – LAGE § 339 BGB Nr. 12; LAG Hamm 15.9.1997 – 19 Sa 979/97 – LAGE § 625 BGB Nr. 55.
50 HWK/*Diller*, § 75c HGB Rn 12.
51 BAG 4.3.2004 – 8 AZR 196/03 – AP § 309 BGB Nr. 3; LAG Hamm 4.5.2004 – 19 Sa 360/04 – juris.
52 BAG 18.9.1991 – 5 AZR 650/90 – AP § 339 BGB Nr. 14 = NZA 1992, 215.
53 BAG 4.3.2004 – 8 AZR 196/03 – AP § 309 BGB Nr. 3.

fenabrede entsprechend formuliert werden. In der AGB-Kontrolle steht § 309 Nr. 6 einer Vertragsstrafe wegen Vertragsbruchs nicht entgegen.[54] Allerdings ist insb. wegen der Höhe der Vertragsstrafe die Klauselkontrolle gem. § 307 zu beachten.

19 **2. Wettbewerbsverbot.** Vertragsstrafen werden auch für die Nichteinhaltung eines vertraglichen oder nachvertraglichen Wettbewerbsverbots vereinbart. Schadensersatzansprüche scheitern oft daran, dass der AG nicht beweisen kann, dass gerade durch den Wettbewerbsverstoß eine Vermögenseinbuße entstanden ist.[55] Bei nachvertraglichen Wettbewerbsverboten hält allein die Befreiung des AG von der Zahlung der Karenzentschädigung den AN nicht davon ab, zu diesem in Wettbewerb zu treten, wenn der Gewinn aus der Konkurrenztätigkeit die Karenzentschädigung weit überschreitet.[56] Nur eine Vertragsstrafe kann daher das Wettbewerbsverbot sichern. Die Rspr. erkennt in diesem Bereich auch hohe Vertragsstrafen, so z.B. in Höhe von sechs Bruttomonatsgehältern, an.[57]

20 **3. Sonstige Pflichten.** Bei Vertragsstrafen, die für die Schlechtleistung des AN vereinbart werden, sind die Grundsätze des innerbetrieblichen Schadensausgleichs (vgl. § 611 Rn 881 ff.) zu beachten, diese dürfen nicht zu Lasten des AN abbedungen werden.[58] Grds. ist aber fraglich, ob der AG ein berechtigtes Interesse an der Absicherung hat oder ob nicht Abmahnung, Versetzung oder Künd als Reaktion auf die Schlechtleistung des AN genügen.[59] Auch die Sicherung von Nebenpflichten ist möglich, wenn diese nicht nur pauschal in Bezug genommen werden, sondern entsprechend der Bestimmtheit der Vertragsstrafe ausdrücklich benannt werden. Oft wird die Verschwiegenheitspflicht durch eine Vertragsstrafe abgesichert.[60] Die Absicherung von Nebenpflichten, die dem Ordnungsbereich zugehören, wie die Anzeige von Nebentätigkeiten, ist problematisch.[61] Geringfügige Nebenpflichtverletzungen führen wegen § 242 nicht zur Verwirkung der Vertragsstrafe.[62]

C. Verbindungen zu anderen Rechtsgebieten und zum Prozessrecht

21 Der AG hat das Zustandekommen und den Inhalt der Vertragsstrafenvereinbarung darzulegen und zu beweisen. Bestreitet der AN die Verwirkung der Vertragsstrafe, weil er seine Verbindlichkeit erfüllt habe, hat er die Erfüllung zu beweisen, soweit diese nicht in einem Unterlassen besteht, § 345. Entgegen § 619a muss dieser auch beweisen, dass er nicht schuldhaft gehandelt hat.[63] Er trägt auch die Beweislast für die Tatsachen, die die Unverhältnismäßigkeit der Vertragsstrafe zur Folge haben.[64]

22 Der AG kann mit der Vertragsstrafe gegen den Entgeltanspruch des AN bis zur Pfändungsfreigrenze (§ 394 BGB, §§ 850 ff. ZPO) aufrechnen. Ob er bei vorsätzlichem Vertragsbruch unbegrenzt aufrechnen kann, ist noch ungeklärt.[65] Diese Frage ist bis jetzt nur bei Schadensersatzansprüchen wegen vorsätzlicher Schadenszufügung diskutiert worden. Fügt der AN dem AG vorsätzlich Schaden zu, widerspricht es Treu und Glauben, wenn er gegen den daraus resultierenden Schadensersatzanspruch Sozialschutz in Anspruch nimmt. Er soll sich daher nicht auf § 850c ZPO berufen dürfen, gleichwohl ist keine unbeschränkte Aufrechung möglich, Untergrenze ist das Existenzminimum (§ 394 i.V.m. § 850d ZPO).[66] Im Gegensatz zu reinen Schadensersatzformen hat aber die Vertragsstrafe zwar in erster Linie eine Erfüllungssicherungsfunktion. Sie dient aber auch dem Ausgleich des schwierig darzulegenden Schadensersatzanspruches. In dieser Funktion dient sie dem materiellen Ausgleichsinteresse.[67] Insoweit nur von einem „immateriellen" Erfüllungsinteresse zu sprechen,[68] entspricht nicht dem wirtschaftlichen Hintergrund der Vertragsstraferegelungen. Bei vorsätzlichem Vertragsbruch ist daher eine Aufrechung außerhalb des Rahmens der Pfändungsfreigrenzen möglich.

D. Beraterhinweise

23 Vgl. zu der Formulierung und Vertragsgestaltung von Vertragsstrafenabreden in vorformulierten Arbeitsverträgen § 307 Rn 100 und § 309 Rn 17 ff.

---

54 BAG 4.3.2004 – 8 AZR 196/03 – AP § 309 BGB Nr. 3.
55 *Bauer/Diller*, S. 330.
56 *Lohr*, MDR 2000, 429, 431.
57 Z.B. BAG 25.10.1994 – 9 AZR 265/93 – juris.
58 Preis/*Stoffels*, Der Arbeitsvertrag, II V 30 Rn 34.
59 *Schwerdtner*, in: FS für Hilger/Stumpf, S. 645 ff; Preis/ *Stoffels*, Der Arbeitsvertrag, II V 30 Rn 35.
60 MünchArb/*Blomeyer*, Bd. 1, § 53 Rn 78.
61 ErfK/*Müller-Glöge*, §§ 339–354 BGB Rn 26; Preis/*Stoffels*, II V 30 Rn 59; *Söllner*, AuR 1981, 97, 104.

62 BAG 24.6.1987 – 8 AZR 641/85 – juris.
63 *Bauer/Diller*, NJW 2002, 1611.
64 LAG Düsseldorf 7.9.1967 – 2 Sa 354/67 – DB 1968, 90, 91; LAG Berlin 19.5.1980 – 9 Sa 19/80 – AP § 339 BGB Nr. 8 = NJW 1981, 480.
65 Offengelassen von BAG 23.5.1984 – 4 AZR 129/82 – AP § 339 Nr. 8 = NZA 1984, 255.
66 BAG 16.6.1960 – 5 AZR 121/60 – AP § 394 BGB Nr. 8.
67 MünchArb/*Blomeyer*, Bd. 1, § 57 Rn 67.
68 Preis/*Stoffels*, Der Arbeitsvertrag II V 30 Rn 75.

Titel 8: Dienstvertrag

§ 611 Vertragstypische Pflichten beim Dienstvertrag

(1) Durch den Dienstvertrag wird derjenige, welcher Dienste zusagt, zur Leistung der versprochenen Dienste, der andere Teil zur Gewährung der vereinbarten Vergütung verpflichtet.
(2) Gegenstand des Dienstvertrags können Dienste jeder Art sein.

Teil 1: Grundlagen (Schöne)	1
A. **Arbeitsvertrag und Arbeitsverhältnis**	1
I. Zustandekommen des Arbeitsvertrags	4
II. Anwendbarkeit bürgerlich-rechtlicher Grundprinzipien auf den Arbeitsvertrag	5
III. Arbeitsvertrag als Unterfall des Dienstvertrags ...	8
IV. Arbeitsvertrag als Dauerschuldverhältnis	9
V. Leistungsbestimmungsrecht des Arbeitgebers ...	10
VI. Arbeitsvertrag als gegenseitiger Vertrag/Inhalt der Leistungspflichten	11
VII. Höchstpersönliche Natur der Pflicht zur Arbeitsleistung	17
VIII. Nichtübertragbarkeit des Anspruchs auf die Arbeitsleistung	18
B. **Arten des Arbeitsverhältnisses**	20
I. Das Vollzeitarbeitsverhältnis	21
II. Das Teilzeitarbeitsverhältnis	22
III. Das befristete Arbeitsverhältnis	23
IV. Das Probearbeitsverhältnis	24
V. Das Aushilfsarbeitsverhältnis	26
VI. „Minijobs"	27
VII. Das Zeitarbeitsverhältnis („Leiharbeit")	28
VIII. Das Altersteilzeitarbeitsverhältnis	29
IX. Das mittelbare Arbeitsverhältnis	30
X. Praktikanten und Volontäre	34
XI. Die Gruppenarbeit	38
C. **Ausnahmefälle**	41
D. **Das fehlerhafte Arbeitsverhältnis**	42
E. **Die Parteien des Arbeitsverhältnisses**	50
I. Der Arbeitnehmerbegriff	50
1. Allgemeine rechtsgebietsübergreifende Definition?	50
2. Der Arbeitnehmerbegriff im Arbeitsrecht	58
a) Leistung von Arbeit aufgrund eines privatrechtlichen Vertrages	59
b) Leistung von abhängiger Arbeit/Weisungsunterworfenheit	64
aa) Die örtliche Weisungsgebundenheit .	66
bb) Die fachliche Weisungsgebundenheit	67
cc) Die zeitliche Weisungsgebundenheit	69
dd) Die organisatorische Weisungsgebundenheit	72
ee) Unternehmerrisiko/unternehmerische Betätigungsfreiheit	75
ff) Wirtschaftliche Abhängigkeit	77
gg) Hilfskriterien	78
hh) Neuere Ansätze zur Bestimmung des AN-Begriffs im Schrifttum	79
3. Arbeitnehmerähnliche Personen	82
4. Leitende Angestellte	87
5. Handelsvertreter	90
6. Organmitglieder	96
7. Arbeitnehmer im öffentlichen Dienst	103
8. Fallgruppen	104
9. Verbindung zu anderen Rechtsgebieten und zum Prozessrecht	105
a) Statusklage	105
b) Konsequenzen bei gewonnener Statusklage	113
aa) Arbeitsrechtliche Konsequenzen	113
bb) Steuerrechtliche Konsequenzen	120
cc) Sozialversicherungsrechtliche Konsequenzen	122
II. Der Arbeitgeberbegriff	126
1. GbR	128
2. OHG/KG	129
3. GmbH & Co. KG	130
4. Vor-GmbH	131
5. Nicht rechtsfähiger Verein	133
6. Mehrheit von Arbeitgebern	134
7. Aufspaltung der Arbeitgeber-Funktion	136
8. Konzern als Arbeitgeber	137
F. **Abgrenzung zu anderen Vertragstypen**	138
I. (Freier) Dienstvertrag gemäß §§ 611 ff.	141
II. Werkvertrag gemäß § 631 ff.	145
III. Auftrag gemäß §§ 662 ff.	147
IV. Geschäftsbesorgungsvertrag gemäß § 675	148
V. Dienstleistungen auf der Grundlage gesellschafts- bzw. vereinsrechtlicher Pflichten	149
VI. Dienstverschaffungsvertrag	152
VII. Franchise-Verträge	159
VIII. Wiedereingliederungsverhältnis gemäß § 74 SGB V	162
IX. Arbeitsgelegenheit gemäß § 16 Abs. 3 SGB II ...	163
G. **Rechtsquellen**	164
I. Die Pyramide rechtlicher Gestaltungsfaktoren ...	166
1. Arbeitsvölkerrecht	166
2. Recht der Europäischen Gemeinschaften	167
3. Verfassungsrecht	170
4. Gesetzesrecht	172
5. Rechtsverordnungen	173
6. Satzungen	174
7. Kollektivrechtliche Vereinbarungen (TV, BV und Dienstvereinbarungen)	175
8. Arbeitsvertrag	178
9. Richterrecht	183
II. Die arbeitsrechtliche Normenhierarchie	184
H. **Die Abgrenzung von Individualarbeitsrecht zum kollektiven Arbeitsrecht**	187
I. Das Individualarbeitsrecht	188
1. Das Arbeitsvertragsrecht	188
2. Das Arbeitsschutzrecht	190
II. Das kollektive Arbeitsrecht	194
Teil 2: Begründung des Arbeitsverhältnisses (Mestwerdt)	199
A. **Abschluss des Arbeitsvertrags**	199
I. Die Phase der Vertragsanbahnung	199
1. Allgemeines	199
2. Regelungsgehalt	201
a) Ausschreibung der zu besetzenden Stelle .	201
b) Erstattung von Vorstellungskosten	204
aa) Allgemeines	204
bb) Regelungsgehalt	209
cc) Verbindung zu anderen Rechtsgebieten und zum Prozessrecht	216
dd) Beraterhinweise	220
c) Ansprüche aus vorvertraglichem Schuldverhältnis (§ 311 Abs. 2)	221

aa) Allgemeines	221
bb) Regelungsgehalt	229
(1) Entstehen eines vorvertraglichen Schuldverhältnisses	229
(2) Vorvertragliche Pflicht des Arbeitgebers zur Aufklärung über vertragswesentliche Umstände	234
(3) Pflicht zur wahrheitsgemäßen Information	239
(4) Pflichtverletzung durch Abbruch der Vertragsverhandlungen	240
(5) Sonstige Schutzpflichten	244
(6) Vertretenmüssen	245
(7) Rechtsfolgen	246
(8) Darlegungs- und Beweislast	255
cc) Vorvertragliche Pflichten des Bewerbers	257
(1) Allgemeines	257
(2) Schwangerschaft	264
(3) Schwerbehinderung	268
(4) Krankheiten, Gesundheitszustand	271
(5) Haftstrafen, Ermittlungsverfahren	278
(6) Beruflicher Werdegang	283
(7) Tätigkeit für Ministerium für Staatssicherheit	286
(8) Wirtschaftliche Verhältnisse	289
(9) Persönliche Daten/Lebensumstände	292
(10) Wehrdienst, Ersatzdienst	294
(11) Religions- und Parteizugehörigkeit	296
(12) Gewerkschaftszugehörigkeit	298
(13) Rechtsfolgen	299
(14) Verbindung zum Prozessrecht	301
(15) Beraterhinweise	302
d) Die Auswahlentscheidung	305
aa) Allgemeines	305
bb) Regelungsgehalt	306
(1) Auswahltestverfahren	306
(2) Einstellungsuntersuchungen	315
(3) Genomanalysen	322
(4) Rechtsschutz gegen unzulässige Auswahl- und Untersuchungsmethoden	323
cc) Verbindung zum Prozessrecht	327
dd) Beraterhinweise	328
e) Der Vorvertrag	329
aa) Allgemeines	329
bb) Regelungsgehalt	337
cc) Verbindung zum Prozessrecht	343
dd) Beraterhinweise	344
II. Der Vertragsschluss	345
1. Allgemeines	345
2. Regelungsgehalt	352
a) Zustandekommen	352
b) Geschäftsfähigkeit	358
c) Vertretung bei Vertragsschluss	359
aa) Handeln in fremdem Namen	360
bb) Vertretungsmacht	363
cc) Formvorgaben	368
3. Verbindung zu anderen Rechtsgebieten und zum Prozessrecht	371
B. Rechtsnatur des Arbeitsvertrags	375
C. Mängel des Arbeitsvertrags	378
I. Scheinarbeitsvertrag (§ 117)	378
1. Allgemeines	378
2. Regelungsgehalt	379
3. Verbindung zum Prozessrecht	382

II. Verstoß gegen ein gesetzliches Verbot (§ 134)	383
1. Allgemeines	383
2. Regelungsgehalt	388
a) Schwarzgeldvereinbarungen	389
b) Konzessionsträgerverträge	391
c) Fehlende Zulassungsvoraussetzung/Erlaubnis	392
d) Abschluss- und Beschäftigungsverbote	395
e) Einzelne Vertragsbestimmungen	399
III. Verstoß gegen die guten Sitten (§ 138)	400
1. Allgemeines	400
2. Regelungsgehalt	406
a) Sittenwidrigkeit des gesamten Arbeitsvertrags	407
b) Sittenwidrigkeit von Vergütungsabreden	409
c) Sonstige arbeitsvertragliche Abreden	416
d) Rechtsfolge sittenwidriger arbeitsvertraglicher Vereinbarungen	418
3. Verbindung zu anderen Rechtsgebieten und zum Prozessrecht	420
4. Beraterhinweise	421
IV. Anfechtung von Arbeitsverträgen	422
1. Allgemeines	422
a) Verhältnis Anfechtung zu Kündigung	423
b) Ausübung des Anfechtungsrechts	427
c) Verwirkung des Anfechtungsrechts	432
d) Rechtfolgen einer wirksamen Anfechtung	435
2. Regelungsgehalt	442
a) Inhaltsirrtum (§ 119 Abs. 1 Alt. 1)	442
b) Erklärungsirrtum (§ 119 Abs. 1 Alt. 2)	443
c) Irrtum über verkehrwesentliche Eigenschaften (§ 119 Abs. 2)	444
d) Gemeinsame Tatbestandsvoraussetzungen der Anfechtung nach § 119	450
e) Anfechtung wegen Täuschung oder Drohung (§ 123)	453
3. Verbindung zu anderen Rechtsgebieten und zum Prozessrecht	464
4. Beraterhinweise	466
D. Inhaltskontrolle von Arbeitsverträgen	469
Teil 3: Inhalt des Arbeitsverhältnisses (Brors)	472
A. Allgemeines	472
I. Vertragsrechtliche Gestaltungsmöglichkeiten im Überblick	472
II. Historische Entwicklung der Nebenpflichten	481
B. Regelungsgehalt der Pflichten des Arbeitnehmers	483
I. Pflicht zur Arbeitsleistung	483
1. Begründung	483
2. Person des Schuldners und Gläubigers	485
3. Qualität der Arbeitsleistung	490
4. Ort der Arbeitsleistung	494
5. Arbeitszeit	504
a) Was zählt zur Arbeitszeit?	507
b) Formen der Arbeitszeit	517
II. Nebenpflichten des Arbeitnehmers	526
1. Verschwiegenheitspflicht	527
2. „Whistleblowing"	534
3. Wettbewerbsverbote	537
4. Nebentätigkeit	540
5. Verbot der Annahme von Schmiergeldern	550
6. Schutz des Arbeitgebereigentums	554
7. Auskunftspflichten	559
8. Unterlassung störenden Verhaltens	560
a) Drogenkonsum	561
b) Sexuelle Belästigung	567
c) Mobbing	571
9. Meinungsäußerung	573
10. Duldung von Kontrollen	576
11. Außerdienstliches Verhalten	582

C. Verbindung zu anderen Rechtgebieten und zum Prozessrecht	585
I. Verjährung	585
II. Durchsetzbarkeit des Anspruchs auf die Arbeitsleistung	588
III. Gestaltungshinweise für das gerichtliche Vorgehen	592
1. Erfüllungsklage	592
2. Unterlassungsklage	594
3. Herausgabeklage	596
D. Beraterhinweise	597
E. Regelungsgehalt der Vergütungspflicht des Arbeitgebers	601
I. Allgemeines zur arbeitsvertraglichen Vergütungspflicht	601
1. Allgemeines zur Vergütungshöhe	605
2. Unwirksamkeitsgründe	609
3. Risikoverteilung und Berechnung der Vergütungshöhe	619
4. Abgrenzung der Vergütung von anderen Geldleistungen	621
II. Regelung der Vergütungspflicht im Einzelnen	628
1. Berechnung	628
a) Zeitlohn	628
b) Akkordlohn	629
2. Modalitäten der Zahlung	635
a) Art und Weise, Fälligkeit	635
b) Überweisung	636
c) Barzahlung, Scheck und Wechsel	637
d) Bruttolohn	638
III. Nettolohn	644
1. Naturalleistungen	647
2. Rabatte als Lohn	650
3. Dienstwagen	652
4. Arbeitgeberdarlehen	665
5. Trinkgeld	666
6. Werkswohnungen	667
IV. Formen der Vergütungsleistung	668
1. Sondervergütungen (Gratifikationen, 13. Gehalt, Jahresabschlussvergütung, Weihnachtsgeld, Urlaubsgeld, Jubiläumsgelder)	668
a) Anspruchsgrundlagen	669
b) Gleichbehandlungsgrundsatz	671
c) Betriebliche Übung	674
d) Freiwilligkeitsvorbehalt	678
e) Widerruf der Sondervergütung	684
f) Bindungswirkung	685
g) Rückzahlungsklauseln	694
2. Kürzung der Leistung (insb. bei Krankheit des Arbeitnehmers)	697
a) Nichtleistungsbezogene Sonderzahlungen und Zahlungen mit Mischcharakter	698
b) Arbeitsleistungsbezogene Sonderzahlungen	700
3. Prämien	703
4. Zielvereinbarungen	709
a) Sittenwidrigkeitskontrolle gem. § 138	712
b) Billigkeitskontrolle gem. § 106 GewO, § 315 Abs. 3	713
c) Problem: Unterbliebene Leistungsbestimmung	717
d) Klauselkontrolle gem. §§ 305 ff.	719
5. Zulagen	720
6. Tantieme	722
a) Abgrenzungen	723
b) Höhe der Tantieme	724
c) Entstehen des Anspruchs	725
d) Auskunftsanspruch	726
e) Aktienoptionen	727
7. Mehrarbeits-, Überstundenvergütung	731
a) Begriffe	731
b) Vereinbarung	733
c) Voraussetzungen der Überstundenvergütung	734
d) Formen	736
aa) Abgeltung durch das Gehalt	737
bb) Freizeitausgleich	738
cc) Fehlende Regelung	739
8. Trink-, Bedienungsgeld	740
9. Wegegeld	743
10. Vorschuss	744
11. Provision	745
12. Zahlungen ohne Entgeltcharakter	746
a) Arbeitgeberdarlehen	746
b) Ausbildungs- und Schulungskosten	748
c) Auslöse/Aufwendungen	754
d) Umzugskosten	759
V. Vergütungsrückzahlung	762
VI. Ausschlussfristen	767
VII. Entgeltsicherung	769
1. Überblick	769
2. Im Einzelnen	770
a) Aufrechnungsverbote	770
b) Abtretungsverbote	778
VIII. Entgeltverzicht	781
IX. Verjährung	783
X. Verwirkung	784
XI. Verbindung zu anderen Rechtsgebieten	788
1. Gerichtliche Geltendmachung des Bruttolohns	788
2. Vollstreckung	792
3. Einstweilige Verfügung	793
4. Pfändung des Lohnanspruchs	794
a) Wirkung der Pfändung	794
b) Kollision von Abtretung und Pfändung	795
c) Zusammenrechnung mehrerer Einkommen zur Ermittlung des pfändungsfreien Betrags	798
XII. Beraterhinweise	799
Teil 4: Leistungsstörungen im Arbeitsverhältnis (Brors)	808
A. Allgemeines	808
B. Regelungsgehalt des Leistungsstörungsrechts im Einzelnen	810
I. Nichtleistung des Arbeitnehmers	810
1. Untergang der Primärleistungspflicht des Arbeitnehmers gemäß § 275	812
a) Unmöglichkeit der Arbeitsleistung gemäß § 275 Abs. 1	813
b) Unzumutbarkeit der Arbeitsleistung gemäß § 275 Abs. 3	819
2. Zahlungspflicht des Arbeitgebers bei Unmöglichkeit	824
3. Schadensersatzpflicht des Arbeitnehmers bei Unmöglichkeit	831
a) Anfängliches Leistungshindernis	833
b) Unmöglichkeit nach Vertragsschluss	835
aa) Unmöglichkeit und Verschulden	836
bb) Umfang des Schadensersatzes	837
II. Leistungsverzug des Arbeitnehmers	839
III. Schlechtleistung des Arbeitnehmers	841
1. Verletzung von Rechtsgütern des Arbeitgebers	842
2. Qualitative Schlechtleistung	843
3. Quantitative Schlechtleistung	846
4. Aliud	847
IV. Nichtleistung des Arbeitgebers infolge Unmöglichkeit	848
V. Verzug des Arbeitgebers	855
1. Annahmeverzug	855
2. Schuldnerverzug	856
a) Vertraglicher Anspruch	857
b) Durchsetzbarkeit	858
c) Mahnung	859

d) Vertreten 860
e) Umfang des Schadensersatzanspruchs 862
C. Verbindung zu anderen Rechtsgebieten und zum Prozessrecht 866
  I. Verjährung der Schadensersatzansprüche/Ausschlussfristen 866
  II. Aufrechnung, Pfändbarkeit 873
D. Beraterhinweise 874

Teil 5: Besonderheiten der Haftung im Arbeitsverhältnis (Brors) 875
A. Allgemeines 875
B. Die Regelung der Haftung im Arbeitsverhältnis im Einzelnen 876
  I. Haftung des Arbeitnehmers gegenüber dem Arbeitgeber 876
    1. Überblick der Anspruchsgrundlagen 876
    2. Dogmatische Herleitung der Haftungsmilderung 881
    3. Grundsätze der Haftungsmilderung im Überblick 882
       a) Das „Ob" der Haftungsmilderung 883
       b) Konkreter Verursachungsbeitrag des Arbeitgebers 886
    4. Die Voraussetzungen im Einzelnen 890
       a) Anwendungsbereich 890
       b) Betrieblich veranlasste Tätigkeit 892
       c) Verschulden und Verantwortlichkeit des Arbeitnehmers 896
          aa) Leichte Fahrlässigkeit 898
          bb) Mittlere Fahrlässigkeit 899
          cc) Grobe Fahrlässigkeit 905
          dd) Vorsatz 909
  II. Mankohaftung 910
    1. Haftung bei Schutzpflichtverletzung gemäß §§ 280 Abs. 1, 241 Abs. 2 912
    2. Haftung gemäß §§ 280 Abs. 1 und 3, 283 i.V.m. §§ 667, 688 bei Vorliegen eines Verwahrungsvertrags 915
    3. Mankohaftung aufgrund vertraglicher Vereinbarung 921
  III. Außenhaftung des Arbeitnehmers gegenüber Dritten 924
  IV. Haftung des Arbeitnehmers gegenüber Arbeitskollegen 931
  V. Haftung des Arbeitgebers 935
    1. Körperschäden 935
    2. Haftung außerhalb der Privilegierung nach § 104 SGB VII 936
       a) Vertragliche Haftung 936
       b) Deliktische Haftung 945
    3. Verschuldensunabhängige Einstandspflicht des Arbeitgebers bei Sach- und Vermögensschäden des Arbeitnehmers 954
       a) Sachschaden 956
       b) Billigung des Arbeitgebers 957
       c) Betriebliche Veranlassung 962
       d) Keine Abgeltung 963
       e) Mitverschulden des Arbeitnehmers 965
       f) Umfang des Ersatzanspruchs 967
       g) Abdingbarkeit 968
C. Verbindung zu anderen Rechtsgebieten und zum Prozessrecht 969
  I. Darlegungs- und Beweislast 969
    1. Haftung des Arbeitnehmers 969
    2. Haftung des Arbeitgebers 970
  II. Aufrechnung des Arbeitgebers 972
  III. Verjährung 973
  IV. Hinweise für das gerichtliche Vorgehen 974
    1. Klage gegen den Arbeitnehmer auf Schadensersatz 974
    2. Klage auf Schmerzensgeld 976
D. Beraterhinweise 977
  I. Abdingbarkeit der Haftungsmilderung 977
  II. Vertragliche Mankoabrede 979
  III. Vertraglicher Ausschluss der Arbeitgeberhaftung 980
  IV. Abdingbarkeit der verschuldensunabhängigen Einstandspflicht des Arbeitgebers 983

Teil 6: Beendigung des Arbeitsverhältnisses (Hümmerich/Schöne) 984
A. Allgemeines 984
  I. Arten der Beendigung 984
    1. Einseitiges Rechtsgeschäft (Kündigung) 985
    2. Zweiseitiges Rechtsgeschäft (Aufhebungsvertrag) 986
    3. Kombinationsmodell: Kündigung und Abwicklungsvertrag 987
    4. Kombinationsmodell: Kündigung und gesetzliches Schuldverhältnis 989
    5. Auflösungsurteil 992
    6. Tod des Arbeitnehmers 993
    7. Lossagungserklärung des Arbeitnehmers, § 12 S. 1 KSchG 994
  II. Unterschiede zwischen Aufhebungs- und Abwicklungsvertrag 995
  III. Zustandekommen von Aufhebungs- und Abwicklungsvertrag 1001
    1. Aufhebungs- und Abwicklungsvertrag als Rechtsgeschäft 1001
    2. Form des Vertragsschlusses 1004
    3. Bedingte Aufhebungsverträge 1007
    4. Nichtige Aufhebungsverträge 1011
       a) Anfechtung wegen arglistiger Täuschung, § 123 1011
       b) Sittenwidrigkeit, § 138 1022
       c) Wegen Verstoßes gegen ein gesetzliches Verbot, § 134 1027
       d) Aus sonstigen Gründen 1029
    5. Aufklärungspflichten 1033
    6. Rücktritts- und Widerrufsrechte des Arbeitnehmers 1050
    7. Kündigung des Arbeitgebers nach Abschluss eines Aufhebungsvertrags 1052
    8. Betriebskollektive Rechte bei Aufhebungs- und Abwicklungsverträgen 1054
    9. Massenaufhebungsverträge 1055
    10. Annahmeverzugslohn nach unwirksamem Aufhebungsvertrag 1056
    11. Inhaltskontrolle von Aufhebungs- und Abwicklungsverträgen 1057
  IV. Regelungsinhalt von Vertragsklauseln in Aufhebungs- und Abwicklungsvereinbarungen 1058
    1. Abfindungen 1058
       a) Funktion der Abfindung 1058
       b) Abfindungen im Steuer- und Sozialversicherungsrecht 1066
       c) Sozialplanabfindungen 1071
    2. Aufhebungsklauseln 1076
    3. Betriebsgeheimnisklauseln 1080
    4. Dienstwagenklausel 1083
    5. Erledigungsklausel 1093
    6. Freistellung 1105
    7. Insolvenzschutzklauseln zur Pensionssicherung 1114
    8. Probezeitverlängerungsklausel 1118
    9. Rückzahlungsklauseln 1120
    10. Schuldanerkenntnis 1121
    11. Stock Options 1126
    12. Tantiemeregelungen 1130
    13. Vererbbarkeitsklausel 1131

14. Zusage ordnungsgemäßer Abwicklung durch den Arbeitgeber ... 1140	VI. Häufige Beratungsfehler ... 1170
B. **Verbindung zu anderen Rechtsgebieten und zum Prozessrecht** ... 1142	1. Nichteinholen einer Lohnsteueranrufungsauskunft ... 1170
I. Steuerrecht ... 1142	2. Fehlende Ersichtlichkeit der betriebsbedingten Kündigungsgründe im Vertragstext ... 1173
II. Ruhen, Sperrzeit und Erstattungsregelungen beim Arbeitslosengeld ... 1143	3. Fehlerhafte Regelungen beim Dienstwagen .. 1176
C. **Beraterhinweise** ... 1147	4. Beratungsfehler bei der Gestaltung von Aufhebungsverträgen für AG-Vorstände und GmbH-Geschäftsführer ... 1178
I. Allgemeines ... 1147	
II. Deckungsschutz durch die Rechtsschutzversicherung ... 1154	5. Mangelnde Protokollierung von Gesprächsinhalten ... 1181
III. Freistellungsvereinbarungen ... 1156	VII. Steuerliche Abzugsfähigkeit der Vergütung eines Rechtsanwalts ... 1182
IV. Aufhebungsverträge bei streitiger Arbeitnehmereigenschaft ... 1157	
V. Zeugnisklauseln ... 1167	VIII. Textbausteine ... 1183

Teil 1: Grundlagen

Literatur: *Bauer/Arnold*, Kein Kündigungsschutz für „Arbeitnehmer-Geschäftsführer" – oder doch?, DB 2008, 350; *Beaucamp*, Das Arbeitsverhältnis als Wettbewerbsgemeinschaft, NZA 2001, 1011; *Bezani*, Der arbeitsrechtliche Status von Rundfunk- und Fernsehmitarbeitern, NZA 1997, 856; *Boemke*, Das Dienstverhältnis des GmbH-Geschäftsführers zwischen Gesellschafts- und Arbeitsrecht, ZfA 1998, 209; *ders.*, Neue Selbstständigkeit und Arbeitsverhältnis, ZfA 1998, 285; *ders.*, Gewerbeordnung, Kommentar zu §§ 105–110, 2003; *Braun*, Verbandstarifliche Normen in Firmentarifverträgen und Betriebsvereinbarungen, ein Beitrag zur Rechtstechnik in Verweisungsklauseln, BB 1986, 1428; *Buchner*, Das Recht der Arbeitnehmer, der Arbeitnehmerähnlichen und der Selbstständigen – jedem das Gleiche oder jedem das Seine?, NZA 1998, 1144; *Diller*, Der Arbeitnehmer der GbR!?, NZA 2003, 401; *Fischer*, Die Bestellung von Arbeitnehmern zu Organmitgliedern juristischer Personen und das Schicksal ihres Arbeitsvertrags, NJW 2003, 2417; *Goll-Müller/Langenhan-Komus*, Der Geschäftsführer mit Arbeitsvertrag und dennoch ohne Kündigungsschutz, NZA 2008, 687; *Griebeling*, Die Merkmale des Arbeitsverhältnisses, NZA 1998, 1137; *Hanau/Strick*, Die Abgrenzung von Selbstständigen und Arbeitnehmern (Beschäftigten) im Versicherungsaußendienst, DB 1998, Beil. Nr. 14, S. 1 ff.; *Herschel*, Gesetzliche Verweisung auf einen jeweiligen TV, ZfA 1985, 21; *Hilger*, Zum „Arbeitnehmer-Begriff", RdA 1989, 1; *Hochrathner*, Rechtsprobleme rückwirkender Statusfeststellungen, NZA 1999, 1016; *Hohmeister*, Arbeits- und sozialversicherungsrechtliche Konsequenzen eines vom Arbeitnehmer gewonnenen Statusprozesses, NZA 1999, 1009; *Hromadka*, Arbeitnehmerbegriff im Wandel?, NZA 1997, 569; *ders.*, Zur Begriffsbestimmung des Arbeitnehmers, DB 1998, 195; *ders.*, Arbeitnehmer oder freier Mitarbeiter?, NJW 2003, 1847; *ders.*, Arbeitnehmerähnliche Personen, NZA 1997, 1249; *Hümmerich*, Arbeitsverhältnis als Wettbewerbsgemeinschaft, NJW 1998, 2625; *Hümmerich/Schmidt-Westphal*, Integrierte Aufhebungsvereinbarungen im Dienstvertrag des GmbH-Geschäftsführers, DB 2007, 222; *Konzen*, Arbeitsrechtliche Drittbeziehungen, ZfA 1982, 259; *Nikisch*, Die Eingliederung in ihrer Bedeutung für das Arbeitsrecht, RdA 1960, 1; *Oberthür/Lohr*, Der Handelsvertreter im Arbeits- und Sozialversicherungsrecht, NZA 2001, 131; *Preis*, Grundfragen der Vertragsgestaltung im Arbeitsrecht, 1993; *Reichhold*, Geschäftsbesorgung im Arbeitsverhältnis, NZA 1994, 488; *Rieble*, Die relative Verselbstständigung von Arbeitnehmern – Bewegung in den Randzonen des Arbeitsrechts?, ZfA 1998, 327; *Rüthers*, Probleme der Organisation, des Weisungsrechts und der Haftung bei Gruppenarbeit, ZfA 1977, 1; *Sasse/Schnitger*, Das ruhende Arbeitsverhältnis des GmbH-Geschäftsführers, BB 2007, 154; *Ullrich*, Fortbestehen eines ruhenden Arbeitsverhältnisses bei Abschluss eines Geschäftsführerdienstvertrages nur bei Vorliegen besonderer Umstände, SAE 2008, 117; *Waltermann*, Gestaltung von Arbeitsbedingungen durch Vereinbarung mit dem Betriebsrat, NZA 1997, 357; *Wank*, Arbeitnehmer und Selbstständige, 1988; *Wank*, Die „neue Selbstständigkeit", DB 1992, 90; *Weltrich*, Zur Abgrenzung von Franchise- und Arbeitsvertrag, DB 1988, 806; *Willemsen/Müntefering*, Begriff und Rechtsstellung arbeitnehmerähnlicher Personen: Versuch einer Präzisierung, NZA 2008, 193

A. Arbeitsvertrag und Arbeitsverhältnis

Der Begriff des **Arbverh** bezeichnet eine **Rechtsbeziehung** zwischen AG und AN.[1] Der **Arbeitsvertrag** ist ein **gegenseitiger Vertrag** auf privatrechtlicher Grundlage, der den AN zur Leistung von Arbeit und den AG zur Zahlung der vereinbarten Vergütung verpflichtet.[2]

„Arbverh" und „Arbeitsvertrag" werden im herkömmlichen Sprachgebrauch vielfach als synonyme Begriffe verwandt. Dass das Arbverh nicht vollständig mit dem Arbeitsvertrag gleichgesetzt werden kann, folgt aber schon daraus, dass es Fallgestaltungen gibt, in denen eine Arbeitsleistung erbracht wird, ohne dass ein Arbeitsvertrag besteht. Dies sind z.B. Fälle, bei denen Willensmängel einen wirksamen Vertragsschluss verhindern, weiterhin die Fallgestaltungen, in denen ein Arbverh kraft Gesetzes zustande kommt.

Richtig ist aber, dass primärer Begründungstatbestand eines Arbverh der Arbeitsvertrag ist. Der **Arbeitsvertrag** enthält den **Rechtsgrund** für die Erbringung von Leistungen aus dem Arbverh.

---

1 Kasseler Handbuch-ArbR/*Leinemann*, 1.1 Rn 4; Münch-Arb/*Richardi*, Bd. 1, § 7 Rn 3.

2 Vgl. hierzu im Einzelnen Rn 11 ff.

I. Zustandekommen des Arbeitsvertrags

4 Der **Arbeitsvertrag** kommt wie jeder andere Vertrag durch zwei **korrespondierende Willenserklärungen** zustande.[3] Die früher vertretene Auffassung, wonach ein Arbverh nicht durch Vertrag, sondern durch **Eingliederung** des AN in den Betrieb entstand,[4] ist heute überholt. An der **rechtsgeschäftlichen Begründung** des Arbeitsvertrages besteht kein Zweifel. Die Frage der Eingliederung in den Betrieb kann aber in anderen Zusammenhängen eine Rolle spielen. So kommt es z.B. für die Frage, wann eine Einstellung i.S.v. § 99 BetrVG vorliegt, wesentlich auf die Eingliederung des AN in den Betrieb an.[5]

II. Anwendbarkeit bürgerlich-rechtlicher Grundprinzipien auf den Arbeitsvertrag

5 Aus der Qualifikation des Arbeitsvertrags als Austauschvertrag folgt, dass auf ihn grds. die allgemeinen Grundprinzipien des bürgerlichen Rechts anzuwenden sind.[6] Allerdings bedürfen diese allgemeinen bürgerlich-rechtlichen Grundsätze zum Teil der Einschränkung, soweit sie im Widerspruch zu den Besonderheiten eines Arbverh stehen.

6 Anschaulich wird dies z.B. hinsichtlich der Anwendung der Anfechtungsgrundsätze des Allgemeinen Teils des BGB auf das Arbverh. So leuchtet es ein, dass die ex-tunc-Wirkung der Anfechtung (§ 142 Abs. 1) in einem vollzogenen Arbverh zu kaum lösbaren Abwicklungsschwierigkeiten führen würde. Daraus folgt, dass die Anfechtung eines bereits vollzogenen Arbverh grds. nur mit ex-nunc-Wirkung erfolgen kann.[7]

7 Bestimmte Prinzipien des allgemeinen Schuldrechts sind durch spezialgesetzliche Regelungen verdrängt. Besonders gilt dies für das Recht der Unmöglichkeit. So ist der AG bei Erkrankung des AN nach dem EFZG zur Fortzahlung der Vergütung verpflichtet, obwohl dem AN die Erbringung der Arbeitsleistung unmöglich ist. Ebenso gelten Sonderregelungen, wenn der AG das Risiko des Arbeitsausfalls trägt (**Betriebsrisikolehre**, § 615 S. 3). Der AG, der das Unternehmen organisiert und leitet, der also die Verantwortung trägt und die Erträge zieht, muss seinen AN für die Funktionsfähigkeit des Betriebes einstehen.[8] Zu Betriebsstörungen, die den Entgeltanspruch des AN bestehen lassen, gehören z.B. die Unterbrechung der Strom- oder Gasversorgung, der Mangel an Energie oder Rohstoffen, der Brand der Fabrik und Schäden an Produktionsmaschinen.[9] Ist der Arbeitsausfall von den AN verschuldet (z.B. im Arbeitskampf) und tritt eine Betriebsstörung bei einem am Arbeitskampf nicht unmittelbar beteiligten Dritten ein, finden die richterrechtlich entwickelten Grundsätze der **Arbeitskampfrisikolehre** Anwendung.[10]

III. Arbeitsvertrag als Unterfall des Dienstvertrags

8 Die §§ 611 ff. regeln eigentlich zwei Vertragstypen, den **Dienstvertrag** und den **Arbeitsvertrag**. Dienstvertrag und Arbeitsvertrag unterscheiden sich prinzipiell dadurch, dass bei dem einen Vertragstypus die Dienstleistung in persönlicher Unabhängigkeit und Selbstbestimmung erbracht wird (Dienstvertrag) währenddessen bei dem anderen Vertragstypus die Dienstleistung in persönlicher Abhängigkeit und fremdbestimmt erbracht wird (Arbeitsvertrag). Der Arbeitsvertrag ist damit ein **Unterfall des Dienstvertrags** gem. § 611 ff.[11]

IV. Arbeitsvertrag als Dauerschuldverhältnis

9 Ein weiterer Unterschied zwischen den beiden Vertragsformen besteht darin, dass ein Arbverh – auch wenn es befristet ist – immer ein **Dauerschuldverhältnis** ist,[12] also ein Rechtsverhältnis, in dem Verpflichtungen und Ansprüche immer neu entstehen. Dagegen kann ein Dienstverhältnis auch ein Einzelschuldverhältnis sein, also ein Rechtsverhältnis, das auf den Austausch einer einzelnen Leistungen beschränkt ist und mit deren Erfüllung erlischt.[13]

V. Leistungsbestimmungsrecht des Arbeitgebers

10 Weiterhin kann die Unterscheidung zwischen Dienst- und Arbverh an der Art der geschuldeten Leistung festgemacht werden. Während bei einem Dienstverhältnis die vom Schuldner zu erbringende Leistung gem. § 243 Abs. 1 selbst konkretisiert werden muss, so obliegt dieses Leistungsbestimmungsrecht im Arbverh dem AG als Gläubiger des An-

---

3 Heute einhellige Meinung, vgl. nur: ErfK/*Preis*, § 611 BGB Rn 10; HWK/*Thüsing*, § 611 BGB Rn 30; MünchArb/*Richardi*, Bd. 1, § 42 Rn 1 ff.
4 *Nikisch*, RdA 1960, 1.
5 BAG 15.4.1986 – 1 ABR 44/84 – AP § 99 BetrVG Nr. 35 = DB 1986, 2497; BAG 31.1.1995 – 1 ABR 35/94 – AP § 118 BetrVG 1972 Nr. 56 = DB 1995, 1670.
6 ErfK/*Preis*, § 611 BGB Rn 6; Küttner/*Röller*, Arbeitsvertrag Rn 6; Schaub/*Linck*, Arbeitsrechts-Handbuch, § 29 Rn 5.
7 BAG 18.4.1968 – 2 AZR 145/67 – AP § 63 HGB Nr. 32 = DB 1968, 1073; BAG 29.8.1984 – 7 AZR 34/83 – AP § 123 BGB Nr. 27 = NZA 1985, 58.
8 BAG 8.2.1957 – 1 AZR 338/55 – AP § 615 BGB Betriebsrisiko Nr. 2 = NJW 1957, 687.
9 MünchArb/*Boewer*, Bd. 1, § 79 Rn 2.
10 Grundlegend zum Arbeitskampfrisiko: BAG 22.12.1980 – 1 ABR 2/79 – AP Art. 9 GG Arbeitskampf Nr. 70 = DB 1981, 321.
11 *Boemke*, ZfA 1998, 285, 320; ErfK/*Preis*, § 611 BGB Rn 1; Kasseler Handbuch-ArbR/*Leinemann*, 1.1 Rn 24 ff.; Küttner/*Röller*, Arbeitsvertrag Rn 6; MünchArb/*Richardi*, Bd. 1, § 6 Rn 2; Schaub/*Linck*, Arbeitsrechts-Handbuch, § 29 Rn 8.
12 BAG 20.8.2003 – 5 AZR 610/02 – NJW 2004, 461; Kasseler Handbuch-ArbR/*Worzalla*, 1.1 Rn 136; Schaub/*Linck*, Arbeitsrechts-Handbuch, § 29 Rn 7.
13 Kasseler Handbuch-ArbR/*Leinemann*, 1.1 Rn 27.

spruchs auf Arbeitsleistung. Letzteres Leistungsbestimmungsrecht bezeichnet nichts anderes als das dem AG zustehende **Direktionsrecht bzw. Weisungsrecht**. Das Direktionsrecht des AG ist ein wesentliches Charakteristikum des Arbverh und seit dem 1.1.2003 in § 106 GewO gesetzlich verankert.[14] Es besteht jedoch nur in den Grenzen der im Arbeitsvertrag rahmenmäßig umschriebenen Leistungsverpflichtung.

VI. Arbeitsvertrag als gegenseitiger Vertrag/Inhalt der Leistungspflichten

Der Arbeitsvertrag ist ein **Austauschvertrag** mit Haupt- und Nebenleistungspflichten. Die im Synallagma stehenden[15] Hauptleistungspflichten sind die Pflicht zur Leistung von Arbeit und die Pflicht zur Zahlung des Entgelts (Abs. 1).

Der AN hat demnach seine Arbeitskraft dem AG zur Verfügung zu stellen. Er schuldet die **Bereitschaft**, vertragsgemäß tätig zu werden. Die Arbeitspflicht als Hauptpflicht des AN ist also **tätigkeitsbezogen** und **nicht erfolgsbezogen**.[16] Der AN muss also grds. für den Erfolg seine Arbeit nicht einstehen. Ist der AN vertragsgemäß tätig geworden, hat er Anspruch auf die vereinbarte Vergütung. Der AG kann aber in gewissem Rahmen die **Vergütung leistungsabhängig** gestalten und damit eine teilweise Erfolgsbezogenheit der Arbeitsvergütung erreichen. In der Praxis kommen hier Prämienlohnverträge oder Akkordverträge bzw. ein Mischsystem zwischen Grundlohn und Erfolgslohn vor. Jedoch wird der Arbeitsvertrag durch die (teilweise) Abhängigkeit der Vergütung vom erreichten Arbeitsergebnis nicht zum Werkvertrag, da die Leistungspflicht des AN weiterhin tätigkeitsbezogen bleibt und nur die Gegenleistungspflicht des AG leistungsbezogen ist.[17]

Der AN ist verpflichtet, während der vereinbarten Arbeitszeit die versprochenen Dienste unter Anwendung all seiner Kräfte und Möglichkeiten voll zu erbringen.[18] Er hat also die versprochene **Arbeit** unter Einsatz der ihm möglichen Fähigkeiten **ordnungsgemäß** zu verrichten, also **sorgfältig, konzentriert und fehlerfrei** zu arbeiten und die Arbeit nicht zu unterbrechen, um privaten Interessen nachzugehen.[19] Ob die Leistung des AN diesen Anforderungen entspricht, bestimmt sich nach der **individuellen Leistungsfähigkeit** des Einzelnen.[20] Erreicht die Leistung des AN nicht diesen billigerweise zu erwartenden Maßstab, kann der AG die Schlechtleistung sanktionieren. In Betracht kommen Schadensersatzansprüche oder die Künd des Arbverh.[21]

Das **Risiko der Verwertbarkeit** der Arbeitsleistung liegt dagegen beim AG.[22] Er muss das Arbeitsentgelt auch dann zahlen, wenn er keine Verwendung für die Arbeitsleistung des AN hat. Der Vergütungsanspruch besteht immer schon dann, wenn der AN bereit ist, seine Tätigkeit auszuüben, auch wenn er vom AG keine Arbeit zugewiesen erhält. Hat der AG keine Verwendung für die Arbeitsleistung des AN, kann er ihm also nicht das Entgelt kürzen, möglich ist aber z.B. die Einführung von Kurzarbeit oder die (betriebsbedingte) Künd des AN.

Der AG ist nach der Rspr. des BAG verpflichtet, den AN vertragsgemäß zu beschäftigen, ihm also Arbeit zuzuweisen.[23] Dieser **Beschäftigungsanspruch** folgt aus den §§ 611, 613, 242 sowie dem allgemeinen Persönlichkeitsrecht des AN aus Art. 1 Abs. 1 und Abs. 2 GG.[24]

Ohne besondere vertragliche Regelung besteht im Arbverh kein Anspruch des AN auf **Erfolgsbeteiligung**. Dies folgt schon daraus, das die geschuldete Leistung im Arbverh lediglich tätigkeitsbezogen ist (vgl. oben Rn 12). Soll die Vergütung erfolgsabhängig gestaltet werden, so muss dies zwischen den Parteien gesondert vereinbart werden. Umgekehrt gilt, dass der **AN** ohne besondere Vereinbarung auch **nicht verpflichtet** ist, die **Verluste**, die dem AG aus der Tätigkeit des AN entstehen, zu tragen. Wo ein Erfolg nicht geschuldet ist, besteht auch keine Verantwortlichkeit für einen Misserfolg. Während allerdings eine Erfolgsbeteiligung unproblematisch im Arbeitsvertrag geregelt werden kann, hat die Rspr. einer vertraglich vereinbarten **Verlustbeteiligung** des AN **Grenzen** gesetzt.[25] Eine arbeitsvertragliche Vergütungsregelung ist wegen Verstoßes gegen die guten Sitten gem. § 138 Abs. 1 **nichtig**, wenn der AN mit dem Betriebs-

---

14 Drittes Gesetz zur Änderung der Gewerbeordnung und sonstiger gewerberechtlicher Vorschriften v. 24.8.2002, BGBl I S. 3412.
15 MünchArb/*Blomeyer*, Bd. 1, § 48 Rn 65.
16 Küttner/*Röller*, Arbeitsvertrag Rn 6; MünchArb/*Richardi*, Bd. 1, § 6 Rn 7; RGKU/Joussen, § 611 BGB Rn 296.
17 HWK/*Thüsing*, vor § 611 BGB Rn 9; MünchArb/*Richardi*, Bd. 1, § 6 Rn 9; Schaub/*Linck*, Arbeitsrechts-Handbuch, § 30 Rn 6.
18 MünchArb/*Blomeyer*, Bd. 1, § 48 Rn 64; Soergel/*Kraft*, § 611 Rn 75.
19 BAG 14.1.1986 – 1 ABR 75/83 – AP § 87 BetrVG 1972 Nr. 10 = NZA 1986, 435 = SAE 1987, 40 mit Anm. *Natzel*; HWK/*Thüsing*, § 611 BGB Rn 299; MünchArb/*Blomeyer*, Bd. 1, § 48 Rn 70.
20 BAG 17.3.1988 – 2 AZR 576/87 – AP § 626 BGB Nr. 99 = DB 1989, 329; ErfK/*Preis*, § 611 BGB Rn 917; HWK/

Thüsing, § 611 BGB Rn 299; RGKU/*Joussen*, § 611 Rn 363.
21 HWK/*Thüsing*, § 611 BGB Rn 299; Schaub/*Linck*, Arbeitsrechts-Handbuch, § 52 Rn 3, 4.
22 ErfK/*Preis*, § 611 BGB Rn 5.
23 BAG 10.11.1955 – 2 AZR 591/54 – AP § 611 BGB Beschäftigungspflicht Nr. 2 = NJW 1956, 359 = SAE 1956, 145 mit Anm. *Pieper*; BAG GS 27.2.1985 – GS 1/84 – AP § 611 BGB Beschäftigungspflicht Nr. 14; MünchArb/*Blomeyer*, Bd. 1, § 95 Rn 1; Kasseler Handbuch-ArbR/*Künzl*, 2.1 Rn 787; Schaub/*Koch*, Arbeitsrechts-Handbuch, § 110 Rn 5.
24 Zur Kritik hierzu vgl. *Lieb*, S. 14.
25 BAG 10.10.1990 – 5 AZR 404/89 – AP § 138 BGB Nr. 47 = BB 1991, 413; Kittner/Zwanziger/*Kittner*, Arbeitsrecht Handbuch, § 5 Rn 57.

oder Wirtschaftsrisiko des AG belastet wird.[26] Möglich ist aber z.B. die Vereinbarung einer Haftung des AN für einen Kassen- oder Warenfehlbestand (**Mankohaftung**), wenn und soweit dem AN für dieses Risiko ein gleichwertiger Ausgleich in Form einer besonderen **Mankovergütung** geleistet wird.[27]

VII. Höchstpersönliche Natur der Pflicht zur Arbeitsleistung

17 Nach § 613 S. 1 ist die Pflicht zur Arbeitsleistung im Zweifel **höchstpersönlicher** Natur. Dieser höchstpersönliche Charakter der Arbeitsleistung ist spezifisches Charakteristikum des Arbverh und grenzt es zu anderen Formen der Dienstleistungserbringung ab. Ist der Vertragspartner berechtigt, die versprochene Leistung durch Dritte ausführen zu lassen, spricht dies damit prima facie gegen die Annahme eines Arbverh. Andererseits enthält das Gesetz selbst bloß eine Auslegungsregel („im Zweifel"), so dass vertraglich auch im Rahmen eines Arbverh durchaus die Möglichkeit der Pflichtenübertragung besteht. In einer solchen Fallkonstellation bedarf die Frage des Bestehens eines Arbverh aber genauerer Prüfung.

VIII. Nichtübertragbarkeit des Anspruchs auf die Arbeitsleistung

18 Spiegelbildlich zum höchstpersönlichen Charakter der Arbeitsleistung ist auch der **Anspruch** auf die Arbeitsleistung im Zweifel **nicht übertragbar** (§ 613 S. 2). Der AN soll vor der Aufdrängung eines neuen AG geschützt werden. Ein klassischer Ausnahmefall hiervon bildet die AÜ, die gerade darauf angelegt ist, dass der AG dem Vertragspartner den Anspruch auf Arbeitsleistung abtritt und der AN zur Leistung der Dienste bei einem Dritten verpflichtet ist. Die Verpflichtung des AN bei einem Dritten tätig zu werden, muss aber im Arbeitsvertrag zwischen AG (Verleiher) und (Leih-)AN vertraglich vereinbart sein.

19 Es gibt aber auch Situationen, in denen der AN geradezu ein Interesse daran haben wird, dass ein Dritter in die Rechte und Pflichten aus dem Arbverh eintritt. Für den praktisch besonders relevanten Fall, dass ein Betrieb oder Betriebsteil durch Rechtsgeschäft auf einen anderen Inhaber übergeht, ist gesetzlich geregelt, dass der Betriebserwerber Vertragspartner des auf ihn übergehenden AN wird, da der Erwerber gem. **§ 613a Abs. 1 S. 1** in die Rechte und Pflichten aus dem bestehenden Arbverh eintritt. Um aber auch bei einem Betriebsübergang sicherzustellen, dass dem AN kein anderer AG als der ursprünglich gewählte Vertragspartner aufgedrängt wird, hat der Gesetzgeber in § 613a Abs. 6 ein gesetzliches Widerspruchsrecht des AN gegen den Übergang seines Arbverh geschaffen. Der AN soll nicht gegen seinen Willen „verkauft" werden. Dieses Widerspruchsrecht war allerdings schon vor der gesetzlichen Regelung seit langem in Lit. und Rspr. anerkannt.[28]

B. Arten des Arbeitsverhältnisses

20 Es können verschiedene Arten von Arbverh unterschieden werden:

I. Das Vollzeitarbeitsverhältnis

21 Das **Vollzeit-Arbverh** bildet den Regelfall eines Arbverh. Wann ein Vollzeit-Arbverh vorliegt, ist legal nicht definiert. Anhaltspunkt kann die regelmäßige tarifliche Wochenarbeitszeit sein. Es handelt sich bei der Bezeichnung eines Arbverh als Vollzeit-Arbverh auch nur um eine systematische Einordnung, ohne dass hieraus besondere gesetzliche Rechte oder Pflichten abgeleitet werden könnten.

II. Das Teilzeitarbeitsverhältnis

22 Das Recht der **Teilzeitarbeit** ist seit dem 1.1.2001 im TzBfG geregelt. Teilzeitbeschäftigt ist gem. § 2 Abs. 1 TzBfG ein AN, dessen regelmäßige Wochenarbeitszeit kürzer ist als die eines vergleichbaren vollzeitbeschäftigten AN. Der Teilzeitbeschäftigte darf wegen der Teilzeitarbeit nicht diskriminiert werden (§ 4 Abs. 1 S. 1 TzBfG). Im Hinblick auf das Arbeitsentgelt und andere teilbare geldwerte Leistungen gilt nach § 4 Abs. 1 S. 2 TzBfG der pro rata temporis-Grundsatz. Arbeitsrechtliche Schwellenwerte berücksichtigen zum Teil Teilzeitbeschäftigte nur anteilig (z.B. § 23 Abs. 1 S. 4 KSchG), zum Teil werden Teilzeitbeschäftigte aber auch voll mitgezählt (z.B. bei den betriebsverfassungsrechtlichen Schwellenwerten der §§ 9, 38 BetrVG).

III. Das befristete Arbeitsverhältnis

23 Die rechtlichen Bedingungen **befristeter Arbverh** ergeben sich ebenfalls aus dem TzBfG. Befristet beschäftigt ist gem. § 3 Abs. 1 TzBfG ein AN, dessen Arbeitsvertrag auf bestimmte Zeit geschlossen ist. Ein Arbeitsvertrag kann kalendermäßig befristet sein oder zweckbefristet. Die Befristung eines Arbeitsvertrages kann mit oder ohne Sachgrund erfolgen. Ist die Befristung unwirksam, gilt ein unbefristetes Arbverh als zustande gekommen (§ 16 TzBfG).

---

26 BAG 10.10.1990 – 5 AZR 404/89 – AP § 138 BGB Nr. 47 = BB 1991, 413; BAG 21.3.1984 – 5 AZR 462/82 – juris.

27 BAG 17.9.1998 – 8 AZR 175/97 – AP § 611 BGB Mankohaftung Nr. 2 = NZA 1999, 141; BAG 2.12.1999 – 8 AZR 386/98 – AP § 611 BGB Mankohaftung Nr. 3 = NZA 2000, 715.

28 BAG 21.7.1977 – 3 AZR 703/75 – AP § 613a BGB Nr. 8 = DB 1977, 2146; MünchArb/*Buchner*, Bd. 1, § 39 Rn 31 m.w.N.

Befristet Beschäftigte sind gem. § 18 TzBfG seitens des AG über unbefristete Arbeitsplätze, die besetzt werden sollen, zu informieren.

IV. Das Probearbeitsverhältnis

Sinn eines **Probe-Arbverh** ist, dass sich der AN ein Bild über die Arbeitsstelle machen kann und der AG die Leistungsfähigkeit des AN beurteilen kann. Das Probe-Arbverh dient damit AG und AN dazu, Klarheit zu gewinnen, ob eine dauerhafte Zusammenarbeit möglich ist. Das Probe-Arbverh ist als rechtliche Sonderform zunächst in § 622 Abs. 3 erwähnt. Danach kann während einer vereinbarten Probezeit das Arbverh mit einer Frist von zwei Wochen gekündigt werden. Die Probezeit darf allerdings höchstens sechs Monate betragen. Gesetzlich zwingend vorgesehen ist ein Probe-Arbverh nur in § 20 S. 1 BBiG. Danach beginnt das Berufsausbildungsverhältnis mit einer Probezeit, die mindestens einen Monat betragen muss und höchstens vier Monate betragen darf.

Außer in den Fällen, in denen ein Probe-Arbverh im (anwendbaren) TV vorgesehen ist, bedarf es einer ausdrücklichen vertraglichen Regelung, um ein Probe-Arbverh zu begründen. Ein Probe-Arbverh kann auch als befristetes Arbverh gem. § 14 Abs. 1 S. 2 Nr. 5 TzBfG vereinbart werden. Das Arbverh endet dann wegen der Befristung automatisch mit Ablauf der Probezeit. Andererseits kann sich ein Probe-Arbverh auch in der Festlegung einer erleichterten Künd-Möglichkeit gem. § 622 Abs. 3 erschöpfen.

V. Das Aushilfsarbeitsverhältnis

Aushilfs-Arbverh sind dadurch gekennzeichnet, dass der AN von vornherein zu dem Zweck eingestellt wird, einen vorübergehenden Bedarf an Arbeitskräften zu decken, der nicht durch den normalen Betriebsablauf, sondern durch den Ausfall von Arbeitskräften oder einen zeitlich begrenzten zusätzlichen Arbeitsanfall begründet wird (z.B. Saisonbetriebe).[29] Aushilfs-Arbverh sind i.d.R. befristete Arbverh. Das TzBfG sieht ausdrücklich die Aushilfe wegen vorübergehenden Mehrbedarfs als Sachgrund für eine Befristung vor (§ 14 Abs. 1 S. 2 Nr. 1 TzBfG). Möglich ist aber auch ein Aushilfs-Arbverh als unbefristetes (Teilzeit-)Arbverh zu vereinbaren. Rechtliche Besonderheiten aus dem Charakter als Aushilfs-Arbverh sind damit nicht verbunden. Allerdings lässt es § 622 Abs. 5 Nr. 1 zu, dass bei Aushilfs-Arbverh bis zu drei Monaten einzelvertraglich eine kürzere als die in § 622 Abs. 1 genannten Grund-Künd-Frist vereinbart wird. Werksstudenten sind i.d.R. im Rahmen eines Aushilfs-Arbverh tätig.[30]

VI. „Minijobs"

Mit dem Begriff **Minijobber** werden geringfügig Beschäftigte gem. § 8 SGB IV bezeichnet. Eine geringfügige Beschäftigung liegt danach vor, wenn entweder das Arbeitsentgelt aus dieser Beschäftigung regelmäßig 400 EUR im Monat nicht übersteigt oder die Beschäftigung innerhalb eines Kalenderjahres auf längstens zwei Monate oder fünfzig Arbeitstage begrenzt ist, es sei denn, dass die Beschäftigung berufsmäßig ausgeübt wird und ihr Entgelt 400 EUR im Monat übersteigt. Auf geringfügig Beschäftigte sind die allgemeinen arbeitsrechtlichen Grundsätze anzuwenden. Insb. unterliegen sie dem Künd-Schutz, haben Anspruch auf Urlaub und Entgeltfortzahlung im Krankheitsfalle. Geringfügig Beschäftigte gem. § 8 Abs. 1 Nr. 1 SGB IV (Arbeitsentgelt regelmäßig nicht höher als 400 EUR) sind nach der ausdrücklichen gesetzlichen Regelung des § 2 Abs. 2 TzBfG Teilzeitbeschäftigte.

VII. Das Zeitarbeitsverhältnis („Leiharbeit")

Im Hinblick auf die vertraglichen Beziehungen zwischen dem AG (Verleiher) und dem AN ist das **Zeit-Arbverh** grds. wie ein normales Arbverh zu behandeln. Die Besonderheit ist, dass der Anspruch auf die Arbeitsleistung an einen Dritten (Entleiher) abgetreten werden kann. § 613 S. 2 ist insoweit modifiziert. Soweit ein Fall gewerbsmäßiger Leiharbeit vorliegt, gelten die Sonderregelungen des AÜG.

VIII. Das Altersteilzeitarbeitsverhältnis

In arbeitsrechtlicher Hinsicht ist das **Altersteilzeit-Arbverh** wie ein Teilzeit-Arbverh zu behandeln. Bei der Ausgestaltung sind die Vorschriften des Altersteilzeitgesetzes mit zu berücksichtigen.

IX. Das mittelbare Arbeitsverhältnis

Ein **mittelbares Arbverh** liegt vor, wenn ein AN von einem Mittelsmann (unmittelbarer AG) beschäftigt wird, der seinerseits wiederum selbst AN eines Dritten (mittelbarer AG) ist, wobei die Arbeit des AN mit Wissen des mittelbaren AG für diesen unmittelbar geleistet wird.[31] Ein mittelbares Arbverh in diesem Sinne kommt in der Praxis kaum vor. Ein Beispiel ist der Hochschullehrer, der für ein von ihm betriebenes drittmittelfinanziertes Forschungsprojekt im eigenen Namen einen Arbeitsvertrag mit einem wissenschaftlichen Mitarbeiter abschließt.[32] Das mittelbare Arb-

---

29 HWK/*Schmalenberg*, § 14 TzBfG Rn 12; RGKU/*Gotthardt*, § 622 Rn 55.
30 ErfK/*Preis*, § 611 BGB Rn 204.
31 BAG 9.4.1957 – 3 AZR 435/54 – AP § 611 BGB Mittelbares Arbeitsverhältnis Nr. 2; BAG 22.7.1982 – 2 AZR 57/81 – EzAÜG § 611 BGB Leiharbeitsverhältnis Nr. 5.
32 BAG 29.6.1988 – 7 AZR 552/86 – AP § 25 HRG Nr. 1 = DB 1989, 388.

verh ist vom Leih-Arbverh abzugrenzen. Voraussetzung für die Annahme eines mittelbaren Arbverh ist, dass neben dem unmittelbaren Arbeitsvertrag eine Vertragsbindung des Mittelsmannes besteht. Ist der Mittelmann dagegen lediglich Mittler des Direktionsrechts des mittelbaren AG kann AÜ oder Arbeitsvermittlung vorliegen.[33] Ein mittelbares Arbverh liegt weiterhin nur dann vor, wenn neben dem Arbeitsvertrag zwischen dem mittelbaren und dem unmittelbaren AG eine gesonderte Vertragsbeziehung auf dienst- oder werkvertraglicher Basis besteht, die eine selbstständige Aufgabenwahrnehmung des Mittelsmannes ermöglicht und zu deren Durchführung er seine AN einstellt.[34]

31 Die Rspr. prüft bei einem mittelbaren Arbverh genau, ob diese **Vertragskonstruktion missbräuchlich** eingesetzt wurde, etwa um gesetzliche oder tarifliche AN-Schutzbestimmungen auszuhöhlen.[35] Ein Missbrauch in diesem Sinne kann vorliegen, wenn der Einfluss des mittelbaren AG so stark ist, dass der unmittelbare AG keine unternehmerischen Entscheidungen mehr treffen und keinen Gewinn mehr erwirtschaften kann, der unmittelbare AG also nur der verlängerte Arm des mittelbaren AG ist.[36]

32 Liegt danach tatsächlich ein mittelbares Arbverh vor, so ist bei der Prüfung des Künd-Schutzes auf das jeweilige Vertragsverhältnis abzustellen. Eine Künd kann nur vom bzw. gegenüber dem jeweiligen AG ausgesprochen werden. Möglich ist aber gem. § 185 die Ermächtigung des mittelbaren AG durch den unmittelbaren AG zum Ausspruch der Künd gegenüber dem AN.

33 Der mittelbare AG haftet subsidiär für alle Ansprüche des AN aus dem mit dem unmittelbaren AG bestehenden Arbverh (**Durchgriffshaftung**), wenn der AN gegen seinen unmittelbaren AG bereits obsiegt hat und dieser sich seinen Verpflichtungen entzieht oder zur Erfüllung dieser Verpflichtungen nicht in der Lage ist.[37]

X. Praktikanten und Volontäre

34 **Volontär** ist nach der überkommenen Definition des **§ 82a HGB** eine Person, die ohne als Lehrling angenommen zu sein, zum Zwecke ihrer Ausbildung **unentgeltlich** mit kaufmännischen Diensten beschäftigt wird. Diese handelsrechtliche Definition wurde entsprechend auf andere nicht kaufmännische Tätigkeitsverhältnisse übertragen. Mit Inkrafttreten des BBiG ist streitig geworden, ob § 82a HGB noch auf Volontäre anzuwenden ist, oder ob **§ 26 BBiG** gilt. Die Frage wird dann entscheidend, wenn eine Vergütung des Volontärs ausgeschlossen werden soll, denn aus § 17 Abs. 1 BBiG folgt ein (gem. § 25 BBiG unabdingbarer) Anspruch auf eine angemessene Vergütung, während § 82a HGB von einer unentgeltlichen Tätigkeit ausgeht.[38] Unabhängig davon, dass es den unentgeltlich tätigen Volontär praktisch kaum geben wird, ist § 26 BBiG als **vorrangig** anzusehen, § 82a HGB ist nicht anwendbar.[39]

35 **Praktikant** ist, wer sich einer bestimmten Tätigkeit und Ausbildung im Rahmen einer Gesamtausbildung in einem Betrieb unterzieht, weil er das Praktikum für die Zulassung zum Studium oder Beruf, zu einer Prüfung oder zu anderen Zwecken benötigt.[40] Praktika werden häufig in Zusammenhang mit einer Hochschul- oder Fachhochschulausbildung von den jeweiligen Ausbildungsordnungen verlangt. § 26 BBiG ist auf diese Praktikantenverhältnisse nicht anwendbar, woraus folgt, dass **kein gesetzlicher Anspruch** auf Vergütung, Urlaub oder besonderen Künd-Schutz besteht.[41]

36 Bei sonstigen Praktikanten kann dagegen durchaus ein Vertragsverhältnis i.S.v. § 26 BBiG vorliegen, mit der Folge, dass dem Praktikanten gem. § 17 BBiG eine angemessene Vergütung zu zahlen ist.[42]

37 Liegt auch kein Vertragsverhältnis gem. § 26 BBiG vor, so ist anhand der allgemeinen Kriterien zu überprüfen, ob die Praktikanten/Volontäre im Rahmen eines Werk-, Dienst- oder Arbeitsvertrages tätig sind. Viele sog. „Praktikantenverhältnisse" sind in Wirklichkeit reine Arbverh.

---

33 HWK/*Thüsing*, vor § 611 BGB Rn 116; Küttner/*Röller*, Mittelbares Arbeitsverhältnis Rn 2.
34 Küttner/*Röller*, Mittelbares Arbeitsverhältnis Rn 3.
35 BAG 20.7.1982 – 3 AZR 446/80 – AP § 611 BGB Mittelbares Arbeitsverhältnis Nr. 5 = SAE 1983, 49 mit Anm. *Zeiss*; BAG 22.7.1982 – 2 AZR 57/81 – EzAÜG § 611 BGB Leiharbeitsverhältnis Nr. 5.
36 Kittner/Zwanziger/*Kittner*, Arbeitsrecht Handbuch, § 7 Rn 35.
37 BAG 22.7.1982 – 2 AZR 57/81 – EzAÜG § 611 BGB Leiharbeitsverhältnis Nr. 5; HWK/*Thüsing*, vor 611 BGB Rn 119; Küttner/*Röller*, Mittelbares Arbeitsverhältnis Rn 11.

38 Ausführlich zu diesem Streit: Schaub/*Vogelsang*, Arbeitsrechts-Handbuch, § 16 Rn 8.
39 Küttner/*Röller*, Praktikant Rn 2.
40 BAG 19.6.1974 – 4 AZR 436/73 – AP § 3 BAT Nr. 3 mit Anm. *Weber* = BB 1974, 1210; BAG 13.3.2003 – 6 AZR 564/01 – juris.
41 BAG 19.6.1974 – 4 AZR 436/73 – AP § 3 BAT Nr. 3 mit Anm. *Weber* = BB 1974, 1210; BAG 25.3.1981 – 5 AZR 353/79 – AP § 19 BBiG Nr. 1 = NJW 1981, 2534; Kittner/Zwanziger/*Lakies*, Arbeitsrecht Handbuch, § 134 Rn 210; Küttner/*Röller*, Praktikant Rn 6.
42 MünchArb/*Natzel*, Bd. 2, § 178 Rn 366.

XI. Die Gruppenarbeit

Die **Gruppenarbeit**[43] ist eine Sonderform des Arbverh mit einer Drittbeziehung, wobei zwischen **Betriebsgruppen** und **Eigengruppen** zu unterscheiden ist. Eine Betriebsgruppe ist die Zusammenfassung mehrerer AN durch den AG zur Erreichung eines spezifizierten Arbeitserfolges (z.B. Maurerkolonne).[44] Eigengruppe ist die von AN eigeninitiativ gebildete Gruppe, um dem AG gemeinsam eine Arbeitsleistung anzubieten (z.B. Heimleiterehepaar).[45] Die Gruppenarbeit ist in §§ 28a, 87 Abs. 1 Nr. 13 BetrVG explizit aufgeführt und unterliegt in den dort gezogenen Grenzen der Mitbestimmung.

Bei den **Betriebsgruppen** stehen die AN jeweils in einer arbeitsvertraglichen Beziehung zum AG. Zwischen den AN der Gruppe untereinander bestehen keine besonderen vertraglichen Bindungen. Die AN erbringen lediglich auf Weisung des AG gemeinsam einen bestimmten Geschäftserfolg. In haftungsrechtlicher Hinsicht gilt, dass die Gruppenmitglieder grds. nur anteilig für den durch sie verursachten Schaden haften. Eine gesamtschuldnerische Haftung scheidet i.d.R. aus.[46] Nach der bisherigen Rspr. des BAG traf den einzelnen AN der Gruppe die Beweislast dafür, dass er einen vom AG dargelegten und bewiesenen Schaden nicht zu vertreten hatte.[47] Durch die gesetzliche Regelung des **§ 619a** dürfte dieser Rspr. der Boden entzogen sein, womit auch bei der Betriebsgruppe die allgemeinen Grundsätze über die Beweislast bei Haftung des AN gelten.[48]

Bei der **Eigengruppe** ist i.d.R. die Gruppe selbst Vertragspartner des AG. Gegen die einzelnen Mitglieder der Gruppe bestehen daher grds. keine direkten vertraglichen Ansprüche. Möglich ist aber eine Haftung der Gruppenmitglieder als GbR-Gesellschafter gem. §§ 714, 427, 421 bzw. als Mitglieder eines nicht rechtsfähigen Vereins gem. § 54.[49] Schlechtleistungen und Verzug einzelner Gruppenmitglieder sind der Gesamtgruppe zuzurechnen.[50] Die Gruppenmitglieder haften – anders als bei der Betriebsgruppe – als Gesamtschuldner, da sie die gemeinschaftliche Arbeitsleistung in wechselseitiger Verbundenheit versprochen haben.[51] Der Vertrag zwischen dem AG und der Eigengruppe kann Werk-, Dienst- oder Dienstverschaffungsvertrag sein.[52] Schließt die Eigengruppe den Vertrag mit dem AG, so kann die Künd nur von bzw. gegenüber der Gruppe als Gesamtheit ausgesprochen werden, wobei es genügt, wenn die Gründe für die Künd in der Person oder in dem Verhalten eines einzelnen Mitarbeiters der Gruppe vorliegen.[53]

C. Ausnahmefälle

Neben der Verpflichtung zur Leistung von Arbeit auf der Grundlage eines Arbeitsvertrags gibt es eine Vielzahl von Fallgestaltungen, in denen eine Person zur Arbeitsleistung verpflichtet ist, ohne dass ein Arbeitsvertrag besteht. Hierzu gehören insb.:

– Beamte, Richter, Hochschullehrer und Soldaten; diese Personengruppe arbeitet aufgrund **öffentlich-rechtlich begründeter Dienstverhältnisse**.
– Strafgefangene, Sicherungsverwahrte und Personen, die in geschlossenen Anstalten eingewiesen sind; diese Personen werden im Rahmen eines **öffentlich-rechtlichen Anstaltsverhältnisses** tätig.
– Mitglieder religiöser Gemeinschaften, Rot-Kreuz-Schwestern; Mitglieder religiöser Orden in der katholischen Kirche bzw. Diakonissen in der evangelischen Kirche arbeiten nicht auf der Grundlage eines Arbeitsvertrags sondern auf der Grundlage ihrer **mitgliedschaftlichen** Beziehungen.[54] Gestellungsverträge zu einem Krankenhaus begründen kein Arbverh.[55]
– Mitarbeitende Familienangehörige; hier ist genau zu unterscheiden, ob es sich um eine Mitarbeit aus **familienrechtlichen** Bindungen handelt, **oder** ob ein **Arbverh** vorliegt.[56] Der bloße Umstand, dass ein Familienangehöriger beschäftigt wird, sagt nichts über das Vorliegen oder Nichtvorliegen eines Arbverh aus.
– Zivildienstleistende, Personen im Entwicklungsdienst; diese Personengruppe wird aufgrund eines **öffentlich-rechtlichen Beschäftigungsverhältnisses** tätig.[57]

---

43 Ausführlich zur Gruppenarbeit: *Rüthers*, ZfA 1977, 1.
44 HWK/*Thüsing*, vor 611 BGB Rn 122; Kittner/Zwanziger/ *Kittner*, Arbeitsrecht Handbuch, § 7 Rn 14.
45 BSG 15.12.1971 – 3 RK 11/69 – AP § 611 BGB Gruppenarbeitsverhältnis Nr. 2; HWK/*Thüsing*, vor § 611 BGB Rn 121.
46 BAG 18.5.1983 – 4 AZR 456/80 – AP § 1 TVG Tarifverträge Bau Nr. 51 mit Anm. *Leipold* = BB 1984, 1939; Schaub/*Koch*, Arbeitsrechts-Handbuch, § 182 Rn 10.
47 BAG 24.4.1974 – 5 AZR 480/73 – AP § 611 BGB Akkordkolonne Nr. 4 mit Anm. *Lieb* = DB 1974, 1820 = SAE 1975, 94 mit Anm. *Neumann-Duesberg*.
48 Ebenso: ErfK/*Preis*, § 611 BGB Rn 192; Schaub/*Koch*, Arbeitsrechts-Handbuch, § 182 Rn 10.
49 Küttner/*Kreitner*, Gruppenarbeitsverhältnis Rn 26.
50 ErfK/*Preis*, § 611 BGB Rn 197.
51 MünchArb/*Marschall*, Bd. 2, § 171 Rn 15.
52 *Rüthers*, ZfA 1977, 1, 36.
53 BAG 21.10.1971 – 2 AZR 17/71 – AP § 611 BGB Gruppenarbeitsverhältnis Nr. 1 = BB 1972, 221; MünchArb/ *Marschall*, Bd. 2, § 171 Rn 16.
54 BAG 22.4.1997 – 1 ABR 74/96 – AP § 99 BetrVG 1972 Einstellung Nr. 18 = NZA 1997, 1297; Küttner/*Röller*, Arbeitnehmer (Begriff) Rn 6.
55 Schaub/*Linck*, Arbeitsrechts-Handbuch, § 29 Rn 12.
56 Berscheid/Kunz/Brand/*Langohr-Plato*, Teil 2 Rn 1128 ff.
57 Kittner/Zwanziger/*Bachner*, Arbeitsrecht Handbuch, § 126 Rn 2; Küttner/*Kania*, Wehrdienst/Ersatzdienst Rn 15.

D. Das fehlerhafte Arbeitsverhältnis

42 Unter einem **fehlerhaften (faktischen) Arbverh** versteht man ein Arbverh, bei dem ein AN ohne wirksamen Arbeitsvertrag Arbeitsleistungen erbringt bzw. erbracht hat.[58] **Zwingende Voraussetzung** für das Vorliegen eines faktischen Arbverh ist, dass es sich um ein durch **übereinstimmende Willenserklärungen** zustande gekommenes Arbverh auf **nichtiger** oder **fehlerhafter** Vertragsgrundlage handelt.[59] Weitere Voraussetzung ist die nach den übereinstimmenden Willenserklärungen beider Parteien erfolgte Invollzugsetzung des (fehlerhaften) Arbeitsvertrages.[60] Liegen diese Voraussetzungen vor, wird das fehlerhafte Arbverh – entgegen den allgemeinen zivilrechtlichen Grundsätzen – grds. **nicht** nach Bereicherungsrecht **rückabgewickelt**, sondern das Beschäftigungsverhältnis wird für die **Vergangenheit** wie ein fehlerfrei zustande gekommenes Arbverh behandelt.[61] Die Nichtigkeit des Arbverh kann damit **nicht** mit **rückwirkender** Kraft geltend gemacht werden. Für die Vergangenheit bleiben also alle typischen arbeitsrechtlichen Ansprüche, wie der Anspruch auf Urlaub, Entgeltfortzahlung im Krankheitsfalle etc. erhalten.[62]

43 Die Grundsätze über das fehlerhafte Arbverh sind grds. bei **allen Unwirksamkeitsgründen** anwendbar. Neben dem Fall der Anfechtbarkeit zählen hierzu: Nichtigkeit wegen Formmangels und Mängel im Hinblick auf erforderliche öffentlich-rechtliche Erlaubnisse. Beim Verstoß gegen ein gesetzliches Verbot ergibt sich aus Sinn und Zweck des Verbotsgesetzes, ob die Nichtigkeit ex tunc oder ex nunc wirkt. Fehlt z.B. dem AN für die Tätigkeit als Arzt die Approbation, besteht kein fehlerhaftes Arbverh.[63] Eine **Anfechtung** wegen Willensmängeln wirkt entgegen § 142 Abs. 1 nur **ex nunc**.

44 Bei **Mängeln in der Geschäftsfähigkeit** des AN ist dagegen die andere Vertragspartei auf Ansprüche aus §§ 823 ff. beschränkt, da hier der vorrangige Schutz des nicht (voll) Geschäftsfähigen mit den Grundsätzen über das fehlerhafte Arbverh kollidiert.[64] Ist der AG nicht voll geschäftsfähig, kann der AN Ansprüche aus § 812 oder §§ 823 ff. geltend machen. Für die Vergangenheit bestehen demnach hier keine quasi-vertraglichen Ansprüche.

45 Für die **Zukunft** kann sich jeder Teil durch einseitige Erklärung vom fehlerhaften Arbverh lösen,[65] wobei regelmäßig in der Anfechtungserklärung die einseitige Lösung vom Arbverh zu sehen ist.[66] Möglich ist auch, anstelle der Anfechtung des Arbverh, die außerordentliche Künd des Arbverh zu erklären. Das Anfechtungsrecht und das Recht zur außerordentlichen Künd stehen nebeneinander.[67]

46 Die Grundsätze über das fehlerhafte Arbverh gelten nicht, wenn beide Parteien **bewusst** gegen Strafgesetze verstoßen haben oder das Arbverh **grob sittenwidrig** ist.[68] In diesen Fällen bleibt es bei der Nichtigkeit ex tunc. Ansprüche sind nach Bereicherungsrecht auszugleichen.

47 Bei der **Weiterbeschäftigung** während eines Künd-Rechtsstreits ist zu unterscheiden:

48 Erfolgt die Weiterbeschäftigung aufgrund eines **Willensentschlusses** des AG zur Vermeidung von Rechtsnachteilen, so ist nach der Rspr. des 5. Senats des BAG im Falle des letztlichen Obsiegens des AG im Künd-Rechtsstreit die Zeit der Weiterbeschäftigung nach den Grundsätzen über das fehlerhafte Arbverh zu behandeln.[69] Der Vertragswille der Beteiligten gehe i.d.R. nicht dahin, während der Weiterbeschäftigungszeit ein neues Arbverh zu begründen.[70] Nach neuerer Rspr. des 7. Senats kann der Vertragswille aber auch dahin gehen, für die Zeit des Künd-Rechtsstreits ein **befristetes Arbverh** zu begründen.[71] Hier ist zu beachten, dass die Befristung gem. § 14 Abs. 4 TzBfG der **Schriftform** bedarf; ein Mangel der Schriftform führt gem. § 16 S. 1 TzBfG zu einem unbefristeten Arbverh, welches neben dem gekündigten Arbverh fortbestehen würde.

49 Dagegen hat bei der gerichtlich erzwungenen Weiterbeschäftigung zur **Abwendung der Zwangsvollstreckung** die Rückabwicklung bei letztlichem Obsiegen des AG im Künd-Rechtsstreit nach Bereicherungsrecht zu erfolgen. Die

---

58 BAG 3.11.2004 – 5 AZR 592/03 – AP § 134 BGB Nr. 25 = NZA 2005, 1409; BAG 15.1.1986 – 5 AZR 237/84 – AP § 1 LohnFG Nr. 66 = BB 1986, 1157; BAG 14.1.1987 – 5 AZR 166/85 – EzA § 611 BGB Faktisches Arbeitsverhältnis Nr. 1; ErfK/*Preis*, § 611 BGB Rn 170; MünchArb/*Richardi*, Bd. 1, § 46 Rn 58; RGKU/*Joussen*, § 611 Rn 128.
59 BAG 14.1.1987 – 5 AZR 166/85 – EzA § 611 BGB Faktisches Arbeitsverhältnis Nr. 1; Kasseler Handbuch-ArbR/*Leinemann*, 1.1 Rn 609; Kittner/Zwanziger/*Kittner*, Arbeitsrecht Handbuch, § 31 Rn 4.
60 BAG 30.4.1997 – 7 AZR 122/96 – AP § 812 BGB Nr. 20 = DB 1997, 1674; MünchArb/*Richardi*, Bd. 1, § 46 Rn 59.
61 Küttner/*Röller*, Faktisches Arbeitsverhältnis Rn 1; Schaub/*Linck*, Arbeitsrechts-Handbuch, § 36 Rn 49.
62 Küttner/*Röller*, Faktisches Arbeitsverhältnis Rn 4 m.w.N.
63 BAG 3.11.2004 – 5 AZR 592/03 – AP § 134 BGB Nr. 25 = NZA 2005, 1409.
64 RGKU/Loussen, § 611 Rn 130..
65 ErfK/*Preis*, § 611 BGB Rn 172; Schaub/*Linck*, Arbeitsrechts-Handbuch, § 36 Rn 51.
66 Küttner/*Röller*, Faktisches Arbeitsverhältnis Rn 6.
67 BAG 21.2.1991 – 2 AZR 449/90 – AP § 123 BGB Nr. 35 = NZA 1991, 719.
68 BAG 25.4.1963 – 5 AZR 398/62 – AP § 611 BGB Faktisches Arbeitsverhältnis Nr. 2 = DB 1963, 933 = SAE 1963, 193 mit Anm. *Beitzke*; BAG 1.4.1976 – 4 AZR 96/75 – AP § 138 BGB Nr. 34 = BB 1976, 1079.
69 BAG 15.1.1986 – 5 AZR 237/84 – AP § 1 LohnFG Nr. 66 = BB 1986, 1157.
70 BAG 15.1.1986 – 5 AZR 237/84 – AP § 1 LohnFG Nr. 66 = BB 1986, 1157.
71 BAG 22.10.2003 – 7 AZR 113/03 – AP § 14 TzBfG Nr. 6 = MDR 2004, 758.

Grundsätze über das fehlerhafte Arbverh finden hier keine Anwendung.[72] Der gem. § 818 Abs. 2 zu ersetzende Wert der Arbeitsleistung bestimmt sich dann nach der üblichen Vergütung, die nicht zwingend mit der tariflichen Vergütung gleichzusetzen ist.[73] Anhaltspunkte für den zu ersetzenden Wert bilden die (ursprünglichen) Vereinbarungen der Parteien über den Wert der Arbeitsleistung. Will der AG nur einen niedrigeren Betrag ersetzen, hat er darzulegen und zu beweisen, dass der AN im Zeitraum der erzwungenen Weiterbeschäftigung eine niedriger zu bewertende Arbeitsleistung erbracht hat.[74] Will der AN einen höheren Betrag, trifft ihn die Darlegungs- und Beweislast für eine höher zu bewertende Arbeitsleistung.

E. Die Parteien des Arbeitsverhältnisses
I. Der Arbeitnehmerbegriff

1. Allgemeine rechtsgebietsübergreifende Definition? Klassischer erster Anknüpfungspunkt für die Anwendbarkeit des Arbeitsrechts ist, dass es sich bei der betreffenden Person um einen AN handelt. Der Klärung der AN-Eigenschaft ist von enormer praktischer Bedeutung sowohl für das materielle Recht als auch für das Prozessrecht. So ist bei Rechtsstreitigkeiten zwischen AN und AG der Rechtsweg zu den ArbG eröffnet (§ 2 ArbGG), währenddessen bei Streitigkeiten zwischen einem Dienstverpflichteten und einem Dienstberechtigten der Rechtsweg zu den ordentlichen Gerichten eröffnet ist. Das gesamte AN-Schutzrecht ist schon begrifflich nur dann anwendbar, wenn es sich bei der betreffenden Person um einen AN handelt. 50

Trotz dieser herausragenden Bedeutung des AN-Begriffs gibt es **keine Legaldefinition**. Einige Gesetze, wie z.B. § 5 ArbGG, § 5 BetrVG, § 2 BUrlG sprechen zwar ausdrücklich den Begriff des AN an. Die betreffenden Normen erschöpfen sich aber weitestgehend in der Festlegung, dass AN i.S.d. (jeweiligen) Gesetzes Arbeiter und Ang sowie die zu ihrer Berufsausbildung Beschäftigten sind. 51

Doch nicht nur im Arbeitsrecht, sondern auch in anderen Rechtsgebieten spielt der AN-Begriff eine wesentliche Rolle. So liegt eine sozialversicherungspflichtige Beschäftigung gem. § 7 Abs. 1 S. 1 SGB IV dann vor, wenn nichtselbstständige Arbeit, insb. in einem Arbverh geleistet wird. Im Steuerrecht liegt die Bedeutung des AN-Begriffs darin, dass der AG gem. § 38 EStG die Lohnsteuer vom Arbeitslohn des AN einzubehalten und abzuführen hat. 52

Schon aus der gesetzlich verschiedenen Zielsetzung der jeweiligen Rechtsgebiete folgt, dass es einen **einheitlichen AN-Begriff** für das Arbeits-, Steuer- und Sozialversicherungsrecht nicht geben kann. Das fiskalische Interesse an Steuereinnahmen ist ein anderes als das der Sozialversicherungsträger an Beitragseinnahmen und beide sind ein anderes als das auf den AN-Schutz zielende Interesse des Arbeitsrechts. 53

Der **steuerrechtliche Begriff des AN** deckt sich nicht immer zwingend mit den in anderen Rechtsgebieten verwandten Begriffen.[75] Für die steuerrechtliche Beurteilung einer Tätigkeit als selbstständig oder nichtselbstständig kann der sozialrechtlichen und arbeitsrechtlichen Einordnung zwar indizielle Bedeutung zukommen, eine Bindungswirkung der verschiedenen Rechtszweige besteht jedoch nicht.[76] So kann im Einzelfall steuerrechtlich eine unselbstständige Beschäftigung, arbeitsrechtlich jedoch kein Arbverh vorliegen und umgekehrt.[77] 54

Einerseits gilt, dass ein Arbverh regelmäßig auch ein Beschäftigungsverhältnis des Sozialversicherungsrechts ist.[78] Andererseits muss ein Beschäftigungsverhältnis im Sozialversicherungsrecht nicht zwingend ein Arbverh sein. Nicht jeder AN ist sozialversicherungspflichtig und nicht jeder Sozialversicherungspflichtige ist AN.[79] 55

BAG, BGH, BFH und BSG stimmen aber darin überein, dass sich der jeweilige Vertragstypus aus dem wirklichen Geschäftsinhalt ergibt. Nicht die Bezeichnung als freier Mitarbeiter oder AN ist ausschlaggebend, vielmehr entscheidet die tatsächliche Durchführung des Vertragsverhältnisses über die rechtliche Qualifikation.[80] Die tatsächliche Durchführung des Vertragsverhältnisses ist aber nur maßgebend, wenn die Parteien ein Vertragsverhältnis nicht als Arbverh, sondern als Dienstverhältnis bezeichnen, der Beschäftigte jedoch tatsächlich weisungsgebundene Tätigkeiten verrichtet.[81] Dies beruht darauf, dass ein tatsächlich bestehendes Arbverh durch Parteivereinbarung nicht dem Geltungsbereich des zwingenden AN-Schutzes entzogen werden kann. Hieraus folgt aber nicht, dass ein Rechtsver- 56

---

72 BAG 12.2.1992 – 5 AZR 297/90 – AP § 611 BGB Weiterbeschäftigung Nr. 9 = NZA 1993, 177; Kasseler Handbuch-ArbR/*Leinemann*, 1.1 Rn 610.
73 BAG 12.2.1992 – 5 AZR 297/90 – AP § 611 BGB Weiterbeschäftigung Nr. 9 = NZA 1993, 177.
74 BAG 12.2.1992 – 5 AZR 297/90 – AP § 611 BGB Weiterbeschäftigung Nr. 9 = NZA 1993, 177.
75 BFH 2.12.1998 – X R 83/96 – AP § 611 BGB Abhängigkeit Nr. 104 = BB 1999, 1477; BSG 21.4.1993 – 11 RAr 67/92 – AP § 611 BGB Abhängigkeit Nr. 67 = BB 1994, 146.
76 BFH 2.12.1998 – X R 83/96 – AP § 611 BGB Abhängigkeit Nr. 104 = BB 1999, 1477.
77 BFH 2.12.1998 – X R 83/96 – AP § 611 BGB Abhängigkeit Nr. 104 = BB 1999, 1477.
78 Kasseler Handbuch-ArbR/*Worzalla*, 1.1 Rn 19.
79 BAG 29.11.1995 – 5 AZR 422/94 – juris.
80 BAG 13.3.2008 – 2 AZR 1037/06 – NZA 2008, 878; BAG 26.5.1999 – 5 AZR 469/98 – AP § 611 BGB Abhängigkeit Nr. 104 = DB 1999, 1704; BGH 21.10.1998 – VIII ZB 54/97 – DB 1999, 151; BFH 24.7.1992 – VI R 126/88 – AP § 611 BGB Abhängigkeit Nr. 63 = DB 1993, 208; BSG 13.7.1978 – 12 RK 14/78 – AP § 611 BGB Abhängigkeit Nr. 29.
81 BAG 25.1.2007 – 5 AZB 49/06 – AP § 16 SGB II Nr. 1 = NZA 2007, 580.

hältnis, das als Arbverh vereinbart wurde, durch bloße Nichtausübung der Weisungsrechte zu einem freien Dienstverhältnis wird.[82] Wollen die Parteien eines Arbeitsvertrages ihre Rechtsbeziehungen künftig als freies Dienstverhältnis fortsetzen, müssen sie das hinreichend klar unter Beachtung von § 623 BGB vereinbaren.[83]

Auch die sog. **Grenzfall-Rspr.** ist sowohl in der Arbeits- als auch in der Sozial- und Finanzgerichtsbarkeit anerkannt. Hiernach gilt, dass in Grenzfällen, in denen nach den objektiven Gegebenheiten für die Rechtsbeziehungen der Vertragsparteien ein Rechtsverhältnis als freier Mitarbeiter/Selbstständiger ebenso geeignet erscheint, wie ein Arbverh i.S.d. Arbeitsrechts, ein Beschäftigungsverhältnis i.S.d. Sozialversicherungsrechts bzw. ein nichtselbstständiges Beschäftigungsverhältnis i.S.d. Steuerrechts, dem im Vertrag zum Ausdruck gekommenen Willen der Vertragsparteien der Vorrang bei der Beurteilung des Gesamtbildes der Tätigkeit als abhängige oder selbstständige Tätigkeit einzuräumen ist.[84]

57 Nach übereinstimmender Rspr. von BAG, BFH und BSG ist die Frage, wer AN ist, letztlich nach dem **Gesamtbild der Verhältnisse** zu beurteilen.[85] Dies bedeutet, dass in allen betreffenden Rechtsgebieten stets die für und gegen den AN-Status sprechenden Umstände im Wege einer Gesamtwürdigung umfassend gegeneinander abgewogen werden müssen.[86] Wegen der bestehenden Unabhängigkeit zwischen Finanzbehörden und Sozialversicherungsträgern und der Unabhängigkeit der Gerichtszweige untereinander besteht aber keine Bindungswirkung im Hinblick auf die Feststellung der AN-Eigenschaft, so dass es zu divergierenden Entscheidungen kommen kann.[87]

58 **2. Der Arbeitnehmerbegriff im Arbeitsrecht.** Nach der klassischen Definition ist AN, wer aufgrund eines privatrechtlichen Vertrages im Dienste eines anderen zur Leistung weisungsgebundener, fremdbestimmter Arbeit in persönlicher Abhängigkeit verpflichtet ist.[88]

59 **a) Leistung von Arbeit aufgrund eines privatrechtlichen Vertrages.** Der Verpflichtung zur Arbeitsleistung muss ein **Vertrag** zugrunde liegen. Die bloße **Eingliederung** einer Person in einen Betrieb begründet keine AN-Eigenschaft.[89] Ist der Vertrag nichtig, finden die Grundsätze über das fehlerhafte Arbverh Anwendung. Auch danach ist aber eine von beiden Parteien gewollte Beschäftigung erforderlich (siehe oben Rn 42).

60 Der Vertrag muss eine **privatrechtliche Grundlage** haben. Demnach scheiden hier bereits sämtliche Rechtsverhältnisse aus, die im Rahmen **öffentlich-rechtlicher Dienst- bzw. Gewaltverhältnisse** erbracht werden. Aus diesem Grunde sind Beamte, Soldaten und Zivildienstleistende keine AN. Strafgefangene, in Sicherungsverwahrung befindliche Personen, Fürsorgezöglinge sowie die in einer Heil- und Pflegeanstalt Untergebrachten werden ebenfalls auf öffentlich-rechtlicher Grundlage tätig und sind daher auch dann keine AN, wenn sie Arbeitsleistungen erbringen.

61 Es muss sich um einen **Dienstvertrag** handeln. Damit scheiden hier prinzipiell alle Sachverhalte aus, bei denen die Verpflichtung zur Arbeitsleistung auf familien-, vereins- oder gesellschaftsrechtlicher Grundlage erfolgt.

62 Der Vertrag muss die Leistung von **Arbeit** zum Gegenstand haben. Der Begriff der Arbeit ist im wirtschaftlichen Sinne zu verstehen. Arbeit ist danach jedes Verhalten, das der Befriedigung eines Bedürfnisses und im Wirtschaftsleben als Arbeit qualifiziert wird.[90] Es kann sich hierbei um **aktives** oder **passives Tun körperlicher** oder **geistiger** Art handeln.[91] Die noch gemeinhin vorgenommene Unterscheidung zwischen **Arbeitern** (körperliche Tätigkeit) und **Ang** (geistige Tätigkeit) hat für die Frage der AN-Eigenschaft daher **keine Bedeutung**. Im Übrigen ist diese Unterscheidung weitestgehend überholt. Gesetzliche Differenzierungen, z.B. bei den Künd-Fristen hat das BVerfG als verfassungswidrig eingestuft.[92] In der Metallindustrie werden mit der Wirksamkeit der neuen Entgeltrahmenabkommen (**ERA**) Arbeiter und Ang bei der Entlohnung nach den gleichen Maßstäben behandelt.

---

82 BAG 12.9.1996 – 5 AZR 1066/94 – AP § 611 BGB Freier Mitarbeiter Nr. 1 = NZA 1997, 194; BAG 25.1.2007 – 5 AZB 49/06 – AP § 16 SGB II Nr. 1 = NZA 2007, 580.
83 BAG 25.1.2007 – 5 AZB 49/06 – AP § 16 SGB II Nr. 1 = NZA 2007, 580.
84 BAG 14.2.1974 – 5 AZR 298/73 – AP § 611 BGB Abhängigkeit Nr. 12 = DB 1974, 1487; LAG Köln 25.8.1999 – 2 Sa 611/99 – DB 1999, 2648; BFH 24.7.1992 – VI R 126/88 – AP § 611 BGB Abhängigkeit Nr. 63 = DB 1993, 208; BSG 13.7.1978 – 12 RK 14/78 – AP § 611 BGB Abhängigkeit Nr. 29; BSG 12.10.1979 – 12 RK 24/78 – BB 1981, 124; Berscheid/Kunz/*Kunz*, Praxis des Arbeitsrechts, Teil 2 Rn 711.
85 BAG 26.5.1999 – 5 AZR 469/98 – AP § 611 BGB Abhängigkeit Nr. 104 = DB 1999, 1704; BFH 2.12.1998 – X R 83/96 – AP § 611 BGB Abhängigkeit Nr. 104 BB 1999, 1477; BSG 30.1.1990 – 11 RAr 47/88 – NZA 1990, 950.
86 BAG 13.3.2008 – 2 AZR 1037/06 – NZA 2008, 878; BAG 22.4.1998 – 5 AZR 191/97 – AP § 611 BGB Abhängigkeit Nr. 96 = NZA 1998, 1275.
87 BAG 26.5.1999 – 5 AZR 469/98 – AP § 611 BGB Abhängigkeit Nr. 104 = BB 1999, 1876; BSG 25.10.2000 – B 1 KR 2/00 R – SGb 2000, 671; BFH 2.12.1998 – X R 83/96 – AP § 611 BGB Abhängigkeit Nr. 104 = BB 1999, 1477.
88 St. Rspr. BAG 13.3.2008 – 2 AZR 1037/06 – NZA 2008, 878; BAG 12.12.2001 – 5 AZR 253/00 – AP § 611 BGB Abhängigkeit Nr. 111 = NZA 2002, 787; BAG 20.8.2003 – 5 AZR 610/02 – NJW 2004, 461; *Griebeling*, NZA 1998, 1137, 1140; *Hilger*, RdA 1989, 1, 2.
89 MünchArb/*Richardi*, Bd. 1, § 40 Rn 3; Küttner/*Röller*, Arbeitnehmer Rn 2; RGKU/*Joussen*, § 611 Rn 30.
90 Schaub/*Vogelsang*, Arbeitsrechts-Handbuch, § 8 Rn 13.
91 Kittner/Zwanziger/*Kittner*, Arbeitsrecht Handbuch, § 5 Rn 20.
92 BVerfG 30.5.1990 – 1 BvL 2/83 – AP § 622 BGB Nr. 28 = NZA 1990, 721.

Arbeit ist auch die **Arbeitsbereitschaft**,[93] also die wache Achtsamkeit im Zustand der Entspannung.[94] **63**

b) Leistung von abhängiger Arbeit/Weisungsunterworfenheit. Es muss sich um die Leistung **abhängiger** **64**
Arbeit handeln. Die Abgrenzung von freier selbstbestimmter Tätigkeit zu abhängiger Arbeit ist nur scheinbar eindeutig zu vollziehen. In der Praxis gibt es hier häufig erhebliche Schwierigkeiten.

Die Abhängigkeit einer Person lässt sich anhand verschiedener Indikatoren feststellen. Wesentliches Kriterium für **65**
eine Abhängigkeit ist die **Weisungsunterworfenheit**.[95] Das Weisungsrecht des AG umfasst – wie nun auch § 106 GewO ausdrücklich anerkennt – Inhalt, Ort und Zeit der Arbeitsleistung. Auch aus § 84 Abs. 1 S. 2 HGB lässt sich entnehmen, dass nur derjenige selbstständig ist, der im Wesentlichen frei seine Tätigkeit gestalten und seine Arbeitszeit bestimmen kann. Das Weisungsrecht ist Ausfluss der Leitungs- und Organisationsmacht des AG, die der AN im Vertrag anerkennt und die dadurch zum Leitungs- und Organisationsrecht wird.[96] Das Leitungsrecht wird der AG im Allgemeinen durch Einzelweisungen ausüben, zulässig sind aber auch generelle Weisungen im Rahmen von RL oder allgemeinen Anordnungen.[97]

aa) Die örtliche Weisungsgebundenheit. I.d.R. ist der AN zur Erbringung der Arbeitsleistung im Betrieb des **66**
AG verpflichtet. Der AG ist aber im Rahmen des arbeitsvertraglich Vereinbarten frei, dem AN einen anderen Arbeitsort, auch im Ausland, zuzuweisen. Moderne Arbeitsformen, wie z.B. die **Telearbeit**, erlauben es auch, dass der AN seine Arbeitsleistung von zu Hause aus erbringt. Die Weisungsunterworfenheit bezüglich des Ortes der Erbringung der Arbeitsleistung ist daher von eher **untergeordneter Bedeutung**. Wer jedoch völlig frei bestimmen kann, wo er tätig wird, ist prinzipiell als selbstständig anzusehen.[98]

bb) Die fachliche Weisungsgebundenheit. Die fachliche Weisungsgebundenheit bezeichnet das Recht des AG, **67**
unmittelbar auf die **Art und Weise** der Leistungserbringung einzuwirken.[99] Auch dieses Merkmal verliert in der modernen Arbeitswelt an Bedeutung. So mag zwar die Erteilung fachlicher Weisungen bei gering qualifizierten Tätigkeiten typisch für ein Arbverh sein.[100] Bei höher qualifizierten Tätigkeiten wird aber dem Leistungsempfänger meist die notwendige fachliche Qualifizierung für die Ausübung eines Weisungsrechts fehlen.[101] Außerdem wird zunehmend dem AN Freiraum hinsichtlich des „Wie" der Erbringung der Arbeitsleistung gelassen. Das Fehlen einer engen fachlichen Weisungsunterworfenheit spricht daher nicht zwingend gegen die AN-Eigenschaft.[102] Bei Tätigkeiten, die sowohl im Rahmen eines freien Mitarbeiterverhältnisses als auch im Rahmen eines Arbverh ausgeübt werden können, kann das Fehlen eines fachlichen Weisungsrechts ein Indiz für ein freies Mitarbeiterverhältnis sein.[103]

Entscheidend für die Abgrenzung vom freien Mitarbeiterverhältnis zum Arbverh ist die Frage, ob die Erteilung fach- **68**
licher Weisungen **möglich** wäre und der Leistungsverpflichtete die Weisungen **zu befolgen hätte**.[104]

cc) Die zeitliche Weisungsgebundenheit. Selbstständig ist, wer im Wesentlichen seine Arbeitszeit frei bestim- **69**
men kann (§ 84 Abs. 1 S. 2 HGB). Ist also der Betreffende berechtigt, seine Arbeitszeit nach eigener Entscheidung frei einzuteilen, ist dies ein gewichtiges Indiz für die Selbstständigkeit und spricht gegen die AN-Eigenschaft.[105] Unterliegt dagegen der Leistende einem umfassenden Weisungsrecht des Leistungsempfängers in zeitlicher Hinsicht, so spricht dies für ein Arbverh.[106] So kann die Aufnahme in **Dienstpläne** ein Indiz für eine zeitliche Weisungsgebundenheit sein.[107] Letzterem kommt im Bereich der **Rundfunk- und Fernsehmitarbeiter** erhebliche Bedeutung zu. Bei Mitarbeitern, bei denen das Weisungsrecht in fachlicher oder räumlicher Hinsicht eingeschränkt ist – insb. bei **programmgestaltenden** Mitarbeitern – kommt es bei der Abgrenzung von AN-Eigenschaft zur freien Mitarbeit

---

93 Kasseler Handbuch-ArbR/*Worzalla*, 1.1 Rn 118.
94 BAG 24.1.1962 – 4 AZR 416/60 – AP § 7 AZO Nr. 8 = BB 1962, 487; MünchArb/*Blomeyer*, Bd. 1, § 48 Rn 105.
95 BAG 13.1.1983 – 5 AZR 149/82 – AP § 611 BGB Abhängigkeit Nr. 42 = BB 1983, 1855; BAG 30.11.1994 – 5 AZR 704/93 – AP § 611 BGB Abhängigkeit Nr. 74 = NZA 1995, 622; BAG 30.9.1998 – 5 AZR 563/97 – AP § 611 BGB Abhängigkeit Nr. 103 = NZA 1999, 374; BAG 20.8.2003 – 5 AZR 610/02 – NJW 2004, 461; *Boemke*, ZfA 1998, 285, 322; ErfK/*Preis*, § 611 BGB Rn 61; Kittner/Zwanziger/*Kittner*, Arbeitsrecht Handbuch, § 5 Rn 35; Küttner/*Röller*, Arbeitnehmer Rn 9; Schaub/*Vogelsang*, Arbeitsrechts-Handbuch, § 8 Rn 29.
96 *Hromadka*, NJW 2003, 1847, 1849.
97 *Hromadka*, NJW 2003, 1847, 1849.
98 MünchArb/*Richardi*, Bd. 1, § 24 Rn 84.
99 Kasseler Handbuch-ArbR/*Worzalla*, 1.1 Rn 161.
100 BAG 9.3.1977 – 5 AZR 110/76 – AP § 611 BGB Abhängigkeit Nr. 21 = DB 1977, 2459.
101 BAG 23.4.1980 – 5 AZR 426/79 – AP § 611 BGB Abhängigkeit Nr. 34; HWK/*Thüsing*, vor § 611 BGB Rn 44.
102 BAG 30.11.1994 – 5 AZR 704/93 – AP § 611 BGB Abhängigkeit Nr. 74 = NZA 1995, 622; BAG 30.9.1998 – 5 AZR 563/97 – AP § 611 BGB Abhängigkeit Nr. 103 = DB 1999, 436; HWK/*Thüsing*, vor § 611 BGB Rn 44.
103 BAG 3.6.1998 – 5 AZR 656/97 – AP § 611 BGB Abhängigkeit Nr. 97 = BB 1998, 2060.
104 *Hromadka*, DB 1998, 195, 199; Kasseler Handbuch-ArbR/*Worzalla*, 1.1 Rn 161; Kittner/Zwanziger/*Kittner*, Arbeitsrecht Handbuch, § 5 Rn 45.
105 BAG 22.8.2001 – 5 AZR 502/99 – AP § 611 BGB Abhängigkeit Nr. 109 = NZA 2003, 662.
106 BAG 9.10.2002 – 5 AZR 405/01 – AP § 611 BGB Abhängigkeit Nr. 114 = NZA 2003, 688.
107 BAG 20.7.1994 – 5 AZR 627/93 – AP § 611 BGB Abhängigkeit Nr. 73 = NZA 1995, 161; BAG 19.1.2000 – 5 AZR 644/98 – AP § 611 BGB Abhängigkeit Nr. 108 = DB 2000, 1520; *Hromadka*, DB 1998, 195, 199.

entscheidend darauf an, ob die Sendeanstalten **einseitig** über die Arbeitsleistung der betreffenden Person verfügen können.[108] Wenn Rundfunk- und Fernsehmitarbeiter in Dienstplänen aufgeführt sind, die **ohne vorherige Absprache** mit ihnen erstellt werden, ist dies ein starkes Indiz für die AN-Eigenschaft.[109] Dies gilt auch dann, wenn der Sender ausdrücklich erklärt, dass die Dienstpläne **unverbindlich** sind oder erst in Kraft treten, wenn die eingesetzten Mitarbeiter nicht **widersprechen**.[110]

70 Umgekehrt gilt, dass zeitliche Vorgaben oder die Verpflichtung, bestimmte Termine für die Erledigung der übertragenen Aufgaben einzuhalten, für sich genommen keine wesentlichen Merkmale für das Bestehen eines Arbverh darstellen, da auch im Rahmen von Dienst- oder Werkverträgen von dem Dienstberechtigten oder dem Besteller Termine für die Erledigung von Arbeiten bestimmt werden.[111]

71 Wesentlich ist demnach, ob der Dienstberechtigte letztlich den Dienstverpflichteten im Rahmen der arbeitsvertraglichen bzw. tariflichen/betrieblichen Regelungen zur Leistung der Arbeit zu bestimmten Zeiten anweisen kann.[112]

72 **dd) Die organisatorische Weisungsgebundenheit.** Mit dem Merkmal der organisatorischen Weisungsgebundenheit wird die Einbindung des AN in eine **fremde Arbeitsorganisation** umschrieben. Diese Einbindung folgt i.d.R. dadurch, dass der AN in die Dienst- und Produktionspläne eingeordnet wird und dass er der Arbeitskontrolle des AG unterliegt.[113]

73 Für eine Eingliederung kann sprechen, dass der Betreffende selbst **keine Betriebsstätte** hat und auf die Arbeitsmittel und die Arbeitsorganisation des AG angewiesen ist.[114]

74 Eine organisatorische Weisungsunterworfenheit kann sich weiterhin daraus ergeben, dass der AG die Erbringung der Leistung in einer bestimmten Abteilung oder/und mit bestimmten anderen Mitarbeitern anordnen kann.[115] Ein zusätzliches Indiz für die Eingliederung ist es, wenn ein Mitarbeiter den **betrieblichen Ordnungsvorgaben** unterworfen ist, also z.B. die **Dienstkleidung** des AG tragen muss.[116] Ob der Mitarbeiter einen eigenen Schreibtisch oder ein eigenes Arbeitszimmer hat, oder ob er in einem internen Telefonverzeichnis aufgeführt ist, hat für sich genommen keine ausschlaggebende Bedeutung.[117]

75 **ee) Unternehmerrisiko/unternehmerische Betätigungsfreiheit.** Der Selbstständige ist nach außen durch seine Tätigkeit am Wirtschaftsmarkt gekennzeichnet und nach innen durch die Freiheit, die Arbeit nach seinem Belieben zu organisieren.[118] Die **Zuweisung des unternehmerischen Risikos** kann damit ein Indiz für die Selbstständigkeit des Vertragspartners sein,[119] umgekehrt spricht das Fehlen jeglichen unternehmerischen Risikos gegen eine Selbstständigkeit und für die Abhängigkeit.[120] Allein die Zuweisung zusätzlicher Risiken macht einen abhängig Beschäftigten aber nicht zum Selbstständigen.[121]

76 Für die Selbstständigkeit und gegen die AN-Eigenschaft spricht weiterhin die Möglichkeit, am Markt auch für **andere Auftraggeber** tätig zu werden.[122] Maßgeblich ist mit anderen Worten die Möglichkeit der zeitlichen Disposition über die Arbeitskraft.[123] Gerade in Zusammenhang mit detaillierten zeitlichen und organisatorischen Einbindungen des Leistenden spricht das Fehlen eines anderweitigen Auftretens am Markt für die AN-Eigenschaft. In diesem Zusammenhang kann es auch von Bedeutung sein, ob der Leistende das Recht hat, Aufträge des Leistungsempfängers abzulehnen, da dieses Recht einem AN grds. nicht zusteht.[124] Maßgeblich kann auch sein, ob der Leistende darüber disponieren kann, wie er die vertraglich geschuldete Leistung erbringt, insb., ob er selbst berechtigt ist zu entscheiden, mit welchen und mit wie vielen anderen Arbeitskräften er seine Vertragspflichten erfüllt.[125] Hat der

---

108 *Bezani*, NZA 1997, 856, 861.
109 BAG 16.2.1994 – 5 AZR 402/93 – AP § 611 BGB Rundfunk Nr. 15 = NZA 1995, 21; *Bezani*, NZA 1997, 856, 861.
110 BAG 16.2.1994 – 5 AZR 402/93 – AP § 611 BGB Rundfunk Nr. 15 = NZA 1995, 21; BAG 30.11.1994 – 5 AZR 704/93 – AP § 611 BGB Abhängigkeit Nr. 74 = NZA 1995, 622.
111 BAG 13.3.2008 – 2 AZR 1037/06 – NZA 2008, 878; BAG 27.3.1991 – 5 AZR 194/90 – AP § 611 BGB Abhängigkeit Nr. 53 = NZA 1991, 933.
112 BAG 13.11.1991 – 7 AZR 31/91 – AP § 611 BGB Abhängigkeit Nr. 60 = NZA 1992, 1125; Kasseler Handbuch-ArbR/*Worzalla*, 1.1 Rn 155.
113 ErfK/*Preis*, § 611 BGB Rn 87.
114 ErfK/*Preis*, § 611 BGB Rn 87; *Hilger*, RdA 1989, 1, 4.
115 Kasseler Handbuch-ArbR/*Worzalla*, 1.1 Rn 169.
116 BAG 19.11.1997 – 5 AZR 653/96 – AP § 611 BGB Abhängigkeit Nr. 90 = DB 1998, 624; Kittner/Zwanziger/*Kittner*, Arbeitsrecht Handbuch, § 5 Rn 47.
117 BAG 30.11.1994 – 5 AZR 704/93 – AP § 611 BGB Abhängigkeit Nr. 74 = NZA 1995, 622.
118 *Hromadka*, NZA 1997, 569, 576.
119 *Hilger*, RdA 1989, 1, 4.
120 BAG 13.8.1980 – 4 AZR 592/78 – AP § 611 BGB Abhängigkeit Nr. 37; Kasseler Handbuch-ArbR/*Worzalla*, 1.1 Rn 177; Kittner/Zwanziger/*Kittner*, Arbeitsrecht Handbuch, § 5 Rn 57.
121 BSG 12.12.1990 – 11 RAr 73/90 – NZA 1991, 907.
122 BAG 13.3.2008 – 2 AZR 1037/06 – NZA 2008, 878; BAG 30.9.1998 – 5 AZR 563/97 – AP § 611 BGB Abhängigkeit Nr. 103 = DB 1999, 436.
123 ErfK/*Preis*, § 611 BGB Rn 92.
124 Kittner/Zwanziger/*Kittner*, Arbeitsrecht Handbuch § 5 Rn 59.
125 BAG 13.3.2008 – 2 AZR 1037/06 – NZA 2008, 878; Kasseler Handbuch-ArbR/*Worzalla*, 1.1 Rn 179.

Leistende das Recht, eigene Mitarbeiter zur Vertragserfüllung einzusetzen, setzt dies im Regelfall voraus, dass er weitgehend weisungsfrei tätig ist.[126]

ff) Wirtschaftliche Abhängigkeit. Das Kriterium der wirtschaftlichen Abhängigkeit ist für die Frage der AN-Eigenschaft **unerheblich**.[127] Die wirtschaftliche Abhängigkeit des Leistenden vom Leistungsempfänger ist für die Annahme eines Arbverh weder erforderlich noch ausreichend.[128] Daraus folgt auch die Unerheblichkeit der Höhe des Entgelts.[129] Wie hoch der Verdienst des Leistenden für die Leistungserbringung ist, spielt für die Frage der AN-Eigenschaft keine Rolle. Dies gilt sowohl für den Fall, dass das Entgelt nicht für den Lebensunterhalt reicht, als auch, wenn der Leistende eine besonders hohe Vergütung erhält.[130]

gg) Hilfskriterien. Ergänzend zu den vorgenannten Kriterien wurden in Rspr.[131] und Lit.[132] weitere Hilfskriterien entwickelt, um den AN vom Selbstständigen abgrenzen zu können. Diese Hilfskriterien sind meist formaler Art. Hierzu zählen u.a.:
– die Modalitäten der Entgeltzahlung (monatliche Zahlung oder Zahlung eines Festbetrags),
– das Abführen von Lohnsteuer und Sozialversicherungsbeiträgen durch den Leistungsempfänger,[133]
– die Entgeltfortzahlung im Krankheitsfalle,[134]
– die Gewährung von Urlaub und die Fortzahlung der Vergütung während des Urlaubs,[135]
– die Bezeichnung des Rechtsverhältnisses als Arbverh.[136]

hh) Neuere Ansätze zur Bestimmung des AN-Begriffs im Schrifttum. Teilweise wird die klassische Definition des AN-Begriffs in Frage gestellt.[137] Nicht das Kriterium der persönlichen Abhängigkeit soll maßgeblich sein, sondern das „**Unternehmerrisiko**".[138] Nach dieser Auffassung sollen typische AN-Merkmale sein:
– auf Dauer angelegte Arbeit,
– nur für einen Auftraggeber,
– in eigener Person, ohne Mitarbeiter,
– im Wesentlichen ohne eigenes Kapital und
– im Wesentlichen ohne eigene Organisation.[139]

Der Selbstständige kennzeichne sich dagegen durch:
– freiwillige Übernahme eines Unternehmerrisikos,
– Auftreten am Markt,
– Ausgewogenheit unternehmerischer Chancen und Risiken.[140]

Diese Auffassung **verzichtet** also auf die herkömmlichen Kriterien der **persönlichen Abhängigkeit, Weisungsbindung und Eingliederung** in den Betrieb. In der Rspr. der Instanzgerichte hat die Neubestimmung des AN-Begriffs anhand der Kriterien von *Wank* vereinzelt Gefolgschaft gefunden.[141] Das LAG Düsseldorf hat eine Neubestimmung anhand der Kriterien von *Wank* ausdrücklich verworfen.[142] Das rechtswissenschaftliche Schrifttum hat sich ganz überwiegend gegen eine Neufassung der Kriterien für die AN-Eigenschaft ausgesprochen.[143] In der Tat ist nicht zu ersehen, inwieweit eine Neubestimmung des AN-Begriffs **notwendig** oder **sinnvoll** ist. Der Begriff des „Unternehmerrisikos" ist nicht geeignet den Begriff der „persönlichen Abhängigkeit" zu ersetzen. Vielmehr ist der Begriff des „Unternehmerrisikos" **unscharf** und zwingt zu weiteren Klarstellungen, die ihrerseits wiederum fragwürdig sind. So müssen für die Annahme von Selbstständigkeit die Übernahme des Unternehmerrisikos freiwillig und die

---

126 BAG 12.12.2001 – 5 AZR 253/00 – AP § 611 BGB Abhängigkeit Nr. 111 = BB 2002, 1702; BAG 4.12.2002 – 5 AZR 667/01 – AP § 611 BGB Abhängigkeit Nr. 114 = DB 2003, 1386; *Hilger*, RdA 1989, 1, 4; Kasseler Handbuch-ArbR/*Worzalla*, 1.1 Rn 181.
127 BAG 30.11.1994 – 5 AZR 704/93 – AP § 611 BGB Abhängigkeit Nr. 74 = NZA 1995, 622; *Buchner*, NZA 1998, 1144, 1146; *Hilger*, RdA 1989, 1, 6.
128 BAG 30.9.1998 – 5 AZR 563/97 – AP § 611 BGB Abhängigkeit Nr. 103 = NZA 1999, 374; *Hromadka*, NZA 1997, 569, 579.
129 BAG 27.7.1961 – 2 AZR 255/60 – AP § 611 BGB Ärzte, Gehaltsansprüche Nr. 24 = NJW 1961, 2085; Kasseler Handbuch-ArbR/*Worzalla*, 1.1 Rn 188.
130 Kittner/Zwanziger/*Kittner*, Arbeitsrecht Handbuch, § 5 Rn 61, 62.
131 BAG 8.6.1967 – 5 AZR 461/66 – AP § 611 BGB Abhängigkeit Nr. 6; BAG 9.3.1977 – 5 AZR 110/76 – AP § 611 BGB Abhängigkeit Nr. 21; BAG 30.10.1991 – 7 ABR 19/91 – NZA 1992, 407.
132 HWK/*Thüsing*, vor § 611 BGB Rn 50 m.w.N.
133 HWK/*Thüsing*, vor § 611 BGB Rn 50.
134 Kasseler Handbuch-ArbR/*Worzalla*, 1.1 Rn 208.
135 HWK/*Thüsing*, vor § 611 BGB Rn 50.
136 BAG 20.2.1986 – 6 ABR 5/85 – AP § 5 BetrVG 1972 Rotes Kreuz Nr. 2 = NJW 1986, 2906.
137 *Wank*, Arbeitnehmer und Selbstständige.
138 *Wank*, Arbeitnehmer und Selbstständige, S. 122 ff.; *Wank*, DB 1992, 90, 91.
139 *Wank*, DB 1992, 90, 91.
140 *Wank*, DB 1992, 90, 91.
141 LAG Köln 30.6.1995 – 4 Sa 63/95 – AP § 611 BGB Abhängigkeit Nr. 80 = AuR 1996, 413.
142 LAG Düsseldorf 4.9.1996 – 12 (6) (5) Sa 909/96 – BB 1997, 891.
143 *Boemke*, ZfA 1998, 285, 312; *Buchner*, NZA 1998, 1144, 1146; ErfK/*Preis*, § 611 BGB Rn 71; *Griebeling*, NZA 1998, 1137, 1143; *Hromadka*, NZA 1997, 569, 576; *Rieble*, ZfA 1998, 327, 335 ff.

Chancen und Risiken auf dem Markt ausgewogen sein.[144] Ob diese Kriterien erfüllt sind, müsste im Streitfalle das ArbG klären. Anhand welcher Kriterien aber ein Richter die Ausgewogenheit der Marktchancen und Marktrisiken beurteilen soll, bleibt im Dunkeln. Auch lässt sich kaum nachweisen, ob die Übernahme eines Unternehmerrisikos freiwillig oder unfreiwillig erfolgte.

Hümmerich hat zur Abgrenzung von AN und Selbstständigen eine Neubestimmung des Arbverh als Wettbewerbsgemeinschaft vorgenommen.[145] Der tradierte AN-Begriff laufe auf ein „Alles oder nichts" hinaus und werde den aufgrund des scharfen internationalen Wettbewerbsdrucks hervorgerufenen Entwicklungen der Arbeitswelt nicht mehr gerecht. Zielführender sei ein gestufter AN-Begriff.

82 **3. Arbeitnehmerähnliche Personen.** Arbeitnehmerähnliche Personen[146] sind keine AN, werden aber zum Teil gesetzlich als dem AN vergleichbar angesehen. Arbeitnehmerähnliche Personen sind nicht in die betriebliche Organisation eingebunden und können über ihre Arbeitszeit im Wesentlichen frei bestimmen. Kennzeichnend für arbeitnehmerähnliche Personen ist die Beschäftigung für einen Auftraggeber, wenn die aus dieser Beschäftigung resultierende Vergütung die Existenzgrundlage bildet.[147] Andererseits ist es für den Status als arbeitnehmerähnliche Person nicht ausgeschlossen, wenn ein Tätigwerden für mehrere Auftraggeber vorliegt.[148]

83 Die AN-Ähnlichkeit ist zunächst grob durch die Erbringung einer Tätigkeit für einen anderen in eigener Person gekennzeichnet.[149] Aufgrund der fehlenden persönlichen Eingliederung und damit der fehlenden persönlichen Abhängigkeit gewinnt in diesem Bereich auch die **wirtschaftliche Abhängigkeit** einer Person an Bedeutung.[150] Das Merkmal der wirtschaftlichen Abhängigkeit bzw. wirtschaftlichen Unselbstständigkeit tritt an die Stelle der persönlichen Abhängigkeit.[151] Das Kriterium der wirtschaftlichen Abhängigkeit wird auch in verschiedenen arbeitsrechtlichen Normen als prägend für den Status als arbeitnehmerähnliche Person genannt, so z.B. in § 2 S. 2 BUrlG und § 5 Abs. 1 S. 2 ArbGG. Eine Legaldefinition für das Tarifrecht findet sich in § 12a TVG, wonach arbeitnehmerähnliche Person ist, wer wirtschaftlich abhängig und vergleichbar einem AN sozial schutzbedürftig ist. Diese Definition wird über das Tarifrecht hinaus angewandt, so z.B. für Franchisenehmer,[152] Rundfunkgebührenbeauftragte[153] und Motorradrennfahrer.[154]

84 Trotz der wirtschaftlichen Abhängigkeit ist die arbeitnehmerähnliche Person **Selbstständiger und kein AN**.[155] Arbeitsrecht ist auf arbeitnehmerähnliche Personen nicht anwendbar, es sei denn, die Anwendbarkeit ist jeweils gesetzlich ausdrücklich festgelegt.[156]

85 Wichtigster praktischer Fall arbeitnehmerähnlicher Personen sind die **Heimarbeiter**. Für diese gelten die Bestimmungen des HAG. Sonderregelungen für Heimarbeiter finden sich daneben in § 176 SGB III sowie in § 10 EFZG.

86 **Einfirmen-Handelsvertreter** sind ebenfalls arbeitnehmerähnliche Personen. Einfirmen-Handelsvertreter dürfen nur für einen Unternehmer tätig werden und sind daher von diesem in besonderer Weise wirtschaftlich abhängig. Gem. **§ 92a HGB** können für das Vertragsverhältnis des Einfirmen-Handelsvertreters durch RVO Mindestvertragsbedingungen festgesetzt werden, um die notwendigen sozialen und wirtschaftlichen Bedürfnisse dieser Personen sicherzustellen.

87 **4. Leitende Angestellte.** Leitende Ang sind AN, die im Unternehmen typische **Unternehmerfunktionen** mit einem eigenen **erheblichen Entscheidungsspielraum** wahrnehmen.[157] Leitende Ang stehen der Unternehmensleitung aufgrund ihrer Tätigkeit und der Bedeutung ihrer Funktion nahe.[158] Diese Nähe rechtfertigt es, arbeitsrechtliche Schutzprinzipien zurückzudrängen. Ob ein Ang Unternehmerfunktionen wahrnimmt, lässt sich nur aufgrund einer **Gesamtwürdigung** seiner arbeitsvertraglichen Tätigkeit innerhalb des Unternehmens beurteilen, d.h. Anknüp-

---

144 *Wank*, DB 1992, 90, 91.
145 NJW 1998, 2625 ff.; ihm folgend *Beaucamp*, NZA 2001, 1011 ff.
146 Ausführlich hierzu jüngst: *Willemsen/Müntefering*, NZA 2008, 193.
147 BAG 11.4.1997 – 5 AZB 33/96 – AP § 5 ArbGG 1979 Nr. 30 = NZA 1998, 499.
148 ErfK/*Preis*, § 611 BGB Rn 133.
149 *Hromadka*, NZA 1997, 1249, 1253.
150 MünchArb/*Richardi*, Bd. 1, § 29 Rn 1.
151 BAG 21.2.2007 – 5 AZB 52/06 – AP § 5 ArbGG 1979 Nr. 64 = NZA 2007, 699.
152 BAG 16.7.1997 – 5 AZB 29/96 – AP § 5 ArbGG 1979 Nr. 37 = NZA 1997, 1126.
153 BAG 30.8.2000 – 5 AZB 12/00 – AP § 2 ArbGG 1979 Nr. 75 = DB 2001, 824.
154 BAG 17.6.1999 – 5 AZB 23/98 – AP § 17a GVG Nr. 39 = BB 2000, 98.
155 BAG 21.2.2007 – 5 AZB 52/06 – AP § 5 ArbGG 1979 Nr. 64 = NZA 2007, 699; BAG 16.7.1997 – 5 AZB 29/96 – AP § 5 ArbGG 1979 Nr. 37 = NZA 1997, 1126; *Boemke*, ZfA 1998, 285, 317; *Hromadka*, NZA 1997, 1249, 1253.
156 MünchArb/*Richardi*, Bd. 1, § 29 Rn 2; Schaub/*Vogelsang*, Arbeitsrechts-Handbuch, § 10 Rn 6.
157 BAG 25.10.1989 – 7 ABR 60/88 – AP § 5 BetrVG 1972 Nr. 42 = NZA 1990, 820; Schaub/*Vogelsang*, Arbeitsrechts-Handbuch, § 15 Rn 30.
158 BAG 16.4.2002 – 1 ABR 23/01 – AP § 5 BetrVG 1972 Nr. 69 = DB 2002, 2113.

fungspunkt für die Beurteilung der Tätigkeit ist stets das Unternehmen.[159] Leitende Ang haben erhöhte Rechenschafts-, Prüfungs- und Überwachungspflichten.[160]

88 Verschiedene arbeitsrechtliche Gesetze sehen besondere Regelungen für leitende Ang vor, so z.B. § 5 Abs. 3 BetrVG, § 18 Abs. 1 Nr. 1 ArbZG, § 14 Abs. 2 KSchG. Im Rahmen der betrieblichen und unternehmerischen Mitbestimmung haben die leitenden Ang eine Sonderrolle. Im Bereich der unternehmerischen Mitbestimmung gibt es Sonderregelungen für die Wahl der leitenden Ang in den AR. Im Rahmen der betrieblichen Mitbestimmung repräsentiert nicht der BR sondern der Sprecherausschuss die leitenden Ang.

89 Nicht mit den leitenden Ang verwechselt werden dürfen die sog. **AT-Ang**. Letztere kennzeichnen sich dadurch, dass ihre Vergütung oberhalb der in den TV festgesetzten höchsten Vergütungsgruppe liegt. Der Status als AT-Ang ist in **rechtlicher** Hinsicht **unerheblich**, insb. finden die arbeitsrechtlichen Schutzgesetze uneingeschränkt Anwendung.

90 **5. Handelsvertreter.** Handelsvertreter (für den Einfirmen-Handelsvertreter siehe oben Rn 86) ist gem. § 84 Abs. 1 S. 1 HGB, wer als selbstständiger Gewerbetreibender ständig damit betraut ist, für einen anderen Unternehmer Geschäfte zu vermitteln oder in dessen Namen abzuschließen. Auch für die Abgrenzung des Handelsvertreters zum AN gilt der Grundsatz der Einzelfallbetrachtung, generalisierende Aussagen verbieten sich.[161] Es kann im Bereich des Handelsvertreterrechts zwischen formalen und materiellen Abgrenzungskriterien unterschieden werden. Zu den materiellen Abgrenzungskriterien zählen:
– die Weisungsfreiheit,
– das eigene Unternehmerrisiko,
– die Entgegennahme von Aufträgen unter eigener Firma,
– eigene Geschäftsräume.[162]

91 Zu den formalen Abgrenzungskriterien gehören:
– die Anmeldung eines Gewerbes,[163]
– die Eintragung in das Handelsregister,[164]
– die Zahlung von Gewerbe-, Umsatz- und Einkommensteuer anstelle von Lohnsteuer,[165]
– Nichtabführung von Sozialversicherungsbeiträgen.[166]

92 Den formalen Abgrenzungskriterien kommt keine entscheidende Bedeutung zu.[167] Auch der Bezeichnung eines Vertrages als Handelsvertretervertrag kommt keine letztentscheidende Bedeutung zu, unabhängig davon, dass auch hier der Grundsatz gilt, dass es nicht auf die Bezeichnung des Vertrags, sondern auf die tatsächliche Handhabung durch die Vertragsparteien ankommt.[168]

93 Wie immer bei der Abgrenzung von AN zu Selbstständigen kommt es auf die **Weisungsunterworfenheit** des Mitarbeiters an. Bei der Frage, inwieweit der Betreffende weisungsunterworfen ist, sind die Merkmale nicht zu berücksichtigen, die Ausfluss des gesetzlichen Leitbildes des Handelsvertreters sind. So hat der Handelsvertreter gem. § 86 Abs. 2 HGB dem Unternehmer die erforderlichen Nachrichten zu geben, namentlich ihm von jeder Geschäftsvermittlung und von jedem Geschäftsabschluss unverzüglich Mitteilung zu machen. Vertragliche Pflichten, die **die gesetzlichen Vorgaben der §§ 84 ff. HGB** konkretisieren, begründen **keine Weisungsabhängigkeit**.[169] Weder das Verbot der Konkurrenztätigkeit, noch die Zuweisung eines bestimmten Bezirks oder eines bestimmten Kundenkreises sprechen gegen die Selbstständigkeit des Handelsvertreters, da beides dem gesetzlichen Leitbild entspricht, §§ 87 Abs. 2, 92a HGB.[170]

94 Im Übrigen sind bei der Beurteilung der fachlichen, örtlichen, zeitlichen und organisatorischen Weisungsabhängigkeit die allgemeinen Abgrenzungskriterien anzuwenden. Bei der fachlichen Weisungsgebundenheit ist zu berücksichtigen, dass der Handelsvertreter gem. § 86 Abs. 1 HGB gewissen Weisungen unterworfen ist. Dies gilt z.B. für Direktiven des Unternehmers für die fachliche Arbeit. Es spricht damit nicht gegen die Selbstständigkeit des Handelsvertreters, wenn dieser nur vorformulierte Versicherungsantragsvordrucke verwenden darf und bestimmte Zusicherungen und Aussagen bei der Kundenwerbung zu unterlassen hat.[171]

---

159 BAG 25.10.1998 – 7 ABR 60/88 – AP § 5 BetrVG 1972 Nr. 42 = NZA 1990, 820; BAG 29.1.1980 – 1 ABR 45/79 – AP § 5 BetrVG 1972 Nr. 22 = BB 1980, 1374; BAG 23.1.1986 – 6 ABR 51/81 – AP § 5 BetrVG 1972 Nr. 32 = NZA 1986, 484.
160 Schaub/*Vogelsang*, Arbeitsrechts-Handbuch, § 15 Rn 35.
161 *Hanau/Strick*, Beil. DB 14/1998 mit ausführlichen Hinweisen; HWK/*Thüsing*, vor § 611 BGB Rn 76.
162 Zum Ganzen grundlegend BAG 15.12.1999 – 5 AZR 169/99 – AP § 84 HGB Nr. 9 = NZA 2000, 447.
163 BAG 21.1.1966 – 3 AZR 183/65 – AP § 92 HGB Nr. 2 = DB 1966, 546; LAG Baden-Württemberg 26.10.1990 – 11 TaBV 6/90 – VersR 1991, 1156.
164 *Hanau/Strick*, Beil. DB 14/1998, 17.
165 BAG 21.1.1966 – 3 AZR 183/65 – AP § 92 HGB Nr. 2 = DB 1966, 546.
166 BAG 19.6.1963 – 5 AZR 314/62 – AP § 92 HGB Nr. 1 = DB 1963, 1290.
167 *Hanau/Strick*, Beil. DB 14/1998, 17.
168 Vgl. hierzu Rn 56.
169 BAG 15.12.1999 – 5 AZR 169/99 – AP § 84 HGB Nr. 9 = NZA 2000, 447; *Oberthür/Lohr*, NZA 2001, 126, 131.
170 *Oberthür/Lohr*, NZA 2001, 126, 131.
171 BAG 15.12.1999 – 5 AZR 169/99 – AP § 84 HGB Nr. 9 = NZA 2000, 447; HWK/*Thüsing*, vor § 611 BGB Rn 77.

95 Bei der Abgrenzung kann hilfreich sein, zwischen **produkt- und nicht produktbezogenen Weisungen** zu unterscheiden.[172] Weisungen in Bezug auf die **Arbeitszeit** sind nicht produktbezogen und können auf eine abhängige Beschäftigung hindeuten (vgl. § 84 Abs. 1 S. 2 a.E. HGB). Wenn dem Handelsvertreter kein Spielraum bei der Festlegung seiner Arbeitszeiten verbleibt, etwa weil er vom Unternehmer verpflichtet wurde, das Ladenlokal während der üblichen Geschäftszeiten offen zu halten und selbst im Ladenlokal anwesend sein muss oder die Aufsicht über seine Mitarbeiter zu führen hat, deutet diese enge zeitliche Weisungsgebundenheit auf eine Abhängigkeit und damit auf die AN-Stellung des Mitarbeiters hin.[173]

96 **6. Organmitglieder.** Juristische Personen erlangen Handlungsfähigkeit durch ihre Organe. Die GmbH wird durch den GF vertreten (§ 35 GmbHG), die AG durch den Vorstand (§ 78 AktG). Die Organmitglieder werden durch einen Bestellungsakt in ihr Amt eingeführt. Der **Organbestellungsakt** (ebenso der Abberufungsakt) ist ein körperschaftlicher Rechtsakt,[174] bei dem wiederum zwischen dem **Bestellungsbeschluss** als Akt körperschaftlicher Willensbildung und der **Bestellungserklärung**, die rechtsgeschäftlichen Charakter hat, zu unterscheiden ist.[175] Zwar ist für die Bestellung zum Organmitglied ein Anstellungsvertrag nicht erforderlich, jedoch wird regelmäßig im Rahmen des Bestellungsvorgangs ein Anstellungsvertrag geschlossen.[176] Wird ein bei einer Konzernobergesellschaft beschäftigter AN zum GF einer konzernabhängigen Gesellschaft bestellt, kann der mit der Konzernobergesellschaft abgeschlossene Arbeitsvertrag die Rechtsgrundlage für die GF-bestellung bei der Tochtergesellschaft sein.[177] Die Organmitglieder bilden die oberste Stufe der leitenden Ang.[178]

97 Der **Anstellungsvertrag** ist regelmäßig ein **freier Dienstvertrag** und kein Arbeitsvertrag.[179] Da die Organe juristischer Personen selbst die Weisungsbefugnis ausüben, sind sie grds. selbst weisungsunabhängig. Im **Einzelfall** kann sich zwar ergeben, dass das Anstellungsverhältnis des GmbH-GF in Wahrheit ein **Arbverh** ist.[180] Dies kann aber allenfalls in extremen Ausnahmefällen der Fall sein,[181] etwa wenn die Gesellschaft dem GF auch **arbeitsbegleitende und verfahrensorientierte Weisungen** erteilen und auf diese Weise die konkreten Modalitäten der Leistungserbringung bestimmen kann.[182] Ob das Anstellungsverhältnis (ausnahmsweise) ein Arbverh ist, hängt damit nicht vom Umfang der Vertretungsmacht im Innenverhältnis gem. § 37 GmbHG ab, sondern richtet sich nach den allgemeinen Abgrenzungskriterien. Dies folgt schon daraus, dass ein Dienstverhältnis auch dann vorliegen kann, wenn ein Beschäftigter keinerlei Vertretungsmacht für den Dienstgeber besitzt.[183]

98 Problematisch waren in der Vergangenheit die Fälle, in denen ein **AN zum GF** bestellt wurde. In diesen Fällen nahm das BAG lange Zeit an, dass das bisherige Arbverh lediglich **suspendiert** und nicht beendet sei, womit bei der Abberufung als GF das Arbverh **wiederauflebte**.[184] Diese vielfach zu Recht kritisierte Rspr. ist vom BAG zunächst mehrfach modifiziert und nun **aufgegeben** worden.

99 Es gilt nun folgender Grundsatz: schließt ein AN einen schriftlichen GF-dienstvertrag, wird **vermutet**, dass das bis dahin bestehende **Arbverh** mit Beginn des GF-dienstverhältnisses einvernehmlich **beendet** wird, soweit nicht klar und eindeutig etwas anderes vertraglich vereinbart worden ist.[185] Der neue Vertrag stellt die **ausschließliche** Grundlage der rechtlichen Beziehungen der Parteien dar – sofern nichts anderes vereinbart ist.[186] Durch den schriftlichen GF-dienstvertrag wird auch das Schriftformerfordernis des § 623 BGB für den Auflösungsvertrag bzgl. des Arbverh gewahrt.[187] Allerdings ist bei diesen Konstellationen die Vertretungsmacht für den Abschluss des Auflösungsvertrages nicht unproblematisch.[188] Für den Abschluss des GF-dienstvertrages ist die Gesellschafterversammlung zuständig, für die Aufhebung von Arbverh hingegen der GF bzw. eine von diesem ermächtigte Person. Ob die Gesellschaf-

---

172 *Hanau/Strick*, Beil. DB 14/1998, 9.
173 *Oberthür/Lohr*, NZA 2001, 126, 131.
174 BAG 6.5.1999 – 5 AZB 22/98 – AP § 5 ArbGG 1979 Nr. 46 = BB 1999, 1437; Baumbach/Hueck/*Hueck/Fastrich*, § 6 Rn 14.
175 Kittner/Zwanziger/*Appel*, Arbeitsrecht Handbuch, § 138 Rn 16.
176 BAG 25.10.2007 – 6 AZR 1045/06 – AP § 14 KSchG 1969 Nr. 11 = NZA 2008, 168; Schaub/*Vogelsang*, Arbeitsrechts-Handbuch, § 15 Rn 5.
177 BAG 25.10.2007 – 6 AZR 1045/06 – AP § 14 KSchG 1969 Nr. 11 = NZA 2008, 168.
178 Schaub/*Vogelsang*, Arbeitsrechts-Handbuch, § 15 Rn 4.
179 BGH 26.3.1984 – II ZR 120/83 – DB 1984, 2238; BGH 9.3.1987 – II ZR 132/86 – BB 1987, 848; Baumbach/Hueck/*Zöllner*, § 35 Rn 97; *Boemke*, ZfA 1998, 209, 211; MünchArb/*Richardi*, Bd. 1, § 23 Rn 105.
180 BAG 26.5.1999 – 5 AZR 664/98 – AP § 35 GmbHG Nr. 10 = NZA 1999, 987; a.A. *Bauer/Arnold*, DB 2008, 350, 351, wonach das Anstellungsverhältnis des Fremd-GF stets als freies Dienstverhältnis zu qualifizieren ist..
181 BAG 24.11.2005 – 2 AZR 614/04 – AP § 1 KSchG 1969 Wartezeit Nr. 19 = NZA 2006, 366.
182 BAG 26.5.1999 – 5 AZR 664/98 – AP § 35 GmbHG Nr. 10 = NZA 1999, 987; *Boemke*, ZfA 1998, 209, 213.
183 BAG 26.5.1999 – 5 AZR 664/98 – AP § 35 GmbHG Nr. 10 = NZA 1999, 987.
184 BAG 9.5.1985 – 2 AZR 330/84 – AP § 5 ArbGG 1979 Nr. 3; BAG 12.3.1987 – 2 AZR 336/86 – AP § 5 ArbGG Nr. 6 = NZA 1987, 845.
185 BAG 5.6.2008 – 2 AZR 754/06 – AP § 626 BGB Nr. 211 = NZA 2008, 1002; BAG 19.7.2007 – 6 AZR 774/06 – AP § 35 GmbHG Nr. 18 = NZA 2007, 1095; *Bauer/Arnold*, DB 2008, 350, 353; *Goll-Müller/Langenhan-Komus*, NZA 2008, 687, 688; *Hümmerich/Schmidt-Westphal*, DB 2007, 222; *Ullrich*, SAE 2008, 117, 121.
186 BAG 5.6.2008 – 2 AZR 754/06 – AP § 626 BGB Nr. 211 = NZA 2008, 1002.
187 BAG 19.7.2007 – 6 AZR 774/06 – AP § 35 GmbHG Nr. 18 = NZA 2007, 1095.
188 Ausführlich hierzu: *Hümmerich/Schmidt-Westphal*, DB 2007, 222, 223.

terversammlung auch zur Aufhebung des bisher bestehenden Arbverh berechtigt ist, ist umstr.[189] Es spricht zwar viel dafür, von einer **Annexkompetenz** der Gesellschafterversammlung zur Aufhebung des Arbverh auszugehen,[190] höchstrichterliche Rspr. gibt es hierzu aber noch nicht.

In der Entscheidung vom 19.7.2007[191] musste das BAG zu dieser Frage nicht Stellung nehmen, da dort der GF-dienstvertrag zwischen AN und dem alleinvertretungsberechtigten, geschäftsführenden Gesellschafter geschlossen wurde und letzterer daher auch berechtigt war, den AG bei der Aufhebung des Arbverh zu vertreten.

Außer in den Fällen, in denen ein vertretungsberechtigter Gesellschafter den Dienstvertrag schließt, sollte – um Problemen bei der Frage der wirksamen Vertretung der Gesellschaft bei Abschluss des Auflösungsvertrages nicht entstehen zu lassen – das Arbverh ausdrücklich in einer Vereinbarung zwischen einer vom AG hierzu **bevollmächtigten** Person und dem AN aufgehoben werden.[192]

Die Annahme eines ruhend fortbestehenden Arbverh neben dem Dienstverhältnis war in der Tat problematisch und wohl eher ergebnisorientiert. Die Konstruktion eines doppelten Vertragsverhältnisses wirkte realitätsfern und gekünstelt.[193] Grundfall ist, dass die Parteien ihre Rechtsbeziehungen in **einem Rechtsverhältnis** regeln wollen, was dementsprechend ein ruhend fortbestehendes Arbverh ausschließt. Zwar ist es ohne weiteres zulässig, dass die Parteien **ausdrücklich** bei der Berufung eines AN zum GF das Ruhen des Arbverh **vereinbaren**.[194] Fehlt aber eine solche ausdrückliche Vereinbarung ist mit der neuesten Rspr. des BAG i.d.R. davon auszugehen, dass mit Abschluss des Dienstvertrages der Arbeitsvertrag aufgehoben wurde. 100

Verliert der Mitarbeiter die Organstellung, z.B. durch **Abberufung** als GF, hat dies für das Bestehen des **Dienstverhältnisses** für sich genommen keine Auswirkungen. Zwischen der Organstellung einerseits und dem Anstellungsverhältnis andererseits ist zu trennen.[195] Das Anstellungsverhältnis kann ggf. aus wichtigem Grund gekündigt werden, wobei der wichtige Grund nicht schon im Verlust der Organstellung als solcher liegt. 101

Mit dem Verlust der Organstellung wandelt sich das Dienstverhältnis **nicht** in ein Arbverh um, ebenso wenig entsteht ein neues Arbverh.[196] Anderes gilt nur dann, wenn weitere Umstände hinzutreten, aus denen sich ergibt, dass neben dem GF-dienstvertrag noch ein Arbeitsvertrag – ruhend – fortbestanden hat und nach der Abberufung wieder aufleben soll oder dass nach der Abberufung ein Arbverh neu begründet worden ist.[197] 102

7. Arbeitnehmer im öffentlichen Dienst. AN des öffentlichen Dienstes ist, wer in einem Arbverh zu einer juristischen Person des öffentlichen Rechts steht.[198] Die im öffentlichen Dienst beschäftigten AN sind **AN i.S.d. allgemeinen Definition**.[199] Die Rechtsstellung der im öffentlichen Dienst beschäftigten AN ist detailliert in verschiedenen TV geregelt. Maßgeblich ist insb. der TVöD. Für die Mitbestimmung der AN des öffentlichen Dienstes gilt nicht das BetrVG, sondern das BPersVG bzw. die LPErsVG. 103

8. Fallgruppen. Die nachfolgende Übersicht über Entscheidungen des BAG zu den einzelnen **Berufsgruppen** soll als erster Anhaltspunkt für die mögliche Einordnung eines zu prüfenden Rechtsverhältnisses dienen. **Keinesfalls** sind die berufsgruppenspezifischen Entscheidungen **pauschal** übertragbar. Ob das jeweilige Rechtsverhältnis ein Arbverh, ein freies Mitarbeiterverhältnis, ein arbeitnehmerähnliches Rechtsverhältnis oder ein sonstiges Rechtsverhältnis ist, ist unter Berücksichtigung **aller Umstände des Einzelfalls** zu entscheiden. Das BAG selbst verwendet in fast jeder seiner Entscheidungen zunächst die klassische AN-Begriffsdefinition, um dann anhand des vorliegenden Sachverhalts eine rechtliche Einordnung vorzunehmen. Aus Gründen der Übersichtlichkeit wurden nur Entscheidungen des BAG aufgenommen. („ja" = AN-Eigenschaft bejaht; „nein" = AN-Eigenschaft verneint) 104

Artist	BAG 20.10.1966 – 5 AZR 28/66 – ja
Arzthelferin	BAG 9.7.1959 – 2 AZR 39/57 – ja
Außenrequisiteur	BAG 2.6.1976 – 5 AZR 131/75 – ja

---

189 Dafür: *Ullrich*, SAE 2008, 117, 120; *Sasse/Schnitger*, BB 2007, 154, 155; dagegen: *Fischer*, NJW 2003, 2417, 2419; *Hümmerich/Schmidt-Westphal*, DB 2007, 222, 224.
190 Ebenso: *Ullrich*, SAE 2008, 117, 120.
191 6 AZR 774/06 – AP § 35 GmbHG Nr. 18 = NZA 2007, 1095.
192 Ebenso: *Ullrich*, SAE 2008, 117, 120; wohl auch *Baumbach/Hueck/Zöllner*, § 46 Rn 38.
193 Ebenso: *Boemke*, ZfA 1998, 209, 224.
194 *Boemke*, ZfA 1998, 209, 224.
195 ;BAG 5.6.2008 – 2 AZR 754/06 – AP § 626 BGB Nr. 211 = NZA 2008, 1002; BAG 25.10.2007 – 6 AZR 1045/06 – NZA 2008, 168; BAG 20.8.1998 – 2 AZR 12/98 – juris; BGH 10.1.2000 – II ZR 251/98 – AP § 611 BGB Organvertreter Nr. 15 = NZA 2000, 376. Baumbach/Hueck/*Hueck/Fastrich*, GmbHG, § 6 Rn 14; *Boemke*, ZfA 1998, 209, 210.
196 BAG 5.6.2008 – 2 AZR 754/06 – AP § 626 BGB Nr. 211 = NZA 2008, 1002; BGH 10.1.2000 – II ZR 251/98 – AP § 611 BGB Organvertreter Nr. 15 = NZA 2000, 376; BAG 20.8.1998 – 2 AZR 12/98 – juris.
197 BAG 5.6.2008 – 2 AZR 754/06 – AP § 626 BGB Nr. 211 = NZA 2008, 1002.
198 MünchArb/*Richardi*, Bd. 1, § 28 Rn 5.
199 ErfK/*Preis*, § 611 Rn 144; MünchArb/*Richardi*, Bd. 1, § 28 Rn 5.

Autor für Rundfunk- und Fernsehanstalten	BAG 23.4.1980 – 5 AZR 426/79 – ja
Bauleiter	BAG 21.3.1984 – 5 AZR 462/82 – ja
Besonderer Vertreter des Vereins	BAG 5.5.1997 – 5 AZB 35/96 – ja
Bildberichterstatter	BAG 29.1.1992 – 7 ABR 25/91 – nein
Bühnen- und Szenenbildner	BAG 3.10.1975 – 5 AZR 445/74 – ja
Chefarzt	BAG 27.7.1961 – 2 AZR 255/60 – ja
Co-Pilot	BAG 16.3.1994 – 5 AZR 447/92 – ja
Croupier	BAG 30.6.1966 – 5 AZR 385/65 – ja
Doktorand	BAG 14.3.1967 – 1 ABR 5/66 – ja
Dozent in beruflicher Bildung	BAG 19.11.1997 – 5 AZR 21/97 – ja
Drehbuchautor	BAG 23.4.1980 – 5 AZR 426/79 – ja
DRK-(Gast-)Schwester	BAG 4.7.1979 – 8 AZR 8/78 – ja BAG 20.2.1986 – 6 ABR 5/85 – nein
Entwicklungshelfer	BAG 27.4.1977 – 5 AZR 129/76 – ja
Erfinder	BAG 8.2.1962 – 2 AZR 252/60 – ja BAG 12.9.1996 – 5 AZR 104/95 – ja BAG 29.5.2002 – 5 AZR 161/01 – nein
Fahrlehrer (in Fahrschule angestellt)	BAG 20.4.1961 – 5 AZR 167/60 – ja
Familienhelferin gem. § 31 SGB VIII	BAG 6.5.1998 – 5 AZR 347/97 – ja
Fernsehredakteur	BAG 15.3.1978 – 5 AZR 818/76 – ja
Fernsehreporter	BAG 27.2.1991 – 5 AZR 107/90 – nein
Filmautor	BAG 15.3.1978 – 5 AZR 819/76 – ja
Filmkritiker	BAG 19.1.2000 – 5 AZR 644/98 – nein
Fleischbeschautierarzt	BAG 16.12.1965 – 5 AZR 304/65 – ja
Fotoreporter	BAG 16.6.1998 – 5 AZN 154/98 – ja
Frachtführer	BAG 30.9.1998 – 5 AZR 563/97 – nein BAG 19.11.1997 – 5 AZR 653/96 – ja
Franchisenehmer	BAG 16.7.1997 – 5 AZB 29/96 – unentschieden
Gesetzlicher Vertreter eines ausländischen Kreditinstituts	BAG 15.10.1997 – 5 AZB 32/97 – nein
GmbH-Gesellschafter	BAG 28.4.1994 – 2 AZR 730/93 – ja BAG 6.5.1998 – 5 AZR 612/97 – nein
Handelsagent	BAG 21.2.1990 – 5 AZR 162/89 – nein
Handelsschullehrer	BAG 7.2.1990 – 5 AZR 311/89 – nein
Handicapper (Ausgleicher) Pferderennsport	BAG 13.12.1962 – 2 AZR 128/62 – nein
Hörfunkkorrespondent	BAG 7.5.1980 – 5 AZR 293/78 – ja
Hostessen	BAG 29.11.1995 – 5 AZR 422/94 – unentschieden
Journalist	BAG 22.4.1998 – 5 AZR 342/97 – ja BAG 20.7.1994 – 5 AZR 170/93 – ja

Jugendbetreuer in Jugendfreizeitstätte	BAG 20.10.1993 – 7 AZR 234/93 – nein
Kameraassistent	BAG 22.4.1998 – 5 AZR 2/97 – ja
Kantinenwirt	BAG 13.8.1980 – 4 AZR 592/78 – nein
Kommissionär	BAG 8.9.1997 – 5 AZB 3/97 – unentschieden BAG 4.12.2002 – 5 AZR 667/01 – nein
Künstler	BAG 6.12.1974 – 5 AZR 418/74 – nein
Kundenberater	BAG 6.5.1998 – 5 AZR 247/97 – ja
Kurierdienstfahrer	BAG 27.6.2001 – 5 AZR 561/99 – nein BAG 19.11.1997 – 5 AZR 653/96 – ja
Lehrtätigkeit	BAG 12.9.1996 – 5 AZR 104/95 – ja BAG 13.11.1991 – 7 AZR 31/91 – unentschieden BAG 26.6.1996 – 7 ABR 52/95 – nein
Lektor	BAG 27.3.1991 – 5 AZR 194/90 – nein
Liquidator in Treuhandgesellschaft	BAG 29.12.1997 – 5 AZB 38/97 – unentschieden, zumindest arbeitnehmerähnlich
Lizenzfußballspieler	BAG 8.12.1998 – 9 AZR 623/97 – ja
Motorradrennfahrerin	BAG 17.6.1999 – 5 AZB 23/98 – nein (arbeitnehmerähnlich)
Musikbearbeiter	BAG 21.9.1977 – 5 AZR 373/76 – nein
Musiklehrer	BAG 7.5.1986 – 5 AZR 591/83 – nein BAG 24.6.1992 – 5 AZR 384/91 – ja
Nachrichtensprecher	BAG 28.6.1973 – 5 AZR 19/73 – ja
Orchesteraushilfe	BAG 22.8.2001 – 5 AZR 502/99 – unentschieden
Orchestermusiker	BAG 7.5.1980 – 5 AZR 593/78 – ja BAG 9.10.2002 – 5 AZR 405/01 – ja
PGH-Mitglieder (DDR)	BAG 13.6.1996 – 8 AZR 20/94 – nein
Plakatkleber	BAG 25.6.1996 – 1 ABR 6/96 – nein
Pressefotograf	BAG 3.5.1989 – 5 AZR 158/88 – unentschieden
Psychologe	BAG 9.9.1981 – 5 AZR 477/79 – nein
Rechtsanwalt	BAG 3.6.1998 – 5 AZR 656/97 – nein
Redakteur	BAG 20.9.2000 – 5 AZR 61/99 – nein
Regisseur	BAG 13.1.1983 – 5 AZR 151/82 – ja
Rehabilitand	BAG 26.1.1994 – 7 ABR 13/92 – nein
Reporter (nebenberuflich)	BAG 22.4.1998 – 5 AZR 191/97 – nein
Rundfunkgebührenbeauftragte	BAG 30.8.2000 – 5 AZB 12/00 – arbeitnehmerähnlich BAG 26.5.1999 – 5 AZR 469/98 – nein
Rundfunkkorrespondent	BAG 7.5.1980 – 5 AZR 994/77 – ja

Rundfunkmitarbeiter	BAG 19.1.2000 – 5 AZR 644/98 – nein BAG 30.11.1994 – 5 AZR 704/93 – ja BAG 9.6.1993 – 5 AZR 123/92 – unentschieden BAG 11.3.1998 – 5 AZR 522/96 – ja
Rundfunkreporter	BAG 22.4.1998 – 5 AZR 191/97 – ja
Rundfunksprecher	BAG 30.11.1994 – 5 AZR 704/93 – ja
Schank- und Pausenbewirtung	BAG 12.12.2001 – 5 AZR 253/00 – nein
Sekretärin	BAG 11.12.1996 – 5 AZR 708/95 – ja
Stripteasetänzerin	BAG 7.6.1972 – 5 AZR 512/71 – ja
Tankwart	BAG 12.6.1996 – 5 AZR 960/94 – ja
Taxifahrer (zur Aushilfe)	BAG 29.5.1991 – 7 ABR 67/90 – nein
Theaterintendant (nebenberuflich)	BAG 16.8.1977 – 5 AZR 290/76 – nein
Übersetzer (Rundfunk/Fernsehen)	BAG 30.11.1994 – 5 AZR 704/93 – ja
Vereinsmitglied (Scientology)	BAG 26.9.2002 – 5 AZB 19/01 – nein
Verkaufsstellenleiter	BAG 17.1.2001 – 5 AZB 18/00 – unentschieden
Versicherungsvertreter	BAG 20.9.2000 – 5 AZR 271/99 – nein BAG 15.12.1999 – 5 AZR 169/99 – nein
Vertragsamateur des Deutschen Fußballbundes	BAG 10.5.1990 – 2 AZR 607/89 – ja
Zeitungsausträger	BAG 16.7.1997 – 5 AZR 312/96 – nein

105 **9. Verbindung zu anderen Rechtsgebieten und zum Prozessrecht. a) Statusklage.** Ist umstritten, ob zwischen den Parteien ein Arbverh oder ein sonstiges Rechtsverhältnis besteht, kann beim ArbG Klage erhoben werden, mit dem Antrag auf Feststellung, dass zwischen den Parteien ein Arbverh besteht (**Statusklage**).[200]

106 Bei **gegenwartsbezogenen** Klagen folgt das **Feststellungsinteresse** daraus, dass bei einem Erfolg der Klage die zwingenden gesetzlichen AN-Schutzvorschriften auf das Rechtsverhältnis **sofort** anzuwenden sind.[201] Das Feststellungsinteresse für die Statusklage ist nicht etwa deshalb zu verneinen, weil streitige Fragen aus dem Arbverh ungeklärt bleiben.[202] Bei der Formulierung des Feststellungsantrags ist der **genaue Zeitpunkt** anzugeben, ab dem die Feststellung des Arbverh begehrt wird. Fehlt eine solche genaue Bezeichnung, hat das BAG eine gegenwartsbezogene Feststellungsklage dahingehend ausgelegt, dass sich der Feststellungsantrag auf den Zeitpunkt der **letzten mündlichen Verhandlung** vor dem LAG bezieht.[203]

107 Bei der Wahl des Zeitpunktes, ab dem die AN-Eigenschaft begehrt wird, ist zu berücksichtigen, dass sich das Rechtsverhältnis zwischen den Parteien erst im Laufe der Zeit in ein Arbverh umgewandelt haben kann. Auch ist zu berücksichtigen, dass sich nach einem Obsiegen des freien Mitarbeiters im Statusprozess **Rückforderungsansprüche** des AG für den Zeitraum ergeben können, für den der AN-Status festgestellt wurde.[204]

108 Soll die Feststellung der AN-Eigenschaft für ein in der **Vergangenheit** bereits beendetes Rechtsverhältnis getroffen werden, muss das Feststellungsinteresse **gesondert** nachgewiesen werden. Das Feststellungsinteresse ist nur dann gegeben, wenn sich gerade aus der Feststellung Rechtsfolgen für die Gegenwart oder Zukunft ergeben.[205] Mit der Feststellung, dass das Rechtsverhältnis ein Arbverh ist, muss zugleich feststehen, dass eigene Ansprüche des Klägers

---

200 BAG 3.10.1975 – 5 AZR 162/74 – AP § 611 BGB Abhängigkeit Nr. 15 = DB 1976, 393; BAG 20.7.1994 – 5 AZR 169/93 – AP § 256 ZPO 1977 Nr. 26 = NZA 1995, 190.
201 BAG 13.1.1983 – 5 AZR 149/82 – AP § 611 BGB Abhängigkeit Nr. 42 = BB 1983, 1855; BAG 20.7.1994 – 5 AZR 169/93 – AP § 256 ZPO 1977 Nr. 26 = NZA 1995, 190.
202 BAG 22.6.1977 – 5 AZR 753/75 – AP § 611 BGB Abhängigkeit Nr. 22 = DB 1977, 2460; BAG 20.7.1994 – 5 AZR 169/93 – AP § 256 ZPO 1977 Nr. 26 = NZA 1995, 190.
203 BAG 12.9.1996 – 5 AZR 104/95 – AP § 611 BGB Lehrer, Dozenten Nr. 122 = NZA 1997, 104.
204 Berscheid/Kunz/Brand/*Kunz*, Teil 2 Rn 510.
205 BAG 23.4.1997 – 5 AZR 727/95 – AP § 256 ZPO 1977 Nr. 40 = NZA 1997, 1246.

aus dem Arbverh bestehen.²⁰⁶ Die Möglichkeit, dass dem Kläger als AN Anspruch auf eine betriebliche Altersversorgung zusteht, reicht hierfür nicht aus.²⁰⁷ Da arbeitsgerichtliche Urteile **keine Bindungswirkung** für das Sozialversicherungs- oder Steuerrecht haben, kann das Feststellungsinteresse auch nicht mit dementsprechenden Auswirkungen auf diesen Rechtsgebieten bejaht werden. Selbst wenn ein Sozialversicherungsträger erklärt, er werde das Ergebnis der arbeitsgerichtlichen Entscheidung bei seiner Prüfung der sozialrechtlichen Versicherungspflicht übernehmen, besteht kein Feststellungsinteresse.²⁰⁸

Eine Statusklage sollte bei einer Beendigung des Rechtsverhältnisses durch Künd des „Auftraggebers" auf alle Fälle innerhalb der **Drei-Wochen-Frist des § 4 S. 1 KSchG** erhoben werden, um neben der Feststellung der AN-Eigenschaft auch eine Überprüfung der Künd zu erreichen.²⁰⁹ Die Überprüfung der Künd bedarf aber selbstverständlich eines gesonderten Antrages. **109**

Kann die vor dem ArbG in einer bürgerlichrechtlichen Streitigkeit erhobene Klage nur dann Erfolg haben, wenn der Kläger AN ist (**sic-non-Fall**), reicht die bloße Rechtsansicht des Klägers, er sei AN, zur Bejahung der arbeitsgerichtlichen Zuständigkeit aus.²¹⁰ Die arbeitsgerichtliche Zuständigkeit ist daher immer dann gegeben, wenn sich der Kläger gegen die Künd des Rechtsverhältnisses wendet, welches er selbst für ein Arbverh, der Beklagte dagegen für ein Dienstverhältnis hält und der Kläger nur Unwirksamkeitsgründe geltend macht, die seine AN-Stellung voraussetzen.²¹¹ Ist der Kläger in einem solchen Fall nicht AN, so ist die Klage als **unbegründet** abzuweisen; eine Verweisung des Rechtsstreits an ein Gericht eines anderen Rechtsweges kommt nicht in Betracht.²¹² Das gilt auch für den Fall, dass der Kläger zur AN-Eigenschaft **unschlüssig** vorträgt.²¹³ Bei den vom Kläger behaupteten Tatsachen handelt es sich um **doppelrelevante Tatsachen**, einerseits für die Eröffnung des Rechtsweges zu den ArbG, andererseits für die Begründetheit des Anspruchs. **110**

Von diesen sic-non-Fällen sind diejenigen Fälle zu unterscheiden, in denen ein Anspruch entweder auf eine arbeitsrechtliche oder eine bürgerlichrechtliche Anspruchsgrundlage gestützt werden kann, die in Betracht kommenden Anspruchsgrundlagen sich aber gegenseitig ausschließen (**aut-aut-Fall**). Letztlich gibt es noch Fälle, in denen ein einheitlicher Anspruch widerspruchslos sowohl auf eine arbeitsrechtliche als auch auf eine nicht arbeitsrechtliche Grundlage gestützt werden kann (**et-et-Fall**). In diesen Fällen war nach der früheren Rspr. die arbeitsgerichtliche Zuständigkeit nur dann gegeben, wenn auch in tatsächlicher Hinsicht feststand, dass ein arbeitsrechtlich zu qualifizierender Sachverhalt vorlag, falls erforderlich musste zunächst eine Beweisaufnahme hierüber stattfinden.²¹⁴ Der für Rechtswegfragen im Zusammenhang mit dem Status nun allein zuständige **5. Senat** hat sich zu dieser Frage noch nicht abschließend geäußert. Er hat in seiner Entscheidung v. 10.12.1996²¹⁵ aber ausgeführt, dass die bloße Rechtsansicht des Klägers, er sei AN, die arbeitsgerichtliche Zuständigkeit hier nicht begründen könne, da andernfalls der Rechtsweg weitgehend zur Disposition des Klägers stehe. Es sei zumindest ein **schlüssiger Tatsachenvortrag** erforderlich. Ob der schlüssige Tatsachenvortrag im Bestreitensfalle auch bewiesen werden muss, hat der Senat offen gelassen. **111**

Richtig ist es, in aut-aut- bzw. et-et-Fällen einen schlüssigen Tatsachenvortrag zur Begründung der Rechtswegzuständigkeit **ausreichen** zu lassen, da sich die Abgrenzung der Zuständigkeiten der einzelnen Gerichtsbarkeiten nach der Natur des Rechtsverhältnisses richtet, aus dem der Klageanspruch hergeleitet wird. Entscheidend hierfür ist die wahre Natur des Anspruchs, wie er sich nach dem **Sachvortrag des Klägers** darstellt.²¹⁶ **112**

b) Konsequenzen bei gewonnener Statusklage. aa) Arbeitsrechtliche Konsequenzen. Bei einer gewonnenen Statusklage ergeben sich folgende Konsequenzen:²¹⁷ Der AG hat dem AN alle Leistungen, die einem AN im Arbverh zustehen, zu gewähren. Hierzu gehören z.B. die Gewährung von bezahltem Urlaub und Entgeltfortzahlung im Krankheitsfalle. Soweit eine beiderseitige Tarifbindung besteht (eine Gleichstellungsabrede wird aufgrund der bisherigen irrtümlichen Einordnung nicht vorliegen), müssen sämtliche tariflichen Leistungen gewährt werden, wobei auf die Einhaltung entsprechender tariflicher Ausschlussfristen zu achten ist. Selbstverständlich besteht auch Künd-Schutz nach dem KSchG. **113**

Hinsichtlich der **Vergütung** ist zu differenzieren: Freie Mitarbeiter erhalten üblicherweise eine höhere Vergütung als die beschäftigten AN. Obsiegt nun der Kläger mit der Statusklage, stellt sich die Frage, ob der AG für die Vergan- **114**

---

206 BAG 21.6.2000 – 5 AZR 782/98 – DB 2001, 52.
207 BAG 3.3.1999 – 5 AZR 275/98 – AP § 256 ZPO 1977 Nr. 53 = NZA 1999, 669.
208 BAG 21.6.2000 – 5 AZR 782/98 – AP § 256 ZPO 1977 Nr. 60 = NZA 2002, 164.
209 H/S/*Regh*, § 3 Rn 154.
210 BAG 24.4.1996 – 5 AZB 25/95 – AP § 2 ArbGG 1979 Zuständigkeitsprüfung Nr. 1 = DB 1996, 1578.
211 BAG 24.4.1996 – 5 AZB 25/95 – AP § 2 ArbGG 1979 Zuständigkeitsprüfung Nr. 1 = DB 1996, 1578.
212 BAG 24.4.1996 – 5 AZB 25/95 – AP § 2 ArbGG 1979 Zuständigkeitsprüfung Nr. 1 = DB 1996, 1578.
213 BAG 24.4.1996 – 5 AZB 25/95 – AP § 2 ArbGG 1979 Zuständigkeitsprüfung Nr. 1 = DB 1996, 1578.
214 BAG 30.8.1993 – 2 AZB 6/93 – AP § 17a GVG Nr. 6 = DB 1994, 283.
215 BAG 10.12.1996 – 5 AZB 20/96 – AP § 2 ArbGG 1979 Nr. 4 = NZA 1997, 674.
216 Ebenso: ErfK/*Koch*, § 2 ArbGG Rn 49 unter Verweis auf GmS-OGB 10.7.1989 – 1/88 – NJW 1990, 1527.
217 Detaillierter Überblick bei *Hohmeister*, NZA 1999, 1009.

genheit den **Differenzbetrag** zwischen dem tatsächlich erhaltenen Verdienst als freier Mitarbeiter und der Vergütung, die dem Kläger als AN zugestanden hätte, zurückfordern kann.

115 Das BAG hat einen **Rückforderungsanspruch** für vergangene Zeiträume bei einem bereits **beendeten** Rechtsverhältnis verneint.[218] Bei einem beiderseitigen Irrtum über die Einordnung des Rechtsverhältnisses seien die Grundsätze über den WGG anwendbar. Demnach könne zwar eine Anpassung für die Zukunft erfolgen, für die Vergangenheit komme eine Rückforderung überzahlter Vergütung aber nicht in Betracht, auch Ansprüche aus Bereicherungsrecht seien ausgeschlossen. Bei einem **nicht beendeten** Rechtsverhältnis, besteht dagegen ein **Rückzahlungsanspruch** des AG aus ungerechtfertigter Bereicherung gem. § 812 Abs. 1 S. 1 Alt. 1.[219]

116 Für den **umgekehrten Fall**, dass die Vergütung die der Kläger als freier Mitarbeiter erhalten hat, geringer ist als diejenige Vergütung, die er als AN zu beanspruchen hätte, richten sich die Rechtsfolgen danach, ob die Vergütungsvereinbarung, die der Kläger als freier Mitarbeiter abgeschlossen hatte, **wirksam** war. Ist dies der Fall, bleibt die Vergütungsabrede weiterhin wirksam und damit auch für die Zukunft maßgeblich,[220] es sei denn, ein Festhalten an der Vergütungsabrede ist **unzumutbar**.[221] Unzumutbar ist ein Festhalten an der Vergütungsabrede aber nicht schon deshalb, weil nun der AG auf der Grundlage der vereinbarten Vergütung **Sozialversicherungsbeiträge** entrichten muss.[222]

117 Für den **öffentlichen Dienst** hat das BAG ausdrücklich entschieden, dass ein Pauschalhonorar, das in der Annahme vereinbart wurde, dass es sich bei dem Rechtsverhältnis um ein freies Mitarbeiterverhältnis handelt, **nicht maßgeblich** ist, wenn in Wirklichkeit ein Arbverh vorliegt.[223] Im öffentlichen Dienst würden pauschale Stundensätze nur bei freier Mitarbeit vereinbart, bei Anstellungsverhältnissen würde dagegen die Vergütung anhand der maßgeblichen TV bestimmt. Die Vereinbarung eines Pauschalhonorars könne damit nicht für ein Arbverh gelten.

118 Sind Kläger und AG tarifgebunden oder findet ein für allgemeinverbindlich erklärter TV Anwendung, ist (mindestens) die tarifliche Vergütung zu zahlen (§ 4 Abs. 1 TVG). Die Vergütungsabrede kann in diesem Fall als günstigere Vereinbarung i.S.v. § 4 Abs. 3 TVG nur insoweit maßgeblich sein, als sie eine höhere Vergütung als die einschlägige tarifliche Vergütung vorsieht.

119 War die Vergütungsabrede jedoch wegen Sittenwidrigkeit oder Verstoßes gegen ein gesetzliches Verbot nichtig, ist gem. **§ 612 Abs. 2 BGB** die übliche Vergütung zu zahlen.[224]

120 bb) **Steuerrechtliche Konsequenzen.** Der AG sollte unverzüglich seinen Anzeigepflichten gem. §§ 38 Abs. 4, 41c Abs. 4 EStG nachkommen und Berichtigungserklärungen abgeben. Der AG ist mit dem AN Gesamtschuldner hinsichtlich ausstehender Lohnsteuernachforderungen gem. § 42d Abs. 1 Nr. 1, Abs. 3 S. 1 EStG.

121 Hat der Kläger vor Feststellung der AN-Eigenschaft dem AG für die geleisteten Dienste eine Rechnung zuzüglich Mehrwertsteuer gestellt, so ist der AG nun gehindert, die vom Mitarbeiter in Rechnung gestellte Mehrwertsteuer als Vorsteuer von der eigenen Umsatzsteuerschuld abzuziehen.[225]

122 cc) **Sozialversicherungsrechtliche Konsequenzen.** Der AG hat gem. § 28e Abs. 1 S. 1 SGB IV den Gesamtsozialversicherungsbeitrag zu zahlen und zwar auch für die Vergangenheit. Der Anspruch auf die Beiträge verjährt gem. **§ 25 Abs. 1 S. 1 SGB IV in vier Jahren** nach Ablauf des Kalenderjahres, in dem sie fällig geworden sind. Bei **vorsätzlich** vorenthaltenen Beiträgen beträgt die Verjährungsfrist gem. § 25 Abs. 1 S. 2 SGB IV **dreißig Jahre**.

123 Der AG hat nur sehr begrenzte Möglichkeiten, den vom AN zu tragenden Teil des Gesamtsozialversicherungsbeitrages geltend zu machen. Denn gem. **§ 28g SGB IV** kann der Anspruch des AG nur durch Abzug vom Arbeitsentgelt geltend gemacht werden. Gem. § 28g S. 3 SGB IV darf ein unterbliebener Abzug nur bei den **drei nächsten Lohn- oder Gehaltszahlungen** nachgeholt werden, danach nur dann, wenn der Abzug ohne Verschulden des AG unterblieben ist. An einem Verschulden des AG wird es nur dann fehlen, wenn aufgrund einer Vorabanfrage gem. § 15 SGB I eine fehlerhafte Auskunft erteilt wurde.[226]

124 Wenn allerdings der Beschäftigte seinen Auskunftspflichten gem. § 28o Abs. 1 SGB IV vorsätzlich oder grob fahrlässig nicht nachkommt, kann der AN-Anteil vom AG unbeschränkt geltend gemacht werden (§ 28g S. 4 SGB IV).

---

218 BAG 9.7.1986 – 5 AZR 44/85 – AP § 242 BGB Geschäftsgrundlage Nr. 7 = DB 1986, 2676; kritisch hierzu *Hochrathner*, NZA 1999, 1016, 1018.
219 BAG 29.5.2002 – 5 AZR 680/88 – AP § 812 BGB Nr. 27 = NZA 2002, 1328; BAG 21.11.2001 – 5 AZR 87/00 – AP § 612 BGB Nr. 63 = NZA 2002, 624.
220 BAG 21.11.2001 – 5 AZR 87/00 – AP § 612 BGB Nr. 63 = NZA 2002, 624 unter II. 1. b) aa) der Entscheidungsgründe; H/S/*Regh*, § 3 Rn 159; a.A. *Hohmeister*, NZA 1999, 1009, 1010.
221 BAG 12.12.2001 – 5 AZR 257/00 – AP § 612 BGB Nr. 65 = DB 2002, 1723.
222 BAG 12.12.2001 – 5 AZR 257/00 – AP § 612 BGB Nr. 65 = DB 2002, 1723.
223 BAG 21.11.2001 – 5 AZR 87/00 – AP § 612 BGB Nr. 63 = NZA 2002, 624.
224 BAG 12.6.1996 – 5 AZR 960/94 – AP § 611 BGB Werkstudent Nr. 4 = BB 1997, 262.
225 H/S/*Regh*, § 3 Rn 167.
226 *Hohmeister*, NZA 1999, 1009, 1013.

Vereinbarungen, die über § 28g SGB IV hinaus die Erstattungspflicht auf den AN abwälzen, sind gem. **§ 32 SGB I** 125
nichtig. In Betracht kommen kann aber ein Schadensersatzanspruch des AG gem. **§ 826**, wenn der AN den AG dadurch sittenwidrig schädigt, dass er sich der Beitragsentrichtung durch Lohnabzug entzieht.[227]

II. Der Arbeitgeberbegriff

Der **AG-Begriff** ist gesetzlich nicht definiert. Nach herkömmlicher Definition ist AG derjenige, der eine Arbeitsleistung vom AN kraft Arbeitsvertrag zu fordern berechtigt ist.[228] Der AG ist damit das **Korrelat** zum AN.[229] Die AG-Eigenschaft kann anhand **formaler Kriterien** bestimmt werden. Besondere materielle Erfordernisse gibt es nicht. Eine Person kann AG sein, ohne Eigentum an Betriebsmitteln zu haben.[230] Auch das Vorhandensein einer besonderen Betriebsstätte ist nicht erforderlich.[231] Ebenso wenig muss mit der Arbeitsleistung ein produktiver Zweck verfolgt werden.[232] 126

Die AG-Eigenschaft ist auch **rechtsformunabhängig**. AG können damit natürliche Personen, juristische Personen und nichtrechtsfähige Personengesamtheiten sein.[233] Unerheblich ist auch, ob es sich um privatrechtliche oder öffentlichrechtliche Personen handelt. Der AG ist vom Begriff des Unternehmers abzugrenzen. Nicht jeder AG ist Unternehmer.[234] Gehören die AN zu einem Unternehmen, so ist der AG mit dem Unternehmer identisch. AG kann aber auch sein, wer nicht Unternehmer ist. Keine Unternehmer sind die in freien Berufen Tätigen, wie z.B. Rechtsanwälte, Ärzte und Apotheker. Beschäftigen diese Personen AN, so sind sie AG. 127

1. GbR. Nach früherer Rspr. waren die Gesellschafter AG.[235] Seit der grundlegenden Entscheidung des BGH v. 29.1.2001[236] zur Rechtsfähigkeit der GbR ist aber die GbR als AG anzusehen.[237] 128

2. OHG/KG. Die OHG ist gem. § 124 HGB, die KG gem. §§ 161 Abs. 2, 124 HGB unter ihrer Firma Partner des Arbeitsvertrages. Für Verbindlichkeiten aus dem Arbeitsvertrag mit der OHG/KG haften die Gesellschafter gem. § 128 S. 1 HGB persönlich. Bei einer Klage des AN gegen einen Gesellschafter aus persönlicher Haftung gilt der Gesellschafter als AG gem. § 2 Abs. 1 Nr. 3 ArbGG.[238] 129

3. GmbH & Co. KG. Wer AG ist, bestimmt sich danach, für wen der GF gehandelt hat. 130

4. Vor-GmbH. Eine bereits gegründete und wirtschaftlich tätige GmbH, die noch nicht in das Handelsregister eingetragen wurde (Vor-GmbH), kann auch Arbeitsverträge schließen. Dabei sind verschiedene Vertragsgestaltungen denkbar:[239] 131

– der Vertrag wird im Namen der Gründungsgesellschaft abgeschlossen,
– der Vertrag wird für die erst künftig nach der Eintragung im Handelsregister als juristische Person entstehende GmbH abgeschlossen,
– der Vertrag wird namens der Gründungsgesellschaft und zugleich im Namen der künftigen GmbH abgeschlossen mit der Folge, dass die GmbH mit ihrer Entstehung an die Stelle der Gründungsgesellschaft tritt.

Ist die Vor-GmbH selbst Vertragspartner, kann sie selbst auch verklagt werden.[240] 132

5. Nicht rechtsfähiger Verein. Zwar sind auf Vereine, die nicht rechtsfähig sind gem. § 54 die Vorschriften über die GbR anzuwenden. Rspr. und Lit. behandeln jedoch entgegen der gesetzlichen Vorschrift den nichtrechtsfähigen Idealverein wie den rechtsfähigen Verein, so dass dann der Verein AG ist.[241] Dies gilt insb. für Gewerkschaften, die i.d.R. als nicht rechtsfähige Vereine verfasst sind. 133

---

227 BAG 14.1.1988 – 8 AZR 238/85 – AP §§ 394, 395 RVO Nr. 7 = NZA 1988, 803.
228 BAG 9.9.1982 – 2 AZR 253/80 – AP § 611 BGB Hausmeister Nr. 1; BAG 16.10.1974 – 4 AZR 29/74 – AP § 705 BGB Nr. 1 = NJW 1975, 710; ErfK/*Preis*, § 611 BGB Rn 209; RGKU/*Joussen*, § 611 Rn 34.
229 MünchArb/*Richardi*, Bd. 1, § 30 Rn 1.
230 Kittner/Zwanziger/*Kittner*, § 6 Rn 6; MünchArb/*Richardi*, Bd. 1, § 30 Rn 1.
231 ErfK/*Preis*, § 611 Rn 209; MünchArb/*Richardi*, Bd. 1, § 30 Rn 1.
232 MünchArb/*Richardi*, Bd. 1, § 30 Rn 5.
233 Küttner/*Röller*, Personalbuch 2004, Arbeitgeber Rn 6.
234 ErfK/*Preis*, § 611 BGB Rn 210; MünchArb/*Richardi*, Bd. 1, § 30 Rn 6.
235 BAG 16.10.1974 – 4 AZR 29/74 – AP § 705 BGB Nr. 1 = NJW 1975, 710.
236 BGH 29.1.2001 – II ZR 331/00 – DB 2001, 423.
237 *Diller*, NZA 2003, 401, 402; Küttner/*Röller*, Arbeitgeber Rn 9; wohl auch Schaub/*Vogelsang*, Arbeitsrechts-Handbuch, § 17 Rn 2. Das BAG hat sich der Rspr. des BGH angeschlossen und der GbR im Arbeitsgerichtsverfahren die aktive und passive Parteifähigkeit zuerkannt (BAG 1.12.2004 – 5 AZR 597/03 – AP § 50 ZPO Nr. 14 = NZA 2005, 318).
238 BAG 1.3.1993 – 3 AZB 44/92 – AP § 2 ArbGG Nr. 25 = NZA 1993, 617.
239 BAG 7.6.1973 – 2 AZR 181/72 – AP § 11 GmbHG Nr. 2 = BB 1973, 1440.
240 BAG 7.6.1973 – 2 AZR 181/72 – AP § 11 GmbHG Nr. 2 = BB 1973, 1440.
241 Überblick bei BGH 11.7.1968 – VII ZR 63/66 – BGHZ 50, 325; Palandt/*Heinrichs*/*Ellenberger*, § 54 Rn 1.

134 **6. Mehrheit von Arbeitgebern.** Ebenso wie auf AN-Seite können auch auf AG-Seite mehrere natürliche oder juristische Personen bzw. mehrere rechtlich selbstständige Gesellschaften an einem Arbverh beteiligt sein.[242] Für die Annahme eines **einheitlichen Arbverh** ist nicht Voraussetzung, dass die AG zueinander in einem bestimmten (z.B. gesellschaftsrechtlichen) Rechtsverhältnis stehen, einen gemeinsamen Betrieb führen oder den Arbeitsvertrag gemeinsam abgeschlossen haben. Ausreichend ist das Bestehen eines **rechtlichen Zusammenhangs** zwischen den arbeitsvertraglichen Beziehungen des AN zu den einzelnen AG, der es verbietet, diese Beziehungen getrennt zu behandeln.[243] Ein solcher rechtlicher Zusammenhang kann sich daraus ergeben, dass jedem AG die volle Arbeitskraft zur Verfügung zu stellen ist, oder dass die Tätigkeit für beide AG funktional aufeinander bezogen ist. Ausreichend ist auch der erkennbare Wille des AN und der beteiligten AG zur Einheitlichkeit der Rechtsbeziehungen.[244] Liegt ein solches einheitliches Arbverh vor, können die mehreren AG Gesamtschuldner der Beschäftigungs- und Vergütungspflicht sein.[245] Dies ist insb. dann der Fall, wenn die Vertragsauslegung ergibt, dass insgesamt nur eine Vollbeschäftigung des AN gewollt war.[246] Das einheitliche Arbverh kann – vorbehaltlich abweichender Regelungen – nur von und gegenüber allen auf einer Vertragsseite Beteiligten gekündigt werden.[247]

135 Hiervon zu unterscheiden ist der Fall, dass ein AN innerhalb eines Konzerns von einer Gesellschaft in eine andere Gesellschaft entsandt wird. Hier hat der AN mehrere (verschiedene) AG, wenn – wie üblich – ein aktives Arbverh mit der aufnehmenden Gesellschaft geschlossen wird und das bestehende Arbverh bei der entsendenden Gesellschaft ruhend gestellt wird.

136 **7. Aufspaltung der Arbeitgeber-Funktion.** Eine **Aufspaltung** der AG-Funktion liegt dann vor, wenn neben einen Vertrags-AG ein Dritter tritt, der gegenüber dem AN arbeitsrechtliche Rechte und Pflichten hat.[248] Ausdrücklich gesetzlich geregelt ist das Gesamthafen-Arbverh nach dem Gesamthafenbetriebsgesetz als Fall der aufgespalteten AG-Funktion. Hauptanwendungsbereich ist darüber hinaus die Zeitarbeit. Hier besteht zwar ein Arbverh nur zwischen AG (Verleiher) und AN. Jedoch kann der Entleiher über den Zeit-AN wie ein eigener AG verfügen, womit auch den Entleiher arbeitsrechtliche Rechte und Pflichten treffen. Auch ein mittelbares Arbverh[249] ist ein Fall der aufgespalteten AG-Funktion.

137 **8. Konzern als Arbeitgeber.** Ein Arbverh mit einem Konzern ist rechtlich nicht möglich, da der Konzern kein eigenständiges Rechtssubjekt, sondern nur die Verbindung rechtlich selbstständiger Unternehmen ist.[250] AG ist damit das (konzernzugehörige) Unternehmen, mit dem der AN den Arbeitsvertrag abgeschlossen hat.[251]

F. Abgrenzung zu anderen Vertragstypen

138 Das Privatrecht kennt eine Reihe von Vertragstypen, auf deren Grundlage sich eine Partei verpflichten kann, im Dienste oder im Interesse eines anderen tätig zu werden. Grund- und Auffangtatbestand solcher auf eine Dienstleistung gerichteter Vertragstypen ist der **Dienstvertrag** gem. § 611 ff. Darüber hinaus gibt es als gesetzlich geregelte Vertragsformen den **Auftrag** gem. § 662 ff. und den **Geschäftsbesorgungsvertrag** gem. §§ 675 ff. Weiterhin gibt es verschiedene Formen der Erbringung von Dienstleistungen auf **gesellschafts- oder vereinsrechtlicher Grundlage**. Als gesetzlich nicht normierte Vertragstypen kommen der **Dienstverschaffungsvertrag** sowie sonstige gemischte Vertragstypen, die zum Teil Dienstleistungselemente enthalten (**Franchising**), in Betracht.

139 Zunächst ist festzuhalten, dass sich die Vertragsparteien nach dem Grundsatz der **Typenwahlfreiheit** dafür entscheiden können, ob eine Tätigkeit als abhängige Arbeit oder als freie Mitarbeit durchgeführt werden soll.[252]

140 Der Parteiwille ist jedoch nur insoweit maßgeblich, als er der tatsächlichen Vertragsdurchführung entspricht. Für die rechtliche Einordnung eines konkreten Vertrages ist also weder die von den Parteien gewünschte Rechtsfolge noch die von Ihnen gewählte Bezeichnung maßgeblich, sondern der **tatsächliche Geschäftsinhalt**, wobei sich der Geschäftsinhalt sowohl aus dem Wortlaut des Vertrages als auch aus dessen praktischer Durchführung ergeben kann.[253] Widersprechen sich die Art der ausgeübten Tätigkeit und das vertraglich Vereinbarte, so ist die **tatsächliche Durchführung** für die rechtliche Beurteilung **maßgeblich**.[254] Eine (vorsätzliche oder fahrlässige) Falschbezeichnung hat

---

242 BAG 27.3.1981 – 7 AZR 523/78 – AP § 611 BGB Arbeitgebergruppe Nr. 1 = DB 1982, 1569.
243 BAG 27.3.1981 – 7 AZR 523/78 – AP § 611 BGB Arbeitgebergruppe Nr. 1 = DB 1982, 1569.
244 BAG 27.3.1981 – 7 AZR 523/78 – AP § 611 BGB Arbeitgebergruppe Nr. 1 = DB 1982, 1569.
245 Küttner/*Röller*, Arbeitgeber Rn 13.
246 BAG 27.3.1981 – 7 AZR 523/78 – AP § 611 BGB Arbeitgebergruppe Nr. 1 = DB 1982, 1569.
247 ErfK/*Preis*, § 611 BGB Rn 223.
248 *Konzen*, ZfA 1982, 259, 308.
249 Zum Begriff vgl. oben Rn 30.
250 MünchArb/*Richardi*, Bd. 1, § 32 Rn 1; *Windbichler*, S. 68 f.
251 Küttner/*Röller*, Konzernarbeitsverhältnis Rn 3; MünchArb/*Richardi*, Bd. 1, § 32 Rn 1.
252 ErfK/*Preis*, § 611 BGB Rn 1; Kittner/Zwanziger/*Kittner*, Arbeitsrecht Handbuch, § 5 Rn 107.
253 BAG 30.1.1991 – 7 AZR 497/89 – AP § 10 AÜG Nr. 8 = DB 1991, 2342; BAG 3.4.2003 – 6 AZR 163/02 – juris.
254 BAG 26.7.1995 – 5 AZR 22/94 – AP § 611 BGB Abhängigkeit Nr. 79 = BB 1996, 60; BAG 20.8.2003 – 5 AZR 610/02 – NJW 2004, 461; Kasseler Handbuch-ArbR/*Worzalla*, 1.1 Rn 115.

auf die rechtliche Qualifizierung eines Vertrags keinen Einfluss.[255] Die tatsächliche Durchführung des Vertragsverhältnisses ist aber nur dann maßgebend, wenn die Parteien ein Vertragsverhältnis nicht als Arbverh, sondern als Dienstverhältnis bezeichnen, der Beschäftigte jedoch tatsächlich weisungsgebundene Tätigkeiten verrichtet.[256] Hieraus folgt nicht, dass ein Rechtsverhältnis, das als Arbverh vereinbart wurde, durch bloße Nichtausübung der Weisungsrechte zu einem Dienstverhältnis wird.[257] Wollen die Parteien eines Arbeitsvertrages ihre Rechtsbeziehungen künftig als freies Dienstverhältnis fortsetzen, müssen sie das hinreichend klar unter Beachtung von § 623 BGB vereinbaren.[258]

I. (Freier) Dienstvertrag gemäß §§ 611 ff.

Praktisch überaus wichtig ist die Abgrenzung des Arbeitsvertrags vom Dienstvertrag. Gegenstand eines Dienstvertrags können gem. § 611 Abs. 2 Dienste jeder Art sein. Die Art der geleisteten Dienste bildet für sich genommen kein taugliches Abgrenzungsmerkmal. Eine Abgrenzung kann aber nach der Art und Weise des Tätigwerdens erfolgen. Der Dienstvertrag bezieht sich auf ein selbstständiges Tätigwerden, während der Arbeitsvertrag fremdbestimmtes Tätigwerden voraussetzt. Bildhaft wird daher in der Praxis auch häufig vom „freien" Dienstvertrag gesprochen. „Frei" deshalb, weil der Dienstverpflichtete grds. **nicht weisungsunterworfen** ist.[259] In diesem Sinne liegen freie Dienstverträge dann vor, wenn die Dienste in wirtschaftlicher und sozialer Selbstständigkeit und persönlichen Unabhängigkeit geleistet werden. Neben der fehlenden Weisungsgebundenheit spricht für einen Dienstvertrag, dass der Dienstverpflichtete selbst am Markt unternehmerisch tätig ist und die Chancen und Risiken seiner Tätigkeit zu tragen hat.[260]

141

Hauptanwendungsfälle von freien Dienstverträgen sind:
- Verträge mit Mitgliedern von Organen juristischer Personen,[261]
- Verträge mit Künstlern,
- Verträge mit Angehörigen der freien Berufe (z.B. Rechtsanwälte, Steuerberater, Wirtschaftsprüfer, Ärzte) und
- Verträge mit SV.

142

Bei sämtlichen vorgenannten Fallgruppen ist es nicht ausgeschlossen, dass im **Einzelfall** doch ein **Arbeitsvertrag** vorliegt. Dieser – vermeintliche – Gegensatz entspricht folgendem allgemeinen Grundsatz: Alle freien Dienstleistungen können auch als abhängige Arbeit erbracht werden, wobei die Abgrenzung nach dem Grad der Abhängigkeit zu erfolgen hat.[262] Besonders relevant wird das dann, wenn der Dienstnehmer nur für einen Dienstgeber tätig wird. So kann ein **angestellter Rechtsanwalt** als AN oder als Dienstverpflichteter zu qualifizieren sein. Dies hängt davon ab, inwieweit der Betreffende hinsichtlich der auszuübenden anwaltlichen Tätigkeit nach Zeit, Umfang und Ort weisungsunterworfen ist.[263] Die Instanzgerichte prüfen bei der Abgrenzung zwischen Beschäftigung auf der Grundlage eines freien Dienstvertrags und Qualifizierung als AN neben der Frage der persönlichen und fachlichen Weisungsunterworfenheit, ob der in einem Anwaltsbüro tätige Rechtsanwalt dem „Dienstberechtigten" seine gesamte Arbeitskraft zur Verfügung stellen muss und ob er eigene Mandate haben darf oder auf die Zuweisung und den Entzug von Mandaten keinen Einfluss nehmen kann.[264]

143

Der Dienstvertrag ist **tätigkeitsbezogen**. Dies erklärt auch, warum es beim Dienstvertrag keine speziellen Gewährleistungsregeln gibt. Eine Haftung des Dienstverpflichteten besteht nur im Rahmen des allgemeinen Leistungsstörungsrechts.

144

II. Werkvertrag gemäß §§ 631 ff.

Bei einem Werkvertrag verpflichtet sich der Unternehmer zur Herstellung eines versprochenen Werkes (§ 631). Gegenstand der Leistungsverpflichtung des Unternehmers ist damit die Herbeiführung eines bestimmten Erfolgs. Diese **Erfolgsbezogenheit** grenzt den Werkvertrag vom Arbeitsvertrag und Dienstvertrag ab. Ein persönlich abhängiger AN wird aber nicht schon deshalb zum selbstständigen Unternehmer, weil ihm vertraglich eine **Erfolgsgarantie** auferlegt ist.[265] Beim Werkvertrag bestimmen sich Quantität und Qualität der zu leistenden Tätigkeit nach der Art des herbeizuführenden Erfolgs. Die Gefahr des Erfolgs trägt der Verpflichtete, also der Unternehmer. Aufgrund dieser

145

---

255 MünchArb/*Richardi*, Bd. 1, § 24 Rn 59 m.w.N.
256 BAG 25.1.2007 – 5 AZB 49/06 – AP § 16 SGB II Nr. 1 = NZA 2007, 580.
257 BAG 12.9.1996 – 5 AZR 1066/94 – AP § 611 BGB Freier Mitarbeiter Nr. 1 = NZA 1997, 194; BAG 25.1.2007 – 5 AZB 49/06 – AP § 16 SGB II Nr. 1 = NZA 2007, 580.
258 BAG 25.1.2007 – 5 AZB 49/06 – AP § 16 SGB II Nr. 1 = NZA 2007, 580.
259 Nur: Schaub/*Vogelsang*, Arbeitsrechts-Handbuch, § 9 Rn 4.
260 ErfK/*Preis*, § 611 BGB Rn 14.

261 Vgl. hierzu auch Rn 97.
262 BAG 26.5.1999 – 5 AZR 664/98 – AP § 35 GmbHG Nr. 10 = NZA 1999, 987; Kittner/Zwanziger/*Kittner*, Arbeitsrecht Handbuch, § 5 Rn 120.
263 ErfK/*Preis*, § 611 BGB Rn 15.
264 LAG Baden-Württemberg 14.3.1985 – 7 Sa 107/84 – NZA 1985, 739; LAG Hamm 20.7.1989 – 16 Sa 33/89 – NZA 1990, 228; für das Sozialversicherungsrecht BSG 30.11.1978 – 12 RK 32/77 – AP § 611 BGB Abhängigkeit Nr. 31.
265 Schaub/*Vogelsang*, Arbeitsrechts-Handbuch, § 9 Rn 20.

strengen Erfolgsbezogenheit des Werkvertrags kennt dieser Vertragstyp auch ein ausdifferenziertes Gewährleistungsrecht für Rechts- und Sachmängel.

146 Wiederum im Grenzbereich zwischen Arbeitsvertrag und Werkvertrag liegen Fallkonstellationen, in denen der Besteller gem. § 645 dem Unternehmer hinsichtlich der Ausführung des Werks Anweisungen erteilt. Bei der Ausübung dieses werkvertraglichen Weisungsrechts muss besonderes Augenmerk auf die Abgrenzung zum arbeitsvertraglichen Direktionsrecht gelegt werden. Werden persönlich bindende Weisungen erteilt, die den Einsatz und die Arbeit unmittelbar und verpflichtend organisieren, ist dies ein Indiz für das Bestehen eines Arbverh.[266]

III. Auftrag gemäß §§ 662 ff.

147 Bei einem Auftragsverhältnis gem. § 662 ist der Beauftragte verpflichtet, das übertragene Geschäft für den Auftraggeber **unentgeltlich** auszuführen. Die Unentgeltlichkeit der Auftragsausführung ist das Unterscheidungsmerkmal zu anderen Vertragstypen. Dies bedeutet aber nicht, dass eine Person, die nach den allgemeinen Kriterien als AN zu qualifizieren ist, durch den vertraglichen Ausschluss einer Vergütung nicht mehr dem Arbeitsrecht sondern dem Auftragsrecht unterfallen und damit schutzlos gestellt würde. Ergibt sich, dass ein Arbverh vorliegt, ist der Ausschluss der Vergütung sittenwidrig und damit nichtig. Ein „Ausweichen" auf das Auftragsrecht durch Ausschluss der Vergütung ist damit untauglich. Es ist gem. § 612 Abs. 2 die übliche Vergütung zu zahlen.

IV. Geschäftsbesorgungsvertrag gemäß § 675

148 Gem. § 675 sind Dienst- oder Werkverträge, die eine Geschäftsbesorgung zum Gegenstand haben, Geschäftsbesorgungsverträge. Es findet grds. Auftragsrecht Anwendung, soweit nichts anderes bestimmt ist. Von einem Arbeitsvertrag unterscheidet sich ein Geschäftsbesorgungsvertrag dadurch, dass bei letzterem die **Arbeitsleistung selbst** eine **Geschäftsbesorgung** zum Gegenstand hat. Geschäftsbesorgung i.S.v. § 675 ist jede selbstständige Tätigkeit wirtschaftlicher Art, die nicht in einer bloßen Leistung an einen anderen, sondern in der Wahrnehmung der Vermögensinteressen des anderen besteht.[267] Der Streit, ob § 675 einen eigenständigen Begriff der Geschäftsbesorgung zum Gegenstand hat (Trennungstheorie) oder ob jeder Dienst- oder Werkvertrag eine Geschäftsbesorgung zum Gegenstand hat (Einheitstheorie),[268] ist für das Arbeitsrecht ohne Bedeutung, da die analoge Anwendung sämtlicher in § 675 genannter Vorschriften bei arbeitsrechtlichen Sachverhalten anerkannt ist.[269]

V. Dienstleistungen auf der Grundlage gesellschafts- bzw. vereinsrechtlicher Pflichten

149 Eine Dienstleistung kann auch auf der Grundlage gesellschafts- bzw. vereinsrechtlicher Pflichten erbracht werden. So erlaubt es **§ 706 Abs. 3** ausdrücklich, dass der Gesellschafter seinen Beitrag auch in Form der Leistung von Diensten erbringen kann. Die Praxis steht hier aber vor der Schwierigkeit, dass für das Tätigwerden eines Gesellschafters für die Gesellschaft oder eines Vereinsmitglieds für den Verein nicht nur ausschließlich das Gesellschafts- bzw. Mitgliedschaftsverhältnis in Betracht kommt. Es ist ebenfalls möglich, dass die Tätigkeit auf der Grundlage eines gesondert abgeschlossenen Dienst- oder Arbeitsvertrages beruht.

150 In einem Zweifelsfalle ist durch **Auslegung** der getroffenen Abreden zwischen den Parteien zu ermitteln, auf welcher Grundlage die Dienstleistungen erbracht werden. Ein wichtiges Merkmal für die Abgrenzung ist dabei die unterschiedliche **Zwecksetzung** von Gesellschaftsvertrag und Dienst- bzw. Arbeitsvertrag.[270] Wird die Erbringung von Diensten bereits im Gesellschaftsvertrag zugesagt, so spricht vieles dafür, dass die Dienstleistung als Beitrag zur Förderung des Gesellschaftszwecks dient. Die Dienstleistung erfolgt damit in Erfüllung einer gesellschaftsrechtlichen Verpflichtung zur Förderung des gemeinsamen Gesellschaftszwecks.

151 Die Stellung als **Gesellschafter** schließt es selbstverständlich nicht aus, dass der Gesellschafter **zusätzlich** zum Gesellschaftsvertrag ein **Arbverh oder Dienstverhältnis** mit der Gesellschaft begründet.[271] Ob solch ein zusätzliches Dienst- oder Arbverh abgeschlossen wurde, ist wiederum in jedem Einzelfall unter Beachtung der tatsächlichen Besonderheiten zu ermitteln, wobei die Abgrenzung zwischen Dienst- und Arbeitsvertrag anhand der allgemeinen Kriterien vorzunehmen ist.[272]

---

266 BAG 30.1.1991 – 7 AZR 497/89 – AP § 10 AÜG Nr. 8 = DB 1991, 2342.
267 Staudinger/*Richardi*, vor 611 ff. Rn 68 m.w.N.
268 Zum Streitstand siehe HWK/*Thüsing*, vor § 611 BGB Rn 11 m.w.N.
269 ErfK/*Preis*, § 611 BGB Rn 30; *Reichhold*, NZA 1994, 488; Soergel/*Kraft*, vor § 611 Rn 47.
270 Staudinger/*Richardi*, vor § 611 Rn 72; Soergel/*Kraft*, vor 611 Rn 48.
271 BAG 9.1.1990 – 3 AZR 617/88 – AP § 35 GmbHG Nr. 6 = NZA 1990, 525; BAG 6.7.1995 – 5 AZB 9/93 – AP § 5 ArbGG 1979 Nr. 22 = NZA 1996, 33; ErfK/*Preis*, § 611 BGB Rn 24; Kasseler Handbuch-ArbR/*Worzalla*, 1.1 Rn 325.
272 HWK/*Thüsing*, vor 611 BGB Rn 15; Kasseler Handbuch-ArbR/*Worzalla*, 1.1 Rn 325.

VI. Dienstverschaffungsvertrag

Der Dienstverschaffungsvertrag ist gesetzlich nicht speziell geregelt. Der Schuldner ist bei diesem Vertragstypus verpflichtet, seinem Gläubiger die **Dienste eines anderen zu beschaffen**.[273] Der Gläubiger kann dann die verschafften Arbeitskräfte nach seinen betrieblichen Bedürfnissen einsetzen und Weisungen erteilen. Der Dienstverschaffungsvertrag unterfällt nicht § 611.[274] Dienstverschaffungsverträge können auf die Verschaffung von Diensten im Rahmen eines Arbverh oder im Rahmen eines freien Dienstverhältnisses gerichtet sein. 152

In der Praxis relevant ist die **Abgrenzung** des Dienstverschaffungsvertrags von der **Arbeitsvermittlung** einerseits und der (gewerbsmäßigen) **AÜ** andererseits. 153

Die **Arbeitsvermittlung** umfasst alle Tätigkeiten, die darauf gerichtet sind, Arbeitssuchende oder Ausbildungssuchende mit AG zur Begründung eines Beschäftigungsverhältnisses bzw. Ausbildungsverhältnisses zusammenzuführen (vgl. § 35 Abs. 1 S. 2 SGB III). Die Arbeitsvermittlung beschränkt sich also auf den bloßen Nachweis von Arbeitsmöglichkeiten. 154

AÜ liegt vor, wenn ein AG (Verleiher) einem Dritten (Entleiher) AN (Zeit-AN) zur Arbeitsleistung überlässt. Erfolgt die AÜ gewerbsmäßig (sog. unechte AÜ), sind die Sonderregelungen des AÜG zu beachten. Im Falle nicht gewerbsmäßigen Handelns (echte AÜ) sind die allgemeinen Prinzipien über Dienstverschaffungsverträge einschlägig.[275] Der AÜ-Vertrag ist damit ein Unterfall des Dienstverschaffungsvertrages.[276] 155

Derjenige, der auf der Grundlage eines Dienstverschaffungsvertrags Arbeitskräfte zur Verfügung stellt, haftet lediglich dafür, dass die verschafften Arbeitskräfte für die im Dienstverschaffungsvertrag vorgesehenen Dienstleistungen geeignet sind, ihn trifft also nur eine **Haftung für Auswahlverschulden** gem. §§ 280 Abs. 1, 241 Abs. 2.[277] Der AN ist dagegen bei Erbringung der Arbeitsleistung **nicht Erfüllungsgehilfe** des Dienstverschaffenden. Eine Haftung als **Verrichtungsgehilfe** gem. § 831 kommt allenfalls dann in Betracht, wenn die Abhängigkeit vom Dienstverschaffenden während der Tätigkeit bei dem Dritten fortbesteht.[278] Dies kann dann der Fall sein, wenn der Dienstverschaffende sein Personal jederzeit zurückziehen und anders verwenden kann.[279] 156

Praktische Fälle von Dienstverschaffungsverträgen sind Verträge über die Überlassung von Maschinen mit dazugehörigem Bedienungs- oder Wartungspersonal,[280] Verträge mit einer Eigengruppe (Musikkapelle)[281] und Schwesterngestellungsverträge.[282] 157

Die **Abgrenzung** zwischen **Dienstvertrag** und **Dienstverschaffungsvertrag** erfolgt danach, ob der Unternehmer, bei dem das Personal angestellt ist, das Weisungsrecht selbst ausübt (dann Dienstvertrag) oder das Weisungsrecht vom Vertragspartner ausgeübt wird (Dienstverschaffungsvertrag).[283] 158

VII. Franchise-Verträge

Der **Franchisevertrag** ist ein Vertrag zur Begründung eines Dauerschuldverhältnisses, aufgrund dessen der Franchisegeber dem Franchisenehmer gegen Entgelt (Franchisegebühr) das Recht gewährt, bestimmte Waren und/oder Dienstleistungen unter Verwendung von Namen, Marke, Ausstattung oder sonstiger Schutzrechte sowie der technischen und gewerblichen Erfahrung des Franchisegebers und unter Beachtung des von diesem entwickelten Organisations- und Werbesystems zu vertreiben, wobei dem Franchisegeber gegenüber dem Franchisenehmer verschiedene Kontrollrechte über die Geschäftstätigkeit des Franchisenehmers eingeräumt werden können.[284] Der Franchisenehmer verpflichtet sich, seine Leistungen nach bestimmten Anweisungen des Franchisegebers anzubieten.[285] 159

Die **Abgrenzung** eines Franchisevertrags vom Arbeitsvertrag kann im Einzelfall Schwierigkeiten bereiten. Gegen ein Arbverh spricht es zunächst, wenn – wie gemeinhin üblich – der Franchisenehmer das volle Unternehmerrisiko trägt.[286] Franchisenehmer sind daher normalerweise selbstständige Unternehmer.[287] Die Wahrnehmung der franchisingtypischen Kontrollrechte rechtfertigt nicht den Schluss auf ein Arbverh.[288] Intensive Weisungs- und Bindungs- 160

---

273 BAG 1.2.1973 – 5 AZR 382/72 – AP § 615 BGB Betriebsrisiko Nr. 29; HWK/*Thüsing*, vor 611 BGB Rn 15; Schaub/*Vogelsang*, Arbeitsrechts-Handbuch, § 9 Rn 30.
274 HWK/*Thüsing*, vor 611 BGB Rn 15.
275 ErfK/*Preis*, § 611 BGB Rn 34.
276 Küttner/*Röller*, Arbeitnehmerüberlassung Rn 26.
277 ErfK/*Preis*, § 611 BGB Rn 35.
278 BGH 26.1.1995 – VII ZR 240/93 – NJW-RR 1995, 659.
279 BGH 26.1.1995 – VII ZR 240/93 – NJW-RR 1995, 659.
280 BAG 17.2.1993 – 7 AZR 167/92 – AP § 10 AÜG Nr. 9 = DB 1993, 1125.
281 LAG Frankfurt/Main 18.6.1952 – IV/II LA 324/50 – BB 1952, 691; HWK/*Thüsing*, vor § 611 BGB Rn 15.
282 LAG Hamm 9.9.1971 – 8 Sa 448/71 – DB 1972, 295; Schaub/*Vogelsang*, Arbeitsrechts-Handbuch, § 9 Rn 30.
283 HWK/*Thüsing*, vor 611 BGB Rn 15; Schaub/*Vogelsang*, Arbeitsrechts-Handbuch, § 9 Rn 30.
284 BAG 30.5.1978 – 2 AZR 598/76 – AP § 60 HGB Nr. 9 = BB 1979, 325.
285 BGH 16.10.2002 – VIII ZB 27/02 – DB 2003, 198; BGH 27.1.2000 – III ZB 67/99 – NZA 2000, 390.
286 *Weltrich*, DB 1988, 806, 807.
287 ErfK/*Preis*, § 611 BGB Rn 39; Kittner/Zwanziger/*Kittner*, Arbeitsrecht Handbuch, § 5 Rn 126; MünchArb/*Richardi*, Bd. 1, § 25 Rn 127; *Weltrich*, DB 1988, 806, 808.
288 HWK/*Thüsing*, vor 611 BGB Rn 17.

rechte des Franchisegebers gegenüber dem Franchisenehmer sind dem Franchisevertrag immanent.[289] Problematisch wird die Abgrenzung aber dann, wenn dem Franchisenehmer Vorschriften in Bezug auf Arbeitszeit und Arbeitsort gemacht werden.[290] Abzustellen ist dann auf den Grad der Weisungsbindung und der persönlichen und ggf. wirtschaftlichen Abhängigkeit.[291] Ein Indiz für ein Arbverh kann es darüber hinaus sein, wenn der Franchisenehmer nur unwesentlichen Einfluss auf die Gestaltung seiner Tätigkeit und die Höhe des Umsatzes nehmen kann.[292]

161 Das Ausbleiben des geschäftlichen Erfolgs macht den Franchisenehmer nicht zum AN.[293]

VIII. Wiedereingliederungsverhältnis gemäß § 74 SGB V

162 Das zwischen dem AG und dem AN zum Zwecke der Wiedereingliederung begründete Rechtsverhältnis ist ein **Rechtsverhältnis eigener Art**, weil es nicht auf eine Arbeitsleistung im üblichen Sinne gerichtet ist, sondern als Maßnahme der Rehabilitation dem AN ermöglichen soll, seine Arbeitsfähigkeit wiederherzustellen.[294] Das Wiedereingliederungsverhältnis begründet **keine arbeitsvertraglichen Pflichten** zur Arbeitsleistung.[295] Im Rahmen eines Wiedereingliederungsverhältnisses wird lediglich die **Gelegenheit** gegeben, sich bei quantitativ verringerter Tätigkeit zu erproben.[296] Ohne besondere vertragliche Zusage besteht daher auch **kein Vergütungsanspruch** aus dem Wiedereingliederungsverhältnis.[297] Ebenso wenig besteht ein Anspruch auf Aufwendungsersatz.[298]

IX. Arbeitsgelegenheit gemäß § 16 Abs. 3 SGB II

163 Nach dem seit dem 1.1.2005 geltenden SGB II sollen für erwerbsfähige Hilfebedürftige, die keine Arbeit finden können, Arbeitsgelegenheiten geschaffen werden. Wird dem Hilfebedürftigen durch den Träger der Grundsicherung nach § 16 Abs. 3 S. 1 SGB II eine Arbeitsgelegenheit bei einem **privaten AG** verschafft, so ist das zwischen dem erwerbsfähigen Hilfebedürftigen und dem AG begründete Vertragsverhältnis als **Arbverh** zu qualifizieren.[299] Dagegen begründen im **öffentlichen Interesse** liegende zusätzliche Arbeiten nach **§ 16 Abs. 3 S. 2 SGB II** kraft gesetzlicher Anordnung **kein Arbverh** i.S.d. Arbeitsrechts, sondern ein **öffentlich-rechtliches Rechtsverhältnis**.[300]

G. Rechtsquellen

164 Die Gestaltungen der Arbeitsbedingungen wird durch eine **Fülle von Rechtsquellen** (hierzu ausf. vgl. § 105 GewO Rn 10) bestimmt. Zu den wichtigsten Gestaltungsfaktoren gehören neben **Gesetz** und **Einzelarbeitsvertrag** der **TV** und die **BV** als Gestaltungsmittel des kollektiven Arbeitsrechts, weiterhin die **betriebliche Übung** und das **Weisungsrecht**. In zunehmendem Maße erlangt auch das **Recht der EG** Bedeutung im Arbeitsrecht. Selbstverständlich ist auch das **Verfassungsrecht** von erheblicher Bedeutung. Zwischen den einzelnen Rechtsquellen bestehen vielfältige Zusammenhänge und Wechselwirkungen. Eine Rechtsquelle höherer Stufe kann als Ermächtigung für eine Rechtsquelle niedrigerer Stufe dienen, Rechtsquellen können sich aber auch ergänzen, begrenzen oder verdrängen. Möglich ist auch, dass eine Rechtsquelle auf eine andere Rechtsquelle verweist. Im Unterschied zur Ermächtigung macht die Verweisung den Inhalt der fremden Rechtsquelle zum Inhalt der eigenen.[301] Dabei ist allerdings die Ermächtigungs- oder Delegationsbefugnis des Gesetzgebers nicht unbegrenzt. So kann er den TV-Parteien keine Rechtssetzungsbefugnisse für Außenseiter verleihen. Vielmehr bedarf die Erstreckung tariflicher Normen auf Dritte einer gesetzlichen Regelung, wie z.B. in § 8 AEntG n.F., § 5 TVG.

---

289 BGH 3.10.1984 – VIII ZR 118/83 – NJW 1985, 1894; LAG Rheinland-Pfalz 12.7.1996 – 4 Ta 21/96 – BB 1996, 1890.
290 BAG 21.2.1990 – 5 AZR 162/89 – AP § 611 BGB Abhängigkeit Nr. 57 = BB 1990, 1064; BGH 4.11.1998 – VIII ZB 12/98 – NZA 1999, 53; LAG Düsseldorf 20.10.1987 – 16 TaBV 83/87 – DB 1988, 293; ErfK/*Preis*, § 611 BGB Rn 39.
291 BAG 16.7.1997 – 5 AZB 29/96 – AP § 5 ArbGG 1979 Nr. 37 = NZA 1997, 1126; Kittner/Zwanziger/*Kittner*, Arbeitsrecht Handbuch, § 5 Rn 126; MünchArb/*Richardi*, Bd. 1, § 25 Rn 127; Schaub/*Vogelsang*, Arbeitsrechts-Handbuch, § 8 Rn 39.
292 LAG Düsseldorf 20.10.1987 – 16 TaBV 83/87 – DB 1988, 293.
293 LAG Rheinland-Pfalz 12.7.1996 – 4 Ta 21/96 – BB 1996, 1890.

294 BAG 29.1.1992 – 5 AZR 37/91 – AP § 74 SGB V Nr. 1 = NZA 1992, 643; BAG 28.7.1999 – 4 AZR 192/98 – AP § 74 SGB V Nr. 3 = NZA 1999, 1295.
295 BAG 19.4.1994 – 9 AZR 462/99 – AP § 74 SGB V Nr. 2 = NZA 1995, 123.
296 BAG 19.4.1994 – 9 AZR 462/99 – AP § 74 SGB V Nr. 2 = NZA 1995, 123.
297 BAG 13.6.2006 – 9 AZR 229/05 – AP § 81 SGB IX Nr. 12 = NZA 2007, 91; BAG 29.1.1992 – 5 AZR 37/91 – AP § 74 SGB V Nr. 1 = NZA 1992, 643; BAG 28.7.1999 – 4 AZR 192/98 – AP § 74 SGB V Nr. 3 = NZA 1999, 1295; Schaub/*Linck*, Arbeitsrechts-Handbuch, § 98 Rn 18.
298 ErfK/*Preis*, § 611 BGB Rn 42.
299 Hauck/Noftz/*Voelzke*, § 16 Rn 394.
300 BAG 20.2.2008 – 5 AZR 290/07 – DB 2008, 1159; BAG 17.1.2007 – 5 AZR 43/06 – AP § 64 ArbGG 1979 Nr. 40 = NZA 2007, 644; BAG 8.11.2006 – 5 AZB 36/06 – AP § 2 ArbGG 1979 Nr. 89 = NZA 2007, 53.
301 *Herschel*, ZfA 1985, 21, 24; *Braun*, BB 1986, 1428.

Die TV-Parteien können den betriebsverfassungsrechtlichen Normsetzungsträgern nicht mehr an Normsetzungsbefugnissen verschaffen, als ihnen selbst zusteht. Die betriebsverfassungsrechtlichen Normsetzungsträger sind wiederum an enge Grenzen bei der Schaffung von Eingriffsbefugnissen gebunden.[302]

I. Die Pyramide rechtlicher Gestaltungsfaktoren

1. Arbeitsvölkerrecht. Das Arbeitsvölkerrecht bildet sich aus **supranationalem materiellen Arbeitsrecht**, das ohne einen internationalen oder auslandsrechtlichen Bezug Anwendung neben den einzelnen nationalen arbeitsrechtlichen Vorschriften findet. Arbeitsvölkerrecht beruht auf **multinationalen Vereinbarungen**, die wiederum nur die vertragsschließenden Staaten binden. Der **Einzelne** ist also auch dann an Arbeitsvölkerrecht gebunden, wenn der nationale Gesetzgeber einen **Umsetzungsakt** erlassen hat. Ohne nationalen Umsetzungsakt bindet Arbeitsvölkerrecht den Einzelnen nur dann, wenn es sich (ausnahmsweise) um selbst vollziehende Verträge (**self executing treaties**) handelt. Als selbst vollziehende Verträge in diesem Sinne sind die Europäische **Menschenrechtskonvention** v. 4.11.1950[303] und der **internationale Pakt über bürgerliche und politische Rechte** v. 19.12.1966[304] anerkannt. Dagegen ist die **Europäische Sozialcharta** vom 18.10.1961[305] nicht unmittelbar bindend.[306]

2. Recht der Europäischen Gemeinschaften. Das **Europäische Arbeitsrecht** umfasst die arbeitsrechtlichen Normen, die die EG als Teil der EU erlassen hat. Das Europäische Arbeitsrecht bildet kein in sich geschlossenes Regelwerk, sondern beschränkt sich auf die Regelung von **Teilbereichen**, da in den Mitgliedstaaten der EG ein nationales Arbeitsrecht bereits vorhanden ist und es insoweit keiner generellen Neuordnung bedurfte.[307] Auch im Hinblick auf zukünftige Regelungen ist die Rechtssetzungsgewalt der EG begrenzt. Ihr Tätigwerden bedarf einer ausdrücklichen oder impliziten Ermächtigung im EGV. Es gilt hier das **Prinzip der begrenzten Einzelermächtigung** gem. Art. 5 Abs. 1 EGV.

Im Recht der EG ist zwischen **Primärrecht** und **Sekundärrecht** zu unterscheiden. Das **Primärrecht** ist das Recht der EG-Verträge sowie der ungeschriebenen Rechtsquellen (Gewohnheitsrecht und allgemeine Rechtsquellen).[308] Arbeitsrechtlich relevant sind das Gebot der Gleichbehandlung von Männern und Frauen (Art. 141 EGV) und die AN-Freizügigkeit (Art. 39 EGV). Diese Normen des Primärrechts sind unmittelbar anwendbar.[309] In der Rechtssache Mangold[310] hat der EuGH in zweifelhafter Weise einen primärrechtlichen Grundsatz des Verbots der Diskriminierung wegen des Alters erschaffen.

Das **Sekundärrecht** ist das aus dem Primärrecht abgeleitete Recht.[311] Wichtigste Rechtsquelle in diesem Zusammenhang sind die RL, die eine Fülle arbeitsrechtlicher Regelungen zum Gegenstand haben.[312] Die RL richten sich gem. Art. 249 Abs. 3 EGV an die Mitgliedsstaaten. Sie entfalten daher zwischen Privaten keine unmittelbare Wirkung.[313] Setzt der nationale Gesetzgeber eine RL nicht, zu spät oder nicht richtig um, so kann sich der Einzelne aber gegenüber öffentlich-rechtlichen AG auf die unmittelbare Anwendbarkeit einer RL, die ihm eine günstige Rechtsposition gewährt, berufen.[314]

3. Verfassungsrecht. Eine **unmittelbare Wirkung** von Grundrechten ist nur in Art. 9 Abs. 3 S. 2 GG festgelegt. Die Grundrechte sind aber als **Auslegungshilfe** bei der **Konkretisierung** von **Generalklauseln** zu berücksichtigen.[315] Nach der Rspr. des BAG sind die **Tarifparteien** bei Regelungen in TV an die **Grundrechte** gebunden, wobei zwischen den einzelnen Senaten Streit darüber besteht, ob es sich um eine unmittelbare[316] oder nur um eine mittelbare[317] Bindung handelt.[318]

---

302 Waltermann, NZA 1996, 357.
303 BGBl II 1952, 686, 953.
304 BGBl II 1973, 1534.
305 BGBl II 1964, 1262.
306 Hanau/Steinmeyer/Wank, § 36 Rn 24; MünchArb/Birk, Bd. 1, § 17 Rn 98; a.A. im Hinblick auf das Streikrecht in Art. 6 Abs. 4 ESC: Kittner/Zwanziger/Mayer, Arbeitsrecht Handbuch, § 156 Rn 97.
307 HWK/Thüsing, vor § 611 BGB Rn 135; MünchArb/Birk, Bd. 1, § 18 Rn 122.
308 Hanau/Steinmeyer/Wank/Steinmeyer, § 9 Rn 19 f.
309 ErfK/Preis, § 611 BGB Rn 237; Kittner/Zwanziger/Mayer, Arbeitsrecht Handbuch, § 157 Rn 20.
310 EuGH 22.11.2005 – C-144/04 – AP Richtlinie 2000/78/EG Nr. 1 = NZA 2005, 1345.
311 Hanau/Steinmeyer/Wank/Wank, § 9 Rn 49.
312 Eine Übersicht findet sich z.B. bei: HWK/Thüsing, vor § 611 BGB Rn 138 ff.
313 EuGH 14.7.1994 – C 91/92 – NJW 1994, 2473; EuGH 5.10.2004 – C 397/01 bis 403/01 – DB 2004, 2270.
314 EuGH 12.7.1990 – C 188/89 – NJW 1991, 3086; MünchArb/Birk, Bd. 1, § 18 Rn 109.
315 BVerfG 23.4.1986 – 2 BvR 487/80 – AP Art. 2 GG Nr. 28 = BB 1987, 126.
316 BAG 4.4.2000 – 3 AZR 729/98 – AP § 1 TVG Gleichbehandlung Nr. 2 = NZA 2002, 917.
317 BAG 25.2.1998 – 7 AZR 641/96 – AP § 1 TVG Tarifverträge: Luftfahrt Nr. 11 = NZA 1998, 715; BAG 30.8.2000 – 4 AZR 563/99 – AP § 4 TVG Nr. 25 = BB 2001, 368; BAG 27.5.2004 – 6 AZR 129/03 – BB 2005, 159.
318 Ausführlich zur Grundrechtsbindung der TV-Parteien: Löwisch/Rieble, § 1 Rn 218 ff.

171 Eine **BV** ist zwar nach der Rspr. des BVerfG **nicht unmittelbar** an den Grundrechten zu messen.[319] Nach **§ 75 BetrVG** sind aber die Betriebsparteien an die Einhaltung der Grenzen von Recht und Billigkeit gebunden, was wiederum als **Einfallstor** für die Einwirkung von Grundrechten dient.

172 **4. Gesetzesrecht.** Die Gesetzgebungskompetenz für arbeitsrechtliche Gesetze folgt aus Art. 74 Nr. 12 GG (konkurrierende Gesetzgebungskompetenz). Da arbeitsrechtliche Gesetze meist AN-Schutzrecht sind, sind Verschlechterungen der gesetzlich vermittelten Rechtsposition des AN durch einzelvertragliche Vereinbarungen nicht möglich (**einseitig zwingendes Gesetzesrecht**), wogegen Verbesserungen meistens ohne weiteres zulässig sind. Selten gibt es im Arbeitsrecht **zweiseitig zwingendes Gesetzesrecht**, das keinerlei abweichende Gestaltung erlaubt, wie z.B. § 8 Abs. 1 MuSchG.[320] Auch im Arbeitsrecht gibt es allerdings eine Fülle **dispositiven Gesetzesrechts**, das dann sowohl zugunsten als auch zu Lasten des AN geändert werden kann. Zu unterscheiden ist bei diesem dispositiven Gesetzesrecht wiederum danach, ob nur die TV-Parteien (**tarifdispositives Gesetzesrecht**) oder ob auch die Arbeitsvertragsparteien (**individuell dispositives Gesetzesrecht**) befugt sind, vom Gesetz abzuweichen.

173 **5. Rechtsverordnungen.** Rechts-VO sind Gesetze im formellen Sinne. Im Arbeitsrecht relevante Rechts-VO sind insb. die WO zum BetrVG, die WO zum Mitbestimmungsgesetz sowie die WO zum Drittelbeteiligungsgesetz.

174 **6. Satzungen.** Das Satzungsrecht erlangt im Rahmen der gesetzlichen Unfallversicherung Bedeutung. Dort erlassen die Berufsgenossenschaften als Körperschaften des öffentlichen Rechts **Unfallverhütungsvorschriften**, die AG und AN binden. Unfallverhütungsvorschriften sind Gesetze i.S.d. BGB gem. Art. 2 EGBGB.

175 **7. Kollektivrechtliche Vereinbarungen (TV, BV und Dienstvereinbarungen).** Rechtsnormen eines TV, die den Inhalt, den Abschluss oder die Beendigung von Arbverh ordnen, gelten unmittelbar und zwingend zwischen den tarifgebundenen AG und AN (§ 4 Abs. 1 S. 1 TVG). Diese unmittelbare und zwingende Wirkung verleiht dem TV eine **gesetzesgleiche Wirkung**. Erforderlich hierfür ist aber eine beiderseitige Tarifbindung, d.h. die Mitgliedschaft des AN in der tarifschließenden Gewerkschaft und die Mitgliedschaft des AG im AG-Verband bei einem Flächen-TV. Bei einem Haus- oder Firmen-TV ist der AG selbst Vertragspartei und tarifgebunden (§ 3 Abs. 1 a.E. TVG). Abweichungen vom TV sind nur zugunsten des AN möglich (§ 4 Abs. 3 TVG), wobei im Einzelnen schwierig zu bestimmen ist, ob eine Abweichung zugunsten des AN vorliegt.

176 Über das Mittel der Allgemeinverbindlicherklärung gem. § 5 TVG können aber auch sog. Außenseiter, also nicht Tarifgebundene, in den Geltungsbereich des TV eingebunden werden. Wegen des Rechtsstaats- und Demokratieprinzips gelten hierfür aber besondere Voraussetzungen.

177 Ebenfalls unmittelbar und zwingend wirken BV, die zwischen BR und AG abgeschlossen werden (§ 77 Abs. 4 S. 1 BetrVG). Gleiches gilt für Dienstvereinbarungen nach dem BPersVG bzw. den Landesvertretungsgesetzen.[321]

178 **8. Arbeitsvertrag.** Der Arbeitsvertrag bildet die **Grundlage der vertraglichen Beziehungen** zwischen AG und AN. Bei tarifgebundenen Arbverh kommt dem Inhalt des Arbeitsvertrages untergeordnete Bedeutung zu, da die wesentlichen Rechte und Pflichten sowie das Entgelt im TV (i.d.R. Mantel-TV und Entgelt-TV) geregelt sind.

179 Selten ist der Arbeitsvertrag ein ausgehandelter Einzelarbeitsvertrag. Weitaus häufiger ist der Fall, dass der Arbeitsvertrag auf **vorformulierten Vertragsbedingungen** beruht.[322] Diese vom AG gestellten Vertragsbedingungen unterliegen ihrerseits der **Inhaltskontrolle** gem. § 310 Abs. 4 S. 2, wobei die im Arbeitsrecht geltenden Besonderheiten angemessen zu berücksichtigen sind.

180 Im weit verstandenen Sinne dem Arbeitsvertrag zugehörig sind die **Gesamtzusage** und die **betriebliche Übung**.

181 Als **Gesamtzusage** wird eine die AN begünstigende Zusage des AG verstanden, die dieser der gesamten Belegschaft oder einem (abgrenzbaren) Teil der Belegschaft durch allgemeine Bekanntgabe gemacht hat.[323] Nach überwiegender und richtiger Auffassung resultiert aus der Gesamtzusage ein **vertragsrechtlicher Anspruch**.[324] In der allgemeinen Zusage liegt ein Angebot gem. § 145, welches der AN konkludent annimmt, wobei der AG auf den Zugang der Annahme verzichtet hat (§ 151 S. 1 Var. 2).

182 Unter einer **betrieblichen Übung** wird die regelmäßige Wiederholung bestimmter Verhaltensweisen des AG verstanden, aus dem die AN schließen können, dass ihnen die aufgrund dieser Verhaltensweise gewährten Leistungen

---

[319] BVerfG 23.4.1986 – 2 BvR 487/80 – AP Art. 2 GG Nr. 28 = BB 1987, 126.
[320] BAG 24.6.1960 – 1 AZR 96/58 – AP § 8 MuSchG Nr. 1 = BB 1960, 1168.
[321] HWK/*Thüsing*, vor § 611 BGB Rn 147.
[322] *Preis*, Vertragsgestaltung, § 3 II. 1. a).
[323] BAG 22.1.2003 – 10 AZR 395/02 – AP § 611 BGB Gratifikation Nr. 247 = NZA 2003, 576; Küttner/*Kreitner*, Betriebliche Übung Rn 2; MünchArb/*Richardi*, Bd. 1, § 12 Rn 38.
[324] BAG 13.3.1975 – 3 AZR 446/74 – AP § 242 BGB Ruhegehalt Nr. 167 = DB 1975, 1563; MünchArb/*Richardi*, Bd. 1, § 12 Rn 38.

oder Vergünstigungen auch künftig auf Dauer gewährt werden sollen.[325] Ansprüche aus einer betrieblichen Übung sind **vertragsrechtlicher Natur**. In dem gleichgerichteten Verhalten des AG ist ein Angebot gem. § 145 zu sehen, dass die AN konkludent und unter Verzicht des AG auf den Zugang der Annahmeerklärung gem. § 151 annehmen.[326] Eine Bindung des AG entsteht im Bereich der Gratifikationen aber erst nach mindestens dreimaliger vorbehaltloser Gewährung einer Leistung.[327] Eine einmal entstandene betriebliche Übung kann mithilfe eines Änderungsvertrages oder einer Änderungs-Künd wieder beseitigt werden.[328] Anerkannt war bisher auch, dass eine betriebliche Übung durch eine entgegengesetzte (negative) betriebliche Übung wieder beseitigt werden kann. Das BAG hat aber das Rechtsinstitut der **gegenläufigen betrieblichen Übung** in seiner neuesten Rspr. **aufgegeben**.[329]

9. Richterrecht. Das arbeitsrechtliche Normengefüge ist zwar schwer zu überschauen und vielfältig. Eine abschließende Regelung für das Arbeitsrecht ist aber trotzdem nicht vorhanden. Dort, wo Gesetzesrecht fehlt, schließt das Richterrecht diese Lücke. Manche – durchaus bedeutsame – Rechtsgebiete wie z.B. das **Arbeitskampfrecht** beruhen nahezu ausschließlich auf Richterrecht. Auch die **Betriebsrisikolehre** (nun in § 615 S. 3 gesetzlich anerkannt) sowie die Begrenzung der AN-Haftung bei **betrieblich veranlasster Tätigkeit**[330] beruhen auf richterrechtlichen Grundsätzen. Richterrecht kann jederzeit durch Gesetzesrecht abgelöst werden.[331] Schwierig ist die Frage zu beantworten, ob und in welchen Grenzen das Richterrecht seinerseits wiederum durch richterrechtliche Rechtsfortbildung abgelöst und geändert werden kann. **183**

II. Die arbeitsrechtliche Normenhierarchie

Das Verhältnis der verschiedenen Rechtsquellen zueinander kann grds. an Hand der **allgemeinen Normenhierarchie** beschrieben werden, wobei Besonderheiten im Hinblick auf die kollektiv-rechtlichen Gestaltungsfaktoren zu berücksichtigen sind. Allgemeiner Grundsatz ist, dass die **ranghöhere** der **rangniederen** Norm **vorgeht**, d.h. die Bestimmungen aus der Verfassung stehen an der Spitze der nationalen Normenpyramide. Verfassungswidrige formelle und materielle Gesetze sind grds. nichtig. Auch TV sind an den Bestimmungen des GG zu messen. Das Verhältnis von TV zu Gesetzen beurteilt sich danach, ob und inwieweit das Gesetz tarifdispositiv ist. Im Verhältnis TV – Arbeitsvertrag gilt gem. § 4 Abs. 3 TVG das Günstigkeitsprinzip. Günstigere einzelvertragliche Abmachungen mit dem AN sind immer möglich. Der TV bestimmt auch den Rahmen für mögliche BV. Arbeitsbedingungen, die durch TV geregelt sind oder durch TV üblicherweise geregelt werden, können nicht Gegenstand einer BV sein, es sei denn, der TV selbst lässt den Abschluss ergänzender BV zu (**§ 77 Abs. 3 BetrVG**). BV, die dem Grundsatz des § 77 Abs. 3 BetrVG widersprechen, sind unwirksam,[332] nach neuerer Rspr. können die TV-Parteien eine tarifvorbehaltswidrige BV nachträglich durch eine entsprechende Öffnungsklausel legitimieren (nur schwebende Unwirksamkeit).[333] **184**

Zwischen gleichrangigen Rechtsquellen gelten das **Spezialitäts-** und das **Ordnungsprinzip**. Entsprechend dem Grundsatz lex specialis derogat legi generale geht die speziellere Regelung der allgemeinen Regelung vor, so dass z.B. der speziellere TV den allg. TV verdrängt.[334] Erst wenn der Spezialitätsgrundsatz zu keinem Ergebnis führt, ist weiter nach dem Grundsatz lex posterior derogat legi priori, vorzugehen. Hiernach löst die später abgeschlossene Regelung die frühere Regelung ab.[335] **185**

Für die konkrete praktische Arbeit ist es **sinnvoll**, zunächst vom **Arbeitsvertrag auszugehen**, denn dort finden sich in aller Regel die entscheidenden Weichenstellungen. Bei der Beurteilung der Wirksamkeit bestimmter arbeitsvertraglicher Abmachungen ist zwingend zu prüfen, ob die Arbeitsvertragsparteien **tarifgebunden** sind oder in den Geltungsbereich eines für **allgemeinverbindlich erklärten** TV fallen. Dieser TV ist seinerseits daraufhin zu untersuchen, ob er mit Gesetzes- und Verfassungsrecht in Einklang steht. Bei vorformulierten Arbeitsverträgen ist letztlich auch an die **Inhaltskontrolle** gem. § 310 Abs. 4 S. 2 zu denken. **186**

H. Die Abgrenzung von Individualarbeitsrecht zum kollektiven Arbeitsrecht

Das Arbeitsrecht ist gegliedert in das Individualarbeitsrecht, zu dem das Arbeitsvertragsrecht und das Arbeitsschutzrecht gehören, und in das kollektive Arbeitsrecht, zu dem das Recht der betrieblichen und unternehmerischen Mit- **187**

---

325 BAG 16.1.2002 – 5 AZR 715/00 – AP § 242 BGB Betriebliche Übung Nr. 56 = NZA 2002, 632; MünchArb/*Richardi*, Bd. 1, § 13 Rn 1; Schaub/*Koch*, Arbeitsrechts-Handbuch, § 111 Rn 9 ff.; zur irrtümlichen betrieblichen Übung siehe eingehend *Reiter*, ZfA 2006, 361 ff.
326 BAG 26.3.1997 – 10 AZR 612/96 – AP § 242 BGB Betriebliche Übung Nr. 50 = NZA 1997, 1007.
327 Kittner/Zwanziger/*Kittner*, Arbeitsrecht Handbuch, § 13 Rn 36.
328 BAG 26.3.1997 – 10 AZR 612/96 – AP § 242 BGB Betriebliche Übung Nr. 50 = NZA 1997, 1007.
329 BAG 18.3.2009 – 10 AZR 281/08 – NZA 2009, 601.
330 Nach BAG 5.2.2004 – 8 AZR 91/03 – AP § 611 BGB Nr. 126 = NZA 2004, 649 sind diese Grundsätze einseitiges zwingendes AN-Schutzrecht.
331 HWK/*Thüsing*, vor § 611 BGB Rn 152.
332 BAG 13.8.1980 – 5 AZR 325/78 – AP § 77 BetrVG Nr. 2 = BB 1981, 554; Hess u.a./*Worzalla*, BetrVG, § 77 Rn 169 m.w.N.
333 BAG 29.1.2002 – 1 AZR 267/01 – NZA 2002, 927.
334 *Löwisch/Rieble*, § 4 Rn 130.
335 ErfK/*Preis*, § 611 BGB Rn 291.

bestimmung und das von der Koalitionsfreiheit geprägte Recht, wie das TV-Recht, das Arbeitskampfrecht und das Recht der Koalitionen im weiteren Sinne gehören.[336]

I. Das Individualarbeitsrecht

188 **1. Das Arbeitsvertragsrecht.** Das **Arbeitsvertragsrecht** ist Teil des **allgemeinen Zivilrechts** und regelt die privatrechtlichen Beziehungen zwischen AG und AN. Das Arbeitsvertragsrecht erfasst den gesamten Komplex der arbeitsvertraglichen Beziehungen, von der Begründung des Arbverh, über den Vollzug des Arbverh bis zu dessen Beendigung. Ein **Arbeitsvertragsgesetz** existiert nicht.[337] Gelegentlich werden die arbeitsrechtlichen Regelungen in den **§§ 105 bis 110 GewO**, die gem. **§ 6 Abs. 2 GewO für alle AN** gelten, als **Vorläufer** eines **Arbeitsvertragsgesetzes** angesehen.[338]

189 Der Arbeitsvertrag ist ein gegenseitiger Vertrag, in dem die Pflicht zur Leistung der Arbeit und die Vergütungspflicht **synallagmatisch** verknüpft sind (siehe oben Rn 11). Die Vorschriften des allgemeinen Schuldrechts über Leistungsstörungen im gegenseitigen Vertrag (§§ 320 ff.) sind anwendbar.[339] Die Grundprinzipien des allgemeinen Leistungsstörungsrechts sind aber durch anderweitige arbeitsrechtliche Regelungen vielfach durchbrochen. So besteht die Vergütungspflicht des AG auch dann fort, wenn der AN aus Gründen in seiner Person, wie z.B. Krankheit, an der Arbeitsleistung verhindert ist (vgl. § 3 Abs. 1 S. 1 EFZG). Weitere wesentliche Modifikationen erfährt das Arbverh dadurch, dass die Leistungspflicht des AN entscheidend durch das Zeitmoment geprägt ist. Aufgrund dieses Fixschuldcharakters der Arbeitsleistung[340] des AN ist eine Nachholung von nicht geleisteter Arbeit nicht möglich. Andererseits bleibt die Vergütungspflicht des AG auch dann bestehen, wenn ihm die Annahme der Arbeitsleistung aus Gründen, die der AG nicht zu vertreten hat, unmöglich ist. Dies gilt z.B. für die Fälle des Betriebsrisikos.[341]

190 **2. Das Arbeitsschutzrecht.** Das **Arbeitsschutzrecht** erlegt dem AG **öffentlich-rechtliche Pflichten** auf, die dem Schutze des AN zu dienen bestimmt sind. Aus der Natur der Sache folgt, dass das Arbeitsschutzrecht zwingend ist. Arbeitsschutzrecht i.e.S. ist die Summe derjenigen Rechtsnormen, deren Einhaltung behördlicher Aufsicht unterliegt.[342] Arbeitsschutzrecht in diesem Sinne ist öffentliches Recht, dessen Einhaltung von den staatlichen Behörden überwacht und durchgesetzt wird.[343] Der Staat kann die Einhaltung der Normen des Arbeitsschutzrechts durch hoheitliches Handeln erzwingen. Auf den Willen des AN kommt es hierbei nicht an; der AN kann nicht über das zu seinem Schutz geltende Arbeitsschutzrecht disponieren.[344]

191 Trotz dieses öffentlich-rechtlichen Charakters hat das Arbeitsschutzrecht auch Auswirkungen im Individualarbeitsrecht. So stellen die Normen des **Arbeitsschutzes Schutzgesetze** i.S.v. § 823 Abs. 2 dar.[345] U.U. steht dem AN ein **Zurückbehaltungsrecht** gem. § 273 zu, wenn der AG seinen Verpflichtungen zum Arbeitsschutz nicht nachkommt.[346]

192 Das Arbeitsschutzrecht ist geprägt von einer Vielzahl von formellen und materiellen Gesetzesregelungen. Von erheblicher Relevanz in diesem Bereich sind die **Unfallverhütungsvorschriften** der Berufsgenossenschaften, sowie die Vielzahl von Rechts-VO, die auf dem Gebiet der Arbeitssicherheit (Gesundheits- und Unfallschutz) erlassen worden sind.

193 Neben dem Recht der Arbeitssicherheit gehört zum Arbeitsschutzrecht noch der Frauenarbeits- und Mutterschutz, der Jugendarbeitsschutz, der Schutz schwerbehinderter Menschen, der Arbeitszeitschutz sowie der Schutz der in Heimarbeit Beschäftigten.

II. Das kollektive Arbeitsrecht

194 Das kollektive Arbeitsrecht umfasst die Gesamtheit der **Regelungen**, die sich mit der **Existenz, Organisation und Funktion der arbeitsrechtlichen Kollektive** befassen. Das kollektive Arbeitsrecht ist **Privatrecht**.[347] Es legt v.a. fest, ob und unter welchen Voraussetzungen die Koalitionen und die Betriebspartner Regelungen für den Inhalt eines Arbverh treffen können. Zum kollektiven Arbeitsrecht gehört das Recht der Koalitionsfreiheit, das Tarifrecht, das Arbeitskampf- und Schlichtungsrecht, das Betriebsverfassungs- und Personalvertretungsrecht sowie das Recht der unternehmerischen Mitbestimmung.[348]

---

336 MünchArb/*Richardi*, Bd. 1, § 7 Rn 14.
337 Im Jahr 2006 wurde seitens der Bertelsmann Stiftung ein neuer Diskussionsentwurf eines Arbeitsvertragsgesetzes veröffentlicht – siehe NZA Beil. zu Heft 23/2006, der zwischenzeitlich mehrfach modifiziert wurde.
338 Boemke/*Ankersen*, Einl. Rn 1 ff.
339 BAG GS 17.12.1959 – GS 2/59 – AP § 616 BGB Nr. 21 = NJW 1960, 738.
340 Hierzu ausführlich: MünchArb/*Blomeyer*, Bd. 1, § 57 Rn 9 ff.
341 Zur Betriebsrisikolehre ausführlich § 615 Rn 9.
342 Schaub/*Schaub*, Arbeitsrechts-Handbuch, § 152 Rn 1.
343 Ebenso: Schaub/*Schaub*, Arbeitsrechts-Handbuch, § 152 Rn 3.
344 MünchArb/*Richardi*, Bd. 1, § 7 Rn 22.
345 Schaub/*Schaub*, Arbeitsrechts-Handbuch, § 152 Rn 5.
346 BAG 8.5.1996 – 5 AZR 315/95 – AP § 618 BGB Nr. 23 = NZA 1997, 86; RGKU/*Joussen*, § 618 Rn 39; Schaub/*Schaub*, Arbeitsrechts-Handbuch, § 152 Rn 5.
347 *Gamillscheg*, Kollektives Arbeitsrecht I, § 1 II. 5. a.
348 *Gamillscheg*, Kollektives Arbeitsrecht I, § 1 I. 1. a.

Das kollektive Arbeitsrecht hat wesentlichen Einfluss auf die Gestaltung der Arbeitsbedingungen des einzelnen AN. So können in tarifgebundenen Arbverh alle wesentlichen Rechte und Pflichten durch den TV geregelt werden. 195

BV – abgeschlossen zwischen AG und BR – sind ein weiteres Hauptgestaltungsmittel für die Arbverh im Betrieb.[349] Dies zeigt sich am Katalog des § 87 BetrVG, der zwingende Mitbestimmungsrechte in sozialen Angelegenheiten normiert. 196

Das Recht der Koalitionen selbst ist nicht geregelt. Es gibt kein **Verbändegesetz**. Ein Entwurf aus den siebziger Jahren[350] wurde nicht verwirklicht. Völlig **ungeregelt** ist weiterhin der Bereich des **Arbeitskampf- und Schlichtungsrechts**. Obwohl Literatur und Rspr. mit Nachdruck auf eine gesetzliche Regelung drängen,[351] sieht sich der Gesetzgeber außer Stande, seinem Regelungsauftrag nachzukommen. Das Arbeitskampf- und Schlichtungsrecht ist daher **reines Richterrecht**. 197

Die Einordnung einer bestimmten Materie in den Bereich des Individual- oder des kollektiven Arbeitsrechts lässt **keine dogmatischen Folgerungen inhaltlicher Art** zu. 198

Teil 2: Begründung des Arbeitsverhältnisses

Literatur: *Adomeit/Mohr*, Benachteiligung von Bewerbern (Beschäftigten) nach dem AGG als Anspruchsgrundlage für Entschädigung und Schadensersatz, NZA 2007, 179; *Bauer/Baeck/Merten*, Scientology – Fragerecht des Arbeitgebers und Kündigungsmöglichkeiten, DB 1997, 2534; *Bengelsdorf*, Illegale Drogen im Betrieb, NZA-RR 2004, 113; *Boemke*, Die Zulässigkeit der Frage nach Grundwehrdienst und Zivildienst, RdA 2008, 129; *Brecht-Heitzmann*, Die Anfechtbarkeit von Arbeitsverträgen wegen verschwiegener Schwerbehinderung, ZTR 2006, 639; *Brune*, AR-Blattei SD 1770 Rn 2; *Däubler*, Die Auswirkungen der Schuldrechtsmodernisierung auf das Arbeitsrecht, NZA 2001, 1329; *Deutsch*, Die Genomanalyse im Arbeits- und Sozialrecht – Ein Beitrag zum genetischen Datenschutz, NZA 1989, 657; *Diller/Powietzka*, Drogenscreenings und Arbeitsrecht, NZA 2001, 1227; *Eich*, Sonderbeil. NZA 2/1987, 10; *Glatzel*, Vorverhandlungen zum Abschluss eines Arbeitsvertrages, AR-Blattei SD 220.9; *Hanau*, EWiR 2002, 419, 420; *Heilmann*, AuA 1995, 157; *Hromadka*, Schuldrechtsmodernisierung und Vertragskontrolle im Arbeitsrecht, NJW 2002, 2523; *Hümmerich*, Aufklärungspflichten des Arbeitgebers im Anbahnungsverhältnis bei ungesicherter Beschäftigung des Arbeitnehmers, NZA 2002, 1305; *Joussen*, Schwerbehinderung, Fragerecht und positive Diskriminierung nach dem AGG, NZA 2007, 174; *Kania/Merten*, Auswahl und Einstellung von Arbeitnehmern unter der Geltung des AGG, ZIP 2007, 8; *Keller*, Die ärztliche Untersuchung des Arbeitnehmers im Rahmen von Arbeitsverhältnissen, NZA 1988, 561; *Künzl*, Alkohol im Arbeitsleben, BB 1993, 1581; *Kursawe*, Die Aufklärungspflichten des Arbeitgebers bei Abschluß von Arbeitsverträgen, NZA 1997, 245; *Lakies*, AGG-Kontrolle: Ausschlussfristen vor dem Aus?, NZA 2004, 569; *Lessmann*, JuS 1969, 478; *Lichtenberg/Schückring*, Stand der arbeitsrechtlichen Diskussion zur HIV-Infektion, NZA 1990, 41; *Messingschläger*, „Sind Sie schwerbehindert?" – Das Ende einer (un)beliebten Frage, NZA 2003, 301; *Michel/Wiese*, Zur rechtlichen und psychologischen Problematik graphologischer Gutachten, NZA 1986, 505; *Preis/Bender*, Recht und Zwang zur Lüge – Zwischen List, Tücke und Wohlwollen im Arbeitsleben, NZA 2005 1321; *Reinecke*, Vertragskontrolle im Arbeitsrecht nach der Schuldrechtsreform, Sonderbeil. zu NZA 18/2004, 27; *Richardi*, Arbeitsrechtliche Probleme bei der Einstellung und Entlassung Aids-infizierter Arbeitnehmer, NZA 1988, 73; *Roos*, AiB 1999, 191; *Schaller*, Die Pflicht zur Wahrheit und das Recht zur Lüge RiA 2005, 231; *Schaub*, Ist die Frage nach der Schwerbehinderung zulässig?, NZA 2003, 299; *Scheuring*, ZTR 2002, 314; *Schönfeld/Gennen*, Mitbestimmung bei Assessmentcentern – Beteiligungsrechte des Betriebsrates und des Sprecherausschusses, NZA 1989, 543; *Schütte*, JuS 2003, 101; *Siebert/Wagner*, Keine Zahlungspflicht des Arbeitgebers bei Vorstellungsgesprächen, NZA 2003, 1312; *Thüsing/Lambrich*, BB 2002, 314; *Wisskirchen/Bissels*, Das Fragerecht des Arbeitgebers bei Einstellung unter Berücksichtigung des AGG, NZA 2007, 169; *Wohlgemuth*, AuR 1992, 46; *Zeller*, BB 1987, 1522; *Zöllner*, in: FS für Floretta, 1983, S. 455

A. Abschluss des Arbeitsvertrags

I. Die Phase der Vertragsanbahnung

1. Allgemeines. Der Arbeitsvertrag begründet ein Schuldverhältnis nach § 311 Abs. 1. Sein Zustandekommen vollzieht sich nach den allgemeinen Regeln des Vertragsschlusses (§§ 145 ff.). Erst durch den Arbeitsvertrag werden wechselseitige Hauptleistungspflichten begründet. Bereits vor Vertragsschluss entsteht jedoch in der **Phase der Vertragsanbahnung** nach § 311 Abs. 2 ein gesetzliches Schuldverhältnis, aus dem wechselseitige Schutz- und Sorgfaltspflichten resultieren und deren schuldhafte Verletzung Schadensersatzansprüche aus § 280 Abs. 1 begründen können. Die Vorschrift beruht auf den zuvor von Rspr. und Lit. entwickelten ungeschriebenen Regeln der **Haftung aus** Verschulden bei **Vertragsschluss (c.i.c.)**.[352] Der Gesetzgeber hat mit § 311 Abs. 2 den bisherigen Rechtszustand lediglich kodifiziert, ohne damit eine Änderung der bisherigen Rechtslage verbinden zu wollen.[353] Die bisherigen 199

---

349 Kasseler Handbuch-ArbR/*Leinemann*, 1.1 Rn 46.
350 Abgedruckt in RdA 1977, 235 ff.
351 BVerfG 26.6.1991 – 1 BvR 779/85 – AP Art. 9 GG Arbeitskampf Nr. 117 = DB 1991, 1678 = SAE 1991, 335 mit Anm. *Konzen*; *Gamillscheg*, Kollektives Arbeitsrecht I, § 20 III. 3. a.
352 BAG 7.9.1995 – 8 AZR 695/94 – AuR 1996, 30; BAG 15.5.1974 – 5 AZR 393/73 – AP § 276 BGB Verschulden bei Vertragsschluss Nr. 9; BAG 2.12.1976 – 3 AZR 401/75 – AP § 276 BGB Verschulden bei Vertragsschluss Nr. 10.
353 BT-Drucks 14/6040, S. 161 f.; MüKo-BGB/*Emmerich*, § 311 Rn 54; Palandt/*Grüneberg*, § 311 Rn 11.

zum Rechtsinstitut der c.i.c. von der Rspr. entwickelten Grundsätze können deshalb auf die Auslegung und Anwendung von § 311 übertragen werden (zu Fallgruppen und Umfang der Haftung siehe Rn 246 ff.).[354]

200 Neben wechselseitigen Aufklärungs- und Schutzpflichten wird das Vertragsanbahnungsverhältnis geprägt durch auswahlvorbereitende Handlungen des AG wie etwa der Durchführung von Vorstellungsgesprächen und Testverfahren zur Feststellung der Eignung des Bewerbers für die in Aussicht genommen Stelle.

201 **2. Regelungsgehalt. a) Ausschreibung der zu besetzenden Stelle.** Im Regelfall geht der Besetzung einer Stelle eine **Stellenausschreibung** voraus. Diese kann intern oder extern erfolgen, rechtliche Vorgaben bestehen insoweit nicht. Inhaltlich ist der AG in der Gestaltung einer Stellenausschreibung zwar grds. frei,[355] sie muss aber nach den **Vorgaben des AGG** diskriminierungsfrei gestaltet sein. Nach §§ 7, 1 AGG dürfen Beschäftigte nicht aus Gründen der Rasse oder wegen der ethnischen Herkunft, des Geschlechts, der Religion oder Weltanschauung, einer Behinderung, des Alters oder der sexuellen Identität benachteiligt werden. Nach § 2 Abs. 1 AGG betrifft dies insb. die Bedingungen einschließlich der Auswahlkriterien und Einstellungsbedingungen für den Zugang zu unselbstständiger und selbstständiger Erwerbstätigkeit. Eine unterschiedliche Behandlung wegen einer der Diskriminierungstatbestände ist nur nach Maßgabe der §§ 8 bis 10 AGG zulässig. Aus der Verletzung des Benachteiligungsverbots folgt zwar nach § 15 Abs. 6 AGG kein Einstellungsanspruch, wohl aber drohen Entschädigungsansprüche nach § 15 Abs. 2 S. 2 AGG bis zu drei Monatsgehältern (vgl. im Einzelnen die Kommentierung zu § 15 AGG). Der AG ist deshalb nach § 11 AGG verpflichtet, dass **Stellenausschreibungen in Bezug auf die gesetzlichen Diskriminierungsmerkmale neutral** gehalten werden (zur Gestaltung einer Stellenausschreibung vgl. §§ 11, 12 AGG Rn 11 ff.).[356] Lediglich in den gesetzlich definierten Ausnahmefällen darf eine Stellenausschreibung im Hinblick auf die Diskriminierungsmerkmale differenzieren. Deshalb darf gezielt nach weiblichen Bewerbern für eine weibliche Schauspielerrolle, für die Tätigkeit einer Dessousverkäuferin oder für eine Erzieherin in einem Mädcheninternat[357] gesucht werden, nicht aber für eine weibliche Flugbegleiterin.

202 Schreibt der AG einen Arbeitsplatz öffentlich oder innerhalb des Betriebs aus, so hat er ihn nach § 7 Abs. 1 TzBfG auch als Teilzeitarbeitsplatz auszuschreiben, wenn sich der Arbeitsplatz hierfür eignet (im Einzelnen hierzu vgl. § 7 TzBfG Rn 1 ff.).

203 Kollektivrechtlich kann der BR nach § 93 BetrVG verlangen, dass Stellen vor ihrer Besetzung innerhalb des Betriebs ausgeschrieben werden. Daraus resultiert jedoch kein Mitbestimmungsrecht des BR im Hinblick auf die Erstellung des Anforderungsprofils oder die inhaltliche Gestaltung der Stellenausschreibung.[358] Dem Anspruch des BR auf innerbetriebliche Stellenausschreibung wird jedoch nicht genügt, wenn der AG im Betrieb zwar eine bestimmte Stelle ausschreibt, in einer externen Stellenanzeige aber geringere Anforderungen definiert.[359] Dies öffnet den Weg zu einer Zustimmungsverweigerung des BR zur Einstellung nach § 99 Abs. 2 Nr. 5 BetrVG (vgl. insoweit die Kommentierung zu § 93 BetrVG).

204 **b) Erstattung von Vorstellungskosten. aa) Allgemeines.** Der Bewerber hat einen Anspruch auf Erstattung von Vorstellungskosten, wenn entweder zwischen den Parteien eine entsprechende – auch konkludent mögliche – Vereinbarung getroffen wurde[360] oder aber aus einem **Auftragsverhältnis nach §§ 662, 670** ein Aufwendungsersatzanspruch besteht. Fordert der AG den Bewerber zu einem Vorstellungsgespräch auf, so liegt in der Einladung das Angebot auf Abschluss eines Auftragsvertrags, welches der Bewerber entweder ausdrücklich oder konkludent durch Anreise annimmt.[361] Die gefestigte Rspr.[362] und h.L.[363] leiten den Anspruch folgerichtig aus § 670 ab. Danach hat der AG dem Arbeitsplatzbewerber alle Aufwendungen zu ersetzen, die diesem durch die Wahrnehmung des Vorstellungstermins entstanden sind, wenn er den Stellenbewerber **zur Vorstellung aufgefordert** hat. Ein zum Ersatz von Vorstellungskosten verpflichtendes Auftragsverhältnis kann auch dann zustande kommen, wenn der AG das Bewerbungsverfahren und die Auswahl der Kandidaten einem Dritten – etwa einem Personalberater – überträgt, sofern die Voraussetzungen für eine wirksame Stellvertretung nach § 164 – Handeln in fremden Namen und Vollmacht des Vollmachtgebers – vorliegen.[364] Da der Anspruch seinen Rechtsgrund nicht in einem Arbeitsvertrag hat, besteht er unabhängig davon, ob nach dem Vorstellungsgespräch ein Arbeitsvertrag geschlossen wird oder nicht.

---

354 MüKo-BGB/*Emmerich*, § 311 Rn 54; ErfK/*Preis*, § 611 BGB Rn 260.
355 Vgl. Muster in: *Hümmerich*, Arbeitsrecht § 3 Rn 60 ff.
356 Vgl. auch *Schrader/Schubert*, Das neue AGG, Rn 569.
357 LAG Rheinland-Pfalz 20.3.2008 – 2 Sa 51/08 – ZTR 2008, 500 f.
358 BAG 23.2.1988 – 1 ABR 82/86 – NZA 1988, 551; LAG Hamm 24.9.1991 – 13 TaBV 56/91 – LAGE § 95 BetrVG 1972 Nr. 1.
359 BAG 23.2.1988 – 1 ABR 82/86 – NZA 1988, 551.
360 So bei Verkehrsüblichkeit für den Regelfall MüKo-BGB/*Schwerdtner*, § 629 Rn 19.

361 *Brune*, AR-Blattei SD 1770 Rn 2.
362 BAG 29.6.1988 – 5 AZR 433/87 – EzA § 670 BGB Nr. 21 = NZA 1989, 468; BAG 14.2.1977 – 5 AZR 171/76 – AP § 196 BGB Nr. 8; LAG Nürnberg 25.7.1995 – 2 Sa 73/94 – LAGE § 670 BGB Nr. 12.
363 ErfK/*Müller-Glöge*, § 629 BGB Rn 13; *Brune*, AR-Blattei SD 1770 Rn 1; Kittner/Zwanziger/*Litzig*, Arbeitsrecht Handbuch, § 67 Rn 14; a.A. *Siebert/Wagner*, NZA 2003, 1312.
364 BAG 29.6.1988 – 5 AZR 433/87 – NZA 1989, 468.

Will der AG die **Erstattung** von Vorstellungskosten **ausschließen**, muss er dies dem Bewerber ausdrücklich und unmissverständlich mitteilen. Eine von der gesetzlichen Regelung zum Aufwendungsersatz abweichende Vereinbarung ist zulässig.[365] 205

Nach h.M. besteht ein Anspruch auf Erstattung der Vorstellungskosten nicht nur dann, wenn der AG den Bewerber ausdrücklich zur Vorstellung auffordert sondern auch dann, wenn die Anregung zur Vorstellung vom Bewerber ausgeht, er sich aber mit Wissen und Wollen des AG vorstellt.[366] Maßgeblich ist letztlich, ob im Wege der Auslegung der wechselseitigen Willenserklärungen nach §§ 133, 157 das Zustandekommen eines Auftragsverhältnisses festgestellt werden kann. In Anbetracht der Verkehrsüblichkeit der Erstattung von Vorstellungskosten ist es gerechtfertigt, regelmäßig dann von einem Aufwendungsersatzanspruch auszugehen, wenn der Bewerber sich mit Wissen und Wollen des AG vorstellt und ein Ausschluss der Erstattungspflicht nicht vereinbart worden ist. 206

Ein Auftragsverhältnis nach §§ 662, 670 kommt hingegen nicht zustande, wenn der Bewerber sich ohne vorherige Absprache etwa aufgrund einer Stellenanzeige zu einer persönlichen Vorstellung beim AG einfindet[367] oder der AG ausschließlich der Bitte eines Bewerbers nach einem persönlichen Vorstellungstermin nachkommt.[368] In diesem Fall ergibt sich ein Aufwendungsersatz auch dann nicht aus §§ 683, 677, wenn der Bewerber tatsächlich eingestellt wird; es fehlt zumindest am erforderlichen Fremdgeschäftsführungswillen.[369] 207

Ein zum Aufwendungsersatz verpflichtendes Auftragsverhältnis entsteht auch dann, wenn der Bewerber sich auf **Vermittlung der AA** aber auf Einladung des AG vorstellt, nicht aber dann, wenn der Bewerber durch die AA dem AG zugewiesen wird und dieser einem Vorstellungsgespräch lediglich zustimmt.[370] Maßgeblich sind wiederum ausschließlich die konkreten Vereinbarungen; dass der arbeitslose Bewerber nach §§ 45 ff. SGB III Anspruch auf Übernahme von Bewerbungskosten hat, steht einem Aufwendungsersatzanspruch nach § 670 nicht grds. entgegen (zur Höhe des Anspruchs in diesem Fall vgl. Rn 218). 208

bb) Regelungsgehalt. Maßgeblich für die Erstattung von Vorstellungskosten sind zunächst konkrete vertragliche Absprachen (etwa über die Übernahme von Flugkosten oder die Nutzung der ersten Bahnklasse etc.). Liegt eine Vereinbarung nicht vor, hat der Bewerber Anspruch auf Ersatz der Vorstellungskosten, die er nach seinem verständigen **Ermessen unter Berücksichtigung aller Umstände für notwendig** halten durfte.[371] Damit sind Fahrtkosten, Verpflegungsmehraufwand und Übernachtungskosten zu ersetzen, soweit sie den Umständen entsprechend angemessen sind. 209

Grds. erstattungsfähig sind danach die Kosten für die **Benutzung der zweiten Klasse der DB** sowie die Kosten der **Benutzung des eigenen KFZ**[372] im Rahmen der steuerlichen Sätze bei der Benutzung eines Privatfahrzeugs zu Dienstreisen.[373] Taxikosten sind erstattungsfähig, soweit die Anreise mit öffentlichen Verkehrsmitteln nicht mehr oder nur noch mit einem unzumutbaren Zeitaufwand möglich ist. **Flugkosten** sind dann zu übernehmen, wenn sie sich in einem vergleichbaren Rahmen bewegen oder aber ansonsten erforderliche vergleichbare Aufwendungen für Übernachtung und Verpflegung ersparen. 210

Darüber hinausgehende Aufwendungen (Benutzung der ersten Wagenklasse der DB; Kosten für Linienflüge ohne damit verbundene ersparte Aufwendungen) sind nur im Rahmen konkreter Vereinbarungen erstattungsfähig. Handelt es sich bei der zu besetzenden Stelle um eine Position, in der die Nutzung der ersten Klasse der DB bzw. von Linienflügen verkehrsüblich ist, kann den konkreten Umständen nach auch die Erstattung von höheren Aufwendungen angemessen sein.[374] Letztlich sind die Umstände des Einzelfalls entscheidend. 211

Verpflegungskosten sind grds. erstattungsfähig. Insoweit kann die Abrechnung pauschal entsprechend den steuerlich anerkannten Sätzen oder nach Einzelnachweis erfolgen. 212

Übernachtungskosten sind nach § 670 erstattungsfähig, wenn dem Bewerber die Hin- und Rückreise aufgrund der Entfernung nicht zugemutet werden kann.[375] Die Höhe der erstattungsfähigen Kosten richtet sich wiederum danach, was der Bewerber nach den Umständen des Einzelfalls (Ortsüblichkeit etc.) unter Berücksichtigung der Interessen des AG für angemessen halten durfte. 213

---

[365] BAG 29.6.1988 – 5 AZR 433/87 – NZA 1989, 468; ArbG Kempten 12.4.1994 – 4 Ca 720/94 – BB 1994, 1504.
[366] LAG Nürnberg 25.7.1995 – 2 Sa 73/94 – LAGE § 670 BGB Nr. 12; Kittner/Zwanziger/*Litzig*, Arbeitsrecht Handbuch, § 67 Rn 14; ErfK/*Müller-Glöge*, § 629 BGB Rn 13; MüKo-BGB/*Schwerdtner*, § 629 Rn 15.
[367] *Brune*, AR-Blattei SD 1770 Rn 8.
[368] MüKo-BGB/*Schwerdtner*, § 629 Rn 15.
[369] Zutreffend *Brune*, AR-Blattei SD 1770 Rn 8 ff.
[370] *Brune*, AR-Blattei SD 1770 Rn 14 ff.; a.A. ErfK/*Preis*, § 611 BGB Rn 245.
[371] BAG 29.6.1988 – 5 AZR 433/87 – NZA 1989, 468; Palandt/*Sprau*, § 670 Rn 4.
[372] LAG Nürnberg 25.7.1995 – 2 Sa 73/94 – LAGE § 670 BGB Nr. 12; MüKo-BGB/*Schwerdtner*, § 629 Rn 17; Kittner/Zwanziger/*Litzig*, Arbeitsrecht Handbuch, § 67 Rn 15; a.A. LAG München 30.5.1985 – 9 Sa 986/84 – LAGE § 670 BGB Nr. 4; einschränkend *Brune*, AR-Blattei SD 1770 Rn 31.
[373] ErfK/*Müller-Glöge*, § 629 BGB Rn 14.
[374] Vgl. *Brune*, AR-Blattei SD 1770 Rn 37; Hessisches LAG 6.8.1980 – 10 Sa 849/79 – juris.
[375] Staudinger/*Preis*, § 629 Rn 26.

214 **Verdienstausfall** ist nur liquidationsfähig, wenn dies ausdrücklich vereinbart wird. § 670 bietet insoweit keine Rechtsgrundlage.[376] Das Auftragsverhältnis ist grds. unentgeltlich ausgestaltet[377] und wird dadurch geprägt, dass weder die eigene Arbeitskraft noch der entgangene Verdienst erstattungsfähig sind.[378] Der Bewerber hat allerdings unter den Voraussetzungen von §§ 616, 629 einen Anspruch auf Entgeltfortzahlung gegen den bisherigen AG.

215 **Fällt das Vorstellungsgespräch** aus Gründen, die in der Sphäre des AG liegen, **aus** und hat der Bewerber bereits Aufwendungen im angemessenen Umfang getätigt, so sind diese erstattungsfähig,[379] weil Rechtsgrund das Auftragsverhältnis ist.

216 **cc) Verbindung zu anderen Rechtsgebieten und zum Prozessrecht.** Die regelmäßige **Verjährungsfrist** für Ansprüche auf Erstattung von Vorstellungskosten beträgt wie auch bei sonstigen Ansprüchen aus § 670 drei Jahre (§ 195). **Tarifliche Ausschlussfristen** greifen nicht, wenn das Arbverh nicht zustande gekommen ist. Die Anwendbarkeit eines TV setzt regelmäßig ein wirksam begründetes Arbverh voraus. Ist ein Arbverh begründet worden und sind tariflich „Ansprüche aus dem Arbverh" innerhalb bestimmter Fristen geltend zu machen, so gilt dies auch für den Anspruch auf Erstattung von Vorstellungskosten, weil damit auch Ansprüche erfasst werden, die mit dem Arbverh (nur) mittelbar zusammenhängen.[380] Deshalb erfasst auch eine Ausgleichsklausel in einem Vergleich, wonach „alle finanziellen Ansprüche aus dem Arbverh" erledigt sein sollen, den Anspruch auf Erstattung von Vorstellungskosten aus Anlass der Eingehung des Arbverh.[381]

217 Der Anspruch ist als Aufwandsentschädigung **unpfändbar** nach § 850a Nr. 3 ZPO.

218 Nach §§ 45, 46 SGB III können Arbeitslose und von Arbeitslosigkeit bedrohte Arbeitsuchende bis zu 260 EUR jährlich als **Zuschuss** zu Bewerbungs- und Vorstellungskosten von der **AA** bekommen. Diese Leistung ist gegenüber dem Aufwendungsersatzanspruch aus § 670 nachrangig, da sie nur bewilligt wird, wenn der AG gleichartige Leistungen nicht oder voraussichtlich nicht erbringen wird.

219 Der Bewerber trägt im Prozess für die den Anspruch dem Grunde und der Höhe nach begründenden Tatsachen die **Darlegungs- und Beweislast**.

220 **dd) Beraterhinweise.** Will sich der AG keinen Ansprüchen auf Erstattung von Vorstellungskosten aussetzen, sollte er dies in der Einladung unmissverständlich zum Ausdruck bringen. Um Streit über die Höhe der erstattungsfähigen Kosten vorzubeugen, empfiehlt es sich gleichfalls, mit der Einladung die Abrechnungspraxis festzulegen. Rechtssicher ist eine Formulierung, wonach grds. – auch bei Benutzung eines PKW – nur die Kosten für die günstigste Klasse bei der Benutzung von öffentlichen Verkehrsmitteln erstattet werden.

221 **c) Ansprüche aus vorvertraglichem Schuldverhältnis (§ 311 Abs. 2). aa) Allgemeines.** Unabhängig davon, ob zu einem späteren Zeitpunkt ein Arbeitsvertrag geschlossen wird, entsteht nach § 311 Abs. 2 bereits in der Anbahnungsphase ein **gesetzliches Schuldverhältnis** durch die **Aufnahme von Vertragsverhandlungen** (§ 311 Abs. 2 Nr. 1), die **Anbahnung eines Vertrags,** bei welcher der eine Teil im Hinblick auf etwaige rechtsgeschäftliche Beziehung dem anderen Teil die Möglichkeit zur Einwirkung auf seine Rechte, Rechtsgüter und Interessen gewährt oder ihm diese anvertraut (Nr. 2) sowie durch **ähnliche geschäftliche Kontakte** (Nr. 3).

222 Die Norm kodifiziert die gewohnheitsrechtlichen geltenden Grundsätze über eine **Haftung wegen Verschuldens bei Vertragsschluss (c.i.c.).**[382] Nach diesen Grundsätzen wird durch die Aufnahme von Vertragsverhandlungen ein gesetzliches Schuldverhältnis begründet, das die Parteien zur verkehrsüblichen Sorgfalt im Verhalten gegenüber dem Geschäftsgegner verpflichtet.[383]

223 § 311 Abs. 2 regelt, durch welche Handlungen und zu welchem Zeitpunkt ein Schuldverhältnis entsteht. Welche Pflichten den Parteien in diesem Stadium des angestrebten Vertrags obliegen, regelt die Norm nicht. Der Gesetzgeber hat auf eine konkrete gesetzliche Ausgestaltung der wechselseitigen Pflichten im Anbahnungsverhältnis verzichtet, weil er im Hinblick auf die richterrechtlich ausgestaltete Haftung aus c.i.c und die hierzu entwickelten Fallgruppen keinen Regelungsbedarf sah und deshalb eine Regelungstechnik bevorzugt hat, die auch der weiteren Fortentwicklung durch die Rspr. zugänglich ist.[384] Auf die bisherige Rspr. zur Verletzung vorvertraglicher Pflichten kann deshalb zurückgegriffen werden.[385]

224 Ein vorvertragliches Vertrauensverhältnis begründet zunächst **Schutzpflichten** im Hinblick darauf, Rechtsgüter des Vertragspartners vor Schäden zu bewahren; damit sind im Wesentlichen Verkehrssicherungspflichten angesprochen. Darüber hinaus entstehen wechselseitige **Aufklärungs- und Offenbarungspflichten** sowie damit korrespondierend

---

376 Palandt/*Sprau*, § 670 Rn 3.
377 Palandt/*Sprau*, § 670 Rn 3.
378 A.A. ErfK/*Müller-Glöge*, § 629 BGB Rn 29.
379 ErfK/*Preis*, § 611 BGB Rn 248.
380 A.A. *Brune*, AR-Blattei SD 1770 Rn 47.
381 LAG Nürnberg 29.9.2003 – 6 Sa 882/02 – NZA-RR 2004, 290.
382 BAG 17.7.1997 – 8 AZR 257/96 – AP § 16 BBiG Nr. 2; BGH 20.6.1952 – V ZR 34/51 – BGHZ 6, 330, 333.
383 Grundlegend BAG 10.11.1955 – 2 AZR 282/54 – AP § 276 BGB Verschulden bei Vertragsschluss Nr. 1.
384 BT-Drucks 14/6040, S. 162.
385 MüKo-BGB/*Emmerich*, § 311 Rn 54; Palandt/*Grüneberg*, § 311 Rn 11.

entsprechende **Frage- und Informationsrechte**, die den Parteien des in Aussicht genommenen Arbeitsvertrags mit der Begründung des vorvertraglichen Schuldverhältnisses obliegen (Einzelheiten siehe Rn 234). Haftungsbegründend können schließlich Verstöße gegen **Rücksichtnahmepflichten** bzw. die Herbeiführung eines Vertragsschlusses durch Vorspiegeln falscher Tatsachen sein.

Die **schuldhafte Verletzung** vorvertraglicher Pflichten verpflichtet in diesem Vertragsstadium nach §§ 311 Abs. 2, 241 Abs. 2, 280 Abs. 1 zum **Schadensersatz**. Eine Schadensersatzpflicht kann auch noch nach Abschluss eines Arbeitsvertrags entstehen, wenn das Arbverh aus Gründen vorzeitig endet, die der AG dem AN vor Abschluss des Vertrags unrichtig mitgeteilt oder unter Verletzung seiner Aufklärungspflicht verschwiegen hat.[386]

225

Der Anspruch ist grds. gerichtet auf **Ersatz des Vertrauensschadens (sog. negatives Interesse)**; der Geschädigte ist so zu stellen, wie er stünde, wenn er auf die ordnungsgemäße Durchführung des Vertrags nicht vertraut bzw. sich auf einen Vertragsschluss gar nicht erst eingelassen hätte.[387] Daneben kommt die Anfechtung des Arbeitsvertrags wegen arglistiger Täuschung nach § 123 Abs. 1 in Betracht. (Einzelheiten siehe Rn 453 ff.).

226

Im Regelfall trifft die Haftung aus einem vorvertraglichen Schuldverhältnis die Parteien des in Aussicht genommenen Vertragsverhältnisses. **Verschulden eines Erfüllungsgehilfen** muss der Schuldner sich nach § 278 zurechnen lassen.[388] Die Zurechnung erfolgt auch dann, wenn der mit den Vertragsverhandlungen Beauftragte keine Abschlussvollmacht hatte und nur an der Vorbereitung des Vertrags mitwirken sollte.[389] In diesem Fall haftet der Vertretene nach §§ 311 Abs. 2, 280 Abs. 1 auf Ersatz des negativen Interesses, wenn der Vertreter ohne Abschlussvollmacht einen Vertrag schließt.[390]

227

Nach **§ 311 Abs. 3** kann ein vorvertragliches Schuldverhältnis auch zu Personen entstehen, die nicht selber Vertragspartei werden sollen. Auch insoweit basiert die gesetzliche Regelung auf den von der Rspr. entwickelten Grundsätzen.[391] Eine **persönliche Haftung des Vertreters oder Verhandlungsgehilfen** aus §§ 311 Abs. 2 i.V.m. Abs. 3, 280 Abs. 1 setzt danach voraus, dass er am Vertragsschluss ein unmittelbar eigenes wirtschaftliches Interesse hat oder aber eigenes besonderes Vertrauen für sich bei den Vertragsverhandlungen in Anspruch nimmt und dadurch die Vertragsverhandlungen beeinflusst. Im vorvertraglichen Stadium eines Arbverh kann deshalb neben einem Schadensersatzanspruch gegen den AG aus §§ 311 Abs. 2, 280 Abs. 1, 278 auch eine unmittelbare Haftung eines mit der Auswahl eines geeigneten Kandidaten beauftragten **Personalberaters** in Frage kommen.

228

bb) Regelungsgehalt. (1) Entstehen eines vorvertraglichen Schuldverhältnisses. Ein gesetzliches Schuldverhältnis wird nach **§ 311 Abs. 2 Nr. 1** begründet durch die **Aufnahme von Vertragsverhandlungen**. Die „Aufnahme" von Verhandlungen in diesem Sinn setzt die Abgabe von Willenserklärungen nicht voraus, sondern ist eine tatsächliche Handlung.[392] Diese Fallgruppe erfasst alle rechtsgeschäftlichen Kontakte, die den Abschluss eines Arbeitsvertrags zum Ziel haben.[393] **Sondierungsgespräche**, die lediglich dem Zweck dienen, die Bereitschaft zum Abschluss eines Arbeitsvertrags zu ergründen, können hingegen nicht unter den Tatbestand der Nr. 1 subsumiert werden. Sie begründen aber ein gesetzliches Schuldverhältnis i.S.v. Nr. 2, da sie jedenfalls der Anbahnung eines Vertrags dienen.[394]

229

Nach **§ 311 Abs. 2 Nr. 2** entsteht ein gesetzliches Schuldverhältnis auch durch die **Anbahnung eines Vertrags**, bei dem der eine Teil im Hinblick auf eine etwaige rechtsgeschäftliche Beziehung dem anderen Teil die Möglichkeit zur Einwirkung auf seine Rechte, Rechtsgüter und Interessen gewährt oder ihm diese anvertraut. Diese Fallgruppe definiert den **frühestmöglichen Zeitpunkt**, von dem ab im Rahmen geschäftlicher Kontakte überhaupt eine Haftung aus § 280 Abs. 1 wegen der Verletzung von Schutz- und Rücksichtpflichten in Betracht kommen kann (sog. Grundtatbestand des vorvertraglichen Schuldverhältnisses).[395] Dieser Tatbestand ist bereits gegeben, wenn die Parteien zwar in rechtsgeschäftliche Kontakte eingetreten sind, aber das Stadium von Vertragsverhandlungen noch nicht erreicht ist.[396] Ein Schuldverhältnis i.S.v. Nr. 2 besteht deshalb beispielsweise durch **Bewerbung auf eine Stellenausschreibung**,[397] wenn man einem Unternehmen eine sog. **Blindbewerbung** zuleitet oder aber lediglich sondiert, ob die Eingehung eines Arbverh möglich ist. In diesem frühen Stadium bestehen gegenseitige Schutzpflichten allerdings nur in eingeschränktem Umfang, der AG aus diesem vorvertraglichen Schuldverhältnis aber bereits verpflichtet, Bewerbungsunterlagen nur bestimmungsgemäß und vertraulich zu behandeln. Eine Haftung wegen der Verletzung vorver-

230

---

386 BAG 2.12.1976 – 3 AZR 401/75 – AP § 276 BGB Verschulden bei Vertragsschluss Nr. 10; Hessisches LAG 27.3.2003 – 9 Sa 1211/01 – juris.
387 BAG 17.7.1997 – 8 AZR 257/96 – AP § 16 BBiG Nr. 2; BAG 11.9.1984 – 3 AZR 33/82 – juris; LAG München 8.4.2008 – 6 Sa 678/07 – juris.
388 BGH 6.7.1995 – III ZR 176/94 – NJW 1995, 3389; BGH 3.4.1990 – XI ZR 206/88 – NJW 1990, 1907; BGH 13.10.1983 – III ZR 158/82 – NJW 1984, 606.
389 BAG 11.9.1984 – 3 AZR 33/82 – juris.
390 BAG 11.9.1984 – 3 AZR 33/82 – juris; BAG 10.11.1995 – 2 AZR 282/54 – AP § 176 BGB Verschulden bei Vertragsabschluss Nr. 1.
391 Palandt/*Grüneberg*, § 311 Rn 60.
392 Erman/*Kindl*, § 311 Rn 20.
393 Erman/*Kindl*, § 311 Rn 20.
394 AnwK-BGB/*Krebs*, § 311 Rn 20.
395 MüKo-BGB/*Emmerich*, § 311 Rn 68.
396 Erman/*Kindl*, § 311 Rn 21.
397 Kittner/Zwanziger/*Becker*, Arbeitsrecht Handbuch, § 29 Rn 1.

traglicher Pflichten kommt deshalb in Betracht, wenn der potenziell neue AG auf der Grundlage einer vorliegenden Bewerbung bei dem aktuellen AG **Erkundigungen über den Bewerber** einholt und dieser deshalb seinen Arbeitsplatz verliert.[398]

231 Eine schuldhafte Verletzung von Schutzpflichten kann in diesem Anbahnungsstadium auch vorliegen, wenn ein Bewerber auf dem Weg zum Vorstellungsgespräch in den Räumen des AG aufgrund der Verletzung von Verkehrssicherungspflichten zu Schaden kommt.

232 § 312 Abs. 2 Nr. 3 erfasst als dritte Fallgruppe einer möglichen Begründung eines gesetzlichen Schuldverhältnisses (**ähnliche geschäftliche Kontakte**) Kontakte, die nicht auf den Abschluss eines Vertragsverhältnisses gerichtet sind[399] und ist deshalb im Vorfeld eines Arbverh ohne Bedeutung.

233 Die Abgrenzung der drei Fallgruppen zueinander ist für Frage der Haftung aus vorvertraglichem Verschulden nicht erforderlich, da nach allen Fallgruppen dieselben Schutz- und Rücksichtnahmepflichten ausgelöst werden.

234 **(2) Vorvertragliche Pflicht des Arbeitgebers zur Aufklärung über vertragswesentliche Umstände.** Ob und in welchem Umfang dem AG im vorvertraglichen Stadium Aufklärungs- und Hinweispflichten gegenüber dem Bewerber obliegen, ist eine Frage des Einzelfalls. Im Grundsatz folgt aus der in Art. 2 Abs. 1 GG verbürgten Privatautonomie, dass sich jede Vertragspartei über die Umstände, die für ihre Vertragsentscheidung maßgeblich sind, selber Klarheit zu verschaffen hat.[400] Umgekehrt kann auch die andere Vertragspartei davon ausgehen, dass sich ihr künftiger Vertragspartner selber über die für den Vertragsentschluss maßgeblichen Umstände informiert; eine allgemeine Verpflichtung, den Vertragspartner an eigenem Wissensvorsprung teilhaben zu lassen, besteht nicht.[401] Jeder Bewerber hat insoweit die Möglichkeit, im Rahmen von Vorstellungsgesprächen seinen **Informationsbedarf durch entsprechende Fragen** zu decken, zu deren wahrheitsgemäßer Beantwortung der AG verpflichtet ist. Unrichtige Antworten verpflichten den AG auch dann zum Ersatz des Schadens, wenn eine Pflicht zur ungefragten Aufklärung nicht besteht.[402]

235 Eine schuldrechtliche Verpflichtung, **ungefragt** den Bewerber über bestimmte Umstände **aufzuklären** oder **auf bestimmte Risiken hinzuweisen**, besteht für den AG nach Treu und Glauben deshalb nur dann, wenn die Eingehung des vorgesehenen Arbverh für den Bewerber mit **besonderen atypischen Risiken** verbunden ist[403] oder für den AG erkennbar bestimmte Umstände und Rechtsverhältnisse **von besonderer Bedeutung** für den Entschluss des Bewerbers zur Eingehung des Arbeitsvertrags sind.[404] Der AG darf insb. Umstände, die die vollständige Durchführung des Arbeitsvertrages in Frage stellen, nicht verschweigen, wenn sie ihm bekannt sind oder bekannt sein müssen, etwa wenn der AG im Grundsatz bereits einen Stellenabbau beschlossen hat, von dem auch der Bewerber betroffen wäre.[405]

236 Ausgangspunkt für Schadensersatzansprüche sind häufig **nicht realisierte Erwartungen** der AN auf eine künftige Dauerstellung. Nach Auffassung des für Fragen des Schadensersatzrechts primär zuständigen 8. Senats des BAG darf der AG im AN zwar keine Vorstellungen erwecken, die mit den tatsächlichen Möglichkeiten im Widerspruch stehen, insb. nicht den Eindruck erwecken, er könne ohne größeres Risiko sein bisheriges Arbverh auflösen.[406] Wird das Arbverh mit einem arbeitsfremden AN jedoch in der Probezeit wieder aufgelöst, weil der AG eine andere Fachkraft einstellt, so führt das auch dann nicht zu Schadensersatzansprüchen, wenn die 53-jährige Bewerberin bei Einstellung ausdrücklich auf ihren Wunsch auf Dauerstellung hingewiesen hat, während für den AG die Einstellung mangels besserer Alternativen nur eine „Notlösung" war.[407] Geht der AG ein Ausbildungsverhältnis ein, so soll er nur dann verpflichtet sein, einen künftigen Auszubildenden vor Abschluss des Berufsausbildungsvertrags darauf hinzuweisen, das die Eintragung dieses Vertrags noch von bestimmten Anforderungen abhängig sei, wenn ein Risiko für die Vertragsdurchführung für ihn zum Zeitpunkt des Vertragsschlusses bereits erkennbar war.[408]

237 Einer angemessenen Risikoverteilung in der Anbahnungsphase nicht mehr Rechnung trägt die Auffassung des LAG Köln,[409] wonach der AN grds. das Bestandsrisiko für das neue Arbverh trägt und der AG noch nicht einmal verpflichtet sein soll, einem Bewerber auf eine Bauleiterstelle mitzuteilen, dass die Bauvorhaben, für die er eingestellt werden soll, noch nicht vertraglich vereinbart sind. Verfügt der zukünftige AG noch nicht über die Aufträge, für die der Be-

---

398 ArbG Passau 6.5.1991 – 2 Ca 734/90 – BB 1991, 1125.
399 Palandt/*Grüneberg*, § 311 Rn 24.
400 BGH 15.4.1997 – IX ZR 112/96 – NJW 1997, 3230; Erman/*Kindl*, § 311 Rn 28; *Hümmerich*, NZA 2002, 1305; *Kursawe*, NZA 1997, 245.
401 *Hümmerich*, NZA 2002, 1305.
402 BGH 20.9.1996 – V ZR 173/95 – NJW-RR 1997, 144.
403 BAG 17.7.1997 – 8 AZR 257/96 – NZA 1997, 1224; LAG Düsseldorf 11.12.2001 – 4 Sa 1345/01 – LAGE § 276 BGB Verschulden bei Vertragsschluss Nr. 4.
404 Vgl. Erman/*Kindl*, § 311 Rn 29.
405 BAG 14.7.2005 – 8 AZR 300/04 – juris.
406 BAG 7.9.1995 – 8 AZR 695/94 – AuR 1996, 30; BAG 15.5.1974 – 5 AZR 393/73 – AP § 276 BGB Verschulden bei Vertragsschluss Nr. 9; LAG Schleswig-Holstein 27.10.1999 – 2 Sa 257/99 – juris.
407 BAG 7.9.1995 – 8 AZR 695/94 – AuR 1996, 30; LAG Nürnberg 25.7.1994 – 7 Sa 1217/93 – LAGE § 276 BGB Verschulden bei Vertragsschluss Nr. 3.
408 BAG 17.7.1997 – 8 AZR 257/96 – NZA 1997, 1224.
409 LAG Köln 2.9.1998 – 8 Sa 532/98 – juris; a.A. zutreffend *Hümmerich*, NZA 2002, 1305; so auch Hessisches LAG 27.3.2003 – 9 Sa 1211/01 – juris; ArbG Wiesbaden 12.6.2001 – 8 Ca 3193/00 – NZA-RR 2002, 349 (Vorinstanz).

werber neu eingestellt wird, so liegt hierin ein atypisches Bestandsrisiko, auf welches der AG in der Anbahnungsphase hinweisen muss.[410]

Hat der AG Anlass zu Zweifeln, ob er in der Lage sein werde, die Löhne und Gehälter in absehbarer Zeit zu zahlen, so liegt auch hier ein atypisches Risiko für den Bewerber, auf welches der AG im Vorfeld hinweisen muss, soweit nicht die Zahlungsschwierigkeiten allgemein bekannt sind.[411]

(3) Pflicht zur wahrheitsgemäßen Information. Regelmäßig pflichtwidrig verhält sich der AG, wenn er durch unrichtige Tatsachenangaben bzw. durch Vorspiegeln falscher Tatsachen den Vertragsschluss herbeiführt.[412] Angaben, die bei den Vertragsverhandlungen gemacht werden, müssen objektiv richtig sein.

(4) Pflichtverletzung durch Abbruch der Vertragsverhandlungen. Grds. wird bei Abbruch der Vertragsverhandlungen keine Schadensersatzpflicht ausgelöst, auch wenn der Bewerber im Hinblick auf den künftigen Vertrag bereits Dispositionen getroffen oder Aufwendungen getätigt hat.[413] Im Rahmen der Vertragsfreiheit hat jeder Vertragspartner bis zum Vertragsschluss grds. das Recht, von dem in Aussicht genommenen Vertrag wieder Abstand zu nehmen, ohne dass es darauf ankommt, ob der Abbruch der Vertragsverhandlungen durch „sachliche Gründe" gerechtfertigt ist.[414] Aufwendungen sind in diesem Fall nach den Grundsätzen über die Erstattung von Vorstellungskosten nach § 670 zu erstatten.

Anders ist es jedoch, wenn der AG einem Stellenbewerber erklärt hat, er könne sicher mit der Einstellung rechnen,[415] der Abschluss eines Ausbildungsvertrags trotz fester Zusage eines Ausbildungsplatzes unterbleibt[416] oder der AG durch sonstiges zurechenbar veranlasstes Vertrauen auf das Zustandekommen eines Vertrags Dispositionen des AN ausgelöst hat.

Ein Verhandlungsverschulden kann auch dann vorliegen, wenn ein Vertragspartner von vorneherein ohne tatsächliche Abschlussbereitschaft verhandelt[417] – etwa um über einen Know-how-Träger Informationen über Konkurrenzunternehmen zu erhalten – oder die Verhandlungen weiterführt, obwohl die ursprünglich vorhandene Abschlussbereitschaft wieder entfallen ist.[418]

Unterbleibt die **geplante Einstellung**, weil der BR nach § 99 BetrVG seine **Zustimmung nicht erteilt**, entstehen grds. keine Schadensersatzpflichten. Der AG ist auch nicht verpflichtet, das Zustimmungsersetzungsverfahren zu betreiben oder die geplante Einstellung als vorläufige personelle Maßnahme nach § 100 BetrVG umzusetzen. Der AG ist allerdings verpflichtet, den Bewerber unverzüglich über die fehlende Zustimmung des BR zu informieren, damit dieser entsprechend disponieren kann, die Pflicht zur Aufklärung ergibt sich insoweit ausdrücklich aus § 100 Abs. 1 S. 2 BetrVG. Wird ein **Arbeitsvertrag vorbehaltlich der Genehmigung** durch den Vorstand geschlossen, so werden Schadensersatzansprüche nicht ausgelöst, wenn die Genehmigung letztlich versagt wird.[419] Anders liegt es, wenn der AG dem Bewerber vorspiegelt, die Genehmigung sei reine Formsache.

(5) Sonstige Schutzpflichten. Dem AG obliegen schließlich Schutzpflichten im Hinblick auf die Rechtsgüter des Bewerbers, auf die er im Rahmen des Bewerbungsverfahrens einwirken kann. Er schuldet die vertrauliche Behandlung der Bewerbungsunterlagen. Will er eigene Erkundigungen über den Bewerber einholen, so verletzt er das vorvertragliche Schuldverhältnis, wenn er ohne Abstimmung mit dem Bewerber einen Kontakt zu dem (noch) aktuellen AG herstellt und dadurch dessen noch bestehendes Arbverh gefährdet.[420] Es kommt insoweit aber ein Mitverschulden des Bewerbers nach § 254 in Betracht, wenn er nicht anlassbezogen ausdrücklich auf die Geheimhaltungsbedürftigkeit seiner Bewerbung hingewiesen hat.

(6) Vertretenmüssen. Eine Haftung wegen der Verletzung vorvertraglicher Pflichten setzt voraus, dass die **Pflichtverletzung schuldhaft** begangen wurde (§§ 280 Abs. 1, 276 Abs. 1 S. 1); einfache Fahrlässigkeit reicht insoweit aus. Gem. § 278 haftet der AG nicht nur für eigenes Verschulden sondern auch für das seiner **gesetzlichen Vertreter und seiner Erfüllungsgehilfen**. Die Zurechnung erfolgt dann, wenn der Gehilfe im Rahmen der erteilten Vertretungsmacht tätig geworden und das Fehlverhalten dem übertragenen Pflichtenkreis zuzurechnen ist. Ist der Erfüllungsgehilfe außerhalb des übertragenen Pflichtenkreises tätig geworden, oder hat er den erteilten Weisungen

---

410 LAG Düsseldorf 11.12.2001 – 4 Sa 1345/01 – LAGE § 276 BGB Verschulden bei Vertragsschluss Nr. 4; vgl. auch Hessisches LAG 27.3.2003 – 9 Sa 1211/01 – juris.
411 BAG 24.9.1974 – 3 AZR 589/73 – § 13 GmbHG Nr. 1.
412 BGH 26.9.1997 – V ZR 29/96 – NJW 1998, 302; Hessisches LAG 27.3.2003 – 9 Sa 1211/01 – juris; ArbG Wiesbaden 12.6.2001 – 8 Ca 3193/00 – NZA-RR 2002, 249.
413 BGH 29.3.1996 – V ZR 332/94 – NJW 1996, 1885; ErfK/Preis, § 611 BGB Rn 262.
414 Einschränkend ErfK/Preis, § 611 BGB Rn 262.
415 LAG Köln 28.7.1993 – 2 Sa 199/93 – LAGE § 276 BGB Verschulden bei Vertragsschluss Nr. 2.
416 LAG Hamm 2.4.1987 – 9 Sa 808/86 – LAGE § 276 BGB Nr. 4.
417 BGH 18.10.1974 – V ZR 17/73 – NJW 1975, 43; Erman/Kindl, § 311 Rn 34.
418 BGH 23.1.1979 – VI ZR 4/77 – NJW 1979, 915.
419 LAG München 8.4.2008 – 6 Sa 678/07 – juris.
420 ArbG Passau 6.5.1991 – 2 Ca 734/90 – BB 1991, 1125.

zuwider gehandelt, kommt – neben dem Anspruch gegen den Erfüllungsgehilfen – auch eine eigene Haftung des AG unter dem Gesichtspunkt unzureichender Überwachung der eingeschalteten Gehilfen in Betracht.[421]

246 **(7) Rechtsfolgen.** Verletzt der AG schuldhaft vorvertragliche Pflichten, **haftet er nach §§ 311 Abs. 2, Abs. 3, 280 Abs. 1 auf Schadensersatz.** Nach § 249 Abs. 1 ist der Geschädigte so zu stellen wie er stehen würde, wenn sich der andere Vertragsteil pflichtgemäß verhalten hätte.

247 Soweit ein **Vertrag** zwischen den Parteien **nicht zustande gekommen** ist, ist die Haftung des AG regelmäßig nicht auf den Ersatz des Erfüllungs- sondern auf den **Ersatz des Vertrauensschadens (sog. negative Interesse)** gerichtet.[422] Das vorvertragliche Schuldverhältnis begründet keine primären Leistungspflichten, eine Haftung auf den Erfüllungsschaden scheidet bereits aus diesem Grund aus. Hat der AN im Vertrauen auf das Zustandekommen eines neuen Vertrags ein Arbverh gekündigt, richtet sich die Schadenshöhe deshalb nach dem Verdienst des gekündigten Arbverh.[423] Als typische Schadenspositionen kommen ferner Aufwendungen, die der AN in diesem Zusammenhang getätigt hat, in Betracht (Fahrtkosten, Umzugsaufwand etc.).

248 Im Einzelfall kann der negative Vertrauensschaden den **Erfüllungsschaden übersteigen,** wenn der AN eine andere Stelle mit höherem Verdienst im Vertrauen auf das pflichtgemäße Verhalten des AG abgesagt,[424] der Verdienst im gekündigten alten Arbverh höher war[425] oder aber der Vertrag bei pflichtgemäßem Verhalten zu besseren Konditionen abgeschlossen worden wäre.[426] In diesen Fällen wird der Ersatz des negativen Interesses auch der Höhe nach nicht durch den Erfüllungsschaden begrenzt.[427]

249 Soweit der AG im Einzelfall auch bei **Abbruch von Vertragsverhandlungen** Schadensersatz schuldet, ist die Haftung wiederum auf das negative Interesse beschränkt; der AG schuldet grds. nicht den Abschluss des Arbeitsvertrags als Schadensersatz.[428] Dies ergibt sich daraus, dass in diesem Vertragsstadium noch keine primären Leistungspflichten entstehen.

250 Zweifelhaft ist auch, ob es aus vorvertraglicher Pflichtverletzung einen **Anspruch auf Umwandlung** eines befristeten in ein unbefristetes Arbverh geben kann, wenn der AG bei entsprechender Eignung und Bewährung die unbefristete Übernahme in Aussicht gestellt hat.[429] Hat der AG vor Abbruch der Verhandlungen allerdings die Einstellung zugesagt, kann sich aus diesem Vorvertrag ein unmittelbarer Erfüllungsanspruch auf Abschluss eines Arbeitsvertrags ergeben.

251 Ist der **Arbeitsvertrag trotz pflichtwidrigem vorvertraglichen Verhalten** des AG zustande gekommen, können gleichwohl Schadensersatzansprüche bestehen.[430] Dies kann der Fall sein, wenn das Arbverh aus den Gründen vorzeitig endet, die der AG dem AN vor Abschluss des Vertrags unter Verletzung seiner Aufklärungspflicht verschwiegen hat.[431] Da bei pflichtgemäßer Aufklärung des AG über vorhandene Risiken der Arbeitsvertrag in aller Regel nicht zustande gekommen wäre, ist auch in diesem Fall der Schaden zu ersetzen, der dem AN durch das Vertrauen auf das pflichtgemäße Verhalten des AG entstanden ist.[432]

252 Eine **Begrenzung** des Schadensersatzes der Höhe nach ergibt sich in diesem Fall auch **nicht in analoger Anwendung vom § 628 Abs. 2.** Für den Fall des Auflösungsverschuldens beschränkt sich der Schadensersatzanspruch des AN zwar nach dem Zweck der Norm nach neuerer Rspr. des BAG auf den Ersatz des Vergütungsausfalls während der fiktiven Künd-Frist (sog. Verfrühungsschaden), zu dem aber der Verlust des Bestandsschutzes ausgleichende angemessene Entschädigung entsprechend §§ 9, 10 KSchG hinzutreten kann.[433]

253 Auf den Anspruch auf Ersatz des negativen Interesses wegen vorvertraglicher Pflichtverletzungen lässt sich diese Rspr. nicht übertragen. Zwar muss auch in diesen Fällen der AN wie in der Situation des § 628 jederzeit mit einer Künd des anderen Teils rechnen. Während beim Schadensersatzanspruch nach § 628 Abs. 2 die Schadensersatzpflicht aber aus vertragswidrigem Verhalten während eines laufenden Arbverh resultiert, wird bei vorvertraglichem Verschulden der AN erst durch pflichtwidriges Verhalten zum Abschluss des „bestandsgefährdeten" Arbverh ver-

---

421 Vgl. Erman/*Kindl*, § 311 Rn 24; BAG 11.9.1984 – 3 AZR 33/82 – juris.
422 BGH 5.10.2001 – V ZR 275/00 – NJW 2002, 208; BGH 6.4.2001 – V ZR 394/99 – NJW 2001, 2875.
423 BAG 15.5.1974 – 5 AZR 393/73 – AP § 276 BGB Verschulden bei Vertragsschluss Nr. 9.
424 Vgl. BGH 2.3.1988 – VIII ZR 380/86 – NJW 1988, 2234.
425 BAG 15.5.1974 – 5 AZR 393/73 – AP § 276 BGB Verschulden bei Vertragsschluss Nr. 9.
426 BGH 24.6.1998 – XII ZR 126/96 – NJW 1998, 2900.
427 BGH 9.10.1989 – V ZR 257/88 – NJW-RR 1990, 229; BAG 15.5.1974 – 5 AZR 393/73 – AP § 276 BGB Verschulden bei Vertragsschluss Nr. 9.
428 Einschränkend ErfK/*Preis*, § 611 BGB Rn 268; MünchArbR/*Richardi*, Bd. 1, § 45 Rn 22.
429 So noch BAG 26.8.1998 – 7 AZR 450/97 – AP § 620 BGB Befristeter Arbeitsvertrag Nr. 202; offengelassen BAG 20.2.2002 – 7 AZR 600/00 – NJW 2002, 2660; BAG 17.4.2002 – 7 AZR 284/01 – juris; ablehnend HaKoKSchG/*Mestwerdt*, § 15 TzBfG Rn 42 ff.
430 BAG 2.12.1976 – 3 AZR 401/75 – AP § 276 BGB Verschulden bei Vertragsschluss Nr. 10.
431 BAG 2.12.1976 – 3 AZR 401/75 – AP § 276 BGB Verschulden bei Vertragsschluss Nr. 10.
432 Erman/*Kindl*, § 311 Rn 25.
433 BAG 26.7.2001 – 8 AZR 739/00 – AP § 628 BGB Nr. 13; BAG 22.4.2004 – 8 AZR 269/04 – AP § 628 BGB Nr. 18.

anlasst und von anderen Dispositionen abgehalten. Für eine schadensrechtliche Privilegierung gibt es in dieser Situation keine (Rechts-)Grundlage.

Der Berechnung des **Verdienstausfallschadens** kann nach § 249 sowohl das entgangene Netto- (sog. **modifizierte Nettolohnmethode**) wie auch das entgangene Bruttoentgelt (sog. **Bruttolohnmethode**) zugrunde gelegt werden.[434] Bei der Nettolohnberechnung bedarf es ggf. allerdings der konkreten Darlegung weiterer steuer- oder sozialversicherungsrechtlicher Schäden. Das BAG legt der Schadensberechnung regelmäßig die Bruttolohnmethode zugrunde.[435] Danach ist bei der Schadensberechnung der entgangene Bruttoverdienst des Geschädigten anzusetzen. Vorteile, die ihm aufgrund des Schadensereignisses durch den Wegfall z.B. von Steuern zufließen, sind im Wege des Vorteilsausgleichs zu berücksichtigen, wobei der Vorteilsausgleich entsprechendes Verteidigungsvorbringen des Schädigers voraussetzt.[436]

(8) Darlegungs- und Beweislast. Der AN, der den AG wegen der Verletzung vorvertraglicher Pflichten in Anspruch nimmt, trägt in Bezug auf die tatbestandlichen Voraussetzungen dieses Anspruches grds. die Darlegungs- und Beweislast.[437]

Im Einzelnen ist aber zu differenzieren: Der **AN** muss v.a. die **Verletzung vorvertraglicher Pflichten und den eingetretenen Schaden** darlegen und ggf. beweisen,[438] nicht aber die Kausalität zwischen Pflichtverletzung und eingetretenem Schaden. Insofern greift die Vermutung „aufklärungsgerechten Verhaltens". Verletzt der **AG** vorvertragliche Aufklärungspflichten, ist er dafür beweispflichtig, dass der Schaden auch bei pflichtgemäßem Verhalten eingetreten wäre,[439] also die **Kausalität zwischen Pflichtverletzung und Schaden** fehlt. Dem AG obliegt auch die **Beweislast für fehlendes Verschulden**.[440] Dies ergibt sich eindeutig aus § 280 Abs. 1 S. 2.

cc) Vorvertragliche Pflichten des Bewerbers. (1) Allgemeines. Der AG hat in der Einstellungssituation ein berechtigtes Interesse daran, die Eignung des zukünftigen Mitarbeiters für den konkreten Arbeitsplatz auf der Grundlage möglichst umfassender Daten beurteilen zu können. Maßgebliche Informationen liefert regelmäßig die Befragung der Bewerber. Das **Recht auf Information** über und durch den Bewerber folgt dabei aus der Vertragsfreiheit und ist verfassungsrechtlich als zur Berufsausübungsfreiheit gehörend in Art. 12 Abs. 1 GG bzw. jedenfalls in Art. 2 Abs. 1 GG[441] garantiert. Will der AG eine aus unternehmerischer Sicht optimale Auswahlentscheidung treffen, ist er auf die wahrheitsgemäße Beantwortung seiner Fragen durch die Bewerber angewiesen; nur dann ist eine Abwägung dahingehend möglich, bei welchem Arbeitsplatzbewerber die beste Gegenleistung für das geschuldete Entgelt zu erwarten ist.

Mit dem Informationsinteresse des AG kollidieren in der Einstellungssituation das Interesse des AN, sich in der Bewerbungssituation möglichst positiv „verkaufen" zu können aber persönliche Belange nicht mehr als nötig offenbaren zu müssen. Betroffen ist damit das allgemeine verfassungsrechtlich in Art. 1 Abs. 1 GG und Art. 2 Abs. 1 GG begründete **Persönlichkeitsrecht des AN**.[442]

Gesetzliche **Einschränkungen der Informationsfreiheit** ergeben sich für **den öffentlichen AG** aus **Art. 33 Abs. 2 GG**, wonach bei der Einstellung ausschließlich auf Eignung, Befähigung und fachliche Leistung abgestellt werden muss. Ein über diese Kriterien hinausgehender Informationsanspruch besteht nicht. **§ 7 Abs. 2 BGleiG** statuiert für die unmittelbare und mittelbare Bundesverwaltung ein ausdrückliches Verbot, in Vorstellungs- oder Auswahlgesprächen nach dem Familienstand, einer bestehenden oder geplanten Schwangerschaft sowie der Sicherstellung der Betreuung der Kinder, behinderten oder pflegebedürftigen Angehörigen neben der Berufstätigkeit zu fragen.[443]

Weitergehende Beschränkungen des Informationsrechts – auch für den **nichtöffentlichen AG** – ergeben sich aus **Art. 9 Abs. 3 GG** (Unzulässigkeit der Frage nach einer Gewerkschaftszugehörigkeit) sowie aus den **Benachteiligungsverboten** der §§ **1, 7 Abs. 1 AGG**. Nach § 2 Abs. 1 AGG sind Benachteiligungen aus einem in § 1 AGG genannten Grund unzulässig u.a. in Bezug auf die Bedingungen für den Zugang zu unselbstständiger Tätigkeit. Damit determiniert das AGG das Fragerecht des AG in der Einstellungssituation.[444] Bereits nach der vor Inkrafttreten des AGG bestehenden Gesetzeslage (§ 611a BGB a.F., § 81 SGB IX) und Rspr. bestand umfangreicher Rechtsschutz gegen Diskriminierung in der Einstellungssituation und rechtswidrige Beeinträchtigung des allgemeinen Persönlichkeitsrechts (vgl. Rn 264 ff.). Dieses Schutzniveau ist auch durch die gesetzlich in §§ 8 bis 10 AGG vorgesehene

---

[434] Eingehend BGH 15.11.1994 – VI ZR 194/93 – NJW 1995, 389.
[435] BAG 8.8.2002 – 8 AZR 574/01 – AP § 618 BGB Nr. 14.
[436] BAG 8.8.2002 – 8 AZR 574/01 – AP § 618 BGB Nr. 14.
[437] BAG 7.9.1995 – 8 AZR 695/94 – AuR 1996, 30.
[438] BAG 2.12.1976 – 3 AZR 401/75 – AP § 276 BGB Verschulden bei Vertragsschluss Nr. 10.
[439] BGH 26.9.1997 – V ZR 29/96 – NJW 1998, 302; BGH 16.11.1993 – XI ZR 214/92 – BGHZ 124/151; LAG Düsseldorf 11.12.2001 – 4 Sa 1345/01 – LAGE § 276 BGB Verschulden bei Vertragsschluss Nr. 4.
[440] BAG 8.3.1977 – 4 AZR 700/75 – DB 1977, 1322; LAG Düsseldorf 11.12.2001 – 4 Sa 1345/01 – LAGE § 276 BGB Verschulden bei Vertragsschluss Nr. 4.
[441] Maunz/Dürig/*Dürig*, Art. 2 Abs. 1 Rn 53.
[442] BAG 9.7.1998 – 2 AZR 772/97 – RzK I 5h Nr. 43; BAG 5.10.1995 – 2 AZR 923/94 – AP § 123 Nr. 40; Kittner/Zwanziger/*Becker*, Arbeitsrecht Handbuch, § 29 Rn 32.
[443] Eingehend *Scheuring*, ZTR 2002, 314.
[444] Vgl. eingehend *Wisskirchen/Bissels*, NZA 2007, 170.

Möglichkeiten unterschiedlicher Behandlung nicht abgesenkt worden,[445] so dass die bisherige Rspr. nach wie vor Geltung beanspruchen kann. Zu beachten ist, dass eine Reihe von Fragen in der Einstellungssituation einen unmittelbaren oder mittelbaren Bezug zu den Diskriminierungstatbeständen des § 1 AGG aufweisen und entsprechende Fragen sich im Hinblick auf die Zulässigkeit an den Wertungen der §§ 8–10 AGG messen lassen müssen.

261 Wie der Informationsanspruch des AG in der konkreten Situation ausgestaltet ist und ob diesem Anspruch gegenüber berechtigte Interessen des Bewerbers an der Wahrung des Persönlichkeitsrechts zurückzutreten haben, ist im Einzelfall festzustellen. Ausgangspunkt ist dabei der konkret zu besetzende Arbeitsplatz mit seinem jeweiligen Anforderungsprofil. Die Fragen müssen einen konkreten Bezug zu den Anforderungen des Arbeitsplatzes haben, um zulässig zu sein.[446]

262 Generell geht die Rspr. davon aus, dass der AN zur **wahrheitsgemäßen Beantwortung** von Fragen nach dem Vorliegen bestimmter Tatsachen verpflichtet ist, falls die gestellte Frage zulässig ist. **Ein Fragerecht des AG** bei Einstellungsverhandlungen wird dabei insoweit anerkannt, als der AG ein **berechtigtes, billigenswertes und schutzwürdiges Interesse** an der Beantwortung seiner Frage im Hinblick auf das Arbvrh hat.[447] Das Interesse des AG an der Beantwortung der Frage muss im Hinblick auf das konkrete Anforderungsprofil des Arbeitsplatzes objektiv so stark sein, dass das Interesse des AN am Schutz seiner Privatsphäre dahinter zurückzutreten hat. Ein **Fragerecht in Bezug auf unmittelbar oder mittelbar diskriminierungsrelevante Tatsachen** besteht grds. nur dann, wenn die Frage durch die gesetzlich normierten Rechtfertigungsgründe bedingt ist. Ist eine Ungleichbehandlung wegen eines Diskriminierungstatbestands des § 1 AGG erforderlich, weil es z.B. um eine wesentliche und entscheidende berufliche Anforderung i.S.v. § 8 AGG geht, so besteht auch ein entsprechendes Fragerecht in der Einstellungssituation (zu den Rechtsfolgen der Falschbeantwortung vgl. Rn 299 ff.).

263 Davon zu unterscheiden ist die Frage, ob der AN auch ungefragt verpflichtet ist, in der Einstellungssituation bestimmte Tatsachen offen zulegen. Eine **Offenbarungspflicht** besteht nur **ausnahmsweise** dann, wenn die verschwiegenen Umstände dem AN die Erfüllung der arbeitsvertraglichen Leistungspflichten unmöglich machen oder sonst für den in Betracht kommenden Arbeitsplatz von ausschlaggebender Bedeutung sind.[448] Ein AN ist darüber hinaus aber nicht verpflichtet, ungefragt alle Umstände zu offen zulegen, die der einschränkungslosen Verwendung auf dem angestrebten Arbeitsplatz entgegenstehen; insoweit muss er sich erst auf eine entsprechende Frage, dann aber wahrheitsgemäß erklären. Wäre eine entsprechende Frage unzulässig, besteht auch keine Pflicht zur ungefragten Offenbarung bestimmter Umstände.

264 **(2) Schwangerschaft.** Die Frage nach einer bestehenden Schwangerschaft ist grds. unzulässig, auch eine **Offenbarungspflicht** besteht deshalb **nicht**. Dies ergibt sich für die Bundesverwaltung ausdrücklich aus § 7 Abs. 2 BGleiG und i.Ü. aus § 3 Abs. 1 S. 2 AGG; es liegt eine unmittelbare Benachteiligung wegen Schwangerschaft vor. Die Rspr. des BAG ist diesbezüglich eindeutig. Das BAG hat sich mit der Entscheidung v. 6.2.2003[449] der Rspr. des EuGH[450] ausdrücklich angeschlossen und seine frühere differenzierende Auffassung,[451] wonach die Frage nach der Schwangerschaft dann sachlich gerechtfertigt war, wenn sie objektiv dem gesundheitlichen Schutz der Bewerberin und des ungeborenen Kindes diente und von vornherein ein Beschäftigungsverbot eingegriffen hätte (§ 4 MuSchG), aufgegeben. Nach der Rspr. des EuGH ist die Benachteiligung einer schwangeren Bewerberin bei der Einstellung in ein unbefristetes Arbvrh wegen eines Verstoßes gegen die RL 76/207/EWG unzulässig, wenn die Bewerberin ihre Arbeit nach Ablauf von gesetzlichen Schutzfristen wieder aufnehmen kann. Dem folgte das BAG konsequent. Danach lag in der Frage nach der Schwangerschaft ein Verstoß gegen § 611a BGB a.F., weil sie Frauen bei der Begründung eines Arbvrh benachteiligt. Die Auslegung und Anwendung dieser Norm hat sich nach Auffassung des BAG an Wortlaut und Zweck der RL 76/207/EWG zu orientieren, da die Norm auf der Umsetzung dieser RL beruht.[452] Zweck der RL ist die Durchsetzung des Grundsatzes der Gleichbehandlung von Männern und Frauen auch im Hinblick auf den Zugang zur Beschäftigung,[453] diesem Zweck widerspräche, wenn die Frage nach einer bestehenden Schwangerschaft zulässig und wahrheitsgemäß zu beantworten wäre, weil sie zur Nichteinstellung der Schwangeren führt. Auch die (vorübergehende) Verhinderung, aufgrund eines gesetzlichen Verbots die Stelle wahrzunehmen, rechtfertigt deshalb nicht die Benachteiligung der AN.[454]

---

445 Entwurfsbegründung zum AGG BR-Druck 329/06, S. 35.
446 Kittner/Zwanziger/*Becker*, Arbeitsrecht Handbuch, § 29 Rn 23; HWK/*Thüsing*, § 123 BGB Rn 7.
447 BAG 18.10.2000 – 2 AZR 380/99 – AP § 123 BGB Nr. 59; BAG 11.11.1993 – 2 AZR 467/93; BAG 5.10.1995 – 2 AZR 923/94 – AP Nr. 40 zu § 123 BGB.
448 BAG 21.2.1991 – 2 AZR 449/90 – AP § 123 BGB Nr. 35.
449 BAG 6.2.2003 – 2 AZR 621/01 – AP § 611a BGB Nr. 21; BAG 16.4.2002 – 1 AZR 363/01 – NZA 2003, 225; Kittner/Zwanziger/*Becker*, Arbeitsrecht Handbuch, § 29 Rn 50; *Hümmerich*, Arbeitsrecht, § 3 Rn 8; krit. *Löwisch*, SAE 2004, 126.
450 EuGH 3.2.2000 – C 207/98 – AP § 611a BGB Nr. 18; EuGH 4.10.2001 – C 109/00 – AP EWG-Richtlinie Nr. 76/207 Nr. 27; EuGH 5.5.1994 – C 421/92 – AP EWG-Richtlinie Nr. 76/207 Art. 2 Nr. 3.
451 BAG 1.7.1993 – 2 AZR 25/93 – AP § 123 BGB Nr. 36.
452 BAG 6.2.2003 – 2 AZR 621/01 – AP § 611a BGB Nr. 21.
453 EuGH 4.10.2001 – C 109/00 – AP EWG-Richtlinie Nr. 76/207 Nr. 27.
454 EuGH 27.2.2003 – C 320/01 – EWG-Richtlinie Nr. 76/207 Nr. 31.

Noch nicht ausdrücklich entschieden ist mit der Entscheidung v. 6.2.2003, ob die Frage nach der Schwangerschaft **265** auch dann unzulässig ist, wenn die **Stelle nur befristet zu besetzen** ist und im Fall der Besetzung mit einer schwangeren Bewerberin für die gesamte Vertragsdauer ein Beschäftigungsverbot greifen würde. Der EuGH[455] vertritt in diesem Zusammenhang die Auffassung, dass es für die Beurteilung der Frage, ob eine Entlassung diskriminierenden Charakter hat, unerheblich ist, ob der Arbeitsvertrag auf bestimmte oder auf unbestimmte Zeit geschlossen wurde, weil in beiden Fällen die Unfähigkeit der AN, den Arbeitsvertrag zu erfüllen, auf der Schwangerschaft beruht. Außerdem sei auch die Dauer eines befristeten Arbverh höchst ungewiss, weil es erneuert oder verlängert werden könne.[456] Selbst wenn es in diesem Fall um die Wirksamkeit einer Künd ging und nicht um eine Anfechtung des Arbeitsvertrags, so lässt die Entscheidung erkennen, dass der EuGH bei der Anwendung der RL nicht zwischen befristeten und unbefristeten Arbverh differenziert.[457] Nach dem Argumentationsmuster der Entscheidung v. 6.2.2003, welches auf die gefestigte Rspr. des EuGH Bezug nimmt, steht zu erwarten, dass das BAG auch vor der Besetzung von befristeten Stellen die Frage nach der Schwangerschaft für unzulässig erachten wird.[458]

Dem ist einschränkungslos zuzustimmen, wenn das Arbverh nach § 14 Abs. 2 TzBfG sachgrundlos befristet werden **266** soll. Regelmäßig werden sachgrundlos befristete Arbverh im Rahmen der gesetzlichen Zeitgrenzen des § 14 Abs. 2 bzw. 2a TzBfG verlängert. Der EuGH weist mit Recht darauf hin, dass die (endgültige) Dauer eines befristeten Arbverh häufig zu Beginn noch nicht feststeht.[459] Mutterschutzrechtliche Beschäftigungsverbote führen deshalb auch nicht dazu, dass das Arbverh für die übliche Vertragsdauer eines sachgrundlos befristeten Arbverh sinnentleert wird. Es wäre zudem sinnwidrig und würde dem mit der RL Nr. 76/207 verfolgten Zweck widersprechen, wenn die Zulässigkeit der Frage nach der Schwangerschaft von der Entscheidung des AG abhängen würde, die Stelle sachgrundlos zu befristen anstatt sie unbefristet einzurichten.

Auch bei **Sachgrundbefristungen nach § 14 Abs. 1 TzBfG** ist die Frage nach einer Schwangerschaft auf der Grund- **267** lage der Rspr. des EuGH sowie des BAG unzulässig, so dass die wahrheitswidrige Beantwortung der Frage nicht zur Anfechtung des Arbeitsvertrags nach § 123 Abs. 1 berechtigt. Zulässig bleibt aber **in engen Grenzen** die Berufung des AG auf den **Einwand rechtsmissbräuchlichen Verhaltens nach § 242**.[460] Will der AG eine Stelle befristet besetzen, weil erkennbar nur für einen bestimmten Zeitraum Beschäftigungsbedarf besteht und würde auf diesem Arbeitsplatz für die gesamte Befristungsdauer ein mutterschutzrechtliches Beschäftigungsverbot greifen, so handelt die schwangere Bewerberin rechtsmissbräuchlich, wenn sie die Schwangerschaft nicht offenbart bzw. die Frage nach einer Schwangerschaft wahrheitswidrig verneint. Die Eingehung eines Arbverh, in dem es absehbar nicht zu einem Austausch von Leistung und Gegenleistung sondern ausschließlich zum Bezug von Entgeltersatzleistungen kommt, ist nicht schützenswert. Die Geltendmachung von Entgeltersatzleistungen während des Beschäftigungsverbotes ist in dieser (Ausnahme-)Situation treuwidrig.

(3) Schwerbehinderung. Das BAG ist bisher in st. Rspr. davon ausgegangen, dass die **Frage nach einer Schwer-** **268** **behinderung** des Bewerbers uneingeschränkt zulässig ist,[461] aber eine entsprechende **Offenbarungspflicht** nur bestehe, wenn die Behinderung die Ausübung der Tätigkeit unmöglich mache. Lediglich dann, wenn die Schwerbehinderung für den AG offensichtlich sei und deshalb bei ihm ein Irrtum nicht entstehen könne, berechtige die Falschbeantwortung der Frage nicht zur Anfechtung des Arbeitsvertrags.[462] Das BAG hat i.Ü. differenziert: Die **Frage nach einer Körperbehinderung** i.S.v. § 2 Abs. 1 SGB IX sei nur zulässig, wenn die Behinderung erfahrungsgemäß die Eignung des Stellenbewerbers für die vorgesehene Tätigkeit beeinträchtige.[463] Nach bisheriger Auffassung des BAG ist demgegenüber die **Frage nach der Schwerbehinderteneigenschaft** i.S.v. § 2 Abs. 2 und Abs. 3 SGB IX grds. zulässig, auch wenn die Behinderung, auf die die Anerkennung beruht, tätigkeitsneutral ist.[464] Die gesetzlichen Pflichten, die an die Anerkennung als schwerbehinderter Mensch für den AG während der gesamten Dauer des Arbverh geknüpft seien, begründeten ein berechtigtes Interesse des AG, den Stellenbewerber bei den Einstellungsverhandlungen nach dem Status eines schwerbehinderten Menschen zu fragen.[465]

An dieser Rspr. hat das BAG auch nach Einfügung von Art. 3 Abs. 3 S. 2 GG, wonach niemand wegen seiner Behin- **269** derung benachteiligt werden darf, ausdrücklich festgehalten und darauf abgestellt, es fehle eine § 611a BGB a.F. vergleichbare einzelgesetzliche Regelung zur Durchsetzung des grundrechtlichen Benachteiligungsverbots.[466]

---

455 EuGH 4.10.2001 – C 109/00 – AP EWG-Richtlinie Nr. 76/207 Nr. 27.
456 EuGH 4.10.2001 – C 109/00 – AP EWG-Richtlinie Nr. 76/207 Nr. 27.
457 *Löwisch*, SAE 2004, 126 (Anm. zu BAG 6.2.2003 – 2 AZR 621/01 – AP § 611a BGB Nr. 21).
458 ErfK/*Preis*, § 611 BGB Rn 274; für die Zulässigkeit der Frage bei der Besetzung von befristeten Arbeitsplätzen APS/*Rohlfs*, § 9 MuschG Rn 48.
459 EuGH 4.10.2001 – C 109/00 – AP EWG-Richtlinie Nr. 76/207 Nr. 27.
460 Zutreffend HWK/*Thüsing*, § 123 BGB Rn 24; *Löwisch*, SAE 2004, 126.
461 BAG 3.12.1998 – 2 AZR 754/97 – AP § 123 BGB Nr. 49; BAG 5.10.1995 – 2 AZR 923/94 – AP § 123 BGB Nr. 40; BAG 28.2.1991 – 2 AZR 515/90 – juris.
462 BAG 18.10.2000 – 2 AZR 380/99 – AP § 123 BGB Nr. 59.
463 BAG 5.10.1995 – 2 AZR 923/94 – AP § 123 BGB Nr. 40; BAG 7.6.1984 – 2 AZR 270/83 – AP § 123 BGB Nr. 26.
464 BAG 5.10.1995 – 2 AZR 923/94 – AP § 123 BGB Nr. 40.
465 BAG 18.10.2000 – 2 AZR 380/99 – AP § 123 BGB Nr. 59.
466 BAG 5.10.1995 – 2 AZR 923/94 – AP § 123 BGB Nr. 40.

270 Mit Inkrafttreten des § 81 Abs. 2 Nr. 1 SGB IX (jetzt § 1 AGG) ist dieser Argumentation der Boden entzogen. Der Gesetzgeber wollte das in Art. 3 Abs. 3 S. 2 GG und Art. 5 der Gleichbehandlungs-RL 2000/78/EG[467] statuierte Diskriminierungsverbot für schwerbehinderte Menschen umsetzen. Benachteiligungen wegen einer Behinderung sind in Bezug auf den Zugang zur Erwerbstätigkeit nach §§ 3, 2 Abs. 1 AGG unzulässig. Die Gefahr einer Benachteiligung besteht aber, wenn der AG nach einer wahrheitsgemäßen Auskunft wegen der mit der Beschäftigung eines schwerbehinderten Menschen verbundenen gesetzlichen Auflagen von einer Einstellung Abstand nimmt. Die **Frage nach der reinen** Schwerbehinderteneigenschaft in der Einstellungssituation ist deshalb **unzulässig**.[468] Zulässig bleibt demgegenüber die Frage, ob im Hinblick auf die konkret zu besetzende Stelle, körperliche Beeinträchtigungen bestehen, die der Verwendung auf dieser Stelle entgegenstehen könnten. Dies ergibt sich aus § 8 Abs. 1 AGG (vorher § 81 Abs. 2 Nr. 1 S. 4 SGB IX).[469] Danach ist eine unterschiedliche Behandlung wegen einer Behinderung zulässig, wenn es um eine wesentliche und entscheidende berufliche Anforderung geht. Insoweit besteht auch eine **Pflicht des Bewerbers zur ungefragten Offenbarung** dieser konkreten Beeinträchtigungen.

271 (4) **Krankheiten, Gesundheitszustand.** Der Umfang des Fragerechts des AG hinsichtlich bestehender Krankheiten oder sonstiger gesundheitlicher Beeinträchtigungen richtet sich danach, ob diese sich auf das konkrete Arbverh auswirken können.[470] Das AGG greift nicht, da Krankheit nicht als Benachteiligungstatbestand in § 1 AGG normiert ist. Zulässig ist die Frage, wenn die Eignung für die vorgesehene Verwendung auf Dauer oder in Abständen eingeschränkt bleibt, ansteckende Krankheiten künftige Kollegen oder Kunden gefährden können[471] oder aber in absehbarer Zeit mit Arbeitsunfähigkeit durch eine geplante Operation oder Kur zu rechen ist. In diesen Fällen hat der Anspruch des Bewerbers auf Wahrung seiner Intimsphäre hinter die schützenswerten Interessen des AG auf umfassende Beurteilung der Eignung des Bewerbers für die zukünftige Verwendung zurückzutreten.

272 Ohne konkrete Frage besteht eine **Offenbarungspflicht des Bewerbers** im Hinblick auf den Gesundheitszustand nur, wenn sie der geplanten Verwendung des Bewerbers auf dem ausgeschriebenen Arbeitsplatz entgegensteht.

273 Das **Fragerecht** ist **präzise** auszuüben. Der Bewerber ist nur verpflichtet, sich auf konkrete Fragen zu erklären.[472] Die allgemeine Frage nach dem „Gesundheitszustand" ist demgegenüber unzulässig.[473]

274 Zulässig ist – unabhängig von der konkreten Arbeitsstelle – die Frage nach einer **bestehenden Alkohol- oder Drogenabhängigkeit (nicht aber allgemein nach Alkohol- oder Rauchgewohnheiten)**,[474] weil sie generell die Arbeitsfähigkeit beeinträchtigen kann. Die Frage nach früheren akuten Abhängigkeiten oder etwaigen Entziehungsmaßnahmen ist demgegenüber unzulässig, da nach einer erfolgreichen Entziehungskur das Interesse des Bewerbers an der Wahrung seiner Privatsphäre gegenüber dem Interesse des AG an einem Ausschluss auch nur latenter Gefährdungen durch eine Rückfallgefahr überwiegt.

275 Der Bewerber ist grds. verpflichtet, **Fragen nach einem Anfallsleiden** (Epilepsie) wahrheitsgemäß zu beantworten, da durch Ausfall der körperlichen und geistigen Funktionen die Erbringung der Arbeitsleistung zumindest partiell unmöglich wird und v.a. bei Kraftfahrern etc. auch ein erhebliches Gefährdungspotenzial für andere Menschen besteht. Beeinträchtigt das konkrete Anfallsleiden hingegen die vorgesehene Tätigkeit nicht – so im Fall der Schlafepilepsie –, ist die unzutreffende Beantwortung der Frage nicht pflichtwidrig.[475]

276 Geplante **Kuren oder bevorstehende Operationen** sind auf eine entsprechende Frage anzugeben.[476] Auch die Frage nach einer bestehenden HIV-**Erkrankung** ist wahrheitsgemäß zu beantworten,[477] da nach gegenwärtigem medizinischen Kenntnisstand eine Heilung ausscheidet, die Leistungsfähigkeit beeinträchtigt ist und Arbeitsunfähigkeitszeiten zu gewärtigen sind. Zulässig ist auch die Frage nach einer **HIV-Infektion**, obwohl in diesem Stadium die Erbringung der Arbeitsleistung nicht gefährdet ist. Der Diskriminierungsschutz nach dem AGG greift nicht, da kein Tatbestand i.S.v. § 1 AGG tangiert ist. Da die Gefahr einer erhöhten Ansteckungsgefahr von Kollegen und Kunden v.a. bei Tätigkeiten im Gesundheitsbereich etc. nicht gänzlich ausgeschlossen werden kann und Restriktionen und Ausgrenzungen des AN im Betrieb zu befürchten sind, die den reibungslosen Betriebsablauf beeinträchtigen können, besteht nach hier vertretener Auffassung ein berechtigtes Bedürfnis des AG an der wahrheitsgemäßen Beantwortung der Frage.[478]

---

467 EG 2000/78 v. 27.11.2000 – Abl EG L 303 v. 2.12.2000.
468 *Joussen*, NZA 2007, 174; *Brecht-Heitzmann*, ZTR 2006, 639; *Wisskirchen/Bissels*, NZA 2007, 173; *Schaller*, RiA 2005, 231; LPK-SGB IX/*Düwell*, § 85 Rn 18; *Schrader/Schubert*, Das neue AGG, Rn 249; *Messingschläger*, NZA 2003, 301; *Thüsing/Lamprecht*, BB 2002, 1146; APS/*Vossen*, § 85 SGB IX Rn 24a; *Löwisch*, SAE 2004, 126; a.A. *Schaub*, NZA 2003, 299.
469 *Schaller*, RiA 2005, 232.
470 *Dörner*, AR-Blattei SD 60 Rn 60; BAG 7.6.1984 – 2 AZR 270/83 – AP § 123 BGB Nr. 26; LAG Hamm 22.1.1999 – 5 Sa 702/98 – Behindertenrecht 1999, 170; ArbG Stuttgart 14.10.1992 – 12 Ca 938/92 – juris.
471 *Wisskirchen/Bissels*, NZA 2007, 171.
472 BAG 25.4.1980 – 7 AZR 322/78 – juris.
473 *Kittner/Zwanziger/Becker*, Arbeitsrecht Handbuch, § 29 Rn 46.
474 Zutreffend *Wisskirchen/Bissels*, NZA 2007, 171.
475 LAG Hamm 22.1.1999 – 5 Sa 702/98 – Behindertenrecht 1999, 170.
476 BAG 7.6.1984 – 2 AZR 270/83 – AP § 123 BGB Rn 26.
477 ErfK/*Preis*, § 611 BGB Rn 274; *Richardi*, NZA 1988, 73; *Lichtenberg/Schückring*, NZA 1990, 41.
478 I.E. so auch *Eich*, Sonderbeil. NZA 2/1987, 10; *Zeller*, BB 1987, 1522, differenzierend *Wisskirchen/Bissels*, NZA 2007, 172; *Richardi*, NZA 1988, 73.

Gibt eine **transsexuelle Person**, deren Geschlechtsumwandlung nach §§ 8, 10 TSG noch nicht erfolgt ist, bei Einstellungsverhandlungen ihr wahres Geschlecht ungefragt nicht an, so liegt darin im Hinblick auf den Schutzzweck des TSG keine rechtswidrige arglistige Täuschung.[479] Eine Offenbarungspflicht besteht nach der Entscheidung des BAG v. 21.2.1991 auch dann nicht, wenn die Tätigkeit in einer Praxis mit einem großen Teil von weiblichen muslimischen Patienten ausgeübt werden soll. Offengelassen hat das BAG, ob die ausdrückliche Frage nach dem (wahren) Geschlecht zulässig und deshalb wahrheitsgemäß zu beantworten ist. Darin liegt eine unmittelbare Benachteiligung wegen der sexuellen Identität nach §§ 1, 3 Abs. 1 AGG. Die Frage ist deshalb nach § 8 AGG nur dann möglich, wenn das Geschlecht eine wesentliche und entscheidende Anforderung darstellt. In Betracht kommt in diesen Fällen allerdings auch die Anfechtung des Arbeitsvertrags wegen Irrtums über eine verkehrswesentliche Eigenschaft nach § 119 Abs. 2.[480]

(5) Haftstrafen, Ermittlungsverfahren. Eine **Offenbarungspflicht** des AN im Hinblick auf laufende Ermittlungsverfahren oder etwaige Vorstrafen besteht grds. nicht.[481] Lediglich ein unmittelbar bevorstehender Haftantritt ist mitzuteilen, weil er die Ausübung der geschuldeten Leistung unmöglich macht.[482]

Der AG darf den Bewerber bei der Einstellung nach **Vorstrafen** fragen, **wenn und soweit die Art des zu besetzenden Arbeitsplatzes dies erfordert**.[483] Maßgeblich ist dabei nicht die subjektive Einschätzung des AG, sondern ein objektiver Maßstab. Zulässig ist deshalb die Frage nach einer Vorstrafe wegen Vermögensdelikten, wenn es um die Besetzung der Stelle eines Buchhalters oder einer Kassiererin geht, nach einer Vorstrafe wegen Sexualdelikten bei der Einstellung von Lehrern oder Erziehern oder nach einer Vorstrafe wegen Verkehrsdelikten bei der Einstellung von Kraftfahrern.[484]

Die **allgemeine Frage nach Vorstrafen** ist wie die allgemeine Frage nach dem Gesundheitszustand im Regelfall unzulässig.[485] Sie muss grds. konkreten Bezug zu der zu besetzenden Stelle haben und sich auf die Abfrage nur einschlägiger Vorstrafen beschränken.[486] Handelt es sich allerdings um die Einstellung in den Polizeidienst, so ist auch die allgemein gehaltene Frage nach Vorstrafen zulässig, weil es für die Beurteilung der Eignung maßgeblich ist, inwieweit der Bewerber sich gesetzestreu verhält.[487]

Ein Bewerber braucht etwaige Vorstrafen dann nicht mehr anzugeben, wenn die Verurteilung nicht in das Führungszeugnis aufzunehmen oder zu tilgen ist (§§ 51, 53 BZRG).[488]

Die **Frage nach laufenden Ermittlungsverfahren** ist nach diesen Grundsätzen ebenfalls zulässig.[489] Dem steht die Unschuldsvermutung nach Art. 6 Abs. 2 EMRK nicht entgegen. Diese bindet lediglich den erkennenden Strafrichter, beeinflusst aber nicht das berechtigte Interesse des AG an der Kenntnis einschlägiger Ermittlungsverfahren. Es ist dem AG nicht zuzumuten, ein Arbverh in Unkenntnis des Ermittlungsverfahrens begründen zu müssen um dann erst bei einer späteren Verurteilung Konsequenzen ziehen zu können.

(6) Beruflicher Werdegang. Der AG hat grds. ein berechtigtes Interesse an der Kenntnis des bisherigen beruflichen Werdegangs, weil dieser Rückschlüsse auf die Eignung des Bewerbers für die zu besetzende Stelle erlaubt. Fragen nach dem Werdegang sind deshalb einschränkungslos zulässig und wahrheitsgemäß zu beantworten.[490]

Die Frage nach dem **bisherigen Gehalt** ist dann unzulässig, wenn die bisherige Vergütung für die erstrebte Stelle keine Aussagekraft hat.[491] Zulässig ist sie dann, wenn der Bewerber seine Gehaltsvorstellungen selber an seinem bisherigen Gehalt orientiert und entsprechende Mindestbedingungen formuliert oder aber das bisherige Gehalt im Einzelfall doch Rückschlüsse auf die Eignung zulässt. Dies kann im öffentlichen Dienst der Fall sein, weil dort Gehälter regelmäßig nicht ausgehandelt werden, sondern die Eingruppierung entsprechend Qualifikation und Tätigkeit erfolgt.[492]

Die Frage nach bestehenden **Wettbewerbsverboten** hat der Bewerber wahrheitsgemäß zu beantworten, weil sie die Einsatzmöglichkeiten im neuen Arbverh bestimmen. Sofern nicht auszuschließen ist, dass ein Wettbewerbsverbot der neuen Tätigkeit entgegensteht, besteht eine diesbezügliche **Offenbarungspflicht**.[493]

---

479 BAG 21.2.1991 – 2 AZR 449/90 – AP § 123 BGB Nr. 35.
480 BAG 21.2.1991 – 2 AZR 449/90 – AP § 123 BGB Nr. 35.
481 *Hümmerich*, Arbeitsrecht, § 3 Rn 17.
482 *Hümmerich*, Arbeitsrecht, § 3 Rn 11.
483 St. Rspr. zuletzt BAG 20.5.1999 – 2 AZR 320/98 – AP § 123 BGB Nr. 50.
484 BAG 20.5.1999 – 2 AZR 320/98 – AP § 123 BGB Nr. 50.
485 ArbG Münster 28.7.1988 – 2 Ca 142/88 – DB 1988, 2209.
486 BAG 5.12.1957 – 1 AZR 594/56 – AP § 123 BGB Nr. 2.
487 BAG 20.5.1999 – 2 AZR 320/98 – AP § 123 BGB Nr. 50.
488 BAG 21.2.1991 – 2 AZR 449/90 – AP § 123 BGB Nr. 35.
489 BAG 20.5.1999 – 2 AZR 320/98 – AP § 123 BGB Nr. 50; LAG Brandenburg 27.1.1998 – 2 Sa 664/97 – LAGE § 123 BGB Nr. 26; ArbG Frankfurt 7.1.2002 – 15 Ca 5437/01 – RDV 2002, 318; a.A. ArbG Münster 20.11.1992 – 3 Ca 1459/92 – NZA 1993, 461.
490 LAG Köln 13.11.1995 – 3 Sa 832/95 – LAGE § 123 BGB Nr. 23; LAG Hamm 8.2.1995 – 18 Sa 2136/93 – LAGE § 123 BGB Nr. 21; *Hümmerich*, Arbeitsrecht, § 3 Rn 19; ErfK/*Preis*, § 611 BGB Rn 273.
491 BAG 19.5.1983 – 2 AZR 171/81 – AP § 123 BGB Nr. 25.
492 *Hümmerich*, Arbeitsrecht, § 3 Rn 26.
493 *Hümmerich*, Arbeitsrecht, § 3 Rn 18.

286 **(7) Tätigkeit für Ministerium für Staatssicherheit.** Dem öffentlichen AG räumt die Rspr. grds. ein **Fragerecht im Hinblick auf frühere Tätigkeiten für das Ministerium für Staatssicherheit** ein.[494] Das Fragerecht ist allerdings beschränkt durch das betriebliche Interesse des AG im Hinblick auf die konkret zu besetzende Stelle und das Persönlichkeitsrecht des AN.[495] Nach der Rspr. des BVerfG[496] sowie des BAG[497] ist bei der Ausübung des Fragerechts auch der Zeitfaktor zu berücksichtigen, da sich persönliche Haltungen im Laufe der Zeit ändern können und längere beanstandungsfreie Zeiten auf innere Distanz und Abkehr von früheren Einstellungen hinweisen können. Tätigkeiten für das MfS, die vor dem Jahre 1970 abgeschlossen sind, haben danach im Regelfall eine äußerst geringe Bedeutung für die Neueinstellung von AN in den öffentlichen Dienst, so dass die entsprechende Frag unzulässig ist. Weiter zurückliegende Tätigkeiten sind dann für die nach Art. 33 Abs. 2 GG erforderliche Eignungsprüfung bei einer Neueinstellung in den öffentlichen Dienst von Bedeutung, wenn sie besonders schwer wiegen oder wenn spätere Verstrickungen für sich allein genommen noch keine eindeutige Entscheidung zulassen. Verneint der AN in einem ihm von dem öffentlichen AG vorgelegten Fragebogen wahrheitswidrig eine derart schwerwiegende MfS-Tätigkeit vor 1970, handelt er rechtswidrig.

287 Auch **außerhalb des öffentlichen Dienstes** kann es Arbeitsstellen geben, deren Besetzung der AG von der wahrheitsgemäßen Beantwortung der Fragen nach etwaiger MfS-Verstrickung abhängig machen kann.[498] Dies kann bei publizistischer Tätigkeit der Fall sein, aber auch dann, wenn die Aufgaben mit öffentlich-rechtlichen Aufgaben eng verbunden sind oder der öffentlichen Verwaltung zuzurechnen sind.[499]

288 Immer ist für die Beurteilung der Zulässigkeit einer Frage erforderlich, dass der AN erkennen kann, wonach gefragt ist. Er muss die Zulässigkeit der Frage beurteilen können. Schließlich darf eine etwaige Falschbeantwortung nicht isoliert betrachtet werden, sondern muss auch bei bewusst wahrheitswidriger Beantwortung eine einzelfallbezogene Würdigung unter Berücksichtigung von Intensität und Vorwerfbarkeit der früheren Verstrickung und der näheren Umstände der Befragung und der Beantwortung vorgenommen werden.[500] Ein Verschweigen ist dann nicht pflichtwidrig, wenn die verschwiegene Tätigkeit als solche eine Künd nicht rechtfertigen würde.[501]

289 **(8) Wirtschaftliche Verhältnisse.** Fragen nach dem **wirtschaftlichen Umfeld** und nach den **Vermögensverhältnissen** des Bewerbers sind regelmäßig unzulässig, weil sie mit dem angestrebten Arbeitsplatz in keinem Zusammenhang stehen. Davon ist nur dann eine Ausnahme zu machen, wenn ungeordnete Vermögensverhältnisse Rückschlüsse auf die Eignung für den angestrebten Arbeitsplatz zulassen. Dies kann der Fall sein, wenn es um die Besetzung von Vertrauenspositionen geht, die den Zugriff auf Vermögenswerte des AG eröffnen (Kassierer, Finanzbuchhalter etc.). In diesem Fall ist der AN zwar nicht verpflichtet, seine gesamten Vermögensverhältnisse offen zu legen. Auch **Gehaltsabtretungen** müssen nicht offengelegt werden, weil sie auch in geordneten Vermögensverhältnissen sicherungshalber gegeben werden. Die Frage nach **Gehaltspfändungen,** nach Verfahren über die **Abgabe der eidesstattlichen Versicherung nach § 899 ZPO** oder nach einem privaten **Insolvenzverfahren** ist vor der Besetzung solcher Stellen demgegenüber aber zulässig und wahrheitsgemäß zu beantworten,[502] weil ungeordnete Vermögensverhältnisse die Eignung des Bewerbers in Frage stellen.

290 Das **Fragerecht** ist in zeitlicher Hinsicht **nicht unbeschränkt**. Zu berücksichtigen ist das Interesse des Bewerbers, trotz zurückliegender wirtschaftlicher Schwierigkeiten einen Neuanfang planen zu können.[503] Es kann deshalb nur insoweit anerkannt werden, als zurückliegende Verfahren etwa zur Abgabe eidesstattlicher Versicherungen noch Rückschlüsse auf die Eignung des Bewerbers zulassen. Zeitliche Grenzen können in Analogie zu § 915a ZPO definiert werden.[504] Sind Eintragungen im Schuldnerverzeichnis gelöscht, ist der Bewerber nicht mehr verpflichtet, sie auf eine entsprechende Frage hin offen zulegen.

291 Der Bewerber ist allerdings nicht verpflichtet, auf inhaltlich unbestimmte oder unpräzise formulierte Fragen „von sich aus" sämtliche relevante Umstände offen zulegen. Die nähere inhaltliche und zeitliche Ausgestaltung obliegt allein dem AG; er trägt bei unbestimmten Fragen das Risiko unzutreffender Beantwortung.[505]

292 **(9) Persönliche Daten/Lebensumstände.** Fragen nach persönlichen Daten und Lebensumständen sind nicht zulässig, wenn sie keinen Rückschluss auf die Eignung des AN erlauben und für den zu besetzenden Arbeitsplatz ohne

---

494 Zuletzt BAG 13.6.2002 – 2 AZR 234/01 – AP § 1 KSchG 1969 Nr. 69.
495 BAG 13.6.2002 – 2 AZR 234/01 – AP § 1 KSchG 1969 Nr. 69.
496 BVerfG 8.7.1997 – 1 BvR 2111/94, 195/95 und 2189/95 – BVerfGE 1996, 171.
497 BAG 4.12.1997 – 2 AZR 750/96 – AP § 1 KSchG 1969 Verhaltensbedingte Kündigung Nr. 37; BAG 28.5.1998 – 2 AZR 549/97 – AP § 123 BGB Nr. 46.
498 BAG 13.6.2002 – 2 AZR 234/01 – AP § 1 KSchG 1969 Nr. 69; BAG 25.10.2001 – 2 AZR 559/00 – EzA § 626 BGB n.F. Nr. 191.
499 BAG 25.10.2001 – 2 AZR 559/00 – EzA § 626 BGB n.F. Nr. 191.
500 St. Rspr. vgl. BAG 16.9.1999 – 2 AZR 902/98 – RzK I 5i Nr. 157; BVerwG 13.7.2000 – 2 C 26/99 – ZBR 2001, 45; BVerfG 8.7.1997 – 1 BvR 2111/94 u.a. – NJW 1997, 2307.
501 BAG 10.12.1998 – 8 AZR 594/97 – juris.
502 BAG 25.4.1980 – 7 AZR 322/78 – juris.
503 BAG 25.4.1980 – 7 AZR 322/78 – juris.
504 Offen gehalten in BAG 25.4.1980 – 7 AZR 322/78 – juris.
505 BAG 25.4.1980 – 7 AZR 322/78 – juris.

Bedeutung sind.[506] Die **Frage nach dem Alter** des Bewerbers ist grds. eine Benachteiligung nach §§ 1, 3 Abs. 1 AGG und nur dann zulässig, wenn sie durch ein legitimes Ziel i.S.v. § 10 AGG gerechtfertigt ist.[507] Eine Erfragung künftiger **Heirats- und Kinderpläne** verletzt einerseits das allgemeine Persönlichkeitsrecht des Bewerbers und stellt eine mittelbare Benachteiligung wegen der sexuellen Identität dar und ist deshalb unzulässig.[508] Der AN ist auch an eine zugesagte **Verlegung des Hauptwohnsitzes** an den neuen Arbeitsort nicht gebunden; die (wahrheitswidrig) auf eine entsprechende Frage gegebene und später nicht eingehaltene Zusage berechtigt den AG nicht zur Anfechtung des Arbeitsvertrags.[509]

Die Frage nach den derzeitigen familiären Verhältnissen ist demgegenüber zulässig, sofern ein betriebsbezogenes Interesse an der Erteilung der Auskunft besteht. Dies ist der Fall in Bezug auf den **Familienstand und die Anzahl der Kinder**, da diese Angaben für betriebliche Sozialleistungen und die Möglichkeit auswärtiger Arbeitseinsätze Bedeutung haben können.[510]

(10) Wehrdienst, Ersatzdienst. Die Frage nach **künftig abzuleistendem Wehr- und Ersatzdienst** betrifft die Verfügbarkeit des AN für die in Aussicht genommene Stelle, so dass grds. zwar ein betriebliches Interesse an der Beantwortung der Frage besteht. Allerdings richtet sich die Frage – derzeit – ausschließlich an männliche Bewerber, so dass die Frage wie die nach einer bestehenden Schwangerschaft an Frauen wegen des Verbots geschlechtsspezifischer Diskriminierung nach §§ 7, 1 AGG unzulässig sein dürfte.[511]

Bereits abgeleistete Wehr- oder Ersatzdienstzeiten sind allerdings im Rahmen der zulässigen Frage nach dem bisherigen beruflichen Lebenslauf mit anzugeben, da der AG grds. ein berechtigtes Interesse daran hat, auf der Grundlage der bisherigen Tätigkeiten die Eignung des Bewerbers zu prüfen.[512] Unzulässig ist die Frage nur insoweit, als es dem AG mit der Frage explizit darum geht, die Einstellung des Bewerbers zum Wehrdienst zu erforschen.[513] Der Bewerber hat deshalb die Zeiten eines abgeleisteten Dienstes wahrheitsgemäß zu beantworten, muss aber zur Art des Dienstes keine Angaben machen.

(11) Religions- und Parteizugehörigkeit. Die Frage nach der Konfession oder der Mitgliedschaft in einer politischen Partei ist nur dann zulässig, wenn die Einstellung in einem Tendenzbetrieb erfolgen soll und für die Art der auszuübenden Tätigkeit eine wesentliche und entscheidende Anforderung i.S.v. § 8 Abs. 1 AGG darstellt. Dies ist bei Verlagen, Parteien oder kirchlich organisierten Betrieben regelmäßig der Fall. I.Ü. ist die Frage generell unzulässig.[514] Auch im öffentlichen Dienst ist ein Fragerecht nur im Ausnahmefall anzuerkennen. Die Mitgliedschaft in einer nicht verbotenen wenn auch extremen Partei (NPD) ist für die Eignung des Bewerbers, wenn die in Aussicht genommene Stelle nicht mit einer gesteigerten politischen Treuepflicht verbunden ist (Verfassungsschutz), nicht von Bedeutung,[515] so dass eine entsprechende Frage regelmäßig unzulässig ist. Im Hinblick auf das von der Rspr. statuierte Gebot zu präziser Fragestellung[516] ist zweifelhaft, ob die Frage nach einer Mitgliedschaft in einer Partei mit „verfassungsfeindlichen Zielen" hinreichend bestimmt ist, da es nicht der Einschätzung des Bewerbers überlassen sein kann, den Begriff „verfassungsfeindlich" zu definieren. Ein Fragerecht kann deshalb nur in Bezug auf verbotene Organisationen und Parteien anerkannt werden.

Jedenfalls bei der Entscheidung über die Besetzung einer Vertrauensstellung ist die Frage des AG nach der **Zugehörigkeit des Kandidaten zur Scientology-Organisation** zulässig.[517] Die Scientology-Organisationen sind keine Religionsgemeinschaften i.S.d. Art. 4, 140 GG, Art. 137 WRV.[518] Sie können sich nicht auf den Diskriminierungsschutz nach §§ 7, 1 AGG berufen. Das Fragerecht resultiert daraus, dass Mitglieder dieser Organisationen satzungsgemäß verpflichtet sind, sich aktiv für die Ziele der Gemeinschaft einzusetzen[519] und es dadurch im betrieblichen Zusammenleben zu Spannungen kommen kann.

(12) Gewerkschaftszugehörigkeit. Die Frage nach der Gewerkschaftszugehörigkeit ist unzulässig. Der AG darf die Einstellung eines Bewerbers nicht davon abhängig machen, dass dieser nicht Gewerkschaftsmitglied ist; ein solches Auswahlkriterium verstößt gegen das nach Art. 9 Abs. 3 GG geschützte Recht des AN, Mitglied einer Gewerkschaft zu sein.[520]

---

506 Dörner, AR-Blattei SD 60 Rn 80.
507 Vgl. Kommentierung zu § 10 AGG.
508 Schaller, ZTR 2005, 232.
509 LAG Nürnberg 9.12.2003 – 6 AZR 676/02 – NZA-RR 2004, 298.
510 BAG 22.10.1986 – 5 AZR 660/85 – NZA 1987, 415; Dörner, AR-Blattei SD 60 Rn 80.
511 Coester, Anm. zu BAG 20.2.1986 – 2 AZR 244/85 – AP § 123 BGB Nr. 31; ErfK/Preis, § 611 BGB Rn 273; Boemke, RdA 2008, 129; a.A. Schliemann/Schliemann, Arbeitsrecht im BGB, § 611 Rn 1218.
512 A.A. ErfK/Preis, § 611 BGB Rn 273.
513 MünchArbR/Buchner, Bd. 1, § 41 Rn 14.
514 Wohlgemuth, AuR 1992, 46.
515 BAG 12.3.1986 – 7 AZR 468/81 – RzK Ii Nr. 10.
516 BAG 25.4.1980 – 7 AZR 322/78 – juris.
517 Bauer/Baeck/Merten, DB 1997, 2534.
518 BAG 22.3.1995 – 5 AZB 21/94 – AP § 5 ArbGG 1979 Nr. 21.
519 Vgl. die in BAG 22.3.1995 – 5 AZB 21/94 – AP § 5 ArbGG 1979 Nr. 21 abgedruckte Satzung.
520 BAG 28.3.2000 – 1 ABR 16/99 – AP § 99 BetrVG 1972 Einstellung Nr. 27; Dörner, AR-Blattei SD 60 Rn 80.

299 **(13) Rechtsfolgen.** Die Falschbeantwortung einer zulässig gestellten Frage kann nach § 123 Abs. 1 zur Anfechtung des Arbeitsvertrags berechtigen (zu den weiteren Voraussetzungen der Anfechtung im Einzelnen vgl. Rn 454 ff.). Die Rückabwicklung erfolgt nach den Regeln über das faktische Arbverh (vgl. Rn 435 ff.).

300 Neben der Anfechtung des Arbeitsvertrags kann der AG den AN auf Schadensersatz in Anspruch nehmen nach §§ 311 Abs. 2, Abs. 3, 280 Abs. 1. Schadensersatzansprüche bestehen neben dem Anfechtungsrecht[521] und sind auf den Ersatz des negativen Interesses gerichtet. Der AG kann deshalb verlangen, so gestellt zu werden, als hätte er nicht im Vertrauen auf die wahrheitsgemäße Beantwortung der zulässig gestellten Fragen den Arbeitsvertrag abgeschlossen. In Betracht kommt z.B. der Ersatz des durch die Neuausschreibung der Stelle entstandenen Aufwands, wenn auf die alte Ausschreibung ansonsten ein anderer Bewerber eingestellt worden wäre.

301 **(14) Verbindung zum Prozessrecht.** Die Darlegungs- und Beweislast für die Voraussetzungen der Anfechtung des Arbeitsvertrags trägt der AG (vgl. im Einzelnen Rn 464 ff.).

302 **(15) Beraterhinweise.** Da der AG für den durch widerrechtliche Täuschung des AN erfolgten Vertragsschluss beweispflichtig ist, empfiehlt es sich, die **Fragen im Rahmen eines Einstellungsfragebogens schriftlich** zu fixieren und beantworten zu lassen. Um Diskriminierungsproblemen vorzubeugen, sollte dem Personalfragebogen eine **Begründung für die Erhebung der Auskünfte** vorangestellt werden, aus der sich der diskriminierungsfreie Hintergrund der Abfragen ergibt (persönliche Daten zur ordnungsgemäßen Abwicklung und Abrechnung des Arbverh; berufliche Qualifikationen zur Planung der Einsetzbarkeit, Gesundheitszustand zur Feststellung der Eignung etc.[522]

303 Besonderes Augenmerk hat der **inhaltlichen Gestaltung der Fragen** zu gelten. Sie müssen **eindeutig und präzise formuliert** werden. Die Rspr. hat mehrfach Fragen für unzulässig erachtet, nur weil sie inhaltlich zu unbestimmt waren. Der AN muss zweifelsfrei erkennen können, wonach gefragt wird, damit er die Zulässigkeit der Frage beurteilen kann,[523] anderenfalls braucht die Frage nicht wahrheitsgemäß beantwortet zu werden.

304 Besondere Fallstricke liegen in der Erforschung des wirtschaftlichen Hintergrunds des Bewerbers. Der AN ist nicht verpflichtet, ohne zeitliche Beschränkung über zurückliegende vermögensrelevante Umstände Auskunft zu erteilen. Gerichtsfest dürfte in Anlehnung an § 951a ZPO die zeitliche Beschränkung der Auskunft auf die letzten drei Jahre sein.

305 **d) Die Auswahlentscheidung. aa) Allgemeines.** Der abschließenden Einstellungsentscheidung gehen häufig umfangreiche Tests zur Bewerberauswahl voraus. Mithilfe von **Assessment-Center, Gutachten sowie psychologischen Testverfahren** wird der geeignetste Bewerber ermittelt. Der Abschluss eines Arbeitsvertrags erfolgt sodann häufig erst, nachdem die physische und psychische Eignung des in Aussicht genommenen Bewerbers umfassend geprüft worden ist. Regelmäßig kollidiert in dieser Einstellungssituation das Interesse des AN, möglichst wenig von seiner Persönlichkeitsstruktur sowie seinem Gesundheitszustand offenbaren zu müssen, mit dem Interesse des (zukünftigen) AG, eine möglichst umfassende Entscheidungsgrundlage für die Vornahme der endgültigen Auswahlentscheidung zu haben. Die Erhebung und Verarbeitung von Befunden einer Gesundheitsuntersuchung bzw. von Ergebnissen von Testverfahren berühren dabei das durch Art. 1 Abs. 1, 2 Abs. 1 GG geschützte allgemeine Persönlichkeitsrecht des AN.[524] Ein Eingriff in diese grundrechtliche geschützte Sphäre setzt deshalb berechtigte Interessen des AG voraus. In Anbetracht der mit einer Fehlbesetzung verbundenen Kosten und dem berechtigten Anspruch, den physisch wie psychisch geeignetsten Bewerber einzustellen, bestehen gegen die Durchführung solcher Testverfahren grds. keine Bedenken.

306 **bb) Regelungsgehalt. (1) Auswahltestverfahren.** Auswahltestverfahren gibt es in unterschiedlichen Formen. Sie reichen von Assessment-Centern über psychologische Eignungstests bis hin zu graphologische Gutachten und dienen dazu, nach verschiedenen Kriterien den geeignetsten Kandidaten für die zu besetzende Stelle zu ermitteln.

307 Wegen der Beeinträchtigung des allgemeinen Persönlichkeitsrechts des Arbeitsplatzbewerbers müssen Umfang und Untersuchung im berechtigten betrieblichen Interesse des AG liegen; insoweit können die zum Fragerecht entwickelten Rechtsgrundsätze herangezogen werden.[525] Gegen arbeitsplatzbezogene Testverfahren bestehen im Regelfall keine Einwendungen. Für einen **Anspruch des AG auf Teilnahme an Auswahltestverfahren** gibt es – wie auch bei der Beantwortung von Fragen im Rahmen des Einstellungsverfahrens – **keine Rechtsgrundlage**. Die Teilnahme an Auswahltestverfahren erfolgt ausschließlich auf freiwilliger Basis. Damit ist für die Position des Arbeitsplatz-

---

521 BGH 18.9.2001 – X ZR 107/00 – NJW-RR 2002, 308; Palandt/*Ellenberger*, § 123 Rn 27.
522 Vgl. umfassend und zutreffend *Schrader/Schubert*, Das neue AGG, Rn 570 ff.
523 BAG 13.6.2002 – 2 AZR 234/01 – AP § 1 KSchG 1969 Nr. 69.
524 EuGH 5.10.1994 – C 404/92 – NJW 1994, 3005; Kittner/Zwanziger/*Becker*, Arbeitsrecht Handbuch, § 28 Rn 26;
Diller/Powietzka, NZA 2001, 1227; zu graphologischen Gutachten *Michel/Wiese*, NZA 1986, 505; zu Drogentest *Bengelsdorf*, NZA-RR 2004, 113; zu Genomanalysen *Deutsch*, NZA 1989, 657; zu Einstellungsuntersuchungen *Keller*, NZA 1988, 561.
525 *Bengelsdorf*, NZA-RR 2004, 113; *Diller/Powietzka*, NZA 2001, 1227; Kittner/Zwanziger/*Becker*, Arbeitsrecht Handbuch, § 28 Rn 26.

bewerbers freilich nichts gewonnen. Er hat nicht die Möglichkeit – wie bei der Beantwortung von unzulässigen Fragen – durch wahrheitswidrige Beantwortung solcher Fragen seine Einstellungschancen zu wahren. Die Weigerung der Teilnahme an Auswahltests wird hingegen regelmäßig zur Nichteinstellung des AN führen. Die rechtlichen Möglichkeiten des Bewerbers sind begrenzt, auch wenn die Testverfahren rechtswidrig sind, insb. besteht kein Anspruch auf Einstellung. Es besteht auch kein Anspruch auf Wiederholung eines Auswahlverfahrens nach negativem Erstausgang.[526]

Assessment-Center dienen dazu, eine umfassende Stärken- und Schwächenanalyse der Bewerber zu erstellen. Dazu werden die Bewerber in typischen Situationen auf Kommunikationsverhalten, Sozialverhalten und Teamfähigkeit getestet.[527] Die Beurteilungsgenauigkeit ist dabei signifikant höher als im Rahmen eines „normalen" Vorstellungsgesprächs. **308**

Werden innerhalb eines Unternehmens zur Bewerberauswahl generell Assessment-Center eingesetzt, hat der BR ein Mitbestimmungsrecht gem. §§ 94 Abs. 2, 95 BetrVG bei der Erstellung von Einstellungs-RL. Dient das Assessment-Center nicht ausschließlich der klassischen Auswahl von außerbetrieblichen Mitarbeitern sondern bereits der Ausbildung bzw. Einweisung auf die zukünftige Tätigkeit, liegt eine nach § 99 BetrVG zustimmungspflichtige Einstellung vor, die der Zustimmung des BR bedarf.[528] **309**

Die Abgrenzung zu **psychologischen Eignungstests und sog. Stressinterviews** ist häufig nicht klar zu definieren, weil Assessment-Center in großem Umfang verhaltensorientierte Elemente beinhalten, die unter psychologischen Gesichtspunkten durchgeführt und von Psychologen begleitet und ausgewertet werden. Derartige Testverfahren sind mit Einwilligung des Bewerbers zulässig,[529] weil auch die psychische Belastbarkeit eines Bewerbers die Eignung für die zu besetzende Stelle determinieren kann. Allerdings müssen sie von ausgebildeten Psychologen durchgeführt werden. **310**

Die Anforderung eines **handgeschriebenen Lebenslaufs** ist zur Vervollständigung des Persönlichkeitsbildes des Arbeitsplatzbewerbers üblich und kann Grundlage für ein **graphologisches Gutachten** sein. Wegen des damit verbundenen Eingriffs in das Persönlichkeitsrecht des Arbeitsplatzbewerbers ist allerdings die Einwilligung des Bewerbers grds. erforderlich. Diese kann auch konkludent erteilt werden. Wird der Bewerber ausdrücklich zur Einreichung eines handgeschriebenen Lebenslaufes aufgefordert, so muss er davon ausgehen, dass die von ihm eingereichten Bewerbungsunterlagen einer eingehenden Analyse zugeführt werden, so dass im Regelfall – v.a. bei der Bewerbung auf Führungspositionen[530] – von einer konkludent erteilten Einwilligung ausgegangen werden kann. **311**

Erstellte Gutachten sind vertraulich zu behandeln. Kommt es nicht zur Einstellung, besteht ein Anspruch auf Beseitigung und Herausgabe nach §§ 12, 862, 1004 analog.[531] **312**

Reicht der Arbeitsplatzbewerber einen von Dritten handgeschriebenen Lebenslauf mit den Bewerbungsunterlagen ein, obwohl er weiß, dass ein graphologisches Gutachten gefertigt werden soll, liegt darin eine arglistige Täuschung, die den AG nach § 123 zur Anfechtung des geschlossenen Arbeitsvertrags berechtigt.[532] **313**

Werden graphologische Gutachten regelmäßig im Auswahlverfahren eingesetzt, besteht in Bezug auf Einsatz und inhaltliche Gestaltung ein Mitbestimmungsrecht des BR nach §§ 94 Abs. 2, 95 BetrVG. Im Rahmen des Zustimmungsverfahrens nach § 99 BetrVG sind sie dem BR vorzulegen. Insofern gilt dasselbe wie bei Personalfragebögen, die der AG im Einstellungsverfahren verwendet und die er ebenfalls dem BR vorzulegen hat.[533] **314**

(2) Einstellungsuntersuchungen. Einstellungsuntersuchungen sind gesetzlich nur in §§ 32 ff. JArbSchG zum Schutz jugendlicher AN vorgesehen. Ein Jugendlicher, der in das Berufsleben eintritt, darf nur beschäftigt werden, wenn er innerhalb der letzten 14 Monate von einem Arzt untersucht worden ist und dem AG eine von diesem Arzt ausgestellte Bescheinigung vorlegt. Nach § 43 IfSG ist zum Schutz der Allgemeinheit die Vorlage eines nicht länger als sechs Wochen alten Gesundheitszeugnisses für Personen vorgesehen, die im Lebensmittelbereich beschäftigt sind. Untersuchungen sind weiter vorgeschrieben vor Aufnahme einer Beschäftigung nach § 37 RöntgenVO, § 60 StrahlenschutzVO, § 28 GefahrstoffVO, nach der Gentechnik-SicherheitsVO sowie Unfallverhütungsvorschriften. **315**

Auf tarifvertraglicher Rechtsgrundlage kann der öffentliche AG nach § 7 BAT vor der Einstellung vom AN verlangen, dass er durch ärztliches Zeugnis seine körperliche Eignung nachweist bzw. er sich ggf. einer Untersuchung durch einen Vertrauensarzt oder durch das Gesundheitsamt zu unterziehen hat. **316**

Einstellungsuntersuchungen sind grds. zulässig. Der damit verbundene Eingriff in Persönlichkeitsrechte des AN ist gerechtfertigt, weil der AG seine Einstellungsentscheidung von der gesundheitlichen und körperlichen Eignung abhängig machen kann.[534] Die Eignungsuntersuchung muss sich auf die Anforderungen des Arbeitsplatzes beziehen; **317**

---

526 BAG 14.8.2007 – 9 AZR 1086/06 – juris.
527 Vgl. eingehend *Schütte*, JuS 2003, 101; *Schönfeld/Gennen*, NZA 1989, 543.
528 BAG 20.4.1993 – 1 ABR 59/92 – AP § 99 BetrVG 1972 Nr. 106.
529 Einschränkend ErfK/*Preis*, § 611 BGB Rn 308.
530 ErfK/*Preis*, § 611 BGB Rn 305; *Brox*, Anm. zu BAG 16.9.1982 – 2 AZR 228/80 – AP § 123 BGB Nr. 24.
531 ErfK/*Preis*, § 611 BGB Rn 306.
532 BAG 16.9.1982 – 2 AZR 228/80 – AP § 123 BGB Nr. 24.
533 *Fitting u.a.*, § 99 Rn 156.
534 *Keller*, NZA 1986, 561.

nur insoweit besteht ein berechtigtes Interesse des AG an der Prüfung der gesundheitlichen Eignung des Arbeitsplatzbewerbers.[535] Untersuchungen dürfen nur von fachlich qualifizierten Ärzten vorgenommen werden. Der untersuchende Arzt unterliegt der ärztlichen Schweigepflicht, darf seine Untersuchungsergebnisse also nur mit Einwilligung des Betroffenen an den AG weiter geben. Die Erteilung von Auskünften ist beschränkt auf die Parameter, die für den zu besetzenden Arbeitsplatz Aussagekraft haben; einzelne Befunde dürfen an den AG nicht weitergegeben werden.[536]

318 Einstellungsuntersuchungen können nur mit dem Einverständnis des Betroffenen vorgenommen werden,[537] die Weigerung der Teilnahme dürfte aber regelmäßig die Nichteinstellung zur Folge haben.

319 Sofern die Untersuchung vor dem in Aussicht genommenen Beginn des Arbeitsvertrags nicht realisiert werden, kann die Einstellung auch auflösend bedingt für den Fall vereinbart werden, dass sich der Bewerber im Rahmen einer Einstellungsuntersuchung nicht als gesundheitlich geeignet erweist.[538]

320 Zulässig ist im Rahmen der ärztlichen Einstellungsuntersuchung nach ärztlicher Aufklärung über Art und Umfang der Untersuchung sowie der diagnostischen Maßnahmen auch die **Vornahme eines Tests auf Alkohol- und Drogenabhängigkeit.** Alkohol- und Drogenabhängigkeit stellen die Eignung des Arbeitsplatzbewerbers in aller Regel in Frage (vgl. Rn 271 ff.). Dies gilt im Besonderen bei Arbeitsplätzen, in denen eine Schlechtleistung des AN zu Gefahren für Leib und Leben Dritter führt oder mit sonstigen Risiken verbunden ist (Bedienung teurer Maschinen etc.). Die Zulässigkeit derartiger Tests ist aber auch dann zu bejahen, wenn es dem AG „lediglich" darum geht, dass Risiko unbrauchbarer Arbeitsleistung durch Drogen- oder Alkoholabhängigkeit auszuschließen.[539] Das Persönlichkeitsrecht des Bewerbers rechtfertigt es nicht, dem AG derartige Risiken zuzumuten. Parallel zur Zulässigkeit einer entsprechenden Frage in der Einstellungssituation besteht deshalb auch ein berechtigtes Interesse des AG, derartige Risiken durch einen aussagekräftigen Test auszuschließen.[540] Die Teilnahme an einem solchen Test ist – wie auch sonst bei Einstellungsuntersuchungen – freiwillig.

321 Nach den Kriterien über die Zulässigkeit einer Frage nach einer **HIV-Infektion** (vgl. Rn 276 ff.) besteht auch im Rahmen der Einstellungsuntersuchung ein legitimes Interesse des AG an der Vornahme eines solchen Tests. Der Betroffene kann die Vornahme eines solchen Tests verweigern. Die Weigerung darf dann nicht dadurch „umgangen" werden, dass der direkte Aids-Test durch andere Tests, die den Verdacht auf das Vorliegen des Aids-Virus begründen können, ersetzt wird.[541]

322 **(3) Genomanalysen.** Gentechnische Untersuchungen geben in Bezug auf erbliche Veranlagungen für Krankheiten oder genetisch bedingte Empfindlichkeiten gegenüber äußeren Einflüssen einen weit reichenden Einblick in die Person des Bewerbers.[542] Sie bieten die Grundlage, den Bewerber im Hinblick auf bestimmte Risiken zu klassifizieren und Einstellungsentscheidungen an Parametern auszurichten, die aktuell mit der Erbringung der geschuldeten vertraglichen Leistung nichts zu tun haben. In der Einstellungssituation ist ein berechtigtes Interesse des AG an der Erhebung derart weit reichender, die Persönlichkeitsstruktur des Bewerbers analysierender Daten nicht vorhanden; derartige Untersuchungsmethoden sind in der Einstellungssituation unzulässig.[543] Dies schließt wiederum nicht aus, dass faktisch der AG in der Einstellungssituation einen derartigen Test durchsetzen kann, da die Weigerung die Nichteinstellung nach sich ziehen kann; allerdings scheint jedenfalls derzeit die praktische Gebräuchlichkeit derartige Untersuchungen vor Eingehung eines Arbverh (noch) begrenzt zu sein.

323 **(4) Rechtsschutz gegen unzulässige Auswahl- und Untersuchungsmethoden.** Die Rechtsschutzmöglichkeiten gegen rechtswidrige Auswahl- und Untersuchungsmethoden sind begrenzt. Ein **Anspruch auf Einstellung** besteht nicht, auch wenn der Bewerber z.B. wegen eines unzulässig eingeholten graphologischen Gutachtens oder wegen einer widerrechtlichen Untersuchung nicht berücksichtigt wurde. Diesbezüglich gibt es – wie § 15 Abs. 6 AGG bei Verstößen gegen das Diskriminierungsverbot regelt – keine Anspruchsgrundlage.

324 Ein **Entschädigungsanspruch nach § 15 Abs. 2 AGG** besteht nur, sofern die Einstellung aufgrund einer Diskriminierung unterbleibt; für eine Analogie auf Sachverhalte außerhalb des AGG gibt es angesichts des Ausnahmecharakters der Norm keine Grundlage.[544] Denkbar sind auf den Ersatz des negativen Interesses gerichtete **Schadensersatzansprüche** nach §§ 311 Abs. 2, 241 Abs. 2, 280 Abs. 1. Die anspruchsbegründenden Voraussetzungen werden in der Praxis kaum darzulegen sein.

---

535 *Diller/Powietzka*, NZA 2001, 1227; *Bengelsdorf*, NZA-RR 2004, 113; ErfK/*Dieterich*, Art. 2 GG Rn 101.
536 *Keller*, NZA 1986, 561; *Heilmann*, AuA 1995, 157.
537 EuGH 5.10.1994 – C 404/92 – NJW 1994, 3005.
538 ErfK/*Preis*, § 611 BGB Rn 299; HaKo-KSchG/*Mestwerdt*, § 21 TzBfG Rn 31; ArbG Marburg 11.5.2000 – 2 Ca 634/99 – ZTR 2001, 67; ArbG Göttingen 16.4.1997 – 3 Ca 517/96 – AiB 1997, 672.
539 A.A. *Diller/Powietzka*, NZA 2004, 1227.
540 *Bengelsdorf*, NZA-RR 2004, 113; differenzierend *Diller/Powietzka*, NZA 2001, 1233; a.A. *Künzl*, BB 1993, 1581; *Roos*, AiB 1999, 191.
541 EuGH 5.10.1994 – C 404/92 – NJW 1994, 3005.
542 Im einzelnen *Deutsch*, NZA 1989, 657.
543 Vgl. ErfK/*Preis*, § 611 BGB Rn 302.
544 *Diller/Powietzka*, NZA 2001, 1227 zu § 611a BGB a.F.

Der Bewerber hat in bei Einsatz unzulässiger bzw. ohne vorliegende Einwilligung erfolgter Untersuchungsmethoden (z.B. unzulässiges graphologisches Gutachten) einen Anspruch nach §§ 12, 862, 1004 analog auf **Herausgabe oder Vernichtung des Gutachtens**.[545] 325

Dieser Anspruch besteht – auch in Bezug auf zulässigerweise erhobene Feststellungen – auch dann, wenn es nicht zur Einstellung kommt. Ein berechtigtes Interesse des AG an der Aufbewahrung von Bewerbungs- und Auswahlunterlagen besteht zumindest auf Dauer nicht. Ein solches Interesse kann nur dann anerkannt werden, wenn besondere Umstände – etwa drohende Auseinandersetzungen wegen der negativen Einstellungsentscheidung – drohen.[546] 326

cc) Verbindung zum Prozessrecht. Die Darlegungs- und Beweislastverteilung folgt allgemeinen Grundsätzen. Wer Schadensersatzansprüche auf der Grundlage rechtswidriger Untersuchungs- oder Auswahlmethoden geltend macht, muss die Rechtswidrigkeit der Auswahl- und Untersuchungsmethode und die Kausalität zum geltend gemachten Schaden darlegen und ggf. unter Beweis stellen. Der AG muss nach § 280 Abs. 1 S. 2 darlegen, dass er die Pflichtverletzung nicht zu vertreten hat. Zu den Methoden der Berechnung eines etwaigen Verdienstausfallschadens (Brutto- oder Nettoberechnung) vgl. die Ausführungen Rn 254 ff. 327

dd) Beraterhinweise. Die Geltendmachung von Schadensersatzansprüchen auf der Grundlage rechtswidriger Untersuchungs- und Auswahlmethoden ist nach vorstehenden Erwägungen mit erheblichen Risiken verbunden. Dies gilt v.a., wenn Ansprüche auf Fehler im Rahmen des Auswahlverfahrens gestützt werden, weil in diesem Einstellungsstadium regelmäßig noch andere Bewerber „im Rennen" sind; in dieser Situation ist es schwer, die Kausalität zwischen Nichteinstellung und Pflichtverletzung zu führen. Aussichtsreicher ist die Geltendmachung von Ansprüchen, wenn die Auswahl getroffen und die Einstellung nur noch von den vorgegebenen Einstellungsuntersuchungen abhängt. Dann spricht eine tatsächliche Vermutung dafür, dass die Einstellung des (ausgewählten) Bewerbers wegen der rechtswidrigen Untersuchung unterblieben ist. 328

e) Der Vorvertrag. aa) Allgemeines. Vor Abschluss des eigentlichen Arbeitsvertrags kann es zum **Abschluss eines Vorvertrags** kommen. Ein Vorvertrag ist ein schuldrechtlicher Vertrag, der die Verpflichtung zum späteren Abschluss eines (Haupt-)Arbeitsvertrags begründet. Der Vorvertrag dient der Festlegung der wesentlichen Vertragsbedingungen für einen späteren Vertragsschluss; er kann dann sinnvolles Mittel der Vertragsgestaltung sein, wenn dem eigentlichen Vertragsschluss noch tatsächliche oder rechtliche Hindernisse entgegenstehen,[547] die Parteien aber schon einen Kontrahierungszwang begründen wollen. Dies kann der Fall sein, wenn der AN noch anderweitig vertraglich gebunden ist, die Parteien aber für die anschließende Zeit aber schon gebunden sein wollen. 329

Der echte Vorvertrag begründet **einklagbare Pflichten**, ein Angebot zum Abschluss eines (Haupt-)Arbeitsvertrags abzugeben oder ein solches Angebot anzunehmen. Ein Vorvertrag kann dabei beide Parteien oder aber auch nur einseitig eine Partei zum Abschluss eines Arbeitsvertrags verpflichten.[548] In diesem Fall kann auch eine **Festofferte mit verlängerter Annahmefrist** oder ein **Optionsvertrag** vorliegen, der einer Vertragspartei das Recht einräumt, durch Ausübung der Option den Hauptvertrag in Kraft zu setzen. 330

Gibt der AG dem AN eine konkrete **Einstellungszusage**, so liegt darin ein einseitig verpflichtender Vorvertrag, wobei die Annahmeerklärung des AN regelmäßig nach § 151 entbehrlich ist. 331

Die Übergänge zu **anderen Vertragsformen** sind fließend. Die Bandbreite reicht von der – unverbindlichen – **Fixierung einzelner Regelungspunkte** des intendierten Vertrags über **Absichtserklärungen** bis hin zum tatsächlich bereits geschlossenen **Arbeitsvertrag**. 332

Haben die Parteien sämtliche essentialia des Arbeitsvertrags abschließend verhandelt, liegt die Annahme eines **bereits geschlossenen Arbeitsvertrags** nahe. Ist der wirksame Vertragsschluss noch von Zustimmungen/Genehmigungen Dritter abhängig, kann statt eines Vorvertrags ein unter einer **aufschiebenden Bedingung** nach § 158 Abs. 1 geschlossener Hauptvertrag vorliegen. 333

Ob tatsächlich ein im Hinblick auf den Abschluss eines (Haupt-)Arbeitsvertrags bindender Vorvertrag zwischen den Parteien zustande gekommen ist, ist durch Auslegung des Gewollten nach §§ 133, 157 zu ermitteln. Es ist stets zu prüfen, ob tatsächlich ein beiderseitiger Bindungswille vorliegt.[549] Die Rspr. ist in der Annahme eines einklagbare Abschlusspflichten begründenden Vorvertrags zurückhaltend. Nach Auffassung des LAG Hamm ergibt sich aus einem als „Einstellungsangebot" bezeichneten Schreiben, mit dem einem Bewerber ein konkretes Arbeitsplatzangebot unterbreitet wird, noch kein Anspruch auf Abschluss eines Arbeitsvertrags, wenn nach den anliegenden Einstellungskonditionen „eine endgültige Entscheidung über die Einstellung, die Art des Beschäftigungsverhältnisses und die 334

---

545 Vgl. BAG 6.6.1984 – 5 AZR 286/81 – NZA 1984, 321; zu den Rechtsfolgen eines ohne Einwilligung erstellten graphologischen Gutachtens eingehend *Michel/Wiese*, NZA 1986, 505.
546 BAG 6.6.1984 – 5 AZR 286/81 – NZA 1984, 321.
547 Palandt/*Ellenberger*, vor § 145 Rn 19; Bamberger/Roth/*Eckert*, § 145 Rn 21.
548 LAG Hamm 29.7.2004 – 11 Sa 39/04 – juris; BGH 18.1.1989 – VIII ZR 311/87 – NJW 1990, 1233; MüKo-BGB/*Kramer*, vor § 145 Rn 43; Staudinger/*Bork*, vor § 145 Rn 51.
549 Palandt/*Ellenberger*, vor § 145 Rn 19.

Einstufung erst nach abschließender Prüfung der vorgelegten Qualifikationen und Nachweise erfolgen soll",[550] obwohl der Bewerber dieses Angebot durch ebenfalls anliegende „Annahmeerklärung" angenommen und sich für den Fall des Nichtantritts zur Zahlung einer Vertragsstrafe verpflichtet hatte.

335 Auch die Vereinbarung eines Fußballvereins mit einem Lizenzspieler, wonach „dem Spieler zugesichert wird, nach Beendigung seiner aktiven Laufbahn eine Tätigkeit im Bereich Management aufzunehmen, wobei über Art, Umfang und Gehalt zum Zeitpunkt des Vertragsschlusses verhandelt wird" begründet keine einklagbaren Pflichten auf Abschluss eines entsprechenden Arbeitsvertrags.[551]

336 Ein Vorvertrag kann deshalb nur dann angenommen werden, wenn besondere Umstände darauf schließen lassen, dass sich die Parteien ausnahmsweise schon binden wollten, bevor sie alle Vertragspunkte abschließend geregelt haben.[552]

337 **bb) Regelungsgehalt.** Ein wirksamer Vorvertrag setzt – im Hinblick auf die Vollstreckbarkeit eines Titels auf Annahme eines Angebotes – voraus, dass der **Inhalt** des in Aussicht genommenen Hauptvertrags **hinreichend bestimmt oder bestimmbar** ist und insb. die Hauptpflichten des abzuschließenden Vertrags festgelegt sind.[553] Der Inhalt des Hauptvertrags muss sich jedenfalls unter Anwendung von § 287 ZPO im Wege ergänzender Auslegung ermitteln lassen.[554]

338 I.Ü. richtet sich die Wirksamkeit eines Vorvertrags nach den allgemeinen Regeln (§§ 123, 134, 138 etc.).

339 Der Vorvertrag zu einem Arbeitsvertrag unterliegt regelmäßig nicht der **Schriftform**, weil eine solche auch für einen Arbeitsvertrag nicht vorgesehen ist. Ist für den Hauptvertrag gewillkürte Schriftform (§§ 127 Abs. 1, 126) vorgesehen, ist regelmäßig davon auszugehen, dass die Parteien dies auch für einen wirksamen Vorvertrag vorausgesetzt haben. Im Einzelnen ist dies eine Frage der Auslegung des Gewollten.[555]

340 Die Möglichkeiten zur **Künd eines Vorvertrags** richten sich nach allgemeinen Regeln. Er ist gem. § 626 aus wichtigem Grund mit sofortiger Wirkung kündbar und bindet i.Ü. für den von den Parteien vereinbarten Zeitrahmen. Denkbar ist eine Anpassung nach § 313 entsprechend den Regeln über den WGG.

341 Selbst wenn im Hinblick auf den Abschluss des Arbeitsvertrags ein endgültiger Rechtsbindungswille nicht festgestellt werden kann, ist zwischen den Parteien jedenfalls ein vorvertragliches Schuldverhältnis entstanden, aus welchem Schadensersatzansprüche nach §§ 311 Abs. 2, 280 wegen der Verletzung vorvertraglicher Pflichten entstehen können (vgl. Rn 246 ff.).

342 Der BR ist bei Abschluss eines Vorvertrags nach § 99 BetrVG nicht zu beteiligen, weil insoweit (noch) keine Einstellung i.S.d. Norm erfolgt.

343 **cc) Verbindung zum Prozessrecht.** Klage ist regelmäßig zu führen auf Abgabe der Annahmeerklärung zu den im Vorvertrag intendierten Bedingungen des Hauptvertrags.[556] Die Vollstreckung richtet sich nach § 894 ZPO. Die Darlegungs- und Beweislast in Bezug auf den Abschluss eines echten Vorvertrags obliegt der aus einem Vorvertrag auf Abgabe der Willenserklärungen klagenden Partei. Zur Schlüssigkeit der Behauptung, es sei ein Vorvertrag zustande gekommen, gehört dabei der Vortrag von Umständen, die auf den Willen zu sofortiger rechtsgeschäftlicher Bindung schließen lassen.[557]

344 **dd) Beraterhinweise.** Der Antrag einer Klage auf Erfüllung der Verpflichtung aus einem Vorvertrag ist darauf zu richten, „den Beklagten zu verurteilen, das Angebot des Klägers auf Abschluss eines Arbeitsvertrags zu den Bedingungen des zwischen den Parteien geschlossenen Vorvertrags vom... anzunehmen.".

II. Der Vertragsschluss

345 **1. Allgemeines.** Der Arbeitsvertrag ist ein gegenseitiger Vertrag, dessen Zustandekommen sich nach den Regeln des Allgemeinen Teils des BGB richtet und der durch übereinstimmende Willenserklärungen begründet wird.

346 Der Abschluss eines Arbeitsvertrags unterliegt dem **Grundsatz der Vertragsfreiheit**. Dies ergibt sich aus Art. 2 Abs. 1, 12 Abs. 1 GG[558] und klarstellend aus § 105 GewO. Danach können AG und AN Abschluss, Inhalt und Form des Arbeitsvertrags frei vereinbaren, soweit nicht zwingende gesetzliche Vorschriften, Bestimmungen eines anwendbaren TV oder einer BV entgegenstehen. Es besteht keine Bindung an den Grundsatz der Gleichbehandlung.

---

550 LAG Hamm 29.7.2004 – 11 Sa 39/04 – juris.
551 Vgl. Sächsisches LAG 24.8.1999 – 9 Sa 131/99 – NZA-RR 2000, 410.
552 LAG Rheinland-Pfalz 1.7.2008 – 3 Sa 148/08 – juris; BGH 26.3.1980 – VIII 150/79 – NJW 1980, 1577.
553 Sächsisches LAG 24.8.1999 – 9 Sa 131/99 – NZA-RR 2000, 410; BGH 18.1.1989 – VIII ZR 311/87 – NJW 1990, 1233; *Zöllner*, in: FS für Floretta, S. 455.
554 BGH 18.1.1989 – VIII ZR 311/87 – NJW 1990, 1233.
555 Bamberger/Roth/*Eckert*, § 145 Rn 24.
556 MüKo-BGB/*Kramer*, vor § 145 Rn 49.
557 BGH 18.1.1989 – VIII ZR 311/87 – NJW 1990, 1233.
558 ErfK/*Dieterich/Schmidt*, Art. 2 GG Rn 2; Art. 12 GG Rn 29.

Einschränkungen der Vertragsfreiheit ergeben sich durch gesetzliche und tarifvertragliche Normen, die den Entscheidungsspielraum – des AG – in unterschiedlicher Intensität begrenzen. Einschlägig sind insoweit die **Diskriminierungsverbote** des AGG, **Übernahmepflichten** (§ 78a BetrVG sowie § 9 Abs. 2 BPersVG) zugunsten von Mitgliedern der JAV, des BR, der Bordvertretung oder des See-BR (siehe auch § 78a BetrVG Rn 1 ff.); § 10 Abs. 1 AÜG zu Lasten des Entleihers bei Unwirksamkeit des Vertrags zwischen AN und Verleiher nach § 9 Nr. 1 AÜG (siehe insoweit die Kommentierung zu § 10 AÜG); § 613a zu Lasten des Betriebsübernehmers (siehe im Einzelnen die Kommentierung zu § 613a); § 1922 in Bezug auf den Übergang des Arbverh kraft Universalsukzession auf den Erben, **gesetzliche** (§§ 2, 5, 7 JArbSchG zugunsten von Kindern und Jugendlichen; vgl. die Kommentierung zum JArbSchG) **und kollektivrechtliche** (Besetzungsregeln in der Druckindustrie in Bezug auf das Erfordernis einer bestimmten Ausbildung)[559] **Abschlussverbote** sowie abgabenbewehrte **Beschäftigungspflichten** für schwerbehinderte Menschen (§§ 71 ff. SGB IX; vgl. die Kommentierung hierzu). Kraft gesetzlicher Fiktion unterstellen § 625 und § 15 Abs. 5 TzBfG den Fortsetzungswillen der Vertragsparteien über das Ende des Vertragsverhältnisses hinaus.

Echte gesetzliche Abschlussgebote, die einen vertraglichen Kontrahierungszwang mit bestimmten AN auslösen, gibt es im Grunde nicht; die vorbeschriebenen Übernahmepflichten (Begründung eines Arbverh kraft Gesetz) führen der Sache nach mit anderem Regelungsmechanismus aber zum selben Ergebnis.

In Grenzen ergibt sich im öffentlichen Dienst ein **verfassungsrechtlicher Einstellungsanspruch aus Art. 33 Abs. 2 GG**. Nach dieser Bestimmung hat jeder Deutsche nach seiner Eignung, Befähigung und fachlichen Leistung gleichen Zugang zu jedem öffentlichen Amt. Öffentliche Ämter in diesem Sinne sind dabei nicht nur Beamtenstellen, sondern auch Stellen, die mit AN besetzt werden können.[560] Regelmäßig wird im Fall einer erfolgreichen Konkurrentenklage der öffentliche AG verpflichtet, über die Stellenbesetzung neu zu entscheiden. Aus Art. 33 Abs. 2 GG ergibt sich ein Anspruch auf Einstellung nur dann, wenn sämtliche Einstellungsvoraussetzungen in der Person des Bewerbers erfüllt sind und dessen Einstellung die einzig denkbare rechtmäßige Entscheidung der Behörde ist, weil sich jede andere Entscheidung als rechtswidrig oder ermessensfehlerhaft darstellt.[561]

Die Vertragsfreiheit wird im Hinblick auf das (Nicht-)Eingehen eines Arbeitsvertrags auch beschränkt durch **Wiedereinstellungsansprüche** nach wirksamer Künd. Ergibt sich nach Zugang der Künd während des Laufs der Künd-Frist eine geänderte Tatsachenlage, die entgegen der zum Zeitpunkt der Künd erstellten Prognose eine Weiterbeschäftigung des gekündigten AN ermöglicht, so kommt nach st. Rspr. des BAG ein Anspruch auf Wiedereinstellung in Betracht.[562] Methodisch entwickelt das BAG diesen Anspruch aus einer Nebenpflicht des noch bestehenden Arbverh, auf die berechtigten Interessen des Vertragspartners Rücksicht zu nehmen. Nach Ablauf eines wirksam befristeten Arbverh besteht kein Anspruch auf Wiedereinstellung bzw. Weiterbeschäftigung, auch wenn sich entgegen der bei Vertragsschluss gestellten Prognose eine Möglichkeit zur Weiterbeschäftigung ergibt.[563]

Vgl. i.Ü. die Kommentierung der Vertragsfreiheit im Arbverh zu § 105 GewO.

2. Regelungsgehalt. a) Zustandekommen. Ein Arbeitsvertrag kommt zustande durch **Angebot nach § 145 und Annahme nach Maßgabe von §§ 146 ff.** Im Angebot muss der Wille zu einer rechtlichen Bindung zum Ausdruck kommen. Maßgeblich nach §§ 133, 157 für die Auslegung der Erklärung ist nicht der innere Wille, sondern der objektive Erklärungswert des Verhaltens. Wie bei sonstigen Rechtsgeschäften auch liegt in der Aufforderung zur Abgabe eines Angebots noch kein Angebot. Eine Stellenausschreibung ist deshalb eine „**invitatio ad offerendum**" und nicht Angebot selbst. Auch in der Übersendung einer Durchschrift der Vergütungsfestsetzung für die auszahlende Dienststelle durch die Beschäftigungsdienststelle an den AN liegt kein Angebot auf Zahlung einer übertariflichen Vergütung.[564] Nicht ausreichend für einen Vertragsschluss ist, wenn die Parteien – etwa im Rahmen längerer Verhandlungen über einen künftigen Arbeitsvertrag – bereits über wesentliche Inhalte eines Arbeitsvertrags Einigung erzielt haben; es kommt entscheidend darauf an, ob eine ausdrückliche Willensübereinstimmung dahingehend vorliegt, dass ohne weitere Erklärungen von einem bereits geschlossenen Vertrag ausgegangen werden kann.[565]

Auf das Zustandekommen des Arbeitsvertrags kommt die **Auslegungsregel des § 154 Abs. 1 zur Anwendung**. Danach ist ein Arbeitsvertrag im Zweifel nicht geschlossen, solange sich die Parteien nicht über alle Punkte geeinigt haben. Solange in Bezug auf die „essentialia" des Arbeitsvertrags offener Dissens besteht und die Parteien sich dieses Einigungsmangels bewusst sind, ist der Arbeitsvertrag nicht zustande gekommen. Deshalb ist der Arbeitsvertrag nicht geschlossen, wenn ausdrücklich noch keine Einigung über die Höhe der Vergütung getroffen worden ist; § 612 Abs. 2 greift dann nicht, weil die Norm eine (auslegungsfähige oder unwirksame) Einigung insoweit voraus-

---

559 Vgl. BAG 28.5.2002 – 1 ABR 40/01 – DB 2002, 2385.
560 BAG 28.5.2002 – 9 AZR 751/00 – AP Art. 33 GG Abs. 2 Nr. 56.
561 St. Rspr. zuletzt BAG 27.7.2005 – 7 AZR 508/04 – juris; 19.2.2003 – 7 AZR 67/02 – AP Art. 33 Abs. 2 GG Nr. 58.
562 BAG 28.6.2000 – 7 AZR 904/98 – AP § 1 KSchG 1969 Wiedereinstellung Nr. 6; BAG 27.2.1997 – 2 AZR 160/96 – AP § 1 KSchG Wiedereinstellung Nr. 1; im Einzelnen HaKo-KSchG/*Mestwerdt*, § 613a BGB Rn 128 ff.
563 BAG 20.2.2002 – 7 AZR 600/00 – AP § 1 KSchG 1969 Wiedereinstellung Nr. 11; eingehend HaKo-KSchG/*Mestwerdt*, § 15 TzBfG Rn 37 ff.
564 BAG 24.9.2003 – 5 AZR 282/02 – AP § 151 BGB Nr. 3.
565 LAG Rostock 1.4.2004 – 1 Sa 355/03 – juris.

setzt.[566] Auch eine Vereinbarung über eine Teilzeittätigkeit ist noch nicht zustande gekommen, solange über die Frage einer tageweisen vollschichtigen Tätigkeit statt einer täglichen Halbschichttätigkeit noch offener Dissens herrscht.[567]

354 Ein Arbeitsvertrag ist nach **§ 154 Abs. 2** im Zweifel auch nicht geschlossen, wenn die Parteien gewillkürte Schriftform nach §§ 126, 127 vereinbart haben.[568] Dies setzt aber voraus, dass die vereinbarte Beurkundung nicht nur deklaratorisch zu Beweiszwecken, sondern konstitutiv wirken soll.[569]

355 **Willenserklärungen** im Hinblick auf das Zustandekommen eines Arbeitsvertrags müssen nicht ausdrücklich, sondern können auch **konkludent** erfolgen, etwa durch Übertragung bestimmter Aufgaben verbunden mit der Zahlung einer Vergütung und der Annahme durch Verrichtung der damit verbundenen Dienste. Wird z.B. ein Beamter von seinem öffentlichen Dienstherrn unter Fortzahlung des Gehalts „zur Dienstleistung" bei einer privaten Einrichtung beurlaubt, kann neben dem Beamtenverhältnis ein Arbvrh mit der privaten Einrichtung zustande kommen, ohne dass darüber ausdrücklich Willenserklärungen ausgetauscht werden.[570]

356 Der **Zugang der Annahmeerklärung** gegenüber dem Antragenden kann **nach § 151 entbehrlich** sein, wenn eine solche Erklärung nach der Verkehrssitte nicht zu erwarten ist oder der Antragende darauf verzichtet hat. Bedeutung hat die Norm v.a. im Hinblick auf das Zustandekommen von Änderungsverträgen zum Arbeitsvertrag – v.a. durch betriebliche Übung[571] –; denkbar ist in besonderen Konstellationen aber auch das Zustandekommen eines Arbeitsvertrags selbst ohne Erklärung gegenüber dem Antragenden.[572]

357 Zu den verschiedenen Möglichkeiten des Zustandekommens eines Arbvrh kraft gesetzlicher Anordnung vgl. die Übersicht Rn 347 ff. sowie die jeweiligen Verweise auf die einschlägigen Kommentierungen.

358 **b) Geschäftsfähigkeit.** Ein Arbeitsvertrag kommt nur auf der Grundlage wirksamer Willenserklärungen zustande. Dies setzt im Regelfall Geschäftsfähigkeit, d.h. die Fähigkeit, Rechtsgeschäfte selbst vollwirksam vornehmen zu können, voraus. Das BGB geht in §§ 104 ff. grds. davon aus, dass alle Menschen voll geschäftsfähig sind und regelt nur die Ausnahmen, nämlich die Geschäftsunfähigkeit (§§ 104 f.) und die beschränkte Geschäftsfähigkeit (§§ 106 ff.). Im Zusammenhang mit der Begründung von Arbvrh von Bedeutung sind v.a. §§ 112 und 113. Nach § 112 ist der Minderjährige für Rechtsgeschäfte, die der Geschäftsbetrieb mit sich bringt, geschäftsfähig, wenn der gesetzliche Vertreter mit Genehmigung des Vormundschaftsgerichts den Minderjährigen zum selbstständigen Betrieb eines Erwerbsgeschäfts ermächtigt hat. Dies umfasst auch den Abschluss von Arbeitsverträgen als AG, allerdings ist insoweit nach §§ 1643, 1822 Abs. 1 Nr. 5[573] die Genehmigung des Vormundschaftsgerichts erforderlich, sofern das Vertragsverhältnis über das 19. Lebensjahr hinaus fortdauern soll. Zugunsten des Minderjährigen bestimmt § 113 diesen bei Vorliegen einer Ermächtigung zur Aufnahme von Arbeit für die damit zusammenhängenden Rechtsgeschäfte für unbeschränkt geschäftsfähig (vgl. i.Ü. die Kommentierung zu §§ 104 bis 113).

359 **c) Vertretung bei Vertragsschluss.** Beim Abschluss eines Arbeitsvertrags ist sowohl auf AN- wie auch auf AG-Seite **Stellvertretung** möglich. Die Zurechnung einer Willenserklärung setzt nach § 164 Abs. 1 voraus, dass der Vertreter erkennbar **im Namen des Vertretenen** (Offenkundigkeit) und innerhalb der **durch Rechtsgeschäft oder Gesetz eingeräumten Vertretungsmacht** gehandelt hat oder bei Vertragsschluss ohne Vertretungsmacht der Vertretene nachträglich genehmigt (§ 177); es gelten insoweit die allgemeinen zivilrechtlichen Grundsätze.[574]

360 **aa) Handeln in fremdem Namen.** Ergibt sich der Vertragspartner auf AG-Seite nicht bereits ausdrücklich aus dem schriftlichen Arbeitsvertrag – etwa wenn der Arbeitsvertrag ohne weitere Erklärungen mündlich abgeschlossen wird – so wird dennoch regelmäßig der Betriebsinhaber verpflichtet, weil der **Abschluss eines Arbeitsvertrags unternehmensbezogenes Rechtsgeschäft** ist und der Wille der Beteiligten auf dessen Verpflichtung als Vertragspartner gerichtet ist.[575] Allerdings muss der „wahre" AG den Umständen zu entnehmen sein. Der innere Wille, in fremdem Namen zu handeln, genügt für sich genommen nicht; der Vertretungswille muss vielmehr dem Vertragspartner – zumindest aus den Umständen – erkennbar geworden sein.[576] Derjenige, der im Rechtsverkehr als Vertreter handeln will, dies aber nicht erkennbar macht, wird nach § 164 Abs. 2 so behandelt, als habe er in eigenem Namen gehandelt und deshalb unmittelbarer Vertragspartner.[577]

361 Wird der Arbeitsvertrag in eigenem Namen aber im Interesse und für Rechnung eines anderen abgeschlossen (sog. **mittelbare Stellvertretung, Strohmann**), so liegt kein Scheingeschäft i.S.v. § 117 vor, auch wenn der Strohmann

---

566 LAG Berlin 1.6.90 – 6 Sa 27/90 – LAGE § 154 BGB Nr. 1.
567 LAG Hamm 2.9.1999 – 4 Sa 1725/98 – NZA-RR 2000, 356.
568 LAG Köln 14.2.1997 – 11 Sa 902/96 – LAGE § 154 BGB Nr. 2.
569 LAG Hamm 2.9.1999 – 4 Sa 1725/98 – NZA-RR 2000, 356.
570 BAG 27.6.2001 – 5 AZR 424/99 – NZA 2002, 83.
571 BAG 14.11.2001 – 10 AZR 152/01 – AiB 2003, 46.
572 Vgl. BAG 5.9.2002 – 8 AZR 620/01 – ZTR 2003, 134.
573 A.A. ErfK/*Preis*, § 611 BGB Rn 386 (Genehmigungserfordernis nach Maßgabe von § 1822 Nr. 7 BGB).
574 BAG 29.6.1988 – 5 AZR 433/87 – NZA 1989, 468.
575 BAG 11.3.1982 – 2 AZR 861/79 EzAÜG Nr. 108; BAG 29.6.1988 – 5 AZR 433/87 – NZA 1989, 468; Palandt/*Heinrichs*, § 164 Rn 2.
576 LAG Tübingen 26.5.1967 – 4 Sa 58/67 – DB 1967, 1462.
577 BAG 20.10.1982 – 4 AZR 1152/79 – juris.

tatsächlich nur „vorgeschoben" wird, weil der wirksame Abschluss eines Arbeitsvertrags mit dem Strohmann tatsächlich gewollt ist;[578] der Strohmann oder mittelbare Vertreter wird vielmehr Vertragspartner.[579] Vertragliche Ansprüche bestehen ausschließlich ihm gegenüber. Allerdings soll nach einer älteren Rspr. des BAG im Einzelfall zu prüfen sein, ob nicht die Wahl der Vertragsform eines mittelbaren Arbverh rechtsmissbräuchlich ist, weil Schutzvorschriften zugunsten der AN umgangen werden. In diesem Fall sei die gewählte Vertragsform als Gesetzesverstoß nicht zu beachten.[580] Der Begründungsansatz überzeugt nicht, weil er die klaren Vertragsbeziehungen negiert. Richtig ist es, einen Haftungsdurchgriff auf den hinter dem Vertragspartner stehenden Dritten nach den Grundsätzen der Durchgriffshaftung in Erwägung zu ziehen.

In der Praxis nicht selten ist der Fall, dass (häufig in betrügerischer Absicht) ein **Vertreter ausdrücklich im Namen einer nicht existenten Person oder Firma** kontrahiert. In diesen Fällen kommt der Vertrag weder mit dem nicht existierenden Vertretenen noch im Regelfall mit dem Vertreter zustande. Eine Selbstbindung des Erklärenden nach § 164 Abs. 2, wonach der Erklärende selbst aus dem Rechtsgeschäft berechtigt und verpflichtet wird, wenn er seinen Vertreterwillen nicht erkennbar äußert, tritt nicht ein; denn bei dieser Fallgestaltung hat der Erklärende gerade ausdrücklich seinen Vertreterwillen erklärt. Es liegt auch kein Fall des Handelns unter fremden Namen vor, da der Vertreter nicht suggeriert hat, er sei Träger des Namens, unter dem der Vertrag geschlossen wird. Der Vertreter haftet dann analog § 179 wie im Falle eines Handelns ohne Vertretungsmacht für eine existierende Person auf Erfüllung oder Schadensersatz, kann aber seinerseits nicht Erfüllung verlangen.[581] 362

bb) Vertretungsmacht. Die erforderliche Vertretungsmacht kann sich unmittelbar aus **Gesetz** (z.B. Eltern nach § 1629), aufgrund einer Bestellung als Betreuer oder der Stellung eines Organs einer juristischen Person (z.B. § 35 GmbHG, § 81 AktG, § 28 GenG) ergeben. 363

Rechtsgeschäftlich wird Vertretungsmacht eingeräumt durch Erteilung einer Vollmacht (§ 167). Sie ist formfrei und kann auch durch schlüssiges Verhalten erfolgen. Dabei kommen die Grundsätze der Duldungs- und Anscheinsvollmacht zur Anwendung. Eine **Duldungsvollmacht** liegt vor, wenn der Vertretene es wissentlich geschehen lässt, dass ein anderer für ihn wie ein Vertreter auftritt und der Geschäftsgegner dieses Dulden nach Treu und Glauben dahingehend verstehen darf, der als Vertreter Handelnde sei tatsächlich bevollmächtigt.[582] Nach den Grundsätzen der **Anscheinsvollmacht** muss sich der Vertretene eine Willenserklärung zurechnen lassen, wenn er das Handeln des Scheinvertreters zwar nicht kennt, aber bei pflichtgemäßer Sorgfalt hätte erkennen und verhindern können und der andere Teil annehmen durfte, der Vertretene dulde und billige das Verhalten des Vertreters.[583] 364

Liegen die Voraussetzungen von Duldungs- und Anscheinsvollmacht nicht vor, wird der Vertretene dann nicht wirksam verpflichtet, wenn im Zeitpunkt des Vertragsschlusses die Vollmacht durch Widerruf, Zeitablauf, Bedingungseintritt o.ä. wieder erloschen ist und der Vertretene das Rechtsgeschäft nicht nach § 177 nachträglich genehmigt. Diese Genehmigung kann konkludent erfolgen, etwa wenn der von einem Vertreter ohne Vertretungsmacht eingestellte AN mit Wissen des vertretenen AG die Arbeit aufnimmt.[584] 365

Kommt ein Arbeitsvertrag mit dem Vertretenen mangels Vertretungsmacht nicht zustande, so **haftet der Vertreter dem Vertragspartner nach § 179**. Der Vertragspartner kann entweder Erfüllung verlangen oder aber den Vertreter auf Schadensersatz in Anspruch nehmen. Bei unwirksamer Vertretung des AN ist zu beachten, dass die Wahl der Erfüllung durch den AG regelmäßig sinnlos ist, da die Erbringung der Arbeitsleistung mit Mitteln der Zwangsvollstreckung nach § 61 Abs. 2 ArbGG nicht durchzusetzen ist.[585] Auch im umgekehrten Fall – Handeln eines Vertreters ohne Vertretungsmacht aufseiten des AG – sind lediglich Schadensersatzansprüche darstellbar, da ein eigenes Interesse des AN an der Erfüllung des Arbeitsvertrags regelmäßig nicht vorliegen wird. Der Anspruch ist dann regelmäßig auf das Erfüllungsinteresse gerichtet. Sofern der Vertreter den Mangel der Vollmacht nicht gekannt hat, sind Schadensersatzansprüche nach § 179 Abs. 2 auf den Ersatz des Vertrauensschadens beschränkt. 366

Schadensersatzansprüche wegen Überschreitung der Vollmacht sind auch im Innenverhältnis zwischen AG und AN denkbar. Will der AG Schadensersatzansprüche daraus herleiten, dass der AN unter Überschreitung seiner Befugnisse Geschäfte getätigt hat, muss er allerdings im Einzelnen Umfang und Grenzen der vereinbarten Befugnisse darlegen und beweisen.[586] 367

cc) Formvorgaben. Der **Arbeitsvertrag unterliegt keinem konstitutiven Schriftformerfordernis**. Er kann mündlich oder konkludent durch schlüssiges Verhalten wirksam geschlossen werden. Soweit nach §§ 2, 3 NachwG der AG verpflichtet wird, die wesentlichen Vertragsbedingungen und bei ihrer Änderung die geänderten Arbeits- 368

---

578 BGH 24.1.1980 – II ZR 169/78 – NJW 1980, 1572.
579 BAG 8.8.1958 – 4 AZR 173/55 – AP § 611 BGB Mittelbares Arbeitsverhältnis Nr. 3; BAG 20.7.1982 – 3 AZR 446/80 – AP § 611 BGB Mittelbares Arbeitsverhältnis Nr. 5.
580 BAG 20.7.1982 – 3 AZR 446/80 – AP § 611 BGB Mittelbares Arbeitsverhältnis Nr. 5m. abl. Anm. *Koller.*
581 BAG 11.3.1982 – 2 AZR 861/79 – EzAÜG Nr. 108.
582 BAG 11.9.1984 – 3 AZR 33/82 – juris.
583 Palandt/*Heinrichs*, § 173 Rn 14.
584 *Boemke*, AR-Blattei SD 220.5 Rn 183.
585 *Boemke*, AR-Blattei SD 220.5 Rn 184.
586 LAG Hessen 15.5.1996 – 8 Sa 1943/94 – LAGE § 611 BGB Arbeitnehmerhaftung Nr. 21.

bedingungen schriftlich mitzuteilen, wird damit weder die Begründung noch die Änderung einem konstitutivem Schriftformgebot unterworfen.[587] Auch ein Verstoß gegen andere gesetzliche Formvorschriften (§ 11 BBiG; § 11 AÜG) bewirkt nicht die Nichtigkeit des Vertrags gem. § 125. Es handelt sich hierbei um deklaratorische Formvorschriften, die zum Schutz der AN den AG zur Niederlegung der wesentlichen Vertragsinhalte verpflichten und die (nur) Auswirkungen auf die Verteilung der Beweislast in einem Prozess um den Inhalt der vereinbarten Arbeitsbedingungen haben können (vgl. im Einzelnen die Kommentierung zum NachwG).

369 Ob tarifvertragliche Formvorschriften konstitutiv wirken sollen oder lediglich deklaratorischen Charakter haben, ist im Einzelfall durch Auslegung der Norm zu ermitteln. Sofern die Begründung des Arbverh betroffen ist, dienen Formerfordernisse häufig dem Schutz der AN und der Verbesserung der Beweislage, so dass ein Verstoß nicht die Nichtigkeit des Arbeitsvertrags zur Folge hat.[588] Anders verhält es sich häufig bei Formvorschriften über Nebenabreden (vgl. § 4 Abs. 2 BAT); deren Nichtbeachtung führt zur Unwirksamkeit der Nebenabrede, lässt das Grundverhältnis aber i.Ü. unberührt.

370 Vereinbaren die Vertragsparteien im Vorfeld des Abschlusses eines Arbeitsvertrags, dass der Arbeitsvertrag schriftlich geschlossen werden soll, so ist, sofern die Auslegung der Willenserklärungen nicht eindeutig eine nur deklaratorisch gewollte Form ergibt, im Zweifel nach § 125 S. 2 zwar von einem konstitutiven Schriftformerfordernis auszugehen; in dem trotzdem formfrei abgeschlossenen Arbeitsvertrag erkennt die Rspr. allerdings konkludent eine – formfrei mögliche – Aufhebung des vereinbarten Schriftformgebots, so dass der Vertrag dennoch wirksam ist.[589] Zu den Formvorschriften i.Ü. s. die Kommentierung zu §§ 125 bis 127.

371 **3. Verbindung zu anderen Rechtsgebieten und zum Prozessrecht.** Die **Geschäftsfähigkeit** nach materiellem Recht determiniert auch die **Fähigkeit, Prozesshandlungen** selbst oder durch selbst bestellte Vertreter vornehmen zu können. Nach § 52 ZPO ist eine Person insoweit prozessfähig, als sie sich durch Verträge verpflichten kann. Soweit Minderjährige im Rahmen von §§ 112, 113 unbeschränkt geschäftsfähig sind, sind sie auch für die daraus ergebenden Streitigkeiten voll prozessfähig.

372 Zur Darlegungs- und Beweislastverteilung in Bezug auf das Vorliegen von Geschäftsfähigkeit vgl. die Kommentierung zu §§ 104 ff.

373 Ist streitig, ob in eigenem oder in fremdem Namen gehandelt worden ist, so ist für das Vorliegen eines Vertretergeschäfts derjenige beweispflichtig, der behauptet, nicht in eigenem Namen sondern als Vertreter eines Dritten gehandelt zu haben. Bei einem unternehmensbezogenen Geschäft wie dem Abschluss eines Arbeitsvertrags spricht allerdings eine tatsächliche Vermutung dafür, dass mit dem Inhaber abgeschlossen wurde.[590] Für das Vorliegen von Vertretungsmacht ist derjenige beweispflichtig, der sich auf das Vertretergeschäft beruft. Wird der Vertretene in Anspruch genommen, muss der andere Teil die wirksame Vertretung darlegen, wird der Vertreter aus § 179 in Anspruch genommen, muss dieser, wenn er wirksames Handeln für den Vertretenen behauptet, seine Vertretungsmacht belegen.[591]

374 Nimmt eine Partei des Arbeitsvertrags jemanden als Vertreter ohne Vertretungsmacht auf die Erfüllung von Ansprüchen aus dem Arbverh oder auf Schadensersatz für solche Forderungen in Anspruch (§ 179), ist der Rechtsweg zu den Gerichten für Arbeitssachen gegeben. Der vollmachtlose Vertreter ist Rechtsnachfolger i.S.d. § 3 ArbGG.[592]

B. Rechtsnatur des Arbeitsvertrags

375 Der Arbeitsvertrag ist auf den Austausch von Arbeitsleistung gegen Vergütung gerichtet und damit ein **Austauschvertrag**, dessen Hauptleistungspflichten in einem Abhängigkeitsverhältnis stehen und damit **synallagmatisch** verknüpft sind. Damit finden die Bestimmungen der §§ 320 bis 326 über den gegenseitigen Vertrag Anwendung, sie werden aber aufgrund des Dauerschuldcharakters des Arbeitsvertrags wesentlich modifiziert.

376 Keine Anwendung auf den Arbeitsvertrag finden – wie auf andere vollzogene Dauerschuldverhältnisse wie Miete und Pacht – die Bestimmungen über den Rücktritt vom Vertrag wegen nicht oder nicht vertragsgemäßer Leistung (§§ 323 ff.), sie werden durch das Recht zur (fristlosen) Künd ersetzt.[593]

377 Anwendung finden die Bestimmungen über die Einrede des nichterfüllten Vertrags nach § 320 z.B. bei ausbleibender Gehaltszahlung. Das BAG differenziert nicht präzise, ob sich das Zurückbehaltungsrecht an der eigenen Arbeitsleistung aus § 273 Abs. 1 oder aus § 320 ableitet und stützt in Fällen des Zurückbehaltungsrechts an der eigenen Arbeitsleistung dieses kumulativ auf § 273 Abs. 1 und auf § 320 Abs. 1.[594] Richtig ist zu differenzieren: Geht es um die Zurückbehaltung der Arbeitsleistung wegen ausbleibender Lohnzahlung und damit einer im Synallagma stehenden

---

587 BAG 21.8.1997 – 5 AZR 713/96 – AP § 4 BBiG Nr. 1.
588 *Boemke*, AR-Blattei SD 220.5 Rn 175.
589 BAG 4.6.1963 – 5 AZR 16/63 – AP § 127 BGB Nr. 1; BAG 10.1.1989 – 3 AZR 460/87 – AP § 74 HGB Nr. 57.
590 BGH 28.2.1985 – III ZR 183/83 – NJW 1986, 1675.
591 Palandt/*Heinrichs*, § 164 Rn 18.
592 BAG 7.4.2003 – 5 AZB 2/03 – NZA 2003, 813.
593 Palandt/*Grüneberg*, § 323 Rn 4.
594 BAG 21.5.1992 – 2 AZR 10/92 – AP § 1 KSchG 1969 Verhaltensbedingte Kündigung Nr. 29; BAG 22.12.1982 – 2 AZR 350/82 – juris.

Leistung, ist § 320 heranzuziehen; steht der Gegenanspruch hingegen nicht im Gegenseitigkeitsverhältnis,[595] ist ein Zurückbehaltungsrecht auf § 273 Abs. 1 zu stützen; in der Sache bestehen jedoch keine materiellrechtlichen Unterschiede.

C. Mängel des Arbeitsvertrags

I. Scheinarbeitsvertrag (§ 117)

1. Allgemeines. Nach § 117 ist eine Willenserklärung, die mit Einverständnis des Vertragspartners nur zum Schein abgegeben wird, nichtig. Ein Scheingeschäft liegt vor, wenn die Vertragsparteien einverständlich nur den äußeren Schein eines Rechtsgeschäfts hervorrufen, die mit dem Rechtsgeschäft verbundenen Folgen aber nicht eintreten lassen wollen.[596] Es fehlt damit tatbestandlich bereits an einer Willenserklärung.[597]

2. Regelungsgehalt. Der Abschluss eines **Scheinarbeitsvertrags** ist denkbar. Für möglich erachtet hat das BAG die Annahme eines Schein(werk-)vertrags in einem Fall, wo nur zum Schein ein aus mehreren Personen bestehendes Ingenieurbüro als Vertragspartner angegeben wurde, um das tatsächlich gewollte unmittelbare Arbverh mit einem Ingenieur zu verschleiern.[598] Ein Scheinarbeitsvertrag kann auch vorliegen, wenn in einer GbR ein Initiator der Gründung nicht in Erscheinung treten soll und deshalb ein Arbverh (zum Schein) vereinbart wird[599] oder wenn ein freies Dienstverhältnis zum Zwecke des Fortbestandes mit einem Betriebsübernehmer zum Schein in ein Arbverh überführt wird.[600]

In der Praxis wird ein Scheinarbeitsvertrag allerdings regelmäßig von der Rspr. verneint. Kein Scheingeschäft liegt nämlich vor, wenn der von den Beteiligten übereinstimmend angestrebte Erfolg gerade die Gültigkeit des Rechtsgeschäfts voraussetzt bzw. sie ihre wahren Absichten nur durch die Wirksamkeit des abgeschlossenen Vertrags erreichen können.[601]

Ein **Ehegatten-Arbverh**, dessen Begründung sozialversicherungsrechtliche Gründe hat[602] oder ein Arbeits- oder Gesellschaftsverhältnis **mit einem Konzessionsträger** zur Erfüllung der Eintragungsvoraussetzungen in die Handwerksrolle[603] sind regelmäßig nicht nach § 117 nichtig, weil der von den Parteien erstrebte Erfolg immer die Wirksamkeit des Arbeitsvertrags voraussetzt; die Willenserklärungen werden in diesen Fällen nicht zum Schein abgegeben. Damit ist jedoch nicht ausgeschlossen, dass der Arbeitsvertrag sich nicht aus anderen Gründen, etwa nach § 134, sich als nichtig erweist, weil gegen ein gesetzliches Verbot verstoßen worden ist.[604]

3. Verbindung zum Prozessrecht. Die Darlegungs- und Beweislast für das Vorliegen eines Scheingeschäfts trägt derjenige, der sich auf die Nichtigkeit eines Geschäfts nach § 117 beruft. Dies gilt auch für die Behauptung, bei einem Arbeitsvertrag habe es sich nur um einen Scheinvertrag gehandelt.[605]

II. Verstoß gegen ein gesetzliches Verbot (§ 134)

1. Allgemeines. Nach § 134 ist ein **Rechtsgeschäft, das gegen ein gesetzliches Verbot verstößt, nichtig**, wenn sich nicht aus dem Gesetz ein anderes ergibt. § 134 setzt der Privatautonomie Grenzen. Grds. mögliche rechtsgeschäftliche Regelungen, die nach gesetzlichen Vorschriften wegen ihres Inhalts oder wegen der Umstände ihres Zustandekommens untersagt sind, sind nichtig. Gesetz i.S.v. § 134 ist nach Art. 2 EG jede Rechtsnorm; ein Verbot kann sich damit aus **Bundes- oder Landesgesetzen** im formellen Sinn, aus **VO**, aus dem **Recht der EG**, soweit es Vertragsverhältnisse unmittelbar berührt (Art. 119 EGV),[606] aus drittwirkenden **grundgesetzlichen Normen** wie Art. 9 Abs. 3 GG bzw. dem Diskriminierungsverbot des Art. 3 Abs. 3 GG[607] oder aus **tariflichen Regelungen** (§§ 1 Abs. 1, 4 Abs. 1 TVG) oder einer **BV** ergeben.[608] Ob ein Verstoß gegen ein Verbotsgesetz zur Nichtigkeit des Rechtsgeschäfts führt, hängt davon ab, ob sich aus dem Gesetz „nicht etwas anderes ergibt". Deshalb ist – soweit nicht bereits die Verbotsnorm die Rechtsfolge ausdrücklich bezeichnet – im Wege der Auslegung der Verbotsnorm zu ermitteln, ob das Rechtsgeschäft bei einem Verstoß nichtig ist.

Das Arbeitsrecht wird allgemein durch zahlreiche Verbotsnormen geprägt, die dem Schutz der AN Rechnung tragen. **Klassische Verbotsnormen sind § 18 BEEG bzw. § 9 Abs. 1 MuSchG**, wonach eine Künd ohne vorherige Zustim-

---

595 Vgl. BAG 19.2.1997 – 5 AZR 982/94 – AP § 618 BGB Nr. 24; BAG 19.2.1997 – 5 AZR 379/94 – juris.
596 BGH 24.1.1980 – III ZR 169/78 – NJW 1980, 1572.
597 Palandt/*Ellenberger*, § 117 Rn 1.
598 BAG 11.3.1982 – 2 AZR 861/79 – EzAÜG Nr. 108.
599 LAG Sachsen-Anhalt 10.6.1997 – 8 Sa 913/96 – AuA 1998, 256.
600 BAG 13.2.2003 – 8 AZR 59/02 – NZA 2003, 854.
601 BAG 26.4.2006 – 7 AZR 366/05 – AP § 14 TzBfG Nr. 1; BAG 21.4.2005 – 2 AZR 125/04 – AP § 1 KSchG 1969 Nr. 134 Betriebsbedingte Kündigung; Bamberger/Roth/*Wendtland*, § 117 Rn 1; LAG Köln 22.11.2002 – 11 Sa 697/02 – AuR 2003, 395.
602 LAG Köln 22.11.2002 – 11 Sa 697/02 – AuR 2003, 395.
603 BAG 2.2.1994 – 10 AZR 673/92 – AP § 705 BGB Nr. 8.
604 Zu den Konzessionsträger-Arbverh vgl. LAG Köln 22.11.2002 – 11 Sa 697/02 – AuR 2003, 395.
605 BAG 13.2.2003 – 8 AZR 59/02 – AP § 613a BGB Nr. 249.
606 BAG 7.11.1995 – 3 AZR 1064/94 – NZA 1996, 653.
607 BAG 28.9.1972 – 2 AZR 469/71 – NJW 1973, 77.
608 Palandt/*Ellenberger*, § 134 Rn 2–5.

mung der zuständigen Behörde unwirksam ist.[609] Sofern sich der AN darauf beruft, stellt auch der Verstoß gegen die Anzeigepflicht bei Massenentlassungen nach § **17 KSchG** einen Verstoß gegen ein Verbotsgesetz dar, welches nach § 134 zur Unwirksamkeit der Künd führt.[610] Auch ein Verstoß gegen das in **§ 612a** verankerte **Maßregelungsverbot** führt nach § 134 zur Nichtigkeit der jeweiligen Maßnahme.[611] Vgl. insoweit die jeweiligen Kommentierungen.

385 Die Nichtigkeit einer Vereinbarung kann sich schließlich auch aus einem **Umgehungsgeschäft** ergeben, mit dem eine Verbotsnorm umgangen werden soll.[612] Eine arbeitsvertragliche Vereinbarung, die bei arbeitszeitabhängiger Vergütung den AG berechtigen soll, die zunächst festgelegte Arbeitszeit später einseitig nach Bedarf zu reduzieren, stellt eine objektive Umgehung von zwingenden Vorschriften des Künd-Schutzrechts (§§ 2, 1 Abs. 2 und Abs. 3 KSchG) dar und ist daher nach § 134 nichtig.[613]

386 Ein **Arbeitsvertrag** kann **auch in Teilen gegen ein gesetzliches Verbot verstoßen**. Ein nur partieller Verstoß einzelner Vertragsbestimmungen führt nach § 139 im Regelfall nur zur **Teilnichtigkeit** der jeweiligen Bestimmung. Zwar ist nach § 139 bei Teilnichtigkeit eines Rechtsgeschäfts das ganze Rechtsgeschäft nichtig, wenn nicht anzunehmen ist, dass es auch ohne den nichtigen Teil vereinbart worden wäre. Von dieser Vermutungsregel wird zum Schutz der AN weitgehend abgewichen. Nahezu durchgängig wird der Vertrag aufrechterhalten und werden die verbotenen Teile durch einschlägige gesetzliche oder tarifliche Bestimmungen ersetzt.[614] Eine über einen Verstoß gegen Verbotsnormen hinausgehende Inhaltskontrolle arbeitsvertraglicher Regelungen findet nach dem Recht der AGB nach §§ 305 ff. statt (vgl. hierzu die Kommentierung).

387 Die **Rückabwicklung** eines nichtigen Arbeitsvertrags richtet sich **nach Sinn und Zweck des Verbotsgesetzes**. Regelmäßig folgt sie den Grundsätzen des faktischen Arbverh (vgl. Rn 42 ff.). Für den Zeitraum, in dem es in Vollzug gesetzt wurde, wird es wie ein fehlerfrei zustande gekommenes Arbverh behandelt. Davon abweichend geht die Rspr. **ausnahmsweise** von einer **rückwirkenden Nichtigkeit** aus, wenn das Arbverh unter einem besonders schweren Mangel leidet und eine Abwicklung nach den Grundsätzen des faktischen Arbverh den mit der Verbotsnorm verfolgten gesetzgeberischen Intention widerspricht.[615] Dies ist z.B. der Fall, wenn „ärztliche Leistungen" ohne Vorliegen der erforderlichen Approbation erbracht wurden. In diesen Fällen erfolgt die Rückabwicklung nach den Grundsätzen ungerechtfertigter Bereicherung, wobei eine Saldierung mit dem Wert der tatsächlich erbrachten Leistung nach § 817 S. 2 zu unterbleiben hat.[616] Der AN ist zur Herausgabe des Erlangten verpflichtet, ohne dass der „Wert" seiner Leistung angerechnet wird.

388 **2. Regelungsgehalt.** Folgende **Fallgruppen** erweisen sich regelmäßig als praxisrelevant:

389 a) **Schwarzgeldvereinbarungen.** Schwarzgeldvereinbarungen führen nach § 134 zur Nichtigkeit des Vertrags, sofern es sich nicht um einen Arbeits- sondern um einen Dienst- oder sonstigen (Werk)vertrag handelt.[617] Als Verbotsnormen i.S.v. § 134 kommen Straftatbestände (§ 266a StGB, § 370 Abs. 1 Nr. 1 AO) sowie bis zum 31.7.2004 §§ 1 Abs. 1 Nr. 1, 2 Abs. 1 SchwarzArbG[618] und seither § 1 Abs. 2 Nr. 1 des Gesetzes zur Intensivierung der Bekämpfung der Schwarzarbeit und damit zusammenhängender Steuerhinterziehung vom 23.7.2004 in Betracht.[619] **Schwarzgeldabreden** unter Arbeitsvertragsparteien führen hingegen **nicht zur Gesamtnichtigkeit** des Arbeitsvertrags.[620] Dies ergibt sich aus § 14 Abs. 2 SGB IV und der darin zum Ausdruck kommenden gesetzgeberischen Wertung, wonach im Fall der Nichtentrichtung von Steuern und Sozialversicherungsbeiträgen ein Nettoarbeitsentgelt als vereinbart gilt. Anderes soll nur dann gelten, wenn die Hinterziehung von Steuern und Sozialversicherungsbeiträgen Hauptzweck der Vereinbarung sind. Dies ist bei einer auf die Erbringung von Arbeitsleistungen gerichteten Vereinbarung regelmäßig nicht der Fall; nichtig ist deshalb nur der Teil der Vergütungsabrede, der auf die Nichtabführung von Steuern und Abgaben gerichtet ist.[621] Auch die mit der Vereinbarung einer Schwarzgeldabrede einhergehende **Verletzung der steuer- und versicherungsrechtlichen Meldepflichten** führt deshalb nicht zur Nichtigkeit des Arbeitsvertrags.[622]

390 Schwarzgeldvereinbarungen können für den AG zu schweren wirtschaftlichen Nachteilen führen, wenn die Nachveranlagung zu Steuern und Sozialversicherung auf der Grundlage des vereinbarten Entgelts als Nettolohnvereinbarung erfolgt. Eine Nettolohnvereinbarung beinhaltet nämlich, dass abweichend vom Regelfall der AG sämtliche Steuern und Sozialversicherungsbeiträge zu übernehmen hat.[623]

---

609 BAG 11.3.1999 – 2 AZR 19/98 – AP § 18 BErzGG Nr. 4.
610 BAG 10.3.1982 – 4 AZR 158/79 – AP § 2 KSchG 1969 Nr. 2; vgl. HaKo-KSchG/*Fiebig*, § 17 KSchG Rn 82; s. jetzt EuGH 27.1.2005 – C-188/03 – NZA 2005, 213.
611 Palandt/*Weidenkaff*, § 612a Rn 2.
612 BAG 22.3.1995 – 5 AZB 21/94 – AP § 5 ArbGG 1979 Nr. 21.
613 BAG 12.12.1984 – 2 AZR 509/83 – DB 1985, 1240.
614 BAG 13.3.1975 – 5 AZR 199/74 – DB 1975, 1417; *Küttner/Röller*, Arbeitsvertrag Rn 53.
615 BAG 3.11.2004 – 5 AZR 592/03 – FA 2005, 27.
616 BAG 3.11.2004 – 5 AZR 592/03 – FA 2005, 27.
617 BGH 31.5.1990 – VII ZR 336/89 – AP § 1 SchwarzarbeitsG Nr. 3; BAG 24.3.2004 – 5 AZR 233/03 – NZA 2004, 808.
618 Gesetz zur Bekämpfung der Schwarzarbeit in der Fassung der Bekanntmachung v. 6.2.1995 (BGBl I, S. 2848).
619 BGBl I, S. 1842.
620 BAG 26.2.2003 – 5 AZR 690/01 – AP § 134 BGB Nr. 24.
621 BAG 24.3.2004 – 5 AZR 233/03 – NZA 2004, 808.
622 LAG Berlin 15.10.1990 – 9 Sa 62/90 – DB 1991, 605.
623 Küttner/*Griese*, Nettolohnvereinbarung Rn 1.

b) Konzessionsträgerverträge. **Nichtig** sind wegen der Umgehung zwingender Vorschriften der HdwO regelmäßig Arbeitsverträge, wenn der angestellte Meister keine Arbeitsleistungen zu erbringen hat und durch den Vertrag nur die Eintragungsvoraussetzungen für die Handwerksrolle erfüllt werden sollen (sog. Konzessionsträgervertrag).[624] 391

c) Fehlende Zulassungsvoraussetzung/Erlaubnis. Nichtig sind **Arbeitsverträge**, die abgeschlossen werden, ohne dass **besondere Zulassungsvoraussetzungen oder Erlaubnistatbestände** erfüllt sind. So ist der Arbeitsvertrag als Arzt nichtig, wenn der AN nicht über die nach § 2 Abs. 1 BÄrztO erforderliche Approbation verfügt und bei der Einstellung eine gefälschte Urkunde vorlegt.[625] Gleiches gilt für einen Arbeitsvertrag über die Erbringung von Steuerberatungsleistungen unter Verstoß gegen Vorschriften des StBerG[626] wie auch bei einer Vereinbarung, die gegen die Erlaubnispflicht nach Art. 1 § 1 Abs. 1 RBerG[627] verstößt. 392

Demgegenüber ist ein Arbeitsvertrag mit einem **ausländischen AN ohne Arbeitsgenehmigung** nach § 284 Abs. 1 SGB III grds. **wirksam**; nach dem Zweck der Norm bewirkt die fehlende Arbeitserlaubnis allenfalls ein Beschäftigungsverbot.[628] 393

Auch die Einstellung einer Mitarbeiterin trotz Fehlens der erforderlichen Gesundheitszeugnisses nach §§ 17, 18 BSeuchG bewirkt nicht die Nichtigkeit des Arbeitsvertrags nach § 134.[629] 394

d) Abschluss- und Beschäftigungsverbote. Ob ein unter Verstoß gegen ein Abschluss- und Beschäftigungsverbot geschlossener Arbeitsvertrag nach § 134 nichtig ist, entscheidet sich nach Sinn und Zweck der Verbotsnorm. Bezweckt die Norm ihrem Ziel nach ein **Abschlussverbot**, so sind gegenläufige Verträge nach § 134 nichtig. Arbeitsverträge, die gegen das Verbot der Beschäftigung von Kindern nach §§ 2, 5 JArbSchG verstoßen, sind deshalb nichtig, weil nach dem Zweck dieser Verbotsnormen die Beschäftigung von Kindern generell – mit den dort geregelten Ausnahmen – untersagt ist.[630] 395

Demgegenüber führen **Beschäftigungsverbote**, die nur partiell Tätigkeiten zu bestimmten Zeiten oder unter bestimmten – erschwerten – Umständen untersagen (§§ 3 ff. MuSchG für schwangere Frauen), nicht zur Nichtigkeit eines widersprechenden Arbeitsvertrags. Insoweit besteht ein Gleichklang zu den Wertungen bei der Problematik der Zulässigkeit der Frage nach einer Schwangerschaft (vgl. Rn 264 ff.). Ist die Frage nach der Schwangerschaft unzulässig, so kann ein ohne vorherige Frage geschlossener Arbeitsvertrag nicht nichtig sein. Ziel der Beschäftigungsverbote des MuSchG ist der Schutz der Gesundheit der Schwangeren und ihres Kindes, nicht aber generell die Verhinderung von Beschäftigung; die angeordnete Nichtigkeit des Arbeitsvertrags würde gegenüber der Schwangeren auch eine unzulässige Diskriminierung wegen des Geschlechts bedeuten.[631] 396

Verstoßen arbeitsvertragliche Vereinbarungen im Hinblick auf Dauer und Lage der vereinbarten Arbeitszeit **gegen arbeitszeitrechtliche Vorschriften (§§ 3 bis 6, 9 ArbZG)**, so führt ein Verstoß nicht zur Gesamtnichtigkeit des Arbeitsvertrags;[632] nach dem Schutzzweck des ArbZG nach §§ 134, 139 liegt lediglich Teilnichtigkeit in Bezug auf die Arbeitszeitvereinbarung vor.[633] 397

Übt der AN während des Urlaubs entgegen § 8 BUrlG bei einem anderen AN eine Erwerbstätigkeit auf der Grundlage eines Arbeitsvertrags aus, so ist dieser Arbeitsvertrag nicht nach § 134 nichtig.[634] 398

e) Einzelne Vertragsbestimmungen. Nicht selten sind arbeitsvertragliche Regelungen partiell nichtig, weil sie gegen ein gesetzliches Verbot verstoßen. Dies kann der Fall sein bei einem **Verstoß gegen das Benachteiligungsverbot des § 4 Abs. 1 TzBfG**[635] bzw. gegen unabdingbare AN-Schutzvorschriften (§§ 4, 14 EFZG; §§ 1, 11, 13 BUrlG). Teilnichtig nach § 32 SGB I, §§ 20 Abs. 1, 168 Abs. 1 Nr. 1 SGB IV ist auch eine Vergütungsabrede, die dem AG gestattet, auch den AG-Anteil zur Sozialversicherung von der vereinbarten Bruttovergütung in Abzug zu bringen. In diesen Fällen ist grds. nur die singuläre arbeitsvertragliche Bestimmung unwirksam und wird durch die unabdingbare gesetzliche Norm ersetzt (vgl. i.Ü. die Kommentierung zu den jeweiligen Normen). 399

---

624 BAG 18.3.2009 – 5 AZR 355/08; LAG Niedersachsen –23.10.2001– 13 Sa 553/01 – LAGE § 134 BGB Nr. 8; LAG Thüringen 9.3.2001 – 5 Sa 10/2001 – LAGE § 134 BGB Nr. 7.
625 BAG 3.11.2004 – 5 AZR 592/03 – FA 2005, 27.
626 LAG Bremen 11.9.1992 – 4 Sa 83/92 – LAGE § 134 BGB Nr. 5.
627 BAG 24.3.1993 – 4 AZR 258/92 – BAGE 73, 9.
628 LAG Berlin 26.11.02 – 3 Sa 1530/02 – LAGE § 134 BGB Nr. 9a; MünchArbR/*Buchner*, Bd. 1, § 40 Rn 55; zu § 19 AfG BAG 13.1.1977 – 2 AZR 423/75 – AP § 19 AfG Nr. 2.
629 BAG 25.6.1970 – 2 AZR 376/69 – AP § 18 BSeuchG Nr. 1.
630 ErfK/*Preis*, § 611 BGB Rn 329.
631 EuGH 5.5.1994 – C 421/92 – AP EWG-RL Nr. 76/207 Art. 2 Nr. 3; ErfK/*Preis*, § 611 BGB Rn 329; a.A. Tschöpe/*Wisskirchen*, Teil 1 Rn 212.
632 A.A. LAG Nürnberg 29.8.1995 – 2 Sa 429/94 – AP § 134 BGB Nr. 9.
633 Palandt/*Ellenberger*, § 134 Rn 15; a.A. LAG Nürnberg 29.8.1995 – 2 Sa 429/94 – AP § 134 BGB Nr. 9.
634 BAG 25.2.1988 – 8 AZR 596/85 – AP § 8 BUrlG Nr. 3.
635 BAG 24.5.2000 – 10 AZR 629/99 – AP § 2 BeschFG Nr. 79 noch zu § 2 Abs. 1 BeschFG.

III. Verstoß gegen die guten Sitten (§ 138)

400 **1. Allgemeines.** Nach § 138 Abs. 1 ist ein Rechtsgeschäft, das gegen die guten Sitten verstößt, nichtig. Die Norm begrenzt wie § 134 die Privatautonomie. Rechtsgeschäfte, die den Grundprinzipien unserer Rechts- und Sittenordnung widersprechen, werden von der Generalklausel des § 138 erfasst und für nichtig erklärt. Nach der von BAG und BGH in st. Rspr. bemühten „Anstandsformel" ist ein Rechtsgeschäft (Arbeitsvertrag) **sittenwidrig**, wenn es nach Inhalt, Beweggrund der Beteiligten und Zwecksetzung **gegen das Anstandsgefühl aller billig und gerecht Denkenden verstößt**.[636] Diese Formel ist inhaltlich wenig aussagekräftig. Greifbare Prüfungsmaßstäbe ergeben sich daraus, dass über die Generalklausel des § 138 die Grundrechte sowie das im GG verkörperte Wertesystem einschließlich der Sozialstaatsklausel[637] (Art. 20, 28 GG) als Elemente objektiver Ordnung in das Privatrecht einwirken.[638] Der Hauptanwendungsbereich der Norm im Arbeitsrecht liegt deshalb darin, dem Missbrauch wirtschaftlicher Macht bei der Ausgestaltung von Verträgen entgegenzutreten. Verträge, die einen Vertragspartner ungewöhnlich stark belasten und das Ergebnis ungleicher Verhandlungsmacht sind, verstoßen deshalb gegen § 138.[639]

401 Die „Anstandsformel" liefert für sich genommen keine greifbaren Prüfungsmaßstäbe. Sie verstellt den Blick darauf, dass in den meisten Fällen die subjektiven Beweggründe der Vertragsparteien nicht für die Feststellung der Sittenwidrigkeit erheblich sind. Ist ein Rechtsgeschäft seinem Inhalt nach objektiv **mit grundlegenden Wertungen der Rechts- oder Sittenordnung unvereinbar**, so ist es **nichtig**, ohne das es auf subjektive Beweggründe der Vertragspartner oder das Bewusstsein der Sittenwidrigkeit ankommt (Inhaltssittenwidrigkeit).[640] Eine verwerfliche Gesinnung[641] bzw. ein besonderes Vorwurfselement,[642] auf die das BAG in früherer Rspr. noch abgestellt hat, ist nicht erforderlich, entscheidungsrelevant ist die Vereinbarkeit mit den Wertmaßstäben, die in den Grundrechten ihren Ausdruck gefunden haben.[643]

402 Subjektive Elemente sind bei der Beurteilung der Sittenwidrigkeit im Einzelfall dann zu beachten, wenn sich die Sittenwidrigkeit eines Rechtsgeschäfts erst aus einer Gesamtbetrachtung nach Inhalt, Beweggrund und Zweck des Rechtsgeschäfts ergibt (**Gesamtcharakter des Rechtsgeschäfts**).[644] Im Rahmen einer Gesamtbetrachtung erweist sich deshalb eine Vergütungsabrede als nichtig, die dem AN zwar eine adäquate Vergütung zusichert, ihm aber das Risiko etwaiger Verluste auferlegt. In subjektiver Hinsicht ist im Rahmen der Gesamtbetrachtung nach Auffassung des BAG nur erforderlich, das die Handelnden die Umstände kennen, aus denen sich die Sittenwidrigkeit ergibt;[645] es ist demgegenüber nicht maßgebend, das sie ihr Handeln für sittenwidrig halten.[646] Liegt objektiv ein Tatbestand vor, der die Voraussetzungen der Sittenwidrigkeit erfüllt (grobes Missverhältnis zwischen Leistung und Gegenleistung), so spricht zudem eine Vermutung für das Vorliegen der subjektiven Voraussetzungen, die eine weitere Prüfung entbehrlich macht.[647] *Preis* stellt deshalb zutreffend fest,[648] dass sich zunehmend ein objektivierter Sittenwidrigkeitsmaßstab in der Rspr. durchgesetzt hat. Es kommt deshalb maßgeblich auf das Vorliegen der objektiven Tatbestandsmerkmale an.

403 Für die **Beurteilung** der Sittenwidrigkeit ist auf den **Zeitpunkt der Vornahme** des Rechtsgeschäfts abzustellen. Etwas anderes gilt nur dann, wenn das Rechtsgeschäft nachträglich geändert oder durch Zusatzvereinbarungen ergänzt wird.[649]

404 § **138 Abs. 2** (sog. **Wuchertatbestand**) verdrängt grds. als **Sonderfall der Sittenwidrigkeit** die Regelung des § 138 Abs. 1.[650] Nichtig ist danach ein Rechtsgeschäft, durch das jemand unter Ausbeutung der Zwangslage, der Unerfahrenheit, des Mangels an Urteilsvermögens oder der erheblichen Willensschwäche eines anderen sich oder einem Dritten Vermögensvorteile versprechen oder gewähren lässt, die in einem auffälligen Missverhältnis zur Leistung stehen. Wegen der engen – subjektiven – Tatbestandsmerkmale ist sein Anwendungsbereich beschränkt. Für die Beurteilung der Sittenwidrigkeit von Wucherabreden ist dies letztlich aber nicht von entscheidender Bedeutung, da Rechtsgeschäfte, welche den Tatbestand des zivilrechtlichen Lohnwuchers nach § 138 Abs. 2 nur teilweise erfüllen, als wucherähnliches Rechtsgeschäft nach § 138 Abs. 1 nichtig sein können.[651] Die Rspr. differenziert deshalb auch nicht immer präzise zwischen beiden Tatbestandsalternativen.

---

636 BAG 24.3.2004 – 5 AZR 631/79 – AP § 134 BGB Nr. 59; schon BAG 1.4.1976 – 4 AZR 96/75 – AP § 134 BGB Nr. 34; BAG 23.6.1982 – 5 AZR 631/79 – juris; vgl. Staudinger/*Sack*, § 138 Rn 13 ff.
637 BVerfG 19.10.1993 – 1 BvR 567/89 – AP Art. 3 GG Nr. 35.
638 BVerfG 7.2.1990 – 1 BvR 26/84 – AP Art. 12 GG Nr. 65.
639 BVerfG 19.10.1993 – 1 BvR 567/89 – AP Art. 3 GG Nr. 35.
640 Palandt/*Ellenberger*, § 138 Rn 7.
641 BAG 10.9.1959 – 2 AZR 228/57 – AP § 138 BGB Nr. 1.
642 BAG 10.5.1957 – 1 AZR 249/56 – AP Art. 6 Abs. 1 GG Nr. 1.
643 Vgl. BAG 20.11.1996 – 5 AZR 518/95 – AP § 611 BGB Berufssport Nr. 12.
644 BAG 10.10.1990 – 5 AZR 404/89 – AP § 138 BGB Nr. 47; Palandt/*Ellenberger*, § 138 Rn 8.
645 BAG 22.4.2009 – 5 AZR 436/08 – juris.
646 BAG 10.10.1990 – 5 AZR 404/89 – AP § 138 BGB Nr. 47.
647 BAG 22.4.2009 – 5 AZR 436/08 – juris; Palandt/*Ellenberger*, § 138 Rn 34a.
648 ErfK/*Preis*, § 611 BGB Rn 337.
649 BAG 10.10.1990 – 5 AZR 404/89 – AP § 138 BGB Nr. 47.
650 BAG 25.3.2004 – 2 AZR 153/03 – AP § 138 BGB Nr. 60.
651 Palandt/*Ellenberger*, § 138 Rn 65; BAG 24.3.2004 – 5 AZR 303/03 – AP § 138 BGB Nr. 59.

Der **Anwendungsbereich von § 138** ist nicht vollständig auf Rechtsgeschäfte beschränkt. Die Norm beinhaltet elementare Gerechtigkeitsanforderungen, die unserer Rechtsordnung zugrunde liegen. Deshalb dürfen nach Auffassung des BAG auch **vereinsrechtliche Satzungen**, die zur aktiven Mitarbeit verpflichten und die Leistung von Diensten in persönlicher Abhängigkeit als Mitgliedsbeitrag vorsehen, nicht gegen §§ 134, 138 verstoßen und damit zwingende arbeitsrechtliche Schutzbestimmungen umgehen.[652] Gleiches gilt auch für **tarifliche Vergütungsregelungen**, die an dem Maßstab der Sittenwidrigkeit zu messen sind, und es ist zu prüfen, ob das tarifliche Arbeitsentgelt für die jeweils geschuldete Arbeitsleistung dem Anstandsgefühl aller billig und gerecht Denkenden entspricht.[653] Das GG geht allerdings davon aus, dass die in frei ausgehandelten TV vereinbarten Arbeitsentgelte den Besonderheiten der Branche Rechnung tragen und wirksam sind. Deshalb kann die Höhe eines tarifvertraglich vereinbarten Arbeitsentgelts nur dann von den Gerichten als sittenwidrig beanstandet werden, wenn der Tariflohn sich tatsächlich als „Hungerlohn" darstellt.[654] Da auch die Vergütungstarife für die gewerbliche AÜ diesem Maßstab standgehalten haben, dürfte es in der Praxis kaum sittenwidrige tarifliche Entgelttarife geben.

2. Regelungsgehalt. Der 5. Senat des BAG hat in jüngerer Zeit in mehreren Entscheidungen zur Sittenwidrigkeit von Arbeitsverträgen insgesamt und bzw. zur Sittenwidrigkeit einzelner Vertrags- und insb. Lohnabreden Stellung bezogen. Daran anknüpfend lassen sich generell zwei Fallgruppen bilden, denen die gängigsten praxisrelevanten Fragen der Sittenwidrigkeit zugeordnet werden können:

a) Sittenwidrigkeit des gesamten Arbeitsvertrags. Die Sittenwidrigkeit des gesamten Arbeitsvertrags nimmt das BAG in st. Rspr. an, wenn die geschuldete Leistung in der **öffentlichen Vollziehung des Geschlechtsverkehrs** besteht.[655] Gleiches soll gelten bei Verträgen, die auf die **Erbringung von Telefonsexleistungen** gerichtet sind.[656] Im Hinblick auf die im Umfeld von Prostitution angesiedelten und von der Rspr. für wirksam erachteten Verträge über Mietverhältnisse mit Prostituierten, die Schaltung von Zeitungsanzeigen, in denen für Prostitution geworben wird,[657] sowie im Hinblick auf das Prostitutionsgesetz, welches den Prostituierten eine rechtswirksame Forderung auf das vereinbarte Entgelt einräumt, ist hier eine liberalere Betrachtung angezeigt. Eine Tätigkeit, die nicht vollständig den guten Sitten entspricht, muss nicht zwangsläufig sittenwidrig sein.[658] Auch zur Ausübung von Prostitution können deshalb rechtswirksame Arbeitsverträge abgeschlossen werden.[659]

Geklärt ist mit der Entscheidung v. 25.3.2004[660] die Problematik der Sittenwidrigkeit von **Lebenszeitarbeitsverträgen**. Arbeitsverträge, die auf Lebenszeit des AG geschlossen werden, sind danach wirksam. Weder die Vereinbarung eines nur einseitigen eines einseitigen Künd-Rechts zugunsten des AN noch der Gesichtspunkt, dass längere Krankenhaus- oder Heimaufenthalt des AG wahrscheinlich sind, während derer die Arbeitskräfte des AN nicht benötigt werden, führen zur Sittenwidrigkeit des Arbeitsvertrags. Streitgegenstand war ein auf die Lebenszeit des AG und unter Ausschluss der ordentlichen Künd-Möglichkeit nur für den AG abgeschlossener Arbeitsvertrag mit einer Altenpflegerin. Zwar kann ein Vertrag insb. dann sittenwidrig i.S.d. § 138 und damit nichtig sein, wenn er eine übermäßige Beschränkung der persönlichen und wirtschaftlichen Freiheit eines Beteiligten zur Folge hat.[661] Für Arbeitsverträge ist dabei aber die Wertung des § 624 zu berücksichtigen, der auch eine längerfristige Bindung des AG ohne Künd-Möglichkeit zulässt. Da auch eine lebenszeitvertragliche Bindung bei einem sinnentleerten Arbverh durch außerordentliche Künd aufgelöst werden kann, geht das BAG zutreffend von einem wirksamen Vertrag aus.

b) Sittenwidrigkeit von Vergütungsabreden. In der arbeitsrechtlichen Praxis stellt sich nicht selten die Frage nach der **Sittenwidrigkeit** von Vergütungsabreden. § 138 ist der **einzige gesetzliche Anknüpfungspunkt** für eine Prüfung die **Relation von Leistung und Gegenleistung**; eine **Inhaltskontrolle nach AGB-Grundsätzen** findet bzgl. der wechselseitigen Hauptleistungspflichten und der Angemessenheit der Relation von Leistung und Gegenleistung nicht statt, es gilt der Grundsatz der Vertragsfreiheit.[662]

Nach der in st. Rspr. bemühten Formel verstößt eine arbeitsvertragliche Entgeltvereinbarung gegen den strafrechtlichen Wuchertatbestand des § 291 Abs. 1 S. 1 Nr. 3 StGB und die guten Sitten i.S.v. § 138, wenn ein **auffälliges Missverhältnis zwischen Leistung und Gegenleistung** vorliegt.[663] Nach der Entscheidung des BAG v. 24.3.2004[664] kommt es zur Feststellung des auffälligen Missverhältnisses zwischen Leistung und Gegenleistung weder auf einen bestimm-

---

652 BAG 26.9.2002 – 5 AZB 19/01 – NZA 2002, 1412.
653 BAG 24.3.2004 – 5 AZR 303/03 – AP § 138 BGB Nr. 59.
654 BAG 24.3.2004 – 5 AZR 303/03 – AP § 138 BGB Nr. 59.
655 BAG 1.4.1976 – 4 AZR 96/75 – AP § 138 BGB Nr. 34; BAG 23.6.1982 – 5 AZR 631/79 – juris.
656 LAG Schleswig-Holstein 14.10.2002 – 4 Sa 31/02 – juris; BGH 9.6.1998 – XI ZR 192/97 – NJW 1998, 2895; mit Recht zweifelnd BSG 10.8.2000 – B 12 KR 21/98 R – NJW 2001, 1965.
657 Übersicht bei Palandt/*Ellenberger*, § 138 Rn 51, 52a.
658 So aber LAG Schleswig-Holstein 14.10.2002 – 4 Sa 31/02 – juris.
659 ErfK/*Preis*, § 611 Rn 341.
660 BAG 25.3.2004 – 2 AZR 153/03 – AP § 138 BGB Nr. 60.
661 BGH 13.7.1979 – V ZR 122/77 – NJW 1979, 2149; BGH 6.10.1982 – VIII ZR 201/8 – NJW 1983, 159; BGH 8.5.1985 – IVa ZR 230/83 – NJW 1985, 2693; BGH 22.4.1986 – X ZR 59/85 – NJW-RR 1986, 982.
662 BAG 3.6.2004 – 2 AZR 427/03 – juris; *Hromadka*, NJW 2002, 2523; einschränkend *Däubler*, NZA 2001, 1335.
663 Zuletzt BAG 24.3.2004 – 5 AZR 303/03 – AP § 138 BGB Nr. 59 = NZA 2004, 971.
664 BAG 24.3.2004 – 5 AZR 303/03 – AP § 138 BGB Nr. 59.

ten Abstand zwischen dem Arbeitsentgelt und dem Sozialhilfesatz[665] noch auf die Pfändungsgrenzen des § 850c ZPO an. Die Sozialhilfe knüpft an eine wirtschaftliche Bedürfnislage an und gibt keinen Anhalt für ein Missverhältnis zwischen Leistung und Gegenleistung. Die Vorschriften über den Pfändungsschutz (§§ 850 ff. ZPO) bezwecken den Schutz des Schuldners vor Kahlpfändung; der Wert und die wertbildenden Besonderheiten der vertraglich geschuldeten Arbeitsleistung bleiben unberücksichtigt.

411 Nach Auffassung des BAG ist bei der Prüfung, ob ein auffälliges Missverhältnis zwischen Leistung und Gegenleistung vorliegt, der **Wert der Leistung des AN nach ihrem objektiven Wert** zu beurteilen. **Ausgangspunkt** zur Feststellung des Wertes der Arbeitsleistung sind dabei i.d.R. die **Tariflöhne des jeweiligen Wirtschaftszweigs**.[666] Dies gilt jedenfalls dann, wenn in dem Wirtschaftsgebiet üblicherweise der Tariflohn gezahlt wird. Denn dann kann grds. davon ausgegangen werden, dass Arbeitskräfte auf dem Arbeitsmarkt nur zu den Tariflohnsätzen gewonnen werden können. Liegt allerdings die **verkehrsübliche Vergütung unterhalb des Tariflohns**, ist zur Ermittlung des Wertes der Arbeitsleistung von diesem allgemeinen Lohnniveau im Wirtschaftsgebiet auszugehen.[667] Zu beachten ist auch, dass nicht immer der einschlägige Tarif des jeweiligen Wirtschaftskreises herangezogen werden kann. Wird ein AN nach einem gültigen Entgelttarif für den Bereich AÜ vergütet, so scheidet die Bezugnahme auf den allgemeinen Branchentarif aus.[668]

412 **Maßgeblicher Zeitpunkt** für die Beurteilung der Sittenwidrigkeit ist zwar grds. der Zeitpunkt des Vertragsschlusses, bei arbeitsvertraglichen Vergütungsabreden ist jedoch auf den jeweils streitigen Vergütungszeitraum abzustellen. Eine zunächst wirksame Vergütungsabrede kann jedoch unwirksam werden, wenn sie nicht an die allgemeine Lohn- und Gehaltsentwicklung angepasst wird.[669]

413 Das BAG hat nunmehr **Richtwerte** zur Feststellung eines auffälligen Missverhältnisses zwischen Leistung und Gegenleistung entwickelt, die in der Praxis **bei der Prüfung der Sittenwidrigkeit von Vergütungsabreden** zugrunde gelegt werden können. Ein auffälliges Missverhältnis zwischen Leistung und Gegenleistung i.S.v. § 138 Abs. 2 liegt danach dann vor, wenn die Arbeitsvergütung nicht einmal zwei Drittel eines in der betreffenden Branche und Wirtschaftsregion üblicherweise gezahlten Tariflohns erreicht.[670] Dieser Orientierungswert hatte sich bereits vorher in der instanzgerichtlichen Rspr. durchgesetzt.[671] Auch der BGH hatte revisionsrechtlich die Annahme von Lohnwucher gem. § 302a Abs. 1 S. 1 Nr. 3 StGB a.F. bei einem Lohn von ²/₃ des Tariflohns gebilligt.[672] Die Zahlung eines Gehalts in Höhe von 70 % der ortsüblichen Vergütung hatte der 5. Senat in einer früheren Entscheidung nicht als sittenwidrig beanstandet,[673] wohl aber die Vergütung einer Lehrkraft an einer Privatschule, die weniger als 75 % der Vergütung vergleichbarer Lehrkräfte an öffentlichen Schulen erreichte, weil die Vergütung der Lehrkräfte weit überwiegend aus öffentlichen Geldern erfolgte und ein Landesgesetz eine Mindestvergütung von 75 % vorsah.[674] Bei einer Tätigkeit als Altenpflegerin und einer Wochenarbeitszeit von mindestens 60 Stunden und darüber hinausgehendem Bereitschaftsdienst steht eine Vergütung von 9.000 DM brutto nicht außerhalb jeder Relation, so dass die Berufung des AG auf eine vermeintliche Sittenwidrigkeit ohne Erfolg blieb.[675] Auch eine Vergütungsabrede in der Probezeit, die gerade 57 % des Einstiegsgehalts des einschlägigen TV erreicht, ist sittenwidrig.[676]

414 In der Praxis häufig sind „**Einfühlungsverhältnisse**", die einem Arbverh vorgeschaltet werden und in denen keine Vergütung geschuldet wird. Sofern der potenzielle AN in dieser Phase keine Pflichten übernimmt und nicht dem Direktionsrecht unterworfen wird, sind diesbezügliche Vereinbarungen zulässig.[677] Der Ausschluss jeglichen Lohnanspruchs im Rahmen eines Einfühlungsverhältnisses ist hingegen **sittenwidrig**, wenn es sich tatsächlich um ein **echtes Probezeit-Arbverh** handelt und der AN dem Direktionsrecht des AG vollständig unterworfen wird.[678] Mit den guten Sitten zu vereinbaren ist allerdings eine in der Probezeit abgesenkte Vergütung, da der AN in dieser Phase in aller Regel noch keine 100 %ige Arbeitsleistung erbringt.

415 Sittenwidrig sind ferner **(Vergütungs-)Vereinbarungen**, die den AN mit dem **Betriebs- oder Wirtschaftsrisiko des AG** belasten und insb. eine **Verlustbeteiligung** des AN vorsehen.[679] Eine von einem **AN** mit mäßigem Einkommen aus Sorge um den Erhalt seines Arbeitsplatzes für einen Bankkredit des AG übernommene **Bürgschaft** ist sit-

---

665 A.A. ArbG Bremen 30.8.2000 – 5 Ca 5152, 5198/00 – DB 2000, 2278; *Däubler/Lakies*, TVG, § 5 Anhang 1 Rn 47 f.
666 BAG 24.3.2004 – 5 AZR 303/03 – AP § 138 BGB Nr. 59; BAG 23.5.2001 – 5 AZR 527/99 – AuR 2001, 509.
667 BAG 22.4.2009 – 5 AZR 436/08 – juris;23.5.2001 – 5 AZR 527/99 – FA 2001, 366.
668 BAG 24.3.2004 – 5 AZR 303/03 – AP § 138 BGB Nr. 59.
669 BAG 22.4.2009 – 5 AZR 436/08 –; 26.4.2006 – 5 AZR 549/05 AP § 138 BGB Nr. 63.
670 BAG 22.4.2009 – 5 AZR 436/08 – juris.
671 LAG Bremen 17.6.2008 – 1 Sa 29/08 – juris; LAG Bremen 28.8.2008 – 3 Sa 69/08 – juris; LAG Berlin 20.2.1998 – 6 Sa 145/97 – AuR 1998, 468; *Reinecke*, Sonderbeil. 3 NZA 2000, 23, 32.
672 BGH 22.4.1997 – 1 StR 701/96 – NJW 1997, 2689.
673 BAG 23.5.2001 – 5 AZR 527/99 – FA 2001, 366.
674 BAG 26.4.2006 – 5 AZR 549/05 AP § 138 BGB Nr. 63.
675 BAG 25.3.2004 – 2 AZR 153/03 – AP § 138 BGB Nr. 60.
676 Hessisches LAG 7.8.2008 – 9/12 Sa 1118/07 – juris.
677 LAG Baden-Württemberg 25.4.2007 – 13 Sa 129/05 – juris.
678 LAG Köln 18.3.1998 – 8 Sa 1662/97 – LAGE § 138 BGB Nr. 10; ErfK/*Preis*, § 611 BGB Rn 341; ArbG Weiden 7.5.2008 – 1 Ca 64/08 C – juris.
679 BAG 10.10.1990 – 5 AZR 404/89 – AP § 138 BGB Nr. 47; BAG 21.3.1984 – 5 AZR 462/82 – juris.

tenwidrig, wenn sie den AN finanziell krass überfordert und sich der AG in einer wirtschaftlichen Notlage befindet.[680] Nichtig sind ferner **Mankoabreden** über die Haftung des AN für einen eingetretenen Waren- oder Kassenfehlbestand (Mankohaftung), wenn und soweit dem AN kein gleichwertiger Ausgleich geleistet wird[681] sowie **Transferentschädigungen** im Profisport.[682] **Provisionsvereinbarungen** können dann sittenwidrig sein, wenn durch die Vorschusszahlungen eine unzulässige Bindung des AN herbeigeführt wird oder wenn die Provisionsabrede so getroffen ist, dass der AN die geforderten Umsätze überhaupt nicht erbringen kann.[683] Nicht per se sittenwidrig sind **Provisionsabreden ohne Fixgehalt**.[684] Voraussetzung ist allerdings, dass mit üblichem Arbeitseinsatz branchen- und ortsübliche Vergütungen erreicht werden können.[685] Eine **pauschalierte Vergütung von Mehrarbeit oder Bereitschaftszeiten** ist zulässig. Die Pauschalierung ist nur dann sittenwidrig, wenn dem AN erhebliche Leistungen ohne Vergütung abverlangt werden.[686] Erforderlich ist hier in aller Regel eine Auslegung des Arbeitsvertrags, da Grundvergütung und Pauschale meistens nicht gesondert ausgewiesen sind. Insofern ist zunächst anhand branchen- und ortsüblicher Entgelttarife zu bestimmen, welche Grundvergütung für eine übliche wöchentliche Arbeitszeit geschuldet wird.

c) Sonstige arbeitsvertragliche Abreden. Die **Prüfung** weiterer – nicht hauptleistungsbezogener – **Arbeitsvertragsbestimmungen ist regelmäßig Bestandteil der arbeitsvertraglichen Inhaltskontrolle nach §§ 307 ff.**, da sie zumeist in formularmäßig verwendeten Verträgen enthalten sind; die Frage der **Sittenwidrigkeit einzelner Vertragsbestimmungen** stellt sich deshalb nach der zum 1.1.2002 in Kraft getretenen Schuldrechtsreform[687] **nur noch bei individuellen Vertragsabreden** (§ 305b) oder in Bezug auf Ansprüche, die bereits abschließend vor dem Inkrafttreten entstanden sind[688] und ist deshalb in seiner Bedeutung stark reduziert. 416

Die Frage der Sittenwidrigkeit stellt sich außer in Bezug auf arbeitsvertragliche Vereinbarungen bei einer Vielzahl von anderen rechtsgeschäftlichen Handlungen (Sittenwidrigkeit einer Künd außerhalb des Anwendungsbereichs des KSchG). Diesbezüglich wird auf die jeweiligen Kommentierungen verwiesen. 417

d) Rechtsfolge sittenwidriger arbeitsvertraglicher Vereinbarungen. Ist ein Arbeitsvertrag insgesamt nichtig aber bereits vollzogen worden, so kann die **Nichtigkeitsfolge** i.d.R. nur mit **Wirkung ex nunc** geltend gemacht werden und erfolgt die Abwicklung bis zu diesem Zeitpunkt nach den Grundsätzen des faktischen Arbverh (vgl. Rn 42 ff.). Fälle rückwirkender Nichtigkeit, wie bei einem Verstoß gegen eine Verbotsnorm nach § 134, in denen eine Abwicklung nach den Grundsätzen des faktischen Arbverh den mit der Verbotsnorm verfolgten gesetzgeberischen Intention widerspricht,[689] sind bei sittenwidrigen Arbeitsverträgen nur im Ausnahmefall denkbar. 418

Ist der **Arbeitsvertrag nur teilweise nach § 138 sittenwidrig**, ergeben sich die Rechtsfolgen grds. aus § 139. Danach wäre im Zweifel das gesamte Rechtsgeschäft nichtig. Diese zivilrechtliche Grundregel ist im Arbeitsrecht aus Gründen des AN-Schutzes weitgehend umgekehrt worden, um zu verhindern, dass der übervorteilte AN auch sein Arbverh verliert. Die nicht beachteten oder umgangenen Verbotsnormen dienen regelmäßig dem Schutz der AN. Dieser Zweck würde bei konsequenter Anwendung des § 139 ins Gegenteil verkehrt, wenn ein Verstoß im Zweifel die Gesamtnichtigkeit des Arbeitsvertrags zur Folge hätte. Der **Fortbestand des Arbverh** ist deshalb die **Regel**,[690] nichtig ist lediglich der einzelne Vertragsbestandteil. Ist die getroffene Vergütungsvereinbarung nichtig, so wird die geschuldete Vergütung durch § 612 Abs. 2 bestimmt (vgl. im Einzelnen die Kommentierung zu § 612). 419

3. Verbindung zu anderen Rechtsgebieten und zum Prozessrecht. Die **Beweislast für die objektiven und subjektiven Voraussetzungen der Sittenwidrigkeit** trägt i.d.R. derjenige, der sich auf die Nichtigkeit des Rechtsgeschäfts beruft.[691] Dies gilt aber nicht durchgängig. Da ein Einfühlungsverhältnis gegenüber dem regulären (Probezeit-)Arbverh eine Ausnahme darstellt, trägt regelmäßig derjenige die Beweislast, der ein solches Einfühlungsverhältnis behauptet.[692] I.Ü. obliegt i.d.R. dem AN die Beweislast. Besondere Schwierigkeiten ergeben sich in Bezug auf die Darlegung der Umstände, aus denen die Sittenwidrigkeit einer Vergütungsabrede abgeleitet werden soll. Dabei bedarf es zunächst der sorgfältigen Darlegung der ortsüblichen Vergütung, wenn sie mit der tariflichen Vergütung nicht identisch ist. Gibt es einschlägige Vergütungstarife, muss der in Anspruch genommenen AG darlegen, dass der Tariflohn oberhalb des ortsüblichen Lohns liegt und deshalb als Maßstab nicht herangezogen werden kann. Sofern mit der hier vertretenen Auffassung auch die konkreten Umstände des Einzelfalls zu beachten sind, sollte darüber 420

---

680 BGH 14.10.2003 – XI ZR 121/02 – BGHZ 156, 302.
681 BAG 5.2.2004 – 8 AZR 91/03 – NZA 2004, 649; BAG; 17.9.1998 – 8 AZR 175/97 – § 611 BGB Mankohaftung Nr. 2.
682 BAG 20.11.1996 – 5 AZR 518/95 – AP § 611 BGB Berufssport Nr. 12.
683 BAG 20.6.1989 – 3 AZR 504/87 – NZA 1989, 843; LAG Berlin 3.11.1986 – 9 Sa 65/86 – AP § 65 HGB Nr. 14.
684 A.A. LAG Hamm 16.10.1989 – 19 (13) Sa 1510/88 – LAGE § 138 BGB Nr. 4.
685 LAG Rheinland-Pfalz 12.7.2007 – 2 Sa 101/09 – juris.
686 BAG 28.1.2004 – 5 AZR 530/02 – AP § 611 BGB Bereitschaftsdienst Nr. 10.
687 Gesetz zur Modernisierung des Schuldrechts vom 26.11.2001 (BGBl I, S. 3138).
688 BAG 18.3.2003 – 9 AZR 44/02 – AP § 157 BGB Nr. 28.
689 BAG 3.11.2004 – 5 AZR 592/03 – FA2005, 27.
690 Vgl. ErfK/*Preis*, § 611 BGB Rn 342.
691 BAG 25.3.2004 – 2 AZR 153/03 – AP § 138 BGB Nr. 60.
692 LAG Baden-Württemberg 25.4.2007 – 13 Sa 129/05 – juris; a.A. LAG Rheinland-Pfalz 24.5.2007 – 2 Sa 87/97.

hinaus die eigene soziale Lage und der Einfluss der gezahlten Vergütung dargelegt werden. Nach dem Prinzip der Sachnähe obliegt dem AG dagegen die Darlegung der Tatsachen, die im konkreten Fall auch die Vereinbarung einer weit unterdurchschnittlichen Vergütung für zulässig erachten lassen (schlechte wirtschaftliche Lage etc.).

421 **4. Beraterhinweise.** Im Streitfall sollte die Klage auf Feststellung der nichtigen Vertragsklausel im Wege der Klagehäufung mit der Klage auf Zahlung der behaupteten üblichen Vergütung verbunden werden.

IV. Anfechtung von Arbeitsverträgen

422 **1. Allgemeines.** Die Anfechtung von Arbeitsverträgen richtet sich nach den allgemeinen Vorschriften der §§ 119, 120, 123. Nach § 119 kann die auf den Abschluss eines Arbeitsvertrags gerichtete Willenserklärung in den Fällen des Inhalts- und Erklärungsirrtums (§ 119 Abs. 1) sowie des Irrtums über verkehrswesentliche Eigenschaften (§ 119 Abs. 2) angefochten werden. § 120 regelt die Anfechtung wegen falscher Übermittlung der Willenserklärung, § 123 die Anfechtung aufgrund arglistiger Täuschung oder widerrechtlicher Drohung.

423 **a) Verhältnis Anfechtung zu Kündigung.** Das **Anfechtungsrecht wird nicht durch das Recht zur außerordentlichen Künd verdrängt.** Ein und derselbe Sachverhalt kann sowohl zur Anfechtung als auch zur außerordentlichen und zur ordentlichen Künd berechtigen. Dem Anfechtungsberechtigten steht in diesen Fällen ein Wahlrecht zu.[693] Da nach § 124 die Anfechtung einer nach § 123 anfechtbaren Willenserklärung binnen Jahresfrist nach Kenntniserlangung ausgesprochen werden kann, kommt die Anfechtung nach § 123 noch zu einem Zeitpunkt in Betracht, zu dem das Recht zur außerordentlichen Künd nach § 626 Abs. 2 bereits verwirkt ist. Zwar kann auch das Recht zur Anfechtung nach § 123 verwirken; wegen der gesetzlichen Jahresfrist des § 124 Abs. 1 dürfte das für die Verwirkung neben dem Umstandsmoment auch erforderliche Zeitmoment aber nur selten unterhalb dieser Frist zu bejahen sein.[694]

424 Die Anfechtung nach § 123 kann deshalb auch noch nach Ausspruch einer außerordentlichen Künd erfolgen. In der vorhergehenden außerordentlichen Künd liegt auch nicht die **Bestätigung eines nichtigen Arbeitsvertrags nach § 141**, welches eine nachfolgende Anfechtung ausschließt. Ein eindeutiger Wille des AG, vom Anfechtungsrecht Abstand zu nehmen, liegt in einer außerordentlichen Künd nicht, vielmehr dokumentiert sich darin nur der unbedingte Wille des AG, das Arbverh in keinem Fall fortsetzen zu wollen.[695]

425 Ob eine **Anfechtungs- oder eine Künd-Erklärung** vorliegt, ist grds. eine Frage der Auslegung der konkreten Willenserklärung. Beide Erklärungen sind – wie das Wahlrecht zeigt – nicht deckungsgleich, auch wenn Künd- und Anfechtungsgrund wie in den Fällen des § 123 inhaltsgleich sein können. Die Künd eines Arbverh kann zudem an andere formelle Voraussetzungen gebunden sein wie die Anfechtung des Arbeitsvertrags (Anhörung des BR nach § 102 BetrVG; besonderer Künd-Schutz). In der **außerordentlichen Künd** kann deshalb nur im **Ausnahmefall** auch gleichzeitig bzw. im Wege der Umdeutung nach § 140 die **Anfechtung des Arbeitsvertrags** gesehen werden, wenn die Auflösung des Arbverh auf Gründen der Täuschung oder Drohung bei Eingehung des Arbverh beruht und der Künd-Erklärung zu entnehmen ist, dass die Auflösung des Arbverh aus jedem nur denkbaren Gesichtspunkt geltend gemacht wird.[696] Dies gilt auch umgekehrt. Wird ein Arbverh „wegen arglistiger Täuschung und vorsorglich auch wegen Irrtums angefochten", scheidet die Auslegung – auch – als außerordentliche Künd aus.[697]

426 Eine **Umdeutung einer ordentlichen Künd in eine Anfechtung** ist **ausgeschlossen**, weil das umgedeutete Rechtsgeschäft keine weiter reichenden Folgen haben kann als die ursprünglich erklärte Willenserklärung. Die Anfechtung bedeutet im Gegensatz zur ordentlichen Künd die sofortige Beendigung des Arbverh.

427 **b) Ausübung des Anfechtungsrechts.** Das Recht zur Anfechtung des Arbeitsvertrags unterliegt **keinen weiteren formellen Voraussetzungen**.

428 **Künd-Verbote** (§ 85 SGB IX, § 18 BEEG, § 9 MuSchG etc.) stehen der Anfechtung nicht entgegen, so dass eine vorherige Zustimmung der jeweiligen Behörden nicht erforderlich ist. Die Zustimmungsvorbehalte schützen nur ein rechtsfehlerfrei zustande gekommenes Arbverh.[698]

429 Auch eine **Anhörung des BR** vor Erklärung der Anfechtung des Arbverh nach § 102 BetrVG ist nicht erforderlich; dies zeigt der klare Wortlaut der Norm, die eine Anhörungspflicht nur vor dem Ausspruch einer Künd statuiert.

430 Die Anfechtung des Arbeitsvertrags nach §§ 119, 123 unterliegt auch nicht dem **Schriftformgebot** des § 623, so dass die Anfechtung auch durch mündliche Erklärung geltend gemacht werden kann.[699]

431 Wendet sich der Anfechtungsgegner gegen die Auflösung des Arbverh durch Anfechtung, ist er nicht an die **Klagefrist** des § 4 KSchG gebunden. Die Ausübung des Klagerechts wird lediglich nach den Grundsätzen der Verwirkung begrenzt.

---

693 BAG 16.12.2004 – 2 AZR 148/04 – AP § 123 BGB Nr. 64; KR/*Fischermeier*, § 626 BGB Rn 44.
694 BAG 16.12.2004 – 2 AZR 148/04 – AP § 123 BGB Nr. 64.
695 BAG 16.12.2004 – 2 AZR 148/04 – AP § 123 BGB Nr. 64.
696 Weitergehend ErfK/*Preis*, § 620 BGB Rn 63.
697 BAG 14.12.1979 – 7 AZR 38/78 – AP § 119 BGB Nr. 4.
698 ErfK/*Preis*, § 611 BGB Rn 346.
699 HaKo-KSchG/*Fiebig*, § 623 BGB Rn 9.

c) Verwirkung des Anfechtungsrechts. Das Anfechtungsrecht kann nach § 242 verwirkt werden. **Zwei Fallgestaltungen** sind zu unterscheiden: 432

Das Anfechtungsrecht ist einerseits verwirkt, wenn der Anfechtungsberechtigte das Recht längere Zeit nicht ausübt, obwohl ihm dies möglich und zumutbar war – Zeitmoment –, und wenn dadurch beim Anfechtungsgegner das berechtigte Vertrauen genährt wurde, die Anfechtung werde unterbleiben, so dass er sich auf den Fortbestand des Arbverh eingerichtet hat – Umstandsmoment.[700] In aller Regel ist bereits das Zeitmoment nicht gegeben, weil nach der Entscheidung des Gesetzgebers das Anfechtungsrecht nach § 123 grds. innerhalb der Jahresfrist ausgeübt werden kann. Zumindest ein Zeitraum von weit unter einem Jahr zwischen vollständiger Kenntnis der Anfechtungsgründe und Zugang der Anfechtungserklärung erfüllt deshalb das Zeitmoment nicht.[701] 433

Die Ausübung des Anfechtungsrechts kann auch dann gegen Treu und Glauben (§ 242) verstoßen, wenn die **Rechtslage** des Anfechtungsberechtigten im Zeitpunkt der Anfechtung (durch die arglistige Täuschung) **nicht mehr beeinträchtigt** ist. Gerade aufgrund der Tatsache, dass das Arbverh ein Dauerschuldverhältnis darstellt, kann sich ergeben, dass der Anfechtungsgrund angesichts der nachträglichen Entwicklung soviel an Bedeutung verloren hat, dass er eine Auflösung des Arbverh nicht mehr rechtfertigen kann. Allerdings ist in diesem Zusammenhang nicht wie bei einer außerordentlichen oder ordentlichen Künd eine umfassende Interessenabwägung vorzunehmen, sondern auf die vertraglich geschuldete Leistung und den mit der Fragestellung verfolgten Zweck abzustellen.[702] Die Frage entfallender Beeinträchtigung stellt sich v.a. bei langjährigen Beschäftigungsverhältnissen, die beanstandungsfrei gelebt wurden, bis Kenntnis vom Anfechtungsgrund erlangt wurde. Die meisten entschiedenen Fälle beziehen sich auf verschwiegene MfS-Tätigkeit. Das BAG lehnt die Verwirkung des Anfechtungsrechts, soweit es eine Tätigkeit im öffentlichen Dienst betrifft, regelmäßig ab.[703] 434

d) Rechtsfolgen einer wirksamen Anfechtung. Die Rechtsfolgen eines wirksam angefochtenen Rechtsgeschäfts ergeben sich grds. zunächst aus § 142 Abs. 1; danach ist das Rechtsgeschäft von Anfang an nichtig (ex tunc), wenn es wirksam angefochten wurde; die Rückabwicklung bereits ausgetauschter Leistungen hat nach den Grundsätzen des Bereicherungsrechts (§§ 812 ff.) zu erfolgen. 435

Davon weicht das BAG aus Gründen der Praktikabilität ab. **Drei Fallgruppen** sind zu unterscheiden: 436

Ist das **Arbverh in Vollzug gesetzt** und sind Leistung und Vergütung bereits ausgetauscht worden, so wirkt die Anfechtung im Regelfall nur für die Zukunft; die Anfechtung wirkt ex nunc.[704] Begründet wird dies mit dem Charakter des Arbverh als personenrechtlichem Gemeinschaftsverhältnis und nicht zuletzt mit den Schwierigkeiten einer Rückabwicklung.[705] Damit kommt einer wirksamen Anfechtung regelmäßig die Funktion einer fristlosen Künd zu. 437

Davon weicht das BAG ab, wenn das **Arbverh außer Funktion** gesetzt und ein Austausch von Leistungen nicht stattgefunden hat (etwa in Fällen der Entgeltfortzahlung im Krankheitsfall); dann soll die Anfechtung auf den Zeitpunkt der Außerfunktionssetzung des Arbeitsvertrags zurückwirken. Gebe es keine Rückabwicklungsschwierigkeiten, sei es nicht gerechtfertigt, abweichend von § 142 Abs. 1 der Anfechtungserklärung nur Wirkung für die Zukunft beizumessen.[706] Bei einer ex-nunc-Abwicklung werde der Anfechtungsgegner anderenfalls unzulässig privilegiert. 438

Schließlich ist dann **ausnahmsweise** von einer **rückwirkenden Nichtigkeit** auch eines in Vollzug gesetzten Arbverh auszugehen, wenn eine Abwicklung des angefochtenen Arbverh nach den Grundsätzen des faktischen Arbverh den Anfechtungsgegner nach Treu und Glauben unzumutbar privilegieren würde. Dies kann in einem der Entscheidung des BAG v. 3.11.2004[707] vergleichbaren Fall angenommen werden. Es macht keinen Unterschied, ob sich bei einer Nichtigkeit des Arbeitsvertrags die Abwicklung nach den Grundsätzen des faktischen Arbverh aus dem Zweck der Verbotsnorm ergibt – weil der Arzt nicht die erforderliche Approbation hat – oder ob der Arbeitsvertrag angefochten wird, weil über die ärztliche Approbation getäuscht wurde. In gravierenden Fällen der Täuschung und besonders schwerwiegend beeinträchtigter Interessen des Getäuschten hat deshalb die Rückabwicklung nach den Grundsätzen des Bereicherungsrechts zu erfolgen. 439

Die weiteren **Rechtsfolgen einer Anfechtung nach § 119** ergeben sich aus § 122. Danach hat der Anfechtende dem Anfechtungsgegner den Schaden zu ersetzen, den dieser dadurch erleidet, dass er auf die Gültigkeit des Rechtsgeschäfts vertraut hat. Der Anspruch ist auf den Ersatz des negativen Interesses gerichtet. 440

Im Fall der **Anfechtung wegen arglistiger Täuschung nach § 123** ist der Anfechtungsgegner zum Schadensersatz nach §§ 280 Abs. 1, 311 Abs. 2 verpflichtet. Dieser Anspruch ist auf das positive Interesse gerichtet. 441

---

700 BAG 16.12.2004 – 2 AZR 148/04 – AP § 123 BGB Nr. 64; BAG 13.4.2000 – 2 AZR 258/99 – RzK I 9h Nr. 34; BAG 6.11.1997 – 2 AZR 162/97 – AP BGB § 242 Verwirkung Nr. 45.
701 BAG 13.4.2000 – 2 AZR 258/99 – RzK I 9h Nr. 34.
702 BAG 16.12.2004 – 2 AZR 148/04 – AP § 123 BGB Nr. 64; BAG 28.5.1998 – 2 AZR 549/97 – AP § 123 BGB Nr. 46.
703 Zuletzt BAG 16.12.2004 – 2 AZR 148/04 – AP § 123 BGB Nr. 64.
704 BAG 3.12.1998 – 2 AZR 754/97 – AP § 123 BGB Nr. 49.
705 BAG 3.12.1998 – 2 AZR 754/97 – AP § 123 BGB Nr. 49; ErfK/*Preis*, § 611 BGB Rn 367.
706 BAG 3.12.1998 – 2 AZR 754/97 – AP § 123 BGB Nr. 49 unter ausdrücklicher Aufgabe von BAG 20.2.1986 – 2 AZR 244/85 – AP § 123 BGB Nr. 31.
707 BAG 3.11.2004 – 5 AZR 592/03 – FA 2005, 27.

442 **2. Regelungsgehalt. a) Inhaltsirrtum (§ 119 Abs. 1 Alt. 1).** Unterliegt der Erklärende einem **Inhaltsirrtum**, so entspricht zwar der äußere Tatbestand der Erklärung dem Willen des Erklärenden, dieser irrt aber über die Bedeutung der Erklärung.[708] Häufig bezieht sich der Inhaltsirrtum aber nicht auf die Bedeutung der Erklärung, sondern auf die (unerwünschten) Folgen der Erklärung, etwa wenn **bei Abschluss einer Altersteilzeitvereinbarung die sozialrechtlichen Folgen falsch eingeschätzt** werden.[709] Ein Irrtum über die rechtlichen Folgen einer Willenserklärung berechtigt jedoch nur dann als Inhaltsirrtum zur Anfechtung der abgegebenen Willenserklärung, wenn die Rechtsfolge selbst Inhalt der rechtsgeschäftlichen Erklärung ist und kraft des auf sie gerichteten Willens eintreten soll. Das ist nicht der Fall, wenn ein irrtumsfrei erklärtes und gewolltes Rechtsgeschäft außer der erstrebten Wirkung noch andere nicht erkannte oder nicht gewollte Nebenfolgen hervorbringt[710] oder aber die mittelbar mit dem Rechtsgeschäft verbundenen Folgen nicht eintreten. Im Regelfall liegen rechtlich unbeachtliche Motivirrtümer vor.

443 **b) Erklärungsirrtum (§ 119 Abs. 1 Alt. 2).** Ein **Erklärungsirrtum** liegt vor, wenn bereits der äußere Erklärungstatbestand nicht dem Willen des Erklärenden entspricht, z.B. in **Fällen des Versprechens oder des Verschreibens**. Kein Erklärungsirrtum liegt vor, wenn eine **Urkunde ungelesen unterschrieben** oder aber von einem der deutschen Sprache nicht mächtigen Ausländer ohne nähere Kenntnis des Inhalts unterschrieben wird. Nur die unbewusste, nicht die bewusste Unkenntnis vom wirklichen Sachverhalt ist ein Irrtum i.S.d. § 119.[711] Etwas anderes gilt nur dann, wenn der Erklärende beim Unterzeichnen der nicht gelesenen Urkunde eine vom tatsächlichen Inhalt abweichende Vorstellung hat, z.B. die positive Vorstellung, nur den Empfang von Papieren zu bestätigen, wobei in Wirklichkeit aber eine Verzichtserklärung unterschrieben wird.[712]

444 **c) Irrtum über verkehrswesentliche Eigenschaften (§ 119 Abs. 2).** Beim Irrtum über verkehrswesentliche Eigenschaften stimmen zwar Wille und Erklärung überein, der **Erklärende irrt aber über Eigenschaften des Geschäftsgegners**. Der Irrtum über verkehrswesentliche Eigenschaften ist der einzige Fall eines beachtlichen Motivirrtums.[713] In der Praxis sind Fälle der Anfechtung über § 119 Abs. 2 selten, da in aller Regel bei Nichteignung das Arbvverh innerhalb der Probezeit durch Künd aufgelöst wird. Dann besteht auch nicht die Gefahr einer Inanspruchnahme nach § 122.

445 **Verkehrwesentlich** sind **Eigenschaften** des Vertragspartners, wenn sie die **Eignung der Person für die in Aussicht genommene Stelle betreffen**. Anzulegen ist ein objektiver Maßstab und nicht der subjektive Erwartungshorizont des Erklärenden. Das Anfechtungsrecht besteht zudem nicht schrankenlos. Es gelten **dieselben Grenzen wie bei der Ausübung des Fragerechts in der Einstellungssituation**. Auch im Rahmen von § 119 Abs. 2 sind die grundrechtlichen Weichenstellungen zu berücksichtigen, aus denen die Unzulässigkeit bestimmter Fragen abgeleitet wird. Wäre eine **entsprechende Frage unzulässig**, besteht auch **kein Recht zur Anfechtung** nach § 119 Abs. 2.[714] Umgekehrt ist i.d.R. von einer verkehrswesentlichen Eigenschaft auszugehen, wenn der AN in der Einstellungssituation zur Offenbarung von Umständen verpflichtet wäre, die der Erfüllung der vertraglich geschuldeten Tätigkeit auf Dauer entgegenstehen.

446 Abzustellen ist auf die konkrete Arbeitsstelle. So kann in besonderen Vertrauenspositionen auch die **Vertrauenswürdigkeit und Zuverlässigkeit** eines AN verkehrwesentliche Eigenschaft sein. Ein Irrtum des AG über die Vertrauenswürdigkeit und Zuverlässigkeit des AN setzt aber voraus, dass der AN tatsächlich nicht vertrauenswürdig ist, weil er z.B. tatsächlich an der Planung oder Durchführung von Straftaten beteiligt war.[715] Bei einer Tätigkeit als Kassierer in einer Bank können **ungeordnete wirtschaftliche Verhältnisse** verkehrwesentlich sein. Im öffentlichen Dienst ist wegen der notwendigen Treue zur freiheitlich-demokratischen Grundordnung der **Status als MfS-Mitarbeiter** verkehrwesentliche Eigenschaft.[716]

447 Auch **Krankheiten oder der Gesundheitszustand** kommen als verkehrswesentliche Eigenschaft in Betracht, wenn dem AN wegen eines nicht nur kurzfristigen Leidens die notwendige Fähigkeit fehlt, die vertraglich geschuldete Leistung zu erbringen.[717] Fehlende allgemeine Leistungsfähigkeit ist demgegenüber kein Grund für eine Anfechtung nach § 119 Abs. 2. Auch das **Geschlecht** kann in engen Grenzen verkehrswesentliche Eigenschaft sein, wenn die Ausübung der vertraglich geschuldeten Tätigkeit ohne Einschränkungen nur durch ein bestimmtes Geschlecht möglich ist (Tätigkeit in einer Arztpraxis mit türkischen Patientinnen).[718]

448 Demgegenüber ist die **Schwangerschaft** wegen ihrer vorübergehenden Natur keine verkehrswesentliche Eigenschaft i.S.d. § 119 Abs. 2,[719] die den AG zur Anfechtung des Arbeitsvertrags berechtigt. Allerdings berechtigt die

---

708 *Lessmann*, JuS 1969, 478.
709 BAG 10.2.2004 – 9 AZR 401/02 – AP § 19 BGB Nr. 15.
710 BAG 10.2.2004 – 9 AZR 401/02 – AP § 19 BGB Nr. 15; BAG 30.10.1987 – 7 AZR 115/87 – AP § 119 BGB Nr. 8.
711 LAG Köln 2.9.2004 – 6 Sa 274/04 – LAGReport 2005, 94; LAG Hamm 1.4.2003 – 13 Sa 1240/02 – juris.
712 BAG 5.4.1990 – 2 AZR 337/89 – RzK I 10f Nr. 6.
713 BAG 21.2.1991 – 2 AZR 449/90 – AP § 123 BGB Nr. 35.
714 ErfK/*Preis*, § 611 BGB Rn 350.
715 ArbG Frankfurt 4.3.2003 – 5 Ca 8810/02 – juris.
716 BAG/*Preis*, § 611 BGB Rn 354.
717 BAG 28.3.1974 – 2 AZR 92/73 – AP § 119 BGB Nr. 3.
718 BAG 21.2.1991 – 2 AZR 449/90 – AP § 123 BGB Nr. 35.
719 LAG Hamm 1.3.1999 – 19 Sa 2596/98 – DB 1999, 2114.

Unkenntnis der AN von einer im Zeitpunkt des Ausspruchs einer Eigen-Künd bestehenden **Schwangerschaft** nicht zur Irrtumsanfechtung.[720]

Auch die **Schwerbehinderteneigenschaft** kann allenfalls dann Grundlage für eine Anfechtung nach § 119 Abs. 2 sein, wenn die körperlichen Einschränkungen die Erfüllung der vertraglich geschuldeten Tätigkeit ausschließen.

d) Gemeinsame Tatbestandsvoraussetzungen der Anfechtung nach § 119. Ein Anfechtungsrecht setzt bei allen Anfechtungstatbeständen voraus, dass zwischen Anfechtungsgrund und Willenserklärung ein **Kausalzusammenhang** bestanden hat,[721] wenn also bei Kenntnis der tatsächlichen Umstände die Willenserklärung nicht oder nicht so abgegeben worden wäre.[722] Es genügt für die Kausalität, wenn der Anfechtungssachverhalt bei verständiger Würdigung des Falles für den Willensentschluss mitbestimmend war, das heißt für den Entschluss von Bedeutung war.[723] Es ist unter Anlegung eines objektiven Maßstabes zu fragen, wie der Erklärende bei verständiger Würdigung des Falles und „frei von Willkür, Eigensinn und Unverstand"[724] gehandelt hätte. Schließlich besteht ein Anfechtungsrecht nicht, wenn es sich lediglich auf unwesentliche Teile des Arbeitsvertrags bezogen hat; in diesem Fall ist der Irrtum zumindest nicht kausal für den Vertragsschluss geworden.

Das Anfechtungsrecht muss **innerhalb der Anfechtungsfrist des § 121** ausgeübt werden und damit ohne schuldhaftes Zögern (unverzüglich) nach Kenntniserlangung des Anfechtungsberechtigten von dem Anfechtungsgrund erfolgen. Das BAG zieht für die Frist zur Anfechtung nach § 121 die Zwei-Wochen-Frist des § 626 Abs. 2 heran. Eine Anfechtung nach § 119 ist daher dann unverzüglich, wenn sie spätestens innerhalb von zwei Wochen nach Kenntnis der für die Anfechtung maßgebenden Tatsachen erfolgt.[725] Das BAG stellt zutreffend darauf ab, dass aufgrund der funktionellen Identität beider Rechtsinstrumente – Lösung von einem Arbverh ohne Bindung an Fristen – ein Gleichlauf der Fristen angezeigt ist.[726]

Ein **Nachschieben von Anfechtungsgründen** ist nur innerhalb der Fristen des § 121 denkbar. Innerhalb der Frist wäre auch eine erneute auf einen anderen Anfechtungsgrund gestützte Anfechtung zulässig. Wird eine Anfechtung wegen Irrtums mit einer bestimmten Begründung erklärt, so können andere Anfechtungsgründe aber dann nicht nachgeschoben werden, wenn eine selbstständige Anfechtung mit diesen Gründen nach § 121 Abs. 1 verspätet wäre.[727] Das BAG vertritt in neuerer Rspr. zu § 123 BGB die Auffassung, andere Anfechtungsgründe könnten nicht nachgeschoben werden, weil dies den berechtigten Belangen des Anfechtungsgegners widerspreche, der sich nur auf die angegebenen Gründe eingestellt habe. Allerdings ist der Entscheidung nicht zu entnehmen, ob dies auch innerhalb der Anfechtungsfristen (§§ 124, 121) gelten soll.[728] Richtigerweise bestehen keine Bedenken, wie bei Künd-Gründen[729] innerhalb der Fristen der §§ 121, 626 Abs. 2 (oder § 124) auch bei Anfechtungsgründen das Nachschieben von Gründen zuzulassen, da in diesen Zeitfenstern auch eine erneute Anfechtung möglich wäre. Der Vertrauensschutz des Anfechtungsgegners führt innerhalb der Anfechtungsfristen zu keinem anderen Ergebnis.

e) Anfechtung wegen Täuschung oder Drohung (§ 123). Nach § 123 Abs. 1 kann eine Willenserklärung anfechten, wer zu ihrer Abgabe durch arglistige Täuschung oder widerrechtlich durch Drohung bestimmt wurde. In Bezug auf die Anfechtung des Arbeitsvertrags kommt in aller Regel nur der Tatbestand der arglistigen Täuschung in Betracht.

Der Tatbestand der arglistigen Täuschung setzt in objektiver Hinsicht voraus, dass der **Täuschende durch Vorspiegelung oder Entstellung von Tatsachen** beim Erklärungsgegner einen **Irrtum erregt** und ihn **zur Abgabe einer Willenserklärung veranlasst**.[730] Sie muss sich auf **objektiv nachprüfbare Umstände** beziehen[731] und darf sich damit nicht in lediglich subjektiven Werturteilen oder werbemäßigen Anpreisungen („Ich bin der Beste") erschöpfen.[732] Irrtum ist die Abweichung der Vorstellung von der Wirklichkeit. Auch wenn der Anfechtende die Täuschung nicht erkannt hat, diese aber hätte erkennen können, liegt ein zur Anfechtung berechtigender Irrtum vor. An einem Irrtum fehlt es allerdings, wenn derjenige, der getäuscht werden soll, die Wahrheit kennt.[733]

Auch das **Verschweigen von Tatsachen** kann den Tatbestand der arglistigen Täuschung erfüllen, wenn der Anfechtungsgegner hinsichtlich der verschwiegenen Tatsache zur Aufklärung verpflichtet war.[734] Ohne entsprechende Frage im Einstellungsverfahren ist der AN nur ausnahmsweise von sich aus dazu verpflichtet, wenn die verschwie-

---

720 BAG 6.2.1992 – 2 AZR 408/91 – AP § 119 BGB Nr. 13.
721 BAG 22.4.2004 – 2 AZR 281/03 – AP § 620 BGB Nr. 27 Aufhebungsvertrag; BAG 16.12.2004 – 2 AZR 148/04 – AP § 123 BGB Nr. 64; ErfK/*Preis*, § 611 BGB Rn 439.
722 Palandt/*Ellenberger*, § 119 Rn 31.
723 BAG 5.10.1995 – 2 AZR 923/94 – AP § 123 BGB Nr. 40.
724 BAG 21.2.1991 – 2 AZR 449/90 – AP § 123 BGB Nr. 35; Palandt/*Ellenberger*, § 119 Rn 31.
725 BAG 14.12.1979 – 7 AZR 38/78 – AP § 119 BGB Nr. 4.
726 BAG 14.12.1979 – 7 AZR 38/78 – AP § 119 BGB Nr. 4, einschränkend MünchArbR/*Richardi*, Bd. 1, § 46 Rn 27, 51.
727 BAG 21.1.1981 – 7 AZR 1093/78 – AP § 119 BGB Nr. 5.
728 BAG 7.11.2007 – 5 AZR 1007/06 – juris.
729 BAG 31.3.1993 – 2 AZR 492/92 – AP § 626 BGB Nr. 32 Ausschlussfrist.
730 BAG 16.12.2004 – 2 AZR 148/04 – AP § 123 BGB Nr. 64.
731 MüKo-BGB/*Kramer*, § 123 Rn 15.
732 Palandt/*Ellenberger*, § 123 BGB Rn 3.
733 BAG 18.10.2000 – 2 AZR 380/99 – AP § 123 BGB Nr. 59; Erman/*Palm*, § 123 Rn 24.
734 BAG 8.9.1988 – 2 AZR 102/88 – AP § 8 MuSchG 1968 Nr. 1.

genen Umstände dem AN die Erfüllung der Leistungspflichten dauerhaft unmöglich machen.[735] Zur Anfechtung berechtigt jedoch das Verschweigen von Tatsachen, wenn damit eine zulässigerweise im Einstellungsverfahren gestellte Frage falsch beantwortet wird.

456 Die Täuschung muss **rechtswidrig** sein. Nicht jede falsche Angabe des AN bei den Einstellungsverhandlungen stellt eine arglistige Täuschung i.S.d. § 123 dar. Wird der AN nach dem Vorliegen einer bestimmten Tatsache befragt, so ist er zu deren wahrheitsgemäßer Beantwortung verpflichtet, falls die gestellte Frage zulässig ist. Ein Fragerecht des AG bei den Einstellungsverhandlungen ist insoweit anzuerkennen, als der AG ein berechtigtes, billigenswertes und schutzwürdiges Interesse an der Beantwortung seiner Frage im Hinblick auf das Arbverh hat.[736] Die Rechtswidrigkeit einer Täuschung ist auch dann zu verneinen, wenn der AN, um einen Arbeitsplatz zu bekommen, bestimmte Tatsachen zusichert, ohne dass ein billigenswertes Interesse des AG vorhanden ist. So kann die fälschlich abgegebene Zusicherung, den Hauptwohnsitz in Betriebsnähe zu nehmen, eine Anfechtung dann nicht begründen, wenn objektiv gewichtige Interessen des AG nicht vorhanden sind.[737]

457 Der Tatbestand der arglistigen Täuschung gem. § 123 Abs. 1 setzt weiter voraus, dass durch die Täuschungshandlung beim Erklärungsgegner ein Irrtum über den wahren Sachverhalt hervorgerufen wird. Zwischen Täuschungshandlung und Irrtum muss ein **Kausalzusammenhang** bestehen.[738] Für die Annahme der Kausalität genügt die Mitursächlichkeit der Täuschung und es reicht aus, wenn der Getäuschte Umstände dargetan hat, die für seinen Entschluss von Bedeutung sein können und die Täuschung nach der Lebenserfahrung Einfluss auf die Entscheidung haben kann.[739] Der Kausalzusammenhang kann aber dann fraglich sein, wenn die Täuschung sich auf einen für den Vertragsschluss nicht bedeutsamen Umstand bezieht.

458 **Subjektiv** erfordert Arglist den **Vorsatz des Anfechtungsgegners**. Arglistig ist die Täuschung dann, wenn sie vorsätzlich zu dem Zweck vorgenommen wird, den Willen des Getäuschten zu beeinflussen. Es genügt bedingter Vorsatz, also das Bewusstsein, dass die Täuschung den anderen zu der Erklärung bestimmen könnte.[740] Weiß der Täuschende, dass seine Angaben unrichtig sind, rechnet er aber mit der Möglichkeit, der Erklärungsgegner könnte in seiner Entscheidung durch die Täuschung beeinflusst werden und nimmt er dies billigend in Kauf, so handelt er arglistig.

459 Die **Tatbestandsvoraussetzungen** müssen zum **Zeitpunkt des Vertragsschlusses** vorliegen, um eine Anfechtung begründen zu können. Tritt der Irrtum erst zu einem späteren Zeitpunkt ein, fehlt es an der erforderlichen Kausalität zwischen Täuschung und Abgabe der Willenserklärung.

460 Die **Anfechtung** muss **gegenüber dem Anfechtungsgegner erklärt** werden (§ 143 Abs. 1). Sie ist nicht nach § 623 schriftformbedürftig. Der Wille zur Anfechtung kann sich dabei auch im Wege der Auslegung der Erklärung ergeben. Als Gestaltungsrecht ist die Anfechtung – wie die Künd. – grds. bedingungsfeindlich und unwiderruflich.

461 Die **Anfechtungsfrist** bestimmt sich nach § 124; danach kann die Anfechtung „nur" binnen Jahresfrist nach Entdeckung der Täuschung durch den Anfechtungsberechtigten erfolgen. § 626 Abs. 2 findet auf die Erklärung der Anfechtung wegen arglistiger Täuschung oder Drohung keine entsprechende Anwendung,[741] der Wortlaut von § 124 ist diesbezüglich eindeutig. Die Anfechtung ist ausgeschlossen, wenn seit dem Abschluss des Arbeitsvertrags zehn Jahre vergangen sind (§ 124 Abs. 3).

462 Ein gewisses Korrektiv findet die lange Frist zur Anfechtung durch das Rechtsinstitut der Verwirkung. Auch das **Recht zur Anfechtung nach § 123** steht unter dem Vorbehalt, dass seine Ausübung nicht gegen **Treu und Glauben** verstößt; sie ist ausgeschlossen, wenn die Rechtslage des Getäuschten im Zeitpunkt der Anfechtung durch die arglistige Täuschung nicht mehr beeinträchtigt ist. Gerade auch aufgrund der Tatsachen, dass das Arbverh ein Dauerschuldverhältnis darstellt, kann sich ergeben, dass der Anfechtungsgrund soviel an Bedeutung verloren hat, dass er eine Auflösung des Arbverh nicht mehr rechtfertigen kann. Es ist stets zu prüfen, ob die Rechtslage des Getäuschten durch die im Rahmen der Einstellung verübte Täuschungshandlung noch beeinträchtigt ist.[742]

463 Die **Anforderungen an die Annahme der Verwirkung** sind – im Hinblick auf die gesetzliche Jahresfrist mit Recht – hoch. Ein Zeitraum von weit unter einem Jahr zwischen vollständiger Kenntnis der Anfechtungsgründe und Zugang der Anfechtungserklärung erfüllt deshalb das Zeitmoment nicht. Das BAG hat das Zeitmoment bei einem Zeitraum von **siebeneinhalb Monaten**[743] zwischen Kenntnis und Anfechtung bzw. von knapp **fünf Monaten**[744] als von vornherein **ungeeignet** angesehen, das **Zeitmoment zu erfüllen**. Bei einem Zeitraum von gut elf Monaten und damit eine

---

735 BAG 21.2.1991 – 2 AZR 449/90 – AP § 123 BGB Nr. 35.
736 BAG 16.12.2004 – 2 AZR 148/04 – AP § 123 BGB Nr. 63; BAG 6.2.2003 – 2 AZR 621/01 – NZA 2003, 114; BAG 18.10.2000 – 2 AZR 380/99 – BAGE 96, 123.
737 LAG Nürnberg 9.12.2003 – 6 Sa 676/02 – LAGE § 123 BGB Nr. 28.
738 BAG 18.10.2000 – 2 AZR 380/99 – NZA 2001, 315.
739 BAG 6.7.2000 – 2 AZR 543/99 – AP § 123 BGB Nr. 58; BAG 28.5.1998 – 2 AZR 549/97 – NZA 1998, 1052.
740 BAG 20.5.1999 – 2 AZR 320/98 – AP § 123 BGB Nr. 50.
741 BAG 13.4.2000 – 2 AZR 258/99 – RzK I 9h Nr. 34; BAG 19.5.1983 – 2 AZR 171/81 – AP § 123 BGB Nr. 25.
742 BAG 20.5.1999 – 2 AZR 320/98 – AP § 123 BGB Nr. 50; BAG 11.11.1993 – 2 AZR 467/93 – AP § 123 BGB Nr. 38.
743 BAG 28.5.1998 – 2 AZR 549/98 – AP § 123 BGB Nr. 46.
744 BAG 20.5.1999 – 2 AZR 320/98 – AP § 123 BGB Nr. 50.

der Jahresfrist des § 124 Abs. 1 nahe kommenden Untätigkeit des Anfechtungsberechtigten hat das BAG die Verwirkung des Anfechtungsrechts angenommen, wenn auch das Umstandsmoment nicht nur gerade noch erfüllt, „sondern von einigem Gewicht ist".[745]

3. Verbindung zu anderen Rechtsgebieten und zum Prozessrecht. Die **Darlegungs- und Beweislast für das Vorliegen von Anfechtungsgründen** obliegt grds. dem Anfechtenden. Bei einer **Irrtumsanfechtung nach § 119** bezieht sich die Darlegungslast auf den Irrtum, die Kausalität zwischen Irrtum und Erklärung, die Einhaltung der Anfechtungsfrist sowie darauf, dass die Erklärung bei verständiger Würdigung nicht abgegeben worden wäre. 464

Gleiches gilt für die **Anfechtung wegen arglistiger Täuschung nach § 123**. Auch hier trägt der Anfechtende die Darlegungs- und Beweislast für sämtliche Voraussetzungen des Anfechtungstatbestands, d.h. für die Täuschung, den Irrtum, die Kausalität zwischen Täuschung und Irrtum sowie für die Arglist und die Tatsachen, aus denen sich die Widerrechtlichkeit der Täuschung ergeben soll.[746] Steht die Täuschung fest und bezieht sie sich auf einen vertragswesentlichen Bestandteil, so spricht allerdings der Beweis des ersten Anscheins für die Kausalität zwischen Irrtum und Täuschung. Wendet der Anfechtungsgegner nachträgliche Aufklärung ein, so muss er die vollständige Aufklärung beweisen.[747] 465

4. Beraterhinweise. Es empfiehlt sich aus anwaltlicher Sicht, bei Sachverhalten, die sowohl kündigungs- wie auch anfechtungsrelevant sind, **kumulativ** sowohl **zu kündigen** als auch **aus allen in Betracht kommenden Anfechtungsgründen die Anfechtung zu erklären**. Die Anfechtung unterliegt nicht den strengen Formvoraussetzungen wie eine Künd; es entfallen bei der Anfechtung fehlerträchtige Anhörungsverfahren gegenüber BR etc. Vorsicht ist geboten, wenn der AN einen befristeten Arbeitsvertrag angreifen möchte und in diesem Zusammenhang behauptet, er sei durch widerrechtliche Drohung zur Befristungsvereinbarung bestimmt worden. In diesem Fall entzieht eine durchgreifende Anfechtung der Entfristungsklage den Boden, weil diese einen wirksamen Arbeitsvertrag voraussetzt.[748] 466

Es wird in der Praxis – insb. bei der Anfechtung eines Aufhebungsvertrags – versäumt, den **Anfechtungssachverhalt ausreichend unter Beweis zu stellen**. Häufig ist entweder die Drohung oder die Täuschung in einer Vier-Augen-Situation erfolgt, so dass aus Angst vor einem negativen Beweisergebnis der Antrag auf Vernehmung des Anfechtungsgegners unterbleibt. Dabei wird übersehen, dass ohne Beweisantritt die Anfechtung per se ohne Erfolg bleibt; v.a. wird in der Praxis nicht hinreichend beachtet, dass das Gericht über § 448 ZPO die Möglichkeit (und Pflicht) hat, auch den Beweisführer von Amts wegen zu vernehmen, wenn das Ergebnis der Beweisaufnahme – die Vernehmung des Anfechtungsgegners – eine endgültige Überzeugung noch nicht vermitteln konnte. Weitergehende **Erleichterungen in der Beweisführung** eröffnet die Entscheidung des BAG v. 22.5.2007.[749] Resultiert der **Anfechtungssachverhalt aus einem Vieraugengespräch**, so kann als Beweismittel auch die Vernehmung der eigenen Partei angeboten werden; das Gericht ist gehalten, einem solchen Beweisangebot entweder nach § 448 ZPO oder nach § 141 ZPO nachzugehen. Dies gebietet die verfassungsrechtlich gebotene Pflicht zur hinreichenden Prüfung des Entscheidungssachverhalts. 467

Prozessual muss der Fortbestand des Arbeitsvertrags nach einer Anfechtung nicht mit einer punktuellen „Anfechtungsklage" geltend gemacht werden; dies kann auch im Rahmen einer **allgemeinen,** auf Fortbestand des Arbverh gerichteten **Feststellungsklage** aber auch im Wege der Zahlungsklage und sogar im Rahmen einer Klage auf vertragsgemäße Beschäftigung geschehen. 468

D. Inhaltskontrolle von Arbeitsverträgen

Arbeitsverträge unterliegen grds. der Privatautonomie und können frei vereinbart und gestaltet werden. Soweit es die wechselseitigen **Hauptleistungspflichten** und ihr Verhältnis bzw. ihre Angemessenheit zueinander betrifft, **findet eine Inhaltskontrolle nicht statt**; Grenze der zulässigen Vertragsgestaltung ist insoweit alleine der Maßstab der Sittenwidrigkeit nach § 138[750] (vgl. Rn 400 ff.). Beschränkungen unterliegt die freie Vertragsgestaltung in Bezug auf die weiteren Nebenbestimmungen, die in einem Arbeitsvertrag vereinbart werden. Äußere Grenzen der Vertragsgestaltung setzten insoweit zwingende AN-Schutzgesetze sowie kollektivrechtliche Vorgaben, sofern sie auf das Arbverh zur Anwendung kommen. Auch innerhalb gesetzlicher und kollektivvertraglicher Vorgaben besteht die Gefahr, dass das strukturelle Ungleichgewicht zwischen AN und AG in der Verhandlungssituation zu einer einseitig den AN belastenden Vertragsgestaltung führt. Die **Notwendigkeit einer richterlichen Inhaltskontrolle** ist deshalb grds. unbestritten. Nach st. Rspr. unterliegen deshalb Arbeitsverträge der allgemeinen richterlichen Inhaltskontrolle.[751] Sie ergibt sich aus dem Schutzauftrag an den Richter, den objektiven Wertentscheidungen der Grundrechte in 469

---

745 BAG 13.4.2000 – 2 AZR 258/99 – RzK I 9h Nr. 34.
746 BAG 3.7.2003 – 2 AZR 327/02 – juris; BAG 12.8.1999 – 2 AZR 832/98 – AP § 123 BGB Nr. 51.
747 Palandt/*Ellenberger*, § 123 Rn 30.
748 BAG 26.4.2006 – 7 AZR 366/05 – juris.
749 BAG 22.5.2007 – 3 AZN 1155/06 – NJW 2007, 2427.
750 BAG 22.4.2004 – 2 AZR 281/03 – RzK I 9i Nr. 95.
751 BAG 21.11.2001 – 5 AZR 158/00 – BAGE 100, 13; BAG 9.9.2003 – 9 AZR 574/02 – NZA 2004, 484.

Fällen gestörter Vertragsparität mit den Mitteln des Zivilrechts Geltung zu verschaffen. Ist der Inhalt eines Vertrags für eine Seite ungewöhnlich belastend und als Interessenausgleich offensichtlich unangemessen, muss korrigierend eingegriffen werden.[752] Voraussetzung ist eine typisierbare Fallgestaltung, die eine strukturelle Unterlegenheit des einen Vertragsteils erkennen lässt.[753] **Gesetzliche Grundlage** einer richterlichen Inhaltskontrolle sind neben den **spezialgesetzlichen Normen** ergänzend die **zivilrechtlichen Generalklauseln (§§ 138, 242 und § 106 GewO)**. Die vom AG einseitig vorgegebene Vertragsgestaltung muss mit den Grundprinzipien des Arbeitsrechts vereinbar sein und die Interessen des AN in einer den Grundsätzen von Treu und Glauben entsprechenden Weise berücksichtigen.[754] Typische Anwendungsbereiche einer richterlichen Inhaltskontrolle sind u.a. Vereinbarungen zu Vertragsstrafen, zur Haftung im Arbverh, zur Rückzahlung von Ausbildungskosten, zu arbeitsvertraglich vereinbarten Ausschlussklauseln oder zu den Rahmenbedingungen der Dienstwagenstellung (vgl. Rn 1083 ff.).

470 Der **Anwendungsbereich** der allgemeinen an den gesetzlichen Generalklauseln orientierten arbeitsvertraglichen Inhaltskontrolle beschränkt sich seit dem 1.1.2003 auf – in der Praxis eher seltene – **individuell ausgehandelte Arbeitsverträge**. In der arbeitsvertraglichen Gestaltungspraxis **überwiegt der standardisierte Vertrag**. Auf diesen sind die gesetzlichen Regelungen zur Gestaltung der Schuldverhältnisse durch AGB in der Fassung des SchuldRModG anzuwenden. Nach der Übergangsvorschrift des Art. 229 § 5 EGBGB findet auch auf Dauerschuldverhältnisse, die vor dem 1.1.2002 begründet worden sind, vom 1.1.2003 an §§ 305 bis 310 Anwendung. Die Inhaltskontrolle von Arbeitsverträgen mit standardisiertem Inhalt findet deshalb seit dem 1.1.2003 ausschließlich am Maßstab der Bestimmungen über **AGB** statt. Das Gesetz sieht einen Vertrauensschutz für Altverträge jetzt nicht mehr vor. Das BAG behilft sich für Altverträge allerdings mit der Möglichkeit ergänzender Vertragsauslegung von Altverträgen.[755]

471 In Bezug auf die Inhaltskontrolle standardisierter Arbeitsverträge am Maßstab von §§ 307 ff. wird auf die dortige Kommentierung verwiesen.

Teil 3: Inhalt des Arbeitsverhältnisses

Literatur: Bauer, Europäische Antidiskriminierungsrichtlinien und ihr Einfluss auf das deutsche Arbeitsrecht, NJW 2001, 2672; *Bauer/Diller*, Nachvertragliche Wettbewerbsverbote: Änderungen durch die Schuldrechtsreform, NJW 2002, 1609; *Bauer/Diller/Göpfert*, Zielvereinbarungen auf dem arbeitsrechtlichen Prüfstand, BB 2002, 882; *Behrens/Rinsdorf*, Beweislast für die Zielerreichung bei Vergütungsansprüchen aus Zielvereinbarungen, NZA 2003, 364; *Benda*, Die Sozialstaatsklausel in der Rechtsprechung des Bundesarbeitsgerichts und des Bundesverfassungsgerichts, RdA 1979, 1; *Bengelsdorf*, Alkoholkonsum und personenbedingte Kündigung, NZA-RR 2002, 57; *Berwanger*, Zielvereinbarungen und ihre rechtlichen Grundlagen, BB 2003, 1499; *Beneke*, „Mobbing" im Arbeitsrecht, NZA-RR 2002, 225; *Boecken*, Entgeltfortzahlung bei nebentätigkeitsbedingtem Arbeitsunfall bzw. Unfall, NZA 2001, 233; *Boerner/Boerner*, Bereitschaftsdienst – auch in Deutschaland Arbeitszeit, NZA 2003, 883; *Böggemann/Reinhard*, Gesetz zur Änderung des Sozialgerichtsgesetzes und des Arbeitsgerichtsgesetzes, NJW 2008, 1263; *Breezman*, Bereitschaftsdienst in deutschen Krankenhäusern, NZA 2002, 946; *Brors*, „Neue" Probleme bei arbeitsrechtlichen Vertragsstrafeklauseln?, DB 2004, 1778; *dies.*, Die Abschaffung der Fürsorgepflicht, 2002; *dies.*, Die Zulässigkeit arbeitsrechtlicher Zielvereinbarungen, RdA 2004, 273; *Bulla*, Die Sorgepflicht des Arbeitgebers an eingebrachtes Arbeitnehmer-Eigentum, RdA 1950, 88; *Dersch*, Entwicklungslinien der Fürsorgepflicht des Arbeitgebers im Arbeitsverhältnis, RdA 1949, 325; *Diller/Powietzka*, Drogenscreenings und Arbeitsrecht, NZA 2001, 1227; *Düwell*, Agenda 2010 – Neues Recht bei Kündigung und Abfindung, 2004; *Düwell/Ebeling*, Rückzahlung von verauslagten Bildungsinvestitionen, DB 2008, 406; *Ernst*, Der Arbeitgeber, die E-Mail und das Internet, NZA 2002, 585; *Fastrich*, Richterliche Inhaltskontrolle im Privatrecht, 1992; *Fechner*, Sozialer Rechtsstaat und Arbeitsrecht, RdA 1955, 161; *v. Gierke*, Die soziale Aufgabe des Privatrechts, Nachdruck des am 5.4.1889 vor der Juristischen Gesellschaft zu Wien gehaltenen Vortrags, in: Wolf (Hrsg.), Deutsches Rechtsdenken, Heft 12 (1948), 10; *ders.*, Die Wurzeln des Dienstvertrages, in: FS für Brunner, 1914, S. 37; *ders.*, Dauernde Schuldverhältnisse, Iherings Jahrbücher 1914, S. 355; *Gutzeit*, Die Mitbestimmung des Betriebsrats bei Fragen der Arbeitszeit, BB 1996, 106; *Heinrich*, Formale Freiheit und materiale Gerechtigkeit, 2000; *Henninge*, Rechtliche Folgewirkungen schlüssigen Verhaltens der Arbeitsvertragsparteien, NZA 1999, 281; *Herbert/Overrath*, Rechtsproblem des Nichtvollzugs eines abgeschlossenen Arbeitsvertrags, NZA 2004, 121; *Hönn*, Zu den „Besonderheiten" des Arbeitsrechts, ZfA 2003, 325; *Hoß*, Das nachvertragliche Wettbewerbsverbot während des Kündigungsschutzprozesses und im Aufhebungsvertrag, DB 1997, 1818; *Hueck*, Das Arbeitsvertragsrecht, 1922; *ders.*, Die Gefahr der Rechtszersplitterung, RdA 1948, 81; *Hueck/Nipperdey/Dietz*, AOG, Kommentar, 1943; *Hunold*, Rechtsprechung zur Nebentätigkeit des Arbeitnehmers, NZA-RR 2002, 505; *Jacobi*, Grundlehren des Arbeitsrechts, 1927; *Jochum*, Privilegierung der Einnahmen aus nebenberuflicher Tätigkeit im Bereich der innerschulischen Ausbildung und Prüfung, NJW 2002, 1983; *Kaskel*, Der Akkordlohn, 1927; *Klatt*, Treuepflichten im Arbeitsrecht, 1990, S. 228 ff.; *Körner*, Arbeitszeit und Bereitschaftsdienst, NZA 2003, 3606; *Lakies*, Inhaltskontrolle von Vergütungsabreden im Arbeitsrecht, NZA-RR 2002, 337; *Lingemann*, Allgemeine Geschäftsbedingungen und Arbeitsvertrag, NZA 2002, 181; *Lingemann/Gotham*, Freiwilligkeits-, Stichtags- und Rückzahlungsregelungen bei Bonusvereinbarungen- was geht noch?, NZA 2008, 509; *Loritz*, Die Dienstreise des Arbeitnehmers, NZA 1997, 1188; *Maschmann*, Zuverlässigkeitstests durch Vorführung illoyaler Mitarbeiter?, NZA 2002, 13; *Mauer*, Zielbonusvereinbarungen als Vergütungsgrundlagen im Arbeitsverhältnis, NZA 2002, 540; *Mavridis*, Eingliederungstheorie, Vertragstheorie und Gemeinschaftsverhältnis, RdA 1956, 445; *ders.*, Der Schutzgedanke als Grundlage des Arbeitsrechts, AuR 1956, 161; *ders.*, Vor- und Nachwirkungen der Fürsorgepflicht im Arbeitsrecht, AuR 1957, 225; *Molitor*,

---

[752] BVerfG 7.2.1990 – 1 BvR 26/84 – BVerfGE 81, 242.
[753] BAG 16.3.1994 – 5 AZR 339/92 – BAGE 76, 155.
[754] BAG 9.9.2003 – 9 AZR 574/02 – NJW 2004, 988.
[755] Vgl. für Widerrufsvorbehalte in Altverträgen BAG 12.1.2005 – 5 AZR 364/04 – AP Nr. 1 zu § 308 BGB.

Das Wesen des Arbeitsvertrages, 1925; *Molkentin*, Das Recht auf Arbeitsverweigerung bei Gesundheitsgefährdung des Arbeitnehmers, NZA 1997, 849; *Müller, A.*, Die Fürsorgepflicht im nationalsozialistischen Arbeitsrecht, Monatshefte für NS Sozialpolitik 1936, 180; *Müller, G.*, Überlegungen zur Sozialstaatsmaxime, DB 1982, 2459; *ders.*, Richterliche Rechtsfortbildung im Arbeitsrecht, JuS 1980, 627; *Müller, M.*, Whistleblowing – Ein Kündigungsgrund, NZA 2002, 424; *Nikisch*, Individualismus und Kollektivismus im heutigen Arbeitsrecht, RdA 1953, 81; *Oechsler*, Wille und Vertrauen im privaten Austauschvertrag, RabelsZ 1996, 91; *Orts*, Shirking And Sharking: A Legal Theory of the Firm, 16 Yale Law And Policy Review 265; *Peter*, Nebentätigkeit von Arbeitnehmern, Dissertation 2006; *Post*, Die Verwendung des Sozialstaatsarguments im Arbeitsrecht, ZfA 1978, 421; *Ramm*, Die Anfechtung des Arbeitsvertrages, 1955; *Reichenbach*, Konventionalstrafe für den vertragsbrüchigen Arbeitnehmer, NZA 2003, 309; *Richardi*, Entwicklungstendenzen der Treue- und Fürsorgepflicht in Deutschland, in: Tomandl (Hrsg.), Treue- und Fürsorgepflicht im Arbeitsrecht,1975, S. 41; *ders.*, Das Arbeitsverhältnis im Zivilrechtssystem, ZfA 1988, 221; *ders.*, Gestaltung der Arbeitsverträge durch Allgemeine Geschäftsbedingungen nach dem Schuldrechtsmodernisierungsgesetz, NZA 2002, 1057; *Rieble/Gutzeit*, Individualarbeitsrechtliche Kontrolle erfolgsabhängiger Vergütungsformen, in: Jahrbuch des Arbeitsrechts für das Jahr 1999, Bd. 37, 41; *Rüthers*, Die unbegrenzte Auslegung, 5. Aufl. 1997; *Schlachter*, Sexuelle Belästigung am Arbeitsplatz – Inhalt und Funktion des Arbeitsplatzbezugs, NZA 2001, 121; *Schmieding*, Nichtraucherschutz am Arbeitsplatz, ZTR 2004, 12; *Schmid/Hertl-Sarbinowski*, Das Luftverkehrsrecht in der neueren Rechtsprechung, NZA-RR 2001, 225; *Schwerdtner*, Fürsorgetheorie und Entgelttheorie im Recht der Arbeitsbedingungen, 1970; *Siebert*, Die Entwicklung der Lehre vom Arbeitsverhältnis im Jahre 1936, DAR 1937, 14; *ders.*, Einige Entwicklungslinien im neueren Individualarbeitsrecht, RdA 1958, 366; *ders.*, Einige Grundgedanken des gegenwärtigen Arbeitsrechts, RdA 1956, 13; *Silberschmidt*, Das deutsche Arbeitsrecht, 1926; *Söllner*, Zur Verfassungs- und Gesetzestreue im Arbeitsrecht, RdA 1985, 328; *Sorensen*, Firms, Wages, and Incentives in: Smelser/Swedberg, Handbook of Economic Sociology 1994, S. 504; *Thüsing*, Inhaltskontrolle von Formulararbeitsverträgen nach neuem Recht, BB 2002, 2666; *ders.*, AGB-Kontrolle arbeitsvertraglicher Bezugnahmeklauseln -Vertragsgestaltung nach der Schuldrechtsreform, NZA 2002, 1361; *Tietje*, Ist Bereitschaftsdienst wirklich Arbeitszeit?; NZA 2001, 241; *Trägner*, Bereitschaftsdienst angestellter Krankenhausärzte als Arbeitszeit, NZA 2002, 125; *Trittin*, Umbruch des Arbeitsvertrags: Von der Arbeitszeit zur Arbeitsergebnis, NZA 2001, 1003; *Wiedemann*, Das Arbeitsverhältnis als Austausch- und Gemeinschaftsverhältnis, 1966; *Wisskirchen/Körber/Bissels*, „Whistleblowing und Ethikhotline", BB 2006, 1567; *Wellenhofer-Klein*, Der rauchfreie Arbeitsplatz, RdA 2003, 155; *Wiese*, Der personale Gehalt des Arbeitsverhältnisses, ZfA 1996, 439; *Wolf*, Das Arbeitsverhältnis – Personenrechtliches Gemeinschaftsverhältnis oder Schuldverhältnis, 1970; *Wolf/Mulert*, Die Zulässigkeit der Überwachung von E-Mail-Korrespondenz am Arbeitsplatz, BB 2008, 442; *Wollny*, Die Sozialstaatsklausel in der Rechtsprechung des Bundesarbeitsgerichts, RdA 1973, 33

A. Allgemeines

I. Vertragsrechtliche Gestaltungsmöglichkeiten im Überblick

472 Den Inhalt des Arbeitsvertrags bestimmen grds. die Arbeitsvertragsparteien im Rahmen der Gesetze (insb. der Arbeitsschutzgesetze) selbst. Der Grundsatz der **Privatautonomie** gilt auch im Arbeitsrecht, die Regelung des § 105 GewO greift dies auf. Die Rechte und Pflichten können sich vertragsrechtlich aus einer überstimmenden Regelung der Parteien, aus dem Direktionsrecht des AG gem. § 106 GewO i.V.m. § 315 Abs. 3 oder aus Schutz- und Rücksichtnahmepflichten gem. § 241 Abs. 2 ergeben.

473 Wurde das Arbverh in der früheren Rspr. und Lit. z.T. als ein personenrechtliches Gemeinschaftsverhältnis verstanden und die Pflichten aus einer besonderen Treue- und Fürsorgepflicht abgeleitet[756] (vgl. Rn 481 ff.), werden die Vertragspflichten heute aus schuldrechtlichen Grundsätzen gem. § 241 Abs. 2 entwickelt. Freilich ist die Frage im Einzelnen problematisch, wann ein berechtigtes Interesse des Vertragspartners i.S.d. § 241 Abs. 2 vorliegt, auf das Rücksicht in Form einer Rechtspflicht genommen werden muss.[757] Die Rspr. hat solche Rücksichtnahmepflichten anhand von Fallgruppen entwickelt, auf die auch nach der Schuldrechtsreform Bezug genommen werden kann.

474 Der Arbeitsvertrag ist als **Langzeitvertrag** davon geprägt, dass nicht jede Einzelheit angesichts der Ungewissheit zukünftiger Entwicklungen geregelt sein kann. Deshalb lassen die vertraglichen Bestimmungen dem AG typischerweise den Raum, die Arbverh durch sein einseitiges Leistungsbestimmungsrecht – Direktionsrecht – in den Grenzen der § 106 GewO und § 315 Abs. 3 zu konkretisieren. Neben der übereinstimmenden Regelung ist das Direktionsrecht das zweite zentrale vertragsrechtliche Instrument, um den Inhalt der arbeitsvertraglichen Einigung zu bestimmen.

475 Freilich unterliegt diese vertragliche Gestaltungsfreiheit **Grenzen**. Der Inhalt des Vertrags wird nach den Vorschriften des Schuldrechts an der Sittenwidrigkeitskontrolle gem. § 138, an der Billigkeitskontrolle gem. § 106 GewO, § 315 Abs. 3 und der vertraglichen Inhaltskontrolle gem. § 242 bzw. §§ 305 ff. gemessen, deren Maßstäbe jeweils voneinander zu trennen sind. Die Sittenwidrigkeitskontrolle ist nach zutreffender Ansicht eine reine Evidenzkontrolle,[758] die nur extreme und deshalb von der Rechtsordnung nicht tolerierbare Verstöße – z.B. Entgelt unter 2/3 des

---

756 *Wiedemann*, Das Arbeitsverhältnis als Austausch- und Gemeinschaftsverhältnis, S. 33; *Wiese*, ZfA 1996, 439; MünchArb/*Reichhold*, Bd. 1, § 47 Rn 1 ff.

757 ErfK/*Preis*, § 611 BGB Rn 610 ff.; für die Nebenpflichten des Arbeitgebers vgl. *Brors*.

758 *Preis*, Vertragsgestaltung, S. 176.

üblichen Tariflohns –[759] erfasst. Die Rspr. trennt die unterschiedlichen Kontrollinstrumente nicht immer streng voneinander,[760] obwohl sowohl die Voraussetzungen wie aber auch die Darlegungslast der einzelnen Regelungen unterschiedlich sein können.[761] So ist bei § 138 die Sittenwidrigkeit im Moment des Vertragsschlusses entscheidend,[762] dagegen kommt es bei der Angemessenheitskontrolle gem. §§ 242, 305 ff. auf den Zeitpunkt der richterlichen Kontrolle an. Anders als bei der Sittenwidrigkeitskontrolle und der Inhaltskontrolle ist die gem. § 106 GewO i.V.m. § 315 Abs. 3 vorzunehmende Billigkeitskontrolle des vorbehaltenen Direktionsrechts „eine individualisierende Betrachtungsweise" im Einzelfall,[763] der die genaue Vertragsauslegung vorauszugehen hat.[764] Die Kontrolle des Arbeitsvertrags nach §§ 305 ff. tritt nach der Schuldrechtsreform neben die von der Rspr.[765] bislang anhand § 242 vorgenommene Inhaltskontrolle des Arbeitsvertrags. Allerdings wird es sich in den meisten Fällen um einen Formulararbeitsvertrag handeln, so dass die „unangemessene Benachteiligung" des AN nun gem. §§ 305 ff. in der Klauselkontrolle unter teilweise veränderten Bedingungen[766] zu untersuchen ist.

476 Neben diesen schuldrechtlichen Grenzen unterliegen die Pflichten der Arbeitsvertragsparteien auch der **Gestaltungsmacht der Tarifpartner** und der betrieblichen Regelungssetzung durch die **kollektiven Interessenvertreter**. Die Regelungen des TV wirken für die tarifgebundenen Arbeitsvertragsparteien gem. § 4 Abs. 1 TVG unmittelbar und zwingend auf das Arbverh, wie auch die BV gem. § 77 Abs. Abs. 4 BetrVG direkt den individualvertraglichen Regelungen vorgeht. Nur eine günstigere vertragliche Vereinbarung schließt diese Wirkung aus (§ 4 Abs. 3 TVG). Auch bei nicht tarifgebundenen Arbeitsvertragsparteien muss aber überprüft werden, ob ein für allgemeinverbindlich erklärter TV eingreift, um die Rechte und Pflichten der Parteien bestimmen zu können.

477 Haben die Arbeitsvertragsparteien keine ausdrücklichen Regelungen über den Inhalt der gegenseitigen Pflichten getroffen, so ist der Vertrag **erläuternd oder ergänzend** gem. §§ 133, 157 **auszulegen**. Nach dem BAG greift die erläuternde Vertragsauslegung dann ein, wenn die Parteien zwar keine ausdrückliche Vereinbarung getroffen haben, eine Regelung aber gleichwohl zur Erreichung des Vertragszwecks erforderlich ist. Voraussetzung ist, dass die Unvollständigkeit der vertraglichen Regelung ungewollt ist. Das Ergebnis der **ergänzenden Auslegung** ist **reversibel**, da sie eine an objektiven Maßstäben orientierte Bewertung des Inhalts der getroffenen Vereinbarungen ist.[767]

478 Das **einseitige Leistungsbestimmungsrecht** des AG ist innerhalb der Grenzen des billigen Ermessens gem. **§ 106 GewO i.V.m. § 315 Abs. 3** auszuüben. Im Einzelfall ist zu untersuchen, ob eine einseitige Gestaltungsmacht besteht oder eine überstimmende Regelung dem AG den Rückgriff auf dieses Instrument verwehrt. Besteht eine überstimmende Regelung zwischen den Parteien, kann von ihr nur durch eine übereinstimmende Neuregelung bzw. eine Änderungs-Künd abgewichen werden. Die Auslegung des Vertrags hat daher stets der Frage nach einer einseitigen Gestaltungsmöglichkeit vorauszugehen. Praktische **Abgrenzungsfälle** zwischen einseitiger Gestaltungsmacht und übereinstimmender Regelung treten insb. bei einer konkludenten Vertragsänderung auf.[768] In diesen Fällen ist es fraglich, ob sich der Vertrag infolge langanhaltender gleicher Ausübung inhaltlich so konkretisiert hat, dass ein einseitiges Gestaltungsrecht ausgeschlossen sein kann. Eine derartige stillschweigende Änderung des Vertrags setzt aber nach der Rspr. voraus, dass neben einer langjährigen Handhabung zusätzliche Umstände vorliegen, die ein schutzwürdiges Vertrauen des AN auf Beibehaltung des bisherigen Leistungsinhalts begründen.[769] Aus diesen Umständen muss sich letztlich ergeben, dass der AG aus Sicht des AN auf das mit ihm vertraglich vereinbarte weite Direktionsrecht verzichtet hat;[770] so anerkannt bei einer mehr als 30jährigen gleichbleibenden Tätigkeit als Aushilfsfahrer.[771]

---

759 BAG 22.3.1989 – 5 AZR 151/88 – juris; BAG 4.2.1981 – 4 AZR 967/78 – AP § 242 BGB Gleichbehandlung Nr. 45 = RdA 1981, 327; BAG 11.1.1973 – 5 AZR 322/72 – AP § 138 BGB Nr. 30 = BB 1973, 476; LAG Berlin 20.2.1998 – 6 Sa 145/97 – NZA-RR 1998, 392; LAG Düsseldorf 23.8.1977 – 11 Sa 466/77 – DB 1978, 165; ArbG Hagen 24.6.1987 – 3 Ca 168/87 – NZA 1987, 610; ebenso BGH 22.4.1997 – 1 StR 701/96 – NZA 1997, 1167 über § 134 BGB; *Lakies*, NZA-RR 2002, 337, 342.
760 BAG 10.10.1990 – 5 AZR 634/89 – NZA 1991, 264; keine Trennung zwischen Inhalts- und Sittenwidrigkeitskontrolle Staudinger/*Sack*, § 138 Rn 155 m.w.N; auch z.B. in LAG Hamm 23.2.2003 – 15 Sa 1572/00 – NZA-RR 2001, 525; vgl. auch ErfK/*Preis*, § 611 BGB Rn 382; §§ 305–310 Rn 4.
761 *Fastrich*, S. 159 ff.
762 Staudinger/*Sack*, § 138 Rn 79.
763 Preis/*Preis*, Der Arbeitsvertrag, I C Rn 127 ff.
764 So z.B. BAG 19.1.2000 – 5 AZR 637/98 – AP § 611 BGB Berufssport Nr. 19 = NZA 2000, 771 Auslegung einer Prämienzusage; unklar dagegen LAG Hamm 23.2.2001 – 15 Sa 1572/00 – NZA-RR 2001, 525.
765 BAG 16.3.1994 – 5 AZR 339/92 – AP § 611 BGB Ausbildungsbeihilfe Nr. 18 = NZA 1994, 952 unter Bezug auf BVerfG 19.10.1993 – 1 BvR 567/89 – AP Art. 2 GG Nr. 35 = NJW 1994, 36.
766 Dazu *Hönn*, ZfA 2003, 325; *Thüsing*, BB 2002, 2666 und NZA 2002, 591; *Lingemann*, NZA 2002, 181; *Richardi*, NZA 2002, 1057, 1061.
767 BAG 13.11.2002 – 4 AZR 64/02 – BB 2003, 1512; BAG 3.6.1998 – 5 AZR 552/97 – AP § 612 BGB Nr. 57 = NZA 1999, 306 m.w.N.; eine strenge Trennung zwischen Rechts- und Tatfragen wird kaum möglich sein dazu *Brors*, S. 39 m.w.N.
768 *Henninge*, NZA 1999, 281.
769 BAG 5.6.2003 – 6 AZR 237/02 – juris.
770 LAG Hamm 29.6.2000 – 17 Sa 521/00 – juris.
771 LAG Hamm 7.12.2000 – 16 Sa 1152/00 – LAGE § 1 KSchG Soziale Auswahl Nr. 35.

Die **Folgen eines Pflichtverstoßes** richten sich – soweit in den arbeitsvertraglichen oder kollektivrechtlichen Regelungen nichts Abweichendes geregelt ist – nach den Vorschriften des allgemeinen Schuldrechts. Danach ist eine schuldhafte Pflichtverletzung mit folgenden vertraglichen **Schadensersatzansprüchen** (im Einzelnen vgl. Rn 808 ff.) sanktioniert, die sich nach dem verlangten Schadensersatzinteresse wie folgt unterscheiden lassen: 479
- Schadensersatz statt der Leistung gem. §§ 280 Abs. 1 und 3 i.V.m. 281 ff. und 311a Abs. 2
- Schadensersatz wegen Integritätsverletzung gem. § 280 Abs. 1
- Verzögerungsschadensersatz gem. §§ 280 Abs. 1 und 2 und 286

Im Rahmen der vertraglichen wie aber auch der deliktischen (dazu vgl. Rn 931 ff.) Schadensersatzhaftung sind freilich arbeitsrechtliche Besonderheiten wie der innerbetriebliche Schadensausgleich bei der Haftung des AN oder sozialversicherungsrechtliche Haftungsausschlüsse bei Körperschäden zu berücksichtigen (vgl. Rn 931 ff.). Unter bestimmten Voraussetzungen kann eine Partei von ihrer vertraglichen Verpflichtung frei werden (vgl. Rn 813). Eine Gewährleistungshaftung wie auch eine Minderung des Arbeitsentgelts im Falle einer Schlechtleistung des AN existieren nicht (vgl. Rn 841 ff.). Sie widersprechen der arbeitsvertraglichen Risikoverteilung, in welcher der AG als Unternehmer das Risiko für den Erfolg der Tätigkeit übernommen hat.[772] 480

II. Historische Entwicklung der Nebenpflichten

Die historische Entwicklung der Nebenpflichten[773] ist mit den wechselnden politischen und sozialen Sichtweisen auf das Arbverh verknüpft. Dezidiert spiegeln noch die im Einzelnen geregelten Nebenpflichten in § 70 des Allgemeinen Preußischen Landrechts die Einbindung des Gesindes in die häusliche Gemeinschaft wieder. Schon vor Erlass des BGB nahm das RG einen vertraglichen Schadensersatzanspruch an, wenn ein Vertragspartner Gesundheitsverletzungen erlitten hatte, wie z.B. im Falle eines Dienstmietvertrags.[774] Nach Inkrafttreten des BGB entschied das RG, dass sich vertragliche Integritätsschutzpflichten als Nebenpflichten eines jeden Vertrages aus § 242 ergeben können. Auch das RAG knüpfte an § 242 an und entwickelte so z.B. eine Verwahrungspflicht des AG für Kleidungsstücke, die zur Arbeit mitgebracht werden mussten.[775] Erst die Arbeiten *v. Gierke*[776] zeigten, dass im Arbverh auch bei der Entwicklung von Nebenpflichten Besonderheiten gegenüber anderen Vertragsformen bestehen. *V. Gierke* wendete sich gegen die Ansicht, Arbverh könnten wie andere kurzzeitige Verträge auf den Austausch der jeweils geschuldeten Leistungen – Arbeit gegen Lohn – reduziert werden.[777] Vielmehr habe das Recht die „soziale Einbettung" des Arbeitsvertrags zu berücksichtigen, die er damals in einem personenrechtlichen Treueverhältnis sah.[778] Die arbeitsrechtliche Lit. der zwanziger Jahre legte dagegen in der Mehrzahl eine rein vertragsrechtliche Perspektive zugrunde. Im Vordergrund stand der Arbeitsvertrag als schuldrechtliche Beziehung, deren Nebenpflichten nach § 242 zu entwickeln waren.[779] Gegenseitige Rücksichtnahmepflichten wurden damit begründet, dass sich der AN im Arbeitsvertrag zu weisungsgebundenen Tätigkeiten im Fremdinteresse verpflichte.[780] Darüber hinaus wurde betont, dass das „moderne Arbeitsrecht" die „patriarchale Behandlung" des Arbverh zurückdränge und nur noch bei der Aufnahme in die häusliche Gemeinschaft von einem personenrechtlichen Verhältnis gesprochen werden könne.[781] Diese Ansicht fand sich in dem Entwurf eines allgemeinen Arbeitsvertragsgesetzbuches von 1923.[782] Insb. *Sinzheimer* steht für die Idee eines modernen Arbeitsrechts, welche das aus einem germanischen Treudienstvertrag abgeleitete personenrechtliche Gemeinschaftsverhältnis als Grundlage der arbeitsvertraglichen Beziehung strikt ablehnte.[783] Nur z.T. wurde auf ein besonderes Treue- und Fürsorgeverhältnis abgestellt.[784] Daher ist das Ergebnis der von *Hueck*[785] im Jahre 1947 vorgenommen Rückschau kritisch zu würdigen, wonach beiderseitige Treuepflichten schon vor 1934 in Lit. und Judikatur anerkannt waren. Erst mit dem Erlass des Gesetzes zur Ordnung der nationalen Arbeit (AOG)[786] wurde eine besondere personenrechtliche Beziehung ohne schuldrechtliche Einbettung der Ausgangspunkt der Nebenpflichtbegründung. Nach § 1 AOG hatte „der Unternehmer als Führer des Betriebes" und „die Angestellten und Arbeiter als Gefolgschaft gemeinsam zur Förderung der Betriebszwecke und zum Nutzen von Volk und Staat" zu- 481

---

772 Staudinger/*Richardi*, vor §§ 611 ff. Rn 39.
773 *Wiese*, ZfA 1996, 447, 448; *Schwerdtner*, S. 22 ff.; *Wolf*, S. 71 ff.; *Wiedemann*, Das Arbeitsverhältnis als Austausch- und Gemeinschaftsverhältnis, S. 1 ff.; *Klatt*, S. 228 ff.; *Richardi*, Entwicklungstendenzen der Treue- und Fürsorgepflicht in Deutschland, in: *Tomandl*, S. 41, 46 und *Richardi*, ZfA 1988, 221, 229.
774 RG 24.5.1888 – VI. 80/88 – RGZ 21, 170 und RG 2.10.1890 – VI. 124/90 – RGZ 27, 191.
775 RAG 23.10.1929 – RAG 137/29 – SAE 1930, 44; RAG 26.6.1929 – RAG 673/28 – Bensh. Samml. Band 6 Nr. 91 (RAG), 370 unter Verwendung des Begriffs „Fürsorgepflicht"; LAG Essen 7.1.1928 – L.A.S. 71/27 – SAE 1928, 85; LAG Berlin 31.8.1928 – 102. S. 932/28 – SAE 1928, S. 417.
776 In: *Wolf*, Deutsches Rechtsdenken, Heft 12 (1948), 10; *v. Gierke*, in: FS für Brunner, S. 37 ff. und Dauernde Schuldverhältnisse, Iherings Jahrbücher 1914, S. 355 ff, vgl. zu *v. Gierkes* Bedeutung auch *Oechsler*, RabelsZ 1996, 91, 114.
777 *V. Gierke*, in: FS für Brunner, S. 37, 40.
778 *V. Gierke*, in: FS für Brunner, S. 37, 54.
779 *Jacobi*, S. 6; *Silberschmidt*, S. 265; *Hueck*, S. 162 ff.; *Molitor*, S. 81 ff.
780 *Jacobi*, S. 54.
781 *Oertmann*, S. 21.
782 RArbBl. 1923, Amtlicher Teil, S. 498 ff.
783 *Sinzheimer*, S. 120.
784 *Kaskel*, S. 114.
785 *Hueck*, S. 13, vgl. auch die Kritik daran von *Wolf*, S. 71 ff.
786 RGBl I 1934 S. 45.

sammenzuarbeiten. In § 2 Abs. 2 AOG wurde die betriebliche Pflicht des AG geregelt, wonach er für das „Wohl der Gefolgschaft zu sorgen" hatte. Diese Pflicht wurde zum Auslegungsmaßstab für individualvertragliche Pflichten[787] und damit zum Ansatzpunkt der Begründung einer allgemeinen individualvertraglichen Fürsorgepflicht. Gleichbehandlungspflicht,[788] Urlaubsanspruch[789] und Beschäftigungspflicht[790] wurden in Anknüpfung an das AOG entwickelt. Die Frage der Zumutbarkeit der Fürsorgepflicht orientierte sich nicht an einem Interessenausgleich in einem individuellen Austauschvertrag,[791] sondern daran, „die Wahrung des einzig anerkannten Interesses der Arbeitsgemeinschaft und ihrer Arbeitsleistung vor unnötigen Belastungen"[792] zu schützen. Jeglicher tatsächlicher Interessengegensatz zwischen AN und AG konnte nach umstrittener Ansicht[793] durch den Verweis auf die konkrete Ordnung[794] des Betriebs als Gliedschaftsverhältnis negiert werden. Nach der Aufhebung des AOG[795] fehlte der ursprüngliche Legitimationsgrundlage der judiziellen Nebenpflichtbegründung. Trotzdem führten die Rspr.[796] und die Lit.[797] die unter § 2 Abs. 2 AOG entwickelten Pflichten weiter und entwickelten aus der „Wesensart" des Arbverh ein „allgemeines soziales Schutzrecht" i.V.m. § 242.[798] Die gleichzeitige massive Kritik[799] an der Auffassung vom Arbverh als personenrechtlichem Gemeinschaftsverhältnis führte zu keiner vertragstheoretischen Neubegründung.

482 Das **BAG** und der BGH zitieren in den Entscheidungen zur Treue- und Fürsorgepflicht **§§ 611, 242, § 611**[800] oder auch **§§ 157, 242**[801] und inzwischen nach der Schuldrechtsreform **§ 241 Abs. 2**. Anknüpfungspunkt ist daher eine vertragliche Bestimmung von Schutz- und Rücksichtnahmepflichten, wobei allerdings oftmals die dahinter stehende Wertung unklar bleibt. Das **Sozialstaatsprinzip**[802] ist für eine derartige Gestaltung kein direkter Ansatzpunkt. Die Rspr. kann sich nicht auf den Gestaltungsauftrag des in Art. 20 Abs. 1 GG verankerten Sozialstaatsprinzips berufen. Das Sozialstaatsprinzip bindet zwar die Rspr. als staatliche Gewalt, ist aber in seiner Funktion als Gestaltungsauftrag auf den Gesetzgeber bezogen.[803] Es ist daher mit Blick auf die Kompetenz der Judikative zu pauschal zu argumentieren, dass ein „soziales Gerechtigkeitsprinzip"[804] die Zivilrechtsordnung mitbestimme. Ohne eine bestehende gesetzliche Konkretisierung des Sozialstaatsprinzips kann die Rspr. die Vertragsfreiheit daher nicht einschränken;[805] sie träte sonst direkt an die Stelle der Legislative, welche die sozialpolitische Entscheidungskompetenz hat. Rechtstheoretischer Ansatzpunkt der Pflichtenbegründung ist letztlich eine Abwägung zwischen der Vertragsfreiheit und der Vertragsgerechtigkeit in der Weise, dass die Parteien ein tragfähiges Kooperationsmodell für eine längerfristige Beziehung entwickeln können.[806] Aufgrund der starken Einwirkungsmöglichkeiten des AN auf die Güter des AG liegt der Schwerpunkt dieser Pflichten in Unterlassungstatbeständen (dazu im Einzelnen vgl. Rn 560 ff.).

B. Regelungsgehalt der Pflichten des Arbeitnehmers

I. Pflicht zur Arbeitsleistung

483 **1. Begründung.** Umfang und Art der Arbeitspflicht des AN folgen aus dem **Arbeitsvertrag**. Sie besteht in der **Tätigkeitserbringung in einer bestimmten Zeit als solcher** und nicht darin, einen bestimmten Erfolg zu erzielen. Es kann zum einen eine ausdrückliche Vereinbarung über das genaue Tätigkeitsbild und den konkreten Einsatzort des

---

787 *Hueck/Nipperdey/Dietz*, § 2 Rn 11 a.
788 RAG 19.1.1938 – RAG 153/37 – ARS 33, 172; zuvor: LAG Berlin 27.8.1928 – 103 S 1113/28 – JW 1928, 2937 mit ablehnender Anm. *Oertmann*.
789 RAG 16.3.1938 – ARS 32 (RAG) Nr. 45, 316.
790 LAG Leipzig 5.1.1938 und 9.6.1942 – 103 S 1113/28 – ARS 32, 161 (LAG Nr. 36) und ARS 45, 83 (LAG Nr. 16). Vgl. zur zustimmenden Lit. *Hueck/Nipperdey/Dietz*, § 2 Rn 18.
791 *Siebert*, DAR 1937, 14, 19.
792 *Müller*, Monatshefte für NS Sozialpolitik 1936, 180.
793 Gegen die Figur der „konkreten Ordnung" wendete sich ein großer Teil der Lit. *Hueck/Nipperdey/Dietz*, § 217a.
794 *Rüthers*, S. 387.
795 Kontrollratsgesetz Nr. 40 v. 30.11.1946, Amtsblatt des Kontrollrats Nr. 12 (1946), S. 229.
796 LAG Stuttgart 3.6.1948 – Sa 97/47 – RdA 1948/1949, 115; vgl. aber auch die Entscheidung des LAG Frankfurt 10.2.1948 – II LA I/48 – RdA 1948, 191, in der noch von der Fürsorgepflicht gegenüber den „Gefolgschaftsmitgliedern" die Rede ist.
797 *Dersch*, RdA 1949, 325; *Siebert*, RdA 1958, 366; *Siebert*, RdA 1956, 13; *Hueck*, RdA 1948, 81, 83; *Nikisch*, RdA 1953, 81, 82.
798 *Dersch*, RdA 1949, 325, 326; *Bulla*, RdA 1950, 88, 89; *Siebert*, RdA 1956, 13, 14.
799 *Mavridis*, RdA 1956, 445, 447; *Mavridis*, AuR 1956, 161, 163 und AuR 1957, 225; *Ramm*, S. 22; *Bührig*, AuR 1954, 371, 372.
800 Z.B. BGH 23.2.1989 – IX ZR 236/86 – AP § 611 BGB Nr. 9 für die Treuepflicht oder für die Fürsorgepflicht: BAG 27.11.1985 – 5 AZR 101/84 – AP § 611 BGB Fürsorgepflicht Nr. 93 = NZA 1986, 227.
801 BAG 12.5.1958 – 2 AZR 539/56 – AP § 611 BGB Treuepflicht Nr. 5 = NJW 1958, 1747; BAG 13.8.1970 – 3 AZR 275/69 – AP § 242 BGB Ruhegehalt Nr. 146 = BB 1970, 1539.
802 *Fechner*, RdA 1955, 161, 162.
803 BGH 21.12.1993 – VI ZR 103/93 – AP § 611 BGB Nr. 104 = NJW 1994, 852; BGH 19.9.1989 – VI ZR 349/88 – AP § 611 BGB Haftung des Arbeitnehmers Nr. 99 = NJW 1989, 3273; BAG 24.11.1987 – 8 AZR 524/82 – AP § 611 BGB Haftung des Arbeitnehmers Nr. 93 = NZA 1988, 579; *Post*, ZfA 1978, 421, 422; *Benda*, RdA 1979, 1, 5; *Wollny*, RdA 1973, 33, 39.
804 *Heinrich*, S. 361.
805 BVerfG 13.1.1982 – 1 BvR 848/77 – BVerfGE 59, 223, 262 m.w.N.; vgl. aus der Lit. *Söllner*, RdA 1985, 328, 334; *Müller*, DB 1982, 2459, 2465; *Müller*, JuS 1980, 627, 634; *Benda*, RdA 1979, 1, 3.
806 Zur Begründung der Nebenpflichten *Brors*, S. 63 ff.

AN getroffen werden.[807] Ebenso können die Parteien im Arbeitsvertrag das Tätigkeitsbild oder auch den Einsatzort weit fassen. Auf vertraglicher Ebene wird der Vertrag dann durch das Direktionsrecht des AG gem. § 106 GewO i.V.m. § 315 Abs. 3 konkretisiert, wenn sich der Vertrag nicht genauer auslegen lässt (zur Abgrenzung zwischen Vereinbarung und einseitigem Leistungsbestimmungsrecht vgl. Rn 478). Haben die Arbeitsvertragsparteien keinen **schriftlichen Arbeitsvertrag** geschlossen, so liegt zwar ein Verstoß gegen § 2 NachwG vor, wonach der AG die wesentlichen Arbeitbedingungen schriftlich erfassen und dem AN auszuhändigen hat. Der Arbeitsvertrag ist aber in diesem Fall nicht nichtig (zur Frage der arbeitsvertraglichen Gestaltung der Tätigkeitsumschreibung vgl. Rn 597).

Von der Arbeitspflicht umfasst werden auch sog. **Nebenarbeiten** des AN, die regelmäßig im Zusammenhang mit der Hauptleistungspflicht anfallen, ihr aber untergeordnet sind, wie z.B. Reinigungsarbeiten oder die Pflege der Arbeitsgeräte.[808] Diese Tätigkeiten müssen aber, wenn vertraglich nichts Besonderes vereinbart ist, typischerweise in den Aufgabenkreis des AN nach dem zugrunde gelegten Tätigkeitsbild fallen. Dies ist z.B. bei Transportleistungen in Zusammenhang mit der vertraglichen Verpflichtung von Abbrucharbeiten[809] zu bejahen, wenn diese zur sachgerechten Ausführung der Hauptpflicht erforderlich sind.   **484**

2. Person des Schuldners und Gläubigers. Die Arbeitsleistung muss der AN grds. **höchstpersönlich** erbringen (vgl. § 613 und zu den Auswirkungen dieses Umstands auf die Unmöglichkeit der Leistungserbringung vgl. Rn 813). Die in § 613 für den Dienstvertrag geregelte Zweifelsregelung lässt zwar grds. auch abweichende Vereinbarungen zu, nach denen sich der Verpflichtete **durch Dritte vertreten** lassen kann. Jedoch muss für den Arbeitsvertrag beachtet werden, dass die persönliche Abhängigkeit der Tätigkeitsleistung ein Indiz zur Bestimmung und Abgrenzung des Arbeitsvertrags selbst ist.[810] Damit spricht es für einen freien Dienstvertrag, wenn der Vertragspartner selbstständig und im eigenen Risiko und eigener Gestaltung Hilfskräfte in einer eigenen Arbeitsorganisation beschäftigt und sich durch diese bei seinem Auftraggebern vertreten lässt.[811] In Abgrenzungsfällen wird es entscheidend darauf ankommen, ob sich der Tätige einer eigenen Organisation bedient, in welcher er gestaltungs- und weisungsberechtigt ist oder ob die Tätigkeit noch in die fremde Arbeitsorganisation des Auftraggebers eingebettet ist. Dabei spielt nur die tatsächliche Abwicklung der Verträge und nicht die gewählte Vertragssprache eine Rolle.[812] So verneinte das BAG die AN-Eigenschaft bei „Buffetleistungen" mit eigener Arbeitsorganisation wie einer Vertretungsregelung[813] oder auch bei einer Tätigkeit als eigenverantwortlicher VHS-Lehrer ohne eigenmächtige Vertretungsmöglichkeit.[814] Dagegen sprach die Einbindung eines Transportfahrers für seine AN-Eigenschaft.[815] Eine gesetzliche Regel für eine Arbeitsplatzteilung durch gegenseitige Vertretung findet sich in § 13 Abs. 1 S. 2 TzBfG. Grds. muss der AN aber die Arbeitsleistung selbst erbringen. Das bedeutet aber auf der anderen Seite, dass er auch nicht verpflichtet ist, z.B. im Krankheitsfall, selbst eine Vertretung bereitzustellen. Das Risiko der Arbeitsbewältigung durch Personal trifft ausschließlich den AG.   **485**

Bedient sich der AN **unerlaubt** eigener **Hilfskräfte** und entsteht dadurch ein **Schaden** an Rechtsgütern des AG, so haftet der AN dem AG dafür gem. §§ 280 Abs. 1, 278 i.V.m. 249 ff. Die Beweislastregel des § 619a greift in diesen Fällen nicht ein, da es sich um einen eigenmächtigen Entschluss des AN und nicht um eine „betrieblich veranlasste" Tätigkeit handelt (vgl. Rn 892). Ebenso berechtigt dieser Pflichtverstoß zur Abmahnung bzw. bei Wiederholung zur Künd.[816]   **486**

Abzugrenzen von einer Vertretung durch Dritte ist das **mittelbare Arbverh**. Es ist gegeben, wenn ein Mittelsmann, der selbst AN eines Dritten ist, im eigenen Namen Hilfskräfte einstellt, die mit Wissen des Dritten unmittelbar für diesen Arbeitsleistungen erbringen.[817] Entscheidend kommt es darauf an, ob der Dritte als AG Weisungsrechte gegenüber den eingestellten Beschäftigten ausübt oder ob der Verpflichtete im eigenen Namen und für eigene Rechnung die von ihm frei ausgewählten Arbeitskräfte einsetzt und selbst weisungsberechtigt ist.   **487**

Ebenso wie bei der Person des Schuldners ist die Arbeitsleistung gem. § 613 S. 2 im Zweifel an einen bestimmten **AG als Leistungsempfänger** gebunden. Auch diese Regelung ist abdingbar. Ein praktisches Beispiel ist der Einsatz von **Montagearbeitern** in einer **ARGE**, in welcher der ursprüngliche Anspruch auf die Arbeitsleistung an die Gemeinschaft vertraglich übertragen wird.[818] Finden sich im Arbeitsvertrag keine diesbezüglichen Regelungen kann der AG den Anspruch auf die Arbeitsleitung nicht übertragen; er kann den AN nicht zu „Frondiensten" heranziehen. Der Anspruch ist nicht pfändbar gem. § 851 ZPO und ebenso gem. § 400 nicht an Dritte abtretbar (für die Frage nach der Vollstreckbarkeit des Anspruchs auf die Arbeitsleistung vgl. Rn 588).   **488**

Folge der Höchstpersönlichkeit ist, dass das Arbverh mit dem **Tod des AN endet** und bei dem Tod des AG die vertraglichen Verpflichtungen aber gem. § 1922 auf die Erben des AG übergehen. Bei der Frage, welche Ansprüche ge-   **489**

---

807 Vgl. zu Musterarbeitsverträgen mit besonderen Berufsgruppen *Hümmerich*, Arbeitsrecht, § 1 Rn 209 ff.
808 MünchArb/*Reichold*, Bd. 1, § 36 Rn 22.
809 BAG 20.3.2002 – 10 AZR 507/01 – BB 2002, 1272.
810 BAG 12.12.2001 – 5 AZR 253/00 – NZA 2002, 787; MünchArb/*Reichold*, Bd. 1, § 36 Rn 6 f.
811 BAG 12.12.2001 – 5 AZR 253/00 – NZA 2002, 787.
812 BAG 19.11.1997 – 5 AZR 653/96 – NZA 1998, 364.
813 BAG 12.12.2001 – 5 AZR 253/00 – NZA 2002, 787.
814 BAG 29.5.2002 – 5 AZR 161/01 – NZA 2002, 1232.
815 BAG 19.11.1997 – 5 AZR 653/96 – NZA 1998, 364.
816 Küttner/*Kreitner*, Arbeitspflicht Rn 5.
817 BAG 12.12.2001 – 5 AZR 233/00 – NZA 2002, 787.
818 Küttner/*Kreitner*, Arbeitspflicht Rn 19.

gen den AG auf die Erben des AN gem. § 1922 übergehen, ist danach zu differenzieren, ob es sich um eine schlichte vermögensrechtliche Forderung handelt, die mit der Höchstpersönlichkeit der Tätigkeit als solcher nichts zu tun hat. Der **Abfindungsanspruch** aus einem Aufhebungsvertrag kann unter bestimmten Voraussetzungen von den Erben geltendgemacht werden.[819] Verstirbt der AN vor dem im Aufhebungsvertrag festgelegten Beendigungszeitpunkt, muss der Vertrag in der Auslegung dahingehend untersucht werden, ob die Verbindlichkeit bereits entstanden ist. Dabei kommt es darauf an, ob die Beendigung und die Abfindungszahlung nach dem Parteiwillen unmittelbar zusammenhängen sollen.[820] Bei dem Übergang des **Urlaubsabgeltungsanspruchs** gem. § 1922 auf die Erben des AN ist ebenso zu unterscheiden, ob dieser bereits zu Lebzeiten des AN entstanden ist.[821] Die Vererbung setzt grds. voraus, dass der AN bei Beendigung des Arbverh noch lebt.[822]

490 **3. Qualität der Arbeitsleistung.** Der AN schuldet in Abgrenzung zum Werkvertrag keinen Erfolg, daher übernimmt er kein Risiko für die Schlechtleistung der versprochenen Tätigkeit. Gewährleistungsrechte, die sich auf einen solchen Erfolg wie z.B. Minderung beziehen, fehlen in den §§ 611 ff. Nach dieser gesetzlichen Verteilung trägt daher grds. nur der AG das Risiko der Schlechtleistung.[823] Daher kann der AG nach der arbeitsrechtlichen Risikoverteilung auch bei einer **Schlechtleistung des AN das Entgelt nicht mindern**. Dies gilt auch für nichtleistungsbezogene Zulagen zum Entgelt.[824] Anders ist nur in den Fällen zu entscheiden, in denen der AN nicht nach Arbeitsrecht, sondern aufgrund eines Verwahrungsvertrags oder eines Auftrags tätig wird (vgl. Rn 915)[825] oder die Parteien ausdrücklich eine in Grenzen zulässige Erfolgsübernahme vereinbart haben.

491 Es kann auch unabhängig von Schadensersatzansprüchen für die Parteien sinnvoll sein, eine bestimmte Leistungsqualität zu vereinbaren, wie z.B. im Fall von Akkordlohn, der schon aus Bemessungsgründen eine bestimmte Leistungsqualität voraussetzt.[826] Der für den AN dann heranzuziehende Sorgfaltsmaßstab bemisst sich nach dem, was der AN subjektiv unter Anspannung seiner Fähigkeiten leisten kann.[827]

492 Steht der AN grds. nicht für den Erfolg der Tätigkeit ein, so kann der AG den Arbeitslohn jedoch in Grenzen an ein bestimmtes Ziel – also zum Beispiel an den Erfolg des Unternehmens oder an den einer bestimmten Gruppe von AN – koppeln und so den Bezug zwischen Arbeitszeit und Arbeitsentgelt lösen.[828] Dies ist – wie schon § 65 HGB zeigt – zulässig und in Form z.B. des **Akkordlohns** anerkannt. Ökonomisch betrachtet kann der AG durch diese leistungsbezogene Vergütung effiziente Leistungsanreize setzen.[829] Ein Mittel dazu sind auch **Zielvereinbarungen** (vgl. Rn 709), deren zulässige Grenzen allerdings noch nicht vollständig geklärt sind.[830] In diesen vertraglichen Regelungen werden unternehmensbezogene Ziele auf den einzelnen Mitarbeiter „heruntergebrochen", um Leistungsanreize zu setzen. Neben dieser Bedeutung können Zielvereinbarungen als betriebliche Systeme zur Leistungserfassung aber auch dazu dienen, bei betriebsbedingten Künd das betriebliche Interesse des AG gem. § 1 Abs. 3 S. 2 KSchG zu dokumentieren.[831]

493 Gibt es nach der grundsätzlichen Risikoverteilung zwar keine Minderung bei einer Schlechtleistung des AN, so können ein **schuldhafte Pflichtverletzungen** des AN durch Schadensersatzansprüche gem. §§ 280 Abs. 1, 249 ff., 619a (wobei die Besonderheiten des innerbetrieblichen Schadensausgleichs zu berücksichtigen sind, vgl. Rn 881 ff.) bzw. durch Abmahnung oder Künd vom AG sanktioniert werden. Dabei ist – anders als bei Bestimmung der „Schlechtleistung" – grds. der objektive Sorgfaltsmaßstab des § 276 entscheidend.[832]

494 **4. Ort der Arbeitsleistung.** Der Ort der Arbeitsleistung ist der Leistungsort gem. § 269, der üblicherweise mit dem Erfüllungsort zusammenfällt. Er hat zugleich prozessuale Auswirkungen gem. § 46 Abs. 2 ArbGG i.V.m. § 29 ZPO für die Bestimmung des Gerichtsstands. Der Leistungsort bestimmt sich grds. nach dem **Arbeitsvertrag**. Soll der Arbeitsort konkret im Vertrag genannt werden (z.B. Einstellung als Verkäufer in der Filiale X), so muss der AG wissen, dass er damit die flexible Handhabe seines Weisungsrechts gem. § 106 GewO verliert. Ortsänderungen sind dann Vertragsänderungen, die das beiderseitige Einverständnis oder eine Änderungs-Künd voraussetzen. Allerdings kann sich der Arbeitsort in Ausnahmefällen auch dann auf einen bestimmten Ort konkretisieren, wenn der AG beim AN

---

[819] LAG Rheinland-Pfalz 13.11.1987 – 6 Sa 704/87 – BB 1988, 140.
[820] BAG 26.8.1997 – 9 AZR 227/95 – NZA 1998, 643 verneint bei Abfindung im Fall einer Frühpensionierung; anders LAG Rheinland-Pfalz 13.11.1987 – 6 Sa 704/87 – BB 1988, 140.
[821] BAG 19.11.1996 – 9 AZR 376/95 – NJW 1997, 2343.
[822] BAG 23.6.1992 – 9 AZR 111/91 – BB 1992, 2004; BAG 20.1.1998 – 9 AZR 601/96 – juris.
[823] BAG 17.9.1998 – 8 AZR 175–97 – NZA 1999, 141; BAG 6.6.1972 – 1 AZR 438/71 – BB 1972, 1140.
[824] BAG 16.12.1982 – 2 AZR 147/81 – juris.
[825] BAG 17.9.1998 – 8 AZR 175–91 – NZA 1999, 141.
[826] BAG 24.4.1974 – 5 AZR 480/73 – NJW 1974, 2225 für die Folgen einer Schlechtleistung im Gruppenakkord.
[827] MünchArb/*Reichold*, Bd. 1, § 36 Rn 41 f.
[828] *Trittin*, NZA 2001, 1003 zu dieser grundsätzlichen Tendenz.
[829] Dazu schon *Kaskel*, S. 21; vgl. aus rechtsökonomischer Perspektive *Orts*, 16 Yale Law And Policy Review 265; *Sorensen*, in: Smelser/Swedberg, S. 504.
[830] BAG 12.12.2007 – 10 AZR 97/07 – juris; *Brors*, RdA 2004, 273 m.w.N.; *Berwanger*, BB 2003, 1499; *Mauer*, NZA 2002, 540; *Behrens/Rinsdorf*, NZA 2003, 364; *Bauer/Diller/Göpfert*, BB 2002, 882; *Rieble/Gutzeit*, in: Jahrbuch des Arbeitsrechts für das Jahr 1999, Band 37, S. 41.
[831] A.A. *Düwell*, S. 68 Rn 163.
[832] ErfK/*Preis*, § 611 BGB Rn 647, 683 f.

durch eine jahrelange Übung einen entsprechenden Vertrauenstatbestand geschaffen hat (vgl. Rn 478). Eine derartige Konkretisierung auf einen bestimmten Ort tritt jedenfalls nicht schon dann ein, wenn der AG zu Beginn des Arbvergrüh auf den üblichen Arbeitsort hinweist und danach über längere Zeit von seinem Direktionsrecht keinen Gebrauch mehr macht.[833] Entscheidend ist, ob der AG aus der objektiven Sicht des AN auf eine anderweitige **Ausübung seines Direktionsrechts vollständig verzichtet** hat.[834] Will der AG dem entgegen wirken, empfiehlt es sich, eine dementsprechende Vertragsklausel aufzunehmen, wonach das Zeitmoment des Einsatzes nicht zum Verlust des einseitigen Leistungsbestimmungsrechts führt (zur Vertragsgestaltung vgl. Rn 597). Regelt der Arbeitsvertrag den Einsatzort nicht ausdrücklich, so ist er durch Auslegung des Vertrags unter Berücksichtigung der Einzelumstände und des Zwecks des Vertrags zu ermitteln. Im Normalfall wird die Leistung im Betrieb des AG zu erbringen sein.[835] Es handelt sich dann um eine **Bringschuld** des AN.

Der Erfüllungsort des Arbverh muss nicht identisch mit dem privaten Wohnsitz des AN sein. Ob **Wohnsitzklauseln** zulässig sind, nach denen sich der AN verpflichtet an einem bestimmten Ort zu wohnen, ist umstritten.[836] Da es sich um die Regelung eines außerdienstlichen Verhaltens handelt, sind solche Klauseln nur dann zulässig, wenn die Tätigkeit einen nahen privaten Aufenthaltsort des AN erfordert. Das wird nur in Ausnahmefällen der Fall sein. Es liegt in der freien Entscheidung des AN, seinen privaten Wohnsitz gem. Art. 11 GG nach Belieben zu wählen, wobei es m.E. auf eine besondere Würdigung von Art. 6 GG[837] noch nicht einmal ankommt.

495

Aber auch wenn der AN und der AG Leistungen an verschiedenen Orten vornehmen, ist nach der Rspr. ein **einheitlicher Erfüllungsort** zu bestimmen.[838] Dieser einheitliche Erfüllungsort richtet sich nach dem Ort, an dem der AN die Arbeitsleistung zu erbringen hat und an dem der tatsächliche Schwerpunkt seiner Tätigkeit liegt. Von welchem Ort aus das Arbeitsentgelt gezahlt wird oder wo sich die Personalverwaltung befindet, ist nicht danach nicht entscheidend. Damit wird verhindert, dass die Parteien unterschiedliche Ansprüche vor örtlich verschiedenen Gerichten geltend machen müssen.

496

Handelt es sich um eine **Reisetätigkeit** des AN, soll nach Ansicht des BAG und Teilen der Instanzgerichte[839] der Wohnsitz der Erfüllungsort sein, wenn der AN von dort aus seiner Reisetätigkeit nachgeht. Dies soll unabhängig davon gelten, ob der AN täglich nach Hause zurückkehrt oder ob er vom Betrieb aus Anweisungen für die Gestaltung seiner Tätigkeit erhält.[840] Dagegen weist die instanzgerichtliche Rspr.[841] darauf hin, dass wegen moderner Kommunikationsmittel ohnehin kein einheitlicher und fester Arbeitsplatz zu Hause erforderlich ist. Danach ist grds. an den Ort der Betriebsstätte anzuknüpfen. Arbeitet der AN aber teils von zu Hause, teils im Betrieb oder auf Reisen, so ist nach der in der instanzgerichtlichen Rspr. vertretenen Auffassung letztlich der Schwerpunkt der erbrachten Tätigkeitsleistungen entscheidend.[842] Beruft sich eine Partei auf einen Ort als Schwerpunkt ihrer Tätigkeit, so reichen dazu pauschale Prozentangaben nicht aus, vielmehr müssen die Tätigkeiten einzeln und nachvollziehbar den in Frage stehenden Orten zugeordnet werden.[843] Um die örtliche Zuständigkeit des ArbG in diesen Fällen zu vereinfachen hat der Gesetzgeber vor dem Hintergrund der Verordnung 44/2001 in der Neufassung des § 48 Abs. 1a ArbGG einen Gerichtsstand des Arbeitsortes eingeführt. Die Regelung, bei der auf den Ort abgestellt wird, von dem aus die Tätigkeit erbracht wird, wird aber in Rspr.[844] und Lit.[845] so verstanden, dass der Wohnort nur dann „Arbeitsaufnahmeort" ist, wenn dort mit der „Arbeitsleistung verbundene Tätigkeiten erbracht werden".[846] Dies bedeutet, dass bei Kraftfahrern und Montagearbeitern letztlich auf den Betriebssitz abgestellt wird. Dies entspricht der Vorgabe in der VO 44/2001 in Art. 19.[847]

497

---

833 BAG 7.12.2000 – 6 AZR 444/99 – NZA 2001, 780 in dem zugrunde liegenden Sachverhalt hatte der AG den Ort der Arbeitsaufnahme über 14 Jahre nicht verändert.
834 BAG 13.3.2007 – 9 AZR 433/06 – DB 2007, 1985.
835 ErfK/*Preis*, § 611 BGB Rn 650.
836 Sittenwidrig: BGH 26.4.1972 – VI ZR 18/71 – NJW 1972, 1414; a.A. LAG München 9.1.1991 – 5 Sa 31/90 – LAGE § 1 KSchG Verhaltensbedingte Kündigung Nr. 32.
837 Dazu Preis/*Preis*, Der Arbeitsvertrag, II D 30 Rn 252.
838 BAG 9.10.2002 – 5 AZR 307/01 – NZA 2003, 339; BAG 11.12.1995 – 5 AS 27/95 – juris; ArbG Lübeck 12.1.2001 – 6 Ca 3479/00 – NZA-RR 2002, 45.
839 LAG Bremen 3.9.2003 – 2 Ta 33/03 – NZA-RR 2004, 323.
840 BAG 9.10.2002 – 5 AZR 307/01 – NZA 2003, 339; BAG 23.7.1997 – 5 AS 19/97 – juris.
841 ArbG Lübeck 21.1.2001 – 6 Ca 3479/00 – NZA-RR 2002, 45 m.w.N.
842 ArbG Mainz 26.2.2003 – 2 Ca 3620/02 – NZA-RR 2003, 324; ArbG Lübeck 21.1.2001 – 6 Ca 3479/00 – NZA-RR 2002, 45.

843 ArbG Mainz 26.2.2003 – 2 Ca 3620/02 – NZA-RR 2003, 324.
844 Hessisches LAG 26.8.2008 – 4 Ta 308/08 – juris.
845 *Reinhard/Böggemann*, NJW 2008, 1263, 1266.
846 So wörtlich die Gesetzesbegründung zu § 48 Abs. 1a ArbGG, BT-Ds.16/7716.
847 Article 19
„An employer domiciled in a Member State may be sued:
1. in the courts of the Member State where he is domiciled; or
2. in another Member State:
(a) in the courts for the place where the employee habitually carries out his work or in the courts for the last place where he did so, or
(b) if the employee does not or did not habitually carry out his work in any one country, in the courts for the place where the business which engaged the employee is or was situated."

In § 48 Abs. 1a ArbGG wird nunmehr klargestellt, dass es auf den Tätigkeitsort als Arbeitsort auch dann ankommt, wenn das Arbverh beendet ist. Daneben kann der AG auch an seinem Firmensitz verklagt werden. So kann bei Klagen aus dem **Altersteilzeitmodell in der Passivphase** der Firmensitz weiterhin Erfüllungsort sein.[848] Bei **inländischem Flugpersonal** liegt der Erfüllungsort bei räumlich nicht eingrenzbarer Tätigkeit am Ort des Betriebs des AG.[849]

498 Bei der Bestimmung des Erfüllungsorts des Arbverh mit **ausländischen** AG kann sich der Erfüllungsort bei Fehlen internationaler Abkommen gem. Art. 27, 30 Abs. 1 EGBGB in konkludenter Rechtswahl nach dem Ort richten, an dem der AN seine Arbeitsleistung im Schwerpunkt zu erbringen hat.[850] Dies kann der inländische Firmensitz sein. Bei Arbverh von Flugbegleitern ausländischer **Fluggesellschaften** wird eine solche konkludente Rechtswahl schwer festzustellen sein. In diesem Fall greifen die Regelungen des Art. 30 Abs. 2 EGBGB. Ein gewöhnlicher Arbeitsort i.S.v. Art. 30 Abs. 2 Nr. 1 EGBGB wird wegen der wechselnden Tätigkeit nicht festgestellt werden können. Entscheidend kommt es daher gem. Art. 30 Abs. 2 Nr. 2 EGBGB auf die Niederlassung an, in welcher der AN eingestellt worden ist.[851] Ausnahmsweise kann sich Zuständigkeit jedoch auch nach Art. 30 Abs. 2 EGBGB richten, wenn sich aus der Gesamtwürdigung der Umstände das Arbverh an einen anderen Staat anzubinden ist.[852]

499 Ein **Wechsel** des Arbeitsortes ist möglich, wenn der AG den AN aufgrund seines **einseitigen Leistungsbestimmungsrecht gem. § 106 GewO** i.V.m. § 315 Abs. 3 umsetzen kann. Damit kann der AG aber nicht bestimmen, an welchem Ort der AN seinen privaten Wohnsitz wählt.[853] Das Direktionsrecht selbst muss nicht vertraglich vereinbart sein, es ergibt sich aus dem Sinn und Zweck des Arbeitsvertrags wie z.B. bei einer Tätigkeit als Monteur, Außendienstmitarbeiter, Flugbegleiter etc.[854] Liegen keine Tätigkeiten vor, die an sich schon den Ortwechsel voraussetzen, kann der AG den AN grds. aufgrund des einfachen Weisungsrechts nur innerhalb des Betriebs umsetzen, wenn sich dadurch die Tätigkeit als solche nicht ändert.[855] Auch hier kommt es aber auf die genaue Betrachtung des Arbeitsvertrags an. Soll der AN nicht an einem bestimmten Ort nach dem Arbeitsvertrag tätig werden, umfasst das Leistungsbestimmungsrecht auch einen Filialwechsel.[856] Die Grenzen solcher Versetzungen richten sich nach § 106 GewO i.V.m. § 315 Abs. 3 (vgl. Rn 502).

500 Der Arbeitsvertrag kann aber auch einen **besonderen Versetzungsvorbehalt** aufweisen. Diese besondere Vereinbarung ist notwendig, wenn der AG den AN auch vorübergehend an einen anderen Ort versetzen will und sich dieses Gestaltungsrecht nicht unmittelbar aus der Art der vereinbarten Tätigkeit ergibt.[857] Dieses **erweiterte Direktionsrecht** kann grds. auch in einem Formulararbeitsvertrag eingeführt werden, wenn dadurch die festliegenden arbeitsvertraglichen Pflichten nicht verändert werden. Das bedeutet, dass der AG dem AN aufgrund des erweiterten Direktionsrechts keine geringwertigeren Tätigkeiten zuweisen darf, als es im Arbeitsvertrag vereinbart worden ist – auch wenn das Entgelt gleich bleibt.[858] Handelt es sich um eine „betriebsbedingte" Umsetzung des AN aufgrund des Direktionsrechts, ist keine Sozialauswahl i.S.v. § 1 Abs. 3 KSchG zwischen den AN durchzuführen, da es sich eben nicht um eine Veränderung des Arbeitsvertrags infolge einer Künd handelt.

501 Im **öffentlichen Dienst** ist darüber hinaus das tarifliche Versetzungsrecht gem. § 12 BAT bzw. § 4 TVöD zu beachten. Danach muss ein AN des öffentlichen Dienstes grds. jede ihm billigerweise zugewiesene Tätigkeit verrichten, die den Merkmalen ihrer Vergütungsgruppe entspricht. Dieses Direktionsrecht wird nicht schon durch die arbeitsvertragliche Regelung abbedungen, der AN sei „im Bezirk ..." eingestellt worden. Vielmehr muss der Arbeitsvertrag ausdrücklich den Verzicht des AG auf das tarifliche Direktionsrecht erkennen lassen.[859]

502 Bei der Ausübung seines einseitigen Leistungsbestimmungsrechts hat der AG die **Schranken des billigen Ermessens gem. § 106 GewO i.V.m. § 315 Abs. 3** zu beachten und muss dabei im Einzelfall auf die konkreten Belange des AN Rücksicht nehmen.[860] Diese Überlegungen gelten auch für den Fall, dass der **Betrieb insgesamt verlegt** wird.[861] Allerdings kann sich der AN dann nicht auf eine unbillige Ermessensausübung berufen, wenn er sich selbst um eine Umsetzung beworben hat, sei es auch um für ihn „Schlimmeres" zu verhindern.[862] Die für die Ermittlung der Angemessenheit erforderlichen Tatsachen muss der Bestimmende – also der AG – darlegen und beweisen.[863] Nicht mehr in diesen Grenzen liegt die Umsetzung des AN ins Ausland oder an einen schwer zu erreichenden Arbeitsort.[864] Eine geringfügige Änderung des Anfahrtswegs zur Arbeit steht der Umsetzung nicht entgegen.[865] Dagegen sprengt die

---

848 ArbG Dortmund 21.5.2002 – 9 Cas 2490/02 – NZA 2002, 1359.
849 Schmid/Hertl-Sarbinowski, NZA-RR 2001, 225, 232.
850 BAG 9.10.2002 – 5 AZR 307/01 – NZA 2003, 339.
851 BAG 12.12.2001 – 5 AZR 255/00 – NZA 2002, 734.
852 BAG 13.11.2007 – 9 AZR 134/07 – ArbuR 2008, 195.
853 Preis/*Preis*, Der Arbeitsvertrag, II D 30 Rn 103 –.
854 ErfK/*Preis*, § 611 BGB Rn 233.
855 MünchArb/*Reichold*, Bd. 1, § 36 Rn 49, 51; Preis/*Preis*, Der Arbeitsvertrag, II D 30 Rn 108.
856 Preis/*Preis*, Der Arbeitsvertrag, II D 30 Rn 109.
857 ErfK/*Preis*, § 611 BGB Rn 651; MünchArb/*Reichold*, Bd. 1, § 36 Rn 52 f.
858 ArbG Frankfurt 26.3.2003 – 9 Ca 4956/02 – juris.
859 BAG 21.1.2004 – 6 AZR 583/02 – DB 2004, 1044; BAG 26.6.2002 – 6 AZR 50/00 – juris.
860 BAG 13.3.2007 – 9 AZR 433/06 – DB 2007, 1985.
861 MünchArb/*Reichold*, Bd. 1, § 36 Rn 57; Hessisches LAG 14.6.2007 – 11 Sa 296/06 – juris.
862 LAG Sachsen-Anhalt 11.12.2001 – 8 Sa 90/01 – juris.
863 LAG Nürnberg 23.7.2002 – 6 Sa 269/01 – NZA-RR 2003, 411.
864 Preis/*Preis*, Der Arbeitsvertrag, II D 30 Rn 108; MünchArb/*Reichold*, Bd. 1, § 36 Rn 52.
865 LAG Niedersachsen 19.1.2000 – 9 Sa 1365/99 – ZTR 2000, 379.

Umsetzung in einer Entfernung über 500 km, aber auch 270 km,[866] diesen zulässigen Rahmen.[867] Zum Teil ist für die Zumutbarkeit von Fahrtstrecken auch auf die Wertung in § 121 Abs. 4 SGB III Bezug genommen worden.[868] Der AG kann den AN auch zur Vermeidung und Lösung betrieblicher **Konfliktsituationen** umsetzen, ohne dass zuvor eine Abmahnung ausgesprochen werden muss.[869] Freilich darf die Umsetzung nicht gegen das Maßregelungsverbot in § 612a verstoßen.

Von der individualrechtlichen Wirksamkeit ist die Frage der **Mitbestimmung des BR** bei Versetzungen i.S.v. §§ 99 Abs. 1, 95 Abs. 3 BetrVG zu trennen. Ist der Ortswechsel mit einer erheblichen Veränderung der Arbeitsumstände verbunden, muss der BR zu der Maßnahme des AG seine Zustimmung erteilt haben. Die ohne Zustimmung des BR durchgeführte Versetzung führt zur Unzulässigkeit der Zuweisung des neuen Arbeitsbereichs. Der Versetzung muss der AN dann nicht nachkommen. Folge davon kann der Annahmeverzug des AG sein, wenn er dem AN keinen anderen Arbeitsplatz als den gewünschten am neuen Ort anbietet.[870]

5. Arbeitszeit. Die Arbeitszeit ist der traditionelle Anknüpfungspunkt, um die Entlohnung des AN zu bestimmen. Der AN schuldet die Tätigkeitsleistung gemessen in einer bestimmten Zeit gegen Entgelt und nicht den Arbeitserfolg (zur Bemessung nach Leistungserfolgen vgl. Rn 709). Darüber hinaus hat die Bestimmung der Arbeitszeit Folgen für das Leistungsstörungsrecht. Erbringt der AN die Tätigkeit nicht zum geschuldeten Zeitpunkt, wird die Arbeitsleistung i.d.R. wegen Zeitablaufs unmöglich gem. § 275 Abs. 1 (dazu im Einzelnen vgl. Rn 813). Umfang und Lage der Arbeitszeit können sich im Rahmen der Gesetze aus dem Arbeitsvertrag ergeben. Aber nur die Dauer der Tätigkeit ist eine vertragswesentliche Regelung (essentialia negotii), die der AG dem AN nach § 2 Abs. 1 Nr. 7 NachwG schriftlich auszuhändigen hat. Das bedeutet gleichzeitig, dass der Umfang der Arbeit nicht im Wege des Direktionsrechts verändert werden kann.[871] Daraus folgt, dass der AG nicht einseitig Kurzarbeit anordnen kann, unabhängig davon ob der AN widerspricht oder die Kurzarbeit beim Arbeitsamt angemeldet worden ist.[872] Die Lage der Arbeitszeit kann der AG dagegen im Rahmen seines Direktionsrechts gem. § 106 GewO konkretisieren, wobei aber die betriebliche Mitbestimmung zu beachten ist.

Hinsichtlich der Dauer der Arbeitszeit haben die Parteien die Grenzen des ArbZG zu beachten. Zwar wird in § 3 ArbZG davon ausgegangen, dass die tägliche Arbeitszeit als **Höchstgrenze** acht Stunden nicht überschreiten darf, jedoch können die Parteien auch längere Arbeitszeiten vereinbaren, wenn sie sich im Rahmen des zulässigen Arbeitszeitkorridors gem. § 3 S. 2 ArbZG bewegen, in dem die Arbeitszeit auf täglich zehn Stunden verlängert werden darf. Diese Vorschrift kommt einer flexiblen Arbeitszeitgestaltung entgegen (vgl. Rn 517 ff.). In § 3 S. 2 ArbZG werden zwei Ausgleichszeiträume, nämlich sechs Kalendermonate oder 24 Wochen genannt, in denen die Arbeitszeit im Durchschnitt acht Stunden nicht überschreiten darf.

Beginn und Ende der Arbeitszeit können ausdrücklich im Vertrag festgelegt werden. Dabei kann auf die tägliche oder wöchentliche zu erbringende Arbeitszeit Bezug genommen werden. Ebenso kann im Arbeitsvertrag auf eine kollektivrechtliche Regelung Bezug genommen werden, wenn diese zwischen den Parteien nicht ohnehin unmittelbar und zwingend gilt. Allerdings sind Klauseln in Formulararbeitsverträgen unzulässig, in denen sich der AG ein einseitiges und für den AN nicht absehbares Recht vorbehält, die Dauer der Arbeitsleistung zu bestimmen. Allein um Zweifel über den Arbeitsbeginn zu vermeiden, sollte der regelmäßige Beginn vertraglich festgelegt werden. Finden sich im Arbeitsvertrag keine Regelungen über die Dauer der Arbeitszeit, so ist in seiner Auslegung auf die betriebsübliche Arbeitszeit abzustellen.[873]

a) Was zählt zur Arbeitszeit? Nach Art. 2 der **RL 93/104/EG** ist Arbeitszeit jede Zeitspanne, während der ein AN gem. den einzelstaatlichen Rechtsvorschriften und/oder Gepflogenheiten arbeitet, dem AG zur Verfügung steht und seine Tätigkeit ausübt oder Aufgaben wahrnimmt. Für die Arbeitszeit im Straßenverkehr ist § 21aArbzG als Umsetzung der Richtlinie 2002/15/EG zu beachten. Definiert wird die Arbeitszeit in § 2 Abs. 1 ArbZG als die Zeit von Beginn bis Ende der Arbeit ohne Ruhepausen.[874] Kurze und zu vernachlässigende Pausen werden jedoch von der Arbeitszeit umfasst.[875] Je nach Gestaltung des Arbverh können sich jedoch schwierige Abgrenzungsfragen ergeben, was unter die Arbeitszeit fällt und damit zumindest grds. vergütungspflichtig sein kann:

Wegezeiten des AN, also die Zeiten, in denen der AN den Weg von seiner Wohnung zur Arbeitsstelle zurücklegt, sind grds. keine vergütungspflichtige Tätigkeit des AN.[876] Dies gilt auch bei der Abgrenzung zwischen Weg- und Lenk-

---

866 Hessisches LAG 14.6.2007 – 11 Sa 296/06 – juris.
867 LAG Köln 13.6.2000 – 13(2) Sa 480/00 – ZTR 2001, 36.
868 LAG Rheinland Pfalz 9.12.2004 – 6 Sa 326/04 – juris.
869 Hessisches LAG 31.8.2001 – 17/3 Sa 361/01 – juris.
870 BAG 7.11.2002 – 2 AZR 650/00 – AP § 615 BGB Nr. 98.
871 ErfK/*Preis*, § 611 BGB Rn 652, 656.
872 LAG Sachsen 3.8.2005 – 2 Sa 863/04 – juris; ArbG Berlin 23.10.2003 – 82 Ca 16808/03 – ArbuR 2004, 434.
873 ErfK/*Preis*, § 611 BGB Rn 652 f.; MünchArb/*Reichold*, Bd. 1, § 36 Rn 61.
874 Preis/*Preis/Lindemann*, Der Arbeitsvertrag, II A 90 Rn 13, 16.
875 ArbG Stralsund 6.4.1998 – 1 Ca 23/98 – AiB 1998, 477.
876 MünchArb/*Reichold*, Bd. 1, § 36 Rn 64.

zeiten, wenn der AN mit dem vom AG gestellten Fahrzeug erst an einem bestimmten Ort die Arbeit beginnt, so z.B. bei Omnisbusfahrern.[877] Davon ist die vergütungspflichtige Dienstreise des AN zu trennen, die dieser
- in Erfüllung seiner Arbeitsaufgabe
- oder bei Vereinbarung einer Vergütung bzw. der Üblichkeit einer Vergütung außerhalb der Arbeitszeit vornimmt.[878]

Bei Leih-AN soll es dagegen darauf ankommen, ob die Fahrzeiten bereits mitvergütet sind oder wegen der geringen Vergütungshöhe vergütungspflichtige Arbeitszeit vorliegt.[879] Unabhängig von dem Anspruch auf Fahrtkostenersatz gem. § 670 BGB ist dies regelmäßig zu bejahen, da kein Unterschied zu einer Dienstreise im Normalarbverh besteht. Von dem individualrechtlichen Arbeitszeitbegriff ist „Arbeitszeit" i.S.v. § 87 Abs. 1 Nr. 2 BetrVG zu trennen. So lösen Dienstreisen – ohne Erbringung einer Hauptleistungspflicht – keine Mitbestimmung aus.[880]

509 Dienstreisen i.S.d. öffentlichen Dienstes sind Fahrten zur Erledigung von Dienstgeschäften außerhalb des Dienstortes oder der Betriebsstätte, die vom AG angeordnet worden sind. Auch bei der Dienstreise ist der Anfahrtsweg von der Wohnung an den Betrieb des AG im Zweifel nicht zu vergüten, da dieser keine Arbeitszeit ist.[881] Arbeitszeit während der Dienstreise ist daher die Zeit, die der AN durch die Diensttätigkeit selbst an dem anderen Ort verbringt (vgl. § 17 BAT bzw. § 44 TVöD).[882]

510 Umkleide- oder Waschzeiten gehören ebenso nicht zur vergütungspflichtigen Arbeitszeit,[883] wobei aber im Einzelfall zu prüfen ist, ob das Umkleiden selbst nicht auch zur Arbeitsleistung gehört. Das BAG stellt darauf ab, ob das Umkleiden als solches fremdnützig ist und nicht zum alltäglichen Lebenskreis des AN gerechnet werden kann. Ein Indiz für die Fremdnützigkeit ist gegeben, wenn die Arbeitskleidung nur an einem bestimmten Arbeitsort angelegt werden kann. Selbst wenn aber das Umkleiden Arbeitszeit ist, muss in einem zweiten Schritt geprüft werden, ob der AG vergütungspflichtig gem. § 612 ist. Das wird nur dann der Fall sein, wenn eine objektive Vergütungserwartung bejaht werden kann.[884] Das bedeutet auf der anderen Seite, dass der AG einer solchen Erwartung mit einer entsprechenden Vertragsklausel entgegenwirken kann, in dem er z.B. aufführt, dass das An- und Auskleiden nicht zur täglichen Arbeitszeit zählt.

511 Die **Rufbereitschaft** des AN ist zunächst von dem **Bereitschaftsdienst** und der **Arbeitsbereitschaft** zu trennen (vgl. aber für die Besonderheiten bei Kraftfahrern § 21a Abs. 3 ArbZG). Alle Arten können sich aus dem Arbeitsvertrag ergeben bzw. dessen Auslegung. Behält sich der AG ein einseitiges Leistungsbestimmungsrecht vor, kann er dieses unter Berücksichtigung des billigen Ermessens gem. § 106 GewO konkretisieren. In der Vertragsgestaltung kommt es darauf an, die verschiedenen Arten der Tätigkeitsleistung zutreffend als Arbeits- oder Ruhezeiten zu bezeichnen. Dafür dienen die folgenden Definitionen:

512 Unter **Bereitschaftsdienst** versteht man eine Zeitspanne, in welcher sich der AN, ohne dass er unmittelbar am Arbeitsplatz anwesend sein muss, für Betriebszwecke an einer bestimmten Stelle aufhalten muss, um seine volle Arbeitstätigkeit sofort oder zumindest zeitnah aufnehmen zu können. Der Aufenthaltsort kann dabei innerhalb oder außerhalb des Betriebs liegen.[885] Dagegen ist der AN bei der **Rufbereitschaft** nicht dazu verpflichtet, sich an einem bestimmten Ort aufzuhalten[886] – er muss nur erreichbar und in der Lage sein, die Arbeit zeitnah aufzunehmen.[887] **Arbeitsbereitschaft** bezeichnet die Tätigkeit während der regulären Arbeitszeit, die keine volle Aufmerksamkeit des AN beansprucht[888] – nach der Rspr. eine Zeit „wacher Achtsamkeit im Zustand der Entspannung", wie z.B. Wartezeiten von Rettungssanitätern zwischen einzelnen Einsätzen.[889]

513 War es vor der Änderung des ArbZG im Zuge des Gesetzes zu Reformen am Arbeitsmarkt[890] umstritten,[891] ob der **Bereitschaftsdienst als Arbeitszeit** anzusehen ist, so ist nunmehr klargestellt, dass auch diese Zeit Arbeitszeit ist. Die Gesetzesänderung war nach den Urteilen des EuGH erforderlich, in denen der Bereitschaftsdienst als Arbeitszeit i.S.d. Art. 2 der RL 93/104/EG und damit das alte ArbZG als nicht europarechtskonform angesehen wurden.[892] Zwar

---

877 Abgrenzung Weg- und Lenkzeiten bei Omnisbusfahrern BAG 17.9.2003 – 4 AZR 540/02 – DB 2004, 764; LAG München 17.4.2007 – 8 Sa 1096/06 – juris; zu tarifvertragl. Wegezeiten BAG 21.12.2006 – 6 AZR 341/06 – juris.
878 *Loritz*, NZA 1997,1188; VG Weimar 22.4.2003 – 4 K 1279/01 – juris zur Frage der tariflichen Reisekosten bei Streifenfahrten eines Polizisten.
879 LAG Köln 24.10.2006 – 13 Sa 881/06 – ArbuR 2007, 223.
880 BAG 14.11.2006 – 1 ABR 5/06 – NZA 2007, 458.
881 LAG Schleswig-Holstein 11.6.2000 – 3 Sa 143/00 – juris.
882 BAG 11.7.2006 – 9 AZR 519/05 – NZA 2007, 155; BAG 11.7.2006 – 9 AZR 519/05 – NZA 2007, 155.
883 BAG 11.10.2000 – 5 AZR 122/99 – NZA 2001, 458.
884 BAG 11.10.2000 – 5 AZR 122/99 – NZA 2001, 458 abgelehnt bei Vergütung für Anlegen von Schutzkleidung eines Müllwerkers.
885 BAG 18.2.2003 – 1 ABR 2/02 – NZA 2003, 742.
886 BAG 31.1.2002 – 6 AZR 214/00 – NZA 2002, 871.
887 *Körner*, NZA 2003, 3606, 3607 m.w.N.
888 *Preis/Preis/Lindemann*, Der Arbeitsvertrag, II A 90. Rn 83 f.
889 BAG 12.2.1986 – 7 AZR 358/84 – AP § 15 BAT Nr. 7 = NJW 1987, 2957.
890 Gesetz v. 24.12.2003 BGBl I S. 3002.
891 *Boerner/Boerner*, NZA 2003, 883; *Breezman*, NZA 2002, 946; *Tietje*, NZA 2001, 241; *Trägner*, NZA 2002, 125.
892 EuGH 9.9.2003 – Rs. C 25/02 – Jaeger – NZA 2003, 1019; EuGH 3.10.2000 – Rs. C 303/98 – Simap – NZA 2000, 1227.

steht damit auch nach der Rspr. des BAG fest, dass Zeiten des Bereitschaftsdienstes als Arbeitszeit anzusehen sind.[893] Jedoch ist diese Zeit des **Bereitschaftsdienstes** nach Ansicht des BAG nicht wie normale Arbeitszeit **vergütungspflichtig**.[894] Vielmehr steht es den Arbeitsvertragsparteien frei, unterschiedliche Entgeltsätze für die reguläre Arbeitszeit und den Bereitschaftsdienst zu vereinbaren.[895] Ohne eine solche Vereinbarung sind Bereitschaftsdienste nicht als Überstunden anzusehen.[896] Das BAG hält es für zulässig, die Vergütung für Bereitschaftsdienste entsprechend des Verhältnisses der voraussichtlich anfallenden Vollarbeitszeiten zu pauschalieren.[897] Dabei muss vorgetragen werden, wie viel tatsächlich erbrachte Arbeitszeit typischerweise anfällt.[898]

Leistet der AN **Bereitschaftsdienst**, der vom AG in den Grenzen des ArbZG **nicht wirksam** angeordnet werden konnte, so kann der AN diese Tätigkeiten zwar verweigern, aber nicht die Vergütung als volle Arbeitszeit verlangen. Ebenso steht ihm kein Schadensersatzanspruch gem. §§ 823, 249 ff. zu: Die entgangene Freizeit ist kein Schaden. Er kann nur diejenige Vergütung bekommen, welche die Parteien für den Bereitschaftsdienst wirksam vereinbart haben.[899] Vertritt der AN während des Bereitschaftsdienstes einen Kollegen, so ändert sich dadurch der Bereitschaftsdienst als solcher nicht.[900] Schließt sich der Bereitschaftsdienst an die Normalarbeitszeit an, so können danach anfallende Arbeiten im Bereitschaftsdienst erledigt werden, ohne dass Überstunden anfallen.[901] Das BAG stellt dabei, darauf ab, dass auch innerhalb des Bereitschaftsdienstes „im Bedarfsfall" gearbeitet werden muss, ohne dass Überstunden zu zahlen sind. Es könne nicht darauf ankommen, ob dieser Bedarfsfall unvorsehbar ist. Die Grenze zur Überstunde ist aber erreicht, wenn in der Bereitschaft regelmäßig gearbeitet wird, so dass schon tatsächlich kein Bereitschaftsdienst mehr vorliegt.

514

Anders ist dagegen grds. für die **Rufbereitschaft** zu entscheiden, die **keine Arbeitszeit**, sondern Ruhezeit ist (vgl. § 5 Abs. 3 AbZG). Sie folgt aus dem Arbeitsvertrag bzw. dessen Auslegung. Sie liegt z.B. vor, wenn der AN außerhalb der regulären Arbeitszeit ein Funktelefon mitführen und für Fragen zur Verfügung stehen muss.[902] Wie bei dem Bereitschaftsdienst hat der AN keinen Anspruch auf eine Vergütung, die einer vollen Arbeitsleistung entspricht. Nur wenn die Arbeitsleistung tatsächlich anfällt, ist sie als regelmäßige Arbeitszeit zu entlohnen.[903] Damit sind Zeiten der Rufbereitschaft, die geringer vergütet werden, als variabler Entgeltbestandteil zu verstehen, der ebenfalls bei der Bemessung eines tariflichen Urlaubsentgelts mit zu berücksichtigen sein kann.[904] Für die Frage, ob Zeiten der Rufbereitschaft zuschlagspflichtig sind, kommt es dagegen auf den jeweiligen Zweck der Zulage an.[905]

515

Ebenso können die Parteien für die **Arbeitsbereitschaft** (zur Definition vgl. Rn 512) eine geringere Vergütung vereinbaren. Die Zeiten der Arbeitsbereitschaft sind aber anders als die der Rufbereitschaft grds. als Arbeitszeit anzusehen.[906] Eine vertragliche oder kollektivrechtliche Vereinbarung ist unzulässig, wenn sie Zeiten der Arbeitsbereitschaft als unbezahlte Ruhepausen definiert.[907] Verlassen Kraftfahrer im Güterfernverkehr während des Be- oder Entladens kurz das Betriebsgelände, um die Arbeit nach Ankündigung wieder aufzunehmen, handelt es sich um Zeiten der Arbeitsbereitschaft.[908] Weitere Beispiele sind Wartezeiten zwischen Einsätzen der Werkfeuerwehr oder Rettungssanitätern oder die Tätigkeit eines Nachtportiers.

516

b) Formen der Arbeitszeit. Der AN muss seine Tätigkeitsleistung nicht stets innerhalb des vielleicht noch typischen Acht-Stunden-Tags erbringen. Sowohl die Gestaltungsformen der Lage der Arbeitszeit sind angesichts der Bedürfnisse der Praxis flexibler geworden, wie auch eine kurzfristige Über- oder Unterschreitung der Normalarbeitszeit bei schwankendem Arbeitsanfall möglich sein kann. Wiederum interessieren hier zwei Fragen:
1. Auf welcher Grundlage erfolgt die Abweichung (Vertrag, Direktionsrecht)?
2. Wie sind die Tätigkeiten in Abweichung von der Normalarbeitszeit zu vergüten?

517

Überschreitet der AN vorübergehend seine Normalarbeitszeit, so wurde früher zwischen **Überstunden**, die über die vertraglich geschuldete Leistung hinaus erbracht werden und **Mehrarbeit** unterschieden, die Leistungen über die gesetzlich zulässige Höchstarbeitszeit nach § 15 AZO bezeichnete, bei denen ein Mehrarbeitszuschlag zu zahlen war.[909] Mit dem Inkrafttreten des ArbZG hat diese Unterscheidung an Bedeutung verloren; die Begriffe werden zum Teil synonym verwendet.[910] Der AG kann **Überstunden** nicht einseitig anordnen. Eine derartige **Verpflichtung** des AN muss **einzelvertraglich** vereinbart sein.[911] Fehlt eine solche Vereinbarung kann der AG keine Leistung von Überstunden verlangen. Eine Ausnahme besteht nur für den Fall, dass es sich um die Erledigung von Tätigkeiten in

518

---

893 BAG 18.2.2003 – 1 ABR 2/02 – NZA 2003, 742.
894 BAG 28.1.2004 – 5 AZR 530/02 – AuR 2004, 106.
895 LAG Köln 14.10.2002 – 2 Sa 690/02 – NZA-RR 2003, 292.
896 BAG 24.10.2000 – 9 AZR 634/99 – NZA 2001, 449.
897 BAG 24.10.2000 – 9 AZR 634/99 – NZA 2001, 449.
898 LAG Mainz 23.9.2004 – 1 Sa 316/04 – juris.
899 BAG 28.1.2004 – 5 AZR 530/02 – AuR 2004, 106.
900 LAG Schleswig Holstein 13.3.2007 – 2 Sa 509/06 – juris.
901 BAG 25.4.2007 – 6 AZR 799/06 – NZA 2007, 1108.
902 BAG 29.6.2000 – 6 AZR 900/98 – NZA 2001, 165.
903 BAG 28.7.1994 – 6 AZR 76/94 – AP § 611 BGB Rufbereitschaft Nr. 3 = NZA 1995, 999.
904 BAG 20.6.2000 – 9 AZR 437/99 – NZA 2001, 625.
905 BAG 24.9.2008 – 6 AZR 259/08 – juris.
906 BAG 28.4.1971 – 4 AZR 538/68 – AP § 611 BGB Arbeitsbereitschaft Nr. 2 = RdA 1971, 318.
907 BAG 29.10.2002 – 1 AZR 603/01 – NZA 2003, 1212.
908 BAG 29.10.2002 – 1 AZR 603/01 – NZA 2003, 1212.
909 Preis/*Preis*/*Lindemann*, Der Arbeitsvertrag, II M 20 Rn 1.
910 MünchArb/*Reichold*, Bd. 1, § 36 Rn 66 f.
911 ErfK/*Preis*, § 611 BGB Rn 663; MünchArb/*Reichold*, Bd. 1, § 36 Rn 66.

einem Notfall handelt, die aus dringenden betrieblichen Interessen erforderlich sind (vgl. die Aufzählung in § 14 ArbZG).[912] Nach der Rspr. des EuGH[913] hat der AG gem. Art. 2 Abs. 1 der RL 91/533/EWG des Rates v. 14.10.1991 die Pflicht, den AN von der Vereinbarung in Kenntnis zu setzen, wonach er auf bloße Anordnung des AG zur Leistung von Überstunden verpflichtet ist. Werden einem Teilzeitbeschäftigten regelmäßig Mehrarbeiten zugewiesen, kann darin auch eine konkludente Vertragsänderung zu einer höheren Arbeitszeit liegen. Entscheidend ist, ob es sich den Gesamtumständen nach um vertragsänderndes Verhalten handelt.[914] Dabei spielt die Art der zugewiesenen Arbeit und ihre Einfügung in den regelmäßigen Betriebsablauf eine wichtige Rolle.

519 In der **Vertragsgestaltung** bietet es sich deshalb an, Klauseln aufzunehmen, nach denen die Anordnung von Überstunden zulässig ist. Dabei ist zu beachten, dass gem. § 308 Nr. 4 auf die Interessen des AN Rücksicht zu nehmen ist. Dies sollte in der Klauselformulierung zum Ausdruck gebracht werden. Die Anordnung kann sich dabei an den Voraussetzungen des § 12 TzBfG orientieren (z.B. bestimmte Abrufzeiten), sie muss dies aber nicht, da diese Norm auf die Überstundenanordnung keine Anwendung findet.[915] Handelt es sich um einen kollektiven Tatbestand, muss der BR gem. § 87 Abs. 1 Nr. 3 BetrVG mitbestimmen.[916]

520 Die **Vergütung** der Überstunden ist zumeist individual- oder kollektivvertraglich geregelt. Ebenso ist es auch möglich, Überstunden nach entsprechender vertraglicher Vereinbarung durch Freizeit abzugleichen. Ist ein Freizeitausgleich wegen der Beendigung des Arbverh nicht mehr möglich, kann der AN einen Anspruch auf Schadensersatz statt der Leistung haben.[917] Im Prozess hat der AN die Darlegungs- und Beweislast für die Lage der einzelnen konkret geleisteten Überstunde[918] und dafür, dass der AG diese angeordnet oder gebilligt hat oder dass die Überstunden zur Erledigung der angefallenen Arbeiten notwendig (z.B. bei unaufschiebbaren Tätigkeiten)[919] waren.[920] Ausgangspunkt des Vortrags ist die Darlegung der vertraglich geschuldeten Normalarbeitszeit, über die hinaus der AN gearbeitet hat. Die Darlegung der Überstunden muss anhand der einzelnen konkreten Tätigkeiten zu den ebenso konkret bezeichneten Zeitpunkten erfolgen, ein pauschaler Vortrag z.B. bezüglich der Anwesenheitszeiten im Betrieb reicht nicht aus.[921] Auf der anderen Seite darf sich der AG aber auch nicht auf ein pauschales Bestreiten beschränken, wenn ihm anhand seiner Unterlagen bzw. Vorgaben ein genaueres Nachvollziehen der Arbeitszeiten möglich ist.[922] Bei der Darlegung der einzelnen Überstunden ist auf einen für das Gericht nachvollziehbaren Vortrag zu achten. So hat das LAG Köln die Darlegung von Überstunden schon deshalb als unsubstantiiert angesehen, da in den Schriftsätzen ohne einzelne Zuordnung auf ein „Anlagenkonvolut" Bezug genommen wurde.[923]

521 Die **pauschale Abgeltung** von Überstunden in Vertragsklauseln ist zum einen gem. § 138[924] wie aber auch unter Berücksichtigung des Transparenzgebots gem. § 307 Abs. 1 S. 2 bedenklich.[925] Wird eine derartige Klausel erwogen, muss die Anzahl von Überstunden angegeben werden, die in den Rahmen der Pauschalierung fallen soll. Auf der anderen Seite kann eine vorübergehende Pauschalierung der Überstunden nicht zu einem Anspruch auf regelmäßige Zahlung eines Entgelts führen.[926] Wird dagegen in einem TV eine pauschalierte Bezahlung geregelt, auf den individualvertraglich insgesamt Bezug genommen wird, findet keine Klauselkontrolle statt.[927]

522 Der AN kann nur dann im Rahmen des ArbZG zu **Sonn-, Feiertags- oder Nachtarbeit** verpflichtet sein, wenn sich dies aus dem Arbeitsvertrag bzw. dessen Auslegung ergibt.[928] Der Ausgleich und die Voraussetzungen dieser Zeiten richtet sich nach dem ArbZG.

523 **Kurzarbeit** kann der AG ebenso wie Überstunden nicht einseitig anordnen. Voraussetzung ist eine vertragliche oder kollektivrechtliche (insb. § 87 Abs. 1 Nr. 3 BetrVG) Einigung über diese Befugnis, da mit ihr die essentialia des Arbeitsvertrags betroffen werden,[929] die dem einseitigen Leistungsbestimmungsrecht entzogen sind. Eine dem widersprechende Klausel ist unwirksam. Als Folge kann der AG in Annahmeverzug geraten. Bei rechtmäßiger Kurzarbeit ruhen die Arbeits- und Entgeltpflicht im vereinbarten Umfang. Davon ist die Frage zu trennen, ob Kurzarbeitergeld nach den §§ 169 ff. SGB III zu zahlen ist.

---

912 MünchArb/*Reichold*, Bd. 1, § 36 Rn 66, 23.
913 EuGH 8.2.2001 – Rs. C 350/99 – NZA 2001, 381.
914 BAG 25.4.2007 – 5 AZR 504/06 – NZA 2007, 801; LAG Rheinland Pfalz 14.11.2007 – 7 Sa 523/07 – juris.
915 *Preis/Preis/Lindemann*, Der Arbeitsvertrag, II A 90 Rn 74.
916 *Gutzeit*, BB 1996, 106.
917 ArbG Limburg 5.8.2002 – 1 Ca 1159/01 – DB 2003, 778.
918 BAG 17.4.2002 – 5 AZR 644/00 – NZA 2002, 1340.
919 LAG Köln 30.7.2003 – 8(3) Sa 220/03 – ArbRB 2003, 258.
920 BAG 29.5.2002 – 5 AZR 370/01 – ZTR 2002, 544; LAG Schleswig-Holstein 5.11.2002 – 5 Sa 147c/02 – NZA-RR 2002, 242; LAG Rheinland Pfalz 25.1.2007 – 4 Sa 745/06 – juris.
921 BAG 29.5.2002 – 5 AZR 370/01 – ZTR 2002, 544; LAG Niedersachsen 22.8.2003 – 16 Sa 100/03 – AuA 2004, 57.
922 LAG Niedersachsen 22.8.2003 – 16 Sa 100/03 – AuA 2004, 57.
923 LAG Köln 16.10.2000 – 7 Sa 277/00 – ZTR 2001, 329.
924 LAG Schleswig Holstein 5.11.2002 – 5 Sa 147c/02 – NZA-RR 2003, 242.
925 ArbG Limberg 31.3.2008 – 1 Ca 853/06 – juris; unangemessen LAG Schleswig Holstein 22.9.2004 – 3 Sa 245/04 – juris.
926 BAG 29.5.2002 – 5 AZR 370/01 – NZA 2003, 120.
927 LAG München 1.8.2007 – 10 Sa 93/07 – juris.
928 *Preis/Preis/Lindemann*, Der Arbeitsvertrag, II A 90 Rn 38 ff.
929 *Preis/Preis/Lindemann*, Der Arbeitsvertrag, II A 90 Rn 79; MünchArb/*Reichold*, Bd. 1, § 36 Rn 71.

Unter **flexiblen Arbeitszeitformen** versteht man Arbverh, in denen insb. die Lage, aber auch die Dauer der Tätigkeit einer schwankenden Nachfrage nach der Tätigkeitsleistung flexibel angepasst werden kann. Dazu haben sich in der Praxis verschiedene Modelle entwickelt, wie z.B. Gleitzeitmodelle, Arbeitszeitkonten oder Jahresarbeitszeitmodelle. Grenzen dieser flexiblen Arbeitszeitformen sind zum einen das ArbZG wie aber auch individual- oder kollektivrechtliche Vereinbarungen. **524**

Unter **Teilzeit-Arbverh** versteht man Arbeitsverträge, nach denen AN eine geringere Wochenarbeitszeit leisten als vergleichbare vollzeitbeschäftigte AN (vgl. § 2 TzBfG), wobei der Umfang der Unterschreitung keine Rolle spielt. Der Teilzeit-AN hat dieselben grundsätzlichen Rechte und Pflichten wie ein Vollzeit-AN. Nach § 8 TzBfG hat der AN einen Anspruch auf die Verringerung seiner Arbeitszeit, soweit betriebliche Gründe nicht entgegenstehen (vgl. § 8 TzBfG Rn 20 ff.). Behandelt der AG Voll- und Teilzeitkräfte unmittelbar oder mittelbar unterschiedlich, muss er das Differenzierungsverbot in § 4 TzBfG beachten. **525**

II. Nebenpflichten des Arbeitnehmers

Der AN hat auf die berechtigten Belange des AG Rücksicht gem. § 241 Abs. 2 zu nehmen (zur historischen Entwicklung vgl. Rn 481). Selbstständig einklagbar sind diejenigen Nebenpflichten, die nicht nur die Hauptleistungspflicht der Arbeitsleistung vorbereiten bzw. fördern sollen, sondern einen selbstständigen Zweck haben.[930] Darunter fallen z.B. die Auskunft über ausgeübte Nebentätigkeiten aber auch die Verpflichtung zu Notarbeiten. Es treffen ihn im Rahmen der vertraglichen Pflichten verschiedene **Schutz- und Rücksichtnahmepflichten**, die anhand von folgenden Fallgruppen konkretisiert werden können. **526**

1. Verschwiegenheitspflicht. Aus der vertraglichen Pflicht zur Rücksichtnahme auf die berechtigten Interessen des AG gem. § 241 Abs. 2 folgt, dass der AN verpflichtet ist, auch auf die geschäftlichen Interessen des AG Rücksicht zu nehmen. Danach muss er die **Betriebs- und Geschäftsgeheimnisse wahren** und den AG über alle wesentlichen Vorkommnisse im Betrieb in Kenntnis setzen, v.a. um Schäden an Rechtsgütern des AG zu verhindern.[931] Diese Pflicht besteht auch schon bei der Aufnahme von Vertragsverhandlungen[932] und setzt sich auch nach Beendigung des Arbverh fort. **527**

Insb. bei der Frage nach der **Verwertungsmöglichkeit des gesammelten Erfahrungswissens** des AN, spielt es eine Rolle, inwieweit der AN während und auch nach Abschluss des Arbverh (vgl. Rn 532) zur Geheimhaltung von **Geschäfts- oder Betriebsgeheimnissen** verpflichtet ist. Betriebs- oder Geschäftsgeheimnisse sind Tatsachen, die im Zusammenhang mit dem Geschäftsbetrieb stehen, nur einem begrenzten Personenkreis bekannt sind und nach dem bekundeten Willen des Betriebsinhabers geheim zu halten sind.[933] Betriebsgeheimnisse beziehen sich auf den technischen Betriebsablauf, insb. Herstellung und Herstellungsverfahren; Geschäftsgeheimnisse betreffen dagegen den allgemeinen Geschäftsverkehr des Unternehmens. Besondere gesetzliche Geheimhaltungspflichten treffen darüber hinaus gem. § 79 BetrVG die Mitglieder des BR[934] oder Auszubildende gem. § 9 Nr. 6 BBiG. **528**

Von der vertraglichen Verschwiegenheitspflicht ist ein **Verstoß gegen §§ 3, 17 UWG** zu unterscheiden, bei dem sich der AN sittenwidrig die fraglichen Informationen (z.B. unberechtigtes Zurückhalten von Konstruktionszeichnungen, Straftatbestand gem. § 18 UWG oder unbefugte Weitergabe von Geschäftsgeheimnissen, Straftatbestand gem. § 17 UWG) beschafft hat und sie unbefugt verwertet.[935] In diesen Fällen kann der AG auf Unterlassung klagen oder Schadensersatz gem. § 823 Abs. 2 i.V.m. § 17 ff. UWG, § 826 verlangen. **529**

Nur solche Tatsachen fallen unter den Begriff des Betriebs- oder Geschäftsgeheimnisses, die **nicht bereits offenkundig** sind oder auf die eine beliebige Anzahl von Personen Zugriff hat. Entscheidend kommt es darauf an, wie der AG selbst mit den Informationen umgeht, sie bspw. nur auf Anforderung oder nur einem bestimmten Freigabekennzeichen (z.B. Firmenstempel mit Hinweis auf Geheimhaltungspflicht)[936] preisgibt. Offenkundig sind Tatsachen, die jedermann zugänglich sind, z.B. durch Veröffentlichung im Internet oder einer Zeitschrift. Ein wirtschaftliches Interesse hat der AG i.d.R. an produktions- oder tätigkeitsrelevanten Informationen. Es ist zu bejahen, wenn die Information Grundlage der wirtschaftlichen Kalkulation ist, wobei es sich selbstverständlich um eine rechtmäßig erlangte Information handeln muss.[937] Die vertragliche Verschwiegenheitspflicht setzt insoweit ein berechtigtes Interesse des AG voraus. **530**

Klagt der AG gegen den AN auf Unterlassung, muss die geheim zu haltende Tatsache, so z.B. ein Herstellungsverfahren, so genau bezeichnet werden, dass die Anforderungen des § 253 Abs. 2 Nr. 2 ZPO erfüllt werden. Dabei muss **531**

---

930 MünchArb/*Reichold*, Bd. 1, § 47 Rn 12.
931 BAG 3.7.2003 – 2 AZR 235/02 – NJW 2004, 1547 m.w.N.; ErfK/*Preis*, § 611 BGB Rn 710 ff., 741 f., 744.
932 Preis/*Rolfs*, Der Arbeitsvertrag, II V 20 Rn 8.
933 BAG 15.12.1987 – 3 AZR 474/86 – AP § 611 BGB Geschäftsgeheimnis Nr. 5 = NJW 1988, 502; ErfK/*Preis*, § 611 BGB Rn 711; *Richters/Wodtke*, NZA-RR 2003, 281.
934 Zur Geheimhaltungspflicht von Personaldaten BAG 26.2.1987 – 6 ABR 46/84 – AP § 79 BetrVG 1972 Nr. 2 = NZA 1988, 63.
935 „Spritzgießwerkzeuge" BGH 3.5.2001 – I ZR 153/99 – WM 2001, 1824; LAG Hamm 23.5.2003 – 7 Sa 76/03 – juris.
936 LAG Hamm 23.5.2003 – 7 Sa 76/03 – juris.
937 ErfK/*Preis*, § 611 BGB Rn 712 f.

auch unter Berücksichtigung der Geheimhaltungsinteressen des AG die **zu unterlassende Handlungen konkret beschrieben** werden.[938] Vgl. das Beispiel für einen Klageantrag unter Rn 594.

532 Die Rspr. geht davon aus, dass die Verschwiegenheitspflichten **auch nach Ende des Arbverh** zu wahren sind.[939] Praktisch bedeutsam ist dabei die **Differenzierung** zwischen **nachvertraglichen Wettbewerbsverboten** (vgl. Rn 599) und der nebenvertraglichen Verschwiegenheitspflicht. Insb. wenn das nachvertragliche Wettbewerbsverbot z.B. wegen Fehlens einer Karenzentschädigung unwirksam ist, stellt sich die Frage, ob der AN seine beim AG gewonnenen Erfahrungen in einer neuen Tätigkeit verwerten darf.[940] Dies ist der Fall, da sich der Inhalt der vertraglichen Verschwiegenheitspflicht nur auf die geheimzuhaltende Tatsache selbst bezieht, wie z.B. auf Kundenlisten, Kaufgewohnheiten der Kunden, ihr Geschmack und ähnliche Umstände. Diese Kenntnisse darf der angestellte Verkäufer nicht veräußern und auf diese Weise für sich verwerten. Dagegen folgt aus der Verschwiegenheitspflicht noch kein weitergehendes Verbot, Kunden seines ehemaligen AG zu umwerben[941] bzw. seine Kenntnisse bei einem Mitbewerber zu nutzen.[942] Davon abzugrenzen sind Mandantenschutzklauseln, die eine nur standesrechtliche Ahndung nach sich ziehen und nur in ihrer unbeschränkten Form als nachvertragliches Wettbewerbsverbot den Voraussetzungen der §§ 74 ff. HGB unterliegen.[943] Für die Vertragsgestaltung vgl. Rn 599.

533 Als **Sanktion** der vertraglichen Pflichtverletzung wegen Verrat eines Geschäftsgeheimnisses kommen folgende Maßnahmen in Betracht: Verrät der AN unbefugt ein Geschäftsgeheimnis, kann ihn der AG auch ohne eine vorherige Abmahnung **kündigen**, wenn der Pflichtverstoß evident ist, z.B. bei einem AN in einer Führungsposition.[944] Darüber hinaus kann der AG die **Unterlassung verlangen**. Schadensersatzansprüche folgen aus §§ 280 Abs. 1, 249 oder 280 Abs. 1 und Abs. 3 i.V.m. 282, wobei der AG die volle Darlegungs- und Beweislast trägt.[945]

534 **2. „Whistleblowing"** Unter dem aus dem amerikanischen Recht stammenden Begriff des „whistleblowing" versteht man Fallgruppen, in denen der AN regelwidriges Verhalten des AG inner- oder außerbetrieblich aufdeckt.[946] Darunter fallen z.B. Sachverhalte, in denen der AN den AG wegen Steuerhinterziehung anzeigt oder die Behörden auf Umweltvergehen des AG aufmerksam macht. Im deutschen Recht stellt sich die Frage, ob der AG solche Verhaltensweisen zum Anlass einer Künd nehmen kann.

535 War die deutsche Rspr. bislang davon ausgegangen, dass der AN grds. über derartige Vorkommnisse Stillschweigen bewahren muss,[947] hat das **BVerfG**[948] entschieden, dass im Regelfall auch eine „freiwillige" Einschaltung der Staatsanwaltschaft durch den AN nicht zu einem wichtigen Grund für eine fristlose Künd führt. In dieser Entscheidung hatte der AN im Ermittlungsverfahren freiwillig gegen seinen AG ausgesagt.

536 Diese Argumentation hat das **BAG**[949] aufgegriffen und z.T. aber zu Ungunsten des AN eingeschränkt. Es hat ausgeführt, dass es von den Umständen des Einzelfalls abhängt, ob die Strafanzeige eine zur Künd berechtigende Nebenpflichtverletzung ist. Anknüpfungspunkt ist dabei die vertragliche Nebenpflicht des AN über die betrieblichen Vorgänge im Interesse der AG Stillschweigen zu bewahren.[950] Da aber die Nebenpflicht über § 242 durch die Verfassung ausgeprägt werde, sei die Möglichkeit der Strafanzeige eine von der Verfassung gem. Art. 2 Abs. 1 GG i.V.m. Art. 20 Abs. 3 GG gebilligte und für den Rechtsstaat erforderliche Verhaltensweise. Demgegenüber stehe aber die Art. 12 GG geschützte Unternehmerfreiheit, die – zumindest bei Unkenntnis des AG von der illegalen Praxis – den Schutz solcher Interna umfasse. Entscheidend kommt es nach der Rspr. darauf an, dass die **Anzeige des AN keine unverhältnismäßige Reaktion** ist. Dabei sind insb. die Gründe zu würdigen, die hinter der Anzeige der AN stehen, der seinen AG auf diese Weise nicht erpressen oder sich nicht „rächen" darf bzw. falsche Tatsachen angibt[951] In diesem Fall ist das Verhalten des AN **rechtsmissbräuchlich**. Anders liegen die Dinge, wenn die Anzeige gerade Schaden von den übrigen AN abwenden soll. Dagegen ist es nach dem BAG nicht erforderlich, dass der AN stets den illegalen Zustand zunächst innerbetrieblich aufdeckt, bevor er damit an die Öffentlichkeit tritt.[952] Insb. scheidet die innerbetriebliche Klärung aus, wenn er sich durch die Nichtanzeige selbst einer Strafverfolgung aussetzt oder es sich um besonders schwerwiegende Straftaten oder vom AG selbst begangenen Straftaten handelt bzw. keine Abhilfe

---

938 BAG 25.4.1989 – 3 AZR 35/88 – AP § 611 BGB Betriebsgeheimnis Nr. 7 = NZA 1989, 860.
939 „Thrombosol" BAG 16.3.1982 – 3 AZR 83/79 – AP § 611 BGB Betriebsgeheimnis Nr. 1 = NJW 1983, 134; „Kundenlisten" BAG 15.12.1987 – 3 AZR 474/86 – AP § 611 BGB Betriebsgeheimnis Nr. 5 = NJW 1988, 1686.
940 LAG Düsseldorf 10.12.2002 – 8 Sa 1151/02 – NZA-RR 2003, 570.
941 LAG Mecklenburg-Vorpommern 9.2.2006 – 1 Sa 394/05 – juris; „Kundenlisten" BAG 15.12.1987 – 3 AZR 474/86 – § 611 BGB Betriebsgeheimnis Nr. 5 = NJW 1988, 1686.
942 „Titandioxid" BAG 15.6.1993 – 9 AZR 558/91 – AP § 611 BGB Konkurrenzklausel Nr. 40 = NZA 1994, 502.
943 LAG Baden-Württemberg 18.10.2006 – 13 Sa 69/05 – juris; BAG 25.9.1980 – 3 AZR 638/78 – juris.
944 LAG Berlin 10.7.2003 – 9 Sa 667/02 – AuA 2003, 49.
945 LAG Rheinland Pfalz 24.11.2006 – 8 Sa 165/06 – juris.
946 *Wisskirchen/Körber/Bissels*, BB 2006, 1567; *Müller*, NZA 2002, 424; ErfK/*Preis*, § 611 BGB Rn 716 f.
947 Mit einem Überblick zur bisherigen Rspr. *Müller*, NZA 2002, 424.
948 BAG 2.7.2001 – 1 BvR 1049/00 – AP § 626 BGB Nr. 170 = NZA 2001, 888; vgl. aber auch weiter BAG 7.12.2006 – 2 AZR 400/05 – NZA 2007, 2204.
949 BAG 3.7.2003 – 2 AZR 235/02 – NJW 2004, 1547.
950 Zu dem Umfang der Pflicht LAG Berlin 28.3.2006 – 7 Sa 1884/05 – ArbuR 2007, 51.
951 LAG Rheinland Pfalz 20.12.2005 – 5 Sa 504/05 – juris.
952 BAG 7.12.2006 – 2 AZR 400/05 – NZA 2007, 2204.

zu erwarten ist. Danach ist nur dann ein innerbetrieblicher Hinweis vorweg zu schalten, wenn der AG von den illegalen Vorgängen keine Kenntnis hat bzw. ihn diese selbst schädigen.

3. Wettbewerbsverbote. Aus der vertraglichen Rücksichtnahmepflicht des AN gem. § 241 Abs. 2 folgt, dass er **während der Dauer des Arbverh** in keinen Wettbewerb zu seinem AG treten darf.[953] Ob der AN entgeltlich tätig wird, spielt keine Rolle. Allerdings hat der AG z.B. eine einmalige Gefälligkeitstätigkeit hinzunehmen.[954] In § 60 HGB ist diese Pflicht für den Handlungsgehilfen normiert. Sie folgt für alle übrigen Arbverh und auch Ausbildungsverh[955] aus § 241 Abs. 2. Das aus der vertraglichen Nebenpflicht folgende Wettbewerbsverbot **endet mit dem Ablauf des Arbverh**.[956] Wirbt der AN vor dem Ende seines Arbeitsvertrags bereits Kunden aus dem Marktbereich für eigene Zwecke oder schließt er selbst Geschäfte ab oder vermittelt diese auf eigene Rechnung, so verstößt er gegen seine Nebenpflicht. Dagegen sind Vorbereitungsmaßnahmen für eine eigene Geschäftstätigkeit nach Ende des Arbverh erlaubt, wenn sie die Interessen des AG nicht verletzen. Das ist nicht der Fall bei Werbeveranstaltungen bzw. dem Versenden von Einladungen dazu während des noch laufenden Arbeitsvertrags.[957]

537

Verstößt der AN gegen das Wettbewerbsverbot, kann dies zu einer verhaltensbedingten[958] auch **außerordentlichen Künd** berechtigen.[959] Darüber hinaus kann der AG **Schadensersatz** gem. §§ 280 Abs. 1, 241 Abs. 2 i.V.m. §§ 249 ff. verlangen bzw. Schadensersatz statt der Leistung gem. § 280 Abs. 1 und 3 i.V.m. §§ 282, 241 Abs. 2, 249. Der Schadensersatz umfasst nicht Kosten, die dadurch entstehen, dass der AN zu einem Verstoß gegen das Wettbewerbsverbot versucht werden soll, z.B. Detektivkosten.[960] Unter den Voraussetzungen des § 1 UWG, also bei Sittenwidrigkeit oder einer vorsätzlichen sittenwidrigen Schädigung gem. § 826, ergeben sich weitergehende Ansprüche. Die Verjährung dieser Ansprüche richtet sich nach § 61 Abs. 2 HGB.[961]

538

Von dieser entschädigungslosen Nebenpflicht während der Laufzeit des Arbverh ist das **nachvertragliche entschädigungspflichtige Wettbewerbsverbot** zu trennen, das nur unter den Voraussetzungen der §§ 74 ff. HGB, also bei Zahlung der entsprechenden Karenzentschädigung[962] und der Begrenzung auf zwei Jahre wirksam ist.[963] Die Vorschriften der §§ 74 ff. HGB finden über die Verweisung in § 110 GewO auf alle Arbverh Anwendung.

539

4. Nebentätigkeit. Aus der Rücksichtnahmepflicht des § 241 Abs. 2 folgt für den AN, dass er keine Nebentätigkeiten aufnehmen darf, die seine **Arbeitsleistung** oder die berechtigten Interessen des AG konkret beeinträchtigen können.[964] Im Übrigen ist der AN in der Verfügung über seine Arbeitskraft im Rahmen der Arbeitsschutzgesetze (insb. ArbZG, JArbSchG, BUrlG) und des Verbots von Konkurrenztätigkeiten auch während eines Ausbildungsverhältnisses[965] (vgl. Rn 537) und der Verschwiegenheitspflicht (vgl. Rn 527) frei. Daher sind Nebentätigkeiten, die auch in einer ehrenamtlichen Tätigkeit oder Dienst- oder Werkleistungen bestehen können, grds. privatautonom vom AN gestaltbar. Daher kann der AN bei Fehlen einer besonderen Regelung eine Nebentätigkeit aufnehmen. Nach den steuerrechtlichen Vorschriften können Nebentätigkeiten begünstigt sein.[966] Der AN kann sich dabei auf das Grundrecht des Art. 12 GG berufen, solange die Interessen des AG gewahrt bleiben.[967]

540

Davon zu trennen ist die grundsätzliche **Pflicht des AN,** dem AG die **Nebentätigkeit anzuzeigen** (vgl. Rn 548). Besondere Regelungen über die Aufnahme einer Nebentätigkeit finden sich in den Vorschriften des Beamtenrechts (§ 42 BRRG, § 64 BBG) und im Tarifrecht für den öffentlichen Dienst (§ 11 BAT bzw. § 3 Abs. 3 TVöD) oder in arbeitsvertraglichen Klauseln.

541

Werden in tariflichen Regelungen Genehmigungsvorbehalte für Nebentätigkeiten vorgesehen, so darf die Genehmigung nur dann versagt werden, wenn durch die Nebentätigkeit dienstliche oder betriebliche Interessen beeinträchtigt werden. Daraus folgt nach der Rspr., dass dem Dienstherrn oder dem AG **kein Ermessensspielraum** zusteht, sondern stets ein Rechtsanspruch auf Genehmigung besteht, wenn dienstliche bzw. betriebliche Interessen nicht berührt sind. Diese Wertung gilt auch für vertragliche Regelungen, die eine Genehmigungspflicht für jede Nebentätigkeit vorsehen. Auch sie sind im Hinblick auf Art. 12 GG dahin auszulegen, dass dem AN für solche Nebentätigkeiten ein Anspruch auf Genehmigung zusteht, bei deren Ausübung eine Beeinträchtigung der Interessen des AG nicht zu erwarten ist.[968]

542

---

953 MünchArb/*Reichold*, Bd. 1, § 48 Rn 2; ErfK/*Preis*, § 611 BGB Rn 720; zur Rechtslage während des Künd-Schutzprozesses *Hoß*, DB 1997, 1818.
954 LAG Schleswig-Holstein 19.12.2006 – 5 Sa 288/06 – NZA-RR 2007, 240.
955 BAG 20.9.2006 – 10 AZR 439/05 – NZA 2007, 977.
956 „Kantenbänder" BAG 19.5.1998 – 9 AZR 994/97 – AP § 611 BGB Treuepflicht Nr. 11 = NZA 1999, 200.
957 LAG Berlin 28.8.2002 – 9 Sa 659/02 – NZA-RR 2003, 362.
958 LAG Rheinland-Pfalz 22.6.2006 – 11 Sa 604/05 – juris.
959 LAG Berlin 28.8.2002 – 9 Sa 659/02 – NZA-RR 2003, 362.
960 LAG Köln 20.4.2007 – 11 Sa 1277/06 – juris.
961 BAG 11.4.2000 – 9 AZR 131/99 – NZA 2001, 94.
962 LAG Düsseldorf 10.12.2002 – 8 Sa 1152/02 – NZA-RR 2003, 570 Unwirksamkeit bei zu geringer Karenzentschädigung gem. § 74 Abs. 2 HGB.
963 LAG Düsseldorf 10.12.2002 – 8 Sa 1152/02 – NZA-RR 2003, 570; zu den Auswirkungen durch die Schuldrechtsreform *Bauer/Diller*, NJW 2002, 1609.
964 MünchArb/*Reichold*, Bd. 1, § 49 Rn 50 f.; Preis/*Rolfs*, Der Arbeitsvertrag, II N 10 Rn 3.
965 BAG 20.9.2006 – 10 AZR 439/05 – NZA 2007, 977.
966 *Jochum*, NJW 1983, 1983.
967 BAG 13.3.2003 – 6 AZR 585/01 – NZA 2003, 976.
968 BVerfG 28.9.2007 – 2 BvR 1121/06 – ZBR 2008, 171; BAG 13.3.2003 – 6 AZR 585/01 – NZA 2003, 976 m.w.N.

543 Eine drohende **Beeinträchtigung der Arbeitsleistung** setzt voraus, dass es nach einer vom AG darzulegenden Prognose wahrscheinlich ist, dass seine Interessen durch die Nebentätigkeit beeinträchtigt werden.[969] Diese bestehen nicht nur an der Arbeitsleistung als solcher, sondern beziehen sich auch auf die **Konkurrenzfähigkeit** des AG gegenüber seinen Mitbewerbern. Danach hat das BAG den Anspruch auf eine Nebentätigkeitsgenehmigung eines Rundfunksprechers verneint, der bei einem Privatsender tätig werden wollte.[970] Ebenso liegt eine Beeinträchtigung der Interessen der gesetzlichen Krankenkasse als AG vor, wenn der angestellte Arzt für eine private Krankenkasse Gutachten in einer Nebentätigkeit erstellt.[971] Im öffentlichen Dienst hat der AG ein berechtigtes Interesse daran, dass der AN nicht in Bereichen tätig wird, die ansonsten in seine öffentlich-rechtliche Zuständigkeit fallen; etwas anderes kann aber gelten, wenn feststeht, dass der AN nicht in ein aktives Beschäftigungsverhältnis zurückkehrt.[972] Wird die Nebentätigkeit nach versagter Genehmigung ausgeübt, kann dies im öffentlichen Dienst eine außerordentliche Künd ohne Abmahnung rechtfertigen.[973] Deutlich ist der Interessenkonflikt, wenn die Nebentätigkeit schon aufgrund zeitlicher Überschneidungen nicht mit der Arbeitsleistung zu vereinbaren ist, so im Fall der Nebentätigkeit eines Gewerkschaftssekretärs als RA.[974] Zeitlich unvereinbar ist auch eine Nebentätigkeit, die eine Flexibilisierung des Arbverh voraussetzt.[975] Ebenso kann eine Nebentätigkeit aufgrund der gesundheitlichen Konstitution des AN ausgeschlossen sein, wenn die Gefahr besteht, dass sich die erhöhte Arbeitsbelastung nachteilig auf die Arbeitsleistung auswirkt.[976] Die Nebentätigkeit ist auch dann eine Pflichtverletzung, wenn sie zur Überschreitung von Arbeitsschutzvorschriften, wie z.B. den als zulässig vorgesehenen Lenkzeiten für vollzeitbeschäftigte AN führt.[977] Ebenso kann aber auch ein berechtigtes Interesse des AG daran bestehen, dass der AN die Art seiner Nebentätigkeit anzeigt, z.B. bei einem Journalisten bei Zweifeln an der Unabhängigkeit der Berichterstattung[978] oder bei möglichen Verstößen gegen Verschwiegenheitspflichten.[979]

544 Ist die Nebentätigkeit eine unerlaubte **Schwarzarbeit,** muss zwischen der Nebenpflichtverletzung und dem Verstoß gegen das SchwarzArbG unterschieden werden. Zwar kann die Nebentätigkeit bei einem beiderseitigen Gesetzesverstoß nichtig sein.[980] Jedoch führt dies zu keinen vertraglichen Unterlassungs- oder Schadensersatzansprüchen des AG aufgrund einer unerlaubten Nebentätigkeit, da das SchwarzArbG dessen Interessen an der Tätigkeitsleistung des AN nicht schützt.

545 Geht der AN der Nebentätigkeit zu Zeiten nach, in denen er **krank** geschrieben ist, liegt eine Pflichtverletzung § 241 Abs. 2 nur dann vor, wenn die Nebentätigkeit den **Genesungsprozess beeinträchtigt**.[981] Ist das nicht der Fall, kann die Nebentätigkeit ausgeübt werden.[982] Allerdings muss der AN dem AG den im Zweit-Arbverh erhaltenen Verdienst gem. § 285 als stellvertretendes commodum herausgeben.[983] Darüber hinaus kann die Nebentätigkeit während der Arbeitsunfähigkeit auf eine nur vorgeschobene Krankheit hindeuten.[984] Beruht die Krankheit dagegen auf der Nebentätigkeit, steht dies **Entgeltfortzahlungsansprüchen** nicht entgegen, wenn es sich um eine zulässige Nebentätigkeit handelt, auch wenn der AN diese dem AG nicht angezeigt hat.[985] Eine den Genesungsprozess hindernde Nebentätigkeit kann zu einer fristlosen **Künd** berechtigen.[986] Werden die vertraglichen Leistungen dadurch beeinträchtigt, muss der AG den AN zunächst abmahnen.[987]

546 Eine gesetzliche Grenze der Nebentätigkeit folgt aus § 3 ArbZG, wonach die **tägliche Arbeitszeit** ohne Ausgleichszeitraum acht Stunden nicht überschreiten darf. Bei der Berechnung der Arbeitszeit sind die **Zeiten der Beschäftigungsverhältnisse gem. § 2 Abs. 1 S. 1 Hs. 2 ArbZG zusammen zu zählen**. Die Interessen des AG sind bei Überschreitung der täglichen Arbeitszeit berührt, da ihm die Einhaltung des Arbeitsschutzes obliegt (vgl. § 22 ArbZG).[988] Das zur Überschreitung führende Arbverh der Nebentätigkeit soll in dieser Situation nichtig[989] sein; Vergütungsansprüche für die Vergangenheit können sich nach den Grundsätzen über das fehlerhafte Arbverh ergeben. Da es

---

969 Küttner/*Kania*, Nebentätigkeit Rn 10; MünchArb/*Reichold*, Bd. 1, § 49 Rn 58; Überblick zur Rspr. *Hunold*, NZA-RR 2002, 505.
970 BAG 24.6.1999 – 6 AZR 605/97 – DB 2000, 1336; zur Konkurrenzsituation auch LAG Rheinland-Pfalz 29.1.2003 – 9 Sa 1148/02 – ZTR 2003, 618.
971 BAG 28.2.2002 – 6 AZR 33/01 – ZTR 2003, 429.
972 BAG 13.3.2003 – 6 AZR 585/01 – NZA 2003, 976.
973 BAG 19.4.2007 – 2 AZR 180/06 – NZA-RR 2007, 571.
974 BAG 21.9.1999 – 9 AZR 759/98 – NZA 2000, 723; LAG Düsseldorf 12.11.1999 – 14 Sa 1206/99 – juris.
975 Hessisches LAG 19.8.2003 – 13/12 Sa 1476/02 – MDR 2004, 517.
976 Hessisches LAG 10.7.2001 – 2/9 Sa 2046/00 – NZA-RR 2002, 446.
977 BAG 26.6.2001 – 9 AZR 343/00 – NZA 2002, 98.
978 Hessisches LAG 12.4.2007 – 11 Sa 404/06 – juris.
979 VG Ansbach 19.11.2007 – AN 11 K 07.01671 – juris.
980 BGH 23.9.1982 – VII ZR 301/81 – AP § 1 SchwarzArbG Nr. 2 = NJW 1983, 109.
981 LAG Rheinland-Pfalz 11.1.2002 – 8 Sa 1159/02 – AuA 2002, 378.
982 LAG Köln 7.1.1993 – 10 Sa 632/92 – DB 1993, 941; VG Ansbach 9.1.2007 – AN 8 P 06.02926 – juris.
983 *Löwisch*, NJW 2003, 2049.
984 Hessisches LAG 27.6.1991 – 12 Sa 693/89 – NZA 1992, 458; BdiG Frankfurt 30.10.2002 – VII VL 8/00 – juris zum Gebrauchtwagenhandel eines dienstunfähigen Polizeibeamten.
985 BAG 19.10.1983 – 5 AZR 195/81 – DB 1984, 411; *Boecken*, NZA 2001, 233.
986 LAG Mecklenburg-Vorpommern 19.7.2007 – 2 Sa 0/06 – juris; LAG Rheinland-Pfalz 11.1.2002 – 8 Sa 1159/02 – AuA 2002, 378.
987 LAG Köln 7.1.1993 – 10 Sa 632/92 – DB 1993, 941.
988 BAG 11.12.2001 – 9 AZR 464/00 – NZA 2002, 965.
989 BAG 14.12.1969 – 5 AZR 74/67 – BB 1968, 206.

aber nicht klar ist, welches Arbverh letztlich zur Überschreitung führt, sollte der Lit.-Ansicht[990] gefolgt werden, die dem AN ein Wahlrecht einräumen will. Bei der Beschäftigung eines Jugendlichen unter 18 Jahren sind §§ 4 und 8 JArbSchG zu beachten.

Während des **Erholungsurlaubs** darf der AN gem. § 8 BUrlG keine dem Urlaubszweck widersprechende Nebentätigkeit ausüben. Dabei ist im Einzelfall sowohl auf die Art der Tätigkeit wie auch die der Nebentätigkeit abzustellen, die den Erholungszweck nicht gefährden darf.[991] Verletzt der AN seine Nebenpflicht und arbeitet entgegen § 8 BUrlG in einem weiteren Arbverh, so führt dies weder zur Nichtigkeit des zusätzlichen Vertrags noch zur Kürzung seiner Ansprüche nach dem BUrlG.[992] Als Ahndungsmöglichkeit verbleiben nur ein vertraglicher Unterlassungsanspruch und Schadensersatz gem. § 280 Abs. 1 oder § 280 Abs. 1 und 3 i.V.m. § 282. Die Schwierigkeit, den Schaden zu beziffern, wird dem aber meist entgegenstehen. Bei **dauerhafter Beurlaubung** im Rahmen eines Sonderurlaubs kommt es entsprechend darauf an, ob dem Zweck der Beurlaubung nicht widersprochen wird – auch hier kann der AN grds. Nebentätigkeiten aufnehmen.[993] 547

Unabhängig von der grds. freien Möglichkeit, eine Nebentätigkeit aufzunehmen, muss der AN dem AG die **Nebentätigkeit anzeigen**, wenn der AG an dieser Information ein berechtigtes Interesse hat.[994] Dieses Interesse ist schon dann zu bejahen, wenn die zusätzliche Tätigkeit zu einer Versicherungspflichtigkeit des AN gem. § 8 SGB IV führt oder wenn zu befürchten ist, dass die zulässigen Höchstarbeitszeiten nach dem ArbZG überschritten werden. Verletzt der AN seine Anzeigepflicht, können ihn Schadensersatzansprüche des AGs gem. § 280 Abs. 1 treffen, wobei die vom AG ohnehin zu tragenden Sozialversicherungsbeiträge nicht umfasst sind.[995] Darüber hinaus kann der AG **Auskunft** über die jeweilige Tätigkeit verlangen, wenn der konkrete Verdacht einer Vertragsverletzung gegeben ist. Bestehen somit Anhaltspunkte für eine Vertragsverletzung, muss der AN die Nebentätigkeit anzeigen.[996] Eine grundsätzliche Anzeigepflicht folgt aus **§ 66 Abs. 2 S. 1 BBG und § 11 BAT** für den öffentlichen Dienst. Für die Vertragsgestaltung vgl. unter Rn 600. 548

Verstößt der AN mit der Aufnahme der Nebentätigkeit gegen seine Pflicht gem. § 241 Abs. 2 bzw. gegen eine individual- oder kollektivvertragliche Regelung, stehen dem AG verschiedene **Sanktionsmöglichkeiten** zur Verfügung. Zur fristlosen **Künd** berechtigen kann die unerlaubte Nebentätigkeit während der Arbeitsunfähigkeit, wenn sie den Genesungsprozess gefährdet.[997] Verletzt der AN durch die unerlaubte, z.B. während einer Krankheit ausgeübte, Nebenbeschäftigung seine Dienstpflichten, so ist dies ebenso ein disziplinarrechtliches Vergehen.[998] Führt die Nebentätigkeit zu einer Leistungsverschlechterung, muss der verhaltensbedingten Künd eine Abmahnung vorausgehen.[999] Eine **Abmahnung** wegen einer nicht genehmigten Nebentätigkeit ist jedenfalls dann gerechtfertigt, wenn die nach dem ArbZG zulässigen Höchstarbeitszeiten überschritten werden.[1000] Verstößt der AN dagegen nur gegen die Verpflichtung, eine Genehmigung des AG einzuholen, so kann ihn der AG bei einer grds. zulässigen Nebentätigkeit nicht abmahnen.[1001] Eine isolierte **Unterlassungsklage** kann der AG nach allg.M. **nicht erheben**.[1002] Sein vertraglicher Anspruch richtet sich darauf, dass der AN das mit ihm geschlossene Arbverh ordnungsgemäß erfüllt. **Anders** ist zu entscheiden, wenn der AN mit seiner Nebentätigkeit zugleich gegen ein Wettbewerbsverbot verstößt: In diesem Fall kann isoliert auf Unterlassung der **Konkurrenztätigkeit** geklagt werden. 549

5. Verbot der Annahme von Schmiergeldern. Lässt sich der AN bei der Ausführung von vertraglichen Aufgaben Vorteile versprechen oder nimmt solche entgegen, die dazu bestimmt oder auch nur geeignet sind, ihn in seinem geschäftlichen Verhalten zugunsten Dritter und zum Nachteil seines AG zu beeinflussen, verstößt er gegen seine vertragliche Rücksichtnahmepflicht gem. § 241 Abs. 2.[1003] Dabei reicht allein die Gefährdung der Interessen des AG aus; wie sich der AN aufgrund der Bestechung tatsächlich verhält oder im Rahmen seiner Kompetenzen überhaupt verhalten kann, ist unerheblich.[1004] In **§ 10 BAT bzw. § 3 Abs. 2 TVöD** ist für den öffentlichen Dienst geregelt, dass 550

---

990 MünchArb/*Reichold*, Bd. 1, § 49 Rn 53.
991 MünchArb/*Reichold*, Bd. 1, § 49 Rn 54.
992 BAG 25.2.1988 – 8 AZR 596/85 – AP § 8 BurlG Nr. 3 = NJW 1988, 2757.
993 BAG 13.3.2003 – 6 AZR 585/01 – NZA 2003, 976.
994 *Preis/Rolfs*, Der Arbeitsvertrag, II N 10 Rn 42; MünchArb/*Reichold*, Bd. 1, § 49 Rn 55 ff.; *Küttner/Kania*, Nebentätigkeit Rn 5.
995 BAG 18.11.1988 – 8 AZR 12/86 – NZA 1989, 389.
996 BAG 18.1.1996 – 6 AZR 314/95 – NZA 1997, 41.
997 BAG 13.11.1979 – 6 AZR 934/77 – DB 1980, 741; LAG Rheinland-Pfalz 11.1.2002 – 8 Sa 1159/02 – AuA 2002, 378; a.A. LAG Köln 7.1.1993 – 10 Sa 632/92 – DB 1993, 941.
998 OVG Koblenz 21.1.2003 – 3 A 11578/01 – NVwZ-RR 2002, 858; zur Entfernung aus dem Dienst BdiG Frankfurt 30.10.2002 – VII VL 8/00 – juris.
999 LAG Köln 7.1.1993 – 10 Sa 632/92 – DB 1993, 941; MünchArb/*Reichold*, Bd. 1, § 49 Rn 60.
1000 BAG 11.12.2001 – 9 AZR 464/00 – NZA 2002, 965.
1001 BAG 11.12.2001 – 9 AZR 464/00 – NZA 2002, 965.
1002 *Germelmann u.a.*, § 46 Rn 67; MünchArb/*Reichold*, Bd. 1, § 38 Rn 7; LAG Nürnberg 24.4.1996 – 5 Sa 287/96 – NZA-RR 1997, 188; LAG Köln 29.4.1994 – 13 Sa 1029/93 – NZA 1995, 994; a.A. ErfK/*Preis*, § 611 BGB Rn 729 grds. möglich.
1003 BAG 21.6.2001 – 2 AZR 30/00 – ZTR 2002, 82; MünchArb/*Reichold*, Bd. 1, § 48 Rn 49; ErfK/*Preis*, § 611 BGB Rn 722.
1004 LAG München 14.12.2006 – 3 Sa 695/06 – juris.

der Ang Geschenke nur mit Zustimmung des Dienstherren annehmen darf.[1005] Eine Einigung über die Gewährung eines Schmiergelds ist gem. § 138 Abs. 1 nichtig.[1006]

551 Ob die Grenze zu einem Schmiergeld überschritten ist, richtet sich danach, ob der AN durch die Gabe tatsächlich in seiner Entscheidung beeinflusst werden kann. Das ist bei kleinen **„Werbegeschenken"** (Kugelschreiber, Kalender, Freikarten je nach Veranstaltungsart, Geschäftsessen, Trinkgeld) nicht der Fall.[1007] Auf der anderen Seite können aber soziale Vorteile, z.B. unzulässige Hilfen bei Einstellungen, ausreichen. Dabei muss der AN den Vorteil nicht bereits erhalten haben; es reicht insoweit ein auch konkludentes Einverständnis zu dem Angebot ab. Für das Fehlverhalten hat der AG im Prozess die volle Darlegungs- und Beweislast.[1008] Der AN muss das Schmiergeld zurückweisen und den AG von dem Bestechungsversuch unterrichten.[1009] Die Person des Anbieters kann beliebig sein; als Vorteilsempfänger kommen auch dem AN nahe stehende Personen in Betracht. Wiederum ist entscheidend, ob der in Aussicht gestellte Vorteil die Entscheidung des AN beeinflussen kann. Fällt das Verhalten des AN unter **§ 299 StGB** (Bestechung im geschäftlichen Verkehr) oder unter die Amtsdelikte der **§§ 331 ff. StGB** (Vorteilsannahme, Bestechlichkeit) liegt in jedem Fall eine Nebenpflichtverletzung vor.

552 Verstößt der AN gegen das Schmiergeldverbot, gibt dies einen Grund zur **fristlosen Künd**. Dabei kommt es grds. nicht darauf an, ob es zu einer den AG schädigenden Handlung gekommen ist. Es reicht vielmehr aus, dass der gewährte Vorteil allgemein die Gefahr begründet, der Annehmende werde nicht mehr allein die Interessen des Geschäftsherrn wahrnehmen,[1010] wie z.B. bei der Vermittlung von Aufträgen einer Wohnungsverwaltungsgesellschaft an Handwerker gegen Schmiergeld.[1011] Handelt es sich um einen schwerwiegenden und dem AN bewussten Verstoß, ist eine vorherige **Abmahnung entbehrlich**.[1012] Der AG hat gegen den AN neben dem vertraglichen Unterlassungsanspruch einen **Unterlassungsanspruch** gem. §§ 1004, 823 Abs. 2 i.V.m. §§ 229 bzw. 331 StGB. Die Unterlassungsansprüche können isoliert eingeklagt werden. Kann der AG einen Vermögensschaden beziffern, so hat er gegen den AN einen Schadensersatzanspruch gem. §§ 280 Abs. 1, 241 Abs. 2, 249. Darüber hinaus hat er deliktische Ansprüche gem. § 832 Abs. 2 i.V.m. §§ 229 bzw. 331 StGB. Der AG kann die Bestechungssumme als eigenen Vermögensschaden darlegen.

553 Der Rückforderung des Bestechenden steht § 817 S. 2 entgegen. Es ist umstritten, ob der AG vom AN die Bestechungssumme aus unechter GoA gem. §§ 667, 681, 687 Abs. 2 herausverlangen kann. Folgt man dieser vom BAG[1013] vertretenen Ansicht – was angesichts des konstruierten Fremdgeschäftsführungswillens bezweifelt werden kann – muss das herausgegebene Geld freilich auf einen möglichen Schadensersatzanspruch angerechnet werden.

554 **6. Schutz des Arbeitgebereigentums.** Da der AN seine Tätigkeit innerhalb der Organisation des AG erbringt, hat er verstärkte Einwirkungsmöglichkeiten auf Sachen, die im Eigentum des AGs stehen. Die Sachen bleiben nämlich auch während der Arbeitsleistung im Eigentum des AG; der AN ist während der Dauer des Arbverh i.d.R. Besitzdiener gem. § 855 (vgl. auch Rn 915 ff.). Im Eigentum des AG stehen auch die erzielten Arbeitergebnisse, wie z.B. die während der Arbeitsleitung gespeicherten Daten (auch auf einem privaten PC des AN),[1014] da der AG Hersteller i.S.v. § 950 ist. Eine Ausnahme gilt für das „Gesellenstück" des Auszubildenden.[1015]

555 Aus seiner vertraglichen Nebenpflicht gem. § 241 Abs. 2 folgt die Pflicht, **Eigentumsschädigungen zu unterlassen bzw. ihnen vorzubeugen.** Dazu zählt zunächst die Pflicht, die ihm überlassenen Sachen sorgfältig zu behandeln und nicht zu zerstören.[1016] Der Gebrauch beschränkt sich – wenn keine andere Vereinbarung getroffen worden ist – nur auf die berufliche Tätigkeit und darf nicht auf Privatzwecke ausgedehnt werden.

556 Drohen Schäden am Eigentum des AG, trifft den AN aus seiner Schutzpflicht heraus eine Anzeigepflicht, um den Eintritt des Schadens zu verhindern.[1017] Zur Schadensabwendung kann auch die Verpflichtung bestehen, sog. **Notarbeiten** zu übernehmen, die erforderlich und dem AN zumutbar sind.[1018] Die Definition dieser Tätigkeiten kann an § 14 ArbZG angelehnt werden. Droht ein Sach- oder Personenschaden, hat der AN auch auf **Fehler seiner Arbeitskollegen** hinzuweisen.[1019] Gegen den AG begangene Eigentumsdelikte berechtigten zur **Künd**.[1020] Bei der **Haftung** des AN gem. §§ 280 Abs. 1, 241 Abs. 2, 249 infolge betrieblich veranlasster Tätigkeiten sind die Grundsätze des in-

---

1005 Zur Annahme von Geldern Hessisches LAG 3.11.2006 – 3 Sa 287/05 – juris.
1006 BGH 8.5.1985 – IVa ZR 138/83 – AP § 138 BGB Nr. 40 = NJW 1985, 2405.
1007 MünchArb/*Reichold*, Bd. 1, § 48 Rn 49, 52.
1008 LAG Hamm 17.8.2006 – 15 Sa 511/06 – juris.
1009 Einschränkend MünchArb/*Reichold*, Bd. 1, § 48 Rn 52 erst bei wiederholtem Bestechungsversuch.
1010 BAG 21.6.2001 – 2 AZR 30/00 – ZTR 2002, 82.
1011 LAG Schleswig-Holstein 10.10.2000 – 3 Sa 285/00 – juris.
1012 MünchArb/*Reichold*, Bd. 1, § 48 Rn 58.
1013 BAG 15.4.1970 – 3 AZR 259/69 – AP § 687 BGB Nr. 4 = BB 1970, 883.
1014 LAG Schleswig-Holstein 20.1.2000 – 4 sa 189/99 – ARST 2000, 162.
1015 LAG München 8.8.2002 – 4 Sa 758/01 – NZA-RR 2003, 187.
1016 MünchArb/*Reichold*, Bd. 1, § 49 Rn 15.
1017 ErfK/*Preis*, § 611 BGB Rn 741 f.
1018 MünchArb/*Reichold*, Bd. 1, § 36 Rn 22.
1019 ErfK/*Preis*, § 611 BGB Rn 742; ArbG Hamburg 19.8.1983 – 1 Bv 6/83 – AiB 1984, 95; ArbG Tübingen 30.1.1959 – 4 Sa 117/58 – DB 1959, 408.
1020 BAG 12.8.1999 – 2 AZR 923/98 – AP § 626 BGB Verdacht strafbarer Handlung Nr. 28 = NJW 2000, 1969; BAG 6.7.2000 – 2 AZR 454/99 – juris; LAG Düsseldorf 7.1.2004 – 12 TaBV 69/03 – juris.

nerbetrieblichen Schadensausgleichs zu beachten, die zu einer Haftungsmilderung führen (vgl. Rn 875 ff.). Zur Verjährung der Ansprüche vgl. Rn 586~. Zieht der AG mögliche Schäden vom Lohn ab, sind die Pfändungsgrenzen zu beachten (vgl. Rn 773).

Nach **Beendigung des Arbverh** hat der AN die im Eigentum des AG stehenden Gegenstände zurückzugeben.[1021] Die gilt auch, wenn die Parteien über die Wirksamkeit der Künd streiten und diese nicht unwirksam ist bzw. ein erstinstanzliches Urteil die Rechtswidrigkeit der Künd bestätigt hat.[1022] Benutzt der AN i.R.d. Tätigkeit Computerprogramme, so sind auch diese im Falle der Umarbeitung nach § 950 BGB an den AG als „Hersteller" herauszugeben.[1023]

557

Nach der gesetzlichen Regel handelt es sich bei der Rückgabe der Gegenstände des AG um eine Bringschuld des AN, da der **Ort der Rückgabe der Betrieb des AG** ist.[1024] Zwar geht das Gesetz grds. von einer Holschuld gem. § 269 aus, wonach grds. der Wohnsitz des Schuldners der Leistungsort ist. Für das Arbverh ist allerdings i.d.R. aus der Natur des Schuldverhältnisses oder aus den Umständen Abweichendes zu entnehmen: Einfach transportable Sachen hat der AN bei Beendigung eines Arbverh am Betriebssitz zurückzugeben. Anders liegen die Dinge bei umfangreichen Warenlieferungen, die vom AN – insb. ohne Gerätschaften – nicht einfach zurückzubringen sind. In diesen Fällen muss der AG die Sachen bei dem AN abholen.[1025] Der vertragliche Herausgabeanspruch besteht neben den sachenrechtlichen Ansprüchen gem. §§ 985, 861, die nicht unter kollektivrechtliche Ausschlussfristen fallen.[1026] Darüber hinaus haftet der AN dem AG auf Ersatz des Verzugsschadens gem. § 280 Abs. 1 und 2 i.V.m. § 286 mit der Folge der Haftungsverschärfung gem. § 287.

558

7. Auskunftspflichten. Eine allgemeine Auskunftspflicht des AN besteht nicht. Voraussetzung für einen zivilrechtlichen Auskunftsanspruch ist eine bereits vorhandene, besondere rechtliche Beziehung zwischen dem Berechtigten und dem Verpflichteten, bei welcher der Auskunftsverpflichtete Kenntnis von gewissen Tatsachen hat oder haben könnte, die für einen anderen von Bedeutung sind. Zudem muss der Berechtigte in entschuldbarer Weise über Bestehen und Umfang seines Rechts im Ungewissen sein und der Verpflichtete dagegen in der Lage, die erforderlichen Auskünfte unschwer zu erteilen.[1027] Ein Auskunftsanspruch gegen den AN besteht daher, soweit der AG als Anspruchsberechtigter in entschuldbarer Weise über Bestehen oder Umfang seines Rechts im Ungewissen ist, während der AN als Verpflichteter unschwer Auskunft erteilen kann.[1028] Beispiele für eine Auskunftspflicht sind die Auskunft bei dem konkreten Verdacht einer Verletzung von Wettbewerbsverboten über die jeweilige Tätigkeit,[1029] über den Umfang von ausgeübten Nebentätigkeiten[1030] oder über Informationen im Zusammenhang mit dem konkreten Verdacht einer Vertragsverletzung[1031] oder Informationen zur Bezifferung eines Schadensersatzanspruchs (zu den Informationspflichten bei Vertragsschluss im Einstellungsgespräch vgl. Rn 264 ff.).[1032]

559

8. Unterlassung störenden Verhaltens. Aus § 241 Abs. 2 ergibt sich für den AN die Nebenpflicht, sich im **Betrieb des AG ordnungsgemäß** zu verhalten und seine berechtigten Interessen an einem reibungslosen Arbeitsablauf nicht zu verletzen.[1033] Daraus folgen verschiedene Unterlassungspflichten des AN, die über den direkten Eigentumsschutz des AG hinausgehen und auch das Zusammenarbeiten der AN untereinander betreffen. Allerdings besteht der vertragliche Anspruch, störendes Verhalten zu unterlassen, aufgrund des Arbeitsvertrags nur zwischen AG und AN. Zwischen den AN untereinander fehlt eine vertragliche Bindung, so dass es dort keine vertraglichen Rücksichtnahmepflichten gem. § 241 Abs. 2 gibt. Vielmehr folgen Verhaltenspflichten der AN untereinander entweder aus einem tatsächlichen Reflex aus der Vertragsbeziehung zum AG[1034] oder aus Deliktsrecht (z.B. bei Mobbing vgl. Rn 946).

560

a) Drogenkonsum. Der AG hat ein berechtigtes Interesse daran, dass der AN während seiner Arbeitszeit keine die Arbeitsleistung oder den Arbeitsablauf beeinträchtigenden **Drogen** zu sich nimmt.

561

Wird die Arbeitsleistung infolge von **Alkohol** unmöglich, folgt dies schon aus dem Erfüllungsanspruch auf die Arbeitsleistung selbst. Unterhalb dieser Schwelle muss differenziert werden: Gefährdet der AN die Sicherheit im Betrieb oder die von Dritten oder die Belange seiner Kollegen, verstößt er gegen seine Nebenpflicht gem. § 241 Abs. 2,

562

1021 ErfK/*Preis*, § 611 BGB Rn 754 f.; LAG Niedersachsen 4.11.2003 – 13 Sa 423/03 – AuR 2004, 76.
1022 BAG 13.12.2007 – 2 AZR 196/06 – juris; LAG München 11.9.2002 – 9 Sa 315/02 – NZA-RR 2002, 636.
1023 Sächsisches LAG 17.1.2007 – 2 Sa 808/05 – BB 2008, 844.
1024 ErfK/*Preis*, § 611 BGB Rn 756.
1025 LAG Niedersachsen 4.11.2003 – 13 Sa 423/03 – AuR 2004, 76.
1026 BAG 27.2.2002 – 9 AZR 543/00 – AP § 4 TVG Tarifliche Ausschlussfrist Nr. 162 = BB 2002, 2285; LAG Niedersachsen 4.11.2003 – 13 Sa 423/03 – AuR 2004, 76.
1027 BAG 27.6.1990 – 5 AZR 334/89 – AP § 242 BGB Auskunftspflicht Nr. 27 = NJW 1990, 3293.
1028 BAG 18.1.1996 – 6 AZR 314/95 – AP § 242 BGB Auskunftspflicht Nr. 25 = NZA 1997, 41.
1029 BAG 22.4.1967 – 3 AZR 347/66 – AP § 242 BGB Auskunftspflicht Nr. 12 = BB 1967, 839.
1030 BAG 18.1.1996 – 6 AZR 314/95 – AP § 242 BGB Auskunftspflicht Nr. 25 = NZA 1997, 41.
1031 BAG 21.10.1970 – 3 AZR 479/69 – AP § 242 BGB Auskunftspflicht Nr. 13 = BB 1971, 36.
1032 LG Krefeld 12.7.2007 – 3 O 360/06 – juris.
1033 MünchArb/*Reichold*, Bd. 1, § 49 Rn 14.
1034 MünchArb/*Reichold*, Bd. 1, § 49 Rn 14.

schädigendes Verhalten zu unterlassen (relatives Alkoholverbot).[1035] Ein grundsätzliches absolutes Alkoholverbot gibt es nicht. Außerdienstliches Verhalten wird nicht berührt. Ein darüber hinausgehendes vereinbartes absolutes Alkoholverbot im Betrieb kann sich daher nur aus einer individuellen oder kollektiven Vereinbarung oder auch aufgrund einseitiger Anordnung des AG gem. § 106 GewO bei Fehlen eines BR ergeben. Die einseitige Anordnung entgegen § 87 Abs. 1 Nr. 1 BetrVG ist unwirksam. Verstößt der AN gegen das relative oder absolute Alkoholverbot, kann der AG zum einen kündrechtlich gegen ihn vorgehen (Abmahnung, Künd) oder bei Schädigungen gem. §§ 280 Abs. 1, 241 Abs. 2, 249 bzw. §§ 823, 249 Ersatz verlangen. Liegt eine Alkoholkrankheit vor, muss die Künd den Voraussetzungen einer personenbedingten Künd genügen.[1036] Unterbleibt die Arbeitsleistung ganz, entfällt der Lohnanspruch i.d.R. gem. § 326 Abs. 1 S. 1 infolge von Unmöglichkeit durch Zeitablauf.

563 Für **Cannabis** gilt Ähnliches wie für die betrieblichen Alkoholverbote. Der AG kann ein absolutes Drogenverbot aufstellen, unter das auch das Rauchen von Cannabis fällt. Verstößt der AN gegen das Verbot, kann dies zur Künd berechtigen.[1037] Das außerdienstliche Verhalten des AN ist dagegen irrelevant, sofern es sich nicht auf seine Leistungsfähigkeit auswirkt.

564 Ein relatives oder absolutes **Rauchverbot** folgt als Nebenpflicht des AN, wenn der AG dies einseitig gem. § 106 GewO angeordnet hat oder eine individual- oder kollektivrechtliche Vereinbarung darüber geschlossen worden ist. Darüber hinaus kann eine derartige Nebenpflicht aber auch als Folge der Gesundheitsfürsorge des AG gem. **§ 3a ArbStättV** oder subsidiär nach **§ 618** entstehen.[1038] Nach § 3a ArbStättV muss der AG die erforderlichen Maßnahmen treffen, um die nichtrauchenden Beschäftigten in Arbeitsstätten wirksam vor Gesundheitsgefahren durch Tabakrauch zu schützen.[1039] Ein Anspruch richtet sich damit gegen den AG. Besteht eine Gesundheitsgefährdung und reagiert der AG nicht, kann der betroffene AN seine Leistung gem. §§ 273, 618 zurückbehalten, ohne den Anspruch auf die Gegenleistung zu verlieren.[1040] Entscheidend ist, ob der AG zumutbare Schutzmaßnahmen getroffen hat.[1041]

565 Die Art der Umsetzung des Rauchverbots steht im Ermessen des AG. Erlässt der AG – allein oder in Mitwirkung der kollektiven Interessenvertreter (vgl. § 87 Abs. 1 Nr. 1 BetrVG) – ein Rauchverbot, sind zugunsten der Raucher die Grundsätze der Verhältnismäßigkeit zu beachten, die in ihrem **Grundrecht auf freie Entfaltung der Persönlichkeit** eingeschränkt werden. Dabei können aber die Interessen der Raucher angesichts des Gesundheitsschutzes soweit zurücktreten, dass innerhalb des gesamten Gebäudes ein Rauchverbot eingreift.[1042] Dagegen lässt sich ein generelles Rauchverbot im Freien nicht mit dem Gesundheitsschutz begründen.[1043] Eine direkte Nebenpflicht folgt aus den Arbeitsschutzgesetzen nicht, da nur der AG als Regelungsadressat genannt ist. Die Nebenpflicht, dieses Rauchverbot zu beachten, entsteht erst, wenn der AG entsprechende Maßnahmen anordnet. Ebenso ergibt sich zwischen den AN keine über das Deliktsrecht hinausgehende Unterlassungspflicht. Der Verstoß gegen das Rauchverbot kann zu einer **Abmahnung** und zu einer verhaltensbedingten oder bei krankhaften Suchtverhalten zu einer personenbedingten **Künd** führen. Eine Künd kommt nach den allgemeinen Grundsätzen bei wiederholtem Verstoß trotz Abmahnung in Betracht oder auch dann wenn Dritte durch das Verhalten des AN gefährdet werden (z.B. Explosionsgefahr bei Verstoß gegen das Rauchverbot).[1044]

566 Die **Überprüfung von Drogenverboten** bzw. die Durchführung sog. Drogenscreenings vor der Einstellung oder während des laufenden Arbverh sind nur in engen Grenzen zulässig.[1045] Körperliche Untersuchungen vor Einstellung kann der AG nur dann verlangen, wenn er an den festzustellenden Merkmalen ein berechtigtes Interesse hat – ein umfassender Drogentest fällt nach Ansicht der Lit. nicht darunter.[1046] Auch während des laufenden Arbverh muss der AN keine routinemäßigen Drogentests dulden,[1047] die ohne einen konkreten Anlass durchgeführt werden. In engen Grenzen können Tests aber zulässig sein, wenn es sich um eine besonders gefahrgeneigte Tätigkeit handelt wie z.B. Führen von schweren Maschinen.[1048] Anders ist es dagegen, wenn der AN einem derartigen Verfahren wirksam zugestimmt hat, wie er dies im laufenden Arbverh tun kann. An einer entsprechenden Klausel im Arbeitsvertrag des neu eingestellten AN wird der AG nur dann ein berechtigtes Interesse haben, wenn die Drogenfreiheit für das Arbverh relevant ist. Darüber hinausgehende umfassende Klauseln sind unwirksam.

567 **b) Sexuelle Belästigung.** Von § 241 Abs. 2 ist auch die Pflicht umfasst, **sexuelle Belästigungen** am Arbeitsplatz zu unterlassen. Diese vertragliche Unterlassungspflicht besteht aber nur zwischen AG und AN, nicht aber zwischen den AN untereinander. Wird der AN von Kollegen belästigt, hat er gegen diese nur einen deliktischen Anspruch. Die

---

1035 MünchArb/*Reichold*, Bd. 1, § 49 Rn 21.
1036 *Bengelsdorf*, NZA-RR 2002, 57.
1037 BAG 18.10.2000 – 2 AZR 131/00 – NZA 2001, 383.
1038 *Wellenhofer-Klein*, RdA 2003, 155.
1039 *Schmieding*, ZTR 2004, 12.
1040 *Molkentin*, NZA 1997, 849.
1041 LAG Berlin-Brandenburg 11.3.2008 – 11 Sa 1910/06 – juris zum rauchfreien Arbeitsplatz.
1042 BAG 19.1.1999 – 1 AZR 499/98 – AP § 87 BetrVG 1972 Ordnung des Betriebs Nr. 28 = NZA 1999, 546.
1043 BAG 19.1.1999 – 1 AZR 499/98 – AP § 87 BetrVG 1972 Ordnung des Betriebs Nr. 28 = NZA 1999, 546.
1044 DZ/*Däubler*, § 626 BGB Rn 92.
1045 *Diller/Powietzka*, NZA 2001, 1227.
1046 *Diller/Powietzka*, NZA 2001, 1227 m.w.N.
1047 BAG 12.8.1999 – 2 AZR 55/99 – NJW 2000, 604.
1048 ArbG Hamburg 1.9.2006 – 27 Ca 136/06 – AuA 2007, 51.

Nebenpflicht gegenüber dem AG ist durch die Regelung des § 3 Abs. 4 AGG konkretisiert.[1049] Unter den Begriff der sexuellen Belästigung fallen alle Verhaltensweisen (z.B. Berührungen, Äußerungen, Gesten, Zeigen von Bildern oder Texten auch über SMS-Nachrichten)[1050] mit sexualisiertem Inhalt, welche die Würde des Beschäftigten verletzen können. Darunter fallen sexuelle Verhaltensweisen oder Handlungen, die nach den strafgesetzlichen Vorschriften unter Strafe gestellt sind sowie sexuelle Handlungen oder Aufforderungen zu diesen, körperliche Berührungen oder Bemerkungen sexuellen Inhalts, wie z.B. das Anbringen pornographischer Darstellungen, die von den Betroffenen erkennbar abgelehnt werden. Für die **Ablehnung** reicht insoweit eine erkennbare Missbilligung aus, wobei der Maßstab in Anbetracht der Arbeitssituation nicht zu hoch angesetzt werden darf. Anders als noch nach dem BeschSchG hat der AG die Darlegungs- und Beweislast, sich von einem indizierten Vorwurf zu entlasten (vgl. §§ 3 Abs. 4, 1, 22 AGG).

Die Belästigung muss mit arbeitsrechtlichem Bezug erfolgen. Das bedeutet aber nicht, dass der Bezugspunkt rein örtlich beschränkt ist. Entscheidend kommt es auf ein arbeitsplatzbezogenes Verhalten an, das hinsichtlich seiner Folgen belastend auf das Verhältnis der AN zueinander wirkt.[1051] Werden AN außerhalb der räumlichen Arbeitsstätte sexuell belästigt, hat dies zwangsläufig Nachwirkungen auf das soziale Verhältnis der AN zueinander. Wirken sich diese Folgen auf die Qualität der Zusammenarbeit aus, ist ein ausreichender Bezug zum Arbeitsplatz hergestellt.

Unter die vertragliche Nebenpflicht gem. § 241 Abs. 2 fällt es daher auch, **sexuelle Diskriminierungen** am Arbeitsplatz zu unterlassen, da auch diese den Betriebsablauf stören und mit dem Arbverh nichts zu tun haben. Nach Art. 2 der RL 2000/78/EG ist die Diskriminierung wegen einer bestimmten sexuellen Ausrichtung untersagt. Darunter fallen auch sexuelle Belästigungen, d.h. unerwünschte Verhaltensweisen, durch welche die Würde des AN verletzt wird und die ein von Anfeindungen gekennzeichnetes Umfeld schaffen. Ob dieses Umfeld von den übrigen AN als „normal" empfunden wird (z.B. Pin-Up-Poster in KfZ-Werkstatt), ist unerheblich. Ebenso kommt es nicht auf das Bildungsniveau oder die sonstigen Umgangsformen der diskriminierten Person an.[1052]

Verstößt der AN gegen das Verbot sexueller Belästigung, kann ihm u.U. bei schwerwiegenden Verletzungen **auch ohne vorherige Abmahnung gekündigt** werden (andauernde über Monate anhaltende sexualisierte Berührungen oder Verschicken von Textnachrichten).[1053] Ebenso hat der geschädigte AN u.U. Ansprüche gegen den AG gem. §§ 280 Abs. 1, 249. Ist dem AG darüber hinaus ein Schaden entstanden, ist dieser nach §§ 280 Abs. 1, 249 vom störenden AN zu ersetzen.

c) Mobbing. Aufgrund seiner Schutz- und Rücksichtnahmepflicht gegenüber dem AG hat der AN **Mobbinghandlungen** gegenüber Kollegen zu unterlassen, die geeignet sind, den Betriebsfrieden zu stören.[1054] Unter Mobbing (to mob = pöbeln) versteht man einen persönlichkeitsschädigenden Handlungskomplex, der letztlich zu einer psychologisch nachweislichen Traumatisierung des Opfers führt. Es müssen danach fortgesetzte, aufeinander aufbauende oder ineinander übergreifende, der Anfeindung, Schikane oder Diskriminierung dienende Verhaltensweisen vorliegen. Diese Verhaltensweisen müssen zu einer Verletzung der Ehre, der Gesundheit oder des allgemeinen Persönlichkeitsrechts des betroffenen AN führen.[1055] Diese Definition ist nicht deckungsgleich mit der untersagten Diskriminierung nach dem AGG, da diese voraussetzt, dass gegen ein Diskriminierungsverbot verstoßen wird.[1056] Eine Mindestzeit der Schikane wird abstrakt nicht festzulegen sein, vielmehr entscheiden die Umstände des Einzelfalles und nicht zuletzt die medizinische Begutachtung. Dabei muss die Schwelle zu einer psychischen Erkrankung nicht überschritten werden, es reicht die psychisch nachweisbare Belästigung aus. In diesen Fällen kann der vom AN zu führende Nachweis freilich schwer zu erbringen sein. Die Darlegungs- und Beweislast für die Pflichtverletzung und den kausal entstandenen Schaden hat der betroffene AN.[1057] Pauschaler Vortrag wie etwa „rüder Ton" etc. reicht nicht aus, vielmehr müssen bestrittene Vorfälle konkret erläutert werden. Hat die Schikanehandlung ihre Ursache in einer nach § 3 Abs. 3 AGG untersagten Belästigung, die eine untersagte Diskriminierung ist, wird die Darlegungs- und Beweislast nach § 22 AGG bei Vorliegen von Indiztatsachen umgekehrt. Für die Indizien der Belästigung bleibt der betroffene AN jedoch im vollen Umfang darlegungs- und beweispflichtig.

Ist der AN das Opfer von Mobbing geworden, kann er seine Arbeitskraft gem. **§ 273 zurückhalten** und das Arbverh u.U. seinerseits mit der Folge der Schadensersatzpflicht des AG gem. § 628 Abs. 2 außerordentlich kündigen. Der **AG** kann ihm darüber hinaus gem. §§ 280 Abs. 1, 241 Abs. 2, 618, 249 ff. wegen **Verletzung seiner Fürsorgepflichten**

[1049] LAG Rheinland-Pfalz 24.10.2007 – 8 Sa 125/07 – juris.
[1050] LAG Rheinland-Pfalz 24.10.2001 – 9 Sa 853/01 – juris noch zum BeschSchG.
[1051] *Schlachter*, NZA 2001, 121.
[1052] LAG Schleswig-Holstein 27.9.2006 – 3 Sa 163/06 – ArbuR 2007, 145.
[1053] Hessisches LAG 27.1.2004 – 13 TaBV 113/03 – juris; LAG Rheinland-Pfalz 24.10.2001 – 9 Sa 853/01 – juris.
[1054] MünchArb/*Reichold*, Bd. 1, § 49 Rn 42.
[1055] BAG 6.5.2007 – 8 AZR 709/06 – NJW 2007, 3455; LAG Rheinland-Pfalz 23.5.2007 – 7 Sa 982/06 – juris; LAG Thüringen 15.2.2001 – 5 Sa 102/00 – NZA-RR 2001, 577; zu weiteren Definitionen vgl. *Beneke*, NZA-RR 2003, 225.
[1056] BAG 25.10.2007 – 8 AZR 593/06 – NZA 2008, 223.
[1057] BAG 6.5.2007 – 8 AZR 709/06 – NJW 2007, 3455; LAG Hamm 19.12.2006 – 9 Sa 836/06 – juris; ArbG Stuttgart 19.10.2006 – 6 Ca 1208/05 – juris; LAG Mecklenburg-Vorpommern 29.3.2007 – 1 Sa 187/06 – juris.

haften.[1058] Ein deliktischer Schadensersatzanspruch wegen Organisationsverschuldens kommt in Betracht, wenn der AG trotz seiner Kenntnis über die Verletzung des Persönlichkeitsrechts oder der Gesundheit nicht gegen den störenden AN vorgegangen ist. Für beide Anspruchsgrundlagen ist es erforderlich, dass der AG bei Verletzungshandlungen von Dritten Kenntnis von den Vorfällen hat.[1059] Als Zurechnungsnorm bei vertraglichen Schadensersatzansprüchen kommt neben der Haftung aus Eigenverschulden § 278, z.b. bei verletzender Ausübung des Weisungsrechts durch die dafür vom AG eingesetzten AN, in Betracht. Dabei ist zu beachten, dass aber nur der AN Erfüllungsgehilfe sein kann, dem der AG spezifische Fürsorgepflichten übertragen hat,[1060] z.B. als Vorgesetzter.[1061] Wird der störende AN als Vorgesetzter tätig, kann er sich nicht auf die Haftungsmilderung nach dem innerbetrieblichen Schadensausgleich berufen.[1062] Ebenso kann der AG dem verletzten AN gem. § 831 für eigenes Auswahlverschulden haften. Im Rahmen des Schadensersatzanspruchs wegen Verletzung des allgemeinen Persönlichkeitsrechts sind keine materiellen Schäden zu ersetzen, wie z.B. Verdienstausfall.[1063] Der immaterielle Schadensersatz setzt voraus, dass bei schwerer Schuld des Störers das Persönlichkeitsrecht nicht in anderer Weise geschützt werden kann.[1064] Vertragliche Ansprüche zwischen den AN bestehen nicht; es bleibt nur der Deliktsanspruch gegenüber dem störenden AN. Die Mobbinghandlung gefährdet stets die Interessen des AG, da der verletzte AN das Zurückbehaltungsrecht gem. § 273 geltend machen kann. Daher verletzt der mobbende AN gegenüber dem AG seine vertraglichen Nebenpflichten. Der AG kann **Unterlassung** verlangen, den **Ersatz des entstandenen Schadens** (§§ 280 Abs. 1, 241 Abs. 2, 249) oder den störenden **AN kündigen**. Dagegen hat der betroffene AN keinen einklagbaren Anspruch darauf, dass der AG den störenden AN kündigt, da die Schutzmaßnahmen im Ermessen des AG stehen.[1065] Ausschlussfristen finden Anwendung auf Schadensersatzansprüche, wobei die Frist ab der letzen Handlung läuft.[1066]

573 **9. Meinungsäußerung.** Eine **Meinungsäußerung** des AN führt nur dann zu einer Verletzung seiner Nebenpflicht gem. § 241 Abs. 2, wenn über die bloße Beeinträchtigung des Betriebsfriedens hinaus die berechtigten Interessen des AG verletzt sind. Das ist dann nicht der Fall, wenn die Meinungsäußerung des AN durch **Art. 5 GG** gerechtfertigt ist. Bei der Ausgestaltung der vertraglichen Rücksichtnahmepflicht des AN sind daher stets die verfassungsrechtlichen Rahmenbedingungen, insb. das Grundrecht des AN auf Meinungsfreiheit (Art. 5 Abs. 1 GG) zu beachten.[1067] Wie das BAG ausgeführt hat, ist es mit der überragenden Bedeutung dieses Grundrechts unvereinbar, wenn Art. 5 Abs. 1 GG in der betrieblichen Arbeitswelt, die für die Lebensgrundlage zahlreicher Staatsbürger wesentlich bestimmend ist, nicht oder nur eingeschränkt anwendbar ist.[1068] Dabei kommt es entscheidend darauf an, ob die Äußerung nach Form und Inhalt strafrechtlichen Regelungen oder die persönliche Ehre des AG oder seiner Beschäftigten verletzt. Unwahre und beleidigende Tatsachenäußerungen sind von Art. 5 GG nicht umfasst.[1069] Von Art. 5 GG ebenfalls nicht gedeckt sind wahrheitswidrige Bezichtigungen (auch gegenüber Kollegen)[1070] oder rassistische Äußerungen.[1071] Wird der Name des AN in einer Publikation genannt, so gibt es keine tatsächliche Vermutung, dass die Veröffentlichung vom AN veranlasst oder gebilligt worden ist.[1072]

574 **Geschäftsschädigende Aussagen**, die den Interessen des AG zuwiderlaufen, verletzen nur dann die Nebenpflicht gem. § 241 Abs. 2, wenn das Recht auf freie Meinungsäußerung nicht unverhältnismäßig zurücktreten muss. Eine Meinungsäußerung des AN im Bereich des Betriebs wird nämlich nicht stets durch das Grundrecht auf freie Meinungsäußerung gedeckt. Es findet seine Schranken in den Grundregeln über das Arbverh. Danach darf der AN öffentlich, z.B. in Flugblättern an alle Mitarbeiter des Betriebs, keine bewusst wahrheitswidrigen Behauptungen über den AG aufstellen und durch seine Aktionen **nicht den Betriebsfrieden** stören.[1073] Im Gegensatz zur Ansicht des BAG[1074] kommt es in Anbetracht von Art. 5 GG dabei auf eine konkrete Störung des Betriebsfriedens an, die vom AG darzulegen ist.[1075] Im Einzelfall sind die Belange des AN und des AG gegeneinander abzuwägen,[1076] wobei der Umstand, dass sich der AN an die Öffentlichkeit gewendet hat, nicht für einen Vorrang der Belange des AG sprechen kann.[1077] Fallen bei einer öffentlichen Auseinandersetzung polemische oder überspitzte Äußerungen, können diese von Art. 5 GG gedeckt sein.[1078]

1058 BAG 6.5.2007 – 8 AZR 709/06 – NJW 2007, 3455.
1059 BAG 6.5.2007 – 8 AZR 709/06 – NJW 2007, 3455.
1060 BAG 6.5.2007 – 8 AZR 709/06 – NJW 2007, 3455.
1061 BAG 25.10.2007 – 8 AZR 593/06 – NZA 2008, 223.
1062 BAG 25.10.2007 – 8 AZR 593/06 – NZA 2008, 223.
1063 BAG 6.5.2007 – 8 AZR 709/06 – NJW 2007, 3455.
1064 LAG Hamm 7.11.2006 – 9 Sa 444/06 – juris; LAG Rheinland-Pfalz 24.1.2007 – 9 Sa 935/06 – juris.
1065 BAG 25.10.2007 – 8 AZR 593/06 – NZA 2008, 223.
1066 BAG 6.5.2007 – 8 AZR 709/06 – NJW 2007, 3455.
1067 MünchArb/*Reichold*, Bd. 1, § 49 Rn 17.
1068 BAG 24.6.2004 – 2 AZR 63/03 – Pressemitteilung 47/04 des BAG.
1069 BAG 10.10.2002 – 2 AZR 418/01 – DB 2003, 1797; Hessisches LAG 1.9.2006 – 3 Sa 1962/05 – NZA-RR 2007, 245.
1070 ArbG Frankfurt 30.4.2003 – 9 Ca 7937/02 – juris.
1071 BAG 14.2.1996 – 2 AZR 274/95 – NJW 1996, 2253.
1072 BAG 12.1.2006 – 2 AZR 21/05 – NZA 2006, 917.
1073 BAG 26.5.1977 – 2 AZR 632/76 – AP § 611 BGB Beschäftigungspflicht Nr. 5 = BB 1977, 1254.
1074 BAG 26.5.1977 – 2 AZR 632/76 – AP § 611 BGB Beschäftigungspflicht Nr. 5 = BB 1977, 1254; offen gelassen in BAG 9.12.1982 – 2 AZR 620/80 – AP § 626 BGB Nr. 73 „Anti-Strauß-Plakette" = NJW 1984, 1142.
1075 MünchArb/*Reichold*, Bd. 1, § 49 Rn 18.
1076 MünchArb/*Reichold*, Bd. 1, § 49 Rn 17.
1077 LAG Niedersachsen 7.5.2007 – 6 Sa 1045/05 – LAGE § 3 EntgeltfortzG Nr. 10; a.A. MünchArb/*Reichold*, Bd. 1, § 49 Rn 20.
1078 BAG 12.1.2006 – 2 AZR 21/05 – NZA 2006, 917.

Aus diesem Grundsatz folgt im Wege der Interessenabwägung jedenfalls die Pflicht des AN, im Betrieb eine provozierende **parteipolitische Betätigung** zu unterlassen, durch die sich andere Belegschaftsangehörige belästigt fühlen und durch die der Betriebsfriede oder der Betriebsablauf in sonstiger Weise konkret gestört wird oder die Erfüllung der Arbeitspflicht beeinträchtigt werden.[1079] Parteipolitische Betätigung (wie auch das Tragen von Plaketten etc.) im Betrieb fällt ebenfalls unter Art. 5 GG. Allerdings darf nicht das Neutralitätsgebot gem. § 74 Abs. 2 S. 3 BetrVG verletzt werden.[1080] Für Beschäftigte des öffentlichen Dienstes ist zusätzlich **§ 8 BAT bzw. § 41 TVöD** (vgl. auch § 52 Abs. 2 BBG, § 35 Abs. 2 BRRG) zu beachten, nach dem sich der AN in seinem Verhalten zur freiheitlich demokratischen Grundordnung bekennen muss und auch in seinem Privatverhalten besonderen Anforderungen genügen muss.[1081]

10. Duldung von Kontrollen. Soweit es zur Wahrung der berechtigten Interessen des AG erforderlich ist, hat der AN die vertragliche Nebenpflicht, **Kontrollen** gem. § 241 Abs. 2 **zu dulden**, wenn eine individual- oder kollektivrechtliche Vereinbarung darüber besteht (zu Gesundheitskontrollen vgl. Rn 566). Einseitig kann der AG Kontrollmaßnahmen, die das gem. Art. 1 Abs. 1 und 2 Abs. 1 GG geschützte Persönlichkeitsrecht des AN berühren, nicht anordnen (zu Drogentests vgl. Rn 566). Die Ausnahme dazu ist die zeitnahe Kontrolle aufgrund eines konkreten Verdachts im Einzelfall (z.B. Taschenkontrolle bei Diebstahlsverdacht).[1082] Maßnahmen zur Ordnung des Verhaltens im Betrieb unterliegen der Mitbestimmung des BR gem. § 87 Abs. 1 Nr. 1 BetrVG, die nicht nur die Anordnung, sondern auch die konkrete Art der Durchführung der Kontrollen betrifft.[1083] Bei der Frage der Verhältnismäßigkeit der Kontrolle sind die betroffenen Grundrechte des AN – insb. sein Persönlichkeitsrecht – gegen die berechtigten Belange des AG abzuwägen. Werden bei einer unrechtmäßigen Kontrolle Erkenntnisse gewonnen, besteht – auch für eine Künd – ein Beweisverwertungsverbot.[1084]

Die verdachtsunabhängige Installation einer **Videoanlage**, die bis zu 50 Stunden wöchentlich ohne Erkennbarkeit für die AN eingesetzt wird, greift erheblich in das geschützte Persönlichkeitsrecht der AN ein und ist unverhältnismäßig.[1085] Eine solche Maßnahme kann nur dann gerechtfertigt sein, wenn dem Persönlichkeitsrecht gleichwertige Interessen des AG gegenüberstehen, die dieser konkret darlegen muss (wie z.B. Diebstahlsverdacht bei konkreten Warenverlusten etc.[1086] oder die Überwachung durch einen Detektiv).[1087] Die Kosten von Kontrollmaßnahmen hat der AN im Rahmen des Schadensersatzes gem. §§ 280 Abs. 1, 241 Abs. 2 BGB als Folge der Pflichtverletzung nur dann zu tragen, wenn die Maßnahme den Verdacht bestätigt, insgesamt zulässig ist und den AN der Pflichtverletzung überführt.[1088]

Ebenso greifen **Telefonkontrollen** in das Persönlichkeitsrecht des AN ein. Das Recht am eigenen Wort umfasst die Befugnis, darüber zu bestimmen, ob das gesprochene Wort nur dem Gesprächspartner zugänglich sein soll oder auch von Dritten mitgehört werden kann.[1089] Eingriffe des AG in das Recht des AN am gesprochenen Wort sind nur zulässig, soweit im Einzelfall das Interesse des AG vor demjenigen des AN den Vorrang verdient. Dies kann z.B. der Fall sein, wenn der AG externe Telefonate zu Ausbildungszwecken mithört.[1090]

Ähnliches gilt für Kontrollen von **E-Mails** des AN.[1091] Sind die E-Mails an den Namen des AN und nicht nur an die Firma adressiert, muss der AG seine inhaltliche Kontrolle durch konkrete berechtigte Belange gegenüber dem Persönlichkeitsrecht des AN rechtfertigen. Will der AG die gesamte **Internetnutzung** anhand der Verbindungen kontrollieren, können die von der Rspr. zur Videoüberwachung entwickelten Grundsätze sinngemäß übertragen werden. Zwar greift eine derartige Überwachung nicht so stark wie das Filmen und Beobachten in das Persönlichkeitsrecht ein, jedoch unterzieht es den AN einer ständigen, nicht erkennbaren Bewachung.[1092] Daher muss der AG einen konkreten Missbrauch oder die Verletzung von arbeitsvertraglichen Pflichten darlegen. Davon zu trennen ist die Frage, ob der AG das Versenden von privaten E-Mails grds. untersagen kann.[1093] Will er ein solches Verhalten des AN beanstanden, muss er den AN aber zuvor deutlich darauf hingewiesen haben, dass z.B. das Versenden von privaten E-Mails untersagt ist.[1094] Nach § 28 BDSG ist das Sichern von Daten im berechtigten Interesse des AG zulässig. Daher können Daten überwacht werden, wenn allein ein dienstlicher Gebrauch vereinbart worden ist.[1095]

1079 BAG 9.12.1982 – 2 AZR 620/80 – AP § 626 BGB Nr. 73 „Anti-Strauß-Plakette" = NJW 1984, 1142.
1080 BAG 12.6.1986 – 6 AZR 559/84 – DB 1987, 1898.
1081 LAG Schleswig-Holstein 6.8.2002 – 2 Sa 150/02 – DB 2004, 1797, Billigung der Anschläge vom 11.9. in außerdienstlicher Veröffentlichung als berechtigter Künd-Grund.
1082 MünchArb/*Reichold*, Bd. 1, § 49 Rn 32.
1083 LAG Hamm 8.3.2000 – 18 Sa 2009/99 – juris.
1084 LAG Hamm 5.4.2006 – 3 Sa 1376/05 – juris.
1085 BAG 29.6.2004 – 1 ABR 21/03 – Pressemitteilung 50/04.
1086 BAG 7.10.1987 – 5 AZR 116/86 – AP § 611 BGB Persönlichkeitsrecht Nr. 15 = NZA 88, 92.
1087 LAG Hamm 8.3.2007 – 17 Sa 1604/06 – juris.
1088 LAG Rheinland-Pfalz 10.5.2007 – 11 Sa 167/07 – juris.
1089 BAG 30.8.1995 – 1 ABR 4/95 – AP § 87 BetrVG 1972 Überwachung Nr. 29 = NZA 1996, 218.
1090 BAG 30.8.1995 – 1 ABR 4/95 – AP § 87 BetrVG 1972 Überwachung Nr. 29 = NZA 1996, 218.
1091 MünchArb/*Reichold*, Bd. 1, § 49 Rn 35.
1092 *Wolf/Mulert*, BB 2008, 442; *Ernst*, NZA 2002, 585.
1093 LAG Frankfurt 13.12.2001 – 5 Sa 987/01 – DB 2002, 901.
1094 LAG Köln 15.12.2003 – 2 Sa 816/03 – ZTR 2004, 325.
1095 Ausführlich ArbG Düsseldorf 29.10.2007 – 3 Ca 1455/07 – juris.

580 **Torkontrollen** sind ebenso nur dann erforderlich, wenn ein berechtigtes Interesse des AG an dieser Maßnahme (z.B. Diebstahlsverdacht) besteht, das umso gewichtiger sein muss, je stärker das Persönlichkeitsrecht des AN (z.B. durch Leibesvisitationen) betroffen ist.[1096]

581 Führt der AG **Zuverlässigkeitstests** oder **Ehrlichkeitskontrollen** durch, liegt darin ein Eingriff in das gem. Art. 1 Abs. 1 und Art. 2 Abs. 1 GG geschützte allgemeine Persönlichkeitsrecht des AN.[1097] Dieser Eingriff ist nur dann verhältnismäßig, wenn entweder ein konkreter Verdacht besteht oder der AG, z.B. bei Außerdienstmitarbeitern, überhaupt keine anderen Kontrollmöglichkeiten hat. Letztlich entscheidet eine Güterabwägung zwischen den berechtigten Interessen des AG und den geschützten Belangen des AN darüber, ob der Test rechtmäßig ist und damit auch keine Verwertungsverbot gegenüber dem AN besteht.[1098] Für rechtmäßig hat das BAG in diesem Rahmen die **Kassenkontrolle** angesehen, bei der vom AG zusätzliches Wechselgeld in die Kasse gelegt wurde, das der AN nicht ausgewiesen hatte.[1099]

582 **11. Außerdienstliches Verhalten.** Das **außerdienstliche Verhalten** des AN wird grds. von seinen arbeitsvertraglichen Nebenpflichten nicht berührt. Außerhalb seiner Arbeitszeiten kann sich der AN verhalten, wie er es will, ohne arbeitsrechtliche Konsequenzen zu befürchten. Insb. trifft ihn außerhalb der gesetzlichen Bestimmungen – z.B. § 8 BUrlG – keine Pflicht, seine Arbeitskraft bzw. seine Gesundheit zu erhalten (anderes gilt bei der Verzögerung des Genesungsprozesses).[1100]

583 Eine Ausnahme davon ist gegeben, wenn das außerdienstliche Verhalten das Arbverh konkret beeinträchtigt,[1101] also die Erfüllung der Leistungspflicht oder den Betriebsfrieden stört.[1102] Insb. kann dies bei Straftaten der Fall sein, welche eine weitere vertrauensvolle Zusammenarbeit ausschließen, auch wenn sie sich nicht direkt auf die arbeitsvertragliche Tätigkeit beziehen – etwa bei Sexual-[1103] oder Tötungsdelikten.[1104]

584 Für den **öffentlichen Dienst** gilt ein strengerer Maßstab. Die dienstliche Verwendbarkeit kann auch durch außerdienstliche Vorgänge beeinflusst werden kann. Die Öffentlichkeit misst das Verhalten eines öffentlichen Bediensteten an einem strengeren Maßstab als das des privat Beschäftigten. Insoweit wird § 8 Abs. 1 S. 1 BAT bzw. § 41 TVöD, wonach sich der Ang so zu verhalten hat, wie es von Angehörigen des öffentlichen Dienstes erwartet wird, in der Rspr. auch auf das außerdienstliche Verhalten des Ang bezogen. Der Ang muss sich auch außerdienstlich so verhalten, dass das Ansehen des öffentlichen AG nicht beeinträchtigt wird.[1105] Dabei ist aber im Rahmen der Interessenabwägung bei einer Künd zu berücksichtigen, welche Funktion der AN hat und ob er als Repräsentant des öffentlichen Dienstes wahrgenommen wird.[1106] Eine Künd (als Tat- oder Verdachtskünd) kommt bei einer außerdienstlichen Straftat nur dann in Betracht, wenn es sich um eine Straftat von gewissem Gewicht,[1107] um einen Widerspruch zum Tätigkeitsbereich oder um eine gegen die öffentliche Sicherheit und Ordnung gerichtete Tat handelt. Umso mehr gilt dies, wenn die Tätigkeit und das außerdienstliche Verhalten gleiche Sachgebiete betreffen, z.B. bei der Steuerhinterziehung eines Finanzbeamten.[1108] Das bedeutet aber gleichzeitig nicht, dass der AN im öffentlichen Dienst einem strengeren „Sittenkodex" unterliegt.[1109] Will der öffentliche AG besondere Verhaltensregeln aufstellen, kann er dies nur, soweit ein konkreter Bezug zum Arbverh besteht.

C. Verbindung zu anderen Rechtgebieten und zum Prozessrecht

I. Verjährung

585 Die Ansprüche aus dem Arbverh verjähren in der dreijährigen regelmäßigen Frist des § 195. Die Frist beginnt gem. § 199 Abs. 1 mit dem Abschluss des Jahres zu laufen, in welchem der Anspruch entstanden ist und der Gläubiger Kenntnis von den klagebegründenden Umständen erlangt hat bzw. hätte erlangen müssen. Von diesem kenntnisabhängigen Fristbeginn ist die absolute Rahmenfrist des § 199 Abs. 4 zu unterscheiden, nach welcher der Anspruch unabhängig von der Kenntnis des Gläubigers in zehn Jahren nach seiner Entstehung verjährt.

586 Hat der AN Schadensersatz wegen einer an den AG **herauszugebenden Sache** zu leisten, ist zu beachten, dass die kurze Verjährung der §§ 548, 606 nach dem BAG nicht entsprechend für den Gebrauch an Sachen gilt, die ein AG seinem AN im Rahmen eines Arbverh überlässt, z.B. wenn der AN einen auch privat genutzten Firmenwagen beschädigt hat.[1110] Die arbeitsrechtlichen Regelungen, z.B. tarifvertragliche Ausschlussfristen, sollen in diesen Fällen vor-

---

1096 MünchArb/*Reichold*, Bd. 1, § 49 Rn 31.
1097 BAG 18.11.1999 – 2 AZR 743/98 – AP § 626 BGB Verdacht strafbarer Handlung Nr. 32 = NJW 2000, 1211.
1098 *Maschmann*, NZA 2002, 13.
1099 BAG 18.11.1999 – 2 AZR 743/98 – AP § 626 BGB Verdacht strafbarer Handlung Nr. 32 = NJW 2000, 1211.
1100 MünchArb/*Reichold*, Bd. 1, § 49 Rn 46.
1101 BAG 8.6.2000 – 2 AZR 638/99 – NZA 2000, 1282.
1102 MünchArb/*Reichold*, Bd. 1, § 49 Rn 45.
1103 LAG Schleswig-Holstein 18.6.2002 – 5 Sa 53 c/02 – juris.
1104 BAG 8.6.2000 – 2 AZR 638/99 – NZA 2000, 1282 für die Privatwirtschaft offen gelassen.
1105 BAG 8.6.2000 – 2 AZR 638/99 – NZA 2000, 1282.
1106 LAG Hamm 19.4.2007 – 17 Sa 32/07 – juris; LAG Berlin Brandenburg 19.1.2007 – 6 Sa 1726/06 – juris.
1107 BAG 8.6.2000 – 2 AZR 99 – NZA 2000,1282.
1108 LAG Düsseldorf 14.3.2000 – 3 Sa 109/00 – ZTR 2000, 423; LAG Köln 16.10.2001 – 1 (2) Sa 501/01 – juris.
1109 LAG Hamm 19.1.2001 – 5 Sa 491/00 – AuR 2002, 433 Mitbetreiben eines Swingerclubs von Grundschullehrerin.
1110 BAG 11.4.1984 – 7 AZR 115/81 – NJW 1985, 759.

gehen. Dagegen wendet die instanzgerichtliche Rspr. zu Recht ein, die kurze Verjährungsfrist könne zumindest dann eingreifen, wenn das Arbverh bereits beendet ist bzw. keine Tarifbindung der Parteien besteht.[1111] Diese Ansicht ist vorzugswürdig, da auch die Arbeitsvertragsparteien ein Interesse an einer schnellen Abwicklung der Schadensersatzansprüche haben. Verlangt der AG seine Sachen im Wege einer **Herausgabeklage**, so ist darauf zu achten, dass die Gegenstände im Einzelnen genau bezeichnet werden. Ein späterer Titel ist ansonsten nicht vollstreckbar. Die **Vollstreckung** richtet sich nach §§ 883 ff. ZPO. Alternativ kann der AG nach § 62 Abs. 2 S. 1 ArbGG einen pauschalierten Schadensersatz verlangen, der allerdings die Vollstreckungsmöglichkeit gem. § 62 Abs. 2 S. 2 ArbGG entfallen lässt.

Schadensersatzansprüche wegen Verletzung eines **Wettbewerbsverbots** verjähren in der kurzen dreimonatigen Frist des § 61 Abs. 2 HGB. 587

II. Durchsetzbarkeit des Anspruchs auf die Arbeitsleistung

Der **Vollstreckbarkeit** des Anspruchs auf die Arbeitsleistung steht nach der im Arbeitsrecht überwiegend vertretenen Ansicht[1112] § 888 Abs. 3 ZPO entgegen. Danach handelt es sich bei der Arbeitsleistung stets um eine unvertretbare Handlung, zu welcher der AN nicht gezwungen werden kann. Gegen diese Ansicht spricht aber, dass die Arbeitsleistung ebenso auch eine vertretbare Handlung sein kann, wenn der AG kein Interesse daran hat, dass der AN die Leistung persönlich erbringt.[1113] Es kann daher sehr wohl zwischen dem grds. „höchstpersönlichen" Charakter der Arbeitsleistung und der Art der Vollstreckung getrennt werden. Folgt man dieser Ansicht, kann die Arbeitsleistung im Einzelfall als vertretbare Handlung n. § 887 ZPO vollstreckt werden, d.h. der AG kann mit Ermächtigung des Gerichts auf Kosten des AN eine Ersatzkraft einstellen. 588

Fraglich ist aber, ob die Vollstreckung – auch nach der abweichenden Ansicht bei vertretbaren Tätigkeiten – praktisch überhaupt interessant ist. Der AG benötigt eine schnelle Lösung, die ihm die Zwangsvollstreckung und der zuvor zeitraubend vor Gericht erstrittene Titel auf den Anspruch auf die Arbeitsleistung oftmals nicht bieten können. Aber auch der **einstweilige Rechtsschutz** ist in diesem Fall umstritten.[1114] Verneint man mit der in Arbeitsrecht überwiegenden Ansicht die Vollstreckbarkeit des Anspruchs auf Arbeitsleistung, scheidet eine einstweilige Verfügung aus; der zu sichernde Anspruch muss vollstreckbar sein.[1115] Will man dagegen differenzieren, ob die Handlung im Einzelfall vertretbar oder unvertretbar ist, wird auch für die nach § 887 ZPO vollstreckbare vertretbare Handlung i.d.R. eine einstweilige Verfügung ausscheiden. Der AG kann nach § 887 ZPO mit Ermächtigung des Gerichts eine Ersatzkraft einstellen, so dass es letztlich nur um die Kostentragungspflicht des AN geht. I.d.R. wird es für diese Geldzahlung aber an einem Verfügungsgrund fehlen, da der Zeitfaktor keine Rolle spielt. Unter diesen Erwägungen scheidet eine einstweilige Verfügung bezüglich des Anspruchs auf Erbringung der Arbeitsleistung aus. 589

Neben den genannten Möglichkeiten kann der AG bei Nichtleistung des AN aber auch gem. **§ 61 Abs. 2 ArbGG** beantragen, vom Gericht eine Entschädigung festsetzen zu lassen (zum Antrag vgl. Rn 593).[1116] Die Entschädigung ist unabhängig davon, ob der Anspruch tatsächlich vollstreckbar ist,[1117] so dass der Streit um die Vollstreckbarkeit der Arbeitsleistung in diesem Zusammenhang keine Rolle spielt. Der Weg über § 61 Abs. 2 ArbGG ist aber für den AG ebenso zeitraubend wie die Klage, da der Antrag nach § 61 Abs. 2 ArbGG voraussetzt, dass der AG einen Titel auf die Arbeitsleistung erstreitet. Zudem muss dem AG ein Schaden durch die Nichtantritt der Arbeitsleistung entstanden sein, den das Gericht schätzen kann.[1118] Im einstweiligen Verfahren kann der AG diese nach § 61 Abs. 2 ArbGG festzusetzende Entschädigung nicht durchsetzen; wiederum fehlt es an einem Verfügungsgrund, da die Geldzahlung als solche verlangt wird.[1119] Beantragt der AG die Entschädigung nach § 61 Abs. 2 S. 1 ArbGG, so ist zu beachten, dass diese nach § 61 Abs. 2 S. 2 ArbGG an die Stelle des Erfüllungsanspruchs tritt und der AG daher die Leistung nicht mehr verlangen kann. 590

Als weitere Sanktion bleibt dem AG bei Nichtleistung des AN der **Schadensersatzanspruch** gem. §§ 280 Abs. 1 und 3, 283 bei Unmöglichkeit der Arbeitsleistung infolge des Zeitablaufs (vgl. Rn 831 ff.). Dabei kann insb. die Bezifferung eines Schadens problematisch sein, wenn die übrigen AN den Arbeitsausfall ohne Überstunden abgefangen haben und der AG keine Ersatzkraft eingestellt hat (dazu im Einzelnen vgl. Rn 837). In der Vertragsgestaltung bietet es sich daher für den AG an, eine Vertragsstrafe für den Fall des Vertragsbruchs des AN aufzunehmen. Wird die Vertragsstrafe im Formulararbeitsvertrag eingeführt, sind die Besonderheiten der Klauselkontrolle zu beachten. Nach 591

1111 LAG Stuttgart 26.9.1990 – 11 TaBV 6/90 – VersR 1991, 667; ArbG Eisenach 15.8.2002 – 2 Ca 1563/01 – AuR 2003, 124.
1112 BAG 4.3.2004 – 8 AZR 196/03 – Pressemitteilung Nr. 13/04; LAG München 5.12.1979 – 7 Sa 892/79 – juris; ArbG Frankfurt 22.8.1994 – 8 Ga 193/94 – NZA 1995, 552; ErfK/*Preis*, § 611 BGB Rn 695; *Herbert/Overrath*, NZA 2004, 121, 125.
1113 *Reichenbach*, NZA 2003, 309, 312; MünchArb/*Reichold*, Bd. 1, § 38 Rn 2 f.; Stein/Jonas/*Brehm*, § 888 Rn 41.
1114 Die Zulässigkeit der einstweiligen Verfügung wird abgelehnt von LAG Hamburg 18.7.2002 – 3 Ta 18/02 – DB 2002, 2003; Küttner/*Kreitner*, Arbeitspflicht Rn 22; Stein/Jonas/*Grunsky*, vor § 935 Rn 66.; a.A. *Herbert/Overrath*, NZA 2004, 121, 125; LAG München 12.1979 – 7 Sa 892/79 – juris.
1115 Stein/Jonas/*Grunsky*, vor § 935 Rn 66.
1116 *Germelmann u.a.*, § 61 Rn 28.
1117 *Germelmann u.a.*, § 61 Rn 26.
1118 *Germelmann u.a.*, § 61 Rn 27 und 30.
1119 *Germelmann u.a.*, § 61 Rn 28.

der Rspr. des BAG widerspricht die Vertragsstrafe nicht § 309 Nr. 6.[1120] Jedoch sollte die Höhe nicht das eigentlich während der Künd-Frist noch zu zahlende Entgelt überschreiten.[1121]

III. Gestaltungshinweise für das gerichtliche Vorgehen

592 **1. Erfüllungsklage.** Bei der Klage auf Erfüllung der Arbeitsleistung ergeben sich zunächst keine Besonderheiten. Unabhängig von der Vollstreckungsmöglichkeit, kann der AG auf Erfüllung klagen. Die Klage kann wie folgt aussehen:

593
> An das
> Arbeitsgericht
> Klage
> Klägerin
> gegen
> Beklagter
> auf Erfüllung.
> Wir bestellen uns zur Prozessbevollmächtigten der klägerischen Partei, in deren Namen und Vollmacht wir um Anberaumung eines Gütetermins bitten. Im Übrigen werden wir beantragen, zu erkennen:
> Der Beklagte wird verurteilt seine Arbeit als ... bei der Klägerin (wieder) aufzunehmen.
> Gründe:
> Der Beklagte ist seit dem ... als ... aufgrund schriftlichem Arbeitsvertrag (in Anlage beifügen) vom ... bei der Klägerin beschäftigt. Entgegen der arbeitsvertraglichen Vereinbarung erschien der Beklagte am ... nicht bei der Klägerin und nahm seine Tätigkeit nicht auf. Trotz Aufforderung erschien der Beklagte nicht bei der Klägerin, so dass Klage geboten ist.
> Die **Vollstreckung** (vgl. Rn 588) sowie der **einstweilige Rechtsschutz** (vgl. Rn 588) hinsichtlich der Erfüllung der Arbeitsleistung sind umstritten. Unabhängig davon, ob die Vollstreckung für zulässig gehalten wird, kann der AG jedoch gem. **§ 61 Abs. 2 ArbGG** eine vom Gericht festzusetzende Entschädigungsleistung für den Fall der Nichtvornahme der Handlung beantragen.[1122] Diese Entschädigungsleistung setzt voraus, dass dem AG ein Schaden entstanden ist, was in der Begründung des Antrags vom AG darzulegen ist.[1123] Gerade die Darlegung eines Schadens wird oft schwierig sein, so dass in der Vertragsgestaltung schon auf die Aufnahme einer Vertragsstrafenklausel geachtet werden sollte. Wird der Antrag gestellt, muss klar sein, dass mit Verurteilung zur Entschädigungsleistung der Anspruch auf die Erfüllung gem. § 61 Abs. 2 S. 2 ArbGG nicht geltend gemacht werden kann. Der Antrag kann wie folgt formuliert werden:
> „1. Der Beklagte wird verurteilt, binnen von ... (Frist selbst angeben oder in das Ermessen des Gerichts stellen) seine Tätigkeit als ... bei der Klägerin (wieder) aufzunehmen.
> 2. Für den Fall, dass der Beklagte der Arbeitsaufnahme nicht oder nicht fristgerecht nachkommt, wird er dazu verurteilt, an die Klägerin eine Entschädigung gem. § 61 Abs. 2 ArbGG in Höhe von ... EUR an die Klägerin zu zahlen."

594 **2. Unterlassungsklage.** Die isolierte Unterlassungsklage des AG kann auf Unterlassung verschiedener Vertragsverletzungen des AN gerichtet sein, wie z.B. auf Unterlassung von schädigenden Äußerungen, der Annahme von Schmiergeldern oder Unterlassung einer Konkurrenztätigkeit. Geht der AN einer unzulässigen Nebentätigkeit nach, muss der AG auf die Erfüllung der Arbeitsleistung klagen; eine isolierte Unterlassungsklage ist in diesem Fall unzulässig.[1124] Gegen den Zweit-AG fehlt dem AG ein materiell rechtlicher Anspruch auf Unterlassung der Beschäftigung. Handelt es sich dagegen um die Verletzung eines Wettbewerbsverbots – also einer selbstständigen Nebenpflicht –, ist die Unterlassungsklage zulässig. Entscheidend ist es, die zu unterlassende Handlung genau zu bezeichnen. Fehlen dem AG Informationen, kann er vom AN Auskunft in Form einer Stufenklage verlangen. Die Klageschrift auf Unterlassung der Konkurrenztätigkeit kann wie folgt gestaltet werden:

595
> An das
> Arbeitsgericht
> Klage
> Klägerin
> gegen
> Beklagter

1120 BAG 4.3.2004 – 8 AZR 196/03 – Pressemitteilung Nr. 13/04.
1121 *Brors*, DB 2004, 1778.
1122 *Germelmann u.a.*, § 61 Rn 26.
1123 *Germelmann u.a.*, § 61 Rn 30.
1124 Stein/Jonas/*Grunsky*, vor § 935 Rn 68.

auf Unterlassung von Wettbewerb.
Wir bestellen uns zu Prozessbevollmächtigten der klägerischen Partei, in deren Namen und Vollmacht wir um Anberaumung eines Gütetermins bitten. Im Übrigen werden wir beantragen, zu erkennen:
Der Beklagte wird verurteilt
1. Wettbewerb zum Nachteil der Klägerin insbesondere den Vertrieb nachfolgender Gegenstände ... im Bezirk ... zu unterlassen.
2. seine Tätigkeit als ... bei der Firma ... in ... einzustellen.
Gründe:
Der Beklagte ist seit dem ... als ... aufgrund schriftlichem Arbeitsvertrag (in Anlage beifügen) vom ... bei der Klägerin beschäftigt. In dem schriftlichen Arbeitsvertrag haben die Parteien folgendes Wettbewerbsverbot vereinbart:
„..."
Entgegen diesem vertraglichen Wettbewerbsverbot hat der Beklagte seit dem ... bei der Firma ... in ... eine Tätigkeit als ... übernommen. Diese Tätigkeit ist eine direkte Konkurrenztätigkeit zu derjenigen der Klägerin, weil ... Trotz Aufforderung hat die Beklagte die Tätigkeit nicht aufgegeben, so dass Klage geboten ist.

Der Unterlassungsanspruch im Fall eines Wettbewerbsverbots kann ebenso im Wege der einstweiligen Verfügung durchgesetzt werden. Der Verfügungsgrund wird typischerweise darin liegen, dass die Konkurrenztätigkeit das vereinbarte Wettbewerbsverbot unterläuft und somit die Verwirklichung des Rechts erschwert oder vereitelt wird.[1125] Die Vollstreckung des Unterlassungsanspruchs richtet sich nach § 890 ZPO. Zuständig für die Zwangsvollstreckung ist das ArbG als Prozessgericht.

3. Herausgabeklage.

596

An das
Arbeitsgericht
Klage
Klägerin
gegen
Beklagter
wegen Herausgabe
Wir bestellen uns zu Prozessbevollmächtigten der klägerischen Partei, in deren Namen und Vollmacht wir um Anberaumung eines Gütetermins bitten. Im Übrigen werden wir beantragen, zu erkennen:
Der Beklagte wird verurteilt, ... (genaue Bezeichnung der herauszugebenden Sachen Firma, Nummer etc.) an die Klägerin herauszugeben.
Gründe:
Der Beklagte ist seit dem ... als ... aufgrund schriftlichem Arbeitsvertrag (in Anlage beifügen) vom ... bei der Klägerin beschäftigt. Zur Erfüllung ihrer Tätigkeit wurden dem Beklagten gegen Quittierung (Anlage beifügen) folgende im Eigentum der Klägerin stehende Gegenstände ... (genaue Bezeichnung) übergeben. Das Arbeitsverhältnis zwischen den Parteien endete am ... durch ...Trotz Aufforderung der Klägerin gab der Beklagte, dem kein Recht zum Besitz zusteht, diese Gegenstände nicht zurück, so dass Klage zu erheben ist.

Die Herausgabeklage ist bei dem **örtlich zuständigen Gericht** des Erfüllungsorts gem. § 29 ZPO und damit i.d.R. beim Gericht der Betriebsstätte des AG zu erheben (vgl. Rn 494). Der Verweisungsbeschluss an das örtlich zuständige Gericht ist gem. § 48 Abs. 1 ArbGG i.V.m. § 17a Abs. 2 GVG bindend. Anderes gilt für eine offensichtlich rechtswidrige Verweisung (z.B. kein rechtl. Gehör).[1126] Der vertragliche Herausgabeanspruch **verjährt** gem. § 195 in drei Jahren; wird die Herausgabeklage auf Eigentumsansprüche gestützt, richtet sich die Verjährung nach §§ 197, 199 Abs. 4.
Die Herausgabe kann ebenso im **einstweiligen Rechtsschutz** gem. §§ 935, 940 ZPO geltend gemacht werden.[1127] Zuständig ist gem. § 937 ZPO das ArbG der Hauptsache. Ein Grund für die Eilbedürftigkeit liegt regelmäßig in dem bestehenden Bedarf des AG, die Sache zu verwenden.
Gibt der AN trotz bestehendem Herausgabetitel die Gegenstände nicht zurück, kann der AG die **Zwangsvollstreckung gem. § 883 ZPO** betreiben. Für die Zwangsvollstreckung des Herausgabeanspruchs ist der Gerichtsvollzieher

---

1125 Vgl. den Mustertext bei *Hümmerich*, Arbeitsrecht, § 6 Rn 528.
1126 LAG Stuttgart 156.2.2005 – 3 AR 4/05 – ArbuR 2005, 165.
1127 Vgl. den Mustertext bei *Hümmerich*, AnwaltFormulare ArbR, § 6 Rn 345.

zuständig gem. § 62 Abs. 2 ArbGG i.V.m. § 753 ZPO. Der Antrag auf Zwangsvollstreckung und Zustellung des Titels kann wie folgt gefasst werden:

> An die Verteilungsstelle für Gerichtsvollzieheraufträge
> beim Amtsgericht
> Vollstreckungsauftrag
> In der Sache ... gegen ... überreichen wir den beiliegenden vollstreckbaren Titel samt beglaubigter Abschrift mit dem Auftrag zur Zustellung des Titels und zur Zwangsvollstreckung durch Wegnahme der vom Schuldner herauszugebenden und im Titel bezeichneten Sache.

D. Beraterhinweise

597 Bei der Frage, ob in der Vertragsgestaltung das **Tätigkeitsbild** arbeitsvertraglich genau umschrieben werden soll, muss beachtet werden, dass die vertragliche Fixierung dem AG die flexible Handhabe seines einseitigen Leistungsbestimmungsrechts nimmt. Eine Vertragsänderung ist in diesen Fällen nur noch einverständlich oder durch Änderungs-Künd möglich. Daher sollte das Tätigkeitsbild wie auch der Einsatzort tendenziell eher weit gefasst werden. Auf der anderen Seite ist zu bedenken, dass die arbeitsvertragliche Gestaltung aber ebenso Auswirkungen auf den Künd-Schutz hat. Fällt der Betrieb unter den Geltungsbereich des KSchG, so wird die gem. § 1 Abs. 3 KSchG vorzunehmende Sozialauswahl nur zwischen den vergleichbaren AN durchgeführt. Nach der st. Rspr. sind für die Vergleichbarkeit arbeitsplatzbezogene Merkmale[1128] entscheidend. Die Identität der Arbeitsplätze führt danach selbstverständlich zu einer Vergleichbarkeit. Die rechtlichen Grenzen der Vergleichbarkeit werden davon bestimmt, ob der AG im Rahmen seiner Direktionsrechts gem. § 106 GewO dem AN einen anderen Tätigkeitsbereich zuweisen kann. Die Grenzen des Direktionsrechts als des einseitigen Leistungsbestimmungsrechts ergeben sich wiederum aus dem Arbeitsvertrag, der eine solche einseitige Gestaltung zulassen muss.[1129] Fasst man daher die Arbeitsplatzbeschreibung – selbstverständlich übereinstimmend mit dem tatsächlichen Arbeitseinsatz – sehr genau, so begrenzt man zugleich den Kreis der AN, die in die Sozialauswahl einzubeziehen sind. Dies kann – gerade bei größeren Betrieben – ratsam sein.

598 Die über Jahre unveränderte Ausübung des Direktionsrechts kann in sehr engen Grenzen zu einer Änderung des Arbeitsvertrags führen (vgl. Rn 478). Entscheidend ist, ob der AG aus der objektiven Sicht des AN auf eine anderweitige **Ausübung seines Direktionsrechts verzichtet** hat. Will der AG dem in der Vertragsgestaltung entgegen wirken, empfiehlt es sich, eine Klausel aufzunehmen, wonach das Zeitmoment des Einsatzes nicht zum Verlust des einseitigen Leistungsbestimmungsrechts führt.

599 Für die Vertragsgestaltung bei **Verschwiegenheitsklauseln** ist auf die sorgfältige Abgrenzung zum nachvertraglichen Wettbewerbsverbot zu achten, da die nachvertragliche Verschwiegenheitspflicht eine andere Zielrichtung hat und nicht der Aufnahme einer nachvertraglichen Konkurrenztätigkeit entgegensteht. Von dieser entschädigungslosen Nebenpflicht während der Laufzeit des Arbverh ist das **nachvertragliche entschädigungspflichtige Wettbewerbsverbot** zu trennen, das nur unter den Voraussetzungen der §§ 74 ff. HGB also bei Zahlung der entsprechenden Karenzentschädigung[1130] auch im Falle eines fehlerhaften Vertrags[1131] wirksam ist. Nach den Grundsätzen der Rspr. des BAG sind daher reine Verschwiegenheitsklauseln ohne Karenzentschädigung unwirksam, wenn sie es dem AN untersagen, Erfahrungswissen, Kundenlisten etc. für sich nach Ende der Tätigkeit zu verwenden. Ebenso haben die sog. erweiternden **All-Klauseln** keinen Bestand, wenn sie jegliche Informationen über geschäftliche Vorgänge der Geheimhaltungspflicht unterstellen und somit den Begriff des Geschäftsgeheimnisses überdehnen.[1132] Umfassende Klauseln, nach denen der AN über sein **Gehalt keine Angaben** machen soll, sind schon deshalb unwirksam, da der AG kein berechtigtes Interesse daran hat, dass der AN sein Gehalt nicht bei Behörden oder Vorstellungsgesprächen angibt. In den übrigen Fällen ist es sehr fraglich, ob der AG grds. ein betriebliches Interesse an dieser Tatsache hat.[1133]

600 Bei der Vertragsgestaltung der **Nebentätigkeitsverbote** sind folgende typische Klauseln zu unterscheiden: **Absolute Nebentätigkeitsverbote** sind unzulässig, da sie die Vertragsfreiheit des AN unberechtigt beschränken.[1134] Wird jeg-

---

[1128] BAG 5.12.2002 – 2 AZR 697/01 – NZA 2003, 849; HaKo-KSchG/*Gallner*, § 1 KSchG Teil F Rn 724.
[1129] LAG Köln 28.11.2007 – 11 Sa 743/07 – juris; BAG 18.10.2006 – 2 AZR 676/05 – NZA 2007, 798; DZ/*Kittner*, § 1 KSchG Rn 448.
[1130] Hessisches LAG 25.4.007 – 6 Sa 32/07 – juris; LAG Düsseldorf 10.12.2002 – 8 Sa 1151/02 – NZA-RR 2003, 570 Unwirksamkeit bei zu geringer Karenzentschädigung gem. § 74 Abs. 2 HGB.
[1131] LAG München 19.12.2007 – 11 Sa 294/07 – juris.
[1132] *Preis*, Der Arbeitsvertrag, II V 20 Rn 18.
[1133] *Preis/Rolfs*, Der Arbeitsvertrag, II V 20 Rn 33 ff.
[1134] *Preis/Rolfs*, Der Arbeitsvertrag, II N 10 Rn 28.

liche Nebentätigkeit unter einen **Erlaubnisvorbehalt** gestellt, so ist dies nach der Rspr. des BAG zulässig,[1135] da der AG danach ein berechtigtes Interesse an der Information hat. Auf der anderen Seite hat der AN einen Anspruch auf die Zustimmung des AG, wenn dessen berechtigte Interessen nicht berührt sind. Ein **Widerrufsvorbehalt** bzgl. der erteilten Zustimmung ist nur dann wirksam, wenn sich aus der Klausel ergibt, dass der Widerruf nur aus berechtigten Interessen des AG erfolgen darf (z.B. Änderung der Konkurrenzsituation).[1136] Eine **Vertragsstrafe** zur Absicherung der vertraglichen Regelungen ist zulässig, da das Verbot der Vertragsstrafe in § 309 Abs. 1 Nr. 6 schon tatbestandlich nicht einschlägig ist. Sinnvoll ist es, in die Nebentätigkeitsklausel zugleich die **Auskunftsverpflichtung** des AN über etwaige Nebentätigkeiten mit aufzunehmen. Wird im Falle einer Konkurrenztätigkeit auf Unterlassung geklagt, muss die zu unterlassende Tätigkeit genau bezeichnet werden, damit ein späterer Titel vollstreckbar ist.

E. Regelungsgehalt der Vergütungspflicht des Arbeitgebers

Literatur: *Bauer/Diller/Göpfert*, Zielvereinbarungen auf dem arbeitsrechtlichen Prüfstand, BB 2002, 882; *Behrens/Rinsdorf*, Beweislast für die Zielerreichung bei Vergütungsansprüchen aus Zielvereinbarungen, NZA 2003, 364; *Berwanger*, Zielvereinbarungen und ihre rechtlichen Grundlagen, BB 2003, 1499; *Brors*, Die Abschaffung der Fürsorgepflicht, 2002; *dies.*, Die individualarbeitsrechtliche Zulässigkeit von Zielvereinbarungen, RdA 2004, 273; *Dombrowski*, Die Wertermittlung der Nutzungsvorteile des Firmenwagen, NZA 1995, 155; *Drexel*, Neue Leistungs- und Lohnpolitik zwischen Individualisierung und Tarifvertrag, 2002, S. 54 f.; *Freitag*, Über die Freiwilligkeit freiwilliger Leistungen, NZA 2002, 294; *Gaul*, Der Zweck von Sonderzahlungen, BB 1994, 494; *Hanau/Hromadka*, Richterliche Kontrolle flexibler Entgeltregelungen in Allgemeinen Arbeitsbedingungen, NZA 2005, 73; *Hanau/Vossen*, Die Kürzung von Jahressonderzahlungen aufgrund fehlender Arbeitsleistung, DB 1992, 213; *Hoß*, Zielvereinbarungen, ArbRB 2002, 154; *ders.*, Finanzierung von Fortbildungskosten durch den Arbeitgeber, MDR 2000, 1115; *Kaskel*, Der Akkordlohn, 1927, S. 21; *Köppen*, Rechtliche Wirkungen arbeitsvertraglicher Zielvereinbarungen, DB 2002, 374; *Lakies*, Inhaltskontrolle von Vergütungsabreden im Arbeitsrecht, NZA-RR 337, 337; *Lampe*, Arbeitsrechtliche Folgen der aufgedeckten „Scheinselbstständigkeit", RdA 2002, 18; *Lindemann/Simon*, Flexible Bonusregelungen im Arbeitsvertrag, BB 2002, 1807; *Lingemann/Diller/Mengel*, Aktienoptionen im internationalen Konzern – ein arbeitsrechtsfreier Raum?, NZA 2000, 1191; *Loritz*, Die Koppelung der Arbeitsentgelte an den Unternehmenserfolg, RdA 1998, 257; *Mauer*, Zielbonusvereinbarungen als Vergütungsgrundlagen im Arbeitsverhältnis, NZA 2002, 540; *Meier*, Möglichkeiten zum Entzug der Privatnutzung des Dienstwagens, NZA 1997, 298; *Nägele*, Probleme beim Einsatz von Dienstfahrzeugen, NZA 1997, 1196; *Orts*, Shirking And Sharking: A Legal Theory of the Firm, 16 Yale Law And Policy Review 265; *Overrath*, Rechtsprobleme des Nichtvollzugs eines abgeschlossenen Arbeitsvertrags, NZA 2004, 121; *Pauly*, Schadensersatz für Entzug des privat genutzten Dienstwagens, AuA 1995, 381; *Reichold*, Geschäftsbesorgung im Arbeitsverhältnis, NZA 1994, 488; *Reinecke*, Beil. NZA 2000/3, 23; *Richardi*, Leistungsstörungen und Haftung im Arbeitsverhältnis. Sonderbeil. NZA 2003, 14; *Ricken*, Gewinnbeteiligungen im Arbeitsverhältnis, NZA 1999, 236; *Rieble/Gutzeit*, Individualarbeitsrechtliche Kontrolle erfolgsabhängiger Vergütungsformen, in: Jahrbuch des Arbeitsrechts für das Jahr 1999, Bd. 37, S. 41; *Röder/Göpfert*, Aktien statt Gehalt, BB 2001, 2002; *Salje*, Trinkgeld als Lohn, DB 1989, 321; *Schöne*, Die Novellierung der Gewerbeordnung und die Auswirkungen auf das Arbeitsrecht, NZA 2002, 829; *Schwarz*, Sonderzahlungen: Ausfall und Kürzungen bei Fehlzeiten, NZA 1996, 571; *Sieber*, Keine Zahlungspflicht des Arbeitgebers bei Vorstellungsgesprächen, NZA 2003, 1312; *Sorensen*, Firms, Wages, and Incentives in: Smelser/Swedberg, Handbook of Economic Sociology, 1994, S. 504; *Strick*, Freiwilligkeits- und Widerrufsvorbehalt, NZA 2005, 723; *Tappert*, Auswirkungen eines Betriebsübergangs auf Aktienoptionsrechte von Arbeitnehmern, NZA 2002, 1188; *Tondorf*, Zielvereinbarungen, AiB 1998, 323; *ders.*, Zielvereinbarungen, WSI-Mitteilungen 1998, 386; *Zeranski*, Rückzahlung von Ausbildungskosten bei Kündigung des Arbeitsverhältnisses, NJW 2000, 336; *Ziemann*, Die Arbeitsvergütung und ihre klageweise Durchsetzung, in: FS für Schwerdtner, 2003, S. 715

I. Allgemeines zur arbeitsvertraglichen Vergütungspflicht

Der rechtliche **Begriff** der Vergütung ist grds. weit zu fassen (zu den verschiedenen Entgeltarten vgl. Rn 628 ff.). Wie die Zahlungspflicht vertraglich bezeichnet wird, spielt keine Rolle. Die **Arbeitsvergütung** wird auch als Arbeitsentgelt, Arbeitsbezüge, Arbeitsverdienst, Lohn (bei gewerblichen AN), Gehalt (bei Ang), Gage (bei Künstlern), Heuer (in der Schifffahrt) oder teilweise als Honorar oder als Entschädigung bezeichnet.

Jeder als **Gegenleistung** für die Arbeitsleistung bestimmte geldwerte Vorteil ist Arbeitsvergütung. Sie kann sowohl in Geld gezahlt oder als Naturalleistung (Sachbezüge, vgl. Rn 648) erbracht werden. Der Begriff wird in verschiedenen rechtlichen Zusammenhängen je nach dem Zweck der gesetzlichen, tarifvertraglichen oder einzelvertraglichen Grundlage unterschiedlich bestimmt, insb. dann, wenn es um die Fortzahlung bei Nichtarbeit oder um die Berechnung zusätzlicher Leistungen geht (als Beispie siehe § 4 EZFG, § 11 Abs. 1 BUrlG). Unter Entgelt sind nicht nur die monatlichen Leistungen des AG zu verstehen, sondern auch Sonderzahlungen wie das Weihnachtsgeld, Gratifikationen oder auch Leistungen der betrieblichen Altersversorgung. Als Gegenleistungen für die vom AN erbrachte Arbeitsleistung stehen alle diese Leistungen des AG im Gegenseitigkeitsverhältnis und unterfallen den auf das Synallagma bezogenen Regelungen des Schuldrechts. Haben sich die Parteien über eine bestimmte Vergütungshöhe nicht geeinigt, ist sie gem. § 612 zu bestimmen.

1135 BAG 11.12.2001 – 9 AZR 464/00 – NZA 2002, 965; kritisch *Preis/Rolfs*, Der Arbeitsvertrag, II N 10 Rn 31.

1136 *Preis/Rolfs*, Der Arbeitsvertrag, II N 10 Rn 40.

603 Der AG hat dem AN die vereinbarte Vergütung zu zahlen (vgl. § 611 Abs. 1). Die Vereinbarung und damit die **Höhe** der Vergütung folgt entweder aus der individualvertraglichen Einigung, der unmittelbar und zwingenden Wirkung einer tariflichen Regelung auf diese (vgl. § 4 Abs. 1 TVG) oder mangels Vereinbarung aus § 612. Der AG hat dem AN detailliert und schriftlich die Zusammensetzung seines Arbeitsentgelts gem. § 2 Abs. 1 S. 2 Nr. 6 NachwG zu erklären (auch bzgl. Prämien, Zuschlägen, Tantiemen, Sonderzahlungen bzw. betrieblicher Altersversorgung). Traditioneller Bemessungsfaktor für die Höhe der Vergütung ist die geleistete **Zeit** der Arbeit. Nur in Grenzen ist es innerhalb der arbeitsrechtlichen Risikoverteilung zulässig, an Arbeitserfolge anzuknüpfen und so einen Leistungsbezug einzuführen. Ein Beispiel dafür ist die Regelung in § 65 HGB oder die traditionell anerkannte Form der Akkordvergütung (dazu im Einzelnen vgl. Rn 629).

604 Ob der AG die Vergütung auch dann zu zahlen hat, wenn der AN seine Tätigkeit nicht erbringt, richtet sich nach der in § 615 S. 3 geregelten Verteilung des **Vergütungsrisikos** (vgl. dazu § 615, insb. zum Verhältnis zwischen § 326 Abs. 2 und § 615 S. 3). Im Grundsatz wird die Leistung des AN wegen Zeitablaufs unmöglich gem. § 275 Abs. 1, so dass auch der Anspruch des AN auf die Gegenleistung (= Lohn) gem. § 326 Abs. 1 S. 1 untergeht. Zahlreiche Ausnahmen lassen aber einen „Lohn ohne Arbeitsleistung" zu (vgl. Rn 830).[1137]

605 **1. Allgemeines zur Vergütungshöhe.** I.d.R. wird die Vergütungshöhe **ausdrücklich und schriftlich** vereinbart. Nach § 2 Abs. 1 S. 2 Nr. 6 NachwG sind in die Niederschrift über die wesentlichen Vertragsbedingungen die Zusammensetzung und die Höhe des Arbeitsentgelts einschließlich der Zuschläge, der Zulagen, Prämien und Sonderzahlungen und deren Fälligkeit aufzunehmen (siehe § 2 NachwG). Fehlt eine schriftliche Vereinbarung, führt dies aber nicht zur Unwirksamkeit der Einigung.

606 Die Höhe der Vergütung kann sich auch durch Bezugnahme auf einen TV oder bei beiderseitiger Tarifbindung (§ 4 Abs. 1 TVG) oder durch die AVE (§ 5 TVG) eines TV unmittelbar aus diesem ergeben. Bei beiderseitiger Tarifbindung darf die Vergütungsvereinbarung die tarifliche Vergütung nicht unterschreiten, während eine günstigere Vereinbarung möglich ist (§ 4 Abs. 1 und 3 TVG). Der AN kann nicht wirksam auf den Tariflohn verzichten.

607 Die Angabe einer tariflichen Vergütungsgruppe in einem Arbeitsvertrag ist i.d.R. – jedenfalls im öffentlichen Dienst – lediglich deklaratorischer Natur: Die Vergütung folgt aus der für die auszuübende Tätigkeit richtigen Vergütungsgruppe.[1138] Eine Vergütungsvereinbarung kann ausnahmsweise auch konkludent geschlossen werden, z.B. durch widerspruchslose Hinnahme einer Lohnabrechnung. Zwar enthalten **BV** wegen des Tarifvorbehalts in § 77 Abs. 3 BetrVG regelmäßig keine Vergütungsregelungen, jedoch können sich aus ihnen mittelbare Folgen, z.B. wegen der Berechnung und Ermittlung einzelner Vergütungsbestandteile ergeben. Art und Höhe der Vergütung können auch durch eine **Gesamtzusage** begründet werden.

608 Ist die Höhe der Vergütung nicht bestimmt, fehlt zwar eine wesentliche Vertragsbestimmung, dennoch wird der Vertrag dadurch nicht nichtig. Die entstandene Lücke wird vielmehr durch § 612 Abs. 2 gefüllt, wonach die **übliche Vergütung** als vereinbart gilt, wenn die Arbeitsleistung den Umständen nach nur gegen eine Vergütung zu erwarten ist. Ebenfalls über § 612 werden die Fälle gelöst, in denen **Vergütungserwartungen fehlschlagen**. In familiären oder quasi-familiären Beziehungen kann in Erwartung eines späteren Vorteils gearbeitet werden, ohne dass diese Arbeit laufend tatsächlich vergütet wird. Scheitert die Beziehung oder wird die Erwartung nicht erfüllt, entsteht Streit über das „ob" und die Höhe der Vergütung. In diesen Fällen greift § 612. Das Gleiche gilt für das Scheitern einer erwarteten **nachträglichen Entlohnung**, etwa einer Schenkung von Todes wegen oder einer testamentarischen Verfügung.

609 **2. Unwirksamkeitsgründe. Unwirksam** sind Vergütungsabreden, die gegen gesetzliche Bestimmungen verstoßen (§ 134). Wird z.B. in einem Vertrag die gesetzliche Entgeltfortzahlung im Krankheitsfall ganz oder teilweise abbedungen, ist dies nichtig und wird durch die gesetzliche Regelung ersetzt (§ 12 EZFG, § 134). Bei Verstößen gegen gesetzliche Diskriminierungsverbote, wie z.B. wegen Teilzeitarbeit oder Befristung (§ 4 Abs. 1 S. 2 und Abs. 2 S. 2 TzBfG), ist die geschuldete Vergütung nach § 612 Abs. 2 zu bestimmen. Das Gleiche gilt, wenn eine Vergütungsabrede dem arbeitsrechtlichen Gleichbehandlungsgrundsatz oder Art. 3 GG widerspricht.

610 Hat der AN nicht die nach § 284 SGB III erforderliche **Arbeitserlaubnis**, so führt das nicht zur Nichtigkeit des Arbeitsvertrags, sondern nur zu einem Beschäftigungsverbot.[1139]

611 „**Schwarzgeldabreden**", wonach die Arbeitsvergütung ganz oder teilweise nicht abgerechnet wird und daher weder Steuern noch Sozialversicherungsbeiträge darauf entrichtet werden, führen nicht stets zur Nichtigkeit. Sie ist nur dann anzunehmen, wenn die Parteien als Hauptzweck keine Steuern und Sozialversicherungsbeiträge zahlen wollen. Auch die Vergütungsabrede ist nicht insg. wegen des Verstoßes gegen die guten Sitten nichtig. Nichtig ist nur die

---

1137 *Richardi*, Sonderbeil. NZA 2003, 14; zu den Problemen des nichtvollzogenen Arbeitsvertrags *Overrath*, NZA 2004, 121.

1138 BAG 21.8.2003 – 8 AZR 393/02 – AP §§ 22, 23 BAT-O Nr. 27; BAG 16.5.2002 – 8 AZR 460/01 – AP §§ 22, 23 BAT-O Nr. 21.

1139 LAG Berlin 26.11.2002 – 3 Sa 1530/02 – BB 2003, 1569.

Abrede, Steuern und Sozialversicherungsbeiträge nicht abzuführen.[1140] Zwar verstoßen solche Abreden gegen §§ 266a Abs. 1 und 263 Abs. 1 StGB und außerdem gegen § 370 Abs. 1 Nr. 1 AO und §§ 41a Abs. 1, 41b Abs. 1 EStG und § 28a SGB IV. Es würde jedoch den Schutzzwecken dieser Normen gerade widersprechen, die Parteien von ihren sozialversicherungsrechtlichen Pflichten freizustellen. Ohne den Erfüllungsanspruch des AN fielen nämlich weder Sozialversicherungsbeiträge noch Steuern an. Das BAG wendet daher die vom BGH zur „Schwarzarbeit" entwickelten Grundsätze[1141] nicht an. Das Gesetz wendet sich nur gegen den Verstoß gegen Melde- und Anzeigepflichten aus der Gewerbe- und Handwerksordnung. Die Neuregelung des Gesetzes zur Erleichterung der Bekämpfung von illegaler Beschäftigung und Schwarzarbeit v. 23.7.2002[1142] geht von der Wirksamkeit des Vertrags aus. Bei Nichtzahlung von Steuern und Sozialversicherungsbeiträgen gilt ein bestimmtes Nettoarbeitsentgelt als vereinbart. Handelt es sich dagegen um kein Arbverh, sondern ein **Dienst- oder Werkverhältnis**, ist auch das Grundverhältnis nichtig.[1143] Bis zum Inkrafttreten des § 14 Abs. 2 S. 2 SGB IV war eine Schwarzgeldabrede nicht als **Nettolohnabrede** (vgl. Rn 644) anzusehen, da die Parteien Steuern gerade hinterziehen wollten. Die gesetzliche Fiktion sanktioniert dieses Verhalten. Der AG soll zu einem normkonformen Vertragsschluss angehalten werden.[1144]

Die Höhe der Vereinbarung ist innerhalb der gesetzlichen und tariflichen Grenzen frei bestimmbar. Widerspricht eine solche Vereinbarung aber den **guten Sitten**, ist sie nichtig (§ 138 Abs. 1). Das kann dann der Fall sein, wenn dem AN das Betriebs- und Wirtschaftsrisiko des AG in unzumutbarer Weise aufgebürdet wird, so bei einer Verlustbeteiligung ohne angemessenen Ausgleich.[1145]

Nach § 138 Abs. 2 kann eine unverhältnismäßig niedrige Vergütungsvereinbarung wegen **Lohnwuchers** nichtig sein, wenn der AG sie unter Ausbeutung einer Zwangslage, der Unerfahrenheit, des Mangels an Urteilsvermögen oder der erheblichen Willensschwäche des AN erreicht hat. Der BGH hat strafbaren Lohnwucher nach § 291 StGB (damals § 302a StGB) darin gesehen, dass ein Stundenlohn von 6,49 EUR (12,70 DM) gegenüber einem Tariflohn von 9,74 EUR (19,05 DM) vereinbart wurde.[1146] In der Rspr. der ArbG hat sich als grobe Regel herausgebildet, dass eine Vergütung unter 80 % der vergleichbaren Tarifvergütung sittenwidrig ist.[1147] Dabei sollen aber im Falle eines Ausbildungsverh aufgrund öffentlich rechtlicher Zuschüsse die Umstände des Einzelfalls entscheidend sein.[1148] Bezugsgröße muss in diesem Fall nicht nur das Tarifentgelt des jeweiligen Wirtschaftszweiges sein, da der Ausbildungszweck noch im Vordergrund steht. Ebenso ist auch bei einem Praktikum ein angemessener Lohn zu zahlen, wenn den Umständen nach eine Vergütung erwartet werden kann.[1149] Dabei wird entscheidend sein, welche Tätigkeiten übernommen werden. Wird eine Arbeitskraft ersetzt, ist ein entsprechender Lohn zu zahlen. Allein durch die Bezeichnung als Praktikumsvertrag entfällt die Vergütungspflicht nicht.[1150]

Ob Leistung und Gegenleistung in einem auffälligen **Missverhältnis** stehen, soll sich nach Auffassung des BAG weniger nach dem Nutzen der Arbeit für den Unternehmer als vielmehr danach beurteilen, ob die Arbeitsleistung nach Dauer, Schwierigkeitsgrad, körperlicher und geistiger Beanspruchung sowie hinsichtlich der Arbeitsbedingungen schlechthin noch ausreichend entlohnt werde.[1151] Daher hat es im Jahre 1973 den Lohn eines im Ausland angeworbenen AN in Höhe von 2,50 DM gegenüber einem Tariflohn von damals 3,44 DM für nicht sittenwidrig gehalten.[1152] Rechtlich unerheblich ist, ob der vereinbarte Lohn unterhalb des Sozialhilfesatzes liege, da dieser an eine gesondert festzustellende Bedürftigkeit knüpfe. Für die Frage der Sittenwidrigkeit komme es auf das Missverhältnis zwischen Arbeitsleistung und Arbeitsentgelt an.[1153] Eine Vergütung von 1.300 DM (664,68 EUR) eines Rechtsanwalts, der als Berufsanfänger mit 35 Stunden wöchentlich angestellt worden war, wurde gegenüber dem von der Anwaltskammer mitgeteilten Regeleinkommen für akademische Berufsanfänger von 3.000 bis 4.500 DM (1.534 bis 2.301 EUR) als sittenwidrig angesehen.[1154] Ebenso handelt es sich um einen sittenwidrigen Lohn, wenn 4,50 EUR bei Bestehen eines Tariflohns in der untersten Gruppe von 9,82 EUR gezahlt werden.[1155] Lehnt der AN eine solche Tätigkeit ab, können Sozialleistungen deshalb nicht gekürzt werden.[1156] Der Tariflohn ist – entgegen der in der Rspr. geäußerten Ansicht[1157] –

1140 BAG 26.2.2003 – 5 AZR 690/01 – DB 2003, 1581.
1141 BGH 31.5.1990 – VII ZR 336/89 – BGHZ 111, 308, 311.
1142 BGBl I S. 2787.
1143 BAG 24.3.2004 – 5 AZR 233/03 – ArbRB 2004, 205; Vorinstanz: LAG Düsseldorf 6.3.2003 – 15 Sa 1348/02 – LAGE § 134 BGB Nr. 10.
1144 BAG 26.2.2003 – 5 AZR 690/01 – DB 2003, 1581; LAG Berlin 26.11.2002 – 3 Sa 1530/02 – BB 2003,1569.
1145 BAG 10.10.1990 – 4 AZR 704/89 – AP § 138 BGB Nr. 47.
1146 BGH 22.4.1997 – 1 StR 701/96 – AP § 138 BGB Nr. 52; vgl. AG Halle-Saalkreis 31.5.2001 – CS1210 Js 34300/99 – AuR 2002, 516.
1147 LAG Schleswig Holstein 7.11.2006 – 5 Sa 159/06 – juris; ArbG Berlin 10.8.2007 – 28 Ca 6934/07 – juris; LAG Berlin 20.2.1998 – 6 Sa 145/97 – AuR 1998, 468; ArbG Herne 5.8.1998 – 5 Ca 4010/97 – PersR 2000, 87; ArbG Rheine 13.11.1991 – 2 Ca 134/91 – NZA 1992, 413.
1148 BAG 19.2.2008 – 9 AZR 1091/06 – BB 2008, 1169.
1149 ArbG Bielefeld 22.11.2006 – 3 Ca 2033/06 – juris.
1150 ArbG Berlin 10.8.2007 – 28 Ca 6934/07 – juris; LAG Baden-Württemberg 8.2.2008 – 5 Sa 45/07 – juris.
1151 BAG 26.4.2006 – 5 AZR 549/05 – juris.
1152 BAG 11.1.1973 – 5 AZR 322/72 – AP § 138 BGB Nr. 30; vgl. LAG Brandenburg 2.7.1999 – 4 Sa 129/99 -AuR 2001, 229.
1153 Anders ArbG Bremen 30.8.2000 – 5 Ca 5152,5198/00 – AuR 2001, 231.
1154 Hessisches LAG 28.10.1999 – 5 Sa 169/99 – NZA RR 2000, 521.
1155 ArbG Dortmund 29.5.2008 – 4 Ca 274/08 – juris.
1156 SG Dortmund 2.2.2009 – S 31 AS 317/07 – juris.
1157 ArbG Dortmund 29.5.2008 – 4 Ca 274/08 – juris m.w.N.; BAG 24.3.2004 – 5 AZR 303/03 – DB 2004, 1432.

auch dann heranzuziehen, wenn der TV nicht angewendet wird. Da der Marktpreis – insbesondere bei bewusster Tarifunterschreitung – eben nicht angemessen ist, kann er kein Maßstab sein. Die marktübliche Vergütung kann nur herangezogen werden, wenn tarifliche Regelungen insgesamt fehlen.[1158]

615 Verpflichtet sich der AN – um z.B. seinen Arbeitsplatz zu retten – dazu, Lohnbeträge auf das Konto des AG zu überweisen, kann er diese gem. § 812 Abs. 1 S. 1 Alt. 1 als rechtsgrundlose Leistung zurückverlangen.[1159] Dem Anspruch kann die Einrede der Leistung trotz Kenntnis der Nichtschuld gem. § 814 nicht entgegengehalten werden. Diese bezeichnet als Unterfall des § 242 ein widersprüchliches Verhalten, das dem AN in dieser Zwangslage nicht vorgehalten werden kann.

616 Vereinbaren die Parteien, dass die Vergütung jährlich der **Inflationsrate** angeglichen wird, so ist diese Regelung wirksam und verstößt nicht gegen § 2 des Preisangaben und Preisklauselgesetzes.[1160] Danach darf die Höhe der Gegenleistung nicht von einem Vergleich mit dem Wert anderer Güter bzw. Dienstleistungen abhängen. Da sich das Entgelt nicht ausschließlich nach der Inflationsrate richtet, fehlt es an der vorausgesetzten automatischen Anpassung.

617 Die Vereinbarung eines entgeltlosen Arbverh ist nur ausnahmsweise (Verwandtschafts- oder Freundschaftsbeziehungen) für eine begrenzte Zeit denkbar. Wird ein unentgeltliches **Praktikum** vereinbart, in dem aber nicht der Erwerb praktischer Kenntnisse und Erfahrungen im Vordergrund steht, sondern die Arbeitsleistung, kann Lohnwucher vorliegen. Die Vereinbarung ist dann nichtig. Der AG schuldet gem. § 612 die übliche Vergütung (vgl. Rn 613).[1161]

618 Die **Darlegungs- und Beweislast** für die Voraussetzungen des Lohnwuchers liegt beim AN, der diese Einwendung geltend macht. Dabei hat der AN vorzutragen, dass das gezahlte Entgelt die tarifübliche Vergütung um mehr als 20 % unterschreitet.[1162] Die Parteien sollten sich am besten bereits vor Abschluss eines Arbeitsvertrages erkundigen, welche Vergütung für die zu vereinbarende Tätigkeit üblich und angemessen ist. Dabei sind die einschlägigen Jahrbücher der Bundesrepublik Deutschland eine wertvolle Quelle. Weiterhin können Auskünfte der Industrie- und Handels-, der Handwerks- und anderer Berufskammern eingeholt und schließlich die einschlägigen TV eingesehen werden. Wird eine Klage auf Unterschreitung des Tariflohns gestützt, ist zu beachten, dass die einschlägige Tariflohngruppe bezeichnet wird.

619 3. Risikoverteilung und Berechnung der Vergütungshöhe. Stellt sich ein **freies Mitarbeiterverhältnis** im Nachhinein als Arbverh heraus, hat der AN Anspruch auf die übliche Bruttoarbeitsvergütung gem. § 612. Der AG trägt das Risiko der Abführung der Sozialversicherungsbeiträge.[1163] Eine Verringerung des üblichen Arbeitsentgelts kommt nicht in Betracht. Waren die erhaltenen Honorare höher, so darf er nicht annehmen, die Honorarvereinbarung sei als übertarifliche Vergütung unabhängig vom tatsächlichen Status. Der AG kann die Vergütungsansprüche des AN mit den erhaltenen Honorarzahlungen verrechnen und die Überzahlung nach den Vorschriften über die ungerechtfertigte Bereicherung zurückverlangen. Beide Parteien haben ggf. tarifliche Ausschlussfristen zu beachten.[1164]

620 Ausgehend von der arbeitsrechtlichen Risikoverteilung zwischen AN und AG kann der AG den Arbeitslohn nicht **mindern**.

621 4. Abgrenzung der Vergütung von anderen Geldleistungen. Die Vergütungspflicht ist von anderen geldwerten Leistungen des AG **abzugrenzen**.

622 Die **Ausbildungsvergütung** hat sowohl Unterhaltscharakter, da mit ihr zur Finanzierung der Berufsausbildung beigetragen werden soll, als auch Entgeltcharakter, da mit ihr die im Laufe der Ausbildung zunehmend verwertbaren Arbeitsleistungen der Auszubildenden abgegolten werden. Weiterhin soll durch sie gewährleistet werden, dass ein ausreichender Nachwuchs an qualifizierten Fachkräften herangebildet wird.[1165] Die Ausbildungsvergütung ist nach § 850a Nr. 6 ZPO unpfändbar. Auf die Ausbildungsvergütung kann der Auszubildende bzw. seine gesetzlichen Vertreter nicht verzichten.

623 **Aufwendungsersatz** (im Einzelnen vgl. Rn 755) wird nicht als Gegenleistung für erbrachte Arbeit gezahlt, sondern als Ersatz für Aufwendungen und Auslagen, die der AN im Zusammenhang mit der geschuldeten Tätigkeit hat. Um die für den Anspruch aus § 670 erforderliche Darlegung der konkret angefallenen und nachgewiesenen Einzelaufwendungen zu ersparen, kann ein pauschalierter Aufwendungsersatz, meist als **Auslösung** bezeichnet, vereinbart werden. Dies geschieht zumeist in TV. Wichtige Beispiele hierfür sind der Bundesmontagetarifvertrag der Eisen-,

---

1158 LAG Schleswig Holstein 7.11.2006 – 5 Sa 159/06 – juris.
1159 ArbG Leipzig 16.6.2004 – 4 Ca 167/04 – AuR 2005, 79.
1160 Hessisches LAG 23.6.2003 – 16 Sa 1558/02 – NZA-RR 2004, 184.
1161 ArbG Berlin 8.1.2003 – 36 Ca 19390/02 – AuR 2004, 74; LAG Rheinland-Pfalz 8.6.1984 – 6 Sa 51/84 – NZA 1986, 293.
1162 BAG 19.2.2008 – 9 AZR 1091/06 – BB 2008, 1169.
1163 *Lampe*, RdA 2002, 18.
1164 BAG 29.5.2002 – 5 AZR 680/00 – AP § 812 BGB Nr. 27; BAG 14.3.2001 – 4 AZR 152/00 – BAGE 97, 177; BAG 21.11.2002 – 5 AZR 87/00 – BAGE 100, 1 = NZA 2002, 624; BAG 12.12.2002 –5 AZR 257/00 – DB 2002, 1723.
1165 BAG 24.10.2002 – 6 AZR 626/00 – AP § 10 BBiG Nr. 12.

Metall- und Elektroindustrie (BMTV) und der Bundesrahmentarifvertrag für das Baugewerbe (BRTV-Bau). § 670 wird durch solche Regelungen verdrängt.[1166]

Schadensersatz, den der AN vom AG fordern kann (zum Schadensersatz vgl. Rn 848), fehlt der Gegenleistungscharakter. Er gehört daher nicht zur Arbeitsvergütung i.S.d § 611 Abs. 1, auch wenn er als Ersatz für den Ausfall der Vergütung geleistet wird. **624**

Um ein ebenfalls nicht zur Arbeitsvergütung zählendes **AG-Darlehen** (vgl. Rn 746) handelt es sich, wenn der AG mit Rücksicht auf das Arbverh dem AN Kapital zur vorübergehenden Nutzung, typischerweise zu einem günstigeren Zinssatz als auf dem Kapitalmarkt, überlässt.[1167] Vorformulierte Darlehensbedingungen unterliegen der Inhaltskontrolle. Dies galt auch schon vor der Schuldrechtsreform nach dem AGB-Gesetz.[1168] Sind die vereinbarten Zinsen geringer als die marktüblichen, liegt kein **Verbraucherdarlehensvertrag** i.S.d. §§ 491 ff. vor. Obwohl es sich nicht um Arbeitsvergütung handelt, hat der BR ein Mitbestimmungsrecht bei der Vergabe von AG-Darlehen nach § 87 Abs. 1 Nr. 10 BetrVG als Teilbereich der betrieblichen Lohngestaltung. **625**

Gewährt ein AN seinem AG z.b. bei dessen wirtschaftlichen Schwierigkeiten ein sog. **AN-Darlehen,** ist der gezahlte Zins keine Arbeitsvergütung. Er wird nicht im Hinblick auf das Arbverh, sondern auf das Darlehen geleistet. Die Zinshöhe ist dabei unerheblich. Vom AG vorformulierte Verträge unterliegen der Inhaltskontrolle der §§ 305 ff. BGB. Zurückgehaltenes Entgelt kann wegen des Kreditierungsverbotes des § 107 Abs. 1 und Abs. 2 S. 2 GewO nicht in ein Darlehen umgewandelt werden. Eine Ausnahme existiert für freiwillige zusätzliche Leistungen, deren Zusage daran gekoppelt wird, dass der Betrag dem AG als Darlehen zur Verfügung steht. Die vereinbarte Laufzeit eines solchen Darlehens ist dann einzuhalten, wenn das Arbverh vorzeitig endet.[1169] **626**

Teilweise wird ein als Darlehen bezeichneter Betrag in Wirklichkeit als **Vorschuss** (vgl. Rn 744) gegeben oder umgekehrt. Ein Vorschuss wird in folgenden Fällen gezahlt: Die Forderung ist nicht entstanden oder nur aufschiebend bedingt entstanden oder sie ist zwar entstanden, aber noch nicht fällig. Die vertragsschließenden Parteien sind sich weiterhin darüber einig, dass im Falle der Entstehung bzw. der endgültigen unbedingten Entstehung oder des Fälligwerdens der so bevorschussten Forderung der Vorschuss auf die Forderung zu verrechnen sei. Sollte die Forderung nicht oder nicht zeitgerecht entstehen, soll der Vorschussnehmer verpflichtet sein, den erhaltenen Vorschuss dem Vorschussgeber zurückzugewähren[1170] Ein negatives Guthaben auf einem Arbeitszeitkonto ist ein Lohn- oder Gehaltsvorschuss des AG[1171] **627**

II. Regelung der Vergütungspflicht im Einzelnen

1. Berechnung. a) Zeitlohn. Anders als bei der werkvertraglichen Vergütung spielt das Arbeitsergebnis grds. keine Rolle für die Bemessung der Vergütung. Beim **Zeitlohn** wird die vom AN geleistete Arbeitszeit vom AG bezahlt. Als Zeitabschnitte kommen je nach vertraglicher Vereinbarung verschiedene Einheiten in Betracht (Stunden, Tage, Monate). Wird an das **Arbeitsergebnis** für die Lohnbemessung angeknüpft, ist die geleistete Menge entscheidend. Der AG schuldet dem AN grds. für die Tätigkeit **Geld**, das gem. § 107 GewO zu berechnen und auszuzahlen ist. Gem. § 108 GewO hat der AG die geschuldete Auszahlung in Textform (§ 126b: Urkunde oder sonstige dauerhafte Wiedergabe durch Schriftzeichen mit Abschluss durch Nachbildung der Namensunterschrift) mit dem dort näher geregelten Inhalt abzurechnen. Darüber hinaus besteht gem. § 82 Abs. 2 BetrVG ein Anspruch des AN, dass der AG ihm die Zusammensetzung seines Entgelts erklärt. **628**

b) Akkordlohn. Der Akkordlohn ist eine Möglichkeit, Arbeitsergebnis und Vergütung zu verknüpfen. Da er mit der Anreizfunktion zu höherem Verdienst zu einer Mehrbelastung der AN führt, ist eine Akkordlohnvereinbarung mit besonders geschützten AN unzulässig (§ 4 Abs. 3 MuSchG bei Schwangeren; § 23 JArbSchG bei Jugendlichen und § 3 Fahrpersonalgesetz bei Fahrpersonal). **629**

Knüpft die Lohnzahlung an die Menge der geleisteten Tätigkeit an, so ist zwischen **Akkordlohn, Geld- und Zeitakkord** unterschieden. Unter Akkordlohn wird die Koppelung der Vergütung an eine bestimmte vom AN erbrachte Arbeitsmenge verstanden.[1172] Das kann eine bestimmte Stückzahl sein. Ebenso können andere Einheiten (Gewicht der produzierten Menge etc.) für die Bemessung der Vergütung herangezogen werden. Bei der erfolgsbezogenen Vergütung ist weiter zwischen Geld- und Zeitakkord zu unterscheiden. Beim Geldakkord wird der Vergütungsbetrag pro bestimmter Einheit gezahlt. Die Leistungszeit spielt dabei keine Rolle. Dagegen wird beim sog. Geldakkord eine bestimmte Leistungszeit als „**Vorgabezeit**" zum Ausgangspunkt der Akkordleistung genommen. Der Akkordlohn **630**

[1166] BAG 4.12.1974 – 4 AZR 138/74 – AP § 1 TVG Tarifverträge: Bau Nr. 20; BAG 14.2.1996 – 5 AZR 978/94 – AP § 611 BGB Aufwandsentschädigung Nr. 5.
[1167] Kittner/Zwanziger/*Schoof*, Arbeitsrecht Handbuch, § 47 Rn 32–37.
[1168] BAG 23.9.1992 – 5 AZR 569/91 – AP § 23 AGB-Gesetz Nr. 2; BAG 26.5.1993 – 5 AZR 219/92 – AP § 23 AGB-Gesetz Nr. 3; *Kania*, AR-Blattei SD 570 Rn 22 ff.
[1169] BAG 23.9.1992 – 5 AZR 569/91 – AP § 611 BGB Arbeitnehmerdarlehen Nr. 1.
[1170] BAG 31.3.1960 – 5 AZR 441/57 – BAGE 9, 137, 140; BAG 15.3.2000 – 10 AZR 101/99 – BAGE 94,73,83.
[1171] BAG 13.12.2000 – 5 AZR 334/99 – AP § 394 BGB Nr. 31.
[1172] ErK/*Preis*, § 611 BGB Rn 391.

berechnet sich nach den Leistungseinheiten X, der festgesetzten Zeit Y und dem festgesetzten Geldfaktor, der sich nach dem pro Minute anzusetzenden Normallohn richtet.[1173] Es liegt auf der Hand, dass sich die Verdienstmöglichkeiten maßgeblich nach der gewählten Vorgabezeit richten. Daher muss sie der normalen Zeit entsprechen, in welcher ein durchschnittlicher AN seine Leistung erbringt. Werden die Vorgabezeiten einvernehmlich in einer BV geregelt, die auf arbeitswissenschaftlichen Verfahren aufbaut, spricht der erste Anschein für die Richtigkeit der Vorgabezeit. Der klagende AN hat demnach Tatsachen für die Unrichtigkeit der Berechnung darzulegen und zu beweisen.[1174] Darüber hinaus unterliegen derartige Vereinbarungen der Klauselkontrolle und müssen für den AN eindeutig und verständlich geregelt sein. Es widerspricht § 307 Abs. 1 BGB, die Zahlung an die Abnahme des Werkbestellers zu knüpfen.[1175]

631 Strengt sich der AN darüber hinausgehend an, bietet der Akkord eine höhere Verdienstchance. Zugleich besteht aber auch die Gefahr einer Verdienstminderung.[1176] In vielen TV sind deshalb **Verdienstsicherungsklauseln** geregelt. Die Bemessungsgrundlage des Akkordlohns kann auch aus Auslegung des Verhaltens des AG nach den Grundsätzen der betrieblichen Übung erfolgen.[1177]

632 Das Risiko der **qualitativen Schlechtleistung** trägt beim Akkord der AG. Eine Ausnahme von dieser Risikoverteilung muss von den Parteien oder den BV- oder TV-Parteien ausdrücklich geregelt werden. Besteht keine tarifliche Regelung, hat der BR bei der Festsetzung der Faktoren und der Gestaltung gem. § 87 Nr. 1 S. 1 BetrVG zwingend mitzubestimmen. Die Akkordvereinbarung kann sich auf den einzelnen AN beziehen (**Einzelakkord**). Sie kann aber auch auf die Ergebnisse einer Gruppe von AN ausgerichtet sein (**Gruppenakkord**). Für den Bergbau ist der Akkordlohn in sog. **Gedinge**vereinbarungen heute tariflich geregelt.

633 Ist arbeitsvertraglich eine Vergütung nach Zeit vereinbart, kann der AG nicht **einseitig** eine Akkordvergütung einführen. Dagegen kann der AG dem AN, der bislang im Akkord gearbeitet hat, eine Zeitvergütung zahlen, wenn diese dem durchschnittlichen Akkordlohn entspricht.[1178] Die **Umstellung** von Prämien auf Zeitlohn kann schon aufgrund kollektivrechtlicher Vereinbarungen zulässig sein.[1179]

634 Problematisch kann die Berechung des Akkordlohns im Falle der **Erkrankung** des AN gem. § 4 EFZG sein. Es ist der bei regelmäßiger Arbeitszeit erzielbare Durchschnittsverdienst geschuldet. Das bedeutet für einen **Gruppenakkordlohn**, dass auf den Verdienst der weiterarbeitenden Gruppenmitglieder (auch bei einem allein weiter arbeitendem Gruppenmitglied) abzustellen ist.[1180]

635 **2. Modalitäten der Zahlung. a) Art und Weise, Fälligkeit.** Die Vergütung ist grds. eine **Geldschuld**, die gem. § 107 Abs. 1 GewO in **EUR** auszuzahlen ist. Nach § 108 GewO hat der AG dem AN eine **Abrechnung in Textform** zu erteilen. Der Anspruch besteht „bei Zahlung", d.h., die Abrechnung dient nicht zur Vorbereitung des Zahlungsanspruchs. Eine Stufenklage kann nicht auf § 108 GewO gestützt werden und ist unzulässig,[1181] wenn der AN den Anspruch selbst berechnen kann. Nach § 614 ist die Vergütung abweichend von § 271 nach Leistungserbringung zu zahlen – der AN ist vorleistungspflichtig. Der Lohnanspruch wird demnach nach der Tätigkeitsleistung bzw. nach Ablauf der vertraglich bestimmten Zeit (§ 614 S. 2) **fällig**. Die Parteien können die Fälligkeit des Lohnanspruchs aber auch abweichend regeln. Fehlt eine Regelung zur Fälligkeit der Überstundenvergütung (vgl. Rn 734) richtet sich die Fälligkeit ebenso nach § 614 S. 1 und 2.[1182] Da ein Zahlungszeitpunkt festliegt, kommt der AG ohne Mahnung des AN in Verzug gem. § 286 Abs. 2 Nr. 1. Zahlt der AG vor Fälligkeit, kann es sich um einen Vorschuss handeln.

636 **b) Überweisung.** Obwohl es sich grds. um eine Holschuld gem. § 269 Abs. 2 handelt, die am Betriebssitz als Erfüllungsort abzuholen ist, ist die **bargeldlose Überweisung** auf das Konto des AN nunmehr die Regel. Sie ist eine Schickschuld. Für sie hat der AG gem. § 270 Abs. 1 BGB die **Kosten** zu tragen. Der AG trägt das Risiko der Überweisung. Erfüllt ist der Anspruch, wenn der Betrag dem Konto des AN gutgeschrieben wird. Die **Kontoführungsgebühren** trägt der AN. In der Praxis existieren BV, in denen diese Kosten in Ausübung des Mitbestimmungsrechts des BR aus § 87 Abs. 1 Nr. 4 BetrVG dem AG auferlegt werden. Dies ist sowohl verfassungsrechtlich als auch betriebsverfassungsrechtlich als unbedenklich angesehen worden.[1183]

637 **c) Barzahlung, Scheck und Wechsel.** Die Vergütung kann auch **bar** geleistet werden. Dabei empfiehlt sich in jedem Fall eine **Quittung**, um späteren Streit zu vermeiden. Zu ihrer Erteilung ist der AN gem. § 368 S. 1 verpflichtet. Auch die Hingabe eines **Schecks** ist möglich. Wie bei der Überweisung auf ein Konto wird der AG aber erst dann von seiner Schuld befreit, wenn der Scheck eingelöst und der Betrag dem Konto gutgeschrieben wird. Die Vergütung

---

1173 ErK/*Preis*, § 611 BGB Rn 392.
1174 LAG Hamm 8.4.1991 – 17 Sa 1564/90 – BB 1991, 1642.
1175 ArbG Zwickau 9.2.2006 – 6 Ca 718/05 – juris.
1176 *Marschner*, AR-Blattei SD 1101, Rn 28.
1177 LAG Köln 11.12.2003 – 10 Sa 201/03 – juris.
1178 BAG 27.1.1988 – 7 AZR 454/87 – BB 1988, 1390.
1179 BAG 24.8.2004 – 1 AZR 419/03 – NZA 2005, 51.
1180 BAG 26.2.2003 – 5 AZR 162/02 – AP § 4 EFZG Nr. 64.
1181 BAG 12.7.2006 – 5 AZR 646/05-NZA 2006, 1294.
1182 BAG 28.9.2005 – 5 AZR 52/05 – NZA 2006, 149.
1183 BAG 24.11.1987 – 1 ABR 25/86 – AP § 87 BetrVG 1972 Auszahlung Nr. 6; BVerfG 18.10.1987 – 1 BvR 1426/83 – AP § 87 BetrVG 1972 Auszahlung Nr. 7.

durch Übergabe eines **Wechsels** ist unzulässig, da der AN kein Geld, sondern nur einen Anspruch gegen den wechselrechtlich Bezogenen erhält. Das ist keine Auszahlung i.S.d. § 107 Abs. 1 GewO.

d) Bruttolohn. Wird nichts anderes vereinbart, ist die Vergütung **brutto** geschuldet. Der AG zieht Steuern und Sozialversicherungsbeiträge vom Entgelt ab und führt sie an die zuständigen Stellen ab. Zur Klage auf den Bruttolohn und die Vollstreckung dieses Betrags vgl. Rn 788 ff. Hinsichtlich der abzuführenden Beiträge gilt im Grundsatz: 638

– *Steuer* 639
    Der AN ist Schuldner der abzuführenden Steuer gem. § 38 Abs. 2 EStG. Nach § 42d Abs. 1 Nr. 1 EStG haftet der AG den Steuerbehörden für die von ihm abzuführenden Beiträge, so dass AN und AG Gesamtschuldner sind.

– *Sozialversicherungsbeiträge* 640
    AN und AG schulden die Sozialversicherungsbeiträge hälftig, wobei der AG alleine die Beiträge zur gesetzlichen Unfallversicherung zu tragen hat.

Der AG hat die arbeitsvertragliche Nebenpflicht gem. § 241 Abs. 2, die abzuführenden Beträge – u.U. nach Anfrage bei den zuständigen Behörden – **korrekt abzurechnen**. Die Lohnzahlungsklage ist auf den Bruttobetrag zu richten.[1184] Verrechnet sich der AG und zahlt einen zu hohen Betrag an den AN aus, kann er nur unter besonderen Voraussetzungen **Rückzahlung** vom AN verlangen. Hinsichtlich der zu viel gezahlten Steuern fehlt es für einen bereicherungsrechtlichen Anspruch gegen den AN an einer wirksamen Tilgungsbestimmung, so dass der Anspruch gegen das Finanzamt zu richten ist.[1185] Bezüglich des Sozialversicherungsbeitrags gilt, dass dieser vom laufenden Einkommen abzuziehen ist. Ein Rückzahlungsanspruch kann aus § 28g S. 2 SGB IV unter der Voraussetzung folgen, dass den AG kein Verschulden trifft. Darüber hinaus hat der AG einen Rückzahlungsanspruch bei Meldepflichtverletzungen des AN, die zur Falschberechnung geführt haben (§ 28g S. 4 SGB IV). Bezüglich der Steuerverpflichtungen können sich Ansprüche aus § 426 und § 42d Abs. 3 EStG ergeben.[1186] Zahlt der AG dem AN zu wenig aus, ist er ihm aus der vertraglichen Einigung zur Auszahlung des richtig berechneten Nettolohns verpflichtet. 641

Fallen **Zinsen** an, so sind diese aus der geschuldeten Bruttolohnforderung zu berechnen.[1187] Der AG kommt mit der Bruttolohnforderung in Verzug, wenn er zum vereinbarten Zeitpunkt nicht zahlt. Davon ist die steuerrechtliche Pflicht zu trennen. Dem steht nicht entgegen, dass die in § 288 geregelte Zinsverpflichtung den Charakter eines pauschalierten Schadensersatzes aus typisierter Sicht hat. Dem AN kann nämlich durch die Verzögerung durchaus ein durch die Zinsen auszugleichender Progressionsschaden entstehen. Ob im Einzelfall ein solcher Schaden tatsächlich entstanden ist, spielt aufgrund der typisierten Betrachtungsweise keine Rolle. 642

Es ist umstr., ob der AN gegen den AG einen vor den ArbG einklagbaren Anspruch auf Erstellung und Berichtigung der **Lohnsteuerabrechnung** hat. Nach der finanzgerichtlichen Rspr. handelt es sich um eine bürgerlich-rechtliche Streitigkeit aus dem Arbverh, die nicht vor die Finanzgerichten einzuklagen ist.[1188] Dagegen hat das BAG[1189] entschieden, dass in die arbeitsgerichtliche Zuständigkeit nur Streitigkeiten über Arbeitspapiere fallen. Wegen des sachlichen Zusammenhangs des Berichtigungsanspruchs mit den steuerrechtlichen Vorschriften ist die Ansicht des BAG vorzugswürdig. 643

III. Nettolohn

Eine **Nettolohnabrede** liegt vor, wenn der AG auch die AN-Anteile der Sozialversicherung und die sich aus dem auf den Bruttobetrag hochgerechneten Entgelt ergebenden Steuern übernehmen und sie an die Behörden abführen soll. Mit einer solchen Vereinbarung entfällt die Pflicht des AG, dem AN eine Gehaltsabrechnung zu erstellen.[1190] Eine solche Abrede ist für den AN vorteilhaft, da er insb. von seiner Lohnsteuerpflicht befreit wird. Der AN trägt die Darlegungs- und Beweislast für eine Nettolohnvereinbarung.[1191] Dient die Vereinbarung zur Beitrags- und Steuerhinterziehung, ist sie nichtig (vgl. Rn 611 zur Schwarzgeldabrede).[1192] Ändern sich die Grundlagen der Abzüge, wie z.B. die Steuerklasse des AN, wirkt sich dies auf die Höhe der auszuzahlenden Vergütung nicht aus, es sei denn, der AN handelt willkürlich zu Lasten des AG.[1193] 644

Ob eine Nettolohnabrede getroffen worden ist, muss durch **Auslegung** gem. §§ 133, 157 ermittelt werden. Dabei muss feststehen, dass die Parteien ausdrücklich die Übernahme sämtlicher Beiträge und Steuern durch den AG gewollt haben. Verpflichtet sich der AG in einer Vorruhestandsabrede die Krankenversicherungsbeiträge zu erstatten, ist dies daher keine Nettolohnabrede, die den AN von seiner Lohnsteuerpflicht befreit.[1194] Es ist daher im Einzelfall zu prüfen, ob die Verwendung des Begriffs „netto" tatsächlich bedeuten soll, dass der AG die Steuerverpflichtungen 645

1184 ArbG Halberstadt 28.9.2004 – 5 Ca 608/04 – juris.
1185 ArbG Mannheim 12.2.2008 – 8 Ca 412/07 – juris.
1186 Küttner/*Griese*, Bruttolohnvereinbarung Rn 9.
1187 BAG GS 7.3.2001 – GS 1/00 – NZA 2001, 1195.
1188 FG München 20.7.2007 – 1 K 1376/07 – juris; FG Münster 4.7.2005 – 10 K 640/05 S – StE 2005, 760.
1189 BAG 11.6.2003 – 5 AZB 1/03 – NJW 2003, 2629.
1190 LAG Hamm 24.2.2000 – 4 Sa 1609/99 – juris.
1191 BAG 18.1.1974 – 3 AZR 183/73 – AP § 670 BGB Nr. 19.
1192 LAG Hamm 24.2.2000 – 4 Sa 1609/99 – juris.
1193 ErfK/*Preis*, § 611 BGB Rn 475 m.w.N.
1194 LAG Hamm 1.3.2000 – 14 Sa 2144/99 – NZA-RR 2001, 46.

des AN übernehmen soll. Das wird nur der Fall sein, wenn die Parteien dies ausdrücklich vereinbart haben oder sonstige Umstände auf einen solchen Verpflichtungswillen schließen lassen.[1195] Ob eine Nettoabrede vereinbart worden ist, hängt damit entscheidend von der Übernahme der Lohnsteuer durch den AG ab. Verpflichtet sich der AG in einer Vorruhestandsregelung dem AN gegenüber, die Leistungen der BA auf 82 % der letzten Monatsnettolohnbezüge aufzustocken, so liegt darin eine Nettolohnvereinbarung.[1196] Da der AG dem AN in dieser Vereinbarung die effektive Zahlung eines bestimmten Betrags verspricht, muss er selbst die Steuerlast tragen.

646 Haben die Parteien die Zahlung des Nettolohns vereinbart, kann der AN nach Ansicht des BAG nicht den Bruttolohn einklagen.[1197] Dagegen wird eingewendet, dass diese Aufspaltung zwischen Lohnzahlungspflicht und Freistellung von Steuern und Sozialversicherungsbeiträgen gekünstelt sei.[1198] Unabhängig davon, ob wirtschaftlich ein ähnliches Ergebnis erzielt wird, hat der AG bei der Nettolohnvergütung eine andere Pflicht als bei der Bruttolohnvereinbarung. Daher ist dem BAG in dieser Frage zu folgen.

647 **1. Naturalleistungen.** In den rechtlichen Grenzen des § 107 Abs. 2 GewO kann der AG anstatt in Geld auch in **Naturalleistungen** (Kleidung, Kost z.B. Haustrunk,[1199] Wohnung, Dienstwagen, Jahreswagen, Flugrabatte,[1200] historisch heute selten Kost und Logis vgl. auch §§ 618 Abs. 2, 617) seine Schuld begleichen. Historisch wird damit das sog. Truckverbot aufgegriffen, das sich gegen Lohnzahlungssysteme zur Zeit der industriellen Revolution wendete, bei denen die AN dem AG Waren abkaufen mussten und diese Schuld auf den Lohn angerechnet wurde. Nach § 107 Abs. 2 GewO darf der Wert der Sachbezüge zum Schutz des AN den pfändbaren Teil (§§ 850 ff. ZPO) des Arbeitseinkommens nicht übersteigen. Für **Berufsausbildungsverhältnisse** regelt § 10 Abs. 2 BBiG, dass solche Sachbezüge zu höchstens 75 % auf die Gesamtvergütung angerechnet werden dürfen. Dabei sind für deren Höhe die VO nach § 17 SGB IV zu beachten, die weitestgehend mit den steuerrechtlichen Sachbezugsverordnungen übereinstimmen sollen.

648 Der **Begriff der Naturalvergütung** umfasst jede Vergütung, die dem AN zur Abgeltung der geleisteten Dienste nicht in Geld gewährt wird.[1201] Sie kann als Teil der vereinbarten Vergütung oder zusätzlich zu ihr gewährt werden. Im letzteren Fall – also der zusätzlichen Zahlung – ist das Truckverbot des § 107 Abs. 2 S. 1 GewO nicht anwendbar. Ob es zulässig ist, einen Teil des Entgelts in Sachbezügen zu vereinbaren, hängt davon ab, ob dies dem **Interesse des AN** oder der **Eigenart des Arbverh** entspricht (§ 107 Abs. 2 GewO). Beurteilungszeitpunkt ist derjenige der Sachbezugsvereinbarung. Ob dabei ein abstrakter oder ein konkret-individueller Beurteilungsmaßstab anzulegen ist, ist streitig. Für das Merkmal des AN-Interesses dürfte der Gesetzestext es gebieten, die konkreten individuellen Interessen des jeweiligen AN zu berücksichtigen, denn Sinn der Vorschrift ist es, dem AN keine Sachbezüge aufzudrängen, die ihm nicht wirklich nützen, immerhin wird dadurch sein verfügbares Entgelt in Geld geschmälert.[1202] Ob aber die Sachbezugsvereinbarung der Eigenart des Arbverh entspricht, dürfte abstrakt zu beurteilen sein, nämlich danach, ob es in der jeweiligen Branche üblich ist, einen Teil der Vergütung z.B. in Form von **Deputaten** zu zahlen, etwa Obst und Gemüse in der Landwirtschaft, Kohlen im Bergbau oder Bier im Brauereigewerbe. Wegen der Qualität der überlassenen Waren und der weiteren Einschränkungen des zulässigen Sachbezugs vgl. § 107 Abs. 2 GewO. Gewährt der AG den Naturallohn nicht, gerät er gegenüber dem AN gem. § 615 in Annahmeverzug. Ist die Gewährung infolge des Zeitablaufs nicht möglich, wandelt sich der Anspruch auf die Naturalleistung in einen Zahlungsanspruch um.[1203]

649 In der **Insolvenz** des AG hat der AN kein Zurückbehaltungsrecht an den überlassenen Sachen gegenüber dem Insolvenzverwalter.[1204] Ein solches Recht liefe dem Zweck des Insolvenzverfahrens entgegen, alle Gläubiger gleichermaßen zu berücksichtigen. Allerdings hat der Insolvenzverwalter alle Maßnahmen zu treffen, damit der AN mit seiner Forderung nicht ausfällt.

650 **2. Rabatte als Lohn.** Zu den Naturalleistungen zählen auch mit **Werksangehörigenrabatt** an den AN verkaufte Sachen, wie z.B. ein vom AG produziertes Kfz. Werden solche Vereinbarungen geschlossen, unterliegen sie der AGB-Kontrolle und es muss insb. dem **Transparenzgebot** gem. § 307 Abs. 1 S. 2 genügt werden.[1205] Das ist nicht der Fall, wenn sich der zu gewährende Rabatt nicht aus der Vereinbarung selbst, sondern erst aus der später erteilten Rechnung ergibt.[1206] Ein solcher Mangel wird nicht durch die später erteilte Rechnung beseitigt. Die in den AGB getroffene Regelung muss bei Vertragsschluss klar sein. Bei einem Verstoß gegen das Transparenzgebot tritt an die Stelle der nichtigen Klausel gem. § 306 das dispositive Recht. Die entstandene Lücke kann nur dann im Wege

---

1195 LAG Hamm 24.2.2004 – 4 Sa 1609/99 – juris; LAG Köln 13.2.1997 – 10 Sa 918/96 – FA 1998, 54.
1196 LAG Hamm 25.7.2000 – 7 Sa 879/00 – juris.
1197 BAG 8.4.1987 – 5 AZR 60/86 – juris.
1198 Ziemann, in: FS für Schwerdtner, S. 716.
1199 Hessisches LAG 8.9.2004 – 8 Sa 2110/03 – juris.
1200 ArbG Frankfurt 27.5.2002 – 15 Ca 8792/01 – juris.
1201 Mit einem Überblick zu den verschiedenen Definitionen LAG Köln 13.2.2004 – 4 Sa 1163/03 – AuR 2004, 397; Schaub/Linck, Arbeitsrechts-Handbuch, § 68 Rn 1.
1202 So auch Kittner/Zwanziger/Schoof, Arbeitsrecht Handbuch, § 47 Rn 6d, a.A. Schöne, NZA 2002, 829,832.
1203 Für nicht gewährte Flugrabatte ArbG Frankfurt 27.5.2002 – 15 Ca 8792/01 – juris.
1204 LAG Niedersachsen 8.6.2005 – 16 Sa 331/05 – NZA-RR 2006, 40.
1205 Zur Lage vor der Schuldrechtsreform vgl. BAG 26.5.1993 – 5 AZR 219/92 – AP § 23 AGB-Gesetz Nr. 3.
1206 LAG Düsseldorf 4.3.2005 – 9 Sa 1782/04 – juris.

einer ergänzenden Vertragsauslegung geschlossen werden, wenn tatsächlich Umstände gegeben sind, die auf eine bestimmte Regelung schließen lassen. Mangels solcher Indizien ist eine Klausel insg. unwirksam mit der Folge, dass der AN das Kfz zum ursprünglichen Rabattpreis behalten kann. Streitigkeiten über Mängel an den als Lohnbestandteil erworbenen Sachen fallen in die Zuständigkeit der ArbG.[1207] Mangels besonderer Vereinbarung müssen als Lohn überlassene Sachen gem. § 243 mittlerer Art und Güte entsprechen. Auch Gutscheine zum Warenbezug bei Dritten können Lohn sein.[1208]

Gewährt der AG einen Rabatt auf die von ihm selbst hergestellten Waren, so geht der Anspruch bei einem **Betriebsübergang** gem. § 613a Abs. 1 S. 1 nicht über.[1209] Die mit dem Begriff des „**Personaleinkaufs**" bezeichnete Leistung bezieht sich nur auf eine Gegenleistung, mit welcher der AG sowohl einen Arbeitsanreiz setzt, aber auch seinen eigenen Produktionsabsatz sichert. Dieser Bezug entfällt, wenn der Betrieb übergeht, ohne dass der Erwerber die Produktion übernimmt. 651

3. Dienstwagen. Überlässt der AG dem AN einen **Dienstwagen** auch zur privaten Nutzung, stellt auch dies einen Teil der Arbeitsvergütung dar. Sie ist auch während der Zeiten, in denen Vergütung trotz Nichtarbeit fortzuzahlen ist, weiterhin geschuldet.[1210] Dies gilt auch im Falle eines freigestellten BR-Mitglieds gem. § 37 S. 2 BetrVG[1211] Bzw. eines in einem Vergleich freigestellten AN.[1212] Voraussetzung ist in jedem Fall die Vereinbarung, den Pkw auch privat nutzen zu dürfen. Der Anspruch ist damit ein Entgeltanspruch, der den Regelungen zur Entgeltverpflichtung des AG unterliegt. Erkrankt der AN über den Zeitraum hinaus, für den der AG ihn nach dem **EGFZ** den Lohn zu zahlen hat, erlischt auch sein Anspruch auf Überlassung des Pkw.[1213] Dabei ist es nicht entscheidend, ob der AG den Wagen sofort zurückfordert. 652

Ein Anspruch auf ein privat nutzbares Dienstfahrzeug kann sich bei entsprechenden Anhaltspunkten auch aus einer **betrieblichen Übung** ergeben. Dabei ist aber zu beachten, dass ein Anspruch aus betrieblicher Übung ausscheiden kann, wenn die Parteien eine sog. doppelte Schriftformklausel vereinbart haben, nach welcher auch die Änderung des Arbeitsvertrags der Schriftform unterliegt.[1214] Bei einem unwiderruflich zur Privatnutzung überlassenen Dienstwagen gilt dies auch während den Mutterschutzfristen.[1215] Im Falle der Krankheit endet die Verpflichtung mit dem Ende des Entgeltfortzahlungszeitraums, wenn sich aus der vertraglichen Abrede nichts Anderes ergibt. Zuvor besteht das Nutzungsrecht weiter, wird aber auch z.T. auf den Zeitraum nach Ablauf der Entgeltfortzahlung erstreckt.[1216] Das Recht zur Privatnutzung endet spätestens mit dem Ende des Arbverh. Eine Versetzung, auch vom Außen- in den Innendienst lässt die Privatnutzungsmöglichkeit unberührt.[1217] Der Dienstwagen ist bei Beendigung des Arbverh zurückzugeben. Im Falle einer Künd-Schutzklage entspricht das Privatnutzungsrecht der Pflicht des AG auf Weiterbeschäftigung des AN.[1218] 653

Die Frage, ob es sich bei der Dienstwagenstellung um eine Vergütung handelt, ist ebenso bei der Höhe der auf dem Monatseinkommen aufbauenden **Betriebsrente** erheblich.[1219] Nach Ansicht der Rspr. sollen unter Berücksichtigung des allg. Sprachgebrauchs unter „Monatsgehalt" nur die tatsächlichen Geldleitungen, nicht aber Sachleistungen zu verstehen sein. Dagegen spricht aber, dass Ausgangspunkt der Auslegung der Sinn und Zweck der Regelung ist. Mit der Betriebsrente soll dem AN eine an seinem bisherigen Gehalt orientierte Leistung erbracht werden. Gehalt sind diejenigen Leistungen, die der AG als Gegenleistung für die Arbeitsleistung erbringt. Einigen sich die Parteien darauf, Geld durch Sachleistungen zu ersetzen, schmälert dies nicht den Wert des Gehalts. Dieser ist aber bei der Berechnung der Betriebsrente zugrunde zu legen. 654

Ebenso ist bei der Berechnung der **Höhe des pfändbaren Arbeitseinkommens** der geldwerte Vorteil der privaten Nutzung eines Dienstfahrzeugs zu berücksichtigen.[1220] Der Betrag ist entsprechend der lohnsteuerrechtlichen Verwaltungsvorschriften festzusetzen (monatlich 1 % des Verkaufslistenpreises plus Mehrwertsteuer). 655

Befindet sich der AG im **Annahmeverzug** und hat deshalb den Dienstwagen nicht zur Verfügung gestellt, kann ein Anspruch aus § 615 auf Wertersatz bestehen. Das BAG hat dies in Frage gestellt und für möglich gehalten, dass lediglich ein Schadensersatzanspruch besteht.[1221] Der Anspruch aus § 615 ist abdingbar, so dass ihm einzelvertragliche 656

1207 ErfK/*Preis*, § 611 BGB Rn 521.
1208 LAG Köln 13.2.2004 – 4 Sa 1163/03 – AuR 2004, 397.
1209 BAG 7.9.2004 – 9 AZR 631/03 – NZA 2005, 941.
1210 Zu Abänderungen *Meier*, NZA 1997, 299; *Nägele*, NZA 1997, 1196.
1211 BAG 23.6.2004 – 7 AZR 514/03 – NZA 2004, 1287; a.A. LAG Hamburg 9.8.2007 – 7 Sa 27/07 – juris.
1212 ArbG Marburg 22.8.2007 – 1 Ca 179/07 – juris.
1213 LAG Köln 22.6.2001 – 11 (6) Sa 391/01 – NZA-RR 2001, 523; a.A. LAG Berlin Brandenburg 19.2.2007 – 10 Sa 2171/06 – juris.
1214 LAG Schleswig-Holstein 7.1.2004 – 3 Sa 426/03 – juris.
1215 BAG 11.10.2000 – 5 AZR 240/99 – BAGE 96, 34 = NZA 2001, 445.
1216 LAG Berlin Brandenburg 19.2.2007 – 10 Sa 2171/06 – juris.
1217 ArbG Berlin 1.3.2007 – 18 Ca 20244/06 – juris.
1218 Vgl. BAG 27.2.1985 – GS 1/84 – BAGE 48, 122 = DB 1985, 2197.
1219 Hessisches LAG 8.9.2004 – 8 Sa 2110/03 – juris; LAG München 11.9.2002 – 9 Sa 315/02 – AuA 2003, 51; für das „Grundgehalt" verneinend LAG Rheinland-Pfalz 7.12.2006 – 11 Sa 629/06 – juris.
1220 LAG Hamm 10.3.1991 – 2 (16) Sa 619/90 – BB 1991, 1496; LAG Saarland 9.8.1989 – 2 Sa 38/89 – juris; LAG Köln 10.7.2007 – 13 Sa 402/07 – juris.
1221 BAG 5.9.2002 – 8 AZR 702/01 – AP § 280 BGB n.F. Nr. 1 = NZA 2003, 973 m.w.N.

657 Behält sich der AG den **Widerruf** der Leistung vor, kann er dieses Recht nur nach billigen Ermessen i.S.d. § 315, § 106 GewO ausüben. Ferner ist eine Kontrolle der Widerrufsklausel nach § 307 Abs. 1 S. 2 (Transparenzgebot) und § 307 Abs. 2 Nr. 2 (Angabe eines Widerrufsgrundes und seiner Voraussetzungen)[1222] bei Rückforderung eines Dienstwagens;[1223] zur Frage der Zahlung von verbleibenden Leasingraten)[1224] wie auch § 308 Nr. 4 (einseitige Änderung eines Rechts)[1225] vorzunehmen. Insb. ist zu überprüfen, ob der Widerruf nicht den Künd-Schutz des AN (Änderungs-Künd) umgeht. Sagt der AG die Sachleistung nämlich als Lohnbestandteil zu, kann er grds. einseitig keine Änderung herbeiführen.

Regelungen über die Annahmeverzugsfolgen, z.B. in einem gerichtlichen Vergleich über die Beendigung des Arbverh, vorgehen.

658 Nach einer **Künd** und zulässiger Freistellung ist ein Widerruf nicht für unbillig gehalten worden.[1226] Die Parteien können wirksam vereinbaren, dass das Fahrzeug entschädigungslos im Falle der Freistellung zurückzugeben ist.[1227] Hat der AG während der Freistellungsphase der Altersteilzeit keinen Firmenwagen zur Verfügung gestellt, obwohl in betriebseigenen Fahrzeugrichtlinien grsd. ein solches Recht geregelt ist, gehört der AN weiterhin zum berechtigten Personenkreis.[1228] Sind die Grenzen des § 4 TzBfG beachtet, können die Parteien Ausnahmeregelungen vereinbaren.

659 Hat der AG dem AN unberechtigt den Dienstwagen zur privaten Nutzung entzogen, schuldet er gem. §§ 280 Abs. 1 und 3, 283 **Schadensersatz**.[1229] Ein Mitverschulden ist dem AN nicht anzulasten, wenn er den Wagen widerspruchslos zurückgegeben hat.[1230] Der Schaden besteht mind. in der Höhe der Aufwendungen für die Nutzung eines entsprechenden Pkw. Nutzt der AN seinen eigenen gleichwertigen Pkw, kann er nur Ersatz der hierfür aufgewandten Kosten verlangen. Immer muss der entstandene Schaden konkret dargelegt werden. Der AN ist aber nicht darauf beschränkt, nur den steuerlichen Vorteil erstattet zu verlangen.[1231]

660 Eine **Nutzungsausfallentschädigung**, die abstrakt nach der Tabelle *Sanden/Danner/Küppersbusch* errechnet wird, steht dem AN nicht zu.[1232] Anders als im Verkehrsunfallrecht geht es nicht um die Ermittlung des Nutzwerts eines kurzfristig ausgeliehenen Mietfahrzeugs. Es handelt sich vielmehr um einen längerfristigen Gebrauch außerhalb der Dienstfahrten und damit um einen spezifisch arbeitsvertraglich orientierten Nutzwert. Auf der anderen Seite soll dem AN nicht jegliche abstrakte Berechnungsmethode versagt sein. Auf die jährlich vom ADAC herausgegebenen Kostentabellen kann zurückgegriffen werden (zum Auskunftsanspruch gegen den AG zum tatsächlichen Nutzwert vgl. Rn 664). Ebenfalls ist eine Bemessung des Schadens in Höhe der steuerlichen Bewertung der privaten Nutzungsmöglichkeit nach § 6 Abs. 1 Nr. 4 EStG möglich, das ist 1 % des inländischen Listenpreises im Zeitpunkt der Erstzulassung zuzüglich der Kosten für Sonderausstattungen einschl. Umsatzsteuer.[1233]

661 Eine Klausel, die den AN für die Dauer des bestehenden Arbverh verpflichtet, sich an den **Kosten** eines zur Privatnutzung überlassenen Pkw zu beteiligen, ist mit der an den Grundprinzipien des Arbeitsrechts orientierten Risikoverteilung vereinbar. Dies gilt auch dann, wenn der AG das Fahrzeug geleast hat und der AN die **Leasingraten** zu erstatten hat. Die Grenzen zulässiger Vertragsgestaltung sind hingegen überschritten, wenn der AN verpflichtet wird, bei Beendigung des Arbverh den Pkw zurückzugeben und dennoch für die restliche Laufzeit des **Leasingvertrages** die anfallenden Raten in einem Einmalbetrag zu entrichten.[1234]

662 Bei der Regelung der Konditionen der privaten Nutzung von Firmenwagen ist nach § 87 Abs. 1 Nr. 1, 7, 10 BetrVG das Mitbestimmungsrecht des BR zu beachten.[1235] Sachenrechtlich ist der AN für die Zeit der dienstlichen Nutzung **Besitzdiener** des AG gem. § 855.

663 Bei **Schäden** am Kfz infolge einer betrieblich veranlassten Tätigkeit sind die Grundsätze des innerbetrieblichen Schadensausgleichs zu beachten (vgl. Rn 881 ff.). Die Grundsätze sind individualvertraglich nicht abdingbar.[1236] Setzt der AN ein eigenes Kfz ein und entsteht ein Schaden, ist dieser vom AG analog § 670 auszugleichen[1237] (dazu und zur Frage des Schadensumfangs vgl. Rn 954 ff.). Bei dem Aufwendungsersatzanspruch ist zu beachten, dass es sich um keinen Schadensersatzanspruch handelt. Daraus folgt, dass nicht auf fiktiver Reparaturkostenbasis nach § 249 S. 2 abgerechnet werden kann, sondern nur die tatsächlich entstandenen Aufwendungen vom AG zu ersetzen sind.[1238] Die Haftung des AG für Personenschäden des AN ist i.d.R. gem. § 104 SGB VII (vgl. Rn 935 ff.) ausgeschlossen.

1222 BAG 11.10.2006 – 5 AZR 721/05 – NZA 2006, 87.
1223 BAG 19.12.2006 – 9 AZR 294/06 – juris.
1224 LAG Berlin Brandenburg 5.12.2007 – 21 Sa 1770/07 – juris.
1225 Hessisches LAG 20.7.2004 – 13 Sa 1992/03 – MDR 2005, 459.
1226 BAG 17.9.1998 – 8 AZR 791/96 – AuR 1999, 111.
1227 *Nägele*, BB 1994, 2277; *Pauly*, AuA 1995, 381, 384.
1228 LAG Rheinland Pfalz 14.4.2005 – 11 Sa 745/04 – juris.
1229 BAG 23.6.1994 – 8 AZR 537/92 – AP § 249 BGB Nr. 34.
1230 BAG 23.6.1994 – 8 AZR 537/92 – AP § 249 BGB Nr. 34.
1231 BAG 16.11.1995 – 8 AZR 240/95 – AP § 611 BGB Sachbezüge Nr. 4.
1232 BAG 25.1.2001 – 8 AZR 412/00 – juris; Überblick zur älteren Rspr. bei *Dombrowski*, NZA 1995, 155.
1233 BAG 27.5.1999 – 8 AZR 415/98 – AP § 611 BGB Sachbezüge Nr. 12.
1234 BAG 9.9.2003 – 9 AZR 547/02 – NZA 2004, 484 = AP § 611 BGB Sachbezüge Nr. 15.
1235 DKK/*Klebe*, § 87 Rn 52 m.w.N.
1236 BAG 5.2.2004 – 8 AZR 91/03 – NZA 2004, 649.
1237 LAG Niedersachsen 2.9.2004 – 7 Sa 2085/03 – NZA-RR 2005, 64.
1238 LAG Niedersachsen 2.9.2004 – 7 Sa 2085/03 – NZA-RR 2005, 64.

Vereinbaren die Parteien, dass der Nutzwert des privat nutzbaren Dienstwagens pauschal berechnet wird und der AN die Lohnsteuer ausgehend von diesem Wert übernimmt, kann der AN vom AG **Auskunft** über den **tatsächlichen Nutzwert** verlangen.[1239] Ein solches Auskunftsrecht besteht, wenn der Berechtigte in unentschuldbarer Weise über das Recht irrt und der Verpflichtete unschwer Auskunft erteilen kann. Der AN hat ein berechtigtes Informationsinteresse an der Bezifferung des tatsächlichen Nutzwerts, da ihm u.U. steuerliche Nachteile entstehen können. Hat der AN danach zu viel Lohnsteuer abgeführt, erhält er den Betrag gem. § 46 EStG zurück. Zahlt der AG gem. § 42d EStG die vom AN bezüglich des von ihm nutzbaren Kfz nicht abgeführte Lohnsteuer, kann der AG die gezahlten Beträge vom AN gem. § 670 erstattet erhalten.[1240]

4. Arbeitgeberdarlehen. Als Sachbezüge zum steuerpflichtigen Entgelt gehören auch Zinsersparnisse, die mit einem günstigen **AG-Darlehen** einhergehen. Sie sind steuerfrei, wenn das Darlehen zu marktüblichen Konditionen gewährt wird.[1241] Der Darlehensvertrag zwischen AG und AN ist ein Verbraucherdarlehensvertrag gem. § 491, wenn marktübliche Zinsen vereinbart werden.[1242] Abzugrenzen ist das Darlehen von Vorschuss und Abschlagszahlung (vgl. Rn 744).

5. Trinkgeld. Die Möglichkeit **Trinkgelder** (zum Unterschied Trink- und Bedienungsgeld vgl. Rn 740 ff.) einzunehmen, ist grds. nicht als Naturalbezug anzusehen.[1243] Nach § 107 Abs. 3 S. 2 GewO ist Trinkgeld ein Geldbetrag, den ein Dritter ohne rechtliche Verpflichtung dem AN zusätzlich zu einer dem AG geschuldeten Leistung zahlt. Nach § 107 Abs. 3 S. 1 GewO darf die Zahlung eines regelmäßigen Arbeitsentgelts nicht für die Fälle ausgeschlossen werden, in denen der AN für seine Tätigkeit ein Trinkgeld erhält. Es ist daher zweifelhaft, ob mit Rücksicht auf die Chance, Trinkgelder einzunehmen, von vornherein ein niedrigeres regelmäßiges Arbeitsentgelt vereinbart werden kann.[1244] Jedenfalls setzt eine solche Vertragsgestaltung eine mindestens konkludent vereinbarte Pflicht des AG voraus, es dem AN auch zu ermöglichen, Trinkgelder einzunehmen. Nur in einem solchen Fall kann das Trinkgeld zu den bei Krankheit und Urlaub fortzuzahlenden Bezügen gehören. Nach § 3 Nr. 51 EStG sind Trinkgelder bis zu einem Betrag von 2.400 EUR jährlich **steuerfrei.** Der AN hat dem AG Auskunft über die darüber hinaus eingenommenen Trinkgelder zu geben, damit dieser die darauf entfallenden Steuern abführen kann.

6. Werkswohnungen. Nur wenn Wohnungen als Gegenleistung der Arbeitsleistung überlassen werden, sind sie Lohnbestandteil.[1245] Für die Modalitäten wird i.d.R. ein Mietvertrag vereinbart, dessen Grundlage das Arbverh ist. Von der Frage des Lohnbestandteils unabhängig ist die Einordnung der Vermietung als Werkmietwohnung gem. § 576 und als Werkdienstwohnung gem. § 576b. Bei der Werkmietwohnung bestehen Arbeits- und Mietvertrag unabhängig voneinander. Bei der Dienstwohnung ist die Verpflichtung zum Einzug in die Wohnung unmittelbarer Bestandteil des Arbeitsvertrags[1246] und die Überlassung des Wohnraums Teil der Vergütung.[1247] Nur bei der Dienstwohnung richtet sich der Bestand des Vertragsverhältnisses nach dem des Arbeitsvertrags. Die Vereinbarung eines Widerrufs unterliegt der Klauselkontrolle.[1248]

IV. Formen der Vergütungsleistung

1. Sondervergütungen (Gratifikationen, 13. Gehalt, Jahresabschlussvergütung, Weihnachtsgeld, Urlaubsgeld, Jubiläumsgelder). Neben der laufenden z.B. monatlichen Entgeltzahlung des AG können weitere Zahlungsansprüche des AN auf sog. Sondervergütungen bestehen. Der Begriff der Sondervergütung wird in § 4a EFZG als „zusätzlich zum laufenden Arbeitsentgelt" erbrachte Leistung beschrieben. Zu welchem Zweck und welchem Termin eine Sonderzahlung (oftmals einmal pro Jahr) zu zahlen ist, ergibt sich aus der zwischen den Parteien getroffenen Vereinbarung. Bei den Sondervergütungen stellen sich typischerweise folgende Probleme:

– Anspruchsgrundlage (Problem Freiwilligkeitsvorbehalt),
– Widerruf der Leistung (Zulässigkeit Widerrufsvorbehalt)
– Bindungswirkung (Entstehen des Anspruch bei Ausscheiden des AN),
– Rückzahlungsklauseln,
– Kürzung der Leistung (insb. bei Krankheit des AN).

a) Anspruchsgrundlagen. Es gibt keine besonderen gesetzlichen Anspruchsgrundlagen, die direkt auf Zahlung einer Sondervergütung gerichtet sind. Ansprüche können sich daher aus vertraglichen, tariflichen oder aus betriebs-

---

1239 BAG 19.4.2005 – 9 AZR 188/04 – DB 2005, 1691.
1240 LAG Berlin 5.9.2003 – 13 Sa 1094/03 – MDR 2004, 517.
1241 BFH 4.5.2006 – VI R 28/05 – juris.
1242 Tschöpe/*Schmalenberg*, Anwalts-Handbuch Arbeitsrecht, Teil 2 A, Rn 428.
1243 LAG Hamburg 13.2.2008 – 5 Sa 69/07 – juris zu Schadensersatzansprüchen wegen entgangenem Trinkgeld.
1244 So aber noch BAG 28.6.1995 – 7 AZR 1001/94 – AP 3 37 BetrVG 1972 Nr. 112; vgl. ErfK/*Preis*, § 611 BGB Rn 511 f.; Kittner/Zwanziger/*Schoof*, Arbeitsrecht Handbuch, § 47 Rn 41.
1245 LAG München 19.9.2005 – 4 Ta 281/05 – EzA-SD 2005, Nr. 22, 15.
1246 LG Berlin 5.4.2004 – 67 S 239/03 – Grundeigentum 2004, 890.
1247 LAG Köln 4.3.2008 – 11 Sa 582/07 – juris.
1248 LAG Köln 4.3.2008 – 11 Sa 582/07 – juris.

verfassungsrechtlichen Vereinbarungen (freiwillige BV gem. § 88 BetrVG) ergeben. Verstößt der AG gegen den arbeitsvertraglichen Gleichbehandlungsgrundsatz (vgl. Rn 671) bzw. gegen ein Diskriminierungsverbot, kann sich ein Anspruch auf die Sondervergütung auch aus dem Gleichstellungsanspruch des zu Unrecht benachteiligten AN ergeben.

670 Ein Gleichstellungsanspruch kann aus dem **Maßregelungsverbot** gem. § 612a folgen.[1249] Stimmt der AN einer für ihn nachteiligen Vertragsänderung nicht zu, kann ihm der AG eine den anderen AN gewährte Sonderzahlung nicht vorenthalten.[1250] Geht der Betrieb gem. § 613a über, behalten die AN den entstandenen Anspruch auf Sondervergütung gegenüber dem Erwerber. Der Anspruch kann nicht in Zusammenhang mit einem Vorbehalt für den Fall des **Betriebsübergangs** ausgeschlossen werden, da § 613a zwingendes Recht ist.[1251] Bei der Prüfung der individualrechtlichen Anspruchsgrundlagen ist zu berücksichtigen, dass ein Anspruch aus den Grundsätzen der betrieblichen Übung (vgl. Rn 674) entstehen kann. Folgende Anspruchsgrundlagen kommen daher typischerweise in Betracht:
– gesonderte Vereinbarung, z.B. ausdrücklich im Vertrag, durch Gesamtzusage z.B. Aushang am schwarzen Brett, in tariflicher Regelung, in freiwilliger Betriebsvereinbarung),
– betriebliche Übung: grds. ist die Zahlung freiwillig, es kann aber ein Rechtsanspruch entstehen (3x Zahlung ohne Freiwilligkeitsvorbehalt) wenn Vertrauenstatbestand gesetzt; Auslegung dieses Verhaltens gem. §§ 133, 157 BGB (vgl. Rn 674),
– Gleichstellungsgebot bei Verstoß gegen Diskriminierungsverbote z.B. § 4 TzBfG,

arbeitsrechtlicher Gleichbehandlungsgrundsatz (vgl. Rn 671) gewohnheitsrechtlich anerkannt: verpflichtet den AG bei Maßnahmen mit kollektivem Bezug, alle AN gleich zu behandeln, d.h. Differenzierungen nur aus sachlichen Gründen und nicht willkürlich vorzunehmen (was wesentlich gleich und wesentlich ungleich ist, richtet sich nach dem Leistungszweck).

671 **b) Gleichbehandlungsgrundsatz.** Bei der Ausgestaltung der Sondervergütung ist der AG an den allg. arbeitsrechtlichen **Gleichbehandlungsgrundsatz** gebunden. In der Praxis spielt der Gleichbehandlungsgrundsatz bei zusätzlichen Entgeltleistungen die wesentliche Rolle.[1252] Der AG muss diese Leistungen so gewähren, dass kein AN willkürlich, d.h. ohne eine sich aus dem Leistungszweck ergebende Rechtfertigung, schlechter gestellt wird.[1253] Nach der Rspr. soll eine vertragsspezifische Perspektive für die Bestimmung des Zwecks entscheidend sein: Der Zweck sei entscheidend, den der AG im Verhältnis von Leistung und Gegenleistung verfolge.[1254] Nach der Rspr. des BAG[1255] hat der AG die Pflicht, den Zweck der Leistung gegenüber einem auf Gleichbehandlung klagenden AN darzulegen, wenn dieser für den AN nicht erkennbar ist. Das BAG geht in st. Rspr. davon aus, dass der AG den Zweck der freiwilligen Leistung autonom bestimmen kann[1256] und dass die Vertragsfreiheit des AG Ausgangspunkt der Gleichbehandlungspflicht ist,[1257] so dass auch **steuerrechtliche Gründe**[1258] oder eine unterschiedliche **Arbeitsmarktsituation**[1259] denkbare Differenzierungsgründe sind.[1260]

672 Nach der Rspr. kann der AG zwischen einzelnen AN-Gruppen[1261] differenzieren und bereits **ausgeschiedene AN**[1262] von der Zusage ausschließen, obwohl auch sie die zu honorierende Tätigkeit erbracht hatten und auch ihnen die Aufwendungen entstanden waren. Dabei ist allerdings genau zu prüfen, ob die erbrachte Leistung durch die Sonderzahlung honoriert werden soll oder zukünftige Betriebstreue. Handelt es sich um eine Zahlung mit gemischten Zwecken kann sie der AG von einer zeitlichen Bindungsfrist abhängig machen. Nach Auffassung des BAG ist jedoch zwischen

---

1249 BAG 12.6.2002 – 10 AZR 340/01 – RdA 2003, 119.
1250 LAG Hamm 14.4.2005 – 8 Sa 2196/04 – juris; LAG Baden-Württemberg 20.10.2004 – 2 Sa 73/04 – juris.
1251 LAG Hamm 16.12.2004 – 8 Sa 1526/04 – DB 2005, 265.
1252 ErfK/*Preis*, § 611 BGB Rn 593; MünchArb/*Richardi*, Bd. 1, § 9 Rn 15.
1253 ErfK/*Preis*, § 611 BGB Rn 594 ff.; MünchArb/*Richardi*, Bd. 1, § 9 Rn 16; Schaub/*Linck*, Arbeitsrechts-Handbuch, § 78 Rn 31 ff.
1254 BAG 20.7.1993 – 3 AZR 52/93 – AP § 1 BetrAVG Gleichbehandlung Nr. 11 Bl. 890.
1255 30.3.1994 – 10 AZR 681/92 – AP § 242 BGB Gleichbehandlung Nr. 113 m.w.N.
1256 10.3.1982 – 4 AZR 540/79 – AP § 242 BGB Gleichbehandlung Nr. 47; BAG 21.3.1968 – 5 AZR 299/67 – AP § 242 BGB Gleichbehandlung Nr. 33; vgl. auch BAG 3.4.1957 – 4 AZR 129/56 – AP § 242 BGB Gleichbehandlung Nr. 4, wonach Vertragsfreiheit und „Leistungsprinzip" die entscheidenden Gesichtspunkte der Beurteilung seien; LAG Baden-Württemberg 22.1.2008 – 8 Sa 29/07 – juris.
1257 BAG 4.5.1962 – 1 AZR 250/61 – AP § 242 BGB Gleichbehandlung Nr. 32.
1258 BAG 5.12.1957 – 2 AZR 474/55 – AP § 242 BGB Gleichbehandlung Nr. 13. In dieser Entscheidung hatte der AG einen seiner Betriebe aufgrund steuerrechtlicher Erwägungen von einer Gratifikationszahlung ausgeschlossen.
1259 BAG 21.10.1998 – 9 AZR 299/97 – AP § 611 BGB Gratifikation Nr. 211.
1260 BAG 25.1.1984 – 5 AZR 89/82 – AP § 242 BGB Gleichbehandlung Nr. 67.
1261 BAG 30.3.1994 – 10 AZR 681/92 – AP § 242 BGB Gleichbehandlung Nr. 113; BAG 25.1.1984 – 5 AZR 89/82 – AP § 242 BGB Gleichbehandlung Nr. 67; BAG 5.3 1980 – 5 AZR 881/78 – AP § 242 BGB Gleichbehandlung Nr. 44.
1262 LAG Hamm 9.1.2004 – 15 Sa 1168/03 – juris; LAG Hamm 28.1.2005 – 15 Sa 1227/04 – juris; so schon BAG 24.10.1958 – 2 AZR 244/55 – AP § 611 BGB Gratifikation Nr. 8 und 18.6.1960 – 5 AZR 31/59 – AP § 611 BGB Gratifikation Nr. 16; aus der neueren Rspr. BAG 25.4.1991 – 6 AZR 532/89 – AP § 611 BGB Gratifikation und 19.11.1992 – 10 AZR 264/91 – AP § 611 BGB Gratifikation Nr. 147.

einer Beendigung durch Künd und durch Befristung zu unterscheiden, so dass die Sonderzahlung zu leisten ist, wenn vertraglich nur auf eine Beendigung durch Künd abgestellt worden ist.[1263] Es ist zulässig, wenn der AG eine Weihnachtsgratifikation aus Drittmitteln nur an solche AN vergibt, deren Arbeitsplätze von dem Dritten finanziert werden.[1264] Der Ausschluss von **Altersteilzeitbeschäftigten** von einer Leistungsprämie verstößt gegen den Gleichbehandlungsgrundsatz.[1265] Besteht ein sachlicher Differenzierungsgrund, kann der AG auch zwischen **Arb und Ang** trennen.[1266] Dieser Grund kann z.B. darin liegen, Ang wegen der Arbeitsmarktsituation stärker an den Betrieb zu binden. Der AG hat diesen Grund – einschließlich der Arbeitsmarktsituation – im Einzelnen objektiv darzulegen. Pauschale Behauptungen reichen nicht aus, so dass die Darlegungslast schwer ist. Problematisch ist es, wenn der AG die Leistung daran anknüpft, ob die AN (i.d.R. für sie nachteilige) Vertragsänderungen abgeschlossen haben. Entscheidend kommt es darauf an, ob sich tatsächlich die objektiven Kriterien der Leistungsvergabe geändert haben. Bleibt es z.B. bei der Leistungsbemessung nach Anwesenheitstagen, so erfüllen alle AN diese Kriterien und die Leistung ist zu gewähren.[1267] Ist die Vertragsänderung mit einer Erhöhung der Arbeitszeit verbunden, soll nach Ansicht des BAG ein Verstoß gegen § 4 TzBfG gegeben sein.[1268]

Bei der Frage, ob der AN einen Anspruch auf Gleichstellung gegen den AG hat bzw. der AG Leistungen sachgerecht verteilt hat, ist wie folgt vorzugehen: **673**
1. Bestimmung des Leistungszwecks
2. Abstrakte Gruppenbildung anhand des Leistungszweck (Differenzierung, ob AN Leistung erhalten bzw. nicht erhalten).
3. Überprüfung der tatsächlich vorgenommenen Gruppenbildung
4. Prüfung, welcher Gruppe der klagende bzw. ausgeschlossene AN angehört.
5. Gleichstellung des zu Unrecht von der Leistung ausgeschlossenen AN.

c) Betriebliche Übung. Nach dem Grundsatz der betrieblichen Übung[1269] werden im Arbeitsrecht unter bestimmten Voraussetzungen betriebsübliche Konventionen aufgegriffen und verrechtlicht. Nach der Rspr. des BAG soll ein übliches Verhalten des AG dann anspruchsbegründend wirken, wenn es sich um eine regelmäßige Wiederholung handelt, aus welcher der AN schließen kann, dass ihm eine Vergünstigung auf Dauer gewährt werden soll.[1270] Praktische Relevanz hat die Anspruchsbegründung über die betriebliche Übung bei Gratifikationszahlungen.[1271] Zahlt der AG dreimal eine jährlich vorbehaltlos gewährte Summe in derselben Höhe, so entsteht für den AN nach Ansicht des BAG ein in die Zukunft reichender Zahlungsanspruch.[1272] Will der AG das Entstehen des Anspruchs verhindern, muss er klar und unmissverständlich gegenüber allen begünstigten AN einen Ausschluss dieses Rechtsanspruchs vereinbaren.[1273] Dies kann z.B. durch eine vorbehaltliche bzw. nur für ein bestimmtes Jahr zugesagte Zahlung erfolgen. Handelt es sich um andere Leistungen ist nach Art und Umfang zu ermitteln, ob ein Vertrauenstatbestand begründet worden ist. **674**

Der durch betriebliche Übung entstandene Anspruch ist Bestandteil des Vertrags. Er kann nur im Wege einer **Änderungs-Künd**, im einvernehmlichen Zusammenwirken oder über die gegenläufige betriebliche Übung geändert bzw. beseitigt werden. Bei der gegenläufigen betrieblichen Übung[1274] verbindet der AG die Sonderzahlung mit einem Vorbehalt und die AN widersprechen dem über einen Zeitraum von drei Jahren nicht. Diese Änderung kommt nur in Betracht, wenn der Anspruch überhaupt nach den Grundsätzen der betrieblichen Übung entstanden ist. Voraussetzung für die Änderung ist, dass das Schweigen der AN konkludent als Annahmeerklärung verstanden werden kann. Das setzt voraus, dass sich die Veränderung unmittelbar auswirkt und der AN weiterarbeitet, obwohl nach der Verkehrssitte ein Widerspruch zu erwarten gewesen wäre. Unterliegt die gegenläufige betriebliche Übung allerdings der Klauselkontrolle gem. §§ 305 ff. BGB, so reicht dies nicht aus, dass der AG die zukünftige Freiwilligkeit der Leistung hinweist. Vielmehr muss dem AN gem. § 308 Nr. 5 BGB klar sein, dass sein Schweigen bzw. sein Verhalten nach Ablauf einer Erklärungsfrist als Willenserklärung gewertet werden kann.[1275] Damit hat das BAG seine bisherige Rspr. ausdrücklich aufgegeben. Eine betriebliche Rückübung kommt daher nur in Betracht, wenn der AG neben **675**

1263 BAG 28.3.2007 – 10 AZR 261/06 – NZA 2007, 687.
1264 BAG 21.5.2003 – 10 AZR 524/02 – NZA 2003, 1274.
1265 LAG Niedersachsen 20.9.2005 – 13 Sa 2098/04 – Revision anhängig unter BAG 9 AZR 713/05.
1266 BAG 12.10.2005 – 10 AZR 640/04 – NZA 2005, 1418.
1267 BAG 30.7.2008 – 10 AZR 497/07 – NZA 2008, 1412.
1268 BAG 30.7.2008 – 10 AZR 497/07 – NZA 2008, 1412.
1269 BAG 24.11.2004 – 10 AZR 202/04 – NZA 2005, 349; LAG Hamm 28.1.2005 – 15 Sa 548/04 – juris; MünchArb/*Richardi*, Bd. 1, § 8 Rn 1 ff. zur kollektiven Ordnung des Arbverh; auf die gewohnheitsrechtliche Anerkennung des Grundsatzes der betrieblichen Übung stellt ab ErfK/*Preis*, § 611 BGB Rn 220.
1270 BAG 4.5.1999 – 10 AZR 290/98 – AP § 242 BGB Betriebliche Übung Nr. 55 m.w.N. auf die st. Rspr.
1271 Dazu BAG 4.5.1999 – 10 AZR 290/98 – AP § 242 BGB Betriebliche Übung Nr. 55; BAG 28.2.1996 – 10 AZR 516/95 – AP § 611 BGB Gratifikation Nr. 192; BAG 14.8.1996 – 10 AZR 69/96 – AP § 242 BGB Betriebliche Übung Nr. 47 jeweils m.w.N. auf die vorangegangene Rspr.
1272 BAG 4.5.1999 – 10 AZR 290/98 – AP § 242 BGB Betriebliche Übung Nr. 55 unter II. 1. der Gründe.
1273 LAG Hamm 28.1.2005 – 15 Sa 548/04 – juris.
1274 BAG 24.11.2004 – 10 AZR 04 – NZA 2005, 349.
1275 BAG 18.3.2009 – 10 AZR 281/08 – juris.

160 BGB § 611

676 dem Freiwilligkeitsvorbehalt bei Zahlung darauf hinweist, dass das Verhalten des AN nach einer bestimmten Erklärungsfrist als Zustimmung zu der Vertragsänderung gewertet werden kann.

676 Ein Anspruch aus betrieblicher Übung entfällt nicht aus einer **Nebenpflicht** des AN gem. § 241 Abs. 2, in **wirtschaftlichen Notlagen** auf die Belange des AG Rücksicht zu nehmen. Ebenso führt eine Veränderung der finanziellen Situation des AG nicht gem. § 313 zum WGG der Vereinbarung, da der AG das wirtschaftliche Risiko nach der typischen Risikoverteilung im Arbeitsvertrag alleine trägt.[1276]

677 Die **dogmatische Begründung** des Anspruchs ist unklar.[1277] Während in der Lit.[1278] z.T. auf den kollektiven Charakter der betrieblichen Übung abgestellt wird, wählt das BAG[1279] eine individualrechtlich bestimmte Lösung. Danach wird die rechtliche Verpflichtungswirkung aus der Perspektive der AN als Erklärungsempfänger beurteilt. Konnten die AN gem. § 242 unter Berücksichtigung des objektiven Empfängerhorizonts auf einen entsprechenden Bindungswillen schließen, soll nach Ansicht des BAG in der tatsächlichen Zahlung ein Angebot liegen, das die AN gem. § 151 annehmen. Dem ist zumindest im Ergebnis[1280] zu folgen. Der Anspruch gem. der sog. betrieblichen Übung hat seinen Entstehungsgrund daher nicht in dem kollektiven Bezug – wie er für den Gleichbehandlungsanspruch maßgeblich ist –, sondern ausschließlich in der individualrechtlichen Ausgestaltung des Arbverh. Wird regelmäßig ein höheres Entgelt gezahlt, das über dem ursprünglich vereinbarten liegt, weichen Vereinbarung und Vertragspraxis voneinander ab. Der Inhalt der Vereinbarung bestimmt sich nach dem Bild der Gesamtumstände,[1281] zu dem insb. die tatsächliche Abwicklung[1282] gehört. Es handelt sich nach der zutreffenden Ansicht des BAG um eine individuelle Änderung des ursprünglich vereinbarten Vertragsinhalts.

678 **d) Freiwilligkeitsvorbehalt.** Die Sondervergütung kann als sog. freiwillige, d.h. als eine zusätzlich zu dem geschuldeten Lohn zu erbringende Leistung vom AG geschuldet sein. Haben die Parteien die Zahlung einer Sondervergütung vereinbart, besteht grds. ein Anspruch gegen den AG. Das bedeutet, dass die Sonderzahlung Vertragsinhalt ist und nicht einseitig – mit Ausnahme der ÄnderungsKünd – vom AG verändert werden kann. Auch wenn Sonderzahlungen z.B. als „Weihnachtsgeld" bezeichnet werden, handelt es sich um **keine Schenkungen**, sondern um die vom AG für die erbrachte Tätigkeit geschuldete Gegenleistung.[1283] Eine einseitige Änderung ist daher nur möglich, wenn der AG die Zahlung mit einem zulässigen Freiwilligkeitsvorbehalt (vgl. Rn 679 f.) oder Widerrufsvorbehalt (vgl. Rn 684) verbunden hat bzw. sich in einer „Rückübung" (dreimalige vorbehaltliche Zahlung, vgl. Rn 675) von dem aus betrieblicher Übung entstandenen Anspruch löst.

679 Behält sich der AG die Zahlung als „freiwillige Leistung" ausdrücklich vor bzw. geht aus dem Vertrag eindeutig hervor, dass **kein Rechtsanspruch** des AN entstehen soll (zum Formulierungsbeispiel vgl. Rn 804), besteht kein unbedingter Anspruch des AN auf Zahlung.[1284] Rechtsfolge des wirksamen Freiwilligkeitsvorbehalts ist zum einen, dass der AG bei einer jährlichen Zahlung **keine Bindung für die Zukunft** eingeht, wenn er einmalig zahlt. Ein Anspruch auf Zahlung kann ohne eine vertragliche Verpflichtung nach den Grundsätzen der betrieblichen Übung nur bei dreimaliger vorbehaltloser Zahlung entstehen. Behält sich der AG aber ausdrücklich eine Neuentscheidung vor, ist das tatsächliche Vertrauen der AN in eine nochmalige Leistungsgewährung nicht schützenswert. Ein Anspruch nach den Grundsätzen der betrieblichen Übung entsteht dann nicht. Aber auch für den **laufenden Bezugsraum** kann sich der AG die „Freiwilligkeit" seiner Leistung vorbehalten und bei wirksamen Vorbehalt die Leistung kürzen bzw. in den zulässigen Grenzen (§ 612a, Gleichbehandlungsgrundsatz)[1285] AN von der Leistung ausschließen.[1286]

680 Die **Zulässigkeit** des Freiwilligkeitsvorbehalts wurde von der Rspr. vor der Schuldrechtsreform nicht in Frage gestellt. Entscheidend kam es nach Rspr. und Lit. nur auf die klare Vereinbarung des Vorbehalts an. Da aufgrund der ausdrücklichen Vereinbarung schon kein Anspruch des AN entstehe, sei der AG in der Leistungsgewährung frei.[1287] Diese Sichtweise ist freilich nur dann konsequent, wenn die Sonderzahlung völlig aus dem synallagmatischen Zusammenhang genommen wird. Problematisch ist dabei, dass der AN vorleistungspflichtig ist. Da für den AN das „Ob" der Leistung willkürlich ist, wird er sich während der Vorleistung mit seiner Tätigkeit erst recht bemühen. Das heißt aber mit anderen Worten, dass der AG mit der unverbindlichen Ankündigung einen subtilen Anreiz zur erhöhten Tätigkeitsleistung setzt, den er letztlich nicht einlösen muss.[1288] Die völlige Herausnahme der Sonderzahlung aus der synallagmatischen Beziehung ist vor diesem Hintergrund künstlich: An sich hat der AN mit seiner Vorleistung die Sonderzahlung bei bestimmten Leistungen bereits erdient. Diese Differenzierung greift das BAG bei der Klauselkontrolle auf (vgl. Rn 681).

1276 LAG Hamm 13.9.204 – 8 Sa 721/04 – NZA-RR 2005, 237.
1277 MünchArb/*Richardi*, Bd. 1, § 8 Rn 5 ff.; ErfK/*Preis*, § 611 BGB Rn 221 f.
1278 MünchArb/*Richardi*, Bd. 1, § 8 Rn 14; *Schaub*/*Koch*, Arbeitsrechts-Handbuch, § 111 Rn 23 ff.
1279 BAG 24.11.2004 – 10 AZR 202/04 – NZA 2005, 349; BAG 4.5.1999 – 10 AZR 290/98 – AP § 242 BGB Betriebliche Übung Nr. 55 unter II. 1. der Gründe.
1280 Zum vertragstheoretischen Begründung vgl. auch Brors, S. 140 ff.
1281 Soergel/*Hefermehl*, § 133 BGB Rn 25.
1282 BAG 9.11.1994 – 7 AZR 217/94 – AP § 1 AÜG Nr. 18.
1283 BAG 27.10.1998 – 9 AZR 299/97 – AP § 611 BGB Gratifikation Nr. 211.
1284 LAG Hamm 9.1.2004 – 15 Sa 1168/03 – juris.
1285 LAG Hamm 28.1.2005 – 15 Sa 1227/04 – juris.
1286 *Freitag*, NZA 2002, 294.
1287 Z.B. MünchArb/*Richardi*, Bd. 1, § 8 Rn 23 ff.
1288 Zu dem ökonomischen Hintergrund vgl. *Brors*, S. 155 ff.

Nach der Schuldrechtsreform unterliegt der Freiwilligkeitsvorbehalt freilich der **Klauselkontrolle** gem. §§ 305 ff. **681**
Das BAG hat für den Widerrufsvorbehalt (vgl. Rn 684) entschieden, dass eine Klausel ohne Angabe eines Widerrufsgrundes § 308 Nr. 4 widerspricht.[1289] Diese Rspr. ist allerdings nicht auf den Freiwilligkeitsvorbehalt zu übertragen. iNach Auffassung des BAG kann der AG nicht leistungsbezogene Sonderzahlungen, die zusätzlich zum Arbeitsentgelt gezahlt werden, wirksam unter einen Freiwilligkeitsvorbehalt stellen.[1290] Der Vorbehalt verstößt nicht gegen § 308 Nr. 4 BGB. In § 308 Nr. 4 ist die Rede von der „versprochenen Leistung", die nicht einseitig unzumutbar abgeändert werden darf. Nimmt man die bisherige Rspr. beim Wort, hat sich der AG durch den Freiwilligkeitsvorbehalt gerade nicht binden wollen, so dass gar keine endgültig versprochene Leistung vorliegt. Das BAG hat es abgelehnt, Freiwilligkeits- und Widerrufsvorbehalte einheitlich zu beurteilen.[1291] Mit dem Freiwilligkeitsvorbehalt bringe der AG klar zum Ausdruck, sich nicht binden zu wollen, so dass eine betriebliche Übung auf diese Weise ausgeschlossen werden könne. Allerdings verstößt nach Ansicht des BAG die Formulierung „freiwillig und widerruflich" gegen das Transparenzgebot, da nicht eindeutig ist, ob ein Anspruch entstehen soll. Anders sind dagegen leistungsbezogene Zahlungen anzusehen. Sie können nicht unter einen Freiwilligkeitsvorbehalt gestellt werden, da der AG diese Leistungen im Syallagma versprochen hat und sich nicht einseitig davon lösen kann.[1292] Wann eine Zahlung leistungsbezogen ist, steht damit aber noch nicht eindeutig fest.[1293]

Allerdings wird zumindest für **Altverträge**, die vor dem Inkrafttreten der Schuldrechtsreform am 1.1.2002 abgeschlossen worden sind, die entstandene Vertragslücke in einer ergänzenden Auslegung gem. § 157 so auszufüllen sein, dass der AG die Leistung bei tatsächlichem Vorliegen eines Grundes (wirtschaftliche Schwierigkeiten, finanzielle Verluste) nicht an das Versprechen gebunden ist. **682**

Nimmt der AG neben dem Freiwilligkeitsvorbehalt **zusätzlich einen Widerrufsvorbehalt** in seine Zusage auf, so führt dies zu einer unklaren Regelung entgegen § 307 Abs. 1 S. 2. Schon nach der Vertragsauslegung gem. §§ 133, 157 ist eine solche Regelung so zu verstehen, dass ein Anspruch zunächst bestehen muss, damit er überhaupt widerrufen werden kann.[1294] Damit geht der Freiwilligkeitsvorbehalt unter. **683**

e) Widerruf der Sondervergütung. Der AG kann sich – um eine einseitige Abänderung zu erreichen – den Widerruf der Sondervergütung in der Vereinbarung vorbehalten (vgl. Rn 804 mit einem Formulierungsbeispiel).[1295] Anders als den Freiwilligkeitsvorbehalt hat die Rspr. den Widerrufsvorbehalt auch vor der Schuldrechtsreform nur in Grenzen zugelassen. Danach muss der Widerruf billigem Ermessen gem. § 315, § 106 GewO entsprechen.[1296] Darüber hinaus ist ein Widerrufsvorbehalt, welcher der Klauselkontrolle gem. § 308 Nr. 4 unterliegt, nur dann zumutbar i.S.d. Vorschrift und damit wirksam, wenn er den **Grund des Widerrufs** so benennt, dass der AN weiß „was auf ihn zukommt" (für das Formulierungsbeispiel vgl. Rn 804). Für Altverträge, die vor dem Inkrafttreten der Schuldrechtsreform am 1.1.2002 abgeschlossen worden sind, ist die entstandene Vertragslücke in einer ergänzenden Auslegung gem. § 157 so auszufüllen, dass der AG für die Leistung bei tatsächlichem Vorliegen eines Grundes (wirtschaftliche Schwierigkeiten, finanzielle Verluste) nicht an das Versprechen gebunden ist.[1297] Nach § 307 sind zudem Eingriffe in den Kernbereich – das synallagmatische Gegenseitigkeitsverhältnis – nicht zulässig, wenn die Sonderzahlung 25 bis 30 % des Gesamtgehalts betrifft.[1298] **684**

f) Bindungswirkung. Scheidet der AN vor Ablauf des vereinbarten Bezugszeitraums (meist das Kalenderjahr) aus, stellt sich bei jährlich gewährten Sonderzahlungen die Frage, ob der AN einen Anspruch auf die gesamte Zahlung, auf anteilige Teilzahlung hat oder überhaupt kein Anspruch entsteht. Der vereinbarte Termin regelt nur die Fälligkeit der Leistung des AG. Ob dem AN aber ein Anspruch auf die Sonderzahlung in voller Höhe zusteht, richtet sich nach dem in der Vereinbarung zum Ausdruck gekommenen **Zweck** der Sonderzahlung. Der Zweck wird durch Auslegung der Vereinbarung ermittelt. Grds. ist dabei zwischen arbeitsleistungsbezogenen Sondervergütungen ohne Bindungswirkung und solchen zu unterscheiden, welche sich auf die Betriebszugehörigkeit als solche beziehen. Arbeitsleistungsbezogene Sonderzahlungen „verdient" sich der AN anteilig durch seine Arbeitsleistung. Bei ihnen ist mit der Vereinbarung eines bestimmten Termins ausschließlich die Fälligkeit der Zahlung herausgeschoben.[1299] Die Auslegung einer Vereinbarung kann in folgende Schritte gegliedert werden: **685**
1. Unterscheidung zwischen arbeitsleistungsbezogenen und nichtarbeitsleistungsbezogenen Anreizsystemen.
2. Nichtarbeitsleistungsbezogenen Zusatzzahlungen: Frage, ob Zweck der Leistung Bindung des AN ist oder ein Motivationsanreiz für zukünftiges Verhalten gesetzt werden soll.

1289 BAG 11.10.2006 – 5 AZR 721/05 – NZA 2007, 87.
1290 BAG 30.7.2008 – 10 AZR 606/07 – NZA 2008,1173.
1291 BAG 30.7.2008 – 10 AZR 606/07 – NZA 2008,1173; so schon LAG Hamm 9.6.2005 – 8 Sa 2403/04 – NZA-RR 2005, 624.
1292 BAG 25.4.2007 – 5 AZR 627/06 – NZA 2007, 853.
1293 *Lingemann/Gotham*, NZA 2008, 509.
1294 BAG 30.7.2008 – 10 AZR 606/07 – NZA 2008,1173; LAG Berlin 19.8.2005 – 6 Sa 1106/05 – AuA 2006, 48.
1295 Zu den Unterschieden zwischen Freiwilligkeits- und Widerrufsvorbehalten *Strick*, NZA 2005, 723.
1296 BAG 12.1.2005 – 5 AZR 364/04 – NZA 2005, 465.
1297 BAG 12.1.2005 – 5 AZR 364/04 – NZA 2005, 465; LAG Berlin 19.8.2005 – 6 Sa 106/05 – AuA 2006, 48.
1298 LAG Düsseldorf 11.4.2008 – 9 Sa 115/08 – juris; BAG 12.1.2005 – 5 AZR 364/04 – NZA 2005, 465.
1299 MünchArb/*Krause*, Bd. 1, § 59 Rn 5.

3. **Arbeitsleistungsbezogene Zusatzzahlungen:** Koppelung der zusätzlichen Leistung an das Arbeitsergebnis. Zuwendung kommt nur AN zugute, die während des Bezugszeitraums tätig gewesen sind. Der AG kann Leistungen in den gesetzlichen Grenzen kürzen. Ausgeschiedene AN erhalten die Leistungen dann nicht, wenn sie im Bezugszeitraum nicht gearbeitet haben.

686 Bei der Auslegung stellt die Rspr. grundsätzlich auf folgende Überlegungen ab: Im Zweifel soll die freiwillige Zahlung das Entgelt für die bereits erbrachte Leistung des AN anheben[1300] und die in der Vergangenheit liegende Tätigkeit zusätzlich vergüten.[1301] Wenn die arbeitgeberische Leistung diese zeitlich zurückliegenden Dienste honorieren solle, sei es sachwidrig, ausgeschiedene AN auszuschließen, die wie alle anderen Beschäftigten im vergangenen Bezugszeitraum gearbeitet haben.[1302] Indiz für eine bereits angediente Leistung ist, wenn die Parteien die Sondervergütung als 13. Monatsgehalt bezeichnen.[1303] Bei einer arbeitsleistungsbezogenen[1304] Zulage ist die Zahlung an ein Arbeitsergebnis gekoppelt. Sind keine weiteren Voraussetzungen in der Vereinbarung wie z.B. eine bestimmte Wartezeit bzw. Angabe eines Stichtags festgelegt, handelt es sich um eine arbeitsleistungsbezogene Sonderzahlung. Vom Zweck dieser Zusage sind nur AN erfasst, die diese Leistung tatsächlich erbringen. Bei einer Zahlung, die nicht an die Tätigkeit selbst gekoppelt ist, können zwei Ziele verfolgt werden. Der AG kann versuchen, den AN im Arbverh zu halten. Diese Wirkung reicht in die Vergangenheit zurück, da das Arbverh bis zum Fälligkeitszeitpunkt oder einem anderen Stichtag bestanden haben muss. Darüber hinaus kann die Zahlung, wenn nicht der Bindungszweck ganz eindeutig im Vordergrund steht, den AN zu einem zukünftigen Verhalten motivieren.

687 Der Zweck der Sonderzahlung kann aber auch darin liegen – alternativ oder kumulativ – die zeitliche Dauer zu honorieren, die sog. **Betriebstreue**.[1305] Insbes. wenn der AG in der Zusage einen Stichtag benennt und so die Zahlung von einer bestimmten Dauer des Arbverh abhängt, soll die Betriebstreue belohnt werden.[1306]

688 Die Auslegung von nichtleistungsbezogenen Zusagen ist dann problematisch, wenn die Leistung einen **Mischcharakter** hat, also den AN sowohl an den AG binden als auch zukünftige Anreize setzen soll. In diesen Fällen stellt sich die Frage, ob der AG solche AN ausdrücklich von der Zusage ausschließen kann und muss, die entweder aus dem Arbverh ausgeschieden sind oder die während des Bezugszeitraums nicht gearbeitet haben.

689 Problematisch ist dies z.B., wenn der AG eine **Weihnachtsgratifikation** gewährt. Haben vor Ende des Kalenderjahres ausgeschiedene AN einen Auszahlungsanspruch? Der 24.12. kann sowohl ausschließlich das Fälligkeitsdatum bezeichnen wie aber auch im Sinne einer Stichtagsregelung den Fortbestand des Arbverh verlangen. Nach der früheren Rspr. konnte der AG ausgeschiedene AN nur ausdrücklich von einer Zahlung ausschließen. Allein aus dem Begriff „**Weihnachtsgratifikation**" ergab sich nach Ansicht des BAG nicht, dass sich diese nur auf laufende bzw. in Vollzug gesetzte Arbverh beziehe.[1307] Diese Rspr. steht in Einklang mit der kritisierten Auslegungsregel, dass die Sonderzahlung im Zweifel Entgelt für die erbrachte Tätigkeit sein soll. Verfehlt ist daher die Rspr., wonach der Zweck einer Weihnachtsgratifikation sich neben dem Entgeltcharakter[1308] auch darin erfülle, zu den anlässlich des Weihnachtsfestes erhöhten Ausgaben beizutragen.[1309] In einer späteren Entscheidung legte das BAG den Zweck der Weihnachtsgratifikation dagegen dahingehend aus, dass die Zahlung AN für die Zukunft zu reger und engagierter Mitarbeit motivieren solle, dieser Zweck bei im Fälligkeitszeitpunkt ausgeschiedenen AN nicht mehr erreicht werden könne und deshalb ein Ausschluss dieser Gruppe nicht sachwidrig sei.[1310] Die ausgeschiedenen AN erhielten

---

[1300] BAG 25.4.1991 – 6 AZR 532/89 – AP § 611 BGB Gratifikation Nr. 137; BAG 25.1.1984 – 5 AZR 251/82 – AP § 242 BGB Gleichbehandlung Nr. 68; BAG 5.3.1980 – 5 AZR 881/78 – AP § 242 BGB Gleichbehandlung Nr. 44; BAG 14.2.1974 – 5 AZR 235/73 – AP § 611 BGB Gratifikation Nr. 79; vgl. ebenso die zustimmende Lit. ErfK/*Preis*, § 611 BGB Rn 528, *Hanau/Vossen*, DB 1992, 213; *Gaul*, BB 1994, 494, 499.

[1301] BAG 25.4.1991 – 6 AZR 532/89 – AP § 611 BGB Gratifikation Nr. 137.

[1302] BAG 11.9.1985 – 7 AZR 371/83 – AP § 242 BGB Gleichbehandlung Nr. 76; BAG 10.3.1982 – 4 AZR 540/79 – AP § 242 BGB Gleichbehandlung Nr. 47; BAG 5.3.1980 – 5 AZR 881/78 – AP § 242 BGB Gleichbehandlung Nr. 44; BAG 17.5.1978 – 5 AZR 132/77 – AP § 242 BGB Gleichbehandlung Nr. 42; BAG 10.4.1973 – 4 AZR 180/72 – AP § 242 BGB Gleichbehandlung Nr. 38; BAG 9.11.1972 – 5 AZR 224/72 – AP § 242 BGB Gleichbehandlung Nr. 36; BAG 25.4.1959 – 2 AZR 363/58 – AP § 242 BGB Gleichbehandlung Nr. 36.

[1303] MünchArb/*Krause*, Bd. 1, § 59 Rn 8.

[1304] BAG 10.5.1995 – 10 AZR 648/94 – AP § 61479; 611 BGB Gratifikation Nr. 174.

[1305] BAG 10.3.1982 – 4 AZR 540/79 – AP § 242 BGB Gleichbehandlung Nr. 47.

[1306] BAG 25.4.1991 – 6 AZR 532/89 – AP § 611 BGB Gratifikation Nr. 137.

[1307] BAG 26.6.1975 – 5 AZR 412/74 – AP § 611 BGB Gratifikation Nr. 86.

[1308] Zur Rspr., Gratifikationen als Entgelt anzusehen, vgl. schon BAG 10.5.1962 – 5 AZR 452/61 – AP § 611 BGB Gratifikation Nr. 22; BAG 4.10.1956 – 2 AZR 213/54 – AP § 611 BGB Gratifikation Nr. 4; BAG 29.4.1954 – 2 AZR 13/53 – AP § 611 BGB Gratifikation Nr. 1.

[1309] BAG 27.10.1998 – 9 AZR 299/97 – AP § 611 BGB Gratifikation Nr. 211 Bl. 1484 Rs.; vgl. auch BAG 29.4.1954 – 2 AZR 13/53 – AP § 611 BGB Gratifikation Nr. 1 Bl. 90 Rs.

[1310] BAG 26.10.1994 – 10 AZR 109/93 – AP § 611 BGB Gratifikation Nr. 167.

nach dieser Rspr. keine zusätzliche Leistung, obwohl der AG in seiner Zusage sogar ausdrücklich auf die erbrachte Arbeitsleistung Bezug nahm. Allerdings enthielt die Zusage keine ausdrückliche Stichtagsregelung.[1311] Ebenso sah das BAG den Zweck einer jährlichen Sonderzahlung, die ohne ausdrückliche Zusage vom AG überwiesen wurde, darin, die Beschäftigten zu zukünftiger Mitarbeit zu motivieren.[1312]

In einer neueren Entscheidung hat das BAG dagegen ausgeführt, dass ein anteilig entstandener Anspruch dann zu bejahen ist, wenn das „Weihnachtsgeld" im Kontext der laufenden Vergütungsregelung festgelegt worden ist.[1313] Diese Rspr. ist zu begrüßen. Sie trägt dem Umstand Rechnung, dass i.d.R. die Sonderzahlung auch während des laufenden Bezugszeitraums motivierend wirken soll. Allerdings ist dabei zu berücksichtigen, dass das BAG auch bei Zahlungen mit gemischten Zwecken zeitliche Bindungsklauseln für zulässig hält.[1314] **690**

Ist der AN dauerhaft **arbeitsunfähig erkrankt**, kann ihm bei formalem Fortbestand seines Arbverh trotzdem der Anspruch auf eine Sondervergütung zustehen. Entscheidend kommt es auf die Auslegung der Vereinbarung an. Ist dort nur die „Zugehörigkeit" zum Betrieb verlangt, gehen Zweifel bei der Auslegung dieser Wendung zu Lasten des AG als Verwender.[1315] **691**

In ähnlicher Weise wechselte die Rspr. in der Frage, ob der AG **betriebsbedingt gekündigte AN** von einer Sondervergütung ausschließen kann, ohne gegen den Gleichbehandlungsgrundsatz zu verstoßen. Die frühere Rspr. hatte unter Bezug auf den Entgeltcharakter der Weihnachtsgratifikation betont, dass eine betriebsbedingte Künd nicht dazu führen könne, die gekündigten AN von der Zahlung auszuschließen.[1316] Im Falle einer betriebsbedingten Künd habe der AN – wie alle übrigen AN – seine Leistung erbracht; sein Gratifikationsanspruch müsse deshalb bestehen bleiben.[1317] Auf einen nahe am vertraglichen Lohn anzusiedelnden Vergütungscharakter der Gratifikation stellte auch die Entscheidung des BAG v. 14.2.1974[1318] ab, in der ein Anspruch von ausgeschiedenen AN auf eine rückwirkend gezahlte Aufstockung der Weihnachtsgratifikation angenommen wurde. Das BAG verglich in dieser Entscheidung die rückwirkende Aufstockung der Gratifikation mit einer rückwirkenden Lohnerhöhung. Den Zweck der Weihnachtsgratifikation legte es dahingehend aus, dass die Betriebstreue belohnt werden solle. Habe der pensionierte AN sich entsprechend diesem Zweck verhalten, so müsse ihm auch die rückwirkende Zahlung zugute kommen. Wie bei der Lohnzahlung könne der Anspruch nicht davon abhängen, wie sich der AN nach Erbringung seiner Tätigkeit verhalte, der Anspruch bestehe unabhängig von dem späteren Ausscheiden aus dem Arbverh. Will der AG das Entstehen eines Anspruchs verhindern, muss er entweder eine Stichtagsregelung mit aufnehmen oder eine Rückzahlungsklausel vereinbaren.[1319] **692**

Das BAG hat dagegen im Fall einer Tarifregelung, die **betriebsbedingt ausgeschiedene** AN von einer Sonderzahlung ausschloss, darauf abgestellt, ob die Künd **rechtsmissbräuchlich** i.S.d. § 162 die Zahlungsvoraussetzungen beseitigen sollte.[1320] In dieser Entscheidung weist das BAG darauf hin, dass Gratifikationszahlungen zulässigerweise auf bestehende Arbverh beschränkt werden können, wie dies in tariflichen und betrieblichen Regelungen durch Stichtagsbegrenzungen üblicherweise geschehe. Auch in einer weiteren Entscheidung stellt das BAG darauf ab, dass sich der Zweck, AN zu künftigem Verhalten zu motivieren, bei ausgeschiedenen, also auch bei betriebsbedingt gekündigten AN nicht mehr verwirklichen könne.[1321] Wird dem AN gekündigt und erhält er nach der tariflichen Regel kein Weihnachtsgeld, so steht seinem Anspruch ein direkter **Rückforderungsanspruch des AG** gegenüber, so dass eine Klage rechtsmissbräuchlich ist.[1322] **693**

g) Rückzahlungsklauseln. Nach der Rspr. des BAG kann der AG freiwillig gezahlte Gratifikationen mit einem Rückzahlungsvorbehalt verbinden. Wird die Rückzahlung vertraglich vereinbart, kann der AG den AN auf diese Weise an seinen Betrieb binden. Vor der Schuldrechtsreform hatte das BAG in einer Inhaltskontrolle gem. § 242 un- **694**

1311 BAG 26.10.1994 – 10 AZR 109/93 – AP § 611 BGB Gratifikation Nr. 167 Bl. 1, wonach der Zusage der folgende Aushang des AG zugrunde lag: „An unsere Belegschaft! Wir bedanken uns recht herzlich für die gute Mitarbeit zurückblickend auf das Jahr 1988. Als Anerkennung für Ihre Leistung zählt auch die Weihnachtsgratifikation. Diese ist eine freiwillige Zuwendung. Es besteht kein Rechtsanspruch. Wir wünschen Ihnen und Ihren Familien ein frohes Weihnachtsfest und für das Neue Jahr Gesundheit, Glück und Zufriedenheit."
1312 BAG 8.3.1995 – 10 AZR 208/94 – EzA § 611 BGB Gratifikation, Prämie Nr. 131.
1313 BAG 21.5.2003 – 10 AZR 408/02 – NZA 2004, 456.
1314 BAG 28.3.2007 – 10 AZR 261/06 – NZA 2007, 687.
1315 BAG 26.1.2005 – 10 AZR 215/04 – NZA 2005, 655; zur Tarifauslegung des Begriffs „Ausscheiden" in diesem Zusammenhang BAG 21.5.2003 – 10 AZR 398/02 – NZA 2004, 456.
1316 BAG 27.10.1978 – 5 AZR 287/77 – AP § 611 BGB Gratifikation Nr. 98; BAG 26.6.1975 – 5 AZR 412/74 – AP § 611 BGB Gratifikation Nr. 86.
1317 BAG 26.6.1975 – 5 AZR 412/74 – AP § 611 BGB Gratifikation Nr. 86; BAG 14.2.1974 – 5 AZR 235/73 – AP § 611 BGB Gratifikation Nr. 79.
1318 BAG 14.2.1974 – 5 AZR 235/73 – AP § 611 BGB Gratifikation Nr. 79.
1319 LAG München 18.5.2005 – 10 Sa 1291/04 – juris.
1320 BAG 4.9.1985 – 5 AZR 655/84 – AP § 611 BGB Gratifikation Nr. 123; zu diesem Maßstab der Überprüfung vgl. auch BAG 4.5.1999 – 10 AZR 417/98 – EzA § 611 BGB Gratifikation, Prämie Nr. 155.
1321 BAG 19.11.1992 – 10 AZR 64/91 – AP § 611 BGB Gratifikation Nr. 147.
1322 LAG Hamm 9.7.2004 – 10 sa 459/04 – juris.

ter Abwägung der beteiligten Interessen überprüft, ob die Rückzahlungsverpflichtung dem AN in Anbetracht der **Höhe der gezahlten Gratifikation** und der **Dauer der erstrebten Betriebsbindung** zuzumuten ist.[1323] Dabei wendete es folgende Grundsätze an: Eine Rückzahlungsverpflichtung war bei einer Gratifikation unter 200 DM unzulässig;[1324] eine Zahlung unter einem Monatsgehalt konnte keine Bindung über den 31.3. des Folgejahres hinaus herbeiführen;[1325] bei einer Zahlung unter zwei Monatsgehältern konnte keine Bindung über ein halbes Jahr herbeigeführt werden.[1326]

695 Schon vor der Einfügung der §§ 305 ff. kam es nach Ansicht des BAG entscheidend darauf an, dass der AN nicht einer unbestimmten oder unvertretbar langen Zeit der Rückzahlungsverpflichtung[1327] unterworfen wurde. Dieser Überprüfungsmaßstab hat auch nach der Schuldrechtsreform im Rahmen der Klauselkontrolle gem. § 307 seine Gültigkeit behalten.[1328] Eine Rückzahlungsklausel für eine Gratifikation unter 100 EUR ist unzulässig. Liegt der Betrag zwischen 100 EUR und dem Bruttomonatsverdienst, kann vereinbart werden, dass der AN den Betrag zurückzahlen muss, wenn er den Betrieb bis zum 31.3. des Folgejahres verlässt.[1329] Ein Betrag zwischen einem und zwei Monatsgehältern kann zu keiner Rückzahlungsverpflichtung über den 30.6. hinaus führen, wenn der AN das Arbverh früher kündigen kann. Ist die Summe der Sonderzahlung höher, ist das Interesse des AG an der Bindung gegenüber dem berechtigten Interesse des AN, seinen Arbeitsplatz zu wechseln, abzuwägen.

696 Zahlt der AG die Sonderleistung vereinbarungsgemäß in **Teilbeträgen** aus, so kommt es für die Frage, ob die Zahlungen ein Monatsgehalt übersteigen, auf das Monatsgehalt zum Zeitpunkt der Auszahlung an.[1330] Dies gilt ebenso für die Frage der Bindungsdauer, die vom Zeitpunkt der Auszahlung an zu bestimmen ist.

697 **2. Kürzung der Leistung (insb. bei Krankheit des Arbeitnehmers).** Hat der AN während des zurückliegenden Bezugszeitraums einer freiwillig gewährten Leistung teilweise nicht gearbeitet, war er z.B. vor Zahlung einer Jahressonderleistung mehrere Monate krank, so stellt sich die Frage, ob der AG ein ausdrückliches **Ausschluss-** oder **Kürzungsrecht** bezüglich dieser Zeiten regeln kann.

698 **a) Nichtleistungsbezogene Sonderzahlungen und Zahlungen mit Mischcharakter.** Die in der Lit. kritisierte[1331] Rspr. ist der Ansicht, dass nur ein ausdrücklich in der Zusage geregeltes Kürzungsrecht den AG dazu berechtigt, Fehlzeiten anspruchsmindernd zu berücksichtigen. Soll die Betriebstreue belohnt werden, kommt es auf das Bestehen des Arbverh zu dem vereinbarten Stichtag an. Aus § 4a EFZG folgt kein gesetzliches Kürzungsrecht. Vielmehr wird die vertragliche Vereinbarung eines Kürzungsrechts in bestimmten Grenzen für zulässig erklärt. Vereinbaren die Parteien eine Kürzungsmöglichkeit, darf diese der AN nicht diskriminieren. Kürzungen in den Schutzfristen des MuSchG verstoßen gegen Art. 2 Abs. 7 der RL 76/207/EWG, da sie den AN allein wegen der Schwangerschaft schlechter stellen. Darüber hinaus liegt ein Verstoß gegen Art. 119 EGV vor. Damit scheidet ein Kürzungsrecht in diesen Situationen aus.

699 Nach Ansicht des BAG[1332] kann zwar kraft einer tariflichen Regelung bestimmt werden, dass sich Zeiten ohne tatsächliche Arbeitsleistung anspruchsmindernd auf eine freiwillig gewährte Sonderzahlung auswirken können. Daraus könne aber nicht gefolgert werden, dass die Aufnahme der Tätigkeit Voraussetzung für einen Anspruch auf die Zahlung sei. Wolle der AG bei nicht arbeitsleistungsbezogenen Sonderzahlungen die Zeiten anteilig kürzen, in denen der AN tatsächlich nicht gearbeitet habe, so müsse er dies ausdrücklich vereinbaren.[1333] In der Lit. ist darauf hingewiesen worden, dass sich der Zweck der Entlohnung erbrachter Tätigkeit bei den abwesenden AN nicht realisieren kann und deshalb schon eine Anspruchsvoraussetzung fehlt.[1334] In der Folgeentscheidung v. 16.3.1994[1335] bekräftigte der zehnte Senat seine Ansicht gegenüber der Lit. In dem zu entscheidenden Sachverhalt hatte der auf Gewährung einer Jahressonderleistung klagende AN aufgrund seiner Arbeitsunfähigkeit nur drei Monate in dem jährlichen Bezugszeitraum arbeiten können. Die Tarifregelung sah vor, dass der Anspruch auf Sonderzahlung dann gekürzt werden konnte, wenn das Arbverh als solches nicht während des gesamten Kalenderjahres bestand. Der Senat führte aus, dass es für den Anspruch nicht erforderlich sei, dass der AN in dem Bezugszeitraum eine nicht unerhebliche Zeit

---

1323 BAG 9.6.1993 – 10 AZR 529/92 – AP § 611 BGB Gratifikation Nr. 150 unter Hinweis auf die st. Rspr.
1324 BAG 17.3.1982 – 5 AZR 1250/79 und 1185/79 – AP § 611 BGB Gratifikation Nr. 110 und 109.
1325 BAG 9.6.1993 – 10 AZR 529/92 – AP § 61479; 611 BGB Gratifikation Nr. 150.
1326 BAG 27.10.1978 – 5 AZR 754/77 – AP § 61479; 611 BGB Gratifikation Nr. 99.
1327 BAG 17.3.1982 – 5 AZR 1250/79 – AP § 61479; 611 BGB Gratifikation Nr. 110.
1328 BAG 28.4.2004 – 10 AZR 356/03 – NZA 2004, 924; BAG 21.5.2003 – 10 AZR 390/02 – NZA 2003, 1032.
1329 BAG 28.3.2007 – 10 AZR 261/07 – NZA 2007, 1172; BAG 28.4.2004 – 10 AZR 356/03 – NZA 2004, 924; LAG Schleswig-Holstein 8.2.2005 – 5 Sa 435/04 – NZA-RR 2005, 290; zum Problem der Künd zum 31.3. LAG Düsseldorf 25.3.1997 – 16 Sa 1724/96 – NZA-RR 1997, 457; LAG Düsseldorf 28.1.1998 – 17 Sa 1715/97 – LAGE § 611 BGB Gratifikation Nr. 40.
1330 BAG 21.5.2003 – 10 AZR 390/02 – NZA 2003, 1032.
1331 Zum Überblick über die Kritik an dieser Rspr. des zehnten Senats vgl. *Schwarz*, NZA 1996, 571.
1332 BAG 16.3.1994 – 10 AZR 669/92 – § 611 BGB Gratifikation Nr. 162 und 5.8.1992 – 10 AZR 88/90 – AP § 611 BGB Gratifikation Nr. 162.
1333 BAG 5.8.1992 – 10 AZR 88/90 – AP § 611 BGB Gratifikation Nr. 143.
1334 Zum Überblick über die Kritik an dieser Rspr. des zehnten Senats vgl. *Schwarz*, NZA 1996, 571.
1335 10 AZR 669/92 – AP § 611 BGB Gratifikation Nr. 162.

gearbeitet habe, wie es die frühere Rspr.[1336] verlangt habe. Die Tarifregel stelle auf den Bestand des Arbverh und nicht auf die tatsächlich erbrachte Tätigkeit ab. Eine Auslegung des Zwecks der Zahlung ergebe nicht, dass es auf die tatsächlich geleistete Arbeit ankomme, da die Betriebstreue belohnt werden solle. Der Senat folgte insoweit der st. Rspr., dass eine Sonderzuwendung sowohl alternativ als auch kumulativ die Zwecke verfolgen könne, „erwiesene Betriebstreue" zu honorieren und zu zukünftiger Betriebsangehörigkeit zu motivieren. Es sei aber ein „Zirkelschluß", darüber hinaus als weitere Voraussetzung zu verlangen, dass der AN im Bezugszeitraum überhaupt gearbeitet haben müsse. Sei der AN – wie im Falle der Krankheit – gerechtfertigt von der Arbeitsleistung befreit, so könne das Maß der tatsächlich erbrachten Arbeit nicht entscheidend sein.[1337] Bei einer Sonderzahlung mit Mischcharakter, die nicht ausdrücklich an die tatsächliche Arbeitsleistung gekoppelt ist, berechtigt nach Ansicht des BAG nur ein ausdrücklich vorbehaltenes Kürzungs- oder Ausschlussrecht den AG dazu, den Anspruch einzuschränken.[1338]

b) Arbeitsleistungsbezogene Sonderzahlungen. Von den oben erörterten nichtleistungsbezogenen Sonderzahlungen sind Leistungen in ergebnisorientierten Anreizsystemen zu differenzieren, die direkt mit der erbrachten Tätigkeit verknüpft sind.[1339] Bei diesen Vereinbarungen ist die Zahlung nicht an weitere Voraussetzungen wie Stichtagsregelungen, Wartezeiten oder Rückzahlungsklauseln gebunden. Die Zweckbestimmung des AG ist darauf gerichtet, die AN durch eine Prämie, eine Provision oder eine Stundenlohnzulage zu einem bestimmten Arbeitsresultat zu motivieren. Aus dem Zweck dieser Zulagen folgt unmittelbar, dass Abwesenheitszeiten in den gesetzlichen Grenzen auch dann anteilig gekürzt werden können, wenn sich der AG ein solches Kürzungsrecht nicht ausdrücklich vorbehalten hat.[1340]

700

Von den Kürzungen ausgenommen sind allerdings die Fälle, in denen der AG dem AN aufgrund gesetzlich geregelter Fallgruppen des Grundsatzes „Lohn ohne Arbeit" das Entgelt entgegen der Regel in § 326 Abs. 1 S. 1 zwingend zu zahlen hat, wie z.B. § 1 BUrlG, §§ 3 Abs. 1 S. 1, 4a EFZG, §§ 14 Abs. 1 S. 1, 3 Abs. 2, 6 MuSchG. Zu beachten ist, dass ein krankheitsbedingtes Kürzungsrecht in § 4a EFZG ausdrücklich als zulässig angesehen wird. Wird dennoch ein Kürzungsrecht ausdrücklich vereinbart, hat dies nur klarstellende Funktion.

701

Bei der anteiligen Kürzung von Abwesenheitszeiten i.V.m. dem **Erziehungsurlaub/Elternzeit** ist aber auch zu prüfen, ob eine verbotene Entgeltdiskriminierung vorliegt. In einem zweiten Schritt ist zu differenzieren, ob die Leistung an ein Arbeitsresultat gekoppelt ist und damit gekürzt werden kann. Diese Systematik wird durch die europäische Rspr. zur anteiligen Kürzung von Gratifikationen nicht berührt. In der Entscheidung v. 21.10.1999[1341] urteilte der EuGH, dass Sonderzuwendungen Entgelt i.S.d. zu diesem Zeitpunkt noch geltenden Art. 119 EWGV seien. Zeiten, die wegen eines Beschäftigungsverbotes (Mutterschutzzeiten) zu einer Abwesenheit führen, dürfe der AG wegen eines Verstoßes gegen Art. 119 EWGV nicht leistungsmindernd berücksichtigen. Dagegen sei eine anteilige Kürzung der Abwesenheitszeiten im Erziehungsurlaub dann zulässig, wenn die Zahlung von dem tatsächlichen Einsatz des AN abhänge. Ob die Zahlung diese Voraussetzung habe, beurteile sich nach nationalem Recht.

702

3. Prämien. Unter einer Prämie versteht man eine zusätzlich zum Gehalt gezahlte Vergütung, die an bestimmte Leistungen oder Umstände des Arbverh (Betriebstreue,[1342] Anwesenheit des AN, Termineinhaltung etc.) anknüpft. Eine abschließende Definition gibt es nicht. Die Zweckbestimmung der Prämie folgt aus der Privatautonomie. Ein Anspruch auf die Zahlung einer Prämie kann sich aus den gleichen Grundlagen ergeben, nach denen der AN eine Sondervergütung erhält. Ebenso gelten die Grundsätze zum Freiwilligkeitsvorbehalt, zum Widerrufsvorbehalt und zu Kürzungs- bzw. Ausschlussrechten z.B. bei gekündigten AN[1343] (vgl. Rn 678 ff.). Daher kann ein AN auch aufgrund des arbeitsrechtlichen Gleichbehandlungsgrundsatzes einen Anspruch auf Zahlung einer Prämie haben.

703

Werden in **Altersteilzeit** befindliche AN von einer **Leistungsprämie** ausgeschlossen, so widerspricht dies dem Gleichbehandlungsgrundsatz.[1344] Mit der Leistungsprämie soll effektive Arbeitsleistung honoriert werden. Dieser Zweck kann auch von AN erfüllt werden, die in Altersteilzeit arbeiten. Werden Leistungszulagen versprochen, können diese auch Teil einer Zielvereinbarung sein (vgl. Rn 709). Verbindet der AG die Prämienzusage mit einer Rückzahlungsverpflichtung, muss ein eindeutiger Zeitraum bestimmt werden, innerhalb dessen die Rückzahlungspflicht

704

1336 BAG 18.1.1978 – 5 AZR 56/77 – AP § 611 BGB Gratifikation Nr. 92 und 7.9.1989 – 6 AZR 637/88 – AP § 611 BGB Gratifikation Nr. 129.
1337 BAG 16.3.1994 – 10 AZR 669/92 – AP § 611 BGB Gratifikation Nr. 162 Bl. 3.
1338 BAG 5.8.1992 – 10 AZR 88/90 – AP § 611 BGB Gratifikation Nr. 143.
1339 BAG 10.5.1995 – 10 AZR 648/94 – AP § 611 BGB Gratifikation Nr. 174.
1340 BAG 8.9.1998 – 9 AZR 273/97 – AP § 61479; 611 BGB Tantieme Nr. 2.
1341 Lewen./. Denda – Rs. C – 333/97 EzA Nr. 57 zu Art. 119 EWG-Vertrag.
1342 LAG München 18.5.2005 – 10 sa 1291/04 – juris, Revision eingelegt unter BAG 10 AZR 645/05.
1343 Zu einer Treueprämie LAG München 18.5.2005 – 10 Sa 1291/04 – juris.
1344 LAG Niedersachsen 20.9.2005 – 13 Sa 2098/04 – juris, Revision eingelegt unter BAG 9 AZR 713/05.

bestehen soll. Dies gilt auch, wenn die Prämie als „Vorschuss" deklariert ist.[1345] Die Bindung durch Rückzahlungsklauseln ist nur innerhalb der von der Rspr. entwickelten Grenzen (vgl. Rn 694 ff.) zulässig.

705 Verhindert der AG selbst, dass der AN die Voraussetzungen des Prämienanspruchs erfüllen kann (z.B. keine dem entsprechenden Auftragszuweisungen), so gilt analog § 162 die Voraussetzung als gegeben.[1346]

706 Soll die Prämie als arbeitsleistungsbezogene Vergütung nach der „Geschäftsentwicklung" gezahlt werden, behält sich der AG ein **einseitiges Leistungsbestimmungsrecht** gem. § 106 GewO vor. Bei der Bestimmung des billigen Ermessens sind die tatsächliche Arbeitsleistung sowie die in Vorjahren gezahlten Prämien zu berücksichtigen.[1347] Bei einer arbeitsleistungsbezogenen Prämie kann der AN gegen den AG im Falle seines Ausscheidens einen anteiligen Zahlungsanspruch haben.

707 Besondere praktische Bedeutung haben **Anwesenheitsprämien**. Mit derartigen Zahlungen setzt der AG einen Anreiz für den AN, Fehlzeiten zu verringern. Da es sich um zusätzliche Zahlungen handelt, wird das EFZG dadurch nicht umgangen. Die Grenzen des § 4a EFZG sind zu beachten. Danach darf der AG pro Krankheitstag nicht über ein Viertel des Entgelts kürzen, das im Jahresdurchschnitt für einen Arbeitstag zu zahlen ist. Voraussetzung der Prämienvereinbarung bzw. anders gewendet: des Kürzungsrechts ist aber, dass dem AN mögliche Kürzungen bekannt sind und eine derartige Klausel wirksam vereinbart worden ist.[1348] Dabei sind nach der Schuldrechtsreform §§ 305 ff. zu beachten, wonach die Kürzungsregel insb. dem Transparenzgebot genügen muss.

708 Neben der Zahlung von Prämien als Sondervergütungen neben dem laufenden Entgelt können die Parteien arbeitsvertraglich einen **Prämienlohn** vereinbaren. Wie beim Akkordlohn wird dann neben einem garantierten Mindestlohn eine erfolgsbezogene Vergütung geschuldet, die an festgelegte Ziele anknüpft. Gegenüber dem meist quantitätsbezogenen Akkordlohn ist der Prämienlohn ein flexibleres Anreizsystem, da auch die Qualität der Tätigkeit honoriert werden kann. Praktisch werden derartige Einigungen in der Form von Zielvereinbarungen geschlossen (vgl. Rn 709). Stellt der AG aufgrund einer BV von **Prämien- auf Zeitlohn** um, bedarf es keiner Änderungs-Künd, eine Künd-Schutzklage ist unbegründet.[1349]

709 **4. Zielvereinbarungen.** In einer individualvertraglichen oder oftmals in einer betriebsverfassungsrechtlichen oder tariflichen[1350] Zielvereinbarung[1351] wird der Arbeitslohn teilweise an ein bestimmtes Ziel – also z.B. an den Erfolg des Unternehmens oder an den einer bestimmten Gruppe von AN – gekoppelt. Der AG setzt damit den Anreiz, den AN zu einer engagierten Leistung zu motivieren.[1352] Der Begriff „Zielvereinbarung" wird dabei uneinheitlich verwendet; es handelt sich um keinen juristisch feststehenden Begriff.[1353] Die Zielvereinbarung wird in Form einer freiwilligen Leistung zusätzlich zum Grundgehalt gezahlt, so z.B. 80 % Festgehalt 20 % über eine Zielvereinbarung.[1354]

710 Gerade im außertariflichen Bereich können aber auch Vergütungen vereinbart werden, die sich bis zur Hälfte an Zielvorgaben orientieren. So sind betriebsverfassungsrechtliche Rahmenvereinbarungen denkbar, dass etwa bei einer „sehr guten" Leistung 100 % der vereinbarten Summe ausgezahlt werden sollen, bei einer „guten" 80 % usw. Denkbar ist es auch, auf den Umsatz des Betriebsteils oder der Geschäftsstelle abzustellen, in welcher der AN tätig ist.[1355] Ebenso kann der AG „weiche" Kriterien wählen, um die Zielstufen zu beschreiben, wie etwa eine „höhere Kundenzufriedenheit" oder eine „attraktivere Vermarktung" des Produkts. Zu wessen Lasten diese Unklarheiten gehen sollen, wird derzeit in der Lit. diskutiert.[1356] Rspr. zu diesem Punkt ist selten[1357] und dies zeigt, dass sie sich jedenfalls faktisch zu Lasten der AN auswirken. Schwierig ist die Lohnbemessung, wenn der AG das Ziel nicht genau bestimmt bzw. den AN nicht beurteilt. Da er aber nach § 2 Abs. 1 S. 2 Nr. 6 NachwG das Entgelt genau beziffern muss, können Ansprüche aus Verzug entstehen.[1358] Tatsächliche Unklarheiten können gem. § 307 Abs. 1 S. 2 zu Lasten des AG gehen.

1345 LAG Köln 1.12.2003 – 4 Sa 610/03 – juris.
1346 LAG Hamm 24.11.2004 – 3 Sa 1325/04 – AuA 2005, 201.
1347 LAG Düsseldorf 5.6.2003 – 11 Sa 292/03 – juris.
1348 BAG 26.10.1994 – 10 AZR 482/93 – EzA § 611 BGB Anwesenheitsprämie Nr. 4.
1349 BAG 24.8.2004 – 1 AZR 419/03 – NZA 2005, 51.
1350 BAG 21.10.2003 – 1 ABR 30/02 – NZA 2004, 936.
1351 *Berwanger*, BB 2003, 1499; *Köppen*, DB 2002, 374; *Mauer*, NZA 2002, 540; *Behrens/Rinsdorf*, NZA 2003, 364; *Hoß*, ArbRB 2002, 154; *Bauer/Diller/Göpfert*, BB 2002, 882; *Rieble/Gutzeit*, Jahrbuch des Arbeitsrechts für das Jahr 1999, Band 37, S. 41; *Loritz*, RdA 1998, 257; *Tondorf*, AiB 1998, 323; *Tondorf*, WSI-Mitteilungen 1998, 386. Dagegen gibt es keine verlässlichen empirischen Daten über die Verbreitung und den Umfang von Zielvereinbarungen dazu *Drexel*, S. 54 f.
1352 Dazu schon *Kaskel*, Der Akkordlohn, S. 21; vgl. aus rechtsökonomischer Perspektive *Orts*, 16 Yale Law And Policy Review 265; *Sorensen*, S. 504.
1353 AR-Blattei SD 1855; *Hergenröder* Zielvereinbarungen Rn 5.
1354 Zu Formulierungsbeispielen *Lindemann/Simon*, BB 2002, 1807; LAG Hamburg 9.2.2005 – 5 Sa 86/04 – NZA-RR 2005, 496.
1355 LAG Hamburg 9.2.2005 – 5 Sa 86/04 – NZA-RR 2005, 496.
1356 *Behrens/Rinsdorf*, NZA 2003, 364, 365; *Berwanger*, BB 2003, 1499, 1502; *Mauer*, NZA 2002, 540, 547.
1357 Hessisches LAG 7.2.2002 – 10 AZR 282/01 – AP § 315 BGB Nr. 81.
1358 Noch zum AGBG Hessisches LAG 29.1.2002 – 836/01 – AiB 2002, 575.

Verhindert der AG selbst, dass der AN das vereinbarte Ziel erreicht, so sind analog § 162 die Voraussetzungen der Zielerreichung anzunehmen.[1359] Handelt es sich um eine individualvertragliche Vereinbarung, dienen §§ 305 ff. als Überprüfungsmaßstab. Darüber hinaus müssen Vereinbarungen aber auch gem. §§ 138, 134 und § 106 GewO wirksam sein. **711**

a) Sittenwidrigkeitskontrolle gem. § 138. Die Frage, wieweit die Arbeitsvertragsparteien den Gesamtlohn oder Lohnbestandteile zielorientiert vereinbaren können, wird in Rspr.[1360] und Lit.[1361] bei der Kontrolle gem. § 138 unter dem Stichwort der rechtlichen Äquivalenz diskutiert. Die arbeitsgerichtliche Rspr.[1362] und der BGH in Strafsachen[1363] (freilich über § 134 zu würdigen) und Ansichten in der Lit.[1364] haben mit Blick auf den **Tariflohn eine 2/3-Grenze** gezogen. Wird weniger gezahlt, handelt es sich um eine sittenwidrige Vereinbarung. Zum anderen Teil stellt die Rspr. auf die marktübliche Vergütung ab und nimmt erst bei einer Unterschreitung von 50 % eine sittenwidrige Vereinbarung an.[1365] Das BAG hat darüber hinaus ausdrücklich darauf hingewiesen, dass es keine verbindlichen Grenzwerte geben solle.[1366] In der Entscheidung v. 23.5.2001 stellte das BAG aber auch auf die übliche Vergütung ab und verneinte bei einer daran gemessenen Vergütung von 71 % die Sittenwidrigkeit. Nach der Argumentation des BVerfG, wonach die TV-Parteien den Tariflohn zum Machtausgleich zwischen AN und AG[1367] aushandeln, wäre es folgerichtig, in allen Fällen auf den Tariflohn abzustellen. Der übliche Lohn ist im Arbeitsrecht eben nicht der angemessene. Wäre dem so, erübrigte sich das kollektive Arbeitsrecht. **712**

b) Billigkeitskontrolle gem. § 106 GewO, § 315 Abs. 3. Die Billigkeitskontrolle[1368] als Überprüfung eines einseitigen Leistungsbestimmungsrechts setzt voraus, dass es sich um eine unbestimmte Leistung handelt. Die Sonderzahlung darf daher nicht im Wege einer Vertragsauslegung bestimmbar sein.[1369] Daher sind die Abreden im Einzelfall zu würdigen. Haben die Arbeitsvertragsparteien in der Zielvereinbarung einzelne Kriterien oder auch nur Abstufungen für die Leistungsbemessung bestimmt, kann nicht mehr von einem einseitigen Bestimmungsrecht ausgegangen werden. Die Auslegung des Vertrags geht vor, sie folgt anderen Grundsätzen als die Bestimmung des billigen Ermessens.[1370] Ist die Leistung bestimmt, aber unter Widerruf gewährt[1371] (vgl. Rn 684), unterliegt nur der Widerrufsvorbehalt als solcher der einseitigen Leistungsbestimmung. **713**

Hat sich der AG das Bestimmungsrecht vorbehalten z.B. durch den Passus „... das System zur Ermittlung der Erfolgsbeteiligung unterliegt der Beschlussfassung durch die Gesellschafterversammlung",[1372] muss die Leistungsbestimmung billigem Ermessen entsprechen, d.h. der AG hat sowohl seine als auch die Interessen des AN bei der Leistungsfestsetzung angemessen zu berücksichtigen.[1373] Die für die Ermittlung der Angemessenheit erforderlichen Tatsachen muss der Bestimmende – also der AG – darlegen und beweisen.[1374] Anders liegen die Dinge im Falle der Vertragsauslegung gem. §§ 133, 157. Für die Frage der richtigen Auslegung kommt es zwar nicht auf Darlegungs- und Beweislastregeln an, da es sich um eine vom Gericht zu klärende Rechtsfrage handelt. Jedoch trägt der AN die Darlegungs- und Beweislast für die ihm günstige Tatsachengrundlage.[1375] **714**

Die Grenzziehung zu einer **unbilligen Leistungsbestimmung** ist uneinheitlich: Es reichte eine 15 % Unterschreitung des Tarifgehalts nicht aus,[1376] bei einer 20 % Unterschreitung des üblichen Verdienstes konnte dies der Fall sein,[1377] eine 31 % Unterschreitung des üblichen Gehalts sollte dagegen nicht unbillig sein.[1378] Unabhängig von Zahlengrenzen entspricht die Leistungsbestimmung dann nicht mehr billigem Ermessen, wenn der AG selbst die **Ziel- 715**

1359 LAG Hamm 24.11.2004 – 3 Sa 1325/04 – AuA 2005, 201.
1360 LAG Berlin 20.2.1998 – 6 Sa 145/97 – NZA-RR 1998, 392; BAG 10.10.1990 – 5 AZR 404/89 – NJW 1991, 86 „ohne Gegenleistung" gearbeitet; LAG Hamm 16.10.1989 – 19 Sa 1510/88 – ZIP 1990, 880 „Überbürdung Unternehmerrisiko" ohne entsprechende Vergütung; LAG Berlin 3.11.1986 – 9 Sa 65/86 – AP § 65 HGB Nr. 14; BAG 25.3.1976 – 3 AZR 331/75 – AP § 65 HGB Nr. 9.
1361 *Tschöpe*, DB 2002, 1830; *Mauer*, NZA 2002, 540, 543.
1362 BAG 22.3.1989 – 5 AZR 151/88 – juris; BAG 4.2.1981 – 4 AZR 967/78 – AP § 242 BGB Gleichbehandlung Nr. 45; BAG 11.1.1973 – 5 AZR 322/72 – AP § 138 BGB Nr. 30; LAG Berlin 20.2.1998 – 6 Sa 145/97 – NZA-RR 1998, 392; LAG Düsseldorf 23.8.1977 – 11 Sa 466/77 – DB 1978, 165; ArbG Hagen 24.6.1987 – 3 Ca 163/87 – NZA 1987, 610.
1363 BGH 22.4.1997 – 1 StR 701/96 – NZA 1997, 1167.
1364 *Reinecke*, NZA-Beil. 2000/3, 23, 32; *Lakies*, NZA-RR 2002, 337, 342.
1365 BAG 23.5.2001 – 5 AZR 527/99 – AuR 2001, 509; Hessisches LAG 28.10.1999 – 5 Sa 169/99 – NZA-RR 2000, 521; BAG 11.1.1973 – 5 AZR 322/72 – DB 1973, 727; LAG Berlin 17.7.1961 – 1 Sa 8/61 – DB 1961, 1458.
1366 23.5.2001 – 5 AZR 527/99 – AuR 2001, 509.
1367 26.1.1991 – 1 BvR 779/85 – AP Art. 9 GG Arbeitskampf Nr. 117.
1368 *Köppen*, DB 2002, 374, 377; *Rieble/Gutzeit*, Jahrbuch des Arbeitsrechts für das Jahr 1999 Band 37, 41 ff.; *Mauer*, NZA 2002, 543; MüKo/*Gottwald*, § 315 BGB Rn 67.
1369 So z.B. BAG 19.1.2000 – 5 AZR 637/98 – AP § 611 BGB Berufssport Nr. 19 Auslegung einer Prämienzusage.
1370 Unklar daher LAG Hamm 23.2.2001 – 15 Sa 1572/00 – NZA-RR 2001, 525. Entgegen des angenommenen einseitigen Leistungsbestimmungsrechts handelte es sich um eine vertragliche Vereinbarung.
1371 ErfK/*Preis*, § 611 BGB Rn 504 f.
1372 Eine solche Vereinbarung lag der Entscheidung des LAG Nürnberg 23.7.2003 – 6 Sa 269/01 – juris zugrunde.
1373 BAG 21.12.1970 – 3 AZR 510/69 – AP § 305 BGB Billigkeitskontrolle Nr. 1.
1374 LAG Nürnberg 23.7.2002 – 6 Sa 269/01 – Fn 26 m.w.N.
1375 *Mauer*, NZA 2003, 364.
1376 BAG 21.4.1993 – 7 AZR 297/92 – AP § 2 KSchG Nr. 34.
1377 BAG 7.8.2002 – 10 AZR 282/01 – AP § 315 BGB Nr. 81.
1378 BAG 13.5.1987 – 5 AZR 125/86 – AP § 305 BGB Billigkeitskontrolle Nr. 4.

erreichung verhindert und somit eine angemessene Vergütung der geleisteten Arbeit ausbleibt. Dies kann der Fall sein, wenn z.b. wirtschaftliche Erwägungen den Fußballverein dazu veranlassen, den Spieler nicht mehr einzusetzen und so die Prämie zu sparen.[1379] Ebenso wird zu entscheiden sein, wenn der AG die versprochene Prämie nicht zu zahlen braucht, da er die vertraglich als Bezugspunkt vereinbarten Unternehmensgewinne verlagert[1380] oder Aufträge so vergibt, dass der AN die Prämienhöhen nicht erreichen kann.[1381]

716 Der AN hat in diesen Situationen einen **Auskunftsanspruch** gegen den AG. Er kann die Informationen erfragen, die der AG seiner Ermittlung zugrunde gelegt hat. So kann der AN die Auftragsvergabe an andere Mitarbeiter[1382] im Wege der Stufenklage neben seinem Auskunftsanspruch gem. §§ 65, 87c HGB erfragen und anschließend auf Leistung klagen. Neben dem AN kann der BR gem. §§ 80 Abs. 2, 87 Abs. 1 Nr. 11 BetrVG ein Auskunftsrecht gegen den AG haben.[1383]

717 **c) Problem: Unterbliebene Leistungsbestimmung.** In der Praxis stellt sich oftmals das Problem, dass der AG entweder die Leistung nicht bestimmt oder die z.B. in Rahmenvereinbarungen vorgesehenen Beurteilungsgespräche unterbleiben.[1384] Nach Ansicht des BAG ist in solchen Fällen ein Zahlungsanspruch nur nach § 280 Abs. 3 BGB i.V.m. § 283 BGB für die Vergangenheit als Schadensersatzanspruch gegeben. Dabei komme es entscheidend darauf an, wer die Gespräche zur Zielfestlegung habe veranlassen müssen (Initiativlast). Sei dem AN aber nach dem Vertragswortlaut nicht klar gewesen, dass er das Gespräch habe verlangen müssen (z.B. Ziele gemeinsam festsetzen), sei eine solche Regelung gem. § 305c Abs. 2 BGB unwirksam mit der Folge, dass der Anspruch dem Grunde nach bestehe. Damit der Zahlungsanspruch aber bestimmt werden kann, muss der AN die für eine Schätzung des Gerichts gem. § 287 ZPO erforderlichen Tatsachen vortragen.

718 Bei Vereinbarung eines **einseitigen Leistungsbestimmungsrechts**, trifft den AG die Obliegenheit, die Leistung zu bestimmen.[1385] Wird die Leistung nicht bestimmt, ersetzt sie das Gericht.[1386] Das Gericht kann freilich nur die ihm bekannten Tatsachen zur Grundlage der Entscheidung heranziehen, um die angemessene Vergütung zu bestimmen. Die Darlegungs- und Beweislast für diese Tatsachengrundlage orientiert sich grds. an der Sachnähe der Parteien.[1387] Sie sollte konkret wie folgt abgestuft werden: Zunächst muss der AN eine ihm angemessene Vergütung vortragen. Dies kann z.B. die in Vergangenheit gezahlte Vergütung sein.[1388] Schwierig ist dies, wenn erstmalig Ziele vereinbart worden sind und keine übliche Vergütung existiert.[1389] Ein Vergleich zu vergleichbaren Entlohnungsformen in der gleichen Branche sollte zulässig sein. Ist dies nicht möglich und sind dem AN teils selbstständige Tätigkeiten übertragen worden, können Provisionen selbstständig Tätiger zum Vergleich herangezogen werden. Daraufhin sollte die Darlegungs- und Beweislast auf den AG wechseln, der in erster Linie erklären muss, warum es an der vorgetragenen Vergleichbarkeit fehlt. Unaufklärbarkeiten im Tatsächlichen sollten nach dem Rechtsgedanken des § 307 Abs. 1 S. 2 zu Lasten des AG gehen.[1390] Auf diesem Wege wird er angehalten, die Leistungsbestimmung vorzunehmen.

719 **d) Klauselkontrolle gem. §§ 305 ff.** Zielvereinbarungen können zum einen gegen das Transparenzgebot des § 307 Abs. 1 S. 2 BGB[1391] oder die Unklarheitenregelung nach § 305c BGB[1392] verstoßen. Darüber hinaus kann eine Zielvereinbarung § 307 Abs. 2 widersprechen, wenn sie entgegen der gesetzlichen arbeitsrechtlichen Risikoverteilung dem AN das von ihm unbeeinflussbare unternehmerische Risiko auferlegt.[1393] In diesen Fällen ist die Zielvereinbarung gem. § 306 Abs. 2 unwirksam. An ihre Stelle tritt die gem. § 612 Abs. 2 übliche Vergütung. Bei der Bestimmung der üblichen Vergütung sind Zahlungen in vergangenen Jahren bzw. Zahlungen an vergleichbare AN heranzuziehen.

720 **5. Zulagen.** Zulagen sind Vergütungsbestandteile, die aufgrund gesonderter Vereinbarungen (meist tariflich) zum Entgelt gezahlt werden. Es kommen alle arbeitsrechtlichen Anspruchsgrundlagen in Betracht (vgl. Rn 669). Der spezielle Anknüpfungsgrund der Zulage und damit ihre Voraussetzung ergeben sich aus der Vereinbarung. So kann eine besondere Belastung des AN Voraussetzung sein (Erschwernis-, Schmutz-, Schichtzulage, zu Überstundenzuschlä-

---

1379 Offen gelassen BAG 19.1.2000 – 5 AZR 637/98 – AP § 611 BGB Berufssport Nr. 19.
1380 LAG Hamm 23.2.2001 – 15 Sa 1572/00 – NZA-RR 2001, 525.
1381 Solche Sachverhalte lagen den Auskunftsverlangen zugrunde in BAG 7.8.2002 – 10 AZR 282/01 – AP § 315 BGB Nr. 81; BAG 21.11.2000 – 9 AZR 665/99 – AP § 242 BGB Auskunftspflicht Nr. 35.
1382 BAG 21.11.2000 – 9 AZR 665/99 – AP § 242 BGB Auskunftspflicht Nr. 35. Vgl. auch BAG 7.8.2002 – 10 AZR 282/01 – AP § 315 BGB zur Übergabe von Kundenadressen Nr. 81.
1383 BAG 21.10.2003 – 1 ABR 30/02 – NZA 2004, 936.
1384 BAG 12.12.2007 – 10 AZR 97/09 – NZA 2008, 409 m.w.N. auf die bislang vertretenen Lösungen.
1385 ErfK/*Preis*, § 611 BGB Rn 504.
1386 Hessisches LAG 29.1.2002 – 7 Sa 836/01 – AiB 2002, 575.
1387 *Baumgärtel*, § 315 Rn 3.
1388 LAG Hamm 26.11.2004 – 10 Sa 2236/03 – AuA 2005, 240; a.A. Hessisches LAG 29.1.2002 – 7 Sa 836/01 – AiB 2002, 575, fehlende Tatsachengrundlage wirkte sich zu Lasten des AN aus.
1389 ArbG Frankfurt 11.12.2004 – 2 Ca 2816/02 – ZTR 2003, 577.
1390 Noch zum AGBG Hessisches LAG 29.1.2002 – 836/01 – AiB 2002, 575.
1391 Noch zum AGBG Hessisches LAG 29.1.2002 – 836/01 – AiB 2002, 575.
1392 BAG 12.12.2007 – 10 AZR 97/07 – NZA 2008, 409.
1393 *Brors*, RdA 2004, 273.

gen vgl. Rn 731 f.), aber auch seine soziale Situation (Familienzulage). Bei **Nachtarbeit** hat der AG nach § 6 Abs. 5 ArbZG die Wahl, ob er dem AN einen angemessenen Zuschlag zahlt oder einen Ausgleich durch Freizeit schafft. Bei der Frage der Angemessenheit des Zuschlags bieten tariflich geregelte Nachtarbeitszuschläge nur einen Anhaltspunkt für die Berechnung. Im Mittelpunkt steht ein Ausgleich zwischen den Interessen von AG und AN im Einzelfall, der nicht dazu führen muss, dass das Tarifniveau erreicht wird (30 % angemessen bei 50 % Tarifzuschlag).[1394] Problematisch ist die Mitbestimmung des BR. Zwar steht dem BR ein eindeutiges Mitbestimmungsrecht gem. § 87 Abs. 1 Nr. 10 BetrVG bei der Ausgestaltung zu. Schwierigkeiten bereitet aber die Mitbestimmung bei der Anrechnung übertariflicher Zulagen. Wird der Zuschlag im Arbeitsvertrag vereinbart, unterliegt die Regelung der Kontrolle gem. §§ 305 ff. Dabei dürfen insb. Ausschlussfristen aber auch pauschale Abgeltungsklauseln nicht zu einer unangemessenen Benachteiligung des AN führen.[1395]

721 Oftmals wird es sich um tariflich vorgesehene Zuschläge z.B. wegen unangenehmen Arbeiten (Erschwerniszuschlag) oder unüblicher Arbeitszeit (Nachtarbeits-, Sonn- oder Feiertagszuschlag) handeln. Als Nachtarbeit gelten mindestens zweistündige Tätigkeiten in der Zeit von 23 bis 6 Uhr (§§ 2 Abs. 3, 6 ArbZG). Vertraglich kann aber auch eine andere Zeit vereinbart sein. Ob der Anspruch besteht, richtet sich nach den Voraussetzungen der Regelungen im Einzelnen, so z.B. zur Frage welcher Lohn Bemessungsgrundlage für den Zuschlag sein soll[1396] oder auf welche Feiertage abzustellen ist.[1397] Generalisierend lässt sich aber zusammenfassen, dass die tatsächliche Leistung der in Bezug genommenen Tätigkeiten grds. Voraussetzung der Zahlungspflicht ist. Wird der AN aber krank oder kann infolge des genommenen Urlaubs nicht arbeiten, sind Zuschläge gleichwohl zu zahlen, da den gesetzlichen Regelungen das Lohnausfallprinzip zugrunde liegt[1398] bzw. auf den Durchschnittsverdienst abgestellt wird. Auf der anderen Seite müssen Zuschläge – ja nach Ausgestaltung der im Regelfall tariflichen Normen – nicht bei der Berechungsgrundlage einer betrieblichen Altersvorsorge mit einzubeziehen sein.[1399]

722 **6. Tantieme.** Als Tantiemen werden Gewinnbeteiligungen bezeichnet, die als Teil des Entgelts vom AG geschuldet sind. Zahlt der AG die Tantieme nicht aus, so kann er gem. § 615 in Annahmeverzug geraten.[1400] Ob der AG mit seinem Unternehmen oder Betrieb tatsächlich Gewinne erwirtschaftet, liegt außerhalb der Steuerung des AN. Schadensersatzansprüche wegen betriebswirtschaftlich unvernünftiger Entscheidungen scheiden aus.

723 a) **Abgrenzungen.** Es handelt sich bei Tantiemen um keine frei widerruflichen Gratifikationszahlungen.[1401] Anders als die **Provision** (vgl. Rn 745), die auf die persönliche Leistung des AN abstellt, nimmt die Tantiemenregelung den Gewinn des Unternehmens in Bezug. Davon abzugrenzen sind weiterhin **Gratifikationen**, die in Form einer Jahresabschlussvergütung freiwillig gezahlt werden oder die schon erörterten Zielvereinbarungen (vgl. oben), die wiederum auf eine persönliche Leistung des einzelnen AN abstellen. Sollen dem AN eigene **Beteiligungsrechte** eingeräumt werden, kann dies infolge eines Aktienoptionsplans (vgl. Rn 727) geschehen. Die Tantiemenregelung muss zwischen dem AN und seinem vertraglichen AG geschlossen werden. Vereinbaren die Parteien in einer sog. **Carried Interest** Vereinbarung, dass der AN Beteiligungsansprüche gegen eine weitere Gesellschaft haben soll, so hat der AG keine eigene Zahlungspflicht übernommen, sondern nur die Vermittlung der Beteiligung.[1402]

724 b) **Höhe der Tantieme.** Die Höhe der Tantiemenzahlung muss von den Parteien vereinbart werden. Ist dies nicht geschehen, wird die übliche Vergütung gem. § 612 geschuldet. Hat sich der AG die Bestimmung einseitig vorbehalten, kann das Gericht die Höhe im Rahmen der Billigkeitskontrolle gem. § 315 Abs. 3 bestimmen. Dabei kommt es auch auf vergangene vom AG in den Vorjahren geleistete Zahlungen an.[1403] Ist die Vereinbarung unklar, gehen Zweifel gem. § 307 Abs. 1 S. 2 zu Lasten des AG als Verwender. Als Bezugspunkt der Berechnung dient der Reingewinn des Unternehmens.[1404] Entscheidend ist die Handels- nicht die Steuerbilanz.[1405] Die Berechnung selbst kann sich an die Regelung in § 86 Abs. 2 AktG anlehnen, wonach die Gewinnbeteiligung des Aktienvorstands grds. nach dem Jahresüberschuss berechnet wird. Es sind aber auch andere Berechnungsmethoden möglich, so können die Parteien die Berechnung auch von Feststellungen des Abschlussprüfers allein abhängig machen.[1406]

725 c) **Entstehen des Anspruchs.** Der Auszahlungsanspruch ist **fällig**, wenn die Grundlagen seiner Berechnung (Bilanz) selbst feststehen. Scheidet der AN vor Ende des Kalanderjahres aus, erhält er nach der Grundlage der Jahresbilanz einen **quotalen Anspruch** für die Zeit der geleisteten Tätigkeit. Allerdings können die Parteien auch auf den tatsächlich gearbeiteten Zeitraum abstellen.[1407] Da die Tantieme Entgelt ist, können insoweit Parallelen zur leis-

---

1394 BAG 5.9.2002 – 9 AZR 202/01 – AiB 2004, 119.
1395 BAG 31.8.2005 – 5 AZR/04 – BB 2006, 443.
1396 LAG Berlin 13.9.2005 – 3 Sa 696/05 – juris.
1397 BAG 13.4.2005 – 5 AZR475/04 – NZA 2005, 882.
1398 Für den Fall tariflicher Feiertagszuschläge im Krankheitsfall BAG 1.12.2004 – 5 AZR 68/04 – NZA 2005, 1315.
1399 BAG 18.10.2005 – 3 AZR 48/05 – DB 2006, 113.
1400 LAG Köln 6.8.2004 – 4 Sa 272/04 – juris.
1401 LAG Hamm 23.2.2001 – 15 Sa 1572/00 – NZA-RR 2001, 525.
1402 Hessisches LAG 18.4.2005 – 7/6 Sa 1048/04 – juris.
1403 LAG Hamm 23.2.2001 – 15 Sa 1572/00 – NZA-RR 2001, 525.
1404 ErfK/*Preis*, § 611 BGB Rn 497.
1405 MünchArb/*Krause*, Bd. 1, § 58 Rn 46.
1406 LAG München 26.1.2005 – 10 Sa 752/04 – juris.
1407 LAG München 26.1.2005 – 10 Sa 752/04 – juris.

tungsbezogenen Vergütung gezogen werden. Dabei ist aber zu beachten, dass bei der Tantieme die Verknüpfung zur Tätigkeit loser als bei anderen arbeitsleistungsbezogenen Anreizsystemen ist. Die Tantieme ist nicht zu kürzen, wenn der **AN erkrankt** ist – es kommt nach der Vereinbarung eben nicht auf seine persönliche Arbeitsleistung im Einzelnen an.[1408] Allerdings setzt der Anspruch auf Zahlung der Tantieme voraus, dass der AN während des in Bezug genommenen Zeitraums überhaupt gearbeitet hat. Ist er die gesamte Zeit arbeitsunfähig gewesen, hat er keinen Anspruch auf die Zahlung.[1409]

726 d) **Auskunftsanspruch.** Hat der AN einen Anspruch auf die Tantieme, kann er von dem AG Auskunft über die Berechnungsgrundlage – im Regelfall die Bilanz – verlangen.[1410] Dieser Auskunftsanspruch umfasst aber nicht das Recht, einzelne Belege der Bilanzposten vorlegen zu lassen. Nur wenn der AN vortragen kann, dass die Rechnungslegung aufgrund mangelnder Sorgfalt des AG unvollständig ist, kann er gem. § 259 Abs. 2 eine Versicherung an Eides statt über die Richtigkeit der Abrechnung verlangen.[1411]

727 e) **Aktienoptionen.** Neben den erörterten Formen leistungsbezogener Vergütung kann der AG die AN im Rahmen von sog. Aktienoptionen an das Unternehmen binden und Anreize zu qualitativ hoher Tätigkeit setzen. Bei dieser Art von Gewinnbeteiligung bietet der AG den Mitarbeitern eigene Aktien zu einem verbilligten Preis an. Der Aktienerwerb kann optional geschehen oder ein fester Bestandteil der Gesamtvergütung sein. Ist der Aktienerwerb von der wahlweisen Entscheidung des AN abhängig, so ist ein Kaufvertrag über die Aktien Rechtsgrund.[1412] Ist das Aktienbezugsrecht Teil der Vergütung, bildet der Arbeitsvertrag bzw. die übrigen arbeitsrechtlichen Anspruchsgrundlagen die Rechtsgrundlage.[1413] Bei diesen Beteiligungsformen ist zwischen den arbeitsrechtlichen und den gesellschaftsrechtlichen Grundlagen[1414] zu trennen.

728 Die Entscheidung, Aktien zu vergünstigten Preisen an Mitarbeiter zu vergeben, trifft der Vorstand. Geht es dagegen um die Vergabe von Aktien an Vorstandsmitglieder, die keine AN sind, so ist der Aufsichtsrat gem. §§ 84 ff. AktG zuständig.[1415] In beiden Fällen ist der sog. Aktienoptionsplan (§§ 192 f. AktG) die gesellschaftsrechtliche Grundlage der Vergabe. Wird die Vergünstigung AN gewährt, so kann dies in Form einer zusätzlichen freiwilligen Leistung oder einer verbindlichen Lohnzusage geschehen. Leistungen in Form von Aktienoptionen sind Arbeitsentgelt, da sie vom AG in Zusammenhang mit der vom AN erbrachten Tätigkeit gezahlt werden.[1416] Ob schuldrechtlich zudem ein Aktienkauf gegeben ist, spielt keine Rolle.

729 Handelt es sich bei der Aktienvergabe aber um Arbeitsentgelt, ist problematisch, bis zu welchen **Grenzen** der AG Aktien im Verhältnis zu einem Festgehalt zahlen darf. Auch hier muss – wie bei Zielvereinbarungen – gelten, dass der AG seine eigenen wirtschaftlichen Risiken nicht vollständig auf den AN überwälzen darf.[1417] Will man eine Überwälzung nicht schon deshalb verneinen, weil der AN auf den Wert der Aktie keinen Einfluss und damit keine Steuerungsmöglichkeiten hat, wird in der Lit. ein Wert von 25 % bis zu 50 % des Festgehalts vorgeschlagen.[1418] Auch bei diesen Werten lässt sich letztlich aber nicht begründen, warum der AG dem AN ohne Übertragung einer Steuerungsmöglichkeit Risiken überbürden soll. Der gesetzlichen Risikoverteilung Arbeit gegen Lohn wird durch eine solche vertragliche Regelung widersprochen. Der AN hat eben keine Erfolgsverantwortung. Sinnvoller wäre es hier, dem AN eine sichere Chance einzuräumen, ihm also z.B. bei Unterschreitung eines bestimmten Aktienwerts einen Festbetrag zuzusichern (vgl. Rn 801). Nur so sind Aktionenoptionen als Vergütungsbestandteile zu rechtfertigen.

730 Besondere Schwierigkeiten entstehen im Falle eines **Betriebsübergangs** gem. § 613a eines Konzernunternehmens.[1419] Werden den AN von einem Konzernunternehmen Aktien im Rahmen eines Aktienoptionsplans angeboten und sind diese AN aber in einem anderen nicht zu diesem Unternehmen gehörenden Betrieb beschäftigt, so besteht schon keine Verpflichtung des AG, die auf den Erwerber des Betriebs gem. § 613a übergehen könnte.[1420] Nach Ansicht des BAG ist dem AN in dieser Situation klar, dass keine Verpflichtung seines AG begründet wird. Ebenso scheide eine Umgehung des § 613a aus. Ebenso problematisch ist es, wenn Aktienoptionen von der ausländischen Konzernspitze Mitarbeitern der deutschen Tochtergesellschaft zugesagt werden.[1421] Wiederum handelt es sich um ein vom Arbeitsvertrag zu unterscheidendes Rechtsverhältnis zwischen AN und Konzernspitze, die keine arbeitsvertraglichen Pflichten hat.[1422]

1408 HWK/*Thüsing*, § 611 BGB Rn 124.
1409 BAG 8.9.1998 – Az 9 AZR 273/97 EzA – § 611 BGB Tantieme Nr. 2; LAG München 26.1.2005 – 10 Sa 752/04 – juris.
1410 LAG Hamm 26.11.2004 – 10 Sa 2236/03 – AuA 2005, 240.
1411 LAG Hamm 26.11.2004 – 10 Sa 2236/03 – AuA 2005, 240.
1412 *Lingemann/Diller/Mengel*, NZA 2000, 1191.
1413 MünchArb/*Krause*, Bd. 1, § 58 Rn 45.
1414 HWK/*Thüsing*, § 611 BGB Rn 128 ff.
1415 *Lingemann/Diller/Mengel*, NZA 2000, 1192.
1416 *Tappert*, NZA 2002, 1188; kritisch dazu *Ricken*, NZA 1999, 236, 239 ff.
1417 *Röder/Göpfert*, BB 2001, 2002.
1418 Vgl. den Überblick bei *Röder/Göpfert*, BB 2001, 2002.
1419 *Tappert*, NZA 2002, 1188.
1420 BAG 12.2.2003 – 10 AZR 299/02 – NZA 2003, 487; LAG München 21.6.2007 – 2 Sa 1351/06 – AuA 2008, 49.
1421 *Lingemann/Diller/Mengel*, NZA 2000, 1191.
1422 Hessisches LAG 19.11.2001 – 16 Sa 971/01 – NZA-RR 2003, 316.

7. Mehrarbeits-, Überstundenvergütung. a) Begriffe. Die Unterscheidung zwischen Überstunden und Mehrarbeit geht auf den noch in der AZO verwendeten Begriff der Mehrarbeit zurück. Nach § 15 AZO war **Mehrarbeit**, die mit einem gesetzlich vorgeschriebenen Zuschlag zu vergütende Überschreitung der gesetzlich zulässigen Zeit. Obwohl die AZO inzwischen im ArbZG aufgegangen ist und es keine gesetzlich geregelten Zuschläge für Mehrarbeit mehr gibt, hat sich die Terminologie gehalten. Inwieweit Mehrarbeit zulässig ist, folgt aus dem ArbZG (Rn 518).

731

Unter **Überstunden** versteht man dagegen die Überschreitung der vertraglich bzw. tarifvertraglich festgelegten Arbeitszeit. Bei dem Begriff der Überstunde geht man daher von einem Arbverh aus, bei dem die Arbeitszeit grds. fixiert ist. Handelt es sich dagegen um eine flexible Arbeitszeitgestaltung, bei der es nur um die Bestimmung der Lage der Arbeitszeit innerhalb z.B. des Kalenderjahres geht, handelt es sich begrifflich schon nicht mehr um eine Überstunde. Überstunden können sich dort nur ergeben, wenn nach Ablauf des gesamten Ausgleichszeitraums mehr als in der Vereinbarung vorgesehen gearbeitet worden ist.[1423] Die Vergütung von Überstunden kann unterschiedlich geregelt sein. Diese kann z.B. nach den jeweiligen Tarifvorschriften mit einem Zuschlag zu versehen sein. Es können aber auch andere Regelungen getroffen werden wie z.B. Abgeltung durch Pauschalen oder durch Freizeitausgleich. Voraussetzung der Überstundenvergütung ist aber, dass es sich überhaupt um Arbeitszeit handelt (zur Problematik von Wegezeiten vgl. Rn 507 ff.).

732

b) Vereinbarung. Soll der AN zu Überstunden verpflichtet sein, muss es sich entweder um Situationen i.S.d. § 14 ArbZG handeln oder es muss eine Vereinbarung über diese Pflicht getroffen worden sein. Überstundenregelungen können aus dem Individualvertrag (selten), aus TV oder BV aber auch aus einer betrieblichen Übung folgen. Ist eine feste Arbeitszeit (täglich, monatlich) im Arbeitsvertrag geregelt, hat der AG gem. § 106 GewO i.V.m. dem Arbeitsvertrag das Recht, im billigen Ermessen Überstunden anzuordnen. Das billige Ermessen ist aber überschritten, wenn die Überstundenanordnungen dazu führen, dass die Arbeitszeit grds. verändert wird. Einseitige Leistungsbestimmungsrechte konkretisieren nur den im Arbeitsvertrag gesetzten Rahmen, können ihn selbst aber nicht verändern. Wäre es anders, würde § 2 KSchG unterlaufen. Besteht eine Regelung zur Anordnung von Überstunden hat der AG nach dem NachwG auf die Anordnungsbefugnis hinzuweisen.[1424]

733

c) Voraussetzungen der Überstundenvergütung. Jegliche Form (vgl. Rn 736) der Überstundenvergütung setzt voraus, dass der AN darlegt und beweist,[1425] dass

734

– und inwieweit Überstunden angefallen sind (Tag, Überschreitung der vertraglichen Arbeitszeit),
– der AG diese Überstunden angeordnet hat bzw. die Arbeiten notwendig oder vom AG geduldet oder gebilligt worden sind
– und die Überstunde zu vergüten ist (bei fehlender Vereinbarung vgl. Rn 739).

Erst wenn diese Voraussetzungen im Prozess dargetan sind, trifft den AG die Pflicht entweder das Anfallen der Überstunden bzw. ihre Anordnung zu bestreiten[1426] (für Beratungshinweise vgl. Rn 806). Es greift eine abgestufte Darlegungs- und Beweislastverteilung ein.[1427] Die Anordnung des AG muss nicht ausdrücklich erfolgen. Sie kann konkludent in der Zuweisung einer Arbeit liegen, die in der Normalarbeitszeit nicht zu bewältigen ist. Ebenso kann in Pausenverkürzungen eine konkludente Anordnung liegen oder in der Aufforderung, Arbeiten nach dem normalen Dienstschluss zu erledigen. Eine schriftliche Anordnung des AG ist keine Voraussetzung, selbst wenn ein TV dies so vorsieht. Die bloße Kenntnis des AG von der Leistung der Überstunden reicht nicht aus.[1428] Allein durch Schweigen kann das einseitige Leistungsbestimmungsrecht nicht ausgeübt werden, es müssen zumindest Anhaltspunkte für eine konkludente Erklärung vorliegen. Ist im Arbeitsvertrag keine Arbeitszeit geregelt, ist von der zulässigen gesetzlichen Höchstarbeitszeit gem. § 3 ArbZG auszugehen.[1429] Der AN muss dann im Einzelnen dartun, inwieweit seine vertragliche Arbeitszeit überschritten worden ist. Der Darlegungslast des AN wird daher nicht entsprochen, wenn der AN bei einer wöchentlich festgelegten Arbeitszeit einen erheblichen Arbeitsanfall an einem Tag darlegt.[1430] Insoweit muss eine Überschreitung der Wochenarbeitszeit, d.h. für alle Arbeitstage der Woche zusammen, dargelegt werden.

735

d) Formen. Die Vergütung von Überstunden kann sich aus dem Individual-, dem TV oder entsprechenden BV ergeben. Bei Überstundenzuschlägen von nach dem AEntG entsendeten AN kann sich die Zuschlagspflicht auch aus einem gesonderten für allgemeinverbindlich erklärten TV ergeben. Die Formulierung in § 1 Abs. 1 S. 1 AEntG „... eines für allgemeinverbindlich erklärten Tarifvertrags" ist nicht so zu verstehen, dass nur ein Tarifwerk die Lohngestaltung regeln muss.[1431] Ob der AN einen Anspruch auf eine höhere Vergütung durch einen Zuschlag hat, bestimmt sich nach der Vereinbarung im Einzelfall.

736

1423 BAG 9.5.205 – 5 AZR 385/02 – NZA 2005, 1016.
1424 EuGH 8.2.2001 – Rs. C-350/99 – NZA 2001, 381.
1425 LAG München 27.7.2005 – 10 Sa 199/5 – juris.
1426 ArbG Frankfurt 1.6.2005 – 9 Ca 8374/04 – juris.
1427 BAG 3.11.2004 – 5 AZR 648/03 – NZA 2005, 895.
1428 LAG Hamm 9.6.2005 – 15 Sa 554/05 – juris.
1429 LAG Schleswig-Holstein 31.5.2005 – 5 Sa 38/05 – NZA-RR 2005, 458.
1430 LAG München 27.7.2005 – 10 Sa 199/5 – juris.
1431 BAG 19.5.2004 – 5 AZR 449/03 – NZA 2004, 1170.

737 **aa) Abgeltung durch das Gehalt.** Einzelvertraglich kann geregelt sein, dass abgeleistete Überstunden mit der regelmäßigen Gehaltszahlung abgedeckt sind und keine zusätzliche Vergütung geschuldet ist. Nach der bisherigen Rspr. wurde eine solche Vereinbarung für wirksam gehalten, wenn sie sich deutlich auf die zusätzlich geleistete Tätigkeit bezog.[1432] Darüber hinaus waren die Grenzen des § 138 zu beachten – Entlohnung in Bezug auf die Arbeitszeit kann zu einer sittenwidrig geringen Vergütung führen. Nach der Schuldrechtsreform sind Abgeltungsklauseln nach den Maßstäben der §§ 305 ff. zu messen. Dabei ist insb. problematisch, ob nicht schon die fehlende Vereinbarung der anfallenden und pauschal abzugeltenden Überstunden gegen das Transparenzgebot verstößt (vgl. Rn 521).

738 **bb) Freizeitausgleich.** Zwischen den Parteien kann vereinbart werden, dass Überstunden durch einen Freizeitausgleich abgegolten werden. Der AG schuldet dann für die geleistete Überstunde kein Entgelt, sondern hat den AN ohne Entgelt für die entsprechende Zeit freizustellen. Ein derartiger Ausgleich muss ausdrücklich zwischen den Parteien vereinbart sein. Anders als die einseitig zu regelnde Frage der Überstundenanordnung (vgl. § 106 GewO), betrifft der Freizeitausgleich die Vergütung der geleisteten Arbeit. Die Frage der Entgeltlichkeit der Tätigkeit ist aber als essentialium negotium nicht im Wege eines einseitigen Leistungsbestimmungsrechts regelbar. Schon deshalb existiert kein Grundsatz, dass Überstunden „abzufeiern" statt zu vergüten sind. Fehlt eine Abrede über einen Freizeitausgleich und schickt der AG den AN wieder nach Hause, gerät er in Annahmeverzug. Will der AG von der Vergütung der Überstunden zum Freizeitausgleich wechseln, muss er eine Änderungs-Künd aussprechen. Anders ist es, wenn eine tarifliche Regelung dem AG ein Wahlrecht zwischen Vergütung und Freizeitausgleich einräumt. Ebenso kann auch dem AN die Wahl zwischen Freizeitausgleich und Zahlung eingeräumt werden. Sind dabei Überstunden durch Freizeit ausgeglichen worden, entfällt die Zahlungspflicht.[1433]

739 **cc) Fehlende Regelung.** Sind Überstunden vom AG angeordnet worden, fehlt aber eine Regelung über ihre Vergütung, hat der AN gem. § 612 Abs. 1 Anspruch auf den üblichen Stundenverdienst ohne zusätzliche Zuschläge.[1434] Voraussetzung der „Üblichkeit" ist, dass der AN nur gegen ein Entgelt tätig wird. Ist es dagegen bei bestimmten Berufsgruppen nicht mehr üblich, für die zusätzliche Tätigkeit eine gesonderte Vergütung zu bekommen, so soll auch ein Anspruch auf die Grundvergütung entfallen.[1435] Allerdings erscheint es bedenklich, eine „Verkehrssitte" zu verrechtlichen, die weniger einem fairen tatsächlich praktizierten Vertragsausgleich als einer bloßen Machtausübung entspringt.

740 **8. Trink-, Bedienungsgeld.** Während es sich bei dem sog. Trinkgeld um eine freiwillige Zahlung des Gasts oder Kunden als Drittem (vgl. § 107 Abs. 3 GewO) an den AN handelt, ist das Bedienungsgeld ein vom AG gegenüber dem Dritten erhobener Aufschlag auf dessen Zahlungspflichten.

741 Beim **Bedienungsgeld** besteht daher die Zahlungsverpflichtung des Drittem gegenüber dem AG. Der AN ist bei Annahme des Geldes mittelbarer Besitzer des AG, der mit dieser Übergabe an seinen AN Eigentum gem. §§ 929 S. 1, 868 erlangt. Der AN hat seinerseits einen – auch aufrechenbaren – Entgeltanspruch in Höhe des Aufschlags gegen den AG. Dieser Entgeltanspruch kann sich entweder nach dem individuell verdienten Bedienungsgeld („Serviersystem") richten oder bei sog. **Tronc-Systemen** zunächst gesammelt und dann nach festgelegten Schlüsseln auf die tätigen AN verteilt werden. Dies ist insb. bei Spielbanken üblich, da die einzelnen AN nach den jeweiligen landesrechtlichen Vorschriften z.B. § 4 NSpielbG kein zusätzliches Geld annehmen dürfen.[1436] Die nach dem Tronc-System gesammelten Gelder dürfen vom AG nicht zweckwidrig verwendet werden. Entnahmen zur Begleichung der Sozialversicherungsabgaben sind zulässig.[1437] Vereinbaren die Parteien die Entlohnung über ein Bedienungsgeld unterliegt dies den Grenzen des §§ 134,138, 242 und 305 ff. Die Verlagerung des unternehmerischen Risikos auf den AN etwa in einer ausschließlichen Entlohnung über Bedienungsgelder widerspricht der gesetzlichen Risikoverteilung und ist eine unangemessene Benachteiligung gem. § 307. Darüber hinaus können die Grenzen des § 138 verletzt sein. Da der AG nach den zugrunde liegenden Vereinbarungen Eigentümer des Bedienungsgelds ist, können sich seine Gläubiger den Auszahlungsanspruch gegen den AN pfänden und überweisen lassen.

742 Beim **Trinkgeld** handelt es sich – im Gegensatz zum Bedienungsgeld – grds. nicht um das vom AG geschuldete Entgelt – der Dritte (Gast, Kunde) zahlt es freiwillig (zur Abgrenzung von Schmiergeldern vgl. Rn 550). Da aber individualvertraglich kein Trinkgeld vom AG geschuldet ist, sind solche Einkünfte im Rahmen des EFZG nicht zu berücksichtigen.[1438] Das gilt ebenso für die Entlohnung während des Urlaubs oder für die Zeiten der Tätigkeit als BR-Mitglied. Die Zahlung des Arbeitslohns kann nicht wegen des Trinkgelds ausgeschlossen werden (vgl. § 107 Abs. 3 GewO). Da das Trinkgeld schon kein Arbeitslohn ist, kann der AG den AN nicht auf dieser Basis beschäftigen. Nur im Ausnahmefall kann das Trinkgeld als Teil der Vergütung in Form einer Naturalleistung – Verschaffung der

---

1432 Überblick HWK/*Thüsing* § 611 BGB Rn 137.
1433 LAG Rheinland-Pfalz 21.7.2005 – 1 Sa 36/05 – juris.
1434 BAG 28.9.2005 – 5 AZR 52/05 – NZA 2006, 149.
1435 ErfK/*Preis*, § 611 BGB Rn 488.

1436 *Salje*, DB 1989, 321; BAG 6.11.2002 – 5 AZR 487/01 – NZA 2003, 400.
1437 HWK/*Thüsing*, § 611 BGB Rn 145.
1438 BAG 28.6.1995 – 7 AZR 1001/94 – NZA 1996, 252.

Verdienstchance – geschuldet sein. Dafür ist eine ausdrückliche oder konkludente Vereinbarung notwendig. Anhaltspunkt dafür kann sein, dass ohne die Trinkgeldvereinbarung ein sehr geringes Festgehalt vereinbart wird.[1439]

9. Wegegeld. Die Zeit des Wegs zur Arbeitsstelle ist keine Arbeitszeit (Rn 508) und daher grds. nicht vom AG zu vergüten. Auch Reisezeiten im Außendienst vom Wohn- zum Einsatzort sind nicht automatisch als Arbeitszeit anzusehen.[1440] Handelt es sich bei Fahrten zu einem vom Betrieb entfernten Arbeitsplatz ausnahmsweise um Arbeitszeit, ist diese vergütungspflichtig. Zur Frage, ob Umkleidezeiten oder Waschzeiten als Arbeitszeit vergütungspflichtig sind vgl. Rn 510 ff. In tariflichen Regelungen kann eine spezielle Vergütungspflicht für Wegezeiten geregelt sein.[1441] Nach instanzgerichtlicher Rspr. kann der AG für AN in Rufbereitschaft Höchstwegezeiten festlegen.[1442] 743

10. Vorschuss. Vereinbaren die Parteien die Zahlung eines Vorschusses oder einer Vorauszahlung, so bringen sie damit zum Ausdruck, dass es sich um eine Zahlung des AG auf noch nicht verdientes Entgelt handelt. Dies muss ausdrücklich zwischen den Parteien feststehen.[1443] Dieser Anspruch wird bei Fälligkeit des Entgeltanspruchs verrechnet. Klagt der AN auf eine Vorauszahlung bzw. auf einen Vorschuss, setzt das voraus, dass der Entgeltanspruch feststeht. Der AN trägt die Darlegungs- und Beweislast für Grund und Höhe des Entgeltanspruchs, auf den der Vorschuss gezahlt werden soll.[1444] Kann er den Anspruch nicht beziffern, hat er gegen den AG Anspruch auf Abrechnung. Nach Fälligkeit des Entgeltanspruchs kann der Anspruch auf die Vorauszahlung nicht mehr geltend gemacht werden, er geht in dem Anspruch auf die endgültige Zahlung auf. 744

11. Provision. Als Provisionen werden Zahlungen bezeichnet, mit denen der AN prozentual an von ihm für den AG vermittelten Geschäften beteiligt wird. Die Provision des Handelsvertreters ist in §§ 87 ff. HGB geregelt. Werden Provisionsvorschüsse gezahlt, so sind diese zurückzuzahlen, wenn entsprechende Geschäfte nicht abgeschlossen worden sind.[1445] 745

12. Zahlungen ohne Entgeltcharakter. a) Arbeitgeberdarlehen. Stellt der AG dem AN unabhängig vom Arbeitsentgelt Kapital gegen Zinszahlung zur Verfügung, handelt es sich um keine Leistung im Gegenseitigkeitsverhältnis zur erbrachten Tätigkeit. Allerdings hat der AG bei der Vergabe solcher Darlehen den arbeitsrechtlichen Gleichbehandlungsgrundsatz aber auch die besonderen Diskriminierungsverbote wie z.B. gegenüber Teilzeitbeschäftigten zu beachten.[1446] Die Regelungen der §§ 491 ff. (Verbraucherdarlehensvertrag) finden keine Anwendung, wenn ein geringerer als der marktübliche Zinssatz vereinbart worden ist (§ 491 Abs. 2 S. 1 Nr. 1). Allerdings unterliegen die Darlehensverträge der **Klauselkontrolle** gem. §§ 310 Abs. 3 Nr. 2, 305 ff. auch bei einmaliger Verwendung des Vertrags. Soll der Zinssatz nach Beendigung des Arbverh an einen feststehenden höheren Wert angepasst werden, so liegt darin keine unangemessene Benachteiligung des AN und auch kein Verstoß gegen das Transparenzgebot.[1447] 746

Da es sich bei dem Darlehen um keinen arbeitsvertraglichen Lohn handelt, sind **tarifliche Ausschlussfristen** auf den Rückzahlungsanspruch aber auch arbeitsvertragliche Schriftformklauseln auf den Darlehensvertrag nicht anwendbar.[1448] Ebenso werden von Ausschlussfristen Zinsforderungen nicht erfasst.[1449] Die Einordnung als eine neben dem Arbeitsvertrag bestehende Verbindlichkeit wirkt sich auch bei der Frage des **Betriebsübergangs** gem. § 613a aus. Ansprüche gegen den AG aus dem Darlehensvertrag gehen nicht auf den Erwerber gem. § 613a über, da es sich um keine Ansprüche aus dem Arbverh handelt.[1450] Anders ist zu entscheiden, wenn das Darlehen eng mit dem Arbverh verbunden ist. Das kann der Fall sein, wenn es sich um eine betriebliche Sozialleistung handelt oder der Darlehensvertrag unter der Bedingung des bestehenden Arbverh abgeschlossen wird.[1451] 747

b) Ausbildungs- und Schulungskosten. Der AG kann sich gegenüber dem AN verpflichtet haben, Ausbildungs- und Schulungskosten zu übernehmen. Eine solche Abrede erfüllt zwei Zwecke. Zum einen bindet sie den AN an das bestehende Arbverh. Zum anderen sichert der AG auf diese Weise einen bestimmten Qualitätsstandard. Problematisch sind derartige Vereinbarungen, wenn sich der AG für den Fall der Beendigung des Arbeitsvertrags die Rückzahlung des oft hohen Betrags vorbehält. Das BAG[1452] unterzog derartige Regelungen vor der Schuldrechts- 748

1439 BAG 28.6.1995 – 7 AZR 1001/94 – AP § 37 BetrVG 1972 Nr. 112.
1440 LAG München 27.7.2005 – 10 Sa 199/05 – juris.
1441 LAG Hamm 3.3.2005 – 16 Sa 1371/04 – juris für AN des Nahverkehrs NRW.
1442 ArbG Marburg 4.11.2003 – 2 Ca 212/03 – AuR 2004, 316.
1443 Küttner/Griese, Vorschuss Rn 3.
1444 LAG Hamburg 9.2.2005 – 5 Sa 86/04 – NZA-RR 2005, 496.
1445 LAG Rheinland Pfalz 12.12.2006 – 11 Sa 686/06 – juris.
1446 BAG 27.7.1994 – 10 AZR 538/93 – NJW 1995, 1048.
1447 BAG 23.2.1999 – 9 AZR 737/97 – NZA 1999, 1212.
1448 LAG Köln 27.4.2001 – 11 Sa 1315/00 – NZA-RR 2002, 369.
1449 BAG 23.2.1999 – 9 AZR 737/97 – NZA 1999, 1212.
1450 LAG Köln 27.4.2001 – 11 Sa 1315/00 – NZA-RR 2002, 369.
1451 LAG Köln 18.5.2000 – 10 Sa 50/00 – NZA-RR 2001, 174.
1452 BAG 6.5.1998 und 6.9.1995 – 5 AZR 535/97 und 5 AZR 241/94 – AP § 611 BGB Ausbildungsbeihilfe Nr. 28 und 23.

reform einer Inhaltskontrolle. Dabei geht es weit über den Anwendungsbereich gesetzlicher Verbote[1453] – z.B. § 5 Abs. 2 Nr. 1 BBiGG – hinaus. Folgende „Richtlinien" wurden entwickelt:[1454]
– grds. Höchstbindungsdauer von fünf Jahren[1455]
– Rückzahlung bei kürzerer Bindung nur dann, wenn der AN mit der Ausbildung einen Vorteil erhält, der eine adäquate Gegenleistung für die Rückzahlungsverpflichtung ist,[1456]

749 I.Ü. können folgende Entscheidungen als Argumentationshilfe für den Einzelfall dienen: Der AG hat die Darlegungslast zu zeigen, dass die Aus- oder Fortbildungsmaßnahme mit überwiegender Wahrscheinlichkeit zu einem inner- oder außerbetrieblichen Vorteil des AN führt.[1457] Die Dauer der Ausbildungsmaßnahme soll nach dieser Rspr. ein „starkes Indiz für die Qualität der erworbenen Qualifikation" sein.[1458] Im Regelfall sollte danach eine Ausbildungsdauer von ein bis zwei Monaten zu einer einjährigen Bindung führen. Eine sechs Monate bis zu einem Jahr dauernde Ausbildung sollte zu keiner längeren Bindung als zu drei Jahren führen können. Erst eine mehr als zweijährige Ausbildungsdauer sollte eine vertragliche Bindung von fünf Jahren rechtfertigen.[1459] Schied der AN aufgrund eines von ihm nicht beeinflussbaren Künd-Grunds aus, sollte die Rückzahlungspflicht entfallen.[1460]

750 Der bisherige Ansatzpunkt der Rspr. ist mehr als zweifelhaft. Voraussetzung der Inhaltskontrolle des Vertrags ist eine strukturelle Unterlegenheit des AN. Die Rückzahlungsverpflichtung beruht jedoch nicht auf der schwachen Verhandlungsposition des AN. Sie ist vielmehr Ausdruck des berechtigten Interesses des AG, seine Investition abzusichern und ist ökonomisch betrachtet daher nur die Verrechtlichung einer kooperationsfördernden impliziten Vereinbarung.[1461] Entscheidend sollte daher nur sein, ob die Rückzahlungsklausel unangemessen von dem bestehenden Amortisationsinteresse des AG abweicht.

751 Nach der Schuldrechtsreform ist Ansatzpunkt der Inhaltskontrolle § 307. Bei der Beurteilung der unangemessenen Benachteiligung werden die bislang in der Rspr. entwickelten Maßstäbe anzulegen sein.[1462] Eine Rückzahlungsvereinbarung ist dann unwirksam, wenn sie die Interessen des Vertragspartners des Verwenders nicht hinreichend berücksichtigt.[1463] So verstößt eine Klausel gegen § 307 Abs. 1 S. 2 BGB, wenn konkrete Angaben über die Höhe der Zahlungsverpflichtungen fehlen.[1464] Eine geltungserhaltende Reduktion ist nach § 306 jedoch nicht mehr zulässig. Nach Auffassung des BAG verstößt eine Rückzahlungsverpflichtung dann gegen § 307 Abs. 1 S. 1 BGB, wenn nicht differenziert wird, ob das Arbverh aus vom AN zu vertretenden Gründen beendet wird.[1465] In diesen Fällen entfällt die Rückzahlungspflicht. Die richterliche Vertragskontrolle greift gem. § 310 Abs. 4 S. 1 dagegen nicht für tariflich festgelegte Rückzahlungsverpflichtungen ein. Dies gilt jedoch nur dann, wenn der TV insgesamt vereinbart worden ist. Die isolierte Verweisung auf die Rückzahlungsverpflichtung unterliegt inhaltlich dagegen der Klauselkontrolle.[1466] Das BAG verweist den AG dagegen darauf, andere Vertragsgestaltungen zu wählen, wie die Vereinbarung eines Lebenszeitverhältnisses oder bei fehlender Tarifbindung die Vereinbarung eines entsprechend untertariflichen, niedrigeren Lohns.[1467] Auf die Bedenklichkeit dieses Vorschlags wie auf seine Unpraktikabilität bei hoher Nachfrage nach qualifizierten Arbeitskräften ist schon hingewiesen worden.[1468]

752 Eine inhaltliche Kontrolle der Rückzahlungsverpflichtung kann daher nur darauf ausgerichtet sein, eine unzumutbare Knebelung des AN zu verhindern. Nicht die Nachkonstruktion einer vertraglichen Äquivalenz, sondern die Beseitigung einer Äquivalenzstörung nach dem Maßstab des § 138 kann das Ziel der judiziellen Überprüfung sein.

753 Fehlt eine Rückzahlungsvereinbarung und bricht der AN die laufende vom AG vorfinanzierte Ausbildung ab, soll im Wege der ergänzenden Vertragsauslegung ein Kostenerstattungsanspruch zu entwickeln sein.[1469] Dabei müssen aber objektive Anhaltspunkte vorliegen, dass die Parteien eine derartige Regelung gewollt haben. Das kann z.B. der Fall sein, wenn vereinbart wurde, dass sich Kosten „über drei Jahre amortisieren" sollen.[1470] Berücksichtigt man das Interesse des AN, ist die grds. Annahme einer Rückzahlungsverpflichtung jedoch schwierig. Da die Maßnahme abgebrochen worden ist, wird er im Regelfall keine geldwerte Weiterqualifizierung erhalten haben. Daher kann die Zumutbarkeit einer solchen Rückzahlung zweifelhaft sein, wenn der Abbruch vom AN nicht zu vertreten ist.[1471] Ist er

---

1453 Hanau/Stoffels, S. 11 ff.
1454 Hanau/Stoffels, S. 34 ff.
1455 BAG 12.12.1975 – 5 AZR 1056/77 – AP § 611 BGB Ausbildungsbeihilfe Nr. 4.
1456 BAG 6.9.1995 – 5 AZR 241/94 – AP § 611 BGB Ausbildungsbeihilfe Nr. 23.
1457 BAG 16.3.1994 – 5 AZR 339/92 – AP § 611 BGB Ausbildungsbeihilfe Nr. 18.
1458 BAG 6.9.1995 – 5 AZR 241/94 – AP § 611 BGB Ausbildungsbeihilfe Nr. 23.
1459 BAG 6.9.1995 – 5 AZR 241/94 – AP § 611 BGB Ausbildungsbeihilfe Nr. 23.
1460 BAG 6.5.1998 – 5 AZR 535/97 – NZA 1999, 79; Zeranski, NJW 2000, 336.
1461 Brors, S. 232 ff.
1462 BAG 19.2.2004 – 6 AZR 552/02 – AP § 611 BGB Ausbildungsbeihilfe Nr. 33; ErfK/Preis, § 611 BGB Rn 437; LAG München 20.6.2007 – 7 Sa 1188/06 – juris; LAG Sachsen-Anhalt 6.9.2007 – 10 Sa 142/07 – juris.
1463 Düwell/Ebeling, DB 2008, 406.
1464 LAG Schleswig Holstein 23.5.2007 – 3 Sa 28/07 – DB 2007, 2777.
1465 BAG 23.1.2007 – 9 AZR 482/06 – NZA 2007, 748.
1466 BAG 25.4.2007 – 10 AZR 634/06 – NZA 2007, 875.
1467 BAG 16.3.1994 – 5 AZR 339/92 – AP § 611 BGB Ausbildungsbeihilfe Nr. 18.
1468 Rieble, S. 298 Rn 997.
1469 Hoß, MDR 2000, 1115, 1119.
1470 BAG 14.12.1983 – 5 AZR 174/82 – juris.
1471 BAG 14.12.1983 – 5 AZR 174/82 – juris.

hingegen zu vertreten, besteht ein berechtigtes Interesse des AG daran, das investierte Geld zurückzuerhalten. Das Gleiche gilt, wenn der AN die Abschlussprüfung verschuldet nicht besteht.

c) Auslöse/Aufwendungen. Von den tariflichen Zuschlägen sind sog. oftmals ebenfalls tariflich geregelte Ansprüche auf **Auslöse** zu trennen. Dabei handelt es sich um pauschalierten Aufwendungsersatz für Kosten, die dem AN in Folge seiner Tätigkeit entstehen (z.B. Kosten für Fahrten, Verpflegung etc.). Als reiner Aufwendungsersatz sind diese Zahlungen keine Gegenleistung für die erbrachte Tätigkeit. Besonders tarifvertraglich geregelt ist als Unterfall die sog. Fernauslöse, mit der Kosten einer Übernachtung, Verpflegung bei Trennung vom Wohnort abgegolten werden sollen. Wie bei der normalen Auslöse handelt es sich um Pauschalierungen, die sich nicht direkt aus dem konkret darzulegenden Aufwendungsersatz gem. § 670 ergeben. 754

Verlangt der AN **Aufwendungsersatz**[1472] gem. § 670 sind verschiedene arbeitsrechtliche Besonderheiten zu beachten: 755

Der entstandene Aufwand darf nicht schon durch die Zahlung des Arbeitsentgelts mit abgegolten sein. 756
– Die Aufwendung muss betrieblich veranlasst sein, d.h. in Bezug zur Tätigkeit stehen.
– Der AG hat die Aufwendungen angewiesen oder gebilligt oder es handelt sich um solche, die der AN nach verständigem Ermessen für notwendig halten konnte.
– Die Aufwendungen sind nicht durch sonstige Zusatzleistungen mit abgegolten.

Vgl. im Einzelnen zum Aufwendungsersatzanspruch des AN Rn 954 ff. Zu Schadensersatzansprüchen des AN vgl. Rn 848 ff. 757

Vorstellungskosten, d.h. die dem AN bei der Anfahrt zum Vorstellungsgespräch entstandenen Kosten hat der AG gem. § 670 zu ersetzen, wenn sie mit Wissen und Billigung des AG aufgewendet worden sind.[1473] Dies ist anzunehmen, wenn der AG den AN aufgefordert hat, sich bei ihm vorzustellen. Ein Erstattungsanspruch scheidet bei unaufgeforderter Vorstellung aus. Ebenso bei einer aufgrund der AA veranlassten, da es dort i.d.R. an einem Verpflichtungswillen des AG im Rahmen des § 670 fehlt. Ein Auftragsverhältnis kann dann nur zustande kommen, wenn zwischen AA und AG Einverständnis besteht, also der AG bei der AA um eine Stelle und das Vorstellungsgespräch nachgefragt hat. Z.T. übernimmt die AA diese Kosten gem. § 45 SGB III. Bei der Frage, ob ein Auftragsverhältnis zur Vorstellung nach § 670 zustande gekommen ist, muss der Parteiwille ausgelegt werden. Erklärt der AG daher ausdrücklich, dass er keine Kosten übernimmt und stellt sich der AN daraufhin vor, so muss der AG die Vorstellungskosten auch nicht übernehmen. Der Umfang beschränkt sich auf die Kosten, die der AN subjektiv für erforderlich halten durfte. Das sind z.B.: 758
– Fahrtkosten Bahn 2. Klasse; aber auch bei hoch dotierten Stellen 1. Klasse
– Pkw nur in Ausnahmefällen (Erreichbarkeit)
– Flugkosten bei Absprache
– Übernachtungskosten (steuerlich berücksichtigungsfähige Sätze)
– Verpflegungskosten (steuerlich berücksichtigungsfähige Sätze).

d) Umzugskosten. Ebenfalls nicht im Synallagma stehen mögliche Ansprüche des AN auf den Ersatz entstandener Umzugskosten. Da der AG i.d.R. keinen Einfluss auf die Wahl des Wohnorts des AN hat, hat der AN keinen Anspruch auf Ersatz entstandener Umzugkosten. Etwas anderes kann sich freilich aus Vereinbarungen (vgl. z.B. § 44 BAT bzw. § 44 TVöD) ergeben. 759

Ein Anspruch auf Kostenersatz resultiert auch aus der betrieblich bedingten Versetzung des AN, wenn Fahrten zum neuen Arbeitsplatz nicht mehr zumutbar sind. Bei der Bemessung der Höhe ist auf die üblicherweise entstehenden Kosten abzustellen wobei auch das im öffentlichen Dienst anwendbare BUKG herangezogen werden kann.[1474] 760

Verbindet der AG die Kostenübernahme ausdrücklich mit einer Rückzahlungsverpflichtung ist nach der Rspr. eine dreijährige Bindung zulässig.[1475] Der AN darf aber durch eine derartige Rückzahlungsverpflichtung nicht unter Verletzung des in Art. 12 Abs. 1 S. 1 GG garantierten Rechts an seinen Arbeitsplatz gebunden werden. Vor diesem Hintergrund sind Rückzahlungsverpflichtungen im Einzelnen zu prüfen. Ein Verstoß gegen Art. 12 Abs. 1 S. 1 GG führt gem. § 134 zur Unwirksamkeit der Rückzahlungsverpflichtung. Dies ist z.B. angenommen worden, wenn der AN einen Zeitraum von zwei Jahren gebunden werden sollte und diese Frist bis auf zwei Wochen abgelaufen war. Das Gericht sah in einer vollständigen nicht ratierten Rückzahlungsverpflichtung einen Verstoß gegen die verfassungsrechtlich garantierte Berufsfreiheit.[1476] Nehmen die Vertragsparteien individualvertraglichen Bezug auf § 44 BAT soll der AG nach instanzgerichtlicher Rspr. keine Hinweispflicht auf die dort geregelte Rückzahlungs- 761

1472 *Reichold*, NZA 1994, 488.
1473 BAG 29.6.1988 – 5 AZR 433/87 – EzA § 670 BGB Nr. 21; kritisch *Sieber*, NZA 2003, 1312.
1474 ErfK/*Preis*, § 611 BGB Rn 430.
1475 BAG 22.8.1990 – 5 AZR 556/89 – juris.
1476 ArbG Karlsruhe 9.9.2003 – 2 Ca 178/03 – AuR 2004, 433.

pflicht haben.[1477] Zur Frage, ob im Wege einer ergänzenden Vertragsauslegung eine Rückzahlungspflicht entwickelt werden kann, vgl. Rn 753.

V. Vergütungsrückzahlung

762 Die rechtsgrundlose Überzahlung von Lohn kann nach §§ 812 ff. vom AN zurückverlangt werden. Die irrtümliche Überzahlung ist eine Leistung des AG, so dass sich die Kondiktion nach § 812 Abs. 1 S. 1 Var. 1 richtet. Voraussetzung ist aber, dass für die Zahlung kein rechtlicher Grund besteht. Ist der AN also irrtümlich zu hoch eingruppiert, muss erst der Vertrag z.B. durch Änderungs-Künd geändert werden. Bis zur Wirksamkeit der Künd besteht eine vertragliche Grundlage für die Zahlung. Problematisch kann es sein, wenn sich der AN auf den Wegfall der Bereicherung der bei ihm noch vorhandenen Bereicherung gem. § 818 Abs. 3 berufen will. Entscheidend kommt es hier auf die Darlegung an. Die Grundsätze sind klar: Die Berufung auf den Wegfall der Bereicherung sind bei Bösgläubigkeit des AN gem. § 818 Abs. 4 bzw. bei § 819 ausgeschlossen. Bösgläubigkeit ist anzunehmen, wenn die Klage auf Rückzahlung rechtshängig gem. §§ 261, 253 Abs. 1 ZPO ist oder der AN den Mangel des rechtlichen Grundes kennt (§ 819 Abs. 1) oder ihm wie dem AG ein Verstoß gegen die guten Sitten oder ein gesetzliches Verbot vorzuwerfen ist. Für die Kenntnis vom Mangel des rechtlichen Grundes reicht nicht die bloße Tatsachenkenntnis aus.[1478] Vielmehr muss der AN wissen, dass keine rechtliche Leistungsverpflichtung besteht. Die Bereicherung ist nur dann entfallen, wenn der AN die Zahlung ersatzlos ausgegeben hat. Das ist nur dann der Fall, wenn er anderweitige Aufwendungen aus seinem Vermögen bei der Anschaffung nicht erspart hat. Da es sich bei dem Wegfall der Bereicherung um einen für den AN günstigen Umstand handelt, muss er diese Umstände darlegen und beweisen.

763 Allerdings hat die Rspr. einen Anscheinsbeweis zugunsten des AN entwickelt: Eine geringe Überbezahlung (10 %) soll grds. zu einem Wegfall der Bereicherung führen, ohne dass dieser vom AN im Einzelnen darzulegen ist.[1479] Hintergrund sind RL im öffentlichen Dienst, nach denen bei einer 10 % Überzahlung auf eine Rückforderung zu verzichten ist. Mit den Grundsätzen zum Wegfall der Bereicherung hat das freilich nichts zu tun. Gerade die geringen Ausgaben beziehen sich auf laufende Kosten, d.h. der AN spart Aufwendungen aus seinem eigenen Vermögen in dieser Situation gerade ein. Grds. wird daher gelten, dass bei einer hohen, bereits ausgegebenen Überzahlung vermutet werden kann, dass die Mittel nicht deckungsgleich mit den üblichen Ausgaben sind. Letztlich ist jedoch der Einzelfall entscheidend. Bei Besserverdienenden greift die Regel nicht ohne weiteres, da auch größere Beträge neben den allgemeinen Kosten ausgegeben werden können.[1480]

764 Problematisch ist, wie Klauseln zu verstehen sind, nach denen der AN überzahlte Beträge zurückzuzahlen hat. Z.T. verzichtet der AN damit auf den Einwand des Wegfalls der Bereicherung, so bei der Formulierung, dass überzahlte Beträge zurückzuzahlen sind. Bezieht sich der Ausschluss nur auf infolge von Falschinformationen überzahlte Beträge, wird nicht generell auf die Entreicherung verzichtet. Unklarheiten gehen gem. § 305c Abs. 2 zu Lasten des AG als Verwender.

765 Kann sich der AN nicht auf eine Entreicherung berufen, ist zu überlegen, ob ihm der AG **schadensersatzpflichtig** gem. §§ 280 Abs. 1, 241 Abs. 2 ist. Das Problem wird dabei häufig im Schaden des AN liegen. Ergibt sich aber ein Schadensersatzanspruch kann der AN gegen den Rückforderungsanspruch aufrechnen. Beruht die Überzahlung auf einer Falschinformation des AN (z.B. falsche Sozialdaten) kann der AG gegen ihn einen Schadensersatzanspruch haben.

766 Der Rückzahlungsanspruch ist gem. § 271 mit seinem Entstehen, d.h. der rechtsgrundlosen Zahlung, sofort **fällig**. Die Kenntnis von der Überzahlung ist nicht erforderlich[1481] (zu tariflichen Ausschlussfristen vgl. Rn 767).

VI. Ausschlussfristen

767 Lohnansprüche können tariflichen **Ausschlussfristen** unterliegen. Weist der AG entgegen § 2 Abs. 1 S. 2 Nr. 10 NachwG nicht auf die Geltung des TV hin und versäumt es der AN deshalb den Lohnanspruch innerhalb der Ausschlussfrist geltend zu machen, so ist der Anspruch verfallen. Es ist dem AG nicht nach § 242 verwehrt, sich auf die Ausschlussfrist zu berufen. Der AN hat gegen ihn aber einen Schadensersatzanspruch in der Höhe seines Lohns, der aus dieser Pflichtverletzung resultiert.[1482] Im Prozess wird die Ausschlussfrist mit Zustellung des Schriftsatzes nicht mit Einreichung bei Gericht gewahrt.[1483]

Ebenso können auch **individualvertraglich** Ausschlussfristen vereinbart werden. Dabei ist aber zu beachten, dass solche Regelungen der Klauselkontrolle gem. §§ 305 ff. unterliegen. Eine Ausschlussfrist, die für jegliche Ansprüche aus dem Arbverh eine schriftliche Geltendmachung innerhalb von drei Monaten verlangt, benachteiligt den AN unangemessen (§ 307 Abs. 1 S. 1) und ist unwirksam.[1484] Sie fällt gem. § 306 Abs. 2 ersatzlos fort.

1477 LAG Hamm 2.6.2003 – 17 Sa 40/03 – NZA-RR 2003, 672.
1478 LAG Hamm 18.10.2007 – 17 Sa 975/07 – juris; AnwK-BGB/*Linke*, § 819 Rn 2.
1479 BAG 23.5.2001 – 5 AZR 374/99 – AP § 812 BGB Nr. 25.
1480 BAG 12.1.1994 – 5 AZR 597/02 – AP § 818 BGB Nr. 3.
1481 HWK/*Thüsing*, § 611 BGB Rn 166.
1482 BAG 17.4.2002 – 4 AZR 167/96 – NZA 2002, 1096; LAG Berlin 26.11.2002 – 3 Sa 1530/02 – BB 2003, 1569.
1483 OLG Brandenburg 27.11.2007 – 6 U 32/07 – juris.
1484 BAG 28.9.2005 – 5 AZR 52/05 – NZA 2006, 149.

Hat der AG wegen irrtümlicher **Überzahlung** einen Rückzahlungsanspruch gegen den AN, ist dieser im Zeitpunkt der rechtsgrundlosen Zahlung fällig mit der Folge, dass etwaige Ausschlussfristen laufen. Hätte der AN die Überzahlung aber problemlos erkennen und dem AG anzeigen können, so ist seine Berufung auf die Ausschlussfrist gem. § 242 ausgeschlossen.[1485] Dieser Einwand der unzulässigen Rechtsausübung liegt vor, wenn der Gläubiger durch Maßnahmen des Schuldners davon abgehalten wird, den Anspruch rechtzeitig im Rahmen der Ausschlussfrist geltend zu machen. Dies kann der Fall sein, bei

– Zurückhalten von Informationen (Verletzung von Anzeigepflichten, Verzögerung von Abrechnungen)[1486]
– vertrauensbildenden Maßnahmen hinsichtlich des Verzichts auf die Frist.[1487]

VII. Entgeltsicherung

1. Überblick. Der Anspruch des AN auf Lohn als seine wesentliche wirtschaftliche Existenzgrundlage ist gesetzlich in besonderer Weise geschützt. Dabei sind verschiedene Rechtsbereiche zu unterscheiden:
– Pfändungsschutz gem. §§ 850 ff. ZPO (Rn 794 ff.)
– Insolvenzschutz
– Aufrechnungsverbote (vgl. Rn 773)
– Einschränkungen der Zurückbehaltungsrechte des AG
– Abtretungsverbote (vgl. Rn 770)

2. Im Einzelnen. a) Aufrechnungsverbote. Die Frage nach Lohnschutz in Zusammenhang mit einer Aufrechnung des AG kann sich stellen, wenn dem AG eine eigene Geldforderung gegen den AN zusteht (z.B. Schadensersatz) und beide Forderungen verrechnet werden sollen. Die Aufrechnung des AG bezieht sich dabei auf die **Nettolohnforderung** des AN, da der AG gegenüber den Sozialversicherungsträgern und nicht gegenüber dem AN hinsichtlich der abzuführenden Beträge Schuldner ist.[1488] Sie kann unter bestimmten Voraussetzungen auch noch in der Berufungsinstanz erklärt werden.[1489] Bevor auf arbeitsrechtliche Besonderheiten in Form von Aufrechnungsverboten einzugehen ist, müssen die regulären Voraussetzungen der §§ 387 ff. gegeben sein. Das sind:

– **Aufrechnungslage, d.h.,**
 – es muss eine Aufrechungslage gegeben sein (jeder ist zugleich Gläubiger und Schuldner des Anderen bei gleichartigen Forderungen = Gattungs-, Geldschulden)
 – beide Forderungen müssen bestehen (**problematisch bei Schadensersatzansprüchen** des AG, da Grundsätze des innerbetrieblichen Schadensausgleichs greifen, vgl. Rn 875 ff.; greift eine **tarifliche Ausschlussfrist** besteht die Forderung nicht; § 215 gilt nicht[1490])
 – Gegenforderung (eigene Forderung des Aufrechnenden = AG) ist erzwingbar, einredefrei und fällig
 – Hauptforderung (Forderung des Aufrechnungsgegners = AN) ist erfüllbar, vgl. § 271 Abs. 2
– **Aufrechnungserklärung des AG gem. § 388 S. 1** (empfangsbedürftige und bedingungsfeindliche Willenserklärung, vgl. § 388 S. 2)
– **Wirkung der Aufrechnung, § 389**
 – Erlöschen ab Zeitpunkt Aufrechnungslage, **nicht** Zeitpunkt der Erklärung
 – Bei mehreren Forderungen, Tilgungsbestimmung oder § 366 Abs. 2
– **Kein Ausschluss der Aufrechnung**

Die arbeitsrechtlichen Besonderheiten bestehen bei dem letzten Prüfungspunkt: dem von Amts wegen zu berücksichtigenden **Ausschluss** der Aufrechnung. Maßgeblich sind hier § 394, §§ 850 ff. ZPO. Es ist daher zunächst festzustellen, ob es sich bei der Hauptforderung, die zum Erlöschen gebracht werden soll, um eine pfändbare Forderung innerhalb der Pfändungsgrenzen der §§ 850 ff. ZPO handelt. Der unpfändbare Teil muss – auch bei einer Aufrechnung – dem AN tatsächlich verbleiben und ist daher vom AG auszuzahlen. Dies gilt auch, wenn es sich um Rückzahlungsansprüche bei überzahltem Lohn handelt.[1491]

Eingeschränkt wird der Ausschluss der Aufrechnung gem. § 242, wenn die Berufung auf § 394 **rechtsmissbräuchlich** ist. Das ist der Fall bei einem deliktsrechtlichen Anspruch des AG gegen den AN.[1492] So z.B., wenn der AN wissentlich unberechtigt Privattelefonate auf Kosten eines Kunden geführt hat, für die der AG aufkommen muss.[1493] In dieser Situation soll der deliktsschuldige AN nicht privilegiert werden; es greifen nur die engeren Pfändungsgrenzen

---

1485 BAG 1.6.1995 – 6 AZR 912/94 – DB 1995, 2319; LAG Schleswig-Holstein 3.5.2007 – 1 Sa506/06 – juris.
1486 LAG Rheinland-Pfalz 10.10.1995 – 8 Sa 642/95 – NZA-RR 1996, 384.
1487 BAG 18.12.1984 – 3 AZR 383/82 – AP § 4 TVG Ausschlussfristen Nr. 87.
1488 LAG Schleswig-Holstein 25.11.1999 – 4 Sa 207/99 – juris; ArbG Stade 15.1.2002 – 1 Ca 1347/01 – juris.
1489 LAG Berlin 11.4.2003 – 6 Sa 2262/02 – juris.
1490 ErfK/*Preis*, § 611 BGB Rn 455.
1491 ArbG Düsseldorf 12.3.2002 – 3 Ga 18/02 – AiB 2002, 447 für Ansprüche auf Provisionsrückzahlung.
1492 LAG Hamm 11.3.2005 – 7 Sa 2049/04 – juris.
1493 ArbG Frankfurt 19.2.2002 – 5 Ga 17/02 – AuA 2002, 380.

des § 850d. Ist das Existenzminimum des AN in anderer Weise gesichert, z.B. durch Sozialhilfe, soll der AG ohne Beachtung von Pfändungsgrenzen aufrechnen können.[1494] Ist das Arbverh beendet, greift auch dieser Schutz nicht mehr ein. Ebenso soll es nach instanzgerichtlicher Rspr. rechtmissbräuchlich sein, sich auf § 394 zu berufen, wenn der Rückzahlungsanspruch sofort (einen Monat) nach der Überzahlung im Wege der Aufrechnung geltend gemacht wird.[1495]

777 Neben den gesetzlichen Aufrechnungsverboten (vgl. auch § 107 Abs. 2) kann die Aufrechnung aufgrund von individual- oder kollektivrechtlichen Verträgen ausgeschlossen sein. Bei vertraglichen Vereinbarungen sind §§ 305 ff. zu beachten. Die Regelung des § 394 kann vertraglich nicht abbedungen werden. Eine solche Regelung ist erst nach Fälligkeit der unpfändbaren Forderung – also nicht im Voraus – möglich.

778 **b) Abtretungsverbote.** Der Gedanke des Lohnschutzes wirkt sich bei der Abtretung des Lohnanspruchs gem. § 398 so aus, dass – wie bei der Aufrechnung (vgl. Rn 770) – nur über den pfändungsfreien Betrag verfügt werden kann. Der AN soll den Betrag unterhalb der Pfändungsfreigrenzen tatsächlich erhalten und nicht ein Dritter, dem der Anspruch abgetreten worden ist.[1496] Deshalb ist in § 400 zwingend geregelt, dass eine Abtretung der durch die Pfändungsfreigrenzen geschützten Forderung unwirksam ist.

779 Obwohl es sich um eine nicht abdingbare Vorschrift handelt, kann § 400 nach der Rspr. **einschränkend auszulegen** sein, wenn die Zwecke des AN-Schutzes auf andere Weise sichergestellt sind. Das ist der Fall, wenn der Abtretungsempfänger dem AN einen Geldbetrag in Höhe der abgetretenen Forderung zur Verfügung stellt. In diesem Fall ist das **Existenzminimum** sichergestellt. Der AN steht wirtschaftlich nicht anders da, als wenn der AG und nicht der Abtretungsempfänger ihm den Lohn ausgezahlt hätte.[1497] Damit ist aber nicht jegliche wirtschaftlich messbare Leistung gemeint, die dem AN zugute gekommen ist. Überlässt der Abtretungsempfänger dem AN **Wohnraum**, so führt das nicht zu einer Absenkung bzw. Nichtberücksichtigung der in §§ 850 ff. ZPO festgelegten Grenzen.[1498] Die Miete ist nicht mit Geld gleichzusetzen. Dem AN können daher Geldmittel fehlen, um seinen Lebensunterhalt zu bestreiten. Er wird, soweit er keine anderen Möglichkeiten der Unterhaltssicherung hat, zwangsläufig Sozialhilfe in Anspruch nehmen. Gerade das soll mit dem Abtretungsverbot verhindert werden.

780 § 400 umfasst auch Inkassozessionen, Einziehungsermächtigungen oder Vorausabtretungen. Eine in diesen Grenzen erfolgte Vorausabtretung unterliegt aber noch weiteren Grenzen. Damit der AG bei einer Vorausabtretung absehen kann, welche Forderungen dem Dritten zustehen, muss die Vorausabtretung inhaltlich bestimmt sein. Die künftige Vorausabtretung der pfändbaren Lohnbestandteile reicht dafür aus, da der AG nach den Tabellen zu den Pfändungsfreigrenzen selbst berechnen kann, wie viel dem Dritten zustehen soll.[1499] Neben dem gesetzlichen Verbot können die Parteien durch Vereinbarung **weitere Abtretungsverbote** gem. § 399 regeln. Dies ist auch kollektivrechtlich im Wege einer BV oder eines TV möglich.

VIII. Entgeltverzicht

781 Verzichtet der AN in Übereinstimmung mit dem AG auf Teile seines Gehalts, ist dies ein Erlassvertrag gem. § 397. Gehen bei der **Ausgleichquittung** beide Parteien davon aus, dass noch Forderungen bestehen, die aber erlassen werden sollen, handelt es sich um einen Erlassvertrag. Ansonsten ist die Ausgleichsquittung, in welcher der AN zur Streitbeilegung auf Ansprüche verzichtet, ein deklaratorisches (bei angenommenem Fehlen von Ansprüchen) oder ein konstitutives (bei angenommenen möglichen aber unsicheren Ansprüchen) negatives Schuldanerkenntnis gem. § 397 S. 2. Ein solcher Verzicht ist nur in engen Grenzen möglich, da der AG aufgrund seiner oftmals gegebenen Verhandlungsüberlegenheit[1500] den Preis seiner Gegenleistung selbst festlegen könnte. Auf unabdingbare Ansprüche kann nicht verzichtet werden. Handelt es sich um **tariflichen Lohn** oder dessen Bestandteile (d.h. Tarifregelungen, die gem. § 4 Abs. 1 TVG wirken) ist § 4 Abs. 3 und 4 TVG zu beachten. Nur eine für den AN günstigere Vereinbarung ist wirksam. Ein Verzicht ist nur im Rahmen eines von den TV-Parteien gebilligten Vergleichs zulässig. Ein Verzicht auf Entgelt während des Urlaubs ist gem. § 13 BUrlG und während einer Erkrankung gem. § 12 EFZG unwirksam. Ebenso sind die Pfändungsfreigrenzen unabdingbar. So kann ein Verzicht auf den erworbenen Lohnanspruch bereits wegen eines Verstoßes gegen § 394 BGB unwirksam sein.[1501]

782 Verzichtserklärungen – so besonders in **Ausgleichsquittungen** – müssen eindeutig und klar die Ansprüche bezeichnen, auf die verzichtet werden soll. Im Zweifel wird auf auf einmal entstandene Ansprüche nicht verzichtet.[1502] Auch mit der eindeutigen Unterschrift verzichtet der AN nicht auf weitere, nicht genannte Ansprüche.[1503] Hat sich der AN bei der Unzeichnung des Verzichts geirrt, kommt eine Anfechtung gem. § 119 in Betracht. Dies gilt aber nur bei einem Inhaltsirrtum, wenn der AN meinte, eine einfache Bestätigung ohne weitere rechtliche Folgen zu unterschrei-

---

[1494] ArbG Frankfurt 19.2.2002 – 5 Ga 17/02 – AuA 2002, 380.
[1495] ArbG Stade 15.1.2002 – 1 Ca 1347/01 – juris.
[1496] BAG 21.11.2000 – 9 AZR 692/99 – BB 2001, 580.
[1497] BAG 21.11.2000 – 9 AZR 692/99 – BB 2001, 580.
[1498] BAG 21.11.2000 – 9 AZR 692/99 – BB 2001, 580.
[1499] BAG 24.4.2002 – 10 AZR 42/01 – NZA 2002, 868.
[1500] Zum Begriff der Verhandlungsüberlegenheit vgl. *Brors*, S. 96 ff.
[1501] LAG Mecklenburg-Vorpommern 29.6.2006 – 1 Sa 52/06 – juris.
[1502] BAG 7.11.2007 – 5 AZR 880/06 – NZA 2008, 355.
[1503] BAG 20.8.1980 – 5 AZR 759/78 – DB 1981, 221.

ben. Ein Erklärungsirrtum würde ein Verschreiben, also einen Irrtum in der niedergelegten Erklärung selbst, voraussetzen. Vorformulierte Verzichtserklärungen unterliegen der Klauselkontrolle. Werden die Ansprüche, auf die verzichtet werden soll, nicht konkretisiert, ist eine derartige Vereinbarung wegen Verstoßes gegen das Transparenzgebot unwirksam.[1504] Darüber hinaus kann gegen § 307 Abs. 1 S. 1 BGB verstoßen werden, wenn jegliche kompensatorische Gegenleistung für den Verzicht fehlt.[1505]

IX. Verjährung

Vgl. die Kommentierung zu §§ 194 ff.

783

X. Verwirkung

Ein Recht ist verwirkt, wenn sich ein Schuldner wegen der Untätigkeit seines Gläubigers über einen gewissen Zeitraum (Zeitmoment) hin bei objektiver Beurteilung darauf einrichten darf und eingerichtet hat (Umstandsmoment), dieser werde sein Recht nicht mehr geltend machen, und deswegen die verspätete Geltendmachung gegen Treu und Glauben verstößt. Es handelt sich um eine Fallgruppe des § 242 (rechtsmissbräuchliches Verhalten). Die Verwirkung ist von Amts wegen zu berücksichtigen. Im Gegensatz zum Verjährungsbeginn muss dem Gläubiger das Recht nicht bekannt gewesen sein. Sein objektives Verhalten gegenüber dem Schuldner, aus dem heraus eine Vertragserfüllung nicht mehr zumutbar ist, reicht aus.[1506]

784

Voraussetzung für die Verwirkung ist jedoch die **Fälligkeit** (vgl. Rn 635) der Forderung. Allein der Zeitablauf reicht nicht aus, vielmehr muss der Schuldner aufgrund des Verhaltens des Gläubigers davon ausgehen können, dass er nicht mehr zahlen muss. Feste, abstrakte Grenzen für das Zeitmoment gibt es nicht. Zeit und Umstandsmoment stehen in einer Wechselwirkung, so dass der Einzelfall gesehen werden muss.[1507]

785

In einem **laufenden Arbverh** wird man keine Verwirkung von Lohnansprüchen annehmen können.[1508] Dies ist erst der Fall nach Beendigung, wenn der AG darauf vertrauen kann, dass der Arbeitsvertrag endgültig abgeschlossen ist und er mit keinen Lohnforderungen mehr konfrontiert wird. Grds. kann ein Lohnanspruch vor Ablauf seiner Verjährung verwirkt sein. Je kürzer die Verjährungsfrist, desto seltener kann eine Verwirkung angenommen werden.[1509] Mit der dreijährigen Verjährungsfrist von Lohnansprüchen gem. § 195 wird es daher kaum noch Fälle geben, in denen ein Lohnanspruch vor Ablauf der Verjährung verwirkt ist. Voraussetzung ist ein eindeutiges Verhalten des AN, da grds. für das Zeitmoment eine Frist von einem halben Jahr genügen kann.[1510] Eine 1 ½ Jahre nach einem gerichtlichen Vergleich über eine Schlussrechnung erhobene Statusklage ist wegen Verwirkung des Anspruchs aus einem möglichen Arbeitsvertrag unbegründet.[1511] Der Zeitablauf von zehn Monaten reicht nicht aus, wenn für den AN keine Anhaltspunkte vorliegen, warum er den Lohnanspruch (gegen einen Betriebserwerber) zeitnah geltend machen muss.[1512] Zeigt der AN aber deutlich gegenüber dem AG, dass er selbst nicht von dem Bestehen eines Anspruchs ausgeht, kann auch das Verstreichen von über sechs Wochen ausreichen.[1513]

786

Auch bei der Frage der Verwirkung sind die gesetzlichen Grenzen zum Schutz des AN zu beachten. Ist ein Lohnanspruch nach **§ 4 TVG** unverzichtbar, kann er auch nicht verwirkt werden. Anders ist dagegen für übertarifliche Leistungen zu entscheiden.

787

XI. Verbindung zu anderen Rechtsgebieten

1. Gerichtliche Geltendmachung des Bruttolohns.

Ist zwischen den Parteien keine Nettolohnabrede vereinbart (vgl. dazu Rn 644), ist der Bruttolohn in Form der Leistungsklage einzuklagen. Von diesem berechnet sich auch der Zinssatz. Zinsen sind ab dem Verzugszeitpunkt – der genau zu bezeichnen ist – geschuldet. Die Zinshöhe richtet sich nach § 288 Abs. 1 (vgl. die dortige Kommentierung). Es ist sinnvoll, die Höhe des Zinssatzes konkret anzugeben, d.h. gem. § 288 Abs. 1 S. 1 über dem Basiszinssatz gem. § 247[1514] 5 Prozentpunkte konkret zu berechnen. Erbrachte Teilzahlungen sind zu beziffern und von der Bruttosumme abzuziehen. Handelt es sich noch um DM-Beträge muss in EUR umgerechnet werden, damit der Titel vollstreckt werden kann. Die Zeiträume, für welche die Vergütung verlangt wird, müssen genau bezeichnet werden. Wird Urlaubsentgelt oder Entgeltfortzahlung im Krankheitsfall verlangt, muss genau angegeben werden, auf welche Tage sich diese Ansprüche beziehen.

788

1504 LAG Berlin Brandenburg 5.6.2007 – 12 Sa 524/07 – juris.
1505 LAG Baden Württemberg 19.7.2006 – 2 Sa 123/05 – AuA 2006, 614; LAG Düsseldorf 13.4.2005 – 12 Sa 154/05 – DB 2005, 1463.
1506 BAG 13.11.1991 – 7 AZR 594/90 – juris; AnwK-BGB/ Krebs, § 242 Rn 108.
1507 BAG 9.8.1994 – 9 AZR 335/94 – BB 1994, 2210.
1508 Kossens, in: AR-Blattei SD, Verwirkung Rn 47.
1509 BGH 6.12.1988 – XI ZR 19/88 – NJW-RR 1989, 818.
1510 ErfK/Preis, § 611 BGB Rn 471.
1511 Hessisches LAG 16.6.1999 – 2 Sa 1791/98 – juris.
1512 LAG Berlin 16.4.1999 – 19 Sa 267/99 – juris.
1513 BAG 13.11.1991 – 7 AZR 594/90 – juris.
1514 Der aktuelle Basiszinssatz kann unter www.bundesbank.de abgefragt werden.

789 **Beispiel** (bei geleisteten Nettoteilzahlungen):
Der Beklagte wird verurteilt, an den Kläger 3.800 EUR brutto nebst Zinsen in Höhe von ... (oder 5 Prozentpunkten über dem Basiszinssatz) für die Zeit vom ... bis zum ... abzüglich am ... geleisteter 1.000 EUR nebst Zinsen in Höhe von ... für die Zeit vom ... bis zum ... zu zahlen.

790 Für die Berechnung des Zinsanspruchs ist im Antrag von dem Bruttobetrag auszugehen. Würde auf Zinsen aus dem Nettobetrag tituliert, müsste der Gerichtsvollzieher ansonsten die Nettovergütung berechnen. Da er die steuerrechtlichen Informationen nicht hat, ist ein solcher Titel nicht vollstreckbar. Zur Zinshöhe vgl. § 288. Der Zahlungsanspruch auf den Lohn ist grds. zu beziffern. Hat der AG nicht abgerechnet, kann der AN den Lohn aber grds. selbst berechnen, ist eine Stufenklage unzulässig.[1515]

791 Die Klage auf **künftige Vergütung** ist gem. § 259 ZPO möglich, wenn eine gerechtfertigte Besorgnis besteht, dass der AG nicht zahlt. Dieser Voraussetzung ist genügt, wenn der AG den Anspruch grds. bestreitet bzw. auch gutgläubig keine Zahlungspflicht annimmt.[1516] Der AN muss im Einzelnen darlegen, warum eine zukünftige Lohnzahlungspflicht besteht.[1517]

792 **2. Vollstreckung.** Der Anspruch auf Zahlung des Bruttolohnbetrags ist gegenüber dem AG **vollstreckbar**. Hat der AG die Steuern und die Sozialversicherungsbeiträge bereits abgeführt, kann er diese Zahlungen durch Quittungen nachweisen mit der Folge, dass der Gerichtsvollzieher die Vollstreckung für diesen Teil gem. § 775 Nr. 4 ZPO einzustellen hat. Ist noch nichts gezahlt worden, teilt der Gerichtsvollzieher den Behörden die Vollstreckung mit. In diesem Fall ist der AN für die korrekte Zahlung der Beiträge verantwortlich.[1518] Hat der AN den Bruttolohn vollstrecken lassen ohne seine eigenen Sozialversicherungsbeiträge abzuführen, kann der von der Behörde in Anspruch genommene AG nach §§ 670, 426 Erstattung vom AN verlangen.[1519] Insb. greift § 28g S. 2 und 3 SGB IV nicht ein, da es nicht Sinn der Vorschrift ist, dem AN die Anteile bei der Bruttolohnvollstreckung zur eigenen Verfügung zu belassen. Handelt der AN bewusst zum Nachteil seines (im Regelfall wohl ehemaligen) AG, ist weiter an einen Anspruch aus § 826 zu denken.

793 **3. Einstweilige Verfügung.** Will der AN seinen Lohnanspruch im Wege einer einstweiligen Verfügung sichern, muss er gem. § 940 ZPO darlegen, dass ein Verfügungsgrund neben dem materiellen Lohnanspruch gegeben ist. Dafür muss der AN darlegen und glaubhaft machen, dass er auf die Geldzahlung zur Abwendung von Nachteilen dringend angewiesen ist. Ein solcher Verfügungsrund fehlt daher, wenn der AN zumutbar in anderer Weise als durch die Lohnzahlung (selten) für seinen Lebensunterhalt sorgen kann.[1520] Dabei ist auch darauf einzugehen, dass von dritter Seite keine Zahlungen zu erwarten sind. Sind die Voraussetzungen für Verfügungsgrund und -anspruch gegeben, spricht das Gericht dem AN vorläufig nur den Betrag innerhalb der Pfändungsfreigrenzen als unmittelbare Existenzsicherung zu.

794 **4. Pfändung des Lohnanspruchs. a) Wirkung der Pfändung.** Die Pfändung erfasst nur die Lohnansprüche des bestimmten Arbverh. Sie ist grds. nicht auf spätere bei demselben AG abgeschlossene Arbverh zu erstrecken. Die Pfändung bezieht sich nur dann auf die Ansprüche eines neu begründeten Arbverh, wenn trotz der Vereinbarung von mehreren Arbeitsverträgen ein einheitliches Arbverh vorliegt. Dies ist nicht der Fall, wenn der zunächst endgültig entlassene AN zu einem späteren Zeitpunkt wieder neu eingestellt wird. Erforderlich ist vielmehr, dass der Schuldner bereits bei der Beendigung des Arbverh mit der Wiedereinstellung rechnen kann.[1521]

795 **b) Kollision von Abtretung und Pfändung.** Soll die Lohnforderung gepfändet werden, ist Voraussetzung, dass sie dem Schuldner gegen den Drittschuldner zum Zeitpunkt der Pfändung auch zusteht. Ist das nicht der Fall, entfaltet die Pfändung keine Wirkungen. Der Vollstreckungsgläubiger erhält nicht die Befugnis nach **§ 836 Abs. 1 ZPO**, die Forderung nach ihrer Überweisung einzuziehen.[1522] Ist die Forderung daher vor der Pfändung abgetreten worden, steht sie dem Schuldner nicht mehr zu und kann nicht mehr gepfändet werden.

796 Problematisch ist dies bei einer **Vorausabtretung** der zukünftigen **laufenden Lohnforderungen**. Bei einer Pfändung der in fortlaufenden Bezügen bestehenden Forderungen ist die Pfändung trotz vorhergehender **Abtretung** wirksam. Die unterschiedliche rechtliche Bewertung von Pfändungen in einmalige Forderungen gegenüber Pfändungen von fortlaufenden Bezügen rechtfertigt sich aus der Besonderheit fortlaufender künftiger Bezüge. Zum Zeitpunkt der Zustellung des Pfändungs- und Überweisungsbeschlusses ist nur bei bereits fälligen Forderungen feststellbar, ob die Forderung besteht und wer Forderungsinhaber ist.

797 Das ist bei **künftigen fortlaufenden Bezügen** anders. Es steht zum Zeitpunkt der Pfändung nicht fest, ob die künftig fälligen Beträge und in welcher Person sie entstehen. Aus § 832 ZPO ergibt sich, dass das Gesetz für die zum Zeit-

---

[1515] BAG 12.7.2006 – 5 AZR 646/05 – NZA 2006, 1294.
[1516] LAG Düsseldorf 14.12.2004 – 11 Sa 1356/00 – NZA-RR 2001, 406.
[1517] BAG 13.3.2002 – 5 AZR 755/00 – EzA SD 2002, Nr. 19, 14.
[1518] ErfK/*Preis*, § 611 BGB Rn 476.
[1519] LAG Köln 13.6.2001 – 7 Sa 1426/00 – AuA 2001, 526.
[1520] ArbG Düsseldorf 12.3.2002 – 3 Ga 18/02 – AiB 2002, 447.
[1521] BAG 24.3.1993 – 4 AZR 258/92 – NJW 1993, 2701.
[1522] OLG Celle 13.2.1998 – 4 U 107/97 – juris.

punkt der Pfändung noch nicht fälligen Beträge auf die gegenwärtige Existenz der Forderung verzichtet. Es soll vermieden werden, dass der Vollstreckungsgläubiger eine Vielzahl von Pfändungen für die jeweils fällig werdenden Bezüge erwirken muss. Die nach bestimmten Zeiträumen entstehenden Forderungen sollen durch einen einzigen Pfändungs- und Überweisungsbeschluss erfasst werden. Ausreichend ist, dass der Entstehungstatbestand der Forderung bereits gesetzt wurde, selbst wenn die Forderung befristet, bedingt oder von einer Gegenleistung abhängig ist. Es kann keinen Unterschied machen, ob die künftigen Bezüge überhaupt nicht oder wegen der vorrangigen Abtretung nur nicht in der Person des Schuldners entstehen. § 832 ZPO setzt nicht voraus, dass schon zum Zeitpunkt der Zustellung des Pfändungs- und Überweisungsbeschlusses eine fällig gewordene Forderung in der Person des Schuldners entstanden sein muss. Es wäre ansonsten von Zufälligkeiten abhängig, ob die Pfändung insgesamt unwirksam ist und wiederholt werden muss oder unmittelbar für die fortlaufenden Bezüge wirkt. So entfiele die Pfändung insg., wenn der Schuldner im Zustellungsmonat des Pfändungs- und Überweisungsbeschlusses kein Einkommen erzielt hat, obwohl das Bezugsrecht fortbesteht und später wieder einkommensbezogen wird.

c) Zusammenrechnung mehrerer Einkommen zur Ermittlung des pfändungsfreien Betrags. Die Berechnung der Höhe des Pfändungsfreibetrags richtet sich nach § 850e ZPO. Dabei können Einkommen aus verschiedenen Arbverh des AN oder Zahlungen der Rentenversicherungsträger zusammengerechnet werden. Zu beachten ist, dass dies aber das Vollstreckungsgericht kann. Die ArbG als Prozessgerichte für den Streit über abgetretene Arbeitsentgeltforderungen sind nicht befugt, Einkünfte bei anderen AG oder Rentenversicherungsträgern hinzuzurechnen.[1523] Dies gilt auch für die Frage einer analogen Anwendung des § 850e ZPO bei der Ermittlung des Pfändungsfreigrenze im Rahmen des § 400. Die Interessen eines Abtretungsgläubigers an einer möglichst weitreichenden Befriedigung ohne die Inanspruchnahme weiterer Gerichte ist so durchschlagend, dass § 850e ZPO analog vom Prozessgericht anzuwenden wäre. Der Abtretungsgläubiger hat die Möglichkeit, sich einen Titel zu verschaffen, mit dem er unmittelbar in das Vollstreckungsverfahren eintreten kann und so in den Genuss der Ausnahmeregelungen des § 850e ZPO kommen kann. Damit wird das Abtretungsrecht nach §§ 398 ff. nicht ausgehöhlt. Allenfalls liegt es näher, dem Vollstreckungsgericht eine analoge Anordnungskompetenz auch für Abtretungsgläubiger einzuräumen. Hierüber hat allerdings das Vollstreckungsgericht selbst zu entscheiden. Eine Ausnahme lässt die Rspr.[1524] in Einzelfällen nur bei besonderen rechtlichen und tatsächlichen Zusammenhängen der Leistungen zu.

XII. Beraterhinweise

Vereinbaren AG und AN als Sachbezug die Überlassung eines **Dienstwagens**, ist auf folgende Fragen zu achten:[1525]
– Rückforderungsmöglichkeit, Widerruf
– Steuerpflicht
– Austauschbarkeit des Kfz
– Nutzungseinschränkungen
– Haftung

Bei der Frage, ob der AN durch **Aktien** als Vergütungsbestandteile entlohnt werden soll, ist zu beachten, dass die Grenzen solcher Vereinbarungen in der Rspr. bislang nicht ausgelotet sind. Will der AG den AN mit einer solchen Vereinbarung an sein Unternehmen binden und Anreize setzen, empfiehlt sich daher eine sichere Kombinationslösung. Danach sollte bei Unterschreiten eines bestimmten Aktienwerts oder für den Fall des geplatzten Börsengangs ein fester Lohnbestandteil eingebaut werden. Möchte der AG den Leistungsanreiz betonen, könnte in diesen Fällen auch eine Zielvereinbarung oder eine Tantiemenregelung greifen. Diese Regelungen sind zulässig, da sie eine gewisse Steuerungsmöglichkeit des AN voraussetzen und somit nicht unbeeinflussbare Risiken auf den AN überwälzen. Es könnte wie folgt formuliert werden:

„Solange und soweit die Aktien der Gesellschaft ... bis zum Stichtag ... nicht den Wert von ... erreicht haben, ist bis zum ... eine Tantieme in Höhe von ... % berechnet auf der Grundlage des letzten Jahresgehalts zu zahlen."

Sonderzahlungen können mit einem Freiwilligkeitsvorbehalt verbunden werden bzw. nur widerruflich vom AG gewährt werden. Bei der Vertragsgestaltung muss auf die durch die Schuldrechtsreform veränderten „Vorzeichen" der Klauselkontrolle gem. §§ 305 ff. geachtet werden. Vorbehalte müssen so eindeutig formuliert sein, dass der AN weiß, was auf ihn zukommt. Unklare Formulierungen widersprechen dem Transparenzgebot nach § 307 Abs. 1 S. 2 und sind unwirksam. Da die Klausel gem. § 306 Abs. 2 nicht im noch zulässigen Maß aufrechterhalten werden kann, führt unsauberes Formulieren für den AG als Verwender zu Rechtsverlusten. Der Freiwilligkeitsvorbehalt bei nicht leistungsbezogenen Zahlungen ist weiterhin möglich:

„Die Leistung ... (Gratifikation, Prämie, Zuwendung) wird freiwillig gezahlt und begründet keinen Rechtsanspruch."

1523 BAG 24.4.2002 – 10 AZR 42/01 – NZA 2002, 868.
1524 BAG 30.7.1992 – 6 AZR 169/91 – AP § 850e ZPO Nr. 4.
1525 Umfangreiche Formulierungsbeispiele bei *Hümmerich*, Arbeitsrecht, § 2 Rn 120 ff.

804 Bei einem **Widerrufsvorbehalt** ist die Situation inzwischen durch das BAG geklärt (vgl. Rn 657). Nur die folgende, begründete Klauselformulierung hält der Überprüfung nach § 307 Abs. 1 S. 2 stand:

805 „Die Leistung (Gratifikation, Prämie, Zuwendung) in Höhe einer einmaligen Zahlung von ... wird widerruflich gezahlt. Die Zahlung kann widerrufen werden,

wenn die wirtschaftliche Situation des Unternehmens keine weiteren Sonderleistungen mehr erlaubt,

die Leistungen des AN (wenn möglich qualitativ konkretisieren) nicht mehr dem Durchschnittswert der übrigen Beschäftigten entsprechen."

806 Bei der Darlegung und dem Beweis der Leistung von **Überstunden** gilt eine abgestufte Darlegungs- und Beweislast zwischen AN und AG.[1526] Zunächst hat der AN die Voraussetzungen der Überstundenvergütung darzulegen. Je nach der Einlassung des AG muss er seine Ausführungen dann präzisieren, um schlüssig vorzutragen. Legt der AN selbst geführte Stundennachweise vor, so indiziert dies allein noch keine Anordnung der Überstunden durch den AG. Vielmehr handelt es sich nur um Privaturkunden, die kein ausreichender Beweis für die behauptete Überstundenleistung sind.[1527] So ist z.B. für die Darlegung von Überstunden eines Berufskraftfahrers notwendig, dass er den täglichen Arbeitsbeginn und Vorbereitungen (Ladung etc.) sowie fahrtverlängernde Umstände (Stau etc.) im Einzelnen aufführt. Die schlichte Vorlage von Tachoscheiben reicht dazu nicht allein aus, da sich schon nicht ergibt, wer das Kfz gefahren hat bzw. welche Tätigkeiten betriebsnotwendig erledigt worden sind.[1528] Aus den Tachoscheiben selbst kann nur auf Arbeitsbeginn und Ende sowie Pausenzeiten geschlossen werden.[1529] Diese müssen im Schriftsatz aufgelistet werden unter weiterer Angabe zu den Fahrtstrecken bzw. Tätigkeiten, da das Gericht nicht verpflichtet ist, den Sachvertrag aus Anlagen selbst zusammenzustellen (vgl. für die notwendigen Angaben im Einzelnen die Auflistung in der Entscheidung des LAG Schleswig Holstein[1530]).[1531] Der AG ist allerdings verpflichtet, dem AN die Tachoscheiben nicht aber weitere Beweismittel (Lieferscheine etc.) herauszugeben.[1532]

807 Damit der AN die Anordnung des AG nachweisen kann, ist es sinnvoll, sich geleistete Überstunden vom AG bestätigen zu lassen. Hintergrund dafür ist aber ausschließlich das Beweiserfordernis. Fehlen solche schriftlichen Bestätigungen, schreitet der AG aber über eine längere Zeit nicht gegen die Mehrarbeit ein, so kann er sich nicht auf einzelne fehlende Genehmigungen berufen.[1533]

Teil 4: Leistungsstörungen im Arbeitsverhältnis

Literatur: *Bauer/Opolny*, Arbeitsrechtliche Fragen bei Katastrophen, NJW 2002, 3502; *Becker*, Schadensersatz in Geld für Arbeitsleistungen des Geschädigten zum Zwecke der Schadensabwehr, BB 1976, 746; *Berkowsky*, Was ändert die Reform im Arbeitsrecht?, AuA 2002, 11; *Beuthien*, Pauschalierter Schadensersatz beim Vertragsbruch des Arbeitnehmers, BB 1973, 92; *ders.*, Lohnminderung bei Schlechtarbeit oder Arbeitsunlust, ZfA 1972, 73; *Brors*, „Neue" Probleme bei arbeitsrechtlichen Vertragsstrafeklauseln?, DB 2004, 1778; *Canaris*, Die Reform des Rechts der Leistungsstörungen, JZ 2001, 499; *Däubler*, Die Auswirkungen der Schuldrechtsmodernisierung auf das Arbeitsrecht, NZA 2001, 1329; *Gotthardt/Greiner*, Leistungsbefreiung bei Krankheit des Arbeitnehmers nach § 275 Abs. 1 oder 3, DB 2002, 2106; *Greiner*, Störungen des Austausch- und Äquivalenzverhältnisses als Kündigungstatbestand, RdA 2007, 22; *Henssler*, Arbeitsrecht und Schuldrechtsreform, RdA 2002, 129; *Huber/Faust*, Schuldrechtsmodernisierung, 2002; *Joussen*, Arbeitsrecht und Schuldrechtsreform, NZA 2001, 745; *Kraft*, Sanktionen im Arbeitsverhältnis, NZA 1989, 777; *Lieb*, „Wegfall der Arbeitskraft" und „normativer Schadensbegriff", JZ 1971, 358; *Lindemann*, Neuerungen im Arbeitsrecht durch die Schuldrechtsreform, AuR 2002, 81; *Löwisch*, Herausgabe von Ersatzverdienst – Zur Anwendbarkeit von § 285 auf Dienst- und Arbeitsverträge, NJW 2003, 2049; *ders.*, Auswirkungen der Schuldrechtsreform auf das Recht des Arbeitsverhältnisses, in: FS für Wiedemann, 2002, S. 311; *ders.*, Zweifelhafte Folgen des geplanten Leistungsstörungsrechts für das Arbeitsvertragsrecht, NZA 2001, 465; *Mansel*, Die Neuregelung des Verjährungsrechts, NJW 2002, 89; *Reichold*, Anmerkungen zum Arbeitsrecht im neuen BGB, ZTR 2002, 202; *Richardi*, Leistungsstörungen und Haftung im Arbeitsverhältnis, Beil. NZA 16/2003, 16; *ders*, Leistungsstörungen und Haftung im Arbeitsverhältnis nach dem Schuldrechtsmodernisierungsgesetz, NZA 2002, 1004; *Schwab*, Das neue Schuldrecht im Überblick, JuS 2002, 1; *Singer*, Arbeitsvertragsgestaltung nach der Reform des BGB, RdA 2003, 194; *Wank*, Das Recht der Leistungsstörungen im Arbeitsrecht nach der Schuldrechtsreform, in: FS für Schwerdtner, 2003, S. 247; *Zimmer*, Das neue Recht der Leistungsstörungen, NJW 2002, 1

A. Allgemeines

808 Durch das Leistungsstörungsrecht wird geregelt, welche Rechtsfolgen im Falle der **Nicht- oder Schlechtleistung** der Parteien eintreten sollen. Da das Leistungsstörungsrecht Teil des allgemeinen Schuldrechts ist, haben die Änderungen der Schuldrechtsreform auch das Leistungsstörungsrecht des Arbeitsrechts auf eine neue gesetzliche Grundlage

---

1526 BAG 3.11.2004 – 5 AZR 648/03 – NZA 2005, 895.
1527 LAG Hamm 9.6.2005 – 15 Sa 554/05 – juris.
1528 LAG Rheinlang Pfalz 18.1.2006 – 9 Sa 711/05 – juris; LAG Schleswig-Holstein 31.5.2005 – 5 Sa 38/05 – NZA-RR 2005, 458.
1529 LAG Hessen 19.3.2008 – 6 Sa 1256/07 – juris; LAG Niedersachsen 26.11.2007 – 9 Sa 92/07 – juris.
1530 LAG Schleswig Holstein 31.5.2005 – 5 Sa 38/05 – juris.
1531 LAG Rheinlan Pfalz 18.1.2006 – 9 Sa 711/05 – juris.
1532 LAG Hessen 19.3.2008 – 6 Sa 1256/07 – juris.
1533 LAG München 14.4.2005 – 4 Sa 1258/04 – AuA 2005, 560.

gestellt.[1534] Dabei haben sich zwar die gesetzlichen Regelungen, nicht aber die grundsätzlichen Fragestellungen verändert. War nach dem bisherigen Recht der §§ 320 ff. a.F. für die Wahl des zutreffenden Tatbestands (§ 325 a.F. oder § 326 a.F.) entscheidend, ob es sich um einen Fall der Unmöglichkeit oder des Verzugs handelte, wird im neuen Recht danach getrennt, ob der Anspruch auf die Primärleistung (die Arbeitsleistung) bestehen bleibt oder Schadensersatz anstatt dieser verlangt wird. Anknüpfungspunkt ist daher die Art des erlangten Schadensersatzes. Die zentralen **Schadensersatznormen** sind zum einen § 311a Abs. 2 (für ein anfängliches Leistungshindernis) und § 280 Abs. 1 i.V.m. Abs. 2 und 3 (für die übrigen Pflichtverletzungen) zum anderen. Im Rahmen des § 280 Abs. 1 i.V.m. Abs. 2 und 3 ist der Begriff der Pflichtverletzung das entscheidende Merkmal. Als Pflichtverletzung kommen folgende Tatbestände in Betracht:

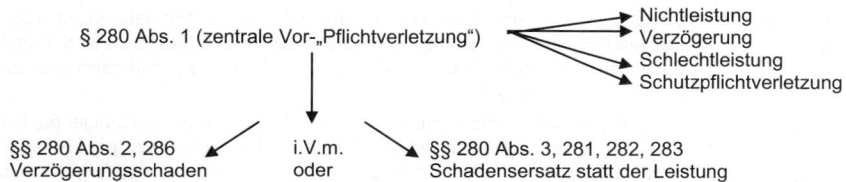

Das **Rücktrittsrecht** des Gläubigers gem. § 323 wird im Arbeitsvertrag durch das Künd-Recht ersetzt, für das besondere Regelungen zu beachten sind, z.B. KSchG. Deshalb wird im Überblick auf die Darstellung des Rücktrittsrechts verzichtet. Zur Orientierung und zum schnellen Auffinden der maßgeblichen Anspruchsgrundlage soll die folgende Tabelle dienen.

Untergang der Primärleistungspflicht	I. Leistungsbefreiung gem. § 275
	Innerhalb § 275 ist zwischen der Einwendung gem. § 275 Abs. 1 und der zu erhebenden Einrede gem. § 275 Abs. 2 und 3 zu trennen. Nach Abs. 2 kommt es auf das grobe Missverhältnis zum Leistungsinteresse des Gläubigers an. Ob die Leistungserbringung für den Schuldner wirtschaftlich unerschwinglich ist, spielt keine Rolle. Im Gegensatz zur Leistungsbefreiung gem. des WGG bedarf es keiner Risikoübernahme durch den Gläubiger. Für das Arbeitsrecht vorrangig ist allerdings die Einrede nach Abs. 3, die z.B. auch das Leistungsverweigerungsrecht aus Gewissensgründen umfasst.
	II. Leistungsbefreiung gem. § 313
	In der Vorschrift sind die Grundsätze des WGG im Gesetz verankert worden, ohne dass der Gesetzgeber eine inhaltliche Änderung intendiert hat.[1535] Geblieben sind die Abgrenzungsprobleme zu den Unmöglichkeitsregelungen (insb. § 275 Abs. 2) und die Frage, wann eine vertragliche Risikoübernahme des Gläubigers vorliegt. In der Vorschrift wird zwischen der objektiven (vgl. Abs. 1) und der subjektiven (vgl. Abs. 2) Geschäftsgrundlage differenziert. Mit § 313 Abs. 2 ist der beiderseitige Motivirrtum nunmehr als Fallgruppe anerkannt. Soll der Vertrag angepasst werden, kann direkt auf die Leistung geklagt werden. Diese Konstruktion entspricht der bisherigen zum Wandlungsanspruch. Die Voraussetzungen für den WGG sind danach:
	Veränderung der tatsächlichen Umstände (Abs. 1) bzw. falsche übereinstimmende Vorstellungen der Parteien (Abs. 2),
	die kein Vertragsinhalt sind,
	und dazu führen, dass die Parteien eine andere Regelung getroffen hätten (Risikoübernahme der an sich bevorzugten Partei)
	und zudem der benachteiligten Partei ein Festhalten am Vertrag unzumutbar werden lassen.
	III. Leistungsbefreiung wegen einer Kündigung gem. § 314
	Die Regelung des § 314 greift nur dann ein, wenn keine speziellen Künd-Vorschriften wie etwa im Miet- oder Arbeitsrecht bestehen.[1536]

1534 *Gotthardt*, Arbeitsrecht nach der Schuldrechtsreform; *Richardi*, NZA 2002, 1004; *Löwisch*, NZA 2001, 465; *Joussen*, NZA 2001, 745; *Däubler*, NZA 2001, 1329.

1535 BT-Drucks 14/6040, S. 175.

1536 *Berkowsky*, AuA 2002, 11.

Anspruch auf die Gegenleistung	Der Anspruch auf die Gegenleistung geht gem. **§ 326 Abs. 1** unter, wenn der Schuldner gem. § 275 von der Leistungspflicht frei wird. Hat der Gläubiger den Umstand zu vertreten, der zur Unmöglichkeit führt, bleibt er zur Gegenleistung gem. **§ 326 Abs. 2** verpflichtet. Allein oder weit überwiegendes Verschulden i.S.v. § 326 Abs. 2 bedeutet, dass ein mögliches Verschulden des Schuldners völlig hinter dem des Gläubigers zurücktritt. Daher ist der Fall der von beiden Parteien zu vertretenden Unmöglichkeit weiterhin ungeregelt. Nach der überwiegenden Ansicht ist ein möglicher Schadensersatzanspruch wie aber auch der Zahlungsanspruch um das jeweilige Mitverschulden zu kürzen.[1537] Insoweit ändert sich gegenüber der bisherigen Rechtslage nichts.
Schadensersatz statt der Leistung	Im Leistungsstörungsrecht gibt es zwei mögliche Anspruchsgrundlagen, nach denen Schadensersatz statt der Leistung verlangt werden kann: **§ 280 Abs. 1 und 3** (in Zusammenhang mit den §§ 281 ff.) und **§ 311a Abs. 2**. Unter den Schadensersatzanspruch statt der Leistung fällt grds.: – der **große Schadensersatz** statt der Leistung. Danach ist dem Gläubiger die Gegenleistung zurückzuerstatten und der Mangelschaden (Minderwert der Leistung, Kosten der Ersatzbeschaffung, entgangener Gewinn) und der Mangelfolgeschaden zu ersetzen, – und der **kleine Schadensersatz** (Ersatz der Mangelfolgeschäden). Beim kleinen Schadensersatz muss der Gläubiger nicht gem. § 281 Abs. 1 S. 2 und 3 darlegen, dass er an der gesamten Leistung kein Interesse hat bzw. es sich um eine erhebliche Pflichtverletzung handelt. Zum zweiten findet die Verweisung in § 281 Abs. 5 auf das Rückgewährschuldverhältnis keine Anwendung, da der Vertrag bestehen bleibt. **I. Voraussetzungen gem. §§ 280 Abs. 1 und 3, 281, 282, 283** Schadensersatz statt der Leistung wird gem. §§ 280 Abs. 3 i.V.m. 281, 282, 283 nur unter den zusätzlich in § 280 Abs. 1 genannten Voraussetzungen gewährt. **1.** Nach **§ 280 Abs. 1** müssen vier Voraussetzungen erfüllt sein: – Schuldverhältnis – Pflichtverletzung – Kausaler Schaden – Schuldner kann Vermutung seines Verschuldens nicht widerlegen. Es gibt vier Arten einer Pflichtverletzung: Die Nichtleistung, die Leistungsverzögerung, die Schlechtleistung (auch infolge einer leistungsbezogenen Nebenpflichtverletzung) und die Verletzung einer nicht leistungsbezogenen Nebenpflicht. **2.** Darüber hinaus müssen **die zusätzlichen Voraussetzungen gem. § 280 Abs. 3** erfüllt sein: Schadensersatz statt der Leistung § 280 Abs. 1 und 3 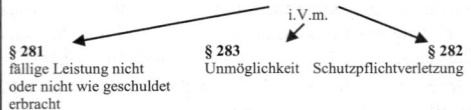 § 281 § 283 § 282 fällige Leistung nicht Unmöglichkeit Schutzpflichtverletzung oder nicht wie geschuldet erbracht **a) Fällige Leistung nicht oder nicht wie geschuldet erbracht, § 281** fällige Leistung nicht (= Verzögerung, aber keine Unmöglichkeit) bzw. nicht wie geschuldet erbracht (Schlechtleistung) angemessene Frist zur Leistung/Nacherfüllung erfolglos abgelaufen **oder** Fristsetzung entbehrlich (Abs. 2) bei Teilleistung Interessefortfall an gesamter Leistung, Abs. 1 S. 2 bei nicht wie geschuldeter Leistung Erheblichkeit der Pflichtverletzung gem. Abs. 1 S. 3 In Abs. 3 ist bestimmt, dass an die Stelle der Nachfrist z.B. bei Unterlassungsansprüchen eine Abmahnung tritt. In Abs. 4 findet sich die wichtige Bestimmung, dass **erst mit dem Verlangen des Schadensersatzes wegen Nichterfüllung der Primär-**

[1537] *Lorenz/Riehm*, Rn 350.

anspruch untergeht. Die Regelung ist erforderlich, da die Bestimmung des § 326 Abs. 1 S. 2 Hs. 2 a.F. nicht übernommen worden ist, wonach der Erfüllungsanspruch nach Ablauf der Fristsetzung mit Ablehnungsandrohung unterging. Diese Neuregelung bedeutet zweierlei: Der Schuldner muss sich auch nach dem Fristablauf leistungsbereit halten, er kann diese Unsicherheit nur dadurch beseitigen, dass er die verlangte Leistung erbringt. Der Gläubiger legt sich dagegen erst fest, wenn aus seinen Erklärungen zu entnehmen ist, dass er Schadensersatz statt der Leistung haben will. Das muss nicht durch die Klageerhebung erfolgen, sondern kann sich auch in der vorprozessualen Situation aus den Erklärungen gegenüber dem Schuldner ergeben. Durch die Neuregelung kann sich daher ein für die Parteien risikoreicher „Schwebezustand" ergeben, dem man durch eine privatautonom gesetzte Frist oder dadurch begegnen kann, dass nach dem Ablauf der Frist Schadensersatz oder Leistung verlangt wird.

b) Unmöglichkeit, § 283

Da die Leistung nicht erbracht werden kann, ist eine darauf gerichtete Fristsetzung sinnlos: In § 283 wird davon abgesehen und nur auf § 281 Abs. 1 S. 2 und 3 sowie Abs. 5 verwiesen, so dass folgende Voraussetzungen erfüllt sein müssen:

Nichtleistung beruht auf nachträglicher Unmöglichkeit

bei Teilleistung Interessefortfall an gesamter Leistung, § 281 Abs. 1 S. 2

bei nicht wie geschuldeter Leistung Erheblichkeit der Pflichtverletzung gem. § 281 Abs. 1 S. 3

c) Schutzpflichtverletzung, § 282

Schon vor dem Erlass der Neuregelungen waren nach den Grundsätzen der positiven Forderungsverletzung Fallgestaltungen anerkannt, in denen eine Schutzpflichtverletzung auch zur Aufhebung des Vertrags und zum Schadensersatzanspruch führen konnte. Da die Schutzpflichtverletzungen im Rahmen der pFV nunmehr in § 241 Abs. 2 geregelt sind (für die c.i.c. vgl. § 311 Abs. 2), knüpft § 282 an diese Vorschrift an. Damit werden Situationen erfasst, in denen es dem Gläubiger wegen einer nichtleistungsbezogenen Schutzpflichtverletzung nicht mehr zugemutet werden kann, am Vertrag festzuhalten. Wie es in der Begründung[1538] angedeutet wird, wird der Gläubiger den Schuldner allerdings zuvor abgemahnt haben müssen.

II. Voraussetzungen gem. § 311a

Die Voraussetzungen des Schadensersatzanspruchs sind:

wirksamer Vertrag

anfängliche Unmöglichkeit

keine Kenntnis des Schuldners vom Leistungshindernis und Unkenntnis nicht zu vertreten (vom Schuldner darzulegen)

bei Teilleistung Interessefortfall an gesamter Leistung, § 281 Abs. 1 S. 2

bei nicht wie gesch. Leistung Erheblichkeit der Pflichtverletzung gem. § 281 Abs. 1 S. 3

Danach ergeben sich gegenüber dem bisherigen Recht die folgenden Änderungen:
- § 311a Abs. 1 stellt objektive und subjektive Unmöglichkeit gleich
- Vertrag ist wirksam, § 311a Abs. 1
- Schadensersatz statt der Leistung; **es sei denn**, nicht zu vertretende Unkenntnis nach § 311a Abs. 2
- keine Beschränkung der Haftung auf Vertrauensschadensersatz mehr bei objektiv anfänglicher Unmöglichkeit (§ 307 a.F.), da Vertrag wirksam ist
- bei subjektiv anfänglicher Unmöglichkeit ist eine Garantiehaftung nicht mehr entscheidend; Verschuldensprinzip statt Garantiehaftung.

1538 BT-Drucks 14/6040, S. 142.

| Schadensersatz neben der Primärleistung | **I. Verzugsschaden gem. §§ 280 Abs. 1 und 2, 286**
Nach §§ 280 Abs. 1 und 2, 286 müssen folgende Voraussetzungen gegeben sein:
Verletzung Pflicht im Schuldverhältnis = Verzögerung (§ 280 Abs. 1 S. 1)
zusätzliche Voraussetzungen gem. §§ 280 Abs. 2, 286
fälliger, durchsetzbarer Anspruch auf die Leistung
Mahnung **oder**
Entbehrlichkeit der Mahnung gem. Abs. 2
(neu: Abs. 2 Nr. 2 Ereignis selbst muss nicht nach Kalender berechenbar sein, z.B. 20 Tage nach Rechnungserhalt; **Änderung** in Abs. 3 bei **Entgeltforderungen** Verzug **spätestens** 30 Tage nach Rechnungserhalt – Verzug kann also z.B. durch Mahnung früher herbeigeführt werden; **Achtung** bei Beteiligung **Verbraucher Hinweispflicht**)
Vertreten der Verzögerung Abs. 4
II. „Einfacher Schadensersatzanspruch" gem. § 280 Abs. 1
Voraussetzungen des Anspruchs
Neben den speziellen Ansprüchen auf Ersatz des Verzögerungsschadens und des Schadensersatzes statt der Leistung kann § 280 Abs. 1 auch ohne die Verweisungen in den Abs. 2 und 3 eine selbstständige Anspruchsgrundlage sein. Voraussetzung für den „einfachen Schadensersatzanspruch" gem. § 280 Abs. 1 sind:
Bestehen eines Schuldverhältnisses
Pflichtverletzung
keine Widerlegung der Verschuldensvermutung in Abs. 1 S. 2
kausaler Schaden.
Zusätzlich muss es sich bei dem geltendgemachten Interesse um einen Schaden handeln, der weder ein Verzögerungsschaden ist noch anstelle der Leistung verlangt wird. Wichtig ist insb. die Differenzierung zwischen dem einfachen Schadensersatz gem. § 280 Abs. 1 und dem Schadensersatz statt der Leistung gem. §§ 280 Abs. 1 und 3, 281, 282, 283. Nach § 280 Abs. 1 können nämlich nur diejenigen Schäden ersetzt werden, die nicht vom Interesse des Gläubigers an der leistungsbezogenen Erfüllungspflicht umfasst sind. Wird nämlich das Interesse als Schadensersatz verlangt, welches an der Leistung selbst besteht, so handelt es sich um den Schadensersatz statt der Leistung, der gem. § 280 Abs. 3 nur unter den zusätzlichen Voraussetzungen der §§ 281, 282 und 283 zugesprochen werden kann.[1539] Ist bei dem Schadensersatz statt der Leistung das vertragliche Äquivalenzinteresse betroffen, so bezieht sich der Schadensersatz nach § 280 Abs. 1 auf das Integritätsinteresse des Gläubigers, die kausal entstandenen Mangelfolgeschäden ersetzt zu bekommen. Wegen Mangelhaftigkeit einer Sache entstandene Schäden können deshalb nur dann gem. § 280 Abs. 1 ersetzt werden, wenn es sich um solche handelt, die nicht durch die Nacherfüllung hätten beseitigt werden können. |

B. Regelungsgehalt des Leistungsstörungsrechts im Einzelnen

I. Nichtleistung des Arbeitnehmers

810 Erbringt der AN seine Arbeitsleistung nicht, stellt sich die grundsätzliche Frage, ob der Erfüllungsanspruch bestehen bleibt oder der AN von der Leistungspflicht frei wird. Im allgemeinen Schuldrecht führen drei Tatbestände dazu, dass der Schuldner von der vereinbarten Primärleistungspflicht frei wird:

- § 275
- § 313
- § 314.

811 Der WGG gem. § 313 spielt im Individualarbeitsrecht jedoch nur eine geringe Rolle (vgl. § 313). Das allgemeine Künd-Recht in § 314 wird durch die speziellen arbeitsrechtrechlichen Regelungen der §§ 622 ff. oder der des KSchG

1539 Zu dieser Problematik *Schwab*, JuS 2002, 1, 8.

überlagert. Daher ist im Individualarbeitsrecht § 275 die zentrale Norm, nach welcher der Primäranspruch auf die Arbeitsleistung untergeht. Innerhalb des § 275 ist zwischen der Einwendung gem. § 275 Abs. 1 und der zu erhebenden Einrede gem. § 275 Abs. 2 und 3 zu trennen. Welche Rechte der Gläubiger infolge dieser Leistungsbefreiung hat, bestimmt sich nach § 275 Abs. 4.

1. Untergang der Primärleistungspflicht des Arbeitnehmers gemäß § 275. Unter den Voraussetzungen des § 275 wird der AN von seiner Leistungspflicht frei. Dabei spielt ein mögliches Verschulden hinsichtlich des Untergangs der Primärleistungspflicht keine Rolle.[1540] Das bedeutet, dass der AG seinen vertraglichen Anspruch auf Erfüllung der Arbeitsleistung auch dann verliert, wenn der AN die Unmöglichkeit verschuldet hat. Als Konsequenz geht aber der Anspruch des AN auf den Arbeitslohn gem. § 326 Abs. 1 S. 1 unter, wenn die Unmöglichkeit nicht vom AG verschuldet ist oder zu einem Zeitpunkt eingetreten ist, zu dem sich der AG im Annahmeverzug befunden hat. Eine andere Frage ist es, ob der AN dem AG schadensersatzpflichtig ist.

812

a) Unmöglichkeit der Arbeitsleistung gemäß § 275 Abs. 1. Die Unmöglichkeit i.S.v. § 275 Abs. 1 meint solche Fälle, in denen die Leistung auch theoretisch mit großem Aufwand nicht zu erbringen ist.[1541] Dabei sind subjektive und objektive Unmöglichkeit gleichgestellt.[1542] Ebenso bezieht sich § 275 Abs. 1 sowohl auf die anfängliche wie die nachträgliche Unmöglichkeit.[1543] Zu beachten ist aber, dass im Fall der anfänglichen Unmöglichkeit der Schadensersatzanspruchs statt der Leistung aus § 311a Abs. 2 und nicht aus §§ 280 Abs. 1 und 3, 283 folgt. Die Fälle der faktischen oder praktischen Unmöglichkeit, in denen das Leistungshindernis – wenn auch mit großem Aufwand – beseitigt werden kann, sind in den Abs. 2 und 3 geregelt.

813

Unter § 275 Abs. 1 fällt daher sowohl die tatsächliche objektive Unmöglichkeit, bei der die Leistung von niemand erbracht (z.B. Unmöglichkeit wegen Zeitablaufs, oder auch bei Wegfall des Leistungssubstrats, z.B. der Betriebsstätte als solcher)[1544] werden kann, wie auch die subjektive Unmöglichkeit, bei der nur der verpflichtete AN die Leistung schuldig bleiben muss (Schreibarbeiten bei gebrochenem Arm oder andere Krankheiten, die den AN physisch an der Tätigkeitsleistung hindern).[1545] Kann der AN nur einen Teil seiner Tätigkeit nicht erbringen, so ist nicht automatisch die gesamte Leistung unmöglich. Im Rahmen seines Weisungsrechts hat der AG auf die Interessen des AN Rücksicht zu nehmen und zu prüfen, ob er den Tätigkeitsbereich entsprechend der Krankheit einschränken kann.[1546] Ist es dem AG möglich und zumutbar, dem krankheitsbedingt nur eingeschränkt leistungsfähigen AN leidensgerechte Arbeiten zuzuweisen, so wäre die Zuweisung anderer Arbeiten unbillig. In Abgrenzung zu den Fällen der Abs. 2 und 3 ist die Leistung bei Abs. 1 potenziell unmöglich. Die Unterscheidung zwischen Abs. 1 und den Abs. 2 und 3 ist deshalb praktisch relevant, da nur **Abs. 1 eine Einwendung** ist, wohingegen die Situationen der Abs. 2 und 3 Einreden sind, die vom Schuldner im Prozess vorgetragen werden müssen.

814

Tritt der AN die Arbeit nicht an, so liegt eine infolge **Zeitablaufs** bedingte **Unmöglichkeit** vor, wenn die Arbeitsleistung nicht nachholbar ist. Die Frage entscheidet über die Abgrenzung der **Unmöglichkeit** vom **Verzug**. Überwiegend wird die Arbeitsleistung als **absolute Fixschuld** angesehen, so dass eine endgültige bezogen auf das gesamte Arbverh gesehene Teilunmöglichkeit insoweit eintritt, als die Zeit von dem vorgesehenen Arbeitsantritt an verstreicht.[1547] Z.T. wird aber auch angenommen, dass die Arbeitsleistung als relative Fixschuld zu verstehen ist und nur dann eine absolute Fixschuld vorliegt, wenn der Arbeitszeitpunkt vertraglich präzise festgelegt ist.[1548] Der Unterschied besteht darin, dass bei einer absoluten Fixschuld infolge des Zeitablaufs automatisch Unmöglichkeit eintritt, während bei einer relativen Fixschuld keine Unmöglichkeit eintritt, der Gläubiger aber ein sofortiges Rücktrittsrecht hat (vgl. § 361 a.F., jetzt § 323 Abs. 2 Nr. 2). Da das Rücktrittsrecht für das Dauerschuldverhältnis grds. zu modifizieren ist, kann der AG wählen, ob er den Erfüllungsanspruch bzw. den Verzugsschadensersatzanspruch geltend macht oder per Gestaltungsrecht die Arbeit auf einen anderen Mitarbeiter überträgt und sich dann auf die Unmöglichkeit der Tätigkeitsleistung beruft.[1549] Praktisch hat der Meinungsstreit wenig Relevanz, da auch die überwiegende Ansicht Ausnahmen z.B. bei flexibler Arbeitszeit zulässt, in denen der Zeitablauf nicht automatisch zum Vorliegen der Unmöglichkeit führt.

815

Letztlich kommt es für die Frage der Nachholbarkeit auf die **Parteivereinbarung** an. Keine Unmöglichkeit infolge Zeitablaufs liegt demnach vor, wenn der Arbeitsbeginn überhaupt nicht festliegt, sondern in das Ermessen des AN

816

1540 ErfK/*Preis*, § 611 BGB Rn 674; *Gotthardt*, Arbeitsrecht nach der Schuldrechtsreform, S. 20; *Canaris*, JZ 2001, 499, 500.
1541 *Wank*, in: FS für Schwerdtner, S. 248; *Richardi*, NZA 2002, 1004, 1006; *Gotthardt*, Arbeitsrecht nach der Schuldrechtsreform, S. 41.
1542 *Richardi*, NZA 2002, 1004, 1006.
1543 *Gotthardt*, Arbeitsrecht nach der Schuldrechtsreform, S. 21.
1544 *Gotthardt*, Arbeitsrecht nach der Schuldrechtsreform, S. 44.
1545 BAG 25.7.2002 – 6 AZR 31/00 – NZA 2003, 400.
1546 BAG 24.9.2003 – 5 AZR 282/02 – NZA 2003, 1332.
1547 MünchArb/*Reichold*, Bd. 1, § 39 Rn 8 m.w.N.; *Richardi*, NZA 2002, 1004, 1007; *Gotthardt*, S. 41.
1548 MünchArb/*Reichold*, Bd. 1, § 39 Rn 8; BAG 17.3.1988 – 2 AZR 576/87 – AP § 626 Nr. 99 = NJW 1989, 546.
1549 MünchArb/*Reichold*, Bd. 1, § 39 Rn 10.

gestellt ist, wie z.B. bei **gleitender Arbeitszeit** oder Arbeitszeitkonten.[1550] Allerdings muss auch bei solchen flexiblen Arbeitszeiten beachtet werden, dass irgendein Arbeitsbeginn festgelegt sein muss, denn ohne eine solche Festlegung wäre eine Bestimmung des Zeitguthabens nicht möglich. Nach Ansicht des BAG kann daher auch in diesen Fällen Unmöglichkeit anzunehmen sein.[1551] Keine Unmöglichkeit liegt dagegen vor, wenn die Parteien im Arbeitsvertrag geregelt haben, dass Fehlzeiten grds. nachzuholen sind.[1552] Unmöglichkeit ist bei Fehlen einer solchen Vereinbarung anzunehmen, wenn der „Erfüllungszeitraum" abgelaufen ist[1553] und der AN bereits die nächste Teilerfüllung des Dauerschuldverhältnisses erbringen muss.[1554]

817 Unabhängig von der Unmöglichkeit infolge Zeitablaufs wird in der Lit. danach unterschieden, ob es dem AN von Beginn an subjektiv oder objektiv unmöglich ist, die Arbeitsleistung zu erbringen.[1555] Mit dem Abstellen auf eine grundsätzliche „Arbeitsunmöglichkeit" wird damit der für die Leistungsstörung maßgebliche Zeitpunkt vorverlagert.[1556] So wird eine objektive Unmöglichkeit angenommen, wenn es aufgrund der Umweltbedingungen (**Witterungsbedingungen** aber auch **Schließung der Betriebsstätte**) ausgeschlossen ist, dass der AN die Arbeitsstätte erreicht bzw. die Arbeit rechtlich erbringen darf (**Beschäftigungsverbot**, **Smogalarm**, **Führerscheinentzug**).[1557] Mit der Gleichstellung der anfänglichen und der nachträglichen Unmöglichkeit hat diese Unterscheidung an Bedeutung verloren, wenn der AN die Arbeit nicht antritt. Entscheidend für die Abgrenzung zum Verzug kann nur sein, ob die Leistung als solche nachholbar ist. Ist sie es nicht, tritt Unmöglichkeit infolge des Zeitablaufs ein. Auf diese Weise lässt sich auch der Fall lösen, in dem der AN mit zwei AG Vollzeit-Arbverh abgeschlossen hat. Erst der Arbeitsantritt bei einem der AG legt fest, welche Tätigkeit infolge des Zeitablaufs unmöglich wird und wem der AN gem. §§ 280 Abs. 1 und 3, 283 auf Schadensersatz statt der Leistung haftet.[1558]

818 Ist der Vertrag auf eine **rechtlich nicht zulässige Leistung** gerichtet, weil er gegen §§ 134, 138 verstößt, besteht von vornherein keine Leistungspflicht, so dass sich die Frage nach einer Unmöglichkeit der Leistungserbringung schon nicht stellt. Auch scheidet in diesen Fällen eine Haftung nach § 311a Abs. 2 aus.[1559] Gleiches gilt für eine Weisung des AG, die gegen ein gesetzliches Verbot verstößt. Liegt die Ausübung des Weisungsrechts nicht gem. § 106 GewO in den Grenzen des billigen Ermessens, muss der AN sie nicht befolgen. Eine Arbeitspflicht besteht in diesen Fällen nicht, so dass sich der AN nicht auf § 275 Abs. 3 berufen muss.[1560] Nicht unter die Fallgruppe rechtlich nicht zulässiger Leistung fällt die Arbeitsleistung trotz Krankschreibung. Zum einen kommt es nicht auf die Krankschreibung, sondern die Arbeitsunfähigkeit selbst an.[1561] Zum anderen kann der AN sich unter den Voraussetzungen des § 275 Abs. 3 entscheiden, ob er sein Leistungsverweigerungsrecht ausübt.

819 **b) Unzumutbarkeit der Arbeitsleistung gemäß § 275 Abs. 3.** Anders als in Abs. 1 wird in Abs. 3 nur eine **Einrede** gewährt,[1562] auf die sich der AN berufen muss. Das bedeutet aber auch, dass der AN in diesen Fällen die freie Wahl hat, ob er sich auf das Leistungsverweigerungsrecht beruft oder die Arbeitsleistung erbringt. Da sich § 275 Abs. 3 auf die Unzumutbarkeit einer persönlich zu erbringenden Leistung bezieht, ist diese Regelung für die Einrede des AN einschlägig und insoweit gegenüber dem allgemeinen Abs. 2 spezieller. Denkbar ist ein Eingreifen des Abs. 2 nur in Ausnahmefällen, wie z.B. die unverhältnismäßig teure Rückkehr aus dem Urlaub, z.B. im Fall eines Fluglotsenstreiks,[1563] wobei aber betriebliche Belange zu berücksichtigen sind[1564] oder bei einer unzumutbaren Weisung des AG.[1565]

820 Voraussetzung für die Einrede gem. Abs. 3 ist, dass dem AN die Erbringung der Arbeitsleistung in Abwägung gegen das Leistungsinteresse des AG nicht zumutbar ist. Im Unterschied zu Abs. 2 spielt bei dieser Abwägung weder ein mögliches Verschulden des AN noch der wirtschaftliche Aufwand der Leistungserbringung eine Rolle. Der Gesetzgeber dachte bei Erlass der Regelung an den Fall der Sängerin, die sich um ihr erkranktes Kind kümmern muss und deshalb nicht auftreten kann.[1566] Gerade dieser Konflikt zwischen Eltern- und Arbeitspflicht kann zwar unter § 275 Abs. 3 fallen, jedoch ist zu beachten, dass der Vergütungsanspruch nicht gem. § 326 Abs. 1 S. 1 untergeht, sondern in diesem Fall unter den Voraussetzungen des § 616 bestehen bleibt. Z.T. wird in § 616 auch eine Spezialregelung gegenüber § 273 Abs. 3 i.V.m. § 326 Abs. 1 S. 1 gesehen.[1567]

1550 MünchArb/*Reichold*, Bd. 1, § 39 Rn 9; *Gotthardt*, Arbeitsrecht nach der Schuldrechtsreform, S. 43.
1551 BAG 30.3.2000 – 6 AZR 680/98 – NZA 2001, 111.
1552 *Wank*, in: FS für Schwerdtner, S. 258.
1553 MünchArbR/*Reichold*, Bd. 1, § 39 Rn 9.
1554 ErfK/*Preis*, § 611 BGB Rn 676.
1555 *Gotthardt*, Arbeitsrecht nach der Schuldrechtsreform, S. 44; a.A. *Richardi*, NZA 2002, 1004, 1007.
1556 *Richardi*, NZA 2002, S. 1004, 1007.
1557 BAG 13.12.2007 – 6 AZR 197/07 – juris; BAG 18.12.1986 – 2 AZR 34/86 – NZA 1987, 377.
1558 *Gotthardt*, Arbeitsrecht nach der Schuldrechtsreform, S. 45.
1559 *Däubler*, NZA 2001, 1329, 1332; a.A. wohl *Gotthardt*, S. 52.
1560 *Wank*, in: FS für Schwerdtner, S. 253; a.A. *Gotthardt*, S. 52.
1561 *Wank*, in: FS für Schwerdtner, S. 250.
1562 *Zimmer*, NJW 2002, 1, 4.
1563 *Wank*, in: FS für Schwerdtner, S. 252; a.A. *Gotthardt*, Arbeitsrecht nach der Schuldrechtsreform, S. 44, der dieses Wegerisiko dem AN überträgt.
1564 LAG Hamm 27.6.2007 – 6 Sa 751/07 – juris.
1565 BAG 13.6.2007 – 5 AZR 564/06 – NZA 2007, 974.
1566 BT-Drucks 14/6040, S. 130.
1567 *Wank*, in: FS für Schwerdtner, S. 252; *Richardi*, Beil. NZA 16/2003, 16.

Unter den Anwendungsbereich des Abs. 3 fallen auch die Situationen, in denen der AN die Arbeitsleistung aus **Gewissensgründen** verweigern kann.[1568] Die bisherige Rspr. löste diese Problematik über § 315 und überprüfte, ob der AG mit der Zuweisung der verweigerten Tätigkeit sein Direktionsrecht rechtmäßig ausgeübt hatte.[1569] Die Regelung in § 275 Abs. 3 ist demgegenüber spezieller, da die Rechtsfolge – Untergang des Lohnanspruchs – nunmehr eindeutig aus dem Tatbestand der Unmöglichkeit folgt. Die Grundsätze der bisherigen Rspr. sind aber auf die innerhalb § 275 Abs. 3 vorzunehmende Abwägung zu übertragen. Danach ist auch zu würdigen, ob der AN schon bei Vertragsabschluss damit rechnen musste, dass ihm eine derartige Tätigkeit zugewiesen werden könnte. Konnte der AN dies absehen, ist ihm eine Durchführung der Tätigkeit eher zuzumuten. Auf die Frage des Verschuldens kommt es dabei nicht an, so dass der Umstand der Vorhersehbarkeit bei der Abwägung zu berücksichtigen ist.[1570] Weiterhin ist bei der Interessenabwägung zu würdigen, ob der AG aus betrieblichen Erfordernissen darauf bestehen muss, dass gerade der sich auf den Gewissenskonflikt berufende AN den Auftrag ausführt. Für das Leistungsverweigerungsrecht des AN sind insb. die verfassungsrechtlichen Wertungen des **Art. 4 GG** zu beachten, so bei der Kollision von arbeitsrechtlichen und religiösen Pflichten[1571] oder von arbeitsrechtlichen und dem eigenen Gewissen gegenüber bestehenden Pflichten.[1572] Verweigert der AN aus Gewissensgründen die Arbeitsleistung, geht sein Anspruch auf Lohnzahlung gem. § 326 Abs. 1 S. 1 unter, ein Fall des § 616 liegt nicht vor.[1573]

821

Die Frage, ob im Falle einer **Krankheit** des AN eine Unmöglichkeit nach Abs. 1 oder 3 anzunehmen ist, wird kontrovers beurteilt. Z.T. wird darauf abgestellt, dass bei Nichtantritt der Arbeitsleistung Unmöglichkeit infolge des Zeitablaufs vorliegt und somit ein Fall des § 275 Abs. 1 gegeben ist.[1574] Die Anwendbarkeit des § 275 Abs. 1 wird ebenfalls darauf gestützt, dass der AN wegen seiner Krankheit nicht arbeiten kann und deshalb ein Unvermögen anzunehmen ist.[1575] Nach einer differenzierenden Ansicht soll § 275 Abs. 3 für solche Fälle eingreifen, in denen sich der AN trotz Krankheit in der Lage sieht, die Tätigkeit zu verrichten (leichte Arbeiten bei schwacher Grippeerkrankung).[1576] Rät der behandelnde Arzt dazu, die Arbeit wegen der Genesung zu unterlassen, kann sich der AN auch bei widersprechenden ärztlichen Aussagen auf das Leistungsverweigerungsrecht berufen.[1577] Dagegen scheidet die Anwendbarkeit des § 275 Abs. 3 aus, wenn der AN objektiv die Arbeit nicht leisten kann (Schreibkraft mit gebrochenem Arm). Die Einordnung unter Abs. 3 ist praktisch für die Frage entscheidend, ob der AG bei **Krankheit** einen **Arbeitsversuch** des AN akzeptieren muss oder die Leistung automatisch unmöglich gem. § 275 Abs. 1 ist.[1578] Vor diesem Hintergrund ist der Meinungsstreit wie folgt aufzulösen. Tritt der AN die Arbeit wegen seiner Krankheit überhaupt nicht an, so ist die Leistung mangels Nachholbarkeit gem. § 275 Abs. 1 unmöglich geworden. Ist der AN trotz Krankheit in der Lage, die Tätigkeit zu verrichten, hat er gem. § 275 Abs. 3 die Wahl, ob er sich auf das Leistungsverweigerungsrecht beruft. Der AG darf in diesem Fall die Leistung nicht deshalb zurückweisen, weil der AN krank geschrieben ist.

822

Unter den Anwendungsbereich des § 275 Abs. 3 fallen auch solche Konfliktsituationen, in denen bei Durchführung der Arbeitspflicht mit einer objektiven erheblichen **Gefahr für Leib oder Leben** des AN zu rechnen ist, zu deren Übernahme er nicht vertraglich verpflichtet ist. Das Leistungsverweigerungsrecht gem. § 275 Abs. 3 geht weiter als das Zurückbehaltungsrecht gem. § 273 i.V.m. einem Verstoß des AG gegen § 618, da eine Fürsorgepflichtverletzung bei § 275 Abs. 3 nicht erforderlich ist.[1579]

823

2. Zahlungspflicht des Arbeitgebers bei Unmöglichkeit. Im Fall des Untergangs des Primäranspruchs auf die Arbeitsleistung entfällt i.d.R. gem. § 326 Abs. 1 S. 1 der Anspruch auf die Gegenleistung des Lohns. Ausnahmsweise bleibt der Lohnanspruch jedoch bestehen, wenn ein Fall des § 326 Abs. 2 gegeben ist oder die Fallgruppe des „Lohns ohne Arbeit" vorliegt (vgl. Rn 830). Der Zahlungsanspruch geht gem. § 326 Abs. 1 S. 1 unabhängig davon unter, ob der AN die Unmöglichkeit der Arbeitsleistung zu vertreten hat. Das **Verschulden** spielt nur eine Rolle für den Schadensersatzanspruch des AG gegen den AN. Das verschuldensunabhängige **Rücktrittsrecht** des Sachgläubigers in § 326 Abs. 5 wird für den Arbeitsvertrag als Dauerschuldverhältnis durch ein Künd-Recht ersetzt,[1580] das freilich

824

[1568] Henssler, RdA 2002, 129, 130.
[1569] BAG 24.5.1989 – 2 AZR 285/88 – AP § 611 BGB Gewissensfreiheit Nr. 1 = NJW 1989, 203; BAG 20.12.1984 – 2 AZR 436/83 – AP § 611 BGB Direktionsrecht Nr. 27 = NZA 1986, 21.
[1570] ErfK/Preis, § 611 BGB Rn 687; Gotthardt, Arbeitsrecht nach der Schuldrechtsreform, S. 57.
[1571] LAG Hamm 26.2.2002 – 5 Sa 1582/01 – NZA 2002, 1090 Gebetspausen.
[1572] BAG 22.5.2003 – 2 AZR 426/02 – NZA 2004, 399 Einsatz bei Bestattungstätigkeiten; ArbG Hamburg 22.10.2001 – 21 Ca 187/01 – NZA-RR 2002, 87 Verkauf von Tonträgern mit rechtsradikaler Färbung.
[1573] Gotthardt, Arbeitsrecht nach der Schuldrechtsreform, S. 58; Wank, in: FS für Schwerdtner, S. 252.
[1574] Richardi, NZA 2002, 1004, 1007; Löwisch, in: FS für Wiedemann, S. 311, 323.
[1575] Däubler, NZA 2001, 1329, 1332.
[1576] Greiner, RdA 2007, 22; Gotthardt/Greiner, DB 2002, 2106; Gotthardt, Arbeitsrecht nach der Schuldrechtsreform, S. 47; Lindemann, AuR 2002, 81, 82.
[1577] LAG Sachsen 1.12.2006 – 3 Sa 229/06 – juris.
[1578] Gotthardt/Greiner, DB 2002, 2106, 2107.
[1579] Gotthardt, Arbeitsrecht nach der Schuldrechtsreform, S. 53.
[1580] ErfK/Preis, § 611 BGB Rn 679.

den besonderen arbeitsrechtlichen Anforderungen genügen muss.[1581] Hat der AG schon gezahlt, z.B. bei einem **Gehaltsvorschuss**, und entfällt diese Zahlungspflicht gem. § 326 Abs. 1 S. 1, ist der AN dem AG nach § 326 Abs. 4 nach den Vorschriften über die Rückabwicklung zur Rückzahlung verpflichtet. Er kann sich deshalb nicht mehr auf den Wegfall der **Bereicherung** gem. § 818 Abs. 3 berufen.[1582]

825 Kann der Umstand, der zur Unmöglichkeit geführt hat, nicht dem AG zugeordnet werden, geht der Lohnanspruch gem. § 326 Abs. 1 S. 1 unter.[1583] Das ist der Fall, wenn der AN die Arbeitsstätte nicht erreichen kann, da er grds. das **Risiko des Arbeitswegs** trägt.[1584] Ebenso ist zu entscheiden, wenn der AG z.B. mit Betriebsbussen die Anfahrt zur Arbeitsstelle gewährleistet und der Arbeitsplatz aufgrund eines objektiven Umstands – Witterungsverhältnisse – nicht rechtzeitig erreicht werden kann.[1585]

826 Ist der Lohnzahlungsanspruch zwar eigentlich nach § 326 Abs. 1 untergegangen, bleibt die Zahlungspflicht jedoch im Rahmen des **§ 326 Abs. 3** bestehen, wenn der AG vom AN Ersatz des **stellvertretenden commodum** gem. § 285 verlangt. Nach bisherigem Recht schied eine Anwendbarkeit des § 281 a.F. aus, der sich nur auf die Herausgabe von Sachen und Rechten bezog.[1586] Das hat sich nach der Schuldrechtsreform geändert. Ersatz des stellvertretenden commodum kann daher in Fällen verlangt werden, in denen der AN zwar die Tätigkeit bei seinem AG nicht erbracht hat, aber während dieser Zeit einen Lohnanspruch gegen einen Zweit-AG erworben hat, wie z.B. der AN, der wegen eines Beschäftigungsverbots oder infolge von Krankheit zwar die Tätigkeit beim Erst-AG nicht erbringen kann, aber während dieser Zeit bei einem weiteren AG tätig sein kann. In diesen Fällen kann der AG vom AN den Lohn aus dem Zweit-Arbverh verlangen.[1587]

827 Der Zahlungsanspruch bleibt gem. **§ 326 Abs. 2 S. 1 Var. 1** bestehen, wenn der AG für den Umstand der zur Unmöglichkeit geführt hat allein oder weit überwiegend verantwortlich ist. Nach der Neufassung des **§ 615 S. 3** verbleibt für § 326 Abs. 2 S. 1 Var. 1 jedoch nur ein schmaler Anwendungsbereich, für die Fälle, in denen der AG die Arbeitsleistung durch sein Verschulden unmöglich gemacht hat, wie z.B. bei der Planung an sich unvereinbarer Arbeitszeiten oder der verschuldeten Zerstörung der Betriebsstätte.[1588] Kann der AG die angebotene Arbeitsleistung nicht annehmen, weil er gegen den AN ein begründetes Hausverbot ausgesprochen hat, geht seine Zahlungspflicht aber gem. § 326 Abs. 1 S. 1 unter, da die Unmöglichkeit letztlich vom AN zu vertreten ist.[1589]

828 Die Formulierung, dass der Sachgläubiger „**weit überwiegend verantwortlich**" gem. § 326 Abs. 2 S. 1 sein muss, ist nicht dahingehend zu verstehen, dass damit auch die Fälle der von den Parteien zu vertretenden Unmöglichkeit umfasst werden. Vielmehr ist die „weit überwiegende Verantwortlichkeit" i.S.d. Schadensquotelung gem. § 254 zu verstehen, wonach die eine Partei dann den gesamten Schaden tragen muss, wenn das Verschulden der anderen völlig zurücktritt (z.B. leichte Fahrlässigkeit hinter Vorsatz).[1590] Im Falle der vom AG verschuldeten Krankheit oder Arbeitsunfähigkeit des AN tritt die Regelung aber ohnehin hinter § 3 EFZG zurück.

829 Ebenso bleibt der Zahlungsanspruch nach **§ 326 Abs. 2 S. 1 Var. 2** bestehen, wenn sich der Sachgläubiger zum Zeitpunkt des Eintritts der Unmöglichkeit im Annahmeverzug befunden hat. Für das Arbverh tritt infolge der Nichtleistung der Arbeit infolge Zeitablaufs aber i.d.R. Unmöglichkeit i.S.v. § 275 Abs. 1 ein. Da sich Verzug und Unmöglichkeit nach den Regelungen des allgemeinen Schuldrechts ausschließen, greift § 326 Abs. 2 S. 1 Var. 2 nicht ein. Vielmehr sind diese Situationen i.d.R. über die speziellere verschuldensunabhängige Norm des **§ 615** zu lösen, nach welcher der vertragliche Anspruch unter den dort genannten Voraussetzungen bestehen bleibt (vgl. § 615). Neben § 326 Abs. 2 bleibt der Lohnanspruch auch in den Fallgruppen des „**Lohns ohne Arbeit**" bestehen. Dies sind gesetzliche oder tarifliche Freistellungen, nach denen der Anspruch auf die Entgeltzahlung erhalten bleibt, obwohl die Arbeitsleistung nicht erbracht wird.

830 Wichtigste Fallgruppen des „Lohns ohne Arbeit" sind die des **Annahmeverzugs** gem. § 615 S. 1 und der Lehre vom **Betriebsrisiko** gem. § 615 S. 3 (z.B. keine Arbeitsmöglichkeit bei Stromausfall, wegen Smogalarm, Maschinenschaden oder Rohstoffmangel i.V.m. dem vertraglichen Lohnanspruch. Nach **§ 616** bleibt der vertragliche Lohnanspruch bestehen, wenn der AN aus persönlichen Gründen ohne sein Verschulden eine verhältnismäßig nicht erhebliche Zeit lang die Arbeit nicht erbringen kann (z.B. Ladung zu Gerichten und Behörden, Tod naher Angehöriger, Erkrankung der Ehefrau, Geburt eigener Kinder etc. vgl. § 616). In **§ 3 EFZG** wird eine eigene Anspruchsgrundlage für die Fortzahlung des Entgelts für die Dauer von sechs Wochen im Fall der Krankheit des AN geregelt. Kann der AN infolge eines Arbeitskampfes nicht beschäftigt werden, ist das Risiko der Lohnzahlungspflicht unter Beachtung des **Arbeitskampf-**

1581 *Gotthardt*, Arbeitsrecht nach der Schuldrechtsreform, S. 58.
1582 *Gotthardt*, Arbeitsrecht nach der Schuldrechtsreform, S. 70; *Löwisch*, in: FS für Wiedemann, S. 326; *Henssler*, RdA 2002, 129, 132; a.A. *Canaris*, JZ 2001, 499, 509, der eine teleologische Reduktion wegen der besonderen Schutzwürdigkeit des AN erwägt.
1583 BAG 13.12.2007 – 6 AZR 197/07 – juris.
1584 BAG 8.9.1982 – 5 AZR 283/80 – AP § 616 BGB Nr. 56 = NJW 1983, 1078; *Bauer/Opolny*, NJW 2002, 3503, 3507.
1585 BAG 8.12.1982 – 4 AZR 134/80 – AP § 616 BGB Nr. 58 = NJW 1983, 1079.
1586 ArbG Freiburg 6.2.2003 – 11 Ca 611/02 – NZA-RR 2003, 626, 627 m.w.N.
1587 *Löwisch*, NJW 2003, 2049.
1588 *ErfK/Preis*, § 615 BGB Rn 136; Hessisches LAG 28.11.2003 – 17 Sa 1066/03 – juris.
1589 LAG Bremen 24.8.2000 – 4 Sa 68/00 – NZA-RR 2000, 632.
1590 BT-Drucks 14/6040, S. 187.

risikos zu verteilen. Darüber hinaus existieren in vielen TV Regelungen, die dem AN den Lohnanspruch erhalten. Wird der AN vom AG freigestellt, so bedeutet dies für einen möglichen Annahmeverzugslohn zunächst nur, dass der AN die Arbeitsleistung nicht anbieten muss. Die übrigen Voraussetzungen des § 615 BGB müssen vorliegen.[1591]

3. Schadensersatzpflicht des Arbeitnehmers bei Unmöglichkeit. Bei der Schadensersatzpflicht infolge von Unmöglichkeit sind zwei Anspruchsgrundlagen zu unterscheiden. Liegt ein Fall eines anfänglichen Leistungshindernisses vor, richtet sich der Anspruch nach § 311a Abs. 2 auf den Ersatz des Schadens statt der Leistung oder den Ersatz der Aufwendungen i.V.m. § 284. Die anfängliche Unmöglichkeit steht der Wirksamkeit des Vertrags nicht entgegen. Besteht dagegen eine nach Vertragsschluss eingetretene Unmöglichkeit hat der AG einen Anspruch gem. §§ 280 Abs. 1 und 3, 283 auf Ersatz des Schadens anstelle der Leistung oder auf Ersatz seiner Aufwendungen gem. § 284. Nur bei der Frage des Schadensersatzes wirkt sich die Unterscheidung zwischen anfänglicher und nachträglicher Unmöglichkeit nach der Schuldrechtsreform noch aus, wie der Überblick zeigt:

831

	Anfängliche Unmöglichkeit	Nachträgliche Unmöglichkeit
Leistung	„frei" § 275	„frei" § 275
Gegenleistung	§ 326	§ 326
Schadensersatz statt Leistung	§§ 275 Abs. 4, 311a	§§ 275 Abs. 4, 280 Abs. 1 und 3, 283
Surrogat	§§ 275 Abs. 4, 285	§§ 275 Abs. 4, 285

Für die Haftung nach dem Leistungsstörungsrecht gelten die **Haftungseinschränkungen** aufgrund des innerbetrieblichen Schadensausgleichs nicht. Es fehlt insoweit schon an einem Schaden aufgrund einer betrieblich veranlassten Tätigkeit. Ebenso greift in diesem Fall die Regelung des **§ 619a** entgegen ihrem Wortlaut nicht ein, da der Gesetzgeber § 619a gerade als Abweichung für die Fälle der haftungsrechtlichen Besonderheiten betrieblich veranlasster Schadensfälle geschaffen hat.[1592]

832

a) Anfängliches Leistungshindernis. Handelt es sich um ein schon bei Vertragsschluss bestehendes **anfängliches Leistungshindernis** kann der AN dem AG gem. **§ 311a Abs. 2** schadensersatzpflichtig sein. Voraussetzung dafür ist, neben dem wirksamen Vertragsschluss und der anfänglichen Unmöglichkeit, dass der Schuldner – also hier der AN – **Kenntnis vom Leistungshindernis** hatte oder seine **Unkenntnis zu vertreten** hat. Damit ist die Einstandspflicht des Schuldners für die von ihm angebotene Leistung im Fall anfänglicher Unmöglichkeit keine verschuldensunabhängige Garantiehaftung.[1593] Da § 619a im Rahmen des § 311a Abs. 2 nicht anwendbar ist, hat sich der AN zu entlasten und damit darzulegen, dass er keine Kenntnis von der anfänglichen Unmöglichkeit hatte und auch seine Unkenntnis nicht zu vertreten hat.

833

Ist der AN vor Abschluss des Arbeitsvertrags z.B. infolge einer unheilbaren Krankheit nicht in der Lage, die Arbeit aufzunehmen und hatte er davon Kenntnis, haftet er dem AG.[1594] Unter § 311a Abs. 2 fallen aber nicht die Fallgestaltungen, in denen die Tätigkeit z.B. wegen einer **Schwangerschaft** nicht ausgeübt werden kann und der AG schon kein Fragerecht bzgl. des Umstands hat, der zur Unmöglichkeit führt.[1595] Ein Schadensersatzanspruch widerspräche insoweit den Diskriminierungsverboten. Verstöß der Vertrag gegen ein gesetzliches Verbot und ist die Leistung daher von Anfang an **rechtlich unmöglich**, greift der Anspruch nach § 311a Abs. 2 nicht ein. In diesen Fällen fehlt es schon an der Voraussetzung des wirksamen Vertragsschlusses.[1596] Darüber hinaus wäre es wertungswidersprüchlich, wenn der AG das Erfüllungsinteresse ersetzt erhielte, das an die Stelle der gesetzlich untersagten Leistung tritt.[1597]

834

b) Unmöglichkeit nach Vertragsschluss. Wird die Arbeitsleistung **nach Vertragsschluss unmöglich**, haftet der AN unter den Voraussetzungen der §§ 280 Abs. 1 und 3, 283. Danach müssen folgende Tatbestandsmerkmale gegeben sein:
– die Pflichtverletzung (§ 280 Abs. 1 S. 1) = Nichtleistung in der Form der nachträglichen Unmöglichkeit gem. § 283
– das Vertretenmüssen der Pflichtverletzung (§ 280 Abs. 1 S. 2)
– und bei Teilleistung der Interessefortfall an der gesamten Leistung § 281 Abs. 1 S. 2.

835

1591 BAG 23.1.2008 – 5 AZR 393/07 – juris.
1592 *Wank*, in: FS für Schwerdtner, S. 254; *Henssler*, RdA 2002, 129, 132; a.A. ohne Begründung *Richardi*, Beil. NZA 16/2003, 17.
1593 *Canaris*, JZ 2001, 499, 506.
1594 *Wank*, in: FS für Schwerdtner, S. 253; *Gotthardt*, S. 78.
1595 *Wank*, in: FS für Schwerdtner, S. 253.
1596 *Gotthardt*, Arbeitsrecht nach der Schuldrechtsreform, S. 80.
1597 *Wank*, in: FS für Schwerdtner, S. 254; *Löwisch*, in: FS für Wiedemann, S. 325.

836 aa) Unmöglichkeit und Verschulden. Nach der Neuregelung besteht die Pflichtverletzung in der Nichtleistung infolge der Unmöglichkeit. Regelmäßig tritt Unmöglichkeit ein, wenn die Arbeitsleistung nicht nachholbar ist. Bei nachholbaren Tätigkeiten haftet der AN dagegen auf Verzug (vgl. Rn 839). Die **Darlegungs- und Beweislast** für das **Verschulden** bleibt trotz des Wortlauts von § 619a beim **AN**.[1598] Damit hat sich der AN gem. § 280 Abs. 1 S. 2 von dem vermuteten Verschulden zu entlasten. Die entgegenstehende Regel in § 619a findet keine Anwendung, wenn der AN wegen der eingetretenen Unmöglichkeit haftet. Sie ist auf die betrieblich veranlasste Schadensersatzhaftung beschränkt und für den darüber hinausgehenden Bereich teleologisch zu reduzieren.[1599] Zu vertreten hat der AN daher z.B. das unentschuldigte Fernbleiben von der Arbeit.

837 bb) Umfang des Schadensersatzes. Der Umfang des Schadensersatzes richtet sich gem. §§ 249 ff. auf den Ersatz des Erfüllungsinteresses. Daher sind z.B. der **entgangene Gewinn** oder die Kosten einer eingestellten **Ersatzkraft** oder eines eingesetzten vergleichbaren Leih-AN zu ersetzen. Ebenso kann der AG gezahlte **Mehrarbeitsvergütungen** erhalten, wenn die übrigen AN die anfallende Arbeit in Überstunden abgearbeitet haben. Ebenso kann er von ihm geschuldete **Vertragsstrafen** von AN ersetzt bekommen, wenn er die mit seinen Vertragspartnern vereinbarten Zeiten aufgrund der Unmöglichkeit nicht einhalten kann.[1600]

838 Fraglich ist es, ob der AG auch einen Schadensersatz für den entgangenen **wirtschaftlichen Nutzwert** der Arbeit selbst erhalten kann. Diese Frage stellt sich insb., wenn der AG keine Ersatzkraft eingestellt hat. Zwar hat die Arbeitsleistung ihren objektiven Wert, der in dem Lohnanspruch ausgedrückt ist, so dass es sich um kein „Kommerzialisierungs"problem handelt. Jedoch muss der AG eben diesen Lohn gem. § 326 Abs. 1 S. 1 nicht zahlen, so dass ihm dieser Wert der Tätigkeit im Zuge der Vorteilsangleichung nicht zu ersetzen ist. Ein Schaden kann ihm daher nur über diesen wirtschaftlichen Wert hinaus entstanden sein. Nach überwiegender Ansicht ist die Verwertungsmöglichkeit über den Lohnwert der Arbeitsleistung hinaus aber nicht als eigenständiger Schadensposten anzusehen.[1601] Dieser Nutzungswert lasse sich schon objektiv nicht messen. Tatsächlich wird es betriebswirtschaftlich nahezu unmöglich sein, den „Mehrwert" der Arbeitskraft des einzelnen AN zu benennen. Auf der anderen Seite lässt sich aber eine Schadenspauschalierung hinsichtlich der zusätzlichen Organisationsbemühungen des AG denken.

Verlangt der AG nach § 311a Abs. 2 oder nach §§ 280 Abs. 1 und 3, 283, 284 Ersatz seiner **Aufwendungen**, so ist die ordentliche Künd-Möglichkeit des AN zu berücksichtigen. Aufwendungen, die über diesen Zeitraum hinausgehen, können nicht mit Erfolg verlangt werden.[1602]

II. Leistungsverzug des Arbeitnehmers

839 Der AN haftet dem AG gem. §§ 280 Abs. 1 und 2 i.V.m. 286 auf Ersatz des durch die Verzögerung der Leistung entstandenen Schadens. Dieser Anspruch ist nur auf den **Verzögerungsschaden** gerichtet. Will der AG dagegen Schadensersatz statt der Leistung, müssen bei Nachholbarkeit der Arbeitsleistung die Voraussetzungen der §§ 280 Abs. 1 und 3, 281 erfüllt sein. Die Voraussetzungen für den Anspruch nach §§ 280 Abs. 1 und 2, 286 sind

– die Pflichtverletzung (§ 280 Abs. 1 S. 1) = Verzögerung der Leistung gem. § 286
– Verschuldensvermutung bzgl. dieser Pflichtverletzung (§ 280 Abs. 1 S. 2)
– fälliger, durchsetzbarer Anspruch auf die Leistung
– Mahnung oder Entbehrlichkeit der Mahnung gem. Abs. 2.

840 Der Verzug des AN mit seiner Arbeitsleistung, setzt voraus, dass diese nachholbar ist und somit **keine Unmöglichkeit** infolge des Zeitablaufs gem. § 275 Abs. 1 eingetreten ist (vgl. Rn 813 ff.). Der AN kann aber ebenso in Verzug mit anderen Ansprüchen des AG geraten, z.B. Zahlungsansprüchen bei begründeten Schadensersatzpflichten gem. §§ 280 ff. oder Rückzahlungsansprüchen gem. § 812 oder Rückabwicklungsansprüchen gem. §§ 326 Abs. 4, 346. Der Verzug mit diesen Zahlungspflichten setzt stets eine **Mahnung** des AG gem. § 286 Abs. 1 voraus, wenn sich der AN nicht geweigert hat, zu zahlen (Abs. 2 Nr. 3). Weder liegt eine nach dem Kalender bestimmte oder nach einem Ereignis bestimmbare Leistungspflicht vor (Abs. 2 Nr. 1 und 2) noch greift der Ausnahmefall des Abs. 2 Nr. 4. Die Mahnung ist insb. nicht gem. Abs. 3 obsolet. Mit den dort in Bezug genommenen „Entgeltforderungen" sind nur solche Ansprüche gemeint, die Gegenleistung einer vertraglich geschuldeten Hauptleistung sind.[1603] Zu den Zinsen im Falle des Verzugsschadens vgl. § 288. Die **Darlegungs- und Beweislast** verteilt sich wie folgt: Während der AG die Anspruchsvoraussetzungen darzulegen hat, muss sich der AN entsprechend der Regel des § 286 Abs. 4 von dem vermuteten Verschulden entlasten.[1604]

[1598] *Gotthardt*, Arbeitsrecht nach der Schuldrechtsreform, S. 85 m.w.N.
[1599] *Henssler*, RdA 2002, 129, 132.
[1600] LAG Düsseldorf 19.10.1967 – 2 Sa 354/67 – DB 1968, 90.
[1601] *Kraft*, NZA 1989, 777; *Beuthien*, BB 1973, 92, 93; *Lieb*, JZ 1971, 358; a.A. LAG Düsseldorf 19.10.1967 – 2 Sa 354/67 – DB 1968, 90; LAG Frankfurt 5.7.1966 – 5 Sa 424/65 – AR-Blattei D, Arbeitsvertragsbruch Nr. 8; *Becker*, BB 1976, 746, 751.
[1602] *Gotthardt*, Arbeitsrecht nach der Schuldrechtsreform, S. 86.
[1603] *Gotthardt*, Arbeitsrecht nach der Schuldrechtsreform, S. 88.
[1604] *Löwisch*, in: FS für Wiedemann, S. 329.

III. Schlechtleistung des Arbeitnehmers

Unter der Schlechtleistung des AN versteht man verschiedene Situationen, in denen der AN zwar grds. leistet, aber die Leistung von der vertraglichen Vereinbarung abweicht. Folgende Fälle werden unterschieden: Die Verletzung von Rechtsgütern infolge der Arbeitsleistung (Beschädigung von Maschinen, Arbeitsgerät etc.), die qualitativ schlechte Erbringung der Hauptleistungspflicht (Verzögerung oder Bummelei bei unteilbarer Arbeitsleistung, Unsorgfältigkeit), die quantitativ geringere Arbeitsleistung oder die Leistung einer nicht geschuldeten Tätigkeit eines aliuds.[1605]

1. Verletzung von Rechtsgütern des Arbeitgebers. Beschädigt der AN die bestehenden Rechtsgüter des AG, haftet er ihm gem. § 280 Abs. 1 i.V.m. § 241 Abs. 2 auf Ersatz des entstandenen Integritätsschadens. Dieser Schadensersatz bezieht sich auf die Verletzung von Rücksichtnahmepflichten gegenüber dem AG.[1606] Unter diesen Schadensersatz fallen auch die Kosten des AG, die er aufwendet, um die Pflichtverletzung zu ermitteln. So kann der AG bei einer pflichtwidrigen Konkurrenztätigkeit des AN, die aufgewendeten **Detektivkosten** ersetzt erhalten.[1607] Nur im Ausnahmefall schlägt diese Nebenpflichtverletzung auf die Leistungsebene durch und der AG kann Schadensersatz statt der Leistung gem. §§ 280 Abs. 1 und 3, 282 verlangen. Handelt es sich um „betrieblich veranlasste" Tätigkeiten, sind die Grundsätze des innerbetrieblichen Schadensausgleichs zu berücksichtigen, die zu einer Haftungsmilderung für den AN führen können (vgl. Rn 875 ff.) In diesen Fällen greift zudem die Beweislastregel des **§ 619a** ein. Danach hat der AG das Verschulden des AN darzulegen und zu beweisen.[1608] Haben die AN in einer **Arbeitsgruppe** Schlechtleistungen erbracht, haften sie anteilig und nicht gesamtschuldnerisch.[1609]

2. Qualitative Schlechtleistung. Eine davon zu trennende Frage ist es, welche Ansprüche der AG im Fall der qualitativen Schlechterfüllung der Hauptleistungspflicht hat, die zu keinem Integritätsschaden geführt hat. Nach allg.M. gibt es für das Arbverh kein gesetzliches Minderungsrecht.[1610] Im Fall der Schlechtleistung muss der AG den AN als Sanktion abmahnen bzw. kündigen. Fehlt eine derartige Regelung, so könnte der AG jedoch ein der Minderung ähnliches Ergebnis im Rahmen des Schadensersatzes statt der Leistung innerhalb des „kleinen Schadensersatzes" erzielen. Ob und wieweit eine solche Möglichkeit existiert, ist auch nach der Schuldrechtsreform umstritten.[1611]

Zum Teil ist vor der Schuldrechtsreform vertreten worden, dass der AG auch im Fall der qualitativen Schlechtleistung einen Schadensersatzanspruch wegen zu vertretender Teilunmöglichkeit der Leistung hat.[1612] Die qualitative Schlechterfüllung sei keine Erfüllung der versprochenen Arbeitsleistung. Da es sich bei der Arbeitsleistung um eine absolute Fixschuld handele, trete für die Zeit der Schlechterfüllung Unmöglichkeit ein. Da die erbrachte, schlechte Arbeitsleistung für den AG nutzlos sei, könne der AG Schadensersatz verlangen. Gegen diese Auffassung ist eingewendet worden, dass auf diesem Wege das Risiko der qualitativen Schlechtleistung entgegen der arbeitsrechtlichen Vorschriften auf den AN übergewälzt werde. Da eine Minderungsregelung fehle, müsse der AG ein derartiges vertragswidriges Verhalten mit den vorgesehenen Mechanismen – nämlich Abmahnung, Künd – ahnden.[1613] Für das nach der Schuldrechtsreform neu geregelte Leistungsstörungsrecht ist darauf hingewiesen worden, dass eine „Minderung" der Gegenleistung in diesen Fällen nach § 326 Abs. 1 S. 2 ausscheidet.[1614]

Bei der **Lösung** dieses Problems wird man letztlich zwischen einem Minderungsrecht und der schadensersatzrechtlichen Beurteilung zu unterscheiden haben. Ein Minderungsrecht ist gesetzlich nicht vorgesehen und nunmehr in § 326 Abs. 1 S. 2 für die Fälle ausgeschlossen, in denen eine Nacherfüllung infolge von Unmöglichkeit nicht mehr erbracht werden muss. Davon zu trennen ist aber die Frage, ob der AG gegen den AN einen Schadensersatzanspruch aufgrund der Schlechtleistung gem. §§ 280 Abs. 1 und 3, 283 hat. Voraussetzung dafür ist aber, dass allein in der Schlechtleistung selbst ein Vermögensschaden liegt. Den Arbeitslohn muss der AG nämlich mangels eines gesetzlichen Minderungsrechts bei einer Schlechtleistung zahlen. Ein Schadensersatzanspruch aufgrund der qualitativen Schlechtleistung setzt daher voraus, dass die vertraglich vereinbarte Arbeitsleistung selbst einen schadensrechtlich erheblichen Vermögenswert hat. Dies wird aber überwiegend verneint.[1615] Dafür spricht auch die praktische Schwierigkeit mangels Vergleichsmaßstäben Werte für qualitativ schlechte Arbeitsleistungen zu ermitteln. Wie soll der AG bei nichtleistungsbezogener Vergütung darlegen, dass die erbrachte Leistung nur 70 % wert ist? Im Ergebnis wird ein Schadensersatzanspruch zumindest an den Anforderungen der Darlegungs- und Beweislast des AG scheitern.

[1605] MünchArb/*Reichold*, Bd. 1, § 39 Rn 25; *Richardi*, NZA 2002, 1004, 1011.
[1606] *Richardi*, NZA 2002, 1004, 1011.
[1607] LAG Köln 10.10.2001 – 7 Sa 932/00 – DB 2002, 592.
[1608] LAG Sachsen-Anhalt 26.2.2004 – 6 Sa 474/03 – juris.
[1609] LAG Sachsen-Anhalt 26.2.2004 – 6 Sa 474/03 – juris.
[1610] BAG 18.7.2007 – 5 AZN 610/07 – juris; LAG Rheinland-Pfalz 13.2.2007 – 3 Sa 319/06 – juris; MünchArb/*Reichold*, Bd. 1, § 39 Rn 31; BAG 17.7.1970 – 3 AZR 423/69 – AP § 11 MuSchG 1968 Nr. 3 = DB 1970, 2226; ArbG Frankfurt 20.1.2004 – 4 Ca 4332/03 – juris.
[1611] *Gotthardt*, Arbeitsrecht nach der Schuldrechtsreform, S. 88; ErfK/*Preis*, § 611 BGB Rn 684.; für die Zeit vor der Schuldrechtsreform MünchArb/*Blomeyer*, 2. Aufl. 2000, Bd. 1, § 58 Rn 2 ff.
[1612] *Beuthien*, ZfA 1972, 73.
[1613] MünchArb/*Reichold*, Bd. 1, § 39 Rn 60.
[1614] *Gotthardt*, Arbeitsrecht nach der Schuldrechtsreform, S. 92; ErfK/*Preis*, § 611 BGB Rn 683.
[1615] MünchArb/*Reichold*, Bd. 1, § 39 Rn 63.

846 **3. Quantitative Schlechtleistung.** Von der qualitativen Schlechtleistung ist die **quantitativ zu geringe Tätigkeitsleistung** zu trennen. In den Fällen, in denen der AN zeitlich unter der versprochenen Leistung bleibt, ist zu unterscheiden: Ist die Tätigkeit nicht nachholbar, so tritt Unmöglichkeit ein. Kann sich der AN gem. § 280 Abs. 1 S. 2 nicht entlasten, haftet er dem AG gem. §§ 280 Abs. 1 und 3, 283 auf Ersatz des entstandenen Schadens. Die Regelung in § 326 Abs. 1 S. 2 steht dem nicht entgegen, da sie sich nur auf die Gegenleistung, nicht aber auf einen Schadensersatzanspruch bezieht.[1616] Praktisch bereitet die Darlegung eines solchen Schadensersatzanspruch aber Schwierigkeiten. Zum einen muss es sich in den Fällen des Zurückhaltens der Arbeitsleistung oder der Bummelei um eine zeitlich teilbare Leistung handeln. Zum anderen muss der AG einen konkreten Schaden darlegen, der ihm durch die quantitative Schlechtleistung entstanden ist. Dieser Schaden liegt nicht allein in der geringeren Leistung als solcher, sondern setzt eine Vermögenseinbuße voraus, wie z.B. ein entgangenes Geschäft etc.

847 **4. Aliud.** Erbringt der AN nicht die vertraglich vereinbarte, sondern eine andere Tätigkeit, ein **aliud**, handelt es sich ebenfalls um eine Schlechtleistung.[1617] Ein Schadensersatzanspruch richtet sich ebenfalls bei fehlender Nachholbarkeit der Arbeitsleistung nach §§ 280 Abs. 1 und 3, 283. Von diesem Schadensersatz sind z.B. Kosten umfasst, die dem AG bei der Beseitigung der Folgen der Schlechtleistung entstehen (z.B. Aushub an falscher Stelle). Ist die Tätigkeit jedoch betrieblich veranlasst und nicht auf einen eigenmächtigen Entschluss und ein eigenes Interesse des AN zurückzuführen, sind in diesen Fällen die Haftungsbeschränkungen nach den Grundsätzen des innerbetrieblichen Schadensausgleichs sowie die Beweislastregel des § 619a zu beachten (vgl. Rn 875 ff.).

IV. Nichtleistung des Arbeitgebers infolge Unmöglichkeit

848 Hinsichtlich der Leistungen des AG ist zwischen der Entlohnungspflicht und der Pflicht zu unterscheiden, den AN zu beschäftigen. Der Zahlungsanspruch des AN gegen den AG kann nicht gem. § 275 Abs. 1 unmöglich werden, da Geld als solches existiert. Ebenso kann sich der AG nicht auf § 275 Abs. 2 berufen, da der Beschaffungsaufwand in keinem groben Missverhältnis zu dem Interesse des AN an seinem Lohn stehen kann. In den Fällen, in denen sich der AG auf die wirtschaftliche Unzumutbarkeit infolge einer Veränderung der tatsächlichen Situation beruft, ist eine Anpassung des Vertrags über die Grundsätze des WGG (§ 313) gegenüber dem Instrument der Änderungs-Künd nach § 2 KSchG subsidiär.[1618] Unmöglichkeit der Entlohnungsverpflichtung ist nur dann anzunehmen, wenn der AG zeitabhängige Naturalleistungen schuldet, wie z.B. das Stellen eines Dienstfahrzeugs,[1619] oder die Zahlungen einen zeitabhängigen Zweck verfolgen, z.B. vermögenswirksame Leistungen.[1620] Für den zurückliegenden Zeitraum ist diese Leistung gem. § 275 Abs. 1 infolge Zeitablaufs unmöglich geworden, so dass der AN Schadensersatz statt der Leistung gem. §§ 280 Abs. 1 und 3, 283 verlangen kann.

849 Für den Beschäftigungsanspruch des AN ist zu differenzieren. Kann der AG den AN nicht beschäftigen, weil das Leistungssubstrat, also z.B. die Betriebsstätte, untergegangen ist, tritt Unmöglichkeit gem. § 275 Abs. 1 infolge Zeitablaufs ein. Der AG kann sich nicht darauf berufen, dass ihm die Beschäftigung des AN im vertraglichen Umfang wirtschaftlich nicht zuzumuten sei.[1621] Dagegen tritt ebenfalls Unmöglichkeit gem. § 275 Abs. 1 ein, wenn der AN nicht mehr beschäftigt werden kann, weil sein Arbeitsplatz weggefallen ist.[1622]

850 Dieser Umstand ist ebenso im Zwangsvollstreckungsverfahren zu berücksichtigen. Der Schuldner kann nicht zu einer Handlung gezwungen werden, die ihm überhaupt nicht möglich ist.[1623] Allerdings darf der AG keine Organisationsentscheidungen treffen, die den Beschäftigungsanspruch bewusst umgehen.[1624] Der Lohnanspruch bleibt nach § 326 Abs. 2 (bei Verschulden des AG) oder nach § 615 S. 3 bei unverschuldeten Untergang erhalten. Grds. trägt der AG das Risiko, dass sein Betrieb und die Arbeitsstätten bereitstehen.[1625] Schadensersatz statt der Leistung erhält der AN gem. §§ 280 Abs. 1 und 3, 283. Dies gilt auch für den Fall, dass der AG dem AN nach Abschluss des Vertrags schon die Einstellung und Arbeitsaufnahme verweigert.[1626]

851 Ist der Beschäftigungsanspruch des AN infolge Zeitablaufs unmöglich geworden, kann der AN gem. §§ 280 Abs. 1 und 3, 283 den Schaden ersetzt erhalten, der ihm infolge der Nichtbeschäftigung entstanden ist. Handelt es sich um einen Bühnenkünstler, kann der entstandene Schaden gem. § 287 ZPO geschätzt werden, wobei für eine Spielzeit bis zu sechs Monatsgagen anzusetzen sind.[1627]

1616 A.A. *Gotthardt*, Arbeitsrecht nach der Schuldrechtsreform, S. 92.
1617 MünchArb/*Reichold*, Bd. 1, § 39 Rn 25.
1618 BAG 16.5.2002 – 2 AZR 292/01 – AP § 2 KSchG 1969 Nr. 69 = NJW 2003, 1139.
1619 *Gotthardt*, Arbeitsrecht nach der Schuldrechtsreform, S. 87.
1620 BAG 21.1.1999 – 8 AZR 217/98 – juris.
1621 LAG Berlin 26.10.2001 – 6 Sa 1076/01 – juris.
1622 BAG 13.6.1990 – 5 AZR 350/89 – EzA § 611 BGB Beschäftigungspflicht Nr. 44.
1623 LAG Berlin 14.6.2001 – 9 Ta 998/01 – LAGE § 888 ZPO Nr. 46; LAG Berlin 23.9.2002 – 6 Ta 1705/02 – juris; LAG Schleswig-Holstein 11.12.2003 – 2 Ta 257/03 – juris.
1624 LAG Schleswig-Holstein 11.12.2003 – 2 Ta 257/03 – juris.
1625 *Reichold*, ZTR 2002, 202, 208.
1626 *Gotthardt*, Arbeitsrecht nach der Schuldrechtsreform, S. 87.
1627 BAG 18.3.1999 – 8 AZR 344/98 – ZTR 1999, 516.

852 Verweigert der AG grundlos einen vom AN rechtzeitig verlangten Urlaubsanspruch, wandelt sich dieser in einen Ersatzanspruch um, der nicht an die urlaubsrechtlichen Übertragungsvoraussetzungen gebunden ist.[1628] Dieser Anspruch folgt nach der Schuldrechtsreform aus §§ 280 Abs. 1 und 2, 286 und ist zunächst auf Naturalrestitution gem. § 249 S. 1 auf Gewährung eines entsprechenden Urlaubs gerichtet. Erst wenn das Arbverh beendet ist und die Naturalrestitution unmöglich ist, wird Geldersatz gem. § 251 geschuldet.[1629] In diesen Fällen ist die Anspruchsgrundlage §§ 280 Abs. 1 und 3, 283.[1630] Hat der AN wirksam den Urlaub verlangt, gerät der AG in Verzug. Verfiel der Urlaub nach der bisherigen Rspr. innerhalb des Übertragungszeitraums und ist deshalb Unmöglichkeit anzunehmen, muss der AN nicht erneut Zahlung verlangen.[1631] Hatte der AN den Urlaub dagegen nicht verlangt und ist im arbeitsgerichtlichen Vergleich nur die Abrechnung des Arbverh vereinbart worden, so fehlte es an der Anspruchsvoraussetzung.[1632] Dies hat sich nun durch die neue Rspr. des EuGH geändert.[1633] Danach widerspricht es Art. 7 der Richtlinie 2003/88/EG, wenn der Abgeltungsanspruch verfällt, weil der AN während des Übertragungszeitraumes krank gewesen ist und deshalb seinen Urlaub nicht nehmen konnte.[1634] Das BAG hat vor dem Hintergrund der EuGH-Entscheidung seine Rspr. ausdrücklich aufgegeben.[1635] Dies gilt jedenfalls für den gesetzlichen Urlaub. Regeln die Arbeitsvertragsparteien dagegen einen darüber hinausgehenden Urlaubsanspruch, so steht einem einzelvertraglich angeordnetem Verfall und seiner Abgeltung europäisches Recht nicht entgegen.

853 Ist es dem AN infolge von Zeitablauf unmöglich, angefallene Überstunden im Wege eines Freizeitausgleichs zu erhalten, haftet der AG nur dann auf Ersatz der Überstundenzahlungen gem. §§ 280 Abs. 1 und 3, 283, 251, wenn er diese Unmöglichkeit verschuldet hat, z.B. den Freizeitausgleich nicht gewährt hat.[1636] Das ist nicht der Fall, wenn das Arbverh gekündigt worden ist und der AN krankheitsbedingt – also ohne Verschulden des AG – keinen Freizeitausgleich nehmen konnte.[1637]

854 Verhindert der AG bei Vorliegen einer Zielvereinbarung, dass der AN das Ziel nicht erreichen kann, z.B. Unmöglichkeit wegen Zeitablaufs wegen nicht Nichtfestsetzung der monatlichen Zielvorgaben, kann der AN einen Anspruch auf den Lohn haben, den er bei Festsetzung des monatlichen Ziels hätte erzielen können.[1638]

V. Verzug des Arbeitgebers

855 **1. Annahmeverzug.** Die Voraussetzungen des **Annahmeverzugs** des AG richten sich nach den allgemeinen Regelungen der §§ 293 ff. Hinsichtlich der Rechtsfolgen ist dagegen für den Arbeitsvertrag § 615 zu berücksichtigen. Nach § 615 S. 1 wird der Vergütungsanspruch des AN entgegen der Regelung des § 326 Abs. 1 S. 1 aufrechterhalten. Leistet der AN nämlich nicht, so wird er gem. § 275 Abs. 1 mangels Nachholbarkeit der Arbeitsleistung von seiner Leistungspflicht frei. Infolge der Unmöglichkeit des Leistungsanspruchs geht der Anspruch auf seine Gegenleistung nach der allgemeinen Regelung des § 326 Abs. 1 S. 1 unter. Demnach schiede ein Annahmeverzug des AG stets aus. Davon regelt § 615 eine Ausnahme als Fallgruppe des „Lohns ohne Arbeit". § 615 ist damit keine eigene Anspruchsgrundlage, sondern führt nur dazu, dass der vertragliche Lohnanspruch trotz Unmöglichkeit der Leistung bestehen bleibt. Zu den Voraussetzungen und Rechtsfolgen des § 615 vgl. die Kommentierung dort.

856 **2. Schuldnerverzug.** Im Fall des **Schuldnerverzugs** des AG, kann der AN Ersatz des Verzögerungsschadens gem. §§ 280 Abs. 1 und 2, 286, Schadensersatz statt der Leistung gem. §§ 280 Abs. 1 und 3, 281 oder wahlweise Aufwendungsersatz verlangen. Im Gegensatz zu den übrigen Schadensersatzansprüchen sind die Voraussetzungen für den Ersatz des **Verzögerungsschadens** durch die Schuldrechtsreform nicht gravierend geändert worden. Nach §§ 280 Abs. 1 und 2, 286 müssen folgende Voraussetzungen gegeben sein:
– Pflichtverletzung im Schuldverhältnis = Verzögerung (§ 280 Abs. 1 S. 1)
– fälliger, durchsetzbarer Anspruch auf die Leistung
– Mahnung **oder**
– Entbehrlichkeit der Mahnung gem. Abs. 2
– (neu: Abs. 2 Nr. 2: Ereignis selbst muss nicht nach Kalender berechenbar sein, z.B. 20 Tage nach Rechnungserhalt;
– **Änderung** in Abs. 3: bei **Entgeltforderung** Verzug **spätestens** 30 Tage nach Rechnungserhalt – Verzug kann also z.B. durch Mahnung früher herbeigeführt werden)
– Vertreten der Verzögerung Abs. 4
– für tarifvertraglich geregelte Ansprüche Geltendmachung innerhalb der **Ausschlussfrist**.

1628 BAG 24.9.1996 – 9 AZR 364/95 – AP § 7 BUrlG Nr. 22 = NZA 1997, 507; LAG Köln 25.9.2002 – 7 Sa 440/02 – juris.
1629 LAG Köln 25.9.2002 – 7 Sa 440/02 – juris.
1630 BAG 11.7.2006 – 9 AZR 535/05 – NZA 2006, 1008; *Gotthardt*, Arbeitsrecht nach der Schuldrechtsreform, S. 87.
1631 ArbG Hamburg 25.6.2007 – 8 Ca 433/06 – juris.
1632 LAG Köln 17.10.2006 – 9 Sa 731/06 – juris.
1633 EuGH 20.1.2009 – C-350/06 – NJW 2009, 495.
1634 LAG Düsseldorf 2.2.2009 – 12 Sa 486/06 – BB 2009, 437.
1635 BAG 24.3.2009 – 9 AZR 983/07 – ArbuR 2009, 133.
1636 ArbG Limburg 5.8.2002 – 1 Ca 1159/01 – DB 2003, 778.
1637 Sächsisches LAG 13.11.2002 – 2 Sa 879/01 – juris.
1638 BAG 12.12.2007 – 10 AZR 97/07 – NZA 2008, 409; ArbG Frankfurt 11.12.2002 – 2 Ca 2816/02 – ZTR 2003, 577.

857 a) Vertraglicher Anspruch. Der Anspruch gem. §§ 280 Abs. 1 und 2, 286 setzt das Bestehen eines **wirksamen Vertrags** voraus. Bei Verstoß gegen das **SchwarzArbG** ist zu prüfen, inwieweit der Vertrag von der Nichtigkeit ergriffen sein soll. Auch wenn beide Parteien von dem Verstoß wussten und an sich die Nichtigkeit des Vertrags anzunehmen ist, kann es dem AG im Einzelfall verwehrt sein, sich darauf zu berufen. So, wenn die Initiative zum illegalen Vertragsschluss eindeutig von ihm ausgegangen ist.[1639] Allerdings kann in diesen Fällen auch überlegt werden, die Nichtigkeitsfolge von vornherein nicht auf den Vergütungsanspruch zu erstrecken.

858 b) Durchsetzbarkeit. Der AG darf seiner Pflicht nicht nachgekommen sein, auf die der AN einen **fälligen, durchsetzbaren Anspruch** hat. Der Anspruch auf Lohn ist entsprechend der vertraglichen oder kollektivrechtlichen Vereinbarung fällig. Abweichend von § 271 richtet sich die Fälligkeit in den übrigen Fällen nach § 614 S. 1 nach Leistung der Arbeitsleistung bzw. der versprochenen Zeitabschnitte, in denen die Leistung erbracht werden soll. Der Durchsetzbarkeit des Anspruchs steht es entgegen, wenn der AG eine Einrede oder Einwendung gegen den Anspruch geltend machen kann. Hat der AN seine Arbeitsleistung gem. §§ 273, 320 oder 321 zurückgehalten, weil der Lohn schon zuvor nicht gezahlt worden ist, steht dies dem Schuldnerverzug nicht entgegen.

859 c) Mahnung. Die **Mahnung** ist bei verzögerter Lohnzahlungspflicht gem. § 286 Abs. 2 Nr. 1 entbehrlich. Werden Leistungen dagegen nicht kalendermäßig abgerechnet, wie z.B. bei leistungsbezogenen Entgelten oder Provisionen, wird die Mahnung gem. § 286 Abs. 2 Nr. 2 entbehrlich.[1640] Die Entbehrlichkeit der Mahnung nach § 286 Abs. 3 hängt davon ab, ob es sich bei der geschuldeten Leistung um eine **„Entgeltforderung"** handelt. Darunter sind nur solche Geldforderungen zu verstehen, die im Gegenseitigkeitsverhältnis mit der geschuldeten Arbeitsleistung stehen.[1641] Deshalb greift die Regelung nicht bei Schadensersatzansprüchen oder Aufwendungsersatzansprüchen oder auch nicht bei einer Abfindungszahlung ein, die nicht zur Vergütung gehören.

860 d) Vertreten. Der AG haftet dann nicht, wenn die Verzögerung auf einem Umstand beruht, den er nicht zu vertreten hat. Die Darlegungs- und Beweislast für das **Vertretenmüssen** trägt der AG, der sich gem. § 286 Abs. 4 entlasten muss. Der AG kann sich danach entlasten, wenn er sich bei der Verzögerung der Leistung in einem entschuldbaren **Rechtsirrtum** befunden hat.[1642] Die Rspr. stellt daran hohe Anforderungen, da der Schuldner das Risiko eines Rechtsirrtums grds. selbst trägt und nicht dem Gläubiger zuschieben kann. Andererseits darf der Schuldner bei schwieriger und zweifelhafter Rechtslage auf eine ihm günstige Rechtsauffassung vertrauen, insb. wenn es um die Anwendung sog. unbestimmter Rechtsbegriffe geht, die angesichts des weitgehenden tatrichterlichen Beurteilungsspielraumes sogar bei tatsächlich gleichgelagerten Fällen zu ungleichen revisionsgerichtlichen Entscheidungen führen können. Dasselbe gilt, wenn sich der Schuldner bei objektiv zweifelhafter Rechtslage auf höchstrichterliche Entscheidungen zu seinen Gunsten berufen kann.

861 Neben dem Verzug mit der Lohnzahlungspflicht, kann der AG aber ebenso bei einer Verzögerung mit allen übrigen Pflichten gem. §§ 280 Abs. 1 und 2, 286 auf Ersatz des Verzögerungsschadens haften. Ob es dabei um Haupt- oder Nebenpflichten handelt, spielt keine Rolle. Zu dem Anspruch und der Berechnung der **Verzugszinsen** vgl. § 288.

862 e) Umfang des Schadensersatzanspruchs. Der **Umfang** des Verzögerungsschadensersatzes umfasst nur diejenigen Schäden, die durch den Verzug selbst entstanden sind. Der Gläubiger ist gem. § 249 so zu stellen, als ob der Verzug nicht eingetreten wäre. Nicht zu ersetzen ist der Schaden, der dadurch entsteht, dass die Leistung endgültig ausbleibt (dann Schadensersatz statt der Leistung gem. §§ 280 Abs. 1 und 3, 281). Unter den Verzögerungsschaden fallen die Rechtsverfolgungskosten mit Ausnahme der Kosten der verzugsbegründenden Mahnung, aber auch die Kosten eines Kredits, den der AN mangels **Lohnzahlung** aufnehmen musste.[1643] In diesen Fällen ist aber darauf zu achten, dass die Kausalität zwischen Lohnnichtzahlung und Schaden genau dargetan wird z.B. durch Vorlegen der Kontoauszüge. Die gesetzlichen Zinsen sind – wenn sie gesondert eingeklagt worden sind – von möglichen weitergehenden Verzugszinsen abzuziehen. Zahlt der AG den Lohn nur verzögert, können dem AN **Steuernachteile** entstehen, wenn er aufgrund der einmaligen Gesamtnachzahlung von mehreren Monatsentgelten aufgrund der progressionsbedingten Steuerbelastung mehr Steuern zahlen muss, als wenn der AG monatlich gezahlt hätte.[1644] Diese sind ebenfalls vom Verzugsschadensersatz umfasst.[1645] Unter diesen Anspruch fallen auch die Kosten der Beauftragung eines Steuerberaters, um den Schaden zu ermitteln. Als Ansprüche aus dem Arbverh können derartige Schadensersatzansprüche **tariflichen Ausschlussfristen** unterfallen. Ist der Schaden hinreichend gekennzeichnet, kommt es für die tarifliche Geltendmachung innerhalb der Ausschlussfrist nicht darauf an, ob der Betrag geringfügig über- oder unterschritten wird.[1646]

1639 LAG Berlin 26.11.2002 – 3 Sa 1530/02 – BB 2003, 1569.
1640 *Gotthardt*, Arbeitsrecht nach der Schuldrechtsreform, S. 89.
1641 BT-Drucks 14/6857, S. 51.
1642 BAG 12.11.1992 – 8 AZR 503/91 – AP § 285 BGB Nr. 1 = NZA 1993, 500; LAG Berlin 25.6.1999 – 6 Sa 638/99 – juris; LAG München 10.12.1999 – 10 Sa 501/99 – juris.
1643 LAH Hamm 18.10.2006 – 6 Sa 1636/05 – juris.
1644 BAG 20.6.2002 – 8 AZR 488/01 – NZA 2003, 268, 270.
1645 BAG 14.5.1998 – 8 AZR 634/96 – NZA-RR 1999, 511; LAG Düsseldorf 12.12.2006 – 6 Sa 913/06 – juris.
1646 BAG 20.6.2002 – 8 AZR 488/01 – NZA 2003, 268, 271.

Verzögert der AG seine **Pflicht gem. § 2 Abs. 1 Nr. 10 NachwG**, den AN auf den geltenden TV hinzuweisen, hat der **863**
AN einen Schadensersatzanspruch gem. §§ 280 Abs. 1 und 2, 286, auf **Ersatz des Lohns**, den er infolge einer tariflichen Ausschlussfrist nicht mehr geltend machen kann. Die Mahnung ist gem. § 286 Abs. 2 Nr. 1 entbehrlich, da der AG den AN einen Monat nach dem vereinbarten Arbeitsbeginn auf die wesentlichen Arbeitsbedingungen hinweisen muss. Voraussetzung für einen Schadensersatzanspruch ist, dass bei gesetzmäßigem (tarifmäßigem) Verhalten des AG der Anspruch vom AN rechtzeitig geltend gemacht worden wäre. Für das Vorliegen eines derartigen ursächlichen Zusammenhangs zwischen Pflichtverletzung und Schadenseintritt besteht nach der Rspr. eine Vermutung.[1647]

Ob die verspätete Arbeitszeitreduzierung im Rahmen des **§ 8 TzBfG**, einen Verzögerungsschaden begründen kann, **864**
ist umstritten.[1648] Ein Vermögensschaden wird i.d.R. ausscheiden, da der AN auf der Basis des höheren Stundensatzes weiter arbeitet. Haben die Arbeitsvertragsparteien eine **Zielvereinbarung** geschlossen, und setzt der AG die z.B. monatlich festzusetzenden Zielvorgaben nicht an, so kann der AN einen Verzögerungsschadensersatz in Höhe des Lohns haben, den er bei Festsetzung der Vorgabe hätte erreichen können.[1649] Voraussetzung ist allerdings, dass er den AG vorher angemahnt hat, wenn die Termine – wie im Regelfall – nicht festliegen. Darüber hinaus muss der AG die Nichtfestsetzung zu vertreten haben, d.h. die Ablehnung eines angemessenen Angebots lässt den Schadensersatzanspruch entfallen.

Erteilt der AG trotz eines bestehenden Anspruchs keine **Nebentätigkeitsgenehmigung** (vgl. Rn 540), so fällt in den **865**
Verzugsschadensersatz auch der entgangene zusätzliche Verdienst.[1650] Erteilt der AG dem AN erst verspätet ein **Zeugnis**, so muss dieses Verhalten für den vom AN geltend gemachten Schaden ursächlich gewesen sein. Die Darlegungs- und Beweislast dafür, dass die Nichterteilung, die verspätete Erteilung oder die Erteilung eines unrichtigen Zeugnisses für einen Schaden des AN ursächlich gewesen sei, liegt beim AN. Macht er einen Schadensersatzanspruch geltend, weil er wegen des fehlenden ordnungsgemäßen Zeugnisses keine neue Stelle gefunden und deshalb einen Verdienstausfall erlitten haben will, so muss er darlegen und ggf. beweisen, dass ein bestimmter AG bereit gewesen sei, ihn einzustellen, sich aber wegen des fehlenden Zeugnisses davon hat abhalten lassen.[1651] Ausreichend aber auch notwendig ist dabei eine gewisse Wahrscheinlichkeit des Ursachenzusammenhangs. Sie ist zu bejahen, wenn sich im Unternehmen ernsthaft für die Einstellung des AN interessiert und das fehlende Zeugnis zur Sprache gebracht wurde und es gerade wegen des fehlenden Zeugnisses nicht zu einer Einstellung gekommen ist.[1652] Verzögert der AG den **Urlaubsanspruch**, kann AN unter den Voraussetzungen der §§ 280 Abs. 1 und 2, 286 Ersatzurlaub als Naturalrestitution erhalten.[1653] Voraussetzung ist aber, dass der AN zuvor seinen Urlaubsanspruch wirksam geltend gemacht hat. Dazu zählt nach vorheriger Krankheit des AN seine grundsätzliche Bereitschaft wieder zu arbeiten.[1654] Die Erhebung einer Künd-Schutzklage wirkt nicht verzugsbegründend.[1655] Geldersatz wird gem. §§ 280 Abs. 1 und 3, 283[1656] erst geschuldet, wenn der Urlaub als solcher z.B. wegen Beendigung des Arbverh nicht mehr genommen werden kann.[1657] Schadensersatz für einen untergegangenen **Urlaubsabgeltungsanspruch** kann der AN nur dann erhalten, wenn er zuvor seinen AG in Verzug gesetzt hat.[1658]

C. Verbindung zu anderen Rechtsgebieten und zum Prozessrecht
I. Verjährung der Schadensersatzansprüche/Ausschlussfristen

Durch das SchuldRModG ist das Verjährungsrecht auch hinsichtlich der Ansprüche aus dem Leistungsstörungsrecht **866**
verändert worden. Die vertraglichen Schadensersatzansprüche verjähren grds. in **drei Jahren** gem. § 195. Diese Frist beginnt mit dem Abschluss des Jahres, in welchem der Anspruch entstanden ist (objektiver Umstand) und der Gläubiger die Kenntnis der anspruchsbegründenden Tatsachen zumindest hätte erlangen können (subjektiver Umstand). Der Schadensersatzanspruch ist entstanden, wenn er klageweise geltend gemacht werden kann.[1659] Dabei ist es unschädlich, wenn vorhersehbare Schadensfolgen sich später verwirklichen. Um eine Verjährungshemmung auch bei noch nicht eingetretenen Folgeschäden nach § 204 zu erreichen, muss der Geschädigte daher eine Feststellungsklage erheben. Das subjektive Merkmal ist erfüllt, wenn der Geschädigte tatsächliche Kenntnis von den Umständen des Schadensersatzanspruchs und der Person des Schuldners (Name und Anschrift) hat oder hätte erlangen können,

---

1647 BAG 17.4.2002 – 5 AZR 89/01 – NZA 2002, 1096; LAG Berlin 26.11.2002 – 3 Sa 1530/02 – BB 2003, 1569.
1648 LAG Düsseldorf 2.7.2003 – 12 Sa 407/03 – NZA-RR 2004, 234 m.w.N.
1649 ArbG Frankfurt 11.12.2002 – 2 Ca 2816/02 – ZTR 2003, 577.
1650 LAG München 10.12.1999 – 10 Sa 501/99 – juris, im Ergebnis aber mangels Verschulden verneint.
1651 BAG 16.11.1995 – 8 AZR 983/94 – EzA § 630 BGB Nr. 20.
1652 Hessisches LAG 30.7.2003 – 2 Sa 159/03 – juris.
1653 BAG 24.9.1996 – 9 AZR 364/95 – AP § 7 BUrlG Nr. 22 = NZA 1997, 507; LAG Köln 25.9.2002 – 7 Sa 440/02 – juris.
1654 LAG Köln 1.10.1998 – 6 Sa 873/98 – NZA-RR 1999, 404.
1655 BAG 18.9.2001 – 9 AZR 570/00 – NZA 2002, 895.
1656 *Gotthardt*, Arbeitsrecht nach der Schuldrechtsreform, S. 87.
1657 LAG Köln 25.9.2002 – 7 Sa 440/02 – juris.
1658 LAG Niedersachsen 11.8.2003 – 5 Sa 1048/03 – NZA-RR 2004, 122.
1659 ErfK/*Preis*, §§ 194–218 BGB Rn 8.

ohne dass es auf die rechtliche Beurteilung dieser Umstände ankommt.[1660] Wiederum müssen nicht alle Folgeschäden bekannt sein, es reicht aus, wenn der Geschädigte eine Feststellungsklage erheben kann.

867 Unabhängig von der regelmäßigen dreijährigen Verjährungsfrist des § 195 werden im Gesetz verschiedenen **Höchstfristen** vorgesehen, die als absolute Rahmenfristen die Geltendmachung der Schadensersatzansprüche begrenzen. Erlangt der Gläubiger keine Kenntnis von den anspruchsbegründenden Umständen, beginnt die regelmäßige Verjährung des § 195 nicht zu laufen. Der Schadensersatzanspruch kann aber nach dem Ablauf von
- **30 Jahren** unter den Voraussetzungen des § 199 Abs. 2 bei Verletzung von Leben, Körper, Gesundheit oder Freiheit
- **zehn bzw. 30 Jahren** bei sonstigen Schadensersatzansprüchen

868 unabhängig von der Kenntnis des Geschädigten nicht mehr geltend gemacht werden. Das bedeutet aber nicht, dass diese Ansprüche grds. in 30 bzw. zehn Jahren verjähren. Erlangt der Geschädigte Kenntnis bzw. hätte er Kenntnis erlangen können, beginnt die Regelfrist des § 195 zu laufen und die abstrakten Rahmenfristen spielen keine Rolle mehr.

869 Nach der Schuldrechtsreform ist die Verjährung gem. § 203 gehemmt, wenn die Parteien über den in Frage stehenden Anspruch verhandeln. Insoweit ist die bisherige Rspr. zu **§ 852 a.F.** zu berücksichtigen.

870 Die Verjährung kann vertraglich gem. § 202 Abs. 2 bis zu einer Frist von 30 Jahren erschwert, bei Vorsatz aber gem. § 202 Abs. 1 nicht erleichtert werden. Wird die gesetzliche Verjährung durch eine formularmäßige Klausel verändert, unterliegt sie gem. §§ 310 Abs. 4, 307 der Inhaltskontrolle. Eine Verkürzung der Verjährung der Schadensersatzansprüche auf weniger als sechs Monate wird dieser Kontrolle nicht standhalten.[1661]

871 Der Schadensersatz des AG bei einem Verstoß gegen ein Wettbewerbsverbot des Handlungsgehilfen verjährt abweichend von § 195 nach **§ 61 Abs. 2 HGB** in drei Monaten. Ob diese kurze Verjährungsfrist auch auf technische – also nicht kaufmännische – Ang zu erstrecken ist, ist umstritten.[1662] Der Sinn und Zweck der Vorschrift und die Erstreckung des Wettbewerbsverbots des § 60 HGB auf das Arbeitsrecht sprechen für eine derartige Übertragung.

872 Neben der Verjährung können für Schadensersatzansprüche aus dem Arbverh tarifliche Ausschlussfristen (z.B. § 70 BAT) zu beachten sein, die aufgrund Tarifbindung der Parteien, Allgemeinverbindlichkeit des TV oder individualvertraglicher Inbezugnahme für das Arbverh greifen. Fällt der vertragliche Schadensersatzanspruch mit einem deliktischen zusammen, so ist auch dieser von der Ausschlussfrist erfasst.[1663] Allein die Erhebung einer Künd-Schutzklage dient nicht dazu, einen Schadensersatzanspruch innerhalb einer tariflichen oder vertraglichen Ausschlussfrist geltend zu machen.[1664]

II. Aufrechnung, Pfändbarkeit

873 Will der AG mit seinem Schadensersatzanspruch gegen den Lohnanspruch des AN aufrechnen, so muss er die Grenzen des § 394 S. 1 i.V.m. **§§ 850 ff. ZPO** beachten. Danach ist die Aufrechnung ausgeschlossen, soweit der Lohnanspruch nicht gepfändet werden kann. Ein besonderes gesetzliches Aufrechnungsverbot findet sich in **§ 107 Abs. 2 S. 2 GewO**.

D. Beraterhinweise

874 Tritt der AN die Arbeit nicht an, so hat der AG neben der oben erwähnten Möglichkeit Schadensersatz gem. §§ 280 Abs. 1 und 3, 283 zu verlangen, weitere Alternativen, um gegen den AN vorzugehen. Lässt sich ein Schadensersatz wie im Regelfall nicht konkret ermitteln, ist es ratsam dem Vertragsbruch des AN schon bei der Vertragsgestaltung durch Aufnahme einer **Vertragsstrafenregelung** vorzubeugen.[1665] Wird die Vertragsstrafe in einer Klausel festgelegt, so ist dies nach dem BAG zulässig,[1666] wobei darauf zu achten ist, dass es zwar keine absolute Höchstgrenze gibt, jedoch das eigentlich während der Künd-Frist noch zu zahlende Entgelt ein Gesichtspunkt bei der Bemessung der Höhe der Vertragsstrafe ist.[1667] Neben der Möglichkeit den Schadensersatzanspruch einzuklagen, kann der AG beim ArbG mit der Klage auf Leistung auch beantragen, den AN zu einer **Entschädigung** gem. § 61 Abs. 2 ArbGG zu verurteilen, die vom Gericht nach freiem Ermessen festgesetzt wird. Voraussetzung für die Entschädigung ist, dass ein Leistungsurteil auf Vornahme der Handlung ergeht und überhaupt ein Schaden als solcher entstanden ist.[1668] Im einstweiligen Rechtsschutz scheidet diese Möglichkeit mangels eines Verfügungsgrunds hinsichtlich der sofortigen Zahlung im Regelfall aus.[1669]

1660 *Mansel*, NJW 2002, 89.
1661 ErfK/*Preis*, §§ 194–218 BGB Rn 28.
1662 LAG Baden-Württemberg 28.1.2004 – 2 Sa 76/03 – juris. m.w.N, dagegen noch BAG 16.1.1975 – 3 AZR 72/74 – AP § 60 HGB Nr. 60 = RdA 1975, 266.
1663 LAG Köln 3.6.2004 – 5 Sa 241/04 – juris.
1664 BAG 20.6.2002 – 8 AZR 488/01 – NZA 2003, 268.
1665 *Singer*, RdA 2003, 194, 201.
1666 BAG 4.3.2004 – 8 AZR 196/03 – NZA 2004, 727.
1667 BAG 25.9.2008 – 8 AZR 717/07 – DB 2009, 569; *Brors*, DB 2004, 1778.
1668 *Germelmann u.a.*, § 61 Rn 27 und 30.
1669 ErfK/*Preis*, § 611 BGB Rn 701.

Teil 5: Besonderheiten der Haftung im Arbeitsverhältnis

Literatur: *Annuß*, (Nichts) Neues zur Arbeitnehmerhaftung?, NZA 1998, 1089; *ders.*, Die Haftung des Arbeitnehmers, 1997; *Bittner*, Die Erfüllung des arbeitsrechtlichen Freistellungsanspruchs, NZA 2002, 833; *Blaschczok*, Gefährdungshaftung und Risikoverteilung, 1993; *Brors*, Die Abschaffung der Fürsorgepflicht, 2002; *Busemann*, Die Haftung des Arbeitnehmers gegenüber dem Arbeitgeber und Dritten, 1999; *Canaris*, Risikohaftung bei schadensgeneigter Tätigkeit im Drittinteresse, RdA 1966, 41; *Deinert*, Mankohaftung, RdA 2000, 22; *Denck*, Der Schutz des Arbeitnehmers vor der Außenhaftung, 1980; *Deutsch*, Das Verschulden als Merkmal der Arbeitnehmer-Haftung, RdA 1996, 1; *Hammen*, Die Gattungshandlungsschuld, 1995; *Hanau*, Die Rechtsprechung des Bundesgerichtshofs zur Haftung im Arbeitsverhältnis, in: FS für Steffen, 1977, S. 177; *Heinze*, Zur Verteilung des Schadensrisikos bei unselbstständiger Arbeit, NZA 1986, 549; *Henssler*, Arbeitsrecht und Schuldrechtsreform, RdA 2002, 129; *Hübsch*, Arbeitnehmerhaftung bei Versicherbarkeit des Schadensrisikos und bei grober Fahrlässigkeit, BB 1998, 690; *Joussen*, Der persönliche Anwendungsbereich der Arbeitnehmerhaftung, RdA 2006, 129; *Krause*, Geklärte und ungeklärte Probleme der Arbeitnehmerhaftung, NZA 2003, 577; *Langenbucher*, Risikohaftung und Schutzpflichten im innerbetrieblichen Schadensausgleich, ZfA 1997, 523; *Marschner*, Die Neuregelung der Haftungsfreistellung in der gesetzlichen Unfallversicherung, BB 1996, 2090; *Peifer*, Neueste Entwicklung zu Fragen der Arbeitnehmerhaftung im Betrieb, ZfA 1996, 69; *Richardi*, Leistungsstörungen und Haftung im Arbeitsverhältnis nach dem Schuldrechtsmodernisierungsgesetz NZA 2002, 1004; *Rolfs*, Aktuelle Entwicklungen beim unfallversicherungsrechtlichen Haftungsausschluss (§§ 104 ff. SGB VII), DB 2001, 2294; *Sandmann*, Die Haftung von Arbeitnehmern, Geschäftsführern und leitenden Angestellten, 2001; *Sasse*, Rechtsprechungsübersicht zum Mobbing, BB 2008, 1450; *Schäfer/Ott*, Lehrbuch der ökonomischen Analyse des Zivilrechts, 3. Aufl. 2000; *Scheel*, Versicherbarkeit und Prävention, 1999; *Schwerdtner*, Gefahrgeneigte Arbeit und Kaskoversicherung, DB 1988, 1799; *Sommer*, Arbeitnehmerhaftung und Kaskoversicherung, NZA 1990, 837; *Waltermann*, Aktuelle Fragen der Haftungsbeschränkung bei Personenschäden, NJW 2002, 1225

A. Allgemeines

875 Abweichend von der vertraglichen Haftung nach dem allgemeinen Schuldrecht sind für die arbeitsvertragliche Haftung verschiedene Besonderheiten zu berücksichtigen. Bei der Haftung des AN gegenüber dem AG wird die Verantwortlichkeit für den eingetretenen Schaden nach den von der Rspr. entwickelten Grundsätzen zum innerbetrieblichen Schadensausgleich modifiziert (vgl. Rn 881). Haftet der AN aufgrund einer betrieblich veranlassten Tätigkeit Dritten gegenüber, so hat er gegenüber dem AG einen Anspruch auf Haftungsfreistellung gem. der im innerbetrieblichen Schadensausgleich ermittelten Verantwortlichkeit. Die sozialversicherungsrechtliche Unfallversicherung des AG gegenüber Arbeitsunfällen mit Körperschäden führt dazu, dass die besonderen Haftungsausschlüsse gem. §§ 104 ff. SGB VII auch bei der Frage der zivilrechtlichen Haftung zu beachten sind (vgl. Rn 931 und 935). Über die in § 276 begründete Verantwortlichkeit hinaus, muss der AG auch ohne sein Verschulden für Sach- oder Vermögensschäden des AN einstehen, wenn sie auf eine betrieblich veranlasste Handlung zurückzuführen sind (siehe Rn 954).

B. Die Regelung der Haftung im Arbeitsverhältnis im Einzelnen

I. Haftung des Arbeitnehmers gegenüber dem Arbeitgeber

1. Überblick der Anspruchsgrundlagen. Nach der Schuldrechtsreform gibt es für die vertragliche Haftung des **876** AN gegenüber dem AG zwei gesetzliche Anspruchsgrundlagen: § 280 Abs. 1 alleine oder i.V.m. §§ 281 ff. bei einer vertraglichen Pflichtverletzung und § 311a Abs. 2 bei einem anfänglichen Leistungshindernis. Nach der Systematik der Vorschriften kann weiter nach der Art des verlangten Schadensersatzes unterschieden werden:

Verlangt der AG Ersatz seines Integritätsinteresses (also Ersatz von Schäden an seinen eigenen bestehenden Rechts- **877** gütern, wie z.B. Beschädigung seiner Betriebsmittel wie Fahrzeuge oder Geräte), richtet sich der Anspruch nach §§ 280 Abs. 1, 249 ff. Abzugrenzen ist dieser Schadensersatz vom Schadensersatz statt der Leistung gem. § 280 Abs. 1 i.V.m. Abs. 3 und vom Ersatz des reinen Verzögerungsschadens (dann §§ 280 Abs. 1 i.V.m. Abs. 2 und 286). Die Pflichtverletzung des AN, die zu einer Integritätsverletzung geführt hat, kann in der Schlechterfüllung der Arbeitspflicht selbst liegen. Sie kann aber auch aus einer Verletzung der Nebenpflichten des AN folgen, nach denen er gem. § 241 Abs. 2 auf die Interessen des AG Rücksicht zu nehmen und sie zu schützen hat (zu diesen Pflichten vgl. Rn 554 ff.). Die Pflichtverletzung muss zu einem kausalen Schaden geführt haben. Weiterhin muss der AN die Pflichtverletzung zu vertreten haben, was vom AG bei betrieblich veranlassten Tätigkeiten gem. § 619a in Abweichung von § 280 Abs. 1 S. 2 darzulegen ist. Haftet der AN nach diesen Voraussetzungen, sind die Besonderheiten des innerbetrieblichen Schadensausgleichs zu beachten, nach denen eine Haftungsmilderung für den AN eingreifen kann. Darüber hinaus führt die Schlechtleistung des AN aber zu keiner Minderung des Arbeitslohns (vgl. Rn 843).

Richtet sich der vertragliche Schadensersatz des AG auf den Wert der Arbeitsleistung selbst und tritt an ihre Stelle, so **878** handelt es sich um einen Schadensersatz statt der Leistung gem. § 280 Abs. 1 und 3 i.V.m. §§ 281 ff. Nimmt der AN z.B. die vertragliche Tätigkeit nicht auf und ist wegen Zeitablaufs ein Fall der Unmöglichkeit gegeben, so richtet sich der Anspruch nach § 280 Abs. 1 und 3 i.V.m. § 283.

879 Von diesen beiden oben genannten Schadensersatzarten ist der Verzögerungsschaden gem. § 280 Abs. 1 und 2 i.V.m. § 286 abzugrenzen, der z.B. auf Aufwendungen einer Ersatzbeschaffung gerichtet sein kann, wenn der AN Sachen des AG verspätet herausgibt.

880 Verletzt der AN ein absolutes Rechtsgut des AG, kann bei Vorliegen der übrigen Voraussetzungen ein Schadensersatzanspruch nach Deliktsrechts, z.B. gem. § 823, neben die vertragliche Haftung treten. Erfüllt der AN einen Tatbestand der Gefährdungshaftung wie z.B. §§ 7,18 StVG, haftet er ebenso, wobei die Grundsätze der vertraglichen Haftungsbeschränkung auf diese außervertraglichen Tatbestände wirken.[1670]

881 **2. Dogmatische Herleitung der Haftungsmilderung.** Abweichend von den Regelungen des allgemeinen Schuldrechts wird die Haftung des AN nach den sog. Grundsätzen des **innerbetrieblichen Schadensausgleichs** analog § 254 gemildert, wenn der **AN bei einer betrieblich veranlassten Tätigkeit Betriebsmittel des AG schuldhaft beschädigt hat**.[1671] Nach Ansicht des BAG liegt der Grund für diese Haftungsverlagerung darin, dass der AG die Verantwortung für die Organisation seines Betriebs trägt und der AN auf der anderen Seite Anspruch auf einen verfassungsrechtlich gebotenen Mindestschutz hat.[1672] Dieser Anspruch resultiere aus der im Arbverh bestehenden Ungleichgewichtslage und den wirtschaftlich einschneidenden Folgen, die eine volle Haftung für den AN habe.[1673] Die verfassungsrechtliche Begründung hat die Lit. zwar stark kritisiert, jedoch stimmt sie im Ergebnis der Haftungsmilderung, wenn auch mit unterschiedlicher dogmatischer Begründung, zu.[1674] Allein der Verweis der Rspr. auf § 254 ist jedoch nicht tragfähig, da er den Grund der Haftungsverschiebung nicht erklärt, sondern bereits voraussetzt. Z.T. wird deshalb mit der Steuerungsmöglichkeit des AG argumentiert, der wegen der Betriebsorganisation eine breitere Verantwortung trage.[1675] Auch diese Begründung reicht jedoch nicht aus, wenn Risiken verlagert werden, die der AG noch nicht einmal abstrakt steuern kann, wie z.B. bei einem vom AN verursachten Verkehrsunfall. Darüber hinaus wird auf die „arbeitsrechtliche Schutzpflicht" als dogmatische Begründung verwiesen,[1676] deren Inhalt aber ebenso unklar ist. Auch der Hinweis auf die gewohnheitsrechtliche Ausprägung[1677] bleibt unbefriedigend. Ebenso kann die Aufteilung des vom AG zu tragenden Betriebsrisikos in ein Organisations- und Tätigkeitsrisiko nicht alle Fälle der Übernahme von abstrakten Gefahren erklären.[1678] Nach der Schuldrechtsreform ist der Ansatzpunkt der Haftungsmilderung z.T. in § 276 Abs. 1 S. 1 gesehen worden,[1679] in dessen Formulierung es heißt, „... wenn eine ... mildere Haftung ... aus dem sonstigen Inhalt des Schuldverhältnisses ... zu entnehmen ist". Freilich erklärt dieser Hinweis den Grund der Haftungsmilderung nicht, sondern setzt ihn ebenso bereits als bestehend voraus. Letztlich wird man die dogmatische Begründung der Haftungserleichterung aus der vertraglichen Äquivalenzstörung herzuleiten haben, da das Risiko der fremdbestimmten Haftung des AN in einem offensichtlichen Missverhältnis zur Gegenleistung des AG steht.[1680] Auf diesem Weg wird die Haftungsmilderung auch von der Gefährdungshaftung des AG abgegrenzt, die wegen des Enumerationsprinzips der gesetzlichen Gefährdungshaftungstatbestände nicht von der Rspr. begründet werden kann.[1681]

882 **3. Grundsätze der Haftungsmilderung im Überblick.** Die Schadensquote im innerbetrieblichen Schadensausgleich wird in zwei verschiedenen Schritten ermittelt

883 **a) Das „Ob" der Haftungsmilderung.** Im ersten Schritt stellt die Rspr. das vom AG abstrakt zu übernehmende Risiko dem konkreten Verursachungsbeitrag des AN analog § 254 gegenüber. Voraussetzung der Haftungsmilderung ist, dass es sich um eine betrieblich veranlasste Tätigkeit handelt und der AN Betriebsmittel des AG schuldhaft beschädigt hat. Sind diese Voraussetzungen erfüllt, muss die Tätigkeit keine besondere „Gefahrgeneigtheit" haben,[1682] wie dies von der überholten Rspr.[1683] verlangt wurde. In diesem ersten Schritt wird über das „ob" der Haftungsverlagerung entschieden. Es ist zunächst das vom AG objektiv zu tragende Risiko gegen den konkreten Verursachungsbeitrag des AN abzuwägen. Dabei greift das BAG auf den schon in der früheren Rspr. zur gefahrgeneigten

---

1670 MünchArb/*Reichold*, Bd. 1, § 51 Rn 61.
1671 BAG GS 27.9.1994 – GS 1/89 (A) – AP § 611 BGB Haftung des Arbeitnehmers Nr. 103 = BB 1994, 2205; MünchArb/*Reichold*, Bd. 1, § 51 Rn 19, 31ff.
1672 Überblick zur Entwicklung der Haftungserleichterung: *Hanau*, in: FS für Steffen, S. 177, *Hammen*, Die Gattungshandlungsschuld (1995), S. 214 ff.
1673 BAG GS 27.9.1994 – GS 1/89 (A) – AP § 611 BGB Haftung des Arbeitnehmers Nr. 103 = BB 1994, 2205.
1674 *Krause*, NZA 2003, 577; *Brors*, S. 192 ff.; *Annuß*, NZA 1998, 1089, 1093; *Annuß*, Die Haftung des Arbeitnehmers, S. 113 ff.; *Langenbucher*, ZfA 1997, 523, 544;*Deutsch*, RdA 1996, 1; *Hammen*, Die Gattungshandlungsschuld, S. 212, zweifelt bereits an, ob überhaupt eine Regelungslücke vorliegt.
1675 *Annuß*, NZA 1998, 1089, 1092; *Langenbucher*, ZfA 1997, 523, 539; vgl. auch BAG 27.9.1994 – GS 1/89 (A) – AP § 611 BGB Haftung des Arbeitnehmers Nr. 103 = BB 1994, 2205.
1676 *Langenbucher*, ZfA 1997, 523, 544.
1677 *Annuß*, Die Haftung des Arbeitnehmers, S. 122.
1678 *Sandmann*, S. 69.
1679 HWK/*Krause*, § 619a BGB Rn 18; ErfK/*Preis*, § 619a BGB Rn 10.
1680 *Brors*, S. 198 ff.
1681 *Larenz/Canaris*, Schuldrecht II/2, S. 601; Soergel/*Spickhoff*, vor § 823 Rn 67.
1682 BAG GS 27.9.1994 – GS 1/89 (A) – AP § 611 BGB Haftung des Arbeitnehmers Nr. 103 = BB 1994 2205.
1683 BAG GS 25.9.1957 – GS 4/56 (GS 5/56) – AP §§ 898, 899 RVO Nr. 4 = BB 1957, 1000.

Arbeit entwickelten Haftungstrias zurück.[1684] Das bedeutet, dass der AN vorbehaltlich einer Abwägung der Gesamtumstände des Einzelfalls
- bei grober Fahrlässigkeit in aller Regel den gesamten Schaden tragen muss,
- bei leichter Fahrlässigkeit seine Haftung entfällt und
- bei mittlerer Fahrlässigkeit der Schaden quotiert wird.

Die Haftungsdreiteilung sollte nicht unflexibel gehandhabt werden.[1685] Sie ist für die Rspr. ohnehin keine Determinante mehr. So weist das BAG in st. Rspr. darauf hin, dass auch im Falle grober Fahrlässigkeit die Haftung des AN erleichtert werden kann.[1686] Vielmehr sollte, wie *Deutsch*[1687] es vorgeschlagen hat, der Verschuldensgrad skalenartig ermittelt werden, ohne an ohnehin nicht fassbaren Begriffen zu kleben. In Ausnahmefällen kann die Haftung auch bei grober Fahrlässigkeit gemildert werden, wenn Lohn und Haftungssumme so eklatant voneinander abweichen, dass die finanzielle Existenz des AN bedroht ist.[1688] Die Schadensquote wird nach der Rspr.[1689] in Abwägung der Gesamtumstände des Einzelfalls nach Billigkeits- und Zumutbarkeitsgesichtspunkten ermittelt, wobei folgende Kriterien zu berücksichtigen sind:

884

- der Verschuldensgrad des AN,
- die Gefahrgeneigtheit der Arbeit,
- die Schadenshöhe,
- ein vom AG einkalkuliertes oder durch Versicherung abdeckbares Risiko,
- die Stellung des AN im Betrieb,
- die Entgelthöhe und eine möglicherweise darin enthaltene Risikoprämie,
- wie auch u.U. die persönlichen Verhältnisse des AN, wie die Dauer der Betriebszugehörigkeit, sein Lebensalter, seine Familienverhältnisse und sein bisheriges Verhalten.[1690]

In dieser Abwägung hat das BAG[1691] darüber hinaus den kritisierten[1692] Begriff der „gröbsten Fahrlässigkeit" verwendet, bei welcher der AN wie bei Vorsatz uneingeschränkt haftet.

885

b) Konkreter Verursachungsbeitrag des Arbeitgebers. Um die konkrete Haftungsquote zu ermitteln, ist (bei entsprechenden Anhaltspunkten) in einem zweiten Schritt in direkter Anwendung des § 254 der konkrete Verursachungsbeitrag des AG gegenüber dem Verschulden des AN zu berücksichtigen.[1693] Die Rspr. trennt allerdings diesen Schritt nicht stets von der Frage der grundsätzlichen Haftungsmilderung.[1694] Das konkrete Verschulden des AG kann zum einen in einem Verhalten liegen, das die Schadenswahrscheinlichkeit erhöht hat oder den Schaden selbst mitverursacht hat. Zum anderen kann der AG nach § 254 Abs. 2 S. 1 gegen seine Schadensminderungspflicht verstoßen haben, wenn er keine Versicherung abgeschlossen hat. Sieht eine tarifliche Regelung vor, dass ein konkretes Mitverschulden des AG durch die allgemeine Betriebsgefahr mit abgegolten ist, kann der AN trotzdem § 254 entgegenhalten, wenn er ein konkretes Mitverschulden des AG vortragen kann.[1695]

886

Ein **schuldhaftes Unterlassen** kann dem AG nur dann vorgeworfen werden, wenn er die zur Verfügung stehenden Kontrollmöglichkeiten innerhalb der von ihm aufgestellten **Betriebsorganisation nicht ausgeschöpft** hat, d.h. es muss eine konkrete Maßnahme im bestehenden Organisationsbereich des AG benannt werden können, die den Schaden verhindert hätte. Ein Verschulden liegt vor, wenn ein AN ohne Fahrpraxis ohne erfahrenen AN als Beifahrer eingesetzt wird[1696] oder nur ungelernte AN die Tätigkeiten erledigen, bei denen der Schaden entsteht,[1697] oder der AG Weisungen erteilt hat, die zum Unfall geführt haben, so z.B. wenn der AN ohne Fahrpraxis angewiesen wird, einen ihm nicht vertrauten Wagen zu benutzen.[1698] In diesem Zusammenhang spielt es eine Rolle, ob die Parteien den Ver-

887

1684 BAG GS 27.9.1994 – GS 1/89 (A) – AP § 611 BGB Haftung des Arbeitnehmers Nr. 103 = BB 1994, 2205.
1685 *Annuß*, Die Haftung des Arbeitnehmers, S. 116; *Deutsch*, RdA 1996, 1, 4; MünchArb/*Reichold*, Bd. 1, § 51 Rn 42 f.; zum Abrücken der Rspr. von dieser Dreiteilung *Hübsch*, BB 1998, 690 (694).
1686 BAG 25.9.1997 – 8 AZR 288/96 – AP § 611 BGB Haftung des Arbeitnehmers Nr. 111 = NZA 1998, 310 und BAG 12.10.1989 – 8 AZR 276/88 – AP § 611 BGB Haftung des Arbeitnehmers Nr. 97 m.w.N. zur Rspr.-Entwicklung = NJW 1990, 468.
1687 *Deutsch*, RdA 1996, 1, 4.
1688 BAG 23.1.1997 – 8 AZR 893/95 – NZA 1998, 140, 141; BAG 12.10.1989 – 8 AZR 276/88 – AP § 611 BGB Haftung des Arbeitnehmers Nr. 97 = NJW 1990, 468.
1689 BAG GS 27.9.1994 – GS 1/89 (A) – AP § 611 BGB Haftung des Arbeitnehmers Nr. 103 = BB 1994, 2205.
1690 BAG GS 27.9.1994 – GS 1/89 (A) – AP § 611 BGB Haftung des Arbeitnehmers Nr. 103 = BB 1994, 2205.
1691 BAG 25.9.1997 – 8 AZR 288/96 – AP § 611 BGB Haftung des Arbeitnehmers Nr. 111 = NJW 1998, 1810.
1692 MünchArb/*Reichold*, Bd. 1, § 51 Rn 37.
1693 BAG 3.11.1970 – 1 AZR 228/70 – AP § 611 BGB Haftung des Arbeitnehmers Nr. 61 = BB 1971, 220; BAG 7.7.1970 – 1 AZR 507/69 – AP § 611 BGB Haftung des Arbeitnehmers Nr. 58 und 59 = BB 1970, 1349.
1694 BAG 12.11.1998 – 8 AZR 221/97 – AP § 611 BGB Haftung des Arbeitnehmers Nr. 117 = NJW 1999, 966; BAG 25.7.1997 – 8 AZR 288/96 – AP § 611 BGB Haftung des Arbeitnehmers Nr. 111 = NJW 1998, 1810.
1695 BAG 21.1.2000 – 8 AZR 876/98 – NZA 2000, 727.
1696 BAG 7.7.1970 – 1 AZR 507/69 – AP § 611 BGB Haftung des Arbeitnehmers Nr. 59 = BB 1970, 1349.
1697 BAG 7.7.1970 – 1 AZR 507/69 – AP § 611 BGB Haftung des Arbeitnehmers Nr. 58 = BB 1970, 1349.
1698 BAG 18.1.1972 – 1 AZR 125/71 – AP § 611 BGB Haftung des Arbeitnehmers Nr. 69 = BB 1972, 660.

antwortungsbereich des AN genauer geregelt haben. Ist gerade dem AN die eigenverantwortliche Durchführung und Überprüfung der Tätigkeit übertragen, darf dem AG nicht vorgeworfen werden, er hätte einen weiteren Kontrollmechanismus zwischen schalten müssen, wie z.B. im Fall der eigenverantwortlich handelnden Krankenschwester, die eine ihr zuarbeitende Schwester selbst kontrollieren musste.[1699]

888 Anders ist zu entscheiden, wenn der AG trotz eines **bestehenden Kontrollsystems** keine Kontrollen durchführt, so z.B. in der sog. Flugbegleiter-Entscheidung[1700] des BAG. Die als Flugbegleiterin tätige AN hatte ihren Reisepass vergessen. Der AG hatte zwar angeordnet, dass der Chef der Besatzung die Reisedokumente vor Abflug überprüfen sollte. Er hatte aber nicht bemerkt, dass dieser Check regelmäßig unterblieb. Ebenso ist ein Organisationsverschulden des AG zu bejahen, wenn ein Bankangestellter nicht ausreichend von einem vorgesetzten Kundenbetreuer kontrolliert wird und durch die Auszahlung der Bank ein Schaden entsteht,[1701] oder Überprüfungsmaßnahmen bei Krediten an Risikokunden unterbleiben.[1702]

889 Nach der in der Lit. kritisierten[1703] Auffassung des BAG[1704] ist in Schadensfällen zu berücksichtigen, ob der **AG eine Kaskoversicherung abgeschlossen** hat (vgl. Rn 903) und die Haftung des AN auf die hypothetisch zu zahlende Selbstkostenbeteiligung zu begrenzen ist. Die Ansicht des BAG ist insb. deshalb problematisch, da sie den AN als eigentlichen Schädiger entlastet, ohne Anreize zur Schadensvermeidung zu setzen.[1705] Z.T. bewertet die Rspr. das Vorliegen einer Versicherung aber auch als Kriterium innerhalb der Abwägung analog § 254.

890 **4. Die Voraussetzungen im Einzelnen. a) Anwendungsbereich.** Die zur Haftungsmilderung des AN führenden Grundsätze sind auf **AN** und **Auszubildende**[1706] anwendbar und führen nicht nur zu einer Einschränkung der vertraglichen, sondern der möglicherweise ebenso vorliegenden deliktischen Haftung des AN.[1707] Ebenso kann sich der **Leih-AN gegenüber dem Entleiher** auf die Grundsätze des innerbetrieblichen Schadensausgleichs berufen.[1708] Inwieweit **leitende Ang** unter die Haftungsprivilegierung fallen, kann problematisch sein. Während der BGH die Anwendbarkeit nunmehr bejaht,[1709] hat das BAG[1710] in einer älteren Entscheidung die Haftung jedenfalls dann gemildert, wenn der leitende Ang den Schaden bei einer Tätigkeit verursacht hat, die nicht charakteristisch für seine besondere Position war. Diese Entscheidung bezog sich aber noch auf das Kriterium der Gefahrgeneigtheit, so dass die Haftungsmilderung auch für leitende Ang greifen sollte.[1711]

891 Die Anwendung der Grundsätze des innerbetrieblichen Schadensausgleichs setzt voraus, dass der Schädiger in einem **Arbverh** zum Geschädigten steht. Auch eine „AN-Ähnlichkeit" kann bei Vorliegen eines freien Dienstvertrags oder bei einem Werkvertrag die Haftungsmilderung nicht begründen, da eben die typische Unterordnung in einen vorgegebenen Organisationszusammenhang fehlt.[1712]

892 **b) Betrieblich veranlasste Tätigkeit.** Entscheidende Voraussetzung der Haftungsmilderung ist, dass es sich bei dem schadensverursachenden Verhalten um eine betrieblich veranlasste Tätigkeit handelt. Darunter werden von der Rspr. diejenigen Tätigkeiten verstanden, die dem AN **arbeitsvertraglich übertragen** worden sind oder die er **im Interesse des AG für den Betrieb** ausführt.[1713] Unproblematisch ist das Merkmal daher zu bejahen, wenn der AN die Tätigkeit aufgrund des Arbeitsvertrags schuldet.

893 Die direkte und ausdrückliche **Übertragung der Tätigkeit** auf den AN ist jedoch nicht erforderlich, wenn die zum Unfall führende Tätigkeit zumindest im betrieblichen Interesse des AG liegt. Dabei ist auf einen objektiven Maßstab aus der Sicht des AN abzustellen, der die Tätigkeit für zweckmäßig halten durfte.[1714] Die Tätigkeit muss danach im nahen Zusammenhang mit dem Betrieb bzw. mit dessen Wirkungskreis stehen. Entscheidend ist der inhaltliche Zweck der Tätigkeit. Ein rein räumlicher oder zeitlicher Bezug zum Arbeitsort reicht nicht aus. Die Abgrenzung nach diesen Kriterien erklärt sich schon nach dem Sinn und Zweck der Haftungsmilderung, die eben zumindest

---

1699 BAG 25.9.1997 – 8 AZR 288/96 – AP § 611 BGB Haftung des Arbeitnehmers Nr. 111 = NJW 1998, 1810.
1700 BAG 16.2.1995 – 8 AZR 493/93 – AP § 611 BGB Haftung des Arbeitnehmers Nr. 106 = NZA 1995, 565.
1701 LAG Thüringen 25.4.2002 – 1 Sa 107/2001 – juris.
1702 LAG Niedersachsen 7.7.2003 – 5 Sa 188/02 – NZA-RR 2004, 142.
1703 *Sommer*, NZA 1990, 837; *Schwerdtner*, DB 1988, 1799; kritisch zu einer generellen Versicherungspflicht *Brox*, Anm. zu BAG 24.11.1987 – 8 AZR 66/82 – AP § 611 BGB Haftung des Arbeitnehmers Nr. 92 = NJW 1988, 2820.
1704 BAG 25.9.1997 – 8 AZR 288/96 – AP § 611 BGB Haftung des Arbeitnehmers Nr. 111 = NJW 1998, 1810; BAG 12.10.1989 – 8 AZR 276/88 – AP § 611 BGB Haftung des Arbeitnehmers Nr. 97 = NJW 1990, 469; BAG 24.11.1987 – 8 AZR 66/82 – AP § 611 BGB Haftung des Arbeitnehmers Nr. 92 = NJW 1988, 2820.
1705 *Brors*, S. 209 ff.; *Scheel*, S. 165; *Schäfer/Ott*, S. 201 ff.; *Blaschczok*, S. 199.
1706 BAG 18.4.2002 – 8 AZR 348/02 – NZA 2003, 37, 38.
1707 MünchArb/*Reichold*, Bd. 1, § 51 Rn 61.
1708 BGH 22.5.1978 – II ZR 111/76 – VersR 1978, 819.
1709 BGH 25.6.2001 – II AZR 38/99 – NJW 2001, 3123.
1710 BAG 11.11.1976 – 3 AZR 266/75 – AP § 611 BGB Haftung des Arbeitnehmers Nr. 80 = BB 1977, 245.
1711 Ausführlich *Sandmann*, S. 534 ff.
1712 ErfK/*Preis*, § 619a BGB Rn 19; a.A. LG Bonn 10.4.1995 – 10 O 390/94 – NJW-RR 1995, 1435; *Krause*, NZA 2003, 577, 581; differenzierend nach vertraglicher Abhängigkeit MünchArb/*Reichold*, Bd. 1, § 51 Rn 65.
1713 BAG 18.4.2002 – 8 AZR 348/01 – NZA 2003, 37.
1714 MünchArb/*Reichold*, Bd. 1, § 51 Rn 33.

z.T. in den überlegenen betrieblichen Steuerungsmöglichen des AG begründet ist. Jedoch reicht hier die arbeitsvertragliche Veranlassung aus; der AG muss das Geschehen nicht konkret steuern bzw. beeinflussen können.

Abzugrenzen sind Haftungsrisiken, bei denen sich das **allgemeine Lebensrisiko** des AN verwirklicht hat, das nur dem privaten Bereich des AN zuzurechnen ist. Der Begriff der betrieblichen Veranlassung ist in vielen Fällen deckungsgleich mit dem in § 105 SBG VII verwendeten. Jedoch erfasst der in § 105 SBG VII verwendete Begriff der betrieblich veranlassten Tätigkeit nur die nach § 8 Abs. 1 S. 1 SBG VII versicherten Tätigkeiten.[1715] Die Frage der Versicherung spielt bei dem Merkmal der betrieblich veranlassten Tätigkeit dagegen keine Rolle. **894**

Nicht betrieblich veranlasst sind demnach auch solche Tätigkeiten, die der AN zwar auf dem Betriebsgelände durchführt, die aber außerhalb der verlangten arbeitsvertraglichen Pflicht liegen und auf einen eigenen Entschluss zurückgehen, wie z.B. die zum Unfall führende „Spaßfahrt" mit dem betriebseigenen Gabelstapler[1716] oder die Schwarzfahrt des Tankstellen-Ang mit dem Kundenfahrzeug.[1717] Ebenso gilt dies für Unfälle auf dem Weg zur Arbeit.[1718] Darunter fallen auch Geschäfte oder die Vermittlung von Geschäften, die der AN zwar in räumlichen Zusammenhang mit seinem Arbeitsplatz vornimmt, die aber seinen eigenen Zwecken dienen. Solche Eigengeschäfte liegen vor, wenn z.B. ein Bankangestellter auf eigene Rechnung oder für eigene Provision Geldanlagen anbietet, die nicht von seinem AG geprüft und von dessen Leistungen umfasst werden.[1719] **895**

c) Verschulden und Verantwortlichkeit des Arbeitnehmers. Die Haftung des AN richtet sich maßgeblich nach dem Verschuldensgrad der zum Schaden führenden Handlung. Das Verschulden und damit auch der Verschuldensgrad ist gem. **§ 619a** vom Anspruchsteller, also **vom AG, darzulegen**. Da es sich bei dem Verschulden um einen Rechtsbegriff handelt, ist auch die Art des Verschuldens in der **Revision überprüfbar**, obwohl dem Tatrichter hierbei ein weiter Beurteilungsspielraum zuzuerkennen ist.[1720] **896**

Grds. entspricht auch im Falle der Haftungsmilderung der Verschuldensbegriff den allgemeinen Grundsätzen in § 276. Danach ist Verschulden bei Vorsatz und Fahrlässigkeit gegeben. Während sich im Zivilrecht jedoch das subjektive Element – also das **Wissen und Wollen** des Handelnden – nur auf die Handlung selbst beziehen muss, erstreckt es sich in den Fällen der **vollen Haftung** des AN – also bei Vorsatz und grober Fahrlässigkeit – im innerbetrieblichen Schadensausgleich auch auf den **konkreten Eintritt des Schadens**.[1721] In diesen Fällen übernimmt der AN nämlich das volle Risiko für die Haftungssumme, so dass es konsequent ist, auch seine Kenntnis von der Wahrscheinlichkeit der konkreten Ausmaße des Schadens zu verlangen. **897**

aa) Leichte Fahrlässigkeit. Unter die leichte Fahrlässigkeit werden Sorgfaltsverstöße gefasst, die ein geringes Abweichen von den Sorgfaltsanforderungen kennzeichnet.[1722] Eine allgemeine Definition existiert nicht, so dass die Rspr. eine leichte Fahrlässigkeit auch bei Umständen angenommen hat, die den AN entlasten, wie z.B. ein besonderer Zeitdruck.[1723] Unter diesen Fahrlässigkeitsmaßstab hat die Rspr. z.B. den Unfall beim Ausparken mit stehendem oder noch rollendem Fahrzeug des AN[1724] oder den Unfall eines AN mit geringer Fahrpraxis bei plötzlichem Glatteis[1725] gefasst. Hat der AN nur leicht fahrlässig gehandelt, ist er von der Haftung freizustellen. **898**

bb) Mittlere Fahrlässigkeit. Eine „normale" bzw. mittlere Fahrlässigkeit ist dann anzunehmen, wenn der AN ohne den Vorwurf besonderer Schwere die im Verkehr erforderliche Sorgfalt nicht beachtet hat, also weder eine leichte noch eine grobe Fahrlässigkeit gegeben ist.[1726] Mittlere Fahrlässigkeit ist in der Rspr. z.B. angenommen worden, wenn der LKW-Fahrer vergisst, die Handbremse anzuziehen, jedoch den ersten Gang eingelegt hat,[1727] bei dem einmaligen Vergessen eines Vertreters, den Autoschlüssel vom Kofferraum abzuziehen,[1728] bei einem Auffahrunfall mangels ausreichendem Sicherheitsabstand,[1729] bei Vernachlässigung von Steuerpflichten bei einer Auslandstätigkeit,[1730] bei dem versehentlichen Herunterfallenlassen einer kostbaren Sache (Violabogen),[1731] bei der Herausgabe einer wertvollen Kaufsache gegen Vorlage des Überweisungsauftrags, der aber mangels Kontodeckung nicht ausgeführt wurde,[1732] bei Missachtung der Vorfahrtsregelung, aber ansonsten vorsichtiger Fahrweise.[1733] **899**

1715 Hauck/Noftz/*Nehls*, SGB VII, § 105 Rn 9; Wannagat/*Waltermann*, SGB VII, § 105 Rn 12.
1716 BAG 18.4.2002 – 8 AZR 348/01 – NZA 2003, 37.
1717 BAG 9.11.1967 – 5 AZR 147/67 – NJW 1968, 717.
1718 LAG Rheinland-Pfalz 24.9.2007 – 5 Sa 46/07 – juris.
1719 LAG Berlin 27.8.2002 – 3 Sa 199/02 – juris.
1720 BAG 18.4.2002 – 8 AZR 348/01 – NZA 2003, 37, 39.
1721 BAG 18.4.2002 – 8 AZR 348/01 – NZA 2003, 37; a.A. MünchArb/*Reichold*, Bd. 1, § 51 Rn 36 (anders noch die Vorauflage).
1722 MünchArb/*Reichold*, Bd. 1, § 51 Rn 41.
1723 *Busemann*, S. 66.
1724 BAG 5.2.2004 – 8 AZR 91/03 – NZA 2004, 649.
1725 LAG Köln 22.1.1999 – 11 Sa 1015/98 – NZA-RR 1999, 408.
1726 MünchArb/*Reichold*, Bd. 1, § 51 Rn 40.
1727 LAG Köln 11.11.2002 – 8 AZN 63/03 – BB 2003, 856.
1728 LAG Rheinland-Pfalz 12.5.1999 – 10 (2) Sa 1223/98 – juris.
1729 LAG Rheinland-Pfalz 19.6.2001 – 5 Sa 391/01 – EzA-SD 2001, Nr. 16.
1730 ArbG Passau 30.6.2003 – 2 Ca 1030/02 D – ArbRB 2003, 369.
1731 BAG 27.1.2000 – 8 AZR 876/98 – NZA 2000, 727.
1732 LAG Köln 28.5.2003 – 7 Sa 830/02 – LAGE § 611 BGB Arbeitnehmerhaftung Nr. 27a.
1733 LAG Bremen 26.7.1999 – 4 Sa 116/99 – NZA-RR 2000, 126.

900 Im Falle mittlerer Fahrlässigkeit ist der Schaden zwischen AG und AN aufzuteilen. Die Schadensquote stellt die Rspr. in einer **Abwägung nach Billigkeitsgesichtspunkten** fest, in der sie neben dem Verschuldensgrad die folgenden Kriterien berücksichtigen will: die Gefahrgeneigtheit der Arbeit, die Schadenshöhe, ein vom AG einkalkuliertes oder durch Versicherung abdeckbares Risiko, die Stellung des AN im Betrieb, die Entgelthöhe und eine möglicherweise darin enthaltene Risikoprämie, wie auch u.U. die persönlichen Verhältnisse des AN, wie z.B. die Dauer der Betriebszugehörigkeit, sein Lebensalter, seine Familienverhältnisse und sein bisheriges Verhalten.[1734]

901 Von diesem „Potpourri"[1735] sollten jedoch nur die Kriterien berücksichtigt werden, die direkt mit dem Verschulden des AN und dessen Verantwortlichkeit für den Schaden zusammenhängen. Es ist daher sehr fraglich, ob die **persönlichen Verhältnisse des AN** bei der Schadensquotierung eine Rolle spielen können.[1736] Auf diese persönlichen Verhältnisse des AN bezüglich seiner Lebens- und Finanzsituation sollte es schon deshalb nicht ankommen,[1737] da diese Kriterien in keinem Zusammenhang mit der Präventionsfunktion der Haftungsregel stehen. Das Verhältnis zwischen der Schadens- und der Lohnhöhe kann dagegen indizieren, dass der Präventionsfunktion auch bei einer nur quotalen Schadenstragung genügt werden kann. Von der 50 %-Schadensteilung ist dann zugunsten des AN abzuweichen, wenn der Schaden ein Bruttomonatsgehalt übersteigt und die Ersatzpflicht die finanzielle Existenz des AN gefährden kann.[1738] Die Abschreckungswirkung, die letztlich einen Handlungsanreiz zu sorgfältigem Verhalten setzen soll, kann in diesen Fällen auch dann erzielt werden, wenn der AN nur einen Teil des sehr hohen Betrags ersetzen muss.

902 Die individuelle Erkennbarkeit und Vorhersehbarkeit des Unfalls für den AN können mit den Kriterien der Dauer der Betriebszugehörigkeit, der Stellung des AN im Betrieb, dessen Lebensalter oder der Gefahrgeneigtheit der Tätigkeit gewürdigt werden. In diesem Zusammenhang berücksichtigte das BAG in den Fällen betrieblich bedingter Kraftfahrzeugunfälle, wie lange der AN den Führerschein besaß und ob er aufgrund seines bisherigen Einsatzes im Betrieb, seiner vorherigen Tätigkeit und seines Alters Fahrpraxis hatte.[1739] Ergibt sich, dass der AN trotz der Risikoverlagerung einen Anreiz dazu bekommt, Unfälle zu verhindern und somit die Präventionsfunktion erfüllt wird, kann die Rspr. die Haftung des AN einschränken.

903 Der AG muss sich nach der Rspr. grds. so behandeln lassen, als hätte er **zumutbare und übliche Versicherungen** abgeschlossen. In diesem Fall wird die Haftung des AN durch die übliche Selbstbeteiligung begrenzt. Konnte der AG – etwa bei Verkehrsunfällen – eine **Kaskoversicherung** mit Selbstbeteiligung abschließen, soll sich der vom AN zu übernehmende Schaden auf die Summe dieser Selbstbeteiligung (1.000 DM, also mittlerweile ca. 500 EUR) beschränken.[1740] Ebenso ist bei einer Selbstbeteiligung in Höhe von 2.000 DM (= ca. 1.000 EUR) zu entscheiden.[1741] Die Selbstbeteiligung ist der Schaden, der dem AG verbleibt, wenn er seiner Schadensminderungspflicht gem. § 254 nachkommt. Daher kann diese Obliegenheitsverletzung auch bei der direkten Anwendung des § 254 Berücksichtigung finden (vgl. Rn 886), sie muss jedoch nicht zwangsläufig zu einer Abweichung von der hälftigen Schadensteilung führen.[1742]

904 Die Versicherungsobliegenheit des AG bezieht sich aber **nur auf die Kaskoversicherung**, die gem. § 12 AKB die Schäden am Fahrzeug des AG umfasst und **nicht** auf die **Haftpflichtversicherung** des AG, die nach §§ 10, 11 AKB diese Schäden nicht umfasst. Nach § 11 AKB kann der AG den nach § 10 AKB mitversicherten AN bei Sach- oder Vermögensschäden, die im Rahmen der Pflichtversicherung liegen, nicht in Anspruch nehmen. Die Versicherung spielt für den innerbetrieblichen Schadensausgleich keine Rolle.[1743] Ist dagegen der **AN Versicherungsnehmer**, darf dies nicht zu einer Entlastung des AG von seinem Organisationsrisiko führen; die Versicherung des AN trägt dann den Schaden, der nach dem innerbetrieblichen Schadensausgleich grds. vom AN zu übernehmen ist.[1744] Anders beurteilt dies die Rspr. bei der gesetzlich vorgeschriebenen Pflichtversicherung des AN, die zu einer Entlastung des AG von seinem Betriebsrisiko führen soll.[1745] In diesen Fällen der gesetzlichen Pflichtversicherung soll sich der AN nach dieser Rspr. nicht auf die Haftungsbeschränkung berufen können, sondern ist für den Schaden verantwortlich.

905 **cc) Grobe Fahrlässigkeit.** Grob fahrlässig handelt, wer die im Verkehr erforderliche Sorgfalt nach den gesamten Umständen des Einzelfalls in ungewöhnlich hohem Maß verletzt und unbeachtet lässt, was im gegebenen Fall jedem

---

1734 BAG 5.2.2004 – 8 AZR 91/03 – NZA 2004, 649; BAG GS 27.9.1994 – GS 1/89(A) – AP § 611 BGB Haftung des Arbeitnehmers Nr. 103 = NJW 1995, 210.
1735 MünchArb/*Reichold*, Bd. 1, § 51 Rn 44.
1736 MünchArb/*Reichold*, Bd. 1, § 51 Rn 50.
1737 So auch MünchArbR/*Reichold*, Bd. 1, § 51 Rn 50; *Annuß*, Die Haftung des Arbeitnehmers, S. 122; *Langenbucher*, ZfA 1997, 523, 552; a.A. *Hübsch*, BB 1998, 690, 695.
1738 LAG Köln 11.11.2002 – 8 AZN 63/03 – BB 2003, 856.
1739 BAG 7.7.1970 – 8 AZR 507/69 – AP § 611 BGB Haftung des Arbeitnehmers Nr. 59 und 58 = BB 1970, 1349; BAG 28.4.1970 – 1 AZR 146/69 – AP § 611 BGB Haftung des Arbeitnehmers Nr. 55 = BB 1970, 1009.
1740 LAG Rheinland-Pfalz 16.11.2006 – 11 Sa 665/06 – juris; LAG Rheinland-Pfalz 19.6.2001 – 5 Sa 391/01 – EzA-SD 2001, Nr. 16.
1741 LAG Bremen 26.7.1999 – 4 Sa 116/99 – NZA-RR 2000, 126.
1742 LAG Köln 11.11.2002 – 8 AZN 63/03 – BB 2003, 856.
1743 LAG Bremen 26.7.1999 – 4 Sa 116/99 – NZA-RR 2000, 126.
1744 LAG Baden Württemberg 22.12.2003 – 15 Sa 98/03 – LAGE § 611 BGB Arbeitnehmerhaftung Nr. 29; MünchArb/*Reichold*, Bd. 1, § 51 Rn 54.
1745 BAG 25.9.1997 – 8 AZR 288/96 – AP § 611 BGB Haftung des Arbeitnehmers Nr. 111 = NZA 1998, 310.

hätte einleuchten müssen.[1746] Der zugrunde gelegte Maßstab ist dabei nicht nur rein objektiv. Es sind subjektive Umstände insoweit zu berücksichtigen, als es darauf ankommt, ob der Handelnde nach seinen individuellen Fähigkeiten in der Lage gewesen ist, die objektiv verlangte Sorgfalt zu erkennen und sich nach diesem Maßstab zu richten.[1747]

Beispiele: Grob fahrlässig handelt danach der Auszubildende, der ohne entsprechenden Führerschein und ohne Kenntnisse bei einer Fahrt mit dem betriebseigenen Gabelstapler ein Hallentor beschädigt,[1748] der Leiter des Zugrestaurants, wenn er die Kellnerbrieftasche unverschlossen während eines Telefonats im Restaurantwagen zurücklässt,[1749] der Kraftfahrer, der das Fahrzeug anstatt mit Diesel mit Benzin betankt und nach seinem Irrtum mit dem Gemisch weiterfährt,[1750] der Kraftfahrer, dessen Fahrzeug auf abschüssiger Straße wegrollt,[1751] der Taxifahrer, der bei abknickender Vorfahrt ein Stoppschild missachtet,[1752] der angestellte Fahrer bei einem Rotlichtverstoß[1753] bzw. bei überhöhter Geschwindigkeit trotz Hinweisen,[1754] der Verkäufer, der ohne Bonitätsprüfung und Sicherheiten ein wertvolles Kfz an den Kunden aushändigt,[1755] der Bankangestellte, der Kreditmittel für Baumaßnahmen ohne Überprüfung der Baufortschritte vergibt,[1756] oder der Filialleiter, der Unstimmigkeiten bei der Abrechnung der eingenommenen Geldbeträge nicht reklamiert.[1757]

906

Nach der Rspr. haftet der grob fahrlässig handelnde AN grds. ohne eine Haftungsmilderung,[1758] jedoch kann in Ausnahmefällen, insb. wenn die **Haftungssumme in einem deutlichen Missverhältnis zum Verdienst** steht, auch hier eine Haftungsmilderung eingreifen.[1759] Steht der Schaden in einem offensichtlichen Missverhältnis zur Entlohnung, wird der AN auch dann zur Schadensverhinderung angehalten, wenn er nur einen Teil des hohen Schadens ersetzen muss, wie z.B. bei dem Verhältnis Lohn 2.500 DM (also in etwa 1.250 EUR) zu Schaden 150.000 DM (= ca. 75.000 EUR)[1760] oder Lohn unter 4.000 DM bzw. unter ca. 2.000 EUR netto zu Schaden 110.195,15 DM, also in etwa 55.100 EUR.[1761]

907

Ein schwerer Schuldvorwurf kann daher nicht erleichtert werden, wenn **kein eklatantes Missverhältnis** zwischen Schaden und Entgelt besteht. Dies ist z.B. abgelehnt worden bei einem Schaden i.H.v. 3, 5 Monatsgehältern.[1762] Bei grober Fahrlässigkeit muss die Präventionswirkung durch eine hohe Schadensersatzforderung aufrechterhalten werden. So schied im Sachverhalt der Entscheidung des BAG v. 25.9.1997[1763] eine Haftungserleichterung abweichend von der Begründung des BAG schon von vornherein aus, weil der zu ersetzende Schaden in keinem deutlichen Missverhältnis zur Entgelthöhe der angestellten Ärztin gestanden hat wie auch eine Haftungserleichterung bei einem Schaden von 6.705,50 DM (heute also in etwa 3.352,75 EUR) bei einem Bruttoeinkommen von 5.370 DM[1764] (also ca. 2685 EUR) schon den Voraussetzungen nach hätte abgelehnt werden können. Obwohl dies in der instanzgerichtlichen Rspr.[1765] diskutiert wird, gibt es **keine summenmäßige Beschränkung** der Haftung auf drei Nettomonatsverdienste, da eine solche Entscheidung dem Gesetzgeber vorbehalten bleiben muss.[1766]

908

dd) Vorsatz. Ein vorsätzliches Handeln des ANs kann nur dann bejaht werden, wenn der AN den **konkret entstandenen Schaden zumindest als möglich voraussieht und ihn billigend in Kauf** genommen hat.[1767]

909

II. Mankohaftung

Unter der Mankohaftung versteht man die Haftung des AN für Fehlbestände, in den Fällen anvertrauter
– Kassengelder
– Waren

910

1746 BAG 18.4.2002 – 8 AZR 348/01 – NZA 2003, 37, 39.
1747 BAG 18.4.2002 – 8 AZR 348/01 – NZA 2003, 37, 39.
1748 BAG 18.4.2002 – 8 AZR 348/01 – NZA 2003, 37, 40.
1749 BAG 15.11.2001 – 8 AZR 95/01 – NZA 2002, 612.
1750 ArbG Köln 22.5.2002 – 9 Ca 12433/01 – MDR 2002, 1258.
1751 LAG Hamm 13.10.2006 – 4 Sa 1325/05 – juris.
1752 OLG Karlsruhe 24.5.2002 – 10 U 6/02 – NZV 2003, 420.
1753 OLG Celle 13.12.2001 – 14 U 162/01 – MDR 2002, 695.
1754 LAG Mecklenburg-Vorpommern 19.6.2007 – 5 Sa 72/07 – juris.
1755 LAG Hamm 19.3.2003 – 14 Sa 1441/02 – juris.
1756 LAG Niedersachsen 7.7.2003 – 5 Sa 188/02 – NZA-RR 2004, 142.
1757 Hessisches LAG 11.2.2000 – 2 Sa 979/98 – juris.
1758 BAG GS 27.9.1994 – GS 1/89(A) – AP § 611 BGB Haftung des Arbeitnehmers Nr. 103 = BB 1994, 2205.
1759 BAG 18.1.2007 – 8 AZR 250/06 – NZA 2007, 1230; BAG 25.9.1997 – 8 AZR 288/96 – AP § 611 BGB Haftung des Arbeitnehmers Nr. 111 = NZA 1998, 310 und BAG 12.10.1989 – 8 AZR 276/88 – AP § 611 BGB Haftung des Arbeitnehmers Nr. 97 = NZA 1990, 97 m.w.N. zur Rspr.-Entwicklung; LAG Niedersachsen 7.7.2003 – 5 Sa 188/02 – NZA-RR 2004, 142; LAG Mecklenburg-Vorpommern 22.8.2006 – 3 Sa 389/05 – juris (40fache des Monatsentgelts).
1760 BAG 23.1.1997 – 8 AZR 893/95 – NZA 1998, 140.
1761 BAG 12.10.1989 – 8 AZR 276/88 – AP § 611 BGB Haftung des Arbeitnehmers Nr. 97 = NZA 1990, 97.
1762 BAG 18.1.2007 – 8 AZR 250/06 – NZA 2007, 1230.
1763 BAG 25.9.1997 – 8 AZR 288/96 – AP § 611 BGB Haftung des Arbeitnehmers Nr. 111 = NZA 1998, 310.
1764 BAG 12.11.1998 – 8 AZR 221/97 – AP § 611 BGB Haftung des Arbeitnehmers Nr. 117 = NJW 1999, 966.
1765 LAG Nürnberg 18.4.1990 – 3 Sa 38/90 – LAGE § 611 BGB Arbeitnehmerhaftung Nr. 14; LAG Köln 17.6.1993 – 6 Sa 111/93 – LAGE § 611 BGB Gefahrgeneigte Arbeit Nr. 10.
1766 BAG 12.10.1989 – 8 AZR 276/88 – AP § 611 BGB Haftung des Arbeitnehmers Nr. 97 = NZA 1990, 97; LAG Köln 28.5.2003 – 7 Sa 830/02 – LAGE § 611 BGB Arbeitnehmerhaftung Nr. 27a; MünchArb/*Reichold*, Bd. 1, § 51 Rn 38.
1767 BAG 18.4.2002 – 8 AZR 348/01 – NZA 2003, 37, 39.

- Transportwaren und
- Arbeitsgeräte.[1768]

911 Als Anspruchsgrundlagen für diese Haftung kommen
- §§ 280 Abs. 1, 241 Abs. 2 bei einer **Schutzpflichtverletzung** des AN (früher pVV),
- § 280 Abs. 1 und 3 i.V.m. § 283 bei der **Unmöglichkeit der Herausgabe der verwahrten Sache** gem. §§ 675, 688, und
- § 823 bei **Verletzung von absoluten Rechten** des AG bzw.
- ein Schadensersatzanspruch aufgrund besonderer vertraglicher Vereinbarung (**Mankoabrede**) in Betracht.

912 1. **Haftung bei Schutzpflichtverletzung gemäß §§ 280 Abs. 1, 241 Abs. 2.** Der AN hat gem. § 241 Abs. 2 die Schutz- und Rücksichtnahmepflicht, die Vermögensinteressen des AG zu wahren. Ergibt sich ein vom AN verursachter Fehlbestand der ihm anvertrauten Sachen, liegt eine Pflichtverletzung i.S.v. § 280 Abs. 1 S. 1 vor. Diese Pflichtverletzung muss kausal zu einem Schaden des AG geführt haben. Der Fehlbestand[1769] und die kausale Pflichtverletzung sind **vom AG im Prozess darzulegen und zu beweisen**. Darüber hinaus muss er abweichend von § 280 Abs. 1 S. 2 **auch das Verschulden** des AN gem. § 619a darlegen und beweisen.[1770] Liegt eine unwirksame Mankoabrede vor, müssen Fehlbestand, kausaler Pflichtverstoß und das Verschulden konkret vom AG dargelegt werden; der Hinweis auf die Mankoabrede reicht nicht aus.[1771] Aufgrund der Nähe des AN zum Geschehen kann allerdings die **Darlegung abgestuft** sein; auf die plausible Darlegung des Fehlverhaltens hat sich der AN zu entlasten; diese Umstände muss wiederum der AG widerlegen (vgl. Rn 969).

913 Die Grundsätze der **Haftungsmilderung** finden auf die Haftung des AN für Fehlbestände gem. §§ 280 Abs. 1, 241 Abs. 2 nach der Rspr. des BAG Anwendung.[1772] Voraussetzung dafür ist, dass der Schaden aufgrund einer betrieblich veranlassten Tätigkeit entstanden ist (zu diesem Begriff vgl. Rn 892). Der AN haftet daher nur voll, wenn ihm ein vorsätzliches oder grob fahrlässiges Verhalten vorgeworfen werden kann. Die Haftung entfällt bei einem nur leicht fahrlässigen Versehen und wird bei mittlerer, unter besonderen Voraussetzungen aber auch bei grober Fahrlässigkeit quotiert (vgl. Rn 898 ff.). Über die konkrete Haftungsquote wird in einer Abwägung der Umstände des Einzelfalls nach den Grundsätzen des innerbetrieblichen Schadensausgleichs (vgl. Rn 883 ff.) entschieden. Erhält der AN einen gesondert ausgewiesenen Risikozuschlag bzw. ein Mankogeld für die ihm anvertrauten Sachen, ist dies in der Einzelabwägung zu berücksichtigen. Zu Lasten des AG ist sein konkretes Mitschulden gem. § 254 zu berücksichtigen. Ein Mitverschulden ist dann zu bejahen, wenn Umstände aus der Risikosphäre des AG, also auch eine mangelnde Überwachung und Kontrolle der AN, für den Schaden mitursächlich geworden sind.[1773] Bei der Prüfung der Kausalität ist unter Adäquanzgesichtspunkten zu untersuchen, ob die vom AG vorzunehmende Handlung im Allgemeinen und nicht nur unter besonders eigenartigen, unwahrscheinlichen und dem gewöhnlichen Verlauf der Dinge außer Betracht zu lassenden Umständen geeignet ist, den Schaden zu verhindern. Lässt der AN die Wechselgeldbörse unverschlossen zurück, muss der AG damit nicht rechnen und ebenso keinen Safe zur Aufbewahrung großer Wechselgeldsummen bereitstellen.[1774] Dagegen muss der AG bei konkretem Verdacht eines Betrugs die Kassenbestände prüfen lassen.[1775]

914 Der Umfang des **Schadensersatzanspruchs** gem. §§ 249 ff. umfasst den fehlenden Geldbetrag bzw. den Naturaloder Wertersatz aber auch den entgangenen Gewinn gem. § 252 bei fehlenden Waren. Dabei kann der AN eingeräumte Rabattsätze nicht in Abzug bringen und auch Überschüsse nicht verrechnen. Hat der AG Aufwendungen eingespart (Lagerkosten etc.) ist dies zugunsten des AN abzurechnen.[1776]

915 2. **Haftung gemäß §§ 280 Abs. 1 und 3, 283 i.V.m. §§ 667, 688 bei Vorliegen eines Verwahrungsvertrags.** Nach der Rspr. des BAG richtet sich die Haftung des AN nur in Ausnahmefällen nach den Vorschriften des Auftrags oder der Verwahrung.[1777] Ein solcher eigenständiger Verwahrungsvertrag neben dem Arbverh kann nur dann angenommen werden, wenn der zusätzliche Rechtsbindungswille für diesen haftungsintensiveren Vertrag zweifelsfrei festgestellt werden kann. Im Gegensatz zum Arbeitsvertrag haftet der AN bei Vorliegen eines Verwahrungsvertrags nach den Unmöglichkeitsregeln für den verschuldeten Untergang der Sache. Nach den arbeitsrechtlichen Regelungen trifft den AN dagegen nur die Haftung wegen der Nebenpflichtverletzung gem. §§ 280 Abs. 1, 249, wobei die Haftungsmilderung nach den Grundsätzen des innerbetrieblichen Schadensausgleichs eingreift.

1768 MünchArb/*Reichold*, Bd. 1, § 51 Rn 69; ErfK/*Preis*, § 619a BGB Rn 28.
1769 LAG Köln 6.4.1999 – 3 Sa 1174/98 – juris.
1770 ErfK/*Preis*, § 619a BGB Rn 31; LAG Baden-Württemberg 19.9.2001 – 17 Sa 9/01 – juris.
1771 BAG 2.12.1999 – 8 AZR 386/98 – NZA 2000, 715, 717.
1772 BAG 22.5.1997 – 8 AZR 562/95 – und 17.9.1998 – 8 AZR 175/97 – AP § 611 BGB Mankohaftung Nr. 1 und 2 = NZA 1997, 1279 und NJW 1999, 1049.
1773 Mitverschulden des AG bei mangelhaftem Kontrollsystem: Hessisches LAG 11.2.2000 – 2 Sa 979/98 – juris.
1774 BAG 15.11.2001 – 8 AZR 95/01 – NZA 2002, 612.
1775 ArbG Nürnberg 11.6.1997 – 15 Ca 10637/96 – NZA-RR 1998, 59.
1776 MünchArb/*Reichold*, Bd. 1, § 51 Rn 78.
1777 BAG 17.9.1998 – 8 AZR 175–97 – NZA 1999, 141.

916 Voraussetzung für die Anwendbarkeit der §§ 667, 688 neben dem Arbeitsrecht ist, dass der **AN** nach dem übereinstimmenden Parteiwillen **unmittelbarer Eigenbesitzer** der Sache ist und damit alleinigen Zugang zu der Sache hat und sie selbst verwaltet. Nur wenn der AN selbst die wirtschaftlichen Überlegungen trifft und selbstständig über die Verwendung der Sache entscheidet, ist es nach der Rspr. gerechtfertigt, ihm die Verantwortung für die Herausgabe der Sache aufzuerlegen.[1778]

917 Ein solches selbstständiges Verwaltungsrecht des AN ist nach der Rspr. anzunehmen, wenn der AN die Preise für die anvertrauten Waren selbst kalkuliert oder selbst den Vertrieb organisiert.[1779] In diesen Fällen finden die Grundsätze über die Haftungsmilderung keine Anwendung, da mangels einer Weisungsabhängigkeit auch keine abstrakte Risikoübernahme des AG gerechtfertigt ist. Dagegen fallen Sachen, die im Rahmen einer Hausmeistertätigkeit[1780] verwaltet werden, eingenommene Gelder[1781] oder verwahrte Fahrscheine[1782] nicht unter die Haftung für die Unmöglichkeit der Herausgabe.

918 Die **Lit.** lehnt dagegen z.T. eine Unmöglichkeitshaftung des AN nach den Vorschriften des Auftrags- bzw. Verwahrungsrechts ab.[1783] Danach widerspricht die Konzeption der Rspr. schon der weisungsabhängigen und unselbstständigen Tätigkeit des AN, die das Charakteristikum des Arbeitsvertrags ist. Das Risiko für den Erfolg der Schlechtleistung (hier das Risiko der Unmöglichkeit) soll danach stets der AG tragen.

919 Es ist eine vermittelnde **Lösung** vorzuziehen: Im Regelfall scheidet die Haftung nach §§ 280 Abs. 1 und 3, 283 aus, da der AN nur Besitzdiener ist. Besteht allerdings über den Arbeitsvertrag hinaus ein Auftrags- oder Verwahrungsverhältnis, z.B. bei dem zur privaten Nutzung überlassenen Dienstwagen, besteht kein Grund, den AN von diesem Risiko zu entlasten.[1784]

920 Das bedeutet auf der anderen Seite, dass eine Haftung nach den Vorschriften über Auftrag und Verwahrung dann nicht eingreift, wenn der **AG keine unmittelbare besitzrechtliche Position** mehr an den Sachen hat.[1785] Mittelbarer Besitz des AG gem. § 868 ist dagegen unschädlich, da der Auftrag bzw. Verwahrungsvertrag als Voraussetzung der Unmöglichkeitshaftung gerade diese Position vermittelt. Im **Regelfall** greift die Haftung aus Auftrag bzw. Verwahrungsvertrag für den AN jedoch nicht ein. Aufgrund der typischen und für das Arbverh charakteristischen Weisungsbefugnis des AG für die unselbstständige Tätigkeitsleistung ist der AN regelmäßig **Besitzdiener** des AG gem. § 855 und damit nur der AG unmittelbarer Besitzer.[1786]

921 **3. Mankohaftung aufgrund vertraglicher Vereinbarung.** Grds. können die Parteien auch im Wege vorformulierter Klauseln vereinbaren, dass der AN für Fehlbestände einstehen muss (für ein Formulierungsbeispiel siehe Rn 979). Dabei ist aber zu beachten, dass auch individualvertraglich nach der oben erörterten Rspr. des BAG (vgl. Rn 881) nicht von den Grundsätzen der **Haftungsmilderung** im Arbverh abgewichen werden darf. Ausgenommen sind die Fälle, in denen der AN alleiniger unmittelbarer Besitzer der Sachen ist (vgl. Rn 916). In den anderen Fällen ist jede individualvertragliche Vereinbarung über eine Mankohaftung des AN, sei sie nun ausgehandelt oder formularmäßig vereinbart, nur dann wirksam, wenn sie von den Grundsätzen zur Haftungsmilderung nicht zu Lasten des AN abweicht. Handelt es sich um eine in allgemeinen Arbeitsbedingungen eingeführte Klausel, so ist eine Abweichung von den Grundsätzen zur Haftungsmilderung nur zu Lasten des AN eine unangemessene Benachteiligung gem. § 307. Handeln die Parteien eine derartige Regelung individualvertraglich aus, so hält die Regelung einer Inhaltskontrolle gem. § 242 nicht stand.[1787] Ein Abweichen z.B. bzgl. der Beweislast oder des Verschuldens ist daher nur unter bestimmten und sehr engen Voraussetzungen zulässig. Erforderlich ist, dass der AN ein **angemessenes Mankogeld** erhält,[1788] das im Regelfall den Durchschnitt der Fehlbeträge eines Jahres widerspiegelt.

922 Die Begründung einer durch Mankoabrede getroffenen **verschuldensunabhängigen Haftung** des AN hat das BAG als wirksam angesehen, wenn der AN nur bis zur Höhe der vereinbarten Mankovergütung haften soll und daher im Ergebnis allein die Chance der zusätzlichen Vergütung für die erfolgreiche Verwaltung eines Waren- oder Kassenbestandes erhält.[1789] In diesem Fall kommt es nach der neueren Rspr. auch nicht darauf an, ob der AN den Arbeitsbereich alleine beherrscht oder ob er auch Hilfskräfte in diesem Bereich kontrollieren muss.[1790] Anders entschied noch die vorangegangene Rspr., wonach dem AN eine wirksame Kontrolle möglich sein musste, um Schäden zu verhindern.[1791] Scheidet der AN vor Ablauf des Jahres aus, ist seine Haftungssumme entsprechend herabzusetzen. Bei der Änderung der **Beweislast** ist § 309 Nr. 12 zu beachten.

1778 BAG 17.9.1998 – AZR 175–97 – NZA 1999, 141.
1779 BAG 2.12.1999 – 8 AZR 386/98 – NZA 2000, 715.
1780 LAG Sachsen 26.11.2003 – 2 Sa 657/02 – juris.
1781 LAG Baden-Württemberg 19.9.2001 – 17 Sa 9/01 – juris.
1782 LAG Hamm 26.10.2000 – 17 Sa 1109/00 – ZTR 2001, 138.
1783 ErfK/*Preis*, § 619a BGB Rn 30; *Deinert*, RdA 2000, 22.
1784 HWK/*Krause*, § 619a BGB Rn 48; MünchArb/*Reichold*, Bd. 1, § 51 Rn 71.
1785 *Deinert*, RdA 2000, 22.
1786 BAG 2.12.1999 – 8 AZR 386/98 – NZA 2000, 715; BAG 17.9.1998 – 8 AZR 175–97 – NZA 1999, 141.
1787 BAG 2.12.1999 – 8 AZR 386/98 – NZA 2000, 715; BAG 17.9.1998 – 8 AZR 175–97 – NZA 1999, 141.
1788 BAG 17.9.1998 – 8 AZR 175–97 – NZA 1999, 141.
1789 BAG 5.2.2004 – 8 AZR 91/03 – NZA 2004, 649.
1790 BAG 2.12.1999 – 8 AZR 386/98 – NZA 2000, 715.
1791 BAG 22.11.1973 – 2 AZR 580/72 – AP § 626 BGB Nr. 67 = BB 1974, 463.

160 BGB § 611

923 Soll der AN anteilig in einer **Gruppe von AN** haften, so ist diese Klausel nicht grds. unzulässig. Allerdings ist nach der Rspr. nicht ganz eindeutig, inwieweit der AN Kontrollbefugnisse über die anderen AN haben muss.[1792] Die Klausel ist jedenfalls dann unzulässig, inwieweit gar keine Kontrollmöglichkeiten bestehen. Eine Haftung für natürlichen Schwund der Ware (**Mankospannen**) überschreitet den Verantwortungsbereich des AN, da keine seiner Handlungen ursächlich ist.[1793]

III. Außenhaftung des Arbeitnehmers gegenüber Dritten

924 Schädigt der AN dritte, nicht betriebszugehörige Personen, so haftet er diesen auch bei betrieblich veranlassten Tätigkeiten **unbeschränkt** nach §§ 823, 249 ff., da i.d.R. kein Vertragsverhältnis zwischen dem Dritten und dem AN besteht. Die Grundsätze der Haftungsmilderung greifen für die Haftung gegenüber dem Dritten nicht ein.[1794] Anders ist der Fall zu beurteilen, wenn der AG und der Dritte eine **vertragliche Haftungsmilderung** zugunsten des AG vereinbart haben. In diesen Fällen wirkt die Haftungserleichterung auch zugunsten des AN.[1795] Wird der AN von einer **Versicherung** als Dritter in Anspruch genommen, so ist der Haftungsausschluss gem. § 11 AKB zu beachten, nach dem der AG den nach § 10 AKB mitversicherten AN bei Sach- oder Vermögensschäden, die im Rahmen der Pflichtversicherung liegen, nicht in Anspruch nehmen kann. Dies gilt ebenso für Regressansprüche der Versicherung.[1796]

925 Haftet der AN im Außenverhältnis auch unbeschränkt, so hat er im **Innenverhältnis gegen seinen AG einen Freistellungsanspruch**, wenn er die Forderung des Dritten noch nicht beglichen hat.[1797] Dieser Anspruch gegenüber dem AG ist auf eine Haftungsentlastung gerichtet. Der AG hat demnach gegenüber dem Dritten den Haftungsanteil zu tragen, der nach den Grundsätzen des innerbetrieblichen Schadensausgleichs im Verhältnis zum AN auf ihn entfallen würde. Dogmatisch knüpft die Rspr. den Freistellungsanspruch z.T. diffus an die sog. Fürsorgepflicht.[1798] In der Lit. wird z.T. eine Analogie zu § 670 befürwortet.[1799] Der Freistellungsanspruch ist abtretbar und pfändbar.[1800] Wie der AG den Freistellungsanspruch erfüllt, ist auf verschiedenen Wegen denkbar: z.B. als Zahlung nach § 267 an den Geschädigten, über eine Hinterlegungsvereinbarung oder eine mit ihm vereinbarte befreiende Schuldübernahme.[1801]

926 Hat der AN die Forderung des Dritten bereits erfüllt, hat er gegen den AG einen **Zahlungsanspruch** in der Höhe, die der AG nach den Grundsätzen des innerbetrieblichen Schadensausgleichs bzw. seines eigenen Mitverschuldens gem. § 254[1802] im Verhältnis zum AN zu tragen hat.[1803] Dogmatisch wird dieser Anspruch z.T. auf eine Analogie zu § 670 gestützt, wobei in den Fällen der Mithaftung des AG gegenüber dem Dritten (über § 278) der Anspruch aus § 426 Abs. 1 S. 1 folgt („etwas anderes bestimmt" i.S.v. § 426 Abs. 1 S. 1 ist durch den innerbetrieblichen Schadensausgleich).[1804]

927 Ist die Haftung gegenüber dem Dritten für den AN aufgrund des Freistellungsanspruch i.d.R. mit keinen höheren Risiken verbunden als die dem AG gegenüber, weicht ein Fall von diesem Grundsatz ab: die **Insolvenz des AG**. In dieser Situation fällt der AN mit seinem Freistellungsanspruch aus und muss die gesamte Haftung tragen, die verglichen mit seinem Gehalt unverhältnismäßig hoch sein kann. Aber auch in dieser Situation bleibt es bei der unbeschränkten Haftung gegenüber dem Dritten.[1805] Die Haftungsmilderung beruht nicht auf übergreifenden, sondern auf spezifisch arbeitsvertraglichen Erwägungen. Sie ist „Konsequenz und Korrelat"[1806] der vertraglichen Haftungsmilderung nach den Grundsätzen des innerbetrieblichen Schadensausgleichs. Knüpft man die Grundsätze des innerbetrieblichen Schadensausgleichs an eine Äquivalenzstörung hinsichtlich des vertraglich vorgegebenen Risikopotenzials im Verhältnis zur Entlohnung an (vgl. Rn 881 ff.), so kann diese Überlegung nicht auf einen am Vertrag unbeteiligten Dritten erstreckt werden.

928 Wegen der auf den Arbeitsvertrag als solchen beschränkten Wirkung des innerbetrieblichen Schadensausgleichs, scheidet im Fall der Schädigung eines Dritten sowohl durch den AN als auch durch den AG eine Kürzung des Anspruchs gegen den AN nach den Grundsätzen der **gestörten Gesamtschuld** aus (anders dagegen bei den sozialversicherungsrechtlichen Haftungsausschlüssen der §§ 104 ff. SGB VII, siehe Rn 935). Zur Verdeutlichung mag folgendes Beispiel dienen:

[1792] BAG 2.12.1999 – 8 AZR 386/98 – NZA 2000, 715; dazu MünchArb/*Reichold*, Bd. 1, § 51 Rn 76.
[1793] ErfK/*Preis*, § 619a BGB Rn 43; MünchArb/*Reichold*, Bd. 1, § 51 Rn 73.
[1794] BGH 21.12.1993 – IV ZR 103/93 – NJW 1994, 852; BGH 19.9.1989 – VI ZR 349/88 – NJW 1989, 3273; *Heinze*, NZA 1986, 549.
[1795] BGH 21.12.1993 – VI ZR 103/93 – NJW 1994, 852.
[1796] MünchArb/*Reichold*, Bd. 1, § 52 Rn 8.
[1797] BAG 23.6.1988 – 8 AZR 300/85 – AP § 611 BGB Haftung des Arbeitnehmers Nr. 94 = NZA 1989, 181; ErfK/*Preis*, § 619a BGB Rn 26; MünchArb/*Reichold*, Bd. 1, § 52 Rn 14; *Bittner*, NZA 2002, 833.
[1798] BAG 23.6.1988 – 8 AZR 300/85 – AP § 611 BGB Haftung des Arbeitnehmers Nr. 94 = NZA 1989, 181.
[1799] ErfK/*Preis*, § 619a BGB Rn 26; MünchArb/*Reichold*, Bd. 1, § 52 Rn 14.
[1800] MünchArb/*Reichold*, Bd. 1, § 52 Rn 16.
[1801] *Bittner*, NZA 2002, 833, 836.
[1802] MünchArb/*Reichold*, Bd. 1, § 52 Rn 20.
[1803] *Bittner*, NZA 2002, 833, 836; MünchArb/*Reichold*, Bd. 1, § 52 Rn 19; ErfK/*Preis*, § 619a BGB Rn 26.
[1804] MünchArb/*Reichold*, Bd. 1, § 52 Rn 19.
[1805] BGH 19.9.1989 – VI ZR 349/88 – NJW 1989, 3273; zur Kritik der Lit. *Annuß*, Die Haftung des Arbeitnehmers, S. 18; *Busemann*, S. 129.
[1806] *Denck*, S. 255.

Der AN A beschädigt während der Arbeit schuldhaft ein Kfz, das der AG U von L geleast hatte. Da der AG insolvent ist, verlangt L Schadensersatz von A.

Der Anspruch des L gegen A nach § 823 Abs. 1 kann nicht deshalb gekürzt werden, weil U den A nach den Grundsätzen des innerbetrieblichen Schadensausgleichs nicht vollständig in Regress nehmen kann. Diese Kürzung ist nur bei Haftungsprivilegierungen möglich, die Wirkung gegenüber dem Dritten haben. Nach den Grundsätzen der gestörten Gesamtschuld kann der Anspruch des Geschädigten auf die Höhe gekürzt werden, die der privilegiert Haftende im Innenverhältnis zum Zweitschädiger ohnehin tragen muss. Auf diese Weise wird verhindert, dass die Haftungsprivilegierung im Innenregress unterlaufen wird. Diese Möglichkeit scheidet bei der nur zwischen AN und AG wirkenden vertraglichen Haftungserleichterung aus.

IV. Haftung des Arbeitnehmers gegenüber Arbeitskollegen

Der AN haftet gegenüber Arbeitskollegen mangels einer Vertragsbeziehung der AN untereinander nur nach § 823 ff. für Sach- und Personenschäden. Darüber hinaus ist aber als wichtige Besonderheit zu berücksichtigen, dass bei einem **Personenschaden** der **Haftungsausschluss gem. § 105 Abs. 1 S. 1 SGB VII** zwischen dem schädigenden AN und seinem Betriebskollegen eingreift. Für Sachschäden bleibt es damit bei der unbeschränkten Außenhaftung.[1807] Ebenso kann der geschädigte Arbeitskollege einen Anspruch auf Ersatz von Vermögensschaden haben, wie z.B. auf Ersatz der wirtschaftlichen Nachteile infolge einer Falschbezichtigung durch den schädigenden AN beim AG gem. § 824 zw. § 823 Abs. 2 i.V.m. §§ 185 ff. StGB.[1808]

Voraussetzung für den **Haftungsausschluss** ist, dass eine betriebliche Tätigkeit des schädigenden AN bei einem Versicherten desselben Betriebs zu einem Unfall mit einem Personenschaden geführt hat und der Unfall weder vorsätzlich noch auf einem Weg von oder zu der Arbeitsstätte stattgefunden hat. Sinn des Haftungsausschlusses ist es, zum einen Haftungsstreitigkeiten innerhalb des Betrieb zu vermeiden und den unfallversicherten AG vor Freistellungsansprüchen zu bewahren, die ihn im Innenverhältnis zum AN bei einer Dritthaftung des AN treffen können.[1809] Unter den Haftungsausschluss fallen auch **Schmerzensgeldansprüche**, obwohl diese nicht von den Versicherungsleistungen umfasst sind und eine dementsprechende Kompensation des Geschädigten insoweit insgesamt entfällt.[1810] Dies hat sich durch § 253 Abs. 2 nicht verändert, wonach auch bei einem vertraglichen Schadensersatzanspruch unter bestimmten Voraussetzungen Schmerzensgeld verlangt werden kann. Auch nach der Gesetzesänderung liegt darin kein Verstoß gegen Art. § Abs. 1 GG,[1811] da der Versicherte dafür die Vorteile des Unfallversicherungsschutzes wie z.B. keine Anrechnung eigenen Mitverschuldens erhält.[1812] Allerdings bezieht sich der Haftungsausschluss nicht auf Schmerzensgeldansprüche von hinterbliebenen Angehörigen, da es für diese Ansprüche keine Kompensation gibt.[1813] Hat der AN vorsätzlich gehandelt, so greift der Haftungsausschluss nur dann nicht ein, wenn sich der Vorsatz auch auf die konkreten Schadensfolgen erstreckt.[1814] Zu den Voraussetzungen und den Rechtsfolgen der Regelung im Einzelnen vgl. § 105 SGB VII.

Hat an der Schadensentstehung sowohl ein privilegiert haftender Arbeitskollege und ein nach den allgemeinen Regelungen voll haftender Dritter mitgewirkt, handelt es sich um einen Fall der **gestörten Gesamtschuld**. Beide haften dem Geschädigten als Gesamtschuldner gem. § 840. Könnte der unversicherte Dritte, nachdem er an den Geschädigten gezahlt hat, gem. §§ 840, 426 Abs. 2 Regress bei dem privilegiert haftenden AN nehmen, so liefe der Haftungsausschluss leer. In dieser Situation ist daher der Anspruch des Geschädigten gegen den Dritten von vornherein auf den Anteil zu kürzen, der im Innenverhältnis von Dritten und privilegiert Haftenden auf den Dritten entfällt.[1815] Dies gilt auch für einen etwaigen Schmerzensgeldanspruch, wie das folgende Beispiel verdeutlicht:

Beispiel: Der AN A wird bei einem Arbeitsunfall durch Verschulden seines Arbeitskollegen B und eines Dritten D verletzt. Beide tragen je eine Verschulensquote von 50 %. A bzw. die Berufsgenossenschaft verlangen die Heilungskosten und ein Schmerzensgeld von D.

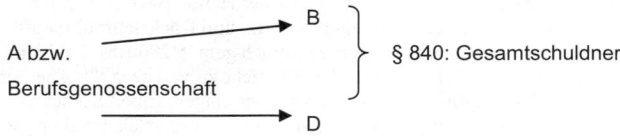

1807 LAG Hamm 21.9.2006 – 16 Sa 86/06 – ZGS 2007, 87.
1808 LAG Hamm 30.11.2000 – 8 Sa 878/00 – AuR 2001, 283.
1809 MünchArb/*Reichold*, Bd. 1, § 53 Rn 2.
1810 LAG Köln 30.10.2000 – 11 Sa 4995/00 – LAGE § 105 SGB VII Nr. 4.
1811 Zur bisherigen Rechtslage BVerfG 7.11.1972 – 1 BvR 355/71 – NJW 1973, 502.
1812 A.A. *Richardi*, NZA 2002, 1004, 1009.
1813 BGH 6.2.2007 – VI ZR 55/06 – NJW-RR 2007, 1395.
1814 BAG 10.10.2002 – 8 AZR 103/02 – NZA 2003, 436.
1815 BGH 12.6.1973 – VI ZR 163/71 – NJW 1973, 1648.

Der Anspruch der Berufsgenossenschaft gegen D auf die Heilungskosten und das Schmerzensgeld gem. § 823 Abs. 1 i.V.m. § 116 SGB X ist nach den Grundsätzen der gestörten Gesamtschuld auf die Hälfte zu begrenzen (entspricht der im Innenverhältnis B-D zu tragenden Quote).[1816]

V. Haftung des Arbeitgebers

935 **1. Körperschäden.** Unabhängig von der vertraglichen (z.B. §§ 280 Abs. 1 i.V.m. 618) oder deliktischen Anspruchsgrundlage wird in **§ 104 Abs. 1 S. 1 SGB VII** die Haftung des AG gegenüber dem geschädigten AN und dessen Angehörigen und Hinterbliebenen für **Personenschäden** ausgeschlossen.[1817] Voraussetzung ist, dass es sich um einen Arbeitsunfall handelt, bei dem ein Versicherter, der im Unternehmen tätig ist oder zum Unternehmen in einer sonstigen die Versicherung begründenden Beziehung steht, verletzt worden ist und der Unfall weder vorsätzlich herbeigeführt worden ist noch sich auf dem versicherten Arbeitsweg ereignet hat. Entscheidend ist dabei, dass sich der Vorsatz auch auf den konkreten Schaden erstrecken muss.[1818] Die Missachtung von Unfallverhütungsvorschriften reicht nicht aus.[1819] Es ist daher bei der Anspruchsbegründung insbesondere darzulegen, dass der AG die konkrete Verletzungsfolge gebilligt hat und nicht – wenn auch fahrlässig – darauf vertraut hat, dass schon alles „gut" geht. Der Haftungsausschluss umfasst auch ein mögliches Schmerzensgeld. Vgl. zu den Einzelheiten des Haftungsausschlusses § 104 SGB VII.

936 **2. Haftung außerhalb der Privilegierung nach § 104 SGB VII. a) Vertragliche Haftung.** Nach der Schuldrechtsreform gibt es für die vertragliche Haftung zwei Anspruchsgrundlagen:
– § 311a Abs. 2 im Falle von anfänglicher grundsätzlicher Unmöglichkeit und
– § 280 Abs. 1 bei vertraglicher Pflichtverletzung.

937 War im alten Recht die Frage nach dem Zustand der Leistungspflicht der Ausgangspunkt, um die Anspruchsgrundlage zu bestimmen, z.B. Unmöglichkeit (§ 325 a.F.) oder Verzug (§ 326 a.F.), ist nun die Pflichtverletzung gem. § 280 Abs. 1 der Oberbegriff, an den die verschiedenen Arten der Schadensersatzansprüche anknüpfen. Es gibt daher (gem. der bisherigen Differenzierung in den §§ 323 ff. a.F.) vier Arten einer Pflichtverletzung: Die Nichtleistung, die Leistungsverzögerung, die Schlechtleistung (auch infolge einer leistungsbezogenen Nebenpflichtverletzung) und die Verletzung einer nicht leistungsbezogenen Nebenpflicht. Diese Aufteilung ist aber in der neuen Regelungstechnik nicht entscheidend. Für die zutreffende Anspruchsgrundlage kommt es vielmehr auf die Art des verlangten Schadensersatzes an:

938 Das kann der Ersatz des reinen Integritätsinteresses an den bestehenden und in diesem Fall vom AG geschädigten Rechtsgütern gem. § 280 Abs. 1 i.V.m. § 241 Abs. 2 oder § 618 (nach altem Recht Fälle der pVV und der c.i.c.), der Ersatz des Schadensersatzes statt der Leistung gem. §§ 280 Abs. 1 und 3 i.V.m. 281 (Fall der Schlechtleistung) oder 283 (Fall der Unmöglichkeit) oder 282 (Fall der Nebenpflichtverletzung) und der Ersatz des Verzugsschadens gem. §§ 280 Abs. 1 und 2 i.V.m. 286 sein.

939 Für die vertragliche Leistungsstörungen (Nichtleistung, Verzug), die seine Leistungspflichten z.B. Zahlungspflicht oder Beschäftigungspflicht betreffen, haftet der AG dem AN nach dem bereits erörtertem Leistungsstörungsrecht (vgl. Rn 810 ff.) auf Schadensersatz.

940 Darüber hinaus kommt die vertragliche Haftung des AG bei **Schutzpflichtverletzungen** gem. **§§ 280 Abs. 1, 618 oder 241 Abs. 2** in Betracht, wenn der AN sein **Integritätsinteresse** ersetzt haben will, d.h. Ersatz für den Schaden an bestehenden Rechtsgütern verlangt. Voraussetzung der Haftung nach § 280 Abs. 1 ist eine vertragliche **Pflichtverletzung** des AG. Für die Pflichtverletzung trägt der AN die Darlegungs- und Beweislast, wobei es in den Fällen des § 618 ausreicht, wenn der AN eine Abweichung vom gesetzlich vorgeschriebenen Normalzustand darlegt und der AG sich insoweit entlasten muss.[1820]

941 Die Pflichten des AG können sich zum einen aus der gesetzlich normierten **Fürsorgepflicht** für Leib und Leben des AN gem. **§ 618** ergeben. Gerade in diesen Fällen der Körperschäden ist aber der Haftungsausschluss gem. § 104 SGB VII zu beachten. Darüber hinaus treffen den AG zum anderen weitere **Schutz- und Rücksichtnahmepflichten gem. § 241 Abs. 2**, deren Verletzung ebenfalls zu einem Schadensersatzanspruch gem. § 280 Abs. 1 führen kann. Unter die vertragliche Pflicht fällt es auch, das Persönlichkeitsrecht des AN nicht zu verletzen.[1821] Die Schutz- und Rücksichtnahmepflichten betreffen auch **Obhutspflichten** des AG bzgl. der eingebrachten Sachen des AN, so z.B. für das auf dem Firmenparkplatz abgestellte Fahrzeug[1822] aber auch die ordnungsgemäße Erfüllung **sozialversicherungsrechtlicher Pflichten**, wie z.B. die ordnungsgemäße Beantragung von Kurzarbeitergeld[1823] oder das

---

1816 BGH 17.2.1987 – VI ZR 81/86 – NJW 1987, 2669.
1817 *Waltermann*, NJW 2002, 1225; *Rolfs*, DB 2001, 2294; *Marschner*, BB 1996, 2090.
1818 LAG Mecklenburg-Vorpommern 21.12.2006 – 1 Sa 113/06 – juris.
1819 LAG Rheinland Pfalz 16.10.2008 – 10 Sa 412/08 – juris.
1820 ErfK/*Preis*, § 619a BGB Rn 66.
1821 BAG 18.2.1999 – 8 AZR 735/97 – AP § 611 BGB Persönlichkeitsrecht Nr. 31 = NJW 1999, 1988.
1822 BAG 25.5.2000 – 8 AZR 518/99 – NZA 2000, 1052; zur Streupflicht Hessisches LAG 21.7.2000 – 2 Sa 1032/99 – juris.
1823 Sächsisches LAG 30.8.2002 – 3 Sa 996/01 – NZA-RR 2003, 328.

ordnungsgemäße Zahlen der Sozialversicherungsbeiträge.[1824] Ebenso haftet der AG danach für Falschauskünfte z.B. hinsichtlich der Wahl zwischen verschiedenen Versorgungssystemen.[1825] Ebenso kann sich ein Schadensersatzanspruch aus Verletzungen von Informationspflichten ergeben z.B. gefährliche Krankheiten am Arbeitsplatz,[1826] Anzeigepflichten gegenüber Versicherungen,[1827] aus Falschauskünften gegenüber einem potentiellen neuen AG[1828] aus Falschauskünften über bestehende Steuerpflichten.[1829]

Der AG muss die Pflicht **schuldhaft** verletzt haben. Nach § 280 Abs. 1 S. 2 trifft den **AG** die **Darlegungs- und Beweislast**, sich von der in § 280 Abs. 1 aufgestellten Verschuldensvermutung zu entlasten. Die Regelung des § 619a gilt nur für den Fall der AN-Haftung und greift insoweit nicht ein. Der AG hat demnach gem. § 276 für Vorsatz und Fahrlässigkeit zu haften. Anders als bei dem Verschulden des AN kommt es insoweit nicht auf einen subjektiven Maßstab an, sondern auf die objektiv im Rechtsverkehr einzuhaltende Sorgfalt.[1830] **942**

Das Verschulden der vom AG eingesetzten **Erfüllungsgehilfen** muss sich der AG gem. **§ 278** zurechnen lassen. Auch insoweit gilt die Beweislastumkehr in § 280 Abs. 1 S. 2. Eine Zurechnung gem. § 278 setzt voraus, dass der AG die andere Person (nicht unbedingt einen AN, da der Erfüllungsgehilfe nicht weisungsabhängig sein muss) willentlich zur Erfüllung seiner Vertragspflicht eingesetzt hat. Die Vertragspflichten können auch in Gefahrschutzpflichten gegenüber anderen AN bestehen oder auch die Wahrung von Persönlichkeitsrechten umfassen, so im Fall von Mobbing durch einen Vorgesetzten.[1831] Schädigt der AN seinen Kollegen dagegen nur in Ausführung seiner Arbeitstätigkeit, ohne dass ihm ein besonderer Gefahrenschutz ohne eine besondere Pflicht zur Achtung von Persönlichkeitsrechten vom AG übertragen worden ist, nimmt der AN nur eigene Pflichten wahr und der AG setzt ihn gerade nicht willentlich als Erfüllungsgehilfen ein.[1832] In diesen Fällen ist aber zu untersuchen, ob der AG nicht aufgrund eines eigenen Organisationsverschuldens haftet bzw. ein Eigenverschulden in Form eines Auswahlverschuldens nach § 831 vorliegt.[1833] **943**

Die Pflichtverletzung muss bei dem AN zu einem **kausalen Schaden** geführt haben. Für die Kausalität trägt der AN die Darlegungs- und Beweislast. Der Umfang des Schadensersatzes richtet sich nach §§ 249 ff. und umfasst auch ein mögliches **Schmerzensgeld gem. § 253 Abs. 2** (beachte aber den Haftungsausschluss des AG bei Körperschäden, siehe Rn 936). Nach § 618 Abs. 3 wird der Haftungsumfang in Verweisung auf die §§ 842 bis 846 auf die Nachteile erstreckt, die dem AN für seinen Erwerb und sein Fortkommen entstehen. Darüber hinaus umfasst diese Ersatzpflicht eine Rente, die Kosten der Beerdigung sowie Unterhaltspflichten und Geldrentenpflichten gegenüber Dritten. Ein Mitverschulden des AN ist gem. § 254 zu berücksichtigen. **944**

b) Deliktische Haftung. Die deliktische Haftung nach den §§ 823 ff. tritt neben die vertragliche Haftung. Voraussetzung für die Haftung nach § 823 Abs. 1 ist, dass der AG schuldhaft ein absolutes Recht oder ein dem gleichgestelltes sonstiges Recht verletzt hat. So haftet der AG auch nach § 823 Abs. 1 für Eigentumsverletzungen an den von AN eingebrachten Sachen. Ebenso tritt die deliktische Haftung bei Körperschäden des AN neben die vertragliche Haftung aus einer Fürsorgepflichtverletzung. Für das Vorliegen der **Tatbestandvoraussetzungen** trägt die **Geschädigte** die **Darlegungs- und Beweislast**. Dies gilt auch für das Verschulden, da sich die Beweislastumkehr in § 280 Abs. 1 S. 2 nur auf vertragliche Ansprüche bezieht.[1834] **945**

Besondere Bedeutung hat die **Persönlichkeitsverletzung** des AN im Fall von **Mobbinghandlungen**. Das Persönlichkeitsrecht ist ein sonstiges Recht i.S.v. § 823 Abs. 1. Unter Mobbing werden fortgesetzte, aufeinander aufbauende und ineinander übergreifende, der Anfeindung, Schikane oder Diskriminierung dienende Verhaltensweisen erfasst, die nach ihrer Art und ihrem Ablauf im Regelfall einer übergeordneten, von der Rechtsordnung nicht gedeckten Zielsetzung förderlich sind und in ihrer Gesamtheit das allgemeine Persönlichkeitsrecht, die Ehre oder die Gesundheit des Betroffenen verletzen.[1835] Für diese Umstände und das Verschulden des AG ist der AN darlegungs- und beweispflichtig.[1836] Entscheidend kommt es darauf an, dass eine systematische Anfeindung dargelegt wird, wobei der zeitliche Zusammenhang als „roter Faden"[1837] wichtig ist, so z.B. verneint bei neun Vorfällen innerhalb eines Zeitraums von dreieinhalb Jahren,[1838] aber bejaht bei zwanzig genau dokumentierten Vorfällen innerhalb von elf Monaten.[1839] Bloße pauschale Schilderungen, wie z.B. der AG habe jeden zweiten Tag herum geschrien, reichen nicht aus. Dage- **946**

1824 Brandenburgisches OLG 26.9.2007 – 4 U 70/07 – juris.
1825 BAG 21.11.2000 – 3 AZR 13/00 – NZA 2002, 618.
1826 BAG 14.1.2006 – 8 AZR 628/05 – NZA 2007, 262.
1827 BAG 26.7.2007 – 8 AZR 707/06 – juris.
1828 LAG Niedersachsen 29.5.2007 – 9 Sa 1641/06 – juris.
1829 LAG Mecklenburg-Vorpommern 27.2.2008 – 1 Sa 170/07 – juris.
1830 ErfK/*Preis*, § 619a BGB Rn 61.
1831 Thüringer LAG 15.2.2001 – 5 Sa 102/00 – NZA-RR 2001, 577.
1832 *Gotthardt*, S. 102 Rn 209.
1833 ErfK/*Preis*, § 619a BGB Rn 64.
1834 ErfK/*Preis*, § 619a BGB Rn 66.
1835 LAG Rheinland-Pfalz 24.1.2007 – 9 Sa 935/06 – juris; LAG Bremen 17.10.2002 – 3 Sa 78/02 – NZA-RR 2003, 234; *Sasse*, BB 2008, 1450.
1836 LAG Berlin 14.11.2002 – 16 Sa 970/02 – NZA-RR 2003, 523; LAG Berlin 7.11.2002 – 16 Sa 938/02 – juris.
1837 LAG Berlin 6.3.2003 – 18 Sa 2299/02 – MDR 2003, 881.
1838 LAG Bremen 17.10.2002 – 3 Sa 78/02 – NZA-RR 2003, 234.
1839 ArbG Dresden 7.7.2003 – 5 Ca 5954/02 – AuR 2004, 114.

gen setzt das systematische Handeln nicht voraus, dass der AN ein bestimmtes Motiv darlegen muss, sondern einen in den Einzelvorgängen genau dokumentierten typischen Geschehensablauf, der zu Gesundheits- oder Ehrverletzungen führt.[1840] Handelt es sich um eine wechselseitige „Eskalation" kann eine Persönlichkeitsrechtsverletzung zu verneinen sein.[1841]

947 Wird der AN durch Vorgesetze oder andere Arbeitskollegen gemobbt, kann sich ein Eigenverschulden des AG aus § 831 oder aus einem Organisationsverschulden ergeben. Dies wird insb. dann der Fall sein, wenn er auf Beanstandungen des AN nicht reagiert und die Mitarbeiter nicht überwacht hat. Für den ebenfalls vorliegenden vertraglichen Anspruch gem. §§ 280 Abs. 1, 241 Abs. 2 kommt eine Zurechnung von Fremdverschulden über § 278 in Betracht.[1842] Für die Frage der Verjährung wie für Ausschlussfristen kommt es auf die letzte Handlung innerhalb eines Geschehensablaufs an. Handelt es sich dabei um Handlungen verschiedener Personen kann ein einheitlicher Zusammenhang jedoch nur dann angenommen werden, wenn diese Personen bewusst zusammen gewirkt haben.[1843]

948 Der Anspruch auf **Entschädigung in Geld** wegen der Persönlichkeitsverletzung folgt aus der verfassungsrechtlichen Wertung dieses Rechts, da ein schwerwiegender, rechtswidriger und schuldhafter Eingriff in das Persönlichkeitsrecht nach der Rspr. ansonsten nicht befriedigend ausgeglichen werden kann.[1844] Daran hat sich auch nach der Neuregelung des Schmerzensgeldanspruchs in § 253 Abs. 2 nichts geändert.[1845] Demnach müssen drei Voraussetzungen gegeben sein:
– Der Eingriff in das Persönlichkeitsrecht muss schwerwiegend sein,
– es muss danach eine Genugtuung durch ein Schmerzensgeld geboten sein und
– die Verletzung des Persönlichkeitsrechts kann nicht durch andere Weise (Unterlassung, Widerruf) ausgeglichen werden.

949 Vgl. zur Klage auf Zahlung eines Schmerzensgelds unter Rn 976.

950 In der Lit. wird diskutiert, ob das Recht des AN am Arbeitsplatz ein sonstiges Recht i.S.v. § 823 Abs. 1 ist.[1846] Das BAG hat es bislang offen gelassen, ob das **Recht am Arbeitsplatz** als ein sonstiges Recht i.S.v. § 823 Abs. 1 anzusehen ist.[1847] Gegen diese Annahme spricht, dass Forderungsrechte stets relativ gegenüber einem bestimmten Vertragspartner geltend gemacht werden können und deshalb keinem absoluten Recht wie z.B. Eigentum gleichgestellt werden können.

951 Die Haftung nach **§ 823 Abs. 2** setzt die Verletzung eines Schutzgesetzes voraus, das z.B. eine öffentlich-rechtliche Arbeitsschutzregelung sein kann, aber auch eine Vorschrift des StGB wie z.B. §§ 185 ff. oder § 266a. Bei einer vorsätzlichen Schädigung haftet der AG darüber hinaus nach § 824 oder § 826. Als Schutzgesetze i.S.d. § 823 Abs. 2 sind z.B. anerkannt: §§ 3 bis 6 und 9 bis 11 **ArbZG**, § 75 BetrVG, die Beschäftigungsverbote des **MuSchG** und des **JArbSchG** oder § 266a **StGB**.

952 Für sein Auswahlverschulden haftet der AG gem. § 831, wenn sein **Verrichtungsgehilfe** ein i.S.d. § 823 geschütztes Rechtsgut rechtswidrig verletzt. Das Verschulden des Verrichtungsgehilfen ist keine Haftungsvoraussetzung. Verrichtungsgehilfe ist derjenige, der weisungsabhängig im fremden Geschäftskreis mit Wissen und Wollen des Geschäftsherrn tätig wird. Der weisungsunterworfene AN ist Verrichtungsgehilfe des AG. Das Verschulden von Organen wird dem AG gem. §§ 31, 89 zugerechnet.

953 Der Umfang des Schadensersatzes richtet sich für den vertraglichen wie für den deliktischen Anspruch nach §§ 249 ff., wobei vom Grundsatz der Naturalrestitution auszugehen ist. Für die Verjährung des Anspruchs vgl. Rn 973.

954 **3. Verschuldensunabhängige Einstandspflicht des Arbeitgebers bei Sach- und Vermögensschäden des Arbeitnehmers.** In Ausnahme zur vertraglichen verschuldensabhängigen Haftung des AG gem. § 280 Abs. 1 hat der AG nach der Rspr. des BAG Schäden an Sachen des AN in bestimmten Fällen auch dann zu übernehmen, wenn ihn selbst kein Verschulden trifft. Voraussetzung dafür ist, dass der **Sachschaden** in Ausführung einer **betrieblichen Tätigkeit** entstanden ist, folglich dem Betätigungsbereich des AG zugerechnet werden kann, die Sache mit Billigung (Wissen und Wollen) des AG eingesetzt worden ist und der Schaden nicht durch den Arbeitslohn oder Zuschläge mit abgegolten ist.[1848] Bei dieser verschuldensunabhängigen Haftung des AG ist jedoch das Verschulden des AN analog

---

1840 LAG Berlin 1.11.2002 – 19 Sa 940/02 – NZA-RR 2003, 232; ArbG Dresden 7.7.2003 – 5 Ca 5954/02 – AuR 2004, 114.
1841 LAG Rheinland Pfalz 2.8.2007 – 11 Sa 302/07 – juris.
1842 BAG 25.10.2007 – 8 AZR 593/06 – NZA 2008, 223.
1843 LAG Hamm 11.2.2008 – 8 Sa 188/08 – juris.
1844 BAG 18.12.1984 – 3 AZR 389/83 – NZA 1985, 811.
1845 ErfK/*Preis*, § 619a BGB Rn 72.
1846 Staudinger/*Hager*, § 823 Rn 190 m.w.N.
1847 BAG 4.6.1998 – 8 AZR 786/96 – AP § 823 BGB Nr. 7 = NZA 1998, 1113; BAG 30.9.1970 – 1 AZR 535/69 – AP § 70 BAT Nr. 2 = BB 1971, 133; so auch ErfK/*Preis*, § 619a BGB Rn 56.
1848 BAG 23.11.2006 – 8 AZR 701/05 – NJW 2007, 1486; BAG 27.1.2000 – 8 AZR 876/98 – NZA 2000, 727; BAG 17.7.1997 – 8 AZR 480/95 – AP § 611 BGB Gefährdungshaftung des Arbeitgebers Nr. 14 = NJW 1998, 1170; BAG GS 10.11.1961 – GS 1/60 – AP Gefährdungshaftung des Arbeitgebers Nr. 2 „Ameisensäurefall" = BB 1961, 1236; ErfK/*Preis*, § 619a BGB Rn 76.

§ 254 entsprechend der Grundsätze des innerbetrieblichen Schadensausgleichs zu berücksichtigen: Bei nur leichter Fahrlässigkeit des AN trägt der AG den gesamten Schaden, bei mittlerer Fahrlässigkeit ist der Schaden zu quotieren und bei grober Fahrlässigkeit bzw. Vorsatz trägt der AN seinen Sachschaden selbst.[1849] Das BAG stützt die verschuldensunabhängige Risikozuweisung auf eine umstrittene[1850] Analogie zu § 670 und dehnt den Begriff der Aufwendungen auf unfreiwillig erlittene Schäden aus.

Gegen diese Analogie spricht neben der in der Lit. bereits kritisierten[1851] fehlenden Vergleichbarkeit der Interessenlage in erster Linie, dass der eigentliche Zurechnungsgrund sich nicht aus einer Anwendung der Vorschrift ergibt, sondern die Zuordnung der Schäden zum AG bereits vorausgesetzt wird. So ist die analoge Heranziehung des § 670 eher ein „Oberdach"[1852] für eine Risikozurechnung, die sich jedoch aus der Vorschrift selbst nicht ergibt. Aus dem Wortlaut sowie dem Sinn und Zweck der Vorschrift lassen sich kaum Voraussetzungen entwickeln, die eine angemessene Schadensverteilung rechtfertigen können. Grund der Haftungsverschiebung ist vielmehr die vertragliche Äquivalenzstörung, die ähnlich wie beim innerbetrieblichen Schadensausgleich (vgl. Rn 881 ff.) darin zu sehen ist, dass der AN seine Sachen von ihm nicht vermeidbaren Risikosituationen aussetzt, ohne einen entsprechenden Risikozuschlag zu erhalten. Auf diese Weise wird zudem klargestellt, dass die Risikozuweisung von Schäden an Gegenständen des AN keine verdeckte Gefährdungshaftung des AG[1853] ist, sondern ein vertragstheoretisch begründeter Ausgleich einer Äquivalenzstörung. 955

a) Sachschaden. Die verschuldensunabhängige Haftung des AG gilt nur für Sachschäden oder Vermögensschäden (z.B. Haftungsschaden bei Inanspruchnahme des AN durch einen Dritten)[1854] ein. Bei selbst vom AN erlittenen Personenschäden infolge betrieblich veranlasster Tätigkeiten greift der Haftungsausschluss des § 104 Abs. 1 SGB VII (vgl. Rn 935). 956

b) Billigung des Arbeitgebers. Anders als in den Fällen des innerbetrieblichen Schadensausgleichs ist es bei der verschuldensunabhängigen Haftung des AG ungleich schwieriger, den notwendigen Bezug zwischen dem Unfall und dem Arbeitsvertrag herzustellen. Die verschuldensunabhängige Haftung ist nur dann gerechtfertigt, wenn der Schaden dem Betätigungsbereich des AG zugerechnet werden kann und sich darin nicht das allgemeine Lebensrisiko des AN verwirklicht hat. Bringt der AN Betriebsmittel selbst zur Tätigkeitserfüllung mit, kann der notwendige Bezug zum Arbeitsvertrag nicht allein dadurch hergestellt werden, dass es sich um einen Unfall infolge der geschuldeten Tätigkeit handelt. Vielmehr muss der Einsatz des eigenen Betriebsmittels bei dieser Tätigkeit einen arbeitsvertraglichen, dem AG zurechenbaren Grund haben. Um diesen Bezug herzustellen, untersucht das BAG, ob der AG den Einsatz der Sache des AN in seinem Betätigungsbereich gebilligt hat. Eine derartige Billigung nimmt das Gericht an, wenn 957

– der AN zum Einsatz des eigenen Betriebsmittels verpflichtet gewesen ist oder
– der AG den Einsatz wissentlich und willentlich gebilligt hat und
– der AG ohne den Einsatz der Sache des AN ein eigenes Betriebsmittel gebraucht und für dieses die Unfallgefahr getragen hätte.[1855]
– Mit diesen Kriterien versucht die Rspr. eine Differenzierung zwischen Betätigungsbereich des AG und allgemeinen Lebensrisiko des AN zu ziehen. Dabei sind zwei verschiedene Fallgruppen zu trennen:
– der Einsatz eines Sachmittels des AN bei der von ihm zu verrichtenden Tätigkeit (Frage der Billigung im Vordergrund)
– Tätigkeiten oder Geschehnisse, die an sich neutral sind und sowohl dem Betätigungsbereich des AG wie aber auch dem allgemeinen Lebensrisiko des AN zugerechnet werden könnten (Abgrenzung der Risikobereiche im Vordergrund).

Bei der ersten Gruppe steht die Frage der Billigung des AG im Vordergrund, da die Tätigkeit als solche eindeutig dem Aufgabenkreis des AG zugeordnet werden kann. Setzt der AN ein für seine Tätigkeitsleistung **spezifisches Nutzfahrzeug** mit Billigung des AG ein, so hat der AG für Schäden am Fahrzeug des AN aufzukommen.[1856] 958

[1849] BAG 27.1.2000 – 8 AZR 876/98 – NZA 2000, 727; LAG Baden-Württemberg 8.12.2000 – 5 Sa 36/00 – juris.
[1850] ErfK/*Preis*, § 619a BGB Rn 77; MünchArb/*Reichold*, Bd. 1, § 85 Rn 26.
[1851] *Canaris*, RdA 1966, 41, 42; *Brox*, Anm. zu BAG 8.5.1980 – AP § 611 BGB Gefährdungshaftung des Arbeitgebers Nr. 6; MünchArb/*Reichold*, Bd. 1, § 85 Rn 27.
[1852] ErfK/*Preis*, § 619a BGB Rn 79.
[1853] Vgl. BAG GS 10.11.1961 – GS 1/60 – AP § 611 BGB Gefährdungshaftung des Arbeitgebers Nr. 1 = BB 1961, 1236, wonach die Rspr. wegen des Enumerationsprinzips der Gefährdungshaftung daran gehindert ist, die Haftung des AG allein nach Risikozurechnungsgesichtspunkten zu begründen.
[1854] BAG 14.11.1991 – 8 AZR 628/90 – AP § 611 BGB Gefährdungshaftung des Arbeitgebers Nr. 10 = NZA 1992, 691.
[1855] BAG 17.7.1997 – 8 AZR 480/95 – AP § 611 BGB Gefährdungshaftung des Arbeitgebers Nr. 14 = NZA 1997, 1346; BAG 8.5.1980 – 3 AZR 82/79 – AP § 611 BGB Gefährdungshaftung des Arbeitgebers Nr. 6 = NJW 1981, 702; MünchArb/*Reichold*, Bd. 1, § 85 Rn 29.
[1856] BAG 17.7.1997 – 8 AZR 480/95 – AP § 611 BGB Gefährdungshaftung des Arbeitgebers Nr. 14 = NZA 1997, 1346.

959 Bei der zweiten Gruppe sind zunächst solche Sachschäden des AN auszugrenzen, mit denen nach Art und Natur des Betriebes oder der Arbeit zu rechnen ist. Das sind Schäden, die notwendig oder regelmäßig entstehen. Sie sind „**arbeitsadäquat**" und im Arbverh **keine Aufwendungen** i.S.d. § 670. Das ist z.B. das Abnutzen der Kleidung. Handelt es sich dagegen um Sachschäden, mit denen nach der Art des Betriebes oder der Arbeit nicht zu rechnen ist, die also „durchaus außergewöhnlich" sind, so kann sich ein Ersatzanspruch des AG ergeben,[1857] z.B. bei Beschädigung der Brille wegen der besonderen Gefahren der Arbeit.[1858]

960 Unter die verschuldensunabhängige Haftung fallen danach auch nicht: Die Risiken während der **Fahrt zur Arbeit** und die des **Abstellens des Fahrzeugs**. Dies gilt auch, wenn der Betrieb mit öffentlichen Verkehrsmitteln nicht zu erreichen ist. Der Weg zur Arbeitsstätte fällt in den Risikobereich des AN.[1859] Die verschuldensunabhängige Haftung des AG erfasst die in die Risikosphäre des AN fallende Benutzung des eigenen Fahrzeugs für die Fahrt zur Arbeitsstelle und das bloße Abstellen des Fahrzeuges auf einem Firmenparkplatz während der Arbeitszeit nicht (aber anders das Vorhalten des Kfz zu Außendiensttätigkeiten vgl. Rn 961). Ebenso fällt es in das allgemeinen Lebensrisiko des AN, wenn ihm **Reisegepäck** aus dem Firmenwagen während einer Dienstreise gestohlen wird.[1860] Wird der AN wegen eines verschuldeten Unfalls strafrechtlich verfolgt, so ist dies sein eigenes und nur von ihm beeinflussbares Risiko.[1861]

961 Von der verschuldensunabhängigen Haftung des AG umfasst sind dagegen dienstliche **Kfz-Fahrten**, wenn die Arbeitsaufgabe ohne Einsatz des Pkw nicht zu bewältigen ist und der AG den Einsatz z.B. durch Zahlung von Kilometergeld gebilligt hat.[1862] Ein Ersatzanspruch besteht auch dann, wenn der AG den AN aufgefordert hat, seinen arbeitnehmereigenen PKW zu benutzen, der Schaden aber auf einen Defekt des Fahrzeugs zurückzuführen ist.[1863] Ebenso können darunter **Haftungsschäden** des AN durch die Inanspruchnahme von dritter Seite fallen.[1864] Auch das Risiko eines Berufskraftfahrers, auf einer Dienstfahrt **unverschuldet** in einen **Verkehrsunfall** verwickelt zu werden, ist dem Betätigungsbereich seines AG und nicht dem privaten Lebensbereich des AN zuzuordnen. Der unverschuldete Verkehrsunfall realisiert das unternehmerische Risiko der Teilnahme von Betriebskraftfahrzeugen am Straßenverkehr. In diesem Fall hat der AG dem AN die **Kosten seiner Verteidigung** zu ersetzen, wobei den AN keine Obliegenheit i.S.v. § 254 trifft, zur Schadensminderung eine Rechtsschutzversicherung abzuschließen.[1865] Davon ist der Fall zu unterscheiden, in dem der AG dem AN vertraglich die Erstattung von **Bußgeldern** wegen Überschreitung der zulässigen Lenkzeiten zugesagt hat.[1866] Eine solche Vereinbarung ist gem. § 138 unwirksam. Ein Schadensersatzanspruch des AN gem. § 826 ist denkbar, wobei das BAG es offen gelassen hat, ob Bußgelder einen Schadensersatzposten bilden können. Ebenso in den Betätigungsbereich des AG fällt das **Vorhalten und damit das Abstellen** des vom AN mit Billigung eingesetzten **Pkw für Außendiensttätigkeiten** in der Nähe der Betriebsstätte. Wird das Fahrzeug während dieser Zeit beschädigt, hat der AG den Schaden zu tragen, da er ansonsten ein eigenes Fahrzeug hätte einsetzen müssen.[1867]

962 c) **Betriebliche Veranlassung.** Das Merkmal der betrieblichen Veranlassung ist identisch mit dem Begriff der betrieblichen Veranlassung als Voraussetzung der Haftungsmilderung des AN im innerbetrieblichen Schadensausgleich (vgl. Rn 892). Anders als dort wird jedoch die betriebliche Veranlassung zu bejahen sein, wenn das Betriebsmittel mit Wissen und Wollen des AG eingesetzt worden ist und so seinem Betätigungsbereich zugerechnet werden kann.

963 d) **Keine Abgeltung.** Die verschuldensunabhängige Haftung scheidet aus, wenn der AN bereits einen Gegenwert für das eingegangene und verwirklichte Risiko erhalten hat. Wird der Grund der Haftung in einer Äquivalenzstörung gesehen, ist diese durch die Sonderzahlung ausgeglichen. Dabei ist aber genau zu untersuchen, zu welchem Zweck der AG gezahlt hat und ob das verwirklichte Risiko diesem Zweck entspricht. So werden durch eine **Erschwerniszulage** wegen der erhöhten Anforderungen bei der zu verrichtenden Tätigkeit keine Risiken von Sachschäden mit abgedeckt.[1868] Mit der vom AG gezahlten **Kilometerpauschale** können etwaige Nachteile durch eine Rückstufung in der Kfz-Versicherung infolge eines Unfalls mit abgegolten sein,[1869] nicht jedoch Unfallrisiken als solche.[1870]

1857 BAG 8.5.1980 – 3 AZR 82/79 – AP § 611 BGB Gefährdungshaftung des Arbeitgebers Nr. 6 = NJW 1981, 702.
1858 BAG 20.4.1989 – 8 AZR 632/87 – AP § 611 BGB Gefährdungshaftung des Arbeitgebers Nr. 9 = NZA 1990, 27.
1859 BAG 25.5.2000 – 8 AZR 518/99 – NZA 2000, 1052; Hessisches LAG 11.4.2003 – 12 Sa 243/02 – NZA-RR 2004, 69.
1860 LAG Baden-Württemberg 8.12.2000 – 5 Sa 36/00 – juris.
1861 BAG 11.8.1988 – 8 AZR 721/85 – AP § 611 BGB Gefährdungshaftung des Arbeitgebers Nr. 7 = NJW 1989, 316.
1862 BAG 8.5.1980 – 3 AZR 82/79 – AP § 611 BGB Gefährdungshaftung des Arbeitgebers Nr. 7 = NJW 1981, 702.
1863 BAG 23.11.2006 – 8 AZR 701/05 – NJW 2007, 1486.
1864 BAG 14.11.1991 – 8 AZR 628/90 – AP § 611 BGB Gefährdungshaftung des Arbeitgebers Nr. 10 = NZA 1992, 691.
1865 BAG 16.3.1995 – 8 AZR 260/94 – AP § 611 BGB Gefährdungshaftung des Arbeitgebers Nr. 12= NZA 1995, 836.
1866 BAG 25.1.2001 – 8 AZR 465/00 – NZA 2001, 653.
1867 BAG 14.12.1995 – 8 AZR 875/94 – AP § 611 BGB Gefährdungshaftung des Arbeitgebers Nr. 13= NJW, 1996, 1301.
1868 BAG 20.4.1989 – 8 AZR 632/87 – AP § 611 BGB Gefährdungshaftung des Arbeitgebers Nr. 9 = NZA 1990, 27.
1869 BAG 30.4.1992 – 8 AZR 288/91 – AP § 611 BGB Gefährdungshaftung des Arbeitgebers Nr. 11 = NJW 1993, 148.
1870 ErfK/*Preis*, § 619a BGB Rn 90.

Ob die Höhe der Zahlung ausreicht, um einem Anspruch gegen den AG vorzubeugen, richtet sich nach dem Einzelfall. Dabei sollten die Parallelüberlegungen zu den Grundsätzen der Mankohaftung herangezogen werden (vgl. Rn 910). Allerdings muss die Höhe der innerhalb eines Jahres gezahlten Zulagen nicht dem möglichen Schaden selbst innerhalb des Bezugszeitraums entsprechen. Vielmehr wird es hier darauf ankommen, dass der AN mit der Zahlung die Sache gegen Schäden versichern kann.[1871] Die Rspr. hat dies bei einer Vergütung von 40 DM (also heute etwa 20 EUR) pro Stunde im Verhältnis zu einem Schaden von nahezu 51.000 DM (= ca. 25.500 EUR) verneint.[1872]

964

e) Mitverschulden des Arbeitnehmers. Hatte die frühere Rspr.[1873] noch ausgeführt, dass ein Anspruch des AN bei dessen Eigenverschulden insgesamt analog § 670 entfalle, da die getätigten Aufwendungen nicht erforderlich seien, so berücksichtigt das BAG das AN-Verschulden in späteren Entscheidungen[1874] innerhalb einer an § 254 orientierten Schadensquotierung, die den Grundsätzen des innerbetrieblichen Schadensausgleichs entspricht (vgl. Rn 881). Das bedeutet, dass der verschuldensunabhängige Ersatzanspruch gegen den AG dann entfällt, wenn der AN grob fahrlässig oder vorsätzlich gehandelt hat.

965

Als grob fahrlässig hat es die Rspr. angesehen, wenn ein AN persönliche Wertgegenstände im verschlossenen Fahrzeug an besonders diebstahlsgefährdeten Plätzen zurück lässt.[1875] Ebenso hatte der angestellte Journalist seinen Haftungsschaden infolge einer grob fahrlässigen Recherche selbst zu tragen.[1876]

966

f) Umfang des Ersatzanspruchs. Nach der Rspr. des BAG handelt es bei der verschuldensunabhängigen Ersatzpflicht des AG um einen **Aufwendungsersatz** analog § 670 und nicht um einen Schadensersatzanspruch, dessen Umfang sich nach den Regelungen der §§ 249 ff. richtet. Es sind daher alle Aufwendungen (auch unfreiwillige Schadenseinbußen) zu ersetzen, die der AN für objektiv erforderlich halten durfte.[1877] Darunter fallen auch die Kosten der erforderlichen Verteidigung des AN.[1878] Dagegen ist z.B. der entgangene Gewinn nicht zu ersetzen, da es sich um keinen Schadensersatz handelt.

967

g) Abdingbarkeit. Das BAG hat es bislang offen gelassen, ob von den Grundsätzen zur verschuldensunabhängigen Einstandspflicht des AG zu Lasten des AN durch Einzelvertrag oder TV abgewichen werden darf.[1879] Es hat aber ausgeführt, dass eine derartige Regelung dann nicht zu Lasten des AN wirkt, wenn sie eine Kompensation für das eingegangene Risiko enthält. Nach Ansicht des BAG muss die Höhe der Zahlung nicht den Schaden abdecken, sondern nur den Betrag umfassen, den der AN für eine Versicherung der Schäden zahlen muss. Darüber hinaus werden Abweichungen zu Lasten des AN unwirksam sein, da die Grundsätze über die verschuldensunabhängige Einstandspflicht ebenso **unabdingbar** sind wie die der Mankohaftung und die des innerbetrieblichen Schadensausgleichs.[1880] Nach a.A. sind die Grundsätze zwar abdingbar, unterliegen aber als vorformulierte Klauseln der Kontrolle gem. § 307.[1881] In der Praxis hat dieser Streit wenig Relevanz, da Abweichungen zumeist in vorformulierten Verträgen vereinbart werden. Selbst wenn aber eine ausgehandelte Klausel vorliegt, darf diese nicht zu Lasten des AN von den Grundsätzen der verschuldensunabhängigen Einstandspflicht abweichen. Es liegt insoweit eine unangemessene Benachteiligung des AN vor, die in der Inhaltskontrolle der Klausel gem. § 242 zu berücksichtigen ist.

968

C. Verbindung zu anderen Rechtsgebieten und zum Prozessrecht

I. Darlegungs- und Beweislast

1. Haftung des Arbeitnehmers. Die Darlegungs- und Beweislast für die Anspruchsvoraussetzungen nach § 280 Abs. 1 trägt der AG. Abweichend von § 280 Abs. 1 S. 2 muss er bei der betrieblich veranlassten vertraglichen Haftung des AN nach **§ 619a auch das Verschulden** des AN und damit vor dem Hintergrund der Haftungsmilderung auch den jeweiligen Verschuldensgrad (vgl. Rn 881 ff.) darlegen und beweisen.[1882] Will der AN sich auf die Haftungsmilderung berufen und ist die Frage der „betrieblich veranlassten Tätigkeit" streitig, muss der AN diesen für ihn günstigen Umstand darlegen und beweisen. Haftet der AN dem AG dagegen nur aus deliktsrechtlichen Ansprüchen, greift die Beweislastregel des § 619a nicht ein. In diesem Fall muss der AG aber schon nach den Voraussetzungen der §§ 823 ff. die Tatbestandsvoraussetzungen und damit auch das Verschulden des AN darlegen und beweisen.

969

1871 BAG 27.1.2000 – 8 AZR 876/98 – NZA 2000, 727, 730.
1872 BAG 17.7.1997 – 8 AZR 480/95 – AP § 611 BGB Gefährdungshaftung des Arbeitgebers Nr. 14 = NJW 1998, 1170.
1873 BAG GS 10.11.1961 – GS 1/60 – AP § 611 BGB Gefährdungshaftung des Arbeitgebers Nr. 2 = BB 1961, 1236.
1874 BAG 17.7.1997 – 8 AZR 480/95 – AP 611 BGB Gefährdungshaftung des Arbeitgebers Nr. 14 = NJW 1998, 1170; BAG 20.4.1989 – 8 AZR 632/87 – AP § 611 BGB Gefährdungshaftung des Arbeitgebers Nr. 9 = NZA 1990, 27; BAG 11.8.1988 – 8 AZR 721/85 – AP § 611 BGB Gefährdungshaftung des Arbeitgebers Nr. 7 = NJW 1989, 316.
1875 LAG Baden-Württemberg 8.12.2000 – 5 Sa 36/00 – juris.
1876 BAG 14.11.1991 – 8 AZR 628/90 – AP § 611 BGB Gefährdungshaftung des Arbeitgebers Nr. 10 = NJW 1992, 2109.
1877 MünchArb/*Reichold*, Bd. 1, § 85 Rn 33.
1878 BAG 16.3.1995 – 8 AZR 260/94 – AP § 611 BGB Gefährdungshaftung des Arbeitgebers Nr. 12 = NJW 1995, 2372.
1879 BAG 27.1.2000 – 8 AZR 876/98 – NZA 2000, 727, 730.
1880 MünchArb/*Reichold*, Bd. 1, § 85 Rn 34.
1881 ErfK/*Preis*, § 619a BGB Rn 94.
1882 *Henssler*, RdA 2002, 129, 132.

970 **2. Haftung des Arbeitgebers.** Haftet der AG dem AN gem. §§ 280 ff., so trägt der AN die Darlegungs- und Beweislast für die Tatbestandsvoraussetzungen. Den AG trifft gem. § 280 Abs. 1 S. 2 die Pflicht, sich von dem vermuteten Verschulden zu entlasten. Die Beweislastregel des § 619a greift nur für die Haftung des AN ein, nicht aber für diejenige des AG.

971 Der AN trägt die Darlegungs- und Beweislast für die Tatbestandsvoraussetzungen der **verschuldensunabhängigen Einstandspflicht** des AG.[1883] Für das analog § 254 zu berücksichtigende Verschulden des AN ist der AG darlegungs- und beweispflichtig.

II. Aufrechnung des Arbeitgebers

972 Will der AG mit seinem Schadensersatzanspruch gegen den Lohnanspruch des AN aufrechnen, so muss er die Grenzen des **§ 394 S. 1 i.V.m. §§ 850 ff. ZPO** beachten. Danach ist die Aufrechnung ausgeschlossen, soweit der Lohnanspruch nicht gepfändet werden kann. Ein besonderes gesetzliches Aufrechnungsverbot findet sich in **§ 107 Abs. 2 S. 2 GewO**.

III. Verjährung

973 Der vertragliche Schadensersatzanspruch **verjährt** nach § 195 in der Frist von drei Jahren. Der Beginn der Verjährungsfrist richtet sich nach § 199. Sie beginnt entweder mit dem Schluss des Jahres, in dem der Geschädigte Kenntnis von den Umstanden erlangt hat bzw. hätte erlangen können und der Anspruch entstanden ist oder kenntnisunabhängig ab der Pflichtverletzung. (dabei ist für die Rahmenfrist auf die Art des Schadens abzustellen. Die Dauer der kenntnisunabhängigen Rahmenfristen richtet sich nach § 199 nach der Art der Rechtsgutverletzung.

IV. Hinweise für das gerichtliche Vorgehen

974 **1. Klage gegen den Arbeitnehmer auf Schadensersatz.** Die Klage gegen den AN auf Schadensersatz wegen einer Pflichtverletzung gem. § 280 Abs. 1 könnte wie folgt gefasst werden:

An das Arbeitsgericht

Klage

Klägerin

gegen

Beklagter

wegen Schadensersatz.

Wir bestellen uns zu Prozessbevollmächtigten der klägerischen Partei, in deren Namen und Vollmacht wir um Anberaumung eines Gütetermins bitten. Im Übrigen werden wir beantragen, zu erkennen:
1. Der Beklagte wird verurteilt, an die Klägerin … EUR nebst Zinsen i.H.v. 5 Prozentpunkten über dem Basiszinssatz seit dem … zu zahlen.
2. Die Berufung wird zugelassen.
3. Die Kosten des Rechtsstreits trägt der Beklagte.

Gründe:

Der Beklagte ist bei der Klägerin, die ein Warenlager betreibt, seit dem … als Gabelstaplerfahrer beschäftigt (Arbeitsvertrag in der Anlage). Am Montag, den …, unternahm der an diesem Tag stark alkoholisierte Beklagte

Beweis: Zeugnis

eigenmächtig und ohne betriebliche Veranlassung der Klägerin eine Fahrt mit dem ihm anvertrauten Gabelstapler über das Betriebsgelände.

Beweis: Zeugnis

Bei dieser Fahrt verursachte der Beklagte folgende Schäden:
1. …
2. …

Beweis: Zeugnis

---

975 Der Beklagte haftet der Klägerin für den gesamten Schaden. Zum einen hat er grob fahrlässig gehandelt. Zum anderen handelt es sich nicht um einen betrieblich veranlassten Schaden, so dass seine Haftung nicht nach den Grundsätzen zum innerbetrieblichen Schadensausgleich zu mildern ist.

[1883] BAG 14.11.1991 – 8 AZR 628/90 – AP § 611 BGB Gefährdungshaftung des Arbeitgebers Nr. 10 = NJW 1992, 2109.

2. Klage auf Schmerzensgeld. Klagt der AN auf Schmerzensgeld, so ist zu beachten, dass die Höhe des Schmerzensgelds zwar in das Ermessen des Gerichts gestellt werden kann. Jedoch muss sich aus der Klage zumindest eine ungefähre Größenordnung ergeben, damit der Klageantrag gem. § 253 ZPO hinreichend bestimmt ist.[1884] Das BAG hat bei Mobbinghandlungen, die zu einer nicht unerheblichen Persönlichkeitsverletzung geführt haben, 4.000 DM (heute also etwa 2.000 EUR) als Entschädigung zuerkannt.[1885] Das ArbG Dresden hat in einer neueren Entscheidung eine Entschädigung in Höhe von 25.000 EUR zugesprochen.[1886] Ein Klageantrag auf Entschädigung wegen der Persönlichkeitsverletzung könnte wie folgt gefasst werden:

„die Beklagte zu verurteilen, an die Klägerin eine in das Ermessen des Gerichts gestellte Entschädigung wegen der Persönlichkeitsverletzung zu zahlen, mindestens ... EUR nebst Zinsen in Höhe von 5 Prozentpunkten über dem Basiszinssatz seit dem ...".

D. Beraterhinweise

I. Abdingbarkeit der Haftungsmilderung

Die von der Rspr. entwickelte Haftungsverteilung des innerbetrieblichen Schadensausgleichs ist für den AG einseitig zwingend,[1887] so dass von ihr zu Lasten des AN weder einzel- noch kollektivvertraglich abgewichen werden kann. Dies gilt auch, wenn dem AN für die einzelvertraglich vereinbarte Haftungsverschärfung Vorteile eingeräumt werden, wie etwa die private Nutzungsmöglichkeit eines Dienstfahrzeugs.[1888]

Anders ist aber zu entscheiden, wenn dem AN vom AG eindeutig erkennbare Risikozuschläge für die Tätigkeit gezahlt werden, die sein Risiko ausgleichen. Dieser Umstand kann in der Abwägung berücksichtigt werden, die bei mittlerer und auch bei grober Fahrlässigkeit bei der Feststellung der Schadensquote vorangeht. Für die **Vertragsgestaltung** gibt es daher wenig Spielraum. Die volle Haftung kann der AN allerdings dann vertraglich übernehmen, wenn er mit einem Dienstfahrzeug bei Privatfahrten einen Unfall erleidet. Eine derartige Klausel ist zulässig.

II. Vertragliche Mankoabrede

Für die **Vertragsgestaltung** der vertraglichen Mankoabrede empfiehlt sich z.B. folgende Klausel:
1. „Der Angestellte ... ist für die/den Kassenführung/Warenbestand im Rahmen seiner Tätigkeit als... verantwortlich. Der Kassenbestand/Warenbestand wird regelmäßig in Anwesenheit des Mitarbeiters alle ... Monate kontrolliert. Ergibt sich ein Fehlbetrag/Fehlmenge hat der Mitarbeiter dafür einzustehen.
2. Der Mitarbeiter erhält als Ausgleich für die Haftung eine zusätzlich zu seinem Arbeitslohn zu zahlende monatliche Vergütung in Höhe von ... EUR. Die Haftung ist auf das Zwölffache dieses Betrags, insgesamt ... EUR, begrenzt. Die Haftungsbegrenzung entfällt im Falle vorsätzlichen Handelns."

III. Vertraglicher Ausschluss der Arbeitgeberhaftung

In der **Vertragsgestaltung** sind bei einem Haftungsausschluss § 619a und § 309 Nr. 7 zu beachten. Danach kann eine Haftung aufgrund einer Fürsorgepflichtverletzung für Leben und Gesundheit nicht im Voraus abbedungen werden.[1889] Diese Schadensersatzansprüche fallen aber ohnehin unter den Haftungsausschluss gem. § 104 SGB VII, so dass ein vertraglicher Haftungsausschluss nur für solche Schäden relevant ist, die kein Versicherungsfall sind. Dies kann bei Schäden infolge von **Betriebsfeiern** gegeben sein. Für diese Situationen kann der AG seine Haftung bis auf grobe Fahrlässigkeit und Vorsatz (wegen § 309 Nr. 7) ausschließen.

Ob der AG seine Haftung im Falle von Persönlichkeitsverletzungen des AN auf drei Bruttomonatsgehälter beschränken kann, ist noch nicht höchstrichterlich entschieden. Bei der Haftungsregelung für die Verletzung von Obhutspflichten muss § 309 Nr. 5 (Schadenspauschalierung) und Nr. 7 (Haftung für Leben, Körper, Gesundheit) beachtet werden. In diesem Rahmen ist es zulässig, für die Haftung für Schäden an eingebrachten Sachen des AN ein Verschulden des AG zu verlangen, soweit die verschuldensunabhängige Haftung nicht eingreift. Dies ist der Fall bei allen Schäden, die nicht betrieblich veranlasst sind, also z.B. Diebstählen an mitgebrachten, für die Tätigkeit nicht benötigten Wertsachen.

In der **Vertragsgestaltung** kann der AG die Haftung für Mitarbeiter ausschließen, wenn er sie nicht als Erfüllungsgehilfen seiner vertraglichen Pflichten einsetzt. Dies dient eher der Klarstellung, kann aber hilfreich sein. Inwiefern diese Möglichkeit auch für Vorgesetzte eingreift, ist fraglich, da diese Weisungsrechte für den AG ausüben und insoweit auch Schutzpflichten übernehmen. Die deliktische und die vertragliche Haftung können nach § 309 Nr. 7 nicht weiter eingeschränkt werden.

1884 BGH 13.10.1981 – VI ZR 162/80 – NJW 1982, 340.
1885 BAG 18.2.1999 – 8 AZR 735/97 – AP § 611 BGB Persönlichkeitsrecht Nr. 31 = NJW 1999, 1988.
1886 ArbG Dresden 7.7.2003 – 5 Ca 5954/02 – AuR 2004, 114.
1887 BAG 5.2.2004 – 8 AZR 91/03 – NZA 2004, 649; *Peifer*, ZfA 1996, 69, 74; a.A. ErfK/*Preis*, § 619a BGB Rn 11.
1888 BAG 5.2.2004 – 8 AZR 91/03 – NZA 2004, 649.
1889 ErfK/*Preis*, § 619a BGB Rn 68.

IV. Abdingbarkeit der verschuldensunabhängigen Einstandspflicht des Arbeitgebers

983 Will der AG seine verschuldensunabhängige Einstandspflicht in der **Vertragsgestaltung einschränken,** verbleibt nur ein enger Spielraum. Für **Schäden am Pkw** des AN ist zu unterscheiden: Wird der Pkw für Privatfahrten (also auch die Wege zur Arbeit) genutzt, sollte im Arbeitsvertrag klargestellt werden, dass der AN insoweit das volle Haftungsrisiko trägt. Setzt der AN seinen Pkw dagegen für Dienstfahrten ein, kann der AG seine Haftung auf einen Höchstbetrag bei einer entsprechenden Kompensation des AN beschränken. Es sollte in diesem Fall auch vereinbart werden, dass der AN das Fahrzeug versichern muss.

Teil 6: Beendigung des Arbeitsverhältnisses

Literatur: *Bauer, G.*, Rechtsentwicklungen bei den Allgemeinen Bedingungen für die Rechtsschutzversicherung bis Anfang 2008, NJW 2008, 1496; *Bauer, J.-H.*, Beiderseitige und einseitige Ausschlussfristen, NZA 1987, 440; *ders.*, Steuerliche Optimierung von Abfindungen, NZA 1991, 617; *ders.*, Beseitigung von Aufhebungsverträgen, NZA 1992, 1015; *ders.*, Unwirksame Aufhebungsverträge, NJW 1994, 980; *ders.*, Spiel mit Worten, NZA 1994, 440; *ders.*, Steuerliche Tücken bei Aufhebungsverträgen, NZA 1996, 729; *ders.*, Neue Spielregeln für Aufhebungs- und Abwicklungsverträge durch das geänderte BGB?, NZA 2002, 169; *ders.*, Sachgrundlose Altersbefristung nach den „Hartz-Gesetzen", NZA 2003, 30; *ders.*, „Spielregeln" für die Freistellung von Arbeitnehmern, NZA 2007, 409, *Bauer, J.-H./Baeck*, Die Anrechnung des anderweitigen Verdienstes bei der Freistellung eines Arbeitnehmers, NZA 1989, 784; *Bauer, J.-H./Diller*, Indirekte Wettbewerbsverbote, DB 1995, 426; *dies.*, Karenzentschädigung und bedingte Wettbewerbsverbote bei Organmitgliedern, BB 1995, 1134; *dies.*, Zur Inhaltskontrolle von Aufhebungsverträgen, DB 1995, 1810; *dies.*, Zulässige und unzulässige Bedingungen in Wettbewerbsverboten, DB 1997, 94; *dies.*, Wechselwirkungen zwischen Wettbewerbstätigkeit, Ruhestand und betrieblicher Altersversorgung, BB 1997, 990; *Bauer, J.-H./Günther*, Neue Spielregeln für Klageverzichtsvereinbarungen, NJW 2008, 1617; *Bauer, J.-H./Haußmann*, Der Rücktritt vom Aufhebungsvertrag, BB 1996, 901; *Bauer, J.-H./Hümmerich*, Nichts Neues zu Aufhebungsvertrag und Sperrzeit, NZA 2003, 1076; *Bauer, J.-H./Kock*, Arbeitsrechtliche Auswirkungen des neuen Verbraucherschutzrechts, DB 2002, 42; *Bauer, J.-H./Krieger*, Neuer Abfindungsanspruch – § 1a danebenl, NZA 2004, 77; *dies.*, Das Ende der außergerichtlichen Beilegung von Kündigungsstreitigkeiten, NZA 2004; 640; *dies.*, Rien ne vas plus – „Nachkarten" nach Abwicklungsvertrag ausgeschlossen, NZA 2006, 306; *Bauer, J.-H./Röder*, Anrechnung von Abfindungen auf das Arbeitslosengeld nach neuem Recht (§§ 115a AFG, 140 SGB III), BB 1997, 834; *dies.*, Aufhebungsverträge bei Massenentlassungen und bei Betriebsänderungen, NZA 1985, 201; *Bengelsdorf*, Aufhebungsvertrag und Abfindungsvereinbarungen; *ders.*, Arbeitsrechtlicher Aufhebungsvertrag und gestörte Vertragsparität, BB 1995, 978; *Berger-Delhey*, Arbeitsrechtliche Probleme des Arbeitgeberdarlehens, DB 1990, 837; *Berscheid*, Schriftform für Beendigung von Arbeitsverträgen, ZInsO 2000, 208; *Birnbaum*, Was sind die „im Arbeitsrecht geltenden Besonderheiten"?, NZA 2003, 944; *Boecken*, Berücksichtigung anderweitigen Erwerbs gemäß § 615 Satz 2 BGB, NJW 1995, 3218; *ders.*, Entstehung und Fälligkeit eines Anspruchs auf Abfindung bei Frühpensionierung, NZA 2002, 421; *Boecken/Hümmerich*, gekündigt, abgewickelt, gelöst, gesperrt, DB 2004, 2046; *Boemke/Danko*, Vererblichkeit von Abfindungsansprüchen, DB 2006, 2461; *Burkard*, Der arbeitsrechtliche Aufhebungs- und der arbeitsrechtliche Abwicklungsvertrag, Diss., 2002; *Buschbeck-Bülow*, Der Aufhebungsvertrag, AR-Blattei 260; *Butz*, Der arbeitsrechtliche Aufhebungs- und Abwicklungsvertrag im Vergleich, Diss. 2002; *Compensis*, Die Vererblichkeit von Sozialplanansprüchen und anderen Abfindungen, DB 1992, 888; *Däubler*, Die Auswirkungen der Schuldrechtsmodernisierung auf das Arbeitsrecht, NZA 2001, 1329; *ders.*, Altersteilzeit – „Störfälle" und andere unvorhergesehene Ereignisse, NZA 2001, 1285; *Dieterich*, Grundgesetz und Privatautonomie im Arbeitsrecht, RdA 1995, 129; *ders.*, Erwiderung zu Bauer/Diller, DB 1995, 1813; *Diller/Schuster*, Aufhebungsverträge mit Scheinselbstständigen, FA 1998, 139; *Dörner*, Anfechtung im Arbeitsrecht, AR-Blattei SD 60; *Dollmann*, Abwicklungsvergleich mit Rückkehrperspektive als Beendigungsalternative in Kündigungsschutzverfahren, BB 2005, 2297; *Ehrich*, Recht des Arbeitnehmers zum Widerruf eines Aufhebungsvertrages wegen „Überrumpelung" durch den Arbeitgeber?, DB 1992, 2239; *ders.*, Unwirksamkeit eines Aufhebungsvertrages wegen „Überrumpelung" durch den AG, NZA 1994, 438; *Emmert/Wisskirchen*, Schuldnerverzug beim arbeitsgerichtlichen Vergleich, DB 2002, 428; *Ernst*, Aufhebungsverträge zur Beendigung von Arbeitsverhältnissen, 1992; *Fahlbusch*, Anfechtbarkeit von Aufhebungsverträgen, DB 1995, 71; *Felix*, Zulässiges und endgültig auflösend bedingter Arbeitsverträge, NZA 1994, 1111; *Frölich*, Beendigung des Arbeitsverhältnisses durch konkludentes Verhalten, NZA 1997, 1273; *Gagel*, Sperrzeitfragen bei arbeitsgerichtlichen Vergleichen, NZA 2005, 1328; *Gagel/Vogt*, Beendigung von Arbeitsverhältnissen; *Geiger*, Neues zu Aufhebungsvertrag und Sperrzeit, NZA 2003, 838; *Gerauer*, Die Fälligkeit der Abfindung vor Beendigung des Arbeitsverhältnisses, BB 1988, 1817; *Giesen/Besgen*, Fallstricke des neuen gesetzlichen Abfindungsanspruchs, NJW 2004, 185; *Grobys*, Der gesetzliche Abfindungsanspruch in der betrieblichen Praxis, BB 2003, 2174; *Große*, Rechtliche Gestaltungsmöglichkeiten zur vorzeitigen Beendigung des Berufsausbildungsverhältnisses, BB 1993, 2081; *Grunewald*, Der arbeitsrechtliche Abwicklungsvertrag – Alternative oder Ende des arbeitsrechtlichen Aufhebungsvertrages?, NZA 1994, 441; *Hein/Höstermann*, Keine Schadensersatzpflicht des Arbeitgebers wegen unterlassenen Hinweises zur unverzüglichen Arbeitslosmeldung, BB 2004, 1632; *Heldmann*, Lohnsteuernachforderungen des Finanzamts im Ausgleich im Arbeitsverhältnis, NZA 1992, 489; *Holthäuser/Rolfs*, Die Beendigung des Arbeitsverhältnisses mit älteren Arbeitnehmern, DB 1995, 1074; *Hoß/Ehrich*, Hinweis- und Aufklärungspflichten des Arbeitgebers beim Abschluss von Aufhebungsverträgen, DB 1997, 625; *Hromadka*, Zur Anfechtung eines Arbeitsvertrages wegen arglistiger Täuschung aufgrund wahrheitswidriger Beantwortung der Frage nach einer Schwerbehinderteneigenschaft, EWiR 1999, 439; *ders.*, Anfechtung von Aufhebungsverträgen und Verwirkung, in: FS für Zöllner, 1998, S. 785; *ders.*, Aufhebungsvertrag nach Drohung mit fristloser Kündigung – klageweise Geltendmachung der Nichtigkeit des Vertrages, EWiR 1998, 251; *Hümmerich*, Die arbeitsgerichtliche Abfindung, NZA 1999, 342; *ders.*, Abschied vom arbeitsrechtlichen Aufhebungsvertrag, NZA 1994, 200; *ders.*, Die zum Ausscheiden vereinbarte Kündigungsschutzklage, DB 1994, 1722; *ders.*, Der Abwicklungsvertrag, in: Brennpunkte des Arbeitsrechts, 1995, S. 249; *ders.*, Letztmals: Abschied vom arbeitsrechtlichen Aufhebungsvertrag, NZA 1994, 833; *ders.*, Plädoyer für den arbeitsrechtlichen Abwicklungsvertrag, AuR 1994, 256 ff.; *ders.*, Abwicklungsvertrag contra Aufhebungsvertrag, NJW 1996, 2081; *ders.*, Neue Einflussgrößen für Aufhebungs- und Abwicklungsvertrag, NZA 1997, 409; *ders.*, Aufhebungs- und Abwicklungsvertrag in der Diskussion, SAE 2005, 100; *ders.*, Acht aktuelle Vorteile beim Abwicklungsvertrag – Ein Leistungsvergleich zwischen Aufhebungs- und Abwicklungsvertrag nach neuem Recht, BB 1999, 1868; *ders.*, Neues zum Abwicklungsvertrag, NZA 2001, 1280; *ders.*, Hausverbot bei Kündigung – Kraftmeierei oder Rechtsinstitut, DB 2001, 1778; *ders.*, Erweiterte Arbeitnehmerrechte durch Verbraucherschutz, AnwBl 2002, 671; *ders.*, Gestaltung von Arbeitsverträgen nach der Schuldrechtsreform, NZA 2003, 753; *ders.*, Alea iacta est: Aufhebungsvertrag kein Haustürgeschäft, NZA 2004, 809; *ders.*, „... denn sie wissen nicht, was sie tun," AE 2004, 147; *ders.*, Aufhebungs- und Abwicklungsvertrag in einem sich wandelnden Arbeitsrecht, NJW 2004, 2921; *ders.*, Beendigung von Arbeitsverhältnissen angestellter Anwälte, AnwBl 2005, 77; *ders.*, Hinzuziehung eines Betriebsratsmitglieds zum Gespräch über einen Aufhebungsvertrag, RdA 2005, 314; *ders.*, Sperrzeitrechtsprechung im Umbruch, NJW 2007, 1025; *Hümmerich/Holthausen*, Der Arbeitnehmer als Verbraucher, NZA 2002, 173; *Hümmerich/Holthausen/Welslau*, Arbeitsrechtliches im Ersten Gesetz für moderne Dienstleistungen am Arbeitsmarkt, NZA 2003, 7; *Hümmerich/Schmidt-Westphal*, Integrierte Aufhebungsvereinbarungen im Dienstvertrag des GmbH-Geschäftsführers, DB 2007, 222; *Hümmerich/Spirolke*, Sozialplanabfindung und Eigenkündigung des Arbeitnehmers, BB 1995, 42; *dies.*, Steuerehrliche Gestaltung von Abfindungen, NZA 1998, 225; *dies.*, Die arbeitsrechtliche Abfindung im neuen Steuerrecht, NJW 1999, 1663; *dies.*, Betriebsbedingte Kündigung im Wandel – Neue Wege zum rechtssicheren Personalabbau, NZA 1998, 797; *Hümmerich/Welslau*, Beschäftigungssicherung trotz Personalabbau, NZA 2005, 610; *Keppeler*, Der Aufhebungsvertrag – wirklich ein mitbestimmungsfreier Raum?, AuR 1996, 263; *Kern*, Zuwendungen an den Arbeitnehmer im Arbeitsverhältnis – Steuersparmodele oder Haftungsfallen?, NZA 2008, 564; *Klar*, Die Fälligkeit von Abfindungen in arbeitsgerichtlichen Vergleichen, NZA 2003, 543; *Kliemt*, Abwicklungsvertrag, Muster ohne Wert, ArbRB 2004, 212; *Kothe-Häggemann/Dahlbender*, Ist der GmbH-Geschäftsführer nach Abberufung weiterhin zur Arbeitsleistung verpflichtet?, GmbHR 1996, 56; *Kreß*, Derzeitige und künftige Bedeutung der Abfindung, NZA 1997, 1140; *Kroeschell*, Die neuen Regeln bei Aufhebungs- und Abwicklungsvereinbarungen, NZA 2008, 560; *Kunz*, Betriebs- und Geschäftsgeheimnisse und Wettbewerbsverbot während der Dauer und nach Beendigung des Anstellungsverhältnisses, DB 1993, 2482; *Lindemann/Simon*, Die Freistellung von der Arbeitspflicht – Neue Risiken und Nebenwirkungen; BB 2005, 2462; *Lingemann*, Allgemeine Geschäftsbedingungen und Arbeitsvertrag, NZA 2002, 181; *ders.*, Neues zum arbeitsrechtlichen Aufhebungsvertrag – Klarstellung des BAG, NJW 1997, 640; *Lipinski/Kumm*, Renaissance des Aufhebungs- und Abwicklungsvertrages durch die aktuelle Änderung der Durchführungsanweisungen der Bundesagentur für Arbeit?, BB 2008, 162; *Lipinski/Melms*, Die Gewährung von Aktienoptionen durch Dritte, z.B. eine Konzernmutter, als Dritten geleistetes Arbeitsentgelt?, BB 2003, 150; *Löwisch*, Mitwirkungsrechte des Sprecherausschusses beim Ausscheiden leitender Angestellter aufgrund von Aufhebungsverträgen, BB 1990, 1412; *Luckey*, Suspendierung und Schmerzensgeldanspruch des Arbeitnehmers, NZA 1992, 873; *Maier*, Möglichkeiten zum Entzug der Privatnutzung des Dienstwagens, NZA 1997, 298; *Moderegger*, Aufhebungsvereinbarung oder Altersteilzeitvertrag?, ArbRB 2002, 177; *Molkenbur*, Pflicht zur Geheimniswahrung nach Ende des Arbeitsverhältnisses, DB 1986, 177; *Moll*, Altersgrenzen in Kollektivverträgen, DB 1992, 475; *Moll/Reufels*, Aufhebungsverträge – Sozialversicherungsrechtliche und steuerrechtliche Aspekte, MDR 2001, 1024; *Moritz*, Die Ausgleichsquittung – Privatautonomie im Arbeitsrecht?, BB 1979, 1610; *Müller*, Arbeitsrechtliche Aufhebungsverträge, Möglichkeiten und Grenzen der einvernehmlichen Beendigung von Arbeitsverhältnissen; *ders.*, Schriftformgebot bei Kündigungen, AuR 1992, 147; *ders.*, Versendung von Abfindungen, ArbRB 2002, 25; *Nägele*, Aufklärungs- und Hinweispflichten des Arbeitgebers bei Abschluss eines Aufhebungsvertrages, BB 1992, 1274; *ders.*, Probleme beim Einsatz von Dienstfahrzeugen, NZA 1997, 1196; *Natzel*, Schutz des Arbeitnehmers als Verbraucher?, NZA 2002, 595; *Nebendahl*, Ansprüche eines GmbH-Geschäftsführers aus betrieblicher Übung?, NZA 1992, 289; *Neef/Schrader*, Behandlung der Abfindung nach dem SGB III, DB 1999, 281; *Offerhaus*, Gestaltungsspielräume bei an Arbeitnehmer gezahlten Abfindungen und Entschädigungen, DB 1982, Beil. 10; *ders.*, Zur Besteuerung von Arbeitgeberleistungen bei Auflösung eines Dienstverhältnisses oder Nichtwiedereinstellung, DB 1994, 167; *ders.*, Neue Steuerrechtsfragen zur Entschädigung von Arbeitnehmern bei Auflösung des Dienstverhältnisses, DStZ 1997, 108; *Oßwald*, Der (bedingte) Aufhebungsvertrag im Arbeitsrecht und Privatautonomie im Kündigungsschutzrecht, Diss., 1990; *Ostheimer*, Die Auslegung von Versorgungsverträgen, DB 1993, 1974; *Pfarr/Bothfeld/Kaiser/Kimmich/Peuker/Ullmann*, Der Abfindungsanspruch gemäß § 1a KSchG, BB 2004, 106; *Plander*, Die Ausgleichsquittung als Rechtsanwendungs- und Gesetzgebungsproblem, DB 1986, 1873; *Preis*, Die „Reform" des Kündigungsschutzrechts, DB 2004, 70; *ders.*, Arbeitsrecht, Verbraucherschutz und Inhaltskontrolle, Sonderbeil. NZA 16/2003, 19; *Preis/Gotthardt*, Schriftformerfordernis für Kündigungen, Aufhebungsverträge und Befristungen nach § 623 BGB, NZA 2000, 348; *Propp*, Abfindungen aus dem Arbeitsverhältnis, DB 1993, 734; *Raab*, REGAM-Studie – Hat das Kündigungsschutzgesetz präventive Wirkungen?, RdA 2005, 1; *Reinecke*, Kontrolle allgemeiner Arbeitsbedingungen nach dem Schuldrechtsmodernisierungsgesetz, DB 2002, 585; *Reufels*, Aufklärungs- und Hinweispflichten des Arbeitgebers beim Abschluss von Aufhebungsverträgen, ArbRB 2001, 26, *Riesenhuber v. Vogel*, Der Aufhebungsvertrag als Haustürgeschäft?, NJW 2005, 3457; *Rittweber*, Sonderfragen der tariflichen Altersteilzeit, NZS 1999, 126; *Rockstroh/Polduwe*, Berücksichtigung von Abfindungen beim Arbeitslosengeld, DB 1999, 529; *Röder/Lingemann*, Schicksal von Vorstand und Geschäftsführer bei Unternehmensumwandlungen und Unternehmensveräußerungen, DB 1993, 1341; *Rolfs*, Die Lösung des Beschäftigungsverhältnisses als Voraussetzung der Sperrzeit wegen Arbeitsaufgabe, in: FS 50 Jahre BAG, S. 445; *Rudolph*, Anfechtung des Arbeitsvertrages wegen Nachtarbeitsverbot für Schwangere, DB 1994, 95; *Salger/Breitfeld*, Regelungen zum Schutz von betrieblichem Know-how – die Abwerbung von Mitarbeitern, BB 2004, 2574; *dies.*, Regelungen zum Schutz von betrieblichem Know-how – die Sicherung von Geschäfts- und Betriebsgeheimnissen, BB 2005, 154; *Schaub*, Gesetz zur Vereinfachung und Beschleunigung des arbeitsgerichtlichen Verfahrens, NZA 2000, 344; *Schiefer/Köster*, Pro und Contra des arbeitsrechtlichen Aufhebungsvertrages, WiB 1995, 489 und 531; *Schlachter*, Anfechtung eines aufgrund einer Drohung des Arbeitgebers mit Strafanzeige geschlossenen Aufhebungsvertrages, EWiR 1998, 1065; *Schleusener*, Zur Widerrufsmöglichkeit von arbeitsvertraglichen Aufhebungsverträgen nach § 312 BGB, NZA 2002, 949; *Schmidt/Berkowsky*, Rechtsmissbräuchliche Umgehung des Altersteilzeitgesetzes durch arbeitsvertragliche Individualvereinbarung, NZA 1999, 411; *Schöne*, Der Klageverzichtsvertrag als Auflösungsvertrag?, SAE, 2008, 155; *Schrader/Straube*, Die arbeitsrechtliche (Wieder-)Einstellungszusage, NZA-RR 2003, 337; *Schwerdtner*, Der Abwicklungsvertrag, in: Brennpunkte des Arbeitsrechts, S. 261; *v. Seggern*, Sperrzeit gegen Arbeitslose wegen Lösung des Beschäftigungsverhältnisses, AuR 1997, 99; *Sowka*, Befristete Arbeitsverträge nach dem Beschäftigungsförderungsgesetz, BB 1997, 677; *Strick*, Die Anfechtung von Arbeitsverträgen durch den Arbeitgeber, NZA 2000, 695; *Strunk*, Die einkommensteuerrechtliche Behandlung von Entlassungsentschädigungen an Arbeitnehmer, DStR 1994, 249; *Thüsing/Stelljes*, Fragen zum Entwurf eines Gesetzes zu Reformen am Arbeitsmarkt, BB 2003, 1673; *Thüsing/Wege*, Sozialplanabfindung: Turboprämie ausgebremst?, DB 2005, 2634; *Tommheiser*, Sozialplanabfindungen, Berechnungsmethoden und ihre Auswirkungen, AiB 2000, 460; *Voelzke*, Die Erstattungspflicht des Arbeitgebers bei Entlassung älterer Arbeitnehmer – Eine Bestandsaufnahme, DB 2001, 1990; *Waltermann*, Sozialrechtliche Konsequenzen arbeitsrechtlicher Aufhebungsverträge, NJW 1992, 1136; *Weber/Ehrich*, Prozessuale Folgen der Unwirksamkeit von Aufhebungsvereinbarungen bei Kündigungsschutzklagen, DB 1995, 2369; *dies.*, Anfechtung eines Aufhebungsvertrages – der verständig denkende AG, NZA 1997, 414; *Welslau*, in: Rechtsch, Handbuch der Personalpraxis, 14. Aufl. 2005, Rn 4166 a; *Welslau/Haupt/Lepsien*, Sozial- und steuerrechtliche Folgen der Beendigung von Arbeitsverhältnissen, 2003; *Werner*, Sozialrechtliche Folgen des Abwicklungsvertrags, NZA 2002, 262; *Willemsen/Annuß*, Kündigungsschutz nach der Reform, NJW 2004, 177; *Wisskirchen*, Aktuelle Fragen zu arbeitsrechtlichen Aufhebungsverträgen, DB 1994, 577; *dies.*, Die steuerliche Behandlung von Entlassungsentschädigungen ab 1999, NZA 1999, 405; *Wisskirchen/Worzalla*, Aktuelle Fragen zu arbeitsrechtlichen Aufhebungsverträgen, DB 1994, 577; *Zwanziger*, Aufhebungsverträge und Vertragsfreiheit, BB 1996, 903

A. Allgemeines

I. Arten der Beendigung

984 Zur Beendigung eines Arbverh stehen verschiedene Rechtskonstruktionen zur Verfügung. Außerhalb der Dispositionsbefugnis der Parteien liegt es, wenn der Arbeitsvertrag durch Tod des AN endet. Verbreiteter Beendigungsweg bildet in der Form des einseitigen Rechtsgeschäfts die Künd, als zweiseitiges Rechtsgeschäft der Aufhebungsvertrag (Auflösungsvertrag, siehe Rn 995 ff.). Das Arbverh-Ende markieren außerdem verschiedene Kombinationsmodelle wie die Künd durch den AG mit anschließendem Abwicklungsvertrag oder die Künd unter gleichzeitiger Begründung eines gesetzlichen Schuldverhältnisses (§ 1a KSchG). Der Arbeitsvertrag endet auch durch gerichtliches Auflösungsurteil (§ 9 KSchG).

985 **1. Einseitiges Rechtsgeschäft (Kündigung).** Dauerschuldverhältnisse lassen sich namentlich durch Künd, damit durch einseitiges Rechtsgeschäft, beenden. Die Parteien können durch ordentliche und außerordentliche Künd das Vertragsverhältnis enden lassen. Kündigender kann sowohl der AG wie der AN sein. Die Schriftform des § 623 ist zu beachten. Der Kündigende kann sich eines Vertreters bedienen. So kann sich der AG – soweit es sich nicht um eine Einzelfirma ohne vertretungsbefugten Mitarbeiter handelt – durch vertretungsberechtigte Personen wie den AG-Vorstand, den GF, den Prokuristen oder einen Handlungsbevollmächtigten, aber auch durch Personalleiter (Leiter Human Resources)[1890] und in Einzelfällen durch Personalsachbearbeiter[1891] vertreten lassen. Bei rechtsgeschäftlicher Vertretung empfiehlt sich zur Vermeidung einer Zurückweisung nach § 174 S. 1 die Beifügung einer Originalvollmacht.

986 **2. Zweiseitiges Rechtsgeschäft (Aufhebungsvertrag).** Die Beendigung durch zweiseitiges Rechtsgeschäft ist die Beendigung durch Vertrag. Ein Vertragsverhältnis kann auf dem gleichen Wege, der zu seiner Entstehung geführt hat, auch beendet werden (§ 311 Abs. 1).[1892] Den Beendigungsvertrag nennt man im Arbeitsrecht **Aufhebungsvertrag**. Als Synonym ist der in § 623 verwendete Begriff **Auflösungsvertrag** bekannt. Gesetzlich definiert sind beide Begriffe nicht.

987 **3. Kombinationsmodell: Kündigung und Abwicklungsvertrag.** Der Abwicklungsvertrag basiert auf einer Kombination aus einseitigem und zweiseitigem Rechtsgeschäft. Die Arbverh-Beendigung erfolgt durch Künd und damit durch ein einseitiges Rechtsgeschäft, die Regelung von Modalitäten im Zusammenhang mit der Trennung wird über das zweiseitige Rechtsgeschäft **Abwicklungsvertrag** herbeigeführt.[1893] Dem Abwicklungsvertrag geht immer eine Künd durch den AG, meist eine betriebs- oder personenbedingte Künd, voraus. Über den Abwicklungsvertrag bringt der AN zum Ausdruck, die Künd hinzunehmen und regelt mit dem AG einvernehmlich die Pflichten und Rechte im Zusammenhang mit der Beendigung des Arbverh, bspw. eine Abfindung, den Erwerb des Dienstwagens oder den Wortlaut des Zeugnisses. Eine Definition des Abwicklungsvertrages findet sich nicht im Gesetz und in der Rspr. nur vereinzelt.[1894]

988 *Bauer*[1895] unterscheidet zwischen **echtem** und **unechtem Abwicklungsvertrag**. Echte Abwicklungsverträge seien solche, die zeitlich nach Ausspruch der Künd, entweder zwischen den Parteien vor Erhebung der Künd-Schutzklage oder als Prozessvergleich geschlossen würden. Unechte Abwicklungsverträge nennt er dagegen solche Verträge, die als Abwicklungsverträge bezeichnet, tatsächlich aber bereits zwischen dem AG und dem AN oder seinem Anwalt vor Ausspruch der Künd ausgehandelt worden seien. Die Künd werde nur noch pro forma erklärt und es werde, gegen-

---

1890 BAG 30.5.1972 – 2 AZR 298/71 – BAGE 24, 273 = NJW 1972, 1877; BAG 18.5.1994 – 2 AZR 920/93 – BAGE 77, 13 = NZA 1995, 267; BAG 22.1.1998 – 2 AZR 267/07 – ZIP 1998, 748; wenn Funktion des Leiters Human Resources dem gekündigten AN unbekannt ist, a.A. ArbG Hamburg 8.11.2001 – 26 Ca 220/00 – AE 2002, 62.
1891 BAG 29.6.1989 – 2 AZR 482/88 – NZA 1990, 63.
1892 *Bauer*, Arbeitsrechtliche Aufhebungsverträge, Rn I 20; missverständlich ErfK/*Müller-Glöge*, § 623 BGB Rn 14; *Hümmerich*, NZA 2001, 1280; HWK/*Kliemt*, Anh. § 9 KSchG Rn 1; *Tschöpe/Schulte*, 3B Rn 1; *Werner*, NZA 2002, 262; *Welslau*, in: Handbuch der Personalpraxis, Rn 4166 a.
1893 *Hümmerich*, Aufhebungsvertrag und Abwicklungsvertrag, § 1 Rn 2; *Hümmerich*, Arbeitsrecht, § 4 Rn 158 ff.
1894 BAG 28.6.2005 – 1 ABR 25/04 – NZA 2006, 48; ArbG Wesel 27.4.2005 – 3 Ca 4775/04 – NZA-RR 2005, 527.
1895 *Bauer*, Arbeitsrechtliche Aufhebungsverträge, Rn I 198; *Bauer/Hümmerich*, NZA 2003, 1076.

über der AA der Eindruck erweckt, als sei zunächst die Künd ausgesprochen und danach der Abwicklungsvertrag verhandelt worden. Nach dem Urteil des BSG v. 18.12.2003[1896] spielt *Bauers* Differenzierung arbeitsförderungsrechtlich keine Rolle mehr, da es für ein Lösen des Beschäftigungsverhältnisses nach § 144 SGB III angeblich nicht auf die Reihenfolge rechtsgeschäftlicher Erklärungen, sondern bei Hinnahme der Künd auf ein **tatsächliches Mitwirken des AN** an der Beendigung über die Vereinbarung einer Abfindung als Gegenleistung für die Nichterhebung einer Künd-Schutzklage ankommen soll, wobei unerheblich ist, ob die „Mitwirkung" des AN vor Ausspruch der Künd oder in den ersten drei Wochen nach Zugang der Künd stattgefunden hat. Auch wenn sich AG und AN darauf verständigen, dass der AG zur Beendigung des Arbverh eine Künd ausspricht und ein Abwicklungsvertrag geschlossen wird, ist der BR zu der Künd gem. § 102 BetrVG anzuhören.[1897]

4. Kombinationsmodell: Kündigung und gesetzliches Schuldverhältnis. Nach § 1a KSchG bedient sich der AG zur Arbverh-Beendigung keines Vertrages, sondern des einseitigen Rechtsgeschäfts „Künd". Die Künd ist an besondere Voraussetzungen geknüpft, sie muss aus dringenden betrieblichen Erfordernissen ausgesprochen sein, sie muss den Hinweis des AGs im Künd-Schreiben enthalten, dass bei Verstreichenlassen der Klagefrist der AN die Abfindung beanspruchen könne. Weiterhin ist Voraussetzung, dass der AN keine Klage erhebt. Es kommt darauf an, dass **tatsächlich keine Klage** erhoben wird; die Fiktionswirkung des § 269 Abs. 3 S. 1 ZPO genügt nicht.[1898] 989

Die Arbverh-Beendigung nach § 1a KSchG ist ein einseitiges Rechtsgeschäft, auf das der AN in keiner Weise reagieren muss, weder durch eine rechtsgeschäftliche, noch durch eine rechtsgeschäftsähnliche Handlung.[1899] Mit dem Abwicklungsvertrag vergleichbar ist, dass der AN die Künd nach § 1a KSchG hinnimmt. 990

Soweit die Auffassung vertreten wird, bei § 1a KSchG handele es sich um einen rechtsgeschäftlich begründeten oder rechtsgeschäftsähnlichen Mindestabfindungsanspruch,[1900] wird übersehen, dass es an einem rechtsgeschäftlichen Element aufseiten des AN fehlt. Allein das tatsächliche Verhalten des AN, die Nichterhebung einer Klage, löst den in § 1a Abs. 2 KSchG geregelten Anspruch aus. Erlebt der AN das Ende des Arbverh nicht, verfällt der Abfindungsanspruch nach § 1a KSchG und geht nicht auf die Erben über.[1901] Dass der Gesetzgeber dem Schweigen des AN auf eine Künd nach § 1a KSchG rechtsgeschäftlichen Charakter beimessen wollte, lässt sich den Gesetzesmaterialien nicht entnehmen. Zutreffend ist deshalb die inzwischen h.M., die Arbverh-Beendigung nach § 1a KSchG stelle eine Kombination aus einseitigem Rechtsgeschäft und gesetzlichem Schuldverhältnis dar.[1902] 991

5. Auflösungsurteil. Gerichtlich kann das Arbverh gem. §§ 9, 10 KSchG gegen Abfindung aufgelöst werden. Bei Personen, die zur selbstständigen Einstellung oder Entlassung befugt sind, bedarf es keines gesonderten Auflösungsgrunds (§ 14 Abs. 2 KSchG). Eine Auflösung von Ausbildungsverhältnissen durch das ArbG ist unter den Voraussetzungen des § 78a Abs. 4 BetrVG möglich.[1903] 992

6. Tod des Arbeitnehmers. Beim Arbverh findet keine Gesamtrechtsnachfolge gem. § 1922 statt. Da der AN seine Dienste nach § 613 S. 1 in Person zu leisten hat und der Anspruch im Zweifel nach § 613 S. 2 nicht übertragbar ist, endet das Arbverh mit dem Tod des AN. Gleiches gilt bei mittelbaren Arbverh und bei Leih-Arbverh.[1904] 993

7. Lossagungserklärung des Arbeitnehmers, § 12 S. 1 KSchG. Obsiegt der AN mit einer Künd-Schutzklage und ist er bereits ein neues Arbverh bei einem anderen AG eingegangen, verfügt er über ein Sonder-Künd-Recht,[1905] mit dem er sich innerhalb einer Woche nach Rechtskraft vom Arbverh mit dem alten AG lossagen kann. 994

II. Unterschiede zwischen Aufhebungs- und Abwicklungsvertrag

Durch den **Aufhebungsvertrag** wird das Arbverh **einvernehmlich von den Parteien beendet, ohne** dass zuvor seitens des AG eine **Künd** ausgesprochen wurde.[1906] Dem **Abwicklungsvertrag** geht eine ordentliche, fristgerechte, **meist personen- oder betriebsbedingte Künd** des Arbverh durch den AG voraus. Über den Abwicklungsvertrag bringt der AN zum Ausdruck, die Künd hinzunehmen, und **regelt** mit dem AG einvernehmlich **Pflichten und Rechte im Zusammenhang mit der Beendigung** des Arbverh (Zeugnis, Direktversicherung, Abfindung u.Ä.).[1907] 995

1896 B 11 AL 35/03 – NZA 2004, 661.
1897 BAG 28.6.2005 – 1 ABR 25/04 – AP § 102 BetrVG 1972 Nr. 146 = NZA 2006, 48; krit. hierzu: *Bauer/Krieger*, NZA 2006, 306 ff.
1898 BAG 13.12.2007 – 2 AZR 971/06 – AP § 1a KSchG 1969 Nr. 7 = NZA 2008, 696.
1899 *Grobys*, DB 2003, 2174; *Giesen/Besgen*, NJW 2004, 185.
1900 *Bauer*, NZA 2004, 77; *Preis*, DB 2004, 70, 72; *Thüsing/Stelljes*, BB 2003, 1673, 1677.
1901 BAG 10.5.2007 – 2 AZR 45/06 – AP § 1a KSchG 1969 Nr. 3 = NZA 2007, 1043.
1902 *Bader*, NZA 2004, 65; *Giesen/Besgen*, NJW 2004, 185; *Hümmerich*, NJW 2004, 2921; HWK/*Quecke*, § 1a KSchG Rn 5; KR/*Spilger*, § 1 a KSchG Rn 34; *Raab*, RdA 2005, 1; *Willemsen/Annuß*, NJW 2004, 177.
1903 BAG 29.11.1989 – 7 ABR 67/88 – AP § 78a BetrVG 1972 Nr. 20.
1904 ErfK/*Müller-Glöge*, § 620 BGB Rn 31.
1905 KR/*Rost*, § 12 KSchG Rn 2; HWK/*Thies*, § 12 KSchG Rn 1.
1906 *Bauer*, Arbeitsrechtliche Aufhebungsverträge, Rn I 20.
1907 ArbG Wesel 27.4.2005 – 3 Ca 4775/04 – NZA-RR 2005, 527; *Hümmerich*, in: Brennpunkte des Arbeitsrechts, S. 249; *Hümmerich*, NZA 1994, 200, 833; *Hümmerich*, NZA 2001, 1280.

996 Die dargestellte Abgrenzung zwischen Aufhebungs- und Abwicklungsvertrag ist h.M.[1908] Aus der Definition folgt, dass ein Vertrag, in dem Regelungen über die Beendigungsmodalitäten nach Eigen-Künd des AN getroffen wurden, kein Abwicklungsvertrag ist. Ob der Künd des AG verhaltensbedingte, personenbedingte oder betriebsbedingte oder keinerlei Künd-Gründe i.S.d. KSchG zugrunde liegen, ist nach der Definition des Abwicklungsvertrags unschädlich. Wesentlich ist, dass die Künd arbeitgeberseitig erfolgte.

997 Fußt der Abwicklungsvertrag auf einer verhaltensbedingten Künd, bestehen für den AN arbeitslosenversicherungsrechtlich u.U. nicht die gleichen Vorteile wie nach einer personen- oder betriebsbedingten Künd. Bei fast jeder verhaltensbedingten Künd ist der Sperrzeittatbestand des § 144 Abs. 1 S. 2 Nr. 1 Hs. 2 SGB III erfüllt.[1909]

998 Verhandeln AG und AN über den Abschluss eines **Aufhebungsvertrages,** besteht für den AN kein Anspruch auf Entgeltfortzahlung. In dem Angebot des AG auf Abschluss eines Aufhebungsvertrages liegt keine Erklärung, der AN müsse während der Verhandlungen seiner Arbeitspflicht nicht nachkommen, sofern der AG eine solche Erklärung nicht ausdrücklich abgegeben hat.[1910] Ist das Zustandekommen eines Aufhebungsvertrags zwischen den Arbeitsvertragsparteien streitig, bedarf es zur Begründung des Annahmeverzugs des AG in der Regel eines tatsächlichen Angebots der Arbeitsleistung durch den AN.[1911]

999 Die **Rechtssicherheit** ist bei Aufhebungsverträgen aufgrund der Anfechtungs-Rspr. des BAG eingeschränkt. Die Alternative bei Nichtunterzeichnung des Vertrags, ob benannt oder unbenannt, steht während einer Aufhebungsverhandlung zwangsläufig im Raum und besteht in der Androhung der Künd durch den AG. Damit wird eine BAG-Rspr. aktiviert, die besagt, in der Erwähnung einer Künd als Alternative zum Aufhebungsvertrag liege eine widerrechtliche Drohung gem. § 123, wenn ein verständiger AG die Künd nicht in Erwägung gezogen haben würde (siehe unten Rn 1014).[1912] In dieser Rspr. kommt zu kurz, dass der Aufhebungsvertrag ein Verhandlungsergebnis mit Vergleichsinhalt ist, das sich meist als ein Produkt wechselseitigen Forderns und Nachgebens darstellt (§ 779). Eine Formulierung im Aufhebungsvertrag, wonach beide Seiten auf ein etwaiges Anfechtungsrecht verzichten, ist unwirksam, weil die Anfechtung nach § 123 auch den Anfechtungsverzicht erfasst.[1913] Die BAG-Rspr. zur Anfechtung nach § 123 erstreckt sich auch auf die Eigen-Künd eines AN, die dieser aufgrund der Ankündigung des AG, andernfalls werde er kündigen, ausgesprochen hat.[1914] Da dem Abwicklungsvertrag eine tatsächlich ausgesprochene Künd vorausgeht, ist beim Abwicklungsvertrag die Rspr. wegen widerrechtlicher Drohung wirkungslos. Würde der Abwicklungsvertrag über eine Anfechtung der Willenserklärung des AN beseitigt, entfiele die Rechtsgrundlage einer zugesagten Abfindung, die rechtsgestaltende Wirkung der AG-Künd bliebe hingegen erhalten. Selbst im Falle einer Unwirksamkeit des Abwicklungsvertrages ist die Geltendmachung der Rechtsunwirksamkeit einer zuvor ausgesprochenen Künd nach Ablauf der Drei-Wochen-Frist aufgrund §§ 7, 4, 5 Abs. 3 S. 2 KSchG ausgeschlossen.[1915] Jede Anfechtungserklärung beseitigt nur die eigene Willenserklärung des Anfechtenden, nicht die Willenserklärung des Anfechtungsgegners (§§ 142, 143). Über Treu und Glauben oder allgemeine Gerechtigkeitserwägungen im Zusammenhang mit § 162 Abs. 2 kann nicht eine spätere rechtliche Prüfung durchgesetzt werden, ob tatsächlich ein Künd-Grund i.S.v. § 1 KSchG vorgelegen hat.[1916] Der AN kann bei Erfüllung der rechtlichen Voraussetzungen des § 826 nur im Wege des Schadensersatzes erreichen, dass er so gestellt wird, als sei ihm nicht gekündigt worden.[1917]

1000 **Gem. § 623 bedürfen Auflösungsverträge der Schriftform.** Der Abwicklungsvertrag ist kein Auflösungsvertrag i.S.v. § 623, denn durch den Abwicklungsvertrag wird das Arbverh nicht „gelöst" (siehe § 623 Rn 18). Enthält allerdings der Abwicklungsvertrag einen Verzicht auf die Erhebung der Künd-Schutzklage, so ist dieser Abwicklungsvertrag (**Klageverzichtsvertrag**) gem. § 623 formbedürftig, wenn er im unmittelbaren zeitlichen und sachlichen Zusammenhang mit dem Ausspruch der Künd geschlossen wird.[1918]

III. Zustandekommen von Aufhebungs- und Abwicklungsvertrag

1001 **1. Aufhebungs- und Abwicklungsvertrag als Rechtsgeschäft.** Wie jeder Vertrag kommen Aufhebungs- und Abwicklungsvertrag durch Angebot und Annahme zustande, wobei beim Aufhebungsvertrag und beim Klageverzichtsvertrag § 623 zu beachten ist. Schlüssige Abwicklungsverträge können durch eindeutiges Verhalten oder Äu-

---

1908 ArbG Wesel 27.4.2005 – 3 Ca 4775/04 – NZA-RR 2005, 527; Bauer, NZA 2002, 169; Bauer/Hümmerich, NZA 2003, 1075; ErfK/Müller-Glöge, § 620 BGB Rn 7; Grunewald, AuR 1994, 260; Holly/Friedhofen, DB 1995, 454; Holthäuser/Rolfs, DB 1995, 1074; Hümmerich, BB 1999, 1868; Palandt/Weidenkaff, vor § 620 Rn 5 a; Schaub/Linck, Arbeitsrechts-Handbuch, § 122 Rn 1; Schiefer/Köster, WiB 1995, 489; Tschöpe/Schulte, 3 B Rn 1; Welslau, in: Handbuch der Personalpraxis, Rn 4166 ff; mit Einschränkungen, soweit auch Verträge zwischen AN und AG, denen eine Künd des AG vorausgegangen ist, als Aufhebungsvertrag bezeichnet werden (Aufhebungsvertrag als Gattungsbegriff): Bauer, Arbeitsrechtliche Aufhebungsverträge, Rn I 20, I 198.
1909 BSG 31.8.1976 – 7 Rar 112/74 – BSGE 42, 184.
1910 LAG Brandenburg 24.4.2001 – 2 Sa 326/00 – n.v.
1911 BAG 7.12.2005 – 5 AZR 19/05 – NZA 2006, 435.
1912 BAG 21.3.1996 – 2 AZR 543/95 – DB 1996, 1879.
1913 Bauer, Arbeitsrechtliche Aufhebungsverträge, Rn I 192; Weber/Ehrich/Burmester, Teil 1 Rn 859.
1914 BAG 9.3.1995 – 2 AZR 644/94 – BB 1996, 434.
1915 LAG Rheinland-Pfalz 26.10.2005 – 9 Sa 474/05 – n.v.
1916 LAG Hamm 29.10.1987 – 8 Sa 106/87 – LAGE § 5 KSchG Nr. 33.
1917 LAG Rheinland-Pfalz 26.10.2005 – 9 Sa 474/05 – juris.
1918 BAG 19.4.2007 – 2 AZR 208/06 – AP § 623 BGB Nr. 9=NZA 2007, 1227; kritisch hierzu: Schöne, SAE 2008, 155; Bauer/Günther, NJW 2008, 1617.

ßerungen zustande kommen, wenn zwei in ihrem Erklärungsinhalt eindeutige Willenserklärungen vorlagen.[1919] Individualvertragliche Schriftformklauseln können mit Abschluss eines mündlichen Abwicklungsvertrages von den Parteien konkludent formlos aufgehoben werden,[1920] so dass durch schlüssiges Verhalten nicht nur ein Abwicklungsvertrag geschlossen, sondern auch eine im Arbeitsvertrag vereinbarte Schriftformklausel konkludent aufgehoben werden kann.

Hat der AG dem Mitarbeiter ein Aufhebungsangebot zugesandt, gelten §§ 145 ff. Dem Mitarbeiter ist eine angemessene Überlegungsfrist nach § 147 Abs. 2 zuzubilligen. Diese nach den Umständen des Einzelfalles zu bestimmende Frist kann mit zwei Wochen im Regelfall, bis zu vier Wochen bei Sonderkonstellationen wie Urlaub oder mangelnder Erreichbarkeit des Anwalts eingegrenzt werden.[1921] Nimmt der AN das Angebot eines Abwicklungsvertrages erst nach Ablauf von vier Wochen an, handelt es sich im Normalfall um eine verspätete Annahme i.S.v. § 150 Abs. 1, die als neues Angebot zu werten ist. Bei der Frage der „regelmäßigen Umstände" i.S.v. § 147 Abs. 2 ist mit dem LAG Berlin[1922] auf die Umstände des Einzelfalles abzustellen, so auf die Dauer der vorangegangenen Verhandlungen oder darauf, ob sich der AN bei Eingang des Angebots evtl. mit Wissen des AG in Urlaub befand. Ein eigenmächtiger Urlaubsantritt stellt grds. keine Willenserklärung im Sinne eines Auflösungsangebots oder i.S.d. Annahme des Angebots auf Abschluss eines Abwicklungsvertrages dar.[1923] Das Angebot auf Abschluss eines Aufhebungsvertrags durch den AG macht ein tatsächliches Arbeitsangebot des AN, der das Angebot auf Abschluss eines Aufhebungsvertrags nicht angenommen hat, nicht entbehrlich.[1924]

Haben sich die Parteien mündlich über die wesentlichen Elemente eines Aufhebungs- oder Abwicklungsvertrags geeinigt und soll der vollständige Vertrag schriftlich vom AG dem AN zur Unterschrift zugesandt werden, kommt der Vertrag gem. der Vermutungsregel des § 154 im Zweifel erst mit der Unterzeichnung der Vertragsurkunde zustande. Die mündliche Abrede allein führt nur dann zur Vertragsbegründung, wenn im Rahmen der Vertragsverhandlungen erkennbar Einigkeit darüber erzielt wurde, dass der Vertrag trotz der bewussten Einigungslücken schon wirksam geschlossen sein sollte und die Schriftform nur zu Beweiszwecken gewählt wurde, oder wenn die Parteien bereits mit der Durchführung des Vertrags begonnen haben.[1925] Formulieren die Parteien im Auflösungsvertrag, der Vergleich solle später noch gerichtlich protokolliert werden, kommt die Auflösungsvereinbarung erst mit Abschluss des Prozessvergleichs zustande.[1926] Den Parteien steht es offen, im Auflösungsvertrag den Zusatz aufzunehmen, der Vergleich sei bereits mit dem Zeitpunkt der Unterzeichnung durch beide Parteien zustande gekommen, die Wirksamkeit des Auflösungsvertrages solle nicht erst mit einer gerichtlichen Protokollierung eintreten.[1927] Minderjährigen ist es, ausgenommen bei Berufsausbildungsverträgen, gestattet, sofern sie über eine Ermächtigung nach § 113 Abs. 1 S. 1 verfügen, ein Arbverh einzugehen und damit auch einen Aufhebungs- oder Abwicklungsvertrag zu schließen.[1928]

2. Form des Vertragsschlusses. Mit **Auflösungsvertrag** i.S.d. § 623 ist zwar in erster Linie der **Aufhebungsvertrag** gemeint, aber auch der **Klageverzichtsvertrag** fällt hierunter, wenn er im unmittelbaren zeitlichen und sachlichen Zusammenhang mit dem Ausspruch einer Künd getroffen wird.[1929]
Im Arbeitsrecht findet sich der Begriff des Auflösungsvertrags in § 623.
Auflösungsverträge bedürfen der Unterschrift beider Vertragspartner oder ihrer Bevollmächtigten (§ 126). Aufhebungsverträge sind als Telefax-Schreiben nichtig.[1930] Die Unterschrift der Vertragspartner oder ihrer Bevollmächtigten muss grds. auf derselben Urkunde erfolgen, § 126 Abs. 2 S. 1. Wenn über den Vertrag mehrere gleich lautende Urkunden aufgenommen werden, genügt es, dass jede Partei über ein Exemplar verfügt, das die Unterschrift der anderen Partei trägt, § 126 Abs. 2 S. 2. Die bloße Bezugnahme auf eine nicht dem Aufhebungsvertrag beigeheftete oder sonst mit ihm fest verbundene Anlage (z.B. Zeugnistext) macht den gesamten Aufhebungsvertrag formunwirksam.[1931]

Schließen die Parteien zur Erledigung eines Künd-Rechtsstreits außergerichtlich einen Vertrag, schließen sie einen Abwicklungsvertrag, auch wenn sie diese Vereinbarung „Aufhebungsvereinbarung" nennen sollten. Die außergerichtliche Vereinbarung bedarf nach einer Entscheidung des LAG Hamm[1932] nicht der Schriftform des § 623. Übersendet der Prozessbevollmächtigte des AG dem Prozessbevollmächtigten des AN im Anschluss an eine telefonische Unterredung den

---

[1919] LAG Halle/Saale 9.3.1995 – 6 Sa 259/94 – BB 1995, 1691 zum schlüssigen Aufhebungsvertrag vor Einführung des Schriftformerfordernisses.
[1920] So für den Aufhebungsvertrag vor Inkrafttreten des § 623: BAG 4.6.1963 – 5 AZR 16/63 – AP § 127 BGB Nr. 1.
[1921] *Berscheid/Kunz/Brand/Kunz*, Teil 4 Rn 31.
[1922] LAG Berlin 25.7.1996 – 10 Sa 39/96 – NZA-RR 1999, 355.
[1923] *Frölich*, NZA 1997, 1273.
[1924] LAG Brandenburg 24.4.2001 – 2 Sa 326/00 – juris.
[1925] ArbG Frankfurt 9.7.1998 – 2 Ca 1997/98 – ARST 1998, 195.
[1926] BAG 16.1.1997 – 2 AZR 35/96 – EzA § 779 BGB Nr. 2.
[1927] *Hümmerich*, Arbeitsrecht, § 4 Rn 620.
[1928] LAG Hamm 8.9.1970 – 3 Sa 481/70 – DB 1971, 779; a.A. LAG Bremen 15.10.1971 – 1 Sa 90/71 – DB 1971, 2318 (für den Fall einer schwangeren Minderjährigen).
[1929] BAG 19.4.2007 – 2 AZR 208/06 – AP § 623 BGB Nr. 9 = NZA 2007, 1227; krit. hierzu: *Schöne*, SAE 2008, 155; *Bauer/Günther*, NJW 2008, 1617.
[1930] LAG Düsseldorf 27.5.2003 – 16 Sa 1453/02 – LAGE § 623 BGB 2002 Nr. 1; ArbG Hannover 17.1.2001 – 9 Ca 282/00 – NZA-RR 2002, 245.
[1931] *Rolfs*, NJW 2000, 1227.
[1932] LAG Hamm 25.10.2001 – 8 Sa 956/01 – juris.

ausgehandelten Text, den er fälschlich oder zumindest ungenau „Aufhebungsvereinbarung" nennt, zusammen mit einem Anschreiben, wonach er die anliegende Regelung bestätigt, so liegt in der Bitte, das bereits einseitig unterzeichnete Exemplar der Vereinbarung binnen einer bestimmten Frist unterschrieben zurückzusenden, abweichend von der Vermutung des § 154 Abs. 2, keine für das Zustandekommen der Vereinbarung maßgebliche, konstitutive Schriftformabrede i.S.d. § 127.[1933] Für einen Abwicklungsvertrag, der keiner Schriftform bedarf, reicht ein von einer Seite unterzeichnetes Schriftstück aus. Abwicklungsverträge können sowohl im Fax- als auch im E-Mail-Wege geschlossen werden. Die Vereinbarung einer Faxklausel im Aufhebungsvertrag beseitigt das gesetzliche Schriftformerfordernis nicht. Soweit der Arbeitsvertrag die Klausel enthält, Nebenabreden und Vertragsänderungen bedürfen der Schriftform, erstreckt sich die Bedeutung dieser Klausel nicht auf den Abschluss von Aufhebungsverträgen.[1934] Durch diese Klausel erwächst keine Verpflichtung, Abwicklungsverträge dem Schriftformerfordernis zu unterwerfen.

1006 **Tarifvertragliche Schriftformklauseln** haben die Wirkung eines gesetzlichen Schriftformerfordernisses nach § 126.[1935] Soweit eine tarifvertragliche Formvorschrift durch einzelvertragliche Bezugnahme zur Anwendung kommt, handelt es sich nicht um eine gesetzliche, sondern nur um eine vertraglich vereinbarte Formvorschrift, für die nicht § 126, sondern die erleichterte Form des § 127 einschlägig ist, so dass auch Telefaxunterschriften ausreichend sind.[1936] Der Anwendungsbereich der erleichterten Form des § 127 ist seit dem 1.5.2000 auf Abwicklungsverträge begrenzt. Ob eine vorgeschriebene Schriftform konstitutive Bedeutung haben soll oder ob sie nur Beweiszwecken dient, bestimmt sich nach den Parteiwillen.[1937] Im Zweifel ist von einer konstitutiven Bedeutung der Schriftformklausel auszugehen.[1938] Die Differenzierung zwischen Aufhebungs- und Abwicklungsvertrag hat auch weit reichende Bedeutung, wenn ein Mitarbeiter aus einem Arbverh in eine **Organstellung** wechselt (siehe § 623 Rn 15).

1007 **3. Bedingte Aufhebungsverträge.** Bedingte Aufhebungsverträge sind unwirksam, wenn und soweit sie dem AN durch die Bedingung den Schutz zwingender Künd-Vorschriften nehmen.[1939] Unwirksam ist ein Aufhebungsvertrag, der regelt, dass das Arbverh endet, wenn der Mitarbeiter nach dem Ende seines Urlaubs die Arbeit an einem vereinbarten Tag nicht wieder aufnimmt.[1940] Ebenso unwirksam ist eine Vereinbarung, wonach das Arbverh zum Urlaubsende aufgelöst wird, dem AN aber gleichzeitig die Wiedereinstellung zu seinen bisherigen Arbeitsbedingungen unter der Voraussetzung zugesagt wird, dass er einen entsprechenden Antrag an einem bestimmten, nach dem Urlaubsende liegenden Tag stellt.[1941] Unwirksam ist auch der Abschluss eines Aufhebungsvertrages mit einem alkoholgefährdeten Mitarbeiter, wonach das Arbverh an einem bestimmten Tag endet, wenn bis zu diesem Tag der AN wieder Alkohol zu sich genommen hat.[1942] Mit einem Auszubildenden lässt sich das Ende eines **Ausbildungsverhältnisses** nicht wirksam unter die Bedingung stellen, dass das Zeugnis des Auszubildenden im nächsten Berufsschulhalbjahr in bestimmten, im Vertrag näher aufgeführten Fächern die Note „mangelhaft" aufweist.[1943] Zur Unwirksamkeit des Aufhebungsvertrags führt auch eine auflösende Bedingung, wonach das Arbverh nur fortgesetzt werde, wenn die Mitarbeiterin weniger als eine bestimmte Zahl von Fehltagen infolge Krankheit innerhalb einer näher bezeichneten Frist für die Zukunft aufweise.[1944]

1008 Widersprüchlich ist die Ansicht des LAG Baden-Württemberg, wonach ein aufschiebend bedingter Aufhebungsvertrag als Prozessvergleich wirksam,[1945] als außergerichtlicher Aufhebungsvertrag unwirksam sei.[1946] Ebenfalls juristisch schwer nachvollziehbar ist die Rspr. des BAG zu **Heimkehrklauseln**. Enthält der Aufhebungsvertrag die Regelung, dass der Mitarbeiter für den Fall einer endgültigen Rückkehr in seine Heimat nach Beendigung des Arbverh eine Abfindung erhält, sei der bedingte Aufhebungsvertrag wirksam, weil §§ 9, 10 KSchG nicht umgangen würden.[1947]

1009 Der Abschluss eines Aufhebungsvertrags, der auf das vorzeitige Ausscheiden des AN aus einem Dauer-Arbverh gerichtet ist, unterliegt regelmäßig nicht der arbeitsgerichtlichen Befristungskontrolle. Gesetzliche Vorgaben zu einem etwaigen Sachgrund bestehen nicht. Es ist Ausdruck der freien Entscheidung des AN, ob er an seinem Dauer-Arbverh

---

1933 Ähnlich BAG 16.1.1997 – 2 AZR 35/96 – AP § 779 BGB Nr. 14.
1934 BAG 16.5.2000 – 9 AZR 245/99 – NZA 2000, 939 = BB 2000, 1786; LAG Sachsen-Anhalt 4.8.1994 – 6 Sa 214/94 – NZA 1995, 791; Berscheid/Kunz/Brand/Kunz, Teil 4 Rn 23; a.A. LAG Hamm 8.3.1994 – 11 (3) Sa 1286/93 – NZA 1995, 993.
1935 BAG 6.9.1972 – 4 AZR 422/71 – AP § 4 BAT Nr. 2.
1936 Berscheid/Kunz/Brand/Kunz, Teil 4 Rn 24.
1937 Weber/Erich/Burmester, Teil 1 Rn 11.
1938 BAG 20.9.1979 – 2 AZR 967/77 – DB 1980, 542.
1939 BAG 20.12.1984 – 2 AZR 3/84 – AP § 620 BGB Bedingung Nr. 9; BAG 4.12.1991 – 7 AZR 34/90 – DB 1992, 948; BAG 11.10.1995 – 7 AZR 119/95 – DB 1996, 891.
1940 BAG 19.12.1974 – 2 AZR 565/73 – NJW 1975, 1531; LAG Mannheim 25.4.1974 – 3 AZR 371/73 – NJW 1974, 1919.
1941 BAG 25.6.1987 – 2 AZR 541/86 – NZA 1988, 391.
1942 LAG München 20.10.1987 – 4 Sa 783/87 – NZA 1988, 586.
1943 BAG 5.12.1985 – 2 AZR 61/85 – NZA 1987, 20.
1944 LAG Baden-Württemberg 15.10.1990 – 15 Sa 92/90 – BB 1991, 209.
1945 LAG Baden-Württemberg 15.12.1981 – 1 Sa 39/81 – DB 1982, 1989.
1946 LAG Baden-Württemberg 15.10.1990 – 15 Sa 92/90 – BB 1991, 209.
1947 BAG 7.5.1987 – 2 AZR 271/86 – NZA 1988, 15.

festhalten will oder dem Aufhebungsangebot des AG zustimmt.[1948] Etwas anderes soll gelten, wenn auf die freie Willensbildung oder -betätigung des AN in rechtlich zu missbilligender Weise Einfluss genommen wurde (vgl. §§ 119, 123) oder grundgesetzliche Schutzpflichten (Art. 1 Abs. 3 GG) Anlass geben, im Rahmen der zivilrechtlichen Generalklauseln einer solchen Vereinbarung die gerichtliche Durchsetzung zu versagen.[1949]

1010 Abzulehnen ist die Entscheidung des BAG,[1950] ein Aufhebungsvertrag, dessen Regelungsgehalt nicht auf die Beendigung, sondern auf eine mehrjährige Fortsetzung eines Dauer-Arbverh gerichtet sei, bedürfe zu seiner Wirksamkeit eines sachlichen Grundes. Ein solcher Vertrag unterliege wie die nachträgliche Befristung eines unbefristeten Arbeitsvertrages der arbeitsgerichtlichen Befristungskontrolle, um eine funktionswidrige Verwendung des Rechtsinstituts des befristeten Arbeitsvertrages in der Form des Aufhebungsvertrages auszuschließen. Dem Senat ist beizupflichten, dass der seiner Entscheidung zugrunde liegende Sachverhalt nicht frei von Ungereimtheiten war. Die Parteien hatten sich „aus dringenden betrieblichen Gründen" auf den Abschluss eines Aufhebungsvertrages geeinigt, wonach das Arbverh noch ca. dreieinhalb Jahre fortgesetzt werden sollte. Weitere Regelungen enthielt der Aufhebungsvertrag nicht. „Dringende betriebliche Erfordernisse" können nicht als Auflösungsgrund herangezogen werden, wenn ein Arbverh noch dreieinhalb Jahre andauern soll. Es fehlt das Dringlichkeitselement. Wesensmerkmal des befristeten Arbverh ist es allerdings, dass zu seinem Beginn bereits das Ende feststeht. Schließt der AN einen Aufhebungsvertrag, wird ein unbefristetes Arbverh beendet. Schon vom dogmatischen Ansatz her bedeutet der Abschluss eines Aufhebungsvertrags nicht den Abschluss eines befristeten, sondern nur die ein Fristende setzende Vereinbarung eines zuvor unbefristeten Arbverh.[1951] Der Aufhebungsvertrag enthält, anders als der befristete Vertrag, keine Regelung zum Vertragsanfang. Vertragsanfang und Vertragsende werden beim Aufhebungsvertrag nicht, wie beim befristeten Arbeitsvertrag, zeitgleich geregelt. Dieser Erkenntnis hat der 6. Senat inzwischen Rechnung getragen und entschieden, wenn zwischen Abschluss des Aufhebungsvertrages und Vertragsende ein Zeitraum von 12 Monaten liegt, sei der Vertrag ein Aufhebungsvertrag und stelle keine nachträgliche Befristung dar.[1952]

1011 **4. Nichtige Aufhebungsverträge. a) Anfechtung wegen arglistiger Täuschung, § 123.** Fragt der AG den AN während der Vertragsverhandlungen, ob er bereits ein **Anschluss-Arbverh** vereinbart habe, was ggf. im Hinblick auf die Höhe der Abfindungszahlung für den AG von Bedeutung sein kann, und verneint der AN diese Frage wahrheitswidrig, ist der AG zur Anfechtung des Aufhebungsvertrages wegen arglistiger Täuschung nach § 123 Abs. 1 S. 1 Alt. 1 berechtigt.[1953] Der AN ist nicht von sich aus verpflichtet, die Tatsache einer Anschlussbeschäftigung zu offenbaren. Deshalb besteht keine Offenbarungspflicht des AN, sondern ein bloßes Fragerecht des AG.[1954] Der AN hat kein Recht zur Lüge.[1955]

1012 Im Fall einer wahrheitswidrigen Antwort des AN auf eine berechtigte Frage des AG soll nach *Bauer*[1956] der AG die Anfechtung nach § 123 in Verbindung mit einer außerordentlichen Künd erklären können, wobei der AG bei dieser Sachlage weder das Arbverh fortsetzen, noch eine Abfindung zahlen müsse. Das LAG Hamburg[1957] wählt eine andere Rechtskonstruktion: Schließen AG und AN im Anschluss an eine Künd des AG einen Aufhebungsvertrag, mit dem die Wirkung der Künd aufgehoben und das Arbverh ausschließlich durch den Aufhebungsvertrag beendet werden soll, führe eine berechtigte Anfechtung des Aufhebungsvertrags zur Wiederherstellung der Künd. In diesen Fällen beende die Künd das Arbverh, wenn sie nicht gem. § 4 KSchG angegriffen worden sei. Die Argumentation des LAG Hamburg wäre zutreffend, hätten AG und AN die einvernehmliche Aufhebung der Künd unter die Bedingung gestellt, dass der Aufhebungsvertrag nicht angefochten wird. Einen solchen Willen kann man den Parteien allerdings nicht generell unterstellen.

1013 Hat der AG den AN bewusst falsch über den Wegfall des Arbeitsplatzes wegen angeblicher Vergabe der Tätigkeit des AN an ein Fremdunternehmen informiert und hat der AN daraufhin einen Aufhebungsvertrag geschlossen, ist er zur Anfechtung des Aufhebungsvertrages **wegen arglistiger Täuschung** berechtigt.[1958] Eine Anfechtung nach § 123 ist auch dann wirksam, wenn die Aufhebungsvereinbarung eine Unsicherheit oder Streitpunkte behandelt, die auf dem Vergleichsweg erledigt werden sollten.[1959] Ein etwaiger Irrtum des AN über die sich aus dem Abschluss des Auf-

---

1948 BAG 30.9.1993 – 2 AZR 268/93 – AP § 123 BGB Nr. 37 = BAGE 74, 281.
1949 ErfK/*Dieterich*, Art. 2 GG Rn 30 ff. m.w.N.
1950 BAG 12.1.2000 – 7 AZR 48/99 – AP § 620 BGB Aufhebungsvertrag Nr. 16; demgegenüber die bisherige Rspr.: BAG 4.12.1991 – 7 AZR 344/90 – EzA § 620 BGB Nr. 113; BAG 30.9.1993 – 2 AZR 268/93 – AP § 123 BGB Nr. 37.
1951 BAG 15.2.2007 – 6 AZR 286/06 – AuR 2007, 93 = ArbRB 2007, 65.
1952 BAG 15.2.2007 – 6 AZR 286/06 – AP § 620 BGB Aufhebungsvertrag Nr. 35 = NZA 2007, 614.
1953 *Bauer*, Arbeitsrechtliche Aufhebungsverträge, Rn I 200; *Liebscher*, BB 1993, 2236; LAG Hamm 19.5.1994 –16 (10) Sa 1545/93 – BB 1994, 2072; a.A. ArbG Rheine 25.6.1993 – 2 Ca 606/93 – BB 1993, 1810.
1954 LAG Hamm 19.5.1994 – 16 (10) Sa 1545/93 – LAGE § 794 ZPO Nr. 7.
1955 *Berscheid/Kunz/Brand/Kunz*, Teil 4 Rn 273.
1956 *Bauer*, Arbeitsrechtliche Aufhebungsverträge, Rn I 201.
1957 LAG Hamburg 7.4.1994 – 2 Sa 96/93 – LAGE § 4 KSchG Nr. 29 = DB 1995, 2376.
1958 *Ehrich*, DB 1992, 2239.
1959 LAG Köln 7.1.1994 – 4 Sa 938/93 – BB 1994, 1716.

hebungsvertrages ergebenden Nachteile wie über den Eintritt einer Sperrfrist bei Bezug von Arbeitslosengeld ist als bloßer Motiv- bzw. Rechtsfolgeirrtum unbeachtlich.[1960] Dem AN steht bei einem Aufhebungsvertrag auch nicht deshalb das Recht der Anfechtung wegen arglistiger Täuschung zu, weil der AG es unterlassen hat, ihn über die beabsichtigte Durchführung einer sozialplanpflichtigen Betriebsänderung aufzuklären.[1961] Unterzeichnet jemand den Text eines Aufhebungsvertrags, ohne ihn vorher gelesen zu haben, kann er sich nicht darauf berufen, er sei arglistig getäuscht worden.[1962]

1014 Nach der BAG-Rspr. ist die Androhung einer ordentlichen wie einer außerordentlichen Künd stets widerrechtlich i.S.v. § 123 Abs. 1 S. 1 Alt. 2, wenn ein „verständiger AG" eine solche Künd nicht „ernsthaft in Erwägung gezogen" hätte.[1963] Eine Kassiererin, die bei einem vom AG veranlassten Testkauf versteckte Waren übersieht und sich deshalb auf Drängen des AG mit der Beendigung des Arbverh ohne Einhaltung einer Künd-Frist einverstanden erklärt, kann ihr Einverständnis wegen rechtswidriger Androhung einer Künd anfechten.[1964] Das bloße Ausnutzen einer seelischen Zwangslage stellt noch keine Drohung dar.[1965] Die Drohung muss nicht wörtlich ausgesprochen werden, sie kann auch durch schlüssiges Verhalten signalisiert werden.[1966] Widerrechtlichkeit der Drohung besteht, wenn eine objektiv mögliche, sachgerechte Beurteilung eines verständigen AG ergibt, dass keine Künd in Betracht zu ziehen gewesen wäre.[1967] Übergibt der AG in einem Künd-Gespräch eine fristlose Künd und bietet im selben Gespräch nach Übergabe des Künd-Schreibens einen Aufhebungsvertrag an, kann der AN eine Anfechtung nicht mehr darauf stützen, dass der AG ihm mit dem Ausspruch einer fristlosen Künd gedroht habe.[1968] Den AN trifft die Darlegungs- und Beweislast, auch hinsichtlich der Umstände, die die angedrohte Künd als widerrechtlich erscheinen lassen.[1969] Das Inaussichtstellen einer (außerordentlichen) Künd durch Vorgesetzte kann einen AN, der daraufhin einen Aufhebungsvertrag schließt, je nach den Umständen des Einzelfalles zur Anfechtung wegen widerrechtlicher Drohung berechtigen, wenn die Vorgesetzten ersichtlich nicht selbst kündigungsberechtigt waren.[1970] Findet auf das Arbverh das KSchG keine Anwendung, scheidet eine Anfechtung wegen widerrechtlicher Drohung mit einer Künd aus.[1971] Die Drohung eines AG mit einer außerordentlichen Künd bzw. einer Strafanzeige ist nicht widerrechtlich gem. § 123 Abs. 1, wenn der AG nach zweimonatiger, ärztlich bescheinigter Arbeitsunfähigkeit den Mitarbeiter in seinem eigenen Lokal als Kellner bei der Arbeit antrifft und sodann einen Aufhebungsvertrag mit ihm schließt.[1972]

1015 Das Recht auf Anfechtung eines Aufhebungsvertrages wegen widerrechtlicher Drohung scheidet aus, wenn der AG nach Lage der Dinge den Ausspruch einer Verdachts-Künd habe erwägen dürfen, weil er davon ausgehen konnte, der AN habe vorsätzlich und in der Absicht, sich zwei Zeitungen rechtswidrig zuzueignen, gehandelt.[1973] Das LAG muss die Aussage einer vom ArbG nach § 448 ZPO vernommenen Partei grds. in seine Beweiswürdigung nach § 286 Abs. 1 ZPO einbeziehen, auch wenn es selbst keinen Anlass für eine solche Parteivernehmung gesehen hätte, und es um die Aufklärung eines „Vier-Augen-Gesprächs" geht. Von der Würdigung der Aussage einer Partei in einem arbeitsgerichtlichen Urteil darf das LAG i.d.R. nicht abweichen, ohne die Partei erneut vernommen zu haben. Geht es um die Aufklärung eines „Vier-Augen-Gesprächs", in dem der AG eine Künd angedroht haben soll, weshalb der AN schließlich einen Aufhebungsvertrag schloss, kann dem Gebot der prozessualen Waffengleichheit im Rahmen der Ermessensentscheidung des § 448 ZPO durch die Anordnung der Parteivernehmung entsprochen werden. Daher spricht nach Auffassung des BAG[1974] alles dafür, die Partei über ein „Vier-Augen-Gespräch" nach § 141 ZPO anzuhören.

1016 Die Berufung des AG auf den Aufhebungsvertrag stellt keine **unzulässige Rechtsausübung** dar, wenn die Vereinbarung unter Zeitdruck zustande gekommen ist. Das BAG hat mit Urteil vom 30.9.1993[1975] die Überrumpelungsentscheidung des LAG Hamburg[1976] im Ergebnis, nicht jedoch in der Begründung, bestätigt und in weiteren Entscheidungen die Grundsätze seiner Anfechtungs-Rspr. wiederholt.[1977] Wenn der AN bei Abschluss des Aufhebungsvertrags durch einen Rechtsanwalt oder einen Gewerkschaftssekretär vertreten war und er vor Abschluss des Aufhebungsver-

---

1960 BAG 10.3.1988 – 8 AZR 420/85 – NZA 1988, 837; BAG 24.2.1996 – 8 AZR 380/94 – NZA 1996, 811.
1961 BAG 13.11.1996 – 10 AZR 340/96 – DB 1997, 936.
1962 ArbG Frankfurt 15.8.2001 – 7 Ca 6629/00 – SuP 2001, 807.
1963 BAG 30.3.1960 – 3 AZR 201/58 – AP § 123 BGB Nr. 8; BAG 20.11.1969 – 2 AZR 51/69 – AP § 123 BGB Nr. 16; BAG 24.1.1985 – 2 AZR 317/84 – AP § 1 TSVG Tarifverträge: Einzelhandel Nr. 8; BAG 30.9.1993 – 2 AZR 268/93 – NZA 1994, 209; BAG 9.3.1995 – 2 AZR 484/94 – NZA 1996; 875; BAG 21.3.1996 – 2 AZR 543/95 – DB 1996, 1879.
1964 ArbG Neumünster 14.3.1996 – 1 Ca 2091/95 – n.v.
1965 BAG 9.3.1995 – 2 AZR 484/94 – NZA 1996, 875; BGH 7.6.1988 – IX ZR 245/86 – NJW 1988, 2599.
1966 BAG 9.3.1995 – 2 AZR 484/94 – NZA 1996, 875; BAG 30.9.1993 – 2 AZR 268/93 – NJW 1994, 1021.
1967 BAG 16.1.1992 – 2 AZR 412/91 – NZA 1992, 1023; BAG 30.1.1986 – 2 AZR 196/85 – NZA 1987, 91.
1968 ArbG Berlin 29.6.2006 – 38 Ca 4902/06 – NZA-RR 2007, 19.
1969 BAG 12.8.1999 – 2 AZR 832/98 – NZA 2000, 279.
1970 BAG 15.12.2005 – 6 AZR 197/05 – NZA 2006, 841.
1971 LAG Hamm 21.10.1993 – 17 Sa 437/93 – BB 1994, 787.
1972 LAG Hessen 2.6.1997 – 11 Sa 2061/96 – DB 1998, 82.
1973 LAG Baden-Württemberg 22.8.2001 – 12 Sa 43/01 – n.v.
1974 BAG 6.12.2001 – 2 AZR 396/00 – NZA 2002, 731 = DB 2002, 1328.
1975 BAG 30.9.1993 – 2 AZR 268/93 – NZA 1994, 209.
1976 LAG Hamburg 3.7.1991 – 5 Sa 20/91 – LAGE § 611 BGB Aufhebungsvertrag Nr. 6.
1977 BAG 14.2.1996 – 8 AZR 380/94 – NZA 1996, 811.

trags eine angemessene Bedenkzeit hatte, scheidet beim Aufhebungsvertrag eine Anfechtung wegen widerrechtlicher Drohung aus.[1978]

Dem zum Personalchef gerufenen AN muss nach Ansicht des LAG Mecklenburg-Vorpommern[1979] das Thema des beabsichtigten Gesprächs nicht im Vorhinein mitgeteilt werden. Die Kammer kam zu dem Ergebnis, dass es im Rahmen der verfassungsrechtlich geschützten Privatautonomie jeder Partei selbst obliege, ihre eigenen Interessen wahrzunehmen. Der AG sei daher nicht gehalten, ein gegen die Beendigung des Arbverh gerichtetes Interesse des AN zu fördern. Die Vertragsfreiheit schließe grds. die Möglichkeit ein, voreilig und ohne hinreichende rationale Überlegungen Willenserklärungen abzugeben. Der AN besitze kein allgemeines Reuerecht. Das LAG Hamm vertritt ergänzend die aus anwaltlicher Sicht bedenkliche These, der AN könne i.d.R. nicht verlangen, dass zu anstehenden Personalgesprächen die Anwesenheit seines Anwalts zugelassen werde.[1980] Auch das BAG verneint einen generellen Anspruch des AN, zu einem Gespräch über einen Aufhebungsvertrag ein Mitglied des BR hinzuzuziehen.[1981] Es nimmt auch regelmäßig kein Rücktritts- bzw. Widerrufsrecht aus dem Grund an, dass der AG dem AN keine Bedenkzeit eingeräumt und ihm das Thema des Verhandlungsgesprächs auch nicht vorher mitgeteilt hat.[1982] Wer sieben Tage nach Abschluss des ursprünglich u.U. anfechtbaren Aufhebungsvertrages den über die vereinbarte Abfindung ausgestellten und erhaltenen Scheck einlöst, bestätigt damit den Aufhebungsvertrag und kann schon deshalb weitere vier Tage später keine wirksame Anfechtung erklären.[1983]

Wenn schwerwiegende Verdachtsmomente gegen den AN vorliegen und das Auflösungsbegehren des AG mit der Straftat in einem inneren Zusammenhang steht, sind die gleichen Grundsätze wie bei der Androhung einer Künd anzuwenden.[1984] In der Ankündigung einer Strafanzeige liegt keine rechtswidrige Drohung, wenn der Verdacht einer Straftat gegeben ist und der AG keine unwahren oder verfälschenden Angaben gegenüber den Strafverfolgungsbehörden in Aussicht gestellt hat.[1985] Dient die Drohung des AG mit einer Strafanzeige wegen schädigender Handlungen des AN dem Zweck, den AN zur Wiedergutmachung des Schadens zu veranlassen, handelt der AG i.d.R. nicht widerrechtlich, wenn er den geforderten Schadensersatz aufgrund der Angaben des AN für berechtigt halten durfte.[1986]

Wenn der AN den AG bei Abschluss des Arbeitsvertrages über seinen beruflichen Werdegang arglistig getäuscht hat, darf der AG bei der Verhandlung über den Abschluss eines Aufhebungsvertrages damit drohen, von seinem Anfechtungsrecht für den Fall Gebrauch zu machen, dass der AN nicht in einen Aufhebungsvertrag einwilligt.[1987] Die im Rahmen von Verhandlungen über einen Aufhebungsvertrag gefallene Äußerung des Bevollmächtigten des AG, der AN erhalte eine Abfindung und ein gutes Zeugnis nur, wenn er einen Aufhebungsvertrag unterschreibe, stellt keine zur Anfechtung des Aufhebungsvertrages geeignete rechtswidrige Drohung i.S.v. § 123 dar.[1988] Die **Anforderungen**, die an den Vortrag des AN gestellt werden, dass der AG habe ihm gedroht, sind nicht allzu hoch. Der AN muss noch nicht einmal vortragen, dass ihm vom AG wörtlich gedroht worden sei. Es reicht, wenn er vorträgt, die Drohung habe sich aus dem Gesamtzusammenhang des Gesprächs für ihn aufgedrängt.[1989]

Das Recht des AN, die Nichtigkeit des Aufhebungsvertrages klageweise geltend zu machen, geht im Nachgang zu einer Anfechtung des Aufhebungsvertrages gem. § 123 nur unter ganz außergewöhnlichen Umständen verloren.[1990] Bei der Prüfung des Zeitmoments ist zu berücksichtigen, dass der Gesetzgeber dem Bedrohten schon für die Anfechtung in § 124 eine Überlegungsfrist von einem Jahr einräumt. Der Drohende muss sich deshalb nach Treu und Glauben regelmäßig damit abfinden, dass der Bedrohte die Nichtigkeit des Rechtsgeschäfts auch noch einige Monate nach der Anfechtung rechtshängig macht. Wegen des grundsätzlichen Unterschieds zwischen Künd und Aufhebungsvertrag lehnt das BAG eine **analoge Anwendung** der Drei-Wochen-Frist des § 4 KSchG ab.[1991] Eine Formulierung, mit beide Seiten auf ein etwaiges Anfechtungsrecht verzichten, ist unwirksam, weil die Anfechtung nach § 123 auch den Anfechtungsverzicht erfasst.[1992] Die BAG-Rspr. zur Anfechtung nach § 123 erstreckt sich auch auf die Eigen-Künd des AN, die dieser aufgrund der Ankündigung, anderenfalls werde der AG kündigen, ausgesprochen hat.[1993]

1978 LAG Berlin 13.1.2006 – 13 Sa 1957/05 – DB 2006, 1120; *Bauer*, Arbeitsrechtliche Aufhebungsverträge, Rn I 186; *Weber/Ehrich/Burmester*, Rn I 849.
1979 6.7.1995 – 1 Sa 629/94 – NZA 1996, 535.
1980 LAG Hamm 23.5.2001 – 14 Sa 497/01 – SPA 1/2002, 4.
1981 BAG 16.11.2004 – 1 ABR 53/03 – NZA 2005, 416; *Hümmerich*, RdA 2005, 314.
1982 BAG 30.9.1993 – 2 AZR 268/93 – NZA 1994, 209; a.A. ArbG Wetzlar 29.8.1995 – 1 Ca 273/95 – DB 1995, 2376.
1983 LAG Köln 6.7.1997 – 11 Sa 1328/96 – ARST 1998, 161.
1984 BAG 30.1.1986 – 2 AZR 196/85 – NZA 1987, 91; *Ehrich*, DB 1992, 2239.
1985 LAG Köln 4.5.1998 – 11 Ta 15/98 – NZA-RR 1999, 12.
1986 BAG 22.10.1998 – 8 AZR 457/97 – NZA 1999, 417.
1987 LAG Köln 13.11.1995 – 3 Sa 832/95 – LAGE § 123 BGB Nr. 23.
1988 LAG Brandenburg 16.10.1997 – 3 Sa 196/97 – DB 1998, 2376.
1989 LAG Berlin 19.3.1995 – 4 Sa 109/94 – n.v.
1990 BAG 6.11.1997 – 2 AZR 162/97 – NZA 1998, 374; LAG Köln 6.6.1997–11 Sa 1328/96 – EWiR 1998, 161.
1991 BAG 6.11.1997 – 2 AZR 162/97 – NZA, 1998, 374.
1992 *Bauer*, Arbeitsrechtliche Aufhebungsverträge, Rn I 192; *Weber/Ehrich/Burmester*, Teil 1 Rn 858.
1993 BAG 29.3.1995 – 2 AZR 644/94 – NZA 1996, 875.

1021 Den **AG** trifft **grds. keine Aufklärungspflicht** über die Folgen der Beendigung des Arbverh. Beim Abschluss eines Aufhebungsvertrags hat jeder Vertragspartner grds. selbst für die Wahrung seiner Interessen Sorge zu tragen.[1994] Nur ausnahmsweise wird in der Rspr. eine Aufklärungspflicht angenommen (siehe Rn 1033). Der 3. Senat stellt darauf ab, ob besondere Umstände vorliegen, die den AG verpflichten, über den Verlust einer Versorgungsanwartschaft zu belehren.[1995] Der 8. Senat wägt ab, ob die beiderseitigen Interessen und ob Billigkeitsgründe ergeben, dass der AN durch sachgerechte Aufklärung vor einer Auflösung des Arbverh vom AG hätte geschützt werden müsse.[1996] Eine Anfechtung wegen arglistiger Täuschung unter Berufung auf eine unterlassene Aufklärung des AN über die Folgen des Aufhebungsvertrages scheidet damit aus. Das BAG steht auf dem Standpunkt, dass selbst im Falle einer ausnahmsweise bestehenden Aufklärungspflicht allenfalls Schadensersatzansprüche erwachsen, jedoch keinesfalls eine Anfechtung des Aufhebungsvertrags in Betracht kommt.[1997]

1022 **b) Sittenwidrigkeit, § 138.** Ein Aufhebungsvertrag ist **nicht** bereits nach § 138 Abs. 1 deshalb **sittenwidrig**, weil der AG dem AN weder eine **Bedenkzeit** noch ein **Rücktritts- oder Widerrufsrecht** eingeräumt und ihm auch das Thema des beabsichtigten Gesprächs vorher nicht mitgeteilt hat.[1998] Sittenwidrigkeit besteht nur bei Hinzutreten besonderer Umstände, die das Geschäft nach seinem Gesamtcharakter sittenwidrig machen (§ 138).[1999] Sittenwidrigkeit wird angenommen, wenn ein besonders **grobes Missverhältnis zwischen Leistung und Gegenleistung** besteht, das auf eine verwerfliche Gesinnung des Begünstigten schließen lässt.[2000] Bei arbeitsrechtlichen Aufhebungsverträgen reicht für die Annahme der Nichtigkeit nicht aus, dass der Aufhebungsvertrag keine Abfindung enthält.[2001] Ein Aufhebungsvertrag dagegen, der die Abfindung einer Versorgungsanwartschaft durch einen Kapitalbetrag vorsieht, kann gegen die guten Sitten verstoßen, wenn zwischen dem Nachgeben des AN und dem Nachgeben des AG ein grobes Missverhältnis besteht.[2002]

1023 Gehen AG und AN von einem vom AN vorsätzlich verursachten Schaden in Höhe von 138.048,80 EUR aus und einigen sich die Parteien auf Vorschlag des AN auf eine Ausgleichszahlung in Höhe von 61.355,02 EUR, zeigt sich allerdings später, dass der Schaden tatsächlich nur 51.129,18 EUR beträgt, verstößt der Aufhebungsvertrag nicht gegen die guten Sitten.[2003] Legen AG und AN dagegen bei Abschluss eines vom AG aus betriebsbedingten Gründen initiierten Auflösungsvertrags versehentlich ein der arbeitsvertraglichen Künd-Frist nicht entsprechendes Enddatum zugrunde, so verstößt der AG gegen Treu und Glauben, wenn er gegenüber dem AN an diesem Enddatum festhalten will.[2004]

1024 Ein **Prozessvergleich**, in dem einerseits die Beendigung des Arbverh gegen Zahlung einer Abfindung und andererseits ein Schadensersatzanspruch des AG wegen einer Pflichtverletzung des Klägers geregelt wird, kann ausschließlich wegen der zum Schadensersatz getroffenen Regelung angefochten werden, wenn nach dem hypothetischen Parteiwillen davon auszugehen ist, dass der nicht angefochtene Teil des Vergleichs auch ohne die angefochtene Regelung vorgenommen worden wäre.[2005] Handelt der zur Geschäftsführung befugte Gesellschafter einer bürgerlich-rechtlichen Gesellschaft beim Abschluss eines arbeitsrechtlichen Aufhebungsvertrages in kollusivem Zusammenwirken mit der Vertragspartnerin zu Lasten der Gesellschaft und konnte die Vertragspartnerin diese Zielsetzung erkennen, kann sie sich auf die Wirksamkeit des Vertrages nicht berufen.[2006]

1025 Ein **rückdatierter Aufhebungsvertrag** ist nach § 138 Abs. 1 nichtig.[2007] A.A. sind mit vordergründiger Argumentation das LAG Baden-Württemberg[2008] und *Bauer*,[2009] wonach der Hauptzweck eines rückdatierten Aufhebungsvertrages nicht in der Täuschung der BA liege. Der Verstoß gegen die guten Sitten, der Verstoß gem. § 134 i.V.m. dem Betrug nach § 263 StGB zu Lasten der BA, muss sich allein aus einem Teilzweck des Rechtsgeschäfts ergeben. Auf eine Hierarchiebildung zwischen einzelnen Motiven kommt es nicht an. Zudem geschieht die Rückdatierung von Aufhebungsverträgen häufig, um Gehälter und sonstige finanzielle Ansprüche so zu kapitalisieren, dass sie steuerlich privilegiert ausgezahlt werden können. Auch die Schädigung des Finanzamts gilt als ein Verstoß gegen die guten Sitten. Irgendjemand soll durch eine Rückdatierung meist einen finanziellen Nachteil erleiden.

1026 Die Problematik der Rückdatierung hat durch die Belehrungspflicht des AG nach § 2 Abs. 2 Nr. 3 SGB III an Bedeutung verloren. Wegen der Pflicht des AN, sich nach § 37b SGB III innerhalb dort geregelter Fristen arbeitslos zu melden und wegen der Kürzung des Arbeitslosengelds gem. § 144 Abs. 1 S. 2 Nr. 7 und Abs. 6 SGB III bei verspäteter Arbeitslosmeldung können Schadensersatzansprüche entstehen (§ 280). Die Kürzung des Arbeitslosengeldes wegen

---

1994 BAG 11.12.2001 – 3 AZR 339/00 – AP § 1 BetrAVG Auskunft Nr. 2.
1995 BAG 3.7.1990 – 3 AZR 383/89 – AP § 1 BetrAVG Auskunft Nr. 25; *Reinecke*, RdA 2005, 129.
1996 BAG 10.3.1988 – 8 AZR 420/85 – NZA 1988, 837.
1997 BAG 14.2.1996 – 8 AZR 380/94 – NZA 1996, 811.
1998 BAG 30.9.1993 – 2 AZR 268/93 – AP § 123 BGB Nr. 37; *Riesenhuber/v. Vogel*, NJW 2005, 3457.
1999 BAG 30.9.1993 – 2 AZR 268/93 – NZA 1994, 209.
2000 BAG 30.7.1985 – 3 AZR 401/83 – AP § 138 BGB Nr. 39.
2001 *Weber/Ehrich/Burmester*, Teil 1 Rn 814.
2002 BAG 30.7.1985 – 3 AZR 401/83 – NZA 1986, 519.
2003 BAG 30.9.1993 – 2 AZR 268/93 – AP § 138 BGB Nr. 37.
2004 LAG Berlin 28.4.2000 – 6 Sa 329/00 – NZA-RR 2001, 85.
2005 LAG Niedersachsen 8.6.1999 – 7 Sa 1419/98 – NZA-RR 2000, 63.
2006 BAG 29.1.1997 – 2 AZR 472/96 – NZA 1997, 485.
2007 ArbG Wetzlar 24.8.1993 – 1 Ca 209/93 – EzA-SD 1994, Nr. 5, S. 14.
2008 LAG Baden-Württemberg 22.5.1991 – 12 Sa 169/90 – LAGE § 611 BGB Aufhebungsvertrag Nr. 4.
2009 *Bauer*, Arbeitsrechtliche Aufhebungsverträge, Rn I 211.

verspäteter Meldung gem. §§ 37b, 144 SGB III ist nur wirksam, wenn dem AN die Meldepflicht bekannt war.[2010] Verletzt der AG seine Pflicht zur Aufklärung des AN über die Meldepflicht, macht er sich nach h.A. nicht schadensersatzpflichtig.[2011]

c) Wegen Verstoßes gegen ein gesetzliches Verbot, § 134. In Anknüpfung an seine bisherige Rspr.[2012] zur Nichtigkeit von Aufhebungsverträgen beim **Betriebsübergang** geht das BAG[2013] inzwischen davon aus, dass die Arbeitsvertragsparteien ihr Rechtsverhältnis im Zusammenhang mit einem Betriebsübergang auch ohne Vorliegen eines sachlichen Grundes wirksam durch einen Aufhebungsvertrag auflösen können, wenn die Vereinbarung auf das endgültige Ausscheiden des AN aus dem Betrieb gerichtet ist. Hingegen ist ein Aufhebungsvertrag wegen objektiver Gesetzesumgehung (§§ 613a Abs. 4, 134) nichtig, wenn er lediglich die Beseitigung der Kontinuität des Arbverh bei gleichzeitigem Erhalt des Arbeitsplatzes bezweckt.[2014] Das BAG betont, dass derjenige, der im Zusammenhang mit einem Betriebsübergang aus dem Arbverh aufgrund eines Aufhebungsvertrages ausscheide, keinen Fortsetzungsanspruch habe, solange die Wirksamkeit des Aufhebungsvertrages nicht wegen Anfechtung oder aus einem anderen Grund beseitigt worden sei.[2015] Schließen dagegen AN, Betriebserwerber und eine eingeschaltete Beschäftigungs- und Qualifizierungsgesellschaft zur Abwendung von Insolvenz eine dreiseitige Vereinbarung, die sachlich berechtigte, verschlechternde Arbeitsbedingungen enthält, kann der Vertrag wirksam sein.[2016]

Wird in einem Aufhebungsvertrag vereinbart, dass künftige Rentenansprüche mit Ansprüchen auf eine Abfindung nach §§ 9, 10 KSchG verrechnet werden, so ist die Vereinbarung nach § 3 BetrAVG, § 134 nichtig.[2017] Der AN kann im Versorgungsfall seine Betriebsrente ungekürzt verlangen.

d) Aus sonstigen Gründen. Beabsichtigt der AG den Ausspruch einer verhaltensbedingten Künd und vereinbaren die Vertragsparteien stattdessen die einvernehmliche Aufhebung des Arbverh gegen Zahlung einer Abfindung mit der Maßgabe, dass zwei verschiedene Exemplare des Aufhebungsvertrags gefertigt werden, und sieht der eine Vertragstext eine Beendigung auf Veranlassung des AG aus betriebsbedingten Gründen vor und ist in dem anderen Text ausdrücklich auf die „eingehend erörterten Künd-Gründe" Bezug genommen, handelt es sich bei dem Vertragswerk um einen einheitlichen Abwicklungsvertrag, der die stillschweigende Abrede enthält, dem AN einen evtl. unberechtigten Bezug von Arbeitslosengeld zu ermöglichen.[2018] Im Abschluss von **zwei unterschiedlichen Aufhebungsverträgen** mit einem Mitarbeiter liegt das Indiz einer **Täuschungsabrede**.[2019] Aus dem dokumentierten Festhalten des AG an den verhaltensbedingten Künd-Gründen folgt, dass diese Künd-Gründe nicht gegenstandslos geworden und dass die Vertragsbeendigung auch nicht ohne Rücksicht auf diese Künd-Gründe vereinbart worden ist. Die in der einen Vertragsausfertigung formulierten „betriebsbedingten Gründe" müssen als vorgeschoben gelten. Aus der Nichtigkeit der Täuschungsabrede folgt nach § 139 im Zweifel die Gesamtnichtigkeit des Vertrages. Das LAG Hamm[2020] meint außerdem, dass es dem AN unabhängig von der Vertragstreue und Bereitschaft des AG, gegenüber der AA die versprochenen unrichtigen Erklärungen abzugeben, nicht verwehrt sei, die Gesamtnichtigkeit der Vereinbarung geltend zu machen, ohne dass es insoweit auf seine Motive ankomme.

Integrierte Aufhebungsverträge über das Arbverh eines zum Geschäftsführer berufenen Ang sind im Hinblick auf die Vertretung der Gesellschaft problematisch. Die Gesellschaft wird bei Abschluss des Dienstvertrages mit dem GmbH-Geschäftsführer ausnahmsweise von der Gesellschafterversammlung vertreten. Ob es darüber hinaus eine Annexkompetenz der Gesellschafterversammlung auch für den arbeitsrechtlichen Aufhebungsvertrag gibt, ist umstritten (zum Streitstand mit Lösungsvorschlag vgl. Rn 99).

Eine **rückwirkende Auflösung** eines bestehenden Arbverh ist, wenn das Arbverh nicht außer Vollzug gesetzt wurde, ausgeschlossen.[2021] Etwas anderes gilt in den Fällen, in denen bereits in der Vergangenheit eine Künd erklärt wurde und sich die Parteien nunmehr **im Wege des Abwicklungsvertrages** darauf einigen, dass das Arbverh tatsächlich zum Zeitpunkt des Ablaufs der Künd-Frist – bei der außerordentlichen Künd zum Zeitpunkt des Zugangs der Künd-

---

2010 BSG 25.5.2005 – B 11a/11 81/04 R – AuR 2005, 276 = ArbRB 2005, 226.
2011 BAG 29.9.2005 – 8 AZR 571/04 – AuR 2005, 413; LAG Düsseldorf 29.9.2004 – 12 Sa 1323/04 – DB 2004, 2645; LAG Hamm 23.12.2004 – 11 Sa 1210/04 – AuA 2005, 236; ArbG Verden 27.11.2003 – 3 Ca 1567/03 – NZA-RR 2004, 108; a.M. Düwell, FA 2003, 108; Hümmerich, NJW 2004, 2921; Seel, MDR 2005, 241.
2012 BAG 28.4.1987 – 3 AZR 75/86 – NZA 1988, 198 = DB 1988, 400.
2013 BAG 14.12.1995 – 8 AZR 380/94 – DB 1999, 537.
2014 BAG 23.11.2006 – 8 AZR 349/06 – AP § 613a BGB Wiedereinstellung Nr. 1 = NZA 2007, 866; BAG 11.12.1997 – 8 AZR 654/95 – NZA 1999, 262.
2015 BAG 14.2.1996 – 8 AZR 380/94 – NZA 1996, 811.
2016 BAG 18.8.2005 – 8 AZR 523/04 – ZIP 2006, 148; BAG 23.11.2006 – 8 AZR 349/06 – ZIP 2007, 643 = BB 2007, 1054.
2017 BAG 24.3.1998 – 3 AZR 800/96 – NZA 1998, 1280. Zur Hinweispflicht des AG bei drohenden Versorgungsschäden BAG 17.10.2000 – 3 AZR 69/99 – DB 2001, 286.
2018 LAG Hamm 27.11.1997 – 8 Sa 1263/97 – BB 1998, 541 = SPA 9/1998, S. 4.
2019 LAG Hamm 27.11.1997 – 8 Sa 1263/97 – BB 1998, 541 = SPA 9/1998, S. 4.
2020 LAG Hamm 27.11.1997 – 8 Sa 1263/97 – BB 1998, 541 = SPA 9/1998, S. 4.
2021 BAG 10.12.1998 – 8 AZR 324/97 – BAGE 90, 260; BAG 21.9.1999 – 9 AZR 705/98 – AP § 7 BUrlG Abgeltung Nr. 77; BAG 13.3.1961 – 2 AZR 509/59 – AP § 15 SchwBeschG Nr. 6.

Erklärung – geendet hat.[2022] Die Beseitigung eines Aufhebungsvertrages über einen Rücktritt gem. § 323 ist möglich.[2023] Das gesetzliche Rücktrittsrecht kann aber ausgeschlossen werden.[2024]

1032 Die Theorie[2025] vom strukturellen Ungleichgewicht zwischen AG und AN bei Abschluss von Aufhebungsverträgen hat sich nicht durchgesetzt,[2026] wenngleich sie vom BVerfG[2027] beim Abschluss eines **Arbeitsvertrages** als Erklärungsmodell herangezogen wurde. Eine Rechtsfortbildung ist nach Auffassung des BAG nicht mit dem Argument geboten, der AN sei beim Abschluss von Aufhebungsverträgen in einer **Verhandlungsposition struktureller Unterlegenheit** i.S.d. Beschlusses des BVerfG vom 19.10.1993.[2028] Es fehle nämlich beim Abschluss von Aufhebungsverträgen an der strukturell ungleichen Verhandlungsstärke als Voraussetzung der vom BVerfG geforderten Inhaltskontrolle. Dem AN, der dem Ansinnen des AG auf Abschluss eines Aufhebungsvertrages nur ein schlichtes „Nein" entgegenzusetzen brauche, könne nicht die zur Durchsetzung seiner berechtigten Interessen erforderliche Verhandlungsmacht abgesprochen werden. Der AN habe die Möglichkeit, sowohl das „Ob" als auch das „Wie" und „Wann" der Vertragsbeendigung von seinem Konsens mit dem AG abhängig zu machen.[2029]

1033 **5. Aufklärungspflichten.** Der Umfang von Hinweis- und Aufklärungspflichten des AG beim Abschluss von Abwicklungs- und Aufhebungsverträgen beurteilt sich zunächst danach, von welcher Vertragspartei die **Initiative zur Vereinbarung des Rechtsgeschäfts** ausgegangen ist.[2030] Bittet der AN um die Aufhebung eines Arbverh, trifft den AG grds. keine Aufklärungspflicht.[2031] Der Mitarbeiter, der selbst um einen Aufhebungsvertrag gebeten hat, muss sich über die Konsequenzen seines Handelns in den Klauseln eines Aufhebungs- und Abwicklungsvertrages selbst informieren.[2032] Kritisiert wird, dass die Rspr. diesen Grundsatz nicht stringent vertritt.[2033]

1034 Liegt die **Beendigungsinitiative beim AG**, beurteilen Rspr. und Schrifttum die Aufklärungspflichten des AG wie folgt: Der AG hat nach Auffassung einiger Instanzgerichte alles dafür zu tun, **eventuelle Schäden abzuwenden**, die dem AN durch Abschluss eines Aufhebungsvertrages entstehen könnten.[2034] Der 3. Senat des BAG ist der (herrschenden) Auffassung, dass ohne Vorliegen besonderer Umstände keine Aufklärungspflicht für den AG im Verhältnis zum ausscheidenden AN bestehe.[2035] Nur ausnahmsweise gebiete die Fürsorgepflicht des AG, den AN auf die für ihn nachteiligen Folgen des Aufhebungsvertrages hinzuweisen.[2036] Ein solcher Ausnahmefall liegt nach Meinung des 8. Senats vor, wenn die Abwägung der beiderseitigen Interessen unter Billigkeitsgesichtspunkten und unter Berücksichtigung der Umstände des Einzelfalles ergibt, dass der AN durch sachgerechte, vom AG redlicherweise zu erwartende Aufklärung vor der Auflösung des Arbverh geschützt werden müsse, weil der AN sich anderenfalls aus Unkenntnis selbst schädigen würde.[2037] Die blumenreichen Umschreibungen des 8. Senats lassen eine eindeutige Subsumtion nicht zu.

1035 Während die Rspr. des 3. Senats auf besondere Umstände, bspw. einen besonderen Vertrauenstatbestand, abstellt, um eine Hinweispflicht zu entwickeln,[2038] wählen der 8. Senat und das LAG Hamburg einen nicht ganz identischen, gleichwohl vergleichbaren Weg: Aus einer Abwägung der Interessen der Beteiligten unter Billigkeitsgesichtspunkten soll sich ergeben, ob und in welchem Umfang der AG bspw. einen AN darüber unterrichten müsse, welche Auswirkungen die einvernehmliche Aufhebung des Arbverh auf den Anspruch auf Arbeitslosengeld habe. Konkret hat der 8. Senat entschieden, der AG habe erst seiner Hinweispflicht genügt, wenn er einem AN, der vor allem um Aufhebung des Arbverh gegen Zahlung einer Abfindung gebeten habe, mitteile, dass er mit einer Sperrzeit nach § 119 AFG (jetzt: § 144 SGB III) zu rechnen habe.[2039] Hier zeigt sich der Bruch mit der übrigen Rspr., wonach jegliche Hinweispflicht entfällt, wenn die Initiative zur Arbverh-Beendigung vom AN ausgegangen ist.[2040] Bauer vertritt die inzwischen in der Rspr.[2041] bestätigte Ansicht, jede Hinweispflicht des AG entfalle, wenn der AN durch einen

---

2022 MünchArbR/*Wank*, Bd. 1, § 112 Rn 17.
2023 *Bauer*, NZA 2002, 169; Schaub/Linck, § 122 Rn 37.
2024 Palandt/*Grüneberg*, § 323 Rn 2; *Bauer/Haußmann*, BB 1996, 901 zu § 325 a.F.
2025 *Dieterich*, RdA 1995, 129; *Dieterich*, DB 1995, 1813; *Zwanziger*, DB 1994, 982.
2026 BAG 14.12.1996 – 8 AZR 380/94 – NZA 1996, 811; ebenso *Bauer/Diller*, DB 1995, 1810; *Bengelsdorf*, BB 1995, 978; *Bengelsdorf*, ZfA 1995, 229; *Weber/Ehrich/Burmester*, Teil 1 Rn 908.
2027 BVerfG – 1 BvR 1909/06 – NZA 2007, 85.
2028 BVerfG 19.10.1993 – 1 BvR 1044/89 – BVerfGE 89, 214.
2029 BAG 14.12.1996 – 8 AZR 380/94 – NZA 1996, 811, 812.
2030 BAG 11.12.2001 – 3 AZR 339/00 – NZA 2002, 1150; BAG 17.10.2000 – 3 AZR 7/00 – DB 2001, 286 = NZA 2001, 206.
2031 BAG 10.3.1988 – 8 AZR 420/85 – AP § 611 BGB Fürsorgepflicht Nr. 99.
2032 BAG 3.7.1990 – 3 AZR 382/89 – AP § 1 BetrAVG Nr. 24 = NZA 1990, 971.
2033 *Bauer*, AnwBl 1993, 58.
2034 ArbG Hamburg 10.12.1990 – 21 Ca 252/90 – BB 1991, 625; ArbG Freiburg 20.6.1991 – 2 Ca 145/91 – DB 1991, 2690; ArbG Wetzlar 29.8.1995 – 1 Ca 273/95 – NZA-RR 1996, 84; ArbG Wetzlar 7.8.1990 – 1 Ca 48/90 – DB 1991, 976; BAG 17.10.2000 – 3 AZR 7/00 – DB 2001, 286.
2035 BAG 3.7.1990 – 3 AZR 383/89 – AP § 1 BetrAVG Nr. 25.
2036 BAG 13.6.1996 – 2 AZR 431/95 – ArbuR 1996, 404.
2037 BAG 10.3.1988 – 8 AZR 420/85 – AP § 611 BGB Fürsorgepflicht Nr. 99 = NZA 1988, 837; BAG 13.11.1984 – 3 AZR 255/84 – AP § 1 BetrAVG Zusatzversorgungskassen Nr. 5 = NZA 1985, 712.
2038 BAG 13.11.1984 3 AZR 255/84 – NZA 1985, 712; BAG 3.7.1990 – 3 AZR 382/89 – DB 1990, 2431.
2039 BAG 10.3.1988 – 8 AZR 420/85 – NZA 1988, 837; LAG Hamburg 20.8.1992 – 2 Sa 16/92 – LAGE § 611 BGB Aufhebungsvertrag Nr. 9.
2040 BAG 3.7.1990 – 3 AZR 382/89 – AP § 1 BetrAVG Nr. 24 = NZA 1990, 971.
2041 LAG Berlin 13.1.2006 – 13 Sa 1957/05 – DB 2006, 1120.

Anwalt oder durch einen Gewerkschaftssekretär vertreten werde oder der Aufhebungsvertrag als Prozessvergleich geschlossen werde.[2042]

Den **Abwägungs- und Abgrenzungskriterien** der BAG-Rspr. fehlt eine ausreichende **Trennschärfe**. Es bleibt einer individuellen Wertung überlassen, welche Sachverhaltskonstellationen als „besondere Umstände" gelten sollen und welche nicht. Im Schrifttum werden Hinweis- und Aufklärungspflichten des AG beim Abschluss von Abwicklungs- und Aufhebungsverträgen auf breiter Front abgelehnt.[2043] In neuerer Zeit stellte das BAG[2044] den Grundsatz auf, ohne zu erläutern, inwieweit damit eine Rspr.-Änderung verbunden sein soll, dass beim **Abschluss von Aufhebungsverträgen jeder Vertragspartner selbst** für die **Wahrnehmung seiner Interessen zu sorgen** habe. Hinweis- und Aufklärungspflichten beruhten auf den besonderen Umständen des Einzelfalles und seien das Ergebnis einer umfassenden Interessenabwägung. In diese Interessenabwägung sei regelmäßig einzustellen, ob der AG den Eindruck erweckt habe, der AN werde von ihm vor unbedachten versorgungsrechtlichen Nachteilen bewahrt, ob der AN auf Eigeninitiative ausscheide oder ob sich ein außergewöhnliches Informationsbedürfnis dadurch ergeben würde, dass die drohenden Versorgungseinbußen ungewöhnlich hoch sein würden. Geht ein AN für den AG deutlich erkennbar davon aus, er habe eine unverfallbare Versorgungsanwartschaft erworben, die von einem selbstständigen Verein zu erbringen sei, so muss der AG den AN nach Ansicht des LAG Rheinland-Pfalz wegen der damit zusammenhängenden Fragen an den Verein verweisen.[2045]

1036

Der 10. Senat hat entschieden, dass der AG, der einem AN einen Aufhebungsvertrag anbietet, nicht zu dem Hinweis verpflichtet ist, dass er Entlassungen plane, die zusammen genommen sozialplanpflichtig werden könnten. Willigt der AN in ein Aufhebungsvertragsangebot ein, kann er nach einem späteren Sozialplan keine Abfindung verlangen.[2046] Auf die Möglichkeit höherer Abfindungsansprüche aus dem bevorstehenden Abschluss eines Sozialplans muss der AG nur dann hinweisen, wenn absehbar ist, dass die Sozialplanregelungen auch auf den AN anwendbar sein werden.[2047] Im Grundsatz erkennt das BAG nunmehr an, dass den AG Hinweis- und Aufklärungspflichten treffen, wenn der AG den Aufhebungsvertrag initiiert und den Eindruck erweckt hat, er werde die sozialen und finanziellen Belange des AN angemessen berücksichtigen.[2048]

1037

Aufklärungsbelastet ist der **AG** unabhängig von der Beendigungsinitiative, wenn die **Künd-Frist** im Aufhebungsvertrag **reduziert** wird. Der AG muss den AN darauf hinweisen, dass er mit einer Ruhensanordnung und mit einer Sperrzeit zu rechnen hat,[2049] über deren Dauer die AA entscheidet.[2050] Nach Erhalt einer Künd und nach Abschluss eines Aufhebungsvertrages besteht eine Meldepflicht des AN (§ 37b SGB III) und eine **Hinweispflicht** des AG gem. § 2 Abs. 2 Nr. 3 SGB III, die allerdings nach h.M. bei Unterlassen durch den AG nicht zu einem Schadensersatzanspruch des AN führt.[2051]

1038

Während das BAG dazu tendiert, grds. eine Aufklärungspflicht des AG wegen der sozialrechtlichen Auswirkungen von Aufhebungs- und Abwicklungsvertrag anzunehmen,[2052] differenziert das ArbG Frankfurt[2053] wegen sonstiger Auswirkungen des Aufhebungsvertrages danach, ob der AG aufgrund seiner überlegenen Sachkunde ohne weiteres zu vom AN begehrten Auskünften in der Lage und der AN zur sachgerechten Entscheidung erkennbar nur nach entsprechender Aufklärung durch den AG imstande ist. Das ArbG Frankfurt[2054] geht von einer Hinweispflicht des AG aus, wenn der AN in den Verhandlungen zum Ausdruck bringe, dass er entsprechenden Rat benötige und der AG ohne weiteres zu einer sachgerechten Aufklärung imstande sei. Die Beweislast dafür, dass der AN eine Aufklärung gebeten hat, liegt im Falle eines Schadensersatzprozesses gegen den AG beim AN.[2055] Das LAG Berlin[2056] vertritt die Ansicht, dem geltenden Recht lasse sich nicht entnehmen, dass der AG umfassend die Aufgabe eines Sachverwalters der wirtschaftlichen Interessen des AN zu übernehmen habe. Dadurch würde der AG überfordert. Dies gelte insb. im Lohnsteuerrecht. Insoweit stünden dem AN zur sachkundigen und kompetenten Beratung die entsprechenden Leistungsträger oder beruflich ausgebildete Sachkundige zur Verfügung, an die sich der AN in Zweifelsfragen

1039

[2042] *Bauer*, Arbeitsrechtliche Aufhebungsverträge, Rn I 155; ebenso HWK/*Kliemt*, Anh. § 9 KSchG Rn 19.
[2043] *Bauer*, Arbeitsrechtliche Aufhebungsverträge, Rn I 155 f.; *Nägele*, BB 1992, 1274; *Wisskirchen/Worzalla*, DB 1994, 577; *Weber/Ehrich/Burmester*, Teil 1, Rn 67 ff.; einschränkend BAG 11.12.2001 – 3 AZR 339/00 – NZA 2002, 1150.
[2044] BAG 11.12.2001 – 3 AZR 339/00 – NZA 2002, 1150 = DB 2002, 2387.
[2045] LAG Rheinland-Pfalz 14.1.1992 – 10 Sa 531/91 – ARST 1993, 60.
[2046] BAG 13.11.1996 – 10 AZR 340/96 – AP § 620 BGB Aufhebungsvertrag Nr. 4 = NZA 1997, 390.
[2047] BAG 22.4.2004 – 2 AZR 281/03 – AP § 620 BGB Aufhebungsvertrag Nr. 27 = ArbRB 2004, 299.
[2048] BAG 22.4.2004 – 2 AZR 281/03 – AP § 620 BGB Aufhebungsvertrag Nr. 27 = ArbRB 2004, 299.
[2049] BAG 14.2.1996 – 8 AZR 420/85 – NZA 1996, 811; BAG 10.3.1988 – 3 AZR 255/84 – AP § 611 BGB Fürsorgepflicht Nr. 99.
[2050] BAG 10.3.1988 – 8 AZR 420/85 – AP § 611 BGB Fürsorgepflicht Nr. 99.
[2051] BAG 29.9.2005 – 8 AZR 571/04 – NZA 2004, 1406; LAG Hamm 7.6.2005 – 19 (2) Sa 30/05 – NZA-RR 2005, 606; LAG Düsseldorf 29.9.2004 – 12 Sa 1323/04 – DB 2004, 2645; ArbG Verden 27.11.2003 – 3 Ca 1567/03 – NZA 2004, 108.
[2052] BAG 17.10.2000 – 3 AZR 605/99 – NZA 2001, 203.
[2053] 21.11.1995 – 4 Ca 3589/95 – DB 1997, 625.
[2054] 21.11.1995 – 4 Ca 3589/89 – DB 1997, 625.
[2055] *Hoß/Ehrich*, DB 1997, 625.
[2056] LAG Berlin 18.1.1999 – 9 Sa 107/98 – ARST 1999, 107.

wenden könne. *Weber/Ehrich/Burmester* verlangen, dass sich der AN über die steuerliche Gestaltung des Aufhebungsvertrages entweder rechtzeitig vor Vertragsunterzeichnung selbst informiert oder zumindest, wenn er Zweifel über die möglichen steuerrechtlichen Folgen hat, in den Verhandlungen den AG ausdrücklich anspricht.[2057] Über den **Verlust von Versorgungsanwartschaften** muss der AG den AN nach der BAG-Rspr. grds. nicht von sich aus vor Abschluss des Aufhebungsvertrages unterrichten. Eine Aufklärungspflicht kann daraus herrühren, dass der AG die Initiative für den Abschluss des Aufhebungsvertrages ergriffen hat und angesichts dieser Initiative die Fallkonstellation zu einem atypischen Versorgungsfall führt.[2058]

1040 Bei **Versorgungsanwartschaften** besteht eine Tendenz des BAG zur Annahme einer Hinweispflicht, wenn der AN aufgrund besonderer Umstände darauf vertrauen durfte, der AG werde bei der vorzeitigen Beendigung des Arbverh die Interessen des AN wahren und ihn in redlicher Weise vor unbedachten, nachteiligen Folgen seines vorzeitigen Ausscheidens bewahren.[2059] Eine Schadensersatzpflicht nimmt das LAG Hessen[2060] dann an, wenn ein AG einem AN eine fehlerhafte Auskunft über die zu erwartende betriebliche Altersversorgung erteilt hat. Als Schadensersatz ist in diesem Falle nicht notwendig die fehlerhafte, zu hoch berechnete Rente anzusetzen. Vielmehr ist festzustellen, welche Versorgung der AN bei richtiger Auskunft nach dem gewöhnlichen Lauf der Dinge oder nach den besonderen Umständen, insb. nach den getroffenen Vorkehrungen durch Abschluss einer zusätzlichen privaten Versorgung, erhalten hätte.

1041 **Keine Aufklärungspflicht** nahm das BAG an, als einem AN durch Abschluss eines Aufhebungsvertrages eine Anwartschaft auf eine Altersversorgung verloren ging, die nur drei Wochen später unverfallbar geworden wäre.[2061] Dem AN sei die Versorgungsordnung ausgehändigt worden, aus der die Stichtags- und Fristenregelung eindeutig zu erkennen gewesen sei. Es liege in der Eigenart von Stichtags- und Fristenregelungen, dass auch nur kurze Über- und Unterschreitungen zu Rechtsnachteilen führten. Anders beurteilte das BAG **Versorgungsnachteile**, die sich einer Mitarbeiterin nicht ohne weiteres aus den ihr vorliegenden Unterlagen erschlossen.[2062] Trete in einem solchen Falle der AN an den AG mit der Bitte um Auskunft über die Versorgungsregelung heran, müsse der AG die Auskunft erteilen, soweit er hierzu in der Lage sei. Anderenfalls müsse der AG den AN an eine zuverlässige oder kompetente Stelle verweisen.[2063]

1042 In seiner Rspr. ist das BAG nicht konsequent. Mit Urteil vom 17.10.2000[2064] entschied es, der AG sei zwar nicht verpflichtet, einer Mitarbeiterin die genaue Höhe der drohenden Versorgungsnachteile vor Abschluss eines Aufhebungsvertrages mitzuteilen und ihr die versorgungsrechtlichen Einzelheiten wie die Abgrenzung von Versorgungs- und Versicherungsrente zu erläutern. Der AG sei auch insoweit berechtigt, die Mitarbeiterin an die Zusatzversorgungskasse zu verweisen. Er habe aber die Mitarbeiterin wenigstens darauf hinzuweisen, dass bei der Zusatzversorgung mit sehr hohen Einbußen zu rechnen sei und dieses Risiko auf der angebotenen, vorzeitigen Beendigung des Arbverh beruhe. Dadurch, dass die Parteien einen Aufhebungsvertrag im Januar zu Ende Februar schlossen, erhielt die Mitarbeiterin statt einer Versorgungsrente in Höhe von 472,54 EUR, die ihr zugestanden hätte, wenn das Arbverh bis zum August fortgeführt worden wäre, lediglich – nach dem früheren System von VBL und ZVK – eine monatliche Versichertenrente in Höhe von 80,43 EUR. Die Entscheidung ist bedenklich, da die Zusatzversorgungskasse die AN in einer Rentenprobeberechnung ausdrücklich darauf hingewiesen hatte, dass sie bei einer Beendigung ihres Arbverh vor Eintritt des Versicherungsfalles nicht die dynamisierte Versorgungsrente von 472,54 EUR, sondern nur monatlich 80,43 EUR erhalten werde. Der Fall wurde zwar zur weiteren Sachaufklärung an das LAG Köln zurückverwiesen, er zeigt aber, dass der 3. Senat seiner eigenen Rspr. nicht immer treu ist. Nach der BAG-Rspr.[2065] darf der AG die AN an die zuständige Versorgungskasse verweisen. Damit erlischt seine Aufklärungspflicht. Wenn ein AN von dort einen zutreffenden Warnhinweis erhält, bleibt für die Annahme eines Aufklärungsdefizits durch den AG kein Raum.

1043 Sieht ein **TV** vor, dass sich die Abfindung für jeden Rentenbezugsmonat um einen bestimmten Betrag vermindert, wenn der AN innerhalb von 15 Monaten seit Beendigung des Arbverh Erwerbsunfähigkeitsrente bezieht, so ist der AG nach Ansicht des BAG nicht verpflichtet, den AN bei Abschluss des Aufhebungsvertrages auf den für ihn günstigsten Zeitpunkt zur Stellung eines Antrags auf Erwerbsunfähigkeitsrente hinzuweisen, um die Rückzahlung der Abfindung zu vermeiden.[2066]

1044 Gilt bei einem AN **besonderer Künd-Schutz** wie bei BR-Mitgliedern, Schwangeren, AN in der Elternzeit oder Schwerbehinderten, trifft den AG vor Abschluss eines Aufhebungsvertrages keine Pflicht, auf den Sonder-Künd-

---

2057 *Weber/Ehrich/Burmester*, Teil 1 Rn 79.
2058 BAG 13.11.1984 – 3 AZR 255/84 – AP § 1 BetrAVG Zusatzversorgungskassen Nr. 5; BAG 18.9.1984 – 3 AZR 118/82 – AP § 1 BetrAVG Zusatzversorgungskassen Nr. 6.
2059 BAG 3.7.1990 – 3 AZR 382/89 – DB 1990, 2431.
2060 LAG Hessen 22.8.2001 – 8 Sa 146/00 – NZA-RR 2002, 323 = BB 2002, 416.
2061 BAG 3.7.1990 – 3 AZR 382/89 – AP § 1 BetrAVG Nr. 24.
2062 BAG 13.11.1984 – 3 AZR 255/84 – AP § 1 BetrAVG Zusatzversorgungskassen Nr. 5.
2063 BAG 13.11.1984 – 3 AZR 255/84 – AP § 1 BetrAVG Zusatzversorgungskassen Nr. 5.
2064 BAG 17.10.2000 – 3 AZR 605/99 – DB 2001, 286 = NZA 2001, 206.
2065 BAG 13.11.1984 – 3 AZR 255/84 – AP § 1 BetrAVG Zusatzversorgungskassen Nr. 5.
2066 BAG 28.10.1999 – 6 AZR 288/98 – NZA 2000, 778.

Schutz hinzuweisen.²⁰⁶⁷ Von einem dieser Gruppe angehörenden AN kann erwartet werden, dass er sich über seinen Sonder-Künd-Schutz selbst informiert. Auch ein spezifisches Anfechtungsrecht werdender Mütter oder schwerbehinderter Menschen nach § 119 Abs. 1 und 2 wegen der mutterschutzrechtlichen und arbeitslosenrechtlichen Folgen des Abschlusses eines Aufhebungsvertrages lehnt das BAG ab.²⁰⁶⁸ Übersieht ein Mitarbeiter das Bestehen eines besonderen Künd-Schutzes, stellt diese Nachlässigkeit lediglich einen unbeachtlichen Rechtsfolgeirrtum dar. An den Nachweis eines Inhaltsirrtums werden hohe Anforderungen gestellt. Der AN muss beweisen, dass er nicht wusste, dass er einen Aufhebungsvertrag unterzeichnete. Meint ein AN, er habe mit seiner Unterschriftsleistung unter einen Aufhebungsvertrag eine Vereinbarung über die Suspendierung laufender Wiedereingliederungsmaßnahmen getroffen, muss er beweisen, dass der von ihm angeführte Irrtum tatsächlich vorlag.²⁰⁶⁹

Von Ausnahmefällen abgesehen²⁰⁷⁰ trifft den AG keine Aufklärungspflicht, wenn der AN eine **Eigen-Künd** vornimmt. Selbst dann, wenn der AN nicht über die Folgen einer Eigen-Künd im Einzelnen informiert ist, ist ihm i.d.R. bekannt, dass mit seinem Schritt im Vergleich zur arbeitgeberseitigen Künd negative Konsequenzen verbunden sind, so dass er erst recht Veranlassung hat, sich selbst Klarheit zu verschaffen.²⁰⁷¹ Auch bei einem alkoholkranken AN, der in einem Abmahnungsgespräch ein Auflösungsangebot macht, reicht die Fürsorgepflicht des AG nicht so weit, den AN von der Lösung des ArbV abzuhalten.²⁰⁷²   **1045**

Erteilt der AG, der eine Hinweis- und Aufklärungspflicht hat, **eine falsche** oder **nur unvollständige** oder **irreführende Auskunft**, ist er zum Schadensersatz verpflichtet.²⁰⁷³ Hat der AG seine Hinweispflicht verletzt, besteht die Folge nicht in der Unwirksamkeit des Aufhebungsvertrages.²⁰⁷⁴ Es entsteht in diesem Falle ein **Schadensersatzanspruch** des AN.²⁰⁷⁵ Die Haftung folgt aus einer Verletzung arbeitsvertraglicher Nebenpflichten durch den AG.²⁰⁷⁶ Der AG haftet wegen pVV nach § 280 und nicht wegen Verletzung vorvertraglicher Aufklärungspflichten nach § 311 Abs. 2. Die Rspr. geht davon aus, dass der AN bei einer sachgemäßen Belehrung seine Eigeninteressen in vernünftiger Weise gewahrt hätte.²⁰⁷⁷ Der Anspruch ist auf Geldersatz gerichtet, also bei einem Vermögensschaden aus der betrieblichen Altersversorgung auf monatliche Rente (oder wirtschaftlich gleichwertiger Nachversicherung), die der AN erhalten hätte, wenn das schadenstiftende Ereignis nicht eingetreten wäre. Eine Naturalrestitution durch Beseitigung des Aufhebungsvertrages gem. § 249 und Fortsetzung des Arbverh kann der AN dagegen nicht verlangen.²⁰⁷⁸ Regelmäßig fehlt es an einer Kausalität zwischen Fürsorgepflichtverletzung und Schaden.²⁰⁷⁹ Ergibt sich aus einer unrichtigen Modellrechnung, mit der der AG den AN bei Aufhebungsverhandlungen falsch beraten hat, dass die eine Versorgungsalternative, die der AN gewählt hat, ungünstiger ist als die, der der AN nicht gewählt hat, muss der AG den AN so stellen, als habe der AN die für ihn günstigere Versorgungszusage gewählt.²⁰⁸⁰ Soweit ein eigener Verhaltensbeitrag des AN zur Schadensabwendung zu fordern gewesen wäre, streitet für den AN die Vermutung aufklärungsrichtigen Verhaltens.²⁰⁸¹   **1046**

Kein Schadensersatz wegen Verletzung von Aufklärungspflichten ist zu leisten, wenn AG und AN als Abfindung die Differenz zwischen Arbeitslosengeld und zuletzt bezogenem Nettoarbeitsentgelt im Aufhebungsvertrag vereinbart haben und durch eine spätere Gesetzesänderung, die zu einer Minderung des Arbeitslosengelds führt, der Abfindungsbetrag nicht mehr ausreicht, um die Differenz zwischen Arbeitslosengeld und früherem Nettoentgelt zu schließen.²⁰⁸²   **1047**

Bei einer hauswirtschaftlichen Mitarbeiterin, der der AG außerordentlich gekündigt hatte und die im Rahmen eines Künd-Schutzprozesses durch arbeitsgerichtliches Urteil mit Zahlung einer Abfindung in Höhe von 7.700 EUR ausgeschieden war, nahm das BAG²⁰⁸³ keinen Schadensersatzanspruch nach § 628 Abs. 2 an. Der Rückkaufwert der Lebensversicherung hatte 3.998,47 EUR betragen. Die Argumentation, ohne das vertragswidrige Verhalten des   **1048**

2067 MünchArbR/*Wank*, Bd. 1, § 112 Rn 12; *Weber/Ehrich/Burmester*, Teil 1, Rn 85.
2068 BAG 16.2.1983 – 7 AZR 134/81 – AP § 123 BGB Nr. 22; BAG 6.2.1992 – 2 AZR 408/91 – NZA 1992, 790.
2069 LAG Düsseldorf 22.6.2001 – 14 Sa 491/01 – NZA-RR 2002, 12.
2070 LAG Hamm 1.3.1985 – 16 Sa 1537/84 – BB 1985, 1920.
2071 LAG Düsseldorf 10.7.2001 – 8 Sa 515/01 – EzA-SD 2001, Nr. 17, 7.
2072 LAG Köln 13.2.2006 – 2 Sa 1271/05 – NZA-RR 2006, 463.
2073 BAG 3.7.1990 – 3 AZR 382/89 – AP § 1 BetrAVG Nr. 24; BAG 21.11.2000 – 3 AZR 13/00 – NZA 2002, 618.
2074 *Reufels*, ArbRB 2001, 26.
2075 BAG 14.12.1996 – 8 AZR 380/94 – NZA 1996, 811; *Hoß/Erich*, DB 1997, 625.
2076 BAG 10.3.1988 – 8 AZR 420/85 – NZA 1988, 837.
2077 BAG 18.12.1984 – 3 AZR 168/82 – AP § 1 BetrAVG Zusatzversorgungskassen Nr. 3.
2078 BAG 14.2.1996 – 2 AZR 234/95 – NJW 1996, 2593; BAG 10.3.1988 – 8 AZR 420/85 – AP § 611 BGB Fürsorgepflicht Nr. 99.
2079 *Ehrich*, DB 1992, 2239, 2242; a.A. *Bengelsdorf*, S. 30; zweifelnd: ArbG Freiburg 20.6.1991 – 2 Ca 145/91 – DB 1991, 2690; ArbG Wetzlar 7.8.1990 – 1 Sa 48/90 – DB 1991, 976.
2080 BAG 21.11.2000 – 3 AZR 13/00 – FA 2002, 53.
2081 BAG 15.10.1985 – 3 AZR 612/83 – AP § 1 BetrAVG Zusatzversorgungskassen Nr. 12; BAG 23.3.2003 – 3 AZR 658/02 – AP § 1 BetrAVG Auskunft Nr. 2; BAG 17.10.2000 – 3 AZR 69/99 – AP § 1 BetrAVG Zusatzversorgungskassen Nr. 56.
2082 LAG Düsseldorf 15.3.1995 – 4 Sa 1805/94 – DB 1995, 1240.
2083 BAG 17.7.2003 – 8 AZR 341/02 – AP § 628 BGB Nr. 16 = BB 2003, 2747.

AG wäre die Anwartschaft unverfallbar geworden und deshalb stehe der zu Unrecht gekündigten AN Schadensersatz zu, überzeugte das BAG nicht. Ein Schadensersatzanspruch komme weder nach § 628 Abs. 2, noch nach den Regeln der pVV in Betracht. Als Schadensposition ist der Verlust der Anwartschaft auf die betriebliche Altersversorgung bei der Festsetzung der Abfindung zu berücksichtigen. Er ist daneben nicht nach § 628 Abs. 2 erstattungsfähig.

1049 Eine **Anfechtung** des Aufhebungsvertrages wegen **arglistiger Täuschung** kommt angesichts einer Verletzung von Hinweispflichten nicht in Betracht.[2084] Um Schadensersatzansprüche wegen der Verletzung möglicher Hinweispflichten zu vermeiden, empfiehlt *Nägele*,[2085] eine Klausel aufzunehmen, mit der der AN auf Hinweise des AG zu möglichen Konsequenzen des Aufhebungsvertrages verzichtet.[2086] Verzichtsvereinbarungen sind zulässig und wirksam.[2087]

1050 **6. Rücktritts- und Widerrufsrechte des Arbeitnehmers.** Die Frage nach dem Bestehen eines Rücktritts- oder Widerrufsrechts lässt sich nach einer Phase der Verunsicherung, in der erwogen wurde, den Aufhebungsvertrag als Haustürgeschäft gem. § 312 zu behandeln,[2088] wieder klar beantworten: Soweit nicht einzelne TV ein Widerrufsrecht vorsehen oder soweit nicht eine Bedenkzeit in Aufhebungsverträgen vereinbart ist, verfügt der AN beim Aufhebungsvertrag über kein Rücktritts- oder Widerrufsrecht, jedenfalls dann, wenn die Trennungsvereinbarung im Betrieb des AG geschlossen wurde. Nach der Rspr. des BAG[2089] ist der Aufhebungsvertrag, der im Betrieb geschlossen wurde, **kein** Haustürgeschäft. Dies folgt aus Systematik, Entstehungsgeschichte und Sinn und Zweck des § 312 BGB.[2090]

1051 Einzelne TV wie z.B. die Mantel-TV für den Einzelhandel in Bayern, Baden-Württemberg und Nordrhein-Westfalen[2091] sehen vor, dass der Mitarbeiter den **Abschluss des Aufhebungsvertrages innerhalb einer bestimmten Frist** widerrufen kann. Der AG ist nicht verpflichtet, den AN auf den Lauf der Widerrufsfrist hinzuweisen.[2092] Es liegt grds. im Eigeninteresse des AN, sich über den Inhalt tariflicher Bestimmungen zu informieren.

1052 **7. Kündigung des Arbeitgebers nach Abschluss eines Aufhebungsvertrags.** Schließen die Parteien einen Aufhebungs- oder Abwicklungsvertrag und erlangt der AG nach Vertragsschluss Informationen über Pflichtverletzungen des AN, die nicht im Vergleichswege bei Abschluss des Aufhebungs- oder Abwicklungsvertrags Berücksichtigung fanden, ist der AG grds. nicht gehindert, eine ordentliche verhaltensbedingte oder eine außerordentliche fristlose Künd auszusprechen.[2093] Im Urteil des BAG vom 5.4.2001[2094] sprach ein AG, der mit einem AN nach einer zuvor abgemahnten Pflichtverletzung einen Aufhebungsvertrag unter unwiderruflicher, bezahlter Freistellung geschlossen sowie eine Abfindung von 54.196,93 EUR zugesagt hatte, eine **fristlose Verdachts-Künd nach Abschluss des Aufhebungsvertrages** aus. Die fristlose Künd erfolgte während der Freistellung, vor Beendigung des Arbverh. Sie wurde damit begründet, der AN stehe im Verdacht, mehr als 25.564,59 EUR zum Nachteil einer Kundin unterschlagen zu haben. Das BAG entschied, dass ein solch schwerwiegender Verdacht geeignet sei, das unerlässliche Vertrauen des AG in die Ehrlichkeit des Mitarbeiters zu zerstören und damit die Fortsetzung des Arbverh bis zum Ablauf der Künd-Frist unzumutbar zu machen. Die unwiderrufliche Freistellung des Mitarbeiters bis zur Beendigung des Arbverh stehe der außerordentlichen Verdachts-Künd nicht entgegen. Insb. sei es dem AG nicht zuzumuten, an den Mitarbeiter bis zur vereinbarten Beendigung des Arbverh weitere Gehalts- und Abfindungszahlungen in erheblicher Höhe zu erbringen, obwohl das Vertrauensverhältnis wegen des Verdachts einer Straftat endgültig zerstört sei.

1053 Der Aufhebungsvertrag steht i.d.R. unter der aufschiebenden Bedingung, dass das Arbverh bis zum vereinbarten Auflösungszeitpunkt fortgesetzt wird. Führt eine außerordentliche Künd vor dem vorgesehenen Auflösungszeitpunkt zu einer vorzeitigen Beendigung, wird der Aufhebungsvertrag einschließlich einer darin vereinbarten Abfindung gegenstandslos.[2095] Schließen die Parteien einen Aufhebungsvertrag, nachdem das Arbverh noch für eine Auslauffrist fortbestehen soll und wird diese Auslauffrist sodann durch eine wirksame außerordentliche Künd verkürzt, so beseitigt dies den Anspruch des AN auf die im Aufhebungsvertrag vereinbarte Abfindung nicht, wenn es in dem

---

2084 *Bauer*, Arbeitsrechtliche Aufhebungsverträge, Rn I 157; a.A. ArbG Wetzlar 7.8.1990 – 1 Sa 48/90 – DB 1991, 976.
2085 *Nägele*, BB 1992, 1274.
2086 *Hümmerich*, Arbeitsrecht, § 4 Rn 694, Muster 4680, § 15 Abs. 1.
2087 *Bauer*, Arbeitsrechtliche Aufhebungsverträge, Rn I 148, 192; *Bengelsdorf*, S. 30; *Nägele*, DB 1992, 1274, 1278.
2088 *Boemke*, BB 2002, 96; *Däubler*, NZA 2001, 1329; *Hümmerich*, AnwBl 2002, 671; *Hümmerich/Holthausen*, NZA 2002, 173; *Schleusener*, NZA 2002, 949.
2089 BAG 22.4.2004 – 2 AZR 281/03 – AP § 620 BGB Aufhebungsvertrag Nr. 27 = NZA 2004, 1295; BAG 27.11.2003 – 2 AZR 177/03 – AP § 312 BGB Nr. 1 = NZA 2004, 597.
2090 BAG 22.4.2004 – 2 AZR 281/03 – AP § 620 BGB Aufhebungsvertrag Nr. 27 = NZA 2004, 1295; BAG 27.11.2003 – 2 AZR 177/03 – AP § 312 BGB Nr. 1 = NZA 2004, 597; krit. *Hümmerich*, NZA 2004, 809.
2091 MTV Einzelhandel Bayern, § 17 Nr. 9; MTV Einzelhandel BW, § 23; MTV Einzelhandel NW § 11 Abs. 10.
2092 LAG Köln 11.4.1990 – 7 Sa 67/90 – BB 1990, 2047.
2093 BAG 29.1.1997 – 2 AZR 292/96 – AP § 626 BGB Nr. 131 = NZA 1997, 813.
2094 BAG 5.4.2001 – 2 AZR 217/00 – NZA 2001, 837.
2095 BAG 29.1.1997 – 2 AZR 292/96 – NZA 1997, 813.

Aufhebungsvertrag heißt: „Die Abfindung wird im Beendigungszeitpunkt fällig, der Abfindungsanspruch besteht mit Unterzeichnung dieser Vereinbarung."[2096]

8. Betriebskollektive Rechte bei Aufhebungs- und Abwicklungsverträgen. Soweit nicht besondere Vorschriften im Personalvertretungsrecht bestehen, müssen BR, PR oder Sprecherausschuss vor Abschluss eines Aufhebungsvertrages nicht angehört werden.[2097] Dieser Grundsatz gilt auch dann, wenn ein Aufhebungsvertrag mit einem BR-Mitglied geschlossen werden soll. Einer Zustimmung des BR nach § 103 BetrVG bedarf ein solcher Aufhebungsvertrag nicht.[2098] Anders ist die Rechtslage vor Abschluss eines Abwicklungsvertrages. Der AG hat den BR, wie auch den Sprecherausschuss, gem. § 31 Abs. 2 SprAuG und den PR vor Ausspruch einer Künd anzuhören.[2099] Dies gilt auch dann, wenn die Künd zuvor verabredet wurde, um etwa im Sozialversicherungsrecht Nachteile zu vermeiden.[2100] Das LAG Hamm[2101] sieht, wenn nach Ausspruch von Künd Abwicklungsverträge in einem Betrieb geschlossen werden, in dem wiederholten Unterlassen einer Anhörung des BR nach § 102 BetrVG keinen groben Verstoß i.S.v. § 23 Abs. 3 S. 1 BetrVG.

9. Massenaufhebungsverträge. Massenaufhebungsverträge stellen anzeigepflichtige Entlassungen i.S.d. § 17 KSchG dar.[2102] Die Frage, ob Massenaufhebungsverträge anzeigepflichtig sind, war vor Erlass des Gesetzes zur Anpassung arbeitsrechtlicher Bestimmungen an das EG-Recht v. 20.7.1995 umstritten.[2103] Haben Massenaufhebungsverträge die Funktion, anstelle betriebsbedingter Künd in größerem Umfange Entlassungen herbeizuführen, besteht, wenn im Rahmen von Aufhebungsverträgen Abfindungen gezahlt werden, eine Anzeigepflicht nach § 17 Abs. 1 S. 2 KSchG. Nach EuGH[2104] und BAG[2105] ist der für die Entlassungsanzeige maßgebliche Zeitpunkt die Künd-Erklärung des AG, bei einer Vielzahl gleichzeitiger Aufhebungsverträge der Zeitpunkt des Abschlusses und nicht das Datum, zu dem das jeweilige Arbverh endet.

10. Annahmeverzugslohn nach unwirksamem Aufhebungsvertrag. Besteht zwischen AG und AN Streit, ob das Arbverh durch einen Aufhebungsvertrag beendet wurde, und stellt sich im Nachhinein heraus, dass ein Aufhebungsvertrag nicht zu Stande gekommen ist, hat der AG nur dann Annahmeverzugsvergütung zu zahlen, wenn der AN zuvor seine Arbeitsleistung angeboten hat.[2106]
Leistungsfähigkeit und Leistungswilligkeit sind nach Feststellung der Unwirksamkeit eines Aufhebungsvertrages ebenso Voraussetzung für das Bestehen eines Annahmeverzugslohnanspruchs gegen den AG gem. §§ 293 ff., 297, 615 wie im Falle der Prozessbeschäftigung.[2107]

11. Inhaltskontrolle von Aufhebungs- und Abwicklungsverträgen. Siehe hierzu §§ 13, 14 Rn 9.

IV. Regelungsinhalt von Vertragsklauseln in Aufhebungs- und Abwicklungsvereinbarungen
1. Abfindungen. a) Funktion der Abfindung. Traditionell hat die Abfindung eine Entschädigungsfunktion. Sie ist grds. ein vermögensrechtliches Äquivalent für den Verlust des Arbeitsplatzes.[2108] Ihre Entschädigungsfunktion kommt im Wortlaut von § 24 Nr. 1 EStG zum Ausdruck. Mit der Abfindung wird der AN für wirtschaftliche Nachteile entschädigt, die er dadurch erleidet, dass er seine Erwerbsquelle verliert. Aber auch ideelle Aspekte wie der Verlust einer vertrauten Umgebung, der Zwangsabschied von Arbeitskollegen und Unbequemlichkeiten durch die Eingewöhnung an einer neuen Arbeitsstelle sollen mit der Abfindung entschädigt werden.[2109]
Die Rspr. des BAG geht dazu über, der Abfindung bei Arbeitslosigkeit nach dem Ende des Arbverh eine veränderte Funktion zuzuweisen.[2110] Gerade bei Sozialplanabfindungen zeichnet sich ein Argumentationswandel ab, meist i.V.m. Gleichbehandlungsüberlegungen. In neueren Entscheidungen des BAG[2111] hat die Abfindung auch eine Auf-

---

2096 ArbG Siegburg 18.11.1999 – 4 Ca 786/99 – AE 2000, 17.
2097 Löwisch, BB 1990, 1412.
2098 Tschöpe/Schulte, 3 B Rn 2.
2099 BAG 28.6.2005 – 1 ABR 25/04 – NZA 2006, 48.
2100 BAG 28.6.2005 – 1 ABR 25/04 – AP § 102 BetrVG 1972 Nr. 146 = NZA 2006, 48.
2101 LAG Hamm 19.7.2002 – 10 TaBV 42/02 – NZA-RR 2002, 642.
2102 BAG 11.3.1999 – 2 AZR 461/98 – NZA 1999, 761 f.; KR/Weigandt, § 17 KSchG Rn 43, 43a; Bauer/Powietzka, DB 2000, 1073.
2103 KR/Weigandt, § 17 KSchG Rn 43b; siehe ferner Massenentlassungs-RL 92/56/EWG v. 24.6.1992 zur Änderung der RL 75/129/EWG.
2104 EuGH 27.1.2005 – C –188/03 – Irmtraut Junk/Wolfgang Kühnel – NZA 2005, 213.
2105 BAG 13.7.2006 – 6 AZR 198/06 – NZA 2007, 25; BAG 23.3.2006 – 2 AZR 345/05 – NZA 2006, 971.
2106 BAG 7.12.2005 – 5 AZR 19/05 – FA 2006, 57.
2107 BAG 13.7.2005 – 5 AZR 578/04 – NZA 2005, 1349.
2108 BAG 25.6.1987 – 2 AZR 504/86 – NZA 1988, 466; zur überwiegenden Rspr., wonach der Erblasser das Ende seines Arbverh nicht erleben muss, um die Abfindung zu vererben: Kreßler, NZA 1997, 1140.
2109 BVerfG 12.5.1976 – 1 BvL 31/73 – NJW 1976, 2117 = AP § 117 AFG Nr. 1.
2110 BAG 22.5.1996 – 10 AZR 907/95 – NZA 1997, 386 = DB 1997, 280.
2111 BAG 9.11.1994 – 10 AZR 281/94 – NZA 1995, 644; BAG 19.6.1996 – 10 AZR 23/96 – NZA 1997, 562; BAG 24.1.1996 – 10 AZR 155/95 – NZA 1996, 834; a.A BAG 22.5.2003 – 2 AZR 250/02 – EzA § 611 BGB 2002 Aufhebungsvertrag Nr. 1; BAG 16.10.1969 – 2 AZR 373/68 – DB 1970, 41 = AP § 794 ZPO Nr. 20; Boecken, NZA 2002, 421; Hümmerich, NJW 2004, 2921, 2931.

stockungsfunktion zum Arbeitslosengeld und damit eine Versorgungsfunktion für den AN. Aus der Rspr. zur Vererbbarkeit von Abfindungen lässt sich herleiten, dass der Versorgungscharakter der Abfindung an Gewicht gewonnen hat.[2112] Auf eine Sozialplanabfindung aufgrund einer Betriebsänderung besteht nach überwiegender Auffassung[2113] kein Anspruch, wenn der AN vor dem Zeitpunkt der ins Auge gefassten Auszahlung der Abfindung zusammen mit der Beendigung des Arbverh verstirbt und keine Vererbbarkeitsklausel vereinbart wurde.

1060 Der Bedeutungswandel der Abfindung, zumindest der Sozialplanabfindung, zeigt sich am Deutlichsten in der Entscheidung des 10. Senats v. 9.11.1994.[2114] In dieser Entscheidung über einen Sozialplan, der AN keine Abfindung gewährte, die wegen der Schließung des Betriebs eine Eigen-Künd ausgesprochen hatten, aber vor dem Tag der Stilllegung ausgeschieden waren, stellte der Senat den Leitsatz auf, dass Sozialplanansprüche ihrem Zweck nach keine Entschädigung für den Verlust des Arbeitsplatzes seien.

1061 Bei der **Höhe der Abfindung** hat sich die Faustformel[2115] „**ein halbes Bruttomonatsgehalt pro Beschäftigungsjahr**" eingebürgert. Die Faustformel hat in § 1a Abs. 2 KSchG ihren Niederschlag gefunden. Gleichwohl gelten in vielen Fällen, insb. bei leitenden Ang, andere Regeln. Bei Führungskräften mit befristeten Arbeitsverträgen ist die Kapitalisierung der Restvertragslaufzeit üblich. Bei leitenden Ang, v.a. in größeren Unternehmen, hat sich als Abfindungsregel „ein Bruttomonatsgehalt pro Beschäftigungsjahr" etabliert. Die Performance eines Unternehmens, Furcht vor einer schlechten Presse oder jedwede Sondereinflüsse sind bei der zur Abfindung führenden Preisbildung ebenso entscheidend wie der gemutmaßte Verschuldensgrad des AN am Scheitern der Arbeitsrechtsbeziehung oder das Prozessrisiko.[2116]

1062 In einer Untersuchung aus den Jahren 1998 und 1999 über in Deutschland bei den ArbG vorgeschlagenen oder in Auflösungsurteilen zugewiesene Abfindungen[2117] wurde ermittelt, dass die „Faustformel" in etwa 75 % der gerichtlichen Trennungsvereinbarungen angewendet wurde, ein apokryptisches Gesetz, von dem niemand weiß, woher es stammt und wie es sich seit mehr als einem halben Jahrhundert verstetigen konnte.

1063 Die Formulierung „brutto = netto" beinhaltet nicht, dass der AN von der Steuerlast des Abfindungsbetrags befreit ist.[2118]

1064 Die Vereinbarung einer Abfindung schließt einen Schadensersatzanspruch wegen des Verlustes von Arbeitsentgelt aus.[2119] **Fällig** sind Abfindungen nach überwiegender Ansicht mit der Beendigung des Arbverh.[2120] Auch Abfindungsansprüche nach § 1a KSchG entstehen erst mit dem Ablauf der Künd-Frist und sind zu diesem Zeitpunkt fällig.[2121] Nach Meinung des LAG Hamm sind Abfindungen sofort fällig.[2122] Für einen gerichtlichen Vergleich gelte § 271, bei einem Vollstreckungstitel könne damit unverzüglich die Vollstreckung eingeleitet werden.

1065 Der Anspruch auf eine vertraglich vereinbarte Abfindung wegen des Verlustes des Arbeitsplatzes verjährt gem. § 195 innerhalb von drei Jahren.

1066 **b) Abfindungen im Steuer- und Sozialversicherungsrecht.** Der Zusatz, dass die Abfindung ohne Abzug von **Sozialversicherungsabgaben** gezahlt wird, ist gerechtfertigt, wenn kein für die Vergangenheit geschuldetes, versteckten Arbeitsentgelt in der Abfindung enthalten ist. Im Übrigen sind Abfindungen sozialversicherungsfrei.[2123] Hinweisen zur Sozialversicherungsfreiheit kommt nur deklaratorische Bedeutung zu. Ausstehende Gehaltsbestandteile werden im Zweifel nicht mit einer Abfindung nach betriebsbedingter Künd abgegolten. Allein die Zahlung einer erhöhten Abfindung führt nicht dazu, von einem stillschweigenden Verzichtsvertrag über die ausstehenden Gehaltsbestandteile auszugehen.[2124] Soweit das ArbG Frankfurt/Main die Auffassung vertritt, die Einbindung ausstehender

---

2112 *Hümmerich*, NZA 1999, 347.
2113 BAG 25.9.1996 – 10 AZR 311/96 – NZA 1997, 163; BAG 26.8.1997 – 9 AZR 227/96 – NZA 1998, 643; BAG 16.5.2000 – 9 AZR 277/99 – NZA 2000, 1236; BAG 27.6.2006 – 1 AZR 322/05 – NZA 2006, 1238 = DB 2006, 2131; LAG Köln 11.12.1990 – 4 Sa 829/90 – LAGE § 611 BGB Aufhebungsvertrag Nr. 2; anders BAG 22.5.2003 – 2 AZR 250/02 – EzA § 611 BGB 2002 Aufhebungsvertrag Nr. 1; BAG 16.10.1969 – 2 AZR 373/68 – DB 1970, 41 = AP § 794 ZPO Nr. 20.
2114 BAG 9.11.1994 – 10 AZR 281/94 – NZA 1995, 644.
2115 Zu einer bundesweiten Untersuchung über die Abfindungspraxis *Hümmerich*, NZA 1999, 343.
2116 *Hümmerich*, NZA 1999, 342.
2117 *Hümmerich*, NZA 1999, 342; in einer weiteren Untersuchung (REGAM-Studie) werden die Querverbindungen zwischen Künd-, Klage- und Abfindungspraxis in den Betrieben aufgezeigt, s. *Pfarr/Bothfeld/Kaiser/Kimmich/Peuker/Ullmann*, BB 2004, 106.
2118 LAG Köln 13.2.1997 – 10 Sa 918/96 – FA 1998, 54.
2119 BAG 15.2.1973 – 2 AZR 16/72 – BAGE 25, 43 = DB 1973, 1559.
2120 BAG 9.9.1987 – 4 AZR 561/87 – NZA 1988, 329; BAG 19.11.1983 – 1 AZR 523/82 – DB 1984, 724; BAG 9.12.1987 – 4 AZR 561/87 – NZA 1988, 329; LAG Düsseldorf 23.5.1989 – 16 Sa 475/89 – DB 1989, 2031; LAG Nürnberg 28.4.1997 – 8 TA 56/97 – MDR 1997, 751; LAG Niedersachsen 12.9.2003 – 16 Sa 621/03; LAG München 11.10.2001 – 2 Ta 326/01; *Klar*, NZA 2003, 543.
2121 BAG 10.5.2007 – 2 AZR 45/06 – AP § 1a KSchG 1969 Nr. 3, NZA 2007, 1043.
2122 LAG Hamm 16.5.1991 – 8 TA 181/91 – NZA 1991, 940.
2123 BAG 9.11.1988 – 4 AZR 433/88 – BAGE 60, 127 = NZA 1989, 270; BSG 21.2.1990 – 12 RK 20/88 – NJW 1990, 2274 = NZA 1990, 751.
2124 ArbG Frankfurt/Main 27.10.1999 – 7 Ca 2961/99 – FA 2000, 55.

Gehaltsbestandteile in einen Abfindungsanspruch sei rechtswidrig,[2125] ist ihm nicht zu folgen. Steuerlich sind, auch nach Fortfall von § 3 Nr. 9 EStG,[2126] Gehaltszahlungen, die in der Zukunft verdient worden wären, unbedenklich als Abfindung (Entlassungsentschädigung) anzusehen. Die Abfindungspraxis, v.a. bei befristeten Verträgen mit Managern, besteht im Wesentlichen in einer Kapitalisierung von Restvertragslaufzeit. Eine Begründung, warum die „Einarbeitung" von Gehaltsbestandteilen in eine Abfindung unzulässig sein soll, nennt das ArbG Frankfurt nicht. Wenn einem AN in einem Aufhebungs- oder Abwicklungsvertrag die Zahlung einer Abfindung zugesagt wird, ist der vereinbarte Geldbetrag mangels einer eindeutigen anderweitigen Regelung im Allgemeinen ein Bruttobetrag.[2127]

Nichtig sind Vereinbarungen zwischen AG und AN über die Verrechnung künftiger Rentenansprüche mit Ansprüchen auf eine Abfindung nach §§ 9, 10 KSchG, auch wenn geregelt ist, dass die Abfindung bis zum vollständigen Aufbrauch aus Betriebsrentenansprüchen verrechnet werden soll.[2128] Das BAG nimmt in derartigen Fällen einen Verstoß gegen § 3 BetrAVG an. Nach § 3 BetrAVG kann der AN, dessen verfallbare Anwartschaften bei Beendigung des Arbverh nur unter eingeschränkten Voraussetzungen abgefunden werden, bei unverfallbaren Anwartschaften im Versorgungsfall seine Betriebsrente ungekürzt verlangen. Das Urteil des BAG v. 24.3.1998 muss unter den geänderten, ab 1.1.1999 gültigen Voraussetzungen der Abfindung geringwertiger Versorgungsanwartschaften nach § 3 BetrAVG gesehen werden. 1067

Wenn die Abfindung höher ausfällt als der frühere Freibetrag nach § 3 Nr. 9 EStG und im Vergleich als „brutto = netto" ausgewiesen wurde, muss nach überwiegender Auffassung[2129] gleichwohl der AN die anfallende Lohnsteuer tragen. Hat der AG die auf den Abfindungsbetrag entfallenden Steuern an das Finanzamt abgeführt, kann der AN nicht wegen der Formulierung „brutto = netto" die Auszahlung des vollen, ungekürzten Abfindungsbetrages an sich verlangen.[2130] Sagt der AG in einer Vorruhestandsvereinbarung die Erstattung der vom Arbeitnehmer zu leistenden Krankenversicherungsbeiträge zu, liegt in dieser Zusage keine Netto(lohn)vereinbarung. Der AG ist daher nicht verpflichtet, die auf diesen Teil der Vorruhestandsbezüge entfallende Lohnsteuer zu tragen.[2131] 1068

Werden im Aufhebungsvertrag die vom AG zu berücksichtigenden **Steuermerkmale** und ein bestimmter, vom AG monatlich zu leistender **Nettobetrag einvernehmlich festgelegt**, verpflichtet eine im Aufhebungsvertrag enthaltene Zusage des AG, er stelle den AN so, dass dieser während der Arbeitslosigkeit unter Anrechnung eines Teils der Abfindung und der Leistung Dritter im Monatsdurchschnitt 90 % des letzten Nettogehalts erhalte, den AG nicht, dem AN steuerliche Nachteile auszugleichen, die sich aus der Berücksichtigung eines steuerfreien Arbeitslosengeldes für die Höhe des Steuersatzes nach § 32b Abs. 1 EStG ergeben.[2132] 1069

Gewährt ein Sozialplan für die Zeit zwischen Ausscheiden und vorgezogener Altersrente Anspruch auf Zahlung einer monatlichen Abfindung in Höhe der Differenz zwischen Arbeitslosengeld und 80 % des letzten Nettoentgelts, so obliegt es regelmäßig dem AN, durch Wahl der günstigeren Steuerklasse nach § 133 SGB III den Arbeitslosengeldanspruch auszuschöpfen. Verletzt er diese Obliegenheit schuldhaft, so erhöht sich dadurch sein Abfindungsanspruch nicht um den nicht ausgeschöpften Betrag.[2133] 1070

c) Sozialplanabfindungen. Auf **Sozialplanabfindungen** kann der AN nicht ohne weiteres im Rahmen eines Aufhebungsvertrages verzichten. Die Herausnahme von aus betriebsbedingten Gründen per Aufhebungsvertrag ausgeschiedenen AN aus Sozialplanleistungen ist regelmäßig ausgeschlossen.[2134] Der betrieblich veranlasste Aufhebungsvertrag steht unter dem Diktat der Gleichbehandlung aller betriebsbedingten Künd im Betrieb.[2135] Allerdings können die Betriebspartner in einem Sozialplan vereinbaren, dass AN, die nach Bekanntwerden eines vom AG zunächst geplanten Personalabbaus einen Aufhebungsvertrag vereinbaren, eine geringere Abfindung erhalten als diejenigen, die eine ordentliche AG-Künd abwarten oder eine Aufhebungsvereinbarung erst nach Abschluss des Sozialplans treffen.[2136] Nach der Rspr. ist es auch gestattet, AN gänzlich aus Sozialplanabfindungen herauszunehmen, die ihr Arbverh durch Aufhebungsvertrag gelöst haben, nachdem sie eine neue Beschäftigung gefunden haben.[2137] Sozialplanleistungen dürfen nicht vom Verzicht auf die Erhebung einer Künd-Schutzklage abhängig ge- 1071

2125 ArbG Frankfurt/Main 27.10.1999 – 7 Ca 2961/99 – FA 2000, 55.
2126 BGBl I 2005 S. 3682.
2127 LAG Berlin 21.2.1994 – 9 Sa 126/93 – NZA 1995, 792.
2128 BAG 24.3.1998 – 3 AZR 800/96 – NZA 1998, 1280.
2129 LAG Niedersachsen 10.12.1984 – 2 Sa 110/84 – BB 1985, 272; LAG Bremen 22.1.1988 – 4 Sa 94/97 – NZA 1988, 433; LAG Frankfurt 7.12.1988 – 10 Sa 1059/98 – NZA 1989, 850; LAG Baden-Württemberg 17.4.1997 – 11 Sa 132/96 – BB 1997, 1850.
2130 LAG Köln 18.12.1995 – 4 (11) Sa 962/95 – ARST 1996, 163; s.a. BAG 11.10.1989 – 5 AZR 585/88 – NZA 1990, 309.
2131 LAG Hamm 1.3.2000 – 14 Sa 2144/99 – NZA-RR 2001, 46.
2132 BAG 8.9.1998 – 9 AZR 255/97 – NZA 1999, 769.
2133 LAG Sachsen-Anhalt 29.9.1998 – 8 Sa 905/97 – NZA 1999, 611.
2134 BAG 28.4.1993 – 10 AZR 905/97 – EzA § 112 BetrVG 1972, Nr. 68.
2135 BAG 25.11.1993 – 2 AZR 324/93 – NZA 1994, 788.
2136 BAG 24.11.1993 – 10 AZR 311/93 – EzA § 112 BetrVG 1972 Nr. 71; a.A.: *Hümmerich/Spirolke*, BB 1995, 42.
2137 BAG 25.11.1993 – 2 AZR 324/93 – EzA § 242 BGB Gleichbehandlung, Nr. 58; a.A. *Hümmerich/Spirolke*, BB 1995, 42.

macht werden. An dieser Rechtslage hat sich durch den zum 1.1.2004 eingeführten § 1a KSchG nichts geändert.[2138] Nach Auffassung des 9. Senats ist die Rechtslage allerdings anders, wenn der AG eine freiwillige Abfindung zahlt. In diesem Falle verletzt der AG weder den arbeitsrechtlichen Gleichbehandlungsgrundsatz, noch verstößt er gegen das Maßregelungsverbot des § 612a, wenn er die Zahlung der Abfindung davon abhängig macht, dass der AN gegen die Künd nicht gerichtlich vorgeht.[2139] *Thüsing/Wege* halten die These, dass Sozialplanansprüche nicht von einem Verzicht auf eine Künd-Schutzklage abhängig gemacht werden dürfen, für rechtsdogmatisch nicht begründbar.[2140]

1072 Stellt ein Sozialplan für die Bemessung der Abfindung wegen Verlustes des Arbeitsplatzes auf die Dauer der Betriebszugehörigkeit ab, so zählen als Zeiten der Betriebszugehörigkeit auch solche, in denen der AN wegen Ruhens seines Arbverh (z.B. Elternzeit) tatsächliche Arbeitsleistungen nicht erbracht hat.[2141] Nach der Rspr. des BAG[2142] haben die Betriebspartner bei der Beurteilung der wirtschaftlichen Nachteile einer Betriebsänderung und der Ausgestaltung der darauf gerichteten Ausgleichsmaßnahmen einen weiten Spielraum. Ein Rückgriff auf die Dauer der Betriebszugehörigkeit zur pauschalen Bewertung der mit dem Arbeitsplatzverlust verbundenen Nachteile ist zulässig. Bei dieser Bewertung können die Betriebspartner auch nach Zeiten der Teilzeit- und Vollzeitbeschäftigung differenzieren. Nach Ansicht des EuGH[2143] dürfen AG die Zeit der Kinderbetreuung bei der Bestimmung der Abfindungshöhe unberücksichtigt lassen.

1073 Die Faustformel „ein halbes Bruttomonatsgehalt pro Beschäftigungsjahr" gilt nicht generell bei Sozialplanabfindungen. Hier haben sich recht unterschiedliche Methoden und Systeme etabliert.[2144] Eine Gleichbehandlung bei der Höhe von Abfindungen, auch aus dem Gesichtspunkt mittelbarer Geschlechtsdiskriminierung (§ 3 Abs. 2 AGG), kann nicht verlangt werden.[2145] Bedenklich wirkt die Entscheidung des BAG, wenn ein BR-Mitglied im Zuge eines Aufhebungsvertrages unter Verstoß gegen das Begünstigungsverbot des § 78 S. 2 Hs. 1 BetrVG eine höhere Abfindung wegen Verlustes seines Arbeitsplatzes als andere AN aufgrund eines Sozialplans oder eines eigenen Aufhebungsvertrages erhalte, könnten die so benachteiligten AN weder nach § 75 Abs. 1 BetrVG, noch dem arbeitsrechtlichen Gleichbehandlungsgrundsatz eine entsprechend höhere Abfindung verlangen.[2146] Auch wenn in einer vertraulichen Anlage zu einem Sozialplan für ein BR-Mitglied eine zusätzliche Abfindung von zwölf Monatsgehältern vereinbart wird, soll die Vereinbarung nicht als Verstoß gegen das Begünstigungsverbot nach § 78 S. 2 BetrVG unwirksam sein.[2147] Überholt scheint die Rspr. des BAG,[2148] wonach der Gestaltungsspielraum der Betriebsparteien bei einem Sozialplan, wenn sie für eine Berechnungsformel zur Höhe der Sozialplanabfindung die Zeiten von Erziehungsurlaub (Elternzeit) herausnehmen, eingeschränkt sei. Die Betriebspartner sind nach Auffassung des EuGH[2149] durch den Schutzbereich der Art. 6 Abs. 1, Abs. 2 GG nicht gehindert, die Elternzeit der Zeit des Beschäftigungsverhältnisses gleich zu setzen, Zeiten der Kinderbetreuung unberücksichtigt zu lassen oder nach Teilzeit- und Vollzeitbeschäftigung zu differenzieren. Diese Rspr. könnte aufgrund von § 3 Abs. 1 u. 2 AGG zur Disposition stehen.

1074 Steht dem AN ein Anspruch auf Nachteilsausgleich zu, weil der AG es nach erfolglosem Verhandeln über einen Interessenausgleich versäumt hat, die Einigungsstelle anzurufen, und hat der AN nach einem zwischen den Betriebspartnern beschlossenen Sozialplan einen Anspruch auf Abfindung, kann die Firma den Anspruch auf Nachteilsausgleich mit dem Sozialplanabfindungsanspruch verrechnen.[2150] Der gesetzliche Anspruch auf Nachteilsausgleich dient, wie die Sozialplanabfindung, dem Ausgleich des wirtschaftlichen Nachteils, den AN in Folge ihrer Entlassung aufgrund einer Betriebsänderung erleiden. Infolge dieser Zweckidentität darf der AG beide Forderungen miteinander verrechnen. Auch der weitergehende Zweck des Nachteilsausgleichs, ein betriebsverfassungswidriges Verhalten des AG zu sanktionieren, schließt eine Verrechnung nicht aus. Die Abfindungsvereinbarung kann auch mit einer **Bürgschaftserklärung** oder einer sonstigen Sicherheit zugunsten des AN verbunden werden.

1075 Rechtsnachfolger, die einen Betrieb in einem Insolvenzverfahren erworben haben, für den ein nicht zur Ausführung gelangter Sozialplan bestand, sind grds. zur Zahlung der nach dem Sozialplan vorgesehenen Abfindungen verpflichtet.[2151] Die Ansprüche aus einem Abfindungsvergleich zur Beendigung eines Künd-Schutzprozesses nach Insolvenzeröffnung stellen eine Masseschuld dar.[2152]

1076 **2. Aufhebungsklauseln.** Die nicht bei Abwicklungs-, sondern nur in Aufhebungsverträgen verwendbare Aufhebungsklausel hat meist folgenden Wortlaut: „Das zwischen den Parteien bestehende Arbverh wird auf arbeitgeber-

---

2138 BAG 31.5.2005 – 1 AZR 254/04 – NZA 2005, 997 = DB 2005, 1744.
2139 BAG 15.2.2005 – 9 AZR 116/04 – NZA 2005, 1117 = MDR 2005, 1235.
2140 Thüsing/Wege, DB 2005, 2634.
2141 LAG Hessen 19.5.1998 – 4 Sa 773/97 – ARST 1999, 58.
2142 BAG 14.8.2001 – 1 AZR 760/00 AP § 113 BetrVG 1972 Nr. 39 = DB 2002, 950.
2143 EuGH 8.6.2004 – C – 220/02 – FA 2004, 237.
2144 Zum Überblick s. *Tommheiser*, AiB 2000, 460; *Moll/Liebers*, Münchener Anwaltshandbuch, § 55 Rn 55 ff.
2145 EuGH 14.9.1999 – C-249/97 – BB 2000, 1354.
2146 LAG Düsseldorf 13.9.2001 – 11 (4) Sa 906/01 – BB 2002, 306 = ARST 2002, 30.
2147 ArbG Nürnberg 27.1.1997–12 Ca 7897/96 – BB 1997, 2165.
2148 BAG 12.11.2002 – 1 AZR 58/02 – NZA 2003, 1287.
2149 EuGH 8.6.2004 – C – 220/02 – FA 2004, 237.
2150 BAG 20.11.2001 – 1 AZR 97/01 – NZA 2002, 451 = ZIP 2002, 94 = DB 2002, 153.
2151 BAG 30.10.2001 – 1 AZR 65/01 – NZA 2002, 449 = MDR 2002, 764.
2152 BAG 12.6.2002 – 10 AZR 180/01 – ArbRB 2002, 265 = BB 2002, 2609.

seitige Veranlassung (unter Einhaltung der ordentlichen Künd-Frist) einvernehmlich zum ... beendet." Damit nicht wegen Nichteinhaltung der ordentlichen Künd-Frist eine Sperrzeitanordnung nach § 143a SGB III erfolgt, ist es wichtig, dass für die AA aus dem Tag der Unterzeichnung des Aufhebungsvertrages und aus dem in der Aufhebungsklausel als Beendigungsdatum bezeichneten Ende des Arbverh hervorgeht, welche Frist zwischen Vertragsschluss und Ende des Arbverh von den Parteien gewahrt wurde. Anhand des Arbeitsvertrages, anhand von § 622 oder aufgrund eines einschlägigen TV sollte die AA feststellen können, ob die Künd-Frist eingehalten wurde. Auch ist entsprechend der Weisungslage der BA eine Klausel aufzunehmen, nach der der Abschluss des Aufhebungsvertrages zur Vermeidung einer ordentlichen betriebsbedingten Künd erfolgt (detailliert zur Weisungslage und zum Angebot einer Abfindung siehe Rn 1144). Erhielt der AN in einem gerichtlichen Vergleich eine Abfindung „gem. §§ 9, 10 KSchG", war es dem Finanzamt nicht gestattet, einen Teil der Abfindung mit der Begründung, es handele sich insoweit um Gehalt für die Zeit bis zu der nach dem Arbeitsvertrag möglichen Beendigung des Arbverh, der Einkommensteuer zu unterwerfen.[2153]

Rückdatierungen führen nach Ansicht des ArbG Wetzlar[2154] zur Nichtigkeit des Aufhebungsvertrags. Allerdings kann ein Arbverh durch Aufhebungsvertrag dann rückwirkend aufgelöst werden, wenn es bereits außer Vollzug gesetzt wurde.[2155] Die Aufhebung kann keine Rechtsbeziehungen aus der Vergangenheit beseitigen („ex tunc"). Der Arbeitsvertrag enthält einige Pflichten, die über die Dauer des Arbverh hinauswirken, wie die Verschwiegenheitspflicht des AN oder die Verpflichtung des AG, eine betriebliche Altersversorgung zu erbringen. Wer mit dem Aufhebungsvertrag nicht nur das Arbverh, sondern auch den Arbeitsvertrag in seiner Gesamtheit beseitigt, hebt damit die Anspruchsgrundlage nachwirkender Pflichten auf. 1077

Der Aufhebungsvertrag kann auch als dreiseitiges Rechtsgeschäft geschlossen werden. Verabreden ein **AN**, sein **bisheriger AG** sowie ein **potenzieller neuer AG** im Zuge eines einheitlichen Rechtsgeschäfts, dass der AN ab einem bestimmten Tage nur noch mit dem neuen AG im Arbverh stehen und für diesen ausschließlich tätig werden soll, beinhaltet das Dreiecksgeschäft im Verhältnis zwischen dem AN und seinem bisherigen AG einen **Aufhebungsvertrag** i.S.v. § 623 (siehe § 623 Rn 21). Wird das Dreiecksgeschäft ausschließlich **mündlich** geschlossen, ist der Aufhebungsvertrag nicht formwahrend und somit nichtig, §§ 623, 125 S. 1. In diesem Falle besteht das Arbverh zwischen dem AN und seinem bisherigen AG fort. Beruft sich der AN später auf den Fortbestand des Arbverh zum bisherigen AG, sind an den Einwand der Treuwidrigkeit strenge Anforderungen zu stellen, erst recht dann, wenn der bisherige AG und der neue AG einen **Gemeinschaftsbetrieb** zweier Unternehmen i.S.d. KSchG unterhalten. Die formnichtige Aufhebung des Arbverh zwischen AN und bisherigem AG kann nicht nach § 140 in eine Suspendierung der beiderseitigen Hauptleistungspflichten umgedeutet werden. Die Formnichtigkeit der Aufhebung des Arbverh zwischen AN und bisherigem AG hat, jedenfalls im Gemeinschaftsbetrieb zweier Unternehmen, nicht die Unwirksamkeit der Begründung eines Arbverh zwischen AN und neuem AG durch das mündliche Rechtsgeschäft zur Folge. Vielmehr verbleibt es bei der Begründung eines Arbverh zwischen AN und neuem AG, so dass der AN **gleichzeitig im Arbverh mit zwei AG steht**. Das nur teilweise formnichtige Dreiecksgeschäft ist jedoch nach § 140 einheitlich in die Begründung von **Gläubiger- und Schuldnermehrheit** umzudeuten, so dass beide AG nach § 428 Abs. 1 die Arbeitsleistung von dem AN nur einmal verlangen können, der AN von den AG nur einmal Entgelt und Beschäftigung fordern kann. 1078

Steht der AN mit zwei AG in Gläubigermehrheit in Arbverh, so ist sein **Wahlrecht** aus § 428 Abs. 1, an wen er seine Arbeitsleistung erbringen möchte, ausgeschlossen, da das **arbeitgeberseitige** Direktionsrecht Vorrang genießt. Die **Freistellungserklärung** eines AG in Gläubigermehrheit wirkt sich gem. § 429 Abs. 1 auf den anderen AG aus und begründet einen einheitlichen Annahmeverzug beider AG.[2156] 1079

3. Betriebsgeheimnisklauseln. Auch **nach Beendigung des Arbverh** ist der AN verpflichtet, **Stillschweigen über Geschäfts- und Betriebsgeheimnisse** seines bisherigen AG zu wahren.[2157] Die nachwirkende Pflicht zur Verschwiegenheit erstreckt sich auf sämtliche Tatsachen, die im Zusammenhang mit dem Geschäftsbetrieb stehen, nur einem eng begrenzten Personenkreis bekannt, nicht offenkundig sind und nach dem Willen des AG aufgrund eines berechtigten wirtschaftlichen Interesses geheim gehalten werden sollen.[2158] Dementsprechend kommt Klauseln, in denen der AN auf die Nachwirkung seiner Verschwiegenheitspflicht hingewiesen wird, grds. nur deklaratorische Bedeutung zu. Das Urteil des BGH v. 3.5.2001[2159] hat die Funktion arbeitsvertraglicher Verschwiegenheitsklauseln aus Sicht der Unternehmen entwertet. 1080

2153 FG Bremen 23.11.1977 – I 26/77 – DStR 1978, 264.
2154 24.8.1993 – 1 Ca 209/93 – EzA § 611 BGB Aufhebungsvertrag Nr. 14; a.A. LAG Baden-Württemberg 22.5.1991 – 12 Sa 160/90 – LAGE § 611 BGB Aufhebungsvertrag Nr. 4.
2155 BAG 10.12.1998 – 8 AZR 324/97 – ARST 1999, 187.
2156 ArbG Berlin 4.8.2002 – 30 Ca 8920/02 – LAGE § 611 BGB Aufhebungsvertrag Nr. 27.

2157 BAG 15.12.1987 – 3 AZR 474/86 – AP § 611 BGB Betriebsgeheimnis Nr. 5; Salger/Breitfeld, BB 2004, 2574 und BB 2005, 154.
2158 BAG 15.12.1987 – 3 AZR 474/86 – AP § 611 BGB Betriebsgeheimnis Nr. 5; BAG 16.3.1982 – 3 AZR 83/79 – AP § 611 BGB Betriebsgeheimnis Nr. 1.
2159 BGH 3.5.2001 – I ZR 153/99 – WM 2001, 1824.

1081 Die nachwirkende Verschwiegenheitsverpflichtung verbietet es keinem AN einschließlich Führungskräften bis hin zu Vorständen, nach dem Ausscheiden Kunden der bisherigen Firma zu umwerben.[2160] Man kann zwar im Aufhebungsvertrag ein **Verbot der Kundenumwerbung** vereinbaren.[2161] Die Wirksamkeit ist umstritten. Je nach Inhalt rückt das Verbot nahe an die Funktion einer Kundenschutzklausel mit dem Gewicht eines Wettbewerbsverbots, das gem. dem Grundsatz der bezahlten Karenz in § 74 Abs. 2 HGB auch bei Organmitgliedern meist nichtig ist, wenn es entschädigungslos vereinbart wird.[2162]

1082 Effizient sind Betriebsgeheimnisklauseln in Aufhebungs- und Abwicklungsverträgen, wenn sie mit Vertragsstrafeversprechen verknüpft werden, deren generelle Wirksamkeit gem. § 309 Nr. 6 nach dem Urteil des BAG v. 4.3.2004[2163] bei Verstößen gegen die Geheimhaltungspflicht nicht in Zweifel steht.

1083 **4. Dienstwagenklausel.** Beim Außendienstmitarbeiter ist, wenn die Parteien nichts anderes vereinbart haben, der Wohnsitz **Erfüllungsort für die Rückgabe** des Dienstwagens.[2164] Soll der Dienstwagen im Aufhebungsvertrag an den AN veräußert werden, darf als **Kaufpreis** kein geringerer Wert als der Schätzwert zum Veräußerungszeitpunkt gewählt werden, weil andernfalls die Umsatzsteuer verkürzt würde und der vom AN zu versteuernde, geldwerte Vorteil zu Lasten des Fiskus verringert würde. Der Verkauf des Fahrzeugs an den AN zu einem niedrigeren als dem Marktpreis stellt einen **steuerpflichtigen Sachbezug** dar, der, wenn nichts anderes vereinbart ist, vom AN getragen werden muss. Auch wenn dem AN das Fahrzeug vollständig unentgeltlich übereignet wird, hat das Rechtsgeschäft (Schenkung oder gemischte Schenkung) steuerrechtlich einen Sachbezug zum Gegenstand.

1084 Wird das Fahrzeug bis zur rechtlichen Beendigung des Arbverh zur privaten Nutzung überlassen, entstehen aufseiten des AN keine Ansprüche auf Nutzungsentschädigung. Hat der AN das Fahrzeug an den AG auf dessen Wunsch vorzeitig zurückgegeben und wird in einem arbeitsgerichtlichen Vergleich statt einer fristlosen Künd vereinbart, dass das Arbverh unter Beachtung der ordentlichen Künd-Frist beendet wird und das Gehalt bis zur Beendigung des Arbverh nachzuzahlen ist, besteht, wenn nichts anderes vereinbart wurde, kein zusätzlicher Zahlungsanspruch des AN wegen der bis zum Beendigungszeitpunkt vorenthaltenen Nutzung des Dienstwagens.[2165] Auch wenn sich die Parteien in einem arbeitsgerichtlichen Vergleich darauf einigen, dass der beklagte AG das Arbverh mit dem Kläger bis zum Beendigungszeitpunkt „vertragsgemäß abrechnet" und „alle gegenseitigen Ansprüche aus dem Arbverh und diesem Rechtsstreit erledigt" sind, verneint das BAG einen vertraglichen Zahlungsanspruch für die Vorenthaltung des Dienstwagens. Nach dem Arbeitsvertrag sei nur die tatsächliche Überlassung geschuldet, nicht jedoch ein finanzieller Ersatz im Falle der Vorenthaltung. Auch aus dem Prozessvergleich leite sich kein Zahlungsanspruch ab, da nur die vertraglichen Ansprüche abzurechnen seien. Damit erwerbe der AN nur Geldansprüche, die nicht mehr nachzuholende Naturalleistung „Überlassung des Dienstwagens" sei dagegen nicht mehr abzurechnen. In einer weiteren Entscheidung bestätigte das BAG[2166] seine Rechtsauffassung: Enthalte ein Prozessvergleich die Verpflichtung des AGs zur „vertragsgemäßen Abwicklung", sei die vorenthaltene Dienstwagennutzung nicht von der im Vergleich gewählten Formulierung erfasst, selbst wenn die vorenthaltene Nutzung des Firmenfahrzeugs Gegenstand des Vortrags des AN im ArbG-Prozess gewesen sei.

1085 Die Rspr. zur **Rechtsnatur des Nutzungsanspruchs** am Dienstwagen ist nicht einheitlich. Mit Urteil v. 27.5.1999 hatte das BAG den Anspruch wegen Vorenthaltung des privat nutzbaren Dienstwagens als Schadensersatzanspruch verstanden.[2167] Kurz darauf änderte es seine Auffassung und nahm im Anschluss an *Meier*[2168] einen echten Annahmeverzugslohnanspruch an.[2169] Als „dogmatisch unklar" bezeichnete der 8. Senat schließlich seine letzte Bewertung des Nutzungsanspruchs eines AN.[2170] Die h.M. in der Lit. versteht den Anspruch auf private Nutzung des Dienstwagens als echten Verzugslohnanspruch.[2171]

1086 Soweit die Zahlung der Abfindung und eine **nachvertragliche Privatnutzung** innerhalb eines Kalenderjahres erfolgen, ist die Privatnutzung gem. §§ 24, 34 EStG zu versteuern.[2172] Im BMF-Schreiben v. 24.5.2004[2173] wird ausdrücklich erwähnt, dass die weitere unentgeltliche oder teilentgeltliche (zeitlich befristete) Nutzung des Dienstwagens, der nicht in das Eigentum des AN übergeht, regelmäßig Teil der Entschädigung sei.

2160 BAG 15.12.1987 – 3 AZR 474/86 – AP § 611 BGB Betriebsgeheimnis Nr. 5.
2161 Nach BAG 15.12.1987 – 3 AZR 474/86 – NZA 1988, 502 zweifelhaft.
2162 BAG 15.12.1987 – 3 AZR 474/86 – DB 1988, 1020; *Hümmerich*, Gestaltung von Arbeitsverträgen, § 2 Rn 76 ff.; *Bauer/Diller*, Rn 722 ff.
2163 BAG 4.3.2004 – 8 AZR 196/03 – NZA 2004, 727.
2164 BAG 12.6.1986 – 2 AZR 398/85 – NJW-RR 1988, 482; A.A. *Weber/Ehrich/Burmester*, Teil 1 Rn 745 („Betriebsstätte des Arbeitgebers").
2165 EWiR 1/03, m. Anm. *Mauer* zu BAG 5.9.2002 – 8 AZR 702/01.
2166 BAG 5.9.2002 – 8 AZR 702/01 – NZA 2003, 973.
2167 BAG 27.5.1999 – 8 AZR 415/98 – BAGE 91, 379.
2168 NZA 1999, 1083.
2169 BAG 2.12.1999 –8 AZR 849/98 – juris.
2170 BAG 25.1.2001 – 8 AZR 412/00 – juris.
2171 ErfK/*Preis*, § 611 BGB Rn 759; *Meier*, NZA 1999, 1083; MünchArbR/*Hanau*, Bd. 1, § 68 Rn 12; MüKo-BGB/*Schaub*, § 8 AZR 27; a.A. *Nägele*, NZA 1997, 1196; *Küttner/Griese*, Dienstwagen Rn 11.
2172 *Hoß/Ehrich*, DB 1997, 625.
2173 IV A 5 – S 2290/20/04, 14, BStBl I 2004 S. 505.

Wird dem AN ein Dienstwagen nur zur **dienstlichen Nutzung** überlassen, erlangt der AN grds. weder eine Besitzstellung an diesem, noch einen Anspruch auf Nutzung des Fahrzeugs bis zur Beendigung des Arbverh.[2174] Der AG kann daher das Fahrzeug jederzeit entschädigungslos herausverlangen.[2175] Wurde dem AN auch das Recht der privaten Nutzung des Dienstwagens eingeräumt, stellt das private Nutzungsrecht einen Teil des Arbeitsentgelts in Form einer Naturalvergütung dar und muss, soweit nicht etwas anderes geregelt wurde, durchgehend geleistet werden.[2176] 1087

Bei der Bemessung des Aufstockungsbetrags, um den der AG das Arbeitsentgelt des AN in Teilzeit gem. § 3 ATG erhöhen muss, und der ihm unter den Voraussetzungen des § 4 ATG von der BA zurückerstattet wird, ist der Wert der Dienstwagennutzung zu berücksichtigen. Der AG ist verpflichtet, das Arbeitsentgelt um mindestens 20 % vom Altersteilzeitbrutto auf mindestens 70 % vom bisherigen Nettoverdienst aufzustocken und zur gesetzlichen Rentenversicherung Beiträge auf der Basis von insgesamt 90 % des bisherigen Bruttoentgelts abzuführen. Diese Prozentsätze können aufgrund tarifvertraglich oder in einer BV getroffenen Regelung zu höheren Aufstockungsbeträgen führen.[2177] 1088

Im Blockmodell muss deshalb der AG bei vereinbarter Privatnutzung entweder das Fahrzeug durchgehend zur Verfügung stellen oder den Aufstockungsbetrag um den Vorteil der Privatnutzung erhöhen.[2178] 1089

Ist das Fahrzeug geleast und darf der AN das Firmenfahrzeug auch privat nutzen, so ist eine Vertragsvereinbarung unwirksam, wonach der AN bei Eigen-Künd die Rechte und Pflichten aus dem Leasingvertrag zu übernehmen und den AG von den Verpflichtungen aus dem **Leasingvertrag** freizustellen hat. Das LAG München[2179] gründet diese Auffassung auf § 242. Es sei mit Treu und Glauben nicht zu vereinbaren, wenn die monatliche Leasingrate im Verhältnis zum monatlichen Einkommen des AN so hoch sei, dass sie der AN ohne Gefährdung seiner wirtschaftlichen Existenzgrundlage kaum bewältigen könne. 1090

Haben AG und AN vereinbart, dass der AN bei einem Leasingfahrzeug, das ihm als Firmenfahrzeug zur Verfügung gestellt wird, den Unterschiedsbetrag zwischen der Normalausstattung und der Sonderausstattung übernimmt, kann der AN arbeitsvertraglich nicht wirksam verpflichtet werden, im Falle der vorzeitigen Rückgabe des Fahrzeugs die noch anfallenden Differenzraten zu zahlen.[2180] 1091

Hat der AG dem AN ein Dienstfahrzeug auch zur privaten Nutzung überlassen und wird die Lohnsteuer wegen des dem AN zufließenden geldwerten Vorteils nach der sog. 1 %-Regelung (§ 8 Abs. 2 S. 2 EStG) ermittelt, kann der AG verpflichtet sein, dem AN Auskunft über die tatsächlich mit der Fahrzeughaltung verbundenen Kosten zu erteilen (§ 8 Abs. 2 S. 4 EStG), damit der AN die wegen einer nur geringen privaten Nutzung möglicherweise überzahlte Lohnsteuer vom Finanzamt erstattet verlangen kann.[2181] 1092

5. Erledigungsklausel. Erledigungsklauseln, auch Ausgleichsklauseln genannt, können sich auf **Ansprüche aus dem Arbverh**, auf **sämtliche Ansprüche** oder auf **alle finanziellen Ansprüche** zwischen den Parteien beziehen. Welche Rechtsqualität und welchen Umfang die in einer Ausgleichsquittung abgegebenen Erklärungen haben, ist nach den Regeln der §§ 133, 157 durch Auslegung zu ermitteln. Als rechtstechnische Mittel zur Bereinigung der Rechtsbeziehungen der Parteien kommen insbes. der Erlassvertrag, das konstitutive und das deklaratorische Schuldanerkenntnis in Betracht. Wenn aber feststeht, dass eine Forderung nichtbesteht, verbietet dieser Umstand im Allgemeinen die Annahme, der Gläubiger habe sein Recht iS § 397 Abs. 1 oder Abs. 2 einfach wieder aufgegeben; ein Erlass liegt im Zweifel nicht vor.[2182] Die Ausgleichsklausel ist dann als deklaratorisches negatives Schuldanerkenntnis auszulegen, das der Durchsetzung des Anspruchs nicht entgegensteht, wenn die Forderung unstreitig besteht. 1093

Erfasst eine Ausgleichsklausel die Ansprüche aus dem Arbverh, sind damit auch die Ansprüche aus der Beendigung des Arbverh gemeint.[2183] Ein **Darlehen** ist generell keine Leistung aus dem Arbverh. Das Arbverh ist allenfalls Motiv für die Gewährung eines Darlehens, so dass Darlehensansprüche grds. durch Erledigungsklauseln nicht erfasst werden.[2184]

Wählen die Parteien die Formulierung „alle **gegenseitigen** oder alle **wechselseitigen** Ansprüche sind mit Abschluss der Aufhebungsvereinbarung erledigt", werden durch beide Formulierungen stets **alle** Ansprüche erfasst, die einer Partei gegen die andere zustehen. Die Gegenseitigkeit bezieht sich nicht nur auf solche Ansprüche, die in einem synallagmatischen Gegenseitigkeitsverhältnis i.S.v. § 320 zueinander stehen.[2185] 1094

2174 *Nägele*, S. 16.
2175 LAG Berlin 26.5.1986 – 9 Sa 24/86 – DB 1987, 542; ArbG Stuttgart 12.5.1995 – 26 Ca 2051/94 – n.v.
2176 BAG 16.11.1995 – 8 AZR 240/95 – AP § 611 BGB Sachbezüge Nr. 4; LAG Köln 9.5.1998 – 13 Sa 280/98 – n.v.; ErfK/*Preis*, § 611 BGB Rn 659; *Maier*, NZA 1997, 298.
2177 ErfK/*Rolfs*, § 3 ATG Rn 2.
2178 *Rittweger/Petri/Schweikert*, § 3 Rn 41; *Nägele*, S. 16 f.
2179 LAG München 30.5.2001 – 9 Sa 8/01 – FA 2002, 91.
2180 BAG 9.9.2003 – 9 AZR 574/02 – AP § 611 BGB Sachbezüge Nr. 15 = NZA 2004, 484.
2181 BAG 19.4.2005 – 9 AZR 188/04 – NZA 2005, 983.
2182 BAG 7.11.2007 – 5 AZR 880/06 – AP § 397 BGB Nr. 2 = NZA 2008, 355.
2183 BAG 30.11.1994 – 10 AZR 79/94 – DB 1995, 520.
2184 LAG Hamm 28.4.1995 – 10 Sa 1386/94 – LAGE § 794 ZPO, Ausgleichsklausel Nr. 1; a.A. OLG Düsseldorf 9.7.1997 – 3 U 11/97 – NZA-RR 1998, 1.
2185 *Bauer*, Arbeitsrechtliche Aufhebungsverträge, Rn IV 379.

1095 Enthält eine Ausgleichsklausel die Formulierung, **alle Ansprüche aus dem beendeten Arbverh**, gleich aus welchem Rechtsgrund, seien erledigt, werden Rückzahlungsansprüche wegen überzahlten Gehalts aus § 812 selbst dann mit erfasst, wenn sich der Rückzahlungsanspruch erst aus den Bedingungen des Aufhebungsvertrages ergibt.[2186] Stand der AN bei Unterzeichnung einer Ausgleichsquittung nicht unter Zeitdruck und unterzeichnete er mit einer zweiten Unterschrift einen drucktechnisch hervorgehobenen Passus, wonach alle seine Ansprüche aus dem Arbverh und dessen Beendigung abgegolten sind, erfasst die Ausgleichsquittung auch den Anspruch auf ein 13. Monatsgehalt.[2187] Führt eine nach Abschluss des Aufhebungsvertrages eingetretene Tariferhöhung dazu, dass der AN einen Gehaltserhöhungsanspruch bis zum Zeitpunkt der Beendigung des Arbverh hat, kann sich der AG nicht wirksam auf eine Erledigungsklausel im Aufhebungsvertrag berufen.[2188] Auch der **Anspruch auf ein Zeugnis**[2189] und auf **Herausgabe der Arbeitspapiere** wird nicht durch eine Erledigungsklausel tangiert. Gleiches gilt nach inzwischen h.A. in der Rspr.[2190] **bei Ansprüchen aus betrieblicher Altersversorgung** und nicht unstreitig bestehender Gehaltsansprüche.[2191] Eine sich auf alle Ansprüche aus dem beendeten Arbverh beziehende Klausel bewirkt weder den Verzicht auf gesetzliche Urlaubsansprüche, die nach § 13 Abs. 1 BUrlG unverzichtbar sind, noch das Erlöschen des gekürzten Vollurlaubsanspruchs nach § 5 Abs. 1 lit. c BUrlG.[2192] Auch ein als Schadensersatz geltend gemachter Verschaffungsanspruch wegen unterbliebener Einbeziehung in eine betriebliche Altersversorgung wird nicht durch eine Ausgleichsklausel erfasst.[2193]

1096 Der Wortlaut in einer Ausgleichsklausel eines gerichtlichen Vergleichs, wonach „mit der Erfüllung der Vereinbarung sämtliche Ansprüche hinüber und herüber aus dem Arbverh und seiner Beendigung abgegolten und ausgeglichen sind", umfasst auch Ansprüche aus einem **vertraglichen Wettbewerbsverbot**. Aus weiteren Umständen wie dem Zustandekommen der Vereinbarung oder dem nachvertraglichen Verhalten kann sich ergeben, dass die Parteien ein Wettbewerbsverbot dennoch aufrechterhalten bzw. nicht auf Ansprüche hieraus verzichten wollen.[2194]

1097 Eine **allgemeine Erledigungsklausel** im Aufhebungs- oder Abwicklungsvertrag führte nach früherer Rspr.[2195] nicht zur Beseitigung eines im Arbeitsvertrag vereinbarten nachvertraglichen Wettbewerbsverbots. Soweit von den Parteien die Beseitigung des Wettbewerbsverbots beabsichtigt ist, musste es ausdrücklich im Auflösungsvertrag aufgehoben werden. Seit dem Urteil des BAG v. 19.11.2003[2196] ist eine Ausgleichsklausel in einem Aufhebungsvertrag grds. weit auszulegen. Daher können Ausgleichsklauseln typischerweise auch ein bestehendes nachvertragliches Wettbewerbsverbot und den daraus folgenden Anspruch auf eine Karenzentschädigung aufheben, ohne dass es einer aus dem Wortlaut ausdrücklich hervorgehenden gesonderten Formulierung bedarf.

1098 Nicht klar ist, ob eine Klausel, wonach die Gesellschaft mit sofortiger Wirkung auf das nachvertragliche Wettbewerbsverbot verzichtet, die Pflicht des Unternehmens zur Zahlung der Karenzentschädigung erfasst.[2197]

1099 Wegen der nur losen Verbindung mit dem Arbverh gehen auch Ansprüche auf AN-Erfinder-Vergütung grds. nicht in einer allgemeinen Erledigungsklausel unter.[2198] Eine Erledigungsklausel lässt **unverzichtbare Rechte und Ansprüche generell unberührt**. Ansprüche auf gesetzlichen Mindesturlaub bleiben erhalten.[2199] Ein Verzicht auf **tarifliche Rechte** ist nur in einem von den TV-Parteien gebilligten Vergleich zulässig.[2200] Das Verzichtsverbot erstreckt sich auf alle tariflichen Rechte, auch auf einen tariflichen Wiedereinstellungsanspruch.[2201] Wenn dagegen zwischen den Parteien Streit oder Ungewissheit über die tatsächlichen Voraussetzungen eines tariflichen Anspruchs besteht, kann der Streit mithilfe einer Erledigungsklausel wirksam beendet werden. In diesem Falle schließen die Parteien einen Tatsachenvergleich, der eine objektive oder subjektive Ungewissheit über die tatsächlichen Voraussetzungen des tariflichen Anspruchs im Wege gegenseitigen Nachgebens ausräumt.[2202] Ein Verzicht auf **Rechte aus einer BV** ist gem. § 77 Abs. 4 BetrVG nur mit Zustimmung des BR wirksam.[2203]

2186 BAG 5.4.1973 – 5 AZR 574/72 – EzA § 794 ZPO Nr. 1.
2187 BAG 28.7.2004 – 10 AZR 661/03 – ArbRB 2004, 330 = NZA 2004, 1098.
2188 LAG Köln 5.10.1995 – 10 Sa 665/95 – LAGE § 611 Aufhebungsvertrag Nr. 19.
2189 BAG 16.9.1974 – 5 AZR 255/74 – AP § 630 BGB Nr. 9.
2190 BAG 14.8.1990 – 3 AZR 301/89 – NZA 1991, 174; BAG 22.9.1987 – 3 AZR 194/86 – AP § 17 BetrAVG Nr. 13; BAG 9.11.1973 – 3 AZR 66/73 – DB 1974, 487.
2191 LAG Hamm 7.12.2000 – 16 Sa 1152/00 – NZA-RR 2002, 15.
2192 BAG 9.6.1998 – 9 AZR 43/97 – DB 1999, 52.
2193 BAG 17.10.2000 – 3 AZR 69/99 – FA 2001, 117.
2194 BAG 31.7.2002 – 10 AZR 558/01 – NZA 2003, 101.
2195 BAG 20.10.1981 – 3 AZR 1013/78 – AP § 74 HGB Nr. 39; LAG Baden-Württemberg 20.9.1995 – 3 TaBV 1/95 – NZA-RR 1996, 163; Hoß, DB 1997, 1818; die Instanzgerichtsbarkeit differenzierte stärker danach, wie die Erledigungsklausel formuliert ist: OLG Köln 25.3.1997 – 22 U 225/96 – BB 1997, 1328; LAG Köln 17.1.1990 – 7 Sa 1052/89 – n.v.; LAG Niedersachsen 23.9.1992 – 15 Sa 462/92 – n.v.
2196 BAG 18.11.2003 – 10 AZR 174/03 – BB 2004, 1280; Bauer/Diller, BB 2004, 1274.
2197 Hoß, DB 1997, 1818, 1820.
2198 Bauer, Arbeitsrechtliche Aufhebungsverträge, Rn IV 396.
2199 BAG 20.1.1998 – 9 AZR 812/96 – NZA 1998, 816.
2200 § 4 Abs. 4 S. 1 TVG.
2201 BAG 22.2.1961 – 4 AZR 37/59 – DB 1961, 575.
2202 BAG 21.12.1972 – 5 AZR 310/72 – AP § 9 LFZG Nr. 1; BAG 23.8.1994 – 3 AZR 825/93 – AP § 3 BetrAVG Nr. 3.
2203 BAG 20.4.1994 – 10 AZR 323/93 – NZA 1995, 489; BAG 28.4.1993 – 10 AZR 222/92 – ZIP 1993, 1403.

Mit der Erledigungsklausel kann der AN erklären, keine Künd-Schutzklage zu erheben.[2204] Dazu bietet sich die Formulierung, „gegen die Künd werden keine Einwendungen erhoben", an. Dieser Wortlaut ist ausreichend, um im Abwicklungsvertrag sicher zu stellen, dass der AN die Künd hinnimmt und keine Klage erheben wird.[2205] Auch die auf dem Künd-Schreiben enthaltene und vom AN unterschriebene Erklärung, „zur Kenntnis genommen und hiermit einverstanden", wird als wirksamer Klageverzicht auf den gesetzlichen Künd-Schutz gedeutet.[2206] Kein wirksamer Verzicht auf Künd-Schutz liegt dagegen vor, wenn es in einer Ausgleichsquittung heißt: „Ich erkläre hiermit, dass mir aus Anlass der Beendigung des Arbverh keine Ansprüche mehr zustehen".[2207] Nach der neuesten Rspr. des BAG stellt aber der **ohne Gegenleistung** formularmäßig erklärte Verzicht des AN auf die Erhebung der Künd-Schutzklage eine **unangemessene Benachteiligung** i.S.v. § 307 Abs. 1 S. 1 dar und ist damit unwirksam.[2208] Auch ist zu beachten, dass der Klageverzichtsvertrag, der im unmittelbaren zeitlichen und sachlichen Zusammenhang mit dem Ausspruch der Künd abgeschlossen wird, ein Auflösungsvertrag i.S.v. § 623 BGB ist.[2209]

1100

Durch einen in Bezug auf eine konkrete AG-Künd rechtswirksam abgegebenen Klageverzicht begibt sich der AN auch eines eventuell bestehenden Wiedereinstellungsanspruchs.[2210] Eine allgemeine Erledigungsklausel erfasst nicht einen titulierten Anspruch, der schon bei Abschluss des Prozessvergleichs oder außergerichtlichen Aufhebungsvertrages feststand.[2211] Ebenso wenig bezieht eine Erledigungsklausel einen Rückzahlungsanspruch des AG wegen einer nach § 115 SGB X übergeleiteten Forderung der AA ein, wenn der AG den AN überzahlt hat.[2212]

1101

Enthält eine Ausgleichsklausel ein **konstitutives negatives Schuldanerkenntnis**, so soll der AG dieses Schuldanerkenntnis nach § 812 Abs. 2 wegen ungerechtfertigter Bereicherung zu Unrecht erlangt haben, wenn der Anerkennende nachweisen kann, dass er vom Nichtbestehen der Forderung ausgegangen ist, sie aber tatsächlich doch bestand.[2213]

1102

Die Vereinbarung einer allgemeinen Erledigungsklausel kann **rechtsmissbräuchlich** sein, wenn der AN dem AG durch eine vorsätzliche Vertragsverletzung oder vorsätzliche unerlaubte Handlung Schaden zugefügt hat und der AG bei Vereinbarung der Klausel hiervon keine Kenntnis hatte.[2214] Die häufige Formulierung, „mit Erfüllung dieser Vereinbarung sind alle gegenseitigen Ansprüche – gleichgültig ob bekannt oder unbekannt – des AN gegen die Firma und umgekehrt aus dem Arbverh und seiner Beendigung erledigt", ergibt im Wege der Auslegung, dass es sich um ein negatives Schuldanerkenntnis i.S.v. § 397 Abs. 2 handelt.[2215] Für diese Klausel gilt, dass eine Kondiktion nach § 812 S. 2 ausscheidet, weil Rechtsgrund des geleisteten Anerkenntnisses der durch gegenseitiges Nachgeben zustande gekommene Abfindungsvergleich ist, § 779. Eine Anfechtung der Ausgleichsklausel mit der Begründung, Forderungen, die zum Zeitpunkt des Abschlusses des Auflösungsvertrags bestanden hätten, seien übersehen worden, ist i.d.R. nicht wirksam, weil es an den Voraussetzungen der §§ 119, 123 fehlt.[2216]

1103

Bei **ausländischen AN** ist die st. Rspr. zu beachten, wonach eine Erledigungsklausel nur dann wirksam Rechte des AN ausschließen kann, wenn der AN die Klausel verstanden hat.[2217] Vereinbart ein ehemaliger Gesellschaftergeschäftsführer, der zugleich als Architekt für eine GmbH tätig war, über eine allgemeinen Erledigungsklausel im Rahmen der Übertragung des Gesellschaftsanteils einen generellen Haftungsverzicht, erfasst eine solche Erledigungsklausel nicht etwaige Ansprüche, die der Gesellschaft wegen überzahlten Architektenhonorars zustehen.[2218]

1104

6. Freistellung. Fehlt eine vertragliche Vereinbarung, kann im **ungekündigten** Arbverh der AG den AN **einseitig** von der Arbeitsleistung nur dann freistellen, wenn ihm die Weiterbeschäftigung des AN unzumutbar ist, etwa weil der AN des Verrats von Betriebsgeheimnissen verdächtig war, wenn die Annahme anderweitiger Fälle eines strafbaren bzw. schädigenden Verhaltens gegeben war oder wenn aus der Stellung des AN im Betrieb und aus der Art seines Arbeitsbereichs ein überwiegendes schutzwertes Interesse des AG an der Suspendierung folgte.[2219] Im **gekündigten** Arbverh besteht ein berechtigtes Interesse des AG zur sofortigen Freistellung des AN von der Arbeitsleistung.[2220]

1105

2204 BAG 29.6.1978 – 2 AZR 681/76 – NJW 1979, 287; BAG 3.5.1979 – 2 AZR 679/77 – NJW 1979, 2267.
2205 BAG 6.4.1977 – 4 AZR 721/75 – AP § 4 KSchG 1969 Nr. 4.
2206 LAG Köln 22.2.2000 – 13 (10) Sa 1388/99 – NZA-RR 2001, 85.
2207 BAG 3.5.1979 – 2 AZR 679/77 – AP § 4 KSchG 1969 Nr. 6.
2208 BAG 6.9.2007 – 2 AZR 722/06 – AP § 4 KSchG 1969 Nr. 62 = NZA 2008, 219; hierzu: *Kroeschell*, NZA 2008, 560 ff.
2209 BAG 19.4.2007 – 2 AZR 208/06 – AP § 623 BGB Nr. 9 = NZA 2007, 1227.
2210 ArbG Düsseldorf 4.10.1999 – 7 Ca 4479/99 – DB 2000, 2022.
2211 LAG Frankfurt 7.6.1985 – 13 Sa 31/85 – BB 1986, 136.
2212 BAG 9.10.1996 – 5 AZR 246/95 – NZA 1997, 376.
2213 BAG 6.4.1977 – 4 AZR 721/75 – NJW 1977, 1983.
2214 BAG 9.3.1972 – 1 AZR 165/71 – BB 1972, 1245.
2215 LAG München 24.4.1997 – 2 Sa 1004/96 – BB 1998, 269.
2216 *Weber/Ehrich/Burmester*, Teil 1 Rn 805; *Diller*, FA 2000, 270.
2217 LAG Hamm 12.10.2004 – 6 Sa 621/04 – EzA-SD 2005, Nr. 11, 10; LAG Hamm 2.1.1976 – 3 Sa 1121/75 – DB 1976, 923; *Hümmerich*, BlStSozArbR 1976, 273.
2218 BGH 18.9.2000 – II ZR 15/99 – NJW 2001, 223.
2219 BAG 27.2.1985 – GS 1/84 – NZA 1985, 702; RGKU/*Joussen*, § 611 Rn 223; Schaub/*Koch*, § 110 Rn 10; differenzierend: *Hümmerich*, Gestaltung von Arbeitsverträgen, § 1 Rn 1397 ff.
2220 HWK/*Thüsing*, § 611 Rn 177; a.A. ErfK/*Preis*, § 611 Rn 709; Schaub/*Koch*, § 110 Rn 11.

Die einseitige Aufhebung der Arbeitspflicht bedeutet einen Verzicht auf das Angebot der Arbeitsleistung, womit regelmäßig durch eine Freistellung des AN von der Arbeitspflicht die Voraussetzungen des Annahmeverzugs des AG erfüllt sind, ohne dass es eines Arbeitsangebots des AN bedarf.[2221] Jedoch muss der AN zur Erbringung der Arbeitsleistung gem. § 297 BGB fähig sein. Von einem Fortbestehen des Anspruchs auf die Vergütung, unabhängig von der Arbeitsfähigkeit und über sechs Wochen hinaus, ist auch bei dauernder unwiderruflicher Freistellung von der Arbeitspflicht nur dann auszugehen, wenn dies von den Parteien ausdrücklich vereinbart worden ist.[2222]

1106 Den Arbeitsvertragsparteien steht es frei, **einvernehmlich** die Pflicht zur Arbeitsleistung zu suspendieren. Wenn aber bei einer einvernehmlichen Freistellung von der Arbeitsleistung auch die Vergütungspflicht suspendiert werden soll, bedarf dies der eindeutigen Regelung, denn es ist im Zweifel nicht davon auszugehen, dass der AN auch auf seine Vergütung verzichten will.[2223] Mangels eines Anspruchs auf Arbeitsleistung befindet sich der AG bei einer **einvernehmlichen** Freistellung nicht im Gläubigerverzug. Eine unmittelbare Anwendung des § 615 S. 2 scheidet deshalb aus.[2224]

1107 Gegenwärtig weicht die für **Vorstände** und **GmbH-Geschäftsführer** maßgebliche Rechtslage von der geänderten Rspr. des BAG ab. Der BGH hat noch mit Urteil v. 9.10.2000[2225] den Rechtssatz aufgestellt, dass die Freistellung von der Dienstpflicht einen Annahmeverzug i.S.v. § 615 S. 1 begründe. Der notwendige Verzug ergebe sich schon daraus, dass die Gesellschaft auf die Dienste des Geschäftsführers verzichtet habe. Der BGH kommt daher zu einer Anrechnungspflicht nach § 615 S. 2.

1108 Das LAG Köln[2226] meint, eine Anrechnung anderweitigen Erwerbs brauche nicht zu erfolgen, wenn in einem Prozessvergleich zwischen AN und AG eine Freistellung des AN von der Arbeit erfolgt sei; der AG trage für einen gegenteiligen Willen die Darlegungs- und Beweislast. Eine Anrechnung schied schon nach bisheriger Rspr. aus, wenn der AN für die Auslauffrist bezahlt von der Arbeit freigestellt und eine umfassende Ausgleichsklausel vereinbart worden war.[2227]

1109 Wird in einem Aufhebungs- oder Abwicklungsvertrag die **Freistellung des AN** geregelt und wird dabei nichts über den noch bestehenden Resturlaub vereinbart, bleibt der **Urlaubsanspruch** erhalten.[2228] Urlaubsgewährung findet nur dann statt, wenn der AG dem AN erkennbar macht, er wolle den Urlaubsanspruch erfüllen. Freistellung und Urlaub sind in der BAG-Rspr. Aliud-Tatbestände. Für die wirksame Anrechnung des Urlaubsanspruchs auf die Zeit der Freistellung ist nicht erforderlich, dass der AG den Urlaub des AN innerhalb der längeren Künd-Frist zeitlich festlegt. Es genügt vielmehr die unwiderrufliche Freistellung während der Künd-Frist unter Anrechnung etwaiger Urlaubsansprüche.[2229] Nur bei unwiderruflicher Freistellung darf der AG zeitgleich die Erfüllung von Urlaubsansprüchen anordnen.[2230]

1110 Unterlässt es der AG, die Freistellung mit dem Zusatz „unter Anrechnung auf sämtliche noch bestehenden Urlaubsansprüche" zu verbinden, kann der AN trotz monatelanger Freistellung für seine restlichen Urlaubstage Urlaubsabgeltung verlangen.[2231] De lege ferenda wäre an den Einwand des Rechtsmissbrauchs zu denken. Erhebt der AN Künd-Schutzklage, macht er nicht zugleich seine Urlaubsansprüche geltend.[2232] Ist der Anspruch nach § 7 Abs. 3 BUrlG nach dem 31.3. des Folgejahres erloschen, entfällt ein Abgeltungsanspruch. Die bloße Erhebung einer Künd-Schutzklage sichert weder einen Urlaubsabgeltungsanspruch, noch führt sie dazu, dass dem AN Schadensersatzansprüche wegen nicht genommenen Urlaubs erwachsen.

1111 Ordnet der AG Freistellung an und verfügt er gleichzeitig, in beträchtlichem Umfang angefallene Überstunden sollten abgefeiert werden, ist ein arbeitsvertraglich vereinbarter Vergütungsanspruch für geleistete Überstunden gleichwohl erwachsen. Ist zurzeit der Freistellung bereits ein Anspruch auf Überstundenvergütung entstanden und fällig geworden, wird dieser nicht durch einseitige, vom AG angeordnete Arbeitsbefreiung erfüllt. Stattdessen bedarf es der Vereinbarung einer Ersetzungsbefugnis. Diese Befugnis des AG kann sich aus TV, Arbeitsvertrag oder Parteivereinbarung ergeben. Verlässt der AN auf die einseitig ausgesprochene Anordnung den Betrieb, darf der AG das Verhalten des AN nicht als Zustimmung zum Abfeiern der Überstunden verstehen. Schweigen ist regelmäßig keine Annahme eines Vertragsangebots, wenn damit ein Verzicht auf einen fälligen Geldanspruch verbunden wäre.[2233]

2221 BAG 23.1.2008 – 5 AZR 393/07 – NZA 2008, 595.
2222 BAG 23.1.2008 – 5 AZR 393/07 – NZA 2008, 595.
2223 HWK/*Thüsing*, § 611 Rn 175.
2224 *Bauer*, Arbeitsrechtliche Aufhebungsverträge, Rn IV 88; *Bauer/Baeck*, NZA 1989, 784.
2225 BGH 9.10.2000 – II ZR 75/99 – BB 2000, 2434.
2226 LAG Köln 21.8.1991 – 715 Sa 385/91 – LAGE § 615 BGB Nr. 30.
2227 LAG Hamm 27.2.1991 – 2 Sa 1289/90 – DB 1991, 1577; *Bengelsdorf*, S. 132; *Weber/Ehrich/Burmester*, Teil 1 Rn 701; a.A. *Bauer*, Arbeitsrechtliche Aufhebungsverträge, Rn IV 90.

2228 St. Rspr. BAG 9.6.1998 – 9 AZR 43/97 – NZA 1999, 80 = DB 1999, 52.
2229 LAG Köln 16.3.2000 – 10 (11) Sa 1280/99 – LAGE § 7 BUrlG Nr. 37; *Bauer*, NZA 2007, 409.
2230 BAG 14.3.2006 – 9 AZR 11/05 – NZA 2006, 1008.
2231 BAG 9.6.1988 – 9 AZR 43/97 – NZA 1999, 80; a.A.: *Bauer*, Arbeitsrechtliche Aufhebungsverträge, Rn IV 43.
2232 BAG 18.9.2001 – 9 AZR 570/00 – ArbRB 2002, 35; BAG 21.9.1999 – 9 AZR 705/98 – AP § 7 BUrlG Abgeltung Nr. 77.
2233 BAG 18.9.2001 – 9 AZR 307/00 – BB 2002, 359.

Stellt der AG einen AN mangels Beschäftigungsmöglichkeit bis zum Ablauf der Künd-Frist frei und hat er dem AN betriebsbedingt mangels Arbeit gekündigt, ist die Freistellung keine mitbestimmungspflichtige Versetzung.[2234]

Unter Hinweis auf die BSG-Rspr. zum Sperrzeitbeginn[2235] hatten die Spitzenverbände der Sozialversicherung am 5./6.7.2005 die Auffassung entwickelt, ein nach § 7 Abs. 4 SGB IV versicherungspflichtiges Beschäftigungsverhältnis liege nicht mehr vor, wenn ein AN im Aufhebungs- oder Abwicklungsvertrag einvernehmlich unwiderruflich freigestellt sei. Diese Ansicht war falsch, da nur dann das versicherungspflichtige Beschäftigungsverhältnis entfällt, wenn die Hauptleistungspflichten des AG und des AN suspendiert sind.[2236] Zwischenzeitlich hatte auch das BSG entschieden, dass bei einer einvernehmlichen und unwiderruflichen Freistellung eine Beschäftigung vorliegt und damit eine Versicherungspflicht gegen Entgelt fortbesteht.[2237] Die Spitzenverbände der Sozialversicherung haben daher ihre Auffassung mit Besprechungsergebnis vom 30./31.3.2009 korrigiert und gehen mit dem BSG nun davon aus, dass auch bei einer einvernehmlichen unwiderruflichen Freistellung das Beschäftigungsverhältnis fortbesteht. An der im Besprechungsergebnis vom 5./6.7.2005 geäußerten Auff. wird ausdr. nicht mehr festgehalten.

7. Insolvenzschutzklauseln zur Pensionssicherung. In Aufhebungsverträgen mit Führungskräften besteht vermehrt ein Bedarf an Vereinbarungen zur Insolvenzsicherung von Pensionsregelungen. Grds. gelten die Regelungen des BetrAVG zwar nur für AN. Gem. § 17 Abs. 1 S. 2 BetrAVG finden sie auch auf Personen Anwendung, die nicht AN sind, wenn ihnen Leistungen der Alters-, Invaliditäts- oder Hinterbliebenenversorgung aus Anlass ihrer Tätigkeit für ein Unternehmen zugesagt worden sind. Vorstände, Geschäftsführer und sonstige Personen (Berater) gehören zu diesem Personenkreis.

Bei AN, die nicht für die Dauer der Anwartschaftszeit von fünf Jahren (§ 1a BetrAVG) ihre Position inne hatten, fehlt einer im Aufhebungsvertrag gleichwohl zugesagten Pension die Insolvenzfestigkeit. Nicht bindend für den Pensionssicherungsverein sind auch Pensionsversprechen, soweit sie die Höchstgrenzen nach § 7 Abs. 3 S. 1 BetrAVG überschreiten oder wenn sie dem Pensionssicherungsverein als unangemessen hoch erscheinen, § 7 Abs. 5 BetrAVG. Bei Rechtsmissbrauch zwischen AG und AN scheidet eine Eintrittspflicht des Pensionssicherungsvereins ebenfalls aus.[2238] Die fiktive Anrechnung von Nachdienstzeiten, wenn sie in Aufhebungsverträgen zur Erfüllung einer Anwartschaftszeit führt, bindet zwar den AG,[2239] ist aber nicht insolvenzgeschützt. Wirksamen Insolvenzschutz erfährt der ausscheidende Vorstand oder Geschäftsführer nur dann, wenn die Gesellschaft für das im Aufhebungsvertrag erklärte Pensionsversprechen eine Rückdeckungsversicherung schließt, vertraglich sicherstellt, dass die Versicherungsprämien mit Abschluss des Aufhebungsvertrages als Einmalbetrag geleistet werden und die Gesellschaft die Rückdeckungsversicherung an den Vorstand, Geschäftsführer oder AN sowie die Hinterbliebenen verpfändet.[2240] Wichtig ist, dass diese drei Merkmale in die Insolvenzklausel aufgenommen werden.

Nach Auffassung des BGH[2241] muss zu Sicherungszwecken im Insolvenzfall Pfandreife eingetreten sein. Unwiderrufliche Versorgungszusagen, deren Erstarkung zu einem Versorgungsanspruch noch vom Eintritt künftiger ungewisser Ereignisse abhängt, berechtigen außerhalb des Anwendungsbereichs des Betriebsrentengesetzes nach § 191 InsO nur zu einer Hinterlegung. Versorgungsrechte, die auf den Träger der Insolvenzsicherung übergehen, werden in einen Zahlungsanspruch umgewandelt. Um für durch eine Rückdeckungsversicherung und nicht durch Unverfallbarkeit gesicherte Ansprüche den gleichen Sicherungsgrad herzustellen, ist die Pfandreife zu besorgen und die Verpfändung dem Rückversicherer anzuzeigen.

Weiterhin besteht die Möglichkeit, eine Pensionsvereinbarung insolvenzgesichert im Aufhebungs- oder Abwicklungsvertrag zu treffen, in dem sich die Gesellschaft verpflichtet, bis zum ersten Monat der Zahlung einer Pension aus einer Direktversicherung oder eines Trägerunternehmens (Unterstützungskasse oder Pensionsfonds) eine unwiderrufliche Bankbürgschaft in Höhe des Barwerts der Pensionsvereinbarung zu stellen. Diese Rechtskonstruktion macht sich den Umstand zu Nutze, dass nach § 7 Abs. 1 BetrAVG die Versorgungsansprüche, die geleistet werden, bis zur Höchstgrenze gem. § 7 Abs. 3 BetrAVG insolvenzgeschützt sind. Es ist nicht erforderlich, dass diese Ansprüche aus einer unverfallbaren Anwartschaft hervorgegangen sind.[2242] Ebenso wenig ist erforderlich, dass Versorgungsleistungen aus einer aufrechterhaltenen Anwartschaft gem. § 2 BetrAVG berechnet wurden. Auch Leistungen, die für den Versorgungsempfänger günstiger sind, sind einbezogen. Versorgungsansprüche werden selbst dann geschützt, wenn die Versorgungszusage erst beim Eintritt des Versorgungsfalles erteilt wurde, also keine Anwartschaftsphase dem Anspruch vorgelagert war.[2243]

2234 BAG 28.3.2000 – 1 ABR 17/99 – DB 2000, 728; ebenso Hessisches LAG 2.2.1999 – 4 TaBV 65/98 – ARST 2000, 75; anders ist der Fall zu beurteilen, dass sich an die Freistellung eine anderweitige Tätigkeit anschließt: ArbG Kassel 3.5.1977 – 2 Ca 368/77 – BB 1977, 1417.
2235 BSG 25.4.2002 – B 11 AL 65/01 R – BSGE 89, 243.
2236 *Bauer/Krieger*, DB 2005, 2242; *Gagel*, NZA 2005, 1328; *Lindemann/Simon*, BB 2005, 2462; *Schlegel*, NZA 2005, 972.
2237 BSG 24.9.2008 – B 12 KR 27/07 R – NZA-RR 2009, 272.
2238 BAG 10.3.1992 – 3 AZR 81/91 – DB 1992, 2252; BAG 8.5.1990 – 3 AZR 121/89 – DB 1990, 2375.
2239 *Bauer*, Arbeitsrechtliche Aufhebungsverträge, Rn IV 284.
2240 *Bauer*, Arbeitsrechtliche Aufhebungsverträge, Rn IV 324.
2241 10.7.1997 – IX ZR 161/96 – NJW 1998, 312; s.a. BGH 10.1.1991 – IX ZR 247/90 – BGHZ 113, 207.
2242 *Blomeyer/Otto*, DB 1977, 585, 586.
2243 *Höfer*, § 7 Rn 2726.

1118 **8. Probezeitverlängerungsklausel.** Eine nachträgliche Befristung des unbefristet eingegangenen Arbverh zum Zweck der weiteren Erprobung ist nicht wirksam (siehe § 14 TzBfG Rn 50 ff.). Zwar ist nach § 14 Abs. 1 Nr. 5 TzBfG die Befristung zur Erprobung ein sachlicher Grund, angesichts der gesetzlichen Wertung in § 622 Abs. 3 und § 1 KSchG kann der Sachgrund der Befristung zu Erprobungszwecken jedoch nur für die anfängliche Befristung einer Probezeit herangezogen werden. Eine sachgrundlose Befristung, um die Probezeit zu verlängern, ist nach § 14 Abs. 2 S. 2 TzBfG unwirksam.

1119 Mit Urteil v. 7.3.2002[2244] zeigt das BAG einen Weg zur Verlängerung der Probezeit auf. Vereinbart der AG mit dem AN einen vorsorglichen Aufhebungsvertrag zum Ende der Probezeit und verbindet ihn mit einer Wiedereinstellungszusage für den Fall der Bewährung, stellt ein derartiger Aufhebungsvertrag keine Umgehung des allgemeinen Künd-Schutzes nach § 1 KSchG dar. Zur Begründung weist das BAG darauf hin, der Aufhebungsvertrag werde in diesem Falle zu einem Zeitpunkt geschlossen, zu dem der Mitarbeiter noch über keinen Künd-Schutz verfüge.[2245]

1120 **9. Rückzahlungsklauseln.** Eine Klausel in einem Aufhebungsvertrag, in der sich der AN verpflichtet, soweit er Erstattungsleistungen von der AA erhält, Überbrückungszahlungen zurückzuerstatten, ist wirksam.[2246] Die sozialrechtlich begründete Rechtsstellung des AN werde demgegenüber nicht beeinträchtigt, wenn es ihm überlassen sei, Leistungen der Arbeitsverwaltung in Anspruch zu nehmen. Ein Verstoß gegen § 32 SGB I entstehe nicht.

1121 **10. Schuldanerkenntnis.** Die **Rspr. zur Wirksamkeit von Schuldanerkenntnissen** aus Anlass der Beendigung eines Arbverh durch sofortigen Aufhebungsvertrag ist **einzelfallorientiert**. Es kommt nach der Rspr. im Wesentlichen darauf an, ob bei der Anhörung eines verdächtigen Ang rechtsstaatliche Erfordernisse eingehalten wurden. Insb. ist maßgeblich, dass der Mitarbeiter die Möglichkeit hatte, eine Person seines Vertrauens vor seiner Entscheidung hinzuzuziehen, insb. einen Rechtsanwalt.[2247]

1122 Die zu Schuldanerkenntnissen in Aufhebungsverträgen entschiedenen Sachverhalte betrafen im Wesentlichen Mitarbeiter und Mitarbeiterinnen des Einzelhandels, insb. Kassiererinnen, die entgegen einer Kassendienstanweisung Einkäufe von Angehörigen abrechneten und dabei Manipulationen begingen[2248] oder Kassiererinnen, die unberechtigt Geld aus der Kasse eines Supermarkts entnahmen.[2249] Wenn die Mitarbeiter auf frischer Tat ertappt wurden, ging man davon aus, dass es sich bei den festgestellten Taten nicht um Einzelfälle handelte, sondern dass solche strafbaren Handlungen bereits wiederholt von diesen Mitarbeitern begangen worden waren. Wenn die Drohung des AG mit einer Strafanzeige wegen schädigender Handlungen des AN dazu diente, den AN zur Wiedergutmachung des Schadens zu veranlassen, handelt der AG i.d.R. nicht widerrechtlich, wenn er den geforderten Schadensersatz aufgrund der Angaben des AN für berechtigt halten durfte.[2250]

1123 Anders lag der Fall des LAG Thüringen,[2251] in dem eine Auszubildende über Videoaufnahmen bei Geldentnahmen zu Lasten eines Selbstbedienungsmarktes beobachtet worden war. Bei einem anschließenden Gespräch wurde die Auszubildende dazu gebracht, ein Schuldanerkenntnis zu unterschreiben. Die Schadenssumme von insgesamt 40.903,35 EUR ergab sich aus einer Hochrechnung auf die Gesamtzeit, in der sie die Manipulationen begangen hatte. Die Anfechtungserklärung der Auszubildenden hatte Erfolg.

1124 Das LAG Thüringen stellte den Grundsatz auf, der AG dürfe zur Beschaffung eines Schuldanerkenntnisses einer Kassen- und Warenveruntreuung verdächtigen Ang diese nicht in eine Zwangssituation bringen, in der ihre wirtschaftliche Entscheidungsfreiheit ausgeschaltet werde. Bei der Anhörung einer der Kassen- und Warenveruntreuung verdächtigen Ang müsse der AG rechtsstaatliche Erfordernisse einhalten. Er dürfe weder die Bewegungsfreiheit der Ang beschränken, noch ihr das Recht abschneiden, den Rat einer Person ihres Vertrauens bzw. eines Rechtsanwalts einzuholen. Wenn für ein Schuldanerkenntnis die Berechnung des von der Ang verursachten Schadens nur im Wege einer Hochrechnung erfolgen könne, müsse sichergestellt sein, dass die Hochrechnung frei von Denk- und Rechenfehlern sei und auf hinreichend abgesicherter Grundlage beruhe.[2252]

1125 Das OLG Düsseldorf[2253] erklärte ein notarielles Schuldanerkenntnis wegen **Sittenwidrigkeit** für nichtig, in dem eine 19-jährige Auszubildende nach einem mehr als drei Stunden dauernden intensiven Verhör durch mehrere Personen und sofort anschließender Fahrt zum Notar einen Vollstreckungstitel über 30.677,51 EUR nebst 9 % Zinsen unterschrieb, der den bezifferten Schaden um mehr als 3.000 EUR überstieg.

2244 BAG 7.3.2002 – 2 AZR 93/01 – DB 2002, 1997 = FA 2002, 317 = BB 2002, 2070.
2245 *Lembke*, DB 2002, 2649.
2246 BAG 25.1.2000 – 9 AZR 144/99 – FA 2000, 251.
2247 LAG Thüringen 10.9.1998 – 5 Sa 104/97 – NZA-RR 1999, 399; OLG Düsseldorf 26.2.1999 – 22 U 193/98 – NZA-RR 1999, 397.
2248 BAG 22.10.1998 – 8 AZR 457/97 – NJW 1999, 2059 = NZA 1999, 417.
2249 LAG Thüringen 10.9.1998 – 5 Sa 104/97 – NZA-RR 1999, 399.
2250 BAG 22.10.1998 – 8 AZR 457/97 – NJW 1999, 2059; BAG 24.5.1989 – 8 AZR 748/87 – n.v.; BAG 3.5.1963 – 1 AZR 136/62 – AP § 781 BGB Nr. 1.
2251 10.9.1998 – 5 Sa 104/97 – NZA-RR 1999, 399.
2252 LAG Thüringen 10.9.1998 – 5 Sa 104/97 – NZA-RR 1999, 399.
2253 OLG Düsseldorf 26.2.1999 – 22 U 193/98 – NZA-RR 1999, 397.

11. Stock Options. Sagt der AG dem AN Aktienoptionen zu, so sind diese Teil der vertraglichen Vergütungsansprüche des AN und werden von einer Ausgleichsklausel erfasst.[2254] Sagt dagegen ein ausländisches Unternehmen einem Mitarbeiter der deutschen Tochtergesellschaft Aktienoptionen zu, so werden die Ansprüche auf die Optionen nicht Bestandteil des Arbverh mit der deutschen Tochtergesellschaft und können demzufolge auch nicht von einer Ausgleichsklausel erfasst werden, die das Schicksal der Ansprüche aus dem Arbverh regelt. Der AN muss Ansprüche aus den Stock Options unmittelbar gegenüber der ausländischen Muttergesellschaft geltend machen. Diese Grundsätze entwickelte das LAG Düsseldorf[2255] auch für die Fälle, in denen anlässlich des Ausscheidens des Mitarbeiters aus der deutschen Tochtergesellschaft mit dieser ein Aufhebungsvertrag geschlossen wurde, der die Regelung enthielt, die Ansprüche auf die Stock Options blieben auch nach Beendigung des Arbverh bestehen. Der Auffassung des LAG Düsseldorf haben sich das BAG[2256] und die 16. Kammer des LAG Hessen[2257] angeschlossen.

1126

Schließt der AN eine Vereinbarung über die Gewährung von Aktienoptionen nicht mit seinem AG, sondern mit einem anderen Konzernunternehmen, so können Ansprüche aus dieser Vereinbarung grds. nur gegenüber dem vertragsschließenden Konzernunternehmen geltend gemacht werden und werden nicht Bestandteil des Arbverh mit einer Tochtergesellschaft.[2258] Der Vertrag über die Gewährung von Aktienoptionen steht rechtlich selbstständig neben dem Arbeitsvertrag des AN mit der Tochtergesellschaft. Geht bei einer solchen Vertragskonstellation das Arbverh nach § 613a über, ist ein Eintritt des Erwerbers in die Rechte und Pflichten aus der Aktienoptionsvereinbarung ausgeschlossen.[2259]

1127

A.A. als das BAG ist die 10. Kammer des LAG Hessen.[2260] Ist ein Wettbewerbsverbot für AN im Aktienoptionsplan stets Bestandteil einer amerikanischen Konzerngesellschaft (hier Procter & Gamble, Cincinnati, Ohio) oder zu einer in Deutschland tätigen Tochtergesellschaft, zu der der AN arbeitsvertragliche Beziehungen unterhält, wird es vom Arbeitsvertragsstatut erfasst. Das materiell anzuwendende Recht bestimme sich folglich nach Art. 30 EGBGB. Enthält der Aktienoptionsplan die Regelung, dass für den Plan und seine Auslegung das Recht des US-Bundesstaates Ohio gelten solle, beurteilte sich die Zulässigkeit einer solchen Teilrechtswahl nach deutschem internationalem Privatrecht. Art. 30 EGBGB erlaube im Gegensatz zu Art. 27 EGBGB nicht ausdrücklich die Teilrechtswahl im Bereich von Arbverh. Hält man die Teilrechtswahl für zulässig, müsse geprüft werden, ob durch die Teilrechtswahl dem AN der Schutz entzogen werde, der ihm durch die zwingenden Bestimmungen des ohne Rechtswahl kraft objektiver Anknüpfung anzuwendenden Rechts gewährt werde.

1128

Anders als das LAG Düsseldorf vertritt die 10. Kammer des Hessischen LAG die Auffassung, dass bei Vereinbarungen aus Konzernregelungen US-amerikanischer Unternehmen zu Stock Options die Zuständigkeit der deutschen ArbG gegeben sei. Das Urteil der 10. Kammer des Hessischen LAG ist sorgfältig und ausführlich begründet. Für den nationalen Rechtsanwender bietet es den Vorteil, dass es wirksame, die US-amerikanische Muttergesellschaften bindende Regelungen über Stock Options in Aufhebungs- und Abwicklungsverträgen im Prozessvergleich wie auch außergerichtlich erlaubt.

1129

12. Tantiemeregelungen. Der Anspruch auf Tantieme, der häufig in Verträgen mit Führungskräften wie AG-Vorständen und GmbH-Geschäftsführern geregelt ist, wird fällig, sobald die Bilanz festgestellt ist oder bei ordnungsgemäßem Geschäftsgang hätte festgestellt sein können.[2261] Scheidet der Mitarbeiter vor Ablauf des Geschäftsjahrs aus, beschränkt sich sein Tantiemeanspruch auf den seiner Beschäftigungszeit entsprechenden Teilbetrag.[2262] Die anteiligen Ansprüche sollten im Auflösungsvertrag geschätzt oder einvernehmlich festgelegt werden. Aus steuerlichen Gründen dürfen bereits zum Zeitpunkt der Vereinbarung des Aufhebungs- oder Abwicklungsvertrags verdiente Tantiemeansprüche nicht in die Abfindung eingerechnet werden, will man die privilegierte Steuerentschädigung für den gesamten Abfindungsbetrag nicht gefährden.[2263] Regelungen im Arbeits- oder Anstellungsvertrag, dass eine Gewinnbeteiligung bei einem Ausscheiden des Mitarbeiters vor Feststellung der Bilanz entfällt, sind wirksam.[2264]

1130

2254 BAG 28.5.2008 – 10 AZR 351/07 – NZA 2008, 1066.
2255 LAG Düsseldorf 3.3.1998 – 3 Sa 1452/97 – NZA 1999, 981.
2256 BAG 12.2.2003 – 10 AZR 299/02 – NZA 2003, 487.
2257 Hessisches LAG 19.11.2001 – 16 Sa 1452/97 – DB 2002, 794.
2258 BAG 12.2.2003 – 10 AZR 299/02 – NZA 2003, 487 = DB 2003, 1065.
2259 A.A. *Lipinski/Melms*, BB 2003, 150.
2260 Hessisches LAG 14.8.2000 – 10 Sa 982/99 – IPRspr. 2000 Nr. 108, 231.
2261 LAG Baden-Württemberg 31.3.1969 – 4 Sa 4/69 – DB 1969, 1023; LAG Berlin 7.10.1975 – 4 Sa 62/75 – DB 1976, 636.
2262 *Weber/Ehrich/Burmester*, Teil 1 Rn 681.
2263 BFH 10.3.1978 – VI R 91/77 – BB 1979, 304; s.a. *Hümmerich/Spirolke*, NZA 1998, 225, 228.
2264 BAG 25.4.1991 – 6 AZR 532/89 – AP § 611 BGB Gratifikation Nr. 137; BAG 4.9.1985 – 5 AZR 655/84 – AP § 611 BGB Gratifikation Nr. 123; *Bauer*, Arbeitsrechtliche Aufhebungsverträge, Rn IV 249; a.A. *Bengelsdorf*, S. 129.

1131 **13. Vererbbarkeitsklausel.** Damit die Abfindung nach § 1922 vererbbar ist, muss sie zum Todeszeitpunkt des AN entstanden und fällig sein. Die Abfindung entsteht nach Auffassung des 4., 9. und 10. Senats des BAG und der überwiegenden Rspr.[2265] zu dem im Vertrag vereinbarten Zeitpunkt oder, wenn der Vertrag keine gesonderte Regelung enthält, mit dem Ablauf des letzten Tages des Arbverh.

1132 Der sich aus einer **rechtskräftigen Verurteilung** ergebende Abfindungsanspruch ist nach einhelliger Auffassung[2266] vererbbar, nicht jedoch das Antragsrecht des AN nach §§ 9, 10 KSchG.[2267]

1133 Stirbt der AN in der Zeit zwischen Unterzeichnung einer außergerichtlichen Aufhebungsvereinbarung und letztem Arbeitstag, haben die Erben nach der vom BAG überwiegend vertretenen Auffassung keinen Anspruch auf die Abfindung. Wenn eine Abfindung „für den Verlust des Arbeitsplatzes" gezahlt wird, muss nach Auffassung des 9. Senats das Arbverh zum vorgesehenen Beendigungstermin noch bestanden haben.[2268] Entstehung und Fälligkeit des Anspruchs fallen danach zusammen. Zum Abfindungsanspruch nach § 1a KSchG hat der 2. Senat[2269] entschieden, dass der Anspruch erst mit dem Ablauf der Künd-Frist entstehe. Endet das Arbverh vorher durch Tod des AN, gehe der Anspruch nicht nach § 1922 auf die Erben über.

1134 Die Grundzüge zur Vererbbarkeit von AN-Abfindungen hat der 9. Senat zu Lasten der Erben eines AN verschärft. Der 9. Senat entschied, dass der Anspruch auf Abfindung dann, wenn in einem Aufhebungsvertrag vereinbart sei, dem AN bei Inanspruchnahme des vorgezogenen Altersruhegelds zur Milderung der Einkommenseinbuße eine Abfindung zu zahlen, regelmäßig nur entstehe, wenn der AN das vertraglich vereinbarte Ende des Arbverh erlebe.[2270] Der 1. Senat hat diese Rspr. bestätigt.[2271]

1135 In dem vom 9. Senat entschiedenen Fall war in einem Aufhebungsvertrag vereinbart worden, dass die Mitarbeiterin nach Beendigung des Arbverh übergangslos die Leistungen des vorgezogenen Altersruhegelds in Anspruch nehmen könne und für den Verlust des Arbeitsplatzes eine Abfindung erhalte. Die Abfindung werde erst mit Beendigung des Arbverh und nach Vorlage eines Rentenbescheides ausgezahlt. Am Tag der Wertstellung der überwiesenen Abfindung war die AN verstorben. Ihre Tochter machte die Abfindung erfolglos geltend.

1136 Die Entscheidung des BAG wird von *Boecken*[2272] kritisiert. Ein schuldrechtlicher Anspruch entstehe grds. mit dem Abschluss des Rechtsgeschäfts, mit dem Setzen des Rechtsgrundes, wobei es für die Entstehung des Anspruchs ohne Bedeutung sei, ob der Gläubiger in diesem Zeitpunkt die Leistung auch verlangen könne, diese also fällig sei. Der Anspruch auf die als Gegenleistung für die Einwilligung in die Beendigung des Arbverh erbrachte Abfindung entstehe mit dem Abschluss des Aufhebungsvertrages, soweit dieser nicht unter einer aufschiebenden Bedingung geschlossen werde. Die Frage, ob der Anspruch auf die Abfindung bei einem Versterben des AN vor dem vereinbarten Ausscheidenstermin geltend gemacht werden könne, sei allein davon abhängig, ob die entsprechenden Vertragsbedingungen trotz des vor dem vereinbarten Ausscheidenstermins eingetretenen Beendigungstatbestands noch erfüllt werden können. Solle der Anspruch auf die Abfindung für den Fall, dass das Arbverh vor dem vertraglich festgelegten Zeitpunkt aus anderen Gründen ende, ausgeschlossen werden, bedürfe es in soweit einer besonderen Vereinbarung. Andernfalls sei die Abfindung bei Erfüllung aller Vertragsbedingungen zu leisten.

1137 Mit *Boecken* gilt, dass, da der Anspruch richtigerweise mit dem Abschluss des Rechtsgeschäfts entsteht und mit der Beendigung des Arbverh seine Fälligkeit eintritt, der Abfindungsanspruch ab Vertragsschluss vererbbar ist. Allerdings muss die gegenteilige Ansicht des BAG mittlerweile als gefestigt angesehen werden.

1138 Vor diesem Hintergrund dient eine Vererbbarkeitsklausel[2273] mit dem Inhalt, dass der **Anspruch mit dem Tag der Unterzeichnung** des Aufhebungsvertrages **entstanden** sei, dem AN-Interesse, denn die Vereinbarung der Entstehung ist Voraussetzung für die Vererbbarkeit vor Beendigung des Arbverh. Soweit im Nicht-Erlebens-Fall die Abfindung an die Erben gezahlt werden soll, ist nach überwiegender Auffassung des BAG eine solche, **ausdrückliche Formulierung im Aufhebungsvertrag erforderlich**, um den Abfindungsanspruch nach § 1922 zu erfassen. Die Vererbbarkeitsklausel ist zulässig.[2274]

2265 BAG 9.12.1987 – 4 AZR 561/87 – NZA 1988, 329; BAG 26.8.1997 – 9 AZR 227/96 – NZA 1998, 643; BAG 16.5.2000 – 9 AZR 277/99 – NZA 2000, 1236; BAG 25.9.1996 – 10 AZR 311/95 – NZA 1997, 163; BAG 22.5.1996 – 10 AZR 907/95 – NZA 1997, 386; LAG Düsseldorf 23.5.1989 – 16 Sa 475/89 – NZA 1989, 850; a.A. LAG Hamm 16.5.1991 – 8 Ta 181/91 – NZA 1991, 940: „sofort fällig".

2266 BAG 25.6.1987 – 2 AZR 504/86 – DB 1988, 864; ErfK/*Ascheid*, § 10 KSchG Rn 20; v. *Hoyningen-Huene/Linck*, § 10 KSchG Rn 35; KDZ/*Kittner*, § 10 Rn 30, 33; KR/*Spilger*, § 10 KSchG Rn 14, 18; a.A. *Bauer*, Arbeitsrechtliche Aufhebungsverträge, Rn IV.343; unklar HWK/*Thüsing*, § 613 BGB Rn 12.

2267 *Bauer*, Arbeitsrechtliche Aufhebungsverträge, Rn II 153; ErfK/*Preis*, § 613 BGB Rn 7; HWK/*Thüsing*, § 613 BGB Rn 12; MüKo-BGB/*Schaub*, § 613 Rn 13.

2268 BAG 26.8.1997 – 9 AZR 227/96 – NZA 1998, 643.

2269 BAG 10.5.2007 – 2 AZR 45/06 – AP § 1a KSchG 1969 Nr. 3 = NZA 2007, 1043.

2270 BAG 16.5.2000 – 9 AZR 277/99 – NZA 2000, 1236.

2271 BAG 27.6.2006 – 1 AZR 322/05 – jurisPR-ArbR 51/2006 m. Anm. *Bertzbach*.

2272 NZA 2002, 421.

2273 Ausf. hierzu *Boemke/Danko*, DB 2006, 2461.

2274 BAG 16.10.1969 – 2 AZR 373/68 – DB 1970, 259; LAG Rheinland-Pfalz 13.11.1987 – 6 Sa 704/87 – BB 1988, 14; BAG 25.6.1987 – 2 AZR 504/86 – NZA 1988, 466.

Macht eine **tarifliche Regelung** einen Abfindungsanspruch davon abhängig, dass das Arbverh durch eine **AG-Künd** 1139
beendet wird, so entsteht für die Erben eines gekündigten AN, der vor Ablauf der Künd-Frist stirbt, kein Abfindungsanspruch.[2275] Auch bei einer **Sozialplanabfindung** aufgrund einer Betriebsänderung besteht der Anspruch auf die Abfindung nicht, wenn der AN vor der ins Auge gefassten Beendigung des Arbverh verstirbt.[2276] Gleiches gilt bei einem Anspruch auf Nachteilsausgleich nach § 113 BetrVG.[2277]

14. Zusage ordnungsgemäßer Abwicklung durch den Arbeitgeber. Gerichtliche Vergleiche enthalten häufig 1140
den Satz „Bis zur Beendigung wird das Arbverh ordnungsgemäß abgewickelt." Das Versprechen des AG, das Arbverh bis zum vereinbarten oder hingenommenen Beendigungszeitpunkt ordnungsgemäß abzuwickeln, meint, dass die Vergütung bis zum Vertragsende in der geschuldeten Höhe gezahlt wird. Es ist ferner gemeint, dass Ansprüche der Vertragspartner, die zum Zeitpunkt des Vertragsschlusses (noch) existieren, erfüllt werden, „ohne dass sie von diesem Zeitpunkt an Gefahren ausgesetzt wären, die den Ansprüchen durch weiteren Zeitablauf drohen könnten".[2278]
Einen **vollstreckungsfähigen Inhalt** hat das Versprechen ordnungsgemäßer Abwicklung **nicht**. In Einzelfällen wirft 1141
die Klausel mehr Fragen auf als Antworten. Wird die Klausel mit einer Freistellungsklausel verbunden, sind sämtliche vertraglich geschuldeten Bezüge durch den AG gleichwohl bis zum Vertragsende weiter zu zahlen, ggf. auch anteilig. Strittig ist zwischen den Parteien häufig, welche Boni-Anteile, Tantiemen (evtl. zeitanteilig) zur „ordnungsgemäßen Abwicklung" gehören. Führt nach Abschluss eines Aufhebungsvertrages eine Tariferhöhung dazu, dass der AN einen Gehaltserhöhungsanspruch bis zum Zeitpunkt der Beendigung des Arbverh hat, bedeutet die Formulierung „ordnungsgemäße Abwicklung", dass der AN in die Tariflohnerhöhung einbezogen ist. Enthält der Aufhebungsvertrag eine Erledigungsklausel, schließt diese ebenfalls nicht aus, dass der AN für die Restvertragslaufzeit an der tariflichen Gehaltserhöhung teilnimmt.[2279]

B. Verbindung zu anderen Rechtsgebieten und zum Prozessrecht

I. Steuerrecht

Die maßgeblichen Steuervorschriften beziehen sich auf den ermäßigten Steuersatz, §§ 24, 34 EStG. Ein RA ist im 1142
Zusammenhang mit dem Abschluss eines Aufhebungsvertrages ohne besondere Beauftragung durch den Mandanten nicht verpflichtet, im Hinblick auf steuerliche Gestaltungen steuerberatend tätig zu werden.[2280] Zuwendungen an den AN im Aufhebungsvertrag, z.B. Übernahme der Anwaltskosten oder Outplacementberatung, werfen eine Reihe steuerrechtlicher Fragen auf, die ggf. unter Hinzuziehung eines Steuerberaters geprüft werden müssen.[2281]

II. Ruhen, Sperrzeit und Erstattungsregelungen beim Arbeitslosengeld

Im Zuge der Neuordnung seiner Sperrzeit-Rspr. hat das BSG die folgenden Grundsätze entwickelt: Ein „Lösen" i.S.d. 1143
§ 144 Abs. 1 S. 2 Nr. 1 SGB III mit der Folge, dass eine Sperrzeit angeordnet werden kann, liegt vor, wenn der AN einen Aufhebungsvertrag schließt,[2282] bei Abschluss eines Abwicklungsvertrages, soweit der Abwicklungsvertrag nicht als Prozessvergleich oder drei Wochen nach Zugang der Künd-Erklärung geschlossen wird[2283] oder bei **Eigen-Künd** des AN.[2284] Die Anordnung einer Sperrzeit unterbleibt, wenn dem AN ein wichtiger Grund nach § 144 SGB III zur Seite steht.

Mit Urteil v. 12.7.2006[2285] hat das BSG entschieden, für Streitfälle ab 1.1.2004 unter Heranziehung der Grundsätze 1144
des § 1a KSchG auf eine ausnahmslose Prüfung der Rechtmäßigkeit der AG-Künd zu verzichten, wenn die Abfindungshöhe die in § 1a Abs. 2 KSchG vorgesehene nicht überschreitet. Als wichtiger Grund gilt, wenn der AN einen Aufhebungs- oder Abwicklungsvertrag schließt, weil er auf einer Namensliste gem. § 1 Abs. 5 KSchG zu einem Interessenausgleich aufgeführt ist.[2286] Wichtiger Grund ist auch die Stellung des AN als leitender Ang mit den Befugnissen nach § 14 Abs. 2 S. 1 KSchG, da der Arbeitgeber gegenüber einem derartigen, leitenden Angestellten trotz bestehender Sozialwidrigkeit die Künd durch Auflösungsantrag nach § 9 Abs. 1 S. 2 KSchG durchsetzen kann.[2287] Wichtiger Grund kann auch eine Eigenkünd des AN sein, wenn der AN aufgrund von Spannungen mit dem Vor-

---

2275 BAG 22.5.1996 – 10 AZR 907/95 – NZA 1997, 386.
2276 BAG 25.9.1996 – 10 AZR 311/96 – NZA 1997, 163; BSG 11.3.1987 – 10 RAr 1/86 – NZA 1987, 537; LAG Köln 11.12.1990 – 4 Sa 829/90 – LAGE § 611 BGB Aufhebungsvertrag Nr. 2.
2277 Soergel/*Raab*, § 613 BGB Rn 17; HWK/*Thüsing*, § 613 BGB Rn 13.
2278 LAG Köln 8.8.1997 – 11 Sa 175/97 – AR-Blattei ES 1280 Nr. 46.
2279 LAG Köln 5.10.1995 – 10 Sa 665/95 – LAGE § 611 Aufhebungsvertrag Nr. 19.
2280 LG Gießen 7.7.1999 – 1 S 5/99 – FA 1999, 327.
2281 Ausf. *Kern/Wege*, NZA 2008, 564 ff.
2282 BSG 5.8.1999 – B 7 AL 14/99 R – BSGE 84, 225; BSG 25.10.1989 – 7 RAr 108/88 – SozR 4100 § 117 Nr. 26.
2283 BSG 18.12.2003 – B 11 AL 35/03 R – NZA 2004, 661.
2284 BSG 25.4.2002 – B 11 AL 100/01 R – AuR 2002, 239; BSG 5.8.1999 – B 7 AL 14/99 R – BSGE 84, 225; BSG 9.11.1995 – 11 RAr 27/95 – BSGE 77, 48.
2285 BSG 12.7.2006 – B 11 a AL 47/05 R – AuR 2006, 280 = ZfS 2006, 244.
2286 BSG 25.4.2002 – B 11 AL 65/04 – NZA-RR 2003, 105.
2287 BSG 17.11.2005 – B 11 a/11 AL 69/04 R – NZA 2006, 422.

gesetzten erkrankt ist[2288] wenn er zum künftigen Ehepartner oder Lebenspartner umzieht[2289] sowie (bei einem Berufskraftfahrer), wenn der AG wiederholt die Verletzung von Vorschriften über Lenk- und Ruhezeiten verlangt hat.[2290]

Bei einer durch arbeitsgerichtlichen Vergleich vereinbarten Lösung des Beschäftigungsverhältnisses kann sich der AN auf einen wichtigen Grund berufen, wenn keine Gesetzesumgehung zu Lasten der Versichertengemeinschaft vorliegt.[2291]

Die BA hat mit Stand 10/2007 ihre DA entspr. der neuen bzw. angekündigten neuen Rspr. des BSG überarbeitet.[2292] Ein die Sperrzeit ausschließender wichtiger Grund i.S.v. § 144 Abs. 1 S. 1 SGB III für den Abschluss eines Aufhebungsvertrages ist danach insbesondere gegeben, wenn eine Künd durch den AG mit Bestimmtheit in Aussicht gestellt worden ist, die drohende AG-Künd auf betriebliche Gründe gestützt würde, die AG-Künd zu demselben Zeitpunkt, zu dem das Beschäftigungsverhältnis geendet hat, oder früher wirksam geworden wäre, im Falle der AG-Künd die Künd-Frist eingehalten würde und eine Abfindung von 0,25 bis zu 0,5 Monatsgehältern/Beschäftigungsjahr an den AN gezahlt wird.

Es kommt nach der aktuellen DA nicht mehr darauf an, ob eine AG-Künd rechtmäßig wäre, wenn sich die Abfindung innerhalb der Bandbreite von 0,25 bis 0,5 Monatsgehältern/Beschäftigungsjahr bewegt. Außerhalb dieser Bandbreite liegt nur dann ein wichtiger Grund vor, wenn die drohende AG-Künd sozial gerechtfertigt wäre.

1145 Ein wichtiger Grund, der den AN zur Eigen-Künd berechtigt, wird auch angenommen, wenn der AN aus einer unbefristeten in eine befristete, besser dotierte und weitergehende Einsatzmöglichkeiten bietende Stelle wechselt. Aus der Berufswahlfreiheit folgt, dass eine berufliche Weiterentwicklung mit einem geringeren Sozialschutz verbunden sein kann, ohne dass der AN eine Obliegenheitsverletzung im Verhältnis zur Versichertengemeinschaft begeht.[2293]

1146 In der Tendenz ist feststellbar, dass das BSG die sperrzeitrechtlichen Wirkungen von Aufhebungs- und Abwicklungsvertrag aneinander anpasst.[2294] Der Grundsatz, Aufhebungsverträge führten generell zur Sperrzeitanordnung, gilt nicht mehr, wenn eine vereinbarte Abfindung die Formel pro Beschäftigungsjahr ein halbes Bruttomonatsgehalt nicht überschreitet. Die früher gebräuchliche Formulierung in Aufhebungsverträgen, der Vertragsschluss erfolge „zur Vermeidung einer ansonsten unumgänglichen Künd" ist wieder sperrzeitrechtlich aktuell, denn das Urteil des BSG v. 12.7.2006[2295] gilt sowohl für den Fall der vom AG ausgesprochenen Künd (LS 2) als auch für eine vom AG angedrohte Künd (Rn 19 d. U.).

C. Beraterhinweise

I. Allgemeines

1147 Die Kunst des Rechtsanwalts bei der Gestaltung eines Aufhebungs- oder Abwicklungsvertrages besteht darin, die Interessen trennungswilliger AG und AN mit den verschiedenen Rechtsquellen und den meist im Tatsächlichen angesiedelten Rahmenbedingungen zu verbinden. Die juristischen Parameter entstammen dem Arbeits-, Arbeitsförderungs-, Sozialversicherungs- und Steuerrecht. Rspr. und Gesetzgebung bewirken, dass Formulierungsnuancen zu höchst unterschiedlichen ökonomischen Auswirkungen für die Beteiligten führen können. Der Berater muss, auch nach der Haftungs-Rspr. des BGH,[2296] bei der Gestaltung des Aufhebungsvertrags den „sicheren Weg" wählen und versuchen, gepaart mit Verhandlungsstrategien, die zum Teil unterschiedlichen Ziele mit den vorgegebenen rechtlichen Folgen des Vertragsschlusses in Einklang zu bringen.

1148 Abfindungen formuliert man üblicherweise im Aufhebungs- oder Abwicklungsvertrag mit folgendem Wortlaut: „Der Mitarbeiter erhält für den Verlust des Arbeitsplatzes aufgrund arbeitgeberseitiger Veranlassung eine Abfindung gem. §§ 24, 34 EStG, §§ 9, 10 KSchG in Höhe von (...) EUR (brutto). Die Abfindungszahlung ist am (...) fällig". Der Eintritt der Fälligkeit hängt nach der Rspr. von der inhaltlichen Ausgestaltung des Vergleichs ab. Soweit die Parteien nichts anderes geregelt haben, ist in einem gerichtlichen oder außergerichtlichen Aufhebungsvertrag die Abfindung

---

2288 BSG 21.10.2003 – B 7 AL 92/02 R – FA 2004, 95.
2289 BSG 17.10.2002 – B 7 AL 72/00 R – NZS 2003, 667; BSG 20.4.1977 – 7 RAr 112/75 – BSGE 43, 269; BSG 17.11.2005 – B 11 a/11 AL 49/04 R – AuR 2006, 39.
2290 BSG 6.2.2003 – B 7 AL 72/01 R – NZA-RR 2003, 662.
2291 BSG 17.10.2007 – B 11a AL 51/06 R – DB 2008, 1048.
2292 Hierzu: Lipinski/Kumm, BB 2008, 162.
2293 BSG 12.7.2006 – B 11 a AL 47/05 R – ZfS 2006, 245.
2294 Hümmerich, NJW 2007, 1025.
2295 BSG 12.7.2006 – B 11 a AL 47/05 R – AuR 2006, 280 = ZfS 2006, 244.
2296 BGH 21.4.1994 – IX ZR 123/93 – NJW 1994, 730.

erst zum vertraglich vereinbarten Beendigungszeitpunkt fällig.[2297] Bei Abfindungen aus einem gerichtlichen Auflösungsurteil besteht dagegen sofortige Fälligkeit.[2298]

Betreibt der AN nach Abschluss eines gerichtlichen Abwicklungsvertrages, der eine Abfindung für ein erst in mehreren Monaten zu Ende gehendes Arbverh vorsieht, sofort die Zwangsvollstreckung, verbleibt dem AG die Einreichung einer Vollstreckungsabwehrklage gem. § 767 ZPO, verbunden mit dem Antrag auf einstweilige Einstellung der Zwangsvollstreckung nach § 768 ZPO. Verfolgt der AN-Vertreter die Zwangsvollstreckung unter Hinweis auf die Entscheidung des LAG Hamm,[2299] wonach die Abfindung sofort fällig ist, ist im Zwangsvollstreckungsverfahren darzustellen, dass es sich bei der Entscheidung des LAG Hamm um eine M.M. handelt, der die Rspr. des BAG und die übrigen Instanzgerichte nicht gefolgt sind.

1149

Solange die BAG-Rspr. für einen Aufhebungsvertrag, der erst mehrere Jahre nach Vertragsschluss zur Beendigung des Arbverh führt, einen sachlichen Grund verlangt,[2300] heißt die Konsequenz für den anwaltlichen Berater, Arbverh möglichst zum Ende der Künd-Frist zu beenden. Eine Ausnahme bilden die Fälle der Probezeitverlängerung.

1150

Um späteren Streit zu vermeiden, sollte der AN-Anwalt die Gunst der Stunde nutzen, den Wortlaut des Zeugnisses bei den Aufhebungsvertragsverhandlungen zu vereinbaren. Regelungen zum Zeugniswortlaut bleiben unvollständig, wenn im Aufhebungsvertrag keine Vereinbarung über die Behandlung von Anfragen über den ausgeschiedenen AN getroffen werden. Da der AG Auskünfte an andere AG über den ausgeschiedenen oder ausscheidenden AN ohne Zustimmung des Betroffenen erteilen kann,[2301] empfiehlt es sich, im Auflösungs- oder Abwicklungsvertrag zu vereinbaren, dass sich der AG verpflichtet, nur solche Auskünfte zu geben, die mit dem Wortlaut des vereinbarten Zeugnisses inhaltsgleich sind.

1151

Auch berufsspezifische Regelungen sollten in Aufhebungsverträgen nicht vergessen werden. So gehört in den Aufhebungsvertrag eines angestellten Arztes i.d.R. eine Vereinbarung über den Umgang mit Patientendaten, bei Softwareentwicklern Regelungen über den Umgang mit Quellcodes und beim angestellten Rechtsanwalt Vereinbarungen über die Befugnis der Fortführung von Mandaten.[2302]

1152

Erfolgt eine Freistellung, ohne dass eine **Freistellungsbefugnis** des AG im Arbeitsvertrag[2303] oder späterhin im Abwicklungs- oder Aufhebungsvertrag begründet wurde, gelingt es nur selten, im Wege des einstweiligen Rechtsschutzes den allgemeinen Beschäftigungsanspruch entsprechend dem Beschluss des Großen Senats[2304] durchzusetzen.[2305]

1153

II. Deckungsschutz durch die Rechtsschutzversicherung

Der **Abwicklungsvertrag** bringt die für den AN und seinen Anwalt nicht unbedeutende Gewissheit, dass die Rechtsschutzversicherung, soweit die übrigen Voraussetzungen nach den ARB erfüllt sind, Deckungsschutz für außergerichtliche Verhandlungen mit dem AG erteilt.[2306] Tritt der AN an seinen Anwalt mit der Information heran, der AG wolle ihm kündigen, und wendet sich der Anwalt zwecks Aufnahme von Verhandlungen über einen Aufhebungsvertrag an den AG, wird ihm die verständigte Rechtsschutzversicherung regelmäßig mitteilen, bei Verhandlungen über die Aufhebung eines Arbverh liege in Ermangelung eines Rechtspflichtenverstoßes kein Versicherungsfall i.S.d. ARB vor.[2307] Für Anwälte und Parteien hilfreich ist ein Urteil des OLG Saarbrücken,[2308] das besagt, ein den Rechtsschutzversicherungsfall auslösender Verstoß gegen Rechtspflichten liege bereits dann vor, wenn der

1154

2297 BAG 9.12.1987 – 4 AZR 561/87 – NZA 1988, 329; BAG 29.11.1983 – 1 AZR 523/82 – AP § 113 BetrVG 1972 Nr. 10; BAG 26.8.1997 – 9 AZR 227/96 – NZA 1998, 643; BAG 16.5.2000 – 9 AZR 277/99 – NZA 2000, 1236; LAG München 11.10.2000 – 2 Ta 326/01 – n.v.; ArbG Passau 27.5.1997 – 3 Ca 651/97 – BB 1997, 2114; LAG Düsseldorf 23.5.1989 – 16 Sa 475/89 – NZA 1989, 850; LAG Köln 21.9.1983 – 9 Ta 148/83 – DB 1984, 568; a.A. LAG Hamm 16.5.1991 – 8 Ta 181/91 – NZA 1991, 940: „sofort fällig"; s.a. *Emmert/Wisskirchen*, DB 2002, 428; *Klar*, NZA 2003, 543.
2298 BAG 9.12.1987 – 4 AZR 561/87 – EzA § 9 KSchG n.F. Nr. 22; LAG Bremen 31.8.1983 – 2 Ta 72/83 – NJW 1984, 447.
2299 LAG Hamm 16.5.1991 – 8 Ta 181/91 – NZA 1991, 940.
2300 BAG 12.1.2000 – 7 AZR 48/99 – AP § 620 BGB Aufhebungsvertrag Nr. 16.
2301 BAG 25.10.1957 – 1 AZR 434/55 – AP § 630 BGB Nr. 1.
2302 *Hümmerich*, AnwBl 2005, 77.
2303 Ob eine Freistellungsbefugnis im Arbeitsvertrag überhaupt vereinbart werden kann, ist umstr., vgl. hierzu nur Schaub/*Linck*, Arbeitsrechts-Handbuch, § 32 Rn 72.
2304 BAG GS 27.2.1985 – GS 1/84 – DB 1985, 2197.
2305 LAG Baden-Württemberg 13.4.2006 – 7 Sa 29/06 – n.v.; LAG München 14.9.2005 – 9 Sa 891/05 – n.v.; LAG München 17.12.2003 – 5 Sa 1118/03 – NZA-RR 2005, 312; ArbG Stralsund 11.8.2004 – 3 Ca 7/04 – NZA-RR 2005, 23; *Hümmerich*, DB 1999, 1264.
2306 *Hümmerich*, NJW 1996, 2081; *Hümmerich*, NZA 2001, 1280.
2307 AG Aachen 18.11.1997 – 4 C 331/97 – ZfSch 1998, 192; AG Köln 5.1.1990 – 111 C 456/89 – ZfSch 1990, 164; AG Hamburg 30.4.1990 – 4 C 29/90 – ZfSch 1991, 52; AG Hannover 3.8.1990 – 515 C 5556/90 – ZfSch 1990, 376; AG Frankfurt/Main 3.11.1994 – 29 C 1489/94 – ZfSch 1995, 273; AG Rheine 25.11.1997 – 14 C 303/97 – r+s 1998, 335; AG Hannover 12.1.1998 – 558 C 14783/97 – r+s 1998, 336; OLG Nürnberg 21.2.1991 – 8 U 2332/90 – ZfSch 1991, 200; OLG Hamm 1.3.1992 – 20 U 283/91 – JurBüro 1992, 413.
2308 OLG Saarbrücken 19.7.2006 – 5 U 719/05 – AnwBl 2006, 764.

AG mit dem Angebot eines Aufhebungsvertrags an seinen AN zum Ausdruck bringe, das Vertragsverhältnis in jedem Fall beenden zu wollen. Der BGH hat – allerdings nicht im Rahmen des Arbeitsrechtsschutzes – grds. zum Begriff des Rechtspflichtenverstoßes Stellung genommen.[2309] Danach genügt für einen den Rechtsschutzfall auslösenden Verstoß i.S.d. § 4 I lit. 1c ARB 1996 jeder tatsächliche, objektiv feststellbare Vorgang, der den Keim eines solchen Rechtskonflikts in sich trägt. Wenn also der AG ernsthaft mit der Künd droht, so liegt in dieser Erklärung eine Verletzung der allgemeinen Leistungstreuepflicht, was einen Versicherungsfall darstellt. Dies gilt uneingeschränkt für die Androhung einer betriebsbedingten Künd oder einer Künd, die begründungslos angekündigt wird.[2310] Droht der AG eine verhaltensbedingte Künd an, so liegt der Verstoß in der dem AN unterstellten Vertragsverletzung. Kündigt der AG eine personenbedingte Künd an, so ist auf den Zeitpunkt der Ankündigung abzustellen.[2311]

1155 Dieser Auffassung folgen die Rechtsschutzversicherer erst zögerlich und allenfalls unter Hinweis auf das Urteil des OLG Saarbrücken. Erst die Künd des Arbverh durch den AG stellt nach unbestrittener Auffassung einen Versicherungsfall dar.[2312]

III. Freistellungsvereinbarungen

1156 Angesichts des noch nicht endgültig geklärten Streits in der Frage, ob eine vereinbarte **unwiderrufliche Freistellung** (die Grundsätze der Spitzenverbände gelten nicht bei einseitig ausgesprochenen oder im Arbeitsvertrag für den Künd-Fall vorgesehen Freistellungen) die Existenz eines Beschäftigungsverhältnisses i.s.v. § 7 Abs. 4 SGB IV aufhebt, empfiehlt sich, in Aufhebungs- und Abwicklungsverträgen auf weiteres nur die **widerrufliche Freistellung** zu vereinbaren. Diese Klausel beseitigt jedenfalls das Beschäftigungsverhältnis nicht, denn es kann theoretisch jederzeit wieder vom AG die Erfüllung der Beschäftigungspflicht verlangt werden.[2313]

IV. Aufhebungsverträge bei streitiger Arbeitnehmereigenschaft

1157 Ist zwischen den Parteien streitig, ob ein Arbverh vorliegt, wie regelmäßig nach Festanstellungsklagen, und wollen die Parteien den Streit durch Abschluss eines Abfindungsvergleichs außergerichtlich beenden, so sind einige Besonderheiten zu beachten.

1158 Das Interesse des vermeintlichen AG (Auftraggebers) besteht darin, dass im Aufhebungsvertrag nicht zum Ausdruck kommt, dass ein Arbverh bestand. Andernfalls muss der AG mit Nachforderungen der Sozialversicherungsträger und der Finanzbehörden rechnen. Das Interesse des freien Mitarbeiters, der sich in der Festanstellungsklage vor dem ArbG für einen **Scheinselbstständigen**[2314] hielt, geht dahin, sich durch Abschluss des Vertrages Nachversicherungsansprüche offen zu halten. Vermieden werden sollte aus der Sicht des AG der Eindruck, dass ein Arbverh bestand. Will der AG das Risiko vermindern, zu einer Nachversicherung herangezogen zu werden, sollten die Parteien sowohl auf die Parteibezeichnung „AG" und „AN" als auch auf eine nähere rechtliche Einordnung des Vertragsverhältnisses verzichten. Aus diesem Grunde sehen manche Mustertexte[2315] vor, dass nur von einem „Vertragsverhältnis" die Rede ist und dass im Rubrum nur der Name des Unternehmens und des „freien Mitarbeiters" erscheinen.

1159 Die üblicherweise im Rahmen einer Abfindung gewählte Formulierung, „zum Ausgleich für den Verlust des Arbeitsplatzes", kann in einem solchen Vertrag nicht verwendet werden, ohne das Risiko der Qualifizierung der Rechtsbeziehung als Arbverh auszulösen. Der frühere Steuerfreibetrag in § 3 Nr. 9 EStG war auf ein freies Mitarbeiterverhältnis nicht anwendbar.[2316] Möglich war und ist, im Aufhebungsvertrag die **Anwendung** des **Steuersatzes** gem. §§ 24, 34 EStG **vorzusehen**. Diese steuerliche Privilegierung gilt auch, wenn ein freies Mitarbeiterverhältnis oder eine sonstige selbstständige Tätigkeit auf Veranlassung des anderen Vertragsteils beendet wird.[2317]

1160 *Diller/Schuster*[2318] empfehlen, in den Aufhebungsvertrag eine ausdrückliche Bestätigung des „freien" Mitarbeiters aufzunehmen, wonach dieser sämtliche erhaltenen Beträge ordnungsgemäß versteuert hat. Zwar schütze diese Vertragsklausel das Unternehmen nicht im Ernstfall vor der Lohnsteuer-Ausfallhaftung, falls die Finanzverwaltung von einem Arbverh ausgehe. Bei vorsätzlich falscher Auskunft des Mitarbeiters ergäben sich dann aber neben zivilrechtlichen Rückgriffsansprüchen aus dem Arbverh[2319] die deliktischen Rückgriffsansprüche gem. § 823 Abs. 2, § 263 StGB.

2309 BGH 28.9.2005 – IV ZR 106/04 – NJW-RR 2006, 37.
2310 Ebenso: *G. Bauer*, NJW 2008, 1496 (1498).
2311 *G. Bauer*, NJW 2008, 1496 (1499).
2312 LG Hamburg 21.8.2007 – 309 S 93/07 – r+s 2008, 15; AG Hamburg, 22.8.1995 – 4 C 636/95 – r+s 1996, 107; AG Frankfurt 3.11.1994 – 29 C 1489/94 – r+s 1995, 304; AG Köln 1.6.1994 – 123 C 242/94 – r+s 1995, 68.
2313 *Bauer/Krieger*, DB 2005, 2242; *Schlegel*, NZA 2005, 972.
2314 Zu beachten: § 7 Abs. 4 SGB IV hat seit dem Zweiten Gesetz über moderne Dienstleistungen am Arbeitsmarkt einen Bedeutungswandel erfahren. Durch Art. 2 Nr. 2 lit b des Gesetzes wird bei Personen, die einen Existenzgründungszuschuss nach § 421 Abs. 1 SGB III beantragen, widerlegbar vermutet, dass sie in dieser Tätigkeit als Selbstständige tätig sind; s.a. *Rolfs*, NZA 2003, 65 f.
2315 *Hümmerich*, Arbeitsrecht, § 4 Rn 705, Muster 4800.
2316 *Diller/Schuster*, FA 1998, 139.
2317 *Schmidt/Seeger*, § 24 Rn 60.
2318 *Diller/Schuster*, FA 1998, 139.
2319 BAG 14.6.1974 – 3 AZR 456/73 – EzA § 72 MTB II Nr. 1; BAG 19.1.1979 – 3 AZR 330/77 – EzA § 670 BGB Nr. 13.

Einen besonderen Problembereich bei der Aufhebung von in ihrer rechtlichen Bewertung strittiger Arbverh stellt der Umgang mit der **Umsatzsteuer** dar. Der Mitarbeiter hat die Umsatzsteuer als **Betriebsausgabe** geltend gemacht. Fehlt dem Mitarbeiter die Unternehmereigenschaft, war er gem. § 15 Abs. 2 UStG nicht vorsteuerabzugsberechtigt. In einem neuen Umsatzsteuerbescheid kann das Finanzamt die vom Mitarbeiter bisher zu Unrecht bei allen Rechnungen seiner Lieferanten oder Kunden vorgenommenen Vorsteuerabzüge nachfordern, ohne dass der als AN behandelte, frühere freie Mitarbeiter die von ihm selbst an das Finanzamt geleistete Umsatzsteuer zurückfordern kann. Nach der Rspr. des BFH[2320] schuldet auch ein Nicht-Unternehmer die Umsatzsteuer, wenn er sie wie ein Unternehmer in einer Rechnung gesondert ausgewiesen hat.

Eine weitere gravierende Folge für das Unternehmen bildet der Umstand, dass das Finanzamt die vom Mitarbeiter in Rechnung gestellte Umsatzsteuer nicht mehr als Vorsteuer abziehen kann, weil gem. § 15 Abs. 1 UStG Voraussetzung des Vorsteuerabzugs ist, dass die Umsatzsteuer von einem Unternehmer in Rechnung gestellt wurde. Das Unternehmen muss also in Höhe des geleisteten, unzulässigen Vorsteuerabzugs eine Nachentrichtung an das Finanzamt vornehmen.

Beim freien Mitarbeiter besteht ferner die Gefahr, dass **Sozialversicherungsbeiträge nachzuentrichten** sind. Für das Unternehmen kann die Nachzahlung in hohen Beträgen münden.[2321] Der AG ist Schuldner des Gesamtsozialversicherungsbeitrages für AG- und AN-Anteile gem. § 28e Abs. 1 SGB IV. Dem Mitarbeiter gegenüber ist der AG in der Geltendmachung der AN-Anteile zur Sozialversicherung beschränkt. Er kann sie nur im Lohnabzugsverfahren nach § 28g SGB IV geltend machen. Nur bei den nächsten drei Lohn- und Gehaltszahlungen darf ein unterbliebener Abzug gem. § 28g S. 2 SGB IV nachgeholt werden, es sei denn, der Beschäftigte ist seinen Pflichten vorsätzlich oder grob fahrlässig nicht nachgekommen, § 28g S. 4 SGB IV.

Mit Abschluss eines Aufhebungsvertrages zwischen einem Unternehmen und einem Scheinselbstständigen entsteht also die Rechtslage, dass der **Sozialversicherungsträger**, sofern die AN-Eigenschaft rechtswirksam festgestellt ist, regelmäßig **die AG- und AN-Anteile zur Sozialversicherung nachfordern** kann, ohne dass gegenüber dem Mitarbeiter noch ein Einbehalt möglich ist. Auch eine Verpflichtung des Mitarbeiters auf Erstattung der an den Sozialversicherungsträger abgeführten Beträge ist ausgeschlossen, da die Rspr. des BAG[2322] die Regelung in § 28g S. 2 SGB IV als Begrenzungstatbestand zum Haftungsumfang des AN behandelt, sofern keine gesonderte Parteivereinbarung besteht oder § 28g S. 4 SGB IV gilt. Klarheit herrscht in derartigen Fällen immer, wenn sich der Mitarbeiter zur Rückzahlung der vereinbarten Abfindung in derjenigen Höhe verpflichtet, in der der Sozialversicherungsträger eine Nachentrichtung geltend macht bzw. erreichen kann.

In der einzigen hierzu bekannten Entscheidung[2323] wurde eine solche Regelung für wirksam gehalten. Die Regelung verstoße weder unmittelbar gegen § 32 Abs. 1 SGB I, noch diene sie einer objektiv funktionswidrigen Umgehung dieser Vorschrift. Es bleibe dem Mitarbeiter unbenommen, sich für die Inanspruchnahme sozialversicherungsrechtlicher Vorteile zu entscheiden. Die finanziellen Nachteile, nämlich die Rückzahlung der Abfindung, benachteiligten ihn nicht unangemessen i.S.v. § 138. Die Effizienz einer solchen Regelung ist u.a. davon abhängig, dass der Abfindungsbetrag die Höhe des vierjährig nach zu entrichtenden Sozialversicherungsbeitrages im Umfang der AN-Anteile erreicht. Derartige Klauseln, wenn sie einem Sozialversicherungsträger bei einer Prüfung über die Lektüre des Aufhebungsvertrags bekannt werden, setzen einen von beiden Parteien nicht gewollten Ermittlungsanreiz.

Angesichts der vielfältigen steuerrechtlichen und sozialversicherungsrechtlichen Folgefragen bei Abschluss eines Aufhebungsvertrages mit einem freien Mitarbeiter ist **größte Aufmerksamkeit** bei der Verwendung von **Erledigungsklauseln** geboten. Mit einer Erledigungsklausel würde das Unternehmen rechtswirksam auf steuer- und sozialversicherungsrechtliche Rückforderungsansprüche gegenüber dem Mitarbeiter verzichten, weshalb allenfalls einseitige Ausschlussklauseln angezeigt sind.

V. Zeugnisklauseln

Die Formulierung des Zeugnisses ist ein Recht und zugleich eine Pflicht des AG (siehe § 109 GewO Rn 1).[2324] Das Zeugnis soll zwar **wohl wollend**, es muss aber auch **wahr** sein,[2325] mit welchem Bedeutungsgehalt man diese Begriffe auch immer füllen mag. Bei der Gestaltung des Auflösungsvertrags ergeben sich mit Blick auf das für das Fortkommen des AN bedeutsame Zeugnis zwei Möglichkeiten: Entweder man nimmt den Wortlaut des meist vom AN vorformulierten und vom AG in die Endfassung gebrachten Zeugniswortlauts als **Anlage zum Aufhebungs- oder Abwicklungsvertrag** oder man formuliert globale Anforderungen an den Wortlaut des vom AG zu erstellenden Zeugnisses. So sind in gerichtlichen Vergleichen Formulierungen gebräuchlich wie „der AN erhält vom AG ein

---

2320 BFH 8.12.1988 – V R 28/84 – BStBl II 1989 S. 250.
2321 *Diller/Schuster*, FA 1998, 140.
2322 BAG 14.1.1988 – 8 AZR 238/95 – EzA §§ 394, 395 RVO Nr. 2.
2323 ArbG Köln 21.6.1996 – 2 Ca 9178/95 – NZA-RR 1996, 324.
2324 BAG 29.7.1971 – 2 AZR 250/70 – AP § 630 BGB Nr. 6; BAG 12.8.1976 – 3 AZR 720/75 – AP § 630 BGB Nr. 11. Für Arbverh jetzt nicht mehr in § 630 (dort nur noch für freie Mitarbeiter und Dienstverpflichtete), für alle Arbverh jetzt in § 109 GewO geregelt.
2325 BAG 8.2.1972 – 1 AZR 189/71 – AP § 630 BGB Nr. 7; BAG 5.8.1976 – 3 AZR 491/75 – AP § 630 BGB Nr. 10.

wohlwollendes, berufsförderndes Zeugnis" oder „der AN erhält ein Zeugnis vom AG, das ihn in seinem beruflichen Fortkommen nicht behindert". Unverzichtbar ist aus AN-Sicht, dass als Leistungsbewertung „stets zu unserer vollsten Zufriedenheit" festgelegt und in den Aufhebungs- oder Abwicklungsvertrag aufgenommen wird.

1168 Die **„Dankes-Bedauern"-Formel**[2326] sollte in keinem Zeugnis fehlen. Aus AN-Sicht ist eine Vereinbarung von Vorteil, die den kompletten Wortlaut des Zeugnisses oder, wenn dies aus Gründen der Eile nicht anders möglich ist, die Eckdaten als Anlage zum Aufhebungs- oder Abwicklungsvertrag nimmt. Regelungen im Aufhebungsvertrag, die besagen, dem AN werde das Recht eingeräumt, sein eigenes Zeugnis zu schreiben, verstoßen gegen die guten Sitten und sind nichtig, § 138. Andere AG haben Anspruch auf ein von einem AG verfasstes Zeugnis. Dieser Rechtsanspruch schließt es nicht aus, dass ein Entwurf des Zeugnisses unverbindlich vom AN gefertigt wird. Liegt zwischen Abschluss und rechtlicher Beendigung des Arbverh ein längerer Zeitraum, sollten zunächst die umgehende Erteilung des Zwischenzeugnisses oder sein Wortlaut und der späterhin maßgebliche Wortlaut des Schlusszeugnisses vereinbart werden.

1169 Eine allgemeine Ausgleichsklausel erfasst, soweit der Verzicht überhaupt möglich ist, im Zweifel den Zeugnisanspruch nicht.[2327] Der Anspruch auf Erteilung eines Zeugnisses kann allerdings, wie jeder andere schuldrechtliche Anspruch verwirkt werden (siehe § 109 GewO Rn 57).[2328]

VI. Häufige Beratungsfehler

1170 **1. Nichteinholen einer Lohnsteueranrufungsauskunft.** Es kann sich als Anwaltsversäumnis darstellen, wenn man im Aufhebungsvertrag – besser vorab mündlich – Naturalparteien nicht auf diejenigen Stellen (Finanzamt, BA, AA) hingewiesen hat, die ihm verbindliche und verlässliche Auskünfte über die sozialversicherungsrechtlichen, steuerrechtlichen und arbeitsförderungsrechtlichen Folgen von Vereinbarungen im Abwicklungs- und Aufhebungsvertrag geben können.[2329]

1171 Bei steuerlichen Zweifelsfragen über im Aufhebungsvertrag beabsichtigte Gestaltungen empfiehlt sich die Einholung einer Lohnsteueranrufungsauskunft.[2330] Die Anrufungsauskunft kann vom AG und vom AN einzeln, aber auch gemeinsam beantragt werden. Eine **Bindungswirkung** durch die Auskunft tritt nur demjenigen gegenüber ein, der die Auskunft eingeholt hat.[2331] Mit einer Antwort des Finanzamtes auf eine Lohnsteueranrufungsauskunft kann nicht innerhalb weniger Tage gerechnet werden. Das Instrument der Lohnsteueranrufungsauskunft versagt deshalb in vielen Verhandlungssituationen als Unterstützungsinstrument, um zu einer rechtssicheren steuerrechtlichen Bewertung von Abfindungsregelungen zu gelangen, wenn die Parteien unter Zeitdruck stehen.

1172 Wenn das Betriebsstättenfinanzamt (AG) und das Wohnsitzfinanzamt (AN) nicht identisch sind, benötigt man zwei Auskünfte. Nach Auffassung des BFH[2332] bindet die Auskunft nicht das für den AN zuständige Wohnsitz-FA, wenn sie vom AG an dem für ihn zuständigen Betriebsstättenfinanzamt eingeholt wurde.

1173 **2. Fehlende Ersichtlichkeit der betriebsbedingten Kündigungsgründe im Vertragstext.** Eine Beendigungsbegründungsklausel empfiehlt sich, wenn der AA aus sozialrechtlichen, dem Finanzamt aus steuerrechtlichen Gründen die Hintergründe, die zur Künd geführt haben, erläutert werden sollen. Auf Misstrauen basierende Nachfragen durch die AA oder das Finanzamt entfallen auf diese Weise. Eine Präambel empfiehlt sich als **Auslegungshilfe**.

1174 Die Behörden werden durch den Wortlaut einer Präambel bei ihrer Sachverhaltsermittlung und im Rahmen von Ermessensentscheidungen nicht gebunden. Für die AA ist es dennoch oft hilfreich, bei einer Künd zu erfahren, aufgrund welcher unternehmerischen Entscheidung sie ausgesprochen wurde. Hat man bspw. im Unternehmen seit mehreren Jahren Personalabbau betrieben oder hat ein Betriebsübergang stattgefunden oder ist der Arbeitsplatz an einen mehrere hundert Kilometer entfernt liegenden Ort verlegt worden und wollte die Familie des AN keinen Umzug vornehmen, so vermeidet die Erläuterung der Beendigungsgründe, die in einer Präambel facettenreich dargestellt werden können und der AA den Anlass eines Abwicklungsvertrages nachvollziehbar erhellen, die Anordnung einer Sperrzeit.

1175 Hat der AG eine **(Wieder-)Einstellungszusage** erteilt, bedarf es meist keiner ausführlichen Beendigungsbegründung. Werden Arbeitskräfte saisonal beschäftigt, findet regelmäßig eine Beendigung zu einem bestimmten Zeitpunkt statt, eine Wiederaufnahme des Arbverh zu den Konditionen des bisherigen Arbeitsvertrages wird vom AG mit der Wiedereinstellungszusage angeboten.[2333] Die Einstellungszusage kann in zwei Formen, als einfache Einstellungs-

---

[2326] Auf die nach gegenwärtiger Ansicht des BAG (20.2.2001 – 9 AZR 44/00 – NZA 2001, 843) kein Anspruch besteht, so auch ArbG Bremen 11.2.1992 – 4 a Ca 4168/91 – NZA 1992, 800; a.A. LAG Hessen 17.6.1999 – 14 Sa 1157/98 – MDR 2000, 404; LAG Berlin 10.12.1998 – 10 Sa 106/98 – BB 1999, 851; LAG Köln 29.11.1990 – 10 Sa 801/90 – LAGE § 630 BGB Nr. 11.
[2327] BAG 16.9.1974 – 5 AZR 255/74 – NJW 1975, 407.
[2328] BAG 17.2.1988 – 5 AZR 638/86 – DB 1988, 1071.
[2329] *Hümmerich*, Arbeitsrecht, § 4 Rn 697, Muster 4710; § 4 Rn 696, Muster 4700.
[2330] *Hümmerich*, Arbeitsrecht, § 4 Rn 706, Muster 4810.
[2331] BFH 13.11.1959 – VI 124/59 U – BStBl III 1960 S. 108.
[2332] BFH 9.10.1992 – VI R 97/90 – DB 1993, 73.
[2333] *Moll/Reufels*, Anm. zu ArbG Bonn, EWiR § 157 BGB 1/2000, 317.

zusage und als bedingte Einstellungszusage, erfolgen.[2334] Bei der einfachen Einstellungszusage ist allerdings zu beachten, dass nach einem Urteil des ArbG Bonn der bloße Satz des AG in Richtung des AN, er werde im Frühjahr wieder eingestellt, nicht zwingend bedeutet, dass eine Einstellungszusage erteilt wurde.[2335] Das ArbG Bonn ist der Auffassung, jede Wiedereinstellungserklärung sei im Hinblick auf den Grundsatz von Treu und Glauben mit Rücksicht auf die Verkehrssitte dahin gehend zu interpretieren, dass eine Wiedereinstellung nur im Rahmen der betrieblichen Möglichkeiten und des Auftragsbestandes erfolgt. Eine Wiedereinstellungszusage kann auch unter im Einzelnen zu verhandelnden Bedingungen in einem Abwicklungsvertrag vereinbart werden.[2336]

3. Fehlerhafte Regelungen beim Dienstwagen. Bei der unentgeltlichen Übereignung des Dienstwagens an den Mitarbeiter entsteht ein nach § 8 Abs. 3 EStG zu versteuernder Sachbezug (siehe § 8 EStG Rn 8 ff.). Der Sachbezug ist dagegen vom AG zu versteuern, wenn es in der Vereinbarung heißt, der AN erwerbe das Fahrzeug unentgeltlich als Nettosachbezugswert.[2337]

1176

Da der AN Verbraucher ist, gelten für den Kauf eines Dienstfahrzeuges die Regeln des **Verbrauchsgüterkaufs**, §§ 474 ff. Daher kann die Gewährleistung für den Dienstwagen für die Dauer eines Jahres nicht ausgeschlossen werden, § 475 Abs. 2. Zeigt sich innerhalb von sechs Monaten seit Gefahrübergang ein Sachmangel, tritt eine Beweislastumkehr ein und es wird vermutet, dass die Sache bereits bei Gefahrübergang mangelhaft war, § 476. Diese Regeln gelten nicht, wenn der Verkauf über eine Privatperson als Zwischenerwerber (Personalchef) abgewickelt wird. Beim Direkterwerb entsteht die Konstellation, dass der AN, der den Dienstwagen erwirbt und das Fahrzeug regelmäßig über einen längeren Zeitraum bereits genutzt hat, den Kaufgegenstand besser kennt als der veräußernde Unternehmer (= AG). Daher bedarf der AN bei dieser Fallkonstellation keines Sonderschutzes, denn im Normalfall des Verbrauchsgüterkaufs kennt nur der Veräußerer den Kaufgegenstand oder verfügt zumindest über ein überlegenes technisches Wissen. Vorliegend ist es genau umgekehrt. Ein dieser Fallgestaltung Rechnung tragender Verzicht des AN auf Gewährleistungsansprüche wäre gem. § 475 Abs. 1 unzulässig.

1177

4. Beratungsfehler bei der Gestaltung von Aufhebungsverträgen für AG-Vorstände und GmbH-Geschäftsführer. Der Abschluss eines Aufhebungsvertrages mit einem Vorstandsmitglied hat meist die Verkürzung der Amtszeit zum Inhalt. An die Erfüllung von Amtszeiten sind häufig Pensionsansprüche geknüpft, sei es dem Grunde oder sei es der Höhe nach. Wird die Amtszeit verkürzt, kann die Folge sein, dass Voraussetzungen für Pensionszusagen dem Grunde nach nicht mehr erfüllt sind. Wird übersehen, einen Aufhebungsvertrag als aufschiebende Bedingung die Zustimmung des AR vorzusehen, kann der Fall eintreten, dass Personalausschuss und/oder AR den Aufhebungsvertrag nicht genehmigen. Wurde der Vertrag bereits unbedingt geschlossen und genehmigt ihn der AR nicht, ist es für den Vorstand nachteilig, wenn er zwischenzeitlich sein Amt niedergelegt hat.

1178

Eine Schwierigkeit bei Aufhebungsverträgen mit Geschäftsführern und Vorständen besteht in der **Formulierung der Ausgleichsklausel**. Die AG kann auf ihre Ersatzansprüche erst drei Jahre nach ihrer Entstehung verzichten oder sich über sie vergleichen und auch nur dann, wenn die Hauptversammlung zustimmt und nicht eine Minderheit von mindestens 10 v.H. des Grundkapitals zu Protokoll widerspricht (§ 93 Abs. 4 S. 3 AktG). Durch die Entlastung billigt die Hauptversammlung nur die Verwaltung der Gesellschaft durch die Mitglieder des Vorstands und des AR,[2338] ein Verzicht auf Ersatzansprüche ist damit nicht verbunden. Angesichts der Regelung in § 93 AktG kann daher mit einer Ausgleichsklausel im Aufhebungsvertrag kein verbindlicher Verzicht der AG auf mögliche Ersatzansprüche begründet werden.

1179

Eine vorbeugende Unterstützungsmaßnahme im Falle einer etwaigen späteren prozessualen Auseinandersetzung stellt es dar, wenn sich der Vorstand im Aufhebungsvertrag eine **Bestätigungsklausel** geben lässt. In der Bestätigungsklausel erklärt die AG, dass das Vorstandsmitglied während seiner aktiven Dienstzeit seiner Sorgfaltspflicht und Verantwortlichkeit gewissenhaft nachgekommen sei. Macht die AG späterhin Schadensersatzansprüche geltend, muss sie sich entgegenhalten lassen, sie verhalte sich widersprüchlich, wenn sie nunmehr Ersatzansprüche fordere. Zugunsten des GmbH-Geschäftsführers empfiehlt es sich, in die Ausgleichsklausel aufzunehmen, dass ein Entlastungsbeschluss nach § 46 Nr. 5 GmbHG gefasst wird.

1180

5. Mangelnde Protokollierung von Gesprächsinhalten. Vieles wird beim Aushandeln zwischen den Parteien besprochen, weniges wird dokumentiert. Große und kleine Absprachen, Anmerkungen und Fragen erscheinen dem Berater oft nicht wesentlich genug, um im Vertragstext oder als Anlage niedergelegt zu werden. Damit fehlen im Nachgang zu einer rechtlichen Auseinandersetzung verschiedentlich Beweise. Bei Zweifeln des AG daran, ob der AN wahrheitsgemäß die Frage nach dem Bestehen eines Anschluss-Arbverh beantwortet hat, empfiehlt sich eine Regelung im Aufhebungsvertrag, wonach sich der AN bei wahrheitswidriger Beantwortung über das Bestehen eines Anschluss-Arbverh zur Rückzahlung der Abfindung verpflichtet.

1181

2334 S. zu dieser Differenzierung *Schrader/Straube*, NZA-RR 2003, 337.
2335 ArbG Bonn 13.10.1999 – 5 Ca 1311/99 – EWiR § 157 BGB 1/2000, 317.
2336 *Dollmann*, BB 2005, 2297.
2337 *Hümmerich*, Arbeitsrecht, § 4 Rn 542.
2338 *Bauer*, DB 1992, 1421.

VII. Steuerliche Abzugsfähigkeit der Vergütung eines Rechtsanwalts

1182 Lässt sich der AN im Zusammenhang mit einer Beendigung seines Dienstverhältnisses anwaltlich beraten oder vertreten, können die dabei anfallenden gesetzlichen oder vereinbarten Anwaltsgebühren und Gerichtskosten als Werbungskosten gem. § 9 EStG geltend gemacht werden.[2339]

VIII. Textbausteine

1183 In einer Reihe von Praktiker- und Anwendungsbüchern werden Textbausteine zur Gestaltung von Aufhebungs- und Abwicklungsverträgen in unterschiedlichen Variationen angeboten. Auf einige Beispiele wurde bereits in den Fußnoten hingewiesen. Mustertexte zu Aufhebungs- und Abwicklungsverträgen finden sich in diversen Hand- und Formularbüchern.[2340]

§ 612 Vergütung

(1) Eine Vergütung gilt als stillschweigend vereinbart, wenn die Dienstleistung den Umständen nach nur gegen eine Vergütung zu erwarten ist.

(2) Ist die Höhe der Vergütung nicht bestimmt, so ist bei dem Bestehen einer Taxe die taxmäßige Vergütung, in Ermangelung einer Taxe die übliche Vergütung als vereinbart anzusehen.

(3) (aufgehoben)

Literatur: *Beuthien*, Das fehlerhafte Arbeitsverhältnis als bürgerlich-rechtliches Abwicklungsproblem, RdA 1969, 161; *Canaris*, Atypische faktische Arbeitsverhältnisse, BB 1967, 165; *Fenn*, Die juristische Qualifikation der Mitarbeit bei Angehörigen und ihre Bedeutung für die Vergütung, FamRZ 1968, 291; *ders.*, Die Mitarbeit in den Diensten Familienangehöriger – Grenzbereiche des Familien-, Arbeits-, Steuer- und Sozialversicherungsrechts, Habil. 1970; *Hansens*, Beratung und Gutachten ohne Gebührenvereinbarung, ZAP 2006, Fach 24, 997; *Hartung*, Freigabe der Beratungsgebühren ab 1.7.2006, BB 2006, Heft 28/29, Die erste Seite, I; *Hergenröder*, Rechtliche Ausgestaltung der Ehegattenmitarbeiter, Anm. zu LAG Mainz 28.1.2002 – 7 Sa 1390/01 –, AR-Blattei ES 615 Nr. 5; *Hunold*, Aktenlesen in der Bahn – Probleme von Arbeitszeit und Vergütung bei Dienstreisen, NZA-Beil. 2006, Heft 1, 38; *Kilian*, Deregulierung des anwaltlichen Vergütungsrechts im Bereich Beratung und Begutachtung – der neue § 34 RVG im Überblick, BB 2006, 1509; NZA 2002, 1254; *Loritz*, Die Dienstreise des Arbeitnehmers – Mitbestimmung, Vergütung, Haftungsfragen, NZA 1997, 1188; *Mayer*, Die Gebühren- und Vergütungsvereinbarung im Arbeitsrecht, NZA 2006, 753; *Nägele*, Wucher – Ein arbeitsrechtliches Problem, BB 1997, 2162; *Peter*, Rechtsschutz für „Niedriglöhner" durch Mindestlohn, AuR 1999, 289; *Reinecke*, Vertragskontrolle im Arbeitsverhältnis, Sonderbeil. NZA 3/2000, 23; *Sack*, Der rechtswidrige Arbeitsvertrag, RdA 1975, 171; *Schmidt*, Sittenwidrige Vergütung, NJW-Spezial 2006, 561; *Schneider*, Änderungen im anwaltlichen Vergütungsrecht zum 1.1.2007, NJW 2007, 325; *Tschöpe*, Sind Entgeltabreden der Inhaltskontrolle nach §§ 305 ff. BGB unterworfen?, DB 2002, 1830

A. Vergütungsvereinbarung (Abs. 1) und Höhe der Vergütung (Abs. 2) 1	2. Vergütungspflicht aufgrund stillschweigender Vergütungsvereinbarung (Abs. 1) 13
I. Allgemeines 1	a) Vergütungserwartung 13
1. Normzweck 1	aa) Allgemeines 13
a) Fiktion einer Vergütungsvereinbarung (Abs. 1) 1	bb) „Familienhafte Mitarbeit" 14
b) Höhe der Vergütung (Abs. 2) 2	cc) Weitere Einzelfälle 15
2. Entstehungsgeschichte 3	b) Mehrleistungen 16
II. Regelungsgehalt 4	aa) Quantitative Mehrleistungen 16
1. Anwendungsbereich 4	bb) Qualitative Mehrleistungen 17
a) Sachlicher Anwendungsbereich 4	cc) Sonderleistungen 18
b) Persönlicher Anwendungsbereich 5	c) „Zweckverfehlte Dienstleistung" 19
aa) Ausbildungsverhältnisse (§ 17 BBiG) 6	aa) Begriff 19
bb) Handlungsgehilfe (§ 59 HGB) 7	bb) Rechtliche Behandlung 20
cc) Handelsvertreter (§§ 87 ff. HGB) 8	cc) Voraussetzungen 21
dd) Provisionsberechtigter (§ 354 HGB) 9	dd) In Aussicht gestellte letztwillige Verfügung 22
c) Lohnwucher (§ 138 Abs. 2) 10	ee) Eheversprechen 23
aa) Auffälliges Missverhältnis 10	d) Rechtsfolge 24
bb) Einzelfälle 11	3. Höhe der Vergütung (Abs. 2) 25
cc) Rechtsfolge 12	a) Begriff der Vergütung 26

[2339] *Kern/Wege*, NZA 2008, 564; *Hümmerich*, FA 2000, 2.
[2340] *Bauer*, Arbeitsrechtliche Aufhebungsverträge, 8. Aufl. 2007, Rn XIII 1 ff.; *Bauer/Lingemann/Diller/Haußmann*, Anwaltsformularbuch Arbeitsrecht, 3. Aufl. 2008; *Hümmerich*, Aufhebungsvertrag und Abwicklungsvertrag, 2. Aufl., § 11; *ders.*, Arbeitsrecht – Vertragsgestaltung/Prozessführung, 6. Aufl., 2007, § 4 Kapitel 2 und 3; *Kittner/Zwanziger*, Formularbuch Arbeitsrecht, 2002; *Preis*, Der Arbeitsvertrag, 2. Aufl. 2005; *Weber/Ehrich/Burmester*, Handbuch der arbeitsrechtlichen Aufhebungsverträge, 4. Aufl. 2004; *Worzalla*, Handbuch des Fachanwalts für Arbeitsrecht, 4. Aufl. 2004; *ders.*, Arbeitsrechtliche Formulare für die betriebliche Praxis, Individualarbeitsrecht, 2002.

b)	Höhe der Vergütung ist nicht bestimmt ...	27	
c)	Taxmäßige Vergütung (Abs. 2 Alt. 1)	28	
d)	Übliche Vergütung (Abs. 2 Alt. 2)	29	
	aa) Begriff	29	
	bb) Arbeitnehmer	30	
	cc) Selbstständige	31	
e)	Einseitiges Leistungsbestimmungsrecht (§§ 315, 316)	32	

III. Verbindung zu anderen Rechtsgebieten und zum Prozessrecht 33
1. Betriebliche Übung 33
2. §§ 107, 108 GewO: Arbeitsentgelt 34
3. § 49b BRAO: Vergütung 35
4. § 34 Abs. 1 RVG: Beratung, Gutachten und Mediation 36
5. § 850h Abs. 2 ZPO: Verschleiertes Arbeitseinkommen 37
6. Verjährung 38
7. Darlegungs- und Beweislast 39
   a) Abs. 1 39
   b) Abs. 2 40
IV. Beraterhinweise 41
B. Benachteiligungsverbot (Abs. 3 a.F.) 42

A. Vergütungsvereinbarung (Abs. 1) und Höhe der Vergütung (Abs. 2)

I. Allgemeines

1. Normzweck. a) Fiktion einer Vergütungsvereinbarung (Abs. 1). Der Mangel einer Einigung in Fragen der Vergütung würde im Zweifel zur Nichtigkeit des Vertrages führen. Die **Fiktion** des Abs. 1 verhindert dies, indem eine Vergütung als stillschweigend vereinbart gilt, wenn eine Dienstleistung den Umständen nach nur gegen eine Vergütung zu erwarten ist.[1] Die bereicherungsrechtliche Rückabwicklung wird verdrängt.[2] Anhand Abs. 1 ist auch zu ermitteln, ob eine als Nebenleistung erbrachte grds. vergütungspflichtige Dienstleistung von einer für die Hauptleistung vereinbarten Vergütung erfasst ist.[3] Nach a.A. sollen durch Abs. 1 die – entgeltlichen – Dienst- bzw. Arbeitsverträge von – unentgeltlichen – Aufträgen (§ 662) und Gefälligkeitsverhältnissen abgegrenzt werden, wobei im Zweifel Entgeltlichkeit anzunehmen sein soll.[4] Trotz der Fiktion in Abs. 1 steht es den Parteien frei, die unentgeltliche Erbringung von Dienstleistungen (z.B. in Form von Auftrag oder Schenkung) zu vereinbaren.[5] Im Werkvertragsrecht gilt die Parallelvorschrift des § 632 Abs. 1. 1

b) Höhe der Vergütung (Abs. 2). Die **Auslegungsregel** des Abs. 2[6] schließt die durch Nichtbestehen oder Nichtigkeit einer Abrede über die Vergütungshöhe entstandene Lücke im Dienst- bzw. Arbeitsvertrag. In § 632 Abs. 2 findet sich eine für das Werkvertragsrecht geltende wortgleiche Parallelvorschrift. 2

2. Entstehungsgeschichte. Die Regelungen befinden sich seit dem 1.1.1900 unverändert im BGB. 3

II. Regelungsgehalt

1. Anwendungsbereich. a) Sachlicher Anwendungsbereich. Die Regelungen finden auf **alle Dienst- und Arbverh** einschließlich des Geschäftsbesorgungsvertrages (§ 675) Anwendung. Sie gelten für **alle Arten von Vergütungen** (Arbeitsentgelt im eigentlichen Sinn, Provisionen, Sonderleistungen wie bspw. Gratifikationen, Gewinnanteile, Leistungen der betrieblichen Altersversorgung).[7] Auch bei Nichtigkeit des Vertrages wegen **Lohnwuchers** (siehe Rn 10 ff.)[8] sowie bei **Unwirksamkeit nur der Vergütungsvereinbarung**[9] sind die Regelungen nach st. Rspr. anwendbar.[10] Bei Nichtigkeit des gesamten Vertrages wegen Geschäftsunfähigkeit eines Beteiligten sowie Gesetzes- oder Sittenwidrigkeit der zu leistenden Dienste finden dagegen die Grundsätze des fehlerhaften bzw. faktischen Arbverh (siehe § 611 Rn 42 ff.) bzw. §§ 812 ff. Anwendung. Abs. 1 und 2 sind entsprechend anwendbar, wenn ein AN über den Rahmen des Arbeitsvertrages hinaus **Sonderleistungen** (siehe Rn 18) erbracht oder **Mehrarbeit** (siehe Rn 16) durch **Überstunden** oder **höherwertige Dienste** geleistet hat, für die eine Vergütungsregelung fehlt, bspw. im Rahmen der Vertretung eines vakanten Arbeitsplatzes.[11] Bei Übertragung höherwertiger Tätigkeiten unter Verstoß gegen **Mitbestimmungsvorschriften** (§ 99 BetrVG, § 75 BPersVG) bleibt der vertragliche Vergütungsanspruch unberührt, Abs. 1 und 2 kommen nicht zur Anwendung.[12] Eine gegen § 87 Abs. 1 Nr. 10 BetrVG verstoßende Vergütungsregelung kann bei Neueinstellungen dazu führen, dass Ansprüche auf eine höhere Vergütung als die vertraglich vereinbarte entstehen.[13] Die Regelungen finden auch Anwendung, wenn jemand in Erwartung einer besonderen Vergütung zunächst unentgeltliche oder erheblich unterbezahlte Leistungen erbringt, die erhoffte Ge- 4

---

1 BAG 15.3.1960 – 5 AZR 409/58 – AuR 1960, 285.
2 HWK/*Thüsing*, § 612 BGB Rn 6.
3 BAG 11.10.2000 – 5 AZR 122/99 – NZA 2001, 458, 459 ff.
4 Palandt/*Weidenkaff*, § 612 Rn 1; *Canaris*, BB 1967, 165.
5 Motive II, 459.
6 Motive II, 459 f.
7 BAG 11.12.2007 – 3 AZR 249/06 – NZA 2008, 532, 535; BAG 20.11.1996 – 5 AZR 401/95 – NZA 1997, 724, 726.
8 BAG 10.3.1960 – 5 AZR 426/58 – MDR 1960, 612; LAG Bremen 3.12.1992 – 3 Sa 304/90 – AiB 1993, 834.
9 BAG 5.8.1963 – 5 AZR 79/63 – NJW 1963, 2188; BAG 28.9.1994 – 4 AZR 619/93 – ZTR 1995, 181.
10 A.A. *Beuthien*, RdA 1969, 161, 166: Nichtigkeit des gesamten Vertrages.
11 BAG 16.2.1978 – 3 AZR 723/76 – DB 1978, 1131.
12 BAG 16.1.1991 – 4 AZR 301/90 – NZA 1991, 490, 492 unter Aufgabe von BAG 10.3.1982 – 4 AZR 541/79 – DB 1982, 2712.
13 BAG 11.6.2002 – 1 AZR 390/01 – NZA 2003, 570.

genleistung dann aber ausbleibt (sog. **zweckverfehlte Dienstleistung**, zweckverfehlende Arbeitsleistung bzw. enttäuschte/fehlgeschlagene Vergütungserwartung; siehe Rn 19 ff.).[14] Gleiches gilt, wenn wegen einer **Tariflücke** eine Eingruppierung nicht vorgenommen werden kann.[15] In Fällen **erzwungener Weiterbeschäftigung** während eines arbeitsgerichtlichen Künd-Schutzverfahrens findet Abs. 1 keine Anwendung, der Vergütungsanspruch des AN resultiert dann aus § 812.[16] Abs. 2 gilt nicht nur, wenn eine Vergütungspflicht gem. Abs. 1 als stillschweigend vereinbart gilt, sondern auch dann, wenn zwar die Vergütungspflicht ausdrücklich oder stillschweigend vertraglich festgelegt ist, nicht aber die Höhe der Vergütung. Im Bereich der gesetzlichen Krankenversicherung findet § 612 keine Anwendung.[17]

5 b) **Persönlicher Anwendungsbereich.** Die Regelungen gelten für alle Dienstverpflichteten, AN und AN-ähnliche Personen, soweit nicht **Sonderregelungen** einschlägig sind.

6 aa) **Ausbildungsverhältnisse (§ 17 BBiG).** Es gilt die speziellere Norm des § 17 BBiG, wonach Auszubildende Anspruch auf eine **angemessene Vergütung** haben, die nach dem Lebensalter des Auszubildenden so zu bemessen ist, dass sie mit fortschreitender Ausbildung, mindestens jährlich, ansteigt.[18] Eine über die vereinbarte regelmäßige tägliche Ausbildungszeit hinausgehende Beschäftigung ist nach Maßgabe von § 17 Abs. 3 BBiG besonders zu vergüten oder durch Freizeit auszugleichen.

7 bb) **Handlungsgehilfe (§ 59 HGB).** Für Dienstleistungen des Handlungsgehilfen gilt nach der spezielleren Regelung des § 59 HGB die dem Ortsgebrauch entsprechende,[19] in Ermangelung eines Ortsgebrauchs die **den Umständen nach angemessene Vergütung** als vereinbart.

8 cc) **Handelsvertreter (§§ 87 ff. HGB).** Ist die Höhe des Provisionsanspruchs des Handelsvertreters (§ 87 HGB) nicht bestimmt, so ist nach § 87b Abs. 1 HGB der **übliche Satz** als vereinbart anzusehen.

9 dd) **Provisionsberechtigter (§ 354 HGB).** Wer in Ausübung seines Handelsgewerbes einem anderen Geschäfte besorgt oder Dienste leistet, kann dafür gem. § 354 Abs. 1 Alt. 1 HGB auch ohne Verabredung Provision nach den **an dem Orte üblichen Sätzen** fordern.

10 c) **Lohnwucher (§ 138 Abs. 2). aa) Auffälliges Missverhältnis.** Die st. Rspr. wendet § 612 auch in Fällen der Sittenwidrigkeit der Vergütungsvereinbarung wegen Lohnwuchers gem. § 138 Abs. 2 an.[20] § 139, wonach bei Teilnichtigkeit im Zweifel das gesamte Rechtsgeschäft nichtig ist, ist im Arbeitsrecht nur bedingt anwendbar und steht dem nicht entgegen, weil anderenfalls der Schutzgedanke des § 138 Abs. 2 in sein Gegenteil verkehrt würde. Die Feststellung von Sittenwidrigkeit kann nur im **Einzelfall** anhand der Prüfung der Frage, ob ein auffälliges Missverhältnis zwischen Arbeitsleistung und Höhe der Vergütung vorliegt, erfolgen. Abzustellen ist nach der Rspr. auf den streitgegenständlichen **Zeitraum**, nicht auf den Zeitpunkt des Vertragsschlusses. Ausgangspunkt zur Feststellung des Wertes der Arbeitsleistung ist jedenfalls dann der **Tariflohn** des jeweiligen Wirtschaftszweiges – ohne tarifliche Zusatzleistungen –,[21] wenn in dem Wirtschaftsgebiet üblicherweise der Tariflohn gezahlt wird. Sofern kein einschlägiger TV existiert, sind verwandte TV heranzuziehen. Liegt die verkehrsübliche Vergütung unterhalb des Tariflohnes, ist vom **allg. Lohnniveau** im Wirtschaftsgebiet auszugehen.[22] Es kann nicht auf einen bestimmten Abstand zwischen dem Arbeitsentgelt und dem Sozialhilfesatz abgestellt werden.[23] Jedenfalls dann, wenn die **Hälfte** des üblichen Marktlohnes unterschritten ist, ist Lohnwucher anzunehmen.[24] Der BGH nimmt bei 63 % des üblichen Lohnes Sittenwidrigkeit an.[25] Ein Entgelt i.H.v. 70 % der üblichen Vergütung begründet nach BAG-Rspr. noch kein auffälliges Missverhältnis.[26] In einer jüngeren Entscheidung zieht das BAG die Grenze bei **zwei Dritteln**, unterhalb de-

---

[14] St. Rspr. BAG 5.8.1963 – 5 AZR 79/63 – NJW 1963, 2188; BAG 14.7.1966 – 5 AZR 2/66 – NJW 1966, 1426; LAG Köln 24.4.1990 – 4 Sa 120/90 – LAGE § 612 BGB Nr. 4.
[15] ArbG Regensburg 6.2.1991 – 6 Ca 1339/90 S – ZTR 1991, 335.
[16] BAG 10.3.1987 – 8 AZR 146/84 – NZA 1987, 373; BAG 17.1.1991 – 8 AZR 483/89 – NZA 1991, 769; MüKoBGB/*Müller-Glöge*, § 612 Rn 11.
[17] BSG 27.7.2005 – B 3 KR 21/05 B – RegNr. 27132, zu § 69 S. 3 SGB V; BSG 13.5.2004 – B 3 KR 2/03 R – PflR 2004, 459 ff., zu § 132 SGB V.
[18] BAG 24.10.2002 – 6 AZR 626/00 – NZA 2003, 1203.
[19] Dies stimmt mit dem Begriff der „üblichen Vergütung" nach § 612 Abs. 2 überein, Ebenroth/Boujong/Joost/Strohn/*Boecken*, § 59 Rn 36 m.w.N.

[20] Zur Sittenwidrigkeit einer Entgeltvereinbarung gem. § 138 Nr. 1 s. BAG 26.4.2006 – 5 AZR 549/05 – NZA 2006, 1354, 1355 ff.
[21] *Reinecke*, Sonderbeil. NZA 3/2000, 23, 32; *Tschöpe*, DB 2002, 1830 f.
[22] BAG 24.3.2004 – 5 AZR 303/03 – DB 2004, 1432.
[23] BAG 24.3.2004 – 5 AZR 303/03 – DB 2004, 1432 m.w.N., auch zur a.A.
[24] BAG 11.1.1973 – 5 AZR 322/72 – DB 1973, 727; LAG Berlin 20.2.1998 – 6 Sa 145/97 – AuR 1998, 468.
[25] BGH 22.4.1997 – 1 StR 701/96 – NZA 1997, 1167 f. zu § 302a Abs. 1 S. 1 Nr. 3 StGB a.F. (= § 291 StGB n.F.); *Nägele*, BB 1997, 2162.
[26] BAG 23.5.2001 – 5 AZR 527/99 – AuR 2001, 509; s. LAG Kiel 5.11.2002 – 5 Sa 147c/02 – NZA-RR 2003, 242.

rer Lohnwucher anzunehmen ist, wenn sich die Abweichung nicht durch spezifische Gründe des Einzelfalls rechtfertigen lässt.[27]

bb) Einzelfälle. Ein auffälliges Missverhältnis liegt nicht vor, wenn der Lohn eines nicht tarifgebundenen AN 26 % unter dem Tariflohn liegt.[28] Im Fall der Vergütung eines AN von nicht einmal 42 % des Tariflohnes ist Lohnwucher gegeben.[29] Eine Vergütungsvereinbarung von 1 DM statt des üblichen Lohns i.H.v. 5,45 DM ist sittenwidrig.[30] Im Ausbildungsverhältnis sind i.d.R. eine unter 80 % der tariflichen Vergütung liegende Vergütung[31] sowie eine Überstundenvergütung i.H.v. 1,30 DM sittenwidrig.[32] Die Vereinbarung, nach der eine Vergütungspflicht für eine 14-tägige Probezeit nur für den Fall des Abschlusses eines endgültigen Arbeitsvertrages entstehen soll, ist sittenwidrig.[33] Die Vergütung eines angestellten RA i.H.v. 1.300 DM brutto bei einer wöchentlichen Arbeitszeit von 35 Stunden ist sittenwidrig (§ 138 Abs. 1), als Maßstab wurde eine Vergütung von 2.800 DM angesetzt.[34] Wird bei einem Vertragsverhältnis, bei dem nicht der Erwerb praktischer Kenntnisse und Erfahrungen, sondern die Erbringung von Arbeitsleistungen im Vordergrund steht und das daher kein Praktikum, sondern ein Arbverh darstellt, die unentgeltliche Erbringung der Arbeitsleistung vereinbart, liegt Sittenwidrigkeit vor.[35]

cc) Rechtsfolge. Die Nichtigkeit der Vergütungsabrede wegen §§ 138 Abs. 1, Abs. 2 oder 134 i.V.m. § 291 StGB führt gem. Abs. 1 und Abs. 2 dazu, dass der übliche Lohn zu zahlen ist, angesichts des Verbots der geltungserhaltenden Reduktion nicht etwa nur der niedrigste zulässige Lohn.[36]

2. Vergütungspflicht aufgrund stillschweigender Vergütungsvereinbarung (Abs. 1). a) Vergütungserwartung. aa) Allgemeines. Nach dem Wortlaut von Abs. 1 gilt eine Vergütung als stillschweigend vereinbart, wenn die Dienstleistung „den Umständen nach nur gegen eine Vergütung **zu erwarten** ist." Die zu erwartende Entgeltlichkeit ist anhand der **objektiven Umstände des Einzelfalles** zu beurteilen. Maßgebliche Kriterien sind Art, Umfang und Dauer der Dienste, die Verkehrssitte, die Berufs- und Erwerbsverhältnisse des Dienstleistenden sowie die Stellung und Beziehungen der Beteiligten zueinander, nicht aber deren subjektive Meinung.[37] Entgeltlichkeit ist i.d.R. zu bejahen, wenn die Dienste in den Rahmen des vom Dienstleistenden ausgeübten **Hauptberufs** gehören.[38]

bb) „Familienhafte Mitarbeit" Familienrechtliche Mitarbeit im Rahmen der Pflichten aus §§ 1356, 1619 wird ebenso wie **Dienstleistungen für Freunde, Verwandte, in der Ehe sowie im eheähnlichen Verhältnis** grds. unentgeltlich erbracht.[39] Hat der Haushalt oder der Betrieb der Eltern nicht den Zuschnitt, dass angenommen werden kann, durch die Mitarbeit des Kindes wäre eine fremde Arbeitskraft ersetzt worden, so spricht eine Vermutung dafür, dass nur eine in der familienrechtlichen Beziehung verwurzelte „familienhafte Mitarbeit" vorliegt.[40] Ob Familienangehörige ihre Arbeitsleistung im Haushalt bzw. im Geschäft des Ehepartners als Teil ihrer Unterhaltspflicht oder auf Grundlage eines Arbeitsvertrages erbringen, ist durch eine wertende Betrachtungsweise zu entscheiden.[41] Bei Dienstleistungen in einer ne. Lebensgemeinschaft ist ein Indiz für Unentgeltlichkeit, wenn die Vergütung erst später, insb. nach einem Zerwürfnis, verlangt wird.[42]

cc) Weitere Einzelfälle. Für „**Rüsttätigkeiten**" wie Waschen und Umkleiden ist die Vergütungserwartung i.d.R. zu verneinen.[43] Bei **Gefälligkeitsverhältnissen** ist von Unentgeltlichkeit auszugehen, wenn nicht Gefälligkeit nur das Motiv für die Erbringung der Leistung darstellt (z.B. ehemaliger AN hilft aus).[44] Beim **Gesellschafter-Geschäftsführer** einer GmbH ist eine Vergütungserwartung nicht generell anzunehmen.[45] Er kann – anders als ein Fremd-Geschäftsführer – auch gegen eine angemessene, deutlich niedrigere Vergütung oder unentgeltlich tätig sein,[46] u.U. ist die Geschäftsführertätigkeit auch von der Vergütungsvereinbarung im Angestelltenvertrag erfasst. Der gerichtlich bestellte **Notverwalter einer WEG** (§ 26 Abs. 3 WEG) hat gegen deren Mitglieder auch ohne be-

---

27 BAG 22.4.2009 – 5 AZR 436/08 – NZA 2009, 837, 838; s.a. *Reinecke*, Sonderbeil. NZA 3/2000, 23, 32; *Peter*, AuR 1999, 289, 293; *Schmidt*, NJW-Spezial 2006, 561.
28 BAG 22.3.1989 – 5 AZR 151/88 – juris.
29 LAG Berlin 20.2.1998 – 6 Sa 145/97 – AuR 1998, 468.
30 BAG 4.2.1981 – 5 AZR 1008/78 – juris.
31 BAG 8.5.2003 – 6 AZR 191/02 – NZA 2003, 1343, zu § 10 BBiG.
32 ArbG Rheine 13.11.1991 – 2 Ca 134/91 – NZA 1992, 413.
33 LAG Köln 18.3.1998 – 8 Sa 1662/97 – AuR 1998, 461.
34 LAG Frankfurt 28.10.1999 – 5 Sa 169/99 – NJW 2000, 3372.
35 ArbG Berlin 8.1.2003 – 36 Ca 19390/02 – AuR 2004, 74; weitere Einzelfälle bei ErfK/*Preis*, § 612 BGB Rn 3; *Tschöpe*, DB 2002, 1830, 1831 f.
36 LAG Düsseldorf 23.8.1977 – 11 Sa 466/77 – DB 1978, 165; LAG Bremen 3.12.1992 – 3 Sa 304/90 – AiB 1993, 834; a.A. *Sack*, RdA 1975, 171, 178.
37 BAG 17.11.1966 – 5 AZR 225/66 – NJW 1967, 413.
38 BAG 3.9.1997 – 5 AZR 428/96 – NZA 1998, 540.
39 OLG Nürnberg 24.11.1959 – 2 U 136/59 – MDR 1960, 311; *Fenn*, S. 210 ff.
40 LAG Köln 22.12.1987 – 4 Sa 1165/87 – juris; LAG Köln 24.4.1990 – 4 Sa 120/90 – AR-Blattei ES 700 Nr. 2.
41 LAG Rheinland-Pfalz 28.1.2002 – 7 Sa 1390/01 – DB 2002, 2050; *Hergenröder*, AR-Blattei ES 615 Nr. 5, 4 ff.
42 ArbG Passau 30.11.1989 – 4 Ca 514/89 – DB 1990, 844.
43 BAG 11.10.2000 – 5 AZR 122/99 – NZA 2001, 458.
44 MüKo-BGB/*Müller-Glöge*, § 612 Rn 9; Staudinger/*Richardi*, § 612 Rn 23.
45 LG Essen 6.9.2000 – 41 O 71/00 – NZA-RR 2001, 412.
46 OLG Frankfurt 10.6.1992 – 9 U 73/91 – GmbHR 1993, 358, 359.

sondere Vereinbarung einen Vergütungsanspruch.[47] Wenn ein **gesetzlich Krankenversicherter** mit dem Leistungserbringer einen Pflegevertrag abschließt, der keine Vergütungsvereinbarung enthält, ist eine Vergütung nicht stillschweigend vereinbart, denn der Versicherte will eine Sachleistung der Krankenkasse in Anspruch nehmen, deren Kosten diese übernimmt.[48]

16 **b) Mehrleistungen. aa) Quantitative Mehrleistungen.** Abs. 1 ist bei der Erbringung von – über die vertraglich geschuldete Leistung hinausgehenden – **Überstunden** entsprechend anzuwenden.[49] Dies gilt auch dann, wenn eine im Hinblick auf das Beschäftigungsverbot nach § 3 ArbZG unzulässige Mehrarbeit stattgefunden hat.[50] Die Vergütungserwartung nach den Umständen wird i.d.R. gegeben sein. Doch muss nicht jede über die vertraglich vorgesehene oder betriebsübliche Arbeitszeit hinausgehende Mehrarbeit oder Anwesenheit (z.B. Bereitschaftsdienst oder Rufbereitschaft eines Chefarztes)[51] zu vergüten sein. Bei leitenden Ang und Chefärzten ist Mehrarbeit im Rahmen ihres Aufgabenkreises grds. durch die vereinbarte Vergütung abgegolten.[52] Bei einem Oberarzt kann eine Vergütung für im Ausland geleistete Bereitschaftsdienste in Betracht kommen.[53] Eine Vergütungserwartung besteht nicht bei AN, denen es obliegt, Überstunden durch Freizeit auszugleichen.[54] Ein bereits entstandener Anspruch auf Überstundenvergütung kann nicht durch einseitige Freistellung von der Arbeit erfüllt werden, wenn keine Ersetzungsbefugnis vereinbart ist.[55] **Angeordnete Dienstreisen** sind nur dann nicht als Arbeitszeit zusätzlich zu vergüten, wenn sie zur geschuldeten Hauptleistung gehören oder nach den Umständen vom Gehalt abgedeckt sind.[56]

17 **bb) Qualitative Mehrleistungen.** Nach Treu und Glauben ist der AN verpflichtet, für eine begrenzte Zeit eine **höherwertige Tätigkeit** ohne zusätzliche Vergütung zu verrichten, z.B. als Vertretung bei Krankheit oder Urlaub eines anderen AN, zur Probe oder zur vorübergehenden Besetzung einer vakanten Stelle. Der Zeitraum darf grds. zwei Monate nicht übersteigen,[57] bei Erprobung des AN auf der höherwertigen Stelle sechs Monate.[58]

18 **cc) Sonderleistungen.** Nicht mit dem – durch Gesetz, Kollektiv- oder Einzelvertrag – vorgesehenen Entgelt abgegoltene Sonderleistungen des AN sind zu vergüten. Dies gilt bspw. für einen Bühnenkünstler bei Fernsehübertragung der Theatervorstellung[59] sowie dafür, dass ein für einfache Schreib- und Hilfsarbeiten eingestellten AN, der einen wesentlichen schöpferischen Beitrag bei der Erstellung eines Buchmanuskriptes erbracht hat.[60] Nur wenn sich die vertraglich vereinbarte Tätigkeit eines Korrespondenten auf die Wortberichterstattung beschränkt („Wortredakteur"), kann in dem Anfertigen von Fotografien eine zu vergütende Sonderleistung zu sehen sein.[61] Ein Trompeter in einem Kulturorchester hat die deutsche (Konzert-)Trompete und die amerikanische (Jazz-)Trompete zu spielen, da Letztere kein anderes Instrument i.S.v. § 6 Abs. 1 TVK[62] darstellt, mit dem ein Trompeter nur gegen Zahlung einer zusätzlichen Vergütung eingesetzt werden darf.[63] Die für den Umfang der Vergütung maßgebende Reisezeit eines Orchestermusikers bei auswärtigem Gastspiel endet am Ort der Aufführung (Hotel oder Spielstätte).[64] Schafft der AN in der Arbeitszeit unter Einsatz von Betriebsmitteln **urheberrechtlich geschützte Werke**, so ist eine Vergütungserwartung grds. selbst dann nicht anzunehmen, wenn der AN vertraglich nicht zur Erstellung der Werke verpflichtet ist;[65] ggf. können urheberrechtliche Ansprüche bestehen.[66] Anderes gilt für **vor** Eingehung des Arbverh geschaffene urheberrechtlich geschützte Werke.[67] Der von einer KG angestellte **Geschäftsführer** ihrer Komplementär-GmbH kann für seine von der KG übernommene Erfindung jedenfalls dann die übliche Vergütung (Abs. 2) verlangen, wenn er AG-Funktionen ausübt, da das AErfG auf ihn weder unmittelbar noch entsprechend Anwendung findet.[68] Die Vergütungspflicht für Erfindungen des Geschäftsführers gem. Abs. 2 besteht nur, wenn im Dienstvertrag mit ihm oder anderweitig keine abweichende Vereinbarung getroffen worden ist.[69]

---

47 AG Hannover 23.9.2002 – 71 II 175/02 – ZMR 2003, 881.
48 OLG Frankfurt 28.4.2003 – 1 U 157/02 – OLGR 2003, 391.
49 BAG 10.6.1959 – 4 AZR 567/56 – DB 1959, 1031; BAG 31.3.1960 – 5 AZR 443/57 – DB 1960, 879.
50 BAG 28.9.2005 – 5 AZR 52/05 – NZA 2006, 149, 150 f.
51 LAG München 28.2.2001 – 7 Sa 451/00 – juris; BAG 18.2.2003 – 1 ABR 2/02 – NZA 2003, 742.
52 BAG 17.11.1966 – 5 AZR 225/66 – NJW 1967, 413; BAG 17.3.1982 – 5 AZR 1047/79 – NJW 1982, 2139.
53 BAG 3.2.1988 – 4 AZR 516/87 – juris.
54 BAG 4.5.1994 – 4 AZR 445/93 – NZA 1994, 1035.
55 BAG 18.9.2001 – 9 AZR 307/00 – NZA 2002, 268.
56 BAG 3.9.1997 – 5 AZR 428/96 – NZA 1998, 540; *Loritz*, NZA 1997, 1188, 1193 f.; *Hunold*, NZA-Beil. 2006, Heft 1, 38 ff.
57 BAG 4.10.1972 – 4 AZR 475/71 – NJW 1973, 293.
58 BAG 16.2.1978 – 3 AZR 723/76 – DB 1978, 1131.
59 Bühnenoberschiedsgericht Frankfurt/Main 6.12.1962 – OSch 4/62 – AP § 612 BGB Leistungsschutz Nr. 1 m.

Anm. *Boden*; zur Ermittlung der Höhe des Sonderhonorars s. BAG 8.3.1989 – 5 AZR 92/88 – NJW 1989, 2286.
60 BGH 11.11.1977 – I ZR 56/75 – MDR 1978, 295.
61 BAG 29.1.2003 – 5 AZR 703/01 – DB 2003, 1333.
62 TV für die Musiker in Kulturorchestern v. 1.7.1972, geänd. durch TV v. 16.12.2002.
63 BAG 21.3.2002 – 6 AZR 456/01 – ZTR 2002, 537.
64 BAG 27.6.2002 – 6 AZR 378/01 – AuR 2002, 478, zur Protokollnotiz Nr. 2 zu § 15 Abs. 1 bis 3 TVK.
65 BAG 12.3.1997 – 5 AZR 669/95 – NZA 1997, 765.
66 BAG 13.9.1983 – 3 AZR 371/81 – NJW 1984, 1579; s. aber § 69b UrhG.
67 BGH 10.5.1984 – I ZR 85/82 – NJW 1986, 1045.
68 BAG 24.10.1989 – X ZR 58/88 – NJW 1990, 349; zur Miterfindergemeinschaft (§§ 741 ff.) s. BGH 17.10.2000 – X ZR 223/98 – NZA-RR 2001, 209.
69 BGH 26.9.2006 – X ZR 181/03 – Rollenantriebseinheit II – NJW-RR 2007, 103, 104 ff.

c) "Zweckverfehlte Dienstleistung" aa) Begriff. Eine sog. zweckverfehlte Dienstleistung liegt vor, wenn über einen längeren Zeitraum erheblich unterbezahlte oder unentgeltliche Dienstleistungen in unmittelbarem Zusammenhang mit der dem anderen Teil erkennbaren **Erwartung künftiger Sonderzuwendungen** (insb. Erbeinsetzung, Vermächtnis, Hof- und Betriebsübertragung, Heirat, Adoption) erbracht werden, die dann nicht erfolgen und nicht durchgesetzt werden können. Erfasst werden auch Fälle, in denen Dienstleistungen teils gegen Barvergütung, teils in der – später enttäuschten – Erwartung einer Vermögenszuwendung, erfolgen. Die Betrachtung bezieht sich dann auf den nicht durch die Barvergütung abgedeckten Teil der Leistungen, wobei zur Ermittlung der Gesamtvergütung die Gesamtheit der geleisteten Dienste in die Wertung nach Abs. 2 einzubeziehen ist.[70]

bb) Rechtliche Behandlung. Die Rspr. verhilft dem Dienstleistenden mittels § 612 zu einem **vertraglichen Entgeltanspruch** in üblicher Höhe für die vergütenswerten Leistungen.[71] Nach a.A. sollen die Grundsätze des faktischen Arbverh[72] bzw. § 812 Abs. 1 S. 2 Alt. 2[73] (und damit auch § 818 Abs. 3) zur Anwendung kommen.[74] In Fällen der in Aussicht gestellten Erbeinsetzung dürfe die wegen § 2302 gegebene Nichtigkeit des Arbeitsvertrages nicht durch Abs. 1 geheilt werden. Der Ansicht der Rspr. ist zuzustimmen: Der Empfänger der Dienste musste mit einer Vergütungspflicht rechnen, da ihm die Vergütungserwartung bekannt war. Die fehlgeschlagene Vergütungsvereinbarung kann für den Dienstleistenden nicht nachteiliger sein als die fehlende. Der Schutzzweck des § 2302 steht nicht entgegen, da die gegen die Testierfreiheit verstoßende Vereinbarung nicht aufrechterhalten, sondern durch den Anspruch aus § 612 ersetzt wird.

cc) Voraussetzungen. Wird der Dienstpflichtige in der dem Empfänger erkennbaren **Erwartung** tätig, dass seine Leistung durch eine in der Zukunft erfolgende Übergabe eines Vermögens(-Bestandteils) abgegolten werden soll, erfolgt für die entgegengenommenen Dienste **keine oder nur eine deutlich unterwertige Bezahlung** und besteht ein **unmittelbarer Zusammenhang** zwischen der unterwertigen/fehlenden Zahlung und der o.g. Erwartung, so kommt, wenn die Übergabe des Vermögens(-Bestandteils) unterbleibt, eine Bezahlung der Dienste nach § 612 in Betracht.[75] Die Rspr. bejaht i.d.R. die Voraussetzungen des Abs. 1 selbst dann, wenn vom Empfänger der Dienste keine sichere Aussicht auf die künftige Zuwendung eröffnet wurde;[76] einseitige Erwartungen oder Hoffnungen des Dienstleistenden sind indes nicht ausreichend.[77] Ob eine deutlich unterwertige Bezahlung vorliegt, ist anhand aller Umstände des Einzelfalles, insb. auch der wirtschaftlichen Lage des Dienstberechtigten, zu ermitteln; der Vergleich zwischen der gezahlten und der i.S.v. Abs. 2 üblichen Vergütung reicht nicht aus.[78] Es besteht grds. **kein Wahlrecht** des Dienstleistenden zwischen der Übertragung des versprochenen Vermögensgutes und der Zahlung der Vergütung; erst bei Vorliegen eines ausreichenden sachlichen Grundes kann statt der Vermögensübertragung Geldlohn in üblicher Höhe gefordert werden, so bei wesentlichem Abweichen des späteren Angebots von der gegebenen Zusage.[79]

dd) In Aussicht gestellte letztwillige Verfügung. In Fällen der versprochenen Erbeinsetzung ist eine Vereinbarung, wonach der Dienstleistende für seine Arbeit durch letztwillige Zuwendung entlohnt werden soll, gem. § 2302 nichtig. Die Rspr. gewährt dem Dienstleistenden gleichwohl einen Vergütungsanspruch,[80] z.B. bei zugesagter Erbeinsetzung[81] und bei einem in Aussicht gestellten Vermächtnis.[82] Gleiches gilt, wenn die versprochene Zuwendung wegen der Bindungswirkung eines gemeinschaftlichen Ehegattentestaments (§ 2271 Abs. 2) misslingt.[83] Die ohnehin nach § 2302 unwirksame Zusage hindert den Erblasser nicht an **lebzeitigen Verfügungen** über sein Vermögen,[84] sie ist i.Ü. **jederzeit widerruflich**.[85]

ee) Eheversprechen. Dienstleistungen in der Ehe und der ne. Lebensgemeinschaft werden i.d.R. unentgeltlich erbracht (siehe Rn 14). Das Eheversprechen eines verheirateten Partners begründet lediglich ungewisse Aussichten und keine rechtlich schutzwürdigen Erwartungen.[86] Die in Erwartung der – später scheiternden – Eheschließung mitarbeitende **Verlobte** hat grds. keinen Vergütungsanspruch, da mit dem bloßen Eheversprechen eine künftige Vergütung nicht zugesagt wird.[87] Anderes gilt bei unentgeltlicher vollberuflicher Mitarbeit der Verlobten im schwieger-

---

70 BAG 24.6.1965 – 5 AZR 443/64 – DB 1965, 1562.
71 BAG 15.3.1960 – 5 AZR 409/58 – AuR 1960, 285.
72 *Canaris*, BB 1967, 165 ff.
73 *Fenn*, S. 227 ff., 229 ff.; *Fenn*, FamRZ 1968, 291, 296; *Beuthien*, RdA 1969, 161, 164.
74 Kritisch auch HWK/*Thüsing*, § 612 BGB Rn 13 f. m.w.N.
75 BAG 14.7.1966 – 5 AZR 2/66 – NJW 1966, 1426.
76 BAG 24.6.1965 – 5 AZR 443/64 – DB 1965, 1562.
77 BAG 19.2.1970 – 5 AZR 241/69 – NJW 1970, 1701.
78 BAG 14.5.1969 – 5 AZR 547/68 – DB 1969, 1703.
79 BAG 20.9.1978 – 5 AZR 365/77 – DB 1979, 409; ArbG Passau 7.4.1989 – 2 Ca 706/88 D – ARST 1989, 127.
80 BAG 24.9.1960 – 5 AZR 3/60 – DB 1960, 1506; BAG 5.8.1963 – 5 AZR 79/63 – NJW 1963, 2188; BAG 14.1.1981 – 5 AZR 1111/78 – juris.
81 BAG 24.6.1965 – 5 AZR 443/64 – DB 1965, 1562.
82 BAG 18.1.1964 – 5 AZR 261/63 – DB 1964, 845.
83 BAG 30.9.1971 – 5 AZR 177/71 – DB 1971, 2320.
84 BAG 30.8.1973 – 5 AZR 122/73 – NJW 1974, 78.
85 BAG 28.9.1977 – 5 AZR 303/76 – NJW 1978, 444.
86 LAG Rheinland-Pfalz 22.1.1982 – 6 Sa 688/81 – DB 1982, 2719.
87 LAG Rheinland-Pfalz 18.11.1998 – 3 Ta 191/98 – MDR 1999, 617.

väterlichen Betrieb, den die Eheleute nach der Heirat übernehmen sollen, da mit der Eheschließung die Betriebsübertragung als Vermögensübernahme verbunden war.[88]

24 **d) Rechtsfolge.** Bei Vorliegen der tatbestandlichen Voraussetzungen des Abs. 1 wird die **Vereinbarung einer Vergütung unwiderlegbar fingiert.** Die **Höhe** der Vergütung regelt mangels anderweitiger Vereinbarung Abs. 2 (siehe Rn 25 ff.). Die **Fälligkeit** richtet sich nach allg. Regeln (siehe § 614 Rn 1, 18). In Fällen der zweckverfehlten Dienstleistung ist eine **Stundung** bis zum Wegfall der Vergütungserwartung anzunehmen, bspw. in Fällen der erwarteten Erbeinsetzung bis zum Tod des Dienstberechtigten bzw. bis zur Feststellung der Unwirksamkeit seines Testaments.[89]

25 **3. Höhe der Vergütung (Abs. 2).** Bei der Ermittlung der Höhe der Vergütung ist folgende **Prüfungsreihenfolge** maßgebend: Ausdrücklich vereinbarte Vergütungshöhe, stillschweigende Vereinbarung (siehe Rn 27), taxmäßige Vergütung (siehe Rn 28), übliche Vergütung (siehe Rn 29 ff.), einseitige Bestimmung durch den Dienstleistenden (siehe Rn 32); sofern diese unbillig ist, Bestimmung durch Urteil (siehe Rn 32).

26 **a) Begriff der Vergütung.** Unter Vergütung ist **jeder** als Gegenleistung i.w.S. für die Arbeitsleistung bestimmte **geldwerte Vorteil** zu verstehen. Neben dem eigentlichen Arbeitsentgelt fallen darunter bspw. auch Provisionen und Sondervergütungen wie Gratifikationen oder Gewinnanteile (siehe § 611 Rn 668 ff.).

27 **b) Höhe der Vergütung ist nicht bestimmt.** Eine ausdrückliche oder stillschweigende, einzel-[90] oder tarifvertragliche[91] Vereinbarung über die Höhe der Vergütung geht der Anwendung von Abs. 2 vor und ist nicht schon deshalb unwirksam, weil sie für ein vermeintlich freies Dienstverhältnis abgeschlossen wurde, das rechtlich als ArbVerh einzuordnen ist.[92] Eine Nichtbestimmung der Vergütungshöhe liegt auch vor, wenn die Vergütungsvereinbarung nichtig ist, z.B. wegen Lohnwuchers (§ 138 Abs. 2), wucherähnlichen Rechtsgeschäfts (§ 138 Abs. 1), Verstoßes gegen § 291 StGB oder § 2 Abs. 1 BeschFG 1985[93] (§ 134).

28 **c) Taxmäßige Vergütung (Abs. 2 Alt. 1).** Hierunter fallen nach Bundes- oder Landesrecht zugelassene und festgelegte Gebühren (Vergütungssätze), die feste, Höchst- oder Mindestsätze darstellen,[94] z.B. die Gebührenordnung für Ärzte (**GOÄ**),[95] für Zahnärzte (**GOZ**),[96] die Honorarordnung für Leistungen der Architekten und Ingenieure (**HOAI**)[97] und das zum 1.7.2004 in Kraft getretene **RVG**.[98] Für AN existieren keine Taxen, daher ist die übliche Vergütung nach Abs. 2 Alt. 2 (siehe Rn 30) maßgebend.

29 **d) Übliche Vergütung (Abs. 2 Alt. 2). aa) Begriff.** Übliche Vergütung ist die für gleiche oder ähnliche Dienstleistungen in gleichen oder ähnlichen Gewerben bzw. Berufen an dem betreffenden Ort mit Rücksicht auf die persönlichen Verhältnisse des Berechtigten (Alter, Familienstand, Anzahl der Kinder) gewöhnlich gewährte Vergütung, wobei auf die **Umstände des Einzelfalles** abzustellen ist.[99] Die Dauer der Tätigkeit des AN für den AG und damit sein Dienstalter und seine gewonnene Erfahrung[100] sowie Tarifrecht und Eingruppierungs-RL sind zu berücksichtigen.[101]

30 **bb) Arbeitnehmer.** Tarifgebundenen AN (§§ 3 f. TVG) ist der Tariflohn zu zahlen. Nach st. Rspr. ist auch bei nicht tarifgebundenen AN der entsprechende **Tariflohn** als übliche Vergütung anzusehen, da es – sowohl im öffentlichen Dienst[102] als auch außerhalb[103] – fast allg. üblich ist, auch diesen den Tariflohn zu gewähren. Nach a.A. müssen besondere Anhaltspunkte dafür gegeben sein, dass der AG bei der Vergütung i.d.R. nicht unterscheidet, ob die AN organisiert sind oder nicht.[104] Ist das üblicherweise gezahlte Entgelt höher als der Tariflohn, ist das **übertarifliche Ent-**

---

88 BAG 15.3.1960 – 5 AZR 409/58 – AuR 1960, 285.
89 BAG 30.9.1971 – 5 AZR 177/71 – DB 1971, 2320.
90 BAG 5.6.2003 – 6 AZR 237/02 – NZA 2004, 164, 170, zu § 15 Abs. 6 lit. a) BAT.
91 BAG 5.6.2003 – 6 AZR 114/02 – NZA 2004, 164, 170, zu § 15 Abs. 6 lit. a) BAT.
92 BAG 12.12.2001 – 5 AZR 257/00 – NZA 2002, 1338.
93 BAG 17.4.2002 – 5 AZR 413/00 – NZA 2002, 1334.
94 Staudinger/*Richardi*, § 612 Rn 38 f.
95 V. 12.12.1982 (BGBl I S. 1522) i.d.F. v. 9.2.1996 (BGBl I S. 2316); gem. § 1 Abs. 1 GOÄ sind Bundesgesetze vorrangig, insb. § 18c Abs. 4 BVG, §§ 72 ff. SGB V und §§ 26 ff. SGB VII.
96 V. 22.10.1987 (BGBl I S. 2316) i.d.F. v. 26.9.1994 (BGBl I S. 2750).
97 V. 4.3.1991 (BGBl I S. 533) i.d.F. v. 21.9.1995 (BGBl I S. 1174, BGBl I 1996 S. 51).
98 Gesetz über die Vergütung der Rechtsanwältinnen und Rechtsanwälte (RechtsanwaltsvergütungsG – RVG) v. 5.5.2004 (BGBl I S. 718, 788); ebenso die davor geltende BRAGO.
99 BGH 24.10.1989 – X ZR 58/88 – NJW-RR 1990, 349, 350; OLG München 14.5.2003 – 21 U 3523/01 – OLGR 2003, 245.
100 LAG Düsseldorf 8.11.1977 – 8 Sa 1003/76 – DB 1977, 2457; ArbG Regensburg 6.2.1991 – 6 Ca 1339/90 S – ZTR 1991, 335.
101 BAG 21.11.2001 – 5 AZR 87/00 – NZA 2002, 624.
102 BAG 27.10.1960 – 5 AZR 427/59 – WA 1961, 30; BAG 21.1.1998 – 5 AZR 50/97 – NZA 1998, 594.
103 BAG 21.3.1984 – 5 AZR 462/82 – juris; BAG 14.6.1994 – 9 AZR 89/93 – NZA 1995, 178; LAG Bremen 3.12.1992 – 3 Sa 304/90 – AiB 1993, 834.
104 Staudinger/*Richardi*, § 612 Rn 46 m.w.N.

gelt maßgebend,[105] auch im öffentlichen Dienst.[106] Entsprechend ist ein üblicherweise gezahltes **geringeres Entgelt** maßgebend.[107] Im Betrieb gewährte **Zuschläge**, der Ortszuschlag (§ 26 Abs. 1 BAT[108]),[109] Sonderzuwendungen wie Weihnachtsgeld,[110] Urlaubsgeld[111] und vermögenswirksame Leistungen[112] sind zu berücksichtigen. Wenn sich herausstellt, dass der (freie) Mitarbeiter in Wahrheit AN ist, sind nicht die (höheren) Honorarbezüge, sondern die für Arbverh übliche Vergütung maßgebend.[113] Zur Höhe der üblichen Vergütung i.S.v. Abs. 2 gehören nicht **tarifvertragliche Ausschlussklauseln**, diese müssen ausdrücklich vereinbart werden.[114] Existiert kein einschlägiger TV, dem die übliche Vergütungshöhe entnommen werden könnte, kann diese anhand der dem Anforderungsprofil des AN entsprechenden **statistisch ermittelten Durchschnittslöhne**[115] bestimmt werden.[116] Kann auch danach sowie aus sonstigen Umständen eine übliche Vergütung nicht ermittelt werden, kommt ein Anspruch nur noch nach **§§ 315, 316** (siehe Rn 32) in Betracht. Es besteht kein Anspruch eines Ang auf Zahlung einer Erfolgsbeteiligung als im Bereich Private Equity übliche Vergütung.[117]

cc) Selbstständige. Von Verbänden oder Privaten erstellte Gebührenordnungen, auch die nach §§ 64 Abs. 1, 72 Abs. 1 StBerG erlassene Gebührenordnung für StB, Steuerbevollmächtigte und Steuerberatungsgesellschaften,[118] sind nicht ohne Weiteres als übliche Vergütung anzusehen.[119] Erforderlich ist eine **allg. Verkehrsgeltung** bei den beteiligten Kreisen.[120] Lässt sich der Prozessbevollmächtigte in der mündlichen Verhandlung durch einen bei ihm angestellten Assessor vertreten, steht ihm hierfür eine (übliche) Vergütung in Höhe der gesetzlichen Gebühren zu, die auch erstattungsfähig ist.[121] Die dem von der Gesellschafterversammlung bestellten Liquidator einer GmbH – mangels Vereinbarung über die Höhe seines Honorars – geschuldete übliche Vergütung i.S.v. Abs. 2 bestimmt sich nach den Vorschriften der InsVV.[122]

e) Einseitiges Leistungsbestimmungsrecht (§§ 315, 316). Lässt sich aus Tarifrecht, Eingruppierungs-RL und sonstigen Umständen eine **übliche Vergütung nicht ermitteln**, richtet sich die Höhe des Vergütungsanspruchs nach §§ 315 f.[123] Dies kann z.B. der Fall sein, wenn die vertragliche Vergütungsvereinbarung angesichts der abweichenden tatsächlich ausgeübten Tätigkeit nicht zur Ermittlung der üblichen Vergütung herangezogen werden kann.[124] Gleiches gilt, wenn die ermittelte übliche Vergütung einen **Spielraum** lässt. Das Bestimmungsrecht steht im Zweifel dem Dienstpflichtigen als Gläubiger des Vergütungsanspruchs zu (§ 316),[125] es ist nach billigem Ermessen auszuüben (§ 315 Abs. 1, Abs. 3 S. 1). Bei Unbilligkeit der Bestimmung erfolgt diese durch **Urteil** (§ 315 Abs. 3 S. 2).[126] Da bei gegenseitigen Verträgen wegen der i.d.R. gewollten Gleichwertigkeit von Leistung und Gegenleistung ein einseitiges Bestimmungsrecht nach § 316 oftmals nicht als von den Parteien gewollt anzusehen ist,[127] kann sich im Wege der – ggf. ergänzenden – **Vertragsauslegung** (§§ 133, 157) ergeben, dass das Gericht die angemessene Vergütung bestimmen soll.[128]

III. Verbindung zu anderen Rechtsgebieten und zum Prozessrecht

1. Betriebliche Übung. Unter einer betrieblichen Übung ist nach st. Rspr. die regelmäßige Wiederholung bestimmter Verhaltensweisen des AG zu verstehen, aus denen die AN schließen können, ihnen solle eine Leistung

---

105 St. Rspr. BAG 26.5.1993 – 4 AZR 461/92 – NZA 1993, 1049; BAG 28.9.1994 – 4 AZR 619/93 – ZTR 1995, 181.
106 LAG Köln 5.11.1993 – 13 (10) Sa 210/92 – juris.
107 BAG 14.6.1994 – 9 AZR 89/93 – NZA 1995, 178.
108 Der TVöD kennt eine solche Regelung nicht mehr.
109 BAG 12.12.1990 – 5 AZR 618/89 – juris.
110 BAG 6.12.1990 – 6 AZR 159/89 – NZA 1991, 350; BAG 3.3.1993 – 10 AZR 36/92 – juris.
111 BAG 15.11.1990 – 8 AZR 283/89 – NZA 1991, 346; BAG 4.9.1991 – 5 AZR 129/91 – JR 1992, 440; BAG 3.3.1993 – 10 AZR 36/92 – juris.
112 BAG 4.9.1991 – 5 AZR 129/91 – JR 1992, 440; BAG 3.3.1993 – 10 AZR 36/92 – juris.
113 BAG 21.1.1998 – 5 AZR 50/97– NZA 1998, 594; BAG 21.11.2001 – 5 AZR 87/00 – NZA 2002, 624; LAG Erfurt 30.7.2002 – 5 Sa 178/2001 – juris.
114 St. Rspr., s. nur BAG 26.9.1990 – 5 AZR 112/90 – NZA 1991, 247; BAG 3.3.1993 – 10 AZR 36/92 – juris; a.A. MünchArb/*Hanau*, Bd. 1, § 63 Rn 12.
115 S. die Übersichten bei Schaub/*Schaub*, Arbeitsrechts-Handbuch, § 62 Rn 10 f.; BMAS, Statistisches Taschenbuch, 2008, I.5.
116 LAG Bremen 3.12.1992 – 3 Sa 304/90 – AiB 1993, 834.
117 BAG 3.5.2006 – 10 AZR 310/05 – NZA-RR 2006, 582, 585.
118 StBGebV v. 17.12.1981 (BGBl I S. 1442) i.d.F. v. 21.6.1991 (BGBl I S. 1370), geänd. am 27.4.2001 (BGBl I S. 751); für WP ist eine Gebührenordnung (§ 55 WPO) nicht ergangen.
119 BGH 29.9.1969 – VII ZR 108/67 – NJW 1970, 699 m.w.N., zur AllGO.
120 OLG Celle 7.5.1980 – 3 U 257/79 – StB 1982, 16 f., zur AllGO.
121 BGH 2.11.2005 – XII ZB 264/03 – RVGReport 2006, 55 f.; BGH 27.4.2004 – VI ZB 64/03 – NJW-RR 2004, 1143 f.
122 BGH 25.7.2005 – II ZR 199/03 – NZI 2006, 126 f. zur Konkursverwalter – VergütungsVO.
123 BAG 21.11.2001 – 5 AZR 87/00 – NZA 2002, 624.
124 BAG 13.3.1991 – 5 AZR 160/90 – juris.
125 A.A. MüKo-BGB/*Gottwald*, § 316 Rn 6: grds. dem AG.
126 BAG 21.11.1991 – 6 AZR 551/89 – NZA 1992, 545; BAG 18.6.1997 – 5 AZR 146/96 – NZA 1997, 1352.
127 BGH 13.3.1961 – I ZR 133/59 – DB 1961, 644; BGH 13.3.1985 – IVa ZR 211/82 – NJW 1985, 1895, 1896.
128 BAG 8.3.1989 – 5 AZR 92/88 – ZTR 1989, 312; BGH 13.3.1985 – IVa ZR 211/82 – NJW 1985, 1895, 1897; OLG Hamm 18.12.1992 – 26 U 141/92 – NJW-RR 1993, 693 f.

oder Vergünstigung auf Dauer eingeräumt werden (siehe § 611 Rn 674 ff.).[129] Maßgebend ist, ob die AN aus dem Erklärungsverhalten des AG unter Berücksichtigung von **Treu und Glauben** sowie aller Umstände auf einen **Bindungswillen des AG** schließen durften und das Angebot stillschweigend annehmen konnten (§ 151 S. 1). Wenn sich aus § 612 kein Anspruch ergibt, kann ggf. zu prüfen sein, ob die Pflicht zur Zahlung der erstrebten Vergütung als betriebliche Übung Vertragsinhalt geworden ist.[130]

34 **2. §§ 107, 108 GewO: Arbeitsentgelt.** Während § 107 GewO Modalitäten der Berechnung und Zahlung des Arbeitsentgelts (z.B. Berechnung und Auszahlung in EUR, Einzelheiten bei Sachbezügen, sog. Truckverbot, Kreditierungsverbot, Trinkgeld etc.) festlegt (siehe § 107 GewO Rn 1 ff.), sind in § 108 GewO Einzelheiten der dem AN grds. zu erteilenden Abrechnung des Arbeitsentgelts (Textformerfordernis, notwendiger Inhalt der Abrechnung etc.) geregelt (siehe § 108 GewO Rn 1 ff.).

35 **3. § 49b BRAO: Vergütung.** Diese Vorschrift regelt Fragen der **Vergütung des RA**, insb. die Verbote der Vereinbarung geringerer als der im RVG[131] vorgesehenen Gebühren und Auslagen (§ 49b Abs. 1 S. 1 BRAO), von Erfolgshonoraren (§ 49b Abs. 2 S. 1 Alt. 1 BRAO) sowie von „quota litis"-Vereinbarungen (§ 49b Abs. 2 S. 1 Alt. 2 BRAO).[132] Ein Erfolgshonorar liegt nicht vor, wenn nur die Erhöhung von gesetzlichen Gebühren vereinbart wird (§ 49b Abs. 2 S. 2 BRAO). Die Abgabe und Entgegennahme von Vorteilen für die Vermittlung von Aufträgen ist unzulässig (§ 49b Abs. 3 BRAO).

36 **4. § 34 Abs. 1 RVG: Beratung, Gutachten und Mediation.** Gem. § 34 Abs. 1 S. 1 RVG i.d.F. v. 1.7.2006[133] soll der RA für einen mündlichen oder schriftlichen Rat oder eine Auskunft (Beratung), die nicht mit einer anderen gebührenpflichtigen Tätigkeit zusammenhängen, für die Ausarbeitung eines schriftlichen Gutachtens und für die Tätigkeit als Mediator auf eine Gebührenvereinbarung (§ 4 RVG) hinwirken, soweit in Teil 2 Abschn. 1 des Vergütungsverzeichnisses keine Gebühren bestimmt sind. Wenn keine Gebührenvereinbarung getroffen worden ist, so erhält der RA gem. § 34 Abs. 1 S. 2 RVG Gebühren nach den Vorschriften des bürgerlichen Rechts. Mangels Bestehens einer taxmäßigen Vergütung[134] ist dann für die Beratung oder eine Mediation Abs. 2. Alt. 2 (siehe Rn 29 ff.) einschlägig, für ein Rechts-Gutachten die werkvertragliche Parallelvorschrift des § 632 Abs. 2 Alt. 2 (siehe Rn 2).[135] Ist der Auftraggeber Verbraucher (§ 13), beträgt die Gebühr für die Beratung oder für die Ausarbeitung eines schriftlichen Gutachtens nach § 34 Abs. 1 S. 3 RVG jeweils höchstens 250 EUR; § 14 Abs. 1 RVG gilt entsprechend; für ein erstes Beratungsgespräch beträgt die Gebühr jedoch höchstens 190 EUR.

37 **5. § 850h Abs. 2 ZPO: Verschleiertes Arbeitseinkommen.** Leistet der Schuldner in einem ständigen Arbverh Dienste, die üblicherweise vergütet werden, unentgeltlich oder gegen eine unverhältnismäßig geringe Vergütung (**sog. verschleierter Arbeitsvertrag**), so gilt im Verhältnis des Gläubigers zum AG eine angemessene Vergütung als geschuldet (§ 850h Abs. 2 S. 1 ZPO), wobei alle Umstände des Einzelfalles zu berücksichtigen sind (§ 850h Abs. 2 S. 2 ZPO). Verschleierte Arbeitsverträge sollen nicht zum Nachteil der Gläubiger des dienstleistenden Schuldners wirken. Bei der Frage der Üblichkeit einer Vergütung ist auf die Sicht eines unbeteiligten Dritten abzustellen.[136]

38 **6. Verjährung.** In Fällen der zweckverfehlten Dienstleistung (siehe Rn 19 ff.) beginnt erst nach Wegfall der Stundungsvoraussetzungen, also mit Kenntnis des Dienstleistenden vom Scheitern der Vergütungserwartung, die regelmäßige dreijährige Verjährungsfrist nach § 195 zu laufen.[137]

39 **7. Darlegungs- und Beweislast. a) Abs. 1.** Der **Dienstleistende** ist für die Umstände darlegungs- und beweispflichtig, die eine Dienstleistung nur gegen Vergütung erwarten lassen. Der **Dienstberechtigte** ist für die ausdrückliche oder stillschweigende Vereinbarung von Unentgeltlichkeit darlegungs- und beweispflichtig.[138] In Fällen der zweckverfehlten Dienstleistung (siehe Rn 19 ff.) hat der Dienstleistende die von ihm behauptete Vergütungsregelung zu beweisen, sowie das Unmittelbarkeitserfordernis, dass zugunsten der erwarteten künftigen Vermögenszuwendung eine sofortige Vergütung unterblieben ist.[139]

---

129 BAG 21.1.1997 – 1 AZR 572/96 – NZA 1997, 1009 m.w.N.
130 So in BAG 5.6.2003 – 6 AZR 237/02 – juris.
131 Gesetz über die Vergütung der Rechtsanwältinnen und Rechtsanwälte v. 5.5.2004 (BGBl I S. 718, 788), in Kraft getreten zum 1.7.2004.
132 Zur Unvereinbarkeit von § 49b Abs. 2 S. 1 BRAO m. Art. 12 Abs. 1 GG s. BVerfG 12.12.2006 – 1 BvR 2576/04 – juris.
133 S. bereits Art. 5 Abs. 1 Nr. 3, Art. 8 des Gesetzes zur Modernisierung des Kostenrechts v. 5.5.2004 (BGBl I S. 718, 847, 850).
134 Die bisherigen Tatbestände des Vergütungsverzeichnisses Nr. 2100 bis 2103 des RVG wurden abgesehen v. den Regelungen zum Verbrauchermandat (s. nunmehr § 34 Abs. 1 S. 3 RVG) ebenfalls m.W.v. 1.7.2006 durch Art. 5 KostRMoG aufgehoben.
135 Näher zum Ganzen: *Hansens*, ZAP 2006, Fach 24, 997 ff.; *Hartung*, BB 2006, Heft 28/29, Die erste Seite, I; *Kilian*, BB 2006, 1509 ff.; *Mayer*, NZA 2006, 753 ff.; *Schneider*, NJW 2007, 325 ff.
136 BAG 4.5.1977 – 5 AZR 151/76 – NJW 1978, 343.
137 St. Rspr.: BAG 5.8.1963 – 5 AZR 79/63 – NJW 1963, 2188; BAG 14.1.1981 – 5 AZR 1111/78 – juris; LAG Köln 24.4.1990 – 4 Sa 120/90 – AR-Blattei ES 700 Nr. 2.
138 BGH 12.5.1975 – III ZR 179/72 – DB 1975, 1982; OLG Frankfurt 10.6.1992 – 9 U 73/91 – GmbHR 1993, 358.
139 BAG 19.2.1970 – 5 AZR 241/69 – NJW 1970, 1701.

b) Abs. 2. Wer sich auf Abs. 2 als für ihn günstige Vorschrift beruft, trägt die Darlegungs- und Beweislast. Der **Dienstleistende** hat die Höhe einschl. der Üblichkeit der Vergütung darzulegen und zu beweisen.[140] Wer eine unter den gesetzlichen Gebühren des StB[141] oder RA[142] liegende Vergütungsvereinbarung getroffen zu haben behauptet, muss diese darlegen und beweisen.

40

IV. Beraterhinweise

Nach § 2 Abs. 1 S. 2 Nr. 6 NachwG hat der AG in die Niederschrift der wesentlichen Vertragsbedingungen die Zusammensetzung und Höhe des Arbeitsentgelts einschl. der Zuschläge, Zulagen, Prämien und Sonderzahlungen etc. und deren Fälligkeit aufzunehmen. Ein Verstoß gegen diese Pflicht kann im Vergütungsrechtsstreit bis zur Beweislastumkehr führen.[143]

41

B. Benachteiligungsverbot (Abs. 3 a.F.)

Der früher geltende Abs. 3 lautete wie folgt:

42

(3) Bei einem Arbeitsverhältnis darf für gleiche oder für gleichwertige Arbeit nicht wegen des Geschlechts des Arbeitnehmers eine geringere Vergütung vereinbart werden als bei einem Arbeitnehmer des anderen Geschlechts. Die Vereinbarung einer geringeren Vergütung wird nicht dadurch gerechtfertigt, dass wegen des Geschlechts des Arbeitnehmers besondere Schutzvorschriften gelten. § 611a Abs. 1 Satz 3 ist entsprechend anzuwenden.

Siehe hierzu insoweit die Kommentierung zu dem seit dem 18.8.2006 geltenden Allgemeinen Gleichbehandlungsgesetz sowie zu Art. 141 EG.

---

§ 612a Maßregelungsverbot

Der Arbeitgeber darf einen Arbeitnehmer bei einer Vereinbarung oder einer Maßnahme nicht benachteiligen, weil der Arbeitnehmer in zulässiger Weise seine Rechte ausübt.

Literatur: *Belling/von Steinau-Steinrück*, Freiwillige Leistungen des Arbeitgebers als Maßregelung streikender Arbeitnehmer?, DB 1993, 534; *Hjort/Richter*, Das Allgemeine Gleichbehandlungsgesetz, AR-Blattei SD 800.1; *Quecke*, Änderungskündigung mit tarifwidrigem Inhalt, NZA 2001, 812; *Riesenhuber*, Turboprämien – Abfindung bei Verzicht auf Kündigungsschutzklage in Sozialplan und Betriebsvereinbarung, NZA 2005, 1100; *Schwarze*, Die Auslegung des gesetzlichen Maßregelungsverbots (§ 612a BGB) am Beispiel streikbedingter Sonderzuwendungen, NZA 1993, 967; *ders.*, Zur arbeitskampfrechtlichen Zulässigkeit der Streikbruchprämie, RdA 1993, 264; *Thüsing*, Anwendungsbereich und Regelungsgehalt des Maßregelungsverbots gem. § 612a BGB, NZA 1994, 728

A. Allgemeines	1	II. Rechtsfolgen		10
I. Normzweck	1	III. Einzelfälle		12
II. Entstehungsgeschichte	2	1. Kündigungen		12
B. Regelungsgehalt	4	2. Streikbruchprämien		13
I. Anwendungsbereich	4	3. Anwesenheitsprämien		14
1. Persönlicher Anwendungsbereich	4	4. „Turboprämien"		16
2. Sachlicher Anwendungsbereich	6	**C. Verbindung zu anderen Rechtsgebieten und zum Prozessrecht**		
a) Vereinbarung oder Maßnahme	6			19
b) Benachteiligung	7	I. Darlegungs- und Beweislast		19
c) Zulässige Rechtsausübung	8	II. Besondere Maßregelungsverbote		20
d) Kausalität	9	**D. Beraterhinweise**		21

---

140 BAG 29.1.1986 – 4 AZR 465/84 – AP §§ 22, 23 BAT 1975 Nr. 115 m. Anm. *Brox* m.w.N.; BAG 12.3.2008 – 4 AZR 616/06 – juris.
141 BGH 21.9.2000 – IX ZR 437/99 – BB 2000, 2385, für StB.
142 OLG Saarbrücken 27.11.2002 – 1 U 370/02 – AGS 2003, 180, für RA.
143 Str. LAG Hannover 21.2.2003 – 10 Sa 1683/02 – NZA-RR 2003, 520 ff.; ArbG Celle 9.12.1999 – 1 Ca 426/99 – LAGE § 2 NachwG Nr. 7a.

A. Allgemeines

I. Normzweck

1 Das Maßregelungsverbot des § 612a stellt ein **allg. Diskriminierungsverbot**[1] auf und betrifft einen **Sonderfall der Sittenwidrigkeit**.[2] Die Vorschrift schützt die **Willensfreiheit** des AN bei Ausübung der ihm zustehenden Rechte.[3] Der AN muss seine Entscheidung, ob er ein Recht wahrnimmt, ohne Furcht vor Repressalien des AG treffen können.[4] § 612a soll auch dem Kräfteungleichgewicht im Arbverh entgegenwirken, das dadurch entsteht, dass der AN den Weisungen des AG unterworfen ist.[5] Das Maßregelungsverbot steht **nicht zur Disposition** der Arbeitsvertragsparteien.[6] Das folgt aus dem Charakter einer den AN schützenden Norm.

II. Entstehungsgeschichte

2 Die Vorschrift wurde durch das **Arbeitsrechtliche EG-AnpassungsG** vom 13.8.1980 in das BGB eingefügt[7] und ist auf **Art. 5 EG-RL 75/177/EWG vom 10.2.1975** und **Art. 7 EG-RL 76/207/EWG vom 9.2.1976** zurückzuführen. In ihrer Formulierung als umfassendes Benachteiligungsverbot geht die Bestimmung aber weit über den Anwendungsbereich der ihr zugrunde liegenden RL hinaus, der allein Entlassungen als Maßregelung wegen Erhebung einer Beschwerde oder Klage sowie Fälle der Geschlechtsdiskriminierung erfasst.[8] Nur soweit der Anwendungsbereich des § 612a mit den europarechtlichen Vorgaben deckungsgleich ist, kommt eine **Vorlagepflicht** an den EuGH nach Art. 234 Abs. 3 EG in Betracht.[9] Eine **Vorlagemöglichkeit** ist aber auch außerhalb des Anwendungsbereichs der RL gegeben.[10]

3 **Auszulegen** ist die Vorschrift einheitlich für ihren gesamten Anwendungsbereich.[11] Die Tatbestandsmerkmale des § 612a können für Fälle, die vom Regelungsbereich der RL erfasst werden, nicht anders beurteilt werden als für jene Fälle, die über die europäischen Vorgaben hinausgehen. Die Vorschrift unterscheidet nicht ausdrücklich zwischen Sachverhalten mit Gemeinschaftsbezug und rein nationalen Sachverhalten.

B. Regelungsgehalt

I. Anwendungsbereich

4 **1. Persönlicher Anwendungsbereich.** Normadressat ist der **AG**. Zur Gewährleistung eines umfassenden Schutzes der AN-Rechte ist es aber erforderlich, darunter auch jeden **Dritten** zu fassen, der dem AN gegenüber eine **arbeitgeberähnliche** Stellung einnimmt, wie z.B. der Entleiher bei der AÜ.[12] Daneben bindet das Maßregelungsverbot aus § 612a auch die Betriebsparteien und muss insbesondere im Rahmen von BV Beachtung finden. Die Rspr. hat bislang allerdings offen gelassen, ob sich dies aus einer unmittelbaren Anwendung der Vorschrift oder mittelbar aus § 75 Abs. 1 BetrVG ergibt.[13] Das gilt entsprechend für die TV-Parteien.

5 **AN** i.S.d. § 612a sind Arb, Ang – auch leitende Ang –, gewerbliche Mitarbeiter, Auszubildende, Praktikanten, Volontäre, Umschüler. Unerheblich ist, ob diese voll- oder teilzeitbeschäftigt sind oder in einem befristeten Arbverh stehen.[14] Dagegen fallen **arbeitnehmerähnliche Personen** nicht darunter.[15] Damit gilt die Vorschrift nur für Arbverh, nicht für sonstige Dienstverhältnisse.[16] Auch findet § 612a keine Anwendung auf Stellenbewerber, da sie noch nicht AN sind und eine dem § 6 Abs. 1 S. 2 AGG vergleichbare Vorschrift im BGB fehlt.[17]

6 **2. Sachlicher Anwendungsbereich. a) Vereinbarung oder Maßnahme.** Der Begriff der **Vereinbarung** umfasst alle individual- und kollektivrechtlichen Vereinbarungen, die den AN benachteiligen.[18] Das gilt auch für solche, die zwischen dem AG und anderen AN zustande kommen, sowie für TV und BV.[19]

---

1 BAG 16.2.1989 – 2 AZR 347/88 – NZA 1989, 962, 964.
2 BAG 22.5.2003 – 2 AZR 426/02 – NZA 2004, 399; BAG 2.4.1987 – 2 AZR 227/86 – DB 1987, 2525 (lex specialis zu § 138 BGB).
3 BAG 15.2.2005 – 9 AZR 116/04 – NZA 2005, 1117, 1121.
4 BAG 15.2.2005 – 9 AZR 116/04 – NZA 2005, 1117, 1121.
5 BAG 15.2.2005 – 9 AZR 116/04 – NZA 2005, 1117, 1121.
6 ErfK/*Preis*, § 612a BGB Rn 2; MüKo-BGB/*Müller-Glöge*, § 612a Rn 2.
7 BGBl I 1980, S. 1308.
8 S.a. *Thüsing*, NZA 1994, 728.
9 BAG 10.5.2005 – 9 AZR 261/04 – NZA 2005, 1237, 1239.
10 EuGH 8.11.1990 – C-231/89 – Slg. I 1990, 4003 = NJW 1991, 1470.
11 KR/*Pfeiffer*, § 612a BGB Rn 1.
12 *Gamillscheg*, AR-Blattei SD 1183 Rn 7; Staudinger/*Richardi*, § 612a Rn 7; MüKo-BGB/*Müller-Glöge*, § 612a Rn 4.
13 BAG 18.9.2007 – 3 AZR 639/06 – NZA 2008, 56, 58; BAG 31.5.2005 – 1 AZR 254/04 – NZA 2005, 997, 999.
14 KR/*Pfeiffer*, § 612a BGB Rn 3; ErfK/*Preis*, § 612a BGB Rn 4; *Gamillscheg*, AR-Blattei SD 1183 Rn 8.
15 BAG 8.5.2007 – 9 AZR 777/06 – BB 2007, 2298, 2300; BAG 15.2.2005 – 9 AZR 116/04 – NZA 2005, 1117, 1121; BAG 14.12.2004 – 9 AZR 23/04 – NZA 2005, 637, 638; s.a. ArbRBGB/*Schliemann*, § 612a BGB Rn 8; a.A. ErfK/*Preis*, § 612a BGB Rn 4; MüKo-BGB/*Müller-Glöge*, § 612a Rn 4; KR/*Pfeiffer*, § 612a BGB Rn 3; krit. auch *Deinert*, jurisPR-ArbR 21/2005, Anm. 5.
16 ArbRBGB/*Schliemann*, § 612a BGB Rn 6; MüKo-BGB/*Müller-Glöge*, § 612a Rn 4.
17 LAG Berlin-Brandenburg 21.7.2008 – 10 Sa 555/08 – juris.
18 ArbRBGB/*Schliemann*, § 612a BGB Rn 14.
19 *Gamillscheg*, AR-Blattei SD 1183 Rn 27; zur BV s. BAG 31.5.2005 – 1 AZR 254/04 – NZA 2005, 997, 999.

Maßnahme ist jedes Handeln des AG, gleichgültig, ob rechtsgeschäftlicher oder tatsächlicher Natur.[20] Erfasst sind daher u.a. Künd,[21] Versetzungen[22] oder auch Mobbing.[23] § 612a schränkt damit die Vertrags- und Gestaltungsfreiheit des AG ein.[24]

b) Benachteiligung. Eine Benachteiligung liegt zum einen dann vor, wenn der AN eine Einbuße erleidet, d.h. seine bisherige Rechtsposition sich verschlechtert.[25] Darüber hinaus kann der AN aber auch dann benachteiligt sein, wenn ihm Vorteile vorenthalten werden, die anderen AN gewährt werden, die entsprechende Rechte nicht ausgeübt haben.[26] Damit untersagt die Vorschrift sowohl **unmittelbare** als auch **mittelbare** Beeinträchtigungen, die auch in einem **Unterlassen** bestehen können.[27] Umstr. und höchstrichterlich noch nicht geklärt ist die Frage, ob eine Benachteiligung nur dann vorliegt, wenn die Vereinbarung oder Maßnahme der Rechtsausübung zeitlich nachfolgt.[28] Richtigerweise kann es auf die zeitliche Reihenfolge nicht ankommen.[29] Für den AN macht es keinen Unterschied, ob sein redliches Verhalten repressiv geahndet wird oder der AG präventiv Druck ausübt mit dem Ziel, das Verhalten von vorneherein zu unterbinden. In beiden Fällen ist der Schutzzweck des § 612a, die Rechte des AN effektiv zu gewährleisten, gleichermaßen betroffen.

c) Zulässige Rechtsausübung. Der Begriff ist **weit** zu verstehen.[30] Es genügt jedes nachvollziehbare Verhalten, das bspw. auch in der bloßen Nichtannahme eines Änderungsangebots des AG liegen kann.[31] Auch der arbeitsunfähig erkrankte AN, der seiner Arbeit fernbleibt, übt ein Recht i.d.S. aus.[32] Bei der Inanspruchnahme von Rechtsschutz kommt es nicht darauf an, ob der geltend gemachte Anspruch auch begründet ist.[33] Geht der AN **irrtümlich** davon aus, ihm stehe ein Recht zu, so ist die Geltendmachung nur dann unzulässig, wenn sie mutwillig oder rechtsmissbräuchlich erfolgt.[34] Die Rechtsausübung muss aber **im Grundsatz zulässig** sein. Maßstab ist die gesamte Rechtsordnung, auch EG-Recht.[35] Insb. darf der AN nicht gegen seine arbeitsvertraglichen Pflichten verstoßen.[36]

d) Kausalität. Zwischen der Benachteiligung des AN und der Inanspruchnahme von Rechten muss ein unmittelbarer Zusammenhang bestehen. Das ergibt sich schon aus dem Wortlaut („weil"). Die Rechtsausübung muss der **tragende Grund**, das **wesentliche Motiv** für die Maßnahme des AG sein, sie darf nicht bloß den äußeren Anlass bilden.[37] Ist die Rechtsausübung sogar alleiniger Beweggrund für z.B. eine Künd, so liegt ein Verstoß gegen § 612a auch dann vor, wenn an sich ein die Künd rechtfertigender Sachverhalt vorgelegen hätte.[38] In diesem Fall haben die objektiv vorliegenden Künd-Gründe den Künd-Entschluss des AG nicht beeinflusst. Insoweit schneidet § 612a die Kausalkette für andere Gründe ab.[39] Erst das Bestehen eines Zusammenhangs zwischen benachteiligender Maßnahme und der Ausübung von Rechten macht die Benachteiligung unzulässig i.S.d. § 612a. Dagegen soll den Arbeitsvertragsparteien nicht ihre vertragliche Gestaltungsfreiheit genommen werden, soweit sie sich im Rahmen der Rechtsordnung hält.[40] Von einer benachteiligenden Maßregelung kann unter Kausalitätsgesichtspunkten deshalb nicht gesprochen werden, wenn die ungleiche Behandlung von AN gerechtfertigt ist.[41]

---

20 LAG Köln 19.9.2006 – 9 (4) Sa 173/06 – BB 2007, 388; Staudinger/*Richardi*, § 612a Rn 10.
21 BAG 23.4.2009 – 6 AZR 189/08 – NZA 2009, 974, 975; BAG 22.5.2003 – 2 AZR 426/02 – NZA 2004, 399; BAG 2.4.1987 – 2 AZR 227/86 – NZA 1988, 18.
22 LAG Thüringen 10.3.2005 – 1 Sa 578/03 – juris.
23 LAG Baden-Württemberg 27.7.2001 – 5 Sa 72/01 – PersR 2002, 9.
24 BAG 15.2.2005 – 9 AZR 116/04 – NZA 2005, 1117, 1121.
25 BAG 15.2.2005 – 9 AZR 116/04 – NZA 2005, 1117, 1121.
26 St. Rspr., BAG 18.9.2007 – 3 AZR 639/06 – NZA 2008, 56, 58; BAG 31.5.2005 – 1 AZR 254/04 – NZA 2005, 997, 999; BAG 12.6.2002 – 10 AZR 340/01 – NZA 2002, 1389, 1390; BAG 23.2.2000 – 10 AZR 1/99 – NZA 2001, 680, 682; einschr. *Franzen*, RdA 2003, 368, 375.
27 BAG 7.11.2002 – 2 AZR 742/00 – NZA 2003, 1139, 1141; Staudinger/*Richardi*, § 612a Rn 11.
28 Ausdrücklich offen gelassen von BAG 31.5.2005 – 1 AZR 254/04 – NZA 2005, 997, 1000.
29 *Gamillscheg*, AR-Blattei SD 1183 Rn 28; ErfK/*Preis*, § 612a BGB Rn 10; *Gaul*, NJW 1994, 1025, 1027; a.A. *Thüsing*, NZA 1994, 728.
30 BAG 15.2.2005 – 9 AZR 116/04 – NZA 2005, 1117, 1121.
31 LAG Hamm 11.5.2006 – 8 Sa 2088/05 – juris.
32 BAG 23.4.2009 – 6 AZR 189/08 – NZA 2009, 974, 975.
33 BAG 15.2.2005 – 9 AZR 116/04 – NZA 2005, 1117, 1121.
34 BAG 23.2.2000 – 10 AZR 1/99 – NZA 2001, 680, 683; a.A. ErfK/*Preis*, § 612a BGB Rn 5.
35 KR/*Pfeiffer*, § 612a BGB Rn 6.
36 *Gamillscheg*, AR-Blattei SD 1183 Rn 23.
37 St.Rspr., BAG 2.4.1987 – 2 AZR 227/86 – DB 1987, 2525; BAG 12.6.2002 – 10 AZR 340/01 – NZA 2002, 1389; BAG 16.9.2004 – 2 AZR 511/03 – AuA 2005, 247; BAG 18.9.2007 – 3 AZR 639/06 – NZA 2008, 56, 58.
38 BAG 23.4.2009 – 6 AZR 189/08 – NZA 2009, 974, 975; BAG 16.9.2004 – 2 AZR 511/03 – AuA 2005, 247; krit. *Schwarze*, NZA 1993, 967, 968.
39 BAG 22.5.2003 – 2 AZR 426/02 – NZA 2004, 399.
40 BAG 14.2.2007 – 7 AZR 95/06 – NZA 2007, 803, 806; BAG 13.2.2007 – 9 AZR 374/06 – NZA 2007, 573, 574.
41 BAG 14.3.2007 – 5 AZR 420/06 – NZA 2007, 862, 865; BAG 14.2.2007 – 7 AZR 95/06 – NZA 2007, 803, 806; BAG 15.2.2005 – 9 AZR 116/04 – NZA 2005, 1117, 1121; zum arbeitsrechtlichen Gleichbehandlungsgrundsatz s.a. BAG 30.7.2008 – 10 AZR 497/07 – juris.

II. Rechtsfolgen

10 Liegt ein Verstoß des AG gegen § 612a vor, ist der AN so zu stellen, wie er ohne die Maßregelung stünde.[42] Da das Maßregelungsverbot **Verbotsgesetz i.S.d. § 134** ist,[43] sind Rechtsgeschäfte, die gegen das Maßregelungsverbot verstoßen, nichtig. Das gilt für alle Arten von Rechtsgeschäften, auch für einseitige wie Künd.[44] Der AN muss die Unwirksamkeit der Künd innerhalb der **Frist des § 4 KSchG** geltend machen.[45] Die §§ 612a, 134 bilden einen „anderen Grund" i.S. dieser Vorschrift.

11 Besteht die Maßregelung in der Vorenthaltung einer Leistung, kann der AN die **Leistung fordern**.[46] So kann er z.B. auch bei unterlassener Überstundenanweisung **Verzugslohn** geltend machen.[47] Will sich der AN gegen bestimmte Verhaltensweisen des AG zur Wehr setzen, kommt ein **Unterlassungsanspruch** nach **§ 1004** in Betracht.[48] Aufzuheben sind darüber hinaus Maßnahmen, die zwar keine Rechtsansprüche des AN betreffen, sich aber als „Degradierung" darstellen, wie z.B. die Entfernung aus der erweiterten Geschäftsleitung.[49]

Daneben kommen **Schadensersatzansprüche** wegen Pflichtverletzung nach **§ 280 Abs. 1** in Betracht.[50] § 612a ist zudem Schutzgesetz i.S.v. **§ 823 Abs. 2**.[51]

III. Einzelfälle

12 **1. Kündigungen.** Die Künd durch den AG kann eine Maßnahme i.S.v. § 612a sein (siehe Rn 6). Eine **Maßregelungs-Künd** liegt in Abgrenzung zur Anlass-Künd dann vor, wenn tragender Beweggrund für den AG eine zulässige Rechtsausübung durch den AN ist (siehe Rn 9). Das wurde z.B. in einem Fall angenommen, in dem der AG den AN, der einen **Antrag auf Vorruhestandsgeld** gestellt hatte, nur kündigte, um den Eintritt des Vorruhestandes zu verhindern.[52] Unwirksam ist auch eine Künd, die erfolgt, weil der AN versucht, aus einem **Weiterbeschäftigungsurteil** zu **vollstrecken**.[53] Ein weiteres Beispiel ist die betriebsbedingte Künd einer AN nach deren Rückkehr aus der Elternzeit mit der Begründung, andere AN hätten sich während ihrer Abwesenheit durch betrieblich organisierte Schulungsmaßnahmen weiter qualifiziert und könnten daher als sog. Leistungsträger aus der Sozialauswahl gem. § 1 Abs. 3 KSchG herausgenommen werden; das gilt jedenfalls dann, wenn der AG seiner **Unterrichtungspflicht nach § 81 Abs. 4 S. 1 BetrVG** nicht nachgekommen ist.[54] Das LAG Sachsen-Anhalt hat die Künd wegen einer den AG belastenden, wahrheitsgemäßen **Zeugenaussage in einem Strafverfahren** für unwirksam befunden.[55] Wurde ein Künd-Grund durch **Abmahnung** „verbraucht" und beharrt der AN darauf, sich korrekt verhalten zu haben, stellt diese – aus der Sicht des AG – fehlende Einsicht des AN keinen „weiteren" Künd-Grund dar, weil der AN insoweit in Wahrnehmung berechtigter Interessen handelt und die Künd insoweit gegen § 612a verstößt.[56] Die Künd, die auf die **Ablehnung eines Änderungsangebots** gestützt wird, soll von dem Unwerturteil des § 612a nur dann erfasst sein, wenn das Änderungsangebot selbst sich als unerlaubte Maßregelung, sozusagen als „Racheakt" für eine zulässige Rechtsausübung, darstellt,[57] denn i.d.R. werden Änderungs-Künd als Reaktion auf geänderte Bedingungen im Betrieb ausgesprochen und nicht wegen der Ablehnung des Änderungsangebots, so dass es insoweit an der Kausalität fehlt.[58] Zur Annahme eines Änderungsangebots unter dem Vorbehalt einer gerichtlichen Überprüfung seines Inhalts ist allerdings entschieden worden, dass die darauf folgende Änderungs-Künd schon dann gegen das Maßregelungsverbot verstößt, wenn sie allein deshalb erfolgt, weil der AN den Weg des Vorbehalts gewählt hat.[59] Die Unwirksamkeit einer Künd, die wegen der Weigerung des AN ausgesprochen wird, von einem **Vollzeit- in ein Teilzeit-Arbverh** oder umgekehrt zu wechseln, ist in § 11 TzBfG speziell geregelt.[60] Droht der AG dem erkrankten AN mit der Künd für den Fall, dass dieser nicht trotz Arbeitsunfähigkeit zur Arbeit erscheint, und kündigt der AG unmittelbar nach der Weigerung des AN, die Arbeit aufzunehmen, ist ein Verstoß gegen § 612a indiziert.[61]

13 **2. Streikbruchprämien.** Streikbruchprämien sind **freiwillige Sonderleistungen** des AG, die er AN als Belohnung dafür gewährt, dass diese sich nicht am Streik beteiligen. Eine derartige Differenzierung zwischen streikenden und nicht streikenden AN benachteiligt die sich am Streik Beteiligenden und kann im Hinblick auf den arbeitsrechtlichen

---

42 BAG 7.11.2002 – 2 AZR 742/00 – NZA 2003, 1139, 1141; LAG Berlin 9.6.2006 – 6 Sa 445/06 – NZA 2007, 12.
43 BAG 2.4.1987 – 2 AZR 227/86 – NZA 1988, 18; LAG Niedersachsen 12.9.2005 – 5 Sa 396/05 – NZA-RR 2006, 346, 348.
44 LAG Niedersachsen 12.9.2005 – 5 Sa 396/05 – NZA-RR 2006, 346, 348.
45 KR/*Pfeiffer*, § 612a BGB Rn 11; ErfK/*Preis*, § 612a BGB Rn 26; a.A Staudinger/*Richardi*, § 612a Rn 20.
46 BAG 12.6.2002 – 10 AZR 340/01 – NZA 2002, 1389.
47 LAG Berlin 9.6.2006 – 6 Sa 445/06 – NZA 2007, 12.
48 LAG Baden-Württemberg 27.7.2001 – 5 Sa 72/01 – PersR 2002, 9.
49 LAG Köln 19.9.2006 – 9 (4) Sa 173/06 – BB 2007, 388.
50 Staudinger/*Richardi*, § 612a Rn 21.
51 LAG Hamburg 19.3.2002 – 3 Sa 76/00 – juris.
52 BAG 2.4.1987 – 2 AZR 227/86 – NZA 1988, 18.
53 LAG Düsseldorf 13.12.1988 – 8 Sa 663/88 – DB 1989, 685.
54 ArbG Bochum 20.4.2006 – 4 Ca 3329/05 – NZA-RR 2006, 643.
55 LAG Sachsen-Anhalt 14.2.2006 – 8 Sa 385/05 – AuR 2006, 453.
56 Hessisches LAG 24.2.2000 – 14 Sa 957/99 – juris.
57 BAG 22.5.2003 – 2 AZR 426/02 – NZA 2004, 399.
58 *Quecke*, NZA 2001, 812, 814.
59 LAG Mecklenburg-Vorpommern 8.3.2005 – 2 Sa 354/04 – juris.
60 HaKo-TzBfG/*Joussen*, § 11 Rn 1 ff.
61 BAG 23.4.2009 – 6 AZR 189/08 – NZA 2009, 974, 975.

Gleichbehandlungsgrundsatz und das Maßregelungsverbot nur Bestand haben, wenn die Ungleichbehandlung von einem **sachlichen Grund** getragen ist.[62] Wird die Prämie vor oder während eines Arbeitskampfes versprochen und/ oder gewährt, kann sie **zulässiges Arbeitskampfmittel** des AG sein.[63] Bei der Wahl geeigneter Kampfmittel sind die Koalitionen mit Blick auf die Koalitionsfreiheit gem. **Art. 9 Abs. 3 GG** frei, soweit diese zur Gewährleistung einer funktionierenden Tarifautonomie erforderlich sind.[64] Vor diesem Hintergrund tendiert die Rspr. dazu Streikbruchprämien zuzulassen.[65] Der AG hat die erkennbare Absicht, die Streikfolgen für seinen Betrieb zu mindern. Er nimmt damit Einfluss auf das Arbeitskampfgeschehen und versucht, die Wirksamkeit des Arbeitskampfmittels der Gegenseite zu schwächen, was typische Zielsetzung des Arbeitskampfes ist.[66] **Art. 9 Abs. 3 S. 2 GG** steht dem jedenfalls dann nicht entgegen, wenn die Prämie allen AN gleichermaßen angeboten wird, auch den Nicht-Organisierten.[67] Auch ist nicht erkennbar, dass das Streikrecht als zentrales Arbeitskampfmittel der Gewerkschaft derart entwertet würde, dass ein strukturelles Ungleichgewicht der TV-Parteien entstünde. Denn die AN sind in ihrer Entscheidung frei, ob sie das Angebot des AG annehmen und die Gewerkschaften können ihrerseits die AN zur Streikteilnahme anhalten und sie über die Folgen eines Solidaritätsbruchs informieren.[68] Nach diesen Grundsätzen ist eine Differenzierung arbeitskampfrechtlich gerechtfertigt und verstößt weder gegen den arbeitsrechtlichen Gleichbehandlungsgrundsatz noch gegen § 612a.[69] Jedoch können die TV-Parteien eine hiernach zunächst zulässige Differenzierung in einem **tariflichen Maßregelungsverbot** nach Beendigung des Arbeitskampfes rückwirkend wieder aufheben.[70] Die Auslegung eines tariflichen Maßregelungsverbots kann außerdem ergeben, dass die TV-Parteien Streikbruchprämien generell als Maßregelung ansehen wollen.[71] Dagegen kann eine erst **nach Beendigung des Arbeitskampfes** geleistete Prämie, die nicht vor oder während des Arbeitskampfes zugesagt wurde, die Ungleichbehandlung nicht rechtfertigen.[72] Sie ist nicht geeignet, die Entscheidung der AN bzgl. der Streikteilnahme zu beeinflussen und scheidet als Kampfmaßnahme aus. Auch im Hinblick auf zukünftige Arbeitskämpfe vermag die vage Hoffnung einer erneuten Prämienzahlung allein nicht zum Streikbruch zu motivieren.[73] Das bedeutet aber nicht, dass eine solche Zahlung stets unzulässig ist. Sie kann aus anderen sachlichen Gründen gerechtfertigt sein, z.B. wenn der AG damit die besonderen Belastungen während der Streikarbeit honoriert, die erheblich über das normale Maß der mit jeder Streikarbeit verbundenen Erschwerung hinausgehen.[74]

3. Anwesenheitsprämien. Die frühere Streitfrage, ob und in welchem Umfang der AG berechtigt ist, freiwillige Sondervergütungen zu kürzen, wenn der AN infolge Krankheit nicht gearbeitet hat, wurde mit der Einführung des § **4a EFZG** geklärt.[75] Danach ist eine Kürzung zulässig, darf aber für jeden Tag der Arbeitsunfähigkeit infolge Krankheit ein Viertel des Arbeitsentgelts, das im Jahresdurchschnitt auf einen Arbeitstag entfällt, nicht überschreiten. Damit entspricht die Rechtslage der zuvor schon entwickelten Rspr. des BAG.[76]

Auch i.Ü. ist es zulässig, Fehlzeiten anspruchsmindernd oder -ausschließend zu berücksichtigen, wenn die Sonderleistungen zumindest auch tatsächlich geleistete Arbeit zusätzlich vergüten sollen, da dies dem Grundprinzip von Leistung und Gegenleistung entspricht.[77] Werden in einer entspr. Regelung ganz allg. Fehlzeiten des AN berücksichtigt, sind auch **streikbedingte Ausfallzeiten** erfasst. Eine Maßregelung wegen der Streikteilnahme scheidet von vorneherein aus, da allein die unterbliebene Arbeitsleistung „sanktioniert" werden soll, ohne Unterschied, ob etwa wegen Streik, Unpünktlichkeit oder unbezahltem Urlaub.[78]

4. „Turboprämien" Vereinbarungen zwischen AG und AN, nach denen der AN anlässlich der Auflösung des Arbverh gegen Zahlung einer **Abfindung** auf den Künd-Schutz verzichtet, sind grds. zulässig.[79] Dies trägt dem berechtigten Interesse des AG nach **Planungssicherheit** Rechnung.[80] Auch wird der AN nicht unangemessen benachteiligt, da er die Wahl zwischen Abfindung und gerichtlicher Überprüfung der Künd hat. Entscheidet er sich für den KündSchutz, wird ihm die Sonderzahlung nur deshalb vorenthalten, weil er die geforderte Gegenleistung, den Verzicht, nicht erbringt. Eine Maßregelung i.S.d. § 612a kann darin nicht gesehen werden.[81] Auch der Gesetzgeber hat mit der

---

62 S. BAG 4.8.1987 – 1 AZR 486/85 – NZA 1988, 61.
63 BAG 13.7.1993 – 1 AZR 676/92 – NZA 1993, 1135, 1137; a.A. *Schwarze*, RdA 1993, 264, 273.
64 BVerfG 10.9.2004 – 1 BvR 1191/03 – NZA 2004, 1338, 1339.
65 BAG 13.7.1993 – 1 AZR 676/92 – NZA 1993, 1135, 1137.
66 BAG 13.7.1993 – 1 AZR 676/92 – NZA 1993, 1135, 1137.
67 BAG 13.7.1993 – 1 AZR 676/92 – NZA 1993, 1135, 1137.
68 BAG 13.7.1993 – 1 AZR 676/92 – NZA 1993, 1135, 1137.
69 BAG 13.7.1993 – 1 AZR 676/92 – NZA 1993, 1135, 1138.
70 BAG 4.8.1987 – 1 AZR 486/85 – NZA 1988, 61; s.a. H/S/*Nicolai*, § 21 Rn 29, 45.
71 H/S/*Nicolai*, § 21 Rn 45.
72 BAG 13.7.1993 – 1 AZR 676/92 – NZA 1993, 1135, 1136; BAG 11.8.1992 – 1 AZR 103/92 – NZA 1993, 39, 41.
73 So *Schwarze*, RdA 1993, 264, 273.
74 BAG 13.7.1993 – 1 AZR 676/92 – NZA 1993, 1135, 1136; BAG 28.7.1992 – 1 AZR 87/92 – NZA 1993, 267, 268; krit. zum Erfordernis der Erheblichkeit *Belling/v. Steinau-Steinrück*, DB 1993, 534, 535 f.
75 MünchArb/*Boecken*, § 84 Rn 23.
76 BAG 26.10.1994 – 10 AZR 482/93 – NZA 1995, 266.
77 BAG 26.10.1994 – 10 AZR 482/93 – NZA 1995, 266, 267; BAG 5.8.1992 – 10 AZR 88/90 – NZA 1993, 130, 131.
78 BAG 31.10.1995 – 1 AZR 217/95 – NZA 1996, 389, 391; s.a. BAG 13.2.2007 – 9 AZR 374/06 – AuR 2007, 93.
79 BAG 6.12.2006 – 4 AZR 798/05 – NZA 2007, 821, 824; BAG 15.2.2005 – 9 AZR 116/04 – NZA 2005, 1117, 1121.
80 BAG 15.2.2005 – 9 AZR 116/04 – NZA 2005, 1117, 1121 („erkaufte Planungssicherheit").
81 BAG 6.12.2006 – 4 AZR 798/05 – NZA 2007, 821, 824; BAG 15.2.2005 – 9 AZR 116/04 – NZA 2005, 1117, 1121.

Schaffung des § 1a KSchG die Bereinigungsfunktion von Abfindungsregelungen als legitimes Ziel anerkannt. Der AN kann zwar nicht im Voraus auf sein Künd-Recht verzichten. Möglich ist dies aber nach Ausspruch der Künd bereits vor Ablauf der Drei-Wochen-Frist des § 4 KSchG.[82] Das gilt auch dann, wenn das Abfindungsversprechen vor Ausspruch einer Künd erfolgt, sofern dem AN nach ausgesprochener Künd sein Wahlrecht verbleibt.[83]

17 Derartige „Turboprämien" können zulässigerweise auch Gegenstand eines vom AG einseitig aufgestellten „**Abfindungsplans**" sein, wenn der AG den AN vor oder nach Ausspruch der Künd über den Inhalt aufklärt.[84]

18 Anderes gilt für **Sozialplanleistungen**. Diese dürfen nicht vom Verzicht auf Erhebung einer Künd-Schutzklage abhängig gemacht werden.[85] Sie sind nur dafür bestimmt, die wirtschaftlichen Nachteile der AN abzufedern, die eine Betriebsänderung mit sich bringt.[86] Möglich ist es aber, der Bereinigungs- und Beschleunigungsfunktion dadurch nachzukommen, dass neben einem Sozialplan eine **BV** geschlossen wird, die zusätzliche Leistungen, dann in Abhängigkeit vom Klageverzicht, beinhaltet.[87] Der Milderungszweck des Sozialplans darf allerdings auf diesem Weg nicht untergraben werden.[88] Das bedeutet, dass das für den Sozialplan vorgesehene und angemessene Finanzvolumen nicht aufgespaltet und teilweise zweckentfremdet für eine Abfindungsregelung in einer BV verwendet werden darf.[89] Zu beachten ist, dass der AN auch bei derartigen kollektiven Regelungen den Abfindungsanspruch nur verliert, wenn für ihn bei Erhebung der Künd-Schutzklage erkennbar war, dass er die Wahl zwischen Abfindung und Klageerhebung hat.[90]

C. Verbindung zu anderen Rechtsgebieten und zum Prozessrecht

I. Darlegungs- und Beweislast

19 Nach allg. Grundsätzen muss der AN, der sich auf das Maßregelungsverbot beruft, sämtliche Tatbestandsvoraussetzungen darlegen und beweisen.[91] Dabei können ihm aber Beweiserleichterungen durch **Anscheinsbeweis** zugute kommen, wenn er Tatsachen nachweist, die den Schluss auf einen Zusammenhang zwischen Benachteiligung und Rechtsausübung wahrscheinlich machen.[92] Das ist z.B. dann der Fall, wenn ein **evidenter zeitlicher Zusammenhang** besteht[93] oder **mehrere nachteilige Maßnahmen** gehäuft innerhalb kürzester Zeit erfolgen.[94] Eine besondere Beweislastregelung findet sich in § 22 AGG für das besondere Maßregelungsverbot des § 16 AGG. § 22 AGG erleichtert die Beweisführung derart, dass der betroffene AN lediglich das Vorliegen einer Benachteiligung beweisen muss, nicht auch die Kausalität zwischen der Inanspruchnahme von Rechten und der Benachteiligung.

II. Besondere Maßregelungsverbote

20 Neben § 612a findet sich eine Reihe besonderer Maßregelungsverbote in verschiedenen Gesetzen, so z.B. in Art. 9 Abs. 3 S. 2 GG, §§ 78 S. 2, 84 Abs. 3 BetrVG, § 5 TzBfG, § 8 ATG, § 16 AGG.

Im Hinblick auf **§ 16 AGG** ist hervorzuheben, dass hiervon auch und gerade die Fälle erfasst werden, in denen der Beschäftigte irrtümlich von einer Benachteiligung ausgeht und sich hiergegen zur Wehr setzt.[95] Wie im Rahmen des § 612a (siehe Rn 8) kann dies aber nur gelten, wenn die Rechtsausübung weder mutwillig noch rechtsmissbräuchlich erfolgt.

D. Beraterhinweise

21 Nach dem früheren Art. 2 des Arbeitsrechtlichen EG-AnpassungsG vom 13.8.1980 war der AG verpflichtet, die §§ 611a, 611b, 612 Abs. 3 und 612a zur Information der AN an geeigneter Stelle im Betrieb auszuhängen. Die Aushangpflicht ist nunmehr in § 12 Abs. 5 AGG geregelt, Art. 2 des Arbeitsrechtlichen EG-AnpassungsG wurde aufgehoben. Bezogen auf das Maßregelungsverbot ist eine Information der AN demnach nur noch für den speziellen Tatbestand des § 16 AGG ausdrücklich vorgeschrieben. Vieles spricht dafür, dass der Gesetzgeber einen Aushang des § 612a daneben nicht mehr für erforderlich erachtet, da sich die europarechtlichen Vorgaben ohnehin auf Fälle der Geschlechterdiskriminierung beschränken. Aus Beratersicht scheint eine Information der AN dennoch auch im Hinblick auf § 612a angebracht, da mit der Änderung wohl nicht die Rechte der AN gemindert werden sollten.

---

82 BAG 31.5.2005 – 1 AZR 254/04 – NZA 2005, 997, 1000.
83 BAG 31.5.2005 – 1 AZR 254/04 – NZA 2005, 997, 1000.
84 BAG 15.2.2005 – 9 AZR 116/04 – NZA 2005, 1117, 1121.
85 BAG 31.5.2005 – 1 AZR 254/04 – NZA 2005, 997, 998.
86 BAG 31.5.2005 – 1 AZR 254/04 – NZA 2005, 997, 998.
87 BAG 31.5.2005 – 1 AZR 254/04 – NZA 2005, 997, 998.
88 S.a. *Riesenhuber*, NZA 2005, 1100, 1101.
89 BAG 31.5.2005 – 1 AZR 254/04 – NZA 2005, 997, 1000.
90 BAG 3.5.2006 – 4 AZR 189/05 – NZA 2006, 1420, 1421.
91 BAG 2.4.1987 – 2 AZR 227/86 – NZA 1988, 18; BAG 18.9.2007 – 3 AZR 639/06 – NZA 2008, 56, 58.
92 BAG 11.8.1992 – 1 AZR 103/92 – NZA 1993, 39, 41; LAG Köln 19.9.2006 – 9 (4) Sa 173/06 – BB 2007, 388.
93 BAG 12.6.2002 – 10 AZR 340/01 – NZA 2002, 1389, 1390; LAG Hamburg 31.1.2008 – 1 Sa 5/07 – juris; LAG Rheinland-Pfalz 11.10.2007 – 2 Sa 340/07 – juris; LAG Schleswig-Holstein 28.6.2005 – 5 Sa 64/05 – AiB 2006, 61; krit. *Kort*, RdA 2003, 119, 124.
94 LAG Köln 19.9.2006 – 9 (4) Sa 173/06 – BB 2007, 388.
95 S.a. *Hjort/Richter*, AR-Blattei SD 800.1 Rn 57.

§ 613 Unübertragbarkeit

¹Der zur Dienstleistung Verpflichtete hat die Dienste im Zweifel in Person zu leisten. ²Der Anspruch auf die Dienste ist im Zweifel nicht übertragbar.

A. Allgemeines	1	II. Dienstleistungsanspruch	8
B. Regelungsgehalt	2	1. Grundsatz	8
I. Dienstleistungspflicht	2	2. Rechtsfolgen	9
1. Grundsatz	2	3. Abdingbarkeit	11
2. Rechtsfolgen	5	C. Verbindung zu anderen Rechtsgebieten	13
3. Abdingbarkeit	7		

A. Allgemeines

§ 613 enthält die Grundregel des Arbeitsrechts (allgemeiner des Dienstvertragsrechts), dass die Dienste in Person zu leisten sind.[1] Nach der aus § 613 folgenden Auslegungsregel („im Zweifel") ist daher die Pflicht zur Arbeitsleistung eine höchstpersönliche Verpflichtung des AN. Es gelten jedoch Ausnahmen. **1**

B. Regelungsgehalt

I. Dienstleistungspflicht

1. Grundsatz. Nach S. 1 der Regelung ist die Arbeit in Person zu leisten. Der AN kann daher die Arbeitsleistung **2** nicht durch eine Ersatzperson erbringen lassen. Bedeutung hat das besonders im Fall des Entzugs der Fahrerlaubnis bei einem auch zum Führen eines Kfz verpflichteten AN:[2] Auch für die vorübergehende Zeit des Entzugs der Fahrerlaubnis ist der AN nicht berechtigt, die Fahrtätigkeit durch einen Dritten (z.B. Ehefrau) erbringen zu lassen. Bei der ärztlichen Behandlung von Privatpatienten durch den Oberarzt anstelle des Chefarztes wird i.d.R. eine entsprechende Vereinbarung zugrunde liegen.

Aus der Regelung folgt aber auch, dass der AN bei einer persönlichen Verhinderung zur Erbringung der Dienste, z.B. **3** durch Krankheit oder Urlaub, nicht verpflichtet ist, eine Ersatzkraft zu stellen.

Zu unterscheiden davon sind die Fälle des mittelbaren Arbverh[3] und des Gruppen-Arbverh. **4**

2. Rechtsfolgen. Erbringt der AN, obwohl er könnte, die Arbeitsleistung nicht, gerät er zwar nach §§ 280, 286 in **5** Verzug; da die Arbeitsleistung aber zeitgebunden ist, liegt ein Fall der teilweisen Unmöglichkeit vor. Beim Tod des AN endet das Arbverh; damit erlischt seine Leistungspflicht. Die Erben sind weder berechtigt noch verpflichtet, in die Arbeitsleistungspflicht des AN einzutreten.[4] Ansprüche, die aber nicht die Arbeitsleistung betreffen, z.B. Herausgabepflichten hinsichtlich von Arbeitsmitteln, können auf die Erben übergehen; ebenso treffen Schulden, die nicht höchstpersönlicher Natur sind, die Erben. Nicht vererblich sind z.B. Urlaubsansprüche[5] und Urlaubsabgeltungsansprüche, vererblich dagegen bereits entstandene Zahlungsansprüche des AN gegen den AG wie z.B. eine Abfindung in einem Aufhebungsvertrag.

Erbringt der AN seine Arbeit nicht, obwohl er könnte, kann er sich nach § 280 Abs. 1 schadensersatzpflichtig machen. **6** Ggf. kann er verhaltensbedingt ordentlich oder außerordentlich gekündigt werden.[6]

3. Abdingbarkeit. Die Pflicht zur persönlichen Erbringung der Arbeitsleistung kann abbedungen werden (z.B. **7** Hausmeisterehepaar);[7] wie der Wortlaut „… im Zweifel …" zeigt, handelt es sich nicht um ein gesetzliches Verbot i.S.v. § 134, sondern um eine Auslegungsregel.[8]

II. Dienstleistungsanspruch

1. Grundsatz. Nach S. 2 der Vorschrift kann der Anspruch auf die Arbeitsleistung grds. nicht ohne Zustimmung **8** des AN übertragen werden. Eine gesetzliche Ausnahme von diesem Grundsatz bildet § 613a, weil mit dem Übergang des Betriebes oder Betriebsteils der Erwerber in die Stellung des bisherigen AG eintritt, ohne dass es der Zustimmung des AN bedarf. Allerdings kann der AN durch Ausübung seines nunmehr in § 613a Abs. 6 festgeschriebenen Widerspruchsrechts den Übergang seines Arbverh auf den Betriebs(teil)erwerber verhindern (siehe § 613a Rn 210).

---

1 HWK/*Thüsing*, § 613 BGB Rn 1.
2 ErfK/*Preis*, § 613 BGB Rn 2.
3 H/S/*Natzel*, § 5 Rn 5.
4 Palandt/*Putzo*, § 613 Rn 2.
5 ErfK/*Preis*, § 613 BGB Rn 6; BAG 18.7.1989 – AP § 7 BUrlG Abgeltung Nr. 49.
6 H/S/*Natzel*, § 5 Rn 5.
7 ErfK/*Preis*, § 613 BGB Rn 3.
8 BAG 20.7.2004 – 9 AZR 570/03 – EzA § 611 BGB 2002 Krankenhausarzt Nr. 2; so auch ErfK/*Preis*, § 613 BGB Rn 1 und HWK/*Thüsing*, § 613 BGB Rn 1.

Schließt ein AN mit einem Verleiher einen Leiharbeitsvertrag, so liegt darin die Zustimmung, die den Verleiher berechtigt, den AN an den Entleiher zu überlassen.

9 **2. Rechtsfolgen.** Von der Ausnahme des § 613a abgesehen, kann der AN aufgrund der höchstpersönlichen Leistungspflicht nicht ohne eine ausdrückliche Vereinbarung dem Weisungsrecht eines anderen AG unterstellt werden. Davon ist zu unterscheiden, ob die Dienstleistung nur im Betrieb des Dienstberechtigten oder auch bei einem Dritten zu erfolgen hat, ohne dass dem Dritten ein Weisungsrecht zusteht. Das hängt ausschließlich vom rechtsgeschäftlichen Inhalt des Leistungsversprechens ab. Aus ihm kann sich ergeben, dass ein AN seine Arbeitsleistung im Unternehmen eines Dritten zu erbringen hat.[9]

10 Der Dienstleistungsanspruch kann aber grds. vererbt werden, wenn der bisherige AG verstirbt. Das Arbverh erlischt dann nicht, sondern geht auf die Erben über. Etwas anderes gilt, wenn die Arbeitsleistung an die Person des AG gebunden ist, z.B. bei einer Vorlesekraft eines blinden AG.[10]

11 **3. Abdingbarkeit.** Der Anspruch auf die Arbeitsleistung kann im Zweifel nicht abgetreten werden. Bei Einstellung zur AÜ wird durch den Abschluss des Leiharbeitsvertrages die Abtretung zugelassen. Allerdings bedarf der AG einer behördlichen Genehmigung, um AN gewerbsmäßig an Dritte (Entleiher) zur Arbeitsleistung zu überlassen (siehe Kommentierung zum AÜG).[11] Die Konzernleihe erfolgt i.d.R. nicht gewerbsmäßig und ist daher ohne behördliche Erlaubnis zulässig. Erforderlich ist hier eine entsprechende Vereinbarung mit dem zu überlassenden AN.

12 Soweit der Anspruch auf die Arbeitsleistung nicht abgetreten werden kann, ist er auch nicht pfändbar.

C. Verbindung zu anderen Rechtsgebieten

13 § 13 TzBfG sieht die Möglichkeit der Arbeitsplatzteilung vor; er regelt damit einen Fall der Erbringung der Arbeitsleistung durch einen Dritten, den Partner des sog. Job-Sharing.

---

§ 613a Rechte und Pflichten bei Betriebsübergang

(1) [1]Geht ein Betrieb oder Betriebsteil durch Rechtsgeschäft auf einen anderen Inhaber über, so tritt dieser in die Rechte und Pflichten aus den im Zeitpunkt des Übergangs bestehenden Arbeitsverhältnissen ein. [2]Sind diese Rechte und Pflichten durch Rechtsnormen eines Tarifvertrags oder durch eine Betriebsvereinbarung geregelt, so werden sie Inhalt des Arbeitsverhältnisses zwischen dem neuen Inhaber und dem Arbeitnehmer und dürfen nicht vor Ablauf eines Jahres nach dem Zeitpunkt des Übergangs zum Nachteil des Arbeitnehmers geändert werden. [3]Satz 2 gilt nicht, wenn die Rechte und Pflichten bei dem neuen Inhaber durch Rechtsnormen eines anderen Tarifvertrags oder durch eine andere Betriebsvereinbarung geregelt werden. [4]Vor Ablauf der Frist nach Satz 2 können die Rechte und Pflichten geändert werden, wenn der Tarifvertrag oder die Betriebsvereinbarung nicht mehr gilt oder bei fehlender beiderseitiger Tarifgebundenheit im Geltungsbereich eines anderen Tarifvertrags dessen Anwendung zwischen dem neuen Inhaber und dem Arbeitnehmer vereinbart wird.

(2) [1]Der bisherige Arbeitgeber haftet neben dem neuen Inhaber für Verpflichtungen nach Absatz 1, soweit sie vor dem Zeitpunkt des Übergangs entstanden sind und vor Ablauf von einem Jahr nach diesem Zeitpunkt fällig werden, als Gesamtschuldner. [2]Werden solche Verpflichtungen nach dem Zeitpunkt des Übergangs fällig, so haftet der bisherige Arbeitgeber für sie jedoch nur in dem Umfang, der dem im Zeitpunkt des Übergangs abgelaufenen Teil ihres Bemessungszeitraums entspricht.

(3) Absatz 2 gilt nicht, wenn eine juristische Person oder eine Personenhandelsgesellschaft durch Umwandlung erlischt.

(4) [1]Die Kündigung des Arbeitsverhältnisses eines Arbeitnehmers durch den bisherigen Arbeitgeber oder durch den neuen Inhaber wegen des Übergangs eines Betriebs oder eines Betriebsteils ist unwirksam. [2]Das Recht zur Kündigung des Arbeitsverhältnisses aus anderen Gründen bleibt unberührt.

(5) Der bisherige Arbeitgeber oder der neue Inhaber hat die von einem Übergang betroffenen Arbeitnehmer vor dem Übergang in Textform zu unterrichten über:
1. den Zeitpunkt oder den geplanten Zeitpunkt des Übergangs,
2. den Grund für den Übergang,
3. die rechtlichen, wirtschaftlichen und sozialen Folgen des Übergangs für die Arbeitnehmer und
4. die hinsichtlich der Arbeitnehmer in Aussicht genommenen Maßnahmen.

---

9 BAG 20.7.2004 – 9 AZR 570/03 – EzA § 611 BGB 2002 Krankenhausarzt Nr. 2.
10 HWK/*Thüsing*, § 613 BGB Rn 15.
11 HWK/*Thüsing*, § 613 BGB Rn 18.

(6) ¹Der Arbeitnehmer kann dem Übergang des Arbeitsverhältnisses innerhalb eines Monats nach Zugang der Unterrichtung nach Absatz 5 schriftlich widersprechen. ²Der Widerspruch kann gegenüber dem bisherigen Arbeitgeber oder dem neuen Inhaber erklärt werden.

Literatur: *Adam*, Die Unterrichtung des Arbeitnehmers über einen Betriebsübergang (§ 613a Abs. 5 BGB) und sein Recht auf Widerspruch (§ 613a Abs. 6 BGB), AuR 2003, 441; *ders.*, Betriebsübergang – Neuvergabe von Reinigungsarbeiten, Anm. zu EuGH 24.1.2002 – Rs C 51/00, SAE 2002, 243; *ders.*, Fortgeltung von Gesamt- und Einzelbetriebsvereinbarungen nach Betriebsübergang, NJW 2003, 2861; *Altenburg/Leister*, Der Widerspruch des Arbeitnehmers beim umwandlungsbedingten Betriebsübergang und seine Folgen, NZA 2005, 15; *Annuß*, Der Betriebsübergang nach „Ayse Süzen", NZA 1998, 70; *ders.*, Der Betriebsübergang in der Insolvenz – § 613a BGB als Sanierungshindernis?, ZInsO 2001, 49; *Annuß/Stamer*, Die Kündigung des Betriebsveräußerers auf Erwerberkonzept, NZA 2003, 1247; *Bachner*, Betriebsübergang und kein Ende, AiB 2008, 607; *ders.*, Neues zum Schicksal von Betriebsvereinbarung und Tarifvertrag, AiB 2007, 153; *ders.*, Das Schicksal von Betriebsvereinbarungen und Tarifverträgen nach Betriebsübergang und übertragender Umwandlung, AiB 2003, 408; *Bauer*, Christel Schmidt lässt grüßen: Neue Hürden des EuGH für Auftragsvergabe, NZA 2004, 14; *Bauer/Günther*, Bezugnahmeklauseln bei Verbandswechsel und Betriebsübergang – Ein Irrgarten?, NZA 2008, 6; *Bauer/von Steinau-Steinrück*, Betriebsübergang: Haftungsrisiken und Handlungsvorschläge, Sonderbeilage zu NZA Heft 16/2003, S. 72; *dies.*, Neuregelung des Betriebsübergangs: Erhebliche Risiken und viel mehr Bürokratie!, ZIP 2002, 457; *Bichlmeier*, Unterrichtung und Widerspruch beim Betriebsübergang, DZWIR 2007, 231; *ders.*, Die Ergänzung des § 613a BGB um die Absätze 5 und 6, DZWIR 2002, 277; *Bonanni*, Betriebsübergang und Widerspruchsrecht des Arbeitnehmers, ArbRB 2002, 19; *Boemke*, Anmerkung zu BAG 15.2.2007 – 8 AZR 397/06 – JuS 2007, 1068; *Bonanni/Tenbrock*, Abschied vom Merkmal der eigenwirtschaftlichen Nutzung beim Betriebsübergang, ArbRB 2006, 207; *Braun*, „Abgesunkenes" Kollektivarbeitsrecht nach Betriebsübergang, ArbRB 2003, 85; *Commandeur/Kleinebrink*, Gestaltungsgrundsätze im Anwendungsbereich des § 613a BGB, NJW 2008, 3467; *dies.*, Die Änderungskündigung als Mittel zur Lösung von Zuordnungsproblemen beim Betriebsübergang, NJW 2005, 633; *dies.*, Gestaltungsoptionen im Anwendungsbereich des § 613a BGB, NZA-RR 2004, 449; *Crisolli*, IT-Outsourcing und Betriebsübergang – Neuregelung der Unterrichtungspflichten und des Widerspruchsrechts gem. § 613a BGB, CR 2002, 387; *Döring/Grau*, Überkreuz mit der Überkreuzablösung – Kein Vorrang von Betriebsvereinbarungen gegenüber „transformierten" tariflichen Ansprüchen beim Betriebsübergang?, BB 2009, 158; *Dreher/Bernsau/Hauck*, Betriebsübergang, 2007; *Düwell*, Unterrichtungspflicht und Widerrufsrecht bei Betriebsübergängen, FA 2002, 107; *Dzida*, Die Verwirkung des Widerspruchsrechts als Korrektiv zur uferlosen Unterrichtungspflicht beim Betriebsübergang?, NZA 2009, 641; *Dzida/Wagner*, Vertragsänderung nach Betriebsübergang, NZA 2008, 571; *Engesser/Means/Klebeck*, Sperrzeit durch Widerspruch bei Betriebsübergang, NZA 2008, 143; *Eylert/Spinner*, Anmerkung zu BAG 31.5.2007 – 2 AZR 276/06 – BB 2008; 50; *Fandel/Hausch*, Das Widerspruchsrecht gemäß § 613a Abs. 6 BGB bei Umwandlungen zum UmwG unter Wegfall übertragender Rechtsträger, BB 2008, 2402; *Feudner*, Ablösung kollektiver Regelungen bei Betriebsübergang, DB 2001, 1250; *ders.*, Grenzüberschreitende Anwendung des § 613a BGB, NZA 1999, 1184; *Fischer, U.*, Sozialauswahl nach Betriebsübergang – Neue Rechtslage durch § 1 Abs. 3 Satz 1 KSchG?, FA 2004, 230; *ders.*, Individualrechtliche Probleme des verdeckten bzw. (zunächst) unentdeckten Betriebsübergangs, DB 2001, 331; *Franzen*, Vorgaben des Europäischen Gemeinschaftsrechts für die arbeitsrechtliche Regulierung des Betriebsübergangs, NZA Beilage 4/2008, 139; *ders.*, Entwicklungstendenzen im europäischen und nationalen Recht des Betriebsübergangs, DZWIR 1996, 397; *ders.*, Informationspflichten und Widerspruchsrecht beim Betriebsübergang nach § 613a Abs. 5 und 6 BGB, RdA 2002, 258; *Freihube*, Aufhebungsvertrag bei einem geplanten Betriebsübergang im Rahmen eines dreiseitigen Vertrags mit einer Beschäftigungs- und Qualifizierungsgesellschaft – Anmerkung zum Urteil des BAG vom 18.8.2006 – 8 AZR 523/04 – BB 2006, 669; *Gastell*, Betriebsübergang – Die Gestaltungsspielräume werden enger, AuA 2006, 669; *Gaul*, Unterrichtungspflicht und Widerspruchsrecht in § 613a BGB, FA 2002, 299; *ders.*, Das Arbeitsrecht der Betriebs- und Unternehmensspaltung, 2002; *Gaul/Bonanni*, Betriebsübergang: Neues zur betriebsbedingten Kündigung aufgrund Erwerberkonzepts, DB 2003, 1902; *Gaul/Otto*, Das Spiel über die Bande – Der Wechsel in Beteiligungsgesellschaften zur Vermeidung von § 613a BGB, ZIP 2006, 644; *dies.*, Rechtsfolgen einer fehlenden oder fehlerhaften Unterrichtung bei Betriebsübergang und Umwandlung, DB 2005, 2465; *dies.*, Unterrichtungsanspruch und Widerspruchsrecht bei Betriebsübergang und Umwandlung, DB 2002, 634; *Gaul/Niklas*, Wie gewonnen so zerronnen: Unterrichtung, Widerspruch und Verwirkung bei § 613a BGB, DB 2009, 452; *Gehlhaar*, Widerspruch gegen den Betriebsübergang nach Verfügung über das Arbeitsverhältnis, BB 2009, 118; *Giesen*, Die Unterrichtung über den Betriebsübergang nach § 613a Abs. 5 BGB, Jahrbuch des Arbeitsrechts 2009, 41; *Göpfert/Winzer*, Nach-Unterrichtungspflicht beim Betriebsübergang?, ZIP 2008, 761; *Göpfert/Sigrist*, Anmerkung zu LAG München 12.10.2006 – 2 Sa 990/05 – BB 2007, 506; *Goetzmann*, Betriebsübergang: Die Verwirkung des entfristeten Widerspruchs, ArbRB 2009, 176; *Grau*, Unterrichtung und Widerspruchsrecht der Arbeitnehmer bei Betriebsübergang gem. § 613a Abs. 5 und 6 BGB, 2005; *ders.*, Rechtsfolgen von Verstößen gegen die Unterrichtungspflicht bei Betriebsübergang gemäß § 613a Abs. 5 BGB, RdA 2005, 367; *ders.*, Rechtsbeziehungen nach Widerspruch gegen den Übergang des Arbeitsverhältnisses bei Betriebsübergang, MDR 2005, 491; *Greiner*, „Tarifsozialplan" bei Betriebsübergang?, NZA 2008, 1274; *Grobys*, Unterrichtung und Widerspruchsrecht beim Betriebsübergang, NJW-Spezial 2007, 321; *ders.*, Neue Entwicklungen beim Widerspruchsrecht beim Betriebsübergang, NJW-Spezial 2006, 513; *ders.*, Die Neuregelung des Betriebsübergangs in § 613a BGB, BB 2002, 726; *Grosjean/Biester*, Betriebsübergang: Offene Fragen zur Informationspflicht nach § 613a Abs. 5 BGB – zugleich Besprechung des BAG-Urteils vom 14.12.2006 – 8 AZR 763/05 – DB 2007, 1446; *Gussen/Dauck*, Die Weitergeltung von Betriebsvereinbarungen und Tarifverträgen bei Betriebsübergang und Umwandlung, 2. Auflage 1997; *Gutzeit*, Verträge von Betriebs- und Personalräten mit potenziellen Betriebserwerbern?, ZIP 2009, 354; *Hanau*, Wenn der Betrieb übergeht ... – Welche Folgen ein Betriebsübergang für die Beschäftigten hat, AiB 2007, 148; *Hauck*, Information über einen Betriebsübergang nach § 613a V BGB und Widerspruch nach § 613a VI BGB, NZA Beilage 1/2009, 18; *ders.*, Der Widerspruch beim Betriebsübergang, NZA Sonderbeilage 1/2004 S. 43; *ders.*, Neueste Entwicklung der Rechtsprechung zu § 613a BGB – Rechtssichere Gestaltung von Betriebsübergängen, NZA Sonderbeilage 18/2004, 17; *ders.*, Wann liegt ein Betriebsübergang vor?, AuA 5/2004, 16; *ders.*, Welche Folgen hat ein Betriebsübergang?, AuA 6/2004, 14; *ders.*, Die Umsetzung der EG-Richtlinie 2001/23/EG des Rates vom 12. März 2001 zur Angleichung der Rechtsvorschriften der Mitgliedsstaaten über die Wahrung von Ansprüchen der Arbeitnehmer beim Übergang von Unternehmen, Betrieben oder Unternehmens- oder Betriebsteilen in Absatz 5 des § 613a BGB, in: FS Wissmann, S. 546; *Heinlein*, Statik statt Dynamik beim Betriebsübergang?, NJW 2008, 321; *Hergenröder*, Rechtsgeschäftlicher Betriebsinhaberwechsel, AR-Blattei SD 500; *ders.*, Tarifeinheit und Tarifmehrheit durch Betriebsübergang nach § 613a BGB?, in: FS 50 Jahre BAG, 2004, S. 713; *Hohenstatt/Grau*, Arbeitnehmerunterrichtung beim Betriebsübergang, NZA 2007, 13; *dies.*, Der Betriebsübergang nach Güney Görres – Was geht noch?, NJW 2007, 29; *Hohenstatt/Kuhnke*, Die arbeitsvertragliche Bezugnahme auf Tarifverträge beim Betriebs(teil)übergang, RdA 2009, 107; *Hohenstatt/Müller-Bonanni*, Auswirkungen eines Betriebsinhaberwechsels auf Gesamtbetriebsrat und Gesamtbetriebsvereinbarung, NZA 2003, 766; *Houben*, § 613a BGB im Wandel der Rechtsprechung, NJW 2007, 2075; *Huke*, Die Unterrichtung der von einem Betriebsübergang betroffenen Arbeitnehmer gem. § 613a Abs. 5 BGB, FA 2002, 263; *Huke/Lepping*, Die Folgen eines Betriebsübergangs auf betriebliche Interessenvertretungen, FA 23004, 136; *Hunold*, Ausgewählte Rechtsprechung zum Betriebsübergang, NZA-RR 2003, 505, 561; *Jaeger*, Die Unterrichtungspflicht nach § 613 Abs. 5 BGB in der Praxis der Betriebsübernahme, ZIP 2004, 433; *Jochums*, Betriebsübergang: Der EuGH auf Abwegen, NJW 2005, 2580; *Kamm/Trümner*, Das Widerspruchsrecht der Arbeitnehmer bei Übertragung von öffentlichen Einrichtungen durch Gesetz oder Verordnung, AuR 2007, 336; *Kappenhagen*, Welche Arbeitnehmer „gehen mit"?, AuA 2007,90; *Karthaus*, Betriebsübergang als interessenausgleichspflichtige Maßnahme nach der Richtlinie 2002/14/EG, AuR 2007, 114; *Kast*, Fortgeltung von Tarifsteigerungen bei Betriebsübergang, Anm. zu BAG 19.9.2007 – 4 AZR 711/06 – BB 2008, 450; *Katins*, Betriebsübergang und Sozialauswahl, FA 2005, 336; *Kirmse*, Kein Widerspruchsrecht nach § 613a VI BGB bei gesetzlich angeordnetem Übergang des Arbeitsverhältnisses – Stiftungen als Träger von Wissenschafts- und Kultureinrichtungen, NJW 2006, 3325; *Kleinebrink*, Das Schicksal von Betriebsrat und Gesamtbetriebsrat bei Betriebsübergang, ArbRB 2004, 341; *Kleinebrinck/Commandeur*, Bedeutung, Form und Inhalt der ordnungsgemäßen Unterrichtung beim Betriebsübergang, FA 2009, 101; *diess.*, Der Übergang einer wirtschaftlichen Teileinheit als Betriebsänderung, NZA 2007, 113; *Klumpp*, Widerspruch bei Betriebsübergang und Sperrzeit nach § 144 I 2 Nr. 1 SGB III, NZA 2009, 354; *Klumpp/Jochums*, Die Rechtsfolgen des Widerspruchsrechts bei Betriebsübergang, JuS 2006, 687; *Kock*, Anmerkung zu BAG 14.8.2007 – 8 AZR 1043/06 – ZIP 2007, 2237; *ders.*, Update zum Betriebsübergangstatbestand (§ 613a Abs. 1 BGB), ArbRB 2007, 110; *ders.*, Voraussetzungen eines Betriebsübergangs nach der aktuellen BAG-Rechtsprechung, BB 2007, 714; *ders.*, Anmerkung zu BAG 29.3.2007 – 8 AZR 519/06 – NJW 2007, 3374; *ders.*, Anmerkung zu EuGH 15.12.2005 – Rs C 232+233/04 – ZIP 2006, 97; *Kock/Hohner*, Auftragsvergabe von Dienstleistungen in den Räumlichkeiten des Auftraggebers – Konsequenzen der neuesten EuGH-Rechtsprechung (Abler) zu § 613a BGB, ArbRB 2004, 156; *Kock/Simon*, Aktuelle Probleme beim Out- und Insourcing, ArbRB 2005, 115; *Koller-van Delden*, Neue Leitlinien beim Betriebsübergang, DStR 2007, 1869; *Kortstock*, Abfindung nach § 1a KSchG und Betriebsübergang, NZA 2007, 297; *Kossens*, Informationspflichten und Widerspruchsrechte normiert, AuA 2002, 158; *Kraus/Tiedemann*, Outsourcing – Betriebsübergang gem. § 613a BGB?, ArbRB 2007, 183; *Kreft*, Normative Fortgeltung von Betriebsvereinbarungen nach einem Betriebsübergang, in: FS Wissmann, S. 347; *Kreitner*, Die Zuordnung von Arbeitsverhältnissen beim Betriebsinhaberwechsel, NZA 1990, 429; *Kreutz*, Normative Fortgeltung von Betriebsvereinbarungen nach einem Betriebsteilübergang, in: FS 50 Jahre BAG, 2004, S. 993; *Krügermeyer-Kalthoff/Reutershan*, Betriebsübergang – Unterrichtungspflichten des Arbeitgebers nach § 613a Abs. 5 BGB n.F., MDR 2003, 541; *Krieger/Fischinger*, Umstrukturierung mit Hilfe von Beschäftigungs- und Qualifizierungsgesellschaften, NJW 2007, 2289; *Laber*, § 613a BGB – Was gibt's Neues?, ArbRB 2004, 55; *Laber/Roos*, § 613a Abs. 5 und 6 BGB – ein unlösbares Problem, ArbRB 2002, 268, 303; *Lakies*, Neuregelungen beim Betriebsübergang nach § 613a BGB, NJ 2002, 287; *Langenbucher*, Der Wiedereinstellungsanspruch des Arbeitnehmers beim Betriebsübergang, ZfA 1999, 299; *Langer*, Betriebsübergang: Form und Sprache der Unterrichtung gem § 613a Abs. 5 BGB, DB 2008, 2082; *Lembke*, Anmerkung zu BAG 14.12.2006 – 8 AZR 763/05 – NJW 2007, 2138; *ders.*; Besonderheiten beim Betriebsübergang in der Insolvenz, BB 2007, 1333; *ders.*, Anmerkung zu BAG 13.7.2006 – 8 AZR 303–305–382/05 – NJA 2006, 255; *Lembke/Oberwinter*, Unterrichtungspflicht und Widerspruchsrecht beim Betriebsübergang im Lichte der neuesten Rechtsprechung, ZIP 2007, 310; *Leuchten*, Grenzüberschreitende Betriebsübergänge aus deutscher Sicht, FA 2002, 138; *Lindemann/Dannhorn*, Betriebsübergang – jetzt auch bei Auftragsnachfolge, AuA 2007, 398; *Lindemann/Wolter-Roßteutscher*, Die Informationsverpflichtung nach § 613a Abs. 5 BGB – Rechtsgutachten oder plausible Entscheidungshilfe für den Arbeitnehmer?, BB 2007, 938; *Lindemann/Simon*, Ablösung und Bestandsschutz von Altersversorgungsregelungen beim Betriebsübergang, BB 2003, 2510; *Lipinski*, Sozialauswahl bei Betriebsteilübergang zugunsten eines widersprechenden Arbeitnehmers?, DB 2002, 1214; *Löw*, Übergangs- oder Restmandat bei Widerspruch gegen den Betriebsübergang, AuR 2007, 194; *Löwisch*, Bewältigung eines nach Beendigung des Arbeitsverhältnisses beim Betriebserwerber erhobenen Widerspruchs mit allgemeinen zivilrechtlichen Mitteln, BB 2009, 326; *Löwisch/Neumann*, Betriebserwerber als richtiger Kündigungsschutz-Beklagter bei vor Betriebsübergang ausgesprochener Kündigung, DB 1996, 474; *Löwisch/Göpfert/Sigrist*, Verwirkung des Widerspruchsrechts beim Betriebsübergang, DB 2007, 2538; *Lunk*, Schadensersatz wegen Verstosses gegen die Unterrichtungspflicht bei einem Betriebsübergang gemäß § 613a Abs. 5 BGB, RdA 2006, 48; *Lunk/Möller*, Folgeprobleme nach Widerspruch gegen einen Betriebsübergang, NZA 2004, 9; *Maschmann*, Die Unterrichtungspflicht beim Betriebsübergang nach § 613a BGB, BB-Special 2006, 29; *Melot de Beauregard*, Anmerkung zu BAG 15.2.2007 – 8 AZR 397/06 – BB 2007, 1453; *ders.*, Anmerkung zu BAG 14.8.2007 – 8 AZR 1043/06 –, BB 2007, 2746; *Meyer, C.*, Vertragsänderungen bei Betriebsübergang – insbesondere auch nach § 613a Abs. 1 Satz 4 zweite Alternative BGB, SAE 2009, 110; *ders.*, Unterrichtungspflichten des Arbeitgebers und Widerspruch des Arbeitnehmers, NZA Beilage 4/2008, 173; *ders.*, Transformierende Betriebsvereinbarung bei Betriebsübergang, NZA 2007, 1408; *ders*, Inhalt einer Unterrichtung bei Betriebsübergang, DB 2007, 858; *ders.*, Inhalt der Unterrichtung gemäß § 613a Abs. 5 BGB – Anm. zu BAG 23.7.2006 – 8 AZR 303 + 305/05 – SAE 2007, 315; *ders.*, Aufhebungsvertrag bei Betriebsübergang – Anmerkung zur Entscheidung des BAG vom 18.8.2006 – 8 AZR 523/04 –, SAE 2006, 102; *ders.*, Neue Fragen einer Kündigung bei Widerspruch nach der Neuregelung in § 613a V, VI BGB, NZA 2005, 9; *ders.*, Unterrichtungspflicht und Widerspruchsrecht bei Betriebsübergang, BB 2003, 1010; *ders.*, Personalanpassung des Betriebsveräußerers aufgrund eines Erwerberkonzepts, NZA 2003, 244; *ders.*, Regelungsfragen zumutbarer Weiterbeschäftigung beim Betriebsübergang, NJW 2002, 1615; *ders.*, Ablösung von Betriebs-, Gesamt- und Konzernbetriebsvereinbarungen beim Betriebsübergang, DB 2000, 1174; *ders.*, Der Fortsetzungsanspruch bei Betriebsübergang, BB 2000, 1232; *Mohnke/Betz*, Unterrichtung der Mitarbeiter über die Fortgeltung von Betriebsvereinbarungen bei einem Betriebs(teil)übergang, DB 2008, 498; *Moll*, Betriebsübergang und Nebenleistungen, in: FS 50 Jahre BAG, 2004, S. 59; *ders.*, Betriebsübergang und Betriebsänderung, RdA 2003, 129; *ders.*, Bedeutung und Voraussetzung des Betriebsübergangs im Wandel, RdA 1999, 233; *ders.*, Die Rechtsstellung des Arbeitnehmers nach einem Betriebsübergang, NJW 1993, 2016; *ders.*, Kollektivvertragliche Arbeitsbedingungen nach einem Betriebsübergang, RdA 1996, 175; *ders.*, Betriebsübergang in der Insolvenz, KTS 2002, 635; *Mückl*, Das Problem mangelnder Kooperationsbereitschaft der beteiligten Rechtsträger im Rahmen der Unterrichtung nach § 613a Abs. 5 BGB, RdA 2008, 343; *ders.*, Rechtsfolgen einer fehlerhaften Unterrichtung des Arbeitnehmers bei Betriebsübergang, JuS 2007, 395; *Müller*, Anmerkung zu BAG 23.11.2006 – 8 AZR 349/06 – BB 2007, 1057; *Müller-Bonanni*, Betriebsübergang – ja oder nein? – Die aktuelle Rechtsprechung zum Tatbestand des § 613a BGB, NZA Beilage 1/2009, 13; *Müller-Bonanni/Grau*, Neues zum Widerspruchsrecht (§ 613a BGB), ArbRB 2007, 146; *Müller-Glöge*, Bestandsschutz beim Betriebsübergang nach § 613a BGB, NZA 1999, 449; *Müller/Thüsing*, Die Zuordnung von Arbeitsverhältnissen beim Betriebsübergang, ZIP 1997, 1869; *Mues*, Bestandsschutz und Änderbarkeit von Betriebsvereinbarungen nach Betriebsübergang und Betriebsteilübergang, BB 2003, 1274; *Nägele*, Kündigung nach Widerspruch beim Betriebsübergang, ArbRB 2004, 312; *Neef*, Die Rechtsprechung des BAG zum Betriebsübergang, NZA-RR 1999, 225; *Nehls*, Die Neufassung des § 613a BGB – Bewertung und Gestaltungsmöglichkeiten, NZA 2003, 822; *Neufeld/Beyer*, Der nachträgliche Widerspruch nach § 613a Abs. 4 BGB und seine Folgen für das Arbeitsverhältnis, die betriebliche Altersversorgung und deren Insolvenzsicherung, NZA 2008, 1157; *Nicolai*, Wen muss/sollte/darf der Arbeitnehmer verklagen?, FA 2007, 164; *dies.*, Die Kündigung widersprechender Arbeitnehmer nach Betriebsübergang, BB 2006, 1162; *dies.*, EuGH bestätigt statische Weitergeltung von Tarifnormen nach Betriebsübergang – Anmerkung zu EuGH vom 9.3.2006 – C-499/04, Werhof –, DB 2006, 670; *Niklas/Mückl*, Auswirkungen eines Betriebsübergangs auf betriebsverfassungsrechtliche Ansprüche, DB 2008, 2250; *Oetker*, Die Vorgaben der Betriebsübergangsrichtlinie für die Beteiligungsrechte des Betriebsrats, NZA 1998, 1193; *Olbertz/Ungnad*, Zeitliche Grenze des Widerspruchsrechts nach § 613a Abs. 6 BGB im Falle fehlerhafter Unterrichtung der Arbeitnehmer, BB 2007, 213; *Pauly*, Zur Sozialauswahl nach Widerspruch des Gekündigten gegen den Betriebsübergang – Neue Rechtsprechung des BAG, ZTR 2009, 63; *Plander*, Die Personalgestellung zum Erwerber beim Betriebsübergang als Reaktion auf den Widerspruch von Arbeitnehmern, NZA 2002, 69; *Pomberg*, Betriebsteilübergang: § 613a BGB als Hemmnis für Neueinstellungen in dem verbleibenden Restbetrieb, DB 2003, 2177; *Powietzka*, Die Unterstützungskasse bei Betriebsübergang und Unternehmenskauf, DB 2008, 2593; *Preis/Steffan*, Neue Konzepte des BAG zum Betriebsübergang nach § 613a BGB, DB 1998, 309; *Pröpper*, Unbefristetes Widerspruchsrecht bei Unterrichtungsfehlern über den Betriebsübergang nach § 613a BGB, DB 2005, 2011; *Quecke*, Sozialauswahl nach Widerspruch gegen Teilbetriebsübergang, ZIP 2007, 1846; *Reinhard*, Die Pflicht zur Unterrichtung über wirtschaftliche Folgen eines Betriebsübergangs – ein weites Feld, NZA 2009, 63; *Reufels*, Prozessuale Konstellationen bei einem Betriebsübergang, ArbRB 2007, 61; *Richter/Nacewicz*, Haftungsbegrenzung bei Betriebsübergang in der Insolvenz, ZIP 2008, 256; *Rieble*, Kollektivwiderspruch nach § 613a VI BGB, NZA 2005, 1; *ders.*, Widerspruch nach § 613a VI BGB – die (ungeregelte) Rechtsfolge, NZA 2004, 1; *Rieble/Wiebauer*, Widerspruch (§ 613a VI BGB) nach Aufhebungsvertrag, NZA 2009, 401; *Riesenhuber*, Informationspflichten beim Betriebsübergang: Fehler bei der Umsetzung der Richtlinie und Anlass für eine grundsätzliche Neuordnung, RdA 2004, 3340; *Rupp*, Das Problem widersprüchlicher Unterrichtung bei § 613a V BGB, NZA 2007, 301; *Salomon*, Die Fortgeltung von Gesamtbetriebsvereinbarungen beim Betriebsübergang, RdA 2007, 103; *Sayatz/Wolff*, Neuregelungen beim Betriebsübergang nach § 613a BGB – Unterrichtungspflicht und Widerspruchsrecht, DStR 2002, 2039; *Schiefer*, Fortgeltung kollektivrechtlicher Regelungen beim Betriebsübergang nach § 613a BGB, DB 2005, 2134; *ders.*, Fortgeltung individualrechtlich in Bezug genommener Tarifverträge bei Betriebsübergang, FA 2002, 258; *ders.*, Fortgeltung kollektivrechtlicher Regelungen im Falle des Betriebsübergangs gem. § 613a BGB, in: FS 50 Jahre BAG, 2004, S. 859; *ders.*, Tarifvertragswechsel beim Betriebsübergang – neue Möglichkeiten? – Beiderseitige kongruente Tarifbindung infolge der Gründung der Gewerkschaft ver.di, DB 2003, 390; *ders.*, Outsourcing, Auftragsvergabe, Betriebsübergang – nach geänderter Rechtsprechung, NZA 1998, 1095; *Schiefer/Pogge*, Outsourcing, Betriebsübergang, Auftragsvergabe, Umstrukturierung, 3. Aufl. 2006; *dies.*, Betriebsübergang und dessen Folgen – Tatbestandsvoraussetzungen des § 613a BGB und Fortgeltung kollektivrechtlicher Regelungen, NJW 2003, 3734; *Schiefer/Worzalla*, Unterrichtungspflicht bei Betriebsübergang, NJW 2009, 558; *dies.*, Betriebsübergang (§ 613a BGB) – Fragen über Fragen, DB 2008, 1566; *Schielke*, Betriebsübergang – Unterrichtungspflicht und Widerspruchsrecht in der Rechtsprechung, MDR 2007, 1052; *Schlachter*, Betriebsübergang bei „eigenwirtschaftlicher Nutzung" von Betriebsmitteln des Auftraggebers, NZA 2006, 80; *Schmidt/Wittig*, Der Betriebsübergang gem. § 613a Abs. 1 S. 1 BGB, Jura 2007, 568; *Schneider/Sittard*, Annahmeverzug des Arbeitgebers bei Widerspruch gegen Betriebsübergang, BB 2007, 2230; *Schnitker/Grau*, Abfertigung als betriebsmittelintensive Tätigkeit, Anm. zu BAG 16.5.2007 – 8 AZR 693/06 – BB 2008, 56; *dies.*, Anmerkung zu BAG 14.12.2006 – 8 AZR 763/05 – BB 2007, 1343; *dies.*, Betriebsübergang – Bistrobewirtschaftung der Bahn – Anmerkung zum Urteil des BAG vom 6.4.2006 – 8 AZR 249/04 – BB 2006, 2194; *dies.*, Unterrichtung der Arbeitnehmer gemäß § 613a Abs. 5 BGB im Spiegel der Betriebsübernahmepraxis, BB 2005, 2238; *Schumacher-Mohr/Urban*, Sozialauswahl im Veräußererbetrieb nach Widerspruch gegen Betriebsübergang, NZA 2008, 513; *Siegl/Maschmann*, Unternehmensumstrukturierung aus arbeitsrechtlicher Sicht, 2005; *Spirolke*, Der Betriebsübergang nach § 613a BGB im neuen Umwandlungsgesetz, 1998; *Steffan*, Der Betriebsteil als „wirtschaftliche Einheit", NZA 2000, 687; *von Steinau-Steinrück*, Wieder Neuigkeiten zum Betriebsübergang, NJW-Spezial 2007, 514; *ders.*, Die Grenzen des § 613a BGB bei Aktienoptionen im Konzern, NZA 2003, 473; *Stück*, Outsourcing – K.o. durch die Rechtsprechung?, AuA 9/04 S. 10; *ders.*, Mitbestimmung bei Outsourcing, AuA 10/04, S. 22; *ders.*, Checkliste – Voraussetzungen des Betriebsübergangs (§ 613a BGB) – Rechtsfolgen des Betriebsübergangs (§ 613a BGB), MDR 2003, 977, 1100; *Tappert*, Auswirkungen eines Betriebsübergangs auf Aktienoptionsrechte von Arbeitnehmern, NZA 2002, 1188; *Thannheiser*, Privatisierung und § 613a BGB – wann ist der „Schutzbestimmung" wirklich, PersR 2007, 364; *ders.*, Fusion von Unternehmen, AuA 2001, 100; *ders.*, Folgen von Umstrukturierungen für die Beschäftigten, AiB 2003, 404; *Trittin*, Fusion und Kündigungsschutz, AiB 2001, 147; *Thüsing*, Folgen einer Umstrukturierung für Betriebsrat und Betriebsvereinbarung, DB 2004, 2474; *Thüsing/Schorn*, Aufgabennachfolge und Betriebsübergang im öffentlichen Dienst, ZTR 2008, 651; *Ullrich*, Wirksamkeit von dreiseitigen Verträgen/Aufhebungsverträgen bei sanierenden Betriebsübergängen grundsätzlich bestätigt – Anm. zu BAG 23.11.2007 – 8 AZR 349/06 – SAE 2007, 344; *Waas/Hofmann/Palonka*, Rechtsprechung zum Betriebsübergang nach § 613a BGB in den Jahren 2006/2007, BB 2008, 2682; *Wahlig*, Tarifwechsel durch Betriebsübergang, BuW 2004, 170; *ders.*, Auftragsnachfolge als Betriebsübergang?, BuW 2004, 429; *Waldenmmaier/Pichler*, Tarifverträge und Betriebsvereinbarungen im Rahmen des Unterrichtungsschreibens nach § 613a Abs. 5 BGB, NZA-RR 2008, 1; *Wank*, Der Betriebsübergang in der Rechtsprechung von EuGH und BAG – eine methodische Untersuchung, in: FS 50 Jahre BAG, 2004, S. 245; *Wellhöner*, Betriebsübergang – Verwirkung des Widerspruchsrechts nach § 613a BGB nach einem Jahr – Anmerkung zu BAG 15.2.2007 – 8 AZR 449/06 – BB 2007, 1849; *Welslau*, Kollektivrechtliche Probleme bei Betriebsübergängen und Umwandlungen, FA 2002, 303; *Willemsen*, Erneute Wende im Recht des Betriebsübergangs – ein „Christel Schmidt II"-Urteil des EuGH?, NZA 2009, 289; *ders.*, Europäisches und deutsches Arbeitsrecht im Widerstreit? Aktuelle „Baustellen" im Recht des Betriebsübergangs, NZA Beilage 4/2008, 155; *ders.*,

Aktuelles zum Betriebsübergang, NJW 2007, 2065; *ders.*, „Mit oder an?" – § 613a BGB und der Wertschöpfungsgedanke, in: Festschrift für Reinhard Richardi, S. 475; *ders.*, Arbeitsrechtliche Fragen der Privatisierung und Umstrukturierung öffentlicher Rechtsträger, in: FS 50 Jahre BAG, 2004, S. 287; *Willemsen/Annuß*, Auftragsnachfolge – jetzt doch ein Betriebsübergang?, DB 2004, 134; *Willemsen/Lembke*, Die Neuregelung von Unterrichtung und Widerspruchsrecht der Arbeitnehmer beim Betriebsübergang, NJW 2002, 1159; *Willemsen/Müntefering*, Outsourcing nach „Güney-Görres" – von der eigenwirtschaftlichen Nutzung zum Kern der Wertschöpfung, NZA 2006, 1185; *Wisskirchen/Goebel*, Arbeitsrechtliche Aspekte der Verlagerung von Arbeitsplätzen ins Ausland (Off-Shoring), DB 2004, 1937; *Wissmann/Schneider*, Europa hat gesprochen: Betriebsübergang ohne Erhalt der organisatorischen Einheit, BB 2009, 1126; *Worzalla*, Neue Spielregeln bei Betriebsübergang – Die Änderungen des § 613a BGB, NZA 2002, 353; *Wulff*, Betriebsübergang nach § 613a BGB, AiB 2002, 594; *ders.*, Wann liegt ein Betriebs- bzw. Betriebsteilübergang vor?, AiB 2003, 398; *Wulff/Kahl*, Der Betriebsteilübergang, AiB 2007, 143; *Zöll*, Unterrichtungspflichten beim Betriebsübergang, AuA 2006, 18.

A. Allgemeines		1
I. Entstehung und Entwicklung		2
II. Normzweck und Inhalt		5
1. Rechtliche Grundlagen		8
a) Schutzzweck		8
b) Widerspruchsrecht		10
c) Vertragsübergang kraft Gesetzes		11
d) Bürgerlich-rechtliche Vorschrift		12
2. Verfassungsrechtliche Zulässigkeit		13
B. Regelungsgehalt		14
I. Anwendungsbereich der Vorschrift		14
1. Persönlicher Geltungsbereich		14
a) Arbeitnehmer		14
b) Bestehende Arbeitsverhältnisse		15
c) Arbeitnehmerähnliche Personen		16
2. Örtlicher Geltungsbereich		17
a) Anwendungsbereich		17
b) Grenzüberschreitender Betriebsübergang		18
3. Sachlicher Geltungsbereich		19
a) Alle Wirtschaftszweige		19
b) Umwandlung		21
c) Analoge Anwendung		22
II. Voraussetzungen eines Betriebsübergangs		23
1. Allgemein		23
a) Wechsel des Betriebsinhabers		23
b) Einzelrechtsnachfolge		24
c) Europäisches Recht		25
2. Regelungsgehalt		26
a) Tatbestandsvoraussetzungen des Betriebsübergangs		26
aa) Betriebsbegriff i.S.d. § 613a		26
(1) Wirtschaftliche Einheit		32
(2) Prüfkriterien		41
(3) Gesamtbetrachtung		58
(4) Betriebsteil		60
(5) Einzelfälle		64
(6) Auftrags-/Funktionsnachfolge		72
(7) Outsourcing/Insourcing		75
bb) Übergang auf einen anderen/neuen Rechtsinhaber		77
(1) Betriebsinhaber		78
(2) Tatsächliche Fortführung		81
(3) Zeitpunkt des Inhaberwechsels		82
cc) Rechtsgeschäft		83
(1) Wechsel des Vertragspartners auf Arbeitgeberseite		83
(2) Rechtsgeschäftliche Beziehungen		84
(3) Inhalt des Rechtsgeschäfts		86
(4) Partner des Rechtsgeschäfts		87
(5) Wirksamkeit des Rechtsgeschäfts		88
(6) Öffentliches Recht		89
b) Abgrenzung Betriebsübergang/Betriebsstilllegung		90
III. Rechtsfolgen eines Betriebsübergangs		92
1. Allgemein		92
2. Regelungsgehalt		93
a) Arbeitgeberwechsel		93
b) Erfasste Arbeitsverhältnisse		94
c) Eintritt in die Rechte und Pflichten		100
aa) Individualrechtliche Arbeitsbedingungen		102
bb) Kollektivrechtliche Rechte und Pflichten		106
(1) Transformation in den Arbeitsvertrag (individualrechtliche Weitergeltung)		107
(2) Kollektivrechtliche Weitergeltung		109
cc) Ausschluss der Weitergeltung		112
(1) Tarifvertrag		113
(2) Einzelvertragliche Bezugnahme		116
(3) Betriebsvereinbarung		119
(4) Ablösung		120
d) Betriebsverfassungsrechtliche Fragen		121
aa) Betriebsrat		121
bb) Folgen eines Betriebs-/Betriebsteilübergangs für betriebsverfassungsrechtliche Regelungen		129
cc) Soziale Angelegenheiten		130
dd) Personelle Angelegenheiten		131
ee) Betriebsänderung		132
ff) Betriebsverfassungsrechtliche Unterrichtungspflichten		134
e) Haftung		136
aa) Allgemein		136
bb) Regelungsgehalt		137
cc) Haftungsausschluss		138
dd) Andere Regelungen		139
f) Insolvenz		140
g) Kündigungsverbot		145
aa) Allgemein		145
bb) Regelungsgehalt		148
cc) Verbindung zu anderen Rechtsgebieten		154
h) Vertragsfortsetzungs-/Wiedereinstellungsanspruch		155
aa) Allgemein		155
bb) Umgehung des Kündigungsschutzes		156
i) Umwandlungsrecht		157
j) Prozessrecht		158
aa) Passivlegitimation		158
bb) Beweislast		165
cc) Rechtskraft		166
dd) Auflösung des Arbeitsverhältnisses		168
k) Gesamtrechtsnachfolge		171
l) Beratungshinweise		172
IV. Unterrichtungspflicht (Abs. 5)		173
1. Allgemein		173
2. Regelungsgehalt		176
a) Umsetzung von Europarecht		176
aa) Europäische Richtlinie 2001/23/EG		176
bb) Umwandlungsgesetz		178
b) Unterrichtung nach Abs. 5		179
aa) Vorliegen eines Betriebsübergangs		179

bb) Gesamtrechtsnachfolge 180
cc) Sinn und Zweck der Unterrichtung .. 181
c) Form der Unterrichtung 182
aa) Textform 182
bb) Zugang der Unterrichtung 183
d) Unterrichtungspflichtiger 184
aa) Bisheriger Arbeitgeber oder neuer Betriebsinhaber 184
bb) Vereinbarung 185
cc) Widerspruchsfrist 186
e) Unterrichtungsadressaten 187
aa) Unterrichtung der Arbeitnehmer 187
bb) Betroffene Arbeitnehmer 188
f) Rechtsnatur der Unterrichtung 189
g) Inhalt der Unterrichtung 190
aa) Zeitpunkt oder geplanter Zeitpunkt des Betriebsübergangs (Abs. 5 Nr. 1) 191
bb) Grund für den Betriebsübergang (Abs. 5 Nr. 2) 192
cc) Rechtliche, wirtschaftliche und soziale Folgen des Betriebsübergangs für die Arbeitnehmer (Abs. 5 Nr. 3) 193
dd) Hinsichtlich der Arbeitnehmer in Aussicht genommene Maßnahmen (Abs. 5 Nr. 4) 197
h) Geheimhaltungsinteressen 199
i) Unterrichtung und Betriebsrat 201
j) Gleich lautende Schreiben 202
k) Zeitpunkt der Unterrichtung 203
l) Frist für Widerspruch 205
m) Erneute Unterrichtung 207
n) Schadensersatz 208
o) Kündigung 209
V. Widerspruchsrecht (Abs. 6) 210
1. Allgemein 210
2. Regelungsgehalt 214
a) Frist für den Widerspruch 214
b) Form für den Widerspruch 215
c) Widerspruchsberechtigter 217
d) Widerspruchsadressaten 218
e) Ausübung des Widerspruchsrechts 219
f) Rechtsfolgen des Widerspruchs 220
g) Verzicht auf den Widerspruch, Verwirkung ... 223
VI. Umwandlungsgesetz 225
VII. Geltendmachung 227
VIII. Betriebsübergang in der Insolvenz 228

A. Allgemeines

Das Thema „Betriebsübergang" ist angesichts der Umstrukturierungen von Betrieben und Unternehmen in der deutschen Industrie und Wirtschaft von ungebrochener Aktualität. § 613a regelt grds., welche Rechte und Pflichten im Falle eines Betriebsübergangs im Arbverh gelten (Abs. 1), die Haftung auf AG-Seite (Abs. 2) und deren Ausschluss, wenn eine juristische Person oder eine Personenhandelsgesellschaft durch Umwandlung erlischt (Abs. 3), das Künd-Verbot wegen des Betriebsübergangs (Abs. 4) sowie die Unterrichtungspflicht von Betriebsveräußerer und Betriebserwerber (Abs. 5) gegenüber den vom Betriebsübergang betroffenen AN und deren Widerspruchsrecht gegen den Übergang ihres Arbverh auf einen Betriebserwerber (Abs. 6). § 613a hat damit große Bedeutung am Standort Deutschland. Die arbeitsrechtlichen Grundlagen und Folgen eines Betriebsübergangs sowie deren gerichtliche Geltendmachung und Durchsetzung sind im Einzelnen umstr. I.Ü. wirft die Neuregelung der Abs. 5 u. 6 neue Probleme auf. Die Entscheidungen des EuGH[1] veranlassen außerdem zur ständigen Überprüfung der Kriterien eines Betriebsübergangs. **1**

I. Entstehung und Entwicklung

Abs. 1 S. 1, Abs. 2 und 3 wurden 1972 im Rahmen der Novellierung des BetrVG (§ 122) in das BGB aufgenommen;[2] § 613a ist am 19.1.1972 in Kraft getreten. Im Jahr 1980 (Gesetz v. 13.8.1980)[3] wurden Abs. 1 S. 2 bis 4 u. Abs. 4 (siehe Rn 4) eingefügt; zum 1.4.2002 ist § 613a um die Abs. 5 u. 6 ergänzt worden.[4] **2**

§ 613a entspricht im Wesentlichen den europarechtlichen Vorgaben. Soweit damit die – spätere – **EG-Betriebsübergangs-RL 77/187/EWG** vom 14.2.1977 (RL zur Angleichung der Rechtsvorschriften der Mitgliedstaaten über die Wahrung von Ansprüchen der AN beim Übergang von Unternehmen, Betrieben und Betriebsteilen[5] – BetriebsübergangsRL), geändert im Rahmen der **EG-RL 98/50** v. 29.6.1998,[6] ohne wesentliche Änderungen neu kodifiziert in der **RL 2001/23/EG** v. 12.3.2002[7] (RL zur Angleichung der Rechtsvorschriften der Mitgliedstaaten über die Wahrung von Ansprüchen der AN beim Übergang von Unternehmen, oder Betrieben oder Unternehmens- oder Betriebsteilen), noch nicht vollständig in nationales Recht umgesetzt war, wurden die Sätze 2 bis 4 in Abs. 1 u. Abs. 4 durch ein am 21.8.1980 in Kraft getretenes EG-Anpassungsgesetz (**Gesetz über die Gleichbehandlung von Männern und** **3**

---

1 Zuletzt EuGH 12.2.2009 – C 466/07 Klarenberg – NZA 2009, 251; zuvor EuGH 27.11.2008 – C 396/07 – NJW 2009, 45: Wahrung von Ansprüchen der AN bei Eigenkündigung wegen wesentlicher Verschlechterung der Arbeitsbedingungen durch Betriebsübergang; EuGH 16.10.2008 – C 313/07: Kein Eintritt in Mietvertrag bei Unternehmensübergang; vgl. auch Junker, zu GA 6.11.2008 – C-466/07 – EwiR 2009, 59; s. auch 15.12.2005 – Rs C 232/04 u. 233/04 [Güney-Görres u. Demir] – ZIP 2006, 95 = AP Richtlinie 2001/23/EG Nr. 1 (zur eigenwirtschaftlichen Tätigkeit).
2 BGBl I S. 13.
3 BGBl I S. 1308.
4 Art. 4 des Gesetzes zur Änderung des Seemannsgesetzes und anderer Gesetze, BGBl 2002 I S. 1163 ff.
5 ABl EG L 61, S. 26.
6 ABl EG L 201, S. 88; *Franzen*, RdA 1999, 361; *Gaul*, BB 1999, 526, 588; *Willemsen/Annuß*, NJW 1999, 2073.
7 ABl EG L 82, S. 16.

Frauen am Arbeitsplatz und über die Erhaltung von Ansprüchen bei Betriebsübergang),[8] eingefügt.[9] Mit Art. **2** des **UmwRBerG**[10] wurde Abs. 3 zum 1.1.1995 an das Umwandlungsgesetz angepasst.

4 Die Ergänzung des § 613a um die Abs. 5 u. 6 durch **Art. 4 des Gesetzes zur Änderung des Seemannsgesetzes und anderer Gesetze vom 23.3.2004**[11] (in Kraft getreten am 1.4.2004) dient in Abs. 5 mit der Unterrichtspflicht der Umsetzung der EG-RL 2001/23/EG,[12] in Abs. 6 wurde das bereits bisher richterrechtlich anerkannte und vom EuGH bestätigte[13] Widerspruchsrecht des AN gegen den Übergang seines Arbverh gesetzlich festgeschrieben.

II. Normzweck und Inhalt

5 § 613a ist eine **Schutzvorschrift** zugunsten der von einem Betriebsübergang betroffenen AN.[14] Nach § 613a soll das Arbverh – sofern der AN dem Übergang seines Arbverh nicht widerspricht – zu den gleichen Bedingungen bei dem neuen Betriebsinhaber weiterbestehen, der Arbeitsplatz soll erhalten bleiben, wenn ein Betriebsübergang vorliegt; das Arbverh zum bisherigen Betriebsinhaber erlischt. Die Norm ist zwingend und kann nicht einzelvertraglich abbedungen werden.[15]

6 Ein **Verzicht** auf den Schutz des § 613a kann daher nicht schon von vornherein im Arbeitsvertrag vereinbart werden; er ist aber bei Vorliegen eines konkreten Betriebsübergangs zulässig.

7 Ein Betriebsübergang i.d.S. setzt voraus, dass der Betriebsinhaber durch ein Rechtsgeschäft wechselt (siehe Rn 23).[16]

8 **1. Rechtliche Grundlagen. a) Schutzzweck.** § 613a regelt die Frage, was für die Arbverh gilt, wenn ein Betrieb oder Betriebsteil durch Rechtsgeschäft auf einen anderen Inhaber übergeht. Der Schutzzweck des § 613a betrifft folgende Bereiche:[17] Zum einen soll der **Verlust des Arbeitsplatzes** des betroffenen AN mit seinem sozialen Besitzstand verhindert werden – insofern ist in Abs. 4 ein **Künd-Verbot** wegen des Betriebsübergangs angeordnet (siehe Rn 145), zum anderen soll die **Kontinuität des BR** gewahrt und die **Fortgeltung kollektiver Regelungen** für die Arbeitsbedingungen gesichert (siehe Rn 106 f.) sowie das **Haftungsrisiko** zwischen Betriebsveräußerer und Betriebserwerber angemessen verteilt werden (siehe Rn 136).[18]

9 Die zum 1.4.2004 in Kraft getretenen Abs. 5 u. 6[19] regeln zum einen (erstmals im nationalen Recht) eine **Unterrichtungspflicht** des bisherigen oder des neuen AG (siehe Rn 173 ff.) gegenüber den von einem Betriebsübergang betroffenen AN und schreiben in Abs. 6 das **Widerspruchsrecht** der AN gegen den Übergang ihres Arbverh auf den Betriebs(teil)erwerber fest (siehe Rn 210 ff.). Durch den früher in der Rspr. anerkannten, nach der Neuregelung in Abs. 6 festgeschriebenen Widerspruch (siehe Rn 10) kann der AN den Übergang seines Arbverh auf den Betriebserwerber verhindern.

10 **b) Widerspruchsrecht.** Das im deutschen Recht – im Gegensatz zum Europarecht – vorgesehene Widerspruchsrecht (jetzt Abs. 6) ermöglicht es dem AN, den Übergang des Arbeitsvertrages auf den Betriebserwerber und damit den Austausch des Vertragspartners zu verhindern. Das hat seine Grundlage darin, dass nach deutschem Recht aufgrund der Vertragsfreiheit jeder seinen Vertragspartner selbst bestimmt und die Dienste nach § 613 S. 2 im Zweifel nicht übertragbar sind. Dadurch wird sichergestellt, dass der AN seinen Vertragspartner „AG" selbst auswählt und nicht aufgezwungen bekommt. Der aus Art. 12 GG folgenden Arbeitsplatzwahlfreiheit wird dadurch Rechnung getragen.[20]

11 **c) Vertragsübergang kraft Gesetzes.** § 613a regelt einen dem deutschen Recht an sich fremden **Vertragsübergang durch Gesetz**.[21] Dieser wird für erforderlich angesehen, um eine sonst auftretende **Schutzlücke** im Künd-Recht beim Übergang eines Betriebes auf einen Erwerber zu schließen. Vor Inkrafttreten des § 613a konnte der Betriebserwerber nämlich ohne rechtliche Bindungen entscheiden welche AN er zu welchen Konditionen weiterbeschäftigt[22] und welche nicht. Er konnte damit die Vereinbarung schlechterer Arbeitsbedingungen verbinden.

---

8 BGBl I S. 1308.
9 HaKo-KSchR/*Mestwerdt*, § 613a BGB Rn 1.
10 BGBl I S. 3210.
11 BGBl I S. 1163.
12 *Hauck*, in: FS Wissmann, S. 546.
13 EuGH 7.3.1996 – Rs C 171, 172/94 – AP EWG-Richtlinie Nr. 77/187 Nr. 9 = NZA 1996, 413; EuGH 16.12.1996 – Rs C 132/91 – AP § 613a BGB Nr. 97 = NZA 1993, 169.
14 BAG 26.2.1987 – AP § 613a BGB Nr. 59 = NZA 1987, 419; ErfK/*Preis*, § 613a BGB Rn 2; APS/*Steffan*, § 613a BGB Rn 1; *Müller-Glöge*, NZA 1999, 449.
15 BAG 29.10.1975 – BAGE 27, 291 = AP § 613a BGB Nr. 2 = DB 1976, 391; BAG 14.7.1981 – AP § 613a BGB Nr. 27 = DB 1982, 1067.
16 ErfK/*Preis*, § 613a BGB Rn 2; APS/*Steffan*, § 613a BGB Rn 1.
17 MüKo-BGB/*Müller-Glöge*, § 613a Rn 6, 7.
18 ErfK/*Preis*, § 613a BGB Rn 2.
19 BGBl I S. 1163.
20 Ausführlich: BAG 18.12.2009 – 8 AZR 660/07 – AP § 613a BGB Nr. 366; BAG 2.3.2006 – AP § 419 BGB Funktionsnachfolge Nr. 25.
21 Staudinger/*Richardi*/*Annuß*, § 613a BGB Rn 3, 4, 5.
22 ErfK/*Preis*, § 613a BGB Rn 3; APS/*Steffan*, § 613a BGB Rn 4.

d) Bürgerlich-rechtliche Vorschrift. Die Vorschrift ist zwar mit dem BetrVG eingeführt worden, hat aber bürgerlich-rechtlichen Charakter,[23] wie schon ihre Aufnahme in das BGB zeigt.[24] Die Anwendung des § 613a setzt weder die Geltung des BetrVG noch die BR-Fähigkeit oder das Vorhandensein eines BR voraus;[25] § 613a gilt auch, wenn das KSchG keine Anwendung findet.

2. Verfassungsrechtliche Zulässigkeit. Obwohl § 613a zu einem Vertragsübergang kraft Gesetzes und insoweit zu einer **Einschränkung der Vertragsfreiheit** führt,[26] ist die Vorschrift im Hinblick auf das schon früher richterrechtlich anerkannte, jetzt in Abs. 6 festgeschriebene Widerspruchsrecht des AN **verfassungsgemäß**:[27] Zwar berührt es die Menschenwürde des Art. 1 GG und die Arbeitsplatzwahlfreiheit des Art. 12 GG, wenn das Arbverh kraft Gesetzes auf den Betriebserwerber übergeht. Da der AN durch die Ausübung des Widerspruchsrechts diese Rechtsfolge aber verhindern kann, ist eine Verletzung der Vertragsfreiheit der Art. 2, 14 GG, der Eigentumsgarantie des Art. 14 GG sowie des Sozialstaatsprinzips der Art. 20 und 28 Abs. 1 GG nicht gegeben.[28]

B. Regelungsgehalt

I. Anwendungsbereich der Vorschrift

1. Persönlicher Geltungsbereich. a) Arbeitnehmer. Der Schutz des § 613a besteht für **alle AN**, die von einem rechtsgeschäftlichen Betriebsübergang betroffen sind (nicht jedoch für Heim-Arbverh).[29, 30] § 613a erfasst aber nicht die AN, die bereits im übernehmenden Betrieb beschäftigt sind oder im abgebenden Betrieb verbleiben.[31] § 613a gilt nur für AN; nach der RL 2001/23/EG – Art. 2 Abs. 1d – ist der **nationale AN-Begriff** maßgebende. § 613a ist also nicht anzuwenden bei Organen juristischer Personen, z.B. einem Geschäftsführer einer GmbH[32] oder freien Mitarbeitern.[33] Etwas anderes kann dann gelten, wenn neben dem – ruhenden Geschäftsführer-Dienstverhältnis – ein Arbverh besteht.[34] Leitende Ang i.S.d. § 5 BetrVG fallen unter § 613a;[35] auch **Ausbildungsverhältnisse** werden von § 613a erfasst.[36] Das gleiche gilt für Altersteilzeitverhältnisse; auch wenn sie sich im Rahmen eines sog. Blockmodells bereits in der Freistellungsphase befinden.[37]

b) Bestehende Arbeitsverhältnisse. Voraussetzung ist, dass das Arbverh im Zeitpunkt des Betriebsübergangs noch besteht, auch wenn es ruht, wie z.B. bei der **Elternzeit**; auch die **ruhenden Arbverh** gehen auf den Betriebserwerber über, wenn der AN nicht widerspricht. Allerdings muss bei einem ruhenden Arbverh – wie bei einem wirksam betriebsbedingt gekündigten Arbverh – der AN den Übergang seines Arbverh unverzüglich nach Kenntnis vom Betriebsübergang geltend machen. Dies gilt jedoch nicht, wenn der AN im bestehenden Arbverh freigestellt ist.[38] Im Zeitpunkt des Betriebsübergangs **gekündigte Arbverh**, bei denen die Künd-Frist noch nicht abgelaufen ist, gehen in gekündigtem Zustand auf den Betriebserwerber über. Für **Ruhestandsverhältnisse** gilt § 613a nicht.[39]

c) Arbeitnehmerähnliche Personen. Bei AN-ähnlichen Personen ist § 613a nicht anwendbar.[40]

2. Örtlicher Geltungsbereich. a) Anwendungsbereich. § 613a gilt seit dem 1.1.1999 im gesamten Bundesgebiet, nachdem bis 31.12.1998 die **neuen Länder** wegen der dort noch geltenden Gesamtvollstreckungsordnung vom örtlichen Geltungsbereich der Vorschrift ausgenommen waren.[41] Seit dem 1.1.1999 ist § 613a uneingeschränkt anwendbar für Betriebe aller Branchen mit **Sitz im Bundesgebiet**.

b) Grenzüberschreitender Betriebsübergang. Bei grenzüberschreitenden Betriebsübergängen ist nach Art. 27 EGBGB grds. eine **Rechtswahl** möglich.[42] Ist danach deutsches Arbeitsrecht anwendbar – wie i.d.R. bei in Deutschland bestehenden Arbverh, Art. 30 Abs. 1 EGBGB –, findet § 613a auch bei einer Verlegung des Betriebs in das Aus-

---

23 BAG 7.9.1995, AP § 613a BGB Nr. 131 = NZA 1996, 424.
24 ErfK/*Preis*, § 613a BGB Rn 4.
25 APS/*Steffan*, § 613a BGB Rn 6.
26 APS/*Steffan*, § 613a BGB Rn 5; Staudinger/*Richardi/Annuß*, § 613a Rn 15.
27 BAG 18.12.2008 – 8 AZR 660/07 – AP § 613a BGB Nr. 366; BAG 2.3.2006 – AP § 419 BGB Funktionsnachfolge Nr. 25.
28 APS/*Steffan*, § 613a BGB Rn 5; Staudinger/*Annuß*, § 613a Rn 17 ff.; Soergel/*Raab*, § 613a Rn 9; KR/*Pfeiffer*, § 613a BGB Rn 5.
29 BAG 24.3.1998, AP § 613a BGB Nr. 178 = NZA 1998, 1001.
30 APS/*Steffan*, § 613a BGB Rn 8; Staudinger/*Annuß*, § 613a Rn 23 ff.
31 *Franzen*, RdA 1998, 361.
32 BAG 13.2.2003 – BGB § 613a Nr. 249 = NZA 2003, 552; *Thannheiser*, AiB 2003, 406.
33 ErfK/*Preis*, § 613a BGB Rn 67.
34 BAG 13.2.2003, AP § 611 BGB Organvertreter Nr. 24 = NZA 2003, 552.
35 Staudinger/*Richardi/Annuß*, § 613a Rn 27.
36 BAG 13.7.2006 – AP § 613a BGB Widerspruch Nr. 1; APS/*Steffan*, § 613a BGB Rn 81.
37 BAG 30.10.2008 – 8 AZR 54/07 – AP § 613a BGB Nr. 357.
38 BAG 18.12.2003 – AP § 613a BGB Nr. 263 = NZA 2004, 791.
39 ErfK/*Preis*, § 613a BGB Rn 69.
40 ErfK/*Preis*, § 613a BGB Rn 67; Staudinger/*Richardi/Annuß*, § 613a Rn 30; Dreher/*Bernsau/Hauck*, § 613a Rn 18.
41 BAG 19.10.2000 – AP § 613a BGB Nr. 212 = NZA 2001, 252.
42 Staudinger/*Richardi/Annuß*, § 613a Rn 40; *Feudner*, NZA 1999, 1184; *Leuchten*, FA 2002, 138.

land Anwendung.⁴³ § 613a wird aber nicht vom ordre public (Art. 6 EGBGB) umfasst. Für Betriebsübergänge innerhalb der EU gelten außerdem die europarechtlichen Vorschriften, insb. die **RL 2100/23/EG**.⁴⁴

19 **3. Sachlicher Geltungsbereich. a) Alle Wirtschaftszweige.** § 613a erfasst alle Fälle des Betriebsübergangs durch **Rechtsgeschäft**; er gilt in allen Wirtschaftszweigen **im privaten wie im öffentlichen Bereich**. Auf eine **Gewinnerzielungsabsicht** kommt es nicht an.⁴⁵ § 613a gilt auch in Tendenzbetrieben⁴⁶ und für freie Berufe.⁴⁷ Nicht ausreichend ist aber allein die Möglichkeit, die in dem „alten" Arbverh geschuldete Arbeitsleistung auch beim neuen Betriebsinhaber erbringen zu können.⁴⁸

20 Im **öffentlichen Bereich**⁴⁹ ist wesentlich darauf abzustellen, ob ein Rechtsgeschäft gegeben ist, oder ob der Betriebsübergang durch **Hoheitsakt** geregelt ist. Die Wahrnehmung öffentlicher Aufgaben steht nicht entgegen.⁵⁰ Ein solcher Hoheitsakt ist z.b. die Zwangsversteigerung⁵¹ oder die Testamentsvollstreckung.⁵² Erfolgt der Übergang allein durch Gesetz, gilt § 613a nicht.⁵³ Ein öffentlich-rechtlicher Organisationsakt ist kein Rechtsgeschäft i.S.v. § 613a.⁵⁴ So ist § 613a bei einer Übertragung von Zuständigkeiten auf eine Anstalt öffentlichen Rechts durch Landesgesetz nicht anwendbar.⁵⁵

21 **b) Umwandlung.** § 613a gilt gem. § 324 UmwG auch im Falle einer Umwandlung. § 613a ist damit partiell auch in Fällen der **Gesamtrechtsnachfolge** anwendbar: Nach § 324 UmwG bleiben die Abs. 1 u. 4 bis 6 bei einer Verschmelzung, Spaltung oder Vermögensübertragung unberührt. Ausgeschlossen ist die Anwendung des § 613a jedoch in den übrigen Fällen einer Gesamtrechtsnachfolge durch Gesetz, wie z.B. im Erbfall; insoweit ist auch kein Platz für eine analoge Anwendung der Vorschrift.

22 **c) Analoge Anwendung.** Eine analoge Anwendung des § 613a wird jedoch dann in Erwägung gezogen, wenn bei einem Übergang des Arbverh aufgrund eines Gesetzes oder Verwaltungsaktes Schutzlücken bestehen würden.⁵⁶

II. Voraussetzungen eines Betriebsübergangs

23 **1. Allgemein. a) Wechsel des Betriebsinhabers.** Ein Betriebsübergang i.S.d. § 613a liegt vor, wenn infolge des Übergangs eines Betriebes oder Betriebsteils durch Rechtsgeschäft⁵⁷ die **Person des Betriebsinhabers** wechselt.⁵⁸ Der bisherige Betriebsinhaber muss seine wirtschaftliche Betätigung in dem Betrieb oder Betriebsteil einstellen. Betriebsinhaber ist derjenige, der den Betrieb nach außen hin erkennbar in eigenem Namen führt. Man spricht deshalb auch von Betriebsinhaberwechsel oder Betriebsnachfolge. Ein Betriebsübergang ist gegeben, wenn ein neuer Rechtsträger die **wirtschaftliche Einheit** unter **Wahrung von deren Identität tatsächlich fortführt**.⁵⁹ Voraussetzung ist daher, dass der Betriebserwerber die Organisations- und Leitungsmacht erhält. Der Begriff der wirtschaftlichen Einheit bezieht sich dabei auf eine organisierte Gesamtheit von Personen und/oder Sachen zur auf Dauer angelegten Ausübung einer wirtschaftlichen Tätigkeit mit eigener Zielsetzung.⁶⁰ Die Übertragung der bloßen Tätigkeit reicht nicht aus für die Annahme eines Betriebsübergangs.⁶¹

24 **b) Einzelrechtsnachfolge.** § 613a regelt den rechtsgeschäftlichen Betriebsübergang als Einzelrechtsnachfolge. Die Gesamtrechtsnachfolge – etwa im Wege der Erbfolge – wird von § 613a grds. nicht erfasst. Auch im Umwandlungsfall, also einer Gesamtrechtsnachfolge, kann aber – wie § 324 UmwG zeigt (siehe Rn 21) – ein Betriebsüber-

---

43 BAG 29.10.1992 – BAGE 71, 297 = AP Internat. Privatrecht, Arbeitsrecht Nr. 31 = NZA 1993, 743.
44 *Wisskirchen/Goebel*, DB 2004, 1937.
45 ErfK/*Preis*, § 613a Rn 14; APS/*Steffan*, § 613a Rn 17.
46 Staudinger/*Richardi/Annuß*, § 613a Rn 21.
47 MüKo-BGB/*Müller-Glöge*, § 613a Rn 9.
48 BAG 24.8.2006 – AP § 613a BGB Nr. 314; BAG 11.9.1997 – BAGE 86, 271 = AP EWG-Richtlinie Nr. 77/187 Nr. 16 = NZA 1998, 31.
49 Staudinger/*Richardi/Annuß*, § 613a Rn 22, 123.
50 Staudinger/*Richardi/Annuß*, § 613a Rn 22; BAG 25.9.2003 – AP BGB § 613a Nr. 261 = NZA 2004, 316.
51 BAG 5.10.1993 – AP § 1 BetrAVG Zusatzversorgungskassen Nr. 42 = NZA 1994, 848.
52 Staudinger/*Richardi/Annuß*, § 613a Rn 99.
53 BAG 18.12.2008 – 8 AZR 660/07 – AP § 613a BGB Nr. 366; BAG 2.3.2006 – AP § 419 BGB Funktinosnachfolge Nr. 25; Moll/*Cohnen/Tepass*, Münchener Anwaltshandbuch, § 50 Rn 59.
54 BAG 7.9.1995 – AP § 613a BGB Nr. 131 = NZA 1996, 424.
55 BAG 8.5.2001 – BAGE 97, 361 = AP § 613a BGB Nr. 219 = NZA 2001, 1200 (zum Widerspruchsrecht vgl. BAG 25.1.2001 – AP § 613a BGB Nr. 215 = NZA 2001, 840).
56 ErfK/*Preis*, § 613a Rn 58.
57 BAG 24.8.2006 – 8 AZR 317/05 – juris; BAG 13.6.2006 – AP § 613a BGB Nr. 305 = NZA 2006, 1101; BAG 4.5.2006 – AP § 613a BGB Nr. 304 = NZA 2006, 1096.
58 BAG 14.8.2007 – 8 AZR 803/06 – NZA 2007, 1428; BAG 14.12.2005 – AP § 613a BGB Nr. 294; BAG 12.11.1998 – BAGE 90, 163 = AP § 613a BGB Nr. 186 = NZA 1999, 310.
59 BAG 21.2.2008 – 8 AZR 157/07 – DB 2008, 1578 = ZIP 2008, 1296; BAG 13.6.2006 – AP § 613a BGB Nr. 305; BAG 24.8.2006 – AP § 613a BGB Nr. 314; BAG 25.5.2000 – BAGE 95, 1 = AP § 613a BGB Nr. 209 = NZA 2000, 1115.
60 BAG 24.8.2006 – AP § 613a BGB Nr. 314.
61 BAG 24.8.2006 – AP § 613a BGB Nr. 314; EuGH 11.3.1997 – AP EWG-Richtlinie Nr. 77/187 Nr. 14 [Ayse Süzen] = NZA 1997, 433; BAG 18.3.1999 – AP § 613a BGB Nr. 190 = NZA 1999, 869.

gang nach § 613a gegeben sein: Ob in Umwandlungsfällen ein Betriebsübergang i.S.v. § 613a vorliegt, beurteilt sich nach dessen tatbestandlichen Voraussetzungen.[62]

c) Europäisches Recht. Im Europäischen Recht gibt es seit dem 14.2.1977 die vom Rat der EG erlassene RL zur Angleichung der Rechtsvorschriften der Mitgliedsstaaten über die Wahrung von Ansprüchen der AN bei Übergang von Unternehmen, Betrieben und Betriebsteilen (**RL 77/187/EWG – Betriebsübergangs-RL**), die durch die **RL 98/50/EG** vom 29.6.1998 geändert und zuletzt **2001/23/EG** vom 22.3.2001 inhaltlich unverändert fortgeschrieben wurde (siehe Rn 3). Für die Annahme und die Rechtsfolgen eines Betriebsübergangs ist daher stets der **europarechtliche Bezug** von Bedeutung; bei der Auslegung des § 613a gilt es, im Wege der **europarechtskonformen Auslegung** dem Zweck der RL gerecht zu werden.[63] Bei Zweifeln entscheidet der EuGH über den Inhalt der RL; die letztinstanzlich zuständigen nationalen Gerichte haben die Auslegungsfrage dem EuGH nach § 234 EG-Vertrag **vorzulegen**,[64] die Instanzgerichte können dem EuGH Fragen zum europäischen Recht vorlegen. Dementsprechend sind eine Reihe von Entscheidungen des EuGH zu Rechtsfragen des Betriebsübergangs ergangen.[65]

2. Regelungsgehalt. a) Tatbestandsvoraussetzungen des Betriebsübergangs. aa) Betriebsbegriff i.S.d. § 613a. Der europarechtliche Einfluss zeigt sich insb. am Betriebsbegriff. Art. 1 (1) Buchst. b der RL 98/50/EG lautet: „Vorbehaltlich Buchstabe a) und der nachstehenden Bestimmungen dieses Artikels gilt als Übergang im Sinne dieser Richtlinie der Übergang einer ihre Identität bewahrenden wirtschaftlichen Einheit im Sinne einer organisierten Zusammenfassung von Ressourcen zur Verfolgung einer wirtschaftlichen Haupt- oder Nebentätigkeit". Der EuGH stellt daher in st. Rspr.[66] auf den identitätswahrenden Übergang einer solchen wirtschaftlichen Einheit ab. Ob ein im Wesentlichen unveränderter Fortbestand der organischen Gesamtheit „Betrieb" oder „Betriebsteil" bei dem neuen Inhaber anzunehmen ist, richtet sich nach den Umständen des konkreten Falls, wobei sämtliche den betreffenden Fall kennzeichnende Tatsachen zu berücksichtigen sind.[67] In der Sache Klarenberg./.Ferrotron Technologies GmbH hat der EuGH[68] die Notwendigkeit einer Gesamtwürdigung betont und ausgeführt, bei der Feststellung der Identität der wirtschaftlichen Einheit sei die organisatorische Selbständigkeit angesichts des Zweckes der RL 2001/23/EG, nämlich dem Schutz der AN bei einem Betriebsübergang, nur eines der zu prüfenden Kriterien. Die Organisation sei zwar ein Kriterium bei der Bestimmung der Identität der wirtschaftlichen Einheit, es komme aber maßgebend auf die Beibehaltung der funktionellen Verknüpfung der Wechselbeziehung und gegenseitigen Ergänzung zwischen den übertragenen Produktionsfaktoren an. Die Beibehaltung einer solchen funktionellen Verknüpfung erlaube es nämlich dem Betriebserwerber auch bei einer Eingliederung des übernommenen Betriebs oder Betriebsteils in eine andere Organisationsstruktur derselben oder einer gleichartigen Tätigkeit nachzugehen; die Prüfung, ob diese Voraussetzungen vorliegen, obliegt dann dem nationalen Gericht.[69]

Das BAG sah zunächst den **Übergang sachlicher und immaterieller Betriebsmittel**[70] als allein maßgeblich für einen Betriebsübergang an – also z.B. den Übergang von Gebäuden, Maschinen, Produktionsanlagen, Werkzeugen, Rohstoffen, Halb- und Fertigfabrikaten, Fahrzeugen und Transportgeräten, Know-how und Good-will, Fertigungslizenzen, Patenten oder Computerprogrammen. Es geht dabei von dem allgemeinen Betriebsbegriff aus, wonach ein Betrieb eine organisatorische Einheit ist, innerhalb derer ein AG allein oder mit seinen AN mithilfe von sächlichen oder immateriellen Mitteln bestimmte arbeitstechnische Zwecke fortgesetzt verfolgt.[71] **Unwesentliche Bestandteile** des Betriebsvermögens konnten außer Betracht bleiben; entscheidend ist, dass der Erwerber den Betrieb **im Wesentlichen unverändert** fortführen kann.[72] Was wesentlich ist, bestimmt sich nach der Eigenart des Betriebes. Ausreichend kann z.B. der Übergang eines oder mehrerer Know-How-Träger sein. Nicht erforderlich ist, dass die sächlichen Betriebsmittel im Eigentum des Betriebsinhabers stehen, wenn er sie kraft einer **Nutzungsvereinbarung**

---

62 BAG 25.5.2000 – BAGE 95, 1 = AP § 613a BGB Nr. 209 = NZA 2000, 1115.
63 BAG 27.6.1995 – AP § 4 BetrVG 1972 Nr. 7 = NZA 1996, 164.
64 BVerfG 13.6.1997 – AP Art. 101 GG Nr. 52 = NZA 1997, 931.
65 Zuletzt hat der EuGH am 12.2.2008 – Rs C 466/07 Klarenberg./.Ferrotron – auf die Vorlage des LAG Düsseldorf vom 10.8.2007 – 9 Sa 303/07 – NZA RR 2008,17 sowie am 15.12.2005 zur Vorlage des ArbG Düsseldorf vom 5.5.2004 – 10 Ca 11334/03 – NZA-RR 2004, 597 entschieden: EuGH 15.12.2005 – Rs C 232 und 233/04 (Güney-Görrs und Gul./.Securicor Aviation und Kötter Aviation Security GmbH & Co KG) – ZIP 2006, 95 mit Anm. *Kock*.
66 EuGH 20.11.2003 – AP EWG-Richtlinie Nr. 77/187 Nr. 34 = NZA 2003, 1385.
67 BAG 13.12.2007 – 8 AZR 924/06 – juris; BAG 2.3.2006 – AP § 613a BGB Nr. 302.
68 EuGH, NZA 2009, 251, dazu: *Grobys*, NJW 2009, 2032; *Willemsen*, NZA 2009, 289; *Wißmann/Schneider*, BB 2009, 1126; *Trayer*, DB 2009, 519 (Anm.).
69 Dazu: BAG 22.1.2009 – 8 AZR 158/07.
70 BAG 12.2.1987 – AP § 613a BGB Nr. 67 = NZA 1988, 170.
71 *Fitting u.a.*, § 1 Rn 63; ErfK/*Preis*, § 613a BGB Rn 5.
72 BAG 13.6.2006 – AP § 613a BGB Nr. 305; BAG 2.3.2006 – AP § 613a BGB Nr. 302.

einsetzen kann.[73] Die Arbverh zählten dagegen nicht zum „Betrieb", da der Übergang der Arbverh als Rechtsfolge eines Betriebsübergangs gewertet wurde, nicht als Tatbestandsvoraussetzung.[74]

28 In sog. **betriebsmittelarmen Betrieben oder Unternehmen** (z.B. Reinigungs- oder Bewachungsgewerbe), wo es also sächliche und immaterielle Betriebsmittel nicht gibt, sah in der Folge auch das BAG die Belegschaft als solche als Faktor für die Annahme eines Betriebsübergangs an. In Branchen, in denen es im Wesentlichen auf die menschliche Arbeitskraft ankommt, kann daher – sowohl nach der Rspr. des BAG als auch des EuGH – eine Gesamtheit von AN, die durch ihre gemeinsame Tätigkeit dauerhaft verbunden ist, eine wirtschaftliche Einheit darstellen;[75] der Übernahme des Personals kommt in diesen Betrieben deshalb ein gleichwertiger Rang zu neben den anderen möglichen Kriterien.[76]

29 Übernimmt z.b. der neue Auftragnehmer bei der Beendigung eines Reinigungsauftrags keine sächlichen Betriebsmittel, setzt ein Betriebsübergang oder Betriebsteilübergang gem. § 613a voraus, dass der neue Auftragnehmer kraft eigenen Willensentschlusses einen nach Zahl und Sachkunde wesentlichen Teil der bisher für die betreffenden Arbeiten eingesetzten AN im Wesentlichen unverändert weiterbeschäftigt,[77] z.B. weil diese in der Lage sind, den Neuauftrag wie bisher auszuführen.[78] Das Erfordernis der Sachkunde ist auch dann erfüllt, wenn die übernommenen Mitarbeiter – aufbauend auf dem bereits vorhandenen Wissen und Können – noch weiter geschult werden müssen, um die schwierigeren und nach dem Betriebsübergang komplexeren Aufgaben beim Betriebsübernehmer erbringen zu können.[79] Entscheidend kommt es demnach darauf an, dass der Betriebserwerber in diesem Fall die durch die AN dargestellte arbeitstechnische Organisation übernimmt und im Wesentlichen unverändert weiterführt.[80]

30 Die Wahrung der Identität der wirtschaftlichen Einheit hängt bspw. auch von ihrem kundenorientierten Leistungsangebot sowie der Übernahme der Führungskräfte oder des sonstigen Personals, insbesondere der **Hauptbelegschaft** ab.[81]

31 Die **Kantine in einem Krankenhaus** hat der EuGH aber nicht als Tätigkeit angesehen, bei der es im Wesentlichen auf die menschliche Arbeitskraft ankommt, und daher bei Weiterverwendung des Inventars durch den neuen Kantinenpächter in beträchtlichem Umfang einen Betriebsübergang angenommen.[82] Das BAG hat in dem **Gefahrstofflager eines Autoherstellers** keinen betriebsmittelarmen Betrieb gesehen und ausgeführt, dass dann, wenn der Betriebsübergang bereits aufgrund anderer Kriterien feststeht, der Übergang der Arbverh lediglich Rechtsfolge und nicht zwingende Voraussetzung des Betriebsübergangs ist.[83] Nur bei sog. betriebsmittelarmen Betrieben kann demnach die Nichtübernahme von Personal einen Betriebsübergang ausschließen.[84]

32 **(1) Wirtschaftliche Einheit.** Nach der Rspr. des EuGH[85] – und auch des BAG[86] – ist damit das Vorliegen einer wirtschaftlichen Einheit maßgebend, die im Wesentlichen unverändert fortgeführt werden muss.[87] Die Identität der wirtschaftlichen Einheit im Sinne einer organisierten Zusammenfassung von Ressourcen zur Verfolgung einer wirtschaftlichen Haupt- oder Nebentätigkeit erfordert nach neuer EuGH-Rspr.[88] die funktionelle Verknüpfung der Wechselbeziehungen und gegenseitige Ergänzung der übertragenen Produktionsfaktoren. Entscheidend kommt es auf die Übernahme einer funktionsfähigen arbeitstechnischen Organisationseinheit mit eigener Zielsetzung[89] an. Über die organisatorische Einheit von Personen und/oder Sachen hinaus ist daher ein bestimmter **wirtschaftlicher Zweck** erforderlich, der mit der Einheit verfolgt wird.

---

73 BAG 15.12.2002 – AP § 613a BGB Nr. 294; BAG 11.12.1997 – BAGE 87, 296 = AP § 613a BGB Nr. 171 = NZA 1998, 532.
74 BAG 19.11.1996 – AP § 613a BGB Nr. 152 = NZA 1997, 722; BAG 29.9.1988 – AP § 613a BGB Nr. 76 = NZA 1989, 799.
75 BAG 22.7.2004 – AP § 613a BGB Nr. 274; BAG 13.6.2006 – AP § 613a BGB Nr. 305; BAG 22.5.1997 – BAGE 86, 20 = AP § 613a BGB Nr. 154 = NZA 1997, 1050.
76 BAG 24.8.2006 – 8 AZR 317/05 – juris; BAG 2.3.2006 – AP § 613a BGB Nr. 302; BAG 22.5.1997 – BAGE 86, 20 = AP § 613a BGB Nr. 154 = NZA 1997, 1050.
77 BAG 11.12.1997 – BAGE 87, 303 = AP § 613a BGB Nr. 172 = NZA 1998, 540.
78 BAG 10.12.1998 – AP § 613a BGB Nr. 187 = NZA 1999, 420.
79 BAG 25.6.2009 – 8 AZR 258/08.
80 ErfK/*Preis*, § 613a BGB Rn 28.
81 BAG 11.9.1997 – BAGE 86, 271 = AP EWG-Richtlinie Nr. 77/187 Nr. 16 = NZA 1998, 31.
82 EuGH 20.11.2003 – AP EWG-Richtlinie Nr. 77/187 Nr. 34 = NZA 2003, 1385.
83 BAG 22.7.2004 – AP § 613a BGB Nr. 274 = DB 2004, 2482.
84 BAG 22.7.2004 – AP § 613a BGB Nr. 274 = DB 2004, 2482.
85 Zuletzt EuGH 12.2.2009 – C-466/07 – NZA 2008, 251.
86 BAG 13.11.1997 – BAGE 87, 115 und 129 = AP § 613a BGB Nr. 169, 170 = NZA 1998, 249, 251.
87 BAG 24.8.2006 – AP § 613a BGB Nr. 314; BAG 13.6.2006 – AP § 613a BGB Nr. 305; BAG 4.5.2006 – AP § 613a BGB Nr. 304.
88 EuGH 12.2.2009 – C-466/07 – NZA 2009, 251.
89 EuGH 11.3.1997 – AP EWG-Richtlinie Nr. 77/187 Nr. 14 = NZA 1997, 433.

Das Fehlen von sächlichen Betriebsmitteln schließt somit einen Betriebsübergang nicht generell aus.[90] Unter dem Einfluss der EuGH-Rspr. nimmt das BAG nunmehr – im Einklang mit dem EuGH – seit 1997[91] an, für einen Betrieb i.S.d. § 613a sei erforderlich, dass eine **„organisierte Gesamtheit von Personen und Sachen zur Ausübung einer wirtschaftlichen Tätigkeit mit eigener Zielsetzung"** vorliege.[92] Dabei sind sämtliche den betreffenden Vorgang kennzeichnenden Tatsachen zu berücksichtigen; es ist auf die Umstände des konkreten Falls abzustellen[93] (siehe Rn 58). 33

Diese wirtschaftliche Einheit muss auf eine **gewisse Dauer** angelegt sowie **hinreichend strukturiert** und **selbstständig** sein. Ein Betriebsübergang i.S.v. § 613a setzt die Wahrung der Identität der betreffenden Einheit voraus. Die Wahrung der Identität dieser wirtschaftlichen Einheit kann sich – neben dem Übergang sachlicher und immaterieller Betriebsmittel – auch aus anderen Merkmalen wie ihrem Personal, ihren Führungskräften, ihrer Arbeitsorganisation, ihren Betriebsmethoden und ggf. den ihr zur Verfügung stehenden Betriebsmitteln ergeben.[94] Maßgebend ist dabei die funktionelle Verknüpfung zwischen den übertragenen Produktionsfaktoren.[95] Eine wirtschaftliche Einheit liegt – in sog. betriebsmittelarmen Betrieben – auch vor, wenn einer organisierten Gesamtheit von AN eine gemeinsame Aufgabe zugewiesen ist,[96] die Zusammenfassung der AN also die maßgebende arbeitstechnische Organisationseinheit bildet. 34

Wirtschaftliche Einheit ist somit eine **voll funktionsfähige arbeitstechnische Organisationseinheit**:[97] Es muss eine im Wesentlichen unveränderte Fortführung der bisher in dieser abgrenzbaren Einheit geleisteten Tätigkeit möglich sein[98] und **auch tatsächlich stattfinden**.[99] Die bloße Möglichkeit, den Betrieb selbst unverändert fortführen zu können, erlaubt nicht die Annahme eines Betriebsübergangs, wenn der Betrieb tatsächlich nicht weitergeführt wird.[100] Von dem Begriff der wirtschaftlichen Einheit, mit der eine im Wesentlichen unveränderte Fortsetzung der in dieser Einheit bisher ausgeübten Tätigkeit erfolgt, werden alle **wirtschaftlichen Betätigungen** erfasst; eine Gewinnerzielungsabsicht ist nicht erforderlich.[101] 35

Im Gegensatz zur früheren – streng betriebsmittelbezogenen Betrachtung –, ist nunmehr also auf die wirtschaftliche Einheit abzustellen, die sich aus den Betriebsmitteln ergeben kann, aber – in sog. betriebsmittelarmen Betrieben – auch aus der Hauptbelegschaft.[102] Maßgeblich ist, dass bei einer wertenden Betrachtung der Einsatz der übernommenen Betriebsmittel den eigentlichen Kern des zur Wertschöpfung erforderlichen Funktionszusammenhangs bildet;[103] ist das der Fall, sind diese Betriebsmittel dem neuen Betriebsinhaber zuzurechnen.[104] 36

Eine wirtschaftliche Einheit in diesem Sinne kann auch vorliegen, wenn **eine öffentliche Verwaltung** übergeht oder private Tätigkeiten übernimmt; nicht aber, wenn hoheitliche Aufgaben wahrgenommen werden.[105] **Art. 1 (1) Buchst. c der RL 98/50/EG** lautet insoweit: „Diese Richtlinie gilt für öffentliche und private Unternehmen, die eine wirtschaftliche Tätigkeit ausüben, unabhängig davon, ob sie Erwerbszwecke verfolgen oder nicht. Bei der Übertragung von Aufgaben im Zuge einer Umstrukturierung von Verwaltungsbehörden oder bei der Übertragung von Verwaltungsaufgaben von einer Behörde auf eine andere handelt es sich nicht um einen Übergang im Sinne dieser Richtlinie". 37

Bei der Übernahme einer öffentlichen Verwaltung kommt der vorhandenen Organisation aber große Bedeutung zu;[106] die Aufnahme der Tätigkeit in eine völlig andersartige Arbeitsorganisation ist keine Wahrung der Identität der wirtschaftlichen Einheit.[107] 38

---

90 EuGH 12.2.2009 – C-466/07 – NZA 2009, 251; EuGH 14.4.1994 – AP § 613a BGB Nr. 106 = NZA 1994, 545; EuGH 7.3.1996 – AP EWG-Richtlinie Nr. 77/187 Nr. 9 = NZA 1996, 413.
91 BAG 22.5.1997 – BAGE 86, 20 = AP § 613a BGB Nr. 154 = NZA 1997, 1050.
92 BAG 24.8.2006 – 8 AZR 317/05 – juris; BAG 12.11.1998 – BAGE 90, 163 = AP § 613a BGB Nr. 186 = NZA 1999, 310.
93 BAG 2.3.2006 – AP § 613a BGB Nr. 302; BAG 25.5.2000 – BAGE 90, 1 = AP § 613a BGB Nr. 209 = NZA 2000, 1115.
94 BAG 26.6.1997 – BAGE 86, 148 = AP § 613a BGB Nr. 165 = NZA 1997, 1228; BAG 12.11.1998 – BAGE 90, 163 = AP § 613a BGB Nr. 186 = NZA 1999, 310 im Anschluss an EuGH 11.3.1997 – AP EWG-Richtlinie Nr. 77/187 Nr. 14 [Ayse Süzen] = NZA 1997, 433; BAG 22.1.1998 – AP § 613a BGB Nr. 174 = NZA 1998, 638.
95 EuGH 12.2.2009 – C-466/07 – NZA 2009, 251.
96 BAG 22.1.1998 – AP § 613a BGB Nr. 173 = NZA 1998, 536 (Kundendienst im Kaufhaus).
97 ErfK/*Preis*, § 613a BGB Rn 6.
98 EuGH 11.3.1997 – AP EWG-Richtlinie Nr. 77/187 Nr. 14 [Ayse Süzen] = NZA 1997, 433; BAG 27.4.1995 – BAGE 80, 74 = AP § 613a BGB Nr. 128 = NZA 1995, 1155.
99 BAG 12.11.1998 – BAGE 90, 163 = AP § 613a BGB Nr. 186 = NZA 1999, 310; H/S/*Spirolke*, § 8 Rn 8.
100 BAG 18.3.1999 – AP § 613a BGB Nr. 189 (Pacht) = NZA 1999, 704.
101 ErfK/*Preis*, § 613a BGB Rn 14; APS/*Steffan*, § 613a BGB Rn 17.
102 APS/*Steffan*, § 613a BGB Rn 15.
103 BAG 2.3.2006 – AP § 613a BGB Nr. 302.
104 BAG 13.6.2006 – AP § 613a BGB Nr. 305; BAG 6.4.2006 – AP § 613a BGB Nr. 299.
105 APS/*Steffan*, § 613a BGB Rn 18; ErfK/*Preis*, § 613a BGB Rn 15.
106 BAG 26.6.1997 – BAGE 86, 148 = AP § 613a BGB Nr. 165 = NZA 1997, 1228.
107 BAG 25.9.2003 – AP § 613a BGB Nr. 261 = NZA 2004, 316.

39 Die Bestellung eines neuen **Notars** zur hauptberuflichen Amtsausübung stellt aufgrund der höchstpersönlichen Natur der Notarbefugnis keinen rechtsgeschäftlichen Betriebsübergang dar.[108] Dagegen wurde die Anwendung des § 613a bejaht, beim Übergang einer Schule von einem öffentlichen Rechtsträger auf einen anderen auf der Grundlage einer Verwaltungsvereinbarung,[109] bei einem Schießplatz[110] oder einem Bäderbetrieb.[111]

40 Im Rahmen einer Auftragsneuvergabe sind sächliche Betriebsmittel dann wesentlich, wenn bei einer wertenden Betrachtung ihr Einsatz den eigentlichen Kern des zur Wertschöpfung erforderlichen Funktionszusammenhang ausmacht.[112] Allerdings darf der Übergang der Arbverh nicht gesetzlich geregelt sein.[113]

41 **(2) Prüfkriterien.** Nach der Rspr. des BAG, das sich insoweit dem EuGH[114] angeschlossen hat,[115] sind – im Rahmen der **Gesamtabwägung der Umstände des Einzelfalles** – Teilaspekte für das Vorliegen eines Betriebsübergangs demnach[116] (sog. Sieben-Punkte-Katalog):
– die Art des Betriebes oder Unternehmens, (siehe Rn 43)
– der Übergang oder Nichtübergang der materiellen Betriebsmittel wie Gebäude und bewegliche Güter sowie deren Wert und Bedeutung (siehe Rn 44 ff.)
– die Übernahme der immateriellen Betriebsmittel und deren Wert sowie der vorhandenen Organisation (siehe Rn 50 f.),
– die Weiterbeschäftigung der Hauptbelegschaft (siehe Rn 53),
– die Übernahme der Kundschaft und Lieferantenbeziehungen (siehe Rn 53),
– der Grad der Ähnlichkeit zwischen der vor und der nach dem Übergang verrichteten (siehe Rn 54 ff.)
– Tätigkeit sowie die Dauer der Unterbrechung dieser Tätigkeit (siehe Rn 57).[117]

42 Dabei kommt den aufgeführten Teilaspekten im Rahmen einer Gesamtbewertung **unterschiedliches Gewicht**[118] zu. Jedenfalls kann die wirtschaftliche Einheit nicht als bloße Tätigkeit verstanden werden, so dass die reine Fortführung der Tätigkeit durch einen Auftragsnachfolger (Funktionsnachfolge) keinen Betriebsübergang darstellt (siehe Rn 72 ff.).

43 Maßgebend sind im Rahmen der Gesamtbewertung somit folgende Prüfkriterien:
Art des Betriebes oder Unternehmens: Die Art des Betriebes oder Unternehmens ist schon deswegen von Bedeutung, weil nach Auff. des EuGH[119] und des BAG[120] in sog. **betriebsmittelarmen Betrieben** (siehe Rn 28), in denen es in erster Linie auf die menschliche Arbeitskraft ankommt, die Übernahme der AN, die durch die gemeinsame Tätigkeit dauerhaft verbunden sind, für die Feststellung eines Betriebsübergangs von entscheidender Bedeutung sein kann.[121] Wenn der neue Betriebsinhaber in einem solchen betriebsmittelarmen Betrieb (v.a. im Dienstleistungsgewerbe) die **Identität der wirtschaftlichen Einheit** dadurch wahrt, dass er einen nach Zahl und Sachkunde wesentlichen Teil der Arbeitnehmerschaft weiterbeschäftigt, das der bisherige Betriebsinhaber für diese Tätigkeit eingesetzt hat, und somit die **betriebliche Organisation weiterführt**, ist darin ein Betriebsübergang zu sehen. In sog. **betriebsmittelgeprägten Betrieben**[122] ist dagegen darauf abzustellen, ob diejenigen materiellen oder immateriellen Betriebsmittel übergehen, die den Betrieb als solchen ausmachen, also die wesentlichen – identitätsbildenden – Betriebsmittel.

44 **Übergang oder Nichtübergang der materiellen Betriebsmittel**: In betriebsmittelgeprägten Betrieben ist im Rahmen der Gesamtbetrachtung (siehe Rn 58) also darauf abzustellen, ob die wesentlichen materiellen Betriebsmittel übergehen. Gerade in **Produktionsbetrieben** kommt dem Übergang von Gebäuden, Maschinen, Produktionsanlagen, Werkzeugen und Fahrzeugen maßgebliche Bedeutung zu. In sog. **betriebsmittelgeprägten Betrieben** folgt aus der **Eigenart**

---

108 BAG 26.8.1999 – BAGE 92, 251 = AP § 613a BGB Nr. 197 = NZA 2000, 371.
109 BAG 7.9.1995 – AP § 613a BGB Nr. 131 = NZA 1996, 424.
110 BAG 25.9.2003 – AP § 613a BGB Nr. 261 = NZA 2004, 316.
111 BAG 25.1.2005 – AP § 613a BGB Nr. 215 = NZA 2001, 840.
112 BAG 2.3.2006 – AP § 613a BGB Nr. 302; BAG 6.4.2006 – AP § 613a BGB Nr. 299; BAG 13.6.2006 – AP § 613a BGB Nr. 305.
113 BAG 18.12.2009 – 8 AZR 660/07 – AP BGB § 613a Nr. 366; BAG 2.3.2006 – AP § 419 BGB Funktionsnachfolge Nr. 25.
114 EuGH 24.1.2002 – AP EWG-Richtlinie Nr. 77/187 Nr. 32 = NZA 2002, 811.
115 BAG 24.8.2006 – 8 AZR 317/05 – juris; BAG 13.6.2006 – AP § 613a BGB Nr. 305; BAG 2.3.2006 – AP § 613a BGB Nr. 302; BAG 22.5.1997 und 13.11.1997 – BAGE 86, 20; 87, 115 und 190 = AP § 613a BGB Nr. 154, 169, 170 = NZA 1997, 1050; 1998, 251 und 249.
116 BAG 25.5.2000 – BAGE 95, 1 = AP § 613a BGB Nr. 209 = NZA 2000, 1115.
117 BAG 22.5.1997 – BAGE 86, 20 = AP § 613a BGB Nr. 154 = NZA 1997, 1050 (Bekleidungseinzelhandel).
118 BAG 24.8.2006 – 8 AZR 317/05 – juris; BAG 13.6.2006 – AP § 613a BGB Nr. 305; *Müller-Glöge*, NZA 1999, 450; ErfK/*Preis*, § 613a BGB Rn 10.
119 EuGH 11.3.1997 – AP EWG-Richtlinie Nr. 77/187 Nr. 14 = NZA 1997, 433.
120 BAG 11.12.1997 – BAGE 87, 303 = AP § 613a BGB Nr. 172 = NZA 1998, 540.
121 BAG 22.7.2004 – AP § 613a BGB Nr. 274 = DB 2004, 2482.
122 BAG 24.8.2006 – 8 AZR 317/05 – juris.

des Betriebes, welche Betriebsmittel wesentlich sind und welche nicht; maßgebend kommt es darauf an, ob mit diesen Betriebsmitteln der Betrieb im Wesentlichen unverändert fortgeführt werden kann (siehe Rn 23).
Nach der Rspr. des BAG[123] kam es bei der Übertragung der materiellen Betriebsmittel nicht darauf an, dass diese im Eigentum des Betriebserwerbers stehen, sondern darauf dass er sie **eigenwirtschaftlich nutzen** kann. Der EuGH hat auf die Vorlage des ArbG Düsseldorf[124] das Kriterium der eigenwirtschaftlichen Nutzung verworfen.[125] Er geht davon aus, dass eine **Gesamtbewertung** der übrigen Kriterien zum Ergebnis führt.
Das BAG hat sich dieser Auffassung angeschlossen[126] und stellt nicht mehr auf die eigenwirtschaftliche Nutzung ab. **45**
Bei Betrieben der **öffentlichen Hand** spricht die Fortführung der Tätigkeit in einer vollkommen anderen Organisation gegen die Annahme eines Betriebsübergangs[127] (siehe Rn 38). Entscheidend ist, dass der Betriebserwerber eine beim Betriebserwerber **bereits vorhandene betriebliche Organisation übernimmt und fortführt**, sich die Arbeitsorganisation des Betriebsveräußerers also zunutze macht.[128] **46**
Steht danach ein Betriebsübergang bereits nach diesen Kriterien fest, ist der Übergang der Arbverh der AN Rechtsfolge und nicht zwingende Voraussetzung des Betriebsübergangs.[129] Der Nichtübernahme von Personal kann in solchen Betrieben keine ausschlaggebende Bedeutung zukommen.[130] In Betrieben, in denen es ausschließlich auf die menschliche Arbeitskraft ankommt, ist diese identitätsbildend. **47**
Werden nur einzelne Wirtschaftsgüter übertragen, z.B. Lastwagen,[131] liegt i.d.R. kein Betriebsübergang vor, da es sich nicht um abgegrenzte Betriebsteile handeln wird.[132] Bei einem Seeschiff kann ein Betriebsübergang vorliegen,[133] allerdings ist die alleinige Übernahme des Bereederungsvertrags nicht als Betriebsübergang anzusehen.[134] **48**
Anders ist es jedoch, wenn **eine organisierte Gesamtheit von Personen und/oder Sachen übergeht** und damit die Arbeitsorganisation im Wesentlichen unverändert fortgeführt wird. **49**
Übernahme und Wert der immateriellen Betriebsmittel: Auch immaterielle Betriebsmittel wie z.B. Patente, Lizenzen, Computerprogramme, überhaupt „Know-how" und „Goodwill", sind – v.a. in **Handels- und Dienstleistungsbetrieben** zunehmend von Bedeutung. In **Einzelhandelsbetrieben** kann – um die Kundschaft zu halten – auch der räumlichen Lage des Betriebes sowie der Beibehaltung der Betriebsorganisation und des Warensortiments ausschlaggebende Bedeutung zukommen.[135] Dagegen spricht die wesentliche Änderung der Betriebsform oder des Warensortiments gegen einen Betriebsübergang.[136] **50**
Je nach der Art des Betriebes oder Unternehmens kann es deshalb auch sein, dass zwar keine materiellen, aber **immaterielle Betriebsmittel** wie z.B. Lizenzen, Patente, Gebrauchsmuster, Computerprogramme usw. vorhanden sind. Dann ist auf den Übergang solcher immaterieller Betriebsmittel abzustellen, die dann als identitätsprägend anzusehen sind. Wenn diese immateriellen Betriebsmittel den Betrieb prägen, kann schon ein einzelner **Know-how-Träger** für die Annahme eines Betriebübergangs ausreichend sein.[137] **51**
Weiterbeschäftigung der Hauptbelegschaft: Nach der Rspr. des EuGH,[138] der sich das BAG[139] angeschlossen hat, kommt der Übernahme oder Nichtübernahme der Belegschaft in sog. **betriebsmittelarmen Betrieben** für einen Betriebsübergang maßgebliche Bedeutung zu (siehe Rn 43); der Betriebserwerber kann durch die Übernahme von wesentlichen Teilen des Personals die **vorhandene Arbeitsorganisation** oder die **wesentlichen Betriebsmethoden** übernehmen. Das wird in den Betrieben der Fall sein, in denen dem Einsatz von materiellen Betriebsmitteln gegenüber dem Einsatz von Personal nur untergeordnete Bedeutung zukommt. **52**
Zu prüfen ist somit zunächst, ob es sich um eine Branche handelt, in der im Wesentlichen auf die **menschliche Arbeitskraft** abzustellen ist. Sodann ist festzustellen, ob eine Gesamtheit von AN, die durch eine gemeinsame Tätigkeit dauerhaft verbunden sind, weiterbeschäftigt wird. Die in diesem Fall durch die AN verkörperte wirtschaftliche Einheit wahrt ihre Identität, wenn nicht nur die betreffende Tätigkeit weitergeführt wird, sondern auch ein nach Zahl und

---

123 BAG 15.12.2005 – AP § 613a BGB Nr. 294; BAG 22.1.1998 – 8 ABR 83/96 – n.v.; BAG 11.12.1997 – BAGE 87, 296 = AP§ 613a BGB Nr. 171 = NZA 1998, 532.
124 ArbG Düsseldorf 5.5.2004 – 10 Ca 11334/03 – NZA-RR 2004, 597.
125 EuGH 15.12.2005 – Rs C 232/04 u. 233/04 – NZA 2006, 29.
126 BAG 13.6.2006 – AP § 613a BGB Nr. 305; BAG 6.4.2006 – AP § 613a BGB Nr. 303 u. 299.
127 BAG 25.9.2003 – AP § 613a BGB Nr. 261 = NZA 2004, 316.
128 ErfK/*Preis*, § 613a BGB Rn 19; *Willemsen*, G Rn 101.
129 BAG 22.7.2004 – AP § 613a BGB Nr. 274 = DB 2004, 2482.
130 BAG 22.7.2004 – AP § 613a BGB Nr. 274 = DB 2004, 2482.
131 BAG 26.8.1999 – BAGE 92, 251 = AP § 613a BGB Nr. 197 = NZA 2000, 371.
132 ErfK/*Preis*, § 613a BGB Rn 21; APS/*Steffan*, § 613a BGB Nr. 20.
133 BAG 18.3.1997 – BAGE 85, 291 = AP § 1 BetrAVG Betriebsveräußerung Nr. 16 = NZA 1998 97.
134 Staudinger/*Richardi/Annuß*, § 613a Rn 104.
135 BAG 2.12.1999 – AP § 613a BGB Nr. 188 = NZA 2000, 369.
136 ErfK/*Preis*, § 613a BGB Rn 13.
137 BAG 9.2.1994 – BAGE 75, 367 = AP § 613a BGB Nr. 104 = NZA 1995, 73.
138 EuGH 11.3.1997 – AP EWG-Richtlinie Nr. 77/187 Nr. 14 = NZA 1997, 433.
139 BAG 11.12.1997 – BAGE 87, 303 = AP § 613a BGB Nr. 172 = NZA 1998, 540.

Sachkunde wesentlicher Teil der Belegschaft weiterbeschäftigt wird, den der Betriebsveräußerer gezielt bei dieser Tätigkeit eingesetzt hatte. Das findet seine Rechtfertigung darin, dass sich der Betriebserwerber durch die Weiterbeschäftigung dieser AN die **vorhandene Arbeitsorganisation zunutze macht.**

Die **Hauptbelegschaft** ist gegeben, wenn ein wesentlicher Teil des Personals übergeht.[140] In Branchen, in denen es im Wesentlichen auf die menschliche Arbeitskraft ankommt, kann die wirtschaftliche Einheit durch die Gesamtheit der AN, die durch ihre gemeinsame Tätigkeit dauerhaft verbunden ist, dargestellt werden.[141] Dabei ist ein besonderes Fachwissen der übernommenen AN dann nicht erforderlich, wenn es sich um einfache Tätigkeiten handelt.[142] Das BAG nimmt an, dass bei Tätigkeiten mit geringerem Qualifikationsgrad eine große Zahl von AN weiterbeschäftigt werden muss,[143] bei Tätigkeiten mit hohem Qualifikationsgrad reicht daher die Übernahme einer geringeren Anzahl von AN.[144] Den Übergang von 75 % der Belegschaft hat das BAG dann nicht als ausreichend angesehen, wenn es sich um einfache Tätigkeiten handelt.[145]

53 **Übernahme der Kundschaft:** Auch die Übernahme der Kundschaft kann ein Indiz für einen Betriebsübergang sein; z.B. wenn die Kundenkartei übernommen[146] wird und die wirtschaftliche Einheit im Wesentlichen daraus besteht. Der EuGH hat einen Betriebsübergang bei Übergang der Vertriebsberechtigung eines Autohändlers angenommen.[147]

54 **Ähnlichkeit der Tätigkeit vor und nach dem Betriebsübergang:** In der Rspr. des EuGH[148] und des BAG wird ganz maßgeblich darauf abgestellt, dass die Identität der wirtschaftlichen Einheit nur gewahrt wird, wenn dieselbe oder eine gleichartige Tätigkeit tatsächlich weitergeführt wird. Da die wirtschaftliche Einheit aber nicht durch die bloße Fortführung der Tätigkeit konstituiert wird, reicht dieses Merkmal allein nicht aus; Voraussetzung für die Annahme der Identität der wirtschaftlichen Einheit sind weiter andere Merkmale wie das **Personal**, die **Führungskräfte**, die **Arbeitsorganisation**, die **Betriebsmethoden** und gegf. die zur Verfügung stehenden **Betriebsmittel**. Dabei kann den einzelnen Merkmalen je nach der Art des Betriebes unterschiedliches Gewicht zukommen (siehe Rn 42). Entscheidend ist, dass die Betriebsmethoden und die Arbeitsorganisation im Wesentlichen gleich bleiben.

55 Das BAG hat angenommen, dass dann, wenn sich der **Betriebszweck** ändert – statt einer früheren Massenproduktion von Schuhen findet beim Erwerber lediglich Musterfertigung statt –, kein Betriebsübergang gegeben ist.[149] Eine Änderung des Betriebszwecks ist auch anzunehmen, wenn statt bisher analoger Telefone digitale Telefonanlagen hergestellt und vertrieben werden, da sich auch dann die Produktionsanlagen ändern.[150] Bei einer **Gaststätte** hat es eine Änderung des Betriebszwecks – und damit verbunden einen Wechsel in der Kundschaft – bei einem Übergang von gutbürgerlicher Küche auf arabische Spezialitäten bejaht.[151] In der neueren Rspr. hat der achte Senat des BAG eine Änderung des Betriebszwecks angenommen bei dem Wechsel des Betreibers eines Frauenhauses,[152] wenn der neue Betreiber im Gegensatz zu dem früheren Betreiber statt der geschützten Unterbringung ein umfassendes Präventions- und Weiterbildungskonzept verfolgt, in dem die Unterbringung nur die letztmögliche Maßnahme ist, oder bei einem geänderten Einkaufs- und Verkaufskonzept.[153]

56 Eine **Betriebsverlegung** schließt die Ähnlichkeit der Tätigkeit und damit einen Betriebsübergang nicht per se aus.[154] Abzustellen ist darauf, ob an dem anderen Ort die **gleiche Arbeitsorganisation** mit den **gleichen Betriebsmethoden** weitergeführt wird und die Betriebsgemeinschaft am neuen Ort erhalten bleibt. Maßgeblich kann dafür neben der **Verlagerung der Betriebsmittel** in sog. betriebsmittelarmen Betrieben auch die **Weiterbeschäftigung der Hauptbelegschaft** sein. Ob die AN verpflichtet sind, an dem neuen Standort zu arbeiten, hängt von dem Umfang des Direktionsrechts des AG ab; gegf. ist eine Änderungs-Künd auszusprechen.[155]

57 **Dauer der Unterbrechung der Tätigkeit:** Da es nach der Rspr. des EuGH[156] und des BAG[157] auf die tatsächliche Fortführung des Betriebes ankommt (siehe Rn 23), können Unterbrechungen der Tätigkeit von Bedeutung sein. Ent-

---

140 BAG 11.12.1997 – BAGE 87, 303 = AP § 613a BGB Nr. 172 = NZA 1998, 540; BAG 10.12.1998 – AP § 613a BGB Nr. 187 = NZA 1999, 420 (75 % im Hol- und Bringdienst eines Hospitals reichen nicht).
141 BAG 11.9.1997 – BAGE 86, 271 = AP EWG-Richtlinie Nr. 77/187 Nr. 16 = NZA 1998, 31; BAG 13.11.1997 – BAGE 87, 115 = AP § 613a BGB Nr. 169 = NZA 1998, 251.
142 BAG 11.12.1997 – BAGE 87, 303 = AP § 613a BGB Nr. 172 = NZA 1998, 534.
143 BAG 10.12.1998 – AP § 613a BGB Nr. 187 = NZA 1999, 420.
144 APS/*Steffan*, § 613a BGB Rn 34.
145 BAG 10.12.1998 – AP § 613a BGB Nr. 187 = NZA 1999, 420.
146 ErfK/*Preis*, § 613a BGB Rn 31.
147 EuGH 7.3.1996 – AP EWG-Richtlinie Nr. 77/187 Nr. 9 = NZA 1996, 413.
148 EuGH 11.3.1997 – AP EWG-Richtlinie Nr. 77/187 Nr. 14 = NZA 1997, 433.
149 BAG 16.5.2002 – AP § 613a BGB Nr. 237 = NZA 2003, 93; BAG 13.5.2005 – 8 AZR 331/03 – n.v.
150 BAG 14.7.2005 – n.v.
151 BAG 11.9.1997 – BAGE 86, 271 = AP EWG-Richtlinie Nr. 77/187 Nr. 16 = NZA 1988, 31.
152 BAG 4.5.2006 – AP § 613a BGB Nr. 304.
153 BAG 13.7.2006 – AP § 613a BGB Nr. 313.
154 BAG 2.12.1999 – AP § 613a BGB Nr. 188 = NZA 2000, 369.
155 ErfK/*Preis*, § 613a BGB Rn 34.
156 EuGH 12.3.1998 – AP EWG-Richtlinie Nr. 77/187 = NZA 1998, 529; EuGH 11.3.1997 – AP EWG-Richtlinie 77/187 Nr. 14 = NZA 1997, 433.
157 BAG 18.3.1999 – AP § 613a BGB Nr. 189 = NZA 1999, 704; BAG 22.5.1997 – BAGE 86, 20 = AP § 613a BGB Nr. 154 = NZA 1997, 1050.

scheidend ist, ob eine Weiterführung der Arbeitsorganisation anzunehmen ist, also eine **bestehende und funktionsfähige wirtschaftliche Einheit fortgeführt wird**.[158] Je nach der Art des Betriebes und der Tätigkeit kann dabei eine unterschiedliche Dauer der Unterbrechung eine Rolle spielen.[159] So hat das BAG im Falle eines Damenoberbekleidungsgeschäfts bei einer Betriebsunterbrechung von neun Monaten anlässlich einer Neuverpachtung einen Betriebsübergang verneint,[160] weil sich die Kundinnen zwischenzeitlich neu orientieren müssen. Daraus folgt aber zugleich, dass je nach der **Art des Betriebes** auch eine kürzere oder längere Unterbrechung für die Wahrung der Identität der wirtschaftlichen Einheit unschädlich sein kann.

(3) Gesamtbetrachtung. Ob die Identität der wirtschaftlichen Einheit gewahrt wird, hängt von einer Gesamtwürdigung aller Umstände ab,[161] es sind sämtliche, den betreffenden Vorgang kennzeichnenden Tatsachen zu berücksichtigen.[162] Die verschiedenen Prüfkriterien sind dabei Teilaspekte der Gesamtbetrachtung; ihnen kann je nach der Art der Tätigkeit unterschiedliches Gewicht zukommen.[163] So steht bei Einzelhandelsgeschäften im Vordergrund der Erhalt der regelmäßig durch Geschäftslage, Warensortiment und Betriebsform geprägten Kundenbeziehungen.[164] Auch der EuGH stellt auf eine Gesamtbetrachtung ab.[165] Ob die Identität der wirtschaftlichen Einheit gewahrt bleibt, beurteilt sich daher nach sämtlichen, den betreffenden Vorgang kennzeichnenden Tatsachen (Gesamtbewertung). **58**

Eine Wahrung der **Identität der wirtschaftlichen Einheit** ist anzunehmen, wenn sich der Übernehmer die **bisher bestehende organisatorische Einheit** zunutze macht,[166] „sich in ein gemachtes Bett legt".[167] Maßgebend[168] ist die tatsächliche Fortführung des Betriebs/Betriebsteils,[169] also die **Übernahme der Organisations- und Leitungsmacht**. **59**

(4) Betriebsteil. Auch Betriebsteile können einen Betrieb in diesem Sinne darstellen. Wenn eine **selbstständig abtrennbare organisatorische Einheit** gegeben ist, kann diese **wirtschaftliche Einheit** auf einen Betriebsteilerwerber übertragen werden.[170] Das Vorliegen eines nach Abs. 1 S. 1 **selbstständig übertragungsfähigen Betriebsteils** setzt zunächst voraus, dass innerhalb des betrieblichen Gesamtzwecks ein **Teilzweck** verfolgt wird.[171] Das Merkmal des Teilzwecks dient zur Abgrenzung der organisatorischen Einheit; im Teilbetrieb müssen aber nicht andersartige Zwecke als im übrigen Betrieb verfolgt werden.[172] Maßgebend ist auch bei dem Betriebsteilübergang, dass die **Identität der wirtschaftlichen Einheit** erhalten bleibt. **60**

Wird aus einem Betrieb eine wirtschaftliche Einheit übernommen, die die Voraussetzungen eines Betriebsteils i.S.v. § 613a erfüllt, tritt der Erwerber in die Rechte und Pflichten der Arbverh der AN ein, die in dieser Einheit tätig sind[173] und dem Übergang ihres Arbverh nicht widersprechen. Maßgebend ist, dass das Arbverh dem übergegangenen Bereich **zuzuordnen** ist.[174] Hierfür kommt es nicht darauf an, dass der AN für eine Abteilung arbeitet, sondern in der Abteilung tätig ist.[175] Das kann im Einzelfall zu Problemen führen, insb. bei der Tätigkeit in einer Zentralabteilung (z.B. Leiter des Finanz- und Rechnungswesens).[176] Es ist dann auf **den Schwerpunkt der Tätigkeit** abzustellen.[177] Dieser kann sich ergeben aus dem überwiegenden Arbeitsort, dem zeitlichen Aufwand, der Bedeutung einzelner Tätigkeiten für das Gesamtunternehmen, der Zahl der unterstellten AN und dem maßgeblichen Umsatz.[178] Bleiben dabei Zweifel, ist ein Schwerpunkt nicht zu erkennen, kann der AN dem übergehenden Betriebsteil nicht zugeordnet werden. AN eines stillgelegten Betriebsteils werden nicht automatisch dem Restbetrieb zugeordnet.[179] **61**

---

158 APS/*Steffan*, § 613a BGB Rn 443.
159 Küttner/*Kreitner*, Stichwort Betriebsübergang Rn 12.
160 BAG 22.5.1997 – BAGE 86, 20 = AP § 613a BGB Nr. 154 = NZA 1997, 1050.
161 EuGH 15.2.2009 – C-466/07 – NZA 2009, 251; EuGH 15.12.2005 – AP Richtlinie 2001/23/EG Nr. 1; zur Schließung und Neueröffnung von Einzelhandelsgeschäften BAG 2.12.1999 – AP § 613a BGB Nr. 188 = NZA 2000, 369.
162 EuGH 25.1.2001 – AP EWG-Richtlinie Nr. 77/187 Nr. 31 = NZA 2001, 249.
163 *Müller-Glöge*, NZA 1999, 450.
164 BAG 2.12.1999 – AP § 613a BGB Nr. 188 = NZA 2000, 369.
165 EuGH 15.12.2005 – AP Richtlinie 2001/23/EG Nr. 1; EuGH 11.3.1997 – AP EWG-Richtlinie Nr. 77/187 Nr. 14 [Ayse Süzen] = NZA 1997, 433.
166 BAG 3.11.1998 – 3 AZR 484/97 – n.v.
167 ErfK/*Preis*, § 613a BGB Rn 5; *Wahlig*, BuW 2004, 429.
168 BAG 18.3.1999 – AP § 613a BGB Nr. 189, 190 = NZA 1999, 704, 869.
169 BAG 12.11.1998 – BAGE 90, 163 = AP § 613a BGB Nr. 186 = NZA 1999, 310.
170 BAG 2.3.2006 – AP § 613a BGB Nr. 302; ErfK/*Preis*, § 613a BGB Rn 7; APS/*Steffan*, § 613a BGB Rn 19.
171 BAG 8.8.2002 – EzA § 613a BGB Nr. 209; BAG 26.8.1999 – AP § 613a BGB Nr. 196 = NZA 2000, 144; BAG 9.2.1994 – AP § 613a Nr. 105: Hilfszweck reicht aus.
172 BAG 26.8.1999 – AP § 613a BGB Nr. 196 = NZA 2000, 144.
173 BAG 13.11.1997 – BAGE 87, 120 = AP § 613a BGB Nr. 170 = NZA 1998, 249.
174 BAG 13.2.2003 – AP § 613a BGB Nr. 245.
175 BAG 24.8.2006 – AP § 613a BGB Nr. 314; BAG 25.9.2003 – AP § 613a BGB Nr. 256; APS/*Steffan*, § 613a Rn 22.
176 BAG 13.11.1997 – BAGE 87, 120 = AP § 613a BGB Nr. 170 = NZA 1998, 249.
177 *Kreitner*, NZA 1990, 429; *Müller/Thüsing*, ZIP 1997, 1869.
178 *Kreitner*, NZA 1990, 429.
179 BAG 25.9.2003 – AP § 613a BGB Nr. 256; APS/*Steffan*, § 613a BGB Rn 22.

62 Ein **Betriebsteil** in diesem Sinne ist nur gegeben, wenn eine selbstständig abtrennbare organisatorische Einheit **bereits beim Veräußerer vorliegt**;[180] maßgebend ist, dass die organisatorische Einheit beim Erwerber im Wesentlichen unverändert fortbesteht. In betriebsmittelarmen Betrieben, wo es also auf die menschliche Arbeitskraft ankommt, kann sich die Eigenschaft als abgrenzbarer Betriebsteil auch aus der organisatorischen Zusammenfassung der AN, die im Wesentlichen unverändert weiterbeschäftigt werden, ergeben.[181] Nicht entscheidend ist, ob der verbleibende Restbetrieb noch funktionsfähig ist.[182] Nicht entgegen steht das öffentliche Vergaberecht.[183]

63 Zur Feststellung, ob ein Betriebsteil in diesem Sinne vorliegt und durch Rechtsgeschäft auf einen Erwerber übergeht, sind dieselben Erwägungen anzustellen[184] wie bei der Feststellung, ob ein übergangsfähiger Betrieb gegeben ist und übernommen wird: Es muss eine **wirtschaftliche Einheit** zu bejahen sein, die tatsächlich weitergeführt wird (siehe Rn 23). Voraussetzung ist, dass die wirtschaftliche Einheit „Betriebsteil" als solche im Wesentlichen unverändert fortgeführt wird. Maßgeblich für die Erfassung eines konkreten Arbverh ist **die Zuordnung des AN**.[185] Entscheidend ist, dass der AN in den übergehenden Betriebsteil eingegliedert ist, nicht nur, dass er für diesen Betriebsteil arbeitet.

64 **(5) Einzelfälle.**
– **Produzierendes Gewerbe**: Im Vordergrund steht hier der Übergang materieller und immaterieller Betriebsmittel (Gebäude, Maschinen, Produktionsanlagen, Werkzeuge, Rohstoffe, Halb- und Fertigfabrikate, Fahrzeuge, Transportgeräte, know-how, Fertigungslizenzen, Patente, spezielle Computerprogramme). Das sind solche Produktionsmittel, die eine sinnvolle und im Wesentlichen unveränderte Fortsetzung der Produktion ermöglichen.

65 – **Dienstleistungsgewerbe**: Hier kann der Übergang einer Gesamtheit von AN, die durch eine gemeinsame Tätigkeit dauerhaft verbunden ist, den Tatbestand des Betriebsübergangs i.S.v. § 613a erfüllen; aber auch der Übergang immaterieller Mittel wie Dienstleistungsverträge, Konzessionen, Kundenlisten, Geschäftspapiere kommt in Betracht. Bei der Prüfung, ob ein Betriebsübergang vorliegt, ist zwar in erster Linie auf die immateriellen Betriebsmittel abzustellen;[186] gerade bei Handels- und Dienstleistungsunternehmen kommt aber den immateriellen Betriebsmitteln wesentliche Bedeutung zu. Dieses Grobraster dient aber nur als Hilfestellung.[187] Auch bei einem Dienstleistungsbetrieb kann den erforderlichen materiellen Betriebsmitteln eine entscheidende Bedeutung zukommen.

66 – Im **Einzelhandel** kann nach der Rspr. des BAG auch auf die Lage des Geschäftslokals, die Kundenbeziehungen, den Kundenkreis und das Warensortiment abgestellt werden.[188] Ein Betriebsübergang liegt demnach nicht vor, wenn ein anderes Warensortiment geführt oder eine andere Betriebsform wahrgenommen wird.[189]

67 – Beim Übergang eines **Seeschiffes** kann ein Betriebsübergang gegeben sein;[190] das ist aber beim Übergang des bloßen Bereederungsvertrags fraglich. Ein Forschungsschiff mit seiner für Forschungszwecke erforderlichen Einrichtung und Organisation kann aber ein Betriebsteil sein.[191]

68 – Für die Neuverpachtung einer **Gaststätte**[192] hat das BAG ausgeführt, dass sich die Identität der wirtschaftlichen Einheit unter Berücksichtigung der angeführten Kriterien bei einer Gesamtbetrachtung auch aus ihrer Arbeitsorganisation und ihren Betriebsmethoden ergeben kann; dabei sind das kundenorientierte Leistungsangebot, die Übernahme der Führungskräfte und des sonstigen Personals, insbesondere der Hauptbelegschaft heranzuziehen. Entscheidend ist, dass der Charakter der Gaststäate erhalten bleibt. Bei einem Conditorei-Café kommt es maßgeblich darauf an, dass ein gleichartiges Warensortiment angeboten und die Betriebsform im Wesentlichen beibehalten wird.[193]

69 – Für **Betriebe des Öffentlichen Dienstes**[194] hat das BAG angenommen, dass bei Fortführung der Aufgaben in einer gänzlich andersartigen Organisation der übernehmenden Verwaltung ein Betriebsübergang nicht vorliegt (siehe Rn 46).

---

180 BAG 16.2.2006 – AP § 613a BGB Nr. 295, 296; BAG 27.10.2005 – AP § 613a BGB Nr. 293; BAG 5.4.2004 – AP § 613a BGB Nr. 263 = NZA 2004, 845.
181 APS/*Steffan*, § 613a Rn 19; ErfK/*Preis*, § 613a BGB Rn 8.
182 BAG 13.11.1997 – BAGE 87, 120 = AP § 613a BGB Nr. 170 = NZA 1998, 249.
183 BAG 2.3.2006 – AP § 613a BGB Nr. 302.
184 APS/*Steffan*, § 613a BGB Rn 19.
185 BAG 24.8.2006 – AP § 613a BGB Nr. 314; BAG 25.9.2003 – AP § 613a BGB Nr. 256; BAG 13.2.2003 – AP § 613a BGB Nr. 245.
186 BAG 27.10.2005 – AP § 613a BGB Nr. 292.
187 BAG 6.4.2006 – AP § 613a BGB Nr. 299.
188 BAG 2.12.1999 – AP § 613a BGB Nr. 188 = NZA 2000, 369.
189 BAG 30.10.1986 – BAGE 53, 276 = AP § 613a BGB Nr. 58 = NZA 1987, 382.
190 BAG 18.3.1997 – BAGE 85, 291 = AP § 1 BetrAVG Betriebsveräußerung Nr. 16 = NZA 1998, 97.
191 BAG 2.3.2006 – AP § 613a BGB Nr. 302.
192 BAG 11.9.1997 – BAGE 86, 271 = AP EWG-Richtlinie Nr. 77/187 Nr. 16 = NZA 1998, 31.
193 BAG 26.2.1987 – AP § 613a BGB Nr. 63 = NZA 1987, 589.
194 BAG 26.6.1997 – BAGE 86, 148 = AP § 613a BGB Nr. 165 = NZA 1997, 1228; BAG 20.3.1997 – BAGE 85, 312 = AP Art. 13 Einigungsvertrag Nr. 24.

- Bei dem **Rückfall eines verpachteten Betriebes** an den Verpächter nimmt das BAG einen Betriebsübergang nur dann an, wenn der Verpächter den Betrieb **tatsächlich weiterführt**.[195] Die bloße Möglichkeit des Verpächters, den Betrieb fortzuführen, reicht danach für die Annahme eines Betriebsüberganges nicht aus. Ein Betriebsübergang auf den Verpächter liegt daher dann nicht vor, wenn der Betrieb zwar an den Verpächter zurückfällt, dieser den Betrieb aber nicht selbst weiterführt sondern – ggf. nach einer Renovierung oder Sanierung der Räumlichkeiten – wieder verpachtet.[196]

- Entsprechend hat das BAG im Falle einer **Sicherungsübereignung**[197] festgestellt, dass ein Betriebsübergang nicht gegeben ist, wenn der Sicherungsgeber die Organisations- und Leitungsmacht nicht übernimmt und ausübt.

(6) Auftrags-/Funktionsnachfolge. Die bloße Fortführung der Tätigkeit (Funktionsnachfolge),[198] d.h., wenn nur die Tätigkeit ohne sonstige Betriebsmittel oder Belegschaft übernommen wird, ist i.d.R. nicht als Betriebsübergang i.S.v. § 613a anzusehen. Die reine Funktionsnachfolge stellt – wie die bloße Auftragsnachfolge – keinen Betriebsübergang dar.[199] So ist die Übernahme einer Aufgabe ohne Übernahme der betrieblichen oder teilbetrieblichen Organisation kein Betriebsübergang.[200] Ein Betriebsübergang in diesem Sinne liegt aber möglicherweise vor, wenn vom Nachfolger eine Tätigkeit im Wesentlichen unverändert fortgeführt wird und die hierfür erforderlichen **Betriebsmittel** oder **Belegschaftsteile** übernommen werden,[201] also **die Arbeitsorganisation und Betriebsmethoden**[202] weitergeführt werden; nur dann ist ein Betriebsübergang i.S.v. § 613a gegeben. Ein Betriebsübergang liegt z.B. nicht vor, wenn eine Kaufhauskette ihre technischen Kundendienstabteilungen schließt und die Kundendienste von einem Fremdunternehmen ausführen läßt, das weder Arbeitsmittel noch Personal übernimmt.[203]

Auch die reine Auftragsnachfolge ist nicht als Betriebsübergang nach § 613a anzusehen (z.B. Reinigungs- oder Bewachungstätigkeiten, Catering); es liegt i.d.R. schon gar kein Betrieb oder Betriebsteil vor, wenn es sich lediglich um einen bestimmten Auftrag handelt. Die bloße Tätigkeit ist nämlich nicht als wirtschaftliche Einheit zu verstehen.[204] Ein Betriebs- oder Betriebsteilübergang kann jedoch vorliegen,[205] wenn die Auftragsvergabe mit der Übernahme der wesentlichen sächlichen Betriebsmittel oder der Übernahme der Hauptbelegschaft verbunden ist. So wird der Verlust eines Auftrages noch nicht als Betriebsübergang angesehen.[206]

In Betrieben mit **unverzichtbaren sächlichen Betriebsmitteln** kommt es allein auf den Übergang der wesentlichen sächlichen Betriebsmittel an, nicht auf die Übernahme von Personal[207] (Beispiel für die Übernahme der wesentlichen – unverzichtbaren – Betriebsmittel ohne die Übernahme von Personal: Weiterführung einer Krankenhauskantine).[208] Dementsprechend ist der **Verlust eines Auftrags** an einen Mitbewerber auch nach der Europäischen Betriebsübergangs-RL nicht als Betriebsübergang anzusehen,[209] da nach der Rspr. des EuGH auf die Wahrung der Identität der wirtschaftlichen Einheit abzustellen ist.

(7) Outsourcing/Insourcing. Wird lediglich eine Tätigkeit ausgelagert (Outsourcing) liegt kein Übergang einer wirtschaftlichen Einheit vor, wenn weder ausreichende **Betriebsmittel** übergehen noch – in betriebsmittelarmen Betrieben – **wesentliche Teile der Belegschaft** übernommen werden: Allein die bisher innerbetrieblich wahrgenommene und nunmehr ausgelagerte Tätigkeit stellt keine übergangsfähige wirtschaftliche Einheit dar, ein Betrieb oder abgrenzbarer Betriebsteil liegt nicht vor. Entsprechende Überlegungen gelten für den Fall des Insourcing: Werden keine wesentlichen Betriebsmittel oder – in sog. betriebsmittelarmen Betrieben – die Hauptbelegschaft übernommen, liegt ein Betriebsübergang nicht vor.[210]

---

195 BAG 18.3.1999 – AP § 613a BGB Nr. 189 = NZA 1999, 704.
196 BAG 27.4.1995 – BAGE 80, 74 = AP § 613a BGB Nr. 128 = NZA 1995, 1155.
197 BAG 20.3.2003 – NZA 2003, 1338.
198 BAG 13.11.1997 – BAGE 87, 115 = AP § 613a BGB Nr. 169 = NZA 1998, 251; unklar EuGH 14.4.1994 – Rs. C 392/92 – AP § 613a BGB Nr. 106 [Christel Schmidt] = NZA 1994, 545.
199 BAG 24.8.2006 – 8 AZR 317/05 – juris; BAG 13.6.2006 – AP § 613a BGB Nr. 305.
200 BAG 27.10.2005 – AP § 613a BGB Nr. 293.
201 BAG 22.1.1998 – AP § 613a BGB Nr. 173 = NZA 1998, 536.
202 BAG 11.12.1997 – BAGE 87, 303 = AP § 613a BGB Nr. 172 = NZA 1998, 534.
203 BAG 22.1.1998 – AP § 613a BGB Nr. 173 = NZA 1998, 536.
204 EuGH 11.3.1997 – AP EWG-Richtlinie Nr. 77/187 Nr. 14 = NZA 1997, 433.
205 EuGH 20.11.2003 – AP EWG-Richtlinie Nr. 77/187 Nr. 34 = NZA 2003, 1385 = DB 2003, 2654; *Schiefer/Pogge*, NJW 2003, 3734, 3736.
206 BAG 22.1.1998 – AP § 613a BGB Nr. 174 = NZA 1998, 638.
207 BAG 22.7.2004 – AP § 613a BGB Nr. 274; EuGH 20.11.2003 – AP-EWG-Richtlinie Nr. 77/187 Nr. 34 = NZA 2003, 1385 = DB 2003, 2654; dazu *Willemsen/Annuß*, DB 2004, 2654; *Bauer*, NZA 2004, 14; *Schnitker/Grau*, BB 2004, 275; *Wahlig*, BuW 2004, 429.
208 EuGH 20.11.2003 – AP EWG-Richtlinie Nr. 77/187 Nr. 34 = NZA 2003, 1385 = DB 2003, 2654.
209 EuGH 11.3.1997 – AP EWG-Richtlinie Nr. 77/187 Nr. 14 = NZA 1997, 433.
210 BAG 22.7.2004 – AP § 613a BGB Nr. 274 = DB 2004, 2482.

76 Wird dagegen zur Ausübung der Tätigkeit eine **bestehende Arbeitsorganisation** im Wesentlichen unverändert weitergeführt, ist ein Betriebsübergang zu bejahen; auf die Übernahme des Personals kommt es nur an, wenn der Betrieb durch die menschliche Arbeitsleistung geprägt ist, also in sog. betriebsmittelarmen Betrieben:[211] Steht ein Betriebsübergang in betriebsmittelgeprägten Betrieben bereits aufgrund anderer Kriterien fest, kommt der Nichtübernahme des Personals keine die Tatbestandsvoraussetzungen eines Betriebsübergangs ausschließende Wirkung zu.[212]

77 bb) Übergang auf einen anderen/neuen Rechtsinhaber. Ein Betriebsübergang nach § 613a liegt nur vor, wenn an die Stelle des bisherigen Betriebsinhabers ein anderer tritt, den Betrieb tatsächlich im eigenen Namen führt,[213] also die Leitungs- und Organisationsmacht wahrnimmt.

78 (1) Betriebsinhaber. Entscheidend kommt es auf den **Wechsel in der Rechtspersönlichkeit des Betriebsinhabers** an.[214] Betriebsinhaber kann eine natürliche Person, eine Personengesellschaft oder eine juristische Person sein. Jedoch stellt ein Wechsel der Gesellschafter in der Regel keinen Betriebsübergang dar,[215] da die Identität des AG unberührt bleibt. Auch juristische Personen des öffentlichen Rechts fallen hierunter.[216] Zu unterscheiden ist der sog. Asset deal und der Share deal: Wenn also im zweiten Fall das Rechtssubjekt identisch bleibt, liegt ein Betriebsübergang i.S.v. § 613a nicht vor.

79 Ein **Pächter** ist dann Betriebsinhaber, wenn er den gepachteten Betrieb **im eigenen Namen führt**. Endet das Pachtverhältnis und fällt die Pachtsache an den Verpächter zurück, kommt es darauf an, ob dieser den Betrieb tatsächlich weiterführt (siehe Rn 81).[217]

80 Im Falle der **Insolvenz- oder Zwangsverwaltung** und der **Testamentsvollstreckung** liegt kein Betriebsübergang vor, da der Insolvenz- und Zwangsverwalter den Betrieb nicht in eigenem Namen fortführt, sondern für den Betriebsinhaber handelt.[218]

81 (2) Tatsächliche Fortführung. Nahm das BAG[219] früher an, dass die Möglichkeit der Weiterführung des Betriebes durch den Betriebserwerber für die Annahme eines Betriebsinhaberwechsels ausreicht, ist nunmehr die tatsächliche Fortführung des Betriebs maßgebend.[220] Ein Wechsel des Betriebsinhabers tritt demnach nicht ein, wenn der Erwerber den Betrieb gar nicht führt.[221] Voraussetzung ist daher, dass der bisherige Betriebsinhaber seine Tätigkeit in dem Betrieb oder Betriebsteil einstellt,[222] der Betriebserwerber die Tätigkeit aufnimmt und den Betrieb im Wesentlichen unverändert fortführt.[223] Der neue Betriebsinhaber muss die **Leitungs- und Organisationsmacht** ausüben;[224] eine besondere Übertragung dieser Leitungs- und Organisationsmacht ist aber nicht erforderlich.

82 (3) Zeitpunkt des Inhaberwechsels. Maßgeblicher Zeitpunkt für den Wechsel des Betriebsinhabers ist die **Übernahme der Organisations- und Leitungsmacht,** nicht der Abschluss des Rechtsgeschäfts.[225] Entscheidend ist, wann der Betriebserwerber die arbeitstechnische Organisations- und Leitungsmacht tatsächlich im eigenen Namen übernimmt.[226] Dabei kommt es nach der Rspr. des EuGH und des BAG nicht darauf an, wann der Erwerber die Leitungsmacht ausüben kann, sondern darauf, wann er sie **tatsächlich ausübt**[227] (siehe Rn 19). Der Eintritt in die Arbverh kann daher vor, aber auch nach der „Vermögensübertragung" erfolgen.

83 cc) Rechtsgeschäft. (1) Wechsel des Vertragspartners auf Arbeitgeberseite. § 613a regelt den Betriebsübergang kraft Rechtsgeschäft, also den vertraglichen Austausch des Vertragspartners auf AG-Seite. Das ist verfassungsrechtlich – besonders im Hinblick auf die Widerspruchsmöglichkeit – unbedenklich (siehe Rn 13). Auch die Einschränkung der Vertragsfreiheit des AG (Art. 2, 14 GG) wird im Hinblick auf das Sozialstaatsprinzip (Art. 20, 28 GG) als **verfassungskonform** angesehen.

84 (2) Rechtsgeschäftliche Beziehungen. § 613a ist anwendbar, wenn der Übergang des Betriebes oder Betriebsteils auf einem Rechtsgeschäft[228] beruht. Der Begriff des Rechtsgeschäfts ist dabei **weit auszulegen:** entscheidend

---

211 BAG 22.7.2004 – AP § 613a BGB Nr. 274 = DB 2004, 2482.
212 BAG 22.7.2004 – AP § 613a BGB Nr. 274 = DB 2004, 2482.
213 BAG 13.12.2007 – AP § 613a BGB Nr. 338; BAG 20.3.2003 – NZA 2003, 1338 (zur Sicherungsübereignung).
214 APS/*Steffan*, § 613a BGB Rn 49.
215 BAG 12.7.1990 – AP § 613a BGB Nr. 87 = NZA 1991, 63.
216 BAG 25.5.2000 – BAGE 95, 1 = AP § 613a BGB Nr. 209 = NZA 2000, 1115.
217 H/S/*Spirolke*, § 8 Rn 8.
218 APS/*Steffan*, § 613a Rn 54.
219 BAG 27.4.1995 – BAGE 80, 74 = AP 613a BGB Nr. 128 = NZA 1995, 1155.
220 EuGH 12.3.1998 – AP EWG-Richtlinie Nr. 77/187 Nr. 19 = NZA 1998, 529.
221 BAG 18.3.1999 – AP § 613a BGB Nr. 189, 190 = NZA 1999, 704 und 870.
222 ErfK/*Preis*, § 613a BGB Rn 50.
223 H/S/*Spirolke*, § 8 Rn 8.
224 BAG 20.3.2003 – NZA 2003, 1338 = BB 2003, 1793.
225 EuGH 26.5.2005 – NZA 2005, 681; BAG 27.10.2005 – AP § 613a BGB Nr. 292.
226 BAG 6.2.1985 – BAGE 87, 86 = AP § 613a BGB Nr. 44 = NZA 1985, 735.
227 BAG 26.3.1996 – AP § 613a BGB Nr. 148 = NZA 1997, 94.
228 ErfK/*Preis*, § 613a BGB Rn 58; HaKo-KSchR/*Mestwerdt*, § 613a BGB Rn 43 ff.

ist, dass der Betriebserwerber die Leitungsmacht über die identitätsbildenden Betriebsmittel durch Rechtsgeschäft erlangt.[229] Das Rechtsgeschäft muss sich auf den Übergang der tatsächlichen Nutzungs- und Verfügungsgewalt über die materiellen und immateriellen Betriebsmittel beziehen.[230] Der Übergang durch Rechtsgeschäft erfasst alle Fälle einer Fortführung der wirtschaftlichen Einheit im Rahmen vertraglicher oder sonstiger rechtsgeschäftlicher Beziehungen, ohne dass unmittelbare Vertragsbeziehungen zwischen dem bisherigen Inhaber und dem Erwerber bestehen müssen.[231] Die sog. Pachtfälle (siehe Rn 79) zeigen gerade, dass Rechtsgeschäfte mit Dritten ausreichend sein können. Eine Sicherungsübereignung ändert als solche an der Nutzungsberechtigung nichts.[232] § 613a verbietet aber nicht die rechtsgeschäftliche Gestaltung von wirtschaftlichen Prozessen derart, dass die tatsächlichen Voraussetzungen eines Betriebsübergangs vermieden werden. Der AG ist berechtigt, Rechtsgeschäfte so zu gestalten, dass § 613a nicht eingreift. Die Neuvergabe eines Dienstleistungsauftrags kann daher so gestaltet werden, dass eine bloße Funktionsnachfolge vorliegt.[233] Nur Rechtsgeschäfte, die die Rechtsfolgen eines gegebenen Betriebsübergangs umgehen sollen, z.B. das Künd-Verbot des § 613a Abs. 4, sind unwirksam. Das Verbot von Umgehungsgeschäften rechtfertigt aber keine Erweiterung des Anwendungsbereichs von § 613a.

Ausgeschlossen sind damit Fälle des Betriebsübergangs durch Gesetz[234] (Gesamtrechtsnachfolge durch Erbfolge oder gesellschaftsrechtliche Umwandlung) oder sonstigen Hoheitsakt.[235] Allerdings kommt eine **analoge Anwendung** in Betracht, falls der Schutzzweck des § 613a sonst nicht erreicht wird (siehe Rn 22).[236] Daher wird § 613a auch angewandt, wenn bei der partiellen Gesamtrechtsnachfolge der Eintritt in den Vermögensteil auf einer rechtsgeschäftlichen Grundlage beruht. 85

(3) Inhalt des Rechtsgeschäfts. Nach dem Inhalt des Rechtsverhältnisses muss dem Betriebserwerber die Fortführung des Betriebes möglich sein,[237] z.B. Kauf-, Pacht-, Mietvertrag, Schenkung, Nießbrauch, Vermächtnis, Gesellschaftsvertrag; einer besonderen Übertragung der Fortführungsbefugnis bedarf es daneben nicht,[238] stets ist aber erforderlich, dass der Betrieb auch tatsächlich fortgeführt wird (siehe Rn 23).[239] 86

(4) Partner des Rechtsgeschäfts. Das Rechtsverhältnis muss nicht zwischen jetzigem und früherem Betriebsinhaber bestehen;[240] es genügt, wenn die betriebliche Fortführungsmöglichkeit durch mehrere Rechtsgeschäfte vermittelt wird. Daher reicht eine Vielzahl von Rechtsgeschäften mit unterschiedlichen Partnern aus, wenn sie auf die Übertragung eines funktionsfähigen Betriebes gerichtet sind.[241] Die Betriebsmittel müssen auch nicht zur **eigenwirtschaftlichen Nutzung** überlassen sein (siehe Rn 44 f.).[242] Das Rechtsgeschäft muss dem Betriebserwerber die Fortführung des Betriebes ermöglichen, maßgebend ist also **die Übernahme der arbeitstechnischen Leitungsmacht**.[243] 87

(5) Wirksamkeit des Rechtsgeschäfts. Für den Betriebsübergang ist nicht Voraussetzung, dass das Rechtsgeschäft wirksam ist.[244] Abzustellen ist vielmehr auf die tatsächliche willentliche Übernahme der Organisations- und Leitungsmacht.[245] 88

(6) Öffentliches Recht. Auch Übertragungen mit öffentlich-rechtlichem Charakter können unter § 613a fallen (siehe Rn 46).[246] In Betracht kommt ein rechtsgeschäftlicher Betriebsübergang auf einen anderen öffentlichen oder auf einen privaten Rechtsträger. Bei der Übertragung einer öffentlichen Verwaltung kommt der vorhandenen Organisation große Bedeutung zu (siehe Rn 20). Eine Wahrung der Identität der Verwaltung liegt bei Fortführung der Aufgaben innerhalb einer gänzlich andersartigen Arbeitsorganisation der übernehmenden Verwaltung nicht vor.[247] 89

---

229 Staudinger/*Richardi*/*Annuß*, § 613a Rn 107.
230 H/S/*Spirolke*, § 8 Rn 4.
231 BAG 26.8.1999 – BAGE 92, 251 = AP § 613a BGB Nr. 197 = NZA 2000, 371.
232 BAG 20.3.2003 – NZA 2003, 1338 = BB 2003, 1793.
233 BAG 27.9.2007 – 8 AZR 941/06 – AP § 613a BGB Nr. 332 = DB 2008, 992.
234 BAG 18.12.2008 – 8 AZR 660/07 – AP § 613a BGB Nr. 366,; BAG 2.3.2006 – AP § 419 BGB Funktionsnachfolge Nr. 25; BAG 8.5.2001 – BAGE 97, 361 = AP § 613a BGB Nr. 219 = NZA 2001, 1200.
235 Vgl. Betriebsübergang – Notariat: BAG 26.8.1999 – BAGE 92, 251 = AP § 613a BGB Nr. 197 = NZA 2000, 371.
236 BAG 25.1.2001 – AP § 613a BGB Nr. 215 = NZA 2001, 840.
237 Arbeitstechnische Organisations- und Leitungsmacht: BAG 26.3.1996 – AP § 613a BGB Nr. 148 = NZA 1997, 94.
238 BAG 11.12.1997 – BAGE 87, 303 = AP § 613a BGB Nr. 172 = NZA 1998, 540.
239 BAG 12.11.1998 – BAGE 90, 163 = AP § 613a BGB Nr. 186 = NZA 1999, 310; BAG 18.3.1999 – AP § 613a BGB Nr. 189 = NZA 1999, 704 und 190 = NZA 1999, 869.
240 BAG 11.12.1997 – BAGE 87, 303 = AP § 613a BGB Nr. 172 = NZA 1998, 540.
241 BAG 22.5.1985 – BAGE 48, 376 = AP § 613a BGB Nr. 43 = NZA 1985, 773; EuGH 4.1.2002 – AP EWG-Richtlinie Nr. 77/187 Nr. 32 = NZA 2002, 265.
242 BAG 13.6.2006 – AP § 613a BGB Nr. 305; BAG 6.4.2006 – AP § 613a BGB Nr. 303, 299; EuGH 15.12.2005 – Rs C 232/04 u. 233/04 – AP Richtlinie 2001/23/EG Nr. 1.
243 BAG 26.3.1996 – AP § 613a BGB Nr. 148 = NZA 1997, 94.
244 BAG 13.12.2007 – AP § 613a BGB Nr. 338; BAG 25.10.2007 – 8 AZR 917/06 – DB 2008, 989.
245 BAG 6.2.1985 – BAGE 87, 86 = AP § 613a BGB Nr. 44 = NZA 1985, 735.
246 BAG 25.5.2000 – BAGE 95, 1 = AP § 613a BGB Nr. 209 = NZA 2000, 1115.
247 BAG 26.6.1997 – BAGE 86, 148 = AP § 613a BGB Nr. 165 = NZA 1997, 1228.

90 **b) Abgrenzung Betriebsübergang/Betriebsstilllegung.** Wird die wirtschaftliche Einheit als solche fortgeführt, liegt ein Betriebsübergang vor, wird sie aufgelöst, eine Betriebsstilllegung.[248] Die Auflösung der wirtschaftlichen Einheit ist gegeben, wenn die zwischen AG und AN bestehende Betriebs- und Produktionsgemeinschaft auf Dauer aufgelöst wird. Der AG/Unternehmer muss die bisherige wirtschaftliche Betätigung in der ernstlichen Absicht einstellen, die Verfolgung des bisherigen Betriebszwecks dauernd oder doch für eine ihrer Dauer nach unbestimmte, wirtschaftlich nicht unerhebliche Zeitspanne nicht weiter zu verfolgen.[249] Der AG muss entschlossen sein, den Betrieb endgültig einzustellen.[250] Von einer Betriebsstilllegung ist z.B. auszugehen, wenn der AG die Stilllegungsabsicht unmissverständlich äußert, allen AN kündigt, die Mietverträge zum nächstmöglichen Termin auflöst, die Betriebsmittel, über die er verfügen kann veräußert, und die Betriebstätigkeit vollständig einstellt.[251] Ein endgültiger und abschließender Stilllegungsentschluss liegt nicht vor, wenn der Insolvenzverwalter nach den betriebsbedingten Künd wegen Betriebsstilllegung ein bereits per Fax vorhandenes – aber bisher nicht zur Kenntnis genommenes – Angebot der Betriebsübernahme und -weiterführung annimmt.[252] Werden dagegen neben der Aufgabe der Tätigkeit durch den bisherigen Betriebsinhaber von einem Übernehmer dieser Tätigkeit weitere Betriebsmittel, sei es materielle oder immaterielle oder – in sog. betriebsmittelarmen Betrieben – auch die Hauptbelegschaft übernommen, kann ein **Betriebsübergang** vorliegen.

91 Eine **Vermutung gegen eine Stilllegungsabsicht** ist dann anzunehmen, wenn der Betrieb nach kurzer Unterbrechung im Wesentlichen unverändert fortgeführt bzw. wiedereröffnet wird.[253]

III. Rechtsfolgen eines Betriebsübergangs

92 **1. Allgemein.** Nach Abs. 1 S. 1 tritt der neue Betriebsinhaber in die Rechte und Pflichten aus dem im Zeitpunkt des Betriebsübergangs bestehenden Arbverh ein. Geschützt ist der Besitzstand der übernommenen AN, daher gilt Abs. 1 S. 1 nicht für beim Betriebserwerber neu begründete Rechte. Gem. Abs. 1 S. 2 werden diese Rechte und Pflichten, wenn sie kollektivrechtlich – in BV oder TV – enthalten sind, Inhalt des Arbverh (siehe Rn 107), soweit sie nicht – weiterhin – kollektivrechtlich geregelt werden (Abs. 1 S. 3); sie können dann erst nach Ablauf eines Jahres geändert werden (siehe Rn 108). Abs. 2 regelt die Haftung nach dem Betriebsübergang, Abs. 4 enthält ein Künd-Verbot wegen des Betriebsübergangs, Abs. 5 sieht eine Unterrichtungspflicht der am Betriebsübergang beteiligten AG gegenüber den vom Betriebsübergang betroffenen AN vor (siehe Rn 173) und Abs. 6 schreibt das Widerspruchsrecht der AN gegen den Übergang ihrer Arbverh auf den Betriebserwerber fest (siehe Rn 210 ff.).

93 **2. Regelungsgehalt. a) Arbeitgeberwechsel.** Ist ein Betriebsübergang i.S.d. § 613a gegeben, wird der neue Betriebsinhaber AG des AN zu unveränderten Arbeitsbedingungen, ohne dass es einer Zustimmung des AN bedarf.[254] Diese Rechtsfolge kann der AN aber durch einen Widerspruch gegen den Übergang seines Arbverh nach Abs. 6 verhindern (siehe Rn 210). Widerspricht der AN dem Übergang seines Arbverh nicht, erlischt das Arbverh zum Betriebsveräußerer.

94 **b) Erfasste Arbeitsverhältnisse.** Erfasst werden **alle Arbverh der Ang, Arb und Auszubildenden**[255] (nicht Handelsvertreter, Heim-Arbverh,[256] freie Dienstverhältnisse[257] oder Beschäftigungsverhältnisse eines GmbH-Geschäftsführers),[258] die im Zeitpunkt des Betriebsübergangs bestehen; unabhängig davon, ob sie befristet sind oder nicht (Art. II a, b RL 2001/234/EG) oder auf Teilzeit- oder Vollbeschäftigung lauten. Ruht das Arbverh eines GmbH-Geschäftsführers, kann daneben ein – aktives – Arbverh bestehen,[259] so dass insofern ein Übergang auf einen Betriebserwerber in Betracht kommt.

95 Der **AN-Begriff** richtet sich gem. **Art. 2 I d der RL 2001/23/EG** nach **nationalem Recht**.

96 Bei echter **AÜ** kommt es darauf an, ob der Betrieb des Verleihers i.S.v. § 613a übergeht (Art. II c RL 2001/23/EG); bei unechter AÜ wird ein Arbverh mit dem Entleiher fingiert (§ 10 AÜG), so dass in diesem Fall maßgeblich ist, ob der Betrieb des Entleihers übergeht.[260]

---

248 Zur Abgrenzung: BAG 22.5.1997 – BAGE 96, 20 = AP § 613a BGB Nr. 154 = NZA 1997 1050. BAG 11.9.1997 – BAGE 86, 271 = AP EWG- Richtlinie Nr. 77/187 Nr. 16 = NZA 1998, 31.
249 BAG 27.11.2003 – AP § 1 KSchG 1969 Soziale Auswahl Nr. 64 = NZA 2004, 477.
250 BAG 16.5.2002 – AP § 613a BGB Nr. 237 = NZA 2003, 93.
251 BAG 22.5.1997 – BAGE 86, 20 = AP § 613a BGB Nr. 154 = NZA 1997, 1050.
252 BAG 29.9.2005 – 8 AZR 647/094 – juris.
253 BAG 27.4.1995 – BAGE 80, 74 = AP § 613a BGB Nr. 128 = NZA 1995, 1155.
254 BAG 30.10.1986 – BAGE 53, 251 = AP § 613a BGB Nr. 55 = NZA 1987, 382; ErfK/*Preis*, § 613a BGB Rn 66.
255 BAG 13.7.2005 – AP § 613a BGB Widerspruch Nr. 1,
256 BAG 24.3.1998 – AP § 613a BGB Nr. 178 = NZA 1998, 1001.
257 BAG 13.2.2003 – AP § 613a BGB Nr. 249 = NZA 2003, 854.
258 BAG 13.2.2003 – AP § 611 BGB Organvertreter Nr. 24 = NZA 2003, 552.
259 BAG 13.2.2003 – AP § 611 BGB Organvertreter Nr. 24 = NZA 2003, 552.
260 ErfK/*Preis*, § 613a Rn 67.

Im Falle einer **Künd** geht das Arbverh über, wenn die Künd-Frist erst nach dem Zeitpunkt des Betriebsübergangs abläuft. 97

Der Betriebserwerber tritt nicht in die **Ruhestandsverhältnisse** oder in die Versorgungsanwartschaften bereits ausgeschiedener AN ein.[261] Ein **Altersteilzeitverhältnis**, das sich in der Ruhensphase befindet, geht – wie auch sonstige ruhende Arbverh –, auf den Betriebs(teil)erwerber über.[262] Allerdings muss der AN den Übergang seines Arbverh unverzüglich nach Kenntniserlangung vom Betriebsübergang geltend machen.[263] 98

Geht lediglich ein **Betriebsteil** über, kommt es darauf an, ob der AN in diesem Betriebsteil tätig war.[264] Entscheidend ist, dass der AN in den übergehenden Betriebsteil tatsächlich eingegliedert war[265] und nicht nur für den Betriebsteil tätig wurde.[266] Die **Zuordnung der AN** richtet sich zunächst nach objektiven Kriterien: Maßgeblich ist auf die Zuordnungsentscheidung des AG abzustellen; bleiben Zweifel, ist maßgebend, wo der Schwerpunkt der Tätigkeit liegt. So hat das BAG in einer Entscheidung[267] angenommen, dass das Arbverh eines Leiters der Abteilung Finanz- und Rechnungswesen bei einer Übernahme eines Teils des Service-Bereichs nicht übergeht. AN eines veräußerten Betriebsteils, die dem Übergang ihres Arbverh widersprochen haben, werden nicht automatisch dem Restbetrieb zugeordnet.[268] 99

c) Eintritt in die Rechte und Pflichten. Der neue Betriebsinhaber muss dieselben **Löhne und Gehälter** zahlen und auch sonst die **gleichen Leistungen** bieten wie der bisherige Betriebsinhaber. Ansprüche aus **Aktienoptionsversprechen** des bisherigen AG bleiben bestehen;[269] anders kann es sein, wenn die Aktienoptionsansprüche gegen ein anderes Konzernunternehmen gegeben sind,[270] da sie in diesem Falle nicht Gegenstand des Arbverh zum Betriebsveräußerer waren. Der neue Betriebsinhaber muss sich auch die Kenntnis des früheren Betriebsinhabers von der Schwerbehinderung des AN zurechnen lassen.[271] 100

Abs. 1 ist **zwingend**,[272] daher sind abweichende Vereinbarungen zu Ungunsten des AN unzulässig, insofern wird die **Vertragsfreiheit** der an einem Betriebsübergang beteiligten AN und AG **eingeschränkt**. Ein Verzicht auf rückständiges Weihnachts- und Urlaubsgeld, um einen Betriebsübergang zu ermöglichen, ist unwirksam.[273] Unwirksam sind insbesondere Vereinbarungen, die zunächst die Beendigung des Arbverh zum bisherigen Betriebsinhaber und die Begründung eines Arbverh mit dem Betriebserwerber zu schlechteren Bedingungen vorsehen.[274] Wirksam ist aber eine Vertragsänderung nach dem Betriebsübergang.[275] Zulässig sind auch Verbesserungen der Arbeitsbedingungen anlässlich eines Betriebsübergangs.[276] 101

aa) Individualrechtliche Arbeitsbedingungen. § 613a erfasst die individualrechtlichen Rechte und Pflichten. Der Betriebserwerber wird Schuldner aller Verbindlichkeiten aus dem Arbverh (Abs. 1 S. 1), auch soweit sie vor dem Betriebsübergang entstanden sind, z.B. Löhne und Gehälter, Gratifikationen und andere Sonderleistungen, AG-Darlehen, erdiente Versorgungsanwartschaften, bindende betriebliche Übungen, Dauer der Betriebszugehörigkeit. Nach dem Betriebsübergang schuldet der Betriebserwerber als AG gleiche Leistungen. Maßgeblich ist der Zeitpunkt der tatsächlichen Fortführung des Betriebes,[277] also der Zeitpunkt, in dem der Betriebserwerber die Leitungs- und Organisationsmacht im eigenen Namen tatsächlich ausübt. 102

Insb. bleibt die bisherige Dauer der **Betriebszugehörigkeit** erhalten, was v.a. besondere Bedeutung haben kann für die Berechnung einzelner Leistungen und die Anwendung des KSchG sowie die Berechnung der maßgeblichen Künd-Frist bei einer ordentlichen Künd.[278] Für die aktiven AN übernimmt der Betriebserwerber auch die beim Betriebsveräußerer anteilig erworbenen Ruhegeldanwartschaften.[279] 103

Haben die AN bessere Arbeitsbedingungen als die AN im übernehmenden Betrieb, bleiben die besseren Arbeitsbedingungen bestehen. Eine **einseitige Anpassung** dieser Arbeitsbedingungen durch den neuen Betriebsinhaber ist nicht möglich; eine Änderungs-Künd kann auch nicht mit dem **arbeitsrechtlichen Gleichbehandlungsgrund-** 104

---

261 BAG 11.11.1986 – AP § 613a BGB Nr. 61 = NZA 1987, 559.
262 BAG 30.10.2008 – AP § 613a BGB Nr. 357; BAG 31.1.2008 – AP § 613a BGB Nr. 340; ErfK/*Preis*, § 613a BGB Rn 67.
263 B 913; G 18.12.2003 – AP § 613a BGB Nr. 263.
264 BAG 13.2.2003 – AP § 613a BGB Nr. 245 = DB 2003, 1740; BAG 25.9.2003 – AP § 613a BGB Nr. 261 = NZA 2004, 316.
265 BAG 13.2.2003 – AP § 613a BGB Nr. 245 = DB 2003, 1740.
266 BAG 8.8.2002 – EzA § 613a BGB Nr. 209.
267 BAG 13.11.1997 – AP § 613a BGB Nr. 170 = NZA 1998, 249.
268 BAG 25.9.2003 – AP § 613a BGB Nr. 256.
269 *Tappert*, S. 1188.
270 BAG 12.2.2003 – AP § 613a BGB Nr. 243 = NZA 2003, 487.
271 BAG 11.12.2008 – 2 AZR 395/07 –.
272 BAG 12.5.1992 – AP § 1 BetrAVG Betriebsveräußerung Nr. 14 = NZA 1992, 1080.
273 BAG 19.3.2009 – 8 AZR 722/07 –.
274 BAG 12.5.2002 – BAGE 70, 209 = AP § 1 BetrAVG Betriebsveräußerung Nr. 14 = NZA 2002, 1080; H/S/*Spirolke*, § 8 Rn 74.
275 BAG 7.11.2007 – AP § 613a BGB Nr. 329.
276 BAG 19.12.2007 – AP § 613a BGB Nr. 335.
277 BAG 20.3.2003 – NZA 2003, 1338; ErfK/*Preis*, § 613a BGB Rn 66.
278 BAG 27.6.2002 – AP § 1 KSchG 1969 Nr. 15 Wartezeit = NZA 2003, 145.
279 H/S/*Spirolke*, § 8 Rn 66.

satz sozial gerechtfertigt werden. Gleiches gilt, wenn die AN im übernehmenden Betrieb bessere Arbeitsbedingungen haben.[280]

105 Knüpfen Rechte an die handelsrechtliche Stellung an, wie z.B. Prokura oder Handlungsvollmacht, so gehen diese nicht über; da das Arbverh zum bisherigen Betriebsinhaber endet, erlöschen auch die damit verbundenen Vollmachten.[281] Bei Wettbewerbsverboten tritt der Betriebserwerber dagegen in die Rechtsstellung des Betriebsveräußerers ein.

106 **bb) Kollektivrechtliche Rechte und Pflichten.** Die Weitergeltung von **TV und BV** nach einem Betriebsübergang regeln Abs. 1 S. 2 bis 4. Abs. 1 S. 1 erfasst TV nur, wenn sie – z.B. mangels Tarifgebundenheit – einzelvertraglich vereinbart sind. Gegenstand der Weitergeltung sind nach h.M. die Inhalts- und Beendigungsnormen.

107 **(1) Transformation in den Arbeitsvertrag (individualrechtliche Weitergeltung).** Die kollektivrechtlichen Regelungen wie BV und TV werden – wenn sie nicht schon kollektivrechtlich weitergelten – nach Abs. 1 S. 2 **Inhalt des Arbverh**; grds. gelten sie also individualrechtlich weiter. Die **individualrechtliche Weitergeltung** solcher kollektivrechtlicher Vorschriften hat aber nur **Auffangfunktion**,[282] wenn es zu einer **kollektivrechtlichen Weitergeltung** nicht kommt.[283] Allerdings kann die Transformation von Vergütungsregelungen eines TV nicht durch ungünstigere Regelungen einer BV im Erwerberbetrieb verhindert oder beseitigt werden.[284] Von der individualrechtlichen Transformation werden die kollektiven Rechte – statisch – erfasst, die im Zeitpunkt des Übergangs des Arbverh bestehen. Zu Grunde zu legen ist der **Rechtsstand im Zeitpunkt des Betriebsübergangs**.[285] Soweit sich insb. tarifvertragliche Rechte weiterentwickeln, also bessere tarifliche Regelungen in Kraft gesetzt werden, gelten diese nicht für bereits vorher übergegangene AN.

108 Bei individualrechtlicher Weitergeltung kollektiver Regelungen greift eine **einjährige Veränderungssperre** für eine individualrechtliche Verschlechterung zwingender Regelungen ein, die einen Gesetzesverstoß einer dennoch getroffenen Änderungsregelung nach § 134 begründet. Nach Ablauf der einjährigen Veränderungssperre sind die arbeitsrechtlichen Änderungsmöglichkeiten anwendbar, wie **Änderungsvertrag** oder **Änderungs-Künd**. Allerdings ist zu beachten, dass eine Änderungs-Künd im Anwendungsbereich des KSchG sozial gerechtfertigt sein muss und der Gleichbehandlungsgrundsatz die **soziale Rechtfertigung** einer betriebsbedingten Änderungs-Künd zur Herbeiführung gleicher Arbeitsbedingungen nicht begründet.[286] Verliert die kollektivrechtliche Regelung vor Ablauf der einjährigen Veränderungssperre ihre **zwingende Wirkung**, endet die Änderungssperre bereits zu diesem Zeitpunkt. Gleiches gilt, wenn der Betriebserwerber mit den übernommenen AN die Geltung eines anderen TV vereinbart. Die individualrechtliche Weitergeltung erfasst aber nur den normativen Teil einer kollektivrechtlichen Regelung, da die schuldrechtlichen Verpflichtungen nur für die Vertragspartner der Kollektivregelung, also die Tarifpartner (TV) oder die Betriebspartner (BV) betreffen. Gleiches gilt für eine noch nicht umgesetzte Regelungsabrede.[287]

109 **(2) Kollektivrechtliche Weitergeltung.** Ist der Betriebserwerber kollektivrechtlich gebunden (z.B. tarifgebunden) – (siehe Rn 110) oder sind die betriebsverfassungsrechtlichen Vereinbarungen anwendbar (z.B. weil die Betriebsidentität bestehen bleibt) – (siehe Rn 111), gelten **TV und BV** kollektivrechtlich, also **unmittelbar und zwingend** (§ 4 Abs. 1 TVG, § 77 Abs. 4 S. 1 BetrVG) weiter, die Transformation in Individualrecht und die einjährige Veränderungssperre kommen dann nicht zum Tragen. Ausreichend ist es, wenn die kollektivrechtliche Regelung im Erwerberbetrieb erst nach dem Betriebsübergang vereinbart wird; sie verdrängt dann das zunächst transformierte Individualrecht.[288]

110 Bei **TV** setzt das – neben dem gleichen Regelungsgegenstand voraus, dass sowohl der AN, aber auch der – neue – AG – **kongruent** – **tarifgebunden** (§ 3 TVG), also Mitglied des tarifschließenden Verbandes (AG-Verband oder Gewerkschaft) ist.[289] Ist der TV jedoch allgemeinverbindlich, so gilt er – bei Beibehaltung des Betriebszwecks[290] – auch ohne Verbandsmitgliedschaft weiter, weil die **Allgemeinverbindlicherklärung** die fehlende Verbandsmitgliedschaft ersetzt. **Firmen-TV** gelten bei einer Gesamtrechtsnachfolge, weil der Betriebserwerber die Rechtsstellung des Betriebsveräußerers übernimmt.[291] Wird aber der Betriebszweck geändert und somit der Zuständigkeitsbereich der tarifschließenden Gewerkschaft verlassen, endet der Firmen-TV.[292] Da Abs. 1 S. 2 bis 4 die speziellere Norm[293] ist, kommt es auch nicht zu einer Nachgeltung des TV nach § 3 Abs. 3 TVG. Der Firmen-TV gilt dann indivi-

---

280 ErfK/*Preis*, § 613a BGB Rn 75.
281 ErfK/*Preis*, § 613a BGB Rn 78.
282 ErfK/*Preis*, § 613a BGB Rn 113; H/S/*Spirolke*, § 8 Rn 87.
283 ErfK/*Preis*, § 613a BGB Rn 119.
284 BAG 6.11.2007 – AP § 613a BGB Nr. 337.
285 BAG 20.6.2001 – AP § 1 TVG Bezugnahme auf Tarifvertrag Nr. 18 = NZA 2001, 517; BAG 29.8.2001 – BAGE 99, 10 = AP § 1 TVG Bezugnahme auf Tarifvertrag Nr. 17 = NZA 2002, 513.
286 ErfK/*Preis*, § 613a BGB Rn 120.
287 ErfK/*Preis*, § 613a BGB Rn 118.
288 BAG 14.8.2001 – BAGE 98, 323 = AP § 77 BetrVG 1972 Nr. 85 = NZA 2002, 276.
289 BAG 21.2.2001 – BAGE 97, 107 = AP § 4 TVG Nr. 20 = NZA 2001, 1318.
290 BAG 5.10.1993 – AP § 1 BetrAVG Zusatzversorgungskassen Nr. 42 = NZA 1994, 848.
291 APS/*Steffan*, § 613a BGB Rn 113.
292 ErfK/*Preis*, § 613a BGB Rn 113.
293 BAG 29.8.2001 – BAGE 99, 10 = AP § 1 TVG Bezugnahme auf Tarifvertrag Nr. 17.

dualrechtlich weiter.²⁹⁴ Auch eine Verweisung im Firmen-TV auf die Regelung im Verbands-TV entfaltet lediglich individualrechtliche Wirkung. I.Ü. könnte ein nur nachwirkender TV auch im einjährigen Zeitraum der Veränderungssperre abbedungen werden.

BV gelten dann normativ, also unmittelbar und zwingend (§ 77 Abs. 4 S. 1 BetrVG), weiter, wenn die **Betriebsidentität**²⁹⁵ gewahrt ist.²⁹⁶ Der Betriebserwerber tritt auch in die betriebsverfassungsrechtlichen Beziehungen zum BR ein. Einen besonderen Fall stellt das Übergangsmandat des BR dar²⁹⁷ (§ 21a BetrVG). Die Fortgeltung einer BV kommt danach auch dann in Betracht, wenn lediglich ein Betriebsteil übernommen und als eigenständiger Betrieb fortgeführt wird.²⁹⁸ Eine vor dem Betriebsübergang für einen anderen Betrieb abgeschlossene Betriebsvereinbarung ist dann eine andere Regelung i.S.d. Abs. 1 S. 3, wenn sie der Sache nach denselben Gegenstand regelt und betriebsverfassungsrechtlich im übernommenen Betrieb gilt.²⁹⁹ Eine **Gesamt-BV** gilt nach der Rspr. des BAG kollektivrechtlich schon dann weiter, wenn einer oder mehrere Betriebe unter Wahrung ihrer Identität übergehen; zumindest dann, wenn das andere Unternehmen bisher keinen Betrieb unterhalten hat.³⁰⁰ Über-Kreuz-Ablösungen (Ablösung eines TV durch eine BV und umgekehrt) sind nach h.M. zulässig, nach einer neuen BAG-Entscheidung bestehen aber Bedenken.³⁰¹

cc) Ausschluss der Weitergeltung. Nach Abs. 1 S. 3 gilt Abs. 1 S. 2 nicht, wenn bei dem Betriebserwerber ein anderer TV oder eine andere BV anwendbar ist.

(1) Tarifvertrag. Hinsichtlich der Geltung des anderen TV ist erforderlich, dass bei dem Betriebserwerber eine andere Tarifzuständigkeit besteht als beim Betriebsveräußerer und auch die übernommen AN an den für den Betriebserwerber geltenden TV gebunden sind. Sie müssen also Mitglied in der tarifschließenden Gewerkschaft (§ 3 TVG) sein, oder der TV für allgemeinverbindlich (§ 5 TVG) erklärt sein.³⁰² Das Erfordernis der **kongruenten Tarifbindung** sichert die Anwendung eines TV, sei es des TV beim bisherigen Betriebsinhaber nach Abs. 1 S. 2 oder des beim Betriebserwerber geltenden TV als Kollektivrecht nach Abs. 1 S. 3.

Für die kollektivrechtliche Weitergeltung eines TV müssen die übernommen AN aber auch beim bisherigen AG tarifgebunden gewesen sein, da sonst der TV als Arbeitsvertragsinhalt nach Abs. 1 S. 1 weiter gilt. Besteht nur eine Tarifbindung des AG, reicht das nicht.³⁰³ Voraussetzung ist weiter, dass der neue TV denselben Gegenstand betrifft.³⁰⁴

Der AN kann aber nicht gezwungen werden in die nunmehr zuständige Gewerkschaft einzutreten. Wird er nicht Mitglied der tarifschließenden Gewerkschaft des bei dem Betriebserwerber geltenden TV, werden nach **Abs. 1 S. 2** die im bisherigen TV beim Betriebsveräußerer geregelten Arbeitsbedingungen Inhalt des Arbverh. Durch die Gründung der Gewerkschaft ver.di hat die Tarifgebundenheit der Mitglieder von ver.di insoweit eine Ausweitung erfahren, dass TV-Partei aller in der Gewerkschaft ver.di aufgegangenen Gewerkschaften (z.B. ÖTV, DAG) jetzt ver.di ist, deren Mitglieder daher nunmehr gem. Abs. 1 S. 3 **tarifgebunden** sind.³⁰⁵

(2) Einzelvertragliche Bezugnahme. Gilt ein TV für ein Arbverh im Veräußererbetrieb kraft **einzelvertraglicher Verweisung**, greift Abs. 1 S. 1, da es sich dann um vertraglich vereinbarte Rechte und Pflichten handelt. Allerdings kann die Auslegung der Verweisungsklausel ergeben, dass nunmehr der neue – beim Betriebserwerber geltende – TV Anwendung finden soll.

Die Rspr. unterscheidet bei solchen Bezugnahmeklauseln in Arbeitsverträgen in dynamische und statische Bezugnahme. Bei **dynamischen Bezugnahmeklauseln** soll das jeweils im Betrieb anwendbare Tarifrecht gelten, bei einer **statischen Bezugnahmeklausel** ein konkret bezeichneter TV oder ein TV einer bestimmten Branche. Nach der Rspr. des BAG bedeutet das, dass bei einer sog. **großen dynamischen Bezugnahmeklausel** (**Tarifwechselklausel**) bei einem Wechsel des AG in eine andere Tarifgebundenheit der andere TV gilt. Mit einer solchen Klausel wird eine **Gleichstellung** der tarifgebundenen und der anderen AN bewirkt. Fällt die Tarifgebundenheit des AG weg, gibt es nichts mehr gleichzustellen; daraus folgt dann, dass der zuletzt anwendbare TV individualrechtlich nach Abs. 1

---

294 BAG 20.6.2001 – AP § 1 TVG Bezugnahme auf Tarifvertrag Nr. 18 = NZA 2002, 517.
295 BAG 5.2.1991 – BAGE 67, 168 = AP § 613a BGB Nr. 89 = NZA 1991, 639.
296 Kreft, a.a.O.
297 Mues, DB 2003, 1273; Bachner, NJW 2003, 2865; Hohenstatt/Müller-Bonanni, NZA 2003, 770.
298 BAG 18.9.2000 – BAGE 102, 365 = AP § 77 BetrVG 1972 Betriebsvereinbarung Nr. 7 = NZA 2003, 670, 766.
299 BAG 1.8.2001 – BAGE 98, 314 = AP § 613a BGB Nr. 225 = NZA 2002, 42.
300 BAG 18.9.2002 – BAGE 102, 365 = AP § 77 BetrVG 1972 Betriebsvereinbarung Nr. 7 = NZA 2003, 670, 766; ErfK/Preis, § 613a BGB Rn 115.
301 BAG 22.3.2005 – AP § 4 TVG Geltungsbereich Nr. 26.
302 BAG 21.2.2001 – AP § 97, 107 = AP § 4 TVG Nr. 20 = NZA 2001, 1318; BAG 30.8.2000, BAGE 95, 296 = AP § 1 TVG Bezugnahme auf Tarifvertrag Nr. 12 = NZA 2002, 510; ErfK/Preis, § 613a BGB Rn 126.
303 BAG 21.2.2001 – BAGE 97, 101 = AP § 4 TVG Nr. 20 = NZA 2001, 1318.
304 BAG 22.1.2003 – AP § 613a BGB Nr. 242; ErfK/Preis, § 613a BGB Rn 126.
305 BAG 11.5.2005 – AP § 4 TVG Tarifkonkurrenz Nr. 30.

S. 2 weitergilt.[306] Eine sog. Gleichstellungsabrede enthält auch die **kleine dynamische Bezugnahmeklausel,** dh. die Vereinbarung ersetzt die Tarifbindung durch die Mitgliedschaft im tarifschließenden Verband. Mit der Gleichstellungsabrede nimmt der betreffende AN aber nur solange an der Tarifentwicklung teil, wie ein durch Mitgliedschaft im tarifzuständigen Verband tarifgebundener AN.[307] Voraussetzung ist aber stets, dass der AG tarifgebunden ist.[308] Eine statische Bezugnahmeklausel kann nur bei Vorliegen besonderer Umstände als Tarifwechselklausel verstanden werden.[309]

118 Nach § 2 Nr. 10 NachwG ist anzugeben, welche TV anzuwenden sind.[310]

119 **(3) Betriebsvereinbarung.** Eine andere **BV** ist dann anwendbar, wenn in dem aufnehmenden Betrieb eine einschlägige BV bereits vorhanden ist oder demnächst geschaffen wird.[311] Die Ablösung eines TV durch eine BV ist möglich;[312] § 77 Abs. 3 BetrVG steht nicht entgegen, wenn der Betreiebserwerber nicht tarifgebunden ist und üblicherweise kein TV Anwendung findet.

120 **(4) Ablösung.** Insofern gilt nicht das Günstigkeitsprinzip sondern das **Ablöseprinzip,** d.h. die neue Kollektivregelung gilt auch, wenn sie schlechter ist.

121 **d) Betriebsverfassungsrechtliche Fragen. aa) Betriebsrat.** Der BR bleibt im Amt, wenn der Betrieb zwar den Inhaber wechselt, i.Ü. aber seine **organisatorische Einheit nicht verändert**;[313] das entspricht dem Normzweck der Wahrung der Kontinuität der betriebsverfassungsrechtlichen Organe.[314] Grundlage und Anknüpfungspunkt des Betriebsverfassungsgesetzes für die BR-Fähigkeit ist der Betrieb; bleibt dieser daher im Rahmen eines Betriebsübergangs bestehen, wird seine Identität also gewahrt, bleibt auch der BR als Organ bestehen. Die Rechtsstellung der BR-Mitglieder bleibt erhalten. In einem anhängigen Beschlussverfahren rückt der neue Betriebsinhaber automatisch in die Beteiligtenstellung des bisherigen AG ein. Ist zwischen dem Betriebsveräußerer und dem BR eine Verpflichtung des AG gegenüber dem BR rechtskräftig festgestellt, wirkt das bei Wahrung der Betriebsidentität auch gegenüber dem Betriebserwerber.[315]

122 Rein unternehmensbezogene Maßnahmen (share deal) haben daher keine Auswirkungen auf den Bestand des BR. Wird lediglich ein **Betriebsteil** übertragen, so verbleibt der BR beim Restbetrieb; eventuell kommt dort eine Neuwahl nach § 13 Abs. 2 Nr. 2 BetrVG in Betracht, wenn die Zahl der beschäftigten AN in dem erforderlichen Umfang gesunken ist.

123 Gehört ein BR-Mitglied zu dem übergehenden Betriebsteil, erlischt sein BR-Amt mit dem Übergang seines Arbverh auf den Betriebserwerber (§ 24 Nr. 3 BetrVG). Besteht ein Übergangs- oder Restmandat des früheren BR, so bleibt solange auch das übergehende BR-Mitglied im Amt.[316] **Widerspricht** das im übergehenden Betriebsteil beschäftigte BR-Mitglied dem Übergang seines Arbverh auf den Betriebserwerber, bleibt sein BR-Mandat im Restbetrieb erhalten.[317]

124 Der BR fällt jedoch als Organ weg, wenn sich die organisatorische Struktur des Betriebes ändert, die Identität des Betriebes also nicht bestehen bleibt. Geht der Betrieb oder Betriebsteil in einem Betrieb mit BR auf, wird er also eingegliedert,[318] ist nunmehr der BR des aufnehmenden Betriebes zuständig; auch in diesem Fall kommt ggf. eine Neuwahl nach § 13 BetrVG in Frage. Auch wenn in dem übernehmenden Betrieb kein BR besteht, obwohl er betriebsratsfähig ist, bleibt der BR des übergehenden Betriebes nicht im Amt, ein Übergangsmandat besteht nicht.

125 Wird aus dem übergehenden und dem übernehmenden Betrieb ein neuer Betrieb gebildet, verlieren beide Betriebe ihre Identität, die Betriebsräte gehen als Organ unter. Das Übergangsmandat wird von dem BR in dem Betrieb mit der größeren Zahl wahlberechtigter AN wahrgenommen (§ 21a Abs. 2 BetrVG); es ist ein Vollmandat.[319]

126 Geht ein Betrieb durch Stilllegung, Spaltung oder Zusammenlegung unter, bleibt nach § 21b BetrVG dessen BR solange im Amt, wie dies zur Wahrnehmung der damit im Zusammenhang stehenden Mitwirkungs- und Mitbestimmungsrechte erforderlich ist, er hat ein **Restmandat**.

---

306 BAG 16.10.2002 – AP § 1 TVG Bezugnahme auf Tarifvertrag Nr. 22 = NZA 2003, 390.
307 BAG 26.9.2001 – BAGE 99, 120 = AP § 1 TVG Bezugnahme auf Tarifvertrag Nr. 231 = NZA 2002, 634.
308 BAG 25.9.2002 – AP § 1 TVG Bezugnahme auf Tarifvertrag Nr. 26 = NZA 2003, 807.
309 H/S/*Spirolke*, § 8 Rn 97.
310 BAG 30.8.2000 – BAGE 95, 297 = AP § 1 TVG Bezugnahme auf Tarifvertrag Nr. 12 = NZA 2001, 510; H/S/*Spirolke*, § 8 Rn 97.
311 ErfK/*Preis*, § 613a BGB Rn 125.
312 ErfK/*Preis*, § 613a BGB Rn 126; H/S/*Spirolke*, § 8 Rn 100a; Bedenken jetzt BAG 22.3.2005 – AP § 4 TVG Geltungsbereich Nr. 26.
313 BAG 5.2.1991 – BAGE 67,168 = AP § 613a BGB Nr. 89 = NZA 1991, 639; ErfK/*Preis*, § 613a BGB Rn 124; Siegl Maschmann, Rn 268.
314 ErfK/*Preis*, § 613a BGB Rn 128; APS/*Steffan*, § 613a BGB Rn 148.
315 BAG 5.2.1991 – BAGE 67, 168 = AP § 613a BGB Nr. 89 = NZA 1991, 639.
316 ErfK/*Preis*, § 613a BGB Rn 130.
317 APS/*Steffan*, § 613a BGB Rn 151.
318 BAG 25.9.1996 – AP § 97 ArbGG 1979 Nr. 4.
319 APS/*Steffan*, § 613a BGB Rn 149.

Bereits in der Vergangenheit hat das BAG – ausgehend von § 321 UmwG – ein **Übergangsmandat** des BR im zu 127
veräußernden Betrieb anerkannt.[320] Nunmehr ist in § 21a BetrVG das Übergangsmandat des BR für den Fall der BR-Fähigkeit des neuen Betriebs[321] ausdrücklich für die Dauer von sechs Monaten anerkannt.[322] Das Übergangsmandat ist aber ausgeschlossen, wenn der aufnehmende Betrieb selbst einen BR hat.[323]

Geht der BR bei einem identitätswahrenden Betriebsübergang als Organ über, bleiben die einzelnen BR-Mitglieder 128
im Amt, ihre Rechtsstellung ist unverändert. Der besondere Künd-Schutz des § 15 KSchG bleibt bestehen.[324] Widerspricht das BR-Mitglied aber dem Übergang seines Arbverh nach Abs. 6, scheidet es gem. § 24 Abs. 1 S. 1 BetrVG aus dem BR aus; der nachwirkende Künd-Schutz des § 15 Abs. 1 S. 2 KSchG besteht nunmehr beim Betriebsveräußerer. Ist eine Weiterbeschäftigungsmöglichkeit beim Betriebsveräußerer nicht gegeben, kommt eine Künd-Möglichkeit nach § 15 Abs. 4 KSchG in Betracht.[325]

bb) Folgen eines Betriebs-/Betriebsteilübergangs für betriebsverfassungsrechtliche Regelungen. Eine 129
BV gilt nach einem identitätswahrenden Betriebs- oder Betriebsteilübergang kollektivrechtlich, d.h. mit unmittelbarer und zwingender Wirkung (§ 77 Abs. 4 S. 1 BetrVG) weiter; fällt die Betriebsidentität weg, werden die Rechte und Pflichten in das Arbverh transformiert.

cc) Soziale Angelegenheiten. Die Regelung des § 87 BetrVG gilt bei Vorliegen ihrer Voraussetzungen, z.B. bei 130
Arbeitszeitänderungen, auch im Falle eines Betriebsübergangs.

dd) Personelle Angelegenheiten. Sind die AN gem. § 613a beim Betriebserwerber weiterzubeschäftigen, liegt 131
keine Einstellung nach § 99 BetrVG vor, da es sich um einen Übergang des Arbverh kraft Gesetzes handelt.[326] U.U. ist der AN nach einem Betriebsübergang neu einzugruppieren oder umzugruppieren, dann gilt § 99 BetrVG. Wird das Arbverh gekündigt, ist nach § 102 BetrVG der BR anzuhören. Ist in Folge des Betriebsübergangs eine Versetzung erforderlich, ist nach § 99 BetrVG der BR zu beteiligen.

ee) Betriebsänderung. Nach den §§ 111 bis 113 BetrVG ist der BR bei der Planung und Durchführung einer Betriebsänderung zu beteiligen. In dem Betriebsübergang als solchem allein liegt grds. noch keine Betriebsänderung.[327] 132
Eine Betriebsänderung ist jedoch gegeben, wenn zu dem rechtsgeschäftlichen Wechsel des Betriebsinhabers weitere Maßnahmen treten, die den Tatbestand des § 111 BetrVG erfüllen also z.B. eine Änderung der Betriebsorganisation darstellen,[328] der Zusammenschluss mit anderen Betrieben oder die Spaltung des bisherigen Betriebes vorliegt.[329]

So liegt nach § 111 S. 3 BetrVG eine Betriebsänderung vor, wenn der Betrieb oder ein wesentlicher Betriebsteil still- 133
gelegt wird (Nr. 1), eine Verlegung stattfindet (Nr. 2), ein Zusammenschluss mit anderen Betrieben oder eine Spaltung stattfindet (Nr. 3),[330] eine grundlegende Änderung der Betriebsorganisation, des Betriebszwecks oder der Betriebsanlagen (Nr. 4) oder die Einführung grundlegend neuer Arbeitsmethoden und Fertigungsverfahren (Nr. 5) vorliegt. Eine Betriebsänderung kann auch in einem reinen Personalabbau liegen (§ 112a BetrVG). Werden die Beteiligungsrechte des BR nicht beachtet, können für die AN Nachteilsausgleichsansprüche nach § 113 BetrVG entstehen.[331]

ff) Betriebsverfassungsrechtliche Unterrichtungspflichten. Neben den Unterrichtungspflichten des AG ge- 134
genüber dem BR nach §§ 2 Abs. 1, 74 Abs. 1 BetrVG sind die §§ 80, 111 BetrVG und insb. in Fällen des Outsourcing die §§ 90 Abs. 1 Nr. 3 und 92 BetrVG zu beachten.[332]

Ein evtl. bestehender Wirtschaftsausschuss ist nach § 106 Abs. 2 BetrVG rechtzeitig und umfassend über die geplante 135
Betriebsübertragung zu informieren.[333] Gleiches gilt für den Sprecherausschuß der Leitenden Ang.[334] Für den einzelnen AN gibt § 110 BetrVG ein Unterrichtungsrecht.

e) Haftung. aa) Allgemein. Da das Arbverh im Falle eines Betriebsübergangs nach Abs. 1 mit allen Rechten und 136
Pflichten auf den Betriebserwerber übergeht, haftet dieser grds. für alle bereits entstandenen, aber noch offenen An-

---

320 BAG 31.5.2000 – BAGE 95, 15 = AP § 1 BetrVG 1972 Gemeinsamer Betrieb Nr. 12 = NZA 2000, 1350.
321 ErfK/*Preis*, § 613a BGB Rn 129.
322 *Bachner*, AiB 2003, 408.
323 ErfK/*Preis*, § 613a BGB Rn 129.
324 *Fitting u.a.*, § 24 Rn 26.
325 BAG 25.5.2000 – BAGE 95, 2 = AP § 613a BGB Nr. 209 = NZA 2000, 1115.
326 APS/*Steffan*, § 613a BGB Rn 156; Staudinger/*Richardi/Annuß*, § 613a Rn 331.
327 BAG 16.6.1987 – BAGE 55, 356 = AP § 111 BetrVG 1972 Nr. 19 = NZA 1987, 671; *Fitting u.a.*, § 111 Rn 50; HWK/ *Willemsen/Müller-Bonanni*, § 613a Rn 291; Staudinger/

Richardi/Annuß, § 613a Rn 335; a.A. DKK/*Däubler*, § 111 Rn 102.
328 BAG 31.1.2008 – 8 AZR 1116/06 – AP § 613a BGB Unterrichtung Nr. 2; *Moll*, RdA 2003, 129, 134 ff.
329 BAG 10.12.1996 – BAGE 95, 1 = AP § 112 BetrVG 1972 Nr. 110 = NZA 1997, 898; APS/*Steffan*, § 613a Rn 153.
330 BAG 10.12.1996 – BAGE 85,1 = AP § 112 BetrVG 1972 Nr. 110 = NZA 1997, 898.
331 ErfK/*Preis*, § 613a BGB Rn 131; *Dreher/Bernsau/Hauck*, BetrVG Rn 124.
332 APS/*Steffan*, § 613a BGB Rn 154.
333 BAG 22.1.1991 – BAGE 67, 97 = AP § 106 BetrVG 1972 Nr. 9 = NZA 1991, 649; ErfK/*Preis*, § 613a BGB Rn 128.
334 Staudinger/*Richardi/Annuß*, 613a Rn 334.

sprüche des AN.[335] Erfasst werden z.B. rückständige Vergütungsforderungen. Der Betriebsveräußerer haftet allein für die Ansprüche der bei ihm noch ausgeschiedenen AN;[336] das gilt auch für AN, die bei einem Betriebsübergang dem Übergang ihres Arbverh widersprechen.

137 **bb) Regelungsgehalt.** Nach § 613a Abs. 2 haftet der **bisherige Betriebsinhaber** – obwohl mit dem Betriebsübergang das Arbverh zu ihm endet und der Betriebserwerber in die Rechte und Pflichten aus dem Arbverh eintritt – **neben dem Betriebserwerber** für Verpflichtungen aus dem Arbverh, soweit sie vor dem Betriebsübergang entstanden sind und vor Ablauf eines Jahres nach dem Betriebsübergang fällig werden, als **Gesamtschuldner**. Wenn die Verpflichtung nach dem Betriebsübergang fällig wird, haftet der bisherige Betriebsinhaber aber nur in dem Umfang, der dem im Zeitpunkt des Übergangs abgelaufenen Teil des Bemessungszeitraums entspricht. Das betrifft z.B. Weihnachtsgratifikationen. Werden den die Ansprüche bereits vor dem Betriebsübergang fällig, ist die Haftung des Betriebsveräußerers unbeschränkt.

138 **cc) Haftungsausschluss.** Nach § 613a Abs. 3 greift diese Haftungsregelung aber nicht, wenn eine juristische Person oder eine Personenhandelsgesellschaft durch Umwandlung erlischt.

139 **dd) Andere Regelungen.** Neben Abs. 2 gelten die §§ 25, 28 HGB und § 419 BGB.

140 **f) Insolvenz.** § 613a gilt grds. auch in der Insolvenz eines AG (§ 128 Abs. 2 InsO).[337] Die zur – früher geltenden – Konkursordnung entwickelten Grundsätze sind anzuwenden. Der EuGH hat es für die RL 77/187/EWG den Mitgliedstaaten freigestellt, zu regeln, ob die Grundsätze der RL im Konkursfall anzuwenden sind.[338]

141 Uneingeschränkt gilt § 613a damit, soweit der Schutz der Arbeitsplätze und der Kontinuität des BR betroffen sind. Besondere Regelungen sind aber hinsichtlich der Haftung anzuwenden – insoweit gehen die Verteilungsgrundsätze des Insolvenzverfahrens vor.[339] Die Richlinie 2001/23/EG des Rates vom 12.3.2001 gestattet es, im Fall des Betriebserwerbs während eines Insolvenzverfahrens die vor dem Betriebsübergang fälligen Verbindlichkeiten des Betriebsveräußerers aus dem Arbverh vom Übergang auszunehmen.[340] Erfolgt der Betriebsübergang jedoch bereits vor der Eröffnung des Insolvenzverfahrens, ist § 613a ohne Einschränkungen anwendbar.[341] Das gilt auch, wenn der Betriebserwerber den Betrieb vor Insolvenzeröffnung vom Insolvenzverwalter erwirbt.[342] Die spätere Einstellung des Insolvenzverfahrens mangels Masse ändert an der eingetretenen Haftungsbeschränkung nichts.[343] Wird der Antrag auf Eröffnung des Insolvenzverfahrens bereits mangels Masse abgelehnt, bleibt es bei der unbeschränkten Haftung des Betriebserwerbers.

142 Auch der Wiedereinstellungsanspruch kommt im Insolvenzverfahren nicht zur Anwendung. Insoweit gilt die Erwägung der gleichmäßigen Gläubigerbefriedigung. Die übrigen Insolvenzgläubiger sollen gegenüber den AN nicht benachteiligt werden. Schließlich wird der Preis der Insolvenzmasse zu Lasten aller Insolvenzgläubiger verringert, wenn noch Arbverh bestehen.

143 Hinsichtlich der **betrieblichen Altersversorgung** haftet der Betriebserwerber lediglich für die bei ihm erdienten Ansprüche. Der Pensionssicherungsverein (PSV) haftet entsprechend nur für die beim Betriebveräußerer entstandenen, wegen der Insolvenz aber nicht zu realisierenden Versorgungsansprüche (§ 7 Abs. 2 BetrAVG).[344]

144 Bei Künd des Insolvenzverwalters sind die §§ 113, 120 bis 122, 125 bis 128 InsO zu beachten. Danach sind für eine Künd des Insolvenzverwalters z.B. kürzere Künd-Fristen zugrunde zu legen. Seit dem 1.1.2005 gilt auch für die Geltendmachung der Unwirksamkeit der Künd nach Abs. 4 die Drei-Wochen-Frist des § 4 KSchG.

145 **g) Kündigungsverbot. aa) Allgemein.** Abs. 4, der durch das Arbeitsrechtliche EG-Anpassungsgesetz eingeführt worden ist (vgl. Rn 3), trägt der Betriebsübergangs-RL Rechnung. Art. 4 Abs. 1 der Betriebsübergangs-RL bestimmt, dass „der Übergang eines Unternehmens, Betriebs oder Betriebsteils als solcher keinen Grund zur Künd darstellt. Diese Bestimmung steht etwaigen Künd aus wirtschaftlichen, technischen oder organisatorischen Gründen, die Änderungen im Bereich der Beschäftigung mit sich bringen, nicht entgegen".

146 Unzulässig ist eine Künd wegen des Betriebsübergangs (Abs. 4 S. 1); eine Künd aus anderen Gründen ist zulässig (Abs. 4 S. 2). Es ist daher zu prüfen, ob andere sachliche Gründe außerhalb des Betriebsübergangs, vorliegen, insbesondere Gründe im Verhalten oder in der Person des AN die Künd sozial rechtfertigen (§ 1 Abs. 2 KSchG).

147 Die Vorschrift erfasst AN, aber auch leitende Ang i.S.v. § 5 BetrVG.

---

335 Moll/*Cohnen*/Tepass, Münchener Anwaltshandbuch, § 51 Rn 118.
336 ErfK/*Preis*, § 613a BGB Rn 135.
337 Dreher/*Bernsau*/Hauck, InsO Rn 178.
338 ErfK/*Preis*, § 613a BGB Rn 146.
339 BAG 20.6.2002 – AP § 113 InsO Nr. 10 = NZA 2003, 318.
340 BAG 30.10.2008 – 8 AZR 54/07.
341 ErfK/*Preis*, § 613a BGB Rn 146.
342 BAG 20.6.2002 – AP § 113 InsO Nr. 10 = NZA 2003, 318; Moll/*Cohnen*/Trepass, Münchener Anwaltshandbuch, § 51 Rn 123.
343 Staudinger/*Richardi*/Annuß, § 613a Rn 319.
344 Moll/*Cohnen*/Trepass, Münchener Anwaltshandbuch, § 51 Rn 127.

bb) Regelungsgehalt. Abs. 4 BGB regelt ein **eigenständiges Künd-Verbot**, wenn der Betriebsübergang **tragender Grund der Künd** ist; eine Künd aus anderen Gründen ist möglich. 148

Ein besonderes Problem liegt in der Praxis darin, dass der Betriebsinhaber mangels eines Betriebserwerbers zunächst den AN kündigt, später aber – im Laufe der Künd-Frist oder nach deren Ablauf – doch noch einen Betriebserwerber findet. Für die Beurteilung der Wirksamkeit einer Künd kommt es nämlich auf den Zeitpunkt des Ausspruchs (Zugangs) der Künd an. Ist der Betriebsveräußerer zu diesem Zeitpunkt zur Schließung und Stillegung des Betriebs endgültig entschlossen, ist die Künd aus betriebsbedingten Gründen sozial gerechtfertigt. Kommt es jedoch innerhalb der Künd-Frist zu einem Betriebsübergang, spricht eine tatsächliche Vermutung gegen eine ernsthafte und endgültige Stillegungsabsicht (siehe Rn 90 f.). 149

Eine Künd wegen des Betriebsübergangs liegt z.B. nicht vor, wenn sie der Rationalisierung (Verkleinerung) des Betriebs zur Verbesserung der Verkaufschancen dient.[345] Das BAG hat auch eine Künd des Betriebsveräußerers aufgrund eines **Erwerberkonzepts**, das den Arbeitsplatz des AN nicht mehr vorsieht, als wirksam angesehen, auch wenn der Betriebsveräußerer das Konzept nicht durchführen kann.[346] 150

Das Künd-Verbot gilt auch für **Änderungs-Künd**. Ebenso werden **Eigen-Künd** und **Aufhebungsverträge**,[347] die den Künd-Schutz umgehen, erfasst. Andere Gründe für die Beendigung des Arbverh sind z.B. Befristungen, aber auch auflösende Bedingungen, soweit sie zulässig sind. 151

Bei einer betriebsbedingten Künd ist grds. eine **soziale Auswahl** durchzuführen (§ 1 Abs. 3 KSchG); das gilt auch bei einer Künd nach Widerspruch des AN gegen den Übergang seines Arbverh im Rahmen eines Betriebsübergangs.[348] 152

Die im Falle einer Teilbetriebsstillegung und einem Teilbetriebsübergang bei einer betriebsbedingten Künd im stillzulegenden Teilbetrieb vorzunehmende **soziale Auswahl** ist nicht auf diesen Betriebsteil beschränkt, wenn im Zeitpunkt der Künd der Teilbetriebsübergang noch nicht stattgefunden hat.[349] Im Fall eines bevorstehenden Teilbetriebsübergangs muß der AG einem davon betroffenen AN die Weiterbeschäftigung auf einem freien Arbeitsplatz – ggf. zu geänderten Arbeitsbedingungen – anbieten, sobald er damit rechnen muss, dass der AN dem Übergang seines Arbverh widersprechen wird.[350] 153

cc) Verbindung zu anderen Rechtsgebieten. Seit der AGENDA 2010 (Gesetz zu Reformen am Arbeitsmarkt) gilt die **dreiwöchige Klagefrist des § 4 KSchG** ab 1.1.2004 auch für die Geltendmachung einer Künd wegen eines Betriebsübergangs. 154

h) Vertragsfortsetzungs-/Wiedereinstellungsanspruch. aa) Allgemein. Kommt es nach Zugang einer Künd wegen Wegfalls der Beschäftigungsmöglichkeit zu einem Betriebsübergang, haben die in dieser Einheit beschäftigten und gekündigten AN einen **Vertragsfortsetzungs-**[351] bzw. **Wiedereinstellungsanspruch**.[352] Dies gilt nicht in der Insolvenz, soweit der Betriebsübergang nach Ablauf der Künd-Frist liegt.[353] 155

bb) Umgehung des Kündigungsschutzes. Ein **Aufhebungsvertrag** ist gem Abs. 4 unwirksam, wenn er lediglich die Kontinuität des Arbverh unterbrechen soll; dagegen ist ein Aufhebungsvertrag wirksam, wenn er das endgültige Ausscheiden des AN aus dem Arbverh bewirkt, ohne dass gleichzeitig ein neues Arbverh zum Betriebserwerber vereinbart oder verbindlich in Aussicht gestellt wird.[354] 156

i) Umwandlungsrecht. § 613a findet bei Umwandlungen grds. Anwendung, sofern die Voraussetzungen eines Betriebsübergangs gegeben sind. Dabei sind die Vorschriften des UmwG, insb. § 323 Abs. 2 UmwG zu beachten.[355] 157

j) Prozessrecht. aa) Passivlegitimation. Die Künd-Schutzklage richtet sich grds. gegen den AG, der die Künd ausgesprochen hat.[356] Hat der bisherige Betriebsinhaber vor dem Betriebsübergang gekündigt, ist er passiv für die Künd-Schutzklage legitimiert.[357] Ein Betriebsübergang nach Rechtshängigkeit der Künd-Schutzklage hat keinen 158

---

345 BAG 18.7.1996 – BAG 83, 302 = AP § 613a BGB Nr. 147 = NZA 1997, 148.
346 BAG 20.3.2003 – AP § 613a BGB Nr. 250 = NZA 2003, 1027; *Gaul/Bonanni*, DB 2003, 1902.
347 BAG 25.10.2007 – 8 AZR 917/06 – DB 2008, 989.
348 BAG 27.2.1997 – AP § 1 KSchG 1969 Wiedereinstellung Nr. 1; BAG 21.3.1996 – BAGE 82, 316 = AP § 102 BetrVG 1972 Nr. 81 = NZA 1996, 974.
349 BAG 28.10.2004 – AP § 1 KSchG 1969 Soziale Auswahl Nr. 69 = NZA 2005, 285.
350 BAG 15.8.2002 – BAGE 102, 197 = AP § 613a BGB Nr. 241 = NZA 2003, 432; *Pomberg*, DB 2003, 2177.
351 ErfK/*Preis*, § 613a BGB Rn 163 ff.
352 BAG 25.10.2007 – 8 AZR 989/06 – AP § 613a BGB Wiedereinstellung Nr. 2; BAG 28.6.2000 – BAGE 95, 171 = AP § 1 KSchG 1969 Wiedereinstellung Nr. 6 = NZA 2000, 1097; BAG 27.2.1997 – AP § 1 KSchG 1969 Wiedereinstellung Nr. 1 = NZA 1997, 757; BAG 3.11.1997 – BAGE 87, 115 = AP § 613a BGB Nr. 169 = NZA 1998, 251.
353 BAG 13.5.2004 – AP § 613a BGB Nr. 264; BAG 28.10.2004 – 8 AZR 199/04 – NZA 2005, 405.
354 BAG 10.12.1998 – AP § 613a BGB Nr. 185.
355 Staudinger/*Richardi*/*Annuß*, § 613a Rn 308 ff.
356 ErfK/*Preis*, § 613a BGB Rn 174.
357 BAG 18.3.1999 – AP § 4 KSchG 1969 Nr. 44 = NZA 1999, 706.

Einfluss auf den Rechtsstreit.[358] § 265 Abs. 2 ZPO findet Anwendung;[359] ein Urteil wirkt gem. § 325 Abs. 1 ZPO für und gegen den Rechtsnachfolger.[360] Findet vor Ablauf der Künd-Frist ein Betriebsübergang statt, geht das Arbverh im gekündigten Zustand auf den Betriebserwerber über. Der Betriebsveräußerer bleibt jedoch für die Künd-Schutzklage passivlegitimiert.[361]

159 Den Übergang seines Arbverh auf den Betriebserwerber, kann der AN aber nur gegen diesen klageweise geltend machen. Wird die Unwirksamkeit einer Künd des Betriebsveräußerers nach dem Betriebsübergang geltend gemacht und stützt der AN die Künd-Schutzklage darauf, dass vor der Künd ein Betriebsübergang stattgefunden hat, ist eine Klage gegen den Betriebsveräußerer unschlüssig.[362]

160 Der AN kann den früheren und den neuen Betriebsinhaber als Streitgenossen in demselben Rechtsstreit verklagen.[363]

161 Nach der Rspr. des BAG[364] ist es auch zulässig – im Falle der Unsicherheit, ob ein Betriebsübergang vorliegt oder nicht, auch zu empfehlen –, dass der AN den bisherigen AG auf Feststellung, dass die Künd unwirksam ist (§ 4 KSchG), und den Betriebserwerber auf Feststellung, dass das Arbverh unverändert zu diesem fortbesteht (§ 256 ZPO), in Anspruch nimmt. Bei verschiedenen Gerichtsständen ist das zuständige Gericht durch das BAG zu bestimmen.[365] Falls die Künd-Schutzklage gegen Betriebsveräußerer und Klage gegen Erwerber auf Feststellung, dass das Arbverh unverändert fortbesteht (die Wirksamkeit der Künd ist dann Vorfrage) erhoben werden, liegt subjektive Klagehäufung vor, Betriebsveräußerer und -erwerber sind aber nicht notwendige Streitgenossen nach § 62 ZPO.[366] Legt bei Stattgabe des ArbG nur der Betriebserwerber Berufung ein, soweit er als Hauptpartei unterlegen ist, wird die Künd-Schutzklage nicht Gegenstand des Berufungsverfahrens.[367] Die allg. Feststellungsklage nach § 256 ZPO auf unveränderten Fortbestand des Arbverh ist gegen den Betriebserwerber zu richten. Eine bedingte subjektive Klagehäufung, also das Vorgehen gegen den Betriebsveräußerer und den -erwerber, gegen beide zusammen ist nicht zulässig.[368] Möglich ist auch eine Klage allein auf Feststellung des Fortbestands des Arbverh gegen den Betriebserwerber, gleich wer gekündigt hat, der Betriebsveräußerer oder der -erwerber. Eine Klage nach dem Betriebsübergang ist grundsätzlich gegen den Betriebserwerber zu richten; dies gilt insbesondere dann, wenn die Künd erst bei diesem wirksam wird. Nach der Rspr. kann die Künd-Schutzklage auch dann gegen den Betriebsveräußerer erhoben werden, wenn die Künd vor dem Betriebsübergang erfolgt und der AN Widerspruch gegen Übergang seines Arbverh einlegt oder die Künd-Frist erst beim Betriebserwerber abläuft. Wird kein Widerspruch erhoben, ist die Klage ist auf unveränderten Fortbestand des Arbverh gegen den Betriebserwerber zu richten, unabhängig davon, wann die Künd zugegangen ist.

162 Die Fortsetzung des gegen den Betriebsveräußerer vor dem Betriebsübergang begonnenen Künd-Schutzverfahrens nach dem Betriebsübergang gegen den Betriebsveräußerer ist zulässig.

163 Ausnahmsweise kann trotz einer Künd des Betriebserwerbers Feststellungsklage gegen Betriebsveräußerer erhoben werden, sofern ein Rechtsschutzbedürfnis gegeben ist, also noch Ansprüche des AN gegen den Veräußerer bestehen, z.B. Nachhaftung des früheren AG nach Abs. 2. Bestehen keine Ansprüche mehr, fehlt das Feststellungsinteresse.

164 Bei einer Künd durch den Betriebserwerber nach dem Betriebsübergang kann die Künd-Schutzklage nur gegen den Betriebserwerber gerichtet werden.

165 **bb) Beweislast.** Die Partei, die aus dem Betriebsübergang Rechte geltend macht, hat darzulegen und zu beweisen, dass ein Betriebsübergang vorliegt.[369] Beruft sich der AN auf das Vorliegen eines Betriebsübergangs, hat er diesen daher darzulegen und im Bestreitensfall zu beweisen; nach der Rspr. des BAG kommt ihm allerdings der Beweis des ersten Anscheins zugute, wenn er darlegt, dass der Betriebserwerber die wesentlichen Betriebsmittel weiterverwendet, um – nach Einstellung des Geschäftsbetriebs durch den bisherigen Inhaber – einen im Wesentlichen gleichen Betrieb zu zu führen.[370] Dagegen ist im Rahmen einer Künd-Schutzklage der AG für die Künd-Gründe darlegungs- und beweispflichtig (§ 1 Abs. 4 KSchG).

166 **cc) Rechtskraft.** Das Urteil wirkt nach § 325 ZPO auch für und gegen den Betriebserwerber, soweit die festgestellte Unwirksamkeit der Künd betroffen ist. Allerdings gilt er nicht, soweit der Bestand des Arbverh zum Betriebserwerber betroffen ist. § 325 ZPO findet im Verhältnis zu der als Betriebserwerber in Anspruch genommenen

---

358 Staudinger/*Richardi/Annuß*, § 613a Rn 338.
359 BAG 4.3.1993 – AP § 613a BGB Nr. 101 = NZA 1994, 260; BAG 20.3.1997 – BAGE 85, 330 = AP § 9 KSchG 1969 Nr. 30 = NZA 1997, 937.
360 Staudinger/*Richardi/Annuß*, § 613a Rn 338.
361 Staudinger/*Richardi/Annuß*, § 613a Rn 340.
362 BAG 18.4.2002 – AP § 613a BGB Nr. 232 = NZA 2002, 1207.
363 ErfK/*Preis*, § 613a BGB Rn 174.
364 BAG 24.6.2004 – AP § 613a BGB Nr. 278; Staudinger/*Richardi/Annuß*, Rn 340.
365 BAG 24.4.1996 – AP § 59 ZPO Nr. 1 = NZA 1996, 1062.
366 BAG 4.3.1993 – AP § 613a BGB Nr. 101; BAG 25.4.1996 – AP § 59 ZPO Nr. 1 = NZA 1996, 1062; BAG 13.11.1996 – AP § 36 ZPO Nr. 52 = NZA 1997, 227.
367 BAG 4.3.1993 – AP § 613a BGB Nr. 101.
368 BAG 11.12.1997 – BAGE 73, 303 = AP § 613a BGB Nr. 172 = NZA 1998, 540.
369 ErfK/*Preis*, § 613a BGB Rn 177.
370 BAG 3.7.1986 – AP § 613a BGB Nr. 53 = NZA 1987, 123; Staudinger/*Richardi/Annuß*, § 613a Rn 342.

Person weder unmittelbare noch entsprechende Awendung, wenn der behauptete Betriebsübergang vor Eintritt der Rechtshängigkeit der Künd-Schutzklage stattgtefunden hat.[371]

Für den Fall der Zwangsvollstreckung kommt eine Titelunmschreibung nach § 727 ZPO oder die Klauselumschreibung nach § 731 ZPO in Betracht.[372]

dd) Auflösung des Arbeitsverhältnisses. Die **Auflösung des Arbverh** trotz unwirksamer Künd kann der AN nach einem Betriebsübergang nur gegen den Betriebserwerber geltend machen, wenn er dem Übergang seines Arbverh nicht widersprochen hat. Hat er jedoch widersprochen, bleibt er bei dem ursprünglichen Betriebsinhaber und kann nur gegenüber diesem die Auflösung des Arbverhses geltend machen.

Der Auflösungsantrag nach § 9 KSchG ist grds. gegen den AG zu richten, der das Arbverh gekündigt hat.[373] Da aber nach § 9 Abs. 2 KSchG im Falle der Begründetheit des Auflösungsantrags als Beendigungszeitpunkt der Zeitpunkt anzusetzen ist, zu dem es bei einer sozial gerechtfertigten Künd geendet hätte, ist bei einem Betriebsübergang im Laufe der Künd-Frist der Auflösungsantrag gegen den Betriebserwerber zu richten.[374]

Ein Auflösungsantrag kann von dem Betriebsveräußerer auch noch nach dem Betriebsübergang gestellt werden, auch wenn die Künd-Frist vor dem Betriebsübergang abläuft[375] und damit ein möglicher Auflösungszeitpunkt vor dem Betriebsübergang liegen würde.

k) Gesamtrechtsnachfolge. Auf Grund der Rechtsgrundverweisung in § 324 UmwG findet § 613a auch bei einer Gesamtrechtsnachfolge partiell Anwendung.

l) Beratungshinweise. Ist nicht klar, ob ein Betriebsübergang stattgefunden hat oder nicht, ist im Falle einer Künd des Arbverh zu vempfehlen, sowohl eine Künd-Schutzklage (§ 4 KSchG) gegen den kündigenden AG zu erheben, als auch eine allg. Festestellungsklage (§ 256 ZPO) gegen den vermuteten Betriebserwerber, da nur dann eine rechtskräftige Feststellung des Betriebsübergangs gegen den Betriebserwerber möglich ist. Eine bedingte subjektive Klagehäufung ist aber nicht zu raten, da sie unzulässig wäre.[376]

IV. Unterrichtungspflicht (Abs. 5)

1. Allgemein. Nachdem in der Vergangenheit i.d.R. die Voraussetzungen – Wann liegt überhaupt ein Betriebsübergang vor? – und die Rechtsfolgen eines Betriebsübergangs – Auswirkungen auf die Arbverh, auf TV und BV; Künd-Recht und Haftungssystem – diskutiert wurden, hat die **Neuregelung** der Abs. 5 und 6 des § 613a im „Gesetz zur Änderung des Seemannsgesetzes und anderer Gesetze"[377] vom 23.3.2002, in Kraft getreten zum 1.4.2002, zwei andere Fragen des Betriebsübergangs in den Vordergrund gerückt: Die **Unterrichtung der AN von dem Betriebsübergang** nach Abs. 5 und das **Widerspruchsrecht des AN gegen den Übergang seines Arbverh auf den Betriebserwerber** nach Abs. 6.

Da das Widerspruchsrecht des Abs. 6 an die Unterrichtung des Abs. 5 anknüpft, hat insb. die Frage der richtigen und vollständigen Information der von dem Betriebsübergang betroffenen AN neue Bedeutung erlangt. Für die Praxis von Umstrukturierungen und Outsourcing ist die vollständige Unterrichtung nach Abs. 5 des § 613a von ganz wesentlicher Bedeutung, da nur die **ordnungsgemäße Information** die **Widerspruchsfrist** des Abs. 6 in Gang setzt.[378] Nur wenn die Widerspruchsfrist läuft, kann aber die vom Gesetzgeber herausgestellte **Klärung und Planungssicherheit** für die beteiligten AG herbeigeführt werden, welche AN bei dem Betriebsveräußerer bleiben und welche AN vom Betriebserwerber übernommen werden müssen. Daher kann das eine nicht ohne das andere erörtert werden. Auch nach der Gesetzesbegründung[379] gehören Widerspruchsrecht und Unterrichtung zusammen, sie stehen in wechselseitigem Bezug.[380]

Höchstrichterliche Rspr. zur Frage, wann die Unterrichtung nach Abs. 5 ordnungsgemäß erfolgt ist und die Widerspruchsfrist in Lauf gesetzt hat, ist erstmals am 13.7.2006[381] und in der Folge am 14.12.2006[382] ergangen.

2. Regelungsgehalt. a) Umsetzung von Europarecht. aa) Europäische Richtlinie 2001/23/EG. Mit der Neuregelung sollte die Europäische RL 2001/23/EG des Rates vom 12.3.2001 zur Angleichung der Rechtsvorschriften der Mitgliedstaaten über die Wahrung von Ansprüchen der AN beim Übergang von Unternehmen, Betrieben oder Unternehmens- oder Betriebsteilen[383] (Betriebsübergangs-RL) in Deutsches Recht umgesetzt werden.

---

371 BAG 18.2.1999 – AP § 325 ZPO Nr. 5 = NZA 1999, 648.
372 Staudinger/*Richardi/Annuß*, 613a Rn 338.
373 BAG 20.3.1997 – BAGE 85, 330 = AP § 9 KSchG 1969 Nr. 30 = NZA 1997, 937.
374 BAG 20.3.1997 – BAGE 85, 330 = AP § 9 KSchG 1969 Nr. 30 = NZA 1997, 937; ErfK/*Preis*, § 613a BGB Rn 176.
375 BAG 24.5.2005 – 8 AZR 246/04 – n.v.
376 BAG 11.12.1997 – BAGE 87, 303 = AP § 613a BGB Nr. 172 = NZA 1998, 540; *Müller-Glöge*, NZA 1997, 449, 456.
377 BGBl I 2002 S. 1163.
378 BAG 13.7.2006 – AP § 613a BGB Nr. 311u. 312; *Pröpper*, DB 2003, 2011.
379 BT-Drucks 14/7760, S. 20; *Worzalla*, NZA 2002, 356.
380 *Bauer/v. Steinau-Steinrück*, ZIP 2002, 457.
381 BAG 13.7.2006 – AP § 613a BGB Nr. 311u. 312.
382 BAG 14.12.2006 – NZA 2007, 682.
383 ABl EG Nr. L 82, S. 16.

177 Die Europäische Betriebsübergangs-RL 2001/23/EG (wie die RL 98/50/EG und die RL 77/187/EWG) sieht vor, dass AG in den Betrieben bzw. Unternehmen, in denen es unabhängig vom Willen der AN keine AN-Vertretungen gibt, die AN vor dem Übertragungsvorgang über den Zeitpunkt bzw. den geplanten Zeitpunkt des Übergangs, den Grund für den Übergang, die rechtlichen, wirtschaftlichen und sozialen Folgen des Übergangs für die AN und die hinsichtlich der AN in Aussicht genommenen Maßnahmen informieren (Art. 7 Abs. 6). Kann jedoch eine AN-Vertretung gebildet werden, ist diese – wenn sie besteht – rechtzeitig zu unterrichten (Art. 7 Abs. 1 – besteht keine AN-Vertretung, obwohl es eine solche geben könnte, gibt es keine Unterrichtung der AN). Es wird daher verbreitet die Meinung vertreten, der deutsche Gesetzgeber sei über die europäischen Vorgaben hinausgegangen,[384] da er generell die Unterrichtung der vom Betriebsübergang betroffenen AN vorgeschrieben hat, unabhängig davon, ob es einen BR geben kann, insb. unabhängig davon, ob der Betrieb überhaupt betriebsratsfähig ist. Es wird aber auch darauf hingewiesen, dass der deutsche Gesetzgeber – insoweit abweichend von der europarechtlichen Regelung – keine Unterrichtung im verbleibenden Restbetrieb oder im aufnehmenden Betrieb vorgesehen hat.[385] Jedenfalls hat der deutsche Gesetzgeber ganz bewusst die Unterrichtung der von einem Betriebsübergang betroffenen AN vorgesehen.[386]

178 **bb) Umwandlungsgesetz.** Nach § 324 UmwG gelten die Abs. 5 und 6 auch in Umwandlungsfällen (Verschmelzung, Spaltung, Vermögensübertragung).

179 **b) Unterrichtung nach Abs. 5. aa) Vorliegen eines Betriebsübergangs.** Nach Abs. 5 sind die AN nur und immer dann zu unterrichten, wenn ein Betriebsübergang i.S.d. Abs. 1 S. 1 vorliegt,[387] d.h. ein Betrieb oder Betriebsteil durch Rechtsgeschäft auf einen Betriebserwerber übergeht. Die Erfüllung der Unterrichtungspflicht ist aber nicht Voraussetzung für die Wirksamkeit eines Betriebsübergangs.[388] Zeitlich liegt ein Betriebsübergang dann vor, wenn der Betriebserwerber die arbeitstechnische Führungs- und Leitungsmacht übernimmt.[389]

180 **bb) Gesamtrechtsnachfolge.** Eine Unterrichtung nach Abs. 5 hat gem. § 324 UmwG auch im Falle eines Betriebsübergangs durch Gesamtrechtsnachfolge nach dem **UmwG** (Verschmelzung, Spaltung, Vermögensübertragung) zu erfolgen.

181 **cc) Sinn und Zweck der Unterrichtung.** Durch die Unterrichtung soll den AN – nach der Gesetzesbegründung – bereits vor dem Betriebsübergang eine ausreichende **Entscheidungsgrundlage**[390] für die Ausübung oder Nichtausübung des Widerspruchsrechts zur Verfügung stehen; sie sollen in die Lage versetzt werden, die Folgen des Betriebsübergangs für sich abschätzen zu können. Außerdem soll dem Betriebsveräußerer Klarheit verschafft werden, welche AN bei ihm verbleiben, und dem Betriebserwerber, welche Mitarbeiter bei ihm tätig werden.[391]

182 **c) Form der Unterrichtung. aa) Textform.** Die Unterrichtung muss in Textform vor dem Betriebsübergang erfolgen.[392] Schriftform wird hier nicht verlangt, da nach der Gesetzesbegründung nicht die Warnfunktion – wie beim Widerspruch (siehe Rn 215) – sondern die Informations- und Dokumentationsfunktion im Vordergrund steht. Die Unterrichtung muss in Schriftzeichen lesbar sein, die Person des Erklärenden angeben und den Abschluss der Erklärung erkennbar machen (§ 126b BGB). Eine eigenhändige Unterschrift ist nicht erforderlich. Somit genügt auch eine Kopie, ein Telefax oder eine E-Mail (allerdings nur, wenn der AN seine E-Mail-Adresse zur Teilnahme am E-Mail-Verkehr bekanntgegeben hat). Der Empfänger soll die Möglichkeit haben, sich ggf. weitergehend zu erkundigen und beraten zu lassen;[393] eine mündliche Unterrichtung – evtl. auf einer Betriebsversammlung – genügt daher nicht.

183 **bb) Zugang der Unterrichtung.** Die Unterrichtung muss dem AN zugehen; sie ist erst mit dem Zugang bei dem AN bewirkt.[394] Daher sind alle Formen der Unterrichtung, bei denen der Nachweis des Zugangs beim AN schwierig ist – z.B. Aushang am Schwarzen Brett, aber auch E-Mail – problematisch. Für den Zugang der Unterrichtungsschrift bei dem AN ist der AG (Betriebsveräußerer oder Betriebserwerber) **darlegungs- und beweispflichtig**; er trägt daher das Zugangsrisiko.[395]

184 **d) Unterrichtungspflichtiger. aa) Bisheriger Arbeitgeber oder neuer Betriebsinhaber.** Die **Unterrichtungspflicht** trifft den bisherigen AG oder den neuen Betriebsinhaber.[396] Sie kann von jedem der beiden erfüllt wer-

---

[384] ErfK/*Preis*, § 613a BGB Rn 84; *Bauer*/v. *Steinau-Steinrück*, ZIP 2002, 458; *Nehls*, NZA 2003, 823.
[385] *Franzen*, RdA 2002, 258 ff.
[386] Gesetzesbegründung – s. BT-Drs 831/01 S. 42 f.
[387] *Worzalla*, NZA 2002, 354; *Jaeger*, ZIP 2004, 433.
[388] *Grobys*, BB 2002, 727.
[389] BAG 27.10.2005 – AP § 613a BGB Nr. 292; EuGH 26.5.2005 – NZA 2005, 681.
[390] BAG 13.7.2006 – AP § 613a BGB Nr. 311 u. 312; BAG 14.12.2006 – NZA 2007, 682; *Krügermeyer-Kalthoff/Reutershan*, MDR 2003, 541; *Huke*, FA 2002, 264; *Grobys*, BB 2002, 727.
[391] *Willemsen/Lembke*, NJW 2002, 1161; *Krügermeyer-Kalthoff/Reutershan*, MDR 2003, 542.
[392] Staudinger/*Richardi/Annuß*, 613a Rn 153; Moll/*Cohnen/Tepass*, Münchener Anwaltshandbuch, § 52 Rn 19 ff.
[393] *Worzalla*, NZA 2002, 356.
[394] *Worzalla*, NZA 2002, 356.
[395] *Grobys*, BB 2002 727; *Nehls*, NZA 2003, 822.
[396] Staudinger/*Richardi/Annuß*, § 613a Rn 151.

den und wirkt dann auch gegenüber dem anderen; somit liegt ein Fall der **Gesamtschuldnerschaft** i.S.d. §§ 421 ff. vor.[397] Nach der Gesetzesbegründung sollen sich der Betriebsveräußerer und der Betriebserwerber untereinander verständigen, in welcher Weise sie ihre Informationspflicht erfüllen. Es steht auch nichts dagegen, dass die Information gemeinsam erbracht wird. Maßgeblich ist der Kenntnisstand zum Zeitpunkt der Unterrichtung.

bb) Vereinbarung. Praktische Probleme hinsichtlich der Erbringung der vollständigen und richtigen Informationen können dadurch vermieden werden, dass zwischen dem Betriebsveräußerer und dem Betriebserwerber eine Vereinbarung getroffen wird (s. Art. 3 Nr. 2 der Betriebsübergangs-RL), wer die Unterrichtung vornimmt, sowie in welcher Weise und mit welchem Inhalt. U.U. ergeben sich auch Schadensersatzansprüche der beteiligten AG gegeneinander;[398] z.B. wenn der intern zur Unterrichtung Verpflichtete die Informationspflicht nicht oder fehlerhaft erfüllt.[399] 185

cc) Widerspruchsfrist. Falls aber derjenige, der vereinbarungsgemäß die Unterrichtung vornehmen soll, dies nicht tut, läuft die Widerspruchsfrist auch nicht gegenüber dem anderen am Betriebsübergang beteiligten AG. 186

e) Unterrichtungsadressaten. aa) Unterrichtung der Arbeitnehmer. Zu unterrichten sind **die AN, die vom Betriebs- oder Betriebsteilübergang betroffen sind**.[400] Welche AN dem übergehenden Betriebsteil zuzuordnen sind, kann sich aus dem Übernahmevertrag ergeben. Der Gesetzgeber hat damit einen anderen Weg gewählt als die Europäische Betriebsübergangs-RL, die die **Unterrichtung der AN-Vertretung** vorsieht und nur für den Fall, dass bereits nach dem Gesetz – unabhängig vom Willen der AN – eine AN-Vertretung nicht besteht, die Information der AN vorschreibt (siehe Rn 177). 187

bb) Betroffene Arbeitnehmer. Allerdings ist – im Gegensatz zur Betriebsübergangs-RL – nur die Unterrichtung der von einem Übergang „betroffenen" AN vorgesehen, nicht aber die Information der AN oder AN-Vertretungen im verbleibenden „Rest"betrieb oder im aufnehmenden Betrieb.[401] 188

f) Rechtsnatur der Unterrichtung. Die Unterrichtungspflicht nach Abs. 5 ist nach h.M. als **echter Auskunftsanspruch** der AN anzusehen, der auch in Form eines Erfüllungsanspruchs eingeklagt werden kann;[402] ggf. ergibt sich bei seiner Verletzung ein **Schadensersatzanspruch**.[403] Dem ist das BAG gefolgt.[404] Als individueller Auskunftsanspruch besteht der Unterrichtungsanspruch des einzelnen AN unabhängig davon, ob der BR – daneben – einen Anspruch auf Information nach §§ 80 Abs. 2 S. 1 BetrVG oder im Rahmen einer geplanten Betriebsänderung nach § 111 BetrVG – bzw. der Wirtschaftsanspruch nach § 106 BetrVG – hat. 189

g) Inhalt der Unterrichtung. Das Gesetz sieht gem. Abs. 5 Nr. 1 bis 4 folgende Inhalte für die Unterrichtung vor (insoweit übereinstimmend mit Art. 7 Abs. 6 der Betriebsübergangs-RL),[405] wobei es sich nahezu von selbst versteht, dass bisheriger Betriebsinhaber und Übernehmer angegeben werden müssen.[406] Das BAG hat insofern angenommen,[407] dass der Betriebserwerber identifizierbar, also insb. sein Sitz oder eine zustellfähige Anschrift, benannt wird; die Angabe „neue GmbH" reicht nicht zur Bezeichnung des Betriebserwerbers.[408] 190

aa) Zeitpunkt oder geplanter Zeitpunkt des Betriebsübergangs (Abs. 5 Nr. 1). Damit ist der kalendermäßige Stichtag des Betriebsübergangs gemeint. Falls dieser – wie häufig – nicht genau benannt werden kann, genügt der geplante Zeitpunkt. Ist der Zeitpunkt von einer Eintragung, z.B. Handelsregister (Umwandlungsgesetz), abhängig, muss über diesen Umstand und die voraussichtliche Eintragung unterrichtet werden. 191

bb) Grund für den Betriebsübergang (Abs. 5 Nr. 2). Damit ist in erster Linie der **Rechtsgrund** für den Betriebsübergang gemeint (z.B. Kaufvertrag, Pachtvertrag, Mietvertrag, Umwandlung o.ä.); fraglich ist, ob auch über das Motiv für den Betriebsübergang informiert werden muss.[409] Jedenfalls wird eine schlagwortartige Schilderung der zugrunde liegenden Umstände (Unternehmensentscheidung, Umorganisationskonzept) nach dem Sinn und Zweck der Unterrichtung verlangt werden müssen, da der Rechtsgrund allein oft nicht aussagekräftig sein wird 192

---

397 Zweifelnd *Franzen*, RdA 2002, 264; *Jaeger*, ZIP 2004, 433.
398 *Nehls*, NZA 2003, 823.
399 *Worzalla*, NZA 2002, 353.
400 Staudinger/*Richardi/Annuß*, § 613a Rn 150.
401 *Franzen*, RdA 2002, 258 ff.; *Nehls*, NZA 2003, 823.
402 *Franzen*, RdA 2002, 258; *Willemsen u.a.*, Rn G 224; *Willemsen/Lembke*, NJW 2002, 1161; *C. Meyer*, BB 2003, 1013 *Gaul/Otto*, DB 2002, 639; *Nehls*, NZA 2003, 824; a.A: *Bauer/v. Steinau-Steinrück*, ZIP 2002, 458; *Willemsen/Lembke*, NJW 2002, 1159; *Worzalla*, NZA 2002, 354; *Grobys*, BB 2002, 727; ErfK/*Preis*, § 613a BGB Rn 85; *Bauer/v. Steinau-Steinrück*, Sonderbeilage zu NZA-Heft 16/2003, 73; *Adam*, AuR 2003, 443.
403 ErfK/*Preis*, § 613a BGB Rn 90.
404 BAG 13.7.2006 – AP § 613a BGB Nr. 311 u. 312.
405 Staudinger/*Richardi/Annuß*, § 613a Rn 155 ff.; Moll/*Cohnen/Tepass*, Münchener Anwaltshandbuch, § 52 Rn 24 ff.
406 *Bauer/v. Steinau-Steinrück*, ZIP 2002, 463; *Bichlmeier*, DZWIR 2002, 278.
407 BAG 13.7.2006 – AP § 613a BGB Nr. 311.
408 BAG 21.8.2008 – 8 AZR 407/07.
409 Bejahend: *Bährle*, BuW 2002, 1004, 1005; verneinend: *Bonanni*, ArbRB 2002, 19.

und nicht geeignet ist, eine Entscheidungsgrundlage für die Ausübung des Widerspruchsrechts zu geben;[410] so hat es das BAG auch entschieden.[411]

193 cc) **Rechtliche, wirtschaftliche und soziale Folgen des Betriebsübergangs für die Arbeitnehmer (Abs. 5 Nr. 3).** Hier müssen die AN über die Auswirkungen des Betriebsübergangs auf ihre Rechte und Pflichten informiert werden. Das betrifft einmal die individualrechtlichen Rechte und Pflichten aus dem Arbverh nach Abs. 1 S. 1, aber auch das Schicksal von Rechten und Pflichten, die kollektivrechtlich, z.B. in TV und BV geregelt sind (Abs. 1 S. 2, 3, 4) sowie das Haftungssystem des Abs. 2u. 3 und das Künd-Verbot bzw. das Künd-Recht des Abs. 4.[412] Insofern können die Abs. 1 bis 4 Anhaltspunkte sein. Ein pauschaler Hinweis auf den Gesetzeswortlaut bzw. dessen Wiedergabe soll aber nicht ausreichen.[413] Nach überwiegender Auffassung im Schrifttum[414] ist ferner über das Widerspruchsrecht und die Widerspruchsfrist des Abs. 6 zu informieren.[415] Soweit über komplexe Rechtsfragen zu unterrichten ist, ist eine Unterrichtung nicht fehlerhaft, wenn der AG nach angemessener Prüfung der Rechtslage und ggf. der Einholung von Rechtsrat, eine vertretbare Position einnimmt.[416]

194 Zu unterrichten ist daher über das Weiterbestehen oder die Änderung der bisherigen Rechte und Pflichten aus dem Arbeitsvertrag[417] und die einjährige Veränderungssperre, die normative Fortgeltung von TV und BV oder die Transformation der in TV und BV geregelten Rechte in das Individualrecht bzw. die Ablösung von Kollektivvereinbarungen wie BV und TV durch beim Betriebserwerber geltende TV und BV, die Haftung des bisherigen AG und des neuen Inhabers gegenüber dem AN und das Verbot der Künd wegen eines Betriebsübergangs.[418]

195 Als wirtschaftliche und soziale Folgen kommen bspw. die Auswirkungen auf das Bestehen des BR, der aufgrund der Betriebszugehörigkeit erworbene soziale Besitzstand oder evtl. Altersversorgungsanwartschaften sowie Informationen über räumliche (Arbeitsort) und funktionale (Stellung der Betriebsabteilung in der Unternehmenshierarchie) Änderungen in Betracht.[419] Zu denken ist aber auch an ein mit dem Betriebsübergang verbundenes unternehmerisches Konzept zum Personalabbau. Zu unterrichten ist nach der Rspr. des BAG auch über die Folgen eines Widerspruchs (sog. Sekundärfolgen des Betriebsübergangs) wie z.B. die Künd-Möglichkeit und einen geltenden Sozialplan.[420] Grds. besteht eine Verpflichtung, den AN über die wirtschaftliche und finanzielle Lage des Betriebsübernehmers im Einzelnen zu unterrichten.[421] Die Unterrichtung über die wirtschaftliche Lage des Betriebserwerbers kann aber für die Entscheidung des AN, ob er Widerspruch gegen den Übergang seines Arbverh einlegen soll oder nicht, von Bedeutung sein, wenn die wirtschaftliche Notlage des Betriebserwerbers offensichtlich ist, z.B. weil ein Insolvenzverfahren bereits eingeleitet ist.[422]

196 Trotz des individualrechtlichen Charakters der Unterrichtungspflicht ist aber nicht erforderlich, dass die Information jeweils bezogen auf den Einzelfall erfolgt;[423] es reicht aus, die Folgen für die Gruppe der AN generell zu beschreiben.

197 dd) **Hinsichtlich der Arbeitnehmer in Aussicht genommene Maßnahmen (Abs. 5 Nr. 4).** Nach der Gesetzesbegründung werden hier Informationen speziell über in Aussicht genommene **Weiterbildungsmaßnahmen** im Zusammenhang mit der Betriebsübernahme, Produktionsänderungen, Umstrukturierungen und andere Maßnahmen, die die berufliche Entwicklung der AN betreffen, erwartet, wie beabsichtigte Personalentwicklungs- und Beschäftigungssicherungsmaßnahmen. Zu denken ist auch an die Information über evtl. Interessenausgleichs- und Sozialplanverhandlungen. In Aussicht genommen sind Maßnahmen dann, wenn ein Stadium konkreter Planung erreicht ist.[424]

198 Fraglich ist, ob auch der notwendige Ausspruch einer betriebsbedingten Künd durch den Betriebsveräußerer im Falle des Widerspruchs gegen den Übergang des Arbverh auf den Betriebserwerber zu den „hinsichtlich der AN in Aussicht genommenen Maßnahmen gehört. Im Hinblick auf den Sinn und Zweck der Unterrichtung, dem AN eine Entscheidungsgrundlage zu geben, ob er dem Übergang seines Arbverh auf den Betriebserwerber widersprechen soll oder nicht, ist die Frage zu bejahen.

199 h) **Geheimhaltungsinteressen.** Legitime Geheimhaltungsinteressen des Betriebserwerbers sind zu beachten. Vertrauliche Geschäftsinhalte wie der Kaufpreis oder die unternehmensinterne Kalkulation sollen nicht mitgeteilt werden müssen, da dafür kein schutzwürdiges Interesse besteht.[425]

---

410 A.A. *Huke*, FA 2002, 266; *Nehls*, NZA 2003, 824.
411 BAG 13.7.2006 – AP § 613a BGB Nr. 311.
412 *Grobys*, BB 2002, 728; *Bonanni*, ArbRB 2002, 19, 20.
413 *Gaul/Otto*, DB 2002, 634 f.; *Gaul*, FA 2002, 300; *Huke*, FA 2002, 266; *Crisolli*, CR 2002, 388.
414 *Bährle*, BuW 2002, 1004, 1005.
415 A.A. *Willemsen u.a.*, Rn G 230.
416 BAG 13.7.2006 – AP § 613a BGB Nr. 311.
417 *Bährle*, BuW 2002, 1005.
418 *Huke*, FA 2002 265 ff.
419 *Grobys*, BB 2002, 728.
420 BAG 13.7.2006 – AP § 613a BGB Nr. 311.
421 BAG 31.1.2008 – 8 AZR 1116/06 – AP § 613a BGB Unterrichtung Nr. 2.
422 BAG 31.1.2008 – 8 AZR 1116/06 – AP § 613a BGB Unterrichtung Nr. 2.
423 BAG 13.7.2006 – AP § 613a BGB Nr. 311 u. 312; *Huke*, FA 2002, 265; *Bauer/v. Steinau-Steinrück*, Sonderbeilage zu NZA-Heft 16/2003, 73; *Nehls*, NZA 2003, 824.
424 BAG 13.7.2006 – AP § 613a BGB Nr. 311.
425 *Grobys*, BB 2002, 728.

Maßgeblich ist daher, dass keine individuelle Unterrichtung erfolgen muss, aber die Besonderheiten des Arbverh berücksichtigt werden müssen.[426] Ein Standardschreiben ist danach ausreichend, das ein AN in einer auch für einen Laien verständlichen Sprache zu unterrichten hat. Dabei ist der Kenntnisstand des Unterrichtungspflichtigen im Zeitpunkt der Unterrichtung maßgebend.[427] Eine Künd wird durch eine fehlerhafte Unterrichtung nicht unwirksam.[428] Die danach vorzunehmende konkrete betriebsbezogene Infomration muss sorgfältig und zutreffend sein; dabei kann auch § 2 NachwG herangezogen werden. Ob die Unterrichtung ordnungsgemäß ist und die Tatsachen korrekt dargestellt sind, kann gerichtlich überprüft werden.[429]

i) Unterrichtung und Betriebsrat. Die Unterrichtung nach Abs. 5 ist unabhängig von der Betriebsgröße und davon, ob eine AN-Vertretung existiert.[430] Daneben steht die **Unterrichtungspflicht** gegenüber dem BR nach **§ 80 Abs. 2 S. 1 BetrVG** bzw. nach **§ 111 BetrVG**, wenn eine Betriebsänderung vorliegt.[431] Ein bestehender **Wirtschaftsausschuss ist nach § 106 BetrVG** zu informieren. Die Unterrichtung des BR oder Wirtschaftsausschusses ersetzt die Unterrichtung der AN nach Abs. 5 nicht.

j) Gleich lautende Schreiben. Gleich lautende Schreiben können ausreichend sein, da nicht jeder AN individuell unterrichtet werden muss.[432]

k) Zeitpunkt der Unterrichtung. Die Unterrichtung der AN nach Abs. 6 hat **grds. vor dem Betriebsübergang** zu erfolgen; aber auch eine Unterrichtung nach dem Betriebsübergang setzt nach der h.M. die Widerspruchsfrist in Gang. Ein Betrieb geht auf den Erwerber über, wenn dieser die Leitungs- und Organisationsmacht übernimmt.[433] Ggf. empfiehlt sich eine Nachbesserung der bisherigen (fehlerhaften) Unterrichtung, um die Widerspruchsfrist in Lauf zu setzen. Erfolgt die Unterrichtung nach dem Betriebsübergang, können **Schadensersatzansprüche** entstehen.[434]

Wird bereits einen Monat vor dem Betriebsübergang oder noch früher ordnungsgemäß **informiert**, können Betriebsveräußerer oder Betriebserwerber sicherstellen, dass bis zum Betriebsübergang **Klarheit und Planungssicherheit** hergestellt wird, welche Arbverh aufgrund des Betriebsübergangs auf den Betriebserwerber übergehen und welche AN bei dem Betriebsveräußerer verbleiben.

l) Frist für Widerspruch. Nur wenn die Unterrichtung form- und fristgerecht sowie richtig und i.S.v. Abs. 5 vollständig ist, setzt sie die **Monatsfrist** für die Ausübung des Widerspruchsrechts in Gang.[435] Abzustellen ist dabei auf den Kenntnisstand der unterrichtungspflichtigen AG im Zeitpunkt des Zugangs der Unterrichtungserklärung bei den AN.[436]

Ist die Unterrichtung nicht ordnungsgemäß, bleibt die Unterrichtungspflicht bestehen bis sie erfüllt wird. Die Widerspruchsfrist beginnt nicht zu laufen. Möglicherweise ergeben sich durch inhaltlich unzutreffende Informationen Anfechtungsrechte im Hinblick auf abgegebene Willenserklärungen gem. § 123 Abs. 2.

m) Erneute Unterrichtung. Eine erneute Unterrichtung ist erforderlich, wenn sich der Betriebsübergang der – früheren – Unterrichtung nicht verwirklicht und es stattdessen zu einem **neuen Betriebsübergang** kommt.[437] Die ursprüngliche Unterrichtung nach Abs. 5 läuft dann ins Leere, es muss aber über den neuen Betriebsübergang unterrichtet werden. Das kann z.B. der Fall sein, wenn der Betriebsübergang zu einem ganz anderen Zeitpunkt stattfindet.[438]

n) Schadensersatz. Eine Schadensersatzpflicht ist gegeben, wenn die Auskunftspflicht als **echte Rechtspflicht** – und nicht nur als Obliegenheit – angesehen wird (siehe Rn 189).[439] Voraussetzung ist, dass dem betroffenen AN wegen der fehlerhaften oder unterbliebenen Unterrichtung ein Schaden entstanden ist, z.B. wenn er bei ordnungsgemäßer Unterrichtung von seinem Widerspruchsrecht in anderer Weise Gebrauch gemacht hätte und gerade dadurch ein Schaden verursacht worden ist. In Betracht kommen Schadensersatzansprüche des AN nach §§ 280 Abs. 1, 311

---

426 BAG 13.7.2006 – AP § 613a BGB Nr. 311.
427 BAG 13.7.2006 – AP § 613a BGB Nr. 312.
428 BAG 24.5.2005 – AP § 613a BGB Nr. 284.
429 BAG 13.7.2006 – AP § 613a BGB Nr. 312.
430 *Gaul/Otto*, DB 2002, 634; *Gaul*, FA 2002, 299; *Bährle*, 1005.
431 *Widlak*, FA 2001, 363.
432 ErfK/*Preis*, § 613a BGB Rn 85; *Bährle*, BuW 2002, 1004, 1006.
433 ErfK/*Preis*, § 613a BGB Rn 85.
434 *Adam*, AuR 2003, 443.
435 BAG 13.7.2006 – AP § 613a BGB Nr. 311 u. 312; BAG 14.12.2006 – NZA 2007, 682; anders *Pröpper*, DB 2003, 2012 und *Olbertz/Ungnad*, BB 2004, 213, die danach unterscheiden, ob der AG überhaupt aber fehlerhaft oder gar nicht unterrichtet: im ersten Fall soll die Monatsfrist laufen, im zweiten nicht.
436 BAG 13.7.2006 – AP § 613a BGB Nr. 311.
437 *Gaul*, FA 2002, 300; *Worzalla*, NZA 2002, 354; *Bauer/v. Steinau-Steinrück*, ZIP 2002, 463; *Jaeger*, ZIP 2004, 433.
438 BAG 25.10.2007 – 8 AZR 989/06 – AP § 613a BGB Unterrichtung Nr. 2; *Nehls*, NZA 2003, 823; *Adam*, AuR 2003, 441; a.A. *Sayatz/Wolff*, DStR 2002, 2040.
439 BAG 31.1.2008 – 8 AZR 1116/06 – AP § 613a BGB Unterrichtung Nr. 2;A.A. *Grobys*, BB 2002, 727.

Abs. 2 Nr. 3, 241 Abs. 2 sowohl gegen den Betriebsveräußerer wie auch gegen den Betriebserwerber.[440] Der AN, der sich auf die nicht ordnungsgemäße Unterrichtung beruft, kann verlangen, so gestellt zu werden, wie er gestanden hätte, wenn er richtig und vollständig informiert worden wäre. Dafür muss er vortragen und beweisen, dass ihm infolge der mangelhaften Unterrichtung der geltend gemachte Schaden entstanden ist.[441]

209 **o) Kündigung.** Eine fehlerhafte Unterrichtung hat nicht zur Folge, dass eine vom Betriebsveräußerer nach dennoch erklärtem Widerspruch des AN ausgesprochene betriebsbedingte Künd deswegen unwirksam ist.[442] Als Sanktion für die fehlerhafte Unterrichtung sieht das Gesetz vor, dass die Widerspruchsfrist des Abs. 6 nicht läuft, der AN also nach wie vor dem Übergang seines Arbverh widersprechen kann. Daneben kommt ein Anfechtungsrecht des AN im Hinblick auf den von ihm erklärten Widerspruch gegen den Übergang seines Arbverh und Schadensersatzansprüche[443] in Betracht.

V. Widerspruchsrecht (Abs. 6)

210 **1. Allgemein.** Bereits vor der gesetzlichen Neuregelung in Abs. 6 war das Widerspruchsrecht in der st. Rspr. des BAG[444] und im Schrifttum[445] grds. anerkannt: Der AN sollte davor geschützt werden, einen anderen Vertragspartner aufgezwungen zu bekommen;[446] im Hinblick auf die Höchstpersönlichkeit und Nichtübertragbarkeit seiner Dienste (§ 613), den Rechtsgedanken des § 415 Abs. 1 S. 1 sowie die Verfassungsrechtsgüter der Menschenwürde, des Persönlichkeitsrechts und des Rechts auf freie Wahl des Arbeitsplatzes (Art. 1 Abs. 1, 2 Abs. 1 GG) soll der AN keinen AG haben müssen, den er nicht frei gewählt hat.[447] Dem AN wurde damit ein Wahlrecht eingeräumt, entweder das Arbverh beim bisherigen AG (Betriebsveräußerer) beizubehalten oder zum Betriebserwerber als neuem AG überzugehen. Ein Widerspruchsrecht besteht aber nicht, wenn der bisherige AG nach Gesellschaftsrecht erlischt.[448]

211 Auch der EuGH hat das Widerspruchsrecht eines von einem Betriebsübergang betroffenen AN gegen den Übergang seines Arbverh auf den Betriebserwerber bestätigt.[449] Das Widerspruchsrecht sei zwar europarechtlich nicht vorgegeben; es ist aber als für die AN günstigere nationale Regelung zulässig.

212 Der Widerspruch ist als **einseitige, empfangsbedürftige Willenserklärung** eingeordnet worden.[450] Als Gestaltungsrecht ist er bedingungsfeindlich.[451] Die Rechtsnatur des Widerspruchs kann sich insb. bei der Frage der Rücknahme des Widerspruchs auswirken. Die Ausübung des Widerspruchsrechts kann – wie jede Rechtsausübung – rechtsmissbräuchlich sein.[452] Der AN muss seinen Widerspruch aber weder begründen, noch bedarf er eines sachlichen Grundes.

213 Das Widerspruchsrecht ist auch für den Fall eines Betriebsübergangs durch Umwandlung gegeben.[453] Zunächst ist allerdings das Vorliegen eines Betriebsübergangs festzustellen, da nicht jede Umwandlung einen Betriebsübergang darstellt. Nur wenn die Umwandlung einen Fall des Betriebsübergangs darstellt, greift das Widerspruchsrecht.[454] Ein Widerspruchsrecht nach § 613a Abs. 6 BGB gegen den Übergang eines Arbverh besteht jedoch nicht in den Fällen, in denen ein Arbverh wegen gesellschaftsrechtlicher Gesamtrechtsnachfolge auf einen neuen AG übergeht.[455] Ein dennoch erklärter Widerspruch entfaltet keine Rechtswirkungen.

214 **2. Regelungsgehalt. a) Frist für den Widerspruch.** Der AN muss den Widerspruch **innerhalb eines Monats nach Zugang der Unterrichtung nach Abs. 5** schriftlich erklären.[456] Da die Frist des Abs. 6 für die Ausübung des Widerspruchs die „… Unterrichtung nach Abs. 5 …" voraussetzt, ist es wichtig, dass die Information der AN über den Betriebsübergang ordnungsgemäß i.S.d. Abs. 5 erfolgt. Nur wenn die Widerspruchsfrist eingreift und damit der Wi-

---

440 *Willemsen/Lembke*, NJW 2002, 1161; *Gaul/Otto*, DB 20002, 639; *Krügermeyer-Kalthoff/Reutershan*, MDR 2003, 545.
441 BAG 31.1.2008 – 8 AZR 1116/06 – AP § 613a BGB Unterrichtung Nr. 2.
442 BAG 24.5.2005 – AP § 613a BGB Nr. 284; *Gaul/Otto*, DB 2005, 2465; *Schnitker/Grau*, BB 2005, 2238.
443 *Grau*, a.a.O.
444 Vgl. z.B. BAG 25.1.2001 – AP § 613a BGB Nr. 215 = NZA 2001, 840; BAG 18.3.1999 – AP § 1 KSchG Soziale Auswahl Nr. 41 = NZA 1999, 870; BAG 19.3.1998 – BAGE 88, 196 = AP § 613a BGB Nr. 177 = NZA 1998, 750; BAG 21.5.1992 – BAGE 93, 351 = AP § 613a BGB Nr. 96; BAG 30.10.1986 – BAGE 87, 884 = AP § 613a BGB Nr. 55 = NZA 1987, 524.
445 ErfK/*Preis*, § 613a BGB Rn 84 ff.; KR/*Pfeiffer*, § 613a Rn 163; *Willemsen u.a.*, Rn G 170 ff.; *Worzalla*, NZA 2002, 356.
446 BAG 17.11.1977 – BAGE 79, 792 = AP § 613a BGB Nr. 10.
447 *Willemsen/Lembke*, NJW 2002, 1159.
448 BAG 21.2.2008 – AP § 613a BGB Nr. 342.
449 EuGH 7.3.1996 – Rs C 171, 172/94 – AP EWG-Richtlinie Nr. 77/187 Nr. 9 = NZA 1996, 413; EuGH 16.12.1992 – Rs. C 132/91 u.a. – AP § 613a BGB Nr. 97 = NZA 1993, 169.
450 BAG 27.4.1995 – 8 AZR 197/94 – AP § 613a BGB Nr. 128 = NZA 1995, 1155; jetzt: BAG 30.10.2003 – 8 AZR 491/02 – n.v.; Staudinger/*Richardi/Annuß*, § 613a Rn 179.
451 ErfK/*Preis*, § 613° BGB Rn 92; *Willemsen/Lembke*, NJW 2002, 1159; *Worzalla*, NZA 2002, 356.
452 BAG 19.2.2009 – 8 AZR 176/08.
453 BAG 25.5.2000 – 8 AZR 416/99 = AP § 613a BGB Nr. 209 = NZA 2000, 1115.
454 *Willemsen u.a.*, Rn G 170.
455 BAG 21.2.2008 – 8 AZR 157/07 – DB 2008, 1578 = ZIP 2008, 1296.
456 Staudinger/*Richardi/Annuß*, § 613a Rn 183.

derspruch nach einem Monat ausgeschlossen ist, kann Planungssicherheit für den Betriebserwerber und den Betriebsveräußerer im Hinblick auf die Zahl und die Personen der zu beschäftigenden AN hergestellt werden. Aber nur eine ordnungsgemäße Unterrichtung bringt die Widerspruchsfrist zum Laufen.[457] Dabei sind folgende Gesichtspunkte zu beachten:

b) Form für den Widerspruch. Gem. der Neuregelung in Abs. 6 muss der Widerspruch **schriftlich** erfolgen,[458] d.h. eigenhändig unterschrieben sein (§ 126). Nach der Gesetzesbegründung dient die Schriftform der Warnung für den AN und dem Schutz vor voreiligen Erklärungen. Eine Begründung des Widerspruchs ist nicht erforderlich.[459] **215**

Soweit die Rspr. – früher – die Möglichkeit eines konkludenten Widerspruchs anerkannt hatte,[460] ist das durch das Schriftformerfordernis des Abs. 6 überholt. Ein konkludenter Widerspruch – etwa durch Weiterarbeit beim bisherigen Betriebsinhaber[461] – ist nicht mehr möglich. **216**

c) Widerspruchsberechtigter. Das Widerspruchsrecht steht dem von einem Betriebsübergang betroffenen AN zu. **217**

d) Widerspruchsadressaten. Der Widerspruch kann form- und fristgerecht gegenüber dem früheren oder dem neuen Betriebsinhaber erklärt werden.[462] Nach der Gesetzesbegründung soll „der Arbeitgeber, dem gegenüber der Widerspruch erklärt wurde, den jeweils anderen Arbeitgeber hierüber unterrichten". **218**

e) Ausübung des Widerspruchsrechts. Die **kollektive Erklärung** des Widerspruchs durch mehrere AN ist zulässig;[463] es kann aber rechtsmißbräuchlich sein, wenn mehrere AN das Widerspruchsrecht ausüben, um von der Rechtsordnung nicht gedeckte Ziele zu erreichen.[464] Allerdings ist die Ausübung des Widerspruchsrechts durch den BR oder die TV-Parteien nicht möglich, da es sich um ein **individuelles Recht des AN** handelt. Das Widerspruchsrecht kann auch noch nach Beendigung des Arbverh ausgeübt werden.[465] **219**

f) Rechtsfolgen des Widerspruchs. Hat der AN dem Übergang seines Arbverh ordnungsgemäß widersprochen, so verhindert er die Rechtsfolge des § 613a, sein Arbverh zu dem bisherigen Betriebsinhaber besteht weiter.[466] Widerspricht der AN später einem Übergang seines Arbverh, so wirkt das nach h.M. auf den Zeitpunkt des Betriebsübergangs zurück.[467] **220**

Die Frage, ob ein Betriebsübergang vorliegt oder nicht, bleibt von dem Widerspruch grds. unberührt. Bedeutung kann die Ausübung des Widerspruchs aber dann erlangen, wenn der Betriebsübergang durch die Übernahme der Hauptbelegschaft herbeigeführt werden soll. **221**

Bei dem Widerspruch ist dabei das Risiko zu bedenken, dass dem AN vom Betriebsveräußerer betriebsbedingt gekündigt werden kann, wenn sein Arbeitsplatz – durch den Übergang auf den Betriebserwerber – weggefallen ist, also das Bedürfnis für die Weiterbeschäftigung entfallen ist. Bei der evtl. anzustellenden **sozialen Auswahl** kann aber die Ausübung des Widerspruchsrechts eine Rolle spielen.[468] **222**

g) Verzicht auf den Widerspruch, Verwirkung. Ein Verzicht auf das Widerspruchsrecht ist möglich.[469] Er darf aber nicht im Voraus oder durch eine kollektive Regelung[470] bzw. bereits abstrakt-generell im Arbeitsvertrag erfolgen,[471] kann aber im Einzelfall anlässlich eines konkreten Betriebsübergangs erklärt werden.[472] Voraussetzung ist ferner eine ordnungsgemäße Unterrichtung nach Abs. 5.[473] Zulässig dürfte z.B. eine schriftliche[474] Vereinbarung zwischen dem betroffenen AN, dem bisherigen AG (Betriebsveräußerer) und dem neuen AG (Betriebserwerber) **223**

---

457 BAG 23.7.2009 – 8 AZR 357/08; BAG 21.8.2008 – 8 AZR 407/07 – juris.
458 Moll/*Cohnen/Tepass*, Münchener Anwaltshandbuch, § 52 Rn 55.
459 BAG 30.9.2004 – AP § 613a BGB Nr. 275.
460 BAG 27.4.1995 – BAGE 80, 74 = AP § 613a BGB Nr. 128 = NZA 1995, 1155.
461 BAG 19.3.1998 – BAGE 88, 196 = AP § 613a BGB Nr. 177 = NZA 1998, 750.
462 So bereits bisher BAG 22.4.1993 – 2 AZR 50/92 – AP § 613a BGB Nr. 103 = NZA 1994, 360.
463 ErfK/*Preis*, § 613a BGB Rn 106.
464 BAG 30.9.2004 – AP § 613a BGB Nr. 275.
465 BAG 20.3.2008 – 8 AZR 1016/06 – AP § 613a BGB Nr. 342.
466 Moll/*Cohnen/Tepass*, Münchener Anwaltshandbuch, § 52 Rn 76 ff.
467 BAG 13.7.2006 – AP § 613a BGB Nr. 1; BAG 25.9.2003 – AP § 613a BGB Nr. 261 = NZA 2004, 316; a.A. jetzt *Rieble*, NZA 2004, 1.
468 BAG 18.3.1999 – 8 AZR 190/98 – AP § 1 KSchG 1969 Soziale Auswahl Nr. 41 = NZA 1999, 870.
469 BAG 19.3.1998 – 8 AZR 139/97 – AP § 613a BGB Nr. 177 = NZA 1998, 750; *Adam*, AuR 2003, 444; *Bauer/ v. Steinau-Steinrück*, ZIP 2002, 464; *C. Meyer*, BB 2003, 1013; Moll/*Cohnen/Tepass*, Münchener Anwaltshandbuch, § 52 Rn 71.
470 *Bonanni*, ArbRB 2002, 19, 21.
471 *Olbertz/Ungnad*, BB 2004, 217.
472 *Willemsen u.a.*, Rn G 171; *Grobys*, BB 2002, 730.
473 *Nehls*, NZA 2003, 827 (hält auch die Rücknahme eines erklärten Widerspruchs für möglich, solange die Unterrichtung nicht ordnungsgemäß i.S.v. Abs. 5 ist).
474 *Gaul*, FA 2002, 301.

sein zur Überleitung des Arbverh auf den Betriebserwerber.[475] Ein konkludenter Verzicht auf den Widerspruch ist wegen des Schriftformerfordernisses für den Widerspruch ausgeschlossen.[476]

224 U.U. kann das Widerspruchsrecht auch verwirken (§ 242),[477] dass das Widerspruchsrecht nach § 613a Abs. 6 S. 1 an eine Frist gebunden ist, steht dem nicht entgegen.[478] Voraussetzung hierfür ist zum einen das Zeitmoment und zum anderen das Umstandsmoment.[479] Streitig ist dabei im Einzelnen, wie viel Zeit vergangen sein muss und welche Umstände gegeben sein müssen, dass von einer Verwirkung des Widerspruchsrechts ausgegangen werden kann. Für das Umstandsmoment kommt es darauf an, dass der AN über den Bestand seines Arbverh disponiert. Das Widerspruchsrecht ist verwirkt, wenn der Verpflichtete annehmen durfte, er werde nicht mehr in Anspruch genommen.[480] Dabei ist für das Vorliegen des Umstandsmoments die Kenntnis des einen am Betriebsübergang[481] beteiligten AG dem anderen zuzurechnen, so wie Fehler im Unterrichtungsschreiben des einen AG auch dem anderen zugerechnet werden.[482] Ausreichend dürfte es sein, dass der AN für sein Versprechen, dem Betriebsübergang nicht zu widersprechen, finanzielle Vorteile erhalten hat;[483] der AN erweckt aber noch nicht den Eindruck, den Widerspruch nicht mehr geltend machen zu wollen (Zumutbarkeitsmoment), wenn er trotz Kenntnis des Betriebsübergangs sein Arbverh beim Betriebswerber fortsetzt.[484] In Betracht kommt die Verwirkung auch dann, wenn der AN die Kenntnis anders, als durch eine Unterrichtung nach Abs. 5 BGB erlangt.[485]

VI. Umwandlungsgesetz

225 Nach § 324 UmwG gelten Abs. 5 u. 6 auch in Umwandlungsfällen (Verschmelzung, Spaltung, Vermögensübertragung), sofern die Umwandlung zum Wechsel des Betriebsinhabers führt (Art. 5 des „Gesetzes zur Änderung des Seemannsgesetzes und anderer Gesetze").[486] In diesen Fällen steht damit die Unterrichtung der betroffenen AN gem. Abs. 5 neben der Information der Betriebsräte nach §§ 5 Abs. 3, 126 Abs. 3 UmwG. Nach der Gesetzesbegründung[487] scheidet das Widerspruchsrecht des AN nach Abs. 6 aber dann aus, wenn das übertragende Unternehmen im Zuge der Umwandlung erlischt.

226 § 324 UmwG regelt die Rechte und Pflichten bei einem Betriebsübergang, in dem er Abs. 1 und 4 bis 6 im Fall der Eintragung einer Verschmelzung, Spaltung oder Vermögensübertragung für anwendbar erklärt.

VII. Geltendmachung

227 Geht ein Betrieb oder Betriebsteil dadurch auf den Erwerber über, dass dieser die Identität der wirtschaftlichen Einheit durch die Einstellung der organisierten Hauptbelegschaft und deren Einsatz auf ihren alten Arbeitsplätzen mit unveränderten Aufgaben vornimmt, hat der AN den Anspruch auf Fortsetzung des Arbverh noch während des Bestehens oder zumindest unverzüglich nach Kenntniserlangung von den den Betriebsübergang ausmachenden tatsächlichen Umständen geltend zu machen.[488] Ist der AN im Zeitpunkt des Betriebsübergangs lediglich freigestellt, muss er den Fortbestand seines Arbverh zu einem Betriebserwerber nach Kenntniserlangung vom Betriebsübergang geltend machen.[489]

VIII. Betriebsübergang in der Insolvenz

228 § 613a ist auch in der Insolvenz **grds. uneingeschränkt** anwendbar, soweit es um den **Schutz der Arbeitsplätze** und die **Kontinuität des BR** geht.[490] Im Falle der Veräußerung eines Betriebes durch den Insolvenzverwalter geht dieser durch Rechtsgeschäft auf den Erwerber über. Grds. gelten die zur Konkursordnung entwickelten Grundsätze auch für die Insolvenzordnung.[491]

229 § 613a ist in der Insolvenz aber **nicht anwendbar**, soweit die **Haftung des Betriebserwerbers**[492] betroffen ist, da die AN nicht besser gestellt werden sollen als die übrigen Insolvenzgläubiger. Insofern gehen die Verteilungsgrundsätze des Insolvenzverfahrens vor.[493] Die Haftung des Betriebserwerbers ist aber nicht beschränkt, wenn er den Betrieb

---

475 *Gaul*, FA 2002, 301; *Grobys*, BB 2002, 730.
476 *Gaul*, FA 2002, 301.
477 BAG 24.7.2009 – 8 AZR 205/07; BAG 15.2.2007 – DB 2007, 1468.
478 BAG 21.8.2008 – 8 AZR 407/07 – juris.
479 BAG 21.8.2008 – AP § 613a BGB Nr. 348; *Olbertz/Ungnad*, BB 2004, 215.
480 BAG 20.3.2008 – 8 AZR 1016/06 – AP § 613a BGB Nr. 342.
481 BAG 27.11.2008 – 8 AZR 225/07 – n.v.; BAG 27.11.2008 – NZA 2009, 552; BAG 20.3.2008 – NZA 2008, 1354.
482 BAG 27.11.2009 – 8 AZR 174/07.
483 *Grobys*, BB 2002, 730 m.w.N.
484 BAG 21.8.2008 – 8 AZR 407/07 – juris.
485 *Nehls*, NZA 2003, 824.
486 Zuletzt vom 15.12.2005 – Rs C 232/04 u. 233/04 [Güney-Görres u. Demir] – AP Richtlinie 2001/23/EG Nr. 1 zur eigenwirtschaftlichen Tätigkeit.
487 BT-Drucks 14/7760, S. 20.
488 BAG 12.11.1998 – 8 AZR 265/97 – AP § 1 KSchG 1969 Wiedereinstellung Nr. 5.
489 BAG 18.12.2003 – AP § 613a BGB Nr. 263 = NZA 2004, 791.
490 ErfK/*Preis*, § 613a BGB Rn 142; APS/*Steffan*, § 613a BGB Rn 236.
491 BAG 20.6.2000 – 8 AZR 459/01 – AP § 113 InsO Nr. 10.
492 BAG 26.3.1996 – 3 AZR 965/94 – AP § 613a BGB Nr. 148.
493 BAG 26.3.1996 – AP § 613a BGB Nr. 148 = NZA 1997, 94; BAG 20.6.2002 – AP § 113 InsO Nr. 10 = NZA 2003, 318.

bereits vor der Eröffnung des Insolvenzverfahrens erwirbt.[494] Auch im Hinblick auf den **Wiedereinstellungsanspruch**[495] ist § 613a nicht anzuwenden, wenn der Betriebsübergang nach der insolvenzbedingten Künd stattfindet; im Hinblick auf das Konzept der Insolvenzordnung, eine schnelle Abwicklung und Sanierung zu ermöglichen, soll die Insolvenzmasse nicht mit den Wiedereinstellungsansprüchen der AN belastet werden.

Der EuGH hat diese Rspr. des BAG insofern gebilligt, als er angenommen hat, nach europarechtlichen Vorschriften wären die Vorschriften zum Betriebsübergang in der Insolvenz zwar nicht zwingend anzuwenden, es sei den Mitgliedstaaten aber unbenommen, die Anwendung der Regelungen zum Betriebsübergang auch im Insolvenzverfahren vorzusehen. 230

Bei der **betrieblichen Altersversorgung** schuldet der Betriebserwerber – unabhängig von der Frage, ob die Anwartschaft auf die betriebliche Altersversorgung bereits unverfallbar war oder nicht[496] – die bei ihm erdiente Versorgungsleistung. Die bereits vorher erworbene Versorgung hat der Betriebsveräußerer bzw. – im Insolvenzfalle – der Pensionssicherungsverein zu tragen.[497] Der Betriebserwerber haftet aber unbeschränkt, wenn die Insolvenzeröffnung mangels Masse abgelehnt worden ist.[498] 231

Für **Künd in der Insolvenz** enthalten die §§ 133, 120 bis 122 u. 125 bis 128 InsO Sonderregelungen für die Künd-Frist, der gerichtlichen Überprüfbarkeit und der Darlegungs- und Beweislast.[499] 232

Europarechtlich ergibt sich nichts anderes: Soweit Art. 4 a der RL 98/50/EG eine Regelung zur Anwendung der Betriebsübergangs-RL im Insolvenzverfahren enthält, folgt daraus keine Umsetzungspflicht der Mitgliedstaaten.[500] 233

§ 614 Fälligkeit der Vergütung

¹Die Vergütung ist nach der Leistung der Dienste zu entrichten. ²Ist die Vergütung nach Zeitabschnitten bemessen, so ist sie nach dem Ablauf der einzelnen Zeitabschnitte zu entrichten.

Literatur: *Bischoff*, Lohnpfändung und Lohnvorschuß, BB 1952, 434; *Bitter*, Abschlags-, Voraus-, Vorschuß-, Vorbehalts- und Überzahlung des Entgelts, AR-Blattei SD 1145, 1; *Boecken*, Die Berücksichtigung anderweitigen Erwerbs gem. § 615 S. 2 BGB – Anrechnung pro rata temporis oder Gesamtberechnung?, NJW 1995, 3218; *Brunhöber*, Wenn der Arbeitnehmer nicht leistet … – … und dies auch nicht muss, AuA 2004, 18; *Capodistrias*, Die Zurückbehaltung der Arbeitsleistung, RdA 1954, 53; *Denck*, Lohnvorschuß und Pfändung, BB 1979, 480; *Kirschner*, Das Leistungsverweigerungsrecht des Arbeitnehmers, DB 1961, 842; *Schneider*, Änderungen im anwaltlichen Vergütungsrecht zum 1.1.2007, NJW 2007, 325; *Söllner*, Das Zurückbehaltungsrecht des Arbeitnehmers, ZfA 1973, 1

A. Allgemeines 1	4. Verringerung der „Vorleistungsgefahr" 17
B. Regelungsgehalt 2	5. Nach Zeitabschnitten bemessene Vergütung (S. 2) 18
I. Anwendungsbereich 2	
II. Abdingbarkeit 3	6. Sonstiges 19
III. Sondervorschriften 4	V. Vorschuss- und Abschlagszahlungen 20
1. Gehalt des Handlungsgehilfen (§§ 59, 64 HGB)	5	1. Vorschüsse (Vorschusszahlungen) 20
2. Provision (§§ 65, 87 ff. HGB) 6	a) Begriff 20
3. Gewinnbeteiligung (Tantieme) 7	b) Voraussetzungen 21
4. Ausbildungsvergütung (§ 18 Abs. 2 BBiG) ... 8	c) Verrechnung bei der (nächsten) Lohnabrechnung 22
5. Heuer der Seeleute (§§ 32 ff. SeemG) 9	
6. Lohn der Schiffsmänner auf Binnenschiffen (§ 24 BinSchG) 10	2. Abschläge (Abschlagszahlungen) 23
	3. Abgrenzung zum (Arbeitgeber-)Darlehen 24
7. Lohnzahlungsfristen (§ 119a Abs. 2 Nr. 1 GewO) 11	4. Rückgewähr von Vorschüssen und Abschlagszahlungen 25
8. Urlaubsentgelt (§ 11 Abs. 2 BUrlG) 12	5. Rechtslage im Fall einer Lohnpfändung 26
9. Dienstvertragliche Sonderregelungen 13	C. Verbindung zu anderen Rechtsgebieten und zum Prozessrecht 27
IV. Einzelfragen 14	I. Fälligkeit der Vergütung des RA (§ 8 Abs. 1 RVG)	27
1. Schuldnerverzug des Arbeitgebers (§ 286) 14	II. Verjährung und Ausschlussfristen 28
2. Kündigungsrecht des Arbeitnehmers aus wichtigem Grund (§ 626) 15	III. Darlegungs- und Beweislast 29
3. Leistungsverweigerungsrechte des Arbeitnehmers (§§ 320, 273) 16	

---

494 BAG 20.6.2002 – AP § 113 InsO Nr. 10 = NZA 2003, 318.
495 BAG 10.12.1998 – 8 AZR 324/97 – AP § § 613a BGB Nr. 185; BAG 13.5.2004 – 8 AZR 198/03 – AP § 613a BGB Nr. 264.
496 ErfK/*Preis*, § 613a BGB Rn 144; APS/*Steffan*, § 613a BGB Rn 238.
497 BAG 16.2.1993 – AP § 1 BetrAVG Betriebsveräußerung Nr. 154 = NZA 1993, 643.
498 BAG 11.2.1992 – AP § 1 BetrAVG Betriebsveräußerung Nr. 13 = NZA 1993, 20.
499 APS/*Steffan*, § 613a BGB Rn 243.
500 H/S/*Spirolke*, § 18 Rn 26.

A. Allgemeines

1 Die Vorschrift des § 614 bestimmt als **Sonderregelung zu § 271** den Zeitpunkt der Fälligkeit des Vergütungsanspruchs des AN. Aus ihr ergibt sich der **Grundsatz der Vorleistungspflicht des AN**.[1] Eine gesetzlich angeordnete Stundung oder Kreditierung der Vergütungsverpflichtung ist hierin nicht zu sehen, unbeschadet der Zulässigkeit einer Stundungsvereinbarung.[2] Die Bestimmung beinhaltet eine **reine Fälligkeitsregelung**, Anspruchsgrundlage für die Vergütung ist der Arbeitsvertrag i.V.m. § 611 Abs. 1.[3] § 614 stellt insoweit eine **Sonderregelung zu § 320 Abs. 1 S. 1** dar, als dem AN aufgrund seiner Vorleistungspflicht die Einrede des nicht erfüllten Vertrages bzgl. der Vergütungsansprüche für die laufende Vergütungsperiode nicht zusteht (siehe Rn 16). Es wird vertreten, § 614 sei der – trotz zahlreicher Ausnahmen[4] unbestrittene – **Grundsatz „Ohne Arbeit kein Lohn"** zu entnehmen.[5] § 614 legt diesen Grundsatz aber nicht nieder, sondern setzt ihn voraus, weshalb es dogmatisch zutreffend ist, ihn aus dem Gegenseitigkeitsverhältnis von Arbeitsleistung und Vergütung herzuleiten.[6]

B. Regelungsgehalt

I. Anwendungsbereich

2 Während S. 1 insb. auf die Vergütung **einmaliger Leistungen** anwendbar ist, hat S. 2 v.a. Bedeutung für die Fälligkeit der Vergütung bei **Arbeitsverträgen**, bei denen die Vergütung nach Zeitabschnitten (i.d.R. monatsweise, siehe Rn 18) bemessen ist. Der Rechtsgedanke des § 614 ist entsprechend auf die Fälligkeit von Betriebsrenten anwendbar (siehe Rn 18).[7]

II. Abdingbarkeit

3 § 614 ist **dispositives Recht**[8] und wird oft abbedungen. Die praktische Bedeutung der Vorschrift ist daher gering, auch angesichts zahlreicher Sonderregelungen (siehe Rn 4 ff.). Abweichungen können sich ergeben aus Vertrag, betrieblicher Übung, der Verkehrssitte[9] sowie der Art der Vergütung (z.B. Naturalbezüge, Unterkunft). Bei Arbverh ist der Zahlungszeitpunkt weitgehend durch **TV** und **BV** festgelegt. Das erzwingbare Mitbestimmungsrecht des BR (§ 87 Abs. 1 Nr. 4 BetrVG) sowie des PR (§ 75 Abs. 3 Nr. 2 BPersVG und vergleichbare Regelungen der LPVG) bezieht sich nur auf die Zeit der Entgeltauszahlung, nicht auf die Vorleistungspflicht des AN.[10]

III. Sondervorschriften

4 Zahlreiche Sondervorschriften verdrängen § 614 in ihren Anwendungsbereichen.

5 **1. Gehalt des Handlungsgehilfen (§§ 59, 64 HGB).** Die Zahlung des dem Handlungsgehilfen (§ 59 HGB) zukommenden Gehalts hat am **Schluss jedes Monats** zu erfolgen (§ 64 S. 1 HGB). Die Vereinbarung späterer Fälligkeit ist nichtig (§ 64 S. 2 HGB). Eine Stundung nach Fälligkeit wird z.T. für zulässig erachtet.[11] Vom Verbot des § 64 S. 2 HGB erfasst werden die festen, laufenden Bezüge des Handlungsgehilfen („Gehalt"), nicht sonstige Einkünfte wie Provisionen, Gratifikationen, Umsatz- oder Gewinnbeteiligungen (Tantieme).[12] Zulässig sind Vereinbarungen kürzerer Zahlungszeiträume und von Zahlung im Voraus. Die Zahlung unter der Bedingung des Zahlungseingangs vom Kunden ist unzulässig.[13]

6 **2. Provision (§§ 65, 87 ff. HGB).** Gem. § 87a Abs. 4 HGB wird der Provisionsanspruch des Handelsvertreters (§ 84 HGB) bzw. Handlungsgehilfen (§§ 59 S. 1, 65 HGB) am **letzten Tag des Monats** fällig, in dem nach § 87c Abs. 1 HGB über ihn abzurechnen ist. Der Abrechnungszeitraum beträgt nach § 87c Abs. 1 HGB grds. einen, höchstens drei Monate. Die Abrechnung hat unverzüglich, spätestens bis zum Ende des nächsten Monats, zu erfolgen.[14]

---

1 Motive II, 461.
2 Staudinger/*Richardi*, § 614 Rn 11, 21 m.w.N.
3 HWK/*Krause* § 614 BGB Rn 1.
4 Z.B. vom AG zu vertretende Unmöglichkeit der Arbeitsleistung (§ 326 Abs. 2), Annahmeverzug (§ 615), vorübergehende Dienstverhinderung (§ 616), Entgeltfortzahlung an Feiertagen (§ 2 EFZG) und im Krankheitsfall (§ 3 EFZG), bezahlter Erholungsurlaub (§ 1 BUrlG).
5 BAG 21.3.1958 – 1 AZR 555/56 – AP § 614 BGB Nr. 1 m. Anm. *Tophoven*.
6 HWK/*Krause*, § 614 BGB Rn 2; Staudinger/*Richardi*, § 614 Rn 1, 6.
7 BAG 31.7.2007 – 3 AZR 372/06 – DB 2008, 1505, 1506.
8 BAG 15.1.2002 – 1 AZR 165/01 – NZA 2002, 1112; MüKo-BGB/*Müller-Glöge*, § 614 Rn 2; Staudinger/*Richardi*, § 614 Rn 3; Protokolle II, 279.
9 Protokolle II, 279: „bestehende Übung"
10 GK-BetrVG/*Wiese*, § 87 Rn 427; Richardi/*Richardi*, § 87 Rn 415; MünchArb/*Hanau*, Bd. 1, § 65 Rn 9.
11 LAG Baden-Württemberg 28.4.1949 – Sa 44/49 – AP 51 Nr. 165, 48, 51 f. m. Anm. *Volkmar*; a.A. Ebenroth/Boujong/Joost/Strohn/*Boecken*, § 64 Rn 14 m.w.N.
12 Ebenroth/Boujong/Joost/Strohn/*Boecken*, § 64 Rn 4 ff. m.w.N.
13 Hessisches LAG 8.10.1963 – 5 (2) Sa 349/63 – RdA 1965, 80.
14 Ebenroth/Boujong/Joost/Strohn/*Löwisch*, § 87a Rn 45 m.w.N.

3. Gewinnbeteiligung (Tantieme). Der Anspruch auf Gewinnbeteiligung (Tantieme) wird fällig, sobald die **Bilanz festgestellt** ist[15] oder bei ordnungsgemäßem Geschäftsgang hätte festgestellt sein können.[16] Abrechnungsgrundlage ist – mangels anderweitiger Vereinbarung auch bei Ausscheiden im Laufe des Geschäftsjahres – die Jahresbilanz; der Aufstellung einer Zwischenbilanz zum Tag des Ausscheidens bedarf es nicht. Der Gewinnanteil mindert sich entsprechend der Beschäftigungszeit.[17]

4. Ausbildungsvergütung (§ 18 Abs. 2 BBiG). Die dem Auszubildenden zustehende Vergütung (§ 17 BBiG) für den laufenden Kalendermonat ist spätestens am **letzten Arbeitstag des Monats** zu zahlen (§ 18 Abs. 2 BBiG).

5. Heuer der Seeleute (§§ 32 ff. SeemG). Die Fälligkeit des Anspruchs der Besatzungsmitglieder auf Heuer (Grundheuer,[18] Anteile an Fracht, Gewinn und Erlös) regelt § 34 SeemG.

6. Lohn der Schiffsmänner auf Binnenschiffen (§ 24 BinSchG). Wenn nichts anderes vereinbart ist, so kann der Schiffsmann am **Schlusse jeder zweiten Woche** die Auszahlung des verdienten Lohnes verlangen (§ 24 BinSchG).

7. Lohnzahlungsfristen (§ 119a Abs. 2 Nr. 1 GewO). Die §§ 113 bis 132a GewO wurden durch Gesetz v. 24.8.2002[19] m.W.v. 1.1.2003 aufgehoben.

8. Urlaubsentgelt (§ 11 Abs. 2 BUrlG). Die Fälligkeitsbestimmung des § 11 Abs. 2 BUrlG, nach der das Urlaubsentgelt **vor Antritt des Urlaubs** auszuzahlen ist, wird – entgegen der Unabdingbarkeitsanordnung in § 13 Abs. 1 S. 3 BUrlG – in der betrieblichen Praxis regelmäßig nicht beachtet.[20]

9. Dienstvertragliche Sonderregelungen. Speziellere Fälligkeitsvorschriften gelten insb. bei den sog. **kammerfähigen freien Berufen**, z.B. bei RA (§ 8 Abs. 1 RVG, siehe Rn 27), Architekten, Ärzten, Tierärzten, Zahnärzten, StB und WP.[21]

IV. Einzelfragen

1. Schuldnerverzug des Arbeitgebers (§ 286). Ein AG kann mit der Leistung der Vergütung in Schuldnerverzug geraten, wenn er infolge einer **Künd** nicht mehr leistet, obwohl er bei Anwendung der erforderlichen Sorgfalt hätte erkennen können, dass die Künd unwirksam ist. Ein zunächst berechtigtes Vertrauen auf die Wirksamkeit der Künd kann im Laufe eines Künd-Rechtsstreits seine Berechtigung verlieren, z.B. nach Durchführung einer Beweisaufnahme, die zum Ergebnis geführt hat, dass keine Künd-Gründe vorliegen.[22] Schuldnerverzug tritt ohne Mahnung ein, wenn der AG nach Ablauf eines **Zeitabschnittes** i.S.v. S. 2 nicht leistet (§ 286 Abs. 2 Nr. 1). Der AN muss in einer wirtschaftlichen Existenzkrise des AG Lohnansprüche (i.H.v. 10 % seines Bruttomonatseinkommens) selbst dann nicht aufgrund seiner Treuepflicht stunden, wenn andere Mitarbeiter in dieser Höhe auf Lohn verzichtet haben.[23] **Verzugszinsen** nach § 288 Abs. 1 S. 1 kann der AN aus der in Geld geschuldeten Brutto-Vergütung verlangen.[24]

2. Kündigungsrecht des Arbeitnehmers aus wichtigem Grund (§ 626). Mehrfach säumige Gehaltszahlungen oder Verzug mit einem **erheblichen Betrag** stellen nach der grds. erforderlichen **Abmahnung** einen zur fristlosen Künd geeigneten wichtigen Grund (§ 626) dar, selbst wenn der AG schuldlos in Rückstand geraten ist.[25] Rückstände mit kleineren Beträgen können zu einer außerordentlichen Künd berechtigen, wenn der AG den Lohn willkürlich oder ohne nachvollziehbare Begründung hartnäckig verweigert.[26] Der AG kann nach **§ 628 Abs. 2** – zeitlich begrenzt bis zum Ablauf der Künd-Frist einer fiktiven Künd – zum Ersatz des dem AN entstandenen sog. Auflösungsschadens

---

15 BAG 3.6.1958 – 2 AZR 406/55 – AP § 59 HGB Nr. 9 m. Anm. *Hefermehl*; BAG 10.12.1973 – 3 AZR 318/73 – NJW 1974, 663; LAG Berlin 7.10.1975 – 4 Sa 62/75 – DB 1976, 636; LAG Tübingen 31.3.1969 – 4 Sa 4/69 – DB 1969, 1023.
16 Ebenroth/Boujong/Joost/Strohn/*Boecken*, § 64 Rn 6 m.w.N.
17 BAG 3.6.1958 – 2 AZR 406/55 – AP § 59 HGB Nr. 9 m. Anm. *Hefermehl*.
18 BAG 3.11.1976 – 5 AZR 557/75 – DB 1977, 780.
19 3. Gesetz zur Änderung der GewO und sonstiger gewerberechtlicher Vorschriften (BGBl I S. 3412).
20 ErfK/*Dörner*, § 11 BUrlG Rn 27.
21 S. im Einzelnen MüKo-BGB/*Schaub*, § 614 Rn 12–18 m.w.N.
22 BAG 14.5.1998 – 8 AZR 634/96 – NZA-RR 1999, 511 f., auch zum sog. Steuerschaden.
23 LAG München 6.5.1997 – 4 Sa 736/95 – AuR 1997, 304; a.A. die Vorinstanz ArbG München 29.5.1995 – 12 Ca 15569/94 – AuR 1995, 427, 428 m. Anm. *Bonkowski*.
24 BAG GS 7.3.2001 – GS 1/00 – NZA 2001, 1195; s. HWK/*Krause*, § 614 BGB Rn 12.
25 St. Rspr. BAG 26.7.2001 – 8 AZR 739/00 – NZA 2002, 325, 327 f.; BAG 25.9.1980 – 3 AZR 119/78 – juris; BAG 24.4.1980 – 3 AZR 985/77 – juris; BAG 25.7.1963 – 2 AZR 510/62 – NJW 1963, 2340; LAG Hamm 29.9.1999 – 18 Sa 118/99 – NZA-RR 2000, 242, 243; LAG Köln 23.9.1993 – 10 Sa 587/93 – LAGE § 626 BGB Nr. 73; Hessisches LAG 27.10.1964 – 5 Sa 154/64 – DB 1965, 186; LAG Düsseldorf 12.9.1957 – 2 Sa 144/57 – DB 1957, 1132.
26 BAG 26.7.2001 – 8 AZR 739/00 – NZA 2002, 325, 327; BAG 25.7.1963 – 2 AZR 510/62 – NJW 1963, 2340.

verpflichtet sein, welcher insb. den Vergütungsausfall und eine angemessene Abfindung für den Verlust des Arbeitsplatzes analog §§ 9, 10 KSchG umfasst (siehe § 628 Rn 47 ff.).[27]

16 **3. Leistungsverweigerungsrechte des Arbeitnehmers (§§ 320, 273).** Wegen eines fälligen und noch nicht vollständig erfüllten Vergütungsanspruchs nimmt die Rspr., ohne zu § 320 abzugrenzen,[28] ein Zurückbehaltungsrecht allein nach **§ 273 Abs. 1** an;[29] ebenso im Ergebnis die h.L.[30] Richtigerweise steht dem AN bzgl. der in der nächsten Lohnperiode zu erbringenden Arbeitsleistung auch die Einrede des nicht erfüllten Vertrages aus **§ 320 Abs. 1 S. 1** zu.[31] Das ebenfalls einschlägige Zurückbehaltungsrecht nach § 273 Abs. 1 ist gegenüber § 320 Abs. 1 insoweit schwächer, als es arbeitgeberseitig durch Sicherheitsleistung abgewendet werden kann (§ 273 Abs. 3).[32] Das Zurückbehaltungsrecht ist unter Beachtung von **Treu und Glauben** auszuüben. Der AN darf die Arbeit nicht verweigern, wenn der Lohnrückstand verhältnismäßig gering ist, nur eine kurzfristige Verzögerung der Lohnzahlung zu erwarten ist, wenn dem AG ein verhältnismäßig hoher Schaden entstehen kann – nach Rspr. und h.L. – wenn der Lohnanspruch nach § 273 Abs. 3 auf andere Weise gesichert ist.[33] Die zulässige Ausübung des Zurückbehaltungsrechts stellt keine vertragswidrige oder sonst unbefugte Arbeitsverweigerung dar; **Sanktionen**, insb. eine deswegen ausgesprochene außerordentliche oder ordentliche Künd, sind i.d.R. **unwirksam**.[34] Für die Zeit der berechtigten Ausübung des Zurückbehaltungsrechts ist der AG nach § 324 Abs. 1 verpflichtet, dem AN den Lohn zu zahlen, den er verdient hätte, wenn er gearbeitet hätte.[35]

17 **4. Verringerung der „Vorleistungsgefahr"** Aus dem Grundsatz der Vorleistungspflicht des AN (siehe Rn 1) resultiert die Gefahr, dass er nach erbrachter Leistung die dann fällige Vergütung nicht erhält („Vorleistungsgefahr"; Kreditrisiko). Die Vorleistungspflicht stellt im ökonomischen Sinne eine Kreditierung oder Stundung der Vergütungsverpflichtung dar.[36] Neben den **Leistungsverweigerungsrechten** aus §§ 320, 273 (siehe Rn 16) wird die „Vorleistungsgefahr" durch folgende Regelungen abgeschwächt: Suspendierung der Vorleistungspflicht bei Vermögensverschlechterung des AG durch Erhebung der **Unsicherheitseinrede** nach § 321, Gewährung von **Insolvenzgeld** nach §§ 183 ff. SGB III[37] und Vereinbarung von **Vorschuss- oder Abschlagszahlungen** (siehe Rn 20 ff.).

18 **5. Nach Zeitabschnitten bemessene Vergütung (S. 2).** Im Regelungsbereich des S. 2 muss die Vergütung „nach **Zeitabschnitten** bemessen" sein. Nicht nach Zeitabschnitten bemessen und damit S. 1 unterfallend ist die Vergütung für im Akkord (siehe § 611 Rn 629 ff.) geleistete Arbeit.[38] Das bei ArbVerh i.d.R. nach **Monaten** berechnete Entgelt ist nach Ablauf des Monats fällig. Ist die Vergütung nach **Tagen** oder **Stunden** berechnet, wird sie nach der Verkehrssitte – entgegen S. 2 – erst am Schluss der Woche fällig.[39] Auch Betriebsrenten werden nach Zeitabschnitten entrichtet, sodass Fälligkeit erst nach Ablauf der einzelnen Zeitabschnitte eintritt (zur Anwendung des Rechtsgedankens von § 614 auf Betriebsrenten, siehe Rn 2).[40] Es ist zulässig, in einer – mitbestimmungspflichtigen (§ 87 Abs. 1 Nr. 4 BetrVG) – BV zu bestimmen, dass ein über die regelmäßige tarifliche Wochenarbeitszeit hinausgehendes Zeitguthaben erst am Ende eines einjährigen Verteilungszeitraumes vergütet wird.[41] Bei i.S.v. S. 2 nach Zeitabschnitten bemessener Vergütung handelt es sich um eine kalendermäßig bestimmte Leistungszeit, so dass der AG auch ohne Mahnung des AN in **Schuldnerverzug** (siehe Rn 14) gerät, wenn er nach dem Ablauf des Zeitabschnittes nicht leistet (§ 286 Abs. 2 Nr. 1).[42] Fällt der Fälligkeitstag auf einen Samstag, Sonntag oder Feiertag, so verschiebt sich nach Maßgabe des § 193 die Fälligkeit auf den nächsten Werktag. Verzug tritt dann erst an dem auf diesen Werktag folgenden Werktag ein.[43]

---

27 BAG 26.7.2001 – 8 AZR 739/00 – NZA 2002, 325, 326 ff.; BAG 24.4.1980 – 3 AZR 985/77 – juris; s. BAG 13.8.1980 – 5 AZR 588/78 – NJW 1981, 885 f. zur Einordnung des Anspruchs als einfache Insolvenzforderung.
28 S. BAG 20.12.1963 – 1 AZR 428/62 – NJW 1964, 883; BAG 21.5.1992 – 2 AZR 10/92 – NZA 1993, 115; BAG 22.12.1982 – 2 AZR 350/82 – juris; BAG 22.12.1982 – 2 AZR 282/82 – RdA 1983, 254, 257; BAG 21.5.1981 – 2 AZR 95/79 – NJW 1982, 121, 122.
29 BAG 9.5.1996 – 2 AZR 387/95 – NZA 1996, 1085; BAG 25.10.1984 – 2 AZR 417/83 – NZA 1985, 355; LAG Berlin 5.3.2003 – 17 Sa 2269/02 – NZA-RR 2003, 516, 517.
30 MüKo-BGB/*Müller-Glöge*, § 614 Rn 12; Staudinger/*Richardi*, § 614 Rn 16 f.; *Capodistrias*, RdA 1954, 53, 54 f.; *Kirschner*, DB 1961, 842.
31 Ebenroth/Boujong/Joost/Strohn/*Boecken*, § 64 Rn 10; *Boecken*, NJW 1995, 3218, 3221; *Söllner*, ZfA 1973, 1, 5 f.; in diese Richtung auch *Hümmerich*, Gestaltung von Arbeitsverträgen, 2006, Rn 2889 ff., hier auch näher zur arbeitsvertraglichen Gestaltung von Zurückbehaltungsrechten.
32 Ebenroth/Boujong/Joost/Strohn/*Boecken*, § 64 Rn 10.
33 BAG 25.10.1984 – 2 AZR 417/83 – NZA 1985, 355, 356; Thüringer LAG 28.1.1999 – 5 Sa 895/97 – AuR 1999, 402; *Brunhöber*, AuA 2004, 18 f.; *Söllner*, ZfA 1973, 1, 10 ff.
34 BAG 9.5.1996 – 2 AZR 387/95 – NZA 1996, 1085, 1086 f.; Thüringer LAG 28.1.1999 – 5 Sa 895/97 – AuR 1999, 402; *Brunhöber*, AuA 2004, 18, 21.
35 Thüringer LAG 28.1.1999 – 5 Sa 895/97 – AuR 1999, 402, 403.
36 Staudinger/*Richardi*, § 614 Rn 21 m.w.N.
37 Bis zum 31.12.1998 KAUG nach §§ 141a ff. AFG.
38 Staudinger/*Richardi*, § 614 Rn 13 m.w.N.
39 MüKo-BGB/*Müller-Glöge*, § 614 Rn 11 m.w.N.
40 BAG 31.7.2007 – 3 AZR 372/06 – DB 2008, 1505, 1506.
41 BAG 15.1.2002 – 1 AZR 165/01 – NZA 2002, 1112.
42 BAG 15.5.2001 – 1 AZR 672/00 – DB 2002, 273.
43 BAG 15.5.2001 – 1 AZR 672/00 – BAGE 98, 1, 9; BGH 1.2.2007 – III ZR 159/06 – NJW 2007, 1581, 1583; Palandt/*Heinrichs*, § 193 Rn 5; Staudinger/*Repgen*, § 193 Rn 26.

6. Sonstiges. Aufgrund eigener ordentlicher Künd ausgeschiedene AN können die Auszahlung einer bereits verdienten, aber noch nicht fälligen **Treueprämie** (siehe § 611 Rn 703) erst zu dem Zeitpunkt verlangen, zu dem sie an die im Betrieb verbliebenen AN ausgezahlt wird.[44] Scheidet ein AN vor dem Ende des Bezugszeitraums einer zugesagten „**Jahresleistung**" aus, so behält er einen Anspruch auf denjenigen Teil der Jahresleistung, der dem Verhältnis der tatsächlichen Arbeitsleistung zur Gesamtdauer des Bezugszeitraums entspricht (**Zwölftelung**). Dieser Teilanspruch wird mangels anderer Abrede erst am Ende des Bezugszeitraums fällig.[45]

V. Vorschuss- und Abschlagszahlungen

1. Vorschüsse (Vorschusszahlungen). a) Begriff. Vorschüsse sind Vorauszahlungen des AG auf **noch nicht verdienten** Lohn, mithin Leistungen vor Fälligkeit der Vergütung.[46] Mangels anderweitiger einzel- oder kollektivvertraglicher Vereinbarung besteht auf Vorschüsse grds. kein Rechtsanspruch. Ausnahmsweise kann ein Anspruch in dringenden Fällen (z.B. schwere Erkrankung, Todesfall, Entbindung, anderweitig nicht behebbare finanzielle Notlage) und in angemessenem Umfang aus der Fürsorgepflicht des AG als arbeitsvertraglicher Nebenpflicht i.S.v. § 241 Abs. 2 resultieren.[47] Das in §§ 65, 87a Abs. 1 S. 2 HGB geregelte Vorschussrecht kann für Handlungsgehilfen, die auf Provisionsbasis arbeiten, nicht zu ihren Ungunsten abbedungen werden.[48] Ein negatives Guthaben auf einem Arbeitszeitkonto stellt einen Lohn- oder Gehaltsvorschuss des AG dar.[49]

b) Voraussetzungen. Eine Zahlung des AG ist dann ein Vorschuss, wenn sich beide Seiten bei der Auszahlung darüber einig sind, dass es sich um eine Vorwegleistung handelt, die bei Fälligkeit der Forderung verrechnet wird.[50] Eine **Vorschussvereinbarung** ergibt sich nicht schon aus der Errichtung eines Arbeitszeitkontos.[51] Bestimmt eine **tarifvertragliche „Vorschussklausel"**, dass Bezüge „bis auf weiteres vorschussweise" gezahlt werden, so ist der AG zwar zur Zahlung dieser Bezüge verpflichtet, er braucht sie aber nur als Vorschuss zu gewähren. Eine solche Klausel hat nicht zur Folge, dass geleistete Zahlungen ohne weiteres als Vorschuss zu beurteilen wären, wenn der AG bei der Auszahlung nichts dergleichen erklärt hat.[52] Anderenfalls würde man dem AN bzgl. überzahlter Beträge die Einrede des Wegfalls der Bereicherung (§ 818 Abs. 3) nehmen, obwohl ihn die bloße Existenz der Tarifklausel nicht bösgläubig (§ 819 Abs. 1) macht. Nach **§ 37 Abs. 7 BAT** gelten Beträge, die als Krankenbezüge über den Zeitpunkt des Rentenbeginns hinaus gezahlt worden sind, als Vorschüsse auf zustehende Bezüge aus der gesetzlichen Rentenversicherung. Dadurch ist abschließend bestimmt, dass der Ang zur Rückzahlung von Krankenbezügen verpflichtet ist, auf die er keinen Anspruch hat. Bereicherungsrecht findet daneben keine Anwendung.[53] Entsprechendes gilt nunmehr gem. **§ 22 Abs. 4 TVöD**. Die Klausel eines TV: „Scheidet ein AN auf eigenen Wunsch vor Ablauf des Kalenderjahres aus dem Betriebe aus, obwohl ihm der volle Jahresurlaub bereits gewährt ist, so ist die überzahlte Urlaubsvergütung ein Lohnvorschuss" ist wegen Verstoßes gegen § 394 i.V.m. §§ 850 ff. ZPO sowie Beeinträchtigung der Künd-Freiheit des AN unwirksam (§ 134).[54]

c) Verrechnung bei der (nächsten) Lohnabrechnung. Vorschüsse können als **vorweggenommene Lohntilgungen** (§§ 362 Abs. 1, 271 Abs. 2) bei der nächsten Lohnabrechnung ohne Aufrechnungserklärung (§§ 387, 388) und mangels Anwendbarkeit von § 394 selbst vom unpfändbaren Teil der Arbeitsvergütung in Abzug gebracht werden.[55] Dem AN muss bei der Auszahlung ein Betrag zur Bestreitung des notwendigen Lebensunterhalts belassen werden, was i.d.R. der Betrag ist, der auch einem Unterhaltsschuldner im Falle einer Lohnpfändung gem. § 850d Abs. 1 S. 2 ZPO verbleiben muss (siehe Rn 26).

2. Abschläge (Abschlagszahlungen). Abschläge sind Geldleistungen auf bereits **verdientes**, aber noch nicht abgerechnetes Arbeitsentgelt.[56] Sie werden häufig bei schwankenden Bezügen (z.B. Leistungslohn) gezahlt. Es handelt sich um Teilzahlungen, welche mangels anderweitiger Vereinbarung vom AN selbst bei Fälligkeit der Vergütung nicht angenommen werden müssen (§ 266).[57] Auch Abschläge werden bei der nächsten Lohnzahlung ohne Aufrechnung abgezogen.

---

44 BAG 12.10.1972 – 5 AZR 227/72 – DB 1973, 285.
45 BAG 8.11.1978 – 5 AZR 358/77 – DB 1979, 505.
46 BAG 11.2.1987 – 4 AZR 144/86 – NZA 1987, 485; LAG Hamm 22.2.2001 – 16 Sa 1328/00 – BuW 2001, 924; *Bitter*, AR-Blattei SD 1145, 4 ff.
47 MüKo-BGB/*Müller-Glöge*, § 614 Rn 16; Staudinger/*Richardi*, § 614 Rn 25; a.A. LAG Niedersachsen 26.10.1953 – 3 Sa 453/53 – BB 1954, 97, 98 m. Anm. *Herschel*.
48 BAG 16.2.1962 – 5 AZR 211/61 – DB 1962, 543 f.
49 BAG 13.12.2000 – 5 AZR 334/99 – DB 2001, 1565, 1566.
50 BAG 13.12.2000 – 5 AZR 334/99 – DB 2001, 1565, 1566; BAG 11.7.1961 – 3 AZR 216/60 – BB 1961, 1008 m. abl. Anm. *Gumpert*; LAG München 28.9.1989 – 4 Sa 241/89 – DB 1990, 1292.
51 LAG Hamm 22.2.2001 – 16 Sa 1328/00 – BuW 2001, 924.
52 BAG 11.7.1961 – 3 AZR 216/60 – BB 1961, 1008 m. Anm. *Gumpert*.
53 BAG 25.2.1993 – 6 AZR 334/91 – NZA 1994, 705.
54 BAG 9.2.1956 – 1 AZR 329/55 – SAE 1956, 117 m. Anm. *Sabin*.
55 BAG 13.12.2000 – 5 AZR 334/99 – DB 2001, 1565, 1566.
56 BAG 11.2.1987 – 4 AZR 144/86 – NZA 1987, 485, 486; Staudinger/*Richardi*, § 614 Rn 23; *Bitter*, AR-Blattei SD 1145, 2.
57 Staudinger/*Richardi*, § 614 Rn 28 m.w.N.

24 **3. Abgrenzung zum (Arbeitgeber-)Darlehen.** Ob der AG dem AN ein Darlehen (§ 488) oder einen Vorschuss gewährt hat, richtet sich nicht nach der von den Parteien gewählten Bezeichnung oder danach, ob sie die Zahlungen als Darlehen oder Lohnvorschuss verbucht haben, sondern nach **objektiven Gesichtspunkten**. Ein **Vorschuss** ist anzunehmen, wenn die demnächst fällige Gehaltszahlung für kurze Zeit vorverlegt wird, damit der AN bis dahin seinen normalen Lebensunterhalt bestreiten kann.[58] Ein **AG-Darlehen** liegt i.d.R. vor, wenn der gewährte Betrag die Lohn- oder Gehaltshöhe wesentlich übersteigt und zu einem Zweck gegeben wird, der mit den normalen Bezügen nicht (sofort) erreicht werden kann und zu dessen Erfüllung üblicherweise Kredite genommen werden (siehe § 611 Rn 625, 665, 746 ff.).[59] Weitere für das Vorliegen eines Darlehens sprechende Kriterien sind die Vereinbarung einer Verzinsung oder das Verlangen nach darlehenstypischen Sicherheiten.[60]

25 **4. Rückgewähr von Vorschüssen und Abschlagszahlungen.** Wer Geld als Vorschuss nimmt, verpflichtet sich damit, den Vorschuss dem Vorschussgeber zurückzuzahlen, wenn und soweit eine bevorschusste Forderung nicht (zeitgerecht) entsteht.[61] Dies gilt selbst dann, wenn der AG von der Befugnis zur Anpassung der Vorschüsse an die verdienten Provisionen zunächst keinen Gebrauch gemacht hat und hierfür sachliche Gründe bestanden.[62] Gleiches gilt bei Abschlägen, wenn sich bei der Lohnabrechnung herausstellt, dass diese den verdienten Lohn übersteigt. Da der Rückzahlungsanspruch des AG i.d.R. auf der getroffenen **Vorschussvereinbarung** beruht, ist Bereicherungsrecht und damit § 818 Abs. 3 nicht anwendbar.[63] Wenn überzahlte Vergütung mangels Vereinbarung nicht als Vorschuss oder Abschlag anzusehen ist, scheidet eine Lohnverrechnung aus und es besteht ein Anspruch des AG aus § 812 Abs. 1 S. 1 Alt. 1, wobei die §§ 814, 818 Abs. 3 und bei Beamten § 87 Abs. 2 S. 2 BBG zu beachten sind.[64] Insb. bei der Leistungsentlohnung (Akkordlohn, siehe § 611 Rn 629 ff.) kann sich durch Auslegung ergeben, dass überzahlte Vorschüsse und Abschläge durch monatelange Handhabung zur **Garantievergütung** werden.[65] Erfolgen Überzahlungen nur, um im Fall des Ausscheidens des AN einen Rückforderungsanspruch entstehen zu lassen, der diesen am Stellenwechsel hindert und in seiner beruflichen Bewegungsfreiheit unangemessen belastet, liegt eine wegen Art. 12 GG unzulässige **Künd-Erschwerung** vor. Es handelt sich dann nicht um einen Vorschuss oder Abschlag, sondern es wird erhöhtes Entgelt unter der auflösenden Bedingung gewährt, dass der AN nicht – vor einem vom AG für angemessen gehaltenen Zeitpunkt – ausscheidet.[66]

26 **5. Rechtslage im Fall einer Lohnpfändung.** Bei einer Lohnpfändung (siehe § 611 Rn 794 ff.) ist zur Ermittlung des pfändbaren Betrages ohne Rücksicht auf geleistete Vorschuss- oder Abschlagszahlungen vom gesamten Arbeitseinkommen auszugehen.[67] Geleistete Vorschüsse oder Abschläge werden zunächst auf den pfändungsfreien Betrag angerechnet. Da der Schuldner hierdurch unter das Existenzminimum absinken kann, muss ihm nach h.M. der **notwendige Lebensbedarf** (§ 850d ZPO) verbleiben.[68] Nur soweit die Vorauszahlungen den unpfändbaren Betrag übersteigen, erfolgt eine Anrechnung gegenüber dem Pfändungsgläubiger. Nach a.A.[69] wird der pfändbare Lohnanteil nur vom verbliebenen Einkommen berechnet. Der Pfändungs- und Überweisungsbeschluss soll nur die zzt. der Pfändung noch ausstehende Lohnforderung erfassen. Dem Schuldner soll der gesamte unpfändbare Teil verbleiben, während die geleisteten Zahlungen vom pfändbaren Teil einbehalten werden. Die Ansicht der h.M. steht mit dem Schutzzweck der §§ 850 ff. ZPO im Einklang, während die a.A. über den gewollten Sozialschutz hinaus die Zugriffsmöglichkeiten der Gläubiger einschränkt. Nach Zustellung des Pfändungs- und Überweisungsbeschlusses (§§ 829 Abs. 3, 835 Abs. 3 S. 1 ZPO) darf der AG zwar weitere Vorschüsse und Abschläge an den AN zahlen. Über den unpfändbaren Teil des Einkommens hinausgehende Zahlungen braucht der Pfändungsgläubiger jedoch nicht gegen sich gelten zu lassen, da der Anspruch insoweit auf ihn übergegangen ist. Der Anspruch auf Rückzahlung

---

58 LAG Düsseldorf 14.7.1955 – 2a Sa 158/55 – RdA 1956, 79; ArbG Frankfurt 25.7.1968 – 5 Ca 268/68 – DB 1968, 1544.
59 H.M., LAG Bremen 21.12.1960 – 1 Sa 147/60 – DB 1961, 243; MüKo-BGB/*Müller-Glöge*, § 614 Rn 22 ff.; *Bitter*, AR-Blattei SD 1145, 2; *Jessel/Schellen*, 14 f.; a.A. Staudinger/*Richardi*, § 614 Rn 24: nur Indiz.
60 MüKo-BGB/*Müller-Glöge*, § 614 Rn 22; *Bitter*, AR-Blattei SD 1145, 3.
61 St. Rspr. BAG 10.3.1960 – 5 AZR 426/58 – MDR 1960, 612; BAG 31.3.1960 – 5 AZR 441/57 – AuR 1960, 250; BAG 11.7.1961 – 3 AZR 216/60 – BB 1961, 1008 m. Anm. *Gumpert*; BAG 28.6.1965 – 3 AZR 86/65 – EzA § 87 HGB Nr. 1.
62 BAG 20.6.1989 – 3 AZR 504/87 – NZA 1989, 843.
63 BAG 25.2.1993 – 6 AZR 334/91 – NZA 1994, 705 f.; BAG 25.3.1976 – 3 AZR 331/75 – SAE 1977, 177, 180 f. m. Anm. *Bickel*; *Bitter*, AR-Blattei SD 1145, 7.
64 BAG 31.3.1960 – 5 AZR 441/57 – AuR 1960, 250; BAG 18.9.1986 – 6 AZR 517/83 – NZA 1987, 380, 381 f.
65 ErfK/*Preis*, § 614 BGB Rn 27; a.A. zu Vorschusszahlungen Schaub/*Linck*, Arbeitsrechts-Handbuch, § 70 Rn 19.
66 MüKo-BGB/*Müller-Glöge*, § 614 Rn 15 m.w.N.
67 St. Rspr. BAG 9.2.1956 – 1 AZR 329/55 – SAE 1956, 117 m. Anm. *Sabin*; BAG 11.2.1987 – 4 AZR 144/86 – NZA 1987, 485; LAG Bremen 21.12.1960 – 1 Sa 147/60 – DB 1961, 243; LAG Düsseldorf 14.7.1955 – 2a Sa 158/55 – RdA 1956, 79; ArbG Berlin 29.10.1964 – 2 Ca 213/64 – BB 1965, 203.
68 Offen gelassen von BAG 11.2.1987 – 4 AZR 144/86 – NZA 1987, 485, 487; h.M., s. ErfK/*Preis*, § 614 BGB Rn 24; *Denck*, BB 1979, 480, 481; a.A. MüKo-BGB/*Müller-Glöge*, § 614 Rn 18 f.
69 ArbG Hannover 22.3.1967 – 5 Ca 55/67 – BB 1967, 586; *Bischoff*, BB 1952, 434, 436.

des Gehaltsvorschusses geht der Pfändung nicht vor. Aufrechnungen und Abtretungen sind nur innerhalb der Pfändungsgrenzen wirksam.[70]

C. Verbindung zu anderen Rechtsgebieten und zum Prozessrecht
I. Fälligkeit der Vergütung des RA (§ 8 Abs. 1 RVG)
Nach § 8 Abs. 1 S. 1 RVG[71] wird die Vergütung fällig, wenn der Auftrag erledigt oder die Angelegenheit beendigt ist. Ist der RA in einem gerichtlichen Verfahren tätig, so wird die Vergütung auch fällig, wenn eine Kostenentsch. ergangen, der Rechtszug beendigt ist oder das Verfahren länger als drei Monate ruht (§ 8 Abs. 1 S. 2 RVG).[72] Gleiches galt nach § 16 BRAGO. 27

II. Verjährung und Ausschlussfristen
Der Anspruch auf Rückzahlung überhöhter Vorschuss- und Abschlagszahlungen verjährt nach § 195 in drei Jahren und kann einzel- oder kollektivvertraglichen Ausschlussfristen unterliegen. 28

III. Darlegungs- und Beweislast
Hält der Dienstberechtigte dem Vergütungsanspruch entgegen, dieser sei durch Vorschusszahlungen (z.T.) erfüllt, ist er für die Vorschussvereinbarung und -auszahlung darlegungs- und beweispflichtig, da es sich um den **Einwand vorweggenommener Erfüllung** (§§ 362 Abs. 1, 271 Abs. 2) handelt.[73] Streiten die Parteien darüber, ob der Vorschuss durch Vergütungsansprüche verdient ist, mithin über die **Höhe des Vergütungsanspruchs**, trifft den Dienstverpflichteten die Darlegungs- und Beweislast für die Umstände, von denen die Höhe des Anspruchs abhängt.[74] 29

§ 615 Vergütung bei Annahmeverzug und bei Betriebsrisiko

[1]Kommt der Dienstberechtigte mit der Annahme der Dienste in Verzug, so kann der Verpflichtete für die infolge des Verzugs nicht geleisteten Dienste die vereinbarte Vergütung verlangen, ohne zur Nachleistung verpflichtet zu sein. [2]Er muss sich jedoch den Wert desjenigen anrechnen lassen, was er infolge des Unterbleibens der Dienstleistung erspart oder durch anderweitige Verwendung seiner Dienste erwirbt oder zu erwerben böswillig unterlässt. [3]Die Sätze 1 und 2 gelten entsprechend in den Fällen, in denen der Arbeitgeber das Risiko des Arbeitsausfalls trägt.

Literatur: Annuß, Zum Anspruch des Arbeitnehmers wegen Vorenthaltung des Dienstwagens – Anm. zu BAG 5.9.2002 – 8 AZR 702/01, NJW 2002, 2844; *Auktor*, Die Verteilung des Betriebsrisikos nach der Schuldrechtsreform – Kritische Gedanken zur Neufassung des § 615 BGB, ZTR 2002, 464; *Bauer/Baeck*, Die Anrechnung anderweitigen Verdienstes bei der Freistellung eines Arbeitnehmers, NZA 1989, 784; *Bauer/Krets*, Gesetze für moderne Dienstleistungen am Arbeitsmarkt, NJW 2003, 537; *Bayreuther*, Böswilliges Unterlassen eines anderweitigen Erwerbs im gekündigten Arbeitsverhältnis, NZA 2003, 1365; *Becker/Bader*, Bedeutung der gesetzlichen Verjährungsfristen und tariflichen Ausschlußfristen im Kündigungsrechtsstreit, BB 1981, 1709; *Berkowsky*, Das Weiterbeschäftigungsangebot des Arbeitgebers während des Kündigungsschutzprozesses und seine Auswirkungen auf seinen Annahmeverzug, DB 1981, 1569; *ders.*, Die Klage auf zukünftige Leistung im Arbeitsverhältnis, RdA 2006, 77; *Boecken*, Berücksichtigung anderweitigen Erwerbs gem. § 615 S. 2 BGB, NJW 1995, 3218; *ders.*, Arbeits- und Sozialrecht – Insbesondere zu den rechtlichen Grundlagen der Einführung von Kurzarbeit, RdA 2000, 7; *ders.*, Tarifliche Ausschlussfristen für Lohn- und Gehaltsklagen bei behaupteter Eigenkündigung – Anrechnung anderweitigen Erwerbs – Auskunftspflicht während des Annahmeverzuges, Anm. zum Urteil des BAG vom 24.8.1999 – 9 AZR 804/98 – SAE 2001, 59; *ders.*, Annahmeverzug des Entleihers bei Nichtbeschäftigung des Leiharbeitnehmers?, BB 2006, 997; *Boecken/Hümmerich*, Gekündigt, abgewickelt, gelöst, gesperrt – Der Abwicklungsvertrag als Lösung des Beschäftigungsverhältnisses mit der Folge einer Arbeitslosengeld-Sperrzeit? – Anm. zum BSG-Urteil vom 18.12.2003, DB 2004, 2046; *Boecken/Topf*, Kündigungsschutz: zurück zum Bestandsschutz durch Ausschluss des Annahmeverzuges, RdA 2004, 19; *Boemke*, Höhe der Verzugszinsen für Entgeltforderungen des Arbeitnehmers, BB 2002, 96; *Brunhöber*, Wenn der Arbeitnehmer nicht leistet … … und dies auch nicht muss, AuA 2004, 18; *Dollmann*, Chancen und Risiken im Umgang mit dem allgemeinen Weiterbeschäftigungsanspruch in Bestandsschutzstreitigkeiten, DB 2003, 2681; *Dossow*, Das Smogalarmrisiko – Leistungspflicht bei smogbedingter Arbeitsstörung, BB 1988, 2455; *Ebert/Schar*, Freistellungsvereinbarungen im Aufhebungs-/Abwicklungsvertrag, ArbRB 2003, 215; *Ehmann*, Das Lohnrisiko bei Smog-Alarm – Unmöglichkeit oder Annahmeverzug oder Kurzarbeit nach Abschied von der Betriebsrisikolehre, NJW 1987, 401; *Fiebig*, Der Arbeitnehmer als Verbraucher, DB

---

70 LAG Bremen 21.12.1960 – 1 Sa 147/60 – DB 1961, 243; LAG Düsseldorf 14.7.1955 – 2a Sa 158/55 – RdA 1956, 79.
71 Gesetz über die Vergütung der Rechtsanwältinnen und Rechtsanwälte (RechtsanwaltsvergütungsG – RVG) v. 5.5.2004 (BGBl I S. 718, 788), in Kraft getreten zum 1.7.2004.
72 *Schneider*, NJW 2007, 325 ff.
73 LAG München 28.9.1989 – 4 Sa 241/89 – DB 1990, 1292.
74 BAG 28.6.1965 – 3 AZR 86/65 – EzA § 87 HGB Nr. 1 zum Provisionsanspruch nach § 87 HGB; LAG Berlin 14.4.1975 – 5 Sa 83/73 – ARST 1976, 8.

2002, 1608; *Fonk*, Rechtsfragen der Abberufung von Vorstandsmitgliedern und Geschäftsführern, NZG 1998, 408; *Fröhlich*, Voraussetzungen des Annahmeverzuges, ArbRB 2006, 149; *Groeger*, Die Geltendmachung des Annahmeverzugslohnanspruchs, NZA 2000, 793; *Grunewald*, Der Umfang der Haftungsmilderung für den Schuldner im Annahmeverzug des Gläubigers in: FS für Canaris, Bd. I, 2007, S. 329; *Gumpert*, Anrechnung von anderweitigem Erwerb des Arbeitnehmers während des Kündigungsschutzprozesses, BB 1964, 1300; *Heffner/Link*, Unterlassene Arbeitslosmeldung – Geminderter Verzugsschaden, AuA 2003, 24; *Henssler*, Arbeitsrecht und Schuldrechtsreform, RdA 2002, 129; *Hümmerich/Holthausen*, Der Arbeitnehmer als Verbraucher, NZA 2002, 173; *Hromadka*, Schuldrechtsmodernisierung und Vertragskontrolle im Arbeitsrecht, NJW 2002, 2523; *Hümmerich/Holthausen/ Welslau*, Arbeitsrechtliches im Ersten Gesetz für moderne Dienstleistungen am Arbeitsmarkt, NZA 2003, 7; *Joussen*, Arbeitsrecht und Schuldrechtsreform, NZA 2001, 745; *Karlsfeld*, Weiterbeschäftigung im Kündigungsschutzprozess – ein Bumerang, ArbRB 2003, 283; *Klar*, Einvernehmliche Freistellung und Anrechnung anderweitiger Verdienstes, NZA 2004, 576; *Klein*, Die Offenbarungspflicht des Arbeitnehmers bei Annahmeverzug des Arbeitgebers, NZA 1998, 1208; *Krebs*, Verbraucher, Unternehmer oder Zivilpersonen – Zur Einordnung von BGB-Gesellschaften und anderen Verbänden ohne eigenes Gewerbe oder selbstständige berufliche Tätigkeit, DB 2002, 517, 520; *Kühn*, Zur Methode der Anrechnung anderweitigen Erwerbs nach § 615 Satz 2 BGB – Gesamtberechnung oder pro rata temporis?, Diss. 2007; *Lieb*, Zum gegenwärtigen Stand der Arbeitskampfrisikolehre, NZA 1990, 289; *Lakies*, Inhaltskontrolle von Vergütungsvereinbarungen im Arbeitsrecht, NZA-RR 2002, 337; *Lindemann*, Neuerungen im Arbeitsrecht durch die Schuldrechtsreform, AuR 2002, 81; *Löwisch*, Auswirkungen der Schuldrechtsreform auf das Recht des Arbeitsverhältnisses, in: FS für Wiedemann, 2002, S. 311; *ders.*, Beendigung des Annahmeverzugs während des Kündigungsschutzprozesses, DB 1998, 2118; *ders.*, Die Beendigung des Annahmeverzugs durch ein Weiterbeschäftigungsangebot während des Kündigungsrechtsstreits, DB 1986, 2433; *Luke*, § 615 S. 3 BGB – Neuregelung des Betriebsrisikos?, NZA 2004, 244; *Mauer*, Zum Anspruch des Arbeitnehmers wegen Vorenthaltung des Dienstwagens – Anm. zu BAG 5.9.2002 – 8 AZR 701/01 –, EWiR 2003, 49; *Mössner*, Anm. zu BAG 23.1.1967 – 3 AZR 253/66 –, RdA 1969, 111; *Nägele*, Anrechnung von Zwischenverdienst in der Freistellungsphase nach erfolgter Kündigung, BB 2003, 45; *Nägele/Böhm*, Zweifelhafte Rechtsprechung zur Berechnung des Annahmeverzugslohns, ArbRB 2006, 317; *Nierwetberg*, § 615 BGB und der Fixschuldcharakter der Arbeitspflicht, BB 1982, 995; *Nübold*, Die Methode der Anrechnung anderweitigen Verdienstes nach § 615 Satz 2 BGB, RdA 2004, 31; *Opolony*, Aktuelles zum Annahmeverzugslohn im Rahmen von Kündigungsschutzverfahren, BB 2004, 1386; *ders.*, Möglichkeiten des Arbeitgebers zur Minimierung des Verzugslohnrisikos gemäß § 615 BGB, DB 1998, 1714; *Peter*, Kündigung, Annahmeverzug und Weiterbeschäftigung – zugleich auch Anmerkungen zu der Entscheidung des Bundesarbeitsgerichts vom 21.5.1981 – DB 1982, 488; *Picker*, Betriebsrisikolehre und Arbeitskampf – Thesen zu einer Rückbesinnung, JZ 1979, 285; *ders.*, Fristlose Kündigung und Unmöglichkeit; Annahmeverzug und Vergütungsgefahr im Dienstvertragsrecht – Teil 2, JZ 1985, 693; *Preis*, Auslegung und Inhaltskontrolle von Ausschlussfristen in Arbeitsverträgen, ZIP 1989, 885; *Preis/Hamacher*, Das Recht der Leistungsstörungen im Arbeitsverhältnis (I), Jura 1998, 11; *Raab*, Europäische und nationale Entwicklungen im Recht der Arbeitnehmerüberlassung, ZfA 2003, 389; *Reinecke*, Kontrolle Allgemeiner Arbeitsbedingungen nach dem Schuldrechtsmodernisierungsgesetz, DB 2002, 583; *Reufels*, Anrechnung anderweitigen Erwerbs während eines Beschäftigungsverbots?, ArbRB 2005, 56; *Reufels/Schmülling*, Die Anrechnung von anderweitigem Verdienst nach § 615 Satz 2 BGB, ArbRB 2004, 88; *Richardi*, Lohn oder Kurzarbeitergeld bei Smog-Alarm – Ersetzung der zivilrechtlichen Entgeltrisikoregelung durch Kurzarbeitergeld?, NJW 1987, 1231; *Ricken*, Annahmeverzug und Prozessbeschäftigung während des Kündigungsrechtsstreites, NZA 2005, 323; *Schäfer*, Zur verzugsrechtlichen Bedeutung des Weiterbeschäftigungsangebots während des Kündigungsschutzprozesses – BAG, NZA 1986, 637, JuS 1988, 265; *Schaub*, Rechtsfragen des Annahmeverzugs im Arbeitsrecht, ZIP 1981, 347; *Schier*, Kündigungsschutzstreitigkeiten und Annahmeverzugslohn – Ein Rechtsprechungsüberblick –, BB 2006, 2578; *Schirge*, Böswilliges Unterlassen anderweitigen Erwerbs nach § 615 Satz 2 BGB im gekündigten Arbeitsverhältnis, DB 2000, 1278; *Schrader/Straube*, Die tatsächliche Beschäftigung während des Kündigungsrechtsstreits, RdA 2006, 98; *Schulze*, Änderungskündigung und Annahmeverzug – Böswilliges Unterlassen durch vorbehaltlose Ablehnung eines Änderungsangebotes?, NZA 2006, 1145; *Spirolke*, Der – böswillig unterlassene – anderweitige Erwerb i.S.d. § 615 BGB, § 11 KSchG, NZA 2001, 707; *Staab*, Rechtsfragen zum Annahmeverzug des Arbeitgebers, Diss. 1992; *Stahlhacke*, Aktuelle Probleme des Annahmeverzugs im Arbeitsverhältnis, AuR 1992, 8; *Stück*, Recht, Praxis und Taktik – Beschäftigung während Kündigungsprozess, AuA 2004, 14; *ders.*, Der GmbH-Geschäftsführer zwischen Gesellschafts- und Arbeitsrecht im Spiegel aktueller Rechtsprechung, GmbHR 2006, 1009; *Tscherwinka*, Das Recht des Arbeitgebers zur Hinterlegung des Arbeitnehmerlohns, BB 1995, 618; *Tschöpe*, Weiterbeschäftigung während des Kündigungsrechtsstreits: Neue Trends beim Annahmeverzug des Arbeitgebers, DB 2004, 434; *Wehrisch*, Annahmeverzug des Arbeitgebers bei unwirksamer Kündigung, AuA 1997, 296; *Wertenbruch*, Der Vergütungsanspruch des Arztes bei Nichterscheinen eines bestellten Patienten – die Haftung des Arztes bei Nichteinhaltung des Behandlungstermins, MedR 1991, 167

A. Allgemeines 1	3. Verzicht auf den Annahmeverzugslohnanspruch
I. Normzweck 1	(§ 397) 10
1. Vergütung bei Annahmeverzug (S. 1) 1	4. Verhältnis zu § 11 KSchG 11
2. Anrechnung anderweitigen Erwerbs (S. 2) ... 2	II. Tatbestandsvoraussetzungen des Annahmeverzugs
3. Vergütung bei Risiko des Arbeitsausfalls	(§§ 293 ff.) 12
(Betriebsrisiko, S. 3) 3	1. Verweisung auf §§ 293 ff. 12
II. Entstehungsgeschichte 4	2. Übersicht 13
III. Verhältnis und Abgrenzung von Annahmeverzug	3. Erfüllbarkeit des Dienst- bzw. Arbeitsverhältnisses
zu Unmöglichkeit 5	 14
B. Regelungsgehalt 6	a) Fehlerhaftes Arbeitsverhältnis 14
I. Anwendungsbereich 6	b) Weiterbeschäftigungsverhältnis 15
1. Sachlicher und persönlicher Anwendungsbereich	c) Befreiung von der Arbeitspflicht durch
.... 6	Suspendierung/Freistellung 16
2. Abdingbarkeit 7	d) Einführung von Kurzarbeit 17
a) S. 1 7	4. Leistungsfähigkeit und -bereitschaft des Arbeitnehmers (§ 297)
b) S. 2 8	 18
c) S. 3 (Betriebsrisikolehre) 9	a) Allgemeines 18

b) Subjektives Leistungshindernis	19
aa) Fehlender Leistungswille des Arbeitnehmers	19
bb) Fehlende Leistungsfähigkeit des Arbeitnehmers (Arbeitsunfähigkeit)	20
cc) Subjektives Leistungshindernis aus rechtlichen Gründen	21
c) Objektives Leistungshindernis	22
5. Angebot der Leistung durch den Arbeitnehmer (§§ 293 bis 296)	23
a) Allgemeines	23
b) Tatsächliches Angebot (§ 294)	24
aa) Allgemeines	24
bb) Geschuldete Leistung	25
cc) Höchstpersönlichkeit (§ 613 S. 1)	26
dd) Leistungszeit (§ 271)	27
ee) Erfüllungsort (§ 269)	28
ff) Angebot in der rechten Weise (§ 242)	29
c) Wörtliches Angebot (§ 295)	30
aa) Allgemeines	30
bb) Ablehnungserklärung des Arbeitgebers (§ 295 S. 1 Alt. 1)	31
cc) Mitwirkungshandlung des Arbeitgebers (§ 295 S. 1 Alt. 2, S. 2)	32
dd) Unzumutbarkeit der Abgabe eines wörtlichen Angebots	33
d) Entbehrlichkeit des Angebots (§ 296)	34
aa) Allgemeines	34
bb) Unwirksame Kündigung des Arbeitgebers (§§ 296 S. 1, 295 S. 1 Alt. 2)	35
cc) Einzelfälle	36
6. Nichtannahme der angebotenen Leistung durch den Arbeitgeber (§ 293)	37
a) Allgemeines	37
b) (Nicht-)Annahme der Arbeitsleistung nach Arbeitgeberkündigung	38
c) Teilweise (Nicht-)Annahme der Dienste	39
d) Unzumutbarkeit der Annahme der Arbeitsleistung (§ 242)	40
e) Einzelfälle	41
7. Beendigung des Annahmeverzugs	42
a) Allgemeines	42
b) Annahme der angebotenen Arbeitsleistung (arg. § 293)	43
c) Verhalten des Arbeitnehmers	44
d) Beendigung des Arbeitsverhältnisses	45
III. Rechtsfolgen des Annahmeverzugs	46
1. Allgemeines	46
2. Aufrechterhaltung des Vergütungsanspruchs ohne Nachleistungsverpflichtung (S. 1)	47
a) Allgemeines	47
b) Umfang und Höhe des Vergütungsanspruchs (Lohnausfallprinzip)	48
c) Einzelfälle	49
d) Ausschluss der Nachleistungsverpflichtung	50
e) Auswirkungen von Betriebsübergang und Umwandlung	51
3. Anrechnung anderweitigen Erwerbs (S. 2)	52
a) Allgemeines	52
b) Ersparnisse (S. 2 Alt. 1)	53
c) Anderweitiger Erwerb (Zwischenverdienst, S. 2 Alt. 2)	54
aa) Kausalität	54
bb) Erwerbseinkommen	55
cc) Umfang der Anrechnung	56
dd) Anrechnung öffentlich-rechtlicher Leistungen	57
ee) Sonstiges	58
d) Böswillig unterlassener Erwerb (S. 2 Alt. 3)	59
aa) Allgemeines	59
bb) Zumutbarkeit	60
cc) Weiterbeschäftigung beim bisherigen Arbeitgeber	61
dd) Meldung bei der Arbeitsagentur	62
ee) Widerspruch nach Betriebsübergang (§ 613a Abs. 6)	63
ff) Einzelfälle	64
e) Auskunftspflicht des Arbeitnehmers (§ 74c Abs. 2 HGB analog)	65
aa) Allgemeines	65
bb) Voraussetzungen	66
cc) Sonstiges	67
f) Rückzahlungsanspruch des Arbeitgebers	68
4. Sonstige Ansprüche des Arbeitnehmers	69
a) Allgemeine Verzugsansprüche (§§ 304 Alt. 1, 300 Abs. 1)	69
b) Verzugsschaden (§§ 280 Abs. 2, 286, 288), insbesondere Zinsschaden	70
c) Schadensersatz wegen Nichtbeschäftigung (§§ 280, 283, 275, 286, 287)	71
IV. Risiko des Arbeitsausfalls (Vergütung bei Betriebsrisiko, S. 3)	72
1. Abgrenzung	72
2. Wirtschaftsrisiko (Verwendungsrisiko, Absatzrisiko)	73
3. Betriebsrisiko (S. 3)	74
a) Allgemeines	74
b) Entwicklung der Lehre vom Betriebsrisiko	75
c) Ausnahme bei Existenzgefährdung (Opfergrenze)	76
d) Betriebstechnische Gründe	77
e) Naturereignisse (höhere Gewalt)	78
f) Sonstige Einzelfälle	79
g) Kündigung aus Anlass der Betriebsstörung	80
h) Rechtsfolgen	81
4. Lehre vom Arbeitskampfrisiko	82
C. Verbindung zu anderen Rechtsgebieten und zum Prozessrecht	83
I. Fälligkeit	83
II. Verjährung	84
III. Ausschlussfristen (Verfallklauseln, Verfallfristen)	85
IV. Darlegungs- und Beweislast	86
V. Prozessuale Fragen	87
1. Klageantrag einer Klage auf Zahlung von Annahmeverzugslohn	87
2. Zusammentreffen von Zahlungsklage und Kündigungsschutzklage	88
3. Klage auf künftige Leistung (§§ 257 ff. ZPO)	89
4. Einstweilige Leistungs-Verfügung (§ 940 ZPO analog)	90
D. Beraterhinweise	91

A. Allgemeines

I. Normzweck

1. Vergütung bei Annahmeverzug (S. 1). Der AN kann seine Arbeitskraft, über die er mit Eingehung des Arbverh disponiert hat, nicht ohne weiteres kurzfristig anderweitig verwerten, ist aber i.d.R. auch im Fall des Annahmeverzugs des AG auf die Vergütung zur Sicherung seines Lebensunterhalts angewiesen.[1] Grds. entsteht der arbeitsvertragliche Vergütungsanspruch gem. § 614 (siehe § 614 Rn 1) erst dann, wenn der AN die ihm obliegende Arbeitsleistung erbracht hat. S. 1 enthält eine der zahlreichen **Ausnahmen von dem Grundsatz „Ohne Arbeit kein Lohn".** Die Vorschrift enthält **keine eigene Anspruchsgrundlage**, sondern es wird der ursprüngliche arbeitsvertragliche Erfüllungsanspruch (§ 611 Abs. 1) aufrechterhalten.[2] Die Rechtsfolgen des Annahmeverzugs des AG (§§ 293 ff.) werden zugunsten des AN erweitert. S. 1 stellt als Grundprinzip des Dienstvertragsrechts[3] eine Gefahrtragungsregel für die Vergütungsgefahr dar.[4] Die Norm ist dem Bereich der Leistungsstörungen zuzuordnen und beinhaltet keinen Schadensersatzanspruch, so dass es auf ein Verschulden des AG nicht ankommt.[5]

2. Anrechnung anderweitigen Erwerbs (S. 2). S. 2 regelt – ebenso wie die speziellere Norm des § 11 KSchG (siehe Rn 11)[6] – die Anrechnung dessen, was der Dienstverpflichtete infolge des Ausbleibens der Dienstleistung erspart, als sog. Zwischenverdienst erwirbt oder zu erwerben böswillig unterlässt. Der AN soll aus dem Annahmeverzug des AG **keinen Vorteil** ziehen und nicht mehr erhalten, als er bei ordnungsgemäßer Abwicklung des Arbverh erhalten hätte.[7] S. 2 ist Ausdruck eines allg. Rechtsgedankens, wie er bspw. auch in § 326 Abs. 2 S. 2, § 74c Abs. 1 S. 1 HGB und § 11 KSchG zum Ausdruck kommt.[8] Trotz des nicht völlig identischen Wortlauts stimmt S. 2 mit diesen Normen inhaltlich im Wesentlichen überein.[9]

3. Vergütung bei Risiko des Arbeitsausfalls (Betriebsrisiko, S. 3). Wie bereits die amtliche Überschrift der Norm nahe legt, ist vom AG nach S. 3 als „Risiko des Arbeitsausfalls" das Betriebsrisiko (siehe Rn 72 ff.) zu tragen. Dies ist das Risiko, dass der AG Lohn zahlen muss, wenn er ohne eigenes Verschulden die Belegschaft aus betriebstechnischen Gründen (z.B. Unterbrechung der Energieversorgung, Ausbleiben von Rohstoffen, Maschinenschäden), aufgrund extremer Witterungsverhältnisse bzw. Naturkatastrophen (z.B. Erdbeben, Überschwemmungen, Frost, Brände) sowie wegen sonstiger auf höherer Gewalt beruhender Unglücksfälle nicht beschäftigen kann (sog. Annahmeunfähigkeit).[10] S. 3 knüpft an die von der Rspr. entwickelte **Betriebsrisikolehre** (siehe Rn 75) an und lässt abweichend von §§ 275 Abs. 1 u. 4, 326 Abs. 1 den AG das Risiko des Arbeitsausfalls tragen. Das **Wirtschaftsrisiko** (Verwendungsrisiko, Absatzrisiko, siehe Rn 73), dass der AG keine Verwendungsmöglichkeit für die zu erbringende und betriebstechnisch mögliche Arbeitsleistung hat, trägt dieser grds. nach S. 1.[11] Vom AN ist das sog. **Wegerisiko** (siehe Rn 22) zu tragen. Bzgl. der Verteilung des **Arbeitskampfrisikos** gelten besondere Regeln (siehe Rn 82).[12]

II. Entstehungsgeschichte

Durch S. 1 wurde das bei der Sachmiete geltende Prinzip aus § 537 Abs. 1 S. 1 auch für das Dienstvertragsrecht verwirklicht.[13] Für die Vergütungsfortzahlungsverpflichtung sollten – verschuldensunabhängig – allein die Voraussetzungen des Annahmeverzugs maßgeblich sein, mithin „die nackte Tatsache der Nichtannahme der angebotenen Leistung seitens des Gläubigers".[14] S. 2 entspricht der Parallelregelung in § 537 Abs. 1 S. 2. S. 3 wurde durch das SchuldRModG[15] m.W.v. 1.1.2002[16] eingefügt und normiert die Betriebsrisikolehre (siehe Rn 75).[17]

---

1 Palandt/*Weidenkaff*, § 615 Rn 1.
2 St. Rspr. BAG 18.9.2002 – 1 AZR 668/01 – DB 2003, 1121; BAG 5.9.2002 – 8 AZR 702/01 – NZA 2003, 973; BAG 22.3.2001 – 8 AZR 536/00 – ArztR 2002, 122; BAG 19.10.2000 – 8 AZR 20/00 – NZA 2001, 598; h.M., vgl. Erman/*Belling*, § 615 BGB Rn 34; *Groeger*, NZA 2000, 793 f.; *Nierwetberg*, BB 1982, 995; a.A. Staudinger/*Richardi*, § 615 Rn 8; *Staab*, S. 16.
3 Staudinger/*Richardi*, § 615 Rn 1.
4 Staudinger/*Richardi*, § 615 Rn 2, 8, 17 ff. m.w.N.
5 BGH 14.11.1966 – VII ZR 112/64 – NJW 1967, 248.
6 BAG 16.6.2004 – 5 AZR 508/03 – NZA 2004, 1155, 1156; BAG 6.9.1990 – 2 AZR 165/90 – NZA 1991, 221, 222 f.
7 BAG 6.9.1990 – 2 AZR 165/90 – NZA 1991, 221, 222.
8 BAG 6.2.1964 – 5 AZR 93/63 – NJW 1964, 1243; BAG 6.9.1990 – 2 AZR 165/90 – NZA 1991, 221, 223; Motive II, 400.
9 BAG 16.6.2004 – 5 AZR 508/03 – NZA 2004, 1155, 1156; BAG 24.9.2003 – 5 AZR 500/02 – NZA 2004, 90, 91;
BAG 16.5.2000 – 9 AZR 203/99 – NZA 2001, 26; BAG 6.9.1990 – 2 AZR 165/90 – NZA 1991, 221, 222, zu § 11 KSchG.
10 BAG 9.3.1983 – 4 AZR 301/80 – DB 1983, 1496; BAG 22.12.1980 – 1 ABR 2/79 – RdA 1981, 124, 126.
11 BAG 22.12.1980 – 1 ABR 2/79 – RdA 1981, 124, 126; BAG 10.7.1969 – 5 AZR 323/68 – AuR 1969, 281; BAG 8.3.1961 – 4 AZR 223/59 – RdA 1961, 258.
12 BAG 22.12.1980 – 1 ABR 2/79 – RdA 1981, 124, 126 ff.
13 Motive II, 461 ff.; Staudinger/*Richardi*, § 615 Rn 3 ff. m.w.N.
14 Motive II, 69.
15 Gesetz zur Modernisierung des Schuldrechts (SchuldRModG) v. 26.11.2001 (BGBl I S. 3138).
16 Zu beachten sind die Übergangsvorschriften in Art. 229 § 5 S. 1, 2 EGBGB.
17 BT-Drucks 14/7052, S. 204; *Auktor*, ZTR 2002, 464 f.

III. Verhältnis und Abgrenzung von Annahmeverzug zu Unmöglichkeit

Verzug und Unmöglichkeit schließen sich aus (arg. § 297).[18] Annahmeverzug stellt eine Leistungsverzögerung dar und setzt grds. die Nachholbarkeit der Leistung voraus.[19] Angesichts ihres regelmäßigen **Fixschuldcharakters**[20] wird die Arbeitsleistung mit Zeitablauf unmöglich (§§ 275, 326).[21] Die Nachleistung von Arbeit ist i.d.R. bereits tatsächlich nicht möglich; nachgeleistete Arbeit ist jedenfalls rechtlich eine andere als die ursprünglich geschuldete.[22] § 615 hätte aber keinen Anwendungsbereich, wenn mit Annahmeverzug gleichzeitig Unmöglichkeit eintritt. In der Lit. werden verschiedene Vorschläge zur Lösung dieses scheinbaren Widerspruchs gemacht;[23] überwiegend wird an der **Ausschließlichkeit** von Annahmeverzug und Unmöglichkeit festgehalten. Nach BAG-Rspr. ist unter **Annahmeverzug** das Unterbleiben der Arbeitsleistung zu verstehen, das durch die Weigerung der Annahme der vom AN angebotenen Arbeit durch den AG entsteht. **Unmöglichkeit** liegt vor, wenn man unterstellt, der AG sei zur Annahme der Arbeit bereit gewesen, und unter dieser Hypothese die Frage stellt, ob dann die Arbeitsleistung möglich ist.[24] Die Rspr. sah insoweit eine Gesetzeslücke, als Fälle der **„Annahmeunmöglichkeit"** nicht von § 615 a.F. erfasst wurden.[25] Zur Beantwortung der Frage, ob der AG, der die Arbeitsleistung ohne eigenes Verschulden wegen betriebstechnischer Ursachen, bei Naturkatastrophen, extremen Witterungseinflüssen oder anderen Gründen nicht entgegennehmen kann, dennoch vergütungspflichtig ist, wurde die **Betriebsrisikolehre** (siehe Rn 75) entwickelt.[26] Diese Rspr. wird durch **S. 3** bestätigt.[27]

B. Regelungsgehalt

I. Anwendungsbereich

1. Sachlicher und persönlicher Anwendungsbereich. S. 1 und 2 gelten für alle wirksamen und erfüllbaren Dienstverhältnisse,[28] S. 3 gilt nur für Arbverh. Erfasst sind auch arbeitnehmerähnliche Personen,[29] Handelsvertreter,[30] kurzfristige und vorübergehende Dienst- bzw. Arbverh (z.B. Aushilfs-Arbverh)[31] sowie fehlerhafte Arbverh.[32] Auf Berufsausbildungsverhältnisse findet § 615 gem. § 10 Abs. 2 BBiG grds. Anwendung,[33] wird aber im Anwendungsbereich von § 19 Abs. 1 Nr. 2 lit. a) BBiG verdrängt.[34] Es ist nicht zweifelsfrei, ob § 615 auf ein Heim-Arbverh anwendbar ist,[35] jedenfalls nicht im Anwendungsbereich von § 29 Abs. 7 HAG.[36] Die Anwendbarkeit von § 615 auf Leih-Arbverh ergibt sich aus § 11 Abs. 4 S. 2 AÜG.[37] Der Verleiher trägt das typische AG-Risiko. Kann er den AN nicht vertragsgemäß einsetzen, weil der Überlassungsvertrag mit dem bisherigen Entleiher ausgelaufen ist und keine anderweitige Einsatzmöglichkeit besteht, so ist er gem. S. 1 weiterhin zur Zahlung des vereinbarten Entgelts verpflichtet.[38] § 615 findet grds. Anwendung auf einen RA-Beratungsvertrag.[39] In Fällen nicht eingehaltener Behandlungstermine bei Ärzten ist § 615 grds. anwendbar; die Rspr. ist jedoch zurückhaltend bei der Bejahung von Ansprüchen.[40] Ferner findet § 615 S. 2 im Rahmen von Heimverträgen auf Ersparnisse des Heimträgers bei allg

---

18 St. Rspr. RG 6.2.1923 – III 93/22 – RGZ 106, 272, 276; BAG 18.8.1961 – 4 AZR 132/60 -AuR 1962, 57; a.A. ErfK/*Preis*, § 615 BGB Rn 7.
19 RG 17.10.1919 – II 107/19 – RGZ 97, 6, 9 f.; BAG 12.9.1985 – 2 AZR 324/84 – NZA 1986, 424, 425.
20 Motive II, 461 f.; zum (absoluten) Fixschuldcharakter der Arbeitsleistung s. *Staab*, S. 16 ff.; *Nierwetberg*, BB 1982, 995; *Luke*, NZA 2004, 244, 245; einschränkend HWK/*Krause*, § 615 BGB Rn 8, unter Hinw. auf die zunehmende Arbeitszeitflexibilisierung.
21 BAG 24.11.1960 – 5 AZR 545/59 – DB 1961, 102.
22 *Picker*, JZ 1985, 693, 699 m.w.N.
23 Vgl. Staudinger/*Richardi*, § 615 Rn 17 ff. m.w.N.
24 BAG 24.11.1960 – 5 AZR 545/59 – DB 1961, 102, 103.
25 A.A. *Picker*, JZ 1979, 285, 290 ff.; ders., JZ 1985, 693, 699.
26 RG 6.2.1923 – III 93/22 – RGZ 106, 272; RAG 20.6.1928 – 72/28 – ARS 3, 116 m. Anm. *Hueck*; BAG 8.2.1957 – 1 AZR 338/55 – SAE 1957, 169 m. Anm. *Nikisch*.
27 *Auktor*, ZTR 2002, 464, 465.
28 Zu S. 2 bei abberufenen GmbH-Geschäftsführern s. *Stück*, GmbHR 2006, 1009, 1011 m.w.N.; *Fonk*, NZG 1998, 408 ff.
29 BAG 21.6.2000 – 4 AZR 751/98 – juris; BAG 16.3.1999 – 9 AZR 314/98 – NZA 1999, 1281, 1284; LAG Schleswig-Holstein 28.5.1986 – 3 Sa 15/86 – NZA 1986, 763.
30 BAG 25.4.2001 – 5 AZR 360/99 – NZA 2002, 87, 90; BAG 11.8.1998 – 9 AZR 410/97 – AuR 1998, 374.

31 BAG 25.11.1992 – 7 AZR 191/92 – NZA 1993, 1081, 1085.
32 Erman/*Belling*, § 615 BGB Rn 5.
33 BAG 26.9.2001 – 5 AZR 630/99 – AuA 2002, 87; BAG 15.3.2000 – 5 AZR 622/98 – NZA 2001, 214, 215 f.
34 *Staab*, S. 67 ff. m.w.N.
35 Ablehnend Schaub/*Linck*, Arbeitsrechts-Handbuch, § 95 Rn 24; *Staab*, S. 65 f., für die analoge Anwendung von § 615, wenn es das Schutzzweck erfordert.
36 BAG 13.9.1983 – 3 AZR 270/81 – NZA 1984, 42, 43, zu § 29 Abs. 5 a.F. HAG (§ 29 Abs. 7 n.F. HAG m.W.v. 15.10.1993, BGBl I S. 1668).
37 BAG 9.4.1987 – 2 AZR 280/86 – NZA 1988, 541.
38 *Raab*, ZfA 2003, 389, 393; *Ulber*; AÜG § 1 Rn 54 ff., § 11 Rn 60 ff.; *Boemke*, BB 2006, 997 ff.
39 OLG München 11.10.1993 – 26 U 3086/93 – NJW-RR 1994, 507; OLG München 14.10.1993 – 13 U 2465/93 – NJW-RR 1994, 507.
40 LG Konstanz 27.5.1994 – 1 S 237/93 – NJW 1994, 3015, bejahend bei mit längeren Terminvorläufen arbeitendem Kieferorthopäden; AG Tiergarten 14.3.1989 – 3 C 646/88 – ZM 1990, 640; verneinend für reine Bestellpraxen LG München II 8.11.1983 – 2 S 1327/83 – NJW 1984, 671; AG München 13.8.1990 – 1141 C 19971/90 – NJW 1990, 2939; AG Waldbröl 15.4.1988 – 6 C 4/88 – NJW 1989, 777: nicht einmal Verweilgebühr (Nr. 24a GOÄ); AG Calw 16.11.1993 – 4 C 762/93 – NJW 1994, 3015; a.A. Erman/*Belling*, § 615 BGB Rn 2; *Wertenbruch*, MedR 1991, 167.

Verpflegungskosten Anwendung, wenn der Heimbewohner die normale Verpflegung nicht in Anspruch nimmt, weil er auf von seiner Krankenkasse erstattete Sondernahrung angewiesen ist.[41]

7 **2. Abdingbarkeit. a) S.1.** S. 1 ist nach st. Rspr. und h.L. **dispositives Recht**.[42] Einzig bei Leih-Arbverh kann S. 1 wegen § 11 Abs. 4 S. 2 Hs. 1 AÜG „nicht durch Vertrag aufgehoben oder beschränkt werden". Die Zulässigkeit der Abbedingung ergibt sich aus dem Prinzip der Vertragsfreiheit (§ 105 S. 1 GewO) sowie einem Rückschluss aus § 619, der § 615 nicht nennt. Zulässig sind einzel- und kollektivvertragliche Vereinbarungen, soweit sie **eindeutig und klar** sind.[43] Die Grenze der Abdingbarkeit ergibt sich angesichts der § 615 zugrunde liegenden elementaren Gerechtigkeitsvorstellung daraus, dass der AG nicht generell das ihn treffende Entgeltrisiko auf den AN verlagern darf.[44] Die Klausel „Grds. wird Lohn nur für die Zeit gezahlt, in der Arbeit geleistet wird" schließt nur § 616 aus.[45] Gegen die Zulässigkeit formularmäßiger Abbedingung bestehen Bedenken.[46] Wegen § 307 Abs. 2 Nr. 1 i.V.m. § 310 Abs. 4 S. 2 Hs. 1 sind Klauseln unzulässig, die zwingende Künd-Schutzvorschriften (z.B. § 626) unterlaufen oder nach welchen den AG auch bei unwirksamer Künd keine Zahlungspflicht trifft.[47] Die Rspr. nimmt im Rahmen einer Inhaltskontrolle eine umfassende **Interessenabwägung** vor.[48] Die in einem gerichtlichen Vergleich zur Beendigung eines Streits über offene Lohnansprüche vereinbarte **Ausgleichsklausel** schließt i.d.R. alle Ansprüche – auch diejenigen aus S. 1 – aus, die nicht unmissverständlich im Vergleich als weiter bestehend bezeichnet werden.[49] Eine Vereinbarung über unbezahlten Sonderurlaub in den Betriebsferien zwischen Weihnachten und Neujahr stellt die Abbedingung des S. 1 dar.[50]

8 **b) S. 2.** S. 2 ist durch ausdrückliche und zweifelsfreie Vereinbarung auch zum Nachteil des AN abdingbar.[51] Die Abbedingung kann sich auf einzelne Bereiche der Vergütung beschränken.[52] Sind in einem Vergleich die **Freistellung** des AN **und Fortzahlung** der Vergütung vereinbart, muss sich der AN einen anderen Verdienst während des Freistellungszeitraums nicht gem. S. 2 anrechnen lassen. Selbst wenn der Vergleich keine umfassende Ausgleichsklausel beinhaltet, seine Regelungen aber abschließend sind, kommt eine Anrechnung aufgrund ergänzender Vertragsauslegung dann nicht in Betracht, wenn die Parteien die Möglichkeit eines anderweitigen Erwerbs bedacht haben.[53] Sieht ein Aufhebungsvertrag eine **Freistellung unter Fortzahlung** der Bezüge vor und begründet er die Befugnis des AN, das Arbverh vorzeitig zu beenden, so findet S. 2 entspr. Anwendung, wenn der AN ein neues Arbverh antritt, ohne das alte vorzeitig zu beenden.[54] Bei einer unwiderruflichen **Freistellung bis zum Ablauf der Künd-Frist** unter Anrechnung von Urlaub kommt eine Anrechnung nach S. 2 mangels anderweitiger Vereinbarung grds. nicht in Betracht.[55]

9 **c) S. 3 (Betriebsrisikolehre).** Von den Grundsätzen der Betriebsrisikolehre (S. 3) kann im Arbeitsvertrag oder TV abgewichen werden,[56] wenn dies mit hinreichender Deutlichkeit vereinbart ist.[57] Ist in einem TV festgelegt, dass der AG den Lohn fortzuzahlen hat, soweit er den Arbeitsausfall zu vertreten hat, so fallen darunter i.d.R. sämtliche Fälle, die er nach der Betriebsrisikolehre zu vertreten hat.[58]

10 **3. Verzicht auf den Annahmeverzugslohnanspruch (§ 397).** Da § 615 abdingbar ist, kann erst recht auf den Anspruch verzichtet werden. Soweit die **Abdingbarkeit** von S. 1 reicht, gilt dies auch, wenn es sich um kollektiv-

---

41 BGH 13.12.2007 – III ZR 172/07 – NJW 2008, 653; BGH 4.11.2004 – III ZR 371/03 – NJW 2005, 824, 825; BGH 22.1.2004 – III ZR 68/03 – NJW 2004, 1104, 1107.
42 BAG 6.2.1964 – 5 AZR 93/63 – NJW 1964, 1243; BAG 6.11.1968 – 4 AZR 186/68 – RdA 1969, 94; BAG 5.9.2002 – 8 AZR 702/01 – NZA 2003, 973; Staudinger/*Richardi*, § 615 Rn 9; a.A. Kittner/Zwanziger/*Schoof*, Arbeitsrecht Handbuch, § 56 Rn 6; *Staab*, S. 79 ff.
43 BAG 22.4.2009 – 5 AZR 310/08 – juris; BAG 6.2.1964 – 5 AZR 93/63 – NJW 1964, 1243; MüKo-BGB/*Henssler*, § 615 Rn 10 m.w.N.
44 Staudinger/*Richardi*, § 615 Rn 10 m.w.N.
45 BAG 9.3.1983 – 4 AZR 301/80 – DB 1983, 1496.
46 ErfK/*Preis*, § 615 BGB Rn 8.
47 Staudinger/*Richardi*, § 615 Rn 14 m.w.N.
48 BAG 30.6.1976 – 5 AZR 246/75 – BB 1976, 1419; BAG 13.8.1980 – 5 AZR 296/78 – NJW 1981, 761.
49 BAG 10.5.1978 – 5 AZR 97/77 – BB 1979, 109.
50 BAG 6.4.1982 – 3 AZR 1079/79 – DB 1982, 1676.
51 BAG 6.2.1964 – 5 AZR 93/63 – NJW 1964, 1243; LAG Schleswig-Holstein 20.2.1997 – 4 Sa 567/96 – NZA-RR 1997, 286; a.A. *Staab*, S. 84 f. m.w.N.
52 Erman/*Belling*, § 615 BGB Rn 49.
53 LAG Hamm 11.10.1996 – 10 Sa 104/96 – NZA-RR 1997, 287.
54 Hessisches LAG 2.12.1993 – 13 Sa 283/93 – LAGE § 615 BGB Nr. 42 m. Anm. *Gravenhorst* = EzA § 615 BGB Nr. 86; zu Formulierungsvorschlägen für vertragliche Freistellungsvereinbarungen vgl. Ebert/Schar, ArbRB 2003, 215; *Nägele*, BB 2003, 45, 47.
55 Str.; BAG 19.3.2002 – 9 AZR 16/01 – BB 2002, 1703; BAG 30.9.1982 – 6 AZR 802/79 – juris; LAG Köln 29.8.2000 – 13 Sa 525/00 – juris; LAG Köln 21.8.1991 – 7/5 Sa 385/91 – NZA 1992, 123; LAG Hamm 27.2.1991 – 2 Sa 1289/90 – DB 1991, 577; a.A. Thüringer LAG 21.11.2000 – 5 Sa 352/99 – LAGE § 615 BGB Nr. 62; LAG Schleswig-Holstein 20.2.1997 – 4 Sa 567/96 – NZA-RR 1997, 286; zur Frage der Anwendbarkeit von § 615 S. 2 bei Freistellungen vgl. Bauer/*Baeck*, NZA 1989, 784; *Klar*, NZA 2004, 576; *Nägele*, BB 2003, 45; *Opolony*, BB 2004, 1386, 1387 f.
56 BAG 9.3.1983 – 4 AZR 301/80 – DB 1983, 1496; zu allg. Arbeitsvertragsbedingungen und § 310 Abs. 4s. *Löwisch*, in: FS für Wiedemann, S. 311, 331.
57 BAG 4.7.1958 – 1 AZR 559/57 – AP § 615 BGB Betriebsrisiko Nr. 5.
58 BAG 9.3.1983 – 4 AZR 301/80 – DB 1983, 1496.

rechtliche Ansprüche (§ 4 Abs. 4 S. 1 TVG, § 77 Abs. 4 S. 2 BetrVG) handelt.[59] Nach Anspruchsübergang auf einen öffentlich-rechtlichen Leistungsträger im Wege der cessio legis (§ 11 Nr. 3 KSchG, § 115 SGB X) – insb. auf die BA nach der Gewährung von Alg (§§ 117 ff., 143 SGB III) –, ist eine rückwirkende Änderung zu Lasten des Leistungsträgers gem. §§ 404, 412 nicht möglich.[60]

4. Verhältnis zu § 11 KSchG. Grund und Höhe des Anspruchs auf Annahmeverzugslohn richten sich auch im Anwendungsbereich von § 11 KSchG nach § 611 Abs. 1 i.V.m. S. 1.[61] S. 2 wird durch die zu Ungunsten des AN nicht abdingbare Sonderregelung in § 11 KSchG verdrängt, die sich aber inhaltlich im Wesentlichen mit S. 2 deckt (siehe Rn 2).[62] Im Unterschied zu S. 2 sind nach § 11 KSchG nicht die Ersparnisse anzurechnen.[63] In § 11 Nr. 3 KSchG ist die Anrechnung öffentlich-rechtlicher Leistungen (insb. Alg, §§ 117 ff. SGB III) vorgesehen. Der AG hat diese Beträge gem. § 11 Nr. 3 S. 2 KSchG der Stelle zu erstatten, die sie geleistet hat. Die praktische Bedeutung von § 11 Nr. 3 KSchG ist angesichts der cessio legis des § 115 SGB X gering. Die Anrechnung öffentlicher Leistungen erfolgt auch i.R.v. S. 2 (siehe Rn 57).[64]

II. Tatbestandsvoraussetzungen des Annahmeverzugs (§§ 293 ff.)

1. Verweisung auf §§ 293 ff. § 615 regelt die Rechtsfolgen, wenn sich der AG in Annahmeverzug befindet. Die Tatbestandsvoraussetzungen des Annahmeverzugs sind in §§ 293 ff. normiert (siehe § 611 Rn 855). Wenngleich der Verweis auf §§ 293 ff., insb. § 296, z.T. als gesetzestechnisch und dogmatisch nicht gelungen bezeichnet wird,[65] ist er so klar und eindeutig, dass eine planwidrige – durch analoge Anwendung anderer Normen zu füllende – Regelungslücke nicht angenommen werden kann.[66]

2. Übersicht. Die Vorschriften der §§ 293 ff. gehen davon aus, dass der Gläubiger zur Annahme der Leistung grds. nur berechtigt, aber nicht verpflichtet ist.[67] Annahmeverzug stellt somit eine **Obliegenheitsverletzung** des Gläubigers dar, begründet keine Schadensersatzpflicht und setzt kein Verschulden voraus.[68] Die **Voraussetzungen** des Annahmeverzugs ergeben sich aus §§ 293 bis 299: Der Schuldner muss leisten dürfen (Erfüllbarkeit, siehe Rn 14 ff.), zur Leistung bereit und imstande sein (Leistungsbereitschaft und -fähigkeit, siehe Rn 18 ff.) und in eigener Person die geschuldete Leistung zur richtigen Zeit, am richtigen Ort und in der rechten Weise anbieten (Angebot, siehe Rn 23 ff.). Der Gläubiger hat die Leistung nicht angenommen, seine erforderliche Mitwirkungshandlung unterlassen oder bei Zug-um-Zug-Verpflichtungen die Gegenleistung nicht angeboten (Nichtannahme, siehe Rn 37 ff., 43). Die **Rechtsfolgen** des Annahmeverzugs sind in §§ 300 bis 304 sowie insb. in § 615 geregelt: Der Dienstverpflichtete behält unter Anrechnung nach S. 2 (siehe Rn 52 ff.) seinen Vergütungsanspruch gem. S. 1, ohne zur Nachleistung verpflichtet zu sein (siehe Rn 47 ff., 50), und hat ggf. sonstige Ansprüche (siehe Rn 69 ff.).

3. Erfüllbarkeit des Dienst- bzw. Arbeitsverhältnisses. a) Fehlerhaftes Arbeitsverhältnis. Beim fehlerhaften, in Vollzug gesetzten Arbverh (siehe § 611 Rn 42 ff.) bestehen bis zur ex nunc wirkenden Geltendmachung des Unwirksamkeitsgrundes die erfüllbaren Hauptpflichten.

b) Weiterbeschäftigungsverhältnis. Die rechtskräftige Verurteilung des AG aufgrund des **allg. Weiterbeschäftigungsspruchs**[69] zur Weiterbeschäftigung bis zur rechtskräftigen Beendigung des Künd-Rechtsstreits begründet kein Rechtsverhältnis, aufgrund dessen der AG berechtigt wäre, die Arbeitsleistung des AN zu fordern. Denn in Rechtskraft erwächst nur die Verpflichtung des AG, den AN bis zur rechtskräftigen Beendigung des Rechtsstreits weiterzubeschäftigen und nicht, dass der AN verpflichtet ist, dem AG seine Arbeitskraft zur Verfügung zu stellen, dieser also Dienstberechtigter i.S.v. § 615 ist. Daher liegen die Voraussetzungen des § 615 nicht vor.[70] Bei Verletzung der Beschäftigungspflicht kommt ggf. ein Schadensersatzanspruch des AN wegen vom AG zu vertretender Unmöglichkeit in Betracht (siehe Rn 71).[71] Die rechtskräftige Abweisung einer Klage auf Weiterbeschäftigung nach arbeitgeberseitiger außerordentlicher Künd berührt Annahmeverzugslohnansprüche nicht.[72] Auf den **besonderen Weiterbeschäftigungsanspruch** nach § 102 Abs. 5 S. 1 BetrVG, welcher keine unwirksame Künd voraussetzt, ist § 615 anzuwenden, da die beiderseitigen arbeitsvertraglichen Hauptpflichten kraft Gesetzes und auflösend bedingt durch die rechtskräftige Abweisung der Künd-Schutzklage fortbestehen. Der AG gerät, wenn er die Arbeits-

---

59 Staudinger/*Richardi*, § 615 Rn 125 f. m.w.N.
60 BAG 17.4.1986 – 2 AZR 308/85 – NZA 1987, 17, 18 f.
61 BAG 10.4.1963 – 4 AZR 95/62 – AuR 1964, 27; BAG 6.9.1990 – 2 AZR 165/90 – NZA 1991, 221, 222; Staudinger/*Richardi*, § 615 Rn 15.
62 BAG 11.10.2006 – 5 AZR 754/05 – AP § 615 BGB Nr. 119; BAG 6.9.1990 – 2 AZR 165/90 – NZA 1991, 221, 222 m.w.N.
63 Staudinger/*Richardi*, § 615 Rn 16 m.w.N.
64 Erman/*Belling*, § 615 BGB Rn 41 m.w.N.
65 BAG 19.4.1990 – 2 AZR 591/89 – NZA 1991, 228, 229; *Konzen*, gem. Anm. zu BAG 9.8.1984 – 2 AZR 374/83 – und BAG 21.3.1985 – 2 AZR 201/84 – AP § 615 BGB Nr. 34 und 35; a.A. *Ramrath*, Anm. zu BAG 19.4.1990 – 2 AZR 591/89 – SAE 1992, 53, 56, 57.
66 *Löwisch*, Anm. zu BAG 19.4.1990 – 2 AZR 591/89 – EzA § 615 BGB Nr. 66, 7, 9.
67 BGH 10.5.1988 – IX ZR 175/87 – DB 1988, 1590.
68 Palandt/*Grüneberg*, § 293 Rn 1 m.w.N.
69 BAG GS 27.2.1985 – GS 1/84 – NZA 1985, 702.
70 BAG 12.9.1985 – 2 AZR 324/84 – NZA 1986, 424, 425.
71 BAG 12.9.1985 – 2 AZR 324/84 – NZA 1986, 424, 425.
72 LAG Nürnberg 18.12.1996 – 7 Sa 367/96 – AiB 1997, 552 m. Anm. *Jupitz*.

leistung nicht annimmt, selbst dann in Annahmeverzug, wenn die Künd-Schutzklage später rechtskräftig abgewiesen wird.[73] Bei **einvernehmlicher „Rücknahme"** einer Künd-Erklärung gehen die Arbeitsvertragsparteien, sofern keine abweichende Regelung erfolgt, von der Unwirksamkeit der Künd und damit auch für die Frage des Annahmeverzugs nach § 615 vom Fortbestand des Arbverh aus.[74]

16 **c) Befreiung von der Arbeitspflicht durch Suspendierung/Freistellung.** Die Freistellung des AN von der Arbeitsleistung, z.B. unter Erteilung von Urlaub oder Freizeitausgleich, bewirkt eine Suspendierung der beiderseitigen vertraglichen Rechte und Pflichten, lässt jedoch das Bestehen des Arbverh unberührt. Nach rechtswirksamer Freistellung kommen Ansprüche aus Annahmeverzug nicht in Betracht (siehe § 611 Rn 1105 ff.).[75] Die Rechtsgrundlage einer Freistellung kann sich aus Einzelvertrag, Kollektivvereinbarung oder Gesetz ergeben.[76] Stellt der AG den AN nach Ausspruch einer ordentlichen Künd für die Dauer der Künd-Frist unter Anrechnung bestehender Urlaubsansprüche von der Arbeit frei und bittet ihn zugleich, ihm die Höhe des während der Freistellung erzielten Verdienstes mitzuteilen, überlässt der AG dem AN die zeitliche Festlegung der Urlaubszeit und gerät während der verbleibenden Zeit gem. § 293 in Annahmeverzug.[77] **Arbeitskampfmaßnahmen** wie Streik und Aussperrung haben i.d.R. Suspensivwirkung.[78]

17 **d) Einführung von Kurzarbeit.** Unter Kurzarbeit ist die vorübergehende Verkürzung der Arbeitszeit eines AN zu verstehen. Angesichts des entspr. Wegfalls des Vergütungsanspruchs bedarf die Einführung von Kurzarbeit durch den AG einer besonderen kollektivrechtlichen oder einzelvertraglichen Rechtsgrundlage.[79] Anderenfalls ist der Ausspruch einer (betriebsbedingten) Änderungs-Künd erforderlich. Eine einseitige Anordnung aufgrund des Direktionsrechts des AG (siehe § 106 GewO Rn 23 f., 57) genügt nicht.[80] Nur soweit infolge der rechtmäßigen Einführung von Kurzarbeit die arbeitsvertraglichen Pflichten suspendiert sind, gerät der AG nicht in Annahmeverzug. Verletzt der AG das **Mitbestimmungsrecht des BR** (insb. § 87 Abs. 1 Nr. 3 BetrVG),[81] so ist die Einführung von Kurzarbeit unwirksam und der AG zur Zahlung von Annahmeverzugslohn verpflichtet.[82] Die auf einer wirksamen BV beruhende Einführung von Kurzarbeit ist auch dann rechtmäßig, wenn die AA die Bewilligung des **Kurzarbeitergeldes** (§§ 169 ff. SGB III)[83] rückwirkend widerruft.[84] Bzgl. des Lohnanspruchs des AN in Höhe des Kurzarbeitergeldes trägt der AG in diesem Fall das Wirtschaftsrisiko.[85] Die unterlassene schriftliche Mitteilung an die AA (§§ 169 Nr. 4, 173 SGB III), die Voraussetzung für den Bezug des Kurzarbeitergeldes ist, steht der Zulässigkeit der Einführung von Kurzarbeit nicht entgegen, kann jedoch Schadensersatzansprüche des AN begründen.[86] Die Vorschrift des § 19 KSchG, wonach die BA bei Massenentlassungen die Einführung von Kurzarbeit zulassen kann, hat kaum praktische Bedeutung erlangt.[87]

18 **4. Leistungsfähigkeit und -bereitschaft des Arbeitnehmers (§ 297). a) Allgemeines.** Nach § 613 S. 1 hat der Dienstverpflichtete die Dienste im Zweifel in Person zu leisten (siehe § 613 Rn 1 ff.). Ist der AN subjektiv oder objektiv außerstande oder nicht willens, die Arbeitsleistung zu erbringen, gerät der AG wegen § 297 grds. nicht in Annahmeverzug.[88] Erforderlich sind **Leistungswille und Leistungsvermögen** des AN. Ist ein AN, der Ansprüche aus Annahmeverzug geltend macht, objektiv aus gesundheitlichen Gründen außerstande, die arbeitsvertraglich geschuldete Leistung zu erbringen, so kann das fehlende Leistungsvermögen nicht allein durch die subjektive Einschätzung des AN ersetzt werden, er sei trotzdem gesundheitlich in der Lage, einen Arbeitsversuch zu unternehmen.[89]

19 **b) Subjektives Leistungshindernis. aa) Fehlender Leistungswille des Arbeitnehmers.** Ein leistungsunwilliger AN setzt sich selbst außerstande, die Arbeitsleistung zu bewirken. Der Leistungswille muss sich auf

---

73 BAG 12.9.1985 – 2 AZR 324/84 – NZA 1986, 424 m.w.N.
74 BAG 17.4.1986 – 2 AZR 308/85 – NZA 1987, 17, 18.
75 BAG 19.3.2002 – 9 AZR 16/01 – BB 2002, 1703; BAG 23.1.2001 – 9 AZR 26/00 – NZA 2001, 597; LAG Hamm 11.10.1996 – 10 Sa 104/96 – NZA-RR 1997, 287; BAG 23.1.2008 – 5 AZR 1036/06 – NJOZ 2008, 4207; vorgehend LAG Köln 23.8.2006 – 3 Sa 535/06 – juris; unzutreffend BAG 31.1.2008 – 5 AZR 393/07 – NZA 2008, 769, wonach eine Freistellung des AN von der Arbeitspflicht regelmäßig die Voraussetzung des Annahmeverzugs des AG erfüllt.
76 ErfK/*Preis*, § 615 BGB Rn 13 m.w.N.
77 BAG 6.9.2006 – 5 AZR 703/05 – NZA 2007, 36, 37 ff.
78 BAG GS 21.4.1971 – GS 1/68 – DB 1971, 1061.
79 *Boecken*, RdA 2000, 7, 8 ff.
80 BAG 18.10.1994 – 1 AZR 503/93 – NZA 1995, 1064; BAG 15.12.1961 – 1 AZR 207/59 – SAE 1963, 13 m. Anm. *Neumann-Duesberg*.
81 Staudinger/*Richardi*, § 615 Rn 164 ff. m.w.N.; zum Tarif-Vorrang gem. § 87 Abs. 1 Eingangss. BetrVG s. BAG 13.7.1977 – 1 AZR 336/75 – DB 1977, 2235; BAG 18.4.1989 – 1 ABR 100/87 – NZA 1989, 887; gegen eine BV als rechtliche Grundlage für die Einführung von Kurzarbeit *Boecken*, RdA 2000, 7, 11 f.
82 BAG 14.2.1991 – 2 AZR 415/90 – NZA 1991, 607.
83 Bis zum 31.12.1997 §§ 63 ff. AFG; *Boecken*, RdA 2000, 7, 13 ff.
84 BAG 11.7.1990 – 5 AZR 557/89 – NZA 1991, 67.
85 BAG 22.4.2009 – 5 AZR 310/08 – juris; BAG 11.7.1990 – 5 AZR 557/89 – NZA 1991, 67.
86 Schaub/*Linck*, Arbeitsrechts-Handbuch, § 47 Rn 13.
87 Staudinger/*Richardi*, § 615 Rn 173 f. m.w.N.
88 BAG 19.5.2004 – 5 AZR 434/03 – AuA 2005, 118 m. Anm. *Reichel*; BAG 24.9.2003 – 5 AZR 591/02 – NZA 2003, 1387, 1388; BAG 30.4.1987 – 2 AZR 299/86 – RzK I 13a Nr. 20; BAG 9.8.1984 – 2 AZR 374/83 – NZA 1985, 119, 120.
89 BAG 29.10.1998 – 2 AZR 666/97 – NZA 1999, 377, 379 f.

den **geschuldeten zeitlichen Umfang der Arbeitsleistung** beziehen.[90] Das tatsächliche Angebot (§ 294) belegt für sich allein den ernsthaften Leistungswillen. Dem steht nicht entgegen, dass der AN einen Rentenantrag wegen Berufs- oder Erwerbsunfähigkeit gestellt hat.[91] Ein wörtliches Angebot (§ 295) führt dann nicht zum Annahmeverzug, wenn der AN nicht leistungsbereit ist.[92] Durch die Erhebung der **Künd-Schutzklage** kann der Leistungswille nicht ersetzt werden.[93] Die Leistungsbereitschaft entfällt nicht allein deshalb, weil der AN keine Künd-Schutzklage erhebt oder nicht einen möglichen **Weiterbeschäftigungsanspruch** geltend macht.[94] Gleiches gilt, wenn der AN einen Antrag auf Auflösung des Arbverh und Zahlung einer Abfindung nach §§ 9, 10 KSchG zunächst gestellt und dann zurückgenommen hat.[95] Die Leistungsbereitschaft ist nicht schon dann zu verneinen, wenn der AN nach Zugang einer wegen behaupteter völliger Unfähigkeit erfolgten Künd in der Klageschrift und weiteren Schriftsätzen die Weiterarbeit im Betrieb als unmöglich und unzumutbar bezeichnet.[96] Hält sich ein AN während des Annahmeverzugs im **Ausland** auf, so kann nicht allein deshalb von fehlender Leistungsbereitschaft ausgegangen werden.[97] Dies gilt jedenfalls dann, wenn er jederzeit erreichbar und zur Rückkehr in der Lage ist sowie dann, wenn der AG ein zur Beendigung des Annahmeverzugs nicht geeignetes Beschäftigungsangebot macht.[98] Die Leistungsbereitschaft fehlt, wenn der AN durch Zustimmung zu einem Aufhebungsvertrag dokumentiert, ab einem darin bestimmten Zeitpunkt nicht mehr die Arbeitsleistung erbringen zu wollen, selbst bei Formnichtigkeit des Aufhebungsvertrages (§§ 623, 125 S. 1, 126).[99] Fehlender Leistungswille schließt den Annahmeverzug nicht aus, wenn der AN zu Recht ein **Leistungsverweigerungsrecht** geltend macht (§§ 298, 273),[100] nach **Verzicht** des AG auf die Arbeitsleistung (§ 397) oder wirksamer **Freistellung** des AN (Rn 16).

bb) Fehlende Leistungsfähigkeit des Arbeitnehmers (Arbeitsunfähigkeit). Arbeitsunfähigkeit besteht, wenn der AN aufgrund mangelnden Leistungsvermögens nicht die geschuldete Leistung erbringen kann, insb. aus gesundheitlichen Gründen.[101] Arbeitsunfähigkeit ist nach Vorlage einer ärztlichen Arbeitsunfähigkeitsbescheinigung (§ 5 EFZG) i.d.R. als bewiesen anzusehen.[102] Bloße Zweifel des AG an der Arbeitsfähigkeit schließen den Annahmeverzug selbst dann nicht aus, wenn sie auf unverschuldeter Fehlbeurteilung des AG beruhen oder vom AN geteilt werden.[103] Der AG kann das tatsächliche Angebot des AN mangels besonderer Rechtsgrundlage nicht mit der Maßgabe zurückweisen, der AN müsse erst eine „Arbeitsfähigkeitsbescheinigung" („Gesundschreibung") der Krankenkasse vorlegen.[104] Eine ärztliche Arbeitsplatzwechsel-Empfehlung berechtigt den AG nicht, die angebotene Arbeitsleistung abzulehnen, kann jedoch eine Versetzung des AN rechtfertigen.[105] Teilweise Arbeitsunfähigkeit schließt i.d.R. jedenfalls dann die Leistungsfähigkeit aus, wenn die dem AN noch mögliche Teilleistung (§ 266) nicht deshalb die geschuldete Leistung darstellt, weil sich aus der **Fürsorgepflicht** (§ 242) des AG ergibt, dass es ihm ohne weiteres möglich ist, dem AN leichtere Arbeit zuzuweisen.[106] Ist eine AN während der Schwangerschaft wegen eines Beschäftigungsverbots gehindert, die vertraglich geschuldete Arbeitsleistung zu erbringen, darf ihr der AG im Rahmen billigen Ermessens eine zumutbare **Ersatztätigkeit** zuweisen.[107] Das vom AG gem. § 106 GewO nach billigem Ermessen auszuübende **Weisungsrecht** (siehe § 106 GewO Rn 87 ff.) hat auch die Interessen des AN zu berücksichtigen. Soweit es dem AG möglich und zumutbar ist, hat er dem krankheitsbedingt nur eingeschränkt leistungsfähigen AN **leidensgerechte Arbeit** zuzuweisen.[108] Ähnlich folgt aus § 81 Abs. 4 S. 1 Nr. 1 SGB IX (früher § 14 Abs. 2 S. 1 SchwbG; § 106 S. 3 GewO) die Verpflichtung des AG, den **Schwerbehinderten** so zu fördern, dass er seine eingeschränkte Arbeitskraft durch entspr. Tätigkeiten noch einsetzen kann.[109] Die Einschränkung der Leistungsfähigkeit

---

90 St. Rspr. BAG 18.12.1974 – 5 AZR 66/74 – DB 1975, 892; BAG 10.5.1973 – 5 AZR 493/72 – AuR 1973, 214.
91 BAG 10.5.1973 – 5 AZR 493/72 – AuR 1973, 214.
92 BAG 7.6.1973 – 5 AZR 563/72 – DB 1973, 1605.
93 BAG 19.5.2004 – 5 AZR 434/03 – AuA 2005, 118 m. Anm. *Reichel*.
94 ErfK/*Preis*, § 615 BGB Rn 47 m.w.N.
95 BAG 18.1.1963 – 5 AZR 200/62 – RdA 1963, 158; BAG 19.9.1991 – 2 AZR 619/90 – RzK I 13b Nr. 18; *Stahlhacke*, AuR 1992, 8, 13.
96 LAG Nürnberg 20.12.1992 – 2 (4) Sa 123/91 – NZA 1994, 270.
97 LAG Hamm 18.10.1985 – 16 Sa 386/85 – DB 1986, 1394; *Stahlhacke*, AuR 1992, 8, 13.
98 BAG 6.11.1986 – 2 AZR 714/85 – RzK I 13a Nr. 14.
99 Thüringer LAG 27.1.2004 – 5 Sa 131/02 – ArbRB 2004, 198.
100 BAG 7.6.1973 – 5 AZR 563/72 – DB 1973, 1605.
101 BAG 10.7.1991 – 5 AZR 383/90 – EzA § 615 BGB Nr. 69m. zust. Anm. *Boecken* = NZA 1992, 27, 29 im Fall eines schwerbehinderten AN; LAG Hamm 6.3.2006 – 8 (10) 1932/04 – AuA 2006, 488.
102 BAG 26.2.2003 – 5 AZR 112/02 – DB 2003, 1395; BAG 19.2.1997 – 5 AZR 83/96 – NZA 1997, 652, 653; BAG 1.10.1997 – 5 AZR 726/96 – NZA 1998, 369, 370.
103 BAG 10.5.1973 – 5 AZR 493/72 – AuR 1973, 214.
104 LAG Düsseldorf 17.7.2003 – 11 Sa 183/03 – NZA-RR 2004, 65, 67 m.w.N., auch zum Beweiswert einer Arbeitsfähigkeitsbescheinigung.
105 BAG 17.2.1998 – 9 AZR 130/97 – NZA 1999, 33 ff. entgegen LAG Hamm 8.9.1995 – 5 Sa 462/95 – NZA-RR 1996, 281 ff.; LAG Hamm 31.1.1997 – 5 Sa 2204/96 – juris.
106 ArbG Stuttgart 10.4.1996 – 1 Ca 7069/95 – NZA-RR 1996, 362.
107 BAG 15.11.2000 – 5 AZR 365/99 – NZA 2001, 386; HWK/*Krause*, § 615 BGB Rn 53.
108 BAG 27.8.2008 – 5 AZR 16/08 – NZA 2008, 1410, 1411 m.w.N.; BAG 4.10.2005 – 9 AZR 632/04 – NZA 2006, 442, 443 ff.; BAG 24.9.2003 – 5 AZR 282/02 – NZA 2003, 1332, 1334.
109 BAG 10.7.1991 – 5 AZR 383/90 – EzA § 615 BGB Nr. 69m. zust. Anm. *Boecken* = NZA 1992, 27, auch zu Schadensersatzansprüchen bei Verletzung dieser Pflicht.

steht dann dem Annahmeverzug nicht entgegen.[110] Wird dem AN eine **Rente wegen Erwerbsminderung** (§ 43 SGB VI) zuerkannt, endet der Annahmeverzug nicht, wenn der AN die zuletzt erbrachten Tätigkeiten weiterhin ausüben könnte, da er insofern nicht als arbeitsunfähig krank anzusehen ist.[111] Im Krankheitsfall können Ansprüche aus §§ 611 Abs. 1, 616 (siehe § 616 Rn 9) oder für AN insb. aus §§ 3 ff. EFZG bestehen.[112] Im ungekündigten Arbverh hat der AN seine **wiedererlangte Arbeitsfähigkeit** dem AG anzuzeigen (§ 5 EFZG).[113] Im gekündigten Arbverh ist eine solche Anzeige jedenfalls dann nicht erforderlich, wenn der AN durch Erhebung einer Künd-Schutzklage oder sonstigen Widerspruch gegen die Künd seine weitere Leistungsbereitschaft kenntlich gemacht hat.[114] Wenn der AG mit der Künd deutlich gemacht hat, seiner Mitwirkungsverpflichtung (Wiedereröffnung der Arbeitsmöglichkeit, fortlaufende Planung und Konkretisierung des Arbeitseinsatzes, Ausübung des Direktionsrechts) nicht nachkommen zu wollen, so ist aufgrund dieser **Zäsur** der AN jedenfalls solange von den ihm sonst obliegenden Anzeige- und Nachweispflichten befreit, als der AG nicht von sich aus die Künd „zurücknimmt" oder wenigstens eine Arbeitsmöglichkeit – ggf. unter Vorbehalt – eröffnet (siehe Rn 35).[115] Die Arbeitsfähigkeit entfällt bei hoher **Alkoholisierung** (eines Maschinenführers).[116] Der AG kann sich auf fehlendes Leistungsvermögen nach dem Rechtsgedanken des **§ 162** nicht berufen, wenn er dieses wider Treu und Glauben herbeigeführt hat.[117] Gleiches gilt, wenn der AG seiner **Mitwirkungspflicht** nach § 284 Abs. 3 SGB III bei der Erteilung der Arbeitserlaubnis eines ausländischen AN nicht nachkommt.[118] Ist der AN aufgrund einer von ihm getroffenen **Gewissensentscheidung** zur Leistung der ihm zugewiesenen Arbeit außerstande, liegt Unmöglichkeit vor (§ 275 Abs. 3). Ist die Zuweisung anderer Arbeit i.R.v. § 106 GewO (früher § 315)[119] nicht möglich, ist der AN i.S.v. § 297 außerstande, die geschuldete Arbeitsleistung zu erbringen.[120]

21 **cc) Subjektives Leistungshindernis aus rechtlichen Gründen.** Rechtliche Gründe stehen der Erbringung der Arbeitsleistung entgegen, wenn der AN einem **gesetzlichen Beschäftigungsverbot** unterliegt. Dies ist z.B. der Fall, wenn einem Arzt die Approbation (§§ 2 Abs. 1, 3 BÄO) oder eine besondere Erlaubnis zur Berufsausübung (§§ 2 Abs. 2, 10 BÄO) nicht erteilt wurde,[121] beim Ruhen der Approbation (§ 6 Abs. 3 BÄO), wenn eine (werdende) Mutter innerhalb der Schutzfristen nach §§ 3 Abs. 2, 6 Abs. 1 MuSchG nicht beschäftigt werden darf,[122] wenn einem ausländischen AN die erforderliche Arbeitserlaubnis fehlt (§ 284 Abs. 1 S. 1 SGB III),[123] bei negativer Unbedenklichkeitsbescheinigung nach § 2 Abs. 1 S. 1 GesBergV[124] bzgl. der Beschäftigung des Bergmanns[125] sowie in Fällen der Tätigkeits- und Beschäftigungsverbote nach § 42 Abs. 1 IfSG.[126] Wegen der Verletzung des Mitbestimmungsrechts von BR bzw. PR bei personellen Einzelmaßnahmen kann sich ein Beschäftigungsverbot aus §§ 99 ff. BetrVG[127] bzw. §§ 75 ff. BPersVG ergeben. Annahmeverzug liegt nicht vor, wenn einem Außendienstmitarbeiter, der seine Vermittlungstätigkeit nur mithilfe eines Kfz ordnungsgemäß erfüllen kann, der **Führerschein** entzogen wird und er sich von einem Dritten fahren lassen will (arg. § 613 S. 1).[128] Gleiches gilt nach Entziehung des Führerscheins eines Auslieferungsfahrers, wenn er nicht im Rahmen der Fürsorgepflicht des AG anderweitig beschäftigt werden kann.[129] Subjektive Gründe stehen dem Leistungsvermögen entgegen, wenn einer kirchlichen Religionslehrerin zu Recht die missio canonica entzogen wurde.[130]

22 **c) Objektives Leistungshindernis.** Ein objektives Leistungshindernis besteht, wenn der AN aus – nicht vom AG zu vertretenden – objektiven Gründen seine Arbeitsleistung nicht am Erfüllungsort (Betrieb) zur Leistungszeit (Arbeitsbeginn) zur Verfügung stellen kann. Hierunter fällt das vom AN zu tragende **Wegerisiko**.[131] Dieses umfasst Fälle, in denen der AN wegen allg. Verkehrssperren, den Verkehrsfluss behindernden Demonstrationen, dem Ausfall

---

110 BAG 11.3.1999 – 2 AZR 538/98 – juris.
111 BAG 24.9.2003 – 5 AZR 282/02 – NZA 2003, 1332, 1334; LAG Hamm 23.10.1987 – 17 (9) Sa 549/87 – EzA § 615 BGB Nr. 65 = AuR 1989, 352.
112 BAG 26.2.2003 – 5 AZR 112/02 – DB 2003, 1395; zu § 3 EFZG s. MünchArb/*Boecken*, Bd. 1, § 83 Rn 1 ff.
113 BAG 29.10.1992 – 2 AZR 250/92 – MDR 1994, 77.
114 BAG 19.4.1990 – 2 AZR 591/89 – NZA 1991, 228, 229 f., zu befristeter Arbeitsunfähigkeit; BAG 24.10.1991 – 2 AZR 112/91 – NZA 1992, 403, 405, zu mehrfach befristeter Arbeitsunfähigkeit; BAG 24.11.1994 – 2 AZR 179/94 – NZA 1995, 263, zu unbefristeter Arbeitsunfähigkeit; unter Aufgabe von BAG 27.1.1975 – 5 AZR 404/74 – NJW 1975, 1335.
115 BAG 19.1.1999 – 9 AZR 679/97 – NZA 1999, 925, 926.
116 LAG Schleswig-Holstein 28.11.1988 – 4 Sa 382/88 – NZA 1989, 472.
117 BAG 16.3.1967 – 2 AZR 64/66 – DB 1967, 823; Staudinger/*Löwisch*, § 297 Rn 11.
118 LAG Düsseldorf 12.7.1976 – 16 (3) Sa 340/75 – DB 1977, 547 f., zu § 11 ArbErlaubV.
119 BAG 20.12.1984 – 2 AZR 436/83 – NZA 1986, 21.
120 BAG 24.5.1989 – 2 AZR 285/88 – NZA 1990, 144.
121 BAG 6.3.1974 – 5 AZR 313/73 – DB 1974, 1168.
122 BAG 24.6.1960 – 1 AZR 96/58 – AuR 1961, 56, zu § 8 a.F. MuSchG.
123 BAG 16.12.1976 – 3 AZR 716/75 – NJW 1977, 1608.
124 BergVO zum gesundheitlichen Schutz der Beschäftigten v. 31.7.1991.
125 BAG 15.6.2004 – 9 AZR 483/03 – DB 2004, 2643.
126 Gesetz zur Verhütung und Bekämpfung von Infektionskrankheiten beim Menschen (InfektionsschutzG – IfSG) v. 20.7.2000 (BGBl I S. 1045).
127 BAG 2.7.1980 – 5 AZR 56/79 – AP § 101 BetrVG 1972 Nr. 5.
128 LAG Köln 19.5.1993 – 8 Sa 60/93 – LAGE § 615 BGB Nr. 37.
129 BAG 18.12.1986 – 2 AZR 34/86 – NZA 1987, 377, 378 f.
130 BAG 25.5.1988 – 7 AZR 506/87 – AP Art. 140 GG Nr. 36.
131 *Dossow*, BB 1988, 2455; *Ehmann*, NJW 1987, 401, 403.

öffentlicher Verkehrsmittel sowie bei Naturereignissen (z.B. Hochwasser, Schneeverwehungen[132] und Eisglätte)[133] die Betriebsstätte nicht erreichen kann. Selbst wenn der AN von einem im Auftrag des AG eingesetzten Werkbus von seinem Wohnort zum Arbeitsplatz befördert wird und der Bus wegen Eisglätte nicht verkehren kann, trägt der AN das Wegerisiko, da sich der Erfüllungsort durch den Einsatz des Werkbusses nicht ändert.[134] Wenn der AN den Betrieb wegen eines Verkehrsverbots infolge **Smog-Alarms** nicht erreichen kann, liegt Unmöglichkeit (§§ 275, 326) und nicht Annahmeverzug vor.[135] Ein Betriebsverbot wegen Smog-Alarms hat dagegen seine Ursache auch in der Eigenart des Betriebes und gehört nach h.M. zu dem vom AG nach S. 3 zu tragenden Betriebsrisiko (siehe Rn 72 ff.).[136]

5. Angebot der Leistung durch den Arbeitnehmer (§§ 293 bis 296). a) Allgemeines. Nach dem Zweck der §§ 293 ff. soll die Leistungsbereitschaft des Schuldners klargestellt und der Zeitpunkt des Beginns des Gläubigerverzugs endgültig festgelegt werden.[137]

b) Tatsächliches Angebot (§ 294). aa) Allgemeines. Nach dem **Grundsatz** des § 294 ist die Leistung so wie sie zu bewirken ist, dem Gläubiger tatsächlich anzubieten. Ein ordnungsgemäßes tatsächliches Angebot liegt vor, wenn der AN dem AG die geschuldete Leistung (siehe Rn 25) in eigener Person (§ 613 S. 1, siehe Rn 26), zur rechten Zeit (§ 271, siehe Rn 27) am rechten Ort (§ 629, siehe Rn 28) und in der rechten Weise (§ 242, siehe Rn 29) anbietet.[138] Das tatsächliche Angebot ist ein **Realakt**.[139] Die Vorschriften über Willenserklärungen, insb. § 130, sind nicht anwendbar. Das tatsächliche Angebot belegt für sich allein den Leistungswillen.[140] § 294 ist im ungekündigten Arbverh grds. anzuwenden,[141] etwa auch dann, wenn das Zustandekommen eines Aufhebungsvertrages zwischen den Arbeitsvertragsparteien streitig ist.[142]

bb) Geschuldete Leistung. Die geschuldete Leistung ergibt sich aus dem **Arbeitsvertrag** sowie unter Beachtung der Mitbestimmungsvorschriften ergangener **Kollektivnormen** und wird durch das in zulässiger Weise ausgeübte **Direktionsrecht** des AG (§ 106 GewO) konkretisiert.[143] Der Leih-AN schuldet seine Leistung dem Verleiher; ein Angebot an den Entleiher ist ausreichend, soweit dieser nicht unmittelbar durch einen Arbeitskampf betroffen ist (§ 11 Abs. 5 S. 1 AÜG).[144]

cc) Höchstpersönlichkeit (§ 613 S. 1). Nach der Auslegungsregel des § 613 S. 1 hat der AN die Dienste **im Zweifel in Person** zu erbringen. Eine Übertragung auf Dritte ist mangels anderweitiger Abrede unzulässig.

dd) Leistungszeit (§ 271). Der AN muss sich zur vereinbarten Zeit des Arbeitsbeginns am Arbeitsplatz einfinden. Ein Angebot am Tag eines Betriebsausflugs erfolgt nicht zur rechten Zeit. Gleiches gilt, wenn ein Angebot zu so früher Uhrzeit gemacht wird, zu der niemand anwesend ist, der die Leistung annehmen könnte, selbst wenn keine bestimmten Arbeitszeiten vereinbart wurden.[145] Eine Verspätung des AN kann zur Folge haben, dass es dem AG nicht mehr zumutbar ist, ihn noch zu beschäftigen, z.B. wenn im Baugewerbe zu einer bestimmten Zeit mit dem Betonieren begonnen werden soll und der Beton inzwischen hart geworden ist.[146]

ee) Erfüllungsort (§ 269). Erfüllungsort nach § 269 ist grds. der Betrieb des AG. Der AN muss sich zur Abgabe des tatsächlichen Angebots am **Arbeitsplatz** einfinden,[147] § 130 findet keine Anwendung. Das **Wegerisiko** trägt der AN (siehe Rn 22). Ist während eines **Arbeitskampfes** der Zugang zum Dienstgebäude durch Streikposten versperrt, so reicht die Eintragung in eine vom AG oder Gewerkschaft ausgelegte Liste zur Erfassung arbeitswilliger AN und Beamter allein für ein Angebot nach §§ 294 ff. nicht aus.[148] Das Erscheinen des arbeitswilligen AN vor dem offen gehaltenen Werktor stellt kein ausreichendes Angebot dar. Gleiches gilt, wenn der AN in einer durch seine Gewerkschaft vor dem Werktor errichteten Meldestelle seine Arbeitsbereitschaft erklärt und dies dem AG übermittelt wird.[149]

---

132 BAG 8.9.1982 – 5 AZR 283/80 – DB 1983, 397, 298.
133 BAG 8.12.1982 – 4 AZR 134/80 – DB 1983, 395.
134 BAG 8.12.1982 – 4 AZR 134/80 – DB 1983, 395, 396 f.
135 Staudinger/*Richardi*, § 615 Rn 81, 222 m.w.N.
136 Staudinger/*Richardi*, § 615 Rn 81, 222; *Richardi*, NJW 1987, 1231, 1235; *Dossow*, BB 1988, 2455, 2459; a.A. *Ehmann*, NJW 1987, 401, 403 ff., 410.
137 BAG 9.8.1984 – 2 AZR 374/83 – NZA 1985, 119, 121 m.w.N.
138 St. Rspr. BAG 29.10.1992 – 2 AZR 250/92 – MDR 1994, 77; BAG 10.4.1963 – 4 AZR 95/62 – AuR 1964, 27; BAG GS 26.4.1956 – GS 1/56 – AuR 1957, 91, 94 m. Anm. *Krüger*.
139 H.M., Staudinger/*Löwisch*, § 294 Rn 17 m.w.N., auch zur a.A. (rechtsgeschäftsähnliche Handlung).
140 BAG 10.5.1973 – 5 AZR 493/72 – AuR 1973, 214.
141 BAG 29.10.1992 – 2 AZR 250/92 – MDR 1994, 77; *Fröhlich*, ArbRB 2006, 149, 151.
142 BAG 7.12.2005 – 5 AZR 19/05 – NZA 2006, 435 f.
143 BAG 27.4.1960 – 4 AZR 584/58 – AuR 1960, 347; Staudinger/*Richardi*, § 615 Rn 48.
144 Erman/*Belling*, § 615 BGB Rn 9 m.w.N.
145 LAG Köln 12.4.2002 – 11 Sa 1327/01 – NZA-RR 2003, 128 f.
146 Siehe Schaub/*Linck*, Arbeitsrechts-Handbuch, § 95 Rn 25a.
147 LAG Köln 12.4.2002 – 11 Sa 1327/01 – NZA-RR 2003, 128.
148 LAG Hamm 1.3.1995 – 18 Sa 1274/94 – DB 1995, 1818.
149 LAG Bremen 19.5.1980 – 3 Sa 172/79 – BB 1980, 1472.

29 ff) Angebot in der rechten Weise (§ 242). Der AG gerät nicht in Annahmeverzug, wenn der AN sich so verhält, dass der AG nach **Treu und Glauben** und unter Berücksichtigung der **Gepflogenheiten des Arbeitslebens** die Annahme der Leistung zu Recht ablehnt.[150] Die Rspr. prüft dieses Erfordernis eines ordnungsgemäßen Angebots[151] bei der Frage der „Unzumutbarkeit der Annahme des Angebots" (siehe Rn 40), woraus sich Konsequenzen für die Beweislast (siehe Rn 86) ergeben.

30 c) Wörtliches Angebot (§ 295). aa) Allgemeines. Ein wörtliches Angebot genügt nach einer **Ablehnungserklärung** des AG (§ 295 S. 1 Alt. 1, siehe Rn 31) oder wenn eine **Mitwirkungshandlung** des AG erforderlich ist (§ 295 S. 1 Alt. 2, S. 2, siehe Rn 32). Das wörtliche Angebot ist eine rechtsgeschäftsähnliche Handlung, erforderlich ist daher Zugang i.S.v. § 130.[152] Es kann ausdrücklich oder konkludent erklärt werden.[153] Es muss sich auf den geschuldeten Umfang der Leistung beziehen und der AN muss leistungsbereit sein.[154] Bei Dauerschuldverhältnissen setzt die Fortdauer des Annahmeverzugs das Fortbestehen des Leistungsangebots voraus. Wird die Arbeitsleistung nachträglich unmöglich, entfällt die Wirkung des Angebots.[155] Im ungekündigten Arbverh ist nach der Erkrankung des AN die **Anzeige** wiedererlangter Arbeitsfähigkeit an den AG erforderlich (siehe Rn 20).[156] Nach einem **Betriebsübergang** ist ein Angebot des AN an den Erwerber, der gem. § 613a Abs. 1 S. 1 in den Annahmeverzug des Veräußerers eingetreten ist, nicht erforderlich. Anderenfalls könnte sich der AN dem Einwand der Verwirkung (§ 242) aussetzen.[157]

31 bb) Ablehnungserklärung des Arbeitgebers (§ 295 S. 1 Alt. 1). Ein wörtliches Angebot des AN genügt, wenn der AG ihm gegenüber **ausdrücklich** erklärt oder durch sein Verhalten **konkludent** zum Ausdruck gebracht hat, dass er die Leistung nicht annehme.[158] Die Ablehnungserklärung ist eine rechtsgeschäftsähnliche Handlung.[159] Nach Wortlaut sowie Sinn und Zweck des § 295 S. 1 hat das wörtliche Angebot nach der Ablehnungserklärung des Gläubigers zu erfolgen,[160] ein vorheriges wörtliches Angebot kann Annahmeverzug nicht begründen. Eine Ablehnungserklärung kann in der unwirksamen Einführung von Kurzarbeit im ganzen Betrieb zu sehen sein[161] oder in der Einlegung von Feierschichten aufgrund Absatzmangels verbunden mit dem Aushang im Betrieb, dass der AG die Dienste nicht annehmen werde.[162] Die frühere Rspr. sah die unwirksame **AG-Künd** als Ablehnungserklärung an. Ein erkennbarer Protest des AN gegen die Künd wurde als für ein Angebot nach § 295 erforderlich, aber auch ausreichend erachtet. Z.T. wurde in der Erbringung der bisherigen Dienstleistung ein Angebot gesehen.[163] Auch die Erhebung einer Künd-Schutzklage stellte grds. ein ausreichendes Angebot dar.[164] Annahmeverzug konnte aber erst ab Zugang (§ 130) des Angebots durch Zustellung der Klage eintreten. Nach geänderter Rspr. ist ein **Arbeitsangebot** nach unwirksamer AG-Künd gem. § 296 S. 1 **entbehrlich**, da dem AG die kalendarisch bestimmte Mitwirkungshandlung obliegt, dem AN einen funktionsfähigen Arbeitsplatz zur Verfügung zu stellen und Arbeit zuzuweisen (siehe Rn 35).[165]

32 cc) Mitwirkungshandlung des Arbeitgebers (§ 295 S. 1 Alt. 2, S. 2). Ein wörtliches Angebot genügt auch dann, wenn zur Bewirkung der Leistung eine Mitwirkungshandlung des AG erforderlich ist. Die Aufforderung zur Vornahme der Mitwirkungshandlung steht dem Leistungsangebot gleich (§ 295 S. 2). Bei kalendarisch bestimmten Mitwirkungshandlungen findet § 296 S. 1 Anwendung. Eine Mitwirkungshandlung liegt vor, wenn die vom AN geschuldete **Leistung konkretisiert oder ermöglicht** wird, nicht dagegen, wenn sie verändert würde. Der AG ist grds. nicht verpflichtet, dem AN eine andere als die geschuldete Arbeit zuzuweisen. Anderes gilt nur, wenn die Fürsorgepflicht (§ 242) oder § 81 Abs. 4 S. 1 Nr. 1 SGB IX (früher § 14 Abs. 2 S. 1 SchwbG; s.a. § 106 S. 3 GewO)[166] dem AG eine abweichende Ausübung seines Direktionsrechts (§ 106 GewO) gebietet. Die wichtigsten Mitwirkungshandlungen sind die Beschaffung und Bereitstellung von Arbeitsräumen, Rohstoffen, Energie, Werkzeugen, sonstigen Arbeitsmitteln und Hilfspersonen.[167] Der AG hat seiner tariflichen Benachrichtigungspflicht, dass eine Schlechtwetter-

---

150 BAG GS 26.4.1956 – GS 1/56 – AuR 1957, 91, 94 m. Anm. *Krüger.*
151 So dogmatisch zutreffend ErfK/*Preis*, § 615 BGB Rn 62 m.w.N.; *Staab,* S. 138 f.
152 BAG 21.3.1985 – 2 AZR 201/84 – NZA 1985, 778, 779.
153 Staudinger/*Richardi,* § 615 Rn 54 m.w.N.
154 BAG 7.6.1973 – 5 AZR 563/72 – DB 1973, 1605.
155 BAG 18.8.1961 – 4 AZR 132/60 – AuR 1962, 57.
156 BAG 29.10.1992 – 2 AZR 250/92 – MDR 1994, 77.
157 LAG Berlin 11.10.2002 – 6 Sa 961/02 – NZA-RR 2003, 409.
158 Staudinger/*Richardi,* § 615 Rn 55; MüKo-BGB/*Henssler,* § 615 Rn 20.
159 Erman/*Belling,* § 615 BGB Rn 15.
160 BAG 10.7.1969 – 5 AZR 323/68 – AuR 1969, 281; RG 15.2.1902 – II 408/01 – RGZ 50, 208, 210; BGH 20.1.1988 – IVa ZR 128/86 – NJW 1988, 1201.
161 BAG 10.7.1969 – 5 AZR 323/68 – AuR 1969, 281.
162 BAG 8.3.1961 – 4 AZR 223/59 – AuR 1961, 258.
163 BAG GS 26.4.1956 – GS 1/56 – AuR 1957, 91, 93 m. Anm. *Krüger;* BAG 8.3.1961 – 4 AZR 223/59 – RdA 1961, 258; BAG 7.12.1962 – 1 AZR 134/61 – RdA 1963, 79; Staudinger/*Löwisch,* § 295 Rn 17.
164 BAG 10.4.1963 – 4 AZR 95/62 – AuR 1964, 27; BAG 26.8.1971 – 2 AZR 301/70 – DB 1971, 1971 f.
165 BAG 9.8.1984 – 2 AZR 374/83 – NZA 1985, 119, 120; BAG 21.3.1985 – 2 AZR 201/84 – NZA 1985, 778; BAG 24.11.1994 – 2 AZR 179/94 – NZA 1995, 263; BAG 19.1.1999 – 9 AZR 679/97 – NZA 1999, 925, 926.
166 BAG 10.7.1991 – 5 AZR 383/90 – EzA § 615 BGB Nr. 69 m. zust. Anm. *Boecken* = NZA 1992, 27, 29 f.
167 Staudinger/*Richardi,* § 615 Rn 62 ff.

periode beendet und die Arbeit wieder aufzunehmen ist, nachzukommen.[168] Verstößt der AG bei Ausführung der Mitwirkungshandlung gegen öffentlich- oder privatrechtliche AN-Schutzvorschriften,[169] verletzt er das Mitbestimmungsrecht des BR (§ 87 Abs. 1 Nr. 7 BetrVG), verstößt er gegen die Unterrichtungs- und Erörterungspflicht (§ 81 Abs. 1 S. 2 BetrVG) oder seine Fürsorgepflicht (§ 242), steht dem AN ein **Leistungsverweigerungsrecht** zu (§ 298),[170] was unter Hinweis auf die verletzte (Fürsorge-)Pflicht geltend zu machen ist.[171] Erbringt der AG seine Mitwirkungshandlung, ist ein tatsächliches Angebot (§ 294) erforderlich. Gleiches gilt bei nur geringen Verstößen gegen die Mitwirkungspflicht, welche die Arbeitsleistung weiterhin zumutbar erscheinen lassen.[172]

dd) Unzumutbarkeit der Abgabe eines wörtlichen Angebots. Ein wörtliches Angebot wurde als entbehrlich angesehen, wenn die Form der (fristlosen) Künd dem AN einen Protest gegen die Künd unzumutbar macht;[173] die neuere Rspr. wendet nach unwirksamer Künd § 296 an (siehe Rn 35). Gleiches gilt, wenn der AG die Weiterbeschäftigung ernsthaft und endgültig verweigert,[174] was sich grds. auch aus einem **Hausverbot**[175] ergeben kann,[176] nicht aber, wenn der AG den AN vom Betriebsgelände verweist oder Abweisung der Künd-Schutzklage beantragt.[177] 33

d) Entbehrlichkeit des Angebots (§ 296). aa) Allgemeines. Bei kalendarisch bestimmten Mitwirkungshandlungen des AG (§ 295 S. 1 Alt. 2) bedarf es nach § 296 S. 1 eines Angebots nur dann, wenn der AG die Handlung rechtzeitig vornimmt. Dies entspricht dem Rechtsgedanken des § 286 Abs. 2 Nr. 1 beim Schuldnerverzug. Eine Mitwirkungshandlung i.S.v. § 296 S. 1 liegt z.B. vor, wenn der AG sich verpflichtet, einen Montagearbeiter morgens abzuholen und die Abholung unterlässt.[178] Ein wörtliches Angebot ist auch dann entbehrlich, wenn der Dienstberechtigte erkennen lässt, unter keinen Umständen zu einer Weiterbeschäftigung des Dienstverpflichteten bereit zu sein.[179] 34

bb) Unwirksame Kündigung des Arbeitgebers (§§ 296 S. 1, 295 S. 1 Alt. 2). Nach der Rspr. ist ein Arbeitsangebot nach Ausspruch einer unwirksamen fristlosen[180] wie ordentlichen[181] AG-Künd gem. § 296 S. 1 entbehrlich. Denn dem AG obliegt die **kalendarisch bestimmte Mitwirkungshandlung**, dem AN einen funktionsfähigen Arbeitsplatz zur Verfügung zu stellen und Arbeit zuzuweisen.[182] Die Mitwirkungsverpflichtung dient der Eröffnung der Arbeitsmöglichkeit, der fortlaufenden Planung und Konkretisierung des Arbeitseinsatzes und der Ausübung des Direktionsrechts (§ 106 GewO).[183] Da der AG dem AN mit der Künd seinen einer Weiterbeschäftigung entgegenstehenden Willen zu erkennen gibt, muss er ihn zur Arbeit auffordern – bei der ordentlichen Künd für die Zeit nach Ablauf der Künd-Frist –, will er nicht in Annahmeverzug geraten.[184] Im Fall der Erkrankung des AN ist eine **Anzeige** der wiedererlangten Arbeitsfähigkeit an den AG (§ 5 EFZG) nach der Rspr. aufgrund der durch die Künd erfolgten Zäsur solange entbehrlich, als der AG nicht von sich aus die Künd „zurücknimmt" oder wenigstens eine Arbeitsmöglichkeit eröffnet (siehe Rn 20).[185] 35

cc) Einzelfälle. Der AG gerät nach § 296 bei Unterlassung der Zuweisung von Arbeit in Annahmeverzug, wenn seine Künd zwar grds. wirksam ist, er aber eine zu kurze **Künd-Frist** gewählt hat[186] oder wenn sich erst nach Ablauf der Künd-Frist die Unwirksamkeit der Künd wegen § 9 MuSchG (siehe § 9 MuSchG Rn 52) herausstellt.[187] Gleiches 36

---

168 LAG Düsseldorf 20.12.1968 – 4 Sa 750/68 – DB 1969, 975, zu § 2 Nr. 5 BauRTV.
169 BAG 2.2.1994 – 5 AZR 273/93 – NZA 1994, 610, zu § 21 Abs. 6 GefStoffV.
170 Staudinger/*Richardi*, § 615 Rn 64; Staudinger/*Löwisch*, § 298 Rn 2.
171 BAG 7.6.1973 – 5 AZR 563/72 – DB 1973, 1605; *Brunhöber*, AuA 2004, 18, 20 f.
172 Erman/*Belling*, § 615 BGB Rn 23 m.w.N.
173 S.a. die Nachweise zur RAG-Rspr. in BAG 9.8.1984 – 2 AZR 374/83 – NZA 1985, 119.
174 BAG 9.8.1984 – 2 AZR 374/83 – NZA 1985, 119.
175 S. dazu, dass ein dem AN seitens eines Dritten erteiltes Hausverbot auch ein den Annahmeverzug ausschließendes Leistungshindernis begründen kann, BAG 18.9.2008 – 2 AZR 1060/06 – juris m.w.N.
176 BAG 11.11.1976 – 2 AZR 457/75 – DB 1977, 1190; Hessisches LAG 26.4.2000 – 13 SaGa 3/00 – NZA-RR 2000, 633.
177 BAG 20.3.1986 – 2 AZR 295/85 – EzA § 615 BGB Nr. 48.
178 *Schaub*, ZIP 1981, 347, 349.
179 BAG 12.7.2006 – 5 AZR 277/06 – NZA 2006, 1084, 1096; BGH 9.10.2000 – II ZR 75/99 – NZA 2001, 36 f. zum Annahmeverzugslohnanspruch des abberufenen GmbH-Geschäftsführers.
180 BAG 18.3.2009 – 5 AZR 192/08 – NZA 2009, 611; BAG 11.2.2009 – 5 AZR 168/08 – NZA 2009, 687 m.w.N.; BAG 9.8.1984 – 2 AZR 374/83 – NZA 1985, 119 m.w.N.
181 BAG 21.3.1985 – 2 AZR 201/84 – NZA 1985, 778.
182 BAG 9.8.1984 – 2 AZR 374/83 – NZA 1985, 119, 120; BAG 21.3.1985 – 2 AZR 201/84 – NZA 1985, 778; BAG 24.11.1994 – 2 AZR 179/94 – NZA 1995, 263; BAG 19.1.1999 – 9 AZR 679/97 – NZA 1999, 925, 926.
183 BAG 19.1.1999 – 9 AZR 679/97 – NZA 1999, 925, 926; BAG 21.1.1993 – 2 AZR 309/92 – NZA 1993, 550, 552.
184 BAG 9.4.1987 – 2 AZR 280/86 – NZA 1988, 541, 544 f.; kritisch zum Annahmeverzug nach AG-Künd *Boecken/Topf*, RdA 2004, 19, 24 ff.; *Boecken/Hümmerich*, DB 2004, 2046, 2048.
185 BAG 19.1.1999 – 9 AZR 679/97 – NZA 1989, 472.
186 BAG 28.5.1998 – 2 AZR 496/97 – juris; BAG 9.4.1987 – 2 AZR 280/86 – NZA 1988, 541, 544 f.
187 LAG Hamm 14.3.1995 – 7 Sa 2309/94 – LAGE § 615 BGB Nr. 43.

gilt bei unrechtmäßiger Anordnung von Kurzarbeit,[188] in Fällen unwirksamer Befristung des Arbverh,[189] bei unzulässiger Dienstenthebung (Suspendierung)[190] und wenn der AG die Existenz eines Arbverh bestreitet.[191] Allerdings kann die Leistungsbereitschaft des AN entfallen, insb. wenn er sich nicht gegen die unwirksame Künd oder Befristung des Arbverh wehrt, weil er davon ausgeht, dass das Arbverh infolgedessen beendet ist.[192] Nach der Rspr. gerät der AG ferner nach § 296 in Annahmeverzug, wenn der AG im Falle eines Betriebsübergangs nach § 613a schon vor dem Betriebsübergang erklärt, dass eine Weiterbeschäftigungsmöglichkeit beim bisherigen AG nicht mehr gegeben ist, und der AN dem Betriebsübergang gem. § 613a Abs. 6 widerspricht, da der AG mit seinem Verhalten deutlich macht, der ihm obliegenden Mitwirkungshandlung (siehe Rn 35) nicht nachkommen zu wollen.[193]

37 **6. Nichtannahme der angebotenen Leistung durch den Arbeitgeber (§ 293). a) Allgemeines.** Annahme ist die Entgegennahme der Arbeitsleistung als Erfüllung (§ 362 Abs. 1) aus dem bestehenden Arbverh.[194] „Die nackte Tatsache der Nichtannahme der angebotenen Leistung seitens des Gläubigers"[195] begründet Annahmeverzug. Erfasst ist jedes den Erfüllungseintritt verhindernde Verhalten des AG. Auf ein Vertretenmüssen kommt es nicht an.[196] Ein entschuldbarer Irrtum des AG über die tatsächliche oder rechtliche Lage[197] sowie berechtigte Zweifel an der Arbeitsfähigkeit (Diensttauglichkeit) sind unerheblich.[198] Ist der AG zur Annahme der Arbeitsleistung, nicht aber zur Erfüllung seiner Pflichten (z.B. Zahlung rückständigen Lohns, Vorschüsse auf Auslagen, Fahrtkosten) bereit, steht dem AN ein **Leistungsverweigerungsrecht** zu (§ 298), das er geltend machen muss.[199]

38 **b) (Nicht-)Annahme der Arbeitsleistung nach Arbeitgeberkündigung.** Ist die Wirksamkeit einer AG-Künd streitig, hat dieser bei der Annahme der Dienste unmissverständlich klarzustellen, dass er zu Unrecht gekündigt habe. Er muss die Leistung als Erfüllung (§ 362) des bestehenden Arbeitsvertrages entgegennehmen, um Annahmeverzug zu vermeiden.[200] Es genügt nicht, dass er bereit ist, den AN im Rahmen eines **faktischen Arbverh** „zur Vermeidung von Verzugslohn" bis zur erstinstanzlichen Entsch. weiterzubeschäftigen,[201] einen § 102 Abs. 5 BetrVG entspr.[202] oder einen für die Dauer des Künd-Rechtsstreits befristeten neuen Arbeitsvertrag zu identischen Bedingungen zu schließen.[203] Ein Angebot, den bisherigen Vertrag auflösend bedingt bis zum rechtskräftigen Abschluss des Künd-Rechtsstreits fortzusetzen („**Prozessrechts-Arbverh**"), soll nicht ausreichen.[204] Nach Ansicht des BAG würde der AN sonst einem dem Gesetz fremden faktischen Kontrahierungszwang unterworfen.[205] Zwar besteht für den AG die Gefahr, durch die Weiterbeschäftigung des gekündigten AN zu unveränderten Bedingungen den Ausgang des Künd-Rechtsstreits faktisch zu präjudizieren.[206] Die finanziellen Annahmeverzugsfolgen werden aber dadurch gemindert, dass die Ablehnung der Weiterbeschäftigung zu den bisherigen Bedingungen durch den AN eine Anrechnung böswillig unterlassenen Erwerbs nach **S. 2** begründen kann (siehe Rn 61).[207]

39 **c) Teilweise (Nicht-)Annahme der Dienste.** Der AG kann auch teilweise mit der Annahme der Dienste in Verzug geraten. Das ist dann der Fall, wenn er die Annahme der Dienste nicht generell ablehnt, aber weniger Arbeitsleistung annimmt, als der AN schuldet, der AG also den **Umfang der Arbeitsleistung rechtswidrig einschränkt**.[208] Der AG

---

188 BAG 27.1.1994 – 6 AZR 541/93 – NZA 1995, 134 f., zu § 15 Abs. 5 BAT-O.
189 BAG 25.11.1992 – 7 AZR 191/92 – NZA 1993, 1081, 1985.
190 LAG Hamm 18.7.1991 – 17 Sa 827/91 – LAGE § 615 BGB Nr. 29; LAG Hamm 20.5.1988 – 17 Sa 2045/87 – LAGE § 615 BGB Nr. 16.
191 LAG Nürnberg 12.1.2004 – 9 (2) Sa 653/02 – NZA-RR 2004, 400.
192 LAG Köln 28.2.1984 – 1 Sa 1443/83 – EzA § 615 BGB Nr. 42 m. zust. Anm. *Becker*, zur unwirksamen Künd; LAG Köln 18.1.1984 – 5 Sa 1209/83 – EzA § 615 BGB Nr. 41 m. abl. Anm. *Becker*, zur unwirksamen Befristung.
193 BAG 27.11.2008 – 8 AZR 199/07 – juris.
194 BAG 24.9.2003 – 5 AZR 500/02 – NZA 2004, 90; BAG 7.11.2002 – 2 AZR 650/00 – EWiR 2003, 807 m. Anm. *Laskawy*; BAG 14.11.1985 – 2 AZR 98/84 – NZA 1986, 637, 638 f.
195 Motive II, 69.
196 Erman/*Belling*, § 615 BGB Rn 11.
197 BAG 10.5.1973 – 5 AZR 493/72 – AuR 1973, 214.
198 LAG Düsseldorf 8.4.1993 – 12 Sa 74/93 – ZTR 1994, 73.
199 Erman/*Belling*, § 615 BGB Rn 28; *Brunhöber*, AuA 2004, 18, 20 f.; zur Hinterlegung des Annahmeverzugslohns (§§ 273 Abs. 3, 372 ff.) *Tscherwinka*, BB 1995, 618.
200 St. Rspr. BAG 24.9.2003 – 5 AZR 500/02 – NZA 2004, 90; BAG 14.11.1985 – 2 AZR 98/84 – NZA 1986, 637, 638 f.;
LAG Köln 5.7.2002 – 11 Sa 559/01 – NZA-RR 2003, 308; *Berkowsky*, DB 1991, 1569; *Peter*, DB 1982, 488, 490 f.; *Fröhlich*, ArbRB 2006, 149, 151; zur Kritik an der Rspr. vgl. *Boecken/Topf*, RdA 2004, 19, 23; *Staab*, S. 163 f.; *Schäfer*, JuS 1988, 265, 267 f.; *Opolony*, DB 1998, 1714, 1715 ff.; *Löwisch*, DB 1986, 2433, 2434.
201 BAG 21.5.1981 – 2 AZR 95/79 – NJW 1982, 121.
202 BAG 24.9.2003 – 5 AZR 500/02 – NZA 2004, 90, 91; BAG 14.11.1985 – 2 AZR 98/84 – NZA 1986, 637, 639.
203 BAG 14.11.1985 – 2 AZR 98/84 – NZA 1986, 637, 639 m.w.N.
204 BAG 14.11.1985 – 2 AZR 98/84 – NZA 1986, 637, 638 f. m.w.N.; a.A. *Opolony*, DB 1998, 1714, 1715 ff.; *Löwisch*, DB 1998, 2118; *Löwisch*, DB 1986, 2433, 2434; krit. auch *Boecken/Topf*, RdA 2004, 19, 22 f.
205 BAG 14.11.1985 – 2 AZR 98/84 – NZA 1986, 637, 639.
206 BAG GS 27.2.1985 – GS 1/84 – NZA 1985, 702, 707; *Opolony*, DB 1998, 1714, 1716; *Bayreuther*, NZA 2003, 1365, 1369; *Boecken/Topf*, RdA 2004, 19, 23; *Stück*, AuA 2004, 14, 15 ff.
207 BAG 24.9.2003 – 5 AZR 500/02 – NZA 2004, 90, 91; LAG Köln 5.7.2002 – 11 Sa 559/01 – NZA-RR 2003, 308; LAG Nürnberg 16.6.1987 – 6 Sa 102/86 – LAGE § 615 BGB Nr. 13.
208 BAG 7.11.2002 – 2 AZR 742/00 – NZA 2003, 1139, 1140 ff.; BAG 16.3.1999 – 9 AZR 314/98 – NZA 1999, 1281, 1284.

kann auch dann in Annahmeverzug geraten, wenn der arbeitswillige AN unter Verstoß gegen den Gleichbehandlungsgrundsatz oder § 612a[209] nicht zu **Mehrarbeit** (Überstunden) herangezogen wird.[210]

d) Unzumutbarkeit der Annahme der Arbeitsleistung (§ 242). Der AG gerät ausnahmsweise nicht in Annahmeverzug, wenn der AN sich so verhält, dass der AG nach **Treu und Glauben** und unter Berücksichtigung der **Gepflogenheiten des Arbeitslebens** die Annahme der Leistung zu Recht ablehnt.[211] Ein lediglich die fristlose Künd rechtfertigender wichtiger Grund i.S.v. § 626 reicht nicht aus.[212] Dies gilt auch bei einer nach § 13 Abs. 3 KSchG (i.V.m. § 102 BetrVG) „aus sonstigen Gründen" unwirksamen Künd. Anderenfalls blieben die sonstigen Unwirksamkeitsgründe weitgehend sanktionslos, wenn dem AN zwar der Fortbestand des Arbverh bestätigt, ihm der Anspruch auf Arbeitsentgelt für die weitere Arbeitsleistung aber schon bei einer Unzumutbarkeit i.S.d. § 626 versagt würde.[213] Erforderlich ist ein **außergewöhnlich schwerer Verstoß** des AN gegen allg. Verhaltenspflichten. Der AG kann das Angebot ablehnen, wenn bei Annahme der Dienste Leib, Leben, Freiheit, Gesundheit, Ehre, andere Persönlichkeitsrechte oder das Eigentum des AG, seiner Angehörigen oder anderer Betriebsangehöriger unmittelbar und nachhaltig so gefährdet werden, dass die Abwehr dieser Gefährdung absoluter Rechte den Vorrang vor dem Interesse des AN an der Erhaltung seiner Vergütung haben muss.[214] Unzumutbarkeit der Annahme liegt z.B. vor bei einem Totschlagsversuch gegen den AG und andere Personen i.V.m. mehrfachen Sachbeschädigungen und massiven Beleidigungen,[215] bei massiver Untreue bzw. Unterschlagung durch eine Kassiererin,[216] beim dringenden Verdacht des sexuellen Missbrauchs von Kleinkindern in einer Kindertagesstätte durch einen Erzieher,[217] wenn das Angebot mit massiven Tätlichkeiten oder groben Beschimpfungen gegen den AG oder andere AN verbunden wird,[218] bei hoher Alkoholisierung eines Maschinenführers[219] und wenn eine Mutter ihre Arbeitsleistung nur unter der unzulässigen Bedingung anbietet, ihr Kind an der Arbeitsstelle mitzunehmen und dort über die ihr nach § 7 MuSchG gewährten Stillzeiten hinaus zu stillen.[220] Die Verletzung der Mitteilungspflicht nach § 9 Abs. 1 S. 1 MuSchG kann dazu führen, den Annahmeverzug mangels eines ordnungsgemäßen Angebots zumindest vorübergehend auszuschließen (siehe § 9 MuSchG Rn 52).[221] Die Vorlage einer ärztlichen Arbeitsplatzwechsel-Empfehlung führt auch angesichts der Fürsorgepflicht des AG oder möglicher Haftungsrisiken nicht zur Unzumutbarkeit der Annahme des Arbeitsangebots. Die Fürsorgepflicht gebietet dem AG, die Arbeitsräume so einzurichten und zu unterhalten, dass der AN vor Gesundheitsgefahren geschützt ist.[222] Anderes gilt bei Vorlage einer ärztlichen Arbeitsunfähigkeitsbescheinigung.[223] Für die Unzumutbarkeit der Annahme nicht ausreichend wurden die falsche Röntgen-Bestrahlung von Patienten durch einen Chefarzt,[224] ein Diebstahl von Waren im Wert von ca. 80.000 DM durch einen Betriebsleiter[225] und eine Unterschlagung von 500 DM durch eine Sekretärin angesehen.[226]

e) Einzelfälle. Wird rückwirkend die Unwirksamkeit einer Änderungs-Künd festgestellt (§§ 2, 8 KSchG), so liegt in der Zuweisung nicht geschuldeter Tätigkeit die Nichtannahme der geschuldeten, unabhängig davon, ob der AN das Änderungsangebot unter Vorbehalt akzeptiert hatte.[227] Nichtannahme liegt zudem bei allen sonstigen rechtswidrigen Ablehnungserklärungen vor, z.B. bei rechtswidriger Aussperrung, rechtswidrig eingeführter Kurzarbeit[228] und grds. nach unberechtigter Arbeitsfreistellung (Suspendierung).[229] Eine Freistellung hat nicht zur Folge, dass bei Erkrankung des AN der AG die Vergütung über sechs Wochen (§ 3 Abs. 1 S. 1 EFZG) hinaus fortzahlen muss.[230]

---

209 BAG 7.11.2002 – 2 AZR 742/00 – NZA 2003, 1139, 1141 f.
210 Hessisches LAG 12.9.2001 – 8 Sa 1122/00 – NZA-RR 2002, 348.
211 BAG GS 26.4.1956 – GS 1/56 – AuR 1957, 91, 94 m. Anm. *Krüger*. Es ist zutreffend, bereits ein ordnungsgemäßes (§ 242) Angebot zu verneinen, s. Rn 29.
212 BAG GS 26.4.1956 – GS 1/56 – AuR 1957, 91, 94 m. Anm. *Krüger*.
213 BAG 29.10.1987 – 2 AZR 144/87 – NZA 1988, 465.
214 St. Rspr. BAG GS 26.4.1956 – GS 1/56 – AuR 1957, 91, 94 m. Anm. *Krüger*; BAG 29.10.1987 – 2 AZR 144/87 – NZA 1988, 465; BAG 1.7.1993 – 2 AZR 88/93 – juris; kritisch *Wehrisch*, AuA 1997, 296, 297 f.
215 BAG GS 26.4.1956 – GS 1/56 – AuR 1957, 91 m. Anm. *Krüger*.
216 Nach LAG Hamm 15.1.1987 – 10 Sa 1651/86 – LAGE § 615 BGB Nr. 9 sei ein ordnungsgemäßes Arbeitsangebot als nicht erfolgt anzusehen (arg. § 162).
217 LAG Berlin 27.11.1995 – 9 Sa 85/95 – NZA-RR 1996, 283, 284 ff.; *Wehrisch*, AuA 1997, 296.
218 BAG GS 26.4.1956 – GS 1/56 – AuR 1957, 91 m. Anm. *Krüger*.
219 LAG Schleswig-Holstein 28.11.1988 – 4 Sa 382/88 – NZA 1989, 472.
220 BAG 3.7.1985 – 5 AZR 79/84 – NZA 1986, 131.
221 BAG 6.6.1974 – 2 AZR 278/73 – DB 1974, 2355.
222 BAG 17.2.1998 – 9 AZR 130/97 – NZA 1999, 33 ff. entgegen LAG Hamm 8.9.1995 – 5 Sa 462/95 – NZA-RR 1996, 281; LAG Hamm 31.1.1997 – 5 Sa 2204/96 – juris.
223 BAG 17.2.1998 – 9 AZR 130/97 – NZA 1999, 33.
224 LAG Hamm 18.7.1991 – 17 Sa 827/91 – LAGE § 615 BGB Nr. 29.
225 BAG 29.10.1987 – 2 AZR 144/87 – NZA 1988, 465.
226 BAG 1.7.1993 – 2 AZR 88/93 – juris.
227 BAG 10.4.1963 – 4 AZR 95/62 – AuR 1964, 27; ArbG Berlin 5.5.2004 – 7 Ca 32770/03 – EzA-SD 2004, Nr. 13, 9; zur Frage des böswilligen Unterlassens anderweitigen Erwerbs durch vorbehaltlose Ablehnung des Änderungsangebots s. *Schulze*, NZA 2006, 1145 ff. m.w.N; bejahend BAG 26.9.2007 – 5 AZR 870/06 – DB 2008, 67, 68 zu § 11 Nr. 2 KSchG.
228 *Erman/Belling*, § 615 BGB Rn 55 ff. m.w.N.
229 LAG Hamm 18.7.1991 – 17 Sa 827/91 – LAGE § 615 BGB Nr. 29.
230 LAG Köln 10.10.1990 – 7 Sa 554/90 – LAGE § 615 BGB Nr. 25.

Erklärt der AG dem AN während der Dauer eines Beschäftigungsverbots, dass er ihn von der Arbeit freistelle, da er ihm keine andere Tätigkeit anbieten könne, so liegt darin keine Urlaubsgewährung, sondern ein Verzicht auf die Annahme der Arbeitsleistung.[231] Der AG ist jedenfalls aufgrund einseitigen Weisungsrechts nicht befugt, die von Frauen in einer Zeit nach Ablauf der Schutzfristen des MuSchG geschuldete Arbeit in die Zeit des Laufes der Schutzfristen zu verlegen. Nehmen im Falle einer solchen Arbeitszeit-Verlegung die geschützten Frauen nicht an der während der Schutzfrist geleisteten Vorholarbeit teil, so behalten sie den Anspruch auf Bezahlung der Arbeit, die sie ohne Verlegung nach Ablauf der Schutzfrist erbracht hätten (§ 326 Abs. 2).[232] Ordnet der AG ohne Zustimmung des BR (§ 87 Abs. 1 Nr. 2 BetrVG) vorzeitig die Rückkehr von Wechselschicht zu Normalarbeitszeit an, so hat er die bei Wechselschicht fälligen Zeitzuschläge i.d.R. wegen Annahmeverzugs fortzuzahlen.[233] Mangels anderer Vereinbarung haben arbeitsbereite, noch nicht urlaubsberechtigte AN, die während der Betriebsferien nicht beschäftigt werden, Anspruch auf Lohnzahlung.[234]

42 **7. Beendigung des Annahmeverzugs. a) Allgemeines.** Das BGB bestimmt nicht, wann und wodurch der eingetretene Gläubigerverzug endet. Eine ursprünglich vorgesehene Vorschrift, wonach der Annahmeverzug für die Zukunft mit dem Zeitpunkt enden sollte, in welchem der Gläubiger das Versäumte nachgeholt hat, wurde als entbehrlich gestrichen.[235] Die „aus der Natur des Annahmeverzugs zu ziehenden Folgerungen"[236] ergeben, dass der Annahmeverzug endet, sobald seine **Voraussetzungen entfallen**.[237]

43 **b) Annahme der angebotenen Arbeitsleistung (arg. § 293).** Der Annahmeverzug endet, wenn der AG die Arbeitsleistung annimmt. Nach Ausspruch einer im Streit befindlichen **AG-Künd** muss der AG die Leistung als Erfüllung (§ 362 Abs. 1) des bestehenden Arbeitsvertrages entgegennehmen und unmissverständlich klarstellen, dass er zu Unrecht gekündigt habe (siehe Rn 38). Ist der AG infolge unwirksamer Künd durch Unterlassen der Mitwirkungshandlung (§§ 295 S. 1 Alt. 2, 296 S. 1) in Annahmeverzug geraten (siehe Rn 35), so muss er die versäumte Arbeitsaufforderung nachholen.[238]

44 **c) Verhalten des Arbeitnehmers.** Der AN ist nicht verpflichtet, sich während des Annahmeverzugs ständig abrufbereit zu halten. Er braucht, wenn er den AG in Annahmeverzug gesetzt hat, sein Angebot nicht zu wiederholen. Das Fortbestehen des Annahmeverzugs setzt aber das **Fortbestehen des Leistungsangebots** voraus. Der Annahmeverzug endet mit dem Eintritt der nachträglichen **Unmöglichkeit** der Leistung.[239] Eingetretener Annahmeverzug wird nicht ohne weiteres beendet, wenn sich der AN nach ausdrücklicher Ablehnung der Weiterbeschäftigung infolge einer AG-Künd drei Monate im Ausland aufhält,[240] sofern es ohne größere Schwierigkeiten möglich ist, zur Arbeitsstelle zurückzukehren. Der Aufbau einer selbstständigen wirtschaftlichen Existenz beendet den Annahmeverzug nicht, wenn es dem AN ohne weiteres möglich ist, seine neuen Tätigkeiten aufzugeben und seine bisherige Tätigkeit wieder aufzunehmen.[241] Ggf. kommt eine Anrechnung nach S. 2 (siehe Rn 55) in Betracht. Gleiches gilt in Fällen der Aufnahme einer neuen Beschäftigung.[242] Die Aufnahme eines Studiums führt nicht unbedingt zur Beendigung eines bestehenden Annahmeverzugs.[243] Durch die Verbüßung einer Haftstrafe des AN endet der Annahmeverzug nicht zwingend.[244]

45 **d) Beendigung des Arbeitsverhältnisses.** Die Beendigung des Arbverh – z.B. infolge **Künd**, **Vertragsaufhebung** durch Vertrag oder Vergleich[245] sowie Auflösung durch **Urteil** (§ 9 KSchG) – führt zum Wegfall der Erfüllbarkeit des Arbverh (siehe Rn 14 ff.). Durch die verfassungsgemäße[246] Vorschrift des § 9 Abs. 2 KSchG werden Annahmeverzugslohnansprüche rückwirkend auf den vom Gericht festzusetzenden Auflösungszeitpunkt begrenzt. Dem AN hierdurch entstehende Verluste können bei der Höhe der Abfindung (§§ 9 Abs. 1, 10 KSchG) nicht immer voll berücksichtigt werden. Das Arbverh endet mit Ablauf der Künd-Frist zum nächstzulässigen Künd-Termin, wenn eine unwirksame fristlose Künd gem. § 140 in eine wirksame ordentliche Künd **umgedeutet** werden kann. Hat der AG sich aber nicht darauf berufen, dass die Künd zugleich als ordentliche anzusehen sei, so hindert ihn die Rechtskraft des der Künd-Schutzklage stattgebenden (Teil-)[247] Urteils daran, nachträglich Tatsachen vorzubringen, die eine Umdeutung begründen könnten.[248] Nach Feststellung der Unwirksamkeit einer Künd im Künd-Schutzprozess endet

---

231 BAG 25.1.1994 – 9 AZR 312/92 – NZA 1994, 652.
232 BAG 3.3.1964 – 1 AZR 209/63 – DB 1964, 592.
233 BAG 18.9.2002 – 1 AZR 668/01 – DB 2003, 1121.
234 BAG 2.10.1974 – 5 AZR 507/73 – DB 1975, 157, 159; BAG 30.6.1976 – 5 AZR 246/75 – BB 1976, 1419.
235 Entwurf I § 262; Motive II, 77; Protokolle I, 333.
236 RG 10.3.1914 – III 497/13 – Gruchot's Beiträge, Bd. 58, Beilageheft, 929 f.; BAG 14.11.1985 – 2 AZR 98/84 – NZA 1986, 637, 638.
237 BAG 19.1.1999 – 9 AZR 679/97 – NZA 1999, 925, 926; *Opolony*, DB 1998, 1714 f.; *Peter*, DB 1982, 488, 490; *Schäfer*, JuS 1988, 265, 266 f.
238 BAG 19.1.1999 – 9 AZR 679/97 – NZA 1999, 925, 926.
239 BAG 18.8.1961 – 4 AZR 132/60 – AuR 1962, 57.
240 BAG 11.7.1985 – 2 AZR 106/84 – AP § 615 BGB Nr. 35a, auch zur Frage der Anrechnung eines böswillig unterlassenen Erwerbs i.S.v. § 615 S. 2.
241 BAG 18.1.1963 – 5 AZR 200/62 – RdA 1963, 158.
242 Staudinger/*Richardi*, § 615 Rn 79.
243 MünchArb/*Boewer*, Bd. 1, § 78 Rn 27.
244 BAG 18.8.1961 – 4 AZR 132/60 – AuR 1962, 57.
245 ErfK/*Preis*, § 615 BGB Rn 69.
246 BVerfG 29.1.1990 – 1 BvR 42/82 – NZA 1990, 535; BAG 16.5.1984 – 7 AZR 280/82 – NZA 1985, 60.
247 BAG 14.8.1974 – 5 AZR 497/73 – DB 1975, 212 f.
248 BAG 18.6.1965 – 5 AZR 351/64 – DB 1965, 1405.

der Annahmeverzug nur, wenn der AG den AN zur Wiederaufnahme der Arbeit auffordert.[249] Erfolgt diese Feststellung in einem gerichtlichen Vergleich, wird der Annahmeverzug mit Ablauf der Widerrufsfrist beendet, wenn der AG seine Annahmebereitschaft erklärt hat[250] bzw. die erforderliche Mitwirkungshandlung vornimmt.[251] Im Fall einer nicht rechtzeitig (§ 4 S. 1 KSchG) erhobenen Künd-Schutzklage gilt eine nach § 1 Abs. 2 KSchG sozial ungerechtfertigte Künd regelmäßig gem. § 7 KSchG rückwirkend als wirksam. Diese Fiktionswirkung gilt nicht bei der nachträglichen Zulassung verspäteter Klagen gem. § 5 KSchG, so dass in diesen Fällen Annahmeverzug nach unwirksamer AG-Künd vorliegen kann.[252] Verweigert der AN nach erfolgreicher Künd-Schutzklage die Fortsetzung des alten Arbverh, weil er inzwischen ein neues Arbverh eingegangen ist (§ 12 S. 1 KSchG), kann er entgangenes Verdienst nach § 12 S. 4 KSchG nur bis zum Tag des Eintritts in das neue Arbverh verlangen.[253] § 12 S. 4 KSchG ist nicht analog anzuwenden, wenn der AN nach Ablauf der Wochenfrist des § 12 S. 1 KSchG das alte Arbverh kündigt oder mit dem AG einen Aufhebungsvertrag schließt.[254] Will der AN das alte Arbverh fortsetzen, behält er den Annahmeverzugslohnanspruch bis zur Beendigung des neuen Arbverh.[255] Eine nach einstweiliger Verfügung des AG ergangene Entbindungsentsch. des Gerichts (§ 102 Abs. 5 S. 2 BetrVG) lässt den Annahmeverzug unberührt. Dies gilt nicht nur, wenn die Künd unwirksam ist,[256] sondern auch bei wirksamer Künd,[257] da das Arbverh bis zu der ex nunc wirkenden Entsch. kraft Gesetzes auflösend bedingt fortbestand.[258] Die Nachzahlung rückständigen Annahmeverzugslohns ist zur Beendigung des Annahmeverzugs grds. nicht erforderlich, umgeht jedoch die Möglichkeit der Geltendmachung eines Leistungsverweigerungsrecht des AN (§§ 298, 273, 320).[259] Der Erwerber tritt im Fall eines Betriebsübergangs nach § 613a Abs. 1 S. 1 in den beim Veräußerer begründeten Annahmeverzug ein (siehe Rn 51).[260]

III. Rechtsfolgen des Annahmeverzugs
1. Allgemeines. Nach S. 1 kann der AN die vereinbarte Vergütung verlangen, ohne zur Nachleistung verpflichtet zu sein (siehe Rn 47 ff., 50). S. 2 sieht die Anrechnung von Erspartem und anderweitigem Erwerb (siehe Rn 52 ff.) vor. Ggf. bestehen weitere Ansprüche des AN (siehe Rn 29 ff.). **46**

2. Aufrechterhaltung des Vergütungsanspruchs ohne Nachleistungsverpflichtung (S. 1). a) Allgemeines. Es handelt sich um den ursprünglichen Erfüllungsanspruch aus § 611 Abs. 1 und nicht um einen Schadensersatzanspruch (siehe Rn 1). Der Anspruch unterliegt den Pfändungsschutzvorschriften der §§ 850 ff. ZPO sowie steuer- und sozialversicherungsrechtlichen Normen.[261] **47**

b) Umfang und Höhe des Vergütungsanspruchs (Lohnausfallprinzip). Nach dem aus S. 1 resultierenden Lohnausfallprinzip[262] erhält der AN grds. die vereinbarte Brutto-Vergütung[263] (s. § 28g SGB IV) einschließlich aller Provisionen,[264] Tantiemen,[265] Gratifikationen,[266] Zuschläge[267] und Zulagen,[268] die er erhalten hätte, wenn er gearbeitet hätte. Er kann alle Leistungen mit Entgeltcharakter verlangen.[269] Die Rechtslage ist mit derjenigen bei Lohnfortzahlung im Krankheitsfall vergleichbar.[270] Grds. nicht erfasst sind dem Ersatz tatsächlich entstandener Aufwendungen dienende Leistungen, z.B. Fahrtkostenersatz (Wegegeld), echte Schmutzzulagen, Entschädigung für vom **48**

---

249 BAG 21.3.1985 – 2 AZR 201/84 – NZA 1985, 778.
250 LAG Rheinland-Pfalz 3.11.1992 – 7 Sa 562/92 – LAGE § 615 BGB Nr. 34.
251 LAG Potsdam 26.9.1996 – 3 Sa 341/96 – LAGE § 615 BGB Nr. 50.
252 BAG 24.11.1994 – 2 AZR 179/94 – NZA 1995, 263, 265 f.
253 BAG 6.11.1986 – 2 AZR 714/85 – RzK I 13a Nr. 14; BAG 19.7.1978 – 5 AZR 748/77 – DB 1978, 2417, 2418 f., auch für den Fall der Unwirksamkeit der Künd nach § 13 Abs. 3 KSchG; LAG Rheinland-Pfalz 14.11.1979 – 8/10 Sa 742/78 – juris.
254 BAG 6.11.1986 – 2 AZR 714/85 – RzK I 13a Nr. 14.
255 BAG 6.11.1986 – 2 AZR 714/85 – RzK I 13a Nr. 14.
256 LAG Rheinland-Pfalz 11.1.1980 – (7) 6 Sa 657/79 – BB 1980, 415.
257 BAG 7.3.1996 – 2 AZR 432/95 – NZA 1996, 930.
258 BAG 12.9.1985 – 2 AZR 324/84 – NZA 1986, 424 m.w.N.
259 BAG 21.5.1981 – 2 AZR 95/79 – NJW 1982, 121, 122 m.w.N.; zu §§ 273, 320 vgl. *Tscherwinka*, BB 1995, 618.
260 BAG 21.3.1991 – 2 AZR 577/90 – NZA 1991, 726.
261 BAG 19.10.2000 – 8 AZR 632/99 – juris; MüKo-BGB/*Henssler*, § 615 Rn 52.
262 Staudinger/*Richardi*, § 615 Rn 120 m.w.N.
263 KG Berlin 30.10.1978 – 12 U 1807/78 – DB 1979, 170; LAG Hamm 16.6.1988 – 17 Sa 2204/87 – DB 1988, 2316; MüKo-BGB/*Henssler*, § 615 Rn 51; *Stück*, AuA 2004, 14.
264 LAG Düsseldorf 16.2.1965 – 8 Sa 474/64 – DB 1965, 598 f., zur Delcredere-Provision.
265 *Schaub*, ZIP 1981, 347, 350.
266 BAG 18.1.1963 – 5 AZR 200/62 – RdA 1963, 158; *Schaub*, ZIP 1981, 347, 350, zur Weihnachtsgratifikation (13. Monatsgehalt).
267 BAG 18.9.2002 – 1 AZR 668/01 – DB 2003, 1121 f., zu tariflich vorgesehenen Spät- und Nachtzuschlägen.
268 BAG 18.6.1958 – 4 AZR 590/55 – AP § 615 BGB Nr. 6 m. Anm., *Hueck* zur Gefahrenzulage als echter Leistungszulage; a.A. Hessisches LAG 27.12.1955 – IV LA 377/55 – BB 1956, 305 f.; zu Sozialzulagen, Leistungsund Zeitzuschlägen s. *Schaub*, ZIP 1981, 347, 350.
269 *Schaub*, ZIP 1981, 347, 350.
270 BAG 23.6.1994 – 6 AZR 853/93 – NZA 1995, 468, 469 f. m.w.N.

AN gestelltes Werkzeug,[271] Aufwendungen für Kleidung,[272] Verpflegungszulagen[273] sowie Spesenersatz.[274] Ferner werden Trinkgelder nicht erfasst.[275] Der AN kann eine vertraglich vereinbarte Aufwandsentschädigung verlangen, wenn er mit dieser praktisch nach Belieben verfahren und sie auch zur Anhebung seines allg. Lebensstandards verwenden kann.[276] Eine tariflich gewährte Einsatzzulage, welche zur Abgeltung der Mehraufwendungen für Wohnung und Verpflegung für Auslandsmitarbeiter dient, wird nicht erfasst.[277]

49 **c) Einzelfälle.** Bei Zeitlohn (siehe § 611 Rn 628) ist der hypothetische regelmäßige Verdienst einschl. zwischenzeitlicher Lohnerhöhungen zu zahlen.[278] Die Höhe leistungsabhängiger Vergütung unterliegt Schwankungen und ist mangels Vereinbarung über die Berechnung des Verdienstausfalls vom Tatsachengericht nach § 287 Abs. 2 ZPO zu schätzen.[279] Es ist nicht ermessensfehlerhaft, wenn es den Durchschnittsverdienst der letzten vier Wochen zugrunde legt.[280] Z.T. wird vertreten, den Durchschnittsverdienst der letzten drei Monate, 13 Wochen[281] oder die Vergütungshöhe vergleichbarer AN heranzuziehen.[282] Auch bei flexibler Arbeitszeit (Arbeitszeitkonten) gilt als Maßstab das Lohnausfallprinzip.[283] Der Ersatz von Naturalleistungen (siehe § 611 Rn 647 ff.) erfolgt entspr. der SachBezV[284] (§ 17 SGB IV).[285] Der Anspruch auf Ersatz der vorenthaltenen Möglichkeit der privaten Nutzung eines Dienstwagens (siehe § 611 Rn 652 ff.) ergibt sich aus § 615 oder Schadensersatzrecht.[286] Die Höhe richtet sich nach der steuerlichen Bewertung der privaten Nutzungsmöglichkeit (Nutzwert), sie ist für jeden Monat mit 1 % des inländischen Listenpreises zzt. der Erstzulassung zzgl. der Kosten für Sonderausstattungen einschl. der USt anzusetzen (§ 6 Abs. 1 Nr. 4 EStG). Die Tabelle nach *Sanden/Danner/Küppersbusch* ist nicht anzuwenden,[287] da der dem AN auch zur privaten Nutzung überlassene Dienst-Pkw vorrangig der beruflichen Nutzung dient.

50 **d) Ausschluss der Nachleistungsverpflichtung.** Hierdurch wird der regelmäßige **Fixschuldcharakter der Arbeitsleistung** (siehe Rn 5) zum Ausdruck gebracht. Soweit eine vertragliche Pflicht zur Nachholung der versäumten Leistung besteht, § 615 aber nicht abbedungen ist, besteht neben dem Anspruch auf Annahmeverzugslohn (§§ 611 Abs. 1, 615) der Vergütungsanspruch für die nachgeholte andere Leistung aus § 611 Abs. 1.[288]

51 **e) Auswirkungen von Betriebsübergang und Umwandlung.** Nur wenn der **Tatbestand** des § 613a erfüllt ist (siehe § 613a Rn 26 ff.),[289] muss der Erwerber den gegenüber dem Veräußerer eingetretenen Annahmeverzug gegen sich gelten lassen.[290] Er muss sich auch Umstände zurechnen lassen, die für spätere Rechtsfolgen von Bedeutung sind. Nimmt der Insolvenzverwalter eine angebotene Arbeitsleistung nicht an, so haftet der Erwerber gem. § 613a Abs. 1 S. 1 für die bis zum Betriebsübergang entstandenen Ansprüche nach § 615, § 55 Abs. 1 Nr. 2 InsO.[291] Der AN soll angesichts des **Schutzzwecks** des § 613a keinen Anspruch verlieren, dessen Voraussetzungen gegenüber dem früheren Inhaber geworden waren.[292] Auf die gesamtschuldnerische Haftung des alten und des neuen Inhabers nach § 613a Abs. 2 ist § 425 Abs. 2 nicht anwendbar, sofern dort auf den Verzug verwiesen wird, denn aus dem besonderen Übernahmeschuldverhältnis i.S.d. § 613a ergibt sich „etwas anderes" i.S.v. § 425 Abs. 1.[293] Im Fall einer betriebs(teil)übertragenden **Umwandlung** nach §§ 1 ff. UmwG kann nach fehlerhafter Zuordnung eines Arbverh zum übertragenden Unternehmen u.U. ein Anspruch gegen das übernehmende Unternehmen aus S. 1 bestehen.[294]

---

271 Hessisches LAG 27.12.1955 – IV LA 377/55 – BB 1956, 305 f., auch zu Vorstehendem.
272 LAG Düsseldorf 26.3.1953 – 2 Sa 380/52 – BB 1953, 592.
273 BAG 18.6.1958 – 4 AZR 590/55 – AP § 615 BGB Nr. 6 m. Anm. *Hueck*.
274 *Schaub*, ZIP 1981, 347, 350.
275 LAG Hamburg 13.2.2008 – 5 Sa 69/07 – juris.
276 BAG 19.3.2008 – 5 AZR 429/07 – NZA 2008, 757, 758, zum Anspruch auf Essensgeld, wenn dieses unabhängig vom tatsächlich anfallenden Aufwand des AN geleistet wird; OLG Stuttgart 1.8.1986 – 2 U 13/86 – NJW-RR 1987, 159, 160.
277 BAG 30.5.2001 – 4 AZR 249/00 – NZA 2002, 55.
278 MüKo-BGB/*Henssler*, § 615 Rn 56.
279 BAG 18.9.2001 – 9 AZR 307/00 – NZA 2002, 268, 270 f., zur Anzahl von Überstunden; BAG 11.8.1998 – 9 AZR 410/97 – AuR 1998, 374 und ArbG Berlin 5.5.2004 – 7 Ca 32770/03 – EzA-SD 2004, Nr. 13, 9, zur Höhe entgangener Provisionen; BAG 29.9.1971 – 3 AZR 164/71 – DB 1972, 442, zur Höhe entgangenen Feiertagslohns.
280 BAG 29.9.1971 – 3 AZR 164/71 – DB 1972, 442, zum Feiertagslohn bei schwankenden Bezügen.
281 ArbG Berlin 5.5.2004 – 7 Ca 32770/03 – EzA-SD 2004, Nr. 13, 9 m.w.N.
282 *Staab*, S. 29 f.
283 BAG 13.2.2002 – 5 AZR 470/00 – NZA 2002, 683 zu § 4 EFZG.
284 V. 19.12.1994 (BGBl I S. 3849).
285 Staudinger/*Richardi*, § 615 Rn 123.
286 Offen gelassen von BAG 5.9.2002 – 8 AZR 702/01 – NZA 2003, 973, 975; für § 615 ArbG Lörrach 22.8.1975 – 1 Ga 9/75 – DB 1975, 2186; *Mauer*, EWiR 2003, 49.
287 BAG 27.5.1999 – 8 AZR 415/98 – NZA 1999, 1038 f.: 5.093 DM statt 28.560 DM; ArbG Lörrach 22.8.1975 – 1 Ga 9/75 – DB 1975, 2186; Palandt/*Heinrichs*, vor § 249 Rn 23b; noch offen gelassen BAG 23.6.1994 – 8 AZR 537/92 – NJW 1995, 348, 349; a.A. ErfK/*Preis*, § 615 BGB Rn 78 m.w.N.
288 Staudinger/*Richardi*, § 615 Rn 127 f.
289 BAG 16.7.1998 – 8 AZR 81/97 – NZA 1998, 1233 m.w.N.
290 BAG 21.3.1991 – 2 AZR 577/90 – NZA 1991, 726; s. *Stahlhacke*, AuR 1992, 8, 13.
291 BAG 4.12.1986 – 2 AZR 246/86 – NZA 1987, 460, zu § 59 Abs. 1 Nr. 2 KO.
292 BAG 21.3.1991 – 2 AZR 577/90 – NZA 1991, 726.
293 BAG 21.3.1991 – 2 AZR 577/90 – NZA 1991, 726, 727.
294 H/S/*Boecken*, § 9 Rn 11.

3. Anrechnung anderweitigen Erwerbs (S. 2). a) Allgemeines. Bestimmt das Gesetz, eine Leistung sei „anzurechnen" so wird der Anspruch des Gläubigers kraft Gesetzes (**ipso iure**) gekürzt, ohne dass es einer Aufrechnungserklärung (§ 388) oder sonstiger Handlungen des Schuldners bedarf.[295] Die Pfändungsgrenzen der §§ 850 ff. ZPO finden keine Anwendung, weil der AN die entspr. Leistungen schon erhalten hat.[296]

b) Ersparnisse (S. 2 Alt. 1). Zwischen den ersparten Aufwendungen und der zu erbringenden Arbeitsleistung muss ein **unmittelbarer Zusammenhang** bestehen.[297] Zu dem „infolge des Unterbleibens der Dienstleistung" Ersparten gehören die nicht angefallenen Fahrtkosten, erspartе Aufwendungen für Arbeitskleidung und ersparte Kosten für Gehilfen. Der unmittelbare Zusammenhang fehlt, wenn die AN während der beschäftigungslosen Zeit ihre Haushälterin entlassen und die Hausarbeit selbst verrichtet hat.[298] § 11 KSchG sieht **keine Anrechnung** von Ersparnissen vor.

c) Anderweitiger Erwerb (Zwischenverdienst, S. 2 Alt. 2). aa) Kausalität. Der AN muss sich als im Verzugszeitraum erzielten Zwischenverdienst (S. 2 Alt. 2, § 11 Nr. 1 KSchG) nur das anrechnen lassen, was er „infolge des Unterbleibens der Dienstleistung erwirbt." Dies ist nur derjenige Verdienst, den der AN durch anderweitige Verwendung desjenigen Teils seiner freigewordenen Arbeitskraft erwirbt, die er dem AG zur Verfügung zu stellen verpflichtet war.[299] Anhaltspunkte für die Kausalität können sich aus objektiven wie subjektiven Umständen ergeben.[300] Arbeitsentgelt für **Nebentätigkeiten**, die (insb. teilzeitbeschäftigte) AN auch bei Erfüllung der Arbeitspflicht nach Feierabend erbringen, ist nicht anzurechnen.[301] Gleiches gilt für Über- oder Mehrarbeitsstunden, die der AN bei dem im Annahmeverzug befindlichen AG nicht erbringen müsste.[302] Soweit Einkünfte auf Tätigkeiten im Verzugszeitraum beruhen, aber erst nach Beendigung des Annahmeverzugs erzielt werden, kommt nach st. Rspr. eine anteilmäßige Anrechnung in Betracht,[303] z.B. bei zeitintensiver Vorbereitung auf die neue, anders geartete, z.B. selbstständige,[304] Tätigkeit[305] und bei aufschiebend bedingten Provisionsansprüchen eines Handelsvertreters.[306]

bb) Erwerbseinkommen. Anzurechnen ist, was der AN durch anderweitige „Verwendung seiner Dienste" (Arbeitskraft) erwirbt.[307] Unerheblich ist, ob dem ein Dienst- oder Arbeitsvertrag oder eine Gefälligkeitsschuld zugrunde liegt und ob die Tätigkeit gleichartig ist.[308] Der (nahezu) unentgeltliche Einsatz der Arbeitskraft im eigenen Haushalt oder im Rahmen von Nachbarschaftshilfe führt grds. nicht zu einer Anrechnung. Anderes gilt z.B. bei **Weiterleitung des Pflegegeldes** (§ 37 SGB XI); die einschränkende Wertung des § 3 S. 2 SGB VI kann insoweit nicht übertragen werden.[309] **Teilzeitbeschäftigte** müssen sich nur das bei der Teilzeitarbeit erzielte Einkommen anrechnen lassen.[310] Einkünfte aus selbstständiger Tätigkeit sind nur insoweit anzurechnen, als sie auf der Arbeitsleistung beruhen,[311] nicht z.B. Miet- oder Pachterträge. Nicht anzurechnen sind freiwillige Zuwendungen Dritter, die nur dem AN zugute kommen sollen[312] und Einkünfte aus Kapital,[313] sofern nicht die Vermögensverwaltung die gesamte Arbeitskraft in Anspruch nimmt.[314]

cc) Umfang der Anrechnung. Angerechnet wird das anderweitig erzielte Bruttoeinkommen[315] abzüglich notwendiger Aufwendungen (z.B. Fahrtkosten).[316] Nach st. Rspr. und h.L. ist der anderweitige Verdienst auf die Vergütung für die „gesamte Dauer des Annahmeverzugs" anzurechnen und nicht nur auf die Vergütung für den Zeitabschnitt, in welchem der anderweitige Verdienst erzielt wurde (**Gesamtberechnung**).[317] Von einer Anrechnung

---

295 BAG 13.6.2002 – 2 AZR 391/01 -NZA 2003, 44, 48 f. m.w.N.
296 Staudinger/*Richardi*, § 615 Rn 137 m.w.N.
297 MüKo-BGB/*Henssler*, § 615 Rn 67.
298 LAG Düsseldorf 25.10.1955 – 2 b Sa 239/55 – BB 1956, 305, auch zu Vorstehenden.
299 RG 12.7.1904 – III 146/04 – RGZ 58, 402, 404; BAG 1.3.1958 – 2 AZR 533/55 – NJW 1958, 1060.
300 BAG 6.9.1990 – 2 AZR 165/90 – NZA 1991, 221, 222 ff.
301 BAG 16.5.1969 – 3 AZR 137/68 – DB 1970, 257, 258; BAG 14.8.1974 – 5 AZR 497/73 – DB 1975, 212, 213.
302 *Schaub*, ZIP 1981, 347, 350.
303 BAG 6.9.2006 – 5 AZR 703/05 – NZA 2007, 36, 39.
304 BAG 16.6.2004 – 5 AZR 508/03 – NZA 2004, 1155, 1157.
305 OLG Düsseldorf 30.12.1971 – 8 U 160/71 – DB 1972, 181.
306 LAG Düsseldorf 5.3.1970 – 3 Sa 533/69 – DB 1970, 1277.
307 BAG 6.9.1990 – 2 AZR 165/90 – NZA 1991, 221, 223 f.
308 MüKo-BGB/*Henssler*, § 615 Rn 68 m.w.N.
309 HWK/*Krause*, § 615 BGB Rn 92 m.w.N.
310 BAG 6.9.1990 – 2 AZR 165/90 – NZA 1991, 221, 223.
311 LAG Düsseldorf 22.5.1968 – 3 Sa 73/68 – DB 1968, 1182, auch zur Schätzung nach § 287 ZPO, ob und in welcher Höhe ein anzurechnender Gewinn vorliegt; *Reufels/Schmülling*, ArbRB 2004, 88, 89 f.
312 Staudinger/*Richardi*, § 615 Rn 142.
313 ErfK/*Preis*, § 615 BGB Rn 91.
314 BAG 27.3.1974 – 5 AZR 258/73 – DB 1974, 1167, 1168.
315 KG Berlin 30.10.1978 – 12 U 1807/78 – DB 1979, 170; *Reufels/Schmülling*, ArbRB 2004, 88, 89.
316 BAG 6.2.1964 – 5 AZR 93/63 – NJW 1964, 1243.
317 RG 12.7.1904 – III 146/04 – RGZ 58, 402, 403 ff.; BAG 1.3.1958 – 2 AZR 533/55 -NJW 1958, 1060; BAG 23.1.1967 – 3 AZR 253/66 – DB 1967, 779; BAG 16.5.1969 – 3 AZR 137/68 – DB 1970, 257, 258; offen gelassen von BAG 19.7.1978 – 5 AZR 748/77 – DB 1978, 2417, 2418; BAG 29.7.1993 – 2 AZR 110/93 – NZA 1994, 116, 117 f.; BAG 24.5.1994 – 5 AZR 379/94 – juris; BAG 24.8.1999 – 9 AZR 804/98 – SAE 2001, 56, 59 ff. m. abl. Anm. *Boecken* = NZA 2000, 818, 820; BAG 22.11.2005 – 1 AZR 407/04 – NZA 2006, 736, 738; Staudinger/*Richardi*, § 615 Rn 144; Palandt/*Weidenkaff*, § 615 Rn 19; Schaub/*Linck*, Arbeitsrechts-Handbuch, § 95 Rn 97; MüKo-BGB/*Henssler*, § 615 Rn 66.

nach Zeitabschnitten sei im Gesetz keine Rede. Nach dem Normzweck des S. 2 soll der AN aus dem Annahmeverzug keinen Vorteil ziehen. Praktische Auswirkungen hat die Gesamtberechnung dann, wenn der AN im Fall eines mehrere Lohnperioden (i.d.R. Monate) umfassenden Annahmeverzugs während bestimmter Zeitabschnitte keinen oder einen gegenüber der periodisch zu entrichtenden arbeitsvertraglichen Vergütung geringeren anderweitigen Erwerb hat, hingegen in einer anderen Periode ein den Annahmeverzugslohn übersteigendes Einkommen erzielt. Nach der im Vordringen befindlichen und vorzugswürdigen a.A. hat die Anrechnung – wie dies bei § 74c HGB[318] und öffentlich-rechtlichen Ersatzleistungen[319] anerkannt ist – für jeden einzelnen Zeitabschnitt zu erfolgen (**Anrechnung pro rata temporis**).[320] Der Wortlaut von S. 2 sieht weder die eine noch die andere Methode ausdrücklich vor. Der AN erwirbt für jede Lohnzahlungsperiode einen rechtlich selbstständigen Vergütungsanspruch (§§ 611 Abs. 1, 615 S. 1, 614 S. 2), keinen Gesamtanspruch. Übersteigt der Zwischenverdienst den gesamten Annahmeverzugslohn, so steht der nicht anrechenbare Überschuss dem AN zu. Es ist nicht einzusehen, wieso der vertragswidrig handelnde AG daraus Vorteile ziehen können soll, dass der wegen des fehlenden regelmäßigen Einkommens eine andere Tätigkeit aufnehmende AN in der Lage ist, seine freigewordene Arbeitskraft anderweitig zu einem höheren Preis zu verkaufen.[321] Die Gesamtberechnung widerspricht überdies dem Zweck der Pfändungsschutzvorschriften und führt zu Friktionen im Steuer- und Sozialversicherungsrecht.[322]

57   **dd) Anrechnung öffentlich-rechtlicher Leistungen.** Nach allg.M. werden bei der Anrechnung nach S. 2 öffentlich-rechtliche Leistungen wie insb. Alg (§§ 117 ff. SGB III), Krankengeld (§§ 44 ff. SGB V), vorgezogenes Altersruhegeld für Arbeitslose (§§ 38 a.F., 237 SGB VI, § 202 SGB III), erhöhte Unfallrenten wegen Arbeitslosigkeit (§ 58 SGB VII) sowie Bezüge aus einer Rente wegen Erwerbsminderung (§ 43 SGB VI)[323] analog § 11 Nr. 3 KSchG berücksichtigt.[324] Nach § 11 Nr. 3 S. 2 KSchG hat der AG diese Beträge der Stelle zu erstatten, die sie geleistet hat. Außerhalb des KSchG geht der Annahmeverzugslohnanspruch im Wege der cessio legis nach § 115 Abs. 1 SGB X in Höhe des Alg der BA als Leistungsträger über, eine eigentliche Anrechnung findet nicht statt.[325] Nach § 143 Abs. 1 SGB III ruht der Anspruch auf Alg während der Zeit, für die der Arbeitslose Arbeitsentgelt erhält oder zu beanspruchen hat. Der AG kann die bis zum Forderungsübergang bestehenden Einwendungen gem. § 115 Abs. 1 SGB X i.V.m. §§ 404, 412 gegen die BA geltend machen, nicht aber den danach erfolgten Verzicht auf den Annahmeverzugslohnanspruch.[326] Der übergegangene Anspruch unterliegt **tariflichen Ausschlussfristen**.[327]

58   **ee) Sonstiges.** Die vollständige Anrechnung des gesamten anderweitigen Erwerbs nach S. 2 setzt regelmäßig die **Beendigung des Annahmeverzugs** voraus.[328] Macht der AN von seinem Recht aus § 12 S. 1, 4 KSchG Gebrauch, die Fortsetzung des unwirksam gekündigten Arbverh zu verweigern, weil er inzwischen ein neues Arbverh eingegangen ist, kann eine Anrechnung anderweitigen Erwerbs nach §§ 12 S. 5, 11 KSchG nur bis zum Zeitpunkt des Eintritts in das neue Arbverh erfolgen, denn lohnzahlungspflichtiger Zeitraum und Anrechnungszeitraum sind zwangsläufig gleich.[329] Eine AN, für die ein **Beschäftigungsverbot** nach § 3 Abs. 1 MuSchG besteht, soll sich nicht analog S. 2 einen in dieser Zeit durch Aufnahme einer anderen Tätigkeit erzielten anderweitigen Verdienst anrechnen lassen müssen.[330] Bezieht der AN während des Annahmeverzugs des AG Alg und unterlässt er zugleich böswillig einen ihm zumutbaren Erwerb (Rn 59 ff.), so hat nach der Rspr. des BAG eine **proportionale Zuordnung der Anrechnung** zu erfolgen.[331]

---

318 BAG 16.11.1973 – 3 AZR 61/73 – NJW 1974, 765; BAG 16.5.1969 – 3 AZR 137/68 – DB 1970, 257, 258 f., unter Aufgabe von BAG 23.1.1967 – 3 AZR 253/66 – DB 1967, 779;. Ebenroth/Boujong/Joost/Strohn/*Boecken*, § 74c Rn 5, 23; *Mössner*, RdA 1969, 111, 112 f.
319 LSG Brandenburg 5.12.2002 – L 8 AL 147/99 – juris, zum KAUG; offen gelassen von BSG 18.12.2003 – B 11 AL 27/03 R – SozR 4-4100 § 141b Nr. 1 = Breith, 2004, 545; *Nübold*, RdA 2004, 31, 35, zum Alg.
320 LAG Düsseldorf 1.9.2005 – 5 Sa 212/05 – DB 2005, 2825 f.; ArbG Berlin 5.5.2004 – 7 Ca 32770/03 – EzA-SD 2004, Nr. 13, 9 m.w.N.; *Gumpert*, BB 1964, 1300, 1301; *Boecken*, NJW 1995, 3218 m.w.N.; *Preis/Hamacher*, Jura 1998, 11, 16 f.; *Fonk*, NZG 1999, 408, 411 f.; *Groeger*, NZA 2000, 793, 794; *Kühn*, Methode der Anrechnung, Diss. 2007; *Nübold*, RdA 2004, 31 ff.; *Nägele/Böhm*, ArbRB 2006, 317, 318 f.; *Schier*, BB 2006, 2578, 2580; KDZ/*Zwanziger*, § 615 BGB Rn 20; Kittner/Zwanziger/*Appel*, Arbeitsrecht Handbuch, § 89 Rn 57; Kittner/Zwanziger/*Schoof*, Arbeitsrecht Handbuch, § 56 Rn 42; RGRK/*Matthes*, § 615 Rn 86; ErfK/*Preis*, § 615 BGB Rn 92 m.w.N.
321 *Boecken*, NJW 1995, 3218 m.w.N.
322 *Nübold*, RdA 2004, 31, 34, der auf das Postulat der Einheit der Rechtsordnung verweist.
323 LAG Köln 24.11.1995 – 13 Sa 830/95 – NZA-RR 1996, 286, auch zu Vorstehendem.
324 BAG 13.6.2002 – 2 AZR 391/01 – NZA 2003, 44, 48 f.; Palandt/*Weidenkaff*, § 615 Rn 19.
325 Staudinger/*Richardi*, § 615 Rn 143 m.w.N.
326 BAG 17.4.1986 – 2 AZR 308/85 – NZA 1987, 17, 19.
327 BAG 19.11.1968 – 1 AZR 213/68 – DB 1969, 447, zu § 67 VVG; BAG 24.5.1973 – 5 AZR 21/73 – DB 1973, 1752, zu § 182 Abs. 7 RVO; BAG 15.11.1973 – 5 AZR 226/73 – DB 1974, 488.
328 BAG 24.8.1999 – 9 AZR 804/98 – SAE 2001, 56, 59 m. Anm. *Boecken* = NZA 2000, 818, 820 f.
329 BAG 19.7.1978 – 5 AZR 748/77 – DB 1978, 2417, 2418.
330 ArbG Freiburg – 11 Ca 611/02 – NZA-RR 2003, 626; a.A. *Reufels*, ArbRB 2005, 56 m.w.N.; zur Anrechnung anderweitigen Verdienstes analog § 615 S. 2 auf einen Entgeltfortzahlungsanspruch nach § 3 Abs. 1 S. 1 EFZG MünchArb/*Boecken*, Bd. 1, § 86 Rn 85.
331 BAG 11.1.2006 – 5 AZR 125/05 – NZA 2006, 313 f., zu § 11 Nr. 2 und 3 KSchG.

d) Böswillig unterlassener Erwerb (S. 2 Alt. 3). aa) Allgemeines. Nach st. Rspr. unterlässt der AN böswillig anderweitigen Verdienst, wenn er trotz **Kenntnis** aller objektiven Umstände (Arbeitsmöglichkeit, Zumutbarkeit der Arbeit, nachteilige Folgen für den AG) **vorsätzlich** ohne ausreichenden Grund Arbeit ablehnt oder vorsätzlich verhindert, dass ihm Arbeit angeboten wird. Eine Schädigungsabsicht des AN ist nicht erforderlich.[332] Fahrlässiges, auch grob fahrlässiges Verhalten genügt nicht.[333]

bb) Zumutbarkeit. Nach st. Rspr. muss die vorsätzliche Untätigkeit **vorwerfbar** sein. Das ist nicht der Fall, wenn eine angebotene oder sonst mögliche Arbeit für den AN unzumutbar ist. Dieses in § 11 Nr. 2 KSchG ausdrücklich normierte Kriterium findet nach allg.M. auch i.R.v. S. 2 Anwendung. Die **Unzumutbarkeit**[334] kann sich aus der Art der Arbeit, sonstigen Arbeitsbedingungen oder der Person des AG ergeben. Die Frage der Zumutbarkeit ist im Wege einer **Interessenabwägung** im konkreten Einzelfall unter Berücksichtigung aller Umstände nach **Treu und Glauben** (§ 242) zu bestimmen.[335] Während einerseits die Freiheit der Berufswahl des AN (Art. 12 Abs. 1 GG) zu beachten ist,[336] gebietet anderseits die dem AN obliegende Treuepflicht, keinen Gewinn auf Kosten des AG zu erzielen und die Nachteile für diesen möglichst gering zu halten.[337] Entgegen der Ansicht des BAG[338] spricht viel dafür, jedenfalls in der ersten Zeit der Arbeitslosigkeit eine Ausstrahlungswirkung der in § 121 SGB III[339] niedergelegten Zumutbarkeits-Maßstäbe auf S. 2 anzunehmen.[340] Weitere Kriterien für die Beurteilung der Zumutbarkeit sind Höhe und Form der Vergütung,[341] Art und Umfang der Sozialleistungen, Ort der Tätigkeit (Notwendigkeit eines Umzugs, s. § 121 Abs. 4 S. 4 bis 7 SGB III), Dauer und Länge der Arbeitszeit einschließlich des möglichen Anfalls von Überstunden und Mehrarbeit, Größe des Unternehmens sowie Gefährlichkeit der Arbeit.[342] Ein **Irrtum** des AN über die Zumutbarkeit geht zu seinen Lasten.[343]

cc) Weiterbeschäftigung beim bisherigen Arbeitgeber. Eine Anrechnung nach §§ 11 Nr. 2 KSchG, 615 S. 2 kommt auch in Betracht, wenn der sich im Annahmeverzug befindende AG Arbeit anbietet.[344] Erwirkt der AN beim ArbG die Verurteilung des AG zur vorläufigen Weiterbeschäftigung bis zum rechtskräftigen Abschluss des Künd-Rechtsstreits, so ist es ihm mangels besonderer, von ihm darzulegender Umstände **nicht unzumutbar**, der Aufforderung des AG nachzukommen, die Beschäftigung entspr. der arbeitsgerichtlichen Entsch. („**Prozessbeschäftigung**") vorläufig wieder aufzunehmen.[345] Es steht der erforderlichen Leistungsbereitschaft entgegen, wenn der AN die Forderung nach einem Verzicht auf die Wirkungen der Künd zur Bedingung der Arbeitsaufnahme macht.[346] Bei einer **betriebs- oder personenbedingten Künd** ist die Weiterbeschäftigung im Gegensatz zu einer verhaltensbedingten, insb. außerordentlichen Künd i.d.R. zumutbar. Art und Schwere der gegenüber dem AN erhobenen Vorwürfe, die Art und Begründung der Künd sowie das Verhalten des AG im Künd-Schutzprozess können die Unzumutbarkeit der Weiterarbeit begründen.[347] Hält der AG an einer **außerordentlichen Künd** fest, bringt er damit zum Ausdruck, die Fortsetzung des Arbverh sei für ihn unzumutbar. Damit wird aber die Arbeitsleistung für den AN nicht

---

332 A.A. *Staab*, S. 47 ff., der § 615 S. 2 wegen Art. 12 GG als „absolute Ausnahme" versteht.
333 St. Rspr. BAG 18.10.1958 – 2 AZR 291/58 – SAE 1959, 125 m. Anm. *Molitor*; BAG 18.6.1965 – 5 AZR 351/64 – DB 1965, 1405; BAG 19.3.1998 – 8 AZR 139/97 – NZA 1998, 750, 752; BAG 22.2.2000 – 9 AZR 194/99 – NZA 2000, 817; BAG 16.5.2000 – 9 AZR 203/99 – NZA 2001, 26, 27; BAG 24.9.2003 – 5 AZR 500/02 – NZA 2004, 90, 91.
334 Zur (Un-)Zumutbarkeit *Schirge*, DB 2000, 1278.
335 St. Rspr. BAG 18.6.1965 – 5 AZR 351/64 – DB 1965, 1405; BAG 14.11.1985 – 2 AZR 98/84 – NZA 1986, 637, 639; BAG 19.3.1998 – 8 AZR 139/97 – NZA 1998, 750, 752; BAG 24.9.2003 – 5 AZR 500/02 – NZA 2004, 90, 91; BAG 16.6.2004 – 5 AZR 508/03 – NZA 2004, 1155, 1156; BAG 11.10.2006 – 5 AZR 754/05 – AP § 615 BGB Nr. 119.
336 BAG 9.8.1974 – 3 AZR 350/73 – AuR 1974, 311, 312; LAG Düsseldorf 13.2.1962 – 8 Sa 11/62 – DB 1962, 643; LAG Berlin 27.8.1957 – 5 Sa 310/57 – RdA 1958, 238; Hessisches LAG 5.9.1956 – II LA 25/56 – RdA 1958, 77 f.
337 BAG 18.6.1965 – 5 AZR 351/64 – DB 1965, 1405 m.w.N.; vgl. BAG 23.1.1967 – 3 AZR 253/66 – DB 1967, 779, 780, unter Hinweis auf die Schadensminderungspflicht nach § 254 Abs. 2.
338 BAG 16.6.2004 – 5 AZR 508/03 – NZA 2004, 1155, 1156.
339 Neu gefasst durch das Erste Gesetz für moderne Dienstleistungen am Arbeitsmarkt – „Hartz I" v. 23.12.2002 (BGBl I S. 4607) m.W.v. 1.1.2003; s.a. § 144 SGB III zur Sperrzeit wegen Arbeitsablehnung und BSG 18.12.2003 – B 11 AL 35/03 R – NZA 2004, 661; krit. dazu *Boecken/Hümmerich*, DB 2004, 2046.
340 *Spirolke*, NZA 2001, 707, 711: Anhaltspunkt für böswilliges Unterlassen des AN bei Verhängung einer Sperrzeit; a.A. *Staudinger/Richardi*, § 615 Rn 155 m.w.N.
341 BAG 16.6.2004 – 5 AZR 508/03 – NZA 2004, 1155, 1157.
342 *Schaub*, ZIP 1981, 347, 351.
343 *Erman/Belling*, § 615 BGB Rn 48 m.w.N.
344 BAG 11.10.2006–5 AZR 754/05 – AP § 615 BGB Nr. 119.
345 St. Rspr. BAG 24.9.2003 – 5 AZR 500/02 – NZA 2004, 90, 91 f.; BAG 22.2.2000 – 9 AZR 194/99 – NZA 2000, 817; LAG Köln 5.7.2002 – 11 Sa 559/01 – NZA-RR 2003, 308, 309; LAG Köln 14.12.1995 – 6 Sa 933/95 – NZA-RR 1996, 361 f.; *Dollmann*, BB 2003, 2681, 2684 f.; *Opolony*, BB 2004, 1386, 1388 f.; *Schirge*, DB 2000, 1278; *Spirolke*, NZA 2001, 707, 709 ff.; *Ricken*, NZA 2005, 323 ff.; *Schrader/Straube*, RdA 2006, 98 ff.; *Karlsfeld*, ArbRB 2003, 283 ff.; *Schier*, BB 2006, 2578, 2580 f.; a.A. *Peter*, DB 1982, 488, 494; *Berkowsky*, DB 1981, 1569, 1570.
346 BAG 13.7.2005 – 5 AZR 578/04 – NZA 2005, 1348, 1349 ff.
347 BAG 24.9.2003 – 5 AZR 500/02 – NZA 2004, 90, 91; BAG 7.11.2002 – 2 AZR 650/00 – EWiR 2003, 807 f. m. Anm. *Laskawy*; BAG 14.11.1985 – 2 AZR 98/84 – NZA 1986, 637, 639 f.

ohne weiteres unzumutbar.[348] Nicht zumutbar ist es dem AN, für eine allein vom Wohlwollen des AG abhängige kurze Zeit für eine noch festzulegende Tätigkeit dem AG zur Verfügung zu stehen.[349] Die Arbeit bei dem bisherigen AG ist nur dann zumutbar, wenn sie auf den Erwerb von Zwischenverdienst gerichtet ist; auf eine dauerhafte Änderung des Arbeitsvertrags braucht sich der AN nicht einzulassen.[350] Bei einer Änderungskünd muss der AG die erforderliche Vorläufigkeit des Beschäftigungsangebots nicht eigens zum Ausdruck bringen. Lehnt der AN das (zumutbare) Angebot des AG ab, bedarf es keines neuen auf Prozessbeschäftigung gerichteten Angebots.[351] Die Weiterbeschäftigung kann unzumutbar sein, wenn der AN auf sein **Leistungsverweigerungsrecht** wegen rückständigen Gehalts, dessen Zahlung der AG auch nicht unter Vorbehalt in Aussicht gestellt hat, verzichten müsste.[352] Böswilligkeit liegt nicht vor, sofern der AN befürchtet, der Einsatz auf einem anderen Arbeitsplatz werde im Zusammenhang mit der nachdrücklichen **Aufrechterhaltung bestimmter Vorwürfe** durch den AG betriebsöffentlich als kompromittierend angesehen.[353] Gleiches gilt,[354] wenn der AN einer ohne Beteiligung des BR (§ 99 Abs. 1 BetrVG) ausgesprochenen Versetzung nicht Folge leistet[355] und wenn der AN ein Angebot zum Abschluss einer Vereinbarung über Kurzarbeit nicht annimmt.[356] Böswilliges Unterlassen kann auch darin liegen, dass der AN eine vom AG unter Überschreitung der Grenzen des Direktionsrechts (§ 106 GewO) zugewiesene Tätigkeit ablehnt.[357] Ein vorübergehender Auslandsaufenthalt ist jedenfalls solange nicht böswillig, wie kein zumutbares Arbeitsangebot vorliegt.[358] Der AN handelt nicht böswillig, wenn er es unterlässt, ein Weiterbeschäftigungs-Urteil zu vollstrecken oder die Vollstreckung anzudrohen.[359] Gleiches gilt, wenn der AN nach Widerspruch des BR nicht seine Weiterbeschäftigung gem. § 102 Abs. 5 BetrVG verlangt oder durchsetzt.[360] Böswilligkeit liegt vor, wenn der AG für eine vorläufige Weiterbeschäftigung nach Ausspruch einer Künd den Abschluss einer schriftlichen Vereinbarung[361] verlangt und der AN die Unterzeichnung verweigert.[362]

62 **dd) Meldung bei der Arbeitsagentur.** Nach BAG-Rspr. soll wegen Art. 12 Abs. 1 GG keine **Pflicht** und auch keine Obliegenheit des AN bestehen, sich bei der AA arbeitslos oder arbeitsuchend zu melden.[363] Dies soll insb. bei der Aufnahme einer selbstständigen Tätigkeit gelten, wenn die Geschäftsergebnisse geringer als das zu beanspruchende Alg sind.[364] Spätestens mit Inkrafttreten des § 37b SGB III,[365] nach dessen S. 3 die – sanktionsbewehrte[366] – Pflicht zur unverzüglichen (§ 121 Abs. 1 S. 1) persönlichen Meldung bei der AA[367] unabhängig davon besteht, ob der Fortbestand des Arbverh gerichtlich geltend gemacht wird, lässt sich diese Rspr. nicht mehr aufrechterhalten.[368] Bei unterlassener Inanspruchnahme von Leistungen der BA fehlt es jedenfalls an einem **Verfügungsgrund** für die einstweilige Verfügung auf Zahlung von Arbeitsentgelt (siehe Rn 90).[369]

---

348 BAG 24.9.2003 – 5 AZR 500/02 – NZA 2004, 90, 92.
349 BAG 21.5.1981 – 2 AZR 95/79 – NJW 1982, 121, 122: „mit dem Makel zweier fristloser Kündigungen belastet"; BAG 14.11.1985 – 2 AZR 98/84 – NZA 1986, 637, 640.
350 BAG 26.9.2007 – 5 AZR 870/06 – DB 2008, 67, 68; BAG 11.1.2006 – 5 AZR 98/05 – NZA 2006, 314, 315 f. zu § 11 Nr. 2 KSchG.
351 BAG 26.9.2007 – 5 AZR 870/06 – DB 2008, 67, 68.
352 BAG 21.5.1981 – 2 AZR 95/79 – NJW 1982, 121, 122.
353 BAG 7.11.2002 – 2 AZR 650/00 – AP § 615 BGB Nr. 98 = EWiR 2003, 807 f. m. Anm. *Laskawy*. Gleiches hat in den Fällen der Nichtbeachtung des § 75 Abs. 1 BPersVG zu gelten.
354 BAG 3.12.1980 – 5 AZR 477/78 – DB 1981, 799; einschränkend bereits BAG 16.6.2004 – 5 AZR 508/03 – NZA 2004, 1155, 1157.
355 BAG 7.11.2002 – 2 AZR 650/00 – AP § 615 BGB Nr. 98 = EWiR 2003, 807 f. m. Anm. *Laskawy*.
356 LAG Rheinland-Pfalz 7.10.1996 – 9 Sa 703/96 – LAGE § 615 BGB Kurzarbeit Nr. 2.
357 BAG 7.2.2007 – 5 AZR 422/06 – NZA 2007, 561 ff. unter Aufgabe von BAG 3.12.1980 – 5 AZR 477/78 – DB 1981, 799; einschränkend bereits BAG 16.6.2004 – 5 AZR 508/03 – NZA 2004, 1155, 1157.
358 BAG 11.7.1985 – 2 AZR 106/84 – AP § 615 BGB Nr. 35a.
359 BAG 22.2.2000 – 9 AZR 194/99 – NZA 2000, 817.
360 H.M., vgl. MünchArb/*Boewer*, Bd. 1, § 78 Rn 68; *Staab*, S. 55 m.w.N., auch zur a.A.
361 Zum Schriftformerfordernis nach §§ 14 Abs. 4, 21 TzBfG s. BAG 22.10.2003 – 7 AZR 113/03 – NZA 2004, 1275, 1276 f.; LAG Nürnberg 25.6.2004 – 9 Sa 151/04 – NZA-RR 2005, 18; LAG Hamm 16.1.2003 – 16 Sa 1126/02 – NZA-RR 2003, 468; *Dollmann*, BB 2003, 2681,
2686; *Stück*, AuA 2004, 14, 17; *Tschöpe*, DB 2004, 434, 436 f.
362 LAG Niedersachsen 30.9.2003 – 13 Sa 570/03 -NZA-RR 2004, 194.
363 BAG 16.5.2000 – 9 AZR 203/99 – NZA 2001, 26; BAG 2.6.1987 – 3 AZR 626/85 – NZA 1988, 130, 131, zu § 74c HGB; ebenso LAG Köln 13.12.2002 – 4 Sa 221/02 – juris; a.A. LAG Sachsen-Anhalt 12.8.1999 – 5 Sa 188/97 – n.v.
364 BAG 2.6.1987 – 3 AZR 626/85 – NZA 1988, 130, 131, zu § 74c HGB.
365 Durch das Erste Gesetz für moderne Dienstleistungen am Arbeitsmarkt vom 23.12.2002 – „Hartz I" (BGBl I S. 4607) m.W.v. 1.7.2003; s.a. § 2 Abs. 2 S. 2 Nr. 3 SGB III, dazu BAG 29.9.2005 – 8 AZR 571/04 – NZA 2005, 1406 ff.; LAG Düsseldorf 29.9.2004 – 12 Sa 1323/04 – BB 2005, 888 ff.
366 S. den durch „Hartz I" neu gefassten § 140 SGB III zur Minderung des Alg wegen verspäteter Meldung, dazu *Hümmerich/Holthausen/Welslau*, NZA 2003, 7, 11 f.; *Bauer/Krets*, NJW 2003, 537, 541 f.
367 *Hümmerich/Holthausen/Welslau*, NZA 2003, 7, 8; *Bauer/Krets*, NJW 2003, 537, 541 f.
368 MüKo-BGB/*Henssler*, § 615 Rn 75; HWK/*Krause*, § 615 BGB Rn 101; *Bayreuther*, NZA 2003, 1365, 1366 f.; *Boecken/Topf*, RdA 2004, 19, 23; *Hanau*, ZIP 2003, 1573, 1575; *Heffner/Link*, AuA 2003, 2 f.; *Reufels/Schmülling*, ArbRB 2004, 88, 90; *Tschöpe*, DB 2004, 434, 435; so schon früher Staudinger/*Richardi*, § 615 Rn 153 f.; *Schaub*, ZIP 1981, 347, 351; a.A. Palandt/*Weidenkaff*, § 615 Rn 20.
369 LAG Köln 26.6.2002 – 8 Ta 221/02 – LAGE § 935 ZPO 2002 Nr. 1.

ee) Widerspruch nach Betriebsübergang (§ 613a Abs. 6). Der AN, der dem Übergang seines Arbverh widersprochen hat (§ 613a Abs. 6), hat gegen den Veräußerer, der ihn nicht weiterbeschäftigt, grds. Anspruch auf Annahmeverzugslohn (siehe Rn 36).[370] Ein böswilliges Unterlassen beim neuen Inhaber ist jedoch nicht schon deswegen ausgeschlossen, weil der AN das Widerspruchsrecht wirksam ausgeübt hat. Ist der Erwerber bereit, den AN zu unveränderten Bedingungen befristet weiterzubeschäftigen und liegen keine sonstigen Unzumutbarkeitsgründe vor, erfolgt eine Anrechnung.[371]

ff) Einzelfälle. Der AN ist grds. berechtigt, eine andersartige, insb. geringer bezahlte Tätigkeit aufzunehmen, sofern dies nicht unredlich ist.[372] Ein Verhalten des AN, das der Sicherung erworbener vertraglicher Rechte dient, kann nicht gleichzeitig böswillig sein.[373] Gleiches gilt bei nach Ablehnung einer unter Überschreitung der Grenzen des Direktionsrechts (siehe § 106 GewO Rn 40 ff.) zugewiesenen Tätigkeit.[374] Kann ein Kartenkontrolleur wegen einer Sanierung des Theaters seine eigentliche Tätigkeit nicht ausüben, so kann ihm der AG zeitlich begrenzt Reinigungsarbeiten übertragen.[375] Die Ablehnung von direkter Streikarbeit stellt keine unberechtigte Arbeitsverweigerung dar.[376] Der AN muss grds. keine von einem Wettbewerbsverbot erfasste Stelle annehmen, sofern nicht der AG ausdrücklich oder konkludent[377] zu erkennen gibt, dass er mit Wettbewerbshandlungen des AN einverstanden ist.[378] Der AN muss kein Dauer-Arbverh aufnehmen, durch das ihm die Rückkehr an den bisherigen Arbeitsplatz erschwert wird[379] oder durch das er sein BR-Amt verlieren würde.[380] Böswilligkeit ist nicht gegeben, wenn eine Neueinstellung wegen der vom AN geäußerten Absicht, in den alten Betrieb zurückzukehren, scheitert.[381] Der vertragstreue AN handelt nicht böswillig, wenn er trotz vorheriger Ablehnung der Dienste durch den neuen AG sein bisheriges Arbverh kündigt.[382] Die Aufnahme eines Erfolg versprechenden Studiums ist grds. nicht böswillig.[383] Es ist dem AN unbenommen, eine Existenz als Selbstständiger oder Freiberufler aufzubauen, sofern dies nicht völlig unrealistisch oder unredlich ist.[384] Es soll i.d.R. nicht erforderlich sein, dass am neuen Arbeitsort eine Wohnung vorhanden ist.[385] Ein böswilliges Unterlassen während des Künd-Schutzprozesses liegt vor, wenn ein Akkordarbeiter eine Arbeit zum Tariflohn (Zeitlohn) ausschlägt, wobei nur der niedrigere Tariflohn anzurechnen ist.[386]

e) Auskunftspflicht des Arbeitnehmers (§ 74c Abs. 2 HGB analog). aa) Allgemeines. Wird der AG auf Zahlung von Annahmeverzugslohn in Anspruch genommen, hat er gegen den AN zur Milderung der ihn treffenden Darlegungs- und Beweislast (siehe Rn 86) analog § 74c Abs. 2 HGB[387] Anspruch auf Auskunft über die tatsächlichen Umstände, die nach S. 2 das Erlöschen seiner Zahlungsverpflichtung bewirken.[388] Es soll einer rechtsgrundlosen Überzahlung (siehe Rn 68) vorgebeugt werden. Inhalt und Umfang der Auskunftspflicht richten sich nach den Grundsätzen von **Treu und Glauben.** Zu berücksichtigen ist das Interesse des AN, dass die Auskunft ihm keinen unzumutbaren Aufwand bereitet sowie das Interesse des AG, ein möglichst deutliches Bild über den anrechenbaren Verdienst zu erhalten.[389] Der Auskunftsanspruch bezieht sich i.d.R. nur auf die Höhe des anderweitigen Erwerbs.[390] Ist eine Anrechnung dem Grunde nach ausgeschlossen, kann kein Auskunftsanspruch bestehen, weil dieser nicht weiter als der dahinter stehende Leistungsanspruch gehen kann.[391] Es handelt sich um einen selbstständig oder per Widerklage **einklagbaren Anspruch**.[392]

---

370 BAG 27.11.2008 – 8 AZR 199/07 – juris; LAG Nürnberg 16.6.1987 – 6 Sa 102/86 – LAGE § 615 BGB Nr. 13.
371 BAG 19.3.1998 – 8 AZR 139/97 – NZA 1998, 750, 752.
372 BAG 23.1.1967 – 3 AZR 253/66 – DB 1967, 779; *Bayreuther*, NZA 2003, 1365, 1368 f.
373 BAG 2.11.1973 – 5 AZR 147/73 – DB 1974, 540.
374 BAG 3.12.1980 – 5 AZR 477/78 – DB 1981, 799; BAG 24.8.1983 – 7 AZR 296/80 – juris.
375 BAG 30.4.1992 – 6 AZR 9/91 – AuR 1992, 181, zu § 9 Abs. 2 S. 1 BMT-G II.
376 BAG 25.7.1957 – 1 AZR 194/56 - AuR 1958, 125 m. Anm. *Frey*; *Natzel*, DB 1958, 572.
377 BAG 30.5.1978 – 2 AZR 598/76 – NJW 1979, 335.
378 BAG 25.4.1991 – 2 AZR 624/90 – NZA 1992, 212, 215.
379 BAG 18.6.1965 – 5 AZR 351/64 - DB 1965, 1405, 1406 m.w.N.; a.A. ArbG Berlin 5.5.2004 – 7 Ca 32770/03 – EzA-SD 2004, Nr. 13, 9 m.w.N., wonach die Vereinbarung der gesetzlichen Mindest-Künd-Fristen (§ 622) im neuen Arbverh i.d.R. zumutbar sein soll; *Bayreuther*, NZA 2003, 1365, 1367.
380 Hessisches LAG 17.1.1980 – 9 Sa 558/79 – BB 1980, 1050.
381 BAG 18.10.1958 – 2 AZR 291/58 – SAE 1959, 125 m. Anm. *Molitor*.
382 BAG 2.11.1973 – 5 AZR 147/73 – DB 1974, 540.
383 BAG 8.2.1974 – 3 AZR 519/73 – AP § 74c HGB Nr. 4 m. Anm. *Küchenhoff*; BAG 9.8.1974 – 3 AZR 350/73 – AuR 1974, 311, 312; BAG 13.2.1996 – 9 AZR 931/94 – NZA 1996, 1039.
384 BAG 18.1.1963 – 5 AZR 200/62 – RdA 1963, 158; BAG 13.11.1975 – 3 AZR 38/75 – DB 1976, 439; BAG 24.4.1980 – 3 AZR 928/77 – juris; BAG 16.6.2004 – 5 AZR 508/03 – NZA 2004, 1155, 1157.
385 Hessisches LAG 5.9.1956 – II LA 25/56 – RdA 1958, 77.
386 LAG Düsseldorf 5.8.1965 – 2 Sa 212/65 – BB 1965, 1150.
387 Ebenroth/Boujong/Joost/Strohn/*Boecken*, § 74c Rn 26 ff. m.w.N.
388 BAG 24.8.1999 – 9 AZR 804/98 – SAE 2001, 56, 59 m. Anm. *Boecken* = NZA 2000, 818, 820 f.; BAG 27.3.1974 – 5 AZR 258/73 – DB 1974, 1167, 1168.
389 BAG 29.7.1993 – 2 AZR 110/93 – NZA 1994, 116, 118.
390 BAG 19.7.1978 – 5 AZR 748/77 – DB 1978, 2417, 2419; BAG 14.8.1974 – 5 AZR 497/73 – DB 1975, 212, 213; BAG 27.3.1974 – 5 AZR 258/73 – DB 1974, 1167, 1168; weitergehend *Klein*, NZA 1998, 1208, 1209 f.; *Spirolke*, NZA 2001, 707, 712, zum Auskunftsanspruch über Bewerbungsaktivitäten des AN.
391 LAG Baden-Württemberg 21.6.1994 – 9 Sa 33/94 – LAGE § 615 BGB Nr. 41.
392 BAG 29.7.1993 – 2 AZR 110/93 – NZA 1994, 116, 118 f. m.w.N.; zur Widerklage vgl. BAG 27.3.1974 – 5 AZR 258/73 – DB 1974, 1167, 1168; BAG 2.6.1987 – 3 AZR 626/85 – NZA 1988, 130, 131; LAG Hamm 28.1.1974 – 2 Sa 832/73 – DB 1974, 972.

Ein stattgebendes Urteil ist nach § 888 Abs. 1 ZPO vollstreckbar.[393] Kommt der AN seiner Auskunftspflicht nicht nach, steht dem AG ein **Leistungsverweigerungsrecht** nach § 320 Abs. 1 S. 1[394] zu.[395] Eine Zahlungsklage des AN ist bei Nichterteilung der Auskunft als zzt. unbegründet abzuweisen.[396] Eine Zug-um-Zug-Verurteilung ist nicht möglich, weil Zahlung und Auskunft nicht im Verhältnis von Leistung und Gegenleistung stehen.[397] Bei unzureichender Auskunft besteht ein Anspruch auf Abgabe der EV analog §§ 259 Abs. 2, 260 Abs. 2.[398]

66 **bb) Voraussetzungen.** Damit kein unzulässiger Ausforschungsbeweis vorliegt, fordert die Rspr., dass der AG **Anhaltspunkte** für eine anderweitige Erwerbstätigkeit[399] sowie Indizien darlegt, die für das Vorliegen eines Kausalzusammenhangs zwischen Freiwerden von der bisherigen Arbeitsleistung und Zwischenverdienst sprechen.[400] Hat der AG dies getan, muss der AN nach § 138 Abs. 2 ZPO darlegen, weshalb die behauptete Kausalität nicht vorliegt.[401] I.d.R. werden konkrete Nachweise zu fordern sein, sofern berechtigte Bedenken des AG an der Richtigkeit der Angaben bestehen.[402] Der AN kann Verdienstbescheinigungen oder Einkommensteuerbescheide vorlegen.[403] Bei Einkommen aus selbstständiger Tätigkeit genügt es, wenn er anbietet, seinen Einkommensteuerbescheid vorzulegen. Einsicht in Bilanzen, Gewinn- und Verlustrechnung oder sonstige Unterlagen kann jedenfalls dann nicht verlangt werden.[404] Ein Beweisantrag des AG, Steuerunterlagen des AN beizuziehen, ist unzulässig, wenn der AN das FA nicht vom Steuergeheimnis (§§ 30 ff. AO) entbunden hat. Die Verweigerung dessen kann vom Gericht gem. § 286 ZPO berücksichtigt werden.[405]

67 **cc) Sonstiges.** Die vollständige Anrechnung des gesamten anderweitigen Erwerbs nach S. 2 setzt im Hinblick auf die zu kritisierende Gesamtbetrachtungsmethode (siehe Rn 56) die **Beendigung des Annahmeverzugs** voraus. Dauert der Annahmeverzug zzt. der Entsch. über eine Vergütungsklage des AN noch an, kann der AG nur Auskunft über die Höhe des anderweitigen Verdienstes aus den **Zeitabschnitten** verlangen, für die der AN fortlaufend seit Beginn des Annahmeverzugs Entgelt geltend macht.[406]

68 **f) Rückzahlungsanspruch des Arbeitgebers.** Hat der AG Annahmeverzugslohn in Unkenntnis (§ 814) eines anzurechnenden Zwischenverdienstes gezahlt, besteht ein **Bereicherungsanspruch** (§ 812 Abs. 1 S. 1 Alt. 1) auf Ausgleich der Überzahlung,[407] selbst wenn diese auf einer rechtskräftigen Entsch. beruht. Tritt der anzurechnende Vorteil nachträglich ein, kommt ein Anspruch aus § 812 Abs. 1 S. 2 Alt. 1 in Betracht. § 322 Abs. 2 ZPO findet keine Anwendung.[408] Der AN hat **Auskunft** über den Verdienst zu erteilen (siehe Rn 65 ff.), so dass eine **Stufenklage** (§ 254 ZPO) zulässig ist.[409]

69 **4. Sonstige Ansprüche des Arbeitnehmers. a) Allgemeine Verzugsansprüche (§§ 304 Alt. 1, 300 Abs. 1).** Neben dem Anspruch auf Annahmeverzugslohn stehen dem AN die allg. Verzugsansprüche zu, wobei im Arbverh lediglich § 304 praktische Bedeutung zukommt. Nach § 304 Alt. 1 kann der AN Ersatz der **Mehraufwendungen** verlangen, die er für das erfolglose Angebot machen musste,[410] z.B. die hierfür aufgewendeten Fahrtkosten. Dem AN kommt die **Haftungserleichterung** nach § 300 Abs. 1 bezogen auf die Arbeitsleistung nicht zugute.[411] Allerdings greift diese dann ein, wenn es um eine mit der Arbeitsleistung zusammenhängende **Zusatzpflicht** geht.[412]

---

393 BAG 2.6.1987 – 3 AZR 626/85 – NZA 1988, 130, 131; BAG 27.3.1974 – 5 AZR 258/73 – DB 1974, 1167, 1168.
394 Für § 273 als Rechtsgrundlage HWK/*Krause*, § 615 BGB Rn 110 m.w.N.
395 BAG 16.5.1969 – 3 AZR 137/68 – DB 1970, 257; BAG 27.3.1974 – 5 AZR 258/73 – DB 1974, 1167, 1168; BAG 19.7.1978 – 5 AZR 748/77 – DB 1978, 2417, 2418; BAG 29.7.1993 – 2 AZR 110/93 – NZA 1994, 116, 117; BAG 24.8.1999 – 9 AZR 804/98 – SAE 2001, 56, 59 m. Anm. *Boecken* = NZA 2000, 818, 820; BAG 19.3.2002 – 9 AZR 16/01 – BB 2002, 1703 f.; a.A. Staudinger/*Richardi*, § 615 Rn 160.
396 BAG 24.8.1999 – 9 AZR 804/98 – SAE 2001, 56, 59 m. Anm. *Boecken* = NZA 2000, 818, 820.
397 BAG 19.7.1978 – 5 AZR 748/77 – DB 1978, 2417, 2418.
398 BAG 29.7.1993 – 2 AZR 110/93 – NZA 1994, 116, 117; BAG 27.3.1974 – 5 AZR 258/73 – DB 1974, 1167, 1168.
399 BAG 19.7.1978 – 5 AZR 748/77 – DB 1978, 2417, 2419.
400 BAG 6.9.1990 – 2 AZR 165/90 – NZA 1991, 221, 224 m.w.N.
401 BAG 6.9.1990 – 2 AZR 165/90 – NZA 1991, 221, 224.
402 BAG 29.7.1993 – 2 AZR 110/93 – NZA 1994, 116, 118; BAG 2.6.1987 – 3 AZR 626/85 – NZA 1988, 130, 131, zu § 74c HGB.
403 BAG 14.8.1974 – 5 AZR 497/73 -DB 1975, 212, 213 f.; s. BAG 2.6.1987 – 3 AZR 626/85 – NZA 1988, 130, 131 zu § 74c HGB.
404 BAG 27.3.1974 – 5 AZR 258/73 – DB 1974, 1167, 1168; BAG 25.2.1975 – 3 AZR 148/74 – NJW 1975, 1246, 1247; krit. *Danne*, Anm. zu BAG 29.7.1993 – 2 AZR 110/93, SAE 1994, 237, 239, der auf die Vielzahl steuerrechtlicher Möglichkeiten zur Minderung der Einkünfte verweist; s. *Reufels*/*Schmülling*, ArbRB 2004, 88, 91 unter Hinweis auf § 142 ZPO.
405 BAG 14.8.1974 – 5 AZR 497/73 – DB 1975, 212, 213 f.
406 BAG 24.8.1999 – 9 AZR 804/98 – SAE 2001, 56, 59 m. Anm. *Boecken* = NZA 2000, 818, 820 f.
407 RG 12.7.1904 – III 146/04 – RGZ 58, 402, 405 f.; BAG 6.2.1964 – 5 AZR 93/63 – NJW 1964, 1243.
408 BAG 29.7.1993 – 2 AZR 110/93 – NZA 1994, 116, 118 m.w.N., auch zu Vorstehendem.
409 BAG 29.7.1993 – 2 AZR 110/93 – NZA 1994, 116, 119.
410 Staudinger/*Richardi*, § 615 Rn 131.
411 Vgl. HWK/*Krause*, § 615 BGB Rn 103; zur Begründung s. Staudinger/*Löwisch*/*Feldmann*, § 300 Rn 8.
412 S. hierzu *Grunewald* in: FS für Canaris, Bd. I, S. 329, 334; Staudinger/*Löwisch*/*Feldmann*, § 300 Rn 8.

b) Verzugsschaden (§§ 280 Abs. 2, 286, 288), insbesondere Zinsschaden. Gerät der AG in Annahmeverzug, weil er nach Ausspruch einer Künd die Gehaltszahlungen an den AN einstellt, so hat er dies dann zu vertreten (§§ 280 Abs. 2, 286 Abs. 4) und deshalb die rückständigen Beträge zu verzinsen (§ 288), wenn er bei Anwendung der erforderlichen Sorgfalt hätte erkennen können, dass die Künd unwirksam war. Ein **Rechtsirrtum** ist entschuldbar, wenn die Rechtslage objektiv zweifelhaft ist und der AG sie sorgfältig geprüft hat. Beruht der Ausspruch der Künd auf einem vertretbaren Rechtsstandpunkt, handelt der AG so lange nicht fahrlässig, wie er auf die Wirksamkeit seiner Künd vertrauen darf.[413] Nach geänderter BAG-Rspr. kann der AN die Verzugszinsen nach § 288 Abs. 1 S. 1 aus der in Geld geschuldeten **Bruttovergütung** verlangen.[414] In Höhe erhaltenen Alg kann der AN keine Zinsen auf den Annahmeverzugslohn verlangen.[415] Der AN ist jedenfalls aufgrund richtlinienkonformer Auslegung[416] als **Verbraucher** i.S.v. § 13 anzusehen,[417] so dass der höhere Prozentsatz nach § 288 Abs. 2 nicht zur Anwendung kommt. Zum Verzugsschaden kann – angesichts des im Steuerrecht geltenden „Zuflussprinzips" (§§ 11 Abs. 1 S. 1, 38 Abs. 2 S. 2, 38a Abs. 1 EStG) – auch ein durch die verspätete Zahlung entstandener Steuer(progressions)schaden gehören.[418] Der AG hat nicht die Vermögenseinbuße zu ersetzen, die der AN dadurch erlitten hat, dass ihm wegen der tatsächlichen Nichtbeschäftigung die Zuschläge für Sonntags-, Feiertags- und Nachtarbeit nicht gem. § 3b Abs. 1 EStG steuerfrei gewährt werden konnten.[419]

70

c) Schadensersatz wegen Nichtbeschäftigung (§§ 280, 283, 275, 286, 287). Der AG kann infolge der Verletzung der ihm nach h.M. obliegenden **Beschäftigungspflicht** (siehe § 611 Rn 15) in **Schuldnerverzug** geraten. Dies gilt jedenfalls nach **rechtskräftiger Verurteilung** des AG zur Weiterbeschäftigung des AN.[420] Da der Arbeitsvertrag, jedenfalls bzgl. der Mitwirkungspflicht des AG, ein Fixgeschäft darstellt,[421] tritt Verzug ohne Mahnung ein (§ 286 Abs. 2 Nr. 1). Wird die geschuldete Mitwirkungspflicht während des Verzugs unmöglich, ist der AG zum Schadensersatz wegen Nichterfüllung verpflichtet, ohne Rücksicht darauf, ob er die Unmöglichkeit zu vertreten hat oder nicht (§§ 280, 287 S. 2). Der Schaden besteht in dem entgangenen Verdienst (ggf. abzüglich erhaltenen Alg).

71

IV. Risiko des Arbeitsausfalls (Vergütung bei Betriebsrisiko, S. 3)

1. Abgrenzung. Von S. 3 wird nur das **Betriebsrisiko** (siehe Rn 74 ff.) erfasst, wie auch die amtliche Überschrift der Norm zeigt. Hiervon zu unterscheiden ist das grds. vom AG bereits nach S. 1 zu tragende **Wirtschaftsrisiko** (Verwendungsrisiko, Absatzrisiko, siehe Rn 73).[422] Nicht von S. 3 erfasst ist ferner das vom AN zu tragende **Wegerisiko** (siehe Rn 22). Die Verteilung des sog. **Arbeitskampfrisikos** (siehe Rn 82) unterliegt besonderen, von der Rspr. entwickelten Regeln.

72

2. Wirtschaftsrisiko (Verwendungsrisiko, Absatzrisiko). Das Wirtschaftsrisiko umfasst Fälle, in denen die Erbringung der Arbeitsleistung betriebstechnisch möglich ist, der AG hierfür jedoch keine wirtschaftlich sinnvolle Verwendungsmöglichkeit hat. Es liegt **keine Leistungsstörung** vor.[423] Der AG gerät infolge der Nichtannahme der angebotenen Arbeitsleistung grds. nach S. 1 in Annahmeverzug, da er mangels anderweitiger Vereinbarung das

73

---

413 BAG 13.6.2002 – 2 AZR 391/01 – NZA 2003, 44, 48 f.
414 BAG GS 7.3.2001 – GS 1/00 – NZA 2001, 1195 unter Aufgabe von BAG 2.12.1992 – 10 AZR 261/91 – juris; BAG 19.9.1991 – 2 AZR 619/90 – RzK I 13b Nr. 18; BAG 13.2.1985 – 4 AZR 295/83 – AP § 1 TVG Tarifverträge Presse Nr. 3; BAG 20.4.1983 – 4 AZR 497/80 – MDR 1983, 1053.
415 BAG 13.6.2002 – 2 AZR 391/01 – NZA 2003, 44, 48 f.
416 Joussen, NZA 2001, 745, 749; s. Art. 3 Abs. 1 lit. d) der RL 2000/35/EG v. 29.6.2000 zur Bekämpfung von Zahlungsverzug im Geschäftsverkehr (Zahlungsverzugs-RL), ABl EG L 200, S. 35.
417 So der „absolute Verbraucherbegriff": BAG 25.5.2005 – 5 AZR 572/04 – NZA 2005, 1111, 1115 f.; ArbG Gießen 23.10.2002 – 2 Ca 369/02 – FA 2003, 61 f.; ArbG Hamburg 1.8.2002 – 15 Ca 48/02 – ZGS 2003, 79 m. Anm. Clemens; ErfK/Preis, § 611 BGB Rn 182; ErfK/Dörner, § 616 BGB Rn 13; ErfK/Müller-Glöge, § 620 BGB Rn 14; Staudinger/Neumann, vor § 620 Rn 14; Palandt/Grüneberg, § 288 Rn 9; Boemke, BB 2002, 96; Däubler, NZA 2001, 1329, 1333 f.; Hümmerich/Holthausen, NZA 2002, 173; Hümmerich, NZA 2003, 753; Lakies, NZA-RR 2002, 337, 343; Lindemann, AuR 2002, 81, 84; Reinecke, DB 2002, 583, 586 f.; BT-Drucks 14/7052, S. 197, offen gelassen von BAG 27.11.2003 – 2 AZR 135/03 – NZA 2004, 597, 600 f.; BAG 27.11.2003 – 2 AZR 177/03 – AuR 2004, 25; a.A. „relativer Verbraucherbegriff": ArbG Weiden 16.7.2003 – 1 Ca 1912/02 – ARST 2004, 73; Palandt/Ellenberger, § 13 Rn 3; Palandt/Weidenkaff, Einf. v. § 611 Rn 7b; Löwisch, in: FS für Wiedemann, S. 311, 315 f.; Annuß, NJW 2002, 2844; Berkowsky, AuA 2002, 11, 15; Fiebig, DB 2002, 1608, 1609 f.; Henssler, RdA 2002, 129, 133 ff.; Hromadka, NJW 2002, 2523, 2524; Joussen, NZA 2001, 745, 749; Krebs, DB 2002, 517, 520; Löwisch, NZA 2001, 465, 466; Natzel, NZA 2002, 595; Richardi, NZA 2002, 1004, 1008 f.
418 BAG 19.10.2000 – 8 AZR 20/00 – NZA 2001, 598, 600; BAG 19.10.2000 – 8 AZR 632/99 – juris; BAG 14.5.1998 – 8 AZR 634/96 – NZA-RR 1999, 511, 512; BAG 14.5.1998 – 8 AZR 633/96 – juris; BAG 14.5.1998 – 8 AZR 157/97 – AuA 1999, 34; s. BAG 23.8.1990 – 2 AZR 156/90 – DB 1991, 445 f., zum DBA mit der UdSSR.
419 BAG 19.10.2000 – 8 AZR 20/00 – NZA 2001, 598, 599 f.; BAG 19.10.2000 – 8 AZR 632/99 – juris.
420 BAG 12.9.1985 – 2 AZR 324/84 – NZA 1986, 424, 425; s.a. Bauer/Baeck, NZA 1989, 784, 786.
421 BAG 9.8.1984 – 2 AZR 374/83 – NZA 1985, 119, 120; BAG 21.3.1985 – 2 AZR 201/84 – NZA 1985, 778.
422 BAG 7.12.2005 5 AZR 535/04 – NZA 2006, 423 427; BAG 22.12.1980 – 1 ABR 2/79 – RdA 1981, 124, 126; BAG 10.7.1969 – 5 AZR 352/68 – AuR 1969, 281; BAG 8.3.1961 – 4 AZR 223/59 – RdA 1961, 258.
423 Staudinger/Richardi, § 615 Rn 179.

Wirtschaftsrisiko zu tragen hat.[424] Ein Fall des Wirtschaftsrisikos liegt insb. dann vor, wenn die Fortsetzung des Betriebs wegen Auftrags- oder Absatzmangels wirtschaftlich sinnlos wird.[425] Sofern sich dies als mittelbare Folge eines Arbeitskampfes darstellt, kann der AG nach den Grundsätzen der Arbeitskampfrisikolehre (siehe Rn 82) ein Lohnverweigerungsrecht haben. Wird mit der Einstellung eines privaten Schlachtbetriebes die dortige Unterhaltung eines Fleischhygieneamtes sinnlos, ist dies als ein Fall des Wirtschaftsrisikos anzusehen und der Sphäre des AG zuzurechnen, wobei unerheblich ist, dass die Einstellung des Schlachtbetriebs nicht in dessen eigentlichen Einflussbereich fiel.[426] Arbeitsausfall aufgrund der Einlegung von Feierschichten wegen Absatzmangels gehört nicht zum Betriebs-, sondern zum Wirtschaftsrisiko.[427] Personal-Leasing-Unternehmen tragen i.d.R. das Lohnrisiko, wenn bei ihnen angestellte AN infolge Streiks in einem Drittbetrieb dort nicht beschäftigt werden können; dies stellt keinen Fall des Betriebsrisikos dar.[428]

74 **3. Betriebsrisiko (S. 3). a) Allgemeines.** Der Begriff des Betriebsrisikos wird in S. 3 nicht definiert.[429] Betriebsrisiko i.S.v. S. 3 ist das Risiko, dass der AG Lohn zahlen muss, wenn er die ihre Arbeitsleistung ordnungsgemäß anbietenden AN aus betriebstechnischen Gründen oder aufgrund höherer Gewalt nicht beschäftigen kann (**„Annahmeunfähigkeit"**). Die Arbeitsleistung wird unmöglich, ohne dass dies vom AG oder AN nach §§ 276 ff. zu vertreten wäre. Es liegt somit eine **Leistungsstörung** vor.

75 **b) Entwicklung der Lehre vom Betriebsrisiko.** Im Kieler Straßenbahner-Fall des **RG** war die Frage zu beantworten, ob arbeitswillige AN Anspruch auf Lohnzahlung haben, wenn der Betrieb infolge eines Teilstreiks der übrigen AN eingestellt wird. Das RG stellte die These auf, man dürfe, um zu einer befriedigenden Lösung des Problems zu gelangen, **„überhaupt nicht von den Vorschriften des BGB ausgehen"**,[430] sondern müsse den Gedanken der sozialen Arbeits- und Betriebsgemeinschaft zugrunde legen. Wenn infolge von Handlungen eines Teils der Arbeitnehmerschaft der Betrieb stillgelegt werde, entfalle die Grundlage für die Lohnzahlung im ganzen Betrieb. Das **RAG** maß in Betriebsrisikofällen den Regeln des BGB nur insofern Bedeutung bei, als aus ihnen der allg. Rechtsgedanke entnommen werden könne, dass die Folge von Ereignissen, die eine Betriebsstörung verursachen, den treffen, der diese Ereignisse zu vertreten habe. Zu vertreten habe aber jeder Teil nicht nur sein Verschulden, sondern auch alles, was in den **„Kreis der von ihm zu tragenden Gefahr"** fällt.[431] Die vom RAG allg. für alle Fälle von Betriebsstörungen entwickelten Richtlinien[432] wurden als **Sphärentheorie** bezeichnet. Die **frühere Rspr. des BAG** nahm in Betriebsrisikofällen ebenfalls eine Gesetzeslücke an. Der Grundsatz, dass der AG das **Betriebsrisiko** zu tragen habe, folge „daraus, dass der AG, der den Betrieb und die betriebliche Gestaltung organisiert, leitet, die Verantwortung trägt und die Erträge bezieht, seinen AN dafür einstehen muss, dass der Betriebsorganismus in Funktion bleibt und die Arbeitsmittel zur Verfügung stehen, die dem AN die Arbeit und damit die Erzielung des Lohns ermöglichen".[433] Angesichts der Solidarität innerhalb der Arbeitnehmerschaft sollen die AN das Entgeltrisiko tragen, soweit die Betriebsstörung aus ihrem Gefahrenkreis bzw. ihrer Sphäre stammt, insb. bei Arbeitskämpfen. Mit der **neueren BAG-Rspr.** ist die Sphärentheorie abzulehnen.[434] Der Gedanke der Solidarität innerhalb der Arbeitnehmerschaft ist eine Fiktion und kein geeignetes Zurechnungsprinzip. Der Grundsatz, dass der AG das **Betriebs- und das Wirtschaftsrisiko** trägt, gilt nicht uneingeschränkt bei arbeitskampfbedingten Störungen (**Arbeitskampfrisiko**, siehe Rn 82).[435]

76 **c) Ausnahme bei Existenzgefährdung (Opfergrenze).** Eine Ausnahme von dem Grundsatz, dass der AG das Betriebsrisiko trägt, soll nach der Rspr. dann gelten, wenn das die Betriebsstörung herbeiführende Ereignis den Betrieb wirtschaftlich so schwer trifft, dass bei Zahlung der vollen Löhne die Existenz des Betriebes bzw. des gesamten Unternehmens[436] gefährdet würde.[437] Dies soll gleichwohl selbst dann nicht der Fall sein, wenn die Produktionsstätte durch einen Brand völlig zerstört wird und die zur Zahlung der Löhne erforderlichen Beträge aus der Substanz des Betriebsvermögens entnommen werden müssen.[438] Die Lit. lehnt diese Ausnahme weitgehend als dogmatisch nicht

---

424 BAG 22.12.1980 – 1 ABR 2/79 – RdA 1981, 124, 126; BAG 10.7.1969 – 5 AZR 323/68 – AuR 1969, 281; BAG 8.3.1961 – 4 AZR 223/59 – RdA 1961, 258.
425 BAG 23.6.1994 – 6 AZR 853/93 – NZA 1995, 468, 469; BAG 22.12.1980 – 1 ABR 2/79 – RdA 1981, 124, 126.
426 BAG 23.6.1994 – 6 AZR 853/93 – NZA 1995, 468, 469 m.w.N.
427 BAG 8.3.1961 – 4 AZR 223/59 – RdA 1961, 258.
428 BAG 1.2.1973 – 5 AZR 382/72 – NJW 1973, 1295, 1629 f. m. Anm. *Becker*.
429 *Luke*, NZA 2004, 244, 245 m.w.N.: „Merkzettel"-Gesetzgebung.
430 RG 6.2.1923 – III 93/22 – RGZ 106, 272, 275 ff., § 323 a.F. diente nur als Hilfsbegründung.
431 RAG 20.6.1928 – 72/28 – ARS 3, 116, 121 m. Anm. *Hueck*.
432 Staudinger/*Richardi*, § 615 Rn 188 f.; Schaub/*Linck*, Arbeitsrechts-Handbuch, § 101 Rn 2 f.
433 BAG 8.2.1957 – 1 AZR 338/55 – SAE 1957, 169, 171 f. m. Anm. *Nikisch*.
434 BAG 22.12.1980 – 1 ABR 2/79 – RdA 1981, 124.
435 Zum Ganzen *Luke*, NZA 2004, 244, 245 f. m.w.N.
436 BAG 28.9.1972 – 2 AZR 506/71 – NJW 1973, 342, 343.
437 St. Rspr. BAG 30.5.1963 – 5 AZR 282/62 – DB 1963, 836; BAG 9.3.1983 – 4 AZR 301/80 – DB 1983, 1496; BAG 23.6.1994 – 6 AZR 853/93 – NZA 1995, 468, 469.
438 BAG 28.9.1972 – 2 AZR 506/71 – NJW 1973, 342, 343.

zu rechtfertigend ab;[439] dies zu Recht jedenfalls dann, wenn die AN nicht am Gewinn des Unternehmens beteiligt sind[440] und für den zur Betriebsstörung führenden Umstand nicht verantwortlich sind.[441]

d) Betriebstechnische Gründe. Hierunter fallen Arbeitsausfälle aufgrund von Störungen in der Energieversorgung, wie z.B. Versagen des elektrischen Stroms,[442] Kohlenmangel,[443] Ausfall der Ölheizung[444] sowie ein durch eine Störung in der Schwerpunktstation des Elektrizitätswerkes hervorgerufener Kurzschluss in der betriebseigenen Trafostation.[445] Erfasst sind Fälle von Betriebsstoff- oder Rohstoffmangel, bspw. nicht rechtzeitiges Eintreffen von Palmkernen in der Ölmühle[446] sowie eine Betriebsstockung wegen eines Brandes in einer besonders feuergefährdeten Strumpffabrik.[447] Gleiches gilt für Maschinenschäden, z.B. Versagen des Hauptmotors,[448] Versagen der Heizungsanlage im Arbeitsraum,[449] Störung einer Walze durch Riss eines Antriebsriemens und Beschädigung einer Antriebswelle,[450] Beschädigung einer Maschine durch Fahrlässigkeit eines Maschinisten[451] oder durch einen AN, auch wenn sich nicht mehr feststellen lässt, wen die Schuld trifft.[452] Bei Arbeitsausfall wegen einer Inventaraufnahme handelt es sich um einen Fall des Betriebsrisikos.[453] Verweigern AN in einem Gusswerk die Leistung von überobligatorischen Überstunden und werden deshalb die Vorbereitungen für die nächste Schicht nicht mehr voll durchgeführt, so ist ein Schichtausfall vom AG zu vertreten, wenn er durch rechtzeitige Organisation die Durchführung und den Abschluss der Vorbereitungen hätte bewerkstelligen können.[454] Bei unberechtigter Arbeitszeitverlegung und bewusster Betriebsstilllegung zwischen Weihnachten und Neujahr liegt kein Fall des Betriebsrisikos vor, da der AG die Unmöglichkeit der Arbeitsleistung zu vertreten hat (§ 326 Abs. 2).[455]

e) Naturereignisse (höhere Gewalt). Wenn **Naturkatastrophen** (z.B. Erdbeben, Überschwemmungen, Brände) auf typische sachliche Betriebsmittel (z.B. Maschinen, Fabrikgebäude, Heizungsanlagen) von außen einwirken, sind dadurch entstehende Arbeitsausfälle dem vom AG zu tragenden Betriebsrisiko zuzuordnen. Es ist geradezu ein Kennzeichen für die Fälle des Betriebsrisikos, dass der Arbeitsausfall auf **höherer Gewalt** beruht.[456] Hierunter fällt die vollständige Zerstörung des Betriebes durch einen Brand,[457] ein durch eine Brandkatastrophe ausgelöstes Spielverbot für Kapellen[458] sowie eine Betriebsstockung wegen eines Brandes in einer besonders feuergefährdeten Strumpffabrik.[459] Kein Fall des Betriebsrisikos liegt vor, wenn der AG die Unmöglichkeit der Arbeitsleistung wegen eines Brandes in seinem Lokal nach § 278 zu vertreten hat (§ 326 Abs. 2).[460] Erfasst sind Arbeitsausfälle aufgrund extremer Witterungsverhältnisse,[461] z.B. bei Einstellung von Baggerarbeiten an schwimmenden Geräten wegen Eisgangs,[462] Versagen der Heizungsanlage im Arbeitsraum bei Frostwetter,[463] wenn anhaltende Regengüsse die Arbeit in einer Ziegelei verhindern[464] sowie bei Ausfall der Ölheizung aufgrund Paraffinierung des Heizöls wegen eines plötzlichen Kälteeinbruchs.[465] Bei Winterwetter im Baugewerbe bestehen oft § 615 verdrängende Sonderregelungen für die Verteilung der Betriebsgefahr.[466] Es können Ansprüche auf Wintergeld und Winterausfallgeld (§§ 116 Nr. 7, 209 ff. SGB III) bestehen.[467] Wenn ein AN den Betrieb wegen Eisglätte nicht erreichen kann, stellt dies einen Fall des vom AN zu tragenden Wegerisikos dar (siehe Rn 22).[468]

f) Sonstige Einzelfälle. Als i.S.d. Betriebsrisikos von außen auf sachliche oder persönliche Betriebsmittel einwirkende Störungen sind auch sonstige **Unglücksfälle** anzusehen.[469] Der AG trägt das Betriebsrisiko, wenn die Betriebstätigkeit aus rechtlichen Gründen – insb. aufgrund behördlicher Maßnahmen – vorübergehend eingestellt wird,

---

439 Staudinger/*Richardi*, § 615 Rn 213 f. m.w.N.
440 ErfK/*Preis*, § 615 BGB Rn 127 f.
441 HWK/*Krause*, § 615 BGB Rn 120 m.w.N.
442 RAG 10.10.1928 – 119–126/28 – ARS 4, 131; RAG 9.1.1929 – 313/28 – ARS 5, 34 m. Anm. *Hueck*; RAG 15.12.1928 – 227/28 – ARS 5, 38 m. Anm. *Hueck*; RAG 2.11.1929 – 248/29 – ARS 7, 305; RAG 22.2.1930 – 456/29 – ARS 8, 413; RAG 1.10.1930 – 193/30 – ARS 10, 437 m. Anm. *Hueck*.
443 RAG 20.6.1928 – 72/28 – ARS 3, 116 m. Anm. *Hueck*; RAG 2.3.1929 – 417/28 – ARS 5, 366; RAG 30.11.1929 – 295/29 – ARS 7, 415 m. Anm. *Hueck*; RAG 8.2.1930 – 396/29 – ARS 8, 407 m. Anm. *Hueck*.
444 BAG 9.3.1983 – 4 AZR 301/80 – DB 1983, 1496.
445 BAG 30.1.1991 – 4 AZR 338/90 – NZA 1991, 519.
446 RAG 23.2.1932 – 503/31 – ARS 14, 363.
447 BAG 28.9.1972 – 2 AZR 506/71 – NJW 1973, 342.
448 RAG 15.2.1930 – 402/29 – ARS 8, 260 m. Anm. *Nipperdey*.
449 RAG 15.12.1928 – 250/28 – ARS 5, 41 m. Anm. *Hueck*.
450 RAG 3.11.1928 – 81/28 – ARS 4, 149 m. Anm. *Hueck*.
451 RAG 24.9.1930 – 160/30 – ARS 10, 523 m. Anm. *Hueck*.
452 RAG 30.4.1932 – 635/31 – ARS 15, 350 m. Anm. *Hueck*.
453 BAG 7.12.1962 – 1 AZR 134/61 – RdA 1963, 79; RAG 12.10.1929 – 200/29 – ARS 7, 137 m. Anm. *Hueck*.
454 ArbG Dortmund 24.6.1966 – 4 Ca 977/66 – BB 1966, 1104.
455 BAG 3.3.1964 – 1 AZR 209/63 – DB 1964, 592.
456 BAG 9.3.1983 – 4 AZR 301/80 – DB 1983, 1496.
457 LAG Hamm 23.5.1986 – 17 (6) Sa 2091/85 – LAGE § 615 BGB Nr. 7.
458 BAG 30.5.1963 – 5 AZR 282/62 – DB 1963, 836.
459 BAG 28.9.1972 – 2 AZR 506/71 – NJW 1973, 342.
460 BAG 17.12.1968 – 5 AZR 149/68 – NJW 1969, 766, 767.
461 BAG 18.5.1999 – 9 AZR 13/98 – NZA 1999, 1166.
462 RAG 16.1.1929 – 282–295/28 – ARS 5, 110 m. Anm. *Hueck*.
463 RAG 15.12.1928 – 250/28 – ARS 5, 41 m. Anm. *Hueck*.
464 Staudinger/*Richardi*, § 615 Rn 220 m.w.N.
465 BAG 9.3.1983 – 4 AZR 301/80 – DB 1983, 1496.
466 RAG 26.2.1930 – 454/29 – ARS 10, 150 m. Anm. *Hueck*; RAG 10.10.1931 – 110/31 – ARS 13, 168 m. Anm. *Hueck*.
467 BAG 26.9.2001 – 5 AZR 699/00 – AuR 2002, 78.
468 BAG 8.12.1982 – 4 AZR 134/80 – DB 1983, 395, 396 f.
469 BAG 9.3.1983 – 4 AZR 301/80 – DB 1983, 1496.

z.B. beim Ausfall von Musikveranstaltungen wegen Landestrauer.[470] Nach h.M. gilt Gleiches für die Anordnung eines Betriebsverbots wegen Smog-Alarms (siehe Rn 22), während ein Fahrverbot wegen Smog-Alarms zu dem vom AN zu tragenden Wegerisiko (siehe Rn 22) gehört. Der Beschluss des Sportausschusses einer Stadt über die zeitweise Schließung von Sportplätzen mit der Folge, dass die Arbeitsleistung der dort beschäftigten Platzwarte unmöglich wird, stellt keinen Fall des Betriebsrisikos dar.[471] Die Rspr. ist i.Ü. durch die Einfügung von S. 3 nicht daran gehindert, neue Kasuistik zur Betriebsrisikolehre zu schaffen.[472]

80 **g) Kündigung aus Anlass der Betriebsstörung.** Eine außerordentliche Künd aus Anlass der Betriebsstörung ist ausgeschlossen, da diese zu einer Verlagerung des Betriebsrisikos auf den AN führen würde.[473] In Betracht kommt ggf. eine ordentliche Künd unter Beachtung der einschlägigen Künd-Schutzvorschriften.[474]

81 **h) Rechtsfolgen.** S. 1 (Aufrechterhaltung des Vergütungsanspruchs) und S. 2 (Anrechnung) gelten gem. S. 3 entspr. Wird in Betriebsrisikofällen die betriebsübliche Arbeitszeit geändert, besteht bzgl. der Modalitäten der Arbeitszeitregelung ein **Mitbestimmungsrecht des BR** (siehe Rn 17, 82).

82 **4. Lehre vom Arbeitskampfrisiko.** Vom Betriebs- und Wirtschaftsrisiko zu unterscheiden ist das besondere Risiko, das legitime Arbeitskämpfe darstellen (Arbeitskampfrisiko, siehe Art. 9 GG Rn 133 ff.).[475] „Wer sich zum Kampf entschließt, muss auch das Risiko des Kampfes tragen."[476] Die unmittelbar am Arbeitskampf Beteiligten tragen aus Gründen der Kampfparität das Risiko der Nichtarbeit selbst. Ist die Betriebsstörung auf einen **Teilstreik** anderer AN des Betriebs zurückzuführen, so kann der AG für die Dauer des Streiks den Betrieb/Betriebsteil stilllegen mit der Folge, dass auch arbeitswillige AN ihren Lohnanspruch verlieren.[477] Ein **Wellenstreik** liegt vor, wenn zeitlich aufeinander folgend und i.d.R. überraschend in verschiedenen Abteilungen oder Schichten Kurzstreiks stattfinden.[478] Soweit dem AG eine darauf eingestellte andere Arbeitsplanung unmöglich oder unzumutbar ist, tragen die streikenden AN das Lohnrisiko.[479] Der AG kann sich der Lohnzahlungspflicht nicht dadurch entziehen, dass er eine Ersatzmannschaft beschäftigt, um möglichen Arbeitsniederlegungen seiner „streikanfälligen" Stammbelegschaft vorzubeugen.[480] Vergibt ein AG in Erwartung künftiger (Wellen-)Streikmaßnahmen Arbeiten an ein Fremdunternehmen, so schuldet er den AN, die er deshalb nicht beschäftigen kann, Annahmeverzugslohn, wenn der Streikaufruf ausbleibt.[481] Können **Fernwirkungen** eines rechtmäßigen Streiks oder einer rechtmäßigen Abwehraussperrung[482] unmittelbar oder mittelbar das Kräfteverhältnis der kampfführenden Parteien und damit den in der Tarifautonomie (Art. 9 Abs. 3 GG) wurzelnden Grundsatz der **Kampfparität** stören,[483] tragen beide Seiten das Arbeitskampfrisiko. Die AN haben dann für die Dauer der Störung keine Beschäftigungs- und Vergütungsansprüche,[484] sofern nicht die Störung auf **unternehmerischer Fehldisposition** beruht.[485] Insoweit wurde von der Rspr. der Ausgleich der mittelbaren Folgen des Arbeitskampfes „durch eine vernünftig vorausschauende Planung" und „eine große Beweglichkeit in der Betriebsführung" verlangt.[486] Wird bei einem Streik nur ein einzelner Auftrag abgebrochen, trifft den AG das Lohnrisiko.[487] Die Grundsätze des Arbeitskampfrisikos lassen i.d.R. einen nicht unerheblichen Regelungsspielraum in Bezug auf die Modalitäten einer Arbeitszeitverkürzung. Insoweit besteht ein Mitbestimmungsrecht des BR (§ 87 Abs. 1 Nr. 2 und 3 BetrVG),[488] was wegen der Neutralitätspflicht (§ 74 Abs. 2 BetrVG) dann entfällt, wenn Teile der vom BR vertretenen Belegschaft selbst streiken oder ausgesperrt werden.[489] Die fehlende Mitbestimmung des BR bei einer phasenweisen Stilllegung des Betriebs wegen Absatzschwierigkeiten infolge der Fernwirkung eines Arbeitskampfes führt zum Annahmeverzug des AG.[490] Arbeitskampfbedingte Ausfallzeiten führen mangels anderweitiger Vereinbarung nicht zu einer Belastung des Gleitzeitkontos, sondern zu einer Minderung des Arbeitsentgelts und Rückforderungsansprüchen des AG.[491]

---

470 BAG 30.5.1963 – 5 AZR 282/62 – DB 1963, 836; Staudinger/*Richardi*, § 615 Rn 223.
471 LAG Düsseldorf 5.6.2003 – 11 Sa 1464/02 – LAGE § 615 BGB 2002 Nr. 1.
472 BT-Drucks 14/6857, S. 41; *Luke*, NZA 2004, 244, 245.
473 BAG 28.9.1972 – 2 AZR 506/71 – NJW 1973, 342, 343.
474 ErfK/*Preis*, § 615 BGB Rn 137.
475 Grundlegend BAG 22.12.1980 – 1 ABR 2/79 – RdA 1981, 124, 126 ff.; ErfK/*Dieterich*, Art. 9 GG Rn 141 ff.; *Lieb*, NZA 1990, 289; *Luke*, NZA 2004, 244, 246 f.
476 BAG 28.1.1955 – GS 1/54 – AP Art. 9 GG Arbeitskampf Nr. 1.
477 BAG 31.1.1995 – 1 AZR 142/94 – NZA 1995, 958, 959 ff.; BAG 22.3.1994 – 1 AZR 622/93 – NZA 1994, 1097.
478 *Fischer*, Anm. zu BAG 15.12.1998 – 1 AZR 289/98, RdA 1999, 406.
479 BAG 12.11.1996 – 1 AZR 364/96 – NZA 1997, 393, 395 ff.
480 BAG 15.12.1998 – 1 AZR 289/98 – NZA 1999, 550, 551 f.
481 BAG 15.12.1998 – 1 AZR 289/98 – NZA 1999, 550, 552, 553 f.
482 BAG 22.12.1980 – 1 ABR 76/79 – RdA 1981, 130, 131.
483 Die Bestimmung dessen ist umstr.; s. ErfK/*Dieterich*, Art. 9 GG Rn 144 ff. m.w.N.
484 Zum Kurzarbeitergeld (§§ 169 ff., 146 SGB III) s. BSG 5.6.1991 – 7 RAr 26/89 – NZA 1991, 982; Erman/*Belling*, § 615 BGB Rn 59.
485 BAG 22.12.1980 – 1 ABR 2/79 – RdA 1981, 124, 128 m.w.N.
486 BAG 7.11.1975 – 5 AZR 61/75 – NJW 1976, 990; a.A. LAG Berlin 6.8.1985 – 11 Sa 6/85 – DB 1986, 808, wonach die unternehmerische Fehldisposition „offensichtlich" sein muss; s. *Lieb*, NZA 1990, 289, 297.
487 BAG 7.11.1975 – 5 AZR 61/75 – NJW 1976, 990.
488 BAG 22.12.1980 – 1 ABR 2/79 – RdA 1981, 124, 128 ff.
489 BAG 22.12.1980 – 1 ABR 76/79 – RdA 1981, 130, 132.
490 LAG Berlin 6.8.1985 – 11 Sa 6/85 – DB 1986, 808.
491 BAG 30.8.1994 – 1 AZR 765/93 – NZA 1995, 32, 33 f.

C. Verbindung zu anderen Rechtsgebieten und zum Prozessrecht
I. Fälligkeit

Die Fälligkeit des Anspruchs auf Annahmeverzugslohn richtet sich nach den für das **Arbeitsentgelt maßgeblichen Regeln**, so dass mangels anderweitiger Vereinbarung § 614 S. 2 Anwendung findet (siehe § 614 Rn 18). Während eines Künd-Schutzprozesses entstehende Lohnansprüche des AN (§§ 611, 615) werden fällig als ob die Dienste wirklich geleistet worden wären.[492] Das BAG lässt es – trotz Gesamtabrechnung (siehe Rn 56), welche i.d.R. erst nach Beendigung des Annahmeverzugszeitraums möglich ist – zu, bereits während des Künd-Schutzprozesses Annahmeverzugslohnansprüche durch Leistungsklage geltend zu machen, so dass schon vor Rechtskraft des Künd-Schutzurteils ein Leistungsurteil ergehen kann.[493] Durch die Erhebung der Künd-Schutzklage wird die Fälligkeit der auf die Zeit nach der Künd entfallenden Lohnansprüche nicht bis zur Entsch. des Rechtsstreits aufgeschoben, denn das der Künd-Schutzklage stattgebende Urteil wirkt nicht konstitutiv, sondern stellt nur die objektiv bestehende Rechtslage deklaratorisch fest.[494]

83

II. Verjährung

Der Annahmeverzugslohnanspruch verjährt in **drei Jahren** (§ 195). Der **Beginn** der Verjährung (§ 199 Abs. 1) wird nicht bis zur Entsch. des Künd-Rechtsstreits hinausgeschoben, da das Urteil die bestehende Rechtslage nur deklaratorisch feststellt und nicht gestaltet (siehe Rn 83). Die Künd-Schutzklage (§ 4 KSchG) und die Klage auf Feststellung des Fortbestehens des Arbverh (§ 256 ZPO) unterbrechen oder hemmen die Verjährung der Ansprüche aus § 615 grds. nicht. Die Rspr. fordert zur **Hemmung** der Verjährung (§ 204 Abs. 1 Nr. 1) angesichts der verschiedenen Streitgegenstände grds. die Erhebung einer **Zahlungsklage**.[495]

84

III. Ausschlussfristen (Verfallklauseln, Verfallfristen)

Der Anspruch auf Annahmeverzugslohn kann einzel- oder kollektivvertraglichen Ausschlussfristen[496] unterliegen. Eine **einstufige Verfallklausel** liegt vor, wenn nur eine formlose bzw. schriftliche Geltendmachung der Ansprüche verlangt wird. Jedenfalls regelmäßig in der privaten Wirtschaft,[497] u.U. aber auch im öffentlichen Dienst[498] umfasst die Erhebung einer – vor Ablauf der Ausschlussfrist zugestellten[499] – Künd-Schutzklage angesichts des Gesamtziels des Klagegehrens die Geltendmachung von Annahmeverzugslohnansprüchen.[500] Eine Bezifferung ist i.d.R. nicht erforderlich, wenn dem AG die Forderungshöhe bekannt ist.[501] Der vom AG vor der Antragstellung im Künd-Schutzprozess schriftsätzlich angekündigte Klageabweisungsantrag stellt eine schriftliche Ablehnung der mit der Künd-Schutzklage vom AN geltend gemachten Annahmeverzugsansprüche dar. Eine ausdrückliche schriftliche Ablehnungserklärung ist nicht erforderlich, wenn die Verfallklausel nur eine schriftliche Ablehnung verlangt.[502] **Zweistufige Verfallklauseln** verlangen nach erfolgloser schriftlicher Geltendmachung die gerichtliche Geltendmachung des Anspruchs, wobei Mahnbescheid[503] oder Stufenklage (§ 254 ZPO)[504] ausreichen. Der Beginn der zweiten Stufe kann vom Schuldner auch dadurch in Gang gesetzt werden, dass er vor Fälligkeit die Leistung endgültig ablehnt.[505] Macht ein AN einen Anspruch vor Fälligkeit schriftlich geltend, so beginnt die Frist der zweiten Stufe nicht vor Fälligkeit des Anspruchs.[506] Nach der Rspr. soll die Erhebung einer Künd-Schutzklage angesichts der verschiedenen Streitgegenstände eine doppelte Ausschlussfrist nicht wahren und daher eine Zahlungsklage erforderlich sein.[507] Stellt ein TV für den Beginn der zweiten Frist darauf ab, dass der AG den Anspruch konkludent abgelehnt

85

---

492 BAG 1.2.1960 – 5 AZR 20/58 – AuR 1960, 188; BAG 10.4.1963 – 4 AZR 95/62 – AuR 1964, 27; BAG 7.11.1991 – 2 AZR 159/91 – NZA 1992, 1025.
493 St. Rspr. BAG GS 27.2.1985 – GS 1/84 – NZA 1985, 702, 704; BAG 8.8.1985 – 2 AZR 459/84 – DB 1986, 2337; BAG 16.5.2000 – 9 AZR 203/99 – NZA 2001, 26; BAG 24.8.1999 – 9 AZR 804/98 -SAE 2001, 56, 59 ff. m. abl. Anm. *Boecken* = NZA 2000, 818, 820 f.
494 St. Rspr. BAG 9.8.1990 – 2 AZR 579/89 – NZA 1991, 226, 228; BAG 22.2.1978 – 5 AZR 805/76 – DB 1978, 1350, 1351; BAG 4.5.1977 – 5 AZR 187/76 – DB 1977, 1802.
495 BAG 7.11.1991 – 2 AZR 159/91 – NZA 1992, 1025 ff. m.w.N., auch zu a.A. der Lit.; BAG 29.5.1961 – 5 AZR 162/59 – DB 1961, 1136; BAG 1.2.1960 – 5 AZR 20/58 – AuR 1960, 188.
496 *Groeger*, NZA 2000, 793, 794 ff.; *Preis*, ZIP 1989, 885; *Becker/Bader*, BB 1981, 1709; *Staab, S*, 31 ff.
497 BAG 7.11.1991 – 2 AZR 34/91 – NZA 1992, 521, 522 f.; BAG 9.8.1990 – 2 AZR 579/89 – NZA 1991, 226, 227 f.
498 BAG 21.6.1978 – 5 AZR 144/77 – AP § 4 TVG Ausschlussfristen Nr. 65, zu § 70 Abs. 1 BAT; BAG 16.8.1983 – 3 AZR 206/82 – DB 1984, 55.
499 BAG 8.3.1976 – 5 AZR 361/75 – AP § 496 ZPO Nr. 4 m. Anm. *Wiedemann*.
500 BAG 16.6.1976 – 5 AZR 224/75 – DB 1976, 2261, 2262; *Groeger*, NZA 2000, 793, 795 f.
501 BAG 9.8.1990 – 2 AZR 579/89 – NZA 1991, 226, 227 m.w.N.
502 BAG 26.4.2006 – 5 AZR 403/05 – NZA 2006, 845, 846 ff.; BAG 20.3.1986 – 2 AZR 295/85 – EzA § 615 BGB Nr. 48; unter Angabe von BAG 11.12.2001 – 9 AZR 510/00 – EzA § 4 TVG Ausschlußfristen Nr. 145.
503 *Groeger*, NZA 2000, 793, 795 m.w.N.
504 BAG 23.2.1977 – 3 AZR 764/75 – DB 1977, 1371.
505 LAG Schleswig-Holstein 23.3.2004 – 2 Sa 530/03 – NZA-RR 2004, 571 f.
506 BAG 26.9.2001 – 5 AZR 699/00 – NZA 2002, 1218, 1219 f.
507 BAG 21.3.1991 – 2 AZR 577/90 – NZA 1991, 726, 727 f.; BAG 22.2.1978 – 5 AZR 805/76 – DB 1978, 1350; a.A. ErfK/*Preis*, §§ 194–218 BGB Rn 64; *Preis*, ZIP 1989, 885, 897 f.; *Becker/Bader*, BB 1981, 1709, 1711; krit. auch *Groeger*, NZA 2000, 793, 796 f.

hat, genügt der Klageabweisungsantrag im Künd-Schutzprozess.[508] Anderes gilt bei dem Erfordernis ausdrücklicher Ablehnung.[509] Verfallfristen können in einer **BV** geregelt werden; bzgl. tariflicher Rechte nur im **TV** (§ 4 Abs. 4 S. 3 TVG).[510] Auch im **Arbeitsvertrag** können Verfallfristen vereinbart werden (Vertragsfreiheit, § 105 S. 1 GewO). Zulässig ist zum einen die Verweisung auf tarifvertragliche Verfallklauseln.[511] Eine vorformulierte Ausschlussfrist wird als überraschende Klausel (§ 305c Abs. 1; § 242) nicht Vertragsinhalt, wenn sie der Verwender ohne besonderen Hinweis und ohne drucktechnische Hervorhebung unter falscher oder missverständlicher Überschrift einordnet.[512] Ist die Ausschlussfrist zu kurz bemessen, benachteiligt sie den AN unangemessen und ist deshalb gem. § 307 Abs. 1 S. 1 i.V.m. Abs. 2 Nr. 1 unwirksam. Eine Ausdehnung auf die zulässige Dauer kommt nicht in Betracht. Es gilt dann allein das gesetzliche Verjährungsrecht.[513] Inhaltlich gelten die für tarifvertragliche Ausschlussfristen maßgeblichen Grundsätze entsprechend.[514]

IV. Darlegungs- und Beweislast

86 Ist § 615 **abbedungen** (siehe Rn 7 ff.), trägt die Partei die Darlegungs- und Beweislast, die sich auf eine vom Gesetz zu ihren Gunsten abweichende Regelung beruft.[515] Der AN hat neben dem Bestehen eines erfüllbaren Arbverh (siehe Rn 14 ff.) das ordnungsgemäße Angebot (siehe Rn 23 ff.) und die Nichtannahme der Arbeitsleistung (siehe Rn 37 ff.) darzulegen und ggf. zu beweisen.[516] Es genügt der Nachweis, dass die Mitwirkungshandlung des AG (siehe Rn 32, 35) unterblieben ist.[517] Für die Unzumutbarkeit der Annahme der Arbeitsleistung (siehe Rn 40) ist der AG darlegungs- und beweispflichtig, während nach a.A. bereits ein ordnungsgemäßes – vom AN darzulegendes und zu beweisendes – Angebot fehlt (siehe Rn 29). Für die tatbestandlichen Voraussetzungen der Einwendung mangelnder Leistungsfähigkeit nach § 297 (siehe Rn 18 ff.) ist der AG darlegungs- und beweispflichtig.[518] Einen Anscheinsbeweis für ein Leistungsunvermögen gibt es grds. nicht.[519] Der AG darf die Leistungsunfähigkeit zwar nicht aufs Geratewohl oder „ins Blaue hinein" behaupten, jedoch muss sich der AN nach Vortrag ausreichender Indiztatsachen (z.B. Krankheitszeiten des AN vor und nach dem Verzugszeitraum), substantiiert einlassen (§ 138 Abs. 3 ZPO) und ggf. die behandelnden Ärzte von der Schweigepflicht entbinden.[520] Erst wenn nach Ausschöpfung aller Beweismittel, insb. nach Einholung eines ärztlichen SV-Gutachtens, eine non-liquet-Situation vorliegt, geht dies zu Lasten des AG.[521] Ein tatsächliches Angebot belegt – im Gegensatz zu einem wörtlichen Angebot – für sich allein den ernsthaften Leistungswillen (siehe Rn 19, 24).[522] Eine tatsächliche Vermutung für die zukünftige Leistungsbereitschaft besteht nicht. Der Leistungswille lässt sich grds. nur für Zeiträume vor Schluss der letzten mündlichen Verhandlung über Ansprüche aus § 615 feststellen.[523] Die Voraussetzungen eines Leistungsverweigerungsrechts nach § 298 (siehe Rn 19, 32, 37, 45) sind vom AN darzulegen und zu beweisen.[524] Die Vereinbarung von Ausschlussfristen (siehe Rn 85) hat der AG vorzutragen und ggf. zu beweisen,[525] ebenso wie die Beendigung des Annahmeverzugs (siehe Rn 42 ff.).[526] Wenn der AG sich auf eine Beendigung des Arbverh durch Künd (siehe Rn 45) beruft, muss er diejenigen Umstände darlegen und beweisen, aus denen sich die Berechtigung der Künd ergibt.[527] Der AN hat die Höhe des Anspruchs (siehe Rn 48 f.) darzulegen und zu beweisen.[528] Den AG trifft die Darlegungs- und Beweislast dafür, ob und in welcher Höhe anrechenbare Bezüge (siehe Rn 52 ff.) den Anspruch mindern.[529] Der AN ist über die Höhe des anderweitigen Erwerbs auskunftspflichtig (siehe Rn 65 ff.). Der AG hat das Vorliegen von Böswilligkeit (siehe Rn 59 ff.) darzulegen und zu beweisen.[530] Umstände, die die Unzumutbarkeit der Weiterbeschäftigung des gekündigten AN beim AG (siehe Rn 61) begründen, hat der AN darzulegen.[531] In Fällen des Arbeitskampfrisikos (siehe

---

508 BAG 13.9.1984 – 6 AZR 379/81 – NZA 1985, 249; BAG 8.8.1985 – 2 AZR 459/84 – DB 1986, 2337.
509 BAG 4.5.1977 – 5 AZR 187/76 – DB 1977, 1802.
510 *Groeger*, NZA 2000, 793, 797.
511 BAG 5.11.1963 – 5 AZR 136/63 – DB 1964, 155, 156.
512 BAG 29.11.1995 – 5 AZR 447/94 – NZA 1996, 702, 703.
513 BAG 25.5.2005 – 5 AZR 572/04 -NZA 2005, 1111, 1112 ff.
514 BAG 24.3.1988 – 2 AZR 630/87 – NZA 1989, 101; *Becker/Bader*, BB 1981, 1709, 1712.
515 BAG 6.2.1964 – 5 AZR 93/63 – NJW 1964, 1243.
516 MüKo-BGB/*Henssler*, § 615 Rn 123.
517 Staudinger/*Richardi*, § 615 Rn 71, 98.
518 St. Rspr. BAG 19.4.1990 – 2 AZR 591/89 – NZA 1991, 228, 229; BAG 28.4.1988 – 2 AZR 740/87 – RzK I 13b Nr. 20; BAG 30.4.1987 – 2 AZR 299/86 – RzK I 13a Nr. 20; BAG 6.11.1986 – 2 AZR 744/85 – RzK I 13b Nr. 4; BAG 18.8.1961 – 4 AZR 132/60 – AuR 1962, 57; BAG 2.8.1968 – 3 AZR 219/67 – DB 1968, 2134.
519 LAG Düsseldorf 8.4.1993 – 12 Sa 74/93 – ZTR 1994, 73.
520 LAG Rheinland-Pfalz 29.11.2007 – 2 Sa 670/06 – juris.
521 BAG 5.11.2003 – 5 AZR 562/02 – DB 2004, 439.
522 BAG 10.5.1973 – 5 AZR 493/72 – AuR 1973, 214.
523 BAG 18.12.1974 – 5 AZR 66/74 – DB 1975, 892.
524 ErfK/*Preis*, § 615 BGB Rn 107.
525 ArbG Berlin 5.5.2004 – 7 Ca 32770/03 – EzA-SD 2004, Nr. 9.
526 Staudinger/*Richardi*, § 615 Rn 118; MüKo-BGB/*Henssler*, § 615 Rn 124.
527 BGH 10.5.1988 – IX ZR 175/87 – DB 1988, 1590.
528 BAG 20.2.2002 – 7 AZR 623/00 – juris; ErfK/*Preis*, § 615 BGB Rn 107.
529 BAG 19.3.2002 – 9 AZR 16/01 – BB 2002, 1703; BAG 29.7.1993 – 2 AZR 110/93 – NZA 1994, 116, 117; BAG 19.7.1978 – 5 AZR 748/77 – DB 1978, 2417, 2419; BAG 14.8.1974 – 5 AZR 497/73 – DB 1975, 212, 213 f.; BAG 18.1.1963 – 5 AZR 200/62 – RdA 1963, 158; *Spirolke*, NZA 2001, 707, 708 f.
530 BAG 25.10.2007 – 8 AZR 917/06 – AP § 613a BGB Nr. 333; BAG 26.10.1971 – 1 AZR 113/68 -AuR 1971, 379; BAG 18.10.1958 – 2 AZR 291/58 -SAE 1959, 125, 126 m. Anm. *Molitor*; *Spirolke*, NZA 2001, 707, 712.
531 BAG 24.9.2003 – 5 AZR 500/02 – NZA 2004, 90, 92.

Rn 82) muss der AG nachweisen, dass die Arbeit infolge eines Arbeitskampfes ausfällt, dass Fernwirkungen zur Störung der paritätsbedingten Faktoren führen und dass die Mitbestimmungsrechte eingehalten wurden.[532]

V. Prozessuale Fragen

1. Klageantrag einer Klage auf Zahlung von Annahmeverzugslohn. Der Anspruch auf Annahmeverzugslohn ist in Höhe der **Bruttovergütung** und gekürzt um den **anzurechnenden Verdienst** (S. 2) geltend zu machen.[533] Um dem **Bestimmtheitserfordernis** (§ 46 Abs. 2 S. 1 ArbGG i.V.m. §§ 495, 253 Abs. 2 Nr. 2 ZPO) gerecht zu werden, ist in der Klageschrift die Höhe des Zahlungsantrags genau zu beziffern. Unbestimmt ist ein Zahlungsantrag unter Anrechnung der Höhe nach nicht näher bestimmter Beträge „gem. S. 2"[534] sowie ein Antrag auf Zahlung einer bestimmten Bruttolohnsumme „abzüglich erhaltenen Alg".[535] Bzgl. der Zinsen genügt die Tenorierung „5 %[536] über dem Basiszinssatz" nach § 1 DÜG.[537]

2. Zusammentreffen von Zahlungsklage und Kündigungsschutzklage. Eine Künd-Schutzklage (§ 4 KSchG) und eine Klage auf Zahlung von Annahmeverzugslohn können im Wege einer **objektiven Klagehäufung** (§ 260 ZPO) zulässig in einem Verfahren geltend gemacht werden. Nach BAG-Rspr. kann bereits vor Rechtskraft des Künd-Schutzurteils ein Leistungsurteil über Annahmeverzugslohnansprüche ergehen.[538] Die **Aussetzung** eines selbstständigen Zahlungsklageverfahrens (§ 148 ZPO) ist zulässig, sofern der Anspruch auf Annahmeverzugslohn vom Fortbestand des Arbeitsvertrags abhängt bzw. in einem Parallelverfahren die Revision zugelassen wurde.[539] Allerdings ist eine Aussetzung ausgeschlossen, soweit eine **Verbindung** der Verfahren (§ 147 ZPO) in Betracht kommt.[540] Nach BAG-Rspr. richtet sich der **Streitwert** (§§ 3 ff. ZPO) bei objektiver Klagehäufung von Künd-Schutz- und Zahlungsklage nach dem höheren Wert, da trotz prozessualer Selbstständigkeit beide Ansprüche wirtschaftlich identisch seien.[541] Die Instanzgerichte nehmen dagegen überwiegend eine Addition der Streitwerte vor.[542]

3. Klage auf künftige Leistung (§§ 257 ff. ZPO). Eine Klage auf zukünftige Zahlung (§§ 257 f. ZPO) kommt i.d.R. nicht in Betracht, da die zukünftig fällig werdenden Lohnansprüche von einer Gegenleistung abhängen.[543] Die Verurteilung des AG zur Zahlung künftig fälliger Vergütung im Wege einer grds. zulässigen **Klage wegen Besorgnis nicht rechtzeitiger Leistung** (§ 259 ZPO) kann sich nicht auf Zeiträume nach der letzten mündlichen Verhandlung beziehen. Denn es spricht keine tatsächliche Vermutung für die in späteren Zeiträumen bestehende Leistungsbereitschaft eines AN.[544]

4. Einstweilige Leistungs-Verfügung (§ 940 ZPO analog). Eine einstweilige Verfügung auf Zahlung von Annahmeverzugslohn ist auf die Höhe des **pfändungsfreien Einkommens**[545] beschränkt und nur in Ausnahmefällen möglich. Sie muss erforderlich sein, um eine ernsthafte, anderweitig nicht behebbare Notlage zu verhindern und

---

532 MüKo-BGB/*Henssler*, § 615 Rn 125.
533 Kittner/Zwanziger/*Schoof*, Arbeitsrecht Handbuch, § 56 Rn 6; HWK/*Krause*, § 615 BGB Rn 111; *Nägele/Böhm*, ArbRB 2006, 317, 319 f., hier auch zur Antragstellung unter Berücksichtigung der pro rata temporis-Anrechnungsmethode.
534 LAG Tübingen 22.3.1955 – Ta 1/55 – AP § 732 ZPO Nr. 1 m. zust. Anm. *Pohle*.
535 BAG 15.11.1978 – 5 AZR 199/77 – DB 1979, 702.
536 Besser: %-Punkte.
537 Diskontsatzüberleitungsgstz v. 9.6.1998, BGBl I S. 1242; siehe hierzu auch ArbG Berlin 5.5.2004 – 7 Ca 32770/03 – EzA-SD 2004, Nr. 13, 9; *Treber*, NZA 2001, 187, 190 ff.
538 St. Rspr. BAG GS 27.2.1985 – GS 1/84 – NZA 1985, 702, 704; BAG 8.8.1985 – 2 AZR 459/84 – DB 1986, 2337; BAG 16.5.2000 – 9 AZR 203/99 – NZA 2001, 26; BAG 24.8.1999 – 9 AZR 804/98 – SAE 2001, 56, 59 ff. m. abl. Anm. *Boecken* = NZA 2000, 818, 820 f.
539 BAG 11.1.2006 – 5 AZR 98/05 – NZA 2006, 314, 315; ErfK/*Preis*, § 615 BGB Rn 116; MüKo-BGB/*Henssler*, § 615 Rn 127; siehe auch *B/L/A/H*, § 148 ZPO Rn 12.
540 Hessisches LAG 20.10.1995 – 16 Ta 414/95 – juris; LAG Hamm 20.10.1983 – 8 Ta 291/83 – MDR 1984, 173; OLG Koblenz 17.2.1986 – 6 W 73/86 – NJW-RR 1986, 742; Zöller/*Greger*, § 148 ZPO Rn 9; *B/L/A/H*, § 148 ZPO Rn 28.

541 BAG 20.1.1967 – 2 AZR 232/65 -DB 1967, 472; BAG 16.1.1968 – 2 AZR 156/66 – AP § 12 ArbGG 1953 Nr. 17 m. Anm. *Tschischgale*; ebenso LAG Hamm 29.2.1980 – 9 Sa 174/80 – juris, zur Beschwer nach § 64 Abs. 2 lit. b) ArbGG.
542 LAG Hamburg 15.5.1990 – 2 Ta 21/89 – LAGE § 12 ArbGG 1979 Streitwert Nr. 85; LAG Baden-Württemberg 6.11.1985 – 1 Ta 197/85 – LAGE § 12 ArbGG 1979 Streitwert Nr. 47; LAG Berlin 15.10.1982 – 2 Ta 60/82 (Kost) – AuR 1983, 314; LAG Hamm 6.5.1982 – 1 Ta 102/82 – juris; LAG Baden-Württemberg 27.11.1981 – 1 Ta 151/81 – LAGE § 12 ArbGG 1979 Streitwert Nr. 15; LAG Saarland 27.5.1981 – 2 Ta 30/81 – MDR 1981, 788, 789; LAG Hamm 27.12.1979 – 8 Sa 627/79 – MDR 1980, 347, 348; LAG Hamburg 23.3.1977 – 1 Ta 2/77 – NJW 1977, 2327; LAG Hamm 26.11.1970 – 8 Ta 56/70 – MDR 1971, 428; Hessisches LAG 3.6.1970 – 5 Ta 47/69 – NJW 1970, 2134.
543 *Staab*, S. 208 ff.; näher *Berkowsky*, RdA 2006, 77 ff.
544 BAG 18.12.1974 – 5 AZR 66/74 – DB 1975, 892; a.A. LAG Düsseldorf 6.1.2004 – 8 (5) Sa 1031/03 – LAGE § 259 ZPO 2002 Nr. 1 m. Anm. *Gravenhorst*; LAG Düsseldorf 14.12.2000 – 11 Sa 1356/00 – NZA-RR 2001, 406, 408 f.; *Staab*, S. 216 ff.
545 LAG Bremen 5.12.1997 – 4 Sa 258/97 – NZA 1998, 902, 903; ArbG Herne 19.6.1974 – 1 Ga 10/74 – DB 1974, 1486.

es muss die ganz überwiegende Erfolgswahrscheinlichkeit der Klage in der Hauptsache bestehen.[546] Eine einstweilige Verfügung hat keinen Erfolg, wenn Anspruch auf Alg besteht.[547] Auf Sozialhilfe oder die Aufnahme eines Bankkredits kann der AN nicht verwiesen werden.[548] Ansprüche gegen die Krankenkasse sind jedenfalls dann nicht vorgreiflich, wenn der AN nur sechs Tage des im Streit befindlichen Monats arbeitsunfähig krank war.[549]

D. Beraterhinweise

91 Um Streitigkeiten über die Frage der Anrechnung anderweitig erzielten Erwerbs (S. 2) im Zusammenhang mit einer Freistellung des AN zu vermeiden, ist es ratsam, diesen Aspekt in der **Freistellungs-Vereinbarung** ausdrücklich zu regeln.[550] Soll durch eine Freistellungsvereinbarung ein von den gesetzlichen, tarifvertraglichen oder arbeitsvertraglichen Voraussetzungen unabhängiger Vergütungsanspruch begründet werden, bedarf dies nach der Rspr. des BAG einer gesonderten Regelung.[551]

§ 616 Vorübergehende Verhinderung

¹Der zur Dienstleistung Verpflichtete wird des Anspruchs auf die Vergütung nicht dadurch verlustig, dass er für eine verhältnismäßig nicht erhebliche Zeit durch einen in seiner Person liegenden Grund ohne sein Verschulden an der Dienstleistung verhindert wird. ²Er muss sich jedoch den Betrag anrechnen lassen, welcher ihm für die Zeit der Verhinderung aus einer auf Grund gesetzlicher Verpflichtung bestehenden Kranken- oder Unfallversicherung zukommt.

Literatur: *Adam*, Religionsfreiheit im Arbeitsrecht, NZA 2003, 1375; *Bauer/Opolony*, Arbeitsrechtliche Fragen bei Katastrophen, NJW 2002, 3503; *Beck*, Gewissenskonflikt und Arbeitsverhältnis, Diss. 1995; *Boecken*, Probleme der Entgeltfortzahlung im Krankheitsfall, NZA 1999, 673; *Brill*, Arztbesuche während der Arbeitszeit, NZA 1984, 281; *Dersch*, Wechselwirkungen zwischen Arbeitsrecht und Sozialversicherung auf dem Gebiet der Leistungen, RdA 1952, 56; *Diekhoff*, Gehaltsfortzahlung bei Beschäftigungsverbot wegen Ansteckungsgefahr – Anm. zu ArbG Hamburg 23.6.1966 – 1 Ca 199/66 – DB 1966, 1227, DB 1967, 382; *Düwell*, Freistellung zur Stellungssuche nach der Hartz-Reform, FA 2003, 108; *Ehmann*, Das Lohnrisiko bei Smog-Alarm – Unmöglichkeit oder Annahmeverzug oder Kurzarbeit nach Abschied von der Betriebsrisikolehre, NJW 1987, 401; *Erasmy*, Arbeitsrechtliche Auswirkungen der Neuregelung des Kinderkrankengeldes in § 45 SGB V, NZA 1992, 921; *Gerauer*, Keine Vergütungsfortzahlung bei Verletzungsfolgen beim Bungee-Springen, NZA 1994, 496; *Giese*, Verschuldete Arbeitsunfähigkeit bei Suchterkrankungen, BB 1972, 360; *Greiner*, Familienfreundliches Arbeitsrecht? – Die Erkrankung des Kindes als Gegenstand, NZA 2007, 490; *Grabau*, Die Wahrnehmung religiöser Pflichten im Arbeitsverhältnis, BB 1991, 1257; *Gutzeit*, Die schwangere Kranke vor dem BAG – Monokausale Wirrungen, NZA 2003, 81; *Haase*, Der Anspruch des Geschäftsführers einer GmbH auf Fortzahlung seiner Vergütung im Krankheitsfall, GmbHR 2005, 1260; *Hanau*, Einzelfragen und -antworten zu den beiden ersten Gesetzen für moderne Dienstleistungen am Arbeitsmarkt, ZIP 2003, 1573; *Hantel*, Entgeltansprüche bei hochwasserbedingter Arbeitsverhinderung, NJ 2002, 577; *Kempen*, Persönliche Leistungsverhinderung und Grundrechte im Arbeitsverhältnis – ein Beitrag zur Auslegung des § 616 Abs. 1 BGB –, ArbRGegW Bd. 25 (1988), 75; *Kießling/Jünemann*, Dienstbefreiung, Entgeltfortzahlung und Kündigung bei der Erkrankung von Kindern, DB 2005, 1684; *Kleinebrink*, Der Freistellungs- und Vergütungsanspruch des Arbeitnehmers bei Erkrankung des Kindes nach dem SGB V, ArbRB 2006, 303; *Kothe*, Gewissenskonflikte am Arbeitsplatz – Zur Aktualität des Rechts der Leistungsstörungen, NZA 1989, 161; *Leinemann*, Keine Schonzeiten für Arbeitnehmer, AuR 1995, 83; *Lepke*, Krankheitsbegriff im Arbeitsrecht, NZA-RR 1999, 57; *Löwisch*, Zum Anspruch auf bezahlte Arbeitsbefreiung bei Pflege eines erkrankten Kindes, DB 1979, 209; *ders.*, Herausgabe von Ersatzverdienst – Zur Anwendbarkeit von § 285 BGB auf Dienst- und Arbeitsverträge, NJW 2003, 2049; *Marschner*, Arbeitgeber muss Stellensuche unterstützen – Meldepflicht und Freistellung, AuA 2003, Nr. 7, 20; *Moll*, Dienstvergütung bei persönlicher Verhinderung – Ein historisches Problem und seine heutige Bewältigung, RdA 1980, 138; *Preis/Nehring*, Das Pflegezeitgesetz, NZA 2008, 729; *Preis/Weber*, Der Regierungsentwurf eines Pflegezeitgesetzes, NZA 2008, 82; *Reinecke*, Der Anspruch auf Entgeltfortzahlung beim Zusammentreffen mehrerer Verhinderungsgründe, DB 1991, 1168; *ders.*, Entgeltfortzahlung bei Arztbesuchen, AuA 1996, 339; *Reuter*, Das Gewissen des Arbeitnehmers als Grenze des Direktionsrechts des Arbeitgebers – Kritische Anmerkungen zu BAG Urteil vom 20.12.1984 – 2 AZR 436/83 = BB 1985, 1853, BB 1986, 385; *Richardi*, Lohn oder Kurzarbeitergeld bei Smog-Alarm – Ersetzung der zivilrechtlichen Entgeltrisikoregelung durch Kurzarbeitergeld?, NJW 1987, 1231;

---

546 Hessisches LAG 9.7.1995 – 13 Ta 242/95 – LAGE § 935 ZPO Nr. 9; LAG Hamburg 6.5.1986 – 1 Ta 7/86 – DB 1986, 1629; LG Köln 22.9.1961 – 3 Q 24/61 – AP § 940 ZPO Nr. 4; ArbG Minden 11.6.1970 – Ca 3/70 – DB 1970, 1984.
547 LAG Bremen 20.4.1961 – 1 Sa 48/61 – DB 1961, 1295; LAG Schleswig-Holstein 26.8.1958 – 1 Ta 30/58 – DB 1958, 1131; LAG Hamburg 6.5.1986 – 1 Ta 7/86 – DB 1986, 1629; LAG Köln 26.6.2002 – 8 Ta 221/02 – LAGE § 935 ZPO 2002 Nr. 1 allg. für „Leistungen der BA".
548 ArbG Herne 19.6.1974 – 1 GA 10/74 – DB 1974, 1486, 1487.
549 LAG Bremen 5.12.1997 – 4 Sa 258/97 – NZA 1998, 902, 903.
550 BAG 19.3.2002 – 9 AZR 16/01 – BB 2002, 1703; *Ebert/Schar*, ArbRB 2003, 215, 217 f., mit Musterformulierung; *Klar*, NZA 2004, 576, 579.
551 So BAG 23.1.2008 – 5 AZR 393/07 – NZA 2008, 595; siehe zur Entgeltfortzahlung bei Krankheit BAG 29.9.2004 – 5 AZR 99/04 – NZA 2005, 104.

Schäcker, Die Ausübung staatsbürgerlicher Pflichten und Lohnausfallvergütung, DB 1962, 905; *Schaub,* Der Entgeltfortzahlungsanspruch des GmbH-Geschäftsführers im Krankheitsfalle, WiB 1994, 637; *ders.,* Rechtsprobleme der Arbeitsverhinderung, AuA 1996, 82; *Schmitt,* Die Neuregelung der Entgeltfortzahlung im Krankheitsfall – Versuch einer ersten Bilanz –, RdA 1996, 5; *Schulte,* Vorübergehende Verhinderung gem. § 616 BGB – Regelungsspielräume bei der Freistellung, ArbRB 2004, 344; *Schulz/Kießling,* Entgeltfortzahlung bei Erkrankung von Kindern von Arbeitnehmern – Zugleich Erwiderung auf Kießling/Jünemann (DB 2005, S. 1684) und Replik –, DB 2006, 838; *Sibben,* Vergütungspflicht des Arbeitgebers für die Freistellung zur Meldung beim Arbeitsamt – Zur Reichweite des neuen § 2 Abs. 2 Satz 2 Nr. 3 SGB III, DB 2003, 826; *Sowka,* Freistellungspflichten des Arbeitgebers zur Ermöglichung der Pflege eines kranken Kindes, RdA 1993, 34; *Walk,* § 616 BGB und Leistungshindernisse in „neutraler" Sphäre, Diss. 1997; *Wendeling-Schröder,* Gewissen und Eigenverantwortung im Arbeitsleben – Zugleich eine Auseinandersetzung mit den Urteilen des LArbG Düsseldorf vom 22.4.1988, BB 1988, 1742

A. Allgemeines		1	h) Stellensuche	15
I. Normzweck		1	i) Beschäftigungsverbote	16
II. Entstehungsgeschichte		2	j) Religiöse Pflichten und Gewissenskonflikte	17
B. Regelungsgehalt		3	k) Sonstige Einzelfälle	18
I. Anwendungsbereich		3	3. Verhältnismäßig nicht erhebliche Zeit	19
1. Sachlicher und persönlicher Anwendungsbereich		3	a) Zeitpunkt der Dienstverhinderung	19
2. Sondervorschriften		4	b) Dauer der Dienstverhinderung	20
3. Abdingbarkeit		5	aa) Allgemeines	20
II. Tatbestandsvoraussetzungen (S. 1)		6	bb) Einzelfälle	21
1. Dienstverhinderung		6	4. Ohne Verschulden des Dienstverpflichteten	22
2. In der Person des Dienstverpflichteten liegender Grund		7	5. Kausalität zwischen Leistungshindernis und Dienstverhinderung	23
a) Allgemeines		7	6. Benachrichtigungspflicht	24
b) Keine allgemeinen objektiven Leistungshindernisse		8	III. Rechtsfolge (S. 1, 2)	25
c) Erkrankung und Arztbesuche des Dienstverpflichteten		9	1. Aufrechterhaltung des Vergütungsanspruchs (S. 1)	25
d) Familiäre Ereignisse		10	2. Anrechnung von Versicherungsleistungen (S. 2)	26
e) Pflege erkrankter naher Familienangehöriger und Lebenspartner		11	3. Herausgabe von Ersatzverdienst (§ 285)	27
aa) Allgemeines		11	4. Regress des Dienstberechtigten bei Dritten	28
bb) Pflege erkrankter Kinder		12	**C. Verbindung zu anderen Rechtsgebieten und zum Prozessrecht**	29
f) Wahrnehmung staatsbürgerlicher und ehrenamtlicher Pflichten		13	I. Verjährung und Ausschlussfristen	29
g) Wahrnehmung amtlicher Termine		14	II. Darlegungs- und Beweislast	30

A. Allgemeines

I. Normzweck

S. 1 regelt die Verpflichtung des Dienstberechtigten zur Fortzahlung der Vergütung in Fällen der **Arbeitsverhinderung** des Dienstverpflichteten oder AN **ohne Krankheit**.[1] Die Entgeltfortzahlung im Krankheitsfall richtet sich für AN (Arb und Ang) und die zu ihrer Berufsausbildung Beschäftigten nach den Vorschriften des **EFZG** (siehe Rn 4), für andere Dienstnehmer nach § 616 (siehe Rn 3). Die Vorschrift beinhaltet aus „sozialen Gesichtspunkten und Gründen der Humanität" eine **Durchbrechung des Grundsatzes „Ohne Arbeit kein Lohn"** (§§ 275 Abs. 1 u. 4, 326 Abs. 1 S. 1) und ist als Ausnahmeregelung eng auszulegen.[2] S. 1 beinhaltet nach richtiger Ansicht **keine eigenständige Anspruchsgrundlage**, sondern hält – als **Gefahrtragungsregel**[3] – den arbeitsvertraglichen Vergütungsanspruch aus § 611 Abs. 1 aufrecht.[4] Die praktische Bedeutung der **Anrechnungsvorschrift** in S. 2 ist gering (siehe Rn 26).

1

---

1 Staudinger/*Oetker,* § 616 Rn 9 ff.
2 Motive II, 463; BAG 25.10.1973 – 5 AZR 156/73 – DB 1974, 343; BAG 25.4.1960 – 1 AZR 16/58 – DB 1960, 699; BAG GS 18.12.1959 – GS 8/58 – BB 1960, 362; BAG GS 17.12.1959 – GS 2/59 – DB 1960, 353; BAG 24.2.1955 – 2 AZR 10/54 – AuR 1955, 255 f. m. Anm. *Mendigo*; BGH 22.6.1956 – VI ZR 140/55 – NJW 1956, 1473; *Walk,* 121 ff.; *Brill,* NZA 1984, 281, 282.
3 *Schulte,* ArbRB 2004, 344, 345 m.w.N.
4 A.A. offenbar BAG 24.2.1955 – 2 AZR 10/54 – AuR 1955, 255 m. Anm. *Mendigo;* BAG 27.6.1990 – 5 AZR 365/89 – NZA 1990, 894; BAG 27.4.1983 – 4 AZR 506/80 – DB 1983, 2201, 2202; BAG 18.1.2001 – 6 AZR 492/99 – NZA 2002, 47; h.L. Palandt/*Weidenkaff,* § 616 Rn 11; Staudinger/*Oetker,* § 616 Rn 20 f., unter Hinweis auf den eindeutigen Gesetzeswortlaut.

II. Entstehungsgeschichte

2 Die jetzige Fassung der Norm entspricht ihrer ursprünglichen von 1896.[5] Die zwischenzeitlich angefügten Abs. 2[6] (zwingende Wirkung des Vergütungsanspruchs an Ang im Krankheitsfall nach Abs. 1 a.F.) und Abs. 3[7] (Entgeltfortzahlung an Arb im Krankheitsfall gem. §§ 1 bis 9 LFZG) wurden m.W.v. 1.6.1994 aufgehoben.[8] Die Entgeltfortzahlung an AN im Krankheitsfall richtet sich nunmehr nach dem EFZG (siehe Rn 4).

B. Regelungsgehalt

I. Anwendungsbereich

3 **1. Sachlicher und persönlicher Anwendungsbereich.** Von § 616 erfasst sind nicht nur alle AN,[9] sondern **alle Dienstverpflichteten**, also auch freie Mitarbeiter,[10] Organmitglieder juristischer Personen (z.B. Vorstandsmitglieder, Geschäftsführer) hinsichtlich ihres Anstellungsvertrages[11] sowie arbeitnehmerähnliche Personen.[12] § 616 gilt im fehlerhaften Arbverh,[13] bei Weiterbeschäftigung nach § 102 Abs. 5 BetrVG[14] sowie jedenfalls dann bei Weiterbeschäftigung aufgrund des **allg. Weiterbeschäftigungsanspruchs**, wenn die Künd bzw. der sonstige Beendigungstatbestand unwirksam ist[15] oder die Parteien die Weiterbeschäftigung ausdrücklich oder konkludent vereinbart haben.[16] Der Entgeltfortzahlungsanspruch entsteht in jedem neuen Arbverh unabhängig von gleichartigen Ansprüchen aus einem vorausgegangenen Arbverh.[17]

4 **2. Sondervorschriften.** Die Entgeltfortzahlung an AN im Krankheitsfall richtet sich ausschließlich nach den Vorschriften des EFZG. Auch während der Wartefrist des § 3 Abs. 3 EFZG ist ein Rückgriff auf § 616 nicht möglich (siehe Rn 9). Für Auszubildende ist die – gem. § 25 BBiG zu ihren Ungunsten unabdingbare – Vorschrift des § 19 Abs. 1 S. 1 Nr. 2 lit. b) BBiG lex specialis.[18] Bei Heimarbeitern (§§ 1 f. HAG) wird § 616 von § 10 EFZG verdrängt.[19] Die spezielleren Vorschriften der § 133c S. 1 GewO für technische Ang und § 63 Abs. 1 S. 1 HGB für kaufmännische Ang wurden m.W.v. 1.6.1994 aufgehoben.[20] Für Wehrpflichtige bestehen Sonderregelungen in §§ 1 Abs. 2, 14 Abs. 1, 3 ArbPlSchG (siehe Rn 13). Gem. § 16 MuSchG (siehe § 16 MuSchG Rn 1, 5) hat der AG die Frau für die Zeit der Durchführung medizinischer Untersuchungen im Rahmen der Leistungen der GKV bei Schwangerschaft und Mutterschaft freizustellen, ohne dass dadurch ein Entgeltverlust eintreten darf.

5 **3. Abdingbarkeit.** § 616 ist durch TV, BV und Einzelvertrag vollständig[21] abdingbar,[22] auch zu Ungunsten des AN.[23] Ergeben die Grundsätze der Tarifauslegung, dass eine **Tarifnorm** abschließenden Charakter haben soll, ist

---

5 RGBl 1896 S. 195, 299.
6 Zurückgehend auf die VO des Reichspräsidenten zur Sicherung von Wirtschaft und Finanzen v. 1.12.1930 (RGBl I S. 517, 521); i.d.F. des Gesetzes zur Reform der gesetzlichen Rentenversicherung v. 18.12.1989 (BGBl I S. 2261, 2388).
7 Zurückgehend auf das Gesetz über die Fortzahlung des Arbeitsentgelts im Krankheitsfalle und über Änderungen des Rechts der gesetzlichen Krankenversicherung v. 27.7.1969 (BGBl I S. 946, 952); i.d.F. des Gesetzes über ergänzende Maßnahmen zum 5. StrafrechtsreformG v. 28.8.1975 (BGBl I S. 2289, 2292).
8 Durch Art. 56, 68 Abs. 4 PflegeVG v. 26.5.1994 (BGBl I S. 1014, 1068, 1070).
9 Staudinger/*Oetker*, § 616 Rn 35 m.w.N., auch zu § 12 TzBfG (Arbeit auf Abruf), § 13 TzBfG (Arbeitsplatzteilung) und §§ 48, 52a, 78 Abs. 1 SeemG (seemännisch Beschäftigte).
10 BGH 6.4.1995 – VII ZR 36/94 – NJW 1995, 2629.
11 So i.E. auch BGH 16.10.2001 – VI ZR 408/00 – NZA 2002, 40; *Haase*, GmbHR 2005, 1260 ff.
12 Staudinger/*Oetker*, § 616 Rn 30 ff. m.w.N.
13 BAG 16.9.1982 – 2 AZR 228/80 – DB 1983, 2780, 2781; Staudinger/*Oetker*, § 616 Rn 42.
14 Staudinger/*Oetker*, § 616 Rn 43 f.; MüKo-BGB/*Henssler*, § 616 Rn 15.
15 Bei wirksamer Künd wendet das BAG dagegen ausschließlich Bereicherungsrecht an, so dass i.d.R. kein Anspruch bei krankheitsbedingter Arbeitsverhinderung besteht: BAG 10.3.1987 – 8 AZR 146/84 – NZA 1987,

373, 375; BAG 1.3.1990 – 6 AZR 649/88 – NZA 1990, 696.
16 BAG 15.1.1986 – 5 AZR 237/84 – NZA 1986, 561; BAG 4.9.1986 – 8 AZR 636/84 – NZA 1987, 376.
17 BAG 6.9.1989 – 5 AZR 621/88 – NZA 1990, 142, 143; BAG 2.3.1983 – 5 AZR 194/80 – DB 1983, 1445; BAG 13.1.1972 – 5 AZR 314/71 – DB 1972, 688.
18 HWK/*Krause*, § 616 BGB Rn 5, 8; MüKo-BGB/*Henssler*, § 616 Rn 7; MünchArb/*Boewer*, Bd. 1, § 80 Rn 4; Staudinger/*Oetker*, § 616 Rn 25 ff. auch zu weiteren Spezialvorschriften.
19 Staudinger/*Oetker*, § 616 Rn 36 m.w.N.
20 Durch Art. 58, 59, 68 Abs. 4 PflegeVG v. 26.5.1994 (BGBl I S. 1014, 1068 ff.).
21 Für Einzelverträge BAG 7.2.2007 – 5 AZR 270/06 – AP § 611 BGB Nr. 118; für Tarifverträge BAG 20.6.1979 – 5 AZR 479/77 – DB 1979, 1946, 1948; wie hier *Sibben*, DB 2003, 826; Staudinger/*Oetker*, § 616 Rn 143 ff. m.w.N., auch zur a.A., nach der eine sachliche Rechtfertigung zu fordern sein soll.
22 St. Rspr., s. nur BAG 13.12.2001 – 6 AZR 30/01 – NZA 2002, 1105; BAG 25.10.1973 – 5 AZR 156/73 – DB 1974, 343; BAG 25.4.1960 – 1 AZR 16/58 – DB 1960, 699; BAG 6.12.1956 – 2 AZR 192/56 – AuR 1957, 223 m. Anm. *Herschel*; BGH 30.11.1978 – III ZR 43/77 – DB 1979, 1367, 1370; *Sibben*, DB 2003, 826.
23 Ganz h.M., BAG GS 17.12.1959 – GS 2/59 – DB 1960, 353; Staudinger/*Oetker*, § 616 Rn 141 ff.; *Schulte*, ArbRB 2004, 344, 346; a.A. *Dersch*, RdA 1952, 56.

ein subsidiärer Rückgriff auf § 616 als Generalklausel versperrt. Anderes gilt, wenn ein TV lediglich „beispielsweise" anführt, in welchem Ausmaß der Lohn in bestimmten Fällen der Arbeitsverhinderung fortgezahlt wird.[24] Durch die in der Praxis oft anzutreffende Tarifklausel „Lohnanspruch besteht grds. nur für geleistete Arbeit" wird (nur) § 616 abbedungen.[25] Eine **Individualvereinbarung** ist gem. §§ 305 ff. (§§ 307 Abs. 2, 310 Abs. 4) einer Inhaltskontrolle zu unterziehen.[26] Eine Abbedingung von S. 1 kann auch durch abweichende **betriebliche Übung** erfolgen.[27] § 616 ist auch im Fall des § 629 abdingbar.[28]

II. Tatbestandsvoraussetzungen (S. 1)

1. Dienstverhinderung. S. 1 erfasst nicht nur die Fälle der **tatsächlichen Unmöglichkeit** (§ 275 Abs. 1),[29] sondern auch der **Unzumutbarkeit** (§ 275 Abs. 3) der Erbringung der vertraglich geschuldeten Arbeitsleistung wegen einer Kollision mit höherrangigen rechtlichen oder sittlichen Pflichten.[30] Dies ist jedoch nicht in einem so weiten Sinne zu verstehen, dass bereits jede Ausübung grundrechtlich geschützter Positionen als Dienstverhinderung i.S.v. S. 1 anzusehen wäre.[31] S. 1 ist bei flexiblen Arbeitszeitmodellen, bei denen der AN selbst über Lage und Dauer seiner Arbeitszeit disponieren kann und lediglich innerhalb einer vom AG vorgegebenen Kernarbeitszeit anwesend sein muss, außerhalb der Kernarbeitszeit nicht einschlägig, da der AN außerhalb dieser Zeit zur Arbeitsleistung nicht verpflichtet ist.[32]

2. In der Person des Dienstverpflichteten liegender Grund. a) Allgemeines. Subjektive Verhinderungsgründe i.S.v. S. 1 sind nur solche, die in der **persönlichen Sphäre** bzw. den **persönlichen Verhältnissen** – nicht zwingend in der Person – des zur Dienstleistung Verpflichteten begründet sind.[33] Der Hinderungsgrund muss die **alleinige Ursache** für den Arbeitsausfall sein (siehe Rn 23).

b) Keine allgemeinen objektiven Leistungshindernisse. Von S. 1 nicht erfasst werden objektive Leistungshindernisse,[34] die gleichzeitig für eine Vielzahl von AN bestehen. Solche liegen bspw. vor, wenn der Dienstverpflichtete den Arbeitsplatz wegen ungünstiger Witterungsverhältnisse (z.B. Schneefälle und -verwehungen,[35] Eisglätte,[36] Hochwasser),[37] wegen Verkehrshindernissen (z.B. Stau, Ausfall des ÖPNV, Demonstrationen) oder wegen eines auf witterungsbedingten Straßenverhältnissen[38] oder Smog-Alarms[39] beruhenden Fahrverbots nicht erreichen kann, bei Arbeitsausfall wegen behördlicher Betriebsverbote (z.B. aufgrund Landestrauer oder Smog-Alarms), wegen der gesetzlichen Verpflichtung zur Teilnahme an einer Fortbildungsveranstaltung,[40] wegen der Zerstörung des Arbeitsplatzes (z.B. wegen eines Brandes) sowie wegen politischer Unruhen, Kriegsereignissen oder Streik.[41] Ggf. können Ansprüche aus §§ 615, 611 bestehen.

c) Erkrankung und Arztbesuche des Dienstverpflichteten. Der den früheren Hauptanwendungsfall der Norm darstellende Verhinderungsgrund der „Erkrankung"[42] ist für AN spezialgesetzlich im EFZG geregelt (siehe § 3 EFZG Rn 16 ff.),[43] so dass S. 1 nur bei der Erkrankung anderer **Dienstpflichtiger** (z.B. freier Mitarbeiter,[44] Ge-

---

24 BAG 25.4.1960 – 1 AZR 16/58 – DB 1960, 699; BAG 25.10.1973 – 5 AZR 156/73 – DB 1974, 343; BAG 29.2.1984 – 5 AZR 455/81 – DB 1984, 1687, 1688; BAG 27.6.1990 – 5 AZR 365/89 – NZA 1990, 894; BAG 20.6.1995 – 3 AZR 857/94 – NZA 1996, 383.
25 BAG 22.1.1986 – 5 AZR 34/85 – NZA 1986, 524; BAG 9.3.1983 – 4 AZR 301/80 – DB 1983, 1496; BAG 8.12.1982 – 4 AZR 134/80 – DB 1983, 395; BAG 25.8.1982 – 4 AZR 1147/79 – DB 1983, 183; BAG 25.8.1982 – 4 AZR 1064/79 – DB 1982, 2574; BAG 8.3.1961 – 4 AZR 223/59 – RdA 1961, 258; BAG GS 17.12.1959 – GS 2/59 – DB 1960, 353.
26 Offen gelassen von BAG 7.2.2007 – 5 AZR 270/06 – AP § 611 BGB Nr. 118; wie hier *Hanau*, ZIP 2003, 1573, 1575.
27 Staudinger/*Oetker*, § 616 Rn 148 m.w.N.
28 BAG 13.11.1969 – 4 AZR 35/69 – DB 1970, 211; BAG 11.6.1957 – 2 AZR 15/57 – JZ 1957, 640 f. m. Anm. *Molitor* unter Aufgabe von RAG 2.5.1928 – 4/28 – ARS 3, 21, 23 m. Anm. *Hueck*; *Hanau*, ZIP 2003, 1573, 1575; *Sibben*, DB 2003, 826, 827.
29 Staudinger/*Oetker*, § 616 Rn 46 m.w.N.
30 BAG 25.4.1960 – 1 AZR 16/58 – DB 1960, 699; BAG 19.4.1978 – 5 AZR 834/76 – RdA 1979, 55, 56 f.; BAG 29.2.1984 – 5 AZR 455/81 – DB 1984, 1688; *Richardi*, NZA 2002, 1004, 1007.
31 LAG Schleswig-Holstein 18.1.1995 – 3 Sa 568/94 – NZA 1995, 842; Staudinger/*Oetker*, § 616 Rn 49; a.A. *Kempen*, ArbRGegW Bd. 25 (1988), 75, 87 ff.
32 S. BAG 22.1.2009 – 6 AZR 78/08 – NZA 2009, 735, 737 f.; MünchArb/*Blomeyer*, Bd. 1, § 48 Rn 147.
33 BAG 19.4.1978 – 5 AZR 834/76 – RdA 1979, 55, 56; BAG 8.12.1982 – 4 AZR 134/80 – DB 1983, 395, 396.
34 *Walk*, S. 124 ff.; a.A. *Moll*, RdA 1980, 138, 154.
35 BAG 8.9.1982 – 5 AZR 283/80 – DB 1983, 397; BAG 24.3.1982 – 5 AZR 620/79 – DB 1982, 1883.
36 BAG 8.12.1982 – 4 AZR 134/80 – DB 1983, 395, 396.
37 *Hantel*, NJ 2002, 577, auch zum Betriebsrisiko (§ 615 S. 3).
38 BAG 8.9.1982 – 5 AZR 283/80 – DB 1983, 397.
39 *Ehmann*, NJW 1987, 401; *Richardi*, NJW 1987, 1231, auch zu Betriebs- (§ 615 S. 3) und Wegerisiko.
40 A.A. angedeutet in LAG München 1.4.1999 – 2 Sa 826/98 – EzBAT TV Fleischbeschauerpersonal außerhalb öffentlicher Schlachthöfe Nr. 13.
41 Staudinger/*Oetker*, § 616 Rn 73 ff.; MüKo-BGB/*Henssler*, § 616 Rn 52.
42 S. die Übersicht zum „Krankheitsbegriff im Arbeitsrecht" bei *Lepke*, NZA-RR 1999, 57.
43 MünchArb/*Boecken*, Bd. 1, § 82 Rn 1 ff.; *Boecken*, NZA 1999, 673.
44 BGH 6.4.1995 – VII ZR 36/94 – NJW 1995, 2629.

schäftsführer,[45] Vorstandsmitglieder) einschlägig ist.[46] Eine zur **Arbeitsunfähigkeit** führende Erkrankung ist angesichts des Wortlauts und des Zwecks der Vorschrift nicht zwingend erforderlich. Auch bei bestehender Arbeitsfähigkeit können der Diagnose oder der Behandlung dienende **Arztbesuche** die Unzumutbarkeit der Erbringung der Dienstleistung begründen.[47] Unzumutbarkeit in diesem Sinne liegt nicht vor, wenn der Arztbesuch außerhalb der Arbeitszeit möglich und zumutbar ist. Der Dienstpflichtige muss die Verhinderung möglichst zu vermeiden suchen, z.B. durch Aufsuchen des Arztes in der „Berufstätigensprechstunde" oder durch die Bitte an den Arzt, den Behandlungstermin auf einen Zeitpunkt zu verlegen, zu dem keine Arbeitspflicht besteht.[48] Ist dem Dienstpflichtigen das Aufsuchen des gewählten Arztes außerhalb der Arbeitszeit nicht möglich, da er keinen Einfluss auf die Termingestaltung des Arztes nehmen kann, ist sein **Recht der freien Wahl des Arztes seines Vertrauens**[49] gegenüber der i.Ü. gebotenen Rücksichtnahme auf die Interessen des AG vorrangig.[50] Bei ärztlich zwingend festgelegten Terminen, z.B. zur Blutentnahme in nüchternem Zustand oder zum Röntgen, kann der Dienstnehmer auf die Untersuchungsstunde keinen Einfluss nehmen.[51]

10 **d) Familiäre Ereignisse.** Hierunter fallen solche familiären Ereignisse, bei denen die Anwesenheit des Betreffenden gesellschaftlich allg. nicht nur als wünschenswert, sondern als unverzichtbar angesehen wird, ein Fernbleiben dagegen als anstößig wahrgenommen würde, wie z.B. die eigene – bürgerliche oder kirchliche (siehe auch Rn 17) – Eheschließung,[52] die Begründung der Lebenspartnerschaft (§ 1 Abs. 1 LPartG), die Hochzeit der Kinder oder Eltern,[53] die Goldene Hochzeit der Eltern,[54] die Niederkunft der Ehefrau (arg. § 1353 Abs. 1 S. 2), nicht aber die der Partnerin einer nichtehelichen Lebensgemeinschaft,[55] Todesfälle bzw. Begräbnisse naher (Eltern, Kindern, Geschwister etc.) oder im Haushalt lebender sonstiger Familienangehöriger[56] oder Lebenspartner (§ 11 Abs. 1 LPartG) sowie Konfirmation und Erstkommunion von Kindern.[57]

11 **e) Pflege erkrankter naher Familienangehöriger und Lebenspartner. aa) Allgemeines.** Macht die Erkrankung eines nahen Familienangehörigen die Hilfe und Pflege gerade durch den Dienstpflichtigen für einen angemessenen Zeitraum (siehe Rn 19 ff.) erforderlich, besteht ein persönliches Leistungshindernis i.S.v. S. 1.[58] Das erforderliche Näheverhältnis zwischen Dienstpflichtigem und Erkranktem ist zu bejahen bei Ehegatten,[59] Abkömmlingen,[60] Eltern, Geschwistern[61] sowie sonstigen nahen, in den Haushalt aufgenommenen Familienangehörigen[62] oder Lebenspartnern (§§ 1 Abs. 1 S. 1, 2 S. 1, 11 Abs. 1 LPartG). Der Dienstnehmer muss den Arbeitsausfall nach Möglichkeit zu vermeiden suchen.[63] Deshalb besteht ein Anspruch nach § 616 z.B. nicht, wenn der Dienstnehmer seine Kinder häuslich versorgt, weil die Betreuungsperson erkrankt ist.[64] Hier hat er eine andere Betreuungsperson zu suchen.

Die Pflege eines pflegebedürftigen nahen Angehörigen nach Maßgabe des § 2 Abs. 1 PflegeZG kann grds. ein persönliches Leistungshindernis i.S.v. S. 1 sein und einen Anspruch auf Fortzahlung des Lohns begründen (zur Dauer siehe Rn 21). Allerdings ist zu beachten, dass der Begriff des für § 616 maßgebenden nahen Familienangehörigen enger ist als die Definition des § 7 Abs. 3 PflegeZG.[65]

---

45 *Schaub*, WiB 1994, 637.
46 Staudinger/*Oetker*, § 616 Rn 54 f. m.w.N.
47 BAG 23.10.1963 – 4 AZR 33/63 – DB 1964, 37, 38; BAG 7.3.1990 – 5 AZR 189/89 – NZA 1990, 567, 568; *Brill*, NZA 1984, 281.
48 BAG 29.2.1984 – 5 AZR 92/82 – NZA 1984, 33, zur Auslegung des Tarifnorm, nach welcher der Arztbesuch „notwendig" sein muss; *Reinecke*, AuA 1996, 340, 341.
49 S. § 76 Abs. 1 S. 1 SGB V für den Bereich der GKV; *Boecken*, NZA 1999, 673, 679.
50 BAG 29.2.1984 – 5 AZR 92/82 – NZA 1984, 33.
51 BAG 27.6.1990 – 5 AZR 365/89 – NZA 1990, 894.
52 BAG 14.2.1962 – 4 AZR 37/61 – RdA 1962, 207; BAG 27.4.1983 – 4 AZR 506/80 – DB 1983, 2201; BAG 17.10.1985 – 6 AZR 571/82 – DB 1986, 438.
53 Staudinger/*Oetker*, § 616 Rn 62.
54 BAG 25.10.1973 – 5 AZR 156/73 – DB 1974, 343, 344; BAG 25.8.1982 – 4 AZR 1064/79 – DB 1982, 2574; a.A. Erman/*Belling*, § 616 Rn 26.
55 BAG 18.1.2001 – 6 AZR 492/99 – NZA 2002, 47, 48 ff.; BAG 25.2.1987 – 8 AZR 430/84 – NZA 1987, 667, 668; BAG 12.12.1973 – 4 AZR 75/73 – DB 1975, 1179; BAG 26.2.1964 – 4 AZR 257/63 – DB 1964, 664; BVerfG 8.1.1998 – 1 BvR 1872/94 – NZA 1998, 547, zur Nichtannahme der Verfassungsbeschwerde gegen § 52 BAT.
56 Staudinger/*Oetker*, § 616 Rn 61 m.w.N.
57 BAG 27.4.1983 – 4 AZR 506/80 – DB 1983, 2201, 2203; BAG 11.2.1993 – 6 AZR 98/92 – NZA 1993, 1003, 1004, insb. zur Freistellung.
58 BAG 20.7.1977 – 5 AZR 325/76 – DB 1977, 2332; BAG 19.4.1978 – 5 AZR 834/76 – RdA 1979, 55, 56 f.; BAG 20.6.1979 – 5 AZR 361/78 – DB 1979, 1993, 1994.
59 BAG 20.7.1977 – 5 AZR 325/76 – DB 1977, 2332.
60 BAG 19.4.1978 – 5 AZR 834/76 – RdA 1979, 55, 56 f.; BAG 20.6.1979 – 5 AZR 361/78 – DB 1979, 1993, 1994.
61 Staudinger/*Oetker*, § 616 Rn 57, auch zu Vorstehendem.
62 BAG 20.7.1977 – 5 AZR 325/76 – DB 1977, 2332; Staudinger/*Oetker*, § 616 Rn 56 ff.
63 BAG 25.4.1960 – 1 AZR 16/58 – DB 1960, 699; BAG 7.6.1978 – 5 AZR 466/77 – DB 1978, 1651; LAG Niedersachsen 26.10.1977 – 2 (3) Sa 1506/76 – DB 1978, 214 f.
64 LAG Düsseldorf 20.3.2007 – 3 Sa 30/07 – juris; a.A. *Kohte/Nebe*, jurisPR-ArbR 36/2007 Anm. 1.
65 S. auch ErfK/*Dörner*, § 616 BGB Rn 8a; *Preis/Weber*, NZA 2008, 82, 83.

bb) Pflege erkrankter Kinder. Nach Maßgabe von § 45 Abs. 3 S. 1 SGB V besteht für Versicherte mit Anspruch **12**
auf Krankengeld ein unabdingbarer (§ 45 Abs. 3 S. 3 SGB V) Anspruch auf **unbezahlte Freistellung**, soweit nicht ein
Anspruch auf bezahlte Freistellung besteht.[66] Eine feste **Altersgrenze** für die Pflege erkrankter Kinder besteht nicht,
insb. ist für S. 1 nicht diejenige des § 45 Abs. 1 S. 1 SGB V (vollendetes zwölftes Lebensjahr) verbindlich.[67] Der
Anspruch auf Kinderkrankengeld aus § 45 SGB V ist, wie § 49 Abs. 1 Nr. 1 SGB V deutlich macht, subsidiär gegenüber einem Anspruch gegen den AG aus § 616[68] (siehe § 45 SGB V Rn 18, 1). Die Eltern eines erkrankten Kindes
haben ein **Wahlrecht**, wer von ihnen die Pflege übernimmt.[69] Es sind die zeitlichen Grenzen des S. 1 zu beachten
(siehe Rn 19 ff.). Sind die Eltern bei demselben Dienstberechtigten beschäftigt, haben sie bei der Ausübung des
Wahlrechts auf dessen berechtigte Interessen an der jeweils zu erbringenden Dienstleistung angemessen Rücksicht
zu nehmen.[70]

f) Wahrnehmung staatsbürgerlicher und ehrenamtlicher Pflichten. Die Inanspruchnahme durch öffentliche **13**
Ehrenämter, bspw. als Schöffe oder ehrenamtlicher Richter (s. § 18 JVEG[71]),[72] Mitglied eines Selbstverwaltungsorgans der Sozialversicherung[73] sowie in kommunalpolitischen Vertretungen[74] kann – unter Beachtung der zeitlichen Grenzen des S. 1 (siehe Rn 19 ff.) – eine Dienstverhinderung darstellen.[75] Dies gilt nicht – hinsichtlich Kandidatur und Ausübung – für ein freiwillig übernommenes Wahlmandat, z.B. die Ratsherrentätigkeit.[76] Die
Wahrnehmung gewerkschaftlicher Ämter sowie von Aufgaben in privatrechtlichen Vereinen fällt nicht unter
S. 1;[77] für die Teilnahme an Zusammenkünften in Gewerkschaftsangelegenheiten bestehen jedoch ggf. tarifvertragliche Freistellungs- und Entgeltfortzahlungsansprüche.[78] Während S. 1 ursprünglich „insb. auch in angemessener
Weise den Wehrpflichtigen zu statten" kommen sollte,[79] sind spezielle Lohnweiterzahlungsansprüche in §§ 1
Abs. 2, 14 Abs. 1, 3 ArbPlSchG geregelt worden.[80] Ein Anspruch des Dienstpflichtigen auf Ersatz des wegen der
ehrenamtlichen Tätigkeit für die Feuerwehr oder den Katastrophenschutz erlittenen Lohnausfalls ergibt sich aus landesrechtlichen Vorschriften mitunter gegen den öffentlich-rechtlichen Träger.[81] Oftmals wird mit diesen Vorschriften der AG zur Fortzahlung der Vergütung verpflichtet,[82] welchem i.d.R. Regressansprüche gegen die öffentlich-rechtliche Körperschaft zustehen.[83] Entsprechendes gilt für THW-Helfer.[84]

g) Wahrnehmung amtlicher Termine. Behördliche, polizeiliche und gerichtliche Vorladungen stellen grds. **14**
selbst dann subjektive Leistungshindernisse i.S.v. S. 1 dar, wenn sie vom Dienstpflichtigen **in eigener Sache** wahrgenommen werden müssen,[85] sofern er ihnen gerade während der Arbeitszeit zu folgen verpflichtet ist und kein Ver-

---

66 MüKo-BGB/*Henssler*, § 616 Rn 27 f.; *Erasmy*, NZA 1992, 921; *Schulte*, ArbRB 2004, 344, 345; *Sowka*, RdA 1993, 34 f.; *Kleinebrink*, ArbRB 2006, 303 ff.; *Schulz/Kießling*, DB 2006, 838 ff.; *Kießling/Jünemann*, DB 2005, 1684, 1685 ff.; *Greiner*, NZA 2007, 490 f.
67 H.M., Staudinger/*Oetker*, § 616 Rn 57; *Erasmy*, NZA 1992, 921; *Sowka*, RdA 1993, 34; a.A. *Schaub*, AuA 1996, 82, 83.
68 BAG 31.7.2002 – 10 AZR 578/01 – DB 2002, 2493; LAG Thüringen 20.9.2007 – 3 Sa 78/07 – juris.
69 BAG 20.6.1979 – 5 AZR 361/78 – DB 1979, 1994; BAG 29.2.1984 – 5 AZR 92/82 – NZA 1984, 33.
70 Angedeutet in BAG 20.6.1979 – 5 AZR 361/78 – DB 1979, 1994 f.; h.M., Staudinger/*Oetker*, § 616 Rn 58; MüKo-BGB/*Henssler*, § 616 Rn 31; *Löwisch*, DB 1979, 209, 211; a.A. *Kießling/Jünemann*, DB 2005, 1684, 1686.
71 Gesetz über die Vergütung von SV, Dolmetscherinnen, Dolmetschern, Übersetzerinnen und Übersetzern, sowie die Entschädigung von ehrenamtlichen Richtern, Zeuginnen, Zeugen und Dritten (Justizvergütungs- und -entschädigungsG – JVEG) v. 12.5.2002, in Kraft getreten zum 1.7.2004 (BGBl I S. 776, 781); s. vormals § 2 Abs. 2 EhrRiEG.
72 Offen gelassen von BAG 25.8.1982 – 4 AZR 1147/79 – DB 1983, 183; so die Vorinstanz LAG Baden-Württemberg 13.9.1979 – 4 Sa 50/79 – juris; LAG Bremen 14.6.1990 – 3 Sa 132/89 – DB 1990, 2073 m. bzgl. Akteneinsicht; h.M., Staudinger/*Oetker*, § 616 Rn 67; Schaub/*Linck*, Arbeitsrechts-Handbuch, § 97 Rn 17.
73 RAG 11.12.1929 – 242/29 – ARS 8, 3, 5 ff. m. Anm. *Dersch*.
74 BAG 7.12.1956 – 3 AZR 393/54 – AP § 616 BGB Nr. 7 m. Anm. *Neumann-Duesberg*, auch zum Ausschluss des (tariflichen) Lohnfortzahlungsanspruchs für einen ehrenamtlichen Bürgermeister, der eine Aufwandsentschädigung erhält.
75 BAG 8.12.1982 – 4 AZR 134/80 – DB 1983, 395, 396; BAG 9.3.1983 – 4 AZR 62/80 – RiA 1984, 113, wonach für die Tätigkeit im Beirat für Landespflege kein Anspruch nach § 10 Abs. 1 lit. a) MTV-TÜV besteht; *Schäcker*, DB 1962, 905.
76 BAG 20.6.1995 – 3 AZR 857/94 – NZA 1996, 383; MüKo-BGB/*Henssler*, § 616 Rn 42.
77 A.A. *Schaub*, AuA 1996, 82, 83.
78 BAG 20.4.1999 – 3 AZR 352/97 – NZA 1999, 1339, 1340 f.; BAG 11.9.1985 – 4 AZR 147/85 – AP § 616 BGB Nr. 67; BAG 19.7.1983 – 1 AZR 307/81 – DB 1983, 2695.
79 Motive II, 463.
80 Für nicht dem ArbPlSchG unterfallende – insb. bei ausländischen AG beschäftigte – AN gilt § 15 Abs. 5 WPflG; *Schäcker*, DB 1962, 905.
81 Z.B. § 15 Abs. 1 S. 1 FwG BW für ehrenamtlich tätige Angehörige der Gemeindefeuerwehr; *Bauer/Opolony*, NZA 2002, 3503, 3505; *Hantel*, NJ 2002, 577, 579.
82 Z.B. Art. 9 Abs. 1 S. 4 BayFwG; § 11 Abs. 5 SächsKatSG; § 12 Abs. 2 S. 1 NdsBrandSchG; BAG 13.2.1996 – 9 AZR 900/93 – NZA 1996, 1104.
83 Z.B. § 13 Abs. 1 S. 3 LKatSG BW; *Bauer/Opolony*, NZA 2002, 3503, 3505; *Hantel*, NJ 2002, 577, 579.
84 § 3 des Gesetzes zur Regelung der Rechtsverhältnisse der Helfer der Bundesanstalt Technisches Hilfswerk – THW-HelfRG) v. 22.1.1990 (BGBl I S. 118).
85 BAG 4.9.1985 – 7 AZR 249/83 – NZA 1986, 784.

schulden (Rn 22) vorliegt. Dies kann insb. der Fall sein, wenn vom Gericht oder der Behörde das **persönliche Erscheinen**, z.B. als Partei, Zeuge (arg. § 380 ZPO, § 51 StPO; s. § 22 S. 1 JVEG)[86] oder SV, angeordnet wurde.[87] Anderes gilt bei einer Tarifnorm, die die Lohnfortzahlung ausschließt, wenn amtliche Termine durch „private Angelegenheiten des AN" veranlasst wurden.[88] Um die Fürsorgepflicht des Dienstberechtigten nicht zu überspannen, dürfen auf diesen nicht die infolge der **privaten Lebenshaltung** des Dienstpflichtigen entstandenen Kosten abgewälzt werden. So muss der AG nicht Lohn für ausgefallene Arbeitszeit fortzahlen, in welcher der AN einer Aufforderung des Landratsamts zur TÜV-Überprüfung seines Motorrades nachgekommen ist.[89] Eine Verhinderung i.S.v. S. 1 liegt vor, wenn der Dienstpflichtige an einer Prüfung teilnehmen muss, deren zeitliche Lage er nicht beeinflussen kann.[90] Zu Unrecht erlittene Untersuchungshaft stellt – in den zeitlichen Grenzen des S. 1 (siehe Rn 19 ff.) – eine Dienstverhinderung dar.[91]

15 h) **Stellensuche.** Neben dem – nach allg.M. unabdingbaren[92] – Anspruch auf Freizeit zur Stellensuche nach § **629** kann sich aus S. 1 die Pflicht zur Fortzahlung der Vergütung ergeben,[93] wenn die Dienstverhinderung zur Stellensuche **unvermeidbar** ist, der maßgebliche Zeitraum (siehe Rn 19 ff.) nicht überschritten wird und die – insb. unter Berücksichtigung des Grundes für die Beendigung des Dienstverhältnisses – kein Verschulden (siehe Rn 22) des Dienstpflichtigen anzunehmen ist.[94] Das Bestehen eines Freistellungsanspruchs nach § 629 indiziert nicht die Erfüllung der Voraussetzungen des S. 1.[95] Der AG hat die Zeit der Freistellung des AN zur **persönlichen Meldung bei der AA** (§§ 2 Abs. 2 S. 2 Nr. 3, 37b S. 1, 140 SGB III) grds. nach §§ 611 Abs. 1, 616 S. 1 zu vergüten.[96] Unterlässt der AG den nach § 2 Abs. 2 S. 2 Nr. 3 SGB III gebotenen Hinweis an den AN auf dessen Pflicht, sich vor der Beendigung des Arbverh unverzüglich bei der AA arbeitsuchend zu melden, so begründet dies keinen Schadensersatzanspruch des AN gegen den AG.[97]

16 i) **Beschäftigungsverbote.** Ein Beschäftigungsverbot nach § 8 MuSchG stellt keinen persönlichen Verhinderungsgrund i.S.v. S. 1 dar, da die Ursache der Arbeitsverhinderung nicht in der Person der AN liegt, sondern auf der Arbeitszeiteinteilung des Betriebs beruht.[98] Anderes gilt für das Beschäftigungsverbot nach § **31 IfSG**[99] (früher § 38 BSeuchG), welches seine Rechtfertigung in der vom Betroffenen ausgehenden Gefahr findet.[100] Für AN ist zu beachten, dass bei Vorliegen der Voraussetzungen ein Entgeltfortzahlungsanspruch nach § 3 EFZG selbst dann in Betracht kommen kann, wenn der AN gegen die Krankheit, die von den Erregern hervorgerufen werden kann, immun und daher nicht arbeitsunfähig krank ist, da eine weitere Zusammenarbeit des Betroffenen mit anderen Personen regelmäßig unzumutbar und unter gesundheitspolizeilichen Aspekten nicht vertretbar erscheint.[101]

17 j) **Religiöse Pflichten und Gewissenskonflikte.** Zu den subjektiven Leistungshindernissen i.S.v. § 616 S. 1 kann auch die Erfüllung einer vorrangigen religiösen Pflicht gehören (arg. **Art. 4 Abs. 1 u. 2 GG**).[102] Sieht eine Tarifnorm einen „Anspruch auf bezahlte Freistellung von der Arbeit bei eigener Eheschließung für 2 Tage" vor, so kann der AN sein in diesem Fall bestehendes Wahlrecht gem. § 315 Abs. 1 auch so ausüben, dass er je einen freien Tag aus Anlass der bürgerlichen und der **kirchlichen Eheschließung** nimmt.[103] Ein AG ist nicht verpflichtet, **Gebetspausen** des muslimischen AN während der Arbeitszeit hinzunehmen, wenn hierdurch betriebliche Störungen verursacht wer-

---

86 S. vormals § 2 Abs. 3 S. 1 ZSEG.
87 BAG 13.12.2001 – 6 AZR 30/01 – NZA 2002, 1105; BAG 16.12.1960 – 1 AZR 204/59 – DB 1961, 242; zum Freistellungsanspruch LAG Hamm 24.11.1971 – 8 Ta 78/71 – DB 1972, 1535.
88 BAG 4.9.1985 – 7 AZR 249/83 – NZA 1986, 784: Prozess gegen den AG als „private Angelegenheit"
89 BAG 16.12.1960 – 1 AZR 204/59 – DB 1961, 242; BAG 13.11.1974 – 5 AZR 54/74 – AP § 616 BGB Nr. 45 m. Anm. *Herschel*.
90 RAG 25.3.11931 – 551/30 – ARS 11, 541, 544 ff. m. Anm. *Hueck*; Staudinger/*Oetker*, § 616 Rn 65; differenzierend HWK/*Krause*, § 616 BGB Rn 31.
91 Offen gelassen von BAG 16.3.1987 – 2 AZR 64/66 – DB 1967, 823; bejahend BAG 11.8.1988 – 8 AZR 721/85 – NZA 1989, 54; RAG 10.8.1932 – 145/32 – ARS 15, 570, 572 f. m. Anm. *Hueck*, zu § 63 HGB.
92 Palandt/*Weidenkaff*, § 629 Rn 1; *Hanau*, ZIP 2003, 1573, 1574; *Sibben*, DB 2003, 826.
93 RAG 2.5.1928 – 4/28 – ARS 3, 21, 23 f. m. Anm. *Hueck*; BAG 13.11.1969 – 4 AZR 35/69 – DB 1970, 211 f.; BAG 11.6.1957 – 2 AZR 15/57 – JZ 1957, 640 f. m. Anm. *Molitor*.
94 Staudinger/*Oetker*, § 616 Rn 72 m.w.N.
95 BAG 13.11.1969 – 4 AZR 35/69 – DB 1970, 211.
96 *Hanau*, ZIP 2003, 1573; *Marschner*, AuA 2003 Nr. 7, 20, 21; *Sibben*, DB 2003, 826 ff.; *Düwell*, FA 2003, 108, 112.
97 BAG 29.9.2005 – 8 AZR 571/04 – NZA 2005, 1406 ff.; LAG Düsseldorf 29.9.2004 – 12 Sa 1323/04 – NZA-RR 2005, 104 ff.
98 BAG 24.6.1960 – 1 AZR 96/58 – DB 1960, 1249, 1250.
99 Das Gesetz zur Verhütung und Bekämpfung von Infektionskrankheiten beim Menschen (InfektionsschutzG – IfSG) v. 20.7.2000 (BGBl I S. 1045) löste m.W.v. 1.1.2001 das BSeuchG ab.
100 BGH 30.11.1978 – III ZR 43/77 – DB 1979, 1367, 1369 f.: Ausscheider von Salmonellen; BGH 1.2.1979 – III ZR 88/77 – DB 1979, 1371: Ausscheidungsverdächtige, Ausscheider, Ansteckungsverdächtige; LAG Düsseldorf 18.5.1966 – 11 b S 43/66 – AP § 616 BGB Nr. 39: Paratyphusverdächtiger; *Lepke*, NZA-RR 1999, 57, 62; a.A. *Diekhoff*, DB 1967, 382.
101 *Lepke*, NZA-RR 1999, 57, 62 m.w.N.
102 Staudinger/*Oetker*, § 616 Rn 68 f.; *Beck*, S. 108 ff.; *Adam*, NZA 2003, 1375; *Kothe*, NZA 1989, 161, 165 ff.; allgemein bejahend *Grabau*, BB 1991, 1257, 1262; a.A. Erman/*Belling*, § 616 BGB Rn 26, 28.
103 BAG 27.4.1983 – 4 AZR 506/80 – DB 1983, 2201.

den;[104] jedenfalls darf der AN seinen Arbeitsplatz nicht ohne vorherige Rücksprache mit seinem Vorgesetzten verlassen.[105] **Gewissenskonflikte** des Dienstpflichtigen, die erst durch die Erbringung der Dienstleistung entstehen würden, führen nach Verweigerung der Dienste nicht dazu, dass der Vergütungsanspruch über S. 1 aufrechterhalten wird.[106]

k) Sonstige Einzelfälle. Wohnungseinbruch, -brand sowie **unverschuldete Verkehrsunfälle** des Dienstpflichtigen können – unter Beachtung der zeitlichen Grenzen (siehe Rn 19 ff.) – als Dienstverhinderung i.S.v. S. 1 anzusehen sein.[107] Gleiches gilt für sonstige **Unglücksfälle**, z.B. wenn der AN im Fall einer Überschwemmungskatastrophe einer Evakuierungsanordnung der Katastrophenschutzbehörde Folge leistet oder sich zu Sicherungsmaßnahmen, insb. am eigenen Haus oder zur Rettung Angehöriger, gezwungen sieht.[108] Ein **Umzug** des Dienstpflichtigen stellt grds. keinen Verhinderungsgrund nach S. 1 dar, da es dem Dienstverpflichteten i.d.R. zuzumuten ist, diesen an arbeitsfreien Tagen durchzuführen.[109] Gleiches gilt für sonstige **häusliche Arbeiten**.[110] Selbst bei ärztlicher Verordnung von **Schonungszeiten** (Vorsorge- oder Rehabilitationsmaßnahmen) außerhalb des gesetzlichen Krankenversicherungsrechts ist § 616 nicht einschlägig, da § 9 EFZG, §§ 7 Abs. 1 S. 2, 10 BUrlG leges speciales sind.[111]

3. Verhältnismäßig nicht erhebliche Zeit. a) Zeitpunkt der Dienstverhinderung. Der Zeitpunkt der Leistungsverhinderung ist i.R.v. § 616 – sofern ein Dienstverhältnis bestand, aufgrund dessen der Dienstverpflichtete seine Leistung dem Dienstberechtigten zur Verfügung zu stellen verpflichtet war – grds. unerheblich.[112] Bei gleitender Arbeitszeit besteht mangels anderweitiger Vereinbarung kein Anspruch auf Zeitgutschrift[113] oder Arbeitsbefreiung,[114] wenn das die Verhinderung herbeiführende Ereignis in die **Gleitzeit** fällt. S. 1 gilt grds. auch dann, wenn der Hinderungsgrund bereits vor dem erstmaligen Dienstbeginn eintrat und zum vorgesehenen Zeitpunkt des Dienstbeginns noch andauert.[115] Lag das dem Dienstpflichtigen bekannte Leistungshindernis schon bei Vertragsschluss vor, kann dem Vergütungsanspruch der Einwand des **Rechtsmissbrauchs** (§ 242) entgegengehalten werden.[116]

b) Dauer der Dienstverhinderung. aa) Allgemeines. Der Gesetzgeber hat den Begriff „verhältnismäßig nicht erhebliche Zeit" i.S.v. S. 1 angesichts der Verschiedenartigkeit der in Betracht kommenden Verhinderungsgründe nicht näher erläutert.[117] Die Bestimmung dessen bereitet Schwierigkeiten und ist anhand der gesamten Umstände des konkreten **Einzelfalls** vorzunehmen.[118] Unter **Abwägung der beiderseitigen Interessen** wird die Heranziehung folgender – im Einzelnen umstr. – **Kriterien** befürwortet: insb. das Verhältnis des Zeitraums der Dienstverhinderung zur bereits verflossenen und noch zu erwartenden Gesamtdauer des Dienstverhältnisses,[119] die Dringlichkeit und Art der Arbeit,[120] der Umfang des Betriebs, die Einstellung eines Ersatzmannes, die Zahl der sonstigen von der Behinderung mitbetroffenen AN, die allg. Betriebssituation,[121] eine etwa vorhandene betriebliche Übung,[122] die Länge der Künd-Frist als Beleg für die künftige Mindestvertragsdauer[123] sowie Dauer, Art und Schwere des Verhinderungsgrundes. Liegen nacheinander mehrere – auf unterschiedlichen Gründen beruhende[124] – Dienstverhinderungen von jeweils verhältnismäßig nicht erheblicher Dauer vor, so wird der Vergütungsanspruch grds. jedes Mal von

---

104 LAG Hamm 18.1.2002 – 5 Sa 1782/01 – NZA 2002, 675, 676 f.
105 LAG Hamm 26.2.2002 – 5 Sa 1582/01 – NZA 2002, 1090, 1091 ff.
106 H.M., MünchArb/*Boewer*, Bd. 1, § 80 Rn 15; *Kothe*, NZA 1989, 161, 167; *Reuter*, BB 1986, 385, 389; a.A. *Wendeling-Schröder*, BB 1988, 1742, 1746.
107 ErfK/*Dörner*, § 616 BGB Rn 4 m.w.N.
108 *Bauer/Opolony*, NZA 2002, 3503, 3506 f.
109 BAG 25.4.1960 – 1 AZR 16/58 – DB 1960, 699.
110 RAG 27.2.1942 – 141/41 – ARS 44, 155, 157 m. Anm. *Hueck*, zur Erledigung der Wäsche.
111 MünchArb/*Boecken*, Bd. 1, § 86 Rn 37; *Schmitt*, RdA 1996, 5, 10 f.; a.A. *Leinemann*, AuR 1995, 83, 84.
112 BAG 6.9.1989 – 5 AZR 621/88 – NZA 1990, 142, 143; BAG 3.3.1961 – 1 AZR 76/60 – DB 1961, 609; BAG 26.8.1960 – 1 AZR 202/59 – DB 1961, 170; BAG 14.6.1974 – 5 AZR 467/73 – RdA 1974, 315.
113 LAG Köln 10.2.1993 – 8 Sa 894/92 – EzA § 616 BGB Nr. 45, für Arztbesuche.
114 BAG 16.12.1993 – 6 AZR 236/93 – NZA 1994, 854, für die Ausübung öffentlicher Ehrenämter.
115 RAG 16.1.1940 – 140/39 – ARS 38, 139, 145 m. Anm. *Hueck*.
116 RAG 7.6.1939 – 246/38 – ARS 36, 171, 177 ff. m. Anm. *Hueck*; BAG 26.7.1989 – 5 AZR 491/88 – NZA 1990, 141 f.; MünchArb/*Boecken*, Bd. 1, § 85 Rn 83.
117 BAG GS 17.12.1959 – GS 2/59 – DB 1960, 355; Staudinger/*Oetker*, § 616 Rn 5.
118 BAG GS 17.12.1959 – GS 2/59 – DB 1960, 353; BAG 25.10.1973 – 5 AZR 156/73 – DB 1974, 343 f.; BAG 11.8.1988 – 8 AZR 721/85 – NZA 1989, 54.
119 Protokolle II, 280; allg.M.; BAG 13.11.1969 – 4 AZR 35/69 – DB 1970, 211; RAG 19.3.1932 – 526/31 – ARS 14, 556, 560 f. m. Anm. *Hueck*.
120 RAG 19.3.1932 – 526/31 – ARS 14, 556, 560 f. m. Anm. *Hueck*; a.A. Erman/*Belling*, § 616 Rn 47; Schaub/*Linck*, Arbeitsrechts-Handbuch, § 79 Rn 16.
121 BAG GS 17.12.1959 – GS 2/59 – DB 1960, 353 auch zu den vorstehenden Kriterien; a.A. Erman/*Belling*, § 616 Rn 47; Schaub/*Linck*, Arbeitsrechts-Handbuch, § 97 Rn 16.
122 BAG 13.11.1969 – 4 AZR 35/69 – DB 1970, 211 f.
123 Erman/*Belling*, § 616 Rn 47 m.w.N.
124 Anderenfalls kann eine Zusammenrechnung der Fehlzeiten erfolgen; offen gelassen von BAG 7.6.1978 – 5 AZR 466/77 – DB 1978, 1651; so RAG 18.10.1930 – 20/30 – ARS 10, 469, 471 m. Anm. *Hueck*; Staudinger/*Oetker*, § 616 Rn 101; *Löwisch*, DB 1979, 209, 210 f.; a.A. MünchArb/*Boewer*, Bd. 1, § 80 Rn 20.

Neuem aufrechterhalten, auch wenn die Gesamtdauer der Verhinderung erheblich ist.[125] Einem Dienstpflichtigen, der für eine **verhältnismäßig erhebliche Zeit** an der Dienstleistung verhindert ist, steht kein Anspruch für eine verhältnismäßig nicht erhebliche Zeit zu.[126] Eine feste zeitliche **Obergrenze pro Jahr** – etwa durch Zusammenrechnung der Zeiträume der einzelnen Verhinderungen – besteht nicht.[127] Nach der Rspr. ist die Grenze der Verhältnismäßigkeit für jeden einzelnen Verhinderungsfall in Anlehnung an den früheren Abs. 2 (§ 3 Abs. 1 S. 1 EFZG) i.d.R. bei einem Zeitraum von mehr als **sechs Wochen** überschritten.[128] In der Lit. wird dagegen weitgehend vertreten, dass auch bei schwerwiegenden Verhinderungsgründen i.d.R. nur ein Anspruch für **wenige Tage** bestehe.[129]

21 **bb) Einzelfälle.** Es wurde als nicht mehr „verhältnismäßig nicht erheblich" angesehen, wenn ein AN **acht Wochen** in einer Klinik an einem Heim-Dialyse-Gerät ausgebildet wird, um später seinem erkrankten Ehepartner helfen zu können (siehe Rn 11).[130] Die Dauer der krankheitsbedingten Dienstunfähigkeit (siehe Rn 9) eines freien Mitarbeiters von **18 Tagen** steht der Anwendung von § 616 nicht entgegen.[131] Als verhältnismäßig nicht erhebliche Dauer für die Pflege erkrankter Kinder (siehe Rn 12) wurden vom BAG – in Anlehnung an § 185c RVO (Vorgängerregelung von § 45 SGB V) – i.d.R. **fünf Tage** erachtet.[132] Die heute in § 45 Abs. 2 SGB V für den Krankengeldanspruch vorgesehenen zeitlichen Grenzen[133] sollen für S. 1 nicht maßgebend sein.[134] Jedenfalls bezogen auf die kurzzeitige Arbeitsverhinderung i.S.v. § 2 Abs. 1 PflegeZG ist davon auszugehen, dass ein Anspruch auf Lohnfortzahlung bis zu zehn Arbeitstage besteht.[135] Hierfür spricht u.a. die Gesetzesbegründung (zur Abdingbarkeit siehe oben Rn 5).[136] Hinsichtlich der Dauer der bezahlten Freistellung zur Meldung bei der AA gem. §§ 2 Abs. 2 S. 2 Nr. 3, 37b SGB III (siehe Rn 15) wird vertreten, eine „negative Ausstrahlungswirkung" des im RegE[137] zu den ersten beiden „Hartz"-Gesetzen[138] ursprünglich vorgesehenen, aber nicht Gesetz gewordenen,[139] § 629a[140] (Entgeltfortzahlung bis zu vier, sieben, zehn Arbeitstagen bei einer Dauer des Arbverh von bis zu zwei, mehr als zwei oder mehr als fünf Jahren) anzunehmen.[141] Dies ist zweifelhaft, immerhin ist § 629a gerade nicht Gesetz geworden.

22 **4. Ohne Verschulden des Dienstverpflichteten.** Für die Frage des Verschuldens i.S.v. S. 1 sind die gleichen Grundsätze maßgeblich wie bei § 3 EFZG (siehe § 3 EFZG Rn 54 ff.). Es gilt nach st. Rspr. ein **einheitlicher Verschuldensbegriff**, der sich nicht nach § 276 richtet, sondern als ein **Verschulden gegen sich selbst** zu verstehen ist. Ein Verschulden in diesem Sinne ist danach anzunehmen, wenn ein gröblicher Verstoß gegen das von einem verständigen Menschen im eigenen Interesse zu erwartende (gebotene) Verhalten vorliegt, dessen Folgen auf den AG abzuwälzen unbillig wäre.[142] Verschulden liegt z.B. dann vor, wenn der AN die den Verhinderungsgrund darstellende Untersuchungshaft durch einen grob fahrlässig verursachten Verkehrsunfall mit Personenschaden herbeigeführt hat.[143]

---

125 RAG 14.12.1935 – 145/35 – ARS 25, 197, 200 f. m. Anm. *Hueck*; RAG 9.9.1941 – 54/41 – ARS 42, 439, 443 ff. m. Anm. *Hueck*.
126 BAG 11.8.1988 – 8 AZR 721/85 – NZA 1989, 54; BAG GS 18.12.1959 – GS 8/58 – BB 1960, 362; RAG 21.8.1940 – 56/40 – ARS 40, 221, 222 m. Anm. *Hueck*; RAG 16.1.1940 – 140/39 – ARS 38, 139, 144 f. m. Anm. *Hueck*; RAG 7.6.1939 – 246/38 – ARS 36, 171, 175 ff. m. Anm. *Hueck*; RAG 29.1.1930 – 407/29 – ARS 8, 184, 185 ff. m. Anm. *Hueck*; RAG 9.8.1929 – 102/29 – ARS 6, 589 m. Anm. *Hueck*; BGH 30.11.1978 – III ZR 43/77 – DB 1979, 1367, 1370.
127 ErfK/*Dörner*, § 616 BGB Rn 10a; a.A. *Kleinebrink*, ArbRB 2006, 303, 306: max. 5 Tage im Kalenderjahr.
128 BAG 20.7.1977 – 5 AZR 325/76 – DB 1977, 2332; BAG 11.8.1988 – 8 AZR 721/85 – NZA 1989, 54; a.A. RAG 19.3.1932 – 526/31 – ARS 14, 556, 560 f. m. Anm. *Hueck*, wonach 13 Wochen unerheblich sein können; für Gewissenskonflikte *Beck*, S. 110 f.
129 Schaub/*Linck*, Arbeitsrechts-Handbuch, § 97 Rn 16; Staudinger/*Oetker*, § 616 Rn 97; Erman/*Belling*, § 616 Rn 48 und *Schaub*, AuA 1996, 82, 83, für pauschale Werte gestaffelt nach Beschäftigungszeiten, wobei eine „gewisse Beliebigkeit" eingeräumt wird.
130 BAG 20.7.1977 – 5 AZR 325/76 – DB 1977, 2332.
131 BGH 6.4.1995 – VII ZR 36/94 – NJW 1995, 2629.
132 BAG 19.4.1978 – 5 AZR 834/76 – RdA 1979, 55, 57; BAG 7.6.1978 – 5 AZR 466/77 – DB 1978, 1651.
133 Zehn Arbeitstage pro Kind pro Kalenderjahr, insg. max. 25 Arbeitstage pro Kalenderjahr, bei Alleinerziehenden doppelt so viel.
134 Staudinger/*Oetker*, § 616 Rn 99; MüKo-BGB/*Henssler*, § 616 Rn 30; Erman/*Belling*, § 616 Rn 49; *Erasmy*, NZA 1992, 921, 922 f.; *Sowka*, RdA 1993, 34.
135 So auch ErfK/*Dörner*, § 616 BGB Rn 10a; a.A. *Preis/Nehring*, NZA 2008, 729, 732 f.; *Freihube/Sasse*, DB 2008, 1320, 1321.
136 BR-Drucks 718/07, S. 220 f.
137 BT-Drucks 15/25, S. 20, 40 f.
138 Erstes und Zweites Gesetz für moderne Dienstleistungen am Arbeitsmarkt v. 23.12.2002 – „Hartz I und II" (BGBl I S. 4607 und 4621).
139 BT-Drucks 15/201, S. 2.
140 *Hümmerich/Holthausen/Welslau*, NZA 2003, 7.
141 *Hanau*, ZIP 2003, 1573, 1575; *Sibben*, DB 2003, 826.
142 BAG 30.5.1958 – 2 AZR 451/55 – AuR 1959, 185 m. Anm. *Frey*; BAG 7.12.1972 – 5 AZR 350/72 – DB 1973, 579; BAG 7.10.1981 – 5 AZR 1113/79 – DB 1982, 496; BAG 1.6.1983 – 5 AZR 536/80 – DB 1983, 2420, 2421; BAG 11.11.1987 – 5 AZR 497/86 – NZA 1988, 197; BAG 7.8.1991 – 5 AZR 410/90 – NZA 1992, 69; Staudinger/*Oetker*, § 616 Rn 109; *Gerauer*, NZA 1994, 496; *Giese*, BB 1972, 360.
143 BAG 11.8.1988 – 8 AZR 721/85 – NZA 1989, 54.

5. Kausalität zwischen Leistungshindernis und Dienstverhinderung. Der persönliche Verhinderungsgrund muss die alleinige Ursache für den Arbeitsausfall sein („**Monokausalität**").[144] Dies ist nicht der Fall, wenn der AN wegen (Erholungs-)Urlaubs[145] oder außerhalb der regulären Arbeitszeit[146] nicht zu arbeiten brauchte. Gleiches gilt, wenn die Dienstleistungspflicht eines BR-Mitglieds wegen der Teilnahme an einer Schulungsveranstaltung ruht (§ 37 Abs. 6 u. 2 BetrVG)[147] sowie dann, wenn die Beteiligung an einem Arbeitskampf zu einer Suspendierung der vertraglichen Hauptpflichten führte.[148]

6. Benachrichtigungspflicht. Aufgrund der dem Dienstpflichtigen obliegenden Treuepflicht, oft auch aufgrund tarifvertraglicher Regelungen,[149] ist – unabhängig vom Bestehen eines Entgeltfortzahlungsanspruchs[150] – grds. eine formlose unverzügliche (§ 121 Abs. 1 S. 1) **Anzeige** der Verhinderung an den Dienstberechtigten erforderlich,[151] mit Angaben über Grund, Beginn und voraussichtliches Ende des Dienstausfalls.[152]

III. Rechtsfolge (S. 1, 2)

1. Aufrechterhaltung des Vergütungsanspruchs (S. 1). S. 1 beinhaltet nach richtiger Ansicht **keine eigenständige Anspruchsgrundlage**, sondern hält unter Abweichung von §§ 275, 326 den vertraglichen Vergütungsanspruch aus § 611 Abs. 1 aufrecht (siehe Rn 1). Nach der Rspr. gilt das **Lohnausfallprinzip**, der Dienstpflichtige ist so zu stellen, als ob er gearbeitet hätte.[153] Angesichts der Abdingbarkeit von § 616 (siehe Rn 5) ist es erst recht zulässig, die Gewährung von **Anwesenheitsprämien** bei kurzfristigen Arbeitsversäumnissen auszuschließen.[154] Richtet sich die Höhe einer einem Lizenzfußballspieler zugesagten **Jahresprämie** nach der Zahl der Pflichtspiele, so führt eine Arbeitsunfähigkeit nicht dazu, dass ihm Pflichtspiele „als fortzuzahlende Vergütung" gutgebracht werden können.[155] **Punktprämien**, die für jeden von der Mannschaft gewonnenen Meisterschaftspunkt gezahlt werden, sind dem Berufsfußballspieler im Krankheitsfall fortzuzahlen.[156]

2. Anrechnung von Versicherungsleistungen (S. 2). Gem. S. 2 muss sich der Dienstpflichtige den Betrag anrechnen lassen, welcher ihm für die Zeit der Verhinderung aus einer aufgrund **gesetzlicher Verpflichtung**[157] bestehenden **Kranken- oder Unfallversicherung** zukommt. Diese Vorschrift hat angesichts der Subsidiarität des nahezu einzig als anzurechnen in Betracht kommenden Krankengeldes (§ 49 Abs. 1 Nr. 1 SGB V) gegenüber dem Arbeitsentgelt sowie der in § 115 SGB X angeordneten cessio legis nur eine geringe praktische Bedeutung.[158]

3. Herausgabe von Ersatzverdienst (§ 285). Der Dienstpflichtige hat dem Dienstberechtigten nach Maßgabe von § 285 einen Ersatzverdienst herauszugeben, den er durch anderweitige Dienst- oder Arbeitsleistung erzielt hat. S. 2 steht dem nicht entgegen. Die Höhe des gem. S. 1 fortzuzahlenden Entgelts stellt die Obergrenze für die Herausgabe des Ersatzverdienstes dar.[159]

4. Regress des Dienstberechtigten bei Dritten. Soweit ein Dritter die Entstehung des Verhinderungsgrundes (mit-) verursacht hat und dem Dienstpflichtigen deswegen Ansprüche gegen den Dritten zustehen (z.B. aus § 823, § 7 StVG), besteht nach allg.M. analog § 255 oder aus dem Dienstvertrag eine **Pflicht zur Abtretung** (§ 398) dieser

---

144 St. Rspr. BAG 6.12.1995 – 5 AZR 237/94 – NZA 1996, 640, 641 f.; BAG 1.10.1991 – 1 AZR 147/91 – NZA 1992, 163; BAG 20.3.1985 – 5 AZR 229/83 – NZA 1986, 193; BAG 17.11.1977 – 5 AZR 599/76 – DB 1978, 499; BAG 11.1.1966 – 5 AZR 383/65 – DB 1966, 427; BAG 22.6.1961 – 5 AZR 236/60 – DB 1961, 1135; Erman/*Belling*, § 616 Rn 34 ff.; *Bauer/Opolony*, NZA 2002, 3503, 3508; krit. *Boecken*, NZA 1999, 673, 676; a.A. *Gutzeit*, NZA 2003, 81.
145 LAG Niedersachsen 24.8.1983 – 5 Sa 61/83 – BB 1984, 536.
146 LAG München 1.4.1999 – 2 Sa 826/98 – EzBAT TV Fleischbeschaupersonal außerhalb öffentlicher Schlachthöfe Nr. 13.
147 BAG 15.1.1991 – 1 AZR 178/90 – NZA 1991, 604.
148 BAG 1.10.1991 – 1 AZR 147/91 – NZA 1992, 163.
149 BAG 27.6.1990 – 5 AZR 314/89 – NZA 1991, 103.
150 LAG Hamm 23.3.1971 – 3 Sa 104/70 – DB 1971, 872.
151 BAG 9.4.1960 – 2 AZR 457/57 – RdA 1961, 43.
152 LAG Düsseldorf 3.5.1961 – 6 Sa 69/61 – DB 1961, 1103; HWK/*Krause*, § 616 BGB Rn 45; Erman/*Belling*, § 616 Rn 54, 74, auch zu Folgen einer Verletzung dieser Nebenpflicht (§ 273, § 280, § 242, § 621, § 626).
153 BAG 13.2.2002 – 5 AZR 470/00 – NZA 2002, 683, 687; BAG 6.12.1995 – 5 AZR 237/94 – NZA 1996, 640, 642; BAG 19.4.1989 – 5 AZR 248/88 – NZA 1989, 715 f.; MünchArb/*Boewer*, Bd. 1, § 80 Rn 22.
154 BAG 26.10.1994 – 10 AZR 482/93 – NZA 1995, 266; BAG 15.2.1990 – 6 AZR 381/88 – NZA 1990, 601, 603 ff., zur Weihnachtsgratifikation, unter Aufgabe von BAG 4.10.1978 – 5 AZR 886/77 – DB 1979, 797 f.; s.a. § 4a EFZG.
155 BAG 22.8.1984 – 5 AZR 539/81 – DB 1985, 1243.
156 BAG 6.12.1995 – 5 AZR 237/94 – NZA 1996, 640.
157 Nicht erfasst sind freiwillige Versicherungen: RAG 16.1.1940 – 140/39 – ARS 38, 139, 145 ff. m. Anm. *Hueck*.
158 Staudinger/*Oetker*, § 616 Rn 123 ff.; Erman/*Belling*, § 616 Rn 66 ff.; MünchArb/*Boewer*, Bd. 1, § 80 Rn 23.
159 *Löwisch*, NJW 2003, 2049 m.w.N.

Ansprüche an den Dienstberechtigten.[160] Ansprüche des Dienstberechtigten gegen den Dritten aus eigenem Recht bestehen in aller Regel nicht.[161] Bis zur Abtretung besteht ein **Zurückbehaltungsrecht** (§ 273) des Dienstberechtigten an der Vergütung.[162] Im Anwendungsbereich des EFZG gilt die cessio legis des § 6 Abs. 1 EFZG; ein Leistungsverweigerungsrecht des AG nach schuldhafter Verhinderung des Anspruchsübergangs durch den AN ergibt sich aus § 7 Abs. 1 Nr. 2, Abs. 2 EFZG.[163]

C. Verbindung zu anderen Rechtsgebieten und zum Prozessrecht

I. Verjährung und Ausschlussfristen

29 Angesichts der Rechtsnatur des nach § 616 fortzuzahlenden Entgelts (siehe Rn 25) sind die allg. Vorschriften über das Arbeitsentgelt anzuwenden, so dass die dreijährige Regelverjährung des § 195 einschlägig ist.[164] Der Anspruch kann tariflichen **Ausschlussfristen** unterliegen.[165]

II. Darlegungs- und Beweislast

30 S. 1 stellt im Hinblick auf die Rechtsfolge des § 326 Abs. 1 S. 1 eine anspruchserhaltende Gegennorm (Einwendung) dar, für deren Eingreifen der Gläubiger nach allg. Regeln die Darlegungs- und Beweislast trägt. Der Dienstverpflichtete hat daher die Voraussetzungen von S. 1 – **Dienstverhinderung** aus **persönlichen Gründen** für eine **verhältnismäßig nicht erhebliche Zeit** – darzulegen und ggf. zu beweisen.[166] Die ärztliche Bescheinigung nach § 45 Abs. 1 S. 1 SGB V genügt i.d.R. für den Nachweis der Pflegebedürftigkeit des Kindes durch den Dienstverpflichteten.[167] Nach ganz h.M. ist der Dienstberechtigte für das **Verschulden** des Dienstverpflichteten darlegungs- und ggf. beweispflichtig.[168]

§ 617 Pflicht zur Krankenfürsorge

(1) ¹Ist bei einem dauernden Dienstverhältnis, welches die Erwerbstätigkeit des Verpflichteten vollständig oder hauptsächlich in Anspruch nimmt, der Verpflichtete in die häusliche Gemeinschaft aufgenommen, so hat der Dienstberechtigte ihm im Falle der Erkrankung die erforderliche Verpflegung und ärztliche Behandlung bis zur Dauer von sechs Wochen, jedoch nicht über die Beendigung des Dienstverhältnisses hinaus, zu gewähren, sofern nicht die Erkrankung von dem Verpflichteten vorsätzlich oder durch grobe Fahrlässigkeit herbeigeführt worden ist. ²Die Verpflegung und ärztliche Behandlung kann durch Aufnahme des Verpflichteten in eine Krankenanstalt gewährt werden. ³Die Kosten können auf die für die Zeit der Erkrankung geschuldete Vergütung angerechnet werden. ⁴Wird das Dienstverhältnis wegen der Erkrankung von dem Dienstberechtigten nach § 626 gekündigt, so bleibt die dadurch herbeigeführte Beendigung des Dienstverhältnisses außer Betracht.

(2) Die Verpflichtung des Dienstberechtigten tritt nicht ein, wenn für die Verpflegung und ärztliche Behandlung durch eine Versicherung oder durch eine Einrichtung der öffentlichen Krankenpflege Vorsorge getroffen ist.

Literatur: *Benöhr*, Fast vier Tropfen sozialen Öls – Zum Arbeitsrecht im BGB, in: Köbler/Nehlsen (Hrsg.), Wirkungen europäischer Rechtskultur, in: FS für Kroeschell, 1997, S. 17; *Lepke*, Die Beweislast für das Verschulden bei Krankheit des Arbeitnehmers, DB 1972, 922; *Weber*, Die Nebenpflichten des Arbeitgebers, RdA 1980, 289

---

160 BGH 22.6.1956 – VI ZR 140/55 – BB 1956, 688, auch zur Klage des Dienstberechtigten auf Zahlung an den Dienstberechtigten; BGH 23.5.1989 – VI ZR 284/88 – NJW 1989, 2062; Staudinger/*Oetker*, § 616 Rn 128 ff., 138; Erman/*Belling*, § 616 Rn 80 ff., auch zur Zulässigkeit einer antizipierten Abtretung in Formulararbeitsverträgen.

161 OLG Bremen 16.9.1954 – 2 U 85/54 – AP § 616 BGB Nr. 3; OLG Hamburg 18.1.1955 – 7 U 248/54 – AP § 616 BGB Nr. 4 m. Anm. *Hueck*; OLG Karlsruhe 1.2.1956 – 1 U 232/55 – AP § 616 BGB Nr. 12 m. Anm. *Hueck*.

162 Allg.M.; s. nur Erman/*Belling*, § 616 BGB Rn 77, 82 m.w.N.

163 MünchArb/*Boecken*, Bd. 1, § 87 Rn 1 ff., 38 ff.; *Boecken*, NZA 1999, 673, 681 f.

164 Staudinger/*Oetker*, § 616 Rn 22.

165 BAG 24.5.1973 – 5 AZR 21/73 – DB 1973, 1752, 1753; BAG 15.11.1973 – 5 AZR 226/73 – DB 1974, 488.

166 Palandt/*Weidenkaff*, § 616 Rn 7; MüKo-BGB/*Henssler*, § 616 Rn 68; Erman/*Belling*, § 616 Rn 88; Staudinger/*Oetker*, § 616 Rn 150.

167 BAG 20.6.1979 – 5 AZR 361/78 – DB 1979, 1994.

168 St. Rspr. BAG 9.4.1960 – 2 AZR 457/57 – RdA 1961, 43; BAG 23.11.1971 – 1 AZR 404/70 – DB 1972, 394; BAG 7.12.1972 – 5 AZR 350/72 – DB 1973, 579, 580; BAG 1.6.1983 – 5 AZR 536/80 – DB 1983, 2420, 2422; BAG 11.11.1987 – 5 AZR 497/86 – NZA 1988, 197; BAG 7.8.1991 – 5 AZR 410/90 – NZA 1992, 69; h.L.; MünchArb/*Boecken*, Bd. 1, § 83 Rn 99 ff.; Palandt/*Weidenkaff*, § 616 BGB Rn 10; MüKo-BGB/*Henssler*, § 616 Rn 68; a.A. Staudinger/*Oetker*, § 616 Rn 152 ff.

A. Allgemeines	1	III. Rechtsfolge	12
I. Normzweck	1	1. Rechtsnatur des Anspruchs	12
II. Entstehungsgeschichte	2	2. Inhalt des Anspruchs	13
B. Regelungsgehalt	3	a) Erforderliche Verpflegung (Abs. 1 S. 1)	13
I. Anwendungsbereich	3	b) Erforderliche ärztliche Behandlung (Abs. 1 S. 1)	14
1. Persönlicher Anwendungsbereich	3	c) Aufnahme in eine Krankenanstalt (Abs. 1 S. 2)	15
2. Unabdingbarkeit	4	3. Dauer des Anspruchs (Abs. 1 S. 1 und S. 4)	16
3. Sondervorschriften	5	a) Beginn des Anspruchs	16
II. Tatbestandsvoraussetzungen	6	b) Genesung oder Ablauf der Sechs-Wochen-Frist	17
1. Dauerndes Dienstverhältnis	6	c) Beendigung des Dienstverhältnisses	18
2. Haupterwerbstätigkeit des Verpflichteten	7	4. Kosten	19
3. Aufnahme des Verpflichteten in die häusliche Gemeinschaft	8	C. Verbindung zu anderen Rechtsgebieten und zum Prozessrecht	20
4. Erkrankung	9	I. Darlegungs- und Beweislast	20
5. Ausschluss des Anspruchs	10	II. Rechtsschutzmöglichkeiten	21
a) Vorsatz oder grobe Fahrlässigkeit (Abs. 1 S. 1)	10		
b) Subsidiaritätsklausel (Abs. 2)	11		

A. Allgemeines

I. Normzweck

§ 617 konkretisiert aus **sozialpolitischen Erwägungen** die **Fürsorgepflicht**[1] des Dienstberechtigten im Fall der Erkrankung des Dienstpflichtigen. Die Norm stellt – angesichts der **Subsidiaritätsklausel** des Abs. 2 (siehe Rn 1) – eine **Auffangvorschrift** für nicht (gesetzlich) krankenversicherte Dienstpflichtige dar.[2] Im Hinblick auf die nur noch geringe Anzahl Dienstpflichtiger, die in **häuslicher Gemeinschaft** (siehe Rn 8) patriarchalisch mit dem Dienstberechtigten zusammenleben,[3] die Ausweitung des in der gesetzlichen Krankenversicherung versicherungspflichtigen Personenkreises (**§§ 5 ff. SGB V**)[4] sowie die zahlreichen **Sondervorschriften** (siehe Rn 5) kommt der Vorschrift – trotz ihrer **Unabdingbarkeit** (siehe Rn 4) – kaum praktische Bedeutung zu.[5]

1

II. Entstehungsgeschichte

Durch § 617 sollte eine reichseinheitliche Absicherung insb. des damals nicht in die gesetzliche Krankenversicherung einbezogenen Gesindes im Krankheitsfall erreicht werden.[6] Die Norm ist seit 1896 unverändert geblieben.

2

B. Regelungsgehalt

I. Anwendungsbereich

1. Persönlicher Anwendungsbereich. § 617 gilt für alle **Dienstnehmer und AN**, soweit nicht **Spezialregelungen** (siehe Rn 5) bestehen. Die Vorschrift kommt auch im **fehlerhaften Arbeits- oder Dienstverhältnis** zur Anwendung.[7] Auf **Berufsausbildungsverhältnisse** (§ 1 BBiG) und ähnliche Vertragsverhältnisse (§ 26 BBiG) ist § 617 – abgesehen vom Anwendungsbereich der §§ 1 Abs. 1 Nr. 1, 2 Abs. 2, 30 Abs. 1 Nr. 2 JArbSchG (siehe Rn 5) – angesichts § 10 Abs. 2 BBiG grds. anwendbar, wenngleich i.d.R. § 617 Abs. 2 (i.V.m. § 5 Abs. 1 Nr. 1 SGB V) einschlägig sein wird.[8]

3

2. Unabdingbarkeit. § 617 ist **zwingend** und kann gem. § 619 nicht zu Ungunsten des AN abbedungen werden (siehe § 619 Rn 1, 5).[9]

4

3. Sondervorschriften. Bei der Beschäftigung von **Jugendlichen** (§ 2 Abs. 2 JArbSchG)[10] ist § 30 Abs. 1 Nr. 2 JArbSchG[11] einschlägig, wobei dem AG nach allg.M. die Anrechnungsbefugnis analog § 617 Abs. 1 S. 3 (siehe Rn 19) zusteht.[12] Für **Seeleute** gelten die §§ 42 bis 47, 78 Abs. 1 SeemG.[13]

5

---

1 Weber, RdA 1980, 289.
2 Staudinger/*Oetker*, § 617 Rn 3 ff.; MüKo-BGB/*Henssler*, § 617 Rn 1; Erman/*Belling*, § 617 Rn 1.
3 BAG 8.6.1955 – 2 AZR 200/54 – AP § 618 BGB Nr. 1 m. Anm. *Hueck* = BB 1955, 637.
4 Schulin/*Voelzke*, Handbuch Sozialversicherungsrecht, Bd. 3, § 15 Rn 1 ff.
5 Staudinger/*Oetker*, § 617 Rn 4; MüKo-BGB/*Henssler*, § 617 Rn 1; Erman/*Belling*, § 617 Rn 2.
6 Protokolle II, 284 ff.; Staudinger/*Oetker*, § 617 Rn 1 ff.; *Benöhr*, in: FS für Kroeschell, 1997, S. 17, 20 ff., 34 ff.
7 Staudinger/*Oetker*, § 617 Rn 15 m.w.N.
8 Staudinger/*Oetker*, § 617 Rn 14; MüKo-BGB/*Henssler*, § 617 Rn 4.
9 HWK/*Krause*, § 617 BGB Rn 3; Staudinger/*Oetker*, § 617 Rn 8; MüKo-BGB/*Henssler*, § 617 Rn 1; Erman/*Belling*, § 617 Rn 2.
10 H/S/*Boecken*, § 7 Rn 659 ff.
11 H/S/*Boecken*, § 7 Rn 677 m.w.N.
12 Zmarzlik/Anzinger/*Anzinger*, JArbSchG, § 30 Rn 10; MüKo-BGB/*Henssler*, § 617 Rn 3, 29 ff., 33; HWK/*Krause*, § 617 BGB Rn 16.
13 MüKo-BGB/*Henssler*, § 617 Rn 3, 35 ff. m.w.N.

II. Tatbestandsvoraussetzungen

6 **1. Dauerndes Dienstverhältnis.** Der unbestimmte Rechtsbegriff des „dauernden" Dienstverhältnisses findet sich auch in §§ 627 Abs. 1, 629, 630 S. 1. Mit der h.L. ist ein **einheitliches Begriffsverständnis** zu befürworten.[14] Nach allg.M. liegt ein dauerndes Dienstverhältnis vor, wenn es rechtlich (§ 620 Abs. 1) oder faktisch auf **längere Zeit** angelegt ist, oder wenn es längere Zeit gedauert hat.[15] Auf Lohnzahlungsperioden und Künd-Fristen kommt es nicht an.[16] Eine feste zeitliche **Mindestgrenze**, z.B. ein halbes Jahr,[17] ist dem Gesetz fremd und daher abzulehnen.[18] Es reicht nicht, wenn sich die Dienste in der Erbringung ein- oder mehrmaliger **Einzelleistungen** erschöpfen.[19] Die Verpflichtung für **ständige und langfristige Aufgaben** weist auf ein dauerndes Dienstverhältnis hin,[20] während (Urlaubs-, Krankheits-)**Vertretung**[21] und Aushilfe bei besonderem Arbeitsanfall für eine nur vorübergehende Verbindung sprechen.[22] Auch **befristete Dienstverhältnisse** können „dauernde" sein.[23]

7 **2. Haupterwerbstätigkeit des Verpflichteten.** Gem. § 617 Abs. 1 S. 1 muss das Dienstverhältnis die **Erwerbstätigkeit** des Verpflichteten vollständig oder hauptsächlich in Anspruch nehmen. Eine z.T. in der Lit. geforderte **Mindestarbeitszeit**, z.B. die Hälfte der in Dienst- oder Arbvverh üblichen Wochenarbeitszeit[24] oder 15 Wochenarbeitsstunden,[25] lässt keinen Rückschluss darauf zu, dass die Erwerbstätigkeit des Verpflichteten durch das Dienstverhältnis tatsächlich hauptsächlich in Anspruch genommen wird und ist daher entbehrlich.[26] Das Verhältnis der bei mehreren Erwerbstätigkeiten erzielten Vergütungen ist ebenso wie die jeweilige Intensität der Dienstleistung nicht maßgeblich, da es allein auf den – um flexiblen Arbeitszeiten Rechnung zu tragen, nach Wochen[27] vorzunehmenden – **zeitlichen Vergleich** der rechtlich – also auch unter Berücksichtigung von Bereitschaftszeiten – geschuldeten Dienstleistung ankommt.[28] Auch bei mehr als zwei Erwerbstätigkeiten kann eine Haupttätigkeit nur eine solche sein, die mehr als die **Hälfte des gesamten Arbeitszeitraums** beansprucht.[29]

8 **3. Aufnahme des Verpflichteten in die häusliche Gemeinschaft.** Dieses Erfordernis ist nach allg.M. dann erfüllt, wenn der Verpflichtete **keinen eigenen Hausstand** unterhält und ihm sowohl **Verpflegung** als auch **Wohnung** vom Dienstberechtigten – bei juristischen Personen von dessen gesetzlichem Vertreter[30] – gewährt werden.[31] Der u.a.[32] auch in § 56 Abs. 2 Nr. 2 SGB I verwendete Begriff der „**häuslichen Gemeinschaft**" setzt nach – hier ebenfalls zu berücksichtigender[33] – sozialgerichtlicher Rspr. ein für eine gewisse Dauer beabsichtigtes räumliches Zusammenleben in einem gemeinsamen Hausstand voraus.[34] Rechtsgrundlage und Zeitpunkt der Aufnahme in die häusliche Gemeinschaft sind ebenso unerheblich wie die Frage, ob der Verpflichtete hierfür Entgelt entrichten muss.[35] Umstr. ist, ob eine Aufnahme in die häusliche Gemeinschaft auch dann vorliegt, wenn der AG (Betriebs-, AN-)**Wohnheime** zur Verfügung stellt. Angesichts des sozialen Schutzzwecks (siehe Rn 1) wird eine dahingehende extensive Auslegung bzw. sinngemäße Anwendung der Norm von der h.M.[36] zu Recht befürwortet, während dem nach a.A.[37] sowohl der Wille des historischen Gesetzgebers als auch die fehlende personale Komponente entgegenstehen.

---

14 Staudinger/*Oetker*, § 617 Rn 16; Staudinger/*Preis*, § 629 Rn 7 ff.; a.A. MüKo-BGB/*Henssler*, § 617 Rn 5.
15 RG 11.12.1934 – III 111/34 – RGZ 146, 116, 117; BGH 31.3.1967 – VI ZR 288/64 – BGHZ 47, 303, 305 ff. = DB 1967, 857, zu § 627 Abs. 1; Staudinger/*Oetker*, § 617 Rn 17; Erman/*Belling*, § 617 Rn 4; MüKo-BGB/*Henssler*, § 617 Rn 5.
16 Allg.M., MüKo-BGB/*Henssler*, § 617 Rn 5; Erman/*Belling*, § 617 Rn 4.
17 So ErfK/*Dörner*, § 617 BGB Rn 2; MüKo-BGB/*Henssler*, § 617 Rn 5; HWK/*Krause*, § 617 BGB Rn 5.
18 Staudinger/*Oetker*, § 617 Rn 19 m.w.N.
19 MüKo-BGB/*Henssler*, § 617 Rn 5; Staudinger/*Oetker*, § 617 Rn 18 f.; Erman/*Belling*, § 617 Rn 4.
20 BGH 28.2.1985 – IX ZR 92/84 – LM § 620 BGB Nr. 2 = NJW 1985, 2585.
21 Staudinger/*Oetker*, § 617 Rn 19 m.w.N.
22 BGH 31.3.1967 – VI ZR 288/64 – BGHZ 47, 303, 307 = DB 1967, 857 zu § 627 Abs. 1.
23 BGH 31.3.1967 – VI ZR 288/64 – BGHZ 47, 303, 307 = DB 1967, 857; BGH 28.2.1985 – IX ZR 92/84 – LM § 620 BGB Nr. 2 = NJW 1985, 2585 ff., zu § 627 Abs. 1.
24 ErfK/*Dörner*, § 617 BGB Rn 2.
25 HWK/*Krause*, § 617 BGB Rn 6.
26 Staudinger/*Oetker*, § 617 Rn 21.
27 S.a. § 12 Abs. 1 TzBfG; § 118 Abs. 1 Nr. 2 SGB III, § 8 Abs. 1 Nr. 1 SGB IV.
28 MüKo-BGB/*Henssler*, § 617 Rn 6; Staudinger/*Oetker*, § 617 Rn 22; Erman/*Belling*, § 617 Rn 5.
29 Staudinger/*Oetker*, § 617 Rn 23; Erman/*Belling*, § 617 Rn 5; a.A. RGRK/*Matthes*, § 617 Rn 11: mind. 18 Wochenarbeitsstunden.
30 Weitergehend RGRK/*Matthes*, § 617 Rn 15: leitende Bedienstete.
31 Staudinger/*Oetker*, § 617 Rn 24 ff.; MüKo-BGB/*Henssler*, § 617 Rn 7; Erman/*Belling*, § 617 Rn 6.
32 S.a. § 618 Abs. 2; § 1567 Abs. 1; § 62 Abs. 2 HGB; § 16 Abs. 1 Nr. 2 und i.V.m. Abs. 5 S. 1 Nr. 8, § 2 Nr. 3 SGB X; § 18 Abs. 2 Nr. 1, Abs. 3 S. 1 BeamtVG; § 205 Abs. 3 S. 1 RVO (s. § 10 SGB V, § 25 SGB XI).
33 BSG 15.5.1991 – 5 RJ 58/90 – SozR 3–1200 § 56 Nr. 3 = FamRZ 1992, 930, 931: „Der Begriff kann deshalb nur möglichst einheitlich für alle Rechtsgebiete ausgelegt werden …"
34 BSG 16.8.1973 – 3 RK 63/71 – BSGE 36, 117, 119 = BKK 1973, 301 m.w.N.
35 Staudinger/*Oetker*, § 617 Rn 25 m.w.N.
36 BAG 8.6.1955 – 2 AZR 200/54 – AP § 618 BGB Nr. 1 m. Anm. *Hueck* = BB 1955, 637; LAG Hamburg 2.3.1954 – 1 Sa 58/53 – RdA 1954, 360; LAG Hamm 2.6.1953 – 2 Sa 64/53 – AP § 618 BGB Nr. 3 m. Anm. *Dersch*; MüKo-BGB/*Henssler*, § 617 Rn 7; ErfK/*Dörner*, § 617 BGB Rn 2; Palandt/*Weidenkafff*, § 617 Rn 2; ebenso für § 62 Abs. 2 HGB Ebenroth/Boujong/Joost/Strohn/*Boecken*, § 62 Rn 31.
37 LAG Baden-Württemberg 26.3.1954 – II Sa 19/54 – BB 1954, 629; HWK/*Krause*, § 617 BGB Rn 3; Staudinger/ *Oetker*, § 617 Rn 27 f.; Erman/*Belling*, § 617 Rn 6.

4. Erkrankung. Für das Begriffsverständnis der „Erkrankung" des Dienstverpflichteten gelten wie bei § 616 S. 1 (siehe § 616 Rn 9) die für **§ 3 EFZG**[38] (siehe § 3 EFZG Rn 16 ff.) maßgeblichen Grundsätze, abgesehen davon, dass eine zur Arbeitsunfähigkeit führende Krankheit nicht erforderlich ist[39] und keine Karenzzeiten bei Fortsetzungserkrankungen (§ 3 Abs. 1 S. 2 EFZG)[40] bestehen.[41]

5. Ausschluss des Anspruchs. a) Vorsatz oder grobe Fahrlässigkeit (Abs. 1 S. 1). Trotz des von § 616 S. 1 und § 3 Abs. 1 S. 1 EFZG[42] – die auf fehlendes „Verschulden" abstellen – abweichenden Wortlauts des § 617 Abs. 1 S. 1 gelten inhaltlich die gleichen Maßstäbe (einheitlicher Begriff des „**Verschuldens gegen sich selbst**").[43]

b) Subsidiaritätsklausel (Abs. 2). Die Subsidiaritätsklausel stellt sicher, dass § 617 nur eine **Auffangfunktion** (siehe Rn 1) für nicht krankenversicherte Dienstnehmer zukommt. Unter „**Versicherung**" i.S.v. § 617 Abs. 2 Alt. 1 ist – unabhängig von der Frage ihrer Finanzierung (arg. § 617 Abs. 1 S. 3) – jede anderweitige Verpflichtung eines Dritten zu verstehen, durch die ein selbstständiger Anspruch des Dienstpflichtigen auf Gewährleistung der Versorgung im Krankheitsfall begründet wird.[44] Hierunter fallen neben der Pflicht-Mitgliedschaft in der **gesetzlichen Krankenversicherung** (§§ 5 ff., 11 ff. SGB V) auch der Abschluss einer **freiwilligen Versicherung** (z.B. gem. § 9 SGB V) sowie eine **private Krankenversicherung**.[45] Besteht eine Versicherung in einem gegenüber § 617 geringeren sachlichen Umfang, wird der übrige Teilbereich durch § 617 abgedeckt.[46] § 617 Abs. 2 Alt. 2 kommt keine praktische Bedeutung zu, da insb. die nach Maßgabe von § 48 S. 1 SGB XII i.V.m. §§ 27 ff. SGB V vom Sozialhilfeträger im Krankheitsfall zu gewährenden Leistungen nicht als Versorgung durch eine „Einrichtung der öffentlichen Krankenpflege" anzusehen sind.[47]

III. Rechtsfolge

1. Rechtsnatur des Anspruchs. Der Anspruch aus § 617 Abs. 1 ist nicht Bestandteil des für die Zeit der Erkrankung ggf. bestehenden Vergütungsanspruchs – welcher sich insb. aus § 3 EFZG[48] oder § 616 ergeben kann –, sondern besteht daneben als **selbstständiger Anspruch**.[49] Nach Maßgabe von § 617 Abs. 1 S. 3 können die Kosten auf die für die Zeit der Erkrankung geschuldete Vergütung angerechnet werden (siehe Rn 19). Der Anspruch ist angesichts seiner untrennbaren Verbindung mit dem Dienstnehmer nicht abtretbar (§ 399 Alt. 1) und daher unpfändbar (§ 851 ZPO).[50] Dem Dienstberechtigten steht wegen der Dringlichkeit der Versorgung kein Zurückbehaltungsrecht (§ 273) wegen seiner Ansprüche gegen den Dienstverpflichteten zu.[51]

2. Inhalt des Anspruchs. a) Erforderliche Verpflegung (Abs. 1 S. 1). Hierunter fallen alle zur Krankenpflege **objektiv erforderlichen Sachleistungen**, mithin nicht nur krankheitsangepasste Nahrungsmittel, sondern – in Anlehnung an die krankenversicherungsrechtlichen Vorschriften (§§ 11 Abs. 1 Nr. 4, 27 ff. SGB V) – auch Arznei- und Verbandmittel (§ 31 SGB V), Heilmittel (§ 32 SGB V) und notwendige Hilfsmittel (§ 33 SGB V).[52]

b) Erforderliche ärztliche Behandlung (Abs. 1 S. 1). „Ärztliche Behandlung" i.S.v. § 617 Abs. 1 S. 1 ist nur die **objektiv erforderliche Behandlung** der Erkrankung durch einen **approbierten (Fach-)Arzt** und sein **Hilfspersonal** (s. § 28 Abs. 1 S. 2 SGB V).[53] Dem Dienstpflichtigen steht zwar kein Wahlrecht bzgl. der Person des Arztes zu; der Dienstberechtigte hat aber nach Maßgabe von § 315 Abs. 1 angemessen auf die berechtigten Interessen des Dienstverpflichteten Rücksicht zu nehmen.[54]

c) Aufnahme in eine Krankenanstalt (Abs. 1 S. 2). Der Dienstberechtigte braucht den Verpflichteten nicht selbst im Haushalt zu pflegen, sondern ist gem. § 617 Abs. 1 S. 2 berechtigt, ihn stattdessen in eine zur Behandlung der Erkrankung geeignete öffentliche oder private Krankenanstalt aufnehmen zu lassen.[55] Verweigert der Dienst-

---

38 S. MünchArb/*Boecken*, Bd. 1, § 83 Rn 25 ff.; zum „Krankheitsbegriff im Arbeitsrecht" s. die Rspr.-Übersicht bei *Lepke*, NZA-RR 1999, 57.
39 Staudinger/*Oetker*, § 617 Rn 31; RGRK/*Matthes*, § 617 Rn 19.
40 MünchArb/*Boecken*, Bd. 1, § 84 Rn 72 ff.
41 Staudinger/*Oetker*, § 617 Rn 31 f.; Erman/*Belling*, § 617 Rn 7; a.A. RGRK/*Matthes*, § 617 Rn 30.
42 MünchArb/*Boecken*, Bd. 1, § 83 Rn 92 ff.
43 MüKo-BGB/*Henssler*, § 617 Rn 10; Staudinger/*Oetker*, § 617 Rn 35; Erman/*Belling*, § 617 Rn 8.
44 Staudinger/*Oetker*, § 617 Rn 36 ff.; MüKo-BGB/*Henssler*, § 617 Rn 11 ff.; Erman/*Belling*, § 617 Rn 9.
45 MüKo-BGB/*Henssler*, § 617 Rn 12 f.; Staudinger/*Oetker*, § 617 Rn 37 ff.; Erman/*Belling*, § 617 Rn 9; Palandt/*Weidenkaff*, § 617 Rn 3.
46 Staudinger/*Oetker*, § 617 Rn 40; Erman/*Belling*, § 617 Rn 9.
47 Staudinger/*Oetker*, § 617 Rn 42 m.w.N.
48 MünchArb/*Boecken*, Bd. 1, § 83 Rn 1 ff.; *Boecken*, NZA 1999, 673.
49 Allg.M., Staudinger/*Oetker*, § 617 Rn 7 f.; auf den Charakter einer vertraglichen Nebenpflicht hinweisend MüKo-BGB/*Henssler*, § 617 Rn 1; Erman/*Belling*, § 617 Rn 3.
50 Allg.M., BGH 15.5.1985 – IVb ZR 33/84 – BGHZ 94, 316, 322 = NJW 1985, 2263, 2264; MüKo-BGB/*Henssler*, § 617 Rn 1; Staudinger/*Oetker*, § 617 Rn 8; Erman/*Belling*, § 617 Rn 3.
51 Staudinger/*Oetker*, § 617 Rn 7.
52 HWK/*Krause*, § 617 BGB Rn 12; Staudinger/*Oetker*, § 617 Rn 44 f.; Erman/*Belling*, § 617 Rn 12.
53 Staudinger/*Oetker*, § 617 Rn 46 f.; MüKo-BGB/*Henssler*, § 617 Rn 17.
54 MüKo-BGB/*Henssler*, § 617 Rn 17.
55 Staudinger/*Oetker*, § 617 Rn 48 ff.; Erman/*Belling*, § 617 Rn 12.

pflichtige nach wirksamer Ausübung dieser sog. **Ersetzungsbefugnis**[56] unberechtigt[57] seine Aufnahme in die Krankenanstalt, so wird der Dienstberechtigte von seiner Verpflichtung aus § 617 Abs. 1 S. 1 frei.[58]

16 **3. Dauer des Anspruchs (Abs. 1 S. 1 und S. 4). a) Beginn des Anspruchs.** Der Versorgungsanspruch aus § 617 besteht nur, wenn der Dienstpflichtige nach Beginn des Dienstverhältnisses und Aufnahme in die häusliche Gemeinschaft erkrankt.[59] Eine vorherige (latente) **Gesundheitsgefährdung** steht bei Eintritt der Krankheit dem Beginn des Anspruchs dann – unbeschadet etwaiger Schadensersatzansprüche des Dienstberechtigten wegen unterlassener Aufklärung (§§ 280 Abs. 1 u. 3, 282, 311 Abs. 2, 241 Abs. 2) – nicht entgegen.[60]

17 **b) Genesung oder Ablauf der Sechs-Wochen-Frist.** Der Ablauf der – wie bei § 3 Abs. 1 S. 1 EFZG[61] auf **sechs Wochen** begrenzten – Höchstfrist steht unter dem Vorbehalt des Wegfalls der Behandlungsbedürftigkeit des Dienstpflichtigen. Die nach §§ 186, 187 Abs. 1, 193 zu berechnende Frist beginnt erst dann, wenn der Dienstberechtigte die geschuldeten Leistungen erstmals hätte erbringen müssen.[62]

18 **c) Beendigung des Dienstverhältnisses.** Gem. § 617 Abs. 1 S. 1 entfällt der Anspruch für die Zukunft mit der Beendigung des Dienstverhältnisses, auch wenn die Sechs-Wochen-Frist (siehe Rn 17) noch nicht abgelaufen ist. Einzige Ausnahme ist nach § 617 Abs. 1 S. 4 der Fall der außerordentlichen Künd (§ 626) des Dienstberechtigten „**wegen der Erkrankung**". Bei mehreren Künd-Gründen muss die Erkrankung das **tragende Beweggrund** sein.[63] Einer Erstreckung der Norm im Wege der ergänzenden Gesetzesauslegung auf die – von § 8 Abs. 1 S. 1 EFZG[64] erfasste – ordentliche Künd stehen der Wortlaut des § 617 Abs. 1 S. 4 und systematische Gründe entgegen.[65]

19 **4. Kosten.** Zunächst hat der Dienstberechtigte die zur Erbringung der Leistungen gem. § 617 Abs. 1 erforderlichen Kosten zu tragen.[66] Doch soll der Dienstpflichtige keine kostenlose Versorgung erhalten, weshalb § 617 Abs. 1 S. 3 dem Dienstberechtigten eine **Anrechnungsbefugnis** einräumt: Nur die durch die Erfüllung der Verpflichtung nach § 617 Abs. 1[67] entstandenen Kosten können auf die „für die Zeit der Erkrankung"[68] „geschuldete Vergütung"[69] angerechnet werden.[70] Die gem. § 130 empfangsbedürftige **Gestaltungserklärung** der Anrechnung stellt keine Aufrechnung dar, so dass § 394 i.V.m. §§ 850 ff. ZPO keine Anwendung findet.[71] § 315 (analog) ist nicht zu beachten.[72] Ergibt sich nach Ausübung der Anrechnungsbefugnis eine Überzahlung bereits geleisteter Vergütung, besteht ggf. (§ 814)[73] ein **Rückzahlungsanspruch** des Dienstberechtigten aus § 812 Abs. 1 S. 2 Alt. 1.[74]

C. Verbindung zu anderen Rechtsgebieten und zum Prozessrecht

I. Darlegungs- und Beweislast

20 Der Dienstverpflichtete trägt die Darlegungs- und Beweislast für alle anspruchsbegründenden Tatsachen, mithin für das Bestehen eines dauernden Dienstverhältnisses (siehe Rn 6), welches seine Haupterwerbstätigkeit darstellt (siehe Rn 7), die Aufnahme in die häusliche Gemeinschaft (siehe Rn 8), die Erkrankung (siehe Rn 9) und deren Zeitpunkt sowie die Erforderlichkeit von Art und Umfang der begehrten Versorgung (siehe Rn 13 ff.). Gleiches gilt für die **anspruchserhaltende Tatsache** nach § 617 Abs. 1 S. 4 (siehe Rn 18), dass die Erkrankung das tragende Motiv für die außerordentliche Künd darstellt. Der Dienstberechtigte hat die anspruchsvernichtenden **Tatsachen** darzulegen und ggf. zu beweisen, also das Verschulden (siehe Rn 10), das Eingreifen der Subsidiaritätsklausel nach § 617 Abs. 2 (siehe Rn 11), die wirksame Ausübung der Ersetzungsbefugnis gem. § 617 Abs. 1 S. 3 (siehe Rn 15) sowie die Beendigung des Dienstverhältnisses (siehe Rn 18).[75]

---

56 A.A. MüKo-BGB/*Henssler*, § 617 Rn 20: echte Wahlschuld i.S.v. § 262.
57 S.a. § 46 SeemG.
58 Staudinger/*Oetker*, § 617 Rn 52; Erman/*Belling*, § 617 Rn 12; MüKo-BGB/*Henssler*, § 617 Rn 20, arg. § 263 Abs. 2.
59 Staudinger/*Oetker*, § 617 Rn 33; Erman/*Belling*, § 617 Rn 7.
60 MüKo-BGB/*Henssler*, § 617 Rn 15.
61 MünchArb/*Boecken*, Bd. 1, § 84 Rn 54 ff.
62 Staudinger/*Oetker*, § 617 Rn 54 f.; MüKo-BGB/*Henssler*, § 617 Rn 23; Erman/*Belling*, § 617 Rn 14.
63 Staudinger/*Oetker*, § 617 Rn 59; Erman/*Belling*, § 617 Rn 14.
64 MünchArb/*Boecken*, Bd. 1, § 84 Rn 66 ff.
65 Staudinger/*Oetker*, § 617 Rn 60; Erman/*Belling*, § 617 Rn 14; ErfK/*Dörner*, § 617 BGB Rn 4; a.A. MüKo-BGB/*Henssler*, § 617 Rn 24; RGRK/*Matthes*, § 617 Rn 31.
66 Staudinger/*Oetker*, § 617 Rn 62; Erman/*Belling*, § 617 Rn 13; Palandt/*Weidenkaff*, § 617 Rn 3.

67 Nicht nach § 611 Abs. 1 (vertraglicher Vergütungsanspruch bzgl. Kost und Logis) oder §§ 823 ff. (Schadensersatzpflicht wegen schuldhafter Verursachung der Erkrankung).
68 Weitergehend RGRK/*Matthes*, § 617 Rn 33: auch für die Zeit vor der Erkrankung.
69 Z.B. nach § 616 oder § 3 EFZG.
70 Staudinger/*Oetker*, § 617 Rn 64 ff.; MüKo-BGB/*Henssler*, § 617 Rn 25; Erman/*Belling*, § 617 Rn 13.
71 HWK/*Krause*, § 617 BGB Rn 3; MüKo-BGB/*Henssler*, § 617 Rn 25; Staudinger/*Oetker*, § 617 Rn 65; Erman/*Belling*, § 617 Rn 13.
72 Staudinger/*Oetker*, § 617 Rn 66; a.A. Palandt/*Weidenkaff*, § 617 Rn 3.
73 MüKo-BGB/*Henssler*, § 617 Rn 25.
74 Staudinger/*Oetker*, § 617 Rn 67 m.w.N.
75 Allg.M., s. – auch zu Vorstehendem – Staudinger/*Oetker*, § 617 Rn 69 f.; MüKo-BGB/*Henssler*, § 617 Rn 27; Erman/*Belling*, § 617 Rn 19; *Lepke*, DB 1972, 922, 925.

II. Rechtsschutzmöglichkeiten

Erfüllt der Dienstberechtigte seine Verpflichtungen aus § 617 nicht (ordnungsgemäß), kann der Dienstverpflichtete seine Ansprüche mit der **Leistungsklage** durchsetzen,[76] in dringenden Fällen kommt eine **einstweilige (Leistungs-)Verfügung** analog § 940 ZPO in Betracht. Es steht dem Dienstverpflichteten frei, selbst die erforderlichen Maßnahmen zu ergreifen und Ersatz der Kosten vom Dienstberechtigten aus **GoA** (§§ 670, 683, 679), ggf. als **Verzugsschaden** (§§ 280 Abs. 1 u. 2, 286) oder als **Nichterfüllungsschaden** (§§ 280 Abs. 1 u. 3, 281) zu verlangen. Die Erfüllungsverweigerung kann den Dienstverpflichteten zur fristlosen Künd (§ 626) berechtigen mit der Folge, dass ein Anspruch auf Ersatz des – die Kosten für Leistungen nach § 617 umfassenden – **Auflösungsschadens** aus § 628 Abs. 2 (siehe § 628 Rn 47 ff.) besteht.[77]

§ 618 Pflicht zu Schutzmaßnahmen

(1) Der Dienstberechtigte hat Räume, Vorrichtungen oder Gerätschaften, die er zur Verrichtung der Dienste zu beschaffen hat, so einzurichten und zu unterhalten und Dienstleistungen, die unter seiner Anordnung oder seiner Leitung vorzunehmen sind, so zu regeln, dass der Verpflichtete gegen Gefahr für Leben und Gesundheit soweit geschützt ist, als die Natur der Dienstleistung es gestattet.

(2) Ist der Verpflichtete in die häusliche Gemeinschaft aufgenommen, so hat der Dienstberechtigte in Ansehung des Wohn- und Schlafraums, der Verpflegung sowie der Arbeits- und Erholungszeit diejenigen Einrichtungen und Anordnungen zu treffen, welche mit Rücksicht auf die Gesundheit, die Sittlichkeit und die Religion des Verpflichteten erforderlich sind.

(3) Erfüllt der Dienstberechtigte die ihm in Ansehung des Lebens und der Gesundheit des Verpflichteten obliegenden Verpflichtungen nicht, so finden auf seine Verpflichtung zum Schadensersatz die für unerlaubte Handlungen geltenden Vorschriften der §§ 842 bis 846 entsprechende Anwendung.

A. Allgemeines 1	bb) Unfallverhütungsvorschriften 22
B. Regelungsgehalt 3	c) Erweiterte Schutzpflicht in der häuslichen Gemeinschaft 23
I. Begriff der Dienstleistungen 4	III. Grenzen der Schutzpflicht 24
1. Begriff des Dienstberechtigten 5	1. Allgemeine Grenzen und Schranken 25
a) Besonderheiten in ausländischen bzw. international tätigen Unternehmen 6	2. Natur der Dienstleistung 27
b) Besonderheiten im Öffentlichen Dienst ... 7	3. Grenze des technischen Arbeitsschutzes 28
c) Besondere Gewaltverhältnisse 8	IV. Rechtsfolgen der Pflichtverletzung 29
2. Begriff des Dienstverpflichteten 9	1. Erfüllungsanspruch 30
3. Analoge Anwendung bei Werkverträgen und anderen Vertragsformen 10	2. Leistungsverweigerungsrecht 31
a) Analoge Anwendung bei Werkverträgen . 10	3. Schadensersatzanspruch 32
b) Analoge Anwendung bei Kaufverträgen und Aufträgen 11	a) Umfang der Haftung 33
	b) Mitverschulden 35
c) Leiharbeitsverhältnisse 12	c) Beweisfragen 36
II. Schutzpflicht 13	4. Kündigung aus wichtigem Grund 37
1. Schutz vor Gefahren für Leben und Gesundheit 14	5. Gefährdungsbeurteilung 38a
2. Schutzpflicht für Räume, Vorrichtungen und Gerätschaften 17	6. Sonstige Rechtsfolgen 39
	7. Betriebliche Mitbestimmung 40
a) Begriff der Räume 18	C. Verbindung zu anderen Rechtsgebieten 41
b) Begriff der Vorrichtungen und Gerätschaften 20	I. Arbeitsschutzrecht 41
	II. Unfallversicherungsrecht 42
	III. EU-Recht 43
aa) Schutzkleidung 21	D. Beraterhinweise 45

A. Allgemeines

§ 618 begründet die Pflicht des Dienstberechtigten, seine Dienstverpflichteten soweit vor Gefahren für Leben und Gesundheit in ihrem Arbeitsumfeld zu schützen, wie es die Natur der zu erbringenden Leistung erfordert. Erfüllt er diese Verpflichtungen nicht, haftet er gem. § 618 Abs. 3 für Schadensersatz entsprechend den Vorschriften für unerlaubte Handlungen (§§ 842 bis 846). Den Dienst- und Arbeitnehmern werden damit vertragliche Ansprüche im Rahmen der §§ 844, 845 gewährt, die sie ohne den Verweis in Abs. 3 der Vorschrift ansonsten nur aus unerlaubter

---

[76] Bei Arbverh gem. § 2 Abs. 1 Nr. 3 lit. a) ArbGG vor dem ArbG.

[77] Allg.M., s. – auch zu Vorstehendem – Staudinger/*Oetker*, § 617 Rn 71 f.; MüKo-BGB/*Henssler*, § 617 Rn 28; Erman/*Belling*, § 617 Rn 15 ff.

Handlung, nicht aber aus Vertrag herleiten könnten.[1] Die Vorschrift begründet damit „vertragsrechtliche Verkehrssicherungspflichten".[2] Auch wenn die praktische Anwendbarkeit der Vorschrift v.a. im Arbeitsrecht wegen der vielfältigen Überlagerung durch technische Arbeitsschutzvorschriften nachgelassen hat, liegt ihre Bedeutung darin, dass sie die Pflicht zur Einhaltung technischer Arbeitsschutzvorschriften in das private Dienst- bzw. Arbeitsverhältnis transformiert.[3] Denn die Interessenwahrungs- und Fürsorgepflicht des AG nach § 618 wird nach h.M. durch die besonderen Gesetze des staatlichen Arbeitsschutzes konkretisiert.[4] Das Arbeitsschutzrecht wird hauptsächlich durch öffentlich-rechtliche Vorschriften geprägt, mit denen der Gesetzgeber den Unternehmer verpflichtet, Mindeststandards im Bereich des Arbeitsschutzes einzuhalten (z.B. ArbSchG, ASiG, ArbZG, GPSG, ChemG, GenTG, AVV). Das öffentlich-rechtliche Arbeitsschutzrecht deckt inzwischen alle Schutzbereiche des § 618 ab und geht damit weit über die dort genannten Grundpflichten hinaus. Allerdings kann der AN grds. auch nicht mehr an Schutz beanspruchen, als die Arbeitsschutzgesetze vom AG verlangen.[5] Dies gilt ausnahmsweise nur für besonders schutzbedürftige AN.[6]

2 Diese öffentlich-rechtlichen Schutzpflichten obliegen dem AG auch gegenüber dem einzelnen Mitarbeiter, insofern kommt den staatlichen Arbeitsschutznormen eine „**Doppelwirkung**" zu.[7] Dies gilt allerdings nur soweit, wie Arbeitsschutzgesetze geeignet sind, Gegenstand einer arbeitsvertraglichen Vereinbarung zu sein.[8] Arbeitsschutzgesetze, die lediglich der Organisation des Arbeitsschutzes dienen, kommen daher nicht in Betracht.[9] Weil sich die Arbeitsschutzgesetze regelmäßig allein auf Arbverh beziehen, gelten sie nicht für Dienstberechtigte, die nicht zugleich AG sind. In diesem Fall findet allein § 618 Anwendung.[10]

B. Regelungsgehalt

3 § 618 i.V.m. § 619 sowie § 62 HGB verpflichten den Dienstberechtigten oder AG privatrechtlich zur Sicherung und Verbesserung der Sicherheit und des Gesundheitsschutzes am Arbeitsplatz.[11]

I. Begriff der Dienstleistungen

4 Infolge der gesetzlichen Systematik der §§ 611 ff. nimmt das Gesetz in Abs. 1 allein Bezug auf Dienstleistungen, meint damit aber einen Grundtatbestand, der für alle Dienste insb. aber die in Abhängigkeit erbrachten Dienstleistungen gilt. Somit findet die Regelung in erster Linie Anwendung bei Arbverh aber auch bei freien Dienstverträgen – v.a. bei freien Mitarbeitern[12] – oder bei abhängigen Dienstverträgen, die nicht zugleich Arbverh sind, z.B. bei GmbH-Geschäftsführern. Eine dauerhafte Beschäftigung ist nicht erforderlich.[13]

5 **1. Begriff des Dienstberechtigten.** Dienstberechtigter ist jede natürliche oder juristische Person oder rechtsfähige Personengesellschaft, welche persönlich erbrachte Dienste entgegennimmt. Für das Arbverh konkretisiert Art. 3b EG- Rahmenrichtlinie Arbeitsschutz, dass AG jede natürliche oder juristische Person ist, die als Vertragspartei des Beschäftigungsverhältnisses mit dem AN die Verantwortung für das Unternehmen bzw. den Betrieb trägt.

6 **a) Besonderheiten in ausländischen bzw. international tätigen Unternehmen.** Auf der Grundlage des Territorialitätsprinzips nach Art. 34 EGBGB gilt § 618 für Dienst- bzw. Arbverh aller in Deutschland ansässigen Unternehmen und Betriebe, unabhängig von einem etwaigen ausländischen Hauptsitz des Unternehmens, also auch für Mitarbeiter einer in Deutschland unselbstständigen Filiale, mit denen ein Arbverh nach ausländischem Recht begründet wurde.[14] Eine Rechtswahl nach Art. 30 Abs. 1 EGBGB hat daher nicht zur Folge, dass dem AN zwingender Arbeitsschutz entzogen wird.[15]

---

1 RGZ 112, 290, 296.
2 Erman/*Belling*, § 618 BGB Rn 1.
3 MünchArbR/*Wlotzke*, § 209 Rn 15 ff.; MüKo-BGB/*Lorenz*, § 618 Rn 6.
4 BAG 10.3.1976 – 5 AZR 34/75 – AP § 618 BGB Nr. 17; grundlegend *Hueck/Nipperdey*, Lehrbuch des Arbeitsrechts, Bd. I, § 24 II und III, S. 143 f.; *Herschel*, RdA 1964, 7, 11; *Herschel*, Anm. zu AP § 618 BGB Nr. 17; *Götz/Hueck*, Anm. zu BSG 11.8.1966 – 3 RK 57/63 – AP § 611 BGB Fürsorgepflicht Nr. 5.
5 ErfK/*Wank*, § 618 BGB Rn 4; Soergel/*Kraft*, § 618 Rn 10.
6 BAG 17.2.1998 – 9 AZR 84/97 – AP § 618 BGB Rn 26 m. Anm. *Börgmann*; LAG BW 9.12.1977 – 7 SA 163/77 – DB 1978, 213; MüKo-BGB/*Lorenz*, § 618 Rn 57; Staudinger/Oetker, § 618 Rn 147.
7 BAG 10.3.1976 – 5 AZR 34/75 – AP § 618 BGB Nr. 17; MüKo-BGB/*Lorenz*, § 618 Rn 7 m.w.N.
8 MünchArbR/*Wlotzke*, § 209 Rn 15 ff.; MüKo-BGB/*Lorenz*, § 618 Rn 7.
9 Z.B. Aushang- oder Aufzeichnungspflichten, ErfK/*Wank*, § 618 BGB Rn 5; MüKo-BGB/*Lorenz*, § 618 Rn 7.
10 ErfK/*Wank*, § 618 BGB Rn 4.
11 MünchArbR/*Wlotzke*, § 206 Rn 5.
12 BGH 6.4.1995 – VII ZR 36/94 – NJW 1995, 2629 für einen Ingenieur im freien Mitarbeiterstatus.
13 MüKo-BGB/*Lorenz*, § 618 Rn 8; Staudinger/Oetker, § 618 Rn 94.
14 MüKo-BGB/*Martiny*, Art 30 EGBGB Rn 32 mit weiterführenden Hinweisen.
15 MüKo-BGB/*Martiny*, Art 30 EGBGB Rn 32.

b) Besonderheiten im Öffentlichen Dienst. Die §§ 611 ff., wie auch § 618, gelten gleichermaßen für Arbverh im 7
öffentlichen Dienst.[16] Nach allg. Ansicht findet § 618 allerdings keine direkte und auch keine analoge Anwendung
auf Beamtenverhältnisse, so dass staatliche Einrichtungen als Dienstberechtigte gegenüber Beamten ausscheiden.[17]
Allerdings regeln § 79 BBG und § 48 BRRG besondere Fürsorge- und Schutzpflichten im Beamtenverhältnis, zu
deren Konkretisierung auch die in § 618 niedergelegten Rechtsgedanken herangezogen werden können.[18]

c) Besondere Gewaltverhältnisse. Die Pflichten aus § 618 gelten nicht nur in privatrechtlichen Dienstverhält- 8
nissen, sondern auch in öffentlich-rechtlichen Gewaltverhältnissen, wie bei der zwangsweisen Unterbringung eines
Geisteskranken in einer staatlichen Heil- und Pflegeanstalt.[19] Gleiches gilt – allerdings eingeschränkt – bei der Strafhaft, bei welcher den Staat eine Verpflichtung gegenüber dem Strafgefangenen zur Gesundheitsfürsorge während der
Dauer der Haft trifft.[20] Allerdings ist diese Fürsorgepflicht des Staates ihrem Grund und ihrem Gehalt nach eine wesentlich andere als die gegenüber Beamten oder auch gegenüber dem zwangsweise in eine Heilanstalt überführten
Geisteskranken. Im Gegensatz zu den vorgenannten Verhältnissen, bei denen eine besondere Fürsorgepflicht des
Staates besteht, hat die Begründung und Aufrechterhaltung des Strafgefangenen-Gewaltverhältnisses ihren Grund
vorrangig in dem Schutz der Allgemeinheit vor dem Rechtsbrecher und in seiner Bestrafung, jedoch nicht in der Fürsorge für den Strafgefangenen.[21] Die Freiheitsentziehung hat demnach kein öffentlichrechtliches Fürsorgeverhältnis
zum Gegenstand. Vielmehr ergibt sich die Pflicht des Staates zur Fürsorge gegenüber dem Strafgefangenen für die
Dauer seiner Haft nur als Nebenpflicht aus § 618.

2. Begriff des Dienstverpflichteten. Dienstverpflichteter ist jede natürliche Person, die gegen Entgelt Dienste an 9
den Dienstberechtigten leistet, ohne Gewähr für einen bestimmten Erfolg zu übernehmen.[22] § 618 schützt sämtliche
Dienstverpflichteten, unabhängig davon, ob sie ihre Tätigkeit abhängig als AN, auch befristet, in Teilzeit, als Aushilfe, als Leih-AN oder weitestgehend selbstständig als GmbH-Geschäftsführer, Handelsvertreter oder freier Mitarbeiter verrichten oder gänzlich selbstständig und nur vorübergehend im Verantwortungsbereich des Dienstberechtigten erbringen, z.B. als Lotse auf einem Schiff.[23] Der Schutzbereich des § 618 erstreckt sich nicht auf den
Vertragspartner allein. Vielmehr gehört es nach st. Rspr. des BGH zum Dienst- und ebenso bei Werkverträgen regelmäßig zum Vertragsinhalt, dass die in § 618 bestimmten Fürsorgepflichten auch die Angehörigen und Arbeiter des
Vertragsgegners umfassen. Der Vertrag gilt auch zugunsten dieser Personen abgeschlossen.[24] Auch mittelbar betroffene Dritte können dem Geltungsbereich des § 618 zuzurechnen sein, etwa die Ehefrau, die asbestverschmutzte Kleidung eines Bauarbeiters wäscht.[25]

3. Analoge Anwendung bei Werkverträgen und anderen Vertragsformen. a) Analoge Anwendung bei 10
Werkverträgen. Im Einzelfall kann § 618 auch entsprechende Anwendung auf Werkverträge finden, sofern sich
Mitarbeiter des Werkunternehmers zur Herstellung des Werks in den Räumen des Bestellers aufhalten müssen
oder dessen Gerätschaften nutzen.[26] Dies gilt jedoch nur, wenn der Schutz von Mitarbeitern des Werkunternehmers
betroffen ist, nicht aber für den selbstständigen Werkunternehmer.[27] Der Werkunternehmer kann nämlich anders als
seine Mitarbeiter selbst Einfluss auf die Arbeitsbedingungen nehmen und diese mit dem Besteller auch verhandeln.[28]
In der Instanz-Rspr. wird aber teilweise auch der Schutz auf den Werkunternehmer selbst ausgedehnt. So muss z.B.
ein Rohbauunternehmer bei Verschalungsarbeiten die Baustelle so einrichten und unterhalten, dass für die Subunternehmer selbst und deren Bedienstete keine Gesundheitsgefahren entstehen können.[29] Letzterer Ansicht ist zu folgen,
weil es keinen sachlichen Grund gibt, Ansprüche aus § 618 danach zu differenzieren, auf welcher rechtlichen Grundlage jemand in den Räumen des Dienstnehmers oder Bestellers seine Dienste erbringt oder Werke verrichtet und sich
dabei in Gefahr begibt.

b) Analoge Anwendung bei Kaufverträgen und Aufträgen. § 618 kann nach seinem Schutzzweck auch ent- 11
sprechend auf einen Kaufvertrag mit werkvertraglichem Einschlag angewendet werden, wie das RG in einem Einzelfall entschieden hatte, nachdem ein Lieferant bei Anlieferung eines Ofens auf einer nicht verkehrssicheren Treppe

---

16 Erman/*Belling*, § 618 Rn 2; MüKo-BGB/*Lorenz*, § 618 Rn 9, 57 ff. m.w.N.; Soergel/*Kraft*, § 618 Rn 2; Staudinger/*Oetker*, § 618 Rn 65.
17 BVerwG 13.9.1984 – 2 C 33/82 – NJW 1985, 876; Erman/*Belling*, § 618 Rn 2; MüKo-BGB/*Lorenz*, § 618 Rn 9; Staudinger/*Oetker*, § 618 Rn 109 m.w.N.
18 BVerwG 25.2.1993 – 2 C 14/91 – DVBl 1993, 955.
19 BGH 13.12.1951 – III ZR 144/50 – BGHZ 4, 138, 151.
20 BGH 9.7.1956 – III ZR 320/54 – BGHZ 21, 214–221.
21 BGH 9.7.1956 – III ZR 320/54 – BGHZ 21, 214–221.
22 Vgl. im Einzelnen § 611 Rn 138 ff.
23 BGH 14.4.1958 – II ZR 45/57 – BGHZ 27, 79–90.
24 BGH 20.2.1958 – VII ZR 76/57 – BGHZ 26, 365, 371.
25 So jedenfalls LSG NRW 14.10.1992 – L 17 U 87/89 – Bibliothek BSG.
26 BGH 15.6.1971 – VI ZR 262/69 – BGHZ 5, 62; BGH 20.2.1958 – VII ZR 76/57 – BGHZ 26, 365; BGH 15.6.1971 – VI ZR 262/69 – BGHZ 56, 269.
27 BGH 20.2.1958 – VII ZR 76/57 – BGHZ 26, 365, 372.
28 BGH 15.6.1971 – VI ZR 262/69 – BGHZ 56, 269.
29 OLG Düsseldorf 21.10.1994 – 22 U 33/94 – NJW-RR 1995, 403–404.

des Bestellers tödlich verunglückt war.[30] Ferner gilt die Norm nach h.M. auch analog für ein Auftragsverhältnis, wenn dieses bei Vereinbarung der Entgeltlichkeit als Dienst- oder Werkvertragsverhältnis einzuordnen wäre.[31]

12 c) Leiharbeitsverhältnisse. Die Regelung des § 618 gilt auch im Verhältnis von Entleiher und Leih-AN.[32] Dies entbindet allerdings nicht den Verleiher von seinen fortbestehenden Fürsorgepflichten für den entliehenen Mitarbeiter. Denn den Verleiher trifft stets eine Überwachungspflicht, dahingehend, dass der AN vertragsgemäß beschäftigt wird. Die ihn treffende Fürsorgepflicht gebietet es, sich vor der Entsendung des AN und sodann fortlaufend über die Einhaltung des Arbeitsschutzes zu informieren und hierzu auch stichprobenartige Kontrollen vor Ort durchzuführen.[33] Vorrangig zu Ansprüchen des Leih-AN aus der Verletzung einer solchen allg. Aufsichtspflicht des Verleihers bestehen allerdings Ansprüche gegenüber dem unmittelbar die Gefahr verursachenden Entleiher.

II. Schutzpflicht

13 Die durch § 618 BGB geregelten Schutzpflichten betreffen zum einen den vorbeugenden Schutz von Leben und Gesundheit der Dienst- oder AN. Einen weiter gehenden Schutz, etwa des Eigentums, begründet die Vorschrift nicht, eine analoge Anwendung wird allgemein abgelehnt.[34] Dies gilt auch für Eigentum, das ein AN im Zusammenhang mit der Verrichtung seiner Arbeit in den Betrieb einbringt.[35] Die überwiegend in der Kommentarliteratur vertretene Meinung, § 618 Abs. 1 umfasse wie auch § 62 HGB die Verpflichtung des Unternehmers zur Aufrechterhaltung der guten Sitten und des Anstandes,[36] überzeugt nicht. Die Schutzgüter sind völlig unterschiedlich und es besteht auch kein Bedürfnis zu einer Rechtsanalogie, weil eine solche Verpflichtung bereits aus der allg. Fürsorgepflicht folgt.[37] Ferner sieht § 618 den über Leben und Gesundheit hinausgehenden Schutz des Wohlbefindens des Dienstverpflichteten ausdrücklich nur für den Fall vor, wenn dieser in die häusliche Gemeinschaft des Dienstberechtigten aufgenommen wird.

14 1. Schutz vor Gefahren für Leben und Gesundheit. § 618 regelt den Schutz der in Art. 2 Abs. 2 S. 1 GG geschützten Rechtsgüter Leben und körperliche Unversehrtheit bei der Ausübung von Diensten in der Sphäre des Dienstberechtigten. Entsprechende Regelungen finden sich für besondere Dienstverhältnisse z.B. in § 62 HGB, § 80 SeemG, § 12 HAG, § 1 ArbSchG. Der Dienstnehmer bzw. AG ist nach Abs. 1, § 120a GewO, § 62 Abs. 1 HGB verpflichtet, die Arbeitsplätze frei von Gefahren für die Gesundheit des Dienstverpflichteten bzw. AN zu halten. Diese Pflicht umfasst z.B. den Arbeitsplatz frei von gesundheitsschädlichen Chemikalien und sonstigen Gefahrstoffen zu halten.[38] Seiner Pflicht genügt der AG dadurch, dass er einen Arbeitsplatz zur Verfügung stellt, dessen Belastung mit Schadstoffen nicht über das in der Umgebung übliche Maß hinausgeht[39] Hierbei kann der AN allerdings eine regelmäßige Reinigung verlangen,[40] nicht aber das Abstellen arbeitsplatzimmanenter Belastungen, wie Lärm durch spielende Kinder in einer Kindertagesstätte.

15 Zu den nach § 618 gebotenen Schutzmaßnahmen gehört auch ein zur Abwendung nennenswerter Gesundheitsgefahren gebotener Schutz gegen „Passivrauchen".[41] Im Arbverh hat der AG gem. der Neuregelung in § 5 Abs. 1 S. 2 ArbStättV, soweit durch Schutz vor Passivrauch erforderlich, ein allgemeines oder auf einzelne Bereiche der Arbeitsstätte beschränktes Rauchverbot zu erlassen.[42] Diese Umsetzung von Art. 2 des PassivrauchG geht sogar über die zuvor nach der Rspr. entwickelte Verpflichtung des AG zur Einrichtung eines **tabakrauchfreien Arbeitsplatzes** hinaus. Das BAG hatte zwar schon aus Abs. 1[43] und § 5 ArbStättV einen entsprechenden Anspruch des AN formuliert, jedoch verlangt, dass der rauchfreie Arbeitsplatz aus gesundheitlichen Gründen geboten sein muss.[44] Nunmehr sind Beschäftigte in ihren Arbeitsstätten umfassend wirksam vor Tabakrauch zu schützen, einschließlich der Verkehrswege und Sozialräume i.S.v. § 2 ArbStättV (Flure, Treppenhäuser, Aufzüge, Pausenräume, Toiletten, Umkleiden). Dies gilt jedoch nicht für Arbeitsplätze, an denen der Dienstverpflichtete typischerweise Tabakrauch ausgesetzt wird, wie z.B. in Gaststätten oder Raucherabteilen der Deutschen Bahn oder in Flugzeugen auf Langstreckenflügen.[45] Aus dem Anspruch des nichtrauchenden AN auf einen tabakrauchfreien Arbeitsplatzes folgt allerdings kein weiter-

---

30 Bejahend RGZ 159, 268.
31 BGH 9.2.1955 – VI ZR 286/53 – BGHZ 16, 265; Erman/*Belling*, § 618 Rn 3; MüKo-BGB/*Lorenz*, § 618 Rn 8; Soergel/*Kraft*, § 618 Rn 4; Staudinger/*Oetker*, § 618 Rn 100.
32 OLG Rostock 18.5.2000 – 1 U 168/99 – OLGR Rostock 2002, 140–146.
33 OLG Rostock 18.5.2000 – 1 U 168/99 – OLGR Rostock 2002, 140–146.
34 BAG 1.7.1965 – 5 AZR 264/64 – AP § 611 Fürsorgepflicht Nr. 75; Erman/*Belling*, § 618 Rn 1; MüKo-BGB/*Lorenz*, § 618 Rn 3; Staudinger/*Oetker*, § 618 Rn 132.
35 BAG 5.3.1959 – 2 AZR 268/56 – BAGE 7, 280.
36 MüKo-BGB/*Lorenz*, § 618 Rn 2; Soergel/*Kraft*, § 618 Rn 8, Staudinger/*Oetker*, § 618 Rn 127.
37 So überzeugend Erman/*Belling*, § 618 Rn 1.
38 BAG 8.5.1996 – 5 AZR 315/95 – NZA 1997, 86–92.
39 BAG 8.5.1996 – 5 AZR 315/95 – NZA 1997, 86–92 für geringe Asbestanteile in der Luft am Arbeitsplatz.
40 LAG Rheinland-Pfalz 19.12.2008 – 9 Sa 427/08 – juris.
41 LAG München 27.11.1990 – 2 Sa 542/90 – LAGE § 618 BGB Nr. 5.
42 Vgl. zu der Gesetzesnovelle *Düwell*, jurisPR-ArbR 20/2008 Anm. 6.
43 BAG 17.2.1998 – 9 AZR 84/97 – NZA 1998, 1231–1232.
44 BAG 17.2.1998 – 9 AZR 84/97 – NZA 1998, 1231–1232.
45 BAG 8.5.1996 – 5 AZR 971/94 – NZA 1996, 927–929, zu den Grenzen der Schutzpflicht unten III. 2.

führendes Recht des AN auf Gestaltung seines Arbeitsplatzes, etwa steht ihm kein Mitspracherecht bei der Zimmerverteilung in einem Bürogebäude zu.[46] Bei der Frage, wie der AN vor Tabakrauch zu schützen ist, hat der AG die Wahl zwischen mehreren geeigneten Maßnahmen, wie z.B. Rauchverbot, Verbesserung der Raumbelüftung oder Versetzung in einen tabakrauchfreien/-armen Arbeitsraum.[47] Auf der Grundlage der neuen Regelung in § 5 Abs. 1 S. 2 ArbStättV kann der AG nunmehr auch ein generelles Rauchverbot im Betrieb verhängen, sofern dies zum Schutz der Mitarbeiter vor Passivrauch erforderlich ist. Über die „Erforderlichkeit" entscheidet allein der AG. Er muss aber nach billigem Ermessen die Rechte der rauchenden Mitarbeiter berücksichtigen, z.B. durch die Einrichtung von Raucherräume oder -ecken.[48] Soweit der AG die Entscheidung zu einem generellen Rauchverbot im Betrieb trifft, hat der BR kein Mitbestimmungsrecht.[49]

Der Schutz des § 618 umfasst den Schutz vor einem **Übermaß an Arbeit**, welches die Gesundheit des AN schädigt.[50] Eine unzulässige Arbeitsbelastung folgt nicht bereits aus der Überschreitung der nach dem AZG zulässigen Arbeitszeit. Von einem hochbezahlten leitenden Ang darf der AG ein besonderes Maß an Arbeitsleistung verlangen, auch wenn dadurch die im Betrieb übliche Arbeitszeit überschritten wird.[51]

2. Schutzpflicht für Räume, Vorrichtungen und Gerätschaften. Der Dienstnehmer muss dafür Sorge tragen, dass der Dienstverpflichtete seine Arbeiten gefahrlos in den Räumen und mit den Vorrichtungen und Gerätschaften, d.h., mit allen Arbeitsmitteln des Dienstnehmers verrichten kann.

a) Begriff der Räume. Der Begriff der Räume in § 618 ist weit zu fassen und wird nach h.M.[52] durch den Begriff der Arbeitsstätte in § 2 ArbStättV konkretisiert. Es müssen keine überdachten und umschlossenen Räume sein. Die Haftung aus § 618 greift auch dann, wenn sich die Arbeitsstätte nicht in einem geschlossenen und gedeckten Gebäude befindet.[53] Dies folgt aus dem sozialrechtlichen Charakter der Norm. Es gibt keinen sachlichen Grund für eine Differenzierung, ob die Arbeiten in einem geschlossenen Raum oder in einer nicht umschlossenen Arbeitsstätte verrichtet werden.[54] Typischweise werden daher auch Baustellen im Freien erfasst. Ein AG haftet aus § 618, wenn er vor Inbetriebnahme einer Baustelle den ordnungsgemäßen Zustand eines Baugerüsts nicht überprüft und ein Dachdecker einen Arbeitsunfall erleidet.[55] Auch öffentliche Wege können in diesem Zusammenhang einen Raum i.S.v. § 618 darstellen, wenn eine Baustelle auf diesem Weg die Arbeitsstätte bildet,[56] ferner eine Sandgrube, wenn sie ein zugewiesener Arbeitsplatz ist.[57] Nicht als Raum gelten jedoch öffentliche Wege, wenn sie kein unmittelbarer Zugang zu dem Grundstück sind, auf dem sich die Arbeitsstelle befindet.[58] Zu den Räumen i.S.v. § 618 zählen neben der Arbeitsstätte alle Nebenräume und Örtlichkeiten, die der Dienstverpflichtete während oder zum Zwecke oder im Zusammenhang mit seiner Arbeit betritt, wie z.B. Waschräume und Toiletten,[59] Aufenthalts- und Pausenräume,[60] Kantinen, ferner alle Zuwege, Flure, Treppenhäuser, Fahrstühle oder Betriebsparkplätze usw.[61]

Ein Raum kann auch im Zusammenhang mit einem Verkehrsmittel bestehen. Auch ein Schiff ist ein Raum i.S.v. § 618, in dem z.B. ein Lotse seine Dienste zu verrichten hat[62] oder ein Eisenbahnwaggon oder ein Flugzeug. Ein solches Verkehrsmittel muss daher als Ganzes wie in allen seinen Teilen (Ruder, Maschine aber auch Ladung usw.) so beschaffen sein, dass der Dienstverpflichtete gegen Gefahren für Leben und Gesundheit so weit geschützt wird, als die Natur der Dienstleistung es gestattet.[63]

b) Begriff der Vorrichtungen und Gerätschaften. Wie auch der Begriff der Räume wird der Begriff der Vorrichtungen und Gerätschaften nach allg.A. weit ausgelegt,[64] wobei in der Praxis eine Differenzierung der beiden Begriffe nicht stattfindet. Vorrichtungen sind jedoch in erster Linie Gegenstände, die mit den Räumen fest verbunden sind bzw. dauerhaft in den Arbeitsstätten vorhanden sind, ohne selbst Räume zu sein, wie z.B. Arbeitstische, Förderbänder, Belüftungs- und Klimaanlagen. Meistens wird der Begriff im weiteren Zusammenhang auch als Schutzvorrichtung verwendet,[65] wie z.B. für ein Treppengeländer. Demgegenüber sind Gerätschaften in erster Linie technische Arbeitsmittel, wie Werkzeuge, aber auch Rohstoffe[66] oder Schutzkleidung. Der technische Arbeitsschutz konkreti-

---

46 LAG Hamm 26.4.1990 – 17 Sa 128/90 – LAGE § 618 BGB Nr. 3.
47 LAG München 2.3.1990 – 6 Sa 88/90 – LAGE § 618 BGB Nr. 4.
48 BAG 19.1.1999 – 1 AZR 499/98 – AuA 1999, 330.
49 Uhl/Polloczek, BB 2008, 1114.
50 BAG 13.3.1967 – 2 AZR 133/66 – AP § 618 BGB Nr. 15.
51 BAG 13.3.1967 – 2 AZR 133/66 – AP § 618 BGB Nr. 15.
52 MüKo-BGB/Lorenz, § 618 Rn 26 ff. m.w.N.
53 BGH 20.2.1958 – VII ZR 76/57 – BGHZ 26, 365, 371.
54 BGH 20.2.1958 – VII ZR 76/57 – BGHZ 26, 365, 371.
55 OLG Düsseldorf 27.8.2002 – 4 U 232/01 – OLGR Düsseldorf 2003, 138–140.
56 BGH 20.2.1958 – VII ZR 76/57 – BGHZ 26, 365, 370 f.
57 RG 80, 27.
58 RG JW 1902, Beil. 239.
59 Erman/Belling, § 618 Rn 10 m.w.N.
60 LAG Hamm 10.7.1992 – 5 Sa 1614/91 – AuR 1993, 373.
61 RGRK/Schick, 12. Aufl., § 618 BGB Rn 56, m.w.N.; Erman/Belling § 618 Rn 10.
62 BGH 14.4.1958 – II ZR 45/57 – BGHZ 27, 79–90.
63 BGH 14.4.1958 – II ZR 45/57 – BGHZ 27, 79–90 bzgl. der fehlerhaften Beladung eines Frachtschiffes.
64 MüKo-BGB/Lorenz, § 618 Rn 34; Soergel/Kraft, § 618 Rn 13.
65 BGH 9.6.1970 – VI ZR 311/67 – BGHZ 54, 177–181.
66 Vgl. hierzu auch GefStoffV (BGBl I 2233), StrlSchV (BGBl I 1714), ChemG, BiostoffV und GentechG.

siert beide Begriffe in dem Gesetz über technische Arbeitsmittel und Verbraucherprodukte vom 6.1.2004 (GPSG)[67] und in den auf dieses Gesetz gestützten weitergehenden Verordnungen.[68] Nach § 2 GPSG sind technische Arbeitsmittel sämtliche verwendungsfähigen Arbeitseinrichtungen, insb. Werkzeuge, Arbeitsgeräte, Arbeits- und Kraftmaschinen, Hebe- und Fördereinrichtungen und Beförderungsmittel. Nach dem GPSG müssen die technischen Arbeitsmittel so hergestellt und gestaltet werden, dass für den Benutzer keine Gefahren für Leben und Gesundheit ausgehen. Das Gesetz erfasst in § 1 Abs. 2 und § 2 Abs. 7 GPSG auch die sog. überwachungspflichtigen Anlagen, die aufgrund der von ihnen ausgehenden erheblichen Gefahren für die AN eine besondere Überwachung erfordern. Zwar verpflichtet das GPSG in erster Linie nur die Hersteller und Vertreiber von technischen Arbeitsgeräten,[69] doch genügt der AG in der Verwendung dieser Arbeitsgeräte regelmäßig seiner Schutzpflicht aus Abs. 1, wenn die von ihm eingesetzten Arbeitsmittel den Anforderungen des GPSG entsprechen.[70]

21 **aa) Schutzkleidung.** Zu den praxisrelevanten Gerätschaften i.S.v. § 618 gehört v.a. die Schutzkleidung. Grds. hat jeder AG auf seine Kosten den AN für dessen arbeitsvertragliche Tätigkeiten gemäß den jeweiligen Unfallverhütungsvorschriften der Berufsgenossenschaften die für diese Tätigkeiten vorgeschriebene Schutzausrüstung zur Verfügung zu stellen.[71] Ein Forstarbeiter kann daher die kostenlose Gestellung von Stiefeln mit Schnittschutzeinlage und Schnittschutzhosen verlangen;[72] ebenso ein Maurer Sicherheitsschuhe.[73] Ein Rettungssanitäter kann Sicherheitsschuhe verlangen, solange nicht ausgeschlossen werden kann, dass bei Einsätzen keine Gefahr für seine Füße besteht.[74] Dies gilt auch, wenn die Kleidung weniger den Mitarbeiter als vielmehr Dritte schützen soll, wie die Schutzkleidung, die aufgrund lebensmittelrechtlicher Vorschriften (z.B. Lebensmittel- und FleischhygieneVO) im Betrieb getragen werden muss.[75] Die Kosten für betriebliche Schutzkleidung hat grds. der AG zu tragen.[76] Entgegenstehende vertragliche Regelungen sind wegen § 619 unwirksam.[77] Eine Kostenbeteiligung des AN ist allenfalls dann zulässig, wenn dieser die Schutzkleidung auch privat nutzen kann[78] bzw. diesen Gebrauchsvorteil wünscht.[79] Benötigt ein AN besondere Arbeitsmittel, die aufgrund seiner persönlichen körperlichen Konstitution beruhen, wie z.B. eine Bildschirmarbeitsbrille bei Fehlsichtigkeit, folgt daraus kein Anspruch auf Kostenersatz. Denn die sog. Bildschirmarbeitsbrille ist keine Schutzbrille i.S.v. Abs. 1.[80] Dies gilt jedenfalls, soweit kein Fall des § 11 Abs. 3 S. 2 SchwbG vorliegt.

22 **bb) Unfallverhütungsvorschriften.** Auch die Unfallverhütungsvorschriften der Berufsgenossenschaften auf der Grundlage ihres autonomen Satzungsrechts nach § 15 SGB VII konkretisieren Schutzpflichten nach Abs. 1.[81]

23 **c) Erweiterte Schutzpflicht in der häuslichen Gemeinschaft.** Nimmt der Dienstberechtigte den Dienstverpflichteten in die häusliche Gemeinschaft auf, werden weitere Schutzpflichten, insb. hinsichtlich Verpflegung, Arbeits- und Erholungszeit begründet. Der Begriff der häuslichen Gemeinschaft in Abs. 2 ist, wie auch im Zusammenhang mit § 617, eng auszulegen.[82] Gemeint ist in Abs. 2 nicht das Bereitstellen irgendeiner Unterkunft, sondern die Aufnahme in den Privathaushalt des Dienstberechtigten.[83] Hierbei wird allerdings nach h.M. ein enges Zusammenleben nicht gefordert.[84] Abs. 2 wird nach allg. Ansicht aber auch entsprechend für die Unterbringung von AN in Wohnheimen des AG angewendet.[85]

III. Grenzen der Schutzpflicht

24 Die Schutzpflicht nach § 618 gilt nicht unbegrenzt. Der Dienstberechtigte haftet nicht für Schäden, die sich aus dem allg. Lebensrisiko realisieren oder aus der Natur der Dienstleistung. Ihn trifft aber eine umfassende Aufklärungspflicht über erhöhte Risiken, etwa über die Ansteckungsgefahr mit Hepatitis-C bei der Arbeit mit drogenabhängigen Schülern.[86]

---

67 Vgl. BGBl I 2, ber. 219.
68 BetriebsSichV, DruckgeräteVO, AerosolverpackungsVO, RohrfernleitungsVO.
69 Einzelheiten in *Peine*, Gesetz über technische Arbeitsmittel, § 3 Rn 4.
70 ErfK/*Wank*, § 618 Rn 14, a.A. Staudinger/*Oetker*, § 618 Rn 158.
71 BAG 21.8.1995 – 7 AZR 199/83 – AP § 618 BGB Nr. 19. Zum Erfüllungsanspruch auch IV. 1.
72 LAG Hamm 9.12.1999 – 17 Sa 1455/99 – ZTR 2000, 182–183.
73 BAG 18.8.1982 – 5 AZR 493/80 – AP § 618 BGB Nr. 18.
74 Hessisches LAG 21.12.1990 – 13 Sa 1398/89 – ARST 1991, 221–223.
75 LAG Niedersachsen 11.6.2002 – 13 Sa 53/02 – Bibliothek BAG.
76 LAG Niedersachsen 11.6.2002 – 13 Sa 53/02 – Bibliothek BAG.
77 LAG Düsseldorf 26.4.2001 – 13 Sa 1804/00 – NZA-RR 2001, 409–410.
78 BAG 21.8.1985 – 7 AZR 199/83 – AP § 618 BGB Nr. 19.
79 BAG 10.3.1976 – 5 AZR 34/75 – AP § 618 BGB Nr. 17.
80 LAG Berlin 4.4.1986 – 14 Sa 9/86 – NZA 1986, 609 ff. – vgl. aber § 6 Abs. 2 BildscharbV.
81 ErfK/*Wank*, § 618 BGB Rn 12; MüKo-BGB/*Lorenz*, § 618 Rn 33 m.w.N.
82 Erman/*Belling*, § 618 Rn 20.
83 MüKo-BGB/*Lorenz*, § 618 Rn 64.
84 MünchArbR/*Blomeyer*, § 96 Rn 23; Soergel/*Kraft*, Rn 19; ErfK/*Wank*, § 618 Rn 25.
85 BAG 8.6.1955 – 2 AZR 200/54 – AP § 618 BGB Nr. 1; Erman/*Belling*, § 618 Rn 20; Staudinger/*Oetker*, § 618 Rn 238.
86 BAG 14.12.2006 – 8 AZR 628/05 – NZA 2007, 262.

1. **Allgemeine Grenzen und Schranken.** Eine Schranke der Schutzpflicht ist stets das allg. Lebensrisiko. Der 25
Schutz des Dienstverpflichteten deckt nicht das allg. Risiko ab, an der Arbeitsstätte, wie außerhalb der Arbeitsstätte, gesundheitsschädlichen Emissionen ausgesetzt zu sein. Der Unternehmer ist z.B. nach § 618 i.V.m. der GefStoffV und den Asbest-RL nur verpflichtet, die Räumlichkeiten im Betrieb so zu gestalten, dass ein objektiv konkretisierbares Gesundheitsrisiko durch Asbest ausgeschlossen wird, das über das allg. Lebensrisiko hinausgeht.[87] Er muss daher keine gänzlich asbestfreie Arbeitsumgebung garantieren, sondern nur die gesetzlichen Grenzwerte einhalten.

Ein AG haftet weder aus allg. Verkehrssicherungspflicht noch im Rahmen der Fürsorgepflicht aus § 618 für Schäden 26
an geparkten Fahrzeugen, die aus Risiken entstanden sind, denen jeder Kraftfahrer im normalen Straßenverkehr ausgesetzt ist, wenn etwa Schäden am Fahrzeug eines AN durch unachtsames Rangieren eines unfallflüchtigen Dritten auf dem Betriebsparkplatz resultieren.[88] Hieran ändert sich nichts, wenn der AN den Stellplatz gegen einen Kostenbeitrag nutzt.[89] Zum allg. Lebensrisiko gehört es auch, Geräusch-Emissionen ausgesetzt zu sein, die von der Mehrheit der übrigen Belegschaft gewünscht werden, wie das vom AG zugelassene Abspielen von Rundfunkunterhaltungsmusik in normaler Lautstärke während der Arbeit.[90]

2. **Natur der Dienstleistung.** Nach Abs. 1 hat ein AN nur insoweit Anspruch auf Durchführung von Maßnahmen 27
gegen Gefahren für Leben und Gesundheit, als die Natur der Dienstleistung es gestattet. Damit ist nichts anderes gemeint als die Natur des Betriebs, wie es in den gleichbedeutenden §§ 120a Abs. 1 GewO und 62 Abs. 1 HGB heißt. Es muss daher im Einzelfall zunächst die Natur der Dienstleistung an den beim AG zulässigerweise vorliegenden Bedingungen bestimmt werden.[91] In einem Gewerbebetrieb können daher Maßnahmen des Gesundheitsschutzes regelmäßig nicht verlangt werden, wenn dies zu einer Veränderung der unternehmerischen Betätigung führen würde. Allerdings gilt das nur insoweit, als es sich um eine rechtlich zulässige Betätigung handelt, bei der der Unternehmer den AN einsetzt. D.h., die unternehmerische Betätigung als solche muss den einschlägigen gewerberechtlichen, berufsregelnden, gesundheitspolizeilichen und sonstigen Bestimmungen entsprechen. Es ist vorauszusetzen, dass der Gesetz- und Verordnungsgeber bei der Schaffung dieser Vorschriften die Interessen aller Beteiligten bereits hinreichend abgewogen hat.[92] Soweit wie die in Frage stehende unternehmerische Betätigung als solche rechtmäßig ist, kann der Dienstverpflichtete oder AN keine Maßnahmen zum Schutz seiner Gesundheit verlangen, die zu einer Veränderung oder zu einem faktischen Verbot dieser Betätigung führen würde. Verbleibende Beeinträchtigungen seiner Gesundheit muss der AN grds. hinnehmen.[93] § 618 BGB ist keine Generalklausel, die im Interesse des AN-Schutzes das Verbot solcher Betätigungen ermöglicht, die gewerberechtlich und nach anderen Vorschriften erlaubt sind.[94] Eine gerichtliche Überprüfung kann sich entsprechend der Rspr. des BAG zu § 1 KSchG[95] nur darauf erstrecken, ob die Unternehmerentscheidung offenbar unsachlich oder willkürlich ist.[96] Solange also z.B. das Rauchen an Bord von Verkehrsflugzeugen nicht gesetzlich verboten ist, haben Flugbegleiter keinen Anspruch darauf, dass die Fluggesellschaft den Passagieren das Rauchen verbietet.[97]

3. **Grenze des technischen Arbeitsschutzes.** § 618 transformiert die Regeln des technischen Arbeitsschutzes in 28
das Dienstverhältnis, was auf der anderen Seite zur Folge hat, dass diese auch die Obergrenze dessen bilden, was der Dienstberechtigte dem Dienstverpflichteten an Fürsorge schuldet.[98] Dies gilt allerdings nur für den Standardfall, nicht aber für besonders empfindliche Mitarbeiter, die in begründeten Fällen über die Regeln des technischen Arbeitsschutzes hinausgehende Schutzmaßnahmen verlangen können.[99] Darüber hinaus können schwerbehinderte AN besondere Schutzmaßnahmen am Arbeitsplatz nach § 81 Abs. 4 Nr. 4 SGB IX verlangen.

IV. Rechtsfolgen der Pflichtverletzung

Verletzt der Dienstberechtigte bzw. der AG seine Pflichten aus § 618, begründet dies für den Dienstverpflichte- 29
ten/AN verschiedene mögliche Ansprüche.

---

87 LAG Köln 22.1.1993 – 12 Sa 872/92 – LAGE § 618 BGB Nr. 6.
88 LAG Rheinland-Pfalz 15.1.1990 – 7 Sa 792/89 – LAGE § 611 BGB Parkplatz Nr. 1; BAG 10.3.1976 – 5 AZR 34/75 – AP § 618 BGB Nr. 17.
89 BAG 25.6.1975 – 5 AZR 260/74 – AP § 611 BGB Parkplatz Nr. 4.
90 OLG Nürnberg 26.5.1989 – Ws 515/89 – OLGSt StVollzG § 149 Nr. 1 – hier: Gefängnis-Schneiderei.
91 BAG 8.5.1996 – 5 AZR 971/94 – NZA 1996, 927–929.
92 BAG 8.5.1996 – 5 AZR 971/94 – NZA 1996, 927–929.
93 BAG 8.5.1996 – 5 AZR 971/94 – NZA 1996, 927–929; ähnlich *Leßmann*, AuR 1995, 241, 244.
94 BAG 8.5.1996 – 5 AZR 971/94 – NZA 1996, 927–929.
95 BAG 30.4.1987 – 2 AZR 184/86 – AP § 1 KSchG 1969 Betriebsbedingte Kündigung Nr. 42.
96 BAG 8.5.1996 – 5 AZR 971/94 – NZA 1996, 927–929; ähnlich *Leßmann*, AuR 1995, 241, 244; BAG 8.5.1996 – 5 AZR 971/94 – NZA 1996, 927–929.
97 BAG 8.5.1996 – 5 AZR 971/94 – NZA 1996, 927–929.
98 H.M.: Erman/*Belling*, § 618 BGB Rn 7; MüKo-BGB/*Lorenz*, § 618 Rn 57; Staudinger/*Oetker*, § 618 Rn 147.
99 BAG 8.5.1996 – 5 AZR 315/95 – AP § 618 BGB Nr. 23.

30 **1. Erfüllungsanspruch.** Nach h.M. hat der Dienstverpflichtete einen einklagbaren Anspruch gegenüber dem Dienstberechtigten auf Erfüllung der Schutz- und Fürsorgepflichten gem. Abs. 1 und 2.[100] In der Praxis sind solche Klagen aber selten, weil ein Verstoß gegen konkrete Arbeitsschutznormen i.d.R. durch die staatlichen Aufsichtsbehörden geahndet werden kann und bußgeldbewehrt ist und die Einhaltung in mitbestimmten Betrieben auch durch die BR überwacht wird. Es besteht daher meistens keine Notwendigkeit für den Dienstverpflichteten oder AN, selbst und auf eigene Kosten die (Arbeits-)Gerichte zu bemühen.[101] Der Erfüllungsanspruch kann auch auf Unterlassung ausgerichtet sein, etwa den Mitarbeiter nicht über die gesetzlichen Arbeitszeitgrenzen hinaus zu beschäftigen.[102]

31 **2. Leistungsverweigerungsrecht.** Ein AN ist nach § 273 Abs. 1 i.V.m. § 618 berechtigt, die Arbeit in Räumen zu verweigern, die über das baurechtlich zulässige Maß hinaus mit Gefahrstoffen belastet sind, z.B. bei Arbeit in asbestbelasteten Räumen (hier i.V.m. den RL des Landes NRW für die Bewertung und Sanierung schwach gebundener Asbestprodukte in Gebäuden – Fassung Oktober 1993 – MBl NW 1993, 1780).[103] Dies gilt selbst dann, wenn der Nachweis der Asbestbelastung bereits erbracht ist, es genügt, dass das Auftreten von Asbest am Arbeitsplatz nicht sicher auszuschließen ist.[104] Dies gilt allerdings nur soweit die Belastung über die Natur der Dienstleistung hinausgeht und nicht durch Schutzmaßnahmen auf ein verträgliches Maß gesenkt werden kann.[105] Der AG gerät dann nach h.M. automatisch in Annahmeverzug,[106] so dass der AN seinen Vergütungsanspruch behält. Wenn ein AN einen für ihn persönlich gesundheitsgefährdenden Arbeitsplatz besetzt und eine dringende ärztliche Empfehlung zum Arbeitsplatzwechsel vorlegt, ist der AG verpflichtet ihm einen anderen Arbeitsbereich zuzuweisen. Lehnt der AN jedoch den Wechsel ab und erklärt er sich als arbeitsfähig und arbeitswillig und überschreitet der Wechsel das Weisungsrecht des AG, darf der AN nicht zum Wechsel des Arbeitsbereichs durch Einstellung der Zahlung des Arbeitsentgelts gezwungen werden.[107] Denn es ist grds. Sache des AN, welche Rechte er nach § 618 geltend macht. Der AN ist dann aber darlegungs- und beweisbelastet für seine Arbeitsfähigkeit.[108]

32 **3. Schadensersatzanspruch.** Abs. 3 gewährt keinen eigenen vertraglichen Anspruch auf Schadensersatz.[109] Ein Verstoß des Dienstverpflichteten löst vielmehr Schadensersatzansprüche des Dienstberechtigten nach §§ 280 Abs. 1 S. 1, 241 Abs. 2 aus, sofern sich der Dienstberechtigte nicht nach § 280 Abs. 1 S. 2 entlasten kann. Dies setzt voraus, dass dem Dienstberechtigten Verschulden anzulasten ist, d.h. er den Schaden vorsätzlich oder fahrlässig herbeigeführt hat. Der Dienstberechtigte haftet gleichermaßen für Verschulden seiner Erfüllungsgehilfen nach § 278, bzw. für die von ihm eingesetzten verantwortlichen Personen nach § 13 Abs. 1 Nr. 4, 5 und Abs. 2 ArbSchG und bei unerlaubten Handlungen gem. § 831. In Großbetrieben ist hierbei die Möglichkeit des dezentralisierten Entlastungsbeweises für den AG zu berücksichtigen, wenn Aufsichtspflichten auf andere Führungsebenen delegiert werden.[110] Zu beachten ist ferner die deliktische Haftung des AG nach § 823 Abs. 2 i.V.m. § 130 OWiG, wonach dieser persönlich für die Einhaltung der Arbeitsschutz- und Unfallverhütungsvorschriften verantwortlich ist. Selbst wenn der AG diese Aufgaben delegiert, verbleibt bei ihm eine persönliche Aufsichtspflicht nach § 130 Abs. 1 S. 2 OWiG.

33 **a) Umfang der Haftung.** Abs. 3 **erweitert** den Umfang der Haftung auf Schadensersatz durch die Rechtsfolgenverweisung auf die Vorschriften für unerlaubte Handlungen (§§ 842 bis 846). Den Dienst- und AN werden damit Ansprüche auf Ersatz von Erwerbs- und Fortkommensnachteile im Rahmen der §§ 842 und 843 gewährt, wie auch den Hinterbliebenen bei Tötungsfällen Ansprüche aus §§ 844 bis 846, die ohne die Verweisung nur aus deliktischer Haftung folgen könnten.

34 Im Arbverh **begrenzt** allerdings § 104 SGB VII die Haftung des AG, der für Schäden aus Arbeitsunfällen und Berufskrankheiten nur bei Vorsatz haftet und bei Wegeunfällen.

Der Schadensersatz umfasst auch **Schmerzensgeld** nach § 253 Abs. 2, allerdings gilt das nach Art. 229 § 8 Abs. 1 EGBGB erst für Schadensereignisse, die sich nach dem 31.7.2002 ereignet haben.[111]

35 **b) Mitverschulden.** Ein mitwirkendes Verschulden des Dienstverpflichteten kann zur Einschränkung der Haftung des Dienstberechtigten führen. Das ist regelmäßig der Fall, wenn der Dienstverpflichtete selbst die erforderliche

---

100 LAG Köln 22.1.1993 – 12 Sa 872/92 – LAGE § 618 BGB Nr. 6; LAG München 2.3.1990 – 6 Sa 88/90 – LAGE § 618 BGB Nr. 4; LAG München 27.11.1990 – 2 Sa 542/90 – LAGE § 618 BGB Nr. 5 (einstweiliger Rechtsschutz); Erman/*Belling*, § 618 Rn 21; MüKo-BGB/*Lorenz*, § 618 Rn 73 ff.; Soergel/*Kraft*, § 618 Rn 21, einschränkend nur für Abs. 1 Staudinger/*Oetker*, § 618 Rn 248.
101 MüKo-BGB/*Lorenz*, § 618 Rn 4.
102 BAG 16.3.2004 – 9 AZR 93/03 – DB 2004, 1732.
103 BAG 19.2.1997 – 5 AZR 982/94 – NZA 1997, 821–824; unter Aufgabe des Senatsurteils BAG 2.2.1994 – 5 AZR 273/93 – BAGE 75, 332 und unter Fortführung des Senatsurteils BAG 19.2.1997 – 5 AZR 982/94 – NZA 1997, 86.
104 LAG Köln 9.9.1994 – 12 Sa 872/92.
105 BAG 8.5.1996 – 5 AZR 315/95 – AP § 618 BGB Nr. 23.
106 BAG 7.6.1973 – 5 AZR 563/72 – AP § 618 BGB Nr. 28; Staudinger/*Oetker*, § 618 Rn 263; ErfK/*Wank*, § 618 Rn 33.
107 BAG 17.2.1998 – 9 AZR 130/97 – AP § 618 BGB Nr. 27.
108 BAG 20.1.1998 – 9 AZR 812/96 – AP § 13 BUrlG Nr. 6.
109 Erman/*Belling*, § 618 Rn 26; MüKo-BGB/*Lorenz*, § 618 Rn 83; Soergel/*Kraft*, § 618 Rn 23; Staudinger/*Oetker*, Rn 284.
110 MüKo-BGB/*Wagner*, § 831 Rn 38 ff.
111 BAG 14.12.2006 – 8 AZR 628/05 – NZA 2007, 262.

Sorgfalt außer Acht gelassen hat, sich vor Schaden zu bewahren.[112] Solche Pflichten folgen für AN u.a. aus § 15 Abs. 2 ArbSchG. Ein Ang muss sich Mitverschulden an einem ihm entstandenen Schaden anrechnen lassen, wenn er eine Stelle übernommen hat, der er gesundheitlich nicht gewachsen war, oder wenn er sich nicht selbst um eine Entlastung bemüht hat.[113] Im Falle von Arbeitsunfällen ist zu beachten, dass das Unfallversicherungsrecht Entschädigungsleistungen auch bei Mitverschulden des AN vorsieht und auch bei verbotswidrigem Handeln nicht ausschließt.[114]

c) Beweisfragen. Die Beweislast für die anspruchsbegründenden Tatsachen liegt beim Dienstverpflichteten, allerdings kommen ihm Beweiserleichterungen zugute. Nach h.M. muss der Dienstverpflichtete lediglich beweisen, dass ordnungswidrige Gefahrquellen vorgelegen haben, die nach allg. Lebenserfahrung geeignet waren, den eingetretenen Schaden zu verursachen.[115] Str. ist, ob damit eine echte Beweislastumkehr zu Lasten des Dienstberechtigten ausgelöst wird[116] oder nur ein Anscheinsbeweis durch den Dienstverpflichteten gefordert wird,[117] der nicht widerlegt, sondern nur erschüttert werden muss. Die Anwendung der Grundsätze des Anscheinsbeweises trägt dem Schutzzweck der Norm ausreichend Rechnung, so dass es für eine echte Beweislastumkehr keine Grundlage gibt.[118] Gilt der Schaden als durch den Dienstberechtigten verursacht, muss er i.S.v. § 280 Abs. 1 S. 2 ZPO beweisen, dass ihn kein Verschulden trifft.[119] Hat z.B. ein Schiffsführer die ihm nach § 618 (hier aus einem Lotsenvertrag) obliegende Fürsorgepflicht durch fehlerhafte Beladung des Schiffes verletzt und ist diese Verletzung geeignet, den später eingetretenen Schaden hervorzurufen (hier Tod des Lotsen beim Untergang des Schiffs), so muss er beweisen, dass die Verletzung nicht ursächlich war oder von ihm nicht verschuldet wurde.[120]

4. Kündigung aus wichtigem Grund. Bei Verletzung der Schutz- und Fürsorgepflichten aus § 618 haben Dienstverpflichteter und **AN** das Recht, den Dienst- bzw. Arbeitsvertrag fristlos zu kündigen und können außerdem Schadensersatzansprüche nach § 628 Abs. 2 geltend machen.

Der **AG** kann demgegenüber nicht kündigen, wenn es ihm unmöglich ist, die Gefahren für Leben und Gesundheit des AN zu beseitigen. Denn es existiert keine allg. Verpflichtung des AG, den AN nicht mit – an sich zulässigen – vertraglich vereinbarten Arbeiten zu beschäftigen, die seiner Gesundheit im individuellen Fall schaden, weshalb aus der Bestimmung des § 618 auch kein Künd-Recht des AG hergeleitet werden kann.[121] Vielmehr gebietet die Fürsorgepflicht dem AG Sorge zu tragen, dass die Erfüllung der Arbeitsleistung ohne Verschlimmerung des Gesundheitszustandes möglich ist. Kann der AG solche Abhilfe nicht schaffen, weil es z.B. keine technischen Hilfsmittel für die Bewegung bestimmter Lasten gibt, ist ihm die Erfüllung seiner Fürsorgepflicht aus § 618 unmöglich, weshalb der AG nach § 275 frei wird. Das Arbverh bleibt sodann mit dem bisherigen Inhalt bestehen, eine Künd kommt nur dann in Betracht, wenn die gesundheitlichen Verhältnisse des AN zu Vertragsstörungen geführt haben, die ihrerseits einen Künd-Grund ausmachen. Allerdings kann die Missachtung von Anweisungen des AG, welche dieser aus Gründen des Gesundheitsschutzes an den AN erteilt, eine verhaltensbedingte Künd des AN rechtfertigen.[122]

5. Gefährdungsbeurteilung. Nach der Rspr. des BAG haben AN nach § 5 Abs. 1 ArbSchG i.V.m. § 618 Abs. 1 einen Anspruch auf eine Beurteilung der mit ihrer Beschäftigung verbundenen Gefährdung.[123] Allerdings kann der einzelne AN dabei nicht verlangen, dass eine solche Gefährdungsbeurteilung nach bestimmten, von ihm vorgegebenen Kriterien zu erfolgen hat.[124] Zwar begründet § 5 Abs. 1 ArbSchG bereits die öffentlich-rechtliche Pflicht des AG für die Durchführung einer Gefährdungsbeurteilung. Doch folgt der privatrechtliche Erfüllungsanspruch auf Durchführung einer solchen Gefährdungsbeurteilung aus der Transformation dieser Schutzpflichten in das Arbeitsvertragsrecht auf der Grundlage von Abs. 1. Aufgrund des in § 5 Abs. 1 ArbSchG eröffneten Handlungs- und Beurteilungsspielraums bestehen keine zwingenden Vorgaben, wie die Gefährdungsbeurteilung durchzuführen

---

112 MüKo-BGB/*Lorenz*, § 618 Rn 89.
113 BAG 13.3.1967 – 2 AZR 133/66 – AP § 618 BGB Nr. 15.
114 Vgl. Zum Arbeitsunfall § 8 SGB VII.
115 BAG 8.6.1955 – 2 AZR 200/54 – AP § 618 BGB Nr. 1; BAG 27.2.1970 – 1 AZR 258/69 – AP § 618 BGB Nr. 16; BAG 8.5.1996 – 5 AZR 315/95 – AP § 618 BGB Nr. 23; Erman/*Belling*, § 618 Rn 29; MüKo-BGB/*Lorenz*, § 618 Rn 91; Soergel/*Kraft*, § 618 Rn 29; Staudinger/*Oetker*, § 618 Rn 308.
116 BGHZ 27, 84; Soergel/*Kraft*, § 618 Rn 29.
117 BAG 25.2.1960 – 2 AZR 385/57 – AP § 611 Gefährdungshaftung des Arbeitgebers Nr. 1 und BAG 10.11.1961 – GS 1/60 – AP § 611 BGB Gefährdungshaftung des Arbeitgebers Nr. 2; Staudinger/*Oetker*, § 618 Rn 312; Erman/ *Belling*, § 618 Rn 29.
118 Erman/*Belling*, § 618 Rn 29.
119 BAG 8.6.1955 – 2 AZR 200/54 – AP § 618 BGB Nr. 1; BAG 27.2.1970 – 1 AZR 258/69 – AP § 618 BGB Nr. 16; BAG 8.5.1996 – 5 AZR 315/95 – AP § 618 BGB Nr. 23; Erman/*Belling*, § 618 Rn 29; MüKo-BGB/*Lorenz*, § 618 Rn 29; Staudinger/*Oetker*, § 618 Rn 308.
120 RGZ 138, 37. Diese Beweislastregelung gilt auch im Falle der unbeschränkten persönlichen Haftung des Reeders nach § 486 Abs. 2 HGB vgl. BGHZ 27, 79–90.
121 LAG Baden-Württemberg 20.7.1994 – 12 Sa 72/94 – Bibliothek BAG.
122 LAG Hamm 8.2.2007 – 17 Sa 1453/06 – juris; LAG Köln 12.12.2008 – 11 Sa 777/08 – juris bzgl. Sicherheitsschuhen.
123 BAG 12.8.2008 – 9 AZR 1117/06 – juris.
124 BAG 12.8.2008 – 9 AZR 1117/06 – juris.

39 **6. Sonstige Rechtsfolgen.** Der Dienstverpflichtete kann sich im Falle einer vertraglich ausbedungenen Leistung, die einen Verstoß gegen Arbeitsschutzvorschriften begründet, auch auf die Nichtigkeit dieses Vertragsinhalts nach § 134 BGB berufen und entsprechend die Leistung verweigern.

ist. Aus diesem Grund richtet sich der Anspruch des AN lediglich auf fehlerfreie Ermessensausübung und können bestimmte Maßnahmen durch den AN nicht verlangt werden.[125]

40 **7. Betriebliche Mitbestimmung.** In mitbestimmten Betrieben hat der BR nach § 87 Abs. 1 Nr. 7 BetrVG ein Mitbestimmungsrecht bei betrieblichen Regelungen zur Verhütung von Arbeitsunfällen, Berufskrankheiten und zum Gesundheitsschutz. Dies schließt ein Initiativrecht des BR ein,[126] er kann also selbst Vorschläge zum Arbeitsschutz unterbreiten. Das betrifft jedoch nur Maßnahmen für die gesamte Belegschaft, nicht für einen einzelnen AN.[127] Weitere Rechte und Pflichten des BR folgen aus § 80 Abs. 1 Nr. 1 und Abs. 2 und § 89 BetrVG, wie die Überwachungs- und Informationsrechte über die Einhaltung von Arbeitsschutzvorschriften und Zusammenarbeit mit den Behörden.[128] Der AG kann außerdem mit dem BR nach § 88 Nr. 1 BetrVG BV zum Arbeitsschutz treffen.

C. Verbindung zu anderen Rechtsgebieten

I. Arbeitsschutzrecht

41 Im Arbverh wird der Regelungsgehalt des § 618 durch eine Vielzahl von Spezialgesetzen, VO und EU-RL konkretisiert. Die in der Praxis relevantesten Regelungen finden sich im ArbSchG und im ASiG.[129] § 618 wird ferner in bestimmten Spezialgebieten durch Sondervorschriften verdrängt, wie § 62 HGB, § 80 SeemG, § 12 HAG.

II. Unfallversicherungsrecht

42 Für den Fall von Arbeitsunfällen und Berufskrankheiten finden die Regelungen des SGB VII Gesetzliche Unfallversicherung Anwendung (vgl. § 104 SGB VII Rn 14 ff. mit weitergehenden Hinweisen). Zu beachten ist in diesen Fällen regelmäßig die Haftungsbegrenzung im Arbverh nach § 104 SGB VII. Außerdem erlassen die zuständigen Berufsgenossenschaften Vorschriften zur Unfallprävention und zur Gesundheitsvorsorge. Im Vordergrund steht die Unfallverhütungsvorschrift „Arbeitsmedizinische Vorsorge" (BGV A 4) vom 1.4.1993.

III. EU-Recht

43 Im Arbeitsrecht wird insb. das Arbeitsschutzrecht durch das EU-Recht geprägt. Viele nationalen Arbeitsschutzgesetze und -VO in Deutschland haben ihre Grundlage in Art. 138 EG (vormals Art. 118a EGV), wie z.B. die Bildschirmarbeits-VO, die aus der Bildschirm-RL 90/270/EWG hervorging. Art. 138 EG gibt dem EU-Gesetzgeber die Kompetenz, den Mitgliedsländern Vorgaben für den technischen Arbeitsschutz zu machen, wie z.B. die EG-Rahmen-RL 89/391/EWG zum Arbeitsschutz, umgesetzt in dem heutigen ArbSchG.[130]

44 Ferner wurde auf der Grundlage der Einheitlichen Europäischen Akte (EEA)[131] Art. 95 EG u.a. zum präventiven Schutz der Arbeitsumwelt in den EG-Vertrag aufgenommen.[132]

D. Beraterhinweise

45 Der **Arbeitsrechtler** wird in der Praxis selten allein auf § 618 zurückgreifen, weil die meisten arbeitsrechtlichen Schutzpflichten in den öffentlich-rechtlichen Vorschriften zum technischen Arbeitsschutz konkretisiert sind. Somit empfiehlt sich zunächst eine Zuordnung des Sachverhalts zu einer der vielen Spezialmaterien, um in den entsprechenden Gesetzen, VO, EU-RL oder auch Satzungen der Berufsgenossenschaften die einschlägigen konkreten Fürsorgepflichten des AG zu ermitteln, zumal die dort niedergelegten Pflichten oftmals über die Grundpflichten des § 618 hinausgehen. Einen Überblick über die Vielzahl von Regelungen gewähren das jährlich aktualisierte Verzeichnis der Arbeitsschutzvorschriften des Bundes und die Bundesanstalt für Arbeitsschutz und Arbeitsmedizin (BAuA) mit Sitz in Dortmund.[133] Die Überwachung der Einhaltung dieser Vorschriften ist Aufgabe der Länder und findet durch deren eigene Arbeitsschutzaufsicht, wie Gewerbeaufsichtsämter und Ämter für Arbeitsschutz statt, die weitergehende Informationen für AG bereithalten und im Einzelfall für AN auch unmittelbar die notwendigen Maßnahmen zur Sicherheit und Gesundheit der Beschäftigten anordnen können. Der Weg über diese Einrichtungen ist für den AN oftmals wirkungsvoller als über die Arbeitsgerichtsbarkeit. Weiterführende Informationen zum Arbeitsschutz sind neben den staatlichen Einrichtungen auch über die gesetzlichen Unfallversicherungsträger erhältlich, also über die

---

125 BAG 12.8.2008 – 9 AZR 1117/06 – juris.
126 MüKo-BGB/*Lorenz*, § 618 Rn 47 m. ausf. Hinw.; *Fitting u.a.*, § 87 BetrVG Rn 287.
127 *Fitting u.a.*, § 87 BetrVG Rn 16.
128 Vgl. ferner §§ 90, 91 BetrVG, § 9 AsiG und § 22 Abs. 1 SGB VII.
129 Vgl. Übersicht in Kollmer/*Kollmer*, § 1 Rn 1 ff. m. weiteren Hinw.
130 Vgl. zum § 1 ArbSchG Rn 1 ff.
131 Abl. EG 1987 Nr. L 189/29.
132 MünchArbR/*Wlotzke*, § 206 Rn 84 ff. mit weitergehenden Hinweisen.
133 www.baua.de.

Gewerblichen und Landwirtschaftlichen Berufsgenossenschaften und die Unfallversicherungsträger der öffentlichen Hand. Weil sämtliche privaten und öffentlichen AG in den vorgenannten Einrichtungen Pflichtmitgliedschaften besitzen, hat jeder AN Anspruch auf Versicherungsleistungen bei Arbeitsunfällen oder Berufskrankheit. Die Geltendmachung von Ansprüchen von AN in einem Schadensfall sollte daher nicht allein gegenüber dem AG erfolgen, sondern gleichermaßen gegenüber der einschlägigen Berufsgenossenschaft bzw. dem zuständigen Unfallversicherungsträger.

In rein **zivilrechtlichen** Schadens- oder Streitfällen außerhalb eines Arbverh behalten die weitreichenden Ansprüche des Dienstverpflichteten aus § 618 ihre Bedeutung. Indes zeigt die geringe Anzahl höchstrichterlicher Rspr., dass diese Fälle in der Praxis nicht häufig sind. Bei der Geltendmachung von Ansprüchen aus freien Dienstverhältnissen muss in jedem Fall beachtet werden, dass die meisten Arbeitsschutzgesetze für freie Dienstverhältnisse wie auch für Werkverträge nicht gelten. 46

§ 619 Unabdingbarkeit der Fürsorgepflichten

Die dem Dienstberechtigten nach den §§ 617, 618 obliegenden Verpflichtungen können nicht im Voraus durch Vertrag aufgehoben oder beschränkt werden.

Literatur: *Benöhr*, Fast vier Tropfen sozialen Öls – Zum Arbeitsrecht im BGB, in: Köbler/Nehlsen (Hrsg.), Wirkungen europäischer Rechtskultur FS für Kroeschell, 1997, S. 17; *Lepke*, Der Verzicht des Arbeitnehmers auf den Lohnfortzahlungsanspruch im Krankheitsfalle – Zugleich ein Beitrag zum Grundsatz der Unabdingbarkeit im Arbeitsrecht, BB 1971, 1509; *Lewer*, Die Haftung des Werkbestellers nach Dienstleistungsrecht gem. den §§ 618, 619 BGB, JZ 1983, 336; *Weber*, Die Nebenpflichten des Arbeitgebers, RdA 1980, 289

A. Allgemeines 1	2. Inhalt der Vereinbarung 6
I. Normzweck 1	a) Verpflichtungen des Dienstberechtigten nach §§ 617, 618 6
II. Entstehungsgeschichte 2	b) Aufhebung oder Beschränkung der Verpflichtungen 7
B. Regelungsgehalt 3	
I. Anwendungsbereich 3	
II. Sondervorschriften 4	3. Zeitpunkt der Vereinbarung 8
III. Tatbestandsvoraussetzungen 5	IV. Rechtsfolge 9
1. Vertrag 5	C. Verbindung zum Prozessrecht 10

A. Allgemeines

I. Normzweck

Die Vorschrift des § 619 will die Dienstverpflichteten, die den Weisungen des Dienstberechtigten unterliegen und daher Anspruch auf dessen Fürsorge haben, aus **sozialpolitischen Gründen** schützen.[1] Die Bestimmungen der **§§ 617 bis 619** sind nach allg. Ansicht als **Gesamtvorschriften zum Schutze des Dienstverpflichteten** aufzufassen. Der Zweck dieser Vorschriften geht dahin, die in abhängiger Arbeit Stehenden in größtmöglichem Umfang vor den **Gefahren** zu schützen, die ihre Verrichtungen für ihr Leben und ihre Gesundheit mit sich zu bringen pflegen.[2] Durch § 619 soll ein Dienstverpflichteter davor bewahrt werden, auf die zu seinen Gunsten geschaffenen **Sicherungsvorschriften** im Voraus zu verzichten, um ggf. überhaupt eine Stelle oder eine solche unter ihm zusagenden Bedingungen oder bei einem bestimmten AG zu erhalten.[3] 1

II. Entstehungsgeschichte

§ 619 ist seit 1896 unverändert geblieben. Bereits Im Rahmen des Gesetzgebungsverfahrens[4] wurde der **sozialpolitische Charakter** der Fürsorgepflichten nach §§ 617 f. und die zu ihrer effektiven Durchsetzung – in Abweichung vom Prinzip der Vertragsfreiheit (§ 105 S. 1 GewO) – erforderliche **Unabdingbarkeit** betont.[5] 2

---

1 BGH 15.6.1971 – VI ZR 262/69 – NJW 1971, 1931, 1933.
2 BGH 20.2.1958 – VII ZR 76/57 – NJW 1958, 710, 711.
3 BGH 9.2.1955 – VI ZR 286/53 – NJW 1955, 785, 787.
4 Entwurf II § 558; Entwurf III § 610.
5 Protokolle II, 293 f.; s. Staudinger/*Oetker*, § 619 Rn 1; *Benöhr*, in: FS für Kroeschell 1997, S. 17, 26.

B. Regelungsgehalt

I. Anwendungsbereich

3 § 619 findet Anwendung auf alle **Dienst- und Arbverh**,[6] auf ein **Auftragsverhältnis**, bei dem Leistungen erbracht werden, die bei Vereinbarung einer Zahlung dienstvertraglicher Art wären[7] sowie auf den **Handelsvertretervertrag**.[8] Die Unabdingbarkeit der Fürsorgepflichten gem. § 619 (analog) ist bei **Werkverträgen** nur hinsichtlich der im Betrieb des Bestellers tätigen AN des Unternehmers zu bejahen,[9] nicht dagegen bzgl. des Verhältnisses des Bestellers zum (Sub-)Unternehmer.[10]

II. Sondervorschriften

4 Für **Handlungsgehilfen** verbietet § 62 Abs. 4 HGB die Abbedingung der dem Prinzipal nach § 62 Abs. 1 bis 3 HGB obliegenden Fürsorgepflichten.[11] Die Verpflichtung des Reeders und des Kapitäns zum Schutz der **Besatzungsmitglieder** vor Betriebsgefahren nach § 80 Abs. 1 SeemG ist gem. § 10 SeemG grds. unabdingbar.[12] Bei der Beschäftigung von **Jugendlichen** stellen die sonstigen Pflichten des AG nach §§ 28 ff. JArbSchG[13] grds. zwingendes Recht dar.[14] Den Gefahrenschutz von **Heimarbeitern** regeln die – nach §§ 31 ff. HAG sanktionsbewehrten – §§ 12 ff. HAG.[15] Der für **gewerbliche AN** geltende § 120a GewO (Betriebssicherheit)[16] wurde m.W.v. 8.8.1996 aufgehoben und durch das ArbSchG ersetzt.[17]

III. Tatbestandsvoraussetzungen

5 **1. Vertrag.** Angesichts des Schutzzwecks der Norm (siehe Rn 1) ist eine **extensive Auslegung** des Begriffs „Vertrag" i.S.v. § 619 geboten. Erfasst werden neben Individualarbeitsverträgen[18] auch TV,[19] BV,[20] Dienstvereinbarungen,[21] Vereinbarungen nach § 28 Abs. 2 SprAuG[22] sowie einseitig verpflichtende Rechtsgeschäfte, z.B. ein vom Dienstpflichtigen „im Voraus" (siehe Rn 8) erklärter Verzicht (§ 397),[23] ein die Durchsetzung der Rechte aus §§ 617 f. sanktionierendes Vertragsstrafeversprechen (§§ 336 ff.)[24] und einseitige Anordnungen des Dienstberechtigten.[25]

6 **2. Inhalt der Vereinbarung. a) Verpflichtungen des Dienstberechtigten nach §§ 617, 618.** § 619 erfasst Verpflichtungen nach § 617 und § 618, der durch die **Vorschriften des Arbeitsschutzrechts** konkretisiert wird,[26] nicht nach § 616.[27] Im Hinblick auf die unterschiedliche Qualität der geschützten Rechtsgüter ist § 619 nicht analog auf einzelne aus der **allg. Interessenwahrungspflicht** (§§ 241 Abs. 2, 242) des Dienstberechtigten folgende Pflichten anwendbar.[28] Daher ist insb. eine – nicht Vorsatz und grobe Fahrlässigkeit erfassende – **Haftungsbeschränkung** für eingebrachte Sachen des Dienstpflichtigen zulässig,[29] unbeschadet der sonstigen Wirksamkeitsanforderungen (§§ 138, 315 Abs. 3).

7 **b) Aufhebung oder Beschränkung der Verpflichtungen.** § 619 verbietet neben der (völligen oder teilweisen) Aufhebung von (allen oder einzelnen) Pflichten des Dienstberechtigten nach §§ 617, 618 auch Beschränkungen derselben.[30] Diese können sich neben den Fällen der Einwilligung in eine Unterschreitung des durch das Arbeitsschutzrecht konkretisierten Schutzniveaus insb. daraus ergeben, dass eine Vereinbarung die finanzielle Beteiligung des

---

6 Staudinger/*Oetker*, § 619 Rn 4 ff.; MüKo-BGB/*Henssler*, § 619 Rn 3 f.; Erman/*Belling*, § 619 Rn 3.
7 BGH 9.2.1955 – VI ZR 286/53 – NJW 1955, 785.
8 Ebenroth/Boujong/Joost/Strohn/*Löwisch*, § 84 Rn 56; Staudinger/*Oetker*, § 619 Rn 4.
9 BGH 20.2.1958 – VII ZR 76/57 – NJW 1958, 710 f.; a.A. *Lewer*, JZ 1983, 338.
10 BGH 15.6.1971 – VI ZR 262/69 – NJW 1971, 1931.
11 Ebenroth/Boujong/Joost/Strohn/*Boecken*, § 62 Rn 51 f. m.w.N.
12 *Bemm/Lindemann*, § 10 Rn 1 ff., § 80 Rn 2.
13 H/S/*Boecken*, § 7 Rn 673 ff.
14 Zmarzlik/Anzinger/*Anzinger*, JArbSchG, § 28 Rn 3, § 29 Rn 3, § 30 Rn 2.
15 *Schmidt/Koberski/Tiemann/Wascher*, § 12 Rn 1 ff., 10, § 13 Rn 1 ff., 8, § 14 Rn 1 ff., 8, vor §§ 31 ff. Rn 1 ff.
16 Tettinger/Wank/*Wank*, §§ 120, 120a Rn 1 ff., 14 ff.
17 Art. 1, 4 Nr. 1, 6 S. 1 Gesetz zur Umsetzung der EG-Rahmen-RL Arbeitsschutz und weiterer Arbeitsschutz-RL v. 7.8.1996 (BGBl I S. 1246).
18 BAG 18.8.1982 – 5 AZR 493/80 – DB 1983, 234.
19 Staudinger/*Oetker*, § 619 Rn 9; Erman/*Belling*, § 619 Rn 1.
20 BAG 18.8.1982 – 5 AZR 493/80 – DB 1983, 234; BAG 10.3.1976 – 5 AZR 34/75 – SAE 1977, 12 ff. m. Anm. *Sieg*.
21 Staudinger/*Oetker*, § 619 Rn 9.
22 Staudinger/*Oetker*, § 619 Rn 9.
23 Staudinger/*Oetker*, § 619 Rn 9: § 619 analog.
24 Staudinger/*Oetker*, § 619 Rn 17 m.w.N.
25 BAG 21.8.1985 – 7 AZR 199/83 – NZA 1986, 324; LAG Hamm 9.12.1999 – 17 Sa 1455/99 – ZTR 2000, 182.
26 Staudinger/*Oetker*, § 619 Rn 11, § 618 Rn 14 ff., 146 ff.; MüKo-BGB/*Henssler*, § 619 Rn 5; *Weber*, RdA 1980, 289, 296 ff.
27 MüKo-BGB/*Henssler*, § 619 Rn 5.
28 BAG 5.3.1959 – 2 AZR 268/56 – DB 1959, 833; MüKo-BGB/*Henssler*, § 619 Rn 5.
29 BAG 5.3.1959 – 2 AZR 268/56 – DB 1959, 833, 834 f.
30 Staudinger/*Oetker*, § 619 Rn 13 ff. m.w.N.

Dienstpflichtigen an Kosten für die vom Dienstberechtigten vorzunehmende Beschaffung[31] oder Reinigung[32] von Schutzgegenständen (z.B. Schutzkleidung, Sicherheitsschuhe) vorsieht.[33] Eine angemessene Kostenbeteiligung ist nur dann zulässig, wenn dem Dienstpflichtigen die Gegenstände auf seinen Wunsch auch zur **Privatnutzung** überlassen sind.[34] Während günstigere Vereinbarungen stets zulässig sind, kommt es bei teils günstigeren, teils ungünstigeren Vereinbarungen auf einen **Einzelvergleich** an.[35]

3. Zeitpunkt der Vereinbarung. Die Verpflichtungen des Dienstberechtigten können gem. § 619 nicht „im Voraus" aufgehoben oder beschränkt werden. Wortlaut, Schutzzweck und Entstehungsgeschichte der Norm zeigen, dass es sich dabei um Vereinbarungen handelt, die vor oder bei Abschluss des Dienstvertrages oder während des Dienstverhältnisses getroffen werden und die **der Entstehung eines konkreten (Schadensersatz-)Anspruchs wegen Verletzung der Fürsorgepflichten nach §§ 617, 618** vorgelagert sind.[36] Nach Entstehung eines (Schadensersatz-)Anspruchs ist sein **Erlass** durch Vertrag (§ 397) oder Vergleich[37] zulässig, und zwar unabhängig davon, ob die Vereinbarung vor oder nach Beendigung des Dienstverhältnisses abgeschlossen wird.[38]

IV. Rechtsfolge

Gegen § 619 verstoßende Vereinbarungen sind gem. § 134[39] nichtig. Andere Vertragsteile bleiben entgegen der Regel des § 139 wirksam, da sich anderenfalls der soziale Schutzzweck (siehe Rn 1) des § 619 in sein Gegenteil verkehren würde.[40]

C. Verbindung zum Prozessrecht

Wer sich auf die Nichtigkeit der Vereinbarung beruft, trägt die **Darlegungs- und Beweislast** für das Vorliegen der tatbestandlichen Voraussetzungen von § 619.[41]

§ 619a   Beweislast bei Haftung des Arbeitnehmers

Abweichend von § 280 Abs. 1 hat der Arbeitnehmer dem Arbeitgeber Ersatz für den aus der Verletzung einer Pflicht aus dem Arbeitsverhältnis entstehenden Schaden nur zu leisten, wenn er die Pflichtverletzung zu vertreten hat.

Literatur: *Däubler*, Die Auswirkungen der Schuldrechtsmodernisierung auf das Arbeitsrecht, NZA 2001, 1329; *Dedek*, Die Beweislastverteilung nach § 619a BGB, ZGS 2002, 320; *Dittmann*, Grundsätze der Arbeitnehmerhaftung, AuA 2002, 443; *Henssler*, Arbeitsrecht und Schuldrechtsreform, RdA 2002, 129; *Krause*, Geklärte und ungeklärte Probleme der Arbeitnehmerhaftung, NZA 2003, 577; *Lindemann*, Neuerungen im Arbeitsrecht durch die Schuldrechtsreform, AuR 2002, 81; *Löwisch*, Auswirkungen der Schuldrechtsreform auf das Recht des Arbeitsverhältnisses, in: FS für Wiedemann, 2002, S. 311; *Oetker*, Neues zur Arbeitnehmerhaftung durch § 619a BGB?, BB 2002, 43; *Otto*, Neujustierung der Risikoverteilung bei der Arbeitnehmerhaftung – Insbesondere Arbeitnehmerverschulden und Versicherung, in: FS 50 Jahre BAG, 2004, S. 97; *Pfeifer*, Neueste Entwicklung zu Fragen der Arbeit-

---

31 BAG 10.3.1976 – 5 AZR 34/75 – SAE 1977, 12 m. Anm. Sieg; BAG 18.8.1982 – 5 AZR 493/80 – DB 1983, 234; BAG 21.8.1985 – 7 AZR 199/83 – NZA 1986, 324; LAG Niedersachsen 11.6.2002 – 13 Sa 53/02 – LAGE § 618 BGB Nr. 11; LAG Hamm 9.12.1999 – 17 Sa 1455/99 – ZTR 2000, 182; s.a. BAG 14.2.1996 – 5 AZR 978/94 – NZA 1996, 883, zu § 120c Abs. 4 GewO a.F. (§ 45 ArbStättV).
32 LAG Düsseldorf 26.4.2001 – 13 Sa 1804/00 – NZA-RR 2001, 409 f.
33 S.a. den vergleichbaren Rechtsgedanken in § 3 Abs. 3 ArbSchG.
34 BAG 10.3.1976 – 5 AZR 34/75 – SAE 1977, 12, 14 f. m. Anm. Sieg; BAG 18.8.1982 – 5 AZR 493/80 – DB 1983, 234; BAG 21.8.1985 – 7 AZR 199/83 – NZA 1986, 324, 325; LAG Niedersachsen 11.6.2002 – 13 Sa 53/02 – LAGE § 618 BGB Nr. 11.
35 Staudinger/*Oetker*, § 619 Rn 18 m.w.N.
36 Allg.M., MüKo-BGB/*Henssler*, § 619 Rn 8; Staudinger/*Oetker*, § 619 Rn 19; Erman/*Belling*, § 619 Rn 2; *Lepke*, BB 1971, 1509, 1510 f.
37 BAG 11.6.1976 – 5 AZR 506/75 – DB 1976, 2118.
38 H.M., s. Staudinger/*Oetker*, § 619 Rn 20 ff.; Erman/*Belling*, § 619 Rn 2; ErfK/*Wank*, § 619 BGB Rn 2; HWK/*Krause*, § 619 BGB Rn 2; *Lepke*, BB 1971, 1510, 1511; a.A. MüKo-BGB/*Henssler*, § 619 Rn 8.
39 H.M., LAG Hamm 9.12.1999 – 17 Sa 1455/99 – ZTR 2000, 182, 183; Staudinger/*Oetker*, § 619 Rn 3; MüKo-BGB/*Henssler*, § 619 Rn 9; HWK/*Krause*, § 619 BGB Rn 2; ErfK/*Wank*, § 619 BGB Rn 1; a.A. Erman/*Belling*, § 619 Rn 4: gem. § 619.
40 Allg.M., RG 11.12.1934 – III 111/34 – RGZ 146, 116, 118 f.; BAG 21.10.1954 – 2 AZR 40/53 – AuR 1955, 63, 64 m. Anm. *Hunn*; BAG 10.5.1957 – 1 AZR 249/56 – AuR 1957, 348, 351 f. m. Anm. *Olberdorf*; BAG 20.2.1975 – 3 AZR 514/73 – BB 1975, 881, 882; BAG 13.3.1975 – 5 AZR 199/74 – BB 1975, 883; BGH 26.2.1964 – VIII ZR 149/62 – MDR 1964, 495 f.
41 MüKo-BGB/*Henssler*, § 619 Rn 10; Staudinger/*Oetker*, § 619 Rn 24.

nehmerhaftung im Betrieb, ZfA 1996, 69; *Schwab*, Die Schadenshaftung im Arbeitsverhältnis – Eine Übersicht – 1. Teil: Die Haftung des Arbeitnehmers, NZA-RR 2006, 449; *Walker*, Die eingeschränkte Haftung des Arbeitnehmers unter Berücksichtigung der Schuldrechtsmodernisierung, JuS 2002, 736

A. Allgemeines 1	1. Persönlicher und sachlicher Anwendungsbereich 3
I. Normzweck 1	2. Grundsatz der Unabdingbarkeit 4
II. Entstehungsgeschichte 2	II. Tatbestandsvoraussetzungen 5
B. Regelungsgehalt 3	III. Rechtsfolge 6
I. Anwendungsbereich 3	

A. Allgemeines

I. Normzweck

1 In Abweichung von der allgemeinen Regelung zur Tragung der Beweislast gem. der Verschuldensvermutung des § 280 Abs. 1 S. 2, wonach der eine Pflicht aus dem Schuldverhältnis verletzende Schuldner zu beweisen hat, dass er die Pflichtverletzung nicht zu vertreten hat, wird durch die – eine **arbeitsrechtliche Besonderheit** (i.S.v. § 310 Abs. 4 S. 2)[1] begründende[2] – Vorschrift des § 619a dem AG die Beweislast für das Vertretenmüssen des AN bei der „Verletzung einer Pflicht aus dem Arbeitsverhältnis" auferlegt.[3] Die Beweislastumkehr des § 280 Abs. 1 S. 2 gilt mithin für die (beschränkte) AN-Haftung nicht.[4] § 619a stellt eine reine **Beweislastregel** dar und trifft weder eine Aussage über die Haftungsgrundlage (§ 280 Abs. 1 S. 1)[5] noch über den Haftungsmaßstab (§ 276).[6]

II. Entstehungsgeschichte

2 § 619a wurde durch das SchuldRModG m.W.v. 1.1.2002 eingefügt.[7] Gleichzeitig wurde § 280 Abs. 1 S. 2 neu gefasst.[8] Die Sonderregelung des § 619a war zur Aufrechterhaltung der Rspr. des BAG zur Unanwendbarkeit des § 282 a.F. im Rahmen der AN-Haftung[9] geboten, denn das SchuldRModG wollte „daran wie überhaupt an den **arbeitsrechtlichen Grundsätzen über die Haftung des AN** nichts ändern."[10] Es war sicherzustellen, „dass die gesicherten Grundsätze des Arbeitsrechts durch die Neuregelung keinen Schaden erfahren"[11] und „der arbeitsrechtliche Besitzstand ungeschmälert erhalten bleibt."[12]

B. Regelungsgehalt

I. Anwendungsbereich

3 **1. Persönlicher und sachlicher Anwendungsbereich.** Nach seinem Wortlaut gilt § 619a nur für Arbverh.[13] Da der Gesetzgeber durch § 619a keine Änderung der AN-Haftung bezweckte (siehe Rn 2), ist eine **analoge Anwendung** der Vorschrift auf andere Dienstverhältnisse geboten, in denen die Grundsätze der Einschränkung der AN-Haftung bei einer betrieblich veranlassten Schädigung (siehe § 611 Rn 890)[14] eingreifen. Hiervon erfasst sind gem. § 10

---

1 I.d.F. des SchuldRModG (BGBl I 2001 S. 3138, 3147).
2 Hessisches LAG 7.5.2003 – 2 Sa 53/03 – juris; MüKoBGB/*Henssler*, § 619a Rn 1; BT-Drucks 14/7052, S. 204; BT-Drucks 14/6857, S. 54.
3 LAG Sachsen-Anhalt 26.2.2004 – 6 Sa 474/03 – juris; LAG Rostock 11.1.2006 – 2 Sa 397/05 – juris.
4 BAG 17.9.1998 – 8 AZR 175/97 – NZA 1999, 141, 143 f., zu § 282 a.F. analog; *Löwisch*, in: FS für Wiedemann 2002, S. 311, 327 ff.; zu weitgehend BT-Drucks 14/7052, S. 204: „Im Arbeitsrecht" gilt § 282 a.F. nicht.
5 A.A. *Otto*, in: FS 50 Jahre BAG 2004, S. 97, 106: §§ 280 Abs. 1 S. 1 u. 619a bilden gemeinsam die Anspruchsgrundlage.
6 BT-Drucks 14/7052, S. 204; Erman/*Belling*, § 619a Rn 13; *Krause*, NZA 2003, 577, 583; *Schwab*, NZA-RR 2006, 449, 455; *Hümmerich*, Gestaltung von Arbeitsverträgen, Rn 1895.
7 BGBl I 2001 S. 3138, 3166, 3187; BT-Drucks 14/7052, S. 64.
8 BGBl I 2001 S. 3138, 3142, 3187; BT-Drucks 14/7052, S. 13, 184; BT-Drucks 14/6857, S. 11, 49; BT-Drucks 14/6040, S. 135 f.
9 BAG 17.9.1998 – 8 AZR 175/97 – NZA 1999, 141, 143 f.; s. HWK/*Krause*, § 619a BGB Rn 1; Erman/*Belling*, § 619a Rn 1; *Otto*, in: FS 50 Jahre BAG, 2004, S. 97 ff.
10 BT-Drucks 14/7052, S. 204.
11 BT-Drucks 14/6857, S. 11.
12 BT-Drucks 14/6857, S. 48.
13 MüKo-BGB/*Henssler*, § 619a Rn 16 ff., 36 f.; Erman/*Belling*, § 619a Rn 3.
14 Grundlegend RAG 12.6.1937 – 297/36 – ARS 30, 3 ff.; BGH 10.1.1955 – III ZR 153/53 – BGHZ 16, 111, 115 ff. = DB 1955, 194; BAG GS 25.9.1957 – GS 4/56 – JZ 1958, 254 ff. m. Anm. *Herschel*; zur Abkehr vom Erfordernis der „gefahrgeneigten Arbeit" hin zur „betrieblich veranlassten Tätigkeit" s. BAG GS 27.9.1994 – GS 1/89 (A) – NZA 1994, 1083; zur Einordnung als einseitig zwingendes AN-Schutzrecht s. etwa BAG 5.2.2004 – 8 AZR 91/03 – EzA § 611 BGB 2002 Arbeitnehmerhaftung Nr. 1 = NZA 2004, 649; zu Verjährungsfragen s. *Löwisch*, in: FS für Wiedemann, 2002, S. 311, 313 f.; s. *Walker*, JuS 2002, 736; *Pfeifer*, ZfA 1996, 69.

Abs. 2 BBiG Auszubildende,[15] Leih-AN bzgl. der Schadensersatzansprüche des Entleihers[16] sowie Eingliederungs-Arbverh i.S.v. §§ 217 ff. SGB III;[17] nicht dagegen leitende Ang,[18] freie Mitarbeiter und arbeitnehmerähnliche Personen.[19] Mit der gleichen Erwägung ist eine **teleologische Reduktion** des § 619a trotz Vorliegens eines Arbverh in den Fällen geboten, in denen keine „betrieblich veranlasste" Tätigkeit vorliegt,[20] da insoweit eine Einschränkung der AN-Haftung nicht stattfindet (siehe § 611 Rn 892 ff.).[21] Dies gilt z.B. für Schadensersatzansprüche des AG wegen Nichterbringung der Arbeitsleistung aufgrund krankheitsbedingter Arbeitsunfähigkeit des AN.[22] Gleiches gilt für den Schuldnerverzug (§ 286 Abs. 4) und die Unmöglichkeit der Arbeitsleistung (§ 326 Abs. 2 S. 1), da hier nicht der erforderliche Zusammenhang mit dem vom AG zu tragenden **Organisationsrisiko** besteht.[23] In Bezug auf die Geltendmachung von Zahlungsansprüchen im Anwendungsbereich von § 309 Nr. 6[24] kommt § 619a keine Bedeutung zu, da der die Zahlung einer Vertragsstrafe fordernde AG ohnehin die unberechtigte Vertragslösung durch den AN darlegen und beweisen muss.[25]

2. Grundsatz der Unabdingbarkeit. Die gesetzessystematische Stellung des – hinter § 619 eingefügten – § 619a legt den Schluss nahe, dass die Vorschrift dispositiv ist.[26] Nach der Rspr. des BAG sind jedoch die Grundsätze über die Beschränkung der Haftung des AN bei betrieblich veranlassten Tätigkeiten **einseitig zwingendes AN-Schutzrecht**. Von ihnen kann weder einzel- noch kollektivvertraglich zu Lasten des AN abgewichen werden.[27] Allerdings hat die Rspr. für den Bereich der Haftung des AN für einen Waren- oder Kassenfehlbestand (Mankohaftung, siehe § 611 Rn 910 ff.) im Hinblick auf die auch im Arbeitsrecht herrschende Vertragsfreiheit (§ 105 S. 1 GewO) sog. **Mankoabreden**[28] dann gebilligt, wenn die dadurch vorgenommene Risikoverlagerung **sachlich gerechtfertigt** ist und dem AN eine **angemessene Gegenleistung**, z.B. ein angemessenes erhöhtes Gehalt oder ein sog. Mankogeld eingeräumt wird.[29] **Beweislastvereinbarungen**[29] im Rahmen von Mankoabreden wurden grds. dann für zulässig erachtet, wenn sie eine sinnvolle, den Eigenarten des Betriebs und der Beschäftigung angepasste Beweislastverteilung enthalten oder eine vom Verschulden des AN unabhängige Haftung für Fehlbeträge, die in seinem **Arbeits- und Kontrollbereich** aufkommen, darstellen.[30] Der Gesetzgeber wollte hieran nichts ändern (siehe Rn 2). Unter Beachtung dieser Grundsätze sind von § 619a zu Lasten des AN abweichende Beweislastvereinbarungen zulässig.[31] Anderes gilt wegen § 309 Nr. 12 lit. a) bei vorformulierten Arbeitsverträgen (siehe § 309 Rn 50 ff.).[32]

---

15 BAG 7.7.1970 – 1 AZR 507/69 – AP § 611 BGB Haftung des Arbeitnehmers Nr. 59 m. zust. Anm. *Medicus* = DB 1970, 1886; BAG 18.4.2002 – 8 AZR 348/01 – NZA 2003, 37, 38 f.; LAG Rheinland-Pfalz 13.12.1989 – 2 Sa 749/89 – LAGE § 611 BGB Gefahrgeneigte Arbeit Nr. 8 = ARST 1990, 118.
16 BGH 22.5.1978 – II ZR 111/76 – VersR 1978, 819.
17 *Staudinger/Oetker*, § 619a Rn 4; *Dittmann*, AuA 2002, 443; *Oetker*, BB 2002, 43, 44.
18 BGH 25.2.1969 – VI ZR 225/67 – VersR 1969, 474; BGH 7.10.1969 – VI ZR 223/67 – AP § 611 BGB Haftung des Arbeitnehmers Nr. 51 = BB 1969, 1435; BGH 14.2.1985 – IX ZR 145/83 – VersR 1985, 693, 696; a.A., jedenfalls bei der Ausübung einer atypischen Tätigkeit BAG 11.11.1976 – 3 AZR 266/75 – AP § 611 BGB Haftung des Arbeitnehmers Nr. 80 = DB 1977, 454.
19 BGH 7.10.1969 – VI ZR 223/67 – AP § 611 BGB Haftung des Arbeitnehmers Nr. 51 = BB 1969, 1435; LAG Berlin 29.10.1990 – 9 Sa 67/90 – LAGE § 611 BGB Arbeitmerhaftung Nr. 15 = DB 1991, 1080; s. *Erman/Belling*, § 619a Rn 4; a.A. *MünchArb/Blomeyer*, Bd. 1, § 59 Rn 68; *Dittmann*, AuA 2002, 443.
20 MüKo-BGB/*Henssler*, § 619a Rn 49; *Staudinger/Oetker*, § 619a Rn 5; ErfK/*Preis*, § 619a BGB Rn 4; *Dedek*, ZGS 2002, 320, 323; *Lindemann*, AuR 2002, 81, 85; *Oetker*, BB 2002, 43, 44; a.A. Palandt/*Weidenkaff*, § 619a BGB Rn 3.
21 BAG 18.4.2002 – 8 AZR 348/01 – NZA 2003, 37; BAG GS 27.9.1994 – GS 1/89 (A) – NZA 1994, 1083, 1084 ff.
22 *Lindemann*, AuR 2002, 81, 85.
23 MüKo-BGB/*Henssler*, § 619a Rn 50; *Henssler*, RdA 2002, 129, 132 f.; *Lindemann*, AuR 2002, 81, 85; *Oetker*, BB 2002, 43, 44; a.A. *Erman/Belling*, § 619a Rn 10.
24 I.d.F. der SchuldRModG m.W.v. 1.1.2002 (BGBl I 2001 S. 3138, 3146, 3187); vormals schloss § 23 Abs. 1 AGBG eine AGB-Kontrolle im Arbeitsrecht aus.

25 Hessisches LAG 7.5.2003 – 2 Sa 53/03 – juris; Hessisches LAG 25.4.2003 – 17 Sa 1723/02 – AuR 2004, 273; die Revisionsinstanz BAG 4.3.2004 – 8 AZR 344/03 – EzA-SD 2004, Nr. 6, 3 = AuA 2004, 45 f. m. Anm. *Laws*, der sich dazu nicht äußert.
26 *Staudinger/Oetker*, § 619a Rn 3; a.A. *Däubler*, NZA 2001, 1329, 1332.
27 BAG 5.2.2004 – 8 AZR 91/03 – EzA § 611 BGB 2002 Arbeitnehmerhaftung Nr. 1 = NZA 2004, 649, 650 f.; so auch schon vor dem SchuldRModG BAG 27.1.2000 – 8 AZR 876/98 – NZA 2000, 727, 730; BAG 17.9.1998 – 8 AZR 175/97 – NZA 1999, 141, 144; a.A. ErfK/*Preis*, § 619a BGB Rn 11.
28 Zum Begriff MünchArb/*Blomeyer*, Bd. 1, § 59 Rn 72 ff. m.w.N.
29 BAG 5.2.2004 – 8 AZR 91/03 – EzA § 611 BGB 2002 Arbeitnehmerhaftung Nr. 1 = NZA 2004, 649, 650 f.; BAG 17.9.1998 – 8 AZR 175/97 – NZA 1999, 141, 144; BAG 29.1.1985 – 3 AZR 570/82 – AP § 611 BGB Haftung des Arbeitnehmers Nr. 87 m. Anm. *Baumgärtel* = NZA 1986, 23, 24.
30 BAG 13.2.1974 – 4 AZR 13/73 – AP § 611 BGB Haftung des Arbeitnehmers Nr. 77 = ARST 1974, 188; BAG 29.1.1985 – 3 AZR 570/82 – AP § 611 BGB Haftung des Arbeitnehmers Nr. 87 m. Anm. *Baumgärtel* = NZA 1986, 23, 24.
31 MünchArb/*Blomeyer*, Bd. 1, § 59 Rn 66, 71, 90 f.; Palandt/*Weidenkaff*, § 619a Rn 2; *Däubler*, NZA 2001, 1329, 1332; *Dittmann*, AuA 2002, 443; *Henssler*, RdA 2002, 129, 133; weitergehend MüKo-BGB/*Henssler*, § 619a Rn 51, 54; a.A. *Staudinger/Oetker*, § 619a Rn 3.
32 MüKo-BGB/*Henssler*, § 619a Rn 54; *Erman/Belling*, § 619a Rn 12; *Löwisch*, in: FS für Wiedemann, 2002, S. 311, 319; *Otto*, in: FS 50 Jahre BAG, 2004, S. 97, 106; *Henssler*, RdA 2002, 129, 133.

II. Tatbestandsvoraussetzungen

5 § 619a greift nur ein bei der Haftung des AN. Hinsichtlich der Haftung des AG (siehe § 611 Rn 935 ff.) bleibt es bei § 280 Abs. 1 S. 2.[33] Erfasst ist nur die Haftung gegenüber dem AG, nicht die originäre Haftung gegenüber Dritten (siehe § 611 Rn 924 ff.).[34] Nach Übergang des Anspruchs des AG auf Dritte (z.B. gem. § 67 VVG) entfaltet § 619a analog §§ 404, 412 Wirkung.[35] § 619a gilt nur für die Verletzung einer (Haupt-, Neben- oder Rücksichtnahme-)Pflicht,[36] die eine Haftung auf Schadensersatz begründet. Nicht erfasst sind Unterlassungsansprüche des AG wegen Pflichtverletzungen des AN oder eine deswegen ausgesprochene Künd.[37] Es muss sich um eine Haftung nach § 280 Abs. 1 S. 1 handeln; unberührt bleiben die §§ 280 Abs. 2, 286 (Abs. 4) sowie die Haftung nach §§ 823 ff., in deren Rahmen der AG ohnehin die Beweislast trägt.[38]

III. Rechtsfolge

6 § 619a hat an den Grundsätzen zur Beweislastverteilung bei der AN-Haftung nichts geändert (siehe Rn 2). Bzgl. des Verschuldens gilt Folgendes (siehe § 611 Rn 969): Der AG hat im Prozess diejenigen Tatsachen vorzutragen und im Streitfall zu beweisen, aus denen sich ein **Vertretenmüssen des AN** – auch das **Maß des Verschuldens**,[39] z.B. Vorsatz[40] oder grobe Fahrlässigkeit[41] – ergeben soll.[42] Allerdings dürfen keine zu hohen Anforderungen gestellt werden, wenn das schädigende Ereignis näher am AN als am AG gelegen hat. Zu dem (Indizien-)Vortrag des AG hat sich der AN i.S. einer **(ab-)gestuften Darlegungslast**[43] (§ 138 Abs. 2 ZPO) substantiiert zu äußern.[44] Tut er dies nicht, können daraus entsprechende Schlüsse gezogen werden. Die Tatsache, dass der AN die alleinige Kontrolle über bestimmte Arbeitsbereiche hatte, ist ein Indiz für haftungsbegründendes Verschulden. Bleibt streitig, ob bestimmte Indiztatsachen vorliegen, geht dies zu Lasten des AG.[45] Ggf. können die Grundsätze des Anscheinsbeweises herangezogen werden.[46] Zu beachten ist, dass nach BAG-Rspr. ein vorsätzlicher Pflichtverstoß nur dann zur vollen Haftung des AN führt, wenn auch der Schaden vom Vorsatz erfasst ist.[47] Für ein Mitverschulden (§ 254)[48] des AG ist der AN darlegungs- und beweispflichtig.[49]

§ 620 Beendigung des Dienstverhältnisses

(1) Das Dienstverhältnis endigt mit dem Ablauf der Zeit, für die es eingegangen ist.
(2) Ist die Dauer des Dienstverhältnisses weder bestimmt noch aus der Beschaffenheit oder dem Zwecke der Dienste zu entnehmen, so kann jeder Teil das Dienstverhältnis nach Maßgabe der §§ 621 bis 623 kündigen.
(3) Für Arbeitsverträge, die auf bestimmte Zeit abgeschlossen werden, gilt das Teilzeit- und Befristungsgesetz.

Literatur: *Hunold*, Befristungen im öffentlichen Dienst, NZA-RR 2005, 449; *Knopp/Gutheil*, Neues Hochschulrecht – Reform mit Haken?, NJW 2002, 2828; *Löwisch*, Die gesetzliche Reparatur des Hochschulbefristungsrechts, NZA 2005, 321; *ders.*, Befristungen im Hochschulbereich – Rechtslage nach dem Urteil des BVerfG zur Juniorprofessur, NZA 2004, 1065; *ders.*, Die Ablösung der Befristungsbestimmungen des Hochschulrahmengesetzes durch das Wissenschaftszeitvertragsgesetz, NZA 2007, 479; *Pölti*, Befristete Arbeitsverträge nach dem Gesetz über Teilzeitarbeit und befristete Arbeitsverträge im Geltungsbereich des BAT, NZA 2001, 582; *Preis/Hausch*, Die Neuordnung der befristeten Arbeitsverhältnisse im Hochschulbereich, NJW 2002, 927; *Salje/Bultmann*, Der un-

---

33 Statt aller Palandt/*Weidenkaff* § 619a Rn 3.
34 Staudinger/*Oetker*, § 619a Rn 5 m.w.N.
35 Staudinger/*Oetker*, § 619a Rn 10; Erman/*Belling*, § 619a Rn 17.
36 Palandt/*Weidenkaff*, § 619a Rn 4.
37 *Oetker*, BB 2002, 43, 44.
38 Erman/*Belling*, § 619a Rn 8; *Löwisch*, in: FS für Wiedemann, 2002, S. 311, 329; *Oetker*, BB 2002, 43, 44; *Schwab*, NZA-RR 2006, 449, 455.
39 BAG 22.2.1972 – 1 AZR 223/71 – AP § 611 BGB Haftung des Arbeitnehmers Nr. 70 m. Anm. *Beuthien* = DB 1972, 1442.
40 BAG 18.4.2002 – 8 AZR 348/01 – NZA 2003, 37, 39 ff.
41 BAG 13.3.1968 – 1 AZR 362/67 – AP § 611 BGB Haftung des Arbeitnehmers Nr. 42 m. Anm. *Sieg* = DB 1968, 1227; LAG Hamm 13.5.1991 – 17 Sa 264/91 – LAGE § 611 BGB Arbeitnehmerhaftung Nr. 16 = NZA 1991, 900.
42 BAG 17.9.1998 – 8 AZR 175/97 – NZA 1999, 141, 143 f.; LAG Sachsen-Anhalt 26.2.2004 – 6 Sa 474/03 – juris.

43 BVerfG 6.10.1999 – 1 BVR 2110/93 – AP Art. 12 GG Nr. 112 = NZA 2000, 110, 111; BVerfG 27.1.1998 – 1 BvL 15/87 – BVerfGE 97, 169, 179 = NZA 1998, 470, 472; *Preis*, NZA 1997, 1256, 1268 ff.; *Oetker*, AuR 1997, 41, 53, zur abgestuften Darlegungs- und Beweislast im Künd-Schutzverfahren.
44 LAG Rheinland-Pfalz 13.11.2007 – 3 Sa 975/06 – juris; *Löwisch*, in: FS für Wiedemann, 2002, S. 311, 328.
45 BAG 17.9.1998 – 8 AZR 175/97 – NZA 1999, 141, 144, auch zu Vorstehendem.
46 BAG 29.1.1985 – 3 AZR 570/82 – AP § 611 BGB Haftung des Arbeitnehmers Nr. 87 m. Anm. *Baumgärtel* = NZA 1986, 23, 24; *Löwisch*, in: FS für Wiedemann, 2002, S. 311, 328.
47 BAG 18.4.2002 – 8 AZR 348/01 – NZA 2003, 37, 40 f.
48 *Löwisch*, in: FS für Wiedemann, 2002, S. 311, 327 f.
49 BAG 27.1.2000 – 8 AZR 876/98 – NZA 2000, 727, 729.

befristet befristete Arbeitsvertrag – Überlegungen im Grenzbereich von auflösenden, bedingten, befristeten und unbefristeten Arbeitsverträgen, DB 1993, 1469; *Vetter*, Befristeter Arbeitsvertrag nach SR 2 y Nr. 1 c BAT (Aushilfsangestellte), ZTR 2000, 353; s. auch die Übersichten vor § 611 (Teil 6: Beendigung des Arbeitsverhältnisses) und bei § 1 KSchG

A. Allgemeines	1	d) Arbeitsverhältnis	8
I. Normzweck	1	III. Rechtsfolgen	9
II. Entstehungsgeschichte	2	1. Ende des befristeten Dienstverhältnisses	9
B. Regelungsgehalt	3	2. Möglichkeit zur Kündigung unbefristeter Dienst- und Arbeitsverhältnisse	10
I. Anwendungsbereich	3	**C. Verbindung zu anderen Rechtsgebieten und zum Prozessrecht**	11
II. Tatbestandsvoraussetzungen	4	I. Darlegungs- und Beweislast	11
1. Begriff des befristeten Dienstverhältnisses	4	II. Pflicht des Arbeitnehmers zur Meldung bei der Agentur für Arbeit	12
2. Zulässigkeit der Befristung von Dienstverhältnissen	5	**D. Beraterhinweise**	13
a) Freies Dienstverhältnis	5		
b) Arbeitnehmerähnliche Personen	6		
c) Heimarbeitsverhältnis	7		

A. Allgemeines

I. Normzweck

Abs. 1 ist Ausdruck des allg. anerkannten Rechtsgrundsatzes, dass ein Dauerschuldverhältnis grds. für eine bestimmte Zeit eingegangen werden kann und nach deren Ablauf endet.[1] Dies ist bereits als Ausfluss der aus der Privatautonomie (s. Art. 2 Abs. 1 i.V.m. Art. 1 Abs. 1 GG) resultierenden **Vertrags(beendigungs-)freiheit** (siehe § 105 GewO Rn 8) sowie berufsgrundrechtlich durch Art. 12 Abs. 1 GG gewährleistet. Die sachgrundlose (kalendermäßige wie Zweck-)Befristung von freien Dienstverträgen, Heim-Arbverh und Verträgen arbeitnehmerähnlicher Personen ist i.d.R. zulässig (siehe Rn 5 ff.). Abs. 2 verweist bzgl. der ordentlichen Künd unbefristet abgeschlossener Dienst- oder Arbverh auf die Vorschriften der § 621 (Künd-Fristen bei Dienstverhältnissen), § 622 (Künd-Fristen bei Arbverh) und § 623 (Form der Künd von Arbverh). Weder der allg. (siehe § 1 KSchG Rn 1 ff.) noch der besondere (spezialgesetzliche) **Künd-Schutz** wird von Abs. 2 in Bezug genommen. Abs. 3 enthält die Klarstellung, dass für Arbeitsverträge, die auf bestimmte Zeit abgeschlossen werden, das TzBfG gilt (siehe § 14 TzBfG Rn 1 ff.).[2]

II. Entstehungsgeschichte

Abs. 2 wurde durch das **1. ArbeitsrechtsbereinigungsG v. 14.8.1969**[3] m.W.v. 1.9.1969 im Hinblick auf die Änderungen der §§ 621 bis 623 redaktionell angepasst. Durch das Gesetz über Teilzeitarbeit und befristete Arbeitsverträge und zur Änderung und Aufhebung arbeitsrechtlicher Bestimmungen v. 21.12.2000[4] wurde die Bezugnahme in Abs. 2 auf § 623 erweitert und Abs. 3 mit dem deklaratorischen Verweis auf das ebenfalls m.W.v. 1.1.2001 in Kraft getretene TzBfG angefügt. Die amtlichen Überschriften wurden m.W.v. 1.1.2002 durch das **SchuldRModG v. 26.11.2001**[5] eingefügt.

B. Regelungsgehalt

I. Anwendungsbereich

Abs. 1 gilt nur für die sog. freien (selbstständigen, unabhängigen) **Dienstverträge**. **Arbverh** werden gem. Abs. 3 ausschließlich vom **TzBfG** erfasst. Die AN-Eigenschaft bestimmt sich nach den allg. arbeitsrechtlichen Abgrenzungskriterien (siehe § 611 Rn 58 ff.). Abs. 2 gilt insoweit für Arbverh, als auf §§ 622, 623 verwiesen wird, hinsichtlich der Bezugnahme auf § 621 dagegen für freie Dienstverhältnisse. **Spezialgesetzliche Befristungs-Regelungen**, auf welche Abs. 3 nicht verweist, bleiben sowohl von § 620 als auch vom TzBfG unberührt. Dies gilt insb. für §§ 57a ff. HRG[6] zur Zulässigkeit von Befristungen im Hochschulbereich (siehe § 23 TzBfG Rn 10 ff.),[7] SR 2y

---

1 BVerfG 13.1.1982 – 1 BvR 848/77 u.a. – NJW 1982, 1447; BAG 21.10.1954 – 2 AZR 25/53 – SAE 1956, 33, 36 f. m. Anm. *Westhofen*; MüKo-BGB/*Hesse*, § 620 Rn 1; Palandt/*Weidenkaff*, § 620 Rn 2–3; Erman/*Belling*, § 620 Rn 1.
2 § 15 Abs. 1, 2 TzBfG (Zeit-, Zweckbefristung), § 21 TzBfG (auflösende Bedingung).
3 BGBl I 1969 S. 1106, 1107, 1111.
4 BGBl I 1999 S. 1966, 1969 f.
5 BGBl I 2001 S. 3138, 3170, 3187, 3197.
6 Aufgehoben durch Art. 2 des Gesetzes zur Änderung arbeitsrechtlicher Vorschriften in der Wissenschaft v. 12.4.2007 (BGBl I S. 506, 507), s. nunmehr §§ 1 ff. WissZeitVG, dazu *Löwisch*, NZA 2007, 479 ff.
7 BVerfG 27.7.2004 – 2 BvF 2/02 – NJW 2004, 2803, 2811, 2814, zur Juniorprofessur; BVerfG 24.4.1996 – 1 BvR 712/86 – NZA 1996, 1157; BAG 20.4.2005 – 7 AZR 293/04 – NZA 2005, 933; BAG 28.1.1998 – 7 AZR 677/96 – ZTR 1998, 563; Staudinger/*Preis*, § 620 Rn 249 ff.; Knopp/Gutheil, NJW 2002, 2828, 2830; *Löwisch*, NZA 2005, 321; *Löwisch*, NZA 2004, 1065; *Preis/Hausch*, NJW 2002, 927; *Salje/Bultmann*, DB 1993, 1469.

BAT bzw. § 30 TVöD für den Bereich des öffentlichen Dienstes,[8] § 21 BEEG zum Sachgrund der Vertretung für Elternzeitberechtigte u.a. (siehe § 21 BEEG Rn 6 ff.)[9] sowie § 1 ÄArbVtrG zur Zulässigkeit der Befristung von Verträgen mit Ärzten in der Weiterbildung (siehe § 23 TzBfG Rn 28, 30).[10] Ein befristetes Arbverh wird nach § 1 Abs. 4 Hs. 1 ArbPlSchG durch Einberufung zum Grundwehrdienst oder zu einer Wehrübung nicht verlängert.

II. Tatbestandsvoraussetzungen

4 **1. Begriff des befristeten Dienstverhältnisses.** Nach § 3 Abs. 1 S. 2 TzBfG liegt ein auf bestimmte Zeit geschlossener Arbeitsvertrag (befristeter Arbeitsvertrag) vor, wenn seine Dauer kalendermäßig bestimmt ist (kalendermäßig befristeter Arbeitsvertrag) oder sich aus Art, Zweck oder Beschaffenheit der Arbeitsleistung ergibt (zweckbefristeter Arbeitsvertrag). Diese Begriffsbestimmung ist auf sonstige – freie – befristete Dienstverhältnisse im Grundsatz übertragbar.[11] Abs. 1 erfasst den **kalendermäßig befristeten Dienstvertrag** (§ 163). Aus Abs. 2 ergibt sich, dass auch die **Zweckbefristung** von Dienstverhältnissen erfasst ist. Ebenfalls unter § 620 fällt der nicht ausdrücklich erwähnte **auflösend bedingte (§ 158 Abs. 2) Dienstvertrag**.[12] Für Arbverh gilt insoweit § 21 TzBfG. In Betracht kommt auch eine „**Doppelbefristung**" (siehe Rn 13). Eine Befristung kann auch durch nachträglichen **Änderungsvertrag** (§ 311 Abs. 1) vereinbart werden. Nicht erfasst sind die Vereinbarung einer **Mindestdauer** des Dienstverhältnisses und ein die Beendigung des Dienstverhältnisses bis zum Ablauf der Künd-Frist einer ordentlichen Künd hinausschiebender **Aufhebungsvertrag** (siehe § 611 Rn 986, 1001 ff., 1076 ff.).[13] Gleiches gilt für **Vertragsverlängerungsklauseln** für den Fall, dass nicht vor einem bestimmten Zeitpunkt gekündigt wurde.[14] Unwirksam befristete Dienstverhältnisse sind – in Anlehnung an den Rechtsgedanken der nur für Arbverh geltenden Vorschrift des § 16 S. 1 TzBfG – auf unbestimmte Zeit geschlossen.[15] Die Befristung einzelner Arbeitsbedingungen (**Einzelabreden**) ist im Rahmen der Vertragsfreiheit gem. § 105 S. 1 GewO grds. zulässig.[16]

5 **2. Zulässigkeit der Befristung von Dienstverhältnissen. a) Freies Dienstverhältnis.** Dienstverhältnisse, die keine Arbverh sind, können gem. Abs. 1 sachgrundlos befristet werden.[17] Denn eine Umgehung des nur für Arbverh einschlägigen Künd-Schutzrechts ist denklogisch nicht möglich. Zulässig ist bspw. die Befristung von Anstellungs-Dienstverträgen mit **Organmitgliedern juristischer Personen**, etwa dem GmbH-Geschäftsführer oder dem Vorstandsmitglied einer AG.[18] Die Befristung muss objektiv hinreichend klar erkennbar und bestimmbar sein.[19] Allg. Zulässigkeitsgrenzen der Höchstdauer der vertraglichen Bindung insb. des Dienstnehmers ergeben sich aus § 624, § 15 Abs. 4 TzBfG, §§ 138, 242, 307, 309 Nr. 9. Bei der Bestellung von Vorstandsmitgliedern einer AG ist die Fünf-Jahres-Grenze nach § 84 Abs. 1 AktG zu beachten. Die Formvorschriften § 623 und § 14 Abs. 4 TzBfG gelten ebenso wie § 2 Abs. 1 S. 2 Nr. 3 NachwG nur für Arbverh. Die Befristung eines freien Dienstvertrages bedarf daher keiner gesetzlichen Form.[20]

6 **b) Arbeitnehmerähnliche Personen.** Die sachgrundlose Befristung von Verträgen arbeitnehmerähnlicher Personen – für welche weder das TzBfG (siehe § 3 TzBfG Rn 6) noch das KSchG (siehe § 1 KSchG Rn 152) gilt – wird nach Abs. 1 überwiegend für grds. zulässig angesehen.[21] Der Dienstberechtigte kann jedoch dann zur Einhaltung einer sog. **Ankündigungsfrist (Auslauffrist)** von – in Anlehnung an § 15 Abs. 2 TzBfG – zwei Wochen verpflichtet sein, wenn ein freier Mitarbeiter wirtschaftlich völlig von einem Auftraggeber abhängig ist, der ihm jahrelang ständig Einzelaufträge erteilt hat.[22]

---

8 BAG 22.10.2003 – 7 AZR 666/02 – ZTR 2004, 370; BAG 2.7.2003 – 7 AZR 529/02 – NZA 2004, 1055, 1057 f.; BAG 28.3.2001 – 7 AZR 701/99 – NZA 2002, 666, 667 f.; BAG 29.10.1998 – 7 AZR 477/97 – NZA 1999, 478, 479; Staudinger/*Preis*, § 620 Rn 213 ff.; *Hunold*, NZA-RR 2005, 449; *Pölti*, NZA 2001, 582, 583 ff.; *Vetter*, ZTR 2000, 353.

9 BAG 13.10.2004 – 7 AZR 654/03 – NZA 2005, 469; BAG 2.7.2003 – 7 AZR 529/02 – NZA 2004, 1055; BAG 9.11.1994 – 7 AZR 243/94 – NZA 1995, 575, 576 f.

10 BAG 14.8.2002 – 7 AZR 266/01 – DB 2002, 2549; BAG 24.4.1996 – 7 AZR 428/95 – NZA 1997, 256.

11 MüKo-BGB/*Hesse*, § 620 Rn 4; krit. Erman/*Belling*, § 620 Rn 7.

12 KR/*Lipke/Bader*, § 620 BGB Rn 11; HWK/*Schmalenberg*, § 620 BGB Rn 23; Erman/*Belling*, § 620 Rn 11 ff.

13 Palandt/*Weidenkaff*, § 620 Rn 3 m.w.N.

14 HWK/*Schmalenberg*, § 620 BGB Rn 5.

15 HWK/*Schmalenberg*, § 620 BGB Rn 11; Palandt/*Weidenkaff*, § 620 Rn 10.

16 Erman/*Belling*, § 620 Rn 19 m.w.N.

17 BAG 13.11.1991 – 7 AZR 31/91 – NZA 1992, 1125, 1128; BAG 9.5.1984 – 5 AZR 195/82 – DB 1984, 2203; BAG 9.9.1981 – 5 AZR 477/79 – DB 1981, 2500.

18 BGH 25.7.2002 – III ZR 207/01 – NZA 2002, 1040; APS/*Backhaus*, § 620 BGB Rn 2.

19 MüKo-BGB/*Hesse*, § 620 Rn 6; Erman/*Belling*, § 620 Rn 7; HWK/*Schmalenberg*, § 620 BGB Rn 6; a.A. KR/*Lipke/Bader*, § 620 BGB Rn 7.

20 HWK/*Schmalenberg*, § 620 BGB Rn 10.

21 KR/*Rost*, arbeitnehmerähnliche Pers. Rn 40 ff.; MüKo-BGB/*Hesse*, § 620 Rn 7; APS/*Backhaus*, § 620 BGB Rn 2 m.w.N., auch zur a.A.

22 BAG 7.1.1971 – 5 AZR 221/70 – DB 1971, 1625; BAG 8.6.1967 – 5 AZR 461/66 – NJW 1967, 1982.

c) Heimarbeitsverhältnis. Soweit die Mindest-Künd-Fristen nach § 29 HAG nicht in unzulässiger Weise umgangen werden, ist die sachgrundlose Befristung von Heim-Arbverh gem. Abs. 1 grds. zulässig.[23]

d) Arbeitsverhältnis. Abs. 3 stellt klar, dass für befristete Arbverh das TzBfG gilt, ebenso wie für auflösend bedingte Arbverh (§§ 14 bis 21 TzBfG). Vor Inkrafttreten des TzBfG galt ein von der Rspr. entwickeltes und ausdifferenziertes **Sachgrunderfordernis** (siehe § 14 TzBfG Rn 5, 13).[24]

III. Rechtsfolgen

1. Ende des befristeten Dienstverhältnisses. Das (kalendermäßig) befristete Dienstverhältnis endet gem. Abs. 1 mit dem Ablauf der Zeit, für die es eingegangen ist, ohne dass es einer besonderen Erklärung bedarf.[25] Für Arbverh gilt insoweit § 15 Abs. 1 TzBfG. Neben der Möglichkeit des **Zeitablaufs** infolge einer vereinbarten kalendermäßigen oder Zweck-Befristung oder des Eintritts einer **auflösenden Bedingung** (siehe Rn 4, 13) kommt eine **ordentliche Künd** grds. nicht in Betracht.[26] Das folgt systematisch aus Abs. 2 und gilt selbst dann, wenn die Befristungsabrede unwirksam ist.[27] Eine ordentliche Künd ist möglich, wenn die Parteien dies vereinbart haben. Eine solche Vereinbarung kann auch durch AGB erfolgen.[28] Ein befristetes Arbverh unterliegt gem. § 15 Abs. 3 TzBfG nur dann der ordentlichen Künd, wenn dies einzelvertraglich oder im anwendbaren TV vereinbart ist (siehe § 15 TzBfG Rn 10 f.). Unberührt bleiben die Möglichkeiten zur **fristlosen Künd** des Dienstverhältnisses **aus wichtigem Grund** nach § 626 (siehe § 626 Rn 1 ff.) oder gem. § 627,[29] ohne dass die Formvorschrift des § 623 einschlägig ist (siehe § 627 Rn 18).[30] Unter den allg. Voraussetzungen der §§ 119, 123 kommt eine **Anfechtung** des Dienstvertrages in Betracht (siehe § 1 KSchG Rn 37).

2. Möglichkeit zur Kündigung unbefristeter Dienst- und Arbeitsverhältnisse. Unbefristet geschlossene Dienstverhältnisse können gem. Abs. 2 nach § 621 (siehe § 621 Rn 3), unbefristete Arbverh nach Maßgabe der §§ 622, 623 ordentlich gekündigt werden (siehe § 622 Rn 6). Während die fristlose Künd aus wichtigem Grund nach § 626 sowohl für freie Dienst- wie auch für Arbverh gilt (siehe § 626 Rn 1), erfasst die Künd-Möglichkeit bei Vertrauensstellung gem. § 627 nur freie Dienstverhältnisse (siehe § 627 Rn 6). Ein Erfordernis zur **Begründung** der Künd ist weder Abs. 2 noch § 623 oder § 1 KSchG zu entnehmen (siehe § 1 KSchG Rn 78).[31] Die (allg. und besonderen) **Künd-Schutz-Regelungen** sind nur bei Arbverh zu beachten (siehe § 1 KSchG Rn 99 ff.).

C. Verbindung zu anderen Rechtsgebieten und zum Prozessrecht

I. Darlegungs- und Beweislast

Nach allg. Grundsätzen hat derjenige, der sich auf das Ende eines Dienstverhältnisses durch Fristablauf beruft, die Tatsachen darzulegen und zu beweisen, aus denen sich Wirksamkeit und Dauer der Befristung ergeben.[32] Gleiches gilt bei befristeten Arbverh.[33]

II. Pflicht des Arbeitnehmers zur Meldung bei der Agentur für Arbeit

Der AN ist gem. § 38 Abs. 1 S. 1 SGB III verpflichtet, sich spätestens drei Monate vor Beendigung des Arbverh persönlich bei der AA arbeitsuchend zu melden. Anderenfalls ruht der Anspruch auf Alg für die Dauer einer Sperrzeit gem. § 144 Abs. 1 S. 1, 2 Nr. 7 SGB III. Sofern zwischen der Kenntnis des Beendigungszeitpunktes und der Beendigung des Arbverh weniger als drei Monate liegen, hat die Meldung innerhalb von drei Tagen nach Kenntniserlangung zu erfolgen (§ 38 Abs. 1 S. 2 SGB III).

D. Beraterhinweise

Um auch bei Zweckverfehlung oder Nichteintritt einer vereinbarten auflösenden Bedingung jedenfalls eine alsbaldige Beendigung des Dienstverhältnisses zu erreichen, ist eine Kombination von Zweckbefristung bzw. auflösender Bedingung mit kalendermäßiger Höchstbefristung empfehlenswert. Eine derartige **Doppelbefristung** ist im Hinblick auf den Grundsatz der Vertragsfreiheit grds. zulässig.[34]

---

23 APS/*Backhaus*, § 620 BGB Rn 3; MüKo-BGB/*Hesse*, § 620 Rn 8; a.A. KR/*Rost*, arbeitnehmerähnliche Pers. Rn 169 m.w.N.
24 Grundlegend BAG GS 12.10.1960 – GS 1/59 – NJW 1961, 798; s. BAG 21.10.1954 – 2 AZR 40/53 – AuR 1955, 63, 64 m. Anm. *Hunn*; BAG 21.10.1954 – 2 AZR 25/53 – SAE 1956, 33, 36 f. m. Anm. *Westhofen*.
25 Erman/*Belling*, § 620 Rn 1.
26 BAG 25.2.1998 – 2 AZR 279/97 – NZA 1998, 747, 748 f.; BAG 29.6.1989 – 2 AZR 482/88 – NZA 1990, 63.
27 BAG 19.6.1980 – 2 AZR 660/78 – NJW 1981, 246, 247.
28 BGH 17.1.2008 – III ZR 74/07 – NJW 2008, 1064, 1065 f.
29 S.a. § 313 Abs. 3 S. 2 und § 314.
30 KR/*Lipke/Bader*, § 620 BGB Rn 9; MüKo-BGB/*Hesse*, § 620 Rn 11.
31 S. aber z.B. § 22 Abs. 3 BBiG, § 9 Abs. 3 S. 2 MuSchG.
32 HWK/*Schmalenberg*, § 620 BGB Rn 67.
33 BAG 12.10.1994 – 7 AZR 745/93 – DB 1995, 980 f.
34 BAG 15.8.2001 – 7 AZR 263/00 – NZA 2002, 85, 87; BAG 21.4.1993 – 7 AZR 388/92 – NZA 1994, 167, 168; BAG 3.10.1984 – 7 AZR 192/83 – NZA 1985, 561, 562.

| § 621 | Kündigungsfristen bei Dienstverhältnissen |

Bei einem Dienstverhältnis, das kein Arbeitsverhältnis im Sinne des § 622 ist, ist die Kündigung zulässig,
1. wenn die Vergütung nach Tagen bemessen ist, an jedem Tag für den Ablauf des folgenden Tages;
2. wenn die Vergütung nach Wochen bemessen ist, spätestens am ersten Werktag einer Woche für den Ablauf des folgenden Sonnabends;
3. wenn die Vergütung nach Monaten bemessen ist, spätestens am 15. eines Monats für den Schluss des Kalendermonats;
4. wenn die Vergütung nach Vierteljahren oder längeren Zeitabschnitten bemessen ist, unter Einhaltung einer Kündigungsfrist von sechs Wochen für den Schluss eines Kalendervierteljahrs;
5. wenn die Vergütung nicht nach Zeitabschnitten bemessen ist, jederzeit; bei einem die Erwerbstätigkeit des Verpflichteten vollständig oder hauptsächlich in Anspruch nehmenden Dienstverhältnis ist jedoch eine Kündigungsfrist von zwei Wochen einzuhalten.

Literatur: s. die Übersicht vor § 622

A. Allgemeines 1	1. Allgemeines 7
I. Normzweck 1	2. Berechnung der Kündigungsfristen 8
II. Entstehungsgeschichte 2	3. Tageslohn 9
B. Regelungsgehalt 3	4. Wochenlohn 10
I. Anwendungsbereich 3	5. Monatslohn 11
1. Persönlicher Anwendungsbereich 3	6. Vierteljahr oder längere Zeitabschnitte 12
2. Abdingbarkeit 4	7. Nicht nach Zeitabschnitten bemessene Vergütung 13
3. Sonderregelungen 5	**C. Verbindung zu anderen Rechtsgebieten und zum Prozessrecht** 14
II. Zulässigkeit der ordentlichen Kündigung 6	
III. Maßgebliche Kündigungsfrist 7	

A. Allgemeines

I. Normzweck

1 Bei freien Dienstverhältnissen koppelt § 621 – in Übereinstimmung mit der Verkehrsanschauung und dem mutmaßlichen Parteiwillen – für die Fälle der Entlohnung nach Zeitabschnitten (**Zeitlohn**) die Länge der Künd-Frist an die Länge der Vergütungszeiträume.[1] Künd-Fristen sind **Mindestfristen**, die dem Künd-Empfänger in voller Länge zur Verfügung stehen sollen.[2] Sie sollen es beiden Parteien erleichtern, sich auf das Ende des Dienstverhältnisses einzustellen, insb. aber den Dienstverpflichteten vor plötzlichen finanziellen Einbußen schützen.[3]

II. Entstehungsgeschichte

2 Das 1. ArbeitsrechtsbereinigungsG v. 14.8.1969[4] führte m.W.v. 1.9.1969 durch die Neufassung der §§ 621 ff. zu einer Beschränkung des Anwendungsbereiches des § 621 auf freie Dienstverhältnisse.[5] § 623 a.F. wurde aufgehoben und inhaltlich in Nr. 5 niedergelegt. Spezialgesetzliche Sonderregelungen über Künd-Fristen bestehen nach wie vor (siehe Rn 5). Die amtlichen Überschriften wurden m.W.v. 1.1.2002 durch das SchuldRModG v. 26.11.2001[6] eingefügt.[7]

B. Regelungsgehalt

I. Anwendungsbereich

3 **1. Persönlicher Anwendungsbereich.** § 621 erfasst gem. § 620 Abs. 2 nur **unbefristete freie Dienstverhältnisse**, z.B. mit einem RA, WP,[8] StB,[9] Steuerbevollmächtigten, Arzt (siehe Rn 13), ausnahmsweise auch mit einem Architekten.[10] Ob § 621 oder § 622 auf die Künd von Dienstverträgen (Anstellungsverhältnissen) der juristischen Person mit ihren gesetzlichen Vertretern – GF einer GmbH oder GmbH & Co. KG (§ 35 GmbHG), Vorstandsmitglied

---

1 Protokolle II, 297.
2 BGH 28.9.1972 – VII ZR 186/71 – NJW 1972, 2083; BAG 5.3.1970 – 2 AZR 112/69 – NJW 1970, 1470, 1471 f.
3 MüKo-BGB/*Hesse*, § 621 Rn 2; HWK/*Bittner*, § 621 BGB Rn 2.
4 BGBl I 1969 S. 1106, 1107 f., 1111.
5 MüKo-BGB/*Hesse*, § 621 Rn 3; Erman/*Belling*, § 621 Rn 2.
6 BGBl I 2001 S. 3138, 3170, 3187, 3197.
7 S.a. Bekanntmachung der Neufassung des BGB v. 2.1.2002 (BGBl I S. 42, 54, 158), Berichtigung v. 18.7.2002 (BGBl I S. 2909).
8 KG Berlin 25.2.1994 – 7 U 3732/93 – KGR Berlin 1994, 97.
9 OLG Düsseldorf 16.6.1994 – 13 U 177/93 – GI 1995, 80.
10 HWK/*Bittner*, § 621 BGB Rn 6.

einer AG (§ 76 AktG), einer Genossenschaft (§ 24 GenG) oder eines VVaG (§ 34 VAG) – anwendbar ist, ist umstr. Nach h.M. gilt § 621 (Nr. 3) nur für den herrschenden Gesellschafter-Geschäftsführer, i.Ü. gilt § 622 (siehe § 622 Rn 7). Arbeitnehmerähnliche Personen können grds. von § 621 erfasst sein (siehe aber § 12a TVG).[11] Für **Arbverh** gilt **§ 622**. Ob ein Arbeitsvertrag oder ein freier Dienstvertrag vorliegt, beurteilt sich nach den allg. arbeitsrechtlichen Abgrenzungsmerkmalen (siehe § 611 Rn 58 ff.).

2. Abdingbarkeit. § 621 enthält kein zwingendes Recht.[12] Die Künd-Fristen und -Termine des § 621 sind im Rahmen der allg. Grenzen (§§ **138, 242**) uneingeschränkt, formlos, ggf. sogar konkludent, abdingbar.[13] Verkürzungen der Künd-Frist sind bis hin zur sog. **entfristeten ordentlichen Künd**, Künd-Ausschlüsse und Verlängerungen der Künd-Frist bis zur Grenze des **§ 624** zulässig.[14] Möglich ist auch die Bezugnahme auf einen TV nach § 12a TVG.[15] Die Vereinbarung von für die Dienstvertragsparteien unterschiedlichen Künd-Fristen und sonstigen Vertragsbeendigungsmodalitäten ist zulässig.[16] Anderes gilt bei Arbverh gem. § 622 Abs. 6 zugunsten des AN (siehe § 622 Rn 31). Im Rahmen formularmäßiger Laufzeitklauseln sind § 309 Nr. 9 (vormals § 11 Nr. 12 AGBG) sowie unterhalb der dort niedergelegten Höchstgrenzen § 307 (vormals § 9 AGBG) zu beachten (siehe § 309 Rn 43),[17] insb. bei Direktunterrichtsverträgen.[18]

3. Sonderregelungen. Für die ordentliche Künd des Vertragsverhältnisses eines Handelsvertreters gilt die – teilweise zwingende – Sonderregelung des § 89 HGB,[19] für die fristlose Künd gilt § 89a HGB. § 89 HGB wird analog angewendet auf Vertragshändler-Rahmenverträge sowie Franchise-Verträge.[20] Für Heim-Arbverh gilt § 29 HAG.[21] Für Mitglieder der Schiffsbesatzung sind §§ 62 f., 78 SeemG einschlägig.[22] Fernunterrichtsverträge unterliegen dem unabdingbaren Künd-Schutz nach § 5 FernUSG. Diese Regelung gilt nicht für Direktunterrichtsverträge.[23] Für Auszubildende gilt hinsichtlich der Künd(-Frist) die Vorschrift des § 22 BBiG (§ 15 BBiG a.F.), von der gem. § 25 BBiG (§ 18 BBiG a.F.) zu ihren Ungunsten nicht abgewichen werden darf (siehe § 23 BBiG Rn 22 ff.).[24] Nach der Probezeit gem. §§ 20, 22 Abs. 1 BBiG (siehe § 622 Rn 48 ff.) kann das Berufsausbildungsverhältnis nur entweder aus wichtigem Grund ohne Einhalten einer Künd-Frist gekündigt werden (§ 22 Abs. 2 Nr. 1 BBiG) oder von Auszubildenden mit einer Künd-Frist von vier Wochen, wenn sie die Berufsausbildung aufgeben oder sich für eine andere Berufstätigkeit ausbilden lassen wollen (§ 22 Abs. 2 Nr. 2 BBiG). Gem. § 113 S. 1 InsO kann ein Dienstverhältnis, bei dem der Schuldner der Dienstberechtigte ist, vom Insolvenzverwalter und vom anderen Teil ohne Rücksicht auf eine vereinbarte Vertragsdauer oder einen vereinbarten Ausschluss des Rechts zur ordentlichen Künd gekündigt werden (siehe § 113 InsO Rn 34 ff.).

II. Zulässigkeit der ordentlichen Kündigung

§ 621 betrifft nur die Zulässigkeit der ordentlichen Künd (siehe § 620 Rn 3); unberührt bleiben die Möglichkeiten zur außerordentlichen Künd nach §§ 624, 626, 627.[25] Grds. zulässig ist auch eine sog. **Künd vor Dienstantritt** (siehe § 622 Rn 53 ff.). Nach allg. Grundsätzen kommt es für die Wirksamkeit der Künd-Erklärung auf den Zeitpunkt ihres **Zugangs** (§ 130) an (siehe § 1 KSchG Rn 79 ff.).

III. Maßgebliche Kündigungsfrist

1. Allgemeines. Die Einordnung unter Nr. 1 bis 5 hängt allein davon ab, nach welchen **Zeitabschnitten** die Vergütung bemessen ist. Nicht maßgeblich sind die Art der Entlohnung, die Fälligkeit des Lohns, der Auszahlungszeitpunkt und sonstige Zahlungsmodalitäten.[26] Die Bemessung der Vergütung nach Monaten (Nr. 3) wird nicht dadurch

---

11 KR/*Rost*, arbeitnehmerähnliche Pers. Rn 48 ff.; HWK/*Bittner*, § 621 BGB Rn 7.
12 BGH 25.11.1963 – VII ZR 29/62 – NJW 1964, 350.
13 MüKo-BGB/*Hesse*, § 621 Rn 29 ff. m.w.N.
14 Erman/*Belling*, § 621 Rn 3.
15 Erman/*Belling*, § 621 Rn 4 m.w.N.
16 HWK/*Bittner*, § 621 BGB Rn 29 m.w.N.
17 BGH 8.4.1997 – X ZR 62/95 – NJW-RR 1997, 942; BGH 4.12.1996 – XII ZR 193/95 – NJW 1997, 739; BGH 28.2.1985 – IX ZR 92/84 – NJW 1985, 2585, 2586 ff.; KG Berlin 5.8.2005 – 13 U 4/05 – NJW-RR 2005, 1630 ff.; OLG Frankfurt 19.10.1988 – 9 U 72/84 – NJW-RR 1989, 374; LG Lüneburg 18.7.2001 – 2 S 24/01 – NJW-RR 2001, 1637; MüKo-BGB/*Hesse*, § 621 Rn 31 ff.
18 BGH 4.11.1992 – VIII ZR 235/91 – NJW 1993, 326, 328; BGH 8.3.1984 – IX ZR 144/83 – NJW 1984, 1531, 1532 f. m. Anm. *Heinbuch*; OLG Dresden 29.3.2000 – 8 U 477/00 – OLGR Dresden 2003, 76; KG Berlin 11.5.1993 – 6 U 5344/92 – MDR 1994, 348; OLG Frankfurt 6.1.1987 – 14 U 166/85 – NJW-RR 1987, 438; OLG Köln 16.6.1982 – 13 U 20/82 – NJW 1983, 1002.
19 Ebenroth/Boujong/Joost/Strohn/*Löwisch*, § 89 Rn 1 ff., 19.
20 MüKo-BGB/*Hesse*, § 621 Rn 14.
21 KR/*Rost*, arbeitnehmerähnliche Pers. Rn 98 ff.
22 KR/*Weigand*, SeemG Rn 59 ff.
23 BGH 4.11.1992 – VIII ZR 235/91 – NJW 1993, 326, 328; BGH 8.3.1984 – IX ZR 144/83 – NJW 1984, 1531, 1532 f. m. Anm. *Heinbuch*; Staudinger/*Preis*, § 621 Rn 11.
24 BAG 16.12.2004 – 6 AZR 127/04 – NZA 2005, 578; BAG 27.5.1993 – 2 AZR 601/92 – NZA 1993, 845, 846 f.; BAG 10.11.1988 – 2 AZR 26/88 – NZA 1989, 268.
25 Erman/*Belling*, § 621 BGB Rn 1.
26 RAG 10.9.1930 – 199/30 – ARS 10, 40, 41 f.; MüKo-BGB/*Hesse*, § 621 Rn 18; HWK/*Bittner*, § 621 Rn 18; a.A. OLG Köln 16.6.1982 – 13 U 20/82 – NJW 1983, 1002, 1003 f.

berührt, dass sie für das Vierteljahr im Voraus zu entrichten ist.[27] Ist die Vergütung nach (Viertel-)Jahren bemessen (Nr. 4), so ist unerheblich, wenn sie in Monatsraten zu zahlen ist.[28] Wird Lohn auf **zeitlich unterschiedlicher Bemessungsgrundlage** nebeneinander gewährt – etwa neben Geldlohn für kürzere Zeitabschnitte auch nach längeren oder nicht nach Zeitabschnitten bemessener (Nr. 5) Naturallohn –, so ist der nach Vertragsgestaltung und Parteiwillen den Schwerpunkt bildende Teil der Vergütung maßgeblich.[29]

8 2. Berechnung der Kündigungsfristen. Die Berechnung der Künd-Frist erfolgt nach den allg. Vorschriften der §§ 186 ff.[30] Maßgeblich für den **Fristbeginn** ist gem. § 187 Abs. 1 grds. der dem „Ereignis" bzw. dem „Zeitpunkt" des Wirksamwerdens der Künd-Erklärung infolge ihres Zugangs (siehe Rn 6) folgende Tag. Das **Fristende** bestimmt sich nach § 188. § 193 ist auf Künd-Fristen weder unmittelbar noch entsprechend anwendbar.[31] Anderes gilt nur im Rahmen von § 621 Nr. 2, da dort ausdrücklich „Werktage" genannt sind (vgl. Rn 10). Kann ein Arbverh ordentlich nur zum Schluss eines Kalendervierteljahres gekündigt werden, ist eine zum „1.4." ausgesprochene Künd i.d.R. dahin auszulegen (§§ 133, 157), dass sie das Arbvrh mit Ablauf des 31.3. beenden soll.[32] Eine „fristgerechte Künd" zum „1.1.2001" kann als Künd zum 31.12.2000 ausgelegt werden, wenn im betroffenen Arbverh grds. ein Künd-Termin zum Monatsende gilt.[33] Die mit einer zu kurzen Künd-Frist ausgesprochene sog. **verfristete Künd** setzt den Lauf der tatsächlich einschlägigen Künd-Frist in Gang. Gleiches gilt, wenn eine unwirksame fristlose Künd gem. § 140 in eine ordentliche Künd umgedeutet werden kann – soweit dies mit der bislang h.M. auch nach Inkrafttreten des konstitutiven Schriftformerfordernisses nach § 623 überhaupt noch für möglich gehalten wird (siehe § 623 Rn 10 ff.). Das Dienstverhältnis endet dann i.d.R. zum nächstzulässigen Künd-Termin.[34] Bis dahin kann der Dienstberechtigte gem. §§ 615, 296 in Annahmeverzug geraten (siehe § 615 Rn 36). Diese Grundsätze gelten auch bei der **verspätet zugegangenen Künd**.[35] Der Künd-Berechtigte ist grds. nicht verpflichtet, mit dem Ausspruch seiner Künd bis zum letzten Tag vor Beginn der gesetzlichen Künd-Frist zum nächstmöglichen Termin zu warten, sondern kann auch eine sog. **vorfristige Künd** erklären (siehe § 622 Rn 52).[36]

9 3. Tageslohn. Ist die Vergütung nach Tagen bemessen, so ist die ordentliche Künd an **jedem Tag für den Ablauf des folgenden Tages** zulässig (Nr. 1). **Stundenlohn** (bspw. bei RA) ist dem Tageslohn i.S.v. Nr. 1 nach h.M. gleichzusetzen.[37] Ob an dem Tag des Ausspruchs oder des Wirksamwerdens der Künd eine Dienstleistung geschuldet war, ist unerheblich.[38]

10 4. Wochenlohn. Ist die Vergütung nach Wochen bemessen, so ist die ordentliche Künd spätestens am **ersten Werktag einer Woche für den Ablauf des folgenden Sonnabends** zulässig (Nr. 2). Dies wird i.d.R. der Montag sein, sofern es sich nicht um einen gesetzlichen Feiertag handelt (§ 193). Nicht maßgeblich ist der tatsächliche Umfang der geleisteten Dienste in der Woche.[39]

11 5. Monatslohn. Ist die Vergütung nach Monaten bemessen, so ist die ordentliche Künd gem. Nr. 3 spätestens am 15. eines Monats für den Schluss des Kalendermonats zulässig.[40] Dies ist nicht gleichzusetzen mit einer Zwei-Wochen-Frist.[41]

12 6. Vierteljahr oder längere Zeitabschnitte. Ist die Vergütung nach Vierteljahren oder längeren Zeitabschnitten (z.B. Jahren) bemessen, so ist die ordentliche Künd unter Einhaltung einer Künd-Frist von **sechs Wochen für den Schluss eines Kalendervierteljahrs** zulässig (Nr. 4). § 193 ist nicht anwendbar (siehe Rn 8).[42]

13 7. Nicht nach Zeitabschnitten bemessene Vergütung. Ist die Vergütung nicht nach Zeitabschnitten bemessen, so ist die ordentliche Künd **jederzeit** zulässig; bei einem die Erwerbstätigkeit des Verpflichteten vollständig oder hauptsächlich in Anspruch nehmenden Dienstverhältnis ist eine **Künd-Frist von zwei Wochen** einzuhalten (Nr. 5). Die Künd kann zu jedem Künd-Termin erfolgen. Nr. 5 erfasst insb. die Entlohnung in Form von Pflegesät-

---

27 BGH 8.4.1997 – X ZR 62/95 – NJW-RR 1997, 942, 943.
28 OLG Hamm 17.2.1999 – 8 U 239/97 – NZG 1999, 836, 837.
29 Allg.M., RAG 10.9.1930 – 199/30 – ARS 10, 40, 41 ff.; MüKo-BGB/*Hesse*, § 621 Rn 24 m.w.N.
30 Erman/*Belling*, § 621 Rn 5.
31 BGH 17.2.2005 – III ZR 172/04 – NJW 2005, 1354, 1355 f.; BGH 28.9.1972 – VII ZR 186/71 – NJW 1972, 2083; BAG 5.3.1970 – 2 AZR 112/69 – NJW 1970, 1470; LAG Köln 26.10.2001 – 11 Sa 832/01 – NZA-RR 2002, 355, 356; MüKo-BGB/*Hesse*, § 621 Rn 16; a.A. für § 621 Nr. 1, 3 Staudinger/*Preis*, § 621 Rn 20 m.w.N.
32 BAG 25.9.2002 – 10 AZR 7/02 – NZA 2003, 617, 618 f.
33 LAG Köln 26.10.2001 – 11 Sa 832/01 – NZA-RR 2002, 355, 356.

34 BAG 18.4.1985 – 2 AZR 197/84 – NZA 1986, 229, 230 m.w.N.
35 BAG 15.7.1969 – 2 AZR 367/68 – SAE 1970, 228, 229 m. Anm. *Kammann*; MüKo-BGB/*Hesse*, § 621 Rn 16.
36 LAG Berlin 11.1.1999 – 9 Sa 106/98 – NZA-RR 1999, 473, 475.
37 KG Berlin 25.2.1994 – 7 U 3732/93 – KGR Berlin 1994, 97 f.; Staudinger/*Preis*, § 621 Rn 21 m.w.N., auch zur a.A.
38 HWK/*Bittner*, § 621 BGB Rn 22.
39 MüKo-BGB/*Hesse*, § 621 Rn 21 m.w.N.
40 OLG Köln 16.6.1982 – 13 U 20/82 – NJW 1983, 1002, 1003 f.
41 HWK/*Bittner*, § 621 BGB Rn 25 m.w.N.
42 MüKo-BGB/*Hesse*, § 621 Rn 23 m.w.N.

zen,[43] Provisionen,[44] Stückvergütungen (Stücklohn), Deputaten und Gewinnbeteiligungen.[45] Bei leistungs- oder erfolgsbezogener Vergütung wird oftmals bereits kein freier Dienstvertrag vorliegen.[46] Die zweiwöchige Künd-Frist nach Nr. 5 ist erst dann einzuhalten, wenn ein Dienstverhältnis die Erwerbstätigkeit des Verpflichteten (vollständig oder) „**hauptsächlich**" in Anspruch nimmt. Dies ist der Fall, wenn die Dienste mehr als die Hälfte der gesamten gewöhnlichen individuellen Arbeitszeit des Dienstpflichtigen beanspruchen.[47] Der **Arztbehandlungsvertrag** ist gem. Nr. 5 Alt. 1 grds. jederzeit kündbar, wobei unentschuldigtes Nichterscheinen zu einem vereinbarten Termin – nach uneinheitlicher, eher restriktiver Rspr. – neben einer „Verweilgebühr" (Nr. 56 GOÄ) ggf. Schadensersatzansprüche (§ 280) bzw. Ansprüche wegen Annahmeverzug (§§ 615, 293 ff.) auslösen kann (siehe § 615 Rn 6).[48]

C. Verbindung zu anderen Rechtsgebieten und zum Prozessrecht

Nach allg. Grundsätzen trägt derjenige die **Darlegungs- und Beweislast**, der sich auf die Rechtsfolge des § 621 (fristgerechte Künd) beruft oder auf einer vom Gesetz abweichenden Vereinbarung beruhende Ansprüche geltend macht.[49]

14

§ 622 Kündigungsfristen bei Arbeitsverhältnissen

(1) Das Arbeitsverhältnis eines Arbeiters oder eines Angestellten (Arbeitnehmers) kann mit einer Frist von vier Wochen zum Fünfzehnten oder zum Ende eines Kalendermonats gekündigt werden.
(2) Für eine Kündigung durch den Arbeitgeber beträgt die Kündigungsfrist, wenn das Arbeitsverhältnis in dem Betrieb oder Unternehmen
1. zwei Jahre bestanden hat, einen Monat zum Ende eines Kalendermonats,
2. fünf Jahre bestanden hat, zwei Monate zum Ende eines Kalendermonats,
3. acht Jahre bestanden hat, drei Monate zum Ende eines Kalendermonats,
4. zehn Jahre bestanden hat, vier Monate zum Ende eines Kalendermonats,
5. zwölf Jahre bestanden hat, fünf Monate zum Ende eines Kalendermonats,
6. 15 Jahre bestanden hat, sechs Monate zum Ende eines Kalendermonats,
7. 20 Jahre bestanden hat, sieben Monate zum Ende eines Kalendermonats.
Bei der Berechnung der Beschäftigungsdauer werden Zeiten, die vor der Vollendung des 25. Lebensjahrs des Arbeitnehmers liegen, nicht berücksichtigt.
(3) Während einer vereinbarten Probezeit, längstens für die Dauer von sechs Monaten, kann das Arbeitsverhältnis mit einer Frist von zwei Wochen gekündigt werden.
(4) ¹Von den Absätzen 1 bis 3 abweichende Regelungen können durch Tarifvertrag vereinbart werden. ²Im Geltungsbereich eines solchen Tarifvertrags gelten die abweichenden tarifvertraglichen Bestimmungen zwischen nicht tarifgebundenen Arbeitgebern und Arbeitnehmern, wenn ihre Anwendung zwischen ihnen vereinbart ist.
(5) Einzelvertraglich kann eine kürzere als die in Absatz 1 genannte Kündigungsfrist nur vereinbart werden,
1. wenn ein Arbeitnehmer zur vorübergehenden Aushilfe eingestellt ist; dies gilt nicht, wenn das Arbeitsverhältnis über die Zeit von drei Monaten hinaus fortgesetzt wird;
2. wenn der Arbeitgeber in der Regel nicht mehr als 20 Arbeitnehmer ausschließlich der zu ihrer Berufsbildung Beschäftigten beschäftigt und die Kündigungsfrist vier Wochen nicht unterschreitet.
²Bei der Feststellung der Zahl der beschäftigten Arbeitnehmer sind teilzeitbeschäftigte Arbeitnehmer mit einer regelmäßigen wöchentlichen Arbeitszeit von nicht mehr als 20 Stunden mit 0,5 und nicht mehr als 30 Stunden mit 0,75 zu berücksichtigen. ³Die einzelvertragliche Vereinbarung längerer als der in den Absätzen 1 bis 3 genannten Kündigungsfristen bleibt hiervon unberührt.
(6) Für die Kündigung des Arbeitsverhältnisses durch den Arbeitnehmer darf keine längere Frist vereinbart werden als für die Kündigung durch den Arbeitgeber.

---

43 OLG Hamburg 16.12.1998 – 5 U 96/98 – OLGR Hamburg 1999, 125.
44 BGH 19.5.1982 – I ZR 68/80 – NJW 1983, 42.
45 MüKo-BGB/*Hesse*, § 621 Rn 24; Palandt/*Weidenkaff*, § 621 Rn 7.
46 S. insb. § 631, §§ 84 ff. HGB, Arbeitsvertrag auf Akkordlohn-Basis.
47 MüKo-BGB/*Hesse*, § 621 Rn 26.
48 LG Hannover 11.6.1998 – 19 S 34/97 – NJW 2000, 1799; LG Hannover 9.10.1997 – 2 S 64/97 – MedR 1998, 367, 368; LG München II 8.11.1983 – 2 S 1327/83 – NJW 1984, 671; AG Calw 16.11.1993 – 4 C 762/93 – NJW 1994, 3015; AG München 13.8.1990 – 1141 C 19971/90 – NJW 1990, 2939.
49 HWK/*Bittner*, § 621 BGB Rn 33 m.w.N.

Literatur: *Adomeit/Thau*, Das Gesetz zur Vereinheitlichung der Kündigungsfristen von Arbeitern und Angestellten, NJW 1994, 11; *Bährle*, Verlängerte Probezeit und Kündigungsschutz, BuW 2002, 920; *Bauer*, Kündigung und Kündigungsschutz vertretungsberechtigter Organmitglieder, BB 1994, 855; *ders.*, Entwurf eines Kündigungsfristengesetzes, NZA 1993, 495; *ders.*, Die Anwendung arbeitsrechtlicher Schutzvorschriften auf den Fremdgeschäftsführer der GmbH, DB 1979, 2178; *Bauer/Krieger*, Neuer Abfindungsanspruch – 1a daneben!, NZA 2004, 77; *Bender/Schmidt*, KSchG 2004: Neuer Schwellenwert und einheitliche Klagefrist, NZA 2004, 358; *Bengelsdorf*, Die tariflichen Kündigungsfristen für Arbeiter nach der Entscheidung des BVerfG vom 30.5.1990, NZA 1991, 121; *Berger-Delhey*, Die Kündigung vor Dienstantritt, DB 1989, 380; *Bitzer*, Verlängerung der Probezeit – Was ist möglich?, AuA 2003, *ders.*, Sonderkündigungsschutz schwerbehinderter Menschen – Rechtsprechung und Standpunkte zu § 90 IIa SGB IX, NZA 2006, 1082; 16; *Blanke*, Arbeiter und Angestellte – Auf dem Weg zum einheitlichen Beschäftigungsverhältnis, AuR 1991, 1; *Boemke*, Maßgebliche Kündigungsfrist in der Insolvenz (§ 113 I InsO), NZI 2001, 460; *Bröhl*, Die Orlando-Kündigung – Zwischenwort zur außerordentlichen ordentlichen Kündigung tariflich unkündbarer Arbeitnehmer –, in: FS für Schaub, 1998, S. 55; *Buchner*, Die Kündigungsfristen für Arbeiter nach der Entscheidung des BVerfG vom 30.5.1990, NZA 1991, 41; *Bulla*, Tarifverträge über Rationalisierungsmaßnahmen in Betrieben und Unternehmen (I) – Probleme ihrer Zulässigkeit und Grenzen –, DB 1980, 103; *ders.*, Tarifverträge über Rationalisierungsmaßnahmen in Betrieben und Unternehmen (II) – Probleme ihrer Zulässigkeit und Grenzen –, DB 1980, 158; *Caesar*, Die Kündigung vor Arbeitsantritt, NZA 1989, 251; *Creutzfeldt*, Handhabe tariflicher Kündigungsfristen bei Gesetzesidentität, AuA 1995, 87; *Dewender*, Einbeziehung der fehlerhaft berechneten Kündigungsfrist in die Klagefrist nach § 4 Satz 1 KSchG?, DB 2005, 337; *Dietz*, Vereinbarung kürzerer tariflicher Kündigungsfristen mit nicht tarifgebundenen Arbeitnehmern, DB 1974, 1770; *Diller*, § 622 BGB und Quartalskündigungsfristen, NZA 2000, 293; *Dollmann*, Wahrung der Anrufungsfrist des § 4 Satz 1 KSchG 2004 bei nicht fristgerechten Kündigungen?, DB 2004, 2073; *Drüll/Schmitte*, Kündigungsfristen im Baugewerbe, NZA 1994, 398; *Düwell*, Der Kündigungsschutz schwerbehinderter Beschäftigter nach der Novelle vom 23.4.2004, BB 2004, 2811; *ders.*, Das Gesetz zur Förderung der Ausbildung und Beschäftigung schwerbehinderter Menschen, FA 2004, 200; *Etzel*, Die „Orlando-Kündigung": Kündigung tariflich unkündbarer Arbeitnehmer, ZTR 2003, 210; *Fenski*, Verfassungswidrigkeit der gem. § 622 Abs. 3 Satz 1 BGB tariflich verkürzten Kündigungsfristen für ältere Arbeiter, DB 1991, 2438; *Fenski/Linck*, Besonderheiten der Beendigung von Arbeitsverhältnissen in den neuen Bundesländern, NZA 1992, 337, 345; *Fonk*, Rechtsfragen nach der Abberufung von Vorstandsmitgliedern und Geschäftsführern, NZG 1998, 408; *Gaul*, Die rechtliche Bewertung überlanger Kündigungsfristen, BB 1980, 1542; *Gehrlein*, Die Entlassung eines GmbH-Geschäftsführers, BB 1996, 2257; *Gotzmann*, Kündigungsfristen und Kündigungstermine bei Aushilfskräften, DB 1970, 2220; *Grumann/Gillmann*, Abberufung und Kündigung von Vorstandsmitgliedern einer Aktiengesellschaft, DB 2003, 770; *Gumpert*, Kündigungsvorschriften für befristete Arbeitsverhältnisse, Aushilfs- und Probearbeitsverhältnisse nach neuem Recht, BB 1969, 1278; *Hanau*, Die wiederholte Reform des arbeitsrechtlichen Kündigungs- und Befristungsschutzes, ZIP 2004, 1169; *ders.*, Der Eingliederungsvertrag – Ein neues Instrument der Arbeitsförderung, DB 1997, 1278; *ders.*, Die fehlenden Kündigungsfristen für Arbeiter, DB 1991, 40; *Hartmann*, Kündigungsfristen für Aushilfs-Angestellte, BB 1970, 716; *Heilmann*, Kündigungsfristen im europäischen Vergleich, AuA 1994, 175; *Herbert/Oberrath*, Rechtsprobleme des Nichtvollzugs eines abgeschlossenen Arbeitsvertrags, NZA 2004, 121; *Hillmann-Stadtfeld*, Beendigung von Geschäftsführer-Dienstverträgen – Hier: Koppelungsklauseln bei befristeten Verträgen, GmbHR 2004, 1457; *Hromada*, Rechtsfragen zum Kündigungsfristengesetz, BB 1993, 2372; *Hümmerich*, Grenzfall des Arbeitsrechts: Kündigung des GmbH-Geschäftsführers, NJW 1995, 1177; *Hümmerich/Holthausen*, Der Arbeitnehmer als Verbraucher, NZA 2002, 173; *Joussen*, Die Kündigung eines Arbeitsverhältnisses vor Arbeitsantritt, NZA 2002, 1177; *Kamanabrou*, Die Arbeitgeberkündigung, Jura 2005, 163; *Kampen/Winkler*, Zur Anwendbarkeit der 3-wöchigen Klagefrist nach § 4 KSchG im Rahmen der Geltendmachung zu kurz bemessener Kündigungsfristen, AuR 2005, 171; *Kania/Kramer*, Unkündbarkeitsvereinbarungen in Arbeitsverträgen, Betriebsvereinbarungen und Tarifverträgen, RdA 1995, 287; *Kehrmann*, Neue gesetzliche Kündigungsfristen für Arbeiter und Angestellte, AiB 1993, 746; *Kiel*, Die Kündigung unkündbarer Arbeitnehmer, NZA Beil. 1/2005, 18; *Kindler*, Einseitige Verlängerungsoptionen im Arbeitsvertrag des Berufsfußballers, NZA 2000, 744; *Knorr*, Die gesetzliche Neuregelung der Kündigungsfristen, ZTR 1994, 267; *Koch*, Der Beschluß des BVerfG vom 30.5.1990, NZA 1991, 50; *Koller*, Die Zulässigkeit von Rationalisierungsschutzabkommen in Tarifverträgen, ZfA 1978, 45; *Kramer*, Rechtsfolgen unzulässig kurzer Kündigungs- und Ausschlußfristen, BB 1997, 731; *ders.*, Unterschiedliche vertragliche Kündigungsfristen für Arbeiter und Angestellte, ZIP 1994, 929; *Kraushaar*, Die Kündigung von Arbeitern nach dem Beschluß des BVerfG vom 30.5.1990, BB 1990, 1764; *Lembke*, Neue Wege zur Verlängerung der Probezeit – Zugleich Besprechung des BAG-Urteils vom 7.3.2002 – 2 AZR 93/01, DB 2002 S. 1997 –, DB 2002, 2648; *Lingemann/Grothe*, Betriebsbedingte Kündigung im öffentlichen Dienst, NZA 1999, 1072; *Löwisch*, Neuregelung des Kündigungs- und Befristungsrechts durch das Gesetz zu Reformen am Arbeitsmarkt, BB 2004, 154; *Lunk*, Rechtliche und taktische Erwägungen bei Kündigung und Abberufung des GmbH-Geschäftsführers, ZIP 1999, 1777; *Marschollek*, Kündigungsfristen für Arbeiter in der Praxis – Auswirkungen des Beschlusses des Bundesverfassungsgerichts vom 30.5.1990 zur Verfassungswidrigkeit des § 622 Abs. 2 BGB –, DB 1991, 1069; *Matthiessen/Shea*, Falscher Termin bei Kündigung – Ab wann gilt die dreiwöchige Klagefrist?, AuA 2005, Nr. 4, 208; *Maurer*, Fragen des Vorrangs tariflicher Kündigungsbestimmungen, AuR 1971, 78; *Maurer/Schüßler*, Kündigung unkündbarer Arbeitnehmer – Zulässigkeit und Grenzen der Orlando-Kündigung –, BB 2001, 466; *Monjau*, Die geltenden Kündigungsfristen und deren Änderungen, BB 1970, 39; *Müller-Glöge*, Tarifliche Regelungen der Kündigungsfristen und -termine, in: FS für Schaub, 1998, S. 497; *Nägele*, Der Geschäftsführeranstellungsvertrag – Begründung und Kündigung, ArbRB 2003, 29; *ders.*, Der Anstellungsvertrag des Geschäftsführers – Eine Bestandsaufnahme –, BB 2001, 305; *Neuner*, Die Rückwirkung von Tarifverträgen, ZfA 1998, 83; *Oetker*, Arbeitsrechtlicher Kündigungsschutz und Tarifautonomie, ZfA 2001, 287; *Preis*, Reform des Bestandsschutzrechts im Arbeitsverhältnis – Entwurf eines Kündigungsschutzgesetzes (KSchG 2003), NZA 2003, 252; *Preis/Kramer*, Das neue Kündigungsfristengesetz, DB 1993, 2125; *Quecke*, Die Änderung des Kündigungsschutzgesetzes zum 1.1.2004, RdA 2004, 86; *Raab*, Der erweiterte Anwendungsbereich der Klagefrist gemäß § 4 KSchG, RdA 2004, 321; *Reiserer*, Die ordentliche Kündigung des Dienstvertrags des GmbH-Geschäftsführers, DB 1994, 1822; *ders.*, Kündigung des Dienstvertrags des GmbH-Geschäftsführers, DB 2006, 1787; *Reuter*, Zulässigkeit und Grenzen tarifvertraglicher Besetzungsregelungen, ZfA 1978, 1; *Rieble*, Betriebliche versus tarifliche Unkündbarkeit, NZA 2003, 1243; *Rieble/Gutzeit*, Das Altersteilzeitgesetz (ATzG) 1996 und seine betriebsverfassungsrechtlichen Implikationen, BB 1998, 638; *Rudolph*, Berechnung der Kündigungsfristen unter Berücksichtigung der Wartezeiten nach § 622 Abs. 2 BGB, BuW 2000, 937; *Schiefer/Worzalla*, Neues – altes – Kündigungsrecht, NZA 2004, 345; *Schleusener*, Europarechts- und Grundgesetzwidrigkeit von § 622 II 2 BGB, NZA 2007, 358; *Schneider/Wiechers*, Zur Zulässigkeit von Vereinbarungen über Rückübertragungen gesellschaftsrechtlicher Beteiligungen von Managern und Mitarbeitern – Anmerkungen zu den BGH-Urteilen vom 19.9.2005 – II ZR 173/04 und II ZR 342/03, DB 2005 S. 2401 und 2404 unter Berücksichtigung von Private-Equity-Beteiligungsgestaltungen –, DB 2005, 2450; *Schuster*, Arbeits- und Aufhebungsverträge auf dem Prüfstand – Neues Recht ab dem 1.1.2002 –, AiB 2002, 274, *Sieg*, Kündigungsfristen und -termine, AuA 1993, 165; *Sprenger*, Das arbeitsrechtliche Verbot der Altersdiskriminierung nach der Richtlinie 2000/78/EG, Diss. 2006; *Stahlhacke*, Tarifliche Zulassungsnormen und nachwirkende Tarifverträge, DB 1969, 1651; *Stück*, Gesellschafts-, Arbeits- und Sozialrecht – GmbH-Geschäftsführer im Spannungsfeld, AuA 2006, 72; *ders.* Der GmbH-Geschäftsführer zwischen Gesellschafts- und Arbeitsrecht im Spiegel aktueller Rechtsprechung, GmbHR 2006, 1009; *Voss*, Auswirkungen des Gesetzes zur Vereinheitlichung der Kündigungsfristen (KündFG) auf das Arbeitnehmerüberlassungsgesetz, NZA 1994, 57; *Wank*, Die neuen Kündigungsfristen für Arbeitnehmer (§ 622 BGB), NZA 1993, 961; *Wenzel*, Neue Kündigungsbestimmungen im Arbeitsrecht – Die Rechtslage nach dem ersten Arbeitsrechtsbereinigungsgesetz vom 14. August 1969 (BGBl I S. 1106), MDR 1969, 881, 968; *Widlak*, Einheitliche gesetzliche Kündigungsfristen für Arbeiter und Angestellte, AuA 1993, 353; *Wilhelm*, Verlängerte Probezeit und Kündigungsschutz, NZA 2001, 818; *Wollgast*, Verfassungswidrigkeit der Übergangsregelung des Kündigungsfristengesetzes (Art. 222 EGBGB), AuR 1993, 325; *Worzalla*, Auswirkungen des Kündigungsfristengesetzes auf Regelungen in Tarif- und Einzelarbeitsverträgen, NZA 1994, 145

A. Allgemeines	1
I. Normzweck	1
1. Kündigungsfristen	1
2. Kündigungstermine	2
3. Probezeit	3
4. (Tarif-)Dispositivität	4
II. Entstehungsgeschichte	5
B. Regelungsgehalt	6
I. Anwendungsbereich	6
1. Persönlicher Anwendungsbereich	6
a) Unbefristete Arbeitsverhältnisse	6
b) Anstellungsverträge von Organmitgliedern juristischer Personen	7
2. Sachlicher Anwendungsbereich	8
3. Zeitlicher Anwendungsbereich	9
4. Abdingbarkeit	10
a) Tariföffnungsklausel	11
aa) Tarifauslegung	11
bb) Inhalt tarifvertraglicher Kündigungsregelungen	12
cc) Mittelbare Grundrechtsbindung der Tarifvertragsparteien	13
dd) Differenzierung zwischen Angestellten und Arbeitern	14
ee) Kündigungsfristen für ältere Arbeitnehmer	15
ff) Rechtsfolgen unwirksamer Tarifregelungen	16
b) Individualvertragliche Bezugnahme auf einen Tarifvertrag	17
aa) Voraussetzungen	17
bb) Fremder Tarifvertrag	18
cc) Inhalt und Umfang der Bezugnahme	19
dd) Rechtswirkungen	20
c) Individualvertragliche Vereinbarung einer kürzeren Grund-Kündigungsfrist	21
aa) Allgemeines	21
bb) Aushilfsarbeitsverhältnisse	22
cc) Kleinunternehmen	23
dd) Rechtsfolgen unwirksamer Vereinbarungen	24
d) Individualvertragliche Verlängerung der gesetzlichen Kündigungsfristen	25
aa) Allgemeines	25
bb) Vereinbarung von Kündigungsterminen	26
cc) Günstigkeitsvergleich	27
dd) Tarifvertragsrechtliches Günstigkeitsprinzip	28
ee) Einzelfälle	29
ff) Rechtsfolgen unwirksamer Vereinbarungen	30
e) Verbot längerer Kündigungsfristen für die Arbeitnehmerkündigung	31
aa) Verbot einseitiger Kündigungserschwerungen zu Lasten des Arbeitnehmers	31
bb) Reichweite und Umfang des Verbots	32
cc) Rückzahlungs-(vorbehalts-)klauseln	33
dd) Einzelfälle	34
ee) Rechtsfolgen von Verstößen	35
5. Sonderregelungen	36
a) Insolvenzverfahren	36
b) Schwerbehinderte Menschen	37
c) Elternzeit	38
d) Sonstige Sonderregelungen	39
II. Gesetzliche Kündigungsfristen und -termine	40
1. Fristberechnung	40
2. Gesetzliche Grund-Kündigungsfrist	41
3. Verlängerte Kündigungsfristen	42
a) Allgemeines	42
b) Dauer der Betriebs- oder Unternehmenszugehörigkeit	43
aa) Rechtlicher Bestand des Arbeitsverhältnisses	43
bb) Rechtliche Unterbrechungen des Arbeitsverhältnisses	44
cc) Betriebsinhaberwechsel	45
dd) Berechnung der Beschäftigungsdauer	46
4. Kündigungstermine	47
5. Kündigung in der Probezeit	48
a) Allgemeines	48
b) Zulässige Dauer der Probezeit	49
c) Unzulässigkeit einer Kündigung in der Probezeit	50
d) Kündigungsfrist in der Probezeit	51
6. Vorfristige Kündigung	52
7. Kündigung vor Dienstantritt	53
a) Zulässigkeit	53
b) Ausschluss	54
c) Beginn der Kündigungsfrist	55
d) Vertragsbruch bei Nichtantritt der Arbeit	56
III. Ausschluss der ordentlichen Kündigung	57
1. Allgemeines	57
2. Gesetzliche Kündigungsbeschränkungen und -verbote	58
a) Allgemeine Unwirksamkeitsgründe	58
b) Arbeitsrechtliche Verbotsgesetze	59
c) Allgemeiner Kündigungsschutz nach dem KSchG	60
d) Sonder-Kündigungsschutz für bestimmte Personengruppen	61
3. Tarifvertraglicher Kündigungsausschluss	62
4. Ausschluss der ordentlichen Kündigung durch Betriebsvereinbarung	63
5. Individualvertraglicher Kündigungsausschluss	64
6. Rechtsfolgen eines Kündigungsausschlusses	65

C. Verbindung zu anderen Rechtsgebieten und zum Prozessrecht 66
   I. Niederschrift der wesentlichen Vertragsbedingungen 66
   II. Ruhen des Anspruchs auf Arbeitslosengeld bei Entlassungsentschädigung 67
   III. Darlegungs- und Beweislast 68
   IV. Prozessuales 69
   1. Keine Klagefrist bei verfristeter Kündigung .. 69
   2. Verfahren bei Verfassungswidrigkeit einer tarifvertraglichen Regelung 70
D. Beraterhinweise 71

A. Allgemeines

I. Normzweck

1. Kündigungsfristen. § 622 legt für die ordentliche Künd **einheitliche Künd-Fristen und -Termine für alle AN (Arb und Ang)** in den alten und den neuen Bundesländern fest.[1] Die Künd-Frist umfasst den Zeitraum zwischen dem Zugang (§ 130) und dem Wirksamwerden der Künd zum Künd-Termin.[2] Künd-Fristen (wie -Termine) bewirken eine **Einschränkung der Vertrags(beendigungs-)freiheit** (siehe § 105 GewO Rn 8).[3] Die Künd-Fristen des § 622 sollen dem AN einen **Arbeitsplatzwechsel** möglichst ohne wirtschaftliche Nachteile ermöglichen, während der AG in seinen berechtigten Belangen hinsichtlich der Personalplanung geschützt werden soll.[4] Die gesetzliche **Grund-Künd-Frist** von **vier Wochen** gem. Abs. 1 stellt eine Mindest-Künd-Frist für alle AN dar, die dem Interesse an einer möglichst großen Flexibilität in den ersten Jahren des Arbverh entsprechen soll (siehe Rn 41).[5] Ab einer Beschäftigungsdauer von zwei Jahren in dem Betrieb oder Unternehmen sind für die Künd durch den AG (**AG-Künd**) die **verlängerten Künd-Fristen** nach Abs. 2 S. 1 Nr. 1 bis 7 einschlägig (siehe Rn 42 ff.). Das Gesetz geht dabei von dem Gedanken eines allmählichen stufenweisen Übergangs von kürzeren Künd-Fristen zu Beginn des Arbverh zu längeren Fristen in Abhängigkeit von der **Dauer der Betriebszugehörigkeit** aus.[6] Bei der Berechnung der Beschäftigungsdauer werden gem. Abs. 2 S. 2 nur Zeiten nach der Vollendung des 25. Lebensjahrs des AN berücksichtigt, was insb. höher qualifizierten AN mit einem höheren Betriebseintrittsalter zugute kommt.[7]

2. Kündigungstermine. Künd-Termin ist der Tag, mit dessen Ablauf die Künd-Frist abläuft, die Künd Wirksamkeit entfaltet und das Arbverh rechtlich endet. Die Künd-Termine – nach Abs. 1 zum Fünfzehnten oder zum Monatsende, nach Abs. 2 nur zum Monatsende – haben im Rahmen des zeitlichen Bestandsschutzes eine selbstständige Bedeutung, indem sie die **Beendigungswirkung** der Künd auf einen späteren Zeitpunkt verschieben, um sicherzustellen, dass das Arbverh nicht zu einem für den Gekündigten ungünstigen Zeitpunkt endet (siehe Rn 47).[8] Künd-Termine haben zudem den Hilfszweck, die **Berechnung** des Ablaufs der Künd-Frist zu erleichtern.[9] Auf gesetzliche Künd-Termine zum **Quartalsende** hat der Gesetzgeber auf Anregung der BA bewusst verzichtet, um schubweise Belastungen des Arbeitsmarktes und damit verbunden der AA und der ArbG zu verhindern.[10]

3. Probezeit. Nach Abs. 3 ist bei der AG- wie AN-Künd während einer vereinbarten Probezeit – längstens für die Dauer von **sechs Monaten** – eine **Künd-Frist von zwei Wochen** einzuhalten (siehe Rn 51).[11] Die Regelung soll den praktischen Bedürfnissen beider Arbeitsvertragsparteien Rechnung tragen, in einer überschaubaren ersten Zeit der Beschäftigung die **Leistungsfähigkeit des AN** bzw. die **Arbeitsbedingungen** zu erproben und bei negativem Ausgang das Arbverh relativ kurzfristig beenden zu können. Dadurch sollen **unbefristete Einstellungen** erleichtert werden.[12] Die Frist von sechs Monaten ist im Zusammenhang mit dem nach Ablauf der ebenfalls **sechsmonatigen**[13] **Wartefrist** einsetzenden allg. Künd-Schutz nach dem **KSchG** zu sehen (siehe § 1 KSchG Rn 158 ff., § 14 TzBfG Rn 76).[14]

4. (Tarif-)Dispositivität. Alle Künd-Fristen und -Termine des Abs. 1 bis 3 wurden gem. Abs. 4 tarifdispositiv ausgestaltet (siehe Rn 11 ff.).[15] Die **einzelvertragliche Vereinbarung** einer kürzeren als der in Abs. 1 genannten Grund-

---

1 BR-Drucks 310/93, S. 12 ff.
2 BAG 25.3.2004 – 2 AZR 324/03 – NZA 2004, 1089, 1090; *Sieg*, AuA 1993, 165.
3 Erman/*Belling*, § 622 Rn 2; HWK/*Bittner*, § 622 BGB Rn 1.
4 BR-Drucks 310/93, S. 12 f., 15 f.
5 BR-Drucks 310/93, S. 16.
6 BR-Drucks 310/93, S. 12, 16 f.
7 HWK/*Bittner*, § 622 BGB Rn 3; krit. hierzu, im Hinblick auf das Verbot der Altersdiskriminierung ErfK/*Müller-Glöge*, § 622 BGB Rn 2; *Schleusener*, NZA 2007, 358 ff.; *Sprenger*, S. 331 ff. m.w.N., auch zur a.A.; s. zur möglichen Rechtfertigung einer Ungleichbehandlung wegen des Alters § 10 Nr. 1 AGG.
8 BAG 18.4.1985 – 2 AZR 197/84 – NZA 1986, 229.
9 LAG Hamm 1.2.1996 – 4 Sa 913/95 – EzA § 622 BGB n.F. Nr. 56.
10 BR-Drucks 310/93, S. 13.
11 BR-Drucks 310/93, S. 17 f.
12 BR-Drucks 310/93, S. 18.
13 Nach dem Koalitionsvertrag zwischen CDU, CSU und SPD v. 11.11.2005, S. 29 f. soll die Möglichkeit der Vereinbarung einer Wartezeit von bis zu 24 Monaten für den Eintritt des Künd-Schutzes nach dem KSchG bei Neueinstellungen geschaffen werden.
14 BR-Drucks 310/93, S. 18; *Bährle*, BuW 2002, 920, 921 f.; *Bitzer*, AuA 2003, 16; *Lembke*, DB 2002, 2648; *Wilhelm*, NZA 2001, 818, 819 ff.
15 BR-Drucks 310/93, S. 14, 16, 18 f.

Künd-Frist ist hingegen nur unter den Voraussetzungen des Abs. 5 S. 1 Nr. 1, Nr. 2, S. 2 möglich (siehe Rn 21 ff.). Längere als die in Abs. 1 bis 3 genannten Künd-Fristen können nach Abs. 5 S. 3 einzelvertraglich vereinbart werden, wobei die Frist gem. Abs. 6 für die Künd durch den AN (**AN-Künd** bzw. **Eigen-Künd** des AN) nicht länger sein darf als für die AG-Künd (siehe Rn 25 ff., 31 ff.).[16]

II. Entstehungsgeschichte

Die §§ 620 ff. und insb. auch § 622 wurden m.W.v. 1.9.1969 durch das 1. ArbeitsrechtsbereinigungsG v. 14.8.1969[17] umfassend geändert. Die bis dahin für die einzelnen Gruppen von Beschäftigten im Hinblick auf eine Vielzahl spezialgesetzlicher Künd-Fristen – insb. §§ 122, 133a GewO a.F. für gewerbliche und technische Ang und Arb[18] sowie §§ 66 f. HGB a.F. für Handlungsgehilfen (kaufmännische Ang) – bestehende uneinheitliche Rechtslage wurde insoweit erstmals vereinheitlicht.[19] Dennoch galt nach wie vor neben den Sonderregelungen der §§ 63, 78 SeemG für Schiffsbesatzungsmitglieder und § 29 HAG für Heim-Arb insb. das für Ang geltende AngKSchG v. 9.7.1926[20] fort. Das BVerfG erklärte es für mit Art. 3 Abs. 1 GG unvereinbar, bei der Berechnung der für die verlängerten Künd-Fristen maßgeblichen Beschäftigungsdauer eines Arb Zeiten nicht zu berücksichtigen, die vor Vollendung des 35. Lebensjahres liegen (Abs. 2 S. 2 a.F.), während bei einem Ang bereits Zeiten nach Vollendung des 25. Lebensjahres mitgerechnet wurden (§ 2 Abs. 1 S. 3 AngKSchG).[21] In der Folge wurden zahlreiche arbeitsgerichtliche Verfahren z.T. mehrfach entsprechend § 148 ZPO ausgesetzt.[22] M.W.v. 1.7.1990 wurde Abs. 2 S. 2 Hs. 2 a.F. durch das ArbGG-ÄndG v. 26.6.1990[23] – trotz einer Rückwirkungsklausel in verfassungskonformer Weise[24] – geändert.[25] Das BVerfG hielt Abs. 2 a.F. auch weiterhin für mit Art. 3 Abs. 1 GG unvereinbar, soweit hiernach die Künd-Fristen für Arb kürzer waren als für Ang, welche vom AngKSchG erfasst wurden.[26] Dem Gesetzgeber wurde für die Schaffung einer Neuregelung eine Frist bis zum 30.6.1993 gesetzt. Zudem verstieß die Kleinstbetriebsklausel des § 2 Abs. 1 S. 1 AngKSchG nach Ansicht des BAG gegen Art. 3 Abs. 1 GG.[27] Um diesen Bedenken Rechnung zu tragen, wurden m.W.v. 15.10.1993 durch das KündFG v. 7.10.1993[28] die Künd-Fristen und -Termine für Arb und Ang sowie für AN in den alten und in den neuen Bundesländern umfassend vereinheitlicht.[29] Mit Abs. 3 wurde erstmals eine ausdrückliche gesetzliche Regelung der (verkürzten) Künd-Frist während einer vereinbarten Probezeit getroffen.[30] Des weiteren wurden die nach wie vor bestehenden spezialgesetzlichen Künd-Fristen (siehe Rn 36 ff.) an § 622 angepasst sowie der bis dahin fortgeltende § 55 AGB-DDR[31] und das AngKSchG aufgehoben.[32] Die Kleinbetriebsklausel nach Abs. 5 S. 1 Nr. 2, S. 2 wurde zunächst m.W.v. 1.10.1996 durch das ArbRBeschFG v. 25.9.1996[33] um eine anteilige Berücksichtigung teilzeitbeschäftigter AN ergänzt. Diese Änderung wurde m.W.v. 1.1.1999 durch das KorrekturG v. 19.12.1998[34] bzgl. der vormals nur mit dem Faktor 0,25 zu berücksichtigenden AN mit einer Arbeitszeit von nicht mehr als zehn Stunden relativiert, für die nunmehr auch der Faktor 0,5 gilt.[35] Die amtlichen Überschriften wurden m.W.v. 1.1.2002 durch das SchuldRModG v. 26.11.2001[36] eingefügt.

---

16 BR-Drucks 310/93, S. 19, 20.
17 BGBl I 1969 S. 1106, 1107 f., 1111.
18 *Landmann/Rohmer*, §§ 122–124b, § 133h.
19 MüKo-BGB/*Hesse*, § 622 Rn 2.; *Gumpert*, BB 1969, 1278; *Wenzel*, MDR 1969, 881, 968; zur Tariföffnungsklausel nach § 622 Abs. 3 a.F. BAG 5.8.1971 – 2 AZR 276/70 – DB 1972, 146.
20 Gesetz über die Fristen für die Künd von Ang (RGBl I 1926 S. 399, ber. S. 412).
21 BVerfG 16.11.1982 – 1 BvL 16/75, 1 BvL 36/79 – DB 1983, 450; s. *Blanke*, AuR 1991, 1, 7 f.; *Fenski*, DB 1991, 2438.
22 BAG 10.3.1994 – 2 AZR 323/84 (C) – NZA 1994, 799, 800; BAG 21.3.1991 – 2 AZR 616/90 – NZA 1991, 803, 806; BAG 21.3.1991 – 2 AZR 296/87 (B) – NZA 1991, 801; BAG 21.3.1991 – 2 AZR 323/84 (A) – NZA 1991, 797; BAG 28.2.1985 – 2 AZR 403/83 – NZA 1986, 524.
23 Gesetz zur Änderung des ArbGG und anderer arbeitsrechtlicher Vorschriften – ArbGG-ÄnderungsG – (BGBl I 1990 S. 1206, 1207 f., 1210).
24 BAG 4.10.1990 – 2 AZR 699/85 – juris; BAG 9.8.1990 – 2 AZR 596/84 – juris; BAG 9.8.1990 – 2 AZR 403/83 – juris.
25 MüKo-BGB/*Hesse*, § 622 Rn 3.
26 BVerfG 30.5.1990 – 1 BvL 2/83 u.a. – NZA 1990, 721; *Bengelsdorf*, NZA 1991, 121; *Blanke*, AuR 1991, 1; *Buchner*, NZA 1991, 41; *Fenski*, DB 1991, 2438 ff.; *Hanau*, DB 1991, 40; *Koch*, NZA 1991, 50; *Kraushaar* BB 1990, 1764; *Marschollek*, DB 1991, 1069.
27 BAG 16.1.1992 – 2 AZR 665/87 – juris; BAG 16.1.1992 – 2 AZR 657/87 – NZA 1992, 591; zur Verfassungsmäßigkeit der anschließenden (rückwirkenden) Änderung durch das KündFG s. BAG 17.3.1994 – 2 AZR 665/87 (C) – juris; BAG 17.3.1994 – 2 AZR 657/87 (C) – NZA 1994, 785.
28 Gesetz zur Vereinheitlichung der Künd-Fristen von Arb und Ang – Künd-FristenG (BGBl I 1993 S. 1668, 1670); RegE BR-Drucks 310/93; FraktionsE BT-Drucks 12/4902; Beschlussempfehlung des Vermittlungsausschusses BT-Drucks 12/5721.
29 BR-Drucks 310/93, S. 1 f., 8, 12 ff., 24; zum KündFG *Adomeit/Thau*, NJW 1994, 11; *Bauer*, NZA 1993, 495; *Drüll/Schmitte*, NZA 1994, 398; *Hromadka*, BB 1993, 2372; *Kehrmann*, AiB 1993, 746; *Knorr*, ZTR 1994, 267; *Preis/Kramer*, DB 1993, 2125; *Wank*, NZA 1993, 961; *Widlak*, AuA 1993, 353; *Worzalla*, NZA 1994, 145.
30 BR-Drucks 310/93, S. 2, 17 f.
31 Einigungsvertrag v. 31.8.1990 (BGBl II S. 885, 1020 ff., 1140, 1207); *Creutzfeldt*, AuA 1995, 87; *Fenski/Linck*, NZA 1992, 337, 345 ff.
32 BR-Drucks 310/93, S. 4 ff., 20 f.
33 Arbeitsrechtliches Gesetz zur Förderung von Wachstum und Beschäftigung (BGBl I 1996 S. 1476, 1478, 1479).
34 Gesetz zu Korrekturen in der Sozialversicherung und zur Sicherung der AN-Rechte (BGBl I 1998 S. 3843, 3849, 3852).
35 MüKo-BGB/*Hesse*, § 622 Rn 5.
36 BGBl I 2001 S. 3138, 3170, 3187, 3197.

B. Regelungsgehalt
I. Anwendungsbereich

6 **1. Persönlicher Anwendungsbereich. a) Unbefristete Arbeitsverhältnisse.** § 622 erfasst alle **AN** (siehe § 611 Rn 58 ff.) – **Arb** und **Ang** –, auch geringfügig oder in Teilzeit beschäftigte AN und AN in Kleinunternehmen (s. Abs. 5 S. 1 Nr. 2, S. 2). Es muss sich gem. § 620 Abs. 2 um auf unbestimmte Zeit eingegangene Arbverh handeln; befristete und auflösend bedingte Arbverh unterfallen gem. § 620 Abs. 3 dem TzBfG und können nach §§ 15 Abs. 3, 21 TzBfG nur dann ordentlich gekündigt werden, wenn dies einzelvertraglich oder im anwendbaren TV vereinbart ist (siehe § 15 TzBfG Rn 10 f.).[37] Die Künd-Fristen bei freien Dienstverhältnissen richten sich nach § 621 (siehe § 621 Rn 3). Verträge arbeitnehmerähnlicher Personen unterliegen § 622 grds. nicht (siehe aber § 12a TVG).[38] Leih-AN werden von § 622 grds. erfasst; die Vorschrift des Abs. 5 S. 1 Nr. 1 ist gem. § 11 Abs. 4 S. 1 AÜG nicht auf Arbverh zwischen Verleihern und Leih-AN anzuwenden.[39] Für Hausangestellte und -gehilfen gilt lediglich die Grund-Künd-Frist nach Abs. 1, da bei diesen insoweit ein Arbverh im „Betrieb oder Unternehmen" (siehe Abs. 2 S. 1) nicht besteht.[40] Während die Grund-Künd-Frist nach Abs. 1 sowohl für die Künd durch den AG als auch für die AN-Künd gilt, stellt Abs. 2 verlängerte Künd-Fristen für die AG-Künd auf.[41] Die verlängerten Künd-Fristen des § 53 Abs. 2 BAT bzw. § 34 Abs. 1 S. 2 TVöD (siehe Rn 32) gelten für AG und AN.[42]

7 **b) Anstellungsverträge von Organmitgliedern juristischer Personen.** Bei vertretungsberechtigten Organmitgliedern juristischer Personen sind die **Abberufung** (bzgl. der Organstellung)[43] und die **Künd** (des Anstellungs-Dienstvertrages) zu unterscheiden.[44] Auf die Künd des Anstellungsverhältnisses des **Geschäftsführers** einer GmbH oder GmbH & Co. KG – oder des **Vorstandsmitglieds** einer AG,[45] einer Genossenschaft oder eines VVaG[46] – ist nach h.M. nicht § 621 (Nr. 3), sondern **Abs. 1**[47] analog anzuwenden (siehe § 621 Rn 3).[48] Dies soll selbst für einen Geschäftsführer mit maßgeblicher **Kapitalbeteiligung** gelten.[49] Anderes gilt wiederum für den beherrschenden – d.h. mehr als 50 % der Gesellschaftsanteile haltenden oder über eine Sperrminorität verfügenden – **(Allein-)Gesellschafter-Geschäftsführer** („**Unternehmer-Geschäftsführer**"), dessen Anstellungsvertrag ohnehin nicht gegen seinen Willen (ordentlich) gekündigt werden kann.[50] Die Rechtslage ist auch für den **Fremd-Geschäftsführer** noch nicht abschließend geklärt.[51]

8 **2. Sachlicher Anwendungsbereich.** § 622 erfasst nur die fristgerechte, **ordentliche Künd**. Neben der **Beendigungs-Künd**, etwa auch in Form der **Verdachts-Künd** (siehe § 1 KSchG Rn 361),[52] gilt § 622 auch für die **Änderungs-Künd** (siehe § 1 KSchG Rn 24, 408).[53] Für die fristlose, **außerordentliche Künd** gilt § 626. Ist die ordentliche Künd bspw. durch TV ausgeschlossen, so ist bei der dann allein noch möglichen außerordentlichen Künd des Arbverh des „unkündbaren AN" ggf. eine sog. **(soziale) Auslauffrist** einzuhalten (siehe Rn 57 ff., 62).

---

37 BAG 19.6.1980 – 2 AZR 660/78 – DB 1980, 2246.
38 BAG 8.5.2007 – 9 AZR 777/06 – BB 2007, 2298, 2299 f.; MüKo-BGB/*Hesse*, § 622 Rn 9.
39 *Voss*, NZA 1994, 57.
40 Staudinger/*Preis*, § 622 Rn 13 m.w.N.
41 BAG 25.11.1971 – 2 AZR 62/71 – DB 1972, 783.
42 BAG 20.12.1990 – 2 AZR 412/90 – NZA 1991, 569.
43 § 38 GmbHG, § 84 AktG, § 24 Abs. 3 S. 2 GenG, § 34 S. 2 VAG i.V.m. § 84 AktG.
44 *Fonk*, NZG 1998, 408; *Lunk*, ZIP 1999, 1777, 1783; zu Koppelungsklauseln s. *Hillmann-Stadtfeld*, GmbHR 2004, 1457.
45 BGH 29.5.1989 – II ZR 220/88 – NJW 1989, 2683, 2684; BGH 11.5.1981 – II ZR 126/80 – NJW 1981, 2748, 2749; *Bauer*, BB 1994, 855; *Grumann/Gillmann*, DB 2003, 770, 772.
46 HWK/*Bittner*, § 622 BGB Rn 29 f. m.w.N.
47 Auch für die (analoge) Anwendung des § 622 Abs. 2 auf GmbH-Geschäftsführer LAG Rheinland-Pfalz 17.4.2008 – 9 Sa 684/07 – AuA 2008, 560, 560; LAG Köln 18.11.1998 – 2 Sa 1063/98 – NZA-RR 1999, 300; MüKo-BGB/*Hesse*, § 621 Rn 12 f.; *Bauer*, BB 1994, 855, 856; *Nägele*, ArbRB 2003, 29, 31; ders., BB 2001, 305, 309 f.; *Stück*, GmbHR 2006, 1009, 1015; ders., AuA 2006, 72, 76; a.A., wenn eine dreimonatige Künd-Frist vereinbart wurde, LAG Berlin 30.6.1997 – 9 Sa 43/97 – NZA-RR 1997, 424, 429; zur Unanwendbarkeit von § 622 Abs. 2 auf AG-Vorstände nach h.L. *Grumann/Gillmann*, DB 2003, 770, 772 f. m.w.N., auch zur a.A.
48 BGH 29.1.1981 – II ZR 92/80 – NJW 1981, 1270; OLG Düsseldorf 10.10.2003 – 17 U 35/03 – NZG 2004, 478, 481; MüKo-BGB/*Hesse*, § 621 Rn 12; *Bauer*, BB 1994, 855, 856; ders., DB 1979, 2178; *Gehrlein*, BB 1996, 2257, 2258; *Hillmann-Stadtfeld*, GmbHR 2004, 1457, 1458; *Lunk*, ZIP 1999, 1777, 1780; *Nägele*, ArbRB 2003, 29, 31; ders., BB 2001, 305, 309 f.; *Reiserer*, BB 1994, 1822, 1823 f.; a.A. *Hümmerich*, NJW 1995, 1177, 1178 ff.
49 BGH 26.3.1984 – II ZR 120/83 – NJW 1984, 2528, 2529; OLG Düsseldorf 14.4.2000 – 16 U 109/99 – NZG 2000, 1044, 1045.
50 BGH 9.3.1987 – II ZR 132/86 – NJW 1987, 2073; OLG Hamm 27.1.1992 – 8 U 200/91 – NJW-RR 1993, 493 f. (Beteiligung am Stammkapital zu 96 %).
51 OLG Hamm 17.2.1999 – 8 U 239/97 – NZG 1999, 836, 837; *Bauer*, BB 2001, 305, 309 f.
52 Hessisches LAG 6.5.2003 – 1/2 Sa 1665/02 – ZTR 2004, 271; LAG Berlin 30.6.1997 – 9 Sa 43/97 – NZA-RR 1997, 424, 426 ff.
53 BAG 12.1.1994 – 4 AZR 152/93 – NZA 1994, 751, 752 f.; BAG 31.1.1985 – 2 AZR 393/83 – EzBAT § 8 BAT Direktionsrecht Nr. 3; BAG 12.12.1984 – 7 AZR 509/83 – NZA 1985, 321, 322 f.

3. Zeitlicher Anwendungsbereich. Die insb. im Hinblick auf ihr rückwirkendes Inkrafttreten und die Vereinbarkeit mit Art. 3 Abs. 1 GG z.T. verfassungsrechtlich kritisch beurteilte Vorschrift des Art. 222 EGBGB[54] enthält für vor dem 15.10.1993 zugegangene Künd Übergangsvorschriften aus Anlass des Inkrafttretens des **KündFG** (siehe Rn 5).[55] Art. 222 Nr. 1, 2 lit. a) EGBGB wird nach Sinn und Zweck erweiternd dahingehend ausgelegt, dass § 622 i.d.F. des KündFG auch auf vor dessen Inkrafttreten gegenüber Arb ausgesprochene Änderungs-Künd anwendbar ist, bei denen nur um den Zeitpunkt des Wirksamwerdens der Vertragsänderung gestritten wird.[56] Die gesetzliche Neuregelung durch das KündFG greift nach dem ausdrücklichen Willen des Gesetzgebers[57] nicht in bestehende **konstitutive tarifvertragliche Regelungen** (Abs. 4) der Künd-Fristen ein.[58] Gleiches gilt für wirksame **konstitutive einzelvertragliche Vereinbarungen** (Abs. 5), die nicht lediglich deklaratorisch die einschlägigen „gesetzlichen Künd-Fristen" oder die „gesetzlichen Vorschriften" – d.h. i.d.R. in ihrer jeweils geltenden Fassung („dynamische Verweisung") –, in Bezug nehmen.[59]

4. Abdingbarkeit. Die gesetzlichen Künd-Fristen und -Termine nach Abs. 1 bis 3 (siehe Rn 40 ff.) sind nur im Rahmen der **abschließenden Regelungen** gem. Abs. 4 bis 6 abdingbar.[60]

a) Tariföffnungsklausel. aa) Tarifauslegung. Von Abs. 1 bis 3 abweichende Regelungen können aufgrund der Tariföffnungsklausel des Abs. 4 S. 1 durch **TV** vereinbart werden. Bei tariflichen Bestimmungen, die wörtlich oder inhaltlich mit gesetzlichen Normen übereinstimmen oder auf sie verweisen, ist anhand der allg. Grundsätze der Tarifauslegung (siehe § 1 TVG Rn 101 ff.) jeweils zu ermitteln, inwieweit die TV-Parteien eine konstitutive, d.h., in ihrer normativen Wirkung von der außertariflichen Norm (gesetzes-)unabhängige eigenständige oder eine nur rein deklaratorische Tarifregelung treffen wollten und ob dieser Wille im TV einen hinreichend erkennbaren Ausdruck gefunden hat. Eine **konstitutive tarifliche Regelung** ist regelmäßig anzunehmen, wenn die TV-Parteien eine im Gesetz nicht oder anders enthaltene Regelung treffen oder eine gesetzliche Regelung übernehmen, die sonst nicht für die betroffenen Arbverh gelten würde. Für einen rein **deklaratorischen Charakter** der Übernahme spricht hingegen, wenn einschlägige gesetzliche Vorschriften wörtlich oder inhaltlich übernommen werden oder nur auf sie verwiesen wird. Sie haben dann die unveränderte gesetzliche Regelung im Interesse der Klarheit und Übersichtlichkeit nur in den TV aufgenommen, um die Tarifgebundenen möglichst umfassend über die zu beachtenden Rechtsvorschriften zu unterrichten.[61] Vereinbaren die Tarifpartner im Wege einer konstitutiven Regelung kürzere als die gesetzlichen Künd-Fristen des § 622, so bleibt es ihrer tarifautonomen (s. Art. 9 Abs. 3 GG) Entscheidung überlassen, in **Teilbereichen** durch deklaratorische Regelungen die jeweiligen gesetzlichen Künd-Fristen als Mindestschutz für die AN bestehen zu lassen.[62] Bei der Tarifauslegung ist über den reinen **Tarifwortlaut** hinaus der **wirkliche Wille der TV-Parteien im Zeitpunkt des TV-Schlusses** zu berücksichtigen, wie er in den tariflichen Normen seinen Niederschlag gefunden hat. Hierzu ist auch auf den tariflichen **Gesamtzusammenhang** abzustellen. Für die bei Zweifeln darüber hinaus mögliche Heranziehung **weiterer Auslegungskriterien** (Tarifgeschichte, praktische Tarifübung und Entstehungsgeschichte des TV) gibt es keinen Zwang zu einer bestimmten Reihenfolge.[63] Die Unterscheidung von konstitutiven und deklaratorischen TV-Klauseln hat insb. Bedeutung für die **Rechtsfolgen der Unwirksamkeit** der tariflichen Regelung (siehe Rn 16).

bb) Inhalt tarifvertraglicher Kündigungsregelungen. Den TV-Parteien wird durch Abs. 4 S. 1 ein weitgehender Gestaltungsspielraum für „abweichende Regelungen" eingeräumt. Sowohl die **Grund-Künd-Frist** (Abs. 1) als auch die **verlängerten Künd-Fristen** (Abs. 2) und die Künd-Frist während einer vereinbarten **Probezeit** (Abs. 3) können durch TV mit Wirkung für die **Tarifgebundenen** (§§ 3 ff. TVG) eigenständig verkürzt oder verlängert wer-

---

54 Wollgast, AuR 1993, 325; krit. auch Kehrmann, AiB 1993, 746, 749.
55 BR-Drucks 310/93, S. 2 f., 20; BVerfG 25.1.1994 – 1 BvL 26/93 – NZA 1994, 499; BAG 10.3.1994 – 2 AZR 323/84 (C) – NZA 1994, 799, 801 f.; BAG 17.2.1994 – 2 AZR 393/85 – juris; LAG Hamm 25.1.1994 – 2 Sa 1475/91 – LAGE § 622 BGB Nr. 27; LAG Nürnberg 20.12.1993 – 7 Sa 275/91 – DB 1994, 483.
56 BAG 12.1.1994 – 4 AZR 152/93 – NZA 1994, 751, 752 f.
57 BR-Drucks 310/93, S. 14.
58 BAG 5.10.1995 – 2 AZR 1028/94 – NZA 1996, 539, 540.
59 MüKo-BGB/Hesse, § 622 Rn 92 ff.; Diller, NZA 2000, 293, 294 f.; Kramer, ZIP 1994, 929, 936 f.; Preis/Kramer, DB 1993, 2125, 2130 f.; Worzalla, NZA 1994, 145, 150 f.
60 BGH 25.11.1963 – VII ZR 29/62 – NJW 1964, 350; Müller-Glöge, in: FS für Schaub, S. 497, 498 ff.
61 St. Rspr., s. nur BAG 7.3.2002 – 2 AZR 610/00 – DB 2003, 51; BAG 5.10.1995 – 2 AZR 1028/94 – NZA 1996, 539, 540 ff.; BAG 23.9.1992 – 2 AZR 231/92 – juris; BAG 28.1.1988 – 2 AZR 296/87 – NZA 1989, 228; Müller-Glöge, in: FS für Schaub, S. 497, 502 ff.; Kramer, ZIP 1994, 929, 930 ff.; krit. Bengelsdorf, NZA 1991, 121, 125 ff.; Creutzfeldt, AuA 1995, 87.
62 BAG 29.1.1997 – 2 AZR 370/96 – NZA 1997, 726, 727 f.; BAG 14.2.1996 – 2 AZR 166/95 – NZA 1997, 97, 98 f.; BAG 4.3.1993 – 2 AZR 355/92 – NZA 1993, 995, 996; BAG 27.8.1982 – 7 AZR 190/80 – DB 1983, 721, 722.
63 BAG 18.11.1999 – 2 AZR 104/99 – RzK I 3e Nr. 74; BAG 12.11.1998 – 2 AZR 80/98 – NZA 1999, 489; BAG 26.6.1997 – 2 AZR 759/96 – RzK I 3e Nr. 65; BAG 12.9.1984 – 4 AZR 336/82 – NZA 1985, 160, 161 ff.

den.[64] Auch die **Künd-Termine** sind tarifdispositiv.[65] Die TV-Parteien können durch Abs. 4 S. 1 nunmehr auch eigenständig die für die verlängerten Künd-Fristen nach Abs. 2 maßgeblichen Voraussetzungen – **Wartezeiten, Mindestalter** (siehe Rn 42 ff., 46) – regeln.[66] Es handelt sich bei tarifvertraglichen Regelungen nach Abs. 4 S. 1 um Beendigungsnormen i.S.v. §§ 1 Abs. 1, 4 Abs. 1 S. 1 TVG (siehe § 1 TVG Rn 87 f.). Grds. möglich ist auch eine „**Rückwirkung von TV**".[67] Eine Mindest-Frist legt Abs. 4 S. 1 nicht fest, so dass – im Rahmen des nunmehr auch für tarifvertragliche Regelungen geltenden Abs. 6 (siehe Rn 31 ff.) – auch eine völlig **entfristete ordentliche Künd**, etwa während der Probezeit, im TV vereinbart werden kann.[68] Eine solche entfristete ordentliche Künd kann auch von tarifvertraglich näher bezeichneten **Künd-Gründen** abhängig gemacht werden, die nicht ausreichen, um einen „wichtigen Grund" i.S.v. § 626 Abs. 1 zu begründen, denn es handelt sich nicht um eine außerordentliche, sondern um eine ordentliche Künd.[69] Daher sind ggf. § 1 KSchG[70] sowie die Mitbestimmungsrechte des BR bzw. PR[71] zu beachten. Auf die Einhaltung der tarifvertraglich festgelegten Künd-Fristen und -Termine kann der AN wegen § 4 Abs. 4 TVG i.d.R. nicht wirksam einseitig verzichten (siehe § 4 TVG Rn 25 f.).[72] Möglich ist auch der vollständige tarifvertragliche Ausschluss des Rechts zur ordentlichen Künd – „**(ordentliche) Unkündbarkeit**" – (siehe Rn 57, 62).

13 cc) **Mittelbare Grundrechtsbindung der Tarifvertragsparteien.** Nach neuerer Rspr. des BAG sind die TV-Parteien als Vereinigungen privaten Rechts (s. Art. 9 Abs. 3 GG) nicht unmittelbar grundrechtsgebunden (s. Art. 1 Abs. 3 GG). Gleichwohl müssen sie aufgrund der **Schutzpflichtfunktion der Grundrechte** bei ihrer tariflichen Normsetzung den allg. Gleichheitssatz des Art. 3 Abs. 1 GG sowie die Diskriminierungsverbote des Art. 3 Abs. 2, 3 GG beachten. Dies führt bei der Prüfung der Vereinbarkeit der Tarifregelungen mit Art. 3 Abs. 1 GG nicht zu anderen Prüfungsmaßstäben, als sie im Falle einer unmittelbaren Grundrechtsbindung – so die frühere st. Rspr. des BAG[73] – heranzuziehen wären.[74] Der allg. Gleichheitssatz ist dann verletzt, wenn eine Gruppe im Vergleich zu anderen Normadressaten anders behandelt wird, obgleich zwischen beiden Gruppen keine Unterschiede von solcher Art und solchem Gewicht bestehen, dass sie die ungleiche Behandlung rechtfertigen könnten.[75] Zwar verlangt Art. 3 Abs. 1 GG keine „Gleichmacherei".[76] Ungleichbehandlung und rechtfertigender Grund müssen jedoch in einem **angemessenen Verhältnis** zueinander stehen.[77] Abweichende Regelungen in Tarifwerken unterschiedlicher TV-Parteien sind selbstverständliche Folge der Tarifautonomie und verstoßen nicht gegen Art. 3 Abs. 1 GG.[78] Gleiches gilt für unterschiedliche Regelungen in TV mit räumlich und/oder sachlich verschiedenen Geltungsbereichen.[79]

14 dd) **Differenzierung zwischen Angestellten und Arbeitern.** Sind die im **konkreten Einzelfall**[80] maßgeblichen Grundfristen, verlängerten Fristen oder Termine für die ordentliche Künd in einem **persönlich, räumlich und sachlich einschlägigen TV** konstitutiv geregelt, so bedarf es – insb. nach Inkrafttreten des KündFG und im Hinblick auf die vorausgegangene BVerfG-Judikatur (siehe Rn 5) – wegen Art. 3 Abs. 1 GG eines **sachlich rechtfertigenden Grundes** für eine Differenzierung zwischen Arb und Ang.[81] „Kopf- und Hand-Arbeiter verdienen denselben Schutz bei Arbeitsplatzverlust."[82] Es fehlt an sachlichen Gründen für unterschiedliche Regelungen, wenn eine schlechtere Rechtsstellung der Arb nur auf einer pauschalen Differenzierung zwischen den Gruppen der Ang und der Arb beruht.[83] Die Rechtfertigung einer unterschiedlichen Ausgestaltung der Künd-Fristen für Arb und Ang ergibt sich nicht bereits daraus, dass zwischen den TV-Parteien zwei eigenständige TV abgeschlossen wurden.[84] Das objektiv erfor-

---

64 BAG 21.3.1991 – 2 AZR 616/90 – NZA 1991, 803, 805; BAG 5.8.1971 – 2 AZR 276/70 – DB 1972, 146.
65 BAG 4.7.2001 – 2 AZR 469/00 – NZA 2002, 380, 382; BAG 22.5.1986 – 2 AZR 392/85 – NZA 1987, 60, 61 f.; *Müller-Glöge*, in: FS für Schaub, S. 497, 498 ff.; a.A. *Monjau*, BB 1970, 39, 40.
66 *Wank*, NZA 1993, 961, 965 m.w.N.; offen gelassen für die Vorgängerregelung von BAG 29.8.1991 – 2 AZR 220/91 (A) – NZA 1992, 166, 169.
67 BAG 18.9.1997 – 2 AZR 614/96 – RzK I 3e Nr. 67; LAG Köln 15.2.2005 – 9 (2) Sa 1090/04 – AE 2006, 59; *Neuner*, ZfA 1998, 83.
68 BAG 28.4.1988 – 2 AZR 750/87 – NZA 1989, 58; BAG 29.7.1958 – 3 AZR 49/56 – DB 1959, 147; krit. *Oetker*, ZfA 2001, 287, 302 f., 308 ff.
69 HWK/*Bittner*, § 622 BGB Rn 72, 75 m.w.; a.A. *Wenzel*, MDR 1969, 968, 971 f.
70 BAG 4.6.1987 – 2 AZR 416/86 – NZA 1988, 52.
71 BAG 2.8.1978 – 4 AZR 46/77 – DB 1978, 2370.
72 BAG 18.11.1999 – 2 AZR 147/99 – NZA 2000, 605.
73 Grundlegend BAG 15.1.1955 – 1 AZR 305/54 – NJW 1955, 684, 686 ff.
74 St. Rspr. BAG 21.4.2005 – 6 AZR 440/04 – juris; BAG 16.12.2004 – 6 AZR 652/03 – juris; BAG 12.10.2004 – 3 AZR 571/03 – NZA 2005, 1127, 1129; BAG 27.5.2004 – 6 AZR 129/03 – NZA 2004, 1399, 1401 ff.; BAG 30.8.2000 – 4 AZR 563/99 – NZA 2001, 613, 614 ff.
75 St. Rspr. BVerfG 30.5.1990 – 1 BvL 2/83 u.a. – NZA 1990, 721; BVerfG 16.11.1982 – 1 BvL 16/75, 1 BvL 36/79 – DB 1983, 450.
76 BAG 23.1.1992 – 2 AZR 470/91 – NZA 1992, 739, 741 m.w.N.
77 BVerfG 30.5.1990 – 1 BvL 2/83 u.a. – NZA 1990, 721 m.w.N.
78 BVerfG 12.12.1990 – 1 BvR 633/89 – ZTR 1991, 159; BAG 8.9.1999 – 5 AZR 451/98 – NZA 2000, 661, 662.
79 ErfK/*Müller-Glöge*, § 622 BGB Rn 32.
80 BAG 6.11.1997 – 2 AZR 707/96 – RzK I 3e Nr. 69 m.w.N.
81 Nach Branchen geordnete Entscheidungs-Übersicht bei MüKo-BGB/*Hesse*, § 622 Rn 56 m.w.N.
82 BVerfG 30.5.1990 – 1 BvL 2/83 u.a. – NZA 1990, 721, 722.
83 BAG 16.9.1993 – 2 AZR 697/92 – NZA 1994, 221, 222; BAG 21.3.1991 – 2 AZR 616/90 – NZA 1991, 803, 804 ff.
84 BAG 23.1.1992 – 2 AZR 389/91 – NZA 1992, 742, 743.

derliche Bedürfnis nach **erhöhter personalwirtschaftlicher Flexibilität in der Produktion** wegen produkt-, mode-, witterungs- oder saisonbedingter Auftragsschwankungen kann als sachlicher Grund in Betracht kommen.[85] Ein erhöhtes Flexibilitätsbedürfnis besteht nicht generell schon wegen des größeren Umfangs des Einsatzes von Arb in jeder Produktion ohne Rücksicht auf die Verhältnisse in der jeweiligen Branche.[86] Besteht jedoch im Hinblick auf die Auftragslage objektiv ein Flexibilitätsbedürfnis, so ist bei einem **ganz überwiegenden Anteil von Arb in der Produktion** – nach BAG-Rspr. jedenfalls ab **75 %** – ein sachlicher Grund für kürzere Künd-Fristen bei Arb anzuerkennen.[87] Des weiteren kommen auch sonstige **gruppen-, funktions-, betriebs- oder branchenspezifische Interessen** als sachlich rechtfertigender Grund in Betracht. So können gruppenspezifische Schwierigkeiten bestimmter höher- und hochqualifizierter AN bei der Stellensuche dann sachlich gerechtfertigt durch längere Künd-Fristen gemildert werden, wenn die betreffenden AN überwiegend zur Gruppe der Ang gehören.[88] Sachlich gerechtfertigt sind gruppenspezifisch unterschiedlich ausgestaltete Künd-Fristen-Regelungen nach Ansicht des BAG auch dann, wenn nur eine verhältnismäßig kleine Gruppe von AN nicht intensiv benachteiligt wird.[89] Es ist sachlich gerechtfertigt, wegen der bei Arb und Ang unterschiedlichen Fluktuation, insb. in den ersten sechs Monaten des Arbverh, unterschiedliche (Grund-)Künd-Fristen festzulegen.[90] Bei längerer Betriebszugehörigkeit sind sachliche Differenzierungsgründe für unterschiedliche Künd-Fristen immer weniger anzuerkennen, weil dem sowohl ein höheres Schutzbedürfnis der betroffenen AN entgegensteht als auch im Hinblick auf die von beiden AN-Gruppen unterschiedslos erbrachte Betriebstreue Gründe für deren unterschiedliche Behandlung nivelliert werden.[91] Der große Unterschied zwischen einer Künd-Frist von zwei Wochen ohne Künd-Termin für Arb und sechs Wochen zum Quartalsende für Ang dürfte nicht mehr zu rechtfertigen sein.[92] Für unzulässig erachtet wurde auch die Ungleichbehandlung durch eine Künd-Frist von drei Monaten zum Quartalsende für Arb nach Vollendung des 45. Lebensjahres und zwanzigjähriger Betriebszugehörigkeit und eine Künd-Frist von sechs Monaten zum Vierteljahresende für Ang nach Vollendung des 37. Lebensjahres und zwölfjähriger Betriebszugehörigkeit.[93]

ee) Kündigungsfristen für ältere Arbeitnehmer. Die TV-Parteien können von dem ihnen durch Abs. 4 S. 1 eingeräumten weiten Gestaltungsspielraum auch in der Weise Gebrauch machen, dass sie für ältere AN **eigenständige verlängerte Künd-Fristen** schaffen, die nicht dem gesetzlichen Leitbild der Abs. 1, 2 entsprechen.[94] So müssen weder exakt die verlängerten Fristen des Abs. 2 übernommen werden, nur weil auch die Grund-Künd-Frist des Abs. 1 im TV vorgesehen ist, noch sind die TV-Parteien zu einer verhältnismäßigen Verkürzung oder Verlängerung der verlängerten Künd-Fristen verpflichtet, nur weil auch die Grund-Künd-Frist tarifvertraglich entsprechend verkürzt oder verlängert worden ist. Abs. 4 S. 1 kann sich nunmehr insoweit auch zu Ungunsten älterer AN auswirken.[95]

ff) Rechtsfolgen unwirksamer Tarifregelungen. Ist eine konstitutive tarifliche Regelung der Künd-Fristen von AN etwa wegen Verstoßes gegen Art. 3 Abs. 1 GG nichtig, dann ist die unbewusste Lücke des – entgegen § 139 i.Ü. wirksamen – TV nur dann durch **ergänzende Vertragsauslegung (§ 157)** zu schließen, wenn ausreichende Anhaltspunkte dafür vorliegen, welche Regelung die TV-Parteien mutmaßlich getroffen hätten, wäre ihnen die Nichtigkeit bewusst gewesen (siehe § 1 TVG Rn 104).[96] Fehlt es – wie das regelmäßig der Fall ist – an solchen ausreichenden Anhaltspunkten, wird dem TV i.d.R. der (mutmaßliche) Wille der TV-Parteien zu entnehmen sein, sich an die jeweilige **verfassungskonforme tarifdispositive gesetzliche Regelung** (Abs. 1 bis 3) zu halten.[97] An die Stelle unwirksamer deklaratorischer Tarifregelungen treten automatisch die tarifdispositiven Vorschriften (Abs. 1 bis 3).[98]

b) Individualvertragliche Bezugnahme auf einen Tarifvertrag. aa) Voraussetzungen. Im Geltungsbereich eines TV i.S.v. Abs. 4 S. 1 (siehe Rn 11 ff.) gelten die von Abs. 1 bis 3 abweichenden tarifvertraglichen Be-

---

85 BVerfG 30.5.1990 – 1 BvL 2/83 u.a. – NZA 1990, 721, 723; BAG 18.1.2001 – 2 AZR 619/99 – EzA § 622 n.F. BGB Nr. 62; BAG 11.8.1994 – 2 AZR 9/94 – NZA 1994, 1051, 1052 f.; BAG 10.3.1994 – 2 AZR 605/93 – NZA 1994, 1045, 1046 ff.; BAG 16.9.1993 – 2 AZR 120/93 – juris.
86 BAG 23.9.1992 – 2 AZR 231/92 – juris.
87 BAG 4.3.1993 – 2 AZR 355/92 – NZA 1993, 995, 997; krit. *Preis/Kramer*, DB 1993, 2125, 2129.
88 BAG 21.3.1991 – 2 AZR 616/90 – NZA 1991, 803, 805.
89 BAG 6.11.1997 – 2 AZR 707/96 – RzK I 3e Nr. 69; BAG 23.1.1992 – 2 AZR 460/91 – NZA 1992, 787, 788; BAG 21.3.1991 – 2 AZR 616/90 – NZA 1991, 803, 805 f.
90 BAG 29.10.1998 – 2 AZR 683/97 – AuA 1999, 85; BAG 21.11.1996 – 2 AZR 171/96 – juris; BAG 2.4.1992 – 2 AZR 516/91 – NZA 1992, 886, 887 ff.; BAG 23.1.1992 – 2 AZR 470/91 – NZA 1992, 739, 740.
91 BVerfG 16.11.1982 – 1 BvL 16/75, 1 BvL 36/79 – DB 1983, 450, 452; BAG 14.2.1996 – 296/95 – RzK I 3e Nr. 60; BAG 23.1.1992 – 2 AZR 470/91 – NZA 1992, 739, 740; BAG 29.8.1991 – 2 AZR 220/91 (A) – NZA 1992, 166, 167.
92 Offen gelassen von BAG 10.3.1994 – 2 AZR 605/93 – NZA 1994, 1045, 1049; HWK/*Bittner*, § 622 BGB Rn 84.
93 LAG Rheinland-Pfalz 27.3.2008 – 10 Sa 669/07 – juris.
94 Siehe zur Zulässigkeit der tarifvertraglichen Vereinheitlichung von Kündigungsfristen und Kündigungsterminen ohne Staffelung nach Betriebszugehörigkeit oder Alter: BAG 23.4.2008 – 2 AZR 21/07 – NZA 2008, 960, 960 ff.
95 ErfK/*Müller-Glöge*, § 622 BGB Rn 22 m.w.N.
96 BAG 21.3.1991 – 2 AZR 323/84 (A) – NZA 1991, 797, 798 ff.
97 BAG 10.3.1994 – 2 AZR 323/84 (C) – NZA 1994, 799, 800 ff.; BAG 28.2.1985 – 2 AZR 403/83 – NZA 1986, 255, 257; *Kramer*, ZIP 1994, 929, 935 f.; a.A. *Hromadka*, BB 1993, 2372, 2378 f.; *Kehrmann*, AiB 1993, 746, 748.
98 *Kramer*, ZIP 1994, 929, 932; *Worzalla*, NZA 1994, 145, 147.

stimmungen zwischen **nicht tarifgebundenen AG und AN** gem. Abs. 4 S. 2 dann, wenn ihre Anwendung zwischen ihnen individualvertraglich vereinbart ist.[99] Abs. 4 S. 2 ist bereits dann anwendbar, wenn nur eine Arbeitsvertragspartei nicht tarifgebunden ist.[100] Zu beachten sind die allg. Zulässigkeitsvoraussetzungen der **konstitutiven individualvertraglichen Bezugnahme auf einen TV** (siehe § 3 TVG Rn 81 ff.).[101] Die vertragliche Bezugnahme auf tarifvertragliche Regelungen ist nicht an eine **Form** gebunden. Sie kann sich aus einer **ausdrücklichen Vereinbarung**, aber auch aus einer **betrieblichen Übung**[102] oder **konkludentem Verhalten** der Arbeitsvertragsparteien ergeben.[103] Den Parteien muss nicht bewusst sein, dass mit der Bezugnahme eine Abweichung von der gesetzlichen Regelung verbunden ist.[104] Nicht nur der geltende, sondern auch der gem. § 4 Abs. 5 TVG nachwirkende TV ist als TV i.S.v. Abs. 4 anzusehen und kann somit – wie auch im Rahmen von § 13 Abs. 1 S. 2 BUrlG[105] – einzelvertraglich in Bezug genommen werden.[106] Erforderlich ist insoweit eine klare, eindeutige und unmissverständliche Vereinbarung, die keinen vernünftigen Zweifel daran lässt, welche Arbeitsbedingungen im Einzelnen vereinbart wurden.[107] Insoweit ist § 2 Abs. 1 S. 2 Nr. 10, Abs. 3 S. 1 NachwG zu beachten (siehe § 2 NachwG Rn 39 ff., 52 ff.). Um insb. im Fall der Änderung des TV ein Leerlaufen der Bezugnahmeklausel zu vermeiden, kann mittels einer sog. **dynamischen Bezugnahmeklausel** entweder auf die „jeweils geltende Fassung" eines bestimmten TV (kleine dynamische Bezugnahmeklausel) oder den bzw. die „jeweils einschlägigen TV" (große dynamische Bezugnahmeklausel) verwiesen werden (siehe § 3 TVG Rn 89 ff.).[108] Formularmäßige Bezugnahmeklauseln müssen insb. den Anforderungen von § 305c Abs. 1 und Abs. 2 genügen.[109] Eine Bezugnahmeregelung durch BV ist nur im Fall einer Öffnungsklausel nach § 77 Abs. 3 S. 2 BetrVG zulässig (siehe § 77 BetrVG Rn 40 ff.).[110]

18 bb) **Fremder Tarifvertrag.** Die Möglichkeit der einzelvertraglichen Bezugnahme gem. Abs. 4 S. 2 besteht nur „**im Geltungsbereich eines solchen TV**" (i.S.v. Abs. 4 S. 1), so dass auf einen räumlich, sachlich und/oder persönlich nicht einschlägigen, sog. (branchen-)„fremden" TV jedenfalls mit der Folge des Eintritts der **Vorrangwirkung** des Abs. 4 S. 2 nicht wirksam verwiesen werden kann.[111] Dies gilt selbst dann, wenn ein einschlägiger TV nicht existiert.[112] Unabhängig davon kann nach der Rspr. ein fremder TV jedenfalls dann einzelvertraglich wirksam in Bezug genommen werden, wenn für den betreffenden AN ein einschlägiger TV nicht besteht, bspw. weil die eigene Gewerkschaft keinen TV abgeschlossen hat (siehe § 3 TVG Rn 86).[113] Der danach arbeitsvertragsrechtlich wirksam in Bezug genommene fremde TV kann ggf. im Rahmen von Abs. 5 S. 3 (siehe Rn 25) Bedeutung erlangen, wenn es sich für den AN um eine gegenüber dem Gesetz (Abs. 1 bis 3) – nicht abzustellen ist insoweit auf einen ggf. bestehenden einschlägigen TV – günstigere Regelung handelt.[114]

19 cc) **Inhalt und Umfang der Bezugnahme.** Die einzelvertragliche Bezugnahme nach Abs. 4 S. 2 kann sich ihrem Gegenstand nach sowohl auf den **gesamten TV** als auch lediglich auf den gesamten **Regelungskomplex (ordentliche) „Künd"** oder auf die gesamten **Vorschriften über „Künd-Fristen"** erstrecken. Nicht zulässig ist – gleichsam i.S. einer „**Rosinentheorie**"[115] – die Bezugnahme nur auf einzelne, ausgewählte und ggf. abgeänderte Teile dieser Regelungen, da anderenfalls die tarifvertragliche Ausgewogenheit nicht mehr gewahrt wäre.[116] Die Reichweite der Verweisung auf TV ist anhand der **Umstände des Einzelfalls** zu ermitteln. Ist der AG – wie nach Abs. 4 S. 2 vorausgesetzt – nicht tarifgebunden, so kommt oftmals eine nur **eingeschränkte Bezugnahme** von TV in Betracht, da die Notwendigkeit einer Vereinheitlichung der Arbeitsbedingungen von organisierten AN (Gewerkschaftsmitgliedern) und nichtorganisierten AN (Außenseitern) fehlt.[117]

20 dd) **Rechtswirkungen.** Jedenfalls soweit keine **Gleichstellungsabrede** (siehe § 3 TVG Rn 99 ff.)[118] vorliegt, begründen die in Bezug genommenen Regelungen keine tarifvertraglichen, sondern **individualvertragliche Rechte und Pflichten**, was insb. für die Fragen der Abdingbarkeit (s. § 4 Abs. 1 S. 1, Abs. 3 TVG), des Verzichts und der

---

99 *Dietz*, DB 1974, 1770, noch zu § 622 Abs. 3 S. 2 a.F.
100 ErfK/*Müller-Glöge*, § 622 BGB Rn 35.
101 Däubler/*Lorenz*, TVG, § 3 Rn 216 ff.
102 Insoweit a.A. BAG 3.7.1996 – 2 AZR 469/95 – RzK I 3e Nr. 62.
103 BAG 17.4.2002 – 5 AZR 89/01 – NZA 2002, 1096, 1097; BAG 19.1.1999 – 1 AZR 606/98 – NZA 1999, 879, 881.
104 MüKo-BGB/*Hesse*, § 622 Rn 65 m.w.N.
105 BAG 27.6.1978 – 6 AZR 59/77 – DB 1978, 2226, 2227 f.
106 *Knorr*, ZTR 1994, 267, 270; *Maurer*, AuR 1971, 78; *Stahlhacke*, DB 1969, 1651; *Wank*, NZA 1993, 961, 965.
107 BAG 18.8.1982 – 5 AZR 281/80 – juris; BAG 7.12.1977 – 4 AZR 474/76 – DB 1978, 356; BAG 29.1.1975 – 4 AZR 218/74 – DB 1975, 2455; BAG 14.2.1973 – 4 AZR 176/72 – DB 1973, 1508 f.
108 Däubler/*Lorenz*, TVG, § 3 Rn 230 m.w.N.
109 Däubler/*Lorenz*, TVG, § 3 Rn 220 m.w.N.
110 HWK/*Bittner*, § 622 BGB Rn 124 m.w.N.
111 BAG 9.7.1980 – 4 AZR 564/78 – DB 1981, 374, 376; a.A. *Dietz*, DB 1974, 1770, 1771 f.
112 MüKo-BGB/*Hesse*, § 622 Rn 66, 91.
113 BAG 10.6.1965 – 5 AZR 432/64 – DB 1965, 1218.
114 MüKo-BGB/*Hesse*, § 622 Rn 66; ErfK/*Müller-Glöge*, § 622 BGB Rn 35.
115 BAG 4.7.2001 – 2 AZR 469/00 – NZA 2002, 380, 381; BAG 16.5.2001 – 10 AZR 357/00 – EzA § 3 TVG Nr. 23; BAG 12.8.1999 – 2 AZR 632/98 – NZA 2000, 106, 108; BAG 23.5.1984 – 4 AZR 129/82 – NZA 1984, 255, 256.
116 LAG Düsseldorf 12.11.1974 – 8 Sa 454/74 – EzA § 622 n.F. BGB Nr. 10; MüKo-BGB/*Hesse*, § 622 Rn 67; *Wank*, NZA 1993, 961, 965.
117 BAG 19.1.1999 – 1 AZR 606/98 – NZA 1999, 879, 881.
118 Däubler/*Lorenz*, TVG, § 3 Rn 231 ff. m.w.N.

Verwirkung (s. § 4 Abs. 4 S. 1, S. 2 TVG) Bedeutung erlangen kann.[119] Eine nach Abs. 4 S. 2 unzulässige oder fehlgeschlagene Bezugnahme auf einen TV kann ggf. unter den Voraussetzungen des Abs. 5 S. 3 (siehe Rn 25 ff.) als einzelvertragliche Vereinbarung wirksam sein.[120] Ist der in Bezug genommene TV unwirksam, etwa wegen Unvereinbarkeit mit den Maßstäben des Art. 3 Abs. 1 GG (siehe Rn 13), so gelten die gesetzlichen Künd-Fristen.[121]

c) Individualvertragliche Vereinbarung einer kürzeren Grund-Kündigungsfrist. aa) Allgemeines. Einzelvertraglich kann eine kürzere als die in Abs. 1 genannte **Grund-Künd-Frist** (siehe Rn 41) – abgesehen von den Möglichkeiten der **individualvertraglichen Bezugnahme auf einen TV** gem. Abs. 4 S. 2 (siehe Rn 17 ff.) und der Künd während einer vereinbarten **Probezeit** gem. Abs. 3 (siehe Rn 48 ff.) – nur in zwei enumerativ gefassten Ausnahmekonstellationen vereinbart werden. Dies ist zum einen nach Abs. 5 S. 1 Nr. 1 der Fall, wenn ein AN zur **vorübergehenden Aushilfe** eingestellt ist, sofern das Arbverh nicht über die Zeit von **drei Monaten** hinaus fortgesetzt wird (siehe Rn 22). Zum anderen soll nach der sog. **Kleinbetriebsklausel** des Abs. 5 S. 1 Nr. 2, S. 2 – wenn der AG i.d.R. nicht mehr als **20 AN** ausschließlich der zu ihrer Berufsbildung Beschäftigten – eine kürzere als die in Abs. 1 genannte Künd-Frist insoweit zulässigerweise vereinbart werden können, als die **Künd-Frist vier Wochen** nicht unterschreitet (siehe Rn 23). Dies kann in Zusammenschau mit Abs. 1, der ebenfalls eine Vier-Wochen-Frist beinhaltet, nur dahingehend verstanden werden, dass kleinere AG im Rahmen von Abs. 5 S. 1 Nr. 2 die **Entbehrlichkeit der Einhaltung** der in Abs. 1 vorgesehenen Künd-Termine – vier Wochen zum Fünfzehnten oder zum Ende eines Kalendermonats (siehe Rn 47) – vereinbaren können.[122] Die danach grds. zwingende Mindest-Frist des Abs. 1 gilt sowohl für die AG-Künd als auch die Eigen-Künd des AN.[123] Die einzelvertragliche Vereinbarung längerer als der in Abs. 1 bis 3 genannten Künd-Fristen bleibt gem. Abs. 5 S. 3 unberührt (siehe Rn 25), wobei Abs. 6 zu beachten ist (siehe Rn 31). Nicht durch Individualvertrag – auch nicht durch TV (siehe Rn 12) – abkürzbar sind die für die AG-Künd verlängerten Künd-Fristen nach Abs. 2[124] sowie die zweiwöchige Künd-Frist im Probe-Arbverh gem. Abs. 3. Trotz fehlender ausdrücklicher Erwähnung in Abs. 5 S. 1 ist auch die individualvertragliche Vereinbarung abweichender **Künd-Termine** bis hin zum gänzlichen Entfallen eines Künd-Termins zulässig.[125]

bb) Aushilfsarbeitsverhältnisse. Ein Aushilfs-Arbverh will der AG ausdrücklich von vornherein nicht auf Dauer eingehen, sondern nur, um einen **vorübergehenden Bedarf an Arbeitskräften** zu decken, der nicht durch den normalen Betriebsablauf, sondern durch den Ausfall von Stammkräften oder einen zeitlich begrenzten zusätzlichen Arbeitsanfall begründet ist.[126] Es handelt sich i.d.R. um gem. § 14 Abs. 1 S. 2 Nr. 1 TzBfG befristete Arbverh (siehe § 611 Rn 26). Die ordentliche Künd eines befristeten Arbverh ist gem. § 15 Abs. 3 TzBfG nur bei entsprechendem Künd-Vorbehalt möglich. Eine einzelvertragliche Vereinbarung einer kürzeren Grund-Künd-Frist ist gem. Abs. 5 S. 1 Nr. 1 zulässig, wenn ein AN zur „vorübergehenden Aushilfe" eingestellt ist, sofern das Arbverh nicht über die Zeit von drei Monaten hinaus fortgesetzt wird. Innerhalb der **Drei-Monats-Frist** ist – unter Beachtung von Abs. 6 (siehe Rn 31) – die Vereinbarung einer gegenüber Abs. 1 kürzeren Frist bis hin zur **Fristlosigkeit** zulässig.[127] Dies gilt selbst dann, wenn bereits bei Vertragsschluss feststeht, dass das Aushilfs-Arbverh länger als drei Monate andauern soll.[128] Liegt keine ausdrückliche Vereinbarung über die Künd-Frist vor, so kann allein aus dem Charakter des Arbverh als Aushilfs-Arbverh nicht auf eine Abkürzung der Künd-Frist oder gar eine völlige Entfristung geschlossen werden.[129] Maßgeblich ist der Zeitpunkt des **Zugangs der Künd**, auch wenn der Künd-Termin außerhalb des Drei-Monats-Zeitraums liegt.[130] Wird das Aushilfs-Arbverh über die Zeit von drei Monaten hinaus fortgesetzt, so gelten für eine nach Ablauf der drei Monate zugegangene Künd die gesetzliche Frist nach Abs. 1 oder eine gem. Abs. 4 einschlägige tarifvertragliche Künd-Frist sowie die entsprechenden Künd-Termine.[131] Gem. § 11 Abs. 4 S. 1 AÜG ist Abs. 5 S. 1 Nr. 1 auf Arbverh zwischen Verleihern und **Leih-AN** (siehe Rn 6) nicht anzuwenden.[132]

cc) Kleinunternehmen. Nach der sog. **Kleinbetriebsklausel** des Abs. 5 S. 1 Nr. 2 ist die einzelvertragliche Vereinbarung der Entbehrlichkeit der in Abs. 1 genannten Künd-Termine zulässig (siehe Rn 21), wenn der **AG** i.d.R. nicht mehr als **20 AN** ausschließlich der zu ihrer Berufsbildung Beschäftigten (Auszubildende, Umschüler, Anlernlinge, Volontäre, Praktikanten)[133] beschäftigt. Die **Mindest-Künd-Frist von vier Wochen** darf nicht unterschritten

---

119 Däubler/*Lorenz*, TVG, § 3 Rn 249 f. m.w.N.
120 *Dietz*, DB 1974, 1770, 1771.
121 *Worzalla*, NZA 1994, 145, 150.
122 MüKo-BGB/*Hesse*, § 622 Rn 81; *Adomeit/Thau*, NJW 1994, 11, 13.
123 LAG Düsseldorf 17.4.1972 – 13 Sa 451/71 – DB 1972, 1169; *Kramer*, BB 1997, 731; *Wenzel*, MDR 1969, 881, 887.
124 *Adomeit/Thau*, NJW 1994, 11, 13 f.
125 BAG 22.5.1986 – 2 AZR 392/85 – NZA 1987, 60, 61 f.; *Hartmann*, BB 1970, 716.

126 BAG 15.10.1987 – 2 AZR 612/86 – juris; BAG 22.5.1986 – 2 AZR 392/85 – NZA 1987, 60; *Gumpert*, BB 1969, 1278, 1279 f.; *Gotzmann*, DB 1970, 2220; *Hartmann*, BB 1970, 716; *Hromadka*, BB 1993, 2372, 2374.
127 BAG 22.5.1986 – 2 AZR 392/85 – NZA 1987, 60, 61 f.
128 HWK/*Bittner*, § 622 BGB Rn 109 f.
129 ErfK/*Müller-Glöge*, § 622 BGB Rn 17 m.w.N.
130 MüKo-BGB/*Hesse*, § 622 Rn 76 m.w.N.
131 *Knorr*, ZTR 1994, 267, 271.
132 *Voss*, NZA 1994, 57.
133 *Hromadka*, BB 1993, 2372, 2373.

werden. Zu prüfen ist, ob der AG in seinem gesamten **Unternehmen**, nicht bloß in dem jeweiligen Betrieb, i.d.R. weniger als 21 AN beschäftigt.[134] Maßgeblicher Beurteilungszeitpunkt für die AN-Anzahl ist der Zeitpunkt des **Zugangs der Künd**.[135] Ob der AG i.d.R. weniger als 21 AN beschäftigt, ist ausgehend von der in der Vergangenheit regelmäßig beschäftigten AN-Anzahl durch eine Prognose der zukünftigen Entwicklung zu ermitteln.[136] Kurzfristige Schwankungen der AN-Anzahl bleiben bei der Berechnung im Hinblick auf die Formulierung des Abs. 5 S. 1 Nr. 2 – „**i.d.R.**"[137] – außer Betracht. Bei der Ermittlung der AN-Anzahl sind AN, die sich in der Elternzeit befinden oder zur Betreuung eines Kindes freigestellt sind, gem. § 21 Abs. 7 S. 1, S. 2 BEEG grds. nicht mitzuzählen, solange für sie aufgrund von § 21 Abs. 1 BEEG ein Vertreter eingestellt ist, der seinerseits mitzuzählen ist (siehe § 21 BEEG Rn 32 ff.). Erkrankte, im Urlaub sowie im Mutterschutz befindliche AN sind mitzurechnen.[138] Ruhende Arbverh zählen nicht mit, insoweit eingestellte Ersatzkräfte sind – nach der verallgemeinerungsfähigen Wertung des § 21 Abs. 7 BEEG – zu berücksichtigen.[139] Gleiches gilt für tatsächlich und dauerhaft aus dem Betrieb ausgeschiedene Altersteilzeit-AN im Blockmodell.[140] Bei der Feststellung der Zahl der beschäftigten AN sind gem. Abs. 5 S. 2 – wie auch bei § 23 Abs. 1 S. 4 KSchG – **Teilzeitbeschäftigte** mit einer regelmäßigen wöchentlichen Arbeitszeit von nicht mehr als 20 Stunden mit dem Faktor 0,5 und nicht mehr als 30 Stunden mit 0,75 zu berücksichtigen (siehe § 23 KSchG Rn 30 ff.). Eine Mindest-Arbeitsstunden-Anzahl unterhalb von 20 Stunden für die Berücksichtigungsfähigkeit teilzeitbeschäftigter AN sieht das Gesetz nicht vor.[141] Die **regelmäßige wöchentliche Arbeitszeit** ist ausgehend von der vertraglichen („gelebten") Vereinbarung unter Berücksichtigung des konkreten zeitlichen Umfangs der Tätigkeit des AN in der Vergangenheit – wie im Rahmen von § 4 Abs. 1 EFZG (siehe § 4 EFZG Rn 4 ff.)[142] – sowie anhand einer Prognose der zukünftigen Entwicklung der individuellen Arbeitszeit zu bestimmen.[143]

24 **dd) Rechtsfolgen unwirksamer Vereinbarungen.** Ist die individualvertragliche Künd-Regelung des – auch bei Formularvereinbarungen (§ 306) entgegen § 139 i.Ü. wirksamen[144] – Arbeitsvertrages nicht von Abs. 5 gedeckt und damit unwirksam, so gilt die **gesetzliche Grund-Künd-Frist von vier Wochen** (Abs. 1).[145] Liegen die Voraussetzungen des Abs. 5 nicht vor, so treten, wenn etwa unzulässig viele Künd-Termine vereinbart sind, an deren Stelle die beiden gesetzlich vorgesehenen **Künd-Termine** nach Abs. 1.[146]

25 **d) Individualvertragliche Verlängerung der gesetzlichen Kündigungsfristen. aa) Allgemeines.** Abs. 5 S. 3 stellt ausdrücklich klar, dass die einzelvertragliche Vereinbarung längerer als der in Abs. 1 bis 3 genannten **Künd-Fristen** unberührt bleibt.[147] Es ist zu prüfen, ob es sich um eine **konstitutive** oder eine (dynamische) **deklaratorische Regelung** handelt, welche die jeweils geltende Gesetzeslage (§ 622) in Bezug nimmt.[148] Zu beachten sind die allg. Höchstgrenzen der zulässigen Bindungsdauer nach § 15 Abs. 4 TzBfG bzw. § 624 (siehe § 624 Rn 1 ff.) sowie Art. 39 (ex-Art. 48) EGV (siehe Art. 39 EGV Rn 21). Insb. im Hinblick auf das als Regulativ fungierende nicht abdingbare[149] Recht zur außerordentlichen fristlosen Künd des Arbverh aus wichtigem Grund gem. **§ 626** (siehe § 626 Rn 5 ff.) ist die Vereinbarung langer Künd-Fristen – unter Beachtung des Grundsatzes der Fristenparität nach Abs. 6 (siehe Rn 31 ff.) – zulässig, so etwa Künd-Fristen von **einem Jahr**.[150] Erst die Vereinbarung **übermäßig langer Künd-Fristen** kann gegen Art. 12 Abs. 1 GG und § 138 Abs. 1 als gesetzliche Grenzen der **Vertragsfreiheit** (§ 105 S. 1 GewO) verstoßen.[151] Abzuwägen sind im konkreten Einzelfall die berufliche und wirtschaftliche Betätigungsfreiheit des AN einerseits und die Interessen des AG (Dauer der Einarbeitungszeit, Ersetzbarkeit des AN als Fachkraft etc.) andererseits.[152] Gem. Abs. 5 S. 3, Abs. 6 in grds. zulässiger Weise **beidseitig verlängerte Künd-Fristen** (siehe Rn 31)[153] sind in Formulararbeitsverträgen (siehe § 310 Abs. 3 Nr. 3,[154] Abs. 4 S. 2 Hs. 1) insb. am Maßstab des § 305c Abs. 1, 2 (siehe § 305c Rn 25 ff.) sowie an der Generalklausel der Inhaltskontrolle nach § 307 zu messen (siehe § 307 Rn 64 ff.).[155]

---

134 HWK/*Bittner*, § 622 BGB Rn 115 m.w.N.
135 Staudinger/*Preis*, § 622 Rn 12; *Hromadka*, BB 1993, 2372, 2373.
136 *Hromadka*, BB 1993, 2372, 2373.
137 S. bspw. auch §§ 1 Abs. 1 S. 1, 9 S. 1, 14a Abs. 1 S. 1, 38 Abs. 1 S. 1, 60 Abs. 1, 99 Abs. 1 S. 1, 106 Abs. 1 S. 1, 111 S. 1, 112a Abs. 1 S. 1 BetrVG, §§ 17, 23 Abs. 1 KSchG.
138 *Hromadka*, BB 1993, 2372, 2373.
139 *Hromadka*, BB 1993, 2372, 2373; *Rieble/Gutzeit*, BB 1998, 638, 643.
140 *Rieble/Gutzeit*, BB 1998, 638, 642 f.
141 Palandt/*Weidenkaff*, § 622 Rn 23.
142 BAG 24.3.2004 – 5 AZR 346/03 – NZA 2004, 1042, 1043; BAG 26.6.2002 – 5 AZR 592/00 – DB 2002, 2439; BAG 21.11.2001 – 5 AZR 296/00 – NZA 2002, 439, 440 f.
143 Palandt/*Weidenkaff*, § 622 Rn 23 m.w.N.
144 HWK/*Bittner*, § 622 BGB Rn 107.
145 BAG 10.7.1973 – 2 AZR 209/73 – AP § 622 BGB Nr. 13 m. Anm. *Leipold*; BAG 9.5.1959 – 2 AZR 474/58 – NJW 1959, 1702, 1703; *Wenzel*, MDR 1969, 881, 887.
146 *Kramer*, BB 1997, 731, 732 f.
147 BAG 29.8.2001 – 4 AZR 337/00 – NZA 2002, 1346, 1347.
148 HWK/*Bittner*, § 622 BGB Rn 102 m.w.N.
149 Arg. § 134.
150 BAG 19.12.1991 – 2 AZR 363/91 – NZA 1992, 543 ff.; BAG 17.10.1969 – 3 AZR 442/68 – DB 1970, 497.
151 *Gaul*, BB 1980, 1542.
152 *Hromadka*, BB 1993, 2372, 2373 m.w.N.
153 *Kehrmann*, AiB 1993, 746, 747.
154 Zur Einordnung des Arbeitsvertrags als Verbrauchervertrag i.S.v. §§ 310 Abs. 3, 13 f. s. BAG 25.5.2005 – 5 AZR 572/04 – NZA 2005, 1111, 1115 f.; *Hümmerich*, NZA 2002, 173.
155 BAG 25.9.2008 – 8 AZR 717/07 – NZA 2009, 370, 372 ff.; LAG Rheinland-Pfalz 22.8.2007 – 11 Sa 1277/06 – juris; krit. *Schuster*, AiB 2002, 274, 279.

bb) Vereinbarung von Kündigungsterminen. Trotz fehlender ausdrücklicher Erwähnung ist nach Sinn und **26** Zweck des Abs. 5 S. 3 auch die für den AN günstigere individualvertragliche **Beschränkung der Anzahl der Künd-Termine** zulässig.[156] Zwar sind der **Fünfzehnte** bzw. das **Ende eines Kalendermonats** gem. Abs. 1 als individualvertraglich grds. unabdingbare Künd-Termine ausgestaltet, doch handelt es sich bspw. bei einer Künd zum **Quartals-, Halbjahres- oder Jahresende** immer gleichzeitig auch um eine Künd zum Monatsende.[157] Es ist demnach zulässig, dass einzelne nach dem Gesetz vorgesehene Künd-Termine ausgespart bleiben.[158] Das kann – bei einem Künd-Termin zum Jahresende oder zum Ende eines ganz bestimmten Monats – dazu führen, dass im Kalenderjahr nur eine einzige Künd-Möglichkeit besteht.[159] Unzulässig ist es dagegen, zusätzliche Künd-Termine zu vereinbaren, selbst wenn diese mit längeren Künd-Fristen gekoppelt werden.[160] Soweit einzelvertraglich lediglich längere Künd-Fristen geregelt sind und sich abweichende Künd-Termine auch nicht durch **Auslegung** (§§ 133, 157) der Vereinbarung ermitteln lassen, verbleibt es i.Ü. bei den einschlägigen gesetzlichen Künd-Terminen.[161] Eine vereinbarte Künd zum „**Halbjahr**" ist nicht nur zum Künd-Termin 30.6., sondern auch zum 31.12. zulässig.[162]

cc) Günstigkeitsvergleich. Die einzelvertragliche Vereinbarung von **Künd-Frist und Künd-Termin** ist mangels anderer Anhaltspunkte i.d.R. als Einheit zu betrachten. Für den Günstigkeitsvergleich zwischen vertraglicher **27** und gesetzlicher Regelung gem. Abs. 5 ist somit ein **Gesamtvergleich ("Ensemble-Vergleich")**[163] vorzunehmen.[164] Das BAG hat es bislang dahinstehen lassen, ob – wofür nach Ansicht des BAG allerdings vieles spricht – ein **abstrakter Günstigkeitsvergleich** nach dem Maßstab zu erfolgen hat, welche der Künd-Regelungen dem AN für die längere Zeit innerhalb des Kalenderjahres den besseren (Bestands-)Schutz gewährt oder ob auf den konkreten Einzelfall abzustellen ist.[165]

dd) Tarifvertragsrechtliches Günstigkeitsprinzip. Ob individualvertragliche Vereinbarungen über Künd-Fristen **28** und -Termine die Änderung einer bestehenden tarifvertraglichen Regelung „**zugunsten des AN**" enthalten, ist anhand der Maßstäbe des tarifvertragsrechtlichen Günstigkeitsprinzips nach § 4 Abs. 3 Alt. 2 TVG zu beurteilen (siehe § 4 TVG Rn 15 ff.).[166] Eine individualvertragliche Vereinbarung ist auch dann i.S.v. § 4 Abs. 3 TVG für den AN „günstiger", wenn sie zwar verglichen mit der gesetzlichen Regelung ungünstiger, gegenüber der tariflichen Regelung aber günstiger ist.[167] Wie auch beim Günstigkeitsvergleich nach Abs. 5 ist ein (abstrakter) **Gesamtvergleich** vorzunehmen, wobei Künd-Frist und -Termin i.d.R. als Einheit anzusehen sind (siehe Rn 27).[168] Aus Gründen der Rechtssicherheit ist der **Zeitpunkt des Vertragsschlusses** der maßgebliche Beurteilungszeitpunkt, so dass von vornherein und eindeutig die Günstigkeit der arbeitsvertraglichen Vereinbarung für den betroffenen AN festgestellt werden muss.[169] Für den AN ungünstigere sowie lediglich **günstigkeitsneutrale Vereinbarungen** verdrängen die bestehende tarifvertragliche Regelung nicht.[170] I.d.R. wird das **Bestandsschutzinteresse** das **Mobilitätsinteresse** des AN überwiegen, so dass eine längere **Gesamtbindungsdauer** – Länge der Künd-Frist unter Berücksichtigung des Künd-Termins – für den AN günstiger ist.[171] Eine im Arbeitsvertrag vereinbarte **beiderseitige längere (Grund-)Künd-Frist** verstößt nicht gegen das Günstigkeitsprinzip des § 4 Abs. 3 TVG, wenn die tarifliche Regelung lediglich die Grund-Künd-Frist des Abs. 1 abändert und es im Übrigen bei der gesetzlichen Regelung belässt.[172]

ee) Einzelfälle. Insb. der Günstigkeitsvergleich von vertraglich vereinbarten **kürzeren Künd-Fristen** in Kom- **29** bination mit **Quartals-Künd-Terminen** einerseits und den längeren gesetzlichen Künd-Fristen i.V.m. dem Künd-Termin zum Monatsende andererseits bereitet z.T. Schwierigkeiten. Eine Künd-Frist von **sieben Monaten zum Monatsende** (Abs. 2 S. 1 Nr. 7) ist für den AN nach richtiger Ansicht günstiger als sechs Wochen zum Quartalsschluss[173] oder als drei Monate zum Quartalsende.[174] **Sechs Wochen zum Schluss eines jeden Kalendervierteljahres** wurden indes für günstiger befunden als zwei Monate zum Monatsende (Abs. 2 S. 1 Nr. 2).[175]

---

156 BAG 4.7.2001 – 2 AZR 469/00 – NZA 2002, 380, 382 m.w.N.
157 HWK/*Bittner*, § 622 BGB Rn 100 m.w.N.
158 BAG 4.7.2001 – 2 AZR 469/00 – NZA 2002, 380, 382 m.w.N.
159 BAG 25.9.2008 – 8 AZR 717/07 – NZA 2009, 370, 372.
160 BAG 12.7.2007 – 2 AZR 699/05 – juris; MüKo-BGB/*Hesse*, § 622 Rn 86.
161 MüKo-BGB/*Hesse*, § 622 Rn 85 m.w.N.
162 *Diller*, NZA 2000, 293, 294.
163 *Diller*, NZA 2000, 293, 295 ff.
164 BAG 4.7.2001 – 2 AZR 469/00 – NZA 2002, 380, 381 f.; *Diller*, NZA 2000, 293, 295 ff.; a.A. LAG Hamm 1.2.1996 – 4 Sa 913/95 – EzA § 622 n.F. BGB Nr. 56.
165 BAG 4.7.2001 – 2 AZR 469/00 – NZA 2002, 380, 382 m.w.N.

166 LAG München 4.5.1990 – 2 Sa 128/90 – ZTR 1990, 477 f.; LAG Düsseldorf 6.3.1972 – 10 Sa 1167/71 – DB 1972, 1538; Däubler/*Deinert*, TVG, § 4 Rn 737 ff.; *Müller-Glöge*, in: FS für Schaub, S. 497, 501 f.
167 MüKo-BGB/*Hesse*, § 622 Rn 90 m.w.N.
168 BAG 4.7.2001 – 2 AZR 469/00 – NZA 2002, 380, 382 m.w.N.
169 BAG 12.4.1972 – 4 AZR 211/71 – DB 1972, 1242, 1243.
170 HWK/*Bittner*, § 622 BGB Rn 106 m.w.N.
171 MüKo-BGB/*Hesse*, § 622 Rn 90 m.w.N.
172 BAG 29.8.2001 – 4 AZR 337/00 – NZA 2002, 1346, 1347.
173 LAG Nürnberg 13.4.1999 – 6 (5) Sa 182/98 – NZA-RR 2000, 80; a.A. LAG Hamm 1.2.1996 – 4 Sa 913/95 – EzA § 622 n.F. BGB Nr. 56.
174 BAG 4.7.2001 – 2 AZR 469/00 – NZA 2002, 380, 381 f.
175 LSG Essen 16.11.2004 – L 1 AL 13/04 – juris.

30 ff) Rechtsfolgen unwirksamer Vereinbarungen. Ist eine konstitutive individualvertragliche Verlängerung der Künd-Frist unwirksam, so bleibt der Arbeitsvertrag in Abweichung von der Regel des § 139 i.Ü. wirksam und es gelten grds. die **gesetzlichen Künd-Fristen (Abs. 1 bis 3)**. Gleiches gilt für unzulässigerweise vereinbarte **Künd-Termine**.[176] Für vorformulierte Klauseln gilt § 306 BGB.[177]

31 e) Verbot längerer Kündigungsfristen für die Arbeitnehmerkündigung. aa) Verbot einseitiger Kündigungserschwerungen zu Lasten des Arbeitnehmers. Die Rspr. hat aus dem Verbot des Abs. 6, für die Künd des Arbverh durch den AN eine längere Frist zu vereinbaren als für die AG-Künd (**Grundsatz der Fristenparität**), den allg. Grundsatz hergeleitet, es sei unzulässig, durch vertragliche Absprachen eine **ungleiche Künd-Lage zum Nachteil des AN** (Künd-Erschwerung, faktische Künd-Hindernisse) zu schaffen, insb. einen **einseitigen Vermögensnachteil** des AN für den Fall einer von ihm erklärten Künd zu vereinbaren.[178] Der AN soll in seiner **Entscheidungsfreiheit** geschützt werden, unter Beachtung der geltenden Künd-Frist und ohne Diskriminierung im Verhältnis zu seinem AG das Arbverh durch Ausübung des **Gestaltungsrechts „Künd"** beenden und sich einer anderen Tätigkeit zuwenden zu können. Dieser Grundsatz schließt allerdings für den AN – und ggf. den GmbH-Geschäftsführer – **ungünstige Reflexwirkungen** seiner Künd nicht aus.[179] Abs. 6 dient dem **Mobilitätsschutz** des AN, nicht dem Bestandsschutz.[180]

32 bb) Reichweite und Umfang des Verbots. Zunächst nur für den AG geltende längere Künd-Fristen (s. Abs. 2) können vertraglich auf die Künd des Arbverh durch den AN erstreckt werden. Eine solche **Gleichbehandlungs-Abrede** ist mit Abs. 6 vereinbar, da diese Vorschrift den AN vor einer Schlechterstellung, nicht aber vor einer Gleichstellung mit den für den AG geltenden Künd-Fristen schützt.[181] So gilt bspw. § 53 Abs. 2 BAT bzw. § 34 Abs. 1 S. 2 TVöD sowohl für die AG-Künd als auch für die Künd durch den AN (siehe Rn 6).[182] Abs. 6 erfasst – anders als die Vorgängerregelung Abs. 5 a.F. – nicht mehr nur „einzelvertragliche" Künd-Abreden, sondern auch **tarifvertraglich vereinbarte Künd-Fristen**.[183] Abs. 6 gilt auch für die Vereinbarung von **Künd-Terminen**. Diese dürfen für die Künd durch den AN nicht in geringerer Anzahl bestehen als für die AG-Künd.[184]

33 cc) Rückzahlungs-(vorbehalts-)klauseln. Die Zulässigkeit von sog. Rückzahlungsklauseln bzgl. **Aus-, Fortbzw. Weiterbildungskosten** im Fall der Beendigung des Arbverh beurteilt sich nach st. Rspr. anhand einer Inhaltskontrolle am Maßstab von § 242 – bei Formulararbeitsverträgen gem. § 307 –, insb. unter Berücksichtigung von Art. 12 Abs. 1 S. 1 GG (siehe § 307 Rn 17 f., 75 f.).[185] Für Auszubildende ist insoweit die spezielle Regelung des § 12 (Abs. 2 Nr. 1) BBiG (§ 5 BBiG a.F.)[186] zu beachten (siehe § 63 BBiG Rn 14 ff.). Die zulässige Höchstdauer der Bindungsfrist durch Rückzahlungsklauseln hinsichtlich **Gratifikationen, Urlaubsgeld, Umzugskosten, Prämien und sonstiger Sonderzahlungen** richtet sich im Fall des Ausscheidens des AN aus dem Betrieb beurteilt sich nach den vom BAG hierzu am Maßstab von § 242 (ggf. § 307), Art. 12 Abs. 1 GG entwickelten Grundsätzen – zeitliche Staffelung der Grenzwerte nach Höhe und Zeitpunkt der vereinbarten Fälligkeit der Leistung – (siehe § 611 Rn 694).[187] Die Angleichung der Künd-Fristen von Ang und Arb in § 622 gibt keine Veranlassung zur Änderung dieser Rspr.[188]

34 dd) Einzelfälle. Eine nach Abs. 6 unzulässige Künd-Erschwerung kann vorliegen, wenn der Fortbestand des Arbverh als Bedingung für die Zahlung einer **Umsatzbeteiligung** vereinbart wird.[189] Eine **Jahresumsatzprämie** kann nicht an die Bedingung geknüpft werden, dass das Arbverh im folgenden Jahr von keiner Seite gekündigt wird.[190] Als Künd-Erschwerung i.S.v. Abs. 6 ist der Fall anzusehen, dass der AN bei unterjähriger Beschäftigung eine Verdienst-

---

176 *Gaul*, BB 1980, 1542, 1543 f.
177 Vgl. dazu BAG 25.9.2008 – 8 AZR 717/07 – NZA 2009, 370, 378.
178 BAG 6.9.1989 – 5 AZR 586/88 – NZA 1990, 147, 148; BAG 25.11.1971 – 2 AZR 62/71 – DB 1972, 783; BAG 9.2.1956 – 1 AZR 329/55 – DB 1956, 503, 504, zu § 122 GewO und § 67 HGB.
179 BGH 19.9.2005 – II ZR 173/04 (Managermodell) – DB 2005, 2401, 2403; BGH 19.9.2005 – II ZR 342/03 (Mitarbeitermodell) – DB 2005, 2404, 2405; *Schneider/Wiechers*, DB 2005, 2450, zu sog. Hinaus-Künd-Klauseln im Rahmen von Manager- bzw. Mitarbeiter-Beteiligungsmodellen.
180 BAG 20.10.1999 – 7 AZR 658/98 – NZA 2000, 717, 718.
181 BAG 29.8.2001 – 4 AZR 337/00 – NZA 2002, 1346, 1347; BAG 5.4.1984 – 2 AZR 71/83 – juris.
182 BAG 20.12.1990 – 2 AZR 412/90 – NZA 1991, 569.
183 BR-Drucks 310/93, S. 20; LAG Köln 31.1.2001 – 8 Sa 1059/00 – ZTR 2001, 474, 475.
184 *Preis/Kramer*, DB 1993, 2125, 2128.
185 BAG 24.6.2004 – 6 AZR 383/03 – NZA 2004, 1035; BAG 5.12.2002 – 6 AZR 539/01 – NZA 2003, 559, 560 f.; BAG 6.11.1996 – 5 AZR 498/95 – NZA 1997, 663, 664; BAG 20.2.1975 – 5 AZR 240/74 – BB 1975, 1206, 1207 f.; BAG 29.6.1962 – 1 AZR 343/61 – DB 1962, 1309.
186 BAG 5.12.2002 – 6 AZR 537/00 – ZTR 2003, 302; BAG 26.9.2002 – 6 AZR 486/00 – NZA 2003, 1403, 1404; BAG 25.4.2001 – 5 AZR 509/99 – NZA 2002, 1396, 1397 f.
187 BAG 28.4.2004 – 10 AZR 356/03 – NZA 2004, 924; BAG 21.5.2003 – 10 AZR 390/02 – NZA 2003, 1032; BAG 9.6.1993 – 10 AZR 529/92 – NZA 1993, 935; BAG 15.3.1973 – 5 AZR 525/72 – DB 1973, 973; BAG 3.10.1963 – 5 AZR 131/63 – DB 1963, 1683; BAG 13.7.1962 – 5 AZR 498/61 – DB 1962, 1178.
188 BAG 28.4.2004 – 10 AZR 356/03 – NZA 2004, 924, 925.
189 BAG 8.9.1998 – 9 AZR 223/97 – NZA 1999, 420; s. aber BAG 3.5.1994 – 9 AZR 516/92 – juris.
190 BAG 27.4.1982 – 3 AZR 814/79 – DB 1982, 2406 f.

einbuße hinnehmen muss, weil die **Provision** jahresbezogen zu berechnen ist.[191] Soll der AN bei einem auf unbestimmte Zeit geschlossenen Arbeitsvertrag für den Fall einer vertraglich eingeräumten kürzeren fristgemäßen Eigen-Künd eine „**Abfindung**" zahlen, kann in einer solchen Vertragsklausel eine unzulässige Künd-Beschränkung zu Lasten des AN liegen, und zwar auch dann, wenn der AG bei einer fristgerechten Künd seinerseits ebenfalls eine Abfindung zahlen soll, deren Betrag sogar höher ist.[192] Die in einer BV begründete Verpflichtung zur **Rückzahlung einer Abfindung** im Falle einer Eigen-Künd des Folge-Arbverh stellt keine unzulässige Erschwerung des Künd-Rechts i.S.v. Art. 12 GG oder Abs. 6 dar.[193] Es bestehen grds. keine Bedenken gegen eine Vertragsstrafenvereinbarung in einem Arbeitsvertrag mit dem Ziel, den AN zur Einhaltung von Künd-Fristen anzuhalten.[194] Die Zahlung einer **Vertragsstrafe** für den Fall einer fristgemäßen Künd durch den AN kann hingegen nicht rechtswirksam vereinbart werden.[195] Vertragsstrafen können nach st. Rspr. des BAG vereinbart werden, um den **rechtzeitigen Antritt eines Arbverh** durch den AN abzusichern. In diesem Falle ist die ansonsten grds. zulässige **Künd vor Dienstantritt** i.d.R. ausgeschlossen (siehe Rn 53), und zwar für beide Vertragsseiten, so dass kein Verstoß gegen Abs. 6 vorliegt.[196] In vorformulierten Arbeitsverträgen ist nunmehr § 307 Abs. 1 bzw. § 309 Nr. 6 i.V.m. § 310 Abs. 4 S. 2 Hs. 1 zu beachten (siehe § 309 Rn 17 ff., § 310 Rn 28 ff., 32, 37 ff.).[197] Der Verfall einer durch den AN gestellten **Kaution** für den Fall der fristgerechten Künd des Arbverh kann nicht rechtswirksam vereinbart werden.[198] **Einseitige Verlängerungsoptionen** im Arbeitsvertrag des Berufsfußballers zugunsten des AG werden z.T. für unzulässig gehalten.[199] Die Rspr. zieht den in Abs. 6 und den Verjährungsvorschriften enthaltenen Rechtsgedanken als gesetzliches Leitbild wegen der strukturellen Vergleichbarkeit der Lage auch bei der vertraglichen Vereinbarung von **Verjährungsfristen**[200] sowie **Ausschlussfristen** für die Geltendmachung von Ansprüchen aus dem Arbverh heran.[201]

ee) Rechtsfolgen von Verstößen. Eine gegen Abs. 6 verstoßende Vereinbarung ist nach Abs. 6 i.V.m. § 134 wegen Umgehung einer zwingenden kündigungs-(schutz-)rechtlichen Bestimmung grds. nichtig.[202] Die Wirksamkeit des Arbeitsvertrages i.Ü. wird hierdurch nicht berührt.[203] Vereinbaren die Parteien für die Künd des Arbverh durch den AN eine längere Frist als für die AG-Künd, muss auch der AG bei Künd des Arbverh die für den AN vereinbarte längere Künd-Frist einhalten (Abs. 6 i.V.m. § 89 Abs. 2 S. 2 HGB analog).[204] Wurden für die Künd durch den AN weniger Künd-Termine vereinbart als für die Künd durch den AG, so ist die niedrige Anzahl analog § 89 Abs. 2 S. 2 HGB auch für die AG-Künd maßgeblich.[205] Eine arbeitsvertragliche Vereinbarung, die eine ungewollte Regelungslücke aufweist, ist i.d.R. durch **ergänzende Vertragsauslegung** (§ 157) zu schließen, wenn die Vereinbarung der Parteien ohne die Ergänzung gegen Abs. 6 verstoßen würde. Davon ist bspw. auszugehen, wenn der Ang bei Ausübung des gesetzlichen Künd-Rechts zum Ende der ersten Halbjahres wegen der Höhe der Jahressollvorgabe keinerlei Provisionsansprüche erwirbt. Daher ist bei unterjähriger Beschäftigung die Jahresumsatzgrenze anteilig (monatlich) auf die Beschäftigungsdauer umzurechnen.[206]

5. Sonderregelungen. a) Insolvenzverfahren. Im Insolvenzverfahren gilt – gem. § 113 S. 1 InsO für die ordentliche Künd durch den Insolvenzverwalter und den Vertragspartner des dienstberechtigten Insolvenzschuldners – die Künd-Frist des § 113 S. 2 InsO von **drei Monaten zum Monatsende**, wenn nicht eine kürzere Künd-Frist – etwa nach § 621 Nr. 1, 2, 3, 5 oder nach Abs. 2 S. 1 Nr. 1, 2 – maßgeblich ist (siehe § 113 InsO Rn 69 ff.).[207] Die Vorschrift findet auch auf Arbverh Anwendung, die der Insolvenzverwalter mit Wirkung für die Masse neu begründet.[208] Ist arbeitsvertraglich eine längere als die gesetzliche Künd-Frist vereinbart, so ist bei einer Künd in der Insolvenz bis zur **Höchstfrist** des § 113 S. 2 InsO diese längere Frist „maßgeblich".[209] Ist ein Arbverh im Zeitpunkt der Künd durch den Insolvenzverwalter ohne ordentliche Künd-Möglichkeit noch für zumindest weitere drei Monate befristet, so gilt

---

191 BAG 20.8.1996 – 9 AZR 471/95 – NZA 1996, 1151, 1152 f.
192 BAG 6.9.1989 – 5 AZR 586/88 – NZA 1990, 147, 148.
193 BAG 9.11.1994 – 10 AZR 181/94 – juris; BAG 9.11.1994 – 10 AZR 62/94 – EzA § 112 BetrVG 1972 Nr. 81.
194 BAG 27.5.1992 – 5 AZR 324/91 – EzA § 339 BGB Nr. 8; BAG 17.8.1983 – 5 AZR 251/81 – juris.
195 BAG 9.3.1972 – 5 AZR 246/71 – DB 1972, 1245, 1246.
196 BAG 13.6.1990 – 5 AZR 304/89 – juris; BAG 14.12.1988 – 5 AZR 10/88 – juris; BAG 17.7.1985 – 5 AZR 104/84 – juris; BAG 21.7.1982 – 5 AZR 549/80 – juris.
197 BAG 4.3.2004 – 8 AZR 196/03 – NZA 2004, 727, 728 ff.; *Hümmerich/Holthausen*, NZA 2002, 173, 180.
198 BAG 11.3.1971 – 5 AZR 349/70 – DB 1971, 1068.
199 *Kindler*, NZA 2000, 744 ff.
200 BGH 10.5.1990 – I ZR 175/88 – NJW-RR 1991, 35, 36 f.; BGH 12.10.1979 – I ZR 166/78 – NJW 1980, 286, zu § 88 HGB a.F.
201 BAG 2.3.2004 – 1 AZR 271/03 – NZA 2004, 852, 857 f.
202 BAG 2.6.2005 – 2 AZR 296/04 – NZA 2005, 1176, 1177; BAG 13.3.1992 – 6 AZR 311/90 – NZA 1992, 938, 939; BAG 6.9.1989 – 5 AZR 586/88 – NZA 1990, 147, 148; BAG 12.12.1984 – 7 AZR 509/83 – NZA 1985, 321.
203 Arg. § 134 Hs. 2 i.V.m. dem Zweck des AN-schützenden Verbotsgesetzes.
204 BAG 2.6.2005 – 2 AZR 296/04 – NZA 2005, 1176, 1177 f. m.w.N.
205 Staudinger/*Preis*, § 622 Rn 58; *Preis/Kramer*, DB 1993, 2125, 2128.
206 BAG 20.8.1996 – 9 AZR 471/95 – NZA 1996, 1151, 1152; BAG 25.4.1989 – 3 AZR 414/87 – juris.
207 Zur Verfassungsmäßigkeit (von § 113 Abs. 1 S. 2 InsO a.F.) s. BVerfG 21.5.1999 – 1 BvL 22/98 – NZA 1999, 923, 924 f.
208 LAG Berlin-Brandenburg 11.7.2007 – 23 Sa 450/07 – ZIP 2007, 2002, 2002 f.
209 BAG 16.6.1999 – 4 AZR 191/98 – NZA 1999, 1331, 1332 ff.; BAG 3.12.1998 – 2 AZR 425/98 – NZA 1999, 425, 426 f.; a.A. *Boemke*, NZI 2001, 460 ff.

die gesetzliche Höchst-Künd-Frist von drei Monaten.[210] Ein tariflicher Künd-Schutz für ältere, langjährig beschäftigte AN durch Ausschluss der ordentlichen Künd – „**(ordentliche) Unkündbarkeit**" (siehe Rn 57, 62) – wird bei einer Künd durch den Insolvenzverwalter durch die in § 113 S. 2 InsO vorgegebene Höchstfrist von drei Monaten zum Monatsende verdrängt.[211] Für eine vom vorläufigen („starken") Insolvenzverwalter mit Verwaltungs- und Verfügungsbefugnis (§ 22 Abs. 1 InsO) ausgesprochene Künd eines Arbverh gilt nicht die verkürzte Künd-Frist des § 113 S. 2 InsO, sondern § 622 (hier: Abs. 2 Nr. 7).[212] Der Insolvenzverwalter kann ein Arbverh auch dann mit der kurzen Künd-Frist des § 113 S. 2 InsO kündigen, wenn er zuvor als vorläufiger Insolvenzverwalter unter Einhaltung der ordentlichen Künd-Frist zu einem späteren Zeitpunkt gekündigt hat. Diese sog. **Nach-Künd des Insolvenzverwalters** stellt keine unzulässige „**Wiederholungs-Künd**"[213] dar.[214]

37 **b) Schwerbehinderte Menschen.** Die Frist für die **AG-Künd** des Arbverh eines schwerbehinderten Menschen (§§ 2, 68 SGB IX) beträgt gem. § 86 SGB IX **mind. vier Wochen** (siehe §§ 85, 86 SGB IX Rn 20).[215] Zu beachten sind die bedeutsamen Ausnahmen vom Sonder-Künd-Schutz der §§ 85 ff. SGB IX nach § 90 SGB IX.[216]

38 **c) Elternzeit.** Gem. § 19 BEEG kann der AN das Arbverh zum Ende der Elternzeit nur unter Einhaltung einer Künd-Frist von **drei Monaten** kündigen (siehe § 19 BEEG Rn 8 ff.).[217] Zu jedem anderen Termin als gerade dem Ende der Elternzeit kann der AN mit den jeweils einschlägigen allg. Künd-Fristen kündigen.[218] Eine Klausel im Arbeitsvertrag, wonach zu Lasten des AN bei Ausübung des unabdingbaren Sonder-Künd-Rechts nach § 19 BEEG eine Verpflichtung zur Rückzahlung einer Gratifikation oder ein sonstiger wirtschaftlicher Nachteil entsteht, ist zumindest bedenklich.[219]

39 **d) Sonstige Sonderregelungen.** Des weiteren gelten hinsichtlich der Künd-Fristen neben den an § 622 weitgehend angepassten Vorschriften der § 29 HAG für HeimArb sowie §§ 63, 78 SeemG für Schiffsbesatzungsmitglieder (siehe § 621 Rn 5) die gesetzlichen Sonderregelungen nach § 89 HGB für Handelsvertreter sowie § 22 BBiG für Auszubildende (siehe §§ 20 bis 23 BBiG Rn 22 ff.).

II. Gesetzliche Kündigungsfristen und -termine

40 **1. Fristberechnung.** Die Berechnung der Künd-Fristen erfolgt gem. § 186 nach den Auslegungsregeln der §§ 187 ff. Die Künd-Frist beginnt gem. § 187 Abs. 1 unabhängig vom Monatsende und von der Vergütungsperiode ab dem Tag nach dem **Zugang der ordentlichen Künd** zu laufen.[220] § 193 ist auf Künd-Fristen nicht anwendbar (siehe § 621 Rn 8). Das Fristende bestimmt sich nach § 188 Abs. 2 Hs. 1, Abs. 3, soweit nicht ein **Künd-Termin** einschlägig ist.

41 **2. Gesetzliche Grund-Kündigungsfrist.** Die gesetzliche Grund-Künd-Frist von **vier Wochen** gem. Abs. 1 ist eine **Mindest-Künd-Frist** für alle Künd eines Arbverh.[221] Unterschreitungen sind neben der Möglichkeit der Vereinbarung einer kürzeren Künd-Frist im Probe-Arbverh gem. Abs. 3 (siehe Rn 51) nur nach Maßgabe von Abs. 4 bis 6 grds. möglich (siehe Rn 10 f.). „Vier Wochen" meint einen Zeitraum von **28 Kalendertagen** und nicht einen Monat.[222]

42 **3. Verlängerte Kündigungsfristen. a) Allgemeines.** Die für die AG-Künd gem. Abs. 2 S. 1 zugunsten langjährig Beschäftigter verlängerten Künd-Fristen sind unabhängig von der AN-Anzahl im Betrieb oder Unternehmen des AG grds. bei Vorliegen der Voraussetzungen des Abs. 2 anzuwenden, soweit nicht gem. **Abs. 4 bis 6** (siehe Rn 10 ff.) in zulässiger Weise von ihnen abgewichen wurde. Die Künd-Fristen sind allein nach der **Dauer des Bestandes des Arbverh im Betrieb oder Unternehmen** (siehe Rn 43 ff.) gestaffelt. Maßgeblicher Beurteilungszeitpunkt ist der Zugang der Künd.[223] Hat das Arbverh in diesem Zeitpunkt bereits zwei Jahre im Betrieb oder Unternehmen bestan-

---

210 BAG 6.7.2000 – 2 AZR 695/99 – NZA 2001, 23 f.; a.A. *Boemke*, NZI 2001, 460 ff.
211 BAG 19.1.2000 – 4 AZR 70/99 – NZA 2000, 658 f.; BAG 9.10.1997 – 2 AZR 586/96 – ZInsO 1998, 142.
212 BAG 20.1.2005 – 2 AZR 134/04 – DB 2005, 1691, 1692 f. m.w.N.
213 Zum Verbot der Wiederholung einer Künd bei gleichbleibendem Künd-Grund s. BAG 25.3.2004 – 2 AZR 399/03 – NZA 2004, 1216, 1218; BAG 12.2.2004 – 2 AZR 307/03 – ZTR 2004, 653, 654; BAG 22.5.2003 – 2 AZR 485/02 – BB 2003, 1905 f.; BAG 7.3.1996 – 2 AZR 180/95 – NZA 1996, 931, 934; BAG 26.8.1993 – 2 AZR 159/93 – NZA 1994, 70, 71 ff.
214 BAG 13.5.2004 – 2 AZR 329/03 – NZA 2004, 1037, 1038; BAG 22.5.2003 – 2 AZR 255/02 – NZA 2003, 1086; BAG 8.4.2003 – 2 AZR 15/02 – ZIP 2003, 1260, 1263; BAG 16.6.1999 – 4 AZR 68/98 – ZInsO 1999, 714 ff.
215 BAG 25.2.1981 – 7 AZR 25/79 – DB 1981, 1417, 1418 f., zu § 13 SchwbG a.F.
216 LAG Düsseldorf 22.3.2005 – 6 Sa 1938/04 – LAGE § 90 SGB IX Nr. 1; ArbG Bonn 25.11.2004 – 7 Ca 2459/04 – NZA-RR 2005, 193; ArbG Kassel 19.11.2004 – 3 Ca 323/04 – ArBRB 2005, 9 f. m. Anm. *Striegel*, zu § 90 Abs. 2a Alt. 1 SGB IX; *Düwell*, BB 2004, 2811; *Düwell*, FA 2004, 200; *Bitzer*, NZA 2006, 1083 ff.
217 LAG Köln 14.2.2002 – 5 Sa 1276/01 – juris.
218 ArbG Berlin 21.6.2005 – 79 Ca 7822/05 – AE 2006, 188.
219 BAG 16.10.1991 – 2 AZR 35/91 – NZA 1992, 793, 794 f.
220 BAG 13.10.1976 – 5 AZR 638/75 – DB 1977, 639.
221 Einen Überblick über Künd-Fristen in europäischen Ländern gibt *Heilmann*, AuA 1994, 175 ff.
222 Staudinger/*Preis*, § 622 Rn 24; *Hromadka*, BB 1993, 2372, 2373.
223 Palandt/*Weidenkaff*, § 622 Rn 16.

den, so beträgt die Künd-Frist einen Monat (Abs. 2 S. 1 Nr. 1), nach fünf Jahren zwei Monate (Abs. 2 S. 1 Nr. 2), nach acht Jahren drei Monate (Abs. 2 S. 1 Nr. 3), nach zehn Jahren vier Monate (Abs. 2 S. 1 Nr. 4), nach zwölf Jahren fünf Monate (Abs. 2 S. 1 Nr. 5), nach 15 Jahren sechs Monate (Abs. 2 S. 1 Nr. 6) und nach 20 Jahren letztlich sieben Monate (Abs. 2 S. 1 Nr. 7). Maßgeblich für die Berechnung der Beschäftigungsdauer sind gem. Abs. 2 S. 2 nur Beschäftigungszeiten ab Vollendung des 25. Lebensjahres des AN (siehe Rn 46).

b) Dauer der Betriebs- oder Unternehmenszugehörigkeit. aa) Rechtlicher Bestand des Arbeitsverhältnisses. Maßgeblich ist gem. Abs. 2 S. 1 allein die Dauer des rechtlichen Bestands des Arbverh im **Betrieb** oder **Unternehmen**. Unschädlich ist es nach Abs. 2, wenn der AN in verschiedenen Betrieben des Unternehmens tätig ist bzw. war.[224] Allein **tatsächliche Unterbrechungen** der Erbringung der Arbeitsleistung sind unerheblich. Dies gilt insb. für Ausfallzeiten bei **Krankheit** des AN, **Urlaub**, **Streik**, Beschäftigungsverboten oder Schutzfristen nach dem MuSchG (s. § 10 Abs. 2 MuSchG), Grundwehrdienst, Wehrübungen und Zivildienst (§ 6 Abs. 2 S. 1 ArbPlSchG i.V.m. § 78 Abs. 1 Nr. 1 ZDG).[225] Anderes gilt bei der Teilnahme an einem freiwilligen sozialen oder ökologischen Jahr.[226] Wird ein **freier Mitarbeiter** nach kurzer Zeit (hier: vier Monate) in ein Arbverh übernommen, ohne dass sich seine bisherige Tätigkeit ändert, so ist die gesamte Dauer seiner Tätigkeit für den AG zu berücksichtigen.[227] Bei der Berechnung der Beschäftigungsdauer nach Abs. 2 ist ein **Berufsausbildungsverhältnis**, aus dem der Auszubildende unmittelbar anschließend in ein Arbverh übernommen wird (s. § 24 BBiG), hinsichtlich der Zeiten nach Vollendung des 25. Lebensjahres (Abs. 2 S. 2) zu berücksichtigen (arg. §§ 10 Abs. 2, 13 S. 2 Nr. 3 BBiG).[228] Nach den für die Berechnung der Wartezeit nach § 1 KSchG geltenden Grundsätzen ist ein betriebliches **Praktikum**, das der beruflichen Fortbildung (§§ 53 ff. BBiG) gedient hat, nur dann anzurechnen, wenn es im Rahmen eines Arbverh abgeleistet worden ist (siehe § 1 KSchG Rn 165).[229] Beschäftigungszeiten im Rahmen eines **Eingliederungsverhältnisses** sind (auf die Wartezeit des § 1 Abs. 1 KSchG) nicht anzurechnen.[230] Allein Änderungen des **Inhalts der Arbeitstätigkeit** berühren das rechtliche Bestehen des Arbverh nicht. Dies gilt auch dann, wenn mehrere unmittelbar aufeinander folgende Arbeitsverträge geschlossen werden.[231] Gleiches gilt grds. für den Wechsel von der Beschäftigung als Arb zur Ang-Tätigkeit sowie von Voll- zu Teilzeitbeschäftigung und umgekehrt.[232] Schließt sich an eine Tätigkeit als nicht-beherrschender Geschäftsführer, der seine ganze Arbeitskraft in den Dienst der Gesellschaft stellen musste, unmittelbar ein Arbverh an, so sind auch die Zeiten der Geschäftsführertätigkeit zu berücksichtigen.[233]

bb) Rechtliche Unterbrechungen des Arbeitsverhältnisses. Im Interesse der Einheit der Rechtsordnung ist es geboten, den Einfluss von rechtlichen Unterbrechungen des Arbverh sowohl bei der gesetzlichen Wartezeit des § 1 Abs. 1 KSchG (siehe § 1 KSchG Rn 158 ff.) - sowie bei § 3 Abs. 3 EFZG (siehe § 3 EFZG Rn 9 f.) und § 4 BUrlG (siehe § 4 BUrlG Rn 8 f.) - als auch bei der Berechnung der Künd-Frist nach Abs. 2 gleich zu behandeln.[234] Bei rechtlichen Unterbrechungen des Arbverh - insb. durch Künd bzw. Aufhebungsvertrag[235] und anschließender Wiedereinstellung - sind Beschäftigungszeiten nach st. Rspr. nur dann zusammenzurechnen, wenn zwischen ihnen ein **enger zeitlicher und sachlicher Zusammenhang** besteht.[236] Je länger die rein zeitliche „Unterbrechung" währt, umso gewichtiger müssen die für einen sachlichen (inneren) Zusammenhang sprechenden Umstände sein.[237] Der Zeitraum der rechtlichen Unterbrechung selbst bleibt bei der Berechnung der Beschäftigungsdauer unberücksichtigt.[238] Die Anrechnung früherer Beschäftigungszeiten kann i.Ü. einzel- oder tarifvertraglich geregelt sein.[239] An sich nicht anrechnungsfähige frühere Beschäftigungszeiten bei demselben AG oder einem anderen Unternehmen können bei der Dauer der Betriebszugehörigkeit nach § 1 Abs. 3 S. 1 KSchG durch eine vertragliche Vereinbarung der Arbeitsvertragsparteien berücksichtigt werden. Die sich zu Lasten anderer AN auswirkende Individualvereinbarung darf jedoch nicht rechtsmissbräuchlich sein und nur die Umgehung der Sozialauswahl bezwecken. Für eine Berücksichtigung der

---

224 Palandt/*Weidenkaff*, § 622 Rn 14.
225 *Knorr*, ZTR 1994, 267, 272; *Rudolph*, BuW 2000, 937 f.; *Wank*, NZA 1993, 961, 965.
226 *Rudolph*, BuW 2000, 937, 938.
227 BAG 6.12.1978 – 5 AZR 545/77 – DB 1979, 896.; MüKo-BGB/*Hesse*, § 622 Rn 28.
228 BAG 20.8.2003 – 5 AZR 436/02 – NZA 2004, 205, 207; BAG 2.12.1999 – 2 AZR 139/99 NZA 2000, 720 f.
229 BAG 18.11.1999 – 2 AZR 89/99 – NZA 2000, 529 ff.; *Rudolph*, BuW 2000, 937 f.
230 BAG 17.5.2001 – 2 AZR 10/00 – DB 2001, 2354; *Hanau*, DB 1997, 1278, 1280.
231 ErfK/*Müller-Glöge*, § 622 BGB Rn 10 m.w.N.
232 *Rudolph*, BuW 2000, 937, 938 m.w.N.
233 LAG Rheinland-Pfalz 17.4.2008 – 9 Sa 684/07 – AuA 2008, 560, 560.

234 BAG 18.9.2003 – 2 AZR 330/02 – NZA 2004, 319, 320 f.; BAG 20.8.2003 – 5 AZR 436/02 – NZA 2004, 205, 207 f.; BAG 22.8.2001 – 5 AZR 699/99 – NZA 2002, 610, 611 f.; BAG 6.12.1976 – 2 AZR 470/75 – DB 1977, 587, 588 f.; BAG 23.9.1976 – 2 AZR 309/75 – DB 1977, 213, 214.
235 LAG Nürnberg 19.4.2005 – 6 Sa 897/04 – NZA-RR 2005, 469 f.
236 BAG 13.5.2004 – 2 AZR 426/03 – EzBAT SR 2y BAT Teilzeit- und Befristungsrecht Nr. 10; BAG 6.11.2003 – 2 AZR 690/02 – NZA 2005, 218, 220; BAG 9.2.2000 – 7 AZR 730/98 – NZA 2000, 721, 722; BAG 10.5.1989 – 7 AZR 450/88 – NZA 1990, 221; BAG 18.1.1979 – 2 AZR 254/77 – DB 1979, 1754, 1755.
237 BAG 20.8.1998 – 2 AZR 83/98 – NZA 1999, 314, 315.
238 BAG 17.6.2003 – 2 AZR 257/02 – AP § 622 BGB Nr. 61.
239 BAG 3.7.2003 – 2 AZR 437/02 – NZA 2004, 307, 308 f.

vertraglich vereinbarten Betriebszugehörigkeitszeiten muss deshalb ein sachlicher Grund vorliegen.²⁴⁰ Ist in einer GmbH & Co. KG ein AN zum Geschäftsführer der persönlich haftenden GmbH aufgestiegen und wird dann als Geschäftsführer abberufen, so lebt das alte Arbverh i.d.R nicht wieder auf. Vereinbaren die Parteien jedoch nach der Künd des Geschäftsführervertrages eine Weiterbeschäftigung des Betreffenden – ohne wesentliche Änderung seiner Arbeitsaufgaben – im Rahmen eines Arbverh, so lässt dies mangels abweichender Vereinbarungen regelmäßig auf Parteiwillen schließen, die Beschäftigungszeit als Geschäftsführer auf das neu begründete Arbverh anzurechnen.²⁴¹

45 **cc) Betriebsinhaberwechsel.** Auf die Identität des Betriebsinhabers kommt es im Rahmen von Abs. 2 nicht an, so dass eine den Bestand des Arbverh nicht berührende **Rechtsnachfolge** aufseiten des Betriebsinhabers unschädlich ist. Bei einem Betriebsinhaberwechsel infolge **Betriebsübergangs** gem. § 613a (siehe § 613a Rn 1 ff., 103) sind die beim Betriebsveräußerer erbrachten Beschäftigungszeiten bei der Berechnung der Künd-Frist nach Abs. 2 zu berücksichtigen.²⁴² Dies gilt auch dann, wenn zum Zeitpunkt des Betriebsübergangs das Arbverh kurzfristig unterbrochen war, die Beschäftigungszeiten aber in einem **engen sachlichen Zusammenhang** stehen (siehe Rn 44).²⁴³

46 **dd) Berechnung der Beschäftigungsdauer.** Bei der Berechnung der Beschäftigungsdauer werden gem. Abs. 2 S. 2 Zeiten, die vor der **Vollendung des 25. Lebensjahrs des AN** liegen, nicht berücksichtigt. Diese nunmehr verfassungskonforme Regelung eines einheitlichen Mindestalters für Arb und Ang (siehe Rn 5) wird von der Rspr. auch bei **tariflichen Künd-Fristen**, die pauschal oder deklaratorisch auf „die gesetzlichen Bestimmungen des § 622 BGB" verweisen oder schlicht dessen Wortlaut übernehmen, angewendet.²⁴⁴ Somit tritt der Übergang von der Grund-Künd-Frist nach Abs. 1 (siehe Rn 41) zu der erstmals verlängerten Künd-Frist nach Abs. 2 S. 1 Nr. 1 (siehe Rn 42) frühestens mit Vollendung des 27. Lebensjahres des AN ein. Wegen des EG-rechtlichen Verbots der Altersdiskriminierung²⁴⁵ wird die Altersgrenze von 25 Jahren von Teilen der Rspr. und Lit. als EG-rechtswidrig und die Regelung des § 622 Abs. 2 S. 2 insoweit für unanwendbar erachtet.²⁴⁶

47 **4. Kündigungstermine.** Die Künd-Termine des Abs. 1 sind der **Fünfzehnte**²⁴⁷ oder das **Ende eines Kalendermonats**. Nach der Auslegungsregel des § 192 wird unter **Mitte des Monats** der Fünfzehnte, unter Ende des Monats der **letzte Tag des Monats** verstanden. Abs. 2 enthält als Künd-Termine jeweils nur das **Ende eines Kalendermonats**. Die gesetzlich nicht fixierten Künd-Termine zum **Quartalsende** (siehe Rn 2, 26, 29) sind in der Praxis, insb. bei Arbeitsverträgen von Ang, nach wie vor häufig anzutreffen.²⁴⁸

48 **5. Kündigung in der Probezeit. a) Allgemeines. Probezeitklauseln** finden sich in den meisten Arbeitsverträgen, mitunter auch in TV. So gelten bspw. nach § 5 S. 1 BAT bzw. § 2 Abs. 4 S. 1 TVöD grds. die ersten sechs Monate der Beschäftigung als Probezeit.²⁴⁹ Bezweckt wird die Erprobung neuer Mitarbeiter. Wird ein AN zur Probe angestellt, so ist, wenn eine gegenteilige Vereinbarung fehlt, die Probezeit (Abs. 3) als Beginn eines **Arbverh auf unbestimmte Zeit** anzusehen.²⁵⁰ Ein **befristetes Arbverh** ist bei Vorliegen des **Sachgrundes der Erprobung**²⁵¹ nunmehr nach § 14 Abs. 1 S. 2 Nr. 5 TzBfG zulässig (siehe § 14 TzBfG Rn 50 ff.).²⁵² Die ordentliche Künd eines befristeten Arbverh ist gem. § 15 Abs. 3 TzBfG nur nach Vereinbarung eines **Künd-Vorbehalts** möglich (siehe § 15 TzBfG Rn 10 ff.). Die Vereinbarung einer Probezeit ist von der **sechsmonatigen Wartezeit** nach § 1 Abs. 1 KSchG zu unterscheiden (siehe Rn 3).

49 **b) Zulässige Dauer der Probezeit.** Die bei einem Probe-Arbverh gem. Abs. 3 grds. maßgebliche **zweiwöchige Künd-Frist** (siehe Rn 51) gilt längstens für eine **Dauer der Probezeit von sechs Monaten**. Eine Höchstfrist für die zulässige Dauer einer vereinbarten Probezeit kennt das Gesetz nicht (siehe § 15 TzBfG, vgl. § 14 TzBfG

---

240 BAG 2.6.2005 – 2 AZR 480/04 – NJW 2006, 315, 317 f. m.w.N.
241 BAG 24.11.2005 – 2 AZR 614/04 – NZA 2006, 366, 367 ff.; *Reiserer*, DB 2006, 1787 ff.
242 *Rudolph*, BuW 2000, 937.
243 BAG 18.9.2003 – 2 AZR 330/02 – NZA 2004, 319, 320 f.; BAG 27.6.2002 – 2 AZR 270/01 – NZA 2003, 145, 146.
244 BAG 12.11.1998 – 2 AZR 80/98 – NZA 1999, 489; BAG 14.2.1996 – 2 AZR 201/95 – NZA 1996, 1166, 1167 f.; BAG 21.3.1991 – 2 AZR 296/87 (B) – NZA 1991, 801; BAG 28.2.1985 – 2 AZR 403/83 – NZA 1986, 255.
245 Siehe Art. 13 EG und zum Verbot der Altersdiskriminierung als Grundsatz des Gemeinschaftsrechts EuGH 22.11.2005 – C 144/04 – NZA 2005, 1345, 1348; Art. 2 RL 2000/78/EG.
246 Siehe LAG Berlin-Brandenburg 24.7.2007 – 7 Sa 561/07 – NZA-RR 2008, 17, 18 f.; LAG Schleswig-Holstein 28.5.2008 – 3 Sa 31/08 – BB 2008, 1785, 1785; a.A. LAG Rheinland-Pfalz 31.7.2008 – 10 Sa 295/08 – juris. Das LAG Düsseldorf 21.11.2007 – 12 Sa 1311/07 – ZIP 2008, 1786, 1786 ff. hat nach Art. 234 EG vorgelegt. Die Entscheidung des EuGH steht noch aus (Rs. C-555/07 – Kücükdeveci). Vgl. auch *Schleusener*, NZA 2007, 358, 359 ff.; *Annuß*, BB 2006, 325, 326; *Preis/Temming*, NZA 2008, 1209, 1211.
247 Krit. insoweit *Kehrmann*, AiB 1993, 746 f., unter Hinweis auf das i.d.R. abweichende Einstellungsverhalten der AG.
248 *Diller*, NZA 2000, 293 ff.
249 BAG 31.8.1994 – 7 AZR 983/93 – ZTR 1995, 166 ff.; BAG 12.2.1981 – 2 AZR 1108/78 – DB 1981, 2498, 2499 f.
250 BAG 29.7.1958 – 3 AZR 49/56 – DB 1959, 147; *Gumpert*, BB 1969, 1278, 1280; *Preis/Kramer*, DB 1993, 2125, 2127; *Wilhelm*, NZA 2001, 818, 819.
251 S. bereits BAG 12.9.1996 – 7 AZR 31/96 – NZA 1997, 841; BAG 30.9.1981 – 7 AZR 789/78 – DB 1982, 436, 437; BAG GS 12.10.1960 – GS 1/59 – DB 1961, 409, 410.
252 BAG 23.6.2004 – 7 AZR 636/03 – NZA 2004, 1333, 1335.

Rn 54). Im Allg. werden nach dem Vorbild der **„gesetzlichen Probezeit"** (§ 1 Abs. 1 KSchG) sechs Monate (siehe Rn 3)[253] für die Beurteilung eines AN ausreichen. Kann der AG Eignung und Leistung eines AN wegen der besonderen Anforderungen des Arbeitsplatzes – im Medienbereich etwa bei künstlerischer oder wissenschaftlicher Tätigkeit – innerhalb von sechs Monaten nicht genügend beurteilen, darf eine angemessene **längere Probezeit** vereinbart werden. Welcher Zeitraum in diesen Fällen als angemessen anzusehen ist, lässt sich vor allem den einschlägigen TV entnehmen.[254] Mit Orchestermusikern, die ständig zu Orchesterdiensten herangezogen werden, kann die Rundfunkanstalt im Allg. keine über **ein Jahr** hinausgehende Probezeit vereinbaren.[255] Gem. § 20 BBiG (s. § 13 BBiG a.F.) beginnt das Berufsausbildungsverhältnis mit der Probezeit, die mindestens einen Monat betragen muss und höchstens vier Monate betragen darf. Eine Probezeit von **drei Monaten** benachteiligt einen **Auszubildenden** nicht unangemessen i.S.v. § 307 Abs. 1 S. 1. Die im vorhergehenden Arbverh zurückgelegte Zeit ist nicht auf die Probezeit im Berufsausbildungsverhältnis anzurechnen. Für eine Anrechnung fehlt es an einer Rechtsgrundlage.[256] Haben sich die Parteien über die Arbeitsaufnahme für einen bestimmten Arbeitstag vorab verständigt, ist der **erste Arbeitstag** in die Berechnung des Ablaufs einer vertraglich vereinbarten Probezeit voll einzubeziehen, auch wenn der schriftliche Arbeitsvertrag erst am Tage der Arbeitsaufnahme nach Arbeitsbeginn unterzeichnet wird (§§ 187 Abs. 2 S. 1, 188 Abs. 2).[257] Die Arbeitsvertragsparteien können als Ausfluss ihrer Vertragsfreiheit (§ 105 S. 1 GewO, Art. 2 Abs. 1 GG) innerhalb der ersten sechs Monate eine vereinbarte Probezeit zumindest auf bis zu sechs Monate verlängern, selbst wenn die zunächst vereinbarte kürzere Probezeit bereits abgelaufen war.[258] Eine faktische Verlängerung der Probezeit kann durch den Abschluss eines schriftlichen (§ 623) Aufhebungsvertrages mit bedingter Wiedereinstellungszusage (**„Probezeitverlängerungsklausel"**) vor Einsetzen des allg. Künd-Schutzes erreicht werden (siehe § 611 Rn 1118 f.).[259]

c) Unzulässigkeit einer Kündigung in der Probezeit. Auch während der Probezeit ist eine Künd nach allg. Grundsätzen dann unwirksam, wenn sie gegen ein gesetzliches (Künd-)Verbot (§ 134) oder gegen Treu und Glauben (§ 242) verstößt sowie bei Sittenwidrigkeit (§ 138 Abs. 1) der Künd.[260] Ein Verstoß gegen § 242 kann insb. in Fällen von Rechtsmissbrauch, Diskriminierung oder bei Ausspruch der Künd in verletzender Form oder zur „Unzeit"[261] in Betracht kommen. So ist es bspw. rechtsmissbräuchlich, wenn der AG unter Ausnutzung der Privatautonomie dem AN nur wegen seines persönlichen **(Sexual-)Verhaltens** innerhalb der Probezeit kündigt.[262] Die Berufung auf den Ablauf der Probezeit, während der die AN sich voll bewährt hat, stellt eine unzulässige Rechtsausübung dar, wie sie ausschließlich wegen einer im Laufe der Probezeit eingetretenen **Schwangerschaft** der AN erfolgt.[263] Die Künd eines für die katholische Kirche tätigen AN während der Probezeit wegen **Wiederverheiratung** verstößt hingegen nicht gegen § 242.[264] Art. 33 Abs. 2 GG schränkt nicht das Recht des öffentlichen AG ein, während der sechsmonatigen Wartezeit nach § 1 Abs. 1 KSchG die Eignung, Befähigung und fachliche Leistung des neu eingestellten AN zu überprüfen. Eine Probezeit-Künd ist daher nicht ohne weiteres treuwidrig.[265]

d) Kündigungsfrist in der Probezeit. Bei einem Probe-Arbverh gilt gem. Abs. 3 längstens für die Dauer von **sechs Monaten** grds. die gesetzliche Künd-Frist von **zwei Wochen**. Alleinige Voraussetzung für die Anwendbarkeit der Künd-Frist nach § 622 Abs. 3 ist, dass die Probezeit nach der Vereinbarung der Parteien sechs Monate nicht übersteigt.[266] Die verkürzte Künd-Frist greift deshalb auch ein, wenn die Parteien eine Probezeit von sechs Monaten oder weniger vereinbaren. Es kommt nicht darauf an, ob die konkrete Tätigkeit die vereinbarte Erprobungsdauer auch erfordert.[267] Eine andere – längere oder kürzere – Künd-Frist gilt nur dann, wenn eine gem. Abs. 4 S. 1, Abs. 6 zulässigerweise abweichende tarifvertragliche Regelung besteht (siehe Rn 11 ff.). Eine individualvertragliche Verkürzung der Künd-Frist kann nur gem. Abs. 4 S. 2 durch Bezugnahme auf einen entsprechenden TV erfolgen (siehe Rn 17 ff.). Wird ausnahmsweise eine längere Probezeit vereinbart, so ist nach Ablauf von sechs Monaten die Grund-Künd-Frist nach Abs. 1 (siehe Rn 41) einschlägig.[268] Mit der Zwei-Wochen-Frist des Abs. 3 kann demnach letztmals am letzten Tag des sechsten Monats der Probezeit gekündigt werden, auch wenn die Künd erst zu

---

253 S. aber den Koalitionsvertrag zwischen CDU, CSU und SPD v. 11.11.2005, S. 29 f., zur Möglichkeit der Vereinbarung einer Wartezeit von bis zu 24 Monaten.
254 BAG 15.8.1984 – 7 AZR 228/82 – NJW 1985, 2158 f.; BAG 15.3.1978 – 5 AZR 831/76 – DB 1978, 1744.
255 BAG 7.5.1980 – 5 AZR 593/78 – AP § 611 BGB Abhängigkeit Nr. 36 m. Anm. *Küchenhoff/Wank*.
256 BAG 16.12.2004 – 6 AZR 127/04 – NZA 2005, 578 ff.
257 BAG 27.6.2002 – 2 AZR 382/01 – NZA 2003, 377 ff.; anders BAG 9.2.1984 – 2 AZR 19/82 – juris.
258 BAG 15.1.1981 – 2 AZR 943/78 – DB 1982, 234; LAG Rheinland-Pfalz 5.1.1999 – 2 (4) Sa 1139/98 – NZA 2000, 258, 259.
259 BAG 7.3.2002 – 2 AZR 93/01 – DB 2002, 1997, 1998; *Bitzer*, AuA 2003, 16, 17 f.; *Lembke*, DB 2002, 2648 f.; *Wilhelm*, NZA 2001, 818, 822 f.
260 LAG Berlin-Brandenburg 31.8.2007 – 9 Sa 983/07 – juris; LAG Hamm 27.9.2000 – 14 Sa 1163/00 – juris.
261 BAG 5.4.2001 – 2 AZR 185/00 – NZA 2001, 890, 891 f. m.w.N.
262 BAG 23.6.1994 – 2 AZR 617/93 – NZA 1994, 1080, 1081 ff.
263 BAG 28.11.1963 – 2 AZR 140/63 – DB 1964, 225 f.
264 BAG 16.9.2004 – 2 AZR 447/03 – NZA 2005, 1263.
265 BAG 1.7.1999 – 2 AZR 926/98 – PersR 1999, 507 f.
266 BAG 24.1.2008 – 6 AZR 519/07 – NZA 2008, 521, 522 f.
267 BAG 24.1.2008 – 6 AZR 519/07 – NZA 2008, 521, 522 f.
268 *Wilhelm*, NZA 2001, 818, 819 m.w.N.

einem Künd-Termin (zwei Wochen) nach Ablauf der Probezeit wirksam wird.[269] Vereinbaren die Parteien im Arbeitsvertrag eine Probezeit und – ohne weiteren Zusatz – eine Künd-Frist von **sechs Wochen zum Quartalsende**, so kann das Arbverh innerhalb der vereinbarten Probezeit i.d.R. mit einer kürzeren tariflichen oder gesetzlichen Künd-Frist gekündigt werden.[270] Das folgt aus der Rspr. des BAG, wonach die Vereinbarung einer Probezeit – ohne ausdrückliche Künd-Regelung – i.d.R. die stillschweigende Vereinbarung der gesetzlich bzw. tariflich zulässigen **Mindest-Künd-Frist** enthält.[271] Ein **Künd-Termin** ist im Rahmen von Abs. 3 nicht einzuhalten.[272] Während der Probezeit kann das Berufsausbildungsverhältnis gem. § 22 Abs. 1 BBiG (§ 15 Abs. 1 BBiG a.F.) jederzeit ohne Einhalten einer Künd-Frist, auch unter Zubilligung einer angemessenen Auslauffrist, gekündigt werden.[273]

52 **6. Vorfristige Kündigung.** Der Künd-Berechtigte ist im Allg. nicht verpflichtet, mit dem Ausspruch seiner Künd bis zum letzten Tag vor Beginn der gesetzlichen Künd-Frist zum nächstmöglichen Termin zu warten.[274] Eine sog. vorfristige Künd kann jedoch im Einzelfall gegen **Treu und Glauben** (§ 242) verstoßen. Dies kommt insb. dann in Betracht, wenn die Künd allein deshalb unter Überschreiten der tariflichen bzw. gesetzlichen Mindestfrist für die ordentliche Künd vorfristig ausgesprochen wurde, um einen vom Bestehen eines ungekündigten Arbverh abhängenden Anspruch des AN auf eine Jahres-Sonderzuwendung (Weihnachtsgratifikation) oder sonstige stichtagsgebundene **Gratifikation** (Jubiläumszahlung/Betriebsjubiläum) auszuschließen (s. § 162 Abs. 1).[275] Ähnliches gilt, wenn der AG die Künd nur deshalb vor Ablauf der sechsmonatigen Wartefrist des § 1 Abs. 1 KSchG erklärt, um in treuwidriger Weise den Eintritt des Künd-Schutzes zu verhindern (siehe § 1 KSchG Rn 167).

53 **7. Kündigung vor Dienstantritt. a) Zulässigkeit.** Nach allg. M. ist eine außerordentliche wie eine ordentliche „Künd vor Dienstantritt" (Künd vor Arbeitsantritt/Arbeitsaufnahme) zulässig,[276] auch als Änderungs-Künd[277] sowie im Rahmen eines befristeten Arbverh mit vereinbartem Künd-Vorbehalt (§ 15 Abs. 3 TzBfG).[278] Zu beachten sind die allg. gesetzlichen, tarif- oder einzelvertraglichen Fälle des **Ausschlusses des (ordentlichen) Künd-Rechts** (siehe Rn 57 ff.). Den Arbeitsvertragsparteien bleibt zudem die Möglichkeit des vertraglichen **Ausschlusses der ordentlichen Künd vor Dienstantritt** unbenommen (siehe Rn 34),[279] wobei der Grundsatz der Fristenparität nach Abs. 6 zu beachten ist (siehe Rn 31 ff.).[280] Das Anhörungsrecht des BR nach § 102 BetrVG ist auch dann zu beachten, wenn der AG dem AN vor Dienstantritt kündigt (siehe § 102 BetrVG Rn 4).[281]

54 **b) Ausschluss.** Ein Ausschluss des Rechts zur ordentlichen Künd vor Dienstantritt bedarf entweder einer **ausdrücklichen vertraglichen Vereinbarung** oder es müssen **besondere Umstände** vorliegen, aus denen sich der dahingehende beiderseitige Wille eindeutig ergibt.[282] Der Zeitraum vor Arbeitsaufnahme wird von einer allg. vertraglichen **Unkündbarkeitsklausel** (siehe Rn 64) im Zweifel nicht erfasst.[283] Eine allg. Erfahrungsregel, dass die Parteien sich einig gewesen seien, der Vertrag dürfe erst nach Dienstantritt gekündigt werden, besteht nicht.[284] Der vertragliche Ausschluss des Künd-Rechts vor Dienstantritt folgt nicht schon daraus, dass der AN wegen der künftigen Verdienstmöglichkeiten seine bisherige Arbeitsstelle aufgegeben hat und sich auf die Zusage eingestellt hat, die Tätigkeit werde zu einem späteren Zeitpunkt aufgenommen. Es müssen vielmehr besondere Umstände vorliegen, die einen **gesteigerten Vertrauensschutz für den Künd-Empfänger** erforderlich machen. Das kann z.B. zutreffen, wenn der AN für einen **Dauerarbeitsplatz** oder eine **Lebensaufgabe** eingestellt wird oder wenn ein AG an einen AN herantritt und ihn durch ein günstiges Angebot veranlasst, eine sichere Stellung bei einem anderen AG aufzugeben (**Abwerbung**).[285] Die – soweit nach § 307 Abs. 1 bzw. § 309 Nr. 6 i.V.m. § 310 Abs. 4 S. 2 Hs. 1 bei Formulararbeitsverträgen zulässige (siehe Rn 34) – Vereinbarung einer **Vertragsstrafe** für den Fall des Nichtantritts der Arbeit durch den AN ist ein starkes, wenngleich nicht allein maßgebliches Indiz für den Ausschluss der Künd vor Dienstantritt.[286]

---

269 BAG 28.9.1978 – 2 AZR 2/77 – DB 1979, 1136; BAG 21.4.1966 – 2 AZR 264/65 – DB 1966, 985 f.; *Bährle*, BuW 2002, 920, 921.
270 LAG Düsseldorf 20.10.1995 – 9 Sa 996/95 – NZA 1996, 1156 f.
271 BAG 4.7.2001 – 2 AZR 88/00 – ZTR 2002, 172 f.; BAG 28.4.1988 – 2 AZR 750/87 – NZA 1989, 58 f.; BAG 15.8.1984 – 7 AZR 228/82 – NJW 1985, 2158, 2159; BAG 21.3.1980 – 7 AZR 314/78 – DB 1980, 1701, 1702 f.; BAG 22.7.1971 – 2 AZR 344/70 – DB 1971, 1922 f.
272 HWK/*Bittner*, § 622 BGB Rn 37.
273 BAG 10.11.1988 – 2 AZR 26/88 – NZA 1989, 268 f.
274 LAG Berlin 11.1.1999 – 9 Sa 106/98 – NZA-RR 1999, 473, 475.
275 BAG 4.5.1999 – 10 AZR 417/98 – NZA 1999, 1053, 1054 ff.; BAG 25.4.1991 – 6 AZR 532/89 – NZA 1991, 763, 764 f.; BAG 4.9.1985 – 5 AZR 655/84 – NZA 1986, 225 ff.; BAG 29.3.1965 – 5 AZR 6/65 – NJW 1965, 1348 f.
276 BAG 25.3.2004 – 2 AZR 324/03 – NZA 2004, 1089, 1090; MüKo-BGB/*Hesse*, vor § 620 Rn 124; a.A. RAG 5.7.1933 – 114/33 – ARS 18, 257, 259 ff. m. Anm. *Hueck*.
277 BAG 22.8.1964 – 1 AZR 64/64 – DB 1964, 1705 f.
278 BAG 9.5.1985 – 2 AZR 372/84 – NZA 1986, 671.
279 St. Rspr. BAG 4.3.2004 – 8 AZR 196/03 – NZA 2004, 727, 729 m.w.N.
280 BAG 1.10.1963 – 5 AZR 24/63 – DB 1963, 1684.
281 Hessisches LAG 31.5.1985 – 13 Sa 833/84 – DB 1985, 2689.
282 BAG 13.6.1990 – 5 AZR 304/89 – juris m.w.N.
283 *Kania/Kramer*, RdA 1995, 287, 293.
284 BAG 2.11.1978 – 2 AZR 74/77 – DB 1979, 1086, 1087.
285 BAG 9.5.1985 – 2 AZR 372/84 – NZA 1986, 671.
286 BAG 14.12.1988 – 2 AZR 10/88 – juris; BAG 21.7.1982 – 5 AZR 549/80 juris.

Der Dienstvertrag eines GmbH-Geschäftsführers, insb. mit vorgeschalteter Probezeit, ist mangels besonderer vertraglicher Vereinbarung nicht vor Dienstantritt kündbar.[287]

c) Beginn der Kündigungsfrist. Soweit eine ausdrückliche vertragliche Regelung fehlt, ist im Falle einer Künd vor Dienstantritt regelmäßig der Zeitpunkt des Beginns der Künd-Frist fraglich. Es hängt nach st. Rspr. des BAG in erster Linie von den zwischen den Parteien getroffenen **Vereinbarungen** ab, ob bei einer vor Dienstantritt ausgesprochenen ordentlichen Künd die Künd-Frist bereits mit dem Zugang der Künd oder erst an dem Tage beginnt, an dem die Arbeit vertragsgemäß aufgenommen werden soll. Haben die Parteien keine Vereinbarung über den Beginn der Künd-Frist getroffen, so liegt eine Vertragslücke vor, die im Wege der **ergänzenden Vertragsauslegung** (§ 157) zu schließen ist. Für die Ermittlung des mutmaßlichen Parteiwillens und die hierfür maßgebende Würdigung der beiderseitigen Interessen ist grds. auf die konkreten Umstände des Falles abzustellen. **Typische Vertragsgestaltungen** können dabei für oder gegen die Annahme sprechen, die Parteien hätten eine auf Dauer der vereinbarten Künd-Frist beschränkte Realisierung des Vertrags gewollt. Vereinbaren die Parteien etwa die **kürzeste zulässige Künd-Frist**, so spricht dies gegen die mutmaßliche Vereinbarung einer Realisierung des Arbverh für diesen Zeitraum.[288] Die Vereinbarung einer **Vertragsstrafe** (siehe Rn 54, 34) für den Fall der Nichtaufnahme der vereinbarten Tätigkeit berechtigt für sich alleine jedenfalls dann nicht dazu anzunehmen, es entspreche dem mutmaßlichen Parteiwillen, die durch eine vor Arbeitsantritt ausgesprochene Künd in Lauf gesetzte Künd-Frist beginne erst mit dem für die Arbeitsaufnahme vertraglich vorgesehenen Zeitpunkt, wenn alle Umstände i.Ü. gegen einen derartigen Parteiwillen sprechen.[289] Es ist nicht davon auszugehen, dass die Parteien grds. und im Zweifel ein Interesse an einer zumindest vorübergehenden Durchführung (Realisierung) des Arbeitsvertrages haben und deshalb die Künd-Frist, wenn keine Anhaltspunkte für einen abweichenden Parteiwillen bestehen, erst zum Zeitpunkt der vereinbarten Arbeitsaufnahme beginnen soll.[290] Es sprechen nach neuerer Rspr. des BAG im Gegenteil gewichtige Argumente dafür, dass die Künd-Frist auch bei einer Künd vor Dienstantritt, wenn die (ergänzende) Vertragsauslegung nicht zu einem eindeutigen Ergebnis führt, im Zweifel mit dem **Zugang** (§ 130) der Künd-Erklärung beginnt.[291] Ergibt sich dagegen, dass die Künd-Frist bei einer vor Dienstantritt ausgesprochenen ordentlichen Künd erst in dem Zeitpunkt beginnt, zu dem die „**Aktualisierung des Arbverh**" vereinbart war, dann ist auf den Zeitpunkt des vertraglich vereinbarten Beginns des Arbverh und nicht darauf abzustellen, wann die Arbeit tatsächlich aufgenommen worden ist. Die Frist ist in diesem Falle nach §§ 187 Abs. 2, 188 Abs. 2 zu berechnen, d.h., der erste vorgesehene Arbeitstag ist bei der Berechnung der Künd-Frist mitzurechnen.[292]

d) Vertragsbruch durch Nichtantritt der Arbeit. In Fällen, in denen die Künd-Frist erst mit dem Zeitpunkt des vertraglich vereinbarten Beginns des Arbverh zu laufen beginnt, der AN aber bereits vor Dienstantritt kündigt und die Arbeitsaufnahme endgültig verweigert („**vorzeitige Vertragsaufsage**"), stellt sich abgesehen von dem arbeitsvertraglichen Erfüllungsanspruch nach § 611 Abs. 1 – dessen Vollstreckung wegen § 888 Abs. 3 ZPO fraglich ist (siehe § 309 Rn 21 ff., § 345 Rn 1, 8, 13, 18, § 611 Rn 588)[293] – insb. die Frage nach **Schadensersatzansprüchen des AG**. Als Anspruchsgrundlage kommt in Fällen der aufgrund des Vertragsbruchs des AN erklärten fristlosen Künd (§ 626) des AG die Spezialregelung des § 628 Abs. 2 (siehe § 628 Rn 28), i.Ü. § 280 Abs. 1 (entweder i.V.m. § 241 Abs. 2 oder i.V.m. Abs. 3, § 281 Abs. 2) in Betracht.[294] Ein Schaden ist dabei nur bis zu dem Zeitpunkt ersatzfähig (§§ 249 Abs. 1, 251 Abs. 1), zu dem der AN frühestens hätte kündigen können (sog. **Verfrühungsschaden**).[295] Der AG kann von einem vertragsbrüchigen AN daher keinen Ersatz der durch **Stellenanzeigen** wegen der Suche eines Nachfolgers veranlassten Kosten verlangen, wenn diese Kosten auch bei einer fristgemäßen ordentlichen Künd des AN zum arbeitsvertraglich nächsten Künd-Termin entstanden wären.[296] In Betracht kommt eine **Schadenspauschalierung**, ggf. unter Beachtung von § 309 Nr. 5 (siehe § 309 Rn 12 ff.).[297] Muss der AN vor Antritt der Arbeit erkennen, dass der AG im Vertrauen auf die vertraglich zugesagte Arbeitsaufnahme erhebliche **Aufwendungen** macht, so muss er den AG unverzüglich unterrichten, wenn er die Arbeit nicht antreten kann oder will.[298] Aufwendungen des AN für eine ärztliche Einstellungsuntersuchung sind nach Ausspruch der Künd durch den AG vor Dienstantritt nicht mehr erforderlich i.S.v. § 670 BGB.[299]

---

287 OLG Hamm 8.10.1984 – 8 U 265/83 – BB 1984, 2214 f.; *Lunk*, ZIP 1999, 1777, 1781.
288 BAG 9.5.1985 – 2 AZR 372/84 – NZA 1986, 671.
289 Hessisches LAG 25.11.1996 – 10 Sa 566/96 – DB 1997, 1572, 1573.
290 BAG 9.5.1985 – 2 AZR 372/84 – NZA 1986, 671, 672 f.; BAG 6.3.1974 – 4 AZR 72/73 – DB 1974, 1070 f.; a.A. noch BAG 22.8.1964 – 1 AZR 64/64 – DB 1964, 1705 f.
291 BAG 25.3.2004 – 2 AZR 324/03 – NZA 2004, 1089, 1090; *Berger-Delhey*, DB 1989, 380 f; *Caesar*, NZA 1989, 251, 252 ff.; *Joussen*, NZA 2002, 1177, 1180 ff.; *Herbert/Oberrath*, NZA 2004, 121, 123 f.; *Preis*, NZA 2003, 252.
292 BAG 2.11.1978 – 2 AZR 74/77 – DB 1979, 1086, 1088 f.
293 *Herbert/Oberrath*, NZA 2004, 121, 124 f. m.w.N., auch zum Antrag des AG auf Festsetzung einer angemessenen Entschädigung nach § 61 Abs. 2 ArbGG.
294 *Herbert/Oberrath*, NZA 2004, 121, 126 f.
295 *Joussen*, NZA 2002, 1177, 1182.
296 BAG 23.3.1984 – 7 AZR 37/81 – NZA 1984, 122 f.; BAG 26.3.1981 – 3 AZR 485/78 – DB 1981, 1832 f.
297 *Herbert/Oberrath*, NZA 2004, 121, 127 f. m.w.N.
298 BAG 14.9.1984 – 7 AZR 11/82 – NZA 1985, 25.
299 BAG 9.2.2006 – 6 AZR 283/05 – NZA 2006, 1207, 1211.

III. Ausschluss der ordentlichen Kündigung

57 **1. Allgemeines.** Ein Ausschluss des Rechts zur ordentlichen Künd – „(ordentliche) Unkündbarkeit" – ist für die AG-Künd im Hinblick auf den Grundsatz der **Vertragsfreiheit** (siehe § 105 GewO Rn 1, 4 ff.) zeitlich unbegrenzt möglich, bspw. durch den Abschluss eines Arbeitsvertrages auf **Lebenszeit des AG** (siehe § 624 Rn 7).[300] Insb. führt nicht schon die Tatsache eines einseitigen Künd-Rechts zugunsten des AN zur Sittenwidrigkeit der Vereinbarung (§ 138 Abs. 1).[301] Ein „lebenslänglicher" Künd-Ausschluss ist weder im Hinblick auf die nach § 22 TzBfG für die AN-Künd zwingend anzuwendende Fünf-Jahres-Grenze des § 15 Abs. 4 TzBfG (siehe § 15 TzBfG Rn 12 ff.) sittenwidrig noch liegt allein darin ein für die fristlose AG-Künd geeigneter wichtiger Grund i.S.v. § 626 Abs. 1.[302] Zu beachten ist der Grundsatz der Fristenparität nach Abs. 6 (siehe Rn 31). Eine Vereinbarung über den Ausschluss des Rechts zur ordentlichen Künd kann insb. durch **TV** (siehe Rn 62) oder – in der Praxis seltener – durch **Individualarbeitsvertrag** (siehe Rn 64) erfolgen, gelegentlich auch durch **BV** (siehe Rn 63). Der Ausschluss kann ausdrücklich oder konkludent erklärt werden. Es kann sich um einen einseitigen oder beidseitigen, einen generellen oder einen zeitlich bzw. sachlich beschränkten Ausschluss handeln. Die Erklärungen bedürfen insoweit ggf. der **Auslegung** (§§ 133, 157).[303] Das Recht zur außerordentlichen fristlosen Künd des Dauerschuldverhältnisses (s. § 314) „Arbverh" aus wichtigem Grund nach Maßgabe von § 626 darf nicht unzumutbar erschwert oder gar ausgeschlossen werden (siehe § 626 Rn 5 ff.).

58 **2. Gesetzliche Kündigungsbeschränkungen und -verbote. a) Allgemeine Unwirksamkeitsgründe.** Die Nichtigkeit der Künd kann sich aus allg. Grundsätzen ergeben, insb. bei Verstoß gegen ein gesetzliches Künd-Verbot (§ 134) oder gegen den Grundsatz von Treu und Glauben (§ 242) sowie bei Sittenwidrigkeit der Künd (§ 138 Abs. 1). Gesetzliche Künd-Verbote gehen dem allg. Künd-Schutz als spezialgesetzliche Regelungen vor.[304]

59 **b) Arbeitsrechtliche Verbotsgesetze.** Spezielle arbeitsrechtliche Künd-Verbote i.S.v. § 134 enthalten das Maßregelungsverbot des § 612a sowie das Verbot der Künd wegen Betriebs(teil-)übergangs gem. § 613a Abs. 4 S. 1 (siehe § 613a Rn 145 ff.). Das Diskriminierungsverbot des § 7 AGG gilt gem. § 2 Abs. 4 AGG nicht für Künd.

60 **c) Allgemeiner Kündigungsschutz nach dem KSchG.** Ist das KSchG anwendbar, so ist eine Künd gem. § 1 KSchG rechtsunwirksam, wenn sie sozial ungerechtfertigt ist (siehe § 1 KSchG Rn 175). Unterbleibt die Massenentlassungsanzeige nach § 17 Abs. 1 KSchG oder ist sie rechtsunwirksam, weil das Konsultationsverfahren oder die Anzeige der beabsichtigten Massenentlassung i.S.d. Art. 2 bis 4 RL 98/59/EG[305] nicht erfolgte, so ist die „Entlassung" nach neuerer Rspr. des EuGH unwirksam,[306] darf nach Ansicht des BAG jedenfalls nicht vollzogen werden (siehe § 17 KSchG Rn 35 f.).[307]

61 **d) Sonder-Kündigungsschutz für bestimmte Personengruppen.** Die ordentliche Künd eines Mitglieds von BR, JAV, Bordvertretung, See-BR, Personalvertretung, Jugendvertretung, Wahlvorstand sowie eines Wahlbewerbers ist nach näherer Maßgabe von § 15 KSchG unzulässig (siehe § 15 KSchG Rn 1 ff., 42 ff.). Die Künd des Arbverh eines schwerbehinderten Menschen durch den AG bedarf gem. § 85 SGB IX der vorherigen Zustimmung des Integrationsamtes (siehe § 86 SGB IX Rn 1 ff.). Die Künd gegenüber einer Frau während der Schwangerschaft und bis zum Ablauf von vier Monaten nach der Entbindung ist gem. § 9 MuSchG grds. unzulässig (siehe § 9 MuSchG Rn 1 ff., 31 ff.). Sonder-Künd-Schutz für Elternzeitberechtigte gewährt § 18 BEEG (siehe § 18 BEEG Rn 1 ff.). Auszubildende unterliegen nach Ablauf der Probezeit dem besonderen Künd-Schutz nach § 22 Abs. 2 BBiG (siehe § 23 BBiG Rn 27 ff.). Künd-Verbote zum Schutz von Wehrdienstleistenden enthält § 2 ArbPlSchG, für Zivildienstleistende gilt § 78 ZDG, bei Teilnahme an sog. Eignungsübungen ist das Künd-Verbot für den AG nach § 2 EÜG[308] zu beachten. Z.T. sind in Landeskatastrophenschutzgesetzen Benachteiligungs-Verbote enthalten, bspw. in § 13 Abs. 1 S. 1 LKatSG BW.[309] Die ordentliche Künd kann ferner durch Ländergesetz über Bergmannsversorgungsscheine eingeschränkt sein, z.B. nach Maßgabe von §§ 10 ff. BVSG NW.[310]

---

300 BAG 25.3.2004 – 2 AZR 153/03 – BB 2004, 2303, 2305.
301 RAG 9.3.1935 – 201/34 – ARS 23, 190, 191 ff. m. Anm. *Hueck*.
302 BAG 25.3.2004 – 2 AZR 153/03 – BB 2004, 2303, 2305 ff.
303 *Kania/Kramer*, RdA 1995, 287, 290 ff.
304 BAG 21.4.2005 – 2 AZR 241/04 – NZA 2005, 1307, 1308 m.w.N.; *Kamanabrou*, Jura 2005, 102, 103.
305 RL 98/59/EG des Rates v. 20.7.1998 zur Angleichung der Rechtsvorschriften der Mitgliedstaaten über Massenentlassungen (ABl EG L 225, S. 16).
306 EuGH 27.1.2005 – Rs. C-188/03 – Irmtraut Junk/Wolfgang Kühnel – NZA 2005, 213 ff.
307 BAG 16.6.2005 – 6 AZR 451/04 – NZA 2005, 1109, 1110 f.; BAG 13.4.2000 – 2 AZR 215/99 – NZA 2001, 144 ff.
308 Gesetz über den Einfluß von Eignungsübungen der Streitkräfte auf Vertragsverhältnisse der AN und Handelsvertreter sowie auf Beamtenverhältnisse – EignungsübungsG – v. 21.1.1956 (BGBl I S. 13 f.).
309 Gesetz über den Katastrophenschutz – LandeskatastrophenschutzG – i.d.F. v. 22.11.1999 (GBl S. 625, 630).
310 Gesetz über einen Bergmannsversorgungsschein im Land NW – BergmannsversorgungsscheinG – v. 20.12.1983 (GV NW S. 635, 637).

3. Tarifvertraglicher Kündigungsausschluss. Eine Vielzahl von TV sieht bei Vorliegen bestimmter Voraussetzungen einen Ausschluss der ordentlichen AG-Künd vor.[311] So ist ein Ang des öffentlichen Dienstes gem. § 53 Abs. 3 BAT-West[312] nach einer Beschäftigungszeit (§ 19 BAT) von 15 Jahren, frühestens nach Vollendung des vierzigsten Lebensjahres, **„(ordentlich) unkündbar"**.[313] Entsprechendes gilt für Arb des öffentlichen Dienstes gem. § 58 MT-Arb.[314] Nunmehr ist § 34 Abs. 2 S. 1, Abs. 3 TVöD einschlägig. Soweit Beschäftigte nach den bis zum 30.9.2005 geltenden Tarifregelungen (BAT) unkündbar waren, verbleibt es gem. § 34 Abs. 2 S. 2 TVöD dabei. Maßgeblich für die Beurteilung der Unkündbarkeit ist grds. der Zeitpunkt des **Zugangs (§ 130) der Künd**,[315] sofern nicht ausnahmsweise in dem kurz vor Eintritt der Unkündbarkeit erklärten Ausspruch der ordentlichen Künd eine objektive funktionswidrige Umgehung der tariflichen Unkündbarkeitsregelung zu sehen ist.[316] Ein tarifliches Künd-Verbot erfasst auch das Recht zur **ordentlichen Änderungs-Künd**.[317] Tarifvertragliche Unkündbarkeitsregelungen beinhalten keinen Verstoß gegen das **Differenzierungsverbot** zwischen Gewerkschaftsmitgliedern und nicht oder anders organisierten AN,[318] da es dem AG unbenommen bleibt, diese Vergünstigung auch den Außenseitern zu gewähren.[319] Die Anknüpfung an das Lebensalter des AN bzw. die Beschäftigungs- oder Betriebszugehörigkeitsdauer ist i.S.v. Art. 3 Abs. 1 GG sachlich gerechtfertigt.[320] Ist die ordentliche Künd durch **TV** wirksam ausgeschlossen,[321] so ist nach st. Rspr. bei der dann allein noch möglichen **außerordentlichen Künd** (§ 626, s. §§ 54, 55 BAT bzw. § 34 Abs. 2 S. 1 TVöD) zur Vermeidung von Wertungswidersprüchen grds. die fiktive gesetzliche oder tarifvertragliche Künd-Frist, die gelten würde, wenn die ordentliche Künd nicht ausgeschlossen wäre, als sog. **(soziale) Auslauffrist** einzuhalten (siehe § 626 Rn 128, 137)[322] – sog. **Orlando-Künd**.[323] Dies gilt nicht bei einer **außerordentlichen betriebsbedingten Änderungs-Künd**.[324] Bei der Prüfung der Frage, ob ein wichtiger Grund zur fristlosen Künd eines ordentlich unkündbaren AN vorliegt, geht es allein um die Abwägung, ob dem AG die Fortsetzung des ArbVerh bis zum Ablauf der „fiktiven" Künd-Frist noch zugemutet werden kann.[325] In Form des TV geschlossene **Rationalisierungsschutzabkommen**[326] („TV Ratio") können neben (quantitativen/qualitativen) Besetzungsregelungen[327] Beschränkungen bis hin zu einem (vorübergehenden) Ausschluss des ordentlichen betriebsbedingten Künd-Rechts enthalten.[328]

4. Ausschluss der ordentlichen Kündigung durch Betriebsvereinbarung. Unkündbarkeitsvereinbarungen können grds. – soweit dies im Rahmen von § 77 Abs. 3 S. 1 BetrVG zulässig ist – auch im Rahmen von BV geschlossen werden.[329] So kann bspw. im Zuge von **Betriebsänderungen** ein zeitweiliger Künd-Ausschluss im Rahmen eines **Rationalisierungsschutzabkommens** vereinbart werden, ggf. auch in Form einer **Rationalisierungs-BV** („Ratio-BV").[330] Kommt im Zuge einer geplanten Betriebsänderung eine Einigung mit dem AG hierüber nicht zustande,

---

311 Zur grds. Zulässigkeit der nachträglichen Verschlechterung einer Tarifregelung über ordentliche Unkündbarkeit s. BAG 2.2.2006 – 2 AZR 58/05 – NZA 2006, 868, 869 ff.
312 Diese Unkündbarkeits-Regelung gilt nicht nach dem BAT-Ost.
313 BAG 27.4.2006 – 2 AZR 386/05 – NZA 2006, 977, 980; BAG 6.10.2005 – 2 AZR 362/04 – NZA-RR 2006, 416, 418; BAG 18.10.2000 – 2 AZR 627/99 – NZA 2001, 219; BAG 11.3.1999 – 2 AZR 427/98 – NZA 1999, 818, 823.
314 LAG Köln 8.3.1999 – 3 Sa 809/98 – juris; LAG Nürnberg 23.5.1978 – 2 Sa 211/77 – AMBl BY 1980, C 3, zu § 58 MTL II.
315 BAG 10.3.1982 – 4 AZR 158/79 – NJW 1982, 2839 m.w.N.
316 BAG 16.10.1987 – 7 AZR 204/87 – NZA 1988, 877, 879 f. m.w.N.
317 BAG 10.3.1982 – 4 AZR 158/79 – NJW 1982, 2839.
318 BAG GS 29.11.1967 – GS 1/67 – DB 1968, 1539.
319 ErfK/*Müller-Glöge*, § 622 BGB Rn 45.
320 ErfK/*Müller-Glöge*, § 622 BGB Rn 45.
321 *Kania/Kramer*, RdA 1995, 287, 288 ff. m.w.N.
322 BAG 27.4.2006 – 2 AZR 386/05 – NZA 2006, 977, 979 f.; BAG 6.10.2005 – 2 AZR 362/04 – NZA-RR 2006, 416, 418 ff.; BAG 12.5.2005 – 2 AZR 159/04 – NZA 2005, 1173; BAG 27.11.2003 – 2 AZR 601/02 – ZTR 2004, 536, 537 f.; BAG 12.8.1999 – 2 AZR 923/98 – NZA 2000, 421, 426 f.; BAG 18.2.1993 – 2 AZR 526/92 – NZA 1994, 74, 75 f.; BAG 28.3.1985 – 2 AZR 113/84 – NZA 1985, 559, 560.
323 Begrifflich zurückgehend auf *Bröhl*, in: FS für Schaub, S. 55, 72 f., im Anschluss an die Figur des Orlando in Virginia Woolfs gleichnamigem Roman; *Etzel*, ZTR 2003, 210; *Kiel*, NZA Beil. 1/2005, 18, 19 ff.; *Maurer/Schüßler*, BB 2001, 466; *Oetker*, ZfA 2001, 287, 331 ff.; *Rieble*, NZA 2003, 1243, 1244.
324 BAG 21.6.1995 – 2 ABR 28/94 – NZA 1995, 1157, 1159 f.; LAG Köln 15.7.1998 – 5 Sa 1247/97 – juris; anders noch BAG 6.3.1986 – 2 ABR 15/85 – NZA 1987, 102, 104.
325 BAG 27.4.2006 – 2 AZR 386/05 – NZA 2006, 977, 979 f.
326 S. bspw. das Rationalisierungsschutzabkommen für die private Versicherungsgewerbe v. 16.4.1983, RdA 1984, 181 sowie die TV über den Rationalisierungsschutz für Arbeiter des Bundes und der Länder (RatSchTV Arb) sowie für Ang (RatSchTV Ang) jeweils v. 9.1.1987 i.d.F. v. 2.4.2002.
327 *Reuter*, ZfA 1978, 1, 2 ff.
328 Däubler/*Hensche*, TVG, Einl. Rn 42, 272; § 1 Rn 710 ff.; *Bulla*, DB 1980, 103, 108; *Bulla*, DB 1980, 158; *Koller*, ZfA 1978, 45, 72 ff.; *Lingemann/Grothe*, NZA 1999, 1072, 1076 f.
329 *Kania/Kramer*, RdA 1995, 287, 290; *Rieble*, NZA 2003, 1243, 1245 f.
330 BAG 5.10.1995 – 2 AZR 458/95 – juris; BAG 5.10.1995 – 2 AZR 269/95 – NZA 1996, 524, 530 f.

so kann diese Einigung nicht nach § 112 Abs. 4 BetrVG durch verbindlichen Spruch der Einigungsstelle (§ 76 BetrVG) ersetzt werden, da sie hierfür nicht zuständig ist.[331]

64 **5. Individualvertraglicher Kündigungsausschluss.** Der einzelvertragliche Ausschluss oder die Einschränkung des Rechts zur ordentlichen Künd, Letzteres bspw. als Folge der Vereinbarung einer **Dauer- oder Lebensstellung des AN** (siehe § 624 Rn 7), ist in dem von § 15 Abs. 4 TzBfG gezogenen Rahmen grds. zulässig.[332] Bei befristeten Arbverh ist das Erfordernis der Vereinbarung eines **Künd-Vorbehalts** nach § 15 Abs. 3 TzBfG zu beachten (siehe § 15 TzBfG Rn 10 f.). Die Ausübung des Rechts zur ordentlichen Künd kann – unter Beachtung von Abs. 6 (siehe Rn 31 ff.) – im Wege einer **schuldrechtlichen Künd-Beschränkung** an bestimmte Voraussetzungen, etwa das Vorliegen eines bestimmten Künd-Grundes, geknüpft werden.[333]

65 **6. Rechtsfolgen eines Kündigungsausschlusses.** Eine **schuldrechtliche Verpflichtung zur Unterlassung der Künd** bedeutet i.d.R. eine „Verfügung über das Gestaltungsrecht" und hat damit „dingliche Wirkung" mit der Konsequenz, dass einer dennoch ausgesprochenen Künd der bezweckte Rechtserfolg versagt bleibt.[334] Eine trotz wirksamen Künd-Ausschlusses erklärte ordentliche Künd ist gem. § 134 – bei tarifvertraglichem Ausschluss i.V.m. Art. 2 EGBGB – unwirksam. Ist hingegen der Künd-Ausschluss unwirksam, so gelten grds. die gesetzlichen Künd-Fristen und -Termine.[335]

C. Verbindung zu anderen Rechtsgebieten und zum Prozessrecht

I. Niederschrift der wesentlichen Vertragsbedingungen

66 Nach § 2 Abs. 1 S. 2 Nr. 9 NachwG sind „**die Fristen für die Künd des Arbverh**" in die Niederschrift der wesentlichen Vertragsbedingungen aufzunehmen. Gem. § 2 Abs. 3 NachwG kann insoweit auf einschlägige TV, BV, DV, ähnliche Regelungen oder die maßgebliche gesetzliche Regelung verwiesen werden (siehe § 2 NachwG Rn 38, 52 ff.).

II. Ruhen des Anspruchs auf Arbeitslosengeld bei Entlassungsentschädigung

67 Unter den Voraussetzungen des § 143a Abs. 1 SGB III ruht der Anspruch auf Alg, gem. § 143a Abs. 2 S. 1 SGB III längstens **ein Jahr** (siehe § 143a SGB III Rn 6 ff., 39 ff., 58, § 143 Rn 20 ff.). Die Vereinbarung über eine **Verkürzung der Künd-Frist** nach Zugang der Künd stellt eine nach § 138 Abs. 1 unzulässige Einigung zu Lasten der BA dar, da sie nur den Zweck haben kann, § 143a SGB III zu unterlaufen.[336]

III. Darlegungs- und Beweislast

68 Wer sich auf eine für ihn günstige Abweichung von den Künd-Fristen oder -Terminen des Abs. 1 bis 3 beruft, trägt nach **allg. Regeln** die Darlegungs- und Beweislast für die vom Gesetz abweichende Vereinbarung.[337] Derjenige, der sich auf eine – nach Abs. 2 einschlägige oder aufgrund Vereinbarung geltende – **verlängerte Künd-Frist** beruft, ist darlegungs- und ggf. beweispflichtig.[338] Wer sich auf Abs. 5 S. 1 Nr. 1 beruft, hat das Vorliegen eines **Aushilfs-Arbverh** darzulegen und zu beweisen.[339]

IV. Prozessuales

69 **1. Keine Klagefrist bei verfristeter Kündigung.** Die – bereits zu § 113 Abs. 2 InsO a.F. (siehe § 113 InsO Rn 81) – heftig umstr. Frage, ob für die Geltendmachung der „Unwirksamkeit" einer mit zu kurzer Künd-Frist ausgesprochenen Künd eines Arbverh die Einhaltung der **Klagefrist** des m.W.v. 1.1.2004 geänderten § 4 S. 1 KSchG[340] von drei Wochen ab Zugang der schriftlichen (§ 623) Künd erforderlich ist (siehe § 4 KSchG Rn 5, § 13 KSchG Rn 25 ff.),[341] wurde bereits bisher von der wohl h.M. unter Hinweis auf den sachgerechten Vorrang der Auslegung (§§ 133, 157) der Künd-Erklärung vor der Umdeutung (§ 140) verneint.[342] In diesem Sinne hat nunmehr auch das

---

331 BAG 17.9.1991 – 1 ABR 23/91 – NZA 1992, 227, 228 ff.; *Kania/Kramer*, RdA 1995, 287, 290.
332 *Kania/Kramer*, RdA 1995, 287 f.
333 BAG 8.10.1959 – 2 AZR 501/56 – DB 1959, 1374 f.
334 BAG 25.3.2004 – 2 AZR 153/03 – BB 2004, 2303, 2304 f. m.w.N.
335 Palandt/*Weidenkaff*, § 622 Rn 5.
336 LSG Essen 16.11.2004 – L 1 AL 13/04 – juris.
337 HWK/*Bittner*, § 622 BGB Rn 131 m.w.N.
338 ErfK/*Müller-Glöge*, § 622 BGB Rn 48.
339 ErfK/*Müller-Glöge*, § 622 BGB Rn 48.
340 I.d.F. des Gesetzes zu Reformen am Arbeitsmarkt v. 24.12.2003 (BGBl I S. 3002).
341 So ArbG Stralsund 16.11.2004 – 5 Ca 215/04 – AuA 2005, 208; *Bader*, NZA 2004, 65, 67 f.; *Dewender*, DB 2005,

337 ff.; *Löwisch*, BB 2004, 154, 158 f.; *Matthiessen/Shea*, AuA 2005, 208 ff.; *Schiefer/Worzalla*, NZA 2004, 345, 356.
342 LAG Hamm 23.6.2005 – 15 Sa 298/05 – NZA-RR 2006, 189; LAG Berlin 7.6.2005 – 11 Sa 369/05 – juris; LAG Hamm 23.5.2005 – 16 Sa 2470/04 – NZA-RR 2005, 580, 581 f.; LAG Rheinland-Pfalz 21.4.2004 – 6 Sa 135/05 – NZA-RR 2005, 583 f.; Palandt/*Weidenkaff*, § 622 Rn 6; *Bauer/Krieger*, NZA 2004, 77.; *Bender/Schmidt*, NZA 2004, 358, 362 f.; *Dollmann*, BB 2004, 2073; *Hanau*, ZIP 2004, 1169, 1175; *Kampen/Winkler*, AuR 2005, 171; *Quecke*, RdA 2004, 86, 100; *Raab*, RdA 2004, 321, 325 f.

BAG entschieden. Die unzutreffende Berechnung der Künd-Frist durch den AG mache die ordentliche Künd nicht insgesamt unwirksam, sondern betreffe lediglich den Zeitpunkt ihrer Wirksamkeit.[343]

2. Verfahren bei Verfassungswidrigkeit einer tarifvertraglichen Regelung. Wird die Verfassungswidrigkeit 70
tariflicher Künd-Fristen von einer Partei angesprochen oder vom Gericht bezweifelt, so haben die ArbG nach den Grundsätzen des § 293 ZPO von Amts wegen die näheren für die unterschiedlichen Künd-Fristen maßgeblichen Umstände, die für und gegen eine Verfassungswidrigkeit sprechen, zu ermitteln.[344]

D. Beraterhinweise

§ 622 Abs. 5 S. 3 steht individualvertraglichen Künd-Termin-Regelungen nicht im Wege, die zwar grds. die Quartals- 71
Künd vorsehen, aber zu bestimmten Quartalen, insb. **zum 31.12., die Künd ausschließen**. Solche atypischen Vereinbarungen spielen in Unternehmen mit starken saisonalen Arbeitsschwankungen eine Rolle, man will das Abwandern von Mitarbeitern in der Hauptsaison möglichst vermeiden. Vor allem bei WP-Gesellschaften sowie bei Schlüsselkräften in der Buchhaltung können derartige Gestaltungen sinnvoll sein.[345] Macht der AN lediglich geltend, der AG habe die Künd-Frist nicht eingehalten, so kann er dies nach der Rspr. des BAG auch außerhalb der Klagefrist des § 4 S. 1 KSchG tun (siehe Rn 69).[346]

§ 623 Schriftform der Kündigung

Die Beendigung von Arbeitsverhältnissen durch Kündigung oder Auflösungsvertrag bedürfen zu ihrer Wirksamkeit der Schriftform; die elektronische Form ist ausgeschlossen.

Literatur: *Appel/Kaiser*, Gesetz zur Beschleunigung des arbeitsgerichtlichen Verfahrens, AuR 2000, 281; *Bader*, Das Gesetz zu Reformen am Arbeitsmarkt: Neues im Kündigungsschutzgesetz und Befristungsrecht, NZA 2004, 65; *Baeck/Hopfner*, Schlüssige Aufhebungsverträge mit Organmitgliedern auch nach Inkrafttreten des § 623 BGB?, DB 2000, 1914; *Bauer*, Nun Schriftform bei Beförderung zum Geschäftsführer?, GmbHR 2000, 767; *Berscheid*, Schriftform für Beendigung von Arbeitsverträgen, ZInsO 2000, 208; *Böhm*, § 623 BGB: Risiken und Nebenwirkungen, NZA 2000, 561; *Caspers*, Rechtsfolgen des Formverstoßes bei § 623 BGB, RdA 2001, 28; *Däubler*, Obligatorische Schriftform für Kündigungen, Aufhebungsverträge und Befristungen – der neue § 623 BGB, AiB 2000, 188; *Dahlem/Wiesner*, Arbeitsrechtliche Aufhebungsverträge in einem Vergleich nach § 278 VI ZPO, NZA 2004, 530; *Dollmann*, Die Rückkehr zum ruhenden Arbeitsverhältnis des Geschäftsführers durch § 623 BGB, BB 2003, 1838; *Fischer*, Die Bestellung von Arbeitnehmern zu Organmitgliedern juristischer Personen und das Schicksal ihres Arbeitsvertrags, NJW 2003, 2417; *Gaul*, Das Arbeitsgerichtsbeschleunigungsgesetz: Schriftform für Kündigungen und andere Änderungen, DStR 2000, 691; *Giesen/Besgen*, Fallstricke des neuen gesetzlichen Abfindungsanspruchs, NJW 2004, 185; *Hahn*, Europarechtswidrigkeit des neuen § 8a KStG, GmbHR 2004, 279; *Holthausen/Steinkraus*, Die januskÖpfige Rechtsstellung des GmbH-Geschäftsführers im Arbeitsrecht, NZA-RR 20022, 281; *Hoß*, Das Schriftformerfordernis bei der Änderungskündigung, ArbRB 2003, 244; *Hümmerich*, Neues zum Abwicklungsvertrag, NJW 2004, 2921; *ders.*, Mitwirkungsbefugnisse des Vertrauensmanns der Schwerbehinderten bei Personalentscheidungen, BlStSozArbR 1976, 273; *Hümmerich/Schmidt-Westpfahl*, Integrierte Aufhebungsvereinbarungen im Dienstvertrag, DB 2007, 222; *Kamanabrou*, Das Anstellungsverhältnis des GmbH-Geschäftsführers im Lichte neuer Rechtsprechung, DB 2002, 146; *Kern/Wege*, Zuwendungen an den Arbeitnehmer im Aufhebungsvertrag – Steuersparmodelle oder Haftungsfalle?, NZA 2008, 564; *Kiel/Koch*, Die betriebsbedingte Kündigung, 2000; *Kliemt*, Formerfordernisse im Arbeitsverhältnis, 1995; *Krause*, Das Schriftformerfordernis des § 623 BGB beim Aufstieg eines Arbeitnehmers zum Organmitglied, ZIP 2000, 2284; *Kroeschell*, Die neuen Regeln bei Aufhebungs- und Abwicklungsvereinbarungen, NZA 2008, 560; *Lakies*, Neu ab 1. Mai 2000: Verbesserte Arbeitsgerichtsverfahren und Schriftform für die Beendigung von Arbeitsverhältnissen, BB 1999, 667; *Müller-Glöge/v. Senden*, Gesetzliche Schriftform für Kündigung, Auflösungsvertrag und Befristung, AuA 2000, 199; *Nassal*, Zum Einwand des Rechtsmissbrauchs beim Räumungsbeklagten nach § 556 Abs. 3 BGB, ZTR 1984, 182; *Niebler/Schmiedl*, Rechtsprechung des BAG zum Schicksal des Arbeitsverhältnisses bei Geschäftsführerbestellung nach Inkrafttreten des § 623 BGB, NZA-RR 2001, 281; *Opolony*, Der Federstrich des Gesetzgebers – § 623 BGB und das Bühnenarbeitsrecht, NJW 2000, 2171; *Preis*, Der Kündigungsschutz außerhalb des Kündigungsschutzgesetzes, NZA 1997, 1256; *ders.*, Arbeitsrecht, 2. Aufl. 2003; *Preis/Gotthardt*, Schriftformerfordernis für Kündigungen, Aufhebungsverträge und Befristungen nach § 623 BGB, NZA 2000, 348; *Prütting/Wegen/Weinreich*, BGB Kommentar, 4. Aufl. 2009 (zit.: PWW/Bearb.); *Richardi*, Formzwang im Arbeitsverhältnis, NZA 2001, 57; *Richardi/Annuß*, Der neue § 623 BGB – Eine Falle im Arbeitsrecht?, NJW 2000, 1231; *Rolfs*, Schriftform für Kündigungen und Beschleunigung des arbeitsgerichtlichen Verfahrens, NJW 2000, 1227; *Sander/Siebert*, Die Schriftform im (individuellen) Arbeitsrecht (Teil II), AuR 2000, 330; *Schaub*, Gesetz zur Vereinfachung und Beschleunigung des arbeitsgerichtlichen Verfahrens, NZA 2000, 344; *Trittin/Backmeister*, Arbeits-

---

343 BAG 15.12.2005 – 2 AZR 148/05 – NZA 2006, 791 ff.;
BAG 6.7.2006 – 2 AZR 215/05 – NZA 2006, 1405 f.
344 BAG 16.9.1993 – 2 AZR 697/92 – NZA 1994, 221, 223;
BAG 4.3.1993 – 2 AZR 355/92 – NZA 1993, 995, 996 f.
345 *Diller*, NZA 2000, 293, 294.
346 BAG 15.12.2005 – 2 AZR 148/05 – NZA 2006, 791 ff.;
BAG 6.7.2006 – 2 AZR 215/05 – NZA 2006, 1405 f.
S. ausf. zu Künd-Fristenregelungen in Arbeitsverträgen *Hümmerich*, Gestaltung von Arbeitsverträgen, Rn 2007 ff.

gerichtsbeschleunigungsgesetz, DB 2000, 618; *Vossen,* Umdeutung einer unwirksamen außerordentlichen Kündigungserklärung, RdA 2003, 181; *Walk/Lipke,* Die Kündigungserklärung und ihre Tücken, AuA, 2008, 346; *Zimmer,* Kündigungen im Management: § 623 BGB gilt nicht für GmbH-Geschäftsführer und AG-Vorstände, BB 2003, 1175

A. Allgemeines 1	6. Vergleich gemäß § 278 Abs. 6 ZPO 24
B. Regelungsgehalt 3	III. Schriftform gemäß § 126 26
I. Anwendungsbereich 3	1. Kündigung 26
1. Ausgeschlossener Personenkreis 3	2. Auflösungsvertrag 35
2. Einbezogener Personenkreis 5	IV. Rechtsfolgen 39
3. Abdingbarkeit 6	1. Kündigung 39
II. Inhalt der Vorschrift 7	2. Auflösungsvertrag 44
1. Kündigung 7	V. Darlegungs- und Beweislast 45
2. Umgedeutete Kündigung 10	C. Verbindungen zu anderen Rechtsgebieten und
3. Kündigung nach § 1a KSchG 13	zum Prozessrecht 46
4. Auflösungsvertrag (Aufhebungsvertrag) 14	D. Beraterhinweise 51
5. Ungenannte Beendigungstatbestände 18	

A. Allgemeines

1 Der seit 1969 unbelegte § 623 wurde durch das Gesetz zur Vereinfachung und Beschleunigung des arbeitsgerichtlichen Verfahrens v. 30.3.2000[1] mit neuem Inhalt gefüllt. Zweck der neuen Vorschrift über die Schriftform von Künd und Auflösungsvertrag ist es, die ArbG zu entlasten.[2] § 623 trat am 1.5.2000 in Kraft. Der Gesetzgeber wählte bewusst die Begriffe „Künd" und „Auflösungsverträge". Die reinen **Beendigungstatbestände** sollten an die **Schriftform** gebunden werden, um den Beendigungswillen von Parteien nur noch durch zweifelsfreie rechtsgeschäftliche Erklärungen gelten zu lassen.[3] Die Vorschrift bewirkt, dass Rechtsstreitigkeiten der Vergangenheit angehören, in denen Äußerungen von AG wie „Ich will Sie hier nicht mehr sehen, holen Sie Ihre Papiere ab" von den ArbG daraufhin ausgelegt werden mussten, ob für den Erklärungsempfänger die gewollte Beendigung des Arbverh durch Künd unmissverständlich klar war.[4] Die zunächst auch in § 623 geregelte Schriftform **befristeter Arbverh** wurde zum 1.1.2001 in § 14 Abs. 4 TzBfG überführt. Da der Wortlaut der Vorschrift nicht an den Wegfall des Schriftformerfordernisses befristeter Arbverh angepasst wurde, ist er gegenwärtig sprachlich verunglückt. Statt „bedürfen" müsste es „bedarf" heißen.

2 Das gesetzgeberische Ziel besteht vorrangig in der Gewährung von Rechtssicherheit.[5] § 623 enthält ein **konstitutives Schriftformerfordernis**.[6] Die Schriftform hat **Beweisfunktion** und ist **Übereilungsschutz**. Über die Existenz einer Künd oder eines Auflösungsvertrages soll weder Ungewissheit noch Streit bestehen.[7] Der Schriftform kommt im Verhältnis zu den Parteien eine **Warnfunktion**[8] zu. Wer gehalten ist, seine Willenserklärung schriftlich niederzulegen oder den verfassten Text zu unterschreiben, wird vor einem vorschnellem Vertragsschluss geschützt und veranlasst, darüber nachzudenken, ob er die im Vertrag angestrebte Rechtsfolge tatsächlich will.[9]

B. Regelungsgehalt

I. Anwendungsbereich

3 **1. Ausgeschlossener Personenkreis.** § 623 ist seinem Wortlaut nach nur bei „Beendigung von **Arbverh**" anwendbar. Künd und Auflösungsvertrag bedürfen bei arbeitnehmerähnlichen Personen nicht der Schriftform.[10] § 623 gilt nicht bei Künd und Auflösungsverträgen von Dienstverhältnissen des AG-Vorstands oder des GmbH-Geschäftsführers, sofern nicht ein ruhendes Arbverh besteht.[11] Die von *Spilger* befürwortete, analoge Anwendung des § 623 auf die Dienstverhältnisse von GmbH-Geschäftsführern widerspricht dem Gesetzeswortlaut.[12] Auch bei den Rechtsverhältnissen mit freien Dienstnehmern besteht kein Schriftformzwang.[13] Es entspricht der Terminologie der für das

---

1 BGBl I S. 333.
2 Entwurf des Gesetzes durch das Land Brandenburg, BR-Drucks 671/96; zweifelnd: *Böhm,* NZA 2000, 561.
3 BT-Drucks 14/626, S. 11.
4 BAG 19.1.1956 – 2 AZR 80/54 – MDR 1956, 394 = AP § 620 BGB Künd-Erklärung Nr. 1.
5 BAG 24.1.2008 – 6 AZR 519/07 – NJW 2008, 215 = NZA 2008, 521; ErfK/*Müller-Glöge,* § 623 Rn 1; Palandt/*Weidenkaff,* § 623 Rn 1; kritisch: *Böhm,* NZA 2000, 561.
6 APS/*Preis,* § 623 BGB Rn 3, 11; HWK/*Bittner,* § 623 BGB Rn 1; PWW/*Lingemann,* § 623 BGB Rn 1.
7 BAG 16.9.2004 – 2 AZR 659/03 – NJW 2005, 844; ErfK/*Müller-Glöge,* § 623 BGB Rn 1.
8 APS/*Preis,* § 623 BGB Rn 2.
9 ErfK/*Müller-Glöge,* § 623 BGB Rn 1; HWK/*Bittner,* § 623 BGB Rn 1; PWW/*Lingemann,* § 623 BGB Rn 1; Palandt/*Weidenkaff,* § 623 Rn 2.
10 *Richardi/Annuß,* NJW 2000, 1231.
11 LG Frankfurt 7.3.2001 – 3–13 O 78/00 – NJW-RR 2001, 1113; *Holthausen/Steinkraus,* NZA-RR 2002, 281; BGH 23.1.2003 – IX ZR 39/02 – NZA 2003, 439; *Krause,* ZIP 2000, 2284; *Zimmer,* BB 2003, 1175.
12 *Zimmer,* BB 2003, 1175.
13 *Gaul,* DStR 2000, 691; HWK/*Bittner,* § 623 BGB Rn 11; *Richardi/Annuß,* NJW 2000, 1231.

Dienstvertragsrecht geltenden §§ 611 bis 630, jeweils das Arbverh besonders hervorzuheben, wenn der Geltungsbereich auf das Arbverh beschränkt sein soll.[14]

Heimarbeiter, für die die allgemeinen Künd-Schutzvorschriften nicht gelten,[15] sind trotz ihrer Zwitterstellung arbeitnehmerähnliche Personen, für die § 623 keine Bedeutung hat. AN, deren Arbverh vor dem 1.5.2000 gekündigt oder aufgehoben wurden, können sich auf das Schriftformerfordernis nicht berufen.[16]

2. Einbezogener Personenkreis. § 623 gilt für alle Personen, die in einem Arbverh stehen, auch für Auszubildende, für die aber schon gem. § 22 Abs. 3 BBiG ein schriftliches Künd-Erfordernis besteht, (siehe Rn 46) Volontäre und Praktikanten i.S.v. § 26 BBiG. § 623 gilt auch bei Arbverh, die nicht dem Anwendungsbereich des KSchG unterliegen, also in Kleinstbetrieben (§ 23 KSchG) und in den ersten sechs Monaten eines Arbverh. Auch **Probezeit-Künd** bedürfen der Schriftform.

3. Abdingbarkeit. Dass § 623 ein konstitutives Schriftformerfordernis beinhaltet, lässt sich bereits den Worten „zu ihrer Wirksamkeit" entnehmen. Das Schriftformerfordernis kann weder durch Arbeitsvertrag, noch durch TV oder BV abbedungen werden. Die Vorschrift ist zwingend.[17] Die Unabdingbarkeit des § 623 bewirkt einen gesetzlichen Mindeststandard. Durch TV oder BV können strengere Formvorschriften vorgesehen werden.[18] Namentlich kommen Bestimmungen in Betracht, die neben dem Schriftformerfordernis bei der Künd auch die Angabe von Künd-Gründen vorschreiben wie § 54 BMT-G II. In TV und BV, die gem. § 310 Abs. S. 1 nicht einer Inhaltskontrolle nach §§ 305 ff. unterliegen, kann auch weiterhin vorgesehen werden, dass die Künd durch eingeschriebenen Brief übersendet werden muss.[19] Tarifvertragliche Regelungen gelten über den 1.5.2000 hinaus, wenn sie keine geringeren Anforderungen an die Form der Künd stellen als § 623.[20]

II. Inhalt der Vorschrift

1. Kündigung. Die Künd ist ein einseitiges Rechtsgeschäft, eine rechtsgeschäftliche Gestaltungserklärung, die ein Dauerschuldverhältnis für die Zukunft beendet (vgl. § 620 Rn 1). Da § 623 keine Einschränkung zu den Arten der einbezogenen Künd enthält, werden vom Gesetz **alle** auf die Beendigung eines Arbverh gerichteten **Künd** erfasst. Schriftformerfordernis besteht damit nicht nur bei der **Künd durch den AG**, sondern auch bei der **Künd durch den AN**.[21] Das Schriftformerfordernis ist weiterhin unabhängig davon zu beachten, ob es sich um eine **ordentliche, außerordentliche** oder um eine **Änderungs-Künd** gem. § 2 KSchG handelt. Eine **Teil-Künd**, die auf die Ablösung einzelner Vertragsbestimmungen und nicht auf die Beendigung des Arbverh gerichtet ist, führt von ihrem Wortlaut her **nicht zur Anwendbarkeit von § 623**.[22]

Die **Nichtfortsetzungserklärung** des AN nach § 12 S. 1 KSchG ist eine **Künd** i.S.v. § 623.[23] Der die Lossagung erklärende AN nutzt ein gesetzliches Künd-Recht (vgl. § 12 KSchG Rn 3), das, wie § 12 S. 3 KSchG belegt, als fristgebundenes Sonder-Künd-Recht[24] und damit als Künd zu verstehen ist. Durch die Ausübung des Sonder-Künd-Rechts erlischt das Arbverh (vgl. § 12 KSchG Rn 14). Dieser Grundsatz muss auch gelten, wenn es sich bei dem Arbverh, von dem sich eine Partei durch Erklärung lossagen möchte, um ein **fehlerhaftes**[25] oder um ein **faktisches Arbverh**[26] handelt. Auch die Eigen-Künd des AN unterliegt dem Schriftformerfordernis. Keine Eigen-Künd ist das **Verlassen des Arbeitsplatzes** durch den AN mangels Schriftform und auch kein Aufhebungsvertrag, wenn der AG sein Einverständnis damit erklärt. Es ist dem AN im Anschluss an dieses Verhalten nicht gem. § 242 BGB verwehrt, sich auf den Mangel der Form zu berufen.[27] Die **Anfechtung** der Willenserklärung, die aufseiten des AN oder aufseiten des AG zum Abschluss des Arbeitsvertrages geführt hat, ist **nicht formbedürftig**.[28]

---

14 ErfK/*Müller-Glöge*, § 623 BGB Rn 2.
15 LAG Hamm 15.6.1989 – 10 Sa 675/88 – LAGE § 23 KSchG Nr. 6.
16 BAG 6.7.2000 – 2 AZR 513/99 – NZA 2001, 718.
17 ErfK/*Müller-Glöge*, § 623 BGB Rn 10; HWK/*Bittner*, § 623 BGB Rn 39;; Palandt/*Weidenkaff*, § 623 Rn 3.
18 HWK/*Bittner*, § 623 BGB Rn 39.
19 HWK/*Bittner*, § 623 BGB Rn 39 f.; Schaub/*Linck*, Arbeitsrechts-Handbuch, § 123 Rn 58.
20 ErfK/*Müller-Glöge*, § 623 BGB Rn 11.
21 Schaub/*Linck*, Arbeitsrechts-Handbuch, § 123 Rn 58; *Preis*, ArbR, S. 645.
22 *Appel/Kaiser*, AuR 2000, 281; *Däubler*, AiB 2000, 188; *Müller-Glöge/v. Senden*, AuA 2000, 199; *Preis/Gotthardt*, NZA 2000, 348; *Richardi/Annuß*, NJW 2000, 1231; a.A. *Kiel/Koch*, vor Rn 5.
23 HWK/*Bittner*, § 623 BGB Rn 19; ErfK/*Müller-Glöge*, § 623 BGB Rn 3; *Preis/Gotthardt*, NZA 2000, 348; Staudinger/*Oetker*, § 623 Rn 28; a.A. *Löwisch*, KSchG, § 12 Rn 7; HK/*Dorndorf*, § 12 Rn 11.
24 ErfK/*Kiel*, § 12 KSchG Rn 1.
25 A.A. ErfK/*Müller-Glöge*, § 623 BGB Rn 3; HWK/*Bittner*, § 623 BGB Rn 29; *Preis/Gotthardt*, NZA 2000, 348.
26 A.A. APS/*Preis*, § 623 BGB Rn 10; v. *Hoyningen-Huene/Linck*, § 1 KSchG Rn 54; KR/*Etzel*, § 1 KSchG Rn 6.
27 LAG Rheinland-Pfalz 23.8.2007 – 9 Sa 411/07 – AuA 2008, 110.
28 *Müller-Glöge/v. Senden*, AuA 2000, 199; *Rolfs*, NJW 2000, 1227; Schaub/*Linck*, Arbeitsrechts-Handbuch, § 123 Rn 60; a.A. *Däubler*, AiB 2000, 188.

9 Haben die Arbeitsvertragsparteien vereinbart, dass die Künd durch eingeschriebenen Brief erfolgen muss, war bislang nach der Rspr. des BAG davon auszugehen, dass nur die Schriftform konstitutiv wirken, die Versendungsart eine rein beweissichernde Bedeutung haben sollte.[29] Seit der Schuldrechtsreform sind aufgrund von § 309 Nr. 13 Klauseln in Arbeitsverträgen unwirksam, durch die Anzeigen oder Erklärungen an eine strengere als die gesetzliche Schriftform oder an besondere Zugangserfordernisse gebunden werden. Eine Vereinbarung im Arbeitsvertrag, wonach die Parteien nur „per Einschreiben" kündigen dürfen, ist, im Gegensatz zu einer entsprechenden Regelung in einem TV, nichtig (str.).[30] Schon vor der Schuldrechtsmodernisierung wurde aus § 622 Abs. 6 der Grundsatz entwickelt, dass einseitige Künd-Erschwerungen zu Lasten des AN unwirksam sind.[31]

10 **2. Umgedeutete Kündigung.** Eine außerordentliche Künd kann nach bisheriger Rspr. in eine ordentliche Künd zum nachzulässigen Termin umgedeutet werden, wenn dem gekündigten AN aus der Künd-Erklärung oder sonstigen Umständen bereits im Zeitpunkt des Zugangs der Künd erkennbar ist, dass der Kündigende das **Arbverh in jedem Fall beenden will**.[32] Seit die frühere Auslegungsregel des § 11 Abs. 2 KSchG 1951, wonach im Zweifel keine Künd zum nachzulässigen Termin anzunehmen war, durch das Erste Arbeitsrechtsbereinigungsgesetz ersatzlos aufgehoben wurde, ging man in der Praxis großzügig von einer Umdeutungsmöglichkeit nach § 140 aus. Die Vorschrift ist sogar „von Amts wegen" zu beachten, wenn die dazu erheblichen Tatsachen vorgetragen sind.[33] Einer ausdrücklichen Erhebung der Umdeutung als prozessualer Einwendung bedarf es nicht.[34] Die bisherige Rspr. stammt aus der Zeit vor dem 1.5.2000. Nach der Rspr. ist jedoch davon auszugehen, dass auch für die Zeit nach dem 1.5.2000 die Umdeutung einer außerordentlichen Künd in eine ordentliche Künd möglich ist (siehe Rn 12).

11 Das Schriftformerfordernis soll verhindern, dass sowohl über die **Künd als auch über ihren Inhalt Ungewissheit oder gar Streit besteht**.[35] Da das Schriftformerfordernis konstitutive Bedeutung hat, muss stets das gesamte formbedürftige Rechtsgeschäft in der Urkunde enthalten sein.[36] Welchen Mindestinhalt die Urkunde haben muss, ist nach der BGH-Rspr. aus der Formvorschrift zu entnehmen, wobei der Zweck der Vorschrift mit zu berücksichtigen ist.[37] Bei empfangsbedürftigen Willenserklärungen, die dem Schriftformerfordernis unterliegen, tritt die Wirksamkeit nur ein, wenn die formgerecht errichtete Erklärung dem Erklärungsempfänger zugeht.[38] Ist statt von einer Künd in einem Schreiben von „vorübergehender Ausstellung" die Rede, hat der Erklärende keine Künd ausgesprochen.[39] Eine Künd muss so hinreichend deutlich sein, dass der Gekündigte Klarheit über die Auflösung seines Arbverh hat.[40]

12 Das ArbG Berlin[41] hält trotz dieser Voraussetzungen die **Umdeutung einer aus materiell-rechtlichen Gründen unwirksamen außerordentlichen Künd** in eine ordentliche gem. § 140 nach Inkrafttreten des § 623 weiterhin für möglich. Ebenso hat das LAG Niedersachsen für eine Künd aus dem Jahre 2001 die mit einem prozessualen anwaltlichen Schriftsatz erfolgte außerordentliche Künd in eine fristgemäße Künd umgedeutet und ausgeführt, dass das Schriftformerfordernis des § 623 gewahrt sei[42] (siehe auch Rn 56, 57). Das BAG hat quasi in einem Nebensatz in einer Entscheidung ausgeführt „auch steht einer Umdeutung das Schriftformerfordernis des § 623 BGB nicht entgegen"[43] mit der Begründung, dass im Normalfall die ordentliche Künd grundsätzlich als „Minus" in der außerordentlichen Künd enthalten sei. Jedoch wurde im entschiedenen Fall die ordentliche Künd nicht als „Minus", sondern als „Aliud" im Verhältnis zur außerordentlichen Künd angesehen, da der AN bei außerordentlicher Künd eine Abfindung erhalten hätte, bei einer ordentlichen Künd jedoch nicht. Gegen den eindeutig erklärten Parteiwillen ist jedoch eine Umdeutung nicht zulässig.[44] Einigkeit besteht auch dahingehend, dass die **Umdeutung einer gegen § 623 verstoßenden außerordentlichen Künd** in eine ordentliche Künd daran scheitert, dass die ordentliche Künd als Ersatzgeschäft ebenfalls der Schriftform unterliegt und damit gleichfalls unwirksam ist.[45]

---

29 BAG 4.12.1997 – 2 AZR 799/96 – AP § 626 BGB Nr. 141; BAG 14.3.2001 – 4 AZR 161/00 – AP § 620 BGB Schuldrechtliche Künd-Beschränkung Nr. 4; BAG 20.9.1979 – 2 AZR 967/77 – AP § 125 BGB Nr. 8; Schaub/*Linck*, Arbeitsrechts-Handbuch, § 123 Rn 64.

30 *Hümmerich*, Gestaltung von Arbeitsverträgen, § 1 Rn 2301; *Hümmerich*, NZA 2003, 753; a.A. Schaub/ *Linck*, Arbeitsrechts-Handbuch, § 123 Rn 64; HWK/*Bittner*, § 623 BGB Rn 39; PWW/*Lingemann*, § 623 BGB Rn 1.

31 BAG 6.9.1989 – 5 AZR 586/88 – NZA 1990, 147.

32 BAG 18.9.1975 – 2 AZR 311/74 – AP § 626 BGB Druck-Künd Nr. 10 = NJW 1976, 869; BAG 20.9.1984 – 2 AZR 633/82 – AP § 626 BGB Nr. 870 = NZA 1985, 286.

33 BAG 13.8.1987 – 2 AZR 599/86 – AP § 6 KSchG 1969 Nr. 8; BAG 15.11.2001 – 2 AZR 310/00 – AP § 140 BGB Nr. 13; LAG Sachsen-Anhalt 15.1.2000 – 8 Sa 354/99 – NZA-RR 2000, 472.

34 *Vossen*, RdA 2003, 181.

35 ErfK/*Müller-Glöge*, § 623 BGB Rn 1.

36 RG 21.6.1932 – VII 467/31 – RGZ 136, 422.

37 BGH 16.9.1971 – VII ZR 312/69 – BGHZ 57, 53.

38 BGH 28.1.1993 – IX ZR 259/91 – BGHZ 121, 224.

39 LAG Rheinland-Pfalz 14.7.2004 – 8 Ta 140/04 – NZA-RR 2005, 274.

40 BAG 20.9.2006 – 6 AZR 82/06 – NZA 2007, 377 = DB 2007, 919.

41 ArbG Berlin 1.3.2002 – 24 Ca 19544/01 – NZA-RR 2002, 522.

42 LAG Niedersachsen 30.11.2001 – 10 Sa 1046/01 – Juris; im Ergebnis ebenso *Preis/Gotthardt*, NZA 2000, 348; Schaub/*Linck*, Arbeitsrechts-Handbuch, § 123 Rn 25.

43 BAG 24.6.2004 – 2 AZR 656/02 – NZA-RR 2005, 440 m.w.N.

44 BAG 24.6.2004 – 2 AZR 656/02 – NZA-RR 2005, 440; BGH 15.12.1955 – II ZR 204/54 – BGHZ 19, 274.

45 APS/*Preis*, § 623 BGB Rn 37; ErfK/*Müller-Glöge*, § 623 BGB Rn 15.

3. Kündigung nach § 1a KSchG. Auch die Künd nach § 1a KSchG bedarf der Schriftform. Neben der Erklärung der Künd wird zusätzlich der „Hinweis des AG in der Künd-Erklärung, dass die Künd auf dringende betriebliche Erfordernisse gestützt ist und der AN bei Verstreichenlassen der Klagefrist die Abfindung beanspruchen kann" vom Schriftformerfordernis erfasst. Die Künd nach § 1a KSchG unterliegt daher einem qualifizierten Schriftformerfordernis, andernfalls ist sie unwirksam. Die Höhe des Abfindungsanspruchs muss dem AN nicht schriftlich mitgeteilt werden. Die Höhe des Abfindungsanspruchs erwächst dem AN über ein gesetzliches Schuldverhältnis aus § 1a KSchG[46] (vgl. § 1a KSchG Rn 30 ff., § 611 Rn 991).

4. Auflösungsvertrag (Aufhebungsvertrag). Auflösungsvertrag ist jeder Vertrag, durch den ein Arbverh einvernehmlich beendet wird.[47] Der Auflösungsvertrag wird in der Praxis als **Aufhebungsvertrag** bezeichnet.[48] Entscheidend ist nicht die Wortwahl der Arbeitsvertragsparteien, sondern die Rechtsfolge.[49] § 623 ist auch dann zu beachten, wenn in dem Vertrag die Worte „Auflösung" oder „Aufhebung" nicht vorkommen, sondern die Schriftform „Vergleich" lautet oder die einvernehmliche Beendigung eines Arbverh Gegenstand des Vertrages ist. Auch ein **dreiseitiger Vertrag**, der das bislang nur zu einer Partei bestehende Vertragsverhältnis löst, wird durch § 623 erfasst.[50]

Wird im unmittelbaren sachlichen und zeitlichen Zusammenhang mit der Übergabe des Kündi-Schreibens eine **Klageverzichtserklärung** (pactum de non petendo) vom AN unterzeichnet, so sieht das BAG darin einen gem. § 623 formbedürftigen Auflösungsvertrag.[51] Zwar sei die Abgabe einer Klageverzichtserklärung auch schon vor Ablauf der Drei-Wochen-Frist des § 4 S. 1 KSchG zulässig, mit der Abgabe der Klageverzichtserklärung solle aber sicher und im Ergebnis einvernehmlich die Auflösung des Arbverh erreicht werden. Daher sei darin ein Auflösungsvertrag zu sehen, der der Form des § 623 bedürfe. Auch der Übereilungsschutz und der angestrebte Zweck der Beweissicherung sprächen für diese Auslegung. Das BAG erteilt der Ansicht, die in der Klageverzichtserklärung einen von der Künd losgelösten und damit nicht formbedürftigen Vertrag über das zukünftige Verhalten des AN nach der Künd gesehen hat,[52] eine Absage. Für die Praxis bedeutet dies, dass Klageverzichtsvereinbarungen beidseits von AG und AN unterschrieben sein müssen.

Nach der Rspr.[53] ist davon auszugehen, dass wenn ein AN mit seinem AG einen **schriftlichen GF-Vertrag** abschließt, das bis dahin bestehende Arbverh mit dem Beginn des GF-Dienstverhältnisses einvernehmlich beendet wird, sofern nicht klar und eindeutig etwas anderes vertraglich vereinbart wird. Durch einen schriftlichen GF-Dienstvertrag werde in diesen Fällen das Schriftformerfordernis des § 623 für den Auflösungsvertrag gewahrt. Durch den Abschluss des Dienstvertrages müsse dem AN klar sein, dass sein Arbverh ende, der AN könne auch nicht davon ausgehen, dass das alte Arbverh ruhe. Die Tatsache, dass im GF-Dienstvertrag keine explizite Regelung über die Aufhebung des vorherigen Arbeitsvertrages enthalten sei, begegne im Hinblick auf § 315c Abs. 2 keinen Bedenken. Nach der Andeutungstheorie[54] reiche es aus, dass sich der im Rahmen der Auslegung ermittelte Parteiwille zumindest andeutungsweise in der Vertragsurkunde wiederfinde. Mit dieser Entscheidung wird der häufigen Praxis, dass gekündigte Geschäftsführer durch Künd-Schutzklagen versuchen, eine hohe Abfindung zu erzielen, ein Riegel vorgeschoben.[55] Das BAG setzt damit seine Rspr. für vor dem 1.5.2000 in eine GF-Position gewechselte AN[56] auch für nach dem 1.5.2000 in GF-Posten aufgestiegene AN fort.

Diese Rspr. begegnet und begegnete Bedenken.[57] Sie ist der Ansicht, dass selbst dann, wenn im Dienstvertrag ein Passus enthalten sei, mit Abschluss des Dienstvertrages werde das Arbverh einvernehmlich beendet, bewirke die Aufhebungsabrede nicht in jedem Fall zugleich die Auflösung des Arbverh. Für die Annahme eines im Abschluss des Dienstvertrages liegenden Aufhebungsvertrages fehle es meist an einer ordnungsgemäßen Vertretung der Gesellschaft. AN und Dienstverpflichteter seien zwar identisch, beim Dienstvertrag sei die andere Partei aber nicht der AG, sondern die Gesellschaft, vertreten durch den fakultativen Aufsichtsrat (§ 112 AktG) oder die Gesellschafterversammlung (§ 46 Nr. 5 GmbHG). Gesellschafter oder Gesellschaftervertreter vermögen eine Körperschaft rechts-

---

46 *Bader*, NZA 2004, 65; *Giesen/Besgen*, NJW 2004, 185; *Hümmerich*, NJW 2004, 2921; *Willemsen/Annuß*, NJW 2004, 177.
47 LAG Düsseldorf 23.7.2003 – 12 Sa 260/03 – juris.
48 *Däubler*, AiB 2000, 188; *Sander/Siebert*, BuW 2000, 424; HWK/*Bittner*, § 623 BGB Rn 21; werden im Aufhebungsvertrag weitere Zuwendungen vereinbart siehe *Kern/Donat*, NZA 2008, 564; zu § 144 SGB III siehe Kommentierung dort und *Kroeschell*, NZA 2008, 560, 563.
49 *Lakies*, BB 2000, 667.
50 LAG Köln 6.3.2003 – 4 Ta 404/02 – AuR 2003, 234.
51 BAG 19.4.2007 – 2 AZR 208/06 – DB 2007, 2266 = NZA 2007, 1227; *Kroeschell*, NZA 2008, 560.
52 LAG Hamm 25.10.2001 – 8 Sa 956/01 – juris; ErfK/*Müller-Glöge*, § 623 BGB Rn 14; *Rolfs* NJW 2000, 1227, 1228; *Hümmerich* NZA 2001, 1280, 1281.
53 BAG 19.7.2007 – 6 AZR 774/06 – BB 2008, 391 mit abl. Anm. *Lemke*, BB 2008, 393; BAG 19.7.2007 – 6 AZR 875/06 – NJW-Spezial 2007, 484.
54 BGH 9.4.1981 – IVa ZB 4/80 – NJW 1981, 1737.
55 So zu Recht *Lemke*, BB 2008, 393, 394.
56 BAG 25.4.2002 – 2 AZR 352/01 – AP § 543 ZPO 1977 Nr. 11; BAG 24.11.2005 – 2 AZR 614/04 – DB 2006, 296.
57 *Krause*, ZIP 2000, 2284; *Niebler/Schmiedl*, NZA.-RR 2001, 281; *Hümmerich/Schmidt-Westphal*, DB 2007, 222; *Lemke*, BB 2008, 393, 394.

geschäftlich nicht als AG zu vertreten.[58] Ein zwischen AN und AG geschlossener Arbeitsvertrag könne aufseiten der Gesellschaft nur von dem für den Abschluss wie die Aufhebung von Arbeitsverträgen vertretungsberechtigten Organ, dem Geschäftsführer (§ 35 Abs. 1 GmbHG) oder einem an seine Stelle tretenden Prokuristen, Handlungsbevollmächtigten[59] oder Personalleiter[60] aufgehoben werden. Die das Arbverh im Dienstvertrag auflösende Bestimmung sei daher meist schwebend unwirksam, der Vertrag damit „schwebend teilunwirksam".[61] Diese Bedenken sind in der Sache zutreffend, weshalb die Rspr. des BAG (siehe Rn 15) nicht überzeugt.[62]

17 Der Auflösungszeitpunkt kann in der Zukunft oder in der Gegenwart (Vertragsende zum Zeitpunkt der Unterzeichnung) liegen. Ein auf die Vergangenheit gerichteter Auflösungszeitpunkt kann nur wirksam vereinbart werden, wenn das Arbverh als Ruhendes geführt und außer Vollzug gesetzt ist.[63] Wird ein Aufhebungsvertrag aufschiebend bedingt geschlossen, bedarf es gleichwohl der Schriftform.

18 **5. Ungenannte Beendigungstatbestände.** Schließen die Parteien nach Künd des AG einen **Abwicklungsvertrag**, besteht kein Schriftformerfordernis.[64] Zur Unterscheidung von Auflösungs- und Abwicklungsvertrag siehe Hessisches LAG (siehe auch § 611 BGB Rn 995 ff.).[65] Nach der Rspr. der SG führt der Abwicklungsvertrag zur Beendigung des Beschäftigungsverhältnisses und damit zum „Lösen" des Arbverh i.S.d. § 144 SGB III[66] (siehe § 144 SGB III Rn 13); dies gilt auch dann, wenn diese Vereinbarung im Rahmen eines arbeitsgerichtlichen Vergleichs geschlossen wird.[67] Dabei ist jedoch zu bedenken, dass die Rspr. des BSG nur die Beteiligung des AN im Hinblick auf eine Sperrzeit nach § 144 Abs. 1 Nr. 1 SGB III im Blick hat, nicht jedoch das arbeitsrechtliche Erfordernis des § 623.

Der in § 58 BAT verwendete Begriff „Auflösungsvertrag" meinte nur den Aufhebungsvertrag, nicht aber den Abwicklungsvertrag.

19 Eine **Ausgleichsquittung**[68] ist ebenfalls kein Auflösungsvertrag i.s.v. § 623, da die Beendigung eines Arbverh nicht durch die Ausgleichsquittung herbeigeführt wird, sondern bei der Ausgleichsquittung wegen einer vorangegangenen Künd oder wegen einer einvernehmlichen Beendigung vorausgesetzt wird.[69] Zu beachten ist jedoch, dass eine vorformulierte Ausgleichsquittung dem Anwendungsbereich des § 310 Abs. 3 BGB unterfallen kann.[70] Soweit die Ausgleichsquittung auch eine Klageverzichtserklärung enthält, ist die neue Rspr. des BAG hierzu (siehe Rn 14) zu beachten.

20 **Konkludente Aufhebungsverträge** sind durch § 623 ausgeschlossen.[71] Die Fälle, in denen sich die Parteien in der Vergangenheit nach Ausspruch einer unwirksamen Künd des AN oder des AG stillschweigend über den Abschluss eines Aufhebungsvertrages wirksam einigen konnten,[72] gehören der Vergangenheit an.

21 Soll durch einen **Umschulungsvertrag** zugleich der bestehende Arbeitsvertrag aufgehoben werden, ist gem. § 623 Schriftform zu wahren.[73] Die **Aufhebung eines Umschulungsvertrages** i.S.v. § 62 Abs. 2 S. 3 BBiG bedarf dagegen **nicht** der Schriftform nach § 623.[74] Wird mit der **Umwandlung des Arbverh** in einen freien Dienstvertrag ein Arbverh aufgelöst, besteht Schriftformerfordernis.[75] Ein AG-Wechsel setzt, bezogen auf den bisherigen AG, voraus, dass die Beendigung des alten Arbverh in jedem Fall schriftlich erfolgt.[76] Wird ein Arbverh insgesamt von einem alten auf den neuen AG übertragen, ohne dass ein Betriebsübergang gem. § 613 vorliegt, – sog. **Vertragsübernahme** – unterfällt die Übertragung des Arbverh dem Schriftformerfordernis des § 623, da mit der Übertragung das Arbverh

---

58 BGH 24.1.1975 – I ZR 85/73 – WM 1975, 249; BGH 6.2.1958 – II ZR 210/56 – BHGZ 26, 330; HWK/*Bittner*, § 9 KSchG Rn 9 a..
59 BAG 9.10.1975 – 2 AZR 332/74 – EzA § 626 BGB n.F. Nr. 43 = DB 1976, 441.
60 BAG 30.5.1972 – 2 AZR 298/71 – EzA § 274 BGB Nr. 1 = NJW 1972, 1877.
61 Palandt/*Heinrichs*, § 139 Rn 2; *Hümmerich/Schmidt-Westphal*, DB 2007, 222.
62 Zu den Folgen für die Praxis siehe unter D am Ende.
63 BAG 10.12.1998 – 8 AZR 676/97 – AP § 613 BGB Nr. 185; BAG 21.9.1999 – 9 AZR 705/98 – AP § 7 BUrlG Abgeltung Nr. 77.
64 LAG Köln 21.4.2005 – 6 Sa 887/05 – Juris; LAG Hamm 25.10.2002 – 8 Sa 956/01 – juris; *Appel/Kaiser*, AuR 2000, 281; *Bauer*, NZA 2002, 169; *Däubler*, AiB 2000, 188; *Hümmerich*, NZA 2001, 1280; *Müller-Glöge/v. Senden*, AuA 2000, 1999; *Preis/Gotthardt*, NZA 2000, 348; *Rolfs*, NJW 2000, 1277; a.A. *Berscheid*, ZInsO 2000, 208; *Richardi*, NZA 2001, 57; *Schaub*, NZA 2000, 344; *Sander/Siebert*, AuR 2000, 330; *Kroeschell*, NZA 560, 562.
65 10.4.2006 – 17 Sa 1432/05 – juris.
66 BSG 18.12.2003 – B 11 Al 35/03 R – NZA 2004, 661, 663; SG Berlin 25.1.2007 – S 60 AL 2084/05 – juris; a.A. *Bauer/Hümmerich*, NZA 2003, 1076; *Boecken/Hümmerich*, DB 2004, 2046; *Rolfs*, in: FS 50 Jahre BAG, S. 445.
67 BSG 17.10.2007 -B 11a AL 51/06 R – SGb 2007, 733 = NJW-Spezial 2008, 435.
68 Zur Inhaltskontrolle vorformulierter Ausgleichsquittungen in AGB siehe LAG Baden-Württemberg 19.7.2006 – 2 Sa 123/05 – AuA 2006, 614 = juris; *Kroeschell*, NZA 2008, 560, 561, 562.
69 A.A. *Dollmann*, BB 2003, 1838; *Trittin/Backmeister*, DB 2000, 618.
70 BAG 25.5.2005 – 5 AZR 572/04 – NZA 2005, 1111 = NJW 2005, 3305.
71 ErfK/*Müller-Glöge*, § 623 BGB Rn 4.
72 *Böhm*, NZA 2000, 561.
73 LAG Düsseldorf 11.9.2003 – 11 Sa 667/03 – LAGE § 623 BGB Nr. 2.
74 BAG 19.1.2006 – 6 AZR 638/04 – NJW 2006, 2796.
75 BAG 25.1.2007 – 5 AZB 49/06 – NJW 2007, 1485 = NZA 2007, 580; LAG Berlin 5.3.2003 – 17 Sa 2269/02 – LAG Report 2003, 266 = NZA-RR 2003, 516.
76 LAG Köln 19.6.2006 – 14 Sa 250/06 – NZA-RR 2007, 127.

auf einen neuen AG das Arbverh zum alten AG beendet wird.[77] Ebenfalls bedarf ein **dreiseitiger Vertrag**, mit dem zugleich das Ausscheiden bei einem alten AG und die Begründung des Arbverh bei einem neuen AG geregelt wird,[78] auch wenn es sich um eine **Beschäftigungsgesellschaft** handelt, der Schriftform.[79]

Eine einvernehmliche **Änderung der Arbeitsbedingungen** ist formfrei, weil eine Teilablösung von Vertragsinhalten keine Auflösung des Arbverh in seiner Gesamtheit zur Folge hat.[80] Wegen der vom Wortlaut des § 623 nicht erfassten Beendigung des Arbeitsvertrages durch **auflösende Bedingung** wird mit Rücksicht auf den Normzweck § 623 **analog** angewendet.[81] Nicht unter § 623 fallen der vertraglich vorbehaltene **Widerruf** einzelner Arbeitsbedingungen und der **Widerspruch** nach § 625.[82]

Die **Nichtverlängerungsmitteilung** des AG vor oder bei Ablauf eines befristeten Arbverh ist **keine Künd** i.S.v. § 623, sie bedarf daher nicht der Schriftform.[83] Befristete Arbverh enden mit dem Fristende. Die Nichtverlängerungsmitteilung ist erforderlich, um ein Vertragsverhältnis zu beenden, weil sich anderenfalls bei Schweigen mindestens einer Vertragspartei das Arbverh verlängern würde.[84] § 623 gilt auch nicht bei der Nichtverlängerungsmitteilung des AG gem. dem TV über die Mitteilungspflicht v. 23.11.1977 für künstlerische Bühnenmitglieder.[85]

6. Vergleich gemäß § 278 Abs. 6 ZPO.
Ein nach § 278 Abs. 6 S. 1 Alt. 2 ZPO zustande gekommener Vergleich wahrt zwar nicht die Schriftform gem. § 126, der Beschluss des ArbG entspricht wegen fehlender Unterschriften der Parteien auch nicht der Schriftform nach § 126 Abs. 2. Gleichwohl wird durch einen gerichtlichen Vergleich nach § 278 Abs. 6 ZPO in der bis zum 31.8.2004 geltenden Fassung (nunmehr § 278 Abs. 6 S. 1 2. Alt. ZPO) die für Aufhebungsverträge und Befristungsabreden erforderliche Schriftform gewahrt.[86] § 127a ist analog heranzuziehen.[87]

Einigen sich die Parteien außergerichtlich mit dem Inhalt eines Abwicklungsvertrags (Modalitäten der Beendigung), kann dieser schon deshalb über einen Beschluss gem. § 278 Abs. 6 ZPO herbeigeführt werden, weil die vorausgegangene Künd-Erklärung des AG bereits die Schriftform erfüllt und der Abwicklungsvertrag nicht der Schriftform bedarf (siehe Rn 18).

III. Schriftform gemäß § 126

1. Kündigung.
Die Schriftform gem. § 126 Abs. 1 ist zu wahren. **§ 126a und § 126b sind nicht anwendbar**. Durch das Gesetz zur Anpassung der Formvorschriften des Privatrechts v. 13.7.2001[88] ist der zweite Halbsatz in § 623 eingefügt worden, wonach die elektronische Form ausgeschlossen ist. Über die Künd-Erklärung muss daher eine schriftlich abgefasste Urkunde vorliegen, die den Aussteller erkennen lässt und von ihm unterschrieben wurde oder die notarielle Beglaubigung seines Handzeichens enthält (§ 126 Abs. 4).[89] Die **Unterschrift** muss unter dem Text stehen, damit erkennbar wird, dass sie sich auf den gesamten Inhalt des Künd-Schreibens bezieht. Sie **muss das Künd-Schreiben räumlich abschließen**.[90] In welcher Form das Künd-Schreiben verfasst ist, ob handschriftlich, maschinenschriftlich, fotokopiert oder in sonstiger Weise, ist unerheblich. Maßgeblich ist allein die Unterschrift, die eigenhändig vom Aussteller herrühren muss.

Die Unterschrift ist durch Nennung des ausgeschriebenen Namens zu leisten. Ist die Person des Ausstellers hinreichend erkennbar, kann im Einzelfall die Unterzeichnung mit dem Vornamen oder sogar einem Pseudonym genügen.[91] Die Lesbarkeit des Namenszugs des Kündigenden wird dagegen nicht verlangt; es genügt vielmehr, dass ein Dritter, der den Namen des Unterzeichnenden kennt, diesen Namen aus dem Schriftzug noch herauslesen kann.[92] Ein bevollmächtigter Vertreter kann mit dem eigenen Namen unterschreiben, wenn sich die Vertreterstellung aus der Urkunde ergibt. Es ist ihm auch gestattet, mit dem Namen des Vertretenen zu unterzeichnen.[93] Wird die Künd von

---

77 LAG Rheinland – Pfalz 26.10.2007 – 9 Sa 362/07 – juris; LAG Köln 19.6.2006 – 14 Sa 250/06 – NZA – RR 2007, 127.
78 BAG 10.12.1998 – 8 AZR 324/97 – NZA 1999, 422.
79 ArbG Berlin 4.9.2002 – 30 Ca 8920/02 – LAGE § 611 BGB Aufhebungsvertrag Nr. 27; LAG Köln 6.3.2003 – 4 Ta 404/02 – AuR 2003, 234.
80 ErfK/*Müller-Glöge*, § 623 BGB Rn 4; *Richardi/Annuß*, NJW 2000, 1231.
81 *Richardi/Annuß*, NJW 2000, 1231; *Rolfs*, NJW 2000, 1231; für unmittelbare Anwendung: *Däubler*, AiB 2000, 188; *Lakies*, BB 2000, 667; *Preis/Gotthardt*, NZA 2000, 348; für Unanwendbarkeit: *Gaul*, DStR 2000, 691; *Müller-Glöge/v. Senden*, AuA 2000, 199.
82 *Schaub/Linck*, Arbeitsrechts-Handbuch, § 123 Rn 60.
83 APS/*Preis*, § 623 BGB Rn 5; *Schaub/Linck*, Arbeitsrechts-Handbuch, § 123 Rn 60.
84 BAG 3.11.1999 – 7 AZR 898/98 – AP § 611 BGB Bühnenengagementvertrag Nr. 54.
85 BAG 3.11.1999 – 7 AZR 898/98 – AP § 611 BGB Bühnenengagementvertrag Nr. 54.
86 BAG 23.11.2006 – 6 AZR 394/06 – NJW 2007, 1831 = NZA 2007, 466 mit zustimmender Anm. *Dahlem/Wiesner*, AP Nr. 8 zu § 623 BGB und *Brecht-Heitzmann*, EzA § 278 ZPO 2002 Nr. 1 = juris.
87 BAG 23.11.2006 – 6 AZR 394/06 – AuR 2006, 447 = FA 2007, 30; BAG 26.7.2006, 447–7 AZR 514/05 – NZA 2006, 1402 = BB 2006, 2755.
88 BGBl I S. 1542.
89 BAG 24.1.2008 – 6 AZR 519/07 – NJW 2008, 215 = NZA 2008, 521.
90 BGH 24.9.1997 – XII ZR 234/95 – NJW 1998, 58.
91 Palandt/*Heinrichs*, § 126 Rn 5 ff.
92 BAG 24.1.2008 – 6 AZR 519/07 – NJW 2008, 215 = NZA 2008, 521; BAG 20.9.2006 – 6 AZR 82/06 – NZA 2007, 377; LAG Sachsen – Anhalt 29.10.2007 – 10 Sa 664/06 – juris.
93 LAG Hamm 10.1.2005 – 7 Sa 1480/04 – NZA-RR 2005, 428; LAG Hamm 30.4.2008 – 10 Sa 2090/07 – juris.

dem Unterzeichner mit dem Zusatz i.A. unterschrieben, so ist daraus nicht zwingend abzuleiten, dass der Unterzeichner als Bote gehandelt hat.[94] Maßgeblich sind vielmehr die Gesamtumstände. Wenn sich hieraus ergibt, dass der Unterzeichner ersichtlich im Namen eines anderen die Künd erklärt hat, ist von einem Handeln als Vertreter auszugehen. Ob der Unterzeichner tatsächlich bevollmächtigt war, ist dabei für die Wahrung der Schriftform unerheblich. Ist der AG eine BGB-Gesellschaft, ist die Schriftform gewahrt, wenn der Vertreter eigenhändig seine Unterschrift leistet und durch einen Zusatz in der Urkunde das Vertretungsverhältnis zum Ausdruck kommt.[95] Sind dagegen im Künd-Schreiben einer GbR alle Gesellschafter sowohl im Briefkopf als auch maschinenschriftlich in der Unterschriftenzeile aufgeführt, reicht es zur Wahrung der Schriftform nicht aus, wenn lediglich ein Teil der GbR-Gesellschafter ohne weiteren Vertretungszusatz das Künd-Schreiben handschriftlich unterzeichnet.[96] Wird die **eigenhändig unterschriebene Urkunde per Fax, Telegramm oder SMS**[97] versandt, ist die **Form** des § 126 Abs. 1 **nicht gewahrt**; auch dann nicht, wenn sich der AG mit der nicht formgerechten Eigen-Künd des AN per Telefax einverstanden erklärt[98] Als empfangsbedürftige Willenserklärung muss die Künd in der vorgeschriebenen Form nicht nur erstellt werden, sondern auch zugegangen sein.[99]

28 Gem. § 127a wird die notarielle Beurkundung bei einem **gerichtlichen Vergleich** durch die Aufnahme der Erklärungen in ein nach den Vorschriften der ZPO errichtetes Protokoll ersetzt (vgl. Rn 24). Über das gerichtliche Vergleichsprotokoll kann die Künd formwirksam erklärt werden. Nicht ausreichend ist es, in der mündlichen Verhandlung die Künd lediglich zu Protokoll zu erklären.[100]

29 Das Künd-Schreiben muss das Wort Künd nicht enthalten; entscheidend ist vielmehr, dass der Kündigende eindeutig seinen Willen kundgibt, das ArbVerh einseitig lösen zu wollen.[101] Ist statt von einer Künd in einem Schreiben von „vorübergehender Ausstellung" die Rede, hat der Erklärende keine Künd ausgesprochen.[102] Eine Künd muss so hinreichend deutlich sein, dass der Gekündigte Klarheit über die Auflösung seines Arbverh hat.[103] Ein **Datum** braucht der AG nicht zu nennen, die Künd zum „nächstmöglichen Zeitpunkt" genügt.[104] Weist der AG den AN nicht gemäß **§ 2 Abs. 2 S. 2 Nr. 3 SGB III** frühzeitig vor Beendigung des Arbverh auf die Notwendigkeit eigener Aktivitäten zur Suche einer neuen Beschäftigung hin, sowie auf die Pflicht nach **§ 38 Abs. 1 SGB III**, sich arbeitssuchend zu melden, berührt dies die Wirksamkeit der Künd nicht.[105]

30 Bei dem in § 623 ferner verwendeten Begriff „Auflösungsvertrag" ist die Sachlage ebenso, der Begriff Auflösungsvertrag oder Aufhebungsvertrag muss nicht verwendet werden. Für die **zweiseitige einvernehmliche Beendigung** besteht **im Arbeitsrecht kein Begriffszwang**. Es genügt der übereinstimmende Wille der Vertragsparteien, das ArbVerh einvernehmlich aufzulösen.[106]

31 Bei einer **Änderungs-Künd** erstreckt sich das Schriftformerfordernis nicht nur auf die Künd-Erklärung, sondern auch auf das Änderungsangebot, denn Künd und Änderungsangebot sind zu einer Einheit verklammert und stellen ein einheitliches Rechtsgeschäft dar.[107] § 623 erfasst dagegen nicht die Annahmeerklärung des AN mit oder ohne Vorbehalt gem. § 2 KSchG.[108]

32 Eine Künd-Erklärung nach § 623 muss nicht nur in der vorgeschriebenen Form erstellt, sondern auch in dieser Form **zugegangen** sein. Es reicht nicht aus, dass das Original dem Adressaten nur zum Durchlesen überlassen wird. Die bloße Möglichkeit der Kenntnisnahme des Inhalts genügt nicht, vielmehr muss der Adressat die alleinige Verfügungsgewalt über das Schriftstück erlangt haben. Für den Zugang unter Anwesenden ist nicht darauf abzustellen, ob der Empfänger die Verfügungsgewalt über das Schriftstück dauerhaft erlangt hat. Wird dem Empfänger der Künd-Erklärung versehentlich das Original des Künd-Schreibens zur Empfangsbestätigung vorgelegt und wurde ihm mit Unterzeichnung eine Fotokopie zum Verbleib ausgehändigt, so dass er sich an Ort und Stelle davon überzeugen konnte, dass die Kopie mit dem Original übereinstimmte, ist die Schriftform der Künd ausnahmsweise gewahrt.

---

94 BAG 13.12.2007 – 6 AZR 145/07 – NZA 2008, 403 = DB 2008, 1863.
95 BAG 28.11.2007 – 6 AZR 1108/06 – NZA 2008, 348.
96 BAG 21.4.2005 – 2 AZR 162/04 – NZA 2005, 865 = NJW 2005, 2572.
97 *Walk/Lipke*, AuA 2008, 346.
98 LAG Rheinland – Pfalz 31.1.2008 – 9 Sa 416/07 – juris.
99 BGH 4.7.1986 – V ZR 41/86 – NJW-RR 1987, 395.
100 LG Berlin 5.11.1981 – 61 S 198/81 – MDR 1982, 321; *Nassal*, MDR 1985, 893; a.A. *Spangenberg*, MDR 1983, 807.
101 BAG 20.9.2006 – 6 AZR 82/06 – NZA 2007, 377 = DB 2007, 919 m.w.N.; ErfK/*Müller- Glöge*, § 623 BGB Rn 12; HWK/*Bittner*, § 623 BGB Rn 17; APS/*Preis*, § 623 BGB Rn 18.
102 LAG Rheinland-Pfalz 14.7.2004 – 8 Ta 140/04 – NZA-RR 2005, 274.
103 ErfK/*Müller-Glöge*, § 623 BGB Rn 12; APS/*Preis* § 623 BGB Rn 18.
104 *Walk/Lipke*, AuA 2008, 346.
105 *Walk/Lipke*, AuA 2008, 346.
106 PWW/*Lingemann*, § 623 BGB Rn 3; HWK/*Bittner*, § 623 BGB Rn 21.
107 BAG 16.9.2004 – 2 AZR 628/03 – NZA 2005, 635; ErfK/*Müller-Glöge*, § 623 BGB Rn 12; *Gaul*, DStR 2000, 691; *Hoß*, ArbRB 2003, 244; *Kiel/Koch*, Die betriebsbedingte Kündigung, vor Rn 6; *Müller-Glöge/v. Senden*, AuA 2000, 199; *Preis/Gotthardt*, NZA 2000, 348; *Richardi/Annuß*, NJW 2000, 1231; *Rost*, Brennpunkte des ArbR S. 75, 94; *Spirolke/Regh*, S. 26; BT-Drucks 14/626, S. 1; a.A. *Caspers*, RdA 2001, 28; einschränkend *Sander/Siebert*, AuR 2000, 291.
108 *Gaul*, DStR 2000, 693; ErfK/*Müller- Glöge*, § 623 BGB Rn 12.

Es genügt die Übergabe des Schriftstücks, so dass der Empfänger in der Lage ist, vom Inhalt der Erklärung Kenntnis zu nehmen.[109]

Ob das an einen **ausländischen AN gerichtete Künd-Schreiben** in der Sprache des Erklärungsempfängers abgefasst sein muss oder die am Arbeitsort-Deutschland übliche deutsche Sprache zu wählen ist, ist umstritten. Das BAG hielt vor dem Inkrafttreten des § 623 die Künd eines deutschen Zivilangestellten der amerikanischen Streitkräfte über ein in der englischen Sprache abgefasstes Schreiben für wirksam.[110] Im Schrifttum wird überwiegend angenommen, dass die Formvorschrift nicht verlange, dass der AG das Künd-Schreiben in der jeweiligen Landessprache verfasse.[111] Das Rechtsproblem liegt auf einer anderen Ebene. Da Willenserklärungen ihre Wirkung vom Empfängerhorizont aus entfalten, geht dem ausländischen AN eine Künd-Erklärung, die er wegen mangelnder Sprachkenntnisse nicht verstanden hat, zwar körperlich, nicht aber inhaltlich zu, wenn sie in seinen Machtbereich gelangt ist. Für einen wirksamen Zugang eines Schreibens ist es erforderlich, dass der Empfänger auch Kenntnis vom Inhalt desselben hat.[112] Das BAG ist in seiner Entscheidung von 1984 davon ausgegangen, dass das streitgegenständliche Abmahnungsschreiben der Klägerin nicht wirksam zugegangen war, weil sie dessen Inhalt mangels Kenntnis der deutschen Sprache nicht verstehen konnte. Jedoch hat das BAG entschieden, dass sich die Klägerin nach Treu und Glauben, § 242, nicht auf die fehlende Kenntnis von Inhalt berufen konnte, da ihr das Zugangshindernis zuzurechnen war und der Erklärende damit nicht rechnen musste. Davon ausgehend bedeutet dies, dass der AG, der weiß, dass der AN der deutschen Sprache nicht mächtig ist, das Künd-Schreiben in der Landessprache abfassen muss, um den Zugang zu bewirken und die Frist des § 4 KSchG in Lauf zu setzen. Weiß der AG nichts von den Sprachproblemen des AN, bspw. weil es sich um einen Großbetrieb handelt, so obliegt es dem AN nach Treu und Glauben, sich vom Inhalt des AG- Schreibens Kenntnis zu verschaffen, anderenfalls kann sich der AN nicht auf den mangelnden Zugang des Künd- Schreiben berufen. Berät der RA seinen Mandanten vor der Künd, so ist diesem sicherheitshalber anzuraten, das Künd- Schreiben in der Landessprache des AN abzufassen, um jedwede Diskussion über den Zugang des Künd-Schreibens zu vermeiden.

Der **Künd-Grund** muss nach § 623, sofern keine Sondervorschriften (§ 22 Abs. 2 u. Abs. 3 BBiG, § 9 Abs. 2 MuSchG) einschlägig sind, im Anschreiben an den Künd-Empfänger nicht aufgeführt werden.[113]

2. Auflösungsvertrag. Einzelheiten des Schriftformerfordernisses beim Aufhebungsvertrag ergeben sich aus § 126 Abs. 2. §§ 126a und 126b sind, wie bei der Künd, unanwendbar. Die elektronische Form ist nach § 623 Hs. 2 ausgeschlossen. Der gesamte Vertragsinhalt muss von beiden Parteien auf einer Urkunde unterzeichnet sein, § 126 Abs. 2 S. 1. Anders als bei der gewillkürten Schriftform genügt es nicht, dass die Parteien ihre jeweils persönlich unterzeichneten Erklärungen austauschen. Die Schriftform ist auch nicht gewahrt, wenn ein AN unter das vom AG unterzeichnete Auflösungsvertragsangebot seine Annahmeerklärung setzt und unterzeichnet. Es fehlt an der den gesamten Vertrag abschließenden Unterschrift des AG.[114]

Keine Namensunterschrift ist die Unterzeichnung mit einer bloßen Funktion („Der AG") oder eines Titels („Der Vorstand").[115] Auf die Lesbarkeit kommt es nicht an, der Schriftzug muss Andeutungen von Buchstaben erkennen lassen.[116] Der Schriftzug muss ausreichend individuell sein, die Identität des Ausstellers erkennen lassen und über charakteristische Merkmale verfügen.[117] Die Unterzeichnung mit einem Handzeichen (Initialen, Paraphe) bedarf zu ihrer Wirksamkeit der notariellen Beglaubigung.[118]

Ein mittels Telefax zustande gekommener Aufhebungsvertrag der Arbeitsvertragsparteien ist mangels Wahrung des Schriftformerfordernisses aus § 623 nach § 125 S. 1 nichtig.[119] Ein Aufhebungsvertrag wird nicht formgültig geschlossen, wenn die eine Partei zwar das Original unterzeichnet, sie der anderen Partei davon aber nur eine Kopie per Fax zusendet.[120] Bei der Errichtung mehrerer Urkunden mit dem gleichen Text genügt es, wenn jede Partei die für die andere bestimmte Fassung unterzeichnet, § 126 Abs. 2 S. 2. Mehrere Blätter müssen eindeutig zusammengefasst sein. Eine körperliche Verbindung ist vorzunehmen, auch im Hinblick auf Anlagen wie den Wortlaut eines Zeugnisses. Die Einheit kann auch durch fortlaufende Paginierung, inhaltlichen Zusammenhang des Textes, fortlaufende Nummerierung der §§ oder ähnliche Merkmale geschaffen werden.[121]

---

109 BAG 4.11.2004 – 2 AZR 17/04 – NZA 2005, 513; Vorinstanz: LAG Hamm 4.12.2004 – 4 Sa 900/03 – DB 2004, 1565 = ArbRB 2004, 69.
110 BAG 9.8.1990 – 2 AZR 34/90 – juris; LAG München 16.11.2006 – 3 Sa 783/06 – juris.
111 APS/*Preis*, § 623 BGB Rn 18; MüKo-BGB/*Förschler*, § 126 Rn 5; a.A. KR/*Weigand*, §§ 14, 15 BBiG Rn 92.
112 BAG 9.8.1984 – 2 AZR 400/83 – NZA 1985, 124 = NJW 1985, 823.
113 *Richardi/Annuß*, NJW 2000, 1231.
114 ErfK/*Müller-Glöge*, § 623 BGB Rn 13.
115 APS/*Preis*, § 623 BGB Rn 15.
116 BGH 29.10.1987 – IVa ZB 13/86 – NJW 1987, 1333; BGH 22.10.1993 – V ZR 112/92 – NJW 1994, 55; APS/*Preis*, § 623 BGB Rn 15.
117 BGH 10.7.1997 – IX ZR 24/97 – NJW 1997, 3380.
118 Palandt/*Heinrichs*, § 126 Rn 10.
119 ArbG Hannover 27.1.2001 – 9 Ca 282/00 – NZA-RR 2002, 245.
120 LAG Düsseldorf 29.11.2005 – 16 Sa 1030/05 – AuA 2006, 176.
121 BGH 24.9.1997 – XII ZR 234/95 – NJW 1998, 58.

38 Wird auf eine Anlage verwiesen, um den vollständigen Vertragsinhalt darzustellen, muss diese körperlich mit der Urkunde verbunden oder gesondert unterzeichnet werden.[122] Alle Vertragsbestandteile des Auflösungsvertrages unterliegen dem Schriftformerfordernis. Die Zahlung der Abfindung, der Verzicht auf eine Tantieme oder die unentgeltliche Übereignung eines Dienstwagens bedürfen der Schriftform.[123] Hat eine formlos getroffene Nebenabrede wesentliche Bedeutung für den Aufhebungsvertrag, kann gem. § 139 nicht nur diese Nebenabrede, sondern der Aufhebungsvertrag als Ganzes nichtig sein.[124] § 623 gilt auch für spätere Änderungen des Auflösungsvertrages, für später vereinbarte Ergänzungen, nicht aber für die vertragliche Aufhebung des Auflösungsvertrags selbst.[125]

IV. Rechtsfolgen

39 **1. Kündigung.** Dem Schriftformerfordernis nicht genügende Künd sind nach § 125 S. 1 nichtig.[126] *Oetker*[127] entnimmt die Unwirksamkeitsfolge unmittelbar § 623.

40 Eine Heilung der nichtigen Künd ist ausgeschlossen. § 623 schließt, anders als § 311b Abs. 1 S. 2, die Heilung einer unwirksamen Künd aus. Dem Kündigenden verbleibt allein die formgerechte Wiederholung der Künd, die dann mit ihrem erneuten Ausspruch unter der Beachtung der Schriftform Wirkung entfaltet. Bei der außerordentlichen Künd hat die Nichtigkeit zur Folge, dass eine Unwirksamkeit nach § 626 Abs. 2 eintritt, wenn die weitere Künd nicht innerhalb der Zwei-Wochen-Frist dem Erklärungsempfänger zugeht.

41 Die Nichtigkeit einer vom AG unter Missachtung der Schriftform erklärten Künd kann vom AN grds. unabhängig von der in § 4 KSchG geregelten Klagefrist geltend gemacht werden,[128] da der Zugang der „schriftlichen" Künd gem. § 4 Abs. 1 S. 1 KSchG über den Beginn der Klagefrist entscheidet.[129] Allerdings kann bei längerem Zuwarten das Recht, sich auf den Formmangel zu berufen, verwirkt sein.[130]

42 Die Nichtigkeitsfolge des § 125 wird durch den **Grundsatz von Treu und Glauben** zwar eingeschränkt,[131] in der Praxis sind wenige Anwendungsfälle vorstellbar, die zu einer Durchbrechung des Schriftformerfordernisses führen. Einer Vertragspartei, die sämtliche Vorteile aus einem nichtigen Vertrag gezogen hat, ist es nach Treu und Glauben versagt, sich auf die Nichtigkeit des Vertrages wegen Formmangels zu berufen.[132] Eine generelle Fürsorgepflicht des AG, den AN jeweils über die Formbedürftigkeit zu belehren, besteht nicht.[133] Auch beiderseitige Unkenntnis der Parteien über die Formbedürftigkeit führt zur Nichtigkeitsfolge gem. § 125.[134] Einseitige Kenntnis einer Vertragspartei von der Formnichtigkeit des Rechtsgeschäfts begründet ebenfalls keine Anwendung des § 242, erst recht nicht, wenn die um den Formmangel wissende Partei bei Vertragsschluss von der Unkenntnis der anderen Partei über den Formzwang ausging.[135]

43 Ein mündlich geschlossener Aufhebungsvertrag ist ebenso unwirksam wie eine mündlich erklärte Künd. Es verstoße in aller Regel nicht gegen Treu und Glauben, wenn sich derjenige, der in einem kontrovers geführten Gespräch eine Künd ausgesprochen oder sich mit der Auflösung des Arbverh einverstanden erklärt habe, nachträglich darauf berufe, die Schriftform sei nicht eingehalten.[136] Der gesetzliche Formzwang solle die Parteien des Arbeitsvertrages vor Übereilung bei Beendigungserklärungen bewahren (Warnfunktion) und diene außerdem der Rechtssicherheit (Klarstellungs- und Beweisfunktion). Von ihm könne deshalb nur in seltenen Ausnahmefällen abgewichen werden.

44 **2. Auflösungsvertrag.** Leistungen, die aufgrund eines formnichtigen Auflösungsvertrages erbracht wurden, sind nach Bereicherungsrecht rückabzuwickeln (§ 812). Bei Kenntnis des Leistenden von der Nichtigkeit des Vertrages ist § 814 maßgeblich.

---

122 BGH 30.6.1999 -XII ZR 55–97 – NJW 1999, 259; *Rolfs*, NJW 2000, 1227.
123 ErfK/*Müller-Glöge*, § 623 BGB Rn 13.
124 *Preis/Gotthardt*, NZA 2000, 348.
125 ErfK/*Müller-Glöge*, § 623 BGB Rn 13.
126 *Caspers*, RdA 2001, 28; HWK/*Bittner*, § 623 BGB Rn 44; Palandt/*Weidenkaff*, § 623 Rn 8.
127 Staudinger/*Oetker*, § 623 Rn 68.
128 LAG Mecklenburg – Vorpommern 7.6.2005, – 3 Sa 17/05 – Juris.
129 So auch ErfK/*Müller-Glöge*, § 623 BGB Rn 14; PWW/*Lingemann*, § 623 BGB Rn 6; HWK/*Bittner*, § 623 BGB Rn 45.
130 LAG Mecklenburg – Vorpommern 7.6.2005, – 3 Sa 17/05 – juris - hat eine Verwirkung nach 2,5 Monaten angenommen; BAG 2.12.1999 – 8 AZR 890/98 – AP § 242 BGB Prozessverwirkung Nr. 6; so auch; PWW/*Lingemann*, § 623 BGB Rn 6; HWK/*Bittner*, § 623 BGB Rn 45.
131 BAG 26.6.2008 – 2 AZR 23/07 – DB 2008,2368; BAG 16.9.2004 – 2 AZR 659/03 – NZA 2005, 162 = NJW 2005, 844; ErfK/*Müller-Glöge*, § 623 BGB Rn 16.
132 LAG Köln 27.8.2003 – 8 Sa 268/03 unter Bezugnahme auf BGH 14.6.1996 – V ZR 85/95 – NJW 1996, 2503.
133 *Müller-Glöge/v. Senden*, AuA 2000, 1999; *Preis/Gotthardt*, NZA 2000, 348; a.A. *Beer*, AuR 1964, 174.
134 BAG 22.8.1979 – 4 AZR 896/77 – AP BAT § 4 Nr. 6.
135 APS/*Preis*, § 623 BGB Rn 44.
136 BAG 16.9.2004 – 2 AZR 659/03 – NZA 2005, 162 = DB 2005, 232.

V. Darlegungs- und Beweislast

Für die Rechtswirksamkeit eines Rechtsgeschäfts betreffende Umstände liegt die Darlegungs- und Beweislast über die Einhaltung der Schriftform bei der Partei, die Rechte aus dem Rechtsgeschäft herleiten will.[137] Jede Urkunde trägt in sich die Vermutung der Richtigkeit und Vollständigkeit.[138]

C. Verbindungen zu anderen Rechtsgebieten und zum Prozessrecht

§ 623 gilt auch für **Berufsausbildungsverträge** und **Verträge mit Volontären** und **Praktikanten**. Aus den Bestimmungen des BBiG ergeben sich jedoch Abweichungen, die § 623 vorgehen.[139] Aus § 22 Abs. 3 BBiG folgt ein eigenständiges Schriftformerfordernis für Künd von Ausbildungsverhältnissen. Die Künd muss als außerordentliche Künd und im Falle der Aufgabe der Berufsausbildung oder der Wahl der Ausbildung für eine andere Berufstätigkeit schriftlich erfolgen. Die Schriftform erstreckt sich bei Berufsausbildungsverhältnissen daher über die Künd hinaus auch auf Vereinbarungen über die Aufgabe der Berufsausbildung und der Wahl der Ausbildung für eine andere Berufstätigkeit.

Eine weitere Schriftformklausel findet sich in der am 1.3.1997 in Kraft getretenen Fassung des **§ 9 Abs. 3 MuSchG**. Die schriftliche Künd muss nicht nur den oder die Künd-Gründe des AG, sondern zusätzlich den „zulässigen" Künd-Grund anführen. Mit dem Begriff „zulässiger" Künd-Grund ist jener Sachverhalt gemeint, der die für den Arbeitsschutz zuständige oberste Landesbehörde veranlasst hat, die beabsichtigte Künd für zulässig zu erklären. Umstr. ist, ob die Angabe des Grundes konstitutive Bedeutung hat.[140]

Auch für das **Heuerverhältnis** gilt ein besonderes Schriftformerfordernis (§§ 62 Abs. 1, 78 Abs. 2 SeemG). Nach § 62 Abs. 1 SeemG kann das Heuerverhältnis, das auf unbestimmte Zeit begründet wurde, von beiden Seiten nach Maßgabe des § 63 SeemG nur schriftlich gekündigt werden. Die Vorschriften des SeemG gehen § 623 als lex specialis vor.

Die Regelung der Schriftform bei Abschluss eines **befristeten Arbeitsvertrages**, die ursprünglich in § 623 enthalten war, befindet sich seit dem Inkrafttreten des TzBfG am 1.1.2001 in § 14 Abs. 4 TzBfG. Grundsätzlich gilt hier, dass eine Befristungsabrede nichtig ist, wenn sie nicht vor Vertragsbeginn schriftlich erfolgt. In diesen Fällen entsteht dann ein unbefristetes Arbverh. Macht der AG jedoch den Abschluss des befristeten Arbeitsvertrages von der Unterzeichnung des AN abhängig – entweder durch ausdrücklichen mündlichen Vorbehalt, schriftliche Niederlegung des Vorbehalts in einem Anschreiben oder Übersendung eines bereits unterschriebenen Vertrags mit der Bitte um Unterzeichnung – so reicht auch die nach Arbeitsaufnahme erfolgte Unterzeichnung zur Wahrung der Schriftform aus.[141]

§ 623 gilt auch für die Künd durch den Insolvenzverwalter gem. § 113 InsO.[142]

Zu den Auswirkungen der Beendigung eines Arbverh im Hinblick auf etwaige **Sperrzeiten** gemäß § 144 SGB III siehe die Beraterhinweise zu § 144 SGB III.

D. Beraterhinweise

Wenn die Parteien eines zu beendenden Arbverh und/oder ihre Anwälte an unterschiedlichen Orten tätig sind, empfiehlt sich schon von daher der **Abschluss eines Abwicklungsvertrags**. Der Abwicklungsvertrag kann über Telefax oder E-Mail geschlossen werden, so dass ein etwaiger Zeitdruck nicht über die Notwendigkeit der Anwesenheit beider Parteien an einem Ort zum Zweck einer gemeinsamen Unterschriftsleistung entsteht (vgl. § 611 Rn 1005). Ein Aufhebungsvertrag wird auch über einen gerichtlichen Vergleich gem. § 278 Abs. 6 ZPO formwirksam geschlossen. Das BAG[143] wendet § 127a BGB analog an. Beim Abschluss eines Abwicklungsvertrages ist jedoch aufseiten des AN § 144 SGB III zu bedenken (siehe § 144 SGB III Rn 84 ff.).

Der Aufhebungsvertrag unterliegt dem Grundsatz der **Urkundeneinheit**. Zur Wahrung der Urkundeneinheit muss die Zusammengehörigkeit von Schriftstücken in geeigneter Weise zweifelsfrei kenntlich gemacht werden. Zu diesem Zweck bietet sich eine körperliche Verbindung aller Schriftstücke oder eine Unterzeichnung aller Blätter durch beide Parteien an.[144] Bei der **Vereinbarung von Aufhebungsverträgen** ist streng darauf zu achten, dass für **sämtliche Anhänge, in Bezug genommenen Texte** oder für in Aussicht gestellte weitere **schriftliche Regelungen von**

---

137 LAG München 11.11.1997 – 6 Sa 632/77 – ARST 1978, 156; Gaul, DStR 2000, 691; HWK/Bittner, § 623 BGB Rn 53.
138 BGH 5.7.2002 – V ZR 143/01 – NJW 2002, 3164.
139 ErfK/Müller-Glöge, § 623 BGB Rn 2.
140 Preis, NZA 1997, 1256.
141 BAG 16.4.2008 – 7 AZR 1048/06 – BB 2008, 1959; Besprechung der Entscheidung in B+P 2008, 678 mit dem Titel „Neues zum Befristungsrecht: Schriftform und Unterzeichnung erst nach Arbeitsaufnahme – Heilung möglich!"
142 ErfK/Müller-Glöge, § 623 BGB Rn 2; HWK/Bittner, § 623 BGB Rn 16; Preis/Gotthardt, NZA 2000, 348.
143 BAG 23.11.2006 – 6 AZR 394/06 – AuR 2006, 447 = FA 2007, 30.
144 BGH 30.6.1999 – XII ZR 55/97 – NJW 1999, 2591; BGH 21.1.1999 – VII ZR 93/97 – NJW 1999, 1104; BAG 7.5.1998 – 2 AZR 55/98 – BAGE 88, 375.

vorneherein eine **Einbeziehung in die Urkunde** gewählt wird. Die bloße Bezugnahme auf nicht dem Aufhebungsvertrag beigeheftete oder sonst mit ihm fest verbundene Anlagen macht den gesamten Aufhebungsvertrag formunwirksam.[145] Das Erfordernis der Einheitlichkeit der Urkunde schließt nicht aus, Anlagen zum Aufhebungsvertrag zu nehmen. Auch Anlagen können Teil der Erklärung sein. Soweit die Namensunterschrift einer aus mehreren Bestandteilen bestehenden Urkunde räumlich abschließt, fordert § 126 nicht einmal die körperliche Verbindung der einzelnen Blätter der Urkunde, während sich deren Einheit aus fortlaufender Nummerierung der einzelnen Bestimmungen, einheitlicher graphischer Gestaltung, inhaltlichem Zusammenhang des Textes oder vergleichbaren Merkmalen zweifelsfrei ergibt.[146] Für die Wahrung der Einheitlichkeit der Urkunde ist maßgeblich, ob und dass sich die Einheit der Urkunde feststellen lässt. Die Schriftform ist nicht nur für den Teil des Aufhebungsvertrages erforderlich, der die Beendigung des Arbverh regelt, sondern muss alle Bestandteile der Vereinbarung erfassen, die in einer Vertragsurkunde nach dem Willen der Parteien enthalten sein sollten.[147]

53 Davon abzuraten ist, den Wortlaut von Presseerklärungen oder den Zeugnisinhalt in einer zusätzlichen, nach Abschluss des Aufhebungsvertrages zu fertigenden Urkunde zu vereinbaren. Wird dieser Weg aus verhandlungsstrategischen Gründen gewählt, muss anschließend das Zeugnis oder die Presseerklärung von beiden Parteien unterzeichnet sein. Neben der Unterschrift beider Vertragspartner beim Aufhebungsvertrag wird empfohlen, auf jeder Seite eine von beiden Unterzeichnenden anzubringende Paraphe vorzusehen, um späteren Streit über die Zugehörigkeit eines Blattes zur Urkunde auszuschließen. Auch eine Nebenabrede in einem anderen Schriftstück als dem Aufhebungsvertrag, wonach bspw. der AN wegen einer Versorgungszusage so behandelt wird als sei er nicht vorzeitig ausgeschieden,[148] ist formbedürftig. Auch die in einem Anschreiben des AG erklärte Zusicherung, dem AN die finanziellen Nachteile einer Sperrzeitanordnung gem. § 144 SGB III durch die BA zu erstatten, ist eine der Unterschriftsleistung durch beide Parteien unterliegende Urkunde. Jegliche späteren **Änderungen** oder **Ergänzungen** zum ursprünglich geschlossenen Aufhebungsvertrag sind formbedürftig.[149]

54 Bei Künd-Schreiben ist darauf zu achten, dass Bestandteil der Künd-Erklärung bildende Informationen **nicht** als „P.S." unterhalb der Unterschriftsleiste angebracht werden. Dieser Grundsatz gilt nicht für Hinweise an den AN über seine Pflicht, sich unverzüglich bei der AA arbeitslos zu melden, weil er anderenfalls eine Kürzung des Alg zu erwarten hat (§§ 38, 140 SGB III). Die **Aufklärungspflicht des AG** gem. § 2 Abs. 2 Nr. 3 SGB III unterliegt nicht der Schriftform.

55 Bei fristlosen Künd gilt der Rat, stets hilfsweise auch eine ordentliche Künd unter Angabe des damit verbundenen Endes der Vertragslaufzeit auszusprechen. Damit ersparen sich die Parteien einen Streit über die Frage, ob eine Umdeutung nach § 140 statthaft ist oder nicht.

56 Vorsicht ist bei **Künd** in Anwaltsschriftsätzen geboten. Eine durch den Anwalt des AG in einem gerichtlichen Schriftsatz **während eines Rechtsstreits ausgesprochene Künd (Schriftsatz-Künd)** erfüllt seit dem 1.5.2000 das Schriftformerfordernis grds. nicht, weil über die Schriftsatz-Künd regelmäßig kein vom AG-Anwalt unterzeichnetes Schreiben in den Machtbereich des AN gelangt. Das LAG Niedersachen[150] vertritt dagegen unter Berufung auf den BGH[151] die Auffassung, bei einer Schriftsatz-Künd sei die Schriftform gewahrt, wenn eine vom Bevollmächtigten unterzeichnete Ausfertigung des Schriftsatzes dem Künd-Empfänger oder einem Empfangsbevollmächtigten zugehe bzw. der Anwalt seinen gerichtlichen Schriftsatz dem AN persönlich zugehen lasse. Der BGH vertritt die Auffassung, ein auf der weiteren Ausfertigung angebrachter, persönlich unterzeichneter Beglaubigungsvermerk des Prozessbevollmächtigten sei ausreichend, weil mit dem Beglaubigungsvermerk nicht nur die Übereinstimmung mit der Urschrift bezeugt, sondern im Allgemeinen zugleich die Verantwortung für den Inhalt der Urkunde übernommen werde. Zur Entgegennahme einer Willenserklärung des AG ist der AN-Anwalt empfangsbevollmächtigt, wenn er eine entsprechende Vollmacht dem Rechtsanwalt erteilt hat (Beispiel: Vordruck V 118 der Hans Soldan GmbH).[152]

57 Die Ansicht des LAG Niedersachsen ist gegenwärtig eine Einzelmeinung, so dass im Streitfall auch mit entgegenstehenden Richtermeinungen zu rechnen ist. Kehrseite der Warnfunktion der Schriftform bildet schließlich die **Klarheit beim Erklärungsempfänger** darüber, dass er eine Künd-Erklärung erhalten hat und er, wenn die weitere Künd nicht wirksam werden soll, eine weitere Künd-Schutzklage erheben muss. Gerade angesichts des überlangen Postverkehrs bei manchen ArbG und angesichts des Umstands, dass manche Künd, in umfangreichen Schriftsätzen versteckt, für den Erklärungsempfänger nicht immer mühelos erkennbar sind, kann ein persönlich unterzeichneter Beglaubigungsvermerk nicht die nach §§ 623, 126 erforderliche, eigenhändige Unterschrift unter den Text der Künd-Erklärung ersetzen. Risiken ergeben sich auch dadurch, dass sich bei Schriftsatz-Künd spätestens dann,

---

145 *Rolfs*, NJW 2000, 1227.
146 Vgl. BAG 7.5.1998 – 2 AZR 55/98 – NZA 1998, 1110; *Preis/Gotthardt*, NZA 2000, 348.
147 LAG Köln 9.3.2001 – 4 Sa 2/01 – AE 2001, 107.
148 LAG Köln 25.8.1998 – 13 Sa 194/98 – DB 1999, 697.
149 BGH 26.10.1973 – V ZR 194/72 – NJW 1974, 271.

150 LAG Niedersachsen 30.11.2001 – 10 Sa 1046/01 – NZA-RR 2002, 242.
151 BGH 4.7.1986 – V ZR 41/86 – NJW-RR 1987, 395 = WM 1986, 1419.
152 Hierzu LAG Düsseldorf 13.1.1999 – 12 Sa 1810/98 – ZInsO 1999, 544.

wenn sich eine Bevollmächtigung des AN-Anwalts zur Entgegennahme von Willenserklärungen nicht nachweisen lässt, keine Zugangsfiktion gegenüber dem AN herleiten lässt.

Da der **Zugang der Künd** maßgeblich ist für den Beginn der Frist gem. § 4 KSchG und der Frist des § 626 Abs. 2, empfiehlt es sich, den Nachweis des Zugangs sicherzustellen. Die Künd sollte daher entweder persönlich übergeben werden mit Unterzeichnung des Empfangsbekenntnis durch den AN oder durch Boten, der später als Zeuge benannt werden kann, in den Briefkasten des AN eingeworfen werden oder durch Einschreiben mit Rückschein zugehen.[153] Ein Einschreiben mit Rückschein ist aber nur dann zu empfehlen, wenn der AG sicher weiß, dass der AN zu Hause ist, da ansonsten nur eine Benachrichtigung in den Briefkasten geworfen wird und das Künd-Schreiben erst mit Abholung bei der Post zugeht. Beim Einwurf in den Briefkasten ist zu beachten, dass das BAG einen Zugang erst am nächsten Tag annimmt.[154] Etwaige Zeugen sollten auch in der Lage sein zu bekunden, dass sich in dem überreichten Umschlag tatsächlich ein Künd-Schreiben befand.[155] Zum Zugang der Künd bei ausländischem AN siehe Rn 33.

Wird ein Arbverh durch den Aufstieg des AN in eine **GF-Position** beendet (siehe auch Rn 15 ff.), so ist nach der Rechtsprechung[156] durch den Abschluss eines schriftlichen GF-Vertrages in der Form des § 623 das alte Arbverh beendet worden. Da jedoch für den Abschluss eines GF-Vertrages die Gesellschaft, vertreten durch den fakultativen Aufsichtsrat (§ 112 AktG) oder die Gesellschafterversammlung (§ 46 Nr. 5 GmbHG) zuständig ist, für die Künd des alten Arbverh aber der GF (§ 35 Abs. 1 GmbHG) oder eine an seine Stelle tretender Prokurist, Handlungsbevollmächtigter[157] oder Personalleiter,[158] werden Bedenken gegen die Rspr. des BGH erhoben (siehe Rn 15). Um zu vermeiden, dass ein gekündigter GF unter Berufung auf das vermeintlich nicht beendete alte Arbverh eine Abfindungszahlung erreichen will, sollte darauf geachtet werden, dass der GF-Vertrag mit den zuständigen Vertragsparteien geschlossen wird und das alte Arbverh separat ordnungsgemäß in der Form des § 623 beendet wird. Eine Verbindung dieser beiden Rechtsgeschäfte in einer Urkunde sollte wegen der unterschiedlichen Zuständigkeiten für die Künd bzw. den Abschluss eines GF-Vertrages vermieden werden.

§ 624 Kündigungsfrist bei Verträgen über mehr als fünf Jahre

¹Ist das Dienstverhältnis für die Lebenszeit einer Person oder für längere Zeit als fünf Jahre eingegangen, so kann es von dem Verpflichteten nach dem Ablauf von fünf Jahren gekündigt werden. ²Die Kündigungsfrist beträgt sechs Monate.

Literatur: *Duden*, Kündigung von Tankstellenverträgen nach § 624 BGB, NJW 1962, 1326; *Herschel*, „Dauerstellungen" oder „Lebensstellungen" und Kündigung, DArbR 1937, 57; *Kania/Kramer*, Unkündbarkeitsvereinbarungen in Arbeitsverträgen, Betriebsvereinbarungen und Tarifverträgen, RdA 1995, 287; *Kelber*, Die Transferpraxis beim Vereinswechsel im Profifußball auf dem Prüfstand, NZA 2001, 11; *Kliemt*, Das neue Befristungsrecht, NZA 2001, 296; *Neumann*, Lebens- und Dauerstellung, DB 1956, 571; *Stück*, Der GmbH-Geschäftsführer zwischen Gesellschafts- und Arbeitsrecht im Spiegel aktueller Rechtsprechung, GmbHR 2006, 1009

A. Allgemeines 1	3. Unabdingbarkeit 5
I. Normzweck 1	II. Tatbestandsvoraussetzungen 6
II. Entstehungsgeschichte 2	1. Wirksamer Dienstvertrag 6
B. Regelungsgehalt 3	2. Dienstverhältnis auf Lebenszeit einer Person . 7
I. Anwendungsbereich 3	3. Dienstverhältnis für längere Zeit als fünf Jahre 8
1. Persönlicher und sachlicher Anwendungsbereich 3	III. Rechtsfolge 9
2. Sonder- und Parallelvorschriften 4	C. Verbindungen zu anderen Rechtsgebieten und zum Prozessrecht 10

A. Allgemeines

I. Normzweck

S. 1 gewährt dem **Dienstpflichtigen** – unter Beachtung der in S. 2 angeordneten **Künd-Frist** von sechs Monaten (siehe Rn 9) – ein **Künd-Recht** (siehe Rn 9) bei Dienstverhältnissen, die für die Lebenszeit (siehe Rn 7) des Dienstpflichtigen oder für längere Zeit als fünf Jahre (siehe Rn 8) eingegangen sind. „**Sozialpolitische und volkswirtschaftliche Gründe** sind es, welche es verbieten, eine über eine gewisse Zeit hinausgehende dauernde Fesselung

---

153 *Walk/Lipke*, AuA 2008, 346, 347.
154 BAG 8.12.1983 – 2 AZR 337/82 – AP Nr. 12 zu § 130 BGB; *Walk/Lipke*, AuA 2008, 346, 348.
155 *Walk/Lipke*, AuA 2008, 346, 347.
156 BAG 19.7.2007 – 6 AZR 774/06 – BB 2008, 391.
157 BAG 9.10.1975 – 2 AZR 332/74 – EzA § 626 BGB n.F. Nr. 43 = DB 1976, 441.
158 BAG 30.5.1972 – 2 AZR 298/71 – EzA § 274 BGB Nr. 1 = NJW 1972, 1877.

zuzulassen."[1] Durch § 624 sollte ein angemessener Ausgleich zwischen dem berechtigten Interesse des Dienstberechtigten an der **Aufrechterhaltung geschlossener Verträge** und dem Recht des Dienstpflichtigen auf Schutz seiner **wirtschaftlichen und persönlichen Freiheit** getroffen werden.[2] Die Vorschrift ist – insb. im Hinblick auf Art. 12 Abs. 1, 2 Abs. 1 GG – verfassungsgemäß.[3]

II. Entstehungsgeschichte

2 § 624 ist seit 1.1.1900 unverändert geblieben.

B. Regelungsgehalt
I. Anwendungsbereich

3 **1. Persönlicher und sachlicher Anwendungsbereich.** § 624 gilt für alle **Dienstverhältnisse**, unabhängig von Art, Höhe und Modalitäten der Vergütung, (ausländischer) Herkunft des Dienstpflichtigen etc.[4] Erfasst sind nicht nur Dienstverhältnisse, welche die Erwerbstätigkeit des Dienstverpflichteten vollständig oder hauptsächlich in Anspruch nehmen.[5] Nach h.M. findet § 624 neben den Regelungen des § 89 HGB grds. Anwendung auf Handelsvertreterverträge,[6] ferner zum Beispiel auf Dienstverträge mit Hausgehilfen,[7] oder auch GmbH-Geschäftsführern.[8] Die Vorschrift ist anwendbar auf gemischte Verträge, bei denen die persönliche Leistung des Dienstverpflichteten im Vordergrund steht,[9] nicht z.B. auf „Tankstellen-Stationärverträge".[10] § 624 gilt analog bei dienstvertragsähnlichen Verhältnissen,[11] z.B. bei einem Wäschereivertrag,[12] nicht dagegen bei Werkverträgen.[13] Die Beendigung der Nachbindungswirkung von TV gemäß § 3 Abs. 3 TVG kann nicht mit dem Gedanken des § 624 begründet werden.[14]

4 **2. Sonder- und Parallelvorschriften.** Für ArbVerh ist der speziellere, aber inhaltsgleiche § 15 Abs. 4 TzBfG (siehe § 15 TzBfG Rn 12 ff.)[15] einschlägig.[16] Parallelvorschriften bestehen für das Miet- und Pachtrecht in § 544 (i.V.m. § 581 Abs. 2), wonach eine ordentliche Künd zumindest für einen Zeitraum von 30 Jahren ausgeschlossen werden kann[17] und für das Gesellschaftsrecht in §§ 723, 724, in deren Rahmen eine Bindungsdauer bis zu 30 Jahren im Allg. für zulässig gehalten wird.[18]

5 **3. Unabdingbarkeit.** S. 1 ist nach allg.M. zwingend.[19] Für ArbVerh gilt § 22 TzBfG (siehe § 22 TzBfG Rn 1 ff.).[20] S. 2 ist allenfalls insoweit abdingbar, als eine kürzere Künd-Frist vereinbart werden kann.[21]

II. Tatbestandsvoraussetzungen

6 **1. Wirksamer Dienstvertrag.** Der Wirksamkeit des Dienstvertrages steht nicht schon angesichts der übermäßig langen Bindung der Einwand des Verstoßes gegen die guten Sitten (§ 138) entgegen. Für die Beurteilung der Sittenwidrigkeit sind vielmehr der Inhalt des Vertrages und die Umstände des Einzelfalles maßgeblich.[22] Ein auf Lebens-

---

1 Motive II, 466.
2 Protokolle II, 300 f.; BAG 24.10.1996 – 2 AZR 845/95 – NZA 1997, 597, 600.
3 BAG 24.10.1996 – 2 AZR 845/95 – NZA 1997, 597, 599 f.; BAG 19.12.1991 – 2 AZR 363/91 – NZA 1992, 543, 544 f.
4 Staudinger/*Preis*, § 624 Rn 3 m.w.N.
5 Motive II, 467.
6 RAG 2.7.1932 – 359/32 – ARS 16, 477, 479 f. m. Anm. *Hueck*; OLG Hamm 8.5.1978 – 18 U 205/77 – BB 1978, 1335; angedeutet in BGH 26.4.1995 – VIII ZR 124/94 – NJW 1995, 2350, 2351; offen gelassen von BGH 9.6.1969 – VII ZR 49/67 – BGHZ 52, 171, 174 ff.; so MüKo-BGB/*Henssler* § 624 Rn 4; MüKo-HGB/*von Hoyningen-Huene*, § 89 Rn 4; Erman/*Belling*, § 624 Rn 2; HWK/*Bittner*, § 624 BGB Rn 6; ErfK/*Müller-Glöge*, § 624 BGB Rn 1; a.A. Ebenroth/Joost/Boujong/Strohn/*Löwisch*, § 89 Rn 3; *Duden*, NJW 1962, 1326.
7 Staudinger/*Preis*, § 624 Rn 3.
8 *Stück*, GmbHR 2006, 1009, 1015.
9 Motive II, 467.
10 BGH 9.6.1969 – VII ZR 49/67 – BGHZ 52, 171, 174 ff.; BGH 31.3.1982 – I ZR 56/80 – NJW 1982, 1692; *Duden*, NJW 1962, 1326.
11 RG 7.2.1930 – II 247/29 – RGZ 128, 1, 18; RG 27.2.1912 – III 314/11 – RGZ 78, 421, 424.
12 BGH 25.5.1993 – X ZR 79/92 – NJW-RR 1993, 1460.
13 BGH 22.4.1986 – X ZR 59/85 – NJW-RR 1986, 982, 983, a.A. die Vorinstanz OLG Schleswig 2.7.1985 – 6 U 45/84 – n.v.
14 Zutreffend Wiedemann/*Oetker*, § 3 TVG Rn 92 ff.; *Behrendt/Gaumann/Liebermann*, NZA 2006, 525, 529; offen gelassen von LAG Saarland 9.1.2008 – 2(1) Sa 79/07 – juris.
15 *Kliemt*, NZA 2001, 296, 302.
16 M.W.v. 1.1.2001, BGBl I 2000 S. 1966, 1969, 1970; BT-Drucks 14/4374, S. 20.
17 BGH 7.5.1975 – VIII ZR 210/73 – BB 1975, 811.
18 BGH 22.4.1986 – X ZR 59/85 – NJW-RR 1986, 982, 983 m.w.N.
19 RG 25.10.1912 – III 197/12 – RGZ 80, 277, 278; HK-BGB/*Eckert*, § 624 Rn 3; Staudinger/*Preis*, § 624 BGB Rn 3; Jauernig/*Mansel*, § 624 BGB Rn 3; *Kania/Kramer*, RdA 1995, 287, 288.
20 *Kliemt*, NZA 2001, 296, 302.
21 BAG 24.10.1996 – 2 AZR 845/95 – NZA 1997, 597, 600; MüKo-BGB/*Henssler*, § 624 Rn 12; Erman/*Belling*, § 624 Rn 5; Palandt/*Weidenkaff*, § 624 Rn 1 f.; für längere Zeiträume offen gelassen von BAG 19.12.1991 – 2 AZR 363/91 – NZA 1992, 543, 545.
22 Motive II, 465 f.; BGH 22.4.1986 – X ZR 59/85 – NJW-RR 1986, 982, 983 f.; BGH 26.4.1995 – VIII ZR 124/94 – NJW 1995, 2350, 2351 f.

zeit geschlossener Dienstvertrag verstößt nicht bereits wegen eines nur dem Dienstpflichtigen eingeräumten einseitigen Künd-Rechts gegen die guten Sitten.[23] Bei der Inhaltskontrolle des Vertrages anhand **zivilrechtlicher Generalklauseln** (§§ 138, 242, 307) ist zum Schutz der Grundrechte der Beteiligten (Art. 12 Abs. 1, 2 Abs. 1 GG) im Einzelfall zu prüfen, ob nicht die vertragliche Vereinbarung das Ergebnis strukturell ungleicher Verhandlungsstärke darstellt bzw. es an einem annähernden Kräftegleichgewicht der Beteiligten fehlt.[24]

2. Dienstverhältnis auf Lebenszeit einer Person. An den Nachweis einer Anstellung auf Lebenszeit i.S.v. S. 1 sind strenge Anforderungen zu stellen, da eine lebenslange Bindung im Zweifel nicht dem Parteiwillen entspricht.[25] Hierunter fällt nicht schon das „dauernde"[26] oder auf unbestimmte Zeit[27] geschlossene Dienstverhältnis, vielmehr muss das Dienstverhältnis ausdrücklich und eindeutig auf Lebenszeit des **Dienstverpflichteten**, des **Dienstberechtigten** oder einer **dritten Person** eingegangen sein.[28] Die Zusage eines Ruhegehaltes für den Fall der Dienstunfähigkeit stellt nicht die konkludente Vereinbarung einer Anstellung auf Lebenszeit i.S.v. S. 1 dar.[29] Allein die Zusicherung einer **Dauer- oder Lebensstellung** begründet noch nicht eine Anstellung auf Lebenszeit i.S.v. S. 1,[30] kann jedoch im Einzelfall aufgrund der verstärkten Bindung der Parteien zu Einschränkungen des Rechts zur ordentlichen Künd führen.[31] Ein sog. „**unkündbarer**" **Dienstpflichtiger**, dem gegenüber aufgrund (tarif-)vertraglicher Vereinbarung ab einem bestimmten (Dienst-)Alter eine ordentliche Künd ausgeschlossen ist, ist nicht zwingend auf Lebenszeit angestellt.[32]

3. Dienstverhältnis für längere Zeit als fünf Jahre. Das Dienstverhältnis ist nicht nur dann „für längere Zeit als fünf Jahre[33] eingegangen", wenn eine entsprechende **kalendermäßige Befristung**[34] vorliegt, sondern auch dann, wenn das Dienstverhältnis **zweckbefristet**[35] oder **auflösend bedingt**[36] ist und der Beendigungstatbestand nach dem Ablauf von fünf Jahren eintritt.[37] § 624 ist nicht anwendbar auf Arbeitsverträge, die für die Dauer von zunächst fünf Jahren eingegangen sind und sich nur dann um weitere fünf Jahre verlängern, wenn sie nicht zuvor vom AN mit einer angemessenen Künd-Frist – von einem Jahr – gekündigt werden können.[38] Eine derartige individualvertragliche Gestaltung (**Verlängerungsklausel**)[39] stellt keine unzulässige Umgehung des § 624 und keinen Verstoß gegen Art. 12 GG dar.[40] Für die Berechnung der Fünf-Jahres-Frist ist der tatsächliche Vollzug bzw. die Dauer des Dienstverhältnisses maßgebend, nicht der Zeitpunkt des Vertragsschlusses.[41]

III. Rechtsfolge

S. 1 gewährt nur dem **Dienstverpflichteten** – nicht dem Dienstberechtigten[42] – ein **Künd-Recht**. Eine vor Ablauf der Fünf-Jahres-Frist ausgesprochene Künd vermag den Lauf der Künd-Frist nach S. 2 erst beginnen mit dem Ablauf des fünften Vertragsjahres in Gang zu setzen.[43] Nach dem Ablauf von fünf Jahren kann die Künd – unter Ein-

---

23 RAG 9.3.1935 – 201/34 – ARS 23, 190, 191 ff. m. Anm. *Hueck*.
24 BVerfG 7.2.1990 – 1 BvR 26/84 – NZA 1990, 389; BVerfG 19.10.1993 – 1 BvR 567/89, 1 BvR 1044/89 – NJW 1994, 36, 38 f.; BAG 16.3.1994 – 5 AZR 339/92 – NZA 1994, 937, 939 ff.; vgl. LAG München zur Unangemessenheit einer in AGB vereinbarten Künd-Frist von sechs Monaten nach § 307 Abs. 1 BGB, bezogen auf einen auf vier Jahre abgeschlossenen (hier) ArbeitsV, der sich bei Unterlassen der Künd automatisch weiter um vier Jahre verlängert, siehe LAG München 22.8.2007 – 11 Sa 1277/06 (n.r., anhängig BAG – 2 AZR 764/07).
25 Erman/*Belling*, § 624 Rn 3.
26 S. z.B. §§ 617 Abs. 1 S. 1, 627 Abs. 1, 629, 630 S. 1.
27 S. § 620 Abs. 2.
28 Motive II, 467; Staudinger/*Preis*, § 624 Rn 10; Erman/*Belling*, § 624 Rn 3.
29 RAG 5.2.1936 – 241/35 – ARS 28, 169, 171 f.
30 BAG 21.10.1971 – 2 AZR 17/71 – DB 1972, 244; BAG 2.11.1978 – 2 AZR 74/77 – DB 1979, 1086, 1087.
31 BAG 8.6.1972 – 2 AZR 285/71 – DB 1972, 2071; BAG 7.11.1968 – 2 AZR 397/67 – DB 1968, 2287; BAG 12.10.1954 – 2 AZR 267/54 – AuR 1955, 95 m. Anm. *Mendigo*; RAG 15.9.1937 – 91/37 – ARS 31, 78, 80 ff. m. Anm. *Hueck*; RAG 16.1.1936 – 188/36 – ARS 28, 332, 333 ff. m. Anm. *Hueck*; RAG 29.1.1936 – 227/35 – ARS 27, 46, 48 ff.; RAG 19.12.1928 – 330/28 – ARS 5,
29, 31 m. Anm. *Hueck*; LAG Düsseldorf 9.5.1968 – 2 Sa 93/68 – DB 1968, 1911; LAG Bremen 25.2.1953 – Sa 74/52 – DB 1953, 276; *Herschel*, DArbR 1937, 57; *Kania/Kramer*, RdA 1995, 287, 292; *Neumann*, DB 1956, 571.
32 HWK/*Bittner*, § 624 BGB Rn 10.
33 Zur Berechnung s. §§ 186 ff.
34 § 163.
35 § 620 Abs. 2, § 3 Abs. 1 S. 2 TzBfG.
36 § 158 Abs. 2.
37 HWK/*Bittner*, § 624 BGB Rn 14; Erman/*Belling*, § 624 Rn 4; Palandt/*Weidenkaff*, § 624 Rn 4.
38 BAG 19.12.1991 – 2 AZR 363/91 – NZA 1992, 543, 544 f.; BAG 1.10.1970 – 2 AZR 542/69 – DB 1971, 54, 55; a.A. RG 25.10.1912 – III 197/12 – RGZ 80, 277, 278 ff.
39 Staudinger/*Preis*, § 624 Rn 19 ff.; HWK/*Bittner*, § 624 BGB Rn 16.
40 BAG 19.12.1991 – 2 AZR 363/91 – NZA 1992, 543, 545; a.A. die Vorinstanz LAG Hamm 22.4.1991 – 19 Sa 409/90 – LAGE § 624 BGB Nr. 1.
41 HWK/*Bittner*, § 624 BGB Rn 18; Erman/*Belling*, § 624 Rn 5; Palandt/*Weidenkaff*, § 624 Rn 5.
42 Motive II, 466; BAG 6.10.2005 – 2 AZR 362/04 – NZA-RR 2006, 416, 419 f.; BGH 26.4.1995 – VIII ZR 124/94 – NJW 1995, 2350, 2351; BGH 22.4.1986 – X ZR 55/85 – NJW-RR 1986, 982, 983.
43 LAG Hamm 26.7.2002 – 7 Sa 669/02 – juris; MüKo-BGB/*Henssler*, § 624 Rn 9f; Erman/*Belling*, § 624 Rn 5.

haltung der **sechsmonatigen Künd-Frist** nach S. 2 – **jederzeit zu jedem Termin** ausgesprochen werden.[44] Eine Verwirkung des Künd-Rechts tritt nicht ein; ein Verzicht bleibt möglich.[45] § 621 und § 622 sind neben S. 2 nicht anwendbar.[46] Das Recht zur fristlosen Künd aus wichtigem Grund nach Maßgabe des § 626 bleibt unberührt,[47] und zwar für beide Vertragsseiten. Dies gilt auch für Anstellungen auf Lebenszeit. Darüber hinaus bleibt immer die Möglichkeit einen Aufhebungsvertrag zu schließen.[48]

C. Verbindungen zu anderen Rechtsgebieten und zum Prozessrecht

10 Die **Darlegungs- und Beweislast** für das Vorliegen der Tatbestandsvoraussetzungen trägt – unabhängig von der prozessualen Stellung als Kläger oder Beklagter – derjenige, der § 624 als für sich günstige Norm in Anspruch nimmt, z.B. indem er sich auf den Ausschluss der ordentlichen Künd beruft.[49]

§ 625 Stillschweigende Verlängerung

Wird das Dienstverhältnis nach dem Ablauf der Dienstzeit von dem Verpflichteten mit Wissen des anderen Teiles fortgesetzt, so gilt es als auf unbestimmte Zeit verlängert, sofern nicht der andere Teil unverzüglich widerspricht.

Literatur: Hennige, Rechtliche Folgewirkungen schlüssigen Verhaltens der Arbeitsvertragsparteien, NZA 1999, 281; *Kliemt*, Das neue Befristungsrecht, NZA 2001, 296; *Kramer*, Die arbeitsvertragliche Abdingbarkeit des § 625 BGB, NZA 1993, 1115; *Nehls*, Die Fortsetzung des beendeten Dienst- oder Arbeitsverhältnisses nach §§ 625 BGB/15 Abs. 5 TzBfG, DB 2001, 2718; *Ohlendorf*, Die Weiterbeschäftigung während eines Kündigungsschutzprozesses auf Wunsch des Arbeitgebers, AuR 1981, 109; *Preis/Gotthardt*, NZA 2000, 348; *Richardi/Annuß*, NJW 2000, 1231; *Stück*, Der GmbH-Geschäftsführer zwischen Gesellschafts- und Arbeitsrecht im Spiegel aktueller Rechtsprechung, GmbHR 2006, 1009

A. Allgemeines 1	2. Fortsetzung des Dienstverhältnisses durch den Dienstverpflichteten 7
I. Normzweck 1	3. Mit Wissen des Dienstberechtigten 8
II. Entstehungsgeschichte 2	4. Kein unverzüglicher Widerspruch des Dienstberechtigten 9
B. Regelungsgehalt 3	
I. Anwendungsbereich 3	III. Rechtsfolge 10
1. Persönlicher und sachlicher Anwendungsbereich 3	C. Verbindung zu anderen Rechtsgebieten und zum Prozessrecht 11
2. Sondervorschriften 4	I. Darlegungs- und Beweislast 11
3. Abdingbarkeit 5	II. Rechtsschutzmöglichkeiten 12
II. Tatbestandsvoraussetzungen 6	
1. Ablauf der Dienstzeit 6	

A. Allgemeines

I. Normzweck

1 Die Fortsetzung des Arbverh durch die Vertragsparteien i.S.v. § 625 stellt einen **Tatbestand schlüssigen Verhaltens kraft gesetzlicher Fiktion** dar.[1] § 625 regelt die stillschweigende Verlängerung von Arbverh unabhängig vom Willen der Parteien in Form einer **unwiderleglichen gesetzlichen Vermutung**.[2] Die Vorschrift beruht – ebenso wie § 15 Abs. 5 TzBfG (siehe § 15 TzBfG Rn 1, 16 ff.)[3] – auf der Erwägung, die Fortsetzung der Arbeitsleistung durch den AN mit Wissen und ohne Widerspruch des AG sei im Regelfall der Ausdruck eines stillschweigenden Willens der Parteien zur Verlängerung des Arbverh.[4] Liegt eine ausdrückliche oder konkludente **Vereinbarung** über die Fortsetzung des Arbverh vor, findet § 625 keine Anwendung (siehe Rn 5). Die Norm dient – ebenso wie die Parallelvor-

---

44 BAG 24.10.1996 – 2 AZR 845/95 – NZA 1997, 597, 599; LAG Hamm 26.7.2002 – 7 Sa 669/02 – juris; dies gilt nicht, wenn § 624 nicht anwendbar ist, weil das Dienstverhältnis nicht für eine längere Zeit als fünf Jahre eingegangen wurde, BAG 19.12.1991 – 2 AZR 363/91 – NZA 1992, 81.
45 LAG Hamm 26.7.2002 – 7 Sa 669/02 – juris m.w.N.
46 MüKo-BGB/*Henssler*, § 624 Rn 10; Erman/*Belling*, § 624 Rn 5.
47 BGH 22.4.1986 – X ZR 59/85 – NJW-RR 1986, 982, 984.
48 Palandt/*Weidenkaff*, § 624 Rn 5.
49 MüKo-BGB/*Henssler*, § 624 Rn 13; HWK/*Bittner*, § 624 BGB Rn 26.
1 BAG 3.9.2003 – 7 AZR 106/03 – NZA 2004, 255, 256; BAG 11.8.1988 – 2 AZR 53/88 – NZA 1989, 595; BAG 1.12.1960 – 3 AZR 588/58 – DB 1961, 575; RAG 2.11.1932 – 328/32 – ARS 16, 284, 285 m. Anm. *Hueck*.
2 BAG 2.12.1998 – 7 AZR 508/97 – NZA 1999, 482, 483.
3 *Kliemt*, NZA 2001, 296, 302.
4 BAG 3.9.2003 – 7 AZR 106/03 – NZA 2004, 255, 256 f.; BAG 18.9.1991 – 7 AZR 364/90 – juris; BAG 13.8.1987 – 2 AZR 122/87 – juris; BAG 1.12.1960 – 3 AZR 588/58 – DB 1961, 575.

schrift des § 545[5] im Mietrecht – der Vermeidung von Unklarheiten über den Bestand des Arbverh und somit der **Rechtsklarheit**.[6]

II. Entstehungsgeschichte
§ 625 ist seit 1.1.1900 unverändert geblieben.

B. Regelungsgehalt
I. Anwendungsbereich
1. Persönlicher und sachlicher Anwendungsbereich. § 625 erfasst – abgesehen von Fällen der Zweckerreichung – jede Art der Beendigung von **Dienstverhältnissen**.[7] Für **Arbverh** gilt § 625, soweit die vorrangige Spezialregelung des seit 1.1.2001 geltenden § 15 Abs. 5 TzBfG nicht einschlägig ist. § 625 kommt deshalb zum Tragen in den Fällen der Beendigung eines Arbverh durch Künd, Anfechtung oder Aufhebungs V.[8] Darüber hinaus findet § 625 auch Anwendung bei Fortsetzung eines aufgrund § 10 Abs. 1 S. 1, 2 AÜG befristeten Arbeitsvertrages (unwirksamer **AÜ-Vertrag**)[9] sowie bei **Probe-Arbverh**[10] und **GmbH-GF-Anstellungsverträgen**.[11] Die Vorschrift ist nicht anwendbar auf **öffentlich-rechtliche Lehrauftragsverhältnisse**[12] und den **Anstellungsvertrag** des Vorstandsmitglieds einer AG, wenn nicht auch die Organbestellung nach § 84 Abs. 1 AktG verlängert wird.[13] § 625 ist nicht einschlägig bei der Befristung einzelner Vertragsbedingungen,[14] bei Teil-Künd oder dem Wegfall von (Leistungs-)Zulagen[15] sowie bei Annahme einer Änderungs-Künd (§ 8 KSchG) unter dem Vorbehalt nach § 2 KSchG.[16]

2. Sondervorschriften. § 625 wird von der spezielleren Vorschrift des § 24 BBiG verdrängt, welche mit der Fiktion eines auf unbestimmte Zeit begründeten Arbverh die Rechtslage für den Fall klarstellen soll, dass der Auszubildende nach dem Ende des Ausbildungsverhältnisses ohne Unterbrechung und ohne ausdrückliche Vereinbarung weiterbeschäftigt wird.[17] Im Unterschied zu § 625 besteht bei der gem. § 25 BBiG nicht zuungunsten des Auszubildenden abdingbaren Sondervorschrift des § 24 BBiG keine Widerspruchsmöglichkeit. Durch § 15 Abs. 5 TzBfG (siehe § 15 TzBfG Rn 1, 16 ff.) wird der Anwendungsbereich von § 625 im Fall der Fortsetzung eines kalendermäßig befristeten, zweckbefristeten (§ 3 Abs. 1 S. 2 TzBfG) oder auflösend bedingten (§ 21 TzBfG) Arbverh eingeschränkt.[18] Für Handelsvertreter enthält § 89 Abs. 3 HGB[19] nach h.M. eine § 625 verdrängende Sonderregelung.[20]

3. Abdingbarkeit. § 625 enthält insoweit **dispositives Recht**, als die Parteien sich nicht nur darüber einigen können, das Arbverh nach der vorgesehenen Vertragszeit zu anderen Bedingungen oder zumindest nicht auf unbestimmte Zeit zu verlängern, sondern auch die Rechtsfolgen des § 625 nachträglich wieder einverständlich aufheben zu können.[21] Durch ein (tarif-)vertraglich vereinbartes **Schriftformerfordernis** für die Wirksamkeit des Arbeitsvertrages sollen i.d.R. die Voraussetzungen und Rechtsfolgen des § 625 ebenso wenig ausgeklammert werden[22] wie durch eine Vertragsklausel, nach der das Arbverh dann nicht mit Ablauf der Befristung enden soll, wenn die Fortset-

---

5 Motive II, 413 ff., 468.
6 MüKo-BGB/*Henssler*, § 625 Rn 1; *Kramer*, NZA 1993, 1115, 1119.
7 LAG Berlin 28.11.1991 – 7 Sa 53/91 – NZA 1992, 365, 366.
8 BAG 5.5.2004 – 7 AZR 629/03 – NZA 2004, 1346, 1349 f.; BAG 3.9.2003 – 7 AZR 106/03 – NZA 2004, 255, 256; Staudinger/*Preis*, § 625 Rn 2; *Kliemt*, NZA 2001, 296, 302; a.A. offenbar BT-Drucks 14/4371, S. 9 f., 21.
9 LAG Baden-Württemberg 19.10.1984 – 7 Sa 28/84 – EzAÜG Nr. 157.
10 BAG 11.8.1988 – 2 AZR 53/88 – NZA 1989, 595; BAG 8.3.1962 – 2 AZR 497/61 – DB 1962, 773; LAG Düsseldorf 9.11.1965 – 8 Sa 283/65 – BB 1966, 741.
11 *Stück*, GmbHR 2006, 1009, 1014.
12 BAG 27.11.1987 – 7 AZR 314/87 – RzK I 9a Nr. 29.
13 So OLG Karlsruhe 13.10.1995 – 10 U 51/95 – AG 1996, 224, 227; a.A. OLG Stuttgart 20.3.1992 – 2 U 115/90 – AG 1993, 85; offen gelassen von BGH 16.2.1967 – II ZR 53/66 – BB 1967, 646; MüKo-AktG/Hefermehl/*Spindler*, § 84 Rn 51 ff.; *Hüffer*, § 84 Rn 17; MüKo-BGB/*Henssler*, § 625 Rn 6.
14 BAG 3.9.2003 – 7 AZR 106/03 – NZA 2004, 255, 257; LAG Rheinland-Pfalz 13.11.1987 – 6 Sa 690/87 – ARST 1988, 124.
15 LAG München 27.6.1963 – 6 Sa 155/63 N – AMBl BY 1964, C 21.
16 MüKo-BGB/*Henssler*, § 625 Rn 4; HWK/*Bittner*, § 625 BGB Rn 11.
17 BAG 30.11.1984 – 7 AZR 539/83 – DB 1985, 2304, 2305; s. BAG 5.4.1984 – 2 AZR 54/83 – EzB § 14 Abs. 2 BBiG Nr. 18; *Hennige*, NZA 1999, 281, 283.
18 BAG 3.9.2003 – 7 AZR 106/03 – NZA 2004, 255, 256.
19 BGH 19.1.2005 – VIII ZR 139/04 – NJW-RR 2005, 762 ff.
20 Ebenroth/Boujong/Joost/Strohn/*Boecken*, Bd. 1, § 89 Rn 3 m.w.N., auch zur a.A.
21 BAG 11.8.1988 – 2 AZR 53/88 – NZA 1989, 595; BAG 20.10.1967 – 3 AZR 467/66 – SAE 1968, 131; BAG 15.2.1957 – 1 AZR 391/55 – AuR 1957, 342, 343 m. Anm. *Meissinger*; BGH 25.11.1963 – VII ZR 29/62 – NJW 1964, 350; RAG 2.11.1932 – 328/32 – ARS 16, 284, 286 m. Anm. *Hueck*; LAG Köln 30.8.1993 – 10 Sa 115/93 – juris; LAG Düsseldorf 9.11.1965 – 8 Sa 283/65 – BB 1966, 741; *Kramer*, NZA 1993, 1115, 1117 ff.; *Nehls*, DB 2001, 2718, 2720; *Ohlendorf*, AuR 1981, 109 f.
22 BAG 4.8.1988 – 6 AZR 354/86 – juris.

zung des Arbverh schriftlich vereinbart wird.[23] § 625 findet keine Anwendung, wenn es vor oder nach Ablauf des Zeitvertrages zu einer **ausdrücklichen oder konkludenten Vereinbarung** über die Verlängerung des Arbverh kommt,[24] bspw. indem der AG trotz wirksamer Künd den AN freiwillig und vorbehaltlos über den Ablauf der Künd-Frist oder der Befristung[25] hinaus weiterbeschäftigt.[26] Die Weiterbeschäftigung während des Künd-Schutzprozesses ist mangels gegenteiliger Anhaltspunkte auflösend bedingt durch den für den AG erfolgreichen rechtskräftigen Abschluss des Rechtsstreits.[27] Sie stellt gerade keine konkludente Zustimmung zur Fortsetzung des Dienstverhältnisses i.S.d. § 625 dar.[28] Eine § 625 verdrängende **stillschweigende Vereinbarung** ist nur dann anzunehmen, wenn das Schriftformgebot des § 14 Abs. 4 TzBfG nicht entgegensteht[29] und ein entsprechender Parteiwille aus den konkreten Umständen des Einzelfalls klar ersichtlich ist.[30] Dies ist z.B. dann der Fall, wenn das Arbverh vorläufig in der Erwartung fortgesetzt wird, die Parteien werden sich noch einigen, ob und zu welchen Bedingungen ein neuer Vertrag geschlossen werden soll.[31] § 625 kommt nicht zur Anwendung, wenn das Dienstverhältnis nur aus **Gefälligkeit** fortgesetzt wird[32] oder um Zeit zu gewinnen.[33] Einem Ausschluss des § 625 durch **Formularvertrag** steht § 307 (i.V.m. § 310 Abs. 4) nicht entgegen.[34] Gem. § 309 Nr. 9 lit. b) ist in Dienstverhältnissen eine den anderen Vertragsteil bindende stillschweigende Verlängerung des Vertragsverhältnisses um jeweils mehr als ein Jahr unzulässig.[35] Von § 15 Abs. 5 TzBfG kann im Hinblick auf § 22 Abs. 1 TzBfG nicht zu Ungunsten des AN abgewichen werden.[36]

II. Tatbestandsvoraussetzungen

6 1. **Ablauf der Dienstzeit.** Die Dienstzeit ist nicht nur dann i.S.v. § 625 abgelaufen, wenn eine Befristung (§ 620 Abs. 1) ausläuft,[37] sondern grds. bei jeder Art der **Beendigung** des Dienstverhältnisses, sei es durch Künd, Anfechtung oder Aufhebungsvertrag. Kein Ablauf der Dienstzeit ist in den Fällen der Zweckerreichung[38] oder des Ruhens des Arbverh gegeben.[39]

7 2. **Fortsetzung des Dienstverhältnisses durch den Dienstverpflichteten.** § 625 setzt die tatsächliche Fortführung des Arbverh im **unmittelbaren Anschluss an das Ende der Befristung** voraus. Erforderlich ist das tatsächliche Erbringen einer Arbeitsleistung,[40] auch wenn dies auf einem anderen Arbeitsplatz erfolgt.[41] Es genügt nicht, dass einem arbeitsunfähig erkrankten AN Vergütung für die Zeit nach Vertragsende gezahlt wird.[42] Die Gewährung von Urlaub oder Überstundenausgleich stellt i.d.R. keine Verlängerung oder Fortsetzung des Arbverh dar.[43] Eine Unterbrechung von sechs Monaten[44] oder elf Tagen[45] stehen einer Fortsetzung entgegen. Der Dienstpflichtige muss geschäftsfähig (§§ 104 ff.) sein.[46]

---

23 BAG 11.8.1988 – 2 AZR 53/88 – NZA 1989, 595.
24 BAG 20.2.2002 – 7 AZR 662/00 – ZTR 2002, 439 f.; BAG 26.7.2000 – 7 AZR 256/99 – NZA 2001, 261, 262; BAG 2.12.1998 – 7 AZR 508/97 – NZA 1999, 482, 483; BAG 11.11.1966 – 3 AZR 214/65 – DB 1967, 86; RAG 2.11.1932 – 328/32 – ARS 16, 284, 286 m. Anm. *Hueck*; LAG Düsseldorf 26.9.2002 – 5 Sa 748/02 – NZA-RR 2003, 175, 177; *Hennige*, NZA 1999, 281, 283, mit einem Formulierungsbeispiel.
25 LAG Hamm 8.8.1985 – 10 Sa 265/85 – RzK I 12 Nr. 3; Saarländisches OLG 20.3.2007 – 4 U 83/06–24 – juris (n.r., anhängig BGH II ZR 80/07).
26 Zur „Kündigungsrücknahme" s. BAG 5.5.2004 – 7 AZR 629/03 – NZA 2004, 1346, 1348; BAG 17.4.1986 – 2 AZR 308/85 – NZA 1987, 17; BAG 19.8.1982 – 2 AZR 230/80 – DB 1983, 663; Hessisches LAG 5.5.1976 – 10 (2) Sa 696/75 – AuR 1977, 89.
27 BAG 4.9.1986 – 8 AZR 636/84 – NZA 1987, 376; BAG 15.1.1986 – 5 AZR 237/84 – NZA 1986, 561 f.; *Ohlendorf*, AuR 1981, 109; a.A. LAG Hamm 22.8.1996 – 4 Sa 322/96 – EzA-SD 1997, Nr. 4, 11 (nachgehend BAG 16.7.1998 – 8 AZR 77/97, Urteil: i.E. Bestätigung).
28 LAG Hamm 16.2.2007 – 13 Sa 1126/06 – juris.
29 Staudinger/*Preis*, § 625 Rn 37.
30 BAG 12.6.1987 – 7 AZR 461/86 – EzA § 4 n.F. KSchG Nr. 32.
31 BAG 7.6.1984 – 2 AZR 274/83 – juris; BGH 16.2.1967– II ZR 53/66 – BB 1967, 646; RAG 3.5.1933 – 81/33 – ARS 18, 42, 45 f. m. Anm. *Hueck*; RAG 2.11.1932 – 328/32 – ARS 16, 284, 286 m. Anm. *Hueck*; LAG Düsseldorf 9.11.1965 – 8 Sa 283/65 – BB 1966, 741.
32 RAG 10.9.1931 – 80/31 – ARS 13, 48, 51; ArbG Bochum 25.10.1962 – 2 Ca 2/62 – DB 1963, 173.
33 LAG Saarland 17.3.1965 – Sa 16/64 – WA 1965, 79.
34 *Kramer*, NZA 1993, 1115, 1118 f.; *Nehls*, DB 2001, 2718, 2720; ebenso zu § 545 BGH 15.5.1991 – VIII ZR 38/90 – NJW 1991, 1750–1754.
35 HWK/*Bittner*, § 625 BGB Rn 50.
36 *Kliemt*, NZA 2001, 296, 302; *Nehls*, DB 2001, 2718, 2720.
37 Z.B. wegen Erreichen einer vertraglichen Altersgrenze, siehe dazu BAG 20.2.2002 – 7 AZR 748/00 – NZA 2002, 789; LAG Berlin 28.11.1991 – 7 Sa 53/91 – NZA 1992, 365, 366; ArbG Bremerhaven 19.11.1954 – Ca 601/54 – DB 1955, 123.
38 BAG 15.3.1960 – 1 AZR 464/57 – AuR 1960, 282; RAG 10.9.1931 – 80/31 – ARS 13, 48, 51; LAG Köln 19.3.1992 – 5 Sa 501/91 – LAGE § 620 BGB Nr. 26; MüKo-BGB/*Henssler*, § 625 Rn 3, 8.
39 BAG 23.9.1993 – 8 AZR 268/92 – NZA 1994, 881, 883.
40 BAG 20.2.2002 – 7 AZR 748/00 – NZA 2002, 789, 793; BAG 24.10.2001 – 7 AZR 620/00 – NZA 2003, 153, 156; Hessisches LAG 25.10.2001 – 3 Sa 143/01 – juris (nachgehend BAG 27.11.2002 – 7 AZR 76/02, Urteil: Stattgabe, nicht dokumentiert).
41 BAG 11.11.1966 – 3 AZR 214/65 – DB 1967, 86.
42 LAG Hamm 5.9.1990 – 15 Sa 1038/90 – DB 1990, 2373.
43 BAG 20.2.2002 – 7 AZR 748/00 – NZA 2002, 789, 793; BAG 2.12.1998 – 7 AZR 508/97 – NZA 1999, 482, 483; BAG 26.6.2002 – 7 AZR 64/01 – juris; LAG Hamm 3.2.1992 – 19 Sa 1664/91 – LAGE § 625 BGB Nr. 3; *Hennige*, NZA 1999, 281, 282 f.; a.A. ArbG Passau 27.7.1988 – 1 Ca 384/88 – ARST 1989, 1.
44 BAG 24.9.1997 – 7 AZR 654/96 – RzK I 9 a Nr. 121.
45 BAG 2.12.1998 – 7 AZR 508/97 – NZA 1999, 482, 483.
46 HWK/*Bittner*, § 625 BGB Rn 23; ErfK/*Müller-Glöge*, § 625 BGB Rn 4; Erman/*Belling*, § 625 Rn 4.

3. Mit Wissen des Dienstberechtigten. Die Weiterarbeit hat mit Wissen des **AG** oder eines nach Maßgabe von §§ 164, 166 bzw. den Grundsätzen der Anscheins- und Duldungsvollmacht[47] zum Abschluss von Arbeitsverträgen berechtigten **Vertreters** des AG zu erfolgen.[48] Es reicht bspw. nicht, wenn nur Arbeitskollegen, ein BR-Mitglied oder ein offenkundig nicht berechtigter Gesellschafter[49] über die Weiterarbeit informiert sind[50] oder der AN ohne Wissen des AG drei Wochen im Außendienst weiterarbeitet.[51] Nach h.M. ist eine falsche rechtliche Beurteilung des Dienstberechtigten bzgl. des Ablaufs des Dienstverhältnisses unerheblich,[52] eine **Anfechtung** wegen Irrtums über das Vorliegen einer Befristung scheidet – angesichts des Rechtscharakters einer gesetzlichen Fiktion (siehe Rn 1, 10) – aus.[53] Irren sich dagegen beide Parteien über den Zeitpunkt des Vertragsablaufs, soll die Wirkung des § 625 nicht eintreten.[54]

4. Kein unverzüglicher Widerspruch des Dienstberechtigten. Der Widerspruch ist eine rechtsgeschäftliche, einseitige, empfangsbedürftige (§ 130) **Willenserklärung**.[55] Er kann bereits vor oder unverzüglich nach Ablauf des befristeten Dienstverhältnisses ausdrücklich oder konkludent erklärt werden,[56] z.B. durch **Aushändigung der Arbeitspapiere**.[57] Ein beachtlicher Widerspruch liegt u.a. dann vor, wenn der AG dem AN deutlich macht, dass durch die Weiterbeschäftigung kein Arbverh zu den bisherigen Bedingungen[58] oder auf unbestimmte Zeit begründet werden soll,[59] z.B. indem er den **Abschluss eines wirksam befristeten Arbeitsvertrages anträgt**.[60] Ein erheblicher Widerspruch liegt auch dann vor, wenn der AN nach Abschluss eines Aufhebungsvertrages über das festgelegte rechtliche Ende des Arbverh hinaus ohne Wissen des AG weiterarbeitet.[61] Darüber hinaus kann ein Widerspruch im **Klagabweisungsantrag** gegenüber dem Künd-Schutz-[62] oder Entfristungsbegehren[63] liegen wie auch darin, dass der AG das in den Kalendermonat fallende Fristende aus praktischen Gründen für den Monatsschluss „bestätigt".[64] Die zweiwöchige Frist des § 545 oder eine andere feste Widerspruchsfrist passt für den Dienstvertrag nicht.[65] Der Begriff der „**Unverzüglichkeit**" ist i.S.v. § 121 Abs. 1 S. 1 zu verstehen. Für die Frage eines schuldhaften Zögerns ist ein strenger Maßstab anzulegen.[66] I.d.R. ist die Unverzüglichkeit noch zu bejahen, wenn der Widerspruch spätestens sieben Tage nach Kenntnisnahme erfolgt.[67] Ein Widerspruch nach Ablauf von einem[68] oder zweieinhalb[69] Monaten ist nicht mehr als unverzüglich anzusehen. Ein Widerspruch gegen die weitere Beschäftigung über den Befristungszeitpunkt hinaus, welcher erst neun Kalendertage nach Kenntnisnahme durch den Widerspruchsberechtigten zugeht, ist nicht mehr unverzüglich ausgesprochen.[70] Z.T. wird in Rspr.[71] und Lit.[72] als Höchstdauer eine **Frist von einer Woche** angenommen. Der Widerspruch ist nicht nach § 623 formbedürftig.[73] Eine Begründung sieht das Gesetz ebenso wenig vor wie eine Sozialauswahl.[74] Handelt ein Bevollmächtigter, ist § 174 anwendbar.[75] Der Widerspruch ist anfechtbar (§§ 119 ff.),[76] nicht dagegen das Unterlassen des Widerspruchs.[77] Der Ausgleich von Leistungen, die zwischen dem Zeitpunkt der Beendigung des Arbverh und der wirksamen Ausübung des Widerspruchs erbracht wurden, erfolgt nach den Grundsätzen des fehlerhaften Arbverh[78] oder nach Bereicherungsrecht.[79]

III. Rechtsfolge

10 Das nach § 625 **kraft Gesetzes verlängerte Arbverh** ist nicht ein zu den Bedingungen des abgelaufenen Arbverh neu begründetes, sondern das fortgesetzte bisherige, mit ihm identische Arbverh.[80] Der **ursprüngliche Vertragsinhalt** bleibt bestehen,[81] z.B. hinsichtlich der Vergütungsregelungen[82] oder eines Vertragsstrafeversprechens (§ 339).[83] Dies gilt nach vorzugswürdiger Ansicht auch bzgl. der **vertraglich vereinbarten Künd-Fristen**,[84] während nach a.A. die gesetzlichen Künd-Fristen gelten sollen.[85] Dass der ursprüngliche Vertrag fortgesetzt wird hat auch Bedeutung für Normen, die auf die Dauer des Bestandes des Arbverh abstellen, z.B. § 1b Abs. 1 S. 1 BetrAVG (Unverfallbarkeit der Anwartschaft auf Leistungen der betrieblichen Altersversorgung nach mind. fünf Jahren) oder § 8 Abs. 1 TzBfG (Anspruch des AN auf Verringerung der Arbeitszeit nach mind. sechs Monaten). Das Dienstverhältnis gilt als auf **unbestimmte Zeit** verlängert,[86] unbeschadet der Möglichkeit der nachträglichen Vereinbarung einer Befristung.[87] § 625 kann ein unbefristetes Arbverh dann nicht herbeiführen, wenn ein ausdrücklich für die Dauer eines Jahres vereinbarter Arbeitsvertrag der (kirchenaufsichtsrechtlichen) Genehmigung bedürfte, da anderenfalls das Genehmigungserfordernis umgangen würde.[88] Beim Streit über die Dauer der Befristung gilt analog § 625 im Zweifel die Fortsetzung bis zum späteren Datum.[89] Im Unterlassen des Widerspruchs durch den AG kann eine mitbestimmungspflichtige Einstellung gem. § 99 BetrVG gesehen werden.[90]

---

67 LAG Frankfurt 19.4.1955 – IV LA 7/55 – BB 1955, 573; Staudinger/*Preis* § 625 Rn 23; MüKo-BGB/*Henssler*, § 624 Rn 13, als unverzüglich wird ein Widerspruch nach einem Tag angesehen; BAG 13.8.1987 – 2 AZR 127/87 – juris, nach drei Tagen; LAG Rheinland-Pfalz 4.6.2007 – 5 Sa 1000/06 – juris, drei bis vier Arbeitstage; BAG 1.12.1960 – 3 AZR 588/58 – DB 1961, 575.
68 LAG Düsseldorf 26.9.2002 – 5 Sa 748/02 – NZA-RR 2003, 175, 177.
69 LAG Berlin 28.11.1991 – 7 Sa 53/91 – NZA 1992, 365, 366.
70 BAG 11.7.2007 – 7 AZR 501/06 – juris; hier zu § 15 Abs. 5 TzBfG.
71 LAG Hamm 9.3.1995 – 12 Sa 2036/94 – NZA-RR 1996, 145, 147.
72 MüKo-BGB/*Henssler*, § 625 Rn 17; *Nehls*, DB 2001, 2718, 2720; weitergehend Erman/*Belling*, § 625 Rn 7: i.d.R. unter zwei Wochen.
73 *Nehls*, DB 2001, 2718, 2719; *Preis/Gotthardt*, NZA 2000, 348, 360 f.; *Richardi/Annuß*, NJW 2000, 1231, 1233 f.
74 *Nehls*, DB 2001, 2718, 2719 f.
75 ErfK/*Müller-Glöge*, § 625 BGB Rn 6; *Nehls*, DB 2001, 2718, 2719.
76 HWK/*Bittner*, § 625 BGB Rn 31.
77 ErfK/*Müller-Glöge*, § 625 BGB Rn 6.
78 MüKo-BGB/*Henssler*, § 625 Rn 22 m.w.N.
79 *Nehls*, DB 2001, 2718, 2721 f.
80 LAG Berlin 28.11.1991 – 7 Sa 53/91 – NZA 1992, 365, 366.
81 LAG Hamm 9.6.1994 – 17 Sa 166/94 – ZTR 1994, 373; LAG Berlin 28.11.1991 – 7 Sa 53/91 – NZA 1992, 365, 366.
82 MüKo-BGB/*Henssler*, § 625 Rn 18 m.w.N.
83 LAG Hamm 15.9.1997 – 19 Sa 979/97 – NZA 1999, 1050.
84 BAG 11.8.1988 – 2 AZR 53/88 – NZA 1989, 595 ff.; Saarländisches OLG 20.3.2007 – 4 U 83/06 – 24 – juris (n.r., anhängig BGH II ZR 80/07); Staudinger/*Preis*, § 625 Rn 30 ff.; MüKo-BGB/*Henssler*, § 625 Rn 19; *Nehls*, DB 2001, 2718, 2720 f.
85 RAG 22.3.1939 – 173/38 – ARS 36, 7, 8 ff. m. Anm. *Hueck*; RAG 21.9.1935 – 132/35 – ARS 25, 59, 60 ff. m. Anm. *Hueck*; LAG Hamburg 27.9.1956 – 2 Sa 153/56 – BB 1957, 78; Erman/*Belling*, § 625 Rn 9; HWK/*Bittner*, § 625 BGB Rn 37.
86 LAG Frankfurt 19.4.1955 – IV LA 7/55 – BB 1955, 573.
87 BAG 3.12.1997 – 7 AZR 651/96 – NZA 1998, 1000; BAG 8.7.1998 – 7 AZR 382/97 – NZA 1998, 1279 f.; LAG Köln 26.1.1996 – 11 (13) Sa 1103/95 – BB 1996, 1618.
88 ArbG Bochum 13.5.1993 – 3 Ca 2629/92 – NJW-RR 1993, 1143, 1144.
89 LAG Hamm 9.3.1995 – 12 Sa 2036/94 – NZA-RR 1996, 145.
90 BAG 28.10.1986 – 1 ABR 16/85 – NZA 1987, 530; BAG 18.7.1978 – 1 ABR 79/75 – BB 1978, 1718; LAG Hamm 14.7.1982 – 12 TaBV 27/82 – DB 1982, 2303; *Nehls*, DB 2001, 2718, 2722.

C. Verbindung zu anderen Rechtsgebieten und zum Prozessrecht

I. Darlegungs- und Beweislast

Der Dienstverpflichtete trägt die Darlegungs- und Beweislast für die Fortsetzung des Dienstverhältnisses (siehe Rn 7) nach Ablauf der Dienstzeit (siehe Rn 6) mit Wissen des Dienstberechtigten (siehe Rn 8); dieser hat seinen unverzüglichen Widerspruch (siehe Rn 9) darzulegen und ggf. zu beweisen.[91]

11

II. Rechtsschutzmöglichkeiten

Bestreitet der AG die Fortsetzung des Arbverh gem. § 625, steht es dem AN offen, eine – nicht analog § 17 TzBfG fristgebundene – **Klage auf Feststellung** (§ 256 ZPO) zu erheben, dass das Arbverh zu unveränderten Bedingungen fortbesteht.[92] **Prozessverwirkung** kann eintreten, wenn ein AN erstmals nach neun Monaten geltend macht, das Arbverh sei nach Ablauf der Befristung während einiger Tage i.S.v. § 625 fortgesetzt worden.[93]

12

---

§ 626   Fristlose Kündigung aus wichtigem Grund

(1) Das Dienstverhältnis kann von jedem Vertragsteil aus wichtigem Grund ohne Einhaltung einer Kündigungsfrist gekündigt werden, wenn Tatsachen vorliegen, auf Grund derer dem Kündigenden unter Berücksichtigung aller Umstände des Einzelfalles und unter Abwägung der Interessen beider Vertragsteile die Fortsetzung des Dienstverhältnisses bis zum Ablauf der Kündigungsfrist oder bis zu der vereinbarten Beendigung des Dienstverhältnisses nicht zugemutet werden kann.

(2) ¹Die Kündigung kann nur innerhalb von zwei Wochen erfolgen. ²Die Frist beginnt mit dem Zeitpunkt, in dem der Kündigungsberechtigte von den für die Kündigung maßgebenden Tatsachen Kenntnis erlangt. ³Der Kündigende muss dem anderen Teil auf Verlangen den Kündigungsgrund unverzüglich schriftlich mitteilen.

Literatur: *Adam*, Abschied vom „Unkündbaren"? NZA 1999, 846; *ders.*, Unkündbare Angestellte, Anm. zu EzBAT § 54 BAT Nr. 9 Unkündbare Angestellte; *Belling*, Die Verdachtskündigung in: FS Kissel, 1994, 11; *Bernstein*, Außerordentliche Änderungskündigung eines Betriebsratsmitglieds – Zustimmungsersetzungsverfahren, Anm. zu EzA § 15 KSchG n.F. Nr. 43; *Bitter/Kiel*, Von angeblichen und wirklichen Wertungswidersprüchen, von Mindest- und Höchststandards: die BAG-Rechtsprechung zur außerordentlichen Kündigung sog. unkündbarer Arbeitnehmer in: FS Schwerdtner, 2003, S. 13; *Boden*, Zur Kündigung aus wichtigem Grunde gem. der Tarifordnung für Kulturorchester von 1965 § 23 Abs. 3 Buchst a, Anm. zu AP § 23 TOK Nr. 2; *Bornhagen*, Die Zumutbarkeit als Rechtsgedanke im Arbeitsrecht, 1999; *Böttcher*, Beschränkung der Befugnis zur außerordentlichen Kündigung, zugleich ein Beitrag zur absoluten und relativen Unzumutbarkeit, in: FS Nikisch, 1958, S. 49; *ders.*, Tarifvertragliche Sonderstellung der gewerkschaftlichen Vertrauensleute im Arbeitsverhältnis: eine betriebsverfassungsrechtliche Angelegenheit, RdA 1978, 133; *Bröhl*, Die Orlando-Kündigung, Zwischenwort zur außerordentlichen ordentlichen Kündigung tariflich unkündbarer Arbeitnehmer, in: FS Schaub, 1998, S. 55; *ders.*, Die außerordentliche Kündigung mit notwendiger Auslauffrist, 2005; *Buchner*, Zum außerordentlichen Kündigungsrecht trotz Unkündbarkeit, Anmerkung zu: EzA § 626 n.F. BGB Nr. 96; *Bulla*, Die rechtliche Zulässigkeit von Tarifverträgen über die Begünstigung von gewerkschaftlichen Vertrauensleuten, BB 1975, 889; *Bydlinski*, Zulässigkeit und Schranken „ewiger" und extrem langdauernder Vertragsbindung, 1991; *Clemens*, Umgehung einer Unkündbarkeitsregel, Anm. zu AP § 53 BAT Nr. 2; *Conze*, Beendigung eines Arbeitsverhältnisses bei tariflichem Ausschluss der ordentlichen Kündigung, Anm. zu AP § 1 TVG Tarifverträge – Lufthansa Nr. 12; *Däubler*, Beschäftigungspakt für Lehrer an öffentlichen Schulen, Rechtsprobleme für Arbeitnehmer und Beamte, ZTR 1997, 289; *Dzida/Hohenstatt*, Tendenzschutz nur gegenüber Tendenzträgern? NZA 2004, 1084; *Etzel*, Die „Orlando-Kündigung": Kündigung tariflich unkündbarer Arbeitnehmer, ZTR 2003, 210; *Fischer*, Doping und Dopingkontrolle im Arbeitsverhältnis des Berufssportlers, FA 2002, 98; *ders.*, Die Anhörung des Arbeitnehmers vor der Verdachtskündigung, BB 2003, 522; *Frischmann*, Tarifliche Unkündbarkeit nach dem BAT in der außeruniversitären Forschung, ZTR 1996, 344; *Gamillscheg*, Der zweiseitig-zwingende Charakter des § 626 BGB, AuR 1981, 105; *Geis*, Zur Dogmatik von Dauerstörungen in Dienst- und Arbeitsverhältnissen, Eine Rechtsprechungsanalyse zur Risikoverteilung in Kündigungs-, Unmöglichkeits- und Geschäftsgrundlagefällen, 1989; *Geller*, Der vertragliche Ausschluss der ordentlichen Kündigung, 2001; *Grimberg*, Außerordentliche Kündigung mit Auslauffrist bei Teilbetriebsstilllegung, Kündigungsschutz für ältere, langjährig beschäftigte Mitarbeiter, AiB 2001, 305; *Groeger*, Probleme der außerordentlichen betriebsbedingten Kündigung ordentlich unkündbarer Arbeitnehmer, NZA 1999, 850; *Hamer*, Außerordentliche betriebsbedingte Kündigung unkündbarer Arbeitnehmer, PersR 2000, 144; *Herschel*, Fristlose Kündigung eines Handlungsgehilfen wegen einer strafbaren Handlung, Anm. zu AP § 72 HGB Nr. 2; *ders.*, Fristlose Entlassung sogenannter unkündbarer Arbeiter der Deutschen Bundesbahn aus gesundheitlichen Gründen, Anm. zu AP § 626 BGB Nr. 52; *Höland*, Außerordentliche Kündigung – Auslauffrist, Anm. zu AP § 626 BGB Nr. 162; *ders.*, Tariflicher Ausschluss der ordentlichen Kündigung, Anm. zu AP § 626 BGB Nr. 143; *Hueck*, Fristlose Kündigung von eigentlich unkündbaren Arbeitnehmern bei im Betrieb liegenden Umständen, Anm. zu AP § 626 BGB Nr. 16; *Kammerer*, Die „letzte Abmahnung" in der Rechtsprechung des BAG, BB 2002, 1747; *Kania/Kramer*, Unkündbarkeitsver-

---

[91] BAG 25.10.2000 – 7 AZR 537/99 – NZA 2001, 609, 612; BAG 30.11.1984 – 7 AZR 539/83 – DB 1985, 2304; RAG 2.11.1932 – 328/32 – ARS 16, 284, 286 m. Anm. *Hueck*.
[92] *Nehls*, DB 2001, 2718, 2720.
[93] LAG Köln 27.6.2001 – 3 Sa 220/01 – DB 2001, 2256; LAG Köln 19.3.1992 – 5 Sa 501/91 – LAGE § 620 BGB Nr. 26.

einbarungen in Arbeitsverträgen, Betriebsvereinbarungen und Tarifverträgen, RdA 1995, 287; *Kliemt/Vollstädt*, Unverschuldeter Rechtsirrtum – Wunderwaffe bei beharrlicher Arbeitsverweigerung? NZA 2003, 357; *Konzen*, Tarifliche Kampfklauseln, ZfA 1980, 77; *v. Koppenfels*, Die außerordentliche arbeitgeberseitige Kündigung bei einzel- und tarifvertraglich unkündbaren Arbeitnehmern, 1998; *Kramer*, BAG zur Kündigung wegen privater Internetnutzung, NZA 2007, 1338; *Kramer*, Kündigungsvereinbarungen im Arbeitsvertrag, Zugleich ein Beitrag zum neuen Kündigungsfristengesetz, 1994; *Künzl*, Probleme der Sozialauswahl bei betriebsbedingter Kündigung, ZTR 1996, 385; *Linck*, Die soziale Auswahl bei betriebsbedingter Kündigung, 1990; *Mahnhold*, „Global Whistle" oder „deutsche Pfeife" – Whistleblowing-Systeme im Jurisdiktionskonflikt, NZA 2008, 737; *Matthes*, Betriebsvereinbarungen über Kündigungen durch den Arbeitgeber, in: FS Schwerdtner, 2003, S. 331; *Mauer/Schüßler*, Kündigung unkündbarer Arbeitnehmer, Zulässigkeit und Grenzen der Orlando-Kündigung, BB 2001, 466; *Moll*, Unkündbarkeitsregelungen im Kündigungsschutzsystem, Zur Wirkung tariflicher Unkündbarkeitsklauseln bei betriebsbedingten Kündigungen, in: FS Wiedemann, 2002, S. 333; *Müller, C.J.*, Die Berufsfreiheit des Arbeitgebers, Einwirkungen des Art. 12 Abs. 1 GG auf das Individual- und Kollektivarbeitsrecht, 1996; *Müller, M.*, Whistleblowing – Ein Kündigungsgrund? NZA 2002, 424; *Neuner*, Außerordentliche betriebsbedingte Kündigung gegenüber unkündbaren Arbeitnehmer – Widerspruch gegen Übergang des Arbeitsverhältnisses, Anm. zu EzA § 626 BGB Unkündbarkeit Nr. 3; *Oetker*, Arbeitsrechtlicher Kündigungsschutz und Tarifautonomie, ZfA 2001, 287; *ders.*, Der arbeitsrechtliche Bestandsschutz unter dem Firmament der Grundrechtsordnung, Einblicke in das arbeitsrechtliche Nervenzentrum, 1996; *ders.*, Der auswahlrelevante Personenkreis im Rahmen von § 1 Abs. 3 KSchG, in: FS Wiese, 1998, S. 333; *Otto*, Der Wegfall des Vertrauens in den Arbeitnehmer als wichtiger Grund zur Kündigung des Arbeitsverhältnisses, 2000; *Pape*, Die tarifvertragliche Unkündbarkeit, Zugleich ein Beitrag zu den Grenzen der Tarifautonomie im Kündigungsschutzrecht und zum partiell zweiseitig-zwingenden Charakter des § 1 Abs. 2 und 3 KSchG, 2002; *Pauly*, Unkündbarkeitsvereinbarungen in Arbeitsverträgen – Kündigung trotz Ausschlusses der Kündigung, AuR 1997, 94; *Plander*, Arbeitsplatzsicherung trotz Personalabbaus im Schulwesen des Landes Mecklenburg-Vorpommern – Gesetzes- und tarifwidrig?, PersR 1997, 289; *Pomberg*, Die Kündigung unkündbarer Arbeitnehmer, 2001; *Preis*, Prinzipien des Kündigungsrechts bei Arbeitsverhältnissen, 1987; *Preis/Hamacher*, Die Kündigung der Unkündbaren, in: FS Arbeitsgerichtsbarkeit Rheinland-Pfalz, 1999, S. 245; *Reichold*, Zur betriebsbedingten Kündigung des unkündbaren Angestellten, EWiR 2003, 105; *Rieble*, Personalabbau in Forschungseinrichtungen – Kündigungsschutz und Sozialplan, WissR 1994, 40; *ders.*, Betriebliche versus tarifliche Unkündbarkeit, NZA 2003, 1243; *Rüthers/Henssler*, Die Kündigung bei kumulativ vorliegenden und gemischten Sachverhalten, ZfA 1988, 31; *Schäfer*, Auflösungsanspruch des Arbeitgebers bei unwirksamer außerordentlicher Kündigung, BB 1985, 1994; *Schaub*, Die Abmahnung als zusätzliche Kündigungsvoraussetzung, NZA 1997, 1185; *Scheuring*, Zur befristeten außerordentlichen Änderungskündigung gem. BAT § 55 Abs. 2 Uabs. 1 S. 2, Anm. zu AP § 55 BAT Nr. 3; *ders.*, Außerdienstliches Fehlverhalten von Arbeitnehmern des öffentlichen Dienstes als Verletzung arbeitsrechtlicher Pflichten, ZTR 1999, 337, 387; *Schiefer/Pogge*, Außerordentliche, betriebsbedingte Kündigung unkündbarer Arbeitnehmer – Auslegung § 20 Nr. 4 MTV Metall NRW, Anm. zu LAGE § 626 BGB Nr. 92; *Schleusener*, Tariflicher Ausschluß der ordentlichen Kündigung, SAE 1998, 218; *Schmitz-Scholemann*, Ehrverletzungen als Kündigungsgrund, BB 2000, 926; *Schwerdtner*, Die außerordentliche arbeitgeberseitige Kündigung des ordentlich unkündbaren Arbeitnehmers, in: FS Kissel, 1994, S. 1077; *Stahlhacke*, Außerordentliche betriebsbedingte Änderungskündigungen von Betriebsratsmitgliedern, in: FS Hanau, 1999, S. 281; *Thannheiser*, Unkündbarkeit schützt vor Kündigung nicht, AiB 1998, 601; *Trappehl/Lambrich*, Auflösungsantrag des Arbeitgebers nach außerordentlicher Kündigung, RdA 1999, 243; *Volz*, Die Kündbarkeit tariflich unkündbarer Arbeitnehmer, 2001; *Walker*, § 55 BAT – außerordentliche Kündigung, Anm. zu AP § 55 BAT Nr. 4; *ders.*, Zur Kündigung eines ordentlich unkündbaren Arbeitnehmers, Anm. zu EzA § 626 BGB Unkündbarkeit Nr. 2; *ders.*, Wiedereinstellungsanspruch, SAE 1998, 103; *ders.*, Außerordentliche Verdachtskündigung, Anm. zu: EzA § 626 BGB Verdacht strafbarer Handlung Nr. 8; *Walter*, Befristung und ordentliche Kündigung, AiB 2004, 222; *Wank*, Umgehung einer Unkündbarkeitsregelung, Anmerkung zu: AR-Blattei Kündigungsschutz Entsch. 293; *Weber/Lohr*, Der Sonderkündigungsschutz von Betriebsratsmitgliedern, BB 1999, 2350; *Weller*, Betriebliche und tarifvertragliche Regelungen, die sich auf die soziale Auswahl nach § 1 Abs. 3 KSchG auswirken, RdA 1986, 222; *Wendeling-Schröder*, Zur Rechtsstellung tarifvertraglich „unkündbarer" Arbeitnehmer in Großforschungseinrichtungen, in: FS Kehrmann, 1997, S. 321; *Weng*, Die Kündigung von Arbeitsverhältnissen mit langer Bindung aus wichtigem Grund, 1980; *Wiedemann*, Kündigung trotz tarifvertraglicher Unkündbarkeitsklausel, EWiR 1998, 537; *Winterfeld*, Zur Anhörung des Betriebsrats bei einem unkündbaren Arbeitnehmer, Anm. zu EzA § 102 BetrVG Nr. 82; *Zwanziger*, Tarifliche Unkündbarkeit und Sozialauswahl, Zugleich Stellungnahme zu ArbG Cottbus, DB 2000, 1817 ff.; *ders.*, Neue Tatsachen nach Zugang einer Kündigung, BB 1997, 42

A. Allgemeines	1
I. Norm und Geltungsbereich	1
II. Normzweck	2
III. Abgrenzung von anderen Beendigungstatbeständen	3
IV. Unabdingbarkeit	5
B. Regelungsgehalt	10
I. Ausübung des Kündigungsrechts	10
II. Wichtiger Grund zur fristlosen Kündigung	18
1. Allgemeine Merkmale des wichtigen Grundes	18
2. Fallgruppen	25
a) Kündigung durch den Arbeitgeber	25
aa) Betriebsbedingte Kündigung	25
bb) Personenbedingte Kündigung	30
cc) Verhaltensbedingte Kündigung	40
dd) Mischtatbestände	43
ee) Abgrenzung verhaltens-/personenbedingt	43a
b) Außerordentliche Kündigung durch den Arbeitnehmer	44
c) Besondere Arten der außerordentlichen Kündigung	47
aa) Änderungskündigung	47
bb) Druckkündigung	53
cc) Verdachtskündigung	58
d) Öffentlicher Dienst der neuen Bundesländer	65
3. Beraterhinweise	65a
III. Verhältnismäßigkeitsgrundsatz	66
1. Abmahnung	70
2. Weiterbeschäftigung auf einem freien Arbeitsplatz	80
3. Freistellung des Arbeitnehmers	84
4. Beraterhinweise	84a
IV. Interessenabwägung	85
1. Umstände des Einzelfalls	86
2. Zu berücksichtigende Interessen	88

3. Beraterhinweise 96a	4. Ordentliche Kündigung 127
V. Ausschlussfrist (Abs. 2) 97	5. Außerordentliche Kündigung mit notwendiger
1. Allgemeines 97	Auslauffrist 128
2. Regelungsgehalt 100	a) Wichtiger Grund 129
a) Fristbeginn 100	b) Rechtsfolgen 137
b) Fristbeginn bei Dauertatbeständen 103	c) Sozialauswahl 138
c) Kenntnis des Kündigungsberechtigten 108	d) Ausschluss der außerordentlichen betriebs-
d) Fristablauf 111	bedingten Kündigung 142
3. Verbindung zu anderen Rechtsgebieten und	6. Auslegung und Umdeutung 143
zum Prozessrecht 113	7. Beraterhinweise 144a
a) Beteiligung des Betriebsrats bzw. Personal-	C. Verbindung zu anderen Rechtsgebieten und
rats 113	zum Prozessrecht 145
b) Sonderkündigungsschutz (SGB IX,	I. Klagefrist und Klageart 145
MuSchG, BEEG) 117	II. Umgehung 147
c) Rechtsmissbräuchliche Berufung auf den	III. Nachschieben von Kündigungsgründen 149
Ablauf der Ausschlussfrist 119	IV. Darlegungs- und Beweislast, Beweiswürdigung .. 156
4. Beraterhinweise 120	V. Revisionsrechtliche Prüfung 159
VI. Ordentlich unkündbare Arbeitnehmer 121	VI. Zustimmungsersetzung nach § 103 BetrVG 160
1. Allgemeines 121	VII. Aussetzung nach § 148 ZPO 161
2. Zweistufige Prüfung 125	VIII. Materielle Rechtskraft und Präklusion 162
3. Fristlose Kündigung 126	

A. Allgemeines

I. Norm und Geltungsbereich

§ 626 regelt die außerordentliche Künd von Dienstverhältnissen und ist damit lex specialis zu der allg. Vorschrift des **1**
§ 314, wonach alle Dauerschuldverhältnisse aus wichtigem Grund ohne Einhaltung einer Künd-Frist kündbar sind.
§ 626 gilt damit nicht nur für Arbverh, sondern auch für Dienstverhältnisse, die keine Arbverh sind. Regelfall der
außerordentlichen Künd ist die außerordentlich **fristlose Künd**. Die Künd kann aber auch, wenn sie vom Kündigenden hinreichend als außerordentliche Künd bezeichnet wird, als Künd aus wichtigem Grund unter Einhaltung einer
Auslauffrist ausgesprochen werden. Die Wirksamkeitsvoraussetzungen einer außerordentlichen Künd mit notwendiger Auslauffrist, v.a. bei ordentlicher Unkündbarkeit des AN, sind gesondert zu erörtern (siehe Rn 128 f.).[1] Die
Künd aus wichtigem Grund ist seit dem Ersten Arbeitsrechtsbereinigungsgesetz vom 14.8.1969 in § 626 grds. für
alle Dienstverhältnisse einheitlich geregelt. Entsprechend anwendbar ist § 626 für die Künd eines Heim-Arbverh
(§ 29 HAG). **Sonderregelungen** gibt es daneben nur für wenige Arten von Dienstverhältnissen: Der Einigungsvertrag hat die außerordentliche Künd aus wichtigem Grund gegenüber AN im öffentlichen Dienst der neuen Bundesländer eigenständig geregelt.[2] Für die Seeschifffahrt gilt die abschließende Regelung der §§ 64 bis 68 und 78 SeemG.
Für die außerordentliche Künd des Vertragsverhältnisses eines Handelsvertreters gilt § 89a HGB. Die außerordentliche Künd eines Berufsausbildungsverhältnisses richtet sich nach § 15 BBiG. Zu Dienstverhältnissen bei einer Vertrauensstellung des Dienstverpflichteten vgl. § 627. Neben § 626 gelten die allg. Künd-Verbote (etwa § 15 KSchG,
§ 9 MuSchG und die Künd-Vorschriften des SGB IX).

II. Normzweck

§ 626 konkretisiert einen allg. Rechtsgrundsatz. Dieser kam früher in zahlreichen einzelgesetzlichen Vorschriften **2**
zum Ausdruck, welche die Künd eines Dauerschuldverhältnisses aus wichtigem Grund regelten. Daraus wurde
der allg. Grundsatz abgeleitet, der jetzt in § 314 seine gesetzliche Regelung gefunden hat, dass Dauerschuldverhältnisse aus wichtigem Grund ohne Einhaltung der einschlägigen Künd-Frist kündbar bleiben müssen. Wird ein Dauerschuldverhältnis für eine längere Zeit eingegangen, so birgt dies die Gefahr in sich, dass sich die Umstände, die bei
Vertragsschluss vorausgesetzt worden sind oder auch nur absehbar waren, im Lauf der Zeit entscheidend ändern. Die
zumeist vereinbarte ordentliche Kündbarkeit des Dauerschuldverhältnisses stellt kein ausreichendes Mittel dar, den
Vertrag an die geänderten Umstände anzupassen. Unzumutbares kann keiner Partei zugemutet werden, auch wenn
sie eine längerfristige vertragliche Bindung eingegangen ist. Für den Fall der Unzumutbarkeit einer weiteren Durchführung des Dauerschuldverhältnisses muss deshalb eine Möglichkeit bestehen, sich außerordentlich, regelmäßig
ohne Einhaltung der vereinbarten Künd-Frist, von dem Dauerschuldverhältnis zu lösen. Das Fehlen einer solchen
Lösungsmöglichkeit würde v.a. bei Arbverh schon gegen verfassungsrechtliche Vorgaben (Art. 2, 12 GG) verstoßen.[3]

---

1 BAG 5.2.1998 – 2 AZR 227/97 – AP § 626 BGB Nr. 143;
BAG 18.10.2000 – 2 AZR 627/99 – AP § 626 BGB Krankheit Nr. 9.

2 Einigungsvertrag Anlage I Kapitel XIX Sachgebiet A Abschnitt III Nr. 1 Abs. 5.
3 *Bröhl*, Die außerordentliche Kündigung mit notwendiger
Auslauffrist, S. 70 ff.

III. Abgrenzung von anderen Beendigungstatbeständen

3 § 626 stellt eine Spezialregelung für Tatbestände dar, die bei anderen Rechtsverhältnissen häufig unter dem Gesichtspunkt der **Störung der Geschäftsgrundlage** zu behandeln sind. Die allg. Vorschrift des § 313 ist deshalb neben § 626 nicht anwendbar. Bei einer entsprechenden „Störung der Geschäftsgrundlage" des Arbeitsvertrages ist lediglich ein (außerordentliches) Künd-Recht nach § 626 zu prüfen. Ebenso sind die allg. Vorschriften über den Rücktritt nach §§ 323 ff. durch § 626 ausgeschlossen.

4 Auf alle **anderen Beendigungstatbestände** für ein Arbverh, die nicht in einer Künd bestehen, ist § 626 nicht anwendbar: Dies gilt v.a. für die Berufung auf die Nichtigkeit eines Arbeitsvertrages, dass Lossagen von einem faktischen Arbverh, die Anfechtung des Arbeitsvertrages,[4] den Aufhebungsvertrag und die Dienstentlassung eines **Dienstordnungsangestellten** nach beamtenrechtlichen Grundsätzen, die einen von der Künd deutlich zu unterscheidenden Beendigungstatbestand darstellt.[5]

IV. Unabdingbarkeit

5 Das Recht zur außerordentlichen Künd aus wichtigem Grund ist für beide Parteien unabdingbar.[6] Dies ergibt sich schon aus dem Gesetzeszweck, eine verfassungsrechtlich unzulässige Dauerbindung an ein unzumutbares Dienstverhältnis zu vermeiden. Die Anwendung des § 626 kann deshalb weder durch Einzelvertrag, noch durch BV oder TV von vornherein völlig ausgeschlossen werden.[7] Selbst entsprechende einfach gesetzliche Vorschriften sind darauf zu überprüfen, ob sie gegen Verfassungsrecht (Art. 2, Art. 12 GG) verstoßen. Möglichkeiten, das außerordentliche Künd-Recht zu beschränken, können allenfalls darin gesehen werden, dass den Vertrags-, Betriebs- und Tarifparteien ein gewisser Spielraum eingeräumt wird, mit festzulegen, was im Rahmen des Arbverh noch als zumutbar anzusehen ist.[8]

6 Die Unabdingbarkeit des § 626 steht ebenso **tariflichen Maßregelungsverboten** entgegen, die schon im Vorhinein für künftige Arbeitskämpfe ohne jede Differenzierung spätere Künd auch beim Vorliegen eines wichtigen Grundes ausschließen.[9] Gleiches gilt für Maßregelungsverbote, die nicht nur bei einfacher Streikbeteiligung, sondern auch bei Streikexzessen ohne jede Abwägung der Umstände des Einzelfalls eine außerordentliche Künd ausschließen.[10]

7 Ebenso unzulässig wie der völlige **Ausschluss des Künd-Rechts** ist dessen **unzumutbare Erschwerung**. Sind etwa ohne jede Einschränkung hohe **Vertragsstrafen** für die Lösung des Arbverh durch den AN vereinbart, so könnte dadurch sonst auch beim Vorliegen eines wichtigen Grundes die Ausübung des Künd-Rechts nach § 626 faktisch ausgeschlossen werden. Auch die Vereinbarung, beim Vorliegen eines wichtigen Grundes könne der AG zwar kündigen, bleibe aber bis zum Erreichen des Pensionsalters durch den AN weiter zur Gehaltszahlung verpflichtet, kann eine solche unzumutbare Künd-Erschwerung darstellen.[11] Die Zulässigkeit des tariflichen Ausschlusses der außerordentlichen Künd bei bestimmten Künd-Gründen (z.B. § 55 Abs. 2 S. 1 BAT für betriebsbedingte Gründe) ist daran zu messen, ob noch ein ausreichender Spielraum des AG verbleibt, sich von einem sinnlos gewordenen und damit unzumutbaren Arbverh zu lösen.[12]

8 Die Vertrags-, Betriebs- und Tarifparteien haben es grds. nicht in der Hand, durch Aufstellen eines **Katalogs von Künd-Gründen** das außerordentliche Künd-Recht nach § 626 zu erweitern oder einzuengen. Trotzdem sind solche Regelungen nicht ohne jede Bedeutung. Ist im Arbeitsvertrag, einer BV oder dem einschlägigen TV etwa festgelegt, welche Pflichtverletzungen des AN als wichtiger Grund für eine fristlose Künd geeignet sind, so sind solche Regelungen jedenfalls im Rahmen der Interessenabwägung mit zu berücksichtigen. Sie lassen erkennen, dass es sich insoweit um Pflichten handelt, deren Einhaltung für das konkrete Arbverh bzw. Arbverh der betreffenden Branche von großer Wichtigkeit sind und deren Verletzung je nach den Umständen besonders geeignet sind, kündigungsrechtliche Folgen nach sich zu ziehen.[13] Auch die Warnfunktion einer sonst erforderlichen Abmahnung kann schon durch den entsprechenden Hinweis in Vertrag, BV oder TV ersetzt sein.[14] Der völlige Ausschluss der ordentlichen Künd v.a. durch die zahlreichen TV, die nach einer bestimmten Beschäftigungszeit und ab einem gewissen Alter eine ordent-

---

4 Eine vor oder gleichzeitig mit einer Anfechtung eines Arbeitsvertrages ausgesprochene außerordentliche Kündigung stellt keine Bestätigung des Arbeitsvertrages i.S.d. § 144 BGB dar: BAG 16.12.2004 – 2 AZR 148/04 – AP § 123 BGB Nr. 64.
5 BAG 25.2.1998 – 2 AZR 256/97 – AP § 611 BGB Dienstordnungsangestellte Nr. 69.
6 BAG 6.11.1956 – 3 AZR 42/55 – AP § 626 BGB Nr. 14.
7 BAG 27.6.2002 – 2 AZR 367/01 – AP § 55 BAT Nr. 4.
8 BAG 17.4.1956 – 2 AZR 340/55 – AP § 626 BGB Nr. 8; APS/*Dörner*, § 626 BGB Rn 15; ErfK/*Müller-Glöge*, § 626 BGB Rn 196.; vgl. auch MüKo-BGB/*Henssler*, § 626 Rn 52.
9 *Konzen*, ZfA 1980, 114; HWK/*Sandmann*, § 626 BGB Rn 61.
10 KR/*Fischermeier*, § 626 BGB Rn 60; APS/*Dörner*, § 626 BGB Rn 11; a.A. ArbG Stuttgart 9.6.1970 – 3 BV 4/76 – EzA Art. 9 GG Arbeitskampf Nr. 18.
11 BAG 18.12.1961 – 5 AZR 104/61 – AP § 626 BGB Kündigungserschwerung Nr. 1; BAG 8.8.1963 – 5 AZR 395/62 – AP § 626 BGB Kündigungserschwerung Nr. 2; BGH 3.7.2000 – II ZR 282/98 – NZA 2000, 945.
12 BAG 27.6.2002 – 2 AZR 367/01 – AP § 55 BAT Nr. 4; jetzt § 34 TVöD, dazu *Bröhl*, ZTR 2006, 174.
13 BAG 17.4.1956 – 2 AZR 340/55 – AP § 626 BGB Nr. 8; BAG 24.6.2004 – 2 AZR 656/02 – AP § 626 BGB Nr. 180 = NZA-RR 2005, 440; APS/*Dörner*, § 626 BGB Rn 15; ErfK/*Müller-Glöge*, § 626 BGB Rn 196.
14 HaKo-KSchG/*Gieseler*, § 626 BGB Rn 25.

liche Unkündbarkeit der AN festlegen, ist darauf zu überprüfen, ob er nicht eine unzumutbare Erschwerung des Künd-Rechts des AG darstellt. Dies wäre der Fall, wenn bei Künd-Gründen, die für eine fristlose Künd aus wichtigem Grund nach § 626 nicht ausreichen, der Ausschluss der ordentlichen Künd ohne jede Einschränkung bestehen bliebe und der AG deshalb keine Möglichkeit hätte, sich von einem sinnlos gewordenen Arbverh zu trennen (siehe Rn 121 ff.).

Nachträglich können die Parteien über ein einmal entstandenes Künd-Recht und über die Beendigung des Arbverh freier verfügen. Auch bei einem Künd-Grund, der eine außerordentlich fristlose Künd gerechtfertigt hätte, kann der AG ausdrücklich auf sein Künd-Recht **verzichten**.[15] Ebenso kann eine **Verzeihung** des Künd-Grundes etwa darin gesehen werden, dass der AG ein bestimmtes Fehlverhalten des AN nicht zum Anlass einer außerordentlichen Künd nimmt, sondern lediglich eine Abmahnung ausspricht.[16] Die **Verwirkung** des Künd-Rechts hat zu Lasten des Kündigenden schon dadurch eine ausdrückliche gesetzliche Regelung erfahren, dass nach § 626 Abs. 2 die Künd innerhalb von zwei Wochen nach Kenntnis der Künd-Tatsachen zu erfolgen hat. Andererseits kann der AN, auch wenn kein wichtiger Grund nach § 626 vorliegt, ausdrücklich einen **Klageverzicht** erklären, wobei ein formularmäßiger Klageverzicht ohne Gegenleistung allerdings regelmäßig nach § 307 Abs. 1 unwirksam ist.[17] Oder er kann die Künd dadurch wirksam werden lassen, dass er, etwa gegen Zahlung einer **Abfindung** (vgl. § 1a KSchG) von einer Klageerhebung nach §§ 13, 4 KSchG absieht.

B. Regelungsgehalt
I. Ausübung des Kündigungsrechts

Das Künd-Recht ist durch **einseitige, empfangsbedürftige Willenserklärung** auszuüben. Wichtig ist v.a. die Einhaltung der erforderlichen **Schriftform** nach § 623. Eindeutig ist die Künd-Erklärung regelmäßig nur, wenn der Kündigende klarstellt, dass er von seinem außerordentlichen Künd-Recht nach § 626 Gebrauch machen will. Wichtig ist diese Klarstellung zur Unterscheidung vom Ausspruch einer ordentlichen Künd v.a. dann, wenn der kündigende AG dem AN eine Auslauffrist gewährt, die der ordentlichen Künd-Frist entspricht. Da die Künd erst mit ihrem Zugang wirksam wird, ist eine **rückwirkende Künd** aus wichtigem Grund zwar nicht unwirksam, sie gilt aber erst ab Künd-Zugang.[18] In den seltenen Fällen, in denen schon vor Dienstantritt ein wichtiger Grund zur außerordentlichen Künd bekannt wird, ist eine **Künd vor Dienstantritt** zulässig.[19]

Eine außerordentlich befristete Künd ist in zwei Formen möglich. Einerseits kann der AG beim Vorliegen eines wichtigen Grundes zur fristlosen Künd dem AN freiwillig eine Auslauffrist gewähren.[20] Dies geschieht entweder aus sozialem Entgegenkommen („**soziale Auslauffrist**") oder einfach deshalb, weil er den Arbeitsplatz nicht so schnell neu besetzen kann. Ein solches Vorgehen des AG birgt aber die Gefahr in sich, als Verzeihung gewertet zu werden. Beschäftigt der AG den AN für die Dauer der ordentlichen Künd-Frist freiwillig weiter, so wird er vor Gericht kaum darlegen können, inwiefern sei die Weiterbeschäftigung dieses AN bis zum Ablauf der ordentlichen Künd-Frist unzumutbar gewesen (Abs. 1).

Eine weitere Sachverhaltsgestaltung, in der eine **befristete außerordentliche Künd** zulässig ist, liegt vor, wenn schon im Künd-Zeitpunkt feststeht, dass ein wichtiger Grund zur fristlosen Künd zwar jetzt noch nicht gegeben ist, aber mit Sicherheit später eintreten wird. Ist in dem Zeitpunkt, in dem der AG von dem Künd-Sachverhalt Kenntnis erlangt, zwar die Weiterbeschäftigung für einen bestimmten Zeitraum noch zumutbar, tritt aber mit Sicherheit später eine Unzumutbarkeit ein (Ladung zum Haftantritt in einem Monat, schwere Beleidigung eines Vorgesetzten, der erst später seinen Dienst antritt), so ist nach § 626 eine außerordentliche Künd möglich, die ab dem Eintritt der Unzumutbarkeit fristlos wirkt.[21]

Eine außerordentlich befristete Künd nach § 626 ist auch dann zulässig, wenn der AN ordentlich unkündbar ist und der AG, weil ein nicht zur fristlosen Künd berechtigender wichtiger Grund vorliegt, nach § 626 zwar außerordentlich kündigen kann, bei dieser Künd aber eine **notwendige Auslauffrist** entsprechend der ordentlichen Künd-Frist einzuhalten hat (vgl. Rn 128 ff.).

Beraterhinweis: Schon die Aufzählung dieser verschiedenen Künd-Möglichkeiten zeigt, dass der Kündigende größte Sorgfalt auf die Klarstellung verwenden sollte, von welchem Künd-Recht er Gebrauch machen will. Ist fraglich, ob

---

15 APS/*Dörner*, § 626 BGB Rn 19; KR/*Fischermeier*, § 626 BGB Rn 61 f.
16 BAG 31.7.1986 – 2 AZR 559/85 – RzK I 8 c Nr. 10; KR/*Fischermeier*, § 626 BGB Rn 63.
17 BAG 6.9.2007 – 2 AZR 722/06 – AP § 4 KSchG 1969 Nr. 63.
18 BAG 22.3.1979 – 2 AZR 360/77 – juris; *Stahlhacke/Preis/Vossen*, Rn 589.
19 BAG 25.3.2004 – 2 AZR 324/03 – § 620 BGB Kündigung vor Dienstantritt Nr. 1; KR/*Fischermeier*, § 626 BGB Rn 25.
20 BAG 9.2.1960 – 2 AZR 585/57 – AP § 626 BGB Nr. 39; vgl. BAG 13.4.2000 – 2 AZR 259/99 – AP § 626 BGB Nr. 162.
21 BAG 13.4.2000 – 2 AZR 259/99 – AP § 626 BGB Nr. 162; BAG 14.3.1968 – 2 AZR 197/67 – AP § 72 HGB Nr. 2; KR/*Fischermeier*, § 626 BGB Rn 110; *Höland*, Anm. zu AP § 626 BGB Nr. 162.

der AN nach dem einschlägigen TV ordentlich kündbar ist (fehlende Kenntnis des AG über dessen Gewerkschaftsmitgliedschaft), ist der AG gut beraten, in erster Linie außerordentlich fristlos, hilfsweise ordentlich, weiter hilfsweise außerordentlich mit notwendiger Auslauffrist zu kündigen. Dies erleichtert die in diesen Fällen nicht ganz einfache Auslegung des Inhalts der Künd-Erklärung durch das Gericht.

15 Eine **Anhörung des AN** vor Ausspruch der Künd ist nur im Sonderfall einer **Verdachts-Künd** notwendig und die fehlende Anhörung führt dann zur Unwirksamkeit der Verdachts-Künd. Sonst ist eine Anhörung des AN vor Ausspruch der außerordentlichen Künd nicht erforderlich.[22] Umgekehrt richtet sich auch bei erfolgter Anhörung des AN der vom Gericht zu entscheidende Künd-Sachverhalt nicht nach dem Inhalt der Anhörung, sondern nach der objektiven Lage im Künd-Zeitpunkt.[23] Geht der AG aufgrund der Erklärungen des AN bei seiner Anhörung vom Vorliegen eines wichtigen Grundes i.S.v. § 626 aus, der in Wahrheit nicht gegeben ist, so macht dies die infolge der Anhörung ausgesprochene Künd nicht wirksam. Der AN macht sich allenfalls ggf. schadensersatzpflichtig und hat dem AG die Kosten des verlorenen Künd-Schutzprozesses zu erstatten.[24]

16 Auch die **Angabe der Künd-Gründe** bei Ausspruch der Künd, also v.a. im Künd-Schreiben, ist grds. keine Wirksamkeitsvoraussetzung für die Künd. Lediglich ausnahmsweise besteht ein konstitutives Erfordernis der Angabe der Künd-Gründe (§ 15 BBiG, § 9 Abs. 3 S. 2 MuSchG und vereinzelte TV).

17 Wenn **Abs. 2 S. 3** den Kündigenden verpflichtet, die Künd-Gründe unverzüglich schriftlich mitzuteilen, so führt die Verletzung dieser Pflicht lediglich ggf. zu Schadensersatzansprüchen des Gekündigten, nicht jedoch zur Unwirksamkeit der Künd.[25] Die Regelung des Abs. 2 S. 3, die eine Mitteilung der Künd-Gründe nur auf Verlangen des Gekündigten vorsieht, hat eine geringe praktische Bedeutung, da der kündigende AG im Prozess ohnehin gehalten ist, die Künd-Gründe umfassend vorzutragen.

II. Wichtiger Grund zur fristlosen Kündigung

18 **1. Allgemeine Merkmale des wichtigen Grundes.** Mit der seit 1969 geltenden Fassung von § 626 hat der Gesetzgeber die Voraussetzungen einer außerordentlichen Künd in Form einer **regulativen Generalklausel** definiert.[26] Ein wichtiger Grund zur außerordentlichen Künd ist gegeben, wenn Tatsachen vorliegen, aufgrund derer dem Kündigenden unter Berücksichtigung aller Umstände des Einzelfalls und unter Abwägung der Interessen beider Vertragsteile die Fortsetzung des Dienstverhältnisses bis zum Ablauf der Künd-Frist oder bis zu der vereinbarten Beendigung des Dienstverhältnisses nicht zugemutet werden kann. Im Gegensatz zu früheren Gesetzesfassungen werden damit **keine absoluten Künd-Gründe** für eine außerordentliche Künd genannt. Die Künd-Voraussetzungen sind vielmehr als umfassender **unbestimmter Rechtsbegriff** definiert.[27] Eine solche Gesetzesfassung kann die Rechtssicherheit beeinträchtigen. Wird der Gesetzeswortlaut lediglich dahin verstanden, es sei eine ausufernde, einzelfallbezogene Interessenabwägung vorzunehmen, so besteht die naheliegende Gefahr, dass die Gerichte vergleichbare Fälle unterschiedlich entscheiden und eine solche „Kadijustiz"[28] zu Ergebnissen führt, die für die Betroffenen kaum mehr vorhersehbar sind. Es ist deshalb unbedingt erforderlich, die Anforderungen an den „wichtigen Grund" i.S.v. § 626 klarer zu strukturieren.

19 Schon aus dem Gesetzeswortlaut lässt sich ableiten, dass bei der Anwendung des § 626 ein **objektiver Maßstab** gilt. Nur Tatsachen, nicht subjektive Wertungen können einen wichtigen Grund darstellen.[29] Auch die Zumutbarkeit wird grds. objektiv bestimmt, nicht danach, was der Kündigende selbst für zumutbar hält. Die **zeitliche Dimension** ist im Gesetz ebenfalls festgelegt. Die Zumutbarkeit misst sich v.a. daran, wie lange die voraussichtliche Dauer des Arbverh bis zum Ablauf der Künd-Frist oder der vereinbarten Beendigung läuft. Dies bedeutet, dass derselbe objektive Künd-Sachverhalt bei einer langen Künd-Frist oder ordentlicher Unkündbarkeit des AN als wichtiger Grund ausreichen kann, während es dem AG zumutbar ist, bei einer kurzen Künd-Frist ordentlich zu kündigen.[30] Da es auf die Zumutbarkeit der Weiterbeschäftigung nach Künd-Ausspruch ankommt, können nur Künd-Gründe einen wichtigen Grund i.S.v. § 626 darstellen, die (etwa durch die Wiederholungsgefahr oder die Zerstörung des Vertrauensverhältnisses) in die Zukunft wirken. **Abgeschlossene Tatbestände** ohne Bedeutung für die Weiterführung des Arbverh sind als wichtiger Grund untauglich.[31] Dies bedeutet gleichzeitig, dass nur Gründe, die das Arbverh betreffen, als

---

22 St. Rspr. etwa BAG 23.3.1972 – 2 AZR 226/71 – AP § 626 BGB Nr. 63; BAG 18.9.1997 – 2 AZR 36/97 – AP § 626 BGB Nr. 138; KR/*Fischermeier*, § 626 BGB Rn 31 ff.; APS/*Dörner*, § 626 BGB Rn 92.
23 BAG 12.4.2002 – 2 AZR 148/01 – AP § 1 KSchG 1969 Nr. 65; HaKo-KSchG/*Gieseler*, § 626 BGB Rn 55, 59, zum AGG vgl. ebenda Rn 59a.
24 BAG 12.4.2002 – 2 AZR 148/01 – AP § 1 KSchG 1969 Nr. 65.
25 BAG 17.8.1972 – 2 AZR 415/71 – AP § 626 BGB Nr. 65; KDZ/*Däubler*, § 626 BGB Rn 232; Staudinger/*Preis*, § 626 BGB Rn 257.
26 *Stahlhacke/Preis/Vossen*, § 626 BGB Rn 607.
27 HaKo-KSchG/*Gieseler*, § 626 BGB Rn 48.
28 Dazu *Ramm*, Zum freiheitlichen sozialen Rechtsstaat, S. 517.
29 BAG 2.6.1960 – 2 AZR 91/58 – AP § 626 BGB Nr. 42; Staudinger/*Preis*, § 626 BGB Rn 66.
30 BAG 13.4.2000 – 2 AZR 259/99 – AP § 626 BGB Nr. 162.
31 BAG 23.10.2008 – 2 ABR 59/07 – juris; 13.4.2000 – 2 AZR 259/99 – AP § 626 BGB Nr. 162; Staudinger/*Preis*, § 626 BGB Rn 89 f.

wichtiger Grund geeignet sind. Irgendwelche Vorfälle aus der **Privatsphäre des AN**, mögen sie auch den AG noch so stören, berechtigen ihn nicht zur außerordentlichen Künd, soweit sie nicht geeignet sind, die weitere Durchführung des Vertragsverhältnisses zu beeinträchtigen.[32] Da keine absoluten Künd-Gründe bestehen, können die von der Rspr. herausgearbeiteten **Fallgruppen** lediglich einen Anhaltspunkt für die erforderliche einzelfallbezogene Interessenabwägung bieten. Bei verhaltensbedingten Künd-Gründen etwa sind die zur sozialen Rechtfertigung nach § 1 Abs. 2 KSchG und zu § 626 genannten Fallbeispiele weitgehend identisch. Dies ist grds. hinzunehmen. Hier ist allerdings das **Stufenverhältnis** zwischen **ordentlicher** und **außerordentlicher Künd** zu beachten.[33] Ein Künd-Sachverhalt, der schon keine ordentliche Künd nach § 1 Abs. 2 KSchG rechtfertigt, ist erst recht nicht als wichtiger Grund für eine außerordentliche Künd nach § 626 geeignet. Andererseits können Pflichtverletzungen des AN, die bei einmaligem Vorkommen allenfalls eine fristgerechte Künd rechtfertigen könnten, bei entsprechender Häufigkeit nach zahlreichen Abmahnungen ein solches Gewicht erlangen, dass sie eine Weiterbeschäftigung des AN auch nur bis zum Ablauf der ordentlichen Künd-Frist unzumutbar machen.[34] Schließlich lässt sich aus dem Gesetzeswortlaut folgern, dass **Beurteilungszeitpunkt** der Zeitpunkt des Ausspruchs der Künd, also des **Zugangs** der **Künd-Erklärung** ist.[35] Nur objektive Tatsachen, die im Künd-Zeitpunkt vorliegen, lassen die Prognose zu, ob eine Weiterführung des Arbverh bis zum Ablauf der Künd-Frist oder dem absehbaren Beendigungszeitpunkt zumutbar ist oder nicht. Dies schließt es allerdings nicht aus, dass das Gericht später im Prozess berücksichtigen darf, dass sich die im Zeitpunkt des Künd-Ausspruchs objektivierbare Prognose (ständige Unpünktlichkeit des AN mit der sich daraus ergebenden Wiederholungsgefahr) nach Ausspruch der Künd bestätigt hat (häufige Verspätungen auch während der erzwungenen Weiterbeschäftigung des AN).[36]

Eine gewisse **Systematisierung** nimmt die Rspr. dadurch vor, dass sie – im Anschluss an den Maßstab der revisionsgerichtlichen Überprüfung der Urteile der Tatsacheninstanzen – zweistufig vorgeht: Nach dieser sog. **Zweistufenlehre**[37] ist zunächst zu prüfen, ob der Künd-Sachverhalt ohne die besonderen Umstände des Einzelfalles **an sich geeignet** ist, eine außerordentliche Künd aus wichtigem Grund zu rechtfertigen. Ist dies der Fall, so besteht der zweite Schritt in der Prüfung, ob unter Berücksichtigung der Umstände des Einzelfalls und unter Abwägung der beiderseitigen Interessen die Künd im konkreten Einzelfall gerechtfertigt ist. Diese zweistufige Prüfung ermöglicht die **Bildung von Fallgruppen** und hat die Voraussetzung dafür geschaffen, dass sich ein Katalog der (zahlreichen) Gründe aufstellen lässt, die als wichtiger Grund i.S.v. § 626 an sich geeignet sind, und sich den (wenigen) Gründen gegenüberstellen, denen schon an sich die Eignung als wichtiger Grund fehlt. Trotzdem dürfen solche Fallbeispiele nicht i.S.v. absoluten Künd-Gründen missverstanden werden. Der Charakter von § 626 als Ausnahmevorschrift, die vorwiegend Fälle der „Störung der Geschäftsgrundlage" erfasst, führt dazu, dass zahlreiche Künd-Gründe, die an sich als wichtiger Grund i.S.v. § 626 geeignet sind, aufgrund der besonderen Umstände des Einzelfalls eine Künd bei dem konkret dem Gericht vorliegenden Sachverhalt doch nicht rechtfertigen.

In der Lit. wird mit beachtlichen Gründen dahingehend argumentiert (**„Dreistufenlehre"**) zwischen der Prüfung des Künd-Grundes an sich und der Interessenabwägung müsse noch als weiterer Prüfungsschritt eine **Verhältnismäßigkeitsprüfung** eingeschaltet werden.[38] Dort sei v.a. das Abmahnungserfordernis abzuhandeln. Es leuchtet in der Tat ein (und ist von der Rspr.[39] auch teilweise schon stillschweigend so gehandhabt worden), dass sich ein klarerer und damit praxisgerechterer Prüfungsaufbau erzielen lässt, wenn vor der eigentlichen Interessenabwägung der ultima-ratio-Grundsatz abgehandelt und geprüft wird, ob eine Künd nicht durch mildere Maßnahmen, insb. eine **Abmahnung** vermeidbar war.

V.a. die Rspr. hat die wichtigen Künd-Gründe nach **Störbereichen** unterschieden und darauf abgestellt, ob durch den Künd-Grund das Arbverh im Leistungsbereich, im Bereich der betrieblichen Verbundenheit aller Mitarbeiter, im persönlichen Vertrauensbereich der Vertragspartner oder im Unternehmensbereich gestört wird.[40] Diese Systematisierung hat den Vorteil, zur genaueren Prüfung anzuhalten, ob z.B. der AN einen konkreten Pflichtverstoß begangen hat, der etwa zur Störung des Betriebsfriedens führt. Die konkrete Beeinträchtigung des Arbverh durch den Künd-Vorwurf ist zu prüfen. Abgesehen von dieser Klarstellung hat die Differenzierung in Störbereiche kaum mehr eine Bedeutung, nachdem die Rspr. erkannt hat, dass sie nicht hinreichend geeignet ist, zwischen Störbereichen ab-

---

32 BAG 8.6.2000 – 2 AZR 638/99 – AP § 626 BGB Nr. 163; ErfK/*Müller-Glöge*, § 626 BGB Rn 82.
33 *Preis*, S. 464 ff.; a.A. *Reuter*, FS Richardi 2007, S 361.
34 BAG 17.3.1988 – 2 AZR 576/87 – AP § 626 BGB Nr. 99 (zahlreiche Verspätungen).
35 BAG 13.4.2000 – 2 AZR 259/99 – AP BGB § 626 Nr. 162; BAG 29.4.1999 – 2 AZR 431/98 – AP § 1 KSchG Krankheit Nr. 36; HaKo-KSchG/*Gieseler*, § 626 BGB Rn 55.
36 BAG 15.11.2001 – 2 AZR 609/00 – AP § 1 KSchG 1969 Abmahnung Nr. 4.
37 St. Rspr. etwa BAG 17.5.1984 – 2 AZR 3/83 – AP § 626 BGB Verdacht strafbarer Handlung Nr. 14; grundlegend *König*, RdA 1969, 8.
38 *Preis*, S. 478 ff.; *Stahlhacke/Preis/Vossen*, § 626 BGB Rn 612 ff.; HaKo-KSchG/*Gieseler*, § 626 BGB Rn 53; vgl. KR/*Griebeling*, § 1 KSchG Rn 404 ff.
39 BAG 15.11.2001 – 2 AZR 609/00 – AP § 1 KSchG 1969 Abmahnung Nr. 4.
40 BAG 6.2.1969 – 2 AZR 241/68 – AP § 626 BGB Nr. 58; BAG 9.8.1984 – 2 AZR 400/83 – AP § 1 KSchG 1969 Verhaltensbedingte Kündigung Nr. 12.

zugrenzen, in denen grds. keine Abmahnung erforderlich ist (so früher im Vertrauensbereich) und Bereichen, in denen das Abmahnungserfordernis uneingeschränkt gilt.[41]

23 Der wichtigste Schritt zur Systematisierung der Künd-Gründe des § 626 ist es, die **Dreiteilung** der **Künd-Gründe** (**verhaltensbedingt, personenbedingt und betriebsbedingt**) aus § 1 Abs. 2 KSchG auf § 626 Abs. 1 zu übertragen.[42] Damit lässt sich, beachtet man hinreichend das Stufenverhältnis zwischen § 1 Abs. 2 KSchG und § 626 und den Charakter des § 626 als Ausnahmevorschrift, ein weitgehend identisches Prüfschema für beide Vorschriften erzielen. Ein wesentlicher Unterschied liegt lediglich darin, dass bei betriebsbedingten Künd-Gründen in Abs. 1 stets eine umfassende Interessenabwägung erforderlich ist, während bei der betriebsbedingten ordentlichen Künd nach § 1 Abs. 2 KSchG die Rspr. jedenfalls i.d.R. keine gesonderte Interessenabwägung vornimmt.[43] Schon der erste Blick auf die zu § 626 entschiedenen Sachverhalte zeigt, dass das Schwergewicht auf verhaltensbedingten Künd-Gründen liegt. Personenbedingte und betriebsbedingte Künd-Gründe kommen demgegenüber als wichtiger Grund allenfalls bei einer extrem langen Bindungsdauer des Vertragsverhältnisses in Betracht.

24 Da sich die Wirksamkeit der außerordentlichen Künd nach der **objektiven Lage im Künd-Zeitpunkt** richtet, ist regelmäßig nur einmal zu prüfen, ob bei Ausspruch der Künd ein wichtiger Grund vorlag. Nachträglich entstehende Künd-Gründe können nicht zur Rechtfertigung einer bereits ausgesprochenen Künd herangezogen werden, sondern allenfalls eine weitere Künd rechtfertigen.[44] Hat sich die im Künd-Zeitpunkt gerechtfertigte **Prognose** der Unzumutbarkeit der Weiterbeschäftigung durch spätere Vorkommnisse nach Ausspruch der Künd **bestätigt**, so begründet dies allerdings i.d.R. die tatsächliche Vermutung, dass die Prognose richtig war (z.B. bei Betriebsstilllegung).[45] I.Ü. ist aber große Vorsicht geboten, Vorgänge nach Ausspruch der Künd mit der Begründung heranzuziehen, sie würden dem eigentlichen Künd-Grund ein größeres Gewicht verleihen.[46] Teilweise ist eine **zweifache Prüfung** der Voraussetzungen des Abs. 1 erforderlich. Es kann sein, dass ein Fehlverhalten des AN seine Weiterbeschäftigung zwar nicht sofort, aber zu einem späteren Zeitpunkt innerhalb der Künd-Frist unzumutbar macht. Entschieden ist dies für die Fälle, dass der AN etwa auf einen späteren Zeitpunkt zum Strafantritt geladen wird bzw. dass er in nicht hinnehmbarer Weise einen Vorgesetzten beleidigt hat, der seinen Dienst aber erst später antritt. In diesen Fällen ist zunächst eine Weiterbeschäftigung des AN (bis zum Strafantritt, bis zur Arbeitsaufnahme des Beleidigten) durchaus zumutbar, danach liegt aber ein wichtiger Grund zur sofortigen Lösung des Arbverh vor.[47] Ebenfalls eine zweifache Prüfung ist bei **ordentlicher Unkündbarkeit** des AN erforderlich. Hier ist in einem ersten Schritt zu prüfen, ob die Weiterbeschäftigung des AN bis zum Ablauf der fiktiven, also sonst einschlägigen Künd-Frist zumutbar ist. Ist dies nicht der Fall, so ist eine fristlose Künd gerechtfertigt. Liegt kein wichtiger Grund zur sofortigen Beendigung des Arbverh vor, so ist in einem weiteren Schritt zu prüfen, ob die Weiterbeschäftigung des AN bis zur absehbaren Beendigung des Arbverh (Pensionierung etc.) zumutbar ist (ausführlich dazu siehe Rn 125 ff.). Auch die Rspr. nimmt nach anfänglichem Zögern inzwischen beim Vorliegen der ordentlichen Unkündbarkeit eine konsequente zweistufige Prüfung vor.[48]

25 **2. Fallgruppen. a) Kündigung durch den Arbeitgeber. aa) Betriebsbedingte Kündigung.** Betriebsbedingte Künd-Gründe sind nach völlig einhelliger Meinung **regelmäßig ungeeignet**, einen wichtigen Grund für eine außerordentliche fristlose AG-Künd i.S.v. Abs. 1 darzustellen.[49] Der AG trägt das **Betriebsrisiko**. Dazu zählt es insb., dass er, wenn eine Beendigung des Arbverh aus betriebsbedingten Gründen erforderlich ist, wenigstens die ordentliche Künd-Frist einhält. Selbst bei einem der gewichtigsten betrieblichen Künd-Gründe, nämlich bei der Betriebsstilllegung im Fall der Insolvenz des AG, ist der Insolvenzverwalter zur Einhaltung einer allerdings abgekürzten Künd-Frist verpflichtet (§ 113 InsO). Auch der Tod des AG berechtigt dessen Erben nicht ohne weiteres, das Arbverh fristlos zu kündigen. Es besteht hier z.B. regelmäßig die Möglichkeit, den Betrieb zu veräußern, was nach § 613a den AN ihren Arbeitsplatz erhalten würde.[50]

26 Unter welchen – sicher extremen – Umständen betriebsbedingte Künd-Gründe den AG nach Abs. 2 zur außerordentlichen fristlosen Künd berechtigen können, ist noch nicht abschließend geklärt. Dies kann etwa für Fälle erörtert werden, in denen eine Künd-Frist für das Arbverh maßgeblich ist, die zu einer ähnlich langen Dauer der Bindung des AG

---

41 BAG 4.6.1997 – 2 AZR 526/96 – EzA § 626 BGB n.F. Nr. 168.
42 BAG 31.1.1996 – 2 AZR 158/95 – AP § 626 BGB Druckkündigung Nr. 13; KR/*Fischermeier*, § 626 BGB Rn 128; *Stahlhacke/Preis/Vossen*, Rn 612; APS/*Dörner*, § 626 BGB Rn 61 ff.
43 Seit BAG 30.4.1987 – 2 AZR 184/86 – AP § 1 KSchG 1969 Betriebsbedingte Kündigung Nr. 42.
44 BAG 11.12.1975 – 2 AZR 303/75 – AP § 15 KSchG 1969 Nr. 2; BAG 13.4.2000 – 2 AZR 259/99 – AP § 626 BGB Nr. 162.
45 BAG 21.6.2001 – 2 AZR 137/00 – AP § 15 KSchG 1969 Nr. 50.
46 BAG 28.10.1971 – 2 AZR 15/71 – EzA § 626 BGB n.F. Nr. 9; BAG 13.4.2000 – 2 AZR 259/99 – AP § 626 BGB Nr. 162.
47 BAG 13.4.2000 – 2 AZR 259/99 – AP § 626 BGB Nr. 162; BAG 14.3.1968 – 2 AZR 197/67 – AP § 72 HGB Nr. 3.
48 BAG 10.10.2002 – 2 AZR 418/01 – AP § 626 BGB Nr. 180; BAG 27.4.2006 – 2 AZR 386/05 – NZA 2006, 977.
49 BAG 8.10.1957 – 3 AZR 136/55 – BAGE 5, 20 = AP § 626 BGB Nr. 16; *Preis/Hamacher*, S. 245, 253.
50 LAG Brandenburg 2.12.2003 – 2 Sa 218/03 – juris; zu Ausnahmefällen *Walker*, Das Arbeitsrecht in den neuen Bundesländern, Rn 266.

an **sinnlos gewordenes Arbverh** führen kann wie ein Ausschluss der ordentlichen Künd. Hier kommt, da eine Künd aus „minder wichtigem Grund" unter Einhaltung der kürzeren gesetzlichen Künd-Frist ausscheidet, in der Tat eine fristlose Künd in Betracht, wenn man die Dauerbindung des AG an das Arbverh nach den Umständen des Einzelfalls und unter Abwägung der beiderseitigen Interessen für unzumutbar hält. Solche Fälle dürften aber äußerst selten sein.

Soweit in Rspr. und Lehre davon ausgegangen wird, ausnahmsweise könnten auch betriebsbedingte Erfordernisse einen wichtigen Grund zur außerordentlichen Künd nach Abs. 1 darstellen, werden als Beleg regelmäßig Fälle zitiert, die nicht die außerordentlich fristlose Künd, sondern die **außerordentliche Künd mit notwendiger Auslauffrist** betreffen. Als Künd-Gründe kommen bspw. vor: 27

- Betriebsstilllegung[51]
- Umwandlung eines Kulturorchesters in ein Operettenorchester[52]
- Schließung von Betriebsabteilungen[53]
- Widerspruch gegen einen Betriebsübergang[54]
- Wegfall von qualifizierten Arbeitsplätzen[55]
- Outsourcing von Betriebsabteilungen bzw. Tätigkeiten[56]
- Stellenstreichung[57]
- Konkrete Insolvenzgefahr[58]

In den wenigen Entscheidungen, in denen sich die Rspr. mit fristlosen betriebsbedingten AG-Künd auseinander zu setzen hatte, sind diese Künd soweit ersichtlich stets für unwirksam erklärt worden. Einen instruktiven Fall hatte insoweit das BAG zu entscheiden:[59] Ein Franchisenehmer eines amerikanischen Fast-Food-Konzerns verlegte seinen Betrieb von einem Bahnhof in einen entlegeneren anderen Bahnhof. Gleichzeitig änderte er die Schichtpläne in einer Weise, dass einer der AN, der frühere BR-Vorsitzende, der keinen Führerschein besaß, einen Teil der im neuen Schichtplan vorgesehenen Schichten nur noch mit einer nächtlichen Wartezeit auf dem Bahnhof vor Schichtbeginn bzw. nach Schichtende zwischen 1,5 und ca. 4 Stunden erreichen konnte. 28

Das BAG hat der gegen die ausgesprochene fristlose Änderungs-Künd, mit der neuen Schichtzeiten arbeitsvertraglich abgesichert werden sollten, erhobenen Klage des ehemaligen BR-Vorsitzenden stattgegeben und angenommen, es sei dem AG jedenfalls zumutbar gewesen, bei dem im Wesentlichen durch seine eigene Unternehmerentscheidung verursachten Problem für die Dauer der ordentlichen Künd-Frist eine Übergangslösung zu treffen, die die Interessen des ehemaligen BR-Vorsitzenden angemessen berücksichtigt hätte. 29

bb) Personenbedingte Kündigung. Auch aus personenbedingten Künd-Gründen kommt eine außerordentliche fristlose Künd kaum in Betracht. Eine solche Möglichkeit ist allenfalls in Ausnahmefällen zu diskutieren, wenn sich etwa bei einer **extrem langen Künd-Frist** die überdurchschnittlich lange Zeit, während derer der AN weiter zu beschäftigen oder zu bezahlen wäre, bei der Interessenabwägung zu Lasten des AN auswirkt.[60] Denkbar sind zudem Fälle, in denen der AN selbst den personenbedingten Künd-Grund zu vertreten hat und aus diesem Grund dem AG nicht einmal die Einhaltung der ordentlichen Künd-Frist zumutbar ist.[61] 30

Auch die **Europäischen Sozialcharta**[62] lässt nach deren amtlichem Anhang eine fristlose Entlassung nur „im Falle einer schweren Verfehlung" zu. Diese Bestimmung ist vom deutschen Gesetzgeber[63] nicht übernommen worden, weil das deutsche Recht fristlose Künd weitergehend aus jedem wichtigem Grund erlaubt.[64] Immerhin bliebe selbst nach dem engeren Begriff der Europäischen Sozialcharta ein Anwendungsbereich für eine fristlose personenbedingte Künd. Dies wäre bspw. dann der Fall, wenn ein Berufskraftfahrer wegen eines Unfalls im Zustand erheblicher 31

---

51 BAG 27.6.2002 – 2 AZR 367/01 – AP § 55 BAT Nr. 4; BAG 27.9.2001 – 2 AZR 487/00 – EzA § 15 n.F. KSchG Nr. 54; BAG 18.2.1993 – 2 AZR 518/92 – RzK I 6f Nr. 7, RzK I 6g Nr. 17; BAG 6.11.1997 – 2 AZR 253/97 – NZA 1998, 833.
52 BAG 17.5.1984 – 2 AZR 161/83 – AP § 55 BAT Nr. 3.
53 BAG 26.9.2002 – 2 AZR 636/01 – AP § 1 KSchG 1969 Betriebsbedingte Kündigung Nr. 124; BAG 13.6.2002 – 2 AZR 391/01 – BAGE 101, 328 = AP § 615 BGB Nr. 97; BAG 12.8.1999 – 2 AZR 748/98 – AP § 21 SchwbG 1986 Nr. 7; BAG 28.10.1999 – 2 AZR 437/98 – AP § 15 KSchG 1969 Nr. 44; BAG 5.10.1995 – 2 AZR 25/95 – RzK I 6g Nr. 26.
54 BAG 17.9.1998 – 2 AZR 419/97 – AP § 626 BGB Nr. 148.
55 BAG 6.3.1986 – 2 ABR 15/85 – BAGE 51, 200 = AP § 15 KSchG 1969 Nr. 19; BAG 17.5.1984 – 2 AZR 161/83 – AP § 55 BAT Nr. 3.
56 BAG 7.3.2002 – 2 AZR 173/01 – AP § 620 BGB Schuldrechtliche Kündigungsbeschränkung Nr. 6; ArbG Bremen 5.4.2000 – 5 Ca 5172/99 – AiB 2001, 303 (Parallelfall zu BAG EzA § 1 KSchG Betriebsbedingte Kündigung Nr. 119, jedoch Klägerin unkündbar); BAG 26.9.2002 – 2 AZR 636/01 – AP § 1 KSchG 1969 Betriebsbedingte Kündigung Nr. 124.
57 BAG 8.4.2003 – 2 AZR 355/02 – AP § 626 BGB Nr. 181.
58 BAG 1.3.2007 – 2 AZR 580/05 – EzA § 626 BGB 2002 Unkündbarkeit Nr. 13.
59 BAG 27.9.2001 – 2 AZR 487/00 – EzA § 15 KSchG n.F. Nr. 54.
60 BAG 16.9.1999 – 2 AZR 123/99 – AP § 626 BGB Nr. 159; BAG 18.10.2000 – 2 AZR 627/99 – BAGE 96, 65 = AP § 626 BGB Krankheit Nr. 9; *Lepke*, Rn 269.
61 So zutr. *Preis/Hamacher*, S. 245, 265; *Walker*, Arbeitsrecht in den neuen Bundesländern, Rn 266.
62 Art. 4 Nr. 4 der Europäischen Sozialcharta vom 18.10.1961.
63 BT-Drucks IV 2117.
64 Vgl. *Lepke*, Rn 263; KDZ/*Däubler*, § 626 BGB Rn 31.

Alkoholisierung seinen Führerschein verloren hat und nicht die „schwere Verfehlung", also das Unfallgeschehen, sondern der dadurch verursachte Führerscheinverlust den AG zur fristlosen Künd veranlasst.[65]

32 Die Möglichkeit einer fristlosen personenbedingten Künd wird von Rspr.[66] und Lehre[67] insb. für die **krankheitsbedingte Künd** erheblichen Einschränkungen unterworfen. Allenfalls in Ausnahmefällen kann danach eine krankheitsbedingte Künd ohne Einhaltung einer Künd-Frist in Betracht kommen.

33 Diese Möglichkeit ist nicht von vornherein deshalb ausgeschlossen, weil Krankheit regelmäßig unverschuldet ist. Nach der insoweit zutreffenden Rspr. des BAG setzt ein wichtiger Grund zur fristlosen Künd nicht stets **Verschulden** des AN voraus.[68] Eine derartige Künd stellt auch keine Diskriminierung wegen einer Behinderung dar (vgl. § 1 AGG), Krankheit muss nicht auf einer Behinderung beruhen.

34 Vor Inkrafttreten des Abs. 1 in seiner heutigen Form war in zahlreichen Vorschriften (§ 72 HGB, § 133c GewO, § 85 Allg. Preuß. BergG) festgelegt, dass die Krankheit des AN sogar zur fristlosen Künd führen konnte. Genannt waren hier v.a. die Fälle der abschreckenden, Ekel erregenden und ansteckenden Krankheit.[69] Dies wurde von der Rspr. teilweise auch auf die sog. „Kränklichkeit" erstreckt.[70] Es spricht nichts dafür, dass mit Inkrafttreten des § 626 in seiner heutigen Form die gesetzlich bis dahin geregelten Sonderfälle der krankheitsbedingten fristlosen Künd nicht mehr an sich geeignet sein sollten, einen wichtigen Grund zu fristlosen Künd darzustellen.[71] Allerdings wird die Interessenabwägung jetzt regelmäßig zur Unwirksamkeit einer derartigen Künd führen.

35 Aus den Regelungen über die Entgeltfortzahlungspflicht des AG im Krankheitsfall ist allerdings herzuleiten, dass es dem AG **im Regelfall zumutbar** ist, bei einer krankheitsbedingten Künd jedenfalls die **ordentliche Künd-Frist einzuhalten**. Die Einhaltung des Entgeltfortzahlungszeitraums von sechs Wochen (§ 3 Abs. 1 EFZG) mutet der Gesetzgeber dem AG stets zu. Ist bei Ausspruch der Künd der Entgeltfortzahlungszeitraum schon abgelaufen oder wird er bald ablaufen, so ist regelmäßig das Interesse des AG, sich von dem AN vor Ablauf der Künd-Frist zu trennen, gering zu bewerten, denn weitere Entgeltfortzahlungspflichten treffen ihn nicht.[72] Gleiches gilt für eine von dem AN verschuldete Krankheit, die nach § 3 Abs. 1 EFZG keine Zahlungspflicht des AG auslöst. Das Interesse des AG, sich vom AN vor Ablauf der Künd-Frist zu trennen, fällt schließlich bei der Interessenabwägung auch deshalb kaum ins Gewicht, weil nach § 8 Abs. 1 S. 1 EFZG dem AG die vorzeitige Künd aus Anlass der Arbeitsunfähigkeit nichts nützt und er trotzdem zur Entgeltfortzahlung verpflichtet bleibt.

36 Bei **anderen personenbedingten Künd-Gründen** kann die Interessenabwägung eher zu Lasten des AN ausschlagen und die fristlose Künd gerechtfertigt sein. Zieht etwa – wenn man den Ausgangssachverhalt der oben zitierten Entscheidung[73] des BAG umwandelt – der AN ohne Not um, sodass er von seinem Wohnort aus den Betrieb nicht mehr in zumutbarer Weise erreichen kann, so wird man dies wohl als personenbedingten, nicht als verhaltensbedingten Künd-Grund werten müssen. In einem solchen Fall ließe sich schwer begründen, weshalb dem AG, der für das Dilemma keine Ursache gesetzt hat, die Weiterbeschäftigung oder Weiterbezahlung des AN bis zum Ablauf der Künd-Frist etwa in einer anderen Schicht zugemutet werden soll. Gleiches wird gelten, wenn der AN wegen einer von ihm begangenen schweren Straftat eine längere **Strafhaft** antreten muss und der AG keine Möglichkeit hat, von einer sofortigen Neubesetzung des Arbeitsplatzes abzusehen. Auch hier ist für die Interessenabwägung entscheidend, dass der AN selbst schuldhaft die Ursache für den Künd-Grund gesetzt hat; eine Einhaltung der ordentlichen Künd-Frist wird dem AG deshalb regelmäßig nicht zumutbar sein, obwohl Ansprüche des AN aus Annahmeverzug (§ 615) in derartigen Fällen nicht entstehen dürften. Der AG kann allerdings nicht wirksam selbst personenbedingte Künd-Gründe schaffen, etwa für die Tätigkeit eines Busfahrers einen zusätzlichen betrieblichen Führerschein verlangen und beim Verlust dieses Führerscheins fristlos kündigen.[74]

37 Schon diese Fälle zeigen, dass es zwar grds. zutrifft, dass personenbedingte Künd-Gründe eher selten einen wichtigen Grund zur fristlosen Künd darstellen. Es ist jedoch stets eine sorgfältige Abwägung der beiderseitigen Interessen durchzuführen, die v.a. bei durch den AN **verschuldeter** Verursachung des personenbedingten Künd-Grundes in Ausnahmefällen durchaus dazu führen kann, dass ein wichtiger Grund zur fristlosen Künd an i.S.v. Abs. 1 anzunehmen ist.

38 Soweit danach eine fristlose Künd denkbar ist, ist lediglich zu beachten, dass – auch dies ist keine Besonderheit gegenüber anderen Fällen der fristlosen Künd – der Gesetzgeber inzwischen in § 314 Abs. 2 das bisher schon von der

---

65 BAG 21.1.1999 – 2 AZR 665/98 – BAGE 90, 367 = AP § 626 BGB Nr. 151.
66 BAG 18.10.2000 – 2 AZR 627/99 – BAGE 96, 65 = AP § 626 BGB Krankheit Nr. 9 m.w.N.
67 Kraus, Die krankheitsbedingte Kündigung, S. 100 ff.; Hunold, BB 2003, 2345; Lepke, Rn 264 ff.
68 BAG 21.1.1999 – 2 AZR 665/98 – BAGE 90, 367 = AP § 626 BGB Nr. 151.
69 Dazu eingehend Lepke, Rn 269.
70 LAG Baden-Württemberg Kammern Stuttgart 14.5.1962 – 4 Sa 15/62 – DB 1962, 1015; Lepke, Rn 266.
71 BVerfG 23.1.1990 – 1 BvL 44/86 und 48/87 – BVerfGE 81, 156, 201 f. = AP Art. 12 GG Nr. 64; BAG, 9.7.1964 – 2 AZR 419/63 – AP § 626 BGB Nr. 52; Etzel, ZTR 2003, 210; Feichtinger, Krankheit des Arbeitnehmers, Rn 197; Herschel, Anm. zu AP § 626 BGB Nr. 52.
72 BAG 18.10.2000 – 2 AZR 627/99 – BAGE 96, 65 = AP § 626 BGB Krankheit Nr. 9.
73 BAG 27.9.2001 – 2 AZR 487/00 – EzA § 15 n.F. KSchG Nr. 54.
74 BAG 5.6.2008 – 2 AZR 984/06 – AP § 626 BGB Nr. 212.

Rspr. aufgestellte **Abmahnungserfordernis** für eine außerordentliche fristlose Künd ausdrücklich gesetzlich normiert hat. § 314 Abs. 2 gilt zwar nur für Vertragspflichtverletzungen und ist deshalb unmittelbar nicht anwendbar. Nach dem Verhältnismäßigkeitsgrundsatz wird es jedoch i.d.r. erforderlich sein, den AN etwa bei häufiger Krankheit darauf hinzuweisen, dass sein Arbeitsplatz gefährdet ist. Der Begriff Abmahnung sollte allerdings auf ein solches **Krankengespräch** oder auf Maßnahmen des betrieblichen Eingliederungsmanagements nach § 84 Abs. 2 SGB IX nicht angewandt werden.

39 In der Rspr. finden sich verhältnismäßig wenig **Beispiele** für personenbedingte Künd-Gründe, die den AG zu einer fristlosen Künd veranlasst haben oder auch nur hätten veranlassen können. In den meisten Fällen handelt es sich um Verstöße gegen Verhaltenspflichten, die zu einer personenbedingten Künd geführt haben, weil sich entweder der AN auf mangelndes Verschulden berufen hat (**Alkoholismus, krankhafte Streitsucht** etc.) oder weil die Folgen der Verhaltensverstöße eine Weiterbeschäftigung des AN unmöglich gemacht haben (**Entziehung der Fahrerlaubnis**,[75] Entziehung des „Tempelscheins" beim Hausmeister einer Kirchengemeinde,[76] **Strafantritt**[77] etc.). Zu dieser Art von Künd-Sachverhalten zählen auch die Fälle, dass der AG aus den Verhaltensverstößen des AN (Häufung von Kunstfehlern mit Todesfolge bei Chefarzt,[78] Schlagen eines Kindes durch eine Kindergärtnerin,[79] völlig unzureichende Arbeitsleistung in Folge Gehörleidens)[80] herleiten möchte, der AN sei für auszuübende Tätigkeit **völlig ungeeignet** und könne auch nicht einen Tag weiter eingesetzt werden, ohne dass erhebliche Schäden zu befürchten wären.

40 **cc) Verhaltensbedingte Kündigung.** Da in den weitaus überwiegenden Fällen der AG aus verhaltsbedingten Gründen fristlos kündigt, liegt hier auch das Schwergewicht der Rspr. zur fristlosen Künd. Die hierbei erörterten Künd-Gründe haben dabei regelmäßig nicht nur eine Bedeutung für die außerordentlich fristlose Künd. Reicht der Künd-Sachverhalt bei einem ordentlich kündbaren AN nicht als wichtiger Grund zur fristlosen Künd aus, so ist regelmäßig zu prüfen, ob die in eine ordentliche Künd umzudeutende Künd-Erklärung das Arbverh wenigstens mit Ablauf der ordentlichen Künd-Frist beendet hat. Bei ordentlich unkündbaren AN ist an dieser Stelle i.d.R. eine außerordentliche Künd mit notwendiger Auslauffrist zu prüfen.

41 Die Liste der Pflichtverletzungen, die einzelne AG zum Anlass einer außerordentlichen – regelmäßig fristlosen – Künd genommen haben, reicht von **leichteren Verstößen**, die erst durch ihre **Häufung** das Arbverh schwer belasten, bis hin zu **strafbaren Handlungen** gegen den AG oder Mitarbeiter des Betriebes. Dabei kann ein wichtiger Grund nicht nur in einer erheblichen Verletzung der vertraglichen Hauptleistungspflichten liegen. Auch die erhebliche Verletzung von vertraglichen Nebenpflichten, insbesondere eine Verletzung der vertraglichen Rücksichtnahmepflichten i.S.v. § 241 Abs. 2 BGB, die dem Schutz und der Förderung des Vertragszwecks dienen, kann einen wichtigen Grund darstellen.[81] Allg. ist zu beobachten, dass nur noch auf Pflichtverstöße von großem Gewicht mit einer fristlosen Künd reagiert wird. Die Hemmschwelle, nur bei extremen Sachverhalten zum äußersten Mittel der fristlosen Künd zu greifen, ist groß. Dies entspricht auch dem Ausnahmecharakter des § 626. Wegen des Katalogs von verhaltensbedingten Gründen, die an sich als wichtiger Grund nach § 626 geeignet sind, kann auf die Kommentierung von § 1 KSchG verwiesen werden. Die meisten der dort angeführten verhaltensbedingten Künd-Gründe sind nicht von vornherein ungeeignet, im Extremfall auch eine fristlose Künd zu begründen. Das Schwergewicht liegt hier auf der Prüfung des Verhältnismäßigkeitsgrundsatzes und der Interessenabwägung. Als **Fälle gravierender Pflichtverletzung**, die den AG zur fristlosen Künd selbst eines ordentlich unkündbaren AN veranlasst haben, seien aus der Rspr. genannt:[82]

– Fehlende Kontrolle des Treibstofftanks bei einem Flugzeugführer[83]
– Verdacht der Schmiergeldannahme[84]
– Unerlaubte Nebentätigkeit[85]
– Verdacht sonstiger strafbarer Handlung[86]

---

[75] Nicht ausr.: Entziehung der betrieblichen Fahrerlaubnis BAG 5.6.2008 – 2 AZR 984/06 – juris.
[76] Hessisches LAG 18.1.2001 – 3 Sa 331/00 – juris.
[77] BAG 14.3.1968 – 2 AZR 197/67 – AP § 72 HGB Nr. 2.
[78] LAG Düsseldorf 17.3.1998 – 16 Sa 632/96 – MedR 1999, 39 = ArztR 1999, 76 dazu *Klöcker*, KH 1999, 528.
[79] LAG Schleswig-Holstein 14.1.2004 – 3 Sa 302/03 – EzA SD 2004 Nr. 8, 11.
[80] RAG 20.9.1939 – RAG 100/39 – ARS 37, 255.
[81] BAG 2.3.2006 – 2 AZR 53/05 – AP § 626 BGB Krankheit Nr. 14 = NZA-RR 2006, 636.
[82] Vgl. im Übrigen die ausführliche Zusammenstellung bei DFL/*Fischermeier*, § 626 BGB Rn 200.
[83] BAG 14.10.1965 – 2 AZR 466/64 – AP § 66 BetrVG Nr. 27.
[84] BAG 5.6.2008 – 2 AZR 25/07 – AP § 626 BGB Verdacht strafbarer Handlung Nr. 45; BAG 20.4.1977 – 4 AZR 778/75 – AP § 54 BAT Nr. 1; BAG 21.6.2001 – 2 AZR 30/00 – EzA § 626 BGB Unkündbarkeit Nr. 7; LAG Düsseldorf 24.8.2001 – 18 Sa 366/01 – LAGE § 626 BGB Unkündbarkeit Nr. 4.
[85] BAG 19.8.2008 – 2 AZR 827/06 – juris.
[86] BAG 13.12.2007 – 2 AZR 537/06 – juris; BAG 17.4.1956 – 2 AZR 340/55 – BAGE 2, 333 = AP § 626 BGB Nr. 8; BAG 26.9.2002 – 2 AZR 424/01 – AP § 626 BGB Verdacht strafbarer Handlung Nr. 37; BAG 10.2.1999 – 2 ABR 31/98 – BAGE 91, 30 = AP § 15 KSchG 1969 Nr. 42; BAG 12.8.1999 – 2 AZR 923/98 – BAGE 92, 184 = AP § 626 BGB Verdacht strafbarer Handlung Nr. 28.

- Veräußerung von dem AG gehörenden Gegenständen[87]
- private Internetnutzung während der Arbeitszeit („Pornoseiten")[88]
- Zerstörung des Vertrauensverhältnisses bei leitendem Ang[89]
- Skiurlaub oder anderweitige Tätigkeit bei attestierter[90] Arbeitsunfähigkeit
- Androhung einer Erkrankung[91]
- Beschädigung von Kollegeneigentum[92]
- Alkoholverdacht und Beleidigung von Vorgesetzten[93]
- Exhibitionismus im Dienst[94]
- Verhinderung vertrauensärztlicher Begutachtung[95]
- Unregelmäßigkeiten bei Aktenbearbeitung[96]
- Tätliche Auseinandersetzung[97]
- Versuchter Prozessbetrug[98]
- vorsätzlicher Stempeluhrmissbrauch[99]
- Falsche Spesenabrechnung[100]
- Steuerhinterziehung[101]
- Behandlungsfehler eines Krankenpflegers[102]
- Unzulässige Konkurrenztätigkeit[103]
- Totschlag[104]
- ständige Streitereien mit Kollegen (unverschuldet)[105]
- sexuelle Belästigung durch Vorgesetzten[106]
- falsche eidesstattliche Versicherung in einem Rechtsstreit mit dem AG[107]
- Druck-Künd[108]
- Operation mit Todesfolge durch gravierende Kunstfehler eines Chefarztes[109]
- Verheiratung einer Dauerangestellten (immerhin noch 1925).[110]

42 Schon diese Aufzählung teilweise schwerster Pflichtverletzungen lässt erkennen, dass es gerade bei verhaltensbedingten Künd-Gründen nicht ausreicht, nur zwischen Fällen mit **Wiederholungsgefahr** und Fällen ohne Wiederholungsgefahr zu unterscheiden und bei Pflichtverletzungen ohne Wiederholungsgefahr stets von einer Zumutbarkeit der Weiterbeschäftigung auszugehen. Hier lohnt es sich, den Fall des Flugzeugführers genauer zu betrachten, der es vor Antritt seines Fluges pflichtwidrig unterlassen hat zu kontrollieren, ob sämtliche Tanks seines Flugzeugs aufgefüllt waren, und der damit die Gefahr heraufbeschwor, dass das Flugzeug unterwegs wegen Treibstoffmangels abstürzte. Es ist nach der Lebenserfahrung kaum davon auszugehen, dass ein solcher Fehler bei dem Flugzeugführer, der das Glück hatte, dass der Treibstoff gerade noch gereicht hat, einen Absturz zu vermeiden, wieder vorkommen wird. Trotzdem ist durch einen solchen, wenn auch einmaligen Vorfall das Arbverh auf Dauer so sehr belastet, dass

---

87 BAG 27.4.2006 – 2 AZR 415/05 – AP § 626 BGB Nr. 203 = NZA 2006, 1033.
88 BAG 7.7.2005 – 2 AZR 581/04 – AP § 626 BGB Nr. 192 = NZA 2006, 98; BAG 27.4.2006 – 2 AZR 386/05 – AP § 626 BGB Nr. 202 = NZA 2006, 977.
89 BAG 4.6.1964 – 2 AZR 346/63 – BAGE 16, 89 = AP § 133b GewO Nr. 3.
90 BAG 2.3.2006 – 2 AZR 53/05 – AP § 626 BGB Krankheit Nr. 14; 3.4.2008 – 2 AZR 965/06 – AP § 102 BetrVG 1972 Nr. 159.
91 BAG 12.3.2009 – 2 AZR 251/07 – NZA 2009, 779.
92 BAG 13.3.2008 – 2 AZR 961/06 – juris.
93 BAG 12.9.1974 – 2 AZR 535/73 – AP § 44 TV AL II Nr. 1; vgl. BAG 10.10.2002 – 2 AZR 418/01 – AP § 626 BGB Nr. 180; BAG 13.4.2000 – 2 AZR 259/99 – BAGE 94, 228 = EzA § 626 n.F. BGB Nr. 180; zur Berücksichtigung der Meinungsfreiheit siehe BAG 24.11.2005 – 2 AZR 584/04 – AP § 626 BGB Nr. 198 = NZA 2006, 650.
94 BAG 5.6.2008 – 2 AZR 234/07 – AP § 626 BGB Verdacht strafbarer Handlung Nr. 44.
95 BAG 10.10.2002 – 2 AZR 418/01 – AP § 626 BGB Nr. 180.
96 RAG 20.9.1939 – RAG 100/39 – ARS 37, 255.
97 BAG 13.3.2009 – 2 AZR 251/07 – NZA 2009,779.
98 BAG 8.11.2007 – 2 AZR 528/06 – EzA § 626 BGB 2002 Nr. 19.
99 BAG 24.11.2005 – 2 AZR 39/05 – AP § 626 BGB Nr. 197 = NZA 2006, 484; BAG 21.4.2005 – 2 AZR 255/04 – AP § 91 SGB IX Nr. 4 = NZA 2005, 991.
100 BAG 6.9.2007 –2 AZR 264/06 – AP § 626 BGB Nr. 208.
101 BAG 21.6.2001 – 2 AZR 325/00 – AP § 54 BAT Nr. 5.
102 BAG 15.11.2001 – 2 AZR 380/00 – BAGE 99, 358 = AP § 626 BGB Ausschlussfrist Nr. 45.
103 BAG 26.6.2008 – 2 AZR 190/07 – AP § 626 BGB Nr. 213.
104 BAG 8.6.2000 – 2 AZR 638/99 – BAGE 95, 78 = AP § 626 BGB Nr. 163.
105 BAG 21.1.1999 – 2 AZR 665/98 – BAGE 90, 367 = AP § 626 BGB Nr. 151.
106 BAG 25.3.2004 – 2 AZR 341/03 – AP § 626 BGB Nr. 189 = NZA 2004, 1214.
107 BAG 24.11.2005 – 2 ABR 55/04 – AP § 103 BetrVG 1972 Nr. 55.
108 BAG 31.1.1996 – 2 AZR 158/95 – BAGE 82, 124 = AP § 626 BGB Druckkündigung Nr. 13.
109 LAG Düsseldorf 17.3.1998 – 16 Sa 632/96 – MedR 1999, 39 = ArztR 1999, 76.
110 RG 17.3.1925 – III 118/24 – RGZ 110, 297 (verhaltens- oder personenbedingt?); gegen ein Künd-Recht des AG bereits *Hueck*, Kündigung und Entlassung nach geltendem Recht (1921), S. 47.

eine solche Pflichtverletzung des AN auch bei AN mit hohem sozialem Besitzstand als wichtiger Grund zur fristlosen Künd regelmäßig ausreichen muss.

dd) Mischtatbestände. Lässt sich ein einheitlicher Künd-Sachverhalt nicht eindeutig einer der drei Fallgruppen (**betriebsbedingt, personenbedingt, verhaltensbedingt**) zuordnen, sondern enthält Elemente mehrerer dieser Fallgruppen, so soll nach einer älteren Rspr. nur danach abgegrenzt werden, aus welchem der Bereiche die sich auf das Arbverh nachteilig auswirkende Störung primär stammt, was also als wesentliche Ursache der Störung anzusehen ist.[111] Ein solches Vorgehen unterliegt im Rahmen des § 626 schon deshalb Bedenken, weil das Gesetz nicht zwingend eine Systematisierung in betriebsbedingte, personenbedingte und verhaltensbedingte Künd-Gründe, sondern eine Interessenabwägung unter Abwägung **aller** Umstände vorsieht. Die neuere Rspr. ist deshalb auch stillschweigend von einer derartigen Einengung der umfassenden Interessenabwägung abgerückt und hat etwa bei einer Druck-Künd eine **Prüfung aller Gesichtspunkte** verlangt[112] und die Falschbeantwortung von Fragen nach einer früheren Stasi-Tätigkeit bei Künd im öffentlichen Dienst durchweg sowohl als personenbedingte, als auch als verhaltensbedingte Künd geprüft.[113]

43

ee) Abgrenzung verhaltens-/personenbedingt. Vergleichbare Probleme treten bei der in der Praxis oft nicht ganz einfachen Abgrenzung auf, ob ein verhaltensbedingter oder ein personenbedingter Künd-Grund gegeben ist, ob also noch verhaltensbedingte Alkoholexzesse, oder schon eine beginnende Alkoholabhängigkeit mit Krankheitswert vorliegt. *Beraterhinweis:* Ob ein verhaltens- oder personenbedingter Kündigungsgrund vorliegt, kann der AG bei Ausspruch der Künd oft nur schwer beurteilen und es empfiehlt sich daher, beide möglichen Sachverhalte als Künd-Grund alternativ anzugeben und den BR/PR entsprechend zu beteiligen. Die Rspr. hilft hier dadurch, dass sie mit Rücksicht auf die praktischen Schwierigkeiten der Abgrenzung ausnahmsweise auch eine verhaltensbedingte Künd ohne Verschulden zulässt,[114] obwohl die einfachste dogmatische Abgrenzung zwischen verhaltensbedingter und personenbedingter Künd darin gesehen werden könnte, alle Fälle fehlenden Verschuldens des AN der personenbedingten Künd zuzurechnen.[115] I.Ü. dürften solche Mischtatbestände eher selten sein. Sie sind klar zu unterscheiden von dem häufigeren Fall, dass nicht ein einheitlicher Künd-Sachverhalt, sondern **mehrere, voneinander unabhängige Künd-Gründe** vorliegen, die auf unterschiedlichen Lebenssachverhalten beruhen. Letztere sind jedenfalls getrennt voneinander daraufhin zu prüfen, ob sie allein oder zusammen die Künd rechtfertigen.[116]

43a

b) Außerordentliche Kündigung durch den Arbeitnehmer. Für eine außerordentliche Künd durch den AN gelten grds. die gleichen **scharfen Maßstäbe** wie für eine AG-Künd.[117] Ein wichtiger Künd-Grund ist nur dann gegeben, wenn es dem AN unter Abwägung der beiderseitigen Interessen nach den Umständen des Einzelfalls unzumutbar ist, das Arbverh bis zum Ablauf der Künd-Frist oder der sonstigen Beendigung fortzusetzen. Da die Künd-Frist u.a. dazu dient, dem AG ausreichende Zeit zur Neueinstellung eines anderen AN zu gewähren, ist es nicht gerechtfertigt, die Voraussetzungen, unter denen sich der AN fristlos von dem Arbverh befreien kann, gegenüber denen für eine AG-Künd zu erleichtern. Insb. gilt auch für den AN bei Pflichtverletzungen des AG das **Abmahnungserfordernis**.[118] Selbst bei erheblich verspäteter Lohnzahlung darf der AN regelmäßig nicht ohne vorherige Künd-Androhung sofort fristlos kündigen.

44

Als Künd-Gründe kommen in erster Linie **Gründe im Verhalten des AG** in Betracht. Verletzt der AG schwerwiegend aus dem Arbverh, so kann dies einen wichtigen Grund zur fristlosen Künd durch den AN darstellen. Kommt der AG mit seiner Hauptleistungspflicht, der **Gehaltszahlungspflicht** zeitlich oder dem Betrag nach erheblich in **Verzug**, so kann der AN nach entsprechender Abmahnung je nach den Umständen fristlos kündigen.[119] Dem AN ist es regelmäßig nicht zumutbar, in erheblichem Umfang mit der Erbringung seiner Arbeit in Vorleistung zu treten, ohne seine Vergütung, die seinem Lebensunterhalt dient, zu erhalten. Auch die Klagemöglichkeit oder die Ausübung eines Zurückbehaltungsrechts stellt in derartigen Fällen regelmäßig keine dem AN zumutbare Lösung dar. Weitere Vertragsverletzungen des AG, die den AN zur fristlosen Künd berechtigen können, liegen in der **Verletzung der Beschäftigungspflicht** oder zwingender **Arbeitsschutznormen**.[120] Auch wenn der AG nicht in dem nach § 3 Abs. 4 AGG erforderlichen Maß gegen die **sexuelle Belästigung** eines AN durchgreift, kann dies einen an sich

45

---

111 BAG 17.5.1984 – 2 AZR 108/83 – AP § 1 KSchG 1969 Betriebsbedingte Kündigung Nr. 21; BAG 21.11.1985 – 2 AZR 21/85 – AP § 1 KSchG 1969 Nr. 12.
112 BAG 31.1.1996 – 2 AZR 158/95 – AP § 626 BGB Druckkündigung Nr. 13.
113 BAG 13.6.1996 – 2 AZR 483/95 – AP § 1 KSchG 1969 Nr. 33.
114 BAG 20.1.1999 – 2AZR 665/98 – AP § 626 BGB Nr. 151.
115 KR/*Fischermeier*, § 626 BGB Rn 139; HaKo-KSchG/*Gieseler*, § 626 BGB Rn 60.
116 KR/*Fischermeier*, § 626 BGB Rn 159.
117 BAG 19.6.1967 – 2 AZR 287/66 – AP § 124 GewO Nr. 1; BAG 4.12.1997 – 2 AZR 799/96 – AP § 626 BGB Nr. 141; ErfK/*Müller-Glöge*, § 626 BGB Rn 158; APS/*Dörner*, § 626 BGB Rn 394; KR/*Fischermeier*, § 626 BGB Rn 463; Staudinger/*Preis*, § 626 BGB Rn 237.
118 BAG 19.6.1967 – 2 AZR 287/66 – AP § 124 GewO Nr. 1; BAG 17.1.2002 – 2 AZR 494/00 – EzA § 628 BGB Nr. 20.
119 BAG 17.1.2002 – 2 AZR 494/00 – EzA § 628 BGB Nr. 20.
120 BAG 28.10.1971 – 2 AZR 15/71 – AP § 626 BGB Nr. 62.

zur fristlosen Künd geeigneten Grund darstellen.[121] Gleiches gilt erst recht für **strafbare Handlungen** des AG gegenüber dem AN.[122] Eine Verdachts-Künd ist hier theoretisch denkbar, dürfte praktisch aber kaum vorkommen.

46 Gründe aus der **Sphäre des AN** (vergleichbar etwa mit betriebsbedingten Gründen für eine AG-Künd) sind demgegenüber nur selten als wichtiger Grund zur fristlosen Künd geeignet. Dies gilt insb., wenn sich dem AN eine äußerst lukrative Möglichkeit bietet, seinen Arbeitsplatz zu wechseln. Hier hat er, auch wenn ihm bei einem anderen AG eine **außergewöhnliche Chance** für ein **berufliches Weiterkommen** geboten wird, regelmäßig die ordentliche Künd-Frist einzuhalten.[123] Unzumutbar ist dem AN allerdings i.d.R. ein Festhalten an einem Arbverh, das ihn zwar weiterhin zur Arbeit verpflichtet, ihm jedoch seinen Lebensunterhalt nicht mehr sichern kann.[124] Ein solcher Fall liegt wohl vor, wenn eine lediglich auf Provisionsbasis beschäftigten AN der AG z.B. den Gebietszuschnitt ändert und deshalb das Einkommen des AN unter das **Existenzminimum** absinkt. Auch in einem solchen Fall ist allerdings regelmäßig eine Künd-Androhung erforderlich, um dem AG die Möglichkeit zu geben, die Provisionsregelung an die neue Situation anzupassen. Ein solches Künd-Recht muss sich jedenfalls auf Extremfälle beschränken. Würde die Weiterarbeit zu einem unlösbaren **Gewissenkonflikt** führen und verweigert der AN deshalb berechtigt (aber ohne Lohnzahlung) die Arbeitsleistung, kann er ggf. fristlos kündigen, um durch anderweitige Arbeit seinen Lebensunterhalt zu sichern.[125]

47 **c) Besondere Arten der außerordentlichen Kündigung. aa) Änderungskündigung.** Gegen die Zulässigkeit einer **außerordentlichen Änderungs-Künd** bestehen keine Bedenken. Schon der Verhältnismäßigkeitsgrundsatz erfordert eine solche Möglichkeit zur Änderungs-Künd, da der AG die Änderung der Arbeitsbedingungen des AN stets als milderes Mittel gegenüber einer Beendigungs-Künd zu wählen hat.[126] Der Prüfungsmaßstab ist aus § 626 zu entnehmen. Der reine Wortlaut der Vorschrift passt nicht ganz, da Abs. 1 allg. von der Weiterbeschäftigung des AN spricht, die durch das Änderungsangebot gerade nicht in Frage gestellt werden soll. Abzustellen ist auf das Änderungsangebot der AG. Es ist zu prüfen, ob unter Berücksichtigung der beiderseitigen Interessen und der Umstände des Einzelfalls dem AG die **unveränderte Weiterbeschäftigung** des AN bis zur voraussehbaren Beendigung des Arbverh **zumutbar** ist oder nicht.[127] Ein wichtiger Grund zur Änderungs-Künd liegt damit nur dann vor, wenn die angestrebte Änderung der Arbeitsbedingungen des AN **unabweisbar notwendig** ist.[128] Im Fall der betriebsbedingten außerordentlichen Änderungs-Künd eines ordentlich unkündbaren AN ist entscheidend, ob das geänderte unternehmerische Konzept die vorgeschlagene Änderung erzwingt oder ob es im Wesentlichen auch ohne oder mit weniger einschneidenden Änderungen im Arbeitsvertrag des Gekündigten durchsetzbar bleibt. Der AG muss bereits bei Erstellung des unternehmerischen Konzepts die in Form von vereinbarten Künd-Ausschlüssen bestehenden arbeitsvertraglich übernommenen Garantien ebenso wie andere schuldrechtliche Bindungen berücksichtigen. Dabei kann auch die Einrichtung eines Heimarbeitsplatzes mit dem unternehmerischen Konzept des AG vereinbar sein und deshalb als Weiterbeschäftigungsmöglichkeit in Betracht kommen.[129] Weiterhin ist zu prüfen, ob der AN die geänderten Arbeitsbedingungen auch billigerweise hinzunehmen hat. Dies spielt v.a. eine Rolle, wenn mehrere Möglichkeiten der Änderung der Arbeitsbedingungen des AN in Betracht kommen. Von diesen hat der AG diejenige auszuwählen, die den AN am wenigsten belastet.[130] Im Prozess muss der AG darlegen, dass er auch unter Berücksichtigung der vertraglich eingegangenen besonderen Verpflichtungen alles Zumutbare unternommen hat, die unternehmerische Entscheidung notwendig gewordenen Anpassungen auf das unbedingt erforderliche Maß zu beschränken.[131] Selbst eine außerordentliche betriebsbedingte Änderungs-Künd zur Entgeltsenkung ist danach nicht grundsätzlich ausgeschlossen, unterliegt aber extrem hohen Anforderungen. So ist je nach den Umständen eine Kürzung des Weihnachtsgeldes ordentlich unkündbarer AN jedenfalls dann zulässig, wenn sonst Insolvenz angemeldet werden müsste.[132]

48 Bei einer Änderungs-Künd, die nach Abs. 1 als **milderes Mittel** ggü einer **Beendigungs-Künd** ausgesprochen wird, ist zu beachten, dass die Anforderungen an eine derartige Änderungs-Künd nicht so hoch geschraubt werden dürfen, dass der Ausspruch einer Änderungs-Künd schwerer ist als der einer Beendigungs-Künd und damit der Ultima-Ratio-

---

121 KDZ/*Däubler*, § 626 BGB Rn 186.
122 HaKo-KSchG/*Gieseler*, § 626 BGB Rn 94.
123 BAG 1.10.1970 – 2 AZR 542/69 – AP § 626 BGB Nr. 59; BAG 24.10.1996 – 2 AZR 845/95 – AP § 256 ZPO 1977 Nr. 37.
124 Vgl. KDZ/*Däubler*, § 626 BGB Rn 193.
125 Vgl. KR/*Fischermeier*, § 626 BGB Rn 468.
126 BAG 21.6.1995 – 2 ABR 28/94 – AP § 15 KSchG 1969 Nr. 36; KR/*Rost*, § 2 KSchG Rn 30; HaKo-KSchG/*Gieseler*, § 626 BGB Rn 32.
127 KR/*Rost*, § 2 KSchG Rn 31.
128 KR/*Rost*, § 2 KSchG Rn 31 m.w.N.; HaKo-KSchG/*Gieseler*, § 626 BGB Rn 32 f.
129 BAG 2.3.2006 – 2 AZR 64/05 – AP § 2 KSchG 1969 Nr. 84 = NZA 2006, 985.
130 BAG 26.7.2008 – 2 AZR 147/07 – juris; BAG 21.6.1995 – 2 ABR 28/94 – AP § 15 KSchG 1969 Nr. 36; BAG 6.3.1986 – 2 ABR 15/85 – AP § 15 KSchG 1969 Nr. 19; KR/*Rost*, § 2 KSchG Rn 30 ff.; BAG 17.3.2005 – 2 AZR 2/04 – AP Nr. 58 zu § 15 KSchG 1969 = NZA 2005, 949; *Oetker*, Anm. zu EzA § 15 KSchG n.F. Nr. 43; *Berkowsky*, Die betriebsbedingte Änderungskündigung, S. 115.
131 BAG 2.3.2006 – 2 AZR 64/05 – AP § 2 KSchG 1969 Nr. 84 = NZA 2006, 985.
132 BAG 1.3.2007 – 2 AZR 580/05 – EzA § 626 BGB 2002 Unkündbarkeit Nr. 13.

Gedanke verfehlt wird.[133] Andererseits kann der AG die scharfen Anforderungen an eine – erst recht außerordentliche – Änderungs-Künd nicht dadurch umgehen, dass er zunächst die unternehmerische Entscheidung vorschiebt, den betreffenden Arbeitsplatz völlig einzusparen, um dann unter erleichterten Voraussetzungen eine Änderungs-Künd auszusprechen.

Soweit nach § 626 die Vertragsänderung zu suchen ist, die den AN am Wenigsten belastet, ist auch hierbei das **Stufenverhältnis** von **Beendigungs-Künd** und **Änderungs-Künd** zu beachten. Bei mehreren verschiedenen Lösungsmöglichkeiten ist es dem AG stets zumutbar, diejenige auszuwählen, die der AN am Ehesten hinnehmen muss, weil sie für ihn die **günstigsten Bedingungen** enthält.[134] Anders ist dies nur dann, wenn zwar grds. ein Sachverhalt vorliegt, der eine Beendigungs-Künd rechtfertigt, der AG aber dem AN in der Form einer ÄnderungsKünd die **einzige Alternative** anbietet, die er zur Verfügung hat.[135] Hier verbietet sich eine weitere Prüfung, ob die konkreten Arbeitsbedingungen für den AN auch zumutbar sind, ob ihn also eine geringere Minderung seines Gehalts entsprechend geringer belasten würde.

Beispiel: Wäre – etwa im Fall einer Betriebsstilllegung – eine Beendigungs-Künd gegenüber dem betreffenden AN an sich gerechtfertigt, ist der AG aber verpflichtet, dem AN einen freien Arbeitsplatz in einem anderen Betrieb des Unternehmens anzubieten, so ist er nicht verpflichtet, dem AN auch die durch die Versetzung verursachten Nachteile (Umzugskosten etc.) auszugleichen.[136]

Stets gilt ein **strenger Maßstab**. Die Änderungs-Künd darf nicht zu einem Instrument ausarten, mittels dessen sich der AG verhältnismäßig einfach von unliebsamen AN trennen kann. Arbeitsbedingungen lassen sich unschwer in einer Weise ändern, dass dem AN kaum etwas anderes übrig bleibt, als von sich aus das Arbverh zu beenden (z.B. überraschende Änderung des Schichtplans, so dass der AN den Betrieb nur noch mit nächtlichen Wartezeiten von mehreren Stunden auf einem Bahnhof erreichen kann,[137] erhebliche Entgeltkürzung). Grds. muss der AG an dem einmal festgesetzten Verhältnis von Leistung und Gegenleistung festgehalten werden (vgl. § 2 KSchG Rn 90). Schon eine fortlaufend eintretende Inflation in geringem Umfang führt beim AN ohne entsprechende Lohnerhöhungen zu einer ständigen Entgeltminderung. Das Änderungsangebot des AG, soweit es die Entgeltseite betrifft, ist deshalb stets am Maßstab der **Verhältnismäßigkeit** zu messen. Ob dies im Fall des § 626 auch bei einer sogenannten **Tarifautomatik** gilt, wenn also eine geringer bewertete Tätigkeit auch automatisch eine geringere Vergütung nach sich zieht, oder ob dann der AG nach § 626 nicht doch unter Umständen verpflichtet sein kann, dem AN zumindest für eine Übergangszeit eine übertarifliche Anpassungszulage zu gewähren,[138] ist umstr.

Jedenfalls ist der AG nicht berechtigt, den ursprünglich mit dem AN vereinbarten hohen Lohn durch Änderungs-Künd mit der Begründung zu kürzen, mit den nach Abflauen der Hochkonjunktur eingestellten AN habe er niedrigere Löhne bzw. die Anwendung eines anderen TV mit schlechteren Bedingungen vereinbart und der Gesichtspunkt der **Gleichbehandlung** zwinge ihn nunmehr, die Löhne im Betrieb aneinander anzupassen.[139]

bb) Druckkündigung. Die sog. Druck-Künd stellt eine besondere Form der außerordentlichen Künd dar. Sie kann sowohl als **verhaltens-** oder **personenbedingte** als auch als **betriebsbedingte außerordentliche (Änderungs-) Künd** erklärt werden.[140] Eine Druck-Künd liegt vor, wenn Mitarbeiter, Kunden oder Geschäftspartner des AG, eine Gewerkschaft, der BR (§ 104 BetrVG) oder staatliche Stellen unter Androhung von Nachteilen für den AG von diesem die Entlassung eines bestimmten AN verlangen. Als in Aussicht gestellte Nachteile kommen bspw. die Drohung von Mitarbeitern, ihr Arbverh zu kündigen oder die Drohung mit dem Abbruch von Geschäftsbeziehungen durch Kunden in Betracht.

Bei einer Druck-Künd aus **verhaltens- oder personenbedingten** Gründen ist zunächst zu prüfen, ob verhaltens- oder personenbedingte Künd-Gründe vorliegen, die an sich geeignet sind, einen wichtigen Grund zur außerordentlichen Künd darzustellen. Ist dies der Fall, so ist bei der Interessenabwägung erschwerend zu Lasten des AN zu berücksichtigen, dass der Künd-Grund (z.B. völlig unangemessene Reaktionen einer Kindergartenleiterin gegenüber Mitarbeitern, Kindern und Eltern)[141] beim AG zu betrieblichen Schwierigkeiten im Verhältnis zur Belegschaft, zu Kunden oder Geschäftspartnern geführt hat.

Den eigentlich problematischen Fall stellt die **betriebsbedingte Druck-Künd**[142] dar. Liegt kein oder zumindest kein für eine Künd ausreichender Künd-Grund vor, kann der Druck von außen auf den AG trotzdem so stark sein, dass

---

133 *Kittner*, NZA 1997, 968; *Fischermeier*, NZA 2000, 737.
134 HaKo-KSchG/*Gieseler*, § 626 BGB Rn 32 f.
135 *Bröhl*, BB 2007, 437, 440 m.w.N.
136 BAG 28.10.1999 – 2 AZR 437/98 – AP § 15 KSchG 1969 Nr. 44.
137 BAG 27.9.2001 – 2 AZR 487/00 – EzA § 15 KSchG n.F. Nr. 54.
138 So *Nielebock*, AiB 1996, 45, 46; dagegen BAG 27.11.2008 – 2 AZR 757/07 – juris; 21.6.1995 – 2 ABR 28/94 – AP § 15 KSchG 1969 Nr. 36.
139 BAG 1.7.1999 – 2 AZR 826/98 – AP § 2 KSchG 1969 Nr. 53; BAG 20.1.2000 – 2 ABR 40/99 – AP § 103 BetrVG 1972 Nr. 40.
140 BAG 31.1.1996 – 2 AZR 158/95 – AP § 626 BGB Druckkündigung Nr. 13.
141 BAG 31.1.1996 – 2 AZR 158/95 – AP § 626 BGB Druckkündigung Nr. 13.
142 Ablehnend *Stahlhacke/Preis/Vossen*, Rn 747, 985 f.

dieser wirtschaftlich gezwungen ist, dem AN betriebsbedingt allein wegen des Drucks (der Belegschaft, des Kunden etc.) zu kündigen. Eine solche Künd trifft den AN besonders hart, weil er keinen Künd-Grund gesetzt hat. Der AG muss deshalb mit allen Mitteln versuchen, eine derartige Druck-Künd zu vermeiden. Er hat sich **schützend vor den AN** zu **stellen** und muss zunächst versuchen, diejenige Seite, die den Druck ausübt, von ihrem Verlangen abzubringen.[143] Je unberechtigter die Druckausübung ist, umso größere Anforderungen sind an die Bemühungen des AG zu stellen, eine Druck-Künd möglichst zu vermeiden. Dies gilt erst recht, wenn der AG die Drucksituation selbst mitverursacht hat.[144] Andererseits trifft auch den **AN** die **Obliegenheit**, an der Entschärfung der Drucksituation mitzuwirken und ggf. in eine **Versetzung einzuwilligen**, wenn dadurch die Lage entspannt werden kann.[145] Erst wenn feststeht, dass alle möglichen Schlichtungsbemühungen gescheitert sind und dem AG ohne Ausspruch einer Künd schwere wirtschaftliche Nachteile drohen, kann ein wichtiger betriebsbedingter Grund zur außerordentlichen (Änderungs-)Künd angenommen werden.

56 Das **Entlassungsverlangen des BR**[146] nach § 104 BetrVG stellt einen gesetzlich geregelten Sonderfall der Druck-Künd dar. Auch bei einem solchen Druck seitens des BR muss der AG zunächst selbstständig den Sachverhalt aufklären und sich schützend vor den AN stellen. Regelmäßig ist es dem AG zumutbar, nicht auf den ersten Vorstoß des BR hin sofort zu kündigen, sondern den BR auf das Verfahren nach § 104 S. 2 BetrVG zu verweisen.

57 Hat der AG dem Druck des Dritten nachgegeben und eine wirksame Druck-Künd ausgesprochen, so hat der AN ggf. **gegen den Dritten** nach §§ 823, 826 einen **Schadensersatzanspruch**.[147] Nach überwiegender Ansicht besteht daneben bei einer Künd, die allein auf den Druck von außen gestützt wird und sonst unberechtigt wäre, ein **Aufopferungsanspruch gegen den AG** analog § 904 S. 2.[148] Im Innenverhältnis zwischen dem Dritten und dem AG ist dann allerdings der Dritte als Verursacher allein zum Schadensersatz verpflichtet. Ob solche Schadensersatzansprüche gerechtfertigt sind, hängt von den Umständen, insb. davon ab, inwieweit der AN selbst die Drucksituation mitverursacht und der Dritte und der AG deshalb in Wahrnehmung berechtigter Interessen gehandelt haben.[149]

58 **cc) Verdachtskündigung.** Nach der st. Rspr. des BAG und der völlig überwiegenden Meinung in der Lit. kann nicht nur eine erwiesene strafbare Handlung bzw. Vertragsverletzung des AN, sondern auch ein entsprechender **Verdacht** einer **strafbaren Handlung** oder einer **schuldhaften Pflichtverletzung** einen wichtigen Grund für eine außerordentliche Künd darstellen.[150] Ein derartiger Verdacht einer strafbaren Handlung oder einer schuldhaften schweren Pflichtverletzung kann geeignet sein, das zur Fortsetzung des Arbverh notwendige **Vertrauen** in die **Redlichkeit** oder das **Pflichtbewusstsein des AN** endgültig zu zerstören, und zu einer unzumutbaren Belastung des Arbverh führen.[151] Die häufigsten Fälle einer Verdachts-Künd bestehen in strafbaren Handlungen des AN gegenüber dem AG (**Diebstahl** und **Unterschlagung** von Firmeneigentum, **Stempeluhrmissbrauch**, **Spesenbetrug** etc.). Besteht der Künd-Grund vornehmlich in dem Vertrauensverlust des AG infolge des aufgetretenen Verdachts, so handelt es sich um einen **personenbedingten** Künd-Grund.[152] Wird der Verdacht durch Pflichtverletzungen des AN begründet (Spesenabrechnung unter Verletzung der firmeninternen Abrechnungsvorschriften, die den Verdacht des Spesenbetrugs begründen), kann das Schwergewicht auch auf einem **verhaltensbedingten** Künd-Grund liegen. **Prüfungsmaßstab** ist stets, ob der Künd-Grund, regelmäßig der Vertrauensverlust infolge des Verdachts, so schwer wiegt, dass eine Weiterbeschäftigung des AN auch nur bis zum Ablauf der Künd-Frist oder der sonstigen Beendigung des Arbverh unzumutbar ist. Der Verdacht einer schwerwiegenden strafbaren Handlung zu Lasten des AG kann dabei einen wichtigen Grund zur fristlosen Verdachts-Künd selbst dann darstellen, wenn der AN bei ordentlich gekündigtem Arbverh bis zum Ablauf der Künd-Frist bereits freigestellt war oder das Arbverh schon zu einem späteren Zeitpunkt gegen Zahlung einer hohen Abfindung aufgelöst war.[153]

59 Die Kritiker der Rspr.[154] argumentieren v.a. damit, bis zum Nachweis der Tatbegehung sei von der Unschuld des Betreffenden auszugehen,[155] der bloße Verdacht könne deshalb keinen Künd-Grund darstellen. Dies verkennt, dass ein Dauerschuldverhältnis wie das Arbverh notwendigerweise ein beiderseitiges Vertrauen, v.a. ein Vertrauen

---

143 BAG 4.10.1990 – 2 AZR 201/90 – AP § 626 BGB Druckkündigung Nr. 12.
144 BAG 26.1.1962 – 2 AZR 244/61 – AP § 626 BGB Druckkündigung Nr. 8.
145 BAG 11.2.1960 – 5 AZR 210/58 – AP § 626 BGB Druckkündigung Nr. 3; KDZ/*Däubler*, § 626 BGB Rn 171.
146 BAG 26.1.1962 – 2 AZR 244/61 – AP § 626 BGB Druckkündigung Nr. 8; KR/*Etzel*, § 104 BetrVG Rn 24 f.
147 *Fitting u.a.*, § 104 BetrVG Rn 11; KDZ/*Kittner*, § 104 BetrVG Rn 10; KR/*Etzel*, § 104 BetrVG Rn 74.
148 KDZ/*Däubler*, § 626 BGB Rn 174; a.A. GK-BetrVG/*Raab*, § 104 BetrVG Rn 23 m.w.N.
149 BAG 4.6.1998 – 8 AZR 786/96 – AP § 823 BGB Nr. 7.
150 BAG 12.5.1955 – 2 AZR 77/53 – AP § 626 BGB Verdacht strafbarer Handlung Nr. 1; BAG 14.9.1994 – 2 AZR 164/94 – AP § 626 BGB Verdacht strafbarer Handlung Nr. 24.
151 BAG 4.6.1964 – 2 AZR 310/63 – AP § 626 BGB Nr. 13; BAG 3.4.1986 – 2 AZR 324/85 – AP § 626 BGB Verdacht strafbarer Handlung Nr. 18.
152 *Stahlhacke/Preis/Vossen*, Rn 755; APS/*Dörner*, § 626 BGB Rn 369.
153 BAG 5.4.2001 – 2 AZR 217/00 – AP § 626 BGB Verdacht strafbarer Handlung Nr. 34.
154 *Dörner*, NZA 1993, 873 m.w.N.; *Schütte*, NZA Beilage 2/1991 S. 17 ff.
155 Art. 6 Abs. 2 EuMRK; hierzu BAG 14.9.1994 – 2 AZR 164/94 – AP § 626 BGB Verdacht strafbarer Handlung Nr. 24; *Belling*, in: FS Kissel, 1994, 11 ff.

des AG in die Redlichkeit des AN, voraussetzt. Es kann deshalb unzumutbar sein, die möglicherweise jahrelange Dauer eines Strafverfahrens abzuwarten. Deckt der AG Tatsachen auf, die etwa den dringenden Verdacht begründen, der AN habe das Arbverh missbraucht, um ihm oder Mitarbeitern des Betriebes gegenüber eine schwerwiegende strafbare Handlung zu begehen, so kann dies einen wichtigen Grund zur sofortigen Lösung des Arbverh darstellen und es dem AG unzumutbar machen, den AN unter diesen Umständen auch nur kurzfristig weiterzubeschäftigen. Bei den in der Praxis vorkommenden Fällen stellt ohnehin der Ausspruch lediglich einer Verdachts-Künd oft ein Entgegenkommen des AG dar. Dieser ist aufgrund der ihm vorliegenden Tatsachen regelmäßig von der Tatbegehung überzeugt und trägt nur der **Unschuldsvermutung** dadurch Rechnung, dass er bis zum Abschluss des Strafverfahrens die Künd nur auf den Verdacht, nicht auf die strafbare Handlung stützt. Nach vollzogener Sachverhaltsaufklärung im ArbG-Verfahren lässt sich deshalb häufig die ursprünglich v.a. wegen des Verdachts ausgesprochene Künd auf die erwiesene Tatbegehung stützen.[156]

Zutreffend ist allerdings der von den Kritikern der Rspr. des BAG hervorgehobene Gesichtspunkt, dass eine **Ausuferung** des Rechtsinstituts der Verdachts-Künd zu **vermeiden** ist.[157] Eine derartige Künd birgt stets die Gefahr in sich, dass ein Unschuldiger seinen Arbeitsplatz verliert. Die **Anforderungen** an den wichtigen Grund i.S.v. § 626 sind deshalb mit der Rspr. des BAG bei der Verdachts-Künd **besonders streng** zu handhaben. Der Verdacht muss **objektiv** durch bestimmte, im Zeitpunkt der Künd vorliegende **Tatsachen** begründet sein.[158] Nicht die Wertung des konkreten AG ist maßgebend. Es ist vielmehr objektiv darauf abzustellen, ob ein verständiger AG aus den vorliegenden Indiztatsachen auf den Verdacht einer schwerwiegenden Straftat oder Pflichtverletzung geschlossen hätte. Dabei hat der AG auch dem **Entlastungsvorbringen** des AN nachzugehen, selbst wenn dieses auf den ersten Blick („Frau in Weiß")[159] wenig überzeugend klingt. 60

Vor Ausspruch einer Verdachts-Künd hat der AG den **Sachverhalt umfassend** selbst zu **ermitteln**.[160] Er hat v.a. den AN anzuhören und ihm Gelegenheit zu geben, den Verdacht auszuräumen. Eine ohne **Anhörung des AN** ausgesprochene Verdachts-Künd ist grds. unwirksam.[161] Dabei muss der Verdacht dem AN gegenüber insoweit konkretisiert werden, dass sich dieser darauf einlassen kann. Regelmäßig wird die Pflicht des AG allerdings nicht so weit gehen, dass er den AN in Form eines vorgerichtlichen Untersuchungsverfahrens etwa **Belastungszeugen** gegenüberstellen muss.[162] Von einer Anhörung des AN darf der AG nur dann absehen, wenn der AN erklärtermaßen von vornherein nicht bereit ist, zu den Verdachtsgründen Stellung zu nehmen, oder sich dies – was ggf. vom AG zu beweisen ist – eindeutig aus den Umständen ergibt.[163] 61

Der **Verdacht** einer schwerwiegenden strafbaren oder vertragswidrigen Handlung stellt gegenüber dem Tatvorwurf einen **eigenen Künd-Grund** dar.[164] Hinsichtlich der Voraussetzungen ist deshalb zwischen Verdachts-Künd und Tat-Künd deutlich zu unterscheiden. Wichtig ist dies v.a. für die **BR-Anhörung** nach § 102 BetrVG. Ist der BR nur zu einer aus Sicht des AG nachweisbaren Tat angehört und stützt der AG später im Prozess die Künd auch auf den Verdacht einer strafbaren Handlung, so ist der nachgeschobene Grund der Verdachts-Künd wegen fehlender Anhörung des BR im Künd-Schutzprozess nicht verwertbar.[165] Da dem BR nur die Künd-Tatsachen, nicht die rechtliche Wertung des AG mitzuteilen sind, bedarf es aber stets sorgfältiger Auslegung, ob die BR-Anhörung nicht doch sowohl zur Verdachts- als auch zur Tat-Künd erfolgt ist. Regelmäßig wird jedoch ein **Nachschieben** der **Verdachts-Künd** im Prozess an der fehlenden, aber erforderlichen Anhörung des ANs zu dem Künd-Sachverhalt scheitern. **Unproblematisch** ist es nach der Rspr., wenn der AG alle Voraussetzungen der Verdachts-Künd erfüllt und nur wegen des Verdachts gekündigt hat, später im Prozess aber, etwa nach einer strafgerichtlichen Verurteilung des ANs, eine **Tat-Künd nachschiebt**.[166] Ist der BR zu den Künd-Tatsachen ordnungsgemäß angehört, die der AG zunächst nur zum Anlass einer Verdachts-Künd genommen hat, so ist das Gericht nicht gehindert, im Prozess die nachgewiesene Straftat oder Pflichtwidrigkeit als wichtigen Grund seiner Entscheidung zugrunde zu legen.[167] 62

Im Künd-Zeitpunkt objektiv vorliegende **belastende Tatsachen**, die dem AG erst nach Ausspruch der Künd bekannt geworden sind, kann er nach der Rspr. im Prozess **nachschieben**.[168] Ob er hierzu den BR erneut anzuhören hat, ist 63

---

156 BAG 3.7.2003 – 2 AZR 437/02 – AP § 626 BGB Verdacht strafbarer Handlung Nr. 38.
157 *Stahlhacke/Preis/Vossen*, § 626 BGB Rn 760.
158 BAG 14.9.1994 – 2 AZR 164/94 – AP § 626 BGB Verdacht strafbarer Handlung Nr. 24.
159 BAG 20.8.1997 – 2 AZR 620/96 – AP § 626 BGB Verdacht strafbarer Handlung Nr. 27.
160 BAG 4.6.1964 – 2 AZR 310/63 – AP § 626 BGB Verdacht strafbarer Handlung Nr. 13.
161 BAG 11.4.1985 – 2 AZR 239/84 – AP § 102 BetrVG 1972 Nr. 39.
162 BAG 18.9.1997 – 2 AZR 36/97 – AP § 626 BGB Nr. 138.
163 BAG 11.4.1985 – 2 AZR 239/84 – AP § 102 BetrVG 1972 Nr. 39.
164 BAG 26.3.1992 – 2 AZR 519/91 – AP § 626 BGB Verdacht strafbarer Handlung Nr. 23.
165 BAG 11.4.1985 – 2 AZR 239/84 – AP § 102 BetrVG 1972 Nr. 39.
166 BAG 14.9.1994 – 2 AZR 164/94 – AP § 626 BGB Verdacht strafbarer Handlung Nr. 24.
167 BAG 6.12.2001 – 2 AZR 496/00 – AP § 626 BGB Verdacht strafbarer Handlung Nr. 36; BAG 3.7.2003 – 2 AZR 437/02 – AP § 626 BGB Verdacht strafbarer Handlung Nr. 38.
168 BAG 6.9.2007 – 2 AZR 264/06 – juris; BAG 14.9.1994 – 2 AZR 164/94 – AP § 626 BGB Verdacht strafbarer Handlung Nr. 24.

umstritten, aber wohl anzunehmen.[169] Ebenso wie das Gericht im Künd-Zeitpunkt objektiv vorliegende belastende Tatsachen bei seiner Entscheidung danach zu berücksichtigen hat, können auch den AN **entlastende Tatsachen** bis zur letzten mündlichen Verhandlung in der Berufungsinstanz vorgetragen werden und sind vom Gericht zu berücksichtigen, soweit sie im Künd-Zeitpunkt, auch ohne Kenntnis der Parteien, bereits vorgelegen haben.[170] Der subjektive Vertrauensverlust des AG wird durch solche **nachträglich bekannt gewordenen** Entlastungsmomente zwar nicht beseitigt, für die Wirksamkeit der Künd kommt es aber auf die **objektive Lage im Künd-Zeitpunkt** an. Verdachtsmomente gegen einen AN, dessen Unschuld sich im Laufe des Gerichtsverfahrens herausstellt, stellen keinen wichtigen Künd-Grund i.S.v. § 626 dar.

64 Ist rechtskräftig festgestellt, dass die Verdachts-Künd das Arbverh beendet hat, und gelingt dem AN später seine Rehabilitation, so kann ein **Wiedereinstellungsanspruch** in Betracht kommen.[171] Dazu reicht es aber jedenfalls nicht aus, dass sich im Strafverfahren zwar nicht die Unschuld des AN erwiesen, die Beweislage aber nicht zu seiner Verurteilung geführt hat. Erfolgreiche Wiedereinstellungsklagen sind deshalb infolge der extrem hohen Anforderungen an eine Verdachts-Künd – wenn sie überhaupt vorkommen – äußerst selten.

65 **d) Öffentlicher Dienst der neuen Bundesländer.** Die außerordentliche Künd d) Angehörigen des öffentlichen Dienstes der neuen Bundesländer hat im **Einigungsvertrag** eine gesonderte Regelung erfahren, die § 626 ausschließt (Anlage I Kapitel XIX Sachgebiet A Abschn. III Nr. 1 Abs. 5 EinigungsV). Sie betrifft insb. die Fälle, dass der AN für das frühere **Ministerium für Staatssicherheit** tätig war bzw. gegen die **Grundsätze der Menschlichkeit** oder **Rechtsstaatlichkeit** verstoßen hat und deshalb ein Festhalten am Arbverh unzumutbar erscheint. Da diese Regelung, die unbefristet gilt und zu zahlreichen Prozessen geführt hat, inzwischen wegen Zeitablaufs nur noch geringe praktische Bedeutung besitzt, kann insoweit auf die Kommentierung von *Fischermeier*[172] verwiesen werden.

65a **3. Beraterhinweise.** Die Prüfung, ob ein wichtiger Grund „an sich" vorliegt, stellt das erste Prüfungsraster im Rahmen des § 626 dar. In der bedeutendsten Fallgruppe der verhaltensbedingten Künd-Gründe ist zu beachten, dass zwar grds. jede gravierende Pflichtverletzung des AN als Künd-Grund in Betracht kommt. Es ist jedoch hinreichend konkreter Sachvortrag (nicht z.B. der pauschale Hinweis auf einen „gestörten Betriebsfrieden") erforderlich, der für die Zukunft eine schlechte Prognose für die Weiterführung des Arbverh begründet. Personen- oder betriebsbedingte Künd-Gründe können i.d.R. allenfalls eine ordentliche oder eine außerordentliche Künd gegenü einem ordentlich unkündbaren AN rechtfertigen.

III. Verhältnismäßigkeitsgrundsatz

66 Der Wortlaut des § 626 lässt zwar grds. nur eine einheitliche Interessenabwägung und damit die von der Rspr. angewandte zweistufige Prüfung zu. Trotzdem sprechen zumindest Gründe der Praktikabilität dafür, die **Prüfung** des **Verhältnismäßigkeitsgrundsatzes** vorzuziehen und **vor** der abschließenden **Würdigung** der **beiderseitigen Interessen** der Parteien zu fragen, ob der Ausspruch der Künd erforderlich war oder durch mildere Mittel hätte verhindert werden können. V.a. geht es um die Frage, ob der Kündigende den Künd-Sachverhalt ohne vorherigen Ausspruch einer **Abmahnung** bereits zum Anlass einer fristlosen Beendigung des Arbverh nehmen durfte. Die Prüfreihenfolge wird dadurch der bei der ordentlichen Künd nach § 1 Abs. 2 KSchG, die ohnehin in einem Stufenverhältnis zur außerordentlichen Künd steht, weitgehend angepasst. Auch bei der ordentlichen Künd ist es sachgerecht, die Prüfung des Abmahnungserfordernisses und die Vermeidbarkeit der Künd durch andere Maßnahmen, insb. die Weiterbeschäftigung an anderer Stelle, vor der eigentlichen Interessenabwägung zu prüfen.[173]

67 § 626 stellt auf die Zumutbarkeit der Weiterbeschäftigung ab und ist deshalb **zukunftsbezogen**. Eine Künd ohne Einhaltung einer Künd-Frist kommt auch bei einem Sachverhalt, der an sich als wichtiger Grund geeignet ist, nur dann in Betracht, wenn eine solche Künd wirklich erforderlich ist, die Vertragsstörung zu beseitigen.[174] Ein Entgegenkommen des AG im Rahmen von Verhandlungen über eine einverständliche Lösung kann bei der Abwägung nicht ohne weiteres berücksichtigt werden.[175]

68 Damit scheiden zunächst die Sachverhalte aus, die nicht einmal geeignet sind, eine schwere Vertragsstörung zu verursachen. **Einmalige Vorfälle ohne Wiederholungsgefahr**, die auch das Arbverh für die Zukunft nicht schwerwiegend belasten, sind als wichtiger Grund an sich ungeeignet. Das **Privatleben des AN**, mag es auch aus der Sicht des AG noch so unsittlich sein, hat den AG grds. nicht zu interessieren, solange das Arbverh dadurch ungestört bleibt.[176]

---

169 BAG 13.9.1995 – 2 AZR 587/94 – AP § 626 BGB Verdacht strafbarer Handlung Nr. 25; vgl. im Einzelnen KR/*Etzel*, § 102 BetrVG Rn 188 ff.
170 BAG 14.9.1994 – 2 AZR 164/94 – AP § 626 BGB Verdacht strafbarer Handlung Nr. 24.
171 BGH 13.7.1956 – VI ZR 88/55 – AP § 611 BGB Fürsorgepflicht Nr. 2; BAG 14.12.1956 – 1 AZR 29/55 – AP § 611 BGB Fürsorgepflicht Nr. 3; HWK/*Sandmann*, § 626 BGB Rn 333 ff.
172 KR/*Fischermeier*, § 626 BGB Rn 474 ff.
173 Vgl. BAG 15.11.2001 – 2 AZR 609/00 – AP § 1 KSchG 1969 Abmahnung Nr. 4.
174 BAG 23.10.2008 – 2 AZR 59/07 – juris; 9.3.1995 – 2 AZR 497/94 – AP § 626 BGB Nr. 123.
175 BAG 17.3.2005 – 2 ABR 2/04 – AP Nr. 58 zu § 15 KSchG 1969 = NZA 2005, 949.
176 BAG 23.6.1994 – 2 AZR 617/93 – AP § 242 BGB Kündigung Nr. 9.

Ebenso wenig ist aber eine außerordentliche Künd erforderlich, wenn schon eine Abmahnung geeignet ist, eine etwa durch einen erstmaligen Pflichtverstoß des AN eingetretene Störung des Vertragsverhältnisses zu beseitigen.[177] Gleiches gilt, wenn es zwar unzumutbar ist, den AN in der bisherigen Weise, etwa an seinem alten Arbeitsplatz weiterzubeschäftigen, wenn aber die dem AG zumutbare Möglichkeit besteht, anstatt einer Beendigungs-Künd ein **milderes Mittel**, beispielsweise eine ordentliche Künd oder eine Versetzung des AN im Betrieb, zu ergreifen.[178] Eine außerordentliche Künd ist nach § 626 nur zulässig, wenn sie für den Künd-Berechtigten die unausweichlich letzte Maßnahme (**Ultima Ratio**) darstellt, wenn also mildere Mittel, die eine Fortsetzung des Vertragsverhältnisses ermöglichen (ordentliche Künd, Abmahnung, Umsetzung, Versetzung, Änderungs-Künd etc.) nicht in Betracht kommen oder es dem Künd-Berechtigten unzumutbar ist, sie zu ergreifen.[179]

1. Abmahnung. Das Abmahnungserfordernis ist nunmehr in **§ 314 Abs. 2** gesetzlich geregelt. Da § 626 keine entsprechende Regelung enthält, ist die allg. Vorschrift des § 314 Abs. 2 auf § 626 anwendbar. In der Sache hat sich nichts geändert. Die neue gesetzliche Regelung **entspricht** der **bisherigen** höchstrichterlichen **Rspr.** Diese kann deshalb nach wie vor herangezogen werden. Die eigenständige gesetzliche Regelung in § 314 Abs. 2 spricht zusätzlich dafür, die Erforderlichkeit der Künd, jedenfalls die Abmahnung, vor der eigentlichen Interessenabwägung gesondert zu prüfen.

Die **Künd** eines Dauerschuldverhältnisses wie des Arbverh aus wichtigem Grund wegen einer Vertragspflichtverletzung ist **erst nach erfolgter Abmahnung** zulässig (§ 314 Abs. 2 S. 1). Eine **Abmahnung** ist nach der entsprechend anwendbaren Vorschrift des § 323 Abs. 2 BGB allerdings v.a. dann **entbehrlich**, wenn die Erfüllung der verletzten Vertragspflicht ernsthaft und endgültig verweigert wird oder besondere Umstände vorliegen, die unter Abwägung der beiderseitigen Interessen die sofortige Künd rechtfertigen (§ 314 Abs. 2 S. 2). Letzteres ist insb. dann der Fall, wenn es sich um **schwerwiegende Pflichtverletzungen** handelt, deren Rechtswidrigkeit für den Betreffenden ohne weiteres erkennbar ist und bei denen eine Hinnahme des Verhaltens offensichtlich nicht erwartet werden konnte.[180] Bei einer Pflichtverletzung, die offensichtlich geeignet ist, das Vertrauensverhältnis der Vertragsparteien endgültig zu zerstören (z.B. Diebstahl zu Lasten des AG), kann der AN von vornherein nach Treu und Glauben nicht damit rechnen, dass der AG einen ersten Vorfall nur zum Anlass einer Abmahnung nimmt und mit dem Ausspruch einer Künd zuwartet, bis sich eine derartige Pflichtverletzung wiederholt. Entsprechendes hat das BAG bei einer weder erlaubten noch geduldeten, sondern ausdrücklich untersagten „ausschweifenden" Internetnutzung durch den AN unter Herunterladen pornographischer Seiten angenommen.[181]

Das Abmahnungserfordernis gilt in erster Linie bei Vertragspflichtverletzungen, also bei **verhaltensbedingten Künd-Gründen**. Dabei hat sich die früher von der Rspr. vorgenommene Abgrenzung nach Störbereichen (Leistungsbereich: grds. Abmahnung, Vertrauensbereich: grds. keine Abmahnung) als kein hinreichendes Abgrenzungskriterium erwiesen. Zwar kann die Verletzung von Leistungspflichten von geringerem Gewicht durch den AN regelmäßig ohne vorherige Abmahnung keine Künd begründen. Ebenso kann der **Vertrauensverlust** durch einen einmaligen Vorfall (z.B. Diebstahl) sehr häufig auch ohne Abmahnung einen wichtigen Künd-Grund darstellen. Beides gilt jedoch nicht ausnahmslos.

Deshalb stellt die neuere Rspr. darauf ab, ob es sich um ein **steuerbares Fehlverhalten** des AN handelt.[182] Unabhängig davon, ob die Störung aus dem Leistungsbereich oder dem Vertrauensbereich stammt, ist bei einem steuerbaren Verhalten des AN stets eine Abmahnung erforderlich, wenn das bisherige vertragswidrige Verhalten noch keine klare Negativprognose zulässt und deshalb von der Möglichkeit auszugehen ist, dass bereits eine Abmahnung den AN dazu bewegt, sich in Zukunft vertragsrecht zu verhalten.[183] Dies ist insbesondere bei einer unwillentlichen Verkennung der vertraglichen Pflichten anzunehmen.[184] Mit dem Abstellen auf ein steuerbares Verhalten des AN steht auch fest, dass sich das Abmahnungserfordernis nicht allein auf verhaltensbedingte Künd-Gründe beziehen kann.

Auch bei **personenbedingten Künd-Gründen** erfordert es der Verhältnismäßigkeitsgrundsatz regelmäßig, den AN vor Ausspruch einer außerordentlichen Künd vorzuwarnen.[185] Selbst bei einer **krankheitsbedingten Künd** empfiehlt sich daher ein Hinweis (etwa gegenüber einem ordentlich unkündbaren AN) auf eine beabsichtigte Künd, falls die hohen Krankheitszeiten anhalten. Ob erheblich überdurchschnittliche krankheitsbedingte Fehlzeiten von der Ein-

---

177 Jetzt § 314 Abs. 2.
178 BAG 8.6.2002 – 2 AZR 638/99 – AP § 626 BGB Nr. 163; *Stahlhacke/Preis/Vossen*, § 626 BGB Rn 613 f.
179 BAG 9.7.1998 – 2 AZR 201/98 – EzA § 626 BGB Krankheit Nr. 1; ErfK/*Müller-Glöge*, § 626 BGB Rn 24 ff.
180 BAG 12.3.1987 – 2 AZR 176/86 – AP § 102 BetrVG Nr. 47; BAG 31.3.1993 – 2 AZR 492/92 – AP § 626 BGB Ausschlussfrist Nr. 32; BAG 11.12.2003 – 2 AZR 36/03 – AP § 626 BGB Nr. 179.
181 BAG 7.7.2005 – 2 AZR 581/04 – AP § 626 BGB Nr. 192 = NZA 2006, 98.
182 BAG 11.3.1999 – 2 AZR 51/98 – RzK I 10 g Nr. 10; BAG 4.6.1997 – 2 AZR 526/96 – AP § 626 BGB Nr. 137.
183 BAG 4.6.1997 – 2 AZR 526/96 – AP § 626 BGB Nr. 137.
184 BAG 27.4.2006 – 2 AZR 415/05 – AP § 626 BGB Nr. 203 = NZA 2006, 1033.
185 BAG 7.12.2000 – 2 AZR 459/99 – AP § 1 KSchG Personenbedingte Kündigung Nr. 23; einschränkend HWK/*Sandmann*, § 626 BGB Rn 117 nur bei steuerbarem Verhalten.

stellung des AN zu seinen Krankheitssymptomen abhängen und damit möglicherweise steuerbar sind, kann der AG selbst kaum zuverlässig beurteilen. Abmahnungen im strengen Sinn des § 314 Abs. 2 stellen solche Krankengespräche allerdings nicht dar, da es regelmäßig an einer Pflichtverletzung fehlt.

75 Selbst bei **betriebsbedingten Künd-Gründen** – soweit diese überhaupt eine außerordentliche Künd rechtfertigen können – macht das Erfordernis der Künd-Androhung vor Ausspruch einer Künd Sinn. Kann etwa das Arbvh aus betriebsbedingten Gründen nicht zu den bisherigen Bedingungen aufrechterhalten werden, so fordert es der Verhältnismäßigkeitsgrundsatz i.d.R., dass der AG dem AN eine erforderliche Änderung der Arbeitsbedingungen zunächst anbietet.[186] Wichtig ist dies v.a. bei der außerordentlichen Künd mit notwendiger Auslauffrist gegenüber ordentlich unkündbaren AN. Dort sind einerseits an die Bemühungen des AG, das Arbvh aufrechtzuerhalten, strengste Anforderungen zu stellen. Andererseits trifft aber auch den AN die Obliegenheit, diese Bemühungen nicht dadurch zunichte zu machen, dass er jede tatsächlich mögliche Vertragsänderung ablehnt.[187] Hier erfordert der Verhältnismäßigkeitsgrundsatz i.d.R., dass der AG dem AN rechtzeitig klar macht, dass die **Ablehnung** der noch ernsthaft in Frage kommenden **Weiterbeschäftigungsmöglichkeiten** zu einer Beendigungs-Künd führen wird. Auch eine solche Kündigungsandrohung stellt keine Abmahnung i.S.v. § 314 Abs. 2 dar.

76 Die **Abmahnung** zur Vorbereitung einer Künd ist der **Ausdruck der Missbilligung** eines Verhaltens unter **Androhung** arbeitsrechtlicher Konsequenzen, insb. der **Künd** des Arbvh, sofern das Verhalten nicht geändert wird.[188] Die wichtigste Funktion der Abmahnung stellt die **Warn-** und **Androhungsfunktion** dar.[189] Daneben ist die **Dokumentationsfunktion** von Bedeutung.[190] Es soll das vom AG beanstandete Verhalten konkret bezeichnet werden. Eine Abmahnung in diesem engen Sinn liegt nur vor, wenn das konkret bezeichnete Fehlverhalten zum Gegenstand einer Ermahnung gemacht und darüber hinaus für den Fall weiterer vergleichbarer Vorkommnisse arbeitsrechtliche Konsequenzen bis hin zur außerordentlichen Künd angedroht werden.[191] Ob eine Erklärung als Abmahnung zu werten ist, richtet sich nicht allein nach der Überschrift eines „Abmahnungsschreibens", sondern nach dem **gesamten Inhalt** der **Erklärung**.[192] Fehlt die Künd-Androhung im Fall eines weiteren Fehlverhaltens, liegt nur eine **Ermahnung**, keine Abmahnung im strengen Sinn vor. Ebenso wenig stellt es eine Abmahnung dar, wenn der AG lediglich ein Fehlverhalten dokumentiert und gleichzeitig androht, dieses Fehlverhalten selbst möglicherweise zum Anlass weiterer arbeitsrechtlicher Konsequenzen zu nehmen.[193]

77 Die **Häufigkeit erforderlicher Abmahnungen** lässt sich nur anhand des Einzelfalls bestimmen. Bei **Pflichtverletzungen von geringerem Gewicht** erfordert es oft der Verhältnismäßigkeitsgrundsatz, nicht bereits nach einer Abmahnung beim nächsten gleichartigen Fehlverhalten außerordentlich zu kündigen.[194] Andererseits läuft der AG Gefahr, bei **zahlreichen Abmahnungen**, denen keine Konsequenzen folgen, die Warnfunktion zu verbrauchen. Hat der AG bei gleichartigen Pflichtverletzungen (z.B. häufige Verspätungen des AN) fortlaufend mit der Künd gedroht, ohne jemals zu kündigen, so ist es erforderlich, dass er bei der **letzten Abmahnung** vor Ausspruch der Künd eindeutig klarstellt, dass er nunmehr bereit ist, beim nächsten Vorkommnis wirklich zu kündigen.[195]

78 Auch **Ermahnungen**, später zurückgenommene Künd und ein Beschlussverfahren zur Zustimmungsersetzung bei einem BR-Mitglied sind unter dem Gesichtspunkt des Verhältnismäßigkeitsgrundsatzes nicht ohne jede Bedeutung. Sie können die **Warnfunktion** einer ausgesprochenen Abmahnung **verstärken**.[196] Zu fragen ist stets (vgl. § 323 Abs. 2 Nr. 3), ob der AN nach den besonderen Umständen eindeutig damit rechnen musste, das nächste Vorkommnis der gerügten Art werde zur sofortigen Künd führen.

79 Eine **Abmahnung** ist nur dann kündigungsrechtlich von Bedeutung, wenn die ihr zugrunde liegenden Tatsachen und das die Künd veranlassende **Verhalten gleichartig** bzw. **vergleichbar** sind.[197] Die Abmahnung muss denselben Pflichtenkreis ansprechen wie die spätere Künd. Im Einzelfall dürfen an die Gleichartigkeit aber **keine** zu hohen **Anforderungen** gestellt werden.[198] So äußert sich etwa die Unzuverlässigkeit und Unpünktlichkeit des AN oft in verschiedenen Vertragsverstößen (häufiges zu spät Kommen, verspätete Krankmeldung, Nichtwahrnehmung von Ter-

---

186 BAG 27.9.1984 – 2 AZR 62/83 – AP § 2 KSchG 1969 Nr. 8.
187 BAG 13.5.2004 – 2 AZR 36/04 – AP § 626 BGB Krankheit Nr. 12 = NZA 2004, 1271.
188 BAG 17.2.1994 – 2 AZR 616/93 – AP § 626 BGB Nr. 116; BAG 10.11.1998 – 2 AZR 215/88 – AP § 1 KSchG 1969 Abmahnung Nr. 3.
189 BAG 10.11.1988 – 2 AZR 215/88 – AP § 1 KSchG 1969 Abmahnung Nr. 3.
190 BAG 30.5.1996 – 6 AZR 537/95 – AP § 611 BGB Nebentätigkeit Nr. 2.
191 BAG 17.2.1994 – 2 AZR 616/93 – AP § 626 BGB Nr. 116.
192 BAG 6.3.2003 – 2 AZR 128/02 – AP § 611 BGB Abmahnung Nr. 30.
193 BAG 6.3.2003 – 2 AZR 128/02 – AP § 611 BGB Abmahnung Nr. 30.
194 BAG 16.9.2004 – 2 AZR 406/03 – AP KSchG 1969 § 1 Verhaltensbedingte Kündigung Nr. 50.
195 BAG 15.11.2001 – 2 AZR 609/00 – AP § 1 KSchG 1969 Abmahnung Nr. 4; BAG 16.9.2004 – 2 AZR 406/03 – AP § 1 KSchG 1969 Verhaltensbedingte Kündigung Nr. 50.
196 BAG 15.11.2001 – 2 AZR 609/00 – AP § 1 KSchG 1969 Abmahnung Nr. 4; BAG 15.3.2001 – 2 AZR 147/00 – EzA § 626 BGB n.F. Nr. 185.
197 BAG 15.3.2001 – 2 AZR 147/00 – EzA § 626 BGB n.F. Nr. 185.
198 BAG 10.12.1992 – 2 ABR 32/92 – AP § 87 ArbGG 1979 Nr. 4; ErfK/*Müller-Glöge*, § 626 BGB Rn 25.

minen etc.). Eine Abmahnung, die für weitere Verstöße dieser Art dem AN die Künd androht, muss nur hinreichend klarstellen, dass der AN im Wiederholungsfall bei derartigen Unzuverlässigkeiten und Unpünktlichkeiten mit einer Künd zu rechnen hat.

2. Weiterbeschäftigung auf einem freien Arbeitsplatz. Eine außerordentliche Künd ist auch dann unverhältnismäßig und damit unzulässig, wenn der kündigungsberechtigte AG die Möglichkeit hat, die eingetretene Störung des Arbverh dadurch zu beseitigen, dass er den AN auf einem anderen freien Arbeitsplatz weiterbeschäftigt. Die **Weiterbeschäftigungspflicht** erstreckt sich dabei nicht nur auf den Beschäftigungsbetrieb, sondern auf das ganze **Unternehmen**.[199] Schon aufgrund des Stufenverhältnisses zwischen ordentlicher und außerordentlicher Künd sind hier vom AG zumindest die Anforderungen des § 1 Abs. 2 S. 2 Nr. 1b und 2b KSchG zu erfüllen. 80

Ist aufgrund des **Direktionsrechts** eine **Umsetzung** oder **Versetzung** auf einen anderen freien Arbeitsplatz möglich, so hat der AG grds. diese Maßnahme zu wählen.[200] Dies gilt uneingeschränkt bei **betriebsbedingten** und den **personenbedingten** Künd-Gründen, für die der AN selbst keine Ursache gesetzt hat. Bei **verhaltensbedingten** Künd-Gründen ist stets gesondert zu prüfen, ob eine solche Umsetzung oder Versetzung dem AG zumutbar ist.[201] Hier ist einerseits zu fragen, ob nicht der Künd-Sachverhalt (Streitereien mit Arbeitskollegen etc.) auch die Prognose zulässt, dass es an dem anderen Arbeitsplatz zu gleichartigen Pflichtverletzungen des AN kommen wird. Andererseits sind bei einem schuldhaften Verhalten des AN an die Bemühungen des AG um eine Weiterbeschäftigungsmöglichkeit unter dem Gesichtspunkt der Zumutbarkeit geringere Anforderungen zu stellen als etwa bei betriebsbedingten Künd-Gründen. Gleiches gilt bei personenbedingten Künd-Gründen, die letztlich auf einem Verschulden des AN beruhen (z.B. Führerscheinentzug wegen Trunkenheitsfahrt). 81

Auch eine **Weiterbeschäftigung** zu **geänderten Bedingungen**, die eine Änderungs-Künd voraussetzt, ist als milderes Mittel grds. gegenüber einer außerordentlichen Beendigungs-Künd vorrangig.[202] Der AG hat dem AN deshalb grds. auch eine **Weiterbeschäftigung** zu **schlechteren Vertragsbedingungen**[203] unter Hinweis auf die sonst erforderliche Beendigungs-Künd **anzubieten**, wenn sich dadurch die Störung des Vertragsverhältnisses beseitigen lässt. **Überflüssig** ist ein solches **Angebot** nur dann, wenn der AG berechtigterweise davon ausgehen kann, die Verschlechterung der Arbeitsbedingungen sei so gravierend, dass sie aus Sicht des AN unzumutbar wäre.[204] Beruft sich aber der AN selbst vor Ausspruch der Künd auf eine solche Möglichkeit (z.B. Halbtagsstelle für eine Vollzeitkraft), so hat der AG eine entsprechende Änderungsvereinbarung oder -Künd als milderes Mittel gegenüber einer Beendigungs-Künd zu wählen. 82

Problematisch war der Fall, dass der AG ein **Änderungsangebot** unterbreitet, das der AN **spontan ablehnt** oder zu dem er **keine Stellungnahme** abgibt. Die Rspr. hat bei Ablehnung des Änderungsangebots durch den AN eine Beendigungs-Künd und bei einem fehlenden Angebot die nachträgliche Prüfung zugelassen, ob der AN diesem Angebot zumindest unter Vorbehalt zugestimmt hätte.[205] Ob diese Rspr. stets zu praktikablen Ergebnissen führte und v.a. dem Verhältnismäßigkeitsgrundsatz gerecht wurde, wurde mit gewichtigen Argumenten bezweifelt[206] und hat auch bei der fristgerechten Änderungs-Künd eine Rspr.-Änderung bewirkt.[207] Anderweitige oder andersartige Weiterbeschäftigungsmöglichkeiten als milderes Mittel gegenüber einer außerordentlichen Beendigungs-Künd sind vornehmlich bei betriebsbedingten und den personenbedingten Künd-Gründen zu prüfen, für die der AN keine Ursache gesetzt hat. In diesen Fällen kommt aber regelmäßig nur eine außerordentliche Künd mit notwendiger Auslauffrist gegenüber ordentlich unkündbaren AN in Betracht. Hier ist es nach dem Verhältnismäßigkeitsgrundsatz jedenfalls sachlich gerechtfertigt, vom AG zu verlangen, dass er auf eine spontane Ablehnung der neuen, nicht schlechteren Arbeitsbedingungen durch den AN nicht sofort mit einer Beendigungs-Künd reagiert, sondern **trotz** der **Ablehnung** eine **Änderungs-Künd** ausspricht, um dem AN nicht die Möglichkeit zu nehmen, das Änderungsangebot trotz der anfänglichen Ablehnung nachträglich noch unter Vorbehalt anzunehmen.[208] Ein solches Vorgehen ist für den AG regelmäßig nicht unzumutbar. Spätestens innerhalb der Annahmefrist steht dann fest, ob eine Annahme der neuen Arbeitsbedingungen erfolgt. Die Annahme unter Vorbehalt führt ohnehin dazu, dass der AN während der Dauer des Prozesses zu den neuen Arbeitsbedingungen weiterbeschäftigt wird (zur Zulässigkeit der Annahme unter Vorbehalt in derartigen Fällen siehe Rn 137). 83

---

199 BAG 8.10.1957 – 3 AZR 124/55 – AP § 626 BGB Nr. 15; KR/*Fischermeier*, § 626 BGB Rn 289.
200 APS/*Dörner*, § 626 BGB Rn 88.
201 BAG 22.8.1963 – 2 AZR 114/63 – AP § 626 BGB Nr. 51 und BAG 16.8.1990 – 2 AZR 182/90 – RzK I 5 h Nr. 18 (Trunkenheit am Steuer).
202 KR/*Fischermeier*, § 626 BGB Rn 294 m.w.N.
203 BAG 30.5.1978 – 2 AZR 630/76 – AP § 626 BGB Nr. 70; BAG 27.9.1984 – 2 AZR 62/83 – AP § 2 KSchG 1969 Nr. 8.
204 BAG 27.9.1984 – 2 AZR 62/83 – AP § 2 KSchG 1969 Nr. 8; BAG 21.4.2005 – 2 AZR 132/04 – NZA 2005, 1289.
205 BAG 27.9.1984 – 2 AZR 62/83 – AP § 2 KSchG 1969 Nr. 8; anders jetzt auch zu § 2 KSchG BAG 21.4.2005 – 2 AZR 132/04 – NZA 2005, 1289.
206 LAG Köln 6.4.2004 – 9 Sa 1156/03 – juris; LAG Köln 20.11.2003 – 6 Sa 645/03 – LAGE § 2 KSchG Nr. 46 = NZA-RR 2004, 576; einschränkend schon BAG 7.12.2000 – 2 AZR 391/99 – AP § 1 KSchG 1969 Betriebsbedingte Kündigung Nr. 113.
207 KR/*Rost*, § 2 KSchG Rn 18 ff.
208 BAG 7.12.2000 – 2 AZR 391/99 – AP § 1 KSchG 1969 Betriebsbedingte Kündigung Nr. 113; so jetzt allg. BAG 21.4.2005 – 2 AZR 132/04 – NZA 2005, 1289.

84 3. Freistellung des Arbeitnehmers. Eine ordentliche Künd, verbunden mit einer **Suspendierung** des AN für die Dauer der Künd-Frist stellt kein zumutbares milderes Mittel gegenüber einer fristlosen Künd dar, wenn deren Voraussetzungen vorliegen.[209] Gleiches gilt grds., wenn der AN mit Rücksicht auf eine **Aufhebung** des **Arbverh** zu einem **späteren Zeitpunkt** gegen Zahlung einer Abfindung bereits von der Arbeit freigestellt ist. Beim Vorliegen eines wichtigen Grundes zur fristlosen Künd etwa wegen strafbarer Handlungen des AN hat der AG regelmäßig ein überwiegendes Interesse, das Arbverh fristlos zu beenden, schon um dadurch weitere Gehaltszahlungen und die Zahlung der vereinbarten Abfindung zu vermeiden.[210]

84a 4. Beraterhinweise. Zahlreiche fristlose Künd erweisen sich wegen eines Verstoßes gegen den Verhältnismäßigkeitsgrundsatz als unwirksam. Der AG sollte stets sorgfältig insb. prüfen, ob vor Ausspruch der Künd eine Abmahnung erforderlich ist. Diese ist nur dann entbehrlich, wenn der AN durch sein Verhalten (z.B. strafbare Handlung) erkennbar selbst seinen Arbeitsplatz aufs Spiel gesetzt hat.

IV. Interessenabwägung

85 Liegt ein wichtiger Grund „an sich" vor und lässt sich die Störung des Arbverh auch nicht durch mildere Mittel beseitigen, hängt die Wirksamkeit der Künd von der abschließend stets erforderlichen Interessenabwägung, also davon ab, ob unter Berücksichtigung aller Umstände des Einzelfalles und unter Abwägung der Interessen beider Vertragsteile das **Interesse des AG** an der – regelmäßig **sofortigen** – Beendigung des Arbverh das **Interesse des AN** an der **Aufrechterhaltung** seines **Arbverh** (zumindest für die Dauer der Künd-Frist oder bis zur vereinbarten Beendigung) **überwiegt**.[211] Da das Gesetz keine Regelung enthält, welche Interessen der Parteien bei dieser Abwägung zu berücksichtigen sind, besteht hier die Gefahr einer die Rechtssicherheit gefährdenden ausufernden Berücksichtigung aller möglichen Umstände und Interessen. Eine Eingrenzung ist deshalb unbedingt erforderlich.

86 1. Umstände des Einzelfalls. Zu berücksichtigen sind – nicht immer ganz sauber abzugrenzen von der Prüfung des Künd-Grundes an sich – nach dem Gesetzeswortlaut **alle** Umstände des Einzelfalls. Die bei der Interessenabwägung zu berücksichtigenden Umstände lassen sich deshalb nicht abschließend für alle Fälle festlegen.[212] Es sind selbstverständlich jedoch nur die Umstände gemeint, die für die Prüfung der Zumutbarkeit der Weiterbeschäftigung von Bedeutung sein können. Das Gesetz lässt allerdings nicht zu, bestimmte Umstände stets von der Berücksichtigung auszuschließen.[213] Bei der **verhaltensbedingten Künd** sind v.a. die Umstände in die Abwägung einzubeziehen, die für die Beurteilung der **Schwere des Künd-Vorwurfs**[214] von Bedeutung sind. Zu prüfen sind hier u.a. der **Grad des Verschuldens**,[215] die konkreten **Auswirkungen** der Pflichtverletzung, die **Höhe** des verursachten **Schadens**,[216] die Entschuldbarkeit eines Verbotsirrtums, ein **Mitverschulden** des Kündigenden,[217] eine wenn auch überzogene **Wahrnehmung berechtigter Interessen** oder verfassungsrechtlicher Positionen[218] (freie Meinungsäußerung etc.), ggf. die **Vorgeschichte**[219] des Geschehens und deren Verursachung durch Dritte. Erst die Berücksichtigung aller Umstände des konkreten Einzelfalls steckt den Rahmen ab, innerhalb dessen angesichts der beiderseitigen Interessen geprüft werden kann, ob eine weitere Aufrechterhaltung des Arbverh zumutbar ist.

87 Dabei kann es erforderlich sein, nicht nur die Pflichtverletzungen des AN innerhalb der letzten zwei Wochen vor Ausspruch der Künd (Abs. 2 BGB) zu berücksichtigen. Zwar können **länger zurückliegende Sachverhalte** und bereits verziehene Künd-Gründe nicht unmittelbar zur Begründung der Künd herangezogen werden. Dies gilt jedoch nicht, wenn die Vorkommnisse der letzten zwei Wochen lediglich den „Tropfen" darstellen, der „das Fass zum Überlaufen gebracht" hat.[220]

88 2. Zu berücksichtigende Interessen. Auf Seiten des **AN** fällt – und zwar im Grundsatz auch, wenn wenn eine Künd auf ein Vermögensdelikt zu Lasten des AG gestützt wird[221] – v.a. die Dauer der **Betriebszugehörigkeit**[222] ins Gewicht. Verhaltensbedingte Künd-Gründe, erst recht personen- und betriebsbedingte Gründe sind bei einem erst kurz bestehenden Arbverh anders zu gewichten als nach einer erheblichen Beschäftigungsdauer. Dabei spielt

---

209 BAG 11.3.1999 – 2 AZR 507/98 – AP § 626 BGB Nr. 149.
210 BAG 5.4.2001 – 2 AZR 217/00 – AP § 626 BGB Verdacht strafbarer Handlung Nr. 34; HaKo-KSchG/*Gieseler*, § 626 BGB Rn 78.
211 Etwa BAG 15.11.2001 – 2 AZR 380/00 – AP § 626 BGB Ausschlussfrist Nr. 45.
212 BAG 27.4.2006 – 2 AZR 415/05 – AP § 626 BGB Nr. 203 = NZA 2006, 1033.
213 BAG 27.4.2006 – 2 AZR 415/05 – AP § 626 BGB Nr. 203 = NZA 2006, 1033.
214 KDZ/*Däubler*, § 626 BGB Rn 43; HaKo-KSchG/*Gieseler*, § 626 BGB Rn 83; KR/*Fischermeier*, § 626 BGB Rn 240.
215 BAG 25.4.1991 – 2 AZR 624/90 – AP § 626 BGB Nr. 104; BAG 14.12.1996 – 2 AZR 274/95 – AP § 626 BGB Verdacht strafbarer Handlung Nr. 26.
216 BAG 4.7.1991 – 2 AZR 79/91 – RzK I 6 a Nr. 73.
217 BAG 14.2.1978 – 1 AZR 76/76 – AP Art. 9 GG Arbeitskampf Nr. 58; APS/*Dörner*, § 626 BGB Rn 106; KDZ/*Däubler*, § 626 BGB Rn 44.
218 KDZ/*Däubler*, § 626 BGB Rn 45; vgl. zuletzt BAG 24.6.2004 – 2 AZR 63/03AP – KSchG 1969 § 1 Verhaltensbedingte Kündigung Nr. 49.
219 BAG 24.6.2004 – 2 AZR 63/03 – AP § 1 KSchG 1969 Verhaltensbedingte Kündigung Nr. 49.
220 KR/*Fischermeier*, § 626 BGB Rn 249 f.
221 BAG 27.4.2006 – 2 AZR 415/05 – AP § 626 BGB Nr. 203 = NZA 2006, 1033.
222 BAG 13.12.1984 – 2 AZR 454/83 – AP § 626 BGB Nr. 81.

auch eine Rolle, ob das bisherige Arbverh ohne Störungen oder Beanstandungen des AG verlaufen ist, oder ob das Arbverh während der gesamten Dauer oder zumindest in den letzten Jahren bereits erheblich belastet war. Nach einer Jahrzehnte langen **unbeanstandeten Beschäftigungsdauer** ist es dem AG eher zuzumuten, einmalige Pflichtverletzungen des AN zu verzeihen und lediglich mit einer Abmahnung zu ahnden. Auch das **Alter**[223] des AN kann nicht unberücksichtigt bleiben. Hat der AN etwa sein ganzes Arbeitsleben unbeanstandet im Unternehmen des AG gearbeitet, so trifft ihn eine außerordentliche Künd in einem Alter, in dem er kaum mehr damit rechnen kann, ein AnschlussArbverh zu finden, besonders hart. Die Berücksichtigung einer **Schwerbehinderung** des AN selbst bei erfolgter Zustimmung durch das Integrationsamt ist schon nach Art. 3 Abs. 3 S. 2 GG erforderlich. Hier können jedoch regelmäßig die Umstände nicht zugunsten des AN den Ausschlag geben, die schon in dem Verfahren vor dem Integrationsamt zutreffend bewertet worden sind.[224] Ferner können das Bestehen einer **Wiederholungsgefahr**, das Maß der dem AG entstandenen **Schädigung** und auch die Frage in Betracht zu ziehen sein, ob dem Verhalten des AN eine **besondere Verwerflichkeit** innewohnt; entsprechendes gilt andererseits für evtl. Bemühungen des AN, den etwa eingetretenen Schaden wieder gut zu machen.[225]

Demgegenüber sind von den klassischen Sozialdaten des § 1 Abs. 3 KSchG die **Unterhaltspflichten** und der **Familienstand**[226] zu wenig arbeitsplatzbezogen, als dass sie im Rahmen der Interessenabwägung stets entscheidendes Gewicht erlangen könnten. Sie sind nur dann zu berücksichtigen, wenn sie in einer Beziehung zum Künd-Vorwurf stehen, etwa wenn der AN Lebensmittel für seine hungernde Familie gestohlen hat.[227]

89

Ohnehin kann sich bei **strafbaren Handlungen**[228] des AN dessen sozialer Besitzstand bei der Interessenabwägung nur in seltenen Fällen zu seinen Gunsten auswirken. Mit der Gefahr, auch nach längerer Beschäftigungsdauer in einem höheren Alter seinen Arbeitsplatz bei einem Diebstahl etc. zu Lasten des AG zu verlieren, muss jeder AN rechnen. Es ist auch bedenklich, wenn von den Gerichten teilweise zugunsten des AN der gute Eindruck des Betreffenden in der mündlichen Verhandlung berücksichtigt und daraus auf eine fehlende Wiederholungsgefahr geschlossen wird.[229]

90

Aufseiten des **AG** ist v.a. dessen Interesse zu berücksichtigen, die eingetretene **Störung** des Arbverh durch eine außerordentliche Künd zu **beseitigen**. Zwar ist § 626 **keine Sanktionsnorm**, sondern setzt eine **Prognoseentscheidung** voraus. Es ist aber entscheidend zu berücksichtigen, dass ein Dauerschuldverhältnis wie das Arbverh eine gewisse **Vertrauensgrundlage** voraussetzt. Ist das Vertrauen des AG in die Redlichkeit oder die Vertragstreue des AN nachhaltig gestört oder zerstört, so spricht dies für sein Interesse an der Beendigung des Arbverh.[230]

91

Wirtschaftliche Interessen des AG sind demgegenüber v.a. bei betriebsbedingten Gründen nur ausnahmsweise von Bedeutung.[231] Die Einhaltung der ordentlichen Künd-Frist zählt grds. zum Betriebsrisiko des AG und ist ihm deshalb zumutbar. Die Unzumutbarkeit tritt erst ein, wenn der AG gezwungen wäre, etwa bei einer Betriebsstillegung das Arbverh eines ordentlich unkündbaren AN jahrelang nur durch Gehaltszahlungen ohne Beschäftigungsmöglichkeit aufrechtzuerhalten.[232] Würde man den AG durch die Pflicht zur Aufrechterhaltung sinnlos gewordener Arbverh faktisch daran hindern, seinen Betrieb stillzulegen, so käme dies häufig einer Zwangsarbeit gleich und würde jedenfalls gegen die verfassungsmäßigen Rechte des AG aus Art. 12 GG verstoßen. Auch die Vermeidung einer sonst eintretenden Insolvenz kann ggf. eine außerordentliche Änderungs-Künd mit Auslauffrist zur Entgeltsenkung rechtfertigen.[233]

92

Auch die Aufrechterhaltung der **Ordnung im Betrieb**[234] und des **Betriebsfriedens** kann ein wesentliches, zugunsten des AG zu berücksichtigendes Interesse darstellen. Zeigt sich der AG zu nachsichtig gegenüber strafbaren Handlungen im Betrieb, animiert dies geradezu die anderen AN, ähnliche strafbare Handlungen (Diebstahl, Spesenbetrug, Stempeluhrmissbrauch etc.) zu begehen. Hierzu ist jedoch stets hinreichend konkreter Sachvortrag erforderlich.

93

Andere Interessen der Parteien sind nur zu berücksichtigen, soweit ein **Vertragsbezug** gegeben ist.[235] Eine solche Beschränkung ist erforderlich, um einer der Rechtssicherheit entgegenstehenden, ausufernden Berücksichtigung aller möglichen Gesichtspunkte („guter Eindruck der AN in der Berufungsverhandlung") entgegenzuwirken. Von daher fällt es schwer, bei der Interessenabwägung hinsichtlich einer strafbaren Handlung den **Motiven des AN** gegenüber dem Interesse des AG an der Wahrung seines Eigentums und seines Besitzrechts all zu großes Gewicht einzuräumen. Selbst bei abgeschriebener Ware ist es allein Sache des AG zu bestimmen, was mit ihr zu geschehen

94

---

223 BAG 22.2.1980 – 7 AZR 295/78 – AP § 1 KSchG 1969 Krankheit Nr. 6; APS/*Dörner*, § 626 BGB Rn 102.
224 Vgl. BAG 22.9.2005 – 2 AZR 519/04 – EzA § 81 SGB IX Nr. 10.
225 BAG 27.4.2006 – 2 AZR 415/05 – AP § 626 BGB Nr. 203 = NZA 2006, 1033.
226 BAG 2.3.1989 – 2 AZR 280/88 – AP § 626 BGB Nr. 101; BAG 27.4.2006 – 2 AZR 415/05 – AP § 626 BGB Nr. 203 = NZA 2006, 1033; a.A. KDZ/*Däubler*, § 626 BGB Rn 44.
227 BAG 16.12.2004 – 2 ABR 7/04 – juris.
228 BAG 2.3.1989 – 2 AZR 280/88 – AP § 626 BGB Nr. 101.
229 LAG Hamm 13.3.2002 – 14 Sa 1731/01 – juris.
230 APS/*Dörner*, § 626 BGB Rn 96 m.w.N.
231 *Preis*, S. 232; HK/*Dorndorf*, § 1 KSchG Rn 717.
232 BAG 5.2.1998 – 2 AZR 227/97 – AP § 626 BGB Nr. 143.
233 BAG 1.3.2007 – 2 AZR 580/05 – EzA § 626 BGB 2002 Unkündbarkeit Nr. 13.
234 Einschränkend KDZ/*Däubler*, § 626 BGB Rn 43.
235 APS/*Dörner*, § 626 BGB Rn 112 m.w.N.

hat.²³⁶ Das Vorbringen des AN, er habe abgelaufene Lebensmittel nur aus dem Betrieb mitgenommen, um sie der Armenspeisung zuzuführen, ist deshalb als alleiniges Entlastungsvorbringen eher problematisch.

95 Wenn im Anschluss an eine Entscheidung des Oberlandesgerichts Köln²³⁷ teilweise geltend gemacht wird, im Rahmen der Interessenabwägung sei stets der Umstand zu berücksichtigen und könne zur Unwirksamkeit der Künd führen, dass der AG letztlich mit **unfairen Ermittlungsmethoden** (Einschaltung eines Detektivs, Verleitung zu einer falschen Spesenabrechnung) versucht habe, sich unter allen Umständen von dem AN zu trennen, so ist dem in dieser Allgemeinheit nicht zu folgen. Die AN sind bei der Reisekostenabrechnung ebenso wie beim Umgang mit dem Geld des AGs grds. zur Ehrlichkeit verpflichtet. Kann der AG die Ehrlichkeit seiner AN in diesem Bereich nicht oder nur unter sehr erschwerten Bedingungen feststellen, so ist er je nach den Umständen berechtigt, sogenannte **Ehrlichkeitskontrollen** durchzuführen. Ein Versagen der AN anlässlich einer derartigen Ehrlichkeitsüberprüfung berechtigt ihn dann ggf. zur fristlosen Künd.²³⁸ Hält es – wie im Ausgangsfall der Entscheidung des Oberlandesgerichts Köln – der AG für aussichtsreicher, einen Mitarbeiter mit seinen unzutreffenden Reisekostenabrechnungen zu konfrontieren als sich auf andere Künd-Gründe zu berufen, so macht dies die außerordentliche Künd noch nicht unwirksam, die auf das objektive Vorhandensein falscher Spesenabrechnungen gestützt wird.

96 Der **Gleichbehandlungsgrundsatz** spielt bei der Interessenabwägung nur bedingt eine Rolle. Wie bereits erwähnt, ist der AG nicht berechtigt, den Gleichbehandlungsgrundsatz als Künd-Grund heranzuziehen, indem er versucht, durch Änderungs-Künd den in Zeiten der Hochkonjunktur vereinbarten hohen Lohn eines AN an das inzwischen geringere betriebliche Lohnniveau anzupassen.²³⁹ Auch der AN kann sich, wenn mehrere AN den gleichen Künd-Grund gesetzt haben, nicht ohne weiteres auf den Gleichbehandlungsgrundsatz berufen. Regelmäßig sind die bei der einzelfallbezogenen Interessenabwägung zu berücksichtigenden Umstände so unterschiedlich, dass die Reaktion des AG, dem einen AN zu kündigen, den anderen lediglich zu verwarnen, nicht als willkürliche Benachteiligung des gekündigten AN gewertet werden kann. Die Grenze liegt hier darin, dass der AG nicht zu einer **herausgreifenden Künd** berechtigt ist, indem er bei völlig vergleichbarer Interessenlage und identischem Künd-Sachverhalt ohne sachlichen Grund lediglich einem oder einzelnen AN kündigt.²⁴⁰ Ähnliches gilt bei **Künd** im Rahmen eines **Arbeitskampfes**. Hier stellt die Rspr. darauf ab, im Rahmen der Interessenabwägung sei zugunsten des ANs der Gesichtspunkt der Solidarität zu berücksichtigen.²⁴¹ Der AG wird im Prozess darlegen müssen, weshalb er unter den AN, die sich nicht durch Exzesse hervorgetan, sondern sich an rechtswidrigen Arbeitskampfmaßnahmen nur schlicht beteiligt haben, einzelne herausgreift und diesen kündigt.²⁴² Jedenfalls ist der AG nicht verpflichtet, bei gleichartigen Pflichtverletzungen eines bestimmten AN stets gleich zu reagieren. Hat der AG ein gewisses Fehlverhalten des AN bisher lediglich zähneknirschend geduldet, so kann ihm dies der AN nicht entgegenhalten, wenn der AG nach entsprechend scharfer letzter Abmahnung nunmehr zum äußersten Mittel der außerordentlichen Künd greift.

96a **3. Beraterhinweise.** An der Interessenabwägung scheitern im Arbeitsgerichtsverfahren zahlreiche fristlose Künd. Es ist deshalb unbedingt anzuraten, stets hilfsweise eine ordentliche Künd auszusprechen und deren Wirksamkeitsvoraussetzungen zu beachten (BR-Anhörung etc.). Andererseits ist zu den besonderen Umständen des Einzelfalls und den Interessen, die aus Sicht der Parteien für oder gegen eine außerordentliche Künd sprechen, hinreichend konkreter Sachvortrag nötig, damit das Gericht diese Umstände und Interessen berücksichtigen kann.

V. Ausschlussfrist (Abs. 2)

97 **1. Allgemeines.** Nach Abs. 2 muss die außerordentliche Künd innerhalb von zwei Wochen ausgesprochen werden, nachdem der Künd-Berechtigte von den für die Künd maßgebenden Tatsachen Kenntnis erlangt hat. Diese **materiell-rechtliche Ausschlussfrist** für die Künd-Erklärung²⁴³ dient der Rechtssicherheit und **konkretisiert** den Rechtsgedanken der **Verwirkung**.²⁴⁴ Es soll innerhalb einer kurzen Frist feststehen, ob ein bestimmter Sachverhalt vom Künd-Berechtigten zum Anlass einer außerordentlichen Künd genommen wird. Damit wird dem Künd-Berechtigten die Möglichkeit verwehrt, Künd-Gründe aufzusparen und gegenüber der anderen Seite als Druckmittel einzusetzen.²⁴⁵ Schon Abs. 1 erfordert eine schnelle Reaktion des Künd-Berechtigten. Wer mit Ausspruch der Künd längere Zeit zuwartet, wird nur schwer darlegen können, die Fortsetzung des Arbverh bis zum Ablauf der ordentlichen Künd-Frist sei ihm unzumutbar gewesen. Die Festlegung der Frist zum Ausspruch der Künd auf den kurzen Zeitraum von

---

236 BAG 11.12.2003 – 2 AZR 36/03 – AP § 626 BGB Nr. 179.
237 4.11.2002 – 19 U 38/02 – NJW-RR 2003, 398.
238 Vgl. BAG 18.11.1999 – 2 AZR 743/98 – BAGE 93, 1 = AP § 626 BGB Verdacht strafbarer Handlung Nr. 32; LAG Mecklenburg-Vorpommern 24.6.1998 – 2 Sa 78/98 – juris.
239 BAG 20.1.2000 – 2 ABR 40/99 – AP § 103 BetrVG Nr. 40.
240 BAG 22.2.1979 – 2 AZR 115/78 – EzA § 103 BetrVG 1972 Nr. 23.
241 BAG 17.12.1976 – 1 AZR 772/75 – AP Art. 9 GG Arbeitskampf Nr. 52; BAG 14.2.1978 – 1 AZR 76/76 – AP Art. 9 GG Arbeitskampf Nr. 58.
242 BAG 14.2.1978 – 1 AZR 76/76 – AP Art. 9 GG Arbeitskampf Nr. 58 („mit gefangen, mit gehangen").
243 BAG 29.7.1993 – 2 AZR 90/93 – AP § 626 BGB Ausschlussfrist Nr. 31.
244 BAG 9.1.1996 – 2 ABR 24/85 – AP § 626 BGB Ausschlussfrist Nr. 20.
245 BAG 28.10.1971 – 2 AZR 32/71 – AP § 626 BGB Ausschlussfrist Nr. 1.

zwei Wochen darf andererseits nicht dazu führen, dass der Künd-Berechtigte gezwungen wird, rein vorsorglich ohne genauere Überlegung eine voreilige Künd auszusprechen. Deshalb ist der Beginn der Ausschlussfrist in Abs. 2 auf die **möglichst vollständige Kenntnis** des **Künd-Sachverhalts** festgelegt.[246] Trotzdem ist nicht zu verkennen, dass dem kündigenden AG etwa beim Bestehen eines BR und einem Sonder-Künd-Schutz des AN (z.B. nach § 91 SGB IX) nur ein sehr kurzer Überlegungszeitraum zur Verfügung steht, wenn er außerordentlich kündigen will (vgl. Rn 113 ff.).

Abs. 2 gilt für **alle außerordentlichen Künd** von Dienstverhältnissen. Erfasst werden insb. auch außerordentliche Änderungs-Künd,[247] außerordentliche Künd gegenüber ordentlich unkündbaren AN und Künd durch den Dienstverpflichteten bzw. AN.[248] Eine Sonderregelung besteht lediglich noch für Handelsvertreter in § 89a HGB.

Abs. 2 stellt eine **zweiseitig zwingende Norm** dar.[249] Die Ausschlussfrist kann weder vor noch nach Kenntnis von dem Künd-Sachverhalt durch Parteivereinbarung ausgeschlossen, noch kann sie abgeändert werden. Die Vorschrift ist auch nicht tarifdispositiv, da das Gesetz keine dem § 622 Abs. 4 entsprechende Vorschrift enthält.

2. Regelungsgehalt. a) Fristbeginn. Abs. 2 stellt für den Fristbeginn auf die **Kenntnis** des Künd-Berechtigten ab. Die Frist beginnt, sobald der Künd-Berechtigte eine möglichst vollständige Kenntnis von dem Künd-Sachverhalt hat, die ihm die Entscheidung über die Zumutbarkeit der Fortsetzung des Arbverh ermöglicht.[250] Es ist **positive Kenntnis** erforderlich. Selbst grob fahrlässige Unkenntnis genügt nicht. Liegen zunächst lediglich vage Informationen über den Künd-Sachverhalt vor, so darf der Künd-Berechtigte sich um eine **möglichst vollständige Aufklärung** der für und gegen die Künd sprechenden Umstände bemühen und **geeignete Maßnahmen** zur **Ermittlung** des **Sachverhalts** ergreifen. Die Kenntnisse des Künd-Berechtigten von dem Sachverhalt müssen so fundiert sein, dass sie es ihm erlauben, seiner **prozessualen Darlegungspflicht** und Beweislast zu genügen.[251] Da bei einer vom AG erklärten außerordentlichen Künd auch solche Aspekte zum Künd-Sachverhalt gehören, die für den AN sprechen, kann dieser regelmäßig nicht ohne eine **Anhörung des AN** hinreichend vollständig erfasst werden.[252] Der AG macht jedenfalls nichts falsch, wenn er zeitnah auch den AN zu den Vorwürfen anhört.

Solange die **Aufklärungsmaßnahmen** andauern, ist der **Fristablauf** grds. **gehemmt**.[253] Allerdings müssen die Ermittlungen mit der **gebotenen Eile** und **kontinuierlich** durchgeführt werden.[254] Werden sie unterbrochen, so kann während des Unterbrechungszeitraums die Ausschlussfrist ablaufen. Der AG darf nicht zunächst von weiteren Ermittlungen absehen, zu einem willkürlich gewählten Zeitpunkt später weiter ermitteln und dann außerordentlich kündigen.[255] Der Fristablauf kann allerdings erneut beginnen, wenn der Künd-Berechtigte zunächst wegen aussichtsloser Beweislage nicht gekündigt hat, sich später aber z.B. ein zunächst nicht aussagebereiter Belastungszeuge zur Aussage entschließt.[256] Gehemmt wird der Fristablauf nur durch Maßnahmen, die der Künd-Berechtigte **für notwendig halten** durfte und **zügig** durchführt. Sind diese Voraussetzungen erfüllt, so schadet es nicht, dass die konkreten Aufklärungsmaßnahmen erfolglos geblieben sind.[257] Unschädlich ist auch, wenn der AG eine staatsanwaltliche Freigabeerklärung abwartet.[258] Die Anwendung im Einzelfall erfordert ein erhebliches Fingerspitzengefühl. Dabei sollte der Zweck der Regelung, den AN davor zu schützen, zu einem Zeitpunkt sich einer außerordentlichen Künd gegenüber zu sehen, zu dem er bereits annehmen durfte, die Künd werde aus den geltend gemachten Gründen nicht mehr ausgesprochen, nicht aus den Augen verloren werden.[259]

Bei der **Verdachts-Künd** spielen die Ermittlungen des AG eine größere Rolle. Nur angesichts des konkreten Ermittlungsstandes lässt sich feststellen, ob dem Künd-Berechtigten der Sachverhalt so genau bekannt ist, dass er die Zumutbarkeit der Weiterbeschäftigung des Betreffenden unter Berücksichtigung der Einzelfallumstände und der beiderseitigen Interessen zuverlässig beurteilen kann.[260] Auch nach **Anhörung des AN**, die innerhalb einer **Regelfrist**

---

246 BAG 1.2.2007 – 2 AZR 333/06 – EzA § 626 BGB 2002 Verdacht strafbarer Handlung Nr. 3; BAG 29.7.1993 – 2 AZR 90/93 – AP § 626 BGB Ausschlussfrist Nr. 31.
247 BAG 25.3.1976 – 2 AZR 127/75 – AP § 626 BGB Ausschlussfrist Nr. 10.
248 BAG 26.7.2001 – 8 AZR 739/00 – AP § 628 BGB Nr. 13.
249 BAG 19.1.1973 – 2 AZR 103/72 – AP § 626 BGB Ausschlussfrist Nr. 5; APS/*Dörner*, § 626 BGB Rn 119 f.; a.A. nur *Gamillscheg*, AuR 1981, 105.
250 BAG 23.10.2008 – 2 AZR 388/07 – AP § 626 BGB Nr. 217; 5.12.2002 – 2 AZR 478/01 – AP § 123 BGB Nr. 63.
251 BAG 1.2.2007 – 2 AZR 333/06 – juris; HaKo-KSchG/*Gieseler*, § 626 BGB Rn 103.
252 BAG 2.2.2006 – 2 AZR 57/05 – AP § 626 BGB Nr. 204 = NZA-RR 2006, 440.
253 BAG 6.7.1972 – 2 AZR 386/71 – AP § 626 BGB Ausschlussfrist Nr. 3.
254 BAG 31.3.1993 – 2 AZR 492/92 – AP § 626 BGB Ausschlussfrist Nr. 32; für die Anhörung des AN nimmt das BAG eine Regelfrist von einer Woche an: BAG 2.2.2006 – 2 AZR 57/05 – AP § 626 BGB Nr. 204 = NZA-RR 2006, 440.
255 BAG 29.7.1993 – 2 AZR 90/93 – AP § 626 BGB Ausschlussfrist Nr. 31.
256 BAG 15.8.2002 – 2 AZR 514/01 – AP § 1 KSchG 1969 Verhaltensbedingte Kündigung Nr. 42; BAG 5.6.2008 – 2 AZR 234/07 – AP § 626 BGB Verdacht strafbarer Handlung Nr. 44.
257 BAG 1.2.2007 – 2 AZR 333/06 – AP § 626 BGB 2002 Verdacht strafbarer Handlung Nr. 3; BAG 5.12.2002 – 2 AZR 478/01 – AP § 123 BGB Nr. 63; BAG 27.1.1972 – 2 AZR 157/72 – AP § 626 BGB Ausschlussfrist Nr. 2.
258 BAG 17.3.2005 – 2 AZR 245/04 – AP § 626 BGB Ausschlussfrist Nr. 46 = NZA 2006, 101.
259 BAG 2.2.2006 – 2 AZR 57/05 – AP § 626 BGB Nr. 204 = NZA-RR 2006, 440.
260 BAG 5.6.2008 – 2 AZR 234/07 – AP § 626 BGB Verdacht strafbarer Handlung Nr. 44.

von **einer Woche** stattzufinden hat, sind zumeist weitere Ermittlungen erforderlich, die durchaus längere Zeit in Anspruch nehmen können.[261] Der AG kann sich darauf beschränken, je nach dem Stand eines strafrechtlichen Ermittlungsverfahrens erst nach Anklageerhebung oder erst nach Verurteilung des Betreffenden zu kündigen. Dies muss dann aber innerhalb von zwei Wochen nach Kenntnis von der Anklageerhebung bzw. der Verurteilung geschehen.[262]

103 **b) Fristbeginn bei Dauertatbeständen.** Der Künd-Sachverhalt besteht nicht stets in einem zeitlich klar abgrenzbaren einzelnen Ereignis. Tritt etwa der AN eigenmächtig einen **nicht genehmigten Urlaub** an, so dauert die Pflichtverletzung an, bis er aus dem Urlaub zurückkehrt.[263] Ist es dem AG unzumutbar, ein sinnentleertes Arbverh eines ordentlich unkündbaren AN allein durch Gehaltszahlungen jahrelang aufrechtzuerhalten, so realisiert sich der Künd-Grund bei jeder Gehaltszahlung von Neuem. In derartigen Fällen beginnt die Ausschlussfrist des Abs. 2 erst dann, wenn der **Dauerzustand**, der den Künd-Grund darstellt, beendet wird.[264] Dies bedeutet allerdings nicht, dass dann der AG unbegrenzt von seinem außerordentlichen Künd-Recht Gebrauch machen kann. Stets ist die **Verwirkung** des Künd-Rechts nach allg. Grundsätzen zu prüfen. Zögert der AG in derartigen Fällen längere Zeit, bevor er die Künd ausspricht, und konnte der AN daraus berechtigterweise schließen, der betreffende Sachverhalt werde nicht mehr zum Anlass einer außerordentlichen Künd genommen, so führt dies je nach den Umständen zur Verwirkung des Künd-Rechts.[265] Abgesehen davon rechtfertigt auch eine längere Weiterbeschäftigung des Betreffenden trotz Vorliegens eines Künd-Grundes regelmäßig die Wertung, ein Grund zur sofortigen Beendigung des Arbverh nach Abs. 1 liege nicht vor. Unter Verwirkungsgesichtspunkten kann dem AG allerdings nicht entgegengehalten werden, dass er sich längere Zeit für den AN erkennbar darum bemüht hat, die Künd durch andere Maßnahmen (Umsetzung etc.) zu vermeiden.[266]

104 Bei einer **verhaltensbedingten** AG-Künd ist ein Dauertatbestand selten. Bspw. beginnt im Fall des **unentschuldigten Fehlens** die Zweiwochenfrist erst, wenn die Vertragsverletzung abgeschlossen, d.h. der AN wieder in den Betrieb zurückgekehrt ist.[267] Der AG kann allerdings schon vorher kündigen. Stellt bei einer Vielzahl von Pflichtverletzungen erst der letzte Vorfall den „Tropfen" dar, der „das Fass zum Überlaufen bringt", so beginnt die Ausschlussfrist erst in dem Augenblick, in dem auch der letzte Vorfall bekannt wird.[268] Der AG kann die Anwendung des Abs. 2 nicht dadurch umgehen, dass er die Künd wegen einer schuldhaften Pflichtverletzung des AN darauf stützt, durch das Fehlverhalten sei das Vertrauensverhältnis auf Dauer zerstört. Da der Schwerpunkt des Vorwurfs ein verhaltensbedingter Künd-Grund ist, beginnt der Lauf der Zweiwochenfrist mit der Kenntnis von der Pflichtverletzung.

105 Soweit **personenbedingte** Gründe eine außerordentliche AG-Künd rechtfertigen können, ist stets zu prüfen, ob ein Dauertatbestand vorliegt. Einen solchen hat die Rspr. insb. bei ordentlich unkündbaren AN angenommen, die **auf Dauer** für die vereinbarte Tätigkeit **ungeeignet** sind.[269] Bei längerem Zuwarten des AG mit dem Ausspruch einer Künd ist hier allerdings häufig die **Verwirkung** des Künd-Rechts nach allg. Grundsätzen zu prüfen.

106 Auch **betriebsbedingte** wichtige Gründe für eine außerordentliche Künd (z.B. bei ordentlich unkündbaren AN **Betriebsstilllegung**, Stilllegung einer Betriebsabteilung, Wegfall jeder Beschäftigungsmöglichkeit im Betrieb) stellen häufig Dauertatbestände dar, bei denen sich die Unzumutbarkeit der Weiterbeschäftigung (Weiterbezahlung) stets aufs Neue realisiert.[270]

107 Bei einer Künd durch den **AN** kommen ebenfalls Dauertatbestände vor. Dies ist v.a. der Fall bei erheblichen **Lohnrückständen** des AG.[271] Ob der AN die Frist des Abs. 2 selbst zu seinen Lasten dadurch in Lauf setzt, dass er dem AG eine letzte Frist zur Zahlung setzt, ist fraglich.[272]

108 **c) Kenntnis des Kündigungsberechtigten.** Der Fristbeginn setzt nach Abs. 2 die Kenntnis des **Künd-Berechtigten** von dem maßgeblichen Künd-Sachverhalt voraus. Kündigungsberechtigt ist diejenige natürliche Person, der im konkreten Fall das Recht zur außerordentlichen Künd zusteht.[273] Dies ist auf AG-Seite bei natürlichen Personen der **Betriebsinhaber**, bei juristischen Personen deren **Vorstand** bzw. deren **Geschäftsführung**.[274] Sind die Mitglie-

---

261 BAG 1.2.2007 – 2 AZR 333/06 – AP § 626 BGB 2002 Verdacht strafbarer Handlung Nr. 3 (2 Monate); BAG 6.7.1972 – 2 AZR 386/71 – AP § 626 BGB Ausschlussfrist Nr. 3.
262 BAG 5.6.2008 – 2 AZR 234/07 – juris; BAG 18.11.1999 – 2 AZR 852/98 – AP § 626 BGB Nr. 160; KR/*Fischermeier*, § 626 BGB Rn 321 m.w.N.
263 BAG 22.1.1998 – 2 ABR 19/97 – AP § 626 BGB Ausschlussfrist Nr. 38.
264 BAG 22.1.1998 – 2 ABR 19/97 – AP § 626 BGB Ausschlussfrist Nr. 38.
265 BAG 18.11.1999 – 2 AZR 852/98 – AP § 626 BGB Nr. 160.
266 BAG 13.5.2004 – 2 AZR 36/04 – AP § 626 BGB Krankheit Nr. 12 = NZA 2004, 1271; BAG 17.3.2005 – 2 ABR 2/04 – AP Nr. 58 zu § 15 KSchG 1969 = NZA 2005, 949.
267 BAG 22.1.1998 – 2 ABR 19/97 – AP § 626 BGB Ausschlussfrist Nr. 38.
268 BAG 10.4.1975 – 2 AZR 113/74 – AP BGB § 626 Ausschlussfrist Nr. 7.
269 BAG 21.3.1996 – 2 AZR 455/95 – AP § 626 BGB Krankheit Nr. 8; BAG 18.10.2000 – 2 AZR 627/99 – AP § 626 BGB Krankheit Nr. 9.
270 BAG 5.2.1998 – 2 AZR 227/97 – AP § 626 BGB Nr. 143.
271 BAG 8.8.2002 – 8 AZR 574/01 – AP § 626 BGB Nr. 14.
272 So aber LAG Nürnberg 4.7.2001 – 4 Sa 656/00 – NZA 2002, 128.
273 BAG 6.7.1972 – 2 AZR 386/71 – AP § 626 BGB Ausschlussfrist Nr. 3.
274 BAG 25.2.1998 – 2 AZR 279/97 – AP § 620 BGB Befristeter Arbeitsvertrag Nr. 195.

der des Vorstands einer juristischen Person als Gesamtvertreter zur Künd des AN berechtigt, so beginnt die Ausschlussfrist entspr. § 28 Abs. 2 mit dem Zeitpunkt, in dem *ein* Vorstandsmitglied Kenntnis erlangt (Ausnahme: Kollusion).[275] Gleichgestellt sind die **Personen**, die allg. (z.B. Prokurist) oder aufgrund einer Einzelvollmacht zum Ausspruch der **Künd befugt** sind. Bei einem **Kollegialorgan** kommt es grds., wenn das Organ nur aufgrund einer Beschlussfassung kündigen oder zustimmen kann, für den Fristbeginn auf die Kenntnis aller Organmitglieder, d.h. regelmäßig auf den Zeitpunkt der nächsten Sitzung an, in welcher der Sachverhalt behandelt werden kann.[276] Es ist jedoch sicherzustellen, dass der Betrieb so organisiert ist, dass die Entscheidung des Kollegialorgans unverzüglich herbeigeführt werden kann (kurzer Abstand turnusmäßiger Sitzungen, sonst außerordentliche Sitzung).[277]

Auf die **Kenntnis** von **Dritten**, die selbst nicht kündigungsberechtigt sind, kommt es nur ausnahmsweise an. Dem Künd-Berechtigten werden die Personen gleichgestellt, die zwar selbst keine außerordentliche Künd aussprechen können, die jedoch mit der **Feststellung** des **Künd-Sachverhalts betraut** sind und deren **Stellung** im **Betrieb** die Erwartung rechtfertigt, dass sie den Künd-Berechtigten umgehend informieren werden.[278] Dies ist regelmäßig bei einem **Personalleiter** anzunehmen, der selbst nicht zum Ausspruch außerordentlicher Künd ermächtigt ist.[279] Der Künd-Berechtigte darf sich auf eine verspätete Kenntnis des Künd-Sachverhalts nicht berufen, wenn diese auf einem Organisationsmangel beruht, obwohl eine Organisation der Betriebsabläufe, die eine zügigere Kenntniserlangung ermöglicht hätte, sachgerecht und zumutbar gewesen wäre.[280]

109

Bei einer außerordentlichen **AN-Künd** treten keine vergleichbaren Probleme auf. Kündigungsberechtigt ist der AN selbst, auch wenn er minderjährig und nach § 113 ermächtigt worden ist. Ist von der Möglichkeit des § 113 kein Gebrauch gemacht worden, ist der gesetzliche Vertreter kündigungsberechtigt.

110

d) Fristablauf. Die Frist des Abs. 2 wird nach §§ 187 ff. berechnet. Dabei ist auf den **Zugang** des **Künd-Schreibens**, nicht auf dessen Absendung abzustellen.[281] Erhält der Künd-Berechtigte bspw. an einem Montag Kenntnis vom Künd-Sachverhalt, so ist Fristablauf der übernächste Montag. Bei Kenntniserlangung an einem Samstag läuft nach § 193 die Frist nicht am übernächsten Samstag, sondern erst am darauf folgenden Montag ab.

111

Da es sich um eine **materiell-rechtliche Frist** handelt, ist eine Wiedereinsetzung in den vorigen Stand nicht möglich. Lediglich bei einer Postverzögerung infolge höherer Gewalt kann entsprechend § 206 eine Hemmung des Fristablaufs angenommen werden.[282]

112

3. Verbindung zu anderen Rechtsgebieten und zum Prozessrecht. a) Beteiligung des Betriebsrats bzw. Personalrats. Die **Beteiligung** des **BR bzw. PR** (§ 102 BetrVG, § 79 BPersVG) hat rechtzeitig innerhalb der Frist des Abs. 2 zu erfolgen. Wegen der dreitägigen Anhörungsfrist führt dies dazu, dass der AG spätestens am **10. Tag nach Kenntnis** des Künd-Sachverhalts die Anhörung des BR einleiten muss, damit nach Ablauf der Anhörungsfrist noch am letzten Tag der Frist des Abs. 2 gekündigt werden kann.[283] Ein personalvertretungsrechtliches Mitbestimmungsverfahren ist ebenfalls innerhalb der Frist des Abs. 2 so rechtzeitig zu beginnen, dass der AG nach verweigerter Zustimmung noch innerhalb der Ausschlussfrist das weitere Mitbestimmungsverfahren (Erörterung, Einigungsversuch, ggf. Einigungsstelle) einleiten kann.[284]

113

Es reicht nicht aus, dass der AG lediglich kurz vor Ablauf der Frist des Abs. 2 beim Personalrat die Zustimmung zur Künd beantragt und nach Ablauf der Frist bei verweigerter Zustimmung das weitere Mitbestimmungsverfahren einleitet.[285] Hat der AG danach rechtzeitig – regelmäßig spätestens am 10. Tag nach Kenntniserlangung – die Zustimmung zur Künd beantragt, so kann bei verweigerter Zustimmung das Mitbestimmungsverfahren innerhalb der Zwei-Wochen-Frist i.d.R. nicht mehr abgewickelt werden. Es reicht dann aus, wenn der AG die Künd **unverzüglich** (§ 121 „ohne schuldhaftes Zögern") nach Abschluss des personalvertretungsrechtlichen Mitbestimmungsverfahrens ausspricht.[286]

114

Ist nach § 15 KSchG, § 103 BetrVG die **Zustimmung des BR** zur außerordentlichen Künd erforderlich, so muss der AG die Zustimmung so rechtzeitig beantragen, dass er nach Verweigerung der Zustimmung noch innerhalb der Ausschlussfrist das gerichtliche Verfahren auf Zustimmungsersetzung einleiten kann.[287] Ein vor Zustimmungsverwei-

115

---

275 BAG 20.9.1984 – 2 AZR 73/83 – AP § 28 BGB Nr. 1.
276 BAG 25.2.1998 – 2 AZR 279/97 – AP § 620 BGB Befristeter Arbeitsvertrag Nr. 195.
277 BAG 11.3.1998 – 2 AZR 287/97 – AP § 626 BGB Nr. 144.
278 BAG 23.10.2008 – 2 AZR 388/07 – AP § 626 BGB Nr. 217; 5.5.1977 – 2 AZR 297/76 – AP § 626 BGB Ausschlussfrist Nr. 11.
279 Vgl. aber BAG 7.11.2002 – 2 AZR 493/01 – AP § 620 BGB Kündigungserklärung Nr. 20.
280 BAG 23.10.2008 – 2 AZR 388/07 – AP § 626 BGB Nr. 217; 5.5.1977 – 2 AZR 297/76 – AP § 626 BGB Ausschlussfrist Nr. 11; teilw. abw. HaKo-KSchG/*Gieseler*, § 626 BGB Rn 118.
281 BAG 9.3.1978 – 2 AZR 529/76 – AP § 626 BGB Ausschlussfrist Nr. 12.
282 BAG 28.10.1971 – 2 AZR 32/71 – AP § 626 BGB Ausschlussfrist Nr. 1 (Rechtsmissbrauch); HaKo-KSchG/*Gieseler*, § 626 BGB Rn 125.
283 BAG 8.6.2000 – 2 AZR 375/99 – AP § 626 BGB Nr. 164; KR/*Fischermeier*, § 626 BGB Rn 332.
284 BAG 8.6.2000 – 2 AZR 375/99 – AP § 626 BGB Nr. 164.
285 BAG 8.6.2000 – 2 AZR 375/99 – AP § 626 BGB Nr. 164.
286 BAG 21.10.1983 – 7 AZR 281/82 – AP § 626 BGB Ausschlussfrist Nr. 16.
287 BAG 7.5.1986 – ABR 27/85 – AP § 103 BetrVG 1972 Nr. 18.

gerung gestellter Antrag auf Zustimmungsersetzung ist unzulässig und wahrt die Frist nicht.[288] Wird die Zustimmung rechtskräftig ersetzt, so muss der AG analog § 91 V SGB IX unverzüglich die außerordentliche Künd aussprechen.[289] Zu der Frage, ob schon nach Eintritt der Unanfechtbarkeit des Zustimmungsersetzungsbeschlusses gekündigt werden kann vgl. § 15 KSchG Rn 90.

116 Sieht das maßgebliche **Personalvertretungsrecht** vor Ausspruch einer außerordentlichen Künd in einem besonders geregelten Verfahren eine grundsätzliche **Zustimmungsbedürftigkeit** vor, ist § 91 Abs. 5 SGB IX analog anzuwenden. Hat der AG rechtzeitig innerhalb der Ausschlussfrist des Abs. 2 beim Personalrat die Zustimmung zu der beabsichtigten außerordentlichen Künd beantragt und bei verweigerter Zustimmung noch innerhalb der Zwei-Wochen-Frist das nach den personalvertretungsrechtlichen Vorschriften dann durchzuführende Mitbestimmungsverfahren eingeleitet, so ist die Künd nicht wegen Versäumung der Ausschlussfrist des Abs. 2 unwirksam, wenn das Mitbestimmungsverfahren bei Ablauf der Zwei-Wochen-Frist noch nicht abgeschlossen ist. Die Künd ist dann unverzüglich nach der Entscheidung des Hauptpersonalrats auszusprechen.[290]

117 **b) Sonderkündigungsschutz (SGB IX, MuSchG, BEEG).** Ist vor der **Künd schwerbehinderter AN** die Zustimmung des Integrationsamtes erforderlich (§§ 85, 91 SGB IX), so muss der AG innerhalb von zwei Wochen ab Kenntnis von den für die Künd maßgebenden Tatsachen beim Integrationsamt die Zustimmung zur Künd beantragen (§ 91 Abs. 2 SGB IX). Nach Erteilung der Zustimmung muss die Künd **unverzüglich** ausgesprochen werden (§ 91 Abs. 5 SGB IX), ohne dass es der Rechtskraft der Zustimmung bedarf.[291] Es reicht bereits aus, dass das Integrationsamt sie dem AG – innerhalb der gesetzlichen Zwei-Wochen-Frist des § 91 Abs. 3 SGB IX – mündlich oder fernmündlich bekannt gegeben hat.[292] Entsprechendes gilt, wenn die Zustimmung zur außerordentlichen Künd eines schwerbehinderten Menschen erst vom Widerspruchsausschuss erteilt wird.[293] Der Erteilung der Zustimmung steht der Wegfall des Zustimmungserfordernisses und die Erteilung eines Negativattests mit dem Inhalt, die Zustimmung sei nicht erforderlich, gleich.[294] Liegt die Zustimmung des Integrationsamtes schon vor Ablauf der Frist des Abs. 2 vor, so darf der AG die Zwei-Wochen-Frist voll ausschöpfen und muss nicht etwa unverzüglich kündigen.[295] § 91 Abs. 5 SGB IX ergänzt den Abs. 2 für den Fall, dass der AG unverschuldet die Zwei-Wochen-Frist nicht einhalten kann. Die Vorschrift des § 91 Abs. 2 S. 1 SGB IX verdrängt die Künd-Erklärungsfrist des Abs. 2 nicht. Mit einer bestandskräftigen Zustimmungserklärung des Integrationsamtes steht deshalb nicht zugleich fest, dass die 2-Wochen-Frist gewahrt ist. Im Künd-Schutzprozess ist die Einhaltung der Frist des Abs. 2 S. 1 vielmehr eigenständig zu prüfen.[296]

118 Auch wenn die behördliche Zustimmung zur Künd schwangerer Frauen oder von AN in der Elternzeit (**§ 9 MuSchG, § 18 BEEG**) erforderlich ist, hat der AG binnen zwei Wochen nach Kenntnis des Künd-Sachverhalts die Zulässigerklärung der beabsichtigten außerordentlichen Künd bei der zuständigen Behörde zu beantragen.[297] Wird die Künd nach Ablauf der Frist des Abs. 2 für zulässig erklärt, so muss sie der AG entsprechend § 91 Abs. 5 SGB IX unverzüglich aussprechen. Auch hier ist eine Rechtskraft der Zulässigerklärung vor Ausspruch der Künd nicht erforderlich.[298]

119 **c) Rechtsmissbräuchliche Berufung auf den Ablauf der Ausschlussfrist.** Die Berufung auf die Nichteinhaltung der Frist des Abs. 2 kann rechtsmissbräuchlich sein. Der **Arglisteinwand** greift jedoch gegenüber dem Ablauf der Ausschlussfrist nur unter **strengen Voraussetzungen** durch.[299] Veranlasst etwa der Gekündigte im eigenen Interesse Verhandlungen über die Vertragsbeendigung und sind diese kausal für die Versäumung der Frist, so kann es rechtsmissbräuchlich sein, wenn der Künd-Berechtigte unverzüglich nach dem Scheitern der Verhandlungen kündigt, der Gekündigte sich aber auf den Fristablauf beruft.[300] Ebenso kann es arglistig sein, wenn eine vom Gekündigten veranlasste vertragliche Verlängerung der Frist des Abs. 2 zu der Fristversäumnis geführt hat und der Gekündigte den Kündigenden in der Annahme bestärkt hat, die Parteien seien an die Fristverlängerung gebunden. Umstände, die allein in der Sphäre des Künd-Berechtigten liegen (Krankheit etc.), können demgegenüber nur in den seltensten Fällen den Arglisteinwand begründen.

---

288 BAG 24.10.1996 – 2 AZR 3/96 – AP § 103 BetrVG 1972 Nr. 32.
289 BAG 18.8.1977 – 2 ABR 19/77 – AP § 103 BetrVG 1972 Nr. 10.
290 Zu den Einzelheiten vgl. BAG 2.2.2006 – 2 AZR 57/05 – AP § 626 BGB Nr. 204 = NZA-RR 2006, 440.
291 BAG 12.8.1999 – 2 AZR 748/98 – AP § 21 SchwbG 1986 Nr. 7.
292 BAG 12.5.2005 – 2 AZR 159/04 – AP § 91 SGB IX Nr. 5 = NZA 2005, 1173.
293 BAG 21.4.2005 – 2 AZR 255/04 – AP § 91 SGB IX Nr. 4 = NZA 2005, 991.
294 BAG 27.5.1983 – 7 AZR 482/81 – AP § 12 SchwbG Nr. 12.

295 BAG 15.11.2001 – 2 AZR 380/00 – AP § 626 BGB Ausschlussfrist Nr. 45.
296 BAG 2.3.2006 – 2 AZR 46/05 – AP § 91 SGB IX Nr. 6 = NZA 2006, 1211.
297 Staudinger/*Preis*, § 626 BGB Rn 302; HaKo-KSchG/*Gieseler*, § 626 BGB Rn 130.
298 BAG 15.11.2001 – 2 AZR 380/00 – AP § 626 BGB Ausschlussfrist Nr. 45.
299 BAG 28.10.1971 – 2 AZR 32/71 – AP § 626 BGB Ausschlussfrist Nr. 1; BAG 27.4.2006 – 2 AZR 386/05 – AP § 626 BGB Nr. 202 = NZA 2006, 977.
300 BAG 19.1.1973 – 2 AZR 103/72 – AP § 626 BGB Ausschlussfrist Nr. 5; BAG 12.2.1973 – 2 AZR 116/72 – AP § 626 BGB Ausschlussfrist Nr. 6.

4. Beraterhinweise. An Abs. 2 BGB scheitert die Wirksamkeit zahlreicher, v.a. verhaltensbedingter Künd. Es kann nur dringend geraten werden, beim ersten Bekanntwerden einer entsprechend schweren Pflichtverletzung des AN oder dem Aufkommen eines entsprechenden Verdachts sicherzustellen, dass die weiteren Ermittlungen zügig ablaufen und ihr kontinuierlicher Fortgang im Prozess dargelegt und nachgewiesen werden kann. Ermittlungen, die sich später als überflüssig erweisen, schaden i.d.R. nicht. Längere Unterbrechungen der Ermittlungsarbeit, die sich nicht durch Sachgründe erklären lassen, führen jedoch normalerweise zur Unwirksamkeit der Künd. An die Darlegungslast des AG im Prozess in diesem Punkt stellt die Rspr. hohe Anforderungen.

VI. Ordentlich unkündbare Arbeitnehmer

1. Allgemeines. Ein immer größerer Prozentsatz der AN (im öffentlichen Dienst teilweise mehr als ein Drittel der Belegschaft) befindet sich derzeit im „goldenen Käfig" ordentlicher Unkündbarkeit. **Künd-Ausschlüsse** durch **Gesetz, TV, BV** und **Einzelvertrag** unterscheiden sich v.a. in der **Bindungsdauer**. Tarifvertragliche Regelungen dienen zumeist dem **Alters-Künd-Schutz** und schließen die ordentliche, seltener zugleich die außerordentliche betriebsbedingte Künd ab einem gewissen Alter und einer bestimmten Betriebszugehörigkeit aus.[301] Gesetzliche Künd-Ausschlüsse sind demgegenüber vorübergehender Natur und schützen den AN regelmäßig während der Dauer der Ausübung einer **Funktion (z.B. BR-Amt, § 15 KSchG)** und ggf. in einem Vor- bzw. Nachwirkungszeitraum. BV mit einem vorübergehenden Ausschluss der ordentlichen betriebsbedingten Künd dienen überwiegend der **Beschäftigungssicherung**.[302] Sie werden zunehmend nicht mehr in offenem Verstoß gegen § 77 Abs. 3 BetrVG, sondern aufgrund einer tarifvertraglichen Öffnungsklausel abgeschlossen.[303]

Bei allen Formen von Künd-Ausschlüssen sind Fälle denkbar, in denen der Ausschluss der ordentlichen Künd, erst recht der einer außerordentlichen Künd zu einer **unzumutbaren Dauerbindung** des AG führt. Für derartige Fälle muss eine Künd zulässig bleiben. Dies ergibt sich schon aus dem aus §§ 626, 314 herzuleitenden **Grundsatz**, dass **Dauerschuldverhältnisse** wie das Arbverh stets aus wichtigem Grund **kündbar** bleiben müssen.[304] Unzumutbares wie die jahrelange Aufrechterhaltung eines **sinnlos gewordenen Arbverh** allein durch Vergütungszahlungen kann dem AG nicht zugemutet werden.[305] Ein völliger Ausschluss jeder Künd-Möglichkeit würde in derartigen Fällen den AG auch in seinen verfassungsrechtlich gewährleisteten Rechten beeinträchtigen und damit einen Verfassungsverstoß darstellen.[306]

Da die danach erforderliche Künd-Möglichkeit der Vermeidung einer Bindung des AG an ein unzumutbares Arbverh dient, hat sie sich auf der **Tatbestandsseite** an den Voraussetzungen des **§ 626** zu orientieren.[307] Damit der ordentlich unkündbare AN nicht schlechter gestellt wird als ein vergleichbarer ordentlich kündbarer AN, ist eine Künd, die allein die Vermeidung einer unzumutbaren Dauerbindung des AG bezweckt, in ihren **Rechtsfolgen** weitgehend an die einer **ordentlichen Künd** anzupassen.[308]

Die Anwendung des § 626, also der Vorschrift, die der Gesetzgeber als **„Sicherheitsventil"** zur Vermeidung einer unzumutbaren Bindung an ein Arbverh geschaffen hat, erfüllt diese Voraussetzungen, wenn auf der Rechtsfolgenseite entsprechende Anpassungen an das Recht der ordentlichen Künd vorgenommen werden.[309] Damit ist schon aus Gründen der Rechtssicherheit eine Anwendung des § 626 der Lösung vorzuziehen, zur Vermeidung einer auf Dauer sinnlosen Fortsetzung des Arbverh entgegen der Unkündbarkeitsklausel ausnahmsweise eine ordentliche Künd zuzulassen.[310]

2. Zweistufige Prüfung. Die **Zumutbarkeit** der Weiterbeschäftigung des AN (Abs. 1) ist stets davon **abhängig**, für welchen **Zeitraum** die **Weiterbeschäftigung** zu prüfen ist. Ein wichtiger Grund zur außerordentlichen Künd ist deshalb regelmäßig um so eher anzunehmen, je länger der AN sonst weiterbeschäftigt werden müsste.[311] Dies erfordert beim Ausschluss der ordentlichen Künd eine **zweistufige** Prüfung der Voraussetzungen des Abs. 1.[312] In einem

---

301 Dazu WSI-Tarifhandbuch 2004, S. 108 ff. mit zahlreichen Beispielen.
302 Zur Häufigkeit instruktiv das statistische Material bei *Rehder*, Betriebliche Bündnisse für Arbeit in Deutschland, Anhang A und B.
303 BMAS, Tarifvertragliche Arbeitsbedingungen im Jahr 2004, Stand 31.12.2004, S. 37 ff.
304 BAG 5.2.1998 – 2 AZR 227/97 – AP § 626 BGB Nr. 143; *Hueck, A.*, Kündigung und Entlassung nach geltendem Recht, S. 52 f.; *Bydlinski*, S. 10; *Säcker/Oetker*, Grundlagen und Grenzen der Tarifautonomie, S. 183 ff.
305 *Oetker*, Der arbeitsrechtliche Bestandsschutz unter dem Firmament der Grundrechtsordnung, S. 24.
306 *Müller*, Die Berufsfreiheit des Arbeitgebers, S. 97 ff.; *Dieterich*, in: FS Schaub, 1998, S. 117, 121 ff.
307 St. Rspr. etwa BAG 5.2.1998 – 2 AZR 227/97 – AP § 626 BGB Nr. 143; so teilweise auch Autoren, die hier eine ordentliche Künd für zulässig halten z.B. *Oetker*, ZfA 2001, 287.
308 BAG 5.2.1998 – 2 AZR 227/97 – AP § 626 BGB Nr. 143.
309 *Walker*, Anm. zu EzA § 626 BGB Unkündbarkeit Nr. 2; vgl. *Moll*, in: FS Wiedemann, 2002, S. 333, 342 ff.; a.A. *Oetker*, ZfA 2001, 287; *Pape*, S. 259 ff.
310 Grundlegend *Bydlinski*, S. 10.
311 BAG 21.6.2001 – 2 AZR 325/00 – AP § 54 BAT Nr. 5; BAG, 15.12.1955– 2 AZR 239/54 – AP § 626 BGB Nr. 6; BGH, 16.2.2000– VIII ZR 134/99 – BB 2000, 736; *Moll*, Anm. zu AP § 626 BGB Nr. 175 m.w.N; *Herschel*, Anm. zu AP § 626 BGB Nr. 86; *Hueck, A.*, Anm. zu AP § 133b GewO Nr. 3; *Preis*, S. 485.
312 BAG 30.9.2004 – 8 AZR 462/03 – AP § 613a BGB Nr. 275 = NZA 2005, 43; so auch schon *Schwerdtner*, in: FS Kissel. 1994, S. 1077.

ersten Schritt ist zu fragen, ob dem AG die Weiterbeschäftigung des AN bis zum Ablauf der **„fiktiven" Künd-Frist**, also der ohne den Kündsausschluss einschlägigen Künd-Frist zumutbar ist.[313] Ist dies der Fall und damit eine fristlose Künd ausgeschlossen, so ist in einem weiteren Schritt zu prüfen, ob der Ausschluss der ordentlichen Künd dazu führt, dass dem AG die Weiterbeschäftigung des AN bis zum **voraussehbaren Ende** des **Arbverh** zumutbar ist. Ist dem AG unter Berücksichtigung aller Umstände des Einzelfalls und unter Abwägung der Interessen beider Vertragsteile die Fortsetzung des Arbverh ggf. bis zur Pensionierung des AN unzumutbar, so liegt ein wichtiger Grund i.S.v. § 626 vor, das Arbverh **außerordentlich mit notwendiger Auslauffrist** zu kündigen.[314]

126 **3. Fristlose Kündigung.** Die fristlose Künd gegenüber einem ordentlich unkündbaren AN setzt danach nicht einmal die Prüfung voraus, ob tatsächlich ein wirksamer Ausschluss der ordentlichen Künd vorliegt.[315] **Prüfungsmaßstab** ist die **„fiktive" Künd-Frist**. Liegt ein wichtiger Künd-Grund vor, der den AG zur fristlosen Künd eines vergleichbaren ordentlich kündbaren AN berechtigen würde, ist auch eine fristlose Künd des ordentlich unkündbaren AN möglich.[316] In der Interessenabwägung ist die **ordentliche Unkündbarkeit** hier **weder** zugunsten **noch zu Lasten des AN** zu berücksichtigen. Es ist auch **kein besonders strenger Maßstab** anzulegen.[317]

127 **4. Ordentliche Kündigung.** Die **ordentliche Künd** bleibt beim grds. Ausschluss einer derartigen Künd-Möglichkeit auf die **Fälle** beschränkt, in denen die eine Künd ausschließende **Norm** eine ordentliche Künd ausnahmsweise **zulässt**. Auch eine sogenannte **„Massenänderungs-Künd"** gegenüber einem besonderen Funktionsträger nach § 15 KSchG und entsprechenden Vorschriften bleibt als ordentliche Künd ausgeschlossen.[318] Enthält der Künd-Ausschluss Ausnahmen, so ist durch sorgfältige **Auslegung** vorab zu klären, ob die Ausnahmetatbestände eine ordentliche oder eine außerordentliche Künd-Möglichkeit regeln sollen.[319]

128 **5. Außerordentliche Kündigung mit notwendiger Auslauffrist.** Eine außerordentliche **Künd mit notwendiger Auslauffrist**, bei welcher der Künd-Grund darin besteht, dass dem AG die **Weiterbeschäftigung** des AN bis zur **voraussichtlichen Beendigung** des **Arbverh** nach Abs. 1 unzumutbar ist, muss auf wirkliche **Ausnahmefälle** beschränkt bleiben.[320] Grds. ist der Künd-Ausschluss beachtlich, er ist lediglich für die Fälle einzuschränken, in denen sonst vom AG Unzumutbares verlangt würde. Der AG hat **alle** irgendwie zumutbaren **Möglichkeiten** auszuschöpfen, die **Künd** des AN durch Weiterbeschäftigung an anderer Stelle etc. zu **vermeiden**.[321] Dazu gehören kann auch eine entsprechende Umorganisation, das Freimachen geeigneter gleichwertiger Arbeitsplätze und etwa der Versuch, eine Weiterbeschäftigung bei anderen AG des öffentlichen Dienstes zu erreichen.[322] Allerdings trifft auch den AN die Obliegenheit, an diesen Bemühungen des AG mitzuwirken, um eine sinnvolle Fortsetzung des Arbverh zu ermöglichen.[323] In der **Interessenabwägung** ist der **Künd-Ausschluss** hier sowohl zugunsten als auch **zu Lasten** des AN zu berücksichtigen.[324]

129 **a) Wichtiger Grund.** Als **betriebsbedingter Künd-Grund** für eine außerordentliche Künd mit notwendiger Auslauffrist sind nach Abs. 1 an sich geeignet nicht nur die **Betriebsstilllegung** und die **Schließung** einer **Betriebsabteilung**, sondern auch **sonstige Betriebseinschränkungen**, die zum endgültigen **Wegfall der Beschäftigungsmöglichkeiten** für den betreffenden AN führen.[325] Dem besonderen Schutz des AN ist aber dadurch Rechnung zu tragen, dass der AG in besonderem Maße verpflichtet bleibt, durch **Umorganisation** seines Betriebes, ggf. durch **Freimachen** eines geeigneten Arbeitsplatzes und entsprechende **Überbrückungsmaßnahmen** eine Beschäftigungsmöglichkeit für den betreffenden AN zu schaffen, ehe er zum äußersten Mittel der außerordentlichen Künd greift.[326] Die Darle-

---

313 Umgekehrt früher die Rspr. BAG 5.2.1998 – 2 AZR 227/97 – AP § 626 BGB Nr. 143.
314 Die ältere Rspr., etwa BAG 5.2.1998 – 2 AZR 227/97 – AP § 626 BGB Nr. 143 hat dies zuerst geprüft, ist aber i.d.R. zu gleichen Ergebnissen gekommen.
315 Ähnlich eine vereinzelte Entscheidung des BAG: 21.1.1999 – 2 AZR 665/98 – BAGE 90, 367 = AP § 626 BGB Nr. 151 (tarifliche Unkündbarkeit in Entscheidungsgründen nicht erwähnt).
316 So zu § 15 KSchG BAG 27.9.2001 – 2 ABR 487/00 – EzA § 15 n.F. KSchG Nr. 54; BAG 18.2.1993 – 2 AZR 526/92 – AP § 15 KSchG Nr. 35; APS/*Linck*, § 15 KSchG Rn 125 m.w.N.
317 So LAG Düsseldorf, 24.8.2001 – 18 Sa 366/01 – LAGE § 626 BGB Unkündbarkeit Nr. 4; ähnlich, „nicht zwingend" BAG 10.10.2002 – 2 AZR 418/01 – AP § 626 BGB Nr. 180; vgl. auch BAG 27.4.2006 – 2 AZR 386/05 – AP § 626 BGB Nr. 202 = NZA 2006, 977; BAG 2.3.2006 – 2 AZR 53/05 – AP § 626 BGB Krankheit Nr. 14 = NZA-RR 2006, 636.
318 BAG 29.1.1981 – 2 AZR 778/78 – BAGE 35,17; BAG 7.10.2004 – 2 AZR 81/04 – AP § 15 KSchG 1969 Nr. 56; APS/*Linck*, § 15 KSchG Rn 10.
319 BAG 26.6.2008 – 2 AZR 1109/06 – AP § 1 KSchG 1969 Betriebsbedingte Kündigung Nr. 180.
320 BAG 5.2.1998 – 2 AZR 227/97 – AP § 626 BGB Nr. 143.
321 BAG 27.11.2003 – 2 AZR 601/02 – AP § 626 BGB Krankheit Nr. 11.
322 BAG 6.10.2005 – 2 AZR 362/04 – AP § 53 BAT Nr. 8 = NZA-RR 2006, 416.
323 BAG 28.3.1985 – 2 AZR 113/84 – BAGE 48, 220 = EzA § 626 n.F. BGB Nr. 96; BAG 13.5.2004 – 2 AZR 36/04 – AP § 626 BGB Krankheit Nr. 12 = NZA 2004, 1271; *Buchner*, Anm. zu EzA § 626 n.F. BGB Nr. 96.
324 So schon BAG 14.11.1984 – 7 AZR 474/83 – AP Nr. § 626 BGB Nr. 83.
325 BAG 5.2.1998 – 2 AZR 227/97 – AP § 626 BGB Nr. 143.
326 BAG 17.9.1998 – 2 AZR 419/97 – AP § 626 BGB Nr. 148; BAG 6.11.1997 – 2 AZR 253/97 – NZA 1998, 833; BAG 27.6.2002 – 2 AZR 367/01 – AP § 55 BAT Nr. 4.

gungs- und Beweislast dafür, dass die Künd durch keine mildere Maßnahme vermieden werden konnte, trifft hier den AG.[327] Es verbleibt zwar bei dem Grundsatz, dass die unternehmerische Organisationsentscheidung von den Gerichten für Arbeitssachen nicht auf ihre sachliche Rechtfertigung und Zweckmäßigkeit überprüft werden kann, sondern nur darauf, ob sie offenbar unsachlich, unvernünftig oder willkürlich ist. Entsprechendes gilt für die Forderung nach einer „Modifikation" der Organisationsentscheidung. Dem AG kann danach eine betriebliche Organisationsänderung, etwa die Fremdvergabe einer bestimmten Tätigkeit, nicht mit dem Hinweis verwehrt werden, es müssten jedenfalls die unkündbaren AN weiterbeschäftigt werden. Dies bedeutet jedoch noch nicht, dass diese Unternehmerentscheidung deshalb ohne weiteres die außerordentliche Künd der ordentlich unkündbaren AN rechtfertigt; ggf. (etwa bei bald zu erwartender Pensionierung) muss der AG das Entgelt des betroffenen AN weiterbezahlen, obwohl er ihn nicht mehr beschäftigen kann.[328] Bei der Interessenabwägung sind insb. die Gesichtspunkte des **übernommenen Risikos**, die **zeitliche Dimension** und der Gesichtspunkt zu berücksichtigen, aus wessen **Sphäre** der Künd-Grund stammt. Betriebsweite Maßnahmen, die alle AN betreffen, sind dabei eher im Künd-Wege durchsetzbar als **Einzelmaßnahmen**, die sich nur gegen den betreffenden AN richten. Aus § 624 BGB bzw. jetzt § 15 Abs. 4 TzBfG lässt sich herleiten, dass der Gesetzgeber offenbar eine Bindung des AG für einen Zeitraum von fünf Jahren für wenig problematisch hält. Im Regelfall wird deshalb die Unzumutbarkeit erst dann anzunehmen sein, wenn die absehbar weitere Bindungsdauer fünf Jahre übersteigt.[329]

Als **personenbedingter** Künd-Grund kommen v.a. die Fälle in Betracht, in denen der AN voraussichtlich **krankheitsbedingt** bis zu seiner Pensionierung keine oder **keine nennenswerte Arbeitsleistung** mehr wird erbringen können.[330] Bejaht hat das BAG die Künd-Möglichkeit u.a. angesichts einer tariflichen Regelung, die den AG zu einer den üblichen Sechs-Wochen-Zeitraum überschreitenden Entgeltfortzahlung verpflichtete.[331] Auch in diesen Fällen sind an die Bemühungen des AG, eine **Weiterbeschäftigung** des AN ggf. auf einem anderen, **leidensgerechten** Arbeitsplatz zu ermöglichen, erhebliche Anforderungen zu stellen.[332] Erleichterte Künd-Möglichkeiten sind anzunehmen, wenn der Künd-Grund letztlich überwiegend vom AN **selbst verschuldet** worden ist (Führerscheinverlust infolge Trunkenheitsfahrt etc.).[333] **130**

Bei **verhaltensbedingten** Künd-Gründen stellt die fristlose Künd den Regelfall dar.[334] Wäre einem **ordentlich kündbaren** AN unter den gleichen Umständen nicht fristlos, sondern **lediglich fristgerecht** zu kündigen, so schließt dies auch bei einem ordentlich unkündbaren AN die Möglichkeit zur außerordentlich fristlosen Künd aus.[335] Es ist dann allerdings weiter zu prüfen, ob dem AG die Weiterbeschäftigung des AN für die voraussichtliche weitere Dauer des Arbverh zumutbar ist. Ist dies nicht der Fall, so ist eine außerordentliche Künd gerechtfertigt, dem AN aber, um ihn nicht schlechter zu behandeln als vergleichbare ordentlich kündbare AN, eine **notwendige Auslauffrist** zu gewähren.[336] Müsste das Arbverh ohne eine Künd-Möglichkeit noch über Jahre hinaus aufrechterhalten werden, so kann dies dazu führen, dass dem ordentlich unkündbaren AN außerordentlich mit notwendiger Auslauffrist gekündigt werden kann, obwohl bei einem vergleichbaren ordentlich kündbaren AN mit einer kurzen Künd-Frist eine ordentliche Künd unwirksam wäre.[337] **131**

Auch eine **außerordentliche Änderungs-Künd** mit notwendiger Auslauffrist ist je nach den Umständen zulässig. Ein wichtiger Grund zur Künd nach Abs. 1 liegt insb. dann vor, wenn der AG sonst eine Beendigungs-Künd aussprechen müsste und die vorgeschlagene Änderung der Arbeitsbedingungen die **einzige** zur Verfügung stehende **Alternative** zu einer Beendigungs-Künd darstellt, etwa bei sonst unmittelbar bevorstehender Insolvenz.[338] **132**

Bei **Tarifverträgen**, die dem **Alters-Künd-Schutz** dienen, kann die ordentliche Unkündbarkeit, etwa nach § 53 Abs. 3 BAT (jetzt § 34 TVöD)[339] ab dem 40. Lebensjahr dazu führen, dass ein sinnlos gewordenes Arbverh ohne ein außerordentliches Künd-Recht über ganz erhebliche Zeiträume aufrechterhalten bleiben müsste. Anderseits **133**

---

327 BAG 26.3.2009 – 2 AZR 879/07 – NZA 2009, 679.
328 BAG 6.10.2005 – 2 AZR 362/04 – AP § 53 BAT Nr. 8 = NZA-RR 2006, 416.
329 BAG 6.10.2005 – 2 AZR 362/04 – AP § 53 BAT Nr. 8 = NZA-RR 2006, 416.
330 BAG 27.11.2003 – 2 AZR 601/02 – AP § 626 BGB Krankheit Nr. 11.
331 BAG 12.1.2006 – 2 AZR 242/05 – AP § 626 BGB Krankheit Nr. 13.
332 BAG 28.3.1985 – 2 AZR 113/84 – BAGE 48, 220 = EzA § 626 n.F. BGB Nr. 96; BAG 13.5.2004 – 2 AZR 36/04 – AP § 626 BGB Krankheit Nr. 12 = NZA 2004, 1271.
333 Vgl. BAG 14.3.1968 – 2 AZR 197/67 – AP § 72 HGB Nr. 2 zur Strafhaft.
334 Noch weitergehend (nur fristlose Künd) *Pomberg*, S. 221 ff.; *Weng*, S. 120 ff.; *Geller*, S. 134 ff.; *Kania/Kramer*, RdA 1995, 287, 296.

335 A.A. etwa Hessisches LAG 14.2.2003 – 17 (12) Sa 71/02 – juris; LAG Köln 7.7.2000 – 11 Sa 396/00 – juris.
336 Dagegen *Preis*, in: Brennpunkte des Arbeitsrechts, 2003: verhaltensbedingte außerordentliche Künd würden durch die Rspr. in außerordentliche Künd mit Auslauffrist „umfrisiert".
337 *Pomberg*, S. 221 ff.; *Weng*, S. 120 ff.; *Geller*, S. 134 ff.; *Kania/Kramer*, RdA 1995, 287, 296.
338 BAG 26.6.2008 – 2 AZR 147/07 – AP § 55 BAT Nr. 8; 1.3.2007 – 2 AZR 580/05 – EzA § 626 BGB 2002 Unkündbarkeit Nr. 13; zum Verhältnis von Änderungs- zur Beendigungskündigung vgl. *Kittner*, NZA 1997, 968; *Fischermeier*, NZA 2000, 737.
339 Dazu *Bröhl*, ZTR 2006, Heft 4.

bezweckt der Alters-Künd-Schutz gerade die besondere Absicherung des AN regelmäßig nach einer ganz erheblichen Betriebszugehörigkeit. Eine Künd kommt deshalb nur in **Ausnahmefällen** in Betracht.[340]

134 Eine außerordentliche Künd mit notwendiger Auslauffrist gegenüber den **Trägern besonderer Funktionen** nach § 15 KSchG und vergleichbaren Vorschriften beschränkt sich im Wesentlichen auf betriebsbedingte Künd-Gründe. **Massentatbestände** (z.B. die Abschaffung einer Führungsebene im Betrieb) bergen dabei kaum die Gefahr in sich, dass die Künd-Absicht allein oder insb. auf den besonderen Kündsschutz des Funktionsträgers zielt.[341] Ein wichtiger Künd-Grund ist deshalb bei Massentatbeständen eher anzunehmen, als wenn sich die Künd allein gegen den besonderen Funktionsträger oder wenige AN richtet. Prüfungsmaßstab ist hier, ob es dem AG zumutbar ist, den Betreffenden bis zum Ablauf des **Nachwirkungszeitraums** einschließlich der einschlägigen **Künd-Frist** – ggf. mit der **Möglichkeit** der **Wiederwahl** – weiterzubeschäftigen.[342] Bei personen- und verhaltensbedingten Künd-Gründen ist nach § 15 KSchG eine außerordentliche Künd mit notwendiger Auslauffrist stets ausgeschlossen.[343]

135 Bei **BV** mit einem Künd-Ausschluss für einen überschaubaren Zeitraum und entsprechenden **einzelvertraglichen Abreden** kommt eine Künd mit notwendiger Auslauffrist in den seltensten Fällen in Betracht.[344]

136 Es spricht vieles dafür, auch bei **befristeten Arbverh** mit extrem langer Bindungsdauer eine außerordentliche Künd mit notwendiger Auslauffrist grds. zuzulassen.[345]

137 b) **Rechtsfolgen.** Kündigt der AG danach lediglich deshalb, weil es ihm unzumutbar ist, den AN bis zur voraussehbaren Beendigung des Arbverh (regelmäßig: Termin der Pensionierung) weiterzubeschäftigen, so sind die Rechtsfolgen dieser Künd weitgehend denen einer **ordentlichen Künd** anzunähern.[346] Dem AN ist eine der sonst **einschlägigen ordentlichen Künd-Frist** entsprechende **Auslauffrist** zu gewähren.[347] Die Anwendung des **Abs. 2** entfällt zumindest bei betriebsbedingten und personenbedingten Künd-Gründen in den meisten Fällen, da es sich bei dem Künd-Grund um einen **Dauertatbestand** handelt.[348] Zwischen ordentlich unkündbaren AN hat eine **Sozialauswahl** stattzufinden.[349] Bei einer außerordentlichen **Änderungs-Künd** ist § 1 Abs. 2 S. 1 und S. 2 KSchG analog anzuwenden.[350] Die **BR-/PR-Beteiligung** hat nach den Vorschriften über die **ordentliche Künd** zu erfolgen.[351] Auch beim Schutz **schwerbehinderter** Menschen ist es gerechtfertigt, dass die Integrationsämter die Prüfung der Künd nicht allein nach § 91 Abs. 4 SGB IX vornehmen.[352] Es geht allerdings zu weit, dem AG entgegen § 13 Abs. 1 S. 2 KSchG die Möglichkeit zu eröffnen, bei einer außerordentlichen Künd mit notwendiger Auslauffrist selbst einen **Auflösungsantrag** nach § 9 Abs. 1 S. 2 KSchG zu stellen.[353]

138 c) **Sozialauswahl.** Der Ausschluss der ordentlichen Künd bei einzelnen AN des Betriebes verursacht **Probleme** bei der **Sozialauswahl**.[354]

139 Nähme man alle **ordentlich Unkündbaren** von der Sozialauswahl aus, so würde dies dazu führen, dass bei einer betriebsbedingten Künd ein AN, dem ein **TV** schon unter geringen Eintrittsvoraussetzungen (Alter: 53 Jahre, drei Jahre Betriebszugehörigkeit) die ordentliche Unkündbarkeit gewährt, im Betrieb bliebe, während einem anderen **AN mit erheblich größerer sozialer Schutzbedürftigkeit** ohne diesen besonderen Künd-Schutz gekündigt werden müsste.[355] In derartigen Fällen führt schon die trotz des § 2 Abs. 4 AGG erforderliche europarechtskonforme Aus-

---

340 Vgl. BAG 11.12.2003 – 2 AZR 667/02 – NZA 2004, 784.
341 BAG 7.10.2004 – 2 AZR 81/04 – AP § 15 KSchG 1969 Nr. 56.
342 KR/*Etzel*, § 15 KSchG Rn 22 f.
343 BAG 17.1.2008 – 2 AZR 821/06 – AP § 15 KSchG 1969 Nr. 62.
344 BAG 25.3.2004 – 2 AZR 153/03 – AP BGB § 138 Nr. 60; allg. zum Anpassungsbedarf bei übernommenem Risiko *Bydlinski*, S. 6.
345 *Löwisch*, DB 1998, 877, 880; dagegen die wohl h.M. *Oetker*, Dauerschuldverhältnis, S. 513 m.w.N.; Staudinger/*Preis*, § 626 BGB Rn 179.
346 BAG 5.2.1998 – 2 AZR 227/97 – AP § 626 BGB Nr. 143 „Wertungswiderspruch".
347 BAG 5.2.1998 – 2 AZR 227/97 – AP § 626 BGB Nr. 143; keine „soziale", sondern notwendige Frist: *Buchner*, Anm. zu EzA § 626 n.F. BGB Nr. 96.
348 BAG 31.1.1996 – 2 AZR 158/95 – BAGE 82, 124 = AP § 626 BGB Druckkündigung Nr. 13; BAG 13.5.2004 – 2 AZR 36/04 – AP § 626 BGB Krankheit Nr. 12 = NZA 2004, 1271 zur krankheitsbedingten Künd; BAG 5.10.1995 – 2 AZR 25/95 – RzK I 6g Nr. 26; *Schwerdtner*, in: FS Kissel, 1994, S. 1077, 1088; *Bornhagen*, S. 55; *Bröhl*, in: FS Schaub, 1998, S. 55, 61 Fn 22.
349 BAG 5.2.1998 – 2 AZR 2227/97 – BAGE 88,10 = AP § 626 BGB Nr. 143.
350 BAG 17.5.1984 – 2 AZR 161/83 – § 55 BAT Nr. 3; vgl. auch BAG 19.6.1986 – 2 AZR 565/85 – AP § 2 KSchG 1969 Nr. 16; *Pape*, S. 412 m.w.N.
351 BAG 5.2.1998 – 2 AZR 2227/97 – BAGE 88,10 = AP § 626 BGB Nr. 143; BAG 12.1.2006 – 2 AZR 242/05 – AP § 626 BGB Krankheit Nr. 13.
352 Eingehend HaKo-KSchG/*Griebeling*, § 626 BGB Rn 43, 46; KR/*Fischermeier*, § 626 BGB Rn 306.
353 BAG 4.6.1964 – 2 AZR 346/63 – BAGE 16, 89 = AP § 133b GewO Nr. 3.
354 *v. Hoyningen-Huene/Linck*, KSchG, § 1 Rn 921 ff.
355 Dazu eingehend *Oetker*, ZfA 2001, 287, 320 f.

legung des Kündrechts dazu, einen **ungeschriebenen Ausnahmetatbestand** innerhalb der **Tarifnorm** anzunehmen.[356] Dieser kann im Anschluss an entsprechende Tarifregelungen[357] wie folgt formuliert werden: Der Ausschluss der ordentlichen Künd **gilt nicht**, wenn die Auswahl nach Betriebszugehörigkeit, Alter, Unterhaltspflichten und ggf. Schwerbehinderung (§ 1 Abs. 3 KSchG) zwischen einem ordentlich unkündbaren und einem ordentlich kündbaren AN zu einem **grob fehlerhaften Ergebnis** führen würde. Dahin zielte auch die inzwischen wieder gestrichene gesetzliche Vorschrift des § 10 Nr. 7 AGG. Deren Regelungsgehalt ist nach § 2 Abs. 4 AGG trotz der Aufhebung der Vorschrift als weiter geltend zu betrachten.

Hat danach der tarifliche Ausschluss der ordentlichen Künd nicht die Wirkung, dass dem ordentlich unkündbaren, sozial schutzbedürftigen AN gekündigt werden darf, kann dem an sich **ordentlich unkündbaren** AN ggf. **außerordentlich** mit **notwendiger Auslauffrist** gekündigt werden.[358] **140**

Gesetzliche Künd-Ausschlüsse haben demgegenüber stets die Wirkung, dass der betreffende AN bei der Sozialauswahl nach § 1 Abs. 3 KSchG aus dem Kreis vergleichbarer AN ausgenommen wird.[359] **BV** zur **Beschäftigungssicherung** betreffen regelmäßig alle AN des Betriebes und sind von daher selten geeignet, die Sozialauswahl zu beeinflussen. Bei **einzelvertraglichen Künd-Ausschlüssen** ist es, abgesehen von Fällen der bewussten Beeinflussung der Sozialauswahl, der Maßregelung und der Diskriminierung, je nach dem Sachgrund der Regelung oft problematisch, diesen die Drittwirkung zu versagen. Sonst würde man (etwa bei einem Vertrag mit dem Betriebsnachfolger) den AG zwingen, gegenüber dem besonders geschützten AN vertragsbrüchig zu werden.[360] Ob der Maßstab der groben Fehlerhaftigkeit hier anzuwenden ist, scheint fraglich. Für den Arbeitgeber sehen § 1 Abs. 3–5 KSchG als Ausnahmeregelung zur Berücksichtigung seiner Interessen nur § 1 Abs. 3 S. 2 KSchG (Leistungsträgerregelung) vor. Es sprechen gute Argumente dafür, hier auch die Grenze einer Berücksichtigung von Drittinteressen zu sehen. In diese Richtung zielt es, wenn das BAG bei der einzelvertraglichen Anrechnung früherer Beschäftigungszeiten die sachliche Berechtigung der Anrechnung prüft und grundsätzlich nur auf die gesetzliche Regelung, nämlich § 1 Abs. 1 KSchG abstellt.[361] **141**

d) Ausschluss der außerordentlichen betriebsbedingten Kündigung. Noch weiter gesteigerte Anforderungen an eine außerordentliche Künd mit notwendiger Auslauffrist sind zu stellen, wenn die Tarifpartner wie etwa früher in **§ 55 Abs. 2 BAT** (jetzt teilweise anders § 34 TVöD)[362] nicht nur die ordentliche, sondern auch – teilweise für betriebsbedingte Gründe – die außerordentliche Künd ausgeschlossen haben.[363] Damit wird das Arbeitsverh eines älteren und langfristig beschäftigten Angestellten im öffentlichen Dienst dem Beamtenverhältnis angenähert. Dem **öffentlichen AG** ist es **zumutbar**, **ohne** vorgegebene **räumliche Eingrenzung** nach einer **Weiterbeschäftigungsmöglichkeit** für den betreffenden AN zu **suchen**. Dies schließt auch **längere Überbrückungsmaßnahmen** und ggf. die Notwendigkeit ein, bei der Privatisierung eines Teilbereichs der öffentlichen Verwaltung den AN, wenn dies rechtlich möglich ist, an den betreffenden privaten AG auszuleihen und für die Differenz zwischen bisherigem und bei dem privaten AG erzielbaren Entgelt aus dem eigenen Etat aufzukommen.[364] **142**

6. Auslegung und Umdeutung. Bei der **Auslegung** der **Künd-Erklärung** gegenüber einem ordentlich unkündbaren AN[365] ist zu berücksichtigen, dass grds. **drei** verschiedene **Künd-Formen** in Betracht kommen: Eine **außerordentlich fristlose** Künd, eine **außerordentliche** Künd **mit notwendiger Auslauffrist** und eine **ordentliche** Künd. Die Künd-Erklärung ist nach § 133 auszulegen, ohne all zu sehr am Wortlaut zu haften. Regel- **143**

---

356 v. *Hoyningen-Huene/Linck*, KSchG, § 1 Rn 925; *Bröhl*, BB 2007, 437, 444 f.; *Bröhl*, in: FS Küttner 2006, S. 287 ff.; Oetker, ZfA 2001, 287.
357 TV Schreiner und Glaser Baden-Württemberg und MTV Holz- und Kunststoff Baden-Württemberg vom 30.1.1985; *Grossmann*, Zur Vergleichbarkeit im Rahmen der Sozialauswahl bei betriebsbedingter Kündigung, S. 85; *Linck*, Die soziale Auswahl bei betriebsbedingter Kündigung, 42; *Pollmann*, Die Sozialauswahl bei der betriebsbedingten Kündigung, S. 22.
358 *Bröhl*, in: FS Küttner 2006, S. 300 ff. m.w.N.
359 *Linck*, Die soziale Auswahl bei betriebsbedingter Kündigung, S. 37; *Berkowsky*, § 6 Rn 104; *Bütefisch*, Die Sozialauswahl, S. 130 ff.; *Gragert*, in: FS Schwerdtner, 2003, S. 49, 56.
360 Vgl. BAG 7.3.2002 – 2 AZR 173/01 – AP § 620 BGB Schuldrechtliche Kündigungsbeschränkung Nr. 6 (stärkere Bindung an Einzelvertrag als an Regelung durch Flächentarif); *Berkowsky*, ZfPR 2003, 179; *Gragert* in: FS Schwerdtner, 2003, S. 49, 62; *Wendeling-Schröder*, in:

FS Kehrmann, 1997, 321, 323: „Arbeitgeber darf nicht gezwungen werden, vertragsbrüchig zu werden"; *Kramer, M.*, Kündigungsvereinbarungen im Arbeitsvertrag; a.A. *Grossmann*, Zur Vergleichbarkeit im Rahmen der Sozialauswahl bei betriebsbedingter Kündigung, S. 88.
361 BAG 6.2.2003 – 2 AZR 623/01 – ZTR 2003, 507; BAG 2.6.2005 – 2 AZR 480/04 – EzA § 1 KSchG Soziale Auswahl Nr. 63.
362 Hierzu und zur Übergangsregelung *Bröhl*, ZTR 2006, Heft 4.
363 *Walker*, Anm. zu AP § 55 BAT Nr. 4; ErfK/*Müller-Glöge*, § 626 BGB Rn 194; KR/*Fischermeier*, § 626 BGB Rn 66; *Preis/Hamacher*, S. 245, 255 Fn 42; *Etzel*, ZTR 2003, 210, 215; krit. APS/*Dörner*, § 626 BGB Rn 14.
364 BAG 27.6.2002 – 2 AZR 367/01 – AP § 55 BAT Nr. 4; BAG 6.10.2005 – 2 AZR 362/04 – AP § 53 BAT Nr. 8 = NZA-RR 2006, 416.
365 Hierzu *Bröhl*, in: FS Schaub, 1998, S. 55, 70 ff.; allg. APS/*Preis*, Grundlagen D Rn 20 f.

mäßig ist davon auszugehen, dass der AG die Künd-Form wählen wollte, die tatsächlich geeignet ist, zur Beendigung des Arbverh zu führen.

144 Das Schriftformerfordernis des § 623 steht einer Umdeutung nicht entgegen.[366] Auch bei der **Umdeutung** der **Künd-Erklärung**[367] nach § 140 ist entscheidend auf den **erkennbaren Parteiwillen** abzustellen und dem Umstand Rechnung zu tragen, dass zwei, oft auch drei Künd-Formen in Betracht kommen. Ist erkennbar, dass der AG sich von dem AN **unter allen Umständen trennen** will, so ist die Umdeutung einer außerordentlich frist**losen** Künd in eine **außerordentliche** Künd mit notwendiger **Auslauffrist** problemlos möglich.[368] Die Umdeutung einer **außerordentlichen** Künd **mit Auslauffrist in** eine **ordentliche** Künd und umgekehrt ist problematischer.[369] Regelmäßig bietet hier aber schon die Auslegung der Künd-Erklärung hinreichende Möglichkeiten, dem vom AG wirklich Gewollten zum Erfolg zu verhelfen. Gegen den eindeutig erklärten **Parteiwillen** ist eine Umdeutung nicht zulässig. Entsprechendes gilt, wenn sich das Verhältnis von außerordentlicher und ordentlicher Künd ausnahmsweise nicht als ein „Minus", sondern als ein „aliud" darstellt, etwa weil der AN aufgrund einer tariflichen Regelung im Fall einer außerordentlichen Künd einen tariflichen Anspruch auf Zahlung einer Abfindung erwerben kann.[370]

144a **7. Beraterhinweise.** Fälle der berechtigten fristlosen Künd sind vorab zu prüfen und auszuschließen. In Zweifelsfällen sollte vorsorglich außerordentlich fristlos, hilfsweise außerordentlich mit Auslauffrist, weiter hilfsweise ordentlich gekündigt werden, nachdem die Wirksamkeitsvoraussetzungen für alle drei Kündformen geschaffen worden sind. Die außerordentliche Beendigungs-Künd mit notwendiger Auslauffrist ist nur in ganz extremen Ausnahmefällen zulässig, wenn sonst verfassungsmäßig geschützte Rechte des AG verletzt würden. Es ist deshalb stets ratsam, das Schwergewicht der Prüfung auf die Suche nach Alternativen zu legen, wie die Künd (durch Weiterbeschäftigung an anderer Stelle etc.) vermieden werden kann. Den AN trifft allerdings die Obliegenheit, selbst die Fortsetzung des Arbverh nicht dadurch zu gefährden, dass er sich gegen zumutbare Alternativen sperrt.

C. Verbindung zu anderen Rechtsgebieten und zum Prozessrecht

I. Klagefrist und Klageart

145 Seit 1.1.2004 muss der AN gegen eine außerordentliche Künd stets nach §§ 13 Abs. 1 S. 2, 4 S. 1 KSchG innerhalb von **drei Wochen** nach dem Zugang der schriftlichen Künd **Klage beim ArbG** auf Feststellung erheben, dass das Arbverh durch die Künd nicht aufgelöst ist. Sonst gilt die Künd gem. § 7 KSchG als von Anfang an rechtswirksam. Das Klageerfordernis gilt entgegen der früheren Rechtslage **auch in Kleinbetrieben** (§ 23 Abs. 1 KSchG) und innerhalb der **ersten sechs Monate** des Arbverh. Die Art des Unwirksamkeitsgrundes spielt, abgesehen von der fehlenden Schriftform, keine Rolle mehr. Ob beim Fehlen einer erforderlichen behördlichen Zustimmung (**§ 9 MuSchG, § 18 BEEG, §§ 85 ff. SGB IX**) die dreiwöchige Klagefrist des § 4 S. 1 KSchG oder die verlängerte Klagefrist des § 4 S. 4 KSchG gilt, war umstr.[371] Teilweise wurde im Hinblick auf die Gesetzesmaterialien[372] angenommen, § 4 S. 4 KSchG sei jetzt nicht mehr anwendbar. Mit der Rspr. des BAG ist hier davon auszugehen, dass nach wie vor § 4 S. 4 KSchG auf den AG Anwendung findet, der trotz Kenntnis von der Zustimmungsbedürftigkeit der Künd ohne oder vor Abschluss des behördlichen Verfahrens kündigt.[373] Die Klagefrist nach § 13 Abs. 1 S. 2, § 4 S. 1 KSchG gilt auch bei der fristlosen Künd eines **Berufsausbildungsverhältnisses** durch den Ausbilder, wenn nach § 111 Abs. 1 S. 5 ArbGG kein Schlichtungsverfahren durchzuführen ist. Bei einer außerordentlichen Künd durch den **AN** gilt keine Klagefrist; hier ist lediglich zu prüfen, ob das Künd-Recht verwirkt ist.

146 Die **Klage** ist nach § 4 S. 1 KSchG auf die **Feststellung** zu richten, dass das Arbverh durch die Künd nicht aufgelöst ist. Bei einer außerordentlichen **Änderungs-Künd**, die i.d.R. nur bei ordentlich unkündbaren AN vorkommt, ist die Klage entsprechend § 4 S. 2 KSchG auf die Feststellung zu richten, dass die Änderung der Arbeitsbedingungen sozial ungerechtfertigt oder aus anderen Gründen rechtsunwirksam ist. Ein **Feststellungsinteresse** (§ 256 ZPO) ist nicht gesondert zu prüfen, wenn der AN schon nach § 4 KSchG zur Erhebung einer Feststellungsklage gezwungen ist. Außerhalb des Geltungsbereichs des § 4 KSchG (freies Dienstverhältnis, außerordentliche Künd durch den AN) ist eine Feststellungsklage jedoch nur zulässig, wenn ein besonderes Rechtsschutzbedürfnis für eine Feststellungsklage nach § 256 ZPO anzunehmen ist. Bei einem bereits beendetem Rechtsverhältnis kann dieses besondere Fest-

---

[366] BAG 24.6.2004 – 2 AZR 656/02 – AP § 626 BGB Nr. 180 = NZA-RR 2005, 440.
[367] *Haubrock*, Kündigungskonversion im Arbeitsverhältnis, S. 395 ff.
[368] BAG 13.6.2002 – 2 AZR 391/01 – BAGE 101, 328 = AP § 615 BGB Nr. 97; *Haubrock*, Kündigungskonversion im Arbeitsverhältnis, S. 396 ff. m.w.N.
[369] Dagegen die Rspr. BAG 12.9.1974 – 2 AZR 535/73 – AP § 44 TV AL II Nr. 1; BAG 9.5.1985 – 2 AZR 16/84 – AP § 4 TVG Verdienstsicherung Nr. 1; vgl. *Haubrock*, Kündigungskonversion im Arbeitsverhältnis, S. 371 ff.
[370] BAG 24.6.2004 – 2 AZR 656/02 – AP § 626 BGB Nr. 180 = NZA-RR 2005, 440.
[371] BAG 3.7.2003 – 2 AZR 487/02 – AP § 18 BErzGG Nr. 7 m.w.N.
[372] BT-Drucks 15/1204 S. 9 f.
[373] BAG 13.2.2008 – 2 AZR 864/06 – AP § 85 SGB IX Nr. 5; zum Meinungsstreit KR/*Fischermeier*, § 626 BGB Rn 372 m.w.N.

stellungsinteresse fehlen und der Gekündigte ist dann gezwungen, seine Restansprüche aus dem freien Dienstverhältnis oder Arbverh (§ 615 BGB etc.) durch Leistungsklage geltend zu machen.[374]

II. Umgehung

Rechtliche Gestaltungen, die zu einer Umgehung des § 626 führen, sind grundsätzlich unwirksam. Das BAG hat dies bspw. angenommen für einen „**Widerrufsvorbehalt**", der ein einseitiges Gestaltungsrecht des AG im Sinne einer an keine Gründe gebundenen außerordentlichen Künd-Befugnis enthielt,[375] für den vertraglichen Vorbehalt einer einseitigen **Versetzung** des AN **in den einstweiligen Ruhestand**[376] sowie für eine im Anstellungsvertrag eines DO-Ang vorgesehene Möglichkeit einer „**Abbestellung**".[377]

Zu differenzieren ist bei **tarifvertraglichen Regelungen**. Zwar kann durch Tarifvertrag wie dargelegt das Recht zur fristlosen Künd aus wichtigem Grund i.S.d. Abs. 1 durch die Normierung bestimmter Tatbestände über das gesetzliche Maß hinaus nicht erweitert werden. Nach § 622 Abs. 4 ist es jedoch zulässig, durch Tarifvertrag die Künd-Frist für die ordentliche Künd abzubedingen. Geschieht das in einer Weise, dass eine derart entfristete Künd nur beim Vorliegen bestimmter, wenn auch nicht i.S.v. Abs. 1 wichtiger Gründe erfolgen kann, so handelt es sich damit lediglich um einen der außerordentlichen Künd angenäherten, ähnlichen Vorgang. Voraussetzung ist allerdings, dass in dem Tarifvertrag eindeutig eine entfristete ordentliche Künd geregelt werden soll und kein wichtiger Grund i.S.d. § 626 festgelegt wird.[378]

III. Nachschieben von Kündigungsgründen

Ein „**Nachschieben**" von Künd-Gründen liegt vor, wenn der Kündigende die Künd-Gründe, auf die er zunächst seine Künd gestützt hat, später gegen neue, bisher nicht vorgetragene Künd-Gründe austauscht oder entsprechend ergänzt.[379]

Künd-Gründe, die bei Ausspruch einer Künd vorlagen, dem Kündigenden jedoch **nicht bekannt** waren, können im Lauf des arbeitsgerichtlichen Verfahrens zur Stützung einer Künd materiell-rechtlich uneingeschränkt nachgeschoben werden.[380] Die Wirksamkeit der Künd beurteilt sich nach der objektiven Lage im Zeitpunkt des Künd-Ausspruchs. War im Künd-Zeitpunkt bei objektiver Würdigung die Fortsetzung des Arbverh unzumutbar, so liegt ein nach Abs. 1 an sich geeigneter wichtiger Künd-Grund vor. Die nach Ausspruch der Künd bekannt gewordenen Künd-Gründe müssen auch nicht innerhalb der Ausschlussfrist des Abs. 2 in den Prozess eingeführt werden.[381] Da die Künd bereits ausgesprochen ist, hat der Gekündigte kein schutzwürdiges Interesse daran, dass weitere Künd-Gründe innerhalb von zwei Wochen nach Kenntnis der maßgebenden Umstände nachgeschoben werden. Wenn das BAG erwogen hat, das Nachschieben könne möglicherweise materiell-rechtlich unzulässig sein, wenn die **Künd** durch das Auswechseln der Künd-Gründe einen „**völlig anderen Charakter**" erhalte,[382] so lässt sich eine solche Differenzierung aus dem Gesetz nicht herleiten.[383] Hat etwa der AG personenbedingt wegen krankheitsbedingter Unfähigkeit des AN, die vertragsgemäßen Leistungen zu erbringen, gekündigt, erfährt aber später von einem Spesenbetrug des AN vor Ausspruch der Kündigung, so würde eine Ersetzung des personenbedingten Künd-Grundes durch den Künd-Grund „Spesenbetrug" der Künd sicherlich einen völlig anderen Charakter geben. Trotzdem ist das Nachschieben des Spesenbetrugs als Künd-Grund materiell-rechtlich möglich, weil es nur auf die **objektive Lage im Künd-Zeitpunkt** ankommt. Es ist lediglich zu prüfen, ob dem Nachschieben des Künd-Grundes „Spesenbetrug" der Grundsatz der Verwirkung oder das Erfordernis der Anhörung des BR nach § 102 BetrVG entgegensteht oder ob das nachträgliche Vorbringen im Prozess als verspätet zurückzuweisen ist.

Auch **Künd-Gründe** die dem Kündigenden bei Ausspruch der Künd noch **nicht länger als zwei Wochen bekannt** waren, aber vor der Künd entstanden sind, können nach der zutreffenden Rspr. des BAG bis zur Grenze der Verwirkung materiell-rechtlich nachgeschoben werden.[384]

Gründe, die dem Kündigenden bei Ausspruch der Künd **länger als zwei Wochen bekannt** waren, können nach Abs. 2 BGB jedenfalls nicht mit dem Ergebnis nachgeschoben werden, dass der ursprünglich angegebene Künd-Grund gegen den verfristeten Sachverhalt ausgetauscht wird. Ein Nachschieben ist unter Berücksichtigung des

---

374 BAG 6.11.2002 – 5 AZR 364/01 – AP § 256 ZPO 1977 Nr. 78.
375 BAG 19.1.2005 – 7 AZR 113/04 – EzBAT § 53 BAT Beschäftigung Nr. 13.
376 BAG 5.2.2009 – 6 AZR 151/08 – juris.
377 BAG 9.2.2006 – 6 AZR 47/05 – AP § 611 BGB Dienstordnungs-Angestellte Nr. 75 = NZA 2006, 1046.
378 BAG 24.6.2004 – 2 AZR 656/02 – AP § 626 BGB Nr. 180 = NZA-RR 2005, 440.
379 BAG 18.1.1980 – 7 AZR 260/78 – AP § 626 BGB Nachschieben von Kündigungsgründen Nr. 1.
380 BAG 18.1.1980 – 7 AZR 260/78 – AP § 626 BGB Nachschieben von Kündigungsgründen Nr. 1.
381 BAG 4.6.1997 – 2 AZR 362/96 – AP § 626 BGB Nachschieben von Kündigungsgründen Nr. 5; zu § 626 Abs. 2 vgl. aber BGH 1.12.2003 – II ZR 161/02 – AP § 626 BGB Nachschieben von Kündigungsgründen Nr. 6.
382 BAG 18.1.1980 – 7 AZR 260/78 – AP § 626 BGB Nachschieben von Kündigungsgründen Nr. 1.
383 *Stahlhacke/Preis/Vossen*, Rn 187; vgl. BGH 1.12.2003 – II ZR 161/02 – AP § 626 BGB Nachschieben von Kündigungsgründen Nr. 6.
384 Vgl. BAG 4.6.1997 – 2 AZR 362/96 – AP § 626 BGB Nachschieben von Kündigungsgründen Nr. 5.

Abs. 2 BGB deshalb nur insoweit möglich, dass durch den neuen Sachverhalt der ursprüngliche **Künd-Sachverhalt unterstützt** wird.[385] Dies wird regelmäßig bei **gleichartigen** oder zumindest vergleichbaren **Sachverhalten** (ursprünglicher Künd-Grund: zahlreiche Verspätungen, nachgeschoben: mehrfache Urlaubsüberziehung, Unpünktlichkeit etc.) der Fall sein.[386]

153 **Gründe** die erst **nach Zugang der Künd** entstanden sind, sind nur geeignet, eine neue Künd zu stützen.[387] Zur Begründung der bereits ausgesprochenen Künd – auch unterstützend – sind sie grds. nicht geeignet (allenfalls eine **Bestätigung** der bei Künd-Ausspruch zu treffenden **Zukunftsprognose** kommt als Möglichkeit des „Nachschiebens" in Betracht).[388]

154 Hinsichtlich der **Anhörung des BR** nach § 102 Abs. 1 BetrVG ist zwischen nachgeschobenen Künd-Gründen zu unterscheiden, die dem AG bereits vor Ausspruch der Künd bekannt waren, und Künd-Gründen, die dem AG erst nach Ausspruch der Künd bekannt geworden sind.[389] **Künd-Gründe**, die dem AG schon **vor** Ausspruch der **Künd bekannt** gewesen sind, die er dem BR aber nicht bei der Anhörung als Künd-Grund mitgeteilt hat, können im Künd-Schutzprozess nicht wirksam nachgeschoben werden.[390] Ihrer Berücksichtigung steht entgegen, dass der AG nach § 102 Abs. 1 BetrVG dem BR die Künd-Gründe, d.h. alle ihm bekannten Gründe, auf die er die Künd stützen möchte, mitzuteilen hat. Durch die Unterlassung der Mitteilung bekannter Künd-Gründe hat der AG insoweit seine Anhörungspflicht nach § 102 Abs. 1 BetrVG verletzt. Dies gilt selbst dann, wenn der AG nach Ausspruch der Künd dem BR die nachgeschobenen Künd-Gründe mitteilt oder der BR der Künd vorbehaltlos zugestimmt hat.[391] Dieses Verwertungsverbot hinsichtlich bei Ausspruch der Künd bekannter Künd-Gründe betrifft alle Sachverhalte, die geeignet sind, **einen selbstständigen Künd-Grund** zu bilden. Es erstreckt sich darüber hinaus auch auf die Tatsachen, die im Zusammenhang mit den dem BR mitgeteilten Tatsachen erst geeignet sind, den Künd-Sachverhalt zu einem wichtigen Grund zu machen.[392] Damit kann der AG im Prozess nur die ihm bei Ausspruch der Künd bekannten, dem BR aber nicht **mitgeteilten Tatsachen** nachschieben, die den dem BR mitgeteilten Sachverhalt lediglich näher **erläutern** oder konkretisieren.[393] Da die Abgrenzung zwischen bloßer Erläuterung des dem BR mitgeteilten Künd-Grundes und einem neuen selbstständigen Künd-Sachverhalt im Einzelfall schwierig ist, ist es ratsam, den BR über den Künd-Sachverhalt, auf den die Künd gestützt werden sollte, möglichst umfassend zu informieren.

155 Das Nachschieben von **bei Ausspruch** der Künd **unbekannten Tatsachen** findet ebenfalls seine Grenze in der Anhörungspflicht des § 102 Abs. 1 BetrVG. Zwar muss der Kündigende, wenn er nach Ausspruch der Künd einen neuen Künd-Sachverhalt erfährt, nicht den BR nochmals anhören und dann erneut kündigen. Er kann jedoch die neuen Tatsachen nur dann im Prozess nachschieben, wenn er den BR **nachträglich** zu dem neuen Sachverhalt **angehört** hat.[394] Das erforderliche nachträgliche Anhörungsverfahren ist ebenfalls nicht an die Frist des Abs. 2 gebunden, da der BR den Ausspruch der Künd nicht mehr verhindern kann.[395] Künd-Gründe, zu denen der BR nicht nachträglich angehört worden ist, können im Prozess nicht wirksam nachgeschoben werden, soweit sie nicht lediglich eine zulässige Substantiierung der bisherigen Künd-Gründe darstellen.[396] Ebenso wenig kann die nachträgliche Anhörung des BR zu später bekannt gewordenen Künd-Gründen eine nicht ordnungsgemäße Anhörung zu den Künd-Gründen heilen, auf die der AG die Künd ursprünglich gestützt hat.[397]

IV. Darlegungs- und Beweislast, Beweiswürdigung

156 Für den **wichtigen Grund** i.S.v. § 626 trägt der Kündigende die volle Darlegungs- und Beweislast.[398] Dies gilt grds. auch, soweit sich der Gekündigte auf **Rechtfertigungs- oder Entschuldigungsgründe** für sein Fehlverhalten beruft.[399] Hier gelten allerdings die Grundsätze der **abgestuften Darlegungs- und Beweislast**.[400] Entlastende Tatsachen sind von dem Gekündigten als Beweisgegner so substantiiert darzulegen, dass sich der Kündigende als beweisbelastete Partei darauf einlassen, weitere Nachforschungen anstellen, seinerseits substantiiert erwidern und ggf. Beweis antreten kann. Es reicht also nicht aus, dass der AN, der aus Sicht des AG unentschuldigt gefehlt hat, sich nach Ausspruch einer fristlosen Künd einfach darauf beruft, der AG „habe ihm Urlaub bewilligt". Dieses Vorbringen ist nach Person des Erklärenden, Datum, Uhrzeit und näheren Umständen so zu substantiieren, dass der AG seiner

---

385 BAG 15.3.2001 – 2 AZR 147/00 – EzA § 626 n.F. BGB Nr. 185 m.w.N.
386 BAG 15.3.2001 – 2 AZR 147/00 – EzA § 626 n.F. BGB Nr. 185 m.w.N.
387 KDZ/*Zwanziger*, Einleitung Rn 551 ff.
388 Vgl. etwa BAG 21.6.2001 – 2 AZR 137/00 – AP § 15 KSchG 1969 Nr. 50.
389 KDZ/*Zwanziger*, Einleitung Rn 551.
390 BAG 18.12.1980 – 2 AZR 1006/78 – AP § 102 BetrVG 1972 Nr. 22.
391 BAG 1.4.1981 – 7 AZR 1003/78 – AP § 102 BetrVG 1972 Nr. 23.
392 BAG 18.12.1980 – 2 AZR 1006/78 – AP § 102 BetrVG 1972 Nr. 22.
393 BAG 18.12.1980 – 2 AZR 1006/78 – AP § 102 BetrVG 1972 Nr. 22.
394 BAG 6.9.2007 – 2 AZR 264/06 – AP § 626 BGB Nr. 208; BAG 11.4.1985 – 2 AZR 249/84 – AP § 102 BetrVG 1972 Nr. 39.
395 BAG 4.6.1997 – 2 AZR 362/96 – AP § 626 BGB Nachschieben von Kündigungsgründen Nr. 5.
396 Zu diesem Verwertungsverbot eingehend KR/*Etzel*, § 102 BetrVG Rn 187 ff.
397 KR/*Etzel*, § 102 BetrVG Rn 185b.
398 BAG 17.4.1956 – 2 AZR 340/55 – AP § 626 BGB Nr. 8.
399 BAG 17.4.1956 – 2 AZR 340/55 – AP § 626 BGB Nr. 8.
400 BAG 6.8.1987 – 2 AZR 226/87 – AP § 626 BGB Nr. 97.

Darlegungs- und Beweislast nachkommen kann. Auch die **Wahrung der Ausschlussfrist** des Abs. 2 ist vom Kündigenden darzulegen und zu beweisen. Liegt der Vorgang, der als Künd-Grund geltend gemacht wird, länger zurück, so sind auch die Umstände vorzutragen, die eine Hemmung der Zweiwochenfrist z.B. durch weitere Ermittlungen des Künd-Sachverhalts begründen sollen.

Den früher häufig anzutreffenden Streitigkeiten über die Behauptung des AG, es sei eine Künd ausgesprochen worden, ist durch das Schriftformerfordernis des § 623 weitgehend der Boden entzogen worden. Es verbleiben letztlich nur Fallgestaltungen, bei denen bereits der **Zugang der Künd** im Streit steht. Für die Darlegungslast ist dann danach zu unterscheiden, welchen Antrag der AN stellt. Im Rahmen einer Künd-Schutzklage nach § 13 Abs. 1, § 4 KSchG trifft ihn die Darlegungsobliegenheit dafür, dass eine Künd erklärt wurde.[401] Erhebt der AN eine echte Künd-Schutzklage und trägt vor, ihm sei keine Künd zugegangen, ist die Klage folglich ohne weitere Prüfung abweisungsreif. Ein klug beratener AN wird daher – ggf. auch nach gebotenem gerichtlichem Hinweis gem. § 139 ZPO – in derartigen Fällen eine **allgemeine Feststellungsklage** nach § 256 ZPO erheben. Diese zwingt den AG, alle Beendigungsgründe vorzutragen, auf die er sich beruft. Gelingt dem AG der Zugangsnachweis, ist der Streit über die Begründetheit der Künd fortzusetzen, wenn der AN deutlich macht, dass er die Künd nicht gegen sich gelten lassen will. Die allgemeine Feststellungsklage umfasst dann auch den Antrag nach § 13 Abs. 1, § 4 KSchG.[402]

157

Hat der AG sich Beweismittel erst mit Hilfe eines **Detektivs**[403] oder **Videoüberwachung**[404] verschafft, können diese wegen Verletzung des allg. Persönlichkeitsrechts (Art. 2 Abs. 1 i.V.m. Art. 1 Abs. 1 GG) einem **Beweisverwertungsverbot** unterliegen.[405] Auf ein solches Verbot kommt es aber nicht an, wenn im Prozess unstreitig wird, dass die von dem Detektiv festgestellten Daten zutreffen.[406] Abgesehen davon stellt auch die Einschaltung eines Detektivs oder eine Videoüberwachung regelmäßig dann keine Verletzung des allg. Persönlichkeitsrechts des AN dar, wenn ein gewisser Anfangsverdacht vorliegt und der AG keine andere Möglichkeit hat, das Verhalten des AN zu kontrollieren.[407]

158

V. Revisionsrechtliche Prüfung

Die **Prüfung**, ob ein bestimmter Sachverhalt die Voraussetzungen eines **wichtigen Grundes** nach § 626 erfüllt, ist vorrangig Sache des **Tatsachengerichts**. Es handelt sich um die Anwendung unbestimmter Rechtsbegriffe. Diese kann vom Revisionsgericht nur daraufhin überprüft werden, ob das angefochtene Urteil den Rechtsbegriff selbst verkannt hat, ob es bei der Unterordnung des Sachverhalts unter die Rechtsnorm des § 626 Denkgesetze oder allg. Erfahrungssätze verletzt hat und ob es alle vernünftigerweise in Betracht kommenden Umstände, die für oder gegen eine außerordentliche Künd sprechen, beachtet hat.[408] Die **Tatsachenfeststellung** unterliegt ebenfalls nur einer eingeschränkten Nachprüfung durch das Revisionsgericht. Jedenfalls ist aber zu prüfen, ob Rechtsfehler bei der **Beurteilung** der **Darlegungs- und Beweislast** vorliegen.[409] Ist ein wichtiger Grund zur außerordentlichen Künd „an sich" gegeben und ist auch der Sachverhalt rechtsfehlerfrei festgestellt, so steht dem Tatsachengericht bei der **Interessenabwägung** ein **Beurteilungsspielraum** zu. Sind alle Umstände, die für oder gegen eine Künd sprechen, berücksichtigt (was sich nicht notwendigerweise in allen Einzelheiten in den Entscheidungsgründen niederschlagen muss),[410] so darf das Revisionsgericht nicht seine eigene Beurteilung der widerstreitenden Interessen an die Stelle der vertretbaren Interessenabwägung des Tatsachengerichts setzen.[411]

159

VI. Zustimmungsersetzung nach § 103 BetrVG

Ist im **Beschlussverfahren** nach § 103 BetrVG rechtskräftig entschieden, dass die Zustimmung des BR zur Künd wegen Vorliegens eines wichtigen Grundes nach § 626 zu ersetzen ist, hat für die im Beschlussverfahren beteiligten Parteien des Künd-Schutzprozesses (AN und AG) das Beschlussverfahren **präjudizielle Wirkung**: Die ArbG sind im Künd-Schutzprozess grds. an die im Beschlussverfahren getroffene Feststellung gebunden, dass die außerordentliche Künd unter Berücksichtigung aller Umstände gerechtfertigt ist.[412] Durch diese Rspr. wird vermieden, dass derselbe Sachverhalt in zwei Gerichtsverfahren mit der Gefahr unterschiedlicher Entscheidungen behandelt werden muss. Abgesehen **von nachträglich bekannt gewordenen Tatsachen** und etwa einer nachträglich festgestellten

160

---

401 APS/*Dörner*, § 626 BGB Rn 166; KR/*Friedrich* § 4 KSchG Rn 245.
402 Vgl. BAG 7.12.1995 – 2 AZR 772/94 – AP § 4 KSchG 1969 Nr. 33 = NZA 1996, 334; BAG 13.3.1997 – 2 AZR 512/96 – AP § 4 KSchG 1969 Nr. 38 = NZA 1997, 844.
403 Vgl. BAG 12.8.1999 – 2 AZR 923/98 – AP § 626 BGB Verdacht strafbarer Handlung Nr. 28.
404 Hierzu BAG 26.8.2008 – 1 ABR 16/07 – AP § 75 BetrVG 1972 Nr. 54.
405 BAG 27.3.2003 – 2 AZR 51/02 – AP § 87 BetrVG 1972 Überwachung Nr. 36 m. Anm. *Otto*.
406 BAG 13.12.2007 – 2 AZR 537/06 – AP § 626 BGB Nr. 210.
407 BAG 27.3.2003 – 2 AZR 51/02 – AP § 87 BetrVG 1972 Überwachung Nr. 36, auch zum Mitbestimmungsrecht des BR, wenn dieser der Videoüberwachung nachträglich zugestimmt hat.
408 St. Rspr., zuletzt BAG 8.4.2003 – 2 AZR 355/02 – AP § 626 BGB Nr. 181.
409 Instruktiv hierzu: BAG 26.8.1993 – 2 AZR 154/93 – AP § 626 BGB Nr. 112.
410 BAG 10.10.2002 – 2 AZR 472/01 – AP § 1KSchG 1969 Verhaltensbedingte Kündigung Nr. 44.
411 BAG 10.10.2002 – 2 AZR 472/01 – AP § 1KSchG 1969 Verhaltensbedingte Kündigung Nr. 44.
412 BAG 24.4.1975 – 2 AZR 118/74 – AP § 103 BetrVG 1972 Nr. 3.

Schwerbehinderung oder einer noch nicht beantragten Zustimmung des Integrationsamtes nach §§ 85, 91 SGB IX ist deshalb der gesamte maßgebliche Künd-Sachverhalt schon im Zustimmungsersetzungsverfahren zu behandeln.[413] Der AN kann sich im Künd-Schutzprozess nicht auf sonstige Tatsachen stützen, die er in dem Zustimmungsersetzungsverfahren erfolglos geltend gemacht hat oder hätte geltend machen können.[414] Von dem AN, der in dem Verfahren nach § 103 BetrVG zwingend zu beteiligen ist, kann berechtigterweise verlangt werden, dass er nicht irgendwelche entlastenden Umstände oder Gründe für die Unwirksamkeit der Künd im Verfahren nach § 103 BetrVG zurück hält, um sie erst im Feststellungsverfahren nach § 626 gewinnbringend einzusetzen.

VII. Aussetzung nach § 148 ZPO

161 Bei Bestandsschutzstreitigkeiten kommt dem gesetzlich geregelten Beschleunigungsgrundsatz (§§ 9 Abs. 1, 64 Abs. 8 und 61a ArbGG) eine besondere Bedeutung zu. Eine Aussetzung des Künd-Schutzverfahrens beispielsweise im Hinblick darauf, dass eine erforderliche Zustimmung des Integrationsamts noch nicht bestandkräftig ist, kommt daher i.d.R. nicht in Betracht.[415] Anderes gilt freilich bei Mehrfach-Künd, da die Begründetheit einer Klage gegen eine später wirkende Künd voraussetzt, dass das Arbverh bei deren Zugang noch besteht.

VIII. Materielle Rechtskraft und Präklusion

162 Da nach § 13 Abs. 1 S. 2 KSchG die Rechtsunwirksamkeit einer außerordentlichen Künd nur nach Maßgabe des § 4 S. 1 und der §§ 5 bis 7 KSchG geltend gemacht werden kann, hat die **rechtskräftige Abweisung** einer **Klage** nach § 4 KSchG gegen eine außerordentliche Künd die Folge, dass damit die Beendigung des Arbverh zu dem vorgesehenen Termin feststeht.[416] Alle Nichtigkeitsgründe sind im Prozess geltend zu machen und der AN kann sich nach rechtskräftiger Klageabweisung nicht darauf berufen, die Künd sei aus anderen Gründen unwirksam. Umgekehrt steht bei einem **obsiegenden Urteil** in einem Feststellungsprozess nach §§ 13 Abs. 1 S. 2, 4 KSchG fest, dass die Künd das Arbverh nicht zu dem vorgesehenen Termin aufgelöst hat.[417] Dem AG ist es dann verwehrt, später geltend zu machen, es habe nie ein Arbverh bestanden oder die Künd sei aus anderen Gründen doch gerechtfertigt. **Probleme** entstehen, wenn **mehrere Künd** in **verschiedenen Verfahren** angegriffen werden. Ist etwa zum 31.3. fristgerecht, aber schon am 18.2. fristlos gekündigt, so würde eine rechtskräftige, der Klage stattgebende Entscheidung über die ordentliche Künd zum 31.3. grds. bedeuten, dass bis zu diesem Tag noch ein Arbverh bestanden hat. Dies würde an sich dazu führen, dass die fristlose Künd vom 18.2. in dem anderen Verfahren ohne Prüfung der Künd-Gründe als unwirksam angesehen werden müsste. Der Prozess über die fristlose Künd ist deshalb vorgreiflich. Die angedeuteten unerwünschten Folgen der Rechtskraft müssen durch **Aussetzung** des Verfahrens über die ordentliche Künd vermieden werden. Wenn im Zeitpunkt der Entscheidung die mögliche Rechtskraft in beiden Verfahren noch nicht absehbar ist, empfiehlt es sich, in dem Verfahren hinsichtlich der ordentlichen Künd ausdrücklich auf das noch laufende Verfahren hinsichtlich der fristlosen Künd hinzuweisen. Die Auslegung der Klageanträge ergibt dann, dass die Parteien über die Beendigung des Arbverh durch die ordentliche Künd zum 31.3. nur vorbehaltlich einer früheren Beendigung durch die fristlose Künd am 18.2. streiten. Eine solche **Ausklammerung aus dem Streitgegenstand** und der Rechtskraft ist zulässig.[418]

163 Trotz unterschiedlichster Begründungsansätze besteht in Rspr. und Lehre Einigkeit, dass nach rechtskräftiger Feststellung der Unwirksamkeit einer Künd eine weitere Künd (**Wiederholungs-Künd, Trotz-Künd**) nicht auf die gleichen Künd-Gründe gestützt werden kann.[419] Keine Bedenken bestehen gegen eine erneute Künd aus denselben Gründen, wenn die erste Künd aus formellen Gründen unwirksam war oder sich das Gericht mit einem der im ersten Prozess vorgebrachten Künd-Gründe eindeutig nicht befasst hat und der AG diesen Grund nunmehr zum Anlass einer erneuten Künd nimmt.[420] Eine Nichtigkeit der Wiederholungs-Künd tritt allerdings nicht ein. Der AN muss rechtzeitig nach § 13 Abs. 1 S. 2, § 4 KSchG auch gegen die weitere Künd Klage erheben.[421]

---

413 BAG 11.5.2000 – 2 AZR 276/99 – AP § 103 BetrVG 1972 Nr. 42.
414 BAG 24.4.1975 – 2 AZR 118/74 – EzA § 103 BetrVG Nr. 8.
415 BAG 2.3.2006 – 2 AZR 53/05 – AP § 626 BGB Krankheit Nr. 14 – NZA-RR 2006, 636.
416 So schon zur früheren Rechtslage BAG 14.10.1954 – 2 AZR 34/53 – AP § 3 KSchG Nr. 6.
417 BAG 26.7.2008 – 6 AZN 648/07 – juris; BAG 5.10.1995 – 2 AZR 909/94 – EzA § 519 ZPO Nr. 8.
418 BAG 25.3.2004 – 2 AZR 399/03 – EzA § 626 BGB 2002 Unkündbarkeit Nr. 4; LAG Düsseldorf 28.2.1997 – 15 Sa 1738/96 – RzK I 10 m Nr. 16.
419 BAG 26.8.1993 – 2 AZR 159/93 – AP § 626 BGB Nr. 113 m.w.N.
420 BAG 26.8.1993 – 2 AZR 159/93 – AP § 626 BGB Nr. 113.
421 BAG 26.8.1993 – 2 AZR 159/93 – AP § 626 BGB Nr. 113.

§ 627 Fristlose Kündigung bei Vertrauensstellung

(1) Bei einem Dienstverhältnis, das kein Arbeitsverhältnis im Sinne des § 622 ist, ist die Kündigung auch ohne die in § 626 bezeichnete Voraussetzung zulässig, wenn der zur Dienstleistung Verpflichtete, ohne in einem dauernden Dienstverhältnis mit festen Bezügen zu stehen, Dienste höherer Art zu leisten hat, die auf Grund besonderen Vertrauens übertragen zu werden pflegen.

(2) ¹Der Verpflichtete darf nur in der Art kündigen, dass sich der Dienstberechtigte die Dienste anderweit beschaffen kann, es sei denn, dass ein wichtiger Grund für die unzeitige Kündigung vorliegt. ²Kündigt er ohne solchen Grund zur Unzeit, so hat er dem Dienstberechtigten den daraus entstehenden Schaden zu ersetzen.

Literatur: *Dörner*, Verbraucherschutz bei privatem Direktunterricht, NJW 1979, 241; *Mutschler*, Die zivilrechtliche Einordnung des Steuerberatungsvertrages als Dienst- oder Werkvertrag, DStR 2007, 550

A. Allgemeines 1	VI. Schadensersatz bei Kündigung zur Unzeit (Abs. 2) 19
I. Normzweck 1	1. Unzeit 20
II. Abdingbarkeit 3	2. Schadensersatz 21
B. Regelungsgehalt 6	3. Wichtiger Grund 22
I. Kein Arbeitsverhältnis 6	C. Verbindung zu anderen Rechtsgebieten und
II. Dienste höherer Art 7	zum Prozessrecht 24
III. Übertragung aufgrund besonderen Vertrauens 10	I. Verhältnis zu anderen Vorschriften 24
IV. Kein dauerndes Dienstverhältnis mit festen Bezügen 14	II. Verhältnis zu Rücktritt und Schadensersatz nach allgemeinem Schuldrecht 25
1. Dauerndes Dienstverhältnis 15	III. Rechtsweg 26
2. Feste Bezüge 16	IV. Darlegungs- und Beweislast 27
V. Kündigung 17	D. Beraterhinweise 28

A. Allgemeines

I. Normzweck

Dienstverhältnisse, bei denen der Dienstverpflichtete im Rahmen eines besonderen Vertrauensverhältnisses Dienste höherer Art zu leisten hat, dürfen nach Abs. 1 unter gegenüber § 626 Abs. 1 gelockerten Voraussetzungen außerordentlich gekündigt werden. Bei solchen auf **persönlichem Vertrauen** aufbauenden Beziehungen soll die **Willensfreiheit** der Vertragsparteien im weitesten Ausmaß gewährleistet werden.[1] Niemand soll gezwungen sein, jemandem weiterhin Dienste zu übertragen bzw. selbst Dienste zu verrichten, die ein besonderes Vertrauen voraussetzen, wenn dieses Vertrauen – aus welchen Gründen auch immer – zerrüttet ist. Da persönliches Vertrauen nicht nur durch objektiv unzumutbare Vertragsverletzungen der anderen Partei, sondern auch durch die subjektive Wahrnehmung äußerer Umstände oder rational nicht begründbare Empfindungen gestört werden kann, wird für die außerordentliche Künd dieser besonderen Dienstverhältnisse auf das Vorliegen eines wichtigen Künd-Grundes verzichtet.[2] Nach Abs. 2 hat der Dienstverpflichtete bei einer Künd allerdings darauf zu achten, dass dem Dienstberechtigten ausreichend Zeit bleibt, sich die Dienste von einem Dritten zu besorgen. 1

Auf dauernde Dienstverhältnisse mit **festen Bezügen** sowie **Arbverh** ist § 627 nicht anwendbar. Durch diese Beschränkung der Künd-Privilegierung auf lockere Vertragsbeziehungen, die nicht auf eine ständige Tätigkeit gerichtet sind, wird eine unangemessene Benachteiligung der an der Fortführung des Dienstvertrages interessierten Partei vermieden. Hierdurch wird insb. dem Interesse des Dienstverpflichteten an seiner **Existenzsicherung** Rechnung getragen, das grds. das Interesse des Dienstberechtigten an seiner persönlichen Entschließungsfreiheit überwiegt.[3] 2

II. Abdingbarkeit

Die Parteien können **individualvertraglich** den **Ausschluss der Künd** des Dienstverhältnisses nach Abs. 1 vereinbaren. Allerdings muss ein entsprechender Parteiwille in klarer und eindeutiger Weise zum Ausdruck kommen. Die Vereinbarung einer bestimmten Vertragsdauer allein bewirkt diesen Ausschluss nicht.[4] Treten in einem solchen Fall jedoch beiderseitige Interessen an einer festen schuldrechtlichen Bindung hinzu, wie z.B. ein erhebliches wirtschaftliches Interesse, kann dies die Annahme eines Ausschlusses des Künd-Rechts rechtfertigen.[5] Alternativ kann der Ausspruch einer Künd nach § 627 an die Einhaltung einer bestimmten Frist gebunden werden, um die Wirkungen der Künd abzuschwächen. 3

---

1 BGH 13.1.1993 – VIII ZR 112/92 – NJW-RR 1993, 505; BGH 18.10.1984 – IX ZR 14/84 – NJW 1986, 373.
2 BGH 18.10.1984 – IX ZR 14/84 – NJW 1986, 373.
3 BGH 13.1.1993 – VIII ZR 112/92 – NJW-RR 1993, 505.
4 OLG München 10.1.2001 – 7 U 2115/00 – DB 2001, 701 = OLGR München 2001, 127; OLG Koblenz 14.7.2005 – 2 U 974/04 – juris.
5 BGH 13.12.1990 – III ZR 333/89 – NJW-RR 1991, 439.

4 Der Ausschluss oder die Erschwerung der Künd nach § 627 in **AGB** ist grds. nach § 307 Abs. 2 Nr. 1 unwirksam. Sie widerspricht dem wesentlichen Grundgedanken des § 627, dass bei typischen Vertrauensstellungen eine jederzeitige Lösungsmöglichkeit gegeben sein muss.[6] Eine vorformulierte Laufzeitverlängerungsklausel stellt eine unangemessene Benachteiligung i.S.d. § 307 dar, wenn sie nach dem Grundsatz der kundenfeindlichsten Auslegung den Eindruck einer festen vertraglichen Bindung erweckt und daher den Kunden davon abhalten kann, von seinem Recht auf jederzeitige Künd nach § 627 Gebrauch zu machen.[7]

5 Auch die Regelung des Abs. 2 ist dispositiv, so dass die Parteien auch den **Ausschluss der Schadensersatzpflicht** vorsehen können. Somit kann auch die Künd zur Unzeit gestattet werden. Allerdings wird auch dies regelmäßig nicht **formularmäßig** möglich sein.[8]

B. Regelungsgehalt

I. Kein Arbeitsverhältnis

6 Auf Arbverh i.S.d. § 622 (vgl. zur Begriffsbestimmung § 611 Rn 1 ff.) ist § 627 ausdrücklich nicht anwendbar. Der für Arbverh geltende Sonderschutz soll durch die auf subjektive Vertrauenselemente abstellende erleichterte Künd-Möglichkeit nicht ausgehöhlt werden.

II. Dienste höherer Art

7 Voraussetzung für die Anwendbarkeit der Vorschrift ist die Vereinbarung der Erbringung von Diensten höherer Art. Dienste höherer Art sind solche, die ein überdurchschnittliches Maß an Fachkenntnis, Kunstfertigkeit oder wissenschaftlicher Bildung, hoher geistiger Phantasie oder Flexibilität voraussetzen und dem Dienstverpflichteten infolge dessen eine **herausgehobene Stellung** verleihen.[9] Obwohl die betroffenen Dienstverpflichteten typischerweise akademisch vorgebildet sind, können auch nicht akademisch ausgebildete Personen höhere Dienste erbringen, wenn sie zur Ausübung ihrer Tätigkeit ein hohes Maß an **Fachkenntnis** benötigen.[10] Die geschuldete Tätigkeit darf sich in keinem Fall in der Erledigung reiner Routinearbeiten erschöpfen.[11] Bei der Bewertung einer Tätigkeit im Hinblick auf ihre Qualifizierung als Dienst höherer Art kommt der Höhe der vereinbarten Vergütung regelmäßig wesentliche Indizwirkung zu.[12]

8 **Beispiele:** Insb. die Tätigkeit von Ärzten[13] und Arzthelferinnen,[14] Zahnärzten,[15] Architekten[16] (hier aber üblicherweise Werkvertrag), RAe,[17] WP, StB,[18] Ehepartner- und Bekanntschaftsvermittlern,[19] Inkassobeauftragten,[20] finanzwirtschaftlichen Baubetreuern,[21] Kommissionären,[22] Wirtschafts-/Unternehmens-,[23] Personal-[24] und Werbeberatern,[25] Projektsteuerern,[26] Schiedsrichtern (§§ 1029 ff. ZPO),[27] Krankengymnasten,[28] Managern von Musi-

---

6 BGH 9.6.2005 – III ZR 436/04 – WM 2005, 1667; OLG Koblenz 14.7.2005 – 2 U 974/04 – juris; Wolf/Lindacher/Pfeiffer/*Wolf*, § 9 Rn R20; *Mutschler*, DStR 2007, 550.
7 BGH 5.11.1998 – III ZR 226/97 – NJW 1999, 276.
8 MüKo-BGB/*Henssler*, § 627 Rn 31; Staudinger/*Preis*, § 627 Rn 10.
9 LG Karlsruhe 16.12.2002 – 10 O 490/02 – juris; AG Köln – 113 C 549/92 – NJW-RR 1993, 1207.
10 LG Berlin 23.8.2001 – 31 O 206/01 – Grundeigentum 2001, 1608.
11 AG Dortmund 6.3.1990 – 125 C 708/89 – NJW-RR 1990, 891.
12 BAG 25.8.1955 – 2 AZR 57/53 – AuR 1955, 377; ebenso auch Staudinger/*Preis*, § 627 Rn 18 m.w.N.
13 LG Mannheim 27.6.1973 – 6 S 163/71 – VersR 1973, 1175.
14 BAG 24.8.1967 – 5 AZR 59/67 – NJW 1968, 221.
15 OLG Düsseldorf 12.6.1986 – 8 U 279/84 – MDR 1986, 933; AG München 11.11.1998 – 212 C 19976/98 – VuR 1998, 421.
16 BGH 26.11.1959 – VII ZR 120/58 – BGHZ 31, 224 = NJW 1960, 431.
17 BGH 4.7.2002 – IX ZR 153/01 – NJW 2002, 2774.
18 BGH 11.5.2006 – IX ZR 63/05 – WM 2006, 14; OLG Köln 23.2.2000 – 11 U 151/99 – OLGR Köln 2000, 454 = BB 2000, 2228; LG Duisburg 4.8.2000 – 10 O 57/98 – NJW-RR 2002, 277.

19 BGH 19.5.2005 – III ZR 437/04 – NjW 2005, 2543; BGH 5.11.1998 – III ZR 226/97 – NJW 1999, 276; BGH 1.2.1989 – IVa ZR 354/87 – BGHZ 106, 341 = NJW 1989, 1479.
20 BGH 3.2.2005 – III ZR 268/04 – DB 2005, 827; BGH 29.4.2004 – III ZR 279/03 – NJW-RR 2004, 989; LG Bonn 11.2.1998 – 5 S 186/97 – NJW-RR 1998, 1744.
21 BGH 9.6.2005 – III ZR 436/04 – WM 2005, 1667.
22 RG 24.1.1925 – I 728/23 – RGZ 110, 119.
23 OLG München 10.1.2001 – 7 U 2115/00 – OLGR München 2001, 127 = DB 2001, 701.
24 OLG Brandenburg 21.12.1999 – 6 U 95/99 – NJW-RR 2001, 137.
25 Nie explizit entschieden, in der Rspr. aber einhellig anerkannt, s. BGH 13.12.1990 – III ZR 333/89 – NJW-RR 1991, 439; Staudinger/*Preis*, § 627 Rn 19; MüKo-BGB/*Henssler*, § 627 Rn 15; Palandt/*Weidenkaff*, § 627 Rn 2; ErfK/*Müller-Glöge*, § 627 BGB Rn 5; APS/*Dörner*, § 627 BGB Rn 8.
26 BGH 9.6.2005 – III ZR 436/04 – WM 2005, 1667; OLG Düsseldorf 16.4.1999 – 22 U 174/98 – NJW 1999, 3129.
27 Str., ebenso Thomas/*Putzo*, vor § 1029 Rn 8; a.A. RG 29.11.1904 – VII 192/04 – RGZ 59, 247; vgl. auch Staudinger/*Preis*, § 627 Rn 20.
28 AG Andernach 11.8.1993 – 6 C 377/93 – NJW-RR 1994, 121.

kern,[29] Hausverwaltern,[30] Betreibern von Wirtschaftsdatenbanken[31] und die Bereitstellung von Fachkräften zur sicherheitstechnischen bzw. arbeitsmedizinischen Betreuung[32] sowie die Verwaltung urheberrechtlicher Nutzungsrechte[33] wurden bereits als Dienste höherer Art anerkannt. Weiterhin wird auch das Anbieten von Diensten aufgrund von Giroverträgen als Dienst höherer Art angesehen.[34] Nicht als Dienst höherer Art wurde eine Haarbehandlung aufgrund erblich bedingter Glatzenbildung angesehen.[35]

Die Gewährung von **Unterricht** und die Durchführung von Seminaren können im Einzelfall Dienste höherer Art darstellen, z.B. im Fall einer Heilpraktiker-Ausbildung[36] oder bei Kursen zur Heilungsmeditation.[37] Entscheidend ist, ob sie eine anspruchsvolle Aus- oder Fortbildung[38] vermitteln oder lediglich mechanisch-manuelle Fertigkeiten[39] beinhalten. Bei derartigen Unterrichtsverträgen kann es allerdings an der erforderlichen Übertragung aufgrund besonderen Vertrauens fehlen (siehe Rn 10 ff.).

III. Übertragung aufgrund besonderen Vertrauens

Das Merkmal der Übertragung aufgrund besonderen Vertrauens steht selbstständig neben dem Erfordernis der Dienste höherer Art.[40] Erforderlich ist somit, dass die Dienste nicht nur aufgrund besonderen Vertrauens in die fachlichen Kenntnisse und Fähigkeiten übertragen werden, sondern insb. aufgrund eines **besonderen Vertrauens zu der Person** des Dienstverpflichteten selbst.[41] Dabei ist jedoch auf die **typische Lage** abzustellen, d.h. darauf, ob die Dienste im Allgemeinen ihrer Art nach nur in Folge besonderen Vertrauens übertragen zu werden pflegen. Der konkrete Einzelfall ist nicht entscheidend.[42] Allerdings wird ein persönliches Verhältnis zwischen dem Dienstberechtigten und dem Dienstverpflichteten vorausgesetzt.[43]

Von einer Übertragung der Dienste infolge besonderen Vertrauens ist auszugehen, wenn der Dienstberechtigte dem Dienstverpflichteten Einblick in seine Berufs-, Geschäfts-, Einkommens- und Vermögensverhältnisse gewährt[44] oder **vertrauliche Informationen** über die eigene Person bzw. der des gewünschten Partners mitteilt,[45] da solche Informationen regelmäßig nur Personen zur Verfügung gestellt werden, denen ein besonderes Vertrauen entgegengebracht wird. Dies gilt auch dann, wenn der Dienstverpflichtete die Möglichkeit hat, einen Teil der zu erbringenden Aufgaben durch Hilfspersonal erledigen zu lassen; dies ändert nichts an der mit der Hauptaufgabe typischerweise verbundenen Vertrauensstellung.[46]

Auch Dienstverhältnisse mit **juristischen Personen** können unter § 627 fallen,[47] da die juristische Person die Dienste durch natürliche Personen erbringen lässt. Das Vertrauen wird hier den jeweiligen Repräsentanten des Unternehmens entgegengebracht, die Zugang zu privaten Daten erhalten, so dass der Dienstberechtigte dasselbe Interesse an einer außerordentlichen Künd des Dienstverhältnisses im Fall eines Vertrauensverlustes hat wie bei einem Dienstverhältnis mit einer natürlichen Person. An der Übertragung aufgrund besonderen Vertrauens fehlt es hier aber, wenn die betroffenen Mitarbeiter erst zur Erfüllung des Auftrages eingestellt werden, so dass der Vertragspartner diese gar nicht kennt.[48]

Im Fall von **Privatschulverträgen** lehnt die Rspr. die Übertragung aufgrund besonderen Vertrauens ab, wenn die Lehrkräfte nicht von vornherein festgelegt wurden.[49] Für sonstige Unterrichtsverträge lehnt der BGH die Anwendbarkeit des § 627 ab, da hier der Gesichtspunkt des persönlichen Vertrauens gegenüber dem Interesse an einer qua-

---

29 BGH 13.1.1993 – VIII ZR 112/92 – NJW-RR 1993, 506; BGH 28.10.1982 – I ZR 134/80 – NJW 1983, 1191.
30 KG Berlin 15.3.2002 – 13 U 129/01 – NJW-RR 2002, 802; LG Berlin 23.8.2001 – 31 O 206/01 – Grundeigentum 2001, 1608.
31 AG Dortmund 6.3.1990 – 125 C 708/89 – NJW-RR 1990, 891; LG Wuppertal 10.7.1992 – 10 S 127/92 – juris.
32 LG Karlsruhe 16.12.2002 – 10 O 490/02 – juris.
33 OLG München 8.11.2007 – 6 U 4434/06 – GRUR-RR 2008, 208; LG München I 2.8.2006 – 21 O 18448/05 – BeckRS 2007, 03283.
34 LG Saarbrücken 3.3.2000 – 13 A S 104/99 – NJW-RR 2001, 481.
35 LG Dortmund 10.4.1991 – 1 S 479/90 – NJW-RR 1991, 1404.
36 LG Karlsruhe 16.6.1981 – 13 U 166/80 – NJW 1981, 1676.
37 LG Kassel 7.1.1999 – 1 S 379/98 – NJW-RR 1999, 1281.
38 BAG 29.11.1962 – 2 AZR 176/62 – NJW 1963, 680; OLG Schleswig 8.2.1977 – 9U 30/76 – juris.
39 OLG Karlsruhe 16.6.1981 – 13 U 166/80 – NJW 1981, 1676.
40 BGH 18.10.1984 – IX ZR 14/84 – NJW 1986, 373.
41 BGH 18.10.1984 – IX ZR 14/84 – NJW 1986, 373 m.w.N.
42 BGH 18.10.1984 – IX ZR 14/84 – NJW 1986, 373.
43 RG 20.5.1913 – III 373/12 – RGZ 82, 285.
44 BGH 19.11.1992 – IX ZR 77/92 – NJW-RR 1993, 374; OLG Düsseldorf 10.12.2007 – 24 U 110/07 – NJOZ 2008, 1864.
45 BGH 24.6.1987 – IVa ZR 99/86 – NJW 1987, 2808.
46 OLG München 8.11.2000 – 7 U 4730/98 – OLGR München 2001, 17 = DB 2001, 701; OLG Koblenz 18.5.1990 – 2 U 1382/88 – NJW 1990, 3153.
47 LG Karlsruhe 16.12.2002 – 10 O 490/02 – juris; OLG München 10.1.2001 – 7 U 2115/00 – OLGR München 2001, 127 = DB 2001, 701; zweifelnd mit ausführlicher Begründung Staudinger/*Preis*, § 627 Rn 22.
48 OLG Köln 8.6.2004 – 22 U 212/03 – BauR 2004, 1833.
49 OLG Frankfurt/Kassel 12.5.1981 – 14 U 15/80 – NJW 1981, 2760; OLG Celle 19.6.1981 – 3 U 30/81 – NJW 1981, 2762; OLG Karlsruhe 16.6.1981 – 13 U 166/80 – NJW 1981, 1676; a.A. OLG Schleswig 8.2.1977 – 9 U 30/76 – MDR 1977, 753; generell ablehnend Staudinger/*Preis*, § 627 Rn 22.

lifizierten, erfolgversprechenden Vermittlung von Fachwissen völlig in den Hintergrund tritt.[50] Auch Kurzseminare, wie eine Verkaufsschulung durch einen Verkaufstrainer, stellen keine Dienste höherer Art dar, die üblicherweise aufgrund besonderen Vertrauens übertragen zu werden pflegen.[51] Bei Werbeberatern fehlt es jedenfalls dann an einer Übertragung aufgrund besonderen Vertrauens, wenn eine Offenlegung sensibler Kunden- oder Geschäftsdaten von Anfang an ausgeschlossen wird.

IV. Kein dauerndes Dienstverhältnis mit festen Bezügen

14 Eine fristlose Künd nach § 627 ist ausgeschlossen, wenn ein dauerndes Dienstverhältnis mit festen Bezügen vorliegt. Beide Merkmale müssen kumulativ gegeben sein.[52] Die Bedeutung dauernder Dienstverhältnisse mit festen Bezügen als **Existenzsicherung** für den Dienstverpflichteten steht dem besonderen Schutz der Entschließungsfreiheit des Dienstberechtigten in diesen Fällen entgegen.[53]

15 **1. Dauerndes Dienstverhältnis.** Ein dauerndes Dienstverhältnis setzt nicht voraus, dass ein Vertrag auf unbestimmte Zeit abgeschlossen wurde.[54] Es reicht aus, wenn der Vertrag auf eine **bestimmte längere Zeit** abgeschlossen ist.[55] Schon ein einjähriger Dienstvertrag kann ein dauerndes Dienstverhältnis begründen, insb. wenn sich die Parteien einig waren, dass eine Verlängerung zweckmäßig wäre und möglich sein soll,[56] ein auf zwei Jahre befristeter Ausbildungsvertrag ist auch ohne Absicht der Verlängerung ein dauerndes Dienstverhältnis,[57] ebenso ein auf zwei Schuljahre abgeschlossener Internatsvertrag[58] oder ein Dauerberatungsmandat einer Anwaltskanzlei.[59] Darüber hinaus setzt ein dauerndes Dienstverhältnis jedoch weder voraus, dass der Dienstverpflichtete den überwiegenden Teil seiner Arbeitskraft schuldet, noch dass er wirtschaftlich oder sozial vom Dienstberechtigten abhängig ist.[60] Es genügt, wenn der Dienstverpflichtete nur jeweils eine Woche pro Monat tätig werden soll.[61] Der Begriff „dauernd" ist so zu verstehen, dass eine ständige und kontinuierliche Dienstleistung, nicht nur eine einmalige oder vorübergehende, etwa **vertretungs- oder aushilfsweise Tätigkeit** geschuldet werden muss.[62] An einem dauernden Dienstverhältnis fehlt es, wenn ein Dienstleistungsunternehmen seine Dienste einer großen, unbestimmten und unbegrenzten Zahl von Interessenten anbietet.[63]

16 **2. Feste Bezüge.** Feste Bezüge sind eine auf Dauer vereinbarte bestimmte Vergütung für eine Gesamtdienstleistung.[64] Entscheidend für das Vorliegen fester Bezüge i.S.d. Abs. 1 ist, ob sich der Dienstberechtigte darauf verlassen kann, dass ihm auf längere Sicht bestimmte, von vornherein festgelegte Beträge als Dienstbezüge zufließen werden, die die Grundlage seines wirtschaftlichen Daseins bilden können.[65] Den Gegensatz dazu stellen Entgelte dar, die von außervertraglichen Entwicklungen abhängen und deshalb der Höhe nach schwanken. Sie sind nur dann und insoweit feste Bezüge als dem Dienstverpflichteten ein bestimmtes **Mindesteinkommen** garantiert ist.[66] Demnach liegen feste Bezüge i.S.d. Abs. 1 nicht vor, wenn die Vergütung, wie z.B. bei Provisionszahlungen oder Tantiemen, davon abhängt, ob und in welchem Umfang Umsätze erzielt werden[67] oder Miete eingenommen wird,[68] oder wenn eine Vertragsanpassungsregelung besteht.[69] Zusätzlich setzt der BGH voraus, dass die Höhe der Bezüge als Grundlage

---

50 BGH 8.3.1984 – IX ZR 144/83 – BGHZ 90, 280 = NJW 1984, 1531; vgl. zum Meinungsstand Staudinger/*Preis*, § 627 Rn 23.
51 BGH 18.10.1984 – IX ZR 14/84 – NJW 1986, 373.
52 BGH 31.3.1967 – VI ZR 288/64 – BGHZ 47, 303; LG Karlsruhe 16.12.2002 – 10 O 490/02 – juris; BAG 12.7.2006 – 5 AZR 277/06 – NJW 2006, 3453; OLG Düsseldorf 10.12.2007 – 24 U 110/07 – NJOZ 2008, 1864.
53 BGH 13.1.1993 – VIII ZR 112/92 – NJW-RR 93, 505.
54 BGH 31.3.1967 – VI ZR 288/64 – BGHZ 47, 303 = NJW 1967, 1416. BAG 12.7.2006 – 5 AZR 277/06 – NJW 2006, 3453.
55 BGH 31.3.1967 – VI ZR 288/64 – BGHZ 47, 303 = NJW 1967, 1416.
56 BGH 31.3.1967 – VI ZR 288/64 – BGHZ 47, 303 = NJW 1967, 1416; BGH 19.11.1992 – IX ZR 77/92 – NJW-RR 1993, 374; BGH 8.3.1984 – IX ZR 144/83 – BGHZ 90, 280 = NJW 1984, 1531; BAG 12.7.2006 – 5 AZR 277/06 – NJW 2006, 3453; OLG Köln 8.6.2004 – 22 U 212/03 – BauR 2004, 1833.
57 BGH 4.11.1992 – VIII ZR 235/91 – BGHZ 120, 108 = NJW 1993, 326.
58 BGH 28.2.1985 – IX ZR 92/84 – NJW 1985, 2585.
59 OLG Hamm 8.12.1994 – 28 U 55/94 – NJW-RR 1995, 1530.
60 BGH 31.3.1967 – VI ZR 288/64 – BGHZ 47, 303 = NJW 1967, 1416; BGH 19.11.1992 – IX ZR 77/92 – NJW-RR 1993, 374.
61 BGH 31.3.1967 – VI ZR 288/64 – BGHZ 47, 303 = NJW 1967, 1416.
62 LG Bielefeld 30.4.1980 – 2 S 51/80 – NJW 1981, 1678; *Dörner*, NJW 1979, 241.
63 BGH 1.2.1989 – IVa ZR 354/87 – BGHZ 106, 341 = NJW 1989, 1479; OLG München 10.1.2001 – 7 U 2115/00 – DB 2001, 701 = OLGR München 2001, 127.
64 LAG Rheinland-Pfalz 25.10.2005 – 2 Sa 254/05 – BeckRS 2006 40375; OLG Düsseldorf 10.12.2007 – 24 U 110/07 – NJOZ 2008, 1864; Staudinger/*Preis*, § 627 Rn 16.
65 BGH 13.1.1993 – VIII ZR 112/92 – NJW-RR 1993, 505; LAG Rheinland-Pfalz 25.10.2005 – 2 Sa 254/05 – BeckRS 2006 40375; OLG Düsseldorf 10.12.2007 – 24 U 110/07 – NJOZ 2008, 1864.
66 BGH 13.1.1993 – VIII ZR 112/92 – NJW-RR 1993, 505.
67 BGH 19.11.1992 – IX ZR 77/92 – NJW-RR 1993, 374.
68 LG Berlin 23.8.2001 – 31 O 206/01 – Grundeigentum 2001, 1608; a.A. KG Berlin 15.3.2002 – 13 U 129/01 – NJW-RR 2002, 802.
69 OLG Dresden 24.3.2004 – 15 U 2164/03 – juris.

für das wirtschaftliche Dasein des Dienstverpflichteten ausreicht.[70] Demgegenüber spielt die Frage, nach welchen Zeitabschnitten die Vergütung zu leisten ist, keine Rolle.[71]

V. Kündigung

Das Künd-Recht nach § 627 steht sowohl dem Dienstverpflichteten als auch dem Dienstberechtigten zu. Der gesetzliche Hinweis auf die Künd nach § 626 macht klar, dass die Künd außerordentlich und **ohne Einhaltung einer Frist** erfolgen kann; gleichwohl steht es dem Kündigenden frei, auf die Entfristung zu verzichten und die Künd befristet zu erklären.[72] Falls eine **soziale Auslauffrist** gewährt wird, kann der Kündigende innerhalb dieser Frist jederzeit nochmals fristlos kündigen. Die Künd wird mit dem Zugang wirksam, eine „rückwirkende" Künd ist unwirksam, kann aber nach § 140 in eine Künd zum nächstmöglichen Zeitpunkt (frühestens Zugang) umgedeutet werden.[73]

Eines darzulegenden und zu beweisenden **Künd-Grundes** bedarf es nicht.[74] Das Vorliegen eines wichtigen Grundes ist im Rahmen der außerordentlichen Künd nach § 627 selbst bei einer Künd zur Unzeit **keine Wirksamkeitsvoraussetzung**, sondern löst nur die Schadensersatzpflicht nach Abs. 2 aus.[75] Die Künd ist – anders als die Künd im Arbverh – **nicht formbedürftig**.[76] Die Formvorschrift des § 623 ist nicht anwendbar, da sie sich nur auf Arbverh bezieht.[77] Auch ein einzelvertragliches Schriftformerfordernis für Vertragsänderungen führt nicht zur Formbedürftigkeit der Künd, da die Künd den Vertrag nicht ändert, sondern beendet.[78]

VI. Schadensersatz bei Kündigung zur Unzeit (Abs. 2)

Abs. 2 gilt nur für die Künd durch den Dienstverpflichteten. Kündigt der Dienstverpflichtete zur Unzeit und liegt kein wichtiger Grund vor, so ist der Dienstverpflichtete dem Dienstberechtigten zum Ersatz des daraus entstehenden Schadens verpflichtet. Diese Einschränkung besteht nur auf Seiten des Dienstverpflichteten: Dieser selbst muss wegen des Fehlens von festen Bezügen nicht vor einer unerwarteten Künd geschützt werden, wohingegen der Dienstberechtigte auf die Erbringung der Dienste angewiesen sein kann.

1. Unzeit. Eine Künd erfolgt zur Unzeit, wenn sich der Dienstberechtigte die Dienste nicht rechtzeitig anderweitig beschaffen kann. Dabei ist – insb. bei der Gewährung einer Auslauffrist – auf den Zeitpunkt der angekündigten Beendigung des Dienstverhältnisses, nicht auf den Tag der Künd-Erklärung abzustellen.[79] Im Fall eines Rechtsanwalts ist z.B. eine Künd des Mandats unmittelbar vor dem Ablauf wichtiger Fristen oder einem Termin zur mündlichen Verhandlung unzeitig.[80] Ein Behandlungsabbruch durch einen Arzt stellt eine Künd zur Unzeit dar, wenn Leben oder Gesundheit des Patienten durch die Verzögerung bis zur Behandlungsübernahme durch einen anderen Arzt gefährdet sein können.[81]

2. Schadensersatz. Kündigt der Dienstverpflichtete ohne wichtigen Grund zur Unzeit, muss er dem Dienstberechtigten den daraus entstehenden Schaden ersetzen. Zu ersetzen ist dabei nicht das Erfüllungsinteresse, weil der Schaden des Dienstberechtigten nicht in der Auflösung des Dienstverhältnisses überhaupt, sondern lediglich in der fehlenden Berücksichtigung seiner Interessen bei der Wahl des Künd-Zeitpunktes besteht. Somit ist lediglich das negative Interesse, der **Vertrauensschaden**, zu ersetzen.[82]

3. Wichtiger Grund. Eine Schadensersatzverpflichtung des zur Unzeit kündigenden Dienstverpflichteten scheidet aus, wenn ein wichtiger Grund für die Künd gegeben ist. Der wichtige Grund muss sich dabei gerade auf die unzeitige Künd zu beziehen. Es müssen also Umstände gegeben sein, die eine **Rücksichtnahme** auf die Interesse des Dienstherrn an der anderweitigen Dienstbeschaffung als **unzumutbar** erscheinen lassen. Der wichtige Grund i.S.d. Abs. 2 entspricht somit nicht dem wichtigen Grund nach § 626 Abs. 1, bei dem die Fortsetzung des Dienstverhältnisses insgesamt unzumutbar sein muss.[83] Anderenfalls wäre die Regelung inhaltsleer, da § 626 neben § 627 anwend-

---

70 BGH 13.1.1993 – VIII ZR 112/92 – BB 1993, 607; a.A. OLG Karlsruhe 16.6.1981 – 13 U 166/80 – NJW 1981, 1676; OLG Hamm 24.11.1981 – 26 U 66/81 – NJW 1982, 1053; Staudinger/*Preis*, § 627 Rn 16.
71 Ebenso Soergel/*Kraft*, § 627 Rn 6; Staudinger/*Preis*, § 627 Rn 15.
72 BGH 21.4.75 – II ZR 2/73 – WM 1975, 761.
73 OLG München 8.11.2000 – 7 U 4730/98 – OLGR München 2001, 17.
74 BGH 5.11.1998 – III ZR 226/97 – NJW 1999, 276.
75 BGH 24.6.1987 – IVa ZR 99/86 – NJW 1987, 2808; BGH 4.7.2002 – IX ZR 153/01 – NJW 2002, 2774.
76 OLG München 10.1.2002 – 7 U 2115/00 – OLGR München 2001, 127 = DB 2001, 701; KG Berlin 7.11.2000 – 7 U 4147/99 – KGR Berlin 2001, 137.
77 Bestätigt durch OLG München 10.1.2002 – 7 U 2115/00 – OLGR München 2001, 127 = DB 2001, 701.
78 BGH 30.4.1982 – V ZR 104/81 – BGHZ 83, 397 = NJW 1982, 1639; OLG München 10.1.2002 – 7 U 2115/00 – OLGR München 2001, 127 = DB 2001, 701; OLG Karlsruhe 13.4.1994 – 2 UF 228/93 – NJW-RR 1994, 1414.
79 Ebenso Staudinger/*Preis*, § 627 Rn 28.
80 MüKo-BGB/*Henssler*, § 627 Rn 24; Erman/*Hanau*, § 627 Rn 9; Staudinger/*Preis*, § 627 Rn 28.
81 Staudinger/*Preis*, § 627 Rn 28.
82 APS/*Dörner*, § 627 Rn 12; Staudinger/*Preis*, § 627 Rn 30; ErfK/*Müller-Glöge*, § 627 BGB Rn 7; a.A. Soergel/*Kraft*, § 627 Rn 10.
83 MüKo-BGB/*Henssler*, § 627 Rn 26; Staudinger/*Preis*, § 627 Rn 31; Erman/*Hanau*, § 627 Rn 9; a.A. ErfK/*Müller-Glöge*, § 627 BGB Rn 2.

bar bleibt (vgl. Rn 24) und bei Vorliegen seiner Voraussetzungen ohne die Einschränkung zur unzeitigen Künd unmittelbar eingreift.[84]

23 In Betracht kommen **objektive Gründe** wie die Unfähigkeit, nach einem Unfall mit Schleudertrauma die Vertretung eines Arztes zu übernehmen, die es aufgrund von Hausbesuchen erforderlich macht, Auto zu fahren.[85] Daneben kann aber auch das **Verhalten des Dienstberechtigten**, z.B. die Beanstandung der Dienste oder eigene Vertragsverletzungen, eine Rücksichtnahme auf dessen Interessen entbehrlich machen.[86]

C. Verbindung zu anderen Rechtsgebieten und zum Prozessrecht

I. Verhältnis zu anderen Vorschriften

24 § 626 bleibt neben § 627 anwendbar. Sonderregelungen werden durch **§ 22 Abs. 1 BBiG (§ 15 Abs. 1 BBiG a.F.)** für das Berufsausbildungsverhältnis (vgl. hierzu die Kommentierung zu § 22 BBiG) sowie durch **§ 5 Abs. 1 S. 1 FernUSG** für Fernunterrichtsverträge getroffen. Beim Fernunterricht ist der Teilnehmer regelmäßig noch schutzwürdiger als beim Direktunterricht, da die Prüfung der Angebote deutlich schwieriger ist. Infolge dieses Unterschiedes lehnte die Rspr. eine (analoge) Anwendbarkeit des § 5 Abs. 1 S. 1 FernUSG auf Direktunterrichtsverträge ab.[87]

II. Verhältnis zu Rücktritt und Schadensersatz nach allgemeinem Schuldrecht

25 Das Künd-Recht tritt zumindest hinsichtlich bereits in Vollzug gesetzter Dienstverhältnisse an die Stelle des Rücktritts nach §§ 323, 326.[88] Z.T. wird vertreten, dass die Künd das Rücktrittsrecht schon vor Dienstantritt verdrängt.[89] Die Schadensersatzansprüche der §§ 281, 283 wegen Nichterfüllung werden durch die Regelung des § 627 jedoch nicht berührt, da deren Geltendmachung nicht von einer gleichzeitigen Künd abhängt.[90]

III. Rechtsweg

26 Da § 627 ausdrücklich nur auf Dienstverhältnisse Anwendung findet, die keine Arbverh sind, ist ausschließlich der **ordentliche Rechtsweg** eröffnet.

IV. Darlegungs- und Beweislast

27 Die Darlegungs- und Beweislast für die Voraussetzungen des Künd-Rechts nach Abs. 1 trägt derjenige, der die Künd ausspricht.[91] Im Fall des Abs. 2 trägt der Dienstberechtigte die Darlegungs- und Beweislast hinsichtlich der Umstände, aufgrund derer die Künd als zur Unzeit ausgesprochen erscheint, sowie hinsichtlich seines Schadens. Demgegenüber ist der Dienstverpflichtete für die Tatsachen darlegungs- und beweispflichtig, aus denen sich der wichtige Grund ergibt.[92]

D. Beraterhinweise

28 Um die Anwendbarkeit des § 627 klarzustellen, kann es sich anbieten, in dem entsprechenden Dienstvertrag in einer Vorbemerkung auf das besondere Vertrauensverhältnis hinzuweisen. Alternativ kann dies zumindest teilweise durch die Aufbewahrung der Geschäftsunterlagen, denen sich die besonderen Fähigkeiten des Dienstberechtigten entnehmen lassen, dokumentiert werden. Soll die Künd-Möglichkeit nach § 627 ausgeschlossen werden, so darf dies nicht in AGB geschehen. Vielmehr ist in individuellen Vertragsverhandlungen eine Klausel zu vereinbaren, der der Wille auf den Ausschluss der Künd nach § 627 eindeutig zu entnehmen ist. Die entsprechenden Verhandlungen sollten aus Beweisgründen dokumentiert werden.

§ 628　Teilvergütung und Schadensersatz bei fristloser Kündigung

(1) ¹Wird nach dem Beginn der Dienstleistung das Dienstverhältnis auf Grund des § 626 oder des § 627 gekündigt, so kann der Verpflichtete einen seinen bisherigen Leistungen entsprechenden Teil der Vergütung verlangen. ²Kündigt er, ohne durch vertragswidriges Verhalten des anderen Teiles dazu veranlasst zu sein, oder veranlasst er durch sein vertragswidriges Verhalten die Kündigung des anderen Teiles, so steht ihm ein Anspruch auf die Vergütung insoweit nicht zu, als seine bisherigen Leistungen infolge der Kündigung für den anderen

---

[84] Palandt/*Weidenkaff*, § 627 Rn 7.
[85] LG Mannheim 27.6.1973 – 6 S 163/71 – VersR 1973, 1175.
[86] Ähnlich Staudinger/*Preis*, § 627 Rn 31.
[87] BGH 8.3.1984 – IX ZR 144/83 – BGHZ 90, 280 = NJW 1984, 1531; a.A. OLG Karlsruhe 16.6.1981 – 13 U 166/80 – NJW 1981, 1676.
[88] ErfK/*Müller-Glöge*, § 627 BGB Rn 2; Palandt/*Grüneberg*, § 323 Rn 4; MüKo-BGB/*Henssler*, § 627 Rn 5.
[89] KDZ/*Däubler*, § 627 BGB Rn 1; Staudinger/*Preis*, § 627 Rn 12.
[90] MüKo-BGB/*Henssler*, § 627 Rn 5; Staudinger/*Preis*, § 627 Rn 13.
[91] MüKo-BGB/*Henssler*, § 627 Rn 34.
[92] ErfK/*Müller-Glöge*, § 627 BGB Rn 9.

Teil kein Interesse haben. ³Ist die Vergütung für eine spätere Zeit im Voraus entrichtet, so hat der Verpflichtete sie nach Maßgabe des § 346 oder, wenn die Kündigung wegen eines Umstands erfolgt, den er nicht zu vertreten hat, nach den Vorschriften über die Herausgabe einer ungerechtfertigten Bereicherung zurückzuerstatten.
(2) Wird die Kündigung durch vertragswidriges Verhalten des anderen Teiles veranlasst, so ist dieser zum Ersatz des durch die Aufhebung des Dienstverhältnisses entstehenden Schadens verpflichtet.

Literatur: *Becker-Schaffner*, Zum Haftungsumfang des Arbeitnehmers bei Vertragsbruch, Blätter für Steuerrecht, Sozialversicherung und Arbeitsrecht (BlStSozArbR), 1982, 97; *Fuchs*, Berechnung des Gehalts für einzelne Tage des Monats, BB 1972, 137; *Hadding*, Anmerkung zum Urteil des BAG vom 9.5.1975 – 3 AZR 352/74 – betreffend Inhalt und Umfang des fristlos gekündigten Arbeitnehmers nach § 628 Abs. 2 BGB, SAE 1976, 219; *Henssler/Deckenbrock*, Neue anwaltliche Betätigungsverbote bei Interessenkonflikten, NJW 2008, 1275; *dies.*, Der (Teil-)Vergütungsanspruch des Rechtsanwalts im Falle vorzeitiger Mandatsbeendigung im Normgefüge des § 628 BGB, NJW 2005, 1

A. Abwicklungsansprüche bei vorzeitiger Kündigung (Abs. 1)	1
I. Allgemeines	1
1. Regelungszweck	1
2. Anwendungsbereich	2
3. Abdingbarkeit	4
II. Regelungsgehalt	6
1. Teilvergütung (Abs. 1 S. 1)	6
a) Anspruchsvoraussetzungen	6
b) Umfang und Berechnung der Teilvergütung	7
2. Herabsetzung der Vergütung (Abs. 1 S. 2)	10
a) Tatbestandsvoraussetzungen	10
b) Kündigung durch den Dienstverpflichteten	13
c) Kündigung durch den Dienstberechtigten	17
d) Umfang der Herabsetzung der Vergütung	18
3. Rückzahlung der Vergütung bei Vorleistung des Dienstberechtigten (Abs. 1 S. 3)	20
a) Anwendung von Rücktritts- oder Bereicherungsrecht	20
b) Gratifikationen und Aus- bzw. Fortbildungskosten	24
III. Verbindung zu anderen Rechtsgebieten und zum Prozessrecht	25
IV. Beratungshinweise	26
B. Schadensersatz nach Kündigung (Abs. 2)	28
I. Allgemeines	28
1. Regelungszweck	28
2. Anwendungsbereich	29
3. Abdingbarkeit	32
II. Regelungsgehalt	33
1. Anspruchsvoraussetzungen	34
a) Vertragswidriges Verhalten	34
b) Form der Beendigung	38
c) Kausalität	40
2. Höhe des Schadensersatzes	41
a) Schaden auf Seiten des Dienstberechtigten/Arbeitgebers	42
b) Schaden aufseiten des Dienstverpflichteten/Arbeitnehmers	47
3. Rechtliche Einordnung des Schadensersatzes	50
III. Verbindung zu anderen Rechtsgebieten und zum Prozessrecht	51
1. Andere Anspruchsgrundlagen für Schadensersatz bei vorzeitiger Beendigung	51
a) Vertragsstrafe	51
b) Entschädigung (§ 61 Abs. 2 ArbGG)	54
2. Darlegungs- und Beweislast	55
3. Steuer- und sozialrechtliche Behandlung des Schadensersatzes	56
IV. Beraterhinweise	58

A. Abwicklungsansprüche bei vorzeitiger Kündigung (Abs. 1)

I. Allgemeines

1. Regelungszweck. § 628 regelt die mit einer außerordentlichen Künd von Dienst- und Arbverh nach §§ 626, 627 verbundenen Rechtsfolgen. Wegen der Fristlosigkeit der Künd wird das beendete Dienst- oder Arbverh in Abs. 1 als reines **Abwicklungsverhältnis** behandelt, das keine persönlichen Leistungspflichten mehr zum Gegenstand hat, sondern nur noch gegenseitige finanzielle Ansprüche. Einzelne Nebenpflichten (insb. Verschwiegenheitspflichten)[1] bestehen gleichwohl fort.[2] Die Regelung gibt dem i.d.R. vorleistungspflichtigen Dienstverpflichteten (§ 614) einen Anspruch auf die seinen bisherigen Leistungen entsprechende (Teil-)Vergütung. Sie ist damit insb. dann von Bedeutung, wenn durch die Künd ein Abrechnungszeitraum unterbrochen wird oder eine einheitliche Vergütung für die Gesamtleistung vereinbart war.

2. Anwendungsbereich. § 628 findet grds. auf alle Dienst- und Arbverh Anwendung und zwar über den Wortlaut hinaus auch für den Fall der Künd vor Dienstantritt.[3] Auf ordentliche Künd kann die Regelung des Abs. 1 nicht übertragen werden.[4]

Für einige Spezialfälle bestehen Sonderregelungen: Gem. § 15 Abs. 4 RVG ist es für die einmal entstandene **Rechtsanwaltsvergütung** grds. ohne Einfluss, wenn der Auftrag vorzeitig endet; Abs. 1 S. 1 ist hier deshalb nicht anwendbar. Die früher in § 32 BRAGO enthaltene Regelung findet sich jetzt im Vergütungsverzeichnis zum RVG, z.B.

---

1 BAG 15.12.1987 – 3 AZR 474/86 – NZA 1988, 502; BAG 16.3.1982 – 3 AZR 83/79 – DB 1982, 2247.
2 Staudinger/*Preis*, § 628 Rn 2.
3 RGRK/*Corts*, § 628 Rn 4.
4 BGH 26.1.1994 – VIII ZR 39/93 – NJW 1994, 1069.

Nr. 3101. Etwas Anderes gilt nur bei Vereinbarung eines Pauschalhonorars.[5] Im **Berufsausbildungsverhältnis** wird § 628 durch § 23 BBiG verdrängt;[6] Unterrichtsverträge unterfallen als Dienstverträge demgegenüber § 628.[7] Im **Handelsvertreterrecht** gelten die §§ 87 ff. HGB vorrangig, auf feste Vergütungen wird Abs. 1 jedoch entsprechend angewendet.[8] Für **Seeleute** gelten die §§ 66 und 70 SeemG.

3. Abdingbarkeit. Abs. 1 ist grds. abdingbar. Aufgrund von § 276 Abs. 3 gilt dies nicht, wenn der Anlass für die außerordentliche Künd vorsätzlich herbeigeführt wurde. Insb. können alternativ die Rechtsfolgen des § 649 vereinbart werden.[9] Zwingende arbeitsrechtliche Vorschriften dürfen nach der h.M. nicht umgangen werden;[10] deshalb wäre z.B. eine Vereinbarung, wonach nur die bis zur Beendigung tatsächlich geleistete Arbeit zu vergüten ist, unwirksam, weil dadurch u.a. gegen das BUrlG und das EFZG verstoßen würde.[11] Z.T. wird sogar angenommen, dass im Arbverh eine Abweichung zu Ungunsten des AN generell erst durch eine nach Beendigung des Arbverh geschlossene Vereinbarung möglich ist.[12]

Handelt es sich um **AGB**, sind Vereinbarungen, die dem Verwender eine nicht nur unwesentlich höhere Vergütung von Teilleistungen sichern, unangemessen i.S.v. § 308 Nr. 7a.[13] Klauseln, die den Vertragspartner zur Zahlung der Teilvergütung auch dann verpflichten, wenn der Verwender die Künd des Dienstverhältnisses schuldhaft veranlasst hat und seine bisherigen Leistungen für den anderen Teil ohne Interesse sind, sind ebenfalls unwirksam.[14] Werden Vergütungspauschalen in AGB vereinbart, so müssen sie für den regelmäßigen Anwendungsfall der nach dem Gesetz zu beanspruchenden Vergütung entsprechen und der Gegenbeweis unangemessener Höhe darf dem Vertragspartner nicht abgeschnitten werden (§ 309 Nr. 5b).[15] Unwirksam sind Vereinbarungen, die dem Verwender Teilvergütungen und Abstandszahlungen zusprechen, falls der Vertrag vor Beginn der Dienstleistung gekündigt wird, § 309 Nr. 6 und 10, § 308 Nr. 7, § 307.[16] Ebenso verstößt eine Klausel gegen § 307, mit der der Dienstgeber den Anspruch auf Teilvergütung bei vorzeitiger Beendigung des Dienstverhältnisses abzubedingen versucht.[17] Diese Grundsätze sind seit dem 1.1.2000 unmittelbar auch auf Arbverh anzuwenden (§ 310 Abs. 4). Regelungen, die in **Formulararbeitsverträgen** von Abs. 1 abweichen, verstoßen gegen den Grundsatz von Treu und Glauben, weil entweder die Künd für den Vertragspartner erschwert wird, der Verwender mehr beansprucht als seine erbrachten Leistungen wert sind und/oder der Grundsatz des Vorteilsausgleichs ungenügend beachtet wird.[18] Sie sind daher unwirksam.

II. Regelungsgehalt

1. Teilvergütung (Abs. 1 S. 1). a) Anspruchsvoraussetzungen. Einzige Voraussetzung des Anspruchs auf Teilvergütung ist das Vorliegen einer außerordentlichen Künd des Dienstverhältnisses nach § 626 oder § 627. Ist die Teilvergütung dann nicht nach Abs. 1 S. 2 ausgeschlossen, besteht automatisch der Teilvergütungsanspruch.

b) Umfang und Berechnung der Teilvergütung. Da sich der Anspruch nur auf die bisherigen Leistungen bezieht, die der Dienstnehmer in Vorleistung erbracht hat, besteht der Anspruch im entsprechenden Verhältnis der bisherigen Leistung zur insgesamt geschuldeten Leistung. Grds. unerheblich ist, welchen Wert die Leistung für den Dienstberechtigten hat bzw. von welchem Interesse die Teilleistung für ihn ist. Zu vergüten sind nicht nur die eigentlichen Dienste an sich, sondern entsprechend § 670 auch die damit verbundenen vorbereitenden Maßnahmen und **Aufwendungen**, z.B. Reisekosten, soweit diese berechtigterweise und im Interesse des Dienstberechtigten erfolgten.[19] Der Anspruch auf die Teilvergütung beinhaltet auch Natural- und Nebenvergütungen.

Unproblematisch ist die Berechnung, wenn ein **Stundenlohn** vereinbart wurde. Hier ist lediglich die Vergütung für die bereits erbrachten Arbeitsstunden geschuldet. Bei Vereinbarung eines **Monatslohns** ist zu beachten, dass die einzelnen Monate unterschiedlich viele Arbeitstage aufweisen; hier ist ein Ausgleich zwischen dem legitimen Bedürfnis des Dienstberechtigten an einem möglichst einfachen und gleichmäßigen Berechnungsverfahren und dem Anspruch des Dienstverpflichteten auf eine möglichst exakte Berechnung der ihm zustehenden Vergütung zu finden. Dies kann zum einen durch eine konkrete Berechnung in der Weise erfolgen, dass das Monatsgehalt durch die Summe der in

---

5 Staudinger/*Preis*, § 628 Rn 4; OLG Köln 6.12.1971 – 17 U 1/71 – AnwBl 1972, 159.
6 BAG 17.7.1997 – 8 AZR 257/96 – NZA 1997, 1224.
7 OLG Hamburg 18.5.1998 – 12 U 42/97 – Ez.B. § 626 Nr. 35.
8 *Baumbach/Hopt*, § 89a HGB Rn 2.
9 BGH 28.6.1952 – II ZR 263/51 – LM § 611 Nr. 3 = BB 1952, 635.
10 KR/*Weigand*, § 628 BGB Rn 2.
11 APS/*Rolfs*, § 628 BGB Rn 4.
12 Soergel/*Kraft*, § 628 Rn 3; Staudinger/*Preis*, § 628 Rn 14; MüKo-BGB/*Henssler*, § 628 Rn 72 für § 628 Abs. 2.
13 BGH 3.2.2005 – III ZR 268/04 – DB 2005, 827; BGH 29.5.1991 – IV ZR 187/90 – NJW 1991, 2763; BGH 4.6.1970 – VII ZR 187/68 – NJW 1970, 1596.
14 LG Osnabrück 5.2.1986 – 1 S 381/85 – AP 611 BGB Partnervermittlung Nr. 4 = NJW 1986, 2710.
15 BGH 16.1.1984 – II ZR 100/83 – NJW 1984, 2093.
16 Staudinger/*Preis*, § 628 Rn 15.
17 BGH 4.10.1984 – VII ZR 65/83 – BGHZ 92, 244 = MDR 1985, 222.
18 Ulmer/Brandner/Hensen/*Schmidt*, § 10 Nr. 7 AGBG Rn 16; Staudinger/*Preis*, § 628 Rn 16.
19 BGH 29.5.1991 – IV ZR 187/90 – NJW 1991, 2763; BAG GS 10.11.1961 – GS 1/60 – NJW 1962, 411.

diesem Monat anfallenden Arbeits- und Feiertage geteilt und dieser Tageslohn anschließend mit der Summe der bereits abgeleisteten Arbeits- und bisherigen Feiertage multipliziert wird.[20] Alternativ kann in Anlehnung an § 18 Abs. 1 S. 2 BBiG (§ 11 Abs. 1 S. 2 BBiG a.F.) eine pauschalierte Berechnung auf der Basis von 30 Kalendertagen/Monat vorgenommen werden.[21] Im Fall der Vergütung nach **Akkordlohn** ist nach dem erzielten Akkordergebnis abzurechnen. Schwierig gestaltet sich die Feststellung des Anteils der bisherigen Leistungen, wenn ein **Pauschalhonorar** vereinbart wurde. Eine rein zeitanteilige Abrechnung wäre auch dann zwar denkbar,[22] übersähe jedoch eine ggf. unterschiedliche Qualität der insgesamt zu erbringenden Teilleistungen. Die Teilvergütung darf deshalb in diesem Fall nicht ausschließlich nach der bereits verstrichenen Zeit berechnet werden,[23] sondern hat qualitative Besonderheiten zu beachten, wenn die Dienste verschiedener Art waren (z.B. Zeiten bloßer Bereitschaft, komplexe Sonderleistungen, zuschlagsberechtigte Tätigkeiten).[24]

Bei Ermittlung der Teilvergütung sind auch Feiertage, Bereitschaftsdienste und Zulagen wegen Schwierigkeit oder Gefährlichkeit der Tätigkeit anteilig zu berücksichtigen, wenn eine entsprechende Vergütung zwischen den Parteien vereinbart war. Der Teilvergütungsanspruch umfasst auch **Gewinnbeteiligungen**, die dem Dienstverpflichteten ebenfalls anteilig zustehen. Sie können jedoch grds. erst am Ende des Geschäftsjahres errechnet und damit fällig werden. Ein Anspruch auf anteilige Provision besteht auch dann, wenn der Erfolg der Tätigkeit erst im Anschluss an die Beendigung des Dienstverhältnisses eintritt; insoweit gelten die Vorschriften für Handlungsgehilfen (§§ 65, 87 Abs. 3 HGB) in entsprechender Anwendung für alle AN.[25] Ist bei Künd noch fälliger **Urlaub** offen, sind sowohl das Urlaubsentgelt als auch die vereinbarten Urlaubszuwendungen anteilig zu zahlen.[26] **Gratifikationen**, die zur Vergütung für die Arbeitsleistung gehören, sind grds. zeitanteilig auszuzahlen;[27] nur Gratifikationen, die für zukünftige Betriebstreue gewährt werden, entfallen bei einem Ausscheiden vor dem Stichtag.[28] Der Zeitpunkt der Fälligkeit bleibt durch die vorzeitige Beendigung jeweils unberührt.[29]

2. Herabsetzung der Vergütung (Abs. 1 S. 2). a) Tatbestandsvoraussetzungen. Kündigt der Dienstverpflichtete außerordentlich, ohne hierzu durch ein vertragswidriges Verhalten der anderen Partei veranlasst worden zu sein, oder veranlasst er durch ein vertragswidriges Verhalten seinerseits die andere Partei zur außerordentlichen Künd, scheidet ein Anspruch auf eine Teilvergütung nach Abs. 1 S. 1 insoweit aus, als seine bisherigen Leistungen für den Dienstberechtigten keinen Wert mehr haben. Dieser Ausnahmetatbestand setzt denklogisch zunächst das Vorliegen eines Teilvergütungsanspruchs nach S. 1 voraus.[30]

Abs. 1 S. 2 setzt dabei nach h.M. auf Seiten des Dienstverpflichteten nicht die Wirksamkeit der ausgesprochenen Künd voraus. Ansonsten müsste ein Dienstverpflichteter, der wirksam – aber z.B. aus persönlichen Gründen – außerordentlich kündigt, eine Kürzung seiner Vergütung hinnehmen, während ihm bei Fehlen eines wichtigen Grundes und deshalb unwirksamer Künd keine Kürzung drohte.[31] Eine Künd durch den Dienstberechtigten führt demgegenüber nur dann zu einer Kürzung, wenn ein wichtiger Grund i.S.d. § 626 vorlag und insb. auch die Frist des § 626 Abs. 2 gewahrt wurde; anderenfalls wäre der zur Leistung höherer Dienste Verpflichtete gegenüber anderen Dienstverpflichteten, die normale Dienste zu erbringen haben, schlechter gestellt.[32]

Entscheidend ist letztlich die Tatsache der Vertragsbeendigung und nicht die spezielle Form der Künd, weil der Normzweck und die Interessenlage des Abs. 1 eine entsprechende Anwendung auf alle Fälle der vorzeitigen Vertragsbeendigung (z.B. durch Aufhebungsvereinbarung[33] oder außerordentliche Künd mit Auslauffrist)[34] erlauben.[35] Die ordentliche Künd des Vertragsverhältnisses gehört demgegenüber nicht zu den Fällen einer vorzeitigen Vertragsbeendigung, auf die Abs. 1 analog Anwendung finden könnte.[36]

b) Kündigung durch den Dienstverpflichteten. Im Fall einer Eigen-Künd hat der Dienstverpflichtete eine **Herabsetzung seiner Vergütung** nach Abs. 1 S. 2 hinzunehmen, wenn seine Künd nicht durch ein vertragswidriges Verhalten des Dienstberechtigten veranlasst wurde. Dies ist z.B. der Fall, wenn er eine andere Stelle gefunden

---

20 BAG 14.8.1985 – 5 AZR 384/84 – NZA 1986, 231; *Fuchs*, BB 1972, 137; Staudinger/*Preis*, § 628 Rn 19.
21 BAG 28.2.1975 – 5 AZR 213/74 – BB 1975, 702.
22 BGH 29.5.1991 – IV ZR 187/90 – NJW 1991, 2763; OLG Nürnberg 27.5.1997 – 3 U 3837/96 – NJW-RR 1997, 1556.
23 BGH 29.5.1991 – IV ZR 187/90 – NJW 1991, 2763; OLG Nürnberg 27.5.1997 – 3 U 3837/96 – NJW-RR 1997, 1556.
24 Staudinger/*Preis*, § 628 Rn 17.
25 MüKo-HGB/*v. Hoyningen-Huene*, § 74 Rn 8 f.
26 KR/*Weigand*, § 628 BGB Rn 13.
27 BAG 13.6.1991 – 6 AZR 421/89 – EzA § 611 Gratifikation, Prämie Nr. 86; BAG 7.11.1991 – 6 AZR 489/89 – BB 1992, 142.
28 Staudinger/*Preis*, § 628 Rn 21; BAG 27.10.1978 – 5 AZR 754/77 – DB 1979, 898 = BB 1979, 1350; BAG 19.11.1992 – 10 AZR 264/91 – NZA 1993, 353.
29 BAG 8.11.1978 – 5 AZR 358/77 – NJW 1979, 1223.
30 BGH 17.10.1996 – IX ZR 37/96 – NJW 1997, 188.
31 Staudinger/*Preis*, § 628 Rn 22; vgl. auch ErfK/*Müller-Glöge*, § 628 BGB Rn 6.
32 OLG Brandenburg 21.12.1999 – 6 U 95/99 – NJW-RR 2001, 137; OLG Koblenz 24.2.2005 – 5 U 680/04 – OLGR Koblenz 2005, 686.
33 BAG 10.5.1971 – 3 AZR 126/70 – DB 1971, 1819; BGH 29.11.1965 – VII ZR 202/63 – DB 1965, 1905.
34 BAG 8.8.2002 – 8 AZR 574/01 – NZA 2002, 1323.
35 MüKo-BGB/*Schwerdtner*, § 628 Rn 12; ErfK/*Müller-Glöge*, § 628 BGB Rn 6; vgl. auch BAG 21.10.1983 – 7 AZR 285/82 – DB 1984, 2705; a.A. APS/*Rolfs*, § 628 BGB Rn 10.
36 BGH 26.1.1994 – VIII ZR 39/93 – NJW 1994, 1069.

hat, ihm die Arbeit nicht zusagt, Streitigkeiten mit Arbeitskollegen bestehen, sowie im Fall des Umzugs wegen Heirat, bei Krankheit oder einem persönlichen Unglück.[37] In diesen Fällen liegt der Auslöser in der Sphäre des Dienstverpflichteten, so dass die hieraus folgenden Konsequenzen nicht von dem Dienstberechtigten zu tragen sein sollen. Dies gilt auch, wenn ein wichtiger Grund für die Künd vorlag.

14 Beruft sich der Dienstverpflichtete auf ein vertragswidriges Verhalten des Dienstberechtigten, muss dieses schuldhaft i.S.d. §§ 276, 278 sein.[38] Dabei ist auch § 280 Abs. 1 S. 2 entsprechend anzuwenden.[39] Der Ausspruch einer unwirksamen fristlosen Künd kann ein schuldhaftes vertragswidriges Verhalten darstellen, wenn der Kündigende die Unwirksamkeit der Künd oder die Begleitumstände kannte oder bei gehöriger Sorgfalt hätte erkennen müssen.[40] Auch eine den AN kränkende Teilsuspendierung kann ein schuldhaftes vertragswidriges Verhalten des Dienstberechtigten darstellen.[41] Die organschaftliche Ablösung des Geschäftsführers einer GmbH[42] stellt demgegenüber ebenso wenig ein vertragswidriges Verhalten dar wie die Ablehnung der Prokuraerteilung bzw. die Weigerung, die Prokura zu erneuern, wenn der Anlass für ihre Entziehung weggefallen ist. Anderes gilt nur, wenn dem AN die Fortführung des Dienstverhältnisses dann unzumutbar wäre.[43]

15 Bei schuldhaftem **vertragswidrigen Verhalten beider Vertragsparteien** ist § 254 analog anzuwenden und die anteilige Vergütung im Verhältnis der Verursachungsanteile beider Parteien zu kürzen.

16 Die Künd ist durch das schuldhafte vertragswidrige Verhalten veranlasst, wenn die schuldhafte Vertragsverletzung Motiv für die außerordentliche Künd oder gleichwertige Auflösung des Dienstverhältnisses war.[44] Zwischen dem vertragswidrigen Verhalten und der Vertragsbeendigung muss somit **Kausalität** i.S.d. Adäquanz gegeben sein.[45] Ein RA hat Veranlassung zur Künd, wenn der Mandant trotz vorheriger Mahnung und Androhung der Mandatsniederlegung seiner Vorschusspflicht nicht nachkommt[46] oder das Vertrauensverhältnis aus von dem Mandanten zu vertretenden Gründen erschüttert wird.[47] Dies kann z.B. durch die Ablehnung der vergleichsweisen Erledigung eines rechtlich außerordentlich komplizierten Streits bedingt sein,[48] nicht jedoch durch das Beharren des Mandanten auf der Durchführung eines Rechtsmittelverfahrens, auch wenn es aufgrund Aussichtslosigkeit unvernünftig sein sollte.[49]

17 c) **Kündigung durch den Dienstberechtigten.** Die Vergütung ist auch herabzusetzen, wenn der Dienstberechtigte die Künd ausgesprochen hat, der Dienstverpflichtete durch sein vertragswidriges Verhalten aber Anlass zu dieser Künd oder sonstigen Auflösung des Dienstverhältnisses gab. Hier muss das vertragswidrige Verhalten nach §§ 276, 278 von dem Dienstverpflichteten zu vertreten sein. Auch in diesem Fall kann die schuldhafte Vertragsverletzung in einer unwirksamen fristlosen Künd liegen.[50] Ein Zahnarzt gibt z.B. Anlass zur Künd, wenn er es unterlässt, vor Beginn der Behandlung die Zustimmung der Krankenversicherung zum Heil- und Kostenplan sowie die Zusage des Kostenanteils einzuholen.[51] Ein RA gibt Anlass zur Künd, wenn er nur zu einer eingeschränkten außergerichtlichen Vertretung bereit ist, aber vor der Mandatsannahme weder darauf, noch auf eine Interessenkollision hinweist.[52] Handelt es sich um ein Dienstverhältnis, das kein Arbverh ist, kann vereinbart werden, dass die Vergütung schon bei bloß objektiver Pflichtwidrigkeit entfällt.[53]

18 d) **Umfang der Herabsetzung der Vergütung.** Die Vergütung des Dienstverpflichteten wird herabgesetzt, wenn und soweit seine bisherigen Leistungen für den Dienstberechtigten kein Interesse haben.[54] Hierbei ist entscheidend, dass das Interesse an der bisherigen Dienstleistung gerade infolge der vorzeitigen Beendigung entfallen ist.[55] Unter **Interesse** im Sinne dieser Vorschrift ist der Vorteil oder der Wert der Leistung für den Dienstberechtigten zu verstehen. Somit fehlt bzw. entfällt das Interesse, wenn die erbrachten Dienstleistungen für den Dienstberechtigten infolge der Beendigung wirtschaftlich nutzlos sind oder werden. Bei völliger **Wertlosigkeit** kann der Vergütungsanspruch auch gänzlich entfallen.[56] Dies kann der Fall sein, wenn ein neuer Mitarbeiter grundlegend neu eingearbeitet werden muss (z.B. bei komplexen Forschungsarbeiten) und nicht von dem bereits

---

37 Staudinger/*Preis*, § 628 Rn 23.
38 BAG 5.10.1962 – 1 AZR 51/61 – NJW 1963, 75 = DB 1962, 1610.
39 ErfK/*Müller-Glöge*, § 628 BGB Rn 9.
40 BAG 24.10.1974 – 3 AZR 488/73 – BB 1974, 1640.
41 BAG 15.6.1972 – 2 AZR 345/71 – DB 1972, 1878.
42 BGH 28.10.2002 – II ZR 146/02 – NJW 2003, 351; OLG Karlsruhe 22.3.2002 – 14 U 46/01 – NZG 2003, 480.
43 BAG 17.9.1970 – 2 AZR 439/69 – DB 1971, 391.
44 OLG Koblenz 28.4.1975 – 1 U 292/74 – MDR 1976, 44.
45 ErfK/*Müller-Glöge*, § 628 BGB Rn 9.
46 OLG Düsseldorf 24.3.1988 – 8 U 95/87 – VersR 1988, 1155; *Henssler/Deckenbrock*, NJW 2005, 1.
47 OLG Nürnberg 28.7.1972 – 6 U 90/71 – MDR 1973, 135; OLG Düsseldorf 14.11.2006 – 24 U 190/06 – BeckRS 2007 06221.
48 OLG München 14.6.1938 – HRR 1938 Nr. 1527.
49 OLG Karlsruhe 8.3.1994 – 3 U 45/93 – NJW-RR 1994, 1084.
50 BAG 24.10.1974 – 3 AZR 488/73 – BB 1974, 1640.
51 OLG Düsseldorf 20.8.1986 – 8 U 163/85 – NJW 1987, 706.
52 BAG 8.11.2007 – IX ZR 5/06 – NJW 2008, 1207; *Henssler/Deckenbrock*, NJW 2008, 1275.
53 RG 4.12.1912 – III. 130/12 – Gruchot Bd. 57 (1913) 961, 963; MüKo-BGB/*Henssler*, § 628 Rn 13; auch für Arbverh: KR/*Weigand*, § 628 BGB Rn 16.
54 BAG 21.10.1983 – 7 AZR 285/82 – DB 1984, 2705.
55 BAG 21.10.1983 – 7 AZR 285/82 – BB 1985, 122.
56 BGH 7.6.1984 – III ZR 37/83 – NJW 1985, 41.

erreichten Stand aus weiterarbeiten kann.[57] Es ist somit jeweils festzustellen, ob ein – auch nach der Künd – selbstständig verwertbarer Arbeitsanteil entstanden ist.

Wird während des Urlaubs des AN gekündigt, kann der AG die bis dahin erdiente Urlaubsvergütung nicht zurückhalten, weil er an der Ferienzeit des Beschäftigten kein „Interesse" habe; das Interesse an der Arbeitsleistung kann in diesem Fall nicht wegfallen, weil während des Urlaubs kein Anspruch darauf besteht.[58] Bei Stück- und Akkordlohntätigkeit entstehen dem AG durch die Fertigstellung mit neuen AN oft zusätzliche Kosten, die von der Teilvergütung des ausscheidenden AN in Abzug gebracht werden dürfen.[59] Ist allein die Bemessung streitig, ist § 287 Abs. 2 ZPO anwendbar. Gibt ein RA freiwillig seine Zulassung auf, muss er das Mandat so auf einen anderen RA übertragen, dass Honoraransprüche nicht doppelt entstehen; anderenfalls verliert er seine Honoraransprüche.[60] Dies gilt auch, wenn ihm das Mandat entzogen wird, weil der Gerichtskostenvorschuss nicht rechtzeitig eingezahlt[61] oder nicht auf eine Interessenkollision hingewiesen hat.[62]

3. Rückzahlung der Vergütung bei Vorleistung des Dienstberechtigten (Abs. 1 S. 3). a) Anwendung von Rücktritts- oder Bereicherungsrecht. Um den Grundsätzen der Teilvergütung auch Geltung zu verschaffen, wenn der Dienstberechtigte abweichend von § 614 mit der Vergütung in Vorleistung getreten ist, gibt es die Regelung des Abs. 1 S. 3. Danach ist der Dienstverpflichtete bzw. der AN im Fall der vorzeitigen Beendigung nach § 626 oder § 627 verpflichtet, die für noch nicht erbrachte Leistungen bereits erhaltene Entlohnung zurückzuerstatten. Die Künd ist auch dann noch möglich, wenn bereits ein vollstreckbarer Titel über die Vorleistung erwirkt wurde. Die entstehenden Rückzahlungsansprüche führen zu einer Durchbrechung der Rechtskraft des Titels nach § 826.[63]

Es ist zu unterscheiden: Erfolgte die Künd wegen eines Umstands, den der Dienstverpflichtete zu vertreten hat, findet § 346 Anwendung. Fehlt es an einem solchen Vertretenmüssen, sind die Vorschriften über die Herausgabe einer ungerechtfertigten Bereicherung anzuwenden. Hierbei hat der Dienstverpflichtete sowohl seine eigene, ohne Veranlassung des anderen Teils ausgesprochene Künd zu vertreten als auch die vom Dienstberechtigten aus einem vom Dienstverpflichteten verschuldeten Grund erklärte Künd.

Ist von einer der beiden Vertragsparteien die Künd ausgesprochen, ohne dass der Dienstverpflichtete diese zu vertreten hätte, muss er lediglich die erlangte Bereicherung einschließlich der Nutzungen nach den Grundsätzen der §§ 812 ff. zurückgewähren. Somit ist lediglich der Betrag herauszugeben, um den der Dienstverpflichtete im Zeitpunkt des Zugangs der Künd noch bereichert ist, § 818 Abs. 3.[64] Die Anwendung des Bereicherungsrechts kommt dabei ausnahmsweise auch bei einer nach § 626 gerechtfertigten fristlosen Künd des AG in Betracht, wenn der wichtige Grund kein von dem Dienstverpflichteten zu vertretendes (§ 276) Verhalten war.[65]

Das Rücktrittsrecht, das eingreift, wenn der Dienstverpflichtete die Künd zu vertreten hat, kennt demgegenüber keinen Wegfall der Bereicherung. Da nach der Schuldrechtsreform die Verzinsungspflicht im Rücktrittsrecht nur noch besteht, wenn der Schuldner nachweist, welche Zinsen bei ordnungsgemäßer Wirtschaft als Nutzung zu erzielen möglich gewesen wären, ist die Unterscheidung nach Rücktritts- oder Bereicherungsrecht allerdings weit gehend funktionslos geworden.[66]

b) Gratifikationen und Aus- bzw. Fortbildungskosten. Nicht unter die Regelung des Abs. 1 S. 3 fallen Vorleistungen des AG, die nicht dem gewöhnlichen Arbeitsentgelt zuzurechnen sind. Dazu zählen in erster Linie Weihnachtsgratifikationen und Ausbildungskosten. Nach der Rspr. des BAG hat der AN diese Leistung nur dann zurückzuerstatten, wenn dies einzel- oder kollektivvertraglich ausdrücklich und eindeutig vereinbart ist.[67] Dies gilt nicht für freie Dienstverträge.[68] Tarifvertragliche Rückzahlungsklauseln werden gerichtlich keiner strengen Inhaltskontrolle unterworfen, da wegen der Gleichberechtigung der TV-Parteien eine materielle Richtigkeitsgewähr besteht.[69] Nicht tarifvertragliche Rückzahlungsklauseln unterwirft das BAG dagegen zur Vermeidung einer unzumutbar langen Bindung des AN an das Arbverh, die in Widerspruch zu Art. 12 Abs. 1 GG stehen könnte, einer Inhaltskontrolle (vgl. auch § 611 Rn 694 ff., 748 ff., 759 ff.).[70]

---

57 KR/*Weigand*, § 628 BGB Rn 17.
58 BAG 21.10.1983 – 7 AZR 285/82 – BB 1985, 122.
59 Staudinger/*Preis*, § 628 Rn 28.
60 OLG Naumburg 30.12.2004 – 12 W 105/04 – NJ 2005, 220 = OLGR Naumburg 2005, 438; OLG Köln 3.10.1973 – JurBüro 1974, Sp. 471; OLG Hamburg 27.3.1981 – 8 W 72/81 – MDR 1981, 767; a.A. OLG Hamm 15.5.1996 – 23 W 62/92 – NJW-RR 1996, 1343; OLG Koblenz 14.3.1992 – 14 W 116/91 – MDR 1991, 1098.
61 KG Berlin 24.6.2003 – 7 U 165/02 – juris.
62 OLG Sachsen-Anhalt 18.6.2002 – 1 U 147/01– juris.
63 OLG Oldenburg 16.12.1991 – 9 U 55/91 – NJW-RR 1992, 445; LG Bielefeld 27.7.1990 – 18 S 379/89 – NJW-RR 1991, 182.
64 ErfK/*Müller-Glöge*, § 628 BGB Rn 12.
65 BAG 21.1.1999 – 2 AZR 665/98 – NZA 1999, 863.
66 Staudinger/*Preis*, § 628 Rn 33.
67 BAG 14.6.1995 – 10 AZR 25/94 – NZA 1995, 1034.
68 BGH 10.11.2003 – II ZR 250/01 – NJW 2004, 512.
69 BAG 6.9.1995 – 5 AZR 174/94 – NZA 1996, 437; BAG 6.11.1996 – 5 AZR 498/95 – NZA 1997, 663.
70 BAG 31.3.1966 – 5 AZR 516/65 – NJW 1966, 1625.

III. Verbindung zu anderen Rechtsgebieten und zum Prozessrecht

25 Für den Erhalt der Teilvergütung nach Abs. 1 hat der Dienstnehmer darzulegen und zu beweisen, inwieweit er bis zur Künd Dienstleistungen erbracht hat. Will der Dienstherr sein Recht auf Minderung nach Abs. 1 S. 2 geltend machen, so ist er dafür darlegungs- und beweispflichtig, dass die Künd nicht durch sein eigenes vertragswidriges Verhalten veranlasst wurde,[71] sowie für den Wegfall seines Interesses an den erbrachten Teilleistungen. Im Fall des Abs. 1 S. 3 muss der Dienstherr die Zahlung eines Vorschusses darlegen und beweisen, während den Dienstnehmer die Beweislast hinsichtlich des Nichtvertretenmüssens der außerordentlichen Künd trifft, sofern von der anderen Seite substantiiert zu den Umständen der Künd vorgetragen wurde. Soweit der Dienstverpflichtete sich dabei auf den Wegfall der Bereicherung berufen will, ist nach dem Beweis des ersten Anscheins anzunehmen, dass im Fall einer nur geringfügigen Überzahlung ein alsbaldiger Verbrauch der Überzahlung für die laufenden Kosten der Lebenshaltung erfolgt, wenn der Dienstverpflichtete von der Vergütung seinen Lebensunterhalt bestreitet.[72]

IV. Beratungshinweise

26 Soll eine Vereinbarung getroffen werden, durch die von den Regelungen des § 628 abgewichen wird, so ist zum einen im Fall von Formularverträgen die Wirksamkeit der Vereinbarung gem. §§ 305 ff. zu prüfen. Zum anderen ist im Fall von Arbeitsverträgen auszuschließen, dass die Vereinbarung zur Umgehung zwingender arbeitsrechtlicher Vorschriften führt.

27 Bei der Zusage bzw. der Leistung von Sonderzahlungen und Gratifikationen ist i.Ü. darauf zu achten, dass der Zweck der Zahlung eindeutig festgehalten wird. Die klare Unterscheidung zwischen Treueprämien einerseits und einem Entlohnungscharakter andererseits ist nicht nur für die anteilige Durchsetzbarkeit des Anspruchs bei einer unterjährigen Auflösung des Arbverh relevant (vgl. hierzu § 611 Rn 685 ff.), sondern auch für die Möglichkeit einer Rückforderung derselben im Anschluss an eine außerordentliche Künd vor Ablauf des Zeitraums, auf den sich die Zahlung bezog.

B. Schadensersatz nach Kündigung (Abs. 2)

I. Allgemeines

28 **1. Regelungszweck.** Abs. 2 verpflichtet denjenigen gegenüber dem anderen Vertragspartner zum Schadensersatz, der durch sein vertragswidriges Verhalten Anlass zur außerordentlichen Künd gibt.[73] Dadurch soll vermieden werden, dass der wegen eines Vertragsbruchs der anderen Partei zur außerordentlichen Künd Veranlasste bei Ausübung seines Künd-Rechts Vermögenseinbußen erleidet.[74] Dieser soll deshalb so gestellt werden, als wäre das Vertragsverhältnis ordnungsgemäß fortgeführt oder wenigstens durch eine fristgerechte Künd beendet worden.[75]

29 **2. Anwendungsbereich.** § 628 ist auf alle Dienst- und Arbverh anwendbar und zwar auch für den Fall einer Künd vor Dienstantritt.[76] Abs. 2 findet dabei auch auf andere Formen der Vertragsbeendigung (z.B. Aufhebungsvertrag oder fristgerechte Künd)[77] außerhalb der außerordentlichen Künd Anwendung.

30 Im **Handelsvertreterrecht** gelten die §§ 87 ff. HGB vorrangig, insb. der dem Abs. 2 entsprechende § 89a HGB. Für **Seeleute** gelten die Sonderregelungen der §§ 66 und 70 SeemG. Hier schließt die Künd des Heuerverhältnisses durch ein Besatzungsmitglied und die Geltendmachung der Abtrittsheuer weiteren Schadensersatz nach Abs. 2 allerdings nicht aus (vgl. § 70 S. 2 SeemG).[78]

31 Im Fall der **Insolvenz des AG** sind sowohl der Insolvenzverwalter als auch der AN gem. § 113 Abs. 1 S. 1 InsO berechtigt, das Arbverh ohne Rücksicht auf eine vereinbarte Vertragsdauer oder einen vereinbarten Ausschluss der ordentlichen Künd mit einer Frist von maximal drei Monaten zum Monatsende zu kündigen. Eine Anwendung des Abs. 2 kommt hier schon deshalb nicht in Betracht, weil keine Künd nach den Vorschriften der §§ 626, 627 vorliegt. Spricht der Insolvenzverwalter die Künd aus, kann der AN wegen der vorzeitigen Beendigung des Arbverh allerdings nach § 113 Abs. 1 S. 3 InsO Schadensersatz verlangen, jedoch nur als einfacher Insolvenzgläubiger. Daneben bleibt § 628 für den Fall anwendbar, dass sich eine der Vertragsparteien anlässlich der Insolvenz vertragswidrig verhält, z.B. bei unberechtigter Arbeitseinstellung durch den AN.

32 **3. Abdingbarkeit.** Abs. 2 ist dispositiv. Die Regelung kann ausgeschlossen bzw. einzel- oder kollektivvertraglich abgeändert werden. Jedoch darf dadurch kein Konflikt mit anderen zwingenden Normen entstehen; insb. muss § 622 Abs. 6 beachtet werden, der über seinen Wortlaut hinaus die Vereinbarung ungleicher Künd-Bedingungen für AN

---

[71] BGH 17.10.1996 – IX ZR 37/96 – DB 1997, 372.
[72] BAG 18.1.1995 – 5 AZR 817/93 – NZA 1996, 27.
[73] BAG 20.11.2003 – 8 AZR 608/02 – juris; LAG Köln 21.7.2006 – 4 Sa 574/06 – BeckRS 2006, 44950.
[74] BAG 23.8.1988 – 1 AZR 276/87 – NZA 1989, 31.
[75] BAG 9.5.1975 – 3 AZR 352/74 – DB 1975, 1607; BAG 17.1.2002 – 2 AZR 494/00 – NZA 2003, 816.
[76] RGRK/*Corts*, § 628 Rn 4.
[77] BAG 10.5.1971 – 3 AZR 126/70 – DB 1971, 1819; BGH 29.11.1965 – VII ZR 202/63 – DB 1965, 1905; LAG Düsseldorf 29.8.1972 – 8 Sa 310/72 – DB 1972, 1879; Hessisches LAG 14.1.1981 – 10 Sa 571/80 – juris.
[78] BAG 16.1.2003 – 2 AZR 653/01 – NZA 2004, 512.

und AG verbietet (siehe § 622 Rn 1 ff.). Z.T. wird eine Abdingbarkeit zu Lasten des AN erst nach der Beendigung des Arbverh für zulässig erachtet.[79] Der Schadensersatzanspruch darf in den Grenzen des § 309 Nr. 5 pauschaliert werden; eine solche Pauschalierung unterfällt jedoch hinsichtlich der Angemessenheit wie eine Vertragsstrafe der Überprüfung durch die Rspr. Diese fasste Schadensersatzpauschalierungen bislang ohnehin zumeist als Vertragsstrafenregelungen auf.

II. Regelungsgehalt

War die außerordentliche Künd durch das vertragswidrige Verhalten einer Partei veranlasst, ist diese der anderen Partei zum Schadensersatz verpflichtet. In Abs. 2 kommt insoweit ein allgemeiner Rechtsgedanke zum Ausdruck, der auf alle Dauerschuldverhältnisse anzuwenden ist.

1. Anspruchsvoraussetzungen. a) Vertragswidriges Verhalten. Zunächst setzt der Schadensersatzanspruch voraus, dass ein **schuldhaft vertragswidriges Verhalten** des einen Teils die Vertragsauflösung ausgelöst hat. Dabei muss dem Anspruchsberechtigten aus einem von der anderen Partei zu vertretenden wichtigen Grund i.S.d. § 626 ein außerordentliches Künd-Recht zustehen.[80] Ist diese Voraussetzung gegeben, so ist unerheblich, ob der Anspruchsberechtigte von seinem Künd-Recht tatsächlich Gebrauch macht oder das Vertragsverhältnis auf andere Weise endet. Zwischen der Vertragsverletzung und dem Beendigungstatbestand dürfen jedoch aufgrund des § 626 Abs. 2 nicht mehr als zwei Wochen liegen.[81] Fehlt es an einem wichtigen Grund i.S.v. § 626, scheidet das in Abs. 2 vorausgesetzte Auflösungsverschulden von vornherein aus.[82] Da eine Künd nach § 627 keines wichtigen Grundes bedarf, kommt im Fall der dort geregelten Dienstverhältnisse höherer Art entgegen des Wortlauts des § 628 ein Schadensersatzanspruch nur in Betracht, wenn zusätzlich die Voraussetzungen des § 626 vorliegen. Für die unmittelbare Anwendung von Abs. 2 ist erforderlich, dass das vertragswidrige Verhalten in der Person des Künd-Empfängers lag. Verursachte der Kündigende allerdings selbst schuldhaft vertragswidrig eine Situation, die ihn zur außerordentlichen Künd berechtigt, kann der andere Vertragspartner Schadensersatz in analoger Anwendung des § 628 geltend machen.[83] Beruhte das vertragswidrige Verhalten auf einem **Rechtsirrtum**, entfällt das Verschulden nur, wenn dieser Irrtum nicht seinerseits auf Fahrlässigkeit beruhte.[84]

Eine unberechtigte Teilsuspendierung kann ebenso wie eine unwirksame außerordentliche Künd ein schuldhaft vertragswidriges Verhalten darstellen.[85] Der Ausspruch unberechtigter betriebsbedingter Künd genügt aber nicht.[86] Aufgrund des Verschuldenserfordernisses muss der Kündigende die Unwirksamkeit der Künd dabei kennen; zumindest hätte er sie bei gehöriger Sorgfalt erkennen müssen.[87] Auch die Vorenthaltung der Dienstbezüge[88] sowie Bemerkungen, die eine Beleidigung i.S.d. § 185 StGB darstellen,[89] können den für den Schadensersatz erforderlichen wichtigen Grund darstellen.

Ist beiden Parteien eine Pflichtwidrigkeit anzulasten, so ist § 254 von Amts wegen zu beachten.[90] Ist aufgrund des **beiderseitigen schuldhaften vertragswidrigen Verhaltens** allerdings für beide Parteien ein Grund für eine außerordentliche Künd gegeben, kommt eine Schadensersatzpflicht nicht in Betracht; das Vertragsverhältnis ist aufgrund der beiderseitigen Pflichtverletzung als inhaltsleer anzusehen und § 254 nicht anzuwenden.[91] Die beiderseitige Schadensersatzpflicht entfällt dabei auch, wenn die gegenseitigen Künd-Gründe in keinem engeren Zusammenhang stehen.[92]

Verhält sich eine **Arbeitsgruppe,** sei es eine vom AG gebildete Betriebsgruppe oder eine sich schon als Einheit verdingende Eigengruppe, vertragswidrig, kommt eine gesamtschuldnerische Haftung aller beteiligten AN nicht in Betracht.[93] Es handelt sich auch bei einem solchen kollektiven Verhalten um Verletzungen der Vertragspflicht jedes Einzelnen. Die Voraussetzungen der §§ 421, 427 liegen nicht vor. Raum für eine gesamtschuldnerische Haftung

---

79 MüKo-BGB/*Henssler*, § 628 Rn 72.
80 BAG 20.11.2003 – 8 AZR 608/02 – BeckRS 2004, 40745; LAG Schleswig-Holstein 2.2.2005 – 3 Sa 515/04 – NZA-RR 2005, 351; LAG Köln 21.7.2006 – 4 Sa 574/06 – BeckRS 2006, 44950.
81 BAG 22.6.1989 – 8 AZR 164/88 – NZA 1990, 106; BAG 20.11.2003 – 8 AZR 608/02 – BeckRS 2004, 40745; LAG Schleswig-Holstein 2.2.2005 – 3 Sa 515/04 – NZA-RR 2005, 351; LAG Köln 21.7.2006 – 4 Sa 574/06 – BeckRS 2006, 44950.
82 APS/*Rolfs*, § 628 BGB Rn 39; BAG 11.2.1981 – 7 AZR 12/79 – DB 1981, 2233; BAG 22.6.1989 – 8 AZR 164/88 – NZA 1990, 106; BAG 8.8.2002 – 8 AZR 574/01 – NZA 2002, 1323.
83 APS/*Rolfs*, § 628 BGB Rn 39.
84 BAG 12.11.1992 – 8 AZR 503/91 – NZA 1993, 500.
85 BAG 15.6.1972 – 2 AZR 345/71 – DB 1972, 1878; BGH 1.12.1993 – VIII ZR 129/92 – NJW 1994, 443.
86 BAG 14.2.2002 – 8 AZR 175/01 – NZA 2002, 1027.
87 BAG 24.10.1974 – 3 AZR 488/73 – BB 1974, 1640.
88 BGH 19.10.1987 – II ZR 97/87 – DB 1988, 225.
89 ArbG Bocholt 5.4.1990 – 3 Ca 55/90 – BB 1990, 1562.
90 BAG 26.6.1990 – X ZR 19/89 – NJW 1991, 166.
91 BAG 12.5.1966 – 2 AZR 308/65 – NJW 1966, 1835; BGH 29.11.1965 – VII ZR 202/63 – BGHZ 44, 271.
92 BAG 12.5.1966 – 2 AZR 308/65 – NJW 1966, 1835.
93 Staudinger/*Preis*, § 628 BGB Rn 56; BAG 30.5.1972 – 1 AZR 427/71 – APTVG § 4 Ausschlussfristen Nr. 50; BAG 13.7.1972 – 2 AZR 364/71 – DB 1972, 2310.

wäre allenfalls, wenn eine entsprechende vertragliche Vereinbarung vorlag oder ein gemeinsamer Entschluss zum Vertragsbruch bestand.[94]

38 **b) Form der Beendigung.** Die Rspr. des BGH und des BAG hat den Anwendungsbereich dieser Vorschrift über ihren Wortlaut hinaus auf all diejenigen Fälle ausgedehnt, in denen das Dienstverhältnis in anderer Weise als durch fristlose Künd beendet wurde, sofern nur der andere Vertragsteil durch ein schuldhaftes vertragswidriges Verhalten den Anlass für die Beendigung gab.[95] Somit ist nicht entscheidend, ob das Vertragsverhältnis durch eine fristlose Künd endet oder ob an ihrer Stelle eine außerordentliche Künd mit Auslauffrist, eine fristgerechte Künd, ein Aufhebungsvertrag oder eine Eigen-Künd des anderen Teils gewählt wird. Abs. 2 findet in diesen Fällen entsprechende Anwendung.[96] Es kommt also nicht auf die Form der Beendigung, sondern auf ihren Anlass an. Die wesentliche Voraussetzung des Schadensersatzanspruches ist somit das Vorliegen eines Auflösungsverschuldens.[97]

39 Wird eine **andere Form der Beendigung** als die außerordentliche Künd gewählt, muss sich der Berechtigte seine Schadensersatzansprüche ausdrücklich vorbehalten. Anderenfalls darf der andere Teil die Einigung dahingehend verstehen, dass aus dem Auflösungsverschulden keine Rechte mehr geltend gemacht werden sollen.[98] Im Fall einer fristgerechten Künd wird es aber ohnehin zumeist an einem ersatzfähigen Schaden fehlen. Wird ein Arbverh durch ein ArbG nach § 9 KSchG aufgelöst (ggf. i.V.m. § 13 Abs. 1 S. 3 KSchG), so liegt ebenfalls eine anderweitige ordnungsgemäße Beendigung des Arbverh vor. In diesem Fall entfällt der Vergütungsanspruch von dem Zeitpunkt der Auflösung an, so dass auch ein Schadensersatzanspruch wegen entgangenen Lohns danach nicht mehr in Betracht kommt.[99]

40 **c) Kausalität.** Voraussetzung für das Entstehen des Schadensersatzanspruchs ist eine **Doppelkausalität**. Zum einen muss die Auflösung des Vertragsverhältnisses durch die schuldhafte Vertragsverletzung veranlasst worden sein.[100] Zwischen dem vertragswidrigen Verhalten und der Beendigung muss ein unmittelbarer Zusammenhang bestehen.[101] Zum anderen muss der eingetretene Schaden gerade auf die Beendigung des Vertragsverhältnisses zurück zu führen sein.[102] Der Anspruchsberechtigte soll durch die vorzeitige Beendigung nicht besser gestellt werden als bei dessen ordnungsgemäßer Abwicklung. Ein AG kann deshalb nicht gem. § 252 Ersatz des entgangenen Gewinns verlangen, den er in einem Zeitraum erzielt hätte, in welchem der entlassene AN arbeitsunfähig krank war und somit auch bei ordnungsgemäßer Abwicklung nicht zur Arbeitsleistung verpflichtet gewesen wäre.[103] Früher war dem Ersatzpflichtigen nach der Rspr. des BAG wegen des Prinzips der zivilrechtlichen Prävention die Berufung auf ein rechtmäßiges hypothetisches Alternativverhalten abgeschnitten, da der Vertragsbruch anderenfalls weit gehend sanktionslos bliebe, was dem Interesse an einem vertragstreuen Verhalten widerspräche.[104] Heute betont das Gericht in Abkehr von dieser Rspr. den Schutzzweck der Norm. Danach ist nur der Schaden zu ersetzen, der durch die vorzeitige Vertragsbeendigung entstanden ist und bei Einhaltung der Künd-Frist nicht entstanden wäre[105] („Verfrühungsschaden").[106] Ob eine fristgerechte Beendigung tatsächlich erfolgt wäre, ist unerheblich.[107] Die Vorstellungskosten eines Bewerbers für die frei gewordene Stelle sind damit nicht ersatzfähig, weil diese auch bei einem fristgerechten Ausscheiden des Gekündigten angefallen wären.[108]

41 **2. Höhe des Schadensersatzes.** Der Schadensersatz richtet sich auf das **Erfüllungsinteresse**. Der Berechtigte ist damit so zu stellen, wie er bei Fortbestand des Arbverh gestanden hätte.[109] Der Schadensersatz berechnet sich nach der Differenzmethode; dem tatsächlich durch die vorzeitige Künd eingetretenen Zustand ist der hypothetische, ohne diese Künd gegebene Zustand gegenüber zu stellen.[110] Es gilt § 249 S. 1, so dass grds. **Naturalrestitution** zu leisten ist. Gem. den Grundsätzen der Vorteilsausgleichung muss sich der Geschädigte jeweils anrechnen lassen, was er durch die Beendigung des Dienstverhältnisses erspart hat.

---

94 Staudinger/*Preis*, § 628 Rn 56, BAG 30.5.1972 – 1 AZR 427/71 – APTVG § 4 Ausschlussfristen Nr. 50.
95 APS/*Rolfs*, § 628 BGB Rn 42.
96 BAG 12.6.2003 – 8 AZR 341/02 – BB 2003, 2747; BAG 10.5.1971 – 3 AZR 126/70 – NJW 1971, 2092; BAG 11.5.1981 – 7 AZR12/79 – DB 1981, 2233; BAG 8.6.1995 – 2 AZR 1037/94 – juris.
97 BAG 12.6.2003 – 8 AZR 341/02 – BB 2003, 2747; BAG 8.8.2002 – 8 AZR 574/01 – NZA 2002, 1323; BAG 10.5.1971 – 3 AZR 126/70 – NJW 1971, 2092.
98 BAG 10.5.1971 – 3 AZR 126/70 – NJW 1971, 2092.
99 BAG 12.6.2003 – 8 AZR 341/02 – BB 2003, 2747; BAG 15.2.1973 – 2 AZR16/72 – BB 1973, 984.
100 BAG 8.8.2002 – 8 AZR 574/01 – NZA 2002, 1323; BAG 20.11.2003 – 8 AZR 608/02 – BeckRS 2004, 40745.
101 BAG 17.1.2002 – 2 AZR 494/00 – NZA 2003, 816; BAG 8.8.2002 – 8 AZR 574/01 – NZA 2002, 1323; OLG Koblenz 28.4.1975 – 1 U 292/74 – MDR 1976, 44.
102 KG Berlin 23.8.2004 – 12 U 218/03 – KGR Berlin 2005, 89; LAG Köln 21.7.2006 – 4 Sa 574/06 – BeckRS 2006, 44950.
103 BAG 5.10.1962 – 1 AZR 51/61 – NJW 1963, 75.
104 BAG 18.12.1969 – 2 AZR 80/69 – NJW 1970, 1469; BAG 14.11.1975 – 5 AZR 534/74 – NJW 1976, 644.
105 BAG 26.3.1981 – 3 AZR 485/78 – NJW 1981, 2430.
106 APS/*Rolfs*, § 628 BGB Rn 45.
107 BGH 29.11.1965 – VII ZR 202/63 – BGHZ 44, 271 = DB 1965, 1905; BAG 23.3.1984 – 7 AZR 37/81 – NZA 1984, 122.
108 BAG 26.3.1981 – 3 AZR 485/78 – NJW 1981, 2430.
109 BGH 3.3.1993 – VIII ZR 101/92 – BGHZ 122, 9; BAG 20.11.1996 – 5 AZR 518/95 – NZA 1997, 647.
110 BAG 8.8.2002 – 8 AZR 574/01 – NZA 2002,1323; BGH 29.4.1958 – VI ZR 82/57 – BGHZ 27, 181; BGH 30.9.1963 – III ZR 137/62 – BGHZ 40, 345; BGH 9.7.1986 – GSZ 1/86 – BGHZ 98, 212 = NJW 1987, 50.

a) **Schaden auf Seiten des Dienstberechtigten/Arbeitgebers.** Endet das Vertragsverhältnis aufgrund eines **42**
Fehlverhaltens des Dienstverpflichteten vorzeitig, kann der Dienstberechtigte diejenigen Kosten ersetzt verlangen,
die bei einem vertragstreuen Verhalten des Dienstverpflichteten nicht entstanden wären.

Der Schadensersatzanspruch ist zwar nicht in der Höhe, zeitlich aber auf die Dauer der einschlägigen ordentlichen **43**
Künd-Frist beschränkt.[111] Diese **Begrenzung** resultiert aus dem Kausalitätserfordernis: der Dienstverpflichtete hätte
das Vertragsverhältnis zum Ende der ordentlichen Künd-Frist ohnehin jederzeit beenden können.[112]

Ersatzfähig sind demnach die angemessenen Mehrausgaben, die für die Fortsetzung der von dem Dienstverpflich- **44**
teten unterbrochenen Arbeit durch Dritte anfallen,[113] inklusive etwaiger Überstundenvergütungen.[114] Muss eine teurere Ersatzkraft eingestellt werden, ist auch der Differenzlohn zu ersetzen.[115] Ist nur eine auswärtige Ersatzkraft zu finden, umfasst der Schadensersatzanspruch auch etwaige Reisekosten und Hotelkosten.[116] Die Kosten für die Suche der Ersatzkraft sind nur beschränkt ersatzfähig. Inseratskosten sind z.B. nur dann gerade durch die vorzeitige Vertragsbeendigung veranlasst, wenn der AG bei Einhaltung der Künd-Frist z.B. durch eine innerbetriebliche Stellenausschreibung oder Umfragen in Fachkreisen rechtzeitig ohne solche Kosten eine Ersatzkraft hätte finden können.[117] Der Grundsatz der **Verhältnismäßigkeit** ist in besonderer Weise zu berücksichtigen,[118] insb. was die Relation von der Bedeutung des Arbeitsplatzes zu den Anzeigekosten,[119] die Größe des Inserats[120] und die Dichte und Häufigkeit der Schaltung der Stellenanzeige betrifft. Hinsichtlich hoch qualifizierter Tätigkeiten oder Führungspositionen kann auch die Einschaltung eines Headhunters erforderlich sein.[121] Kommt der Dienstberechtigte aufgrund der Künd gegenüber Vertragspartnern in Verzug, hat ihn der Dienstverpflichtete sowohl vom Ersatz des Verzugsschadens als auch von etwaigen Vertragsstrafen freizustellen.

Der Wegfall vertraglicher Nebenpflichten (z.B. vorzeitige Beendigung des **Wettbewerbsverbots** nach § 60 HGB)[122] **45**
kann ebenfalls zu einem ersatzfähigen Schaden führen. Im Fall des gesetzlichen Wettbewerbsverbots hat der AN nach dem Grundsatz der Naturalrestitution die Konkurrenz bis zum Ablauf der ordentlichen Künd-Frist zu unterlassen.[123] Nicht auszuschließen ist allerdings, dass das BAG einen Schadensersatzanspruch des AG für eine Wettbewerbstätigkeit des AN während dieser Zeit nur anerkennt, wenn der AN auch tatsächlich einem nachvertraglichen Wettbewerbsverbot hätte unterworfen werden können. In einem Urteil[124] schien es zu dieser Meinung zu tendieren, ließ die Frage aber bewusst unentschieden. Wurde ein nachvertragliches Wettbewerbsverbot allerdings tatsächlich vereinbart, bestimmt sich der Umfang der von dem AN zu unterlassenden Tätigkeit bereits ab seinem Ausscheiden nach diesem und nicht erst mit Ablauf der ordentlichen Künd-Frist.[125] Dem Anspruch auf Karenzentschädigung steht bis zum Ablauf der ordentlichen Künd-Frist allerdings der Schadensersatzanspruch des AG entgegen.[126]

Nach Maßgabe des § 253 ist auch ein etwa **entgangener Gewinn** des AG zu ersetzen. Besetzt der AG den Arbeits- **46**
platz des vertragsbrüchigen Mitarbeiters vorläufig mit einem Beschäftigten aus einer anderen Abteilung, kann auch entgangener Gewinn, der durch das Fehlen dieses AN in der anderen Abteilung entstanden ist, zu ersetzen sein.[127] Ist der Eintritt eines Vermögensschadens nur durch **überobligatorische Leistung des AG** vermieden worden, indem dieser selbst die dem AN obliegende, aber aufgrund Vertragsbruchs nicht erbrachte Arbeit verrichtet hat, bleibt diese überobligatorische Leistung bei der Schadensberechnung außer Betracht und der vermiedene Schaden wird als eingetreten fingiert.[128]

b) **Schaden aufseiten des Dienstverpflichteten/Arbeitnehmers.** Der Dienstverpflichtete kann im Rahmen **47**
des Schadensersatzes die entfallenen **Lohnansprüche** inklusive der nach Maßgabe des § 2 Abs. 1 EFZG zu zahlenden Feiertage sowie eventuelle Naturalvergütungen, Provisionen, Tantiemen u.Ä. verlangen. Ein AN hat ferner An-

---

111 BAG 22.4.2004 – 8 AZR 269/03 – DB 2004, 1784; BAG 20.11.2003 – 8 AZR 608/02; BAG 26.7.2001 – 8 AZR 739/00 – NZA 2002, 325; BAG 8.8.2002 – 8 AZR 574/01 – NZA 2002, 1323; BGH 3.3.1993 – VIII ZR 101/92 – BGHZ 122, 9 = NJW 1993, 1386.
112 BGH 3.3.1993 – VIII ZR 101/92 – BGHZ 122, 9.
113 LAG Berlin 27.9.1973 – 7 Sa 59/73 – DB 1974, 538.
114 LAG Düsseldorf/Köln 19.10.1967 – 2 Sa 354/67 – DB 1968, 90.
115 LAG Schleswig-Holstein 13.4.1972 – 3 Sa 76/72 – BB 1972, 1229 aufbauend auf BAG 24.4.1970 – 3 AZR 324/69 – BB 1970, 1050.
116 LAG Düsseldorf 6.11.1968 – 3 Sa 425/68 – juris; APS/*Rolfs*, § 628 BGB Rn 47.
117 BAG 26.3.1981 – 3 AZR 485/78 – DB 1981, 1832.
118 BAG 14.11.1975 – 5 AZR 534/74 – NJW 1976, 644; LAG Düsseldorf 6.11.1968 – 3 Sa 425/68 – DB 1968, 2220.
119 BAG 18.12.1969 – 2 AZR 80s/69 – juris; APS/*Rolfs*, § 628 BGB Rn 50.
120 BAG 30.6.1961 – 1 AZR 206/61 – NJW 1961, 1837.
121 APS/*Rolfs*, § 628 BGB Rn 50.
122 BAG 9.5.1975 – 3 AZR 352/74 – DB 1975, 1607.
123 BAG 9.5.1975 – 3 AZR 352/74 – DB 1975, 1607; APS/*Rolfs*, § 628 BGB Rn 46; Staudinger/*Preis*, § 628 Rn 49; a.A. LAG Köln 4.7.1995 – 9 Sa 484/95 – NZA-RR 1996, 2.
124 BAG 9.5.1975 – 3 AZR 352/74 – DB 1975, 1607; a.A. *Hadding*, SAE 1976, 216; wohl auch ArbG Düsseldorf 4.12.1980 – 11 Ca 443/80 – DB 1981, 1338.
125 ArbG Düsseldorf 4.12.1980 – 11 Ca 443/80 – DB 1981, 1338.
126 ArbG Düsseldorf 4.12.1980 – 11 Ca 443/80 – DB 1981, 1338.
127 BAG 27.1.1972 – 2 AZR 172/71 – NJW 1972, 1437.
128 BAG 24.8.1967 – 5 AZR 59/67 – BAGE 20, 48 = NJW 1968, 221.

spruch auf eine angemessene Abfindung für den Verlust des Arbeitsplatzes entsprechend §§ 9, 10 KSchG, wenn der AG im Zeitpunkt der AN-Künd das Arbverh nicht selbst hätte kündigen können.[129] Ist das KSchG auf ein Arbverh nicht anwendbar, ist es wie ein freies Dienstverhältnis zu behandeln. Es kann jederzeit gekündigt werden, so dass der Schadensersatzanspruch auf den Zeitraum der Künd-Frist zu beschränken ist.[130] Weiterhin umfasst der Schadensersatz den ihm zustehenden Gewinnanteil am Betriebsertrag, Ruhegeldansprüche, Sonderzuwendungen, Gratifikationen, wobei sich jedoch deren Fälligkeitstermin durch die vertragswidrige Beendigung des Dienstverhältnisses nicht ändert. Der Dienstberechtigte hat auch die auf die entgehende Vergütung anfallenden **Sozialversicherungsbeiträge** zu zahlen, insb. die freiwilligen Beiträge zur Kranken- und Rentenversicherung. Schwierigkeiten ergeben sich hinsichtlich der Arbeitslosenversicherung, bei der eine freiwillige Weiterversicherung nicht möglich ist (hierzu im Detail vgl. Rn 57). Ein durch die Abwertung einer Währung entstandener Verzugsschaden[131] wird ebenso von dem Schadensersatz umfasst wie die Aufwendungen, die aufgrund der unerwarteten Suche nach einem neuen Arbeitsplatz entstehen[132] oder die zur Aufnahme eines neuen Arbverh erforderlich sind, wenn sie bei vertragsmäßiger Beendigung nicht entstanden wären,[133] ebenso etwaige Einarbeitungskosten.[134] Ist die Fälligkeit einer **Darlehensrückzahlung** an die Auflösung des Arbverh gekoppelt, so gehört die vorzeitige Rückzahlungspflicht nur dann zum nach Abs. 2 ersatzfähigen Schaden, wenn nicht der AG, sondern ein Dritter Darlehensgeber war.[135] Bei einem AG-Darlehen steht dem Rückzahlungsverlangen schon der Rechtsgedanke des § 162 entgegen, wenn der AG die vorzeitige Auflösung des Arbeitsvertrages verschuldet hat; ein Schaden kann dann nicht entstehen.

48 Die **zeitliche Begrenzung** des Schadensersatzanspruchs des AN ist umstr.[136] Im Fall des Dienstvertrages, der nicht Arbeitsvertrag ist, geht der BGH vom Schutzzweck der Regelung aus, die nur die Veranlassung der vorzeitigen Vertragsauflösung sanktionieren will, und leitet daraus gleichzeitig eine zeitliche Grenze des Schadensersatzes bis zum Ablauf der ordentlichen Künd-Frist ab.[137] Im Zweifelsfall ist die Künd-Frist maßgeblich, die für den Vertragspartner gilt, der die Künd verschuldet hat.[138] Ähnliches muss für befristete Arbverh gelten. Das ArbVerh hätte aufgrund der Befristung ohnehin sein Ende gefunden, so dass der Schadensersatzanspruch auf den Zeitraum der Befristung beschränkt ist. Im Arbverh würde dies jedoch den **Schutzzweck des KSchG** außer Acht lassen. Die Rspr. des BGH kann deshalb nicht ohne weiteres auf das Arbverh übertragen werden; im Fall des Eingreifens des KSchG kann ein Arbverh ja gerade nicht jederzeit ohne sachlichen Grund ordentlich gekündigt werden. Der frühere Streit, ob ein Schadensersatz deshalb zeitlich unbefristet (Endlosschaden) geltend gemacht werden kann[139] oder gleichwohl auf den Zeitraum der ordentlichen Künd-Frist begrenzt bleibt,[140] dürfte sich durch die neue Rspr. des BAG zur Einbeziehung eines Abfindungsanspruchs in die Schadensberechnung (vgl. Rn 47) erledigt haben. Bejaht wurde das Vorliegen eines Endlosschadens für den Anspruch eines AN gegen seinen Rechtsvertreter, durch dessen Verschulden ein Künd-Schutzprozess verloren ging.[141]

49 Hinsichtlich des Schadensersatzes wird ein etwaiges **Mitverschulden des Dienstverpflichteten** nach § 254 berücksichtigt.[142] Nach § 254 Abs. 2 muss er sich anrechnen lassen, was er durch die vorzeitige Beendigung an Aufwendungen erspart. Dies gilt auch für den Betrag, den der AN aufgrund anderweitiger Verwendung seiner Arbeitskraft erwirbt oder schuldhaft zu erwerben unterlässt. Allein die Meldung bei der AA reicht für AN nicht aus, um diese Anrechnung zu vermeiden.[143] Erhält der Dienstverpflichtete Entgelt aus einem neuen Dienstverhältnis, muss er sich dies auf den gesamten Abgeltungszeitraum anrechnen lassen, nicht nur auf den Zeitraum, in dem er tatsächlich gearbeitet und verdient hat.[144]

50 **3. Rechtliche Einordnung des Schadensersatzes.** Wegen der Beendigung des Vertragsverhältnisses kann der Schadensersatzanspruch des Dienstverpflichteten keine Vergütung, insb. beim AN **kein Lohnanspruch** mehr sein. Soweit dieser jedoch an die Stelle des Entgeltanspruchs tritt, gelten wegen des Grundsatzes der Naturalrestitution nach § 249 S. 1 Besonderheiten: Die **Verjährung** richtet sich einheitlich nach § 195, weil der AN so gestellt werden soll, als würde das Arbverh fortgesetzt.[145] Des Weiteren unterliegt der Schadensersatzanspruch in diesem Fall dem

---

129 BAG 26.7.2007 – 8 AZR 796/06 – NZA 2007, 1419; BAG 22.4.2004 – 8 AZR 269/03 – DB 2004, 1784; BAG 20.11.2003 – 8 AZR 608/02 – juris; BAG 26.7.2001 – 8 AZR 739/00 – NZA 2002, 325.
130 KDZ/*Däubler*, § 628 BGB Rn 25; MüKo-BGB/*Henssler*, § 628 Rn 58.
131 LAG Hamburg 2.8.1971 – 2 Sa 60/71 – DB 1972, 1587.
132 BAG 11.8.1987 – 8 AZR 93/85 – NZA 1988, 93.
133 BAG 20.11.1996 – 5 AZR 518/95 – NZA 1997, 647.
134 LAG Berlin 27.9.1973 – 7 Sa 59/93 – DB 1974, 538.
135 BAG 24.2.1964 – 5 AZR 201/63 – DB 1964, 702; Staudinger/*Preis*, § 628 Rn 52.
136 MüKo-BGB/*Henssler*, § 628 Rn 56 ff.
137 BGH 3.3.1993 – VIII ZR 101/92 – BGHZ 122, 9; BGH 28.4.1988 – III ZR 57/87 – NJW 1988, 1967; BGH 1.3.1984 – I ZR 3/82 – MDR 1985, 25.
138 OLG Karlsruhe 17.9.2003 – 1 U 9/03 – NJW-RR 2004, 191.
139 So bisher: BAG 17.12.1958 – 1 AZR 349/57 – DB 1959, 378; Hessisches LAG 14.1.1981 – 10 Sa 571/80 – juris; MüKo-BGB/*Henssler*, § 628 Rn 58.
140 BAG 23.8.1988 – 1 AZR 276/87 – NZA 1989, 31; BAG 9.5.1975 – 3 AZR 352/74 – DB 1975, 1607.
141 BGH 24.5.2007 – III ZR 176/06 – NZA 2007, 753.
142 BGH 14.11.1966 – VII ZR 112/64 – NJW 1967, 248.
143 OLG Düsseldorf 23.6.1980 – 6 UF 31/80 – FamRZ 1980, 1008.
144 Staudinger/*Preis*, § 628 Rn 55.
145 MüKo-BGB/*Grothe*, § 195 Rn 19.

Pfändungsschutz der §§ 850 ff. ZPO.[146] Der Anspruch wird als unselbstständiges Nebenrecht allerdings auch von einem Pfändungs- und Überweisungsbeschluss hinsichtlich des entgangenen Vergütungsanspruchs erfasst, sofern er nach Wirksamwerden der Beschlagnahme entstanden ist (§ 832 ZPO).[147] Auch im **Insolvenzverfahren** wird der Schadensersatzanspruch entsprechend der Entgeltforderung behandelt. Da es sich bei der Entgeltforderung aus der Zeit vor der Eröffnung des Insolvenzverfahrens um eine gewöhnliche Insolvenzforderung handelt, genießt auch der Schadensersatzanspruch kein Befriedigungsvorrecht.[148] Nur Schadensersatzansprüche des AN, die auf vertragswidrigem Verhalten des Insolvenzverwalters nach Eröffnung des Insolvenzverfahrens beruhen, sind Masseverbindlichkeiten nach § 55 Abs. 1 InsO.[149] Ein Anspruch auf Insolvenzgeld nach §§ 183 ff. SGB III steht dem AN nicht zu, falls er mit dem Schadensersatzanspruch aufgrund der Insolvenz des AG ausfällt. Da der Insolvenzgeldzeitraum auf die letzten drei Monate des ArbVerh vor Insolvenzeröffnung beschränkt ist, der Schadensersatzanspruch jedoch die dem AN nach der vertragswidrigen Beendigung entgehenden Gehälter ausgleichen soll, unterliegt der Schadensersatzanspruch gem. § 184 Abs. 1 Nr. 1 SGB III nicht der Insolvenzsicherung.

III. Verbindung zu anderen Rechtsgebieten und zum Prozessrecht

1. Andere Anspruchsgrundlagen für Schadensersatz bei vorzeitiger Beendigung. a) Vertragsstrafe. Für den Fall eines Vertragsbruchs kann eine Vertragsstrafe vereinbart werden. Unter einem Vertragsbruch versteht man die vom Schuldner einseitig und ohne Willen des Gläubigers herbeigeführte faktische Vertragsauflösung, aufseiten des AN also die Nichtaufnahme und die vorzeitige Beendigung des Vertragsverhältnisses.[150] § 888 Abs. 2 ZPO, der die Vollstreckung zur Erwirkung einer Dienstleistung aus einem Dienstverhältnis für unzulässig erklärt, steht der Vereinbarung von Vertragsstrafen wegen deren Doppelfunktion nicht entgegen. Sie soll nicht nur zur ordnungsgemäßen Erfüllung der vertraglich vereinbarten Leistung anspornen und dadurch die Erfüllungswahrscheinlichkeit erhöhen, sondern stellt zugleich eine vertragliche Schadenspauschalierung dar, die den Nachweis eines Schadens und dessen Höhe im Einzelfall entbehrlich macht.[151] Eine Vertragsstrafenregelung im ArbVerh kann selbst in vorformulierten Verträgen einseitig zum Nachteil des AN vereinbart werden, da dieser beim Vertragsbruch des AG durch die Annahmeverzugsregelung des § 615 ausreichend geschützt ist. § 309 Nr. 6 steht dem nicht entgegen, da die normalen zivilrechtlichen Sanktionen wegen der Schwierigkeit des Schadensnachweises versagen und dem AG sonst kein adäquates Instrument zur Verfügung steht.[152] Dies folgt aus der Berücksichtigung der im Arbeitsrecht geltenden Besonderheiten gem. § 310 Abs. 4. Im Fall einer unangemessenen Benachteiligung – insb. bei einer zu hohen Vertragsstrafe – wird die Vertragsstrafenregelung allerdings gem. § 307 Abs. 1 unwirksam.[153]

51

In Ausbildungsverträgen sind Vertragsstrafenvereinbarungen gem. § 12 Abs. 2 Nr. 2 BBiG (§ 5 Abs. 2 Nr. 2 BBiG a.F.) grds. unzulässig. Dieses Verbot gilt nicht mehr für Arbeitsverträge, die innerhalb der letzten sechs Monate vor Beendigung des Ausbildungsverhältnisses geschlossen werden und die Vertragsstrafe für den Fall des Nichtantritts der Arbeit vorsehen.[154]

52

Eine verwirkte Vertragsstrafe ist auf den Schadensersatz anzurechnen.[155] Der AG kann die Vertragsstrafe im Wege der Aufrechnung durch einen entsprechenden Lohneinbehalt realisieren; allerdings muss dabei der Aufrechnungswille erkennbar werden.[156] Bei einer entsprechenden Aufrechnung sind die Pfändungsschutzbestimmungen und Aufrechnungsverbote der §§ 850 ff. ZPO, § 394 zu beachten: Die Aufrechnung ist nur mit dem pfändbaren Anteil des Entgelts zulässig.

53

b) Entschädigung (§ 61 Abs. 2 ArbGG). Im Fall eines Vertragsbruchs kann der AG – statt außerordentlich zu kündigen – auch auf Erbringung der Arbeitsleistung klagen und gleichzeitig beantragen, den AN für den Fall, dass dieser seine Arbeit nicht innerhalb einer bestimmten Frist erbringt, zur Zahlung einer vom ArbG nach freiem Ermessen festzusetzenden Entschädigung zu verurteilen, § 61 Abs. 2 ArbGG. Dasselbe gilt umgekehrt auch für die Durchsetzung des klageweise geltend gemachten Beschäftigungsanspruchs des AN.[157] Die Festsetzung der Entschädigungshöhe ähnelt in diesen Fällen der Schadensschätzung nach § 287 ZPO. In die Einzelfallabwägung sind dabei z.B. die Länge der vertragsgemäßen Künd-Frist, die Aufwendungen für eine Ersatzkraft, die Kosten für die

54

---

146 Zöller/*Stöber*, § 850 Rn 15; BAG 12.9.1979 – 4 AZR 420/77 – DB 1980, 358.
147 Zöller/*Stöber*, § 832 Rn 2 i.V.m. § 850 Rn 15.
148 Nerlich/Römermann/*Hamacher*, § 113 Rn 208; Gagel/*Peters-Lange*, vor § 183 Rn 30.
149 BAG 22.10.1998 – 8 AZR 73/98 – ZinsO 1999, 301; ErfK/*Müller-Glöge*, § 628 BGB Rn 44; Nerlich/Römermann/*Andres*, § 55 Rn 110.
150 BAG 18.9.1991 – 5 AZR 650/90 – NZA 1992, 215.
151 BGH 23.6.1988 – VII ZR 117/87 – BGHZ 105, 24 = DB 1988, 2246; LAG Berlin 19.5.1980 – 9 Sa 19/80 – DB 1980, 2342.
152 BAG 4.3.2004 – 8 AZR 196/03 – NZA 2004, 727.
153 BAG 4.3.2004 – 8 AZR 196/03 – NZA 2004, 727.
154 BAG 23.6.1982 – 5 AZR 168/80 – DB 1983, 291.
155 BAG 23.5.1984 – 4 AZR 129/82 – NZA 1984, 255.
156 BAG 25.9.2002 – 10 AZR 7/02 – NZA 2003, 617.
157 MünchArb/*Blomeyer*, Bd. 1, § 95 NR 20, 21; a.A. ArbG Wetzlar 8.12.1986 – 1 Ca 343/86 – NZA 1987, 536.

Suche nach Ersatz und weitere Schäden aufgrund des Vertragsbruches zu berücksichtigen, wobei es der konkreten Feststellung einzelner Schadensposten nicht bedarf.[158]

55 **2. Darlegungs- und Beweislast.** Im Rahmen der Geltendmachung eines Schadensersatzanspruchs nach Abs. 2 trägt stets der Kündigende die Darlegungs- und Beweislast dafür, dass ihm ein Recht zur außerordentlichen Künd zustand. Die weiteren Voraussetzungen des Schadensersatzes hat der Anspruchsteller darzulegen und zu beweisen. Hinsichtlich der haftungsausfüllenden Kausalität, also hinsichtlich der Höhe des Schadens, kommen ihm die Beweiserleichterungen der §§ 252, 287 ZPO zugute.[159] § 287 ZPO erleichtert dabei die Darlegungslast dahingehend, dass nur Umstände vorgetragen werden müssen, die eine hinreichende Grundlage für eine Schadensschätzung abgeben. Die Schadensschätzung darf nicht mangels greifbarer Anhaltspunkte „völlig in der Luft hängen".[160]

56 **3. Steuer- und sozialrechtliche Behandlung des Schadensersatzes.** Soweit der Schadensersatzanspruch Lohnersatzfunktion hat, unterliegt er nach §§ 2 Abs. 1 Nr. 4, 19 EStG der **Besteuerung.** § 2 Abs. 2 Nr. 4 LStDV bestimmt, dass trotz der Beendigung des Arbverh solche Entschädigungen, die dem AN als Ersatz für entgangenen oder entgehenden Arbeitslohn oder für die Aufgabe oder Nichtausübung einer Tätigkeit gewährt werden, ebenfalls Arbeitslohn darstellen. Auch wenn der Schadensersatzanspruch einer Abfindung entspricht, kommt eine Steuerfreiheit aufgrund des angegebenen § 3 Nr. 9 EStG nach der Übergangsvorschrift des § 52 Abs. 4a EStG nur noch in Ausnahmefällen in Betracht.[161]

57 Dagegen unterliegt der Schadensersatzanspruch nicht der **Sozialversicherungspflicht**. Da er erst nach Beendigung des Beschäftigungsverhältnisses gezahlt wird und diesem zeitlich deshalb nicht zuzuordnen ist, handelt es sich dabei nicht um Arbeitsentgelt aus einer Beschäftigung i.S.d. § 14 Abs. 1 SGB IV. Dem Grundsatz der Naturalrestitution folgend, muss der AG jedoch dafür sorgen, dass der AN auch in dem Zeitraum nicht sozialversichert wird, in dem das Arbverh ohne die vorzeitige Beendigung weiter bestanden hätte. Hinsichtlich der Kranken-, Renten- und Pflegeversicherung kann dies dadurch geschehen, dass der AG dem AN die Kosten der freiwilligen Weiterversicherung (§ 9 SGB V, § 7 SGB VI, § 26 SGB XI) ersetzt. Ist dies wegen fehlender Vorversicherungszeiten sozialrechtlich jedoch nicht möglich oder vermittelt die freiwillige Versicherung nicht in demselben Umfang Versicherungsschutz wie die Pflichtversicherung (vgl. § 43 SGB VI: Kein Schutz gegen Berufs- und Erwerbsunfähigkeit des nur freiwillig Versicherten), trägt der AG das versicherte Risiko und haftet dafür wie ein Sozialversicherungsträger. Da eine freiwillige Versicherung bei der BA nicht möglich ist (§§ 24 ff. SGB III), besteht diese Verpflichtung auch im Fall der Arbeitslosigkeit des AN. Gem. § 143a SGB III ruht der Anspruch des AN auf Alg bis zu dem Tag, an dem das Arbverh bei Einhaltung der ordentlichen Künd-Frist geendet hätte, jedoch längstens für ein Jahr, falls er Schadensersatz nach Abs. 2 erhält. Soweit der Schadensersatzanspruch Lohnersatzfunktion hat, stellt er eine einer Abfindung ähnliche Leistung wegen der Beendigung des Arbverh i.s.v. § 143a Abs. 1 S. 1 SGB III dar.[162] Erfüllt der AG den Schadensersatzanspruch des AN nicht, gewährt die BA die Leistungen trotz des Ruhens (Gleichwohlgewährung).[163]

IV. Beraterhinweise

58 Bei der Beratung von AN ist zu beachten, dass der AN im Anschluss an eine als schuldhafte Vertragsverletzung des AG zu wertende unberechtigte außerordentliche Künd mehrere Reaktionsmöglichkeiten hat. Zum einen kann der AN aufgrund der unberechtigten außerordentlichen Künd des AG selbst außerordentlich kündigen und den Schadensersatz nach Abs. 2 geltend machen.[164] Zum anderen kann er gegen die Künd des AG Künd-Schutzklage erheben. Ein Vorrang der Künd-Schutzklage ist aufgrund der gesetzlichen Regelung nicht gegeben. Wird der AG jedoch nach §§ 9, 10 i.V.m. 13 Abs. 1 S. 3 KSchG zur Zahlung einer Abfindung verurteilt, kann daneben kein weiterer Schadensersatz für unmittelbar durch die Beendigung verursachte Schäden geltend gemacht werden.[165]

---

158 *Becker-Schaffner*, BlStSozArbR 1982, 97; Staudinger/*Preis*, § 628 Rn 11.
159 BAG 20.11.2003 – 8 AZR 608/02; BGH 13.11.1997 – III ZR 165/96 – NJW 1998, 748; LAG Köln 21.7.2006 – 4 Sa 574/06 – BeckRS 2004, 40745.
160 BGH 22.5.1984 – III ZR 18/83 – BGHZ 91, 243; BGH 12.10.1993 – X ZR 65/92 – NJW 1994, 663.
161 BFH 11.1.1980 – VI R 165/77 – BB 1980, 667.
162 BSG 13.3.1990 – 11 RAr 69/89 – NZA 1990, 829.
163 Staudinger/*Preis*, § 628 Rn 63.
164 BAG 22.4.1971 – 2 AZR 205/70 – AP KSchG § 7 Nr. 24 = DB 1971, 959; ErfK/*Müller-Glöge*, § 628 BGB Rn 42; MüKo-BGB/*Henssler*, § 628 Rn 43.
165 BAG 12.6.2003 – 8 AZR 341/02 – BB 2003, 2747.

§ 629 Freizeit zur Stellungssuche

Nach der Kündigung eines dauernden Dienstverhältnisses hat der Dienstberechtigte dem Verpflichteten auf Verlangen angemessene Zeit zum Aufsuchen eines anderen Dienstverhältnisses zu gewähren.

Literatur: *Bauer,* Ausgewählte sozialversicherungsrechtliche Konsequenzen bei der Beendigung von Arbeitsverhältnissen, in: GS Heinze, 2005, S. 31; *Boemke,* Nebenpflichten des Arbeitgebers, AR-Blattei SD 1225; *Bost-Klatt/Fuhrmann,* Neue Anforderungen an die Betriebsratsarbeit durch Umsetzung der „Hartz-Vorschläge", AiB 2003, 470; *Brune,* Stellensuche, AR-Blattei SD 1510; *Düwell,* Freistellung zur Stellensuche nach der Hartz-Reform, FA 2003, 108; *Düwell/Weyand,* Hartz und die Folgen, 2002; *Gaul/Otto,* Gesetze für moderne Dienstleistungen am Arbeitsmarkt, DB 2003, 94; *Hanau,* Einzelfragen und -antworten zu den beiden ersten Gesetzen für moderne Dienstleistungen am Arbeitsmarkt, ZIP 2003, 1573; *Hemming,* Freistellung des Arbeitnehmers, AR-Blattei SD 725; *Hjort,* Bezahlte Freiheit oder beträchtliches Risiko?, dbr 2008, Nr. 3, 28; *Holthausen/Hümmerich/Welslau,* Arbeitsrechtliches im Ersten Gesetz für moderne Dienstleistungen am Arbeitsmarkt, NZA 2003, 7; *Kreutz,* Die analoge Anwendung von § 629 BGB auf arbeitsrechtliche Aufhebungsverträge, BuW 2003, 127; *Marschner,* Arbeitgeber muss Stellensuche unterstützen, AuA 2003, Nr. 7, 20; *Schaub,* Rechtsprobleme der Arbeitsverhinderung, AuA 1996, 82; *Seel,* Die Meldepflicht aus § 37b SGB III – Mitwirkung des Arbeitgebers durch Freistellung und Information, MDR 2005, 241; *Sibben,* Vergütungspflicht des Arbeitgebers für die Freistellung zur Meldung beim Arbeitsamt, DB 2003, 826; *Urmersbach,* Fragen im Umgang mit der frühzeitigen Arbeitssuche gemäß § 37b SGB III, SGb 2004, 684; *Zieglmeier,* Meldepflicht bei der Agentur für Arbeit bei Beendigung des unbefristeten Arbeitsverhältnisses nach § 37b SGB III, DB 2004, 1830

A. Allgemeines 1	IV. Freizeitverlangen und Festlegung 16
I. Normgeschichte und Normzweck 1	V. Vorrang des Freistellungsverlangens 17
II. Verhältnis zu anderen Vorschriften 3	VI. Zweck der Freistellung 18
B. Regelungsgehalt 5	VII. Abdingbarkeit und Konkretisierung 19
I. Dienst- oder Arbeitsverhältnis 5	VIII. Rechtsfolgen 20
II. Dauerndes Dienstverhältnis 6	**C. Verbindung zu anderen Rechtsgebieten** 24
III. Nach der Kündigung 11	**D. Beraterhinweise** 26

A. Allgemeines

I. Normgeschichte und Normzweck

Die Suche nach einer neuen Arbeitsstelle hat regelmäßig auch Auswirkungen auf ein noch bestehendes Arbverh und ist gewöhnlich mit einem erheblichen Zeitaufwand verbunden. Die seit Inkrafttreten zum 1.1.1900 im BGB enthaltene Vorschrift soll dem gekündigten Dienstpflichtigen erleichtern, ein neues Dienstverhältnis zu finden, ohne zur Stellensuche Erholungsurlaub in Anspruch nehmen zu müssen.[1] Dieser Anspruch wird als Ausprägung der dem Arbverh innewohnenden Fürsorgepflicht angesehen.[2] § 629 setzt allerdings voraus, dass es sich um ein dauerndes Dienstverhältnis handelt. Unter dem Oberbegriff Dienstverhältnis wird auch ein Arbverh verstanden. 1

Um die Vermittlungsdauer in ein neues Arbverh und ebenso die Dauer der Arbeitslosigkeit zu verkürzen, enthielt das 2002 auf Initiative der Bundesregierung im Bundesrat verabschiedete Erste Gesetz zur Modernisierung der Dienstleistungen am Arbeitsmarkt (Hartz I Gesetz) in § 629a eine zeitgemäße Ergänzung der über 100 Jahren alten Norm des Dienstvertragsrechts. Danach sollte ein zwingender Freistellungsanspruch **für jedes zu Ende gehende Arbverh** bestehen. Dieser Anspruch stieß auf starke Kritik aus dem AG-Lager. Deshalb legte der Bundesrat Einspruch gegen den Gesetzesbeschluss des Bundestags ein. Aufgrund der Empfehlung des Vermittlungsausschusses ist der vom Bundestag als Art. 9 des Hartz I Gesetzes beschlossene § 629a „gestrichen" worden. Deshalb heißt es jetzt im BGBl[3] ungewöhnlich aber zutreffend: „Art. 9 entfällt". 2

II. Verhältnis zu anderen Vorschriften

In § 629 ist nur das Recht des Dienstpflichtigen und des abhängig beschäftigten AN auf Entbindung von der Dienst- oder Arbeitspflicht zur Stellensuche geregelt. Dort ist nicht die Frage der Vergütung geregelt. Die Pflicht des Dienstberechtigten zur bezahlten Freistellung kann sich aus **§ 616** ergeben. 3

Ein entlassener AN ist gehalten, sich um eine neue Beschäftigung zu bemühen, selbst wenn er die Künd für unwirksam hält und mit einer Künd-Schutzklage angreift, ansonsten kann er seinen Anspruch auf Entgeltfortzahlung wegen Annahmeverzugs des AG verlieren (§ 615 S. 2, §§ 11 und 12 KSchG). Damit er sich erfolgreich um die neue Stelle bemühen kann, besteht neben dem Anspruch auf Freistellung auch gegenüber dem AG ein Anspruch auf Ausstellung eines Zeugnisses, das auf Verlangen auf Führung und Leistung zu erstrecken ist. Zwar entstand nach altem Recht gem. § 630 S. 1 der Anspruch auf Zeugniserteilung nach dem Wortlaut des Gesetzes erst „bei Beendigung eines Ar- 4

---

1 MüKo-BGB/*Schwerdtner*, § 629 Rn 1.
2 Staudinger/*Preis*, § 629 Rn 2.
3 BGBl I 2002 S. 4619.

beitsverhältnisses". Das gilt auch für das neue Recht, das in der für alle Arbverh geltenden Fassung des § 109 GewO geregelt ist. Die Rspr. zum alten Recht ging aber i.V.m. § 629 davon aus, dass der Anspruch schon dann begründet sei, wenn das Zeugnis wegen des tatsächlichen Ausscheidens schon vor seiner rechtlichen Beendigung zur Stellensuche benötigt werde.[4] Für das neue Recht kann nichts anderes gelten.[5] In der betrieblichen Praxis ist dabei von Bedeutung: Kommt der AG mit der rechtzeitigen Ausstellung in Schuldnerverzug und scheitert oder verzögert sich deswegen die Stellensuche, so hat der AG den entstandenen wirtschaftlichen Schaden auszugleichen.[6]

B. Regelungsgehalt

I. Dienst- oder Arbeitsverhältnis

5 Begünstigt werden nicht nur abhängig beschäftigte AN (zum AN-Begriff siehe § 611 Rn 50), sondern auch diejenigen, die einen Dienstvertrag in relativer Freiheit von Weisungen, weitgehend „selbstständig" erfüllen. Dazu gehören insbesondere „freie Mitarbeiter" (dazu siehe § 611 Rn 75) und arbeitnehmerähnliche Personen (siehe § 611 Rn 82), sowie aufgrund eines Anstellungsvertrags tätige Organmitglieder juristischer Personen. Die betriebliche Praxis übersieht nicht selten, dass auch diese Personen zum Kreis der Anspruchsberechtigten gehören. Eine entsprechende Anwendung auf Werkverträge wird nicht anerkannt.[7]

II. Dauerndes Dienstverhältnis

6 Vorausgesetzt wird ein „dauerndes" Dienstverhältnis. Das Gesetz verwendet hier den gleichen Begriff wie in §§ 617, 627, 630. Dieses Merkmal dient dazu, den Kreis der Anspruchsberechtigten einzugrenzen. Da man in den Beratungen des Reichstags davon ausging, es bedürfe an sich keiner gesetzlichen Regelung, weil die Freistellung zur Stellungsuche schon aus der Fürsorgepflicht entspringe,[8] bedurfte es dieses Abgrenzungsmerkmals. Da bei kurzfristigen oder einmaligen Dienstverrichtungen aus der Fürsorgepflicht kein Freistellungsanspruch erwachsen konnte, sollte durch die gesetzliche Klarstellung des aus der Fürsorgevorstellung abgeleiteten Anspruchs der Kreis der Berechtigten nicht ausgeweitet werden. Daher dürfen sich die vom dem Dienstpflichtigen geschuldeten Dienste nicht in der Erbringung einmaliger oder mehrmaliger wiederholender Einzelleistungen erschöpfen, ihm müssen vielmehr ständig oder langfristig wahrzunehmende Aufgaben übertragen sein.[9]

7 Da mit der engeren Bindung des abhängig Beschäftigten im Arbverh eine stärkere Pflicht des AG zur Rücksichtnahme korrespondiert, sind im Arbverh an die Erfüllung des Merkmals der Dauerhaftigkeit geringere Anforderungen als an die Dauer des freien Dienstverhältnisses zu stellen. Es genügt, wenn ein Arbeitsvertrag auf unbestimmte oder auch bestimmte, längere Zeit abgeschlossen war, ohne dass das Arbverh tatsächlich länger bestanden hat.[10] Als Anhalt für die erforderliche längerfristige Anlage dient § 622 Abs. 3. Danach kann eine Probezeit bis zu einem halben Jahr vereinbart werden.

8 Ob Aushilfs-Arbverh das Merkmal „dauerndes" Dienstverhältnis erfüllen können, ist umstr.[11] Entgegen der h.M. ist das jedoch zu bejahen; denn bei Aushilfs-Arbverh liegt eine besondere Schutzbedürftigkeit des nur vorübergehend als Lückenfüllers eingesetzten AN vor, der wegen seiner geringen Chancen auf dem Arbeitsmarkt keine dauerhafte Beschäftigung erhält und daher auf erneute Stellensuche angewiesen ist. Sobald ein Ende des Aushilfsbedarfs absehbar ist, gebietet es die Rücksichtnahme, dem Aushilfs-AN Gelegenheit zur Stellensuche zu verschaffen. Dabei kann der AG allerdings gebührend berücksichtigen, ob der AN etwa wegen Teilzeitarbeit oder wegen der Lage der Arbeitszeit auch außerhalb seiner Arbeitszeit dazu angemessen Gelegenheit hat.

9 Wird ein längerfristig angelegtes Arbverh während der nach § 622 Abs. 3 vorgeschalteten **Probezeit** gekündigt, ist § 629 anwendbar.[12] Das befristete Probe-Arbverh soll nach der h.M., weil es von vornherein nicht auf Dauer angelegt ist, nicht dem Geltungsbereich der Norm unterfallen.[13]

10 § 629 findet auch auf **Ausbildungsverhältnisse** aufgrund der Verweisung in § 10 Abs. 2 BBiG n.F. Anwendung.

III. Nach der Kündigung

11 Der Dienstpflichtige oder AN kann die Freizeit zur Stellensuche erst nach der Künd des Vertragsverhältnisses verlangen.[14] Unerheblich ist, welcher Vertragspartner die Künd erklärt hat oder ob es sich um eine ordentliche oder um

---

4 BAG 27.2.1987 – 5 AZR 710/85 – NZA 1987, 628.
5 LAG Düsseldorf 23.7.2003 – 12 Sa 232/03 – LAGReport 2004, 14.
6 BAG 16.11.1995 – 8 AZR 983/94 – EzA § 630 BGB Nr. 20.
7 Staudinger/*Preis*, § 629 BGB Rn 3.
8 Einzelheiten dazu ErfK/*Müller-Glöge*, § 629 BGB Rn 2.
9 Staudinger/*Preis*, § 629 BGB Rn 7.
10 *Schaub*, Arbeitsrechts-Handbuch, § 26 I 1; ErfK/*Müller-Glöge*, § 629 BGB Rn 3.

11 Ablehnend: ErfK/*Müller-Glöge*, § 629 BGB Rn 4; *Hümmerich/Holthausen/Weslau*, NZA 2003, 7; *Schaub*, Arbeitsrechts-Handbuch § 26 I 1; bejahend: MüKo-BGB/*Schwerdtner*, § 629 Rn 3; *Vogt*, DB 1968 264.
12 ErfK/*Müller-Glöge*, § 629 BGB Rn 5; HWK/*Sandmann*, § 629 BGB Rn 5.
13 ErfK/*Müller-Glöge*, § 629 BGB Rn 11; *Schaub*, Arbeitsrechts-Handbuch, § 26 I 1; a.A. *Brune* AR-Blattei SD 1510 Rn 16.
14 LAG Düsseldorf 11.1.1973 – 3 Sa 521/72 – DB 1973, 676.

eine außerordentliche Künd mit Auslauffrist handelt.[15] Ausgeschlossen ist der Anspruch nach Ausspruch einer wirksamen fristlosen Künd i.S.d. § 626 ohne Auslauffrist.[16] Eine Abgeltung des Freistellungsanspruchs ist nicht vorgesehen. Daher kann auch dann, wenn der AN aus wichtigem Grund kündigt, kein auf § 629 begründeter Anspruch entstehen.

Erfolgt eine **Änderungs-Künd**, entsteht der Anspruch, wenn der AN das damit verbundene Angebot auf Abschluss eines geänderten Vertrages nicht annimmt.[17]

Über den Wortlaut der Norm hinausgehend ist eine entsprechende Anwendung der Vorschrift zu befürworten:
- auf Aufhebungsverträge mit Auslauffrist,[18]
- auf den Fristablauf bei einem auf längere Zeit befristeten Arbverh[19] und
- auf den Eintritt einer vereinbarten auflösenden Bedingung.[20]

In diesen Fällen wird allerdings der Anspruch nicht früher entstehen können als er entstünde, wenn unter Einhaltung der Künd-Frist gekündigt worden wäre.[21]

Fordert der AG den AN auf, sich nach einer anderen Arbeit umzusehen, ohne ihm das Arbverh zu kündigen, so wird ebenfalls in entsprechender Anwendung ein Anspruch des AN auf Gewährung angemessener Freizeit bejaht.[22]

IV. Freizeitverlangen und Festlegung

Die Freizeit zur Stellensuche ist **auf Verlangen** des Dienstverpflichteten oder des AN zu gewähren. Der AG ist also nicht von sich aus zur Freizeitgewährung gehalten. Zugleich wird damit ausgeschlossen, dass der AN sich selbst von der Arbeitspflicht befreien und der Arbeit fern bleiben kann. Das ist eine Pflichtverletzung. Die Freistellung wird nach dem Wortlaut der Norm durch den AG „gewährt". Dieser setzt den Zeitraum der Freistellung fest und darf dabei entsprechend § 7 Abs. 1 BUrlG betriebliche Belange und Urlaubswünsche anderer Beschäftigter berücksichtigen. Das Verlangen ist daher stets so rechtzeitig geltend zu machen, dass sich der AG noch darauf einstellen kann.[23] Das Fernbleiben ohne vorheriges Verlangen stellt eine unberechtigte Arbeitsverweigerung dar. Ein wichtiger Grund für eine außerordentliche Künd fehlt, wenn dem Dienstpflichtigen im Falle seines Antrags zu diesem Zeitpunkt Freizeit zur Stellensuche hätte gewährt werden müssen.[24]

V. Vorrang des Freistellungsverlangens

Wurde der Erholungsurlaub vom AG so festgelegt, dass dieser jetzt in die Künd-Frist fällt, so kann der AN gleichwohl den Anspruch auf Freistellung zur Stellensuche noch geltend machen.[25] In diesem Fall hat der Antrag auf die erst jetzt erforderlich werdende Stellensuche Vorrang vor dem Erholungsurlaub.[26] Bereits gewährter und genommener Erholungsurlaub kann dagegen nicht nachträglich in Urlaub zur Stellensuche mit dem Ziel umgewandelt werden, dass dann zusätzlich noch eine Urlaubsabgeltung zu zahlen wäre.[27] Insoweit gilt, dass gewährter Erholungsurlaub nicht nach der Erfüllung noch nachträglich eine andere Zweckbestimmung erhalten kann.[28]

VI. Zweck der Freistellung

Die Freistellung muss dem Aufsuchen eines anderen Dienstverhältnisses dienen. Das beinhaltet in erster Linie die Vorsprache, Bewerbung und Vorstellung bei einem anderen einstellungswilligen AG, schließt allerdings auch das Aufsuchen der AA zur Arbeitsuchendmeldung ein.[29] Str. ist, ob auch Qualifizierungsmaßnahmen, wie sie de lege ferenda in § 629a aufgeführt waren und de lege lata in § 2 Abs. 2 S. 2 Nr. 3 SGB III ausdrücklich beschrieben sind, von der Regelung in § 629 erfasst werden. Die Einbeziehung der Qualifizierungsmaßnahmen in § 629a und § 2 Abs. 2 S. 2 Nr. 3 SGB III beruht auf dem Hartz-Konzept. Das Hartz-Konzept[30] verwendet unter der Überschrift „Mitwirkung des Arbeitgebers" den Klammerzusatz „Beratungsgespräche, Bewerbungsgespräche" als Beispiele sowie die Formulierung „Aktivitäten zur Arbeitsuche und Vermittlung". Gemeint sind gleichwohl nicht allein Vermitt-

---

15 *Schaub*, Arbeitsrechts-Handbuch, § 26 I 1; ErfK/*Müller-Glöge*, § 629 BGB Rn 8.
16 JurisPK-BGB/*Legleitner*, § 629 BGB Rn 6.
17 ErfK/*Müller-Glöge*, § 629 BGB Rn 9; jurisPK-BGB/*Legleitner*, § 629 BGB Rn 6.
18 ErfK/*Müller-Glöge*, § 629 BGB Rn 12; jurisPK-BGB/*Legleitner*, § 629 BGB Rn 6; *Schaub*, Arbeitsrechts-Handbuch § 26 I 1.
19 ErfK/*Müller-Glöge*, § 629 BGB Rn 10; *Schaub*, Arbeitsrechts-Handbuch, § 26 I 1.
20 ErfK/*Müller-Glöge*, § 629 BGB Rn 10; *Schaub*, Arbeitsrechts-Handbuch, § 26 I 1.
21 ErfK/*Müller-Glöge*, § 629 BGB Rn 10; *Schaub*, Arbeitsrechts-Handbuch, § 26 I 1.
22 ErfK/*Müller-Glöge*, § 629 BGB Rn 12; jurisPK-BGB/*Legleitner*, § 629 BGB Rn 8; *Schaub*, Arbeitsrechts-Handbuch, § 26 I 1; ArbG Ulm 9.4.1959 – 1 Ca 96/59 – BB 1959, 740.
23 ErfK/*Müller-Glöge*, § 629 BGB Rn 14; *Düwell*, Hartz und die Folgen, S. 42; *Düwell*, FA 2003, 109, 111.
24 LAG Düsseldorf 23.4.1963 – 8 Sa 71/63 – BB 1963, 1137; jurisPK-BGB/*Legleitner*, § 629 BGB Rn 9.
25 ErfK-Müller-Glöge, § 629 BGB Rn 17.
26 Staudinger/*Preis*, § 629 BGB Rn 13; BAG 26.10.1956 – AP § 611 BGB Urlaubsrecht Nr. 14.
27 LAG Düsseldorf 11.1.1973 – DB 1973, 676 zustimmend: ErfK/*Müller-Glöge*, § 629 BGB Rn 17.
28 *Düwell*, Hartz und die Folgen, S. 43.
29 ErfK/*Müller-Glöge*, § 629 BGB Rn 18; *Düwell*, Hartz und die Folgen, S. 43.
30 Hartz-Kommissionsbericht, S. 83.

lungstätigkeiten der Arbeitsagentur sondern auch Qualifizierungsmaßnahmen. Das ergibt sich unzweifelhaft aus der Formulierung: „Mit Beginn der Stellensuche erhält der Stellensuchende das Angebot einer umfassenden Betreuung durch das Job Center, um seine Vermittlungsfähigkeit abzuklären und bei Bedarf zu fördern.[31] Die Förderung der Vermittlungsfähigkeit kann daher auch eine kurzfristige Schulung sein. Ob auch diese Herstellung der Vermittlungsfähigkeit unter dem Begriff der Stellensuche i.S.v. § 629 fällt, ist zweifelhaft.

VII. Abdingbarkeit und Konkretisierung

19 Die Regelung des § 629 ist zwingend.[32] Weder eine einzel- noch eine kollektivvertragliche Abweichung zuungunsten des AN ist zulässig.[33] Das schließt nicht aus, die vom AG zu gewährende „angemessene Freizeit" nach Zeitpunkt, Dauer und Häufigkeit zu konkretisieren. Eine solche Regelung muss die Grenzen des billigen Ermessens (vgl. § 315 Rn 12) einhalten. Im Geltungsbereich eines einschlägigen TV kann der AG auch Konkretisierung der Häufigkeit und Dauer der Freistellung wirksam in Bezug nehmen.[34]

VIII. Rechtsfolgen

20 Sind die oben aufgeführten und erläuterten Tatbestandsvoraussetzungen erfüllt, so hat der Dienstberechtigte/AG dem Dienstpflichtigen und dem AN im angemessenen Umfang Befreiung von der Arbeit zur Stellensuche zu gewähren. Bei der Festlegung der Dauer und der Lage der Freistellung sind die Interessen beider Parteien angemessen nach § 315 zu berücksichtigen.

21 Ob der Dienstberechtigte/AG für diese von Arbeitspflicht befreite Zeit die entsprechende Vergütung zu fortzuzahlen hat, richtet sich nach § 616. Bezahlte Freistellung gibt es danach nur, sofern die Stellensuche eine nicht erhebliche Zeit ausmacht.[35] Die Freizeit zur Stellensuche ist nicht ohne weiteres mit der „verhältnismäßig nicht erheblichen Zeit" bei Arbeitsverhinderung i.S.d. Vergütungsanspruchs nach § 616 S. 1 gleichzusetzen.[36]

22 Wegen der durch die Vorstellung bei einem neuen AG entstehenden Aufwendungen kann sich der AN nach §§ 662, 670 nur an den AG halten, der ihn zur persönlichen Vorstellung aufgefordert hat.[37] Kein Anspruch besteht, wenn der AN sich unaufgefordert vorstellt oder er von der AA zugewiesen worden ist. Verdienstausfall ist von dem AG, bei dem sich der Stellensuchende bewirbt, i.d.R. schon deshalb nicht zu ersetzen, weil der Bewerber gegenüber von seinem bisherigen AG regelmäßig einen Anspruch auf Entgeltfortzahlung nach § 616 hat.[38] Wird anlässlich der Vorstellung der Verdienstausfall von dem einladenden AG ersetzt, soll der Vergütungsanspruch gegen den bisherigen AG entfallen.[39]

23 Die AN haben anders, als es nach der Neufassung des § 7 Abs. 1 S. 2 BUrlG durch Art. 10 des Hartz I Gesetzes beabsichtigt war, keinen Anspruch auf Erteilung von Urlaub für Qualifizierungsmaßnahmen. Das ist deshalb von praktischer Bedeutung, weil die Erfassung dieser Aktivitäten für die allseits gewünschte beschleunigte Vermittlung von Arbeitsuchenden in der seit 1900 unveränderten Fassung des § 629 BGB zweifelhaft ist (siehe Rn 2).

23a Verweigert der AG dem AN rechtsgrundlos die verlangte Freizeit zur Stellensuche, so wird darin ein wichtiger Grund i.S.v. § 626 BGB gesehen. Der AN kann jedenfalls nach erfolgloser Mahnung fristlos kündigen und gem. §§ 628 Abs. 3, 280 Abs. 1, Abs. 3, 283 Schadensersatz verlangen.[40]

C. Verbindung zu anderen Rechtsgebieten

24 § 629 enthält eine zugunsten der AN geltende Bestimmung. Deshalb gehört es nach § 80 Abs. 1 Nr. 1 BetrVG zu den Amtsaufgaben des BR über die Einhaltung dieser Freistellungsansprüche im Betrieb zu wachen. Entsprechende Aufgaben sind im BPersvG und den Landespersonalvertretungsgesetzen den Personalräten für die Einhaltung der Bestimmung in den Dienststellen der öffentlichen Verwaltung zugewiesen. Die gleiche Amtspflicht obliegt nach § 95 Abs. 1 S. 1 Nr. 1 SGB IX der SBV in allen Betrieben und Verwaltungen, soweit schwerbehinderte oder gleichgestellte Beschäftigte betroffen sind. Erfüllt der AG seine Durchführungspflicht nicht, können die AN-Vertretungen das förmlich beanstanden. Eine gerichtliche Durchsetzung individueller Ansprüche ist ihnen nach der Rspr. der betriebsverfassungsrechtlichen Senate des BAG verwehrt, weil der Individualrechtsschutz des einzelnen AN nicht ohne ausdrückliche gesetzliche Regelung dem BR übertragen werden könne.[41] Hier ist allerdings die Besonderheit der Regelung in § 87 Abs. 1 Nr. 5 BetrVG zu berücksichtigen. Danach kann der BR auch im Einzelfall mitbestimmen, wenn zwischen AG und AN über die Lage des Freistellungszeitraums (d.h. des Urlaubs) keine Einigung erreicht werden kann.

---

31 Hartz-Kommissionsbericht, S. 82.
32 JurisPK-BGB/*Legleitner*, § 629 BGB Rn 10.
33 Staudinger/*Preis*, § 629 BGB Rn 4.
34 ErfK/*Müller-Glöge* § 629 BGB Rn 21.
35 Staudinger/*Preis*, § 629 BGB Rn 21.
36 BAG 13.11.1969 – 4 AZR 35/69 – DB 1970, 211.
37 Staudinger/*Preis*, § 629 BGB Rn 24 ff.

38 Staudinger/*Preis*, § 629 BGB Rn 26 f.
39 MüKo-BGB/*Schwerdtner*, § 629 Rn 20.
40 JurisPK-BGB/*Legleitner*, § 629 BGB Rn 14; MüKo-BGB/*Henssler*, § 629 Rn 21.
41 BAG 17.10.1989 – 1 ABR 75/88 – AP § 112 BetrVG 1972 Nr. 53; BAG 24.2.1987 – 1 ABR 73/84 – AP § 80 BetrVG 1972 Nr. 28.

Diese Mitbestimmung erfasst nicht nur die Festlegung des Erholungsurlaubs sondern auch die des Freistellungszeitraums zur Stellensuche ebenso wie die Festlegung des Bildungsurlaubs, der in einigen Ländergesetzen als Anspruch auf Freistellung zur AN-Weiterbildung bezeichnet wird. Was unter „Urlaub" zu verstehen ist, hat der Gesetzgeber in § 87 Abs. 1 Nr. 5 BetrVG nicht definiert. Es kommt deshalb auf die allg. Wortbedeutung an. Am gebräuchlichsten ist die Verwendung des Ausdrucks „Urlaub" zwar in seiner Bedeutung als bezahlter Erholungsurlaub nach § 1 BUrlG. Fach- und umgangssprachlich ist dies aber nicht die einzige Wortverwendung. Das Schrifttum definiert Urlaub als die Befreiung eines AN von seinen Arbeitspflichten in einem Arbverh während einer bestimmten Anzahl von Arbeitstagen.[42] Dem ist das BAG gefolgt.[43] Der BR soll danach stets mitbestimmen bei der Harmonisierung der Freistellungswünsche der einzelnen AN untereinander und beim Ausgleich dieser Wünsche mit den betrieblichen Interessen an der Kontinuität des Betriebsablaufs. Grund für die Mitbestimmung des BR ist das Bedürfnis nach einer kollektiven Regelung. Dieses mag sich zwar v.a. bei dem in der Regel von allen AN in Anspruch genommenen Erholungsurlaub ergeben. Es kann aber in gleicher Weise auch bei anderen Freistellungen, insb. bei der Inanspruchnahme von Bildungsurlaub und bei der Beurlaubung zur Stellensuche auftreten. Zur Durchsetzung der Festlegung des vom AG abgelehnten Freistellungszeitraums kann dann der BR die Einigungsstelle anrufen, die dann nach § 87 Abs. 2 S. 1 BetrVG verbindlich entscheidet. Allerdings ist dabei zu beachten, dass der BR kein Mitbestimmungsrecht hinsichtlich der Dauer des Urlaubs hat. Er kann nur hinsichtlich der Lage des Freistellungszeitraums dem Feslegungswunsch des AN über die Anrufung der Einigungsstelle zur Verbindlichkeit verhelfen. Es bedarf dann keiner Klage auf Festlegung des Freistellungszeitraums durch Abgabe einer Freistellungserklärung mit der Problematik der Vollstreckung nach § 894 ZPO mehr. Der Spruch der Einigungsstelle „ersetzt" diese Erklärung.

D. Beraterhinweise

Dienstpflichtiger und AN haben die Voraussetzungen eines Anspruchs auf Freizeitgewährung darzulegen und zu beweisen. Dazu gehört auch der mit der Freistellung verfolgte Zweck. Allerdings kann der AG nicht verlangen, dass ihm der Name des AG, bei dem sich der AN bewerben will, offen legt.[44] Ob die abweichend vom Wunsch des AN festgelegte Freistellung zeitlich hinsichtlich Dauer und Häufigkeit sowie hinsichtlich der Tageszeit angemessen ist, obliegt der gerichtlichen Beurteilung.[45] Der Prüfmaßstab ist dem § 315 zu entnehmen.[46] Nach § 315 Abs. 3 S. 2 ist eine unbillige oder unterlassene Bestimmung durch das Gericht zu treffen.

Erfüllt der AG den fälligen Freistellungsanspruch nicht, kann der AN bei den Arbeitsgerichten einstweiligen Rechtsschutz beantragen.[47]

Vorsicht ist bei der Ausübung des Zurückbehaltungsrechts (§ 273) durch den AN angebracht, wenn sie dazu dienen soll, die vom AG verweigerte Freistellung zu bewirken. Die Zurückbehaltung darf nicht die Erfüllung des Anspruches aus § 629 führen.[48] Von daher kommt an sich nur die Zurückbehaltung vor der begehrten Freistellungszeit als Druckmittel in Betracht. „Schmerzvoller" für den AG ist es allerdings, wenn der AN im Streitfall den BR zur Anrufung der Einigungsstelle veranlasst, die dann eine ersetzende Entscheidung treffen kann (siehe Rn 25). Gibt es keinen BR, verbleibt nur der einstweilige Rechtsschutz.

| § 630 | **Pflicht zur Zeugniserteilung** |

¹Bei der Beendigung eines dauernden Dienstverhältnisses kann der Verpflichtete von dem anderen Teil ein schriftliches Zeugnis über das Dienstverhältnis und dessen Dauer fordern. ²Das Zeugnis ist auf Verlangen auf die Leistungen und die Führung im Dienst zu erstrecken. ³Die Erteilung des Zeugnisses in elektronischer Form ist ausgeschlossen. ⁴Wenn der Verpflichtete ein Arbeitnehmer ist, findet § 109 der Gewerbeordnung Anwendung.

Literatur: s. die Übersicht zu § 109 GewO

---

42 Vgl. *Leinemann/Linck*, BUrlG, Einleitung Rn 1; *Böckel*, Das Urlaubsrecht in der betrieblichen Praxis, S 18.
43 BAG 28.5.2002 – 1 ABR 37/01 – AP § 87 BetrVG 1972 Urlaub Nr. 10.
44 ErfK/*Müller-Glöge*, § 629 BGB Rn 13; jurisPK-BGB/*Legleitner*, § 629 BGB Rn 15.
45 JurisPK-BGB/*Legleitner*, § 629 BGB Rn 15.
46 JurisPK-BGB/*Legleitner*, § 629 BGB Rn 15.
47 ErfK/*Müller-Glöge*, § 629 BGB Rn 13; *Dütz*, DB 1976, 1480. 1481; MüKo-BGB/*Henssler*, § 629 Rn 20; jurisPK-BGB/*Legleitner*, § 629 BGB Rn 16.
48 ErfK/*Müller-Glöge*, § 629 BGB Rn 22; *Düwell*, FA 2003, 109, 112.

A. Allgemeines	1	1. Persönlicher und sachlicher Anwendungsbereich	3
I. Normzweck	1	2. Weitere Zeugnisvorschriften	4
II. Entstehungsgeschichte	2	3. Unabdingbarkeit	5
B. Regelungsgehalt	3	II. Tatbestandsvoraussetzungen und Rechtsfolge	6
I. Anwendungsbereich	3		

A. Allgemeines

I. Normzweck

1 Für den AN ist das Dienstzeugnis ein wichtiger Faktor in seinem Arbeitsleben, insb. für das **berufliche Weiterkommen** und die freie Wahl des Arbeitsplatzes.[1] Das Zeugnis dient als **Bewerbungsunterlage** und ist insoweit Dritten, insb. möglichen künftigen AG, Grundlage für ihre **Personalauswahl**.[2] Eine Beurteilung im Arbeitszeugnis ist regelmäßig auch von hohem persönlichem Interesse für den AN.[3] § 630 stellt eine **gesetzlich fixierte privatrechtliche Nebenpflicht** aus dem Dienstvertrag dar.[4]

II. Entstehungsgeschichte

2 S. 1 u. 2 entsprechen § 113 GewO a.F.[5] S. 3 wurde m.W.v. 1.8.2001 angefügt.[6] Betreffend den Zeugnisanspruch von AN wurde m.W.v. 1.1.2003 S. 4 angefügt, § 73 HGB aufgehoben und § 113 GewO a.F. durch den neu eingefügten § 109 GewO ersetzt.[7]

B. Regelungsgehalt

I. Anwendungsbereich

3 **1. Persönlicher und sachlicher Anwendungsbereich.** § 630 hat durch den m.W.v. 1.1.2003 eingefügten § 109 GewO seine Bedeutung für das Arbeitsrecht verloren; der Zeugnisanspruch von **AN** richtet sich gem. S. 4 nach § 109 GewO (siehe § 109 GewO Rn 1 ff.).[8] § 630 findet nur noch auf dauernde Dienstverträge mit **Selbstständigen** – einschließlich **freier Mitarbeiter**[9] – Anwendung.[10] Der Anwendungsbereich des § 630 beschränkt sich gem. S. 1 der Vorschrift auf „**dauernde Dienstverhältnisse**".[11] Dieser auch in §§ 617 Abs. 1 S. 1, 627 Abs. 1, 629 verwendete Begriff ist nach h.L. einheitlich auszulegen (siehe § 617 Rn 6). Nach allg.M. liegt ein dauerndes Dienstverhältnis vor, wenn es rechtlich (s. § 620 Abs. 1) oder faktisch auf längere Zeit angelegt ist, selbst wenn tatsächlich nur kurze Zeit (z.B. sechs Wochen)[12] gearbeitet wurde.[13] Von § 630 erfasst werden arbeitnehmerähnliche Personen (§ 5 Abs. 1 S. 2 ArbGG),[14] Heimarbeiter (§§ 1 f. HAG),[15] Einfirmen-Handelsvertreter (§§ 84 Abs. 2, 92a HGB)[16] und GmbH-Geschäftsführer, die nicht Mehrheitsgesellschafter[17] oder AN[18] sind. Nicht erfasst werden freiberuflich tätige Dienstverpflichtete[19] sowie selbstständige Handelsvertreter (§ 84 Abs. 1 HGB).[20]

---

1 BAG 16.9.1974 – 5 AZR 255/74 – NJW 1975, 407; BGH 15.5.1979 – VI ZR 230/76 – MDR 1979, 924; Protokolle II, 308.
2 BAG 10.5.2005 – 9 AZR 261/04 – NZA 2005, 1237; BAG 14.10.2003 – 9 AZR 12/03 – NZA 2004, 842, 843; BAG 26.6.2001 – 9 AZR 392/00 – NZA 2002, 34; BAG 3.3.1993 – 5 AZR 182/92 – DB 1993, 1624 f.
3 BAG 8.2.1972 – 1 AZR 189/71 – DB 1972, 931; Staudinger/*Preis*, § 630 Rn 2.
4 BGH 15.5.1979 – VI ZR 230/76 – MDR 1979, 924; Protokolle II, 308.
5 Protokolle II, 307 f.
6 Gesetz zur Anpassung der Formvorschriften des Privatrechts und anderer Vorschriften an den modernen Rechtsverkehr v. 13.7.2001 (BGBl I S. 1542, 1549); BT-Drucks 14/4987; BT-Drucks 14/5561; BT-Drucks 14/6353.
7 Drittes Gesetz zur Änderung der GewO und sonstiger gewerberechtlicher Vorschriften v. 24.8.2002 (BGBl I S. 3412, 3415, 3420, 3421).
8 BAG 23.6.2004 – 10 AZR 495/03 – ZIP 2004, 1974, 1975; BAG 14.10.2003 – 9 AZR 12/03 – NZA 2004, 842, 843.
9 *Borgmann*, MDR 2003, 305, 307.
10 BT-Drucks 14/8796, S. 29.
11 Protokolle II, 308; krit. MüKo-BGB/*Henssler*, § 630 Rn 10.
12 LAG Köln 30.3.2001 – 4 Sa 1485/00 – BB 2001, 1959.
13 Staudinger/*Preis*, § 630 Rn 4; MüKo-BGB/*Henssler*, § 630 Rn 10; Palandt/*Putzo*, § 630 Rn 2, 4; ErfK/*Müller-Glöge*, § 630 BGB Rn 2; a.A. Erman/*Belling*, § 630 Rn 5.
14 RAG 25.4.1936 – 31/36 – ARS 27, 7, 10 m. Anm. *Hueck*; LAG Köln 21.11.2007 – 7 Sa 647/07 – juris; MünchArb/*Wank*, Bd. 2, § 128 Rn 3; *Hohmeister*, NZA 1998, 571, 572.
15 Staudinger/*Preis*, § 630 Rn 3; ErfK/*Müller-Glöge*, § 630 BGB Rn 2.
16 RAG 25.4.1936 – 31/36 – ARS 27, 7, 9 m. Anm. *Hueck*.
17 BGH 9.11.1967 – II ZR 64/67 – DB 1967, 2214; *Stück*, GmbHR 2006, 1009, 1013.
18 BGH 23.1.2003 – IX ZR 39/02 – NZA 2003, 439, 440 ff. m.w.N.
19 RG 7.1.1916 – III 246/15 – RGZ 87, 440, 443; LAG Hamm 9.9.1999 – 4 Sa 714/99 – NZA-RR 2000, 575, 576 ff.; Staudinger/*Preis*, § 630 Rn 3; a.A. *Bauer/Opolony*, DB 2002, 1590, 1594; *Hohmeister*, NZA 1998, 571.
20 OLG Celle 23.5.1967 – 11 U 270/66 – PERSONAL 1968, 187.

2. Weitere Zeugnisvorschriften. Neben dem gem. § 6 Abs. 2 GewO (siehe § 6 GewO Rn 1) für alle AN geltenden § 109 GewO (siehe § 109 GewO Rn 3) bestehen Zeugnisvorschriften in § 8 BBiG a.F. für Auszubildende („Ausbildungszeugnis")[21] sowie i.V.m. § 19 BBiG für Praktikanten („Praktikantenzeugnis"),[22] ferner in § 19 SeemG für Seeleute („Seefahrtbuch") und in § 18 EhfG[23] für Entwicklungshelfer. Beamten ist nach Maßgabe von § 92 BBG, Soldaten gem. § 32 SG und Zivildienstleistenden nach § 46 ZDG ein sog. Dienstzeugnis auszustellen. Bedeutsame tarifvertragliche Zeugnisregelungen sind § 61 BAT für Ang des öffentlichen Dienstes sowie § 64 MTB II und MTL II für Arb des öffentlichen Dienstes bzw. nunmehr § 35 TVöD. Die Arbeitsbescheinigung nach § 312 SGB III ist kein Arbeitszeugnis.[24] Vom Arbeitszeugnis zu unterscheiden ist ferner die dienstliche Regelbeurteilung (siehe § 109 GewO Rn 14 ff.).[25]

3. Unabdingbarkeit. § 630 ist insoweit **zwingend**, als vor Beendigung des Dienstverhältnisses nicht wirksam auf den Zeugnisanspruch verzichtet werden kann.[26] Nach Entstehung des Anspruchs ist ein **Verzicht** zulässig.[27]

II. Tatbestandsvoraussetzungen und Rechtsfolge

Inhaltlich gelten die für § 109 GewO maßgeblichen Grundsätze (siehe § 109 GewO Rn 14 ff.). Trotz unterschiedlicher Anspruchsgrundlagen für den Zeugnisanspruch besteht bzgl. des Anspruchsinhalts nach allg.M. ein weitgehend **einheitliches Zeugnisrecht**.[28]

---

21 LAG Hamm 27.2.1997 – 4 Sa 1691/96 – NZA-RR 1998, 151, 155; LAG Hamm 1.12.1994 – 4 Sa 1631/94 – LAGE § 630 BGB Nr. 28, LS 5.
22 LAG Hamm 27.2.1997 – 4 Sa 1691/96 – NZA-RR 1998, 151, 155; LAG Hamm 11.7.1996 – 4 Sa 1285/95 – juris; LAG Hamm 1.12.1994 – 4 Sa 1631/94 – LAGE § 630 BGB Nr. 28, LS 5; LAG Hamm 19.5.1995 – 4 Sa 443/95 – LAGE § 48 ArbGG 1979 Nr. 12, LS 5 und 6.
23 EntwicklungshelferG v. 18.6.1969 (BGBl I S. 549).
24 Staudinger/*Preis*, § 630 Rn 87 m.w.N.
25 BAG 19.8.1992 – 7 AZR 262/91 – NZA 1993, 222 m.w.N.
26 BAG 16.9.1974 – 5 AZR 255/74 – NJW 1975, 407 f.; Staudinger/*Preis*, § 630 Rn 7 f.; a.A. RAG 4.12.1929 – 243/29 – ARS 8, 45, 49 m. Anm. *Gerstel/Hueck*.
27 Offen gelassen von BAG 16.9.1974 – 5 AZR 255/74 – NJW 1975, 407; so RAG 18.2.1933 – 440/32 – ARS 17, 464, 467 m. Anm. *Volkmar/Hueck*; LAG Köln 17.6.1994 – 4 Sa 185/94 – MDR 1995, 613; LAG Düsseldorf 12.3.1986 – 15 Sa 13/86 – LAGE § 630 BGB Nr. 2; ArbG Berlin 3.12.1968 – 2 Ca 321/68 – DB 1969, 90; Staudinger/*Preis*, § 630 Rn 7 f. m.w.N., auch zur a.A.
28 Staudinger/*Preis*, § 630 Rn 5; Erman/*Belling*, § 630 Rn 1; MüKo-BGB/*Henssler*, § 630 Rn 1 f.; MünchArb/*Wank*, Bd. 2, § 124 Rn 2; Schaub/*Linck*, Arbeitsrechts-Handbuch, § 146 Rn 1; HWK/*Gäntgen*, § 630 BGB Rn 4; Tettinger/Wank/*Wank*, § 113 Rn 1; *Braun*, RiA 2000, 113; *Hohmeister*, NZA 1998, 571.